PRISMA
HANDWOORDENBOEK

ENGELS-NEDERLANDS
NEDERLANDS-ENGELS

De belangrijkste Prisma woordenboeken

miniwoordenboeken
- voor cursus en vakantie
- in klein formaat
- in 24 talen, waaronder Turks, Fries, Afrikaans, Arabisch en Fins

basisonderwijs woordenboeken
- voor het basisonderwijs en beginnende taalleerders
- glasheldere uitleg en veel voorbeelden
- met illustraties
- voor de talen Nederlands (verklarend) en Engels

vmbo woordenboeken
- voor beginnende woordenboekgebruikers
- aansluitend bij het vmbo/mbo, bso/tso en onderbouw havo/vwo
- actuele informatie over de hedendaagse basiswoordenschat
- zeer toegankelijk, veel voorbeeldzinnen
- voor de talen Nederlands (verklarend) en Engels

pocketwoordenboeken
- voor de middelbare scholier
- de pocketwoordenboeken met de meeste trefwoorden
- elk jaar bijgewerkt
- overzichtelijk: trefwoorden en tabs in kleur
- voor de talen Nederlands (verklarend), Engels, Frans, Duits, Spaans, Italiaans en Fries

handwoordenboeken
- twee delen in één band
- voor bovenbouw havo/vwo, bovenbouw tso/aso, studie en beroep
- gebonden, duurzame uitvoering
- veel voorbeeldzinnen en uitdrukkingen
- kaderteksten met taalweetjes
- voor de talen Nederlands (verklarend), Engels, Frans en Duits

PRISMA HANDWOORDENBOEK

Engels-Nederlands
Nederlands-Engels

Prue Gargano MEd.
dr. Fokko Veldman

prisma

Prisma maakt deel uit van Uitgeverij Unieboek | Het Spectrum bv
Postbus 97
3990 DB Houten

**Prisma handwoordenboek
Engels-Nederlands
Nederlands-Engels**

auteurs: Prue Gargano MEd.
dr. Fokko Veldman

Omslagontwerp: Raak Grafisch Ontwerp, Utrecht
Typografie: Marjan Gerritse, Amsterdam

3de druk

ISBN 978 90 491 0460 3
NUR 627

www.prisma.nl
www.prismawoordenboeken.be
www.unieboekspectrum.nl

Voorwoord en verantwoording

Voor u ligt de tweede editie van het Prisma Handwoordenboek Engels-Nederlands en Nederlands-Engels. In een groter formaat dan de eerste editie Handwoordenboeken en nu met twee delen in één band.

De reeks Prisma Handwoordenboeken is speciaal gemaakt voor mensen die de hedendaagse moderne talen in geschreven of gesproken tekst in nuance willen begrijpen en die zich actief schriftelijk in een taal willen uitdrukken, of dat nu op school of bij studie is, op het werk of thuis. U zult merken dat de vele behandelde woorden en gebruiksvoorbeelden prima aansluiten bij uw behoefte. De typografie van de boeken biedt veel gebruiksgemak door duidelijke tekens en symbolen, en een vriendelijk opmaak.

Bedoeld voor een Nederlandstalig publiek kan het deel Engels-Nederlands vooral worden gezien als een begrijpwoordenboek, waarmee het dagelijkse Engels van nu in kranten, boeken, op internet en tv begrepen kan worden. Het deel Nederlands-Engels kan vooral worden gezien als een productiewoordenboek, waaraan de gebruiker een prima hulp heeft bij het schrijven in het Engels. Na de intensieve bewerking en uitbreiding van het materiaal voor de eerste editie, was voor deze tweede editie slechts een lichte herziening en uitbreiding nodig. Daarin stonden weer de volgende punten centraal:

- het garanderen van een zo actueel mogelijk trefwoordenbestand; verouderde, onjuiste trefwoorden werden verwijderd.
- de betekenisprofielen zijn modern en helder.
- het onderhouden van de grote hoeveelheid gebruiksvoorbeelden; alle semantische bijzonderheden en toepassingen van de woorden worden in vele duidelijke voorbeelden geïllustreerd. Deze voorbeelden zijn geplaatst onder de betreffende betekenis van het trefwoord.
- nieuw is de representatie van de zg. phrasal verbs in het Engels: werkwoorden die met een vast voorzetsel een specifieke betekenis krijgen. Dit type voorbeelden is in Engels-Nederlands bij de betreffende werkwoorden apart gegroepeerd op het eind van het artikel, in een duidelijke typografie.
- de context waarbinnen een woord of voorbeeld gebruikt kan worden is van groot belang; daartoe zijn er veel stijllabels gebruikt om aan te geven of een woord of voorbeeld formeel of informeel is, ouderwets of ironisch of beledigend enz.
- ook wordt bij vertalingen aangegeven in welk deel van de wereld een woord of voorbeeld gangbaar Engels is door toevoeging van de labels Amerikaans, of Brits, of Australisch enz.
- veel aandacht is gegaan naar het gebruiksgemak: tientallen handige kaderteksten door het hele boek heen geven taaltips of behandelen een wetenswaardig taalfeit. Veel zg. valse vrienden worden verklaard.

In deze uitgave werd geen grammatica toegevoegd. Graag brengen wij twee relevante uitgaven onder uw aandacht: Prisma Basisgrammatica Engels en Prisma Grammatica Engels. Meer informatie vindt u op www.prisma.nl, waar u deze uitgaven ook kunt bestellen.

Het team van auteurs en redacteuren bestond uit moedertaalsprekers van het Engels en van het Nederlands. Een moedertaalspreker heeft telkens de hoofdrol gekregen in de keuze, beoordeling en redactie van de trefwoorden in zijn moedertaal.

Over de auteurs

Prue Gargano is Australische en heeft jaren in Australië en Nederland gewoond en gewerkt. Afgestudeerd in Engels en onderwijskunde, was zij lang docente Engels voor anderstaligen. Als auteur, vertaler en corrector heeft zij aan vele uitgaves gewerkt, waaronder een schoolonderwijsmethode voor het Engels en de Prisma Engels voor zelfstudie.

Fokko Veldman heeft als Nederlandse migrantenzoon jaren in Australië gestudeerd, en heeft terug in Nederland als gepromoveerd taalwetenschapper onderwijs gegeven en onderzoek gedaan aan de RU Groningen in de historische taalkunde, dialectologie en letterkunde. Hij was jaren docent Nederlands, Engels en Duits op middelbare scholen.

Lijst van tekens en afkortingen

'	klemtoonteken
±	ongeveer hetzelfde
&	enzovoort; en
/	scheidt woord(groep)en die
	onderling verwisselbaar zijn
~	vervanging van het trefwoord
❷	betekenisnummer
I, II, etc.	aanduiding van woordsoort
	nadere specificering van vertaling
[...]	grammaticalia
fonetische tekens	
tussen [...]	uitspraak
★	begin gebruiksvoorbeeldzin
▼	begin idioomvoorbeeldzin
→	zie:
aanw vnw	aanwijzend voornaamwoord
achterv	achtervoegsel
adm	administratie
afk	afkorting
agr	agrarische term
Am	vooral in de Verenigde Staten
anat	anatomie
arch	archa|fksch
archeol	archeologie
archit	architectuur
astrol	astrologie
astron	astronomie
Aus	vooral in Australië
auto	automobilisme; wegverkeer
betr vnw	betrekkelijk voornaamwoord
bez vnw	bezittelijk voornaamwoord
beurs	beursterm
bijbel	bijbelse term, uitdrukking
bijw	bijwoord
bilj	biljarten
biochem	biochemica
biol	biologie
bn	bijvoeglijk naamwoord
boekh	boekhouden
bouwk	bouwkunst
Br	vooral in Groot-Brittannië
Can	vooral in Canada
chem	chemie, scheikunde
comput	computerterm
dial	dialect
dicht	dichterlijk
dierk	dierkunde
econ	economie
eff	effectenhandel
eig	eigenlijk, letterlijk
elektr	elektrotechniek
euf	eufemisme
fig	figuurlijk
filos	filosofie
fin	financiën
fon	fonetiek
form	formeel
fotogr	fotografie
Fr	Frans
gedat	Gedateerd
gen	Genetica
geogr	geografie
geol	geologie
geringsch	geringschattend
godsd	godsdienst
gramm	grammatica
handel	handelsterm
herald	heraldiek, wapenkunde
hist	historische term
hulpww	hulpwerkwoord
iem.	Iemand
iems.	Iemands
Iers	vooral in Ierland
inf	informeel
in 't alg.	in het algemeen
iron	ironisch
jur	juridisch
kaartsp	kaartspelen
kww	koppelwerkwoord
lidw	lidwoord
Lat	Latijn
letterk	letterkunde
luchtv	luchtvaart
m	mannelijk
med	medische term
meetk	meetkunde
meerv.	meervoud
meteor	meteorologie
microbiol	microbiologie
mil	militaire term
muz	muziek
m-v	mannelijk-vrouwelijk
mv	meervoud
nat	natuurkunde
natuurk	natuurkunde
N.Br	vooral in het noorden van Groot-Brittannië
NZ	vooral in Nieuw-Zeeland
o	onzijdig
onbep vnw	onbepaald voornaamwoord
onderw	onderwijs
onoverg	onovergankelijk werkwoord
onr goed	onroerend goed
overg	overgankelijk werkwoord
pers vnw	persoonlijk voornaamwoord
phras	phrasal verb met vast voorzetsel
plantk	plantkunde

pol	politieke term
post	posterijen
Prot	protestant
psych	psychologie
recht	rechtskundige term
rekenk	rekenkunde
RK	rooms-katholiek
RTV	radio, televisie
samentr	samentrekking
sbd	somebody
sbd's	somebody's
scheepv	scheepvaart, marine
scheik	scheikunde
scherts	schertsend
Schots	vooral in Schotland
sci-fi	science-fiction
slang	zeer informeel
sociol	sociologie
sp	sport en spel
stat	statistiek
sth	something
taalk	taalkunde
tandheelk	tandheelkunde
techn	technische term
telec	telecommunicatie
telw	telwoord
theat	theater
theol	theologie
tsw	tussenwerpsel
t.t.	tegenwoordige tijd
TV	televisie
typ	typografie
v	vrouwelijk
v.	van
v.d.	van de
[v.d.]	voltooid deelwoord
v.e.	van een
verk.	verkorting
vero	verouderd
verz	verzekeringswezen
vnw	voornaamwoord
voegw	voegwoord
vogelk	vogelkunde
voorv	voorvoegsel
voorz	voorzetsel
v.t.	verleden tijd
vulg	vulgair
wederk	wederkerend
wetensch	wetenschap
wisk	wiskunde
ww	werkwoord
ZA	Zuid-Afrikaans
ZN	Zuid-Nederlands
znw	zelfstandig naamwoord

Uitspraak

ɑː	als a	in father ['fɑːðə]
æ	als a	in man [mæn]
aɪ	als i	in time [taɪm]
aɪə	als ire	in fire ['faɪə]
aʊ	als ou	in house [haʊs]
aʊə	als our	in sour ['saʊə]
ɑ̃	als an	in seance ['seɪɑ̃s]
ʌ	als u	in cup [kʌp]
b	als b	in but [bʌt]
d	als d	in day [deɪ]
e	als e	in bed [bed]
eə	als ai	in fair [feə]
eɪ	als ay	in day [deɪ]
ɜː	als er	in service ['sɜːvɪs]
ə	als a	in ago, villa [ə'gəʊ], ['vɪlə]
f	als f	in father ['fɑːðə]
g	als g	in gun [gʌn]
h	als h	in hat [hæt]
iː	als ee	in three [θriː]
ɪ	als i	in it [ɪt]
ɪə	als ear	in near [nɪə]
j	als y	in you [juː]
k	als c	in come [kʌm]
l	als l	in late, mile [leɪt], [maɪl]
m	als m	in man [mæn]
n	als n	in no [nəʊ]
ŋ	als ng	in song [sɒŋ]
əʊ	als o	in so [səʊ]
ɔː	als or	in sport [spɔːt]
ɒ	als o	in not [nɒt]
ɔɪ	als oy	in boy [bɔɪ]
p	als p	in park [pɑːk]
r	als r	in right [raɪt]
s	als s	in song [sɒŋ]
ʃ	als sh	in fish [fɪʃ]
t	als t	in take [teɪk]
θ	als th	in thing [θɪŋ]
ð	als th	in the [ðiː]
uː	als oe	in shoe [ʃuː]
ʊ	als oo	in good [gʊd]
ʊə	als oor	in boor ['bʊə]
v	als v	in very ['verɪ]
w	als w	in way [weɪ]
x	als ch	in het Nederlands toch, Schots loch [lɒx]
z	als z	in zero ['zɪərəʊ]
ʒ	als s	in measure ['meʒə]

' betekent dat de volgende lettergreep beklemtoond is
: betekent dat de klank lang is

partake [pɑːˈteɪk] *onoverg* [partook, partaken] <u>form</u>
deelnemen, deel hebben (aan, in *of / in*) ★ <u>scherts</u>
we partook of some liquid refreshments we namen
deel aan enige vloeibare versnaperingen, we
namen iets te drinken

trefwoorden en eventuele varianten zijn vet gedrukt

partaken [pɑːˈteɪkn] *ww* [v.d.] → **partake**

pijltjes verwijzen naar een ander trefwoord

partial [ˈpɑːʃəl] *bn* ❶ partieel, gedeeltelijk ★ *a ~ success*
een gedeeltelijk succes ❷ partijdig, eenzijdig
❸ verzot, gesteld (op *to*) ★ *be ~ to sth* een voorliefde
hebben voor iets, iets bijzonder graag mogen

partiality [pɑːʃɪˈælətɪ] *znw* ❶ partijdigheid,
eenzijdigheid ★ *the judge has been accused of ~* de
rechter wordt van partijdigheid beschuldigd
❷ zwak, voorliefde (voor *for / to*) ★ *the Dutch are
known for their ~ to / for herrings* de Nederlanders
staan bekend om hun voorliefde voor haring

uitspraakhulp bij elk trefwoord

partially [ˈpɑːʃəlɪ] *bijw* gedeeltelijk, deels ★ *the
building is only ~ completed* het gebouw is nog maar
voor een deel klaar ★ *~ cooked meat can be a health
hazard* gedeeltelijk gekookt vlees kan een
gezondheidsrisico zijn

particular [pəˈtɪkjʊlə] **(I)** *bn* ❶ bijzonder, speciaal,
bepaald, persoonlijk ★ *a ~ friend* een goede
/ intieme vriend ★ *in ~* (meer) in het bijzonder, met
name ★ *do you have any ~ reason for saying this?* heb
je een speciale reden waarom je dat zegt? ★ *no ~
reason* geen bijzondere reden ❷ kieskeurig,
nauwkeurig, veeleisend, lastig ★ *he's ~ about his food*
hij is kieskeurig wat zijn eten betreft ★ *she's ~ about
who she gives interviews to* ze is kieskeurig over aan
wie ze een interview toestaat ❸ gedetailleerd **II** *znw*
bijzonderheid, bijzondere omstandigheid, punt ★ *in
every ~* op elk punt

Romeinse cijfers markeren het begin van een
nieuwe woordsoort

duidelijke betekenisordening met cijfers in zwarte
bolletjes

komma's scheiden synoniemvertalingen

gebruiksvoorbeelden in cursief en voorafgegaan
door een sterretje

> **particular**
> betekent o.a. **bijzonder, kieskeurig, gedetailleerd**
> maar niet *particulier*.
> *He is a particular person* betekent niet *hij is een
> particulier* maar *hij is nogal kieskeurig*.
> Ned. *particulier* = **private**.

kaderteksten met wetenswaardigheden over
betekenis, stijl en grammatica

particularities [pətɪkjʊˈlærətɪz] *znw* [mv]
bijzonderheden, details ★ *we have the broad picture -
now for the ~* we weten de grote lijnen - nu de
details

particularity [pətɪkjʊˈlærətɪ] *znw* ❶ bijzonderheid
❷ kieskeurigheid ❸ nauwkeurigheid ★ *the work
requires patience and ~* het werk vereist geduld en
zorgvuldigheid

tildes vervangen de vorm van het trefwoord

particularize [pəˈtɪkjʊləraɪz], **particularise** <u>form</u> **I** *overg*
❶ met naam noemen ❷ in bijzonderheden
opgeven, omstandig verhalen **II** *onoverg* in
bijzonderheden treden

onderstreepte labels geven stilistische of dialectale
informatie

PRISMA HANDWOORDENBOEK
ENGELS-NEDERLANDS

A

a [ə, eɪ] **I** *lidw* ❶ een ★ *~ Mr Jones rang* een of andere meneer Jones heeft gebeld ❷ per ★ *50 p ~ pound* 50 pence per pond ★ *twice ~ year* tweemaal per jaar **II** *znw* ❶ (de letter) a ❷ muz a, la

a- [eɪ] *voorv* a-, niet

A1 [eɪ'wʌn] *bn* ❶ eersteklas, prima, uitstekend ❷ scheepv eerste klasse ‹in *Lloyd's Register*›

A4 [eɪ'fɔː] **I** *bn* ★ *~ paper* A4 papier **II** *znw* ★ *a sheet of ~* een velletje A4, een A4'tje

AA *afk* ❶ (Automobile Association) de Britse ANWB ❷ (Alcoholics Anonymous) AA, Anonieme Alcoholisten

AAA *afk* (American Automobile Association) de Amerikaanse ANWB

Aachen ['ɑːxən, ɑːkən] *znw* Aken *stad*

aah [ɑː] *tsw ah* ‹uitroep van teleurstelling, plezier, verdriet &› ★ *~, this is the life!* ah, dit is pas genieten!

aardvark ['aːrdvɑːrk] *znw* aardvarken ‹soort miereneter›

aback [ə'bæk] *bijw* ★ *be taken ~* verbluft zijn

abacus ['æbəkəs] *znw* telraam

abalone [æbə'ləuniː] *znw* abalone, zeeoor ‹soort schelpdier›

abandon [ə'bændən] **I** *znw* losheid, ongedwongenheid, ongeremdheid ★ *they danced with wild ~* ze dansten wild en uitbundig **II** *overg* ❶ (aan zijn lot) overlaten, verlaten, in de steek laten ★ *~ ship* het schip verlaten ‹omdat het zinkende is› ❷ opgeven, loslaten, ophouden met ★ *~ drinking* stoppen met drinken ★ *the government has now ~ed its stance* de regering heeft haar standpunt laten varen ★ *the rescue attempt had to be ~ed* de reddingspoging moest worden opgegeven ★ *she ~ed her career in favour of travel* zij gaf haar carrière op om te gaan reizen ★ *he ~ed himself to his fate* hij gaf zichzelf aan zijn lot over

abandoned [ə'bændənd] *bn* ❶ verlaten ★ *an ~ baby* een vondeling ❷ losbandig, verdorven

abandonment [ə'bændənmənt] *znw* ❶ prijsgeven, afstand doen ❷ afstand, overgave ❸ verlatenheid ❹ losheid, ongedwongenheid

abase [ə'beɪs] *overg* vernederen ★ *~ oneself* zich verlagen

abasement [ə'beɪsmənt] *znw* (zelf)vernedering

abashed [ə'bæʃt] *bn* ❶ verlegen ❷ bedremmeld ★ *he stood there looking ~* hij stond beteuterd te kijken ❸ beschaamd ★ *suitably ~* terecht beschaamd

abate [ə'beɪt] **I** *overg* verminderen, verlagen, verzachten, doen bekoelen **II** *onoverg* verminderen, afnemen, bedaren, gaan liggen, verflauwen, bekoelen

abatement [ə'beɪtmənt] *znw* ❶ vermindering, afslag, korting, aftrek ‹v. schuld, prijs› ❷ bestrijding ★ *noise ~* lawaaibestrijding ❸ jur vernietiging, opschorting v.e. procedure, afschaffing

abattoir ['æbətwɑː] *znw* abattoir, slachthuis

abbess ['æbes] *znw* abdis

abbey ['æbɪ] *znw* ❶ abdij ❷ abdijkerk

abbot ['æbət] *znw* abt

abbr. *afk* (abbreviated/abbreviation) afgekort / afkorting

abbreviate [ə'briːvɪeɪt] *overg* af-, be-, verkorten

abbreviated [ə'briːvɪeɪtɪd] *bn* verkort, eenvoudiger ★ *the noise made it a rather ~ conversation* door het lawaai werd het een nogal kort gesprek ★ *an ~ version of the book* een ingekorte versie van het boek

abbreviation [əbriːvɪ'eɪʃən] *znw* ❶ afkorting ★ *W is an ~ for west* W is een afkorting voor west / het westen ❷ bekorting, verkorting

ABC *znw* ❶ alfabet, abc ★ *as easy / simple as ~* doodsimpel, heel eenvoudig ❷ de allereerste beginselen

abdicate ['æbdɪkeɪt] **I** *overg* ❶ afstand doen (van), aftreden ★ *~ the throne* afstand doen van de troon ❷ afschuiven ‹verantwoordelijkheid› **II** *onoverg* aftreden

abdication [æbdɪ'keɪʃən] *znw* (troons)afstand

abdomen ['æbdəmən] *znw* ❶ anat onderlijf, (onder)buik ❷ achterlijf ‹v. insecten›

abdominal [æb'dɒmɪnl] *bn* onderbuik-, buik-

abdominals [æb'dɒmɪnls], *inf* **abs** *znw* [mv] buikspieren

abduct [əb'dʌkt] *overg* ontvoeren ★ *the woman was ~ed from her home* de vrouw werd uit haar huis ontvoerd

abduction [æb'dʌkʃən] *znw* ontvoering

abductor [æb'dʌktə] *znw* ❶ ontvoerder ❷ anat afvoerder, abductor

aberrant [ə'berənt] *bn* afdwalend, afwijkend

aberration [æbə'reɪʃən] *znw* afwijking, zedelijke misstap, (af)dwaling

abet [ə'bet] *overg* de hand reiken, steunen, bijstaan (in het kwade) ★ *aid and ~ sbd* iem. de hand reiken, handlangersdiensten bewijzen

abetment [ə'betmənt] *znw* form medeplichtigheid

abetter [ə'betə], **abettor** *znw* handlanger, medeplichtige

abeyance [ə'beɪəns] *znw* ★ *in ~* hangende, tijdelijk onbeheerd of opgeschort, vacant, fig sluimerend, onuitgemaakt ★ *fall into ~* in onbruik raken ★ *hold sth in ~* iets nog aanhouden ★ *leave sth in ~* iets laten rusten

abhor [əb'hɔː] *overg* verfoeien, verafschuwen

abhorrence [əb'hɒrəns] *znw* afschuw, gruwel

abhorrent [əb'hɒrənt] *bn* afschuw inboezemend, weerzinwekkend, met afgrijzen vervullend ★ *slavery is ~ to most people* slavernij boezemt de meeste mensen afschuw in

abide [ə'baɪd] **I** *overg* dulden, uitstaan, (ver)dragen, uithouden ★ *inf she can't ~ him* zij kan hem niet uitstaan **II** *onoverg* ★ *~ by sth* zich houden aan iets ‹een contract &› ★ *bijbel ~ with me* verlaat mij niet ab

abiding [ə'baɪdɪŋ] *bn* blijvend, duurzaam
ability [ə'bɪlətɪ] *znw* ❶ talent ❷ bekwaamheid,
bevoegdheid, vermogen ★ *to the best of one's* ~ zo
goed als je kunt ❸ <u>handel</u> solvabiliteit
abject ['æbdʒekt] *bn* ❶ laag, verachtelijk ❷ ellendig
abjuration [æbdʒʊ'reɪʃən] <u>form</u> *znw* afzwering
abjure [əb'dʒʊə] <u>form</u> *overg* afzweren, herroepen
ablaze [ə'bleɪz] *bn* ❶ brandend, in vlam, in
lichterlaaie ★ *the house was well* ~ *by then* het huis
stond tegen die tijd al in lichterlaaie ★ *set sth* ~ iets
in lichterlaaie zetten ❷ gloeiend ★ *his eyes were* ~
with anger zijn ogen schoten vuur van woede
able ['eɪbl] *bn* ❶ in staat ★ *she isn't* ~ *to be here* ze kan
hier niet aanwezig zijn ★ *he hasn't been* ~ *to arrange
a date yet* hij heeft nog geen datum kunnen regelen
★ *I'm perfectly* ~ *to manage myself, thanks* ik kan het
heel goed zelf af, dank je ❷ bekwaam, kundig,
knap, bevoegd
able-bodied [eɪbl-'bɒdɪd] *bn* sterk en gezond,
lichamelijk geschikt **II** *znw* ★ *the* ~ de gezonden
abled ['eɪbld] *bn* niet gehandicapt, niet invalide,
valide ‹als tegenstelling van *disabled*›
ableism ['eɪblɪz(ə)m] *znw* positieve discriminatie van
niet-gehandicapten ‹ten nadele van gehandicapten›
abloom [ə'blu:m] *bn* in bloei
ablution [ə'blu:ʃən] *znw* (meestal *mv*) ablutie, wassing,
reiniging ★ *ritual* ~s rituele wassingen ★ <u>scherts</u> *they
still have to perform their* ~s ze moeten zich nog
wassen
ably ['eɪblɪ] *bijw* bekwaam, kundig, knap
abnegate ['æbnɪgeɪt] <u>form</u> *overg* afzweren, zich
ontzeggen ★ *we cannot* ~ *our responsibility to the
refugees* we kunnen onze verantwoordelijkheid t.o.v.
de vluchtelingen niet verzaken
abnegation [æbnɪ'geɪʃən] <u>form</u> *znw*
(zelf)verloochening
abnormal [æb'nɔ:ml] *bn* abnormaal, onregelmatig ★ ~
behaviour abnormaal gedrag
abnormality [æbnɔ:'mælətɪ] *znw* ❶ abnormaliteit
❷ onregelmatigheid
abnormally [æb'nɔ:mlɪ] *bijw* buitengewoon, bijzonder
★ *summer was* ~ *hot that year* de zomer was
bijzonder warm dat jaar ★ *he was* ~ *tall for his age*
hij was buitengewoon groot voor zijn leeftijd
Abo ['æbəʊ] Aus <u>beledigend</u> *znw* [*mv:* Abos]
Aboriginal
aboard [ə'bɔ:d] **I** *voorz* ❶ aan boord van ❷ in ‹een
trein, bus &› **II** *bijw* aan boord ★ *all* ~! instappen!
abode [ə'bəʊd] *znw* woning, woonplaats,
verblijfplaats, verblijf ★ *no fixed* ~ geen vaste woon-
of verblijfplaats ★ <u>scherts</u> *welcome to my humble* ~
welkom in mijn nederige woning
abolish [ə'bɒlɪʃ] *overg* afschaffen, opheffen, buiten
werking stellen, vernietigen
abolition [æbə'lɪʃən] *znw* afschaffing, opheffing,
vernietiging
abolitionist [æbə'lɪʃənɪst] *znw* voorstander van
afschaffing van de slavernij

abominable [ə'bɒmɪnəbl] *bn* afschuwelijk, verfoeilijk,
walg(e)lijk
abominable snowman [ə'bɒmɪnəbl 'snəʊmæn] *znw*
★ *the* ~ de verschrikkelijke sneeuwman, yeti
abominate [ə'bɒmɪneɪt] <u>form</u> *overg* verafschuwen,
verfoeien
abomination [əbɒmɪ'neɪʃən] <u>form</u> *znw* ❶ afschuw
❷ gruwel ★ *what an* ~ *these flats are!* wat zijn die
flats oerlelijk!
aboriginal [æbə'rɪdʒɪnl] **I** *bn* oorspronkelijk, inheems,
oer- ★ *the* ~ *people of Taiwan* de oorspronkelijke
bewoners van Taiwan **II** *znw* oorspronkelijke,
inheemse bewoner ★ *the Aboriginals* de Aboriginals,
de oorspronkelijke bewoners van Australië
aborigine [æbə'rɪdʒɪni:] **I** *bn* van, betreffende de
oorspronkelijke bewoners ★ *Aborigine* van,
betreffende de oorspronkelijke bewoners van
Australië, Aboriginal **II** *znw* oorspronkelijke
bewoner ★ *Aborigine* oorspronkelijke bewoner van
Australië, Aboriginal
abort [ə'bɔ:t] **I** *overg* ❶ aborteren ❷ doen mislukken
❸ <u>comput</u> beëindigen, afsluiten, afbreken ‹een
programma, functie› **II** *onoverg* ❶ voortijdig
bevallen, een miskraam hebben ❷ niet tot
ontwikkeling komen ❸ wegkwijnen ❹ mislukken
‹plan &›
abortion [ə'bɔ:ʃən] *znw* ❶ abortus, miskraam ★ *a
back-street* ~ een illegale abortus ★ *a spontaneous* ~
een spontane abortus ★ ~ *on demand* abortus op
verzoek ❷ mislukking ❸ misbaksel
abortionist [ə'bɔ:ʃənɪst] *znw* aborteur
abortive [ə'bɔ:tɪv] *bn* mislukt, vruchteloos
abound [ə'baʊnd] *onoverg* overvloedig zijn, in
overvloed aanwezig zijn ★ ~ *in / with sth*
overvloeien van iets, vol zijn van iets
about [ə'baʊt] **I** *voorz* ❶ om...(heen), rond(om)
❷ omstreeks, omtrent, ongeveer ★ *that's* ~ *it* dat is
het wel zo'n beetje, dat moet het zo ongeveer zijn
❸ betreffende, over ★ <u>inf</u> *what are you* ~? wat voer
je in je schild? ★ *don't worry: he knows what he's* ~
maak je geen zorgen: hij weet wat hij doet ★ <u>inf</u>
mind what you're ~! kijk een beetje uit! ★ *he was not
long* ~ *it* hij deed er niet lang over ★ <u>inf</u> *I don't know
what he's on* ~ ik weet niet waar hij het over heeft
/ waarover hij loopt te zeuren ❹ aan, bij, in **II** *bijw*
❶ om, in omloop ★ *there's a lot of measles* ~ er gaat
veel mazelen rond ★ *be up and* ~ (weer) op de been
zijn ❷ ongeveer ★ *it's* ~ *20 miles* het is ongeveer 20
mijl ★ <u>inf</u> *I've had* ~ *enough* ik heb er genoeg van, ik
ben het zat ★ *be* ~ *to do sth* op het punt staan om
iets te doen ❸ rond, rondom ★ *there's no one* ~ er is
niemand in de buurt ★ *come* ~ gebeuren ★ *find
one's way* ~ de weg weten te vinden ★ *flounder* ~
stuntelen ★ *look all* ~ overal zoeken ❹ afwisselend
★ *take turns* ~ om de beurt gaan
about-face [ə'baʊt feɪs], **about-turn** *znw* ommekeer,
ommezwaai ★ *do / make an* ~ een totale
ommezwaai maken

above [ə'bʌv] **I** *voorz* ❶ boven, boven... uit ★ *that name comes ~ hers in the index* die naam staat boven de hare in het register ★ *~ all* boven alles, bovenal, vooral, in de eerste plaats ❷ boven... verheven ★ *that's quite ~ me* dat gaat (me) boven mijn pet ★ *she married ~ her / herself* ze trouwde boven haar stand ★ *she's a bit ~ herself* ze heeft het een beetje hoog in de bol ★ *he's not ~ telling a lie* hij is best in staat om te liegen ❸ meer dan **II** *bijw* ❶ boven ❷ hierboven ❸ boven mij (ons) **III** *znw* ★ form *the ~* het bovenstaande, (de) bovengenoemde

above board [ə'bʌv bɔːd] *bn & bijw* eerlijk, open(hartig) ★ *it's all legal and ~* het is helemaal volgens de regels

above-mentioned [ə'bʌv 'menʃənt] *bn* bovenvermeld, bovengenoemd

abracadabra [æbrəkə'dæbrə] *inf* **I** *tsw* abracadabra! **II** *znw* ❶ abracadabra ★ *the way a car works is all ~ to me* hoe een auto werkt is mij een raadsel ❷ toverspreuk ❸ wartaal

abrade [ə'breɪd] *overg* (af)schaven, afschuren

abrasion [ə'breɪʒən] *znw* ❶ afschaving, geschuurde plek ❷ schaafwond

abrasive [ə'breɪsɪv] **I** *bn* ❶ schurend, schuur- ❷ fig bits, scherp **II** *znw* schuurmiddel, slijpmiddel

abreast [ə'brest] *bijw* naast elkaar, zij aan zij ★ *keep ~ of sth* op de hoogte van iets blijven ★ *keep ~ with sbd* gelijke tred houden met iem.

abridge [ə'brɪdʒ] *overg* be-, verkorten, beperken, verminderen

abridged [ə'brɪdʒd] *bn* ❶ verkort ❷ eenvoudiger

abridgement [ə'brɪdʒmənt], **abridgment** *znw* ❶ be-, verkorting ❷ beperking ❸ korte inhoud, uittreksel

abroad [ə'brɔːd] **I** *bijw* ❶ van huis, in (naar) het buitenland ★ *we usually go ~ for our holidays* we gaan meestal naar het buitenland op vakantie ❷ in het rond ❸ in omloop ❹ ruchtbaar **II** *znw* het buitenland ★ *from ~* uit het buitenland

abrogate ['æbrəgeɪt] form *overg* afschaffen, opheffen

abrogation [æbrə'geɪʃən] form *znw* afschaffing, opheffing

abrupt [ə'brʌpt] *bn* ❶ abrupt, bruusk, kortaf ❷ onverwacht, plotseling ❸ steil

abs [æbs] *znw* [mv] → inf **abdominals**

abscess ['æbsɪs] *znw* abces ★ *lance an ~* een abces opensnijden

abscond [əb'skɒnd] *onoverg* ❶ zich uit de voeten maken, er (stil) vandoor gaan, weglopen ❷ jur zich aan het gerecht onttrekken

abseil ['æbseɪl] *onoverg* afdalen langs een dubbel bevestigd touw, abseilen

absence ['æbsəns] *znw* ❶ afwezigheid ★ *he was conspicuous by his ~* hij viel op door zijn afwezigheid ★ *during my ~, I can be reached on* tijdens mijn afwezigheid ben ik te bereiken op ★ *~ of mind* verstrooidheid ★ *leave of ~* verlof ★ jur *be condemned in one's ~* bij verstek veroordeeld worden ★ zegsw *~ makes the heart grow fonder* liefde wordt sterker bij afwezigheid ❷ gebrek ★ *in the ~ of sth* bij gebrek aan iets, bij afwezigheid van iets, bij ontstentenis van iets

absence rate ['æbsəns reɪt] *znw* afwezigheidspercentage, verzuimpercentage

absent I *bn* ['æbsənt] afwezig, absent **II** *wederk* [æb'sent] ★ form *~ oneself* wegblijven, zich verwijderen ★ *he ~ed himself from work* hij bleef weg van zijn werk

absentee [æbsən'tiː] *znw* afwezige

absentee ballot [æbsən'tiː 'bælət], **absentee vote** *znw* per post uitgebrachte stemmen

absenteeism [æbsən'tiːɪz(ə)m] *znw* absenteïsme, (stelselmatige) afwezigheid, verzuim

absentee landlord [æbsən'tiː 'lændlɔːd] *znw* verhuurder die niet op zijn bezit woont

absent-minded [æbsənt-'maɪndɪd] *bn* verstrooid, er niet bij

absinth ['æbsɪnθ] *znw* ❶ alsem ❷ **absinthe** absint

absolute ['æbsəluːt] **I** *bn* ❶ absoluut, volstrekt ❷ onbeperkt ❸ volkomen, volslagen **II** *znw* absolute

absolutely ['æbsəluːtlɪ] *bijw* ❶ absoluut, volstrekt, onbeperkt ❷ volkomen, volslagen ❸ inf gegarandeerd ❹ versterkend werkelijk, zonder meer ❺ zowaar, warempel

absolute majority ['æbsəluːt mə'dʒɒrɪtɪ] *znw* absolute meerderheid

absolute zero ['æbsəluːt 'zɪərəʊ] *znw* absoluut nulpunt

absolution [æbsə'luːʃən] *znw* ❶ vrijspraak ❷ absolutie, vergiffenis

absolutism ['æbsəl(j)uːtɪzm] *znw* absolutisme, (de leer of de beginselen van de) onbeperkte macht

absolve [əb'zɒlv] *overg* ❶ vrijspreken ★ *the enquiry ~d him from / of all guilt* het onderzoek sprak hem van alle schuld vrij ❷ ontslaan ‹van belofte &› ❸ RK de absolutie geven

absorb [əb'sɔːb] *overg* ❶ opzuigen, opslorpen, (in zich) opnemen, absorberen ❷ fig geheel in beslag nemen ‹aandacht› ★ *be ~ed in sth* (geheel) opgaand in iets ★ *he sat ~ed in thought* hij zat verdiept / verzonken in gedachten

absorbent [əb'sɔːbənt] **I** *bn* absorberend **II** *znw* absorberend materiaal

absorbing [əb'sɔːbɪŋ] *bn* boeiend

absorption [əb'sɔːpʃən] *znw* ❶ absorptie, opslorping ❷ fig opgaan ‹in werk &›

absorption costing [əb'sɔːpʃən 'kɒstɪŋ] boekh *znw* integrale kostprijsberekening

abstain [əb'steɪn] *onoverg* zich onthouden (van *from*)

abstainer [əb'steɪnə] *znw* ★ *a total ~* een geheelonthouder

abstemious [æb'stiːmɪəs] form *bn* matig, sober

abstention [əb'stenʃən] *znw* onthouding

abstinence ['æbstɪnəns] *znw* onthouding ★ *total ~* geheelonthouding

abstinent ['æbstɪnənt] *bn* zich onthoudend van

abstract I *bn* ['æbstrækt] abstract, theoretisch ★ *in*

ab

the ~ in theorie, in abstracto **II** *znw* ['æbstrækt]
❶ samenvatting ❷ uittreksel, excerpt, resumé
❸ abstract kunstwerk **III** *overg* [æb'strækt]
❶ abstraheren ❷ afleiden ❸ een uittreksel maken
van, excerperen ❹ onttrekken ❺ zich toe-eigenen,
wegnemen

abstracted [əb'stræktɪd] *bn* afwezig, verstrooid

abstraction [əb'strækʃən] *znw* ❶ abstractie
❷ verstrooidheid ❸ onttrekking ❹ ontvreemding

abstract noun ['æbstrækt naʊn] <u>gramm</u> *znw* abstract
zelfstandig naamwoord

abstract number ['æbstrækt 'nʌmbə] *znw* onbenoemd
getal

abstruse [əb'stru:s] *bn* diepzinnig, duister, cryptisch

absurd [əb'sɜ:d] **I** *bn* ongerijmd, onzinnig, absurd,
belachelijk **II** *znw* ★ *the* ~ het absurde, het
ongerijmde ★ *a sense of the* ~ een gevoel voor het
absurde

absurdity [əb'sɜ:dətɪ] *znw* ongerijmdheid,
onzinnigheid, absurditeit

ABTA ['æbtə] *afk* (Association of British Travel Agents)
algemene Britse vereniging van reisbureaus ‹± ANVR in Nederland›

abundance [ə'bʌndəns] *znw* overvloed, rijkdom
★ *there was wine in* ~ er was wijn in overvloed
★ *an* ~ *of information* een rijkdom aan informatie

abundant [ə'bʌndənt] *bn* ❶ overvloedig ❷ rijk (aan *in*)

abuse I *znw* [ə'bju:s] ❶ misbruik, schending,
mishandeling, misstand ★ *alcohol* ~
alcoholmisbruik, overmatig alcoholgebruik ★ *child* ~
kindermishandeling, kindermisbruik ★ *emotional* ~
geestelijke mishandeling ★ *human rights* ~*s*
schendingen van de mensenrechten ★ *physical* ~
lichamelijke mishandeling ★ *sexual* ~ seksueel
misbruik ★ *a victim of* ~ een slachtoffer van
misbruik ★ *the situation lends itself to* ~ de situatie
werkt misbruik in de hand ★ *be open to* ~ misbruikt
kunnen worden ❷ gescheld, belediging ★ *a term
of* ~ een scheldwoord ★ *heap* ~ *on sbd* iem. de huid
vol schelden **II** *overg* [ə'bju:z] ❶ misbruiken,
mishandelen ❷ uitschelden, beledigen

abusive [ə'bju:sɪv] *bn* ❶ grof, beledigend ★ ~ *language*
beledigende taal, scheldwoorden ★ *become* ~
beginnen te schelden ❷ oneerlijk, illegaal ★ ~
practices corrupte praktijken

abusively [ə'bju:sɪvlɪ] *bijw* grof, beledigend

> **abusive/abusively**
> betekent **grof, beledigend** en niet *abusief/
> abusievelijk*.
> *He made an abusive reference to me* betekent niet *hij
> had het abusievelijk over mij*, maar *hij maakte een
> beledigende opmerking over mij*.
> Ned. *abusievelijk* = **erroneously, by mistake**.

abut [ə'bʌt] *onoverg* grenzen (aan *on / onto*)

abutment [ə'bʌtmənt] <u>bouwk</u> *znw* ❶ steunbeer,
schoor, stut ❷ bruggenhoofd

abuzz [ə'bʌz] *bn* gonzend ★ *the room was* ~ *with*

mosquitoes het gonsde in de kamer van de muggen
★ *the city was* ~ *with rumours* in de stad gonsde het
van de geruchten

abysmal [ə'bɪzml] *bn* hopeloos, verschrikkelijk ★ <u>inf</u>
her typing is just ~ haar typen is hopeloos ★ *the
negotiations were an* ~ *failure* de onderhandelingen
waren een volkomen / totale mislukking ★ *he
regarded himself as an* ~ *failure* hij zag zichzelf als
een volslagen mislukking

abyss [ə'bɪs] *znw* afgrond ★ *the country is sinking into
an* ~ *of indifference* het land zinkt in een poel van
onverschilligheid

a/c <u>handel</u> *afk* (account) rekening

AC, ac *afk* ❶ (air conditioning) airconditioning ❷ →
<u>elektr</u> **alternating current**

acacia [ə'keɪʃə] <u>plantk</u> *znw* acacia

academic [ækə'demɪk] **I** *bn* ❶ academisch ★ ~ *freedom*
academische vrijheid ★ *the* ~ *year* het academisch
jaar ❷ zuiver theoretisch, schools ★ *an* ~ *issue* een
theoretische kwestie ★ *the distinction is purely* ~ het
verschil is puur theoretisch **II** *znw* ❶ hoogleraar
❷ student, academicus

academy [ə'kædəmɪ] *znw* academie, hogeschool
★ *an* ~ *of music* een conservatorium

Academy Award [ə'kædəmɪ ə'wɔ:d] *znw* Academy
Award, Oscar

acausal [ə'kɔ:zəl] *bn* non-causaal, zonder causaal
verband

accede [æk'si:d] <u>form</u> *onoverg* ❶ instemmen met,
toestemmen in ❷ aanvaarden ‹ambt› ❸ bestijgen
‹troon› ❹ toetreden (tot *to*)

accelerate [æk'seləreɪt] **I** *overg* ❶ bespoedigen
❷ versnellen **II** *onoverg* ❶ versnellen ❷ <u>auto</u>
optrekken

accelerated learning [æk'seləreɪtɪd 'lɜ:nɪŋ] *znw*
spoedopleiding, spoedcursus

acceleration [æksele'reɪʃən] *znw* bespoediging,
versnelling, <u>auto</u> acceleratie ★ *the 90s saw a rapid* ~
in the pace of change in de jaren 90 volgden de
veranderingen elkaar in versneld tempo op

accelerator [æk'seləreɪtə] *znw* ❶ versneller ❷ <u>auto</u>
gaspedaal

accent I *znw* ['æksənt] ❶ accent, tongval ★ *a broad* ~
een zwaar accent ★ *a regional* ~ een regionale
tongval ★ *she speaks without an* ~ zij spreekt
accentloos ★ *cultivate an* ~ zich een accent eigen
maken ❷ nadruk, klemtoon **II** *overg* [æk'sent]
accentueren, van accenten voorzien, de nadruk
leggen op

accentuate [æk'sentjʊeɪt] *overg* accentueren, de
klemtoon of nadruk leggen op

accentuation [æksentʃʊ'eɪʃən] *znw* accentuering,
beklemtoning

accept [æk'sept] *overg* accepteren, aannemen,
aanvaarden

acceptable [æk'septəbl] *bn* ❶ aannemelijk,
aanvaardbaar, acceptabel ★ *spitting is not socially* ~
behaviour spugen wordt niet beschouwd als sociaal

acceptabel gedrag ★ *a solution that everyone finds ~* een oplossing die voor iedereen aanvaardbaar is ❷ aangenaam, welkom

acceptance [ək'septns] *znw* ❶ aanvaarding ★ *an ~ speech* een aanvaardingstoespraak ★ *the idea is gradually finding ~* het idee begint langzamerhand ingang te vinden ❷ gunstige ontvangst, opname ‹in gemeenschap &› ★ *his ideas met with ~* zijn ideeën werden goed ontvangen ❸ handel acceptatie, geaccepteerde wissel, getekende wissel

accepted [ək'septɪd] *bn* erkend, gangbaar, algemeen (aanvaard) ★ *~ speech* algemeen taalgebruik

access ['ækses] I *znw* toegang ★ *easy ~* gemakkelijk te bereiken, genaakbaar, toegankelijk ★ *gain / obtain ~ to sth* toegang krijgen tot iets II *overg* ❶ toegang hebben tot ❷ comput opvragen

accessary [ək'sesərɪ] *bn & znw* → **accessory**

access code ['ækses kəʊd] *znw* toegangscode

accessibility [ək'sesɪbɪlətɪ] *znw* toegankelijkheid, bereikbaarheid ★ *wheelchair ~* bereikbaar voor rolstoelen

accessible [ək'sesɪbl] *bn* toegankelijk, bereikbaar ★ *easily ~ for those in wheelchairs* gemakkelijk toegankelijk voor rolstoelgebruikers ★ *in language immediately ~ to the reader* in voor de lezer duidelijk begrijpbare taal

accession [ək'seʃən] form *znw* ❶ toetreding ❷ aanwinst, vermeerdering ❸ (ambts)aanvaarding, (troons)bestijging ★ *~ to the throne* troonsbestijging

accessory [ək'sesərɪ], **accessary** I *bn* ❶ bijkomstig, bijbehorend, bij- ❷ betrokken (in *to*) ❸ medeplichtig II *znw* ❶ bijzaak, bijkomstigheid ❷ medeplichtige ★ jur *an ~ after the fact* medeplichtig wegens het achteraf steunen van een misdaad ★ jur *an ~ before the fact* medeplichtig wegens het aanzetten tot een misdaad ★ jur *an ~ to murder* een medeplichtige aan moord ❸ accessoire

access provider ['ækses prə'vaɪdə] comput *znw* provider, toegangsverschaffer (tot internet)

access road ['ækses rəʊd] *znw* ❶ toegangsweg ❷ Am oprit naar snelweg

access time ['ækses taɪm] comput *znw* toegangstijd

accident ['æksɪdnt] *znw* ❶ toeval, toevalligheid ★ *by ~* bij toeval, per ongeluk ★ *whether by ~ or design* toevallig of expres ★ *it is no ~ that most terrorists come from refugee camps* het is geen toeval dat de meeste terroristen uit vluchtelingenkampen komen ★ *it was a sheer ~ that we met* het was puur toeval dat we elkaar ontmoet hebben ❷ ongeval, ongeluk ★ *an industrial ~* een bedrijfsongeval ★ *he was hurt in an ~ involving a truck* hij was gewond in een vrachtwagenongeluk ★ inf *an ~ waiting to happen* een ongeluk dat alleen nog maar hoeft te gebeuren ★ euf *have an ~* het in zijn broek doen ★ zegsw *~s will happen* ongelukken gebeuren nu eenmaal

accidental [æksɪ'dentl] I *bn* ❶ toevallig ❷ bijkomend II *znw* muz verplaatsingsteken, toevallige verhoging of verlaging

accidental death [æksɪ'dentl deθ] jur *znw* dood ten gevolge van een ongeluk

accidentally [æksɪ'dentlɪ] *bijw* per ongeluk

accident-prone ['æksɪdnt-prəʊn] *bn* gemakkelijk ongelukken krijgend ★ *he's ~* hij is een brokkenpiloot

acclaim [ə'kleɪm] I *znw* toejuiching, gejuich, bijval ★ *meet with general / universal ~* algemene bijval krijgen II *overg* ❶ toejuichen, begroeten (als) ❷ uitroepen (tot)

acclaimed [ə'kleɪmd] *bn* toegejuicht ★ *an ~ novelist* een beroemde romanschrijver

acclamation [æklə'meɪʃən] *znw* ❶ acclamatie, goedkeuring ❷ toejuiching, bijvalsbetuiging

acclimate [ə'klaɪmeɪt] Am *overg & onoverg* → **acclimatize**

acclimatization [əklaɪmətaɪ'zeɪʃn], **acclimatisation** *znw* acclimatisatie

acclimatize [ə'klaɪmətaɪz], **acclimatise**, Am **acclimate** *overg & onoverg* acclimatiseren ★ *become ~d to sth* aan iets gewend raken

accolade [ækə'leɪd, ækə'lɑːd] *znw* ❶ accolade, (omhelzing bij de) ridderslag ❷ eerbetoon ❸ muz accolade

accommodate [ə'kɒmədeɪt] I *overg* ❶ aanpassen, accommoderen ❷ bijleggen ‹ruzie› ❸ helpen, van dienst zijn ❹ plaatsruimte hebben voor, onder dak brengen, herbergen ★ *the apartment can ~ four* het is een vierpersoons appartement ★ *be well ~d* goed wonen II *wederk* ★ *~ oneself to sth* zich aanpassen aan iets

accommodating [ə'kɒmədeɪtɪŋ] *bn* (in)schikkelijk, meegaand, coulant, behulpzaam

accommodation [əkɒmə'deɪʃən] *znw* ❶ aanpassing, vergelijk, schikking ❷ inschikkelijkheid ❸ (plaats)ruimte, onderdak, logies, huisvesting, accommodatie ★ *sheltered ~* aanleunwoningen ★ *suitable ~* passende woonruimte ★ *temporary ~* tijdelijk onderdak, tijdelijke woonruimte ❹ faciliteiten

accommodations [əkɒmə'deɪʃəns] *znw* [mv] Am logies, onderdak

accompaniment [ə'kʌmpənɪmənt] *znw* begeleiding ★ *this wine makes an excellent ~ for / to fish* deze wijn past uitstekend bij vis ★ muz *we sang to the ~ of a guitar* we zongen met gitaarbegeleiding

accompanist [ə'kʌmpənɪst] muz *znw* begeleider

accompany [ə'kʌmpənɪ] *overg* ❶ begeleiden ❷ muz accompagneren, begeleiden ❸ fig samengaan met, gepaard gaan met ❹ vergezellen ❺ vergezeld doen gaan (van *with*)

accompanying [ə'kʌmpənɪŋ] *bn* begeleidend ★ *see the ~ letter* zie de begeleidende brief

accomplice [ə'kʌmplɪs] *znw* medeplichtige, handlanger ★ *she is an ~ to murder* ze is medeplichtig aan moord

accomplish [ə'kʌmplɪʃ] *overg* ❶ volbrengen, tot stand brengen ★ *mission ~ed!* taak volbracht! ❷ bereiken

❸ volvoeren, vervullen

accomplished [əˈkʌmplɪʃt] *bn* ❶ beschaafd ❷ talentvol ❸ volleerd, deskundig ★ *an ~ piece of writing* een gedegen artikel ❹ voldongen (feit)

accomplishment [əˈkʌmplɪʃmənt] *znw* ❶ vervulling, voltooiing ❷ prestatie ★ *his technical ~s are considerable* zijn technische prestaties zijn aanzienlijk ❸ bekwaamheid ★ *he is a writer of some ~* hij is een schrijver die al het een en ander bereikt heeft

accord [əˈkɔːd] **I** *znw* ❶ overeenstemming, akkoord ★ *of one's own ~* uit eigen beweging, vanzelf ★ <u>form</u> *with one ~* eenstemmig, eenparig ★ <u>form</u> *be fully in ~* het ergens helemaal mee eens zijn, ergens helemaal mee instemmen ★ *reach an ~* overeenstemming bereiken ❷ overeenkomst, verdrag ★ *draw up an ~* een verdrag opstellen **II** *overg* <u>form</u> toestaan, verlenen **III** *onoverg* <u>form</u> overeenstemmen, harmoniëren (met *with*)

accordance [əˈkɔːdns] *znw* overeenstemming ★ *in ~ with the rules* in overeenstemming met de regels

accordingly [əˈkɔːdɪŋlɪ] *bijw* dienovereenkomstig, dus

according to [əˈkɔːdɪŋˈtʊ] *voorz* volgens ★ *the salary will be ~ experience* het salaris zal in overeenstemming zijn met de ervaring ★ *go ~ plan* volgens plan verlopen

accordion [əˈkɔːdɪən] <u>muz</u> *znw* accordeon

accordionist [əˈkɔːdɪənɪst] <u>muz</u> *znw* accordeonist

accost [əˈkɒst] *overg* aanspreken, aanklampen, ⟨iem.⟩ aanschieten

account [əˈkaʊnt] **I** *znw* ❶ bankrekening ★ *a business ~* een zakelijk rekening ★ *a deposit ~* een depositorekening ★ *a joint ~* een gezamenlijke rekening ❷ rekening, factuur ★ *on ~* op afbetaling ★ *have an ~ to settle with sbd* een appeltje te schillen hebben met iem. ❸ rekenschap, verklaring, reden ★ *call / bring sbd to ~* iem. ter verantwoording roepen ❹ relaas, bericht, verslag, beschrijving ★ *a blow-by-blow ~* een gedetailleerd verslag ★ *an eye-witness ~* een ooggetuigenverslag ★ *a graphic ~* een levendig versla ★ *by all ~s* naar men beweert ★ *by his own ~* volgens hemzelf ★ *give an ~ of sth* verslag uitbrengen over iets, een verklaring geven van iets ★ *give a good ~ of oneself* zich waar maken, zich (duchtig) weren ❺ belang, waarde ★ *of no ~* van geen belang / betekenis ★ *turn sth to (good) ~* iets te baat nemen, (goed) gebruik maken van iets, munt slaan uit iets ❻ beschouwing, aandacht ★ *leave sth out of ~* geen rekening houden met iets, iets buiten beschouwing laten ★ *take ~ of sbd / sth* rekening houden met iem. / iets ★ *take sbd / sth into ~* rekening houden met iem. / iets ❼ vertolking, uitvoering ★ *the orchestra gave a lively ~ of the work* het orkest gaf een levendige uitvoering van het werk ▼ *on ~ of* vanwege, wegens, door, om ▼ *on no ~ / not on any ~* in geen geval ▼ *on that ~* om die reden, daarom **II** *overg* <u>form</u> rekenen tot, rekenen onder, houden voor, beschouwen als,

achten ★ *he was ~ed among the ten richest businessmen* hij werd tot de tien rijkste zakenlieden gerekend **III** *onoverg* ★ *~ for sth* iets verantwoorden, rekenschap geven van iets, iets uitleggen, verklaren, iets voor zijn rekening nemen ★ *all casualties have been ~ed for* alle slachtoffers zijn gevonden ★ *there's no ~ing for taste* over smaak valt niet te twisten ★ *that ~s for it* dat verklaart de zaak ★ *the heat ~ed for him* hij bezweek aan de hitte ★ *overseas aid ~ed for most of the expenditure* buitenlandse hulp maakte het grootste deel van de bestedingen uit

accountability [əkaʊntəˈbɪlətɪ] *znw* ❶ verantwoordelijkheid, toerekeningsvatbaarheid, verantwoordingsplichtigheid ❷ <u>fin</u> rekenplichtigheid

accountable [əˈkaʊntəbl] *bn* ❶ verantwoordelijk, toerekenbaar ★ *hold sbd ~ for sth* iets op iems. conto schrijven ❷ verklaarbaar

accountancy [əˈkaʊntənsɪ] *znw* beroep(sbezigheid) v. accountant

accountant [əˈkaʊntənt] *znw* (hoofd)boekhouder, administrateur ★ *a chartered ~* een accountant (gediplomeerd)

account book [əˈkaʊntbʊk] *znw* ❶ huishoudboek(je) ❷ boekhoudboek, register

accounting [əˈkaʊntɪŋ] *znw* boekhouden, accountancy ★ *financial ~* financiële verslaglegging, financiële boekhouding ★ *creative ~* creatief boekhouden

accounting cycle [əˈkaʊntɪŋ ˈsaɪkl] <u>fin</u> *znw* verslagleggingscyclus, verslagleggingsperiode

accounting department [əˈkaʊntɪŋ dɪˈpɑːtmənt] *znw* boekhoudafdeling

accounting firm [əˈkaʊntɪŋ fɜːm] *znw* accountantskantoor

accounting period [əˈkaʊntɪŋ ˈpɪərɪəd] <u>fin</u> *znw* verslagperiode

accounting records [əˈkaʊntɪŋ ˈrekɔːdz] <u>boekh</u> *znw* [mv] administratie, gehele administratieve verslaglegging ⟨verslagen, bescheiden, boeken enz.⟩

accounting system [əˈkaʊntɪŋ ˈsɪstəm] *znw* administratie, boekhoudsysteem

accounting value [əˈkaʊntɪŋ ˈvæljuː] *znw* boekwaarde

accounting year [əˈkaʊntɪŋ jɪə] *znw* boekjaar

account management [əˈkaʊnt ˈmænɪdʒmənt] *znw* accountmanagement ⟨vorm van marketing gericht op grote afnemers⟩

accounts book [əˈkaʊnts bʊk] <u>boekh</u> *znw* balansboek

accounts department [əˈkaʊnts dɪˈpɑːtmənt] *znw* financiële afdeling

accounts payable [əˈkaʊnts ˈpeɪəbl] *znw* crediteuren

accounts receivable [əˈkaʊnts rɪˈsiːvəbl] *znw* debiteuren

accoutrement [əˈkuːtəmənt] *znw* (meestal *mv*) uitrusting

accredit [əˈkredɪt] *overg* ❶ geloof schenken aan ❷ accrediteren (bij *to*) ★ *~ sth to sbd/~ sbd with sth* iem. iets toeschrijven ★ *Kepler is ~ed with discovering* *the law* de ontdekking van de wet wordt toegeschreven aan Kepler ★ *I had ~ed him with more common sense than that* ik had hem meer gezond verstand toegedacht

accreditation [əkredɪˈteɪʃən] *znw* accreditering

accredited [əˈkredɪtɪd] *bn* officieel erkend, geaccrediteerd

accretion [əˈkriːʃən] *znw* aanwas, aanslibbing

accrual [əˈkruːəl] *znw* aanwas, groei, toename

accrue [əˈkruː] I *overg* kweken, doen toenemen II *onoverg* ❶ aangroeien, toenemen, oplopen ★ *~ to sbd / sth* toekomen, toevloeien, toevallen aan iem. / iets ❷ voortspruiten (uit *from*)

accrued [əˈkruːd] *bn* gekweekt, gegroeid ★ *~ interest* gekweekte rente

accumulate [əˈkjuːmjʊleɪt] I *overg* op(een)hopen, op(een)stapelen II *onoverg* zich op(een)hopen, zich op(een)stapelen

accumulation [əkjuːmjʊˈleɪʃən] *znw* op(een)hoping, hoop

accumulative [əˈkjuːmjʊlətɪv] *bn* ❶ (zich) ophopend ❷ (steeds) aangroeiend

accumulator [əˈkjuːmjʊleɪtə] *znw* ❶ verzamelaar ❷ accumulator, accu

accuracy [ˈækjʊrəsɪ] *znw* nauwkeurigheid, nauwgezetheid, stiptheid, accuratesse

accurate [ˈækjʊrət] *bn* nauwkeurig, nauwgezet, stipt, accuraat

accursed [əˈkəːsɪd, əˈkəːst] dicht *bn* ❶ vervloekt, verdoemd ❷ gehaat

accusal [əˈkjuːzəl], **accusation** *znw* beschuldiging, verwijt

accusation [əkjuːˈzeɪʃən] *znw* beschuldiging ★ *he rejected all the ~s brought against him* hij verwierp alle beschuldigingen die tegen hem waren ingebracht

accusative [əˈkjuːzətɪv] gramm *znw* ★ *the ~* de accusatief, de vierde naamval

accusatory [əˈkjuːzətərɪ] *bn* beschuldigend

accuse [əˈkjuːz] *overg* beschuldigen, aanklagen ★ *no one could ever ~ him of laziness* niemand kon hem ooit beschuldigen van luiheid

accused [əˈkjuːzd] I *bn* beschuldigd ★ *form be ~ of manslaughter* beschuldigd worden van doodslag ★ *stand ~ of sth* beschuldigd worden van iets II *znw* ★ *the ~* de verdachte(n)

accuser [əˈkjuːzə] *znw* beschuldiger, aanklager

accusing [əˈkjuːzɪŋ] *bn* verwijtend

accustom [əˈkʌstəm] *overg* wennen (aan *to*)

accustomed [əˈkʌstəmd] *bn* gewoon, gewend

AC/DC *bn* ❶ (alternating current/direct current) ⟨letterlijk: wisselstroom / gelijkstroom⟩ ❷ scherts biseksueel, bi

ace [eɪs] *znw* ❶ kaartsp aas ★ *have an ~ up one's sleeve/Am have an ~ in the hole* iets achter de hand, in reserve hebben ★ *have / hold all the ~s* alle troeven in de hand hebben ★ *fig play one's ~* zijn troef uitspelen ❷ tennis ace ❸ één ⟨op dobbelsteen

&⟩ ❹ beetje, schijntje ★ *not an ~ of a chance* geen enkele kans ★ *within an ~ of death* de dood nabij ★ *he came within an ~ of winning* het scheelde niet veel of hij had gewonnen ❺ uitstekend (oorlogs)vlieger ❻ uitblinker

acerbic [əˈsɜːbik] *bn* ❶ scherp, bitter ❷ wrang

acerbity [əˈsɜːbətɪ] *znw* ❶ scherpheid, bitterheid ❷ wrangheid

acetaminophen [əˈsiːtəˈmɪnəfen] *znw* [*mv:* acetaminophens *of* acetaminophen] paracetamol

acetate [ˈæsɪteɪt] *znw* acetaat

acetic [əˈsiːtɪk] *bn* van azijn, azijnachtig ★ *~ wine* verzuurde wijn

acetic acid [əˈsiːtɪk ˈæsɪd] *znw* azijnzuur

acetone [ˈæsɪtəʊn] *znw* aceton

acetylene [əˈsetɪliːn] *znw* acetyleen

ache [eɪk] I *znw* pijn ★ *~s and pains* kwaaltjes II *onoverg* ❶ zeer doen, pijn lijden ★ *my head ~s* ik heb hoofdpijn ★ *~ all over* overal pijn hebben ❷ hunkeren (om *to*) ★ *~ for sbd / sth* hunkeren naar iem. / iets

achievable [əˈtʃiːvəbl] *bn* uitvoerbaar

achieve [əˈtʃiːv] *overg* ❶ volbrengen, presteren ❷ verwerven ❸ het brengen tot, bereiken, behalen

achievement [əˈtʃiːvmənt] *znw* ❶ stuk werk, prestatie, succes ★ *that's quite an ~* dat is een behoorlijke prestatie ❷ daad, bedrijf, wapenfeit

achievement-oriented [əˈtʃiːvmənt-ˈɔːrɪəntɪd] *bn* prestatiegericht

achiever [əˈtʃiːvə] *znw* ❶ iem. die goed presteert ★ *a high ~* iemand met uitstekende resultaten ❷ prestatiegericht persoon

Achilles heel [əˈkɪliːz hiːl] *znw* achilleshiel, zwakke punt ★ *lack of support from the backbench was the government's ~* het ontbreken van steun uit de fractie was het zwakke punt van de regering

Achilles tendon [əˈkɪliːz ˈtendən] anat *znw* achillespees

achingly [ˈeɪkɪŋlɪ] *bijw* ❶ pijnlijk ❷ buitengewoon ★ *his jokes are sometimes ~ funny* zijn grapjes zijn soms buitengewoon grappig

achoo [əˈtʃuː] *tsw* hatsjie ⟨niesgeluid⟩

achromatic [ækrəˈmætɪk] *bn* ❶ kleurloos ❷ muz achromatisch, diatoon

achy [ˈeɪkɪ] *bn* pijn lijdend, zeer ★ *I feel ~ all over* het doet overal pijn

acid [ˈæsɪd] I *bn* ❶ zuur ❷ fig scherp, bijtend, sarcastisch II *znw* ❶ zuur ❷ inf lsd

acid drop [ˈæsɪd drɒp] *znw* zuurtje

acid head [ˈæsɪd hed], **acidhead** *znw* inf lsd-gebruiker

acidify [əˈsɪdɪfaɪ] *overg* zuur maken of worden

acidity [əˈsɪdətɪ] *znw* ❶ zuurheid ❷ zuurgraad

acid jazz [ˈæsɪd dʒæz] *znw* acid jazz ⟨dansmuziek met elementen van jazz, funk, soul en hiphop⟩

acidophilus [əsɪˈdɒfɪləs] *znw* acidophilus ⟨bep. melkzuurbacterie⟩

acid rain [ˈæsɪd reɪn] *znw* zure regen

acid test [ˈæsɪd test] *znw* ★ *the ~* de zuurproef, fig de

ac

vuurproef
acknowledge [ək'nɒlɪdʒ] *overg* ❶ erkennen, bekennen ❷ berichten, bevestigen ‹ontvangst› ★ *please ~ receipt of this letter* de ontvangst van deze brief graag bevestigen ❸ bedanken voor ❹ beantwoorden ‹een groet›
acknowledgement [ək'nɒlɪdʒmənt], **acknowledgment** *znw* ❶ erkenning, acceptatie ❷ bevestiging, bericht v. ontvangst ❸ beantwoording ‹v. groet› ❹ erkentelijkheid, dankbetuiging ★ *with due ~* met gepaste erkentelijkheid
acknowledgements [ək'nɒlɪdʒmənts] *znw* [mv] dankbetuiging, met dank aan ‹in boek›
acme ['ækmɪ] *znw* ★ dicht *the ~* het toppunt, het summum
acne ['æknɪ] *znw* acne, jeugdpuistjes
acolyte ['ækəlaɪt] *znw* ❶ misdienaar, acoliet ❷ fig volgeling, aanhanger
aconite ['ækənaɪt] plantk *znw* akoniet, monnikskap
acorn ['eɪkɔːn] *znw* eikel
acoustic [ə'kuːstɪk] *bn* gehoor-, akoestisch
acoustics [ə'kuːstɪks] *znw* [mv] ❶ geluidsleer ❷ akoestiek
acquaint [ə'kweɪnt] *overg* in kennis stellen, op de hoogte brengen (van *with*) ★ *be ~ed with sbd* iem. kennen ★ *be ~ed with sth* op de hoogte zijn van iets ★ *~ oneself with sth* zich op de hoogte stellen van iets
acquaintance [ə'kweɪntəns] *znw* ❶ kennis, bekendheid ★ form *have a passing / nodding / slight ~ with sth* iets oppervlakkig kennen ❷ kennismaking ★ *on first ~* bij eerste kennismaking ★ *on / upon closer ~* bij nadere kennismaking ★ *make sbd's ~ / make the ~ of sbd* kennis maken met iem. maken ★ *strike up an ~ with sbd* toevallig met iem. kennismaken ❸ bekende, kennis(sen) ★ *friends and ~s* vrienden en kennissen
acquaintance rape [ə'kweɪntəns reɪp] Am *znw* verkrachting door een bekende van het slachtoffer
acquainted [ə'kweɪntɪd] *bn* ❶ bekend, vertrouwd ❷ op de hoogte
acquiesce [ækwɪ'es] *onoverg* berusten (in *in*), (stilzwijgend) instemmen (met *in*), toestemmen
acquiescence [ækwɪ'esəns] *znw* berusting, instemming, toestemming
acquiescent [ækwɪ'esənt] *bn* berustend, inschikkelijk
acquire [ə'kwaɪə] *overg* ❶ verwerven, (ver)krijgen, opdoen ❷ zich eigen maken ❸ (aan)kopen
acquired [ə'kwaɪəd] *bn* aangeleerd, verworven ★ *Schönberg's music is rather an ~ taste* de muziek van Schönberg moet je leren waarderen
acquisition [ækwɪ'zɪʃən] *znw* ❶ verwerving, verkrijging ★ *language ~* taalverwerving ❷ aankoop, aanschaf ❸ aanwinst
acquisitive [ə'kwɪzətɪv] *bn* hebzuchtig
acquit [ə'kwɪt] **I** *overg* ❶ vrijspreken, ontslaan ❷ kwijten **II** *wederk* ★ form *~ oneself* zich kwijten

acquittal [ə'kwɪtl] *znw* ❶ vrijspraak ❷ ontheffing ❸ vervulling ❹ vereffening
acre ['eɪkə] *znw* acre ‹landmaat van 4840 vierkante yards, ± 0,4047 ha› ★ gedat *God's ~* het kerkhof
acreage ['eɪkərɪdʒ] *znw* oppervlakte, aantal *acres*
acrid ['ækrɪd] *bn* scherp, wrang, bijtend, bits
acrimonious [ækrɪ'məʊnɪəs] *bn* scherp, bits
acrimony ['ækrɪmənɪ] *znw* scherpte, scherpheid, bitsheid
acrobat ['ækrəbæt] *znw* acrobaat
acrobatic [ækrə'bætɪk] *bn* acrobatisch
acrobatics [ækrə'bætɪks] *znw* [mv] ❶ acrobatiek ❷ acrobatische toeren
acromegaly [ækrə(ʊ)'megəliː] med *znw* acromegalie ‹buitensporige groei van hoofd, handen en voeten›
acronym ['ækrənɪm] *znw* acroniem, letterwoord
acrophobia [ækrə'fəʊbɪə] *znw* acrofobie, hoogtevrees
acrophobic [ækrə'fəʊbɪk] *bn* acrofobisch, met hoogtevrees
across [ə'krɒs] **I** *voorz* ❶ (dwars) over, (dwars)door ★ *~ the board* over de hele linie ❷ aan de overkant van ★ *he lived ~ the street from her* hij woonde tegenover haar ★ *she sat ~ from us* ze zat tegenover ons **II** *bijw* ❶ ❷ (over)dwars, kruiselings of gekruist (over elkaar) ❸ aan de overkant, naar de overkant, erover ★ *get the message ~* de boodschap overbrengen ❹ horizontaal ‹kruiswoordraadsel› ❺ over, tegen ★ *how do I come ~?* hoe kom ik over? ★ *come / run ~ sbd / sth* iem. / iets onverwachts tegenkomen
acrostic [ə'krɒstɪk] *znw* acrostichon, naamdicht
acrylic [ə'krɪlɪk] *znw* ❶ schilderij in acryl ❷ acrylverf ❸ acrylvezel
act [ækt] **I** *znw* ❶ daad, handeling ★ bijbel *Acts* Handelingen ★ *an ~ of faith* geloofsdaad ★ *an ~ of God* een natuurramp, jur overmacht ★ *an ~ of grace* gunst, jur amnestie ★ *catch sbd in the ~* iem. op heterdaad betrappen ❷ bedrijf ‹v. toneelstuk, opera› ❸ nummer, act ‹van artiest› ★ *a balancing ~* een balanceertruc, koorddansen ‹ook figuurlijk› ★ *it's a hard / tough ~ to follow* dat is moeilijk te evenaren ★ *a vanishing / disappearing ~* een verdwijntruc ★ inf *clean up one's ~* zich beter gaan gedragen ★ inf *get / be in on the ~* meedoen ‹om voordeel te behalen› ★ inf *get one's ~ together* orde op zaken stellen ★ inf *put on an ~* toneel spelen ❹ wet ❺ akte **II** *overg* opvoeren, spelen (voor) ★ *~ the fool* de clown uithangen **III** *onoverg* ❶ handelen, (iets) doen, te werk gaan, optreden ★ *~ in sbd's best interests* het beste met iem. voor hebben ★ *he ~s as if he owns the place* hij doet alsof het huis van hem is ❷ acteren, toneelspelen ❸ zich aanstellen **IV** *phras* ★ *~ as sth* optreden / fungeren als iets ★ *~ for sbd* als vertegenwoordiger optreden voor iem. ★ *~ on sth* inwerken op iets ★ *~ on / upon a suggestion* een raad opvolgen ★ *~ sth out* iets in daden omzetten ‹v. ideeën›, psych iets naar buiten brengen ‹onbewuste verlangens› ★ inf *~ up* lastig zijn, kuren hebben

acting ['æktɪŋ] **I** bn ❶ fungerend, waarnemend
❷ tijdelijk (aangesteld), beherend ⟨vennoot⟩ **II** znw
acteren, actie, spel, toneelspel(en)

action ['ækʃən] znw ❶ actie, handeling, daad
★ affirmative ~ positieve discriminatie ★ an ~ group
een actiegroep ★ in ~ in actie, in werking, actief ★ a
course of ~ een procedure, (handelings)weg ★ a man
of ~ een man van de daad ★ leap into ~ plotseling in
actie komen ★ spur / galvanize / prod sbd into ~ iem.
aansporen in actie te komen ★ take ~ optreden,
stappen ondernemen ★ take ~ against sbd optreden
tegen iem. ★ zegsw ~s speak louder than words geen
woorden maar daden ❷ jur proces ★ right of ~
vorderingsrecht ★ bring an ~ against sbd iem. een
proces aandoen ❸ mil gevecht ★ be killed in ~
sneuvelen / vallen / omkomen in de strijd
❹ mechaniek, werking, bedrijf ★ out of ~ buiten
werking / bedrijf

actionable ['ækʃnəbl] jur bn vervolgbaar

action-packed ['ækʃən-pækt] bn vol actie ★ an ~ finale
een zinderende finale

action replay ['ækʃən 'ri:pleɪ] znw herhaling ⟨bij
sportverslag op de televisie⟩

action research ['ækʃən rɪ's3:tʃ] znw actieonderzoek

action stations ['ækʃən 'steɪʃənz] znw [mv]
gevechtsposten ★ scherts the boss'll be here in 5
minutes: ~, everybody! de baas komt over 5 minuten:
iedereen op zijn plaats!

activate ['æktɪveɪt] overg ❶ activeren ❷ ontketenen
❸ radioactief maken

activation [æktɪ'veɪʃən] znw activering

active ['æktɪv] bn ❶ werkend, werkzaam, bedrijvig,
actief ❷ gramm bedrijvend

active citizen ['æktɪv 'sɪtɪzən] znw actieve
(gemeenschapsbewuste) burger

actively ['æktɪvlɪ] bijw actief, bedrijvig, levendig

active service ['æktɪv 's3:vɪs] mil znw aan het front,
onder de wapenen

activism ['æktɪvɪzm] znw (politiek of sociaal) activisme

activist ['æktɪvɪst] **I** bn activistisch **II** znw activist

activity [æk'tɪvətɪ] znw werkzaamheid, bedrijvigheid,
bezigheid, activiteit ★ a hive of ~ een drukke boel
★ there were no signs of ~ er waren geen tekenen van
activiteit

act of contrition [ækt əv kən'trɪʃən] znw akte van
berouw ★ his visit was seen as an ~ for the country's
colonial past zijn bezoek werd gezien als een akte
van berouw voor het koloniale verleden van het
land

actor ['æktə] znw toneelspeler, acteur ★ a supporting ~
een bijrolspeler

actress ['æktrəs] znw actrice, toneelspeelster

actual ['æktʃʊəl] bn ❶ werkelijk, feitelijk ★ in ~ fact
eigenlijk, in werkelijkheid ❷ huidig, zoals de feiten
nu zijn ★ the use of ~ sales to predict future profits het
gebruik van huidige verkoopcijfers om toekomstige
winsten te voorspellen

actual
betekent **werkelijk, feitelijk** en soms **huidig.**
The actual subject of his speech was... betekent niet het
actuele onderwerp van zijn toespraak was..., maar het
echte onderwerp van zijn toespraak was...
Ned. actueel = **current, topical.**

actual bodily harm ['æktʃʊəl 'bɒdəlɪ hɑ:m] jur znw
lichamelijk letsel ⟨minder ernstig dan grievous bodily
harm⟩ ★ he was convicted of assault occasioning ~ hij
werd veroordeeld wegens geweld, lichamelijk letsel
tot gevolg hebbend

actuality [æktʃʊ'ælətɪ] znw ❶ werkelijkheid
❷ bestaande toestand ❸ actualiteit

actualize ['æktʃʊəlaɪz], **actualise** overg
❶ verwezenlijken ❷ als werkelijkheid beschrijven

actually ['æktʃʊəlɪ] bijw ❶ werkelijk, wezenlijk
❷ feitelijk, eigenlijk, in werkelijkheid ❸ momenteel
❹ waarachtig, zowaar

actuary ['æktʃʊərɪ] znw actuaris, wiskundig adviseur
bij een verzekeringsmaatschappij

actuate ['æktʃʊeɪt] overg in beweging brengen,
(aan)drijven

acuity [ə'kju:ətɪ] znw scherpte, scherp(zinnig)heid,
opmerkzaamheid ★ visual ~ gezichtsscherpte

acumen ['ækjʊmən] znw scherpzinnigheid
★ business ~ zakelijk inzicht

acupressure ['ækjʊ'preʃə] znw acupressuur

acupuncture ['ækju:pʌŋktʃə] znw acupunctuur

acute [ə'kju:t] **I** bn ❶ scherp ❷ scherpzinnig ❸ intens,
hevig ❹ acuut ❺ nijpend ⟨tekort &⟩ **II** znw → **acute
accent**

acute abdomen [ə'kju:t 'æbdəmən] med znw acute
ernstige buikpijn

acute accent [ə'kju:t 'æksənt], **acute** gramm znw
accent aigu

ad [æd] inf znw advertentie ★ a small / classified ~ een
rubrieksadvertentie, kleine annonce

AD ['eɪdi:] afk (Anno Domini) na Christus, n.Chr.

adage ['ædɪdʒ] znw spreekwoord, gezegde

ad agency [æd 'eɪdʒənsɪ] znw advertentiebureau

Adam ['ædəm] znw ★ inf I don't know him from ~ ik
ken hem absoluut niet

adamant ['ædəmənt] bn onvermurwbaar,
onbuigzaam, keihard

Adam's apple ['ædəmz 'æpl] znw adamsappel

adapt [ə'dæpt] **I** overg ❶ pasklaar maken, aanpassen
★ the car is specially ~ed to take extra passengers de
auto is speciaal aangepast om extra passagiers te
vervoeren ❷ bewerken (naar from) ⟨roman &⟩
II onoverg zich aanpassen ★ she has the ability to ~ to
all circumstances ze kan zich aan alle
omstandigheden aanpassen

adaptability [ədæptə'bɪlətɪ] znw
❶ aanpassingsvermogen ❷ geschiktheid (tot
bewerking)

adaptable [ə'dæptəbl] bn ❶ pasklaar te maken (voor
to), te bewerken ❷ zich gemakkelijk aanpassend,

ad

plooibaar ★ *most people are* ~ *to change* de meeste mensen kunnen zich gemakkelijk aanpassen

adaptation [ædæp'teɪʃən] *znw* ❶ aanpassing ❷ bewerking ‹v. roman &›

adapter [ə'dæptə], **adaptor** *znw* ❶ bewerker ‹v. roman &› ❷ techn tussenstuk, adapter, verloopstekker, verdeelstekker

adaptive [ə'dæptɪv] *bn* adaptief

add [æd] **I** *overg* ❶ bijvoegen, toevoegen, bijdoen ★ *I hasten to* ~ *that...* ik wil nog wel toevoegen dat... ★ *this is only* ~*ing to the problem* dit maakt het probleem alleen maar groter ❷ optellen **II** *phras* ★ ~ *sbd / sth* **in** iem. / iets bijtellen, meerekenen ★ ~ *sth* **together** iets bij elkaar optellen ★ ~ **up** kloppen ★ *things didn't* ~ **up** er klopte iets niet ★ ~ *sth* **up** iets optellen ★ ~ **up to** betekenen, neerkomen op ★ *this* ~*s* **up to** *quite an amount* dit komt neer op een flink bedrag

added ['ædɪd] *bn* toegevoegd, extra ★ *an* ~ *reason* een reden te meer, (nog) meer reden ★ *for* ~ *skin protection* voor extra beveiliging van de huid ★ *he's working full-time, and* ~ *to that / which, writing a book* hij werkt fulltime en daarnaast schrijft hij ook nog een boek

added value ['ædɪd 'vælju:] econ *znw* toegevoegde waarde

addendum [ə'dendəm] *znw* [*mv:* -da] toevoeging, bijlage, addendum

adder ['ædə] *znw* adder

addict ['ædɪkt] *znw* ❶ verslaafde ❷ inf fanaat ★ *a television* ~ een televisieverslaafde

addicted [ə'dɪktɪd] *bn* verslaafd ★ *be* ~ *to heroin* verslaafd zijn aan de heroïne

addiction [ə'dɪkʃən] *znw* verslaafdheid, verslaving

addictive [ə'dɪktɪv] *bn* verslavend

addition [ə'dɪʃən] *znw* ❶ bijvoeging, toevoeging, vermeerdering ★ *our efficiency could be improved by the* ~ *of extra staff* onze efficiëntie kan verbeterd worden door de toevoeging van extra medewerkers ★ *in* ~ *to his other activities, he is writing a book* naast zijn andere activiteiten is hij ook bezig een boek te schrijven ❷ optelling ❸ bijvoegsel

additional [ə'dɪʃənl] *bn* bijgevoegd, bijkomend, extra ★ *there will be an* ~ *charge for cleaning* er worden extra kosten in rekening gebracht voor het schoonmaken

additionally [ə'dɪʃənəlɪ] *bijw* als toevoeging of toegift, erbij, bovendien

addition sign [ə'dɪʃən saɪn] *znw* plusteken

additive ['ædətɪv] *znw* toevoeging, additief ★ *food* ~*s* voedingsadditieven / voedseladditieven

addle ['ædl] **I** *overg* verwarren ★ scherts *the heat must have* ~*d his brain* de hitte moet zijn brein hebben verward **II** *onoverg* bederven ‹v. eieren›

addled ['ædld] *bn* ❶ bedorven ‹ei› ❷ hersenloos, warhoofdig ★ scherts *my* ~ *brain can't cope* mijn verwarde brein kan het niet bevatten

add-on ['æd-ɒn] *znw* uitbreiding met nieuwe hardware ‹toevoeging aan computer om prestaties te verbeteren›

address [ə'dres] **I** *znw* ❶ adres ★ comput *the absolute* ~ het absoluut adres ‹vaste opslagplaats van gegevens› ★ *no fixed* ~ geen vaste woon- of verblijfplaats ❷ toespraak, rede **II** *overg* ❶ aanspreken, toespreken ❷ adresseren ❸ aanpakken ‹probleem› **III** *wederk* ★ ~ *oneself to sbd* zich richten tot iem. ★ ~ *oneself to sth* zich toeleggen op iets, zich bezighouden met iets, iets aanpakken

addressee [ædre'si:] *znw* geadresseerde

adduce [ə'dju:s] form *overg* aanvoeren, aanhalen

adductor [ə'dʌktə] anat *znw* aanvoerder, adductor

adenoids ['ædənɔɪdz] med *znw* [*mv*] adenoïde vegetaties

adept I *bn* ['ædept, ə'dept] ervaren ★ *it's a skill he's highly* ~ *at* dat is iets waar hij bijzonder goed in is **II** *znw* ['ædept] meester (in *in*, *at*)

adequacy ['ædɪkwəsɪ] *znw* toereikendheid, geschiktheid ‹voor doel›

adequate ['ædɪkwət] *bn* ❶ gepast, geschikt, bevredigend, adequaat ❷ toereikend, voldoende (voor *to*)

ADHD *afk* → **attention deficit hyperactivity disorder**

adhere [əd'hɪə] *onoverg* ❶ (aan)kleven, aanhangen ❷ blijven bij, zich houden (aan *to*)

adherence [əd'hɪərəns] *znw* ❶ (aan)kleven ❷ aanhankelijkheid, trouw

adherent [əd'hɪərənt] **I** *bn* (aan)klevend **II** *znw* aanhanger

adhesion [əd'hi:ʒən] *znw* ❶ (aan)kleving ❷ adhesie

adhesive [əd'hi:sɪv] **I** *bn* (aan)klevend, kleverig ★ *an* ~ *bandage* een pleister ★ ~ *tape* plakband **II** *znw* plakmiddel, kleefstof, lijm

ad hoc [æd 'hɒk] ‹Lat› *bn & bijw* ad hoc, voor dit speciale geval

adieu [ə'dju:] dicht **I** *tsw* adieu!, vaarwel!, tot ziens! **II** *znw* [*mv:* -s of adieux] vaarwel, afscheid

ad infinitum [ædɪnfɪ'naɪtəm] ‹Lat› *bijw* ad infinitum, tot in het oneindige

adipose ['ædɪpəʊs] *bn* vet, vettig ★ ~ *tissue* vetweefsel

adj gramm *afk* (adjective) bijvoeglijk naamwoord

adjacent [ə'dʒeɪsənt] *bn* ❶ aangrenzend, aanliggend, belendend ❷ nabijgelegen

adjectival ['ædʒɪktaɪvəl] gramm *bn* bijvoeglijk

adjective ['ædʒɪktɪv] gramm *znw* bijvoeglijk naamwoord

adjoin [ə'dʒɔɪn] **I** *overg* toe-, bijvoegen **II** *onoverg* grenzen aan

adjoining [ə'dʒɔɪnɪŋ] *bn* naastgelegen, aangrenzend, belendend

adjourn [ə'dʒɜ:n] **I** *overg* ❶ uitstellen ❷ verdagen **II** *onoverg* ❶ op reces gaan, uiteengaan ❷ zich begeven (naar *to*) ★ scherts *shall we* ~ *to the pub?* zullen we ons naar de kroeg begeven?

adjournment [ə'dʒɜ:nmənt] *znw* ❶ uitstel ❷ verdaging, reces

adjudge [əˈdʒʌdʒ] <u>form</u> *overg* ❶ aanwijzen als, uitroepen tot ★ ~ *sbd guilty* iem. schuldig bevinden ❷ toekennen, toewijzen

adjudicate [əˈdʒuːdɪkeɪt] **I** *overg* beslissen, berechten **II** *onoverg* uitspraak doen (over *on*)

adjudication [ədʒuːdɪˈkeɪʃən] *znw* ❶ berechting ❷ toewijzing

adjudicator [əˈdʒuːdɪkeɪtə] *znw* arbiter

adjunct [ˈædʒʌŋkt] **I** *bn* vice-, hulp- **II** *znw* ❶ bijvoegsel, aanhangsel, bijkomstige omstandigheid, toegevoegde ★ *acupuncture is used as an ~ to treatment* de behandeling wordt aangevuld met acupunctuur ❷ assistent ❸ <u>gramm</u> bepaling

adjure [əˈdʒʊə] <u>form</u> *overg* bezweren

adjust [əˈdʒʌst] **I** *overg* ❶ regelen, in orde brengen, schikken ❷ op maat brengen, instellen ❸ aanpassen ★ ~ *oneself to sth* zich aanpassen aan iets **II** *onoverg* zich aanpassen

adjustable [əˈdʒʌstəbl] *bn* verstelbaar, regelbaar, variabel

adjustment [əˈdʒʌstmənt] *znw* ❶ schikking, regeling ❷ aanpassing ❸ <u>techn</u> instelling

adjutant [ˈædʒʊtnt] <u>mil</u> *znw* adjudant

ad lib [æd lɪb] *bn & bijw* ❶ geïmproviseerd ★ *an ~ address* een geïmproviseerde toespraak ★ *his speech was delivered ~* hij hield zijn toespraak onvoorbereid ❷ naar believen ★ *with this diet you're allowed to eat ~* bij dit dieet mag je zoveel eten als je wilt

ad-lib [æd-ˈlɪb] *overg & onoverg* improviseren

adman [ˈædmæn] <u>inf</u> *znw* reclamemaker, reclamejongen

administer [ədˈmɪnɪstə] *overg* ❶ besturen, beheren ❷ toepassen ‹wetten› ❸ toedienen ★ ~ *justice* rechtspreken ★ ~ *the last rites / sacraments to sbd* iem. de laatste sacramenten toedienen

administrate [ədˈmɪnɪstreɪt] *overg* besturen

administration [ədmɪnɪˈstreɪʃən] *znw* ❶ bestuur, beheer, bewind, regering, ministerie ★ *the ~ de regering* ★ *the island is under English ~* het eiland staat onder Engels bestuur ❷ dienst ‹openbare instelling› ❸ toepassing ‹v. wet› ❹ toediening

administrative [ədˈmɪnɪstrətɪv] *bn* besturend, bestuurs-

administrator [ədˈmɪnɪstreɪtə] *znw* ❶ bestuurder, beheerder, bewindvoerder ❷ <u>erfrecht</u> administrator, degene die door de rechter is aangesteld voor de afwikkeling van een nalatenschap

admirable [ˈædmərəbl] *bn* ❶ bewonderenswaardig ❷ prachtig, uitstekend, voortreffelijk

admiral [ˈædmərəl] *znw* ❶ <u>scheepv</u> admiraal ❷ <u>scheepv</u> vlaggenschip ❸ <u>dierk</u> admiraalvlinder

admiralty [ˈædmərəltɪ] *znw* ★ *the Admiralty* de admiraliteit

admiration [ædmɪˈreɪʃən] *znw* bewondering

admire [ədˈmaɪə] *overg* bewonderen

admirer [ədˈmaɪərə] *znw* bewonderaar, aanbidder

admissibility [ədmɪsəˈbɪlətɪ] *znw* toelaatbaarheid,
aanvaardbaarheid

admissible [ədˈmɪsəbl] *bn* toelaatbaar, geoorloofd

admission [ədˈmɪʃən] *znw* ❶ erkenning, bekentenis ★ *by his own ~, he's no saint* hij geeft zelf toe dat hij geen heilige is ★ *payment of a fine does not constitute an ~ of guilt* het betalen van een boete is geen schuldbekentenis ❷ toelating, opname ‹in ziekenhuis› ❸ toegang, entree ★ *free ~* toegang gratis, vrij entree ★ *restricted ~* beperkte toegang ❹ toegangsprijs, entreegeld (ook: ~ *fee, price of ~*)

admit [ədˈmɪt] **I** *overg* ❶ erkennen, toegeven, bekennen ★ *they were reluctant to ~ defeat* ze gaven hun verlies met tegenzin toe ★ *I don't mind ~ting that it hurts* ik wil best erkennen dat het pijn doet ❷ toelaten, toegang verlenen ★ *the theatre ~s only 200* het theater biedt maar plaats aan 200 bezoekers ❸ aannemen, accepteren ❹ opnemen ‹in ziekenhuis› ❺ <u>jur</u> ontvankelijk verklaren **II** *onoverg* ★ <u>form</u> ~ *of sth* iets toelaten ★ <u>form</u> *the problem will admit of only one conclusion* voor dit probleem is maar een conclusie mogelijk ★ *she ~ted to feeling exhausted* ze gaf toe dat ze uitgeput was

admittance [ədˈmɪtns] *znw* ❶ toegang, toelating ★ *no ~* verboden toegang ★ *gain ~ to sth* toegang krijgen tot iets ❷ entreegeld ★ *charge ~* entreegeld vragen

admittedly [ədˈmɪtɪdlɪ] *bijw* ❶ inderdaad ❷ weliswaar

admixture [ædˈmɪkstʃə] *znw* ❶ vermenging, bijmenging ❷ mengsel, bijmengsel

admonish [ədˈmɒnɪʃ] *overg* ❶ aanmanen, aansporen ❷ berispen

admonition [ædməˈnɪʃən] *znw* ❶ aanmaning, aansporing ❷ berisping

admonitory [ədˈmɒnɪtərɪ] *bn* vermanend

ad nauseam [æd ˈnɔːzɪæm] *bijw* uitentreuren, tot vervelens toe ★ *he repeated what he had said ~* hij herhaalde uitentreuren wat hij gezegd had

ado [əˈduː] *znw* drukte, beweging, ophef ★ *much ~ about nothing* veel drukte om niets, veel geschreeuw en weinig wol ★ *without further ~* zonder verdere omhaal

adobe [əˈdəʊbɪ] *znw* adobe, in de zon gedroogde bouwsteen

adolescence [ædəˈlesns] *znw* adolescentie: rijpere jeugd, puberteit

adolescent [ædəˈlesənt] **I** *bn* ❶ opgroeiend ❷ puber-, puberteits- **II** *znw* adolescent, puber

Adonis [əˈdəʊnɪs] <u>inf</u> *znw* Adonis, mooie jongen ★ *I hear she's bringing some blonde ~* ik hoor dat ze een mooie blonde jongen meebrengt

adopt [əˈdɒpt] *overg* ❶ adopteren ❷ aannemen, overnemen, ontlenen (aan *from*) ★ ~ *a stance* een houding aannemen ❸ kiezen, (gaan) volgen ‹tactiek &›

adoption [əˈdɒpʃən] *znw* ❶ adoptie ★ *she was put up for ~ as a baby* als baby werd ze aangeboden voor adoptie ❷ overneming, ontlening ‹van een woord›

❸ kiezen, volgen ‹van tactiek &›
adoptive [ə'dɒptiv] *bn* aangenomen, pleeg- ‹kind, vader›
adorable ['ə'dɔːrəbl] *bn* aanbiddelijk
adoration [ædə'reɪʃən] *znw* aanbidding
adore [ə'dɔː] *overg* ❶ aanbidden ❷ *inf* dol zijn op
adoring [ə'dɔːrɪŋ] *bn* bewonderend ★ *they waved to their ~ fans* zij zwaaiden naar hun bewonderende fans
adorn [ə'dɔːn] *dicht* *overg* (ver)sieren, verfraaien
adornment [ə'dɔːnmənt] *dicht* *znw* versiering, sieraad
ADP *afk* (automated data processing) automatische gegevensverwerking
adrenal [ə'driːnəl] *anat* *bn* bijnier- ★ *the ~ glands* de bijnieren
adrenalin [ə'drenəlɪn], **adrenaline** *znw* adrenaline ★ *climbing these peaks really gets the ~ flowing / going / pumping* deze pieken beklimmen laat de adrenaline echt stromen
Adriatic [eɪdrɪ'ætɪk] *geogr* **I** *bn* Adriatisch **II** *znw* ★ *the ~ (Sea)* de Adriatische Zee
adrift [ə'drɪft] *bn & bijw* ❶ *scheepv* losgeslagen, op drift, stuurloos ❷ los ★ *a cable has probably come ~* een kabel is waarschijnlijk losgekomen ★ *inf my hem's come ~ again* mijn zoom is weer losgegaan ❸ stukgelopen, hulpeloos, doelloos ‹van mensen &› ★ *she's ~ in a lonely marriage* ze is hulpeloos in een eenzaam huwelijk
adroit [ə'drɔɪt] *bn* handig, bijdehand, pienter
adroitness [ə'drɔɪtnəs] *znw* handigheid
ADSL *telec* *znw* (asymmetric digital subscriber line) ADSL
adulation [ædjʊ'leɪʃən] *znw* pluimstrijkerij
adulatory ['ædjʊleɪtərɪ] *bn* kruiperig vleiend
adult ['ædʌlt] **I** *bn* ❶ volwassen ❷ van / voor volwassenen ★ *an ~ film* een pornofilm **II** *znw* volwassene
adult education ['ædʌlt edjʊ'keɪʃən] *znw* volwassenenonderwijs
adulterate [ə'dʌltərett] *overg* ❶ vervalsen ❷ versnijden ‹v. dranken›
adulteration [ədʌltə'reɪʃən] *znw* ❶ vervalsing ❷ verontreiniging
adulterer [ə'dʌltərə] *znw* overspelige echtgenoot
adulteress [ə'dʌltərɪs] *znw* overspelige echtgenote
adulterous [ə'dʌltərəs] *bn* overspelig, ontrouw
adultery [ə'dʌltərɪ] *znw* overspel, echtbreuk
adulthood ['ædʌlthʊd] *znw* volwassenheid
adumbrate ['ædʌmbreɪt] *form* *overg* ❶ afschaduwen ❷ schetsen ❸ aankondigen
adv *gramm* *afk* (adverb) bijwoord
ad valorem [æd və'lɔːrəm] *(Lat)* *bn* overeenkomstig de geschatte waarde ‹belasting, accijns›
advance [əd'vɑːns] **I** *bn* voor-, van tevoren ★ *an ~ booking* een reservering, plaatsbespreking **II** *znw* ❶ vordering, vooruitgang ★ *be in ~ of sth* voor iets uit lopen ★ *book in ~* reserveren ❷ voortgang, opmars, (toe)nadering ❸ voorschot ❹ lening

❺ prijsverhoging, stijging ★ *is there any ~ on $200?* biedt niemand meer dan $200? ❻ (meestal *mv*) toenaderingspoging ★ *make ~s to sbd* toenadering zoeken tot iem. **III** *overg* ❶ vooruitbrengen, vervroegen ‹datum› ❷ bevorderen ❸ verhogen ‹prijzen› ❹ ter sprake brengen, opperen ‹plan &›, aanvoeren ‹reden› ❺ lenen, voorschieten ‹geld› **IV** *onoverg* ❶ vooruitkomen, vooruitbewegen, naderen, oprukken ❷ vooruitgang boeken, vorderen ❸ stijgen ‹v. aandelenkoersen›
advanced [əd'vɑːnst] *bn* ❶ (ver)gevorderd ★ *Am ~ standing* vrijstelling, erkenning v.e. diploma als gelijkwaardig ★ *the day was far ~* het was al laat geworden ★ *his disease was too far ~ to save him* zijn ziekte was te ver gevorderd om hem te kunnen redden ❷ voor gevorderden ‹v. leerboek &› ❸ *fig* progressief, geavanceerd ‹v. ideeën›
advance directive [əd'vɑːns də'rektɪv] *znw* een beschikking waarin staat wat moet gebeuren als de opsteller wilsonbekwaam wordt ‹soort codicil›
advanced level [əd'vɑːnst 'levəl] *znw* ± vwo eindexamen
advance guard [əd'vɑːns gɑːd], **advanced guard** *mil* *znw* voorhoede
advance man [əd'vɑːns mæn] *Am* *znw* een persoon die de reis van een beroemde persoon voorbereid door alle te bezoeken locaties van te voren af te reizen
advancement [əd'vɑːnsmənt] *znw* ❶ (be)vordering, vooruitgang ❷ promotie
advance payment [əd'vɑːns 'peɪmənt] *znw* vooruitbetaling, voorschot
advancing [əd'vɑːnsɪŋ] *bn* voortschrijdend ★ *his ~ years have made it impossible for him to continue* zijn gevorderde leeftijd maakte het onmogelijk voor hem om door te gaan
advantage [əd'vɑːntɪdʒ] **I** *znw* voordeel ★ *experience is an ~* ervaring strekt tot aanbeveling, is een pluspunt ★ *to ~* gunstig, voordelig, in een goed licht ★ *to our mutual ~* tot ons wederzijds voordeel ★ *to the ~ of sbd / to sbd's ~* in het voordeel van iem. ★ *have an unfair ~* een oneerlijke voorsprong hebben ★ *have an ~ over sbd* iets op iem. voorhebben ★ *have the ~ over sbd* iem. overtreffen ★ *press home one's ~* zijn voordeel uitbuiten ★ *take ~ of sbd / sth* profiteren van iem. / iets, misbruik maken van iem. / iets, iem. bedotten, iem. verleiden ★ *take ~ of sth* profiteren van iets, misbruik maken van iets ★ *turn sth to one's ~* zijn voordeel doen met iets ★ *use sth to good / the best ~* iets zo goed mogelijk gebruiken **II** *overg* bevoordelen, bevorderen
advantaged [əd'vɑːntɪdʒd] *bn* bevoorrecht, geprivilegieerd
advantageous [ædvən'teɪdʒəs] *bn* ❶ voordelig, gunstig ★ *a mutually ~ solution* een voor beide kanten gunstige oplossing ❷ winstgevend
advent ['ædvent] *znw* komst ★ *Advent* de adventsweken ★ *before the ~ of television* voor de

komst van de televisie

Advent calendar ['ædvent 'kæləndə] *znw*
adventskalender ‹kalender voor de adventsweken,
waarbij iedere dag een luikje wordt opengemaakt›

Adventist ['ædventɪst] godsd *znw* adventist

adventitious [ædvən'tɪʃəs] form *bn* toevallig,
bijkomstig

adventure [əd'ventʃə] *znw* ❶ avontuur
❷ onderneming ❸ waagstuk ❹ speculatie

adventure playground [əd'ventʃə 'pleɪgraʊnd] *znw*
speelterrein met allerlei klimtoestellen &
‹gewoonlijk van hout, touwen en oude banden›

adventurer [əd'ventʃərə] *znw* avonturier,
avonturierster

adventurous [əd'ventʃərəs] *bn* ❶ gewaagd, stout,
vermetel ❷ avontuurlijk

adverb ['ædvɜːb] gramm *znw* bijwoord

adverbial [əd'vɜːbɪəl] gramm *bn* bijwoordelijk

adversarial ['ædvərseɪrɪəl] *bn* vijandig, conflictueus
★ *an ~ system of justice* een conflictmodel in de
rechtspraak

adversary ['ædvəsərɪ] *znw* tegenstander, vijand

adverse ['ædvɜːs] *bn* ❶ vijandig, nadelig, ongunstig,
handel passief ★ *~ weather conditions* slechte
weersomstandigheden ❷ tegenoverliggend
❸ tegen-

adversity [əd'vɜːsətɪ] *znw* tegenspoed ★ *in the face of ~*
geconfronteerd met tegenspoed ★ *overcome ~*
tegenslagen overwinnen

advert I *znw* ['ædvɜːt] inf advertentie **II** *onoverg*
[əd'vɜːt] ★ form *~ to* aandacht schenken aan,
verwijzen naar, wijzen op

advertence [əd'vɜːtəns], **advertency** form *znw*
opmerkzaamheid

advertise ['ædvətaɪz] *overg* ❶ aankondigen,
bekendmaken, adverteren, reclame maken (voor)
❷ fig te koop lopen met

advertisement [əd'vɜːtɪsmənt] *znw* ❶ advertentie
★ *place an ~* een advertentie plaatsen
❷ bekendmaking ❸ RTV reclame(spot)

advertiser ['ædvətaɪzə] *znw* adverteerder

advertising ['ædvətaɪzɪŋ] **I** *bn* advertentie-, reclame-
★ *an ~ agency* een reclamebureau,
advertentiebureau ★ *an ~ budget* een
reclamebudget, advertentiebudget ★ *~ charges*
advertentiekosten, reclamekosten ★ *~ coverage*
reclamebereik, reclamedekking ★ *~ expenses*
advertentiekosten, reclamekosten ★ *~ rates*
advertentietarieven **II** *znw* adverteren, reclame
★ *bus shelter ~* abrireclame ★ marketing *direct ~*
direct advertising, direct mail ★ *illicit ~* sluikreclame
★ *outdoor ~* buitenreclame ★ marketing
testimonial ~ getuigenisreclame ‹reclame waarin
bekende personen of tevreden gebruikers zich
positief uitlaten over een product› ★ *trade ~*
handelsreclame, op de handel gerichte reclame

advertising campaign ['ædvətaɪzɪŋ kæm'peɪn] *znw*
reclame- / promotiecampagne

advertising reach ['ædvətaɪzɪŋ riːtʃ] *znw*
reclamebereik, reclamedekking

advertorial [ædvɜː'tɔːrɪəl] *znw* advertorial
‹reclameartikel in een tijdschrift dat op een gewoon
artikel lijkt›

advice [əd'vaɪs] *znw* ❶ raad, advies ★ *medical ~*
doktersadvies ★ *give sbd a piece of ~* iem. advies
geven ★ *offer some constructive ~* opbouwend advies
geven ★ *seek medical ~* een dokter raadplegen
★ *take my ~* neem van mij aan ❷ bericht

advisable [əd'vaɪzəbl] *bn* raadzaam

advise [əd'vaɪz] **I** *overg* ❶ (aan)raden, raad geven,
adviseren ❷ berichten ★ form *we will keep you ~d*
we zullen u op de hoogte houden ★ form *you will
be ~d of the outcome* u zult geïnformeerd worden
over de uitslag ★ *we are pleased to ~ you that* we
delen u graag mee dat **II** *onoverg* ★ *~ against sth* iets
ontraden, afraden

advised [əd'vaɪzd] *bn* ❶ weloverwogen, verstandig
★ form *you would be well ~ to obtain legal advice* je
zou er verstandig aan doen juridisch advies in te
winnen ❷ geïnformeerd, aangeraden ★ *we're
considering making the ~ changes* we overwegen om
de aangeraden veranderingen aan te brengen

advisedly [əd'vaɪzɪdlɪ] *bijw* weloverwogen, opzettelijk

advisement [əd'vaɪzmənt] Am *znw* advisering, advies
★ *career ~* carrièreadvies

adviser [əd'vaɪzə], **advisor** *znw* raadsman, adviseur
★ *a legal ~* een juridisch adviseur

advisory [əd'vaɪzərɪ] *bn* raadgevend, adviserend,
advies- ★ *act in an ~ capacity* een adviserende rol
hebben

advocacy ['ædvəkəsɪ] *znw* voorspraak, verdediging
★ *his ~ of human rights is renowned* zijn inzet voor
mensenrechten is beroemd

advocate I *znw* ['ædvəkɪt] ❶ verdediger, pleiter,
voorspreker ❷ voorstander ★ *an ~ of the death
penalty* een voorstander van de doodstraf ❸ Schots
& ZA jur advocaat ★ *a leading ~* een topadvocaat
II *overg* ['ædvəkeɪt] bepleiten, pleiten voor,
verdedigen, voorstaan

adware ['ædweə] comput *znw* adware

adze [ædz] *znw* dissel ‹bijl›

aegis ['iːdʒɪs] form *znw* schild, schut, bescherming
★ *under the ~ of* onder auspiciën van

aeon ['iːɒn], Am **eon** *znw* onmetelijke tijdsduur,
eeuwigheid

aerate ['eəreɪt] *overg* ❶ luchten ❷ met koolzuur
verzadigen

aerated [eə'reɪtd] *bn* met koolzuurgas, bruisend ★ *~
water* koolzuurhoudend water

aeration [eɪə'reɪʃən] *znw* ❶ luchten ❷ verzadiging
met koolzuur

aerator ['eɪəreɪtə] *znw* luchtpomp ‹v. aquarium›

aerial ['eərɪəl] **I** *bn* ❶ lucht- ❷ etherisch **II** *znw* RTV
antenne

aerial perspective ['eərɪəl pə'spektɪv] *znw* vanuit de
lucht gezien

aerie ['ɪərɪ] Am znw → **eyrie**

aero- ['eərəʊ] voorv aero-, lucht-, luchtvaart-

aerobatic [eərə'bætɪk] bn stuntvlieg- ★ an ~ display een stuntvliegdemonstratie

aerobatics [eərə'bætɪks] luchtv znw [mv] stuntvliegen

aerobic [eə'rəʊbɪk] bn ❶ aerobic ★ ~ dancing aerobic dansen ❷ biol aeroob ★ ~ fermentation aerobe gisting

aerobics [eə'rəʊbɪks] znw [mv] ❶ aerobic(s), aerobic dansen ❷ stuntvliegen

aerodrome ['eərədrəʊm] Br znw vliegveld

aerodynamic [eərəʊdaɪ'næmɪk] bn aerodynamisch

aerodynamics [eərəʊdaɪ'næmɪks] znw [mv] aerodynamica

aerofoil ['eərəfɔɪl] luchtv znw draagvlak

aerogram ['eərəgræm], **aerogramme** znw luchtpostblad

aeronaut ['eərənɔ:t] znw luchtschipper, ballonvaarder

aeronautic [eərəʊ'nɔ:tɪk], **aeronautical** bn luchtvaartkundig, luchtvaart-

aeronautics [eərəʊ'nɔ:tɪks] znw [mv] ❶ luchtvaart ❷ luchtvaartkunde

aeroplane ['eərəpleɪn], Am **airplane** znw vliegtuig

aerosol ['eərəsɒl] znw ❶ aerosol ❷ spuitbus

aerospace ['eərəʊspeɪs] I bn betreffende de ruimtevaart, ruimtevaart- ★ ~ research ruimtevaartonderzoek II znw ruimte, heelal

aesthete ['i:sθi:t], Am **esthete** znw estheet

aesthetic [i:s'θetɪk], Am **esthetic** bn esthetisch

aesthetics [i:s'θetɪks], Am **esthetics** znw [mv] esthetica, schoonheidsleer

aether ['i:θə], **ether** znw ★ the ~ de ether, de lucht

aetiology [i:ti:'ɒlədʒɪ], Am **etiology** znw etiologie: leer v.d. ziekteoorzaken

AEX index [eɪɪ:eks 'ɪndeks] eff znw AEX-index

AFAIK internet afk (as far as I know) voor zover ik weet

afar [ə'fɑ:] bijw ver, in de verte ★ from ~ van verre

affability [æfə'bɪlətɪ] znw vriendelijkheid, welwillendheid, innemendheid

affable ['æfəbl] bn vriendelijk, minzaam

affair [ə'feə] znw ❶ zaak, aangelegenheid ★ public ~s (staats)zaken ★ put one's ~s in order zijn zaken in orde brengen ❷ ding, zaakje, geschiedenis ❸ verhouding ★ a love ~ een verhouding

affairs of state [ə'feəz əv steɪt] znw [mv] staatszaken

affect [ə'fekt] I znw psych affect II overg ❶ (in)werken op, aandoen, aantasten ★ sweets ~ your teeth snoep tast je tanden aan ❷ beïnvloeden, raken, (be)treffen ❸ (be)roeren, bewegen ❹ voorwenden ★ she ~ed indifference ze deed alsof het haar niet kon schelen ❺ neiging hebben tot, (een aanstellerige) voorliefde tonen voor ★ he ~ed a posh accent hij mat zich een deftig accent aan

affectation [æfek'teɪʃən] znw ❶ geaffecteerdheid, gemaaktheid, aanstellerij ❷ het voorwenden

affected [ə'fektɪd] bn ❶ getroffen, aangetast ★ the ~ areas de getroffen gebieden ❷ aangedaan, geroerd,

geëmotioneerd ❸ geaffecteerd, gemaakt, geveinsd ★ an ~ manner een geaffecteerde manier van doen

affecting [ə'fektɪŋ] bn aandoenlijk

affection [ə'fekʃən] znw ❶ aandoening, kwaal ❷ (toe)genegenheid, liefde ★ win sbd's ~s iemands genegenheid winnen

affectionate [ə'fekʃənət] bn ❶ liefhebbend, toegenegen, aanhankelijk ❷ hartelijk

affidavit [æfɪ'deɪvɪt] jur znw beëdigde verklaring

affiliate I znw [ə'fɪlɪət] Am filiaal, aangesloten onderneming II overg [ə'fɪlɪeɪt] als lid opnemen ★ the trade union ~d three smaller associations de vakbond nam drie kleinere organisaties op ★ ~ oneself to / with sth zich aansluiten bij iets III onoverg [ə'fɪlɪeɪt] zich aansluiten, lid worden ★ ~ to / with sth zich aansluiten bij iets

affiliation [əfɪlɪ'eɪʃən] znw ❶ band, verwantschap, connectie, lidmaatschap ★ it has no ~ to any political group het heeft geen banden met een politieke groepering ❷ filiaal

affiliation order [əfɪlɪ'eɪʃən 'ɔ:də] Br jur znw onderhoudsplicht voor een onecht kind ‹rechterlijke uitspraak›

affiliative [ə'fɪlɪətɪv] bn groeps-, gezelligheids-

affinity [ə'fɪnətɪ] znw affiniteit, verwantschap ★ his work has a certain ~ with that of Monet zijn werk vertoont een zekere gelijkenis met dat van Monet ★ there is a close ~ between the two groups er bestaat een nauwe verwantschap tussen de twee groepen ★ he has a real ~ with Spain hij heeft een echte band met Spanje

affinity card [ə'fɪnətɪ kɑ:d] znw creditcard waarbij elke keer dat hij wordt gebruikt een klein bedrag naar een liefdadigheidsinstelling gaat

affinity group [ə'fɪnətɪ gru:p] znw belangengroepering

affirm [ə'fɜ:m] overg ❶ bevestigen, verzekeren, beloven ❷ jur bevestigen ‹v. vonnis v.e. lagere rechter› ❸ een belofte doen ‹i.t.t. eed afleggen›

affirmation [æfə'meɪʃən] znw ❶ bevestiging, verzekering ❷ (plechtige) verklaring, belofte (in plaats van eed)

affirmative [ə'fɜ:mətɪv] I bn bevestigend II znw ★ answer in the ~ bevestigend of met ja (be)antwoorden

affirmative action [ə'fɜ:mətɪv 'ækʃən] znw positieve discriminatie

affix I znw ['æfɪks] ❶ toevoeging, aanhangsel ❷ achtervoegsel, voorvoegsel II overg [ə'fɪks] ❶ (vast)hechten (aan on / to), toevoegen ★ ~ one's signature to sth zijn handtekening zetten onder iets ❷ verbinden

afflict [ə'flɪkt] overg ❶ bedroeven, kwellen ❷ bezoeken, teisteren

afflicted [ə'flɪktɪd] I bn getroffen ★ the ~ area het geteisterde gebied II znw ★ the ~ de getroffene / het slachtoffer, de getroffenen / slachtoffers

affliction [ə'flɪkʃən] znw ❶ droefheid, droefenis, leed,

kwelling ❷ ernstige aandoening ❸ bezoeking,
ramp(spoed)
affluence ['æflʊəns] *znw* rijkdom, welvaart
affluent ['æflʊənt] *bn* rijk ★ *the ~ society* de
welvaartsstaat, welvaartsmaatschappij
afford [ə'fɔːd] *overg* ❶ zich veroorloven ★ *I can't ~ it* ik
kan het niet betalen ★ *can you ~ the time?* hebt u er
(de) tijd voor? ★ *we can ill ~ to make mistakes* we
kunnen ons niet veroorloven om fouten te maken
❷ verschaffen, opleveren
affordability [ə'fɔːdəbɪlətɪ] *znw* betaalbaarheid
affordable [ə'fɔːdəbl] *bn* ❶ betaalbaar, op te brengen
❷ binnen iems. bereik
afforest [ə'fɒrɪst] *overg* bebossen
afforestation [ə'fɒrɪsteɪʃn] *znw* bebossing
affray [ə'freɪ] *jur* vechtpartij, opstootje, oploop
★ *he was found guilty of ~* hij werd schuldig
bevonden aan ongeregeldheden
affront [ə'frʌnt] **I** *znw* affront, belediging **II** *overg*
beledigen
Afghan ['æfgæn] **I** *bn* Afghaans **II** *znw* ❶ Afghaan,
Afghaanse ❷ Afghaans ⟨de taal⟩ ❸ **Afghan hound**
Afghaanse windhond
Afghanistan [æf'gænɪstæn] *znw* Afghanistan
aficionado [əfɪʃə'nɑːdəʊ] *znw* [*mv:* aficionados]
liefhebber, fan ★ *he's an ~ of jazz* hij is een jazzfreak
afield [ə'fiːld] *bijw* ★ *far ~* ver van huis, ver mis ★ *they
came from far ~* ze kwamen ver weg
AFK *internet* afk (away from keyboard) even niet aan
het toetsenbord ⟨tijdens het chatten⟩
aflame [ə'fleɪm] dicht *bn & bijw* ❶ in vlammen ★ *set
sth ~* iets in brand steken ❷ *fig* gloeiend ★ *~ with
desire* brandend van verlangen
afloat [ə'fləʊt] *bn & bijw* ❶ vlot, drijvend ❷ in de vaart
❸ op zee ❹ overstroomd ❺ *fig* (weer) boven water,
erbovenop, op dreef ❻ in de lucht hangend
aflutter [ə'flʌtə] *bn* geagiteerd, zenuwachtig ★ *even
thinking about him set her heart all ~* alleen al de
gedachte aan hem maakte haar helemaal in de war
afoot [ə'fʊt] *bn & bijw* ❶ aan de gang, aan de hand
★ *there's something ~* er staat iets te gebeuren ❷ op
touw (gezet) ❸ *Am* te voet
aforementioned [ə'fɔːmenʃənd], **aforesaid** form *bn*
bovengenoemd, voornoemd
afoul [ə'faʊl] *bijw* ★ *fall / run ~ of the law* in botsing
komen met de wet
afraid [ə'freɪd] *bn* bang, bevreesd (voor *of*) ★ *I'm ~
(that)* ik ben bang dat ⟨leidt een onplezierige
mededeling in⟩ ★ *there's nothing to be ~ of* er is niets
om bang voor te zijn
A-frame ['eɪ-freɪm] **I** *bn* met een A-vormig skelet ⟨v.
gebouw⟩ **II** *znw* A-vormig skelet ⟨v. gebouw⟩
afresh [ə'freʃ] *bijw* opnieuw, wederom
Africa ['æfrɪkə] geogr *znw* Afrika
African ['æfrɪkən] **I** *bn* Afrikaans **II** *znw* Afrikaan,
Afrikaanse
African American ['æfrɪkən ə'merɪkən] *znw* zwarte
Amerikaan

African American
is in de VS de politiek correcte aanduiding voor
zwarte Amerikanen ter vervanging van de voorheen
gebruikelijke (iets minder politiek correcte)
aanduiding **Afro-American**.

African violet ['æfrɪkən 'vaɪələt] plantk *znw* Kaaps
viooltje
Afrikaans [æfrɪ'kɑːns] *znw* Afrikaans ⟨aan Nederlands
verwante taal in Zuid-Afrika⟩
Afrikaner [æfrɪ'kɑːnə] *znw* Afrikaner ⟨blanke,
Afrikaans sprekende bewoner van Zuid-Afrika⟩
Afro ['æfrəʊ] *znw* Afrokapsel
Afro- ['æfrəʊ-] *voorv* Afrikaans-
Afro-American ['æfrəʊ-ə'merɪkən] **I** *bn* van,
betreffende de zwarten in de Verenigde Staten
II *znw* zwarte in de Verenigde Staten
aft [ɑːft] scheepv & luchtv *bn & bijw* (naar) achter
after ['ɑːftə] **I** *voegw* nadat ★ *the party really got going
only ~ we had left* het feestje begon pas echt nadat
/ toen we weg waren gegaan **II** *bn* scheepv achter-
★ *the ~ quarters* het achterste deel van een schip
III *bijw* nadien, naderhand, later **IV** *voorz* ❶ na
★ *day ~ day* dag na dag ★ *Am she didn't arrive until
ten ~ one* ze kwam pas om tien over een aan ★ *why
should I clean up ~ you?* waarom zou ik je rommel
moeten opruimen? ★ *~ everything he'd done for her*
na alles wat hij voor haar had gedaan ★ *~ what you
did to her* gezien wat je haar hebt aangedaan ★ *~
you na, gaat u voor!* ⟨bij het iemand voor laten
gaan⟩ ❷ achter ★ *she slammed the door ~ her* ze
sloeg de deur achter zich dicht ❸ achterna, op zoek
naar ★ *the police are ~ him* hij wordt gezocht door
de politie ★ *I'm ~ a pair of red shoes* ik ben op zoek
naar een paar rode schoenen ❹ naar, in navolging
van ★ *they named her ~ his mother* ze vernoemden
haar naar zijn moeder ❺ volgend op ▼ *it wasn't
him ~ all* hij was het toch niet ▼ *~ all, what do I
have to lose?* per slot van rekening, wat heb ik te
verliezen?
after- ['ɑːftə-] *voorv* na- ★ *~dinner drinks* een drankje
na het eten
afterbirth ['ɑːftəbɜːθ] *znw* nageboorte, placenta
afterburner ['ɑːftəbɜːnə] *znw* nabrander ⟨in
straalmotor⟩
aftercare ['ɑːftəkeə] *znw* nazorg
after-effect ['ɑːftər-ɪ'fekt] *znw* nawerking
afterglow ['ɑːftəgləʊ] *znw* ❶ avondrood ❷ fig
nagenieten ★ *bask in the ~ of sth* nagenieten van iets
after-hours ['ɑːftər-'aʊəz] *bn* na (winkel)sluitings-
/ kantoortijd ★ *~ service* service buiten werktijden
after-image ['ɑːftər-'ɪmɪdʒ] *znw* nabeeld
afterlife ['ɑːftəlaɪf] *znw* het leven in het hiernamaals
aftermarket ['ɑːftəmɑːkɪt] *Am znw* secundaire markt,
markt voor reserveonderdelen
aftermath ['ɑːftəmæθ] *znw* nasleep, gevolgen ★ *in
the ~ of the cyclone* als gevolg van de cyclone ★ *cope
with the ~ of sth* omgaan met de gevolgen van iets

af

afternoon [ɑːftəˈnuːn] *znw* (na)middag ★ *an ~ off* een middagje vrij

afternoons [ɑːftəˈnuːnz] *bijw* 's middags

afternoon tea [ˈɑːftənuːn tiː] *znw* middagthee, middag theepauze

afterpains [ˈɑːftəpeɪnz] *znw* [mv] naweeën ‹letterlijk en figuurlijk›

afters [ˈɑːftəz] Br *inf znw* [mv] toetje ★ *what's for ~?* wat krijgen we toe?

aftershave [ˈɑːftəʃeɪv] *znw* aftershave

aftershock [ˈɑːftəʃɒk] *znw* naschok ‹van een aardbeving›

aftertaste [ˈɑːftəteɪst] *znw* nasmaak, afdronk ‹van wijn›

after tax [ˈɑːftə tæks] *znw* netto ‹na belastingbetaling›

afterthought [ˈɑːftəθɔːt] *znw* later invallende gedachte ‹vaak impulsief› ★ *their third child was a bit of an ~* hun derde kind was een nakomertje

afterwards [ˈɑːftəwədz], Am **afterward** *bijw* naderhand, daarna

again [əˈɡeɪn] *bijw* ❶ weer, opnieuw, nog eens ★ *~ and ~* telkens en telkens (weer), herhaaldelijk ★ *as big / much ~* eens zo groot (veel) ★ *what's his name ~?* hoe heet hij ook weer? ★ *inf come ~?* wat (zeg je)? ❷ verder, ook, aan de andere kant ★ *then ~* bovendien, aan de andere kant ❸ terug, weerom

against [əˈɡeɪnst] *voorz* ❶ tegen(over) ★ *a race ~ the clock/~ time* een race tegen de klok ★ *be / come up ~ a brick wall* tegen een muur oplopen ★ *inf come up ~ it* grote problemen tegenkomen ★ *have sth ~ sbd* iets tegen iemand hebben ❷ in strijd met ★ *do sth ~ one's better judgement* iets doen tegen beter weten in

agape [əˈɡeɪp] *bn* ❶ met open mond ❷ stom verbaasd

Aga saga [ˈɑːɡə ˈsɑːɡə] Br *scherts znw* ± streekroman ‹*Aga* is de merknaam van een bep. soort fornuis die wel wordt gezien als zinnebeeld voor burgerlijk leven›

agate [ˈæɡət] **I** *bn* agaten **II** *znw* agaat

agaze [əˈɡeɪz] *bijw* starend ★ *with eyes ~* met wijdopen ogen

age [eɪdʒ] **I** *znw* ❶ ouderdom, leeftijd ★ *in my old ~* op mijn oude dag ★ *of ~* meerderjarig ★ *ten years of ~* tien jaar oud ★ *of childbearing ~* in de vruchtbare leeftijd ★ *of school-leaving ~* niet meer leerplichtig ★ *he's of an ~ to know better* hij is oud genoeg om beter te weten ★ *under ~* beneden de wettelijke vereiste leeftijd, minderjarig ★ *what ~ is he?* hoe oud is hij? ★ *when I was your ~* toen ik zo oud was als jij ★ *be / act your ~!* doe niet zo flauw!, stel je niet aan! ★ *old ~ is catching up with him* hij begint zijn leeftijd te voelen ★ *come of ~* meerderjarig worden, fig volwassen worden ★ *look / show one's ~* er zo oud uitzien als je bent ❷ eeuw, tijdperk, tijd ★ *in this day and ~* vandaag de dag **II** *overg* oud(er) maken ★ *his war experiences had ~d him* zijn oorlogservaringen hadden hem veel ouder gemaakt **III** *onoverg* verouderen, oud worden

age allowance [eɪdʒ əˈlaʊəns] *znw* voor bejaarden geldende belastingvrije som

age bonus [eɪdʒ ˈbəʊnəs] *znw* leeftijdstoeslag

age bracket [eɪdʒ ˈbrækɪt] *znw* leeftijdsgroep

aged [ˈeɪdʒd] **I** *bn* oud, bejaard ★ *he's ~ six* hij is zes jaar oud ★ *she died ~ eighty* ze overleed op tachtigjarige leeftijd ★ *the furniture looks ~* de meubels zien er oud uit **II** *znw* ★ *the ~* de bejaarden

age discrimination [eɪdʒ dɪskrɪmɪˈneɪʃən] *znw* leeftijdsdiscriminatie

age gap [eɪdʒ ɡæp] *znw* ❶ leeftijdsverschil ❷ generatiekloof

age group [eɪdʒ ɡruːp] *znw* leeftijdsgroep

ageing [ˈeɪdʒɪŋ], **aging I** *bn* ouder wordend ★ *~ parents* ouders op leeftijd ★ *an ~ population* een vergrijzende bevolking **II** *znw* ❶ ouder worden ❷ veroudering

ageism [ˈeɪdʒɪzəm], **agism** *znw* leeftijdsdiscriminatie

ageist [ˈeɪdʒɪst], **agist I** *bn* discriminerend op grond van leeftijd **II** *znw* iem. die discrimineert op grond van leeftijd

ageless [ˈeɪdʒləs] *bn* ❶ niet verouderend ❷ eeuwig

age limit [eɪdʒ ˈlɪmɪt] *znw* leeftijdsgrens

agency [ˈeɪdʒənsɪ] *znw* ❶ agentschap, agentuur, handel vertegenwoordiging ❷ bureau, instantie, lichaam ★ *an intelligence ~* een inlichtingendienst ❸ bemiddeling, middel ★ *form through the ~ of sbd* door bemiddeling van iem. ❹ werking

agenda [əˈdʒendə] *znw* agenda ‹lijst van onderwerpen voor een vergadering› ★ *fig a hidden ~* een verborgen agenda ★ *top of the ~* bovenaan de agenda ‹ook fig›

> **agenda**
> betekent **lijst van bespreekonderwerpen, actiepunten.**
> *He's put having fun at the top of his agenda,* betekent niet dat hij het bovenaan in zijn agenda heeft geschreven, maar dat plezier hebben heel belangrijk voor hem is.
> Ned. *agenda* (opschrijfboekje) = diary.

agent [ˈeɪdʒənt] *znw* ❶ handelende persoon, tussenpersoon, agent ★ *a secret ~* een geheim agent ★ *an undercover ~* een spion ❷ fig werktuig ★ *an ~ for / of change* een instrument voor verandering ❸ handel vertegenwoordiger ❹ middel, scheik agens ★ *a cleaning ~* een schoonmaakmiddel ❺ comput hulpprogramma

agent provocateur [ˈeɪdʒənt prəvɒkəˈtɜː] ‹(Fr) *znw* [mv: agents provocateurs] betaalde opruier

age of consent [eɪdʒ əv kənˈsent] *znw* ★ *the ~* de leeftijd waarop seksueel verkeer niet meer strafbaar is

age of discretion [eɪdʒ əv dɪˈskreʃən] *znw* ★ *the ~* de jaren des onderscheids

age of reason [eɪdʒ əv ˈriːzən] *znw* ★ *the ~* de verlichting

age-old [ˈeɪdʒ-əʊld] dicht *bn* eeuwenoud, reeds zeer

lang bestaand

age range [eɪdʒ reɪndʒ] *znw* leeftijdsgroep, leeftijdscategorie ★ *50% fell within the ~ (of) 30-50* 50% viel binnen de leeftijdscategorie van 30-50

ages [eɪdʒɪs] *znw* [mv] tijden, een hele tijd ★ *~ ago* tijden geleden ★ *for ~* een hele tijd

agglomerate I *znw* [əˈglɒmərət], **agglomeration** opeenhoping, verzameling **II** *overg* [əˈglɒməreɪt] zich opeenhopen **III** *onoverg* [əˈglɒməreɪt] opeenhopen

agglutinate *overg & onoverg* [əˈgluːtɪneɪt] ❶ aaneenlijmen, samenkleven ❷ in lijm veranderen ❸ agglutineren

agglutination [əgluːtɪˈneɪʃən] *znw* ❶ samenkleving ❷ agglutinatie

aggrandize [əˈgrændaɪz], **aggrandise** *overg* vergroten

aggrandizement [əˈgrændɪzmənt], **aggrandisement** *znw* vergroting

aggravate [ˈægrəveɪt] *overg* ❶ verzwaren ❷ verergeren ❸ inf ergeren, tergen ★ *stop aggravating me!* hou op me te ergeren!

aggravated assault [ˈægrəveɪtɪd əˈsɔːlt] *jur znw* zware mishandeling

aggravated burglary [ˈægrəveɪtɪd ˈbɜːɡlərɪ] *jur znw* inbraak met verzwarende omstandigheden

aggravating [ˈægrəveɪtɪŋ] *bn* ❶ verzwarend ⟨omstandigheid⟩ ❷ inf ergerlijk, vervelend

aggravation [ægrəˈveɪʃən] *znw* ❶ verzwaring ❷ verergering, ergernis ❸ → inf aggro

aggregate I *bn* [ˈægrɪgət] ❶ gezamenlijk ❷ totaal **II** *znw* [ˈægrɪgət] verzameling, totaal, massa ★ *in (the) ~* globaal (genomen) **III** *overg* [ˈægrɪgeɪt] ❶ verenigen ❷ in totaal bedragen **IV** *onoverg* [ˈægrɪgeɪt] zich verenigen ★ *birds ~ at the end of the summer* de vogels verzamelen zich aan het eind van de zomer

aggregation [ægrɪˈgeɪʃən] *znw* verzameling

aggression [əˈgreʃən] *znw* aanval, agressie

aggressive [əˈgresɪv] *bn* aanvallend, agressief

aggressor [əˈgresə] *znw* aanvaller, agressor

aggrieved [əˈgriːvd] *bn* gegriefd, verongelijkt, gekwetst (door *by*) ★ *jur the ~ party* de benadeelde (partij)

aggro [ˈægrəʊ] inf *znw* ❶ agressie, geweld ❷ agressiviteit ❸ **aggravation** moeilijkheden ★ *I'm getting a lot of ~ at work* ik heb veel gedonder op mijn werk ⟨kritiek &⟩

aghast [əˈgɑːst] *bn* ❶ ontzet (van *at*) ❷ verbijsterd

agile [ˈædʒaɪl] *bn* ❶ rap, vlug ❷ alert

agility [əˈdʒɪlətɪ] *znw* ❶ beweeglijkheid ❷ alertheid

agin [əˈgɪn] dial *voorz* tegen ★ *I'm neither for nor ~ it* ik ben er niet voor of tegen

aging [ˈeɪdʒɪŋ] *bn & znw* → **ageing**

agism [ˈeɪdʒɪzəm] *znw* → **ageism**

agist I *bn & znw* [ˈeɪdʒɪst] → **ageist II** *overg & onoverg* [əˈdʒɪst] vee weiden voor iem. anders ⟨tegen betaling⟩

agitate [ˈædʒɪteɪt] **I** *overg* ❶ bewegen, schudden ❷ in

beroering brengen, opwinden, ontroeren **II** *onoverg* ageren, actie voeren (voor *for*, tegen *against*)

agitated [ˈædʒɪteɪtɪd] *bn* opgewonden, verontrust, zenuwachtig

agitation [ædʒɪˈteɪʃən] *znw* ❶ beweging, onrust ❷ beroering, opschudding, opwinding ❸ hetze ❹ (politieke) campagne, actie

agitator [ˈædʒɪteɪtə] *znw* agitator, onruststoker

agitprop [ˈædʒɪtprɒp] *znw* agitprop ⟨politieke propaganda, vooral in kunst en literatuur⟩

aglow [əˈgləʊ] dicht *bn* verhit, gloeiend (van *with*)

AGM *afk* (annual general meeting) jaarlijkse algemene vergadering, jaarvergadering

agnostic [ægˈnɒstɪk] **I** *bn* agnostisch **II** *znw* agnosticus

ago [əˈgəʊ] *bijw* geleden ★ *as long ~ as 1850* reeds in 1850

agog [əˈgɒg] *bn* benieuwd, nieuwsgierig ★ *she was all ~* ze brandde van nieuwsgierigheid

agonize [ˈægənaɪz], **agonise** *onoverg* doodsangsten uitstaan ★ *~ over sth* worstelen met iets

agonized [ˈægənaɪzd], **agonised** *bn* gekweld, doodsbenauwd ★ *~ cries* wanhoopskreten

agonizing [ˈægənaɪzɪŋ], **agonising** *bn* kwellend, hartverscheurend ★ *an ~ death* een smartelijke dood ★ *an ~ decision* een pijnlijke / moeilijke beslissing

agony [ˈægənɪ] *znw* ❶ (doods)strijd ❷ helse pijn ★ *he died in ~* hij stierf in ondraaglijke pijn ❸ (doods)angst ★ *she's in ~ about / over what to do* ze worstelt heel erg met wat ze moet doen ❹ bezoeking, ellende ★ *the ~ of war* de ellende van oorlog

agony aunt [ˈægənɪ ɑːnt] *Br inf znw* schrijfster van een rubriek waarin persoonlijke problemen van lezers worden besproken, 'lieve Lita'

agony column [ˈægənɪ ˈkɒləm] *Br inf znw* rubriek waarin persoonlijke problemen van lezers worden besproken

agoraphobia [ˈægərəˈfəʊbɪə] *znw* ruimte-, pleinvrees

agoraphobic [ˈægərəˈfəʊbɪk] *bn* met pleinvrees

agrarian [əˈgreərɪən] **I** *bn* agrarisch, landbouw- **II** *znw* voorstander van herverdeling van grondbezit, pleitbezorger van landhervorming, landhervormer

agree [əˈgriː] **I** *overg* ❶ overeenkomen, afspreken ★ *shall we just ~ to disagree?* zullen we overeenkomen om van mening te verschillen? ❷ goedkeuren **II** *onoverg* ❶ overeenstemmen, overeenkomen, het eens worden of zijn (over *on* / *upon* / *about*) ★ *~d!* akkoord! ★ *I couldn't ~ more / I quite ~* Ik ben het er helemaal mee eens ❷ toestemmen (in *to*), akkoord gaan (met *to*) ❸ wel willen ⟨gaan &⟩ ❹ overweg kunnen (met *with*) ★ *beer doesn't ~ with me* bier bekomt mij slecht ★ *the sea air really ~s with her* de zeelucht doet haar echt goed

agreeable [əˈgriːəbl] *bn* ❶ aangenaam, prettig, welgevallig ★ *a mutually ~ solution* een van beide kanten aanvaardbare oplossing ❷ bereid (om, tot *to*) ★ *if you are ~* als u het goed vindt ❸ aanvaardbaar

ag

(voor *to*)

agreed [əˈgriːd] *bn* overeengekomen ★ *the ~ price* de overeengekomen prijs

agreement [əˈgriːmənt] *znw* ❶ overeenstemming ★ *be in ~ with sth* overeenstemmen met iets ❷ verdrag, akkoord, overeenkomst ★ *a collective ~* een collectieve arbeidsovereenkomst ★ *an ~ in writing* een schriftelijke overeenkomst ★ *enter into an ~* een overeenkomst aangaan ❸ afspraak ★ *tacit ~* stilzwijgende afspraak ★ *verbal ~* mondelinge afspraak

agribusiness [ˈægrɪbɪznɪs] *znw* landbouwindustrie, agro-industrie

agricultural [ægrɪˈkʌltʃərəl] *bn* landbouw-, landbouwkundig, agrarisch ★ *an ~ consultant* een landbouwconsulent ★ *~ credit* landbouwkrediet ★ *an ~ crop* een landbouwgewas ★ *an ~ labourer / worker* een landarbeider ★ *the ~ sector* de agrarische sector ★ *an ~ university* een landbouwhogeschool

agriculturalist [ægrɪˈkʌltʃərəlɪst] *znw* landbouwkundige

agriculture [ˈægrɪkʌltʃə] *znw* ❶ landbouwkunde ❷ landbouw, akkerbouw

agriproduct [ˈægrɪprɒdʌkt] *znw* product uit de intensieve landbouw

agriscience [ˈægrɪsaɪəns] *znw* landbouwwetenschap

agritourism [ˈægrɪtʊərɪzəm] *znw* kamperen bij de boer

agrochemical [ægrəʊˈkemɪkl] **I** *bn* landbouwchemisch **II** *znw* landbouwchemisch product

agronomics [ægrəˈnɒmɪks] *znw* [mv] landbouwkunde

aground [əˈgraʊnd] scheepv *bn & bijw* aan de grond ★ *run ~* stranden / aan de grond lopen

ah [ɑː] *tsw* o, och, ha, ach ★ *ah, what a beautiful child!* o, wat een mooi kind!

aha [ɑːˈhɑː, əˈhɑː] *tsw* aha ★ *aha! Now I understand!* aha, nou begrijp ik het

ahead [əˈhed] *bijw* ❶ vooruit, naar voren ★ *full steam ~* volle kracht vooruit ★ *get ~* vooruitkomen, carrière maken ★ *go ~* van start gaan, voortgaan, vooruitgang boeken ❷ voor, vooraan, voorop ★ *be ~ of sbd* iem. vooruit zijn, voor iem. aan zijn ★ *get ~ of sbd / sth* iem. / iets voorbijstreven, iem. / iets overvleugelen ❸ te wachten, in het verschiet ★ *the task (that lies) ~* de taak die wij voor de boeg hebben / die ons wacht

ahem [əˈhem] vooral scherts *tsw* hm!

ahold [əˈhəʊld] *bijw* vast ★ *grab / get ~ of sbd / sth* iets / iemand vastpakken ★ *they had a difficult time getting ~ of the problem* ze hadden moeite het probleem te beheersen

ahoy [əˈhɔɪ] scheepv *tsw* ahoi!

AI *afk* ❶ (artificial insemination) KI, kunstmatige inseminatie ❷ (artificial intelligence) kunstmatige intelligentie ❸ (Amnesty International)

aid [eɪd] **I** *znw* ❶ hulp, bijstand, noodhulp ★ *development ~* ontwikkelingshulp ★ *first ~* eerste hulp bij ongelukken / EHBO ★ *in ~ of charity* ten bate van een goed doel ★ Br inf *what's this in ~ of?* waar is dit goed voor? ★ *without the ~ of sth* zonder gebruik van iets ★ *come / go to sbd's ~* iem. te hulp schieten ❷ helper, -ster ❸ hulpmiddel ★ *teaching ~s* leermiddelen, didactisch materiaal, lesmateriaal ★ *an ~ to understanding sth* een middel om iets beter te begrijpen **II** *overg* ❶ helpen, bijstaan ★ *~ and abet sbd* iem. de hand reiken, handlangersdiensten bewijzen ❷ bijdragen tot, bevorderen

aid agency [eɪd ˈeɪdʒənsɪ] *znw* hulporganisatie

aid campaign [eɪd kæmˈpeɪn] *znw* hulpactie

aide [eɪd] *znw* assistent, helper ★ *a nurse's ~* een hulpverpleegster

aide-de-camp [ˈeɪd-də-ˈkɑ̃] ⟨Fr⟩ mil *znw* [mv: aides-de-camp] aide de camp, adjudant

aide-mémoire [eɪd-me-ˈmwɑː(r)] ⟨Fr⟩ *znw* [mv: aides-mémoires of aides-mémoire] geheugensteuntje, ezelsbruggetje

Aids [eɪdz], **AIDS** *znw* aids

Aids inhibitor [eɪdz ɪnˈhɪbɪtə] *znw* aidsremmer

aid worker [eɪd ˈwɜːkə] *znw* ontwikkelingswerker

aikido [ˈaɪkɪdəʊ] *znw* aikido ⟨Japanse vechtsport⟩

ail [eɪl] *overg* mankeren, schelen ★ *what's ~ing you?* wat scheelt je?

ailing [ˈeɪlɪŋ] *bn* ziekelijk, sukkelend ★ *an ~ area* een achtergebleven gebied

ailment [ˈeɪlmənt] *znw* ziekte, kwaal ★ *a chronic ~* een chronische ziekte ★ *a trivial ~* een onbeduidend kwaaltje

ailurophobia [aɪljʊərəˈfəʊbɪə] *znw* kattenfobie

aim [eɪm] **I** *znw* oogmerk, doel(wit) ★ *~s and objectives* doelstellingen ★ *take ~* aanleggen, mikken **II** *overg* richten (op / tegen *at*), aanleggen (op *at*) ★ *that comment was ~ed at you* die opmerking doelde op u / was op u gemunt **III** *onoverg* richten, mikken, aanleggen (op *at*) ★ *~ high* eerzuchtig zijn ★ *~ at sbd* doelen op iem. ⟨ook fig⟩, het gemunt hebben op iem. ★ *~ at sth* streven naar iets, iets beogen, aansturen op iets

aimless [ˈeɪmləs] *bn* doelloos

aimlessness [ˈeɪmləsnəs] *znw* doelloosheid ★ *a sense of ~* een gevoel van doelloosheid

ain't [eɪnt] inf *samentr* ❶ (am/is/are not) → **be** ❷ (have/has not) → **have**

air [eə] **I** *znw* ❶ lucht ★ fig *hot ~* gezwam, kale kak ★ *by ~* per vliegtuig ★ *in the open ~* in de buitenlucht ★ *out of thin ~* uit het niets ★ *be in the ~* in de lucht zitten, in de lucht hangen ★ fig *clear the ~* de lucht zuiveren ★ *walk on ~* in de zevende hemel zijn ★ *vanish into thin ~* in rook opgaan ❷ windje, tocht ❸ radio ether ★ *off the ~* uit de ether ❹ muz wijsje, melodie ❺ voorkomen, air, houding ★ *~s and graces* kokette maniertjes ★ *give oneself ~s* verwaand zijn ★ *put on ~s* verwaand doen **II** *overg* ❶ lucht geven (aan), luchten ★ *~ one's dirty linen* de vuile was buiten hangen ❷ geuren met

air ambulance [eər ˈæmbjʊləns] *znw*

traumahelikopter, vliegende ambulance

air bag [eə bæg] *znw* airbag

air base [eə beɪs] *znw* luchtmachtbasis

airbed ['eəbed] *znw* luchtbed

air bill [eə bɪl] *znw* luchtvrachtbrief

air bladder [eə 'blædə] plantk of dierk *znw* ❶ luchtblaas ❷ zwemblaas

airborne ['eəbɔ:n] *bn* ❶ door de lucht vervoerd of aangevoerd ★ ~ *pollution* luchtvervuiling ❷ opgestegen, in de lucht ❸ mil luchtlandings- ★ *an* ~ *landing* luchtlanding

air brake [eə breɪk] *znw* ❶ luchtdrukrem ❷ remklep ‹v. vliegtuig›

airbrick ['eəbrɪk] *znw* gaatsteen

air bridge [eə brɪdʒ] *znw* luchtbrug

airbrush ['eəbrʌʃ] **I** *znw* verfspuit, airbrush **II** *overg* met een verfspuit werken

airbus ['eəbʌs] *znw* luchtbus, airbus

air cargo [eə 'kɑ:gəʊ] *znw* luchtvracht

air carrier [eə 'kærɪə] *znw* luchtvaartmaatschappij

air con [eə kɒn] *znw* → **air conditioning**

air-conditioned ['eə-kəndɪʃənd] *bn* geairconditioned

air conditioner [eə kən'dɪʃənə] *znw* airconditioner

air conditioning [eə kən'dɪʃənɪŋ] *znw* airconditioning, klimaatregeling

air-cooled ['eə-ku:ld] *bn* luchtgekoeld ★ *an* ~ *engine* een luchtgekoelde motor ★ Am *an* ~ *room* een kamer met airconditioning

air corridor [eə 'kɒrɪdɔ:] *znw* ❶ luchtcorridor ❷ aanvliegroute

air cover [eə 'kʌvə] mil *znw* luchtdekking

aircraft ['eəkrɑ:ft] *znw* luchtvaartuig, luchtvaartuigen, vliegtuig, vliegtuigen

aircraft carrier ['eəkrɑ:ft 'kærɪə] *znw* vliegdekschip

aircrew ['eəkru:] *znw* vliegtuigbemanning

air cushion [eə 'kʊʃən] *znw* luchtkussen, windkussen

airer ['eərə] *znw* droogrekje

airfare ['eəfeə] *znw* prijs van een vliegticket, vliegtarief

airfield ['eəfi:ld] *znw* vliegveld

air filter [eə 'fɪltə] *znw* luchtfilter

airflow ['eəfləʊ] *znw* luchtstroom

air force [eə fɔ:s] *znw* luchtmacht, luchtstrijdkrachten

Air Force One [eə fɔ:s wʌn] *znw* Air Force One ‹het officiële vliegtuig van de president van de VS›

airfreight ['eəfreɪt] *znw* luchtvracht

air freshener [eə 'freʃnə] *znw* luchtverfrisser

airgun ['eəgʌn] *znw* windbuks

airhead ['eəhed] *znw* ❶ inf leeghoofd ❷ mil bruggenhoofd in handen van de luchtmacht

air hostess [eə 'həʊstɪs] *znw* (lucht)stewardess

airily ['eərəlɪ] *bijw* luchtig, luchthartig

airiness ['eərɪnəs] *znw* ❶ goede ventilatie ❷ fig luchtigheid

airing ['eərɪŋ] *znw* ★ *give sth an* ~ iets luchten, fig lucht geven aan iets

airing cupboard ['eərɪŋ 'kʌbəd] *znw* droogkast

airless ['eəlɪs] *bn* ❶ zonder lucht ❷ bedompt

❸ windstil ❹ drukkend ‹weer›

air letter [eə 'letə] *znw* luchtpostblad

airlift ['eəlɪft] luchtv **I** *znw* luchtbrug **II** *overg* per luchtbrug vervoeren

airline ['eəlaɪn] *znw* lucht(vaart)lijn

airliner ['eəlaɪnə] *znw* groot passagiersvliegtuig

airlock ['eəlɒk] *znw* ❶ luchtsluis ‹v. caisson, kolenmijn &› ❷ luchtbel ‹in een leidingbuis›

airmail ['eəmeɪl] *znw* luchtpost, vliegpost

airmail rate ['eəmeɪl reɪt] *znw* luchtposttarief

airman ['eəmən] *znw* vlieger

air mattress [eə 'mætrəs] *znw* luchtbed

Air Miles ['eəmaɪlz] *znw* airmiles ‹gratis (vlieg)punten, uitgegeven door vliegmaatschappijen en andere ondernemingen›

air piracy [eə 'paɪrəsɪ] *znw* het kapen van vliegtuigen, luchtpiraterij

airplane ['eəpleɪn] Am *znw* vliegtuig

airplay ['eəpleɪ] *znw* zendtijd ★ *get plenty of* ~ veel uitgezonden worden ‹van een nummer of artiest›

air pocket [eə 'pɒkɪt] *znw* luchtzak ‹valwind›

air pollution [eə pə'lu:ʃən] *znw* luchtvervuiling

airport ['eəpɔ:t] **I** *bn* makkelijk leesbaar, licht verteerbaar ‹m.b.t. lectuur die bijv. op vliegvelden wordt verkocht› ★ *an* ~ *novel* een makkelijk leesbare roman **II** *znw* luchthaven, vliieghaven ★ *the arrival* ~ de aanvlieghaven

airport tax ['eəpɔ:t tæks] *znw* luchthavenbelasting

air power [eə 'paʊə] mil *znw* luchtpotentieel

air pump [eə pʌmp] *znw* luchtpomp

air rage [eə reɪdʒ] *znw* agressie in vliegtuigen

air raid [eə reɪd] *znw* luchtaanval ★ ~ *precautions* luchtbescherming ★ *an* ~ *warning* luchtalarm ★ *an* ~ *shelter* een schuilkelder ★ *an* ~ *warden* leider van de luchtbescherming, blokhoofd

air rifle [eə 'raɪfəl] *znw* luchtbuks

air-sea rescue [eə-'si: reskju:] *znw* reddingsoperatie op zee vanuit de lucht

airship ['eəʃɪp] *znw* luchtschip, zeppelin

airshow ['eəʃəʊ] *znw* luchtvaartshow

airsick ['eəsɪk] *bn* luchtziek

airsickness ['eəsɪknəs] *znw* luchtziekte

airspace ['eəspeɪs] *znw* luchtruim ‹v.e. land› ★ *violation of* ~ schending van het luchtruim

airspeed ['eəspi:d] *znw* luchtsnelheid

airstream ['eəstri:m] *znw* luchtstroom

airstrike ['eəstraɪk] *znw* luchtaanval

airstrip ['eəstrɪp] luchtv *znw* landingsstrook

air supremacy [eə su:'preməsɪ] *znw* heerschappij in de lucht

air terminal [eə 'tɜ:mɪnl] *znw* aankomst / vertrekhal ‹op luchthaven›

air ticket [eə 'tɪkɪt] *znw* vliegbiljet

airtight ['eətaɪt] *bn* luchtdicht, hermetisch ★ *an* ~ *alibi* een waterdicht alibi

air time [eə taɪm] *znw* ❶ radio zendtijd ❷ tijd dat een mobiele telefoon in gebruik is

air-to-air ['eə-tə-'eə] *bn* van het ene vliegtuig naar het

ai

andere ★ *an* ~ *missile* een lucht-lucht raket
air-to-ground ['eə-tə-'graʊnd] *bn* lucht-grond, vanaf een vliegtuig naar de grond
air-to-surface ['eə-tə-'sɜːfɪs] *bn* vanaf een vliegtuig naar het zeeoppervlak
air-traffic control ['eə-træfɪk kən'trəʊl] *znw* luchtverkeersleiding
air-traffic controller ['eə-træfɪk kən'trəʊlə] *znw* luchtverkeersleider
air trap [eə træp] *znw* ❶ stankafsluiter ‹in riool› ❷ luchtsluis ‹in gebouw›
airwaves ['eəweɪvz] *znw* [*mv*] ❶ ethergolven, radiogolven ❷ radio
airway ['eəweɪ] *znw* ❶ luchtgalerij ‹in mijn› ❷ luchtv luchtroute, luchtvaartlijn ❸ anat luchtweg
air waybill [eə 'weɪbɪl] *znw* luchtvrachtbrief
airworthiness ['eəwɜːðɪnəs] luchtv *znw* luchtwaardigheid
airworthy ['eəwɜːðɪ] luchtv *bn* luchtwaardig
airy ['eərɪ] *bn* ❶ (hoog) in de lucht, luchtig ❷ ijl
airy-fairy ['eərɪ-'feərɪ] inf *bn* ❶ luchtig, dartel ❷ oppervlakkig, quasi ★ ~ *ideas* wazige ideeën
aisle [aɪl] *znw* ❶ gangpad ‹tussen banken &› ★ inf *walk down the* ~ trouwen ❷ bouwk zijbeuk
aitch [eɪtʃ] *znw* (de letter) h ★ *drop one's* ~*es* de h niet uitspreken
ajar [ə'dʒɑː] *bijw* op een kier, half open, aan ★ *the door was slightly* ~ de deur stond op een kier
aka [eɪkeɪeɪ] *afk* (also known as) alias, ook bekend als
akimbo [ə'kɪmbəʊ] *bijw* ★ *(with) arms* ~ met de handen in de zij(de)
akin [ə'kɪn] *bn* verwant (aan *to*) ★ *a fruit* ~ *to a lemon* een vrucht die op een citroen lijkt
Akubra® [ə'kuːbrə] *znw* breedgerande Australische hoed
à la ['ɑː lɑː] ‹*Fr*› *voorz* in dezelfde stijl als
alabaster ['æləbɑːstə] *bn & znw* alabaster
alacrity [ə'lækrətɪ] *znw* ❶ gretigheid ❷ enthousiasme
Aladdin's cave [ə'lædɪnz keɪv] *znw* verzameling ongewone en interessante dingen ★ *her shop is a real* ~ haar winkel is een echte schatkamer
à la mode ['ɑː lɑː məʊd] *bn & bijw* ❶ modieus, in zwang ★ *conservatism is very* ~ *in such circles* conservatisme is erg in zwang in die kringen ★ *she dresses very* ~ zij kleedt zich erg modieus ❷ culinair gestoofd in wijn ★ *beef* ~ rundvlees in rode wijn ❸ Am culinair met roomijs
alarm [ə'lɑːm] I *znw* ❶ ontsteltenis, schrik, ongerustheid ★ *there's no cause for* ~ er is geen reden tot paniek ❷ alarm(signaal), alarminstallatie ★ *give / raise / sound the* ~ alarm slaan, fig aan de bel trekken ❸ wekker(klok) II *overg* alarmeren, verontrusten, beangstigen
alarm bell [ə'lɑːm bel] *znw* alarmbel, noodklok ★ fig ~*s were ringing* de noodklokken werden geluid
alarm call [ə'lɑːm kɔːl] *znw* ❶ alarmroep ‹van een vogel &› ❷ wektelefoontje
alarm clock [ə'lɑːm klɒk] *znw* wekker

alarmed [ə'lɑːmd] *bn* verontrust ★ *there's nothing to be* ~ *about* er is niets om je zorgen over te maken
alarming [ə'lɑːmɪŋ] *bn* verontrustend
alarmism [ə'lɑːmɪzəm] *znw* paniekzaaierij
alarmist [ə'lɑːmɪst] *znw* paniekzaaier
alarm system [ə'lɑːm 'sɪstəm] *znw* alarmsysteem
alas [ə'læs] *tsw* helaas!, ach! ★ *his job has plenty of responsibility but* ~ *little money* de baan brengt een hoop verantwoordelijkheid met zich mee, maar jammer genoeg weinig geld
Albania [æl'beɪnɪə] *znw* Albanië
Albanian [æl'beɪnɪən] I *bn* Albanees II *znw* ❶ Albanees ‹de taal› ❷ Albanees, Albanese
albatross ['ælbətrɒs] *znw* albatros
albeit [ɔːl'biːɪt] *voegw* (al)hoewel, ofschoon
albino [æl'biːnəʊ] *bn & znw* albino
album ['ælbəm] *znw* album
albumen ['ælbjʊmɪn] *znw* eiwit, eiwitstof
albuminous [æl'bjuːmɪnəs] *bn* eiwithoudend
alchemist ['ælkəmɪst] *znw* alchimist
alchemy ['ælkəmɪ] *znw* alchimie
alcohol ['ælkəhɒl] *znw* alcohol
alcohol-based ['ælkəhɒl-beɪzd] *bn* op alcoholbasis
alcohol content ['ælkəhɒl 'kɒntent] *znw* alcoholgehalte
alcohol-free ['ælkəhɒl-friː] *bn* alcoholvrij ★ ~ *beer* alcoholvrij bier ★ *an* ~ *canteen* een alcoholvrije kantine
alcoholic [ælkə'hɒlɪk] I *bn* alcoholisch II *znw* alcoholist
alcoholism ['ælkəhɒlɪzəm] *znw* alcoholisme
alcohol problem ['ælkəhɒl 'prɒbləm] *znw* drankprobleem
alcohol testing ['ælkəhɒl testɪŋ] *znw* alcoholcontrole
alcopop ['ælkəʊpɒp] inf *znw* mixdrankje ‹van frisdrank en alcohol›
alcove ['ælkəʊv] *znw* ❶ alkoof ❷ prieel
al dente [æl 'dentɪ] ‹*Ital*› *bn & bijw* al dente, bijtgaar
alder ['ɔːldə] plantk *znw* els, elzenboom
alderman ['ɔːldəmən] *znw* wethouder, schepen
ale [eɪl] *znw* ❶ ale ❷ Engels bier
aleatoric [eɪlɪə'tɒrɪk], **aleatory** *bn* aleatoir, willekeurig
alert [ə'lɜːt] I *bn* ❶ waakzaam, op zijn hoede ❷ vlug, levendig II *znw* ❶ alarm, luchtalarm ❷ waakzaamheid, paraatheid ★ *on the* ~ op zijn hoede ★ *the army has been put on full* ~ het leger is in hoogste staat van paraatheid gebracht ★ *a state of* ~ een staat van paraatheid III *overg* waarschuwen, alarmeren
alert box [ə'lɜːt bɒks] comput *znw* waarschuwingsvenster
A-level ['eɪ-'levəl] *znw* (advanced level) ± vwo-eindexamen ★ *pass one's* ~*s* ± zijn eindexamen vwo halen
alfalfa [æl'fælfə] *znw* alfalfa, luzerne
alfresco [æl'freskəʊ] ‹*Ital*› *bn & bijw* in de open lucht, buiten
alga ['ælgə] *znw* [*mv*: algae] alge
algal bloom ['ælgəl bluːm] *znw* blauwalg

algebra ['ældʒəbrə] *znw* algebra, stelkunde
algebraic [ældʒɪ'breɪk] *bn* algebraïsch, stelkundig
Algeria [æl'dʒɪərɪə] *znw* Algerije
Algerian [æl'dʒɪərɪən] I *bn* Algerijns II *znw* Algerijn, Algerijnse
alias ['eɪlɪəs] I *bijw* alias, anders genoemd II *znw* ❶ alias, andere naam, aangenomen naam ★ *under the ~ of* onder de naam van ❷ comput pseudoniem, alias
alibi ['ælɪbaɪ] *znw* ❶ alibi ★ *a cast-iron ~* een ijzersterk alibi ❷ inf smoes
Alice band ['ælɪs bænd] *znw* haarband
alien ['eɪlɪən] I *bn* ❶ vreemd ★ *she's living in a culture that is ~ to her* ze leeft in een cultuur die haar vreemd is ❷ buitenlands ❸ buitenaards II *znw* ❶ jur vreemdeling ★ *an illegal ~* een illegale buitenlander ❷ buitenaards wezen
alienate ['eɪlɪəneɪt] *overg* vervreemden (van *from*)
alienation [eɪlɪə'neɪʃən] *znw* vervreemding ★ *a sense of ~* een afstandelijk gevoel
alight [ə'laɪt] I *bn & bijw* ❶ aangestoken, aan, brandend, in brand ★ *catch ~* in brand vliegen ❷ verlicht, schitterend ★ *eyes ~ with excitement* ogen die schitteren van opwinding II *onoverg* ❶ uitstappen (uit *from*), afstijgen (van *from*), neerkomen, neerstrijken (op *on*), ❷ luchtv landen ❸ afstappen (in *at*)
align [ə'laɪn] *overg* ❶ op één lijn plaatsen / opstellen ❷ richten, aanpassen ★ *~ oneself with sbd / sth* zich scharen aan de zijde van iem. / iets, zich aansluiten bij iem. / iets
alignment [ə'laɪnmənt] *znw* ❶ op één lijn brengen, richten, opstelling ★ *a wheel ~* balancering van de wielen ‹auto› ★ *be out of ~ (with sth)* niet in lijn zijn (met iets) ★ *bring sth into ~* iets richten / op één lijn brengen ❷ groepering, verbond ❸ (rooi)lijn
alike [ə'laɪk] I *bn* gelijk, eender ★ *they look remarkably ~* ze lijken verbazend veel op elkaar II *bijw* ❶ evenzeer ❷ op dezelfde manier ★ *they dressed ~* ze droegen dezelfde kleren ★ *he's polite to friends and foes ~* hij is even beleefd tegen vijanden en vrienden
alimentary canal [ælɪ'mentərɪ kə'næl] anat *znw* spijsverteringskanaal
alimony ['ælɪmənɪ] Am *znw* ❶ alimentatie, onderhoud ❷ alimentatieplicht
alive [ə'laɪv] *bn* ❶ in leven, levend ★ *the luckiest man ~* de gelukkigste man ter wereld ★ *dead or ~* levend of dood ★ *be ~ and kicking / well* springlevend zijn ★ *come ~* tot leven komen ★ *look ~!* voortmaken,opschieten! ❷ levendig ★ *be ~ with sth* wemelend van iets, krioelend van iets ❸ ontvankelijk, bewust ★ *be ~ to sth* zich bewust van iets zijn, ontvankelijk of gevoelig voor iets zijn
alkali ['ælkəlaɪ] *znw* alkali
alkaline ['ælkəlaɪn] *bn* alkalisch
alkaloid ['ælkəlɔɪd] scheik *znw* alkaloïde
alky ['ælkɪ], **alkie** inf *znw* alcoholist

all [ɔːl] I *telw & vnw* ❶ alle(n), allemaal ★ *her four children are ~ sick* haar vier kinderen zijn allemaal ziek ★ *she has four children, ~ of whom are blond* ze heeft vier kinderen, die allemaal blond zijn ★ *~ and sundry* allen zonder onderscheid ★ *~ for one and one for ~* één voor allen en allen voor één ❷ alles ★ *and ~ that* en zo ★ *~ bar / but one* alles op één na ★ *~ in* alles / allen inbegrepen ★ *~ in ~* alles bijeen(genomen), al met al ★ *~ or none* alles of niets ★ *give one's ~* zijn uiterste best doen ★ *~ is not lost* het is nog niet helemaal verloren ★ inf *that's ~ we need!* dat kan er ook nog wel bij! ★ zegsw *~'s well that ends well* eind goed, al goed ❸ het / de enige ★ *she was ~ the family I had* ze was de enige familie die ik had ❹ geheel, al(le) ★ *~ in ~* in totaal ★ *~ of 500* niet minder dan 500, wel 500 ★ zegsw *~ good things must come to an end* aan alle goeds komt een eind II *bijw* geheel, helemaal, één en al ★ *~ the best!* het beste (ermee)! ★ *~ the better* des te beter ★ *~ clear* gevaar geweken, alles veilig ★ *the design is ~ mine* het ontwerp is helemaal van mij ★ *form the pleasure is ~ mine* het genoegen is geheel aan mijn kant ★ inf *he's not ~ there* hij heeft ze niet allemaal op een rijtje ★ sp *twenty ~* twintig gelijk ★ *he knew ~ along* hij wist het al de hele tijd ★ *~ around / round, it was a good day* het was in alle opzichten een goede dag ★ *not at ~* in het geheel niet, volstrekt niet, graag gedaan, niets te danken ‹na bedanken› ★ *it's ~ but finished / ready &* het is nagenoeg / zo goed als / bijna klaar ★ inf *I'm ~ in* ik ben kapot, afgepeigerd ★ *she was ~ of a dither* ze was helemaal zenuwachtig / van streek ★ *she looked ~ over* ze zocht overal ★ *that's her ~ over* dat is typisch haar ★ *go ~ out for sth* alles op alles zetten voor iets ★ inf *it's ~ go here* het is hier erg druk
all-American ['ɔːl-ə'merɪkən] *bn* ❶ op-en-top Amerikaans ❷ de gehele Verenigde Staten vertegenwoordigend
allay [ə'leɪ] *overg* ❶ (doen) bedaren ❷ stillen, verlichten, verzachten, matigen, verminderen
all-clear ['ɔːl-'klɪə] *znw* alles veilig ★ *sound the ~* het 'alles veilig' signaal geven
all-comers ['ɔːl-'kʌməz] *znw* iedereen die mee wil doen ★ *open to ~* vrije deelname
allegation [ælɪ'geɪʃən] *znw* ❶ bewering ❷ aantijging, beschuldiging
allege [ə'ledʒ] *overg* ❶ aanvoeren ❷ beweren
alleged [ə'ledʒd] *bn* zogenaamd, vermoedelijk
allegedly [ə'ledʒɪdlɪ] *bijw* naar beweerd wordt / werd
allegiance [ə'liːdʒəns] *znw* loyaliteit, trouw (van onderdanen) (aan *to*) ★ *an oath of ~* een eed van trouw ★ *pledge ~ to the flag* trouw aan de vlag zweren
allegorical [ælɪ'gɒrɪkl] *bn* allegorisch
allegory ['ælɪgərɪ] *znw* allegorie
allegro [ə'leɪgrəʊ] muz *bn & bijw* allegro, snel
alleluia [ælɪ'luːjə] *tsw* (h)alleluja
all-embracing ['ɔːlɪm'breɪsɪŋ] *bn* alomvattend

al

Allen key® ['ælən ki:], **Allen wrench** znw inbussleutel
Allen screw® ['ælən skru:] znw inbusbout
allergen ['ælədʒ(ə)n] znw allergeen
allergic [ə'lɜ:dʒɪk] bn allergisch ★ be ~ to sth allergisch zijn voor iets, inf een afkeer (hekel) hebben van (aan) iets
allergy ['ælədʒɪ] znw ❶ allergie ❷ inf afkeer (van to)
alleviate [ə'li:vɪeɪt] overg verlichten, verzachten ★ his words did little to ~ their fear zijn woorden hielpen niet hun angst weg te nemen
alleviation [əli:vɪ'eɪʃən] znw verlichting, verzachting
alley ['ælɪ] znw ❶ steeg, gang, laantje ★ inf that's right up my ~ dat past precies in mijn straatje ❷ doorgang ❸ (kegel)baan
alley cat ['ælɪ kæt] znw zwerfkat ★ she's got the morals of an ~ zij is heel losbandig
alleyway ['ælɪweɪ] znw steeg
alliance [ə'laɪəns] znw ❶ verbond, bond, bondgenootschap, verbintenis, huwelijk ❷ verwantschap
allied ['ælaɪd] bn ❶ verbonden, geallieerd, bondgenootschappelijk ★ the Allied troops de geallieerde legers ❷ verwant
Allies ['ælaɪz] znw [mv] ★ the ~ de Geallieerden
alligator ['ælɪgeɪtə] znw alligator, kaaiman
all-important ['ɔ:l-ɪm'pɔ:tənt] bn van het grootste gewicht, hoogst belangrijk ★ the ~ goal het belangrijkste doelpunt
all-in ['ɔ:l-ɪn] bn alles / allen inbegrepen ★ an ~ tour een geheel verzorgde reis ★ ~ wrestling vrij worstelen
all-inclusive ['ɔ:l-ɪn'klu:sɪv] bn alles inbegrepen
all-in-one ['ɔ:l-ɪn-wʌn] bn alles-in-een ★ an ~ shampoo and conditioner een shampoo en conditioner in een
alliterate [ə'lɪtəreɪt] onoverg allitereren
alliteration [əlɪtə'reɪʃən] znw alliteratie, stafrijm
alliterative [ə'lɪtərətɪv] bn allitererend
all-night ['ɔ:l-naɪt] bn de hele nacht durend / geopend ★ an ~ cafe een nachtcafé
all-nighter [ɔ:l-'naɪtə] inf znw iets dat de hele nacht duurt ★ pull an ~ de hele nacht doorgaan, nachtbraken
allocate ['æləkeɪt] overg toewijzen, aanwijzen, bestemmen ★ the seats had been ~d to another group de plaatsen waren aan een andere groep toegewezen
allocation [ælə'keɪʃən] znw ❶ toewijzing ❷ bestemming ❸ portie ❹ te besteden bedrag
allograft ['æləgrɑ:ft] med znw allotransplantatie
allopathic [ælə'pæθɪk] bn allopathisch
allopathy [ə'lɒpəθɪ] znw allopathie
All Ordinaries index [ɔ:l 'ɔ:dɪnərɪz 'ɪndeks] eff znw ★ the ~ de Australische beursindex
allot [ə'lɒt] overg toe(be)delen, toewijzen (aan to)
allotment [ə'lɒtmənt] znw ❶ toe(be)deling, toewijzing ❷ aandeel ❸ (levens)lot ❹ perceel ❺ volkstuintje
allotted [ə'lɒtɪd] bn toebedeeld, toegekend ★ finish in the ~ time binnen de toebedeelde tijd klaar zijn

all-out ['ɔ:l-aʊt] bn met alle middelen, intensief, geweldig, groot(scheeps) ★ an ~ effort een uiterste inspanning
allow [ə'laʊ] **I** overg ❶ toestaan, toelaten, toekennen, veroorloven ❷ erkennen ❸ in staat stellen, mogelijk maken ❹ uittrekken ‹geld, tijd &› **II** phras ★ ~ for sth iets in aanmerking nemen ‹als verzachtende omstandigheid›, rekening houden met iets
allowable [ə'laʊəbl] bn geoorloofd
allowance [ə'laʊəns] znw ❶ portie, rantsoen ★ a baggage ~ een bagage limiet ❷ toelage, tegemoetkoming, vergoeding ★ a clothing ~ een kledingtoelage ❸ verlof, permissie ★ make ~s for sbd toegeeflijk zijn voor iem. ★ make ~s for sth iets in aanmerking nemen ❹ uitkering, toeslag, bijslag ‹voor kinderen› ❺ handel korting ❻ belastingvrije som
alloy I znw ['ælɔɪ] ❶ allooi, gehalte ❷ legering ❸ (bij)mengsel **II** overg [ə'lɔɪ] ❶ legeren ❷ mengen
all-pervading ['ɔ:l-pə'veɪdɪŋ], **all-pervasive** bn doordringend, overheersend, penetrant ★ an ~ smell of urine een penetrante urinelucht ★ the excitement was ~ de opwinding was allesoverheersend
all-powerful ['ɔ:l-'paʊəfʊl] bn almachtig
all-purpose [ɔ:l-'pɜ:pəs] bn voor alle doeleinden, universeel ★ an ~ knife een universeel mes
all right [ɔ:l raɪt], **alright I** tsw okay!, mij best!, prima! **II** bn ❶ gezond en wel, veilig ★ the roads were icy, but we got home ~ de wegen waren glad, maar we zijn veilig thuisgekomen ❷ voldoende ★ it may be ~ for some, but... sommige mensen vinden dat misschien leuk, maar... ❸ geoorloofd ❹ inf goed **III** bijw ❶ in orde, voldoende, redelijk goed ★ his exams went ~ zijn examens gingen redelijk goed ❷ inderdaad, zeker, zonder twijfel ★ oh yes, it's him ~ dat is 'm zonder enige twijfel ★ she's crazy ~ ze is echt gek
all-round [ɔ:l-'raʊnd] bn allround, veelzijdig ★ an ~ musician een allroundmusicus ★ an ~ vision / view uitzicht rondom
all-rounder [ɔ:l-'raʊndə] znw allrounder, veelzijdig persoon
allspice ['ɔ:lspaɪs] znw piment
all-star ['ɔ:l-stɑ:] bn met alleen maar sterren ★ an ~ cast een sterrenbezetting
all-terrain ['ɔ:l-te'reɪn] bn voor elk terrein geschikt
all-terrain bike ['ɔ:l-te'reɪn baɪk] znw mountainbike, ATB
all-terrain vehicle ['ɔ:l-te'reɪn 'vi:ɪkl] znw terreinwagen
all-time ['ɔ:l-taɪm] bn ongekend, nooit eerder voorgekomen ★ the president's popularity was at an ~ low de populariteit van de president was op het dieptepunt
allude [ə'lu:d] phras ★ ~ to sth het hebben over iets, zinspelen op iets, doelen op iets, iets (terloops) vermelden ★ ~ to sbd het hebben over iem.
allure [ə'l(j)ʊə] znw verlokking, verleidelijkheid

★ *the ~ of working in the city* de leuke aspecten van werken in de stad
allurement [ə'l(j)ʊəmənt] *znw* ❶ aantrekkingskracht ❷ verleiding
alluring [ə'l(j)ʊərɪŋ] *bn* aanlokkelijk, verleidelijk ★ *an ~ dress* een verleidelijke jurk ★ *the prospect of unemployment was not very ~* het vooruitzicht van werkloosheid was niet erg aantrekkelijk
allusion [ə'lu:ʒən] *znw* zinspeling, toespeling (op *to*) ★ *a veiled ~* een bedekte toespeling ★ *a clear ~ to sbd / sth* een duidelijke verwijzing naar iem. / iets
allusive [ə'lu:sɪv] *bn* zinspelend
alluvial [ə'l(j)u:vɪəl] *bn* alluviaal, aangeslibd ★ *~ deposits* alluviale afzettingen
alluvium [ə'l(j)u:vɪəm] *znw* alluvium, aanslibbing, aangeslibd land
all-weather ['ɔ:l-weðə] *bn* voor elk weer ★ *an ~ jacket* een soort windjack geschikt voor elk weer
ally I *znw* ['ælaɪ] ❶ bondgenoot ★ *a friend and ~* een vriend en bondgenoot ★ *he found an ~ in her* hij vond in haar een medestander ❷ geallieerde **II** *overg* [ə'laɪ] ❶ verbinden (met *to / with*), verwant maken (aan *to*) ❷ verenigen
alma mater [ælmə 'mɑ:tə, 'meɪtə] *znw* alma mater, universiteit
almanac ['ɔ:lmənæk] *znw* almanak
almighty [ɔ:l'maɪtɪ] *bn* ❶ almachtig ★ inf *God / Christ ~!* godallemachtig! ❷ inf enorm ★ *they made an ~ din* ze maakten een vreselijk lawaai **II** *znw* ★ *the Almighty* de Almachtige
almond ['ɑ:mənd] *znw* amandel ★ *~-eyed* met amandelvormige ogen ★ *blanched / flaked / ground ~s* gepelde / geschaafde / gemalen amandelen
almond paste ['ɑ:mənd peɪst] *znw* amandelspijs
almost ['ɔ:lməʊst] *bijw* bijna, nagenoeg
alms [ɑ:mz] *znw* [mv] aalmoes, aalmoezen
almshouse ['ɑ:mzhaʊs] hist *znw* armenhuis
aloe ['æləʊ] *znw* aloë
aloe vera ['æləʊ 'vɪərə] *znw* aloë vera
aloft [ə'lɒft] *bijw* ❶ form hoog, omhoog, in de lucht ❷ scheepv in de mast ❸ in het want
alogical [eɪ'lɒdʒɪkl] *bn* form onlogisch
alone [ə'ləʊn] **I** *bn* alleen ★ *the cost ~ will be prohibitive* de kosten alleen al maken het onmogelijk ★ *she ~ knows* zij alleen weet het ★ *he's not ~ in his dislike of football* hij is niet de enige die van voetbal houdt ★ *he went on the trip ~* ze maakte de tocht in haar eentje **II** *bijw* slechts, alleen ★ *God ~ knows* alleen God weet het
along [ə'lɒŋ] *voorz & bijw* ❶ langs ★ *~ the beach* langs het strand ★ *I've learnt a lot ~ the way* ik heb inmiddels / door de jaren heen veel geleerd ❷ voort, door ★ *~ the corridor* door de gang ★ *the job is coming ~ nicely* het werk schiet lekker op ★ *get ~!* donder op! ★ *she knew all ~* ze wist het de hele tijd al ❸ mee ★ *~ with* samen / tegelijk met ★ *come ~!* kom mee! ★ *get ~ with sbd* goed overweg

kunnen met iem. ★ *go ~ for the ride* bij een activiteit zijn zonder mee te doen
alongshore [əlɒŋ'ʃɔ:] *bijw* langs de kust
alongside [əlɒŋ'saɪd] *voorz & bijw* ❶ langszij, langs, naast (ook: *~ of*) ★ *a car pulled up ~ him* een auto stopte naast hem ★ *I've been working ~ him for a week* ik werk al een week lang met hem samen ❷ behalve ★ *~ maths they also teach geography* behalve wiskunde geven ze ook aardrijkskunde
aloof [ə'lu:f] **I** *bn* ❶ in hogere sferen verkerend ❷ gereserveerd, koel, afzijdig (van *from*) **II** *bijw* op een afstand, ver ★ *keep / hold / stand ~ from sth* zich afzijdig houden van iets
alopecia [ælə'pi:ʃə] med *znw* haaruitval, kaal(hoofdig)heid
aloud [ə'laʊd] *bijw* luid(e), hardop ★ *they're beginning to wonder ~ why this is happening* ze beginnen zich hardop af te vragen waarom dit gebeurt
alpenhorn ['ælpənhɔ:n], **alphorn**, **alpine horn** *znw* alpenhoorn
alpha [ælfə] *znw* alfa ★ *Alpha* de letter A ‹in het internationaal alfabet› ★ *~ plus* uitmuntend ★ *~ rays* alfastralen
alphabet ['ælfəbet] *znw* alfabet, abc ★ *the letters of the ~* de letters van het alfabet

<table>
<tr><td colspan="3">

alphabet
De volgende woorden worden gebruikt als telefoonalfabet (er zijn variaties, maar deze woorden worden in het internationale verkeer het meest gebruikt):
</td></tr>
<tr><td>A–Alpha</td><td>J–Juliet</td><td>S–Sierra</td></tr>
<tr><td>B–Bravo</td><td>K–Kilo</td><td>T–Tango</td></tr>
<tr><td>C–Charlie</td><td>L–Lima</td><td>U–Uniform</td></tr>
<tr><td>D–Delta</td><td>M–Mike</td><td>V–Victor</td></tr>
<tr><td>E–Echo</td><td>N–November</td><td>W–Whisky</td></tr>
<tr><td>F–Foxtrot</td><td>O–Oscar</td><td>X–X-ray</td></tr>
<tr><td>G–Golf</td><td>P–Papa</td><td>Y–Yankee</td></tr>
<tr><td>H–Hotel</td><td>Q–Québec</td><td>Z–Zulu</td></tr>
<tr><td>I–India</td><td>R–Romeo</td><td></td></tr>
</table>

alphabetical [ælfə'betɪkl] *bn* alfabetisch ★ *in ~ order* in / op alfabetische volgorde
alphabet soup ['ælfəbet su:p] *znw* ❶ alfabet soep ‹met vermicelli letters› ❷ fig een wirwar ★ *the ~ of medical insurance* het labyrint van ziekteverzekeringen
alpha blocker ['ælfə blɒkə] *znw* alfablokker
alpha male ['ælfə meɪl] dierk *znw* alfamannetje
alphanumeric [ælfənju:'merɪk] comput *bn* alfanumeriek
alpha test ['ælfə test] *znw* alfatest, eerste testfase ‹van een nieuw softwareprogramma, nieuwe machine &›
alpine ['ælpaɪn] **I** *bn* alpen-, berg- **II** *znw* alpenplant
alpinist ['ælpɪnɪst] *znw* alpinist, bergbeklimmer
already [ɔ:l'redɪ] *bijw* al, reeds
alright [ɔ:l'raɪt] *tsw, bn & bijw* → **all right**
Alsatian [æl'seɪʃən] **I** *bn* Elzassisch **II** *znw* ❶ Elzasser

al

❷ Duitse herder(shond)

also ['ɔːlsəʊ] *bijw* ook, eveneens, bovendien

also-ran ['ɔːlsəʊ-ræn] *znw* ❶ verliezer, 'loser' ❷ onbeduidend persoon, nul

altar ['ɔːltə] *znw* ❶ altaar ★ inf *lead sbd to the* ~ met iemand trouwen ❷ Avondmaalstafel

altarpiece ['ɔːltəpiːs] *znw* altaarstuk, retabel

alter ['ɔːltə] **I** *overg* ❶ veranderen, wijzigen ★ *that he's a good coach doesn't* ~ *the fact that he's a racist* dat hij een goede coach is verandert niets aan het feit dat hij een racist is ❷ vermaken ‹kleding› **II** *onoverg* zich wijzigen, zich veranderen

alterable ['ɔːltərəbl] *bn* veranderbaar, veranderlijk

alteration [ɔːltə'reɪʃən] *znw* verandering, wijziging ★ *they're making some* ~*s to their house* ze zijn bezig hun huis te verbouwen

altercation [ɔːltə'keɪʃən] *znw* (woorden)twist

alter ego ['æltər 'iːgəʊ] *znw* ❶ alter ego ❷ tweede persoonlijkheid ❸ onafscheidelijke metgezel, echtgeno(o)t(e), boezemvriend(in)

alternate I *bn* [ɔːl'tɜːnət] ❶ afwisselend ❷ → **alternative** ★ Am *on* ~ *days* om de andere dag **II** *znw* [ɔːl'tɜːnət] Am plaatsvervanger **III** *overg* ['ɔːltəneɪt] afwisselen **IV** *onoverg* ['ɔːltəneɪt] elkaar afwisselen

alternate angles [ɔːl'tɜːnət 'æŋglz] wisk *znw* verwisselende hoeken

alternately [ɔːl'tɜːnətlɪ] *bijw* afwisselend, beurtelings, om de beurt

alternately en alternatively
Alternately betekent **om de beurt**; alternatively betekent **in het andere geval**.
Vergelijk *I walked and ran alternately* - om beurten liep en rende ik met *we could walk; alternatively we could go by bike* - we zouden te voet kunnen gaan of we zouden kunnen fietsen.

alternating current ['ɔːltəneɪtɪŋ 'kʌrənt], **AC** *znw* wisselstroom

alternation [ɔːltə'neɪʃən] *znw* afwisseling

alternative [ɔːl'tɜːnətɪv] **I** *bn*, Am **alternate** alternatief, ander (van twee) **II** *znw* alternatief, keus (uit twee) ★ *there's no* ~ *but to turn back* we kunnen alleen maar teruggaan ★ *eggs are a good* ~ *to meat* eieren zijn een goede vervanging van vlees

alternative energy [ɔːl'tɜːnətɪv 'enədʒɪ] *znw* alternatieve energie(bronnen)

alternative fuel [ɔːl'tɜːnətɪv 'fjuːəl] *znw* alternatieve brandstof

alternative lifestyle [ɔːl'tɜːnətɪv 'laɪfstaɪl] *znw* alternatieve leefwijze

alternatively [ɔːl'tɜːnətɪvlɪ] *bijw* anders, in het andere / tweede geval ★ ~, *we could eat out* we zouden ook uit kunnen gaan eten

alternative medicine [ɔːl'tɜːnətɪv 'medsən] *znw* ❶ alternatief geneesmiddel ❷ alternatieve geneeskunst

alternator ['ɔːltəneɪtə] *znw* wisselstroomdynamo

although [ɔːl'ðəʊ] *voegw* (al)hoewel, ofschoon, al ★ ~ *ill, he kept on working* hoewel hij ziek was, bleef hij doorwerken

although en though
kunnen vaak door elkaar worden gebruikt, maar niet in het bijwoordelijk gebruik. In de zinnen *his arguments are persuasive, though* (zijn argumenten zijn wel overtuigend), en *as though he cares!* (alsof het hem wat kan schelen!) kan **though** niet worden vervangen door **although**.

altimeter ['æltɪmiːtə] *znw* hoogtemeter

altitude ['æltɪtjuːd] *znw* hoogte

altitude sickness ['æltɪtjuːd 'sɪknəs] *znw* hoogteziekte

alto ['æltəʊ] muz *znw* ❶ alt ❷ altpartij

alto clef ['æltəʊ klef] muz *znw* alt sleutel, C-sleutel

altocumulus [æltəʊ'kjuːmjʊləs] *znw* [*mv*: altocumuli] altocumulus ‹wolkentype›

altogether [ɔːltə'geðə] **I** *bijw* ❶ alles bij elkaar, over het geheel, in totaal ★ ~, *it comes to $300* alles bij elkaar komt het op $300 ❷ helemaal, volkomen ★ *the car finally stopped* ~ de auto stopte eindelijk helemaal **II** *znw* totaal ★ inf *in the* ~ poedelnaakt

altogether
is een samentrekking van **all together**, maar er is wel verschil in betekenis. **Altogether** betekent **over het geheel, in totaal**: *altogether, the day was not a success* (over het geheel genomen was de dag geen succes), terwijl **all together** betekent **alles op een plek** of **allemaal tegelijk**: *the jury members entered all together* (de juryleden kwamen allemaal tegelijk binnen).

altostratus [æltəʊ'streɪtəs, -strɑːtəs] *znw* altostratus ‹wolkensluier›

altruism ['æltruːɪzəm] *znw* altruïsme, onzelfzuchtigheid ★ *he's known for his* ~ hij staat bekend om zijn edelmoedigheid

altruist ['æltrʊɪst] *znw* altruïst

altruistic [æltrʊ'ɪstɪk] *bn* altruïstisch, onbaatzuchtig, edelmoedig

alum ['æləm] *znw* aluin

aluminium [æl(j)ʊmɪnɪəm] *znw* aluminium

aluminium foil [æl(j)ʊmɪnɪəm fɔɪl] *znw* aluminiumfolie

aluminous [ə'luːmɪnəs] *bn* aluminiumhoudend

aluminum [ə'luːmɪnəm] Am *znw* aluminium

alumnus [ə'lʌmnəs] ‹*Lat*› *znw* [*mv*: alumni] (oud-)leerling, (oud-)student

alveolar [æl'vɪələ, ælvɪ'əʊlə] taalk *bn & znw* alveolaar, dentaal

always ['ɔːlweɪz] *bijw* altijd (nog / al), altoos ★ *she's* ~ *complaining* ze loopt altijd te klagen ★ *it's* ~ *raining* het regent de hele tijd ★ *if they're booked out, we can* ~ *go tomorrow* als ze volgeboekt zijn, kunnen we altijd morgen nog gaan

Alzheimer's disease ['æltshaɪməz dɪ'ziːz], **Alzheimer's** *znw* (ziekte van) Alzheimer

am [æm] *ww* [1e pers.enk] → **be**

a.m. *afk* (ante meridiem) 's morgens, voor de middag, v.m.

AM *afk* (amplitude modulation) AM ‹radio›

amalgam [əˈmælgəm] *znw* amalgama, amalgaam, mengsel

amalgamate [əˈmælgəmeɪt] **I** *overg* amalgameren, vermengen, verbinden, doen samensmelten, annexeren **II** *onoverg* ❶ zich vermengen, zich verbinden, samensmelten ❷ handel fuseren, een fusie aangaan

amalgamation [əmælgəˈmeɪʃən] *znw* vermenging, handel fusie

amanuensis [əmænjʊˈensɪs] form *znw* [*mv*: -ses] assistent, secretaris

amass [əˈmæs] *overg* opeenhopen, vergaren ★ *he's ~ed a fortune over the years* hij heeft een fortuin bijeengebracht over de jaren

amateur [ˈæmətə] *znw* amateur, liefhebber ★ *I must have looked a rank ~* ik moet er uitgezien hebben als een echte amateur

amateur dramatics [ˈæmətə drəˈmætɪks] *znw* [mv] amateurtoneel

amateurish [ˈæmətərɪʃ] *bn* amateuristisch, dilettanterig

amateurism [ˈæmətərɪzəm] *znw* amateurisme

amatory [ˈæmətərɪ] *bn* liefde(s)-, amoureus

amaze [əˈmeɪz] *overg* verbazen ★ *you never cease to ~ me!* je blijft me verbazen!

amazed [əˈmeɪzd] *bn* verbaasd ★ *I'm constantly ~ at what he can do* ik verwonder me telkens weer over wat hij kan ★ *I was ~ to see her there* ik vond het vreemd dat ik haar daar zag

amazement [əˈmeɪzmənt] *znw* verbazing ★ *we looked on in stunned ~* we keken in opperste verbazing toe ★ *he's coping quite well, to my ~* tot mijn verbazing weet hij zich prima te redden

amazing [əˈmeɪzɪŋ] *bn* verbazend, verbazingwekkend, fantastisch ★ inf *he's pretty ~ for his age* hij is behoorlijk kras / alert voor zijn leeftijd

amazon [ˈæməz(ə)n] *znw* ❶ amazone, paardrijdster ❷ scherts een grote, dominante vrouw ▼ *the Amazon* de Amazone ‹rivier in Zuid-Amerika›

Amazonian [æməˈzəʊnɪən] *bn* van de Amazone

ambassador [æmˈbæsədə] *znw* ambassadeur, gezant ★ *our ~ in the US* onze ambassadeur in deˈVS

ambassadorial [æmbæsəˈdɔːrɪəl] *bn* van een ambassadeur, ambassadeurs-

amber [ˈæmbə] **I** *znw* amber, barnsteen **II** *bn* amberkleurig ★ *he drove through the ~ light* hij reed door oranje

ambidextrous [æmbɪˈdekstrəs] *bn* ❶ ambidexter ❷ fig zeer handig

ambience [ˈæmbɪəns] *znw* ambiance, entourage, sfeer

ambient [ˈæmbɪənt] *bn* omringend

ambient music [ˈæmbɪənt ˈmjuːzɪk] *znw* stemmingsmuziek

ambiguity [æmbɪˈgjuːətɪ] *znw* ambiguïteit,

dubbelzinnigheid ★ *a source of ~* een bron van onduidelijkheid

ambiguous [æmˈbɪgjʊəs] *bn* ambigu, dubbelzinnig

ambit [ˈæmbɪt] form *znw* omvang, omtrek, grenzen, reikwijdte, bereik

ambition [æmˈbɪʃən] *znw* ❶ ambitie, eerzucht ❷ vurig verlangen, streven, aspiratie, ideaal ★ *abandon one's ~s* zijn idealen laten varen ★ *fulfil one's ~s* zijn idealen / ambitie vervullen

ambitious [æmˈbɪʃəs] *bn* ❶ eerzuchtig ★ *she's socially ~* zij heeft maatschappelijke ambities ❷ groots, grootscheeps, ambitieus ‹plannen›

ambivalence [æmˈbɪvələns] *znw* ambivalentie

ambivalent [æmˈbɪvələnt] *bn* ambivalent ★ *I feel quite ~ about him* ik heb gemengde gevoelens ten opzichte van hem

amble [ˈæmbl] **I** *znw* ❶ telgang ❷ kalme gang **II** *onoverg* ❶ in de telgang gaan ❷ (kalm) stappen ★ *~ along* slenteren / kuieren

ambrosia [æmˈbrəʊzɪə] dicht *znw* ambrozijn, godenspijs ★ *the dessert was sheer ~* het dessert was goddelijk

ambulance [ˈæmbjʊləns] *znw* ambulance, ziekenwagen

ambulance chaser [ˈæmbjʊləns ˈtʃeɪsə] *znw* ± lijkenpikker ‹vooral: journalist of advocaat die van de ellende van anderen profiteert›

ambulanceman [ˈæmbjʊlənsmən] *znw* ambulance chauffeur, (mannelijk) lid van het ambulance personeel

ambulancewoman [ˈæmbjʊlənsˈwʊmən] *znw* (vrouwelijk) lid van het ambulance personeel

ambulant [ˈæmbjʊlənt] *bn* ambulant

ambulatory [ˈæmbjʊlətərɪ] **I** *bn* ❶ ambulant, wandelend ★ *~ care* ambulante zorg ❷ rondgaand **II** *znw* ❶ (klooster)gang ❷ kooromgang ‹in kerk›

ambush [ˈæmbʊʃ] **I** *znw* hinderlaag ★ *lie in ~* in een hinderlaag liggen, fig op het vinkentouw zitten **II** *overg* in een hinderlaag lokken ★ *be ~ed* in een hinderlaag vallen

ameba [əˈmiːbə] Am *znw* [*mv*: amebas of amebae] → **amoeba**

ameliorate [əˈmiːlɪəreɪt], **meliorate** form **I** *overg* beter maken, verbeteren **II** *onoverg* beter worden

amelioration [əmiːlɪəˈreɪʃən], **melioration** form *znw* verbetering

amen [ˈɑːmen, ˈeɪmen] *znw* amen ★ *~ to that* daar ben ik het zeker mee eens

amenable [əˈmiːnəbl] *bn* ❶ meegaand, gezeglijk, handelbaar ❷ ontvankelijk, vatbaar (voor *to*) ❸ te brengen (voor *to*), verantwoording schuldig (aan *to*)

amend [əˈmend] *overg* ❶ (ver)beteren ❷ wijzigen ❸ amenderen

amendment [əˈmendmənt] *znw* ❶ amendement ★ *a draft ~* een concept amendement ★ *a constitutional ~* een grondwetswijziging ★ *table an ~* een amendement indienen ❷ verbetering, verandering ❸ rectificatie

amends [ə'mendz] *znw* [*mv*] ❶ vergoeding ★ *make ~ for sth* iets goedmaken, iem. schadeloos stellen voor iets, iets herstellen ❷ vergelding

amenity [ə'mi:nətɪ] *znw* aantrekkelijke eigenschap, voorziening ★ *basic amenities* basisvoorzieningen ★ *public amenities* openbare voorzieningen

America [ə'merɪkə] *znw* Amerika

American [ə'merɪkən] **I** *bn* Amerikaans ★ *~ studies* Amerikanistiek ★ *as ~ as apple pie* zeer Amerikaans, typisch Amerikaans **II** *znw* ❶ Amerikaan, Amerikaanse ❷ Amerikaans

Americana [əmerɪ'kɑːnə] *znw* verzameling van documenten, boeken, kaarten enz. die betrekking hebben op de geschiedenis en de cultuur van de Verenigde Staten

American Dream [ə'merɪkən dri:m] *znw* ★ *the ~* het Amerikaanse ideaal

American football [ə'merɪkən 'fʊtbɔːl] *sp znw* Amerikaans voetbal

American Indian [ə'merɪkən 'ɪndɪən] **I** *bn* indiaans **II** *znw* indiaan

Americanism [ə'merɪkənɪzəm] *znw* amerikanisme

Americanization [ə'merɪkənaɪ'zeɪʃən], **Americanisation** *znw* veramerikanisering

Americanize [ə'merɪkənaɪz], **Americanise** *overg & onoverg* veramerikaansen, amerikaniseren

American plan [ə'merɪkən plæn] *Am znw* volpension

amethyst ['æmɪθɪst] *znw* amethist

AMEX, Amex *afk* ❶ (American Stock Exchange) de Amerikaanse effectenbeurs ❷ (American Express®)

amiability [eɪmɪə'bɪlətɪ] *znw* beminnelijkheid, vriendelijkheid

amiable ['eɪmɪəbl] *bn* beminnelijk, lief, gemoedelijk

amicability [æmɪkə'bɪlətɪ] *znw* vriendelijkheid, vriendschappelijkheid

amicable ['æmɪkəbl] *bn* vriendelijk, vriendschappelijk ★ *they parted on ~ terms* ze gingen als vrienden uit elkaar

amicably ['æmɪkəblɪ] *bijw* amicaal ★ *they settled the matter ~* ze losten de zaak op een vriendelijke manier op

amid [ə'mɪd] *voorz* te midden van, onder ★ *the election took place ~ accusations of corruption* de verkiezingen vonden plaats onder beschuldigingen van corruptie

amidships [ə'mɪdʃɪps] *bn & bijw* midscheeps

amidst [ə'mɪdst] *dicht voorz* te midden van, onder ★ *she lay ~ the pillows* ze lag omringd door kussens

amino acid ['æmɪnəʊ 'æsɪd] *znw* aminozuur

amiss [ə'mɪs] *bn & bijw* ❶ verkeerd, niet in orde ★ *something was clearly ~* er was duidelijk iets niet in orde ❷ kwalijk, te onpas, mis ★ *take sth ~* iets kwalijk nemen

amity ['æmətɪ] *znw* vriendschap, goede betrekkingen ⟨tussen landen⟩ ★ *they live in ~ with each other* ze hebben een goede verstandhouding

ammeter ['æmɪtə] *znw* ampèremeter

ammonia [ə'məʊnɪə] *znw* ammonia(k)

ammoniac [ə'məʊnɪæk] *bn* ammoniak-

ammonium [ə'məʊnɪəm] *znw* ammonium

ammunition [æmjʊ'nɪʃən] *znw* (am)munitie ★ *fig by the end of the debate he'd run out of ~* aan het eind van het debat had hij al zijn kruit verschoten

amnesia [æm'ni:zɪə] *znw* geheugenverlies

amnesty ['æmnɪstɪ] **I** *znw* amnestie ★ *grant (an) ~ to sbd* (aan) iem. amnestie verlenen **II** *overg* amnestie verlenen (aan)

Amnesty International ['æmnɪstɪ ɪntə'næʃənl] *znw* Amnesty International ⟨internationale mensenrechtenorganisatie⟩

amniocentesis ['æmnɪə'sentəsɪs] med *znw* [*mv*: amniocenteses] vruchtwaterpunctie

amniotic [æmnɪ'ɒtɪk] *bn* vruchtvlies-

amniotic fluid [æmnɪ'ɒtɪk 'flu:ɪd] *znw* med vruchtwater

amoeba [ə'mi:bə], *Am* **ameba** *znw* [*mv*: -s *of* amoebae/amebae] amoebe

amoebic dysentery [ə'mi:bɪk 'dɪsəntərɪ], *Am* **amebic dysentery** med *znw* amoebendysenterie

amok [ə'mɒk] *bijw* → **amuck**

among [ə'mʌŋ], **amongst** *voorz* onder, te midden van, tussen, bij ★ *cockroaches are ~ the most primitive of insects* kakkerlakken behoren tot de primitiefste insecten ★ *they searched ~ the wreckage of the plane* ze zochten tussen de brokstukken van het vliegtuig

amoral [eɪ'mɒrəl] *bn* amoreel

amorous ['æmərəs] *bn* ❶ verliefd ❷ liefdes-, amoureus

amorphous [ə'mɔːfəs] *bn* amorf, vormloos

amortization [ə'mɔːtaɪ'zeɪʃn], **amortisation** *znw* amortisatie, schulddelging, afbetaling ⟨v. schuld⟩

amortize [ə'mɔːtaɪz], **amortise** *overg* amortiseren, afbetalen ⟨v. schuld⟩

amount [ə'maʊnt] **I** *znw* ❶ bedrag ❷ hoeveelheid, mate ★ *cause any ~ of trouble* heel veel moeite veroorzaken ★ *go to no ~ of trouble* erg zijn best doen, zich veel moeite getroosten **II** *onoverg* ★ *~ to sth* iets bedragen, gelijkstaan met iets, ⟨weinig, niets⟩ te betekenen hebben ★ *it ~s to the same thing* het komt op hetzelfde neer ★ *it doesn't ~ to much* het heeft weinig / niets te betekenen

amour-propre [əmʊr'prɒpr] ⟨*Fr*⟩ *znw* ❶ gevoel v. eigenwaarde ❷ ijdelheid

amp [æmp] **I** *znw* ❶ ampère ❷ inf versterker ⟨amplifier⟩ **II** *overg* via een versterker afspelen (ook: *~ up*) ⟨van muziek⟩

ampere ['æmpeə], **amp** *znw* ampère

ampersand ['æmpəsænd] *znw* ampersand, en-teken ⟨&⟩

amphetamine [æm'fetəmi:n] *znw* amfetamine ⟨pepmiddel⟩

amphibian [æm'fɪbɪən] **I** *bn* amfibie-, tweeslachtig **II** *znw* amfibie, tweeslachtig dier

amphibious [æm'fɪbɪəs] *bn* amfibisch, tweeslachtig ★ *an ~ vehicle* een amfibievoertuig

amphitheatre ['æmfɪθɪətə], *Am* **amphitheater** *znw* amfitheater

amphora ['æmfərə] *znw* [*mv:* -s *of* -rae] amfora, kruik

ample ['æmpl] *bn* wijd, ruim, breed(voerig), uitvoerig, overvloedig, ampel ★ *you've had ~ opportunity to finish* je hebt gelegenheid genoeg gehad om het af te maken

amplification [æmplɪfɪ'keɪʃən] *znw* ❶ form aanvulling, uitbreiding ❷ versterking ‹v. geluidssignaal›

amplifier ['æmplɪfaɪə] *znw* versterker ‹v. geluidssignaal›

amplify ['æmplɪfaɪ] *overg* ❶ form aanvullen ❷ form uitbreiden ❸ form ontwikkelen ❹ radio versterken

amplitude ['æmplɪtju:d] *znw* ❶ form wijdte, omvang, uitgestrektheid ❷ form overvloed ❸ amplitude

amplitude modulation ['æmplɪtju:d mɒdjʊ'leɪʃən], **AM** *znw* amplitudemodulatie, AM ‹radio›

amply ['æmplɪ] *bijw* ❶ wijd, uitvoerig, overvloedig ❷ ruimschoots, rijkelijk ★ *the drug's toxic effects have been ~ demonstrated* de giftige effecten van de drug zijn duidelijk genoeg aangetoond

ampoule ['æmpu:l], **ampule** med *znw* ampul

amputate ['æmpjʊteɪt] *overg* amputeren, afzetten

amputation [æmpjʊ'teɪʃən] *znw* ❶ amputatie, afzetten ❷ fig bekorting, besnoeiing

amputee [æmpjʊ'ti:] *znw* geamputeerde, iem. die één of meer ledematen mist

Amtrak ['æmtræk] *znw* (American travel on track) overkoepelende Noord-Amerikaanse spoorwegorganisatie voor personenvervoer

amuck [ə'mʌk], **amok** *bijw* ★ *run ~* amok maken, tekeergaan (tegen), te lijf gaan

amulet ['æmjʊlət] *znw* amulet

amuse [ə'mju:z] *overg* amuseren, vermaken

amused [ə'mju:zd] *bn* geamuseerd ★ *she was not ~* ze zag de humor er niet van in ★ *the press is ~ at the idea of a feminist beauty queen* de pers is geamuseerd door het idee van een feministische schoonheidskoningin ★ *he seems genuinely ~ by his own fame* hij schijnt zijn eigen beroemdheid echt leuk te vinden ★ *keep sbd ~* iem. zoet houden

amusement [ə'mju:zmənt] *znw* ❶ amusement, vermaak, tijdverdrijf ★ *an ~ park* een pretpark ★ *his antics were a source of ~* zijn capriolen waren een bron van vermaak ❷ geamuseerdheid

amusement arcade [ə'mju:zmənt ɑ:'keɪd] *znw* gokhal, automatenhal

amusing [ə'mju:zɪŋ] *bn* amusant, vermakelijk ★ *there is nothing remotely ~ about it* er is absoluut niets grappigs aan

an [æn] *lidw* een

Anabaptist [ænə'bæptɪst] hist *znw* wederdoper

anabolic ['ænə'bɒlɪk] *bn* anabolisch, anabool

anabolic steroid ['ænə'bɒlɪk 'stɪərɔɪd, 'sterɔɪd] *znw* anabolicum, anabole steroïde

anachronism [ə'nækrənɪzəm] *znw* anachronisme ★ inf *my mother's something of an ~* mijn moeder is nogal ouderwets

anachronistic [ənækrə'nɪstɪk] *bn* anachronistisch, uit de tijd

anaconda [ænə'kɒndə] *znw* anaconda, reuzenslang

anaemia [ə'ni:mɪə], **Am** **anemia** *znw* anemie, bloedarmoede

anaemic [ə'ni:mɪk], **Am** **anemic** *bn* anemisch, bloedarm

anaesthesia [ænɪs'θi:zɪə], **Am** **anesthesia** *znw* ❶ gevoelloosheid ❷ verdoving, anesthesie

anaesthetic [ænɪs'θetɪk], **Am** **anesthetic** I *bn* pijnverdovend II *znw* ❶ pijnverdovend middel ❷ verdoving, narcose ★ *they had to operate without an ~* ze waren genoodzaakt zonder verdoving te opereren ★ *the ~ is starting to wear off* de verdoving begint uit te werken

anaesthetist [ə'ni:sθətɪst], **Am** **anesthetist** *znw* anesthesist, narcotiseur

anaesthetize [ə'ni:sθətaɪz], **anaesthetise**, **Am** **anesthetize** *overg* gevoelloos maken, verdoven, wegmaken

anagram ['ænəgræm] *znw* anagram

anal ['eɪnl] inf *bn* aars-, anaal ★ *she's got an ~ obsession with tidiness* zij heeft een overdreven schoonmaakwoede

analgesic ['ænəl'dʒi:sɪk] med I *bn* pijnstillend ★ *~ properties* pijnstillende eigenschappen II *znw* pijnstillend middel

analogical [ænə'lɒdʒɪkl] *bn* analogisch

analogous [ə'næləgəs] *bn* analoog, overeenkomstig ★ *Denmark's position is ~ to that of other European countries* de positie van Denemarken is vergelijkbaar met die van de andere Europese landen

analogue ['ænəlɒg], **Am** **analog** *bn* comput analoog ‹niet digitaal› ★ *an ~ watch* een horloge met wijzertjes

analogy [ə'nælədʒɪ] *znw* analogie, overeenkomst(igheid), overeenstemming ★ *he drew an ~ between the situation in France and that in Germany* hij maakte een vergelijking tussen de situatie in Frankrijk en in Duitsland ★ *an argument by / from ~* een redenering op grond van analogie

anal retentive ['eɪnl rɪ'tentɪv], **anally retentive** inf *bn* pietluttig, overdreven precies

analysable ['ænəlaɪzəbl], **Am** **analyzable** *bn* analyseerbaar

analyse ['ænəlaɪz], **Am** **analyze** *overg* ❶ analyseren, ontleden, ontbinden ❷ onderzoeken ❸ psychol psychoanaliseren

analysis [ə'næləsɪs] *znw* [*mv:* -lyses] ❶ analyse, ontleding, ontbinding ★ *a comprehensive ~* een gedegen onderzoek ★ *in the final / last ~* uiteindelijk ❷ onderzoek

analyst ['ænəlɪst] *znw* ❶ analist, scheikundige ❷ psych analyticus ★ *he was a shrewd ~ of international relations* hij was een scherpzinnig analyticus van internationale betrekkingen

analytic [ænə'lɪtɪk], **analytical** *bn* analytisch, ontledend ★ *an ~ chemist* een analist ★ *an ~ mind* een analytische / onderzoekende geest

analyzable [ænə'laɪzəbl] *bn* → **analysable**
analyze ['ænəlaɪz] *overg* → **analyse**
anamnesis [ænəm'niːsɪs] med *znw* [*mv*: anamneses]
ziektegeschiedenis, anamnese
anarchic [æ'nɑːkɪk] *bn* ❶ regeringloos, wetteloos,
ordeloos, anarchistisch ❷ fig chaotisch
anarchism ['ænəkɪzəm] *znw* anarchisme
anarchist ['ænəkɪst] I *bn* anarchistisch II *znw* anarchist
anarchistic [ænə'kɪstɪk] *bn* anarchistisch ★ ~ *tendencies*
anarchistische neigingen
anarchy ['ænəkɪ] *znw* anarchie ★ ~ *reigned during*
those years er heerste wanorde in die jaren
anathema [ə'næθəmə] *znw* ban, (ban)vloek
★ *democracy is* ~ *to them* democratie is hun een
gruwel
anatomical [ænə'tɒmɪkl] *bn* anatomisch,
ontleedkundig ★ ~ *drawings* anatomische
tekeningen
anatomist [ə'nætəmɪst] *znw* anatoom,
ontleedkundige
anatomy [ə'nætəmɪ] *znw* ❶ anatomie, ontleding ★ fig
an ~ *of the film's plot* een analyse van het plot van de
film ❷ inf lichaam ★ *the male* ~ (de bouw van) het
mannelijk lichaam ★ scherts *he was hit in a sensitive*
part of his ~ hij werd in zijn edele delen geraakt
ancestor ['ænsestə] *znw* voorvader, stamvader,
voorouder
ancestral [æn'sestrəl] *bn* voorvaderlijk, voorouderlijk
★ *his* ~ *home* zijn ouderlijk huis
ancestry ['ænsestrɪ] *znw* ❶ voorouders, voorvaderen
★ *she could trace her* ~ *back several centuries* ze kon
haar stamboom meerdere eeuwen terugvoeren
❷ afstamming, geboorte ★ *of royal* ~ van
koninklijke afkomst
anchor ['æŋkə] I *znw* ❶ scheepv & comput anker
★ *at* ~ voor anker ★ *cast / drop* ~ het anker laten
vallen / uitwerpen ★ Br inf *slam on the* ~*s* op de rem
gaan staan ⟨in auto⟩ ❷ fig steun en toeverlaat,
stabiliserende factor ★ *the* ~ *of their economic policies*
het zwaartepunt van hun economische politiek
II *overg* ❶ (ver)ankeren ★ inf *he found a nice place at*
the bar and ~*ed himself there* hij vond een goede plek
aan de bar en installeerde zich daar ★ *they* ~*ed*
themselves to the bridge ze maakten zichzelf aan de
brug vast ❷ Am een programma presenteren
/ coördineren III *onoverg* ankeren, voor anker gaan
anchorage ['æŋkərɪdʒ] *znw* ❶ ankeren ❷ ankergrond,
-plaats ★ *lie at* ~ voor anker liggen ❸ ankergeld
anchorman ['æŋkəmən] *znw* centrale presentator van
een nieuws- of actualiteitenprogramma op tv
anchorwoman ['æŋkəwʊmən] *znw* centrale
presentatrice van een nieuws- of
actualiteitenprogramma op tv
anchovy ['æntʃəvɪ] *znw* ansjovis
ancient ['eɪnʃənt] *bn* (al)oud ★ *the Ancients* de Ouden
★ scherts *all he found in the cupboard was a*
positively ~ *potato* in de kast vond hij alleen maar
een oeroude aardappel

ancient world ['eɪnʃənt wɜːld] *znw* ★ *the* ~ de klassieke
wereld
ancillary [æn'sɪlərɪ] *bn* ❶ hulp-, neven- ★ ~ *costs*
bijkomende kosten ★ *an* ~ *role* een bijrol
❷ ondersteunend ★ ~ *staff* ondersteunend personeel
★ *an* ~ *industry* een toeleveringsbedrijf
and [ænd, ənd, ən] *voegw* en ★ ~ *so on* enzovoort
★ *their debts are growing larger* ~ *larger* hun schulden
worden groter en groter ★ *the clock ticked on* ~ *on*
de klok tikte almaar voort ★ *come* ~ *see me* kom me
opzoeken
andante [æn'dæntɪ] muz *bn & bijw* andante,
langzaam
Andorra [æn'dɒrə] *znw* Andorra
Andorran [æn'dɒrən] I *bn* Andorrees II *znw*
Andorrees, Andorrese
androgynous [æn'drɒdʒɪnəs] *bn* androgyn,
tweeslachtig ★ *fashions are fairly* ~ *this season* de
mode is nogal androgyn dit seizoen
android ['ændrɔɪd] *znw* mensvormige robot
anecdotal ['ænɪk'dəʊtl] *bn* anekdotisch ★ ~ *evidence*
bewijs gebaseerd op geruchten
anecdote ['ænɪkdəʊt] *znw* anekdote
anemia [ə'niːmɪə] Am *znw* → **anaemia**
anemic [ə'niːmɪk] Am *bn* → **anaemic**
anemone [ə'nemənɪ] *znw* anemoon
anesthesia [ænɪs'θiːzɪə] Am *znw* → **anaesthesia**
anesthetic ['ænɪs'θetɪk] Am *znw* → **anaesthetic**
anesthetist ['æni:s'θətɪst] Am *znw* → **anaesthetist**
aneurism ['ænjʊərɪzm], **aneurysm** med *znw*
aneurysma, slagadergezwel
anew [ə'njuː] *bijw* opnieuw, nog eens ★ *I guess I'll just*
have to do it ~ ik vermoed dat ik het nog eens over
moet doen ★ *she started* ~ *in a different city* ze begon
een nieuw leven in een andere stad
angel ['eɪndʒəl] *znw* engel ★ *don't be fooled: she's no* ~
vergis je niet, het is geen engeltje ★ *she's always*
playing the role of ministering ~ ze speelt altijd de rol
van dienende engel
angel cake ['eɪndʒəl keɪk], Am **angel food cake** *znw* ±
Moskovisch gebak ⟨luchtige cake met slagroom⟩
angel dust ['eɪndʒəl dʌst] inf *znw* ❶ angel dust,
phencyclidine, PCP ⟨een hallucinogene drug⟩
❷ clenbuterol
angelfish ['eɪndʒəlfɪʃ] *znw* ❶ Braziliaanse maanvis
❷ vlindervis, koraalvlinder
angelic [æn'dʒelɪk] *bn* ❶ engelachtig ❷ engelen-
angelica [æn'dʒelɪkə] *znw* engelwortel
anger ['æŋgə] I *znw* boosheid, woede, grote ergernis
★ *he raised his hand in* ~ hij hief zijn hand op in
woede ★ *a fit of* ~ een vlaag van woede ★ *a sudden*
outburst of ~ een plotselinge driftbui ★ *she walked*
out in a moment of ~ ze liep weg in een boos
moment II *overg* tergen, boos maken III *onoverg*
boos worden ★ *he's usually slow to* ~ hij wordt
meestal niet gauw kwaad
angina pectoris [æn'dʒaɪnə 'pektərɪs], **angina** med
znw angina pectoris, hartbeklemming

angiogram ['ænd3ɪə(ʊ)græm] med *znw* angiogram ‹foto van de bloedvaten›

angioplasty ['ænd3ɪə(ʊ)plæstɪ] med *znw* angioplastie, bloedvatoperatie

angle ['æŋgl] I *znw* ❶ hoek ★ *a 90 degree ~* een hoek van 90 graden ❷ kant, fig gezichtspunt ★ *you need to look at it from all ~s* je moet het van meerdere kanten bekijken ❸ fig kijk ★ *the experience gave her a whole new ~ on life* de ervaring gaf haar een heel nieuwe kijk op het leven II *overg* richten op ‹onder een bepaalde hoek› ★ *he ~d the glass to the light* hij hield het glas schuin naar het licht ★ *the magazine is ~d at teenagers* het tijdschrift is voor teenagers bedoeld III *onoverg* ❶ onder een bepaalde hoek bewegen ★ *he ~d to my left* hij zwaaide af naar mijn linkerkant ❷ hengelen ★ *he's just angling for attention* hij vist alleen maar naar complimenten

angle bracket ['æŋgl 'brækɪt] *znw* ❶ druk vishaak ‹het teken ‹ *of* ›› ❷ hoeksteun, hoekijzer

angled ['æŋgld] *bn* onder een bepaalde hoek ★ *an ~ kick* een schuine trap ‹in voetbal› ★ *a right~ bend* een haakse bocht

angle grinder ['æŋgl 'graɪndə] *znw* haakse schuur- of slijpmachine

angler ['æŋglə] *znw* hengelaar

Anglican ['æŋglɪkən] I *bn* anglicaans ★ *the Anglican church* de Anglicaanse Kerk ‹de Engelse staatskerk› II *znw* anglicaan

Anglicanism ['æŋglɪkənɪzm] *znw* anglicanisme

anglicism ['æŋglɪsɪzəm] *znw* anglicisme

anglicize ['æŋglɪsaɪz], **anglicise** *overg* verengelsen

angling ['æŋglɪn] *znw* ❶ hengelen ❷ hengelsport

Anglo- ['æŋgləʊ-] *voorv* ❶ Engels ❷ van Britse / Engelse oorsprong

Anglo-American [æŋgləʊ-ə'merɪkən] I *bn* Engels-Amerikaans II *znw* Amerikaanse man of vrouw van Engelse afkomst

Anglo-Catholic [æŋgləʊ-'kæθəlɪk] *bn & znw* anglokatholiek ‹een katholieke stroming in de Anglicaanse Kerk›

Anglo-Indian [æŋgləʊ-'ɪndɪən] I *bn* Engels-Indisch II *znw* Engelsman of halfbloed in / uit het voormalige Brits-Indië

Anglophile ['æŋgləʊfaɪl] I *bn* anglofiel: met een voorliefde voor al wat Engels is II *znw* anglofiel

anglophone ['æŋgləʊfəʊn] I *bn* Engelstalig ★ *the country has a large ~ population* het land heeft een grote Engelstalige bevolkingsgroep II *znw* een Engels sprekend persoon

Anglo-Saxon [æŋgləʊ-'sæksən] I *bn* ❶ Angelsaksisch ❷ (typisch) Engels II *znw* ❶ Angelsaksisch ‹de taal› ❷ Angelsaks ❸ (typische) Engelsman

Angola [æŋ'gəʊlə] *znw* Angola

Angolan [æŋ'gəʊlən] I *bn* Angolees II *znw* Angolees, Angolese

angora [æŋ'gɔːrə] I *bn* angora- II *znw* ❶ angora ‹kat, geit, konijn› ❷ **angora wool** angorawol / mohair

Angostura [æŋgɒs'tjʊərə], **Angostura bitters** *znw*

angostura (elixer) ‹soort bitter drankje›

angry ['æŋgrɪ] *bn* kwaad, boos ★ *an ~ wound* een ontstoken wond ★ *I don't know what he's ~ about* ik weet niet waarover hij boos is ★ *she's ~ at / with me* ze is boos op mij ★ *it still makes me ~ to think of it* ik word nog steeds boos als ik eraan denk

angry white male ['æŋgrɪ waɪt meɪl] Am *znw* rechts-radicale blanke man

angry young man ['æŋgrɪ jʌŋ mæn] *znw* een jongere in opstand tegen het establishment

angst [æŋst] *znw* (vage) levensangst ★ *~-ridden* vol levensangst

anguish ['æŋgwɪʃ] I *znw* angst, smart, (hevige) pijn II *onoverg* pijn lijden, angst hebben ★ *~ about / over sth* angst hebben voor iets

anguished ['æŋgwɪʃt] *bn* vol smart, vol angst, gekweld

angular ['æŋgjʊlə] *bn* hoekig, hoek-

angularity [æŋgjʊ'lærɪtɪ] *znw* hoekigheid

aniline ['ænɪliːn, -lɪn] scheik *znw* aniline

anima ['ænɪmə] *znw* psych anima

animal ['ænɪml] I *bn* dierlijk, dieren- ★ *~ spirits* opgewektheid, levenslust II *znw* ❶ dier, beest ★ inf *she brings out the ~ in him* ze maakt het beest in hem los ❷ wezen ★ *man is a political ~* de mens is een politiek wezen

animal husbandry ['ænɪml 'hʌzbəndrɪ] *znw* veeteelt

animality [ænɪ'mælətɪ] *znw* dierlijkheid

animal kingdom ['ænɪml 'kɪŋdəm] *znw* ★ *the ~* het dierenrijk

animal magnetism ['ænɪml 'mægnɪtɪzəm] *znw* dierlijke aantrekkingskracht

animal shelter ['ænɪml 'ʃeltə] *znw* dierenasiel

animate I *bn* ['ænɪmət] levend, bezield, levendig II *overg* ['ænɪmeɪt] ❶ animeren, bezielen ❷ leven geven, doen leven ❸ opwekken, aanvuren

animated ['ænɪmeɪtɪd] *bn* geanimeerd, bezield, levend, levendig, opgewekt ★ *an ~ cartoon* een tekenfilm

animation [ænɪ'meɪʃən] *znw* ❶ bezieling, leven, levendigheid, animo ❷ animatie: het maken van teken- en animatiefilms

animator ['ænɪmeɪtə] *znw* tekenfilmmaker

animatronics [ænɪmə'trɒnɪks] *znw* [mv] animatronics, het maken van bewegende modellen van dieren of mensen

anime ['ænɪmeɪ, -mə] *znw* Japanse tekenfilm, veelal in de sfeer van science fiction en vaak gewelddadig en pornografisch

animism ['ænɪmɪzəm] *znw* animisme, geloof dat levenloze dingen een ziel hebben

animosity [ænɪ'mɒsətɪ] *znw* animositeit, wrok, sterke antipathie ★ *I haven't detected any ~ between them* ik heb geen vijandigheid tussen hen ontdekt

animus ['ænɪməs] *znw* ❶ drijfveer ❷ animositeit, vijandigheid (jegens *against* / *towards*)

anise ['ænɪs] *znw* anijsplant

aniseed ['ænɪsiːd] *znw* ❶ anijszaad ❷ anijs(smaak)

ankle ['æŋkl] *znw* enkel

ankle-biter ['æŋkl-baɪtə] <u>scherts</u> znw kind
ankle boot ['æŋkl buːt] znw enkellaars
ankle-deep ['æŋkl-diːp] bn tot de enkels ★ he's ~ in trouble hij zit behoorlijk in de problemen
ankle-length ['æŋkl-leŋθ] bn ★ an ~ dress een jurk tot op de enkels
ankle sock ['æŋkl sɒk] znw enkelsok
anklet ['æŋklət] znw ❶ sok ❷ enkelring ❸ voetboei ❹ <u>mil</u> enkelstuk
annals ['ænlz] znw [mv] annalen, jaar-, geschiedboeken
anneal [ə'niːl] overg ❶ temperen ‹v. metaal &› ❷ louteren ❸ fig harden
annex I znw ['æneks], **annexe** ❶ aanhangsel, bijlage ❷ aanbouw, bijgebouw, dependance **II** overg [ə'neks] ❶ aanhechten, toe-, bijvoegen, verbinden, annexeren ❷ inlijven (bij to)
annexation ['ænek'seɪʃn] znw ❶ aanhechting, bijvoeging ❷ annexatie ❸ inlijving
annexe ['æneks] znw → **annex**
annihilate [ə'naɪəleɪt] overg vernietigen
annihilation [ənaɪə'leɪʃən] znw vernietiging ★ the species faces total ~ de soort wordt met algehele uitroeiing bedreigd
anniversary [ænɪ'vɜːsərɪ] znw (ver)jaardag, jaarfeest, gedenkdag ★ they gathered to commemorate the ~ of his death ze kwamen bij elkaar om zijn sterfdag te gedenken
annotate ['ænəʊteɪt] overg annoteren, van verklarende aantekeningen voorzien
annotation [ænə'teɪʃən] znw (verklarende) aantekening
announce [ə'naʊns] overg aankondigen, bekendmaken, kennis geven van, mededelen ★ <u>form</u> we regret to ~ the death of our grandmother met leedwezen geven wij kennis van het overlijden van onze grootmoeder ★ he ~d his resignation yesterday hij maakte gisteren zijn aftreden bekend
announcement [ə'naʊnsmənt] znw aankondiging mededeling bericht
announcer [ə'naʊnsə] znw ❶ aankondiger ❷ <u>RTV</u> omroeper, -ster
annoy [ə'nɔɪ] overg ❶ lastig vallen ❷ ergeren, kwellen, hinderen
annoyance [ə'nɔɪəns] znw ❶ irritatie, ergernis ★ a flicker of ~ een beetje irritatie ★ much to her ~ tot haar grote ergernis ❷ last, hinderlijk iets
annoyed [ə'nɔɪd] bn geïrriteerd, geërgerd ★ she felt somewhat ~ by his remarks ze voelde zich een beetje geïrriteerd door zijn opmerkingen ★ he's still ~ with her hij is nog steeds boos op haar
annoying [ə'nɔɪɪŋ] bn lastig, hinderlijk, ergerlijk ★ how ~! wat vervelend! ★ one design detail may prove ~ to some één onderdeel van het ontwerp zou vervelend kunnen zijn voor sommige mensen
annual ['ænjʊəl] **I** bn ❶ jaarlijks, jaar- ★ <u>handel</u> the ~ accounts de jaarstukken ❷ eenjarig ‹van gewassen› **II** znw ❶ jaarboek(je) ❷ eenjarige plant

annual general meeting ['ænjʊəl 'dʒenərəl 'miːtɪŋ] znw jaarvergadering
annual ring ['ænjʊəl rɪŋ] znw jaarring
annuity [ə'njuːətɪ] znw jaargeld, lijfrente, annuïteit
annul [ə'nʌl] jur overg tenietdoen, herroepen, opheffen, annuleren
annular eclipse ['ænjʊlə ɪ'klɪps] znw ringvormige zonsverduistering
annulment [ə'nʌlmənt] znw herroeping, opheffing, annulering
annunciation [ənʌnsɪ'eɪʃən] znw aankondiging ★ the Annunciation Maria-Boodschap
anode ['ænəʊd] znw anode, positieve pool
anodyne ['ænədaɪn] **I** bn ❶ pijnstillend, kalmerend ❷ onschuldig, niet controversieel, saai **II** znw ❶ pijnstiller, kalmerend middel ❷ zoethoudertje
anoint [ə'nɔɪnt] <u>plechtig</u> overg ❶ zalven ❷ insmeren
anomalous [ə'nɒmələs] bn afwijkend, abnormaal
anomaly [ə'nɒməlɪ] bn afwijking, onregelmatigheid, anomalie
anomie ['ænəmɪ], **anomy** znw anomie, wetteloosheid
anon [ə'nɒn] <u>vero of scherts</u> bijw ❶ dadelijk, aanstonds ❷ straks ★ see you ~ ik zie je straks
anon. [ə'nɒn] afk (anonymous) anoniem, anonymus
anonymity [ænə'nɪmətɪ] znw anonimiteit ★ we undertake to preserve your ~ we zullen uw anonimiteit waarborgen
anonymous [ə'nɒnɪməs] bn anoniem, naamloos ★ I'd prefer to remain ~ ik blijf liever anoniem
anorak ['ænəræk] znw anorak, windjack met capuchon
anorexia nervosa [ænə'reksɪə nɜː'vəʊsə], **anorexia** <u>med</u> znw anorexia (nervosa)
anorexic ['ænəreksɪk] **I** bn lijdend aan anorexia **II** znw iem. die aan anorexia lijdt
another [ə'nʌðə] onbep vnw ❶ een ander ★ that's ~ matter altogether dat is iets heel anders ★ well, that's ~ story wel, dat is een ander verhaal ★ one way or ~ op de een of andere manier ❷ nog een, (al)weer een, ook een ★ would you like ~ biscuit? wil je nog een koekje? ★ it's just one thing after ~ het komt allemaal achter elkaar ❸ een tweede ★ Iraq is becoming ~ Vietnam Irak begint een tweede Vietnam te worden ▼ they met one ~ in Rome ze hebben elkaar in Rome ontmoet
answer ['ɑːnsə] **I** znw ❶ antwoord ★ I rang but there was no ~ ik belde, maar ik kreeg geen gehoor ❷ fig oplossing ★ he thinks he knows / has all the ~s hij denkt dat hij alles weet **II** overg ❶ antwoorden (op), beantwoorden (aan) ★ ~ the bell / door de deur opendoen ★ ~ the phone de telefoon aannemen ★ ~ sbd back brutaal zijn tegen iem. ❷ voldoen aan ❸ verhoren ‹gebed› ❹ zich verantwoorden wegens, zich verdedigen tegen ❺ fig oplossen ★ ~ a problem een vraagstuk oplossen **III** phras ★ ~ back brutaal wat terugzeggen, een grote mond hebben, zich verdedigen ★ ~ for sbd / sth instaan voor iem. / iets ★ he has a lot to ~ for hij heeft een hoop te

verantwoorden ★ *she ~s to no one* zij gehoorzaamt niemand ★ *he ~s to the name of Rod* hij heet Rod
answerable ['ɑːnsərəbl] *bn* ❶ te beantwoorden ❷ verantwoordelijk, aansprakelijk ★ *be ~ for sth* aansprakelijk zijn voor iets ★ *be ~ to sbd* bij iem. verantwoording moeten afleggen
answering machine ['ɑːnsərɪŋ məˈʃiːn] *znw* antwoordapparaat, telefoonbeantwoorder
answering service ['ɑːnsərɪŋ ˈsɜːvɪs] *znw* (tel.) boodschappendienst
answerphone ['ɑːnsəfəʊn] *znw* antwoordapparaat
ant [ænt] *znw* mier ★ inf & scherts *have ~s in one's pants* niet stil kunnen zitten, ongedurig zijn
antacid [ænt'æsɪd] **I** *bn* tegen maagzuur **II** *znw* middel tegen maagzuur
antagonism [æn'tægənɪzəm] *znw* antagonisme, tegenstand, vijandschap ★ *she still feels some ~ towards them* ze voelt nog steeds vijandschap tegen hen
antagonist [æn'tægənɪst] *znw* tegenstander
antagonistic [æntægə'nɪstɪk] *bn* vijandig ★ *he's quite ~ towards his boss* hij is nogal vijandig ten opzichte van zijn baas
antagonize [æn'tægənaɪz], **antagonise** *overg* ❶ bestrijden, tegenwerken ❷ prikkelen, tegen zich in het harnas jagen
Antarctic [ænt'ɑːktɪk] **I** *bn* zuidpool- **II** *znw* ★ geogr *the ~* Antarctica, het zuidpoolgebied
ante ['æntɪ] **I** *znw* inzet ‹bij pokeren &› ★ *up / raise the ~* de inzet verhogen **II** *overg* ❶ Am inf inzetten ❷ Am inf betalen, dokken **III** *onoverg* ❶ Am inf inzetten ❷ Am inf betalen, dokken ★ *shareholders may be forced to ~ up* aandeelhouders moeten misschien dokken
ante- ['æntɪ-] *voorv* voor-, vooraf
anteater ['æntiːtə] *znw* miereneter
antebellum [æntɪ'beləm] *bn* vooroorlogs ‹vnl. van vóór de Amerikaanse burgeroorlog›
antecedence [æntɪ'siːdəns] *znw* (het) voorafgaan
antecedent [æntɪ'siːdənt] **I** *bn* voorafgaand **II** *znw* voorafgaande, antecedent
antecedents [æntɪ'siːdənts] *znw* [mv] voorouders
antechamber ['æntɪʃeɪmbə] *znw* → **anteroom**
antedate [æntɪ'deɪt] *overg* ❶ antedateren, vroeger dagtekenen ❷ vooruitlopen op ❸ voorafgaan aan
antediluvian [æntɪdɪ'l(j)uːvɪən] scherts *bn* hopeloos ouderwets, uit het jaar nul, voorwereldlijk
antelope ['æntɪləʊp] *znw* [mv: ~ of -s] antilope
antenatal [æntɪ'neɪtl] *bn* prenataal: (van) voor de geboorte
antenna [æn'tenə] *znw* [mv: -s of antennae] ❶ voelhoren, voelspriet ❷ RTV antenne
anterior [æn'tɪərɪə] *bn* ❶ voorafgaand, vroeger ❷ voorste
anteroom ['æntɪruːm], **antechamber** *znw* antichambre, voorvertrek, wachtkamer
anthem ['ænθəm] *znw* Engelse kerkzang, lofzang ★ *the national ~* het volkslied

anther ['ænθə] plantk *znw* helmknop
ant hill [ænt hɪl], **ant heap** *znw* mierenhoop
anthologist [æn'θɒlədʒɪst] *znw* maker van een bloemlezing
anthology [æn'θɒlədʒɪ] *znw* bloemlezing
anthracite ['ænθrəsaɪt] *znw* antraciet
anthrax ['ænθræks] *znw* antrax, miltvuur
anthropo- ['ænθrəpəʊ-] *voorv* mens-, antropo-
anthropocentric [ænθrəpəʊ'sentrɪk] *bn* antropocentrisch
anthropocentrism [ænθrəpəʊ'sentrɪzəm] *znw* antropocentrisme
anthropoid ['ænθrəpɔɪd] **I** *bn* op een mens gelijkend, mensachtig **II** *znw* mensaap
anthropological [ænθrəpə'lɒdʒɪk(ə)l] *bn* antropologisch
anthropologist [ænθrə'pɒlədʒɪst] *znw* antropoloog
anthropology [ænθrə'pɒlədʒɪ] *znw* antropologie
anthropomorphic [ænθrəpə'mɔːfɪk] *bn* antropomorf
anthropomorphism [ænθrəpə'mɔːfɪzəm] *znw* antropomorfisme
anthroposophist [ænθrə'pɒsfɪst] *znw* antroposoof
anthroposophy [ænθrə'pɒsəfɪ] *znw* antroposofie
anti ['æntɪ] **I** *voorz & bn* tegenstander van, gekant tegen ★ *she's ~ animal testing* zij is tegen dierproeven ★ *the union is ~* de vakbond is tegen **II** *znw* [mv: antis] tegenstander ★ *there are 23 ~s and 14 pros* er zijn 23 tegen en 14 voor
anti- ['æntɪ-] *voorv* ❶ tegen-, strijdig met ❷ anti-
anti-abortion [æntɪ-ə'bɔːʃən] *bn* antiabortus ★ *~ activists* actievoerders tegen abortus
anti-abortionist [æntɪ-ə'bɔːʃənɪst] **I** *bn* antiabortus **II** *znw* tegenstander van abortus
anti-ageing [æntɪ-'eɪdʒɪŋ] *bn* tegen veroudering ★ *an ~ cream* een verjongingscrème
anti-aircraft [æntɪ-'eəkrɑːft] mil *znw* (lucht)afweer-, luchtdoel- ★ *an ~ battery* een luchtafweerbatterij ★ *an ~ missile* een luchtdoelraket
anti-apartheid [æntɪ-ə'pɑːteɪt] *bn* antiapartheid
antibacterial [æntɪbæk'tɪərɪəl] **I** *bn* antibacterieel ★ *~ agents* antibacteriële middelen **II** *znw* antibacterieel middel
antibiotic [æntɪbaɪ'ɒtɪk] **I** *bn* antibiotisch **II** *znw* antibioticum
antibody ['æntɪbɒdɪ] *znw* antilichaam, antistof, afweerstof
anti-choice [æntɪ-'ʃɔɪs] *bn* tegen vrije keuze, antiabortus ★ *the ~ lobby* de antiabortus lobby
Antichrist ['æntɪkraɪst] *znw* ★ *the ~* de antichrist
anticipate [æn'tɪsɪpeɪt] *overg* ❶ een voorgevoel hebben (van), verwachten, voorzien ★ *war is widely ~d* er wordt algemeen oorlog verwacht ❷ voorkómen, vóór zijn ❸ vooruitlopen op
anticipation [æntɪsɪ'peɪʃən] *znw* voorgevoel, verwachting, afwachting ★ *yours in ~* bij voorbaat dank, Hoogachtend ★ *the harbour has been closed in ~ of the cyclone* de haven is afgesloten in afwachting van de cycloon ★ *the crowd is giddy*

with ~ het publiek is opgewonden van verwachting

anticipatory [æn'tɪsɪpətərɪ] *bn* vooruitlopend, anticiperend ★ *an ~ move* een anticiperende zet

anticlerical [æntɪ'klerɪkl] *bn* antiklerikaal: gericht tegen de wereldlijke invloed v.d. geestelijkheid

anticlimax [æntɪ'klaɪmæks] *znw* anticlimax: teleurstellende afloop na hooggespannen verwachtingen

anticlockwise [æntɪ'klɒkwaɪz] *bn & bijw* tegen de wijzers v.d. klok in

anticoagulant [æntɪkəʊ'ægjʊlənt] **I** *bn* stollingsremmend ★ *an ~ drug* een stollingsremmend medicijn **II** *znw* stollingsremmer

anti-constitutional [æntɪ-kɒnstɪ'tju:ʃənl] *bn* tegen de grondwet ★ *~ activities* ongrondwettige activiteiten

anti-consumerist [æntɪ-kən'sju:mərɪst] **I** *bn* tegen overmatige consumptie ★ *an ~ stance* een anticonsumptie standpunt **II** *znw* iemand die tegen overmatige consumptie is

anticonvulsant [æntɪkən'vʌlsənt] **I** *bn* anticonvulsie **II** *znw* anticonvulsie medicatie

anticorrosive [æntɪkə'rəʊsɪv] *bn* anticorrosief, antiroest-

antics ['æntɪks] *znw* [mv] capriolen, potsierlijk gedrag ★ *he's up to his ~ again* hij doet weer eens gek

anticyclone [æntɪ'saɪkləʊn] *znw* anticycloon, hogedrukgebied

antidepressant [æntɪdɪ'presənt] **I** *bn* antidepressief **II** *znw* antidepressivum

antidiarrhoeal [æntɪdaɪə'rɪəl] **I** *bn* tegen diarree **II** *znw* middel tegen diarree

antidisestablishmentarianism
[æntɪdɪsɪ'stæblɪʃmənt'eərɪənɪzəm] *znw* tegenstanders van het afschaffen van de officiële status van de Anglicaanse Kerk ⟨algemeen gebruikt als voorbeeld van een extreem lang woord, de echte betekenis komt haast nooit voor⟩

antidotal [æntɪ'dəʊtl] *bn* als tegengif

antidote ['æntɪdəʊt] *znw* ❶ tegengif, antidotum ❷ remedie ★ *laughter is a powerful ~ for / to stress* lachen is een sterk middel tegen stress

anti-federalist [æntɪ-'fedərəlɪst] **I** *bn* antifederalistisch **II** *znw* antifederalist

antifreeze [æntɪ'fri:z] *znw* antivriesmiddel

anti-fungal [æntɪ-'fʌŋgl] *bn* schimmelwerend

antigen ['æntɪdʒen] *znw* antigeen

anti-glare shield [æntɪ-'gleə ʃi:ld] comput *znw* beeldschermfilter

Antigua and Barbuda [æn'ti:gə end bɑ:'bʊdə] *znw* Antigua en Barbuda

Antiguan [æn'ti:gən] **I** *bn* Antiguaans **II** *znw* Antiguaan, Antiguaanse

antihero ['æntɪhɪərəʊ] *znw* antiheld

antihistamine [æntɪ'hɪstəmɪn] *znw* antihistaminicum

anti-inflammatory [æntɪ-ɪn'flæmətərɪ] **I** *bn* ontstekingsremmend **II** *znw* ontstekingsremmer

anti-inflationary [æntɪ-ɪn'fleɪʃənərɪ] *bn* anti-inflatoir

antiknock ['æntɪnɒk] auto *znw* antiklopmiddel

anti-life [æntɪ-'laɪf] afkeurend *bn* pro-abortus

Antilles [æn'tɪli:z] *znw* Antillen

anti-lock [æntɪ-'lɒk] *bn* ★ *an ~ braking system* een antiblokkeersysteem

antilogarithm [æntɪ'lɒgərɪðəm] *znw* antilogaritme

antimacassar ['æntɪmə'kæsə] *znw* antimakassar

antimatter ['æntɪmætə] *znw* antimaterie

antimony ['æntɪmənɪ] *znw* antimonium

anti-noise [æntɪ-'nɔɪz] *znw* antigeluid ⟨geluid dat een ander geluid opheft⟩

antinuclear [æntɪ-'nju:klɪə] *bn* antikernwapen(s), tegen kernenergie

anti-oxidant [æntɪ-'ɒksɪdənt] **I** *bn* roestwerend, antioxiderend **II** *znw* antioxidant

antipasto [æntɪ'pɑ:stəʊ, -'pæstəʊ] *znw* [mv: antipasti] antipasto

antipathetic [æntɪpə'θetɪk] *bn* afkerig ★ *he's~ to her* hij mag haar niet

antipathy [æn'tɪpəθɪ] *znw* antipathie (tegen *to / towards*) ★ *there is quite a lot of ~ between the two groups* er bestaat nogal wat antipathie tussen de twee groepen

anti-personnel [æntɪ-p₃:sə'nel] *bn* tegen personen gericht

antiperspirant [æntɪ'p₃:spɪrənt] **I** *bn* transpiratiewerend **II** *znw* transpiratiewerend middel, deodorant

antiphon ['æntɪfən] *znw* antifoon, beurtzang, tegenzang

antiphonal [æn'tɪfənl] **I** *bn* antifonaal **II** *znw* antifonarium

Antipodean [æntɪpə'di:ən] **I** *bn* Australisch of Nieuw-Zeelands **II** *znw* Australiër of Nieuw-Zeelander, Australische of Nieuw-Zeelandse

Antipodes [æn'tɪpədi:z] *znw* [mv] ★ *the ~* Australië en Nieuw-Zeeland

antipollution ['æntɪpə'lu:ʃən] *bn* tegen vervuiling, milieubeschermend

anti-pollution tax [æntɪ-pə'lu:ʃən tæks] *znw* milieuheffing

antiquarian [æntɪ'kweərɪən] **I** *bn* ❶ oudheidkundig ❷ antiquarisch ★ *an ~ bookseller* een antiquaar ★ *an ~ bookshop* een antiquariaat **II** *znw*, **antiquary** oudheidkundige, antiquair

antiquated ['æntɪkweɪtɪd] *bn* ❶ verouderd ❷ ouderwets

antique [æn'ti:k] **I** *bn* oud(erwets), antiek **II** *znw* ❶ antiquiteit ❷ antiek kunstwerk

antique dealer [æn'ti:k 'di:lə] *znw* antiquair

antiquity [æn'tɪkwətɪ] *znw* ❶ antiquiteit ★ *Antiquity* de Oudheid ❷ ouderdom

anti-racist [æntɪ-'reɪsɪst] **I** *bn* antiracistisch **II** *znw* antiracist

anti-Semite [æntɪ-'si:maɪt, -'semaɪt] *znw* antisemiet

anti-Semitic [æntɪ-sɪ'mɪtɪk] *bn* antisemitisch

anti-Semitism [æntɪ-'semɪtɪzm] *znw* antisemitisme

antiseptic [æntɪ'septɪk] **I** *bn* antiseptisch **II** *znw* antiseptisch middel

anti-skid [æntɪ-'skɪd] *bn* antislip

antisocial [æntɪ-'səʊʃəl] *bn* onmaatschappelijk, asociaal

anti-spam [æntɪ-'spæm] *bn* antispam

antistatic [æntɪ-'stætɪk] *bn* antistatisch, niet statisch

antitank [æntɪ-'tæŋk] mil *bn* antitank- ★ *an ~ ditch* een tankgracht

anti-terrorist [æntɪ-'terərɪst] *bn* antiterroristisch ★ *an ~ organisation* een antiterreurorganisatie

antithesis [æn'tɪθəsɪs] *znw* [*mv:* antitheses] antithese, tegenstelling ★ *she's the very ~ of his first wife* ze is de complete tegenpool van zijn eerste vrouw

antithetical [æntɪ'θetɪkl], **antithetic** *bn* antithetisch, tegengesteld

antitoxin [æntɪ'tɒksɪn] *znw* tegengif

antitrust legislation [æntɪ'trʌst ledʒɪs'leɪʃən] *znw* antitrustwetgeving

antiviral [æntɪ'vaɪərəl] med *bn* antiviraal

anti-virus program [æntɪ-'vaɪərəs 'prəʊɡræm] comput *znw* antivirusprogramma

antivivisectionist [æntɪvɪvɪ'sekʃənɪst] **I** *bn* tegen dierproeven **II** *znw* tegenstander van dierproeven

antler ['æntlə] *znw* tak ‹v. gewei›

antonym ['æntənɪm] *znw* antoniem, woord met tegengestelde betekenis

antsy ['æntsɪ] Am inf *bn* onrustig, ongeduldig ★ *the children were getting ~ by the end of the trip* tegen het eind van de reis werden de kinderen onrustig

Antwerp ['æntwɜːp] *znw* Antwerpen ‹stad›

anus ['eɪnəs] *znw* anus, aars

anvil ['ænvɪl] *znw* aambeeld ‹ook gehoorbeentje›

anxiety [æŋ'zaɪətɪ] *znw* ❶ ongerustheid, bezorgdheid, zorg ❷ psych angst ❸ (groot) verlangen ★ *an ~ to please* een sterk verlangen om aardig gevonden te worden

anxious ['æŋkʃəs] *bn* ❶ bang, angstig, ongerust, bezorgd (over *about*) ❷ verlangend (naar *for*) ★ *they were ~ to avoid trouble* ze wilden heel graag problemen vermijden ❸ zorgelijk ‹situatie &›

any ['enɪ] *telw, onbep vnw, bn & bijw* ❶ enig, enigerlei, enkele, wat ★ *are there ~ apples?* zijn er (ook) appels? ★ *are you ~ better?* ben je al wat beter? ★ *he doesn't look ~ different* ze ziet er helemaal niet anders uit ★ *this one isn't ~ good* deze deugt niet ★ *is there ~ more?* is er nog? ❷ een, iets, iemand ★ *there isn't ~* er is er geen ★ *I won't have ~, thanks* ik hoef niets, dank u ★ *he wasn't having ~ of it* hij trapte er niet in ❸ ieder(e), elk(e), welk(e) ook ★ *she went to ~ amount of trouble* ze getroostte zich grote moeite ★ *they're as good as ~* ze zijn net zo goed als wie / welke dan ook

anybody ['enɪbɒdɪ], **anyone I** *onbep vnw* iedereen, wie dan ook, de eerste de beste ★ *~ can do it* iedereen kan het ★ *there wasn't ~ there* er was niemand **II** *znw* iemand van betekenis, een belangrijk iemand ★ *~'s guess* wie het weet mag het zeggen

anyhow ['enɪhaʊ] *bijw* ❶ → **anyway** ❷ slordig, lukraak ★ *you can't do it just ~* dat kun je niet zomaar doen

anymore [enɪ'mɔː] Am *bijw* nog, meer, langer ‹bij ontkenningen›

anyone ['enɪwʌn] *onbep vnw & znw* → **anybody**

anyplace ['enɪpleɪs] Am inf *bijw* → **anywhere**

anything ['enɪθɪŋ] *onbep vnw & znw* ❶ iets (wat ook maar) ❷ alles ★ *~ but* allesbehalve ★ *~ for a change* verandering is toch maar alles ★ *the hall is big enough for ~* up to 500 de hal is groot genoeg voor alles onder de 500 ❸ van alles

anytime ['enɪtaɪm] *bijw* op elk willekeurig moment, wanneer ook maar ★ *ring me ~ you like* je kunt me bellen wanneer je maar wilt

anyway ['enɪweɪ], **anyhow**, Am inf **anyways** *bijw* ❶ hoe het ook zij, in ieder geval, althans, tenminste, toch, met dit al, enfin, nou ja, eigenlijk, trouwens ❷ hoe dan ook, op de een of andere manier

anyways ['enɪweɪz] Am inf *bijw* → **anyway**

anywhere ['enɪweə], Am inf **anyplace** *onbep vnw & bijw* ergens, overal, waar dan ook ★ *inf we're not ~ near finished* we zijn nog lang niet klaar ★ *I'm not ~ near as tired as I was yesterday* ik ben lang niet zo moe als gisteren ★ *it isn't ~ to be found* het is nergens te vinden ★ *we're just not getting ~ with this job* het schiet maar niet op met deze klus

Anzac ['ænzæk] *znw* soldaat in het Australian and New Zealand Army Corps ‹1914-1918›

Anzac Day ['ænzæk deɪ] *znw* officiële feestdag in Australië en Nieuw Zeeland (25 april) ‹herdenkt de landing van de Anzacs in Gallipoli in 1915›

AOB *afk* (any other business) wat verder ter tafel komt

A-OK Am inf *bn & bijw* prima, oké

aorta [eɪ'ɔːtə] *znw* aorta: grote slagader

apace [ə'peɪs] *bijw* snel, vlug, hard ★ *we are keeping ~ with developments* we houden gelijke tred met de ontwikkelingen

apart [ə'pɑːt] *bijw* ❶ afzonderlijk ★ *I don't know anybody ~ from her* ik ken niemand behalve haar ★ *it's hard to tell them ~* het is moeilijk om ze uit elkaar te houden ❷ van / uit elkaar ★ *they stood two metres ~* ze stonden twee meter van elkaar af ❸ terzijde, alleen, op zichzelf ❹ aan stukken ★ *my clothes are falling ~* mijn kleren vallen uit elkaar / zijn versleten ★ *he's taking the engine ~* hij haalt de machine uit elkaar

apartheid [ə'pɑːteɪt] ‹ZA› *znw* apartheid, rassenscheiding

apartment [ə'pɑːtmənt] *znw* vooral Am flat, appartement ★ *an ~ house* een flatgebouw, huurkazerne ★ *an ~ owner* een appartementseigenaar

apartment building [ə'pɑːtmənt 'bɪldɪŋ], **apartment block** *znw* flat, flatgebouw

apartments [ə'pɑːtmənts] *znw* [*mv*] privésuite ★ *the royal ~* de koninklijke suite

apathetic [æpə'θetɪk] *bn* apathisch, lusteloos, onverschillig (jegens *towards*)

apathy ['æpəθɪ] *znw* apathie ★ *there was widespread ~*

among the voters er was een algemene desinteresse onder de kiezers

ape [eɪp] **I** *znw* ❶ aap zonder staart, mensaap ★ inf *go ~* buiten zichzelf raken v. enthousiasme of boosheid ❷ aap, kwajongen **II** *overg* na-apen

apeman ['eɪpmæn] *znw* aapmens

aperitif [ə'perɪ'tiːf] (*‹Fr*) *znw* aperitief

aperture ['æpətʃə] *znw* opening, spleet

apex ['eɪpeks] *znw* [*mv:* -es *of* apices] punt, top, toppunt

aphasia [æ'feɪzjə] med *znw* afasie: stoornis in het spreken

aphid ['eɪfɪd] *znw* bladluis

aphonia [æ'fɒnɪə], **aphony** med *znw* afonie, onvermogen om stemgeluid voort te brengen

aphorism ['æfərɪzəm] *znw* aforisme, kernspreuk

aphrodisiac [æfrə'dɪzɪæk] *znw* afrodisiacum

apiarist ['eɪpɪərɪst] *znw* bijenhouder, imker

apiary ['eɪpɪərɪ] *znw* bijenstal

apical ['eɪpɪkl] *bn* ❶ van de punt, bovenste ❷ taalk apicaal

apices ['eɪpɪsiːz] *znw* [mv] → **apex**

apiece [ə'piːs] *bijw* het stuk, per stuk, elk

apish ['eɪpɪʃ] *bn* ❶ aapachtig ❷ aanstellerig

aplomb [ə'plɒm] (*‹Fr*) *znw* aplomb, zelfverzekerdheid

apnoea [ap'niːə], **apnea** med *znw* apneu, ademstilstand / -onderbreking

apocalypse [ə'pɒkəlɪps] *znw* ❶ openbaring, onthulling ❷ einde / vernietiging v.d. wereld

apocalyptic [əpoke'lɪptɪk] *bn* apocalyptisch, fig onheil voorspellend

apocryphal [ə'pɒkrɪfəl] *bn* ❶ apocrief ❷ twijfelachtig ❸ onecht

apogee ['æpədʒiː] *znw* hoogtepunt, toppunt

apolitical [eɪpə'lɪtɪkl] *bn* apolitiek, onpolitiek

apologetic [əpɒlə'dʒetɪk] *bn* ❶ verontschuldigend ★ *he was suitably ~ when he realised his mistake* nadat hij zijn fout ontdekt had verontschuldigde hij zich zoals het hoort ❷ deemoedig ❸ apologetisch, verdedigend

apologist [ə'pɒlədʒɪst] *znw* apologeet, verdediger ★ *an ~ for free trade* een pleitbezorger voor de vrije handel

apologize [ə'pɒlədʒaɪz], **apologise** *onoverg* zich verontschuldigen, excuses maken (wegens *for*) ★ *he ~d profusely* hij maakte uitgebreid zijn excuses ★ *I do ~ for disturbing you at this hour* mijn excuses dat ik u op dit tijdstip lastigval

apology [ə'pɒlədʒɪ] *znw* ❶ verontschuldiging, excuus ★ *it was an ~ for a hotel* het moest een hotel voorstellen ★ *I make no apologies for the state we are in* ik maak geen excuses voor hoe we er uit zien ❷ apologie, verdediging, verweer(schrift)

apoplectic [æpə'plektɪk] *bn* inf woedend ★ *an ~ fit* een woede aanval ★ *~ with rage* razend van woede

apoplexy ['æpəpleksɪ] *znw* inf woedeaanval ★ *the idea has produced ~ among welfare organizations* het idee heeft woede veroorzaakt bij de hulporganisaties

apostasy [ə'pɒstəsɪ] *znw* afvalligheid

apostate [ə'pɒsteɪt] **I** *bn* afvallig **II** *znw* afvallige

a posteriori ['eɪ pɒsterɪ'ɔːraɪ] (*‹Lat*) *bn & bijw* a posteriori ‹achteraf bedacht / gevonden›

apostle [ə'pɒsəl] *znw* apostel

apostolic [æpə'stɒlɪk] *bn* apostolisch

apostrophe [ə'pɒstrəfɪ] *znw* apostrof: afkappingsteken, weglatingsteken

apothecary [ə'pɒθɪkərɪ] hist *znw* apotheker

apotheosis [əpɒθɪ'əʊsɪs] *znw* [*mv:* apotheoses] apotheose: vergoddelijking, verheerlijking

appal [ə'pɔːl] *overg* doen schrikken, ontzetten

appalled [ə'pɔːld] *bn* ontzet, geschokt ★ *an ~ silence* een stilte van ontzetting

appalling [ə'pɔːlɪŋ] *bn* verschrikkelijk (slecht) ★ *it's truly ~ weather* het is echt vreselijk weer ★ *an ~ waste of resources* een schokkende verspilling van middelen

apparatus [æpə'reɪtəs] *znw* [*mv:* ~ *of* -es] ❶ apparaat, toestel, gereedschappen ★ *breathing ~* ademhalingsapparaat ❷ organen ★ *the respiratory ~* de ademhalingsorganen

apparel [ə'pærəl] *znw* ❶ kleding, gewaad, kleren, dracht ★ *sports ~* sportkleren ❷ tooi, versiering

apparent [ə'pærənt] *bn* ❶ blijkbaar, duidelijk, aanwijsbaar ★ *his inexperience had become painfully ~* zijn gebrek aan ervaring kwam pijnlijk aan het licht ❷ kennelijk ❸ ogenschijnlijk, schijnbaar

apparently [ə'pærəntlɪ] *bijw* blijkbaar

apparition [æpə'rɪʃən] *znw* (geest)verschijning, spook

appeal [ə'piːl] **I** *znw* ❶ appel, (hoger) beroep, smeekbede, verzoek, bezwaarschrift ★ *the court of ~* het hof van beroep ★ *right of ~* recht van beroep ★ *lodge an ~ / give notice of ~* (hoger) beroep (appel, cassatie) aantekenen ★ jur *pending ~* in afwachting van beroep ❷ fig aantrekkingskracht ★ *travel has lost its ~ for me* reizen heeft zijn aantrekkingskracht voor mij verloren **II** *onoverg* in beroep komen of gaan, appelleren ★ *grant sbd leave to ~* iem. het recht van beroep verlenen ★ *~ against sth* beroep aantekenen tegen iets, bezwaar maken tegen iets ‹een beslissing›, in hoger beroep gaan tegen iets ‹een vonnis› ★ *~ to sbd* een beroep doen op iem., iem. smeken, fig iem. aanspreken, iem. aantrekken, iem. bekoren ★ *a holiday abroad doesn't ~ to me* ik voel niet veel voor een vakantie in het buitenland ★ *~ to sth* een beroep doen op iets, appelleren aan iets

appealing [ə'piːlɪŋ] *bn* ❶ smekend ❷ aantrekkelijk

appear [ə'pɪə] *onoverg* ❶ verschijnen, optreden ★ *she ~s regularly on television* zij komt regelmatig op de televisie ❷ zich vertonen ❸ vóórkomen ★ *I have to ~ in court* ik moet voor de rechtbank verschijnen ❹ blijken, lijken

appearance [ə'pɪərəns] *znw* ❶ schijn, voorkomen, uiterlijk ★ *to / by all ~s* zo te zien, naar het schijnt ★ *~s are deceptive* schijn bedriegt ★ *go by ~s* op de buitenkant afgaan ★ *keep up ~s* de schijn ophouden ❷ optreden ❸ verschijning ★ *put in / make an ~* zijn gezicht laten zien ❹ verschijnsel

appearance money [əˈpɪərəns ˈmʌnɪ] *znw* startgeld, startpremie

appease [əˈpiːz] *overg* ❶ stillen ‹honger› ❷ bedaren, kalmeren, sussen, bevredigen, apaiseren ★ *a speech aimed at appeasing the critics* een toespraak bedoeld om de critici gerust te stellen

appeasement [əˈpiːzmənt] *znw* ❶ bevrediging ❷ kalmering ❸ verzoeningspolitiek door concessies

appellant [əˈpelənt] *znw* appellant, smekeling

appellation [æpəˈleɪʃən] *znw* benaming, naam

append [əˈpend] *overg* ❶ (aan)hechten ❷ toe-, bijvoegen

appendage [əˈpendɪdʒ] *znw* aanhangsel

appendectomy [æpɪnˈdektəmɪ] med *znw* blindedarmoperatie

appendices [əˈpendɪsiːz] *znw* [mv] → **appendix**

appendicitis [əpendɪˈsaɪtɪs] *znw* blindedarmontsteking

appendix [əˈpendɪks] *znw* ❶ [mv: -es] med blindedarm ❷ [mv: -es of -dices] appendix, aanhangsel, bijlage, bijvoegsel, toevoegsel

appertain [æpəˈteɪn] *onoverg* toebehoren (aan *to*), behoren (bij *to*)

appetite [ˈæpɪtaɪt] *znw* (eet)lust, trek, begeerte ★ *lose one's ~* zijn eetlust verliezen

appetizer [ˈæpɪtaɪzə], **appetiser** *znw* ❶ de eetlust opwekkende spijs of drank, voorafje ❷ aperitief

appetizing [ˈæpɪtaɪzɪŋ], **appetising** *bn* ❶ de eetlust opwekkend ❷ appetijtelijk

applaud [əˈplɔːd] I *overg* applaudisseren, toejuichen ★ *~ sbd's decision* iemands beslissing toejuichen II *onoverg* applaudisseren

applause [əˈplɔːz] *znw* applaus, toejuiching ★ *let's have a round of ~ for...!* een hartelijk applaus voor...! ★ *the announcement was greeted with / met with loud ~* de aankondiging werd met luide instemming begroet

applause line [əˈplɔːz laɪn] *znw* een zin in een politieke toespraak die applaus moet oproepen

apple [ˈæpl] *znw* appel ★ *an ~ core* een klokhuis ★ *the Big Apple* bijnaam voor de stad New York ★ *the ~ of sbd's eye* iemands oogappel ★ zegsw *an ~ a day keeps the doctor away* met een appel per dag hou je de dokter weg

applecart [ˈæplkɑːt] inf *znw* ★ *upset the ~* iets opzettelijk of per ongeluk in de war brengen

apple dumpling [ˈæpl ˈdʌmplɪŋ] *znw* appelbol

applejack [ˈæpldʒæk] *znw* soort appelbrandewijn

apple juice [ˈæpl dʒuːs] *znw* appelsap

apple pie [ˈæpl paɪ] *znw* appeltaart ★ *in apple-pie order* tot in de puntjes (geregeld)

applesauce [ˈæplsɔːs] *znw* ❶ appelmoes ❷ Am inf onzin ❸ smoesjes

applet [ˈæplɪt] *znw* klein computerprogramma speciaal bedoeld voor een beperkt aantal eenvoudige functies

appliance [əˈplaɪəns] *znw* toestel, middel ★ *domestic / home / household ~s* huishoudelijke apparaten

applicability [əplɪkəˈbɪlətɪ] *znw* toepasbaarheid, bruikbaarheid ★ *studies have questioned its ~* studies trekken de toepasbaarheid ervan in twijfel

applicable [ˈæplɪkəbl] *bn* toepasselijk, van toepassing (op *to*)

applicant [ˈæplɪkənt] *znw* ❶ aanvrager ❷ sollicitant ❸ gegadigde ❹ inschrijver ‹op lening›

application [æplɪˈkeɪʃən] *znw* ❶ aanvraag, sollicitatie, aanmelding, inschrijving ★ *an ~ form* een aanvraagformulier, een sollicitatieformulier, een aanmeldingsformulier, een inschrijfformulier ★ *an ~ letter / a letter of ~* een sollicitatiebrief ★ *on ~* op aanvraag, bij inschrijving ★ *put in an ~* solliciteren ★ *refuse / reject / turn down an ~* een aanvraag niet honoreren ❷ aanwending, toepassing, gebruik ❸ vlijt, toewijding ❹ med omslag, smeersel ❺ comput applicatie, toepassingsprogramma

applied [æˈplaɪd] *bn* toegepast

applied linguistics [æˈplaɪd lɪŋˈgwɪstɪks] *znw* [mv] toegepaste taalkunde

applied mathematics [æˈplaɪd mæθəˈmætɪks] *znw* [mv] toegepaste wiskunde

appliqué [æˈpliːkeɪ] ‹Fr› *znw* appliqué, applicatie ‹op stoffen &›

apply [əˈplaɪ] I *overg* ❶ aanleggen ❷ aanwenden, toepassen, gebruiken ❸ aanbrengen, opbrengen, leggen (op *to*) II *onoverg* ❶ van toepassing zijn (op *to*), gelden (voor *to*) ❷ zich aanmelden, zich vervoegen ★ *~ for sth* iets aanvragen, inwinnen ‹inlichtingen›, inschrijven op iets ‹een aandelenemissie› ★ *~ to sbd* zich wenden tot iem., betrekking hebben op iem., slaan op iem. ❸ solliciteren (naar *for*) III *wederk* ★ *~ oneself to sth* zich toeleggen op iets ★ *he'll have to ~ himself a bit more* hij zal zich een beetje meer moeten inspannen

appoggiatura [əpɒdʒəˈtʊərə] muz *znw* appoggiatura, voorslag

appoint [əˈpɔɪnt] *overg* ❶ bepalen, vaststellen ❷ benoemen (tot), aanstellen, voorschrijven, bestemmen ❸ inrichten, uitrusten

appointed [əˈpɔɪntɪd] *bn* vastgelegd, afgesproken ★ *an attractively ~ apartment* een leuk ingericht appartement ★ *arrive at the ~ time* op de afgesproken tijd aankomen

appointee [əpɔɪnˈtiː] *znw* aangestelde, benoemde

appointment [əˈpɔɪntmənt] *znw* ❶ afspraak ★ *keep / make an ~* een afspraak nakomen / maken ❷ aanstelling, benoeming ★ *by ~ (to the queen)* hofleverancier ❸ functie, ambt, betrekking ❹ bepaling, voorschrift ❺ beschikking

appointment calendar [əˈpɔɪntmənt ˈkæləndə] Am *znw* agenda

apportion [əˈpɔːʃən] *overg* verdelen, toebedelen

apportionment [əˈpɔːʃənmənt] *znw* verdeling

ap

apposite ['æpəzɪt] form bn passend, geschikt (voor to), toepasselijk ★ an ~ remark een toepasselijke opmerking

apposition [æpə'zɪʃən] znw bijstelling, appositie

appraisal [ə'preɪzəl] znw ❶ schatting, raming, taxatie ❷ waardering, waardebepaling ❸ beoordeling

appraise [ə'preɪz] overg ❶ schatten, taxeren (op at) ❷ waarderen

appraisement [ə'preɪzmənt] znw beoordeling, evaluatie ★ an ~ interview een beoordelingsgesprek / functioneringsgesprek

appraiser [ə'preɪzə] znw ❶ taxateur ❷ veilingmeester

appreciable [ə'priːʃəbl] bn ❶ schatbaar, te waarderen ❷ merkbaar

appreciably [ə'priːʃəblɪ] bijw aanzienlijk

appreciate [ə'priːʃɪeɪt] I overg ❶ (naar waarde) schatten, waarderen, op prijs stellen ★ I'd ~ it if you rang first ik zou het op prijs stellen als jij eerst belde ❷ begrijpen, beseffen, aanvoelen ❸ doen stijgen (in waarde) II onoverg stijgen (in waarde)

appreciation [əpriːʃɪ'eɪʃən] znw ❶ schatting, waardering ★ as a token of our ~ als blijk van onze waardering ❷ kritische beschouwing ❸ begrip, besef, aanvoelen ❹ stijging (in waarde)

appreciative [ə'priːʃətɪv] bn waarderend ★ the costumes drew ~ murmurs from the audience de kostuums ontlokten bewonderende geluiden aan het publiek

apprehend [æprɪ'hend] overg ❶ aanhouden ❷ vatten, (be)grijpen, beseffen

apprehension [æprɪ'henʃən] znw ❶ aanhouding, gevangenneming ❷ begrip ❸ vrees, beduchtheid, bezorgdheid ★ a feeling / sense of ~ een beklemd gevoel

apprehensive [æprɪ'hensɪv] bn ❶ bevattelijk ❷ begrips- ❸ bevreesd (voor of), bezorgd ★ she was deeply ~ about what might happen ze maakte zich ernstige zorgen over wat er kon gebeuren

apprentice [ə'prentɪs] I znw leerjongen, leerling II overg op een ambacht / in de leer doen

apprenticeship [ə'prentɪsʃɪp] znw leer(tijd), leerjaren ★ serve an ~ in de leer zijn

apprise [ə'praɪz] form overg bericht of kennis geven (van of), onderrichten

appro ['æprəʊ] inf znw ★ on ~ op zicht, op proef

approach [ə'prəʊtʃ] I znw ❶ nadering ★ make ~es to sbd avances maken naar iem. ❷ toegang(sweg) ★ an ~ road een invalsweg ★ the eastern / southern ~es to the city de oostelijke / zuidelijke toegangswegen tot de stad ❸ oprit ‹v. brug› ❹ benadering, (manier van) aanpakken, aanpak (van to) ★ he's the closest / nearest ~ to a brother I've got van allemaal lijkt hij het meest op een broer van me ★ we're taking a new ~ to teaching we hebben een nieuwe benadering van lesgeven II overg ❶ naderen ❷ zich wenden tot ❸ polsen ❹ benaderen ❺ fig aanpakken III onoverg naderen

approachability [əprəʊtʃə'bɪlɪtɪ] znw toegankelijkheid

★ a feature of his work is its ~ een kenmerk van zijn werk is de toegankelijkheid ervan

approachable [ə'prəʊtʃəbl] bn toegankelijk, benaderbaar

approbation [æprə'beɪʃən] form znw goedkeuring ★ earn sbd's ~ iemands goedkeuring verdienen

appropriate I bn [ə'prəʊprɪət] ❶ (daarvoor) bestemd, vereist, bevoegd ‹instantie› ❷ geschikt, passend ★ take ~ measures passende maatregelen treffen ❸ eigen II overg [ə'prəʊprɪeɪt] ❶ form zich toe-eigenen ❷ form toewijzen, aanwijzen, bestemmen (voor to / for)

appropriation [əprəʊprɪ'eɪʃən] znw ❶ toe-eigening ★ ~ of all private property vorderen van alle privébezit ❷ toewijzing, aanwijzing, bestemming ❸ krediet ‹op begroting›

approval [ə'pruːvəl] znw bijval, goedkeuring, goedvinden ★ a nod of ~ een instemmende knik ★ on ~ op zicht, op proef ★ subject to ~ moet(en) nog worden goedgekeurd ★ get sbd's seal of ~ de goedkeuring van iem. krijgen ★ meet with sbd's ~ iemands goedkeuring kunnen wegdragen ★ win sbd's ~ iemands goedkeuring krijgen

approve [ə'pruːv] I overg goedkeuren, goedvinden II onoverg ★ ~ of sbd / sth iem. / iets goedkeuren

approved [ə'pruːvd] bn ❶ bekwaam ‹geneesheer &› ❷ beproefd ‹middel &› ❸ erkend ‹v. instelling &› ❹ gebruikelijk

approx [ə'prɒks] afk (approximate/approximately) ongeveer, bij benadering

approximate I bn [ə'prɒksɪmət] bij benadering, geschat, benaderend ★ the ~ number of cars in London is het aantal auto's in Londen bedraagt ongeveer II overg [ə'prɒksɪmeɪt] ❶ (be)naderen, in de buurt komen van ❷ nader brengen (bij to) III onoverg [ə'prɒksɪmeɪt] nabijkomen, in de buurt komen

approximately [ə'prɒksɪmətlɪ] bijw bij benadering, ongeveer, omstreeks

approximation [əprɒksɪ'meɪʃn] znw (be)nadering, schatting

appurtenance [ə'pɜːtɪnəns] form znw ❶ (meestal mv) toebehoren, uitrusting ❷ fig bijkomstigheden, ornamenten

Apr. afk → April

apraxia [ə'præksɪə] med znw apraxie ‹onvermogen om doelbewuste bewegingen of handelingen uit te voeren›

après ski [æpreɪ 'skiː] znw après-ski, ontspannende activiteiten na het skiën

apricot ['eɪprɪkɒt] znw abrikoos

April ['eɪprɪl] znw april ★ ~ showers maartse buien

April fool ['eɪprɪl fuːl] znw aprilgek

April Fool's Day ['eɪprɪl fuːlz deɪ] znw 1 april

a priori ['eɪ praɪ'ɔːraɪ] ‹Lat› bn & bijw ‹oordeel› a priori, vooraf, zonder voorafgaand onderzoek

apron ['eɪprən] znw ❶ schort, voorschoot ★ he's still tied to his mother's ~ strings hij hangt nog steeds aan moeders rokken ❷ schootsvel, leren dekkleed ❸ proscenium ‹v. toneel› ❹ luchtv platform ‹v. vliegveld›

apropos ['æprəpəʊ] form **I** voorz ❶ op het juiste ogenblik ❷ à propos, tussen twee haakjes ★ ~ of sth naar aanleiding van iets ★ ~ of nothing irrelevant / nergens op slaand **II** bn passend, geschikt, terzake ★ wear something ~ the occasion iets dragen dat bij de gelegenheid past

apse [æps] znw apsis, apside ‹v. kerkgebouw›

apt [æpt] bn ❶ geschikt, gepast, to the point, juist ❷ geneigd ★ be ~ to do it again het waarschijnlijk weer doen ★ pregnant women are ~ to eat a lot zwangere vrouwen hebben de neiging om veel te eten ❸ bekwaam, handig (in at), pienter ★ an ~ student een goede student

aptitude ['æptɪtju:d] znw ❶ aanleg, handigheid, bekwaamheid ★ she has a natural ~ for mathematics zij heeft een wiskundeknobbel ❷ geschiktheid ❸ geneigdheid, neiging

aptitude test ['æptɪtju:d test] znw geschiktheidstoets

aptly ['æptli] bijw ❶ geschikt, van pas, treffend ★ the ~ named Mrs Gloom een dame met de toepasselijke naam Mrs Gloom ‹mevr. Zwartkijker› ❷ naar behoren ❸ ad rem, juist ❹ bekwaam, handig

aqua ['ækwə] bn een licht blauwgroene kleur

aqua-aerobics ['ækwə-eə'rəʊbɪks], **aquaerobics** znw aqua aerobics, aerobics in het water

aqualung ['ækwəlʌŋ] znw zuurstofcilinder ‹v. duiker›

aquamarine [ækwəmə'ri:n] bn & znw aquamarijn

aquaplane ['ækwəpleɪn] **I** znw waterskiplank **II** onoverg ❶ waterskiën ❷ over een glad oppervlak glijden

aquarium [ə'kweərɪəm] znw [mv: -s of aquaria] aquarium

Aquarius [ə'kweərɪəs] astrol znw Waterman

aquatic [ə'kwætɪk] bn water-

aquatint ['ækwətɪnt] znw aquatint

aqua vitae [ækwə 'vi:taɪ] znw brandewijn

aqueduct ['ækwɪdʌkt] znw aquaduct

aqueous ['eɪkwɪəs] bn water(acht)ig, water-

aquiline ['ækwɪlaɪn] bn arends- ★ an ~ nose een haviksneus

Arab ['ærəb] **I** bn Arabisch **II** znw ❶ Arabier ❷ Arabisch paard

arabesque [ærə'besk] znw arabesk

Arabia [ə'reɪbɪə] geogr znw Arabië

Arabian [ə'reɪbɪən] **I** bn Arabisch ★ the ~ Nights Duizend-en-een-nacht **II** znw Arabier, Arabische

Arabic ['ærəbɪk] **I** bn Arabisch **II** znw Arabisch

Arabic numeral ['ærəbɪk 'nju:mərəl] znw Arabische cijfers ‹1, 2, 3, 4 &›

Arabist ['ærəbɪst] znw beoefenaar v.h. Arabisch, arabist

arable ['ærəbl] bn landbouw-, bebouwbaar ★ ~ land landbouwgrond

arachnid [ə'ræknɪd] znw arachnide, spinachtig dier

arachnophobia [əræknə'fəʊbɪə] znw arachnofobie, spinnenfobie

arachnophobic [əræknə'fəʊbɪk] bn bang voor spinnen

arbiter ['ɑ:bɪtə] znw ❶ scheidsrechter, scheidsman, arbiter ★ the audience is the final ~ het publiek is de uiteindelijke scheidsrechter ❷ leidend figuur ★ the ~s of fashion de toonaangevende modeontwerpers

arbitrage ['ɑ:bɪtrɑ:ʒ, -trɪdʒ] eff znw arbitrage ★ an ~ transaction een arbitragezaak

arbitrager ['ɑ:bɪtrɪdʒə] eff znw arbitrageant, iem. die arbitragezaken verricht

arbitrariness [ɑ:bɪ'trərɪnəs] znw willekeur

arbitrary ['ɑ:bɪtrərɪ] bn arbitrair, willekeurig, eigenmachtig

arbitrate ['ɑ:bɪtreɪt] **I** overg ❶ beslissen ❷ scheidsrechterlijk uitmaken **II** onoverg als scheidsrechter optreden ★ only a judge has the power to ~ alleen een rechter mag een beslissend oordeel vellen ★ ~ between the various parties bemiddelen tussen de verschillende partijen

arbitration [ɑ:bɪ'treɪʃən] znw arbitrage ★ an ~ board een scheidsgerecht, een arbitragecommissie ★ go to ~ zich aan arbitrage onderwerpen ★ take sth to ~ iets aan arbitrage onderwerpen

arbitrator ['ɑ:bɪtreɪtə] znw scheidsrechter

arbor ['ɑ:bə] Am znw → **arbour**

arboreal [ɑ:'bɔːrɪəl] bn boom-

arbour ['ɑ:bə], Am **arbor** znw prieel

arc [ɑ:k] znw (cirkel)boog

arcade [ɑ:'keɪd] znw ❶ bouwk arcade, galerij ❷ winkelgalerij, passage

Arcadia [ɑ:'keɪdɪə] dicht znw Arcadië, Arcadia

arcane [ɑ:'keɪn] form bn ❶ geheim(zinnig) ❷ duister

arch [ɑ:tʃ] **I** bn schalks, ondeugend, olijk **II** znw boog, gewelf ★ fallen ~es doorgezakte voeten / platvoeten ★ an ~ support een steunzool **III** overg ❶ welven ★ the cat ~ed its back de kat zette een hoge rug op ❷ overwelven **IV** onoverg zich welven

arch- [ɑ:tʃ-] voorv aarts-

archaeo- ['ɑ:kɪəʊ-], Am **archeo-** voorv archeo-

archaeological [ɑ:kɪə'lɒdʒɪkl], Am **archeological** bn archeologisch, oudheidkundig

archaeologist [ɑ:kɪ'ɒlədʒɪst], Am **archeologist** znw archeoloog, oudheidkundige

archaeology [ɑ:kɪ'ɒlədʒɪ], Am **archeology** znw archeologie, oudheidkunde

archaic [ɑ:'keɪɪk] bn archaïsch, verouderd, oud

archaism ['ɑ:keɪɪzəm] znw ❶ verouderd woord of verouderde uitdrukking, archaïsme ❷ ouderwets fenomeen ‹bijv. gebruik›

archangel ['ɑ:keɪndʒəl] znw aartsengel

archbishop [ɑ:tʃ'bɪʃəp] znw aartsbisschop

archbishopric [ɑ:tʃ'bɪʃəprɪk], **archdiocese** znw aartsbisdom

archdeacon [ɑ:tʃ'di:kən] znw aartsdeken

archdiocese [ɑ:tʃ'daɪəsɪs] znw → **archbishopric**

archducal [ɑ:tʃ'dju:kl] bn aartshertogelijk

archduchess [ɑ:tʃ'dʌtʃɪs] znw aartshertogin

archduchy [ɑːtʃˈdʌtʃɪ] *znw* aartshertogdom

archduke [ɑːtʃˈdjuːk] *znw* aartshertog

arched [ˈɑːtʃt] *bn* gebogen, boog- ★ *an ~ window* een boograam

arch-enemy [ɑːtʃ-ˈenəmɪ] *znw* aartsvijand ★ *the Arch-enemy* Satan

archeo- [ˈɑːkɪəʊ-] Am *voorv* → **archaeo-**

archer [ˈɑːtʃə] *znw* boogschutter

archery [ˈɑːtʃərɪ] *znw* boogschieten

archetypal [ˈɑːkɪtaɪpl] *bn* archetypisch

archetype [ˈɑːkɪtaɪp] *znw* ❶ oorspronkelijk model, voorbeeld ❷ archetype: oerbeeld

archiepiscopal [ɑːkɪˈpɪskəpl] *bn* aartsbisschoppelijk

archipelago [ɑːkɪˈpeləgəʊ] *znw* [*mv: -s of -goes*] archipel

architect [ˈɑːkɪtekt] *znw* architect, bouwmeester

architectonic [ɑːkɪtekˈtɒnɪk] *bn* architectonisch

architectural [ɑːkɪˈtektʃərəl] *bn* bouwkundig, architecturaal

architecture [ˈɑːkɪtektʃə] *znw* architectuur, bouwkunst, bouwstijl, bouw

architrave [ˈɑːkɪtreɪv] bouwk *znw* architraaf

archival [ɑːˈkaɪvl] *bn* archief-, archivaal

archive [ˈɑːkaɪv] I *znw* (meestal *mv*) archief, archive ‹verzameling bestanden op een computernetwerk› ★ *it was found amongst / among the ~s* het werd in het archieven gevonden II *overg* archiveren, opbergen in een archief

archivist [ˈɑːkɪvɪst] *znw* archivaris

archly [ˈɑːtʃlɪ] *bijw* schalks, ondeugend ★ *she smiled ~* ze glimlachte koket

archway [ˈɑːtʃweɪ] *znw* boog, gewelfde gang, poort

arc lamp [ɑːk læmp] *znw* booglamp

arc light [ɑːk laɪt] *znw* booglicht

Arctic [ˈɑːktɪk] I *bn* noordpool-, arctisch II *znw* ★ geogr *the ~* de Noordpool, het Noordpoolgebied, de Noordelijke IJszee (ook: *~ Ocean*)

Arctic Circle [ˈɑːktɪk ˈsɜːkl] *znw* (Noord)poolcirkel, arctische cirkel

Arctic fox [ˈɑːktɪk fɒks] *znw* poolvos

arc welding [ɑːk ˈweldɪŋ] *znw* booglassen

ardent [ˈɑːdnt] *bn* ❶ brandend, vurig, warm, blakend, gloeiend ❷ ijverig

ardour [ˈɑːdə], Am ardor *znw* ❶ vurigheid, hartstocht, (liefdes)vuur, warmte, gloed ★ *nothing could dampen his ~ for her* niets kon zijn hartstocht voor haar bekoelen ❷ ijver, onstuimigheid, geestdrift

arduous [ˈɑːdjuːəs] *bn* ❶ steil ‹v. pad› ❷ zwaar, moeilijk ‹v. taak› ★ *learning to ski is an ~ process* skiën leren is een moeilijk proces

are [ɑː] *ww* [2e pers.enk, 1e, 2e, 3e pers. mv. tegenw. tijd] → **be**

area [ˈeərɪə] *znw* ❶ oppervlakte, oppervlak, gebied ★ *the coastal ~* het kustgebied ★ *the wreckage was scattered over a wide ~* de wrakstukken lagen verspreid over een grote oppervlakte ★ *within / outside the ~* binnen / buiten het gebied ❷ fig gebied, terrein, domein ★ *an ~ of activity* een gebied

van activiteit ★ *an ~ of interest* een interessegebied ★ *an ~ of life* een domein van het leven

area code [ˈeərɪə kəʊd] *znw* netnummer, kengetal

arena [əˈriːnə] *znw* arena, strijdperk ★ form *enter the public ~* een openbaar ambt bekleden, in de openbaarheid komen

aren't [ɑːnt] *samentr* (are not) → **be**

Argentina [ɑdʒənˈtiːnə] *znw* Argentinië

Argentine [ˈadʒəntaɪn] I *bn* Argentijns II *znw* Argentijn, Argentijnse ★ *the ~* Argentinië

Argentinian [ɑːdʒənˈtɪnɪən] I *bn* Argentijns II *znw* Argentijn, Argentijnse

argon [ˈɑːgɒn] *znw* argon ‹een edel gas›

argot [ˈɑːgəʊ] *znw* slang, dieventaal, groepstaal

arguable [ˈɑːgjʊəbl] *bn* betwistbaar, aanvechtbaar ★ *it is ~ that we would have done better* wij hadden het misschien niet beter gedaan ★ *it is ~ whether these measures are appropriate* het is discutabel of deze maatregelen geschikt zijn

argue [ˈɑːgjuː] I *overg* ❶ betogen, aanvoeren, beredeneren ❷ redetwisten over ★ *~ the point* ergens moeilijk over doen, ergens tegenin gaan ★ Br inf *I won't ~ the toss* ik ga er niet moeilijk over doen ❸ bewijzen (te zijn), duiden op II *onoverg* ❶ redeneren, disputeren, discussiëren, argumenteren ★ *~ for / against sth* pleiten voor / tegen iets ★ *~ in favour of sth* pleiten voor iets ★ *he tried to ~ him into (out of) doing it* ze probeerde hem te overtuigen het (niet) te doen ❷ ruzie maken ★ *his parents are always arguing* zijn ouders hebben altijd ruzie]

argument [ˈɑːgjʊmənt] *znw* ❶ argument, argumentatie, bewijs, bewijsgrond ★ *a plausible ~* een plausibele redenering ★ *for the sake of ~, let us assume* laten we aannemen ★ *a flaw in the ~* een foutje in de redenering ★ *this line of ~ is getting us nowhere* met deze redenering komen we niet verder ★ *look at both sides of the ~* de argumenten voor en tegen bekijken ❷ debat, discussie, dispuut ★ *a heated ~* een verhitte discussie ❸ woordentwist, ruzie ★ *an ~ over a ball* ruzie om een bal ★ *provoke an ~* een ruzie uitlokken ★ *settle an ~* een ruzie oplossen ❹ korte inhoud, onderwerp

argumentative [ɑːgjʊˈmentətɪv] *bn* twistziek

argy-bargy [ɑːdʒɪ-ˈbɑːdʒɪ] inf *znw* geruzie, gekibbel

aria [ˈɑːrɪə] *znw* ❶ aria ❷ melodie

arid [ˈærɪd] *bn* ❶ droog, dor, onvruchtbaar ❷ saai

aridity [əˈrɪdətɪ] *znw* ❶ droogte, dorheid, onvruchtbaarheid ❷ saaiheid

Aries [ˈe(ə)riːz] astrol *znw* Ram

aright [əˈraɪt] dial *bijw* juist, goed ★ *I'm not sure I understood you ~* ik weet niet zeker of ik u goed heb verstaan

arise [əˈraɪz] *onoverg* [arose, arisen] ❶ ontstaan, voortspruiten, voortkomen (uit *from*), zich voordoen, rijzen ★ *should the opportunity ~* als de gelegenheid zich voordoet ★ *the tent can be quickly dismantled should the need ~* indien nodig kan de tent snel worden afgebroken ★ *the main matters arising from the meeting* de belangrijkste zaken die uit de vergadering naar voren kwamen ❷ bijbel opstaan, zich verheffen ★ *Christ has arisen from the grave* Christus is uit het graf opgestaan

arisen [ə'rɪzən] *ww* [v.d.] → **arise**

aristocracy [ærɪ'stɒkrəsɪ] *znw* aristocratie ★ *a member of the ~* een aristocraat

aristocrat ['ærɪstəkræt] *znw* aristocraat

aristocratic [ærɪstə'krætɪk] *bn* aristocratisch

arithmetic [ærɪθ'metɪk] *znw* rekenen, rekenkunde ★ *mental ~* hoofdrekenen ★ *check one's / the ~* narekenen

arithmetical [ærɪθ'metɪkəl] *bn* rekenkundig, reken- ★ *with ~ precision* met rekenkundige precisie

arithmetic progression [ærɪθ'metɪk prə'greʃən], **arithmetical progression** *znw* rekenkundige reeks

ark [ɑːk] *znw* ark ★ *straight out of the ~* erg ouderwets ⟨letterlijk: uit de ark van Noach⟩ ★ *ideas that went out with the ~* totaal achterhaalde ideeën

arm [ɑːm] **I** *znw* ❶ arm ★ *he took me by the ~* hij pakte mijn arm vast ★ *a babe / child / infant in ~s* een zuigeling ★ *the crook of the ~* de elleboogholte ★ *she held the baby in the crook of her ~* ze had de baby op haar arm ★ *she came in on his ~* ze kwam aan zijn arm binnen ★ *with ~s akimbo* met de handen in de zij(de) ★ *with folded ~s* met de armen over elkaar ★ *with open ~s* met open armen, enthousiast ★ inf *cost an ~ and a leg* een fortuin kosten ❷ mouw ❸ armleuning ❹ wiek ⟨v. molen⟩ ❺ tak ★ *the political ~ of the IRA* de politieke tak van de IRA **II** *overg* ❶ (be)wapenen ❷ beslaan, pantseren ❸ scherp stellen ⟨bom⟩ **III** *onoverg* zich wapenen

armada [ɑː'mɑːdə] *znw* ❶ hist Armada ❷ grote oorlogsvloot

armadillo [ɑːmə'dɪləʊ] *znw* armadillo, gordeldier

Armageddon [ɑːmə'gedn] *znw* ❶ (hel van) het slagveld, oorlog ❷ catastrofe ★ *we face an environmental ~* er staat ons een milieucatastrofe te wachten

armament ['ɑːməmənt] *znw* bewapening

armaments ['ɑːməmənts] *znw* [mv] wapens ★ *conventional ~* conventionele wapens ★ *an ~ programme* een bewapeningsprogramma

armature ['ɑːmətjʊə] *znw* ❶ anker ⟨v. magneet⟩ ❷ armatuur ⟨v. lamp &⟩

armband [ɑː'mbænd] *znw* band om de arm of mouw

arm candy [ɑːm 'kændɪ] Am inf *znw* een seksueel aantrekkelijke begeleidster bij een officiële gelegenheid

armchair ['ɑːmtʃeə] **I** *bn* ❶ theoretisch ⟨geredeneer &⟩ ❷ salon- ⟨communist &⟩ **II** *znw* fauteuil, leunstoel

armed [ɑːmd] *bn* ❶ gewapend ★ *heavily ~* zwaarbewapend ❷ uit- / toegerust ❸ met armen

armed forces [ɑːmd 'fɔːsɪz], **armed services** *znw* [mv] ★ *the ~* de strijdkrachten / krijgsmacht

Armenia [ɑː'miːnɪə] *znw* Armenië

Armenian [ɑː'miːnɪən] **I** *bn* Armeens **II** *znw* Armeniër,

Armeense

armful ['ɑːmfʊl] *znw* armvol ★ *she came in with an ~ of clothes* ze kwam binnen met haar armen vol kleren

armhole ['ɑːmhəʊl] *znw* armsgat

armistice ['ɑːmɪstɪs] *znw* wapenstilstand

armlock ['ɑːmlɒk] *znw* houdgreep ★ *he had him in an ~* hij had hem in de houdgreep

armour ['ɑːmə], Am **armor I** *znw* ❶ wapenrusting ❷ harnas, pantser ★ *a suit of ~* een harnas ❸ mil tanks, pantserwagens **II** *overg* (be)pantseren, blinderen

armour-clad ['ɑːmə-klæd], **armour-plated** *bn* gepantserd

armoured ['ɑːməd], Am **armored** *bn* gepantserd ★ *an ~ car* een gepantserde auto ★ *~ glass* gewapend glas ★ *an ~ vehicle* pantservoertuig

armoured personnel carrier ['ɑːməd pɜːsə'nel 'kærɪə] *znw* gepantserde troepentransportwagen

armourer ['ɑːmərə] *znw* wapensmid

armour-plated ['ɑːmə-pleɪtɪd] *bn* → **armour-clad**

armour-plating ['ɑːmə-pleɪtɪŋ] *znw* pantsering

armoury ['ɑːmərɪ] *znw* wapenkamer, arsenaal

armpit ['ɑːmpɪt] *znw* oksel ★ scherts *the ~ of the country / North &* het smerigste gat van het land / noorden &

armrest ['ɑːmrest] *znw* armleuning

arms [ɑːmz] *znw* [mv] bewapening, wapens ★ *a brother / companion / comrade in ~* een wapenbroeder ★ *call to ~* te wapen roepen ★ *under ~* onder de wapenen ★ *up in ~s* in het geweer, in opstand, fig sterk protesterend tegen ★ *lay down one's ~* zijn wapens neerleggen ★ *take up ~* de wapens opnemen

arms control [ɑːmz kən'trəʊl] *znw* wapenbeheersing

arms dealer [ɑːmz 'diːlə] *znw* wapenhandelaar

arm's-length [ɑːmz-'leŋθ] *bn* op armlengte ★ fig *keep sbd at ~* afstand bewaren t.o.v. iem.

arms race [ɑːmz reɪs] *znw* bewapeningswedloop

arms talks ['ɑːmz tɔːks] *znw* [mv] ontwapeningsgesprekken, ontwapeningsbesprekingen

arm-twisting ['ɑːm-twɪstɪŋ] *znw* pressie, sterke druk ★ *it didn't take much ~ to get him to agree* er was niet veel druk voor nodig om hem akkoord te laten gaan

arm-wrestling ['ɑːm-restlɪŋ] *znw* armworstelen

army ['ɑːmɪ] *znw* leger, legeronderdeel ★ *an ~ of supporters* een leger medestanders

army disposals store ['ɑːmɪ dɪ'spəʊzəlz stɔː], **army disposal store**, **army store**, **army surplus store** *znw* dumpwinkel, dumpzaak

army-navy store [ɑːmɪ-'neɪvɪ stɔː] *znw* dumpwinkel, dumpzaak

army store ['ɑːmɪ stɔː] *znw* ❶ → **army disposals store** ❷ ⟨v. leger⟩, opslagplaats

army surplus ['ɑːmɪ 'sɜːpləs] *znw* dumpgoederen

army surplus store ['ɑːmɪ 'sɜːpləs stɔː] *znw* → **army disposals store**

A-road ['eɪ-rəʊd] *znw* ± rijksweg

ar

aroma [ə'rəʊmə] *znw* aroma, geur
aromatherapy [ə'rəʊmə'θerəpɪ] *znw* aromatherapie
aromatic [ærə'mætɪk] *bn* aromatisch, geurig
arose [ə'rəʊz] *ww* [v.t.] → **arise**
around [ə'raʊnd], vooral Br **round I** *voorz* rondom,
   om... heen, rond ★ *they live just ~ the corner* ze
   wonen net om de hoek **II** *bijw* ❶ rond, om, omheen
   ★ *the best chocolate ~* de lekkerste chocolade van de
   wereld ★ *the long way ~* met een omweg ★ *the other*
   way ~ andersom ★ *the wrong way ~* verkeerd om,
   achterstevoren, binnenstebuiten, ondersteboven
   ★ *there's no way ~ this problem* er is geen manier om
   dit probleem te omzeilen ★ *we're working ~ the clock*
   we werken vierentwintig uur per dag ❷ in het rond,
   hier en daar, verspreid, rondom, in de buurt ★ inf
   he's been ~ hij weet wat er in de wereld te koop is
   ★ *he's never ~ when I want him* hij is er nooit als ik
   hem nodig heb ❸ om en nabij, omstreeks, ongeveer
   ★ *he's ~ 1 metre 80 tall* hij is ongeveer 1 meter 80
   groot ★ *~ two months ago* ongeveer twee maanden
   geleden
around-the-clock [ə'raʊnd-ðə-klɒk] *bn* onafgebroken
   (gedurende een etmaal), 24-uur-‹dienst &›
arousal [ə'raʊzəl] *znw* opwinding ★ *be in a state of ~* in
   een staat van opwinding zijn, opgewonden zijn
arouse [ə'raʊz] *overg* ❶ (op)wekken ❷ prikkelen
   ❸ aansporen
aroused [ə'raʊzd] *bn* ❶ opgewekt, uitgelokt
   ❷ geprikkeld, opgewonden ★ *his curiosity was now ~*
   zijn nieuwsgierigheid was nu gewekt
arpeggio [ɑː'pedʒɪəʊ] muz *znw* arpeggio
arr. *afk* ❶ (arranged) gearrangeerd ❷ (arrival)
   aankomst
arrack ['ærək] *znw* arak ‹rijstbrandewijn›
arraign [ə'reɪn] jur *overg* voor een rechtbank dagen,
   aanklagen, beschuldigen, de aanklacht voorlezen
   aan de verdachte
arraignment [ə'reɪnmənt] jur *znw* aanklacht
arrange [ə'reɪndʒ] **I** *overg* ❶ (rang)schikken, ordenen
   ❷ in orde brengen of maken ❸ beschikken
   ❹ regelen, inrichten ❺ bereddteren, afspreken
   ❻ organiseren, op touw zetten ❼ muz arrangeren,
   zetten **II** *onoverg* ❶ maatregelen treffen ❷ zorgen
   (voor *about / for*) ★ *he ~d for a car to be waiting* hij
   zorgde dat er een auto klaarstond
arranged marriage [ə'reɪndʒd 'mærɪdʒ] *znw*
   uithuwelijking
arrangement [ə'reɪndʒmənt] *znw* ❶ (rang)schikking,
   ordening ❷ regeling ★ *all of the catering ~s have been*
   made alle cateringmaatregelen zijn getroffen
   ★ *the ~ still stands* de regeling blijft nog van kracht
   ❷ inrichting ❸ afspraak, akkoord ★ *the ~ has fallen*
   through de afspraak gaat niet door ❹ muz zetting
   ★ *an ~ for flute and piano* een arrangement voor
   fluit en piano

arrangement
betekent **regeling, afspraak, akkoord** en niet
arrangement.
We have an arrangement with a hotel betekent *we*
hebben een afspraak met een hotel en niet *we hebben*
een arrangement in een hotel.
Ned. *arrangement* = **deal, package deal.**

arranger [ə'reɪndʒə] *znw* arrangeur
arrant ['ærənt] gedat *bn* doortrapt, aarts- ★ *~ nonsense*
   klinkklare onzin
array [ə'reɪ] **I** *znw* ❶ rij, reeks ★ *there was an enticing ~*
   of food laid out er was een uitnodigende collectie
   voedsel uitgestald ❷ mil (slag)orde ❸ form dos, tooi,
   kledij ★ *dressed in her finest ~* in haar mooiste kledij
   II *overg* ❶ scharen ❷ mil (in slagorde) opstellen
   ❸ (uit)dossen, tooien
arrayed [ə'reɪd] *bijw* ❶ mil in slagorde opgesteld
   ❷ form gekleed, getooid ★ *~ in silk* in zijde gekleed
arrears [ə'rɪəs] *znw* [mv] achterstand, achterstallige
   schuld ★ *be in ~ with sth* achterstallig zijn met iets,
   achter zijn met iets
arrest [ə'rest] **I** *znw* ❶ arrest, arrestatie ★ *false*
   / unlawful ~ wederrechtelijke aanhouding ★ *you're*
   under ~ u bent gearresteerd ❷ form tegenhouden,
   stuiten **II** *overg* ❶ aanhouden, arresteren ★ *~ sbd's*
   attention iemands aandacht trekken ❷ form
   tegenhouden, stuiten, tot staan brengen
arrestable offence [ə'restəbl ə'fens] jur *znw*
   overtreding waarvoor je kan worden aangehouden
arresting [ə'restɪŋ] fig *bn* pakkend, boeiend ★ *dressed*
   in an ~ outfit gekleed in een opvallend kostuum
   ★ *cut an ~ figure* een in het oog springend figuur
   slaan
arrival [ə'raɪvəl] *znw* ❶ (aan)komst ★ *on ~* bij
   aankomst ❷ aangekomene ★ *welcome the new ~* de
   pasgeborene verwelkomen
arrive [ə'raɪv] *onoverg* ❶ (aan)komen, arriveren
   ★ *he ~d at a similar conclusion* hij kwam tot een
   vergelijkbare conclusie ★ *they were the first to ~ on*
   the scene ze kwamen als eerste op de plaats des
   onheils aan ❷ gebeuren ❸ fig 'er komen' ★ *the*
   Bentley was a sign that they'd really ~d de Bentley liet
   zien dat ze het echt gemaakt hadden
arriviste [arɪ'vɪst] ‹Fr› *znw* carrièrejager, streber
arrogance ['ærəgəns] *znw* laatdunkendheid,
   arrogantie
arrogant ['ærəgənt] *bn* aanmatigend, arrogant
arrogate ['ærəgeɪt] form *overg* ❶ (zich) aanmatigen,
   wederrechtelijk toe-eigenen ★ *~ power to oneself*
   macht naar zich toe trekken ❷ (ten onrechte)
   toeschrijven
arrow ['ærəʊ] *znw* pijl
arrowhead ['ærəʊhed] *znw* ❶ pijlpunt ❷ pijlkruid
arrow key ['ærəʊ kiː] comput *znw* pijltjestoets ‹op
   toetsenbord›
arrowroot ['ærəʊruːt] *znw* arrowroot, pijlwortel
arse [ɑːs], Am **ass** vulg **I** *znw* kont, gat, reet ★ *my ~!* lik

m'n reet! ★ *up your ~!* je kunt me de pot op ★ *get off your ~!* ga eens aan het werk! ★ *get one's ~ into gear* aan het werk gaan ★ *go ~ over tit / tip / kettle* omvallen ★ *not know one's ~ from one's elbow* ontzettend stom zijn, niks weten ★ *talk out of one's ~* uit zijn nek kletsen **II** *overg* ★ *he can't be ~d* hij heeft helemaal geen zin ★ *~ sth up* iets verknoeien, een puinhoop van iets maken **III** *onoverg* ★ *~ about / around* aanklooien, aanrotzooien

arsehole ['ɑːshəʊl], *Am* **asshole** vulg *znw* ❶ gat, reet, kont ❷ klootzak, lul ⟨scheldwoord⟩

arsenal ['ɑːsənl] *znw* arsenaal

arsenic ['ɑːsnɪk] *znw* arsenicum, rattenkruit

arson ['ɑːsən] *znw* brandstichting ★ *jur attempted ~* poging tot brandstichting

arsonist ['ɑːsənɪst] *znw* brandstichter, pyromaan

art [ɑːt] *znw* ❶ kunst ★ *contemporary ~* moderne kunst ★ *figurative ~* figuratieve kunst ★ *fine ~ / the fine ~s* de beeldende kunst / kunsten ★ *~ for ~'s sake* kunst omwille van de kunst ★ *a work of ~* een kunstwerk ❷ vaardigheid ★ *have sth down to a fine ~* iets tot in de finesses beheersen ★ *master the ~ of doing sth* de kunst om iets te doen beheersen ❸ list, geveinsdheid

art. *afk* → **article**

art dealer [ɑːt 'diːlə] *znw* kunsthandelaar

art deco [ɑːt 'dekəʊ] *znw* art deco

art director [ɑːt daɪ'rektə] *znw* artdirector, ontwerper, vormgever

artefact ['ɑːtɪfækt], **artifact** *znw* artefact, kunstvoorwerp

arterial [ɑː'tɪərɪəl] *bn* slagaderlijk

arterial road [ɑː'tɪərɪəl rəʊd] *znw* ❶ hoofdverkeersweg, hoofdverkeersader ❷ in-, uitvalsweg

arteriosclerosis [ɑːtɪərɪəʊskliə'rəʊsɪs] med *znw* arteriosclerose, aderverkalking

artery ['ɑːtərɪ] *znw* ❶ slagader ★ med *hardening of the arteries* aderverkalking ❷ verkeersader

artesian well [ɑː'tiːzjən wel] *znw* artesische bron / put

art form [ɑːt fɔːm] *znw* kunstvorm ★ *photography has become an accepted ~* fotografie is een erkende kunstvorm geworden

artful ['ɑːtfʊl] *bn* listig, handig, gewiekst

art history [ɑːt 'hɪstərɪ] *znw* kunstgeschiedenis

art-house ['ɑːt-haʊs], **arthouse** *znw* filmhuis ★ *an ~ film* een filmhuis film

arthritic [ɑː'θrɪtɪk] *bn* artritisch, reumatisch

arthritis [ɑː'θraɪtɪs] med *znw* artritis, gewrichtsontsteking, reuma ★ *crippled with ~* gehandicapt door reuma

artichoke ['ɑːtɪtʃəʊk] *znw* artisjok

article ['ɑːtɪkl] *znw* ❶ voorwerp ★ inf *the genuine ~* je ware ★ *a household ~* een huishoudelijk gebruiksvoorwerp ★ *an ~ of clothing* een kledingstuk ★ *an ~ of furniture* een meubel, een meubelstuk ❷ artikel ⟨o.a. in tijdschrift, wetboek, verdrag⟩, *Am* hoofdstuk ⟨in een wet⟩, krantenbericht ★ *a*

newspaper ~ een krantenbericht ★ *~s of association* (huishoudelijk) reglement, statuten (betreffende het interne reglement) ⟨van een rechtspersoon⟩ ❸ gramm lidwoord

articled ['ɑːtɪkld] *bn* in de leer, als stagiair(e) ★ *be ~ to sbd* als stagiair(e) werkzaam zijn bij ⟨vooral v. advocaten, accountants, architecten &⟩

articled clerk ['ɑːtɪkld klɑːk] *znw* advocaat in opleiding

article of faith ['ɑːtɪkl əv 'feɪθ] *znw* geloofsartikel

articulate form **I** *bn* [ɑː'tɪkjʊlət] ❶ geleed ❷ gearticuleerd ❸ duidelijk (uitgedrukt), helder ❹ zich goed uitdrukkend **II** *overg* [ɑː'tɪkjʊleɪt] ❶ articuleren ❷ verbinden ❸ met flexibele onderdelen construeren

articulated [ɑː'tɪkjʊleɪtɪd] *bn* verbonden, gekoppeld ★ *an ~ lorry / truck* vrachtwagen met aanhanger

articulation [ɑːtɪkjʊ'leɪʃən] *znw* ❶ geleding ❷ articulatie, duidelijke uitspraak

artifact ['ɑːtɪfækt] *znw* → **artefact**

artifice ['ɑːtɪfɪs] form *znw* kunst(greep), list(igheid) ★ *her appeal was her lack of ~* haar aantrekkingskracht was dat ze argeloos was

artificial [ɑːtɪ'fɪʃəl] *bn* ❶ kunstmatig ❷ gekunsteld ❸ kunst-

artificial insemination [ɑːtɪ'fɪʃəl ɪnsemɪ'neɪʃən] *znw* kunstmatige inseminatie

artificial intelligence [ɑːtɪ'fɪʃəl ɪn'telɪdʒəns] *znw* kunstmatige intelligentie

artificial kidney [ɑːtɪ'fɪʃəl 'kɪdnɪ] *znw* kunstnier

artificial life [ɑːtɪ'fɪʃəl laɪf] *znw* computersimulatie van allerlei aspecten van levende organismen

artificial lung [ɑːtɪ'fɪʃəl lʌŋ] *znw* kunstlong, ijzeren long

artificially [ɑːtɪ'fɪʃəlɪ] *bijw* ❶ kunstmatig ❷ gekunsteld

artificial respiration [ɑːtɪ'fɪʃəl respɪ'reɪʃən] *znw* kunstmatige ademhaling

artillery [ɑː'tɪlərɪ] *znw* artillerie, geschut ★ *an ~ barrage* artillerie spervuur

artisan [ɑːtɪ'zæn] *znw* handwerksman

artist ['ɑːtɪst] *znw* ❶ (beeldend) kunstenaar ❷ kunstschilder, kunstenaar ★ *a self-taught ~* een autodidactisch kunstenaar ★ *an up-and-coming ~* een veelbelovend kunstenaar ★ *an ~ in residence* gastartiest ⟨een kunstenaar die een stipendium krijgt van een instantie voor een bepaalde tijd⟩ ❸ artiest ❹ inf iemand met een laakbare gewoonte ★ *a booze ~* een zuiplap

artiste [ɑː'tiːst] *znw* artiest(e)

artistic [ɑː'tɪstɪk] *bn* artistiek, kunstzinnig

artistic director [ɑː'tɪstɪk daɪ'rektə] *znw* artistiek directeur

artistry ['ɑːtɪstrɪ] *znw* ❶ kunstenaarschap ❷ artisticiteit, kunstzinnigheid

artless ['ɑːtləs] *bn* ❶ onhandig ❷ ongekunsteld ❸ naïef

art nouveau [ɑːt nuː'vəʊ] *znw* art nouveau, jugendstil

arts [ɑːts] *znw* [mv] ❶ kunsten ★ *the ~* de (schone)

kunsten ★ *applied* ~ kunstnijverheid
❷ alfawetenschappen, letteren ★ <u>onderw</u> *an* ~
subject een alfavak
arts and crafts [ɑːts ənd krɑːfts] *znw* [mv]
kunstnijverheid
arts centre [ɑːts 'sentə], <u>Am</u> **arts center** *znw* cultureel
centrum
artwork ['ɑːtwɜːk] *znw* ❶ illustratiemateriaal ‹in een
publicatie› ❷ kunstwerk, kunstvoorwerp
arty ['ɑːtɪ], **artsy** *bn* quasiartistiek
arty-crafty [ɑːtɪ-'krɑːftɪ], <u>Am</u> **artsy-craftsy** <u>inf</u> *bn*
artistiekerig
arty-farty [ɑːtɪ-'fɑːtɪ] <u>inf</u> *bn* artistiekerig ★ *her* ~
friends haar quasiartistieke vrienden
arugula [əˈruːgjʊlə] <u>plantk</u> *znw* rucola, raket ‹plant›
Aryan ['eərɪən] **I** *bn* Arisch, <u>nazi</u> arisch **II** *znw* Ariër,
<u>nazi</u> ariër
as [æz] **I** *voegw* ❶ (zo)als ★ ~ *you wish* zoals u wilt ★ *I'll
take it home* ~ *it is* ik neem het mee naar huis zoals
het is ★ *I've got enough problems* ~ *it is* ik heb al
problemen genoeg ★ ~ *compared to* / *with*
vergeleken met ★ ~ *contrasted with/*~ *distinct from/*~
distinguished from/~ *opposed to* in tegenstelling tot
(met)/ tegen(over) ★ ~ *if* / *though* alsof ★ <u>inf</u> ~ *if!* ik
geloof er niets van! ★ *it wasn't* ~ *if he could do
anything about it* hij kon er ook niets aan doen ★ ~ *it
were* als het ware ★ <u>mil</u> ~ *you were!* herstel! ★ *do* ~ *I
say* doe wat ik zeg ❷ toen, terwijl ★ ~ *and when*
wanneer ★ *he sang* ~ *he went* hij zong onder het
lopen ❸ daar, aangezien, omdat ★ *she took her
umbrella* ~ *it was raining* ze nam haar paraplu mee
omdat het regende ❹ naar gelang, naarmate ★ ~
time went on he became worried naarmate de tijd
verstreek werd hij ongerust ❺ hoe ook, ook al
★ *rich* ~ *he is he's not to be envied* hoe rijk hij ook is
/ al is hij dan rijk, hij is niet te benijden **II** *voorz* als,
in de rol van ★ *she was often ill* ~ *a child* als kind was
ze vaak ziek **III** *bijw* als, even, zo, zoals ★ ~ *against*
tegen(over) ★ ~ *for sbd* / *sth* wat iem. / iets betreft
★ ~ *from* / *of Friday* met ingang van vrijdag ★ ~ *per*
volgens ‹factuur &› ★ <u>form</u> ~ *to* wat betreft ★ ~ *yet*
tot nog toe / tot op heden ★ ~ *green* ~ *grass* zo groen
als gras ★ *he's* ~ *tall* ~ *his father* hij is even groot als
zijn vader ★ ~ *early* ~ *the Middle Ages* in de
middeleeuwen al ★ *this is* ~ *good a time* ~ *any to stop*
dit is een geschikte tijd om te stoppen ★ *they cost* ~
little ~ *£2* ze kosten maar £2 ★ ~ *many* ~ *fifty* wel
vijftig
asafoetida [æsəˈfetɪdə] *znw* duivelsdrek ‹specerij›
ASAP, asap *afk* (as soon as possible) z.s.m., zo spoedig
mogelijk
asbestos [æzˈbestɒs] *znw* asbest
asbestosis [æzbeˈstəʊsɪs] <u>med</u> *znw* asbestose,
asbestziekte
ascend [əˈsend] <u>form</u> **I** *overg* ❶ beklimmen, bestijgen
★ ~ *the throne* de troon bestijgen ❷ opgaan,
opvaren **II** *onoverg* (op)klimmen, (op)stijgen,
omhooggaan, zich verheffen

ascendancy [əˈsendənsɪ], **ascendency** <u>form</u> *znw*
overwicht, (overheersende) invloed
ascendant [əˈsendənt], **ascendent** <u>form</u> **I** *bn*
❶ (op)klimmend, opgaand ❷ <u>fig</u> overheersend
★ *the* ~ *faction* de overheersende partij **II** *znw*
❶ ascendent, voorvader ❷ stijging, overwicht
★ *with his career now in the* ~ nu dat zijn carrière
vooruitgaat ★ *the Allies were now in the* ~ de
Geallieerden hadden nu het overwicht ❸ <u>astrol</u>
ascendant
ascending [əˈsendɪŋ] *bn* stijgend, oplopend ★ *in* ~
order of importance in oplopende orde van
belangrijkheid
Ascension Day [əˈsenʃən deɪ] *znw* Hemelvaartsdag
ascent [əˈsent] *znw* ❶ beklimming, opgang,
(op)klimming, -stijging ★ *a gradual* ~ een
geleidelijke klim ❷ steilte, helling ★ *a steep* ~ een
steile helling ❸ <u>fig</u> opkomst ★ *his* ~ *to power was
rapid* zijn klim naar de macht was heel snel
ascertain [æsəˈteɪn] <u>form</u> *overg* nagaan, uitmaken,
bepalen, vaststellen, zich vergewissen van
ascertainable [æsəˈteɪnəbl] <u>form</u> *bn* na te gaan,
achterhaalbaar, vast te stellen ★ *there is no* ~
difference between the imitation and the real diamond
er is geen verschil vast te stellen tussen de
imitatiediamant en de echte
ascetic [əˈsetɪk] **I** *bn* ascetisch **II** *znw* asceet
asceticism [əˈsetɪsɪzəm] *znw* ascese, ascetisme
ASCII ['æskɪ] <u>comput</u> *afk* (American Standard Code for
Information Interchange) ASCII ‹verzameling
digitale codes voor de representatie van letters,
cijfers en symbolen›
ascorbic acid [əsˈkɔːbɪk ˈæsɪd] *znw* ascorbinezuur,
vitamine C
ascot ['æskɒt] *znw* brede stropdas
ascribe [əˈskraɪb] <u>form</u> *overg* toeschrijven (aan *to*)
ASEAN ['æsɪən] *afk* (Association of Southeast Asian
Nations) ASEAN ‹Vereniging van
Zuidoost-Aziatische landen›
aseptic [eɪˈseptɪk] *bn* aseptisch, steriel
asexual [eɪˈseksjʊəl] *bn* aseksueel, geslachtloos
ash [æʃ] *znw* ❶ as ❷ <u>plantk</u> es, essenhout
ashamed [əˈʃeɪmd] *bn* beschaamd (over *of*) ★ *you
should be* ~ *of yourself!* je moet je schamen!
ash blonde [æʃ blɒnd] **I** *bn* asblond **II** *znw* asblonde
vrouw
ashcan ['æʃkæn] <u>Am</u> *znw* vuilnisbak
ashen ['æʃən], **ashen-grey** *bn* as-, askleurig, asgrauw
ashen-faced ['æʃən-feɪst] *bn* lijkbleek
ashes ['æʃɪz] *znw* [mv] asdeeltjes, as (overblijfselen van
verbrand lijk &) ★ *arise from the* ~ uit de as verrijzen
ashore [əˈʃɔː] *bijw* ❶ aan land, aan wal ❷ aan de
grond, gestrand
ash pan [æʃ pæn] *znw* aslade ‹v. kachel›
ashtray ['æʃtreɪ] *znw* asbak
Ash Wednesday [æʃ 'wenzdeɪ] *znw* Aswoensdag
ashy ['æʃɪ] *bn* ❶ asachtig ❷ asgrauw ❸ met as
bestrooid, as-

Asia ['eɪʃə] geogr znw Azië

Asia Minor ['eɪʃə 'maɪnə] geogr znw Klein-Azië

Asian ['eɪʃən], **Asiatic** I bn Aziatisch II znw Aziaat, Aziatische

aside [ə'saɪd] I bijw ter zijde, opzij ★ ~ from afgezien van II znw terzijde ★ make an ~ een terloopse opmerking maken

asinine ['æsɪnaɪn] bn ezelachtig, ezels-, dom ★ an ~ remark een stompzinnige opmerking

ask [ɑːsk] I znw ★ inf that's quite a big ~ dat is erg veel gevraagd II overg ❶ vragen (naar), verzoeken ★ ~ a question een vraag stellen, interpelleren ★ inf ~ me another! weet ik veel! ★ inf don't ~ me! geen idee! ★ inf I ~ you! nu vraag ik je! ❷ verlangen, eisen ★ that's ~ing a lot dat is wel heel veel gevraagd ❸ uitnodigen ★ she hasn't been ~ed to the party ze is niet uitgenodigd voor het feestje III onoverg vragen ★ it's there for the ~ing het is zo te krijgen, je hoeft alleen maar te vragen om het te krijgen IV phras ★ ~ about / after sbd / sth vragen naar iem. / iets ★ ~ around navraag doen ★ ~ sbd around / round iem. vragen om langs te komen ★ ~ for sbd / sth om iem. / iets vragen ★ inf that's simply ~ing for it dat is gewoon vragen om moeilijkheden ★ ~ sbd in iem. vragen binnen te komen ★ ~ sbd out iem. vragen mee uit te gaan ★ ~ sbd over (for dinner / a drink &) iem. uitnodigen voor een etentje / drankje &

askance [ə'skæns] bijw ❶ van terzijde ❷ schuin(s) ❸ wantrouwend ★ he looked ~ at her hij bekeek haar met wantrouwen

askew [ə'skjuː] bn & bijw scheef, schuin

asking price ['ɑːskɪŋ praɪs], Am **ask price** znw vraagprijs

aslant [ə'slɑːnt] bn schuin

asleep [ə'sliːp] bn & bijw in slaap ★ fast ~ vast in slaap ★ fall ~ in slaap vallen

A/S level [eɪ/es 'levl] znw (Advanced Supplementary level) A / S niveau ‹bepaald Brits middelbare school eindexamenniveau›

asp [æsp] znw adder

asparagus [ə'spærəgəs] znw asperge

aspartame [ə'spɑːteɪm] znw aspartaam ‹kunstmatige zoetstof›

aspect ['æspekt] znw ❶ uitzicht, voorkomen, aanblik ★ a house with a southern ~ een huis op het zuiden ❷ oog-, gezichtspunt ★ the government has failed in every ~ de regering heeft in alle opzichten gefaald ❸ zijde, kant, aspect ★ the project will be reviewed from every ~ het project zal van alle kanten worden bekeken

aspen ['æspən] I bn espen(-) II znw esp, espenboom

asperity [æ'sperətɪ] form znw ruwheid, scherpte

aspersions [ə'spɜːʃənz] znw [mv] laster ★ cast ~ on sbd iem. belasteren / kwaadspreken over iem.

asphalt ['æsfælt] I znw asfalt ★ Am the ~ jungle de grote stad, het ruige grotestadsleven II overg asfalteren

asphyxia [æs'fɪksɪə] znw verstikking

asphyxiate [æs'fɪksɪeɪt] overg verstikken, doen stikken

asphyxiation [æsfɪksɪ'eɪʃən] znw verstikking, stikken

aspic ['æspɪk] znw aspic ‹gelei met vlees, vis &›

aspidistra [æspɪ'dɪstrə] plantk znw aspidistra

aspirant ['æspɪrənt] form I bn naar hoger strevend, eerzuchtig II znw aspirant ★ an ~ to the throne een troonpretendent

aspirate fon I bn ['æspɪrət] aangeblazen II znw ['æspɪrət] geaspireerde letter III overg ['æspɪreɪt] ❶ fon aspireren, met hoorbare h of aanblazing uitspreken ❷ med inhaleren, opzuigen IV onoverg ['æspɪreɪt] fon aspireren

aspiration [æspɪ'reɪʃən] znw ❶ aanblazing ❷ inzuiging ‹v. adem› ❸ (meestal mv) streven (naar for, after), aspiratie ★ political ~s politieke aspiraties ★ dreams and ~s dromen en verlangens

aspirational [æspɪ'reɪʃənl] bn ambitieus, aspiraties tonend

aspire [ə'spaɪə] form onoverg streven, dingen, trachten ★ ~ to better things streven naar het betere

aspiring [ə'spaɪərɪŋ] bn ambitieus, eerzuchtig

aspirin® ['æspɪrɪn] znw aspirine

asquint [ə'skwɪnt] bn & bijw ❶ vanuit een ooghoek ❷ loensend

ass I znw [æs] ezel ★ Br make an ~ of oneself zichzelf belachelijk maken II znw [æːs] Am vulg kont ★ a nice bit of ~ een stoot, een lekker wijf ★ be on sbd's ~ iem. hinderlijk achtervolgen, iem. niet met rust laten ★ be up sbd's ~ op iemands staart zitten, bumperkleven ★ bore the ~ off sbd iem. doodvervelen ★ shove / stick it up your ~! lik m'n reet! ★ talk sbd's ~ off iem. de oren van het hoofd kletsen ★ work one's ~ off heel hard werken

assail [ə'seɪl] form overg ❶ aanranden, aanvallen ❷ attaqueren (over about / over) ❸ bestormen (met with)

assailant [ə'seɪlənt] form znw ❶ aanrander, aanvaller ❷ opponent

assassin [ə'sæsɪn] znw (sluip)moordenaar ★ a would-be ~ iemand die een moord wil plegen

assassinate [ə'sæsɪneɪt] overg vermoorden

assassination [əsæsɪ'neɪʃən] znw (sluip)moord

assault [ə'sɔːlt] I znw aanval, aanranding, bestorming ★ jur indecent ~ aanranding II overg aanvallen, aanranden, bestormen

assault and battery [ə'sɔːlt ənd 'bætərɪ] jur znw het toebrengen van lichamelijk letsel, zware mishandeling

assault course [ə'sɔːlt kɔːs] znw stormbaan

assault rifle [ə'sɔːlt 'raɪfəl] znw lichtgewicht automatisch geweer

assay [ə'seɪ, 'æseɪ] I znw toets, vaststelling van gehalte ‹metalen, mineralen› II overg toetsen, keuren, gehalte testen

assemble [ə'semblɪdʒ] znw ❶ verzameling ❷ vereniging ❸ vergadering ❹ assemblage, montage ‹auto's›

assemble [ə'sembl] I overg ❶ verzamelen

❷ bijeenbrengen ❸ <u>techn</u> in elkaar zetten, monteren, assembleren ⟨auto's⟩ **II** *onoverg* ❶ zich verzamelen ❷ samenkomen, vergaderen

assembly [ə'semblɪ] *znw* ❶ bijeenkomst, vergadering, assemblee ★ *an ~ hall* een vergaderzaal, aula ★ *an ~ room* een vergader-, feestzaal ❷ samenscholing ❸ dagopening ⟨school &⟩ ❹ <u>techn</u> montage, assemblage ★ *an ~ hall* een montagehal

assembly belt [ə'semblɪ belt] *znw* lopende band

assembly language [ə'semblɪ 'læŋgwɪdʒ] <u>comput</u> *znw* assembleertaal

assembly line [ə'semblɪ laɪn] <u>techn</u> *znw* montagelijn, lopende band

assemblyman [ə'semblɪmæn, mən] <u>Am</u> *znw* (mannelijk) lid van de wetgevende vergadering

assembly plant [ə'semblɪ plɑːnt] *znw* assemblagebedrijf

assembly shop [ə'semblɪ ʃɒp] *znw* montagewerkplaats

assemblywoman [ə'semblɪwʊmən] <u>Am</u> *znw* (vrouwelijk) lid van de wetgevende vergadering

assent [ə'sent] <u>form</u> **I** *znw* toestemming, instemming, goedkeuring ★ *jur royal ~* koninklijke goedkeuring ★ *with one ~* unaniem ★ *give one's ~ to sth* iets goedkeuren ★ *nod ~* ja knikken / bevestigend knikken **II** *onoverg* toestemmen ★ *~ to sth* instemmen met iets, iets beamen, toestemmen in iets

assert [ə'sɜːt] **I** *overg* ❶ doen (laten) gelden, opkomen voor ❷ handhaven ❸ beweren, verklaren ★ *~ one's innocence* zijn onschuld verklaren **II** *wederk* ★ *~ oneself* zich laten gelden, op z'n recht staan

assertion [ə'sɜːʃən] *znw* ❶ bewering, verklaring ★ *a sweeping ~* een algemene (ongenuanceerde) bewering ❷ staan op z'n recht

assertive [ə'sɜːtɪv] *bn* ❶ aanmatigend ❷ stellig ❸ zelfbewust, assertief

assertiveness [ə'sɜːtɪvnəs] *znw* assertiviteit

assertiveness training [ə'sɜːtɪvnəs 'treɪnɪŋ] *znw* assertiviteitstraining

assess [ə'ses] *overg* ❶ schatten, taxeren (op *at*) ❷ aanslaan ⟨belasting⟩ ❸ vaststellen ❹ beoordelen

assessable [ə'sesəbl] *bn* ❶ belastbaar ❷ beoordeelbaar

assessable income [ə'sesəbl 'ɪnkʌm] *znw* belastbaar inkomen

assessment [ə'sesmənt] *znw* ❶ belasting, aanslag ⟨in de belasting⟩ ★ *an ~ notice* een aanslagbiljet ★ *a provisional ~* een voorlopige aanslag ❷ schatting, taxatie ❸ vaststelling ⟨v. schade⟩ ❹ beoordeling ★ *an ~ centre* ⟨personeel en organisatie⟩ een beoordelingsgroep ★ <u>onderw</u> *the final assessment* het eindexamen

assessor [ə'sesə] *znw* ❶ taxateur, belastinginspecteur ❷ bijzitter, deskundig adviseur

asset [ˈæset] *znw* bezit, goed, <u>fig</u> voordeel, pluspunt, aanwinst ★ *a cultural ~* een cultureel goed ★ *she's quite an ~ to the business* ze is echt een aanwinst voor

het bedrijf

asset-backed [ˈæset-bækt] <u>fin</u> *bn* gedekt (door voldoende onderpand)

assets [ˈæsets] *znw* [mv] activa, bezit, vermogen ★ <u>boekh</u> *current / floating ~* vlottende activa ★ *financial ~* financiële activa ★ <u>boekh</u> *fixed ~* vaste activa, vaste bedrijfsmiddelen ★ <u>fin</u> *~ and liabilities* activa en passiva, baten en lasten

asset-stripping [ˈæset-strɪpɪŋ] *znw* het overnemen van een in moeilijkheden verkerend bedrijf om vervolgens de bedrijfsonderdelen apart door te verkopen

asshole [ˈɑːshəʊl] <u>Am</u> vulg *znw* → **arsehole**

assiduity [æsɪ'djuːətɪ], **assiduousness** <u>form</u> *znw* (onverdroten) ijver, volharding

assiduous [ə'sɪdjʊəs] <u>form</u> *bn* volijverig, naarstig, volhardend ★ *they have been ~ in compiling the report* zij waren zeer ijverig bij het samenstellen van het rapport

assign [ə'saɪn] *overg* ❶ aan-, toewijzen ★ *an investigator has been ~ed to the case* er is een onderzoeker aan de zaak toegewezen ❷ bepalen, vaststellen, bestemmen ❸ ⟨goederen⟩ overdragen ❹ toeschrijven ❺ opdragen ❻ cederen

assignation [æsɪg'neɪʃən] *znw* ❶ <u>form</u> aanwijzing, toewijzing ❷ afspraak, rendez-vous ❸ <u>jur</u> overdracht

assignee [æsaɪ'niː] <u>jur</u> *znw* ❶ gevolmachtigde ❷ rechtverkrijgende ❸ cessionaris

assignment [ə'saɪnmənt] *znw* ❶ aan-, toewijzing, bestemming ❷ <u>jur</u> (akte van) overdracht ❸ taak, opdracht ★ <u>onderw</u> *a written ~* een schrijfopdracht

assimilate [ə'sɪmɪleɪt] **I** *overg* ❶ gelijkmaken (aan *to / with*), gelijkstellen (met *to / with*) ❷ opnemen, verwerken, assimileren **II** *onoverg* ❶ gelijk worden (aan *with*) ❷ opgenomen worden, zich assimileren ★ *they have not fully ~d into the community* ze zijn niet volledig geïntegreerd in de gemeenschap

assimilation [əsɪmə'leɪʃən] *znw* ❶ assimilatie, gelijkmaking ❷ verwerking ⟨v. kennis &⟩, opneming

assist [ə'sɪst] <u>form</u> **I** *overg* helpen, bijstaan **II** *onoverg* ★ *~ at sth* tegenwoordig zijn bij iets, iets bijwonen ★ *~ in sth* ergens bij helpen ★ *~ with sth* helpen met iets

assistance [ə'sɪstəns] *znw* hulp, bijstand ★ *financial ~* geldelijke steun ★ *be of ~ to sbd* iem. helpen ★ *come to sbd's ~* iem. te hulp komen ★ *turn to sbd for ~* iem. om hulp vragen

assistant [ə'sɪstnt] **I** *bn* hulp- **II** *znw* ❶ helper, assistent, adjunct ★ *a shop ~* een winkelbediende ❷ hulponderwijzer, secondant

assistant professor [ə'sɪstnt prə'fesə] <u>Am onderw</u> *znw* ± universitair docent ⟨een rang lager dan *associate professor*⟩

assistantship [ə'sɪstntʃɪp] *znw* assistentschap

assisted place [ə'sɪstɪd 'pleɪs] <u>Br</u> *znw* gesubsidieerde opleiding aan een particuliere middelbare school

assisted suicide [ə'sɪstɪd 'suːɪsaɪd] *znw* zelfdoding van een ongeneeslijk zieke door het innemen van dodelijke preparaten die speciaal voor dit doel door een arts zijn geleverd

assizes [əˈsaɪzɪz] Br hist znw [mv] periodieke zittingen van rondgaande rechters

ass-kicking [ˈæs-kɪkɪŋ] Am vulg znw aansporing, schop onder het achterste

ass-kissing [ˈæs-kɪsɪŋ], **ass-licking** Am vulg znw gevlei, geslijm

associate I bn [əˈsəʊʃɪət, -sɪət] ❶ toegevoegd ❷ verbonden, mede- **II** znw [əˈsəʊʃɪət, -sɪət] ❶ metgezel, kameraad ❷ bond-, deelgenoot ❸ medeplichtige ❹ lid van een genootschap **III** overg [əˈsəʊʃɪˌeɪt, -sɪˈeɪt] ❶ verenigen ❷ verbinden ❸ in verband brengen (met with) ★ smoking has been ~d with lung cancer roken is in verband gebracht met longkanker **IV** onoverg [əˈsəʊʃɪˌeɪt, -sɪˈeɪt] ❶ zich verenigen of associëren ❷ omgaan (met with) ★ he is known to ~ with criminals het is bekend dat hij omgegaan is met criminelen

associated [əˈsəʊʃɪeɪtɪd, -sɪeɪtɪd] bn ❶ gepaard gaand met ❷ banden hebbend met, gerelateerd zijnd aan ★ two ~ incidents twee met elkaar verwante gevallen ★ information on smoking and its ~ risks informatie over roken en de risico's die eraan verbonden zijn

associate professor [əˈsəʊʃɪət, -sɪət prəˈfesə] Am onderw znw ± universitair hoofddocent ‹een rang lager dan full professor›

associate's degree [əˈsəʊʃɪəts, -sɪəts dɪˈgriː] Am znw diploma van een junior college na twee jaar studie

association [əsəʊʃɪ-, əsəʊsɪˈeɪʃən] znw ❶ bond, verbinding, vereniging, genootschap ★ the research was done in ~ with the university het onderzoek werd gedaan in samenwerking met de universiteit ❷ associatie ★ Australia has nostalgic ~s for me Australië roept nostalgische gevoelens bij me op

Association Football [əsəʊʃɪ-, əsəʊsɪˈeɪʃən ˈfʊtbɔːl] sp znw voetbal ‹tegenover rugby›

assonance [ˈæsənəns] znw assonantie

assonant [ˈæsənənt] bn assonerend

assorted [əˈsɔːtɪd] bn gemengd, gesorteerd ★ ~ sweets gemengde snoepjes

assortment [əˈsɔːtmənt] znw ❶ sortering ❷ assortiment ★ an unlikely ~ of people een niet voor de hand liggende combinatie van mensen

assuage [əˈsweɪdʒ] form overg verzachten, lenigen, stillen, doen bedaren ★ ~ one's conscience zijn geweten sussen ★ ~ sbd's fears iemands vrees doen verminderen

assume [əˈsjuːm] overg ❶ op zich nemen, opnemen ★ ~ responsibility (for sbd / sth) verantwoordelijkheid nemen (voor iem. / iets) ❷ (ver)onderstellen, aannemen, aanvaarden ★ ~ the worst het ergste veronderstellen ❸ zich aanmatigen

assumed [əˈsjuːmd] bn ❶ aangenomen, verzonnen ★ under an ~ name onder een valse naam ❷ verondersteld

assumedly [əˈsjuːmɪdlɪ] bijw vermoedelijk ★ they had

left, ~ by car ze waren vertrokken, waarschijnlijk per auto

assuming [əˈsjuːmɪŋ] voegw er van uit gaand (dat) ★ ~ that the talks are successful, what next? er van uitgaand dat de onderhandelingen succes hebben, wat dan?

assumption [əˈsʌmpʃən] znw ❶ veronderstelling, aanname ★ an underlying ~ een achterliggende veronderstelling ★ make ~s een ongefundeerd oordeel vormen ★ we're working on the ~ that he's still alive we gaan van de veronderstelling uit dat hij nog in leven is ❷ aanvaarding ★ ~ of power machtsovername

Assumption Day [əˈsʌmpʃən deɪ] znw Maria-Hemelvaart, Maria Tenhemelopneming ‹14 augustus›

assurance [əˈʃɔːrəns] znw ❶ verzekering ★ I give you my ~ that the matter will be dealt with ik verzeker u dat de kwestie zal worden behandeld ❷ zekerheid, zelfvertrouwen ★ she shows a great deal of ~ for one so young ze toont veel zelfvertrouwen voor iemand die nog zo jong is

assure [əˈʃɔːə] overg verzekeren, overtuigen (van of) ★ we'll act promptly, let me ~ you laat me u verzekeren dat we onmiddellijk zullen handelen

assured [əˈʃɔːd] bn ❶ zelfverzekerd ❷ stellig, zeker

asterisk [ˈæstərɪsk] znw asterisk, sterretje

astern [əˈstɜːn] scheepv bijw achteruit, achter

asteroid [ˈæstərɔɪd] znw asteroïde, kleine planeet

asthma [ˈæsmə] znw astma

asthmatic [æsˈmætɪk] **I** bn astmatisch **II** znw astmalijder

astigmatic [æstɪgˈmætɪk] bn astigmatisch

astigmatism [əˈstɪgmətɪzm] znw astigmatisme

astir [əˈstɜː] bn ❶ opgewonden ★ the crowds are all ~ de menigte is helemaal opgewonden ❷ op de been ★ she was ~ before anyone else ze was als eerste op

astonish [əˈstɒnɪʃ] overg verbazen, verwonderen

astonished [əˈstɒnɪʃt] bn (stom)verbaasd ★ there was an ~ silence er viel een verbaasde stilte ★ they were ~ to see the difference ze waren verbaasd dat ze het verschil zagen

astonishing [əˈstɒnɪʃɪŋ] bn verbazend, verwonderlijk

astonishingly [əˈstɒnɪʃɪŋlɪ] bijw verrassend, verbazend ★ considering his handicap, he did ~ well gezien zijn handicap heeft hij het verrassend goed gedaan ★ ~, in all the years I lived here, we never once met het is verbazend dat we elkaar in al die jaren dat ik hier woon nooit zijn tegengekomen

astonishment [əˈstɒnɪʃmənt] znw verbazing (over at) ★ he looked at me in ~ hij keek me stomverbaasd aan ★ to everybody's ~, he recovered tot ieders verbazing herstelde hij

astound [əˈstaʊnd] overg ❶ zeer verbazen ❷ ontzetten

astounded [əˈstaʊndɪd] bn verbaasd ★ I was ~ to hear the news ik was zeer verbaasd toen ik het nieuws hoorde

astounding [əˈstaʊndɪŋ] bn verbazingwekkend,

ontzettend, ontstellend

astrakhan [æstrə'kæn] *znw* astrakan

astral ['æstrəl] *bn* astraal, sterren-

astray [ə'streɪ] *bn & bijw* het spoor bijster, verdwaald ★ *lead sbd* ~ iem. verleiden, op een dwaalspoor of op de verkeerde weg brengen ★ *go* ~ verdwaald raken, verdwalen

astride [ə'straɪd] **I** *voorz* schrijlings op / over, aan beide kanten van ★ *a town* ~ *a river* een stad aan weerszijden van de rivier **II** *bijw* ❶ schrijlings, met aan weerszijden een been ❷ wijdbeens ★ *he stood there, legs* ~ hij stond daar wijdbeens

astringent [ə'strɪndʒənt] **I** *bn* ❶ adstringerend, samentrekkend ‹de huid› ★ *an* ~ *lotion* een samentrekkende lotion ❷ *fig* hard, scherp, streng ★ *an* ~ *comment* een scherpe / sarcastische opmerking **II** *znw* samentrekkend middel

astrologer [əs'trɒlədʒə] *znw* sterrenwichelaar, astroloog

astrological [æstrə'lɒdʒɪkl] *bn* astrologisch

astrology [ə'strɒlədʒɪ] *znw* sterrenwichelarij, astrologie

astronaut ['æstrənɔ:t] *znw* astronaut, ruimtevaarder

astronautics ['æstrən'ɔ:tɪks] *znw* [mv] ruimtevaart

astronomer [ə'strɒnəmə] *znw* astronoom, sterrenkundige

astronomical [æstrə'nɒmɪkl] *bn* astronomisch ‹ook fig› ★ *inf he got an* ~ *amount* hij kreeg een astronomisch bedrag

astronomy [ə'strɒnəmɪ] *znw* astronomie, sterrenkunde

astrophysicist ['æstrəʊfɪzɪsɪst] *znw* astrofysicus

astrophysics ['æstrəʊfɪzɪks] *znw* [mv] astrofysica

Astroturf® ['æstrəʊtɜ:f] *znw* kunstgras

astute [ə'stju:t] *bn* ❶ scherpzinnig ★ *an* ~ *judge of character* een goede mensenkenner ❷ slim, sluw, geslepen

astuteness [ə'stju:tnəs] *znw* scherpzinnigheid, slimheid, geslepenheid

asunder [ə'sʌndə] *dicht bijw* gescheiden, vaneen, uiteen, in stukken ★ *lives torn* ~ *by war* levens door oorlog uiteengerukt ★ *wat God has joined, let no man put* ~ wat God verbonden heeft mag een mens niet scheiden ‹uit de huwelijksliturgie›

asylum [ə'saɪləm] *znw* ❶ asiel, wijk-, vrij-, schuilplaats ★ *political* ~ politiek asiel ❷ gesticht ★ *gedat a lunatic* ~ een krankzinnigengesticht

asylum-seeker [ə'saɪləm-si:kə] *znw* asielzoeker

asymmetric [eɪsɪ'metrɪk, æsɪ'metrɪk], **asymmetrical** *bn* asymmetrisch

asymmetric bars [eɪsɪ'metrɪk, æsɪ'metrɪk bɑ:z] *turnen znw* [mv] brug met ongelijke leggers

asymmetry [eɪ'sɪmətrɪ] *znw* asymmetrie

asymptomatic [eɪsɪmptə'mætɪk] *med bn* niet symptomatisch

asynchronous [ei'sɪŋkrənəs] *bn* ❶ asynchroon ❷ comput niet verlopend in regelmatige of vooraf bepaalde intervallen

at [æt] **I** *voorz* ❶ te, op, in, ter, bij ‹plaats› ★ *we're* ~ *Brill's* we zijn bij Brill, in de winkel van Brill ★ *she spent the day* ~ *the office* ze bracht de dag op kantoor door ❷ tot, naar, tegen, in ‹richting› ★ *he grasped* ~ *her dress* hij greep naar haar jurk ★ *inf they're always* ~ *each other* ze zijn altijd aan het bekvechten ★ *inf she's* ~ *him all the time to do things* ze zit hem altijd achter de broek om dingen te doen ★ *they're grasping* ~ *straws now* ze grijpen nu elke kleinigheid aan ❸ om, op ‹tijd› ★ *this has come* ~ *an inconvenient time* dit komt op een slecht moment, dit komt ongelegen ★ ~ *no time did she say anything* ze heeft nooit iets gezegd ❹ voor, tegen, met ‹punt op schaal› ★ *a bargain* ~ *$1 each* een koopje voor $1 per stuk ★ *inflation is running* ~ *3%* de inflatie bedraagt 3% ❺ in, aan, met ‹bezig met› ★ *he's hopeless* ~ *it* hij is er heel slecht in ★ *the US is* ~ *war* de VS is in oorlog ★ *men* ~ *work* werk in uitvoering ❻ op, in ‹staat, conditie› ★ *he put her* ~ *ease* hij stelde haar op haar gemak ★ *it put her* ~ *a disadvantage* ze kwam erdoor in het nadeel ★ *they were excited* ~ *the prospect* ze waren opgewonden over het vooruitzicht ★ *inf I don't know where he's* ~ ik weet niet waar hij mee bezig is / wat hij van plan is **II** *znw* → **at sign**

at all [æt ɔ:l] *bijw* helemaal ‹in negatieve zinnen› ★ *she hasn't been* ~ *well of late* ze is de laatste tijd helemaal niet in orde

atavism ['ætəvɪzm] form *znw* atavisme

atavistic [ætə'vɪstɪk] form *bn* atavistisch

ataxia [ə'tæksɪə] med *znw* ataxie

ate [et, eɪt] *ww* [v.t.] → **eat**

atelier [ætəljeɪ] ‹‹Fr› *znw* (kunstenaars)atelier

atheism ['eɪθɪzəm] *znw* atheïsme, godloochening

atheist ['eɪθɪst] *znw* atheïst, godloochenaar

athlete ['æθli:t] *znw* atleet

athlete's foot ['æθli:ts fʊt] *znw* voetschimmel, zwemmerseczeem

athletic [æθ'letɪk] *bn* ❶ atletisch ❷ atletiek- ❸ gymnastiek-

athleticism [æθ'letɪsɪzm] *znw* atletiek

athletics [æθ'letɪks] *znw* [mv] atletiek, sport

athletics
is eigenlijk meervoud, maar wordt vaak als enkelvoud behandeld:
Athletics is/are a vital part of the program - Atletiek vormt een essentieel onderdeel van het programma.

athletic supporter [æθ'letɪk sə'pɔ:tə] *znw* suspensoir ‹ondersteuning voor de genitaliën tijdens het sporten›

atishoo [ə'tɪʃu:] *tsw* hatsjie ‹geluid v. niezen›

Atlantic [ət'læntɪk] **I** *bn* Atlantisch **II** *znw* ★ *the* ~ de Atlantische oceaan

atlas ['ætləs] *znw* ❶ atlas ‹kaartenboek› ❷ anat atlas ‹eerste halswervel›

ATM *afk* (automatic teller machine) geldautomaat

atmosphere ['ætməsfɪə] *znw* ❶ atmosfeer ❷ fig sfeer

atmospheric [ætməs'ferɪk] *bn* ❶ atmosferisch, dampkrings- ❷ sfeervol, sfeer- ★ ~ *music* sfeermuziek

atmospheric pressure [ætməs'ferɪks 'preʃə] *znw* luchtdruk

atmospherics [ætməs'ferɪks] *znw* [*mv*] luchtstoringen, atmosferische storingen ‹bij radio-ontvangst›

atoll ['ætɒl, æ'tɒl] *znw* atol

atom ['ætəm] *znw* atoom ★ fig *I can't find an ~ of sense in it* ik zie er geen greintje logica in

atom bomb ['ætəm bɒm], **atomic bomb** *znw* atoombom

atomic [ə'tɒmɪk] *bn* atomair, atomisch, atoom-

atomic mass [ə'tɒmɪk mæs] *znw* atoomgewicht

atomic number [ə'tɒmɪk 'nʌmbə] *znw* atoomgetal, atoomnummer

atomic physics [ə'tɒmɪk 'fɪzɪks] *znw* [*mv*] atoomfysica

atomic pile [ə'tɒmɪk paɪl] *znw* kernreactor

atomic weight [ə'tɒmɪk weɪt] *znw* atoomgewicht

atomize ['ætəmaɪz], **atomise** *overg* ❶ in deeltjes oplossen ❷ verstuiven

atomizer ['ætəmaɪzə], **atomiser** *znw* verstuiver

atonal [æ'təʊnəl] muz *bn* atonaal

atonality [ætə'nælɪtɪ] muz *znw* atonaliteit

atone [ə'təʊn] *onoverg* ❶ boeten (voor *for*), goedmaken ❷ verzoenen

atonement [ə'təʊnmənt] *znw* ❶ boete ❷ vergoeding ❸ verzoening ★ *the Day of Atonement* de Grote Verzoendag

atop [ə'tɒp] **I** *voorz* boven (op) **II** *bijw* bovenaan, bovenop ★ *an eagle perched ~ of the tree* een adelaar zat bovenop de boom

atrium ['eɪtrɪəm] *znw* ❶ atrium ❷ anat hartboezem

atrocious [ə'trəʊʃəs] *bn* gruwelijk, afgrijselijk ★ ~ *acting* afschuwelijk slecht toneelspel ★ *an ~ waste of money* een vreselijke verspilling van geld

atrocity [ə'trɒsətɪ] *znw* gruwel(ijkheid), afgrijselijkheid ★ *perpetrate atrocities* gruweldaden plegen

atrophied ['ætrəfaɪd] *bn* verschrompeld ★ ~ *legs* verschrompelde benen

atrophy ['ætrəfɪ] **I** *znw* ❶ atrofie, verschrompeling ❷ teloorgang, wegkwijnen **II** *onoverg* verschrompelen, langzaam wegkwijnen

at sign [æt saɪn], **at** *znw* at, at-teken, apenstaartje ‹@ in e-mailadressen›

attaboy ['ætəbɔɪ] Am inf *tsw* goed zo!

attach [ə'tætʃ] **I** *overg* vastmaken, hechten, vastbinden ★ ~ *sth to sth* iets aan iets vastmaken ★ *they ~ some importance to this rule* ze hechten waarde aan deze regel ★ ~ *oneself to sbd* zich vastklampen aan iem. ★ ~ *oneself to sth* zich aansluiten bij iets **II** *onoverg* ★ *this part ~es to that* dit deel zit vast aan dat deel / dit deel moet vast aan dat deel

attachable [ə'tætʃəbl] *bn* ❶ bevestigbaar ❷ toe te schrijven

attaché [ə'tæʃeɪ] *znw* attaché ★ *a trade ~* een handelsattaché

attaché case [ə'tæʃeɪ keɪs] *znw* diplomaten-,

attachékoffertje

attached [ə'tætʃt] *bn* ❶ aangehecht, vastgemaakt ★ *see ~* zie bijlage ❷ gehecht, verbonden (*to* met) ★ *the children are very ~ to her* de kinderen zijn erg aan haar gehecht

attachment [ə'tætʃmənt] *znw* ❶ verbinding, band ★ *a romantic ~* een romantische verbintenis ★ *a sentimental ~* een emotionele band ★ *be on ~* stage lopen, gedetacheerd zijn ❷ aanhechting, gehechtheid, aanhankelijkheid, verknochtheid ❸ emailbijlage ❹ techn hulpstuk ❺ jur beslag, beslaglegging ★ ~ *of earnings* loonbeslag, arrestatie van verdiensten

attack [ə'tæk] **I** *znw* ❶ aanval ★ *a blistering ~* een vernietigende aanval ★ *be under ~* aangevallen worden ★ *carry out an ~ on sbd* iem. aanvallen ★ *come under ~* aangevallen worden ★ *lay oneself open to ~* zich blootstellen aan een aanval ❷ wijze van aanpak ❸ muz aanslag **II** *overg* ❶ aanvallen, aantasten, attaqueren ❷ aanpakken **III** *onoverg* aanvallen

attacker [ə'tækə] *znw* aanvaller ★ *she did not recognise her ~* ze herkende haar aanvaller niet

attagirl ['ætəgɜ:l] Am inf *tsw* goed zo! ‹tegen meisje of vrouw›

attain [ə'teɪn] form *overg* bereiken, verkrijgen

attainable [ə'teɪnəbl] *bn* bereikbaar, te bereiken ★ *aim for the ~* mikken op het bereikbare

attainment [ə'teɪnmənt] form *znw* ❶ verworvenheid ❷ (meestal *mv*) talent, capaciteit

attempt [ə'tempt] **I** *znw* ❶ poging, proeve ★ *they tried to cross the river, but failed in the ~* ze probeerden de rivier over te steken, maar slaagden daar niet in ❷ aanslag ★ *an ~ on sbd's life* een aanslag op iemands leven **II** *overg* trachten, beproeven, proberen, pogen, ondernemen ★ *he ~ed to escape* hij probeerde te ontsnappen

attempted [ə'temptɪd] *bn* geprobeerd, poging tot ★ ~ *murder* poging tot moord

attend [ə'tend] **I** *overg* ❶ begeleiden, vergezellen ❷ bedienen, verzorgen, behandelen, verplegen, oppassen ★ ~ *customers* klanten bedienen ❸ bezoeken, bijwonen, volgen ‹colleges› ★ *the event was well ~ed* het evenement werd goed bezocht **II** *onoverg* ❶ aanwezig zijn ❷ zorgen voor (~ *to*) ★ *can you ~ to the customers?* kun jij voor de klanten zorgen? ★ *I have a lot of things to ~ to* ik moet op een hoop dingen letten, ik moet een hoop dingen doen

attendance [ə'tendəns] *znw* ❶ aanwezigheid ★ *an ~ register* een presentielijst ★ *compulsory ~* opkomstplicht ★ *the police were in ~ within minutes* de politie was binnen een paar minuten aanwezig ❷ bezoek, opkomst, publiek ★ *a record ~ of two thousand* een record opkomst van tweeduizend ❸ bediening, behandeling, zorg, dienst ★ *she expects me to dance ~ on her* ze verwacht van mij dat ik haar op haar wenken bedien ❹ opwachting ❺ gevolg, bedienden ★ *be in ~ to the Queen* het gevolg vormen van de koningin

attendant [ə'tendənt] <u>form</u> **I** *bn* ❶ aanwezig ❷ bedienend ❸ bijbehorend ★ *war and its ~ horrors* oorlog en alle verschrikkingen van dien ★ *there are many risks ~ on an attack* aanvallen gaat met veel risico's gepaard **II** *znw* bediende, oppasser, bewaker ⟨v. auto's⟩, suppoost ⟨v. museum⟩, begeleider ★ *a lavatory ~* een toiletjuffrouw ★ *the queen's ~s* het gevolg van de koningin

attention [ə'tenʃən] *znw* ❶ aandacht, oplettendheid ★ *for the ~ of* ter attentie van ★ *the centre of ~* het middelpunt van de belangstelling ★ *~ to detail* aandacht voor detail ★ *bring sth to sbd's ~* iets onder iemands aandacht brengen ★ *pay ~ to sbd* iem. aandacht schenken ★ *his ~ started to wander* zijn aandacht verslapte ❷ zorg, attentie ★ *medical ~* medische hulp ★ *with due care and ~* met alle zorg en aandacht ★ *force one's ~s on sbd* iem. lastig vallen / zich opdringen aan iem. ★ *lavish ~ on sbd* iemand met aandacht overladen ❸ <u>mil</u> (in de) houding ★ *~!* geef acht! ★ *come to ~* de houding aannemen ★ *stand to / at ~* in de houding staan

attention deficit hyperactivity disorder [ə'tenʃən 'defɪsɪt 'haɪpəræk'tɪvətɪ dɪs'ɔːdə], **ADHD** *znw* ADHD ⟨aandachtstekort stoornis met hyperactiviteit⟩

attention-grabber [ə'tenʃən-'græbə] <u>inf</u> *znw* aandachtstrekker

attention seeker [ə'tenʃən siːkə] *znw* aandachtstrekker ⟨persoon⟩

attention span [ə'tenʃən spæn] *znw* concentratieduur

attentive [ə'tentɪv] *bn* ❶ oplettend, aandachtig ❷ attent ★ *that was very ~ of him* dat was erg attent van hem

attenuate [ə'tenjʊert] <u>form</u> *overg* ❶ verdunnen, vermageren, verzwakken ❷ verzachten, verminderen

attenuation [ətenjʊ'erʃən] <u>form</u> *znw* ❶ verdunning, vermagering, verzwakking ❷ verzachting, vermindering

attest [ə'test] <u>form</u> **I** *overg* ❶ verklaren, betuigen ★ *he ~ed his innocence* hij verklaarde zijn onschuld ❷ bevestigen, getuigen van **II** *onoverg* getuigen ★ *as these figures / pictures will ~* zoals blijkt uit deze cijfers / afbeeldingen ★ *the house ~s to his good taste* het huis is een bewijs van zijn goede smaak

attestation [æte'sterʃən] <u>form</u> *znw* getuigenis, betuiging, attestatie

attic ['ætɪk] *znw* zolder, vliering, dak-, zolderkamer ★ *in the ~* op zolder

attire [ə'taɪə] <u>form</u> **I** *znw* kleding, tooi, dos, opschik **II** *overg* kleden, (uit)dossen, tooien

attired [ə'taɪəd] *bn* uitgedost

attitude ['ætɪtjuːd] *znw* ❶ (lichaams)houding ★ *strike an ~* een houding aannemen ❷ standpunt, instelling ★ *~ of mind* denkwijze ★ *a positive / negative ~* een positieve / negatieve instelling ★ *a change of ~* een verandering van opvatting

attitudinal [ætɪ'tjuːdɪnl] *bn* gedrags- ★ *an ~ problem* een gedragsprobleem ★ *~ changes in society* gedragsveranderingen in de samenleving

attn. *afk* (attention) ⟨gebruikt als afkorting van *for the attention of*⟩ ter attentie van (t.a.v.)

attorney [ə'tɜːnɪ] *znw* ❶ <u>Am</u> advocaat ★ *a United States ~* ± een landsadvocaat ⟨in civiele procedures⟩, een (federale) openbare aanklager ⟨in strafzaken⟩ ❷ procureur, gevolmachtigde ★ *power of ~* volmacht

Attorney General [ə'tɜːnɪ 'dʒenərəl] *znw* [*mv:* Attorneys General] ❶ <u>Br</u> ± procureur-generaal ❷ <u>Am</u> Minister van Justitie

attorneyship [ə'tɜːnɪʃɪp] *znw* ❶ procureurschap ❷ procuratie

attract [ə'trækt] *overg* (aan)trekken, boeien ★ *~ attention* de aandacht op zich vestigen ★ *~ criticism* kritiek uitlokken

attraction [ə'trækʃən] *znw* ❶ aantrekking(skracht), aantrekkelijkheid, attractie ★ *foreign travel holds no ~ for them* reizen in het buitenland trekt hun niet aan ★ *I can't see what the ~ of horror movies is* ik begrijp niet wat er leuk is aan griezelfilms ★ *her ~ to him is obvious* het is duidelijk dat hij zich tot haar aangetrokken voelt ❷ trekpleister, attractie

attractive [ə'træktɪv] *bn* ❶ aantrekkend, aantrekkings- ❷ aantrekkelijk, attractief ★ *a stunningly ~ girl* een ongelofelijk knap meisje ★ *Asia is very ~ to business* Azië is erg aantrekkelijk om zaken te doen

attributable [ə'trɪbjʊtəbl] *bn* toe te schrijven, toe te kennen (aan *to*) ★ *21% of deaths were ~ to smoking* de sterfgevallen waren voor 21% aan roken te wijten

attribute I *znw* ['ætrɪbjuːt] ❶ eigenschap, attribuut, kenmerk ★ *attractive physical ~s* aantrekkelijke lichamelijke eigenschappen ❷ <u>gramm</u> bijvoeglijke bepaling **II** *overg* [ə'trɪbjuːt] toeschrijven (aan *to*) ★ *the work is widely ~d to Van Gogh* het werk wordt algemeen toegeschreven aan Van Gogh

attribution [ætrɪ'bjuːʃən] *znw* toeschrijving

attributive [ə'trɪbjʊtɪv] **I** *bn* attributief **II** *znw* <u>gramm</u> attributief woord

attrition [ə'trɪʃən] <u>form</u> *znw* wrijving, (af)schuring, afslijting ★ *staff reduction has been achieved by natural ~* inkrimping van het personeel is bereikt door natuurlijke afvloeiing ★ *a war of ~* een uitputtingsoorlog

attune [ə'tjuːn] *overg* ❶ in overeenstemming brengen (met *to*), aanpassen (aan *to*) ❷ <u>fig</u> afstemmen (op *to*)

attuned [ə'tjuːnd] *bn* bewust, afgestemd ★ *a politically ~ audience* een politiek bewust publiek

atypical [eɪ'tɪpɪk(ə)l] *bn* atypisch, afwijkend v.d. norm ★ *~ autumn weather* ongewoon herfstweer

aubergine ['əʊbədʒiːn] **I** *bn* auberginekleurig **II** *znw* aubergine

auburn ['ɔːbən] **I** *bn* goudbruin, kastanjebruin **II** *znw* kastanjebruin

auction ['ɔːkʃən] **I** *znw* veiling ★ *buy sth at ~* iets

kopen op de veiling ★ *put sth up for* ~ iets veilen ★ *sell by* ~ veilen / bij opbod verkopen **II** *overg* veilen ★ ~ *sth off* iets bij opbod verkopen
auctioneer [ɔ:kʃə'nɪə] *znw* veilingmeester
auction house ['ɔ:kʃən haʊs] *znw* veilinghuis
auction room ['ɔ:kʃən ru:m] *znw* veilinghal, veilingzaal
audacious [ɔ:'deɪʃəs] *bn* ❶ vermetel, driest, gedurfd ★ *the takeover was an* ~ *move* de overname was een gedurfde zet ❷ brutaal, onbeschaamd
audacity [ɔ:'dæsɪtɪ] *znw* ❶ vermetelheid, driestheid, gedurfdheid ❷ brutaliteit ★ *she had the* ~ *to suggest it was my fault* ze had de brutaliteit om te suggereren dat het mijn schuld was
audibility [ɔ:də'bɪlɪtɪ] *znw* hoorbaarheid
audible ['ɔ:dɪbl] *bn* hoorbaar ★ *certain frequencies are not* ~ *to humans* bepaalde frequenties kunnen mensen niet horen
audience ['ɔ:dɪəns] *znw* ❶ audiëntie (bij *of*), (aan)horen ❷ auditorium, toehoorders, publiek ★ ~ *ratings* kijk- en luistercijfers
audio ['ɔ:dɪəʊ] *voorv & bn* audio-, geluids-, gehoor-
audio cassette ['ɔ:dɪəʊ kæ'set, kə'set] *znw* cassettebandje, geluidscassette
audioconferencing [ɔ:dɪəʊ'kɒnfərensɪŋ] *znw* telefonisch vergaderen
audio frequency ['ɔ:dɪəʊ 'fri:kwənsɪ] *znw* geluidsfrequentie
audiotape ['ɔ:dɪəʊteɪp], **audio tape I** *znw* geluidsband **II** *overg* een bandopname (geluidsopname) maken van
audio tour ['ɔ:dɪəʊ tʊə] *znw* rondleiding met koptelefoon
audio-visual ['ɔ:dɪəʊ-'vɪʒʊəl], **audiovisual, AV** *bn* audiovisueel
audit ['ɔ:dɪt] **I** *znw* accountantsonderzoek, doorlichting van een bedrijf, audit, accountantsverslag ★ *the annual* ~ de jaarrekeningcontrole ★ *a financial* ~ een financiële controle ★ *an independent* ~ een onafhankelijk accountantsonderzoek ★ *an internal* ~ een intern accountantsonderzoek **II** *overg* ❶ controleren ‹de boeken›, doorlichten ‹een bedrijf› ❷ volgen als toehoorder ‹colleges›
auditing ['ɔ:dɪtɪŋ] *znw* accountantscontrole
audition [ɔ:'dɪʃən] **I** *znw* ❶ beluisteren ❷ auditie ‹proef v. zanger &›, proefspel **II** *overg* een auditie afnemen **III** *onoverg* een auditie doen, proefspelen
auditive ['ɔ:dɪtɪv] *bn* → **auditory**
auditor ['ɔ:dɪtə] *znw* ❶ (toe)hoorder ❷ auditor ❸ accountant
auditorium [ɔ:dɪ'tɔ:rɪəm] *znw* [*mv:* -s *of* auditoria] ❶ gehoorzaal ❷ aula
auditory ['ɔ:dɪtərɪ], **auditive** *bn* gehoor-, auditief
au fait [əʊ 'feɪ] ‹(Fr)› *bn* op de hoogte ★ *he should be* ~ *with the work* hij is waarschijnlijk wel op de hoogte met het werk, hij zou met het werk op de hoogte moeten zijn

Aug. *afk* (August) augustus
auger ['ɔ:gə] *znw* ❶ avegaar, boor ❷ grondboor
aught ['ɔ:t], **ought** dicht *znw* ★ *for* ~ *I care* voor mijn part ★ *for* ~ *I know* voorzover ik weet
augment [ɔ:g'ment] form *overg* vermeerderen, verhogen, vergroten ★ ~ *one's income* zijn inkomen aanvullen
augmentation [ɔ:gmen'teɪʃən] form *znw* vermeerdering, verhoging, vergroting, aangroei
au gratin [əʊ 'græ'tæ] *bn* gegratineerd
augur ['ɔ:gə] **I** *overg* voorspellen **II** *onoverg* voorspellen ★ *that* ~*s well / ill for us* het belooft (niet) veel goeds voor ons
augury ['ɔ:gjərɪ] form *znw* voorteken
august I *bn* [ɔ:'gʌst] form verheven, hoog, groots **II** *znw* ['ɔ:gəst] ★ *August* Augustus
Augustan [ɔ:'gʌstən] *bn* ❶ van keizer Augustus ❷ klassiek ❸ neoklassiek ‹v.d. Engelse letterkunde van het begin van de 18de eeuw›
auld lang syne ['ɔ:ldlæŋ'saɪn] Schots *znw* de goede oude tijd ★ *for* ~ uit oude vriendschap
aunt [ɑ:nt] *znw* tante ★ *gedat a maiden* ~ een ongetrouwde tante
auntie ['ɑ:ntɪ], **aunty** inf *znw* (lieve) tante, tantetje
Aunt Sally [ɑ:nt 'sælɪ] *znw* ❶ bep. werpspel ❷ fig mikpunt
au pair [əʊ 'peə] *znw* au pair
aura ['ɔ:rə] *znw* ❶ aura ❷ uitstraling, emanatie ★ *she exudes an* ~ *of confidence* zij straalt zelfverzekerdheid uit
aural ['ɔ:rəl] *bn* oor-, via het gehoor
aureola [ɔ:'rɪələ], **aureole** *znw* aureool, stralenkrans, lichtkrans
aurora [ɔ:'rɔ:rə] *znw* [*mv:* -s *of* aurorae] dageraad
aurora australis [ɔ:'rɔ:rə ɔ:'streɪlɪs] *znw* ★ *the* ~ het zuiderlicht
aurora borealis [ɔ:'rɔ:rə bɒrɪ'eɪlɪs] *znw* ★ *the* ~ het noorderlicht
aurora polaris [ɔ:'rɔ:rə pəʊ'lærɪs] *znw* ★ *the* ~ het poollicht
auscultation [ɔ:skəl'teɪʃn] med *znw* auscultatie
auspices ['ɔ:spɪsɪz] form *znw* [*mv*] auspiciën ★ *under the* ~ *of sbd / sth* onder auspiciën / bescherming van iem. / iets
auspicious [ɔ:'spɪʃəs] form *bn* veelbelovend, gelukkig, gunstig
Aussie ['ɒzi, 'ɒsi] inf *bn & znw* → **Australian**
austere [ɒ'stɪə] *bn* ❶ streng, ascetisch ★ *cut an* ~ *figure* een ascetische indruk maken ❷ sober
austerity [ɒ'sterətɪ] *znw* ❶ strengheid ❷ soberheid ❸ (vaak *mv*) bezuiniging(en), schaarste ★ ~ *measures* bezuinigingsmaatregelen
Australasia [ɒstrə'leɪʒə, -ʃə] geogr *znw* Australazië
Australasian [ɒstrə'leɪʒən] *bn* uit / betreffende Australazië, Australaziatisch
Australia [ɒ'streɪlɪə] *znw* Australië
Australian [ɒ'streɪlɪən], inf **Aussie I** *bn* Australisch **II** *znw* Australiër, Australische

Australiana [ɒ'streɪlɪɑːnə] *znw* Australiana
Australian crawl [ɒ'streɪlɪən krɔːl] *sp znw* Australische crawl ⟨zwemslag⟩
Australian rules [ɒ'streɪlɪən 'ruːlz] *sp znw* Australisch voetbal
Austria ['ɒstrɪə] *znw* Oostenrijk
Austrian ['ɒstrɪən] **I** *bn* Oostenrijks **II** *znw* Oostenrijker, Oostenrijkse
authentic [ɔː'θentɪk] *bn* authentiek, echt
authenticate [ɔː'θentɪkeɪt] *overg* ❶ bekrachtigen, staven, legaliseren, waarmerken ❷ de echtheid bewijzen van
authentication [ɔːθentɪ'keɪʃən] *znw* waarmerking
authenticity [ɔːθen'tɪsətɪ] *znw* authenticiteit, echtheid
author ['ɔːθə] **I** *znw* ❶ schepper, (geestelijke) vader, bewerker ❷ maker, schrijver, auteur ★ *an* ~'*s copy* een bewijsexemplaar ★ *a best-selling* ~ een successchrijver / een schrijver van bestsellers **II** *overg* schrijven, schrijver zijn van
authoress ['ɔːθrɪs, ɔːθə'res] *znw* ❶ maakster ❷ schrijfster
authoring ['ɔːθərɪŋ] *znw* het ontwerpen of bewerken van multimediabestanden voor elektronische publicatie
authoritarian [ɔːθɒrɪ'teərɪən] *bn* autoritair ★ *an* ~ *regime* een autoritair bewind
authoritarianism [ɔːθɒrɪ'teərɪənɪzəm] *znw* ❶ autoritair stelsel ❷ autoritair optreden
authoritative [ɔː'θɒrɪtətɪv] *bn* ❶ gezaghebbend ★ ~ *sources* gezaghebbende bronnen ❷ autoritair
authorities [ɔː'θɒrəti:z] *znw* [mv] ★ *the* ~ de overheid, het gezag, de autoriteiten
authority [ɔː'θɒrətɪ] *znw* ❶ autoriteit, gezag, macht ★ *I'd like to speak to somebody in* ~ ik wil graag iemand spreken die het voor het zeggen heeft ★ *the government has* ~ *over the army* de regering voert het gezag over het leger ★ *she has little* ~ *over her students* ze heeft weinig gezag over haar leerlingen ★ *delegate* ~ *to sbd* macht delegeren aan iem. ★ *question sbd's* ~ iemands gezag in twijfel trekken ❷ machtiging ❸ overheid(spersoon), gezagsdrager, instantie ❹ expert, autoriteit ★ *he's an* ~ *on climate change* hij is een autoriteit op het gebied van klimaatverandering ❺ gezaghebbende bron ★ *have sth on on good* ~ uit goede bron vernemen / vernomen hebben
authorization [ɔːθəraɪ'zeɪʃən], **authorisation** *znw* machtiging, bekrachtiging, autorisatie
authorize ['ɔːθəraɪz], **authorise** *overg* ❶ machtigen, bekrachtigen, autoriseren, fiatteren ❷ *fig* wettigen
authorized ['ɔːθəraɪzd] *bn* gevolmachtigd, officieel erkend ★ *an* ~ *dealer* een erkende distributeur ★ ~ *persons* bevoegde personen ★ *the Authorized Version* de Engelse Bijbelvertaling (1611)
authorship ['ɔːθəʃɪp] *znw* ❶ auteurschap ❷ schrijverschap, schrijversloopbaan
autism ['ɔːtɪzm] *med znw* autisme
autistic [ɔː'tɪstɪk] *med bn* autistisch

auto ['ɔːtəʊ] *Am znw* auto
autobiographical [ɔːtəʊbaɪə'græfɪkl] *bn* autobiografisch
autobiography [ɔːtəʊbaɪ'ɒgrəfɪ] *znw* autobiografie
autochthonous [ɔː'tɒkθənəs] *form bn* autochtoon
autocracy [ɔː'tɒkrəsɪ] *znw* autocratie, alleenheerschappij
autocrat ['ɔːtəkræt] *znw* autocraat, alleenheerser
autocratic [ɔːtə'krætɪk] *bn* autocratisch
autocross ['ɔːtəʊkrɒs] *znw* autocross
autocue ['ɔːtəʊkjuː] *znw* teleprompter, afleesapparaat, autocue
autoerotic ['ɔːtəʊ'rɒtɪk] *bn* auto-erotisch
autoeroticism ['ɔːtəʊ'rɒtɪzəm] *znw* auto-erotiek
autofocus ['ɔːtəʊ'fəʊkəs] *znw* automatische focus ⟨camera⟩
autograft ['ɔːtəgrɑːft], **autotransplant** _med_ *znw* transplantatie van eigen weefsel
autograph ['ɔːtəgrɑːf] **I** *znw* autogram, handtekening (v. beroemd persoon) **II** *overg* signeren
auto-immune [ɔːtəʊ-ɪ'mjuːn], **autoimmune** _med_ *bn* auto-immuun
automat ['ɔːtəmæt] *znw* ❶ _Am_ automatiek ❷ automaat ⟨voor sigaretten, snoep enz.⟩
automate ['ɔːtəmeɪt] *overg* automatiseren, computeriseren
automatic [ɔːtə'mætɪk] **I** *bn* ❶ automatisch ❷ werktuiglijk **II** *znw* automatisch wapen
automatically [ɔːtə'mætɪklɪ] *bijw* ❶ automatisch ❷ werktuiglijk, vanzelf
automatic pilot [ɔːtə'mætɪk 'paɪlət], **autopilot**, **auto pilot** *znw* _luchtv_ automatische piloot ★ *fig on* ~ op de automatische piloot
automatic teller machine [ɔːtə'mætɪk 'telə mə'ʃiːn] *znw* geldautomaat
automatic transmission [ɔːtə'mætɪk trænz'mɪʃən] *znw* automatische versnelling
automation [ɔːtə'meɪʃən] *znw* automatisering ★ *an* ~ *expert* een automatiseringsdeskundige / computerdeskundige
automaton [ɔː'tɒmətn] *znw* [mv: -s of automata] automaat, robot
automobile ['ɔːtəmə'biːl] *znw* auto(mobiel)
automotive [ɔːtə'məʊtɪv] *bn* ❶ met eigen voortstuwing ❷ auto-
autonomous [ɔː'tɒnəməs] *bn* autonoom
autonomy [ɔː'tɒnəmɪ] *znw* autonomie
autopilot ['ɔːtəʊ'paɪlət], **auto pilot** *znw* → **automatic pilot**
autopsy ['ɔːtɒpsɪ] *znw* lijkschouwing, autopsie, sectie
autosave ['ɔːtəʊseɪv] _comput_ *znw* autosave ⟨regelmatig uitgevoerde automatische gegevensopslag ter voorkoming van gegevensverlies bij een crash⟩
autosearch ['ɔːtəʊsɜːtʃ] _comput_ *znw* automatische zoekfunctie
autosuggestion ['ɔːtəʊsə'dʒestʃən], **auto-suggestion** *znw* autosuggestie

autoteller [ˈɔːtəʊteɪlə] *znw* geldautomaat

autotransfusion [ˈɔːtəʊtrænsˈfjuːʒən] med *znw* bloedtransfusie met eigen bloed

autotransplant [ˈɔːtəʊˈtrænsplɑːnt] med *znw* → **autograft**

autowinder [ˈɔːtəʊˈwaɪndə] *znw* automatisch transporteren ⟨fototoestel⟩

autumn [ˈɔːtəm] *znw* herfst, najaar ★ *he's in his ~ years* hij is in de herfst van zijn leven

autumnal [ɔːˈtʌmnl] *bn* herfstachtig, herfst-

auxiliary [ɔːgˈzɪljərɪ] **I** *bn* ❶ hulp- ❷ extra, reserve- **II** *znw* ❶ helper, hulp(kracht), assistent ❷ hulpmiddel ❸ hulptroepen ❹ → gramm **auxiliary verb**

auxiliary nurse [ɔːgˈzɪljərɪ nɜːs] Br *znw* verpleegassistent(e), verpleeghulp

auxiliary verb [ɔːgˈzɪljərɪ vɜːb], **auxiliary** gramm *znw* hulpwerkwoord

AV *afk* → **audio-visual**

avail [əˈveɪl] form **I** *znw* baat, hulp, nut ★ *of no ~* van geen nut, nutteloos ★ *to little ~* van weinig nut ★ *without ~* vruchteloos **II** *overg* baten **III** wederk ★ *~ oneself of sth* gebruik maken van iets / iets benutten

availability [əˈveɪləbɪlətɪ] *znw* beschikbaarheid, aanwezigheid ★ *the ready ~ of guns* de gemakkelijke toegang tot vuurwapens ★ *subject to ~* indien / voor zover beschikbaar

available [əˈveɪləbl] *bn* ❶ beschikbaar, ter beschikking, waarvan gebruik kan worden gemaakt (door *to*) ★ *not ~ for comment* niet beschikbaar voor commentaar ❷ aanwezig, voorhanden, voorradig, verkrijgbaar, leverbaar ❸ geldig

avalanche [ˈævəlɑːnʃ] *znw* lawine ★ *an ~ of letters* een stortvloed van brieven

avant-garde [ˈævɑː-ˈɡɑːd] **I** *bn* avant-gardistisch, avant-garde- **II** *znw* ★ *the ~* de avant-garde

avarice [ˈævərɪs] form *znw* gierigheid, hebzucht

avaricious [ævəˈrɪʃəs] form *bn* gierig, hebzuchtig

avast [əˈvɑːst] scheepv *tsw* hou!, stop!

Ave *afk* (avenue) laan, ln.

avenge [əˈvendʒ] *overg* wreken ★ *~ oneself* wraak nemen

avenger [əˈvendʒə] *znw* wreker

avenue [ˈævənjuː] *znw* toegang, weg, (oprij)laan, brede boulevard / straat ★ fig *there was no ~ open to him any more* er bleef hem geen weg open

aver [əˈvɜː] form *overg* ❶ betuigen, verzekeren ❷ beweren, verklaren ❸ jur bewijzen

average [ˈævərɪdʒ] **I** *bn* gemiddeld, doorsnee, gewoon **II** *znw* ❶ gemiddelde ★ *on ~* gemiddeld, in doorsnee ❷ scheepv averij ★ *an ~ adjuster / stater* een dispacheur **III** *overg* het gemiddelde berekenen van ★ *~ sth out* het gemiddelde berekenen van iets **IV** *onoverg* gemiddeld komen op ★ *~ out* gemiddeld op hetzelfde neerkomen ★ *~ out at / to sth* gemiddeld neerkomen / uitkomen op iets

averse [əˈvɜːs] *bn* afkerig (van *to*) ★ *I'm not ~ to the occasional whiskey* ik sta niet afwijzend tegen een glas whisky op zijn tijd

aversion [əˈvɜːʃən] *znw* afkeer, tegenzin, weerzin, aversie, antipathie ★ *smoking is my pet ~* ik heb een ontzettende hekel aan roken

aversion therapy [əˈvɜːʃən ˈθerəpɪ] *znw* aversietherapie

avert [əˈvɜːt] *overg* afwenden, afkeren (van *from*)

avian [ˈeɪvɪən] *bn* vogel-, ornithologisch

aviary [ˈeɪvɪərɪ] *znw* volière, vogelhuis

aviation [eɪvɪˈeɪʃən] *znw* luchtvaart, vliegen ★ *commercial ~* handelsluchtvaart

aviator [ˈeɪvɪeɪtə] luchtv *znw* vlieger

avid [ˈævɪd] *bn* gretig, begerig (naar *for*) ★ *she's an ~ fan of British soaps* ze is een enthousiaste liefhebber van Britse soaps

avidity [əˈvɪdətɪ] form *znw* begeerte, begerigheid, gretigheid

avionics [eɪvɪˈɒnɪks] *znw* [mv] luchtvaartelektronica

avocado [ævəˈkɑːdəʊ], **avocado pear** *znw* avocado (peer)

avoid [əˈvɔɪd] *overg* ❶ vermijden ★ *he ~ed meeting her eye* hij vermeed haar aan te kijken ★ *the collision could not be ~ed* de botsing was onvermijdelijk ★ *I try to ~ working at the weekend* ik probeer te vermijden om in het weekend te werken ★ *ligation should be ~ed at all costs* een rechtszaak moet koste wat het kost worden vermeden ❷ ontlopen, mijden ❸ uitwijken voor, ontwijken ★ *he swerved to ~ the child* hij veranderde de koers om het kind te ontwijken

avoidable [əˈvɔɪdəbl] *bn* vermijdbaar

avoidance [əˈvɔɪdəns] *znw* vermijding ★ *tax ~* belastingvermijding

avoirdupois [ˈævədəˈpɔɪz, ˈævwɑːdjuːˈpwɑ] *znw* ❶ Engels systeem van gewichten, avoirdupoidsstelsel ★ *a pound ~ is 453.59 grams* het avoirdupoids pond is 453,59 gram ❷ scherts (over)gewicht ★ *she's putting on the ~* de pondjes komen er bij haar wel aan

avow [əˈvaʊ] form *overg* bekennen, erkennen ★ *he ~ed that he would never smoke again* hij verklaarde dat hij nooit meer zou roken

avowal [əˈvaʊəl] form *znw* bekentenis ★ *a public ~ to reduce the crime rate* een openbare belofte om de criminaliteit terug te dringen

avowed [əˈvaʊd] form *bn* openlijk, erkend, verklaard ★ *an ~ enemy* een gezworen vijand

avowedly [əˈvaʊɪdlɪ] form *bijw* ❶ openlijk, uitgesproken ★ *an ~ feminist stance* een uitgesproken feministisch standpunt ❷ volgens eigen bekentenis

avuncular [əˈvʌŋkjʊlə] form *bn* ❶ (als) van een oom ❷ fig vaderlijk

AWACS [ˈeɪwæks] *afk* (Airborne Warning and Control System) ⟨elektronisch systeem voor verkenning en bewaking van het luchtruim vanuit vliegtuigen⟩

await [əˈweɪt] form *overg* ❶ wachten, wachten op ❷ afwachten, verbeiden ❸ te wachten staan

awake [əˈweɪk] **I** *bn* wakker, ontwaakt ★ *at 2 she was* *still wide* ~ om 2 uur was ze nog klaarwakker ★ *be* ~ *to sth* zich bewust zijn van iets **II** *overg* [awoke, awoken] (op)wekken ★ *she awoke me at 6* ze wekte me om 6 uur **III** *onoverg* [awoke, awoken] ontwaken, wakker worden ★ *they awoke to find the house flooded* toen ze wakker werden bleek het huis overstroomd te zijn

awaken [ə'weɪkən] *dicht* **I** *overg* wekken ★ *she was ~ed by a knock on the door* ze werd wakker door een klop op de deur ★ *the film ~ed me to the horrors of war* de film deed me de gruwelen van de oorlog inzien **II** *onoverg* ontwaken

awakening [ə'weɪkənɪŋ] **I** *bn* ontwakend, bewust wordend ★ *an* ~ *conscience* een ontwakend geweten **II** *znw* ❶ ontwaken ★ *a rude* ~ een ruwe ontgoocheling ❷ bewustwording ★ *a spiritual* ~ een geestelijke bewustwording

award [ə'wɔːd] **I** *znw* ❶ prijs, onderscheiding, bekroning ★ *the best actor* ~ *went to him* de onderscheiding voor de beste acteur ging naar hem ❷ beloning, studiebeurs ❸ arbitraal vonnis **II** *overg* ❶ toekennen ❷ opleggen ⟨boete &⟩

award-winning [ə'wɔːd-'wɪnɪŋ] *bn* bekroond

aware [ə'weə] *bn* bewust, weet hebbend (van *of*), gewaar ★ *politically / environmentally* ~ politiek bewust/milieubewust ★ *not as far as I'm* ~ / *not that I'm* ~ niet voor zover ik weet ★ *be* ~ *of sth* zich bewust zijn van iets, iets beseffen, iets merken

awareness [ə'weənəs] *znw* besef, bewustzijn ★ *public* ~ *has increased* het openbare bewustzijn is toegenomen

awash [ə'wɒʃ] *bn* ❶ overspoeld ❷ ronddrijvend ❸ scheepv op waterniveau ⟨v. zandbank &⟩

away [ə'weɪ] **I** *bijw* ❶ weg, van huis ★ *only a week* ~ nog maar een week ★ *an hour* ~ *from here* een uur reizen van hier ★ *get* ~ *from it all* er (eens) helemaal uit (zijn, gaan) ★ *inf he gets* ~ *with murder* hij kan alles maken ★ *inf get* ~ *with you!* schei uit! ★ *put some money* ~ wat geld wegleggen ❷ voortdurend, erop los ★ *talk* ~ erop los praten ★ *work* ~ flink (door)werken **II** *bn* sp uit- ★ *an* ~ *game* een uitwedstrijd **III** *znw* ❶ sp uitwedstrijd ❷ sp overwinning in een uitwedstrijd

AWB *afk* (air waybill) luchtvrachtbrief

awe [ɔː] **I** *znw* vrees, ontzag ★ *be filled with* ~ vervuld zijn met ontzag ★ *stand in* ~ *of sbd* ontzag hebben voor iem. **II** *overg* ❶ ontzetten ❷ ontzag inboezemen ❸ imponeren

awe-inspiring ['ɔː-ɪn'spaɪərɪŋ] *bn* ❶ ontzagwekkend ❷ verbluffend, prachtig

awesome ['ɔːsəm] *bn* ❶ ontzagwekkend, ontzettend ★ *an* ~ *sight* een ontzagwekkend gezicht ❷ inf fantastisch, te gek

awestricken ['ɔːstrɪkən], **awestruck** *bn* vol ontzag

awful ['ɔːfʊl] *bn* ❶ verschrikkelijk, vreselijk ★ *she looked* ~ ze zag er vreselijk uit ❷ form ontzagwekkend ❸ versterkend ontzaglijk ★ *inf I don't know an* ~ *lot about it* ik weet er niet zoveel van ★ *inf an* ~ *lot of money* een gigantische hoop geld

awhile [ə'waɪl] dicht *bijw* voor enige tijd, (voor) een poos

awkward ['ɔːkwəd] *bn* ❶ onhandig, onbehouwen, lomp ★ *the* ~ *age* de vlegeljaren, de puberteit ❷ niet op zijn gemak ★ *there was an* ~ *silence* er viel een pijnlijke stilte ❸ lastig, gevaarlijk, penibel, ongelukkig

awkwardness ['ɔːkwədnəs] *znw* onhandigheid &

awl [ɔːl] *znw* els, priem

awning ['ɔːnɪŋ] *znw* ❶ (dek)zeil, (zonne)scherm, markies ❷ kap, luifel ❸ voortent ⟨caravan⟩

awoke [ə'wəʊk] *ww* [v.t. & v.d.] → **awake**

awoken [ə'wəʊkən] *ww* [v.d.] → **awake**

AWOL ['eɪwɒl], **awol** mil *afk* (absent without leave) ongeoorloofd afwezig ★ *go* ~ wegblijven zonder verlof

awry [ə'raɪ] *bn & bijw* ❶ scheef, schuin ❷ verkeerd

aw shucks [ɔː ʃʌks] Am inf **I** *tsw* uitroep van verlegenheid **II** *bn* schuchter, verlegen

axe [æks], Am **ax I** *znw* bijl ★ *get the* ~ ontslagen worden ★ *have an* ~ *to grind* zelfzuchtige bijbedoelingen hebben **II** *overg* ❶ ontslaan, de laan uitsturen ❷ schrappen ⟨v. banen, projecten &⟩ ❸ drastisch beperken ⟨v. kosten⟩

axe-man ['æks-mæn, -mən], Am **axman** *znw* ❶ iem. die met een bijl aanvalt ❷ iem. die de botte bijl hanteert ⟨bij ontslagen e.d.⟩

axes ['æksiːz] *znw* [mv] → **axis**

axiom ['æksɪəm] *znw* axioma, grondstelling

axiomatic [æksɪə'mætɪk] *bn* axiomatisch, vanzelfsprekend

axis ['æksɪs] *znw* [mv: axes] ❶ as, aslijn, spil ❷ anat draaier ⟨tweede halswervel⟩

axle ['æksl] *znw* (wagen)as, spil

aye [aɪ], **ay I** *tsw* ❶ dial inderdaad ❷ ja ★ scheepv ~ ~ *captain* ja, kapitein **II** *znw* ★ *the* ~*s have it* de meerderheid is er vóór

Azerbaijan [æzəbaɪ'dʒɑːn] **I** *bn* Azerbeidjaans **II** *znw* Azerbeidzjan

Azerbaijani [æzəbaɪ'dʒɑːnɪ] *znw* Azerbeidzjaan, Azerbeidzjaanse

AZT *znw* AZT ⟨medicijn gebruikt om aids te behandelen⟩

azure ['æʒə] **I** *bn* hemelsblauw, azuren **II** *znw* hemelsblauw, azuur

B

b [bi:] *znw* ➊ (de letter) b ➋ <u>muz</u> b of si ➌ (<u>Am</u> billion) miljard, mld. ▼ *a ~ movie / picture* een B-film

b. *afk* (born) geboren

B2B <u>handel</u> *afk* (business to business) aanduiding voor het handelsverkeer tussen bedrijven

B2C *afk* (business to consumer) aanduiding voor activiteiten van bedrijven richting consumenten

BA *afk* (Bachelor of Arts) bachelor in de letteren

baa [bɑ:] **I** *znw* geblaat, het geluid van een schaap **II** *onoverg* blaten

babble ['bæbl] **I** *znw* ➊ gekeuvel, gepraat, gewauwel ➋ gekabbel ⟨v. water⟩ **II** *onoverg* ➊ keuvelen, wauwelen, babbelen ➋ kabbelen ⟨v. water⟩ **III** *overg* babbelen, verklappen

babbler ['bæblər] *znw* wauwelaar, kletskous

babe [beɪb] *znw* ➊ <u>dicht</u> baby, kindje ➋ <u>inf</u> onnozele hals, doetje ➌ <u>inf</u> liefje, schat

babe in arms [beɪb ɪn ɑːmz] *znw* zuigeling, baby'tje

babel ['beɪbl] <u>form</u> *znw* ➊ (spraak)verwarring ➋ rumoer

baboon [bə'buːn] *znw* baviaan

baby ['beɪbɪ] **I** *bn* ➊ kinder-, klein ➋ jong ★ *~ carrots / corn* kleine worteltjes / maïskolfjes **II** *znw* ➊ zuigeling, baby, kleintje, kind ★ <u>inf</u> *it's his ~* het is zijn zaak ★ <u>inf</u> *he was left holding the ~* hij bleef met de gebakken peren zitten ➋ jong ⟨v.e. dier⟩ ➌ jongste ➍ <u>inf</u> meisje, liefje **III** *overg* als een baby behandelen, verwennen

baby alarm ['beɪbɪ ə'lɑːm] *znw* baby alarm ⟨soort babyfoon⟩

baby boom ['beɪbɪ buːm] *znw* geboortegolf

baby boomer ['beɪbɪ buːmərən] *znw* babyboomer, iem. van de geboortegolfgeneratie ⟨±1945-1955⟩

baby buggy® ['beɪbɪ 'bʌgɪ] *znw* opvouwbaar kinderwandelwagentje

baby carriage ['beɪbɪ 'kærɪdʒ] <u>Am</u> *znw* kinderwagen

baby clothes ['beɪbɪ kləʊðz] *znw* [mv] babykleertjes

baby grand ['beɪbɪ grænd] *znw* kleine vleugel ⟨piano⟩

Babygro® ['beɪbɪgrəʊ] *znw* boxpakje

babyhood ['beɪbɪhʊd] *znw* babytijd

babyish ['beɪbɪʃ] *bn* kinderachtig, kinderlijk

babysit ['beɪbɪsɪt] **I** *znw*, **babysitter** babysit, oppas **II** *overg & onoverg* babysitten ★ *she ~s for me on Mondays* ze komt 's maandags voor me babysitten

babysitting ['beɪbɪ'sɪtɪŋ] *znw* oppassen, babysitten

baby talk ['beɪbɪ tɔ:k] *znw* kinderpraat ⟨zoals kleine kinderen praten of volwassenen tegen kleine kinderen⟩

baby tooth ['beɪbɪ tu:θ] *znw* melktand

baccalaureate [ˌbækə'lɔ:rɪət] <u>onderw</u> *znw* ➊ de graad of titel van **bachelor**, (laagste academische graad) ➋ toelatingsexamen voor hoger onderwijs

bacchanal ['bækənəl] <u>dicht</u> *znw* bacchanaal, zwelgpartij

bacchanalian [bækə'neɪlɪən] <u>dicht</u> *bn* bacchantisch

baccy ['bækɪ] <u>inf</u> *znw* tabak

bachelor ['bætʃələ] *znw* ➊ vrijgezel ★ *a confirmed ~* een verstokte vrijgezel ➋ <u>onderw</u> bachelor ⟨laagste academische graad⟩

bachelorhood ['bætʃələrhʊd] *znw* vrijgezellenstaat, -leven

bachelor party ['bætʃələ 'pɑːtɪ] *znw* vrijgezellenavond ⟨feestje voor een man die op het punt staat te trouwen⟩

bachelor's degree ['bætʃələz dɪ'gri:] <u>onderw</u> *znw* bachelors graad ⟨laagste academische graad⟩

bacillus [bə'sɪləs] *znw* [*mv:* bacilli] bacil

back [bæk] **I** *bn* ➊ achter-, achterste ★ <u>fig</u> *put sth on the ~ burner* iets op een laag pitje zetten ★ <u>fig</u> *take a ~ seat* terugtreden / naar de achtergrond verdwijnen ➋ achterstallig, oud ⟨v. tijdschrift⟩ ➌ afgelegen, achteraf **II** *bijw* ➊ (weer) terug ★ *~ and forth* heen en weer ★ *a voyage ~ in time* een reis naar het verleden ★ <u>fig</u> *~ to square one* terug naar het begin, het opnieuw moeten beginnen ➋ naar achteren, achteruit, achteruit ★ <u>Am</u> *~ of* achter / aan de achterkant van ➌ geleden, in het verleden ★ *~ in the 90's* (al) in de jaren 90 **III** *znw* ➊ rug ★ *be on sbd's ~* iem. tot last zijn ★ *be glad to see the ~ of sbd* blij zijn dat iem. weg is ★ *break one's ~ to do sth for sbd* zich kapot werken om iets voor iem. te doen ★ *get sbd's ~ ~* iemand met rust laten ★ *get sbd's ~ up* iem. nijdig maken ★ *have no clothes on one's ~* geen kleren aan zijn lijf hebben ★ *put one's ~ into the work* flink aanpakken, de handen uit de mouwen steken ★ *turn one's ~* zich omkeren ★ *turn one's ~ on sbd* iem. de rug toekeren, iem. in de steek laten, niets meer willen weten van iem. ➋ keerzijde, achterkant, rugzijde, rugpand ★ *at the ~ of* achter(aan, -in, -op), aan de achterkant van ★ *at the ~ of sbd's mind* in zijn binnenste, in zijn achterhoofd ★ *the ~ of beyond* (verloren) uithoek, gat ★ *~ to front* achterstevoren ➌ rugleuning ➍ <u>sp</u> back, verdediger **IV** *overg* ➊ doen achteruitgaan, achteruitschuiven, achteruitrijden ➋ (onder)steunen, <u>fig</u> staan achter ➌ van een achterkant voorzien, voeren ➍ wedden op ★ *~ the wrong horse* op het verkeerde paard wedden **V** *onoverg* ➊ terug-, achteruitgaan, achteruitrijden ➋ krimpen ⟨v. wind⟩ **VI** *phras* ★ *~ away* achteruit weggaan, zich terugtrekken ★ *~ down* terugkrabbelen ★ *~ off* terugdeinzen, ophouden met ★ *~ on / onto sth* aan de achterkant grenzen aan iets ★ *~ out* terugkrabbelen ★ *~ up* achteruitrijden, een file vormen ★ *~ sbd up* iem. steunen ★ *~ sth up* een reservekopie maken van iets ⟨een computerbestand &⟩, iets bevestigen ⟨een verhaal⟩

backache ['bækeɪk] *znw* rugpijn

backbench [bæk'bentʃ] **I** *bn* backbench-, van de gewone Kamerleden **II** *znw* de achterste banken van het Britse Lagerhuis, de gewone Kamerleden ⟨±

de fractie⟩

backbencher [bæk'bentʃə] *znw* backbencher, gewoon Lagerhuislid (zonder regeringsfunctie)

backbiting ['bækbaɪtɪŋ] *znw* geroddel, achterklap

backbone ['bækbəʊn] *znw* ❶ ruggengraat, wervelkolom ❷ *fig* flinkheid, vastheid van karakter ★ *he hasn't got the* ~ *to tell them* hij heeft het lef niet om het aan hen te vertellen ❸ *fig* de belangrijkste basis ⟨van een land, organisatie &⟩ ★ *the* ~ *of the party / the party's* ~ de ruggengraat van de partij

back-breaking ['bæk-breɪkɪŋ], **backbreaking** *bn* vermoeiend

backchat ['bæktʃæt], <u>Am</u> **back talk** *znw* brutaal antwoord

backcloth ['bækklɒθ], **backdrop** *znw* achterdoek

backcomb ['bækkəʊm] *overg* touperen

back copy [bæk 'kɒpɪ], **back issue**, **back number** *znw* oud nummer ⟨v. tijdschrift &⟩

backdate [bæk'deɪt] *overg* met terugwerkende kracht laten ingaan

back door [bæk dɔ:] I *bn* <u>afkeurend</u> heimelijk, achterbaks ★ ~ *tax increases* onderhandse belastingverhogingen II *znw* achterdeur

backdrop ['bækdrɒp] *znw* ❶ → **backcloth** ❷ *fig* achtergrond

backer ['bækə] *znw* ❶ iemand die (financiële) steun verleent, sponsor ❷ wedder ⟨op paard⟩, gokker

backfire ['bækfaɪə] I *znw* <u>techn</u> terugslag ⟨v. motor⟩ II *onoverg* ❶ <u>techn</u> terugslaan ❷ een averechtse uitwerking hebben ★ *the plan* ~*d on her* haar plan had een averechts effect voor haar ❸ mislukken

backgammon ['bækgæmən] *znw* backgammon

background ['bækgraʊnd] I *bn* achtergrond ★ ~ *information* achtergrondinformatie ★ ~ *noise* achtergrondrumoer ★ ~ *reading* inlezen ⟨voor studie &⟩ II *znw* achtergrond ★ *her worries faded into the* ~ *when she saw him* haar zorgen verdwenen naar de achtergrond toen ze hem zag

backhand ['bækhænd] I *bn* ❶ <u>sp</u> backhand- ❷ hellend naar links ⟨handschrift⟩ ❸ → **backhanded** II *znw* <u>sp</u> backhand ⟨slag⟩

backhanded ['bækhændɪd], **backhand** *bn* ❶ met de rug van de hand ❷ dubbelzinnig, geniepig, achterbaks ★ *a* ~ *compliment* een dubieus compliment ❸ indirect

backhander ['bækhændə] *znw* ❶ <u>sp</u> backhand(slag) ❷ (klein bedrag aan) smeergeld ❸ indirecte aanval, steek onder water, dubbelzinnige opmerking

backhoe ['bækhəʊ] *znw* graafmachine

backing ['bækɪŋ] *znw* ❶ steun ❷ rugdekking

backlash ['bæklæʃ] *fig znw* ❶ <u>techn</u> terugslag ❷ tegenbeweging, verzet, reactie

backlight ['bæklaɪt] *znw* tegenlicht

backlighting ['bæklaɪtɪŋ] *znw* ❶ tegenlicht ❷ achtergrondbelichting ⟨ook bij beeldschermen om het contrast te vergroten⟩

backlist ['bæklɪst] *znw* fondslijst ⟨van een uitgeverij⟩

backlit ['bæklɪt] *bn* met achtergrondbelichting

backlog ['bæklɒg] *znw* ❶ <u>fig</u> overschot ❷ achterstand ★ *a* ~ *of work* een werkachterstand

back office [bæk 'ɒfɪs] *znw* ❶ <u>handel</u> back office ⟨het deel van de organisatie dat niet in direct contact treedt met de klanten⟩ ❷ <u>inf</u> achterafkantoor

back order [bæk 'ɔ:də] <u>handel</u> *znw* achterstallige order

backpack ['bækpæk] I *znw* rugzak II *onoverg* trekken (met een rugzak)

backpacker ['bækpækə] *znw* rugzaktoerist

back passage [bæk 'pæsɪdʒ] *euf znw* endeldarm, anus

back pay [bæk peɪ], **backpay** I *znw* nabetaling ⟨van salaris⟩ II *overg* nabetalen

backpedal ['bæk'pedl] *onoverg* ❶ terugtrappen ⟨fiets⟩ ❷ <u>fig</u> terugkrabbelen

backrest ['bækrest] *znw* rugleuning

backroad ['bækrəʊd], **back road** *znw* achterafstraat, secundaire weg

backroom ['bækru:m] *znw* achterkamer

backroom boys ['bækru:m bɔɪz] *znw* [mv] mensen die achter de schermen werken

backscratching ['bækskrætʃɪŋ] *znw* vriendjespolitiek, handjeklap

back-seat driver [bæk'si:t 'draɪvə] *znw* ❶ hinderlijke meerijder ❷ <u>fig</u> stuurman aan de wal

backside ['bæksaɪd] *znw* achterste, achterwerk ★ <u>inf</u> *a kick up the* ~ een schop onder je achterste ★ <u>inf</u> *get off your* ~ ga aan het werk/ kom van je luie reet af! ★ <u>inf</u> *sit around on one's* ~ niks zitten te doen

backslapping ['bækslæpɪŋ] *znw* joviaal gedrag

backslash ['bækslæʃ] *znw* backslash, het teken \

backslide ['bækslaɪd] *onoverg* ❶ afvallig worden ❷ recidiveren ★ ~ *into sth* weer vervallen in / tot iets

backspace ['bækspeɪs] I *znw* terugtoets, backspace ⟨op toetsenbord⟩ II *overg* terugspatiëren

backspacer ['bækspeɪsə] *znw* terugsteltoets op schrijfmachine en computer

backstabber ['bækstæbə] *znw* onderkruiper, onbetrouwbaar sujet

backstabbing ['bækstæbɪŋ] *znw* roddel, zwartmakerij

backstage [bæk'steɪdʒ] *bijw* achter de schermen ⟨ook fig⟩

backstairs [bæk'steəz] *znw* [mv] achtertrap, geheime trap

backstitch ['bækstɪtʃ] *znw* achtersteek, stevige dubbele steek ⟨bij naaien⟩

backstreet ['bækstri:t] I *bn* illegaal, duister ★ *a* ~ *company* een duister bedrijf II *znw* achterafstraat, straat in een rustige buurt ★ *he grew up in the* ~*s of Belfast* hij groeide op in een achterafbuurt van Belfast

backstreet abortion ['bækstri:t ə'bɔ:ʃən] *znw* illegale abortus

backstroke ['bækstrəʊk] *znw* rugslag ⟨zwemmen⟩

back talk [bæk tɔ:k] <u>Am</u> *znw* brutaal antwoord

back-to-back ['bæk-tə-'bæk] *bn & bijw* ❶ met de achterkanten tegen elkaar aan ⟨huizen⟩ ❷ de een na de ander ★ *it was* ~ *mistakes tonight, so we lost* het was een en al fouten vanavond, dus hebben we verloren ❸ erg druk ★ *it was ~ on the beach* het was erg druk op het strand

backtrack ['bæktræk] *onoverg* ❶ teruggaan langs precies dezelfde weg ❷ fig terugkrabbelen

back-up ['bæk-ʌp], **backup** *znw* ❶ comput back-up, reservekopie ❷ fig ondersteuning

back-up file ['bæk-ʌp faɪl] comput *znw* reservebestand

back-up generator ['bæk-ʌp 'dʒenəreɪtə] *znw* noodaggregaat

back-up system ['bæk-ʌp 'sɪstəm] *znw* ⟨alg.⟩ noodinstallatie, comput reservesysteem, back-upsysteem

backward ['bækwəd] **I** *bn* ❶ achteruit, achterom ★ *she left without a ~ glance* ze ging weg zonder achterom te kijken ❷ achtergebleven, traag, laat ★ *~ countries* achtergebleven gebieden ❸ beschroomd ❹ onwillig **II** *bijw* → **backwards**

backwardness ['bækwədnəs] *znw* achtergebleven staat / toestand

backwards ['bækwədz], **backward** *bijw* ❶ achterwaarts, -uit, -over ★ afkeurend *the job was a step ~* de baan was een achteruitgang ★ fig *bend / lean over ~* zijn uiterste best doen, al het mogelijke doen ❷ van achteren naar voren, terug ★ *~ and forwards* op en neer, heen en terug ★ *know sth ~* iets op zijn duimpje kennen / iets wel kunnen dromen

backwash ['bækwɒʃ] *znw* ❶ boeggolf ❷ terugloop ⟨v. water⟩ ❸ luchtv deining ⟨v. lucht⟩ ❹ fig terugslag ★ *the economic ~ has affected them too* de economische teruggang heeft hen ook getroffen

backwater ['bækwɔːtə] *znw* ❶ (geestelijk, cultureel) isolement ❷ achtergebleven gebied ★ *the countryside is an economic ~* het platteland is een economisch achtergebleven gebied

backwoods ['bækwʊdz] *znw* [mv] oerwouden ⟨in Amerika⟩, binnenland ★ afkeurend *he comes from the ~* hij is uit de klei getrokken

backyard [bæk'jɑːd] *znw* achterplaats, achtererf, Am achtertuin ★ fig *you'd be concerned if it happened in your ~* jij zou je ook zorgen maken als het in jouw eigen achtertuin gebeurde

bacon ['beɪkən] *znw* bacon, (gerookt) spek ★ *a rasher of ~* een plakje bacon ★ inf *bring home the ~* de kost verdienen, de centjes binnenbrengen

bacteria [bæk'tɪərɪə] *znw* bacteriën

bacterial [bæk'tɪərɪəl] *bn* bacterieel

bacteriological [bæktɪərɪə'lɒdʒɪkl] *bn* bacteriologisch

bacteriologist [bæktɪərɪ'ɒlədʒɪst] *znw* bacterioloog

bacteriology [bæktɪərɪ'ɒlədʒɪ] *znw* bacteriologie

bacterium [bæk'tɪərɪəm] *znw* [mv: bacteria] (veelal mv) bacterie ★ *a strain of ~* een bacteriestam

bad [bæd] **I** *bn* ❶ slecht ★ *be ~ at sth* ergens slecht in zijn ★ *be ~ for sbd* een slechte invloed op iem. hebben ★ *be in a ~ way* er slecht aan toe zijn ❷ kwalijk, ernstig, erg, zwaar ⟨verkoudheid &⟩ ★ *that's too ~* jammer (maar niets aan te doen) ★ inf *have got it in a ~ way* erg verliefd zijn ❸ kwaad,

ondeugend ★ *go from ~ to worse* van kwaad tot erger vervallen ❹ bedorven, rot ⟨fruit &⟩ ★ *go ~* bederven ⟨voedsel⟩ ★ *turn ~* slecht worden / het verkeerde pad opgaan, bederven ⟨voedsel &⟩ ❺ naar, ziek ★ *feel ~ (about sth)* spijt hebben (van iets) ❻ vals, nagemaakt, ondeugdelijk ★ handel *a ~ cheque* een ongedekte cheque **II** *bijw* Am inf slecht, erg, kwalijk ★ *he needed to go to the toilet real ~* hij moest heel nodig naar de WC

bad blood [bæd blʌd], **bad feeling** *znw* kwaad bloed

bad break [bæd breɪk] inf *znw* ★ *a ~* pech, een tegenvaller

bad breath [bæd breθ] *znw* slechte adem

bad debt [bæd det] handel *znw* dubieuze posten

baddie ['bædɪ], **baddy** inf *znw* slechterik, boef, schurk ⟨vooral in film, boek &⟩

bade [bæd] *ww* [v.t.] → **bid**

bad feeling [bæd 'fiːlɪŋ] *znw* → **bad blood**

badge [bædʒ] *znw* ❶ kenteken, ordeteken, onderscheidingsteken ⟨uniform⟩ ❷ insigne, badge, penning ★ *a ~ of office* een penning die de functie aangeeft ⟨politiepenning &⟩ ❸ kenmerk

badger ['bædʒə] **I** *znw* dierk das **II** *overg* lastig vallen, drammen, zeuren (om)

bad hair day [bæd 'heə deɪ] inf *znw* ongeluksdag

badinage ['bædɪnɑːʒ] ⟨Fr⟩ dicht *znw* schertsend gepraat

badlands ['bædlændz] *znw* [mv] slechte grond ⟨vaak ten gevolge van erosie⟩

bad language [bæd 'læŋgwɪdʒ] *znw* onfatsoenlijke taal of gevloek

bad lot [bæd lɒt] inf *znw* ★ *a ~* een slecht en onaangenaam persoon

badly ['bædlɪ] *bijw* ❶ kwalijk, slecht, erg ★ *their children are ~ behaved* hun kinderen gedragen zich slecht ★ *the takeover was ~ timed* het tijdstip van de overname was slecht gekozen ❷ versterkend danig, hard, zeer ★ *~ wounded* zwaar gewond

badly off ['bædlɪ ɒf] *bn* arm

bad-mannered [bæd-'mænəd] *bn* slechtgemanierd, onaangepast

badminton ['bædmɪntən] sp *znw* badminton

badmouth ['bædmaʊθ] Am *overg* kwaadspreken, lasteren

bad-tempered [bæd-'tempəd] *bn* slechtgehumeurd

baffle ['bæfl] **I** *znw* techn leiplaat **II** *overg* ❶ verbijsteren ★ *he was ~d by her coldness* hij was onthutst door haar koelheid ❷ in de war brengen

bafflement ['bæflmənt] *znw* verbijstering

baffling ['bæflɪŋ] *bn* ❶ raadselachtig, onbegrijpelijk ❷ verbijsterend, niet te geloven

bag [bæg] **I** *znw* ❶ zak, baal ★ *a brown ~ lunch* een lunchpakket ★ *a drawstring ~* een tas die met een koord wordt dichtgemaakt ★ fig *in the ~* voor de bakker ★ inf *~s of time / money / room &* ruim voldoende tijd / geld / ruimte & ★ inf *a ~ of tricks* alles, van alles en nog wat ❷ tas ★ *an overnight ~* een weekendtas ★ *~ and baggage* (met) pak en zak

ba

❸ wal ‹onder oog› ★ ~s *under the eyes* wallen onder de ogen ❹ vangst, geschoten wild ❺ inf uier ❻ inf oude / lelijke vrouw ★ *an old* ~ een oud wijf II *overg* ❶ in zakken doen, (op)zakken ❷ schieten, vangen ❸ inf in zijn zak steken, buitmaken, weten te bemachtigen ★ kindertaal ~s *II* mijn!

bagatelle [bægə'tel] dicht *znw* bagatel, kleinigheid

bagel [beigl] *znw* rond broodje

bag for life [bæg fə 'laif] *znw* sterke plastic tas van de supermarkt

baggage ['bægidʒ] *znw* bagage ★ *carry-on* ~ handbagage ★ *emotional* ~ emotionele bagage / ontwikkeling ★ *excess* ~ overvracht / overtollige bagage

baggage allowance ['bægidʒ ə'lauəns] *znw* toegestane bagage

baggage car ['bægidʒ kɑ:] *znw* bagagewagen, goederenwagen

baggage handler ['bægidʒ 'hændlə] *znw* bagageafhandelaar

baggage room ['bægidʒ ru:m] *znw* bagagedepot

baggy ['bægi] *bn* flodderig, slobber- ★ ~ *cheeks* hangwangen

bag lady [bæg 'leidi] *znw* zwerfster ‹met haar bezittingen in boodschappentassen›

bagman ['bægmən] *znw* ❶ inf gedat handelsreiziger ❷ iem. die geld ophaalt en uitdeelt namens een (misdaad)organisatie (bijv. maffia)

bag of bones [bæg əv 'bəunz] inf *znw* iem. die vel over been is, zeer mager persoon

bagpipes ['bægpaips] *znw* [mv] doedelzak

baguette [bæ'get] ‹*Fr*› *znw* stokbrood

bah [bɑ:] gedat *tsw* bah!

Bahamas [bə'hɑ:məz] *znw* [mv] ★ *the* ~ de Bahama's, de Bahama-eilanden

Bahamian [bə'heimiən] I *bn* Bahamiaans II *znw* Bahamiaan, Bahamiaanse

Bahrain [bɑ:'rein] *znw* Bahrein

Bahraini [bɑ:'reini] *bn & znw* Bahreini

baht [bɑ:t] valuta *znw* baht ‹Thaise munteenheid›

bail [beil] I *znw* ❶ borg, borgtocht, borgstelling ★ *go* / *stand* ~ *(for sbd)* borg staan (voor iem.), instaan voor iem. ★ *grant sbd* ~ iem. op borgtocht vrijlaten ★ *release sbd on* ~ iem. op borgtocht vrijlaten (uit voorarrest) ❷ cricket bail ‹v. wicket, meestal mv› II *overg* ❶ op borg vrijlaten ❷ hozen III *phras* ★ ~ **out** uit een vliegtuig springen met een parachute, ergens onderuit komen ★ ~ *sbd out* door borgtocht het ontslag van voorarrest verkrijgen voor iem., iem. uit de problemen helpen ★ ~ *sth out* iets uit de problemen helpen ‹bedrijf &›, iets uithozen ‹boot› ★ Aus / NZ ~ *sbd* up iem. klem zetten en beroven, opdringerig met iem. praten ★ Aus / NZ ~ *up a cow* een koe vastzetten om te melken

bailey ['beili] *znw* ❶ binnenplein ❷ hist buitenmuur (v. kasteel, stad)

bailiff ['beilif] *znw* ❶ gerechtsdienaar, deurwaarder, ordebewaarder ❷ rentmeester ❸ hist schout, baljuw

bailout ['beilaut] inf *znw* financiële hulp voor een in nood verkerend bedrijf

bairn [beərn] Schots & N.Br *znw* kind

bait [beit] I *znw* aas, lokaas, lokmiddel ★ *rise to* / *take the* ~ aan-, toebijten, toehappen, in een valstrik lopen II *overg* ❶ van (lok)aas voorzien ❷ sarren, kwellen, op de kast jagen

bait-and-switch [beit-ənd-switʃ] Am *znw* het naar een winkel lokken van kopers d.m.v. lage prijzen en daarna proberen ze hoger geprijsd artikelen te verkopen

baize [beiz] *znw* ❶ baai ‹stof› ❷ (groen) laken

bake [beik] *overg* bakken, braden

baked beans [beikt 'bi:nz] *znw* [mv] witte bonen in tomatensaus

baked potato [beikt pə'teitəu] *znw* aardappel in de oven gebakken

bakehouse ['beikhaus] *znw* bakkerij

bakelite ['beikəlait] *znw* bakeliet

baker ['beikə] *znw* bakker ★ *at the* ~'s bij de bakker / in de bakkerij

baker's dozen ['beikəz 'dʌzən] *znw* dertien

bakery ['beikəri] *znw* bakkerij

baking ['beikiŋ] I *bn* ★ inf ~(-hot) gloeiend heet, snikheet II *znw* ❶ het bakken ❷ baksel

baking powder ['beikiŋ 'paudə] *znw* bakpoeder

baking sheet ['beikiŋ ʃi:t] *znw* bakblik

baking soda ['beikiŋ 'səudə] Am *znw* bakpoeder, zuiveringszout ‹natrium bicarbonaat›

balaclava ['bæləklɑ:və], **balaclava helmet** *znw* bivakmuts

balalaika [bælə'laikə] *znw* balalaika

balance ['bæləns] I *znw* ❶ balans, weegschaal ★ *tip the* ~ de schaal doen doorslaan ★ *be in the* ~ op het spel staan, in het geding zijn ★ *hang in the* ~ (nog) niet beslist zijn ❷ evenwicht, tegenwicht ★ fig *be off (one's)* ~ uit zijn evenwicht, van streek zijn ★ fig *strike a* ~ *(between)* het evenwicht vinden (tussen) / het juiste midden vinden (tussen) ★ *hold the* ~ *of power* het machtsevenwicht in handen hebben ‹v.e. kleine partij tussen twee grote, die geen van beide de meerderheid hebben› ★ *on* ~ over het geheel genomen ❸ fig harmonie ❹ handel saldo ★ boekh *the opening* ~ het beginsaldo, het openingssaldo ❺ rest ❻ techn onrust ‹in horloge› II *overg* ❶ wegen, overwegen ❷ opwegen tegen, in evenwicht (harmonie) brengen of houden ★ ~ *sth against sth* iets met iets in evenwicht brengen ★ *they* ~ *each other out* ze houden elkaar in evenwicht, ze wegen tegen elkaar op ❸ handel afsluiten, sluitend maken ‹begroting› ❹ ‹rekening› vereffenen III *onoverg* ❶ in evenwicht (harmonie) zijn, balanceren ★ ~ *out* elkaar compenseren ❷ fig kloppen, sluiten ‹rekening, begroting &›

balance book ['bæləns buk] boekh *znw* balansboek

balanced ['bælənst] *bn* uitgebalanceerd, evenwichtig ★ *a* ~ *opinion* een afgewogen oordeel

balanced diet ['bælənst 'daiət] *znw* uitgebalanceerd

dieet
balance of payments ['bæləns əv 'peɪmənts] *znw*
betalingsbalans
balance of power ['bæləns əv 'paʊə] *znw*
machtsevenwicht
balance of trade ['bæləns əv 'treɪd] *znw*
handelsbalans
balance sheet ['bæləns ʃiːt] handel *znw* balans
balancing act ['bælənsɪŋ ækt] *znw* koorddansnummer
★ *do a ~ between work and family* proberen werk en
gezin te combineren
balcony ['bælkənɪ] *znw* balkon
bald [bɔːld] *bn* ❶ kaal, naakt ★ inf *as ~ as a coot* zo
kaal als een biljartbal ★ *a ~ tyre* een gladde band
❷ onopgesmukt, nuchter ★ *a ~ statement* een korte
sobere verklaring
bald eagle [bɔːld 'iːgl] *znw* Amerikaanse zeearend
balderdash ['bɔːldədæʃ] gedat *znw* wartaal, kletspraat
baldheaded [bɔːld'hedɪd] *bn* kaal(hoofdig) ★ *go at it ~*
er onbesuisd op los gaan
balding ['bɔːldɪŋ] *bn* kalend
baldly ['bɔːldlɪ] *bijw* gewoonweg, zonder omwegen
★ *to put it ~, we are in trouble* om het maar rechtuit
te zeggen, we zitten in de problemen
baldness ['bɔːldnəs] *znw* ❶ kaalheid ❷ directheid,
onomwondenheid
baldy ['bɔːldɪ], **baldie** scherts *znw* kale
bale [beɪl] I *znw* baal II *overg* ❶ (in balen ver)pakken,
persen ‹hooi› ❷ water hozen uit (ook: ~ *out*)
III *phras* ★ *~ out* eruit (uit het vliegtuig) springen
met een parachute
baleen [bə'liːn] *znw* balein ‹van walvis› ★ *a ~ whale*
een baardwalvis
baleful ['beɪlfʊl] dicht *bn* ❶ onheilspellend, dreigend
★ *a ~ look* een onheilspellende blik ❷ noodlottig,
verderfelijk
balk [bɔːk], **baulk I** *znw* ❶ (ruw gehouwen) balk ❷ bilj
gedeelte van de tafel van waaraf wordt afgestoten
II *overg* ❶ hinderen, de pas afsnijden ❷ verijdelen
▼ *~ sbd of sth* iem. iets onthouden, ontnemen
III *onoverg* ❶ weigeren, niet verder gaan
❷ plotseling blijven steken ❸ terugdeinzen (voor *at*)
ball [bɔːl] I *znw* ❶ bal ‹voorwerpsnaam›, bol, kogel
★ *the ~ is in your court* nu ben jij aan zet, nu is het
jouw beurt ★ *be on the ~* goed bij zijn, ad rem zijn
★ inf *play ~* samenwerken, meedoen ★ *set / start
the ~ rolling* de bal aan het rollen brengen ❷ inf
teelbal ❸ bal ‹danspartij› ★ inf *have a ~* zich
uitstekend vermaken ❹ kluwen II *phras* ★ *~ up* een
bal vormen ★ *~ sth up* iets tot een bal / prop vormen
ballad ['bæləd] *znw* lied(je), ballade
ball and chain [bɔːl ənd tʃeɪn] *znw* ❶ boei, voetboei
❷ belemmering ★ *the ~ of credit card payments* de
lasten van betalingen met een creditcard
ball-and-socket joint [bɔːl-ən-'sɒkɪt dʒɔɪnt] *znw* →
socket joint
ballast ['bæləst] I *znw* ballast II *overg* ballasten
ball bearing [bɔːl 'beərɪŋ] techn *znw* kogellager

ballboy ['bɔːlbɔɪ], **ball boy** sp *znw* ballenjongen ‹bij
tennis &›
ballcock ['bɔːlkɒk] techn *znw* balkraan, flotteur ‹v.
stortbak wc›
ballerina [bælə'riːnə] *znw* ballerina
ballet ['bæleɪ] *znw* ballet
balletic [bə'letɪk] *bn* gracieus
ballet shoe ['bæleɪ ʃuː] *znw* spitze, balletschoen
ballgame ['bɔːlgeɪm], **ball game** *znw* Am
honkbalwedstrijd ★ fig *that's a whole different
/ new ~* dat is een heel ander verhaal, dat is heel wat
anders
ballgirl ['bɔːlgɜːl], **ball girl** *znw* ballenmeisje ‹bij tennis
&›
ballgown ['bɔːlgaʊn] *znw* baljurk
ballistic [bə'lɪstɪk] *bn* ballistisch ★ inf *go ~* een driftbui
krijgen
ballistic missile [bə'lɪstɪk 'mɪsaɪl] *znw* ballistisch
projectiel, ballistische raket
ballistics [bə'lɪstɪks] *znw* [mv] ballistiek
balloon [bə'luːn] I *znw* ❶ (lucht)ballon ★ inf *when
the ~ goes up* als het feest begint, als de
moeilijkheden beginnen ❷ tekstballon ❸ groot
rond cognacglas II *onoverg* ❶ bol (gaan) staan ❷ fig
de pan uit rijzen ❸ ballontochten maken
balloonist [bə'luːnɪst] *znw* ballonvaarder
ballot ['bælət] I *znw* ❶ stemrecht, stembriefje
❷ aantal uitgebrachte stemmen ❸ (geheime)
stemming, loting ★ *put sth to the ~* over iets laten
stemmen II *onoverg* stemmen, loten (om *for*)
ballot box ['bælət bɒks] *znw* stembus
ballot paper ['bælət 'peɪpə] *znw* stembriefje
ballot-rigging ['bælət-'rɪgɪŋ] *znw* stembusfraude
ballpark ['bɔːlpɑːk] Am *znw* honkbalstadion
ballpark figure ['bɔːlpɑːk 'fɪgə] *znw* ruwe schatting
ballpoint ['bɔːlpɔɪnt], **ballpoint pen** *znw* ballpoint,
balpen
ballroom ['bɔːlruːm] *znw* balzaal, danszaal
ballroom dancing ['bɔːlruːm 'dɑːnsɪŋ] *znw* stijldansen
balls [bɔːlz] vulg I *znw* [mv] ❶ kloten, teelballen ❷ lef
❸ geklets, gelul ★ vulg *~!* gelul, flauwekul II *phras*
★ vulg *~ sth up* iets verknoeien, verprutsen,
verknallen, naar de kloten helpen
balls-up ['bɔːlz-ʌp] vulg *znw* knoeiboel, rotzooi,
soepzootje
bally ['bælɪ] inf *bn & bijw* verduiveld, verdomd
ballyhoo [bælɪ'huː] inf *znw* ❶ luidruchtige,
opdringerige reclame, (hoop) drukte ❷ kretologie
balm [bɑːm] *znw* balsem
balmy ['bɑːmɪ] *bn* ❶ zacht, zoel, zwoel ★ *~ weather*
zacht / zoel / zwoel weer ❷ balsemachtig,
balsemend ❸ → Am **barmy**
baloney [bə'ləʊnɪ], **boloney** *znw* ❶ inf klets(koek),
flauwekul ❷ Am Bolognese worst
balsa ['bɒlsə, 'bɔːlsə], **balsa wood** *znw* balsa, balsahout
balsam ['bɔːlsəm] *znw* balsem
balsamic [bɔːl'sæmɪk] *bn* balsamiek, verzachtend
balsamic vinegar [bɔːl'sæmɪk 'vɪnɪgə] *znw*

balsamicoazijn ⟨donkere, zoete Italiaanse azijn, in houten vaten gerijpt⟩

balustrade [bælə'streɪd] *znw* balustrade

bamboo [bæm'bu:] *znw* bamboe

bamboozle [bæm'bu:zəl] <u>inf</u> *overg* beetnemen, verlakken, bedriegen

ban [bæn] **I** *znw* ❶ ban(vloek), (rijks)ban ❷ verbod (van *on*) ★ *put a ~ on sth* iets verbieden **II** *overg* ❶ verbieden ★ *~ sbd from doing sth* iem. iets verbieden ❷ verbannen (uit *from*), uitbannen ★ *~ the bomb!* ban de bom! weg met de atoombom!

banal [bə'nɑ:l] *bn* banaal, triviaal

banality [bə'nælətɪ] *znw* banaliteit

banana [bə'nɑ:nə] *znw* banaan ★ *inf go ~s* knettergek worden

banana republic [bə'nɑ:nə rɪ'pʌblɪk] <u>inf</u> *znw* bananenrepubliek

band [bænd] **I** *znw* ❶ band, (smal) lint, snoer ❷ strook, rand, streep ❸ ring, bandje ⟨om sigaar⟩ ❹ drijfriem ❺ schare, troep, bende ❻ muziekkorps, kapel, dansorkest ❼ (pop)groep, band ★ *a boy / girl ~* een jongensgroep / meidengroep ⟨popmuziek⟩ **II** *overg* ❶ strepen ❷ ringen ⟨vogels, bomen⟩ ❸ <u>Br</u> in tariefgroepen indelen **III** *onoverg* ★ *~ together* zich verenigen

bandage ['bændɪdʒ] **I** *znw* verband, zwachtel **II** *overg* ★ *~ sth (up)* iets verbinden, (om)zwachtelen

Band-Aid® ['bænd-eɪd] *znw* (hecht)pleister

bandaid solution ['bændeɪd sə'lu:ʃən] *znw* tijdelijke oplossing, noodverband

bandana [bæn'dænə], **bandanna** *znw* grote gekleurde zakdoek / halsdoek

b and b [bi: ənd bi:], **b & b, B & B** *afk* → **bed and breakfast**

bandicoot ['bændɪku:t] *znw* bandicoot ⟨ratachtig Australisch buideldier⟩

bandit ['bændɪt] *znw* [*mv: -s of* banditti] bandiet, (struik)rover

banditry ['bændɪtrɪ] *znw* (struik)roverij, banditisme

bandleader ['bændli:də] <u>muz</u> *znw* bandleider

bandmaster ['bændmɑ:stə] <u>muz</u> *znw* kapelmeester

bandsaw ['bændsɔ:] *znw* lintzaag

bandsman ['bændzmən] *znw* muzikant ⟨in band of muziekkorps⟩

bandstand ['bændstænd] *znw* muziektent

bandwagon ['bændwægən] *znw* ❶ praalwagen met muzikanten ❷ <u>fig</u> iets dat populair is ★ *climb / get / jump on the ~* ook van de partij (willen) zijn, met de mode meedoen

bandwidth ['bændwɪdθ] <u>telec & comput</u> *znw* bandbreedte

bandy ['bændɪ] *overg* heen en weer smijten, (uit)wisselen ★ *~ words* ruzie maken ★ *~ sth about / around* iets rondbazuinen

bane [beɪn] *znw* bron van ergernis, last ★ *he's the ~ of my life* hij is een nagel aan mijn doodskist

bang [bæŋ] **I** *tsw* pats!, boem!, pang! ★ *go ~* dreunen, met een klap dichtgaan ⟨deur⟩, exploderen ★ *inf ~*

goes my holiday mijn vakantie naar de maan! **II** *bijw* vlak, net, precies, vierkant, pardoes ★ <u>inf</u> *be ~ on* precies goed / raak zijn **III** *znw* slag, smak, knal, klap ★ <u>inf</u> *get a ~ out of sth* een kick krijgen van iets ★ <u>inf</u> *go with a ~* met veel kabaal instorten / ontploffen &, erg veel succes hebben **IV** *overg* ❶ slaan, stompen, rammen, (dicht)smakken ❷ bonzen op ❸ ranselen ❹ <u>vulg</u> neuken, een beurt geven **V** *onoverg* knallen, dreunen **VI** *phras* ★ *~ away at sth* hard doorwerken aan iets ★ <u>inf</u> *~ on (about sth)* doordrammen (over iets) ★ <u>inf</u> *~ sth out* iets vlug en slordig produceren, iets trommelen / jengelen ⟨muziek⟩ ★ <u>inf</u> *~ sbd / sth up* iem. / iets opsluiten, <u>Am</u> iem. / iets beschadigen / verwonden

banger ['bæŋə] <u>inf</u> *znw* ❶ worstje ❷ rotje ❸ rijdend wrak

Bangladesh [bæŋglə'deʃ] *znw* Bangladesh

Bangladeshi [bæŋglə'deʃɪ] **I** *bn* van, uit Bangladesh **II** *znw* inwoner v. Bangladesh

bangle ['bæŋgl] *znw* ❶ armband ❷ enkelkettinkje

bangs [bæŋz] <u>Am</u> *znw* [mv] ponyhaar, pony

bang-up ['bæŋ-ʌp] <u>Am</u> <u>inf</u> *bn* piekfijn, prima ★ *a ~ job* een mooi stukje werk

banish ['bænɪʃ] *overg* (ver)bannen

banishment ['bænɪʃmənt] *znw* verbanning, ballingschap

banister ['bænɪstə(z)], **bannister** *znw* (meestal *mv*) trapleuning

banjo ['bændʒəʊ] *znw* [mv: -s of -joes] banjo

bank [bæŋk] **I** *znw* ❶ bank, (speel)bank ❷ oever, wal, dijk, glooiing, berm ❸ ophoging, zandbank ❹ mistbank ❺ <u>luchtv</u> slagzij, dwarshelling, overhelling ⟨in bocht⟩ ❻ groep, rij ⟨toetsen &⟩ **II** *overg* ❶ <u>handel</u> op de bank zetten, deponeren ❷ indammen ❸ ophogen, opstapelen ❹ doen overhellen ⟨in bocht⟩ **III** *onoverg* ❶ een bankrekening hebben, bankzaken doen (met *with*) ❷ zich opstapelen, een hindernis vormen ❸ <u>luchtv</u> overhellen ⟨in bocht⟩ ❹ <u>sp</u> op de (reserve)bank zitten **IV** *phras* ★ *~ on sbd / sth* vertrouwen op iem. / iets ★ *~ up* zich opstapelen ★ *~ sth up* iets opstapelen ★ *the accident ~ed the traffic up for about a kilometre* het ongeluk veroorzaakte een verkeersopstopping van ongeveer een kilometer

bankable [bæŋkəbl] *bn* ❶ betrouwbaar ❷ volle zalen trekkend ★ *a ~ star* een ster die veel publiek trekt

bank account [bæŋk ə'kaʊnt] *znw* bankrekening

bank balance [bæŋk 'bæləns] *znw* banksaldo

bank bill [bæŋk bɪl] *znw* bankwissel

bank branch [bæŋk brɑ:ntʃ] *znw* bankfiliaal

bank card [bæŋk kɑ:d] *znw* betaalpas, pinpas

bank charges ['bæŋk 'tʃɑ:dʒɪz] *znw* [mv] banktarieven

bank cheque [bæŋk tʃek], <u>Am</u> **bank check** *znw* bankcheque

bank clerk [bæŋk klɑ:k] *znw* bankbediende

banker ['bæŋkə] <u>handel</u> *znw* ❶ bankier, kassier ❷ bankhouder

bank holiday [bæŋk 'hɒlədeɪ] <u>Br</u> *znw* algemene vrije dag, feestdag

banking ['bæŋkɪŋ] *znw* bankwezen, bankbedrijf ★ ~
hours openingsuren van een bank ★ ~ *transactions*
bankverkeer, bancair verkeer

bank manager [bæŋk 'mænɪdʒə] *znw* bankdirecteur

banknote ['bæŋknəʊt] *znw* bankbiljet

Bank of England [bæŋk əv 'ɪŋglənd] *znw* ★ *the* ~ de
bank van Engeland ‹de Britse centrale bank›

bank rate [bæŋk reɪt] *znw* (bank)disconto

bankroll ['bæŋkrəʊl] **Am** I *znw* ❶ rol bankbiljetten
❷ geld, fondsen II *overg* **inf** financieren, financieel
steunen

bankrupt ['bæŋkrʌpt] I *bn* bankroet, failliet
★ *morally* ~ gewetenloos ★ *declare sbd* ~ iem.
bankroet / failliet verklaren ★ *go* ~ failliet gaan
II *znw* iem. die failliet is III *overg* failliet doen gaan,
ruïneren

bankruptcy ['bæŋkrʌptsɪ] *znw* bankroet, faillissement
★ *file for* ~ faillissement aanvragen

bank statement [bæŋk 'steɪtmənt] *znw* bankafschrift

bank transfer ['bæŋk 'træns-, 'trɑːnsfɜ:] *znw*
bankoverschrijving

banner ['bænə] *znw* ❶ banier, vaan, vaandel
❷ spandoek ❸ **comput** banner ‹advertentie op een
webpagina›

banner headline ['bænə 'hedlaɪn] *znw* grote
krantenkop ‹vooral bovenaan op de voorpagina›

banns [bænz] *znw* [mv] huwelijksafkondiging
★ *publish the* ~ de huwelijksafkondiging doen vanaf
de preekstoel, in ondertrouw gaan

banquet ['bæŋkwɪt] I *znw* feest-, gastmaal, banket
II *overg* onthalen / trakteren op een feestmaal
III *onoverg* deelnemen aan een banket, uitgebreid
dineren

banqueting hall ['bæŋkwɪtɪŋ hɔːl] *znw* eetzaal

banshee ['bænʃi:] **Iers & Schots** *znw* geest die met
geweeklaag een sterfgeval aankondigt

bantam ['bæntəm] *znw* ❶ **dierk** bantammer,
kriel(haan) ❷ **sp** bokser van het bantamgewicht

bantamweight ['bæntəmweɪt] **sp** *znw* bantamgewicht

banter ['bæntə] I *znw* gekscherende plagerij,
plagerige spot, gescherts ★ *they engaged in a bit of* ~
ze zaten elkaar wat te plagen II *onoverg* schertsen

baobab ['beɪəʊbæb] *znw* apenbroodboom, baobab

bap [bæp] *znw* zacht broodje

baptism ['bæptɪzəm] *znw* doop, doopsel ★ *a* ~ *of / by
fire* een vuurdoop

baptismal [bæp'tɪzməl] *bn* doop- ★ *a* ~ *name* een
doopnaam

Baptist ['bæptɪst] *znw* Baptist, doper ★ *John the* ~
Johannes de Doper

baptistry ['bæptɪstərɪ], **baptistery** *znw* ❶ doopkapel
❷ doopvont

baptize [bæp'taɪz], **baptise** *overg* dopen

bar [bɑ:] I *voorz* behalve, met uitzondering van ★ ~
accidents als er niks tussen komt ★ *the best player* ~
none de beste speler van allemaal ★ *it's all over* ~ *the
shouting* het is op een haar na afgelopen II *znw*

❶ staaf, stang, spijl, tralie ★ *behind (prison)* ~*s* achter
de tralies ★ **sp** *a horizontal* ~ een rekstok, rek ★ **sp**
parallel ~*s* brug ❷ baar ‹metaal›, reep ‹chocolade &›
❸ zandbank ‹vóór haven of riviermond›
❹ (slag)boom, barrière, sluitboom ❺ **fig**
belemmering, hindernis ❻ bar, buffet, toog ‹in café
&› ❼ **jur** balie, de juridische professie ★ *admit / call
sbd to the* ~ iem. als advocaat toelaten ❽ **muz**
(maat)streep, maat ★ **muz** *three beats to the* ~ drie
tellen per maat ❾ **sp** doellat III *overg* ❶ met
slagboom sluiten, afsluiten ❷ beletten, verhinderen,
versperren ❸ uitsluiten

barb [bɑ:b] *znw* ❶ (weer)haak ❷ **fig** hatelijke
opmerking

Barbadian [bɑː'beɪdɪən, -djən] I *bn* Barbadaans II *znw*
Barbadaan, Barbadaanse

Barbados [bɑː'beɪdɒs] *znw* Barbados

barbarian [bɑː'beərɪən] I *bn* barbaars ★ ~ *invasions*
invasies door de barbaren II *znw* barbaar

barbaric [bɑː'bærɪk], **form barbarous** *bn* barbaars ★ ~
acts barbaarse daden

barbarism ['bɑːbərɪzm] *znw* ❶ barbaarsheid, barbarij
❷ **taalk** barbarisme

barbarity [bɑː'bærətɪ] *znw* barbaarsheid

barbarous ['bɑːbrəs] *bn* → **barbaric**

barbecue ['bɑːbɪkju:] I *znw*, **Aus inf barbie** ❶ barbecue
❷ barbecuefeest ❸ op barbecue geroosterd stuk
vlees II *overg* barbecueën, roosteren ‹op een
barbecue›

barbecue sauce ['bɑːbɪkju: sɔːs] *znw* barbecuesaus

barbed ['bɑːbd] *bn* ❶ met weerhaken ❷ scherp
kritisch / sarcastisch ❸ stekelig, hatelijk

barbed wire ['bɑːbd 'waɪə] *znw* prikkeldraad

barbell ['bɑːbel] **sp** *znw* halter

barber ['bɑːbə] *znw* kapper ★ *at the* ~*'s* bij de kapper

barbershop ['bɑːbəʃɒp] *znw* ❶ kapperszaak ❷ **Am**
bep. stijl van closeharmonyzang voor vier heren

barber's pole ['bɑːbəz pəʊl] *znw* rood-wit gestreepte
paal buiten een kapperszaak ‹bij wijze van
uithangbord›

barbie ['bɑːbɪ] *znw* ❶ → **barbecue** ❷ **barbie doll**
barbiepop

barbiturate [bɑː'bɪtjʊrɪt] *znw* barbituraat

Barbour® ['bɑːbə], **Barbour jacket** *znw* Barbourjas
‹bep. waterdichte jas›

bar chart [bɑː tʃɑːt] *znw* staafdiagram

bar code [bɑː kəʊd] *znw* streepjescode, barcode

bard [bɑːd] **dicht** *znw* ❶ bard, troubadour
❷ (volks)dichter

bar diagram [bɑː 'daɪəgræm] *znw* staafdiagram

bare [beə] I *bn* ❶ bloot, naakt, kaal, ontbloot ★ *he
killed the animal with his* ~ *hands* hij doodde het dier
met zijn blote handen ★ *lay sth* ~ iets blootleggen
★ *the* ~ *essentials* het strikt noodzakelijke ★ *the* ~
minimum het uiterste minimum ★ ~ *of* zonder
❷ klein ‹meerderheid› ❸ gering ‹kans› II *overg*
❶ ontbloten ★ ~ *all* al je kleren in het openbaar
uittrekken ★ ~ *one's teeth* zijn tanden laten zien

❷ blootleggen ★ *he ~d his soul to her* hij legde zijn ziel aan haar bloot

bareback ['beəbæk] *bn & bijw* zonder zadel

bare bones [beə 'bəʊnz] *znw* [mv] ★ *the ~* het belangrijkste / de essentie ★ *I told him the ~ of what had happened* ik vertelde hem in hoofdlijnen wat er was gebeurd

barefaced ['beəfeɪst] *bn* ❶ ongemaskerd ❷ <u>afkeurend</u> onverbloemd, schaamteloos, onbeschaamd ★ *a ~ lie* een schaamteloze leugen

barefoot ['beəfʊt], **barefooted** *bn* blootsvoets, barrevoets ★ *go ~* op blote voeten lopen

bareheaded [beə'hedɪd] *bn* blootshoofds

bare infinitive [beər ɪn'fɪnɪtɪv] <u>gramm</u> *znw* Engels infinitief zonder *to*

barely ['beəlɪ] *bijw* nauwelijks, ternauwernood, amper

barf [bɑːf] <u>Am</u> *inf* **I** *znw* kots **II** *overg & onoverg* kotsen, overgeven

barf bag ['bɑːf bæg] <u>Am</u> *inf znw* kotszakje, overgeefzakje ‹in vliegtuig›

barfly ['bɑːflʌɪ] <u>inf</u> *znw* kroegloper

bargain ['bɑːgɪn] **I** *znw* ❶ koop, koopje ★ *into the ~* op de koop toe ❷ reclameaanbieding ❸ overeenkomst, afspraak ★ *it's a ~!* afgesproken! ★ *he didn't keep his side of the ~* hij hield zich niet aan de afspraak ★ *strike / make a ~* tot overeenstemming komen, een akkoord sluiten ★ *drive a hard ~* keihard onderhandelen **II** *overg* ★ *~ sth away* iets verkopen met verlies, verkwanselen **III** *onoverg* (af)dingen, loven en bieden, onderhandelen ★ *he got more than he ~ed for* hij kreeg meer (problemen &) dan hij verwachtte

bargain basement ['bɑːgɪn 'beɪsmənt] *znw* koopjesafdeling ‹in warenhuis›

bargainer ['bɑːgɪnə] *znw* onderhandelaar

bargain hunter ['bɑːgɪn 'hʌntə] *znw* koopjesjager

bargaining ['bɑːgɪnɪŋ] *znw* onderhandelen, onderhandeling ★ *collective ~* onderhandelingen over een collectieve arbeidsovereenkomst, cao-onderhandelingen

bargaining chip ['bɑːgɪnɪŋ tʃɪp], <u>Br</u> **bargaining counter** *znw* onderhandelingstroef

bargaining power ['bɑːgɪnɪŋ 'paʊə] *znw* onderhandelingsmacht

bargain sale ['bɑːgɪn seɪl] *znw* uitverkoop

barge ['bɑːdʒ] **I** *znw* ❶ binnenschip, aak, (woon)schuit ❷ (officiers)sloep, staatsieboot **II** *overg* per schip vervoeren **III** *phras* ★ *inf ~ against sbd / sth* aanbotsen tegen iem. / iets ★ *inf ~ in* zich ermee bemoeien, binnenstormen ★ *inf ~ in on sbd* iem. lastig vallen ★ *inf ~ into sbd / sth* aanbotsen tegen iem. / iets ★ *~ into sth* ergens binnenstormen

bargepole ['bɑːdʒpəʊl] *znw* vaarboom ★ *inf I wouldn't touch him with a ~* ik moet niets van hem hebben

bar graph [bɑː grɑːf] *znw* staafdiagram

baritone ['bærɪtəʊn] *bn & znw* bariton

barium ['beərɪəm] *znw* barium

barium meal ['beərɪəm miːl] *znw* bariumpap ‹als

contrastmiddel bij röntgenonderzoek›

bark [bɑːk] **I** *znw* ❶ bast, schors, run ‹leerlooierij› ❷ geblaf ★ *his ~ is worse than his bite* blaffende honden bijten niet ❸ <u>scheepv</u> bark **II** *overg* ❶ ontschorsen, afschillen ❷ *inf* ‹de huid› schaven ❸ schreeuwen, bulderen ★ *~ (out) an order* een bevel brullen **III** *onoverg* blaffen, aanslaan ‹v. hond› ★ *~ at sbd* blaffen tegen iem., *fig* iem. afblaffen ★ *~ at sth* tegen iets blaffen ★ *be ~ing up the wrong tree* het mis hebben / aan het verkeerde adres zijn

barkeeper ['bɑːkiːpə], **barkeep** <u>Am</u> *znw* kastelein, barkeeper, kroegbaas

barker ['bɑːkə] *znw* klantenlokker

barking mad ['bɑːkɪn 'mæd] *inf bn* stapelgek, heel dwaas

barley ['bɑːlɪ] *znw* gerst

barley sugar ['bɑːlɪ 'ʃʊgə] *znw* ❶ gerstesuiker ❷ lolly

barley water ['bɑːlɪ 'wɔːtə] *znw* gerstewater ‹met citroensmaak›

bar line [bɑː lɑɪn] <u>muz</u> *znw* maatstreep

barm [bɑːm] *znw* (bier)gist

barmaid ['bɑːmeɪd] *znw* vrouw / meisje achter de bar / tap, barmeisje

barman ['bɑːmən], **bartender** *znw* barkeeper, barman

bar mitzvah [bɑː 'mɪtzvə] <u>joods</u> *znw* bar mitswa ‹ceremonie bij het meerderjarig worden v.e. joodse jongen, ook: meerderjarige joodse jongen›

barmy ['bɑːmɪ], <u>Am</u> **balmy** *inf bn* getikt, krankjorum

barn [bɑːn] *znw* schuur

barnacle ['bɑːnəkl] *znw* eendenmossel, zeepok

barn dance [bɑːn dɑːns] *znw* ❶ volksdansfeest ‹oorspronkelijk in een schuur› ❷ bep. soort rondedans

barney ['bɑːnɪ] *inf znw* luide woordenwisseling ★ *have a ~ with sbd* een daverende ruzie met iem. hebben

barn owl [bɑːn aʊl] *znw* kerkuil

barnstorm ['bɑːnstɔːm] <u>Am</u> *onoverg* op tournee gaan ‹van acteurs, politici›

barnstorming ['bɑːnstɔːmɪŋ] <u>Am</u> *bn* sensationeel ★ *a ~ speech* een sensationele toespraak

barnyard ['bɑːnjɑːd] <u>Am</u> *znw* boerenerf

barometer [bə'rɒmətə] *znw* ❶ barometer ❷ <u>fig</u> graadmeter ★ *a reliable ~ of public opinion* een betrouwbare graadmeter van de publieke opinie

barometric [bærə'metrɪk] *bn* barometrisch, barometer-

baron ['bærən] *znw* ❶ baron ❷ magnaat

baroness ['bærənɪs] *znw* barones

baronet ['bærənɪt] *znw* baronet ‹lage Engelse adellijke titel›

baronetcy ['bærənɪtsɪ] *znw* baronetschap

baronial [bə'rəʊnɪəl] *bn* baronnen-

baron of beef ['bærən əv biːf] *znw* niet verdeeld lendenstuk v.e. rund

barony ['bærənɪ] *bn* baronie

baroque [bə'rɒk] *bn & znw* barok

barque [bɑːk] <u>scheepv</u> *znw* bark

barrack ['bærək] **I** *overg* ❶ <u>mil</u> in kazernes
onderbrengen ❷ uitjouwen **II** *onoverg* joelen, tieren
★ <u>Aus & NZ</u> ~ *for sbd / sth* voor iem. duimen,
supporter zijn van iem. / iets ⟨vooral een team⟩
barracking ['bærəkɪŋ] *znw* ❶ geschreeuw, herrie, luid
protest ❷ luide aanmoedigingen ⟨door supporters⟩
barracks ['bærəks] *znw* [mv] ❶ kazerne ★ *be confined
to* ~ kwartierarrest hebben ⟨soldaat⟩ ❷ barak, keet
barracuda [bærə'ku:də] *znw* barracuda ⟨bep. roofvis⟩
barrage ['bærɑ:ʒ] *znw* ❶ (stuw-, keer)dam ❷ <u>mil & fig</u>
spervuur ★ *a* ~ *of abuse / criticism / questions &* een
spervuur van beledigingen / kritiek / vragen &
barrage balloon ['bærɑ:ʒ bə'lu:n] *znw*
versperringsballon
barramundi [bærə'mʌndɪ] *znw* barramunda,
Australische longvis
barre [bɑ:(r)] <u>dans</u> *znw* barre
barred [bɑ:d] *bn* getralied ★ *a* ~ *window* een raam
met tralies
barrel ['bærəl] *znw* ❶ vat, ton, fust ★ <u>inf</u> *she's a* ~ *of
fun* je kunt met haar lachen ★ <u>inf</u> *have sbd over the* ~
iemand in zijn macht hebben ★ <u>inf</u> *scrape the* ~ zijn
laatste centen bij elkaar schrapen ❷ barrel ⟨± 159 l
olie⟩ ❸ cilinder, buis, loop ⟨v. geweer⟩ ❹ romp ⟨v.
paard⟩
barrel organ ['bærəl 'ɔ:gən] *znw* draaiorgel
barrel roll ['bærəl rəʊl] <u>luchtv</u> *znw* kurkentrekker
⟨bep. vliegstunt⟩
barrel vault ['bærəl vɔ:lt] <u>bouwk</u> *znw* tongewelf
barren ['bærən] *bn* ❶ onvruchtbaar ★ *they were* ~ *years
for him* het waren onvruchtbare jaren voor hem
❷ dor, kaal ❸ <u>dicht</u> vruchteloos
barrette [bæ'ret] <u>Am</u> *znw* haarspeldje
barricade [bærɪ'keɪd] **I** *znw* barricade, versperring
II *overg* barricaderen, versperren ★ *they ~d
themselves into the church* ze verschansten zich in de
kerk
barrier ['bærɪə] *znw* ❶ slagboom, controlepost,
afsluiting, hek ★ *a security* ~ een veiligheidshek ★ *a
flood* ~ een stormvloedkering ❷ barrière, hinderpaal
★ *a language* ~ een taalbarrière ★ *the sound* ~ de
geluidsbarrière
barrier cream ['bærɪə kri:m] *znw* huidcrème
barrier reef ['bærɪə ri:f] *znw* barrièrerif
barring ['bɑ:rɪŋ] *voorz* met uitzondering van,
uitgezonderd, behalve, behoudens ★ *they were all
there,* ~ *the main guest* ze waren er allemaal behalve
de eregast
barrio ['bɑ:rɪəʊ] <u>Am</u> *znw* Spaanse wijk ⟨in grote
steden⟩
barrister ['bærɪstə], **barrister-at-law** *znw* ❶ advocaat
❷ jurist
barroom ['bɑ:ru:m] <u>Am</u> *znw* bar
barrow ['bærəʊ] *znw* ❶ kruiwagen, handkar, berrie
❷ grafheuvel
bar stool [bɑ: stu:l] *znw* barkruk
bartender ['bɑ:tendə] *znw* → **barman**
barter ['bɑ:tə] **I** *znw* ruil(handel) **II** *overg* (ver)ruilen

★ ~ *sth away* iets verkwanselen **III** *onoverg* ruilen,
ruilhandel drijven
barterer ['bɑ:tərə] *znw* ruilhandelaar
bartering ['bɑ:tərɪŋ] *znw* ruilhandel
basalt ['bæsɔ:lt, bə'sɔ:lt] *znw* basalt
base [beɪs] **I** *bn* ❶ laag-bij-de-gronds, gemeen, slecht,
laag, min(derwaardig), vuig ❷ onedel ⟨metaal⟩
II *znw* ❶ voet, voetstuk, fundament ❷ basis,
grondslag, grond ★ *a naval / military* ~ een
vlootbasis / militaire basis ★ *a customer* ~ een
klantenkring ★ *a manufacturing* ~ een
productiehoofdkwartier ❸ <u>wisk</u> grondtal ❹ <u>chem</u>
base ❺ <u>sp</u> honk ★ <u>inf</u> *not get to first* ~ geen enkele
kans maken ★ <u>inf</u> *touch* ~ in contact komen **III** *overg*
❶ baseren, gronden ★ *the novel is ~d on a true story*
de roman is gebaseerd op een waar gebeurd
verhaal ★ *she is ~d in London* ze is in Londen
gestationeerd ❷ <u>mil & scheepv</u> als basis aanwijzen
baseball ['beɪsbɔ:l] *znw* honkbal
baseball bat ['beɪsbɔ:l bæt] *znw* honkbalknuppel
baseball cap ['beɪsbɔ:l kæp] *znw* honkbalpet,
baseballpet
baseball jacket ['beɪsbɔ:l 'dʒækɪt] *znw* baseball jack
base board [beɪs bɔ:d] <u>Am</u> *znw* plint
base camp [beɪs kæmp] *znw* basiskamp
-based [-beɪst] *achterv* gebaseerd ★ *broad*~ op brede
basis ★ *blue*~ *colours* blauwachtige kleuren ★ *egg*~
dishes gerechten met een eierbasis ★ *a French*~
company een firma met een hoofdkwartier in
Frankrijk
basehead ['beɪshed], **base head** <u>Am slang</u> *znw* iem.
die regelmatig cocaïne of crack rookt
base jump [beɪs dʒʌmp], **BASE jump** *znw*
parachutesprong vanaf een hoog gebouw, een
bergtop enz. (niet vanuit een vliegtuig)
baseless ['beɪsləs] *bn* ongegrond, ongefundeerd
baseline ['beɪslaɪn] *znw* ❶ grondlijn ❷ <u>sp</u> achterlijn
❸ <u>techn</u> basis, uitgangspunt
basement ['beɪsmənt] *znw* souterrain, kelder(ruimte)
★ *a* ~ *flat* een kelderwoning
base metal [beɪs 'metl] *znw* onedel metaal
base rate [beɪs reɪt] *znw* basistarief
bases ['beɪsi:z] *znw* [mv] **basis**
bash [bæʃ] **I** *znw* slag, opstopper, dreun ★ <u>inf</u> *have a* ~
at sth iets eens proberen **II** *overg* ❶ slaan, beuken
❷ <u>fig</u> de grond in boren, stevig bekritiseren **III** *phras*
★ ~ *sth in* iets inslaan ★ ~ *into sbd / sth* tegen iem.
/ iets aanbotsen ★ <u>Br</u> ~ *on/away* stug doorgaan
(ondanks moeilijkheden) ★ ~ *sth out* iets in elkaar
flansen ★ ~ *sbd up* iem. in elkaar slaan, afrossen
bashful ['bæʃfʊl] *bn* verlegen, schuchter, bedeesd
bashing ['bæʃɪŋ] *znw* ❶ afranselen ❷ afkraken
★ <u>afkeurend</u> *union*~ het fel uithalen naar de
vakbonden
basic ['beɪsɪk] *bn* ❶ fundamenteel, grond-, basis-
❷ <u>chem</u> basisch
basically ['beɪsɪklɪ] *bijw* in wezen, eigenlijk, in feite
basics ['beɪsɪks] *znw* [mv] grondbeginselen ★ *the* ~ *of*

navigation de grondbeginselen van navigatie ★ *back to* ~ terug naar de basisprincipes / basiskennis

basic salary ['beɪsɪk 'sæləɪ] *znw* basisloon

basil ['bæzəl] *znw* basilicum

basilica [bə'sɪlɪkə] *znw* basiliek

basin ['beɪsən] *znw* ❶ bekken, kom, schaal ❷ wasbak, -tafel ❸ dok, bassin ❹ keteldal ❺ stroomgebied

basis ['beɪsɪs] *znw* [*mv:* bases] grondslag, basis

bask [bɑ:sk] *onoverg* zich koesteren ★ ~ *in the sun* zich koesteren in de zon ★ ~ *in reflected glory* je koesteren in de roem die op jou afstraalt ⟨omdat iem. in je omgeving iets heeft gepresteerd⟩

basket ['bɑ:skɪt] *znw* ❶ korf, mand ❷ *sp* basket

basketball ['bɑ:skɪtbɔ:l] *znw* basketbal

basket case ['bɑ:skɪt keɪs] inf *znw* ❶ volslagen idioot ❷ erg onsuccesvol

basketwork ['bɑ:skɪtwɜ:k], **basketry** *znw* manden, mandenwerk

basque [bæsk] *znw* nauwsluitend damesondergoed, keurslijf

bas-relief ['bæs-rɪli:f] *znw* bas-reliëf

bass I *znw* [bæs] muz bas, baspartij, basstem II *znw* [bæs] dierk baars ⟨vis⟩

bass clef [beɪs klef] muz *znw* bassleutel

bass drum [beɪs drʌm] muz *znw* grote trom, bastrom

basset hound ['bæsɪt haʊnd], **basset** *znw* basset ⟨soort hond⟩

bass guitar [beɪs gɪ'tɑ:], **bass** muz *znw* basgitaar

bassinet [bæsɪ'net] *znw* draagwiegje, gevlochten wiegje

basso continuo ['bæsəʊ kən'tɪnjʊəʊ] *znw* → **continuo**

bassoon [bə'su:n] muz *znw* fagot

bassoonist [bə'su:nɪst] muz *znw* fagottist

bass viol [beɪs 'vaɪəl] *znw* viola da gamba, Am contrabas

bastard ['bɑ:stəd] I *bn* ❶ gedat bastaard-, onecht ❷ afkeurend verrekt II *znw* ❶ gedat bastaard ❷ beledigend schoft, smeerlap

bastardize ['bɑ:stədaɪz], **bastardise** *overg* verbasteren

baste [beɪst] *overg* ❶ bedruipen ⟨met vet of boter⟩ ❷ (aaneen)rijgen ⟨naaien⟩

bastion ['bæstiən] *znw* bastion

basuco [bə'su:kəʊ] *znw* goedkope, onzuivere vorm van cocaïne

bat [bæt] I *znw* ❶ vleermuis ★ inf *have ~s in the belfry* niet goed snik zijn ★ inf *like a ~ out of hell* in vliegende vaart ❷ knuppel, kolf, slaghout, bat ★ inf *at (full)* ~ in volle vaart ★ inf *off one's own* ~ op eigen houtje, zonder iems. hulp, alléén II *overg* ★ *not ~ an eyelid* geen spier vertrekken III *onoverg* batten ⟨bij cricket &⟩

batch [bætʃ] *znw* ❶ baksel ❷ troep, groep, partij

batch file [bætʃ faɪl] comput *znw* computerprogramma dat een aantal opdrachten achtereenvolgens uitvoert, batchfile, batchbestand

batch processing [bætʃ 'prəʊsesɪŋ] comput *znw* batchbewerking, batchverwerking, groepsbewerking, groepsverwerking, stapelbewerking, stapelverwerking

bated ['beɪtɪd] *bn* ingehouden ★ *with* ~ *breath* met ingehouden adem / erg gespannen

bath [bɑ:θ] I *znw* bad(je), badkuip ★ *take / have a* ~ een bad nemen II *overg* baden, een bad geven

bath cube [bɑ:θ kju:b] *znw* blokje badzout

bathe [beɪð] I *znw* bad in zee of in rivier II *overg* baden, betten, afwassen III *onoverg* (zich) baden

bather ['beɪðə] *znw* ❶ bader ❷ badgast

bathers ['beɪðəz] Aus *znw* [mv] zwembroek, badpak

bathing ['beɪðɪŋ] *znw* het baden, het zwemmen

bathing costume ['beɪðɪŋ 'kɒstju:m], **bathing suit** *znw* badpak, zwempak

bathing pool ['beɪðɪŋ pu:l] *znw* zwembad

bathing suit ['beɪðɪŋ su:t] *znw* → **bathing costume**

bathing trunks ['beɪðɪŋ trʌŋks] *znw* [mv] zwembroek

bathmat ['bɑ:θmæt] *znw* badmat

bathos ['beɪθɒs] dicht *znw* onverwachte overgang van het verhevene tot het platte, anticlimax

bath rack [bɑ:θ ræk] *znw* badrekje

bathrobe ['bɑ:θrəʊb] *znw* badjas, kamerjas

bathroom ['bɑ:θru:m] *znw* ❶ badkamer ❷ Am wc

baths [bɑ:θs, bɑ:ðs] *znw* [mv] ❶ badhuis, badinrichting ❷ badplaats

bath salts ['bɑ:θ sɔ:lts] *znw* [mv] badzout

bathtime ['bɑ:θtaɪm] *znw* tijd om in bad te gaan

bath towel [bɑ:θ 'taʊəl] *znw* badhanddoek

bathtub ['bɑ:θtʌb] *znw* badkuip

bathwater ['bɑ:θwɔ:tə] *znw* badwater ★ *throw out the baby with the* ~ het kind met het badwater wegwerpen

batik ['bætɪk] *znw* batik

batman ['bætmən] mil *znw* oppasser (v.e. officier)

bat mitzvah [bɑ:t 'mɪtsvə] joods *znw* bat mitswa ⟨ceremonie bij het meerderjarig worden v.e. joods meisje, ook: een meerderjarig joods meisje⟩

baton ['bætn] *znw* ❶ (dirigeer)stok ❷ wapenstok ❸ (commando-, maarschalks)staf ❹ sp stok ⟨bij estafetteloop⟩

baton charge ['bætn tʃɑ:dʒ] *znw* charge met de wapenstok ⟨ME of politie⟩

bats [bæts] inf *bn* kierewiet, niet goed snik

batsman ['bætsmən], **batter** sp *znw* batsman, slagman, batter

battalion [bə'tæliən] *znw* bataljon

batten ['bætn] I *znw* ❶ lat, plank ❷ scheepv batting, een balk van hout II *overg* met latten bevestigen ★ scheepv ~ *down the hatches* de luiken sluiten III *onoverg* zich tegoed doen (aan *on*), parasiteren (op *on*)

batter ['bætə] I *znw* ❶ beslag ⟨om te bakken⟩ ❷ → sp **batsman** II *overg* ❶ beuken, slaan, mishandelen ★ ~ *sbd to death* iem. doodslaan ❷ beschieten ❸ havenen III *onoverg* beuken ⟨op *at*⟩ ★ *the ship ~ed against the rocks* het schip beukte op de rotsen

battered ['bætəd] *bn* ❶ vervallen, gammel, gedeukt ❷ in elkaar geslagen ★ *a* ~ *wife* een mishandelde vrouw ❸ gepaneerd

battering ['bætərɪŋ] *znw* mishandeling ★ *take a ~* mishandeld worden ‹ook fig›

battering ram ['bætərɪŋ ræm] *znw* stormram

battery ['bætərɪ] *znw* ❶ batterij, accu ★ *a flat ~* een lege accu ❷ set ‹potten en pannen› ❸ jur aanranding, mishandeling

battery farm ['bætərɪ fɑːm] *znw* legbatterij

battery farming ['bætərɪ 'fɑːmɪŋ] *znw* bio-industrie

battery hen ['bætərɪ hen] *znw* batterijkip

battle ['bætl] **I** *znw* (veld)slag, strijd, gevecht ★ *a ~ of wits* een verhit debat ★ inf *it's half the ~* dat is al het halve werk ★ *do ~* strijd leveren ★ *do ~ with sbd / sth* strijden / vechten tegen iem. / iets ★ *fight a losing ~* vechten tegen de bierkaai ★ *fight one's own ~s* zijn eigen boontjes doppen **II** *overg* bevechten ★ *~ it out* het uitvechten ★ *~ one's way to sth* vechten om iets te bereiken **III** *onoverg* strijden, vechten

battleaxe ['bætlæks], Am **battleax** *znw* ❶ strijdbijl ❷ inf kenau, feeks

battlecruiser ['bætlkruːzə] hist *znw* slagkruiser

battle cry ['bætl kraɪ] *znw* ❶ strijdkreet ❷ slogan

battledress ['bætldres] mil *znw* veldtenue

battlefield ['bætlfiːld], **battleground** *znw* ❶ slagveld, gevechtsterrein ❷ fig strijdperk, slagveld ★ *a political ~* een politiek slagveld

battlements ['bætlmənt] *znw* [mv] kantélen ‹van een vestingmuur›

battleship ['bætlʃɪp] *znw* slagschip

batty ['bætɪ] inf *bn* kierewiet, niet goed snik

bauble ['bɔːbl] *znw* (stuk) speelgoed, snuisterij, prul

baulk [bɔːk] → **balk**

bauxite ['bɔːksaɪt] *znw* bauxiet

Bavarian [bə'veərɪən] **I** *bn* Beiers **II** *znw* ❶ Beier(se) ❷ Beiers ‹de taal›

bawd [bɔːd] vero *znw* ❶ koppelaar(ster) ❷ hoerenmadam

bawdiness ['bɔːdɪnəs] *znw* ontuchtigheid

bawdy ['bɔːdɪ] *bn* ❶ ruw, rauw ❷ ontuchtig, obsceen ★ *~ songs* obscene liedjes

bawl [bɔːl] **I** *overg* schreeuwen, balken, blèren (tegen *at / against*) ★ inf *~ sbd out* iem. uitfoeteren **II** *onoverg* schreeuwen, bulken, balken, blèren (tegen *at / against*)

bay [beɪ] **I** *bn* roodbruin, voskleurig ★ *a ~ horse* een vos (roodbruin paard) **II** *znw* ❶ inham, baai, golf ❷ nis, uitbouw, afdeling, vleugel, overkapping ❸ vak, ruimte, ruimte in de behuizing van een computer voor het inbouwen van een disk drive & ❹ plantk laurier(boom) ❺ vos ‹paard› ❻ geblaf ★ *be / stand at ~* zich niet weten te redden, een verdedigende houding aannemen ★ *keep / hold sbd / sth at ~* zich iem. / iets van het lijf houden **III** *onoverg* blaffen (tegen *at*)

bay leaf [beɪ liːf] *znw* laurierblad

bayonet catch ['beɪənet kætʃ], **bayonet fitting**, **bayonet joint** *znw* bajonetsluiting

bayou ['baɪuː] Am *znw* moerassige zijarm van een rivier

bay window [beɪ 'wɪndəʊ] *znw* ❶ erker ❷ Br inf buikje

bazaar [bə'zɑː], **bazar** *znw* ❶ bazaar, markt(plaats) ❷ (liefdadigheids)bazaar, fancy fair

bazooka [bə'zuːkə] *znw* bazooka ‹antitankwapen›

BBC *afk* (British Broadcasting Corporation) BBC ‹Britse publieke omroep›

BBC English [biːbiːsiː 'ɪŋglɪʃ] *znw* Standaardengels zoals dat op de radio wordt gesproken

BBQ *afk* (barbecue) barbecue

BC [biːsiː] *afk* (before Christ) voor Christus, v.C., v.Chr.

BCE *afk* (before common era) voor onze jaartelling

be [biː] **I** *kww* [was/were, been] ❶ zijn, wezen ★ *he's tired: let him ~* hij is moe, laat hem met rust ★ *if any person ~ aware of his whereabouts* indien iemand met zijn huidige verblijfplaats bekend is ★ *~ polite!* wees beleefd! ★ *~ it ever so small* al is het nog zo klein ★ inf *you're in for it now!* je krijgt op je donder ★ *they say we'll ~ in for some bad weather* ze zeggen dat we slecht weer te verwachten hebben ★ *that's as may ~/~ that as it may* dat mag dan zo zijn ★ *as the case may ~* afhankelijk van de omstandigheden ❷ worden ★ *she wants to ~ a nurse* ze wil verpleegster worden ★ *what'll it ~?* wat mag het zijn? ‹in café› ★ *his wife-to~* zijn aanstaande / toekomstige vrouw, zijn verloofde ❸ staan, liggen, worden, duren ★ *I am waiting* ik sta te wachten ★ *he is sleeping* hij ligt te slapen **II** *onoverg* zijn, bestaan ★ *I think, therefore I am* ik denk, dus besta ik

beach [biːtʃ] **I** *znw* strand, oever ★ *a pebbly / shingle ~* een kiezelstrand **II** *overg* op het strand zetten / drijven / trekken **III** *onoverg* stranden

beach ball [biːtʃ bɔːl] *znw* ❶ strandbal ‹voorwerp› ❷ sp beachball

beach buggy [biːtʃ 'bʌgɪ] *znw* strandbuggy

beach bum [biːtʃ bʌm] *znw* strandliefhebber, jonge vent die op het strand rondhangt

beachcomber ['biːtʃkəʊmə] *znw* strandjutter

beached ['biːtʃt] *bn* gestrand, aangespoeld op het strand ★ *a ~ whale* een gestrande walvis

beachfront [biːtʃfrʌnt] *znw* huis, café, winkel of hotel aan / vlakbij het strand

beachhead ['biːtʃhed] mil *znw* bruggenhoofd ‹aan zee›

beach resort [biːtʃ rɪ'zɔːt] *znw* badplaats

beachwear ['biːtʃweə] *znw* strandkleding

beacon ['biːkən] *znw* ❶ baak, baken, bakenvuur ❷ verkeerspaal

bead [biːd] **I** *znw* ❶ kraal ★ *a string of ~s* een kralensnoer ★ *say one's ~s* de rozenkrans bidden ❷ druppel ★ *~s of perspiration* zweetdruppels ★ *a ~ of moisture* een druppel vocht ❸ mil vizierkorrel **II** *overg* aaneenrijgen, van kralen voorzien **III** *onoverg* parelen

beading ['biːdɪŋ] *znw* ❶ kraal ‹aan een plank› ❷ kralenwerk, kralenversiering

beady ['biːdɪ] *bn* kraalachtig ★ *~ eyes* kraaloogjes

beagle ['biːgl] *znw* brak ‹soort jachthond›

beak [biːk] *znw* ❶ bek, snavel ❷ tuit ❸ <u>Br</u> *inf* politierechter of -dienaar, schoolmeester
beaker ['biːkər] *znw* beker, bokaal
be-all ['biː-ɔːl] *znw* ★ *the* ~ *and end-all* de alfa en omega, de essentie
beam [biːm] **I** *znw* ❶ balk, boom, ploegboom, weversboom ❷ juk ⟨v. balans⟩ ❸ <u>scheepv</u> grootste wijdte ⟨v. schip⟩ ★ *inf a bit broad in the* ~ breedheupig ❹ (licht)straal, bundel, bakenstraal ⟨als sein voor vliegtuig⟩ ★ *inf be off the* ~ er naast zitten **II** *overg* stralen ★ *the game will be* ~*ed all over the world* de wedstrijd wordt over de hele wereld uitgezonden ★ *he* ~*ed his approval* hij straalde goedkeuring uit ★ ~ *me up, Scotty* ⟨uit *Star Trek*⟩ straal me op, Scotty **III** *onoverg* stralen, glunderen ★ ~ *with pleasure* stralen van plezier
beaming ['biːmɪŋ] *bn* stralend ⟨v. geluk⟩ ★ ~ *faces* stralende gezichten
bean [biːn] *znw* boon ★ *baked* ~*s* witte bonen in tomatensaus ★ *string* ~*s* snijbonen ★ *runner* ~*s* pronkbonen ★ *canned* ~*s* boontjes in blik ★ *inf old* ~ ouwe jongen ★ *inf full of* ~*s* in goede conditie, energiek ★ *inf I haven't got a* ~ ik heb geen rooie cent ★ *inf spill the* ~*s* doorslaan
beanbag [biːn bæg] *znw* zitzak
bean counter [biːn 'kaʊntə] *inf znw* boekhoudertje, pietje precies
bean curd [biːn kɜːd] *znw* tofoe, tahoe
bean feast [biːn fiːst], **beano** *inf znw* fuif, partijtje, keet
beanie ['biːniː] *znw* muts, petje
beano ['biːnəʊ] *inf znw* → **bean feast**
beanpole ['biːnpəʊl] *znw* bonenstaak ⟨ook fig⟩
beanshoots ['biːnʃuːts], **bean sprouts** *znw* [mv] taugé
bear [beə] **I** *znw* ❶ dierk beer ★ *like a* ~ *with a sore head* uiterst prikkelbaar ❷ beertje, teddybeer ❸ *inf* ongelikte beer, bullebak ❹ <u>eff</u> baissier **II** *overg* [bore, borne] ❶ dragen ★ ~ *sbd malice / ill will* iem. slecht gezind zijn ★ ~ *responsibility for sbd* verantwoordelijk zijn voor iem. ★ ~ *sbd malice / ill will* iem. slecht gezind zijn ★ ~ *responsibility for sbd* verantwoordelijk zijn voor iem. ❷ inhouden, bevatten, hebben ★ ~ *a relationship to sth* in verhouding staan tot iets ★ ~ *a resemblance / similarity to sbd / sth* op iem. / iets lijken ★ ~ *sbd malice / ill will* iem. slecht gezind zijn ★ ~ *responsibility for sbd* verantwoordelijk zijn voor iem. ★ ~ *in mind that...* bedenk wel dat... ❸ dulden, toelaten, uitstaan, verdragen ★ *I doubt whether it will* ~ *scrutiny* ik twijfel of het een kritisch onderzoek kan doorstaan ★ *I can't* ~ *the suspense* ik kan de spanning niet verdragen ★ *I can't* ~ *him* ik kan hem niet uitstaan ★ *it doesn't* ~ *thinking of* het is te erg om aan te denken ❹ voortbrengen, baren **III** *onoverg* [bore, borne] ❶ dragend zijn ⟨van muur⟩ ❷ gaan, lopen, zich uitstrekken ⟨in een bepaalde richting⟩ ★ ~ *left / right* links(rechts)af buigen ⟨bij een tweesprong⟩ **IV** *wederk* [bore, borne] zich

gedragen, een houding aannemen ★ *she bore herself with dignity* ze gedroeg zich waardig **V** *phras* ★ ~ *down* persen ⟨bij bevalling⟩ ★ ~ *down on / upon sbd / sth* aanhouden of aansturen op iem. / iets, afstevenen op iem. / iets ★ *fig* ~ *on / upon sth* betrekking hebben op iets ★ *bring pressure / influence to* ~ *on / upon sbd / sth* iem. / iets onder druk zetten / beïnvloeden ★ ~ *sbd out* iemands bewering ondersteunen / bevestigen, iemands hele verhaal aanhoren ★ ~ *sth out* iets steunen / staven / bevestigen ★ ~ *up* zich flink / goed houden, standhouden, overeind blijven ★ ~ *sth up* iets drijvend houden / iets steunen ★ ~ *with sbd* iem. verdragen, dulden, geduld hebben met / toegeeflijk zijn voor iem.
bearable ['beərəbl] *bn* draaglijk, te dragen
beard ['bɪəd] **I** *znw* baard ★ *a three-day-old* ~ een baard van drie dagen **II** *overg* <u>dicht</u> trotseren, tarten ★ ~ *the lion in his den* zich in het hol van de leeuw wagen
bearded ['bɪədɪd] *bn* bebaard, met een baard
beardless ['bɪədləs] *bn* ❶ baardeloos ❷ <u>fig</u> onvolwassen
bearer ['beərə] *znw* ❶ drager, brenger ★ *a* ~ *of bad news* een brenger van slecht nieuws ❷ toonder ⟨van een wissel of cheque⟩
bear hug [beə hʌg] *znw* stevige omhelzing
bearing ['beərɪŋ] *znw* ❶ het dragen ❷ houding, gedrag, optreden ❸ verhouding, betrekking ❹ betekenis, strekking ❺ <u>scheepv</u> & <u>luchtv</u> peiling
bearings ['beərɪŋz] *znw* [mv] <u>techn</u> (kogel)lagers ❷ richting, ligging, oriëntatie ★ *get / find one's* ~ zich oriënteren ★ *lose one's* ~ zich niet kunnen oriënteren, de kluts kwijt zijn
bearish ['beərɪʃ] *bn* ❶ lomp, nors ❷ <u>eff</u> à la baisse (gestemd)
bear market [beə 'mɑːkɪt] <u>eff</u> *znw* baissemarkt
bearskin ['beəskɪn] *znw* ❶ berenvel, berenhuid ❷ berenmuts
beast [biːst] *znw* ❶ beest, viervoeter, dier ★ *a* ~ *of burden* een lastdier ❷ <u>fig</u> beest, beestachtig mens, mispunt ★ *she brings out the* ~ *in me* ze roept het beest in me op ❸ rund
beastie ['biːstɪ] *inf znw* ❶ beestje, insect ❷ beestje ⟨autootje &⟩
beastly ['biːstlɪ] *inf bn* ❶ beestachtig ❷ <u>versterkend</u> smerig, walgelijk
beat [biːt] **I** *bn* ❶ doodop ❷ → **beatnik** ★ *the* ~ *generation* de generatie van de beatniks **II** *znw* ❶ slag, klap, klop, tik ❷ <u>muz</u> maat(slag) ★ *be on the* ~ op / in de maat spelen ❸ <u>muz</u> beat(muziek) ❹ ronde ⟨v. politieagent, post of wacht⟩, wijk ⟨v. agent, bezorger⟩ ★ *walk the* ~ / *be on the* ~ op ronde zijn **III** *overg* [beat, beaten/*inf* beat] ❶ slaan (met, op), kloppen (op), uitkloppen, klutsen, beuken ★ ~ *a retreat* de terugtocht blazen ❷ verslaan, overtreffen ★ *you can't* ~ *the taste of fresh coffee* er is niets beters dan de smaak van verse koffie ★ ~ *the clock* de race

tegen de klok winnen ★ <u>inf</u> *that ~s everything!* dat overtreft alles!, nu nog mooier! ★ *~ the system* het winnen van het systeem ★ <u>inf</u> *it ~s me* dat gaat mijn verstand te boven ★ *he ~ me to it* hij was me te gauw af ❸ banen ‹pad› ★ *~ a path to sbd's door* iem. de deur platlopen ❹ afzoeken ‹bij jagen› ★ Am <u>inf</u>*~ the bushes* grondig zoeken ❺ stampen, braken ‹vlas› ▼ <u>inf</u> *~ it!* sodemieter op! ▼ <u>inf</u> *they ~ it* ze gingen er vandoor **IV** *onoverg* [beat, beaten/<u>inf</u> beat] slaan, kloppen **V** *phras* ★ *~* sbd / sth **back** iem. / iets terugdrijven ★ *~* **down** met kracht neerkomen, fel schijnen ‹v. zon› ★ *~* sbd / sth **down** iem. / iets neerslaan, iem / iets afdingen ★ *~ sth* **in** iets inslaan ★ *~* **into** *sbd* op iem. inslaan ★ *~ sth into sbd's head* iem. iets inhameren ★ *she ~ her into third place* ze versloeg haar en werd tweede ★ Am vulg *~* **off** (zich) afrukken ★ *~ sbd / sth* **off** iem. / iets van zich afslaan ★ <u>inf</u> *~ the pants off sbd* iem. overtuigend verslaan ★ *~ sth* **out** iets uitkloppen, uitslaan ★ <u>inf</u> *~ sbd's brains out* iem. de hersens inslaan ★ *~ sbd* **up** iem. in elkaar slaan ★ *~ up eggs* eieren klutsen
beaten ['bi:tn] **I** *bn* ❶ begaan, veel betreden ★ *off the ~ track* weg van de gebaande wegen / onalledaags ❷ afgezaagd **II** *ww* [v.d.] → **beat**
beaten-up ['bi:tn-ʌp], **beat-up** <u>inf</u> *bn* versleten, aftands, oud ‹auto's, kleren›
beater ['bi:tə] *znw* ❶ klopper, stamper ❷ drijver ‹bij jagen›
beatific [bɪə'tɪfɪk] <u>dicht</u> *bn* ❶ zaligmakend ❷ (geluk)zalig
beatification [bɪætɪfɪ'keɪʃən] *znw* zaligverklaring
beatify [bɪ'ætɪfaɪ] *overg* zalig verklaren
beating ['bi:tɪŋ] *znw* ❶ pak slaag, afstraffing, nederlaag ★ *Liverpool took a ~ against Ajax* Liverpool leed een flinke nederlaag tegen Ajax ★ *this will take some ~* dit zal moeilijk te verslaan / overtreffen zijn ❷ kloppen ‹van hart›
beatitude [bi:'ætɪtju:d] *znw* zaligheid ★ *the Beatitudes* de zaligsprekingen
beatnik ['bi:tnɪk], <u>inf</u> **beat** *znw* beatnik (non-comformistische jongere in de jaren vijftig)
beat-up ['bi:t-ʌp] *bn* → **beaten-up**
beau [bəʊ] *znw* [mv: -s of <u>gedat</u> beaux] ❶ dandy, fat ❷ aanbidder, bewonderaar, galant
beaut [bju:t] **I** *bn* ❶ ❷ Aus & NZ <u>inf</u> fantastisch **II** *znw* <u>inf</u> prachtexemplaar
beauteous ['bju:tɪəs] <u>dicht</u> *bn* schoon, mooi
beautician [bju:'tɪʃən] *znw* schoonheidsspecialist(e)
beautiful ['bju:tɪfʊl] *bn* mooi, schoon, fraai, prachtig ★ *the ~ people* de jetset, de toonaangevende mensen in het uitgaansleven
beautify ['bju:tɪfaɪ] *overg* mooier maken, verfraaien
beauty ['bju:tɪ] *znw* ❶ schoonheid, fraai uiterlijk ★ *the ~ of it is* het mooie ervan is ★ zegsw *~ is only skin-deep* schoonheid gaat niet dieper dan de huid / echte schoonheid zit van binnen ❷ prachtexemplaar, prachtstuk ★ *what a ~!* wat is ze / dat mooi!

beauty contest ['bju:tɪ 'kɒntest], **beauty pageant** *znw* schoonheidswedstrijd, missverkiezing
beauty parlour ['bju:tɪ 'pɑ:lə], Am **beauty parlor** *znw* schoonheidsinstituut
beauty queen ['bju:tɪ kwi:n] *znw* schoonheidskoningin
beauty salon ['bju:tɪ 'sælɒn] *znw* schoonheidssalon
beauty sleep ['bju:tɪ sli:p] *znw* schoonheidsslaapje
beauty spot ['bju:tɪ spɒt] *znw* schoonheidsvlekje
beaver ['bi:və] **I** *znw* [mv: ~ of -s] ❶ <u>dierk</u> bever ❷ harde werker ★ <u>inf</u> *an eager ~* een werkpaard, een fanatiekeling ❸ Am vulg vrouwelijk geslachtsdeel, schaamstreek **II** *phras* ★ <u>inf</u> *~ away (at sth)* zwoegen (over iets), keihard (aan iets) werken
bebop ['bi:bɒp] *znw* bebop, jazzstijl ‹ca. 1940-50›
becalm [bɪ'kɑ:m] *scheepv* *overg* ★ *be ~ed* door windstilte worden overvallen
became [bɪ'keɪm] *ww* [v.t.] → **become**
because [bɪ'kɒz] *voegw* omdat ★ <u>inf</u> *(just) ~!* daarom! ★ *~ of* wegens, vanwege, om, door
beck [bek] *znw* ★ *be at sbd's ~ and call* altijd klaarstaan voor iem.
beckon ['bekən] **I** *overg* wenken, een wenk geven ★ *the bright lights of the city ~ed her* het uitgaansleven van de stad lokte haar aan ★ *they ~ed me over* ze gebaarden dat ik moest komen **II** *onoverg* lonken ★ *the new era ~s* het nieuwe tijdperk nodigt ons uit
become [bɪ'kʌm] **I** *kww* [became, become] worden ★ *he's just ~ a father* hij is net vader geworden ★ *what's ~ of the others in my class?* wat is er van mijn klasgenoten geworden? / hoe is het mijn klasgenoten vergaan? **II** *overg* [became, become] ❶ <u>gedat</u> goed staan ❷ <u>gedat</u> passen, betamen
becoming [bɪ'kʌmɪŋ] <u>gedat</u> *bn* ❶ gepast, betamelijk, netjes ❷ flatteus
bed [bed] **I** *znw* ❶ bed ★ *a bunk ~* een stapelbed ★ *a double ~* een tweepersoonsbed ★ *a four-poster ~* een hemelbed ★ *a king-sized ~* een kingsize / extra groot bed ★ *a single ~* een eenpersoonsbed ★ *the marriage ~* het huwelijksbed ★ *an unmade ~* een onopgemaakt bed ★ *a ~ of nails* een spijkerbed, fig een moeilijk leven ★ *a ~ of roses* een pretje ★ fig *get out of ~ on the wrong side* met het verkeerde been uit bed stappen ★ euf *go to ~ with sbd* seks hebben met iem. ★ *make one's ~* zijn bed opmaken ★ *he's made his ~ and he's got to lie in it* hij moet de gevolgen van zijn handelingen accepteren ★ *take to one's ~* naar bed gaan / in bed moeten houden ❷ (rivier)bedding, zeebodem ❸ (onder)laag ❹ bloembed, groentebed ❺ leger ‹slaapplaats v.e. dier› **II** *overg* ❶ naar bed brengen, in bed stoppen ★ <u>gedat</u> *~ sbd* naar bed gaan met iem. ❷ vastzetten ★ *~ the posts firmly in the earth* zet de palen stevig vast in de grond **III** *phras* ★ *~* **down** een slaapplaats opzoeken, een laag vormen ‹grond› ★ *~ sbd* **down** iem. naar bed brengen ★ *~ sth* **down** ‹dieren› een slaapplaats geven ★ *~ sth* **out** iets (uit)planten

be

bed and board [bed ən bɔːd] *znw* kost en inwoning

bed and breakfast [bed ən 'brekfəst], **B and B**, **b & b**, **B & B** *znw* logies en ontbijt, halfpension

bedaub [bɪˈdɔːb] *dicht overg* ❶ bekladden ❷ opdirken

bedazzle [bɪˈdæzəl] *overg* verblinden, indruk maken ★ *his achievements ~d her* zijn prestaties maakten grote indruk op haar

bed bath [bed bɑːθ] *znw* wasbeurt van een zieke in bed

bedbug [ˈbedbʌg] *znw* wandluis, bedwants

bedclothes [ˈbedkləʊðz] *znw* [mv] beddengoed

bedding [ˈbedɪŋ] *znw* ❶ beddengoed ❷ (onder)laag

bedding plant [ˈbedɪŋ plɑːnt] *znw* tuinplant

bedeck [bɪˈdek] *dicht overg* (op)tooien, versieren

bedevil [bɪˈdevəl] *overg* ❶ lastig vallen, treiteren, pesten ❷ last krijgen van, te lijden hebben van ★ *he was ~led by knee injuries* hij had veel last van knieblessures ❸ bederven, verknoeien

bedfellow [ˈbedfeləʊ] *fig znw* kameraad ★ *odd / strange / unlikely ~s* onwaarschijnlijke combinaties ⟨vooral van mensen⟩

bedlam [ˈbedləm] *znw* gekkenhuis

bedlinen [ˈbedlɪnɪn], **bed linen** *znw* lakens en slopen

Bedouin [ˈbeduɪn] *znw* bedoeïen(en)

bedpan [ˈbedpæn] *znw* nachtpo, steek

bedpost [ˈbedpəʊst] *znw* beddenstijl ★ *inf between you, me and the ~* onder ons gezegd en gezwegen

bedraggled [bɪˈdrægld] *bn* ❶ verregend ❷ sjofel

bedridden [ˈbedrɪdn] *bn* bedlegerig

bedrock [ˈbedrɒk] *znw* ❶ vast gesteente ★ *strike ~* vast gesteente bereiken ⟨bij funderingen⟩, *inf* doodgaan ❷ grond(slag)

bedroom [ˈbedruːm] *znw* slaapkamer ★ *the master ~* de grootste slaapkamer in een huis ★ *a ~ scene* een bedscène ⟨in film &⟩ ★ *inf make ~ eyes at sbd* lonken naar iem.

bedroom community [ˈbedruːm kəˈmjuːnətɪ] *Am znw* slaapstad

bedside [ˈbedsaɪd] *znw* (rand van het) bed ★ *~ reading* lectuur voor in bed ★ *the doctor was summoned to her ~* de dokter werd aan haar bed geroepen

bedside manner [ˈbedsaɪd ˈmænə] *znw* gedrag (van dokter etc.) t.o.v. patiënten in bed

bedside table [ˈbedsaɪd ˈteɪbl] *znw* nachtkastje

bed-sitting room [bed-ˈsɪtɪŋ ruːm], *inf* **bedsit**, **bedsitter** *znw* zitslaapkamer

bedsore [ˈbedsɔː] *znw* doorgelegen plek

bedspread [ˈbedspred] *znw* beddensprei

bedstead [ˈbedsted] *znw* ledikant

bedtime [ˈbedtaɪm] *znw* bedtijd ★ *it's well past your ~* je had allang in bed moeten liggen / het is allang bedtijd geweest ★ *~ reading* bedlectuur ★ *a ~ story* een verhaaltje voor het slapen gaan

bedwetting [ˈbedwetɪŋ] *znw* bedplassen

bee [biː] *znw* ❶ bij ★ *inf the ~'s knees* de beste, je ware, nummer één ★ *the queen ~* de bijenkoningin ★ *a ~ sting* een bijensteek ★ *inf he's got a ~ in his bonnet* hij heeft een idee-fixe ❷ bijeenkomst ★ *a working ~* een bijeenkomst om klussen te doen

Beeb [biːb] *Br inf znw* de BBC

beech [biːtʃ] I *bn* van beukenhout, beuken II *znw* ❶ beuk(enboom) ❷ beukenhout

beech nut [biːtʃ nʌt] *znw* beukennoot

beef [biːf] I *znw* ❶ bief, ossen-, rundvlees ★ *corned ~* cornedbeef ★ *minced ~* rundergehakt ★ *inf there's too much ~ on him* hij is veel te dik ❷ [mv: beeves, Am -s] voor de slacht vetgemest rund of kadaver daarvan ★ *a side of ~* een half rund ❸ *inf* spierballen, spierkracht ★ *it's a novel with no ~ to it* het is een roman zonder veel inhoud ❹ *inf* klacht, protest II *phras* ★ *inf ~ about sth* mopperen / klagen over iets ★ *inf ~ sth up* iets versterken / verbeteren

beefburger [ˈbiːfbɜːgə] *znw* hamburger, biefburger

beefcake [ˈbiːfkeɪk] *inf znw* (foto van) gespierde mannen, spierbundels ⟨mannelijke pin-ups⟩

Beefeater [ˈbiːfiːtə] *hist znw* een hellebaardier v.d. Tower of London

beefsteak [ˈbiːfsteɪk] *znw* biefstuk, runderlapje

beefy [ˈbiːfɪ] *bn* vlezig, gespierd

beehive [ˈbiːhaɪv] *znw* ❶ bijenkorf ❷ hoog opgemaakt kapsel

beekeeper [ˈbiːkiːpə] *znw* bijenhouder, imker

bee-keeping [ˈbiː-kiːpɪŋ] *znw* imkerij

beeline [ˈbiːlaɪn] *znw* rechte lijn, kortste weg ★ *make a ~ for sbd / sth* regelrecht afgaan op iem. / iets

Beemer [ˈbiːmə] *inf znw* auto of motor van het merk BMW

been [biːn] *ww* [v.d.] → **be**

beep [biːp] I *znw* ❶ pieptoon, gepiep ❷ getoeter II *onoverg* ❶ piepen ❷ toeteren

beeper [ˈbiːpə] *znw* pieper, semafoon, portofoon

beer [bɪə] *znw* bier ★ *low-alcohol ~* alcoholarm bier ★ *~ money* ± zakcentje ★ *zegsw life is not all ~ and skittles* het leven is niet altijd rozengeur en maneschijn

beer belly [bɪə ˈbelɪ], **beer gut** *znw* bierbuik, bierpens

beer can [bɪə kæn] *znw* bierblik(je)

beer garden [bɪə ˈgɑːdn] *znw* tuin waar bier wordt geserveerd ⟨bij restaurant &⟩

beer glass [bɪə glɑːs] *znw* bierglas

beer gut [bɪə gʌt] *inf znw* → **beer belly**

beer mat [bɪə mæt] *znw* bierviltje

beery [ˈbɪərɪ] *bn* ❶ bierachtig ❷ bier- ❸ dronkenmans-

beeswax [ˈbiːzwæks] I *znw* (bijen)was II *overg* oppoetsen met was

beet [biːt] *znw* biet, kroot

beetle [ˈbiːtl] I *znw* ❶ tor, kever ❷ *inf* Volkswagen ❸ moker ⟨grote houten hamer⟩ II *onoverg* zich uit de voeten maken, zich haasten ★ *slang ~ off!* smeer 'm!, wegwezen! ★ *he ~d off home at 5* hij vloog naar huis om 5 uur

beetle-browed [ˈbiːtl-browd] *bn* ❶ met zware wenkbrauwen ❷ nors, stuurs

beetroot [ˈbiːtruːt] *znw* kroot, rode biet ★ *as red as a ~* zo rood als een kreeft / pioen

befall [bɪ'fɔːl] dicht I overg [befell, befallen] overkomen, gebeuren (met), treffen II onoverg [befell, befallen] gebeuren, voorvallen

befit [bɪ'fɪt] overg passen, betamen ★ as ~s the occasion, there will be no applause gezien de aard van de gelegenheid zal er niet worden geapplaudisseerd

befitting [bɪ'fɪtɪŋ] bn passend, gepast, betamelijk ★ a ~ response een gepast antwoord

before [bɪ'fɔː] I voorz ❶ voor ‹eerder dan› ★ ~ long weldra / binnenkort ★ ~ now al eerder ❷ voor ‹aan de voorkant van› ❸ voor ‹tegenover, ten overstaan van› II voegw voor(dat), eer(dat) ★ she'd die ~ she'd betray him ze ging nog liever dood dan dat ze hem zou verraden III bijw ❶ eerder, tevoren, vroeger ❷ voor, voorop, vooraan ❸ vooraf

beforehand [bɪ'fɔːhænd] bijw van tevoren, vooruit, vooraf

befoul [bɪ'faʊl] overg bevuilen

befriend [bɪ'frend] overg vriendschap betonen, bijstaan, beschermen

befuddled [bɪ'fʌdld] bn beneveld, in de war ★ he was in a ~ state by the end of the evening hij was in een beschonken toestand tegen het eind van de avond

beg [beg] I overg ❶ vragen, bidden, smeken, verzoeken ★ I ~ your pardon neem mij niet kwalijk, pardon, wat zegt u?, wat zei je daar? ‹drukt boosheid of verontwaardiging uit over wat net is gezegd› ★ ~ the question als bewezen aannemen, wat nog bewezen moet worden, niet ingaan op de vraag (kwestie) zelf ❷ (af)bedelen II onoverg bedelen ★ ~! opzitten! ‹tegen hond› ★ ~ for sth vragen / bidden / smeken / verzoeken om iets ★ there's an opportunity going ~ging here er ligt hier een kans voor het oprapen ★ I'll eat that last biscuit if it's going ~ging ik neem het laatste koekje hoor, als niemand 't opeet ★ ~ off excuus, kwijtschelding vragen ★ I ~ to differ ik ben het niet helemaal met u eens

began [bɪ'gæn] ww [v.t.] → **begin**

begat [bɪ'gæt] arch ww [v.t.] verwekte → **beget**

beget [bɪ'get] arch overg gewinnen, verwekken ★ bijbel Abraham begat Isaac Abraham verwekte Izaak

beggar ['begə] I znw ❶ bedelaar, schooier ★ zegsw ~s can't be choosers als je geen keus hebt moet je accepteren wat je krijgt ❷ inf kerel, vent II overg verarmen, tot de bedelstaf brengen ★ she had no intention of ~ing herself for him ze was niet van plan om ter wille van hem armoede te lijden ★ it ~s description het tart iedere beschrijving ★ inf I'm ~ed if I can work out how to do it ik ben een boon als ik snap hoe het moet

begin [bɪ'gɪn] I overg [began, begun] beginnen, aanvangen ★ you can't (even) ~ to understand je kunt helemaal niet begrijpen II onoverg [began, begun] beginnen ★ she began as a typist ze begon als typiste ★ ~ at the beginning aan het begin beginnen ★ bidding began at $60 het bieden begon vanaf $60

★ she began by telling an anecdote ze begon met een verhaaltje te vertellen ★ to ~ with om te beginnen, ten eerste

beginner [bɪ'gɪnə] znw beginner, beginneling ★ a absolute / complete ~ een absolute beginneling

beginner's luck [bɪ'gɪnəz lʌk] znw onverwacht succes van een beginneling

beginning [bɪ'gɪnɪŋ] znw begin, aanvang ★ the ~ of the end het begin van het einde

beginnings [bɪ'gɪnɪŋz] znw [mv] ★ the ~ het allereerste begin, beginstadium

begone [bɪ'gɒn] dicht tsw ga weg!, ga heen!

begonia [bɪ'gəʊnjə] znw begonia

begrudge [bɪ'grʌdʒ] overg ❶ misgunnen ❷ een hekel hebben aan ★ I ~ spending money on repairs ik vind het zonde om geld aan reparaties uit te geven

beguile [bɪ'gaɪl] dicht overg ❶ bedriegen, bedotten ★ ~ the time (away) de tijd verdrijven / korten ❷ verleiden ★ ~ sbd into doing sth iem. verleiden tot iets

beguiling [bɪ'gaɪlɪŋ] bn bekoorlijk, verleidelijk

beguine I znw [bɪ'giːn] beguine ‹dans› II znw ['begiːn] begijn

begum ['beɪgəm] znw oosterse vorstin, prinses

begun [bɪ'gʌn] ww [v.d.] → **begin** ★ zegsw well ~ is half done een goed begin is het halve werk

behalf [bɪ'hɑːf] znw ★ on ~ of sbd / on sbd's ~ uit naam van, ten bate van ★ on your ~ voor u, namens u, uit uw naam

behave [bɪ'heɪv] I onoverg zich (netjes) gedragen II wederk ★ ~ oneself zich netjes gedragen, zijn fatsoen houden

behaviour [bɪ'heɪvjə], Am **behavior** znw gedrag, houding ★ deviant ~ afwijkend gedrag ★ exemplary ~ voorbeeldig gedrag ★ be on one's best ~ zich extra goed gedragen

behavioural [bɪ'heɪvjərəl], Am **behavioral** bn gedrags-

behaviourism [bɪ'heɪvjərɪzəm], Am **behaviorism** znw behaviorisme ‹richting in de psychologie›

behaviourist [bɪ'heɪvjərɪst], Am **behaviorist** znw behaviorist

behaviour therapy [bɪ'heɪvjə 'θerəpɪ], **behavioural therapy** znw gedragstherapie

behead [bɪ'hed] overg onthoofden

beheld [bɪ'held] ww [v.t. & v.d.] → **behold**

behemoth [bɪ'hiːmɒθ] form znw groot monster, groot ding

behest [bɪ'hest] form znw bevel, verzoek ★ at the ~ of sbd / at sbd's ~ op verzoek van iem

behind [bɪ'haɪnd] I voorz achter ★ what's ~ this? wat zit hier achter? ★ be ~ sbd all the way honderd procent achter iem. staan ★ zegsw ~ every great man there stands a great woman achter elk groot man staat een groot vrouw II bijw ❶ achter, van / naar achteren, ten achteren ★ I'm ~ with my work ik loop achter met mijn werk ❷ achterom III znw inf achterste

behindhand [bɪ'haɪndhænd] Br form bn ❶ niet bij,

achter ❷ achterstallig ❸ achterlijk

behold [bɪ'həʊld] arch of dicht *overg* [beheld, beheld] aanschouwen, zien

beholden [bɪ'həʊldən] *form bn* verplicht (voor, aan *for, to*) ★ ~ *to no one* geen verplichtingen aan wie dan ook

beholder [bɪ'həʊldə] form *znw* aanschouwer ★ zegsw *beauty is in the eye of the* ~ of iets / iem. mooi wordt gevonden hangt af van degene die kijkt

behove [bɪ'həʊv] *overg* passen, betamen ★ *it* ~*s him to do this* hij behoort dat te doen

beige [beɪʒ] *bn & znw* beige

being ['biːɪŋ] *znw* ❶ bestaan, wezen, existentie ★ *bring / call sth into* ~ iets in het leven roepen ★ *come into* ~ ontstaan ❷ wezen, schepsel ★ *a human* ~ een mens ★ *the Supreme Being* het Opperwezen

bejewelled [bɪ'dʒuːəld], Am **bejeweled** *bn* met juwelen versierd / getooid

belabour [bɪ'leɪbə], Am **belabor** form *overg* ❶ afrossen, er van langs geven ❷ te gedetailleerd behandelen ★ *there's no need to* ~ *the point* het is niet nodig om erover door te drammen

Belarus [belə'ruːs], **Belorussia, Byelorussia** *znw* Wit-Rusland, Belarus

belated [bɪ'leɪtɪd] *bn* verlaat, (te) laat ★ *a* ~ *attempt* een verlate poging

belatedly [bɪ'leɪtɪdlɪ] *bijw* laat op de dag, te elfder ure, (te) laat

belch [beltʃ] I *znw* ❶ boer, oprisping ❷ uitbarsting II *overg* uitbraken ⟨vuur, rook⟩ III *onoverg* boeren

beleaguered [bɪ'liːgəd] *bn* veel geplaagd, onder zware druk ★ *a* ~ *city* een belegerde stad

belfry ['belfrɪ] *znw* ❶ klokkentoren, belfort ★ *bats in the* ~ niet goed snik, excentriek ❷ klokkenstoel

Belgian ['beldʒən] I *bn* Belgisch II *znw* Belg, Belgische **Belgium** ['beldʒəm] *znw* België

belie [bɪ'laɪ] *overg* logenstraffen, verkeerd voorstellen ★ *her manner* ~*d her real feelings* haar gedrag was in tegenspraak met haar gevoelens

belief [bɪ'liːf] *znw* ❶ geloof, vertrouwen ★ *beyond* ~ ongelofelijk ★ *contrary to popular* ~ in tegenstelling tot wat algemeen wordt aangenomen ★ *this has shaken my* ~ *in him* dit heeft mijn vertrouwen in hem geschokt ❷ overtuiging, mening ★ *she acted in the* ~ *that his life was in danger* ze handelde in de veronderstelling dat zijn leven in gevaar was

believable [bɪ'liːvəbl] *bn* geloofwaardig, te geloven

believe [bɪ'liːv] I *overg* geloven ★ *I don't* ~ *a word of it* ik geloof er geen woord van ★ ~ *it or not* geloof het of niet ★ *would you* ~ *it?* had je dat ooit voor mogelijk gehouden? ★ *she couldn't* ~ *her ears / eyes* ze kon haar oren / ogen niet geloven ★ *I couldn't* ~ *my luck* ik had ongelooflijk veel geluk ★ *I'll* ~ *it when I see it* ik geloof het pas als ik het zie II *onoverg* gelovig zijn ★ *make* ~ doen alsof ★ ~ *in sbd / sth* in iem. / iets geloven

believer [bɪ'liːvə] *znw* gelovige

Belisha beacon [bɪ'liːʃə 'biːkən] *znw* knipperbol ⟨bij voetgangersoversteekplaats⟩

belittle [bɪ'lɪtl] *overg* ❶ verkleinen ❷ kleineren ★ *he's always belittling her efforts* hij zit haar inspanningen altijd te kleineren

Belize [be'liːz] *znw* Belize

bell [bel] I *znw* ❶ bel, klok, schel ★ *as clear as a* ~ heel duidelijk ★ *as sound as a* ~ oerdegelijk ★ Am inf *with* ~*s on* enthousiast ★ inf *it comes with lots of* ~*s and whistles* het komt met een hoop toeters en bellen ★ *be saved by the* ~ gered worden door de bel ⟨bij boksen &⟩, de dans ternauwernood ontspringen ★ inf *give sbd a* ~ iem. opbellen ★ *ring the warning / alarm* ~*s* de alarmklok luiden ★ inf *that rings a* ~ daar heb ik wel eens van gehoord, daar staat me iets van bij ❷ plantk klokje ❸ scheepv glas ⟨half uur⟩ II *overg* een bel omdoen ★ fig ~ *the cat* de kat de bel aanbinden

belladonna [belə'dɒnə] *znw* belladonna, wolfskers ⟨plant⟩

bell-bottoms ['bel-bɒtəmz] *znw* [mv] broek met wijd uitlopende pijpen

bellboy ['belbɔɪ], **bellhop** *znw* piccolo

belle [bel] gedat *znw* (gevierde) schoonheid ★ *the* ~ *of the ball* het mooiste meisje / de mooiste vrouw op het bal

belles-lettres [bel-'letr] ⟨Fr⟩ *znw* [mv] bellettrie

bellhop ['belhɒp] Am *znw* → **bellboy**

bellicose ['belɪkəʊz] *bn* oorlogszuchtig

belligerence [bə'lɪdʒərəns] *znw* strijdlust, oorlogszuchtigheid

belligerent [bə'lɪdʒərənt] *bn* ❶ oorlogvoerend ❷ agressief, strijdlustig

bell jar [bel 'dʒɑː] *znw* stolp

bellow ['beləʊ] I *znw* ❶ gebrul, geloei ❷ gebulder II *overg* ★ ~ *sth forth / out* iets uitbulderen III *onoverg* ❶ brullen, loeien ❷ bulderen

bellows ['beləʊz] *znw* [mv] blaasbalg, balg ★ *a pair of* ~ een blaasbalg

bell pepper [bel 'pepə] Am *znw* paprika

bell-pull ['bel-pʊl], **bell pull** *znw* schelkoord

bell-push ['bel-pʊʃ], **bell push** *znw* drukknopje van de bel

bell ringer [bel 'rɪŋə] *znw* klokkenluider ⟨niet figuurlijk⟩

bell tower [bel 'taʊə] *znw* klokkentoren

bellwether ['belweðə] *znw* ❶ belhamel ⟨schaap met bel dat de kudde leidt⟩ ❷ eff fakkeldrager ⟨fonds dat een indicator is voor ontwikkelingen⟩

belly ['belɪ] I *znw* buik ★ inf *go* ~ *up* failliet gaan, op zijn gat liggen II *overg* ★ ~ *sth out* iets bol doen staan III *onoverg* ★ ~ *out* opbollen, bol staan

bellyache ['belɪeɪk] inf I *znw* buikpijn II *onoverg* jammeren, klagen, kankeren

belly button ['belɪ 'bʌtn] inf *znw* navel

belly dance ['belɪ dɑːns] *znw* buikdans

belly dancer ['belɪ 'dɑːnsə] *znw* buikdanseres

belly flop ['belɪ flɒp], **bellyflop** I *znw* platte duik,

buiklanding ★ *do a* ~ een platte duik maken **II** *onoverg* een platte duik maken, een buiklanding maken

bellyful ['belɪfʊl] *inf znw* buik vol, genoeg ★ *I've had a* ~ ik heb er genoeg van

belly landing ['belɪ 'lændɪŋ] *znw* buiklanding

belly laugh ['belɪ lɑ:f] *znw* luide, vette lach

belly pork ['belɪ pɔ:k] *znw* buikspek

belong [bɪ'lɒŋ] *onoverg* ❶ (toe)behoren (aan *to*) ★ ~ *to sbd* van iem. zijn / aan iem. toebehoren ❷ thuishoren ❸ er bij horen

belongings [bɪ'lɒŋɪŋz] *znw* [mv] ❶ bezittingen, hebben en houden ❷ bagage, spullen

Belorussia [beləʊ'rʌʃə] → **Belarus**

beloved *dicht* **I** *bn* [bɪ'lʌv(ɪ)d] geliefd, bemind **II** *znw* [bɪ'lʌvɪd] geliefde, beminde

below [bɪ'ləʊ] **I** *voorz* beneden, onder, lager dan **II** *bijw* omlaag, beneden, naar beneden, hierbeneden

belt [belt] **I** *znw* ❶ gordel, riem, band, ceintuur, *mil* koppel ★ *a below the* ~ *remark* een opmerking onder de gordel ★ *have sth under one's* ~ iets achter de kiezen hebben, iets binnen hebben, iets op zak, in bezit hebben ★ *tighten one's* ~ de buikriem aanhalen ❷ zone, gebied ★ *a* ~ *of trees* een zoom van bomen ❸ klap, opduvel ★ *a* ~ *over the ear* een draai om de oren, een oorvijg **II** *overg* ❶ een gordel, riem of ceintuur omdoen ❷ omgorden ❸ omringen ❹ *inf* een oorvijg verkopen, een draai om de oren geven **III** *onoverg inf* jakkeren, pezen, er vandoor gaan **IV** *phras* ★ ~ **down** in bakken neerkomen ⟨regen⟩ ★ ~ *sth* **out** iets uitbrullen, iets uitbalken, iets uitblèren ★ ~ **up** autogordel / veiligheidsriem vastmaken ★ *inf* ~ *up!* hou je bek!

belt drive [belt draɪv] *znw* riemaandrijving ⟨in machine, motor e.d.⟩

belt sander [belt 'sændə] *znw* bandschuurmachine

beltway ['beltweɪ] *Am znw* ringweg

beluga [bə'lu:gə] *znw* ❶ witte dolfijn ❷ witte steur ❸ beloegakaviaar

belvedere ['belvɪdɪə] *znw* villa, koepel, torentje met mooi uitzicht

bemoan [bɪ'məʊn] *overg* bejammeren, betreuren

bemused [bɪ'mju:zd] *bn* verbijsterd, verstrooid ★ *I was* ~ *by his antics* zijn capriolen brachten me in de war

bench [bentʃ] *znw* ❶ (zit)bank ★ *the Government / Opposition* ~*es* de regeringsbanken / oppositiebanken ❷ werkbank ❸ doft, zitplank in roeiboot ❹ rechtbank ★ *raise sbd to the* ~ iem. tot rechter benoemen ★ *sit on the* ~ rechter zijn ❺ *sp* reservebank

benchmark ['bentʃmɑ:k] *znw* maatstaf, vast punt, referentiepunt

benchmarking ['bentʃmɑ:kɪŋ] *znw* benchmarking ⟨evaluatie van de prestaties van een onderneming door deze te vergelijken met de verrichtingen van concurrerende ondernemingen⟩

bench top [bentʃ tɒp] *znw* aanrechtblad

bend [bend] **I** *znw* bocht, kromming, buiging ★ *a hairpin* ~ een haarspeldbocht ★ *a left / right-hand* ~ een bocht naar links / rechts ★ *inf drive / send sbd round the* ~ iem. gek maken ★ *inf go (a)round the* ~ gek worden ★ *negotiate a* ~ een bocht nemen **II** *overg* [bent, bent] ❶ buigen, krommen, spannen ★ ~ *sbd's ear* doorzeuren ❷ verbuigen ★ ~ *the rules* de regels naar eigen goeddunken toepassen ❸ richten ★ *she bent all her efforts towards the task* ze richtte geheel en al op haar taak **III** *onoverg* [bent, bent] ❶ (zich) buigen of krommen ★ ~ *down* zich bukken, vooroverbuigen ★ ~ *over backwards (to do sth)* grote moeite voor iets doen ❷ toegeven ★ ~ *to public pressure* toegeven aan publieke druk

bender ['bendə] *inf znw* drankfestijn, zuippartij, fuif

bends [bendz] *med znw* [mv] ★ *the* ~ caissonziekte

bendy ['bendɪ] *bn* ❶ bochtig ❷ buigzaam

beneath [bɪ'ni:θ] **I** *voorz* onder, beneden ★ *fig cleaning was* ~ *her* schoonmaken was haar te min **II** *bijw* beneden, (er)onder

benediction [benɪ'dɪkʃən] *znw* ❶ (in)zegening, zegen, gebed ❷ *RK* benedictie ❸ lof

benefactor ['benɪfæktə] *znw* weldoener ★ *a public* ~ een filantroop

benefactress [benɪ'fæktrəs] *znw* weldoenster

beneficent [bɪ'nefɪsənt] *form bn* lief-, weldadig

beneficial [benɪ'fɪʃəl] *bn* weldadig, heilzaam, nuttig, voordelig (voor *to*) ★ *a mutually* ~ *arrangement* een regeling die voor beide partijen voordelig is

beneficiary [benɪ'fɪʃərɪ] **I** *bn* beneficie- **II** *znw* bevoordeelde, begunstigde, testamentair erfgenaam ★ *she is the* ~ *of his will* zij is de begunstigde in zijn testament

benefit ['benɪfɪt] **I** *znw* ❶ baat, voordeel, nut, weldaad ★ *give sbd the* ~ *of the doubt* iem. het voordeel van de twijfel geven ★ *a fringe* ~ een secundaire arbeidsvoorwaarde ❷ benefiet ❸ uitkering, toelage **II** *overg* ❶ tot voordeel strekken, goeddoen ❷ bevorderen **III** *onoverg* baat vinden (bij *by / from*), voordeel trekken (uit *by / from*), profiteren (van *by / from*)

benefit concert ['benɪfɪt 'kɒnsət] *znw* benefietconcert

benefits package ['benɪfɪts 'pækɪdʒ] *znw* pakket secundaire arbeidsvoorwaarden

benevolence [bə'nevələns] *znw* ❶ welwillendheid ❷ weldadigheid ❸ weldaad

benevolent [bə'nevələnt] *bn* ❶ welwillend ❷ weldadig

benevolent society [bə'nevələnt sə'saɪətɪ] *znw* liefdadigheidsinstelling

Bengal [beŋ'gɔ:l] *znw* Bengalen

Bengali [beŋ'gɔ:lɪ] **I** *bn* Bengaals **II** *znw* [mv: Bengali] ❶ Bengalees, Bengalese ❷ Bengali

benighted [bɪ'naɪtɪd] *dicht bn* achterlijk, onwetend

benign [bɪ'naɪn] *bn* ❶ vriendelijk ❷ heilzaam ❸ *med* goedaardig

Benin [be'nɪn] *znw* Benin

Beninese [benɪ'ni:z] **I** *bn* van, uit Benin **II** *znw* [*mv:* ~] inwoner v. Benin

bent [bent] **I** *bn* ❶ gebogen, krom ❷ *inf* oneerlijk, vals, corrupt, pervers ❸ afkeurend *inf* 'van de verkeerde kant', homoseksueel **II** *znw* ❶ (geestes)richting, aanleg, neiging ★ *a philosophical* ~ een filosofische instelling ❷ voorliefde ❸ → **bent grass III** *ww* [v.t. & v.d.] → **bend**

bent double [bent 'dʌbl] *bijw* dubbelgevouwen ⟨van pijn, van het lachen &⟩

bent grass [bent grɑ:s], **bent** *znw* bentgras, bep. gazongras ⟨vooral gebruikt voor golfbanen⟩

bent on [bent ɒn], **bent upon** *bn* gericht zijn op, erop uit zijn om, besloten zijn om ★ *something told me they were* ~ *mischief* ik kreeg de indruk dat ze kattenkwaad wilden uithalen

benumbed [bɪ'nʌmd] *bn* gevoelloos ★ ~ *with shock* verdoofd door de schok

benzene ['benzi:n] scheik *znw* benzeen

benzine ['benzi:n] *znw* wasbenzine

bequeath [bɪ'kwi:ð] *overg* vermaken, nalaten ⟨v. roerende zaken en / of vermogensrechten⟩

bequest [bɪ'kwest] jur **I** *znw* legaat ⟨betreffende roerende zaken en / of vermogensrechten⟩ ★ *leave / make sbd a* ~ iem. een legaat nalaten **II** *overg* vermaken ⟨van roerende zaken en / of vermogensrechten⟩

berate [bɪ'reɪt] form *overg* de les lezen ★ ~ *sbd soundly* iem. grondig de les lezen

bereaved [bɪ'ri:vd] *bn* beroofd ⟨van familielid door overlijden⟩, diepbedroefd ⟨door sterfgeval⟩ ★ *the* ~ de nabestaanden

bereavement [bɪ'ri:vmənt] *znw* (zwaar) verlies, sterfgeval ★ *a family* ~ / *a* ~ *in the family* een sterfgeval in de familie

bereft [bɪ'reft] *bn* ★ ~ *of* verstoken van ★ ~ *of all hope* verstoken van alle hoop

beret ['bereɪ] *znw* baret, alpinopet

bergamot ['bɜ:gəmɒt] *znw* ❶ plantk bergamot(peer) ❷ bergamotcitroen ❸ bergamotolie

berk [bɜ:k], **burk** *inf znw* sufferd, oen

Bermuda [bɜ:'mju:də] *znw* Bermuda ★ *the* ~*s* de Bermuda eilanden

Bermudan [bə'mju:dən], **Bermudian I** *bn* Bermudaans **II** *znw* Bermudaan, Bermudaanse

Bermudas [bə'mju:dəz], **Bermuda shorts** *znw* [mv] korte broek

berry ['berɪ] *znw* ❶ bes ❷ viseitje ❸ (koffie)boon

berserk [bə'sɜ:k] *bn* ★ *go* ~ razend worden

berth [bɜ:θ] **I** *znw* ❶ couchette, slaapplaats ⟨in trein of op schip⟩, hut, kooi ★ *a three*~ *cabin* een cabine met drie slaapplaatsen ❷ ankerplaats, ligplaats ⟨van schip⟩ ★ *give sbd / sth a wide*~ uit het vaarwater / uit de weg gaan v iem. / iets blijven ❸ *inf* baantje **II** *overg* ❶ meren ❷ een hut / slaapplaats aanwijzen **III** *onoverg* voor anker gaan, aanleggen

beseech [bɪ'si:tʃ] dicht *overg* [besought, besought] smeken

beset [bɪ'set] *overg* [beset, beset] ❶ omringen, insluiten ❷ aanvallen, overvallen ❸ het ⟨iemand⟩ lastig maken, in het nauw drijven, belagen ★ *a project* ~ *by / with problems* een project dat veel problemen heeft

beside [bɪ'saɪd] *voorz* naast, bij, buiten ★ *he was* ~ *himself* hij was buiten zichzelf ⟨van woede, bezorgdheid &⟩

besides [bɪ'saɪdz] **I** *voorz* behalve, naast, benevens **II** *bijw* bovendien, daarbij

besiege [bɪ'si:dʒ] *overg* ❶ belegeren ❷ bestormen

besieger [bɪ'si:dʒə] *znw* belegeraar

besmeared [bɪ'smɪəd] *bn* besmeurd

besmirch [bɪ'smɜ:tʃ] dicht *overg* bekladden, besmeuren ★ ~ *sbd's reputation* iemands reputatie bekladden

besotted [bɪ'sɒtəd] *bn* ❶ fig verblind (door *with*) ❷ gek (van *with*)

besought [bɪ'sɔ:t] *ww* [v.t. & v.d.] → **beseech**

bespattered [bɪ'spætəd] *bn* bespat

bespeak [bɪ'spi:k] form *overg* ❶ bespreken, bestellen ❷ verraden, getuigen van ★ *his election* ~*s his popularity* zijn verkiezing getuigt van zijn populariteit

bespectacled [bɪ'spektəkld] *bn* met bril

bespoke [bɪ'spəuk] *bn* op maat gemaakt, maat- ★ *a* ~ *suit* een maatpak

bespoke tailor [bɪ'spəuk 'teɪlə] *znw* maatkleermaker

best [best] **I** *bn* best ★ *for the* ~ *part of the trip she was sick* tijdens het grootste deel van de reis was ze ziek ★ *in one's* ~ *interests* voor zijn bestwil ★ *the* ~ *of a bad bunch* de beste van een slecht gezelschap ⟨hoewel zelf ook geen beste⟩ ★ *with the* ~ *will in the world* met de beste wil van de wereld ★ *be on one's* ~ *behaviour* zijn beste gedrag vertonen ★ *put one's* ~ *foot forward* zijn beste beentje voor zetten **II** *bijw* het best ★ *you had* ~ *tell her* je kunt het haar maar het beste vertellen ★ *long trips with children are* ~ *avoided* lange tochten met kinderen kunnen beter vermeden worden ★ *as* ~ *we could* zo goed mogelijk / zo goed en zo kwaad als we konden ★ *as you think* ~ wat je maar het beste lijkt ★ *first in,* ~ *dressed* wie het eerst komt het eerst maalt **III** *znw* best(e) ★ tennis *the* ~ *of three sets* de beste uit drie sets ⟨wie er twee wint heeft gewonnen⟩ ★ *all the* ~, *the* ~ *of luck* alle geluk (succes) ★ *at* ~ hoogstens, op zijn best, in het gunstigste geval ★ *it's all for the* ~ het komt uiteindelijk wel goed ★ *in his Sunday* ~ op zijn zondags ★ *the* ~ *of both worlds* het beste van twee werelden ★ *to the* ~ *of one's ability / power* zo goed mogelijk ★ *do / give / try one's* ~ je uiterste best doen ★ *make the* ~ *of sth* zich schikken in iets, iets voor lief nemen, er het beste van maken, zo goed mogelijk iets benutten

best-before date [best-bɪ'fɔ: deɪt] *znw* houdbaarheidsdatum

best bet [best bet] inf *znw* beste kans ★ *your* ~ *is to go*

there by train je kunt er het beste met de trein heen gaan

bestial ['bestrəl] *bn* dierlijk, beestachtig

bestiality [bestɪ'ælətɪ] *znw* ❶ beestachtigheid ❷ bestialiteit, sodomie

bestiary ['bestɪərɪ] *znw* middeleeuws dierenboek

bestir [bɪ'stɜ:] *wederk* ★ *~ oneself* voortmaken, aanpakken

best man [best 'mæn] *znw* getuige v.d. bruidegom, bruidsjonker

bestow [bɪ'stəʊ] *overg* ❶ geven, schenken, verlenen (aan *on* / *upon*) ★ *~ an honour on sbd* iem. een onderscheiding verlenen ❷ besteden ‹zorg›

bestowal [bɪ'stəʊəl] *znw* ❶ gift, schenking ❷ verlening

bestrewn [bɪ'stru:n] *dicht bn* bestrooid

bestride [bɪ'straɪd] *dicht overg* [bestrode, bestridden] schrijlings zitten op, over iets heen staan

best-seller [best-'selə], **bestseller** *znw* ❶ bestseller ❷ succesproduct

best-selling ['best-selɪŋ] *bn* veel verkocht ★ *a ~ novel* een succesroman

best wishes [best 'wɪʃɪz] *znw* [mv] gelukwensen

bet [bet] **I** *znw* weddenschap ★ *a better ~* / *the best ~* beter, het beste ★ *a fair ~* een redelijke kans ★ *a sure ~* een zeker iets ★ *that horse is an outside ~* dat paard heeft weinig kans om te winnen ★ *hedge one's ~s* zich indekken **II** *overg* [bet/betted, bet/betted] verwedden, wedden (om) ★ inf *I ~ he'll come!* wedden dat hij komt? ★ inf *you can ~ your life* / *bottom dollar* je kunt er donder op zeggen **III** *onoverg* wedden ★ inf *you ~!* nou en of!, wat dacht je! ★ *~ on sth* op iets wedden

beta ['bi:tə] *bn* bèta ‹Griekse letter B›

beta blocker ['bi:tə blɒkə] *znw* bètablokker

beta-carotene ['bi:tə-kærəti:n] *znw* bètacaroteen

betake [bɪ'teɪk] *dicht wederk* [betook, betaken] zich begeven, gaan ★ *~ oneself to* zich begeven naar

beta rays ['bi:tə reɪz] *znw* [mv] bètastralen

betel ['bi:tl] *znw* betel, sirih(pruim)

bête noire [beɪt 'nwɑ:] *‹Fr›* ❶ bête noire ❷ persoon of zaak waaraan men een grote hekel heeft

betide [bɪ'taɪd] *dicht overg & onoverg* overkomen, wedervaren ★ *woe ~ him!* wee hem!

betook [bɪ'tʊk] *ww* [v.t.] → **betake**

betray [bɪ'treɪ] *overg* ❶ verraden ❷ ontrouw worden ❸ bedriegen ‹echtgenoot› ❹ beschamen ‹vertrouwen›

betrayal [bɪ'treɪəl] *znw* ❶ verraad ★ *an act of ~* een daad van verraad ❷ ontrouw, bedrog

betrayer [bɪ'treɪə] *znw* verrader

betroth [bɪ'trəʊð] *gedat overg* iem. verloven met iem. anders (met *to*)

betrothal [bɪ'trəʊðəl] *dicht znw* verloving

betrothed [bɪ'trəʊðd] *dicht* **I** *bn* verloofd **II** *znw* verloofde

better ['betə] **I** *bn* ❶ beter ★ *~ luck next time* volgende

keer beter ★ inf *that's a darned sight ~* dat is beduidend beter ★ *he's no ~ than a peasant* hij is maar een boer ★ *he's no ~ than his father* hij is net zo slecht als zijn vader ★ *there's nothing ~ than a good book* er is niets beters dan een goed boek ★ *he was ~ than his word* hij deed meer dan hij beloofd had ★ *there's nothing ~ to do here than read* je kunt hier niets beters doen dan lezen ★ *be the ~ for sth* voordeel van iets hebben, er bij profiteren ★ zegsw *~ the devil you know (than the one you don't)* hou het bij het oude, je weet nooit wat je weerkrijgt ❷ groter, grootste ★ *the ~ part of* het grootste deel van ❸ genezen, hersteld, minder ziek ★ *he's ~ now* hij is hersteld / aan de beterende hand **II** *bijw* beter ★ *~ late than never* beter laat dan nooit ★ *~ safe than sorry* het zekere voor het onzekere nemen ★ *~ still, go and tell her in person* of nog beter, ga het haar zelf vertellen ★ *you'd ~ go* je moest maar liever gaan ★ *go one ~* het net even beter doen, net een stapje verder gaan ★ *the more the ~* hoe meer hoe liever ★ *so much the ~* des te beter ★ *the sooner the ~* hoe eerder hoe beter ★ *she liked him all the ~ for it* ze ging daardoor zoveel te meer van hem houden **III** *znw* ❶ iem. die wedt ❷ meerdere ‹in kennis &› ★ *one's ~s* meerderen, superieuren ❸ het betere, iets beters ★ *a change for the ~* een verandering ten goede, een verbetering ★ *for ~ or for worse* in lief en leed ★ *get the ~ of sbd* / *sth* de overhand krijgen op iem. / iets, het winnen van iem. / iets **IV** *overg* ❶ verbeteren ❷ overtreffen **V** *onoverg* beter worden **VI** *wederk* ★ *~ oneself* zich verbeteren ‹zijn positie›

better half ['betə hɑ:f] *scherts znw* echtgenoot, echtgenote

betterment ['betəmənt] *znw* ❶ verbetering (van positie &) ❷ waardevermeerdering

better nature ['betə 'neɪtʃə] *znw* betere kant ‹van iemands karakter› ★ *I did it against my ~* ik deed het tegen beter weten in

better off ['betər ɒf] *znw* ❶ beter af ★ *she'll be ~ in hospital* het is beter voor haar als ze naar het ziekenhuis gaat ❷ rijker ★ *the ~* de beter gesitueerden, de welgestelden

betting ['betɪŋ] *znw* het wedden

betting shop ['betɪŋ ʃɒp] *znw* wedlokaal

between [bɪ'twi:n] **I** *voorz* tussen ★ *~ times* / *whiles* tussen het werk (de bedrijven) door, zo af en toe ★ *~ ourselves* / *you and me* / *us* onder ons gezegd (en gezwegen) **II** *bijw* ertussen(in)

between-decks [bɪ'twi:n-deks] **I** *bijw* tussendeks **II** *znw* tussendek

betwixt [bɪ'twɪkst], **'twixt** *dicht voorz & bijw* ★ *~ and between* zo half en half, zozo, lala

bevel ['bevəl] **I** *znw* ❶ beweegbare winkelhaak, hoekmeter ❷ schuine rand, helling **II** *overg* afschuinen, afkanten

bevelled ['bevəld], **beveled** *bn* afgeschuind ★ *~ edges* schuine kanten

beverage ['bevərɪdʒ] *znw* drank

be

be

bevvy ['bevɪ] Br inf znw (alcoholisch) drankje

bevy ['bevɪ] znw vlucht, troep, schare, horde, gezelschap

bewail [bɪ'weɪl] dicht overg betreuren, bejammeren

beware [bɪ'weə] overg & onoverg oppassen, zich hoeden, zich wachten, zich in acht nemen (voor of) ★ ~ of the dog pas op voor de hond

bewilder [bɪ'wɪldə] overg verbijsteren, verwarren

bewildering [bɪ'wɪldərɪŋ] bn verbijsterend

bewilderment [bɪ'wɪldəmənt] znw verbijstering

bewitch [bɪ'wɪtʃ] overg ❶ betoveren ❷ beheksen

bewitching [bɪ'wɪtʃɪŋ] bn betoverend, verrukkelijk

bewitchment [bɪ'wɪtʃmənt] znw betovering

beyond [bɪ'jɒnd] I voorz & bijw ❶ aan gene zijde (van), verder (dan), voorbij, (daar)achter ❷ boven (uit), over, meer (dan) ★ it's ~ me / it's ~ my comprehension het gaat mijn verstand te boven ❸ behalve II znw hiernamaals ▼ the back of ~ het andere eind van de wereld

Bhutan [bu:'tɑːn] znw Bhutan

Bhutanese [bu:tɑ'niːz] I bn Bhutaans II znw [mv: ~] inwoner van Bhutan

bi- [baɪ-] voorv tweemaal, dubbel, tweevoudig, gedurende twee, iedere twee &

biannual [baɪ'ænjuəl] bn halfjaarlijks

biannually [baɪ'ænjuəlɪ] bijw halfjaarlijks

bias ['baɪəs] I znw [mv: biases of biasses] ❶ overhelling, neiging, vooroordeel, partijdigheid ★ a racial ~ een rassenvooroordeel ★ they have a ~ in favour of / towards local products ze hebben een voorkeur voor plaatselijke producten ❷ schuinte ⟨t.o.v. schering en inslag⟩ ★ cut on the ~ schuin geknipt ❸ effect ⟨van een bal &⟩ II overg doen overhellen, bevooroordeeld maken

biased ['baɪəst] bn partijdig, bevooroordeeld, vooringenomen

biathlon [baɪ'æθlən] znw biatlon

bib [bɪb] znw slabbetje ★ Br inf one's best ~ and tucker zijn zondagse kleren

Bible ['baɪbl] znw Bijbel

Bible-basher ['baɪbl-bæʃə], **Bible-thumper** afkeurend znw protestantse fundamentalist, fanatieke evangelist

Bible-bashing ['baɪbl-bæʃɪŋ], **Bible-thumping** afkeurend znw fanatiek propageren van de Bijbel

Bible Belt ['baɪbl belt] znw ★ the ~ de Bijbelgordel ⟨de protestantse fundamentalistische regio's van de VS en Canada⟩

biblical ['bɪblɪkl] bn Bijbels, Bijbel- ★ a task of ~ proportions een gigantische taak

biblio- ['bɪblɪəʊ-] voorv boeken betreffende

bibliographer [bɪblɪ'ɒgrəfə] znw bibliograaf

bibliographical [bɪblɪə'græfɪkl], **bibliographic** bn bibliografisch

bibliography [bɪblɪ'ɒgrəfɪ] znw bibliografie

bibliophile ['bɪblɪɒfaɪl] znw bibliofiel

bib overalls [bɪb 'əʊvərɔːlz] znw [mv] tuinbroek

bicameral [baɪ'kæmrəl] pol bn bestaand uit twee kamers / huizen ⟨van parlement⟩

bicarbonate of soda [baɪ'kɑːbənɪt əv 'səʊdə], inf **bicarb** znw natriumbicarbonaat, zuiveringszout

bicentenary [baɪsen'tiːnərɪ], **bicentennial** znw tweehonderdjarig jubileum, tweehonderdste gedenkdag

bicentennial [baɪsen'tenɪəl] I bn tweehonderdjarig II znw → **bicentenary**

biceps ['baɪseps] znw [mv: ~] biceps

bicker ['bɪkə] onoverg kibbelen, hakketakken

bickering ['bɪkərɪŋ] znw gekibbel

bickie ['bɪkɪ], Aus **bikkie** inf zn biskwietje, koekje, cracker ★ fig big ~s heel veel geld

bicycle ['baɪsɪkl] I znw fiets ★ ~ hire fietsverhuur ★ ~ parts fietsonderdelen ★ a ~ tyre een fietsband ★ did you come by ~? ben je op de fiets? II onoverg fietsen

bid [bɪd] I znw ❶ bod (op for) ★ an opening ~ een openingsbod ⟨veiling⟩ ★ a takeover ~ een overnamebod ★ fig make a ~ for sth dingen naar iets ❷ poging II overg & onoverg [bid, bid] ❶ bieden (op for) ⟨op veiling⟩ ❷ opbieden (tegen against) III overg [bade/bid, bidden/bid] ❶ gebieden, bevelen, gelasten ❷ verzoeken, zeggen, wensen, heten ★ ~ farewell to sbd afscheid nemen van iem. ★ ~ sbd good morning iem. goede morgen wensen

bidden ['bɪdn] ww [v.d.] → **bid**

bidder ['bɪdə] znw bieder

bidding ['bɪdɪŋ] znw ❶ bevel ❷ verzoek ❸ bod, bieden

bidding war ['bɪdɪŋ wɔː] znw biedoorlog ⟨wanneer twee grote bedrijven tegen elkaar opbieden om iets over te nemen⟩

biddy ['bɪdɪ] inf znw wijf, muts

bide [baɪd] overg ★ ~ one's time afwachten (tot until)

bidet [bi:'deɪ] znw bidet

biennial [baɪ'enɪəl] I bn ❶ tweejarig ❷ tweejaarlijks II znw ❶ tweejarige plant ❷ gebeurtenis die elke twee jaar plaatsvindt

biennially [baɪ'enɪəlɪ] bijw om de twee jaar

bier [bɪə] znw lijkbaar

biff [bɪf] inf I znw stomp, dreun, peut II overg ❶ stompen, slaan ❷ beuken

bifocal [baɪ'fəʊkəl] bn bifocaal, dubbelgeslepen, dubbelfocus-

bifocals [baɪ'fəʊklz] znw [mv] dubbelfocusbril

bifurcate form I bn ['baɪfɜːkət] gevorkt II overg ['baɪfɜːkeɪt] splitsen III onoverg ['baɪfɜːkeɪt] zich splitsen

bifurcation [baɪfə'keɪʃən] znw ❶ splitsing, opsplitsing ❷ tak, vertakking

big [bɪg] I bn groot, dik, zwaar ★ get / grow too ~ for one's boots naast zijn schoenen gaan lopen (van verwaandheid) ★ you're ~ enough to know better je bent groot/ genoeg om beter te weten ★ in a ~ way groots, grootschalig ★ they're ~ in Asia ze zijn populair in Azië ★ ironisch that's ~ of you! ontzettend bedankt!, dank je feestelijk! ★ inf I'm not very ~ on languages ik ben niet erg goed in talen

★ inf *what's the ~ idea?* hoe kom je erbij? / wat zullen we nou krijgen? **II** *bijw* gewichtig, belangrijk ★ *make it ~* beroemd worden, veel succes hebben ★ *talk ~* opscheppen ★ *think ~* het groots aanpakken **III** *overg* ★ inf *~ sth up* iets opkloppen / groter maken dan het is

bigamist ['bɪgəmɪst] *znw* bigamist

bigamous ['bɪgəməs] *bn* in bigamie levend

bigamy ['bɪgəmɪ] *znw* bigamie

Big Apple [bɪg 'æpl] inf *znw* ★ *the ~* New York

big band [bɪg bænd] *znw* big band ⟨groot dansorkest / jazzorkest⟩

big bang [bɪg bæŋ] *znw* ★ *the ~* de oerknal

big-boned ['bɪg-bəʊnd] *bn* zwaargebouwd, grof

big boys [bɪg 'bɔɪz] *znw* [mv] ★ inf *the ~* de grote jongens ⟨machtige personen of organisaties⟩

Big Brother [bɪg 'brʌðə] *znw* de grote baas, de overheid ⟨m.n. een die over alles controle uitoefent⟩

big bucks [bɪg 'bʌks] Am inf *znw* [mv] 'n boel geld

big business [bɪg 'bɪznɪs] *znw* ❶ grote bedrijven ❷ iets waarmee veel geld verdiend kan worden

big cat [bɪg kæt] *znw* grote katachtige ⟨tijger, leeuw &⟩

big day [bɪg deɪ] *znw* ★ *the ~* de trouwdag

Big Dipper [bɪg 'dɪpə] *znw* Grote Beer ⟨sterrenbeeld⟩

Bigfoot ['bɪgfʊt] *znw* Bigfoot ⟨mythische aapmens in Noord Amerika⟩

big game [bɪg geɪm] *znw* groot wild

biggie ['bɪgi:] inf *znw* belangrijke zaak / persoon ★ Am *no ~!* maakt niet uit!

biggish ['bɪgɪʃ] *bn* tamelijk groot, nogal dik

big hair [bɪg heə] inf *znw* wijduitstaand kapsel

big-head ['bɪg-hed] *znw* blaaskaak, verwaande kwast

big-headed [bɪg-'hedɪd] *bn* verwaand

big-hearted [bɪg-'hɑːtɪd] *bn* groothartig, ruimhartig, genereus

big hitter [bɪg 'hɪtə] *znw* belangrijk of invloedrijk persoon

bight [baɪt] *znw* ❶ bocht ❷ baai, kreek

big money [bɪg 'mʌnɪ] inf *znw* het grote geld

bigmouth ['bɪgmaʊθ] inf *znw* schreeuwlelijk, opschepper

big name [bɪg neɪm] *znw* beroemdheid, beroemde persoon

bigot ['bɪgət] *znw* dweper, fanaticus

bigoted ['bɪgətɪd] *znw* ❶ dweepziek, fanatiek ❷ onverdraagzaam, vol vooroordelen

bigotry ['bɪgətrɪ] *znw* dweepzucht, fanatisme

big screen [bɪg skri:n] *znw* ★ *the ~* de bioscoop

big shot ['bɪg ʃɒt] inf *zn* kopstuk, hoge piet, hoge oom

Big Smoke [bɪg 'sməʊk] inf *znw* ★ *the ~* de grote stad

big time [bɪg taɪm] inf **I** *bn & bijw* ❶ top, eersteklas ❷ gigantisch ★ *they've screwed up ~* ze hebben er een gigantische puinhoop van gemaakt **II** *znw* ★ *the ~* het grote succes, de top ⟨voor een artiest⟩ ★ *make / hit the ~* doorbreken / het helemaal maken

big-timer ['bɪg-taɪmə] inf *znw* topper, topartiest, topspeler

big toe [bɪg təʊ] *znw* grote teen

big top [bɪg tɒp] *znw* grote circustent

big wheel [bɪg wi:l] *znw* ❶ reuzenrad ❷ hoge piet

bigwig ['bɪgwɪg] inf *znw* hoge ome, hoge piet, bons

big word [bɪg wɜːd] inf *znw* moeilijk woord ★ *he likes to use a lot of ~s in his speeches* hij gebruikt graag moeilijke woorden in zijn toespraken

bijou ['bi:ʒu:] **I** *bn* ❶ schattig, snoezig ❷ chic **II** *znw* juweel(tje)

bike [baɪk] inf **I** *znw* ❶ fiets ❷ motorfiets **II** *onoverg* fietsen

biker ['baɪkə], Aus **bikie** inf *znw* ❶ motorrijder ❷ mountainbike rijder

bike rack [baɪk ræk] *znw* fietsenrek

bike shed [baɪk ʃed] *znw* fietsenschuur

bikini [bɪ'ki:nɪ] *znw* bikini

bikkie ['bɪkɪ] Aus inf *znw* → **bickie**

bilabial [baɪ'leɪbɪəl] *bn* tweelippig, bilabiaal

bilateral [baɪ'lætərəl] *bn* tweezijdig, bilateraal

bilberry ['bɪlbərɪ] *znw* blauwe bosbes

bile [baɪl] *znw* gal ★ fig *full of ~* erg verbitterd / zwartgallig

bilge [bɪldʒ] *znw* ❶ buik ⟨v. vat, schip⟩ ❷ scheepv kim ❸ inf kletskoek

bilge water [bɪldʒ 'wɔːtə] *znw* ❶ water onder in een schip ❷ fig slootwater

bilingual [baɪ'lɪŋgwəl] *bn* tweetalig ★ *a ~ dictionary* een tweetalig woordenboek

bilious ['bɪljəs] *bn* ❶ gal-, galachtig ★ *a ~ attack* een galaanval ❷ walg(e)lijk, misselijk ★ *a ~ colour* een vieze kleur ❸ cholerisch, driftig

bill [bɪl] **I** *znw* ❶ rekening ★ *an outstanding ~* een uitstaande rekening ❷ wissel, schuldbekentenis ❸ attest, verklaring, brief, bewijs ❹ aanplakbiljet, strooibiljet, lijst, programma ★ *a double ~* een film- of theatervoorstelling met twee hoofdattracties ❺ bek, snavel ❻ jur aanklacht, akte van beschuldiging ❼ wetsontwerp ★ *a private members' ~* initiatiefwetsontwerp ⟨in Groot-Brittannië⟩ ★ *rush a ~ through parliament* een wet door het parlement jagen ❽ Am bankbiljet ▼ Br inf *the Bill* de politie ▼ *fit the ~* geschikt zijn **II** *overg* ❶ (door biljetten) aankondigen, op het programma zetten ❷ de rekening sturen, op de rekening zetten **III** *onoverg* ★ inf *~ and coo* verliefd knuffelen, aanhalen, liefkozen

billabong ['bɪləbɒŋ] Aus *znw* afgesloten rivierarm, binnenwater ⟨alleen bij hoog water deel van de rivier⟩

billboard ['bɪlbɔːd] *znw* aanplakbord, reclamebord

billet ['bɪlɪt] mil **I** *znw* ❶ verblijfplaats, kwartier ❷ inkwartieringsbevel, kwartier **II** *overg* inkwartieren (bij *at*)

billfold ['bɪlfəʊld] Am *znw* portefeuille

billhook ['bɪlhʊk] *znw* snoeimes

billiard cue ['bɪlɪəd kju:] *znw* biljartkeu

billiards ['bɪlɪədz] *znw* [mv] biljart(spel)

billiard table ['bɪlɪəd 'teɪbl] *znw* biljart

billing ['bɪlɪŋ] *znw* aankondiging ★ *top* ~ bovenste plaats op het affiche

billion ['bɪljən], **bn** *znw* miljard ⟨duizend miljoen⟩

> **billion**
> betekent **miljard** (duizend miljoen). Het Nederlandse woord **biljoen** (miljoen keer miljoen) is **trillion** in het Engels. In oudere Engelse teksten werden nog wel de Nederlandse betekenissen gebruikt (dus *milliard* voor *miljard* en *billion* voor *biljoen*).

billionaire [bɪljə'neə] *znw* miljardair

bill of fare [bɪl əv 'feə] gedat *znw* menu

bill of lading [bɪl əv 'leɪdɪŋ], **B/L** *znw* cognossement

bill of rights [bɪl əv 'raɪts] *znw* wettelijke vastlegging van grondrechten

bill of sale [bɪl əv 'seɪl] *znw* koopbrief

billow ['bɪləʊ] **I** *znw* golf ★ *~s of smoke* dikke rookwolken **II** *onoverg* deinen, golven, ⟨van zeilen &⟩ bol staan

billowy ['bɪləʊɪ] *bn* golvend

billposter ['bɪlpəʊstə], **billsticker** *znw* (aan)plakker

billy ['bɪlɪ], **billycan** *znw* ❶ (water)keteltje of kookpotje met hengsel ⟨voor koken op kampvuur⟩ ❷ geitenbok

billy club ['bɪlɪ klʌb] Am *znw* gummiknuppel, houten knuppel

billy goat ['bɪlɪ gəʊt] *znw* geitenbok

billy-o ['bɪlɪ-əʊ] Br inf *znw* ★ *like* ~ uit alle macht ★ *she realised she had to hurry like* ~ ze begreep dat ze zich ontzettend moest haasten

bimbo ['bɪmbəʊ] inf *znw* del, dom blondje, vrouw die het vooral van haar (seksueel aantrekkelijke) uiterlijk moet hebben

bi-media [baɪ-'miːdɪə] *bn* tegelijkertijd actief voor twee media, vooral radio en televisie

bimonthly [baɪ'mʌnθlɪ] **I** *bn & bijw*
❶ tweemaandelijks, om de twee maanden
❷ tweemaal per maand **II** *znw* ❶ tweemaandelijks tijdschrift ❷ halfmaandelijks tijdschrift ⟨tweemaal per maand verschijnend⟩

bin [bɪn] *znw* ❶ mand, bak ❷ afvalemmer, vuilnisbak ❸ (brood)trommel

binary ['baɪnərɪ] *bn* binair, dubbel, tweeledig, tweetallig

binary digit ['baɪnərɪ 'dɪdʒɪt] *znw* ❶ wisk een van de twee cijfers (0 of 1) in een binair systeem ❷ comput bit

binary number ['baɪnərɪ 'nʌmbə] *znw* binair getal ⟨uitgedrukt in de cijfers 1 en 0⟩

bin bag [bɪn bæg] *znw* → **bin liner**

bind [baɪnd] **I** *znw* ❶ inf vervelende taak, verplichting, corvee ★ *a double* ~ een dilemma ★ *he's in a* ~ hij heeft een probleem ❷ muz boog ⟨verbindingsteken⟩ **II** *overg* [bound, bound] ❶ vastbinden, verbinden ⟨wonden⟩, inbinden ⟨boek⟩ ★ ~ *up a wound* een wond verbinden ★ *she bound up her hair with a ribbon* ze had haar haar met een lint

opgebonden ❷ verbinden, verplichten ★ *we are bound to secrecy* wij zijn tot geheimhouding verplicht ❸ omboorden ⟨stof⟩, beslaan ⟨vaten &⟩ ❹ binden ⟨soepen &⟩, verharden **III** *onoverg* [bound, bound] dik worden ⟨soep, saus &⟩, vast worden, hard worden ★ *the mixture would not* ~ *(together)* het mengsel wou niet hard / dik worden ▼ Am ~ *off* afhechten ⟨breien⟩

binder ['baɪndə] *znw* ❶ (boek)binder ❷ losse band, omslag ❸ band ❹ bindmiddel ❺ aanbetaling, handgeld ❻ voorlopige overeenkomst

bindi ['bɪndɪ] *znw* ❶ bindi ⟨teken of juweel op het voorhoofd van Indiase vrouwen⟩ ❷ → plantk **bindi-eye**

bindi-eye ['bɪndɪ-aɪ], **bindi weed**, **bindi** Aus *znw* kleine bloem met zeer stekelige zaden

binding ['baɪndɪŋ] **I** *bn* (ver)bindend, verplichtend (voor *on*) ★ *contractually* ~ contractueel bindend ★ *legally* ~ juridisch bindend **II** *znw* ❶ (boek)band ❷ verband ❸ omboordsel, rand, beslag ❹ (ski)binding

binge [bɪndʒ] *znw* ❶ inf braspartij, zuippartij ★ *a drunken* ~ een zuippartij ★ *go on a* ~ aan de zwier gaan ❷ fig uitbarsting, vlaag, bui

binge eating [bɪndʒ 'iːtɪŋ] *znw* vreetpartij

bingo ['bɪŋgəʊ] **I** *tsw* bingo!, raak! **II** *znw* bingo ⟨gokspel⟩

bin liner ['bɪn laɪnə], **bin bag** *znw* vuilniszak

bin man [bɪn mæn] inf *znw* vuilnisman

binoculars [bɪ'nɒkjʊləz] *znw* [mv] verrekijker, veldkijker, toneelkijker ★ *a pair of* ~ een verrekijker

binomial [baɪ'nəʊmɪəl] *znw* tweeledige grootheid ★ *the* ~ *theorem* het binomium van Newton

binominal [baɪ'nəʊmɪnl] *bn* binominaal, tweenamig

bio- [baɪəʊ-] *voorv* bio-, biologisch

biochemical [baɪəʊ'kemɪkl], **biochemic** *bn* biochemisch

biochemist [baɪəʊ'kemɪst] *znw* biochemicus

biochemistry [baɪəʊ'kemɪstrɪ] *znw* biochemie

biodata ['baɪəʊdeɪtə] *znw* ❶ biologische gegevens ❷ persoonlijke gegevens, curriculum vitae

biodegradable [baɪəʊdɪ'greɪdəbl] *bn* biologisch afbreekbaar

biodegrade [baɪəʊdɪ'greɪd] *onoverg* afbreken

biodiversity [baɪəʊdaɪ'vɜːsətɪ] *znw* verscheidenheid aan dierlijk en plantaardig leven, biodiversiteit

biodynamic [baɪəʊdaɪ'næmɪk] *bn* biodynamisch

biodynamics [baɪəʊdaɪ'næmɪks] *znw* [mv] ❶ biodynamica ❷ biodynamische landbouw en veeteelt

bioengineering ['baɪəʊendʒɪnɪərɪŋ] *znw* biotechniek

biofeedback [baɪəʊ'fiːdbæk] *znw* biofeedback ⟨techniek om automatische lichaamsreflexen te beheersen⟩

biofuel ['baɪəʊfjuːəl] *znw* uit levende materie verkregen brandstof

biogas ['baɪəʊgæs] *znw* biogas ⟨gas uit mest &⟩

biographer [baɪ'ɒgrəfə] *znw* biograaf

biographical [baɪəˈgræfɪkl] *bn* biografisch
biography [baɪˈɒgrəfɪ] *znw* biografie,
levensbeschrijving ★ *a potted* ~ een korte biografie
biological [baɪəˈlɒdʒɪkl] *bn* biologisch
biological clock [baɪəˈlɒdʒɪkl klɒk] *znw* biologische
/ inwendige klok
biological control [baɪəˈlɒdʒɪkl kənˈtrəʊl] *znw*
biologische bestrijding ‹v. insectenplagen &›
biologist [baɪˈɒlədʒɪst] *znw* bioloog ★ *a* ~ een
forensisch bioloog ★ *a molecular* ~ een moleculair
bioloog
biology [baɪˈɒlədʒɪ] *znw* biologie ★ *medical* ~
medische biologie
biometrics [baɪəʊˈmetrɪks] *znw* [mv] biometrie ‹studie
van de meetbare kenmerken van levende personen›
bionic [baɪˈɒnɪk] *bn* bionisch
biophysics [baɪəʊˈfɪzɪks] *znw* [mv] biofysica
biopic [ˈbaɪəʊpɪk] *inf znw* filmbiografie
biopsy [ˈbaɪɒpsɪ] *znw* biopsie
biosphere [ˈbaɪəʊsfɪə] *znw* biosfeer
biotechnology [baɪəʊtekˈnɒlədʒɪ] *inf* **biotech** *znw*
biotechnologie
bipartisan [baɪpɑːˈtɪˈzæn] *bn* tussen / van twee partijen
biped [ˈbaɪped] *znw* tweevoetig dier
biplane [ˈbaɪpleɪn] luchtv *znw* tweedekker,
dubbeldekker
bipolar disorder [baɪˈpəʊlə dɪsˈɔːdə] med *znw*
bipolaire aandoening, manisch depressieve
aandoening
birch [bɜːtʃ] **I** *bn* berken, berkenhouten **II** *znw* ❶ berk
❷ tucht-, (straf)roede **III** *overg* (met) de roe geven
birching [ˈbɜːtʃɪŋ] *znw* pak slaag met de roe
bird [bɜːd] *znw* ❶ vogel ★ *a migratory* ~ een trekvogel
★ *wading* ~s waadvogels ★ *a* ~ *sanctuary* een
vogelreservaat ★ *the* ~s *and the bees* waar de
kindertjes vandaan komen ★ inf *strictly for the* ~s
helemaal niks voor mij / u/& ★ Br inf *do* ~ zitten (in
de bajes) ★ Br inf *get the* ~ uitgefloten worden ★ Br
inf *give sbd the* ~ iem. uitfluiten ★ zegsw *the early* ~
catches the worm de morgenstond heeft goud in de
mond ★ zegsw ~s *of a feather flock together* soort
zoekt soort ★ zegsw *a* ~ *in the hand is worth two in
the bush* één vogel in de hand is beter dan tien in de
lucht ★ zegsw *kill two* ~s *with one stone* twee vliegen
in één klap slaan ❷ inf meisje, grietje ❸ inf snuiter,
kerel ★ *a queer* ~ een rare snoeshaan, een vreemde
vogel
birdbanding [ˈbɜːdbændɪŋ] *znw* ringen van vogels
bird bath [ˈbɜːd bɑːθ] *znw* vogelbadje
birdbrain [ˈbɜːdbreɪn] inf *znw* iemand met het
verstand van een garnaal, onnozele hals
bird brained [ˈbɜːd breɪnd], **birdbrained** inf *bn* dom,
onnozel
birdcage [ˈbɜːdkeɪdʒ] *znw* vogelkooi
bird call [ˈbɜːd kɔːl] *znw* ❶ de roep van een vogel
❷ vogelfluitje
bird dog [ˈbɜːd dɒg] *znw* jachthond, speurhond
bird fancier [ˈbɜːd ˈfænsɪə] *znw* ❶ vogelliefhebber

❷ vogelkoopman
bird feeder [ˈbɜːd ˈfiːdə] *znw* voederhuisje, voedernetje
‹voor vogels›
birdhouse [ˈbɜːdhaʊs], **bird house** Am *znw* nestkastje,
vogelhuisje
birdie [ˈbɜːdɪ] *znw* ❶ kindertaal vogeltje ❷ golf een
slag minder dan par
birdlike [ˈbɜːdlaɪk] *bn* vogelachtig
bird of paradise [bɜːd əv ˈpærədaɪs] *znw* paradijsvogel
bird of passage [bɜːd əv ˈpæsɪdʒ] *znw* ❶ trekvogel
❷ fig passant, doortrekker ‹iem. die niet lang in een
baan of op een plaats blijft›
bird of prey [bɜːd əv ˈpreɪ] *znw* [mv: birds of prey]
roofvogel
bird's-eye [ˈbɜːdz-aɪ] **I** *bn* ❶ vanuit de lucht (gezien)
★ *a* ~ *view of London* Londen in vogelvlucht
❷ lijkend op het oog van een vogel **II** *znw* ❶ plantk
gewone ereprijs ‹ook als benaming van andere
bloemen› ❷ soort tabak ❸ **bird's eye chilli**, **bird's
eye pepper** klein heet pepertje
bird table [ˈbɜːd ˈteɪbl] *znw* voederplank ‹v. vogels›
bird-watcher [ˈbɜːd-wɒtʃə], **birdwatcher** *znw*
vogelaar, vogelkijker, vogelwaarnemer
bird-watching [ˈbɜːd-wɒtʃɪŋ], **birdwatching** *znw*
vogels kijken
biretta [bɪˈretə] *znw* bonnet ‹van r.-k. priester›
biro® [ˈbaɪrəʊ] *znw* balpen
birth [bɜːθ] *znw* ❶ geboorte ★ *a breech* ~ een
stuitgeboorte ★ *a second* ~ een wedergeboorte ★ *a
home* ~ een thuisbevalling ★ *a multiple* ~ een
meervoudige geboorte ★ *a premature* ~ een
vroeggeboorte ★ *give* ~ het leven schenken aan, ter
wereld brengen ❷ afkomst ★ *Dutch by* ~ van
geboorte Nederlander
birth certificate [bɜːθ səˈtɪfɪkɪt] *znw* geboorteakte,
geboortebewijs
birth control [bɜːθ kənˈtrəʊl] *znw* geboorteregeling,
-beperking
birthday [ˈbɜːθdeɪ] *znw* verjaardag, geboortedag
★ *happy* ~! gefeliciteerd met je verjaardag ★ *wish
sbd a happy* ~ iem. feliciteren met zijn / haar
verjaardag ★ Br ~ *honours* ± lintjesregen ★ inf *in
one's* ~ *suit* in adamskostuum
birth defect [bɜːθ dɪˈfekt] *znw* geboorteafwijking
birthmark [ˈbɜːθmɑːk] *znw* moedervlek
birth mother [bɜːθ ˈmʌðə] *znw* biologische moeder
birth parent [bɜːθ ˈpeərənt] *znw* biologische ouder
birthplace [ˈbɜːθpleɪs] *znw* geboorteplaats
birth rate [bɜːθ reɪt] *znw* geboortecijfer
birthright [ˈbɜːθraɪt] *znw* geboorterecht
biscuit [ˈbɪskɪt] *znw* ❶ biscuit, koekje, cracker ★ inf
that takes the ~! dat is het toppunt! ❷ biscuit
‹eenmaal gebakken aardewerk›
bisect [baɪˈsekt] *overg* in tweeën delen
bisexual [baɪˈsekʃʊəl] *bn* ❶ biseksueel ❷ tweeslachtig
bishop [ˈbɪʃəp] *znw* ❶ bisschop ❷ raadsheer, loper ‹v.
schaakspel›
bishopric [ˈbɪʃəprɪk] *znw* bisdom

bi

bison ['baɪs(ə)n] *znw* [*mv*: bison] bizon
bisque [bɪsk] *znw* ❶ romige gebonden soep ‹vooral van schaal- of schelpdieren› ❷ biscuit ‹eenmaal gebakken aardewerk› ❸ sp voorgift van een slag ‹bij golf, croquet, &›
bistro ['bi:strəʊ, 'bɪs-] *znw* bistro, petit restaurant
bit [bɪt] **I** *znw* ❶ beetje, stuk(je), hapje ★ *every* ~ *a woman* in alle opzichten een vrouw ★ *every* ~ *as good* net zo goed ★ inf *a* ~ *much* heel erg ★ *not a* ~ geen zier ★ inf *not a* ~ *(of it)!* volstrekt niet! ★ *quite a* ~ aardig wat, een heleboel ★ ~ *by* ~ stukje voor stukje ★ Am inf *a* ~ *of fluff* een lekker stuk ★ inf *she's a* ~ *of all right* ze is erg aantrekkelijk ★ *do one's* ~ het zijne (zijn plicht) doen, zich niet onbetuigd laten ★ inf *have a* ~ *on the side* vreemdgaan ★ *take sth to* ~*s* iets uit elkaar halen ❷ ogenblikje, poosje ❸ bit ‹v. toom› ❹ comput bit ❺ boortje, boorijzer ❻ bek ‹v. nijptang› ❼ sleutelbaard ❽ episode, nummer **II** *ww* [v.t.] → **bite**
bitch [bɪtʃ] **I** *znw* ❶ dierk teef, wijfje ❷ inf kreng, sloerie ★ zegsw *life's a* ~ *(and then you die)* het leven is gemeen (en daarna ga je dood) ❸ inf hatelijkheid ★ *have a* ~ *about sbd* kwaadspreken, roddelen over iem. **II** *onoverg* inf kankeren (over *about*)
bitchiness ['bɪtʃɪnɪs] inf *znw* hatelijkheid, boosaardig gedrag
bitchy ['bɪtʃɪ] inf *bn* vuil, gemeen, hatelijk
bite [baɪt] **I** *znw* ❶ beet, hapje, hap ★ *get a* ~ beet hebben ‹vissen›, iets te eten halen ★ *have a* ~ *to eat* iets eten ★ *have a second* ~ *at the cherry* een tweede kans krijgen ❷ iets bijtends of pikants **II** *overg* [bit, bitten] ❶ bijten ★ fig ~ *the dust* in het zand (stof) bijten ★ fig ~ *the bullet* door de zure appel heenbijten ★ fig ~ *the hand that feeds you* een weldoener benadelen ★ fig ~ *one's lip* zich verbijten ★ fig ~ *one's tongue* niet zeggen wat je graag zou willen zeggen ★ inf *I'll be careful: I've been bitten before* ik zal voorzichtig zijn: ik heb me al eens eerder in de vingers gesneden ★ zegsw *once bitten twice shy* een ezel stoot zich geen tweemaal aan dezelfde steen ★ ~ *sth back* iets inslikken ‹woorden, belofte &› ★ inf ~ *sbd's head off* plotseling tegen iem. uitvallen ★ fig ~ *off more than one can chew* te veel hooi op zijn vork nemen ❷ fig in zijn greep krijgen ★ inf *what's biting you?* wat scheelt je? / wat mankeert eraan? / wat hindert je? ★ inf *she's been bitten by the fitness craze* ze is door de fitness rage gebeten **III** *onoverg* [bit, bitten] ❶ (aan)bijten, toehappen ★ *the fish aren't biting today* de vis wil vandaag niet bijten ★ scherts *she's not biting* ze hapt niet ❷ zich doen voelen ❸ techn pakken, grip krijgen
bite-sized ['baɪt-saɪzd] *bn* hapklaar
biting ['baɪtɪŋ] *bn* bijtend, bits, scherp
bitmap ['bɪtmæp] comput *znw* bitmap
bit part [bɪt pɑ:t] *znw* rolletje ‹in film &›
bits and pieces [bɪts ən 'pi:sɪz] *znw* [mv] verzameling kleine dingen

bitten ['bɪtn] *ww* [v.d.] → **bite**
bitter ['bɪtə] **I** *bn* ❶ bitter ★ *to the* ~ *end* tot het bittere eind ❷ verbitterd ❸ bitter koud **II** *znw* bitter bier
bitter lemon ['bɪtə 'lemən] *znw* bitter lemon
bittern ['bɪtn] *znw* roerdomp ‹vogel›
bitterness ['bɪtənəs] *znw* bitterheid
bitters ['bɪtəz] *znw* [mv] bitter ‹likeur›
bittersweet ['bɪtəswi:t] *bn* bitterzoet
bittersweet chocolate ['bɪtəswi:t 'tʃɒk(ə)lət] *znw* pure chocolade ‹in tegenstelling tot melkchocolade›
bitty ['bɪtɪ] inf *bn* onsamenhangend, samengeflanst
bitumen ['bɪtjʊmɪn] *znw* bitumen, asfalt
bituminous [bɪ'tju:mɪnəs] *bn* bitumineus
bivalent [bar'veɪlənt] *bn* tweewaardig, bivalent
bivouac ['bɪvʊæk] **I** *znw* bivak **II** *onoverg* bivakkeren
biweekly [bar'wi:klɪ] **I** *bn & bijw* ❶ veertiendaags, om de veertien dagen ❷ tweemaal per week **II** *znw* ❶ veertiendaags tijdschrift ❷ tweemaal per week verschijnend tijdschrift
biz [bɪz] inf *znw* (business) zaken ‹voornamelijk gebruikt in verband met de amusementswereld›
bizarre [bɪ'zɑ:] *bn* bizar, grillig
BL *afk* ❶ → **bill of lading** ❷ (Bachelor of Law) bachelor in de rechten ❸ (British Library) Britse bibliotheek
blab [blæb] inf **I** *overg* eruit flappen **II** *onoverg* (uit de school) klappen
blabber ['blæbə] inf *onoverg* ouwehoeren, (door)zeuren (over *about*)
blabbermouth ['blæbəmaʊθ] inf *znw* ❶ kletskous, ouwehoer ❷ iemand die zijn mond voorbij praat
black [blæk] **I** *bn* ❶ zwart ★ *the* ~ *community* de zwarte gemeenschap ★ *jet* ~ gitzwart ★ *pitch* ~ pikzwart ★ *be in sbd's* ~ *books* uit de gratie zijn bij iem. ❷ donker, duister, somber ★ *look on the* ~ *side* alles donker inzien ❸ vuil ❹ boos(aardig), kwaad, dreigend, slecht ★ *he's not as* ~ *as he's painted* hij is niet zo slecht als beweerd wordt ▼ ~ *work* besmet werk ‹bij stakingen›, zwart werk **II** *znw* ❶ zwart ★ ~ *and white* zwart-wit ‹fotografie› ★ *I want it in* ~ *and white* ik wil het zwart op wit zien ★ *she sees things in* ~ *and white* zij ziet de dingen zwart-wit ★ ~ *and blue* bont en blauw ★ inf *in the* ~ positief ‹saldo› ❷ zwartsel ❸ zwarte vlek, vuiltje ❹ zwarte man / vrouw **III** *overg* ❶ zwart maken ★ ~ *sbd's eye* iem. een blauw oog slaan ❷ poetsen **IV** *phras* ★ ~ **out** tijdelijk het bewustzijn (geheugen) verliezen ★ ~ *sth out* iets zwart maken, verduisteren ‹een stad &›, onleesbaar maken ‹door censuur›
black arts [blæk 'ɑ:ts] *znw* [mv] zwarte kunst
blackball ['blækbɔ:l] *overg* stemmen tegen iems. toetreden ‹tot club &›
black belt [blæk belt] sp *znw* zwarte band
blackberry ['blækbərɪ] *znw* braam(bes)
blackberrying ['blækbərɪŋ] *znw* bramen plukken / zoeken
blackbird ['blækbɜ:d] *znw* merel
blackboard ['blækbɔ:d] *znw* (school)bord

black box [blæk bɒks] luchtv *znw* zwarte doos
blackboy ['blækbɔɪ] *znw* grasboom ‹Australische plant›
black coffee [blæk 'kɒfɪ] *znw* zwarte koffie
black comedy [blæk 'kɒmɪdɪ] *znw* zwarte komedie
blackcurrant [blæk'kʌrənt] *znw* zwarte bes
Black Death [blæk 'deθ] *znw* ★ *the* ~ de zwarte dood / de pest
black economy [blæk ɪ'kɒnəmɪ] *znw* zwarte geld circuit
blacken ['blækən] **I** *overg* zwart maken ★ ~ *sbd's name* iem. zwart maken / over iem. roddelen **II** *onoverg* zwart worden
black eye [blæk aɪ] *znw* blauw oog
black-eyed bean ['blæk-aɪd bi:n] *znw* zwartoogboon
blackfellow ['blækfeləʊ] Aus beledigend *znw* (Australische) Aborigine
blackfly ['blækflaɪ] *znw* zwarte bladluis
black frost [blæk frɒst] *znw* vorst zonder rijp
blackguard ['blægɑ:d] gedat *znw* gemene kerel, schavuit, smeerlap
blackhead ['blækhed] *znw* mee-eter, vetpuistje
black hole [blæk həʊl] *znw* zwart gat
black humour [blæk 'hju:mə] *znw* wrange humor
black ice [blæk aɪs] *znw* ijzel
black information [blæk ɪnfə'meɪʃən] *znw* door financiële instellingen verzamelde informatie over mensen die als niet-kredietwaardig worden beschouwd
blacking ['blækɪŋ] *znw* schoensmeer
blackish ['blækɪʃ] *bn* zwartachtig
blackjack ['blækdʒæk] *znw* ❶ ploertendoder ❷ eenentwintigen ‹kaartspel› ❸ hist (zwarte) zeeroversvlag
black knight [blæk naɪt] fig *znw* persoon of bedrijf dat een onwelkome poging doet een ander bedrijf over te nemen
blacklead ['blækled] **I** *znw* kachelpoets, grafiet **II** *overg* potloden ‹v. kachel›
blackleg ['blækleg] Br **I** *znw* onderkruiper ‹bij staking› **II** *onoverg* onderkruipen
blacklist ['blæklɪst] **I** *znw* zwarte lijst **II** *overg* op de zwarte lijst zetten
black magic [blæk 'mædʒɪk] *znw* zwarte magie
blackmail ['blækmeɪl] **I** *znw* chantage, (geld)afpersing **II** *overg* chanteren, geld afpersen ★ ~ *sbd into doing sth* iem. door het plegen van chantage dwingen tot iets
blackmailer ['blækmeɪlə] *znw* chanteur, afperser
Black Maria [blæk mə'raɪə] inf *znw* arrestantenwagen, politiebusje
black mark [blæk mɑ:k] *znw* slechte aantekening
black market [blæk 'mɑ:kɪt] *znw* zwarte handel, zwarte markt
black marketeer [blæk mɑ:kə'tɪə] *znw* zwarte handelaar
black mass [blæk mæs] *znw* zwarte mis
black money [blæk 'mʌnɪ] *znw* zwart geld

black mood [blæk mu:d] *znw* depressieve stemming, zwaarmoedige stemming
black Muslim [blæk 'mʊzlɪm] *znw* zwarte moslim ‹lid van de Amerikaanse *Nation of Islam*›
black nationalism [blæk 'næʃənəlɪzəm] *znw* zwart nationalisme ‹politieke stroming in de VS›
blackness ['blæknɪs] *znw* zwartheid
blackout ['blækaʊt] *znw* ❶ uitval ‹v. licht, elektriciteit &› ❷ kortstondig verlies van bewustzijn of geheugen ❸ verduistering ‹tegen luchtaanval› ❹ stilzwijgen (om veiligheidsredenen), persblokkade, berichtenstop ❺ ‹in theater› doven v. alle lichten voor een changement
black pepper [blæk 'pepə] *znw* zwarte peper
black pudding [blæk 'pʊdɪŋ] *znw* bloedworst
black sheep [blæk ʃi:p] *znw* zwarte schaap
blacksmith ['blæksmɪθ] *znw* smid
black spot [blæk spɒt] *znw* punt / bocht / kruising waar veel ongelukken gebeuren ★ *an unemployment* ~ een gebied met hoge werkloosheid
blackthorn ['blækθɔ:n] *znw* sleedoorn
black tie [blæk taɪ] *znw* avondkleding, smoking ★ *it's a* ~ *affair* het is een bijeenkomst waar avondkleding wordt gedragen
black top [blæk tɒp] *znw* asfaltlaag
black widow [blæk 'wɪdəʊ] *znw* zwarte weduwe ‹giftige spin›
bladder ['blædə] *znw* ❶ anat blaas ❷ binnenbal ❸ fig blaaskaak
blade [bleɪd] *znw* ❶ lemmet, kling, (scheer)mesje ❷ blad ‹v. zaag &› ❸ spriet, halm ‹van gras› ❹ techn schoep ‹v. turbine› ❺ inf joviale kerel
blah [blɑ:], **blah-blah** inf *znw* blabla, gezwam
blame [bleɪm] **I** *znw* ❶ blaam, schuld ❷ kritiek, afkeuring **II** *overg* afkeuren, berispen, laken, de schuld geven ★ *who's to* ~? wiens schuld is het? ★ *they have themselves to* ~ het is hun eigen schuld, ze hebben het aan zichzelf te wijten / danken ★ *I don't* ~ *him* ik geef hem geen ongelijk, ik neem het hem niet kwalijk ★ ~ *it on him/* ~ *him for it* geef hem de schuld maar / het is zijn schuld
blameless ['bleɪmləs] *bn* ❶ onberispelijk ❷ onschuldig
blameworthy ['bleɪmwɜ:ðɪ] *bn* afkeurenswaardig, laakbaar
blanch [blɑ:ntʃ] **I** *overg* ❶ wit maken, bleken, doen verbleken ❷ blancheren ❸ pellen ‹amandelen› **II** *onoverg* (ver)bleken, wit worden
blancmange [blə'mɒndʒ] *znw* (gelatine)roompudding
bland [blænd] *bn* ❶ zacht, mild ★ *a* ~ *diet* een licht verteerbaar dieet ❷ vriendelijk, minzaam, (poes)lief ❸ neutraal, oppervlakkig, clichématig
blandishments ['blændɪʃmənts] *znw* [mv] vleierij, lievigheid, verlokking
blandness ['blændnəs] *znw* ❶ eentonigheid, saaiheid ❷ lauwheid ‹v. voedsel› ❸ koelheid ❹ vriendelijkheid, minzaamheid
blank [blæŋk] **I** *bn* ❶ wit, blanco, oningevuld, onbeschreven, open, leeg ★ *please sign in the* ~ *space*

at the bottom u kunt tekenen in het lege vakje onderaan ❷ wezenloos, beteuterd, sprakeloos ⟨v. verbazing⟩ ★ *my mind has gone ~* ik herinner me niets meer ❸ totaal, absoluut, louter, bot ★ *a ~ refusal* een absolute / botte weigering **II** *znw* ❶ onbeschreven blad, open plaats, wit, witte ruimte ❷ leegte, leemte ❸ puntje, streepje ⟨in plaats van woord⟩ ❹ blanco formulier ❺ niet ⟨in loterij⟩, blank ⟨v. domino⟩ ★ *draw a ~* met een niet uitkomen, bot vangen ❻ **blank cartridge** losse patroon, losse flodder **III** *onoverg* leeg worden ★ *~ out* wissen, leegmaken

blank cheque [blæŋk tʃek] *znw* blanco cheque

blanket ['blæŋkɪt] **I** *bn* algemeen, alles insluitend ★ *a ~ ban (on sth)* een algemeen verbod (op iets) **II** *znw* ❶ (wollen) deken ★ *a wet ~* een spelbreker ★ *a ~ of snow* een dikke laag sneeuw ❷ (wolken)dek, (mist)sluier **III** *overg* ❶ met een deken bedekken, (over)dekken ❷ *fig* smoren, onderdrukken

blanket agreement ['blæŋkɪt ə'griːmənt] *znw* ❶ collectieve overeenkomst ❷ mantelovereenkomst

blanketing ['blæŋkɪtɪŋ] *znw* (stof voor) dekens

blanket stitch ['blæŋkɪt stɪtʃ] *znw* festonsteek

blank line [blæŋk laɪn] *znw* witregel, blanco regel

blankly ['blæŋklɪ] *bijw* ❶ wezenloos, beteuterd ❷ botweg, vierkant

blank verse [blæŋk vɜːs] *znw* blanke / rijmloze verzen

blank wall [blæŋk wɔːl] *znw* blinde / lege muur ★ *run up against a ~* in een impasse raken

blare [bleə] **I** *znw* geschal, geschetter **II** *overg* uitbrullen, (rond)trompetten ★ *~ sth out* iets uitgalmen **III** *onoverg* ❶ loeien, brullen, galmen ❷ schallen, schetteren

blarney ['blɑːnɪ] **I** *znw* (mooie) praatjes, vleierij ★ *he's kissed the Blarney Stone* hij kan uitstekend liegen / slijmen **II** *overg & onoverg* vleien, slijmen

blasé ['blɑːzeɪ] *bn* blasé

blaspheme [blæs'fiːm] *overg & onoverg* (God) lasteren, vloeken, spotten

blasphemous ['blæsfəməs] *bn* (gods)lasterlijk

blasphemy ['blæsfəmɪ] *znw* godslastering, blasfemie

blast [blɑːst] **I** *tsw* *inf* verdomme, verdorie **II** *znw* ❶ luchtstroom, (ruk)wind, windstoot ❷ luchtdruk(werking) ❸ stoot ⟨op blaasinstrument⟩, geschal ★ *at full ~* in volle werking / gang ★ *the radio was on full ~* de radio stond keihard aan ❹ ontploffing, explosie ▼ *a ~ from the past* een plotselinge nostalgische ervaring **III** *overg* ❶ verdorren, verzengen ❷ laten springen / ontploffen ❸ aantasten, doen mislukken, vernietigen, verwoesten ❹ *inf* sterk bekritiseren **IV** *onoverg* luid klinken ★ *~ off* lanceren ⟨raket⟩

blasted ['blɑːstɪd] *inf bn* ❶ vervloekt ❷ stomdronken

blast furnace ['blɑːst fɜːnɪs] *znw* hoogoven

blast-off ['blɑːst-ɒf] *znw* ontsteking ⟨v. raket⟩, start

blatant ['bleɪtənt] *bn* ❶ schetterend, schreeuwerig ❷ schaamteloos ❸ duidelijk, flagrant ⟨leugen⟩

blatantly ['beɪtəntlɪ] *bijw* overduidelijk, onmiskenbaar

★ *what was going on was ~ obvious* wat er aan de hand was was was overduidelijk

blather ['blæðə] *inf znw & onoverg* → **blether**

blaze [bleɪz] **I** *znw* ❶ vlammenzee, (vuur)gloed, brand ★ *in a ~* in lichterlaaie ★ *autumn here is a ~ of colour* de herfst is hier een zee van kleur ❷ *fig* vlaag, uitbarsting ❸ schel licht ▼ *inf what the ~s are you doing?* wat ben je in vredesnaam aan het doen? ▼ *inf go to ~s!* loop naar de hel! ▼ *inf go like ~szeer snel gaan* **II** *overg* ❶ banen ⟨pad⟩ ❷ merken ⟨bomen⟩ ★ *~ sth abroad* iets ruchtbaar maken **III** *onoverg* ❶ vlammen, (op)laaien, fel branden ❷ gloeien, flikkeren, stralen ❸ schitteren, lichten **IV** *phras* ★ *~ away* (er op los) paffen, schieten ★ *~ away at sth* hard werken aan iets ★ *~ down* branden ⟨v. zon⟩ ★ *~ up* uitslaan, oplaaien, opstuiven

blazer ['bleɪzə] *znw* blazer, sportjasje

blazing ['bleɪzɪŋ] *bn* ❶ opvallend, hel ⟨v. kleur⟩ ❷ blakend, verblindend ⟨zon⟩ ★ *the ~ sunshine* de brandende zon ❸ slaande ⟨ruzie⟩

blazon ['bleɪzən] **I** *znw* blazoen, wapenschild **II** *overg* ❶ blazoeneren, versieren ❷ *fig* rondbazuinen (ook: *~ abroad / forth / out*)

bleach [bliːtʃ] **I** *znw* ❶ bleken ❷ bleekmiddel **II** *overg* bleken, doen verbleken **III** *onoverg* verbleken, vaal worden

bleachers ['bliːtʃəz] *Am znw* [mv] (open) tribune (goedkope plaatsen)

bleak [bliːk] **I** *bn* ❶ kil, koud, guur, naar ❷ onbeschut, open, kaal ❸ somber ★ *the economic outlook is ~* de economische vooruitzichten zijn slecht ★ *he's in ~ spirits* hij is neerslachtig / somber **II** *znw* alvertje ⟨soort vis⟩

bleary ['blɪərɪ] *bn* wazig, onduidelijk, vaag

bleary-eyed ['blɪərɪ-aɪd] *bn* ❶ met waterige ogen ❷ suffig, beneveld

bleat [bliːt] **I** *znw* geblaat **II** *onoverg* blaten, mekkeren

bled [bled] *ww* [v.t. & v.d.] → **bleed**

bleed [bliːd] **I** *overg* [bled, bled] aderlaten, doen bloeden ★ *~ a radiator* een radiator ontluchten ★ *inf ~ sbd dry/~ sbd white* iem. het vel over de oren halen **II** *onoverg* [bled, bled] ❶ bloeden ★ *~ to death* doodbloeden ❷ afgeven, uitlopen ⟨v. kleuren in de was⟩

bleeder ['bliːdə] *znw* ❶ *med* hemofiliepatiënt ❷ *inf* schoft

bleeding ['bliːdɪŋ] **I** *bn* ❶ bloedend, bloederig ❷ *vulg* verdomd, verrekt **II** *znw* ❶ bloeding ★ *massive ~* aanzienlijk bloedverlies ❷ aderlating

bleeding-edge [bliːdɪŋ-'edʒ] *bn* hoogst innovatief ★ *~ technology* innovatieve technologie

bleeding heart ['bliːdɪŋ hɑːt] *znw* ❶ gebroken hartje ⟨tuinplant⟩ ❷ *afkeurend* weekhartig persoon

bleep [bliːp] **I** *znw* piep, pieptoontje **II** *overg* oppiepen, oproepen **III** *onoverg* piepen, een pieptoon geven

bleeper ['bliːpə] *znw* pieper ⟨om iem. op te roepen⟩

blemish ['blemɪʃ] **I** *znw* ❶ vlek, plek ⟨ontsiering⟩ ❷ fout, smet, klad **II** *overg* ❶ bekladden

❷ bezoedelen

blench [blentʃ] *onoverg* terugdeinzen, wijken ★ <u>scherts</u> *the very thought of work makes him* ~ de gedachte aan werk alleen al geeft hem de rillingen

blend [blend] **I** *znw* vermenging, mengsel, melange **II** *overg* (ver)mengen **III** *onoverg* zich vermengen, zich laten mengen ★ ~ *in* goed samengaan / opgaan in

blender ['blendə] *znw* blender ‹mengapparaat›

bless [bles] *overg* [blessed/<u>dicht</u> blest, blessed/<u>dicht</u> blest] zegenen, loven, (zalig) prijzen ★ <u>gedat</u> ~ *me/~ my soul! / well, I'll be ~ed!* goede genade!, wel heb ik ooit! ★ ~ *you!* gezondheid! ‹reactie op niezen›

blessed ['blesɪd, blest] **I** *bn* ❶ heilig, gezegend, gelukzalig, zalig ★ *of* ~ *memory* zaliger gedachtenis ❷ <u>inf</u> vervloekt, verdomd ★ *he's a* ~ *idiot* hij is een verdomde idioot **II** *znw* ★ *the* ~ de gelukzaligen

blessing ['blesɪŋ] *znw* zegen(ing), zegenwens ★ *a mixed* ~ iets met voor- en nadelen, geen onverdeeld genoegen ★ *a* ~ *in disguise* een geluk bij een ongeluk ★ *ask a* ~ bidden ‹vóór of na het eten›

blest [blest] **I** *bn* gezegend, gelukzalig, zalig ★ *I'm* ~ *if I know* ik ben een boon als ik het weet ★ *I'm* ~ *if I know* ik laat me hangen als ik het weet **II** *ww* [v.t. & v.d.] → **bless**

blether ['bleðə], **blather** <u>inf</u> **I** *znw* klets, geklets, gewauwel **II** *onoverg* kletsen, wauwelen

blew [blu:] *ww* [v.t.] → **blow**

blight [blaɪt] **I** *znw* ❶ plantenziekte: meeldauw, roest, brand & ❷ verderfelijke invloed **II** *overg* ❶ aantasten, verzengen ❷ vernietigen

blighted ['blaɪtɪd] *bn* ❶ ellendig ❷ verpest ★ ~ *chances* verloren kansen

blighter ['blaɪtə] <u>inf</u> *znw* ellendeling ★ *a lucky* ~ een geluksvogel / bofkont

Blighty ['blaɪtɪ] <u>inf</u> *znw* Engeland

blimey ['blaɪmɪ] <u>inf</u> *tsw* verdomme!

blimp [blɪmp] *znw* ❶ blimp ‹klein luchtschip voor verkenning &› ❷ <u>Br</u> **Colonel Blimp** domme, pompeuze, conservatieve chauvinist

blind [blaɪnd] **I** *bn* ❶ blind ★ *as* ~ *as a bat* stekeblind, zo blind als een mol ★ ~ *in one eye* blind aan één oog ★ *turn a* ~ *eye to sth* een oogje dichtknijpen voor iets ❷ roekeloos, ondoordacht ❸ verborgen ❹ blind, zonder opening, doodlopend ★ *a* ~ *wall* een blinde muur ▾ *a* ~ *letter* een rondschrijven, een open sollicitatie **II** *bijw* ★ *bake sth* ~ iets blind bakken ‹zonder vulling of met een noodvulling› **III** *znw* ❶ gordijn, rolgordijn, zonneblind, jaloezie, scherm ★ *a Venetian* ~ een jaloezie ❷ blinddoek, oogklep ❸ <u>mil</u> blindering ❹ <u>fig</u> voorwendsel, smoesje ❺ <u>inf</u> drinkgelag **IV** *overg* ❶ blind maken, verblinden, blinddoeken ❷ verduisteren ❸ <u>mil</u> blinderen

blind alley [blaɪnd 'ælɪ] *znw* ❶ doodlopend straatje, slop ❷ <u>fig</u> iets zonder vooruitzichten

blind date [blaɪnd deɪt] *znw* ❶ afspraakje met een onbekende ❷ de onbekende met wie je een afspraak hebt

blind drunk [blaɪnd drʌŋk] <u>inf</u> *bn* stomdronken

blinder ['blaɪndə] *znw* ❶ <u>inf</u> uitstekende prestatie ‹in sport of spel› ❷ oogklep

blindfold ['blaɪndfəʊld] **I** *bn & bijw* ❶ geblinddoekt ❷ blindelings **II** *znw* blinddoek **III** *overg* blinddoeken

blinding ['blaɪndɪŋ] *bn* verblindend ‹licht› ★ *a* ~ *headache* een knallende hoofdpijn

blindingly ['blaɪndɪŋlɪ] *bijw* heel erg, extreem ★ ~ *obvious* zonneklaar

blindly ['blaɪndlɪ] *bijw* blindelings

blindman's buff ['blaɪndmænz bʌf] *znw* blindemannetje

blindness ['blaɪndnɪs] *znw* blindheid, verblinding

blindside ['blaɪndsaɪd] <u>Am</u> *overg* overrompelen

blind side [blaɪnd saɪd] *znw* blinde hoek

blind spot [blaɪnd spɒt] *znw* ❶ blinde vlek ❷ blinde hoek

blink [blɪŋk] **I** *znw* ❶ knipperen (met de ogen) ★ *in a* ~ / *in a* ~ *of an eye* in een oogwenk ★ <u>inf</u> *on the* ~ defect, niet in orde ❷ glimp, schijnsel **II** *overg* knipperen met ★ *not* ~ *an eye* geen krimp geven ★ ~ *away a tear* een traan wegpinken ★ ~ *sth back* iets proberen tegen te houden door te knipperen ‹tranen› **III** *onoverg* ❶ knipperen (met de ogen), knipogen ❷ gluren ❸ flikkeren

blinker ['blɪŋkə] <u>Am</u> *znw* richtingaanwijzer

blinkered ['blɪŋkəd] *bn* met oogkleppen, kortzichtig

blinkers ['blɪŋkəz] *znw* [mv] oogkleppen

blinking ['blɪŋkɪn] <u>inf</u> *bn & bijw* deksels, verdraaid

blip [blɪp] **I** *znw* ❶ stip op radarscherm ❷ piep, bliep ❸ tijdelijke situatie ★ *the increase in unemployment is just a* ~ de stijging van de werkloosheid is slechts van tijdelijke aard **II** *overg* ★ <u>inf</u> ~ *the throttle* tussengas geven

bliss [blɪs] **I** *znw* (geluk)zaligheid, geluk ★ *fifty years of wedded* ~ vijftig jaar huwelijksgeluk ★ *it's not my idea of* ~ dat is niet wat ik mij voorstel onder geluk **II** *phras* ★ <u>inf</u> ~ *out* overgelukkig maken ★ <u>inf</u> *be ~ed out* overgelukkig zijn

blissful ['blɪsfʊl] *bn* (geluk)zalig ★ *in* ~ *ignorance* argeloos

blister ['blɪstə] **I** *znw* ❶ blaar ❷ trekpleister **II** *overg* blaren doen krijgen, doen bladderen **III** *onoverg* blaren krijgen, bladderen

blistering ['blɪstərɪŋ] *bn* bijtend, striemend ★ *the* ~ *heat* verzengende hitte

blithe [blaɪð] <u>dicht</u> *bn* ❶ blij, vrolijk, lustig ❷ zorgeloos, argeloos

blithering idiot ['blɪðərɪŋ 'ɪdɪət] <u>inf</u> *znw* volslagen idioot

BLitt [bi: lɪt] *afk* (Bachelor of Letters) baccalaureus in de letteren

blitz [blɪts] **I** *znw* ❶ blitzkrieg, hevige (lucht)aanval ★ *the Blitz* de luchtslag om Londen (1940-41) ❷ <u>fig</u> actie, campagne ★ *have a* ~ *on sth* hard werken om iets gedaan te krijgen dat gebeuren moet **II** *overg* een hevige (lucht)aanval doen op, (door een luchtaanval) verwoesten

blizzard ['blɪzəd] *znw* hevige sneeuwstorm

bloat [bləʊt] **I** *overg* ❶ doen (op)zwellen ❷ roken ‹v. haring› **II** *onoverg* (op)zwellen

bloated [bləʊtɪd] *bn* opgezwollen, opgeblazen ★ *a ~ feeling* een opgeblazen gevoel

bloater ['bləʊtə] *znw* bokking

blob [blɒb] *znw* klont, kwak, druppel, mop, klodder ★ *a ~ of paint* een klodder verf

bloc [blɒk] *znw* blok ‹in de politiek› ★ *en ~* en bloc, allemaal tegelijk

block [blɒk] **I** *znw* ❶ blok ★ *a chopping ~* een hakblok ★ *put one's head on the ~* risico's lopen door iem. te helpen ❷ huizenblok ★ *a ~ of flats* een flatgebouw ★ *around the ~* een blokje / straatje om ★ inf *I've been around the ~ a few times* ik heb heel wat meegemaakt ★ inf *the new kid on the ~* een nieuweling ❸ vlak ❹ Aus stuk grond, perceel ★ *a ~ of land* een perceel land ❺ vorm ‹voor hoeden› ❻ katrolblok, katrol ❼ pakket, serie ❽ stremming, obstructie, blokkering, belemmering ★ *have a mental ~* een mentaal blok hebben ★ *suffer from writer's ~* last hebben van schrijversblok ❾ inf kop, hersens ★ *knock sbd's ~ off* iem. de hersens inslaan ★ *do one's ~* heel kwaad worden, zijn zelfbeheersing verliezen **II** *overg* ❶ belemmeren, versperren, verstoppen, stremmen ❷ afsluiten, blokkeren ❸ tegenhouden, verhinderen **III** *phras* ★ *~ sth* **in** iets ruw schetsen, iets insluiten ★ *~ sth* **off** iets blokkeren / afsluiten ★ *~ sth* **out** iets werken / wegstoppen ★ *~ sth* **up** iets versperren / verstoppen / blokkeren, iets insluiten / dichtmetselen

blockade [blɒ'keɪd] **I** *znw* blokkade ★ *run the ~* de blokkade breken **II** *overg* blokkeren

blockage ['blɒkɪdʒ] *znw* ❶ opstopping, verstopping ❷ stagnatie

block and tackle [blɒk ən 'tækl] *znw* blok en takel, katrol

block booking [blɒk 'bʊkɪŋ] *znw* reservering van een groot aantal plaatsen tegelijk

blockbuster ['blɒkbʌstə] *znw* ❶ monsterproductie, *vooral* groots opgezette film ❷ krachtige bom ‹waarmee een heel huizenblok kan worden vernietigd›

block capitals ['blɒk kæpɪtlz] *znw* [mv] blokletters ‹hoofdletters›

blockhead ['blɒkhed] inf *znw* domkop

block letters [blɒk 'letəz] *znw* [mv] blokletters

block of flats [blɒk əv 'flæts] *znw* flatgebouw

block vote [blɒk vəʊt] *znw* stem waarvan de waarde afhankelijk is van het aantal personen dat de stemmer vertegenwoordigt

bloke [bləʊk] inf *znw* kerel, vent, knul ★ *he's a decent ~* hij is een goeie vent / kerel

blokeish ['bləʊkɪʃ], **blokish**, **blokey** inf *znw* kerels-, echt iets voor mannen ★ *it's a ~ sort of meal* het is typisch manneneten

blond [blɒnd], **blonde I** *bn* blond ★ *strawberry ~* rossig

II *znw* blondine ★ *a bottle ~* een geblondeerde vrouw

blood [blʌd] **I** *znw* ❶ bloed ★ *bad ~* kwaad bloed ★ fig *new / fresh ~* nieuw bloed ★ *in cold ~* in koelen bloede ★ *it's in your ~* het zit je in het bloed / het is je aangeboren ★ *caked with / in ~* bedekt met gestold bloed ★ *his ~ was up* zijn bloed kookte ★ *it's like trying to get ~ from a stone* ± je kunt net zo goed tegen een muur praten ★ *it makes your ~ boil* het doet je bloed koken / het maakt je woedend ★ *it makes your ~ run cold* je krijgt er de rillingen van ‹maakt je bang› ★ zegsw *~ is thicker than water* je familie is belangrijker dan andere mensen ❷ bloedverwantschap ★ *he was related to them by ~* hij was verwant aan hen **II** *overg* ❶ ‹hond› aan bloed wennen ❷ fig de vuurdoop laten ondergaan

blood bank [blʌd bæŋk] *znw* bloedbank

bloodbath ['blʌdbɑ:θ] *znw* bloedbad

blood brother [blʌd 'brʌðə] *znw* bloedbroeder

blood cell [blʌd sel] *znw* bloedcel

blood clot [blʌd klɒt] *znw* bloedstolsel

blood count [blʌd kaʊnt] *znw* bloedonderzoek ‹v. bloedlichaampjes›

blood-curdling ['blʌd-kɜ:dlɪŋ] *bn* ijselijk

blood donor [blʌd 'dəʊnə] *znw* bloeddonor

blood group [blʌd gru:p] *znw* bloedgroep

blood heat [blʌd hi:t] *znw* lichaamswarmte

bloodhound ['blʌdhaʊnd] *znw* ❶ bloedhond ❷ fig detective

bloodied ['blʌdɪd] *bn* met bloed bevlekt

bloodily ['blʌdɪlɪ] *bijw* bloedig

bloodless ['blʌdles] *bn* ❶ bloedeloos ❷ onbloedig ★ *a ~ coup* een machtsovername zonder bloedvergieten

bloodletting ['blʌdletɪŋ] *znw* ❶ aderlating ★ fig *the firm is doing some ~* de firma is bezig mensen te ontslaan ❷ bloedvergieten

blood lust [blʌd lʌst], **bloodlust** *znw* bloeddorstigheid, bloeddorst

blood money [blʌd 'mʌnɪ] *znw* bloedgeld

blood poisoning ['blʌd 'pɔɪzənɪŋ] *znw* bloedvergiftiging

blood pressure [blʌd 'preʃə] *znw* bloeddruk

blood-red ['blʌd-red] *bn* bloedrood

blood relation [blʌd rɪ'leɪʃən], **blood relative** *znw* bloedverwant(e)

blood sausage [blʌd 'sɒsɪdʒ] *znw* bloedworst

bloodshed ['blʌdʃed] *znw* ❶ bloedvergieten ❷ slachting

bloodshot ['blʌdʃɒt] *bn* bloeddoorlopen

blood sport [blʌd spɔ:t] afkeurend *znw* (meestal *mv*) bloedige sport, jacht

bloodstain ['blʌdsteɪn] *znw* bloedvlek

bloodstained ['blʌdsteɪnd] *bn* met bloed bevlekt

bloodstock ['blʌdstɒk] *znw* raspaarden

bloodstream ['blʌdstri:m] *znw* bloedbaan

bloodsucker ['blʌdsʌkə] *znw* ❶ bloedzuiger ❷ fig parasiet

blood sugar [blʌd 'ʃʊgə] znw bloedsuiker, glucose
blood test [blʌd test] znw bloedonderzoek
bloodthirsty ['blʌdθɜːstɪ] bn bloeddorstig
blood ties ['blʌd taɪz] znw [mv] bloedverwantschap
blood transfusion [blʌd træns'fjuːʒən] znw
  bloedtransfusie
blood type [blʌd taɪp] znw bloedgroep
blood vessel [blʌd 'vesəl] znw bloedvat, ader
  ★ scherts she almost burst a ~ when I told her the news
  ze sprong haast uit haar vel toen ik haar het nieuws
  vertelde
bloody ['blʌdɪ] I bn ❶ bloed(er)ig, bebloed, met bloed
  (bevlekt), vol bloed, bloed- ❷ inf verdomd, verrekt,
  rot- ★ ~ hell! verdomme! ❸ bloeddorstig II bijw inf
  hartstikke III overg met bloed bevlekken
Bloody Mary [blʌdɪ 'meərɪ] znw bloody mary ‹wodka
  met tomatensap›
bloody-minded [blʌdɪ-'maɪndɪd] inf bn dwars,
  stijfkoppig
bloody-mindedness [blʌdɪ-'maɪndɪdnɪs] inf znw
  stijfkoppigheid
bloom [bluːm] I znw ❶ bloesem, bloei, fig bloem ★ in
  full ~ in volle bloei ★ come into ~ tot bloei komen
  ❷ gloed, blos, waas ‹op vruchten› ❸ techn walsblok,
  loep II onoverg bloeien
bloomer ['bluːmə] inf znw flater
bloomers ['bluːməs] znw [mv] ouderwetse
  damesonderbroek, slipje
blooming ['bluːmɪŋ] bn ❶ bloeiend, blozend van
  gezondheid ❷ inf versterkend aarts-, vervloekt &
blooper ['bluːpə] Am inf znw blunder, flater
blossom ['blɒsəm] I znw bloesem ★ in (full) ~ in (volle)
  bloei II onoverg (op)bloeien ★ she is ~ing into an
  attractive girl ze begint een aantrekkelijk meisje te
  worden
blot [blɒt] I znw klad, (inkt)vlek, smet ★ a ~ on sbd's
  character een smet op iemands karakter ★ that
  building is a real ~ on the landscape dat gebouw is
  echt een ontsiering van het landschap II overg
  ❶ bekladden ★ I really ~ted my copybook by not
  making the deadline ik heb mijn reputatie echt
  beschadigd door de tijdslimiet niet te halen
  ❷ droogmaken, vloeien III phras ★ ~ sth out iets
  uitwissen, uitvlakken, doorhalen, iets aan het zicht
  onttrekken, wegvagen, vernietigen, uitroeien
blotch [blɒtʃ] I znw ❶ puist, blaar ❷ vlek, klad,
  klodder II overg bekladden, bevlekken
blotched [blɒtʃt] bn met vlekken, vlekkerig
blotchy [blɒtʃiː] bn vlekkerig
blotter ['blɒtə] znw vloeiblok, -map, -boek
blotting pad ['blɒtɪŋ pæd] znw vloeiblok
blotting paper ['blɒtɪŋ 'peɪpə] znw vloei(papier)
blotto ['blɒtəʊ] inf bn stomdronken, lazarus
blouse [blaʊz] znw ❶ blouse ❷ kiel
blow [bləʊ] I znw ❶ slag, klap ★ come to ~s slaags
  raken, handgemeen worden ★ cushion / soften the ~
  de klap opvangen ❷ windvlaag II overg [blew,
  blown] ❶ blazen, aan-, op-, uit-, wegblazen, blazen

op ★ ~ a kiss een kushandje toewerpen ★ ~ one's
nose zijn neus snuiten ★ ~ one's own trumpet zijn
eigen loftrompet blazen ★ ~ the whistle on sbd iem.
verlinken / verraden ❷ inf erdoor jagen,
uitgeven, verknallen, verpesten ‹kans &› ❸ inf
verraden ★ ~ sbd's cover iemands ware identiteit
bekendmaken ❹ vulg pijpen ❺ eieren leggen in
‹door vliegen in vlees & waardoor er maden in
komen› ❻ elektr doorsmelten, doorslaan ★ ~ a
fuse / gasket, ~ one's lid / stack / top zijn
zelfbeheersing verliezen, razend worden ★ ~ sbd's
mind een kick geven ‹ook fig›, enorm
aanspreken ‹boek &› ▼ ~ it! verdomme! ▼ ~
the money! wat kunnen mij die rotcenten schelen!
▼ I'm ~ed if I know ik mag doodvallen als ik het
weet ▼ well, I'll be ~ed! verdomd zeg! ‹uiting
van grote verbazing› III onoverg [blew, blown]
❶ blazen, waaien ★ ~ with the wind met alle winden
meewaaien ★ ~ hot and cold weifelen ❷ hijgen,
puffen ❸ spuiten ‹v. walvis› ❹ elektr doorslaan,
-smelten, doorbranden ❺ inf blowen IV phras ★ ~
away wegwaaien ★ ~ sth away iets wegblazen, iets
wegschieten, wegslaan ★ ~ away the cobwebs
dufheid verdrijven ★ ~ sbd away iem. wegblazen,
iem. wegschieten / wegslaan, inf iem. verrassen ★ ~
down omwaaien ★ ~ sth down iets omblazen ★ ~ me
down! niet te geloven! ★ ~ in binnenwaaien,
aanwaaien ★ Am inf ~ sth off iets afdoen als
onbelangrijk, iets afblazen ★ ~ off steam stoom
afblazen ★ be ~n off course uit de koers raken ★ Am
inf ~ sbd off iets afzeggen ‹afspraak› ★ ~ out
uitwaaien, klappen ‹band› ★ ~ sth out iets uit-,
opblazen ★ inf ~ sbd's brains out iem. door het hoofd
schieten ★ inf ~ one's brains out zich voor de kop
schieten ★ ~ over omwaaien, overwaaien ★ inf ~ up
(plotseling) boos worden ★ fig inf ~ up in your face
verkeerd aflopen voor je ★ inf ~ sbd up iem. een
standje geven ★ ~ sth up iets in de lucht (laten)
vliegen / opblazen, iets opblazen / oppompen
/ vergroten ‹foto›
blow-by-blow ['bləʊ-baɪ-'bləʊ] bn & bijw omstandig,
  gedetailleerd
blow-dry ['bləʊ-draɪ] overg föhnen
blower ['bləʊə] znw ❶ blazer ❷ techn aanjager ❸ inf
  telefoon
blowfly ['bləʊflaɪ] znw aasvlieg
blowgun ['bləʊgʌn] znw blaaspijp
blowhard ['bləʊhaːd] Am inf znw opschepper
blowhole ['bləʊhəʊl] znw ❶ spuitgat ‹v. walvis›
  ❷ luchtgat ❸ wak ‹in het ijs›
blow job ['bləʊ-dʒɒb] vulg znw pijpbeurt ★ give sbd
  a ~ iemand pijpen
blowlamp ['bləʊlæmp] znw soldeerlamp, brandlamp
  ‹v. huisschilders›
blown [bləʊn] ww [v.d.] → blow
blowout ['bləʊaʊt] znw ❶ elektr doorslaan, -smelten,
  springen ‹v. band›, klapband ❷ inf etentje,
  smulpartij

bl

blowpipe ['bləupaɪp] *znw* ❶ blaaspijp ❷ blaasroer

blowsy ['blauzɪ], **blowzy** *bn* ❶ slonzig ❷ rood ‹v. gezicht›

blowtorch ['bləutɔːtʃ] *znw* brander, soldeerbout, (verf)afbrander

blow-up ['bləu-ʌp] *znw* ❶ vergroting ‹foto› ❷ ruzie-uitbarsting

blowy ['bləuɪ] *bn* winderig

blowzy ['blauzɪ] *bn* → **blowsy**

blub [blʌb] *inf onoverg* grienen, huilen

blubber ['blʌbə] I *znw* walvisspek II *onoverg inf* grienen, huilen

bludgeon ['blʌdʒən] I *znw* knuppel, ploertendoder II *overg* knuppelen, slaan

blue [bluː] I *bn* ❶ blauw ❷ neerslachtig, somber ★ *in a ~ funk* in de rats ❸ schuin ‹mop›, obsceen, pornografisch II *znw* ❶ blauw, azuur ❷ blauwsel ❸ lucht, zee, het onbekende ★ *out of the ~* plotseling, onverwachts, als een donderslag bij heldere hemel ❹ Aus scherts rooie ‹aanspreekvorm v.e. roodharige persoon› III *overg* ❶ blauwen, doorhalen ❷ blauw verven ❸ *inf* erdoor jagen ‹geld›

blue baby [bluː 'beɪbɪ] *znw* blauwe baby

bluebell ['bluːbel] *znw* wilde hyacint

blueberry ['bluːberɪ] *znw* blauwe bosbes

bluebird ['bluːbɜːd] *znw* Amerikaanse blauwe lijster

blue-blooded [bluː-'blʌdɪd] *bn* met blauw bloed, van adel

bluebottle ['bluːbɒtl] *znw* ❶ korenbloem ❷ bromvlieg, aasvlieg ❸ Br *inf* smeris

blue cheese [bluː tʃiːz] *znw* blauwaderkaas

blue-chip ['bluː-tʃɪp] *bn* goed, betrouwbaar ‹aandeel›

blue-chip investment ['bluː-tʃɪp ɪn'vestmənt] *znw* veilige investering

blue-chip stock ['bluː-tʃɪp stɒk] Am *znw* betrouwbaar aandeel

blue-collar [bluː-'kɒlə] *bn* (hand)arbeiders-

blue-eyed boy [bluː-aɪd 'bɔɪ] *znw* lieveling(etje), favoriet

bluefin ['bluːfɪn], **bluefin tuna** *znw* blauwvin tonijn

blue-green algae ['bluː-griːn 'ældʒiː] *znw* [mv] blauwalg, cyanobacterie

blue jay [bluː dʒeɪ] *znw* blauwe gaai ‹Amerikaanse vogel›

blue jeans [bluː dʒiːnz] *znw* [mv] spijkerbroek

blueprint ['bluːprɪnt] *znw* ❶ blauwdruk ❷ fig plan

blue ribbon [bluː 'rɪbən] *znw* ❶ lint van de Orde van de Kousenband ❷ blauw lint, blauwe wimpel ‹hoogste onderscheiding› ❸ blauwe knoop

blue rinse [bluː rɪns] I *bn* met een blauwe kleurspoeling II *znw* blauwe kleurspoeling

blues [bluːz] *znw* [mv] neerslachtigheid ★ *have the ~* in de put zitten ★ muz *the ~* de blues

bluestocking ['bluːstɒkɪŋ] gedat *znw* blauwkous

bluestone ['bluːstəun] *znw* blauwsteen, arduin

blue tit [bluː tɪt] *znw* pimpelmees

blue whale [bluː weɪl] *znw* blauwe vinvis ‹walvis›

bluff [blʌf] I *bn* bruusk, openhartig, rond(uit) II *znw* ❶ steile oever, steil voorgebergte ❷ bluffen ‹bij poker›, brutale grootspraak ★ *call sbd's ~* iem. dwingen de kaarten open te leggen, iems. grootspraak als zodanig ontmaskeren III *overg* overbluffen, overdonderen, beduvelen ★ *~ one's way out of sth* met bluf uit een penibele situatie komen IV *onoverg* bluffen

bluish ['bluːɪʃ] *bn* blauwachtig

blunder ['blʌndə] I *znw* misslag, flater, bok II *onoverg* ❶ strompelen ★ *~ along / on* voortstrompelen, -sukkelen ★ *~ upon sth* iets toevallig vinden ❷ een misslag begaan, een bok schieten

blunderbuss ['blʌndəbʌs] hist *znw* donderbus

blunderer ['blʌndərə] *znw* klungel, kluns

blundering ['blʌndərɪŋ] I *bn* inf onhandig, onbesuisd II *znw* onhandigheid, onbesuisdheid

blunt [blʌnt] I *bn* ❶ stomp, bot ❷ dom ❸ kortaf, bruusk II *overg* stomp maken, bot maken, afstompen, ongevoelig maken

bluntly ['blʌntlɪ] *bijw* botweg, kortaf, ronduit

blur [blɜː] I *znw* ❶ vage vlek, vage plek ❷ vage herinnering II *overg* benevelen, verdoezelen, verduisteren III *onoverg* vervagen

blurb [blɜːb] *znw* ❶ korte inhoud, flaptekst ‹op boekomslag› ❷ informatie, folders, aanbevelingstekst

blurred [blɜːd] *bn* onscherp, wazig

blurry ['blɜːrɪ] *bn* wazig, onduidelijk

blurt [blɜːt] *overg* eruit flappen (ook: ~ *out*)

blush [blʌʃ] I *znw* blos, kleur ★ *do sth without a ~* iets zonder blikken of blozen doen ★ scherts *children don't spare their parent's ~es* kinderen kunnen hun ouders in verlegenheid brengen II *onoverg* blozen, rood worden ★ *~ red / crimson* heel erg blozen / vuurrood worden ★ *I ~ to think of it now* ik schaam me als ik er nu aan denk

blusher ['blʌʃə] *znw* rouge ‹make-up›

bluster ['blʌstə] I *znw* ❶ geraas, gebulder ❷ snoeverij II *onoverg* ❶ bulderen, tieren, razen ❷ opscheppen, snoeven

blusterer ['blʌstərə] *znw* ❶ opschepper, snoever ❷ bullebak

blustery ['blʌstərɪ] *bn* ❶ ‹v. wind› hard, stormachtig ❷ opschepperig, snoeverig, brallerig

Blu-Tack® ['bluː-tæk] *znw* blauw kneedbaar plakmiddel ‹om papier op muren te plakken›

blvd *afk* (boulevard) boulevard, laan

BM *afk* (Bachelor of Medicine) baccalaureus in de medicijnen (British Museum) Brits Museum

B-movie ['biː-muːvɪ] *znw* B-film, tweederangs film

bn *afk* → **billion**

BO *afk* → **body odour**

boa ['bəuə], **boa constrictor** *znw* boa (constrictor)

boar [bɔː] *znw* ❶ beer ‹mannetjesvarken› ❷ **wild boar** wild zwijn

board [bɔːd] I *znw* ❶ plank ★ *above ~* open, eerlijk ❷ aanplakbord, prikbord ★ *across the ~* algemeen, over de hele linie ❸ snijplank. spelbord ★ *sweep the* ~ alle prijzen in de wacht slepen ❹ kost, kostgeld ★ *full* ~ vol pension ❺ scheepv boord ‹ook trein, bus› ★ *the plans went by the* ~ de plannen werden afgedankt / overboord gezet ★ *on* ~ aan boord (van), in de trein (bus &) ★ *take sth on* ~ iets op zich nemen ‹taak &›, iets tot zich nemen ‹kennis &› ❻ raad, commissie, bestuur, college ★ *an advisory* ~ een adviescollege, adviesraad ❼ bordpapier, karton **II** *overg* ❶ beplanken, met planken beschieten ★ ~ *sth up* iets dichtspijkeren (met planken) ❷ scheepv aanklampen, enteren ❸ aan boord gaan van, stappen in ‹trein &› ❹ in de kost nemen, hebben of doen **III** *onoverg* in de kost zijn (bij *with*)

board and lodging [bɔːd ənd 'lɒdʒɪŋ] *znw* kost en inwoning

boarder ['bɔːdə] *znw* ❶ kostganger, interne leerling v.e. kostschool ❷ scheepv enteraar

board game [bɔːd geɪm] *znw* bordspel, gezelschapsspel

boarding ['bɔːdɪŋ] *znw* ❶ betimmering, schutting ❷ het inschepen, het aan boord gaan ❸ het in de kost zijn ‹vooral m.b.t. kostschool›

boarding card ['bɔːdɪŋ kɑːd] *znw* instapkaart

boarding house ['bɔːdɪŋ haʊs] *znw* familiehotel, pension

boarding kennel ['bɔːdɪŋ 'kenl] *znw* dierenpension

boarding school ['bɔːdɪŋ skuːl] *znw* kostschool, internaat, pensionaat

board meeting [bɔːd 'miːtɪŋ] *znw* directievergadering, bestuursvergadering

board member [bɔːd 'membə] *znw* bestuurslid

board of directors [bɔːd əv daɪ'rektəz] *znw* raad van bestuur, raad van beheer, directie

boardroom ['bɔːdruːm] *znw* ❶ directie-, bestuurskamer ❷ fig bedrijfsleiding, directie

boards ['bɔːdz] inf *znw* [mv] ★ *the* ~ de planken, d.i. het toneel

board shorts [bɔːd ʃɔːts] *znw* lange korte broek ‹bij het surfboarden›

boardwalk ['bɔːdwɔːk] Am *znw* ❶ pad van planken ‹langs het strand› ❷ promenade

boast [bəʊst] **I** *znw* ❶ bluf, grootspraak ❷ roem, trots **II** *overg* ❶ zich beroemen op, (kunnen) bogen op ❷ in het trotse bezit zijn van **III** *onoverg* bluffen, pochen, dik doen, zich beroemen (op *of*)

boaster ['bəʊstə] *znw* opschepper, bluffer, pocher, snoever

boastful ['bəʊstfʊl] *bn* opschepperig, bluffend, grootsprakig

boat [bəʊt] **I** *znw* ❶ boot, schuit, sloep ★ *we're in the same* ~ wij zitten in hetzelfde schuitje ★ fig *rock the* ~ dwars liggen, anderen het leven lastig maken ❷ (saus)kom **II** *onoverg* uit varen gaan

boater ['bəʊtə] *znw* matelot ‹hoed›

boat hook [bəʊt hʊk] *znw* bootshaak, pikhaak

boathouse ['bəʊthaʊs] *znw* botenhuis

boating ['bəʊtɪŋ] *znw* spelevaren, roeien

boatload ['bəʊtləʊd] *znw* ❶ scheepslading ❷ inf heel veel

boatman ['bəʊtmæn] *znw* ❶ botenverhuurder ❷ (gehuurde) roeier

boat people [bəʊt 'piːpl] *znw* bootvluchtelingen

boat race [bəʊt reɪs] *znw* roeiwedstrijd

boatswain ['bəʊsən] *znw* bootsman

boat train [bəʊt treɪn] *znw* boottrein

boatyard ['bəʊtjɑːd] *znw* scheepswerf

bob [bɒb] **I** *znw* ❶ lood ‹van peillood› ❷ bob, pagekopje ❸ korte staart ❹ (knie)buiging ❺ knik, stoot, ruk, rukje ❻ inf vero shilling ❼ bob(slee) **II** *overg* ❶ op en neer bewegen, knikken met ❷ kort knippen, recht afknippen **III** *onoverg* ❶ op en neer gaan, dobberen ★ ~ *up* bovenkomen, opduiken ❷ happen (naar *for*) ❸ buigen, knikken

bobbed [bɒbd] *bn* ★ ~ *hair* bob, pagekopje

bobbin ['bɒbɪn] *znw* klos, spoel, haspel

bobble ['bɒbl] *znw* klein wollen balletje ‹als versiering›

bobby ['bɒbɪ] inf *znw* bobby, (Engelse) politieagent

bobby pin ['bɒbɪ pɪn] *znw* haarspeld, schuifspeldje

bobcat ['bɒbkæt] *znw* lynx

bobsled ['bɒbsled], **bobsleigh** *znw* bobslee

bobtail ['bɒbteɪl] *znw* korte staart, kortstaart ‹hond of paard›, bobtail

bobtailed ['bɒbteɪld] *bn* met een korte staart, gecoupeerd

bod [bɒd] inf *znw* persoon, vent ★ *a couple of* ~*s* een paar lui ★ *an odd* ~ een rare snuiter

bode [bəʊd] *onoverg* ★ ~ *well / ill* (niet) veel goeds voorspellen

bodge [bɒdʒ] *znw & overg* → **botch**

bodice ['bɒdɪs] *znw* lijfje, keurs(lijf)

bodice-ripper ['bɒdɪs-rɪpə] *scherts znw* erotische, romantische roman of film die zich afspeelt tegen een historische achtergrond

bodiless ['bɒdɪləs] *bn* zonder lichaam

bodily ['bɒdɪlɪ] **I** *bn* lichamelijk, lijfelijk ★ jur *grievous* ~ *harm* ernstig lichamelijk letsel **II** *bijw* ❶ lichamelijk, in levenden lijve ❷ in zijn (hun) geheel, compleet

body ['bɒdɪ] **I** *znw* ❶ lichaam, lijf, romp ★ *keep* ~ *and soul together* in leven blijven ❷ lijk ★ *over my dead* ~! over mijn lijk! ❸ corporatie, orgaan, groep, troep ★ *an advisory* ~ een adviesorgaan, adviesraad ★ *a corporate* ~ een rechtspersoon ❹ verzameling, massa ★ *a* ~ *of water* een watervlak ‹meer, zee› ❺ voornaamste / grootste deel ❻ bovenstel, bak ‹v. wagen›, carrosserie ‹v. auto›, casco, laadbak ‹v. vrachtauto› ❼ object, voorwerp ★ *a foreign* ~ een vreemd voorwerp ❽ substantie ★ *a wine with a full* ~ een wijn met een volle smaak **II** *overg* form belichamen (~ *forth*, ~ *out*)

body armour ['bɒdɪ 'ɑːmə] *znw* kogelvrij vest

body bag ['bɒdɪ bæg] *znw* lijkzak

body blow ['bɒdɪ bləʊ] *znw* ❶ stoot op het lichaam ‹boksen› ❷ fig zware tegenslag ★ *strike sbd a* ~ iem.

een zware slag te verwerken geven
bodybuilder ['bɒdɪbɪldə] *znw* bodybuilder
bodybuilding ['bɒdɪbɪldɪŋ] *znw* bodybuilding
body clock ['bɒdɪ klɒk] *znw* biologische klok
body colour ['bɒdɪ 'kʌlə] *znw* dekkleur, dekverf
body corporate ['bɒdɪ 'kɔːpərət] *znw* openbaar
lichaam, rechtspersoon
body double ['bɒdɪ 'dʌbl] *znw* stand-in voor een
acteur of actrice bij naakt- of actiescènes
bodyguard ['bɒdɪgɑːd] *znw* lijfwacht
body language ['bɒdɪ 'læŋgwɪdʒ] *znw* de taal van het
lichaam, lichaamstaal
body odour ['bɒdɪ 'əʊdə], Am **body odor**, *inf* BO *znw*
(onaangename) lichaamsgeur
body piercing ['bɒdɪ 'pɪəsɪŋ] *znw* het doorboren van
lichaamsdelen (andere dan de oorlellen) ter
bevestiging van sieraden, piercing
body politic ['bɒdɪ 'pɒlɪtɪk] *znw* de staat
body search ['bɒdɪ sɜːtʃ] *znw* fouillering
body shop ['bɒdɪ ʃɒp] *znw* carrosseriebedrijf
body snatcher ['bɒdɪ 'snætʃə] *znw* lijkendief,
lijkenrover
body stocking ['bɒdɪ 'stɒkɪŋ] *znw* bodystocking
bodysuit ['bɒdɪsuːt] *znw* nauwsluitend kledingstuk
voor vrouwen ‹vooral bij sport›
bodysurf ['bɒdɪsɜːf] *onoverg* surfen in de branding
zonder surfboard
bodywarmer ['bɒdɪwɔːmə] *znw* bodywarmer ‹jasje
zonder mouwen›
bodywork ['bɒdɪwɜːk] *znw* carrosserie ★ ~ *damage*
plaatschade
Boer [bəʊə, bʊə] I *bn* Boeren- II *znw* Boer
B of E *afk* ❶ (Bank of England) Bank van Engeland
❷ (Board of Education) onderwijsraad
boffin ['bɒfɪn] Br *inf znw* wetenschappelijk
onderzoeker
bog [bɒg] I *znw* ❶ moeras, laagveen ❷ vulg plee
II *phras* ★ ~ **down** in de modder wegzinken
(vastraken), *fig* vastlopen, in een impasse raken,
vertraagd worden ★ Aus *inf* ~ **in**! tast toe! ★ Br *inf* ~
off! sodemieter op!
bogey ['bəʊgɪ] *znw* ❶ **bogy** boeman, schrikbeeld
❷ golf bogey ‹score van een slag boven par› ❸ *inf*
snotje, stukje uit de neus
bogey man ['bəʊgɪ mæn], **bogy man, boogeyman**
znw boeman
boggle ['bɒgl] *inf onoverg* terugdeinzen, aarzelen
★ *your mind ~s* daar kan je met je verstand niet bij
★ ~ *at sth* terugschrikken voor iets, zich iets haast
niet kunnen voorstellen
boggy ['bɒgɪ] *bn* moerassig, veenachtig, veen-
bog standard [bɒg 'stændəd] Br *inf bn* gemiddeld,
gewoon(tjes)
bogus ['bəʊgəs] *bn* onecht, pseudo-, vals ★ *a ~
company* een zwendelmaatschappij ★ *the painting
was dismissed as* ~ het schilderij werd afgewezen
omdat het vals zou zijn
bogy ['bəʊgɪ] *znw* → **bogey**

Bohemian [bəʊ'hiːmɪən] I *bn* ❶ Boheems
❷ **bohemian** van de bohemien II *znw* ❶ Bohemer,
Boheemse ❷ **bohemian** bohemien
boil [bɔɪl] I *znw* ❶ steenpuist ❷ koken ★ *off / on the* ~
van / aan de kook ❸ kookpunt II *overg* koken, aan
de kook brengen III *onoverg* ❶ aan de kook zijn
❷ zieden ❸ *fig* stikken (van de hitte) IV *phras* ★ ~
away verkoken, verdampen ★ ~ *sth* **down** iets
inkoken, *fig* iets bekorten ‹van verslagen &› ★ *it ~s
down to this* het komt hierop neer ★ ~ *over*
overkoken, *fig* zieden (van *with*)
boiled sweet [bɔɪld 'swiːt] *znw* snoepje ‹gemaakt van
gekookt suiker›
boiler ['bɔɪlə] *znw* ❶ (kook-, stoom)ketel
❷ warmwaterreservoir ❸ soepkip
boiler suit ['bɔɪlə suːt] *znw* overall, ketelpak
boiling ['bɔɪlɪŋ] I *bn* ❶ kokend ❷ snikheet ★ *inf I'm* ~
ik stik van de hitte II *znw* ❶ koken ❷ kookpunt
★ *bring the milk to just below* ~ breng de melk tot net
onder het kookpunt
boiling point ['bɔɪlɪŋ pɔɪnt] *znw* kookpunt
boisterous ['bɔɪstərəs] *bn* ❶ onstuimig, rumoerig,
roezemoezig ❷ luidruchtig ❸ ruw, stormachtig ‹v.
weer›
bok choy [bɒk 'tʃɔɪ] *znw* paksoi
bold [bəʊld] *bn* ❶ dapper, vrijpostig, driest ★ ~ *as
brass* zo brutaal als de beul ★ *be so* ~ *as to* zo vrij zijn
om ❷ fors, kloek ❸ vet ‹drukletter› ❹ helder,
duidelijk ‹kleuren, vormen›
boldface ['bəʊldfeɪs] I *bn* ❶ **boldfaced** onbeschaamd
❷ vet ‹drukletter› II *znw* vette letter ‹drukwerk›
bolero [bəʊ'leərəʊ, 'bɒlərəʊ] *znw* ❶ bolero ‹kort
damesjasje› ❷ bolero ‹Spaanse dans en de muziek
daarvoor›
boletus [bəʊ'liːtəs] *znw* boleet, eekhoorntjesbrood
‹paddenstoel›
Bolivia [bə'lɪvɪə, -jə] *znw* Bolivia
Bolivian [bə'lɪvɪən] I *bn* Boliviaans II *znw* Boliviaan,
Boliviaanse
bollard ['bɒlɑːd] *znw* ❶ verkeerspaaltje, -zuil
❷ meerpaal ‹voor schip› ❸ scheepv bolder ‹op
schip›
bollocking ['bɒləkɪŋ] vulg *znw* uitbrander
bollocks ['bɒləks] vulg *znw* [mv] ❶ kloten, ballen
❷ gelul, onzin
bologna [bə'ləʊnjə] *znw* gerookte worst
boloney [bə'ləʊnɪ] *znw* → **baloney**
Bolshevik ['bɒlʃɪvɪk] I *bn* bolsjewistisch II *znw*
bolsjewiek
Bolshevism ['bɒlʃɪvɪzəm] *znw* bolsjewisme
bolster ['bəʊlstə] I *znw* ❶ peluw, kussen ‹ook techn›
❷ steun II *overg* ❶ (onder)steunen ★ ~ *sbd's
confidence* iemands zelfvertrouwen opkrikken ★ ~
sth up steunen, versterken, schragen ❷ opvullen
bolt [bəʊlt] I *znw* ❶ bout ❷ grendel ❸ (korte) pijl
❹ bliksemstraal ★ *a ~ from the blue* een donderslag
bij heldere hemel ❺ rol ‹stof, behang› ❻ weglopen,
sprong ★ *he made a ~ for it* hij ging er vandoor ★ *he*

made a ~ for the door hij vloog naar de deur **II** *overg* ❶ grendelen ❷ met bouten bevestigen ❸ (door)slikken, naar binnen slaan ★ *~ one's dinner down* zijn eten opschrokken **III** *onoverg* ❶ vooruit schieten, springen ❷ er vandoor gaan, op hol slaan (gaan) ❸ overlopen

bolt-hole ['bəʊlt-həʊl] *znw* ❶ vluchtgat ❷ *fig* uitweg

bolt upright [bəʊlt 'ʌpraɪt] *bijw* kaarsrecht ★ *she sat ~ in her chair* ze zat kaarsrecht in haar stoel

bomb [bɒm] **I** *znw* ❶ bom ★ *a dummy ~* een oefenbom / namaakbom ★ *a ~ scare* een bommelding ★ *a stray ~* een afgedwaalde bom ★ *inf go like a ~* lopen als een trein ❷ *inf* bom duiten ❸ flop **II** *overg* bombarderen ★ *~ sbd / sth out* iem. / iets verjagen door te bombarderen **III** *onoverg* ❶ bombardementen uitvoeren ❷ *inf* op een mislukking uitlopen, floppen ‹boek, film› ❸ zakken (voor een examen) ▼ *inf ~ along* racen, scheuren

bombard [bɒm'bɑːd] *overg* bombarderen ★ *they ~ed her with questions* ze bestookten haar met vragen

bombardier [bɒmbə'dɪə] *znw* korporaal bij de artillerie

bombardment [bɒm'bɑːdmənt] *znw* bombardement

bombast ['bɒmbæst] *znw* bombast, holle retoriek

bombastic [bɒm'bæstɪk] *bn* bombastisch

bomb disposal [bɒm dɪ'spəʊzəl] *znw* onschadelijk maken van een bom ★ *the ~ unit* de explosievenopruimingsdienst

bombed [bɒmd] *Am inf bn* stomdronken ‹alcohol›, stoned ‹drugs›

bomber ['bɒmə] *mil & luchtv znw* bommenwerper

bomber jacket ['bɒmə 'dʒækɪt] *znw* bomberjack, vliegersjack

bombing ['bɒmɪŋ] *znw* bombardement ★ *carpet ~* bommentapijt ★ *a ~ mission* een bombardementsvlucht ★ *saturation ~* platbombarderen ★ *a ~ victim* een bomslachtoffer

bombproof ['bɒmpruːf] *bn* bomvrij

bomb scare [bɒm skeə] *znw* bom alarm

bombshell ['bɒmʃel] *inf znw* bom ★ *fig a blond(e) ~* een blonde stoot van een vrouw, blondine ★ *like a ~* als een donderslag ★ *drop a ~* een opzienbarende mededeling doen

bombsite ['bɒmsaɪt], **bomb site** *znw* gebombardeerde plek

bona fide ['bəʊnə 'faɪdɪ] *(‹Lat) bn & bijw* te goeder trouw, bonafide

bonanza [bə'nænzə] *znw* ❶ rijke mijn of bron ❷ buitenkansje ❸ goudmijn ❹ paradijs, walhalla

bond [bɒnd] **I** *znw* ❶ band ❷ contract, verbintenis ❸ schuldbrief, schuldbekentenis, obligatie ❹ scheik verbinding ❺ entrepot ★ *in ~* in entrepot **II** *overg* ❶ in entrepot opslaan ❷ verhypothekeren ❸ verbinden ❹ scheik binden **III** *onoverg* zich hechten, plakken

bondage ['bɒndɪdʒ] *znw* slavernij

bond certificate [bɒnd sə'tɪfɪkɪt] *znw* obligatiebewijs

bonded ['bɒndɪd] *bn* ❶ in entrepot (opgeslagen)

❷ aan elkaar gelijmd ❸ scheik gebonden ❹ gegarandeerd, geborgd

bondholder ['bɒndhəʊldə] *znw* obligatiehouder

bonding ['bɒndɪŋ] *znw* (emotionele) binding, band

bone [bəʊn] **I** *znw* ❶ been, bot, (vis)graat ★ *she hasn't got a mean ~ in her body* er zit geen greintje gemeenheid in haar ★ *she's a bag of ~s* ze is vel over been ★ *to the ~* tot in het gebeente, in merg en been, door en door ★ *close to the ~* (te) gewaagd ‹opmerking &› ★ *point the ~ at sbd* iem. de schuld geven ★ *work one's fingers to the ~* heel hard werken ★ *make no ~s about sth* ergens duidelijk over zijn ★ *a ~ of contention* een twistappel ★ *I've a ~ to pick with you* ik heb een appeltje met je te schillen ❷ balein ‹stofnaam›, balein ‹voorwerpsnaam› ❸ kern, essentie **II** *overg* ❶ ontgraten ❷ *vulg* neuken **III** *phras* ★ *inf ~ up on sth* blokken op iets

bone china [bəʊn 'tʃaɪnə] *znw* (beender)porselein

bone dry [bəʊn draɪ] *bn* kurkdroog

bonehead ['bəʊnhed] *inf znw* stommeling

boneheaded ['bəʊnhedɪd] *inf bn* stom

bone idle [bəʊn 'aɪdl], **bone lazy** *bn* aartslui

boneless ['bəʊnləs] *bn* ❶ zonder beenderen, zonder graat ❷ *fig* krachteloos, slap

bone marrow [bəʊn 'mærəʊ] *znw* beenmerg

bone meal [bəʊn miːl] *znw* beendermeel

boner ['bəʊnə] *znw* ❶ *Am inf* flater, bok ❷ *vulg* stijve (pik)

bonfire ['bɒnfaɪə] *znw* vreugdevuur, vuur(tje)

Bonfire Night ['bɒnfaɪə naɪt] *znw* 5 november ‹Guy Fawkes night›

bong [bɒŋ] *znw* ❶ dong ‹geluid van een klok› ❷ waterpijp ‹voor roken van marihuana &›

bongo ['bɒŋgəʊ], **bongo drum** *znw* bongo(trom)

bonhomie [bɒnɒ'miː] *(‹Fr) znw* jovialiteit

bonk [bɒŋk] *Br vulg overg* neuken

bonkers ['bɒŋkəz] *inf bn* gek, geschift

bon mot [bɒn 'məʊ] *(‹Fr) znw* kwinkslag, geestig gezegde

bonnet ['bɒnɪt] *znw* ❶ vrouwenhoed: kapothoed ❷ babymutsje ❸ auto motorkap

bonny ['bɒnɪ] *Schots bn* aardig, mooi, lief

bonsai ['bɒnsaɪ], **bonsai tree** *znw* bonsaiboompje

bonus ['bəʊnəs] *znw* ❶ handel premie ❷ extradividend ❸ tantième, toeslag, gratificatie ★ *an annual ~* de dertiende maand ★ *a cash ~* een geld premie ★ *a productivity ~* een productiepremie ❹ extraatje, meevaller ★ *~ points* bonuspunten / extra punten

bon voyage [bɒ˜ vwaːjaːʒ] *(‹Fr) tsw* goede reis

bony ['bəʊnɪ] *bn* ❶ beenachtig, benig ❷ gratig, vol graten ❸ potig, knokig, bonkig, schonkig

bonzer ['bɒnzə], **bonza** *Aus inf bn* prima, uitstekend

boo [buː] **I** *tsw* boe!, boe! ★ *he wouldn't say ~ to a goose* hij durft geen mond open te doen **II** *znw* ❶ geloei ❷ gejouw **III** *overg* uitjouwen ★ *~ sbd off the stage* iem. van het toneel joelen **IV** *onoverg* ❶ loeien

bo

❷ jouwen

boob [bu:b] inf **I** *znw* ❶ flater ❷ tiet **II** *onoverg* een flater slaan

boob job [bu:b dʒɒb] inf *znw* borstoperatie ‹meestal borstvergroting›

boo-boo ['bu:-bu:] inf *znw* blunder, stommiteit

booby ['bu:bɪ] *znw* ❶ inf domoor, sul ❷ jan-van-gent ‹vogel›

booby prize ['bu:bɪ praɪz] *znw* poedelprijs

booby trap ['bu:bɪ træp] **I** *znw* boobytrap, valstrikbom **II** *overg* een boobytrap plaatsen in (bij)

boogie ['bu:gɪ] **I** *znw* dans (op popmuziek) **II** *onoverg* dansen (op popmuziek), swingen

boohoo [bu:'hu:] **I** *tsw* boe!, joe! **II** *onoverg* grienen

book [bʊk] **I** *znw* ❶ boek ★ *the Good Book* de Bijbel ★ *the set* ~s de verplichte boekenlijst ★ *I'm in his bad* ~s ik ben bij hem uit de gratie ★ *she's in his good* ~s zij staat bij hem in een goed blaadje ★ *by the* ~ volgens het boekje ★ *speak by the* ~ zich nauwkeurig uitdrukken ★ *in my* ~ volgens mij ★ *read sbd like a* ~ iem. volkomen door hebben ★ *throw the* ~ *at sbd* iem. de maximum straf geven / iem. een stevige uitbrander geven ★ *bring sbd to* ~ *(for sth)* iem. (voor iets) ter verantwoording roepen ★ zegsw *you can't judge a* ~ *by its cover* je moet niet op de buitenkant afgaan ❷ schrift, cahier ❸ boekje ‹kaartjes, lucifers &› **II** *overg* ❶ boeken, noteren, inschrijven, (plaats) bespreken, een kaartje nemen / boeken ★ *be* ~*ed solid* totaal volgeboekt zijn ★ ~ *sbd in* iemand inchecken ★ *be* ~*ed up* bezet, volgeboekt zijn ❷ inf op de bon zetten, erbij lappen ❸ sp een gele kaart geven **III** *onoverg* een plaats bespreken, reserveren ★ ~ *in* zich inschrijven, inchecken

bookable ['bʊkəbl] *bn* bespreekbaar, te reserveren

bookbinder ['bʊkbaɪndə] *znw* boekbinder

bookbinding ['bʊkbaɪndɪŋ] *znw* boekbinden

bookcase ['bʊkkeɪs] *znw* boekenkast

book club [bʊk klʌb] *znw* boekenclub

book debt [bʊk det] boekh *znw* boekschuld

bookend ['bʊkend] *znw* boekensteun

book entry [bʊk 'entrɪ] *znw* boekingspost

bookie ['bʊkɪ] inf *znw* → **bookmaker**

booking ['bʊkɪŋ] *znw* bespreking, reservering ★ *an advance* ~ een reservering vooraf ★ *a double* ~ een dubbele boeking ‹hotelkamer, vliegtuigstoel &› ★ *take a* ~ een reservering aannemen

booking clerk ['bʊkɪŋ klɑːk] *znw* lokettist, loketbeambte

booking fee ['bʊkɪŋ fiː] *znw* reserveringskosten

booking office ['bʊkɪŋ 'ɒfɪs] *znw* plaatskaartenbureau, bespreekbureau, loket ‹op stations›

bookish ['bʊkɪʃ] *bn* ❶ geleerd, pedant ❷ theoretisch, schools, boekachtig ❸ leesgraag

bookkeeper ['bʊkkiːpə] *znw* boekhouder

bookkeeping ['bʊkkiːpɪŋ] *znw* boekhouden ★ ~ *by double / single entry* dubbel / enkel boekhouden

book learning [bʊk 'lɜːnɪŋ] *znw* boekengeleerdheid

booklet ['bʊklɪt] *znw* ❶ boekje ❷ brochure ‹als reclame›

book loss [bʊk lɒs] boekh *znw* boekverlies

bookmaker ['bʊkmeɪkə], inf **bookie** *znw* bookmaker ‹bij wedrennen›

bookmark ['bʊkmɑːk], **bookmarker I** *znw* ❶ boekenlegger ❷ comput ‹in browser› bladwijzer **II** *overg* comput bookmarken

bookplate ['bʊkpleɪt] *znw* ex-libris

book profit [bʊk 'prɒfɪt] boekh *znw* boekwinst

books [bʊks] *znw* [mv] ❶ boekh boeken, kasboek ★ *balance the* ~ de boeken afsluiten/ het boekjaar afsluiten ★ *close the* ~ de balans opmaken ❷ ledenlijst ★ *he is on the* ~ hij is lid, hij is ingeschreven

bookseller ['bʊkselə] *znw* boekhandelaar, -verkoper

bookselling ['bʊkselɪŋ] *znw* boekhandel

bookshelf ['bʊkʃelf] *znw* boekenplank

bookshop ['bʊkʃɒp] *znw* boekwinkel

bookstall ['bʊkstɔːl] *znw* ❶ **second-hand bookstall** boekenstalletje ❷ **railway bookstall** stationsboekhandel, -kiosk

bookstore ['bʊkstɔː] *znw* boekwinkel

book token [bʊk 'təʊkən] *znw* boekenbon

book value [bʊk 'væljuː] boekh *znw* boekwaarde, balanswaarde

bookworm ['bʊkwɜːm] *znw* ❶ boekworm ❷ inf boekenwurm

boom [buːm] **I** *bn* snel opgekomen, explosief groeiend ‹stad› **II** *znw* ❶ (haven)boom ❷ scheepv spier, spriet ❸ hengel ‹v. microfoon› ❹ gedaver, gedonder, gedreun ❺ hoogconjunctuur, plotselinge stijging, hausse ★ *a building* ~ een hausse in de woningbouw ★ *an economic* ~ een hoogconjunctuur ★ *a property* ~ een explosieve groei van de onroerend goed markt ★ ~ *and bust* economische op- en neergang **III** *onoverg* ❶ daveren, donderen, dreunen ❷ in de hoogte gaan, een hoge vlucht nemen, kolossaal succes hebben

boom box [buːm bɒks] *znw* gettoblaster

boomerang [buːməræŋ] **I** *znw* boemerang **II** *onoverg* als een boemerang werken

boom gate [buːm geɪt] Aus *znw* slagboom

boom town [buːm taʊn] *znw* in zeer snel tempo gegroeide stad

boon [buːn] *znw* zegen, weldaad ★ *the Internet has proved a* ~ *to the economy* het internet is een zegen gebleken voor de economie

boon companion [buːn kəm'pænjən] *znw* boezemvriend(in)

boondocks ['buːndɒks] Am inf *znw* [mv] achtergebleven gebied, rimboe

boondoggle [buː'ndɒgl] Am inf *znw* ❶ zinloze onderneming ❷ bedrog ❸ geld- en tijdverspilling

boor [bʊə] *znw* boer, lomperd, pummel

boorish ['bʊərɪʃ] *bn* boers, lomp, pummelig

boost [buːst] **I** *znw* ❶ inf zetje, ophef, opkammerij, reclame ❷ stimulans ★ *tourism has been a* ~ *to the* *economy* toerisme is een stimulans voor de economie geweest ❸ techn aanjaagdruk **II** *overg* ❶ duwen, een zetje geven, in de hoogte steken, reclame maken voor ❷ opdrijven, opvoeren, versterken, stimuleren ★ *profits have been ~ed by 10%* winsten zijn met 10% toegenomen

booster ['bu:stə] *znw* versterker, booster, hulpdynamo, aanjager, startmotor, startraket

booster injection ['bu:stər ɪn'dʒekʃən] med *znw* booster / opfrissingsinjectie

booster seat ['bu:stə si:t] *znw* stoelverhoger ‹voor kleine kinderen›

boot [bu:t] **I** *znw* ❶ laars, hoge schoen ★ *hob-nailed ~s* spijkerschoenen ★ *walking ~s* wandelschoenen ★ inf *~s and all* helemaal / geheel en al ★ *he had his heart in his ~s* de moed zonk hem in de schoenen ★ *the ~ is on the other foot* de situatie is nu net andersom ★ inf *fill sbd's ~s / shoes* iem. opvolgen ★ inf *put the ~ in* iemand hard schoppen terwijl hij op de grond ligt ‹ook figuurlijk› ❷ inf schop, trap ★ inf *get the ~* de bons (zijn congé) krijgen ★ inf *give sbd the ~* iem. de bons geven, eruit trappen ❸ auto koffer(ruimte), bagageruimte ❹ → **boot-up** ▼ *to ~* daarbij, op de koop toe, bovendien **II** *overg* ❶ trappen, schoppen ❷ ‹een computer› opstarten, booten (ook: *~ up*) ★ inf *~ sbd / sth out* iem. / iets eruit trappen

bootblack ['bu:tblæk] *znw* schoenpoetser

boot camp [bu:t kæmp] *znw* ❶ Am trainingskamp voor militairen ❷ tuchtkamp

boot cut [bu:t kʌt] *bn* wijd, gemaakt om over laarzen heen te kunnen ‹van broekspijpen›

bootee ['bu:ti:] *znw* ❶ dameslaarsje ❷ babysokje

booth [bu:ð] *znw* ❶ kraam, tent ❷ hokje, cabine, telefooncel

bootlace ['bu:tleɪs] *znw* (schoen)veter

bootleg ['bu:tleg] **I** *bn* ❶ gesmokkeld ❷ illegaal verkocht **II** *overg* ❶ smokkelen ❷ illegaal produceren / verkopen

bootlegger ['bu:tlegə] *znw* (drank)smokkelaar, illegale drankstoker

bootless ['bu:tlɪs] *bn* zinloos, zonder voordeel

bootlicker ['bu:tlɪkə] inf *znw* hielenlikker, slijmerd

bootmaker ['bu:tmeɪkə] *znw* laarzenmaker

boot polish [bu:t 'pɒlɪʃ] *znw* schoensmeer

bootstrap ['bu:tstræp] *znw* lus aan een laars ★ *pull oneself up by one's ~s* zichzelf uit het moeras trekken, uit eigen kracht er weer bovenop komen

boot-up ['bu:t-ʌp], **boot** comput *znw* opstart- ★ *a ~ disk* een opstartdiskette

booty ['bu:tɪ] *znw* buit, roof

booze [bu:z] inf **I** *znw* drank ★ *on the ~* aan de zuip ★ *off the ~* van de drank af **II** *onoverg* zuipen, zich bezuipen

boozer ['bu:zə] *znw* ❶ inf zuiper, drankorgel ❷ Br kroeg

booze-up ['bu:z-ʌp] inf *znw* zuippartij

boozy ['bu:zɪ] inf *bn* bezopen, dronken

bop [bɒp] **I** *znw* ❶ inf tik, slag, klap ❷ dans ‹vooral op popmuziek› **II** *overg* inf meppen, slaan ★ *~ sbd on the head* iem. een klap op het hoofd geven **III** *onoverg* dansen ‹vooral op popmuziek›

bo-peep [bəʊ-'pi:p] *znw* ★ *play ~* kiekeboe spelen

boracic [bə'ræsɪk], **boracic acid** *znw* boorzuur

borax ['bɔ:ræks] *znw* borax

bordello [bɔ:'deləʊ] *znw* bordeel

border ['bɔ:də] **I** *znw* ❶ grens, grensstreek (ook: *~ area*) ★ *a common ~* een gemeenschappelijke grens ★ *a disputed ~* een betwiste / omstreden grens ❷ rand, kant, boordsel, zoom ❸ border ‹in tuin› **II** *overg* omranden, omzomen, begrenzen **III** *onoverg* grenzen ★ *Poland ~s on Russia* Polen grenst aan Rusland

border crossing ['bɔ:də 'krɒsɪŋ] *znw* grensovergang

borderland ['bɔ:dələænd] *znw* grensgebied

borderline ['bɔ:dəlaɪn] *znw* grens(lijn) ★ *a ~ case* een grensgeval

bore [bɔ:] **I** *znw* ❶ boorgat ‹voor water of olie› ❷ ziel, kaliber, diameter ❸ vervelend mens, inf zanik ❹ vervelende zaak, vervelend werk ❺ vloedgolf **II** *overg* ❶ (aan-, door-, uit)boren ❷ vervelen, zeuren ★ inf *be ~d stiff / to death / out of one's mind* zich dood vervelen **III** *ww* [v.t.] → **bear**

boredom ['bɔ:dəm] *znw* verveling ★ *cricket is not a game for people with a low ~ threshold* cricket is geen spel voor mensen die zich snel vervelen

borehole ['bɔ:həʊl] *znw* boorgat

borer ['bɔ:rə] *znw* ❶ boor ❷ boorder

boric acid ['bɔ:rɪk 'æsɪd], **boric** *znw* boorzuur

boring ['bɔ:rɪŋ] *bn* vervelend, saai

born [bɔ:n] *bn* (aan)geboren ★ *~ of* geboren uit, fig voortgekomen (ontstaan) uit, het product van ★ *an American ~ actress* een in Amerika geboren actrice ★ *~ prematurely* te vroeg geboren ★ *~ and bred* geboren en getogen ★ *never in all my ~ days* van mijn leven niet ★ *~ on the wrong side of the tracks* geboren in een achterbuurt ★ inf *he doesn't know he's ~* hij weet niet hoe goed hij het heeft ★ inf *I wasn't ~ yesterday* ik ben niet van gisteren

born-again ['bɔ:n-əgeɪn] *bn* herboren, fanatiek ★ *a ~ Christian* een wedergeboren christen

borne [bɔ:n] *ww* [v.d.] → **bear**

borough ['bʌrə] *znw* stad, gemeente ★ *a metropolitan ~* een stadsgemeente ★ *a parliamentary ~* een kiesdistrict

borrow ['bɒrəʊ] *overg* borgen, lenen ‹van›, ontlenen (aan *from*) ★ Am *~ trouble* vragen om moeilijkheden ★ *the word is ~ed from French* het woord is aan het Frans ontleend ★ *live on ~ed time* langer leven dan verwacht

borrower ['bɒrəʊə] *znw* lener, ontlener

borrowing ['bɒrəʊɪŋ] *znw* ❶ lenen ★ *the ~ rate* de leenrentevoet ❷ leenwoord, ontlening ★ *there are many ~s from French in English* er zijn veel leenwoorden uit het Frans in het Engels

borstal ['bɔ:stl] Br hist *znw* jeugdgevangenis,

bo

tuchthuis
bosh [bɒʃ] <u>inf</u> *znw* onzin
Bosnia ['bɒsnɪə] *znw* Bosnië
Bosnia-Herzegovina ['bɒsnɪə-hɜ:tsəgɒ'vɪnə], **Bosnia
and Herzegovina** *znw* Bosnië-Herzegovina
Bosnian ['bɒsnɪən] **I** *bn* Bosnisch **II** *znw* Bosniër,
Bosnische
bosom ['bʊzəm] *znw* boezem, borst, buste ★ <u>dicht</u> *she
clutched him to her* ~ ze drukte hem aan haar borst
bosom friend ['bʊzəm frend], **bosom buddy, bosom
pal** *znw* boezemvriend(in)
boss [bɒs] **I** *znw* ❶ ronde, verhoogde versiering bij
drijfwerk ❷ <u>inf</u> baas, chef, kopstuk, leider **II** *overg*
<u>inf</u> de baas spelen over ★ <u>inf</u> ~ *sbd about / around*
iem. commanderen
boss-eyed ['bɒs-aɪd] <u>Br inf</u> *bn* scheel
bossy ['bɒsɪ] *bn* bazig
bossy boots ['bɒsɪ bu:ts], **bossyboots** <u>inf</u> *znw* bazig
persoon
bosun ['bəʊsən], **bo'sun** <u>scheepv</u> *znw* bootsman
botanical [bə'tænɪkl], **botanic** *bn* botanisch, planten-
botanical garden [bə'tænɪkl 'gɑ:dn], **botanic garden**
znw hortus (botanicus), botanische tuin
botanist ['bɒtənɪst] *znw* botanicus, plantkundige
botany ['bɒtənɪ] *znw* botanie, plantkunde
botch [bɒtʃ], **bodge I** *znw*, **botch-up** knoeiwerk
II *overg* verknoeien, een puinhoop maken van (ook:
~ *up*)
botcher ['bɒtʃə] <u>inf</u> *znw* prutser, knoeier
both [bəʊθ] *telw & vnw* beide, allebei ★ ~... *and*...
zowel... als, (en)... en... ★ ~ *his son and his daughter
will be present* zijn zoon en zijn dochter zullen
allebei aanwezig zijn ★ *they had two children*, ~ *of
whom had red hair* ze hadden twee kinderen, allebei
met rood haar
bother ['bɒðə] **I** *tsw* wat vervelend, verdorie **II** *znw*
soesa, gezeur, gezanik, moeite, last ★ *go to (all) the* ~
of de moeite nemen om **III** *overg* lastig vallen,
hinderen, kwellen **IV** *onoverg* ❶ zich druk
/ ongerust maken (om *about*) ❷ moeite doen
botheration [bɒðə'reɪʃən] <u>inf</u> **I** *tsw* verdorie **II** *znw*
soesa, gezeur, gezanik, moeite, last
bothersome ['bɒðəsəm] *bn* lastig, vervelend
Botswana [Bɒ'tswɑ:nə] *znw* Botswana
Botswanan [bɒ'tswɑ:nən] **I** *bn* Botswaans **II** *znw*
Botswaan, Botswaanse
bottle ['bɒtl] **I** *znw* ❶ fles, karaf ★ <u>inf</u> *on the* ~ aan de
drank ★ <u>inf</u> *hit the* ~ aan de drank raken ❷ <u>Br inf</u>
moed, lef **II** *overg* bottelen, in flessen doen, wecken
III *phras* ★ ~ *sth* **away/up** iets opkroppen ‹woede›
★ <u>Br inf</u> ~ **out** (op het laatste moment) de moed
verliezen
bottle bank ['bɒtl bæŋk] *znw* glasbak
bottled water ['bɒtld 'wɔ:tə] *znw* water in flessen,
mineraalwater
bottle-feed ['bɒtl-fi:d] *overg* de fles geven ‹baby›
bottle-feeding ['bɒtl-fi:dɪŋ] *znw* flesvoeding
bottle green ['bɒtl gri:n] *bn* donkergroen

bottleneck ['bɒtlnek] *znw* ❶ nauwe doorgang,
vernauwing, flessenhals, bottleneck, knelpunt ❷ <u>fig</u>
belemmering, struikelblok
bottle opener ['bɒtl 'əʊpənə] *znw* flesopener
bottle top ['bɒtl tɒp] *znw* kroonkurk
bottlewasher ['bɒtlwɒʃə] *znw* flessenwasser ★ <u>inf</u> *the
chief cook and* ~ de duvelstoejager / het
manusje-van-alles
bottom ['bɒtəm] **I** *bn* onderste, laagste **II** *znw*
❶ bodem, grond ★ <u>Br form</u> *at* ~ in de grond, au
fond ★ *from the* ~ *of one's heart* uit de grond van
iemands hart ★ *get to the* ~ *of sth* iets grondig
onderzoeken ★ *he's at the* ~ *of this* hij zit erachter
★ *send a ship to the* ~ een schip laten zinken ★ *I can
just touch the* ~ ik kan hier nog net staan ‹in
zwembad› ❷ onderste gedeelte, voet, basis
★ *bikini* ~*s* bikinibroekje ★ *pyjama* ~*s* pyjamabroek
★ *at the* ~ *of the mountains* aan de voet van de
bergen ★ ~ *up* ondersteboven ★ *knock the* ~ *out of
sth* iets doen mislukken ❸ achterste of verste deel
★ *he's at the* ~ *of his class* hij is een van de slechtste
van zijn klas ❹ <u>inf</u> achterste **III** *onoverg* de bodem
raken ★ ~ *out* het laagste punt bereiken
bottom drawer ['bɒtəm 'drɔ:ə] *znw* ❶ onderste la
❷ uitzet ‹linnengoed dat een bruid meebrengt›
bottom gear ['bɒtəm gɪə] *znw* eerste versnelling
bottomless ['bɒtəmləs] *bn* bodemloos, grondeloos,
peilloos
bottom line ['bɒtəm laɪn] *znw* ❶ einduitkomst,
resultaat ★ *the* ~ de uiteindelijke waarheid, het
essentiële punt ❷ bodemprijs
bottommost ['bɒtəmməʊst] *bn* onderste, laagste
bottoms up ['bɒtəmz ʌp] <u>inf</u> *scherts* *tsw* proost!
bottom-up ['bɒtəm-ʌp] *bn* van onder naar boven
★ *a* ~ *approach* een bottom-up benadering
botulism ['bɒtjʊlɪzm] *znw* botulisme
bouffant ['bu:fɑ̃] *bn* opbollend ‹v. kapsel, kleding›
bough [baʊ] <u>dicht</u> *znw* tak
bought [bɔ:t] *ww* [v.t. & v.d.] → **buy**
boulder ['bəʊldə] *znw* rolsteen, kei
boulevard ['bu:ləvɑ:d] *znw* boulevard, brede straat
met bomen, laan ‹in stad›
bounce [baʊns] **I** *znw* ❶ stuit, sprong ❷ fut, pit,
veerkracht(igheid) **II** *overg* ❶ laten stuiten ★ ~ *an
idea off sbd* iem. als klankbord gebruiken ❷ <u>inf</u>
weigeren ‹v. cheque› ❸ <u>inf</u> eruit gooien **III** *onoverg*
❶ (op)springen, stuiten ★ ~ *in* binnenstormen ★ <u>inf</u>
she's bouncing off the wall ze vliegt bij de muren
omhoog ‹van de zenuwen &› ❷ <u>inf</u> geweigerd
worden ‹v. cheque›
bouncer ['baʊnsə] *znw* uitsmijter ‹in nachtclub &›
bouncing ['baʊnsɪŋ] *bn* stevig ‹gezegd van baby's›
bouncy ['baʊnsɪ] *bn* opgewekt
bound [baʊnd] **I** *bn* ❶ gebonden ❷ verplicht, zeker
★ *well, I'll be* ~! wel, daar ben ik absoluut zeker van
★ *I'm* ~ *to say* ik moet zeggen ★ *you'll be* ~ *to see her*
je zult haar vast en zeker zien ❸ onderweg ★ ~ *for
Cadiz* op weg naar Cadiz **II** *znw* ❶ sprong ★ *in leaps*

and ~s met sprongen ❷ grens ★ *out of* ~s verboden terrein **III** *overg* ❶ beperken ❷ begrenzen ★ *the town is ~ed on all sides by farming land* de stad grenst aan alle kanten aan landbouwgrond **IV** *onoverg* ❶ springen ❷ terugstuiten **V** *ww* [v.t. & v.d.] → **bind**

boundary ['baʊndərɪ] *znw* grens(lijn) ★ *a ~ dispute* een grensconflict ★ *a ~ fence* een grenshek, een erfafrastering ⟨grens met de buren⟩ ★ *a ~ line* een grens(lijn)

bounden duty ['baʊndən 'dju:tɪ] <u>scherts</u> *znw* heilige plicht ★ *she felt it was her ~ to offer some advice* ze vond het haar plicht om advies te geven

bounder ['baʊndə] <u>inf</u> *znw* patser, proleet, onbeschoft figuur

boundless ['baʊndləs] *bn* grenzeloos, eindeloos

bound up [baʊnd ʌp] *bn* nauw verbonden met ★ *the city's future is closely ~ with its migrant population* de toekomst van de stad is nauw verbonden met de migranten die er wonen

bounteous ['baʊntɪəs], **bountiful** <u>dicht</u> *bn* ❶ mild, milddadig ❷ rijkelijk, royaal, overvloedig

bounty ['baʊntɪ] *znw* ❶ mildheid, gulheid ❷ premie, bonus

bounty hunter ['baʊntɪ 'hʌntə] *znw* premiejager ⟨jager op schadelijke dieren of criminelen⟩

bouquet [buːˈkeɪ] *znw* ruiker, boeket ⟨ook v. wijn⟩

bourbon ['bɜːbən] *znw* whisky uit maïs, bourbon

bourgeois ['bʊəʒwɑː] ⟨*Fr*⟩ *bn* (klein)burgerlijk

bourgeoisie [bʊəʒwɑːˈziː] ⟨*Fr*⟩ *znw* bourgeoisie

bout [baʊt] *znw* ❶ partij, wedstrijd, partijtje ❷ keer, beurt ❸ aanval ⟨v. koorts &⟩, vlaag, periode ★ *a ~ of the flu* een griepaanval

boutique [buːˈtiːk] *znw* boetiek

bovine ['bəʊvaɪn] *bn* ❶ rund(er)- ❷ <u>fig</u> stupide, zo dom als een rund

bovver ['bɒvə] <u>Br</u> *inf* *znw* herrieschopperij, geweld ★ *a ~ boy* een relschopper, herrieschopper

bow I *znw* [bəʊ] ❶ boog ★ *he's got another string to his ~* hij heeft nog een andere mogelijkheid / optie ❷ <u>muz</u> strijkstok ❸ <u>techn</u> beugel ❹ (losse) strik **II** *znw* [baʊ] ❶ buiging ★ *make one's ~* (van het toneel) verdwijnen, opkomen ★ *take a ~* een buiging maken, applaus in ontvangst nemen ❷ (meestal mv) <u>scheepv</u> boeg, voorste roeier **III** *overg & onoverg* [bəʊ] <u>muz</u> strijken **IV** *overg* [baʊ] buigen, doen buigen ★ *~ sbd / sth in / out* iem. / iets buigend binnenbrengen (uitgeleide doen) ★ *be ~ed down with sth* gebukt gaan onder iets **V** *onoverg* [baʊ] (zich) buigen ★ *~ and scrape* stroopsmeren, hielen likken ★ *~ down* zich schikken (naar, in *to*) ★ *the government ~ed to pressure from the unions* de regering gaf toe onder druk van de vakbeweging ★ <u>fig</u> *~ out* zich terugtrekken

bowdlerize ['baʊdləraɪz], **bowdlerise** *overg* kuisen ⟨v. boek⟩

bowel ['baʊəl] *znw* darm ★ *the large ~* de dikke darm ★ *the small ~* de dunne darm

bowel movement ['baʊəl 'muːvmənt] *znw* ontlasting

---

bowels ['baʊəlz] *znw* [mv] ❶ ingewanden ★ *the ~ of the earth* het binnenste der aarde ❷ <u>fig</u> hart

bower ['baʊə] *znw* prieel

bowerbird ['baʊəbɜːd] *znw* prieelvogel ⟨vogel in Australië en Nieuw Guinea⟩

bowie knife ['bəʊɪ naɪf] <u>Am</u> *znw* lang jachtmes

bowl [bəʊl] **I** *znw* ❶ schaal, kom, bekken, pot ⟨v. wc⟩ ❷ muziekkoepel, koepelvormige sportarena ❸ pijpenkop, (lepel)blad ❹ bal ⟨bowls of kegelen⟩ ❺ worp ⟨cricket, bowling &⟩ **II** *overg* ❶ (voort)rollen ❷ werpen ⟨bal⟩ **III** *onoverg* ❶ ballen ❷ kegelen ❸ bowlen ⟨ook cricket⟩ **IV** *phras* ★ *~ along* opschieten, vlotten, lekker gaan ★ *~ sbd out* iem. uitbowlen ⟨wicket omgooien in cricket⟩ ★ *~ sbd over* iem. sprakeloos maken ⟨v. verbazing⟩, iem. omverlopen / omverrijden ★ *~ sth over* iets omverwerpen

bow-legged [bəʊ-ˈlegɪd] *bn* met O-benen

bow legs ['baʊ legz] *znw* [mv] O-benen

bowler ['bəʊlə] *znw* ❶ <u>sp</u> bowler ❷ **bowler hat** bolhoed

bowling ['bəʊlɪŋ] *znw* bowlen, kegelen ★ *seam ~* bowlen met effect ⟨op de naad van de cricketbal⟩ ★ *spin ~* bowlen met draai-effect ⟨cricket⟩ ★ *tenpin ~* bowling ⟨kegelen met tien kegels⟩

bowling alley ['bəʊlɪŋ ælɪ] *znw* bowlingbaan

bowling ball ['bəʊlɪŋ bɔːl] *znw* bowlingbal

bowling green ['bəʊlɪŋ griːn] *znw* bowlingveld ⟨voor het spelen van bowls⟩

bowls [bəʊlz] *znw* [mv] spel met houten bal ⟨op gras of binnen; de bal is zwaarder aan een kant en rolt met een kromming⟩

bowstring ['bəʊstrɪŋ] *znw* boogpees

bow tie [bəʊ 'taɪ] *znw* vlinderdas, strikdas, vlindertje, strikje

bow window [baʊ 'wɪndəʊ] *znw* ronde erker

bow-wow ['baʊ-waʊ] **I** *tsw* wafwaf ⟨klanknabootsing⟩ **II** *znw* ❶ <u>kindertaal</u> hond(je) ❷ geblaf

box [bɒks] **I** *znw* ❶ doos, kist, kistje, trommel ❷ <u>inf</u> televisie ❸ loge, afdeling ⟨in stal &⟩, box ❹ kader in krant &, hokje / vakje ⟨v. invulformulier⟩, vak ⟨op de weg⟩ ❺ <u>sp</u> strafschopgebied ❻ telefooncel, seinhuisje ❼ **box number** postbus ❽ bok ⟨v. rijtuig⟩ ❾ <u>sp</u> (spring)kast ❿ <u>plantk</u> buks(boom), buxus ⓫ klap, oorvijg **II** *overg* ❶ in een doos & sluiten ★ *~ sbd / sth in* iem. / iets insluiten ★ *~ sth up* iets in dozen / een doos doen ❷ boksen met ⟨iem.⟩ ★ *~ sbd's ears* iem. om de oren geven **III** *onoverg* <u>sp</u> boksen

boxcar ['bɒkskɑː] <u>Am</u> *znw* gesloten goederenwagon

boxer ['bɒksə] *znw* ❶ bokser ❷ boxer ⟨hond⟩

boxer shorts ['bɒksə ʃɔːts] *znw* boxer, boxershort ⟨onderbroek⟩

boxing ['bɒksɪŋ] *znw* boksen ★ *heavyweight ~* zwaargewicht boksen

Boxing Day ['bɒksɪŋ deɪ] *znw* tweede kerstdag

boxing glove ['bɒksɪŋ glʌv] *znw* bokshandschoen

boxing ring ['bɒksɪŋ rɪŋ] *znw* boksring

box junction [bɒks 'dʒʌŋkʃən] *znw* kruispunt dat vrijgehouden moet worden ⟨gemarkeerd met diagonale gele strepen⟩

box lunch [bɒks lʌntʃ] *znw* lunchpakketje

box number [bɒks 'nʌmbə], **box** *znw* nummer v.e. advertentie ★ *reply to* ~ *32* antwoord onder nummer 32

box office [bɒks 'ɒfɪs] *znw* boxoffice, bespreekbureau, kassa ⟨schouwburg, &⟩ ★ *a* ~ *hit / success* een succes, kasstuk

boxroom ['bɒksruːm] *znw* rommelkamer, -zolder, bergruimte

box seat [bɒks siːt] *znw* logeplaats ★ *be in the* ~ haast zeker van de winst zijn / verreweg de beste kansen hebben

box spanner [bɒks 'spænə] *znw* pijpsleutel

boxwood ['bɒkswʊd] *znw* hout van de buksboom

boy [bɔɪ] *znw* knaap, jongen ★ *oh* ~*!* o jee! ★ *he's a local* ~ hij komt uit de buurt ★ *look, old* ~ kijk eens, kameraad ★ *he's an old* ~ *of the school* hij is een oud leerling van de school ★ *inf the* ~*s in blue* de politie ★ *he's one of the* ~*s* hij hoort bij de club ★ *our* ~*s are fighting there* onze jongens ⟨soldaten⟩ vechten daarginds ★ ~*s will be* ~*s* jongens doen jongensachtige dingen ⟨vergoelijkend⟩

boycott ['bɔɪkɒt] **I** *znw* boycot ★ *an economic* ~ een economische boycot ★ *a trade* ~ een handelsboycot **II** *overg* boycotten

boyfriend ['bɔɪfrend] *znw* vriendje, jongen

boyhood ['bɔɪhʊd] *znw* jongensjaren

boyish ['bɔɪɪʃ] *bn* jongensachtig, jongens-

boy-meets-girl [bɔɪ-miːts-gɜːl] *bn* stereotiep romantisch ⟨boek, film, &⟩

Boy Scout ['bɔɪ skaʊt] *znw* padvinder, verkenner, scout

bozo ['bəʊzəʊ] *Am inf znw* sukkel

bra [brɑː] *znw* beha, bustehouder ★ *a padded* ~ een gevulde beha ★ *a nursing* ~ een voedingsbeha ★ *a strapless* ~ een strapless beha ⟨zonder schouderbandjes⟩

brace [breɪs] **I** *znw* ❶ riem, bretel, band, beugel ⟨gebit⟩ ★ *a neck* ~ een nekkraag ❷ klamp, anker, haak, beugel, booromslag, stut ★ *a* ~ *and bit* een boor ❸ accolade ❹ paar, koppel ⟨vnl wild⟩ ❺ scheepv bras **II** *overg* ❶ spannen, (aan)trekken, scheepv brassen ❷ versterken, opwekken, stalen ⟨zenuwen⟩ ★ ~ *oneself* zich vermannen ★ *be* ~*d for sth* ergens op voorbereid zijn, ergens klaar voor zijn **III** *onoverg* ★ ~ *for impact* zich schrap zetten voor de schok ★ ~ *up* zich schrap zetten

bracelet ['breɪslət] *znw* ❶ armband ❷ inf handboei

bracer ['breɪsə] inf *znw* hartversterking, borrel

braces ['breɪsɪz] *znw* [mv] ❶ bretels ★ *a pair of* ~ bretels ❷ (gebits)beugel

bracing ['breɪsɪŋ] *bn* versterkend, opwekkend

bracken ['brækən] *znw* (adelaars)varen(s)

bracket ['brækɪt] **I** *znw* ❶ haak, haakje ★ *square* ~*s* vierkante haakjes ★ *round* ~*s* ronde haakjes

★ *enclose / put sth in* ~*s* iets tussen haakjes zetten ❷ categorie, klasse, groep, belastingschijf ★ *a price* ~ een prijsklasse ★ *an income* ~ een inkomensgroep ❸ klamp, steun, console **II** *overg* ❶ met klampen steunen ❷ tussen haakjes plaatsen ❸ fig in één adem noemen, op één lijn stellen (met *with*), samenvoegen, groeperen

brackish ['brækɪʃ] *bn* brak

brad [bræd] *znw* spijkertje zonder kop, stift

bradawl ['brædɔːl] *znw* els

brag [bræg] **I** *znw* ❶ gepoch, bluf, opschepperij ❷ bluffen ⟨kaartspel⟩ **II** *overg* opscheppen, pochen ★ *he* ~*ged that his team was the best* hij pochte dat zijn team het beste was **III** *onoverg* opscheppen, brallen, pochen, bluffen ★ ~ *about sbd / sth* pochen / opscheppen over iem. / iets

braggadocio [brægə'dəʊtʃjəʊ] *znw* gesnoef, pocherij

braggart ['brægət] *znw* opschepper, praalhans, pocher, bluffer, snoever, schreeuwer

Brahman ['brɑːmən], **Brahmin** *znw* brahmaan

braid [breɪd] **I** *znw* ❶ vlecht ❷ boordsel, galon tres ❸ (veter)band **II** *overg* ❶ vlechten ❷ boorden, met tressen garneren

Braille [breɪl] *znw* braille(schrift)

brain [breɪn] **I** *znw* ❶ brein, hersenen ★ *blow one's* ~*s out* zich door het hoofd schieten ❷ verstand, knappe kop ★ *she's got a good* ~ *for science* ze heeft aanleg voor de exacte vakken ★ *she's the* ~*s of the family* zij is de slimste van de familie ★ *have sth on the* ~ malen over iets, bezeten zijn van iets ★ *inf he's got holidays on the* ~ hij heeft zijn hoofd bij de vakantie ★ *pick sbd's* ~*s* iem. om raad (informatie, advies) vragen **II** *overg* inf de hersens inslaan

brainchild ['breɪntʃaɪld] *znw* geesteskind, geestesproduct

brain damage [breɪn 'dæmɪdʒ] *znw* hersenbeschadiging

brain-damaged ['breɪn-dæmɪdʒd] *bn* met hersenbeschadiging

brain-dead ['breɪn-ded] *bn* hersendood

brain death [breɪn deθ] med *znw* hersendood

brain drain [breɪn dreɪn] *znw* emigratie v. academici naar landen met meer mogelijkheden

brain haemorrhage [breɪn 'hemərɪdʒ] med *znw* hersenbloeding

brainless ['breɪnləs] *bn* hersenloos ★ *that* ~ *scheme of his* dat onzinnige plan van hem

brain power [breɪn 'paʊə] inf *znw* intelligentie, intellectueel vermogen

brain scan [breɪn skæn] med *znw* hersenscan

brainstorm ['breɪnstɔːm] **I** *znw* ❶ vlaag ⟨v. verstandsverbijstering⟩ ❷ brainstormsessie ⟨gelegenheid om spontaan ideeën te genereren⟩ **II** *overg & onoverg* brainstormen

brainstorming ['breɪnstɔːmɪŋ] *znw* het brainstormen

brains trust ['breɪns trʌst], **brain trust** *znw* commissie v. deskundigen

brain-teaser ['breɪn-tiːzə], **brainteaser** *znw*

breinbreker

brainwash ['breɪnwɒʃ] overg hersenspoelen

brainwashing ['breɪnwɒʃɪŋ] znw hersenspoeling

brainwave ['breɪnweɪv] inf znw inval, lumineus idee

brainwork ['breɪnwɜ:k] inf znw hersenarbeid

brainy ['breɪnɪ] inf bn pienter

braise [breɪz] overg smoren, sudderen ‹langzaam stoven in een gesloten pan›

brake [breɪk] I znw rem ★ put on the ~ remmen ★ put a ~ on sth iets afremmen II overg & onoverg (af)remmen

brake cable [breɪk 'keɪbl] znw remkabel

brake fluid [breɪk 'flu:ɪd] znw remvloeistof

brake light [breɪk laɪt] znw remlicht

brake pedal [breɪk 'pedl] znw rempedaal

bramble ['bræmbl] znw braamstruik

bran [bræn] znw zemelen

branch [brɑ:ntʃ] I znw ❶ (zij)tak, arm, afsplitsing ★ a ~ line een zijlijn ❷ afdeling, filiaal, bijkantoor ★ a ~ office een filiaal, bijkantoor, agentschap ❸ tak, onderdeel, deelgebied ★ a ~ of law een rechtsgebied II phras ★ ~ into zich vertakken tot, zich splitsen in ★ ~ off zich vertakken, zich splitsen, afslaan, fig afdwalen ★ ~ out uitbreiden ‹onderneming› ★ we are thinking of ~ing out into manufacturing toys we overwegen om ook speelgoed te gaan maken

branch line [brɑ:ntʃ laɪn] znw kleine spoorlijn ‹aftakking van de hoofdspoorlijn›

branch manager [brɑ:ntʃ 'mænɪdʒə] znw filiaalchef, filiaalhouder

brand [brænd] I znw ❶ merk, soort, kwaliteit ★ marketing a generic ~ een wit merk, generiek merk, merkloos product, ongemerkt artikel ★ one's own ~ zijn huismerk ❷ brandmerk, schandmerk ❸ plantk brand ‹ziekte› ❹ dicht brandend hout II overg brandmerken, merken

brand awareness [brænd ə'weənəs] marketing znw naamsbekendheid

brand conscious [brænd 'kɒnʃəs] bn merkbewust

branded ['brændɪd] bn gemerkt, merk- ★ ~ goods merkartikelen

brand familiarity [brænd fəmɪlɪ'ærətɪ] marketing znw merkbekendheid

brand image [brænd 'ɪmɪdʒ] marketing znw merkimago, merkbeeld

branding ['brændɪŋ] marketing znw merk promotie

branding iron ['brændɪŋ 'aɪən] znw brandijzer

brandish ['brændɪʃ] overg zwaaien (met) ★ he enjoys ~ing words hij houdt ervan met woorden te schermen

brand leader [brænd 'li:də] marketing znw marktleider, merkleider

brand loyalty [brænd 'bɪəltɪ] marketing znw merkentrouw

brand name ['brænd neɪm] znw merknaam, woordmerk

brand new [brænd 'nju:] bn splinternieuw

brand preference [brænd 'prefərəns] marketing znw

merkenvoorkeur

brand recognition [brænd rekəg'nɪʃən] marketing znw merkherkenning

brandy ['brændɪ] znw cognac, brandewijn, brandy

brandy snap ['brændɪ snæp] znw opgerold koekje met gember en crèmevulling

brash [bræʃ] bn ❶ onstuimig, opdringerig, overhaast ❷ schreeuwend ‹v. kleur›

brass [brɑ:s] I bn (geel)koperen, van messing ★ a ~ instrument een koperen blaasinstrument ★ a ~ knocker een koperen deurklopper ★ inf ~ monkey weather erg koud weer ★ get down to ~ tacks spijkers met koppen slaan II znw ❶ geelkoper, messing ❷ muz koper ★ the ~ section het koper/ de kopersectie ❸ (koperen) gedenkplaat ‹in kerk› ❹ inf geld, poen ❺ fig brutaliteit ▼ inf the (top) ~ (hele) hoge pieten

brass band ['brɑ:s 'bænd] znw blaaskapel, fanfare, fanfarekorps

brassed off [brɑ:st ɒ(:)f] inf bn ★ be ~ with sth iets beu zijn

brasserie ['bræsərɪ] znw brasserie ‹goedkoop restaurant met Franse keuken›

brassica ['bræsɪkə] plantk znw koolachtige

brassière ['bræzɪə] znw bustehouder

brass knuckles ['brɑ:s nʌklz] znw [mv] boksbeugel

brass rubbing ['brɑ:s 'rʌbɪŋ] znw wrijfsel van koperen versiering

brassy ['brɑ:sɪ] I bn ❶ koperachtig, koperkleurig ❷ afkeurend brutaal II znw golfstok

brat [bræt] inf znw blaag, vlegel, dondersteen, kreng

bravado [brə'vɑ:dəʊ] znw ❶ overmoed ❷ waaghalzerij

brave [breɪv] I bn dapper, moedig, kloek, flink, nobel ★ put on a ~ face / put a ~ face on it zich dapper voordoen II znw gedat (indiaans) krijgsman III overg tarten, trotseren, uitdagen ★ ~ it out zich er (brutaal) doorheen slaan

bravery ['breɪvərɪ] znw moed ★ he has a medal for ~ hij heeft een onderscheiding voor moed

bravo ['brɑ:vəʊ, brɑ:'vəʊ] I tsw bravo! II znw ★ Bravo de letter B ‹in het internationaal alfabet›

bravura [brə'vjʊərə] znw bravoure

brawl [brɔ:l] I znw knokpartij, vechtpartij ★ a drunken ~ een dronkenmansgevecht II onoverg knokken

brawler ['brɔ:lə] znw ruziemaker, lawaaischopper

brawn [brɔ:n] znw ❶ spieren, spierkracht ★ all ~ and no brain alleen spieren en geen hersens ❷ hoofdkaas, preskop

brawny ['brɔ:nɪ] bn gespierd, sterk

bray [breɪ] I znw ❶ gebalk ❷ geschetter II onoverg balken, schetteren

brazen ['breɪzən] I bn ❶ (geel)koperen ❷ brutaal, onbeschaamd II overg ★ ~ it out brutaal volhouden, zich er brutaal doorheen slaan

brazen-faced [breɪzən-'feɪst] bn onbeschaamd ★ a ~ lie een brutale leugen

brazen hussy ['breɪzən 'hʌsɪ] scherts znw een brutale meid

brazier ['breɪzɪə] znw komfoor, barbecue

Brazil [brə'zɪl] znw Brazilië

Brazilian [brə'zɪlɪən] I bn Braziliaans II znw Braziliaan, Braziliaanse

Brazil nut [bre'zɪl nʌt] znw paranoot

breach [briːtʃ] I znw ❶ breuk, inbreuk, schending ★ a ~ of confidentiality schending van vertrouwen ★ a ~ of contract contractbreuk, (toerekenbare) niet-nakoming van een contractuele verbintenis ★ a ~ of the peace vredebreuk, rustverstoring ★ a ~ of promise woordbreuk ★ a security ~/~ of security inbreuk op veiligheidsregels ★ a ~ of trust vertrouwensbreuk ❷ bres ★ step into the ~ te hulp komen II overg ❶ (een) bres schieten ❷ doorbreken ❸ fig schenden, inbreuk maken op

bread [bred] znw ❶ brood ★ ~ and butter boterham(men) ★ inf one's ~ and butter broodwinning ★ a ~-and-butter issue een essentiële zaak, belangrijke kwestie ★ a ~-and-butter letter een dankbetuiging voor genoten gastvrijheid ★ ~ and circuses brood en spelen ★ he earns his daily ~ writing sales copy hij verdient zijn brood met het schrijven van advertenties ★ inf the best thing since sliced ~ erg goed / uitstekend ★ know which side one's ~ is buttered on eigen belang voor ogen houden ❷ inf poen, geld

breadbasket ['bredbɑːskɪt], **bread basket** znw ❶ broodmand ❷ graanschuur ⟨van een land⟩ ❸ inf maag ★ he hit me in the ~ hij stompte me in de maag

bread bin [bred bɪn] znw broodtrommel

breadboard ['bredbɔːd] znw broodplank

breadcrumb ['bredkrʌm] I znw broodkruimel II overg paneren

breadcrumbs ['bredkrʌmz] znw [mv] paneermeel

breaded ['bredɪd] bn gepaneerd

breadfruit ['bredfruːt] znw ❶ broodboom ❷ vrucht van de broodboom

bread knife [bred naɪf] znw broodmes

breadline ['bredlaɪn] znw ❶ armoedegrens ★ as migrants, they live close to the ~ als migranten zitten ze dicht bij de armoedegrens ❷ Am rij mensen die op voedseluitdeling wachten

breadroll ['bredrəʊl] znw broodje

breadth [bredθ] znw ❶ breedte, baan ★ I travel the length and ~ of the country every day ik reis elke dag het hele land door ❷ brede blik, ruime opvatting

breadthways ['bredθweɪz], **breadthwise** bijw in de breedte

breadwinner ['bredwɪnə] znw kostwinner

break [breɪk] I znw ❶ breuk, verbreking, afbreking ★ make a clean ~ een radicale ommezwaai maken ★ she finally made the ~ eindelijk verbrak ze de verhouding / verloving / het huwelijk ❷ onderbreking ★ a ~ in the traffic een onderbreking in de verkeersstroom ❸ aanbreken ★ the ~ of day zonsopgang, ochtendgloren ❹ ⟨verandering, omslag ⟨van weer⟩ ❺ afbrekingsteken ❻ pauze, rust, korte vakantie, onderw speelkwartier ★ the Christmas ~ de kerstvakantie ★ a commercial ~ een reclameblok ⟨radio en tv⟩ ★ a lunch ~ een lunchpauze ★ inf give me a ~! doe me een lol, wil je!, laat me met rust! ❼ biljart serie ❽ kans ★ a lucky ~ geluk, mazzel ★ a bad ~ pech ★ inf he gets all the ~s hij heeft alle geluk van de wereld ❾ ontsnapping, snelle uitval ★ make a ~ (for it) 'm smeren II overg [broke, broken/inf broke] ❶ breken, doormiddenbreken, stukmaken ★ ~ bread brood breken ★ ~ sbd's heart iemands hart breken ★ ~ the back of sth het voornaamste (moeilijkste) deel van iets klaar krijgen, het ergste achter de rug krijgen ★ ~ the mould innoverend zijn/ iets nieuws doen ❷ onderbreken ⟨reis⟩ ❸ verbreken, doorbreken ★ ~ cover uit de dekking komen ★ ~ ranks de gelederen verbreken / uit de school klappen ★ ~ one's silence de stilte doorbreken, zijn zwijgen doorbreken ❹ aanbreken, ontginnen ★ fig ~ fresh / new ground nieuw terrein betreden ❺ overtreden ⟨regels⟩, schenden ❻ banen ⟨weg⟩ ❼ opbreken ⟨kamp⟩ ❽ doen springen ⟨bank⟩ ★ ~ the bank de bank laten springen ❾ bij stukjes en beetjes mededelen ⟨nieuws⟩ ★ ~ the news to sbd het slechte nieuws aan iem. vertellen ❿ temmen, weerstand breken ★ ~ oneself of a habit een gewoonte breken, iets afleren ★ ~ sbd of a habit iem. een gewoonte afleren III onoverg [broke, broken] ❶ breken, kapotgaan ❷ losbreken, uitbreken, ontsnappen ★ ~ free losbreken, zich bevrijden ★ since the story broke... sinds het verhaal bekend werd... ❸ de gelederen verbreken ❹ veranderen, omslaan ⟨v. weer⟩ ★ his voice broke at 14 hij kreeg met 14 de baard in de keel ★ her voice broke haar stem stokte in haar keel ❺ springen ⟨v. bank⟩, bankroet gaan ❻ achteruit gaan ⟨gezondheid⟩ ❼ ophouden ❽ pauzeren IV phras ★ ~ away weg-, af-, losbreken, zich losrukken, -scheuren, zich afscheiden (van from) ★ ~ down mislukken, het begeven, blijven steken, zich niet langer kunnen inhouden, bezwijken, het afleggen ★ ~ sth down iets afbreken, breken ⟨tegenstand⟩, doorbreken ⟨barrières⟩, iets splitsen ★ ~ forth los-, uitbarsten, tevoorschijn komen ★ ~ in inbreken, iem. in de rede vallen ★ ~ sbd in iem. inwerken ★ ~ sth in iets inlopen ⟨schoeisel⟩, iets inrijden ⟨auto⟩, iets africhten, dresseren ★ ~ into sth inbreken in, fig aanbreken, aanspreken ⟨kapitaal⟩, overgaan in, beginnen te, een positie verwerven in ★ ~ off afbreken ★ he broke off hij brak plotseling af ★ ~ sth off iets afmaken, uitmaken ⟨relatie⟩, iets afbreken ★ ~ out uitslaan, uitbreken, ontsnappen ❶ losbarsten ★ ~ through doorbreken, overtreden, afwijken van ★ ~ up uiteenvallen, uiteengaan, eindigen, met de schoolvakantie beginnen, zich een breuk lachen, geestelijk instorten ★ ~ sth up iets stukbreken, afbreken, slopen, iets scheuren ‹v. weidegrond›, iets verdelen, iets doen uiteenvallen, iets ontbinden, een einde maken aan iets, iets uiteenslaan ‹bende, complot›, iets in de war sturen ‹bijeenkomst›

breakable ['breɪkəbl] *bn* breekbaar

breakage ['breɪkɪdʒ] *znw* breken, breuk

breakaway ['breɪkəweɪ] **I** *bn* afgescheiden, afscheidings- **II** *znw* afscheiding

break-dancing ['breɪk-dɑːnsɪŋ] *znw* breakdancing, breakdancen

breakdown ['breɪkdaʊn] *znw* **❶** in(een)storting **❷ nervous breakdown** (zenuw)inzinking **❸** mislukking ★ jur *irretrievable* ~ duurzame ontwrichting **❹** het blijven steken, storing, panne, defect, averij **❺** splitsing, onderverdeling, analyse **❻** afbraak

breakdown lane ['breɪkdaʊn leɪn] *Am znw* vluchtstrook

breakdown truck ['breɪkdaʊn trʌk] *znw* takelwagen

breaker ['breɪkə] *znw* **❶** breker **❷** sloper **❸** 27 MC'er **❹** brekende golf

breakers ['breɪkəz] *znw* [mv] branding

breaker's yard ['breɪkəz 'jɑːd] *znw* sloperij

break-even [breɪk-'iːvən] *znw* rentabiliteitsdrempel

break-even point [breɪk-'iːvən pɔɪnt] fin *znw* omslagpunt, rentabiliteitsdrempel ‹punt waarop de opbrengsten gelijk zijn aan de kosten›

breakfast ['brekfəst] **I** *znw* ontbijt **II** *onoverg* ontbijten

breakfast television ['brekfəst 'telɪvɪʒən] *znw* ontbijttelevisie

break-in ['breɪk-ɪn] *znw* inbraak

breaking point ['breɪkɪŋ pɔɪnt] *znw* breekpunt ★ *be stretched to* ~ tot het uiterste gespannen zijn

breakneck ['breɪknek] *bn* halsbrekend ★ *at* ~ *speed* in razende vaart

breakout ['breɪkaʊt] *znw* uitbraak

break point [breɪk pɔɪnt] *znw* omslagpunt

breakthrough ['breɪkθruː] *znw* doorbraak

break time [breɪk taɪm] *znw* pauze

break-up ['breɪk-ʌp] *znw* **❶** ineenstorting, ontbinding, uiteenvallen ‹v. partij› **❷** uiteengaan, scheiding

breakwater ['breɪkwɔːtə] *znw* golfbreker, havendam

bream [briːm] *znw* [mv: ~] brasem ‹soort vis›

breast [brest] **I** *znw* **❶** borst, boezem ★ ~ *screening* bevolkingsonderzoek naar borstkanker ★ *beat one's* ~ luidkeels uiting geven aan verdriet ★ *make a clean* ~ *of it* alles eerlijk opbiechten ★ *take the* ~ aan de borst drinken ‹baby› **❷** borststuk **II** *overg* **❶** het hoofd bieden aan **❷** (met kracht) tegen iets in gaan, met moeite) beklimmen of doorklieven ★ ~ *the waves* tegen de golven ingaan

breastbone ['brestbəʊn] *znw* borstbeen

breast-fed ['brest-fed], **breastfed** *bn* ★ *a* ~ *baby* een baby die borstvoeding krijgt

breast-feed ['brest-fiːd], **breastfeed** *overg* de borst geven, borstvoeding geven

breast-feeding ['brest-fiːdɪŋ], **breastfeeding** *znw* het geven van borstvoeding

breastplate ['brestpleɪt] *znw* borstplaat, harnas, borststuk

breast pocket [brest 'pɒkɪt] *znw* borstzak

breaststroke ['breststrəʊk] sp *znw* schoolslag, borstslag

breath [breθ] *znw* **❶** adem(tocht), luchtje, zuchtje ★ *in the same* ~ in één adem ★ *out of* ~ buiten adem ★ *under one's* ~ fluisterend, binnensmonds ★ *he caught his* ~ zijn adem stokte ★ *draw* ~ ademhalen ★ *hold one's* ~ de adem inhouden ★ *save one's* ~ zijn mond houden, niets meer zeggen ★ *take a* ~ adem scheppen, even op adem komen ★ *take sbd's* ~ *away* iem. de adem benemen, iem. paf doen staan ★ *waste one's* ~ voor niets praten **❷** zweem, spoor

breathalyse ['breθəlaɪz], *Am* **breathalyze** *overg* een ademtest laten doen

breathalyser ['breθəlaɪzə], *Am* **breathalyzer** *znw* blaaspijpje ‹voor alcoholcontrole›

breath-catching ['breθ-kætʃɪŋ] *bn* adembenemend

breathe [briːð] **I** *overg* **❶** (in-, uit)ademen, (laten) uitblazen ★ ~ *one's last* de laatste adem uitblazen ★ ~ *new life into sth* iets nieuw leven inblazen **❷** fluisteren ★ *don't* ~ *a word (of / about it)* houd je mond erover **II** *onoverg* ademen, ademhalen ★ ~ *down sbd's neck* iem. op de hielen zitten, iem. op de vingers kijken

breather ['briːðə] inf *znw* adempauze ★ *have / take a* ~ even uitblazen

breath freshener [breθ 'freʃnə] *znw* mondverfrisser

breathing ['briːðɪŋ] *znw* ademhaling

breathing room ['briːðɪŋ ruːm], **breathing space** *znw* adempauze, respijt

breathless ['breθləs] *bn* **❶** ademloos **❷** buiten adem

breathtaking ['breθteɪkɪŋ] *bn* **❶** adembenemend **❷** verbluffend

breath test [breθ test] *znw* ademtest

bred [bred] *ww* [v.t. & v.d.] → **breed**

breech [briːtʃ] *znw* kulas ‹v. kanon›, staartstuk ‹v. geweer›

breech birth [briːtʃ bɜːθ], **breech delivery** *znw* stuitgeboorte

breeches ['brɪtʃɪz], *Am* **britches** *znw* [mv] (rij)broek

breech-loader ['briːtʃ-ləʊdə] *znw* achterlader ‹geweer dat van achteren wordt geladen›

breed [briːd] **I** *znw* ras, soort ★ *in their commitment to the job, doctors are a* ~ *apart* hun toegewijdheid maakt doktoren heel bijzondere mensen ★ scherts *teenagers are a* ~ *apart* teenagers zijn een apart ras ★ *the housewife is a dying* ~ huisvrouwen zijn aan het uitsterven **II** *overg* [bred, bred] **❶** verwekken, telen, (aan)fokken, (op)kweken, grootbrengen, opleiden **❷** voortbrengen, veroorzaken **III** *onoverg* [bred, bred] jongen, zich voortplanten

breeder ['briːdə] *znw* **❶** fokker **❷** verwekker

breeding ['briːdɪŋ] *znw* **❶** fokken, broeden ★ *a* ~ *farm* een (vee)fokkerij ★ *the* ~ *season* het broedseizoen **❷** - opvoeding, beschaafdheid ★ *good* ~ welgemanierdheid

br

breeding ground ['bri:dɪŋ graʊnd] *znw*
❶ kweekplaats, broedplaats ❷ fig voedingsbodem,
broeinest

breeze [bri:z] **I** *znw* ❶ bries ❷ inf makkie, eitje
II *phras* ★ inf ~ in binnenstuiven ★ inf ~ through
met gemak halen

breezy ['bri:zɪ] *bn* ❶ winderig ❷ luchtig, opgewekt,
joviaal ★ *a bright and* ~ *manner* een vrolijke
opgewekte manier

brethren ['breðrən] *znw* [mv] broeders
⟨aanspreekvorm in bepaalde kerken⟩

breve [bri:v] *znw* ❶ muz dubbele hele noot ❷ gramm
teken ter aanduiding van een korte klinker

breviary ['bri:vɪərɪ] RK *znw* brevier

brevity ['brevətɪ] *znw* kortheid, beknoptheid
★ zegsw ~ *is the soul of wit* de essentie van humor is
kortheid

brew [bru:] **I** *znw* treksel, brouwsel ★ *a heady* ~ een
brouwsel dat naar je hoofd stijgt **II** *overg* ❶ brouwen
fig (ook: ~ *up*) uitbroeien ❷ zetten ⟨thee⟩ **III** *onoverg*
❶ bierbrouwen ❷ trekken ⟨v. thee⟩ ❸ broeien, op
komst zijn ★ *there's trouble* ~*ing* er komen
problemen aan / er zijn problemen in de maak

brewer ['bru:ə] *znw* brouwer

brewery ['bru:ərɪ] *znw* brouwerij

brewpub ['bru:pʌb] Am *znw* etablissement, vaak met
restaurant, waar zelfgebrouwen bier wordt verkocht

briar ['braɪə] *znw* → **brier**

bribe [braɪb] **I** *znw* ❶ steekpenning, gift of geschenk
tot omkoping ★ *he was accused of accepting* ~*s* hij
werd ervan beschuldigd steekpenningen aan te
nemen ❷ lokmiddel **II** *overg* omkopen ★ *he was* ~*d
to silence* hij werd ertoe gebracht zijn mond te
houden ⟨door omkoping &⟩

bribery ['braɪbərɪ] *znw* omkoping, omkoperij ★ *a* ~
scandal een omkoopschandaal ★ ~ *and corruption*
omkoperij en corruptie

bric-a-brac ['brɪk-ə-bræk] *znw* curiosa, rariteiten,
bric-à-brac

brick [brɪk] **I** *bn* (bak)stenen **II** *znw* ❶ (bak-,
metsel)steen ★ inf *drop a* ~ een flater slaan ★ zegsw
you can't make ~*s without straw* je kunt niet het
onmogelijke doen ❷ blok ⟨uit blokkendoos⟩ **III** *overg*
★ ~ *sth up* iets dicht-, toemetselen

brickbat ['brɪkbæt] *znw* ❶ stuk baksteen ❷ fig
afkeuring, schimpscheut, verwensing ★ *the
opposition hurled* ~*s at the minister* de oppositie
overstelpte de minister met kritiek

bricklayer ['brɪkleɪə] *znw* metselaar

bricklaying ['brɪkleɪɪŋ] *znw* metselen

brick red [brɪk red] *bn* steenrood

brickwork ['brɪkwɜ:k] *znw* metselwerk

brickworks ['brɪkwɜ:ks] *znw* [mv] steenbakkerij

bridal ['braɪdl] *bn* bruids-, bruilofts-, trouw-

bride [braɪd] *znw* ❶ bruid ❷ jonggehuwde (vrouw)

bridegroom ['braɪdgru:m] *znw* bruidegom

bridesmaid ['braɪdzmeɪd] *znw* bruidsmeisje

bride-to-be ['braɪd-tʊ-'bi:] *znw* aanstaande bruid

bridge [brɪdʒ] **I** *znw* ❶ brug ❷ kam ⟨v.
strijkinstrument⟩ ❸ rug van de neus ❹ kaartsp
bridge **II** *overg* overbruggen

bridgehead ['brɪdʒhed] mil *znw* bruggenhoofd

bridge loan [brɪdʒ ləʊn] *znw* → **bridging credit**

bridging ['brɪdʒɪŋ] *znw* overbrugging

bridging credit ['brɪdʒɪŋ kredɪt], **bridging loan**, **bridge
loan** *znw* overbruggingskrediet

bridle ['braɪdl] **I** *znw* ❶ toom, teugel ❷ breidel **II** *overg*
(in-, op)tomen, beteugelen, breidelen **III** *onoverg* het
hoofd en de nek werpen ⟨uit trots, verachting &⟩
★ *she* ~*d at the suggestion* ze reageerde
verontwaardigd op het voorstel

bridle path ['braɪdl pɑ:θ], **bridleway** *znw* ruiterpad

brief [bri:f] **I** *bn* kort, beknopt ★ *in* ~ kortom, in het
kort ★ *to be* ~ om kort te gaan **II** *znw* ❶ opdracht ⟨v.
advocaat⟩, instructie voor pleiter ★ *it's not part of
my* ~ het staat niet in mijn opdracht ★ *I hold no* ~ *for
him* ik ben hier niet om zijn belangen te bepleiten
❷ Am conclusie van eis, petitum, akte van
beschuldiging ❸ synopsis, resumé ❹ instructie,
briefing **III** *overg* ❶ instructies geven, briefen
❷ ⟨een advocaat⟩ een zaak in handen geven

briefcase ['bri:fkeɪs] *znw* aktetas

briefing ['bri:fɪŋ] *znw* ❶ instructies ❷ instructieve
bijeenkomst, briefing

briefly ['bri:flɪ] *bijw* ❶ (in het) kort, beknopt
❷ kort(stondig), even

briefness ['bri:fnɪs] *znw* beknoptheid, kortheid

briefs [bri:fs] *znw* [mv] onderbroek, slip(je) ⟨v. man
/ vrouw⟩

brier ['braɪə], **briar** *znw* ❶ wilde roos ❷ wit heidekruid
❸ pijp van de wortel daarvan

brig [brɪg] scheepv *znw* brik

brigade [brɪ'geɪd] *znw* ❶ brigade ❷ korps

brigadier [brɪgə'dɪə] mil *znw* brigadecommandant

brigadier-general [brɪgədɪə-'dʒenərəl] mil *znw*
brigadegeneraal

brigand ['brɪgənd] dicht *znw* (struik)rover

bright [braɪt] *bn* ❶ helder, licht, lumineus
❷ fonkelend, schitterend, levendig ❸ vlug, pienter,
snugger ❹ opgewekt, vrolijk, blij, fleurig ★ *(up)* ~
and early voor dag en dauw (op) ❺ rooskleurig ⟨v.
toekomst &⟩

brighten ['braɪtn] **I** *overg* ❶ glans geven aan
❷ ophelderen, verhelderen, doen opklaren
❸ opvrolijken, opfleuren (ook ~ *up*) **II** *onoverg*
❶ opklaren ❷ verhelderen, (beginnen te) schitteren
❸ opfleuren ★ ~ *up!* niet zo somber!

bright-eyed ['braɪt-aɪd] *bn* met heldere / stralende
ogen ★ inf ~ *and bushy-tailed* helder en slim

brightness ['braɪtnɪs] *znw* ❶ felheid ❷ helderheid

brights [braɪts] Am inf *znw* [mv] groot licht ⟨auto⟩

bright spark [braɪt spɑ:k] *znw* ❶ inf slimmerik
❷ scherts dom persoon

brill [brɪl] Br inf **I** *tsw* fantastisch, briljant **II** *znw* griet
⟨vis⟩

brilliance ['brɪlɪəns] *znw* ❶ glans, schittering

❷ uitzonderlijke begaafdheid
brilliant ['brɪlɪənt] *bn* ❶ schitterend, stralend, briljant
❷ *inf* fantastisch
brilliantine [brɪlɪən'tiːn] *znw* brillantine
brim [brɪm] I *znw* ❶ rand ❷ boord, kant II *onoverg* vol
zijn ★ ~ (over) with sth overvloeien van iets
brimful ['brɪmfʊl] *bn* boordevol
brimstone [brɪmstən] *znw* ❶ <u>vero</u> zwavel ★ a fire
and ~ preacher iemand die hel en verdoemenis
predikt ★ a fire and ~ speech een dondertoespraak
❷ **brimstone butterfly** citroenvlinder
brindle ['brɪndl], **brindled** *bn* bruingestreept, getijgerd
⟨vooral van huisdieren⟩
brine [braɪn] *znw* pekel, pekelnat ★ <u>inf</u> the ~ het zilte
nat, de zee
bring [brɪŋ] I *overg* [brought, brought]
❶ (mee)brengen ★ I couldn't ~ myself to do it ik kon
er niet toe komen het te doen ★ you have brought
this upon yourself dit heb je jezelf op de hals gehaald
❷ opbrengen, halen ❸ indienen, inbrengen,
aanvoeren ★ ~ charges against sbd / sth een
aanklacht indienen tegen iem. / iets II *phras* ★ ~ sth
about iets teweegbrengen, tot stand brengen, iets
aanrichten ★ ~ sbd / sth **along** iem. / iets meenemen
★ ~ sbd **around / round** iem. (weer) bijbrengen, bij
kennis brengen, iem. overhalen ★ ~ sth **back** iets
terugbrengen, iets weer te binnen brengen ★ ~ sth
down iets doen neerkomen, neerleggen, -schieten,
iets aanhalen ⟨bij deelsom⟩, iets verlagen ⟨v. prijzen⟩
★ ~ the house down stormachtige bijval oogsten ★ ~
sbd down <u>sp</u> iem. onderuithalen, iem. ten val
brengen ★ ~ sth **forth** <u>bijbel</u> iets voortbrengen
/ baren ⟨een kind⟩, iets aan het daglicht brengen
★ ~ sth **forward** iets vooruit brengen, iets
vervroegen, iets indienen ⟨motie⟩, iets aanvoeren
⟨bewijzen⟩, iets transporteren ⟨bij boekhouden⟩ ★ ~
sth **in** iets binnenbrengen, iets inbrengen,
aanvoeren, iets erbij halen, erin betrekken,
inschakelen, iets meekrijgen, winnen ⟨voor zeker
doel⟩, iets invoeren, iets ter tafel brengen, indienen,
iets opbrengen ★ ~ in a guilty verdict iem. schuldig
verklaren ★ ~ sbd in iem. binnenbrengen, iem. erbij
halen, erin trekken, inschakelen ★ ~ sth **off** (het)
voor elkaar krijgen, iets (af)leveren ⟨stuk, werk &⟩
★ ~ sth **on** iets veroorzaken ⟨hoofdpijn &⟩, iets tot
stand brengen, iets berokkenen ★ <u>inf</u> ~ it on! kom
op ermee! ★ ~ sth **out** iets uitbrengen, iets
tevoorschijn halen, iets aan de dag brengen, iets
doen uitkomen ★ ~ sth **over** iets overbrengen, iets
transporteren ⟨bij boekhouden⟩ ★ ~ sbd **over** iem.
overhalen ★ ~ sbd **to** iem. (weer) bijbrengen, bij
kennis brengen ★ ~ the ship to het schip bijdraaien
★ ~ sbd **together** ⟨mensen⟩ dichter bij elkaar brengen
★ ~ sth **up** iets op het tapijt brengen, aankaarten,
braken ★ ~ sth up to date iets bijwerken tot op
heden, iets bij de tijd brengen, iets moderniseren
★ ~ sbd **up** iem. opvoeden, opkweken ★ ~ sbd up
short iem. kopschuw maken

bring-and-buy sale [brɪŋ-ænd-'baɪ seɪl] *znw*
liefdadigheidsbazaar, fancy fair
brink [brɪŋk] *znw* kant, rand ★ the injection of funds
has brought the industry back from the ~ de
kapitaalinjectie heeft de industrie teruggehaald van
de rand van de afgrond ★ the gorilla is on the ~ of
extinction de gorilla staat op het randje van
uitsterven
brinkmanship ['brɪŋkmənʃɪp] *znw* gewaagd
manoeuvreren in hachelijke omstandigheden
briny ['braɪnɪ] I *bn* zilt, zout II *znw* ★ <u>inf</u> the ~ het zilte
nat, de zee
brioche ['briːɒʃ] *znw* brioche, zoet broodje
briquet [brɪ'ket], **briquette** *znw* briket ⟨brandstof⟩
brisk [brɪsk] I *bn* ❶ levendig, vlug, wakker, flink ❷ fris
II *overg* verlevendigen ★ ~ sth up iets aanvuren,
aanwakkeren ★ they were urged to ~ up their
activities het werd hun op het hart gedrukt wat
leven in hun activiteiten te brengen III *onoverg* ★ ~
up opleven ★ sales are finally ~ing up de verkoop
begint eindelijk op te leven
brisket ['brɪskɪt] *znw* borst, borststuk ⟨v. dier⟩
briskness ['brɪsknɪs] *znw* levendigheid
bristle ['brɪsəl] I *znw* ❶ borstels ❷ borstelhaar
II *onoverg* ❶ de borstels ⟨haren, veren⟩ overeind
zetten ❷ overeind staan ❸ opstuiven ★ she ~d up at
this ze reageerde geprikkeld hierop ▼ ~ with sth
bezet zijn met iets, wemelen van iets, vol zijn van
iets
bristly ['brɪslɪ] *bn* borstelig
Brit [brɪt] *inf znw* Brit, Britse
Britain ['brɪtn] *znw* (Groot-)Brittannië
British ['brɪtɪʃ] I *bn* Brits II *znw* ★ the ~ de Britten
Britisher ['brɪtɪʃə] *Am inf znw* Brit
Briton ['brɪtn] *znw* Brit, Britse
Britpop ['brɪtpɒp] *znw* Britpop ⟨Britse popmuziek uit
het begin van de jaren '90⟩
Brittany ['brɪtənɪ] *geogr znw* Bretagne
brittle ['brɪtl] *bn* ❶ broos, bros, breekbaar ❷ kil, koel
bro. [brəʊ] *afk* ❶ (brother) broer ❷ (brother) Am inf
makker
broach [brəʊtʃ] I *znw* ❶ stift ❷ priem ❸ (braad)spit
❹ (toren)spits ❺ Am broche, borstspeld II *overg*
❶ aansteken, aanboren, aanbreken ❷ fig ter sprake
brengen ★ ~ the subject het onderwerp aansnijden
broad [brɔːd] I *bn* ❶ breed, ruim, wijd ★ she flashed
a ~ grin ze liet plotseling een brede grijns zien ★ a ~
hint een duidelijke wenk ★ as ~ as it is long zo lang
als het breed is ★ in ~ daylight op klaarlichte dag
❷ ruw, grof, plat II *znw* Am inf wijf, mokkel, hoer,
slet
B-road ['biː-rəʊd] *znw* secundaire weg
broadband ['brɔːdbænd] <u>comput</u> *znw* breedband
broad-based ['brɔːdbeɪst] *bn* breed ⟨v. draagvlak⟩ ★ ~
support brede steun
broad bean [brɔːd biːn] *znw* tuinboon
broadcast ['brɔːdkɑːst] I *bn & bijw* ❶ <u>RTV</u>
uitgezonden, radio- / tv- ★ ~ journalism radio en tv

br

journalistiek ❷ verspreid gezaaid, wijd verspreid ★ *the seed was sown* ~ het zaad werd breedwerpig gezaaid **II** *znw* RTV uitzending ★ *a live* ~ een directe uitzending **III** *overg & onoverg* [broadcast, broadcast] ❶ RTV uitzenden ❷ voor de radio of de televisie optreden (spreken &) ❸ rondbazuinen ❹ uit de hand zaaien, op ruime schaal verspreiden

broadcaster ['brɔːdkɑːstə] RTV *znw* omroeper

broadcasting ['brɔːdkɑːstɪŋ] RTV *znw* uitzending, uitzenden ★ *a* ~ *company* een omroeporganisatie ★ *a* ~ *station* een radio- en tv-station

broaden ['brɔːdn] **I** *overg* verbreden, breder worden / maken, verruimen ★ *the format changes have* ~*ed the newspaper's appeal* de verandering in het formaat heeft de krant aantrekkelijker gemaakt ★ *what she wanted was a course to* ~ *her horizons* ze wilde een cursus om haar horizon te verbreden **II** *onoverg* zich verbreden, zich verruimen

broad gauge [brɔːd geɪdʒ] *bn* breedspoor

broad jump [brɔːd dʒʌmp] Am sp *znw* verspringen

broadly ['brɔːdlɪ] *bijw* breed, in grote lijnen

broadminded [brɔːd'maɪndɪd] *bn* ruimdenkend

broadmindedness [brɔːd'maɪndɪdnɪs] *znw* ruimdenkendheid, onbekrompenheid

broadsheet ['brɔːdʃiːt] *znw* ❶ aan één zijde bedrukt blad ❷ groot formaat krant, kwaliteitskrant ‹sensatiebladen hebben doorgaans een kleiner formaat›

broadside ['brɔːdsaɪd] **I** *bijw* aan / met de zijkant **II** *znw* ❶ scheepv brede zijde ❷ volle laag, verbale aanval ★ *deliver a* ~ de volle laag geven **III** *overg* botsen aan de zijkant, in de flank

brocade [brə'keɪd] *znw* brokaat

broccoli ['brɒkəlɪ] *znw* broccoli

brochette [brɒ'ʃet] *znw* brochette, barbecuepen, spies

brochure ['brəʊʃə] *znw* ❶ brochure ❷ folder

brogue [brəʊg] *znw* plat (Iers) accent

brogues [brəʊgz] *znw* [mv] brogues, gaatjesschoenen

broil [brɔɪl] *overg* op een rooster braden, roosteren, blakeren

broiler ['brɔɪlə] *znw* ❶ rooster, grill ❷ braadkip, -kuiken ❸ Am inf bloedhete dag

broiler pan ['brɔɪlə pæn] *znw* grillpan

broiling ['brɔɪlɪŋ] Am inf *bn* heet ‹weer›

broke [brəʊk] **I** *bn* inf geruïneerd, blut, pleite ★ *go for* ~ voor alles of niets gaan **II** *ww* [v.t. & inf v.d.] → **break**

broken ['brəʊkən] **I** *bn* gebroken, kapot ★ ~ *ground* oneffen terrein ★ *a* ~ *promise* een gebroken belofte **II** *ww* [v.d.] → **break**

broken-down ['brəʊkən-daʊn] *bn* ❶ geruïneerd ❷ terneergeslagen ❸ (dood)op ❹ kapot, bouwvallig

broken-hearted [brəʊkən-'hɑːtɪd] *bn* gebroken (door smart), diep bedroefd

broken home ['brəʊkən həʊm] *znw* eenoudergezin ‹als gevolg van echtscheiding›

brokenly ['brəʊkənlɪ] *bijw* onsamenhangend, verbrokkeld

broker ['brəʊkə] **I** *znw* makelaar ★ *an insurance* ~ een verzekeringsagent ★ *a mortgage* ~ een hypotheekmakelaar ★ *a power* ~ een manipulator met macht **II** *overg* als makelaar optreden

brokerage ['brəʊkərɪdʒ] *znw* ❶ makelarij ❷ makelaarsprovisie, courtage

brolly ['brɒlɪ] inf *znw* paraplu

bromide ['brəʊmaɪd] *znw* ❶ bromide ❷ zeurkous ❸ form gemeenplaats

bromine ['brəʊmiːn] *znw* broom

bronchial ['brɒŋkaɪ] med *bn* bronchiaal ★ *the* ~ *tubes* de bronchiën

bronchitis [brɒŋ'kaɪtɪs] med *znw* bronchitis

bronco ['brɒŋkəʊ], **bronc** Am *znw* klein halfwild paard

bronze [brɒnz] **I** *bn* bronzen, bronskleurig **II** *znw* ❶ brons ❷ bronskleur ❸ bronzen kunstvoorwerp **III** *overg* ❶ bronzen ❷ bruinen

Bronze Age ['brɒnz eɪdʒ] *znw* ★ *the* ~ bronstijd

bronzed ['brɒnzd] *bn* gebronsd

bronzer ['brɒnzə] *znw* bronzer ‹cosmetica om er gebruind uit te zien›

brooch [brəʊtʃ] *znw* broche, borstspeld

brood [bruːd] **I** *znw* ❶ broed(sel) ❷ gebroed **II** *onoverg* ❶ broeden (op *on* / *over*) ❷ fig peinzen ❸ tobben (over *over*)

broodiness ['bruːdɪnɪs] *znw* ❶ inf verlangen naar een kind ❷ zwaarmoedigheid, somberheid

brooding ['bruːdɪŋ] *bn* dreigend

brood mare [bruːd meə] *znw* fokmerrie

broody ['bruːdɪ] *bn* ❶ broeds ‹v.e. kip› ❷ tobberig, somber ❸ inf verlangend naar een baby ‹v. vrouw›

brook [brʊk] **I** *znw* beek **II** *overg* form verdragen, dulden

brooklet ['brʊklət] *znw* beekje

broom [bruːm] *znw* ❶ bezem ❷ plantk brem

broomstick ['bruːmstɪk] *znw* bezemsteel

Bros. [brɒs] *afk* (Brothers) gebr(oeders)

broth [brɒθ] *znw* bouillon, dunne soep

brothel ['brɒθəl] *znw* bordeel

brother ['brʌðə] *znw* [mv: -s] [mv: godsd ook: brethren] ❶ broer ★ *a full* ~ een volle broer ★ *a kid* ~ een kleine broertje ★ *a step* ~ een stiefbroer ❷ ambtsbroeder, confrater, collega, broeder ‹monnik›

brotherhood ['brʌðəhʊd] *znw* broederschap

brother-in-law ['brʌðər-ɪn-lɔː] *znw* [mv: brothers-in-law] zwager

brotherly ['brʌðəlɪ] *bn & bijw* broederlijk

brougham ['bruːəm, bruːm] *znw* coupé ‹rijtuig›

brought [brɔːt] *ww* [v.t. & v.d.] → **bring**

brouhaha ['bruːhɑːhɑː] inf *znw* opschudding, gedoe

brow [braʊ] *znw* ❶ wenkbrauw, voorhoofd ❷ kruin, top, uitstekende rand

browbeat ['braʊbiːt] *overg* intimideren, overdonderen

brown [braʊn] **I** *bn* bruin **II** *znw* bruin **III** *overg* ❶ bruinen ❷ aanbraden ▼ inf *be* ~*ed off* geïrriteerd zijn **IV** *onoverg* bruinen, bruin worden

brown-bag ['braʊn-bæg] Am inf **I** znw meegebracht ‹lunch› **II** overg & onoverg een lunchpakket meebrengen

brown belt [braʊn belt] sp znw bruine band judo &

brown bread [braʊn bred] znw bruinbrood

brown coal [braʊn kəʊl] znw bruinkool

brownfield ['braʊnfi:ld] Br bn bouwterrein dat vroeger industriegebied geweest is

brownie ['braʊnɪ] znw ❶ kabouter ‹ook jonge padvindster› ❷ brownie ‹soort chocoladekoekje›

brownie points ['braʊnɪ pɔɪnts] inf znw schouderklopje, pluspunt, lof ★ score / earn / get ~ een wit voetje halen

brownish ['braʊnɪʃ] bn bruinachtig

brown owl [braʊn aʊl] znw bosuil ★ Br inf Brown Owl akela ‹van brownies›

brown paper [braʊn 'peɪpə] znw pakpapier

brown rice [braʊn raɪs] znw bruine rijst

brownstone ['braʊnstəʊn] Am znw (huis van) roodbruine zandsteen

brown sugar [braʊn 'ʃʊgə] znw bruine suiker

browse [braʊz] **I** znw ❶ grasduinen, vluchtige doorbladering ❷ scheuten, bladergroen ‹waar dieren van eten› **II** overg afknabbelen **III** onoverg ❶ (boombladeren) knabbelen ❷ rondkijken ❸ fig grasduinen, neuzen (in boeken) ❹ comput browsen, bladeren ‹in bestanden, op internet &›

browser ['braʊzə] comput znw browser, web browser ‹bladerprogramma›

brrr [bər] tsw brr ‹uitdrukking van koude›

BRS afk (British Road Services) Britse Wegenwacht

bruise [bru:z] **I** znw kneuzing, buil, blauwe plek **II** overg kneuzen ★ they've ~d his pride ze hebben zijn trots gekrenkt **III** onoverg ❶ beurs worden ❷ blauwe plekken hebben (krijgen), zich bezeren ★ fig she ~s easily ze is gauw geraakt

bruiser ['bru:zə] inf znw (ruwe) bokser, krachtpatser

bruising ['bru:zɪŋ] **I** bn kneuzend, slopend, uitputtend ★ a ~ encounter een slopende ontmoeting **II** znw kneuzing

bruit [bru:t] form **I** overg verspreiden, bekend maken **II** phras ★ ~ sth around iets rondbazuinen

brumby ['brʌmbɪ] Aus znw [mv: brumbies] wild paard, verwilderd paard

Brummie ['brʌmɪ] Br inf znw inwoner v. Birmingham

brunch [brʌntʃ] znw brunch ‹laat ontbijt, tevens lunch›

Brunei ['bru:naɪ] znw Brunei

Bruneian [bru:'nʌɪən] **I** bn Bruneis **II** znw inwoner v. Brunei

brunette [bru:'net] znw brunette

brunt [brʌnt] znw ★ bear the ~ of sth het meest te lijden hebben van iets

brush [brʌʃ] **I** znw ❶ borstel, veger, kwast, penseel ★ a pastry ~ een kwastje voor bij het bakken ★ a scrubbing ~ een boender / schrobber ❷ afborsteling ★ she gave her skirt a quick ~ ze borstelde snel haar rok af ★ those shoes need a good ~ die schoenen

moeten nodig worden gepoetst ❸ streek, (lichte) aanraking, (vluchtig) contact ❹ aanvaring ★ have a ~ with the law in aanraking komen met justitie ❺ (vossen)staart ❻ kreupelhout **II** overg ❶ (af)borstelen, (af)vegen, poetsen ❷ strijken langs, rakelings gaan langs **III** phras ★ ~ sth aside iets opzij zetten, naast zich neerleggen, negeren ★ ~ sbd aside iem. wegduwen, iem. afschepen, afpoeieren ★ ~ sth away iets wegvegen, iets naast zich neerleggen ★ ~ by / past rakelings passeren ★ ~ sth down iets afborstelen ★ ~ sth off iets af-, wegvegen ★ ~ sbd off iem. afschepen ★ ~ sth over iets aanstrijken ★ ~ up on sth iets opfrissen, iets ophalen ‹kennis› ★ ~ sth up iets opborstelen- ★ inf ~ up well er verrassend verzorgd uitzien

brush cutter [brʌʃ 'kʌtə] znw gereedschap om ruig onkruid mee te maaien ‹met ronddraaiende messen of nylon koord›

brush-off ['brʌʃ-ɒf] inf znw weigering met iemand te praten, afscheping

brushstroke ['brʌʃstrəʊk] bn penseelstreek

brushwood ['brʌʃwʊd] znw ❶ kreupelhout ❷ rijs(hout)

brushwork ['brʌʃwɜ:k] znw penseelbehandeling, touche ‹v. kunstschilder›

brusque [brʊsk] bn bruusk, kortaf

brusqueness ['brʊsknəs] znw bruuskheid

Brussels sprout ['brʌslz spraʊt] znw spruitje, spruitkool

brutal ['bru:tl] bn beestachtig, wreed, bruut, ruw, grof

---

brutal
betekent **beestachtig, wreed, meedogenloos** en niet brutaal.
The guards were brutal to the prisoners betekent de bewakers behandelden de gevangenen op een beestachtige manier en niet de bewakers hadden een grote mond tegen de gevangenen.
Ned. brutaal = **cheeky, insolent, impertinent**

---

brutality [bru:'tælɪtɪ] znw beestachtigheid, wreedheid, bruutheid, grofheid

brutalize ['bru:təlaɪz], **brutalise** overg ❶ verdierlijken ❷ wreed behandelen

brute [bru:t] **I** bn redeloos, dierlijk, woest, bruut **II** znw ❶ (redeloos) dier ❷ woesteling, beest, bruut ❸ afkeurend onmens

brute force [bru:t fɔ:s] znw brute kracht, grof geweld

brutish ['bru:tɪʃ] bn grof, bot, dierlijk

BSc afk (Bachelor of Science) bachelor in de exacte wetenschappen

BSE afk (bovine spongiform encephalopathy) BSE, mad cow disease, gekke koeienziekte

BSI-approved [bi:esaɪ-ə'pru:vd] Br bn (British Standards Institution-approved) met Kema-keur

BST afk (British Summer Time) Britse zomertijd

btw afk (by the way) trouwens

bub [bʌb] znw ❶ Am inf makker, kameraad ‹onvriendelijke aanspreekvorm› ❷ Aus inf baby

bu

bubble ['bʌbl] **I** znw blaas, luchtbel, (zeep)bel **II** onoverg borrelen, murmelen, pruttelen ★ ~ over overkoken, fig overvloeien (with van)

bubble and squeak ['bʌbl ænd 'skwi:k] znw gerecht van gekookte kool en aardappelen

bubble bath ['bʌbl bɑ:θ] znw badschuim, schuimbad

bubble gum ['bʌbl gʌm] znw klapkauwgum

bubbly ['bʌblɪ] **I** bn ❶ borrelend, vol luchtbelletjes ❷ fig sprankelend, levenslustig **II** znw inf champagne

bubo ['bju:bəʊ] med znw [mv: buboes] lymfklierzwelling

bubonic [bju:'bɒnɪk] bn ★ ~ plague builenpest

buccaneer [bʌkə'nɪə] znw boekanier, zeerover

buck [bʌk] **I** znw ❶ (ree)bok, rammelaar, mannetje ‹van vele diersoorten› ❷ fig fat ❸ zaagbok ❹ schuld, zwartepiet ★ pass the ~ de schuld op een ander schuiven, de zwartepiet doorspelen ★ the ~ stops here de verantwoordelijkheid kan niet verder worden doorgeschoven ❺ inf dollar **II** overg ❶ afwerpen ‹berijder› ❷ tegenwerken ★ ~ the system zich verzetten tegen het systeem ❸ vermijden **III** onoverg bokken ‹v. paard› **IV** phras ★ ~ up moed houden, voortmaken ★ ~ sbd / sth up iem. / iets opvrolijken

bucket ['bʌkɪt] **I** znw ❶ emmer ★ inf kick the ~ het hoekje omgaan ‹sterven› ❷ emmervol, grote hoeveelheid ★ inf come down in ~s regenen dat het giet ★ inf weep ~s tranen met tuiten huilen ❸ grijper, schoep ‹v. waterrad› **II** phras ★ inf ~ down stortregenen, gieten, plenzen

bucket elevator ['bʌkɪt 'elɪvɛɪtə] znw jakobsladder, emmerladder

bucketful ['bʌkɪtfʊl], **bucketload** znw emmer(vol) ★ inf I've had a ~ of him ik ben hem spuugzat

bucket seat ['bʌkɪt si:t] znw ❶ kuipstoel ❷ klapstoel

bucket shop ['bʌkɪt ʃɒp] znw ❶ reisagentschap gespecialiseerd in goedkope vliegtickets ❷ inf afkeurend illegaal effectenkantoor

buckjump ['bʌkdʒʌmp] Aus & NZ onoverg bokken ‹van paard dat probeert de berijder af te werpen›

buckjumping ['bʌkdʒʌmpɪŋ] Aus & NZ znw rodeonummer ‹op een bokkend paard blijven zitten›

buckle ['bʌkl] **I** znw gesp **II** overg ❶ (vast)gespen ★ ~ sth up iets vastgespen ❷ verbuigen, omkrullen **III** onoverg ❶ omkrullen, zich krommen (ook: ~ up) ★ ~ down (to sth) (iets) aanpakken, de handen uit de mouwen steken, zich toeleggen op iets ❷ verslagen worden ★ ~ under pressure ingeven onder druk ❸ riem omdoen ★ ~ up (veiligheids)riem omdoen

buck naked [bʌk 'neɪkɪd] Am inf bn spiernaakt

buck's fizz [bʌks 'fɪz] Br inf znw champagne met sinaasappelsap

buckshot ['bʌkʃɒt] znw grove hagel

buckskin ['bʌkskɪn] znw suède ★ ~ cloth bukskin

buckskins ['bʌkskɪnz] znw [mv] suède kledingstuk of schoenen

buck teeth [bʌk ti:θ] znw vooruitstekende tanden

buck toothed [bʌk tu:θt] bn met vooruitstekende tanden

buckwheat ['bʌkwi:t] znw boekweit

bucolic [bju:'kɒlɪk] dicht bn herderlijk, landelijk, bucolisch

bud [bʌd] **I** znw plantk knop, kiem ★ in the ~ in de kiem, fig in de dop **II** onoverg uitkomen, (uit)botten, ontluiken

Buddhism ['bʊdɪzəm] znw boeddhisme

Buddhist ['bʊdɪst] **I** bn boeddhistisch **II** znw boeddhist

budding ['bʌdɪŋ] bn aankomend, ontluikend ★ a ~ artist een aankomend kunstenaar / een kunstenaar in de dop

buddy ['bʌdɪ] Am inf znw vriend, vriendje, kameraad, maat

budge [bʌdʒ] **I** overg verplaatsen, in beweging krijgen **II** onoverg ❶ (zich) verroeren, bewegen ★ inf ~ up opschuiven, plaats maken ❷ (van mening) veranderen ★ they won't ~ an inch ze zullen geen duimbreed wijken

budgerigar ['bʌdʒərɪgɑ:], inf **budgie** znw grasparkiet

budget ['bʌdʒɪt] **I** bn voordelig, goedkoop, budget- ★ a ~ holiday een goedkope vakantie **II** znw (staats)begroting, budget ★ a balanced ~ een sluitende begroting ★ a shoestring ~ een (te) klein budget ★ draw up a ~ een budget opstellen **III** onoverg budgetteren ★ ~ for sth uittrekken voor iets, iets op het budget zetten

budgetary ['bʌdʒɪtrɪ] bn budgettair, budget-, begrotings- ★ ~ constraints budgettaire beperkingen

budgetary year ['bʌdʒɪtrɪ jɪə] znw begrotingsjaar

budget deficit ['bʌdʒɪt 'defɪsɪt] znw financieringstekort, begrotingstekort

budgeting ['bʌdʒɪtɪŋ] znw budgettering

budget item ['bʌdʒɪt 'aɪtəm] znw begrotingspost

budget leeway ['bʌdʒɪt 'li:weɪ] znw begrotingsruimte

budget shortfall ['bʌdʒɪt 'ʃɔ:tfɔ:l] znw begrotingsgat, begrotingstekort

budget surplus ['bʌdʒɪt 'sɜ:pləs] znw begrotingsoverschot

budgie ['bʌdʒi] inf znw → **budgerigar**

buff [bʌf] **I** bn zeemkleurig, lichtgeel **II** znw ❶ liefhebber, fan ★ a film ~ een filmliefhebber ❷ buffel-, zeemleer ❸ zeemkleur ▼ inf in the ~ poedelnaakt **III** overg polijsten, poetsen **IV** phras ★ ~ up on sth zijn kennis van iets ophalen ★ ~ sth up iets oppoetsen

buffalo ['bʌfələʊ] znw [mv: ~ of ~-loes] buffel

buffer ['bʌfə] **I** znw ❶ stootkussen, stootbok, stootblok, buffer, comput ‹buffergeheugen› buffer ★ ~ capital buffervermogen ❷ inf kerel ★ an old ~ een ouwe vent **II** overg als buffer optreden (dienen) voor

buffer state ['bʌfə steɪt] znw bufferstaat

buffer stock ['bʌfə stɒk] znw buffervoorraad

buffer zone ['bʌfə zəʊn] znw bufferzone

buffet I znw ['bʊfeɪ] ❶ buffet ‹zelfbedieningsmaaltijd›

★ *a ~ dinner / luncheon* een lopend buffet ★ *~ service* niet uitgeserveerde maaltijd / zelfbediening ❷ buffet ‹v. station &› ❸ dressoir, buffet ‹meubel› **II** *overg* ['bʌfɪt] worstelen met, slaan, beuken, teisteren ★ *our boat was ~ed by huge waves* onze boot werd geteisterd door gigantische golven

buffoon [bʌ'fu:n] *znw* potsenmaker, hansworst, pias ★ *play the ~* de clown uithangen

buffoonery [bʌ'fu:nərɪ] *znw* potsenmakerij, rare streken

bug [bʌg] **I** *znw* ❶ wandluis, wants ❷ insect, kever, tor ❸ inf bacil ★ inf *have a stomach ~* de maag van streek hebben ❹ fig rage, manie ❺ afluisterapparaat, verborgen microfoon ❻ comput bug **II** *overg* ❶ afluisterapparatuur aanbrengen bij en gebruiken tegen iem. ❷ Am inf lastig vallen, ergeren **III** *phras* ★ inf *~ off* ga weg!, hoepel op! ★ *~ out* er vandoor gaan, Am inf uitpuilen

bugbear ['bʌgbeə] *znw* boeman, spook, schrikbeeld ★ *one of my ~s is smoking in restaurants* een van de dingen waar ik een afschuwelijke hekel aan heb is roken in restaurants

bug-eyed ['bʌg-aɪd] *bijw* ❶ met uitpuilende ogen ❷ Am inf stomverbaasd

bugger ['bʌgə] **I** *znw* ❶ vulg afkeurend pedofiel die op jonge jongens valt, flikker, kontneuker ❷ inf klootzak, lul ★ *a silly ~* een stomme lul ★ *a poor little ~* een arme drommel ❸ inf klerezooi, gesodemieter ★ *a ~ of a job* een klerewerk **II** *overg* anale gemeenschap hebben met ★ vulg *~ it!* sodeju! ★ vulg *~ him!* hij kan m'n rug op!, hij kan de klere krijgen! **III** *phras* ★ vulg *~ about / around* (rond)klooien, sodemieteren, rotzooien ★ vulg *~ about / around with sbd* sollen met iem. ★ vulg *~ off* opsodemieteren, oprotten ★ vulg *~ sth* up iets verknallen, naar de sodemieter helpen

bugger all ['bʌgər ɔ:l] vulg *znw* geen barst / sodemieter

buggered ['bʌgəd] vulg *bn* afgepeigerd, doodmoe ★ *I'm ~ if I care* het kan me geen ene moer schelen ★ *I'm ~ if I know* ik weet het niet en het interesseert me niet

buggery ['bʌgəri] *znw* sodomie

buggy ['bʌgɪ] *znw* ❶ buggy ❷ wandelwagen ❸ Am kinderwagen

bugle ['bju:gl] **I** *znw* muz bugel ‹hoorn› **II** *onoverg* op de bugel blazen

bugler ['bju:glə] mil *znw* bugel: hoornblazer

bug testing ['bʌg testɪŋ] *znw* een computerprogramma testen op fouten

build [bɪld] **I** *znw* (lichaams)bouw ★ *a stocky / thickset ~* een forse bouw ★ *a slim ~* een slank postuur **II** *overg* [built, built] bouwen, aanleggen, maken, stichten **III** *onoverg* [built, built] ❶ bouwen ❷ toenemen ★ *confidence in the economy is gradually ~ing* het vertrouwen in de economie is langzaam aan het stijgen **IV** *phras* ★ *~ on / upon sth*

zich verlaten op iets, bouwen op iets, voortbouwen op iets ★ *~ up* ontstaan, zich ontwikkelen, toenemen, aanzwellen, aangroeien ★ *~ sth up* iets opbouwen, iets vormen, iets vergroten, ontwikkelen, uitbouwen ★ *~ sbd up* iem. aansterken ‹v. patiënt›

builder ['bɪldə] *znw* ❶ bouwer ❷ aannemer

building ['bɪldɪŋ] *znw* ❶ gebouw, bouwwerk ★ *a high-rise ~* een flat ★ *a historic ~* een historisch gebouw ★ *a single-storey ~* een gebouw van een verdieping ❷ bouw ★ *sustainable ~* duurzaam bouwen

building block ['bɪldɪŋ blɒk] *znw* bouwsteen ‹ook fig›

building plot ['bɪldɪŋ plɒt] *znw* bouwperceel

building society ['bɪldɪŋ sə'saɪətɪ] *znw* bouwfonds, hypotheekbank

build-up ['bɪld-ʌp] *znw* ❶ opbouw, vorming ❷ opeenhoping ★ *the holiday ~* de vakantiedrukte

built [bɪlt] *ww* [v.t. & v.d.] → **build**

built-in ['bɪlt-ɪn] *bn* ❶ ingebouwd ★ *~ wardrobes* inbouwkasten ❷ fig inherent

built-up ['bɪlt-ʌp] *bn* ❶ samengesteld, opgebouwd, geconstrueerd ❷ bebouwd ★ *the ~ area* de bebouwde kom

bulb [bʌlb] *znw* ❶ (bloem)bol ★ *a ~ farm* een bollenbedrijf ★ *a ~ field* een bollenveld ★ *the ~ season* de bollentijd ❷ (gloei)lamp ★ *a light ~* een gloeilamp ★ *a bayonet-cap ~* een gloeilamp met bajonet fitting ★ *a pearl ~* een gloeilamp van matglas

bulb growing [bʌlb 'grəʊɪŋ] *znw* bloembollenteelt ★ *a ~ area* een bollenstreek

bulbous ['bʌlbəs] *bn* bolvormig, bol- ★ plantk *a ~ plant* een bolgewas

Bulgaria [bʌl'geərɪə] *znw* Bulgarije

Bulgarian [bʌl'geərɪən] **I** *bn* Bulgaars **II** *znw* ❶ Bulgaar, Bulgaarse ❷ Bulgaars

bulge [bʌldʒ] **I** *znw* ❶ bobbel, (op)zwelling, uitpuiling, uitstulping ❷ geboortegolf **II** *overg & onoverg* (doen) uitpuilen, (op)zwellen, (op)bollen

bulging ['bʌldʒɪŋ] *bn* uitpuilend ★ *a ~ suitcase* een overvolle koffer

bulimia [bju:'lɪmɪə], **bulimia nervosa** med *znw* boulimie

bulimic [bju:'lɪmɪk] *bn* lijdend aan boulimie

bulk [bʌlk] **I** *znw* ❶ omvang, grootte, volume ❷ massa, gros, grootste deel, meerderheid ★ *a ~ order* een massabestelling ★ *~ sales* massaverkoop ★ *buy / sell in ~* in het groot (ver)kopen ★ *the ~ of* het grootste deel ❸ scheepv lading ❹ vezels ‹in voedsel› **II** *overg* bundelen, combineren ★ *~ sth out* iets dikker / groter maken, iets uitvullen **III** *onoverg* groot lijken ★ *~ large* groot lijken, een grote rol spelen ★ *~ up* krachttrainen

bulk buying ['bʌlk baɪɪŋ], **bulk purchasing** *znw* inkopen in het groot

bulk carrier [bʌlk 'kærɪə] *znw* bulk carrier ‹vrachtschip voor gestorte lading als zand, graan &›

bu

bulkhead ['bʌlkhed] scheepv znw schot

bulk mail [bʌlk meɪl] znw massapost, partijenpost

bulky ['bʌlkɪ] bn dik, groot, lijvig, omvangrijk
★ transport ~ goods volumineuze goederen

bull [bʊl] I bn ❶ mannetjes- ❷ stieren- ❸ handel hausse- II znw ❶ stier, mannetje ‹v. olifant &› ★ like a ~ in a china shop als een olifant in de porseleinkast ★ take the ~ by the horns de koe bij de horens vatten ❷ handel haussier ❸ (schot in de) roos ❹ inf flauwekul ❺ (pauselijke) bul III overg ❶ inf hard duwen ❷ inf onzin uitkramen

bull ant [bʊl ænt], **bulldog ant** znw grote Australische mier

bull bar [bʊl bɑː], **bull bars** znw koeienvanger ‹voor op auto›

bull calf [bʊl kɑːf] znw stierkalf, jonge stier

bulldog ['bʊldɒg] znw buldog

bulldog ant ['bʊldɒg ænt] znw → **bull ant**

bulldog clip ['bʊldɒg klɪp] znw veerklem ‹voor papieren›

bulldoze ['bʊldəʊz] overg ❶ met een bulldozer banen of opruimen ❷ intimideren

bulldozer ['bʊldəʊzə] znw bulldozer

bull dyke [bʊl daɪk], **bull dike** beledigend znw mannelijk uitziende lesbienne

bullet ['bʊlɪt] znw ❶ (geweer)kogel ❷ typ dichte punt, aandachtspunt

bullet-headed ['bʊlɪt-hedɪd] bn met een ronde kop

bulletin ['bʊlətɪn] znw bulletin

bulletin board ['bʊlətɪn bɔːd] znw ❶ prikbord, mededelingenbord ❷ comput bulletin board

bullet-proof ['bʊlɪt-pruːf] bn kogelvrij

bullfight ['bʊlfaɪt], **bullfighting** znw stierengevecht, stierenvechten

bullfighter ['bʊlfaɪtə] znw stierenvechter

bullfinch ['bʊlfɪntʃ] znw goudvink

bullfrog ['bʊlfrɒg] znw (brul)kikvors

bull-headed [bʊl-'hedɪd] bn koppig

bullion ['bʊlɪən] znw ongemunt goud of zilver

bullish ['bʊlɪʃ] bn ❶ overassertief, eigenwijs ❷ handel à la hausse (gestemd) ★ eff a ~ tendency een haussestemming

bull market [bʊl 'mɑːkɪt] eff znw haussemarkt

bullock ['bʊlək] znw os

bullpen ['bʊlpen] Am znw inwerpveld ‹honkbal›

bull raid [bʊl reɪd] eff znw haussecampagne

bullring ['bʊlrɪŋ] znw arena ‹v. stierengevecht›

bull's-eye ['bʊlz-aɪ] znw ❶ roos ❷ ‹v. schietschijf› ❸ schot in de roos, raak ❹ rond raam ❺ dievenlantaarn ❻ halfbolle lens

bullshit ['bʊlʃɪt] vulg I znw flauwekul, gelul II overg iem. grote onzin verkopen III onoverg zeiken, ouwehoeren

bullshitter ['bʊlʃɪtə], **bullshit artist** vulg znw ouwehoer, kletsmajoor

bull terrier [bʊl 'terɪə] znw bulterriër

bully ['bʊlɪ] I bn Am inf uitstekend ★ inf ~ for you! goed gedaan! II znw ❶ tiran, bullebak ❷ **bully beef** vlees uit blik ❸ sp bully ‹afslag bij hockey› III overg tiranniseren, kwellen, pesten ★ ~ sbd into / out of doing sth iem. door bedreigingen dwingen iets te doen / te laten

bully boy ['bʊlɪ bɔɪ] znw zware jongen ★ they employed ~ tactics ze gebruikten intimidatietactieken

bulrush ['bʊlrʌʃ] plantk znw ❶ (matten)bies ❷ lisdodde

bulwark ['bʊlwək] znw ❶ bolwerk, golfbreker ❷ (meestal mv) scheepv verschansing

bum [bʌm] inf I bn waardeloos, prul-, snert- II znw ❶ kont, reet, achterste ❷ Am zwerver, schooier ★ a beach ~ iemand die al zijn tijd op het strand doorbrengt III overg bietsen ★ I'll try and ~ some money from him ik probeer wat geld van hem te lenen IV onoverg klaplopen, bedelen ★ ~ around rondhangen, lummelen, lanterfanten, rondzwerven

bumbag ['bʌmbæg] znw heuptasje

bumble ['bʌmbl] onoverg ❶ zoemen, gonzen ❷ stuntelen, schutteren ★ ~ on hakkelen, stamelen

bumblebee ['bʌmblbiː] znw hommel

bumf [bʌmf], **bumph** inf znw ❶ pleepapier ❷ paperassen

bumfluff ['bʌmflʌf] vulg znw de eerste baardgroei van een puber

bummer ['bʌmə] znw ❶ Am inf afknapper, teleurstelling ★ (what a) ~! verdomme! ‹uitroep van teleurstelling of frustratie› ❷ klaploper

bump [bʌmp] I znw ❶ stoot, schok, slag, plof, bons ❷ bobbel, knobbel, hobbel II overg bonzen, stoten tegen III onoverg ❶ bonzen, botsen, stoten ❷ hotsen IV phras ★ ~ into sbd iem. tegen het lijf lopen ★ inf ~ sbd off iem. uit de weg ruimen ★ ~ sth out iets uitdeuken ★ inf ~ sth up iets opvijzelen, opkrikken, opvoeren

bumper ['bʌmpə] I bn buitengewoon groot of succesvol ★ a ~ crop een recordoogst ★ a ~ edition een extra dik nummer ‹tijdschriften &› II znw auto bumper ★ the rear / front ~ de voor- / achterbumper ★ ~-to~ traffic bumper aan bumper verkeer Am buffer, stootblok

bumper car ['bʌmpə kɑː] znw botsautootje

bumper sticker ['bʌmpə 'stɪkə] znw bumpersticker

bumph [bʌmf] inf znw → **bumf**

bumpkin ['bʌmpkɪn] znw (boeren)pummel

bumptious ['bʌmpʃəs] bn verwaand

bumpy ['bʌmpɪ] bn ❶ hobbelig ❷ hotsend

bum steer [bʌm stɪə] Am inf znw slecht advies

bun [bʌn] znw ❶ (krenten)broodje ★ scherts I hear she's got a ~ in the oven ik hoor dat ze in verwachting is ❷ knot ‹haar›

bunch [bʌntʃ] I znw ❶ tros ‹druiven› ❷ bos ❸ inf troep, stel ❹ sp peloton ‹wielrenners› ★ a mixed ~ een gemengd gezelschap ★ a motley ~ een bont gezelschap ★ afkeurend a ~ of amateurs een groepje amateurs ★ the best / pick of the ~ de beste van het stel ★ ironisch thanks a ~ je wordt bedankt! II overg bundelen, samenbinden III onoverg trossen of bosjes vormen, zich troepsgewijs verenigen ★ *her skirt was ~ed up at the back* haar rok was aan de achterkant omhooggekropen ★ *the bus stopped suddenly, forcing the traffic to ~ up behind it* de bus stopte plotseling, waardoor het verkeer zich erachter opeenhoopte

bundle ['bʌndl] **I** *znw* bundel, bos, pak ★ *a ~ of joy* een baby ★ vaak ironisch *a ~ of laughs / fun* een zeer amusant persoon ★ *a ~ of nerves* één bonk zenuwen ★ Aus & NZ inf *drop one's ~* in paniek raken ★ Br inf *I don't go a ~ on it* ik ben er niet dol op **II** *overg* tot een pak maken, samenbinden (ook ~ *up*) ★ *she was quickly ~d into a car* ze werd halsoverkop in een auto gezet ★ *~ sbd off* iem. wegsturen ★ *~ sbd out* iem. eruit gooien

bung [bʌŋ] **I** *znw* spon, stop (v.e. vat) **II** *overg* ❶ dichtstoppen, verstoppen, afsluiten (ook: ~ *up*) ❷ inf gooien ★ *he ~ed her into the car and drove off* hij propte haar in de auto en reed weg

bungalow ['bʌŋgələʊ] *znw* ❶ bungalow ❷ Aus aanbouw ⟨aan de achterkant van het huis gewoonlijk met eigen ingang⟩

bungee ['bʌndʒɪ], **bungee cord** *znw* spin ⟨elastisch met haken⟩

bungee jumping ['bʌndʒɪ dʒʌmpɪŋ], **bungy jumping** *znw* bungeejumpen

bunghole ['bʌŋhəʊl] *znw* spongat ⟨vat⟩

bungle ['bʌŋgl] **I** *overg* ❶ verknoeien ❷ afraffelen **II** *onoverg* broddelen, knoeien

bungled ['bʌŋgld] *bn* mislukt, verknoeid ★ *a ~ robbery* een mislukte overval

bungler ['bʌŋglə] *znw* knoeier, prutser

bungling ['bʌŋglɪŋ] *bn* incompetent, fouten makend

bunion ['bʌnjən] *znw* eeltknobbel ⟨aan voet⟩

bunk [bʌŋk] **I** *znw* ❶ couchette, slaapbank, kooi ⟨slaapplaats op schip⟩ ❷ inf gezwam, geklets ▼ inf *do a ~* 'm smeren ★ inf *~ down* gaan slapen ★ Br inf *~ off* spijbelen

bunk bed ['bʌŋk bed] *znw* stapelbed

bunker ['bʌŋkə] **I** *znw* bunker, kolenruim, sp bunker ⟨zandige holte bij het golfspel⟩ **II** *onoverg* bunkeren, kolen innemen

bunkum ['bʌŋkəm] inf *znw* gezwam, geklets

bunk-up ['bʌŋk-ʌp] inf *znw* duwtje, zetje ★ *give sbd a ~* iem. een zetje omhoog geven

bunny ['bʌnɪ], **bunny rabbit** kindertaal *znw* konijntje

bunsen burner ['bʌnsən 'bɜ:nə] *znw* bunsenbrander

bunting ['bʌntɪŋ] *znw* ❶ vlaggendoek ❷ vlag(gen) ❸ gors ⟨vogel⟩

bunyip ['bʌnjɪp] Aus *znw* mythologisch watermonster

buoy [bɔɪ] **I** *znw* boei, ton **II** *overg* afbakenen met tonnen, betonnen **III** *phras* ★ *~ sbd up* iem. drijvend houden, fig iem. steunen, staande houden, iem. opmonteren ★ *~ sth up* iets drijvend houden, iets steunen, staande houden

buoyancy ['bɔɪənsɪ] *znw* ❶ drijfvermogen ❷ opwaartse druk ❸ fig veerkracht, opgewektheid

buoyant ['bɔɪənt] *bn* ❶ drijvend ❷ opwaarts

drukkend ❸ fig veerkrachtig, opgewekt ❹ handel levendig ⟨vraag⟩

bur [bɜ:], **burr** *znw* ❶ braam ⟨aan metaal &⟩ ❷ frees ❸ tandartsboortje ❹ decoratief houtnerfpatroon ⟨notenhout &⟩ ❺ stekelige bolster ⟨van tamme kastanje &⟩, klis

burble ['bɜ:bl] *onoverg* ❶ murmelen, borrelen ❷ doorratelen, snateren

burden ['bɜ:dn] **I** *znw* ❶ last, vracht ★ *a beast of ~* een lastdier ★ *the ~ of proof* de bewijslast ★ fig *have a heavy ~ to carry* een zware last te dragen hebben ★ fig *lift the ~ from one's shoulders* de last van iemands schouders nemen ❷ druk ⟨v. belastingen⟩ ❸ scheepv tonneninhoud **II** *overg* ❶ beladen ❷ belasten ★ *I don't want to ~ you with my problems* ik wil je niet lastigvallen met mijn problemen ❸ bezwaren, drukken (op)

burdensome ['bɜ:dnsəm] *bn* zwaar, bezwarend, drukkend, lastig

bureau ['bjʊərəʊ] *znw* [mv: -s of bureaux] ❶ bureau, schrijftafel ❷ Am ladekast ❸ (bij)kantoor, dienst

bureaucracy [bjʊə'rɒkrəsɪ] *znw* bureaucratie

bureaucrat ['bjʊərəkræt] *znw* bureaucraat ★ *a petty ~* een klein bureaucraatje

bureaucratic [bjʊərə'krætɪk] *bn* bureaucratisch

burgeon ['bɜ:dʒən] dicht *onoverg* ❶ uitkomen, (uit)botten, uitlopen ❷ ontluiken, als paddenstoelen uit de grond schieten

burger ['bɜ:gə] *znw* hamburger

burgher ['bɜ:gə] vooral scherts of afkeurend *znw* burger ★ *all those good ~s with their nice cars* al die brave burgers met hun mooie auto's

burglar ['bɜ:glə] *znw* (nachtelijke) inbreker

burglar alarm ['bɜ:glər ə'lɑ:m] *znw* alarminstallatie (tegen inbraak)

burglarize ['bɜ:gləraɪz], **burglarise** Am *overg* inbreken in / bij

burglar-proof ['bɜ:glə-pru:f] *bn* inbraakvrij

burglary ['bɜ:glərɪ] *znw* inbraak (bij nacht) ★ *~ insurance* inbraakverzekering ★ *attempted ~* poging tot inbraak

burgle ['bɜ:gl] *overg & onoverg* inbreken (in, bij)

burgomaster ['bɜ:gəmɑːstə] *znw* burgemeester ⟨in Duits of Nederlands sprekende gebieden⟩

Burgundian [bɜ:'gʌndɪən] **I** *bn* Bourgondisch ⟨alleen geografisch⟩ **II** *znw* Bourgondiër, Bourgondische ⟨alleen geografisch⟩

A Burgundian

is **iemand uit Bourgondië** en niet *iemand die van het goede leven houdt*. Zo iemand is een **bon vivant** of **a flamboyant person**.

burial ['berɪəl] *znw* begrafenis ★ *~ rites* begrafenisceremonie ★ *give sbd a decent ~* iem. een nette begrafenis geven

burial ground ['berɪəl graʊnd] *znw* begraafplaats ⟨vooral van historische / archeologische betekenis⟩

burial mound ['berɪəl maʊnd] *znw* grafheuvel

burial service ['berɪəl 'sɜ:vɪs] *znw* uitvaartplechtigheid / -dienst

burin ['bjʊərɪn] *znw* graveernaald

burk [bɜ:k] *znw* → **berk**

burka ['bɜ:kə], **burqa** *znw* boerka ⟨allesbedekkend kledingstuk⟩

burlap ['bɜ:læp] *znw* zakkengoed, jute

burlesque [bɜ:'lesk] I *bn* boertig, burlesk II *znw* ❶ parodie ❷ burleske III *overg* parodiëren

burly ['bɜ:lɪ] *bn* zwaar(lijvig), groot, dik, fors

Burma ['bɜ:mə] *znw* Birma

Burmese [bə'mi:z] I *bn* Birmaans II *znw* [*mv*: ~] Birmaan, Birmaanse

burn [bɜ:n] I *znw* ❶ brandwond ★ *third degree ~s* derdegraads brandwonden ❷ brandplek, brandgat ❸ Schots beek II *overg* [burnt/burned, burnt/burned] ❶ branden, verbranden, opbranden ★ fig ~ *one's boats* zijn schepen achter zich verbranden ★ fig ~ *one's fingers* zijn vingers branden ★ ~ *the candle at both ends* smijten met zijn krachten, te veel hooi op zijn vork nemen ★ ~ *the midnight oil* tot midden in de nacht doorwerken ❷ aanbranden III *onoverg* [burnt/burned, burnt/burned] ❶ branden, afbranden ★ ~ *to the ground* tot de grond toe afbranden ★ ~ *with sth* branden / gloeien van iets ❷ verbranden ★ *my skin ~s easily* ik verbrand snel (in de zon) ❸ gloeien ★ *her forehead was ~ing* haar voorhoofd gloeide ❹ inf snel rijden IV *phras* ★ ~ **away** blijven branden ⟨vuur⟩ ★ ~ **down** afbranden ★ ~ *sth* **down** iets platbranden ★ ~ *sth* **into** iets inbranden, inprenten ★ ~ **out** uitbranden, doorbranden ⟨v. elektrisch apparaat⟩, (geestelijk, lichamelijk) uitgeput raken ★ ~ *oneself* **out** zich over de kop werken

burner ['bɜ:nə] *znw* brander, pit ⟨v. gas⟩ ★ fig *put sth on the back* ~ iets op een laag pitje zetten

burning ['bɜ:nɪŋ] I *bn* ❶ brandend ❷ intens, vurig ★ *his ~ ambition is to be a pilot* zijn vurig verlangen is om piloot te worden ❸ dringend, urgent II *znw* brand, branden

burnish ['bɜ:nɪʃ] I *znw* glans II *overg* ❶ polijsten ❷ glanzend maken

burnished ['bɜ:nɪʃt] *bn* gepolijst, glad en glanzend

burnous [bɜ:'nu:s] *znw* boernoes ⟨Arabisch lang gewaad⟩

burnout ['bɜ:naʊt], **burn-out** *znw* ❶ het opgebrand / uitgeblust zijn ❷ het uitgebrand zijn

burn rate [bɜ:n reɪt] *znw* snelheid waarmee een bedrijf geld verliest

burnt [bɜ:nt] *ww* [v.t. & v.d.] → **burn**

burnt offering [bɜ:nt 'ɒfərɪŋ], **burnt sacrifice** *znw* ❶ brandoffer ❷ scherts aangebrand eten

burnt-out [bɜ:nt-'aʊt] *bn* opgebrand, uitgeblust

burnt sienna [bɜ:nt sɪ'enə] *znw* gebrande siena ⟨kleurstof⟩

burnt umber [bɜ:nt 'ʌmbə] *znw* gebrande omber ⟨kleurstof⟩

burp [bɜ:p] I *znw* boer, boertje, oprisping II *onoverg*

boeren, een boer(tje) laten

burqa ['bɜ:kə] *znw* → **burka**

burr [bɜ:] I *znw* ❶ gebrouwde uitspraak van de r ❷ → **bur** II *overg & onoverg* brouwen ⟨bij het spreken⟩

burrow ['bʌrəʊ] I *znw* hol II *onoverg* ❶ (een hol) graven, zich ingraven ★ *she ~ed into the bedclothes* ze dook diep onder de dekens ★ *the ivy had ~ed its way into the house* de klimop was het huis binnengekropen ★ *the virus had ~ed its way into the network* een virus was het netwerk binnengeslopen ❷ fig wroeten ⟨in archief &⟩ ❸ in een hol wonen

bursar ['bɜ:sə] *znw* ❶ thesaurier, schatbewaarder ❷ bursaal, beursstudent

bursary ['bɜ:sərɪ] *znw* ❶ ambt v. thesaurier ❷ studiebeurs ★ *a travel* ~ een reisbeurs

burst [bɜ:st] I *znw* ❶ uitbarsting, losbarsting ❷ barst, breuk ❸ ren ❹ explosie, vlaag ❺ mil vuurstoot, ratel II *overg* [burst, burst] ❶ doen barsten, doen springen ★ ~ *sbd's bubble* iemands zeepbel kapot prikken, iem. een illusie ontnemen ❷ (open-, door-, ver)breken III *onoverg* [burst, burst] ❶ (open-, los-, uit)barsten, breken, springen ❷ op barsten staan ★ ~ *with excitement* overlopen van opgewondenheid IV *phras* ★ ~ **in** komen binnenstormen, in de rede vallen ★ ~ **in on** *sbd* plotseling bij iem. binnenvallen ★ ~ **into** *flames* in brand vliegen ★ ~ **into tears** in tranen uitbarsten ★ ~ **out** uitroepen / uitschreeuwen ★ ~ **out laughing** / **crying** in lachen / huilen uitbarsten ★ ~ **out of jail** uitbreken uit de gevangenis ★ ~ **upon** *sth* zich plotseling voordoen aan iets

burton ['bɜ:t(ə)n] *znw* ★ Br inf *go for a* ~ naar de haaien zijn, gedood zijn, vermist zijn

Burundi [bʊ'rʊndɪ] *znw* Burundi

Burundian [bʊ'rʊndɪ] I *bn* Burundisch II *znw* Burundiër, Burundische

bury ['berɪ] *overg* ❶ begraven ❷ bedekken, bedelven ❸ verbergen ★ fig ~ *one's head in the sand* zijn kop in het zand steken

bus [bʌs] I *znw* [*mv*: buses] [*mv*: Am ook: busses] (auto)bus ★ fig *miss the* ~ de boot missen, een kans voorbij laten gaan II *overg* per bus vervoeren

busboy ['bʌsbɔɪ], **bus boy** Am *znw* hulpkelner

busby ['bʌzbɪ] *znw* kolbak, berenmuts

bus conductor [bʌs kən'dʌktə] *znw* busconducteur

bush [bʊʃ] *znw* ❶ struik(en) ★ *beat about* / *around the* ~ eromheen praten, eromheen draaien ❷ Afrika, Aus & NZ wildernis, rimboe ★ Aus & NZ inf *go* ~ gaan zwerven ❸ haarbos ❹ techn (naaf)bus

bushbaby ['bʊʃbeɪbɪ] *znw* galago ⟨halfaap⟩

bushed [bʊʃt] Am inf *bn* uitgeput, doodop

bushel ['bʊʃəl] *znw* bushel ⟨inhoudsmaat (36,4 liter)⟩ ★ *hide one's light under a* ~ zijn licht onder de korenmaat zetten

bush fire [bʊʃ 'faɪə] *znw* bosbrand

bushman ['bʊʃmən] *znw* Aus kolonist ★ *Bushman* Bosjesman, San

bushranger ['bʊʃreɪn(d)ʒə] hist *znw* ontsnapte boef en

struikrover ‹in Australië›
bush telegraph ['bʊʃ telɪgrɑːf] *znw* verspreiden v.
geruchten, geruchtencircuit
bushwalker ['bʊʃwɔːkə] Aus & NZ *znw*
langeafstandswandelaar, boswandelaar
bushwalking ['bʊʃwɔːkɪŋ] Aus & NZ *znw*
boswandeling, langeafstandswandeling
bushy ['bʊʃɪ] *bn* ❶ ruig ❷ gepluimd, pluim-
business ['bɪznɪs] *znw* ❶ zaak, zaken, handel, bedrijf
★ *a one-man ~* een eenmanszaak ★ *~ as usual* we
gaan gewoon door ★ *on ~* voor zaken ★ *be in ~*
zaken doen, bestaan, actief zijn ★ *we are not in the ~*
of accusations we zijn niet van plan iemand te
beschuldigen ★ *are you here on ~ or pleasure?* bent u
hier voor zaken of privé? ★ *go into ~* in het
zakenleven gaan, beginnen ★ *go out of ~* ophouden
te bestaan, sluiten, ermee stoppen ★ *one shouldn't
mix ~ with pleasure* je moet zaken en privé
gescheiden houden ❷ beroep ❸ werk, taak,
verantwoordelijkheid ★ *good ~!* goed zo! ★ *like
nobody's ~* buitengewoon, weergaloos ★ *any other ~*
wat verder ter tafel komt ‹vergadering› ★ *what ~ is
it of yours?* wat gaat het u aan? ★ *have no ~ to do sth*
het recht niet hebben om iets te doen ★ *make it
one's ~ to do sth* zich tot taak stellen iets te doen
★ inf *mean ~* het ernstig menen ★ *mind one's own ~*
zich met zijn eigen zaken bemoeien ★ *send sbd
about their ~* iem. wegsturen ❹ kwestie, geval,
gedoe ❺ **stage business** theat spel ‹v. acteur›
business account ['bɪznɪs ə'kaʊnt] bankwezen *znw*
zakelijke rekening
business acumen ['bɪznɪs 'ækjʊmən] *znw* zakelijk
inzicht
business administration ['bɪznɪs ədmɪnɪ'streɪʃən] *znw*
bedrijfskunde
business assets ['bɪznɪs 'æsets] *znw* [mv]
bedrijfsmiddelen, bedrijfsvermogen
business associate ['bɪznɪs ə'səʊʃɪət, -sɪət] *znw*
handelspartner
business capital ['bɪznɪs 'kæpɪtl] *znw* (financiële)
bedrijfsmiddelen
business card ['bɪznɪs kɑːd] *znw* visitekaartje
business circles ['bɪznɪs 'sɜːklz] *znw* [mv]
handelskringen
business class ['bɪznɪs klɑːs] *znw* business class
‹vliegtuig›
business climate ['bɪznɪs 'klaɪmɪt] *znw*
handelsklimaat
business community ['bɪznɪs kə'mjuːnətɪ] *znw*
bedrijfsleven
business connection ['bɪznɪs kə'nekʃən] *znw*
handelsrelatie
business consultant ['bɪznɪs kən'sʌltnt] *znw*
bedrijfsadviseur
business corporation ['bɪznɪs kɔːpə'reɪʃən] Am *znw*
vennootschap, handelsonderneming
business correspondence ['bɪznɪs kɒrɪ'spɒndəns]
znw handelscorrespondentie,

bedrijfscorrespondentie, zakelijke correspondentie
business cycle ['bɪznɪs 'saɪkl] *znw* conjunctuur,
conjunctuurcyclus
business directory ['bɪznɪs daɪ'rektərɪ] *znw*
bedrijvengids
business economics ['bɪznɪs iːkə'nɒmɪks] *znw* [mv]
bedrijfseconomie, bedrijfshuishoudkunde
business end ['bɪznɪs end] inf *znw* belangrijkste
gedeelte, gedeelte waar het om gaat ★ *he had a
knife in his hand with the ~ pointing at my throat* hij
hield het mes met de punt op mijn keel gericht
business enterprise ['bɪznɪs 'entəpraɪz] *znw*
handelsonderneming
business hours ['bɪznɪs aʊəz] *znw* [mv] kantooruren
business letter ['bɪznɪs 'letə] *znw* ❶ handelsbrief
❷ zakelijke brief
businesslike ['bɪznɪslaɪk] *bn* zakelijk
business logistics ['bɪznɪs lə'dʒɪstɪks] handel *znw* [mv]
logistiek met betrekking tot de goederenstroom in
een bedrijfskolom
businessman ['bɪznɪsmæn, mən] *znw* zakenman
business-oriented ['bɪznɪs-'ɔːrɪəntɪd] *znw*
bedrijfsgericht
business park ['bɪznɪs pɑːk] *znw* bedrijvenpark
business partner ['bɪznɪs 'pɑːtnə] *znw* compagnon
business plan ['bɪznɪs plæn] *znw* ondernemingsplan,
bedrijfsplan
business premises ['bɪznɪs 'premɪsɪz] *znw* [mv]
bedrijfspand, kantoorpand
business school ['bɪznɪs skuːl] *znw* school voor
bedrijfskunde, school voor economisch en
administratief onderwijs
business studies ['bɪznɪs stʌdɪz] *znw* [mv]
commerciële economie, bedrijfskunde
business to business ['bɪznɪs tʊ 'bɪznɪs], **B2B** *znw*
business-to-business, aanduiding voor het
handelsverkeer tussen bedrijven
business to consumer ['bɪznɪs tʊ kən'sjuːmə], **B2C**
znw aanduiding voor activiteiten van bedrijven
richting consumenten
businesswoman ['bɪznɪswʊmən] *znw* zakenvrouw
busk [bʌsk] **I** *znw* balein **II** *onoverg* als straatartiest
optreden
busker ['bʌskə] *znw* straatartiest, straatmuzikant
bus lane [bʌs leɪn] *znw* busbaan
busman's holiday ['bʌsmənz 'hɒlədeɪ] scherts *znw*
vakantie / vrije tijd waarin men doorwerkt of
hetzelfde doet als bij hun werk
bus shelter [bʌs 'ʃeltə] *znw* abri, bushokje
bussing ['bʌsɪŋ] *znw* ❶ reizen per bus ❷ het afruimen
van je eigen tafel ‹in zelfbedieningsrestaurant &›
bus station [bʌs 'steɪʃən] *znw* busstation
bus stop [bʌs stɒp] *znw* bushalte
bust [bʌst] **I** *bn* ❶ stuk ❷ failliet, bankroet ★ *go ~*
failliet gaan, op de fles gaan **II** *znw* ❶ buste, borst
★ *~ size* bovenwijdte ❷ borstbeeld ❸ baisse,
crisis(periode) ❹ arrestatie, politie-inval **III** *overg*
[busted/bust, busted/bust] ❶ inf stuk maken, mollen

bu

★ ~ *a gut* zich uit de naad werken ❷ <u>inf</u> arresteren, opbrengen ★ *you're ~ed!* je bent er bij! / je bent gearresteerd! **IV** *onoverg* <u>inf</u> stuk gaan ★ *the light's ~ed* de lamp is stuk **V** *phras* ★ <u>inf</u> ~ **out** uitbreken uit de gevangenis ★ <u>inf</u> ~ **up** met ruzie uit elkaar gaan / scheiden

buster ['bʌstə] *znw* ❶ <u>Am inf</u> fors kind ❷ kerel ⟨aanspreekvorm⟩ ❸ iets wat doet barsten ★ *a safe ~* een brandkastkraker ❹ hevige storm ★ *a southerly ~* een zuiderstorm

bus terminal [bʌs 'tɜ:mɪnl] *znw* busstation

bustier ['bʌstɪeɪ] *znw* bustier ⟨dameskledingstuk⟩

bustle ['bʌsəl] **I** *znw* beweging, gewoel, drukte **II** *overg* jachten (ook: ~ *up*) **III** *onoverg* ❶ druk in de weer zijn (ook: ~ *about*) ❷ zich reppen

bustling ['bʌstlɪŋ] *bn* bedrijvig, druk

bust-up ['bʌst-ʌp] <u>inf</u> *znw* ruzie, mot

busty ['bʌstɪ] *bn* met grote borsten

busy ['bɪzɪ] **I** *bn* ❶ (druk) bezig, aan het werk, in de weer, druk ★ ~ *wallpaper* druk behang ★ *I'm very ~* ik heb het erg druk ★ *we'd better get ~* we kunnen maar beter aan de slag gaan ❷ <u>telec</u> in gesprek **II** *znw* <u>Br</u> inf stille ⟨detective⟩ **III** *overg* bezighouden

busybody ['bɪzɪbɒdɪ] *znw* bemoeial

busyness ['bɪzɪnɪs] *znw* bezig zijn, bedrijvigheid

busy signal ['bɪzɪ 'sɪgnl] <u>telec</u> *znw* ingesprektoon

busywork ['bɪzɪwɜ:k] <u>Am</u> *znw* tijdverdrijf

but [bʌt] **I** *voegw* maar ★ *she's tired ~ happy* ze is moe maar gelukkig **II** *voorz* ❶ zonder, buiten, behalve, op... na ★ ~ *for* ware het niet dat, zonder (dat) ❷ (anders) dan **III** *bijw* slechts ★ *to name ~ a few* om er maar een paar te noemen **IV** *znw* maar ★ *no ~s about it* geen gemaar **V** *overg* ★ ~ *me no ~s* geen maren

butane ['bju:teɪn] *znw* butaan

butanol ['bju:tənɒl] *znw* butanol

butch [bʊtʃ] <u>inf</u> **I** *bn* vermannelijkt **II** *znw* lesbienne ⟨vooral een mannelijk type⟩

butcher ['bʊtʃə] **I** *znw* slager ★ <u>Br rijmend slang</u> *let's have a ~'s look at it* laten we er eens naar kijken **II** *overg* ❶ slachten, afmaken ❷ <u>fig</u> verknoeien

butcher's block ['bʊtʃəz blɒk] *znw* slagershakblok

butchery ['bʊtʃərɪ] *znw* ❶ slagerij ❷ slachting

butler ['bʌtlə] *znw* ❶ butler ❷ chef-huisknecht

butt [bʌt] **I** *znw* ❶ doel(wit), mikpunt, kogelvanger ★ *they made a ~ of him* zij maakten hem tot mikpunt van hun grappen ❷ dik eind, stomp, stompje, peukje ❸ kolf (van een geweer) ❹ vat (± 5 hl) ❺ stoot, kopstoot ❻ <u>Am inf</u> kont, reet **II** *overg* ❶ stoten ⟨met hoofd of horens⟩ ❷ botsen (tegen *against / upon*) ❸ zetten (tegen *against*) **III** *onoverg* grenzen (aan *on*) **IV** *phras* ★ ~ **in** onderbreken, storen, in de rede vallen ★ *don't ~ in* bemoei je er niet mee ★ ~ **in on** *sbd* iem. op het lijf vallen ★ ~ **out** uitsteken, <u>Am inf</u> zich ermee bemoeien

butt-end ['bʌt-end] *znw* ❶ (uit)einde, peukje ★ *the ~ of the day* het einde van de dag ❷ kolf

butter ['bʌtə] **I** *znw* ❶ (room)boter ★ *earn one's bread and ~* de kost verdienen ★ ~ *wouldn't melt in his mouth* hij kijkt heel erg onschuldig ❷ <u>fig</u> vleierij ★ *lay on the ~* iem. honing om de mond smeren **II** *overg* boteren, (be)smeren ★ ~ *sbd up* iem. honing om de mond smeren

butter bean ['bʌtə bi:n] *znw* gele sperzieboon

buttercup ['bʌtəkʌp] <u>plantk</u> *znw* boterbloem

butter dish ['bʌtə dɪʃ] *znw* botervlootje

butterfingers ['bʌtəfɪŋgəz] <u>scherts</u> *znw* [mv] brokkenmaker

butterfly ['bʌtəflaɪ] *znw* vlinder ★ *a ~ collar* een puntboord ★ <u>inf</u> *have butterflies (in one's tummy / stomach)* last van zenuwen hebben / vlinders in de buik hebben

butterfly stroke ['bʌtəflaɪ strəʊk] *znw* vlinderslag ⟨zwemmen⟩

buttermilk ['bʌtəmɪlk] *znw* karnemelk

butterscotch ['bʌtəskɒtʃ] *znw* ❶ boterbabbelaar ❷ <u>Am</u> butterscotch saus

buttery ['bʌtərɪ] **I** *bn* boterachtig **II** *znw* provisiekamer ⟨in een college⟩

buttock ['bʌtək] *znw* bil

button ['bʌtn] **I** *znw* ❶ knoop ❷ knop ★ <u>inf</u> *press / push sbd's ~s* iem. tot een reactie verleiden ❸ dop **II** *overg* dichtknopen ★ ~ *sth (up)* iets (toe)knopen, met een knoop vastmaken, <u>fig</u> iets goed afmaken ★ <u>inf</u> ~ *one's lip* zijn mond dichthouden **III** *onoverg* dichtgaan ★ *the dress ~s down the back* de jurk wordt van achteren dichtgeknoopt

button-down collar [bʌtn-'daʊn 'kɒlə] *znw* kraag waarvan de punten met een knoopje vastzitten

buttoned-down [bʌtnd-'daʊn] *bn* ouderwets, conservatief ★ *they have quite a ~ style* ze zijn nogal conservatief

button fastening ['bʌtn 'fa:snɪŋ] *znw* knoopsluiting

button-fly ['bʌtn-flaɪ] *znw* gulp met knopen

buttonhole ['bʌtnhəʊl] **I** *znw* ❶ knoopsgat ❷ bloem(en) in knoopsgat **II** *overg* ❶ festonneren ❷ van knoopsgaten voorzien ❸ <u>fig</u> aanklampen, staande houden

buttonhook ['bʌtnhʊk] *znw* ❶ knopenhaak ❷ <u>sp</u> haakse ren ⟨Amerikaans voetbal⟩

button-through [bʌtn-'θru:] *bn* doorknoop- ⟨jurk &⟩

buttress ['bʌtrɪs] **I** *znw* schraagpijler, (steun)beer, steunpilaar ★ *a flying ~* een luchtboog **II** *overg* ★ ~ *sth (up)* iets schragen, steunen

butty ['bʌtɪ] <u>Br inf</u> *znw* ❶ boterham ❷ makker, maat

buxom ['bʌksəm] *bn* mollig, knap

buy [baɪ] **I** *znw* <u>inf</u> koop(je) **II** *overg* [bought, bought] ❶ kopen, omkopen ★ ~ *time* tijd rekken, iets uitstellen ★ <u>Am inf</u> ~ *the farm* sterven ❷ <u>inf</u> geloven, aanvaarden, pikken ⟨een verhaal, excuus⟩ **III** *phras* ★ ~ *sth* **in** iets inkopen ★ ~ **into** *sth* zich inkopen in iets ★ ~ *sbd* **off** iem. afkopen / zwijggeld betalen ★ ~ *sbd* **over** iem. omkopen ★ ~ *sbd* **out** iem. uitkopen ★ ~ *sth* **up** iets opkopen

buyback ['baɪbæk] *znw* het terugkopen van eigen aandelen door een bedrijf

buyer ['baɪə] *znw* ❶ koper, inkoper ★ ~ *beware* wie iets koopt moet goed opletten ❷ liefhebber, gegadigde

buyer's market ['baɪəs 'mɑːkɪt] handel *znw* kopersmarkt ⟨markt met meer aanbod dan vraag en dientengevolge lage prijzen⟩

buying ['baɪɪŋ] marketing *znw* koop, inkoop

buying department ['baɪɪŋ dɪ'pɑːtmənt] *znw* inkoopafdeling

buying habits ['baɪɪŋ hæbɪts] marketing *znw* [mv] koopgewoonten, koopgedrag

buying order ['baɪɪŋ ɔːdə] handel *znw* inkooporder

buying power ['baɪɪŋ paʊə] *znw* koopkracht

buyout ['baɪaʊt] *znw* bedrijfsovername

buzz [bʌz] **I** *znw* ❶ gegons, gezoem ❷ inf lekker gevoel, kick ❸ inf telefoontje ★ *give sbd a ~* iem. bellen **II** *overg* ❶ fluisteren ❷ inf laag vliegen over ⟨v. vliegtuig⟩ **III** *onoverg* ❶ gonzen, zoemen ★ *the office is ~ing with rumours* het kantoor gonst van de geruchten ❷ ronddraven ★ *~ about / around* doelloos heen en weer draven ★ inf *~ off* weggaan, 'm smeren

buzzard ['bʌzəd] *znw* buizerd ⟨vogel⟩

buzzer ['bʌzə] *znw* ❶ elektr zoemer ❷ sirene

buzzword ['bʌzwɜːd] *znw* modewoord, modekreet

by [baɪ] *voorz* door, bij, van, aan, naar, volgens, met, per, op, over, voorbij, jegens, tegenover, tegen, voor & ★ *~ oneself* alleen ★ *higher ~ a foot* een voet groter in lengte ★ *~ itself* not of any importance op zichzelf niet belangrijk ★ *~ nature* van nature ★ *~ profession / trade* van beroep ★ *(it's) all right ~ me* ('t is) mij best ★ *~ and* ~ straks, zo meteen, na een poosje, weldra ★ *~ and large* over het geheel, globaal ★ *~ the ~* tussen haakjes

bye [baɪ] **I** *tsw* tot ziens **II** *znw* ❶ extra run voor bal die wicketkeeper passeert ⟨bij cricket⟩ ❷ sp een ronde vrijgesteld bij wedstrijden

bye-bye ['baɪ-baɪ] inf *tsw* dag! ★ kindertaal *time to go ~s* bedtijd

by-effect ['baɪ-ɪfekt] *znw* neveneffect

bye-law ['baɪ-lɔː], **bylaw** *znw* plaatselijke verordening

by-election ['baɪ-ɪlekʃən] *znw* tussentijdse verkiezing

Byelorussia [bjeləʊ'rʌʃə] *znw* → **Belarus**

Byelorussian [bjeləʊ'rʌʃən] **I** *bn* Wit-Russisch **II** *znw* Wit-Rus / Wit-Russische

bygone ['baɪgɒn] *bn* vroeger, voorbij, vervlogen ⟨dagen⟩ ★ zegsw *let ~s be ~s* haal geen oude koeien uit de sloot

byline ['baɪlaɪn] *znw* ❶ naamregel ⟨in krantenartikel⟩ ❷ byeline voetbal achterlijn

BYO Aus *afk* (bring your own) restaurant waar de klant zijn eigen drank mee mag brengen

BYOB, **BYOG** *afk* (bring your own bottle/grog) breng je eigen drank mee ⟨op uitnodigingen voor feestjes⟩

bypass ['baɪpɑːs] **I** *znw* ❶ omloopleiding ❷ **bypass road** rondweg, ringweg ❸ med bypass **II** *overg* ❶ om iets heen gaan, lopen, trekken ❷ fig passeren, omzeilen, ontduiken, mijden, links laten liggen

bypass operation ['baɪpɑːs ɒpə'reɪʃən] med *znw* bypassoperatie

byplay ['baɪpleɪ] *znw* stil spel ⟨toneel⟩

by-product ['baɪ-prɒdʌkt] *znw* bijproduct

byre ['baɪə] Br vero *znw* koeienstal

by-road ['baɪ-rəʊd] *znw* landweg, binnenweg, zijweg

bystander ['baɪstændə] *znw* omstander, toeschouwer

byte [baɪt] comput *znw* byte

byway ['baɪweɪ] *znw* binnenweg ★ fig *the highways and the ~s* de minder bekende gebieden

byword ['baɪwɜːd] *znw* ❶ spreekwoord ❷ synoniem ★ *a ~ for* berucht / bekend wegens

byzantine ['bɪzəntaɪn, bɪ'zəntaɪn] *bn* byzantijns ⟨kruiperig, vleiend⟩

c

c

c I *afk* → **c.** ★ *C* (Celsius) Celsius **II** *znw* [si:] ❶ (de letter) c ❷ muz c of do ▼ *C* 100 ‹Romeins cijfer›

c., c, ca *afk* → **circa**

cab [kæb] **I** *znw* ❶ taxi ❷ hist huurrijtuig ❸ cabine ‹v. vrachtauto &› **II** *overg* ★ inf ~ *it* per taxi gaan **III** *onoverg* een taxi nemen ★ ~ *home* met de taxi naar huis gaan

cabal [kə'bæl] *znw* (hof)kliek

cabaret ['kæbəreɪ] *znw* variété(show)

cabbage ['kæbɪdʒ] *znw* ❶ plantk kool ❷ Br inf slome, saaie piet ❸ Br beledigend gehandicapte

cabbage palm ['kæbɪdʒ pɑ:m] *znw* koolpalm

cabbage white ['kæbɪdʒ waɪt] *znw* koolwitje ‹vlinder›

cabby ['kæbi], **cabbie** inf *znw* taxichauffeur

caber ['keɪbə] *znw* boomstam ‹van de Schotse sport boomstamwerpen›

cabin ['kæbɪn] **I** *znw* ❶ hut, kajuit ❷ cabine **II** *overg* in een kleine ruimte opsluiten

cabin boy ['kæbɪn bɔɪ] *znw* hutjongen, kajuitjongen

cabin class ['kæbɪn klɑ:s] *znw* tweede klas ‹op een boot›

cabin crew ['kæbɪn kru:] *znw* cabinepersoneel

cabin cruiser ['kæbɪn 'kru:zə] *znw* motorjacht

cabinet ['kæbɪnət] *znw* ❶ kabinet ★ *the Cabinet* het kabinet ‹ministers› ★ *a ~ decision* een kabinetsbeslissing ❷ kast, vitrine(kast) ★ *a bathroom* ~ een badkamerkastje

cabinetmaker ['kæbɪnətmeɪkə] *znw* meubelmaker

cabin fever ['kæbɪn 'fi:və] Am inf *znw* depressie veroorzaakt door isolatie ‹vooral 's winters in afgelegen gebieden›

cabin staff ['kæbɪn stɑ:f] *znw* cabinepersoneel

cable ['keɪbl] **I** *znw* ❶ kabel(lengte), telegraafkabel ❷ (kabel)telegram ❸ kabeltelevisie **II** *overg* kabelen, telegraferen

cable car ['keɪbl kɑ:] *znw* ❶ cabine van een kabelbaan of kabelspoorweg, gondel ❷ Am kabeltram

cable modem ['keɪbl 'məʊdəm] *znw* kabelmodem

cable railway ['keɪbl 'reɪlweɪ] *znw* kabelbaan, kabelspoorweg

cable stitch ['keɪbl stɪtʃ] *znw* kabelsteek ‹breien›

cable television ['keɪbl 'telɪvɪʒən] *znw* kabeltelevisie

caboodle [kə'bu:dl] inf *znw* ★ *the whole (kit and)* ~ de hele zwik

caboose [kə'bu:s] *znw* ❶ scheepv kombuis, keuken ❷ Am wagen voor treinpersoneel

cabstand ['kæbstænd] Am *znw* taxistaanplaats

cacao [kə'kaʊ] *znw* cacao(boom)

cache [kæʃ] **I** *znw* ❶ geheime bergplaats ❷ verborgen voorraad ❸ → comput cache memory **II** *overg* verbergen

cache memory [kæʃ 'meməri], **cache** comput *znw* cachegeheugen

cachet ['kæʃeɪ] *znw* ❶ cachet ❷ capsule met geneesmiddel

cack-handed [kæk'hændɪd] Br inf *bn* linkshandig

cackle ['kækl] inf **I** *znw* ❶ gekakel, gesnater ❷ geklets ★ *cut the* ~ genoeg gekletst **II** *onoverg* ❶ kakelen, snateren ❷ kletsen

cacophonous [kə'kɒfənəs] *bn* kakofonisch, onwelluidend

cacophony [kə'kɒfənɪ] *znw* kakofonie

cactus ['kæktəs] *znw* [*mv*: cacti] cactus

cad [kæd] gedat *znw* schoft, proleet, ploert

cadaver [kə'deɪvə] med *znw* lijk, kadaver

cadaverous [kə'dævərəs] *bn* lijkachtig, lijkkleurig

caddie ['kædɪ], **caddy I** *znw* caddie, golfjongen **II** *onoverg* als caddie optreden

caddish ['kædɪʃ] gedat *bn* schofterig, ploertig

caddy ['kædɪ] *znw & onoverg* ❶ theekistje, theebus ❷ → **caddie**

cadence ['keɪdns] *znw* cadans, ritme

cadenza [kə'denzə] muz *znw* cadens

cadet [kə'det] *znw* ❶ cadet ❷ gedat jongere broer, jongste zoon

cadge [kædʒ] inf **I** *znw* ★ *on the* ~ op de biets **II** *overg* (gratis) weten te versieren, bietsen, aftroggelen **III** *onoverg* klaplopen

cadger ['kædʒə] inf *znw* klaploper

cadmium ['kædmɪəm] *znw* cadmium

cadre ['kɑ:də] *znw* kader

Caesarean [sɪ'zeərɪən], **Caesarian section**, Am **Cesarian, c-section** *znw* keizersnede

café ['kæfeɪ], **cafe** *znw* ❶ café ❷ Am bar, nachtclub ❸ ZA snoep-, tabak- en krantenwinkeltje

cafe au lait ['kæfeɪ əʊ 'leɪ] ‹Fr› *znw* koffie verkeerd

cafeteria [kæfɪ'tɪərɪə] *znw* ❶ zelfbedieningsrestaurant ★ ~ *plan* cafetariaplan, pensioenplan waarin naar behoefte kan worden deelgenomen ❷ Am kantine

cafeteria
betekent **zelfbedieningsrestaurant** of **kantine**, maar niet *cafetaria*.
Ned. *cafetaria* = **snackbar**.

cafetière [kæfə'tjeə] *znw* cafetière

caff [kæf] inf *znw* ❶ café ❷ cafetaria

caffeinated ['kæfɪneɪtɪd] *bn* met cafeïne, cafeïne bevattend ‹m.b.t. koffie en thee›

caffeine ['kæfi:n] *znw* cafeïne

caffè latte ['kæfi:n 'lætə] ‹Ital› *znw* koffie verkeerd

caftan ['kæftən] *znw* → **kaftan**

cage [keɪdʒ] **I** *znw* ❶ kooi ❷ hok, gevangenis **II** *overg* in een kooi (gevangen) zetten

caged ['keɪdʒd] *bn* gekooid ★ *like a* ~ *animal* als een gekooid dier

cagey ['keɪdʒɪ] inf *znw* ❶ sluw, stiekem ❷ terughoudend

cagily ['keɪdʒɪlɪ] inf *bijw* ❶ sluw, stiekem ❷ terughoudend

cagoule [kə'gu:l], **kagoule** *znw* licht lang regenjack met capuchon

cahoot [kə'hu:t] inf *znw* ★ *be in ~s with sbd.* met iem.

onder één hoedje spelen

CAI *afk* (computer-assisted instruction) CAI, computergestuurde handleiding

caiman ['keɪmən] *znw* → **cayman**

cairn [keən] *znw* ❶ steenhoop ‹als grafmonument, grens› ❷ <u>dierk</u> cairn terriër

cajole [kə'dʒəʊl] *overg* vleien ★ ~ *sbd into doing sth* iem. met vleierij overhalen om iets te doen

cajolery [kə'dʒəʊlərɪ] *znw* vleierij

cake [keɪk] **I** *znw* ❶ koek, gebak, taart, tulband, cake ★ <u>gedat</u> ~*s and ale* pret, vreugd, feest, kermis ★ <u>inf</u> *a piece of* ~ een makkie, een eitje ★ <u>inf</u> *sell like hot* ~*s* als warme broodjes over de toonbank gaan ★ <u>inf</u> *take the* ~ de kroon spannen, het toppunt zijn ★ <u>zegsw</u> *you can't have your* ~ *and eat it (too)* je moet kiezen of delen ❷ stuk ‹zeep &› **II** *overg* doen aankoeken **III** *onoverg* aankoeken

cakehole ['keɪkhəʊl] <u>Br</u> *inf znw* bek, mond

cake tin [keɪk tɪn] *znw* bakvorm voor cake, cakevorm

cakewalk ['keɪkwɔ:k] **I** *znw* ❶ gemakkelijke klus, eitje ❷ cakewalk ‹soort Afro-Amerikaanse dans› **II** *onoverg* ❶ iets gemakkelijk voor elkaar krijgen ❷ de cakewalk dansen

calabash ['kæləbæʃ] *znw* kalebas ‹pompoen›

calaboose ['kæləbu:s] <u>Am</u> *inf znw* gevangenis, nor

calamari ['kæləmərɪ], **calamares**, **calamaries** [mv] pijlinktvis

calamine lotion ['kæləmaɪn 'ləʊʃən], **calamine** *znw* zonnebrandlotion ‹verzachtende zalf›

calamitous [kə'læmɪtəs] *bn* rampspoedig

calamity [kə'læmətɪ] *znw* ramp, onheil, ellende

calciferous [kæl'sɪfərəs] *bn* kalkhoudend

calcification [kælsɪfɪ'keɪʃən] *znw* verkalking

calcify ['kælsɪfaɪ] **I** *overg* doen verkalken **II** *onoverg* verkalken

calcimine ['kælsɪmaɪn] **I** *znw* witkalk **II** *overg* witten

calcium ['kælsɪəm] *znw* calcium

calculable ['kælkjʊləbl] *bn* berekenbaar

calculate ['kælkjʊleɪt] **I** *overg* ❶ berekenen ★ *be ~d to do sth* bedoeld zijn om iets te doen ❷ <u>Am</u> geloven, denken **II** *onoverg* rekenen ★ ~ *on sth* op iets rekenen

calculated ['kælkjʊleɪtɪd] *bn* bewust, opzettelijk ★ *a ~ attack* een opzettelijke aanval ★ *a ~ risk* een ingecalculeerd risico

calculating ['kælkjʊleɪtɪŋ] *bn* berekenend

calculation [kælkjʊ'leɪʃən] *znw* berekening

calculator ['kælkjʊleɪtə] *znw* ❶ rekenmachine ❷ <u>wisk</u> verzameling rekentafels

calculus ['kælkjʊləs] *znw* ❶ [*mv:* -es] (be)rekening ❷ [*mv:* -es] infinitesimaalrekening, differentiaal- en integraalrekening ❸ [*mv:* calculi] <u>med</u> blaas-, niersteen

caldron ['kɔ:ldrən] *znw* → **cauldron**

Caledonian [kælɪ'dəʊnjən] **I** *bn* Schots **II** *znw* Schot, Schotse

calendar ['kæləndə] **I** *znw* ❶ kalender ❷ lijst ❸ <u>Am</u> agenda **II** *overg* ❶ optekenen ❷ rangschikken

calendar month ['kæləndə mʌnθ] *znw* kalendermaand

calendar year ['kæləndə jɪə] *znw* kalenderjaar

calender ['kæləndə] **I** *znw* kalander, glansmachine **II** *overg* kalanderen

calendula [kə'lendjʊlə] *znw* goudsbloem

calf [kɑ:f] *znw* [*mv:* calves] ❶ kalf ★ *in / with* ~ drachtig ❷ → **calfskin** ❸ jong ‹v. hinde, olifant &› ❹ kuit ‹v. h. been›

calf-length ['kɑ:f-leŋθ] *bn* kuitlang

calfskin ['kɑ:fskɪn], **calf** *znw* kalfsleer

caliber ['kæləbə] <u>Am</u> *znw* → **calibre**

calibrate ['kælɪbreɪt] *overg* ijken

calibration [kælə'breɪʃən] *znw* ijking, maatverdeling, schaalverdeling

calibre ['kælɪbə], <u>Am</u> **caliber** *znw* ❶ kaliber ❷ <u>fig</u> gehalte, formaat

calico ['kælɪkəʊ] **I** *bn* van calicot, van katoen **II** *znw* [*mv:* -s *of* calicoes] calicot, bedrukt katoen

calipers ['kælɪpə] <u>Am</u> *znw* [mv] → **callipers**

caliph ['keɪlɪf], **calif** <u>hist</u> *znw* kalief

call [kɔ:l] **I** *znw* ❶ geroep, roep, (roep)stem, (op)roeping ★ <u>inf</u> *a* ~ *of nature* natuurlijke behoefte, aandrang om naar het toilet te gaan ❷ <u>fig</u> lokstem ❸ <u>telec</u> gesprek, telefoontje ★ *a collect* ~ een collect call ‹telefoontje op kosten van de ontvanger› ★ *a local* ~ een lokaal telefoongesprek ★ *return sbd's* ~ iem. terugbellen ★ *transfer sbd's* ~ iemands telefoontje doorschakelen ❹ oproep, appel ★ <u>handel</u> *at / on* ~ direct beschikbaar ‹geld›, ter beschikking ★ *the doctor is on* ~ *at the weekend* de dokter heeft weekenddienst ❺ beroep, aanspraak, vraag ★ *there's not much* ~ *for tuba players* er is niet veel vraag naar tubaspelers ★ *have first* ~ *on sth* het recht van eerste keus van iets hebben ❻ aanleiding, noodzaak ★ *have no* ~ *to do sth* iets niet behoeven te doen, zich niet geroepen voelen om iets te doen ❼ <u>kaartsp</u> bod ★ *your* ~ jij moet bieden ❽ → <u>eff</u> **call option** ❾ bezoek, visite ★ *make a house* ~ een huisbezoek afleggen ★ *pay a* ~ *on sbd* iem. bezoeken, bij iem. langsgaan ★ *the first / last / next port of* ~ de eerste / laatste / volgende aanloophaven / tussenstop ‹op een reis› **II** *overg* ❶ roepen, uitroepen, toeroepen ★ ~ *attention to sth* de aandacht op iets vestigen ★ ~ *sth to mind* zich iets herinneren, herinneren aan iets ★ ~ *sbd / sth to order* iem. / iets tot de orde roepen ★ ~ *the roll* appel houden ★ <u>Am</u> ~ *your shot* zeg duidelijk wat je van plan bent ★ ~ *the shots / tune* de toon aangeven, de leiding hebben, het voor het zeggen hebben ❷ afkondigen, afroepen, bijeenroepen, oproepen ★ ~ *a meeting* een vergadering beleggen ❸ <u>telec</u> opbellen ❹ (be)noemen, heten ★ ~ *sbd by his / her Christian name / surname* iem. bij zijn / haar voornaam / achternaam noemen ★ ~ *sbd's bluff* iem. uitdagen zijn woorden waar te maken ★ *let's* ~ *it a day* laten we ermee uitscheiden ★ ~ *sbd names* iem. uitschelden ★ ~ *it quits* verklaren quitte te zijn, de

ca

ca

vrede tekenen **III** *onoverg* ❶ roepen ★ ~ *to sbd* iem. toeroepen ❷ (op)bellen ★ ~ *collect* bellen op kosten van de ontvanger ❸ aanlopen, een bezoek afleggen, komen ★ ~ *at sth* aanlopen bij iets, iets aandoen, stoppen bij iets ‹trein &› ❹ **kaartsp** bieden, annonceren **IV** *phras* ★ ~ **after** *sbd* iem. naroepen ★ ~ *sbd after sbd* iem. noemen naar iem. ★ ~ **around** / **round** eens aankomen ★ ~ **back** terugbellen, terugkomen ★ ~ *sbd back* iem. terugroepen, iem. terugbellen ★ ~ **by** langskomen ★ ~ **for** *sth* iets komen (af)halen, vragen om of naar iets, iets bestellen, roepen om iets ★ ~ *for sbd* iem. komen halen ★ ~ *sth* **forth** iets oproepen, uitlokken ★ ~ **in** aankomen, aanlopen ★ ~ *sth in* iets opvragen ★ ~ *sbd in* iem. binnenroepen, iem. (erbij) roepen, inroepen, inschakelen, laten komen ★ ~ *sth into being* iets in het leven roepen ★ ~ *sth into play* iets er bij halen, iets aanwenden ★ ~ *sth into question* iets in twijfel trekken, iets aanvechten, iets in discussie brengen ★ ~ *sth* **off** iets terugroepen, wegroepen, iets afzeggen ‹afspraak›, iets tot de orde roepen ‹hond›, iets afgelasten ‹staking› ★ ~ **on** *sbd* een bezoek afleggen bij iem., iem. opzoeken ★ ~ **on** / **upon** *sbd* een beroep doen op iem., iem. aanroepen, iem. iets vragen, iem. aanmanen ★ ~ **out** uitroepen ★ ~ *sbd out* iem. naar buiten roepen, iem. oproepen tot een staking ★ ~ *sth out* iets laten uitrukken ‹brandweer &›, iets afroepen, iets oproepen, het stakingsbevel geven ★ ~ *sth* **up** iets oproepen, voortoveren, wekken ‹herinneringen›, <u>comput</u> iets opzoeken ★ ~ *sbd up* Am iem. opbellen, iem. oproepen voor militaire dienst, <u>sp</u> iem. opstellen

Callanetics® [kælə'netɪks] *znw* [mv] callanetics
callback ['kɔːlbæk] *znw* ❶ Am uitnodiging voor een tweede interview / auditie ❷ antwoordtelefoontje
call box [kɔːl bɒks] *znw* ❶ Br spreekcel, telefooncel ❷ Am noodtelefoon
call centre [kɔːl 'sentə] *znw* callcenter, telefonisch informatiecentrum
caller ['kɔːlə] *znw* ❶ roeper ❷ telec (op)beller, aanvrager ❸ bezoeker
call girl [kɔːl ɡɜːl] *znw* callgirl, (luxe) prostituee
calligrapher [kə'lɪɡrəfə] *znw* kalligraaf, schoonschrijver
calligraphic [kælɪ'ɡræfɪk] *bn* kalligrafisch
calligraphy [kə'lɪɡrəfɪ] *znw* kalligrafie, schoonschrijfkunst
call-in ['kɔːl-ɪn] Am *znw* opbelprogramma ‹op radio en tv›
calling ['kɔːlɪŋ] *znw* ❶ roeping ❷ beroep
calling card ['kɔːlɪŋ kɑːd] *znw* ❶ Am visitekaartje ‹ook figuurlijk› ★ *the cyclone has left its usual ~ of upturned trees and caravans* de cycloon heeft zijn gewoonlijke visitekaartje achtergelaten van omgewaaide bomen en caravans ❷ Am telefoonkaart
callipers ['kælɪpəz], Am **calipers** *znw* [mv]

❶ schuifmaat ❷ beenbeugel
callisthenics [kælɪs'θenɪks] *znw* [mv] (ritmische) gymnastiek
call money [kɔːl 'mʌnɪ] *znw* callgeld, daggeld ‹geld dat direct teruggevorderd kan worden›
call option [kɔːl 'ɒpʃən], **call** <u>eff</u> *znw* calloptie, koopoptie
callous ['kæləs] **I** *bn* ❶ vereelt, eeltachtig ❷ fig verhard, ongevoelig, hardvochtig **II** *znw*, **callus** eelt, eeltknobbel
calloused ['kæləst] *bn* vereelt, eeltachtig ★ *nothing sinks into his ~ soul* niets dringt door tot zijn vereelte ziel
call-over ['kɔːləʊvə] gedat *znw* appél op school
callow ['kæləʊ] *bn* ❶ zonder veren, kaal ❷ fig groen, onervaren
call-up ['kɔːlʌp] *znw* oproep ‹voor militaire dienst›
callus ['kæləs] *znw* → **callous**
calm [kɑːm] **I** *bn* ❶ kalm, bedaard ❷ rustig ★ *keep ~* rustig blijven ❸ windstil **II** *znw* ❶ kalmte, rust ❷ windstilte ★ *the ~ before the storm* de stilte voor de storm **III** *overg* kalmeren, doen bedaren (ook: ~ *down*) ★ ~ *sbd's fears* iemands angsten doen bedaren **IV** *onoverg* kalmeren ★ ~ *down* rustig blijven / worden
calming ['kɑːmɪŋ] *bn* kalmerend
calmly ['kɑːmlɪ] *bijw* kalm, rustig, bedaard ★ *he reacted ~ to the news of his dismissal* hij reageerde kalm op het bericht dat hij ontslagen was
calmness ['kɑːmnɪz] *znw* kalmte, bedaardheid
Calor gas ['kæləɡæs] *znw* butagas
calorie ['kælərɪ] *znw* calorie, warmte-eenheid
calorific [kælə'rɪfɪk] *bn* verwarmend, warmte-
calumny ['kæləmnɪ] form **I** *znw* laster(ing) **II** *overg* belasteren
Calvados ['kælvədɒs] *znw* calvados ‹appelbrandewijn›
calve [kɑːv] **I** *overg* ❶ helpen bij het kalven ❷ doen afkalven **II** *onoverg* ❶ kalven ❷ afkalven ‹ijsberg›
Calvinism ['kælvɪnɪzm] *znw* calvinisme
Calvinist ['kælvɪnɪst] **I** *bn* calvinistisch **II** *znw* calvinist
Calvinistic [kælvɪ'nɪstɪk] *bn* calvinistisch
calyx ['keɪlɪks] plantk *znw* [mv: calyces] (bloem)kelk
cam [kæm] techn *znw* kam, nok
camaraderie [kɑːmə'rɑːdərɪ] ‹Fr› *znw* kameraadschap
Cambodia [kæm'bəʊdɪə] *znw* Cambodja
Cambodian [kæm'bəʊdɪən] **I** *bn* Cambodjaans **II** *znw* ❶ Cambodjaan, Cambodjaanse ❷ Cambodjaans
came [keɪm] ww [v.t.] → **come**
camel ['kæml] *znw* ❶ kameel ❷ camel(kleur)
camellia [kə'miːlɪə] *znw* camelia
cameo ['kæmɪəʊ] *znw* ❶ camee ❷ korte, treffende typering ★ *a ~ part / appearance* een kort optreden ‹v. steracteur›
camera ['kæmrə] *znw* camera ▼ jur *in ~* achter gesloten deuren
camera crew ['kæmrə kruː] *znw* cameraploeg
cameraman ['kæmərəmæn] *znw* cameraman
camera-shy ['kæmərə'ʃaɪ] *bn* bang voor de camera

camera work ['kæmrə wɜ:k] *znw* camerawerk
Cameroon [kæmə'ru:n] *znw* Kameroen
Cameroonian [kæmə'ru:nɪən] **I** *bn* Kameroens **II** *znw* Kameroener, Kameroense
camisole ['kæmɪsəʊl] *znw* kamizool
camomile ['kæməmaɪl], **chamomile** *znw* kamille
camouflage ['kæməflɑ:ʒ] **I** *znw* camouflage **II** *overg* ❶ camoufleren ❷ laten doorgaan voor
camp [kæmp] **I** *bn* ❶ **campy** inf geaffecteerd, verwijfd, nichterig ❷ inf kitsch(erig), theatraal **II** *znw* kamp, legerplaats ★ *break / strike ~* (zijn tenten) opbreken ★ *have a foot in both ~s* geen partij kiezen, twee tegengestelden te vriend hebben ★ *pitch / set up ~* zijn tenten opslaan **III** *onoverg* ❶ kamperen (ook: ~ *out*) ❷ inf nichterig doen, overdrijven ★ *inf ~ it up* overacteren
campaign [kæm'peɪn] **I** *znw* ❶ veldtocht, campagne ★ *on ~* op campagne ❷ marketing actie **II** *onoverg* ❶ te velde staan ❷ vechten ❸ een campagne voeren
campaigner [kæm'peɪnə] *znw* actievoerder ★ *an old ~* een oudgediende, ouwe rot, veteraan
campaign trail [kæm'peɪn treɪl] *znw* verkiezingstournee
campanile [kæmpə'ni:lɪ] *znw* (vrijstaande) klokkentoren
campanology [kæmpə'nɒledʒɪ] *znw* campanologie, kennis van klokken(spel)
camp bed [kæmp bed] *znw* veldbed
camper ['kæmpə] *znw* ❶ kampeerder ❷ **camper van** camper, kampeerwagen, kampeerbus
campfire ['kæmpfaɪə] *znw* kampvuur
camp follower [kæmp 'fɒləʊwə] *znw* aanhanger, naloper
campground ['kæmpgraʊnd] Am *znw* → **campsite**
camphor ['kæmfə] *znw* kamfer
camping ['kæmpɪŋ] *znw* kamperen ★ *go ~* kamperen
campsite ['kæmpsaɪt], Am **campground**, Aus **camping ground** *znw* camping, kampeerterrein
campus ['kæmpəs] *znw* ❶ terrein van universiteit of school, campus ❷ Am terrein van een school, ziekenhuis of andere instelling
campy ['kæmpɪ] inf *bn* → **camp**
camshaft ['kæmʃɑ:ft] techn *znw* nokkenas
can [kæn] **I** *znw* kan, blik, bus ★ Am inf *the ~* de plee, de nor, de lik ★ inf *in the ~* klaar om te worden vertoond ⟨v. film⟩ ★ inf *carry the ~* de schuld dragen, ervoor opdraaien **II** *hulpww* [could] [v.t.] ❶ kunnen ★ *we ~'t afford it* we kunnen het ons niet veroorloven ★ *~ you open the window a little?* zou je het raam een beetje open willen doen? ★ *he was as friendly as ~ be* hij was zeer vriendelijk ★ inf *~ do* dat kan! ❷ mogen ★ *~ I go now?* mag ik nu gaan? **III** *overg* inblikken
Canadian [kə'neɪdɪən] **I** *bn* Canadees **II** *znw* Canadees, Canadese
canal [kə'næl] *znw* kanaal, vaart, gracht
canal boat [kə'næl bəʊt] *znw* kanaalboot, lange smalle boot

canalization [kænəlaɪ'zeɪʃən], **canalisation** *znw* kanalisatie
canalize ['kænəlaɪz], **canalise** *overg* kanaliseren
canapé ['kænəpɪ] *znw* ❶ canapé, belegd sneetje brood ⟨als voorgerecht⟩ ❷ canapé, sofa
canary [kə'neərɪ] *znw* kanarie(vogel)
canasta [kə'næstə] kaartsp *znw* canasta
cancel ['kænsəl] *overg* ❶ afgelasten, afbestellen, afschrijven, annuleren ❷ intrekken, opheffen, laten vervallen, vernietigen, tenietdoen, ongedaan maken ★ *~ sth out* goedmaken, neutraliseren, tenietdoen ★ *~ each other out* tegen elkaar wegvallen, elkaar opheffen, elkaar tenietdoen ❸ (door)schrappen, doorhalen, afstempelen
cancellation [kænsə'leɪʃən] *znw* ❶ annulering, afgelasting ★ *~ insurance* annuleringsverzekering ❷ intrekking, opheffing, vernietiging ❸ doorhaling, afstempeling
cancer ['kænsə] *znw* kanker ★ astron *Cancer* Kreeft ★ med *~ research* kankeronderzoek
cancerous ['kænsərəs] *bn* kankerachtig
candelabrum [kændɪ'lɑ:brəm] *znw* [mv: candelabra] kandelaber
candid ['kændɪd] *bn* ❶ open(hartig), eerlijk ❷ niet geposeerd, spontaan
candidacy ['kændɪdəsɪ] *znw* → **candidature**
candidate ['kændɪdeɪt] *znw* kandidaat ★ *put oneself forward as (a) ~* zichzelf als kandidaat naar voren schuiven
candidature ['kændɪdətʃə], **candidacy** *znw* kandidatuur
candied ['kændɪd] *bn* gekonfijt, gesuikerd
candied peel ['kændɪd pi:l] *znw* sukade
candle ['kændl] *znw* kaars ★ *the game's not worth the ~* het sop is de kool niet waard, het loont de moeite niet ★ *burn the ~ at both ends* dag en nacht werken ★ *nobody can hold a ~ to his voice* niemand kan ook maar aan zijn stem tippen
candlelight ['kændllaɪt] *znw* kaarslicht ★ *we had dinner by ~* we dineerden bij kaarslicht
candlelit ['kændllɪt] *bn* bij kaarslicht ★ *a ~ dinner* een diner bij kaarslicht
candlestick ['kændlstɪk] *znw* kandelaar ★ *a flat ~* een kaarsenhouder
candlewick ['kændlwɪk] *znw* kaarsenpit
can-do ['kæn-du:] *bn* ondernemend, doorzettend ★ *he takes a healthy ~ approach to his work* hij heeft de gezonde instelling van 'alles proberen' bij zijn werk
candour ['kændə], Am **candor** *znw* oprecht-, openhartigheid
candy ['kændɪ] **I** *znw* ❶ kandij ❷ Am suikergoed, snoep **II** *overg* ❶ konfijten, versuikeren ❷ kristalliseren
candy floss ['kændɪ flɒs] *znw* suikerspin, gesponnen suiker
candyman ['kændɪmæn] Am inf *znw* drugsdealer
candy store ['kændɪ stɔ:] Am *znw* snoepwinkel

ca

candy-striped ['kændɪstraɪpt] *bn* met zuurstokstrepen
cane [keɪn] **I** *znw* ❶ riet, rotting, rotan ❷ (wandel)stok ❸ suikerriet ❹ stengel, rank ‹v. framboos &› **II** *overg* ❶ matten (met riet) ❷ afrossen, slaan
cane sugar [keɪn 'ʃʊgə] *znw* rietsuiker
canine ['keɪnaɪn] **I** *bn* honds- **II** *znw*, **canine tooth** hoektand
caning ['keɪnɪŋ] *znw* pak slaag (met rotting)
canister ['kænɪstə] *znw* ❶ bus, trommel, blik ❷ mil granaatkartets ★ *a tear gas* ~ een traangasgranaat
canker ['kæŋkə] **I** *znw* ❶ (mond)kanker, hoefkanker, boomkanker ❷ bladrups ❸ knagende worm ❹ fig kwaad dat aan iets vreet **II** *onoverg* (ver)kankeren
cannabis ['kænəbɪs] *znw* cannabis, marihuana
canned [kænd] *bn* ❶ ingeblikt ❷ Am dronken
canned food [kænd fu:d] *znw* conserven
canned laughter [kænd 'lɑ:ftə] *znw* ingeblikt / van tevoren opgenomen gelach
canned music [kænd 'mju:zɪk] *znw* muzak
cannery ['kænərɪ] *znw* conservenfabriek
cannibal ['kænɪbl] *znw* kannibaal
cannibalism ['kænɪbəlɪzəm] *znw* kannibalisme
cannibalistic [kænɪbə'lɪstɪk] *bn* kannibaals, kannibalistisch
cannibalize ['kænɪbəlaɪz], **cannibalise** *overg* ❶ kannibaliseren ‹eten van de eigen soort› ❷ techn gebruiken v. onderdelen v.d. ene voor een andere machine
canning ['kænɪŋ] *znw* inmaak, het inblikken
cannon ['kænən] **I** *znw* ❶ mil kanon, kanonnen, geschut ❷ biljart carambole **II** *onoverg* ❶ biljart caramboleren ❷ (aan)botsen (tegen *into*)
cannonade [kænə'neɪd] *znw* kanonnade
cannonball ['kænənbɔ:l] *znw* ❶ kanonskogel ❷ **cannonball dive** Am bommetje ‹in zwembad &›
cannon fodder ['kænən 'fɒdə] *znw* kanonnenvlees
cannot ['kænɒt] *samentr* (can not) → **can**
cannula ['kænjʊlə] *znw* [*mv*: cannulae *of* -s] canule, afvoerbuisje
canny ['kænɪ] *bn* ❶ slim ❷ voorzichtig ❸ zuinig
canoe [kə'nu:] **I** *znw* kano ★ *we went down the river by* ~ we zakten de rivier af in een kano **II** *onoverg* kanoën
canoeist [kə'nu:ɪst] *znw* kanovaarder
canon ['kænən] *znw* ❶ canon, kerkregel, regel ❷ geautoriseerd oeuvre ❸ domheer, kanunnik ❹ canon ‹drukletter› ❺ muz canon, beurtzang
canonical [kə'nɒnɪkl] *bn* canoniek, kerkrechtelijk, kerkelijk
canonicals [kə'nɒnɪklz] *znw* [*mv*] priestergewaad
canonization [kænənaɪ'zeɪʃən], **canonisation** *znw* heiligverklaring
canonize ['kænənaɪz], **canonise** *overg* heilig verklaren
canon law ['kænən lɔ:] *znw* canoniek (kerkelijk) recht
canoodle [kə'nu:dl] *inf overg* liefkozen, knuffelen
can opener ['kænəʊpnə] *znw* blikopener
canopy ['kænəpɪ] **I** *znw* ❶ (troon)hemel, baldakijn ❷ gewelf, kap **II** *overg* overwelven

cans [kænz] inf *znw* [*mv*] koptelefoon
cant [kænt] **I** *znw* ❶ hypocriet geleuter ❷ dieventaal, vakjargon ❸ cliché(s) ❹ schuine kant, helling ❺ stoot, kanteling **II** *overg* ❶ op zijn kant zetten, kantelen ❷ doen overhellen ❸ (af)kanten **III** *onoverg* ❶ overhellen ❷ gemaakt, huichelachtig spreken ❸ femelen, kwezelen, huichelen
can't [kɑ:nt] *samentr* (can not) → **can**
cantaloupe ['kæntəlu:p] *znw* kanteloep ‹soort meloen›
cantankerous [kæn'tæŋkərəs] *bn* wrevelig, kribbig, lastig, twistziek
cantata [kæn'tɑ:tə] muz *znw* cantate
canteen [kæn'ti:n] *znw* ❶ kantine ❷ veldfles ❸ mil eetketeltje ❹ cassette ‹voor bestek›
canteen culture [kæn'ti:n 'kʌltʃə] Br inf *znw* afkeurende aanduiding voor de cultuur van conservatisme en discriminatie die volgens sommigen bij de politie heerst
canter ['kæntə] **I** *znw* korte galop, handgalop ★ Br *in / at a* ~ in handgalop **II** *onoverg* in korte galop rijden / gaan
canticle ['kæntɪkl] *znw* lofzang ★ bijbel *the Canticles* het Hooglied
cantilever ['kæntɪli:və] **I** *znw* ❶ bouwk console ❷ techn cantilever **II** *overg* steunen met een cantilever
cantilever bridge ['kæntɪli:və brɪdʒ] *znw* cantileverbrug
cantilevered ['kæntɪli:vəd] *bn* vrijdragend, cantilever-
canto ['kæntəʊ] *znw* zang ‹van een gedicht›
canton ['kænton] **I** *znw* kanton **II** *overg* ❶ verdelen in kantons ❷ mil kantonneren
Cantonese [kæntə'ni:z] *znw* Kantonees, Kantonese
cantor ['kæntɔ:] *znw* cantor, voorzanger
canvas ['kænvəs] *znw* ❶ zeildoek ★ *under* ~ scheepv onder zeil, mil in tenten (ondergebracht) ❷ canvas ❸ doek, schilderij ❹ zeil, zeilen
canvass ['kænvəs] **I** *znw* ❶ onderzoek ❷ (stemmen)werving **II** *overg* ❶ onderzoeken ❷ werven ❸ bewerken **III** *onoverg* stemmen werven, klanten werven, colporteren ★ ~ *for sth* colporteren voor iets
canvasser ['kænvəsə] *znw* stemmen-, klantenwerver, (werf)agent, colporteur, acquisiteur
canvassing ['kænvəsɪŋ] handel *znw* colportage, huis-aan-huisverkoop
canyon ['kænjən] *znw* cañon, ravijn, steile bergkloof
canyoning ['kænjənɪŋ] *znw* sport waarbij men aan een touw afdaalt in een ruwe bergrivier, om vervolgens door het water meegesleurd te worden
cap [kæp] **I** *znw* ❶ muts, pet, baret, kap ★ hist ~ *and bells* zotskap ★ ~ *in hand* nederig, onderdanig ★ zegsw *if the* ~ *fits, wear it* wie de schoen past, trekke hem aan ❷ beschermkapje, dop, dopje, hoed ‹v. paddestoel› ❸ klappertje ‹v. kinderpistooltje› ❹ pessarium ❺ limiet, bovengrens ❻ tandheelk kroon **II** *overg* ❶ een muts opzetten ❷ van een dopje voorzien ❸ met een (nog) sterker verhaal uit

de bus komen ❹ overtreffen, overtroeven ★ *to ~ it all* als klap op de vuurpijl ❺ beperken, limiteren ▼ sp *be ~ped for England / France &* voor het Engelse / Franse & nationale team uitkomen

capability [keɪpə'bɪlətɪ] *znw* ❶ bekwaamheid, vermogen, vermogens ★ *even organising a meal is beyond his ~* zelfs een maaltijd organiseren gaat zijn vermogens te boven ★ *the job is well within his capabilities* de baan ligt ruimschoots binnen zijn vermogen ❷ aanleg ★ *children have an enormous ~ for getting into mischief* kinderen hebben een enorm talent om kattenkwaad uit te halen

capable ['keɪpəbl] *bn* ❶ bekwaam, knap, geschikt, flink ★ *he's leaving the office in ~ hands* hij laat het bureau in bekwame handen achter ❷ in staat (om, tot *of*), kunnende, vatbaar (voor *of*) ★ *she's not physically ~ of looking after herself* ze is lichamelijk niet in staat om voor zichzelf te zorgen

capacious [kə'peɪʃəs] *bn* ruim, veelomvattend

capacitor [kə'pæsɪtə] elektr *znw* condensator

capacity [kə'pæsətɪ] *znw* ❶ bekwaamheid, vermogen, capaciteit ❷ bevoegdheid ❸ hoedanigheid, ruimte, inhoud ★ *full / filled to ~* helemaal vol ❹ volle zaal

cape [keɪp] *znw* ❶ kaap ★ *the Cape* de Kaap ❷ kap, pelerine, cape

capeesh [kə'piːʃ] inf *tsw* begrepen?

caper ['keɪpə] I *znw* ❶ (bokken)sprong, capriool ❷ inf streek, poets ❸ inf illegale praktijken, smerig zaakje ❹ plantk kappertje, kapperstruik II *onoverg* (rond)springen, huppelen

capillary [kə'pɪlərɪ] I *bn* haarvormig, capillair, haar- II *znw* ❶ haarbuisje ❷ haarvat

capital ['kæpɪtl] I *bn* ❶ hoofd- ❷ strafbaar met de doodstraf ★ *a ~ crime / offence* een halsmisdaad ❸ inf & gedat kapitaal, uitmuntend, prachtig, best ★ *a ~ fellow* een bovenste beste kerel II *znw* ❶ kapitaal ★ *make ~ out of sth* munt slaan uit iets ★ Br boekh *current ~* vlottend kapitaal, vlottende middelen ★ fin *fixed ~* belegd kapitaal, vast kapitaal ★ Am boekh *floating ~* vlottend kapitaal ★ *human ~* menselijk kapitaal ❷ hoofdstad ❸ kapiteel ❹ → **capital letter**

capital assets ['kæpɪtl 'æsets] *znw* [mv] kapitaalgoederen

capital equipment ['kæpɪtl ɪ'kwɪpmənt] boekh *znw* bedrijfsmiddelen

capital expenditure ['kæpɪtl ɪk'spendɪtʃə] *znw* ❶ boekh kapitaaluitgave(n) ❷ → fin **capital investment**

capital gains ['kæpɪtl 'geɪnz] *znw* [mv] kapitaalaanwas

capital gains tax ['kæpɪtl 'geɪnz tæks] *znw* vermogensaanwasbelasting

capital goods ['kæpɪtl gʊdz] *znw* [mv] kapitaalgoederen

capital-intensive ['kæpɪtl-ɪn'tensɪv] *bn* kapitaalintensief, veel kapitaal vereisend

capital investment ['kæpɪtl ɪn'vestmənt], **capital expenditure** fin *znw* kapitaalbelegging

capitalism ['kæpɪtəlɪzəm] *znw* kapitalisme

capitalist ['kæpɪtəlɪst] I *bn* kapitalistisch II *znw* kapitalist

capitalization [kæpɪtəlaɪ'zeɪʃən], **capitalisation** *znw* kapitalisatie

capitalize ['kæpɪtəlaɪz], **capitalise** I *overg* kapitaliseren II *onoverg* ★ *~ on sth* munt slaan uit iets

capitalized ['kæpɪtəlaɪzd], **capitalised** *bn* ❶ met een hoofdletter ❷ met kapitaal

capital letter ['kæpɪtl 'letə], **capital** *znw* hoofdletter

capital punishment ['kæpɪtl 'pʌnɪʃmənt] *znw* doodstraf

capital stock ['kæpɪtl stɒk] *znw* aandelenkapitaal

capitation [kæpɪ'teɪʃən] *znw* hoofdgeld ★ *~ tax* hoofdelijke belasting

capitulate [kə'pɪtjʊleɪt] *onoverg* capituleren

capitulation [kəpɪtjʊ'leɪʃən] *znw* capitulatie

capon ['keɪpən] *znw* kapoen

-capped [kæpt] *bn* met op de top ★ *snow~ mountains* bergen met sneeuw op de toppen

capping ['kæpɪŋ] *znw* afdekking

caprice [kə'priːs] *znw* luim, gril, nuk, grilligheid

capricious [kə'prɪʃəs] *bn* grillig, nukkig

Capricorn ['kæprɪkɔːn] astron *znw* Steenbok

capri pants [kə'priː pænts], **capris** *znw* [mv] strakke damespantalon, tot net over de knie

caps [kæps] afk (capital letters) kapitalen, hoofdletters

capsicum ['kæpsɪkəm] *znw* paprika

capsize [kæp'saɪz] I *znw* het kapseizen II *overg* doen kapseizen, omslaan III *onoverg* kapseizen, omslaan

capstan ['kæpstən] *znw* ❶ kaapstander ❷ gangspil

capstan lathe ['kæpstən leɪð] *znw* revolverdraaibank

capsule ['kæpsjuːl] *znw* ❶ capsule ❷ plantk zaaddoos ❸ doosvrucht

captain ['kæptɪn] I *znw* ❶ aanvoerder, veldheer, kapitein, gezagvoerder ❷ ploegbaas, primus, leider ❸ Am hoofdinspecteur van politie II *overg* aanvoeren, aanvoerder & zijn van

captain of industry ['kæptɪn ɒv 'ɪndəstrɪ] *znw* grootindustrieel

caption ['kæpʃən] *znw* titel, opschrift, onderschrift, ondertiteling, kopje

captious ['kæpʃəs] form *bn* vitterig

captivate ['kæptɪveɪt] *overg* boeien, bekoren, betoveren

captivating ['kæptɪveɪtɪŋ] *bn* innemend, boeiend, betoverend

captivation [kæptɪ'veɪʃən] *znw* bekoring, betovering

captive ['kæptɪv] I *bn* gevangen ★ *hold sbd ~* iem. gevangen houden II *znw* gevangene

captive audience ['kæptɪv 'ɔːdɪəns] *znw* gedwongen toehoorders

captive balloon ['kæptɪv bə'luːn] *znw* kabelballon

captivity [kæp'tɪvətɪ] *znw* gevangenschap ★ *they were released from ~ two months later* ze werden twee maanden later uit gevangenschap vrijgelaten ★ *the otters were bred in ~* de otters zijn in gevangenschap gefokt

ca

captor ['kæptə] *znw* wie gevangen neemt of buitmaakt

capture ['kæptʃə] **I** *znw* ❶ vangst, buit, prijs ❷ gevangenneming ❸ inneming, verovering **II** *overg* ❶ vangen, gevangen nemen, buitmaken ❷ innemen ❸ veroveren (op *from*) ❹ weergeven, schetsen, schilderen ‹sfeer &›

car [ka:] *znw* ❶ wagen, auto ★ ~ *insurance* een autoverzekering ★ *a ~ part* een auto-onderdeel ★ *a ~ stereo* een autoradio ★ *a ~ tyre* een autoband ❷ tram ❸ Am spoorwagen ❹ Am liftkooi

carafe [kə'ræf] *znw* karaf

caramel ['kærəmel] *znw* karamel

carapace ['kærəpeɪs] *znw* rugschild

carat ['kærət], Am **karat** *znw* karaat

caravan ['kærəvæn] *znw* ❶ karavaan ❷ kermis-, woonwagen ❸ kampeerwagen, caravan ❹ Am konvooi

caravanning ['kærəvænɪŋ] *znw* trekken met een caravan

caraway ['kærəweɪ] *znw* karwij, karwijzaad

carbide ['ka:baɪd] *znw* carbid

carbine ['ka:baɪn] *znw* karabijn

carbohydrate [ka:bə'haɪdreɪt] *znw* koolhydraat

carbolic acid [ka:'bɒlɪk 'æsɪd] *znw* carbolzuur

carbolic soap [ka:'bɒlɪk səʊp] *znw* carbolzeep

car bomb [ka: bɒm] *znw* autobom

carbon ['ka:bən] *znw* ❶ kool(stof) ❷ koolspits ❸ carbon(papier) ❹ doorslag

carbonaceous [ka:bə'neɪʃəs] *bn* kool(stof)houdend

carbonate ['ka:bəneɪt] *znw* carbonaat

carbonated ['ka:bəneɪtɪd] *bn* koolzuurhoudend

carbon compound ['ka:bən 'kɒmpaʊnd] *znw* koolstofverbinding

carbon copy ['ka:bən 'kɒpɪ] *znw* doorslag, kopie ★ fig *she's a ~ of her mother* ze lijkt als twee druppels water op haar moeder

carbon dating ['ka:bən deɪtɪŋ] *znw* koolstofdatering

carbon dioxide ['ka:bəndaɪ'ɒksaɪd] *znw* kooldioxide, koolzuurgas

carbonic acid [ka:'bɒnɪk 'æsɪd] *znw* koolzuur

carboniferous [ka:bə'nɪfərəs] *bn* kool(stof)houdend

carbonization [ka:bənaɪ'zeɪʃən], **carbonisation** *znw* carbonisatie

carbonize ['ka:bənaɪz], **carbonise** *overg* ❶ verkolen ❷ carboniseren

carbon monoxide ['ka:bənmɒ'nɒksaɪd] *znw* koolmonoxide, kolendamp

carbon paper ['ka:bən 'peɪpə] *znw* carbonpapier

carbon sink ['ka:bən sɪŋk] milieu *znw* koolstofput ‹wouden en oceanen die koolstofdioxide uit de atmosfeer absorberen›

carbon tax ['ka:bən tæks] *znw* belasting op fossiele brandstoffen ter vermindering van de uitstoot van koolstofdioxide

car boot sale ['ka: bu:t seɪl] *znw* kofferbakverkoop

carbuncle ['ka:bʌŋkl] *znw* karbonkel, puist

carburettor [ka:bə'retə], **carburetter**, Am **carburetor**

znw carburateur

carcass ['ka:kəs], **carcase** *znw* ❶ geslacht beest ❷ lijk ❸ karkas ❹ geraamte, wrak ★ ~ *work* cascobouw

carcinogen [ka:'sɪnədʒən] *znw* carcinogeen ‹kankerverwekkende stof›

carcinogenic [ka:sɪnə'dʒenɪk] *bn* carcinogeen, kankerverwekkend

carcinoma ['ka:sɪ'nəʊmə] *znw* [*mv:* carcinomata *of* -s] carcinoom, kankergezwel

card [ka:d] **I** *znw* ❶ kaart, ansichtkaart, wenskaart, visitekaartje ★ *a greeting ~* een wenskaart ★ *a sympathy ~* een condoleancekaart ★ Br inf *get one's ~s* ontslagen worden ★ Br inf *give sbd his / her ~s* iem. ontslaan ❷ dun karton ❸ bankpasje, betaalkaart, telefoonkaart ★ *pay by ~* met een betaalkaart betalen ❹ speelkaart ★ *play ~s* kaarten, kaartspelen ★ *play one's ~s right* het slim aanpakken ★ *have a ~ up one's sleeve* iets in petto hebben ★ *keep / play one's ~s close to one's chest / vest* zich niet in de kaart laten kijken ★ *lay / put one's ~s on the table* open kaart spelen ★ *a sure ~* wat zeker succes heeft ★ inf *be on / in the ~s* te voorzien, te verwachten ❺ programma ‹v. paardenrace› ❻ comput uitbreidingskaart ❼ inf rare snuiter, vreemde snoeshaan, grapjas ❽ (wol)kaarde **II** *overg* ❶ kaarden, ruwen ❷ op kaartjes schrijven, catalogiseren ❸ inf scoren ‹bij golf &›

cardboard ['ka:dbɔ:d] **I** *bn* fig onecht **II** *znw* karton, bordpapier ★ ~ *production* kartonnage, kartonproductie

card-carrying member ['ka:d-kærɪŋ 'membə] *znw* officieel lid

card game [ka:d geɪm] *znw* kaartspel

cardholder ['ka:dhəʊldə] *znw* kaarthouder

cardiac ['ka:dɪæk] **I** *bn* hart- ★ *a ~ arrest* een hartstilstand **II** *znw* inf hartaanval

cardie ['ka:dɪ] inf *znw* → **cardigan**

cardigan ['ka:dɪgən], inf **cardie**, inf **cardy** *znw* gebreid vest

cardinal ['ka:dɪnl] **I** *bn* ❶ voornaamst, hoofd- ❷ kardinaal ★ ~ *red* donkerpurper **II** *znw* kardinaal

cardinal number ['ka:dɪnl 'nʌmbə] *znw* hoofdtelwoord

cardinal point ['ka:dɪnl pɔɪnt] *znw* hoofdstreek ‹op kompas›

cardinal sin ['ka:dɪnl sɪn] *znw* doodzonde

card index [ka:d 'ɪndeks] *znw* kaartsysteem, cartotheek

card-index ['ka:dɪndeks] *overg* in een kaartsysteem opnemen, ficheren

cardiogram ['ka:dɪəʊgræm] *znw* cardiogram

cardiograph ['ka:dɪəʊgra:f] *znw* cardiograaf

cardiologist [ka:dɪ'ɒlədʒɪst] *znw* cardioloog, hartspecialist

cardiology [ka:dɪ'ɒlədʒɪ] *znw* cardiologie

cardiovascular [ka:dɪəʊ'væskjʊlə] med *bn* cardiovasculair

cardiovascular disease [ka:dɪəʊ'væskjʊlə dɪ'zi:z] med

ca

znw hart- en vaatziekte

cardphone ['kɑːdfəʊn] *znw* kaarttelefoon

card sharp [kɑːd ʃɑːp], **card sharper** *znw* professionele valsspeler

card swipe [kɑːd swaɪp] *znw* kaartlezer, kaartleesapparaat

card table [kɑːd 'teɪbl] *znw* speeltafeltje

card vote [kɑːd vəʊt] Br *znw* stemming waarbij de zwaarte van de stem van elke afgevaardigde evenredig is met het aantal mensen dat hij vertegenwoordigt ⟨vooral bij vakbondsvergaderingen⟩

cardy ['kɑːdɪ] inf *znw* → **cardigan**

care [keə] **I** *znw* ❶ zorg, voorwerp van zorg, bezorgdheid ★ *all mail should be addressed ~ of this prison* alle post moet aan deze gevangenis worden geadresseerd ★ *the paintings are in / under her ~* de schilderijen zijn onder haar beheer ★ *she's been in ~ since the age of three* ze staat sinds haar derde onder voogdij ★ *have a duty of ~* zorgplicht hebben ★ *take ~ of sth* zorgen voor iets ★ *take ~ of itself* vanzelf terecht komen ❷ verzorging ★ *dental ~* tandverzorging ★ *medical ~* gezondheidszorg ❸ voorzichtigheid ★ *fail to exercise ~* niet voorzichtig zijn ★ *handle with ~* voorzichtig, breekbaar ★ *take ~!*/gedat *have a ~!* pas op! **II** *overg* willen ★ *would you ~ to look around?* wilt u misschien even rondkijken? ★ *would you ~ to wipe your feet?* zou je misschien je voeten willen vegen? **III** *onoverg* erom geven, zich bekommeren ★ *who ~s?* wat kan dat schelen?, wat zou het? ★ inf *as if I ~* alsof het mij iets kan schelen ★ inf *you could go in your pyjamas for all I ~* je kunt wat mij betreft er in je pyjama heengaan ★ inf *I couldn't ~ less* het kan me niets schelen ★ *he really does ~* het doet hem echt wat ★ *I don't ~ if you do* het zal mij een zorg wezen ★ *~ for sth* op iets passen, voor iets zorgen ★ *would you ~ for a cup of tea?* heb je zin in een kopje thee? ★ *he doesn't ~ for mushrooms* hij lust geen champignons ★ *~ for sbd* (veel) geven om iem., houden van iem., zorgen voor iem., iem. verzorgen

careen [kə'riːn] **I** *overg* ❶ scheepv krengen, kiel(hal)en ❷ doen overhellen **II** *onoverg* overhellen

career [kə'rɪə] **I** *znw* ❶ vaart ★ *in full ~* in volle vaart ❷ loopbaan, carrière, beroep ★ *a ~ break* een loopbaanonderbreking ★ *~ guidance* beroepskeuzeadvies, beroepskeuzevoorlichting, beroepskeuzeoriëntatie ★ *a ~ opportunity* een carrièremogelijkheid, carrièrekans, beroepsmogelijkheid ★ *~ prospects* carrièreperspectief, beroepsperspectief ★ *she started her working ~ as a nurse* ze begon haar professionele carrière als verpleegster ★ *carve out a ~* een carrière voor zichzelf veroveren ★ *cut short one's ~* zijn carrière afbreken ★ *launch on one's ~* een carrière beginnen ❸ levensloop, geschiedenis ★ *he's had a chequered ~* hij heeft een veelbewogen loopbaan achter de rug **II** *onoverg* (voort)jagen,

(voort)snellen

career adviser [kə'rɪər əd'vaɪzə], Am **career officer** *znw* beroepskeuzeadviseur

careerist [kə'rɪərɪst] *znw* carrièrejager

career structure [kə'rɪə 'strʌktʃə] *znw* loopbaanontwikkeling

career woman [kə'rɪə 'wʊmən] *znw* carrièrevrouw

carefree ['keəfriː] *bn* zorgeloos

careful ['keəfʊl] *bn* zorgvuldig, nauwkeurig, zorgzaam, voorzichtig ★ *be ~!* pas op! ★ *be ~ of sbd / sth* oppassen voor iem. / iets ★ *be ~ to do sth* er voor zorgen te doen, niet nalaten te doen

careless ['keələs] *bn* onvoorzichtig, zorgeloos, onverschillig, onachtzaam, slordig, nonchalant ★ *he's ~ about his clothing* hij is slordig wat kleding betreft ★ *she's very ~ with money* ze is erg onvoorzichtig met geld

carer ['keərə] *znw* verzorger

caress [kə'res] **I** *znw* liefkozing **II** *overg* liefkozen, strelen, aaien, aanhalen

caressing [kə'resɪŋ] *bn* liefdevol, teder

caretaker ['keəteɪkə] *znw* ❶ huisbewaarder, -ster, conciërge ❷ opzichter ⟨v. begraafplaats &⟩

caretaker government ['keəteɪkə 'gʌvənmənt] *znw* zakenkabinet, interimregering

care worker [keə 'wɜːkə] *znw* hulpverlener

careworn ['keəwɔːn] *bn* door zorgen gekweld of verteerd, afgetobd

carfare ['kɑːfeə] Am *znw* bus- / tramgeld

CarFax® ['kɑːfæks] Am *znw* online mogelijkheid om de geschiedenis van een tweedehands auto na te gaan

car ferry ['kɑːferɪ] *znw* ❶ autoveer ❷ Am spoorpont

cargo ['kɑːgəʊ] *znw* [mv: -s of -goes] scheepv (scheeps)lading, vracht ★ transport dry ~ droge lading ★ transport frozen ~ koel- en vrieslading

cargo cult ['kɑːgəʊ kʌlt] *znw* cargo cult ⟨religieuze beweging in Melanesië⟩

cargo hold ['kɑːgəʊ həʊld] *znw* laadruim, vrachtruimte

cargo pants ['kɑːgəʊ pænts] *znw* [mv] wijde katoenen broek met grote zakken halverwege de pijpen

carhop ['kɑːhɒp] *znw* kelner of serveerster in een drive-in restaurant

Caribbean [kærɪ'biːən] **I** *bn* Caribisch **II** *znw* ★ *the ~* het Caribisch gebied, de Caribische Zee

caribou ['kærɪbuː] *znw* kariboe ⟨Noord-Amerikaans rendier⟩

caricature ['kærɪkətʃʊə] **I** *znw* karikatuur **II** *overg* een karikatuur maken van

caricaturist [kærɪkə'tʃʊərɪst] *znw* karikatuurtekenaar

caries ['keərɪːz] *znw* wolf, cariës ⟨in tanden⟩

carillon [kə'rɪljən] *znw* carillon, klokkenspel

caring ['keərɪŋ] *bn* ❶ zorgzaam, bezorgd ❷ verzorgend ★ *the ~ professions* de verzorgende beroepen

Carinthia [kə'rɪnθɪə] geogr *znw* Karinthië

carjacker ['kɑːdʒækə] *znw* iem. die zich schuldig

maakt aan **carjacking**

carjacking ['kɑːdʒækɪŋ] *znw* het stelen van een auto onder bedreiging van de chauffeur

cark [kɑːk], **kark** Aus inf *overg* ★ ~ *it* doodgaan

carload ['kɑːləʊd] *znw* wagenlading, karrenvracht ★ *a ~ of passengers* een autolading passagiers

Carlovingian [kɑːlə'vɪndʒɪən], **Carolingian I** *bn* Karolingisch **II** *znw* Karolinger

Carmelite ['kɑːməlaɪt] *znw* karmeliet, karmelietes

carmine ['kɑːmaɪn] *znw* karmijn(rood)

carnage ['kɑːnɪdʒ] *znw* bloedbad, slachting

carnal ['kɑːnl] form *bn* ❶ vleselijk, seksueel ❷ zinnelijk

carnality [kɑː'nælɪtɪ] form *znw* vleselijkheid, zinnelijkheid

carnal knowledge ['kɑːnl 'nɒlɪdʒ] *znw* seksuele gemeenschap

carnation [kɑː'neɪʃən] plantk *znw* anjer

carnet ['kɑːneɪ] *znw* ❶ carnet ❷ internationaal vliegpaspoort

carnival ['kɑːnɪvəl] *znw* ❶ carnaval ❷ Am lunapark, kermis

carnivore ['kɑːnɪvɔː] *znw* vleesetend dier of plant, carnivoor

carnivorous [kɑː'nɪvərəs] *bn* vleesetend

carob ['kærəb] *znw* ❶ johannesbroodboom ❷ johannesbrood

carol ['kærəl] **I** *znw* (kerst)lied, zang **II** *onoverg* kerstliederen zingen, luidkeels zingen

Caroline ['kærəlaɪn], **Carolean** *bn* (uit de tijd) van Karel I & II

Carolingian ['kærə'lɪndʒɪən] *bn & znw* → **Carlovingian**

caroller ['kærələ] *znw* zanger ‹van kerstliederen›

carol singer ['kærəl 'sɪŋə] *znw* zanger van kerstliederen

carol-singing ['kærəl-sɪŋɪŋ] *znw* zingen van kerstliederen

carotene ['kærətiːn] *znw* caroteen

carotid [kə'rɒtɪd] anat **I** *bn* halsslagaderlijk **II** *znw*, **carotid artery** halsslagader

carousal [kə'raʊzəl] *znw* drinkgelag, slemppartij

carouse [kə'raʊz] *onoverg* zuipen, zwelgen, slempen

carousel [kærə'sel] *znw* ❶ draaimolen ❷ luchtv draaiende bagageband

carp [kɑːp] **I** *znw* [mv: ~] karper **II** *onoverg* vitten (op / over *at / about*)

carpal tunnel syndrome ['kɑːpəl 'tʌnl 'sɪndrəʊm] *znw* carpaal tunnelsyndroom

car park ['kɑːpɑːk] *znw* parkeerterrein, -plaats, -gelegenheid

carpe diem [kɑːpeɪ 'diːem] ‹Lat› *tsw* carpe diem, pluk de dag

carpenter ['kɑːpəntə] **I** *znw* timmerman **II** *onoverg* timmeren

carpentry ['kɑːpəntrɪ] *znw* ❶ timmermansambacht ❷ timmerwerk

carpet ['kɑːpɪt] **I** *znw* tapijt, (vloer)kleed, karpet, loper ★ *be on the ~* in behandeling (aan de orde) zijn, inf berispt worden ★ *sweep sth under the ~* iets in de doofpot stoppen **II** *overg* (als) met een tapijt bedekken

carpetbagger ['kɑːpɪtbægə] afkeurend *znw* verkiezingskandidaat van buiten het district

carpetbagger steak ['kɑːpɪtbægə steɪk] *znw* biefstuk gevuld met oesters

carpet bombing ['kɑːpɪt bɒmɪŋ] *znw* een bomtapijt

carpeting ['kɑːpɪtɪŋ] *znw* ❶ vloerbedekking ❷ tapijt(goed)

carpet sweeper ['kɑːpɪt 'swiːpə] *znw* rolveger

carphone ['kɑːfəʊn] *znw* autotelefoon

carping ['kɑːpɪŋ] **I** *bn* muggenzifterig, vitterig **II** *znw* gevit, muggenzifterij

carpool ['kɑːpuːl] **I** *znw* ❶ carpool ❷ het carpoolen **II** *onoverg* carpoolen

carpooling ['kɑːpuːlɪŋ] *znw* het carpoolen

carport ['kɑːpɔːt] *znw* carport, open garage

carriage ['kærɪdʒ] *znw* ❶ rijtuig, wagon, wagen, coupé ★ *a ~ and four* een vierspannig rijtuig ❷ onderstel ❸ affuit ❹ techn slede ❺ vervoer, vracht ★ *~ free/~ paid* vrachtvrij, franco ❻ houding, gedrag

carriageway ['kærɪdʒweɪ] *znw* rijweg, rijbaan ★ *a dual ~* een vierbaansweg

carrier ['kærɪə] *znw* ❶ drager ❷ vrachtrijder, besteller, bode, voerman, vervoerder ❸ vrachtvaarder ❹ bacillendrager ❺ bagagedrager ❻ vliegdekschip ❼ mitrailleurswagen ❽ natuurk draaggolf

carrier bag ['kærɪə bæg] Br *znw* plastic draagtas

carrier frequency ['kærɪə 'friːkwənsɪ] nat *znw* draaggolffrequentie

carrier pigeon ['kærɪə 'pɪdʒɪn] *znw* postduif

carrier rocket ['kærɪə 'rɒkɪt] *znw* draagraket

carrion ['kærɪən] *znw* kreng, aas

carrot ['kærət] *znw* plantk gele wortel, peen ★ *a ~ and stick approach* beloning en straf aanpak

carroty ['kærətɪ] *bn* rood(harig)

carry ['kærɪ] **I** *overg* ❶ dragen, (ver)voeren, houden ★ *inf ~ the can* de schuld dragen, ervoor opdraaien ★ *~ things too far* iets te ver doorvoeren ★ *~ weight* gewicht in de schaal leggen ★ *she carries herself well for her age* ze ziet er goed uit voor haar leeftijd ★ *~ all before one* over de hele linie zegevieren ❷ bij zich hebben ‹geld›, (aan boord) hebben ❸ (over)brengen, meevoeren, transporteren ❹ erdoor krijgen, aannemen ‹motie› ❺ in verwachting zijn van ❻ bevatten, inhouden, meebrengen ‹verantwoordelijkheid› ★ *the job carries a large salary* er is een hoog salaris verbonden aan de baan **II** *onoverg* dragen, reiken ★ *her voice didn't ~ to the back of the hall* haar stem drong niet door tot achter in de zaal **III** *phras* ★ *~ sth* **along** iets meedragen, iets meeslepen ★ *~ sbd along* iem. wegvoeren, iem. meeslepen ★ *~ sth* **away** iets wegdragen ★ *~ sbd away* iem. wegvoeren, iem. meenemen ★ *be / get carried away* meegesleept worden ★ *~ sbd* **back** iem. terugvoeren ★ handel *~ sth* **forward** iets transporteren ★ *~ sth* **off** iets weg-, afvoeren ‹water›, iets er (goed) afbrengen, iets behalen ★ ~ *sbd off* iem. ontvoeren, iem. wegdragen ★ *be carried off by sth* overlijden aan iets ★ ~ *on* doorzetten, doorgaan, volhouden, inf zich aanstellen, zich vervelend gedragen, het aanleggen (met *with*) ★ ~ *sth* **out** iets ten uitvoer brengen, iets uitvoeren, iets vervullen ‹plichten› ★ ~ *sth* **over** iets overdragen, iets laten liggen, handel iets transporteren ★ ~ *sth* **through** iets doorzetten, iets doorvoeren, tot stand of tot een goed einde brengen, iets volhouden ★ ~ *sbd through sth* iem. ergens doorheen helpen

carryall [ˈkærɔːl] *znw* ❶ auto met twee banken tegenover elkaar in de lengte, minibus ❷ grote tas

carrycot [ˈkærɪkɒt] *znw* reiswieg

carrying capacity [ˈkærɪŋ kəˈpæsətɪ] *znw* laadvermogen

carrying charge [ˈkærɪŋ tʃɑːdʒ] *znw* ❶ overdrachtskosten, kosten van huurkoop ❷ kosten vanwege ongebruikte voorraden of bedrijfsruimtes

carryings-on [kærɪŋzˈɒn] *znw* aanstellerig gedrag

carry-on [ˈkærɪ-ɒn] inf *znw* gedoe

carry-out [ˈkærɪ-aʊt] Am & Schots **I** *bn* om mee te nemen ★ *a* ~ *restaurant* afhaalrestaurant **II** *znw* ❶ afhaalrestaurant ❷ afhaalmaaltijd

carry-over [ˈkærɪ-əʊvə] *znw* ❶ verrekening, compensatie, overdracht ❷ eff prolongatie, rescontre ❸ restant, overblijfsel ★ *this kind of thinking is a* ~ *from the cold war days* deze manier van denken is een overblijfsel uit de tijd van de koude oorlog

carsick [ˈkɑːsɪk] *bn* wagenziek

cart [kɑːt] **I** *znw* kar, wagen ★ *a shopping* ~ een winkelwagentje ★ Br inf *in the* ~ in de penarie ★ *put the* ~ *before the horse* het paard achter de wagen spannen **II** *overg* ❶ met een kar vervoeren ❷ slepen, zeulen ★ ~ *sbd / sth off* iem. / iets afvoeren

cartage [ˈkɑːtɪdʒ] *znw* ❶ sleeploon ❷ vervoer per sleperswagen

carte blanche [ˈkɑːtˈblɑ̃ʃ] *(Fr)* *znw* onbeperkte volmacht ★ *have* ~ de vrije hand hebben

cartel [kɑːˈtel] handel *znw* kartel

cartelization [kɑːtelaɪˈzeɪʃən], **cartelisation** *znw* kartelvorming

cartelize [ˈkɑːtelaɪz], **cartelise** *overg* kartelleren, een kartel vormen

carter [ˈkɑːtə] *znw* voerman

carthorse [ˈkɑːthɔːs] *znw* trekpaard

cartilage [ˈkɑːtɪlɪdʒ] *znw* kraakbeen

cartload [ˈkɑːtləʊd] *znw* karrenvracht ★ inf *by the* ~ met karrenvrachten, in stapels, in groten getale

cartographer [kɑːˈtɒgrəfə] *znw* cartograaf

cartography [kɑːˈtɒgrəfɪ] *znw* cartografie

carton [ˈkɑːtn] *znw* karton, kartonnen doos, slof ‹v. sigaretten› ★ *a* ~ *of milk / cream &* een pak melk / room &

cartoon [kɑːˈtuːn] **I** *znw* ❶ modelblad voor schilders

&, voorstudie ❷ spotprent ❸ tekenfilm ❹ → **cartoon strip** **II** *overg* spotprenten maken (van)

cartoonist [kɑːˈtuːnɪst] *znw* tekenaar van spotprenten / stripverhalen

cartoon strip [kɑːˈtuːn strɪp], **cartoon** *znw* beeldverhaal, stripverhaal

cartridge [ˈkɑːtrɪdʒ] *znw* ❶ patroon(huls) ❷ vulling, inktpatroon

cartridge belt [ˈkɑːtrɪdʒ belt] *znw* patroongordel

cartridge paper [ˈkɑːtrɪdʒ ˈpeɪpə] *znw* ❶ kardoespapier ‹voor patroonhulzen› ❷ grof tekenpapier

cartwheel [ˈkɑːtwiːl] *znw* ❶ wagenrad ❷ radslag ★ *turn* ~*s* radslagen maken

cartwright [ˈkɑːtraɪt] *znw* wagenmaker

carve [kɑːv] *overg* (voor)snijden, kerven, beeldsnijden, graveren ★ ~ *sth up* iets verdelen ★ ~ *sth out* iets met veel moeite opbouwen / veroveren

carver [ˈkɑːvə] *znw* ❶ (beeld)snijder ❷ voorsnijder ❸ voorsnijmes

carvers [ˈkɑːvəz] *znw* [mv] voorsnijmes en -vork

carvery [ˈkɑːvərɪ] *znw* vleesbuffet

carving [ˈkɑːvɪŋ] *znw* beeldsnijkunst, snijwerk

carving knife [ˈkɑːvɪŋ naɪf] *znw* voorsnijmes

carwash [ˈkɑːwɒʃ] *znw* autowasplaats

caryatid [kærɪˈætɪd] *znw* kariatide ‹zuil in de vorm v.e. vrouwenfiguur›

cascade [kæsˈkeɪd] **I** *znw* cascade, waterval **II** *onoverg* in golven (neer)vallen

case [keɪs] **I** *znw* ❶ geval, toestand, zaak, voorbeeld ★ *on a* ~ *by* ~ *basis* van geval tot geval ★ *a* ~ *in point* een typisch voorbeeld ★ *in* ~ *you're wondering what happened* voor het geval je je afvraagt wat er gebeurd is ★ *take an umbrella just in* ~ neem een paraplu mee voor het geval dat ★ *in* ~ *of fire / an accident / an emergency* in geval van brand / een ongeval / een noodsituatie ★ *in any* ~ in ieder geval, hoe dan ook ★ *in no* ~ in geen geval ★ *as the* ~ *may be* al naar gelang de omstandigheden ★ *in the* ~ *of* in het geval van, wat betreft ★ *this is still the* ~ het is nog zo ❷ (rechts)zaak, geding, proces ★ *argue sbd's* ~ het voor iem. opnemen ★ *bring a* ~ *against sbd* iem. aanklagen ★ *have a strong* ~ sterk staan ★ *have a / no* ~ *to answer* wel / niet vervolgd worden ★ *make out / prove one's* ~ zijn goed recht bewijzen, zijn bewering waar maken ★ *put one's* ~ zijn standpunt uiteenzetten ★ *take up sbd's* ~ zich inzetten voor iem. ❸ argument, argumenten ★ *make (out) a* ~ *for sth* argumenten aanvoeren voor iets ❹ naamval ❺ (pak)kist, koffer, doos, trommel ❻ omhulsel, dek, overtrek, huls, foedraal, etui, tas, schede, koker ❼ kast ❽ patiënt, gewonde **II** *overg* ❶ in een kist & doen, insluiten, overtrekken ❷ inf verkennen, opnemen

casebook [ˈkeɪsbʊk] *znw* boek met verslagen van behandelde gevallen ‹v. arts, jurist &›

case history [keɪs ˈhɪstərɪ] *znw* voorgeschiedenis, anamnese

ca

casein [ˈkeɪsiːn] *znw* caseïne, kaasstof

case law [keɪs lɔ:] *jur znw* jurisprudentie

caseload [ˈkeɪsləʊd] *znw* praktijk, werklast ‹v. arts, jurist &›

casement [ˈkeɪsmənt] *znw* (klein) openslaand venster, draairaam

case-sensitive [keɪs-ˈsensətɪv] comput *bn* hoofdlettergevoelig

case-sensitivity [keɪs-sensɪˈtɪvɪtɪ] comput *znw* hoofdlettergevoeligheid

case study [keɪs ˈstʌdɪ] *znw* casestudy, beschrijving ‹v.e. praktijkgeval›

casework [ˈkeɪswɜːk] *znw* sociaal werk ‹vnl. psychologisch gericht›

caseworker [ˈkeɪswɜːkə] *znw* maatschappelijk werker ‹vnl. psychologisch gericht›

cash [kæʃ] **I** *znw* geld, gereed geld, contanten, kas ★ *a ~ (-down) payment* betaling à contant, contante betaling ★ *~ in hand* contanten in kas ‹post op jaarrekening›, contant / zwart ‹betalen› ★ *~ on delivery* (onder) rembours ★ *be in ~* goed bij kas zijn ★ *be short of / strapped for ~* krap bij kas zitten **II** *overg* verzilveren, wisselen, innen **III** *phras* ★ *~ sth in* iets verzilveren, innen ★ *inf ~ in one's chips* zijn fiches inwisselen, fig sterven ★ *~ in on sth* profiteren van iets, verdienen aan iets ★ *~ up/Am ~ out* de kas opmaken

cash advance [kæʃ ədˈvɑːns] *znw* kasvoorschot

cash and carry [kæʃ ænd ˈkærɪ] *znw* cash-and-carryzaak, zelfbedieningsgroothandel

cashback [ˈkæʃbæk] *znw* extra geld pinnen ‹in een winkel›

cash balance [kæʃ ˈbæləns] *znw* kassaldo, kaspositie

cash book [kæʃ bʊk] *znw* kasboek

cash box [kæʃ bɒks] *znw* geldkistje, geldtrommel

cash card [kæʃ kɑːd] *znw* bankpasje, betaalkaart, betaalpas

cash cow [kæʃ kaʊ] *znw* ❶ marketing marktleider in een markt met geringe groei ❷ melkkoe, goed renderend product of bedrijfsonderdeel

cash crop [kæʃ krɒp] *znw* voor de handel gekweekt gewas

cash deposit [kæʃ dɪˈpɒzɪt] *znw* kasstorting

cash-desk [ˈkæʃ-desk] Br *znw* kassa

cash discount [kæʃ ˈdɪskaʊnt] *znw* contantkorting, korting bij contante betaling

cash dispenser [kæʃ dɪˈspensə] *znw* geldautomaat

cashew [ˈkæʃuː], **cashew nut** *znw* cashewnoot

cashflow [ˈkæʃfləʊ] *znw* cashflow, kasstroom ★ *a ~ forecast* een liquiditeitsbegroting

cashier [kæˈʃɪə] **I** *znw* kassier, caissière ★ *a ~'s check* een bankcheque **II** *overg* ❶ mil casseren ‹officier› ❷ afdanken, zijn congé geven

cashmere [ˈkæʃmɪə] *znw* kasjmier

cash payment [ˈkæʃpeɪmənt] *znw* contant(e betaling)

cashpoint card [ˈkæʃpɔɪnt kɑːd] *znw* betaalpas

cashpoint® [ˈkæʃpɔɪnt] Br *znw* geldautomaat

cash price [kæʃ praɪs] *znw* prijs à contant

cash purchase [kæʃ ˈpɜːtʃɪs] *znw* aankoop tegen contante betaling

cash receipt [kæʃ rɪˈsiːt] *znw* kasontvangst

cash refund [kæʃ riːˈfʌnd] *znw* ❶ geld terug, teruggave in contanten ❷ marketing geldterugactie, rechtstreekse korting van de producent aan de consument

cash register [kæʃ ˈredʒɪstə] *znw* kasregister

cash-strapped [ˈkæʃ-stræpt] *bn* armlastig, slecht bij kas

cash transaction [kæʃ trænˈzækʃən] *znw* contante transactie, contante aan- of verkoop

cash withdrawal [kæʃ wɪðˈdrɔːəl] *znw* kasopname

casing [ˈkeɪsɪŋ] *znw* ❶ foedraal ❷ overtrek, omhulsel, bekleding, verpakking, mantel

casino [kəˈsiːnəʊ] *znw* casino, speelbank

cask [kɑːsk] *znw* vat, ton

casket [ˈkɑːskɪt] *znw* ❶ kistje, cassette ❷ Am doodkist, lijkkist

Caspian [ˈkæspɪən] geogr *bn* ★ *the ~ Sea* de Kaspische Zee

cassava [kəˈsɑːvə] *znw* cassave

casserole [ˈkæsərəʊl] *znw* ❶ (braad-, kook-, tafel)pan, kasserol ❷ stoofschotel, eenpansmaaltijd

cassette [ˈkæset, kəˈset] *znw* ❶ cassette ❷ cassettebandje

cassette deck [ˈkæset, kəˈset dek] *znw* cassettedeck

cassette recorder [ˈkæset, kəˈset rɪˈkɔːdə] *znw* cassetterecorder

cassette tape [ˈkæset, kəˈset teɪp] *znw* cassettebandje

cassock [ˈkæsək] *znw* toog ‹priesterkleed›

cassowary [ˈkæsəweərɪ] *znw* kasuaris ‹loopvogel›

cast [kɑːst] **I** *bn* gegoten, giet- **II** *znw* ❶ (giet)vorm, afgietsel, (pleister)model ❷ gipsverband ❸ worp, (uit)werpen ❹ type, soort, aard ❺ tint, tintje, tikje ★ *intense light can give your photos a bluish ~* intens licht kan je foto's een blauwachtige tint geven ❻ (rol)bezetting, rolverdeling ❼ cast, spelers ❽ vervorming ★ *have a ~ in one's eye* loensen **III** *overg* [cast, cast] ❶ werpen, neerwerpen, uitwerpen, afwerpen ★ *~ sth aside* iets weg-, terzijde gooien, iets aan de kant zetten ★ *~ sth away* iets wegwerpen, iets verkwisten ★ *scheepv be ~ away* schipbreuk lijden ★ *~ one's mind back to sth* in zijn herinnering teruggaan naar iets ★ *~ sth down* iets neerwerpen, iets terneerslaan, iets neerslaan ★ *be ~ down* terneergeslagen zijn ★ *dicht ~ sbd off* iem. verstoten, afdanken ★ *~ sth off* form iets afwerpen, form iets verstoten, afdanken, form iets loslaten, iets afhechten ‹breiwerk› ★ *~ aspersions on sth* iets verdacht maken ★ *~ oneself on sth* zich overgeven aan iets, een beroep doen op iets ★ *~ an eye over sth* iets vluchtig bekijken ★ *dicht ~ sbd / sth out* iem. / iets uitwerpen, uitdrijven, verjagen ★ *~ sth up* iets opwerpen, opslaan ★ *~ a horoscope* een horoscoop trekken ★ *~ in one's lot with sbd* het lot delen (willen) van iem., zich aan de zijde scharen van iem. ★ *~ lots* loten ❷ afdanken ❸ uitbrengen ‹zijn stem› ❹ jur veroordelen ❺ techn gieten ❻ casten ★ *be ~ as sbd*

contante betaling

de rol van iem. (toebedeeld) krijgen **IV** *onoverg* [cast, cast] ❶ scheepv wenden ❷ kromtrekken ❸ speuren ★ ~ *about / around / round for sth* zoeken naar iets ⟨oplossing &⟩ ★ ~ *back to sth* teruggaan naar iets ▼ ~ *off* afkanten ⟨breien⟩, scheepv losgooien, druk omvang berekenen ⟨v. manuscript⟩ ▼ ~ *on* opzetten ⟨breiwerk⟩

castanets [ˈkæstəˈnets] *znw* [mv] castagnetten

castaway [ˈkɑːstəweɪ] **I** *bn* ❶ gestrand ❷ verongelukt ❸ verstoten, verworpen **II** *znw* ❶ schipbreukeling ❷ verworpeling, paria

caste [kɑːst] *znw* kaste ★ *lose* ~ in stand achteruitgaan

castellated [ˈkæstəleɪtɪd] *bn* ❶ kasteelachtig ⟨v.rotsen⟩ ❷ gekanteeld

caster [ˈkɑːstə] *znw* ❶ metaalgieter, metaalgietmachine ❷ vliegaas ❸ → **castor**

caster sugar [ˈkɑːstə ˈʃʊgə] *znw* → **castor sugar**

castigate [ˈkæstɪgeɪt] *form overg* ❶ kastijden, straffen, gispen ❷ zwaar bekritiseren

castigation [kæstɪˈgeɪʃən] *form znw* ❶ kastijding, gisping ❷ zware kritiek

castigator [ˈkæstɪgeɪtə] *form znw* ❶ kastijder ❷ criticus

casting [ˈkɑːstɪŋ] *znw* ❶ het gieten ❷ rolverdeling, -bezetting ❸ gietstuk, gietsel ❹ hoopje ⟨v. aardworm⟩ ❺ braaksel, uilenbal

casting couch [ˈkɑːstɪŋ kaʊtʃ] inf scherts *znw* 'de Gooise matras' ⟨seks in ruil voor een rol⟩

casting vote [ˈkɑːstɪŋ vəʊt] *znw* beslissende stem

cast iron [kɑːst-ˈaɪən] **I** *bn* ❶ van gietijzer ❷ fig hard, vast, ijzersterk ★ *have a cast-iron alibi* een ijzeren alibi hebben **II** *znw* gietijzer

castle [ˈkɑːsəl] **I** *znw* burcht, slot, kasteel ★ ~*s in the air* luchtkastelen **II** *onoverg* schaken rokeren

castle-builder [ˈkɑːsəl-bɪldə] inf *znw* fantast

cast-off [ˈkɑːst-ɒf] **I** *bn* afgedankt **II** *znw* afleggertje, afdankertje

castor [ˈkɑːstə], **caster** *znw* ❶ rolletje ⟨onder meubel⟩ ❷ strooier

castor oil [ˈkɑːstər ɔɪl] *znw* wonderolie

castor sugar [ˈkɑːstə ˈʃʊgə], **caster sugar** *znw* fijne tafelsuiker

castrate [kæˈstreɪt] *overg* castreren

castration [kæˈstreɪʃən] *znw* castratie

castrato [kæsˈtrɑːtəʊ] *znw* [mv: castrati] castraatzanger

casual [ˈkæʒʊəl, -zjʊəl] **I** *bn* ❶ los, nonchalant ❷ terloops, zonder plan ❸ toevallig, oppervlakkig ❹ ongeregeld ★ ~ *labour* tijdelijk werk ❺ informeel, vrijetijds- ★ ~ *wear* informele kleding, vrijetijdskleding **II** *znw* tijdelijke (arbeids)kracht

casually [ˈkæʒʊəlɪ, -zjʊəlɪ] *bijw* ❶ los, nonchalant ❷ terloops, zonder plan ❸ toevallig, oppervlakkig ❹ ongeregeld

casuals [ˈkæʒʊəlz, -zjʊəlz] *znw* [mv] vrijetijdskleding

casualty [ˈkæʒʊəltɪ] *znw* ❶ slachtoffer ★ *the war has claimed thousands of casualties* de oorlog heeft duizenden slachtoffers veroorzaakt

❷ eerstehulpafdeling ★ *the* ~ *ward* eerstehulpafdeling ⟨in ziekenhuis⟩ ★ ~ *insurance* ongevallenverzekering

casuistry [ˈkæʒjuːɪstrɪ, ˈkæʒʊɪstrɪ] form *znw* ❶ casuïstiek ❷ spitsvondigheid, haarkloverij

cat [kæt] *znw* ❶ kat ★ inf *the* ~*'s meow / pyjamas / whiskers* het neusje van de zalm ★ *be like a* ~ *on a hot tin roof* benauwd, nerveus, niet op zijn gemak zijn ★ *be like the* ~ *that's got / stolen / eaten the cream / canary* zelfvoldaan zijn ★ inf *fight like* ~ *and dog* vechten als kat en hond ★ inf *has the* ~ *got your tongue?* heb je je tong verloren? ★ inf *not have a* ~ *in hell's chance* geen schijn van kans hebben ★ *let the* ~ *out of the bag* uit de school klappen ★ inf *look like sth the* ~ *brought / dragged in* er verfomfaaid / als een verzopen kat uitzien ★ *play* ~ *and mouse with sbd* kat en muis met iem. spelen ★ inf *put / set the* ~ *among the pigeons* de knuppel in het hoenderhok gooien ★ inf *see which way the* ~ *jumps* de kat uit de boom kijken ★ inf *there's not enough room to swing a* ~ je kunt er je kont niet keren ★ inf *he thinks he's the* ~*'s whiskers* hij heeft het hoog in de bol ★ zegsw *at night all* ~*s are grey / all* ~*s are grey at night* 's nachts zijn alle katjes grauw ★ zegsw *a* ~ *may look at the king* de kat ziet de keizer wel aan ★ zegsw *when the* ~*'s away. the mice will play* als de kat van huis is, dansen de muizen op tafel ❷ → **cat-o'-nine-tails**

cataclysm [ˈkætəklɪzəm] dicht *znw* ❶ overstroming ❷ geweldige beroering, omwenteling, cataclysme

cataclysmic [kætəˈklɪzmɪk] dicht *bn* desastreus, rampzalig

catacomb [ˈkætəkuːm] *znw* (meestal mv) catacombe

Catalan [ˈkætələn, -læn] **I** *bn* Catalaans **II** *znw* ❶ Catalaan, Catalaanse ❷ Catalaans

catalogue [ˈkætəlɒg], Am **catalog I** *znw* ❶ catalogus ❷ lijst, reeks, opeenvolging **II** *overg* ❶ catalogiseren ❷ rangschikken ❸ ± opsommen

catalogue retailer [ˈkætəlɒg ˈriːteɪlə], **catalogue retail outlet** *znw* cataloguswinkel ⟨winkel die verkoopt op basis van een catalogus⟩

catalyst [ˈkætəlɪst] *znw* katalysator

catalytic converter [kætəˈlɪtɪk kənˈvɜːtə] *znw* katalysator ⟨v. auto⟩

catamaran [kætəməˈræn] scheepv *znw* catamaran ⟨zeilboot met twee rompen⟩

catapult [ˈkætəpʌlt] **I** *znw* katapult **II** *overg* met een katapult beschieten, afschieten, slingeren ★ *she was* ~*ed to stardom* van de ene op de andere dag werd zij een ster

cataract [ˈkætərækt] *znw* ❶ waterval ❷ med grauwe staar

catarrh [kəˈtɑː] *znw* catarre, slijmvliesontsteking

catastrophe [kəˈtæstrəfɪ] *znw* catastrofe, ramp

catastrophic [kætəˈstrɒfɪk] *bn* catastrofaal, rampzalig

catbird [ˈkætbɜːd] *znw* katvogel ⟨naam van verschillende vogels die een katachtig geluid maken⟩ ★ Am inf *be in the* ~ *seat* op rozen zitten

cat burglar [kæt ˈbɜːglə] *znw* geveltoerist

ca

ca

catcall ['kætkɔ:l] **I** *znw* ❶ schel fluitje ‹om iem. uit te fluiten› ❷ fluitconcert **II** *onoverg* uitfluiten, weghonen

catch [kætʃ] **I** *znw* ❶ het vangen, greep ❷ sp vangbal ❸ vangst, buit, voordeel, aanwinst ❹ overgooien ‹balspel› ❺ vang, klink, haak, pal, knip ❻ strikvraag, valstrik ★ *there's a ~ in / to it* er schuilt / steekt iets achter ❼ inf goede partij ‹voor huwelijk› ❽ stokken ‹v. stem› **II** *overg* [caught, caught] ❶ (op)vangen ★*~ sbd's eye* iems. blik opvangen ★ *a painting caught his eye* zijn blik viel op een schilderij ★*~ the light* het licht (op)vangen ★*~ sbd's attention* iems. aandacht trekken ★*~ sight of sbd / sth* iem. / iets in het oog krijgen ❷ pakken, vat krijgen op, grijpen, vatten ❸ (in)halen ★*~ a train* een trein halen, de trein pakken ❹ oplopen, te pakken krijgen ★*~ (a) cold kouvatten ★ inf ~ it*/Am *~ hell* er (ongenadig) van langs krijgen ❺ betrappen ★ inf *you wouldn't ~ me / him & doing sth* zoiets zou ik / hij & nooit doen ❻ vastraken met, blijven haken / hangen met ★ *she caught her dress on a nail* ze bleef met haar jurk aan een spijker haken ❼ verstaan, snappen ★ *I didn't ~ your name* ik heb je naam niet goed gehoord ❽ raken, treffen ★ *she caught her head on the shower screen* ze stootte haar hoofd aan het douchescherm ❾ toebrengen, geven ‹een klap› ★ *he caught me on the chin with his fist* hij sloeg me met zijn vuist op mijn kin ❿ strikken, klemmen ★ *be caught in sth* ergens in terechtkomen ★ *I was caught in the rain* ik werd overvallen door de regen **III** *onoverg* [caught, caught] ❶ pakken ‹v. schroef› ❷ klemmen ‹v. deur› ❸ blijven haken / zitten ❹ aangaan, vlam vatten ★*~ fire* ~ vuur / vlam vatten, in brand raken / vliegen ❺ aanbranden **IV** *phras* ★*~ at sth* grijpen naar iets, iets aangrijpen ★ inf *~ on* pakken, aanslaan, opgang maken, ingang vinden, 't snappen ★ *Iers ~ oneself on* iets in de gaten krijgen / beseffen ★*~ sbd out* sp iem. uitspelen ‹cricket›, iem. betrappen, iem. verrassen ★*~ up* inhalen ★*~ sth up* iets oppakken, iets omhooghouden ★ Br *~ sbd up* iem. inhalen ★ *be / get caught up in sth* ergens in verwikkeld raken, betrokken raken bij iets ★*~ up on sth* weer op de hoogte komen van iets ★*~ up with sbd* iem. inhalen, iem. achterhalen

catch-22 ['kætʃ-twentɪ'tu:] *znw* kansloze situatie, kruis ik win: munt jij verliest

catch-all ['kætʃ-ɔ:l] *znw* vergaarbak, verzamelplaats

catch-as-catch-can ['kætʃ-æz-'kætʃ-'kæn] *znw* vrij worstelen, catch(-as-catch-can)

catcher ['kætʃə] *znw* grijper, vanger, knip

catching ['kætʃɪŋ] *bn* ❶ besmettelijk, aanstekelijk ❷ pakkend

catchment area ['kætʃmənt 'eərɪə] *znw* ❶ verzorgingsgebied, regio, rayon ❷ stroomgebied

catchment basin ['kætʃmənt 'beɪsən] *znw* stroomgebied

catchphrase ['kætʃfreɪz] *znw* ❶ leus ❷ gezegde

catchword ['kætʃwɜ:d] *znw* ❶ wachtwoord

❷ trefwoord ❸ voorbijgaande modeuitdrukking, modewoord ❹ frase, kreet, (partij)leus

catchy ['kætʃɪ] *bn* ❶ pakkend, boeiend, aantrekkelijk ❷ goed in het gehoor liggend

catechism ['kætɪkɪzəm] *znw* catechismus

categorical [kætɪ'gɒrɪkl] *bn* categorisch, onvoorwaardelijk, stellig, uitdrukkelijk

categorize ['kætɪgəraɪz], **categorise** *overg* categoriseren, in categorieën indelen

category ['kætɪgərɪ] *znw* categorie ★ *be in a ~ all of its own* een klasse apart zijn

catenary [kə'ti:nərɪ] *bn* ketting- ★ bouwk *a ~ arch* een kettingboog

cater ['keɪtə] *onoverg* provianderen, cateren, voedsel leveren / verschaffen ★*~ for sbd* leveren aan iem., zich richten op iem. ★*~ for sth* tegemoet komen aan iets ‹behoefte, smaak &›, inhaken op iets ★*~ to sbd* zich richten op iem., inspelen op iem. ★*~ to sth* tegemoet komen aan iets ‹behoefte, smaak &›, inhaken op iets, toegeven aan iets ‹grillen &›

caterer ['keɪtərə] *znw* ❶ leverancier (van levensmiddelen), kok, restaurateur ❷ cateringbedrijf

catering ['keɪtərɪŋ] *znw* ❶ catering, diner- / receptieverzorging ★ *a ~ licence* een horecavergunning ❷ proviandering

caterpillar ['kætəpɪlə] *znw* ❶ rups ❷ techn rupsband

caterpillar track ['kætəpɪlə træk] *znw* rupsband, rupsketting

caterpillar tractor ['kætəpɪlə 'træktə] *znw* rupsbandtractor, rupsbandtrekker

caterwaul ['kætəwɔ:l] **I** *znw* krols gemiauw, kattengejank **II** *onoverg* krollen, schreeuwen v. kat in de paartijd

catfish ['kætfɪʃ] *znw* ❶ zeewolf ❷ meerval

catgut ['kætgʌt] *znw* ❶ darmsnaar ❷ med catgut, kattendarm

catharsis [kə'θɑːsɪs] *znw* [*mv:* catharses] catharsis, geestelijke reiniging

cathartic [kə'θɑːtɪk] **I** *znw* ❶ reinigend ❷ med purgerend, laxerend **II** *znw* catharticum, purgeermiddel

cathedral [kə'θiːdrəl] *znw* kathedraal, dom(kerk)

Catherine wheel ['kæθrɪnwiːl] *znw* ❶ roosvenster ❷ vuurrad ‹ook als martelwerktuig› ▼ *turn a ~* een radslag maken

catheter ['kæθɪtə] med *znw* katheter

cathode ['kæθəʊd] *znw* kathode

cathode-ray tube ['kæθəʊdreɪ tjuːb] *znw* kathodestraalbuis

catholic ['kæθəlɪk] **I** *bn* ❶ algemeen ❷ ruim ❸ veelzijdig ❹ katholiek ★ *Catholic* katholiek **II** *znw* ★ *a Catholic* een katholiek

Catholicism [kə'θɒlɪsɪzm] *znw* katholicisme

catkin ['kætkɪn] *znw* katje ‹van wilg &›

catlike ['kætlaɪk] *bn* katachtig

catnap ['kætnæp] *znw* hazenslaapje

cat-o'-nine-tails ['kæt-ə-naɪn-'teɪlz], inf **cat** *znw* soort

zweep ‹knoet›
cat's-cradle [kæts-'kreɪdl] *znw*
kop-en-schotelschemerlamp ‹spelletje waarbij met een draadlus figuren worden gevormd›
catseye ['kætsaɪ] Br *znw* kattenoog ‹wegmarkering›
cat's eye ['kæts aɪ] *znw* kattenoog ‹halfedelsteen›
catsuit ['kætsu:t] *znw* jumpsuit, bodystocking
catsup ['kætsəp] Am *znw* → **ketchup**
cattle ['kætl] *znw* vee, rundvee ★ *dairy* ~ melkvee

> **cattle**
> betekent **vee**, maar wordt alleen gebruikt voor rundvee. Het algemenere woord voor *vee* is **livestock.**

cattle-breeding ['kætl-'bri:dɪŋ] *znw* veeteelt
cattle dog ['kætl dɒg] Aus & NZ *znw* herdershond, hond die vee bewaakt
cattle duffing ['kætl 'dʌfɪŋ] Aus *znw* veediefstal
cattle grid ['kætl grɪd], Am **cattle guard** *znw* wildrooster
cattleman ['kætlmæn, -mən] Am *znw* veehouder
cattle market ['kætl 'mɑ:kɪt] *znw* veemarkt
cattle plague ['kætl pleɪg] *znw* runderpest
catty ['kætɪ] *bn* kattig
catwalk ['kætwɔ:k] *znw* ❶ lang, smal podium ‹voor modeshows› ❷ loopplank ❸ loopbrug
Caucasian [kɔ:'keɪʒən] I *bn* ❶ Kaukasisch ❷ blank ‹van het Indo-Europese ras› II *znw* Kaukasiër, Kaukasische
caucus ['kɔ:kəs] *znw* ❶ kiezersvergadering, verkiezingscomité ❷ hoofdbestuursvergadering
caught [kɔ:t] *ww* [v.t. & v.d.] → **catch**
cauldron ['kɔ:ldrən], **caldron** *znw* ketel
cauliflower ['kɒlɪflaʊə] *znw* bloemkool
cauliflower ear ['kɒlɪflaʊər ɪə] *znw* bloemkooloor
caulk [kɔ:k] *overg* kalefateren, breeuwen
causal ['kɔ:zəl] *bn* causaal, oorzakelijk
causality [kɔ:'zælətɪ] *form* *znw* causaliteit, oorzakelijk verband
causation [kɔ:'zeɪʃən] *form* *znw* veroorzaken, veroorzaking
causative ['kɔ:zətɪv] *form* *bn* ❶ veroorzakend ❷ oorzakelijk, causatief
cause [kɔ:z] I *znw* ❶ oorzaak, reden, aanleiding ★ ~ *and effect* oorzaak en gevolg ★ ~ *for concern* reden voor bezorgdheid ★ *without good* ~ zonder goede reden ❷ rechtszaak, proces ★ jur ~ *of action* grond voor een proces, ontvankelijke rechtsvordering, op een rechtsgrond gebaseerde eis ❸ zaak, doel ★ *for / in a good* ~ voor een goede zaak, liefdadig doel ★ form *make common* ~ *with sbd* de kant kiezen van iem. II *overg* ❶ veroorzaken, aanrichten, bewerken, maken dat..., doen, laten ❷ wekken ‹teleurstelling &›, aanleiding geven tot
cause célèbre [kɔ:z se'lebr] *znw* cause célèbre, beroemde rechtszaak
causeway ['kɔ:zweɪ] *znw* ❶ opgehoogde weg ❷ dijk, dam ❸ straatweg

caustic ['kɔ:stɪk] *bn* ❶ brandend, bijtend ❷ *fig* scherp, sarcastisch
caustic soda ['kɔ:stɪk 'səʊdə] *znw* natronloog
cauterize ['kɔ:təraɪz], **cauterise** *overg* uitbranden, dicht schroeien
caution ['kɔ:ʃən] I *znw* ❶ voorzichtigheid ★ *err on the side of* ~ al te voorzichtig zijn ★ *throw* ~ *to the winds* alle voorzichtigheid overboord gooien ★ *treat sth with* ~ iets voorzichtig behandelen ❷ waarschuwing, waarschuwingscommando ★ *a word of* ~ een waarschuwing ★ *get off with a* ~ er met een waarschuwing vanaf komen ★ *let sbd off with a* ~ iem. met een waarschuwing laten gaan ★ *sound a note of* ~ een waarschuwend geluid laten horen II *overg* ❶ waarschuwen ★ *form* ~ *sbd against doing sth* iem. waarschuwen om iets niet te doen ❷ Br een gearresteerde op zijn / haar rechten wijzen
cautionary ['kɔ:ʃənərɪ] *bn* waarschuwend, waarschuwings-
cautionary tale ['kɔ:ʃənərɪ teɪl] *znw* een verhaal dat dient als waarschuwing
caution money ['kɔ:ʃən 'mʌnɪ] Br *znw* borg(tocht)
cautious ['kɔ:ʃəs] *bn* omzichtig, behoedzaam, voorzichtig ★ ~ *optimism* voorzichtig optimisme ★ *we have to be* ~ *about spending money* we moeten voorzichtig zijn met geld uitgeven ★ *they were warned to be* ~ *of accepting lifts* ze waren gewaarschuwd voorzichtig te zijn met het aannemen van een lift
cavalcade [kævəl'keɪd] *znw* ❶ cavalcade ❷ ruiterstoet
cavalier [kævə'lɪə] I *bn* ❶ achteloos, nonchalant ❷ hooghartig II *znw* ruiter, ridder ★ *hist Cavalier* aanhanger van Karel I
cavalry ['kævəlrɪ] *hist* *znw* cavalerie, ruiterij
cavalryman ['kævəlrɪmən] *hist* *znw* cavalerist
cave [keɪv] I *znw* hol, grot II *phras* ★ ~ *in* af-, inkalven, instorten, zwichten, het opgeven
caveat ['kævɪæt] ‹*Lat*› *jur* *znw* ❶ caveat, waarschuwing ❷ verzoek om opschorting van een rechtszaak ‹tot iemand gehoord is›
caveat emptor ['kævɪæt 'emptɔ:r] ‹*Lat*› *znw* principe dat de verkoper niet verantwoordelijk kan worden gesteld voor de kwaliteit van een product
cave-dweller ['keɪvdwelə] *znw* holbewoner
cave-in ['keɪv-ɪn] *znw* instorting, verzakking
caveman ['keɪvmæn] *znw* ❶ holbewoner ❷ *fig* primitief / onbeschaafd persoon
caver ['keɪvə] *znw* holenonderzoeker, speleoloog
cavern ['kævən] *znw* spelonk, hol, grot
cavernous ['kævənəs] *bn* spelonkachtig, hol
caviar ['kævɪɑ:], **caviare** *znw* kaviaar
cavil ['kævɪl] *form* I *znw* haarkloverij, vitterij, chicanes II *onoverg* haarkloven, vitten (op *at*)
caving ['keɪvɪŋ] *znw* holenonderzoek, speleologie
cavity ['kævətɪ] *znw* holte, gat
cavity wall ['kævətɪ wɔ:l] *znw* spouwmuur
cavort [kə'vɔ:t] *onoverg* (rond)springen

ca

ca

caw ['kɔ:] **I** *znw* gekras **II** *onoverg* krassen ‹v. raaf›

cayenne [keɪ'en], **cayenne pepper** *znw* cayennepeper

cayman ['keɪmən], **caiman** *znw* kaaiman ‹Amerikaanse krokodil›

Cayman Islander ['keɪmən 'aɪləndə] *znw* inwoner v.d. Kaaimaneilanden

Cayman Islands ['keɪmən 'aɪləndz] *znw* [mv] Kaaimaneilanden

CB *afk* → **Citizens' Band**

CBS Am *afk* (Columbia Broadcasting System) Columbia Omroepmaatschappij

cc *afk* ❶ (carbon copy) doorslag ❷ (cubic centimetres) kubieke centimeter

CCTV *afk* → **closed-circuit television**

CD *afk* ❶ → **compact disc** (civil defence) bescherming bevolking ❷ (corps diplomatique) diplomatieke corps

CD-I *afk* (compact disk-interactive) cd-i, interactieve cd

CD player [si:di: 'pleɪə] *znw* cd-speler

CD-R *afk* (compact disk-recordable) cd-r, beschrijfbare cd

CD-ROM [si:di:-'rɒm] *znw* cd-rom

CD-RW disk [si:di:-ɑ:'dʌblju: dɪsk] comput *znw* (CD disk rewritable) cd die meerdere malen kan worden beschreven

cease [si:s] **I** *znw* ★ *without* ~ zonder ophouden, onophoudelijk **II** *overg* ophouden met, staken ★ *she never ~s to amaze me* ze blijft me verbazen **III** *onoverg* ophouden (met *from*)

ceasefire ['si:sfaɪə] *znw* staakt-het-vuren

ceaseless ['si:sləs] *bn* onophoudelijk

cedar ['si:də] *znw* ❶ ceder ❷ cederhout

cede [si:d] *overg* ❶ cederen, afstaan ❷ toegeven

cedilla [sɪ'dɪlə] *znw* cedille

Ceefax® ['si:fæks] *znw* teletekst v.d. BBC

ceilidh ['keɪlɪ] *(Iers) znw* bijeenkomst met Schotse of Ierse muziek en dans

ceiling ['si:lɪŋ] *znw* ❶ bouwk plafond, zoldering ❷ luchtv hoogtegrens ❸ fig plafond, (toelaatbaar) maximum, bovengrens ★ *set a ~ on sth* ergens een maximum / bovengrens van vaststellen

celebrant ['seləbrənt] *znw* celebrant

celebrate ['seləbreɪt] **I** *overg* ❶ vieren ❷ loven, verheerlijken ❸ celebreren, opdragen ‹de mis›, voltrekken ‹huwelijk› **II** *onoverg* feestvieren, fuiven

celebrated ['seləbreɪtɪd] *bn* beroemd, vermaard

celebration [selə'breɪʃən] *znw* ❶ viering ❷ feest, fuif

celebrity [sɪ'lebrətɪ] *znw* ❶ vermaardheid, beroemdheid ❷ beroemd persoon ★ *he's something of a ~ in these parts* hij is nogal beroemd in deze streek

celeriac [sɪ'lerɪæk] *znw* knolselderij

celerity [sɪ'lerətɪ] dicht *znw* snelheid, spoed

celery ['selərɪ] *znw* selderij

celeste [sɪ'lest], **celesta** muz *znw* celesta

celestial [sɪ'lestɪəl] *bn* ❶ hemels ❷ hemel- ★ *~ bodies* hemellichamen

celestial globe [sɪ'lestɪəl gləʊb] *znw* hemelbol

celibacy ['seləbəsɪ] *znw* ❶ celibaat ❷ ongehuwde staat

celibate ['selɪbət] **I** *bn* celibatair, ongehuwd **II** *znw* ongehuwde

cell [sel] *znw* cel

cellar ['selə] *znw* ❶ kelder ❷ wijnkelder

cellist ['tʃelɪst] *znw* cellist(e)

cellmate ['selmeɪt] *znw* celgenoot

cello ['tʃeləʊ] muz *znw* cello

cellophane ['seləfeɪn] *znw* cellofaan

cellphone ['selfəʊn], Am **cellular phone** *znw* draagbare telefoon

cellulite ['seljʊlaɪt] *znw* cellulitis, sinaasappelhuid

celluloid ['seljʊlɔɪd, -jələɪd] *znw* celluloid

cellulose ['seljʊləʊz] *znw* cellulose

Celsius ['selsɪəs], **C** **I** *bn* Celsius **II** *znw* Celsiusschaal

Celtic ['keltɪk] *bn* Keltisch

cement [sɪ'ment] **I** *znw* ❶ cement ❷ bindmiddel (hardwordende) lijm ❸ fig band **II** *overg* ❶ cementeren ❷ verbinden ❸ fig bevestigen

cement mixer [sɪ'ment 'mɪksə] *znw* betonmolen

cemetery ['semɪtərɪ] *znw* begraafplaats

cenotaph ['senətɑ:f] *znw* cenotaaf

censer ['sensə] *znw* wierookvat

censor ['sensə] **I** *znw* censor, zedenmeester **II** *overg* (als censor) nazien, censureren

censorious [sen'sɔ:rɪəs] form *bn* vitterig, bedillerig

censorship ['sensəʃɪp] *znw* censuur

censure ['senʃə] **I** *znw* berisping, afkeuring, (ongunstige) kritiek ★ *a ~ motion, a motion of ~* een motie van afkeuring **II** *overg* (be)kritiseren, afkeuren, gispen, berispen, bedillen

census ['sensəs] *znw* (volks)telling

cent [sent] *znw* cent ★ *not worth a ~ / two ~s* geen cent waard ★ *put in one's two ~s' worth* een duit in het zakje doen, een opmerking plaatsen

centaur ['sentɔ:] *znw* centaur, paardmens

centenarian [sentɪ'neərɪən] *znw* honderdjarige

centenary [sen'ti:nərɪ], Am **centennial** **I** *bn* honderdjarig **II** *znw* eeuwfeest

center ['sentə] Am *znw* → **centre**

centigrade ['sentɪgreɪd] **I** *bn* Celsius ★ *40 degrees ~* 40 graden Celsius **II** *znw* Celsiusschaal

centigram ['sentɪgræm], **centigramme**, **cg** *znw* centigram

centilitre ['sentɪli:tə], Am **centiliter**, **cl** *znw* centiliter

centimetre ['sentɪmi:tə], Am **centimeter**, **cm** *znw* centimeter

centipede ['sentɪpi:d] *znw* duizendpoot

central ['sentrəl] *bn* ❶ centraal, midden- ❷ kern-, hoofd- ❸ belangrijkst, voornaamst ★ *job creation is ~ to economic recovery* het creëren van banen is hoogst belangrijk voor economisch herstel

Central African Republic ['sentrəl 'æfrɪkən rɪ'pʌblɪk] *znw* Centraal-Afrikaanse Republiek

Central America ['sentrəl ə'merɪkə] geogr *znw* Midden-Amerika

Central American ['sentrəl ə'merɪkən] *bn* Midden-Amerikaans

central bank ['sentrəl bæŋk] *znw* centrale bank

Central Europe ['sentrəl 'juərəp] geogr *znw* Midden-Europa

Central European time ['sentrəl juərə'pɪən taɪm], **CET** *znw* MET, Middel-Europese Tijd ⟨de tijdzone van West- en Midden-Europa⟩

central government ['sentrəl 'gʌvənmənt] *znw* centrale overheid

central heating ['sentrəl 'hi:tɪŋ] *znw* centrale verwarming

Central Intelligence Agency ['sentrəl ɪn'telɪdʒəns 'eɪdʒənsɪ], **CIA** *znw* geheime inlichtingendienst v.d. VS

centralism ['sentrəlɪzəm] pol *znw* centralisme, centralisatie

centrality [sen'trælətɪ] *znw* centrale ligging

centralization [sentrəlaɪ'zeɪʃən], **centralisation** *znw* centralisatie

centralize ['sentrəlaɪz], **centralise** *overg* centraliseren

central locking ['sentrəl 'lɒkɪŋ] *znw* centrale vergrendeling

central nervous system ['sentrəl 'nɜ:vəs 'sɪstəm] anat *znw* centraal zenuwstelsel

central processing unit ['sentrəl 'prəʊsesɪŋ 'ju:nɪt] comput *znw* centrale verwerkingseenheid, CVE

central reservation ['sentrəl rezə'veɪʃən] Br *znw* middenberm

centre ['sentə], Am **center I** *bn* midden- **II** *znw* ❶ centrum, middelpunt, spil ★ *left / right of* ~ links / rechts van het midden ★ *the* ~ *of attention / attraction* het middelpunt, de grote attractie ❷ centrum, bureau ★ *a* ~ *of excellence* een expertisecentrum ★ *the* ~ *of government* het regeringscentrum ★ *a medical* ~ een medisch centrum ❸ fig kern, haard ⟨v. onrust &⟩ ★ *working conditions are at the* ~ *of the dispute* werkomstandigheden vormen de kern van het geschil ❹ vulling ⟨v. bonbon⟩ ❺ sp middenspeler ❻ sp voorzet ⟨bij voetbal⟩ **III** *overg* ❶ concentreren ❷ in het midden plaatsen, centreren ❸ sp centeren, voorzetten ⟨bij voetbal⟩ **IV** *onoverg* zich concentreren (in *in*) ★ *the novel* ~*s around / on a Dutch family* een Hollands gezin vormt het middelpunt van de roman / staat centraal in (bij) de roman

centre back ['sentə bæk] sp *znw* middenachter ⟨bij voetbal⟩

centre bit ['sentə bɪt] *znw* centerboor

centrefold ['sentəfəʊld], Am **centerfold** *znw* ❶ uitneembare middenpagina v.e. tijdschrift ❷ centerfold, ± pin up

centre forward ['sentə 'fɔ:wəd] sp *znw* midvoor, spits ⟨bij voetbal⟩

centre half ['sentə hɑ:f] sp *znw* centrale middenvelder, (stopper)spil ⟨bij voetbal⟩

centre of gravity ['sentər ɒv 'grævətɪ] *znw* zwaartepunt

centrepiece ['sentəpi:s], Am **centerpiece** *znw* ❶ middenstuk, pièce de milieu ❷ tafelkleedje

centre spread ['sentə spred] *znw* middenblad ⟨v.e. krant⟩

centre stage ['sentə steɪdʒ] **I** *bijw* midden op het toneel ★ *as a politician, he rarely stood* ~ als politicus stond hij zelden midden in de schijnwerpers **II** *znw* het midden van het toneel

centrifugal [sentrɪ'fju:gl] *bn* middelpuntvliedend, centrifugaal

centrifugal force [sentrɪ'fju:gl fɔ:s] *znw* middelpuntvliedende kracht

centrifuge ['sentrɪfju:dʒ] *znw* centrifuge

centripetal [sen'trɪpɪtl] *bn* middelpuntzoekend, centripetaal

centrist ['sentrɪst] pol *znw* man (vrouw) van het midden, gematigde

centurion [sen'tjʊərɪən] hist *znw* centurio ⟨Romeins hoofdman over 100 man⟩

century ['sentʃərɪ] *znw* ❶ eeuw ★ *the turn of the* ~ de eeuwwisseling ❷ sp 100 runs ⟨bij cricket⟩

CEO *afk* → **chief executive officer**

cep [sep] *znw* eekhoorntjesbrood ⟨eetbare paddenstoel⟩

cephalic [sɪ'fælɪk] *bn* schedel-

ceramic [sɪ'ræmɪk] **I** *bn* ceramisch **II** *znw* ceramisch voorwerp

ceramic hob [sɪ'ræmɪk hɒb] *znw* keramische kookplaat

ceramicist ['serəmɪst] *znw* keramist(e), pottenbakker, pottenbakster

ceramics [sɪ'ræmɪks] *znw* [mv] keramiek, pottenbakkerskunst

ceramics
is eigenlijk meervoud, maar wordt vaak als enkelvoud behandeld, vooral als het slaat op de studie van keramische materialen.
Vergelijk: *Ceramics is a popular area of study* - De studie van keramische materialen is een populaire studie.
Ceramics are more than pottery - De studie van keramische materialen is meer dan alleen pottenbakken.
Many ceramics are good electrical insulators - Veel keramische materialen zijn goede elektrische isolatoren.

cereal ['sɪərɪəl] *znw* graansoort ★ *a* ~ *crop* een graangewas

cereals ['sɪərɪəlz] *znw* [mv] ❶ graan, graangewassen ❷ uit graan bereide voedingsartikelen ⟨cornflakes &⟩ ★ *breakfast* ~ ontbijtgranen

cerebellum [serɪ'beləm] anat *znw* [mv: -s of cerebella] kleine hersenen

cerebral ['serɪbrəl] *bn* ❶ hersen- ★ *a* ~ *haemorrhage* een hersenbloeding ❷ cerebraal

cerebral palsy ['serɪbrəl 'pɔ:lzɪ] med *znw* spastische verlamming

ce

cerebrum ['serɪbrəm] <u>anat</u> znw [mv: cerebra] voorste deel van de hersenen

ceremonial [serɪ'məʊnɪəl] I bn ceremonieel, formeel ★ ~ dress galakleding, galakostuum II znw <u>form</u> ceremonieel

ceremonious [serɪ'məʊnɪəs] bn vormelijk, plechtig, plechtstatig

ceremony ['serɪmənɪ] znw plechtigheid, vormelijkheid ★ pomp and ~ veel ceremonieel vertoon ★ without ~ zonder complimenten ★ stand on ~ hechten aan de vormen

cerise [sə'riːz] bn & znw kersrood

cert [sɜːt] <u>inf</u> znw zekerheid ★ a dead ~ een geheide winnaar

cert. afk ❶ (certificate) certificaat ❷ (certified) gewaarmerkt

certain ['sɜːtn] I onbep vnw ★ <u>form</u> ~ of enige, bepaalde, zekere II bn zeker (van of), vast, (ge)wis, bepaald ★ I am ~ I haven't seen him ik weet zeker dat ik hem niet heb gezien ★ a ~ Mr Baker een zekere meneer Baker, ene meneer Baker ★ for ~ (heel) zeker, met zekerheid ★ make ~ zich vergewissen ★ be ~ of zeker / verzekerd zijn van

certainly ['sɜːtnlɪ] bijw ❶ zeker (wel) ❷ voorzeker

certainty ['sɜːtntɪ] znw ❶ zekerheid ★ for a ~ zonder enige twijfel ★ know sth with ~ iets zeker weten ❷ een stellig iets ★ the French team is a ~ for a gold medal het Franse team is een zekere winnaar van een gouden medaille

certifiable [sɜːtɪ'faɪəbl] bn ❶ certificeerbaar ❷ <u>inf</u> krankzinnig

certificate [sə'tɪfɪkɪt] znw getuigschrift, certificaat, bewijs, brevet, attest, diploma, akte ★ <u>fin</u> a bearer ~ een certificaat aan toonder ★ a medical ~ een gezondheidsverklaring, doktersverklaring

certification [sɜːtɪfɪ'keɪʃən] znw waarmerking

certified ['sɜːtɪfaɪd] bn ❶ gediplomeerd ❷ schriftelijk gegarandeerd ❸ ± officieel (verklaard, gegarandeerd &)

certified cheque ['sɜːtɪfaɪd tʃek] znw gewaarmerkte cheque

certified mail ['sɜːtɪfaɪd meɪl] znw aangetekende post ‹met bewijs van ontvangst›

certified public accountant ['sɜːtɪfaɪd 'pʌblɪk ə'kaʊntənt] znw accountant

certify ['sɜːtɪfaɪ] overg ❶ verzekeren, betuigen, getuigen, verklaren ❷ waarmerken, certificeren, attesteren ❸ krankzinnig verklaren

certitude ['sɜːtɪtjuːd] znw zekerheid

cerulean [sə'ruːlɪən] bn & znw hemelsblauw

cervical smear ['sɜːvɪk(ə)l smɪə] znw uitstrijkje

cervix ['sɜːvɪks] <u>anat</u> znw [mv: -es of cervices] ❶ baarmoederhals ❷ hals, nek

Cesarean [sɪ'zeərɪən] Am bn & znw → **Caesarean**

cessation [se'seɪʃən] znw ophouden, stilstand

cesspit ['sespɪt], **cesspool** znw ❶ zinkput ❷ <u>fig</u> poel

CET afk → **Central European time**

cetacean [sɪ'teɪʃən] I bn walvisachtig II znw walvisachtige, walvisachtig dier

cf., cf afk (compare with) vergelijk, vgl.

CFC afk (chlorofluorocarbon) cfk, chloorfluorkoolwaterstofverbinding

cg afk → **centigram**

CGT afk (capital gains tax) vermogensaanwasbelasting

ch. afk ❶ (chapter) hoofdstuk ❷ (church) kerk

cha [tʃɑː], **chai**, **char** <u>inf</u> znw thee

chad [tʃæd] znw ponsafval ‹computer› ★ Chad Tsjaad

Chadian ['ʃædɪən] I bn Tsjadisch II znw Tsjadiër, Tsjadische

chafe [tʃeɪf] I znw schaafwond II overg ❶ (warm) wrijven, schuren, schaven ‹de huid› ❷ irriteren, ergeren III onoverg ❶ (zich) wrijven (tegen against) ❷ zich ergeren, zich opwinden (over at)

chaff [tʃɑːf] I znw ❶ kaf, haksel ❷ waardeloos spul ❸ scherts, plagerij II overg ❶ gekscheren met ❷ plagen

chaffinch ['tʃæfɪn(t)ʃ] znw vink, boekvink

chafing dish ['tʃeɪfɪŋ dɪʃ] znw ❶ schotelverwarmer ‹met buitenpan met heet water› ❷ rechaud

chagrin ['ʃægrɪn] znw verdriet, teleurstelling, ergernis

chagrined ['ʃægrɪnd] bn boos, teleurgesteld

chai [tʃaɪ] <u>inf</u> znw → **cha**

chain [tʃeɪn] I znw ❶ ketting, keten ★ in ~s geketend ★ a ~ of office een ambtsketen ★ <u>inf</u> pull / yank sbd's ~ iem. plagen ❷ reeks ★ a ~ of events een reeks gebeurtenissen ❸ trekker ‹v. wc› II overg ❶ met ketens afsluiten ❷ ketenen ❸ aan de ketting leggen, vastleggen (ook: ~ up)

chain armour [tʃeɪn 'ɑːmə] <u>hist</u> znw → **chain mail**

chain gang [tʃeɪn gæŋ] znw ploeg kettinggangers

chain gear [tʃeɪn gɪə] znw kettingoverbrenging

chain letter [tʃeɪn 'letə] znw kettingbrief

chain-link fence ['tʃeɪn-lɪŋk fens] znw harmonicagaas

chain mail [tʃeɪn meɪl], **chain armour** <u>hist</u> znw maliënkolder

chain reaction [tʃeɪn rɪ'ækʃən] znw kettingreactie

chainsaw ['tʃeɪnsɔː] znw kettingzaag

chain-smoke ['tʃeɪn-sməʊk] onoverg kettingroken

chain-smoker ['tʃeɪn-sməʊkə] znw kettingroker

chain stitch [tʃeɪn stɪtʃ] znw kettingsteek ‹bij het naaien›

chain store [tʃeɪn stɔː] znw ❶ grootwinkelbedrijf ❷ filiaal van een grootwinkelbedrijf

chair [tʃeə] I znw ❶ stoel, zetel ❷ voorzitterschap, voorzitter, voorzittersstoel ★ be in the ~ / take the ~ voorzitter zijn, presideren ❸ katheder, leerstoel ❹ <u>Am</u> elektrische stoel II overg ❶ op een stoel of de schouders ronddragen ❷ installeren (als voorzitter), voorzitten, voorzitter zijn van

chairlift ['tʃeəlɪft] znw stoeltjeslift

chairman ['tʃeəmən] znw voorzitter ★ the honorary ~ de erevoorzitter ★ the ~ of directors de president-commissaris ★ be elected ~ tot voorzitter worden gekozen ★ hold the post of ~ voorzitter zijn

chairmanship ['tʃeəmənʃɪp] znw voorzitterschap

chairperson ['tʃeəpɜːsən] znw voorzitter, voorzitster

chairwoman ['tʃeəwʊmən] *znw* voorzitster
chaise longue [ʃeɪz 'lɒŋg] *(Fr) znw* [*mv:* chaises longues] chaise longue, ligstoel
chakra ['tʃʌkrə] *znw* chakra
chalet ['ʃæleɪ] *znw* **❶** chalet **❷** vakantiehuisje
chalice ['tʃælɪs] *znw* **❶** kelk **❷** (Avondmaals)beker **❸** miskelk
chalk [tʃɔ:k] **I** *znw* krijt, kleurkrijt ★ Br ~ *and talk* frontaal klassikaal lesgeven ‹met gebruik van schoolbord› ★ *as different as* ~ *and cheese, like* ~ *and cheese* verschillend als dag en nacht ★ Br *by a long* ~ verreweg ★ Br *not by a long* ~ op geen stukken na **II** *overg* met krijt besmeren, tekenen of schrijven, biljart krijten ‹de keu› ★ ~ *sth out* iets schetsen, aangeven ★ ~ *sth up* iets opschrijven, iets behalen ‹punten &›
chalkboard ['tʃɔ:kbɔ:d] *znw* schoolbord
chalkface ['tʃɔ:kfeɪs] *znw* ★ *at the* ~ in het onderwijs, voor de klas
chalk pit [tʃɔ:k pɪt] *znw* krijtgroeve
chalky ['tʃɔ:kɪ] *bn* **❶** krijtachtig **❷** vol krijt
challenge ['tʃælɪndʒ] **I** *znw* **❶** uitdaging ★ *rise to / face the* ~ de uitdaging aannemen ★ *a* ~ *cup* een wisselbeker **❷** tarting, mil aanroeping **❸** jur wraking **II** *overg* **❶** uitdagen, tarten **❷** aanroepen **❸** betwisten, aanvechten, in discussie brengen **❹** aanspraak maken op, eisen, vragen **❺** jur wraken ‹jury›
challenged ['tʃælɪndʒd] *bn* euf gehandicapt ★ *physically* ~ lichamelijk gehandicapt ★ inf & scherts *vertically* ~ klein van stuk
challenger ['tʃælɪndʒə] *znw* uitdager
challenging ['tʃælɪndʒɪŋ] *bn* een uitdaging vormend, interessant, tot nadenken stemmend
chamber ['tʃeɪmbə] *znw* **❶** kamer, vero slaapkamer **❷** kolk ‹v. sluis› **❸** kamer ‹v. hart &› **❹** (advocaten)kantoor **❺** raadkamer ‹van rechter›
chamberlain ['tʃeɪmbəlɪn] *znw* kamerheer
chambermaid ['tʃeɪmbəmeɪd] *znw* kamermeisje
chamber music ['tʃeɪmbə 'mjuːzɪk] *znw* kamermuziek
chamber of commerce ['tʃeɪmbər ɒv 'kɒmɜ:s] *znw* Kamer van Koophandel
chamber of horrors ['tʃeɪmbər ɒv 'hɒrəz] *znw* gruwelkamer
chamber orchestra ['tʃeɪmbə 'ɔ:kɪstrə] *znw* kamerorkest
chamber pot ['tʃeɪmbə pɒt] *znw* po, nachtspiegel
chameleon [kə'miːlɪən] *znw* kameleon
chamfer ['tʃæmfə] **I** *znw* **❶** groef **❷** schuine kant **II** *overg* **❶** groeven **❷** afschuinen
chamois I *znw* ['ʃæmwɑː] [*mv:* ~] gems **II** *znw* ['ʃæmɪ], **chamois leather ❶** zeemleer, gemzenleer **❷** zeemlap
chamomile ['kæməmaɪl] *znw* → **camomile**
champ [tʃæmp] **I** *znw* **❶** inf kampioen **❷** gekauw, gesmak **II** *onoverg* **❶** smakken **❷** op het bit kauwen ‹v. paard› ★ ~ *at the bit* zijn ongeduld nauwelijks kunnen verbergen ★ *be* ~*ing to do sth* staan te

popelen om iets te doen
champagne [ʃæm'peɪn], inf **champers** *znw* champagne
champagne flute [ʃæm'peɪn fluːt] *znw* hoog champagneglas
champagne socialist [ʃæm'peɪn səʊʃə'lɪstɪk] afkeurend *znw* salonsocialist
champers ['ʃæmpəz] inf *znw* → **champagne**
champion ['tʃæmpɪən] **I** *bn* inf reuze, prima **II** *znw* **❶** kampioen **❷** voorvechter **III** *overg* strijden voor, voorstaan, verdedigen
championship ['tʃæmpɪənʃɪp] *znw* **❶** kampioenschap **❷** fig verdediging, voorspraak
chance [tʃɑ:ns] **I** *bn* toevallig ★ *a* ~ *meeting* een toevallige ontmoeting **II** *znw* **❶** toeval ★ *as* ~ *would have it* wat het geval bleek te zijn ★ *by* ~ / *by any* ~ toevallig, bij toeval ★ *leave nothing to* ~ niets aan het toeval overlaten ★ *on the off* ~ op goed geluk **❷** kans, mogelijkheid ★ inf *fat* ~ geen schijn van kans ★ inf *no* ~ geen schijn van kans ★ *let a* ~ *slip (by)* een kans voorbij laten gaan ★ *stand a good* ~ goede kans(en) hebben ★ *take one's* ~ het erop aan laten komen, de kans wagen ★ Br inf ~ *would be a fine thing* het zou leuk zijn als dat zou kunnen **❸** risico ★ *take* ~*s* risico's nemen ★ *take a* ~ *on sth* ergens op gokken **III** *overg* wagen ★ inf ~ *it / one's arm* het erop wagen, het erop aan laten komen **IV** *onoverg* (toevallig) gebeuren ★ *we* ~*d to meet in London* we kwamen elkaar toevallig in Londen tegen ★ ~ *across / on / upon sbd / sth* iem. / iets toevallig vinden, ontmoeten
chancel ['tʃɑ:nsəl] *znw* koor ‹v. kerk›
chancellery ['tʃɑ:nsələrɪ] *znw* kanselarij
chancellor ['tʃɑ:nsələ] *znw* **❶** kanselier **❷** titulair hoofd van universiteit, rector magnificus
Chancellor of the Exchequer ['tʃɑ:nsələr ɒv ðɪ ɪks'tʃekə] Br *znw* ± minister van Financiën
chancellorship ['tʃɑ:nsələʃɪp] *znw* kanselierschap
chancery ['tʃɑ:nsərɪ] *znw* **❶** kanselarij **❷** hof v.d. Lord Chancellor
chancy ['tʃɑ:nsɪ] inf *bn* onzeker, gewaagd, riskant
chandelier [ʃændɪ'lɪə] *znw* kroonluchter
chandler ['tʃɑ:ndlə] *znw* **❶** kaarsenmaker **❷** verkoper van scheepsbenodigdheden **❸** hist kruidenier, verkoper van olie, zeep, verf en kruidenierswaren
change [tʃeɪndʒ] **I** *znw* **❶** verandering, overgang, afwisseling, verwisseling ★ *a* ~ *for the better / worse* een verbetering / verslechtering ★ *for a* ~ voor de variatie ★ *a* ~ *of address* een adreswijziging ★ *a* ~ *of air* een verandering van klimaat ★ *a* ~ *of heart* een verandering van gezindheid, een bekering ★ *the* ~ *of life / the* ~ de overgangsleeftijd, de menopauze ★ *a* ~ *of scene* een verandering van omgeving ★ *the tide of* ~ stroom van veranderingen ★ *ring the* ~*s* op honderd manieren herkauwen of herhalen ★ zegsw *a* ~ *is as good as a rest / holiday* verandering van spijs doet eten **❷** weersverandering **❸** kleingeld ★ Br inf *get no* ~ *out of sbd* er bij iem. bekaaid afkomen

ch

★ *no ~ given* (af)gepast geld s.v.p. ★ *keep the ~* laat
maar zitten ‹tegen kelner› ❹ verschoning, schoon
goed ★ *a ~ of clothes* schone kleren **II** *overg*
❶ (ver)wisselen, (om-, ver)ruilen, veranderen (van)
★ *~ colour* van kleur verschieten ★ *~ hands* in andere
handen overgaan, van eigenaar veranderen ★ *~
one's mind* van gedachte veranderen, zich
bedenken, zich bezinnen ★ *~ places* van plaats
wisselen ★ *~ step* van pas veranderen ★ *~ (one's) tack*
het over een andere boeg gooien, het anders
aanpakken ★ *~ one's tune* een andere toon aanslaan
★ *~ one's ways* zijn leven beteren ❷ overstappen ★ *~
buses / trains &* overstappen ❸ zich verkleden ★ *~
one's clothes* zich verkleden ❹ schakelen ★ auto ~
gear / gears schakelen ❺ verschonen ★ *~ the bed* het
bed verschonen ★ *~ a baby* (een baby) een schone
luier omdoen **III** *onoverg* ❶ (om)ruilen
❷ veranderen ★ *~ out of all recognition* drastisch
veranderen ❸ overstappen ★ *all ~!* iedereen
uitstappen! ❹ zich om-, verkleden **IV** *phras* ★ *~ sth
around / round* iets veranderen ★ auto of fiets ~
back een versnelling lager schakelen ★ *~* **back into**
sth weer veranderen in iets, zich weer omkleden
★ auto of fiets *~* **down** terugschakelen ★ *~* **into** *sbd
/ sth* in iem. / iets veranderen ★ *~* **over** om-,
overschakelen, overgaan, elkaar aflossen ‹v. wacht›
★ *~* **up** een versnelling hoger schakelen ‹auto, fiets›
changeability [tʃeɪndʒə'bɪlətɪ] *znw* veranderlijkheid
changeable ['tʃeɪndʒəbl] *bn* veranderlijk
changeless ['tʃeɪndʒləs] *bn* onveranderlijk
changeling ['tʃeɪndʒlɪŋ] *znw* ondergeschoven kind,
wisselkind
changeover ['tʃeɪndʒəʊvə] *znw* om-, overschakeling,
overstap
changing room ['tʃeɪndʒɪŋ ruːm] *znw* kleedkamer
channel ['tʃænl] **I** *znw* ❶ (vaar)geul, stroombed,
kanaal ‹ook RTV›, kil ★ *the (English) Channel* het
Kanaal ★ *through diplomatic ~s* langs diplomatieke
weg ★ *switch ~s* van kanaal / zender veranderen
❷ groef, cannelure **II** *overg* ❶ kanaliseren ❷ richten,
in bepaalde banen leiden, sturen ❸ pompen ‹v.
geld in industrie &›
channel-hop ['tʃænl-hɒp], *Am* **channel-graze**, *Am*
channel-surf *inf onoverg* zappen
Channel Islands ['tʃænl 'aɪləndz] *geogr znw* [mv]
Kanaaleilanden
channelling ['tʃænlɪŋ], *Am* **channeling** *znw* kanalisatie,
regulering
channel-surf ['tʃænl-sɜːf] *Am inf onoverg* →
channel-hop
chant [tʃɑːnt] **I** *znw* ❶ gezang, koraalgezang ❷ dreun,
spreekkoor **II** *overg* ❶ (be)zingen ❷ opdreunen, in
koor roepen, scanderen **III** *onoverg* zingen, galmen
chanterelle [tʃæntə'rel] *znw* cantharel, hanenkam
‹eetbare paddenstoel›
chanteuse [ʃɑːn'tɜːz] *znw* zangeres
chanty ['ʃæntɪ] *znw* matrozenlied
Chanukah ['hɑːnəkə, -xə] *znw* → **Hanukah**

chaos ['keɪɒs] *znw* chaos, baaierd, verwarring ★ *be
plunged into ~* in chaos veranderen ★ *be on the brink
of ~* aan de rand van de chaos staan ★ *bring order
out of ~* orde scheppen in de chaos
chaos theory ['keɪɒs 'θɪərɪ] *znw* chaostheorie
chaotic [keɪ'ɒtɪk] *bn* chaotisch
chap [tʃæp] *inf* **I** *znw* ❶ → **chappie** ❷ scheur, spleet,
barst, kloof ‹in de handen› ❸ (meestal *mv*) kaak
II *onoverg* scheuren, splijten, barsten, kloven
chap. *afk* (chapter) hoofdstuk
chapel ['tʃæpl] *znw* ❶ kapel ❷ bedehuis, kerk
❸ drukkerij, vakvereniging in de grafische sector
chaperon ['ʃæpərəʊn], **chaperone** **I** *znw* chaperonne
‹zelden: chaperon› **II** *overg* chaperonneren
chaplain ['tʃæplɪn] *znw* ❶ (huis)kapelaan
❷ veldprediker, (leger-, vloot-, gevangenis-,
ziekenhuis)predikant, *RK* aalmoezenier,
(studenten)pastor
chapped ['tʃæpd] *bn* gespleten, vol barsten
chappie ['tʃæpɪ], **chap** Br *inf znw* knaap, jongen, vent,
man
chapter ['tʃæptə] *znw* ❶ hoofdstuk, kapittel ★ *give ~
and verse* tekst en uitleg geven, man en paard
noemen ❷ chapiter, punt ❸ reeks,
aaneenschakeling ❹ *Am* afdeling ‹v. vereniging›
char [tʃɑː] **I** *znw* ❶ → **cha** ❷ → **charwoman** **II** *overg*
❶ verkolen ❷ blakeren **III** *onoverg* uit werken gaan
charabanc ['ʃærəbæŋ] *znw* ❶ touringcar ❷ vero
janplezier
character ['kærəktə] *znw* ❶ karakter, aard,
hoedanigheid ★ *in ~* typisch ★ *out of ~* niet typisch
★ *be in ~ with sth* passen bij iets, horen bij iets
★ *have a ~ all of its own / all its own* een heel eigen
karakter hebben ❷ kenmerk, kenteken ❸ rol,
persoon, personage, figuur, *inf* type ❹ reputatie
❺ letter
character assassination ['kærəktər əsæsɪ'neɪʃən] *znw*
karaktermoord
characteristic [kærəktə'rɪstɪk] **I** *bn* karakteristiek,
typerend (voor *of*) **II** *znw* kenmerk
characterization [kærəktəraɪ'zeɪʃən], **characterisation**
znw karakterschets, typering
characterize ['kærəktəraɪz], **characterise** *overg*
kenmerken, kenschetsen, typeren, karakteriseren
characterless ['kærəktələs] *bn* karakterloos,
nietszeggend, gewoon
character reference ['kærəktə 'refərəns] *znw*
referentie, getuigschrift
character witness ['kærəktə 'wɪtnəs] *znw*
karaktergetuige ‹iem. die het goede karakter van de
beklaagde betuigt›
charade [ʃə'rɑːd] *znw* ❶ charade, lettergreepraadsel
❷ schertsvertoning, poppenkast
charades [ʃə'rɑːdz] *znw* [mv] charade
charbroil ['tʃɑːbrɔɪl] *overg* roosteren, barbecueën
charcoal ['tʃɑːkəʊl] *znw* houtskool
chard [tʃɑːd] *znw* snijbiet, ± paksoi
charge [tʃɑːdʒ] **I** *znw* ❶ prijs, (on)kosten ★ *at a ~* tegen

betaling ★ *free of* ~ gratis ❷ <u>jur</u> beschuldiging, aanklacht ★ *criminal* ~*s* tenlastelegging van een misdrijf ★ *he was arrested on a* ~ *of complicity* hij werd aangehouden op beschuldiging van medeplichtigheid ★ *drop* ~*s* de aanklacht intrekken ★ *press* ~*s against sbd* iem. in staat van beschuldiging stellen ★ *take sbd in* ~ iem. arresteren ❸ zorg, hoede, verantwoordelijkheid ★ *she has several children in her* ~ ze heeft verschillende kinderen onder haar hoede ★ *NATO is in charge of the operation* de NAVO heeft de leiding over de operatie ★ *who is in charge of this department?* wie is het hoofd van deze afdeling? ★ *can I see the person in* ~? kan ik de chef spreken? ★ *take* ~ de leiding overnemen ❹ pupil, (voorwerp van) zorg ❺ opdracht ❻ last, lading ❼ <u>mil</u> charge, aanval **II** *overg* ❶ in rekening brengen, vragen (voor *for*) ★ ~ *(a) commission* commissie in rekening brengen ★ ~ *sth to one's account* iets op zijn rekening laten schrijven ❷ beschuldigen ★ ~ *sbd with sth* iem. van iets beschuldigen, iem. voor iets bekeuren, iem. een proces-verbaal geven voor iets ❸ aansprakelijk stellen (voor *with*) ❹ belasten, gelasten, opdragen ❺ (be)laden, vullen ❻ <u>mil</u> aanvallen **III** *onoverg* <u>mil</u> chargeren ★ ~ *at sbd / sth* losstormen op iem. / iets ★ ~ *into sbd / sth* aanrennen tegen iem. / iets, opbotsen tegen iem. / iets ★ ~ *off* snel weggaan, wegrennen

chargeable ['tʃɑːdʒəbl] *bn* ten laste komend (van *to*), in rekening te brengen, belastbaar

charge account [tʃɑːdʒ əˈkaʊnt] <u>Am</u> *znw* lopende rekening ⟨bij winkel⟩

charge card [tʃɑːdʒ kɑːd] *znw* klanten(krediet)kaart, klantenpas

charged ['tʃɑːdʒd] *bn* ❶ emotioneel ❷ geladen

chargé d'affaires [ʃɑːʒeɪ dæˈfeə] ⟨*Fr*⟩ *znw* [*mv:* chargé d'affaires] zaakgelastigde

charge nurse [tʃɑːdʒ nɜːs] *znw* hoofdverpleegster, hoofdverpleger

charger ['tʃɑːdʒə] *znw* ❶ oplader, acculader ❷ strijdros

charge sheet ['tʃɑːdʒiːt] *znw* strafblad

char-grilled ['tʃɑː-ɡrɪld] *bn* gegrild, geroosterd

chariot ['tʃærɪət] *znw* (strijd-, triomf)wagen

charioteer [tʃærɪəˈtɪə] *znw* wagenmenner

charisma [kəˈrɪzmə] *znw* charisma, (persoonlijke) uitstraling

charismatic [kærɪzˈmætɪk] *bn* charismatisch

charitable ['tʃærɪtəbl] *bn* ❶ liefdadig, barmhartig, menslievend ❷ welwillend, liefderijk, mild, zacht

charity ['tʃærətɪ] *znw* ❶ liefdadigheid, (christelijke) liefde, barmhartigheid ★ *collect for* ~ collecteren voor een goed doel ★ <u>zegsw</u> ~ *begins at home* het hemd is nader dan de rok ❷ mildheid, aalmoes, liefdadigheidsinstelling

charity shop ['tʃærətɪ ʃɒp] *znw* winkel van een liefdadigheidsinstelling

charlady ['tʃɑːleɪdɪ] *znw* werkster, schoonmaakster

charlatan ['ʃɑːlətn] *znw* ❶ kwakzalver ❷ charlatan

Charlemagne ['ʃɑːləˈmeɪn] *znw* Karel de Grote

charley horse ['tʃɑːlɪ hɔːs] <u>Am</u> *inf znw* kramp, stijfheid ⟨in arm of been⟩

Charlie ['tʃɑːlɪ] *znw* de letter C ⟨in het internationaal alfabet⟩ ★ <u>Br</u> *inf a proper / right* ~ een volstrekte idioot

charm [tʃɑːm] **I** *znw* ❶ bekoorlijkheid, charme ★ *be lacking in* ~ het aan charme ontbreken ★ *turn on the* ~ gebruik maken van zijn charme, zich charmant voordoen ❷ betovering, bekoring ❸ hangertje, bedeltje ❹ amulet, tovermiddel, toverwoord, -formule **II** *overg* betoveren, bekoren ★ ~ *sth away* iets wegtoveren ★ *inf* ~ *the pants off sbd* iem. heel erg charmeren ★ ~ *sth out of sbd* iem. iets weten te ontlokken

charm bracelet [tʃɑːm 'breɪslət] *znw* bedelarmband

charmed ['tʃɑːmd] *bn* betoverd, erg veel geluk hebbend ★ *lead a* ~ *life* onkwetsbaar lijken, erg veel geluk hebben in het leven

charmer ['tʃɑːmə] *znw* ❶ charmeur ❷ tovenaar

charming ['tʃɑːmɪŋ] *bn* ❶ bekoorlijk ❷ charmant, innemend, alleraardigst, verrukkelijk

charm offensive [tʃɑːm əˈfensɪv] *inf znw* charmeoffensief ⟨campagne waarbij met vriendelijkheid, vleierij enz. wordt getracht iets te bewerkstelligen⟩ ★ *launch a* ~ een charmeoffensief opstarten

charm school [tʃɑːm skuːl] *znw* etiquetteschool

charnel house ['tʃɑːnl haʊs] *znw* knekelhuis

charred [tʃɑːd] *bn* verkoold, aangebrand

chart [tʃɑːt] ❶ (zee-, weer)kaart ❷ tabel, grafiek ★ *an organizational* ~ een organisatieschema *overg* ❶ in kaart brengen ❷ plannen

charter ['tʃɑːtə] **I** *znw* ❶ charter, handvest, oorkonde ❷ octrooi ❸ voorrecht **II** *overg* ❶ bij charter oprichten ❷ een octrooi verlenen aan, beschermen ⟨beroep⟩, octrooieren ❸ <u>scheepv</u> bevrachten, huren, charteren

charter company ['tʃɑːtə 'kʌmpənɪ] *znw* chartermaatschappij

chartered ['tʃɑːtəd] *bn* gecharterd

chartered accountant ['tʃɑːtəd əˈkaʊntənt] *znw* accountant (gediplomeerd)

charterer ['tʃɑːtərə] *znw* bevrachter

charter flight ['tʃɑːtə flaɪt] *znw* charter(vlucht)

charter member ['tʃɑːtə 'membə] *znw* medeoprichter / ster

chartreuse [ʃɑːˈtrɜːz] *znw* ❶ lichtgroen ❷ kartuizerklooster ❸ chartreuse ⟨likeur⟩

charts [tʃɑːts] *znw* [mv] ★ *the* ~ de hitparade ★ *be top of the* ~ bovenaan de hitparade staan

charwoman ['tʃɑːwʊmən], **char** *znw* werkster

chary ['tʃeərɪ] *bn* ❶ voorzichtig ★ *be* ~ *of doing sth* schromen iets te doen ❷ karig (met *of*)

chase [tʃeɪs] **I** *znw* jacht, najagen, vervolging, jachtgrond ★ *the thrill of the* ~ de opwinding van de jacht ★ *give* ~ najagen, achterna zitten ★ *join in*

ch

ch

the ~ meedoen met de jacht **II** *overg* ❶ jagen, najagen, achtervolgen ★ inf ~ *the dragon* heroïne roken ★ inf *be chasing one's tail* rondjes rennen, niet opschieten ❷ verdrijven ❸ drijven, ciseleren, groeven **III** *phras* ★ ~ **after** *sbd* / *sth* achter iem. / iets aanrennen ★ ~ **about** / **around** (doelloos) rondrennen ★ ~ *sbd* / *sth* **away** iem. / iets wegjagen ★ ~ *sth* **up** iets nader uitzoeken ★ ~ *sbd* **up** iem. opzoeken

chaser ['tʃeɪsə] *znw* ❶ jager, achtervolger ❷ ciseleur ❸ glas water (fris, bier &) na het gebruik van sterke drank

chasm ['kæzəm] *znw* ❶ kloof ❷ afgrond

chassis ['ʃæsɪ] *znw* [*mv:* ~] chassis, onderstel

chaste [tʃeɪst] *bn* ❶ kuis, eerbaar, zuiver, rein ❷ ingetogen

chasten ['tʃeɪsən] *overg* ❶ kastijden ❷ zuiveren ‹van dwalingen› ❸ fig louteren ❹ verootmoedigen

chastise [tʃæ'staɪz] *overg* kastijden, tuchtigen

chastisement ['tʃæstɪzmənt] *znw* kastijding, tuchtiging

chastity ['tʃæstətɪ] *znw* ❶ kuisheid, eerbaarheid, reinheid, zuiverheid ❷ ingetogenheid

chastity belt ['tʃæstətɪ belt] *znw* kuisheidsgordel

chat [tʃæt] **I** *znw* gepraat, praatje, gekeuvel ★ *have a ~ over dinner* / *a drink &* babbelen tijdens een etentje / onder het genot van een drankje **II** *onoverg* ❶ keuvelen, babbelen ❷ chatten ‹op internet› **III** *phras* ★ inf ~ *sbd* **up** iem. versieren

château ['ʃætəʊ], **chateau** *znw* kasteel, landhuis, wijnkasteel

chatelaine ['ʃætəleɪn] *znw* ❶ burchtvrouw ❷ gastvrouw ❸ hist chatelaine ‹kettinkje voor sleutels &›

chatline ['tʃætlaɪn] *znw* babbelbox, -lijn

chat room [tʃæt ruːm] comput *znw* chatroom, virtuele ruimte waar wordt gechat

chat show [tʃæt ʃəʊ] RTV *znw* praatprogramma

chattel ['tʃætl] *znw* goed, bezitting ★ *goods and ~s* bezittingen, have en goed

chatter ['tʃætə] **I** *znw* ❶ gesnater, gekakel ❷ gesnap ❸ geklapper **II** *onoverg* ❶ snateren, snappen, kakelen ❷ klapperen ‹v. tanden›

chatterbox ['tʃætəbɒks] *znw* babbelkous

chattering classes ['tʃætərɪŋ 'klɑːsɪz] Br afkeurend *znw* [mv] babbelende klasse ‹intellectuelen en artistiekelingen›

chatty ['tʃætɪ] inf *bn* ❶ spraakzaam ❷ babbelziek ❸ vlot

chat-up line ['tʃæt-ʌp laɪn] *znw* versierpraatje

chauffeur ['ʃəʊfə] *znw* chauffeur

chauvinism ['ʃəʊvɪnɪzəm] *znw* chauvinisme

chauvinist ['ʃəʊvɪnɪst] *znw* chauvinist

chauvinistic [ʃəʊvɪ'nɪstɪk] *bn* chauvinistisch

cheap [tʃiːp] **I** *bn* ❶ goedkoop ★ Br inf ~ *and cheerful* simpel en niet duur ★ ~ *and nasty* goedkoop, van slechte kwaliteit ★ ~ *at half the price* erg duur ★ *on the* ~ op een koopje ★ inf *feel* ~ zich schamen, zich

niet lekker voelen ❷ prullerig, van slechte kwaliteit, klein, nietig, armoedig ❸ flauw, vulgair ❹ Am gierig **II** *bijw* goedkoop ★ *come* ~ goedkoop zijn ★ *going* ~ goedkoop

cheapen ['tʃiːpən] **I** *overg* ❶ in prijs doen dalen, goedkoper maken ★ ~ *oneself* zich verlagen ❷ afdingen ❸ geringschatten **II** *onoverg* in prijs dalen, goedkoper worden

cheapness ['tʃiːpnɪs] *znw* goedkoopte

cheapo ['tʃiːpəʊ], **cheapie** inf **I** *bn* goedkoop, inferieur ★ *OK, so it was an el* ~ *laptop* goed, het was dus een goedkope laptop **II** *znw* goedkoop, inferieur iets

cheapskate ['tʃiːpskeɪt] inf *znw* vrek, gierigaard

cheat [tʃiːt] **I** *znw* ❶ bedrog, afzetterij ❷ bedrieger, afzetter **II** *overg* bedriegen, beetnemen ★ ~ *death* aan de dood ontsnappen ★ ~ *sbd* (*out*) *of sth* iem. iets afzetten, ontnemen **III** *onoverg* bedriegen, vals doen (spelen) ★ inf ~ *on sbd* iem. bedriegen ‹overspel›

cheating ['tʃiːtɪŋ] *znw* ❶ bedriegen ❷ bedrog

Chechen ['tʃetʃen] *znw* Tsjetsjeen, inwoner van Tsjetsjenië

Chechnya [tʃetʃ'njaː], **Chechenia**, **Chechen Republic** *znw* Tsjetsjenië

check [tʃek] **I** *tsw* klopt! **II** *bn* geruit ‹pak &› **III** *znw* ❶ controle, toets ★ *a sound* ~ een geluidscontrole ★ *a spot* ~ een steekproef ★ *keep a* ~ *on sbd* / *sth* iem. / iets in de gaten houden ★ *run a* ~ een controle uitvoeren ❷ bedwang ★ *hold* / *keep sth in* ~ iets onder controle houden ★ *dogs must be kept in* ~ honden moeten in bedwang gehouden worden ❸ beteugeling, belemmering, tegenslag ❹ schaak ★ *be in* ~ schaak staan ❺ reçu, bonnetje, Am rekening ❻ Am cheque, fiche ★ *a certified* ~ een gegarandeerde cheque ❼ ruit, geruite stof **IV** *overg* ❶ controleren, verifiëren, nagaan, toetsen ❷ Am in bewaring geven / nemen, afgeven, aannemen ❸ beteugelen, tegenhouden, tot staan brengen, stuiten, belemmeren ❹ schaak zetten **V** *phras* ★ ~ **against** *sth* iets tegengaan, met iets vergelijken om te zien of het klopt ★ ~ **for** *sth* ergens op controleren ★ ~ **in** binnenkomen, aankomen, inchecken ★ ~ *sth* **in** iets inklaren / inchecken ‹bagage› ★ ~ *sbd* **in** iem. inchecken, inschrijven ★ ~ *sth* **off** iets aanstippen, aftikken, aankruisen, afvinken ★ ~ **on** *sbd* / *sth* iem. / iets controleren ★ ~ **out** weggaan, heengaan, uitchecken, afrekenen ‹in hotel›, zich afmelden ★ ~ *sth* **out** iets natrekken, nagaan, iets afrekenen bij de kassa ★ inf ~ *sbd* **out** iem. bewonderend bekijken ★ ~ **over** *sth* iets controleren ★ ~ **up on** *sth* iets controleren, iets nader uitzoeken ★ ~ **up on** *sbd* iem. controleren, iemands antecedenten natrekken ★ ~ **with** *sbd* iem. raadplegen, iem. ergens naar vragen

checkbook ['tʃekbʊk] Am *znw* → **chequebook**

checkbox ['tʃekbɒks] comput *znw* hokje, vakje in een grafische gebruikersinterface waar men in kan klikken om een bepaalde optie aan of uit te zetten ‹bij aanzetten verschijnt er een x in het vakje›

ch

checked [tʃekt] *bn* geruit

checker ['tʃekə] Am *znw* ❶ controleur ❷ → **chequer**

checkerboard ['tʃekəbɔːd] Am *znw* → **chequerboard**

checkered ['tʃekəd] Am *bn* → **chequered**

checkers ['tʃekəs] Am *znw* [mv] → **chequers**

check guarantee card [tʃek gærən'tiː kɑːd] Am *znw* → **cheque card**

check-in ['tʃekɪn] *znw* ❶ inschrijving, aanmelding, inchecken ❷ incheckbalie

checking account ['tʃekɪŋ ə'kaʊnt], Can **chequing account** *znw* Am rekening-courant ⟨bij bank⟩

checklist ['tʃeklɪst] *znw* overzichtelijke (controle)lijst, checklist ★ *a ~ of questions* een checklist met vragen

check mark [tʃek mɑːk], **check** Am *znw* markeringsteken, vinkje

checkmate ['tʃekmeɪt] **I** *znw* schaakmat **II** *overg* schaakmat zetten

checkout ['tʃekaʊt] *znw* ❶ kassa ⟨v. zelfbedieningswinkel⟩ ★ *at the ~* bij de kassa ❷ het uitchecken ⟨uit een hotel⟩

checkpoint ['tʃekpɔɪnt] *znw* (verkeers)controlepost, doorlaatpost ★ *they were stopped at the ~* ze werden bij de controlepost gestopt

checkroom ['tʃekruːm] Am *znw* garderobe

check-up ['tʃek-ʌp] *znw* ❶ controle ❷ onderzoek ❸ algemeen gezondheidsonderzoek ★ *go for a ~* zich lichamelijk laten nakijken ★ *have an annual / monthly & ~* een jaarlijkse / maandelijkse & controle

Cheddar ['tʃedə] *znw* cheddarkaas

cheek [tʃiːk] **I** *znw* ❶ wang ★ *~ by jowl* wang aan wang, zij aan zij ★ *~ to ~* wang aan wang ★ *the colour rushed to his ~s* hij werd vuurrood ★ *turn the other ~* de andere wang toekeren ❷ inf brutaliteit ★ *of all the ~!* wat een brutaliteit! ★ *he's got a ~* hij durft! ❸ bil **II** *overg* inf brutaal zijn tegen

cheekbone ['tʃiːkbəʊn] *znw* wangbeen, jukbeen

cheekiness ['tʃiːkɪnɪs] *znw* brutaliteit

cheeky ['tʃiːkɪ] inf *bn* brutaal

cheep [tʃiːp] **I** *znw* getjilp, gepiep **II** *onoverg* tjilpen, piepen

cheer ['tʃɪə] **I** *znw* ❶ vrolijkheid, opgeruimdheid ★ vero *be of good ~* opgeruimd zijn, een goed humeur hebben ❷ aanmoediging ❸ toejuiching, bijval, hoera(geroep) ★ *three ~s for John Smith!* drie hoeraatjes voor John Smith! ★ *give sth two ~s* matig enthousiast zijn over iets **II** *overg* ❶ toejuichen ❷ opvrolijken, opmonteren (ook: ~ up) ★ *~ sbd on* iem. aanmoedigen **III** *onoverg* juichen, hoera roepen ★ *~ up* moed scheppen, opmonteren ★ *~ up!* kop op!

cheerful ['tʃɪəfʊl] *bn* blij(moedig), vrolijk, opgewekt, opgeruimd

cheerfulness ['tʃɪəfʊlnəs] *znw* vrolijkheid

cheering ['tʃɪərɪŋ] **I** *bn* juichend ★ *the ~ crowds* de juichende menigte **II** *znw* gejuich

cheerio ['tʃɪərɪ'əʊ] inf *tsw* ❶ proost! ❷ dag!, tot ziens!, ciao!, doeg!

cheerleader ['tʃiːliːdə] *znw* cheerleader

cheerless ['tʃɪələs] *bn* troosteloos, somber

cheers ['tʃɪəz] inf *tsw* ❶ proost! ❷ bedankt! ❸ dag!

cheery ['tʃɪərɪ] *bn* vrolijk, opgewekt ★ *a ~ start to the day* een vrolijk begin van de dag

cheese [tʃiːz] **I** *znw* kaas ★ Br *hard ~* jammer! ★ *say ~* zeg eens cheese ⟨bij het maken van een foto⟩ **II** *overg* ★ inf *gedat ~ it!* wegwezen! ★ inf *~ sbd off* iem. irriteren / ergeren

cheese biscuit [tʃiːz 'bɪskɪt] *znw* kaaskoekje

cheeseboard ['tʃiːzbɔːd] *znw* kaasplateau ⟨als dessert⟩

cheeseburger ['tʃiːzbɜːgə] *znw* cheeseburger

cheesecake ['tʃiːzkeɪk] *znw* ❶ kwarktaart ❷ inf (afbeelding van) prikkelend vrouwelijk schoon

cheesecloth ['tʃiːzklɒθ] *znw* kaasdoek

cheesed off [tʃiːzd 'ɒf] inf *bn* ★ *be ~ with sbd / sth* de balen van iem. / iets hebben, iem. / iets beu zijn

cheese knife [tʃiːz naɪf] *znw* kaasmes, kaasschaaf

cheese-paring ['tʃiːzpeərɪŋ] **I** *bn* krenterig **II** *znw* krenterigheid

cheese slicer [tʃiːz 'slaɪsə] *znw* kaasschaaf

cheesy ['tʃiːzɪ] *bn* ❶ kaasachtig ❷ inf miezerig ▼ *a ~ grin* een brede grijns

cheetah ['tʃiːtə] *znw* jachtluipaard

chef [ʃef] *znw* chef-kok

chef d'oeuvre [ʃeɪ 'dɜːvr] ⟨Fr⟩ *znw* [mv: chefs d'oeuvres] meesterstuk, meesterwerk

chemical ['kemɪkl] **I** *bn* chemisch, scheikundig **II** *znw* chemisch product

chemical bond ['kemɪkl bɒnd] *znw* chemische verbinding

chemical compound ['kemɪkl 'kɒmpaʊnd] *znw* chemische verbinding

chemical engineering ['kemɪkl endʒɪ'nɪərɪŋ] *znw* chemische technologie

chemical equation ['kemɪkl ɪ'kweɪʒən] *znw* chemische vergelijking

chemical formula ['kemɪkl 'fɔːmjʊlə] *znw* chemische formule

chemical reaction ['kemɪkl rɪ'ækʃən] *znw* chemische reactie

chemical warfare ['kemɪkl 'wɔːfeə] *znw* chemische oorlogvoering

chemical weapon ['kemɪkl 'wepən] *znw* chemisch wapen

chemise [ʃə'miːz] *znw* (dames)hemd

chemist ['kemɪst] *znw* ❶ chemicus, scheikundige ❷ apotheker, drogist

chemistry ['kemɪstrɪ] *znw* chemie, scheikunde ★ inf *they've got the right ~* het klikt tussen hen

chemotherapy ['keməʊ'θerəpɪ] *znw* chemotherapie

chenille [ʃə'niːl] *znw* fluweelkoord, chenille

cheque [tʃek], Am **check** *znw* cheque ★ *a bank-guaranteed ~* een betaalcheque ★ *my ~ bounced* mijn cheque was ongedekt / werd geweigerd ★ *can I cash a ~?* kan ik een cheque verzilveren? ★ *pay by ~* met een cheque betalen

chequebook ['tʃekbʊk], Am **checkbook** *znw*

chequeboek

cheque card [tʃek kɑːd], Am **cheque guarantee card** znw bankpas, betaalpas

chequer ['tʃekə], Am **checker** znw ruit, ruitpatroon

chequerboard ['tʃekəbɔːd], Am **checkerboard** znw schaakbord, ruitpatroon

chequered ['tʃekəd], Am **checkered** bn ❶ geblokt ❷ veelbewogen ★ have a ~ history een veelbewogen geschiedenis hebben ★ lead a ~ life een veelbewogen leven leiden

chequers ['tʃekəz], Am **checkers** znw [mv] damspel

cherish ['tʃerɪʃ] overg ❶ liefhebben, beminnen ❷ koesteren, voeden ⟨hoop⟩

cherished ['tʃerɪʃt] bn dierbaar

cheroot [ʃəˈruːt] znw manillasigaar

cherry ['tʃerɪ] I bn kersrood II znw kers

cherry picker ['tʃerɪ 'pɪkə] znw hoogwerker

cherub ['tʃerəb] znw [mv: -s of cherubim] cherubijn, engel

cherubic [tʃəˈruːbɪk] bn engelachtig

chervil ['tʃɜːvɪl] znw kervel ⟨keukenkruid⟩

Cheshire cat ['tʃeʃə kæt] znw ★ grin like a ~ breed grijnzen

chess [tʃes] znw schaak(spel)

chessboard ['tʃesbɔːd] znw schaakbord

chessman ['tʃesmæn] znw schaakstuk

chess set [tʃes set] znw schaakstukken, schaakspel

chest [tʃest] znw ❶ kist, koffer, kast ❷ borst(kas) ★ she clutched the child tightly to her ~ ze klemde het kind stevig aan haar borst ★ get sth off one's ~ over iets zijn hart luchten ★ keep / play one's cards close to one's ~ zich niet in de kaarten laten kijken

chesterfield ['tʃestəfiːld] znw ❶ chesterfield ⟨bank of sofa⟩ ❷ chesterfield ⟨soort overjas, meestal met fluwelen kraag⟩

chestnut ['tʃesnʌt] I bn kastanjebruin II znw ❶ kastanje ★ a sweet ~ een tamme kastanje ★ pull sbd's ~s out of the fire de kastanjes uit het vuur halen voor iem. ❷ kastanjebruin paard ▼ inf an old ~ een oude mop

chest of drawers [tʃest ɒv 'drɔːz] znw ladekast

chesty ['tʃestɪ] bn ❶ inf het op de borst hebbend ❷ met een flinke boezem, met een flinke bos hout voor de deur ❸ Am arrogant

cheval glass [ʃe'væl glɑːs] znw psyché ⟨om een horizontale as draaibare spiegel⟩

chevron ['ʃevrən] mil znw ❶ streep (als onderscheidingsteken) ❷ V-vormige lijn of streep

chew [tʃuː] I overg kauwen, pruimen ★ ~ the cud herkauwen ★ inf ~ the fat / rag (blijven) kletsen, ouwehoeren II onoverg kauwen, pruimen III phras ★ inf ~ on sth over iets nadenken ★ Am inf ~ sbd out iem. berispen, iem. een uitbrander geven ★ inf ~ sth over over iets nadenken ★ ~ sth up iets kapot maken, iets vermalen

chewing gum ['tʃuːɪŋ gʌm], inf **chewy** znw kauwgom

chewy ['tʃuːwɪ] inf bn taai

chiaroscuro [kɪɑːrəˈskʊərəʊ] znw ❶ clair-obscur,

gebruik van lichtcontrasten ❷ schilderij met sterke lichtcontrasten

chic [ʃiːk] I bn chic, elegant II znw chic, elegantie

chicane [ʃɪˈkeɪn] sp znw chicane (bocht)

chicanery [ʃɪˈkeɪnərɪ] znw chicane, bedrog, spitsvondig argument

Chicano [tʃɪˈkɑːnəʊ] Am znw chicano, Amerikaan van Mexicaanse afkomst

chichi ['ʃiːʃiː] inf afkeurend bn precieus, chic ★ they don't exactly live in a ~ part of town ze wonen niet bepaald in het chicste deel van de stad

chick [tʃɪk] znw ❶ dierk kuiken ❷ inf kind ❸ inf stuk, (lekker) grietje, chick

chicken ['tʃɪkɪn] I bn inf laf, bang II znw ❶ kuiken ★ inf she's no ~ zij is niet zo jong meer ★ zegsw don't count your ~s (before they're hatched) je moet de huid niet verkopen vóór de beer geschoten is ❷ kip ⟨ook als gerecht⟩ ★ inf like a headless ~ als een kip zonder kop ★ a ~-and-egg situation een situatie waarbij het de vraag is wat er eerder was, de kip of het ei ❸ inf lafaard, bangerik III phras ★ inf ~ out iets niet durven doorzetten

chicken breast ['tʃɪkɪn brest] znw kipfilet

chicken feed ['tʃɪkɪn fiːd] inf znw kleingeld, heel klein bedrag ★ that's no ~ dat is geen kattendrek

chicken-hearted [tʃɪkɪnˈhɑːtɪd] bn laf(hartig)

chickenpox ['tʃɪkɪnpɒks] znw waterpokken

chickenshit ['tʃɪkɪnʃɪt] vulg I bn ❶ laf, bang ❷ waardeloos II znw ❶ lafaard, schijtlijster ❷ rotzooi, waardeloze troep

chicken wire ['tʃɪkɪn 'waɪə] znw kippengaas

chick flick [tʃɪk flɪk] inf afkeurend znw meidenfilm

chickpea ['tʃɪkpiː] znw kikkererwt

chicory ['tʃɪkərɪ] znw ❶ cichorei ❷ Brussels lof, witlof

chide [tʃaɪd] overg beknorren, berispen

chief [tʃiːf] I bn voornaamste, opperste, eerste, hoofd- II znw (opper)hoofd, hoofdman, chef, leider ★ the editor / commander-in-~ de hoofdredacteur / opperbevelhebber

chief accountant [tʃiːf əˈkaʊntənt] znw hoofdboekhouder

chief constable [tʃiːf ˈkʌnstəbl] znw ± commissaris van politie, korpschef

chief executive [tʃiːf ɪgˈzekjʊtɪv] znw ❶ hoofddirecteur, president-directeur ❷ voorzitter van de Raad van Bestuur

chief executive officer [tʃiːf ɪgˈzekjʊtɪv ˈɒfɪsə], **CEO** znw ❶ Am hoofddirecteur, president-directeur ❷ voorzitter van de Raad van Bestuur

chief inspector [tʃiːf ɪnˈspektə] znw inspecteur van politie

chief justice [tʃiːf ˈdʒʌstɪs], **CJ** znw voorzitter van rechters

chiefly ['tʃiːflɪ] bijw hoofdzakelijk, voornamelijk, vooral

chief of staff [tʃiːf ɒv ˈstɑːf] mil znw chef-staf

chief superintendent [tʃiːf suːpərɪnˈtendənt] Br znw hoofdinspecteur, hoofdopzichter

chieftain ['tʃi:ftn] *znw* (opper)hoofd
chiffon ['ʃɪfɒn] *znw* chiffon ‹fijn zijden weefsel›
chignon ['ʃi:njɔ] *znw* chignon, haarwrong, knot
chihuahua ['tʃɪ'wɑ:wə] *znw* chihuahua
chilblain ['tʃɪlbleɪn] *znw* winterhanden, wintervoeten
child [tʃaɪld] *znw* [*mv:* children] kind ★ ~'s play
 kinderspel ★ vero *a natural* ~ een onwettig kind
 ★ *from a* ~ van kindsbeen af ★ *a* ~ *of the seventies*
 / eighties & vero with ~ zwanger
 & opgegroeid in de jaren zeventig / tachtig
 & ★ vero *with* ~ zwanger
child abuse [tʃaɪld ə'bju:s] *znw* kindermishandeling,
 kindermisbruik
child allowance [tʃaɪld ə'laʊəns] *znw* → **child benefit**
childbearing ['tʃaɪldbeərɪŋ] *znw* het baren ★ *of* ~ *age*
 in de leeftijd om kinderen te krijgen
childbed ['tʃaɪldbed] vero *znw* ★ *be in* ~ in het
 kraambed liggen
child benefit [tʃaɪld 'benɪfɪt], **child allowance** *znw*
 kinderbijslag
childbirth ['tʃaɪldbɜ:θ] *znw* bevalling, baring,
 kraambed ★ *die in* ~ in het kraambed overlijden
childcare ['tʃaɪldkeə] *znw* kinderverzorging
child-centred ['tʃaɪld-'sentəd] *bn* kindvriendelijk ★ *a* ~
 teaching approach een kindvriendelijke
 onderwijsaanpak
childhood ['tʃaɪldhʊd] *znw* kinderjaren ★ *a* ~ *friend*
 een jeugdvriend ★ *one's second* ~ zijn kindsheid ‹v.d.
 ouderdom› ★ *we've been friends from* ~ we zijn al
 vrienden van kinds af aan
childish ['tʃaɪldɪʃ] *bn* kinderachtig, kinderlijk, kinder-
child labour [tʃaɪld 'leɪbə], Am **child labor** *znw*
 kinderarbeid
childless ['tʃaɪldləs] *bn* kinderloos
childlike ['tʃaɪldlaɪk] *bn* kinderlijk
childmind ['tʃaɪldmaɪnd] *overg & onoverg* oppassen
 ‹op kinderen›
childminder ['tʃaɪldmaɪndə] *znw* kinderoppas
childminding ['tʃaɪldmaɪndɪŋ] *znw* oppassen
child molester ['tʃaɪld mə'lestə] *znw*
 kindermisbruiker, kinderlokker
child prodigy [tʃaɪld 'prɒdɪdʒɪ] *znw* wonderkind
childproof ['tʃaɪldpru:f] *bn* kindveilig, veilig voor
 kinderen ★ *a* ~ *lock* een kinderslot
child-rearing ['tʃaɪld-'rɪərɪŋ] *znw* grootbrengen van
 kinderen
children ['tʃɪldrən] *znw* [*mv*] → **child**
children's home ['tʃɪldrənz həʊm] *znw* kindertehuis
child's play ['tʃaɪldzpleɪ] *znw* kinderspel
child support [tʃaɪld sə'pɔ:t] *znw* alimentatie ‹voor
 kinderen›
Chile ['tʃɪlɪ] *znw* Chili
Chilean ['tʃɪlɪən] **I** *bn* Chileens **II** *znw* Chileen,
 Chileense
chill [tʃɪl] **I** *bn* koud, kil, koel ★ dicht *the* ~ *wind of
 change / the recession &* de kille wind van
 verandering / de recessie & **II** *znw* **❶** kilheid, koude,
 koelheid ★ *there's a bit of a* ~ *in the air* er zit een
 beetje kou in de lucht ★ *take the* ~ *off sth* iets een

beetje opwarmen **❷** verkoudheid ★ *catch a* ~
 kouvatten **❸** koude rilling ★ *send ~s down / up sbd's
 spine* iem. de koude rillingen geven **III** *overg* **❶** koud
 maken, koelen, afkoelen, laten bevriezen ‹vlees›
 ❷ beklemmen, beangstigen ★ *the sight ~ed me to the
 bone / marrow* de aanblik vervulde mij met schrik
 IV *onoverg* **❶** inf chillen (ook ~ *out*) **❷** inf niksen
 ‹samen met anderen›
chilled [tʃɪld] *bn* **❶** gekoeld **❷** verkleumd ★ ~ *to the
 bone* verkleumd tot op het bot
chill factor [tʃɪl 'fæktə] *znw* verkillingsfactor,
 gevoelstemperatuur
chilli ['tʃɪlɪ] *znw* gedroogde Spaanse peper
chilling [tʃɪlɪŋ] *bn* **❶** kil **❷** ijskoud, ijzig **❸** fig
 huiveringwekkend
chilli powder ['tʃɪlɪ 'paʊdə] *znw* chilipoeder
chill room [tʃɪl ru:m] *znw* ontspanningsruimte
chilly ['tʃɪlɪ] *bn* **❶** kil, koel, koud **❷** onvriendelijk
 ❸ huiverig **❹** kouwelijk
chime [tʃaɪm] **I** *znw* **❶** klokgelui **❷** klokkenspel
 II *overg* luiden ★ ~ *the bells* de klokken luiden ★ *the
 clock ~d twelve* de klok sloeg twaalf **III** *onoverg*
 luiden **IV** *phras* ★ ~ *in* invallen, een opmerking
 maken ★ ~ (in) with *sth* overeenstemmen met iets,
 instemmen met iets
chimera [kaɪ'mɪərə] *znw* hersenschim
chimerical [kaɪ'merɪkl] *bn* hersenschimmig
chimney ['tʃɪmnɪ] *znw* **❶** schoorsteen **❷** schouw
 ❸ lampenglas **❹** bergkloof
chimney breast ['tʃɪmnɪ brest] *znw*
 schoorsteenmantel
chimney-piece ['tʃɪmnɪpi:s] Br *znw* schoorsteenmantel
chimney pot ['tʃɪmnɪ pɒt] *znw* schoorsteen(pot)
 ‹boven het dak›
chimney stack ['tʃɪmnɪ stæk] *znw* **❶** (meervoudige)
 schoorsteen **❷** rij schoorstenen
chimney sweep ['tʃɪmnɪ swi:p] *znw* schoorsteenveger
chimpanzee [tʃɪmpæn'zi:], inf **chimp** *znw* chimpansee
chin [tʃɪn] *znw* kin ★ *a double* ~ een onderkin ★ *keep
 one's* ~ *up* geen krimp geven ★ *take it on the* ~ iets
 moedig verdragen
china ['tʃaɪnə] **I** *bn* porseleinen **II** *znw* **❶** porselein
 ❷ inf kameraad, vriend(in) ‹als aanspreekvorm›
china clay ['tʃaɪnə kleɪ] *znw* porseleinaarde, kaolien
chinagraph ['tʃaɪnəgrɑ:f] *znw* glaspotlood
Chinatown ['tʃaɪnətaʊn] *znw* (de) Chinezenbuurt
Chinese [tʃaɪ'ni:z] **I** *bn* Chinees **II** *znw* [*mv:* ~]
 ❶ Chinees, Chinese **❷** Chinees ‹de taal›
Chinese burn [tʃaɪ'ni:z bɜ:n] *znw* prikkeldraad ‹met
 twee handen de huid van de arm in tegengestelde
 richting bewegen›
Chinese cabbage [tʃaɪ'ni:z 'kæbɪdʒ] *znw* Chinese kool
Chinese chequers [tʃaɪ'ni:z 'tʃekəz] *znw* [*mv*] halma
 ‹bordspel op stervormig bord›
Chinese gooseberry [tʃaɪ'ni:z 'ɡʊzbərɪ] *znw* kiwifruit
Chinese lantern [tʃaɪ'ni:z 'læntən] *znw* lampion,
 lantaarn
Chinese puzzle [tʃaɪ'ni:z 'pʌzəl] *znw* **❶** Chinese puzzel

ch

⟨moeilijke puzzel v. hout⟩ ❷ *fig* lastig probleem

Chinese Wall [tʃaɪˈniːz wɔːl] *znw* ❶ Chinese muur ★ *her enquiries met a ~ of silence* haar onderzoekingen stuitten op een muur van stilzwijgen ❷ *fig* onoverkomelijk obstakel

Chinese whispers [tʃaɪˈniːz ˈwɪspəz] *znw* [mv] ❶ spel waarbij een bericht doorgefluisterd wordt ❷ wilde geruchten

chink [tʃɪŋk] **I** *znw* ❶ spleet, kier, opening ★ *a ~ in sbd's armour* iemands zwakke plek, achilleshiel ★ beledigend *Chink* spleetoog ⟨Chinees⟩ ❷ geklingel, gerinkel ⟨v. geld⟩ **II** *overg* laten klingelen, laten rinkelen **III** *onoverg* klingelen, rinkelen

chinless [ˈtʃɪnlɪs] *bn* ❶ zonder kin ❷ slap, karakterloos

chinless wonder [ˈtʃɪnlɪs ˈwʌndə] *inf znw* slapjanus, nietsnut ⟨vooral van gegoede komaf⟩

chinos [ˈtʃiːnəʊz] *znw* [mv] katoenen broek

chin rest [tʃɪn rest] *znw* kinsteun ⟨van viool &⟩

chinstrap [ˈtʃɪnstræp] *znw* kinriem, stormband

chintz [tʃɪnts] *znw* chintz, sits

chintzy [ˈtʃɪntsɪ] *Am inf bn* ❶ sitsen, van chintz ❷ goedkoop ❸ gierig, mager

chinwag [ˈtʃɪnwæg] *inf* **I** *znw* kletspraatje, babbeltje **II** *onoverg* ❶ kletsen, babbelen ❷ roddelen

chip [tʃɪp] **I** *znw* ❶ spaan(der), splinter, snipper, schilfer ★ *inf he's a ~ off the old block* hij heeft een aardje naar zijn vaartje ❷ kerfje, stukje uit ❸ *Br* patat ❹ *Am* chips ❺ *comput* chip ❻ fiche ★ *inf when the ~s are down* als het menens is ▾ *inf he's had his ~s* hij is erbij, het is met hem gedaan ▾ *inf have a ~ on one's shoulder* vol wrok zitten, verbitterd zijn **II** *overg* ❶ afbikken ❷ snipperen **III** *onoverg* afsplinteren, schilferen **IV** *phras* ★ *~ away at sth* ergens stukjes uit wegknabbelen / wegkappen / wegsnijden, iets stadig aan kleiner maken ★ *inf ~ in* invallen, ook wat zeggen, bijdragen, meedoen ★ *~ sth in* iets bijdragen ★ *~ off* afschilferen, afspringen ★ *~ sth off* iets afbikken

chipboard [ˈtʃɪpbɔːd] *znw* spaanplaat

chip card [tʃɪp kɑːd] *znw* chipkaart

chipmunk [ˈtʃɪpmʌŋk] *znw* wangzakeekhoorn

chipolata [tʃɪpəˈlɑːtə], **chippolata** *Br znw* dun worstje

chipped [tʃɪpt] *bn* ❶ met een stukje eruit, gebarsten ⟨v. porselein, verf &⟩ ❷ in patatvorm gesneden

chipper [ˈtʃɪpə] **I** *bn* vrolijk, gelukkig **II** *znw* ❶ patatsnijder ❷ houtversnipperaar

chipping [ˈtʃɪpɪŋ] *znw* scherfje

chippings [ˈtʃɪpɪŋz] *znw* [mv] bik, fijn steenslag

chippy [ˈtʃɪpɪ] **I** *bn* ❶ prikkelbaar ❷ *Am & Can* agressief, onnodig hard ⟨v. sportwedstrijd⟩ **II** *znw* ❶ → *inf* **chip shop** ❷ timmerman ❸ *Am* slet, hoer

chip shop [tʃɪp ʃɒp], *inf* **chippie**, *inf* **chippy** *znw* patat-en-viskraam, snackbar

chiropodist [kɪˈrɒpədɪst] *znw* pedicure ⟨persoon⟩

chiropody [kɪˈrɒpədɪ] *znw* pedicure ⟨handeling⟩

chiropractic [kaɪərəʊˈpræktɪk] *bn* chiropractisch

chiropractor [ˈkaɪərəʊpræktə] *znw* chiropractor

chirp [tʃɜːp] *onoverg* ❶ tjilpen, sjilpen ⟨v. vogels⟩ ❷ kwetteren ⟨v. kinderen⟩

chirpiness [ˈtʃɜːpɪnɪs] *znw* levendigheid, vrolijkheid

chirpy [ˈtʃɜːpɪ] *inf bn* vrolijk, levendig

chirrup [ˈtʃɪrəp] *onoverg* tjilpen, sjilpen

chisel [ˈtʃɪzəl] **I** *znw* beitel **II** *overg* ❶ (uit)beitelen ❷ *inf* bedriegen, bezwendelen, oplichten

chiselled [ˈtʃɪzəld] *bn* gebeiteld, gebeeldhouwd

chit [tʃɪt] *znw* ❶ jong kind, hummel ❷ *Br afkeurend* jong ding, arrogant of brutaal meisje ❸ briefje, bon, schuldenbriefje

chit-chat [ˈtʃɪttʃæt] **I** *znw* ❶ gekeuvel ❷ geroddel **II** *onoverg* keuvelen, roddelen

chivalrous [ˈʃɪvəlrəs] *bn* ridderlijk

chivalry [ˈʃɪvəlrɪ] *znw* ❶ ridderwezen, ridderschap ❷ ridderlijkheid

chives [tʃaɪvz] *znw* [mv] bieslook

chivy [ˈtʃɪvɪ], **chivvy** *Br inf overg* achternazitten, (na)jagen

chloride [ˈklɔːraɪd] *znw* chloride

chlorinate [ˈklɔːrɪneɪt] *overg* chloreren

chlorinated [ˈklɔːrɪneɪtɪd] *bn* gechloreerd

chlorination [klɔːrɪˈneɪʃən] *znw* chlorering

chlorine [ˈklɔːriːn] *znw* chloor

chlorine-free [ˈklɔːriːn- friː] *bn* chloorvrij

chloroform [ˈklɒrəfɔːm] **I** *znw* chloroform **II** *overg* onder narcose brengen

chlorophyll [ˈklɒrəfɪl] *znw* chlorofyl, bladgroen

choc [tʃɒk] *inf znw* chocolaatje

chocaholic [tʃɒkəˈhɒlɪk], **chocoholic** *znw* chocoladejunk, chocoladeverslaafde

choccy [ˈtʃɒkɪ] *inf znw* chocolaatje

choc-ice [ˈtʃɒkaɪs] *znw* ijsje met een laagje chocola erover

chock [tʃɒk] **I** *znw* (stoot)blok, klos, klamp **II** *overg* vastzetten ★ *~ sth up* iets volstoppen, iets vastzetten ⟨met blokken⟩

chock-a-block [ˈtʃɒk-ə-blɒk] *bijw* volgepropt, tjokvol ★ *the roads are always ~ with cars* de wegen zitten altijd propvol met auto's

chocker [ˈtʃɒkə] *bn* ❶ *Br inf* beu, zat ❷ *Aus inf* **chockers** stampvol

chock-full [ˈtʃɒkˈfʊl] *bn & bijw* overvol, eivol

chocoholic [tʃɒkəˈhɒlɪk] *inf znw* → **chocaholic**

chocolate [ˈtʃɒkələt] **I** *bn* ❶ chocolakleurig ❷ chocolade- **II** *znw* ❶ chocola(de) ❷ chocolaatje

chocolate-box [ˈtʃɒkələt-bɒks] *bn* idyllisch, (kitscherig) romantisch

chocolate chip [ˈtʃɒkələt tʃɪp] *znw* chocoladeschilfer

choice [tʃɔɪs] **I** *bn* uitgelezen, uitgezocht, fijn, keurig **II** *znw* ❶ keus, verkiezing, (voor)keur ★ *an informed ~* een weloverwogen keuze ★ *by ~* bij voorkeur ★ *from ~* uit eigen verkiezing ★ *of ~* bij voorkeur ★ *of one's ~* naar verkiezing ★ *leave sbd with little / no ~* iem. weinig of geen keuze laten ★ *make one's ~* een keus doen, een keus maken ★ *take your ~* kies maar uit ❷ bloem (het beste van)

choir [ˈkwaɪə] *znw* koor

ch

choirboy ['kwaɪəbɔɪ] *znw* koorknaap
choirmaster ['kwaɪəmɑːstə] *znw* koordirigent, koordirecteur
choir stalls ['kwaɪə stɔːlz] *znw* [mv] koorbank
choke [tʃəʊk] **I** *znw* auto gasklep, choke **II** *overg* ❶ doen stikken, verstikken, smoren ★ ~ *sth back* iets onderdrukken, inslikken ‹v. woede &› ❷ verstoppen ★ ~ *sth up* iets verstoppen ★ *be ~d up* verstopt zitten, overstuur zijn, een brok in de keel hebben **III** *onoverg* ❶ stikken ★ ~ *to death* sterven door verstikking ❷ zich verslikken ★ ~ *on sth* zich verslikken in iets ★ ~ *up* een brok in de keel hebben, verstopt raken
choked [tʃəʊkt] *bn* vol, geëmotioneerd
chokehold ['tʃəʊkhəʊld] *znw* wurggreep
choke point [tʃəʊk pɔɪnt] Am *znw* flessenhals ‹in het verkeer›
choker ['tʃəʊkə] *znw* kort halssnoer
cholera ['kɒlərə] *znw* cholera
choleric ['kɒlərɪk] *bn* cholerisch, oplopend
cholesterol [kə'lestərɒl] *znw* cholesterol
chomp [tʃɒmp] inf *overg & onoverg* smakken, hoorbaar kauwen
choo-choo ['tʃuːtʃuː], **choo-choo train** kindertaal *znw* trein, locomotief
chook [tʃʊk] Aus & NZ inf *znw* ❶ kip ❷ beledigend oudere vrouw
choose [tʃuːz] [chose, chosen] **I** *overg* ❶ kiezen, uitkiezen ★ *there's little / nothing to ~ between them* er is weinig / geen verschil tussen hen ❷ besluiten, wensen (te *to*) **II** *onoverg* kiezen ★ *pick and ~* kieskeurig zijn, zorgvuldig kiezen ★ *there are a lot to ~ from* er is veel keuze ★ *form cannot ~ but do sth* niet anders kunnen dan iets te doen
chooser ['tʃuːzə] *znw* iem. die kiest ★ zegsw *beggars can't be ~s* men mag een gegeven paard niet in de bek zien
choosy ['tʃuːzɪ] inf *bn* kieskeurig
chop [tʃɒp] **I** *znw* ❶ slag ★ inf *get the ~* de zak krijgen, ontslagen worden ★ *~s and changes* veranderingen, wisselvalligheden ❷ korte golfslag ❸ karbonade, kotelet ▾ Aus & NZ inf *not much ~* niet veel soeps **II** *overg* ❶ kappen, hakken, kloven ★ *~ sth to bits* iets in stukken hakken ❷ ± bezuinigen, beperken, verminderen **III** *onoverg* hakken ★ *~ and change* telkens veranderen **IV** *phras* ★ *~ sth down* iets omhakken, omkappen ★ *~ sth off* iets afhakken, afslaan ★ *~ sth up* iets fijnhakken
chop-chop [tʃɒp-'tʃɒp] inf *tsw & bijw* opschieten!
chophouse ['tʃɒphaʊs] *znw* goedkoop restaurant
chopper ['tʃɒpə] *znw* ❶ hakmes ❷ inf helikopter
choppers ['tʃɒpəz] inf *znw* [mv] tanden
chopping board ['tʃɒpɪŋ bɔːd] *znw* snijplank, hakbord
choppy ['tʃɒpɪ] *bn* ❶ kort ‹golfslag› ❷ woelig ★ *a ~ sea* een ruwe zee ❸ telkens veranderend ‹wind›
chops [tʃɒps] inf *znw* [mv] kaken ★ *lick one's ~* likkebaarden
chopstick ['tʃɒpstɪk] *znw* eetstokje

chop suey [tʃɒp 'suːɪ] *znw* tjaptjoi ‹Chinees gerecht›
choral ['kɔːrəl] *bn* koraal-, koor-, zang-
chorale [kɔː'rɑːl] muz *znw* koraal
chord [kɔːd] *znw* ❶ snaar ★ *strike / touch a ~ with sbd* een gevoelige snaar treffen / aanraken bij iem. ❷ wisk koorde ❸ muz akkoord
chore [tʃɔː] *znw* werk, karwei
choreograph ['kɒrɪəgrɑːf] *overg* choreograferen, de choreografie ontwerpen voor
choreographer [kɒrɪ'ɒgrəfə] *znw* choreograaf
choreographic [kɒrɪə'græfɪk] *bn* choreografisch
choreography [kɒrɪ'ɒgrəfɪ] *znw* choreografie
chorister ['kɒrɪstə] *znw* koorzanger, -knaap
chortle ['tʃɔːtl] *onoverg* grinniken
chorus ['kɔːrəs] **I** *znw* ❶ koor ❷ refrein **II** *overg* in koor zingen / herhalen
chorus girl ['kɔːrəs gɜːl] *znw* balletdanseres en zangeres ‹bij revue &›
chose [tʃəʊz] *ww* [v.t.] → **choose**
chosen ['tʃəʊzən] **I** *bn* uitverkoren **II** *ww* [v.d.] → **choose**
chough [tʃʌf] *znw* kauw, soort kraai
choux pastry [ʃuː 'peɪstrɪ] *znw* soesjesdeeg
chow [tʃaʊ] *znw* ❶ chowchow ‹hond› ❷ inf voedsel, kostje, eten
chowder ['tʃaʊdə] *znw* dikke vissoep
christen ['krɪsən] *overg* dopen, noemen
Christendom ['krɪsəndəm] *znw* christenheid
christening ['krɪsnɪŋ] *znw* doop
Christian ['krɪstɪən] **I** *bn* christelijk, christen- **II** *znw* christen, christin
Christianity [krɪstɪ'ænətɪ] *znw* christendom
Christianize ['krɪstɪənaɪz], **Christianise** *overg* kerstenen
Christian name ['krɪstɪən neɪm] *znw* doopnaam, voornaam
Christmas ['krɪsməs] *znw* Kerstmis, kerst
Christmas bonus ['krɪsməs 'bəʊnəs] *znw* kerstbonus, kerstgratificatie
Christmas box ['krɪsməs bɒks] *znw* kerstfooi
Christmas card ['krɪsməs kɑːd] *znw* kerstkaart
Christmas carol ['krɪsməs 'kærəl] *znw* kerstlied
Christmas Day ['krɪsməs deɪ] *znw* eerste kerstdag
Christmas decorations ['krɪsməs dekə'reɪʃənz] *znw* [mv] kerstversiering
Christmas dinner ['krɪsməs 'dɪnə] *znw* kerstdiner
Christmas Eve ['krɪsməs 'iːv] *znw* kerstavond
Christmas holiday ['krɪsməs 'hɒlədeɪ] Br *znw* kerstvakantie
Christmas present ['krɪsməs 'prez(ə)nt] *znw* kerstcadeautje, kerstgeschenk
Christmas pudding ['krɪsməs 'pʊdɪŋ] *znw* plumpudding, speciale kerstpudding
Christmassy ['krɪsməsɪ] *bn* kerstmisachtig, kerst-
Christmastime ['krɪsməstaɪm] *znw* kerstperiode
Christmas tree ['krɪsməs triː] *znw* kerstboom
chromatic [krə'mætɪk] *bn* ❶ muz chromatisch ❷ kleuren-
chrome [krəʊm] *znw* chroom

ch

chrome-plated ['krəʊmpleɪtɪd] *bn* verchroomd
chrome yellow [krəʊm 'jeləʊ] *znw* chroomgeel, chromaatgeel
chromium ['krəʊmɪəm] *znw* chroom ★ *a ~ tape* een chroomdioxide cassettebandje
chromosomal [krəʊme'səʊməl] *bn* van een chromosoom
chromosome ['krəʊmesəʊm] *znw* chromosoom
chronic ['krɒnɪk] *bn* ❶ chronisch ★ *a ~ liar* een onverbeterlijke leugenaar ★ *a ~ invalid* een blijvend invalide ❷ Br *inf* vreselijk, erg ★ *our new teacher's ~* onze nieuwe leraar is onuitstaanbaar
chronically ['krɒnɪkəlɪ] *bijw* chronisch ★ *~ ill patients* chronisch zieke patiënten
chronic fatigue syndrome ['krɒnɪk fə'ti:g 'sɪndrəʊm] *znw* chronisch vermoeidheidssyndroom, ME
chronicle ['krɒnɪkl] I *znw* kroniek ★ bijbel *Chronicles* Kronieken II *overg* boekstaven
chronicler ['krɒnɪklə] *znw* kroniekschrijver
chronograph ['krɒnəgrɑ:f] *znw* ❶ precisietijdmeter ❷ stopwatch
chronological [krɒnə'lɒdʒɪkl] *bn* chronologisch ★ *in ~ order* in chronologische volgorde
chronology [krə'nɒlədʒɪ] *znw* ❶ tijdrekening, chronologie ❷ opeenvolging in de tijd
chronometer [krə'nɒmɪtə] *znw* chronometer
chrysalis ['krɪsəlɪs] *znw* [mv: -es of chrysalides] pop ⟨v. insect⟩
chrysanthemum [krɪ'sænθəməm] *znw* chrysant(hemum)
chubbiness ['tʃʌbɪnɪs] *znw* molligheid, gezetheid
chubby ['tʃʌbɪ] *bn* bolwangig, mollig, gezet
chuck [tʃʌk] I *znw* ❶ *inf* worp ❷ *inf* afwijzing, de bons ❸ *inf* streek, aaitje ⟨onder de kin⟩ ❹ *techn* klauwplaat ⟨v. draaibank⟩, boorhouder ❺ → **chuck steak** II *overg* ❶ *inf* (weg)gooien ❷ *inf* de bons geven ❸ *inf* de bruit geven aan, ophouden met ★ *inf ~ it!* schei uit! ❹ *inf* onder de kin kietelen III *onoverg inf* overgeven, kotsen IV *phras* ★ *~ sth away* iets weg-, vergooien ★ *~ sbd / sth out* iem. / iets eruit gooien ★ *~ sth up / in* de bruit geven aan iets, iets opgeven, ophouden met iets ★ *~ up* overgeven, kotsen
chuckle ['tʃʌkl] I *znw* onderdrukte lach, grinnik ★ *give a ~* grinniken II *onoverg* inwendig, onderdrukt lachen, zich verkneukelen, gnuiven, gniffelen ★ *~ to oneself* gniffelen
chuck steak [tʃʌk steɪk], **chuck** *znw* schouderstuk ⟨v. rund⟩
chuffed [tʃʌft] *inf bn* opgetogen, verrukt, in zijn sas
chug [tʃʌg] *onoverg* ronken, tuffen ⟨v. motor⟩
chum [tʃʌm] I *znw* ❶ kameraad, makker, maat ❷ Am kamergenoot II *onoverg* ❶ vriendjes worden ★ *~ up with sbd* goede maatjes worden met iem. ❷ samenwonen
chummy ['tʃʌmɪ] *bn* intiem, gezellig
chump [tʃʌmp] *inf znw* uilskuiken, stomkop ★ *off his ~* niet goed wijs

chunder ['tʃʌndə] Aus *inf* I *znw* kots, braaksel II *onoverg* overgeven, kotsen
chunk [tʃʌŋk] *znw* brok, homp, bonk
chunky ['tʃʌŋkɪ] *bn* ❶ gedrongen ⟨v. postuur⟩ ❷ in brokken, met grote stukken ★ *~ jewellery* grote, grove sieraden
Chunnel ['tʃʌnl] *inf znw* Kanaaltunnel
chunter ['tʃʌntə] Br *inf onoverg* mompelen, prevelen, mopperen, foeteren
church [tʃɜ:tʃ] *znw* kerk ★ *she wasn't at ~ this morning* ze was vanmorgen niet in de kerk ★ *go into / enter the ~* predikant / priester / geestelijke worden
churchgoer ['tʃɜ:tʃgəʊə] *znw* kerkganger
churchgoing ['tʃɜ:tʃgəʊɪŋ] *bn* kerkgaand, kerks
churchman ['tʃɜ:tʃmən] *znw* ❶ kerkelijk persoon, geestelijke ❷ lid van de (staats)kerk
Church of England [tʃɜ:tʃ ɒv 'ɪŋglənd] *znw* Anglicaanse Kerk ★ *a ~ marriage* een kerkelijk huwelijk ⟨voor de Anglicaanse Kerk⟩
churchwarden [tʃɜ:tʃ'wɔ:dn] *znw* ❶ kerkmeester, kerkvoogd ❷ gouwenaar
churchwoman ['tʃɜ:tʃwʊmən] *znw* ❶ vrouwelijke geestelijke ❷ vrouwelijk lid van de (staats)kerk
churchy ['tʃɜ:tʃɪ] *bn* ❶ afkeurend kerks ❷ kerkachtig
churchyard ['tʃɜ:tʃjɑ:d] *znw* kerkhof
churl [tʃɜ:l] *znw* boerenpummel, vlerk. lomperik
churlish ['tʃɜ:lɪʃ] *bn* lomp, onheus
churn [tʃɜ:n] I *znw* ❶ karn ❷ melkbus II *overg* ❶ karnen ❷ (om)roeren, (om)schudden III *onoverg* ❶ koken, zieden ⟨v. golven⟩ ❷ omdraaien, opspelen ⟨v. maag⟩ IV *phras* ★ *~ sth out* iets aan de lopende band produceren ★ *~ sth up* iets omwoelen ⟨de grond⟩, iets doen kolken ⟨de zee⟩
chute [ʃu:t] *znw* ❶ stroomversnelling, waterval ❷ glijbaan, helling ❸ stortkoker ★ *our profits are going down the ~* onze winst gaat naar de filistijnen ❹ → *inf* **parachute**
chutney ['tʃʌtnɪ] *znw* chutney ⟨zoetzure saus⟩
chutzpah ['xu:tzpə] *znw* gotspe, brutale zelfverzekerdheid
CIA *afk* → **Central Intelligence Agency**
ciabatta [tʃə'bɑ:tə] *znw* ciabatta ⟨met olijfolie bereid Italiaans brood⟩
cicada [sɪ'kɑ:də] *znw* cicade, krekel
CID *afk* (Criminal Investigation Department) recherche, opsporingsdienst ⟨bij de politie⟩
cider ['saɪdə] *znw* cider, appelwijn
cig [sɪg] *znw* → *inf* **ciggie**
cigar [sɪ'gɑ:] *znw* sigaar
cigarette [sɪgə'ret] *znw* sigaret
cigarette butt [sɪgə'ret bʌt], **cigarette end** *znw* sigarettenpeuk
cigarette case [sɪgə'ret keɪs] *znw* sigarettenetui
cigarette holder [sɪgə'ret 'həʊldə] *znw* sigarettenpijpje
cigarette lighter [sɪgə'ret 'laɪtə] *znw* aansteker
cigarette machine [sɪgə'ret mə'ʃi:n] *znw* sigarettenautomaat

cigarette paper [sɪgə'ret 'peɪpə] *znw* vloeitje
cigarillo [sɪgə'rɪləʊ] *znw* sigaartje
ciggie ['sɪgɪ], **ciggy, cig** *znw* sigaretje
cilantro [sɪ'læntrəʊ] Am *znw* verse koriander
C.-in-C. *afk* (Commander-in-Chief) opperbevelhebber, legercommandant
cinch [sɪntʃ] **I** *znw* ❶ Am zadelriem ❷ greep, vat, houvast ❸ inf iets wat zeker is, gemakkelijk is ★ *it's a ~ het* staat vast, dat is een makkie **II** *overg* ❶ vastmaken met een riem ❷ veilig stellen
cinder ['sɪndə] *znw* sintel, slak ★ *a ~ track* een sintelbaan ★ *burnt to a ~* helemaal verbrand
cinder block ['sɪndə blɒk] *znw* bouwblokken van cement met sintels
Cinderella [sɪndə'relə] *znw* ❶ Assepoester ❷ stiefkind, iets dat stiefmoederlijk wordt behandeld
cinders ['sɪndəz] *znw* [mv] as
cine- ['sɪnɪ] *voorv* film-
cinema ['sɪnɪmɑ:] *znw* ❶ bioscoop, cinema ❷ filmkunst
cinemagoer ['sɪnɪmɑ:gəʊə] *znw* bioscoopganger
cinematic [sɪnɪ'mætɪk] *bn* filmisch, film-
cinematography [sɪnɪmə'tɒgrəfɪ] *znw* filmkunst, cinematografie
cinnamon ['sɪnəmən] *znw* kaneel
cipher ['saɪfə], **cypher I** *znw* ❶ cijferschrift, sleutel daarvan, code ❷ cijfer nul ❸ onbelangrijk persoon, onbenul ★ *a mere ~* een (grote) nul, een onbenul ❹ monogram **II** *overg* in cijferschrift schrijven, coderen
circa ['sɜ:kə], **c, c., ca** form *voorz* ongeveer
circle ['sɜ:kl] **I** *znw* ❶ cirkel, ring, kring ★ *come full ~* weer bij het begin terugkomen ★ *fig go / run around in ~s* op een dood spoor zitten ★ *we move in different ~s* we bewegen ons in andere kringen ❷ balkon ⟨in theater⟩ **II** *overg* ❶ cirkelen om, omringen ❷ in een kring plaatsen ★ Am inf *~ the wagons* met zijn allen iets verdedigen **III** *onoverg* ❶ (rond)draaien, rondgaan ❷ cirkelen
circuit ['sɜ:kɪt] **I** *znw* ❶ kring(loop), omtrek, gebied, circuit, (ronde) baan ★ *closed ~ television* gesloten tv-circuit ❷ tournee, rondgang (van rechters) ★ *we made a leisurely ~ of the park* we maakten op ons gemak een rondje door het park ❸ elektr stroomkring, schakeling ⟨in elektronische apparatuur⟩ **II** *overg* in een kring gaan rond / om ★ *the comet next ~s the sun in 2031* de komeet gaat in 2031 weer om de zon heen
circuit board ['sɜ:kɪt bɔ:d] elektr *znw* printplaat
circuit breaker ['sɜ:kɪt 'breɪkə] elektr *znw* stroomonderbreker
circuitous [sɜ:'kju:ɪtəs] *bn* niet recht op het doel afgaand ★ *a ~ route* een omweg
circuitry ['sɜ:kɪtrɪ] *znw* elektronische schakelingen
circuit training ['sɜ:kɪt 'treɪnɪŋ] *znw* circuit training
circular ['sɜ:kjʊlə] **I** *bn* rond, kring-, cirkel- ★ *a ~ argument* een cirkelredenering ★ *a ~ tour* rondreis ⟨die eindigt waar hij begon⟩ **II** *znw* circulaire,

rondschrijven
circularize ['sɜ:kjʊləraɪz], **circularise** *overg* per circulaire bekendmaken, reclame maken
circular letter ['sɜ:kjʊlə 'letə] *znw* rondschrijven, circulaire
circular saw ['sɜ:kjʊlə sɔ:] *znw* cirkelzaag
circulate ['sɜ:kjʊleɪt] **I** *overg* ❶ laten circuleren, laten rondgaan ❷ in omloop brengen **II** *onoverg* ❶ circuleren, in omloop zijn ❷ rondlopen, van de een naar de ander gaan ⟨op receptie &⟩
circulation [sɜ:kjʊ'leɪʃən] *znw* ❶ circulatie ⟨bloed, geld⟩, doorstroming ❷ omloop, roulatie ★ *in / out of ~* in / uit de roulatie ❸ verspreiding ❹ oplaag
circulatory [sɜ:kjʊ'leɪtərɪ, 'sɜ:kjʊlətərɪ] *bn* circulatie-
circumcise ['sɜ:kəmsaɪz] *overg* besnijden
circumcision [sɜ:kəm'sɪʒən] *znw* besnijdenis
circumference [sɜ:'kʌmfərəns] *znw* omtrek ★ *two feet in ~* twee voet in de omtrek
circumflex ['sɜ:kʌmfleks] *znw* accent circonflexe, dakje
circumlocution [sɜ:kəmlə'kju:ʃən] form *znw* ❶ omschrijving, omslachtigheid, omhaal van woorden ❷ het eromheen praten
circumlocutory [sɜ:kəmlə'kju:tərɪ] form *bn* omschrijvend, omslachtig
circumnavigate [sɜ:kəm'nævɪgeɪt] *overg* omvaren
circumscribe ['sɜ:kəmskraɪb] form *overg* ❶ omschrijven ❷ beperken, begrenzen
circumscription [sɜ:kəm'skrɪpʃən] form *znw* ❶ omschrijving ❷ omschrift ❸ beperking ❹ omtrek
circumspect ['sɜ:kəmspekt] form *bn* omzichtig
circumspection [sɜ:kəm'spekʃən] form *znw* omzichtigheid
circumstance ['sɜ:kəmstɑ:nts] *znw* omstandigheid ★ *due to ~s beyond our control* wegens omstandigheden die buiten onze macht liggen ★ *in / under no ~s* in geen geval ▼ *pomp and ~* pracht en praal
circumstantial [sɜ:kəm'stɑ:ntʃəl] *bn* ❶ bijkomstig ★ *~ evidence* indirect bewijs, bewijs door aanwijzingen ❷ omstandig, uitvoerig
circumstantiate [sɜ:kəm'stɑ:nʃɪeɪt] form *overg* omstandig beschrijven, met omstandigheden staven
circumvent [sɜ:kəm'vent] form *overg* ❶ om de tuin leiden, misleiden ❷ ontduiken ⟨de wet⟩, omzeilen
circumvention [sɜ:kəm'venʃən] form *znw* ❶ misleiding ❷ ontduiking, omzeiling
circus ['sɜ:kəs] *znw* ❶ circus, paardenspel ❷ rond plein
cirrhosis [sɪ'rəʊsɪs] med *znw* cirrose, levercirrose
cirrocumulus [sɪrəʊ'kju:mjʊləs] *znw* schapenwolkje(s)
cirrostratus [sɪrəʊ'strɑ:təs] *znw* cirrostratus, wolkenveren
cirrus ['sɪrəs] *znw* [mv: cirri] vederwolk, cirrus
cissy ['sɪsɪ] Br inf *znw* → **sissy**
cistern ['sɪstn] *znw* (water)bak, -reservoir, stortbak ⟨v. wc⟩, regenbak
citadel ['sɪtədl] *znw* citadel
citation [saɪ'teɪʃən] *znw* ❶ dagvaarding ❷ aanhaling

❸ eervolle vermelding

cite [saɪt] *overg* ❶ dagvaarden ❷ citeren, aanhalen ❸ aanvoeren, noemen ❹ eervol vermelden

citizen [ˈsɪtɪzən] *znw* ❶ (staats)burger ❷ inwoner, ingezetene

citizenry [ˈsɪtɪzənrɪ] *znw* burgerij

Citizens' Advice Bureau [ˈsɪtɪzənz ədˈvaɪs ˈbjʊərəʊ] *znw* burgeradviesbureau, rechtshulp

Citizens' Band [ˈsɪtɪzənz bænd], **CB** *znw* 27 MC-band

citizenship [ˈsɪtɪzənʃɪp] *znw* burgerrecht, (staats)burgerschap, nationaliteit ★ *dual* ~ dubbele nationaliteit

citric [ˈsɪtrɪk] *bn* citroen-, citrus- ★ ~ *juices* sap van citrusvruchten

citric acid [ˈsɪtrɪk ˈæsɪd] *znw* citroenzuur

citrus [ˈsɪtrəs] *znw* citrus(vruchten)

city [ˈsɪtiː] *znw* (grote) stad ★ *the City* de City v. Londen ⟨als economisch en financieel centrum⟩

city centre [ˈsɪtiː ˈsentə], Am **city center** *znw* binnenstad

city council [ˈsɪtiː ˈkaʊnsəl] *znw* gemeenteraad

city councillor [ˈsɪtiː ˈkaʊnsələ] *znw* gemeenteraadslid

city desk [ˈsɪtiː desk] *znw* stadsredactie

city-dweller [ˈsɪtɪ-dwelə] *znw* stadsbewoner

city hall [ˈsɪtiː hɔːl] Am *znw* stadhuis

cityscape [ˈsɪtɪskeɪp] *znw* ❶ aanblik v.e. stad ❷ stadsbeeld

city slicker [ˈsɪtiː ˈslɪkə] inf afkeurend *znw* stadse meneer / mevrouw, gladjanus

city state [ˈsɪtiː steɪt] *znw* stadstaat

cityward [ˈsɪtɪwɔːd] **I** *bn* stadwaarts, in de richting van de stad **II** *bijw*, **citywards** stadwaarts, in de richting van de stad

citywide [ˈsɪtɪwaɪd] *bn* over de hele stad

civet [ˈsɪvɪt] *znw* civet(kat)

civic [ˈsɪvɪk] *bn* burgerlijk, burger-, stads- ★ *a ~ reception* een officiële ontvangst ⟨door de burgerlijke overheid⟩

civics [ˈsɪvɪks] *znw* [mv] burgerlijk recht, staatsbestel, maatschappijleer, burgerschapskunde

civies [ˈsɪvɪz] inf *znw* [mv] burgerkloffie

civil [ˈsɪvəl] *bn* ❶ burger-, burgerlijk, civiel ★ ~ *aviation* burgerluchtvaart ❷ beleefd, beschaafd ★ *not have a ~ word to say about sbd* geen goed woord over iem. te zeggen hebben

civil action [ˈsɪvəl ˈækʃən] *znw* rechtsvordering

civil defence [ˈsɪvəl dɪˈfens] *znw* civiele verdediging, ± Bescherming Burgerbevolking

civil disobedience [ˈsɪvəl dɪsəˈbiːdɪəns] *znw* burgerlijke ongehoorzaamheid

civil engineer [ˈsɪvəl endʒɪˈnɪə] *znw* weg- en waterbouwkundig ingenieur, civiel ingenieur

civil engineering [ˈsɪvəl endʒɪˈnɪərɪŋ] *znw* weg- en waterbouwkunde

civilian [sɪˈvɪlɪən] **I** *bn* burger- **II** *znw* burger

civility [sɪˈvɪlətɪ] *znw* beleefdheid

civilization [sɪvɪlaɪˈzeɪʃən], **civilisation** *znw* beschaving ★ *back to* ~ terug in de beschaafde wereld

civilize [ˈsɪvɪlaɪz], **civilise** *overg* beschaven

civilized [ˈsɪvɪlaɪzd], **civilised** *bn* beschaafd

civil law [ˈsɪvəl lɔː] *znw* ❶ continentaal recht ⟨tegenover 'common law', het Engelse gewoonterecht⟩ ★ *the ~ system* het continentaal-Europees rechtssysteem ❷ civiel recht, burgerlijk recht ⟨tegenover strafrecht⟩

civil liberties [ˈsɪvəl ˈlɪbətɪz] *znw* [mv] burgerlijke vrijheden

civil list [ˈsɪvəl lɪst] *znw* civiele lijst ⟨huishoudelijke kosten van het staatshoofd en koninklijke familie⟩

civil marriage [ˈsɪvəl ˈmærɪdʒ] *znw* burgerlijk huwelijk

civil rights [ˈsɪvəl ˈraɪts] *znw* [mv] grondrechten (v.d. burgers)

civil servant [ˈsɪvəl ˈsɜːvənt] *znw* ambtenaar

civil service [ˈsɪvəl ˈsɜːvɪs] *znw* ❶ overheidsdienst ❷ ambtenarenapparaat

civil union [ˈsɪvəl ˈjuːnjən] *znw* geregistreerd partnerschap

civil war [ˈsɪvəl wɔː] *znw* burgeroorlog

civvies [ˈsɪvɪz] inf *znw* [mv] burgerkleding, burgerkloffie

civvy [ˈsɪvɪ] inf **I** *bn* burger- ★ *a ~ vehicle* een burgervoertuig **II** *znw* burger ★ *Civvy Street* de burgermaatschappij

CJ *afk* → **chief justice**

CJD *afk* (Creutzfeldt-Jakob disease) ziekte van Creutzfeldt-Jakob

cl *afk* → **centilitre**

clack [klæk] **I** *znw* ❶ klap, geklepper ❷ vero geratel, geklets, gesnater **II** *overg* klakken met ⟨de tong⟩ **III** *onoverg* ❶ klappen, klapperen, ratelen ❷ vero snateren

clad [klæd] dicht ww [v.t. & v.d.] → **clothe**

cladding [ˈklædɪŋ] *znw* bekleding, coating

clag [klæg] Aus *znw* soort lijm

claim [kleɪm] **I** *znw* ❶ bewering ★ *make no ~ to be sth* niet beweren iets te zijn ❷ eis, aanspraak, (schuld)vordering, recht, claim ★ inf *what's his ~ to fame?* wat is er zo bijzonder aan hem? ★ *lay ~ to sth* aanspraak maken op iets ★ *stake one's ~ to sth* aanspraak maken op iets **II** *overg* ❶ (op)eisen, aanspraak maken op, reclameren ★ ~ *damages* schadevergoeding eisen ★ ~ *sbd's life* iemands leven eisen ★ ~ *the moral high ground* beweren dat je een beter mens bent dan anderen ★ ~ *responsibility* de verantwoordelijkheid opeisen ❷ beweren

claimable [ˈkleɪməbl] *bn* opeisbaar

claimant [ˈkleɪmənt] *znw* eiser, (uitkerings)gerechtigde

claim form [kleɪm fɔːm] *znw* schadeformulier

clairvoyance [kleəˈvɔɪəns] *znw* helderziendheid

clairvoyant [kleəˈvɔɪənt] **I** *bn* helderziend **II** *znw* helderziende

clam [klæm] **I** *znw* (eetbaar) schelpdier, strandgaper ⟨soort mossel⟩ **II** *onoverg* strandgapers zoeken **III** *phras* ★ inf ~ *up* geen mond opendoen, zijn mond houden, dichtklappen

clambake ['klæmbeɪk] *znw* ❶ picknick met geroosterde schaal- en schelpdieren ⟨vaak op het strand⟩ ❷ fuif, festijn

clamber ['klæmbə] *onoverg* klauteren

clamminess ['klæmɪnɪs] *znw* klamheid

clammy ['klæmɪ] *bn* ❶ klam, vochtig ❷ *fig* klef, kleverig

clamor ['klæmə] Am *znw* → **clamour**

clamorous ['klæmərəs] *bn* luid(ruchtig), tierend

clamour ['klæmə], Am **clamor** I *znw* ❶ geroep, roep ❷ geschreeuw, misbaar, herrie, getier ❸ protest, verontwaardiging II *onoverg* roepen, schreeuwen, tieren ★ ~ *against sth* luid protesteren tegen iets ★ ~ *for sbd / sth* roepen om iem. / iets

clamp [klæmp] I *znw* ❶ klamp, klem ❷ wielklem II *overg* ❶ (op)klampen ❷ stevig zetten / drukken & ❸ (een) wielklem aanbrengen III *phras* ★ ~ **down** *on sbd / sth* iem. / iets de kop indrukken

clampdown ['klæmpdaʊn] *inf znw* beperkende maatregel

clan [klæn] *znw* ❶ clan, stam, geslacht ❷ kliek

clandestine [klæn'destɪn] *bn* heimelijk, geheim, clandestien, illegaal

clang ['klæŋ] I *znw* ❶ schelle klank ❷ gerammel, geratel, gekletter ❸ geschal ❹ luiden II *overg & onoverg* klinken, (doen) kletteren ⟨de wapens⟩, schallen, luiden

clanger ['klæŋə] *inf znw* flater ★ *drop a* ~ een flater slaan

clank [klæŋk] I *znw* gerinkel, gekletter II *overg* rinkelen, kletteren III *onoverg* rinkelen, kletteren

clannish ['klænɪʃ] *bn* clan-, kliekerig

clansman ['klænzmən] *znw* lid van een clan ⟨mannelijk⟩

clanswoman ['klænzwʊmən] *znw* lid van een clan ⟨vrouwelijk⟩

clap [klæp] I *znw* ❶ (donder)slag, klap ❷ handgeklap, applaus ★ *a big* ~ *for tonight's performers* een daverend applaus voor de artiesten van vanavond ★ *give sbd a* ~ voor iem. klappen ❸ *inf* gonorroe ★ *the* ~ gonorroe, een druiper II *overg* ❶ klappen met (in), slaan, dichtklappen, -slaan ★ *it's the first time I've ~ped eyes on him* het is de eerste keer dat ik hem onder ogen krijg / zie ★ ~ *one's hands* in de handen klappen ❷ (met kracht) zetten, drukken, leggen & ★ *inf* ~ *hold of sbd / sth* iem. / iets vastgrijpen / beetpakken ★ ~ *sbd in prison* iem. in de gevangenis stoppen ★ ~ *handcuffs on sbd* iem. in de boeien slaan ❸ (in de handen) klappen voor, toejuichen III *onoverg* klappen

clapboard ['klæpbɔːd] *znw* dakspaan

clapped-out [klæpt'aʊt] *inf bn* ❶ versleten, op ⟨auto, machine⟩ ❷ afgepeigerd, kapot ⟨mens⟩

clapper ['klæpə] Br *inf znw* klepel, bengel ★ *to go like the* ~*s* als de gesmeerde bliksem ervandoor gaan

clapperboard ['klæpəbɔːd] *znw* clapperboard ⟨bij filmopnamen gebruikt⟩

clapping ['klæpɪŋ] *znw* applaus

claptrap ['klæptræp] *inf znw* ❶ onzin, flauwekul ❷ mooie praatjes, bombast

claret ['klærət] I *bn* bordeauxrood, paarsrood II *znw* bordeaux(wijn)

clarification [klærəfɪ'keɪʃən] *znw* ❶ zuivering ❷ verheldering, verduidelijking, opheldering ★ *ask sbd for* ~ iem. om opheldering vragen

clarified ['klærəfaɪd] *bn* gezuiverd, geklaard ★ ~ *butter* geklaarde boter

clarify ['klærəfaɪ] *overg* ❶ klaren, zuiveren ⟨van boter⟩ ❷ verhelderen, verduidelijken, ophelderen

clarifying ['klærəfaɪɪŋ] *bn* verhelderend

clarinet [klærɪ'net] *znw* klarinet

clarinettist [klærɪ'netɪst], Am **clarinetist** *znw* klarinettist

clarion ['klærɪən] I *bn* dicht schallend als een klaroen II *znw* hist klaroen

clarion call ['klærɪən kɔːl] *znw* ❶ klaroengeschal ❷ *fig* ± noodkreet, oproep, aanmoediging

clarity ['klærətɪ] *znw* klaarheid, helderheid ★ ~ *of mind* helderheid van geest ★ *for the sake of* ~ omwille van de duidelijkheid

clash [klæʃ] I *znw* ❶ conflict, botsing ❷ gekletter, gerammel II *overg* ❶ doen klinken, rinkelen, kletteren, rammelen (met) ❷ doen botsen III *onoverg* ❶ klinken, rinkelen, kletteren, rammelen ❷ botsen, in conflict zijn, tegenstrijdig zijn, niet bij elkaar passen ★ ~ *with sbd / sth* in botsing komen met iem. / iets, in strijd zijn met iets ★ ~ *with sth* vloeken met iets, indruisen tegen iets ★ *the party* ~*es with my sister's wedding* het feest valt samen met de bruiloft van mijn zuster ❸ slaags raken

clasp [klɑːsp] I *znw* ❶ slot, kram, haak, gesp ❷ handdruk, greep ❸ omhelzing II *overg* ❶ sluiten, dichthaken ❷ grijpen, omvatten, omklemmen ❸ omhelzen

clasp knife [klɑːsp naɪf] *znw* knipmes

class [klɑːs] I *znw* ❶ klasse, categorie ★ *be in a* ~ *by itself / of its own* een klasse apart zijn ❷ stand, rang, soort ★ *be out of sbd's* ~ veel beter zijn (in iets) dan iem. ❸ *inf* kwaliteit ❹ stijl, distinctie ★ *have a touch of* ~ stijl / cachet bezitten ❺ *onderw* klas, cursus, les, lesuur ★ *come top / bottom of the* ~ de beste / slechtste van de klas zijn II *overg* classificeren, klasseren, rangschikken, indelen ★ ~ *sth as* iets beschouwen als

class action [klɑːs 'ækʃən] *znw* proefproces ⟨door een persoon namens / tegen een hele groep⟩

class-conscious ['klɑːskɒnʃəs] *bn* ❶ klassenbewust ❷ standsbewust

classic ['klæsɪk] I *bn* ❶ klassiek ❷ kenmerkend, typerend ★ *she has all the* ~ *symptoms of the disease* ze heeft alle kenmerkende symptomen van de ziekte II *znw* ❶ klassiek schrijver of werk ❷ klassieker ⟨sport, film &⟩

classical ['klæsɪkl] *bn* ❶ klassiek, conventioneel ❷ classicistisch

classical music ['klæsɪkl 'mjuːzɪk] *znw* ❶ klassieke muziek ❷ Europese muziek uit de periode tussen 1750 en 1820

classicism ['klæsɪsɪzəm] *znw* classicisme

classicist ['klæsɪsɪst] *znw* ❶ navolger (aanhanger) van de klassieken ❷ classicus

classics ['klæsɪks] *znw* [mv] ❶ klassieken ‹in kunst, letterkunde› ★ *the* ~ de klassieken ❷ <u>onderw</u> klassieke talen

classifiable [klæsɪ'faɪəbl] *bn* classificeerbaar

classification [klæsɪfɪ'keɪʃən] *znw* ❶ categorie, classificatie, klassering ❷ klassement

classified ['klæsɪfaɪd] *bn* ❶ geclassificeerd ★ *the ~ results* het klassement ‹bij wedstrijden› ❷ geheim, vertrouwelijk ★ *~ information* geheime informatie

classified advertisement ['klæsɪfaɪd əd'vɜːtɪsmənt], <u>inf</u> **classified ad** *znw* kleine annonce, kleine advertentie

classifieds ['klæsɪfaɪdz] *znw* [mv] kleine advertenties, rubrieksadvertenties

classify ['klæsɪfaɪ] *overg* ❶ classificeren, klasseren ❷ niet voor algemene kennisneming verklaren ‹v. documenten &›

classless ['klɑːslɪs] *bn* klasseloos

classmate ['klɑːsmeɪt] *znw* klasgenoot, jaargenoot

classroom ['klɑːsruːm] *znw* klas(lokaal), leslokaal, schoollokaal

class struggle [klɑːs 'strʌgl], **class war**, **class warfare** *znw* klassenstrijd

classy ['klɑːsɪ] *inf bn* fijn, chic

clatter ['klætə] **I** *znw* geklepper, gekletter, gerammel **II** *overg & onoverg* klepperen, kletteren, rammelen (met)

clause [klɔːz] *znw* ❶ clausule, artikel ‹bv. in contract›, beding ❷ zinsnede, passage ❸ <u>gramm</u> bijzin

claustrophobia [klɔːstrə'fəʊbɪə] *znw* claustrofobie, ruimtevrees

claustrophobic [klɔːstrə'fəʊbɪk] *bn* claustrofobisch

clavicle ['klævɪkl] <u>anat</u> *znw* sleutelbeen

claw [klɔː] **I** *znw* ❶ klauw ❷ poot ❸ schaar ‹v. krab &› ❹ haak **II** *overg* ❶ grijpen, klauwen, graaien ★ *he ~ed his way to the top* hij worstelde zich naar de top ❷ krabben **III** *onoverg* grijpen, klauwen, graaien ★ *the kitten ~ed at the wool* het katje klauwde naar de wol **IV** *phras* ★ *~ sth back* iets terugvorderen

clawback ['klɔːbæk] Br *znw* terugboekingsregeling

claw hammer [klɔː 'hæmə] *znw* klauwhamer

clay [kleɪ] **I** *bn* aarden, lemen **II** *znw* klei, leem, aarde

clayey ['kleɪɪ] *bn* kleiachtig, klei-

clean [kliːn] **I** *bn* ❶ schoon, zuiver, rein ★ *a ~ sheet / slate* een schone lei, een blanco strafblad ★ *a ~ sheet of paper* een wit vel papier ★ *as ~ as a whistle* brandschoon ★ *give sbd a ~ bill of health* iem. kerngezond verklaren ★ <u>inf</u> *keep one's nose ~* zich nergens mee bemoeien ★ *keep one's hands ~* zijn handen schoon houden, zich niet inlaten met twijfelachtige zaakjes ❷ onschuldig, net, eerlijk ★ *keep it ~* hou het netjes ★ <u>inf</u> *come ~* eerlijk

opbiechten ★ *nobody came off ~* iedereen had boter op zijn hoofd ❸ clean, geen drugs gebruikend / bezittend ❹ welgevormd, glad, vlak ❺ scherp, duidelijk **II** *bijw* <u>inf</u> totaal, helemaal, schoon ★ *~ forget sth* iets helemaal vergeten ★ *knock sbd ~ off his / her feet* iem. helemaal overrompelen **III** *znw* (schoonmaak)beurt **IV** *overg* zuiveren, reinigen, schoonmaken, poetsen ★ Am <u>inf</u> *~ sbd's clock* iem. een pak slaag geven ★ Am *~ house* het huis schoonmaken, grote schoonmaak houden ‹in een bedrijf &, door alle corrupte en niet efficiënte onderdelen te verwijderen› ★ *~ one's plate* zijn bord leegeten **V** *onoverg* ❶ schoon te maken zijn, zich laten reinigen ❷ schoonmaken, reinigend werken **VI** *phras* ★ *~ sth* **out** schoonmaken, leeghalen ★ <u>inf</u> *~ sbd out* iem. blut maken ★ *~* **up** opruimen, <u>inf</u> alle prijzen winnen, <u>inf</u> dikke winst maken ★ *~ sth up* iets opknappen, opruimen, schoonmaak houden in iets, <u>inf</u> iets opstrijken ‹v. grote winst› ★ <u>inf</u> *~ up one's act* zijn leven beteren ★ *~* **up after** *sbd* iemands rommel opruimen

clean bowled ['kliːn bəʊld] sp *bn* uitgegooid zonder dat bal met de bat geraakt is ‹in cricket›

clean-cut [kliːn-'kʌt] *bn* ❶ scherp omlijnd, helder ❷ netjes

cleaner ['kliːnə] *znw* ❶ schoonmaker, schoonmaakster, reiniger, -ster ★ *the ~s* de stomerij ★ <u>inf</u> *take sbd to the ~s* iemand uitschudden ❷ stofzuiger

cleaning ['kliːnɪŋ] *znw* schoonmaken, reiniging, schoonmaak ★ *a ~ woman* een schoonmaakster

clean-limbed ['kliːn-lɪmd] *bn* recht van lijf en leden

cleanliness ['klenlɪnəs] *znw* netheid, properheid, zindelijkheid

clean-living ['kliːn-lɪvɪŋ] *bn* rechtschapen, eerbaar, netjes

cleanly ['kliːnlɪ] *bijw* ❶ schoon ❷ glad, regelmatig ❸ eerlijk, fair

clean-out ['kliːn-aʊt] *znw* ❶ schoonmaak ❷ opruimen

cleanse [klenz] *overg* reinigen, zuiveren

cleanser ['klenzə] *znw* reinigingsmiddel

clean-shaven ['kliːn-ʃeɪvn] *bn* gladgeschoren

cleansing ['klenzɪŋ] *znw* zuivering ★ *ethnic ~* etnische zuivering

clean-up ['kliːnʌp] *znw* schoonmaak

clear [klɪə] **I** *bn* ❶ klaar, helder, duidelijk, transparant, zuiver ★ *(as) ~ as a bell* glashelder ★ *(as) ~ as day* zonneklaar ★ <u>inf</u> *(as) ~ as mud* zo helder als koffiedik ★ *out of a ~ sky* uit heldere hemel ★ *have a ~ head* helder van geest zijn ★ *make oneself ~* zichzelf duidelijk maken ❷ vrij, onbezwaard ★ *a ~ view* een onbelemmerd uitzicht ❸ veilig *(all ~)* ❹ absoluut ‹v. meerderheid›, vol, heel, compleet ★ *eight ~ days' notice must be given* het moet acht volle dagen vantevoren worden aangekondigd ❺ netto, schoon **II** *bijw* ❶ vrij, los ★ *keep / stay ~ of sth* voldoende afstand van iets houden ❷ <u>versterkend</u> totaal, glad ★ *she managed to get ~ away* ze wist er totaal vandoor te gaan **III** *znw* ★ *in the* ~ vrij (van schuld, verdenking, verplichtingen), niet meer in gevaar **IV** *overg* ❶ klaren, helder maken, verhelderen, verduidelijken, ophelderen ❷ vrijmaken ‹terrein›, schoonvegen, ontstoppen ‹buis›, schrapen ‹keel› ❸ zuiveren ‹naam›, ontruimen ‹straat &›, leegmaken, lichten ‹brievenbus› ★ ~ *the air* de lucht zuiveren, fig misverstanden uit de weg ruimen ★ fig ~ *the decks* alles voorbereiden ❹ banen ‹een weg› ★ ~ *the way* ruim baan maken ❺ opruimen, afnemen ★ ~ *the table* de tafel afnemen ❻ vereffenen, aflossen, verrekenen ★ ~ *accounts* de rekening vereffenen ❼ over iets heengaan, (ruim) passeren ★ ~ *the ditch / the obstacle &* over de sloot / het obstakel & heen springen ★ ~ *the runway* loskomen van de startbaan ❽ jur vrijspreken ❾ goedkeuren ❿ handel uit-, inklaren ⓫ schoon verdienen ⓬ comput wissen, verwijderen **V** *onoverg* ❶ opklaren ❷ overgeboekt worden ‹v. cheque› **VI** *phras* ★ ~ *sth away* iets op-, wegruimen ★ inf ~ *off* zijn biezen pakken, verdwijnen ★ inf ~ *off!* hoepel op! ★ inf ~ *out* zijn biezen pakken, verdwijnen ★ ~ *sth out* iets leeghalen ★ ~ *up* ophelderen, opklaren, zich oplossen ‹problemen› ★ ~ *sth up* iets opruimen, iets ophelderen, opklaren, inf gaan strijken met iets ‹alle prijzen›

clearance [ˈklɪərəns] *znw* ❶ opruiming ❷ ontruiming ❸ inklaring, uitklaring ★ transport ~ *charges* inklaringskosten ❹ vrije ruimte, speling ★ *maximum* ~ maximum doorrijhoogte ❺ techn schadelijke ruimte, vrijslag ❻ opheldering

clearance sale [ˈklɪərəns seɪl] *znw* uitverkoop

clear-cut [klɪəˈkʌt] *bn* scherp omlijnd, duidelijk

clear-headed [ˈklɪəhedɪd] *bn* helder van geest

clearing [ˈklɪərɪŋ] *znw* ❶ gekapt bosterrein om te ontginnen ❷ ontginning ❸ handel verrekening van vorderingen, clearing

clearing bank [ˈklɪərɪŋ bæŋk] *znw* clearingbank

clearing house [ˈklɪərɪŋ haʊs] *znw* ❶ (bankiers)verrekenkantoor ❷ informatiecentrale

clearly [ˈklɪəlɪ] *bijw* ❶ klaar, duidelijk ❷ klaarblijkelijk, kennelijk ❸ natuurlijk

clear-out [ˈklɪərˌaʊt] *znw* grote opruiming, schoonmaakbeurt ★ *have a* ~ *of sth* een opruiming van iets houden

clear-sighted [klɪəˈsaɪtɪd] *bn* ❶ scherpziend ❷ schrander

clearstory [ˈklɪəstɔːrɪ] Am *znw* → **clerestory**

clear-up [ˈklɪərˌʌp] *znw* ❶ opruimingswerkzaamheden ❷ oplossen van misdaden

clearway [ˈklɪəweɪ] *znw* autoweg waarop niet gestopt mag worden

cleat [kliːt] *znw* ❶ klamp ❷ scheepv kikker

cleavage [ˈkliːvɪdʒ] *znw* ❶ kloof ❷ splijting ❸ scheiding, scheuring, breuk ❹ decolleté, gleuf tussen de borsten (bij laaguitgesneden jurk)

cleave [kliːv] dicht **I** *overg* [cleft/cleaved/clove,

cleft/cleaved/cloven] kloven, splijten, (door)klieven **II** *onoverg* [cleft/cleaved/clove, cleft/cleaved/cloven] aanhangen, trouw blijven

cleaver [ˈkliːvə] *znw* hak-, kapmes

clef [klef] muz *znw* (muziek)sleutel

cleft [kleft] **I** *znw* kloof, spleet, reet, barst **II** *ww* [v.t. & v.d.] → **cleave**

cleft lip [kleft lɪp] *znw* gebarsten lip

cleft palate [kleft ˈpælət] *znw* gespleten gehemelte

cleft stick [kleft stɪk] *znw* ★ *be in a* ~ in het nauw zitten

clematis [ˈklemətɪs, kləˈmeɪtɪs] *znw* clematis

clemency [ˈklemənsɪ] *znw* ❶ form zachtheid ‹v. weer› ❷ goedertierenheid, clementie

clement [ˈklemənt] *bn* ❶ form zacht ‹weer› ❷ goedertieren, genadig, clement

clementine [ˈkleməntiːn] *znw* clementine ‹soort mandarijn›

clench [klentʃ] *overg* ❶ op elkaar klemmen ❷ (om)klemmen ❸ ballen ‹de vuist›

clenched [ˈklentʃt] *bn* gebald ‹v.vuist›

clerestory [ˈklɪəstərɪ, ˈklɪəstɔːrɪ], Am **clearstory** bouwk *znw* lichtbeuk, daklicht ‹v. kerk›

clergy [ˈklɜːdʒɪ] *znw* geestelijkheid, geestelijken ★ *join the* ~ dominee of pastoor worden

clergyman [ˈklɜːdʒɪmən] *znw* geestelijke, priester

clergywoman [ˈklɜːdʒɪwʊmən] *znw* vrouwelijke priester

cleric [ˈklerɪk] *znw* geestelijke

clerical [ˈklerɪkl] *bn* ❶ geestelijk, klerikaal ❷ administratief, schrijvers-, klerken- ★ *do* ~ *work* bureauwerk, (eenvoudig) kantoorwerk doen

clerical collar [ˈklerɪkl ˈkɒlə] *znw* priesterboord

clerical error [ˈklerɪkl ˈerə] *znw* schrijffout

clerk [klɑːk] *znw* ❶ klerk, schrijver, (kantoor)bediende ★ Br ~ *of (the) works* (bouw)opzichter ❷ griffier, secretaris ❸ Am receptionist ‹in hotel›, winkelbediende

clever [ˈklevə] *bn* bekwaam, handig, knap, pienter, spits, glad ★ inf *a* ~ *dick / clogs* betweter, eigenwijs persoon ★ inf *be too* ~ *by half* te slim zijn voor zijn eigen bestwil

clever-clever [ˈklevəˈklevə] inf *bn* wijsneuzig, betweterig

cleverness [ˈklevənəs] *znw* ❶ slimheid ❷ handigheid

cliché [ˈkliːʃeɪ] *znw* cliché

clichéd [ˈkliːʃeɪd] *bn* afgezaagd, clichématig

cliché-ridden [ˈkliːʃeɪˈrɪdn] *bn* vol met clichés

click [klɪk] **I** *znw* klik, klikkend geluid **II** *overg* ❶ tikken, klikken, klakken, klappen met ★ ~ *one's fingers* met de vingers knippen ❷ comput klikken, aanklikken ‹met de muis› **III** *onoverg* ❶ tikken, klikken, klakken, klappen (met) ❷ inf succes hebben ❸ inf het eens worden (zijn), goed bij elkaar passen, klikken ❹ inf plotseling duidelijk worden, beginnen te dagen ❺ comput klikken, aanklikken ‹met de muis›

client [ˈklaɪənt] *znw* ❶ cliënt(e) ❷ klant, afnemer

cl

❸ comput client ‹in een client-serversysteem›
clientele [kliːɒn'tel] *znw* clientèle, klantenkring
client-server ['klaɪənt-sɜːvə] comput *znw* systeem
waarbij een grotere computer (server) een reeks
kleinere computers (clients) van gegevens voorziet
cliff [klɪf] *znw* steile rots, rotswand ‹aan zee›
cliffhanger ['klɪfhæŋə] *znw* ❶ spannend verhaal
❷ spannende scène als open einde van een
aflevering van een vervolgverhaal, cliffhanger
❸ nek-aan-nek race, spannende strijd
clifftop ['klɪftɒp] *znw* top van de klif
climacteric [klaɪ'mæktərɪk] **I** *bn* ❶ climacterisch, van
de overgang ❷ kritisch **II** *znw* ❶ med climacterium,
overgang, menopauze ❷ kritieke periode
/ gebeurtenis
climactic [klaɪ'mæktɪk] *bn* een climax vormend
climate ['klaɪmɪt] *znw* klimaat, luchtstreek ★ *a
continental* ~ een landklimaat
climatic [klaɪ'mætɪk] *bn* klimaat-
climatology [klaɪmə'tɒlədʒɪ] *znw* klimatologie
climax ['klaɪmæks] **I** *znw* ❶ toppunt, climax,
hoogtepunt ❷ orgasme **II** *onoverg* een hoogtepunt
bereiken
climb [klaɪm] **I** *znw* ❶ klim(partij) ❷ luchtv
stijgvermogen **II** *overg* klimmen in / op, beklimmen
★ inf *be ~ing the walls* bij de muren omhoogvliegen
III *onoverg* ❶ (op)klimmen, klauteren ★ ~ *down* naar
beneden klimmen, een toontje lager zingen,
inbinden ❷ stijgen ★ fig *have a mountain to* ~ een
moeilijke taak voor zich hebben
climb-down ['klaɪmdaʊn] fig *znw* vermindering van
zijn eisen, inbinden
climber ['klaɪmə] *znw* ❶ (be)klimmer ❷ klimplant
❸ klimvogel ❹ streber
climbing ['klaɪmɪŋ] *znw* bergbeklimmen, bergsport
climbing frame ['klaɪmɪŋ freɪm] *znw* klimrek
climbing plant ['klaɪmɪŋ plɑːnt] plantk *znw* klimplant
clime [klaɪm] dicht *znw* (lucht)streek
clinch [klɪntʃ] **I** *znw* ❶ omklemming ❷ clinch
‹vastgrijpen bij boksen› ❸ omarming, omhelzing
II *overg* ❶ (vast)klinken ❷ sluiten, afmaken ❸ fig de
doorslag geven **III** *onoverg* ❶ in de clinch gaan ‹bij
boksen› ❷ elkaar omhelzen
clincher ['klɪntʃər] inf *znw* argument waartegen je
niets (meer) kunt inbrengen
cling [klɪŋ] *onoverg* [clung, clung] ❶ (aan)kleven,
plakken, klitten ❷ nauw sluiten ‹aan het lijf› ❸ zich
vastklemmen, zich vastklampen (aan), vastzitten ★ ~
(on) to sth iets stevig vasthouden / vastklemmen,
zich vastklampen (aan), vastplakken aan iets ❹ dicht
blijven bij, hangen ❺ aanhangen, trouw blijven
clingfilm ['klɪŋfɪlm] *znw* plastic (huishoud)folie
clinging ['klɪŋɪŋ], **clingy** *bn* ❶ klevend ❷ nauwsluitend
❸ aanhankelijk, plakkerig
clinic ['klɪnɪk] *znw* kliniek
clinical ['klɪnɪkl] *bn* ❶ klinisch ❷ onbewogen, koel,
zakelijk, emotieloos
clinical death ['klɪnɪkl deθ] med *znw* klinische dood

clinical thermometer ['klɪnɪkl θɜːmɒmɪtə] *znw*
koortsthermometer
clink [klɪŋk] **I** *znw* ❶ gerinkel, getinkel ❷ inf nor,
cachot **II** *overg* ❶ klinken met ‹glazen› ❷ laten
rinkelen, laten tinkelen **III** *onoverg* rinkelen,
tinkelen
clinker ['klɪŋkə] *znw* ❶ klinker(steen) ❷ techn slak ‹in
kachels› ❸ Am inf mislukking ❹ Br inf
prachtexemplaar
clinking ['klɪŋkɪŋ] *bn* rinkelend ★ ~ *chains* rinkelende
kettingen
clip [klɪp] **I** *znw* ❶ knijper, klem, haak, clip ❷ scheren
❸ knipbeurt ❹ scheerwol ❺ fragment, stuk, clip
❻ inf mep, klap, oorvijg ★ *give sbd a* ~ *on / over
/ round the ear* iem. een draai om de oren geven
❼ inf vaart ★ Am inf *at a fast* ~ met een flinke vaart
II *overg* ❶ (af-, kort)knippen, scheren, (be)snoeien
★ ~ *sbd's wings* iem. kortwieken ❷ afbijten, niet
uitspreken ‹woorden› ❸ klemmen, hechten
clip art [klɪp ɑːt], **clipart** comput *znw* clipart
‹voorgetekende illustraties›
clipboard ['klɪpbɔːd] *znw* klembord
clip-clop ['klɪpklɒp] **I** *znw* geklepper ‹v.
paardenhoeven› **II** *onoverg* klepperen
clip joint [klɪp dʒɔɪnt] inf *znw* peperdure nachtclub
clip-on ['klɪp-ɒn] *bn* klem-
clipped [klɪpt] *znw* afgebeten, kort uitgesproken ★ *he
speaks with a* ~ *accent* hij praat met een afgebeten
accent
clipper ['klɪpə] scheepv *znw* klipper
clippers ['klɪpəz] *znw* [mv] ❶ tondeuse ❷ kniptang
‹voor metaaldraad› ❸ heggeschaar ❹ nagelknipper
❺ wolschaar
clipping ['klɪpɪŋ] *znw* ❶ snoeisel ❷ (kranten)knipsel
❸ scheerwol
clique [kliːk] afkeurend *znw* kliek, coterie
cliquey ['kliːkɪ], **cliquish** afkeurend *bn* een kliek
vormend, gesloten, kliekjesachtig, kliek-
clitoris ['klɪtərɪs] *znw* clitoris, kittelaar
cloak [kləʊk] **I** *znw* cape, (schouder)mantel, dekmantel
II *overg* met een mantel bedekken, bemantelen
★ *be ~ed in secrecy* met raadselen omhuld zijn
cloak-and-dagger [kləʊk-ænd-'dægə] *bn* geheim,
heimelijk ★ *the* ~ *boys* geheime agenten ★ *a* ~ *story*
spionageroman
cloakroom ['kləʊkruːm] *znw* ❶ bagagedepot
❷ garderobe
clobber ['klɒbə] inf **I** *znw* plunje, spullen, kleren
II *overg* er van langs geven, (ver)slaan, hard treffen
cloche [klɒʃ] *znw* ❶ beschermkap ‹over jong gewas›,
stolp ❷ klokhoed
clock [klɒk] **I** *znw* ❶ uurwerk, klok ★ *we've been
working against the* ~ we hebben hard gewerkt om
het op tijd af te krijgen ★ *the team has been working
around / round the* ~ het team heeft 24 uur per dag
gewerkt ★ *have one's eye on the* ~ de tijd in de gaten
houden ★ fig *put / turn the* ~ *back* de klok
terugzetten / terugdraaien ‹letterlijk en figuurlijk›

★ *put / turn the ~ forward* de klok vooruitzetten ❷ meter, teller, taximeter ★ *my car's done 118,000 kilometres on the ~* mijn auto heeft 118.000 kilometer op de teller ❸ <u>plantk</u> kaarsje ‹v. paardenbloem› ❹ <u>inf</u> facie, tronie **II** *overg* ❶ ❷ <u>sp</u> klokken, timen ❸ <u>inf</u> een dreun verkopen, slaan ‹vooral op het hoofd› ❹ noteren ★ *~ sth up* iets verzamelen / vergaren / oplopen, iets laten noteren ‹tijd, meterstand, successen &› **III** *onoverg* klokken ‹met prikklok› ★ *~ in / on* inklokken ★ *~ out / off* uitklokken

clock card [klɒk kɑ:d] *znw* prikkaart ‹bij een prikklok›

clock-watcher [ˈklɒk-wɒtʃə] <u>afkeurend</u> *znw* op-de-klokkijker

clock-watching [ˈklɒk-wɒtʃɪŋ] <u>afkeurend</u> *znw* op-de-klokgekijk

clockwise [ˈklɒkwaɪz] *bn & bijw* met de wijzers v.d. klok mee

clockwork [ˈklɒkwɜ:k] *znw* (uur)werk, raderwerk ★ *like ~* regelmatig, machinaal, vanzelf ★ *a ~ toy* een opwindbaar stuk speelgoed

clod [klɒd] *znw* ❶ (aard)kluit ❷ <u>inf</u> (boeren)knul

clodhopper [ˈklɒdhɒpə] <u>inf</u> *znw* (boeren)pummel ★ *a pair of ~s* stevige stappers

clodhopping [ˈklɒdhɒpɪŋ] *bn* lomp, onhandig

clog [klɒg] **I** *znw* ❶ klomp, klompschoen ❷ <u>fig</u> blok aan het been, belemmering **II** *overg* dicht laten slibben, verstoppen ★ *~ sth up* iets verstopping / opstopping in iets veroorzaken **III** *onoverg* verstopt raken, dichtslibben ★ *~ up* verstopt raken

clogged [klɒgd] *bn* verstopt ★ *a ~ drain* een verstopte afvoer

cloister [ˈklɔɪstə] **I** *znw* ❶ kruisgang ‹bij kerk›, kloostergang ❷ klooster **II** *wederk* ★ *~ oneself* zich terugtrekken, zich afzonderen

cloistered [ˈklɔɪstəd] *bn* afgezonderd, teruggetrokken ★ *lead a ~ life* een teruggetrokken leven leiden

clone [kləʊn] **I** *znw* kloon **II** *overg* klonen

close I *bn* [kləʊs] ❶ dicht, dicht opeen, aaneengesloten ❷ op de voet volgend, dichtbij ★ *at ~ quarters* dichtbij ❸ gelijk opgaand, vinnig ‹strijd›, nipt ‹overwinning› ★ *it was a ~ thing* het was op het nippertje, het scheelde maar weinig ❹ nabij, naast, nauw, innig, dik ‹v. vrienden, familie &› ❺ grondig, getrouw, nauwkeurig, scherp ❻ streng (bewaakt) ★ *under ~ guard* onder strenge bewaking ❼ verborgen, geheim, geheimhoudend ❽ benauwd, drukkend, bedompt **II** *bijw* [kləʊs] ❶ (dicht)bij ★ *~ by/~ at hand* dichtbij, vlakbij ★ *he lives too ~ for comfort* hij woont wat al te dichtbij ★ *~ on* (dicht)bij, bijna ★ *there are ~ on 2 million unemployed* er zijn bijna 2 miljoen werklozen ★ *his comments were a bit ~ to the bone* zijn opmerkingen raakten en gevoelige snaar, zijn opmerkingen waren een beetje pijnlijk ★ *it's a topic ~ to his heart* het is een onderwerp dat hem na aan het hart ligt ★ *~ to/~ up* van nabij, van dichtbij ‹bekijken &› ❷ heel kort ‹knippen› **III** *znw* [kləʊs]

❶ ingesloten ruimte, erf, speelplaats ❷ doodlopende straat **IV** *znw* [kləʊz] slot, einde, besluit ★ *at the ~ of trading* bij het sluiten van de beurs ★ *bring sth to a ~* iets beëindigen ★ *draw to a ~* tegen het eind lopen, bijna afgelopen zijn ★ *the door jerked to a ~* de deur viel met een klap dicht **V** *overg* [kləʊz] sluiten, af-, insluiten, besluiten, eindigen ★ *~ a deal* een deal sluiten, een overeenkomst afsluiten ★ *~ ranks* de rijen sluiten ★ *~ the door on sbd* de deur in zijn gezicht dicht doen ★ *~ one's eyes to sth* zijn ogen voor iets sluiten, iets niet willen zien ★ *~ one's mind to sth* iets niet willen aannemen / geloven **VI** *onoverg* [kləʊz] ❶ (zich) sluiten, dichtgaan, zich aaneensluiten ❷ (achterstand) inlopen ❸ eindigen **VII** *phras* ★ *~ down* sluiten ★ *~ sth down* iets sluiten ‹fabriek› ★ *~ in* opschikken, korten ‹dagen›, (in)vallen ‹avond› ★ *~ in on sbd* iem. insluiten, omsingelen ★ *~ sth off* iets afsluiten ★ *~ up* (aan)sluiten, op-, bijschikken, de gelederen sluiten, verstopt raken ★ *~ sth up* iets sluiten

close call [kləʊs kɔ:l] *znw* ★ *it was a ~* het was op het nippertje, het spande erom

close-coupled [kləʊs-ˈkʌpld] *bn* dicht aan elkaar vastgemaakt

close-cropped [ˈkləʊs-ˈkrɒpt] *bn* kortgeknipt ‹v. haar›

closed [kləʊzd] *bn* gesloten

closed book [kləʊzd ˈbʊk] *znw* gesloten boek ‹iets waar je niets van begrijpt›

closed-circuit television [kləʊzd-ˈsɜ:kɪt ˈtelɪvɪʒən] *znw* ❶ gesloten televisiecircuit ❷ camerabewaking

closed shop [kləʊzd ˈʃɒp] *znw* bedrijf dat slechts leden v. bepaalde vakbond(en) in dienst neemt

close encounter [kləʊs ɪnˈkaʊntə] *znw* ontmoeting met buitenaardse wezens

close-fisted [kləʊs-ˈfɪstɪd] *bn* gierig

close-fitting [kləʊs-ˈfɪtɪŋ] *bn* nauwsluitend

close-grained [ˈkləʊs-greɪnd] *bn* fijnkorrelig

close-knit [ˈkləʊs-ˈnɪt] *bn* hecht

close-out [ˈkləʊz-aʊt] *znw* uitverkoop

close range [kləʊs reɪndʒ] *znw* korte afstand ★ *at ~* van dichtbij

close season [kləʊs ˈsi:zən], **Am closed season** *znw* gesloten seizoen ‹jacht of visserij›

close-set [ˈkləʊs-set] *bn* dicht op elkaar staand ★ *~ eyes* dicht bij elkaar staande ogen

close shave [kləʊs ʃeɪv] *znw* gladde scheerbeurt ★ *have a ~* op het nippertje ontkomen aan iets

closet [ˈklɒzɪt] **I** *znw* ❶ kamertje, kabinet ❷ studeerkamer ❸ (muur)kast ★ *a linen ~* een linnenkast ★ <u>fig</u> *come out of the ~* kleur bekennen, zijn homoseksualiteit bekennen **II** *overg* opsluiten

close-up [ˈkləʊs-ʌp] *znw* ❶ close-up, filmopname v. nabij ❷ detailfoto

closing [ˈkləʊzɪŋ] **I** *bn* sluitings-, slot-, laatste **II** *znw* sluiting, afsluiting

closing date [ˈkləʊzɪŋ deɪt] *znw* sluitingsdatum

closing time [ˈkləʊzɪŋ taɪm] *znw* sluitingstijd

closure ['kləʊʒə] *znw* ❶ sluiting, afsluiting ❷ slot
❸ gevoel dat een emotionele ervaring is verwerkt
clot [klɒt] **I** *znw* ❶ klonter ❷ klodder ❸ <u>inf</u> idioot
II *onoverg* klonteren, stollen
cloth [klɒθ] *znw* ❶ laken, stof, doek ‹stofnaam›
❷ doek, lap ❸ tafellaken, linnen, linnen band ‹v.
boek› ▼ *the* ~ de geestelijke stand
clothe [kləʊð] *overg* [clothed /<u>dicht</u> clad, clothed
/<u>dicht</u> clad] kleden, bekleden, inkleden
clothed [kləʊðd] *bn* gekleed
clothes [kləʊðz] *znw* [mv] kleren, kleding
clothes basket [kləʊðz 'bɑːskɪt] *znw* wasmand
clothes brush [kləʊðz brʌʃ] *znw* klerenborstel
clothes hanger [kləʊðz 'hæŋə] *znw* kledinghanger
clothes hook [kləʊðz hʊk] *znw* kledinghaak
clothes horse [kləʊðz hɔːs] *znw* ❶ droogrek ❷ <u>inf</u> fat,
dandy, modepop
clothes line [kləʊðz laɪn] *znw* drooglijn, waslijn
clothes peg [kləʊðz peg], <u>Am</u> **clothespin** *znw*
wasknijper
clothes press [kləʊðz pres] *znw* kleerkast
clothing ['kləʊðɪŋ] *znw* (be)kleding
clotted cream ['klɒtɪd 'kriːm] *znw* dikke room
cloud [klaʊd] **I** *znw* wolk ★ *be in the ~s* zweverig zijn,
onpraktisch zijn ★ <u>inf</u> *be on ~ nine* in de zevende
hemel zijn ★ *be under a ~* uit de gratie zijn ★ *have
one's head in the ~s* in hogere sferen zijn ★ <u>zegsw</u>
every ~ has a silver lining achter de wolken schijnt de
zon **II** *overg* ❶ bewolken ❷ verduisteren,
vertroebelen, benevelen **III** *phras* ★ ~ *over*
betrekken
cloud bank [klaʊd bæŋk] *znw* wolkenbank,
laaghangende bewolking
cloudburst ['klaʊdbɜːst] *znw* wolkbreuk
cloud-capped ['klaʊd-kæpt] *bn* in wolken gehuld
cloud cover [klaʊd 'kʌvə] *znw* bewolking
cloud cuckoo land [klaʊd 'kuku: lænd] *afkeurend znw*
dromenland
cloudless ['klaʊdləs] *bn* onbewolkt
cloudy ['klaʊdɪ] *bn* ❶ bewolkt, wolkig ❷ troebel,
betrokken
clout [klaʊt] **I** *znw* ❶ <u>inf</u> oplawaai, mep, klap ❷ <u>inf</u>
invloed, macht ❸ → **clout nail II** *overg* <u>inf</u> een klap
geven
clout nail [klaʊt neɪl], **clout** *znw* spijker met platte kop
clove [kləʊv] **I** *znw* kruidnagel ★ *a ~ of garlic* een
teentje knoflook **II** *ww* [v.t.] → **cleave**
cloven ['kləʊvən] *ww* [v.d.] → **cleave**
cloven-footed [kləʊvən-'fʊtɪd], **cloven-hoofed** *bn* met
gespleten hoeven
clover ['kləʊvə] *znw* klaver ★ *be in* ~ het goed hebben,
een heerlijk leven hebben
cloverleaf ['kləʊvəliːf] <u>Am</u> *znw* klaverblad ‹voor
verkeer›
clown [klaʊn] **I** *znw* ❶ clown, hansworst ❷ lomperd
II *onoverg* de clown spelen / uithangen (ook ~
around)
clownish ['klaʊnɪʃ] *bn* ❶ pummelachtig, lomp

❷ clownerig, clownesk
cloy [klɔɪ] <u>dicht of afkeurend</u> *onoverg* doen walgen,
tegenstaan
cloying ['klɔɪɪŋ] <u>dicht of afkeurend</u> *bn* ❶ walg(e)lijk
❷ overdreven
cloze test ['kləʊz test] *znw* gatentekst, invuloefening
club [klʌb] **I** *znw* ❶ knuppel, knots ❷ <u>sp</u> golfstok
❸ club, nachtclub, vereniging, sociëteit ★ <u>Br</u> <u>inf</u> *in
the* ~ / *in the pudding* ~ zwanger ★ <u>inf</u> *join the* ~! je
bent (echt) niet de enige! ❹ klaverkaart ★ <u>kaartsp</u>
lead ~*s* uitkomen met klaveren ❺ → **club soda**
II *overg* knuppelen **III** *onoverg* ★ ~ *together* zich
verenigen, medewerken, botje bij botje leggen
clubbing ['klʌbɪŋ] <u>inf</u> *znw* ★ *go* ~ gaan stappen,
uitgaan
club car [klʌb kɑː] *znw* restauratiewagen
club foot [klʌb fʊt] *znw* horrelvoet, klompvoet
clubhouse ['klʌbhaʊs] *znw* club, clubgebouw,
clubhuis
clubland ['klʌblænd] *znw* stadsgedeelte met veel
nachtclubs
club sandwich [klʌb 'sænwɪdʒ] *znw* club sandwich ‹3
sneetjes brood met ham, kip, salade &›
club soda [klʌb 'səʊdə], **club** *znw* sodawater
cluck [klʌk] *onoverg* klokken ‹v. kip›
clue [kluː] *znw* vingerwijzing, aanwijzing, hint, tip,
spoor ★ <u>inf</u> *not have a* ~ er niets van snappen
clued-up ['kluːd'ʌp] <u>inf</u> *bn* op de hoogte, goed
geïnformeerd
clueless ['kluːləs] <u>inf</u> *bn* aartsdom, stom
cluey ['kluːɪ] <u>Aus</u> <u>inf</u> *bn* slim, intelligent
clump [klʌmp] **I** *znw* ❶ klomp, blok, brok ❷ groep
‹bomen &› ❸ <u>inf</u> klap **II** *overg* ❶ bijeenplanten
❷ samendoen, bij elkaar doen / gooien ❸ <u>inf</u> een
klap geven **III** *onoverg* ❶ stommelen, klossend lopen
❷ klonteren
clumsiness ['klʌmzɪnəs] *znw* klungeligheid,
onhandigheid
clumsy ['klʌmzɪ] *bn* ❶ lomp, onhandig, plomp
❷ tactloos
clung [klʌŋ] *ww* [v.t. & v.d.] → **cling**
clunk [klʌŋk] **I** *znw* klap, bons **II** *onoverg* bonzen,
bonken
clunky ['klʌŋkɪ] *bn* lomp, zwaar
cluster ['klʌstə] **I** *znw* ❶ tros, bos ❷ groep, groepje,
zwerm, troep **II** *overg* groeperen, in trossen binden
III *onoverg* ❶ in trossen (bosjes) groeien ❷ zich
groeperen, zich scharen ★ ~ *around* zich groeperen
rondom ★ ~ *together* zich groeperen, bij elkaar
komen
cluster bomb ['klʌstə bɒm] *znw* fragmentatiebom,
clusterbom
clustered ['klʌstəd] *bn* in groepen, gegroepeerd
clutch [klʌtʃ] **I** *znw* ❶ greep, klauw ❷ <u>techn</u> koppeling
★ *the* ~ *pedal* de koppelingspedaal ★ <u>auto</u> *let in / out
the* ~ koppelen / ontkoppelen ❸ <u>dierk</u> broedsel
❹ stel, groep **II** *overg* ❶ grijpen, vatten, beetpakken
❷ zich vastklampen aan **III** *onoverg* grijpen (naar *at*)

★ ~ *at straws* zich aan een strohalm vastklampen

clutch bag [klʌtʃ bæg] *znw* enveloptas, dameshandtas zonder hengsel

clutter ['klʌtə] **I** *znw* ❶ warboel, troep ❷ gestommel ❸ herrie **II** *overg* ★ ~ *sth (up)* ergens rommel maken, iets volstoppen, -proppen, -gooien (met *with*)

cm *afk* (centimetre/centimetres) centimeter

c'mon [kə'mɔːn] *inf samentr* (come on) → **come**

C-note ['siː-nəʊt] *Am inf znw* bankbiljet van $100

c/o *afk* (care of) p/a, per adres

co- [kəʊ] *voorv* co-, mede-, samen-

Co. *afk* ❶ (company) firma ❷ (county) graafschap ▼ *inf and* ~ en consorten

CO *afk* (Commanding Officer) bevelhebbend officier

coach [kəʊtʃ] **I** *znw* ❶ koets, diligence ★ *Br inf drive a* ~ *and horses through sth* iets teniet doen, iets ongeldig maken ❷ spoorrijtuig ❸ touringcar, bus ❹ *onderw* repetitor ❺ *sp* trainer **II** *overg* ❶ *onderw* klaarmaken (voor een examen) ❷ *sp* trainen **III** *onoverg* als trainer werken

coaching ['kəʊtʃɪŋ] *znw* ❶ bijles, repeteren voor een examen & ❷ *sp* speciale training

coachload ['kəʊtʃləʊd] *znw* bus vol, buslading ⟨toeristen⟩

coachman ['kəʊtʃmən] *znw* koetsier

coach station [kəʊtʃ 'steɪʃən] *znw* busstation

coachwork ['kəʊtʃwɜːk] *znw* carrosserie, koetswerk

coagulant [kəʊ'ægjʊlənt] *znw* stollingsmiddel, stremmingsmiddel

coagulate [kəʊ'ægjʊleɪt] *overg & onoverg* stremmen, (doen) stollen

coagulation [kəʊægjʊ'leɪʃən] *znw* stremming, stolling

coal [kəʊl] **I** *znw* (steen)kool, kolen ★ *carry* ~*s to Newcastle* water naar de zee dragen ★ *haul sbd over the* ~*s* een uitbrander geven **II** *overg* ❶ van kolen voorzien ❷ verkolen **III** *onoverg* kolen innemen of laden

coal black [kəʊl blæk] *bn* pikzwart ★ ~ *eyes* gitzwarte ogen

coal bunker [kəʊl 'bʌŋkə] *znw* kolenruim ⟨op schip⟩

coalesce [kəʊə'les] *form onoverg* samengroeien, samenvloeien, zich verenigen

coalescence [kəʊə'lesəns] *form znw* samengroeien, samenvloeiing, vereniging

coalface ['kəʊlfeɪs] *znw* (kolen)front, vlak waar de steenkool gewonnen wordt ⟨in mijn⟩ ★ *the work at the* ~ het werk op de werkvloer

coalfield ['kəʊlfiːld] *znw* kolenbekken

coal-fired ['kəʊl-faɪəd] *bn* kolengestookt

coalition [kəʊə'lɪʃən] *znw* verbond, coalitie

coal mine [kəʊl maɪn] *znw* kolenmijn

coal miner [kəʊl 'maɪnə] *znw* mijnwerker

coal mining [kəʊl 'maɪnɪŋ] *znw* kolenwinning

coal scuttle [kəʊl 'skʌtl] *znw* kolenkit

coal seam [kəʊl siːm] *znw* kolenader

coal tar [kəʊl taː] *znw* koolteer

coal tit [kəʊl tɪt], **cole tit** *znw* zwarte mees

coarse [kɔːs] *bn* grof, ruw

coarsen ['kɔːsən] *overg & onoverg* vergroven, verruwen

coast [kəʊst] **I** *znw* kust ★ *the* ~ *is clear* de kust is veilig, het gevaar is voorbij **II** *onoverg* ❶ langs de kust varen ❷ (een helling af)glijden, freewheelen ⟨van helling⟩, in z'n vrij afdalen ⟨v. auto⟩ ❸ zonder moeite iets bereiken, iets op zijn sloffen doen ❹ de kantjes eraf lopen

coastal ['kəʊstl] *bn* kust-

coaster ['kəʊstə] *znw* ❶ kustvaarder ❷ onderzettertje, bierviltje

coastguard ['kəʊstgaːd] *znw* ★ *the* ~ de kustwacht

coastline ['kəʊstlaɪn] *znw* kustlijn

coast-to-coast ['kəʊst-tʊ-'kəʊst] *bn & bijw* van kust tot kust

coat [kəʊt] **I** *znw* ❶ jas, (dames)mantel ★ *zegsw cut one's* ~ *according to one's cloth* de tering naar de nering zetten ❷ bedekking, bekleding ❸ vacht, pels, vel, huid ❹ vlies ❺ laag ⟨verf⟩ **II** *overg* ❶ bekleden ❷ bedekken ❸ aanstrijken ⟨met verf⟩

coated ['kəʊtɪd] *med bn* beslagen ⟨tong⟩

-coated [kəʊtɪd] *achterv* met een jas ★ *a black*~ *figure* een figuur in een zwarte jas

coat hanger [kəʊt 'hæŋə] *znw* kleerhanger

coating ['kəʊtɪŋ] *znw* laag ⟨v. verf &⟩

coat of arms [kəʊt ɒv 'aːmz] *znw* wapen(schild)

coat of mail [kəʊt ɒv 'maɪl] *hist znw* maliënkolder

coat overall [kəʊt 'əʊvərɔːl] *znw* jasschort

coat stand [kəʊt stænd] *znw* kapstok

coat-tail ['kəʊtteɪl] *znw* (meestal *mv*) jaspand, slippen (v. jacquet &) ★ *ride on sbd's* ~*s* (zonder al te veel eigen inspanning) profiteren van andermans succes

co-author [kəʊ'ɔːθə] **I** *znw* medeauteur **II** *overg* medeauteur zijn

coax [kəʊks] *overg* vleiend ompraten, verleiden, overhalen ★ ~ *sth from sbd* iem. iets ontlokken ★ ~ *sbd into doing sth* iem. ompraten / overreden om iets te doen ★ ~ *sbd out of sth* iem. iets aftroggelen

coaxial cable [kəʊ'æksɪəl 'keɪbl] *RTV & comput znw* coaxiaalkabel, coaxkabel

cob [kɒb] *znw* ❶ *plantk* maïskolf ❷ hazelnoot ❸ *dierk* klein, gedrongen paard ❹ *dierk* mannetjeszwaan

cobalt ['kəʊbɔːlt] *znw* kobalt

cobalt blue ['kəʊbɔːlt bluː] *znw* kobaltblauw, ultramarijn

cobber ['kɒbə] *Aus & NZ inf znw* kameraad ⟨als aanspreekvorm⟩

cobble ['kɒbl] **I** *znw* (straat)kei **II** *overg* met keien bestraten ▼ ~ *sth together* iets in elkaar flansen

cobbler ['kɒblə] *znw* ❶ schoenmaker, schoenlapper ★ *zegsw let the* ~ *stick to his last* schoenmaker blijf bij je leest ❷ *Am* vruchtentaart ▼ *inf a load of* ~*s* volslagen lulkoek

cobblestone ['kɒblstəʊn] *znw* (straat)kei

cobra ['kəʊbrə] *znw* cobra, brilslang

cobweb ['kɒbweb] *znw* spinnenweb, spinrag ★ *blow / clear away the* ~*s* lekker uitwaaien

cocaine [kə'keɪn] *znw* cocaïne

coccyx ['kɒksɪks] *anat znw* stuitbeen, staartbeen

co-chair ['kəʊ-tʃeə] **I** *znw* medevoorzitter **II** *overg* mee voorzitten

cochineal ['kɒtʃɪniːl, -'niːl] *znw* cochenille ‹rode verfstof›

cochlea ['kɒklɪə] anat *znw* [*mv:* cochleae] slakkenhuis ‹v. oor›

cock [kɒk] **I** *znw* **❶** dierk mannetje, haan, kemphaan ★ *the ~ of the walk* haantje de voorste **❷** weerhaan **❸** kraan **❹** haan ‹van vuurwapen› ★ *at full ~* met gespannen haan ★ *at half ~* half gespannen of overgehaald **❺** optrekken ‹v.d. neus, het hoofd› **❻** vulg lul, pik ★ Br inf *old ~* ouwe jongen ‹als aanspreekvorm› **II** *overg* **❶** optomen, schuin (op één oor) zetten ‹hoed›, scheef houden ‹hoofd›, optrekken, opzetten **❷** de haan spannen van **❸** spitsen ‹de oren› **III** *phras* ★ inf *~ sth* **up** iets in het honderd laten lopen, verpesten, verknoeien

cockade [kɒ'keɪd] *znw* kokarde

cock-a-doodle-doo [kɒk-ə-duːdl-'duː] *znw* kukeleku

cock-a-hoop [kɒk-ə-'huːp] *bn* uitgelaten

cock-a-leekie [kɒk-ə-'liːkɪ] *znw* kippensoep met prei

cockamamie ['kɒkəmeɪmɪ], **cockamamy** Am inf *bn* knettergek, bezopen, idioot

cock-and-bull story [kɒk-ən-'bʊl 'stɔːrɪ] *znw* ongerijmd verhaal, kletsverhaal

cockatoo [kɒkə'tuː] *znw* kaketoe

cockchafer ['kɒktʃeɪfə] *znw* meikever

cockcrow ['kɒkrəʊ] dicht *znw* dageraad

cocked hat [kɒkt hæt] *znw* steek ‹hoofddeksel› ★ *beat (knock) sth into a ~* iets volledig verslaan, wegvagen

cockerel ['kɒkərəl] *znw* haantje

cocker spaniel ['kɒkə 'spænjəl] *znw* cockerspaniël ‹soort hond›

cockeyed ['kɒkaɪd] *bn* **❶** inf scheel **❷** inf krankzinnig **❸** scheef

cockfight ['kɒkfaɪt] *znw* hanengevecht

cockle ['kɒkl] **I** *znw* **❶** kokkel **❷** oneffenheid ▼ *warm the ~s of one's heart* zijn hart goed doen **II** *onoverg* krullen, rimpelen ‹v. papier›

cockney ['kɒknɪ] *znw* **❶** cockney ‹geboren Londenaar› **❷** Cockney ‹Platlondens›

Cockney rhyming slang ['kɒknɪ 'raɪmɪŋ slæŋ] *znw* Londens rijmend slang

cockpit ['kɒkpɪt] *znw* **❶** cockpit ‹v. vliegtuig, raceauto, jacht› **❷** fig strijdperk **❸** hanenmat

cockroach ['kɒkrəʊtʃ] *znw* kakkerlak

cockscomb ['kɒkskəʊm] *znw* **❶** hanenkam **❷** naam van een aantal planten

cocksure [kɒk'ʃɔː] *bn* verwaand en zelfbewust

cocktail ['kɒkteɪl] *znw* cocktail ★ *a Molotov ~* een benzinebom, molotovcocktail

cocktail dress ['kɒkteɪl dres] *znw* cocktailjapon

cocktail lounge ['kɒkteɪl laʊndʒ] *znw* cocktailbar

cocktail party ['kɒkteɪl 'pɑːtɪ] *znw* cocktailparty

cocktail stick ['kɒkteɪl stɪk] *znw* cocktailprikkertje

cock-teaser ['kɒk-tiːzə], **cock-tease** vulg *znw* opgeilster, opnaaister

cock-up ['kɒkʌp] inf *znw* **❶** miskleun **❷** klerezooi

cocky ['kɒkɪ] *bn* verwaand, eigenwijs

cocoa ['kəʊkəʊ] *znw* **❶** cacao(boom) **❷** warme chocolade(melk)

coconut ['kəʊkənʌt] *znw* kokosnoot, klapper

coconut butter ['kəʊkənʌt 'bʌtə] *znw* kokosboter, kokosvet

coconut cream ['kəʊkənʌt kriːm] *znw* (dikke) kokosmelk

coconut ice ['kəʊkənʌt aɪs] *znw* kokossnoepje

coconut matting ['kəʊkənʌt 'mætɪŋ] *znw* kokosmat

coconut milk ['kəʊkənʌt mɪlk] *znw* klappermelk

coconut palm ['kəʊkənʌt pɑːm] *znw* kokospalm

coconut shy ['kəʊkənʌt ʃaɪ] *znw* gooi-en-smijtkraam ‹op de kermis›

cocoon [kə'kuːn] **I** *znw* **❶** cocon ‹v. zijderups›, pop **❷** omhulsel **II** *overg* als in een cocon wikkelen, inkapselen, omhullen **III** *onoverg* fig cocoonen

co-counselling [kəʊ-'kaʊnsəlɪŋ] *znw* gemeenschappelijk counselen ‹door meerdere therapeuten›

cod [kɒd] *znw* [*mv:* ~] kabeljauw

coda ['kəʊdə] muz *znw* coda, slotfrase

coddle ['kɒdl] *overg* **❶** zacht laten koken **❷** vertroetelen, verwennen

code [kəʊd] **I** *znw* **❶** code, geheimtaal ★ *a numeric ~* een cijfercode / numerieke code ★ *a ~ number* een codenummer **❷** wetboek, reglement **❸** regels, gedragslijn, voorschriften **❹** netnummer **❺** geschreven computerinstructies **II** *overg* coderen, in code overbrengen

codeine ['kəʊdiːn] med *znw* codeïne

code name [kəʊd neɪm] *znw* codenaam

code-name ['kəʊdneɪm] *overg* een codenaam geven

code of practice [kəʊd ɒv 'præktɪs] *znw* gedragscode

codependency [kəʊdɪ'pendənsɪ], **co-dependency** Am *znw* sterke emotionele of psychische afhankelijkheid van iem., vooral van een partner die steun of verzorging behoeft

co-determination [kəʊ-dɪtɜːmɪ'neɪʃən] *znw* medebeslissing ★ *right of ~* medebeslissingsrecht

codeword ['kəʊdwɜːd], **code word** *znw* codewoord

codex ['kəʊdeks] *znw* [*mv:* codices] **❶** codex, oud handgeschreven boek, handschrift **❷** receptenboek

codger ['kɒdʒə] inf *znw* ouwe vent

codicil ['kɒdɪsɪl] jur *znw* **❶** aanvulling op een testament **❷** informeel testament

codification [kəʊdɪfɪ'keɪʃən] *znw* **❶** codificatie **❷** systematisering

codify ['kəʊdɪfaɪ] *overg* **❶** codificeren **❷** in een systeem onderbrengen

co-director [kəʊ-daɪ'rektə] *znw* mededirecteur, medebestuurder

cod-liver oil ['kɒdlɪvə'rɔɪl] *znw* levertraan

codpiece ['kɒdpiːs] hist *znw* broekklep

co-driver [kəʊ-'draɪvə] *znw* bijrijder

codswallop ['kɒdzwɒləp] inf *znw* onzin, flauwekul

coed ['kəʊ'ed], **co-ed** inf **I** *bn* → **coeducational II** *znw* meisjesstudent

coeducation [kəʊedju:'keɪʃən], **co-education** znw co-educatie

coeducational [kəʊedju:'keɪʃənəl], **co-educational**, inf **coed**, inf **co-ed** bn gemengd ‹onderwijs›

coee ['ku:i:] Aus **I** tsw hallo! ‹uitroep om de aandacht te vragen, vooral op een afstand› **II** znw ★ within ~ of sbd / sth binnen gehoorsafstand van iem. / iets

coefficient [kəʊɪ'fɪʃənt] znw coëfficiënt, constante factor v.e. grootheid

coeliac disease ['si:lɪæk dɪ'zi:z] med znw coeliakie ‹intolerantie van gluten›

coequal [kəʊ'i:kwəl] form **I** bn gelijk **II** znw gelijke

coerce [kəʊ'ɜ:s] overg ❶ dwingen (tot into) ❷ in bedwang houden

coercion [kəʊ'ɜ:ʃən] znw dwang

coercive [kəʊ'ɜ:sɪv] form bn ❶ dwingend ❷ dwang-

coeval [kəʊ'i:vəl] form **I** bn even oud (als with) **II** znw tijdgenoot

coexist [kəʊɪg'zɪst], **co-exist** onoverg co-existeren

coexistence [kəʊɪg'zɪstəns] znw gelijktijdig of naast elkaar bestaan, co-existentie

coexistent [kəʊɪg'zɪstənt] bn gelijktijdig of naast elkaar bestaand

C. of E. afk (Church of England) Anglicaanse Kerk

coffee ['kɒfɪ] znw koffie

coffee bar ['kɒfɪ bɑ:] znw koffiebar

coffee bean ['kɒfɪ bi:n] znw koffieboon

coffee break ['kɒfɪ breɪk] znw koffiepauze

coffee grinder ['kɒfɪ 'graɪndə] znw koffiemolen

coffee grounds ['kɒfɪ 'graʊndz] znw [mv] koffiedik

coffee house ['kɒfɪ haʊs] znw koffiehuis

coffee machine ['kɒfɪ mə'ʃi:n] znw ❶ koffiezetapparaat ❷ koffieautomaat

coffee morning ['kɒfɪ 'mɔ:nɪŋ] znw bijeenkomst rond koffietijd ‹voor liefdadigheid, als gespreksgroep &›

coffee pot ['kɒfɪ pɒt] znw koffiepot, koffiekan

coffee shop ['kɒfɪ ʃɒp] znw ❶ koffiewinkel ❷ koffieshop, koffiehuis

coffee table ['kɒfɪ 'teɪbl] znw salontafeltje

coffee-table book ['kɒfɪ-teɪbl bʊk] znw boek voor op de salontafel ‹groot formaat en rijk geïllustreerd›

coffer ['kɒfə] znw (geld)kist

cofferdam ['kɒfədæm] znw kistdam, kisting

coffers ['kɒfəz] znw [mv] schatkist

coffin ['kɒfɪn] znw doodkist

coffin nail ['kɒfɪn neɪl] inf znw sigaret

co-founder [kəʊ-'faʊndə] znw medeoprichter

cog [kɒg] znw tand, kam ‹v. rad› ★ fig a ~ in the wheel een klein radertje in het geheel

cogency ['kəʊdʒənsɪ] form znw (bewijs)kracht

cogent ['kəʊdʒənt] form bn krachtig, dringend, klemmend ‹betoog›

cogitate ['kɒdʒɪteɪt] form **I** overg overpeinzen, uitdenken **II** onoverg denken ★ ~ on sth iets overdenken

cogitation [kɒdʒɪ'teɪʃən] form znw overpeinzing

cognac ['kɒnjæk] znw cognac

cognate ['kɒgneɪt] **I** bn verwant (aan with) **II** znw verwant woord ❷ verwant ‹vooral van moederskant›

cognition [kɒg'nɪʃən] znw cognitie

cognitive ['kɒgnɪtɪv] bn cognitief ★ ~ functions cognitieve functies

cognitive therapy ['kɒgnɪtɪv 'θerəpɪ] znw cognitieve therapie

cognizance ['kɒgnɪzəns] znw ❶ form kennis, kennisneming ★ take ~ of sth kennis nemen van iets ❷ jur onderzoek ❸ form competentie

cognizant ['kɒgnɪzənt] form bn kennend, wetend ★ ~ of kennis dragend van

cognoscenti [kɒnjəʊ-, kɒgnəʊ'ʃentɪ] (‹Ital› znw [mv] kenners, connaisseurs

co-guardian [kəʊ-'gɑ:dɪən] znw toeziend voogd

cogwheel ['kɒgwi:l] znw kamrad, tandrad

cohabit [kəʊ'hæbɪt] onoverg ❶ als man en vrouw leven ❷ samenwonen

cohabitant [kəʊ'hæbɪtənt], **cohabitee** jur znw samenwoner, samenwonende

cohabitation [kəʊhæbɪ'teɪʃn] znw samenwoning, bijslaap

cohabitee [kəʊhæbɪ'ti:] jur znw → **cohabitant**

cohere [kəʊ'hɪə] form onoverg samenkleven, samenhangen (met with)

coherence [kəʊ'hɪərəns] znw samenhang

coherent [kəʊ'hɪərənt] bn samenhangend

cohesion [kəʊ'hi:ʒən] znw ❶ cohesie ❷ samenhang

cohesive [kəʊ'hi:sɪv] form bn samenhangend, bindend

cohort ['kəʊhɔ:t] znw ❶ cohorte ❷ afkeurend trawant, makker

coiffed [kwɑ:ft, kwɒft] bn gekapt

coiffure [kwɑ:'fjʊə] znw kapsel, coiffure

coil [kɔɪl] **I** znw ❶ bocht, kronkel(ing) ❷ spiraal, winding ❸ tros (touw) ❹ spiraaltje ‹voorbehoedsmiddel› ❺ vlecht, tres ❻ elektr spoel, klos **II** overg & onoverg oprollen, kronkelen

coin [kɔɪn] **I** znw ❶ geldstuk, munt ★ fig the other side of the ~ de keerzijde van de medaille ★ pay sbd back in his / her own ~ iem. met gelijke munt betalen ❷ geld **II** overg ❶ ‹geld› slaan, (aan)munten ★ inf ~ it in geld als water verdienen ‹een ❷ verzinnen, ‹een nieuw woord› maken ★ to ~ a phrase zogezegd

coinage ['kɔɪnɪdʒ] znw ❶ aanmunting, munt(en), muntwezen ❷ maken ‹v.e. nieuw woord› ❸ nieuw gevormd woord

coin box [kɔɪn bɒks] znw munttelefoon

coincide [kəʊɪn'saɪd] onoverg ❶ samenvallen (met with) ❷ overeenstemmen ❸ het eens zijn (met with)

coincidence [kəʊ'ɪnsɪdns] znw ❶ samenvallen, overeenstemming ❷ samenloop (van omstandigheden), toeval ★ by ~, we were on the same flight toevallig zaten we in hetzelfde vliegtuig

coincident [kəʊ'ɪnsɪdnt] form bn ❶ samenvallend ❷ overeenstemmend

coincidental [kəʊɪnsɪ'dentl] bn ❶ toevallig ★ any resemblance is purely ~ enige overeenkomst is puur

CO

toevallig ❷ gelijktijdig, samenvallend, overeenstemmend

coincidentally [kəʊɪnsɪ'dentlɪ] *bijw* toevallig(erwijs)

coin-operated machine ['kɔɪn-ɒpəreɪtɪd mə'ʃiːn] *znw* muntautomaat

coital ['kəʊɪtəl] *bn* betreffende het geslachtsverkeer

coitus ['kəʊɪtəs] *znw* geslachtsgemeenschap, coïtus

coitus interruptus ['kəʊɪtəs ɪntə'rʌptəs] *znw* coïtus interruptus, voor het zingen de kerk uit

coke [kəʊk] *znw* ❶ cokes, steenkolen ❷ <u>inf</u> cocaïne ❸ <u>inf</u> cola ‹drank›

col [kɒl] *znw* bergpas

col. *afk* (column) kolom

cola ['kəʊlə] *znw* cola

colander ['kʌləndə], **cullender** *znw* vergiet, vergiettest

cold [kəʊld] **I** *bn* koud, koel ★ ~ *comfort* schrale troost ★ <u>Br</u> *a ~ table* een koud buffet ★ *as ~ as ice* ijskoud ★ *in ~ blood* in koelen bloede ★ *in the ~ light of day* in het nuchtere daglicht bekeken ★ <u>fig</u> *be out in the ~* veronachtzaamd / genegeerd / in de steek gelaten zijn ★ *get ~er* kouder zijn ‹in kinderspel: verder weg van het gezochte› ★ <u>inf</u> *get ~ feet* bang worden ★ *give sbd the ~ shoulder* iem. afwijzend / koel behandelen ★ *this whole business leaves me ~* deze hele kwestie laat me koud / interesseert me niet ★ <u>fig</u> *put sth into ~ storage* iets in de ijskast zetten ★ *throw / pour ~ water on sth* iets ontmoedigen, temperen, een domper op iets zetten ★ *zegsw ~ hands, warm heart* koud van buiten, warm van binnen ‹gezegd tegen iem. met koude handen› **II** *bijw* ❶ Am volledig, helemaal ❷ onvoorbereid, spontaan, zonder meer ★ *she did the exam ~* ze deed het examen onvoorbereid **III** *znw* ❶ kou(de) ★ <u>fig</u> *be left out in the ~* er bekaaid afkomen, er buiten gehouden worden, mogen toekijken ★ *come in out of the ~* schuilen, dekking zoeken, <u>fig</u> uit de kou / brand zijn ❷ verkoudheid ★ *catch a ~* verkouden worden, kou vatten

cold-blooded [kəʊld'blʌdɪd] *bn* ❶ koudbloedig ❷ koelbloedig, in koelen bloede ❸ ongevoelig

cold call [kəʊld kɔːl] *znw* ongevraagd telefoontje, ongevraagd bezoek ‹v. verkopers›

cold-call [kəʊld-'kɔːl] *overg* colportage via de telefoon, aan telemarketing doen

cold chisel [kəʊld 'tʃɪzəl] *znw* koubeitel

cold cream [kəʊld kriːm] *znw* huidcrème

coldcuts ['kəʊldkʌts] Am *znw* [mv] koud vlees, koude vleesschotel

cold fish [kəʊld fɪʃ] <u>inf</u> *znw* kouwe kikker

cold front [kəʊld frʌnt] *znw* koufront

cold-hearted [kəʊld'hɑːtɪd] *bn* koel, afstandelijk, ongevoelig, koud

coldish ['kəʊldɪʃ] *bn* een beetje koud

cold-shoulder [kəʊld-'ʃəʊldə] *overg* met de nek aanzien, negeren

cold snap [kəʊld snæp] *znw* koudegolf, korte periode van kou

cold sore [kəʊld sɔː] *znw* koortsuitslag ‹bij de lippen›

cold start [kəʊld stɑːt] *znw* koude start ‹het opstarten van een computer die nog uit is›

cold-start [kəʊld-'stɑːt] *overg* koud starten

cold storage [kəʊld 'stɔːrɪdʒ] *znw* bewaren in een koelcel ★ <u>fig</u> *put sth in ~* iets in de ijskast zetten

cold store [kəʊld stɔː] *znw* koelhuis

cold sweat [kəʊld swet] *znw* angstzweet ★ *break out in a ~* in angstzweet uitbreken ★ *the news brought her out in a ~* het nieuws deed haar in angstzweet uitbreken

cold turkey [kəʊld 'tɜːkɪ] <u>inf</u> *znw* ❶ ernstige ontwenningsverschijnselen ❷ abrupt afkicken ★ *go ~* abrupt stoppen met drugsgebruik

cold war [kəʊld wɔː] *znw* ★ *the ~* de koude oorlog

coleslaw ['kəʊlslɔː] *znw* koolsla

cole tit ['kəʊl tɪt] *znw* → **coal tit**

colic ['kɒlɪk] *znw* koliek

colicky ['kɒlɪkɪ] *bn* koliekachtig

colitis [kɒ'laɪtɪs, kəʊ-] <u>med</u> *znw* ontsteking aan de dikke darm

collaborate [kə'læbəreɪt] *onoverg* ❶ mede-, samenwerken ❷ collaboreren ‹met de vijand›

collaboration [kəlæbə'reɪʃən] *znw* mede-, samenwerking

> **collaboration**
> heeft niet de negatieve bijklank die het woord **collaboratie** in het Nederlands heeft. Het betekent gewoon **samenwerking, medewerking**.

collaborative [kə'læbərətɪv] *bn* gezamenlijk, in samenwerking(sverband)

collaborator [kə'læbəreɪtə] *znw* ❶ medewerker ❷ collaborateur ‹met de vijand›

collage [kɒ'lɑːʒ] *znw* collage

collagen ['kɒlədʒən] *znw* collageen

collagen implant ['kɒlədʒən 'ɪmplɑːnt] *znw* collageenimplantatie

collapse [kə'læps] **I** *znw* ❶ in(een)storting ❷ inzinking, verval van krachten, <u>med</u> collaps ❸ mislukking ❹ val, ondergang **II** *overg* ❶ opvouwen, samenvouwen ❷ bekorten, inkorten ❸ <u>comput</u> samenvouwen ‹van subdirectory's zodat alleen de hoofddirectory zichtbaar blijft› **III** *onoverg* ❶ invallen, in(een)storten, ineenzakken, bezwijken ★ *the chair ~d under his weight* de stoel bezweek onder zijn gewicht ❷ mislukken

collapsed [kə'læpst] *bn* ❶ ingestort ❷ opgevouwen, ingeklapt

collapsible [kə'læpsəbl] *bn* opvouwbaar, klap-

collar ['kɒlə] **I** *znw* ❶ kraag, boord, boordje, halsband ❷ ordeteken ❸ gareel, ring **II** *overg* ❶ <u>inf</u> bij de kraag vatten ❷ <u>inf</u> aanpakken, pikken, grijpen

collarbone ['kɒləbəʊn] <u>anat</u> *znw* sleutelbeen

collar stud ['kɒlə stʌd] *znw* boordenknoopje

collate [kə'leɪt] *overg* ❶ vergelijken en analyseren, collationeren ❷ een kerkelijk ambt verlenen

collateral [kə'lætərəl] **I** *bn* ❶ zijdelings, zij- ❷ parallel ▼ *a ~ loan* een lening tegen onderpand **II** *znw*

➊ onderpand, zekerheidstelling ➋ bloedverwant in de zijlinie

collateral damage [kəˈlætərəl ˈdæmɪdʒ] *znw* bijkomstige schade ‹als gevolg van een militaire operatie›

collation [kɒˈleɪʃən] *znw* ➊ vergelijking, collatie ➋ form lichte maaltijd

colleague [ˈkɒliːg] *znw* ambtgenoot, collega

collect I *znw* [ˈkɒlekt, ˈkɒlɪkt] collecte ‹gebed› II *overg* [kəˈlekt] ➊ verzamelen, sparen ➋ bijeenbrengen, inzamelen, collecteren, innemen ‹kaartjes› ➌ (op-, af)halen ➍ innen, incasseren ➎ (weer) onder controle krijgen ★ ~ *oneself* zijn zelfbeheersing terugkrijgen III *onoverg* [kəˈlekt] zich verzamelen

collectable [kəˈlektəbl], **collectible** I *bn* ➊ inbaar ➋ verzamelbaar II *znw* (meestal *mv*) verzamelobject

collect call [kəˈlekt kɔːl] *znw* telefoongesprek waarvan de kosten voor rekening zijn van degene die wordt gebeld, collect call

collected [kəˈlektɪd] *bn* ➊ verzameld, compleet ➋ bedaard, zichzelf meester

collecting agency [kəˈlektɪŋ ˈeɪdʒənsɪ] *znw* incassobureau

collection [kəˈlekʃən] *znw* ➊ collectie, verzameling ➋ collecte, inzameling, (op-, af)halen ★ *have a ~ for sth / sbd* een inzameling houden voor iets / iem. ➌ inning, incassering ★ *automatic ~* automatische incasso ➍ buslichting

collection box [kəˈlekʃən bɒks] *znw* collectebus

collection charges [kəˈlekʃən ˈtʃɑːdʒɪz] *znw* [mv] incassokosten

collective [kəˈlektɪv] I *bn* ➊ verzameld ➋ verenigd, collectief, gezamenlijk, gemeenschappelijk ★ econ ~ *goods* collectieve goederen, gemeenschapsgoederen II *znw* collectief

collective bargaining [kəˈlektɪv ˈbɑːgɪnɪŋ] *znw* cao-onderhandelingen

collective farm [kəˈlektɪv fɑːm] *znw* collectieve boerderij

collective memory [kəˈlektɪv ˈmemərɪ] *znw* collectief geheugen

collective noun [kəˈlektɪv naʊn] gramm *znw* verzamelnaam

collective ownership [kəˈlektɪv ˈəʊnəʃɪp] *znw* gemeenschappelijk bezit

collective unconscious [kəˈlektɪv ʌnˈkɒnʃəs] *znw* collectief onderbewuste

collectivism [kəˈlektɪvɪzm] *znw* collectivisme

collectivize [kəˈlektɪvaɪz], **collectivise** *overg* tot collectief bezit maken

collector [kəˈlektə] *znw* ➊ verzamelaar ➋ inzamelaar, collectant ➌ incasseerder, ontvanger

collector's item [kəˈlektəz ˈaɪtəm] *znw* (gezocht) verzamelobject, collector's item

colleen [kɒˈliːn] Iers *znw* meisje

college [ˈkɒlɪdʒ] *znw* ➊ instelling voor voortgezet en hoger onderwijs, ➋ (afdeling van) universiteit ➌ Br particuliere school ➍ college

collegial [kɒˈliːdʒɪəl] *bn* van een college

collegiate [kəˈliːdʒɪət] *bn* een college hebbend, college-

collide [kəˈlaɪd] *onoverg* (tegen elkaar) botsen, in botsing (aanvaring) komen ★ ~ *with sth* iets aanrijden, in botsing komen met iets

collie [ˈkɒlɪ] *znw* collie, Schotse herdershond

collier [ˈkɒlɪə] *znw* ➊ mijnwerker ➋ kolenschip

colliery [ˈkɒlɪərɪ] *znw* kolenmijn

collision [kəˈlɪʒən] *znw* ➊ botsing, aanvaring ★ scheepv *a ~ course* ramkoers, fig houding, politiek gericht op confrontatie ★ *be on a ~ course with sbd* op een confrontatie met iem. afstevenen, op ramkoers met iem. liggen ➋ fig tegenspraak, conflict

collocate [ˈkɒləkeɪt] taalk I *znw* collocatie II *onoverg* samengaan van woorden

collocation [kɒləˈkeɪʃən] *znw* ➊ taalk uitdrukking, zinswending ➋ bijeenplaatsing, groepering

colloid [ˈkɒlɔɪd] lijmachtig, lijm-

colloquial [kəˈləʊkwɪəl] *bn* tot de omgangstaal behorende, gemeenzaam, spreektaal-

colloquialism [kəˈləʊkwɪəlɪzəm] *znw* alledaagse uitdrukking

colloquy [ˈkɒləkwɪ] form *znw* [mv: colloquies] samenspraak, gesprek

collude [kəˈluːd] form *onoverg* samenspannen ★ *the army is alleged to have ~d with terrorists* er wordt gezegd dat het leger met de terroristen heeft samengespannen

collusion [kəˈluːʒən] form *znw* ➊ geheime verstandhouding ➋ samenspanning ★ *be in ~ with sbd* in een complot zitten met iem.

collywobbles [ˈkɒlɪwɒblz] inf *znw* [mv] vlinders in de buik, buikpijn ‹v.d. zenuwen &›

cologne [kəˈləʊn] *znw* eau de cologne

Colombia [kəˈlɒmbɪə] *znw* Colombia

Colombian [kəˈlɒmbɪən] I *bn* Colombiaans II *znw* Colombiaan, Colombiaanse

colon [ˈkəʊlən] *znw* ➊ dubbelepunt ➋ anat dikke darm

colonel [ˈkɜːnl] *znw* kolonel

colonial [kəˈləʊnɪəl] I *bn* koloniaal II *znw* bewoner van de koloniën, iem. uit de koloniën

colonialism [kəˈləʊnɪəlɪzəm] *znw* kolonialisme

colonialist [kəˈləʊnɪəlɪst] I *bn* kolonialistisch II *znw* kolonialist

colonic irrigation [kəˈlɒnɪk ɪrɪˈgeɪʃən] *znw* darmspoeling, klysma

colonist [ˈkɒlənɪst] *znw* kolonist

colonization [kɒlənaɪˈzeɪʃən], **colonisation** *znw* kolonisatie

colonize [ˈkɒlənaɪz], **colonise** *overg* koloniseren

colonizer [ˈkɒlənaɪzə], **coloniser** *znw* kolonisator

colonnade [kɒləˈneɪd] *znw* colonnade, zuilenrij, zuilengang

colony [ˈkɒlənɪ] *znw* kolonie

colophon [ˈkɒləfɒn] *znw* colofon

co

co

color ['kʌlə] Am znw → **colour**
coloration [kʌlə'reɪʃən], **colouration** znw kleur(ing)
coloratura [kɒlərə'tʊərə] znw ❶ coloratuurzangeres, coloratuursopraan ❷ coloratuurmelodie
color line ['kʌlə laɪn] Am znw → **colour bar**
colossal [kə'lɒsəl] bn kolossaal, reusachtig
colossus [kə'lɒsəs] znw [mv: colossi] ❶ kolos, gevaarte ❷ gigant
colostomy [kə'lɒstəmɪ] znw stomaoperatie
colour ['kʌlə], Am **color I** znw ❶ kleur, tint, verf ★ local ~ couleur locale ★ pale pink in ~ lichtroze van kleur ★ change ~ van kleur verschieten, een kleur krijgen ★ give / lend ~ to sth kleur geven aan iets ❷ huidskleur ★ a person of ~ iemand met een donkere huidskleur ❸ vaandel ★ under false ~s onder valse vlag ★ show one's true ~s zijn ware gezicht laten zien **II** overg ❶ kleur, verven, inkleuren ★ ~ sth in iets inkleuren ❷ beïnvloeden, een verkeerde voorstelling geven (van) **III** onoverg een kleur krijgen, blozen
colour bar ['kʌlə bɑ:], Am **color line** znw rassenonderscheid, rassendiscriminatie
colour-blind ['kʌlə-blaɪnd] bn kleurenblind
colour-coded ['kʌlə-kəʊdɪd] bn met een kleurencode
coloured ['kʌləd], Am **colored I** bn gekleurd ★ a ~ man een man met een donkere huidskleur ★ a ~ pencil een kleurpotlood **II** znw gedat of beledigend kleurling
coloureds ['kʌlədz], Am **coloreds** znw [mv] bonte was
colour fast ['kʌlə fɑːst] bn kleurecht
colour film ['kʌlə fɪlm] znw kleurenfilm
colour filter ['kʌlə 'fɪltə] znw kleurenfilter
colourful ['kʌləfʊl], Am **colorful** bn kleurig, bont, schilderachtig, kleurrijk, interessant
colouring ['kʌlərɪŋ], Am **coloring** znw ❶ kleur(ing), kleursel, coloriet ★ both her children have fair ~ haar beide kinderen zijn blond ❷ kleurstof
colourless ['kʌlələs], Am **colorless** bn ❶ kleurloos ❷ fig saai, mat
colour prejudice ['kʌlə 'predʒʊdɪs] znw vooroordeel op grond van huidskleur
colour print ['kʌlə prɪnt] znw kleurenafdruk
colour printer ['kʌlə 'prɪntə] comput znw kleurenprinter
colour rinse ['kʌlə rɪns] znw kleurspoeling
colours ['kʌləz], Am **colors** znw [mv] vaandel, vlag, clubkleuren ★ with flying ~ met vlag en wimpel ★ nail one's ~ to the mast / show one's ~ kleur bekennen, zijn ware aard tonen ★ sail under false ~ huichelen ★ show one's true ~ zijn ware gezicht tonen ★ stick to one's ~ voet bij stuk houden
colour scheme ['kʌlə ski:m] znw kleurenschema
colour supplement ['kʌlə 'sʌplɪmənt] znw kleurenbijlage
colour wheel ['kʌlə wi:l] znw kleurenschijf
colt [kəʊlt] znw ❶ (hengst)veulen, jonge hengst ❷ fig spring-in-'t-veld ❸ fig beginneling
coltish ['kəʊltɪʃ] bn ❶ als (van) een veulen ❷ fig speels

columbine ['kɒləmbaɪn] znw akelei ‹plant›
column ['kɒləm] znw ❶ zuil, kolom ❷ rubriek, kroniek ‹in krant› ❸ colonne ★ the fifth ~ de vijfde colonne, verkapte aanhangers v.d. vijand ‹vooral in tijd van oorlog›
columnist ['kɒləmnɪst] znw columnist, journalist met een vaste rubriek in een krant
.com [dɒt 'kɒm] afk (company) .com ‹als extensie van een internet adres›
com- [kɒm, kəm, kʌm] voorv com-, con-, samen-
coma ['kəʊmə] znw coma
comaker ['kəʊmeɪkə] znw medeborg ‹bij een lening›
co-manager [kəʊ-'mænɪdʒə] znw mededirecteur
comatose ['kəʊmətəʊs] bn ❶ comateus, diep bewusteloos ❷ inf slaperig
comb [kəʊm] **I** znw ❶ kam ❷ (honing)raat **II** overg ❶ kammen ★ ~ sth out iets uitkammen, fig iets schiften, iets af-, doorzoeken, iets zuiveren ❷ af-, doorzoeken
combat I znw ['kɒmbæt] gevecht, kamp, strijd ★ armed ~ gewapende strijd ★ single ~ tweegevecht ★ engage in ~ de strijd aangaan **II** overg ['kɒmbæt, kɒm'bæt] bestrijden
combatant ['kɒmbətnt] **I** bn strijdend **II** znw strijder, mil combattant
combat dress ['kɒmbæt dres] znw gevechtstenue
combat fatigue ['kɒmbæt fə'ti:g] znw oorlogsneurose
combat fatigues ['kɒmbæt fə'ti:gz] znw [mv] gevechtstenue
combative ['kɒmbətɪv] bn strijdlustig
combat trousers ['kɒmbæt 'traʊzəs] znw [mv] wijde broek met grote zakken halverwege beide pijpen
combi ['kɒmbɪ] znw apparaat met twee of meer functies
combination [kɒmbɪ'neɪʃən] znw ❶ combinatie, verbinding, vereniging ❷ samenspel ★ in ~ with samen met
combination lock [kɒmbɪ'neɪʃən lɒk] znw combinatieslot, letterslot, cijferslot
combinations [kɒmbɪ'neɪʃənz] znw [mv] ondergoed aan één stuk met mouwen en pijpen
combine I znw ['kɒmbaɪn] ❶ belangengemeenschap, kartel ❷ **combine harvester** combine, maaidorser, maaidorsmachine **II** overg [kəm'baɪn] ❶ verbinden, verenigen, samenvoegen, combineren ❷ paren (aan with) ❸ in zich verenigen **III** onoverg [kəm'baɪn] ❶ zich verbinden, zich verenigen ❷ samenwerken
combining form [kəm'baɪnɪŋ fɔ:m] gramm znw combinatievorm
combo ['kɒmbəʊ] inf znw ❶ combo ‹kleine jazzband› ❷ Am combinatie ‹van verschillende gerechten›
combustibility [kəmbʌstɪ'bɪlɪtɪ] znw brandbaarheid
combustible [kəm'bʌstɪbl] **I** bn brandbaar, verbrandbaar **II** znw ❶ brandstof ❷ brandbare stof
combustion [kəm'bʌstʃən] znw verbranding
combustion chamber [kəm'bʌstʃən 'tʃeɪmbə] znw verbrandingskamer
come [kʌm] **I** voorz bij het aanbreken van ★ ~ autumn,

the weather changes quickly als het herfst wordt verandert het weer snel ★ ~ *Christmas* aanstaande Kerstmis **II** *znw* inf sperma **III** *overg* [came, come] komen ★ inf ~ *it strong* het te ver drijven, overdrijven ★ inf ~ *a cropper* een doodsmak maken, op zijn bek gaan, afgaan ★ inf *don't ~ the innocent with me* je moet niet net doen alsof je onschuldig bent (want ik weet wel beter) ★ Aus inf *don't ~ the raw prawn with me* probeer me maar niet te belazeren (je weet heel goed waar ik het over heb) ★ inf *not know if one is coming or going* in de war zijn omdat men het erg druk heeft **IV** *onoverg* [came, come] ❶ komen, aankomen, erbij komen ★~! komaan, kom op, kop op! ★~~! kom nou toch!, och kom! ★ inf *how ~?* hoe komt dat? ★ *how do you ~ to that conclusion?* hoe kom je erbij? ★ ~ *again* terugkomen, terugkeren ★ inf ~ *again?* wat zeg je? ★ *easy ~, easy go* zo gewonnen zo geronnen ★ ~ *and go* komen en gaan ★ inf *not know whether you're coming or going* het ontzettend druk hebben ★ *for years to ~* nog jaren ★ *not for years to ~* nog in geen jaren ★ *in days / months / years & to ~* in de dagen / maanden / jaren & die gaan komen ★ ~ *close* in de buurt komen ★ ~ *near to doing sth* bijna iets doen ❷ neerkomen ★ *it ~s to the same thing* het komt op hetzelfde neer ❸ meegaan ★ *is she coming too?* gaat zij ook mee? ❹ gaan ★ *the path ~s straight down* het pad gaat steil naar beneden ★ ~ *far / a long way* het ver schoppen ❺ verschijnen, komen opzetten, opkomen ★ *a figure came out of the shadows* er kwam iemand uit de schaduw tevoorschijn ★ *there was a storm coming* er kwam een storm opzetten ★ *the idea came to him in a dream* het idee kwam bij hem op in een droom ❻ tegenkomen ★ *if he should ever ~* your way als je hem ooit eens tegenkomt ❼ zijn, worden, uitkomen ★ *honesty ~s high on my list* eerlijkheid vind ik heel erg belangrijk ★ *she came first in the freestyle* ze werd eerste in de vrije slag ★ ~ *right* uitkomen, in orde komen ★ ~ *short* tekortschieten ★ ~ *true* uitkomen, bewaarheid worden, in vervulling gaan ★ *it came my way that...* ik had het geluk dat... ★ *it ~s easy / easily / naturally to him* het gaat hem gemakkelijk af ★ ~ *good* doen wat van je verwacht wordt, zichzelf bewijzen ❽ beginnen ★ ~ *to believe sth* iets gaan geloven ★ ~ *to know sbd* iem. leren kennen ★ inf ~ *to think of it* erover beginnen te denken, eigenlijk, bij nader inzien ❾ raken ★ *the buttons came undone* de knoopjes gingen los ❿ gebeuren ★ ~ *what may* wat er ook moge gebeuren ★ vero ~ *to pass* gebeuren ★ inf *he had it coming to him* hij heeft zijn verdiende loon ⓫ beschikbaar zijn, verkrijgbaar zijn ★ *it comes in three colours* het is in drie kleuren verkrijgbaar ★ *as crazy / stupid / tough & as they ~* zo gek / dom / taai & als wat ⓬ inf klaarkomen **V** *phras* ★ ~ **about** gebeuren, tot stand komen ★ ~ **across** (goed) overkomen ★ ~ *across sbd / sth* iem. / iets (toevallig) aantreffen / ontmoeten / vinden ★ inf ~ **across with** *sth* met iets over de brug komen ★ ~ **after** komen na, volgen op ★ ~ **along** komen (aanzetten), meegaan, vorderen, herstellen, beter worden ★ ~ **along!** vooruit!, kop op! ★ ~ **around / round** aankomen, aanwippen, vóórkomen ⟨auto &⟩, een gunstige wending nemen, in orde komen, bijkomen, bijdraaien, van mening veranderen ★ ~ *around / round again* weer komen, er weer zijn ⟨v. datum⟩ ★ ~ **at** *sbd* op iem. afkomen ⟨om aan te vallen⟩ ★ ~ **at** *sth* aan (bij) iets komen, bereiken, (ver)krijgen, achter iets komen ★ ~ **away** losraken, weggaan, scheiden ★ ~ **back** terugkomen, antwoorden, reageren, weer te binnen schieten, zich herstellen (ook: in de gunst), er weer in (in trek, in de mode) komen ★ ~ **before** *sbd / sth* belangrijker zijn dan iem. / iets, verschijnen voor ⟨rechter, rechtbank &⟩ ★ ~ **between** *sbd* tussenbeide komen ★ ~ *between sth* (ergens) tussenkomen ★ ~ **by** voorbijkomen, passeren ★ ~ *by sth* aan iets komen, iets (te pakken) krijgen ★ ~ **down** afkomen, afdalen, afzakken, naar beneden komen / vallen, afgebroken worden ⟨huis⟩, van de universiteit komen, dalen, (neer)komen, reiken ★ ~ *down in the world* aan lagerwal raken ★ ~ **down against / for** *sth* zich verklaren voor / tegen ★ inf ~ **down on** *sbd (like a ton of bricks)* (vreselijk) tegen iem. te keer gaan ★ ~ *down on the side of sth* zich verklaren voor iets ★ ~ **down to** *sth* neerkomen op iets, reiken tot, teruggaan tot iets ★ ~ **down with** *sth* iets krijgen, oplopen ⟨ziekte⟩ ★ ~ **for** *sth* komen om iets, iets komen (af)halen ★ ~ **for** *sbd* komen om iem., iem. komen (af)halen, dreigend op iem. afkomen ★ ~ **forth** tevoorschijn komen, zich vertonen ★ ~ **forward** zich (aan)melden / aanbieden, naar voren treden ★ ~ **from** *somewhere / sth* ergens vandaan komen ★ ~ *from sth* veroorzaakt worden door iets ★ ~ **in** binnenkomen, aankomen, verkozen, benoemd worden, meedoen, meebetalen, bijdragen ★ *where do I ~ in?* waar blijf ik nu?, en ik dan?, wat heb ik daar nu voor voordeel bij?, wat heb ik er mee te maken? ★ ~ *in again* weer in de mode komen, weer aan het bewind komen ★ ~ *in handy / useful* van (te) pas komen ★ ~ **in for** *sth* iets krijgen ★ ~ **into** *sth* komen in iets, deel uitmaken van iets, in het bezit komen van iets, meedoen, in het spel komen ★ ~ *into force* van kracht worden ★ ~ *into a fortune* een vermogen erven ★ ~ *into one's own* erkend worden, op zijn plaats zijn, zichzelf worden ★ ~ **of** *sth* komen van iets, afstammen van iets ★ ~ **off** eraf gaan, loslaten, afgeven ⟨kleuren⟩, uitvallen ⟨haar⟩, ontsnappen ⟨gassen⟩, doorgaan, plaatshebben, lukken, uitkomen ★ ~ **off badly** er slecht afkomen, het er slecht afbrengen ★ ~ **off** *sth* ergens van afkomen ★ inf ~ **off it!** schei uit! ★ ~ **on** gedijen, groeien, beter worden, herstellen, beginnen, opkomen ⟨onweer &⟩, naderen, dichterbij komen, opkomen ⟨v. acteur⟩, aangaan ⟨van het licht⟩ ★ ~ **on!** vooruit!, schei uit! ★ ~ **on / upon** *sth*

CO

iets aantreffen,, iets te binnen schieten ★ ~ *on / upon sbd* iem. aantreffen, iem. tegen het lijf lopen ★ ~ **on** to *sth* iets behandelen, spreken over iets ★ inf ~ *on to sbd* avances maken naar iem. ★ ~ **out** uitlekken, ontdekt worden, slagen, lukken ⟨plannen, foto's⟩, aan het licht komen, verschijnen ⟨publicaties⟩, opkomen ⟨planten &⟩, doorkomen ⟨zon⟩, (naar) buiten komen, uit de gevangenis komen, eruit gaan ⟨vlekken⟩, inf openlijk voor zijn homoseksualiteit uitkomen, uitvallen ⟨haar, tanden⟩ ★ ~ **out against** / **for** *sth* opkomen voor / tegen iets ★ ~ **out at** *sth* uitkomen op iets, bedragen ★ ~ **out in** *spots* vol uitslag zitten ★ ~ **out of** *sth* het gevolg zijn van iets, ontstaan uit iets ★ ~ *out of sth well* er goed afkomen ★ ~ *out of oneself / one's shell* uit zijn schulp komen, opbloeien ★ ~ **out on** *strike* in staking gaan ★ ~ **out with** *sth* iets komen aanzetten, voor den dag komen, uit de hoek komen met iets ★ ~ **over** overkomen, oversteken, langskomen, overlopen (naar *to*), effect hebben, aanspreken ★ inf ~ *over all shy* er helemaal verlegen van worden ★ ~ *over sbd* iem. overvallen, bekruipen, bevangen, inf iem. bezielen ★ ~ **through** er door komen, doorkomen ⟨v. geluid, bericht &⟩, zijn belofte houden ★ ~ **to** (weer) bijkomen ★ ~ *to sbd* iem. te beurt vallen, overkómen, te binnen schieten ★ ~ *to sth* komen bij / naar / tot / op iets ★ ~ *to sbd's assistance* iem. te hulp komen ★ ~ *to blows* slaags raken ★ *when it ~s to the crunch* als het erop aankomt ★ ~ *to harm* een ongeluk krijgen, verongelukken ★ *when it ~s to money / sex &* wat geld / seks & betreft ★ ~ *to nothing* op niets uitlopen ★ *if it ~s to that* wat dat aangaat ★ inf *what are girls coming to!* waar moet het heen met die meisjes van tegenwoordig! ★ ~ **under** *sth* vallen onder iets ⟨een noemer &⟩, iets te verduren krijgen ★ ~ **up** (naar) boven komen, opkomen, gebeuren, zich voordoen, in behandeling komen ⟨rechtszaak &⟩, ter sprake komen, gehouden worden, voor de deur staan ⟨verkiezingen &⟩, aankomen ⟨studenten⟩ ★ ~ *up in the world* vooruitkomen in de wereld ★ ~ **up for** *discussion* ter sprake komen, onderwerp van discussie zijn ★ ~ **up against** *sth* stuiten op iets, in botsing komen met iets ★ ~ **up to** *sth* gelijk zijn of beantwoorden aan iets, halen bij iets ★ ~ *up to sbd* naar iem. toe komen ★ ~ **up with** *sth* iets opperen, op de proppen komen met iets

comeback ['kʌmbæk] *znw* ❶ terugkeer ★ *make a ~* zijn rentree maken ❷ herstel ❸ inf snedig antwoord
comedian [kə'miːdiən] *znw* ❶ blijspelacteur ❷ komiek
comedienne [kəmiːdɪ'en] *znw* ❶ blijspelactrice ❷ vrouwelijke komiek
comedown ['kʌmdaʊn] inf *znw* ❶ val, vernedering, achteruitgang ❷ tegenvaller
comedy ['kɒmɪdɪ] *znw* blijspel, komedie
come-hither [kʌm-'hɪðə] *bn* (ver)lokkend ★ ~ *eyes* lonkende ogen
comely ['kʌmlɪ] gedat of dicht *bn* ❶ bevallig, knap

❷ gepast
come-on ['kʌm-ɒn] inf *znw* lokmiddel, lokkertje ★ *she gave me the ~* ze maakte me avances
comer ['kʌmə] *znw* ❶ aangekomene, bezoeker, deelnemer, gegadigde ★ *the first ~* de eerste de beste ★ *~s and goers* de gaande en komende man ★ *all ~s* iedereen ❷ Am veelbelovend iemand
comestibles [kə'mestɪblz] *znw* [mv] levensmiddelen
comet ['kɒmɪt] *znw* komeet
come-uppance [kʌm-'ʌpəns] inf *znw* verdiende loon, straf
comfort ['kʌmfət] **I** *znw* ❶ troost, vertroosting, opbeuring ★ *take ~* zich troosten ❷ welgesteldheid ❸ gemak, gerief, gerieflijkheid, comfort ★ *too hot / cold & for* ~ veel te warm / koud & **II** *overg* (ver)troosten, opbeuren
comfortable ['kʌmftəbl], inf **comfy** *bn* ❶ behaaglijk, aangenaam, gerieflijk, gemakkelijk, op zijn gemak ★ *sit down and make yourself* ~ ga zitten en maak het je gemakkelijk, ga zitten en doe of je thuis bent ❷ genoeglijk ❸ welgesteld ❹ gerust ❺ ruim ⟨inkomen⟩
comfort break ['kʌmfət breɪk] *znw* plaspauze, korte pauze ⟨in vergadering &⟩ ★ *take a ~* een korte pauze inlassen
comforter ['kʌmfətə] *znw* ❶ trooster, troosteres ❷ gebreide wollen das ❸ Am fopspeen ❹ Am gewatteerde deken, dekbed
comfort food ['kʌmfət fuːd] *znw* eten waardoor je je goed gaat voelen
comfortingly ['kʌmfətɪŋlɪ] *bijw* troostend
comfortless ['kʌmfətləs] *bn* ❶ troosteloos ❷ ongerieflijk
comfort station ['kʌmfət 'steɪʃən] Am *znw* (openbaar) toilet
comfort stop ['kʌmfət stɒp] *znw* sanitaire stop
comfort zone ['kʌmfət zəʊn] *znw* situatie waarin men zich op zijn gemak voelt ★ *be out of one's* ~ zich niet op zijn gemak voelen
comfrey ['kʌmfrɪ] *znw* smeerwortel ⟨plant⟩
comfy ['kʌmfɪ] inf *bn* → **comfortable**
comic ['kɒmɪk] **I** *bn* komisch, humoristisch, grappig **II** *znw* ❶ komiek ❷ stripboek, stripverhaal
comical ['kɒmɪkl] *bn* grappig, komisch, kluchtig, koddig
comic opera ['kɒmɪk 'ɒprə] *znw* komische opera, operette
comic relief ['kɒmɪk rɪ'liːf] *znw* vrolijke noot
comics ['kɒmɪks] *znw* [mv] stripverhaal, stripboek
comic strip ['kɒmɪk strɪp] *znw* (aflevering v.e.) stripverhaal
coming ['kʌmɪŋ] **I** *bn* (toe)komend **II** *znw* komst ★ ~ *and going/~s and goings* komen en gaan
comma ['kɒmə] *znw* komma
command [kə'mɑːnd] **I** *znw* ❶ bevel, gebod, opdracht, mil commando ★ *at sbd's* ~ op zijn bevel, te zijner beschikking ★ *the word of* ~ het bevel ★ *issue a* ~ een bevel uitvaardigen ❷ comput commando, opdracht

CO

❸ leiding, legerleiding, bevel ★ *the second in* ~ de onderbevelhebber ★ *the high* ~ de opperbevel ★ *be in* ~ *of sth* het bevel voeren over iets, fig iets meester zijn, iets onder controle hebben ★ *be under the* ~ *of sbd* onder iemands bevel staan ❹ legerdistrict ❺ luchtv afdeling, dienst ★ mil *the coastal* ~ de luchtvaartdienst langs de kust ❻ fig beheersing ★ *be in* ~ *(of oneself)* (zichzelf) onder controle hebben ★ *have a good / perfect / poor* ~ *of sth* iets goed / perfect / slecht beheersen ❼ beschikking **II** *overg* ❶ bevelen, gebieden, mil commanderen, aanvoeren, het commando voeren over ❷ mil bestrijken ❸ fig beheersen ❹ beschikken over ❺ afdwingen ★ ~ *sbd's attention* iemands aandacht opeisen / afdwingen ★ ~ *respect* respect afdwingen ❻ opbrengen ⟨v. prijzen⟩ ★ ~ *a good price* een goede prijs opbrengen ❼ hebben ⟨aftrek⟩ ❽ doen ⟨huur⟩ **III** *onoverg* ❶ bevelen ❷ het commando voeren

commandant [kɒmən'dænt] mil *znw* commandant

commandeer [kɒmən'dɪə] *overg* rekwireren, vorderen, confisqueren

commander [kə'mɑːndə] *znw* ❶ bevelhebber, aanvoerder ★ *the supreme* ~ de opperbevelhebber ❷ commandeur ⟨v. ridderorde⟩ ❸ mil kapitein-luitenant-ter-zee ❹ mil commandant

commander-in-chief [kə'mɑːndər-ɪn-'tʃiːf] mil *znw* [*mv:* commanders-in-chief] opperbevelhebber, legercommandant

commanding [kə'mɑːndɪŋ] *bn* ❶ bevelend, bevelvoerend ★ *a* ~ *position* een positie van autoriteit ❷ de omtrek bestrijkend ❸ fig imposant, imponerend, indrukwekkend ★ *have a* ~ *lead* een flinke voorsprong hebben

commandment [kə'mɑːndmənt] *znw* gebod

commando [kə'mɑːndəʊ] mil *znw* ❶ commando ⟨bevel⟩ ❷ (lid v.e.) commando-eenheid

command performance [kə'mɑːnd pə'fɔːməns] *znw* opvoering op hoog / koninklijk bevel

command post [kə'mɑːnd pəʊst] *znw* commandopost

comme il faut [kɒm iːl 'fəʊ] ⟨‹Fr⟩ *bn* zoals het hoort, netjes, fatsoenlijk ★ *wearing jeans to work is not* ~ *in this company* een spijkerbroek dragen op het werk is niet acceptabel in dit gezelschap

commemorate [kə'meməreɪt] *overg* herdenken, gedenken, vieren

commemoration [kəmemə'reɪʃən] *znw* ❶ herdenking ★ *in* ~ *of* ter herdenking van ❷ gedachtenisviering

commemorative [kə'memərətɪv] *bn* herdenkings-, gedenk- ★ *a* ~ *service* een herdenkingsdienst

commence [kə'mens] *overg & onoverg* beginnen

commencement [kə'mensmənt] *znw* ❶ begin ★ *at the* ~ *of the war* bij het begin van de oorlog ❷ Am promotieplechtigheid, afstudeerfeest

commencing date [kə'mensɪŋ deɪt] *znw* ingangsdatum, begindatum

commend [kə'mend] *overg* ❶ (aan)prijzen, aanbevelen ★ *the arrangement has little to* ~ *it* de regeling heeft niets om het aan te bevelen ❷ de

groeten doen van ★ ~ *me to Alex* breng mijn groeten over aan Alex

commendable [kə'mendəbl] *bn* prijzenswaardig, loffelijk

commendation [kɒmen'deɪʃən] *znw* aanbeveling, lof, loftuiting

commendatory [kə'mendətərɪ] *bn* ❶ prijzend, aanbevelend, aanbevelings- ❷ lof-

commensurable [kə'menʃərəbl] form *bn* ❶ onderling meetbaar, deelbaar ❷ evenredig

commensurate [kə'menʃərət] form *bn* ❶ evenredig (aan *to*, *with*) ★ *the position is not* ~ *with his qualifications* de baan strookt niet met zijn kwalificaties ❷ gelijk (aan *with*)

comment ['kɒment] **I** *znw* ❶ aantekening ❷ uitleg, commentaar ★ *no* ~ geen commentaar ★ *unavailable for* ~ niet beschikbaar voor commentaar ★ *decline to* ~ niet willen reageren ★ *invite* ~*s* om commentaar vragen ★ *make / pass a* ~ een opmerking maken **II** *onoverg* opmerken ★ ~ *on sth* aantekeningen maken bij iets, opmerkingen maken over iets, iets commenteren

commentary ['kɒməntərɪ] *znw* ❶ uitleg, opmerking(en), commentaar ★ *the state of schools is a sad* ~ *on our priorities* de staat van onze scholen is een droevig commentaar op onze prioriteiten ❷ RTV reportage

commentary box ['kɒməntərɪ bɒks] *znw* commentaarhokje

commentate ['kɒmenteɪt] *onoverg* commentaar geven ★ *she* ~*s on the Middle East* ze doet verslag over het Midden-Oosten

commentator ['kɒmenteɪtə] *znw* ❶ uitlegger, verklaarder, commentator ❷ RTV reporter, verslaggever

commerce ['kɒmɜːs] *znw* ❶ handel, verkeer ❷ gedat omgang, verkeer, interactie

commercial [kə'mɜːʃəl] **I** *bn* commercieel, handels-, bedrijfs-, beroeps-, zaken-, zakelijk ★ ~ *premises* handelsgebouw, bedrijfspand ★ ~ *risk* handelsrisico ★ *for* ~ *usage* voor handelsgebruik **II** *znw* RTV reclameboodschap, -spot

commercial agent [kə'mɜːʃəl 'eɪdʒənt] *znw* handelsvertegenwoordiger

commercial art [kə'mɜːʃəl ɑːt] *znw* toegepaste grafische kunst

commercial bank [kə'mɜːʃəl bæŋk] *znw* algemene bank, handelsbank

commercial bill [kə'mɜːʃəl bɪl] *znw* handelskredietbrief

commercial break [kə'mɜːʃəl breɪk] RTV *znw* onderbreking voor reclame

commercialism [kə'mɜːʃəlɪzəm] *znw* commercialisering, commercie

commercialization [kəmɜːʃələɪ'zeɪʃn], **commercialisation** *znw* vercommercialisering

commercialize [kə'mɜːʃələɪz], **commercialise** *overg* vercommercialiseren

commercialized [kə'mɜːʃəlaɪzd], **commercialised** bn gecommercialiseerd, vercommercialiseerd

commercial law [kə'mɜːʃəl lɔː] znw handelsrecht

commercial marine [kə'mɜːʃəl mə'riːn] znw koopvaardij, handelsscheepvaart

commercial paper [kə'mɜːʃəl 'peɪpə] znw handelspapier, toonderpapier

commercial traveller [kə'mɜːʃəl 'trævələ] znw vertegenwoordiger, handelsreiziger

commercial vehicle [kə'mɜːʃəl 'viːɪkl] znw bedrijfsauto

commie ['kɒmɪ] inf afkeurend znw communist

commingle [kə'mɪŋgl] dicht **I** overg vermengen **II** onoverg zich vermengen

commiserate [kə'mɪzəreɪt] onoverg beklagen, medelijden hebben (met with)

commiseration [kəmɪzə'reɪʃən] znw deernis, medelijden, deelneming

commissar ['kɒmɪsɑː] hist znw volkscommissaris

commissariat [kɒmɪ'seərɪət] mil znw intendance, voedselvoorziening

commissary ['kɒmɪsərɪ] znw ❶ commissaris ❷ mil intendanceofficier ❸ (leger)kantine

commission [kə'mɪʃən] **I** znw ❶ last, lastbrief, (officiers)aanstelling ❷ opdracht, taak, dienst ★ in ~ ⟨v.e. oorlogsvaartuig⟩ gereed om uit te varen ★ out of ~ buiten dienst, buiten werking ❸ commissie ★ handel on ~ in commissie ★ on a ~ basis op basis van commissie ❹ provisie ❺ begaan ⟨v. misdaad &⟩ **II** overg ❶ machtigen ❷ opdracht verstrekken ❸ bestellen ❹ aanstellen ❺ mil in dienst stellen

commissionaire [kəmɪʃə'neə] znw ❶ kruier ❷ portier

commissioned [kə'mɪʃənd] bn ❶ gemachtigd ❷ in opdracht, besteld ★ a ~ work een kunstwerk in opdracht ▼ a non~ officer een onderofficier

commissioned officer [kə'mɪʃənd 'ɒfɪsə] znw officier

commissioner [kə'mɪʃənə] znw ❶ commissaris, gevolmachtigde, lid van een commissie ★ a trade ~ een handelsattaché ❷ Am hoofdcommissaris van politie

commit [kə'mɪt] overg ❶ bedrijven, begaan, plegen ❷ binden, gevangen zetten ★ ~ sbd for trial ter terechtzitting verwijzen ★ ~ sbd to prison iem. gevangen zetten ❸ toevertrouwen, prijsgeven (aan to ⟨the flames, the grave, paper &⟩) ★ ~ sth to memory van buiten leren ★ ~ sth to paper iets aan het papier toevertrouwen ★ ~ oneself zich toevertrouwen (aan to), zich verbinden (tot to), zich binden ❹ compromitteren ❺ inzetten ⟨strijdkrachten⟩

commitment [kə'mɪtmənt] znw ❶ verplichting, verbintenis ❷ engagement, betrokkenheid ★ the government is showing a lack of ~ to research de regering laat een gebrek aan geëngageerdheid bij onderzoek zien ❸ overtuiging

committal [kə'mɪtl] znw ❶ opname in een psychiatrische inrichting ❷ (bevel tot) gevangenneming ❸ teraardebestelling

committed [kə'mɪtɪd] bn ❶ toegewijd ★ he's totally ~ to his wife hij is volkomen toegewijd aan zijn vrouw

❷ geëngageerd ★ the party is ~ to reform de partij streeft hervormingen na

committee [kə'mətɪ] znw commissie, comité, bestuur ★ a standing ~ een permanente commissie, een vaste Kamercommissie ★ be on a ~ in een commissie / bestuur zitten

commode [kə'məʊd] znw ❶ stilletje, kakstoel ❷ commode, ladekast

commodious [kə'məʊdɪəs] form bn ruim en geriefelijk

commodity [kə'mɒdətɪ] znw (koop)waar, (handels)artikel, goed, product ★ land is a scarce ~ in the Netherlands land is een schaars goed in Nederland

commodity exchange [kə'mɒdətɪ ɪks'tʃeɪndʒ] znw (termijn)goederenbeurs

commodore ['kɒmədɔː] znw ❶ mil & scheepv commodore ❷ mil commandeur ⟨kapitein⟩ ❸ president ⟨v. zeilclub⟩

common ['kɒmən] **I** bn ❶ gemeen(schappelijk) ★ for the ~ good in het algemeen belang ★ be ~ knowledge algemeen bekend zijn ★ strike a ~ chord with sbd weerklank vinden bij iem. ❷ algemeen, alledaags, gewoon ★ a ~ or garden variety sth een gewoon, huis-tuin-en-keuken iets ❸ plat, ordinair **II** znw ❶ gemeenschappelijk bezit, gemeenteweide ★ in ~ gemeen(schappelijk) ★ in ~ with sbd / sth evenals iem. / iets, op dezelfde manier als iem. / iets ★ have something / nothing in ~ iets / niets met elkaar gemeen hebben ★ hold sth in ~ with iets geloven samen met ❷ het gewone

common cold ['kɒmən kəʊld] znw ★ the ~ verkoudheid

common denominator ['kɒmən dɪ'nɒmɪneɪtə] znw gemeenschappelijke noemer ★ music is our ~ muziek is wat we met elkaar gemeen hebben

commoner ['kɒmənə] znw ❶ (gewoon) burger ❷ niet-beursstudent ⟨op sommige Britse universiteiten⟩

common ground ['kɒmən graʊnd] znw iets waarover men het eens kan zijn (of is), een gemeenschappelijke basis

common law ['kɒmən lɔː] znw ❶ common law, Anglo-Amerikaans recht ❷ rechtersrecht, jurisprudentie

common-law ['kɒmən'lɔː] bn ❶ volgens het gewoonterecht ❷ samenwonend ⟨zonder officieel gehuwd te zijn⟩

commonly ['kɒmənlɪ] bijw ❶ gemeenlijk, gewoonlijk ❷ gewoon ❸ ordinair, min

common market ['kɒmən 'mɑːkɪt] znw gemeenschappelijke markt ★ the Common Market de gemeenschappelijke markt v.d. Europese Unie, Euromarkt

common noun ['kɒmən naʊn] gramm znw soortnaam

commonplace ['kɒmənpleɪs] **I** bn gewoon, alledaags **II** znw gemeenplaats

common room ['kɒmən ruːm] onderw znw

❶ docentenkamer ❷ gemeenschappelijke ruimte, recreatielokaal ‹voor leerlingen›

commons ['kɒmənz] *znw* [mv] ❶ burgerstand, (gewone) volk ★ *the (House of) Commons* het Lagerhuis ❷ dagelijks rantsoen ❸ portie eten van het gewone menu

common sense ['kɒmən sens] *znw* gezond verstand ★ *he doesn't have an ounce of* ~ hij heeft geen greintje gezond verstand ★ *let's hope that* ~ *prevails* laten we hopen dat het gezond verstand zegeviert

commonsensical [kɒmən'sensɪkl] *bn* van gezond verstand getuigend

commonwealth ['kɒmənwelθ] *znw* gemenebest ★ *the (British) Commonwealth / the Commonwealth of Nations* het (Britse) Gemenebest

commotion [kə'məʊʃən] *znw* beweging, beroering, opschudding, commotie ★ *cause a* ~ opschudding veroorzaken ★ *make a* ~ *about sth* drukte maken over iets

communal ['kɒmjʊnl] *bn* ❶ gemeente- ❷ gemeenschaps-, gemeenschappelijk ★ ~ *housing* groepswonen

commune I *znw* ['kɒmju:n] ❶ gemeente ❷ commune ‹v. jongeren, kunstenaars &› **II** *onoverg* [kə'mju:n] ★ form ~ *with sbd / sth* zich onderhouden met iem. / iets

communicable [kə'mju:nɪkəbl] *bn* overdraagbaar

communicant [kə'mju:nɪkənt] *znw* avondmaalsganger, RK communicant

communicate [kə'mju:nɪkeɪt] **I** *overg* ❶ communiceren, mededelen (aan *to*) ★ *he ~s his ideas to others with difficulty* hij kan zijn ideeën maar met moeite op anderen overbrengen ❷ overbrengen (op *to*) ‹ziekte› **II** *onoverg* ❶ communiceren, contact hebben ★ *we rarely* ~ *by phone* we telefoneren haast nooit ★ *he has to* ~ *through an interpreter* hij moet communiceren via een tolk ★ *they* ~ *well with each other* ze hebben een goed contact met elkaar ❷ in verbinding staan, zich in verbinding stellen (met *with*) ❸ ten Avondmaal gaan, ter communie gaan

communication [kəmju:nɪ'keɪʃən] *znw* ❶ form mededeling ❷ aansluiting, communicatie, verbinding(sweg) ★ *there is a lack of* ~ *between them* ze communiceren slecht met elkaar ★ *be in* ~ *with sbd* in verbinding staan met iem.

communication cord [kəmju:nɪ'keɪʃən kɔ:d] *znw* noodrem

communications [kəmju:nɪ'keɪʃənz] *znw* [mv] verbindingen, communicatiemiddelen

communication satellite [kəmju:nɪ'keɪʃən 'sætəlaɪt] *znw* communicatiesatelliet

communications department [kəmju:nɪ'keɪʃənz dɪ'pɑ:tmənt] *znw* inlichtingenbureau

communicative [kə'mju:nɪkətɪv] *bn* ❶ mededeelzaam, spraakzaam, openhartig ❷ communicatief

communicator [kə'mju:nɪkeɪtə] *znw* ❶ mededeler ❷ iemand met goede contactuele eigenschappen

communion [kə'mju:nɪən] *znw* ❶ gemeenschap ❷ verbinding, omgang ❸ kerkgenootschap ❹ Avondmaal, RK communie

communiqué [kə'mju:nɪkeɪ] *znw* communiqué

communism ['kɒmjʊnɪzəm] *znw* communisme

communist ['kɒmjʊnɪst] **I** *bn* communistisch **II** *znw* communist

community [kə'mju:nətɪ] *znw* ❶ gemeenschap, gemeente, maatschappij ★ *a religious* ~ een geloofsgemeenschap ★ *the* ~ *at large* de maatschappij in het algemeen ★ *a* ~ *of interests* een belangengemeenschap ★ *a pillar of the* ~ een steunpilaar van de maatschappij ❷ bevolkingsgroep, kolonie ‹van vreemdelingen›

community care [kə'mju:nətɪ keə] *znw* mantelzorg ‹in de maatschappij geïntegreerde gehandicapten- en bejaardenzorg›

community centre [kə'mju:nətɪ 'sentə] *znw* gemeenschaps-, buurthuis

community chest [kə'mju:nətɪ tʃest] Am *znw* noodfonds

community college [kə'mju:nətɪ 'kɒlɪdʒ] *znw* ❶ Br middelbare school die ook cursussen aan de plaatselijke bevolking aanbiedt ❷ Am tweejarige pre-universitaire of professionele opleiding

community home [kə'mju:nətɪ həʊm] *znw* ❶ inrichting voor jeugdigen, opvoedingsgesticht ❷ observatiehuis

community policing [kə'mju:nətɪ pə'li:sɪŋ] *znw* wijkagentschap

community service [kə'mju:nətɪ 's3:vɪs] *znw* ❶ vrijwilligerswerk ❷ alternatieve straf ★ *a* ~ *order* een bevel tot dienstverlening ‹als alternatieve straf›

community singing [kə'mju:nətɪ 'sɪŋɪŋ] *znw* samenzang

community spirit [kə'mju:nətɪ 'spɪrɪt] *znw* gemeenschapszin

community worker [kə'mju:nətɪ 'w3:kə] *znw* buurtwerker

communize ['kɒmjʊnaɪz], **communise** *overg* ❶ tot gemeenschappelijk bezit maken ❷ communistisch maken

commutable [kə'mju:təbl] *bn* die verzacht / omgezet kan worden ‹v. straf›

commutation [kɒmju:'teɪʃən] *znw* ❶ omzetting ❷ jur verzachting

commutator ['kɒmju:teɪtə] *znw* stroomwisselaar

commute [kə'mju:t] **I** *overg* ❶ veranderen, verwisselen ❷ omzetten ❸ verzachten ‹v. vonnis› **II** *onoverg* heen en weer reizen, pendelen, forenzen ★ *he ~s from Brighton to London daily* hij reist elke dag heen en weer tussen Brighton en Londen

commuter [kə'mju:tə] *znw* pendelaar, forens

commuter belt [kə'mju:tə belt] *znw* slaapsteden, buitenwijken, forensensteden

commuter train [kə'mju:tə treɪn] *znw* forensentrein

Comoran ['kɒmərən] **I** *bn* Comoors, Comorees **II** *znw* Comoor, Comoorse, Comorees, Comorese

Comoros ['kɒmərəʊz] *znw* Comoren
compact I *bn* [kəm'pækt] ❶ compact, dicht, vast
❷ beknopt, gedrongen ⟨stijl⟩ **II** *znw* ['kɒmpækt]
❶ overeenkomst, verdrag ❷ poederdoosje ❸ Am
kleine auto **III** *overg* [kəm'pækt] ❶ verdichten ❷ fig
condenseren
compact disc ['kɒmpækt 'dɪsk], **CD** *znw* compact disc,
cd
compact disc player ['kɒmpækt dɪsk 'pleɪə] *znw*
cd-speler
companion [kəm'pænjən] **I** *znw* ❶ (met)gezel,
makker, kameraad ★ *a ~ in arms* een wapenbroeder
★ *a ~ in misfortune* een lotgenoot in rampspoed
★ *Companion* laagste graad in ridderorde
❷ gezellin, gezelschapsdame ❸ pendant,
tegenhanger ★ *a ~ volume* een pendant,
bijbehorend deel ⟨van een boek⟩ ❹ mil bovenste
achterdek **II** *overg* form vergezellen
companionable [kəm'pænjənəbl] *bn* gezellig
companion planting [kəm'pænjən 'plɑːntɪŋ] *znw* twee
of meer gewassen samen verbouwen
companionship [kəm'pænjənʃɪp] *znw*
❶ kameraadschap ❷ gezelschap ★ *she has a dog
for ~* ze heeft een hond als gezelschapsdier
❸ gezelligheid
companionway [kəm'pænjənweɪ] *znw* trap naar kajuit
company ['kʌmpənɪ] *znw* ❶ gezelschap ★ *for ~* voor
de gezelligheid ★ *in ~ with* samen met ★ *in the ~ of*
in het gezelschap van ★ *be good* ~ zijn gezelschap
waard zijn ★ *keep sbd ~* iem. gezelschap houden
★ *keep ~ with sbd* verkering hebben met iem.,
omgaan met iem. ★ *prefer one's own ~* liever alleen
willen zijn ❷ onderneming, firma, vennootschap,
maatschappij ★ *a listed ~* een beursgenoteerde
vennootschap ★ Br *a private ~* een besloten
vennootschap ❸ genootschap, gilde ❹ compagnie,
scheepv bemanning ❺ bezoek, gasten ★ *have ~*
mensen ⟨te eten &⟩ hebben
company-by-laws ['kʌmpənɪ-'baɪ-lɔːz] Am *znw*
statuten van een vennootschap
company car ['kʌmpənɪ kɑː] *znw* bedrijfsauto
company law ['kʌmpənɪ lɔː] *znw* vennootschapsrecht
company policy ['kʌmpənɪ 'pɒləsɪ] *znw* bedrijfsbeleid
company town ['kʌmpənɪ taʊn] *znw* stad waar de
meeste inwoners bij één bepaald bedrijf werken
comparable ['kɒmpərəbl] *bn* vergelijkbaar, te
vergelijken ★ *the building is ~ in size to St Peter's* het
gebouw is qua omvang te vergelijken met de Sint
Pieter ★ *Brittany's weather is ~ to / with that of
Cornwall* het weer in Bretagne is vergelijkbaar met
dat in Cornwall
comparative [kəm'pærətɪv] **I** *bn* ❶ vergelijkend
★ gramm *the ~ degree* de vergrotende trap
❷ betrekkelijk **II** *znw* gramm vergrotende trap
comparative advantage [kəm'pærətɪv əd'vɑːntɪdʒ]
znw relatief voordeel
comparative linguistics [kəm'pærətɪv lɪŋ'gwɪstɪks]
znw vergelijkende linguïstiek

comparatively [kəm'pærətɪvlɪ] *bijw* ❶ bij / in
vergelijking ❷ betrekkelijk, relatief
compare [kəm'peə] **I** *znw* ★ *beyond / past / without ~*
onvergelijkelijk, zonder weerga **II** *overg* vergelijken
(bij / met *to*, met *with*) ★ *~ notes* over en weer
bevindingen meedelen **III** *onoverg* vergeleken
kunnen worden ★ *~ favourably / unfavourably with
sth* (on)gunstig afsteken bij iets
comparison [kəm'pærɪsən] *znw* vergelijking ★ *their
pasta is beyond ~* hun pasta is onvergelijkelijk ★ *by
/ in ~, a small orange has only 60 calories* een kleine
sinaasappel heeft in vergelijking maar 60 calorieën
★ *all else pales by ~* al het andere verbleekt in
vergelijking ermee ★ *it is poor by ~ with
neighbouring countries* het is arm in vergelijking met
aangrenzende landen ★ *petrol is cheap in ~ with / to
European prices* vergeleken met Europese prijzen is
benzine goedkoop ★ *bear / stand ~ with sth* de
vergelijking doorstaan met iets
compartment [kəm'pɑːtmənt] *znw* afdeling, vak(je),
compartiment, coupé
compartmentalize [kɒmpɑːt'mentəlaɪz],
compartmentalise *overg* ❶ in hokjes indelen,
verzuilen ❷ categoriseren, onderverdelen
compass ['kʌmpəs] *znw* ❶ kompas ★ *the points of
the ~* de streken van het kompas ❷ **compasses**
passer ★ *a pair of ~es* een passer ❸ form omtrek,
omvang ❹ form bestek, bereik ★ *be beyond the ~ of
sth* buiten het bereik van iets vallen ★ *fall within
the ~ of sth* binnen het bereik van iets vallen
compassion [kəm'pæʃən] *znw* medelijden,
mededogen, erbarmen (met *on*) ★ *instead of feeling ~
towards them, refugees are evicted* in plaats van dat
men medelijden met hen heeft worden
vluchtelingen uitgezet
compassionate [kəm'pæʃənət] *bn* medelijdend,
meewarig, meedogend
compassionate leave [kəm'pæʃənət liːv] *znw* verlof
wegens familieomstandigheden
compassion fatigue [kəm'pæʃən fə'tiːg] *znw*
vermoeidheid door medeleven, apathie door een
teveel aan blootstelling aan ellende
compass needle ['kʌmpəs 'niːdl] *znw* kompasnaald
compass point ['kʌmpəs pɔɪnt] *znw* streek van het
kompas
compatibility [kəmpætə'bɪlətɪ] *znw*
❶ bestaanbaarheid ❷ verenigbaarheid
❸ overeenstemming, combineerbaarheid,
compatibiliteit ⟨techniek, computerterm &⟩
★ comput *backward / forward ~* achterwaartse
/ voorwaartse compatibiliteit
compatible [kəm'pætəbl] *bn* verenigbaar, aanpasbaar,
combineerbaar, compatibel ⟨techniek,
computerterm &⟩ ★ *children are often not ~ with a
career* kinderen zijn vaak niet combineerbaar met
een carrière
compatriot [kəm'pætrɪət] *znw* landgenoot
compel [kəm'pel] *overg* dwingen, afdwingen

compelling [kəm'pelɪŋ] *bn* ❶ onweerstaanbaar, boeiend, fascinerend, meeslepend ★ *the film makes for ~ viewing* de film is boeiend om te zien ❷ onweerlegbaar, overtuigend

compendium [kəm'pendɪəm] *znw* [*mv:* -s *of* compendia] compendium, overzicht, kort begrip, samenvatting

compensate ['kɒmpenseɪt] **I** *overg* compenseren, opwegen tegen, goedmaken, vergoeden, schadeloos stellen **II** *onoverg* compenseren ★ *~ for sth* compenseren voor iets

compensation [kɒmpen'seɪʃən] *znw* compensatie, (schade)vergoeding, schadeloosstelling, smartengeld ★ *a claim for ~* een eis tot schadevergoeding ★ *receive ~ for sth* compensatie / schadevergoeding voor iets krijgen

compensatory [kɒm'pensətərɪ, 'seɪtərɪ], **compensative** *bn* compenserend

compere ['kɒmpeə] **I** *znw* presentator **II** *overg* presenteren, als presentator optreden

compete [kəm'pi:t] *onoverg* concurreren, wedijveren, mededingen (naar *fŏr*, met *with*)

competence ['kɒmpɪtns], **competency** *znw* bevoegdheid, bekwaamheid, competentie ★ *the work is beyond his ~* het werk is te hoog gegrepen voor hem ★ *such matters fall outside / within the court's ~* dergelijke zaken vallen buiten / binnen de bevoegdheid van de rechtbank

competent ['kɒmpɪtnt] *bn* ❶ bevoegd, competent ❷ bekwaam, vakkundig ★ *he is ~ in several languages* hij beheerst verschillende talen ❸ behoorlijk, jur handelingsbekwaam

competition [kɒmpə'tɪʃən] *znw* ❶ concurrentie, mededinging, wedijver ★ *the ~ for places in the team is strong* de competitie voor plaatsen in het team is hevig ★ *in the face of strong ~, sales are declining* door de aanwezigheid van sterke concurrentie vermindert de verkoop ★ *they face strong ~ from foreign imports* ze ondervinden sterke concurrentie door importgoederen vanuit het buitenland ★ *they are in ~ with each other* ze wedijveren met elkaar ❷ wedstrijd, prijsvraag ★ *enter a ~* meedoen met een competitie

competitive [kəm'petɪtɪv] *bn* ❶ concurrerend ❷ vergelijkend ⟨v. examen⟩ ★ *a ~ advantage* een concurrentievoordeel ★ *a ~ position* een concurrentiepositie ★ *~ prices* concurrerende prijzen ★ *~ sport / sports* wedstrijdsport ★ *have a ~ edge over sbd* een concurrentievoordeel hebben over iem. ❸ competitief ⟨karakter⟩

competitiveness [kəm'petɪtɪvnɪs] *znw* concurrentiekracht, concurrentievermogen

competitor [kəm'petɪtə] *znw* ❶ concurrent ❷ mededinger, deelnemer

compilation [kɒmpɪ'leɪʃən] *znw* ❶ compilatie ❷ verzamelwerk ❸ comput compilatie, vertaling in programmataal

compile [kəm'paɪl] *overg* ❶ samenstellen ❷ verzamelen ❸ comput compileren, vertalen in programmataal

compiler [kəm'paɪlə] *znw* ❶ compilator ❷ comput compiler

complacence [kəm'pleɪsəns], **complacency** *znw* (zelf)voldoening, zelfvoldaanheid, (zelf)behagen

complacent [kəm'pleɪsənt] *bn* (zelf)voldaan, met zichzelf ingenomen ★ *have we become too ~ about AIDS?* zijn we te blasé geworden over aids?

complain [kəm'pleɪn] *onoverg* klagen (over *about / of*, bij *to*), zich beklagen ★ *patients often ~ about / at the lack of privacy* patiënten beklagen zich vaak over het gebrek aan privacy

complainant [kəm'pleɪnənt] jur *znw* eiser

complaint [kəm'pleɪnt] *znw* ❶ beklag, (aan)klacht ★ *grounds for ~* een reden om te klagen ★ *a letter of ~* een klachtenbrief ★ *file / lodge a ~* een klacht indienen ❷ klacht, kwaal, aandoening ★ *a skin ~* een huidaandoening ★ *suffer from a ~* lijden aan een kwaal ❸ jur conclusie van eis

complaints committee [kəm'pleɪnts kə'mɪtɪ] *znw* klachtencommissie

complaints department [kəm'pleɪnts dɪ'pɑ:tmənt] *znw* klachtenbureau

complaisance [kəm'pleɪzəns] *znw* inschikkelijkheid

complaisant [kəm'pleɪzənt] *bn* inschikkelijk

complement I *znw* ['kɒmplɪmənt] ❶ aanvulling ❷ getalsterkte, vol getal, vereiste hoeveelheid, taks ❸ (voltallige) bemanning ★ *we hope to have a full ~ of staff* we hopen een volledige personeelsbezetting te hebben ❹ complement **II** *overg* ['kɒmplɪment] aanvullen

---

complement en compliment
Complement betekent **aanvulling** en compliment betekent **compliment**.
Vergelijk:*The yellow handbag is a perfect complement to the dress* - Het gele tasje maakt de japon helemaal compleet.
He gave me a compliment - Hij gaf mij een complimentje.

---

complementary [kɒmplɪ'mentərɪ] *bn* complementair ⟨hoek, kleur⟩, aanvullend, aanvullings- ★ *our service is ~ to that provided by banks* onze diensten vullen die van de banken aan

complementary colour [kɒmplɪ'mentərɪ 'kʌlə] *znw* complementaire kleur

complete [kəm'pli:t] **I** *bn* ❶ compleet, volledig, totaal, voltallig ★ *the apartment comes ~ with cooking equipment* het appartement is voorzien van kookbenodigheden ❷ klaar, voltooid ❸ volslagen, volmaakt **II** *overg* ❶ voltooien, voleinden, afmaken ❷ aanvullen, voltallig maken, completeren ❸ invullen ⟨formulier⟩

completely [kəm'pli:tlɪ] *bijw* compleet, helemaal, totaal, geheel en al, volkomen, volslagen

completion [kəm'pli:ʃən] *znw* ❶ voltooiing, voleindiging ★ *the ~ date* de opleveringstermijn

co

★ *the building is nearing* ~ het gebouw is bijna klaar ❷ invulling ‹v. formulier›

complex [ˈkɒmpleks] **I** *bn* samengesteld, ingewikkeld, gecompliceerd **II** *znw* ❶ complex, samengesteld geheel ❷ psych complex, obsessie ★ *have a* ~ *about sth* een obsessie met iets hebben

complexion [kəmˈplekʃən] *znw* ❶ huidskleur, gelaatskleur, teint ❷ fig aanzien, voorkomen ★ *this news puts a different* ~ *on the matter* dit nieuws geeft een nieuwe wending aan de zaak ❸ aard ★ *artists of all* ~*s are exhibiting* kunstenaars van allerlei pluimage stellen hun werken ten toon

complexity [kəmˈpleksətɪ] *znw* samengesteldheid, ingewikkeldheid, gecompliceerdheid, complexiteit

compliance [kəmˈplaɪəns], **compliancy** *znw* ❶ inschikkelijkheid ★ *in* ~ *with sth* overeenkomstig iets ❷ toestemming

compliance officer [kəmˈplaɪəns ˈɒfɪsə] *znw* controleur ‹van regelgeving›

compliant [kəmˈplaɪənt] *bn* inschikkelijk ★ *only 20% were fully* ~ *with the guidelines* slechts 20% kwam helemaal overeen met de voorschriften

complicate [ˈkɒmplɪkeɪt] *overg* ingewikkeld maken, verwikkelen ★ *rising costs have* ~*d matters for the firm* stijgende kosten hebben de zaak ingewikkeld gemaakt voor de firma

complicated [ˈkɒmplɪkeɪtɪd] *bn* ingewikkeld, gecompliceerd

complicating [ˈkɒmplɪkeɪtɪŋ] *bn* complicerend ★ *a* ~ *factor* een complicerende factor

complication [kɒmplɪˈkeɪʃən] *znw* ❶ ingewikkeldheid, verwikkeling ❷ complicatie ★ *he developed* ~*s after surgery* er traden complicaties bij hem op na de operatie

complicity [kəmˈplɪsətɪ] *znw* medeplichtigheid (aan *in*) ★ *he is accused of* ~ *with the rebels* hij wordt ervan beschuldigd de rebellen ondersteund te hebben

compliment I *znw* [ˈkɒmplɪmənt] ❶ compliment ★ *mean sth as a* ~ iets bedoelen als compliment ★ *return the* ~ een compliment teruggeven ★ *take sth as a* ~ iets als een compliment opvatten ❷ plichtpleging **II** *overg* [ˈkɒmplɪment] ❶ gelukwensen (met *on*), complimenteren, een compliment maken ❷ vereren (met *with*)

complimentary [kɒmplɪˈmentərɪ] *bn* complimenteus, present- ★ *a* ~ *copy* een presentexemplaar ★ *a* ~ *ticket* een vrijkaart

compliments [ˈkɒmplɪmənts] *znw* [mv] complimenten, groeten ★ *we offer you this copy with our* ~ we presenteren u dit exemplaar met onze complimenten ★ *my* ~ *to the chef!* complimenten aan de chef!, het eten heeft prima gesmaakt

comply [kəmˈplaɪ] *onoverg* zich onderwerpen, berusten, zich voegen (naar *with*) ★ ~ *with sth* iets gehoorzamen, iets naleven, iets inwilligen, gehoor geven aan iets ★ ~ *with a request* aan een verzoek gevolg geven / voldoen, een verzoek inwilligen

component [kəmˈpəʊnənt] **I** *bn* samenstellend ★ *a* ~ *part* een bestanddeel **II** *znw* bestanddeel

comport [kəmˈpɔːt] **I** *onoverg* overeenstemmen (met *with*) ★ *their claims do not* ~ *with our studies* hun beweringen komen niet overeen met onze bevindingen **II** *wederk* ★ ~ *oneself* zich gedragen

comportment [kəmˈpɔːtmənt] *znw* gedrag, houding

compose [kəmˈpəʊz] **I** *overg* ❶ muz componeren ❷ (op)stellen ‹brief› ❸ samenstellen, vormen, (uit)maken ★ *be* ~*d of sth* bestaan uit iets ❹ bedaren, tot rust brengen, kalmeren ❺ zetten ‹drukwerk› **II** *onoverg* ❶ ❷ componeren **III** *wederk* ★ ~ *oneself* zich herstellen, bedaren

composed [kəmˈpəʊzd] *bn* bedaard, kalm

composer [kəmˈpəʊzə] *znw* componist

composite [ˈkɒmpəzɪt] **I** *bn* ❶ samengesteld, gecombineerd ★ *a* ~ *photograph / picture* fotomontage ❷ gemengd **II** *znw* samenstelling

composition [kɒmpəˈzɪʃən] *znw* ❶ samenstelling, aard ❷ mengsel ❸ compositie ★ *a* ~ *by Mozart* een compositie van Mozart ❹ opstel ❺ (letter)zetten ❻ schikking, akkoord ★ *private* ~ jur onderhands akkoord

compositor [kəmˈpɒzɪtə] *znw* letterzetter

compos mentis [kɒmpɒs ˈmentɪs] scherts *bn* bij zijn volle verstand

compost [ˈkɒmpɒst] *znw* compost

compost heap [ˈkɒmpɒst hiːp] *znw* composthoop

composure [kəmˈpəʊʒə] *znw* kalmte, bedaardheid ★ *lose one's* ~ zijn kalmte verliezen

compote [ˈkɒmpəʊt], **compôte** *znw* compote, vruchtenmoes

compound I *bn* [ˈkɒmpaʊnd] ❶ samengesteld ❷ med gecompliceerd ‹v. breuk› ❸ gramm nevenschikkend ‹zinsverband› **II** *znw* [ˈkɒmpaʊnd] ❶ samenstelling, mengsel, chem verbinding ❷ erf ‹van oosters huis› ❸ afgepaald terrein, kamp **III** *overg* [kəmˈpaʊnd] ❶ samenstellen, verenigen, (ver)mengen, bereiden ❷ vergroten, verergeren ‹v. problemen &›

compound fracture [ˈkɒmpaʊnd ˈfræktʃə] *znw* gecompliceerde breuk

compound interest [ˈkɒmpaʊnd ˈɪnt(ə)rest] *znw* samengestelde rente

compound sentence [ˈkɒmpaʊnd ˈsentəns] *znw* samengestelde zin

comprehend [kɒmprɪˈhend] *overg* ❶ omvatten, insluiten, bevatten ❷ begrijpen, verstaan

comprehensibility [kɒmprɪhensəˈbɪlətɪ] *znw* begrijpelijkheid

comprehensible [kɒmprɪˈhensɪbl] *bn* te begrijpen, begrijpelijk ★ *she writes clear and* ~ *English* ze schrijft helder en begrijpelijk Engels ★ *the instructions are* ~ *to most people* de instructies zijn voor de meeste mensen te begrijpen

comprehension [kɒmprɪˈhenʃən] *znw* ❶ bevattingsvermogen, begrip, verstand ★ *why he should do this is beyond my* ~ waarom hij dat zou doen gaat mijn verstand te boven ❷ onderw toets v.d. kennis van een tekst, tekstverklaring

comprehensive [kɒmprɪ'hensɪv] **I** *bn* veelomvattend, uitgebreid, ruim **II** *znw* → **comprehensive school**

comprehensive insurance [kɒmprɪ'hensɪv ɪn'ʃʊərəns] *znw* allriskverzekering

comprehensive school [kɒmprɪ'hensɪv sku:l], **comprehensive** *znw* scholengemeenschap, middenschool

compress I *znw* ['kɒmpres] kompres **II** *overg* [kəm'pres] samendrukken, samenpersen, comprimeren, inkorten

compressed [kəm'prest] *bn* ❶ samengedrukt ❷ gecomprimeerd ❸ fig beknopt, bondig

compressed air [kəm'prest eə] *znw* perslucht

compression [kəm'preʃən] *znw* ❶ samendrukking, -persing, compressie ❷ bondigheid

compression chamber [kəm'preʃən 'tʃeɪmbə] *znw* compressiekamer

compressor [kəm'presə] techn *znw* compressor

comprise [kəm'praɪz] *overg* ❶ omvatten, bevatten ❷ bestaan uit ★ *be ~d of* bestaan uit, opgebouwd zijn uit

compromise ['kɒmprəmaɪz] **I** *znw* ❶ compromis, vergelijk, overeenkomst ★ *come to / reach a ~ over sth* een compromis bereiken over iets ❷ schikking **II** *overg* ❶ compromitteren, in opspraak brengen ❷ in gevaar brengen **III** *onoverg* ❶ tot een vergelijk komen ❷ een compromis sluiten ❸ fig schipperen ★ *the architects have not ~d on quality* de architecten hebben niet gesjoemeld met de kwaliteit **IV** *wederk* ★ *~ oneself* zich compromitteren

compromising ['kɒmprəmaɪzɪŋ] *bn* compromitterend

comptroller [kən'trəʊlə] *znw* ❶ schatmeester, administrateur ❷ controleur

compulsion [kəm'pʌlʃən] *znw* ❶ onweerstaanbare drang ❷ dwang ★ *be under a ~ to do sth* gedwongen worden iets te doen ❸ psych dwangvoorstelling

compulsive [kəm'pʌlsɪv] *bn* ❶ dwingend, onweerstaanbaar, dwang- ❷ psych dwangmatig ★ *he's a ~ smoker* hij is een verstokt roker, hij is een verslaafd roker

compulsiveness [kəm'pʌlsɪvnɪs] *znw* dwangmatigheid

compulsory [kəm'pʌlsərɪ] *bn* dwingend, dwang-, gedwongen, verplicht ★ *~ education* leerplicht ★ *~ (military) service* dienstplicht

compunction [kəm'pʌŋkʃən] *znw* (gewetens)wroeging, berouw, spijt ★ *have no ~ about doing sth* geen scrupules hebben om iets te doen

computation [kɒmpju:'teɪʃən] *znw* (be)rekening

compute [kəm'pju:t] **I** *overg* form (be)rekenen **II** *onoverg* inf kloppen ★ *something just didn't ~* iets klopte er niet aan

computer [kəm'pju:tə] *znw* computer ★ *they do everything on the ~* ze doen alles op de computer

computer animation [kəm'pju:tər ænɪ'meɪʃən] *znw* computeranimatie

computer assisted [kəm'pju:tər ə'sɪstɪd] *bn* computerondersteund, met ondersteuning van de computer

computer controlled [kəm'pju:tə kən'trəʊld] *bn* computergestuurd

computer crime [kəm'pju:tə kraɪm] *znw* computercriminaliteit

computer dating [kəm'pju:tə 'deɪtɪŋ] *znw* huwelijksbemiddeling per computer

computer game [kəm'pju:tə geɪm] *znw* computerspelletje

computer graphics [kəm'pju:tə 'græfɪks] *znw* [mv] grafische gegevensverwerking, beeldmanipulatie op de computer, computer graphics

computerization [kəmpju:təraɪ'zeɪʃən], **computerisation** *znw* ❶ automatisering, overschakeling op computers ❷ afkeurend het computeriseren, verchipping

computerize [kəm'pju:təraɪz], **computerise** *overg* ❶ automatiseren ❷ op computers overschakelen

computer language [kəm'pju:tə 'læŋgwɪdʒ] *znw* computertaal

computer literacy [kəm'pju:tə 'lɪtərəsɪ] *znw* vaardigheid in computergebruik, om kunnen gaan met computers

computer-literate [kəm'pju:tə-'lɪtərət] *bn* vaardig in computergebruik

computer network [kəm'pju:tə 'netwɜ:k] *znw* computernetwerk

computer printout [kəmpju:tə 'prɪntaʊt] *znw* computeruitdraai, computerprint

computer processing [kəm'pju:tə 'prəʊsesɪŋ] *znw* computerverwerking

computer science [kəm'pju:tə 'saɪəns] *znw* informatica

computer software [kəm'pju:tə 'sɒftweə] *znw* computersoftware, computerprogrammatuur

computer table [kəm'pju:tə 'teɪbl] *znw* computertafel

computer virus [kəm'pju:tə 'vaɪərəs] *znw* computervirus

computer whizz [kəm'pju:tə wɪz] *znw* briljante jonge computergebruiker, whizzkid

computing [kəm'pju:tɪŋ] *znw* informatica ★ *he works in ~* hij zit in de computerbranche

comrade ['kɒmreɪd] *znw* kameraad, makker ★ *a ~-in-arms* een wapenbroeder

comradely ['kɒmreɪdlɪ] *bn* kameraadschappelijk

comradeship ['kɒmrɪdʃɪp] *znw* kameraadschap

con [kɒn] **I** *znw* ❶ inf oplichterij ❷ inf boef ❸ contra, tegenargument ★ *weigh up the pros and ~s* de argumenten voor en tegen tegen elkaar opwegen **II** *overg* inf oplichten, bedriegen ★ *~ sbd out of sth* iem. iets aftroggelen ★ *~ sbd into doing sth* iem. op slinkse / oneerlijke wijze tot iets bewegen

con- [kɒn, kən] *voorv* con-, samen-

con artist [kɒn 'ɑ:tɪst] inf *znw* oplichter

concatenate [kən'kætɪneɪt] form of techn *overg* aaneenschakelen

concatenation [kɒnkætɪ'neɪʃən] form of techn *znw* ❶ aaneenschakeling ❷ ketting, keten

concave ['kɒnkeɪv] *bn* concaaf, hol

CO

concavity [kɒnˈkævɪtɪ] *znw* holheid, holte
conceal [kənˈsiːl] *overg* ❶ verbergen, verhelen, verstoppen ❷ geheim houden, verzwijgen ★ *he ~ed the truth from her for many years* hij hield de waarheid jarenlang voor haar verborgen
concealed [kənˈsiːld] *bn* verborgen, verhuld
concealment [kənˈsiːlmənt] *znw* ❶ verberging, verheling ★ *place of* ~ schuilplaats ❷ het stilzwijgen
concede [kənˈsiːd] **I** *overg* ❶ toestaan ❷ toegeven ★ ~ *defeat* zijn nederlaag erkennen ❸ inwilligen ‹eis› **II** *onoverg* opgeven ‹sport &›
conceit [kənˈsiːt] *znw* ❶ verbeelding, (eigen)dunk, verwaandheid ❷ gekunstelde beeldspraak
conceited [kənˈsiːtɪd] *bn* waanwijs, verwaand, eigenwijs
conceivable [kənˈsiːvəbl] *bn* denkbaar
conceive [kənˈsiːv] **I** *overg* ❶ (be)vatten, begrijpen, denken, zich voorstellen ❷ opvatten ❸ concipiëren **II** *onoverg* ❶ zwanger worden ★ *be unable to* ~ niet zwanger kunnen worden ❷ zich indenken ★ ~ *of sth* zich een voorstelling maken van iets, zich iets voorstellen
conceived [kənˈsiːvd] *bn* uitgedacht, bedacht ★ *a well* ~ *plan* een goed uitgedacht plan
concentrate [ˈkɒnsəntreɪt] **I** *znw* concentraat **II** *overg* ❶ concentreren ★ *jogging really ~s the mind* joggen concentreert de geest echt ❷ in een punt samentrekken **III** *onoverg* ❶ zich concentreren ★ ~ *on / upon sth* zich op iets concentreren ❷ in één punt samenkomen
concentrated [ˈkɒnsəntreɪtɪd] *bn* ❶ geconcentreerd, onverdund, ingedikt ❷ intens, krachtig ★ *make a ~ effort to do sth* een krachtige poging doen om iets te doen
concentration [kɒnsənˈtreɪʃən] *znw* ❶ samentrekking ❷ concentratie ★ *the stroke has reduced his powers of* ~ de beroerte heeft zijn concentratievermogen verminderd
concentration camp [kɒnsənˈtreɪʃən kæmp] *znw* concentratiekamp
concentric [kənˈsentrɪk] *bn* concentrisch
concept [ˈkɒnsept] *znw* begrip, idee, denkbeeld ★ *a basic* ~ een basisbegrip ★ *grasp a* ~ een idee begrijpen

> **concept**
> betekent **begrip, idee, denkbeeld** en niet *concept*. Concept mapping betekent **het in kaart brengen van ideeën** en niet *het maken van kaartschetsen*. Ned. *concept* = **rough draft, plan, outline**.

conception [kənˈsepʃən] *znw* ❶ begrip, voorstelling, gedachte, opvatting ★ *she has no* ~ *of how much she's hurt us* ze heeft er geen idee van hoeveel pijn ze ons heeft gedaan ❷ ontwerp, ontstaan ‹v. plannen &› ❸ bevruchting, conceptie
conceptual [kənˈseptʃʊəl] *bn* conceptueel, begrips- ★ *a ~ framework* een conceptueel kader, basisconcept

conceptual art [kənˈseptʃʊəl ɑːt] *znw* conceptuele kunst
conceptualize [kənˈseptʃʊəlaɪz], **conceptualise** *overg* (zich) een beeld vormen van, conceptualiseren
concern [kənˈsɜːn] **I** *znw* ❶ zorg, bezorgdheid ★ *there is no cause for* ~ er is geen reden tot bezorgdheid ❷ zaak, aangelegenheid, belang, gewicht ★ *it is no ~ of mine* het is mijn zaak niet, het interesseert me niet ★ *the results are of* ~ / *are a matter of* ~ *to us all* de resultaten gaan ons allemaal aan ❸ onderneming, bedrijf, concern, deelneming **II** *overg* ❶ aangaan, betreffen, raken ❷ met zorg vervullen, verontrusten **III** *onoverg* ★ *to whom it may* ~ aan wie dit leest, L.S. **IV** *wederk* ★ ~ *oneself* zich bekommeren, zich ongerust maken (over *about* / *for* / *with*), zich interesseren (voor *about* / *with*)
concerned [kənˈsɜːnd] *bn* ❶ bezorgd ★ *we are ~ about* / *for their safety* we zijn bezorgd over hun veiligheid ★ *he is only ~ about* / *with making money* hij is alleen maar geïnteresseerd in geld verdienen ★ *we were ~ to hear of your wife's accident* het ging ons aan het hart te horen van het ongeluk van uw vrouw ★ *they were ~ to show that things were improving* ze hadden er belang bij om te laten zien dat de dingen verbeterd waren ❷ betrokken ★ *the parties / persons* ~ de betrokkenen ★ *as far as sbd / sth is* ~ wat iem. / iets betreft ★ *no member of the government is* ~ *in any way* er is op geen enkele manier een lid van de regering bij betrokken ★ *poetry is* ~ *with feelings* poëzie heeft met gevoelens te maken
concerning [kənˈsɜːnɪŋ] *voorz* betreffende ★ *a letter ~ changes to tax regulations* een brief met betrekking tot veranderingen in de belastingregels
concert [ˈkɒnsət] *znw* ❶ concert ★ *a ~ in aid of charity* een liefdadigheidsconcert ★ *appear in* ~ in een concert optreden ❷ harmonie, overeenstemming ★ *form in* ~ *with sth* overeenkomstig met iets, samen met iets, in samenwerking met iets
concerted [kənˈsɜːtɪd] *bn* gezamenlijk ★ *make a ~ effort* verwoede poging(en) doen, eensgezinde pogingen doen ★ *take ~ action* gezamenlijk actie ondernemen
concertgoer [ˈkɒnsətgəʊə] *znw* concertganger
concert grand [ˈkɒnsət grænd] *znw* concertvleugel
concert hall [ˈkɒnsət hɔːl] *znw* concertzaal, concertgebouw
concertina [kɒnsəˈtiːnə] *znw* soort harmonica
concertmaster [ˈkɒnsətmɑːstə] *znw* concertmeester
concerto [kənˈtʃeətəʊ] *znw* [*mv:* -s *of* concerti] concerto, concert ‹muziekstuk›
concert overture [ˈkɒnsət ˈəʊvətjʊə] *znw* concert ouverture
concert performance [ˈkɒnsət pəˈfɔːməns] *znw* concertopvoering
concert pitch [ˈkɒnsətpɪtʃ] *znw* concerttoonhoogte ‹v. muziekinstrument› ★ *fig be at* ~ in staat van verhoogde paraatheid zijn, tot het uiterste

gespannen zijn, in topvorm zijn

concession [kən'seʃən] *znw* ❶ bewilliging, vergunning, concessie ★ *both sides must be prepared to make some ~s* beide partijen moeten bereid zijn om concessies te doen ★ *a smudge of lipstick was her only ~ to fashion* een likje lipstick was haar enige concessie aan de mode ★ *make no ~ to sbd / sth* geen concessie doen aan iem. / iets ❷ korting, gereduceerd tarief

concessionaire [kənseʃə'neə] *znw* concessionaris, concessiehouder

concessionary [kən'seʃənərɪ] *bn* concessie-, gereduceerd ★ ~ *tickets* gereduceerde kaartjes

concessive [kən'sesɪv] *bn* concessief, toegevend

concessive clause [kən'sesɪv klɔ:z] *znw* concessieve bijzin

conch [kɒŋk] *znw* (zee)schelp

conchie ['kɒntʃɪ] Br inf afkeurend *znw* gewetensbezwaarde, dienstweigeraar

concierge [kɒnsɪ'eəʒ] *znw* ❶ huisbewaarder ❷ iem. die hotelgasten helpt bij het boeken van restaurants, theater, uitstapjes &

conciliate [kən'sɪlɪeɪt] **I** *overg* (met elkaar) verzoenen **II** *onoverg* ❶ als bemiddelaar optreden ❷ form verzoenen

conciliation [kənsɪlɪ'eɪʃən] *znw* ❶ verzoening ❷ bemiddeling ❸ vreedzame beslechting van een geschil

conciliator [kən'sɪlɪeɪtə] *znw* verzoener, bemiddelaar

conciliatory [kən'sɪlɪətrɪ] *bn* ❶ verzoenend, bemiddelend ★ *the invitation is seen as ~ gesture* de uitnodiging wordt gezien als een verzoenend gebaar ❷ verzoeningsgezind

concise [kən'saɪs] *bn* beknopt, bondig

conciseness [kən'saɪsnɪs], **concision** *bn* beknoptheid

conclave ['kɒnkleɪv] *znw* conclaaf ★ *in ~* in geheime zitting

conclude [kən'klu:d] **I** *overg* ❶ besluiten, afleiden, opmaken, concluderen (uit *from*) ❷ (af)sluiten, aangaan ⟨een overeenkomst &⟩ ❸ beëindigen (met *by / with*) ★ *to be ~d* slot volgt **II** *onoverg* ❶ eindigen, aflopen ❷ tot een conclusie komen

concluding [kən'klu:dɪŋ] *bn* laatste, eind-, afsluitend

conclusion [kən'klu:ʒən] *znw* ❶ besluit, einde, slot ★ form *in ~* tot besluit, tenslotte ❷ slotsom, gevolgtrekking, conclusie ★ *arrive at / reach a ~* een conclusie bereiken ★ *come to a ~* tot een conclusie komen, een besluit nemen ★ *draw a ~ from sth* een gevolgtrekking maken van iets ❸ sluiten

conclusive [kən'klu:sɪv] *bn* beslissend, afdoend, overtuigend

concoct [kən'kɒkt] *overg* ❶ bereiden ❷ brouwen ❸ smeden, beramen, bekokstoven, verzinnen

concoction [kən'kɒkʃən] *znw* ❶ bereiding ❷ beraming ❸ brouwsel ❹ verzinsel

concomitant [kən'kɒmɪtnt] form **I** *bn* vergezellend, begeleidend **II** *znw* begeleidend verschijnsel, bijverschijnsel

concord ['kɒŋkɔ:d] *znw* eendracht, overeenstemming, harmonie ★ *live in ~ in* harmonie leven

concordance [kən'kɔ:dns] *znw* ❶ form overeenstemming ❷ concordantie

concordant [kən'kɔ:dnt] form *bn* overeenstemmend, harmonisch

concordat [kən'kɔ:dæt] *znw* concordaat ⟨verdrag tussen het Vaticaan en een regering⟩

concourse [kən'kɔ:s] *znw* ❶ toeloop, samenloop ❷ menigte ❸ vereniging ❹ hal

concrete ['kɒnkri:t, 'kɒŋkri:t] **I** *bn* ❶ concreet, grijpbaar, stoffelijk ❷ vast, hard ❸ beton- **II** *znw* beton **III** *overg* betonneren, beton storten

concrete cancer ['kɒnkri:t 'kænsə] *znw* betonrot

concrete decay ['kɒnkri:t dɪ'keɪ] *znw* betonrot

concrete jungle ['kɒnkri:t 'dʒʌŋgl] *znw* onaantrekkelijke leefomgeving met veel betonnen gebouwen

concrete mixer ['kɒnkri:t mɪksə] *znw* betonmolen

concrete noun ['kɒnkri:t naʊn] gramm *znw* concreet zelfstandig naamwoord, substantief

concretion [kən'kri:ʃən] *znw* ❶ verdichting, samengroeiing ❷ verharding, verstening

concubinage [kɒn'kju:bɪnɪdʒ] *znw* concubinaat, huwelijk zonder boterbriefje

concubine ['kɒŋkjʊbaɪn] hist *znw* bijzit, bijvrouw, concubine

concupiscence [kən'kju:pɪsəns] form *znw* ❶ lust ❷ zinnelijke begeerte

concupiscent [kən'kju:pɪsənt] form *bn* wellustig

concur [kən'kɜ:] *overg & onoverg* ❶ samenvallen ❷ overeenstemmen (in *in*, met *with*) ❸ het eens zijn ★ *the board ~red that the project should go ahead* de directie was het erover eens dat het project door moest gaan

concurrence [kən'kʌrəns] form *znw* ❶ samenkomst, samenloop ❷ instemming, goedkeuring, overeenstemming

concurrent [kən'kʌrənt] *bn* gelijktijdig (optredend)

---

concurrent
betekent **tegelijkertijd, gelijktijdig** en niet
concurrerend.
There are three concurrent exhibitions betekent niet *er zijn drie concurrerende tentoonstellingen,* maar *er zijn tegelijkertijd drie tentoonstellingen.*
Ned. *concurrerend* = **competing, competitive.**

---

concurrently [kən'kʌrəntlɪ] *bn* gelijktijdig, tegelijkertijd

concuss [kən'kʌs] *overg* schudden, schokken ⟨de hersenen⟩

concussed [kən'kʌst] *bn* lijdend aan een hersenschudding

concussion [kən'kʌʃən] *znw* ❶ schudding, schok ❷ hersenschudding

condemn [kən'dem] *overg* ❶ veroordelen ★ *her illness ~ed her to a lifetime of pain* haar ziekte veroordeelde haar tot een leven vol pijn ★ *he was ~ed to death* hij werd ter dood veroordeeld ❷ afkeuren ❸ onbewoonbaar verklaren

condemnable [kən'demnəbl] *bn* te veroordelen, laakbaar, afkeurenswaardig

condemnation [kɒndem'neɪʃən] *znw* veroordeling, afkeuring ★ *the policy has come under ~* het beleid is verketterd

condemnatory [kɒndem'neɪtərɪ] *bn* veroordelend, afkeurend

condemned [kən'demd] *bn* veroordeeld, gedoemd

condemned cell [kən'demd sel] *znw* cel voor ter dood veroordeelde, dodencel

condensation [kɒnden'seɪʃən] *znw* condensatie, verdichting

condense [kən'dens] *overg & onoverg* ❶ condenseren, verdichten, verdikken, comprimeren, samenpersen ❷ samenvatten

condensed milk [kən'denst mɪlk] *znw* gecondenseerde melk

condenser [kən'densə] *znw* condens(at)or

condescend [kɒndɪ'send] *onoverg* ❶ afdalen (tot *to*), zich verwaardigen ❷ neerbuigend / uit de hoogte doen

condescending [kɒndɪ'sendɪŋ] *bn* neerbuigend, minachtend

condescension [kɒndɪ'senʃən] *znw* neerbuigendheid, hooghartigheid, minachting

condiment ['kɒndɪmənt] *znw* specerij, kruiderij

condition [kən'dɪʃən] **I** *znw* ❶ staat, toestand, conditie, gesteldheid ★ *one's physical ~* zijn lichamelijke gesteldheid ★ *be in no ~ to do sth* niet in staat zijn om iets te doen ★ *be out of ~* niet in conditie / vorm zijn ❷ voorwaarde, bepaling, essentieel beding van een overeenkomst ★ *on (the) ~ that* op voorwaarde dat ❸ ‹hart &› kwaal ★ *a heart ~* een hartkwaal **II** *overg* ❶ bedingen, bepalen ❷ verzorgen, in conditie brengen ❸ psych conditioneren

conditional [kən'dɪʃənl] **I** *bn* voorwaardelijk ★ *form ~ on / upon* afhankelijk van **II** *znw* gramm voorwaardelijke wijs

conditional discharge [kən'dɪʃənl 'dɪstʃɑ:dʒ] *znw* voorwaardelijke veroordeling

conditional probability [kən'dɪʃənl prɒbə'bɪlətɪ] logica *znw* conditionele waarschijnlijkheid

conditional sale [kən'dɪʃənl seɪl] *znw* voorwaardelijke verkoop

conditioned [kən'dɪʃənd] *bn* geconditioneerd

conditioned response [kən'dɪʃənd rɪ'spɒns] *znw* geconditioneerde reflex

conditioner [kən'dɪʃənə] *znw* verzorgingsmiddel, conditioner ‹vooral voor haar›

conditioning [kən'dɪʃənɪŋ] *znw* conditionering ★ *~ starts at a very early age* conditionering begint al op heel jonge leeftijd

conditions [kən'dɪʃənz] *znw* [mv] omstandigheden, voorwaarden ★ *the basic ~* de basisvoorwaarden

★ *under the ~ of the agreement* volgens de voorwaarden van de overeenkomst

condo ['kɒndəʊ] Am inf *znw* (flatgebouw met) koopflat(s), appartement → **condominium**

condolatory [kən'dəʊlətərɪ] *bn* van rouwbeklag

condole [kən'dəʊl] **I** *overg* condoleren ★ *she ~d me on the death of my mother* ze condoleerde me met het overlijden van mijn moeder **II** *onoverg* ★ *~ with sbd on sth* iem. condoleren met iets

condolence [kən'dəʊləns] *znw* ❶ deelneming, medeleven ❷ (meestal *mv*) betuiging van deelneming, condoleance ★ *please accept our sincere ~s* mag ik u onze diepe deelneming betuigen?

condom ['kɒndɒm] *znw* condoom

condominium [kɒndə'mɪnɪəm], Am inf **condo** *znw* ❶ Am (flatgebouw met) koopflat(s), appartement ❷ condominium

condone [kən'dəʊn] *overg* ❶ tolereren, gedogen ❷ vergoelijken, vergeven, door de vingers zien

condor [kɒndɔ:] *znw* condor

conduce [kən'dju:s] *form phras* ★ *~ to sth* leiden, bijdragen, strekken tot iets

conducive [kən'dju:sɪv] *bn* ★ *~ to* bevorderlijk voor

conduct I *znw* ['kɒndʌkt] ❶ gedrag, houding, optreden ★ *a code of ~* een gedragscode ❷ behandeling, manier van uitvoeren **II** *overg* [kən'dʌkt] (ge)leiden, (aan)voeren, dirigeren, besturen, houden, doen ‹zaken› **III** *wederk* [kən'dʌkt] ★ *~ oneself* zich goed gedragen

conducted [kən'dʌktɪd] *bn* met een gids ★ *a ~ tour* gezelschapsreis, excursie, rondleiding

conductibility [kəndʌktə'bɪlətɪ], **conductivity** *znw* geleidingsvermogen

conduction [kən'dʌkʃən] *znw* ❶ geleiding ❷ leiding ‹als dirigent› ★ *first performed under the ~ of Mengelberg* het eerst uitgevoerd onder leiding van Mengelberg

conductive [kən'dʌktɪv] *znw* geleidend ‹m.b.t. stroom, warmte &›

conductivity [kɒndʌk'tɪvɪtɪ] *znw* geleidingsvermogen

conductor [kən'dʌktə] *znw* ❶ muz dirigent ❷ conducteur ❸ geleider ‹v. warmte, elektriciteit &› ❹ bliksemafleider

conductor rail [kən'dʌktə reɪl] *znw* stroomrail ‹voor elektrische locomotief›

conductress [kən'dʌktrəs] *znw* conductrice

conduct sheet ['kɒndʌkt ʃi:t] *znw* strafblad

conduit ['kɒndjʊɪt] *znw* leiding, buis

cone [kəʊn] **I** *znw* ❶ kegel, conus, pylon ❷ dennenappel, pijnappel ❸ hoorntje (met ijs) **II** *overg* ★ *~ sth off* iets met pylonen afzetten / markeren ‹bij wegwerkzaamheden &›

cone-shaped ['kəʊn-ʃeɪpt] *bn* kegelvormig

coney ['kəʊnɪ] *znw* → **cony**

confab ['kɒnfæb] inf scherts **I** *znw* babbeltje, praatje **II** *onoverg* babbelen, een praatje maken

confabulate [kən'fæbjʊleɪt] form *onoverg* praten,

keuvelen, kouten

confabulation [kənfæbjʊ'leɪʃən] <u>form</u> *znw* praatje

confection [kən'fekʃən] *znw* ❶ suikergoed
❷ bereiding ❸ modieus kledingstuk

confectioner [kən'fekʃənə] *znw* fabrikant / handelaar in suikergoed, banket &

confectioners' sugar [kən'fekʃənəz 'ʃʊgə] *znw* glaceersuiker

confectionery [kən'fekʃənərɪ] *znw* suikergoed, snoep en bonbons

confederacy [kən'fedərəsɪ] *znw* ❶ verbond, (staten)bond ❷ complot

confederate I *bn* [kən'fedərət] ❶ verbonden ❷ bonds-
II *znw* [kən'fedərət] ❶ bondgenoot ❷ medeplichtige
III *overg* [kən'fedəreɪt] federaliseren, verenigen
IV *onoverg* [kən'fedəreɪt] ❶ een verbond sluiten, een federatie vormen, zich verbinden ❷ medeplichtig zijn

confederation [kənfedə'reɪʃən] *znw* verbond, bondgenootschap, (staten)bond

confer [kən'fɜ:] **I** *overg* verlenen, schenken (*on / upon*)
II *onoverg* overleggen, beraadslagen, confereren

conferee [kɒnfə'ri:] *znw* ❶ conferentiedeelnemer
❷ iem. die een onderscheiding krijgt uitgereikt

conference ['kɒnfərəns] *znw* ❶ conferentie
❷ bespreking ★ *be in* ~ in bespreking zijn

conference call ['kɒnfərəns kɔ:l] <u>telec</u> *znw* telefonische vergadering

conferment [kən'fɜ:mənt] <u>form</u> *znw* verlening

confess [kən'fes] **I** *overg* ❶ bekennen, erkennen
❷ belijden, (op)biechten ❸ de biecht afnemen
II *onoverg* bekennen ★ ~ *to sth* iets be-, erkennen, toegeven dat

confessant [kən'fesənt] *znw* biechteling

confessed [kən'fest] *bn* openlijk, erkend

confession [kən'feʃən] *znw* ❶ bekentenis, erkenning
❷ (geloofs)belijdenis ❸ biecht

confessional [kən'feʃənl] *bn* ❶ belijdenis- ❷ biecht-
★ *the ~ (box)* de biechtstoel

confessor [kən'fesə] *znw* biechtvader ▼ <u>hist</u> *Edward the Confessor* Eduard de Belijder

confetti [kən'fetɪ] *znw* confetti

confidant [kɒnfɪ'dænt] *znw* vertrouweling

confidante [kɒnfɪ'dænt] *znw* vertrouwelinge, hartsvriendin

confide [kən'faɪd] **I** *overg* toevertrouwen (aan *to*)
II *onoverg* ★ ~ *in sbd* iem. in vertrouwen nemen

confidence ['kɒnfɪdns] *znw* ❶ (zelf)vertrouwen, vrijmoedigheid ★ *a breach of* ~ een schending van vertrouwen ★ *a crisis of* ~ een vertrouwenscrisis ★ *a vote of no* ~ een motie van wantrouwen ★ *have every / little / no* ~ *in sbd / sth* alle / weinig / geen vertrouwen in iem. / iets hebben ❷ vertrouwelijke mededeling, confidentie ★ *in* ~ in vertrouwen

confidence man ['kɒnfɪdns mæn] <u>gedat</u> *znw* oplichter

confidence motion ['kɒnfɪdns 'məʊʃən] *znw* motie van vertrouwen

confidence trick ['kɒnfɪdns trɪk] *znw* oplichterij

confidence trickster ['kɒnfɪdns 'trɪkstə] *znw* oplichter

confident ['kɒnfɪdnt] *bn* ❶ vol vertrouwen ★ *they are cautiously* ~ *about the future* ze zijn voorzichtig optimistisch over de toekomst ❷ zeker overtuigd
★ *we are* ~ *of winning* we hebben het volste vertrouwen dat we gaan winnen

confidential [kɒnfɪ'denʃəl] *bn* ❶ vertrouwelijk
❷ vertrouwens-

confidentiality ['kɒnfɪdenʃɪ'ælətɪ] *znw* vertrouwelijkheid

confiding [kɒn'faɪdɪŋ] *bn* ❶ vol vertrouwen ❷ geen kwaad vermoedend, onbevangen ❸ openhartig

confidingly [kɒn'faɪdɪŋlɪ] *bijw* op vertrouwelijke toon, vertrouwelijk

configuration [kənfɪgjʊ'reɪʃən] *znw* ❶ <u>form</u> uiterlijke gedaante, vorm, schikking ❷ configuratie ❸ geheel van onderdelen waaruit een computersysteem is opgebouwd, configuratie

configure [kən'fɪgə] *overg* configureren

confine [kən'faɪn] **I** *overg* ❶ bepalen, beperken, begrenzen ❷ in-, opsluiten, <u>mil</u> in arrest stellen
★ <u>gedat</u> *be* ~*d in het kraambed liggen ★ ~ *sbd to barracks* iem. consigneren, iem. kwartierarrest geven ★ *be* ~*d to one's room* kamerarrest hebben, op de kamer moeten blijven **II** *wederk* ★ ~ *oneself to sth* zich bepalen tot iets

confined [kən'faɪnd] *bn* krap, nauw ‹ruimte› ★ *a* ~ *space* een besloten ruimte

confinement [kən'faɪnmənt] *znw* ❶ beperking, begrenzing ❷ opsluiting, (kamer)arrest ★ *in* ~ opgesloten ★ <u>mil</u> ~ *to barracks* kwartierarrest
❸ <u>gedat</u> bevalling

confines ['kɒnfaɪnz] *znw* [mv] grens ★ *they have stayed within the* ~ *of the law* ze zijn binnen de grenzen van de wet gebleven

confirm [kən'fɜ:m] *overg* ❶ bevestigen, (ver)sterken, bekrachtigen ❷ arresteren ‹notulen &›
❸ aannemen, <u>RK</u> vormen ★ *be* ~*ed* zijn belijdenis doen

confirmation [kɒnfə'meɪʃən] *znw* ❶ bevestiging, versterking, bekrachtiging ❷ aanneming, belijdenis, <u>RK</u> vormsel ★ ~ *candidate, candidate for* ~ aannemeling ★ ~ *class(es)* catechisatie

confirmatory [kən'fɜ:mətərɪ] *bn* bevestigend

confirmed [kən'fɜ:md] *bn* ❶ verstokt, onverbeterlijk, aarts- ★ *a* ~ *drunkard* een verstokte dronkaard
❷ vastgesteld ★ ~ *cases of typhoid* geconstateerde gevallen van tyfus

confiscate ['kɒnfɪskeɪt] *overg* verbeurd verklaren, confisqueren

confiscated ['kɒnfɪskeɪtɪd] *bn* in beslag genomen, geconfisqueerd ★ ~ *property* geconfisqueerde eigendommen

confiscation [kɒnfɪ'skeɪʃən] *znw* confiscatie, verbeurdverklaring

conflagration [kɒnflə'greɪʃən] *znw* (zware) brand

conflate [kən'fleɪt] <u>form</u> *overg* samensmelten

conflation [kən'fleɪʃən] <u>form</u> *znw* samenvoeging,

-smelting

conflict I *znw* ['kɒnflɪkt] conflict, botsing, strijd ★ *come into ~ with sbd / sth* in conflict komen met iem. **II** *onoverg* [kən'flɪkt] ❶ botsen, strijden, in botsing komen ❷ in tegenspraak zijn

conflict diamond ['kɒnflɪkt 'daɪəmənd] *znw* conflictdiamant ‹diamant uit oorlogsgebied›

conflicted [kən'flɪktɪd] Am *bn* in tegenspraak ★ *politicians are ~ about the issue* de politici spreken elkaar tegen in deze kwestie

conflicting [kən'flɪktɪŋ] *bn* (tegen)strijdig

conflict management ['kɒnflɪkt 'mænɪdʒmənt] *znw* conflicthantering, conflictbeheersing

conflict resolution ['kɒnflɪkt rezə'luːʃən] *znw* conflictoplossing

confluence ['kɒnfluəns] *znw* ❶ samenvloeiing, samenkomst, samenloop ❷ toeloop

confluent ['kɒnfluənt] **I** *bn* form samenvloeiend, samenkomend **II** *znw* zijrivier

conform [kən'fɔːm] **I** *overg* in overeenstemming brengen (met *to*), richten / schikken / regelen (naar *to*) **II** *onoverg* in overeenstemming zijn (met *to*), zich schikken / richten / regelen / voegen (naar *to*), zich conformeren (aan *to*)

conformation [kɒnfɔː'meɪʃən] *znw* ❶ form gesteldheid ❷ aanpassing ❸ vorm, structuur

conformist [kən'fɔːmɪst] **I** *bn* conformistisch **II** *znw* conformist

conformity [kən'fɔːmətɪ] *znw* ❶ inschikkelijkheid ❷ conformisme ❸ overeenstemming ★ form *in ~ with sth* in overeenstemming met iets, iets overeenkomstig

confound [kən'faʊnd] *overg* ❶ verwarren, in de war brengen, dooreengooien ★ gedat inf *~ it!* verdraaid!, verdorie! ❷ beschamen ❸ form verijdelen

confounded [kən'faʊndɪd] inf gedat *bn* verduiveld, bliksems, verdraaid ★ *that ~ dog!* die bliksemse hond!

confoundedly [kən'faʊndɪdlɪ] inf gedat *bijw* geweldig, verduiveld, kolossaal, verdraaid

confraternity [kɒnfrə'tɜːnətɪ] *znw* broederschap

confront [kən'frʌnt] *overg* ❶ staan / stellen tegenover, tegenover elkaar stellen ❷ het hoofd bieden aan ❸ confronteren

confrontation [kɒnfrʌn'teɪʃən] *znw* ❶ vergelijking ❷ confrontatie ★ *be heading for a ~ with sbd* op een confrontatie met iem. aansturen

confuse [kən'fjuːz] *overg* ❶ verwarren, verbijsteren, in de war brengen ❷ door elkaar halen

confused [kən'fjuːzd] *bn* ❶ verward, beduusd ❷ rommelig, wanordelijk

confusedly [kən'fjuːzɪdlɪ] *bijw* verward, verbijsterd, verlegen, bedremmeld

confusing [kən'fjuːzɪŋ] *bn* verwarrend

confusion [kən'fjuːʒən] *znw* ❶ verwarring, verwardheid, wanorde ★ *the floor was strewn with a ~ of clothes* de vloer was bezaaid met een wanordelijke hoeveelheid kleren ★ *the meeting was*

thrown into ~ de vergadering werd in de war gestuurd ❷ bedremmeldheid, verlegenheid, beschaming

confutation [kɒnfjʊ'teɪʃən] form *znw* weerlegging

confute [kən'fjuːt] form *overg* weerleggen

conga ['kɒŋgə] *znw* conga ‹trommel, dans›

congé ['kɒnʒeɪ] ‹(Fr) *znw* ❶ afscheid ❷ ontslag

congeal [kən'dʒiːl] **I** *overg* doen stremmen, stollen, bevriezen **II** *onoverg* stremmen, stollen, bevriezen

congealed [kən'dʒiːld] *bn* gestremd, gestold, bevroren

congee ['kɒndʒiː] *znw* rijstepap, rijstbouillon ‹in de Chinese keuken›

congelation [kɒndʒɪ'leɪʃən] *znw* ❶ stremming, stolling, bevriezing ❷ gestolde (bevroren) massa

congenial [kən'dʒiːnɪəl] *bn* sympathiek, prettig, passend ★ *~ company* prettig gezelschap

congenital [kən'dʒenɪtl] *bn* ❶ aangeboren, congenitaal ❷ erfelijk, van de geboorte af

conger ['kɒŋgə], **conger eel** *znw* zeepaling

congested [kən'dʒestɪd] *bn* verstopt

congestion [kən'dʒestʃən] *znw* ❶ ophoping, opstopping ‹van verkeer›, verstopping ❷ congestie, aandrang ❸ bloedaandrang

conglomerate [kən'glɒmərət] *znw* ❶ conglomeraat, (samen)klontering ❷ handel conglomeraat, concern

conglomeration [kənglɒmə'reɪʃən] *znw* ❶ samenpakking, opeenhoping ❷ conglomeraat

Congo ['kɒŋgəʊ] *znw* Congo

Congolese [kɒŋgəʊ'liːz] **I** *bn* Congolees **II** *znw* [*mv:* ~] Congolees, Congolese

congrats [kən'græts] inf *tsw & znw* [*mv*] (congratulations) gefeliciteerd

congratulate [kən'grætjʊleɪt] *overg* gelukwensen, feliciteren (met *on / upon*)

congratulations [kəngrætjʊ'leɪʃnz] **I** *tsw* gefeliciteerd! ★ *~ on winning!* gefeliciteerd met je overwinning! **II** *znw* [*mv*] gelukwens, felicitatie ★ *a letter of ~* een felicitatiebrief

congratulatory [kəngrætʃʊ'leɪtərɪ] *bn* gelukwensend, felicitatie-

congregate ['kɒŋgrɪgeɪt] *onoverg* vergaderen, zich verzamelen, bijeenkomen

congregation [kɒŋgrɪ'geɪʃən] *znw* ❶ (kerkelijke) gemeente ❷ RK broederschap, congregatie

congregational [kɒŋgrɪ'geɪʃənl] *bn* gemeente- ★ *Congregational* congregationalistisch ‹kerk›

congress ['kɒŋgres] *znw* congres, vergadering, bijeenkomst ★ Am *Congress* Congres ‹wetgevende vergadering›

congressional [kən'greʃənəl] *bn* ❶ congres- ❷ Am betreffende het Congres

Congressman ['kɒŋgresmən], **Congresswoman** Am *znw* lid van het Congres

congruence ['kɒŋgrʊəns] *znw* ❶ overeenstemming ❷ congruentie

congruent ['kɒŋgrʊənt] *bn* ❶ overeenstemmend ❷ congruent

congruity [kɒŋ'grʊɪtɪ] *znw* overeenstemming

congruous ['kɒŋgrʊəs] *bn* overeenstemmend
conical ['kɒnɪkl], **conic** *bn* kegelvormig, kegel-
conifer ['kɒnɪfə] *znw* conifeer, naaldboom
coniferous [kəʊ'nɪfərəs] *bn* kegeldragend, conifeerachtig, naald-
coniform ['kəʊnɪfɔːm] *znw* kegelvormig
conjectural [kən'dʒektʃərəl] *bn* conjecturaal, op gissingen berustend
conjecture [kən'dʒektʃə] **I** *znw* vermoeden, gissing, veronderstelling, conjectuur ★ *there's been a lot of ~ about his future* er is veel gespeculeerd over zijn toekomst ★ *a matter for ~* giswerk **II** *overg* vermoeden, gissen, veronderstellen, speculeren
conjoin [kən'dʒɔɪn] <u>form</u> **I** *overg* samenvoegen, verbinden, verenigen **II** *onoverg* zich verenigen
conjoined [kən'dʒɔɪnd] *bn* verenigd
conjoined twins [kən'dʒɔɪnd 'twɪnz] *znw* Siamese tweeling
conjoint [kən'dʒɔɪnt] <u>form</u> *bn* ❶ samengevoegd, verenigd ❷ toegevoegd ❸ mede-
conjointly [kən'dʒɔɪntlɪ] <u>form</u> *bijw* gezamenlijk, tegelijk (met *with*)
conjugable ['kɒndʒʊgəbl] <u>taalk</u> *bn* vervoegbaar
conjugal ['kɒndʒʊgl] *bn* echtelijk, huwelijks-
conjugate ['kɒndʒʊgeɪt] <u>taalk</u> *overg* vervoegen
conjugation [kɒndʒʊ'geɪʃən] <u>gramm</u> *znw* vervoeging
conjunct [kən'dʒʌŋkt] <u>form</u> *bn* ❶ verenigd ❷ toegevoegd
conjunction [kən'dʒʌŋkʃən] *znw* ❶ vereniging ★ *in ~ with sth* samen met iets ❷ conjunctie ‹v. sterren› ❸ samenloop (van omstandigheden) ❹ <u>gramm</u> voegwoord
conjunctiva [kɒndʒʌŋk'taɪvə] <u>anat</u> *znw* bindvlies
conjunctive [kən'dʒʌŋktɪv] **I** *bn* ❶ <u>gramm</u> aanvoegend ❷ verbindings- **II** *znw* <u>gramm</u> aanvoegende wijs
conjunctivitis [kəndʒʌŋktɪ'vaɪtɪs] <u>med</u> *znw* bindvliesontsteking
conjuncture [kən'dʒʌŋktʃə] <u>form</u> *znw* ❶ samenloop (van omstandigheden) ❷ stand van zaken
conjuration [kɒndʒʊ'reɪʃən] <u>form</u> *znw* bezwering
conjure ['kʌndʒə] **I** *overg* goochelen, toveren ★ *~ sth up* iets tevoorschijn toveren, iets oproepen ‹beelden &›, <u>inf</u> iets ergens vandaan halen, ophoesten **II** *onoverg* goochelen, toveren ★ *a name to ~ with* een grote, invloedrijke naam, een naam waarvoor alle deuren opengaan
conjurer ['kʌndʒərə], **conjuror** *znw* goochelaar
conjuring trick ['kʌndʒərɪŋ 'trɪk] *znw* goocheltruc
conk [kɒŋk] <u>inf</u> **I** *znw* kokkerd (van een neus) **II** *overg* een dreun / opdonder / oplawaai geven **III** *phras* ★ *~ out* het begeven, het opgeven
conker ['kɒŋkə] *znw* wilde kastanje
conkers ['kɒŋkəz] *znw* [mv] kinderspel waarbij men elkaars kastanje tracht stuk te slaan
con man [kɒn mæn], **conman** *znw* oplichter
connect [kə'nekt] **I** *overg* ❶ (door)verbinden (ook: *~ up*), verenigen, aan(een)sluiten ❷ in verband

brengen **II** *onoverg* aansluiten, aansluiting hebben, in verbinding staan ★ *they've ~ed to the mains* / *drains* ze hebben aansluiting op gas, elektra en het riool ★ *he's finding it hard to ~ with people* hij vindt het moeilijk om contact te maken met mensen
connected [kə'nektɪd] *bn* ❶ aangesloten ‹v. apparatuur› ❷ samenhangend ❸ verbonden ★ *well~* van goede familie, met goede connecties
connecting rod [kə'nektɪŋ rɒd] *znw* drijfstang
connection [kə'nekʃən], **connexion** *znw* ❶ verbinding, verband, samenhang, band ★ *in this ~* in dit verband, in verband hiermee ❷ aansluiting ‹v. treinen &› ★ *~ charges* aansluitkosten ★ *a ~ point* een aansluitpunt ‹voor telefoon, gas &› ❸ connectie, betrekking, relatie ❹ familie(betrekking), familielid
connective [kə'nektɪv] **I** *bn* verbindend **II** *znw* verbindingswoord
connective tissue [kə'nektɪv 'tɪʃuː] *znw* bindweefsel
connectivity [kənek'tɪvɪtɪ] *znw* ❶ het verbonden zijn ❷ <u>comput</u> connectiviteit, aansluitbaarheid
connexion [kə'nekʃən] *znw* → **connection**
conning tower ['kɒnɪŋ 'taʊə] *znw* commandotoren ‹v.e. duikboot›
conniption [kə'nɪpʃn] <u>Am inf</u> *znw* hysterische / woedeaanval
connivance [kə'naɪvəns] *znw* oogluikend toelaten ★ *the goods were brought in with the ~ of customs* de goederen werden binnengebracht met medeweten van de douane
connive [kə'naɪv] *onoverg* ❶ oogluikend toelaten ★ *~ at / in sth* iets oogluikend toelaten, door de vingers zien ❷ samenspannen ★ *they had ~d with the rebels* ze hadden onder een hoedje gespeeld met de rebellen
conniving [kə'naɪvɪŋ] *bn* sluw, doortrapt
connoisseur [kɒnə'sɜː] *znw* (kunst)kenner, connaisseur ★ *he's quite a ~ of wines* hij is een goede connaisseur van wijnen
connotation [kɒnə'teɪʃən] *znw* connotatie, (bij)betekenis ★ *the colour white has ~s of innocence* de kleur wit heeft de connotatie van onschuld
connotative ['kɒnəteɪtɪv] *bn* connotatief
connote [kə'nəʊt] <u>form</u> *overg* (mede)betekenen ★ *poverty ~s misery* armoede betekent ook ellende
connubial [kə'njuːbɪəl] <u>form</u> *bn* echtelijk, huwelijks-
conquer ['kɒŋkə] *overg* ❶ veroveren (op *from*) ❷ overwinnen
conqueror ['kɒŋkərə] *znw* ❶ overwinnaar ❷ veroveraar
conquest ['kɒŋkwest] *znw* ❶ overwinning ❷ verovering
conquistador [kɒn'kwɪstədɔː] <u>hist</u> *znw* conquistador ‹Spaanse veroveraar van Amerika›
consanguinity [kɒnsæŋ'gwɪnɪtɪ] <u>form</u> *znw* (bloed)verwantschap
conscience ['kɒnʃəns] *znw* geweten ★ *in (all)* / *in good ~* in gemoede, waarachtig ★ *her death is on his ~* hij heeft haar dood op zijn geweten

conscience clause ['kɒnʃəns klɔːz] *znw*
gewetensclausule
conscience money ['kɒnʃəns 'mʌnɪ] *znw*
gewetensgeld
conscience-stricken ['kɒnʃəns-'strɪkən] *bn* door
geweten gekweld
conscientious [kɒnʃɪ'enʃəs] *bn* ❶ consciëntieus,
nauwgezet, angstvallig, plichtsgetrouw ❷ gewetens-
conscientiousness [kɒnʃɪ'enʃəsnɪs] *znw*
nauwgezetheid, plichtsgetrouwheid
conscientious objector [kɒnʃɪ'enʃəs əb'dʒektə] *znw*
gewetensbezwaarde, dienstweigeraar
conscious ['kɒnʃəs] *bn* ❶ bewust ★ *be ~ of sbd / sth*
zich bewust van iem. / iets zijn ❷ bij kennis
consciousness ['kɒnʃəsnɪs] *znw* ❶ bewustheid
❷ bewustzijn
consciousness-raising ['kɒnʃəsnɪs-'reɪzɪŋ] *znw*
bewustmaking, bewustzijnsvorming
conscript mil I *znw* ['kɒnskrɪpt] dienstplichtige,
loteling, milicien II *overg* [kən'skrɪpt] oproepen ‹voor
militaire dienst›, inlijven, onder de wapenen roepen
conscription [kən'skrɪpʃən] *znw* dienstplicht
consecrate ['kɒnsɪkreɪt] *overg* ❶ toewijden, (in)wijden,
inzegenen, heiligen ❷ RK consecreren
consecrated ['kɒnsɪkreɪtɪd] *bn* gewijd, ingezegend
consecration [kɒnsɪ'kreɪʃən] *znw* ❶ (in)wijding,
inzegening, heiliging ❷ RK consecratie
consecutive [kən'sekjʊtɪv] *bn* ❶ opeenvolgend,
achtereenvolgend ❷ gramm gevolgaanduidend,...
van gevolg
consecutively [kən'sekjʊtɪvlɪ] *bijw* achtereenvolgens,
in volgorde ★ *the seats are numbered ~ from left to
right* de stoelen zijn in volgorde genummerd van
links naar rechts
consensual [kən'sensjʊəl, -'senʃʊəl] *bn* consensueel,
met wederzijds goedvinden
consensus [kən'sensəs] *znw* overeenstemming,
unanimiteit ★ *there is no ~ of opinion about the drug's
effects* er is geen overeenstemming van mening over
de effecten van het medicijn / de drug ★ *reach ~ on
sth* overeenstemming bereiken over iets
consent [kən'sent] I *znw* ❶ toestemming ★ *by
mutual ~* met onderling goedvinden ★ *the age of ~*
huwbare leeftijd ❷ overeenstemming ★ *with one ~*
eenstemmig, eenparig ★ *by common ~* zoals
algemeen erkend wordt, eenstemmig II *onoverg*
toestemmen (in *to*), zijn toestemming geven (om *to*)
consenting adult [kən'sentɪŋ 'ædʌlt] *znw* volwassene
die uit vrije wil seks heeft
consequence ['kɒnsɪkwəns] *znw* ❶ gevolg ★ *he
refused, and in ~ was imprisoned* hij weigerde en dus
werd hij in de gevangenis gezet ★ *floods may be a ~
of global warming* overstromingen kunnen een
gevolg zijn van het opwarmen van de aarde ★ *suffer
the ~s* de consequenties ondergaan ❷ belang,
betekenis, gewicht, invloed ★ *the price is of no ~* de
prijs is niet belangrijk
consequent ['kɒnsɪkwənt] *bn* daaruit volgend

★ form ~ *on / upon sth* volgend op iets

consequential [kɒnsɪ'kwenʃəl] *bn* ❶ volgend
❷ belangrijk, gewichtig
consequently ['kɒnsɪkwentlɪ] *bijw* bijgevolg, dus
conservation [kɒnsə'veɪʃən], **conservancy** *znw*
❶ behoud, instandhouding ❷ natuurbehoud,
milieubeheer ❸ ± monumentenzorg
conservation area [kɒnsə'veɪʃən 'eərə] *znw*
beschermd gebied
conservationist [kɒnsə'veɪʃənɪst] *znw*
natuurbeschermer, milieubeschermer
conservatism [kən'sɜːvətɪzəm] *znw* conservatisme,
behoudzucht
conservative [kən'sɜːvətɪv] I *bn* ❶ behoudend,
conservatief ❷ voorzichtig, aan de lage kant, matig
‹v. schatting› II *znw* conservatief ★ *Conservative* lid
v.d. *Conservative Party* ‹in Groot-Brittannië›
conservatoire [kən'sɜːvətwɑː], **conservatory**, Aus
conservatorium *znw* conservatorium
conservator [kən'sɜːvətə] *znw* restaurateur
conservatorium [kənsɜːvə'tɔːrɪəm] Aus *znw* →
conservatoire
conservatory [kən'sɜːvətərɪ] *znw* ❶ serre, broeikas
❷ → **conservatoire**
conserve I *znw* [kən'sɜːv, 'kɒnsɜːv] (meestal *mv*)
ingemaakt fruit, ingemaakte groente II *overg*
[kən'sɜːv] ❶ conserveren, in stand houden ❷ zuinig
zijn met (iets), sparen
consider [kən'sɪdə] *overg* ❶ beschouwen, overdenken,
letten op, overwegen ★ *all things ~ed* alles in
aanmerking genomen, alles welbeschouwd ❷ in
aanmerking nemen, rekening houden met
❸ beschouwen als, achten, houden voor
considerable [kən'sɪdərəbl] *bn* aanzienlijk,
aanmerkelijk, vrij wat, geruim ‹tijd›
considerate [kən'sɪdərət] *bn* attent, voorkomend,
vriendelijk, kies
consideration [kənsɪdə'reɪʃən] *znw* ❶ beschouwing,
overweging, beraad, achting ★ *cost is no ~* op de
prijs zal niet gelet worden ★ *in ~ of all these
circumstances* al deze omstandigheden in
overweging nemend ★ *he got a light sentence out
of ~ for his age* hij kreeg een lichte straf vanwege
zijn leeftijd ★ *the matter is under ~* de zaak is in
overweging / behandeling ★ *take sth into ~* iets in
overweging nemen, iets in aanmerking nemen
❷ consideratie, attentie ❸ aanzien, punt van
gewicht ❹ beloning, vergoeding ★ *in ~ of the sum of
$1* voor $1 ❺ jur tegenprestatie, wederzijdse

toezegging van een geldelijke of op geld waardeerbare tegenprestatie

considered [kən'sɪdəd] bn geacht, weloverwogen ★ a ~ opinion een weloverwogen standpunt

considering [kən'sɪdərɪŋ] **I** voorz in aanmerking genomen ★ ~ the circumstances de omstandigheden in aanmerking genomen **II** voegw ondanks ★ he did well, ~ that he's so inexperienced hij heeft het goed gedaan, ondanks het feit dat hij zo weinig ervaring heeft **III** bijw inf naar omstandigheden ★ not so bad, ~ onder de gegeven omstandigheden zo slecht nog niet

consign [kən'saɪn] overg ❶ overdragen, toevertrouwen ★ ~ sbd / sth to oblivion iem. / iets aan de vergetelheid prijsgeven ❷ deponeren ❸ zenden, handel consigneren

consignee [kənsaɪ'niː] handel znw geconsigneerde, geadresseerde

consigner [kən'saɪnə], **consignor** handel znw consignatiegever, afzender

consignment [kən'saɪnmənt] znw ❶ overdracht ❷ handel consignatie, (ver)zending ★ on ~ in consignatie

consignment note [kən'saɪnmənt nəʊt] znw vrachtbrief

consignment store [kən'saɪnmənt stɔː] Am znw winkel in tweedehands spullen ⟨die voor de eigenaar worden verkocht tegen een percentage⟩

consignor [kən'saɪnə] znw afzender

consist [kən'sɪst] onoverg bestaan ★ form true happiness ~s in making others happy echt geluk bestaat uit het gelukkig maken van anderen ★ his work ~s mainly of novels zijn werk bestaat voornamelijk uit romans

consistency [kən'sɪstənsɪ] znw ❶ consequentie, samenhang, vaste lijn ❷ vastheid, dichtheid, dikte ★ the mixture should have the ~ of thick yoghurt het mengsel moet de dikte hebben van yoghurt ❸ trouw, standvastigheid

consistent [kən'sɪstnt] bn ❶ consequent, samenhangend, rechtlijnig ❷ strokend, overeenkomend ★ his injuries are ~ with what the witnesses described zijn verwondingen komen overeen met wat de getuigen vertelden

consistory [kən'sɪstərɪ] znw consistorie, kerkenraad

consolable [kən'səʊləbl] bn troostbaar

consolation [kɒnsə'leɪʃən] znw troost

consolation prize [kɒnsə'leɪʃən praɪz] znw troostprijs

consolatory [kən'sɒlətərɪ] bn troostend, troost-

console I znw ['kɒnsəʊl] ❶ toetsenbord ⟨van orgel⟩ ❷ techn bedieningspaneel, schakelbord, controlepaneel ❸ comput console ❹ radiomeubel, televisiemeubel ❺ (decoratieve) draagsteen **II** overg [kən'səʊl] troosten

console table ['kɒnsəʊl 'teɪbl] znw wandtafel, consoletafel

consolidate [kən'sɒlɪdeɪt] **I** overg ❶ vast / hecht maken, stabiliseren, verstevigen ❷ samenvoegen,

verenigen, consolideren **II** onoverg ❶ vaster / hechter worden ❷ zich verenigen, zich aaneensluiten, fuseren

consolidated [kən'sɒlɪdeɪtɪd] bn ❶ hecht, aaneengesloten ❷ boekh geconsolideerd

consolidation [kənsɒlɪ'deɪʃən] znw ❶ versterking, bevestiging ❷ vereniging ❸ consolidatie, stabilisatie

consommé [kɒn'sɒmeɪ] znw consommé, heldere soep

consonance ['kɒnsənəns] znw gelijkluidendheid, harmonie, overeenstemming

consonant ['kɒnsənənt] **I** bn form gelijkluidend, overeenstemmend, in overeenstemming (met with) **II** znw fon consonant, medeklinker

consort I znw ['kɒnsɔːt] ❶ gemaal, gemalin ❷ consort, (instrumentaal) ensemble **II** onoverg [kən'sɔːt] ❶ omgaan, optrekken (met with) ❷ samengaan, overeenstemmen (met with) ❸ (goed)komen (bij with)

consortium [kən'sɔːtɪəm] znw [mv: -s of consortia] consortium

conspectus [kən'spektəs] znw ❶ (beknopt) overzicht ❷ samenvatting

conspicuous [kən'spɪkjʊəs] bn ❶ in het oog vallend, opvallend, duidelijk zichtbaar, uitblinkend, uitstekend ★ make oneself ~ zichzelf doen opvallen ★ be ~ by one's absence schitteren door afwezigheid ❷ pronkzuchtig

conspicuous consumption [kən'spɪkjʊəs kən'sʌmpʃən] afkeurend znw het kopen en / of gebruiken van producten teneinde indruk te maken

conspiracy [kən'spɪrəsɪ] znw samenzwering, samenspanning, complot ★ a ~ of silence het doodzwijgen, een doodzwijgcampagne

conspiracy theory [kən'spɪrəsɪ 'θɪərɪ] znw complottheorie

conspirator [kən'spɪrətə] znw samenzweerder

conspiratorial [kənspɪrə'tɔːrɪəl] bn samenzweerderig

conspire [kən'spaɪə] overg & onoverg ❶ samenzweren, samenspannen, complotteren ★ ~ against sbd samenzweren tegen iem. ★ ~ to do sth samenspannen om iets te doen ❷ samenwerken, meewerken

constable ['kʌnstəbl] znw ❶ politieagent ❷ hist opperstalmeester ❸ slotvoogd

constabulary [kən'stæbjʊlərɪ] znw politiemacht, -korps, politie

constancy ['kɒnstənsɪ] znw standvastigheid, bestendigheid, vastheid, trouw (aan to)

constant ['kɒnstnt] **I** bn ❶ aanhoudend, constant, onveranderlijk ❷ voortdurend ❸ trouw, loyaal **II** znw constante

constellation [kɒnstə'leɪʃən] znw constellatie, sterrenbeeld, gesternte

consternation [kɒnstə'neɪʃən] znw ontsteltenis, verslagenheid ★ to his ~, his briefcase was missing tot zijn grote schrik was zijn aktetas weg

constipated [kɒnstɪ'peɪtɪd] bn geconstipeerd, verstopt

constipation [kɒnstɪ'peɪʃən] znw constipatie,

verstopping, hardlijvigheid

constituency [kənˈstɪtjʊənsɪ] *znw* (gezamenlijke kiezers van een) kiesdistrict

constituent [kənˈstɪtjʊənt] **I** *bn* ❶ samenstellend ❷ constituerend ★ *a ~ part* een bestanddeel **II** *znw* ❶ kiezer ❷ bestanddeel, onderdeel

constitute [ˈkɒnstɪtjuːt] *overg* ❶ samenstellen, (uit)maken, vormen ★ *tourism ~s a large part of the economy* het toerisme maakt een belangrijk deel uit van de economie ❷ form instellen, vestigen, benoemen, aanstellen (tot) ★ *the ~d authorities* de (over ons) gestelde machten ❸ jur constitueren

constitution [kɒnstɪˈtjuːʃən] *znw* ❶ samenstelling, vorming ❷ constitutie, (lichaams)gestel ❸ beginselverklaring, statuten, statuut ⟨v.d. bank⟩ ★ Am *the Constitution* de staatsregeling, Grondwet

constitutional [kɒnstɪˈtjuːʃnl] **I** *bn* ❶ van het gestel ❷ grondwettelijk, -wettig, constitutioneel ★ *the ~ conventions* de regels van ongeschreven staatsrecht ★ jur *a ~ review* constitutionele toetsing ❸ (volgens de statuten) geoorloofd **II** *znw* gedat wandeling (als lichaamsbeweging)

constitutionality [kɒnstɪtjuːʃəˈnælɪtɪ] *znw* grondwettigheid

constitutionalize [kɒnstɪˈtjuːʃənəlaɪz], **constitutionalise** *overg* grondwettelijk maken

constitutionally [kɒnstɪˈtjuːʃnlɪ] *bijw* grondwettelijk ★ *a ~ elected president* een wettig gekozen president

constitutional monarchy [kɒnstɪˈtjuːʃəl ˈmɒnəkɪ] *znw* constitutionele monarchie

constitutive [ˈkɒnstɪtjuːtɪv] form *bn* ❶ samenstellend, wezenlijk ❷ bepalend, wetgevend, constitutief ★ *~ of* bepalend voor

constrain [kənˈstreɪn] *overg* ❶ bedwingen, dwingen, noodzaken ❷ vastzetten, opsluiten

constrained [kənˈstreɪnd] *bn* geremd, geforceerd, onnatuurlijk, gedwongen

constraint [kənˈstreɪnt] *znw* ❶ beperking, restrictie ★ *unemployment is a ~ on economic growth* werkloosheid zorgt voor een beperking van economische groei ❷ dwang, verplichting ★ *he confessed under ~* hij bekende onder dwang ❸ form gedwongenheid, geforceerdheid

constrict [kənˈstrɪkt] *overg* ❶ samentrekken, insnoeren, samendrukken ❷ fig beperken

constriction [kənˈstrɪkʃən] *znw* ❶ samentrekking ❷ beklemming, benauwdheid (op de borst)

constrictor [kənˈstrɪktə] *znw* ❶ sluitspier ❷ boa constrictor, reuzenslang

construct I *znw* [ˈkɒnstrʌkt] ❶ conceptie, constructie ❷ denkbeeld, concept **II** *overg* [kənˈstrʌkt] (op)bouwen, aanleggen, construeren, in elkaar zetten

construction [kənˈstrʌkʃən] *znw* ❶ bouw, constructie, aanleg, maaksel ★ *a grammatical ~* een grammaticale constructie ★ *sustainable ~* duurzaam bouwen ★ *timber-frame ~* houtskeletbouw ★ *under ~* in aanbouw ❷ samenstelling, inrichting

❸ zinsbouw ❹ uitleg, verklaring, interpretatie ★ *he put a different ~ on the facts* hij gaf een andere interpretatie aan de feiten

constructional [kənˈstrʌkʃənl] *bn* constructie-

construction company [kənˈstrʌkʃən ˈkʌmpənɪ] *znw* bouwbedrijf

construction industry [kənˈstrʌkʃən ˈɪndəstrɪ] *znw* bouwnijverheid, bouwwereld, de bouw ⟨als bedrijfstak⟩

construction pit [kənˈstrʌkʃən pɪt] *znw* bouwput

construction science [kənˈstrʌkʃən ˈsaɪəns], **construction sciences** *znw* bouwkunde, bouwfysica

construction site [kənˈstrʌkʃən saɪt] *znw* bouwterrein

construction work [kənˈstrʌkʃən wɜːk] *znw* bouwwerkzaamheden

constructive [kənˈstrʌktɪv] *bn* opbouwend, constructief

constructive dismissal [kənˈstrʌktɪv dɪsˈmɪsəl] *znw* het veranderen van de werkomstandigheden van een werknemer zodat hij / zij zelf ontslag neemt

constructor [kənˈstrʌktə] *znw* ❶ bouwer, maker ❷ scheepsbouwmeester

construe [kənˈstruː] form *overg* ❶ interpreteren, opvatten, verklaren, uitleggen ★ *refusal to comply will be ~d as admission of guilt* een weigering om mee te werken zal worden gezien als een schuldbekentenis ❷ construeren ❸ ontleden

consul [ˈkɒns(ə)l] *znw* consul

consular [ˈkɒnsjʊlə] *znw* consulair

consulate [ˈkɒnsjʊlət] *znw* consulaat

consul general [ˈkɒns(ə)l ˈdʒenərəl] *znw* consul-generaal

consulship [ˈkɒnsəlʃɪp] *znw* consulaat

consult [kənˈsʌlt] **I** *overg* consulteren, raadplegen, rekening houden met **II** *onoverg* overleggen, beraadslagen (over *on / about*, met *with*),

consultancy [kənˈsʌltənsɪ] *znw* ❶ (verstrekking van) advies ❷ adviesbureau

consultant [kənˈsʌltnt] *znw* ❶ in consult geroepen geneesheer, medisch specialist ❷ adviseur, consultant

consultation [kɒnsəlˈteɪʃən] *znw* ❶ raadpleging, beraadslaging, overleg, inspraak, ruggespraak ★ *in ~ with* in overleg met ❷ consult ⟨v. dokter⟩

consultative [kənˈsʌltətɪv] *bn* ❶ raadgevend, adviserend ❷ overleg- ★ *a ~ body* een overlegorgaan

consulting [kənˈsʌltɪŋ] *bn* adviserend ★ *a ~ gyneacologist* een adviserend gynaecoloog

consulting room [kənˈsʌltɪŋ ruːm] *znw* spreekkamer

consumable [kənˈsjuːməbl] **I** *bn* geschikt voor consumptie **II** *znw* consumptieartikel

consumables [kənˈsjuːməblz] *znw* [mv] consumptieartikelen, verbruiksgoederen

consume [kənˈsjuːm] *overg* verbruiken, gebruiken, verteren ★ *be ~d by / with sth* verteerd worden door iets

consumer [kənˈsjuːmə] *znw* verbruiker, koper, consument

consumer behaviour [kən'sju:mə bɪ'heɪvjə], <u>Am</u>
   consumer behavior <u>marketing</u> *znw*
   consumentengedrag
consumer demand [kən'sju:mə dɪ'mɑ:nd] *znw*
   consumptieve vraag, finale vraag
consumer durables [kən'sju:mə 'djʊərəblz] *znw* [mv]
   duurzame gebruiksgoederen
consumer goods [kən'sju:mə gʊdz] *znw* [mv]
   verbruiks-, consumptiegoederen
consumerism [kən'sju:mərɪzəm] *znw* ❶ bescherming
   van consumentenbelangen ❷ idee dat een steeds
   stijgende consumptie gunstig is voor de economie
consumer market [kən'sju:mə 'mɑ:kɪt] *znw*
   consumentenmarkt
consumer marketing [kən'sju:mə 'mɑ:kɪtɪŋ] *znw*
   consumentenmarketing
consumer-oriented [kən'sju:mər-'ɔ:rɪəntɪd] <u>marketing</u>
   bn klantgericht
consumer price index [kən'sju:mə praɪs 'ɪndeks] <u>Am</u>,
   CPI *znw* prijsindex van verbruiksgoederen,
   consumenten prijsindex
consumer protection [kən'sju:mə prə'tekʃən] *znw*
   consumentenbescherming
consumer research [kən'sju:mə rɪ's3:tʃ] *znw*
   consumentenonderzoek
consumer society [kən'sju:mə sə'saɪətɪ] *znw*
   consumptiemaatschappij
consumer spending [kən'sju:mə 'spendɪŋ] *znw*
   consumptieve besteding
consuming [kən'sju:mɪŋ] *bn* verterend, consumerend
   ★ *golf is his ~ passion* golf is zijn grote passie
consummate I *bn* ['kɒnsəmət, kən'sʌmət] <u>form</u>
   volkomen, volmaakt, volleerd, doortrapt ★ *a ~ liar*
   een doortrapte leugenaar **II** *overg* ['kɒnsəmeɪt,
   'kɒnsjʊmeɪt] *jur* voltrekken, voltooien, in vervulling
   doen gaan
consummation [kɒnsə'meɪʃən] <u>form</u> *znw*
   ❶ voltrekking, voltooiing, voleindiging, einde
   ❷ vervulling
consumption [kən'sʌmpʃən] *znw* ❶ consumptie,
   vertering ❷ verbruik ❸ <u>gedat</u> tering,
   longtuberculose
consumption pattern [kən'sʌmpʃən 'pætn] <u>marketing</u>
   znw consumptiepatroon
consumptive [kən'sʌmptɪv] **I** *bn* ❶ consumptief,
   consumptie-, verbruiks- ❷ <u>gedat</u> tuberculeus **II** *znw*
   <u>gedat</u> tbc-patiënt
cont. *afk* ❶ (contents) inhoud ❷ → **contd**
contact ['kɒntækt] **I** *znw* ❶ aanraking, contact ★ *be*
   in ~ with sbd / sth contact hebben met iem. / iets
   ★ *come into ~ with sbd / sth* in contact komen met
   iem. / iets ★ *lose ~* het contact verliezen / uit het oog
   verliezen ★ *make ~* contact maken ★ *make ~s*
   contacten leggen ❷ contact, contactpersoon,
   verbindingsman / vrouw **II** *overg* contact maken
   met, contact (op)nemen met
contact-breaker ['kɒntækt-'breɪkə] <u>elektr</u> *znw*
   onderbreker

contact lens ['kɒntækt lenz] *znw* contactlens
contact print ['kɒntækt prɪnt] *znw* contactafdruk
contacts ['kɒntækts] *znw* [mv] contactlenzen
contact sport ['kɒntækt spɔ:t] *znw* contactsport
contagion [kən'teɪdʒən] *znw* ❶ besmetting
   ❷ besmettelijkheid ❸ smetstof ❹ <u>fig</u> verderfelijke
   invloed
contagious [kən'teɪdʒəs] *bn* ❶ besmettelijk ❷ <u>fig</u>
   aanstekelijk ⟨enthousiasme &⟩
contain [kən'teɪn] **I** *overg* ❶ bevatten, inhouden,
   behelzen, insluiten ❷ in bedwang houden,
   bedwingen ❸ <u>mil</u> vasthouden, binden **II** *wederk* ★ *~*
   oneself zich inhouden, zich bedwingen
contained [kən'teɪnd] *bn* beheerst, ingehouden
container [kən'teɪnə] *znw* ❶ reservoir, houder, vat,
   bak, bus, blik, doos, koker & ❷ container, laadkist ⟨v.
   spoorwegen⟩ ★ *~ transport* containervervoer

> **container**
> betekent **iets waar iets in gedaan kan worden,**
> **houder, reservoir, enz.** Een *bouwafvalcontainer* heet
> in het Engels **skip** en een *huisvuilcontainer* heet
> **wheelie bin** of **garbage bin.**

containerize [kən'teɪnəraɪz], **containerise** *znw*
   vervoeren per container
container ship [kən'teɪnə ʃɪp] *znw* containerschip
container terminal [kən'teɪnə 'tɜ:mɪnl] <u>transport</u> *znw*
   overslagterminal, containerterminal
containment [kən'teɪnmənt] *znw* indamming,
   bestrijding van expansie
contaminant [kən'tæmɪnənt] *bn* vervuilende stof,
   verontreiniger
contaminate [kən'tæmɪneɪt] *overg* ❶ vervuilen,
   verontreinigen, besmetten, bezoedelen, bevlekken
   ❷ bederven
contaminated [kən'tæmɪneɪtɪd] *bn* vervuild,
   verontreinigd
contamination [kɒntæmɪ'neɪʃən] *znw* ❶ vervuiling,
   verontreiniging, besmetting, bezoedeling ❷ bederf
contd, cont. *afk* (continued) voortgezet
contemplate ['kɒntəmpleɪt] **I** *overg* ❶ beschouwen,
   overpeinzen ❷ denken over ❸ van plan zijn, in de
   zin hebben, beogen **II** *onoverg* peinzen
contemplated ['kɒntəmpleɪtɪd] *bn* voorgenomen
contemplation [kɒntəm'pleɪʃən] *znw* ❶ beschouwing
   ❷ contemplatie, (godsdienstige) bespiegeling
   ❸ overpeinzing ★ *she was lost in ~* ze was in
   gedachten verzonken
contemplative [kən'templətɪv] *bn* beschouwend,
   beschouwelijk, contemplatief, bespiegelend,
   peinzend
contemporaneous [kəntempə'reɪnɪəs] <u>form</u> *bn*
   gelijktijdig, van (uit) dezelfde (leef)tijd ★ *his*
   philosophy is ~ with the birth of modern thought zijn
   filosofie valt samen met de geboorte van het
   moderne denken
contemporary [kən'tempərərɪ] **I** *bn* ❶ gelijktijdig, van
   dezelfde (leef)tijd (als *with*) ❷ van die tijd

CO

CO

❸ hedendaags, van onze tijd, eigentijds, contemporain **II** *znw* ❶ tijdgenoot ❷ leeftijdgenoot

contempt [kən'tempt] *znw* minachting, verachting ★ *beneath* ~ volkomen afkeurenswaardig ★ *hold sbd in* ~ iem. verachten

contemptible [kən'temptɪbl] *bn* verachtelijk

contempt of court [kən'tempt ɒv kɔːt] <u>jur</u> *znw* belediging van het gerecht, minachting voor het gerecht

contemptuous [kən'temptjʊəs] *bn* minachtend, verachtend, verachtelijk ★ *be* ~ *of sbd / sth* minachting hebbend voor iem. / iets

contend [kən'tend] **I** *overg* beweren, betogen **II** *onoverg* strijden, twisten, vechten, worstelen, kampen (met *with*, voor, om *for*)

contender [kən'tendə] *znw* mededinger ★ *she's a serious* ~ *for the position* ze is een serieuze kandidaat voor de baan

content I *bn* [kən'tent] tevreden, voldaan **II** *znw* [kən'tent] tevredenheid, voldoening ★ *to one's heart's* ~ naar hartenlust **III** *znw* ['kɒntent] ❶ inhoud ❷ gehalte ❸ <u>comput</u> inhoud, content **IV** *overg* [kən'tent] tevreden stellen ★ ~ *oneself with sth* zich tevreden stellen / genoegen nemen met iets

contented [kən'tentɪd] *bn* tevreden

contention [kən'tenʃən] *znw* ❶ twist, strijd ★ *a bone of* ~ een twistappel, een bron van onenigheid ❷ bewering, standpunt, opvatting

contentious [kən'tenʃəs] *znw* ❶ twistziek ❷ twist- ❸ controversieel

contentiousness [kən'tenʃəsnɪs] *znw* ❶ ruziezoekerij ❷ controversialiteit

contentment [kən'tentmənt] *znw* tevredenheid

contents ['kɒntents] *znw* [mv] inhoud

conterminous [kɒn'tɜːmɪnəs] *bn* ❶ (aan)grenzend (aan *to / with*) ❷ samenvallend (met *with*)

contest I *znw* ['kɒntest] ❶ wedstrijd, concours, prijsvraag ❷ strijd, gevecht, krachtmeting **II** *overg* [kən'test] betwisten ★ ~ *a seat* zich kandidaat stellen voor een zetel **III** *onoverg* [kən'test] ❶ twisten (met *with*) ❷ strijden (om *for*)

contestable [kən'testəbl] *bn* betwistbaar

contestant [kən'testnt] *znw* deelnemer ‹aan wedstrijd›, mededinger

context ['kɒntekst] *znw* samenhang, verband, context ★ *put sth into* ~ iets in zijn verband plaatsen ★ *take sth out of* ~ iets uit zijn verband rukken

contextual [kən'tekstju:əl] *bn* contextueel

contextualize [kən'tekstjʊəlaɪz], **contextualise** *overg* contextualiseren, in een context plaatsen

contiguity [kɒntɪ'gju:ətɪ] <u>form</u> *znw* het aangrenzend zijn, nabijheid

contiguous [kən'tɪgjʊəs] <u>form</u> *bn* belendend, rakend, aangrenzend ★ *the states are* ~ *with / to each other* de staten grenzen aan elkaar

continence ['kɒntɪnəns] *znw* ❶ <u>form</u> onthouding, matigheid, zelfbeheersing ❷ continentie, zindelijkheid

continent ['kɒntɪnənt] **I** *bn* ❶ <u>form</u> zich onthoudend, sober ❷ de beheersing hebbend over de urineblaas **II** *znw* ❶ vasteland ❷ werelddeel ★ *the Continent* het Continent, het vasteland van Europa

continental [kɒntɪ'nentl], **Continental** *bn* ❶ continentaal ❷ betrekking hebbend op het vasteland van Europa

continental breakfast [kɒntɪ'nentl 'brekfəst] *znw* continentaal ontbijt ‹met koffie, croissants &›

continental climate [kɒntɪ'nentl 'klaɪmɪt] *znw* continentaal klimaat, landklimaat

continental crust [kɒntɪ'nentl krʌst] *znw* continentale korst

continental day [kɒntɪ'nentl deɪ] Br *znw* schooldag die duurt van vroeg in de morgen tot vroeg in de middag

continental drift [kɒntɪ'nentl drɪft] *znw* continentverschuiving, continentendrift, platentektoniek

continental quilt [kɒntɪ'nentl kwɪlt] *znw* dekbed

continental shelf [kɒntɪ'nentl ʃelf] *znw* continentaal plateau

continental slope [kɒntɪ'nentl sləʊp] *znw* continentale helling

contingency [kən'tɪndʒənsɪ] *znw* ❶ toevalligheid ❷ mogelijkheid ❸ eventualiteit, (toevallige) gebeurtenis ❹ onvoorziene uitgave

contingency fee [kən'tɪndʒənsɪ fiː] *znw* honorarium waarvan de hoogte afhankelijk is van het uiteindelijke resultaat

contingency fund [kən'tɪndʒənsɪ fʌnd] *znw* noodfonds, fonds voor onvoorziene uitgaven

contingency plan [kən'tɪndʒənsɪ plæn] *znw* rampenplan

contingent [kən'tɪndʒənt] **I** *bn* ❶ <u>form</u> toevallig, onzeker ❷ mogelijk ‹verlies (onder voorwaarden)› ❸ <u>form</u> afhankelijk (van *on / upon*), gepaard gaande (met *on*) **II** *znw* ❶ contingent, aandeel, bijdrage ❷ vertegenwoordiging, afvaardiging

continual [kən'tɪnjʊəl] *bn* aanhoudend, gestadig, voortdurend, gedurig, bestendig

continuance [kən'tɪnjʊəns] *znw* gestadigheid, voortduring, voortzetting, bestendiging, duur

continuation [kəntɪnjʊ'eɪʃən] *znw* ❶ voortduring, voortzetting, vervolg ★ *Market Road is a* ~ *of Market Street* Market Road is het verlengde van Market Street ❷ prolongatie

continue [kən'tɪnjuː] **I** *overg* ❶ voortzetten, vervolgen, verder gaan met ★ *to be* ~*d* wordt vervolgd ❷ verlengen, doortrekken ❸ handhaven, bestendigen **II** *onoverg* ❶ aanhouden, voortduren ❷ voortgaan (met)

continued [kən'tɪnju:d], **continuing** *bn* aanhoudend, voortdurend, onafgebroken ★ *we are grateful for your* ~ *support* we zijn dankbaar voor uw voortdurende ondersteuning

continuing education [kən'tɪnjuːɪŋ edjʊ'keɪʃən] *znw* permanente educatie

continuity [kɒntɪˈnjuːətɪ] *znw* ❶ samenhang, verband ❷ continuïteit ❸ draaiboek ‹v. film› ★ *a ~ girl* een scriptgirl

continuo [kənˈtɪnjʊəʊ], **basso continuo** muz *znw* basso continuo

continuous [kənˈtɪnjʊəs] *bn* ❶ samenhangend, onafgebroken ❷ doorlopend, aanhoudend, voortdurend, continu

---

continuous en continual
Continuous betekent onafgebroken, zonder ophouden en continual betekent aanhoudend, telkens weer herhaald.

---

continuous assessment [kənˈtɪnjʊəs əˈsesmənt] *znw* doorlopende toetsing

continuous stationery [kənˈtɪnjʊəs ˈsteɪʃənərɪ] *znw* kettingpapier

continuum [kənˈtɪnjʊəm] *znw* [*mv:* continua] continuüm

contort [kənˈtɔːt] *overg* (ver)draaien, (ver)wringen ★ *pain ~ed her face* de pijn verwrong haar gezicht ★ *~ the truth* de waarheid verdraaien

contorted [kənˈtɔːtɪd] *bn* verdraaid, verwrongen ★ *~ limbs* verdraaide ledematen

contortion [kənˈtɔːʃən] *znw* verdraaiing, verwringing, verrekking

contortionist [kənˈtɔːʃənɪst] *znw* slangenmens

contour [ˈkɒntʊə] *znw* omtrek, contour ★ *her uniform moulded to her shapely ~s* haar uniform vormde zich naar haar bevallige lichaamsvormen ★ *she traced the ~s of his face* ze volgde de vorm van zijn gezicht met haar hand ★ *Said traced the ~s of modern Palestinian identity* Said schetste de contouren van de moderne Palestijnse identiteit

contoured [ˈkɒntʊəd] *bn* met contouren

contour line [ˈkɒntʊə laɪn] *znw* hoogtelijn

contour map [ˈkɒntʊə mæp] *znw* hoogtekaart, reliëfkaart

contour plowing [ˈkɒntʊə ˈplaʊɪŋ] *znw* contourbouw

contra- [ˈkɒntrə] *voorv* contra-, tegen-

contraband [ˈkɒntrəbænd] **I** *bn* ❶ gesmokkeld, smokkel- ★ *~ cigarettes* gesmokkelde sigaretten ❷ verboden **II** *znw* ❶ contrabande, sluikhandel ❷ smokkelwaar

contrabass [ˈkɒntrəbeɪs] muz *znw* contrabas

contrabassoon [ˈkɒntrəbəsuːn] muz *znw* contrafagot

contraception [kɒntrəˈsepʃən] *znw* anticonceptie, contraceptie

contraceptive [kɒntrəˈseptɪv] **I** *bn* anticonceptioneel, anticonceptie- **II** *znw* anticonceptiemiddel, voorbehoedmiddel

contraceptive pill [kɒntrəˈseptɪv pɪl] *znw* anticonceptiepil

contract I *znw* [ˈkɒntrækt] contract, verdrag, overeenkomst, verbintenis ★ *an employment ~* een arbeidsovereenkomst ★ *~ work* aangenomen werk ★ *a ~ worker* een werknemer op contractbasis ★ *by private ~* onderhands ★ *under ~ to* onder contract bij

★ *draw up a ~* een contract opstellen ★ *enter into a ~* een overeenkomst aangaan ★ *let a ~* een contract gunnen **II** *overg* [kənˈtrækt] ❶ samentrekken, inkrimpen ❷ aangaan, sluiten, contracteren ❸ oplopen, zich op de hals halen ★ *she ~ed the disease while on holiday in Africa* ze heeft de ziekte opgelopen tijdens een vakantie in Afrika **III** *onoverg* [kənˈtrækt] ❶ zich samentrekken, inkrimpen ❷ contracteren **IV** *phras* ★ *~ for sth* zich verbinden tot iets, iets aannemen ‹werk›, iets contracteren ★ *~ in* meedoen, deelnemen, zich verplichten tot ★ *~ out* niet meer meedoen, bedanken (voor *of*) ★ *~ sth out* iets uitbesteden ‹werk›

contract bridge [ˈkɒntrækt brɪdʒ] *znw* contractbridge

contractible [kənˈtræktɪbl] *bn* ❶ samentrekbaar ❷ (zich) samentrekkend

contractile [kənˈtræktaɪl] *bn* samentrekbaar / -trekkend

contracting [kənˈtræktɪŋ] *bn* verdragsluitend ★ *the ~ parties* verdragsluitende partijen ★ *a ~out clause* een ontsnappingsclausule

contraction [kənˈtrækʃən] *znw* ❶ samentrekking, verkorting, inkrimping ❷ (barens)wee

contractive [kənˈtræktɪv] *bn* samentrekkend

contractor [kənˈtræktə] *znw* ❶ aannemer, leverancier ❷ anat samentrekker ‹spier›

contractual [kənˈtræktʃʊəl] *bn* contractueel ★ *~ obligations* contractuele verplichtingen

contradict [kɒntrəˈdɪkt] *overg* tegenspreken ★ *~ oneself* zichzelf tegenspreken

contradiction [kɒntrəˈdɪkʃən] *znw* tegenspraak, tegenstrijdigheid ★ *a ~ in terms* een innerlijke tegenstrijdigheid, contradictio in terminis

contradictory [kɒntrəˈdɪktərɪ] *bn* tegenstrijdig, strijdig, in tegenspraak (met *to*)

contradistinction [kɒntrədɪˈstɪŋkʃən] form *znw* onderscheid ★ *in ~ to* in tegenstelling met

contraflow [ˈkɒntrəfləʊ] *znw* verkeer over één weghelft, en dus ook in tegenovergestelde richting ‹bij ongeluk, wegwerkzaamheden &›

contraindication [kɒntrəɪndɪˈkeɪʃən] med *znw* contra-indicatie

contralto [kənˈtræltəʊ] muz *bn & znw* alt(stem)

contraption [kənˈtræpʃən] *znw* ❶ inf (rare) machine of instrument ❷ toestand, geval, ding, apparaat

contrapuntal [kɒntrəˈpʌntl] muz *bn* contrapuntisch

contrariness [kənˈtreərɪnɪs] *znw* dwarsdrijverij

contrariwise [ˈkɒntrərɪwaɪz, kənˈtreərɪwaɪz] *bijw* ❶ integendeel ❷ in tegenovergestelde of andere zin, andersom, verkeerd

contra-rotating [kɒntrə-rəʊˈteɪtɪŋ] *bn* tegendraaiend, contra-

contrary I *bn* [kənˈtreərɪ] in de contramine, dwars, tegendraads **II** *bn* [ˈkɒntrərɪ] ❶ tegengesteld, strijdig ★ *~ messages* tegenstrijdige boodschappen ★ *~ to popular opinion* in tegenstelling tot wat algemeen wordt aangenomen ★ *they allege it has acted ~ to the public interest* ze beweren dat het in strijd met het

algemeen belang heeft gehandeld ❷ ander
❸ tegen- **III** *znw* ['kɒntrərɪ] tegen(over)gesteld,
tegendeel ★ *on the ~* integendeel ★ *despite evidence
to the ~* ondanks bewijs van het tegengestelde
★ *hear sth to the ~* een tegenbericht krijgen, het
tegendeel horen

contrast I *znw* ['kɒntrɑːst] tegenstelling, contrast
★ *there is a sharp ~ between north and south* er is een
scherpe tegenstelling tussen het noorden en het
zuiden ★ *by / in ~, our economy has expanded* onze
economie is daarentegen gegroeid ★ *by ~ with the
approach outlined above* in tegenstelling tot de
hierboven aangegeven benaderingswijze ★ *in ~ to
/ with his later works* in tegenstelling tot zijn latere
werk **II** *overg* [kən'trɑːst] ❶ tegenover elkaar stellen
❷ stellen (tegenover *with*) **III** *onoverg* [kən'trɑːst] een
tegenstelling vormen (met *with*), afsteken (bij *with*),
contrasteren

contrasting [kən'trɑːstɪŋ] *bn* contrasterend ★ *a ~
colour* een contrasterende kleur

contrastive [kən'trɑːstɪv] *bn* contrasterend

contrast medium ['kɒntrɑːst 'miːdjəm] *znw*
contrastmiddel

contra-suggestible [kɒntrə-sə'dʒestɪbl] *bn* tegen
suggesties ingaand, tegendraads

contravene [kɒntrə'viːn] *overg* ❶ tegenwerken, ingaan
tegen ❷ overtreden

contravention [kɒntrə'venʃən] *znw* overtreding ★ *in ~
of* in strijd met

contre-jour ['kɒntrə-ʒʊə] *(Fr)* fotogr *bn & bijw* met
tegenlicht, tegen de zon in

contretemps ['kɒntrə'tɑ̃] *(Fr) znw* tegenvaller,
tegenspoed, pech

contribute [kən'trɪbjuːt, kɒn'trɪbjuːt] **I** *overg* bijdragen
II *onoverg* medewerken, bijdragen ★ *~ to sth* iets
bevorderen

contribution [kɒntrɪ'bjuːʃən] *znw* ❶ bijdrage ★ *a
financial ~* een financiële bijdrage ★ *make a ~ to sth*
een bijdrage leveren aan iets ❷ belasting,
brandschatting ❸ premie, afdracht

contributor [kən'trɪbjʊtə] *znw* medewerker 〈aan een
krant &〉

contributory [kən'trɪbjʊtərɪ] **I** *bn* ❶ bijdragend,
medebepalend ❷ waarvan de bijdragen zowel door
werkgever als werknemer worden
betaald〈verzekering, pensioen〉 **II** *znw* Br jur
(mede)aansprakelijke aandeelhouder 〈bij liquidatie〉

contributory negligence [kən'trɪbjʊtərɪ 'neglɪdʒəns]
jur *znw* medeoorzakelijke nalatigheid

con trick [kɒn trɪk] inf *znw* oplichterij, zwendeltruc

contrite ['kɒntraɪt] *bn* berouwvol, door wroeging
verteerd

contrition [kən'trɪʃən] *znw* diep berouw, wroeging
★ *an act of ~* een akte van berouw

contrivance [kən'traɪvəns] *znw* ❶ vindingrijkheid,
(uit)vinding, list ❷ middel, toestel, inrichting, ding

contrive [kən'traɪv] *overg* vinden, uit-, bedenken,
verzinnen, beramen, overleggen, het aanleggen

★ *he somehow ~d to escape* op de een of andere
manier zag hij kans om te ontsnappen

contrived [kən'traɪvd] *bn* gekunsteld, onnatuurlijk,
gezocht

control [kən'trəʊl] **I** *znw* ❶ beheer, bestuur, leiding,
regeling ★ *be in ~* de baas zijn ★ *the situation is
getting beyond / out of ~* de situatie begint
onhandelbaar te worden ★ *be in ~ of sth* het beheer
voeren, de leiding hebben over iets ★ *take ~ (of sth)*
(iets) overnemen, in handen nemen ❷ controle,
toezicht, beperking, bedwang ★ *bring / get sth
under ~* iets de baas worden ★ *gain ~ (of / over sth)*
de baas worden (over iets) ★ *have sth under ~* iets
meester zijn ❸ techn bediening, besturing, 〈volume-
&〉 regelaar, bedieningspaneel ❹ (zelf)beheersing,
macht, zeggenschap ★ *due to circumstances beyond
/ outside my ~* wegens omstandigheden buiten mijn
macht ★ *the financial matters are outside my ~* met
de financiën bemoei ik me niet ★ *be in ~ of oneself*
zich beheersen ❺ bestrijding 〈v. ziekten &〉 **II** *overg*
❶ beheren, besturen, leiden, regelen ❷ techn
bedienen ❸ bedwingen, in bedwang houden,
beheersen, regeren ❹ bestrijden 〈ziekten &〉

control
betekent **besturen, beheren, leiden** en niet
controleren.
The minister controls the department betekent niet *de
minister controleert het departement*, maar *de minister
geeft leiding aan het departement*.
Ned. *controleren* = **check, supervise.**

control account [kən'trəʊl ə'kaʊnt] *znw*
controlerekening

control character [kən'trəʊl 'kærəktə] comput *znw*
besturingsteken

control freak [kən'trəʊl friːk] inf *znw* control freak,
controlefanaat

control key [kən'trəʊl kiː] comput *znw* Ctrl-toets 〈op
toetsenbord〉

controllable [kən'trəʊləbl] *bn* ❶ bestuurbaar, te
regeren ❷ controleerbaar, handelbaar

controller [kən'trəʊlə] *znw* ❶ controleur
❷ afdelingshoofd ❸ penningmeester ❹ controller

control lever [kən'trəʊl 'liːvə] *znw* bedieningshefboom

controlling interest [kən'trəʊlɪŋ 'ɪntrəst] *znw*
controlerend belang, meerderheidsbelang 〈in het
aandelenkapitaal van een onderneming〉

control panel [kən'trəʊl 'pænl] techn *znw*
bedieningspaneel

control room [kən'trəʊl ruːm] techn *znw*
controlekamer, vluchtleidingscentrum,
schakelkamer

controls [kən'trəʊlz] *znw* [mv] ❶ techn
stuurinrichting, stuurorganen ❷ staatsbemoeiing,
staatstoezicht

control system [kən'trəʊl 'sɪstəm] *znw*
besturingssysteem 〈ook v. computer〉

control tower [kən'trəʊl taʊə] luchtv *znw*

verkeerstoren
controversial [kɒntrə'vɜ:ʃəl] bn omstreden, controversieel
controversy ['kɒntrəvɜ:sɪ, kɒn'trɒvəsɪ] znw geschil, controverse, twistgeschrijf, polemiek, dispuut ★ beyond ~ buiten kijf
controvert ['kɒntrəvɜ:t, kɒntrə'vɜ:t] form overg betwisten, bestrijden, twisten over
contuse [kən'tju:z] med overg kneuzen
contusion [kən'tju:ʒən] med znw kneuzing
conundrum [kə'nʌndrəm] znw raadsel
conurbation [kɒnɜ:'beɪʃən] znw stedelijke agglomeratie
convalesce [kɒnvə'les] onoverg herstellende zijn
convalescence [kɒnvə'lesəns] znw herstel
convalescent [kɒnvə'lesənt] I bn herstellend ★ ~ home herstellingsoord II znw herstellende zieke
convection [kən'vekʃən] nat of meteor znw convectie
convection cell [kən'vekʃən sel] nat of meteor znw convectiecel
convection current [kən'vekʃən 'kʌrənt] znw convectiestroom
convection oven [kən'vekʃən 'ʌvən] znw convectieoven
convector [kən'vektə] znw convector, convectiekachel
convene [kən'vi:n] I overg bijeen-, samenroepen, oproepen II onoverg bijeen-, samenkomen
convener [kən'vi:nə], **convenor** znw voorzitter
convenience [kən'vi:nɪəns] znw ❶ geschiktheid, gepastheid ★ at your earliest ~ zodra het u schikt ❷ gerief, geriefelijkheid, gemak ★ at your ~ als het u gelegen komt, bij gelegenheid, op uw gemak ★ for ~ voor het gemak, gemakshalve ★ a marriage of ~ een verstandshuwelijk ❸ toilet ★ a public ~ een openbaar toilet
convenience food [kən'vi:nɪəns fu:d] znw kant-en-klaarmaaltijd, diepvriesmaaltijd
convenience store [kən'vi:nɪəns stɔ:] znw avondwinkel, zondagswinkel
convenient [kən'vi:nɪənt] bn ❶ gemakkelijk, geriefelijk, geschikt ❷ gelegen (komend)
convenor [kən'vi:nə] znw → **convener**
convent ['kɒnvənt] znw (vrouwen)klooster ★ a ~ school een nonnenschool
convention [kən'venʃən] znw ❶ bijeenkomst, vergadering ❷ overeenkomst, verdrag, verbond, afspraak ❸ gewoonte, (gedrags)regel, conventie ★ flout ~ / break with ~ zich niet gedragen volgens de regels
conventional [kən'venʃənl] bn conventioneel
conventionality [kənvenʃə'nælətɪ] znw conventionele
conventionalize [kən'venʃənəlaɪz], **conventionise** overg ❶ conventioneel maken ❷ stileren
converge [kən'vɜ:dʒ] onoverg convergeren, in één punt samenkomen ★ ~ on / upon sth op iets neerstrijken
convergence [kən'vɜ:dʒəns], **convergency** znw convergentie

convergent [kən'vɜ:dʒənt], **converging** bn convergerend, in één punt samenkomend
conversant [kən'vɜ:sənt] bn bedreven, thuis, ervaren, vertrouwd (met with)
conversation [kɒnvə'seɪʃən] znw conversatie, gesprek ★ make ~ wat zeggen
conversational [kɒnvə'seɪʃənl] bn ❶ van de omgangstaal ❷ gemeenzaam ❸ spraakzaam
conversationalist [kɒnvə'seɪʃənəlɪst] znw causeur
conversation piece [kɒnvə'seɪʃən pi:s] znw ❶ genrestuk ❷ geliefd onderwerp, het gesprek van de dag
converse I bn ['kɒnvɜ:s] omgekeerd II znw ['kɒnvɜ:s] omgekeerde III onoverg [kən'vɜ:s] converseren, spreken, zich onderhouden
conversion [kən'vɜ:ʃən] znw ❶ omkering, omzetting, verandering, omschakeling, verbouwing ‹v. winkel &›, comput conversie ❷ herleiding, omrekening, conversie ❸ bekering ❹ jur verduistering
conversion rate [kən'vɜ:ʃən reɪt] fin znw conversiekoers, omrekeningskoers
conversion table [kən'vɜ:ʃən 'teɪbl] znw omrekeningstabel
convert I znw ['kɒnvɜ:t] bekering(e) ★ he's a ~ to the faith hij is bekeerd tot het geloof II overg [kən'vɜ:t] ❶ omkeren, omzetten, veranderen, verbouwen ‹winkel &›, comput converteren ❷ herleiden, omrekenen, converteren ❸ bekeren, overhalen ❹ jur verduisteren, aanwenden ten eigen bate III onoverg [kən'vɜ:t] ❶ (een) verandering(en) ondergaan, omzetbaar zijn (in) ❷ zich bekeren (tot)
converter [kən'vɜ:tə], **convertor** znw ❶ elektr convertor, omzetter ❷ techn bessemerpeer
converter reactor [kən'vɜ:tə rɪ'æktə] znw bepaald soort kernreactor
convertibility [kənvɜ:tɪ'bɪlɪtɪ] znw ❶ omzet-, omkeerbaarheid ❷ in-, verwisselbaarheid, convertibiliteit
convertible [kən'vɜ:tɪbl] I bn ❶ omzet-, omkeerbaar ❷ ‹ook comput› in-, verwisselbaar, converteerbaar ❸ opklapbaar, uitklapbaar ‹v. meubels› II znw auto cabriolet
convertor [kən'vɜ:tə] znw → **converter**
convex ['kɒnveks] bn convex, bol(rond)
convey [kən'veɪ] overg ❶ overbrengen, vervoeren, transporteren ❷ mededelen, geven, uitdrukken ★ he ~ed their sympathy to her hij bracht hun medeleven aan haar over ❸ jur overdragen
conveyance [kən'veɪəns] znw ❶ overbrengen, vervoer ❷ vaartuig, voertuig ❸ overdracht ❹ transportakte, akte van overdracht ★ jur a deed of ~ een transportakte
conveyancer [kən'veɪənsə] znw notaris die akten v. overdracht opmaakt
conveyancing [kən'veɪjənsɪŋ] znw ❶ regelen van een overdracht ❷ overdrachtsrecht
conveyer [kən'veɪə], **conveyor** znw ❶ overbrenger ❷ vervoerder ❸ **conveyor belt** techn transportband,

lopende band

convict I *znw* ['kɒnvɪkt] ❶ (crimineel) veroordeelde, boef ❷ gedetineerde, dwangarbeider **II** *overg* [kən'vɪkt] schuldig verklaren, veroordelen ★ *he was ~ed of manslaughter* hij werd veroordeeld wegens doodslag

conviction [kən'vɪkʃən] *znw* ❶ schuldigverklaring, veroordeling ★ *a murder ~* een veroordeling voor moord ❷ (vaste) overtuiging ★ *a religious ~* een geloofsovertuiging ★ *have the courage of one's ~s* de moed hebben om te handelen naar zijn overtuiging ★ *carry ~* overtuigend zijn ★ *speak with ~* met overtuiging spreken

convince [kən'vɪns] *overg* overtuigen, overreden ★ *she has always been ~d of his innocence* ze is altijd al overtuigd geweest van zijn onschuld

convincing [kən'vɪnsɪŋ] *bn* overtuigend ★ *he delivered a ~ performance as the assassin* hij gaf een overtuigende vertolking van de moordenaar

convivial [kən'vɪvɪəl] *bn* feestelijk, vrolijk, gezellig

conviviality [kənvɪvɪ'ælɪtɪ] *znw* feestelijkheid, vrolijkheid, gezelligheid

convocation [kɒnvə'keɪʃən] *znw* ❶ form op-, bijeenroeping, convocatie, bijeenkomst ❷ provinciale synode van de Engelse staatskerk

convoke [kən'vəʊk] form *overg* op-, bijeenroepen, convoceren

convoluted ['kɒnvəlu:tɪd] *bn* ❶ gekronkeld ❷ ingewikkeld, gecompliceerd ★ *a ~ argument / line of reasoning* een ingewikkelde argumentatie / redenering

convolution [kɒnvə'lu:ʃən] *znw* kronkel(ing)

convolvulus [kɒn'vɒlvjʊləs] *znw* winde ⟨plant⟩

convoy ['kɒnvɔɪ] **I** *znw* konvooi, escorte, geleide ★ *travel in ~* in konvooi reizen **II** *overg* konvooieren, escorteren, begeleiden

convulsant [kən'vʌlsənt] **I** *bn* stuiptrekkingen veroorzakend **II** *znw* stuiptrekkingen veroorzakend middel

convulse [kən'vʌls] **I** *overg* ❶ doen schokken, doen stuiptrekken ❷ in beroering brengen ❸ doen schudden van het lachen ★ *be ~d with laughter* schudden van het lachen, zich een stuip lachen **II** *onoverg* krampachtig samentrekken, stuiptrekken

convulsion [kən'vʌlʃən] *znw* ❶ stuiptrekking, schok ❷ schudden ⟨v.h. lachen⟩ ❸ fig opschudding

convulsions [kən'vʌlʃənz] *znw* stuipen, onbedaarlijk gelach ★ *his jokes had us in ~* we lagen in een deuk om zijn grappen

convulsive [kən'vʌlsɪv] *bn* kramp-, stuipachtig, spastisch

cony ['kəʊnɪ], **coney** *znw* ❶ Br konijn ❷ konijnenvel

coo [ku:] **I** *tsw* Br inf jeetje, jeminee **II** *znw* gekoer **III** *onoverg* ❶ koeren, roekoeën ❷ kirren

co-occur [kəʊ-ə'kɜ:] *onoverg* tegelijkertijd optreden / gebeuren

cook [kʊk] **I** *znw* ❶ kok, kokkin, kookster ★ zegsw *too many ~s spoil the broth* veel koks bederven de brij ❷ keukenmeid **II** *overg* ❶ koken, klaarmaken, bereiden ★ inf *~ sbd's goose* iem. een spaak in het wiel steken ★ inf *~ sth up* iets verzinnen, iets bekokstoven ❷ inf vervalsen, flatteren ⟨balans &⟩ ★ *~ the books* knoeien met de boekhouding **III** *onoverg* koken, voedsel bereiden ★ inf *what's ~ing?* wat is er aan de hand?

cookbook ['kʊkbʊk], **cookery book** *znw* kookboek

cook-chill [kʊk-'tʃɪl] *bn* kant-en-klaar ⟨van ingevroren gerechten die na opwarmen kunnen worden gegeten⟩

cooked breakfast [kʊkt 'brekfəst] *znw* Engels ontbijt ⟨met gebakken eieren, spek, worstjes en toast⟩

cooker ['kʊkə] *znw* ❶ kook(toe)stel, -fornuis, -pan ❷ stoofappel, -peer &

cookery ['kʊkərɪ] *znw* ❶ kookkunst ❷ de (nationale) keuken

cookie ['kʊkɪ] *znw* ❶ Am koekje ★ inf zegsw *that's the way the ~ crumbles* zo gaat / is het nu eenmaal ❷ comput cookie ❸ inf vent, kerel ★ *a tough ~* een taaie rakker ❹ inf leuk meisje

cookie cutter ['kʊkɪ ˈkʌtə] *znw* koekjesvorm

cookie jar ['kʊkɪ dʒɑ:] *znw* koekjestrommel

cooking ['kʊkɪŋ] **I** *bn* kook-, keuken-, stoof- ★ *~ facilities* kookgelegenheid ★ *a ~ range* fornuis ★ *~ salt* keukenzout ★ *~ utensils* kookgerei **II** *znw* koken, kookkunst, de (nationale) keuken ★ *cumin is used a lot in Indian ~* komijn wordt veel gebruikt in de Indiase keuken

cooking apple ['kʊkɪŋ ˈæpl] *znw* moesappel, stoofappel

cookout ['kʊkaʊt] Am inf *znw* eetpartijtje in de open lucht, barbecue

cooktop ['kʊktɒp] *znw* kookplaat

cookware ['kʊkweə] *znw* kookgerei

cool [ku:l] **I** *bn* ❶ koel, fris ❷ kalm, rustig, beheerst ★ inf *a ~ customer* een koele kikker ★ inf *as ~ as a cucumber* doodbedaard, ijskoud ★ *keep a ~ head* het hoofd koel houden ❸ onvriendelijk, afstandelijk, kil, koel ★ *she was quite ~ towards me* ze deed nogal koel tegen me ❹ inf cool, gaaf, perfect ★ inf *a ~ £100* een slordige £100 ★ Am inf *be ~ with sth* het met iets eens kunnen zijn **II** *znw* koelte ★ *keep / lose one's ~* zijn zelfbeheersing bewaren / verliezen **III** *overg* koelen, ver-, be-, afkoelen (ook: *~ sbd / sth down, ~ sbd / sth off*) ★ *~ one's heels* moeten wachten ★ inf *~ it!* maak je niet zo dik, rustig maar! **IV** *onoverg* koel worden, ver-, be-, afkoelen (ook: *~ down, ~ off*)

coolant ['ku:lənt] *znw* koelmiddel

cool bag [ku:l bæg], Am **cooler bag** *znw* koeltas

cool box [ku:l bɒks] *znw* koelbox

cooldrink ['ku:ldrɪŋk] ZA *znw* softdrink

-cooled [ku:ld] *achterv* gekoeld ★ *an air~ engine* een luchtgekoelde motor

cooler ['ku:lə] *znw* ❶ koeltas, -cel, -emmer ❷ Am ijskast ❸ techn koelinrichting ❹ inf petoet, bak ⟨gevangenis⟩

cooler bag ['ku:lə bæg] Am *znw* → **cool bag**

cool-headed [ku:l'hedɪd], **coolheaded** *bn* koel, kalm
coolie ['ku:lɪ] *znw* koelie
cooling-off period [ku:lɪŋ-'ɒf 'pɪərɪəd] *znw* afkoelingsperiode, bedenktijd
cooling tower ['ku:lɪŋ taʊə] *znw* koeltoren
coolish ['ku:lɪʃ] *bn* vrij koel
coolly ['ku:lɪ] *bijw* ❶ koeltjes ❷ doodleuk, brutaal
coolness ['ku:lnɪs] *znw* ❶ koelheid, koelte ❷ koelbloedigheid, kalmte, aplomb ❸ verkoeling
coon [ku:n] *znw* ❶ <u>dierk</u> wasbeer ❷ <u>beledigend</u> roetmop, zwarte
coop [ku:p] **I** *znw* kippenmand, kippenhok **II** *phras* ★ ~ *sbd / sth* up iem. / iets opsluiten
co-op ['kəʊ-ɒp, kəʊ-'ɒp] *inf znw* coöperatie
cooper ['ku:pə] *znw* kuiper
cooperate [kəʊ'ɒpəreɪt], **co-operate** *onoverg* mede-, samenwerken ★ *the two countries will ~ on the project* de twee landen zullen samenwerken in het project
cooperation [kəʊɒpə'reɪʃən], **co-operation** *znw* mede-, samenwerking, coöperatie ★ *thank you for your ~* wij danken u voor uw samenwerking / medewerking ★ *he will need the ~ of his family* hij zal de medewerking van zijn gezin nodig hebben ★ *we are working in close ~ with the government* we werken nauw samen met de regering

> **cooperation**
> betekent **samenwerking, medewerking, coöperatie**, maar slaat op de handeling of het proces. Een *coöperatie* (coöperatieve onderneming) is **a cooperative venture** of **a cooperative society**.

cooperative [kəʊ'ɒpərətɪv], **co-operative I** *bn* mede-, samenwerken ★ *be ~* meewerken ‹v. patiënt, leerling &› **II** *znw* coöperatie ★ *the company operates as a ~* het bedrijf werkt als een coöperatie
co-opt [kəʊ-'ɒpt] *overg* coöpteren
co-option [kəʊ-'ɒpʃən] *znw* coöptatie
coordinate, co-ordinate I *bn* [kəʊ'ɔ:dɪnət] ❶ gelijkwaardig ❷ coördinatief, nevenschikkend **II** *znw* [kəʊ'ɔ:dɪnət] coördinaat **III** *overg* [kəʊ'ɔ:dɪneɪt] coördineren, rangschikken, ordenen **IV** *onoverg* [kəʊ'ɔ:dɪneɪt] harmonieus samenwerken ★ *the jacket ~s well with your pants* het jasje past goed bij je broek
coordinating conjunction [kəʊ'ɔ:dɪneɪtɪŋ kən'dʒʌŋkʃən] <u>gramm</u> *znw* nevenschikkend voegwoord
coordination [kəʊɔ:dɪ'neɪʃn], **co-ordination** *znw* coördinatie, coördinatievermogen ★ *a lack of ~* een gebrek aan coördinatie(vermogen)
coordination number [kəʊɔ:dɪ'neɪʃn 'nʌmbə] <u>scheik</u> *znw* coördinatiegetal
coordinator [kəʊ'ɔ:dɪneɪtə], **co-ordinator** *znw* coördinator
coot [ku:t] *znw* ❶ (meer)koet ❷ <u>inf</u> sukkel, mafkees, lul
co-owner [kəʊ-'əʊnə] *znw* mede-eigenaar

co-ownership [kəʊ-'əʊnəʃɪp] *znw* gezamenlijk bezit, mede-eigendom
cop [kɒp] *inf* **I** *znw* smeris ★ *~s and robbers* diefje met verlos ‹spel› ▼ *not much ~* niet veel zaaks **II** *overg* te pakken krijgen ★ <u>Am</u> *~ a plea* schuldig pleiten ‹aan een kleiner vergrijp om niet voor een groter vergrijp veroordeeld te worden› ★ *~ it* er van langs krijgen, last krijgen, het gelag betalen **III** *onoverg* ★ <u>Br</u> *~ hold of sth* iets te pakken krijgen **IV** *phras* ★ <u>Br</u> *vulg ~ off* seks hebben ★ <u>Iers</u> *~ on* snappen, erachter komen ★ *~ out of sth* onder iets uitkomen ★ <u>Am</u> *~ to sth* iets accepteren, iets toegeven
co-parent [kəʊ-'peərənt] **I** *znw* co-ouder **II** *overg* co-ouder zijn
co-parenting [kəʊ-'peərəntɪŋ] *znw* co-ouderschap
co-partner [kəʊ-'pɑ:tnə] *znw* compagnon
co-partnership [kəʊ-'pɑ:tnəʃɪp] *znw* ❶ vennootschap ❷ winstdeling
cope [kəʊp] **I** *znw* kap, koorkap, mantel **II** *onoverg* aankunnen ★ *~ with sbd* opgewassen zijn tegen iem. ★ *~ with sth* iets af-, aankunnen, het hoofd bieden aan iets, iets verwerken, voorzien in, voldoen aan ‹aanvragen›
copier ['kɒpɪə] *znw* kopieerapparaat
co-pilot ['kəʊ'paɪlət] *znw* ❶ tweede piloot, copiloot ❷ bijrijder
coping ['kəʊpɪŋ] *znw* kap ‹v. muur›, (muur)afdekking, deksteen
copious ['kəʊpɪəs] *bn* overvloedig, uitvoerig, rijk(elijk), ruim ★ *we all drank ~ quantities of wine* we hebben allemaal overvloedige hoeveelheden wijn gedronken
copiousness ['kəʊpɪəsnəs] *znw* overvloed
cop-out ['kɒpaʊt] *inf znw* ❶ terugtrekking, afhaken ❷ uitvlucht
copper ['kɒpə] **I** *bn* koperen **II** *znw* ❶ (rood)koper ❷ ketel ❸ koperen geldstuk ❹ *inf* smeris **III** *overg* (ver)koperen
copper beech ['kɒpə bi:tʃ] *znw* bruine beuk
copper-bottomed ['kɒpə-bɒtəmd] *bn* met verkoperde bodem
copperplate ['kɒpəpleɪt] *znw* ❶ koperplaat ❷ kopergravure ★ *~ printing* koper(diep)druk ★ *~ writing* keurig schuinschrift
coppersmith ['kɒpəsmɪθ] *znw* koperslager
copper sulphate ['kɒpə 'sʌlfeɪt] *znw* kopersulfaat
copper wire ['kɒpə 'waɪə] *znw* koperdraad
coppice ['kɒpɪs], **copse I** *znw* → **copse II** *overg* afkappen tot op de stronk
copra ['kɒprə] *znw* kopra
co-produce [kəʊ-prə'dju:s] *overg* gezamenlijk produceren / uitbrengen
copse [kɒps], **coppice** *znw* hakhout, kreupelhout, kreupelbosje
cop shop [kɒp ʃɒp] <u>Br</u> *inf znw* politiebureau
copter ['kɒptə] *znw* heli(kopter)
Coptic ['kɒptɪk] *bn* Koptisch
copula ['kɒpjʊlə] *znw* ❶ <u>gramm</u> koppel(werk)woord

co

❷ <u>muz</u> koppeling

copulate ['kɒpjʊleɪt] *onoverg* paren, copuleren

copulation [kɒpjʊ'leɪʃən] *znw* paring, copulatie, geslachtsgemeenschap

copy ['kɒpɪ] **I** *znw* ❶ afschrift, kopie, fotokopie
★ *make / run off / take a ~ of sth* een kopie van iets maken ❷ kopij ★ *disasters make good ~* rampen leveren goede kopij op ❸ exemplaar, nummer
❹ (schrijf)voorbeeld **II** *overg* ❶ overschrijven, een kopie maken, kopiëren, naschrijven, natekenen ★ *~ sth down* iets opschrijven, iets op papier vastleggen ★ *~ sth out* iets overtikken, iets in het net overschrijven ❷ nabootsen, nadoen, namaken, overnemen

> **copy**
> betekent vaak **exemplaar** in plaats van **kopie**.
> *Can I have a copy of that book?* betekent niet dat je vraagt om het boek voor je te kopiëren, maar *kan ik een exemplaar van dat boek krijgen?*

copybook ['kɒpɪbʊk] **I** *bn* perfect, volgens het boekje ★ *a ~ wedding* een volmaakte bruiloft **II** *znw* schoonschrift met voorbeelden

copycat ['kɒpɪkæt] *inf znw* na-aper, afkijker

copydesk ['kɒpɪdesk] *znw* redactietafel

copy editor ['kɒpɪ 'edɪtə] *znw* bureauredacteur

copying paper ['kɒpɪɪŋ 'peɪpə] *znw* doorslagpapier

copyist ['kɒpɪɪst] *znw* kopiist

copyread ['kɒpɪriːd] *overg* kopij voorbereiden

copyright ['kɒpɪraɪt] **I** *bn* waarvan het auteursrecht / copyright beschermd is, nadruk verboden ★ *~ material* copyright materiaal **II** *znw* auteursrecht, copyright ★ *a breach / infringement of ~* een inbreuk op het auteursrecht **III** *overg* het auteursrecht / copyright beschermen van

copywriter ['kɒpɪraɪtə] *znw* tekstschrijver ‹v. reclame›, copywriter

coquetry ['kɒkɪtrɪ, 'kəʊkɪtrɪ] *znw* kokketterie, behaagzucht

coquette [kɒ'ket, kə'ket] *znw* behaagzieke vrouw

coquettish [kɒ'ketɪʃ, kə'ketɪʃ] *bn* koket, behaagziek

cor! [kɔː] *tsw* <u>Br</u> *inf* verrek! ★ <u>Br</u> *gedat ~ blimey!* godskolere!, wat krijgen we nou?!

coracle ['kɒrəkl] *znw* soort vissersboot

coral ['kɒrəl] **I** *bn* ❶ koralen ❷ koraalrood **II** *znw*
❶ koraal ❷ koralen bijtring

coral reef ['kɒrəl riːf] *znw* koraalrif

cor anglais ['kɔː ɑːŋˈgleɪ] <u>muz</u> *znw* althobo, Engelse hoorn

corbel ['kɔːbl] <u>bouwk</u> *znw* kraag, draagsteen, console

corbie ['kɔːbɪ] <u>Schots</u> *znw* raaf, kraai

corbie steps ['kɔːbɪ steps] <u>Schots</u> *znw* [mv] → **crow steps**

cord [kɔːd] *znw* ❶ koord, touw, snoer, band, streng, <u>Am</u> elektriciteitsdraad ❷ ribfluweel, corduroy

corded ['kɔːdɪd] *bn* geribd ‹v. stoffen›

cordial ['kɔːdɪəl] **I** *bn* hartelijk, vriendelijk, gul **II** *znw*
❶ (ingedikt) vruchtensap, aanmaaklimonade ❷ <u>Am</u>

likeur, bittertje

cordiality [kɔːdɪ'ælɪtɪ] *znw* hartelijkheid

cordite ['kɔːdaɪt] *znw* cordiet

cordless ['kɔːdlɪs] *bn* draadloos

cordon ['kɔːdn] **I** *znw* ❶ kordon ★ *police threw a ~ around the area* de politie wierp een kordon om het gebied, de politie grendelde het gebied af
❷ (orde)lint ❸ <u>bouwk</u> muurlijst **II** *overg* door een kordon afsluiten (~ *off*)

cordon bleu ['kɔːdɔː(n) 'blɜː] **I** *bn* cordon bleu, eersteklas ‹m.b.t. kookkunst› ★ *~ cookery* fijne keuken **II** *znw* ❶ cordon bleu ‹gepaneerde kalfsoester met ham en kaas› ❷ eersteklas kok

cordon sanitaire [kɔːdɒn sænɪ'teə] *znw* bufferzone, quarantainestrook

cords [kɔːdz], **corduroys** *znw* [mv] corduroy broek

corduroy ['kɔːdərɔɪ] *znw* manchester, corduroy, ribfluweel

corduroys ['kɔːdərɔɪz] *znw* [mv] → **cords**

cordwood ['kɔːdwʊd] *znw* in gelijke stukken gezaagd hout

core [kɔː] **I** *znw* ❶ binnenste, hart, kern ★ *greed is at the ~ of the problem* hebzucht is de kern van het probleem ★ *the regime is rotten to the ~* het regime is door en door verrot ❷ klokhuis ‹v. appel› **II** *overg* boren ‹appels &›

core business [kɔː 'bɪznɪs] *znw* ❶ hoofdactiviteit(en), kernactiviteit(en) ❷ <u>marketing</u> interne kernmarkt, kern van de bedrijfshandelingen

corer ['kɔːrə] *znw* appelboor

co-respondent [kəʊrɪ'spɒndənt] <u>jur</u> *znw* als medeplichtig gedaagde (bij echtscheidingsproces)

core time [kɔː taɪm] <u>Br</u> *znw* bloktijd, tijd waarop iedereen aanwezig moet zijn ‹bij flexibele werktijden›

corgi ['kɔːgɪ] *znw* corgi ‹klein soort hond›

coriander [kɒrɪ'ændə] *znw* koriander

Corinthian [kə'rɪnθɪən] **I** *bn* Korinthisch **II** *znw* Korinthiër

cork [kɔːk] **I** *bn* kurken **II** *znw* kurk **III** *overg* kurken
★ *~ sth up* iets kurken

corkage ['kɔːkɪdʒ] *znw* ❶ het (ont)kurken
❷ kurkengeld

corked [kɔːkt] *bn* → **corky**

corker ['kɔːkə] *inf znw* ❶ kanjer ❷ dooddoener, afdoend argument ❸ geweldige leugen

cork oak [kɔːk əʊk] *znw* kurkeik

corkscrew ['kɔːkskruː] **I** *bn* spiraal-, als een kurkentrekker ★ *~ curls* pijpenkrullen **II** *znw* kurkentrekker

corky ['kɔːkɪ], **corked** *bn* kurkachtig, naar de kurk smakend ‹v. wijn›

corm [kɔːm] *znw* knol

cormorant ['kɔːmərənt] *znw* aalscholver ‹vogel›

corn [kɔːn] *znw* ❶ koren, graan ❷ <u>Am</u> maïs ❸ korrel
❹ likdoorn ❺ <u>Am</u> bourbon ❻ <u>Am</u> *inf* sentimenteel gedoe ❼ *inf* melige, flauwe humor

cornball ['kɔːnbɔːl] <u>Am</u> *inf bn* sentimenteel en

oppervlakkig

corn bread [kɔːn bred] Am znw maïsbrood

corn chips [kɔːn tʃɪps] znw [mv] maïschips

corn circle [kɔːn ˈsɜːkl] znw graancirkel

corncob [ˈkɔːnkɒb] znw maïskolf

corn dog [kɔːn dɒg] Am znw hotdog in maïsdeeg

corn dolly [kɔːn ˈdɒlɪ] Br znw pop gemaakt van stro

cornea [ˈkɔːnɪə] znw [mv: -s of corneae] hoornvlies ⟨v. oog⟩

corneal [ˈkɔːnɪəl] bn hoornvlies- ★ a ~ graft een hoornvliestransplantatie

corned beef [kɔːnd biːf] znw cornedbeef

corner [ˈkɔːnə] I znw ❶ hoek ★ out of the ~ of one's eye van terzijde, uit een ooghoek ★ (all) the four ~s of the world (alle) vier uiteinden van de wereld ★ a ~ of the market een stuk van de markt ★ (just) round / round the ~ om de hoek, niet ver(af) ★ inf be in a bit of a ~, be in a tight ~ wat in het nauw gebracht zijn ★ cut ~s bochten afsnijden, fig zich er met een Jantje van Leiden vanaf maken ❷ tip, punt ❸ sp corner, hoekschop ❹ handel monopolie II overg ❶ in het nauw brengen, klemzetten ❷ ± een marktmonopolie verwerven (in een product) ★ ~ the market een marktmonopolie verwerven III onoverg een bocht nemen ⟨met auto⟩

cornerback [ˈkɔːnəbæk] sp znw links- of rechtsachter

corner forward [ˈkɔːnə ˈfɔːwəd] sp znw links- of rechtsvoor

cornering [ˈkɔːnərɪŋ] znw bochtenwerk

corner kick [ˈkɔːnə kɪk] sp znw hoekschop, corner

cornerman [ˈkɔːnəmæn] znw secundant ⟨bij het boksen⟩

corner shop [ˈkɔːnə ʃɒp] znw winkel op de hoek, buurtwinkel ⟨met levensmiddelen⟩

cornerstone [ˈkɔːnəstəʊn] znw ❶ hoeksteen ❷ essentieel deel ❸ fundament

cornerwise [ˈkɔːnəwaɪz] bijw diagonaal

cornet [ˈkɔːnɪt] znw ❶ hoorntje, puntzakje ❷ muz kornet, piston, cornet à pistons ❸ pistonist

cornetist [ˈkɔːnɪtɪst, kɔːˈnetɪst] znw pistonist

cornetto [kɔːˈnetəʊ] muz znw zink, cornetto ⟨middeleeuws muziekinstrument⟩

corn exchange [kɔːn ɪksˈtʃeɪndʒ] hist znw korenbeurs

corn-fed [ˈkɔːn-fed] bn met maïs / graan gevoerd

cornfield [ˈkɔːnfiːld] znw ❶ korenveld ❷ Am maïsveld

cornflakes [ˈkɔːnfleɪks] znw [mv] cornflakes

cornflour [ˈkɔːnflaʊə], **cornstarch** znw maïsmeel, maïzena, rijstemeel

cornflower [ˈkɔːnflaʊə] znw korenbloem

cornice [ˈkɔːnɪs] znw lijst, kroonlijst, lijstwerk

Cornish [ˈkɔːnɪʃ] I bn van Cornwall II znw vroegere taal van Cornwall

Cornish pasty [ˈkɔːnɪʃ ˈpeɪstɪ] znw vleespasteitje ⟨met groente en aardappels⟩

cornmeal [ˈkɔːnmiːl] Am znw maïsmeel

corn oil [kɔːn ɔɪl] znw maïsolie

corn on the cob [ˈkɔːn ɒn ðə ˈkɒb] znw gekookte maïskolf

corn poppy [ˈkɔːnpɒpɪ], **corn rose**, **poppy** znw klaproos, papaver

corn roast [kɔːn rəʊst] Can znw feestje waar maïs wordt geroosterd en gegeten

cornrows [ˈkɔːnrəʊz] znw [mv] vlechten in het haar

corn snow [kɔːn snəʊ] Am znw korrelsneeuw

cornstarch [ˈkɔːnstɑːtʃ] znw → **cornflour**

corn syrup [kɔːn ˈsɪrəp] znw glucosestroop

cornucopia [kɔːnjʊˈkəʊpɪə] znw hoorn des overvloeds

corny [ˈkɔːnɪ] inf bn afgezaagd, clichématig, oubollig, melig, flauw

corollary [kəˈrɒlərɪ] I bn form voortvloeiend II znw gevolg, gevolgtrekking

corona [kəˈrəʊnə] znw [mv: coronae] ❶ kring ⟨om zon of maan⟩, zonnecorona ❷ elektr corona ❸ plantk kroon, kelk

coronary [ˈkɒrənərɪ] I bn coronair, van de kransslagaderen II znw (coronary thrombosis) trombose in het hart, hartinfarct

coronary artery [ˈkɒrənərɪ ˈɑːtərɪ] anat znw kransslagader

coronary thrombosis [ˈkɒrənərɪ θrɒmˈbəʊsɪs] med znw coronaire trombose, (hart)infarct

coronation [kɒrəˈneɪʃən] znw kroning

coroner [ˈkɒrənə] znw lijkschouwer

coronet [ˈkɒrənɪt] znw ❶ krans ⟨v. bloemen voor op het hoofd⟩ ❷ kroontje ⟨van lagere adel⟩ ❸ kroonrand ⟨aan hoef v.e. paard⟩

Corp. Am afk ❶ (Corporation) corporatie ❷ (corporal) mil korporaal

corpora [ˈkɔːpərə] znw [mv] corpus

corporal [ˈkɔːprəl] I bn lichamelijk, lichaams- II znw mil korporaal

corporal punishment [ˈkɔːprəl ˈpʌnɪʃmənt] znw lijfstraf

corporate [ˈkɔːpərət] bn ❶ van een corporatie / onderneming / bedrijf, geïncorporeerd ★ ~ advertising institutionele reclame ★ ~ communication public relations, op de doelgroep(en) gerichte communicatie van een onderneming ter bevordering van het eigen imago ★ ~ governance ondernemingsbestuur, vennootschappelijk bestuur ★ ~ identity bedrijfsidentiteit, het beeld zoals de onderneming dat graag van zichzelf naar buiten brengt ★ ~ journalism bedrijfsjournalistiek ❷ gezamenlijk, collectief ❸ rechtspersoonlijkheid bezittend ★ jur a ~ entity een rechtspersoon ★ jur a ~ personality een rechtspersoonlijkheid

corporate image [ˈkɔːpərət ˈɪmɪdʒ] znw beeld dat het publiek van een onderneming heeft, bedrijfsimago

corporate raider [ˈkɔːpərət ˈreɪdə] znw bedrijf dat of persoon die op vijandige wijze een bedrijf probeert over te nemen

corporate state [ˈkɔːpərət steɪt] znw staat met een corporatistisch regeringsstelsel

corporation [kɔːpəˈreɪʃən] znw ❶ corporatie, rechtspersoon ★ a public ~ een rechtspersoon met publieke doelstelling, Am overheidslichaam, staatsonderneming ❷ gilde ❸ Am (naamloze) vennootschap, onderneming, organisatie, instelling ★ *the (municipal)* ~ het gemeentebestuur

corporation tax [kɔːpəˈreɪʃən tæks], Am **corporate tax** znw vennootschapsbelasting

corporeal [kɔːˈpɔːriəl] form bn ❶ lichamelijk ❷ stoffelijk

corps [kɔː] znw [mv: ~] (leger)korps, (leger)korpsen

corps de ballet [kɔː də ˈbæleɪ] znw (corps de) ballet

corpse [kɔːps] znw lijk

corpulence [ˈkɔːpjuləns] znw corpulentie

corpulent [ˈkɔːpjulənt] bn corpulent, gezet

corpus [ˈkɔːpəs] znw [mv: -es of corpora] ❶ corpus, lichaam ❷ verzameling ‹v. wetten &›

corpuscle [ˈkɔːpʌsəl] znw lichaampje

corpuscular [kɔːˈpʌskjulə] bn corpusculair, uit kleine lichaampjes bestaand

corpus delicti [kɔːpəs dɪˈlɪktaɪ] jur znw corpus delicti, voorwerp van de misdaad

corral [kɒˈrɑːl] I znw ❶ kraal, omsloten ruimte voor het vee ❷ wagenburg II overg in-, opsluiten (v. vee)

correct [kəˈrekt] I bn juist, precies, goed, correct ★ *the* ~ *information* de juiste informatie ★ ~ *in every detail* correct in elk detail ★ *she is* ~ *in this* hierin heeft zij gelijk ★ *he is* ~ *in calling it a gamble* hij noemt het terecht een gok II overg ❶ corrigeren, verbeteren, rechtzetten, herstellen, verhelpen ★ *I stand ~ed* ik neem mijn woorden terug ★ ~ *me if I'm wrong, but didn't we agree on 2 o'clock?* je moet het maar zeggen als ik me vergis, maar hadden we niet om twee uur afgesproken? ❷ berispen, (af)straffen ❸ reguleren

correction [kəˈrekʃən] znw ❶ correctie, verbetering, rectificatie ★ *a house of* ~ een opvoedingsgesticht / tuchtschool ★ *some* ~*s will have to be made to the text* er zullen enkele verbeteringen moeten worden aangebracht in de tekst ❷ Am berisping, afstraffing

correctional center [kəˈrekʃənl ˈsentə], **correctional facility** Am znw gevangenis

correction fluid [kəˈrekʃən ˈfluːɪd] znw correctievloeistof

correction pen [kəˈrekʃən pen] znw correctiepen

corrective [kəˈrektɪv] I bn verbeterend ★ *take* ~ *action* een herstelactie ondernemen, iets herstellen II znw correctief, middel ter verbetering

correctness [kəˈrektnɪs] znw correctheid, juistheid ★ *political* ~ politieke correctheid ★ *we are convinced of the* ~ *of the decision* we zijn overtuigd van de juistheid van het besluit

correlate [ˈkɒrəleɪt] I znw correlaat II overg correleren, zich verhouden ★ *how these trends* ~ *to each other is not known* hoe deze tendensen zich tot elkaar verhouden is nog niet bekend

correlation [kɒrəˈleɪʃən] znw correlatie ★ *there's a high* ~ *between income and education* er is een grote correlatie tussen inkomen en opleiding

correlation coefficient [kɒrəˈleɪʃən kəʊɪˈfɪʃənt] statistiek znw correlatiecoëfficiënt

correlative [kɒˈrelətɪv] bn correlatief

correspond [kɒrɪˈspɒnd] onoverg ❶ corresponderen, briefwisseling voeren (met *with*) ❷ overeenkomen, overeenstemmen, beantwoorden (aan *to*)

correspondence [kɒrɪˈspɒndəns] znw ❶ correspondentie, briefwisseling ★ *they conduct all their business by* ~ ze doen al hun zaken schriftelijk af ★ *we have been in* ~ *with him* we hebben met hem gecorrespondeerd ★ *in* ~ *with this department, please quote your file number* vermeld alstublieft uw dossiernummer in uw correspondentie met deze afdeling ❷ overeenkomst, overeenstemming

correspondence college [kɒrɪˈspɒndəns ˈkɒlɪdʒ] znw instelling voor schriftelijk onderwijs

correspondence course [kɒrɪˈspɒndəns kɔːs] znw schriftelijke cursus

correspondent [kɒrɪˈspɒndənt] znw ❶ correspondent ❷ handelsrelatie

corresponding [kɒrɪˈspɒndɪŋ] bn overeenkomstig ★ *profits were higher in the* ~ *period last year* de winst was hoger in de overeenkomstige periode van vorig jaar

corridor [ˈkɒrɪdɔː] znw gang, galerij, corridor ★ *the* ~*s of power* de wandelgangen

corrigible [ˈkɒrɪdʒɪbl] form bn vatbaar voor verbetering

corroborate [kəˈrɒbəreɪt] overg versterken, bekrachtigen, bevestigen

corroboration [kərɒbəˈreɪʃən] znw versterking, bekrachtiging, bevestiging

corroborative [kərɒbəˈreɪtɪv], **corroborating** bn versterkend, bekrachtigend, bevestigend

corroboree [kəˈrɒbəri] Aus znw ❶ corroboree ‹dansceremonie v.d. Aborigines› ❷ inf luidruchtig feest

corrode [kəˈrəud] overg & onoverg weg-, invreten, in-, uitbijten, aantasten, verroesten, verteren

corrodible [kəˈrəudɪbl] bn vatbaar voor corrosie / roest

corrosion [kəˈrəuʒən] znw invreting, corrosie

corrosive [kəˈrəusɪv] I bn bijtend, invretend ★ *the* ~ *action of sea water* het invretende effect van zeewater II znw bijtend, invretend middel

corrugated [ˈkɒrugeɪtɪd] bn geribbeld ★ ~ *cardboard* golfkarton ★ *a* ~ *road surface* een geribbeld wegoppervlak

corrugated iron [ˈkɒrugeɪtɪd ˈaɪən] znw gegolfd ijzer, golfplaat

corrugation [kɒrəˈgeɪʃən] znw rimpeling

corrupt [kəˈrʌpt] I bn ❶ corrupt, omkoopbaar, veil ❷ onecht, verknoeid, onbetrouwbaar II overg ❶ bederven, vervalsen ‹v. tekst› ❷ omkopen, corrumperen

corruptible [kəˈrʌptəbl] bn ❶ omkoopbaar ❷ aan bederf onderhevig

corruption [kəˈrʌpʃən] znw ❶ corruptie, omkoping ★ ~ *among judges is common* corruptie onder rechters komt veel voor ❷ verknoeiing, verbastering, vervalsing ❸ verdorvenheid, bederf

corruptive [kə'rʌptɪv] *bn* ❶ bedervend ❷ verderfelijk ★ *the sex industry has has a ~ effect on individuals* de seksindustrie heeft een verderfelijke invloed op het individu

corrupt practice [kə'rʌpt 'præktɪs] *znw* corruptie

corsage [kɔː'sɑːʒ] *znw* ❶ lijfje ❷ corsage

corset ['kɔːsɪt] *znw* korset

cortege [kɔː'teɪʒ] *znw* (rouw)stoet

cortex ['kɔːteks] anat *znw* [*mv:* cortices] cortex, hersenschors, schors

cortisone ['kɔːtɪzəʊn] *znw* cortisone

coruscating ['kɒrəskeɪtɪŋ] *bn* ❶ dicht schitterend, sprankelend ❷ form briljant en humoristisch

corvette [kɔː'vet] *znw* korvet

cos [kɒs], **'cos, coz** inf *voegw* (because) omdat

cosh [kɒʃ] inf **I** *znw* ploertendoder **II** *overg* (neer)slaan met een ploertendoder

co-signatory [kəʊ'sɪgnətərɪ] **I** *bn* medeondertekenend **II** *znw* medeondertekenaar

co-signer [kəʊ-'saɪnə] *znw* medeondertekenaar

cosine ['kəʊsaɪn] wisk *znw* cosinus

cos lettuce ['kɒs 'letɪs], **cos** *znw* bindsla

cosmetic [kɒz'metɪk] **I** *bn* ❶ cosmetisch, schoonheids- ❷ fig oppervlakkig **II** *znw* schoonheidsmiddel, cosmetiek

cosmetician [kɒzmə'tɪʃən] *znw* schoonheidsspecialist(e)

cosmetics [kɒz'metɪks] *znw* [mv] cosmetica

cosmetic surgery [kɒz'metɪk 'sɜːdʒərɪ] *znw* cosmetische chirurgie

cosmic ['kɒzmɪk] *bn* ❶ kosmisch ❷ wereld-

cosmic dust ['kɒzmɪk dʌst] *znw* kosmische stof

cosmic radiation ['kɒzmɪk reɪdɪ'eɪʃən] *znw* kosmische straling

cosmic ray ['kɒzmɪk reɪ] *znw* kosmische straal

cosmographer [kɒz'mɒgrəfə] *znw* kosmograaf

cosmological [kɒzmə'lɒdʒɪkl] *bn* kosmologisch

cosmology [kɒz'mɒlədʒɪ] *znw* kosmologie

cosmonaut ['kɒzmənɔːt] *znw* kosmonaut

cosmopolitan [kɒzmə'pɒlɪtn] **I** *bn* kosmopolitisch **II** *znw* kosmopoliet, wereldburger

cosmos ['kɒzmɒz] *znw* ❶ ★ *the Cosmos* de kosmos, het heelal ❷ plantk soort sierplant

cossack ['kɒsæk] *znw* kozak

cosset ['kɒsɪt] *overg* vertroetelen, verwennen

cossie ['kɒsɪ 'kɒzɪ], **cozzie** inf *znw* zwempak, badpak

cost [kɒst] **I** *znw* ❶ prijs, kosten, uitgave ★ *the actual ~* de werkelijke kosten, de effectieve kostprijs ★ *additional ~s* bijkomende kosten ★ *administrative ~s* beheerskosten ★ *closing ~s* afsluitkosten ‹bij de koop / verkoop van een huis› ★ boekh *fixed ~s* vaste kosten ★ boekh & econ *marginal ~s* marginale kosten, grenskosten ★ *security must be tighter at all ~(s) / at any ~* de beveiliging moet strikter worden, wat het ook kost ★ *I returned the parcel at my ~* ik heb het pakje op

mijn kosten teruggestuurd ★ *greater speed may be at the ~ of accuracy* grotere snelheid kan ten koste gaan van nauwkeurigheid ★ *count the ~* de risico's overwegen, zich bezinnen op, de balans van iets opmaken ❷ schade, verlies ★ *I know it to my ~* ik heb leergeld betaald **II** *overg* [cost, cost] ❶ kosten ★ *it'll ~ you!* dat wordt betalen! ★ inf *~ an arm and a leg/~ a small fortune/~ a packet* duur zijn ★ *~ sbd dear / dearly* duur (te staan) komen ❷ de kosten berekenen van

cost accounting [kɒst ə'kaʊntɪŋ] *znw* kostenberekening, calculatie

cost allocation [kɒst ælə'keɪʃən] *znw* kostenverbijzondering, specificatie van kosten

co-star ['kəʊ-stɑː] **I** *znw* één v.d. hoofdrolspelers, co-star, tegenspeler **II** *onoverg* één v.d. hoofdrollen spelen, als tegenspeler hebben, als co-star optreden

Costa Rica [kɒstə 'riːkə] *znw* Costa Rica

Costa Rican [kɒstə 'riːkən] **I** *bn* Costa Ricaans **II** *znw* Costa Ricaan, Costa Ricaanse

cost benefit analysis [kɒst 'benɪfɪt ə'næləsɪs] *znw* kosten-batenanalyse

cost centre [kɒst 'sentə], Am **cost center** *znw* kostenplaats

cost-conscious ['kɒst-kɒnʃəs] *bn* kostenbewust, prijsbewust

cost control [kɒst kən'trəʊl] *znw* kostenbeheersing, kostenbewaking

cost-cutting ['kɒst-kʌtɪŋ] *bn* kostenbesparend ★ *a ~ measure* een kostenbesparende maatregel, bezuinigingsmaatregel

cost-effective [kɒst-ɪ'fektɪv], **cost-efficient** *bn* rendabel

cost-effectiveness [kɒst-ɪ'fektɪvnɪs], **cost-efficiency** *znw* rendabiliteit

cost-efficient [kɒst-ɪ'fɪʃənt] *bn* → **cost-effective**

cost estimate [kɒst 'estɪmɪt] *znw* (on)kostenbegroting, (on)kostenraming

costing ['kɒstɪŋ] *znw* calculatie, kostenberekening

costly ['kɒstlɪ] *bn* kostbaar, duur ★ *a ~ mistake* een dure vergissing ★ *security breaches are ~ to the country* veiligheidsovertredingen kosten het land veel

cost-of-carry [kɒst-ɒv-'kærɪ] fin *znw* kosten van het aanhouden

cost of living [kɒst ɒv 'lɪvɪŋ] *znw* kosten van levensonderhoud

cost-of-living index [kɒst-ɒv-'lɪvɪŋ 'ɪndeks] *znw* indexcijfer voor kosten van levensonderhoud

cost price [kɒst praɪs] *znw* kostprijs

cost-push inflation [kɒst-pʊʃ ɪn'fleɪʃən] *znw* kosteninflatie

cost reduction [kɒst rɪ'dʌkʃən] *znw* kostenvermindering

costs [kɒsts] *znw* [mv] proceskosten

cost saving [kɒst 'seɪvɪŋ] *znw* kostenbesparing

cost-saving ['kɒst-seɪvɪŋ] *bn* kostenbesparend ★ *a ~ measure* een kostenbesparende maatregel

cost structure [kɒst 'strʌktʃə] *znw* kostenstructuur

costume ['kɒstjuːm] *znw* kostuum, (kleder)dracht ★ *traditional / national* ~ klederdracht ★ *actors in period ~ will enact the events* toneelspelers in historische kostuums zullen de gebeurtenissen naspelen

costume drama ['kɒstjuːm 'drɑːmə] *znw* kostuumstuk

costume jewellery ['kɒstjuːm 'dʒuːəlrɪ] *znw* onechte juwelen

cosy ['kəʊzɪ], *Am* **cozy** I *bn* gezellig, behaaglijk II *znw* ❶ theemuts ❷ eierwarmer III *phras* ★ inf ~ up het zich behaaglijk maken ★ inf ~ up *to sbd* dicht tegen iem. aankruipen, bij iem. in de gunst proberen te komen

cot [kɒt] *znw* ❶ ledikantje, bedje ❷ (veld)bed

cotangent ['kəʊ'tændʒənt] wisk *znw* cotangens

cot-case ['kɒt-keɪs] Aus & NZ inf *znw* bedpatiënt, bedlegerige patiënt

cot death ['kɒtdeθ] *znw* wiegendood

cote [kəʊt] *znw* hok, *vooral* schaapskooi

co-tenant ['kəʊ'tenənt] *znw* medehuurder

coterie ['kəʊtərɪ] *znw* coterie, kliek ★ *a ~ of artists* een kunstenaarskliek

coterminous [kəʊ'tɜːmɪnəs] form *bn* aangrenzend

cottage ['kɒtɪdʒ] *znw* ❶ hut ❷ huisje, kleine villa

cottage cheese ['kɒtɪdʒ tʃiːz] *znw* hüttenkäse

cottage garden ['kɒtɪdʒ 'gɑːdn] *znw* Engelse bloementuin

cottage industry ['kɒtɪdʒ 'ɪndəstrɪ] *znw* huisnijverheid, thuiswerk

cottage loaf ['kɒtɪdʒ ləʊf] *znw* boerenbrood ⟨bestaande uit een kleinere en een grotere bol op elkaar⟩

cottage pie ['kɒtɪdʒ paɪ] *znw* gerecht van gehakt onder een krokante laag aardappelpuree

cottager ['kɒtɪdʒə] *znw* ❶ Br landarbeider, dorpeling ❷ Am huurder / eigenaar van een vakantiebungalow

cotter ['kɒtə] *znw* ❶ techn spie, keil ❷ keuterboer

cotter pin ['kɒtə pɪn] techn *znw* splitpen

cotton ['kɒtn] I *bn* katoenen II *znw* ❶ katoen ❷ katoenen stof / draad ❸ Am watten III *phras* ★ inf ~ on *to sth* tot een besef / inzicht komen, iets doorkrijgen ★ Am inf ~ *to sth* iets leuk vinden

cotton bud ['kɒtn bʌd] *znw* wattenstaafje

cotton candy ['kɒtn 'kændɪ] Am *znw* suikerspin

cotton gin ['kɒtn dʒɪn] *znw* machine om katoen te zuiveren ⟨v. zaden⟩

cotton grass ['kɒtn grɑːs] *znw* wollegras, veenpluis

cotton industry ['kɒtn 'ɪndəstrɪ] *znw* katoenindustrie

cotton mill ['kɒtn mɪl] *znw* katoenfabriek

cotton-picking ['kɒtn-pɪkɪŋ] Am inf *bn* verdomd ★ *wait a ~ moment!* nou moet je verdomd even wachten!

cottons ['kɒtnz] *znw* [mv] katoenen stoffen

cottontail ['kɒt(ə)nteɪl] *znw* Amerikaans konijn

cotton waste ['kɒtn weɪst] *znw* poetskatoen

cottonwood ['kɒtnwʊd] *znw* populier

cotton wool ['kɒtn wʊl] *znw* watten

couch [kaʊtʃ] I *znw* bank, sofa, canapé, divan II *overg* ❶ inkleden, uitdrukken, vervatten ★ *the speech was ~ed in careful terms* de toespraak was geformuleerd in voorzichtige bewoordingen ❷ omsluieren ⟨met woorden⟩

couchette [kuːˈʃet] *znw* couchette

couch potato [kaʊtʃ pəˈteɪtəʊ] Am inf *znw* iem. die maar wat thuis rondhangt voor de tv

cougar ['kuːgə] *znw* poema

cough [kɒf] I *znw* hoest ★ *a dry ~* een kriebelhoest ★ *she gave a discreet ~* ze gaf een discreet kuchje II *overg* hoesten ★ ~ *sth up* inf iets betalen, iets ophoesten III *onoverg* hoesten ★ ~ *into life* aanslaan ⟨v. auto's⟩ ★ inf ~ *up* onwillig betalen, ophoesten

cough drop ['kɒf drɒp] *znw* → **cough sweet**

coughing fit ['kɒfɪŋ fɪt] *znw* hoestaanval

cough mixture ['kɒf 'mɪkstʃə], **cough medicine** *znw* hoestdrank

cough sweet ['kɒf swiːt], **cough drop** *znw* hoesttablet, hoestsnoepje

cough syrup ['kɒf 'sɪrəp] *znw* hoestsiroop

could [kʊd] *ww* [v.t.] → **can**

couldn't ['kʊdənt] *samentr* (could not) → **can**

coulisse [kuːˈliːs] *znw* coulisse ★ *the ~s* de coulissen

couloir ['kuːlwɑː] *znw* couloir, ravijn

council ['kaʊnsl] *znw* ❶ raad ★ *an arts / sports & ~* een raad voor de kunst / sport & ❷ gemeenteraad, (lokaal) bestuur, raadsvergadering ★ *the local ~* het plaatselijk bestuur ★ *the municipal / town ~* het gemeentebestuur ★ *have a seat on the ~* in de gemeenteraad zitten ❸ concilie

council estate ['kaʊnsəl ɪ'steɪt] Br *znw* wijk met gemeentewoningen

council house ['kaʊnsəl haʊs] *znw* gemeentewoning, ± woningwetwoning

council housing ['kaʊnsəl 'haʊzɪŋ] *znw* gemeentelijke huisvesting

councillor ['kaʊnsələ] *znw* raad, raadslid

council of war ['kaʊnsəl ɒv 'wɔː] *znw* krijgsraad

counsel ['kaʊnsl] I *znw* ❶ raadgeving, beraadslaging ★ *keep one's (own) ~* zijn mond (weten te) houden, kunnen zwijgen ★ form *take* ~ raadplegen, beraadslagen, overleggen (met *with*) ❷ advocaat, rechtskundig adviseur, (de) advocaten ★ jur ~ *for the defence / defending* ~ verdediger ★ ~ *for the prosecution / prosecuting* ~ openbare aanklager II *overg* (aan)raden ★ jur ~ *or procure* uitlokken

counselling ['kaʊnsəlɪŋ], *Am* **counseling** *znw* raadgeving en begeleiding ⟨vooral m.b.t. psychische en sociale problemen⟩

counsellor ['kaʊnsələ], *Am* **counselor** *znw* ❶ raadgever, advocaat, raadsman / vrouw, adviseur ❷ psych counselor, therapeut

count [kaʊnt] I *znw* ❶ telling, tel, getal ★ *hold this position for a ~ of ten* houd deze positie ongeveer tien tellen vast ★ *be out for the ~* uitgeteld zijn ★ *keep ~ (of sth)* (iets) tellen, de telling (van iets) bijhouden ★ *lose* ~ de tel kwijt zijn ★ *take the* ~ uitgeteld worden ‹v. bokser› ★ *a high pollen* ~ een hoog stuifmeelgehalte in de lucht ❷ punt (van aanklacht) ★ *she's the better choice on any / every* ~ ze is in elk opzicht een betere keuze ❸ graaf **II** *overg* ❶ tellen, op-, meetellen ★ ~ *one's blessings* je zegeningen tellen, tevreden zijn met wat je hebt ★ ~ *the cost* de gevolgen ondervinden ★ ~ *the days / hours* de dagen / uren aftellen ★ zegsw *don't* ~ *your chickens (before they're hatched)* je moet de huid niet verkopen vóór de beer geschoten is ❷ (aan)rekenen, achten ★ *I* ~ *him among my friends* ik reken hem tot mijn vrienden **III** *onoverg* ❶ (mee)tellen, gelden ❷ van belang zijn **IV** *phras* ★ ~ **against** *sbd / sth* pleiten tegen iem. / iets ★ ~ **for** *nothing / something* (niet) meetellen, (geen) gewicht in de schaal leggen ★ ~ *sbd* **in** iem. meetellen ★ ~ *me* **in** ik doe mee ★ ~ **on** / **upon** *sth* staat maken op iets, rekenen op iets ★ ~ **on** / **upon** *sbd* op iem. rekenen / vertrouwen ★ ~ *sth* **out** iets uittellen ★ ~ *sbd* **out** iem. niet meetellen, uitschakelen ★ ~ *sth* **up** iets optellen ★ ~ **towards** *sth* meetellen voor iets

countable ['kaʊntəbl] *bn* telbaar

countable noun ['kaʊntəbl naʊn] gramm *znw* telbaar naamwoord

countback ['kaʊntbæk] *znw* terugrekening ‹om van twee deelnemers die gelijk eindigen de winnaar te bepalen›

countdown ['kaʊntdaʊn] *znw* aftellen

countenance ['kaʊntɪnəns] form **I** *znw* ❶ (aan)gezicht, gelaat ❷ kalmte, zelfbeheersing ★ *be out of* ~ van zijn stuk brengen ★ *keep one's* ~ zijn zelfbeheersing bewaren ★ *lose* ~ van zijn stuk raken ❸ bescherming, steun ★ *give* ~ *to sth* iets steunen **II** *overg* goedkeuren, aanmoedigen, steunen

counter ['kaʊntə] **I** *bn* tegen(gesteld) **II** *bijw* tegen (in) ★ *go* / *run* ~ *to sth* ingaan tegen iets, indruisen tegen iets **III** *znw* ❶ fiche ❷ teller ❸ toonbank, balie, loket ‹in postkantoor› ★ *over the* ~ over de toonbank ★ *under the* ~ onder de toonbank, clandestien ❹ tegenstoot, sp counter **IV** *overg* ❶ tegenspreken ❷ tegenwerken, ingaan tegen ❸ afslaan, pareren, een aanval afweren ❹ sp counteren **V** *onoverg* zich verweren, terugvechten

counter- ['kaʊntə] *voorv* tegen-, contra-

counteract [kaʊntə'rækt] *overg* ❶ tegenwerken ❷ neutraliseren, opheffen

counteraction [kaʊntə'rækʃən] *znw* tegenactie

counter argument ['kaʊntər 'ɑːgjʊmənt] *znw* tegenargument

counter-attack ['kaʊntər-ətæk], **counterattack I** *znw* tegenaanval **II** *overg* een tegenaanval doen op **III** *onoverg* een tegenaanval doen

counterbalance I *znw* ['kaʊntəbæləns] →
    counterweight II *overg* [kaʊntə'bæləns] opwegen tegen, opheffen, compenseren

counterblast ['kaʊntəblɑːst] *znw* onbesuisde reactie,

weerwoord

countercheck ['kaʊntətʃek] **I** *znw* (dubbele) controle **II** *overg & onoverg* nogmaals checken

counterclaim ['kaʊntəkleɪm] Am jur *znw* tegeneis, tegenvordering, eis in reconventie

counter clerk ['kaʊntə klɑːk] *znw* loketbeambte

counterclockwise [kaʊntə'klɒkwaɪz] Am *bn & bijw* tegen de wijzers van de klok in

counterculture ['kaʊntəkʌltʃə], **counter-culture** *znw* tegencultuur, alternatieve cultuur

countercurrent ['kaʊntəkʌrənt] *znw* tegenstroom

counter-espionage [kaʊntər-'esprɑnɑːʒ],   **counter-intelligence** *znw* contraspionage

counterfactual [kaʊntə'fæktʃʊəl] *bn* ❶ in strijd met de feiten ❷ voorwaardelijke bewering die in strijd is met de feiten

counterfeit ['kaʊntəfɪt] **I** *bn* nagemaakt, onecht, vals **II** *znw* namaak **III** *overg* namaken, nabootsen, vervalsen

counterfeiter ['kaʊntəfɪtə] *znw* ❶ vervalser ❷ valsemunter

counterfoil ['kaʊntəfɔɪl] *znw* strook, stok, souche ‹v. cheque›

counter-insurgency [kaʊntər-ɪn'sɜːdʒənsɪ],   **counterinsurgency** *znw* onderdrukking van een opstand

counter-intelligence [kaʊntər-ɪn'telɪdʒəns],   **counterintelligence** *znw* → **counter-espionage**

counter-intuitive [kaʊntər-ɪn'tjuːətɪv] *bn* intuïtief onaannemelijk

countermand [kaʊntə'mɑːnd] **I** *overg* afzeggen, herroepen, afgelasten, afbestellen, annuleren **II** *onoverg* tegenbevel geven, een tegenzet doen ★ *they* ~ed *with a threat of legal action* ze reageerden door te dreigen met gerechtelijke stappen

countermeasure ['kaʊntəmeʒə] *znw* tegenmaatregel

countermove ['kaʊntəmuːv] *znw* tegenzet

counteroffensive [kaʊntərə'fensɪv] *znw* tegenoffensief

counter-offer ['kaʊntə-ɒfə] *znw* tegenbod

counterpane ['kaʊntəpeɪn] *znw* beddensprei

counterpart ['kaʊntəpɑːt] *znw* ❶ muz tegenstem ❷ fig tegenhanger, equivalent, pendant ❸ collega, ambtgenoot, evenknie

counterplea ['kaʊntəpliː] jur *znw* repliek

counterplot ['kaʊntəplɒt] *znw* tegenlist

counterpoint ['kaʊntəpɔɪnt] muz *znw* contrapunt

counterpoise ['kaʊntəpɔɪz] **I** *znw* tegenwicht, contragewicht **II** *overg* ❶ opwegen tegen ❷ in evenwicht houden

counterproductive [kaʊntəprə'dʌktɪv] *bn* averechts

counter-proposal ['kaʊntə-prəpəʊzəl],   **counterproposal** *znw* tegenvoorstel

counterpunch ['kaʊntəpʌntʃ] *znw* tegenstoot

counter-revolution [kaʊntə-revə'luːʃən] *znw* contrarevolutie

counterrotate ['kaʊntərəʊ'teɪt] *onoverg* tegen elkaar in draaien

countersign ['kaʊntəsaɪn] **I** *znw* mil wachtwoord

CO

II *overg* contrasigneren
countersignature [kaʊntə'sɪɡnətʃə] *znw* medeondertekening
countersink ['kaʊntəsɪŋk] *overg* verzinken ‹v. schroeven &›
countersubject ['kaʊntəsʌbdʒɪkt] muz *znw* tweede thema
countersuit ['kaʊntəsuːt], **counter-suit** jur *znw* tegenproces
counter-tenor ['kaʊntə-tenə], **countertenor** muz *znw*
❶ mannelijke altstem ❷ contratenor, castraatalt
counterterrorism [kaʊntə'terərɪzəm] *znw* antiterrorisme
countertrade ['kaʊntətreɪd] *znw* compensatiehandel
countervailing [kaʊntə'veɪlɪŋ] form ★ ~ tegenwicht vormend ★ ~ *measures* compenserende maatregelen
countervailing duty [kaʊntə'veɪlɪŋ 'djuːtɪ] *znw* retorsierechten
countervalue ['kaʊntəvæljuː] *znw* tegenwaarde
counterweight ['kaʊntəweɪt], **counterbalance** *znw* tegenwicht, contragewicht
countess ['kaʊntɪs] *znw* gravin
counting frame ['kaʊntɪŋ freɪm] *znw* telraam
counting house ['kaʊntɪŋ haʊs] hist *znw* kantoor
countless ['kaʊntləs] *bn* talloos, ontelbaar
count noun [kaʊnt naʊn] gramm *znw* telbaar naamwoord
countrified ['kʌntrɪfaɪd], **countryfied** *bn* boers, plattelands, provinciaal
country ['kʌntrɪ] *znw* ❶ (vader)land, (land)streek ★ *the old ~* het moederland ★ *they travelled all across the ~* ze reisden het hele land door ★ *the tournaments are held in various places around the ~* de toernooien worden in verschillende plaatsen in het land gehouden ★ Br inf *that's not in my line of ~* dat is niets voor mij, dat is niet mijn pakkie-an ★ *what's your ~ of origin?* uit welk land kom je? ★ *go to the ~* verkiezingen uitschrijven ❷ platteland ★ *the ~* het platteland ★ *she lives in the ~* ze woont buiten / op het land / in de provincie ❸ → **country music**
country and western ['kʌntrɪ ænd 'westn], **country** *znw* → **country music**
country bumpkin ['kʌntrɪ 'bʌmpkɪn] inf *znw* boerenpummel, boerenkinkel
country club ['kʌntrɪ klʌb] *znw* buitensociëteit
country cousin ['kʌntrɪ 'kʌzən] *znw* provinciaaltje, boerenkinkel, boerentrien
country dance ['kʌntrɪ dɑːns] *znw* soort volksdans
country house ['kʌntrɪ haʊs] *znw* landhuis
countryman ['kʌntrɪmən] *znw* ❶ buitenman, landman, plattelander, boer ❷ landsman, landgenoot
country music ['kʌntrɪ 'mjuːzɪk], **country and western**, **country** *znw* countrymuziek
country seat ['kʌntrɪ siːt] *znw* buitenplaats, landgoed
countryside ['kʌntrɪsaɪd] *znw* landstreek ★ *the ~* het platteland, buiten, de provincialen ★ *the route runs through the ~ around Bristol* de route loopt door het platteland rondom Bristol
countrywide ['kʌntrɪwaɪd] *bn & bijw* door het hele land, landelijk
countrywoman ['kʌntrɪwʊmən] *znw*
❶ plattelandsvrouw ❷ landgenote
county ['kaʊntɪ] *znw* graafschap, bestuurlijke eenheid, provincie
county council ['kaʊntɪ 'kaʊnsəl] *znw* graafschapsraad
county court ['kaʊntɪ kɔːt] *znw* graafschapsrechtbank
county fair ['kaʊntɪ feə] *znw* jaarmarkt
county town ['kaʊntɪ taʊn], Am **county seat** *znw* hoofdstad van een graafschap
countywide ['kaʊntɪwaɪd] *bn & bijw* over het hele graafschap
coup [kuː] *znw* ❶ prestatie, zet ❷ coup, staatsgreep
coup de grâce [kuː də 'grɑːs] ‹(Fr)› *znw* genadeslag
coup détat [kuː deɪ'tɑː] ‹(Fr)› *znw* staatsgreep
coupé ['kuːpeɪ] *znw* coupé ‹auto, rijtuig›
couple ['kʌpl] **I** *znw* ❶ paar ❷ echtpaar **II** *overg*
❶ koppelen, verbinden, verenigen ❷ paren
couplet ['kʌplɪt] *znw* tweeregelig vers
coupling ['kʌplɪŋ] techn *znw* koppeling
coupling rod ['kʌplɪŋ rɒd] *znw* koppelingsstang
coupon ['kuːpɒn] *znw* ❶ coupon ❷ bon
coupon clipper ['kuːpɒn 'klɪpə] Am *znw* iem. die veel effecten bezit
courage ['kʌrɪdʒ] *znw* moed ★ *Dutch ~* jenevermoed ★ *the ~ of one's convictions* de moed om voor zijn overtuiging uit te komen ★ *take ~* moed vatten ★ *take one's ~ in both hands* al zijn moed verzamelen, de stoute schoenen aantrekken
courageous [kə'reɪdʒəs] *bn* moedig
courgette [kʊə'ʒet] *znw* courgette
courier ['kʊrɪə] *znw* ❶ koerier ★ *a ~ service* een koeriersdienst ❷ Br reisleider
course [kɔːs] **I** *znw* ❶ loop, koers, gang, verloop, beloop ★ *in due ~* te zijner tijd, na verloop van tijd ★ *what's our next ~ of action?* wat is onze volgende stap? ★ *in the normal ~ of events* volgens de normale gang van zaken ★ *it was an event that changed the ~ of history* het was een gebeurtenis die de koers van de geschiedenis heeft veranderd ★ *we expect to buy a house in the ~ of time* we hopen uiteindelijk een huis te kopen ★ *with the ~ of time, feelings softened* in de loop der tijd zwakten de gevoelens wat af ★ *be in the ~ of construction* in aanbouw zijn ★ *be off ~* uit de koers zijn ★ *let things take their ~* de zaken op hun beloop laten, Gods water over Gods akker laten lopen ★ *stay / stick the ~* tot het einde toe volhouden ★ *take / run its ~* zijn beloop hebben ❷ fig weg, handelwijze, gedragslijn ❸ gerecht ❹ (ren)baan ❺ onderw cursus, leergang, colleges ★ *an advanced ~* een cursus voor gevorderden ❻ med kuur ❼ reeks, opeenvolging, laag ‹stenen› ▼ *of ~* natuurlijk, dat spreekt vanzelf, allicht ▼ *of ~ not* natuurlijk niet **II** *onoverg* ❶ jagen ❷ stromen
coursebook ['kɔːsbʊk] *znw* leerboek, cursusboek

coursework ['kɔːswɜːk] *znw* prestaties gedurende de hele duur van een cursus, schoolonderzoek ★ *a master's degree by* ~ doctoraal examen op grond van tentamens ‹i.p.v. een scriptie›

coursing ['kɔːsɪŋ] *znw* lange jacht (jacht met windhonden)

court [kɔːt] **I** *znw* ❶ gerechtshof, rechtbank, rechtszaal, terechtzitting ★ *the county* ~ de county court, districtsrechtbank ★ *a high* ~ *judge* een rechter verbonden aan het Hooggerechtshof ★ *the youth* ~ de jeugdrechter, kinderrechter ★ *the* ~ *of Appeal/Am Appeals* het hof van appel / beroep ★ *a* ~ *of justice/*~ *of law* een rechtbank ★ *The Court of Justice of the European Communities* Het Hof van Justitie van de Europese Gemeenschappen ★ *go to* ~ naar de rechter stappen ★ *hear sbd in* ~ iem. ondervragen in de rechtszaal ★ *laugh sbd / sth out of* ~ iem. / iets weghonen ★ *rule sth out of* ~ iets niet ontvankelijk verklaren, iets wraken, niet toelaten, iets uitsluiten ★ *take sbd to* ~ iem. voor het gerecht dagen ★ *settle out of* ~ in der minne schikken ❷ (tennis)baan ❸ (binnen)plaats, plein, hofje ❹ hof, hofhouding, hofstoet ★ *pay* ~ *to sbd* iem. het hof maken ❺ raad **II** *overg* ❶ het hof maken ❷ streven naar ❸ zoeken, uitlokken **III** *onoverg* verkering hebben

court card ['kɔːtkɑːd] kaartsp *znw* plaatje ‹heer, vrouw of boer›

courteous ['kɜːtɪəs] *bn* hoffelijk, beleefd

courtesan [kɔːtɪ'zæn] *znw* courtisane, lichtekooi

courtesy ['kɜːtəsɪ] **I** *bn* beleefdheids- ★ *a* ~ *car* een leenauto / vervangende auto **II** *znw* beleefdheid, hoffelijkheid, vriendelijkheid, gunst ★ *(by)* ~ *of* met toestemming van, welwillend ter beschikking gesteld door ★ *he could have done me the* ~ *of replying* hij had de beleefdheid kunnen hebben om mij te antwoorden ★ *you could have had the* ~ *to let me know* je had zo beleefd kunnen zijn om mij te informeren ★ *she was treated with* ~ ze werd beleefd behandeld

courtesy light ['kɜːtəsɪ laɪt] *znw* portierlampje, binnenverlichting ‹in auto›

courtesy title ['kɜːtəsɪ 'taɪtl] *znw* adellijke titel, gedragen door de zoon v.d. eigenlijke rechthebbende

courthouse ['kɔːthaʊs] *znw* gerechtsgebouw

courtier ['kɔːtɪə] *znw* hoveling

courtly ['kɔːtlɪ] *bn* hoofs, heus, hoffelijk

court martial [kɔːt 'mɑːʃəl] **I** *znw* [*mv:* -*s of* courts martial] krijgsraad ★ *try sbd by* ~ iem. voor een krijgsraad berechten **II** *overg* voor de krijgsraad brengen

court of enquiry [kɔːt ɒv ɪn'kwaɪərɪ] *znw* gerechtelijke commissie van onderzoek

court of review [kɔːt ɒv rɪ'vjuː] *znw* hof van cassatie

court order [kɔːt 'ɔːdə] *znw* gerechtelijk bevel, vonnis

court record [kɔːt 'rekɔːd] *znw* handelingen van de rechtbank

courtroom ['kɔːtruːm] *znw* rechtszaal

courtship ['kɔːtʃɪp] *znw* vrijen, verkering ★ *they went there during their* ~ ze zijn er geweest toen ze nog verkering hadden

court shoe [kɔːt ʃuː] *znw* damesschoen met middelhoge hak

courtyard ['kɔːtjɑːd] *znw* (binnen)plaats, -plein

couscous ['kuːskuːs] *znw* couscous

cousin ['kʌzən] *znw* neef, nicht ‹kind van oom en tante› ★ *a distant* ~ een verre neef / nicht ★ *a first* ~ een volle neef / nicht ★ *a first* ~ *once removed* achterneef / nicht ‹kind van volle neef / nicht› ★ *a second* ~ achterneef / nicht, verre neef / nicht ★ *a second* ~ *once removed* kind van achterneef / nicht, verre neef / nicht ★ *a third cousin* achterachterneef / nicht

couth [kuːθ] inf scherts *bn* welgemanierd

covalence [kəʊ'veɪləns], **covalency** scheik *znw* covalentie, bindingswaardigheid

covalent [kəʊ'veɪlənt] scheik *bn* covalent

covariance [kəʊ'veərɪəns] wisk *znw* covariantie

covariant [kəʊ'veərɪənt] wisk **I** *bn* covariant **II** *znw* covariant

covariation [kəʊveərɪ'eɪʃən] wisk *znw* covariatie

cove [kəʊv] *znw* ❶ kreek, inham ❷ Br inf vent, kerel

coven [kʌvn] *znw* heksensabbat

covenant ['kʌvənənt] **I** *znw* overeenkomst, akte, verdrag, verbond **II** *overg & onoverg* form of jur overeenkomen

Coventry ['kɒvəntrɪ] *znw* ★ *send sbd to* ~ iedere vorm v. sociale omgang met iem. verbreken, iem. mijden, iem. links laten liggen

cover ['kʌvə] **I** *znw* ❶ dek(sel), (be)dekking, bekleding ★ *a loose* ~ losse bekleding, een los omslag ★ *a manhole* ~ een putdeksel / riooldeksel ❷ envelop, foedraal, stolp, kap ★ *under plain* ~ in een neutrale envelop ★ *under separate* ~ in een aparte envelop ❸ omslag, kaft, plat ‹v. boek› ★ *from* ~ *to* ~ van a tot z, van het begin tot het einde ❹ schuilplaats, leger ‹v. wild› ❺ bescherming, beschutting, dekking ★ verz *a primary* ~ een basisdekking ★ verz *a* ~ *against accidental damage* een WA-verzekering ★ verz *a* ~ *for theft / fire &* een inbraak- / brandverzekering ★ *under* ~ beschut, onder dak, mil gedekt ★ *under (the)* ~ *of sth* onder dekking / bescherming van iets, fig onder de schijn / dekmantel van iets ★ *break* ~ uit de dekking tevoorschijn komen ★ *dive for / run for* ~ haastig dekking zoeken ★ *seek* ~, *take* ~ in dekking gaan, dekking zoeken ❻ dekmantel ★ *blow sbd's* ~ iemands identiteit verklappen ❼ couvert ‹bord, mes, vork, lepel› **II** *overg* ❶ bedekken, overdekken, beschermen, afdekken, verbergen ★ Am vulg ~ *one's ass / butt / backside* rekening houden met een aanval / kritiek ★ ~ *one's position* zich financieel indekken ★ ~ *one's tracks* zijn sporen uitwissen ★ *be* ~*ed in sth* overdekt zijn met iets, onder iets zitten ★ ~ *sth up* iets toedekken, over-, bedekken, iets inpakken, iets verbergen, verborgen houden, iets in de doofpot stoppen ❷ overtrekken, bekleden, kaften ❸ zich uitstrekken over, beslaan, omvatten ★ Am inf ~ *the waterfront* alles omvatten ❹ afleggen ⟨afstand⟩ ❺ gaan over, behandelen ❻ verslaan ⟨als verslaggever⟩ ❼ dekken, bewaken ❽ mil aanleggen op, onder schot houden / krijgen, bestrijken **III** onoverg ★ ~ *for sbd* voor iem. invallen ★ ~ *(up) for sbd* iem. dekken

coverage ['kʌvərɪdʒ] znw ❶ wat bestreken (bereikt) wordt door radio, tv, reclame & ❷ verslag, reportage ❸ handel dekking ❹ risicodekking

coveralls ['kʌvərɔːlz] znw [mv] overal, ketelpak

cover charge ['kʌvə tʃɑːdʒ] znw bedieningsgeld (in restaurant)

cover crop ['kʌvə krɒp] znw groenbemesting(sgewas)

cover drive ['kʌvə draɪv] cricket znw aanvallende slag

cover girl ['kʌvə gɜːl] znw covergirl

covering ['kʌvərɪŋ] znw (be)dekking, dek ★ *a light ~ of snow* een dun laagje sneeuw

covering letter ['kʌvərɪŋ 'letə] znw begeleidend schrijven

coverlet ['kʌvəlɪt] znw beddensprei

cover note ['kʌvə nəʊt] verz znw sluitnota

covers ['kʌvəz] znw [mv] ❶ dekens, beddengoed ❷ veldpositie bij cricket

cover story ['kʌvə 'stɔːrɪ] znw omslagverhaal, coverstory

covert ['kʌvət] **I** bn bedekt, heimelijk, geheim, verborgen **II** znw schuilplaats, struikgewas ⟨als schuilplaats voor wild⟩, leger

covertly ['kʌvətlɪ] bijw heimelijk, geheim, stiekem

cover-up ['kʌvər-ʌp] znw ❶ dekmantel ❷ doofpotaffaire

covet ['kʌvɪt] overg begeren

coveted ['kʌvɪtɪd] bn begeerd ★ *a ~ award* een felbegeerde onderscheiding

covetous ['kʌvɪtəs] bn begerig, hebzuchtig

covetousness ['kʌvɪtəsnɪs] znw hebzucht, jaloezie

covey ['kʌvɪ] znw ❶ dierk vlucht ⟨vogels, m.n. patrijzen⟩ ❷ kleine troep

cow [kaʊ] **I** znw ❶ koe ★ inf *till the ~s come home* tot je een ons weegt ❷ wijfje ⟨v. olifant &⟩ ❸ inf wijf **II** overg bang maken, vrees inboezemen, intimideren ★ *be ~ed into submission* zo geïntimideerd worden dat je toegeeft ★ ~ *sbd into doing sth* iem. onder druk iets laten doen

coward ['kaʊəd] znw lafaard, bangerik

cowardice ['kaʊədɪs] znw laf(hartig)heid ★ ~ *in the face of the enemy* lafheid in het aangezicht van de vijand, lafheid aan het front

cowardly ['kaʊədlɪ] bn & bijw laf(hartig)

cowbell ['kaʊbel] znw koebel

cowberry ['kaʊbərɪ] znw vossenbes, rode bosbes

cowboy ['kaʊbɔɪ] znw ❶ Am cowboy ❷ dolle dries, wegpiraat ❸ ± beunhaas

cowboy boot ['kaʊbɔɪ buːt] znw cowboylaars

cowboy film ['kaʊbɔɪ fɪlm] znw cowboyfilm

cowboy hat ['kaʊbɔɪ hæt] znw cowboyhoed

cow camp [kaʊ kæmp] Am znw kampement gebruikt tijdens het bijeendrijven van het vee

cowcatcher [kaʊ'kætʃə] Am znw baanschuiver ⟨aan locomotief⟩

cow cocky [kaʊ 'kɒkɪ] Aus & NZ inf znw boer met een rundveebedrijf

cow dung [kaʊ dʌŋ], **cow manure** znw koeienmest, koemest

cower ['kaʊə] onoverg neerhurken, ineenkrimpen, (weg)kruipen

cow flop [kaʊ flɒp], **cow flap** znw → **cowpat**

cowgirl ['kaʊgɜːl] znw cowgirl, vrouwelijke cowboy

cowherd ['kaʊhɜːd] znw koeherder

cowhide ['kaʊhaɪd] znw koeienhuid

cowl [kaʊl] znw ❶ monnikskap, monnikspij ❷ schoorsteenkap, gek ❸ luchtv kap ⟨v. motor⟩

cowlick ['kaʊlɪk] znw ❶ weerbarstige lok ❷ spuuglok

cowling ['kaʊlɪŋ] luchtv znw kap ⟨v. motor⟩

cowman ['kaʊmən] Am znw koeherder

cow manure [kaʊ mə'njʊə] znw → **cow dung**

co-worker [kaʊ'wɜːkə] znw collega, medewerker

cow parsley [kaʊ 'pɑːslɪ] znw fluitenkruid

cowpat ['kaʊpæt], **cow pie**, **cow flop**, **cow flap** znw koeienvlaai

cowpoke ['kaʊpəʊk], **cow puncher** Am inf znw cowboy

cowpox ['kaʊpɒks] znw koepokken

cow puncher [kaʊ 'pʌntʃə] Am inf znw → **cowpoke**

cowrie ['kaʊ(ə)rɪ] znw porseleinslak

co-write [kaʊ-raɪt] overg medeauteur zijn van

co-writer [kaʊ-'raɪtə] znw medeauteur

cowshed ['kaʊʃed] znw koeienstal

cowslip ['kaʊslɪp] znw sleutelbloem

cox [kɒks] **I** znw stuurman ⟨v. roeiboot⟩ **II** overg als stuurman optreden voor, besturen **III** onoverg stuurman zijn

coxed [kɒkst] bn met stuurman / stuurvrouw ★ sp *a ~ four* een vier met stuurman / stuurvrouw

coxswain ['kɒkswein] znw stuurman

coy [kɔɪ] bn (quasi-)verlegen, bedeesd, schuchter, terughoudend, preuts ★ *he was a bit ~ about how much the film cost* hij was een beetje terughoudend over hoeveel de film gekost had

coyness ['kɔɪnəs] znw schuchterheid, verlegenheid, bedeesdheid, preutsheid

coyote [kɔɪ'əʊtɪ] znw prairiewolf, coyote

coypu ['kɔɪpuː] znw nutria, beverrat, moerasbever

cozy ['kəʊzɪ] Am bn → **cosy**

cozzie ['kɒzɪ] znw → **cossie**

CPI Am afk → **consumer price index**

CPR afk (cardiopulmonary resuscitation) reanimatie

CPU comput afk (Central Processing Unit) CVE, centrale verwerkingseenheid

crab [kræb] **I** znw ❶ krab ★ *the Crab* de Kreeft ⟨teken v.d. dierenriem⟩ ★ *catch a ~* een snoek maken, slaan ⟨bij roeien⟩ ❷ med schaamluis, platje ❸ **crab apple** plantk wilde appel, fig & inf zuurpruim, mopperkont **II** *overg* afmaken, bekritiseren **III** *onoverg* ❶ inf kankeren, mopperen ❷ gedat bederven

crabbed ['kræb(ɪ)d] *bn* ❶ zuur, kribbig, nors, korzelig ❷ kriebelig (geschreven) ❸ gewrongen ‹v. stijl›

crabby ['kræbɪ] *bn* kribbig, humeurig

crabs [kræbz] *znw* [mv] schaamluis

crack [kræk] **I** *bn* chic, prima, best, keur-, elite ★ *a ~ pilot* een uitstekende piloot **II** *znw* ❶ gekraak, kraak, krak, knak, knal ❷ kier, spleet, barst, breuk ★ *a ~ of light* een kiertje licht ★ *could you open the window just a ~?* kun je het raam een heel klein beetje open doen? ❸ slag, klap ★ *a ~ of thunder* een donderslag ★ inf *a ~ of the whip* een eerlijke kans ★ inf *fair ~ of the whip!* geef ons een kans! ★ *let out a ~ of laughter* hardop lachen ❹ geintje, grapje, hatelijkheid ❺ gooi, poging ★ *have a ~ at sbd* een hatelijke opmerking tegen iem. maken ★ *have a ~ at sth* een gooi doen naar iets ❻ crack ‹cocaïnederivaat› ❼ inf kei, uitblinker, crack ❽ → lers **craic** ▼ *the ~ of doom* de dag des oordeels ▼ *at the ~ of dawn* bij het krieken van de dag **III** *overg* ❶ kraken, knappen, breken ‹glas, ijs› ❷ doen barsten, laten springen, doen knallen, laten klappen ★ *~ a bottle* een fles open maken ★ *~ jokes* moppen tappen ❸ de oplossing vinden van ‹een probleem›, ontcijferen ‹v. een code› ❹ inbreken in een computersysteem **IV** *onoverg* ❶ kraken, barsten, springen, knallen, klappen, breken ❷ instorten, knakken ▼ inf *get ~ing* aan de slag gaan, opschieten, voortmaken (met *with*) **V** *phras* ★ *~ down on sbd / sth* iem. / iets hard aanpakken ★ Br inf *~ on* flink opschieten ★ inf *~ up* instorten, bezwijken, het begeven, in lachen uitbarsten ★ inf *~ sbd up* iem. erg laten lachen

crackdown ['krækdaʊn] *znw* strenge maatregelen, streng optreden ★ *there's been a ~ on tax evasion* er is streng opgetreden tegen belastingontduiking

cracked [krækt] *bn* ❶ gescheurd, gebarsten ❷ inf getikt ▼ inf *he's not all he's ~ up to be* hij is helemaal niet zo goed als algemeen beweerd wordt

cracked wheat [krækt wi:t] *znw* tarwegries

cracker ['krækə] *znw* ❶ (zeven)klapper, knalbonbon, pistache ❷ cracker, Am beschuit ❸ iem. die inbreekt in computersystemen

crackerjack ['krækədʒæk] Am inf **I** *bn* eersteklas, top-, prima **II** *znw* uitblinker, kei

crackers ['krækəz] inf *bn* krankjorum, knetter, gek

crackhead ['krækhed] inf *znw* crackgebruiker

crack house [kræk haʊs] inf *znw* huis / woning waar crack wordt verhandeld / gebruikt

cracking ['krækɪŋ] inf *bn* ❶ zeer snel ❷ fantastisch, uitstekend, geweldig ★ *at a ~ pace* met een flinke vaart

crackle ['krækl] **I** *znw* ❶ geknetter, knappen ❷ craquelure, haarscheurtjes, craquelé ‹v. porselein› **II** *overg & onoverg* knetteren, knappen

crackle glaze ['krækl gleɪz] *znw* craqueléglazuur

crackle ware ['krækl weə] *znw* craquelé porselein

crackling ['kræklɪŋ] *znw* ❶ geknetter ❷ gebraden randje aan varkensvlees

crackpot ['krækpɒt] inf **I** *bn* excentriek, bizar, gek **II** *znw* excentriekeling, zonderling

cracksman ['kræksmən] inf *znw* inbreker

cradle ['kreɪdl] **I** *znw* ❶ wieg, bakermat ★ *dicht the ~ of civilisation* de bakermat van de beschaving ★ *from the ~* van kindsbeen af ★ *zegsw the hand that rocks the ~ rules the world* ± wie de jeugd heeft, heeft de toekomst ❷ scheepv slede ❸ med spalk ❹ hangstelling ❺ haak ‹v. telefoon› **II** *overg* ❶ wiegen ❷ op de haak leggen ‹v. telefoon›

cradle cap ['kreɪdl kæp] *znw* berg ‹hoofdhuidaandoening bij baby's›

cradle-snatcher ['kreɪdl'snætʃə], **cradle snatcher** inf afkeurend of scherts *znw* iem. die een verhouding heeft met een veel jonger persoon, ouwe snoeper

cradle song ['kreɪdl sɒŋ] *znw* wiegelied

craft [krɑːft] **I** *znw* ❶ handwerk, ambacht, kunst(nijverheid), vak ★ *he's a master of his ~* hij is een meester in zijn vak ❷ gilde ❸ list(igheid), sluwheid, bedrog ❹ scheepv vaartuig, vaartuigen ‹van allerlei soort› ★ *a coastal ~* een kustvaartuig **II** *overg* vervaardigen, maken ‹met de hand›

craftiness ['krɑːftɪnɪs] *znw* listigheid, sluwheid, boerenslimheid

craftsman ['krɑːftsmən] *znw* ❶ (bekwaam) handwerksman ❷ vakman

craftsmanship ['krɑːftsmənʃɪp] *znw* ❶ vakmanschap, bedrevenheid ❷ handwerk

craftsperson ['krɑːftspɜːsən] *znw* vakman, vakvrouw

craftwork ['krɑːftwɜːk] *znw* handwerk

crafty ['krɑːftɪ] *bn* loos, listig, sluw, berekenend

crag [kræg] *znw* rots(punt)

craggy ['krægɪ] *bn* ❶ steil, ruw, onregelmatig, grillig ingesneden ❷ verweerd ‹v. gezicht›

craic [kræk], **crack** lers *znw* pret, plezier

cram [kræm] **I** *overg* ❶ in-, volstoppen, volproppen ★ inf *~ sth in* iets naar binnen proppen ❷ onderw inpompen, klaarstomen ‹voor examen› **II** *onoverg* onderw blokken

cram-full ['kræm-fʊl] *bn* tjokvol, propvol ★ *the parking lot was ~ of cars* de parkeerplaats was tjokvol auto's

crammer ['kræmə] *znw* ❶ repetitor ❷ particuliere school die leerlingen in korte tijd klaarstoomt voor een examen

cramp [kræmp] **I** *znw* ❶ kramp ★ *I was seized by an attack of ~* ik werd gegrepen door een krampaanval ❷ belemmering ❸ → **cramp iron II** *overg* ❶ kramp veroorzaken (in) ❷ krammen ❸ belemmeren ★ inf *~ sbd's style* iem. in zijn doen en laten / ontplooiing belemmeren

cramped [kræmpt] *bn* ❶ belemmerd, klein, krap ‹v. behuizing› ★ *a ~ style* een gewrongen stijl ★ *be ~ for room* zich niet vrij bewegen kunnen, eng behuisd zijn ❷ priegelig ‹v. handschrift› ★ *~ handwriting* kriebelig schrift

cramp iron [kræmp 'aɪən], **cramp** *znw* kram,

klemhaak

crampon ['kræmpən] *znw* ijsspoor, klimijzer

cranberry ['krænbərɪ] *znw* veenbes, cranberry

crane [kreɪn] **I** *znw* ❶ <u>dierk</u> kraanvogel ❷ <u>techn</u> (hijs)kraan **II** *overg* ★ ~ *one's neck* de hals uitstrekken, reikhalzen **III** *onoverg* de hals uitstrekken, reikhalzen ★ ~ *forward* reikhalzend uitzien

crane fly [kreɪn flaɪ] *znw* langpootmug

cranial ['kreɪnɪəl] <u>anat</u> *bn* schedel-

cranium ['kreɪnɪəm] <u>anat</u> *znw* [*mv:* -s *of* crania] schedel

crank [kræŋk] **I** *znw* ❶ kruk, handvat, crank, slinger ❷ zonderling, excentriekeling **II** *phras* ★ ~ *sth* out iets aan de lopende band produceren ★ ~ *sth* up iets aanzwengelen <motor>, iets opvoeren <snelheid>

crank caller [kræŋk 'kɔːlə] *znw* iem. die vervelende telefoontjes pleegt

crankcase ['kræŋkkeɪs] <u>techn</u> *znw* carter

crankshaft ['kræŋkʃɑːft] <u>techn</u> *znw* krukas

cranky ['kræŋkɪ] *bn* ❶ <u>vooral Am</u> nukkig, humeurig ❷ <u>Br inf</u> excentriek, raar

cranny ['krænɪ] *znw* scheur, spleet ★ *in every nook and* ~ in alle hoeken en gaten

crap [kræp] <u>vulg</u> **I** *znw* ❶ stront ❷ gelul, stom geouwehoer ❸ snertding, troep, shit **II** *onoverg* ❶ schijten, kakken ❷ ouwehoeren ★ ~ *on* doorouwehoeren

crape [kreɪp], **crêpe**, **crepe** *znw* crêpe

crappy ['kræpɪ] <u>vulg</u> *bn* waardeloos, kut-

craps [kræps] <u>Am</u> *znw* [mv] bepaald dobbelspel

crash [kræʃ] **I** *bn* spoed- ★ *a* ~ *program in sth* een spoedcursus in iets ★ *a* ~ *diet* een sneldieet **II** *bijw* met een knal ★ *the plane went* ~ *into the hillside* het vliegtuig vloog met een knal tegen de helling van de heuvel **III** *znw* ❶ botsing, aanrijding, (vliegtuig)ongeluk ❷ klap, dreun, gekraak, geratel, geraas, slag ❸ <u>handel</u> val, krach, debacle ❹ <u>comput</u> crash **IV** *overg* ❶ botsen op / tegen, te pletter laten vallen ❷ neersmijten ❸ <u>inf</u> onuitgenodigd verschijnen <op feest> **V** *onoverg* ❶ kraken, dreunen, ratelen, krakend ineenstorten ❷ botsen, verongelukken, neerstorten, neerkomen, te pletter vallen <v. vliegtuig> ★ ~ *against / into sth* aanbotsen tegen iets ❸ ineenstorten <beurs>, failliet gaan ★ <u>inf</u> ~ *and burn* spectaculair ten onder gaan ❹ crashen, vastlopen <v. computer> ❺ <u>inf</u> in slaap vallen (ook ~ *out*)

crash barrier [kræʃ 'bærɪə] *znw* vangrail

crash course ['kræʃ kɔːs] *znw* spoedcursus

crash diet [kræʃ 'daɪət] *znw* snel gewichtsverlies door weinig te eten

crash dive ['kræʃ daɪv] *znw* plotselinge duik <v. vliegtuig, onderzeeboot>

crash-dive ['kræʃ-daɪv] *onoverg* plotseling duiken

crash helmet [kræʃ 'helmɪt] *znw* valhelm

crashing bore ['kræʃɪŋ bɔː] *znw* ongelofelijke zeurpiet

crash-land ['kræʃ-lænd] *onoverg* een noodlanding / buiklanding maken

crash-landing [kræʃ-'lændɪŋ] *znw* noodlanding, buiklanding

crash pad [kræʃ pæd] *znw* ❶ stootkussen ❷ noodslaapplaats

crash test [kræʃ test] *znw* botsproef

crash-test ['kræʃ-test] *overg* botsproeven doen

crass [kræs] *bn* bot, grof, onbehouwen, lomp

crassness ['kræsnɪs] *znw* ❶ grofheid, lompheid, stommiteit ❷ botheid

crate [kreɪt] **I** *znw* ❶ krat, kist ★ *a* ~ *of apples* een kist met appels ❷ <u>inf</u> brik, oude auto **II** *overg* inpakken in kisten / kratten

crated ['kreɪtɪd] *bn* verpakt in kratten of kisten

crater ['kreɪtə] *znw* ❶ krater ❷ (granaat)trechter

cravat [krə'væt] *znw* sjaaltje

crave [kreɪv] **I** *overg* smeken, vragen (om) **II** *onoverg* ★ ~ *for sth* snakken naar iets, hunkeren naar iets

craven ['kreɪvən] <u>form</u> *bn* laf ★ *a* ~ *act of violence* een laffe daad van geweld

craving ['kreɪvɪŋ] *znw* hevig verlangen ★ *have a* ~ *for sth* een hunkering hebben naar iets

craw [krɔː] *znw* krop <van vogel> ★ <u>fig</u> *stick in one's* ~ in het verkeerde keelgat schieten, tegen de borst stuiten

crawfish ['krɔːfɪʃ] <u>Am</u> *znw* rivierkreeft

crawl [krɔːl] **I** *znw* ❶ het kruipen ★ *the traffic slowed to a* ~ het verkeer verminderde snelheid tot een slakkengangetje ❷ rilling ❸ crawl <zwemslag> **II** *overg* ★ *be* ~*ing with sth* wemelen / krioelen van iets **III** *onoverg* ❶ kruipen, sluipen, schuifelen <v. slang> ★ ~ *back (to sbd)* op zijn knieën teruggaan (naar iem.) ❷ snorren <van taxi &> ❸ krioelen ★ ~ *with sth* wemelen / krioelen van iets ★ *make one's skin* ~ je de kriebels geven

crawler ['krɔːlə] <u>inf</u> *afkeurend znw* kruiper

crawler lane ['krɔːlə leɪn] <u>transport</u> *znw* kruipspoor

crawl space [krɔːl speɪs] *znw* kruipruimte

crayfish ['kreɪfɪʃ] *znw* rivierkreeft

crayon ['kreɪən] **I** *znw* ❶ crayon, tekenkrijt ❷ pastel, pasteltekening **II** *overg & onoverg* crayoneren, met krijt tekenen

craze [kreɪz] *znw* krankzinnigheid, rage, manie ★ *navel studs are no longer the latest* ~ navelknopjes / navelpiercings zijn niet meer de laatste rage

crazed [kreɪzd] *bn* ❶ gecraqueleerd ★ *a* ~ *glaze* een craqueléglazuur ❷ krankzinnig, gek ★ *a* ~ *gunman* een krankzinnige schutter

crazy ['kreɪzɪ] *bn* krankzinnig, gek ★ *laugh / run & like* ~ lachen / rennen & als een gek ★ *be* ~ *about sbd / sth* dol op iem. / iets zijn ★ <u>Am</u> *be* ~ *for sbd / sth* gek zijn op iem. / iets

crazy bone ['kreɪzɪ bəʊn] <u>Am</u> *znw* → **funny bone**

crazy paving ['kreɪzɪ 'peɪvɪŋ] *znw* mozaïekplaveisel

creak [kriːk] **I** *znw* knarsend / krakend / piepend geluid ★ *the door gave a* ~ *as we entered* de deur piepte toen we binnenkwamen ★ *the gate opened with a* ~ het hek ging knarsend open **II** *onoverg* kraken, knarsen, piepen ★ ~ *open* knarsend opengaan

creaky ['kri:kɪ] bn krakend, knarsend, piepend

cream [kri:m] **I** bn crème **II** znw ❶ room, slagroom ★ *strawberries and* ~ aardbeien met slagroom ❷ crème ❸ beste, <u>fig</u> bloem ★ *the* ~ *of sth* het beste van iets ❹ bonbon **III** overg ❶ (af)romen ★ <u>fig</u> ~ *sth off* iets afromen ❷ kloppen, dooreenroeren ❸ inwrijven, smeren ⟨huid⟩

cream bun [kri:m bʌn] znw puddingbroodje

cream cheese [kri:m tʃi:z] znw roomkaas

cream cracker [kri:m 'krækə] znw cracker

creamed corn [kri:md kɔ:n] znw gerecht met maïs en room

creamer ['kri:mə] znw ❶ roomkannetje ❷ roomafscheider, separator

creamery ['kri:mərɪ] znw ❶ boterfabriek, zuivelfabriek ❷ melksalon

cream of tartar [kri:m ɒv 'tɑ:tə] znw wijnsteenpoeder, kaliumbitartraat

cream puff [kri:m pʌf] znw roomsoes

cream sherry [kri:m 'ʃerɪ] znw cream sherry

cream soda [kri:m 'səʊdə] znw cream soda, vanille priklimonade

cream tea [kri:m ti:] <u>Br</u> znw theemaaltijd met jam, cake en room

creamy ['kri:mɪ] bn ❶ roomachtig, roomhoudend ❷ romig, smeuïg

crease [kri:s] **I** znw kreuk(el), vouw, plooi **II** overg kreuk(el)en, vouwen, plooien ★ <u>inf</u> ~ *sbd up* iem. in lachen laten uitbarsten **III** onoverg ★ <u>inf</u> ~ *up* omvallen van het lachen, in een deuk liggen

creased [kri:st] bn gekreukeld ★ *my clothes were badly* ~ mijn kleren waren erg gekreukeld

crease-proof [kri:s-pru:f], **crease-resistant** bn kreukherstellend, -vrij

create [kri:'eɪt] **I** overg ❶ scheppen, creëren, maken, in het leven roepen, wekken ❷ veroorzaken, doen ontstaan, teweegbrengen ❸ benoemen tot **II** onoverg <u>Br</u> <u>inf</u> tekeergaan, drukte maken

creation [kri:'eɪʃən] znw ❶ schepping ★ *the Creation* de schepping ❷ instelling ❸ creatie

creationist [kri:'eɪʃənɪst] znw creationist ⟨tegenstander v.d. evolutieleer⟩

creation science [kri:'eɪʃən 'saɪəns] znw scheppingswetenschap, creationisme

creative [kri:'eɪtɪv] bn creatief, scheppend, scheppings-

creative accounting [kri:'eɪtɪv ə'kaʊntɪŋ], **creative accountancy** znw creatief boekhouden

creativity [kri:er'tɪvətɪ], **creativeness** znw creativiteit, scheppingsvermogen, scheppende kracht ★ *there's little scope for* ~ *in my job* er is weinig ruimte voor creativiteit in mijn baan

creator [kri:'eɪtə] znw schepper ★ *the Creator* de Schepper

creature ['kri:tʃə] znw ❶ schepsel ❷ beest, dier ★ *a* ~ *of habit* een gewoontedier / gewoontemens ❸ <u>form</u> <u>afkeurend</u> creatuur, werktuig ★ *be the* ~ *of sbd / sth* volledig onder controle staan van iem. / iets

creature comforts ['kri:tʃə 'kʌmfəts] znw [mv] materiële welstand

crèche [kreʃ, kreɪʃ] znw crèche

cred [kred] <u>inf</u> znw straatimago, geloofwaardigheid bij de jeugd

credal ['kri:dl], **creedal** bn betrekking hebbend op een artikel van geloof

credence ['kri:dns] znw ★ *give / lend* ~ *to sth* geloof hechten aan iets

credentials [krə'denʃəlz] znw [mv] ❶ geloofsbrieven ❷ <u>fig</u> papieren ⟨getuigschriften &⟩ ★ *he's now establishing his* ~ *as a research scientist* hij is bezig zijn roem te vestigen als een wetenschappelijk onderzoeker ★ *he has excellent* ~ *for the job* hij heeft uitstekende papieren voor de baan

credibility [kredə'bɪlətɪ] znw geloofwaardigheid ★ *his* ~ *as president has been undermined* zijn geloofwaardigheid als president is ondergraven

credibility gap [kredə'bɪlətɪ gæp] znw discrepantie tussen wat gezegd / beloofd is en de feiten

credible ['kredɪbl] bn geloofwaardig, betrouwbaar ★ *it seems barely* ~ *that he could do such a thing* het is haast niet te geloven dat hij zoiets zou doen

credible en credulous
Credible betekent **geloofwaardig, betrouwbaar**, en credulous betekent **lichtgelovig, goedgelovig**. *John is a credible candidate* betekent *John is een betrouwbare kandidaat* en niet *John is een goedgelovige kandidaat.*

credit ['kredɪt] **I** znw ❶ geloof, reputatie, goede naam, gezag, invloed, eer ★ *to sbd's* ~ tot iemands eer (strekkend), op iemands naam (staand) ⟨v. boeken &⟩, in iemands credit (geboekt) ★ *be a* ~ *to sbd / do* ~ *to sbd* iem. tot eer strekken ★ *give* ~ *to sth* geloof schenken aan iets ★ *take* ~ *for sth* met de eer voor iets gaan strijken, de eer voor iets hebben ★ <u>zegsw</u> *give* ~ *where* ~ *is due* ere wie de ere toekomt ❷ krediet ★ *consumer* ~ consumptief krediet, consumentenkrediet ★ *continuous* ~ doorlopend krediet ★ *buy sth on* ~ iets op krediet / afbetaling kopen ★ *give sbd* ~ *for sth* iem. krediet geven voor iets ❸ credit, creditzijde, bijdrage, subsidie ★ *on the* ~ *side* aan de creditzijde ★ *be in* ~ niet rood staan ★ *have sth to one's* ~ iets op zijn naam hebben staan, iets op zijn bankrekening hebben ❹ 'goed' ⟨één beoordeling boven 'voldoende'⟩ **II** overg ❶ geloven ❷ crediteren, toeschrijven ★ ~ *sbd with sth* iem. de eer geven van iets, iem. crediteren voor iets ★ *Bell is* ~*ed with inventing the telephone* de uitvinding van de telefoon wordt toegeschreven aan Bell

creditable ['kredɪtəbl] bn eervol, verdienstelijk ★ *he gave a* ~ *performance as Lear* hij vertolkte de rol van Lear heel verdienstelijk

credit account ['kredɪt ə'kaʊnt] znw rekening ⟨bij een winkel⟩

credit agency ['kredɪt 'eɪdʒənsɪ] znw kredietwaardigheidsbureau, bureau kredietregistratie

credit assessment ['kredɪt ə'sesmənt] *znw*
kredietbeoordeling ⟨het beoordelen van de
kredietwaardigheid⟩

credit balance ['kredɪt 'bæləns] *znw* batig saldo,
creditsaldo

credit card ['kredɪt kɑːd] *znw* kredietkaart, creditcard
★ *he's run up quite a debt on his* ~ hij heeft een
behoorlijk tekort opgebouwd op zijn creditcard

credit facility ['kredɪt fə'sɪlətɪ] *znw* kredietfaciliteit

credit insurance ['kredɪt ɪn'ʃʊərəns] *znw*
kredietverzekering

credit limit ['kredɪt 'lɪmɪt] *znw* kredietplafond,
kredietlimiet

credit note ['kredɪt nəʊt] *znw* tegoedbon

creditor ['kredɪtə] *znw* crediteur, schuldeiser

credit rating ['kredɪt 'reɪtɪŋ] *znw* → **credit standing**

credit risk ['kredɪt rɪsk] *znw* kredietrisico

credits ['kredɪts] *znw* [mv] aftiteling ⟨v. film⟩

credit squeeze ['kredɪt skwiːz] *znw* kredietbeperking

credit standing ['kredɪt 'stændɪŋ], **credit rating**, **credit
status** *znw* kredietbeoordeling ⟨waardering van
kredietwaardigheid⟩

credit transfer ['kredɪt 'træns-, 'trɑːnsfɜː] *znw* giro-,
bankoverschrijving

credit union ['kredɪt 'juːnjən] *znw* kredietvereniging

creditworthiness ['kredɪtwɜːðɪnɪs] *znw*
kredietwaardigheid

creditworthy ['kredɪtwɜːðɪ] *bn* kredietwaardig

credo ['kriːdəʊ] *znw* credo, geloofsbelijdenis

credulity [krə'djuːlətɪ] *znw* lichtgelovigheid

credulous ['kredjʊləs] *bn* lichtgelovig

creed [kriːd] *znw* ❶ geloof, geloofsbelijdenis ★ *the
Creed* het credo ❷ overtuiging, richting

creedal ['kriːdl] *bn* → **credal**

creek [kriːk] *znw* ❶ kreek, inham, bocht ❷ <u>Am, Aus &
NZ</u> zijrivier, riviertje ★ <u>inf</u> *be up the* ~ *(without a
paddle)* in moeilijkheden zitten ★ <u>vulg</u> *be up shit* ~
(in a barbed-wire canoe) diep in de problemen zitten,
lelijk in de knel zitten

creep [kriːp] **I** *znw* ❶ <u>inf</u> genieperd, engerd
❷ *onoverg* [crept, crept] kruipen,
sluipen ★ *the sight made my flesh* ~ toen ik het zag
kreeg ik kippenvel ★ ~ *in* binnensluipen ★ ~ *over sbd*
iem. bekruipen ⟨gevoel⟩ ★ ~ *up on sbd / behind sbd*
iem. besluipen

creeper ['kriːpə] *znw* ❶ kruipend dier ❷ kruipende
plant ❸ boomkruiper ⟨vogel⟩

creeping ['kriːpɪŋ] *bn* kruipend, voortsluipend ★ ~
paralysis progressieve verlamming

creeps [kriːps] *znw* [mv] ★ *give sbd the* ~ iem. de
kriebels bezorgen

creepy ['kriːpɪ] <u>inf</u> *bn* griezelig

creepy-crawly [kriːpɪ-'krɔːlɪ] <u>inf</u> *znw* (eng) beestje
⟨insect⟩

cremate [krɪ'meɪt] *overg* cremeren, verbranden
⟨lijken⟩, verassen

cremation [krɪ'meɪʃən] *znw* crematie, lijkverbranding,

verassing

crematorium [kremə'tɔːrɪəm] *znw* [mv: -s *of*
crematoria] crematorium

crème de la crème [krem də lɑː 'krem] *(‹Fr) znw*
★ *the* ~ de crème de la crème, het neusje van de
zalm

crenellated ['krenəleɪtɪd] *bn* van kantelen voorzien,
ommuurd, versterkt

crenellations [krenə'leɪʃn] *znw* [mv] kantelen ⟨van een
kasteel⟩

creole ['kriːəʊl] **I** *bn* creools **II** *znw* creool(se)

creosote ['krɪ(ː)əsəʊt] **I** *znw* creosoot **II** *overg* met
creosoot behandelen

crêpe [kreɪp], **crepe** *znw* ❶ flensje, dun pannenkoekje
❷ crêpe rubber ❸ → **crape**

crept [krept] *ww* [v.t. & v.d.] → **creep**

crepuscular [krɪ'pʌskjʊlə] <u>dicht</u> *bn* schemerend,
schemerig, schemer-

crescendo [krɪ'ʃendəʊ] *znw* ❶ <u>muz</u> crescendo
❷ climax ★ *rise to a* ~ opklimmen naar een climax

crescent [krɪ'krezənt] **I** *bn* ❶ wassend, toenemend
❷ halvemaanvormig **II** *znw* ❶ wassende maan,
halvemaan ❷ halfcirkelvormige rij huizen

crescent wrench ['krezənt rentʃ] *znw* bahcosleutel

cress [kres] *znw* tuinkers

crest [krest] *znw* ❶ kam, kuif, pluim ❷ kruin, top,
(schuim)kop ⟨op golven⟩ ★ *be riding on the* ~ *of a
wave* op een hoogtepunt zijn ⟨carrière &⟩ ❸ <u>herald</u>
helmteken

crested ['krestɪd] *bn* met kuif, gekuifd, kuif-

crestfallen ['krestfɔːlən] *bn* terneergeslagen

Cretaceous [krɪ'teɪʃəs] **I** *bn* krijtachtig, krijt- **II** *znw*
★ *the* ~ het krijt ⟨geologische periode⟩

Cretan ['kriːtən] **I** *bn* Kretenzisch **II** *znw* Kretenzer,
Kretenzische

Crete [kriːt] *znw* Kreta

cretin ['kretɪn] <u>inf</u> *beledigend znw* ❶ <u>med</u> cretin
❷ idioot, stomkop

cretinous ['kre-, 'kriːtɪnəs] *bn* ❶ <u>med</u> lijdend aan
cretinisme ❷ <u>inf & beledigend</u> idioot, achterlijk

Creutzfeldt-Jakob disease [krɔːtsfelt-'jækɒb dɪ'ziːz]
znw ziekte van Creutzfeldt-Jakob

crevasse [krə'væs] *znw* gletsjerspleet

crevette [krə'vet] *znw* garnaal

crevice ['krevɪs] *znw* spleet, scheur

crew [kruː] **I** *znw* ❶ scheepsvolk, bemanning
❷ bediening(smanschappen) ❸ ploeg ❹ troep,
bende, gespuis **II** *overg* deel uitmaken van de
bemanning (van) **III** *onoverg* deel uitmaken van de
bemanning **IV** *ww* [v.t.] → **crow**

crew cut ['kruːkʌt] *znw* stekeltjeshaar, kort
Amerikaans

crewel ['kruːəl] *znw* borduurwol

crew list [kruː lɪst] <u>scheepv</u> *znw* bemanningslijst,
monsterrol

crewman ['kruːmən] *znw* bemanningslid

crewmember ['kruːmembə] *znw* opvarende,
bemanningslid

crew neck [kru: nek] *znw* ronde hals
crib [krɪb] **I** *znw* ❶ Am wieg, babybedje, kinderbedje
  ❷ krib, ruif, voederbak ❸ Br kerststalletje
  ❹ spiekbriefje ❺ Am woning, hut ❻ → **cribbage**
  II *overg* overkalken, afkijken **III** *onoverg* spieken,
  plagiaat plegen ★ ~ *from sbd* overschrijven van iem.
cribbage ['krɪbɪdʒ], inf **crib** *znw* bepaald kaartspel
crib death [krɪb deθ] *znw* wiegendood
crib sheet [krɪb ʃi:t] *znw* spiekbriefje
crick [krɪk] **I** *znw* kramp **II** *overg* kramp krijgen in
cricket ['krɪkɪt] *znw* ❶ krekel ❷ cricket(spel) ★ *not
(quite)* ~ niet eerlijk
cricketer ['krɪkɪtə] *znw* cricketspeler
cricketing ['krɪkɪtɪŋ] *bn* cricketspelend, cricket- ★ *the ~
world* de cricketwereld
crier ['kraɪə] *znw* omroeper
crikey ['kraɪkɪ] *tsw* inf jeetje! ⟨uitroep van verbazing⟩
crime [kraɪm] *znw* ❶ misdaad, criminaliteit
  ★ *organized* ~ georganiseerde misdaad ★ *a petty* ~
  een kleine misdaad ★ *a* ~ *against humanity* een
  misdaad tegen de menselijkheid ★ *his partner in* ~
  has been arrested zijn medeplichtige is gearresteerd
  ★ *I was first at the scene of the* ~ ik was de eerste die
  op de plaats van het misdrijf aankwam ★ *carry out
a* ~ een misdaad plegen ★ *turn to* ~ het pad van de
  misdaad opgaan ★ zegsw ~ *doesn't pay* eerlijkheid
  duurt het langst, gestolen goed gedijt niet
  ❷ wandaad
Crimea [kraɪ'mi:ə] *znw* ★ *the* ~ de Krim
Crimean [kraɪ'mi:ən] *bn* Krim-
crime control [kraɪm kən'trəʊl] *znw*
  criminaliteitsbeheersing
crime-fighting [kraɪm-'faɪtɪŋ] *znw*
  criminaliteitsbestrijding
crime of passion [kraɪm ɒv 'pæʃən] *znw* crime
  passionnel
crime prevention [kraɪm prɪ'venʃən] *znw*
  criminaliteitspreventie
crime wave [kraɪm weɪv] *znw* golf van criminaliteit
crime writer [kraɪm 'raɪtə] *znw* schrijver van
  misdaadromans
criminal ['krɪmɪnl] **I** *bn* ❶ crimineel, misdadig ★ *the ~
investigation department* de recherche ★ *a* ~ *lawyer*
  een strafpleiter, een criminalist, een kenner v.
  strafrecht ★ *a* ~ *offence* een misdrijf, een strafbaar
  feit ❷ schandalig **II** *znw* misdadiger, inf boef ★ *a
war* ~ oorlogsmisdadiger ★ *a white-collar* ~
  witteboordencrimineel
criminal court ['krɪmɪnl kɔ:t] *znw* rechtbank voor
  strafzaken
criminal damage ['krɪmɪnl 'dæmɪdʒ] *znw* strafbare
  schade
criminality [krɪmɪ'nælətɪ] *znw* ❶ criminaliteit:
  misdadigheid ❷ aantal misdaden
criminal justice system ['krɪmɪnl 'dʒʌstɪs 'sɪstəm] *znw*
  strafrechtsysteem
criminal law ['krɪmɪnl lɔ:] *znw* strafrecht
criminal libel ['krɪmɪnl 'laɪbl] *znw* smaad

criminal record ['krɪmɪnl 'rekɔ:d] *znw* strafblad
criminologist [krɪmɪ'nɒlədʒɪst] *znw* criminoloog
criminology [krɪmɪ'nɒlədʒɪ] *znw* criminologie
crimp [krɪmp] *overg* ❶ plooien, krullen ❷ krimp
  snijden, levend snijden ⟨vis⟩
crimson ['krɪmzən] **I** *bn* ❶ karmozijnrood ❷ ⟨v.
  gezicht⟩ vuurrood **II** *znw* karmozijn **III** *overg*
  karmozijn verven **IV** *onoverg* karmozijnrood
  worden, blozen
cringe [krɪndʒ] **I** *znw* onderdanige kruiperij **II** *onoverg*
  ❶ ineenkrimpen ★ *the very idea makes me* ~ ik krijg
  al kromme tenen als ik eraan denk ★ *she* ~*d at the
thought of it* ze kromp ineen bij de gedachte eraan
  ❷ fig kruipen
cringe-making [krɪndʒ-'meɪkɪŋ] Br inf *bn*
  tenenkrommend
crinkle ['krɪŋkl] **I** *znw* kronkel, rimpel, frommel
  II *overg* doen kronkelen, rimpelen, verfrommelen
  III *onoverg* kronkelen, rimpelen, frommelen
  ★ *she* ~*d (up) her nose in disgust* ze trok haar neus op
  van afschuw
crinkle-cut ['krɪŋkl-kʌt] *bn* gekarteld gesneden ⟨v.
  chips &⟩
crinkled ['krɪŋkld] *bn* geplooid, gerimpeld, gekreukeld
crinkly ['krɪŋklɪ] *bn* kronkelig, rimpelig
crinoline ['krɪnəlɪn] hist *znw* hoepelrok
cripes [kraɪps] inf *tsw* jeetje! jezus!
cripple ['krɪpl] **I** *znw* kreupele, gebrekkige, verminkte
  II *overg* ❶ kreupel maken, verminken ❷ onklaar
  maken ❸ fig verlammen, belemmeren
crippled ['krɪpld] *bn* kreupel, verlamd
crippling ['krɪplɪŋ] *bn* verlammend
crisis ['kraɪsɪs] *znw* [*mv:* crises] crisis, keerpunt ★ *a* ~ *of
confidence* een vertrouwenscrisis ★ *go through a* ~
  een crisis doormaken
crisis centre ['kraɪsɪs 'sentə], Am **crisis center** *znw*
  crisiscentrum
crisis management ['kraɪsɪs 'mænɪdʒmənt] *znw*
  crisisbeheersing
crisis situation ['kraɪsɪs sɪtʃʊ'eɪʃən] *znw* crisissituatie
crisp [krɪsp] **I** *bn* ❶ knappend, krakend ⟨papier⟩, bros,
  krokant ❷ kroes, krullerig ❸ opwekkend ⟨lucht⟩
  ❹ fris, levendig, pittig, ongezouten ⟨antwoord⟩
  ❺ gedecideerd, scherp **II** *znw* (potato)chip ▼ *burnt
to a* ~ zwartverbrand **III** *overg* ❶ krullen, kroezen,
  friseren ❷ rimpelen
crisper ['krɪspə] *znw* groentela ⟨v. koelkast⟩
crispy ['krɪspɪ] *bn* ❶ kroes ❷ bros ❸ fris
criss-cross ['krɪskrɒs] **I** *bijw & bn* kriskras, kruiselings
  II *znw* netwerk, wirwar **III** *overg* kruisen,
  doorsnijden **IV** *onoverg* zich kriskras verplaatsen,
  kruisen, laveren
criterion [kraɪ'tɪərɪən] *znw* [*mv:* criteria] criterium,
  toets, maatstaf, graadmeter ★ *what are the criteria
for entry?* wat zijn de toelatingscriteria? ★ *fame is
no* ~ *of happiness* beroemdheid is geen maatstaf voor
  geluk
critic ['krɪtɪk] *znw* criticus ★ *he's an outspoken* ~ *of the*

government hij is een openlijke kritische tegenstander van de regering

critical ['krɪtɪkl] *bn* ❶ kritisch ★ *be ~ of sbd / sth* kritiek hebben op iem. / iets, kritisch staan tegenover iem. / iets ❷ kritiek, cruciaal, essentieel ★ *confidence is ~ to success* zelfverzekerdheid is essentieel voor succes ★ *be in a ~ condition* in een kritieke toestand verkeren

critical list ['krɪtɪkl lɪst] *znw* ❶ kritieke lijst, rode lijst ‹van bedreigde soorten› ★ *be on the ~* op de kritieke lijst staan ❷ lijst van kritieke patiënten

critical mass ['krɪtɪkl mæs] *nat znw* kritieke / kritische massa

critical path ['krɪtɪkl pɑ:θ] *znw* kritisch traject

critical period ['krɪtɪkl 'pɪərɪəd] *psych znw* kritieke periode

critical pressure ['krɪtɪkl 'preʃə] *scheik znw* kritische druk

critical state ['krɪtɪkl steɪt] *scheik znw* kritische toestand

critical theory ['krɪtɪkl 'θɪərɪ] *znw* kritische theorie

critical volume ['krɪtɪkl 'vɒlju:m] *scheik znw* kritisch volume

criticism ['krɪtɪsɪzəm] *znw* ❶ kritiek (op *of*), beoordeling ★ *the proposals have come in for sharp ~ from the unions* de voorstellen hebben scherpe kritiek gekregen van de vakbonden ❷ kritische op-, aanmerking

criticize ['krɪtɪsaɪz], **criticise** *overg* ❶ kritiseren, beoordelen ❷ aanmerkingen maken op, bekritiseren, hekelen

critique [krɪ'ti:k] *znw* kritiek, beoordeling

critter ['krɪtə] *Am inf znw* beest, schepsel, mens

CRM *marketing afk* (customer relationship management) CRM

croak [krəʊk] **I** *znw* ❶ gekwaak, gekras ❷ schorheid, schorre stem, heesheid, hese stem **II** *overg* met schorre stem zeggen **III** *onoverg* ❶ kwaken, krassen ❷ *inf* doodgaan

croaker ['krəʊkə] *znw* ❶ iets wat kwaakt ❷ onheilsprofeet, doemdenker ❸ *Am inf* pil, dokter

croaky ['krəʊkɪ] *bn* ❶ kwakend, krassend ❷ schor, hees

Croat ['krəʊæt] *bn & znw* → **Croatian**

Croatia [krəʊ'eɪʃə] *znw* Kroatië

Croatian [krəʊ'eɪʃən], **Croat I** *bn* Kroatisch **II** *znw* ❶ Kroaat, Kroatische ❷ Kroatisch

croc [krɒk] *inf znw* → **crocodile**

crochet ['krəʊʃeɪ] **I** *znw* haakwerk **II** *overg & onoverg* haken

crochet hook ['krəʊʃeɪ hʊk] *znw* haakpen

crock [krɒk] *inf znw* ❶ pot ❷ wrak

crockery ['krɒkərɪ] *znw* aardewerk

Crockpot® ['krɒkpɒt] *Am znw* grote elektrische kookpot

crocodile ['krɒkədaɪl] *znw* ❶ *inf* **croc** krokodil ❷ krokodillenleer ❸ *Br inf* rij schoolkinderen die twee aan twee lopen

crocodile tears ['krɒkədaɪl tɪəz] *znw* [mv] krokodillentranen

crocus ['krəʊkəs] *znw* krokus

croft [krɒft] *Br znw* klein stuk wei- of bouwland van een keuterboertje

crofter ['krɒftə] *Br znw* keuterboertje

Crohn's disease ['krəʊnz dɪ'zi:z] *med znw* ziekte van Crohn

cromlech ['krɒmlek] *znw* prehistorisch steengraf

crone [krəʊn] *znw* oud wijf

crony ['krəʊnɪ] *inf znw* makker, maatje

cronyism ['krəʊnɪɪzm] *afkeurend znw* vriendjespolitiek

crook [krʊk] **I** *bn Aus & NZ inf* onplezierig, vervelend, rot, ziek, illegaal ★ *be ~ on sbd* boos zijn op iem. ★ *go ~ (at sbd)* zijn geduld verliezen (met iem.) **II** *znw* ❶ kromte, bocht ❷ kromming ★ *she held the baby in the ~ of her arm* ze droeg de baby in de kromming van haar arm ❸ haak ❹ herdersstaf, kromstaf, bisschopsstaf ❺ *inf* oplichter, boef **III** *overg* ❶ (zich) krommen ❷ buigen

crooked ['krʊkɪd] *bn* ❶ krom, gebogen, kronkelig ❷ scheef, verdraaid, verkeerd ❸ slinks, oneerlijk

croon [kru:n] *overg & onoverg* half neuriën, croonen

crooner ['kru:nə] *znw* crooner

crop [krɒp] **I** *znw* ❶ gewas, oogst ★ *agr a second ~* nateelt ★ *agr a standing ~* oogst op de halm ‹gewassen die nog op het veld staan› ❷ grote hoeveelheid, aantal, menigte, hoop ❸ kortgeknipt haar, knippen ❹ rijzweep ❺ krop **II** *overg* ❶ plukken, oogsten ❷ afknippen ❸ kortstaarten, (de oren) afsnijden, couperen ❹ afknabbelen **III** *phras* ★ *~ out* aan de oppervlakte komen ‹v. rotsen› ★ *~ up* opduiken, zich op-, voordoen, er tussen komen ★ *~ sth up* iets opkroppen

crop circle [krɒp 'sɜ:kl] *znw* graancirkel

crop duster [krɒp 'dʌstə] *znw* sproeivliegtuig

crop dusting [krɒp 'dʌstɪŋ] *znw* gewasbesproeiing ‹met vliegtuig›

cropper ['krɒpə] *znw* ❶ *inf* val, smak ★ *come a ~* languit vallen, over de kop gaan, afgaan, op je bek gaan ❷ productieve plant

crop rotation ['krɒprəʊteɪʃən] *znw* wisselbouw

crop spraying [krɒp 'spreɪɪŋ] *znw* gewasbesproeiing

crop top [krɒp tɒp] *znw* kort topje ‹dat de buik vrijlaat›

croquet ['krəʊkeɪt] *znw* croquet(spel)

croquette [krə'ket] *znw* kroket

crore [krɔ:] *telw* tien miljoen

crosier ['krəʊzɪə], **crozier** *znw* bisschopsstaf, kromstaf

cross [krɒs] **I** *bn* uit zijn humeur, kwaad, boos ★ *she's still ~ with me* zij is nog steeds kwaad op me ★ *it makes me ~ to see graffiti everywhere* ik wordt kwaad wanneer ik overal graffiti zie ★ *Br inf as two sticks* erg boos **II** *znw* ❶ kruis, kruisje ★ *make the sign of the ~* een kruis slaan ❷ kruising ★ *a ~ between a donkey and a horse* een kruising van een ezel en een paard ❸ *sp* pass dwars over het veld ▼ *on the ~*

diagonaal, schuin **III** *overg* ❶ kruisen ❷ kruisgewijs over elkaar leggen, ⟨armen, benen⟩ over elkaar slaan, doorkruisen, strepen ⟨een cheque⟩ ★ ~ *one's fingers / keep one's fingers ~ed* in stilte bidden (hopen), het beste hopen, ± even afkloppen, duimen ★ ~ *swords* (bek)vechten ★ ~ *wires, get one's wires / lines ~ed* in de war raken, iets verkeerd begrijpen ★ scherts ~ *sbd's hand / palm with silver* iem. betalen ❸ een kruis maken over, met een kruis(je) merken ★ ~ *oneself* een kruis slaan / maken ★ inf ~ *my heart (and hope to die)!* op mijn erewoord!

❹ overschrijden, oversteken, overvaren, (dwars) gaan door / over ★ fig *we'll ~ that bridge when we come to it* we zullen ons daarover zorgen maken als het zover is ★ ~ *sbd's path* iem. tegenkomen ★ pol ~ *the floor* met de tegenpartij meestemmen ★ ~ *sbd's mind* bij iem. opkomen ❺ dwarsbomen, tegenwerken **IV** *onoverg* elkaar kruisen **V** *phras* ★ ~ *sbd* off / out iem. schrappen ⟨van een lijst⟩ ★ ~ *sth* off / out / through iets doorhalen, iets schrappen, iets doorhalen, iets schrappen ★ ~ over oversteken

cross- [krɒs-] *voorv* zij-, dwars-, kruis-
cross-assembler [krɒs-ə'semblə] comput *znw* (cross)assembler
crossbar ['krɒsbɑ:] *znw* ❶ horizontale balk ❷ stang van herenfiets
crossbeam ['krɒsbi:m] *znw* dwarsbalk
crossbearing [krɒs'beərɪŋ] *znw* kruispeiling ⟨positiebepaling⟩
cross bench [krɒs bentʃ] pol *znw* banken voor de onafhankelijke parlementsleden
cross-bencher [krɒs-'bentʃə] pol *znw* onafhankelijk parlementslid
crossbones ['krɒsbəʊnz] *znw* [mv] gekruiste botten ⟨als zinnebeeld van de dood⟩
cross-border [krɒs-'bɔːdə] *bn* grensoverschrijdend
crossbow ['krɒsbəʊ] *znw* kruisboog
cross-bred ['krɒs-bred], **crossbred** *bn* van gekruist ras
cross-breed ['krɒs-bri:d], **crossbreed I** *znw* ❶ gekruist ras, kruising ❷ bastaard **II** *overg* kruisen ⟨rassen⟩
cross-Channel [krɒs-'tʃænl] *bn* over het Kanaal, Kanaal-
cross-check ['krɒs-tʃek], **crosscheck I** *znw* extra controle (op een andere manier) **II** *overg* nogmaals, op een andere manier controleren
cross-connection [krɒs-kə'nekʃən] *znw* kruisverbinding
cross-contaminate [krɒs-kən'tæmɪneɪt] *overg* kruisbesmetten
cross-contamination [krɒs-kəntæmɪ'neɪʃn] *znw* kruisbesmetting
cross-country [krɒs'kʌntrɪ] **I** *bn* dwars door het land, terrein- **II** *znw* veldloop, terreinrit &
cross cousin [krɒs 'kʌzən] *znw* kind van vaders zus of moeders broer
cross-cultural [krɒs-'kʌltʃərəl] *bn* intercultureel
cross-current [krɒs-'kʌrənt] *znw* dwarsstroom, tegenstroom

cross-curricular [krɒs-kə'rɪkjʊlə] *bn* onderdeel van meer dan één studierichting
cross-cut ['krɒs-kʌt] *bn* overdwars gesneden of gezaagd
cross-cut saw ['krɒs-kʌt sɔ:] *znw* (af)kortzaag
cross-dress [krɒs-dres] *onoverg* dragen van kleren van het andere geslacht
cross-dresser [krɒs-'dresə] *znw* travestiet
cross-dressing [krɒs-'dresɪŋ] *znw* travestie
cross-examination [krɒs-ɪgzæmɪ'neɪʃən] *znw* kruisverhoor ★ *under ~, he admitted to the theft* tijdens het kruisverhoor bekende hij de diefstal
cross-examine [krɒs-ɪg'zæmɪn] *overg* aan een kruisverhoor onderwerpen, scherp ondervragen
cross-examiner [krɒs-ɪg'zæmɪnə] *znw* advocaat die een kruisverhoor afneemt
cross-eyed ['krɒs-aɪd] *bn* scheel
cross-fade ['krɒs-feɪd] **I** *znw* cross-fade, vloeiende overgang ⟨film, radio, tv⟩ **II** *onoverg* cross-faden, een vloeiende overgang maken
cross-fertilization [krɒs-fɜ:təlaɪ'zeɪʃən], **cross-fertilisation** *znw* kruisbestuiving
cross-fertilize [krɒs-'fɜ:təlaɪz], **cross-fertilise** *overg* kruisbestuiven
crossfire ['krɒsfaɪə] *znw* kruisvuur, spervuur van vragen ★ *be caught in the ~* tussen twee vuren zitten, gevangen worden in een spervuur
cross-grained ['krɒs-greɪnd] *bn* ❶ dwars op de draad ⟨hout⟩ ❷ fig dwars
cross-hatched ['krɒs-hætʃt] *bn* gearceerd
cross-hatching ['krɒs-hætʃɪŋ] *znw* arcering
crosshead screw ['krɒshed skru:] *znw* kruiskop (schroef)
cross index [krɒs 'ɪndeks] *znw* ❶ kruisverwijzing ❷ register, index
cross-index [krɒs-'ɪndeks] *overg* ❶ verwijzen ❷ van een register / index voorzien
cross infection [krɒs ɪn'fekʃən] *znw* kruisbesmetting
crossing ['krɒsɪŋ] *znw* ❶ kruispunt, overweg ❷ kruising, oversteken, oversteekplaats ❸ overvaart, overtocht
cross-legged [krɒs'legd] *bn* met gekruiste benen, met de benen over elkaar
cross light [krɒs laɪt] *znw* kruiselings licht
crossmatch [krɒs'mætʃ] **I** *znw* toetsen van compatibiliteit bij transplantaties en transfusies **II** *overg* toetsen of donor en ontvanger compatibel zijn ⟨bij transplantaties en transfusies⟩
cross member [krɒs 'membə] *znw* dwarsverbinding
crossness ['krɒsnəs] *znw* boosheid
crossover ['krɒsəʊvə] *znw* ❶ combinatie van twee verschillende (muziek)stijlen ❷ oversteekplaats
cross-ownership [krɒs-'əʊnəʃɪp] *znw* eigendom van meerdere bedrijven met een vergelijkbaar product
cross-party [krɒs-'pɑ:tɪ] *bn* uit meer dan één partij
crosspatch ['krɒspætʃ] inf *znw* nijdas
cross-ply ['krɒsplaɪ] *bn* met karkas van scheringkoorden ⟨autoband⟩

cr

cr

cross-pollinate [krɒs-'pɒlɪneɪt] *overg* kruisbestuiven
cross-pollination [krɒs-'pɒlɪneɪʃn] *znw* kruisbestuiving
cross-posting [krɒs-'pəʊstɪŋ] *znw* ❶ verplaatsing van een werknemer / officier naar een andere afdeling ❷ verzending van een email naar meerdere nieuwsgroepen
cross-pressure [krɒs-'preʃə] Am *overg* aan verschillende opvattingen blootstellen
cross-purposes [krɒs-'pɜːpəsɪz] *znw* [mv] tegenstrijdige belangen / doelstellingen ★ *be at ~ with sbd* iem. verkeerd begrijpen
cross-question [krɒs-'kwestʃən] *overg* scherp ondervragen, aan een kruisverhoor onderwerpen
cross-rate [krɒs-reɪt] *znw* kruislingse koers ‹van twee valuta tegen een derde›
cross reaction [krɒs rɪ'ækʃən] biochem *znw* kruisreactie
cross-reference ['krɒs-refərəns] I *znw* verwijzing II *overg* verwijzen
crossroad ['krɒsrəʊd] Am *znw* dwarsweg, kruisende weg
crossroads ['krɒsrəʊdz] *znw* [mv] ❶ wegkruising, twee-, viersprong ❷ fig tweesprong, cruciaal moment, keerpunt ★ *be at a ~* op een tweesprong staan
cross-section [krɒs-'sekʃən] *znw* dwars(door)snede, representatieve steekproef ★ *a ~ of society* een dwarsdoorsnede van de maatschappij
cross-sell [krɒs-sel] *overg* een ander product verkopen aan een al bestaande klant
cross stitch [krɒs stɪtʃ] textiel *znw* kruissteek
cross-stitch ['krɒs-stɪtʃ] *overg* borduren met kruissteek
cross-street ['krɒs-striːt] *znw* dwarsstraat
cross-subsidization [krɒs-sʌbsɪdaɪ'zeɪʃən], **cross-subsidisation** *znw* subsidiëring van activiteiten met de winst van een andere activiteit
cross-subsidize [krɒs-'sʌbsɪdaɪz], **cross-subsidise** *overg* subsidiëren van activiteiten met de winst van een andere activiteit
crosstalk ['krɒstɔːk] *znw* snelle, flitsende dialoog
cross-train ['krɒs-treɪn] *overg* crosstrainen ‹verschillende oefeningen doen om het hele lichaam te trainen›
cross-trainer [krɒs-'treɪnə] *znw* ‹apparaat dat alle spiergroepen van het lichaam traint›
cross-training [krɒs-'treɪnɪŋ] *znw* crosstrainen
cross-voting [krɒs-vəʊtɪŋ] *znw* ❶ meestemmen met de tegenpartij ❷ stemmen op meer dan een partij
crosswalk ['krɒswɔːk] Am *znw* voetgangersoversteekplaats
crossways ['krɒsweɪz], **crosswise** *bn & bijw* kruisgewijze
crosswind ['krɒswɪnd] *znw* zijwind
crosswise ['krɒswaɪz] *bn & bijw* → **crossways**
crossword ['krɒswɜːd], **crossword puzzle** *znw* kruiswoordraadsel
crotch [krɒtʃ] *znw* kruis ‹v. mens, broek›

crotchet ['krɒtʃɪt] muz *znw* kwartnoot
crotchety ['krɒtʃəti] inf *bn* chagrijnig, knorrig
crouch [kraʊtʃ] I *znw* gebukte (kruipende) houding II *onoverg* bukken (ook: ~ *down*) ★ *she was sitting at the table ~ed over a book* ze zat over een boek gebogen aan tafel ★ *he ~ed over in pain* hij dook ineen van de pijn
croup [kruːp] *znw* ❶ med kroep ❷ kruis ‹v. paard›
croupier ['kruːpɪə] *znw* croupier
crow [krəʊ] I *znw* ❶ dierk kraai ★ *as the ~ flies* hemelsbreed ❷ gekraai II *onoverg* [crowed/crew, crowed] kraaien ‹v. haan, baby› ★ *~ triumphantly* triomfantelijk juichen ★ afkeurend *~ about sth* opscheppen over iets
crowbar ['krəʊbɑː] *znw* koevoet, breekijzer
crowd [kraʊd] I *znw* ❶ gedrang, menigte, schare, (grote) hoop, massa ★ *follow / go with / move with the ~* in de pas lopen, zich conformeren ★ *stand out from the ~* boven de meute / het maaiveld uitsteken ❷ figuratie ‹in film› ❸ inf gezelschap, stel, troep, bende, lui II *overg* ❶ (opeen)dringen, (opeen)pakken, duwen ★ *~ sbd / sth out* iem. / iets verdringen ❷ zich verdringen in (op) ❸ vullen, volproppen III *onoverg* dringen, duwen, zich verdringen, drommen ★ *~ around / round* op een kluitje gaan staan ★ *~ in on sbd* iemand zwaar onder druk zetten ★ *~ into sth* samendrommen in iets ‹een ruimte›
crowded ['kraʊdɪd] *bn* (stamp)vol, druk
crowd-pleaser [kraʊd-'pliːzə] *znw* populair iem. / iets
crowd-pleasing [kraʊd-'pliːzɪŋ] *bn* populair, aantrekkelijk voor het grote publiek
crowd-puller [kraʊd-'pʊlə] fig *znw* trekpleister
crowd-surf ['kraʊd-sɜːf] *onoverg* crowdsurfen, stagediven
crown [kraʊn] I *znw* ❶ kroon ★ *the Crown* de Kroon, de vorstelijke macht ★ *the heir to the ~* de troonopvolger ❷ krans, lauwerkrans ❸ kruin, top ❹ bol ‹v. hoed›, hoofd ❺ kroon ‹v. tand / kies› ❻ kruis ‹v. anker› II *overg* ❶ kronen (tot), bekronen ★ *~ it all* om de kroon op het werk te zetten, tot overmaat van ramp ❷ inf op het hoofd slaan
Crown attorney [kraʊn ə'tɜːni] *znw* openbare aanklager
Crown Colony [kraʊn 'kɒləni] *znw* kroonkolonie
Crown court [kraʊn kɔːt] *znw* gerechtshof voor strafzaken
crowned [kraʊnd] *bn* gekroond, met een kroon (kam, kuif &)
crowning ['kraʊnɪŋ] I *bn* allesovertreffend, het toppunt vormend van ★ scherts *one's ~ glory* iemands haar ★ *the ~ glory of sth* het toppunt van iets, het pronkstuk / de trots van iets II *znw* kroning, voltooiing
Crown jewels [kraʊn 'dʒuːəlz] *znw* [mv] kroonjuwelen
Crown land [kraʊn lænd] *znw* kroondomein
Crown law [kraʊn lɔː] Br *znw* strafrecht
Crown prince [kraʊn prɪns] *znw* kroonprins

Crown princess [kraʊn prɪn'ses, 'prɪnses] *znw*
kroonprinses
Crown prosecutor [kraʊn 'prɒsɪkjuːtə] *znw* openbare
aanklager
crown roast [kraʊn rəʊst] *znw* kroon van geroosterde
varkens- of lamsribbetjes
crown wheel [kraʊn wiːl] <u>auto</u> *znw* kroonwiel
Crown witness [kraʊn 'wɪtnəs] *znw* kroongetuige
crow's foot ['krəʊz fʊt] *znw* kraaienpootjes
crow's-nest [krəʊz-nest] *znw* kraaiennest
crow steps [krəʊ steps], <u>schots</u> **corbie steps** *znw* [mv]
trapgevel
crozier ['krəʊʒə] *znw* → **crosier**
crucial ['kruːʃəl] *bn* kritiek, cruciaal, beslissend,
doorslaggevend, heel belangrijk ★ *knowing the
language is ~ for immigrants* kennis van de taal is
uitermate belangrijk voor immigranten ★ *research
is ~ to economic growth* onderzoek is beslissend voor
economische groei
crucible ['kruːsɪbl] *znw* ➊ smeltkroes ➋ <u>form</u>
vuurproef
cruciferous [kruː'sɪfərəs] <u>plantk</u> *bn* kruisbloemig
crucifix ['kruːsɪfɪks] *znw* crucifix, kruisbeeld
crucifixion [kruːsɪ'fɪkʃən] *znw* kruisiging ★ *the
Crucifixion* de kruisiging
cruciform ['kruːsɪfɔːm] *bn* kruisvormig
crucify ['kruːsɪfaɪ] *overg* ➊ kruisigen ➋ martelen,
kastijden ➌ <u>inf</u> de grond in boren (in een debat,
wedstrijd &)
crud [krʌd] <u>inf</u> *znw* ➊ vieze troep ➋ onzin, flauwekul
➌ rotzak, viespeuk
cruddy ['krʌdɪ] <u>inf</u> *bn* goor, smerig
crude [kruːd] **I** *bn* ➊ ruw, onbereid, ongezuiverd,
onrijp ➋ primitief ➌ rauw, bot, onbehouwen **II** *znw*
→ **crude oil**
crudeness ['kruːdnəs], **crudity** *znw* ➊ rauwheid,
ruwheid, grofheid, onrijpheid ➋ primitiviteit
crude oil [kruːd ɔɪl], **crude** *znw* ruwe olie
crudités [kruːdɪ'teɪz] *(‹Fr›)* *znw* [mv] rauwkost
cruel ['kruːəl] *bn* ➊ wreed, gemeen ★ *I can't
understand people who are ~ to animals* ik kan
mensen die wreed zijn tegen dieren niet begrijpen
★ <u>zegsw</u> *sometimes you have to be ~ to be kind* je
helpt soms mensen het meest door hard tegen ze te
zijn ➋ bar, guur
cruelty ['kruːəltɪ] *znw* wreedheid ★ *~ to / towards
animals* dierenmishandeling
cruelty-free ['kruːəltɪ-friː] *bn* dierproevenvrij
cruet ['kruːɪt] *znw* ➊ (olie-, azijn)flesje ➋ <u>RK</u> ampul
➌ olie-en-azijnstel
cruise [kruːz] **I** *znw* cruise ★ *a pleasure ~* een
pleziervaart ★ *we met on a ~* we hebben elkaar
tijdens een cruise ontmoet **II** *onoverg* ➊ cruisen, een
cruise maken ➋ rijden, (langzaam) rondrijden ★ *~
along* lekker doorrijden ★ *~ around* rondrijden
➌ kruisen ‹marine›, patrouilleren ➍ <u>inf</u> op zoek
gaan naar seksuele contacten
cruise company [kruːz 'kʌmpənɪ] *znw* cruiserederij

cruise missile [kruːz 'mɪsaɪl] *znw* kruisraket,
kruisvluchtwapen
cruiser ['kruːzə] *znw* ➊ kruiser ➋ motorjacht
cruise ship [kruːz ʃɪp] *znw* cruiseschip
cruising speed ['kruːzɪŋ spiːd] *znw* kruissnelheid
crumb [krʌm] **I** *znw* kruim, kruimel **II** *overg*
➊ kruimelen ➋ paneren
crumble ['krʌmbl] **I** *znw* kruimeltaart **II** *overg &
onoverg* ➊ (ver)kruimelen, brokkelen, verbrokkelen,
afbrokkelen ➋ uiteenvallen, vergaan
crumbly ['krʌmblɪ] *bn* kruimelig, brokkelig
crumbs [krʌmz] *tsw* verdraaid!, jeetje!
crummy ['krʌmɪ] <u>inf</u> *bn* ➊ smerig, vies, sjofel
➋ waardeloos
crump [krʌmp] *znw* slag, klap, luide explosie
crumpet ['krʌmpɪt] *znw* plaatkoek ★ <u>Br vulg</u> *a bit of ~*
een lekker wijf
crumple ['krʌmpl] **I** *overg* ➊ (ver)kreukelen, kreuken,
verfrommelen ★ *~ sth up* iets verfrommelen
➋ verbogen worden ➌ in elkaar doen zakken
II *onoverg* ➊ verbuigen ➋ verschrompelen ➌ in
elkaar zakken
crumpled ['krʌmpld] *bn* verfrommeld, gekreukt ★ *~
clothes* gekreukte kleren
crumple zone ['krʌmpl zəʊn] <u>auto</u> *znw* kreukelzone
crunch [krʌntʃ] **I** *znw* ➊ krak, geknars ➋ crisis, kritiek
ogenblik ★ <u>inf</u> *if / when it comes to the ~* als het erop
aankomt **II** *overg* hoorbaar kauwen op iets
knisperends **III** *onoverg* kraken, knarsen
cruncher ['krʌntʃə] *znw* computer
/ computerprogramma waarmee gecompliceerde
en omvangrijke opdrachten kunnen worden
gedaan
crunchy ['krʌntʃɪ] *bn* ➊ knappend ➋ krakend
crupper ['krʌpə] *znw* ➊ staartriem ➋ kruis ‹v. paard›
crusade [kruː'seɪd] **I** *znw* ➊ kruistocht ➋ <u>fig</u>
campagne **II** *onoverg* een kruistocht ondernemen, te
velde trekken, een campagne voeren
crusader [kruː'seɪdə] *znw* ➊ kruisvaarder ➋ <u>fig</u>
deelnemer aan een campagne, strijder, ijveraar
crush [krʌʃ] **I** *znw* ➊ gedrang ➋ <u>inf</u> verliefdheid
★ *have a ~ on sbd* smoorverliefd zijn op iem. **II** *overg*
➊ (samen-, uit)persen, (samen-, plat)drukken ★ *~ sth
out* iets uitpersen, iets dempen ‹oproer› ★ *be ~ed to
death* doodgedrukt worden ➋ vermalen, vergruizen,
stampen ‹erts› ➌ verpletteren, vernietigen,
onderdrukken ➍ verfrommelen **III** *onoverg* kreuken
★ *silk does not crush easily* zijde kreukt weinig
crush barrier [krʌʃ 'bærɪə] *znw* dranghek
crushed velvet [krʌʃt 'velvɪt] *znw* velours de panne
crusher ['krʌʃə] *znw* ➊ pletter, plethamer
➋ stampmolen, maalmachine
crushing ['krʌʃɪŋ] *bn* verpletterend, vernietigend
crust [krʌst] **I** *znw* ➊ korst, stuk droog brood ★ *the
earth's ~* de aardkorst ★ <u>inf</u> *what do you do for a ~?*
wat doe je voor de kost? ➋ schaal, aanzetsel ‹in een
fles› **II** *onoverg* aanzetten, een korst vormen ★ *~ over*
een korst vormen

cr

crustacean [krʌ'steɪʃən] *znw* schaaldier
crusted ['krʌstɪd] *bn* ❶ aangezet ‹v. wijn›
❷ ouderwets, vastgeroest ❸ eerbiedwaardig
crusty ['krʌstɪ] **I** *bn* ❶ korstig ❷ fig korzelig, kribbig, gemelijk **II** *znw*, **crustie** inf lid van een bep. jongerencultuur die wordt gekenmerkt door onverzorgd uiterlijk en verzet tegen conventionele waarden en normen
crutch [krʌtʃ] **I** *znw* ❶ kruk ❷ fig steun ❸ kruis (v. mens, kledingstuk) **II** *overg* Aus & NZ wol wegscheren rond de anus van een schaap
crux [krʌks] *znw* [*mv*: cruces] ❶ crux, struikelblok, (onoplosbare) moeilijkheid ❷ kardinale punt, essentie, kwintessens, kardinale vraag ★ *the* ~ de kardinale vraag
cry [kraɪ] **I** *znw* ❶ roep, schreeuw, kreet, geroep, geschreeuw, gebrul ★ *he let out a* ~ hij schreeuwde het uit ★ *a* ~ *went up from the crowd* een geschreeuw rees op uit de menigte ★ *a* ~ *for help* een schreeuw om hulp ★ *a* ~ *from the heart* een kreet uit het hart ❷ geblaf, gejank ★ *in full* ~ hard blaffend ‹v. jachthonden in de achtervolging van hun prooi›, fig fel van leer trekkend ❸ gehuil, huilbui ★ *have a good* ~ eens goed uithuilen ▼ *a far* ~ *from sth* heel ver van iets **II** *overg* ❶ (uit)roepen, omroepen ★ ~ *foul* sterk protesteren tegen (vermeend) onrecht ★ ~ *wolf* (te vaak / lichtvaardig) loos alarm slaan ❷ huilen ★ ~ *tears of joy* tranen van geluk huilen ★ ~ *oneself to sleep* zichzelf in slaap huilen **III** *onoverg* ❶ roepen, schreeuwen, schreien, huilen ★ ~ *for sth* roepen, schreeuwen, huilen, schreien om / van iets ‹vreugde &› ★ ~ *for the moon* het onmogelijke verlangen ★ *dicht* ~ *to heaven* ten hemel schreien ❷ blaffen, janken **IV** *phras* ★ ~ *sbd* **down** iem. afkraken ★ inf ~ **off** terugkrabbelen, het laten afweten, ervan afzien ★ ~ **out** luid roepen, het uitschreeuwen ★ ~ *sth* **out** iets uitroepen ★ ~ *one's eyes / heart* **out** hartverscheurend huilen ★ inf *for ~ing out loud!* in vredesnaam!, allemachtig! ★ ~ **out** *in anguish / fear / pain &* het uitschreeuwen van smart / angst / pijn & ★ ~ **out for** *sth* schreeuwen, roepen om iets ★ ~ **out against** *sth* zijn stem verheffen tegen iets, luide protesteren tegen iets ★ ~ **over** *sth* om iets huilen ★ ~ **over** *spilt milk* gedane zaken die toch geen keer nemen betreuren
cry-baby [kraɪ-'beɪbɪ], **crybaby** *znw* huilebalk
crying ['kraɪɪŋ] *bn* ❶ schreeuwend, hemeltergend, flagrant ★ *a* ~ *shame* heel erg jammer, een grof schandaal ❷ dringend
cryogen ['kraɪəʊdʒən] *znw* ❶ vriesmengsel ❷ vriesmiddel
cryogenics [kraɪəʊ'dʒenɪks] *znw* [*mv*] cryogene wetenschap, leer van de zeer lage temperaturen
cryonics [kraɪ'ɒnɪks] *znw* [*mv*] invriezing van lichamen
cryosurgery [kraɪəʊ'sɜ:dʒərɪ] *znw* cryochirurgie
crypt [krɪpt] *znw* crypt(e), grafgewelf

cryptic ['krɪptɪk], **cryptical** *bn* ❶ cryptisch, geheim, verborgen ❷ duister
cryptic crossword ['krɪptɪk 'krɒswɜ:d] *znw* cryptogram
crypto- ['krɪptəʊ-] *bn* crypto-, verborgen, geheim, verkapt
cryptogram ['krɪptəgræm] *znw* in geheimschrift geschreven stuk
cryptographer [krɪp'tɒgrəfə] *znw* codeur
cryptography [krɪp'tɒgrəfɪ] *znw* ❶ geheimschrift ❷ comput cryptografie
cryptology [krɪp'tɒlədʒɪ] *znw* cryptologie
crystal ['krɪstl] **I** *bn* kristallen ★ ~ *clear* kristalhelder ★ *make sth* ~ *clear* iets heel duidelijk maken **II** *znw* kristal
crystal ball ['krɪstl bɔ:l] *znw* kristallen bol. glazen bol ★ *I can't just gaze into a* ~*!* ik kan niet in de toekomst kijken!
crystal-gazing ['krɪstl-geɪzɪŋ] *znw* toekomst voorspellen met een kristallen bol
crystalline ['krɪstəlaɪn] *bn* kristalachtig, kristallen, dicht kristallijnen
crystallization [krɪstəlaɪ'zeɪʃən], **crystallisation** *znw* kristallisatie
crystallize ['krɪstəlaɪz], **crystallise I** *overg* ❶ laten (uit)kristalliseren ★ ~ *sth out* iets laten uitkristalliseren ❷ de definitieve vorm geven ❸ konfijten, versuikeren **II** *onoverg* ❶ (uit)kristalliseren ❷ de definitieve vorm krijgen ‹plannen &›
crystallography [krɪstə'lɒgrəfɪ] *znw* kristallografie
crystal set ['krɪstl set], **crystal radio** *znw* kristalontvanger
CSA *afk* (child support agency) bureau voor de inning van onderhoudsbijdragen / kinderalimentatie
CSE *afk* (Certificate of Secondary Education) ± einddiploma v.d. middelbare school ‹tegenwoordig:› → **GCSE**
c-section ['si:-sekʃən] *znw* → **Caesarean**
CS gas [si:'es gæs] *znw* traangas
CSIRO *afk* (Commonwealth Scientific and Industrial Research Organization) organisatie voor wetenschappelijk onderzoek ‹in Australië›
CTRL key [kɒn'trɔ:l ki:] comput *znw* Ctrl-toets ‹op toetsenbord›
cu. *afk* (cubic) kubieke
cub [kʌb] **I** *znw* jong, welp **II** *onoverg* jongen werpen, jongen
Cuba ['kju:bə] *znw* Cuba
Cuban ['kju:bən] **I** *bn* Cubaans **II** *znw* Cubaan, Cubaanse
Cuban heel ['kju:bən hi:l] *znw* middelhoge hak ‹aan schoen›
cubbyhole ['kʌbɪhəʊl], **Am cubby** *znw* ❶ huisje, kamertje, hoekje ❷ vakje, hokje ❸ ZA handschoenenvakje ‹in auto›
cubby house ['kʌbɪ haʊs] Aus *znw* speelhuisje
cube [kju:b] **I** *znw* ❶ kubus ❷ dobbelsteen ❸ blok,

blokje, (suiker)klontje ❹ <u>wisk</u> derde macht **II** *overg* ❶ tot de derde macht verheffen ❷ in dobbelsteentjes snijden

cube farm [kju:b fɑ:m] *znw* groot kantoor onderverdeeld in individuele hokjes

cube root [kju:b ru:t] <u>wisk</u> *znw* derdemachtswortel

cubic ['kju:bɪk] *bn* kubiek, derdemachts-, inhouds-

cubic capacity ['kju:bɪkl kə'pæsətɪ] *znw* inhoud ‹van iets hols›

cubic content ['kju:bɪk 'kɒntent] *znw* inhoud, volume ‹van een vaste stof›

cubicle ['kju:bɪkl] *znw* ❶ kamertje, hokje ❷ pashokje, kleedhokje

cubism ['kju:bɪzəm] *znw* kubisme

cubist ['kju:bɪst] **I** *bn* kubistisch **II** *znw* kubist

cubit ['kju:bɪt] <u>hist</u> *znw* el ‹lengte van de onderarm›

cuboid ['kju:bɔɪd] **I** *bn* kubusvormig **II** *znw* blok

cub reporter [kʌb rɪ'pɔ:tə] <u>inf</u> *znw* aankomend (onervaren) verslaggever

cuckold ['kʌkəʊld] <u>gedat</u> **I** *znw* bedrogen echtgenoot **II** *overg* bedriegen, ontrouw zijn

cuckoo ['kuku:] **I** *bn* <u>inf</u> gek **II** *znw* <u>dierk</u> koekoek

cuckoo clock ['kuku: klɒk] *znw* koekoeksklok

cucumber ['kju:kʌmbə] *znw* komkommer ★ *as cool as a ~* doodgemoedereerd, ijskoud

cud [kʌd] *znw* maaginhoud ‹van herkauwend dier› ★ *chew the ~* herkauwen, <u>fig</u> nadenken

cuddle ['kʌdl] **I** *znw* knuffel, geknuffel **II** *overg* knuffelen, liefkozen **III** *onoverg* dicht bij elkaar liggen ★ *~ up (to sbd)* zich tegen iem. aannestelen

cuddly ['kʌdlɪ], **cuddlesome** *bn* aanhalig, schattig

cuddly toy ['kʌdlɪ tɔɪ] *znw* knuffelbeestje

cudgel ['kʌdʒəl] **I** *znw* knuppel ★ *take up the ~s for sbd* het opnemen voor iem. **II** *overg* knuppelen, afrossen ★ *~ one's brains about sth* zich het hoofd breken over iets ★ *~ sbd to death* iem. doodknuppelen

cue [kju:] **I** *znw* ❶ wacht, wachtwoord ‹v. acteur› ★ *on ~* op het juiste moment ❷ wenk, aanwijzing ★ *give sbd the ~* iem. een wenk geven ★ *take one's ~ from sbd* zich laten leiden door iem., de aanwijzing volgen van iem., zich richten naar iem., een voorbeeld nemen aan iem. ❸ <u>biljart</u> keu **II** *overg* ❶ aanwijzing geven ❷ stoten ‹biljarten› **III** *onoverg* stoten ‹biljarten›

cue ball [kju: bɔ:l] *znw* speelbal ‹biljarten›

cue card [kju: kɑ:d] *znw* spiekbriefje ‹voor een presentator›

cuff [kʌf] **I** *znw* ❶ slag, klap, oorveeg ❷ <u>Am</u> omslag ‹v. broek› ❸ manchet ❹ <u>inf</u> handboei ▼ *off the ~* geïmproviseerd, ex tempore, voor de vuist **II** *overg* een tik geven

cufflink ['kʌflɪŋk] *znw* manchetknoop

cuirass [kwɪ'ræs] <u>hist</u> *znw* kuras, (borst)harnas

cuisine [kwɪ'zi:n] ‹‹Fr› *znw* keuken, wijze van koken ★ *Italian ~* de Italiaanse keuken

cul-de-sac ['kʌldəsæk] ‹‹Fr› *znw* ❶ doodlopende straat, doodlopende steeg ❷ <u>fig</u> impasse, dood punt

culinary ['kʌlɪnərɪ] *bn* culinair, keuken-, kook-

cull [kʌl] **I** *znw* ❶ selectie, afschot, slachting ❷ slachtdier **II** *overg* ❶ plukken, verzamelen, vergaren ❷ selecteren, afschieten, slachten ‹v. zwakke, overtollige dieren›

cullender ['kʌləndə] *znw* → **colander**

culling ['kʌlɪŋ] *znw* selectie, afschot

culminate ['kʌlmɪnert] *onoverg* culmineren, het toppunt bereiken, uiteindelijk leiden tot ★ *Cook's journey ~d in the claiming of Australia for England* de reis van Cook culmineerde in het claimen van Australië voor Engeland

culmination [kʌlmɪ'neɪʃən] *znw* culminatie, hoogtepunt ★ *the discovery represented the ~ of years of research* de ontdekking was de culminatie van jarenlang onderzoek

culottes [kju'lɒts] *znw* [mv] broekrok

culpability [kʌlpə'bɪlətɪ] *znw* laakbaarheid, aansprakelijkheid ★ *accept ~* aansprakelijkheid aanvaarden

culpable ['kʌlpəbl] *bn* schuldig, misdadig ★ *~ of murder* schuldig aan moord ★ *be held ~ for sth* aansprakelijk gesteld worden voor iets

culpable homicide ['kʌlpəbl 'hɒmɪsaɪd] *znw* dood door schuld

culprit ['kʌlprɪt] *znw* ❶ schuldige, boosdoener, dader ❷ verdachte

cult [kʌlt] *znw* ❶ cultus, eredienst, rage ★ *a ~ book / film &* cultboek / -film ★ *a ~ of personality / personality ~* een persoonsverheerlijking ❷ sekte ❸ cult, incrowd, (artistieke) subcultuur

cultivable ['kʌltɪvəbl] *bn* bebouwbaar

cultivar ['kʌltɪvɑ:] *znw* cultivar, gekweekt ras

cultivate ['kʌltɪveɪt] *overg* ❶ bouwen, bebouwen, bewerken ❷ verbouwen, (aan)kweken, telen ❸ beschaven ❹ beoefenen ❺ cultiveren ❻ in de smaak willen vallen bij, vleien

cultivated ['kʌltɪveɪtɪd] *bn* ❶ beschaafd, ontwikkeld, welopgevoed ★ *a ~ man* een beschaafde man ❷ ontgonnen ★ *~ land* bouwgrond

cultivation [kʌltɪ'veɪʃən] *znw* ❶ bebouwing, bewerking, verbouwen, cultuur, aankweking, teelt ★ *in ~* in cultuur ❷ beschaving ❸ beoefening

cultivator ['kʌltɪveɪtə] *znw* ❶ bebouwer ❷ kweker ❸ beoefenaar ❹ wiedvork cultivator ‹ploeg›

cultural ['kʌltʃərəl] *bn* cultureel ★ *a ~ activity* een culturele activiteit ★ *~ differences* culturele verschillen

cultural attaché ['kʌltʃərəl ə'tæʃeɪ] *znw* cultuurattaché

culturati [kʌltʃə'rɑ:ti:] *znw* [mv] cultuurminnend publiek

culture ['kʌltʃə] *znw* ❶ cultuur, kweek ‹van bacteriën›, aankweking, teelt, bebouwing ★ *physical ~* lichamelijke opvoeding, lichaamsoefeningen ❷ beschaving, cultuur ★ *a man / woman of ~* een beschaafd man / vrouw ★ *a ~ of change* een cultuur van verandering ★ *a ~ of litigation* een cultuur van procederen ★ *foster a ~ of sth* een cultuur van iets bevorderen ★ *be caught up in a ~ of sth* in een cultuur van iets verstrikt raken

cultured ['kʌltʃəd] *bn* ❶ beschaafd ❷ gekweekt ★ *a ~ pearl* een gekweekte (cultivé)parel

culture jammer ['kʌltʃə 'dʒæmə] *znw* iem. die reclame en consumentengedrag parodieert

culture jamming ['kʌltʃə 'dʒæmɪŋ] *znw* parodie op reclame en consumentengedrag

culture shock ['kʌltʃə ʃɒk] *znw* cultuurschok

culture vulture ['kʌltʃə 'vʌltʃə] *inf znw* cultuurfreak, culturele alleseter

culture war ['kʌltʃə wɔ:] *znw* cultureel conflict

culvert ['kʌlvət] *znw* duiker ⟨onder dijk⟩

cum [kʌm] **I** *voorz* cum, met ★ *a bedroom-~livingroom* een slaapkamer en (tevens) woonkamer **II** *znw inf* sperma

cumbersome ['kʌmbəsəm], **cumbrous** *bn* log, hinderlijk, lastig, omslachtig

cumin ['kʌmɪn], **cummin** *znw* komijn

cummerbund ['kʌməbʌnd] *znw* brede band, rond het middel gedragen ⟨bij smoking⟩

cumquat ['kʌmkwɒt] *znw* kumquat ⟨kleine citrusvrucht⟩

cumulation [kju:mjʊ'leɪʃən] *znw* opeenhoping

cumulative ['kju:mjʊlətɪv] *bn* cumulatief

cumulative error ['kju:mjʊlətɪv 'erə] *statistiek znw* cumulatieve fout

cumulative voting ['kju:mjʊlətɪv 'vəʊtɪŋ] *znw* cumulatieve stemprocedure

cumulonimbus [kju:mjʊləʊ'nɪmbəs] *znw* [*mv:* cumulonimbi] cumulonimbus, buienwolk

cumulus ['kju:mjʊləs] *znw* [*mv:* cumuli] stapelwolk

cuneiform ['kju:nɪfɔ:m] *bn* wigvormig ★ *~ writing* spijkerschrift

cunnilingus [kʌnɪ'lɪŋgəs] *znw* cunnilingus, beffen

cunning ['kʌnɪŋ] **I** *bn* ❶ listig, sluw ❷ handig ❸ *Am* aardig, lief, leuk **II** *znw* ❶ listigheid, sluwheid ❷ handigheid

cunt [kʌnt] *vulg znw* ❶ kut ❷ trut, klootzak

cup [kʌp] **I** *znw* ❶ kop, kopje, beker ★ *inf (not) my ~ of tea* (n)iets voor mij ★ *Br inf in one's ~s* boven zijn theewater ❷ *sp* wedstrijdbeker, cup ❸ cup ⟨v. beha⟩ ❹ schaal, bowl **II** *overg* in de holte van de hand houden (opvangen)

cupboard ['kʌbəd] *znw* kast

cupboard love ['kʌbəd lʌv] *znw* baatzuchtige liefde, liefde om het gewin

cupcake ['kʌpkeɪk] *znw* cakeje

cup final [kʌp 'faɪnl] *znw* bekerfinale

cupful ['kʌpfʊl] *znw* kopje ⟨inhoudsmaat⟩

cup holder [kʌp 'həʊldə] *znw* bekerhouder

cupidity [kju:'pɪdɪtɪ] *form znw* hebzucht

cupola ['kju:pələ] *bouwk znw* koepel

cuppa ['kʌpə] *inf znw* kop thee

cupping ['kʌpɪŋ] *znw* koppen ⟨aderlaten met een aderlaatkop⟩

cupric ['kju:prɪk] *bn* koper-

cup tie ['kʌp taɪ] *znw* bekerwedstrijd

cup-tied ['kʌp-taɪd] *bn* niet speelgerechtigd in een

bekerwedstrijd ⟨omdat al eerder voor een ander team is uitgekomen⟩

cur [kɜ:] *znw* ❶ straathond ❷ *fig* hond, vlegel

curability [kjʊərə'brɪtɪ] *znw* geneeslijkheid

curable ['kjʊərəbl] *bn* geneeslijk

curacy ['kjʊərəsɪ] *znw* ❶ (hulp)predikantsplaats ❷ *RK* kapelaanschap

curate ['kjʊərət] *znw* ❶ (hulp)predikant ❷ *RK* kapelaan

curate's egg ['kjʊərəts eg] *Br znw* twijfelgeval, dilemma

curative ['kjʊerətɪv] **I** *bn* ❶ genezend ❷ heilzaam **II** *znw* geneesmiddel

curator [kjʊə'reɪtə] *znw* ❶ curator ❷ directeur ❸ conservator

curb [kɜ:b] **I** *znw* ❶ *fig* teugel, toom, keurslijf ❷ *Am* rand(steen) ❸ *Am* (trottoir)band **II** *overg* beteugelen, in toom houden, intomen, bedwingen

curbing ['kɜ:bɪŋ] *znw* → **kerbing**

curbside ['kɜ:bsaɪd] *Am znw* → **kerbside**

curbstone ['kɜ:bstəʊn] *Am znw* → **kerbstone**

curb weight ['kɜ:b weɪt] *znw* → **kerb weight**

curd [kɜ:d] *znw* wrongel, gestremde melk, kwark

curd cheese [kɜ:d tʃi:z] *znw* ± kwark

curdle ['kɜ:dl] **I** *overg* doen klonteren, stremmen, stollen ★ *~ one's blood* zijn bloed laten stollen **II** *onoverg* klonteren, stremmen, stollen ★ *make one's blood ~* zijn bloed laten stollen

cure ['kjʊə] **I** *znw* ❶ genezing ★ *bring about a ~* genezing bewerkstelligen ★ *zegsw prevention is better than ~* voorkomen is beter dan genezen ❷ geneesmiddel ★ *a ~ for cancer* een middel tegen kanker ❸ kuur ❹ (ziel)zorg ❺ predikantsplaats **II** *overg* ❶ genezen (van *of*) ❷ verduurzamen, conserveren ⟨door inmaken, drogen, pekelen, roken &⟩

cure-all ['kjʊər-ɔ:l] *znw* panacee

curettage [kjʊə'retɪdʒ, -rɪ'tɑ:dʒ] *med znw* curettage

curette [kjʊə'ret] **I** *znw* curette **II** *overg* curetteren

curfew ['kɜ:fju:] *znw* avondklok, uitgaansverbod

Curia ['kjʊərɪə] *znw* ★ *the ~* de pauselijke curie

curie ['kjʊərɪ] *znw* curie ⟨eenheid v. radioactiviteit⟩

curio ['kjʊərɪəʊ] *znw* rariteit

curiosa [kjʊərɪ'əʊsə] *znw* [*mv*] rariteiten

curiosity [kjʊərɪ'ɒsɪtɪ] *znw* ❶ nieuwsgierigheid, weetgierigheid ★ *~ got the better of me* mijn nieuwsgierigheid was te groot ★ *zegsw ~ killed the cat* al te nieuwsgierig zijn brengt je in de problemen ❷ curiositeit, rariteit

curious ['kjʊərɪəs] *bn* ❶ nieuwsgierig, weetgierig, benieuwd ★ *many Westerners are ~ about Chinese culture* veel westerlingen willen graag iets weten over de Chinese cultuur ★ *I'm ~ to find out why* ik zou graag willen weten waarom ❷ curieus, eigenaardig

curl [kɜ:l] **I** *znw* krul, kronkel(ing) **II** *overg* ❶ krullen, kronkelen, rimpelen ❷ minachtend optrekken of omkrullen **III** *onoverg* (om)krullen, (ineen)kronkelen, rimpelen ★ ~ *up* zich oprollen, ineenkrimpen, in elkaar zakken

curler ['kɜ:lə] *znw* krulspeld, roller

curlew ['kɜ:lju:] *znw* wulp ‹weidevogel›

curlicue ['kɜ:lɪkju:] *znw* sierkrul, tierelantijn

curling ['kɜ:lɪŋ] *znw* curling ‹balspel op het ijs›

curling stone ['kɜ:lɪŋ stəʊn] *znw* curlingsteen

curling tongs ['kɜ:lɪŋ tɒŋz] *znw* [mv] krultang

curly ['kɜ:lɪ] *bn* krullend, gekruld, krul-, kroes-

curly-wurly [kɜ:lɪ-'wɜ:lɪ] *inf bn* krullend en kronkelend

curmudgeon [kɜ:'mʌdʒən] <u>gedat</u> *znw* zuurpruim, chagrijn

currant ['kʌrənt] *znw* ❶ krent ★ *dried ~s* krenten ★ *a ~ loaf* een krentenbrood ❷ aalbes

currency ['kʌrənsɪ] *znw* ❶ (gang)baar geld, munt(soort), betaalmiddel, valuta, deviezen ★ *~ differences* valutaverschillen ★ <u>econ</u> *~ exposure* valutarisico ★ *~ transport* geldtransport ❷ gangbaarheid ★ <u>form</u> *the idea has gradually gained ~* het idee is langzaamaan ingeburgerd geraakt

currency dealer ['kʌrənsɪ 'di:lə] *znw* valutahandelaar, deviezenhandelaar

currency depreciation ['kʌrənsɪ dɪpri:ʃɪ'eɪʃən] *znw* geldontwaarding

currency exposure ['kʌrənsɪ ɪk'spəʊʒə] <u>econ</u> *znw* valutarisico

currency fluctuation ['kʌrənsɪ flʌktʃʊ'eɪʃən] *znw* koersfluctuatie ‹m.b.t. valuta's›

currency loss ['kʌrənsɪ lɒs] *znw* koersverlies ‹m.b.t. valuta's›

currency note ['kʌrənsɪ nəʊt] *znw* muntbiljet

currency rate ['kʌrənsɪ reɪt] *znw* wisselkoers

currency reform ['kʌrənsɪ rɪ'fɔ:m] *znw* geldzuivering, -sanering

currency shortage ['kʌrənsɪ 'ʃɔ:tɪdʒ] *znw* deviezentekort

currency unit ['kʌrənsɪ 'ju:nɪt] *znw* geldeenheid, munteenheid

current ['kʌrənt] **I** *bn* ❶ courant, gangbaar, in omloop, lopend ★ *be ~* gangbaar of in omloop zijn ❷ algemeen verspreid of aangenomen ❸ actueel, van de dag ❹ tegenwoordig, laatst (verschenen) ‹nummer› **II** *znw* stroming, stroom, loop, gang ★ <u>elektr</u> *alternating ~* wisselstroom ★ <u>elektr</u> *direct ~* gelijkstroom ★ <u>fig</u> *go with the ~* met de stroom meegaan ★ *swim against the ~* tegen de stroom ingaan

current account ['kʌrənt ə'kaʊnt] <u>handel</u> *znw* rekening-courant, lopende rekening

current affairs ['kʌrənt ə'feəz] *znw* [mv] lopende zaken, actualiteiten

current assets ['kʌrənt 'æsets] <u>econ</u> *znw* [mv] vlottende middelen

current cost ['kʌrənt kɒst] <u>econ</u> *znw* nieuwwaarde, vervangingswaarde

current liabilities ['kʌrənt laɪə'bɪlətɪz] *znw* [mv] lopende verplichtingen

currently ['kʌrəntlɪ] *bijw* tegenwoordig, momenteel, op het ogenblik

curriculum [kə'rɪkjʊləm] *znw* [mv: curricula *of* curriculums] cursus, programma, leerplan ★ *we use computers across the ~* we gebruiken computers in het hele lesprogramma ★ *German is no longer on the ~* Duits staat niet meer in het leerplan

curriculum vitae [kə'rɪkjʊləm 'vi:taɪ, -'vaɪti:], **CV** *znw* [mv: curricula vitae] curriculum vitae, korte levensbeschrijving

curried ['kʌrɪd] *bn* met kerrie

curry ['kʌrɪ] **I** *znw* ❶ kerrie ❷ kerrieschotel **II** *overg* ❶ met kerrie bereiden ❷ roskammen ❸ afrossen ▼ *~ favour with sbd* iems. gunst proberen te winnen

curry comb ['kʌrɪ kəʊm] *znw* roskam

curry leaf ['kʌrɪ li:f] *znw* kerrieblad

curry paste ['kʌrɪ peɪst] *znw* kerriepasta

curry powder ['kʌrɪ 'paʊdə] *znw* kerrie, kerriepoeder

curse [kɜ:s] **I** *znw* vloek, vervloeking, verwensing ★ <u>inf</u> *the ~* de menstruatie ★ *put a ~ on sth* een vloek over iets uitspreken **II** *overg* uit-, vervloeken ★ *~ the day* de dag vervloeken ★ *~ one's luck* zijn pech verwensen ★ *be ~d with sth* behept zijn met iets **III** *onoverg* vloeken

cursed ['kɜ:sɪd, 'kɜ:st] *bn* vervloekt

cursive ['kɜ:sɪv] **I** *bn* schuin, lopend ‹schrift› ★ *~ script* schuinschrift, lopend handschrift **II** *znw* schuinschrift, lopend handschrift

> **cursive**
> betekent niet *cursief*, maar **schuin handschrift, schoonschrift**.
> Ned. *cursief* = **in italics**.

cursor ['kɜ:sə] <u>comput</u> *znw* cursor, (positie)aanwijzer

cursorily ['kɜ:sərəlɪ] *bijw* terloops, vluchtig ★ *he glanced ~ at his notes* hij keek vluchtig op zijn aantekeningen

cursory ['kɜ:sərɪ] *bn* terloops (gedaan / gemaakt), vluchtig, haastig ★ *throw a ~ glance over sth* een terloopse blik op iets werpen

curt [kɜ:t] *bn* kort, kort en bondig, kortaf, bits

curtail [kɜ:'teɪl] *overg* korten, besnoeien, beknotten, beperken, verminderen

curtailment [kɜ:'teɪlmənt] *znw* verkorting, inkorting, beperking

curtain ['kɜ:tn] **I** *znw* ❶ gordijn, schuifgordijn, overgordijn ★ *a ~ ring* een gordijnring ❷ scherm, doek ‹toneel› ★ <u>fig</u> *bring down the ~ on sth* iets eindigen, afbreken ★ <u>inform.</u> *it's ~s for us if we don't deliver in time* als we niet op tijd leveren is het gebeurd met ons **II** *overg* voorzien van gordijnen **III** *phras* ★ *~ sth off* afscheiden met een gordijn

curtain call ['kɜ:tn kɔ:l] *znw* ★ *take a ~* op het podium teruggeroepen worden

curtain rail ['kɜ:tn reɪl] *znw* gordijnroede

curtain-raiser ['kɜ:tn-'reɪzə], **curtain raiser** *znw* ❶ kort toneelstuk vóór het eigenlijke stuk ❷ voorprogramma ❸ <u>fig</u> voorspel

cu

curtain ring [ˈkɜːtn rɪŋ] *znw* gordijnring

curtain speech [ˈkɜːtn spiːtʃ] *znw* dankwoord na de voorstelling

curtain-up [ˈkɜːtn-ʌp] *znw* begin van een toneelvoorstelling

curtness [ˈkɜːtnəs] *znw* bruuskheid, kortaangebondenheid

curtsy [ˈkɜːtsɪ], **curtsey I** *znw* revérence ★ *do / drop a ~* een reverence maken **II** *onoverg* een reverence maken

curvaceous [kɜːˈveɪʃəs] *bn* volslank

curvature [ˈkɜːvətʃə] *znw* kromming, boog ★ *~ of the spine* ruggengraatsverkromming

curve [kɜːv] **I** *znw* kromming, curve, kromme (lijn), bocht **II** *overg* (om)buigen, krommen **III** *onoverg* een bocht maken, buigen, zich krommen

curve ball [kɜːv bɔːl] *znw* curve, effectbal

curvilinear [kɜːvɪˈlɪnɪə] *bn* kromlijnig

curvy [ˈkɜːvɪ] *bn* ❶ bochtig ❷ welgevormd, goed geproportioneerd ⟨v. vrouw⟩

cushion [ˈkʊʃən] **I** *znw* ❶ kussen, kussentje ❷ biljart band **II** *overg* ❶ van kussens voorzien ❷ fig opvangen ⟨de slag⟩, breken ⟨de val⟩, verzachten ❸ beschermen, in de watten leggen

cushy [ˈkʊʃɪ] inf *bn* jofel, fijn, makkelijk

cusp [kʌsp] *znw* ❶ punt ❷ horen ⟨v.d. maan⟩

cuspidor [ˈkʌspɪdɔː] Am *znw* kwispedoor

cuss [kʌs] Am inf **I** *znw* ❶ vloek ★ *not a tinker's ~* geen snars ❷ kerel **II** *overg* ver-, uitvloeken **III** *onoverg* vloeken

cussed [ˈkʌsɪd] inf *bn* balorig, koppig

cussedness [ˈkʌsɪdnəs] *znw* eigenwijsheid, balorigheid

cuss word [kʌs wɜːd] inf *znw* vloek, krachtterm

custard [ˈkʌstəd] *znw* vla, custard

custard apple [ˈkʌstəd ˈæpl] *znw* custard apple, suikerappel ⟨tropische vrucht⟩

custard pie [ˈkʌstəd paɪ] *znw* ❶ taart zoals gebruikt in slapsticks ❷ slapstick-

custard powder [ˈkʌstəd ˈpaʊdə] *znw* custardpoeder, puddingpoeder

custodial [kʌˈstəʊdɪəl] *bn* bewarend, beschermend ★ *a ~ sentence* een gevangenisstraf

custodian [kʌˈstəʊdɪən] *znw* ❶ bewaker, beheerder, conservator ⟨v. museum⟩ ❷ voogd

custody [ˈkʌstədi] *znw* ❶ bewaking, hoede, zorg, voogdij ★ *joint ~* gezamenlijke voogdij ★ *be awarded / given / granted ~ of sbd* de voogdij krijgen over iem. ❷ bewaring, hechtenis ★ *youth ~* jeugddetentie ★ *remain in ~* in hechtenis blijven ★ *remand sbd in ~* iem. terugzenden in voorlopige hechtenis

custom [ˈkʌstəm] **I** *bn* speciaal (gemaakt), op maat, maat- ⟨v. kleding &⟩ **II** *znw* ❶ gewoonte, gebruik ❷ klandizie, nering

customary [ˈkʌstəmərɪ] *bn* gewoon, gebruikelijk

custom-built [ˈkʌstəm-bɪlt] *bn* → **custom-made**

customer [ˈkʌstəmə] *znw* ❶ klant ❷ inf kerel, vent

customer discount [ˈkʌstəmə ˈdɪskaʊnt] marketing *znw* klantenkorting

customer-friendly [ˈkʌstəmə-ˈfrendlɪ] *bn* klantvriendelijk

customer relations [ˈkʌstəmə rɪˈleɪʃənz] *znw* [mv] klantenbinding

customer service [ˈkʌstəmə ˈsɜːvɪs] *znw* klantenservice

custom house [ˈkʌstəm haʊs] *znw* douanekantoor

customize [ˈkʌstəmaɪz], **customise** *overg* ❶ op bestelling maken ❷ aanpassen aan persoonlijke verlangens

custom-made [kʌstəmˈmeɪd], **custom-built** *bn* op bestelling gemaakt

customs [ˈkʌstəmz] *znw* [mv] douane, douanerechten ★ *go through ~* door de douane gaan

Customs and Excise [ˈkʌstəmz ænd ˈeksaɪz] *znw* douane- en accijnsdienst

customs clearance [ˈkʌstəmz ˈklɪərəns] *znw* inklaring, uitklaring door de douane

customs declaration [ˈkʌstəmz dekləˈreɪʃən] *znw* (douane-)aangifte, douaneverklaring

customs duties [ˈkʌstəmz ˈdjuːtɪz] *znw* [mv] douanerechten

customs formalities [ˈkʌstəmz fɔːˈmælətɪz] *znw* [mv] douaneformaliteiten ★ *complete the ~* de douaneformaliteiten doorlopen

customs officer [ˈkʌstəmz ˈɒfɪsə] *znw* douanebeambte, commies, douanier

customs union [ˈkʌstəmz ˈjuːnjən] *znw* douane-unie, tolunie

cut [kʌt] **I** *bn* ❶ gesneden, geslepen ⟨glas⟩ ❷ los ⟨bloemen⟩ **II** *znw* ❶ knip, hak, houw ★ *the ~ and thrust* het houwen en steken ⟨bij sabelschermen⟩, fig de felle strijd, het over en weer ❷ snit, coupe ❸ coupure ⟨in toneelstuk, film⟩ ❹ slag, tik ⟨met zweep⟩, fig veeg uit de pan ❺ vermindering, verlaging ⟨v. prijs, loon⟩ ★ *a ~ in expenditure* een vermindering van de uitgaven ❻ snede, snijwond ❼ stuk, (aan)deel ★ *a ~ above* een graadje hoger dan ❽ stuk vlees ❾ afnemen, couperen ⟨kaarten⟩ ★ *kaartsp whose ~ is it?* wie moet afnemen? **III** *overg* [cut, cut] ❶ snijden, knippen ⟨ *you could ~ the atmosphere with a knife* de sfeer was met een mes te snijden ★ *be ~ to the quick* in zijn hart geraakt zijn, diep gekwetst zijn ★ zegsw *~ your coat according to your cloth* de tering naar de nering zetten ❷ afsnijden, afknippen, aansnijden, doorsnijden, doorknippen, stuksnijden ★ *~ corners* bochten afsnijden, fig zich er met een Jantje van Leiden vanaf maken ★ *~ sbd short* iem. in de rede vallen ★ *to ~ a long story short* om een lang verhaal kort te maken ❸ slijpen ⟨glas⟩ ❹ castreren ❺ hakken, (af)kappen, doorhakken, (door)graven, (door)klieven, banen ⟨een weg⟩ ❻ maaien ★ *~ the ground from under sbd's feet* iem. het gras voor de voeten wegmaaien ★ *~ a swathe through sth* zware sporen achterlaten in iets, iets flink verwoesten ❼ verminderen, verlagen ⟨prijzen⟩, afschaffen ⟨ter bezuiniging⟩ ❽ afbreken, verbreken ⟨contact⟩

❾ weglaten ❿ <u>comput</u> knippen ⓫ uitschakelen ⟨machine, licht⟩, stopzetten, ophouden met ★ <u>inf</u> ~ *the crap* geen gelul ⓬ <u>Am</u> <u>inf</u> wegblijven van ⟨les &⟩ ⓭ <u>inf</u> negeren, met de nek aankijken ★ *~ sbd dead* iem. totaal negeren ▼ <u>Am</u> *~ a deal* een overeenkomst sluiten ▼ *~ a figure* een figuur slaan ▼ <u>inf</u> *~ it fine* op het nippertje komen ▼ *~ one's losses* het zinkende schip verlaten ▼ *~ teeth* tanden krijgen ▼ <u>fig</u> *one's teeth on sth* ergens ervaring mee opdoen **IV** *onoverg* [cut, cut] ❶ snijden ★ *~ two / both ways* van twee kanten snijden ❷ <u>kaartsp</u> couperen, afnemen ▼ *~ loose* zich ongeremd gedragen ▼ <u>inf</u> *~ and run* er vandoor gaan, vliegen, rennen **V** *phras* ★ *~* **across** *sth* iets (dwars) oversteken, iets doorsnijden, iets doorbreken, overstijgen, <u>fig</u> in strijd zijn met iets, ingaan tegen iets ★ *~ sth* **away** iets wegsnijden ★ *~* **back** rechtsomkeert maken, inkrimpen, bezuinigen ★ *~ sth back* iets snoeien, iets besnoeien, iets inkrimpen ★ *~* **back on** *sth* iets inkrimpen / beperken ★ *~* **back to** *sth* terugkeren naar een vorig beeld of toneel ⟨in film⟩ ★ *~ sth* **down** iets vellen, omkappen ★ *~ sbd down to size* iem. op zijn nummer zetten ★ *~* **down on** *sth* iets inkrimpen / beperken ★ *~* **in** in de rede vallen, invallen, snijden ⟨in verkeer⟩, aanslaan ⟨motor⟩, aftikken ⟨bij dansen⟩ ★ <u>inf</u> *~ sbd in* iem. laten meedoen / meedelen ★ *~* **into** *sth* iets insnijden, een aanslag doen op iets, storend werken op iets ★ *~ sth* **off** iets afsnijden, iets wegmaaien, iets afknippen, afhakken, afslaan, iets afzetten ⟨ledematen, motor⟩, iets afsluiten ⟨gas &⟩, iets afbreken ⟨onderhandelingen⟩ ★ *~ sbd off* iem. afsnijden, iem. onderbreken ★ *~ sbd off without a penny* iem. onterven ★ *~* **out** afslaan, weigeren ⟨v. motor⟩, <u>Am</u> er tussenuit gaan, 'm smeren ★ *~ sth out* iets (uit)knippen, uitsnijden, iets achterwege laten, uitscheiden / ophouden met iets ⟨roken, drinken &⟩, <u>elektr</u> iets uitschakelen ★ <u>inf</u> *~ it out!* hou ermee op! ★ *~ sbd out* iem. uitsluiten ★ *~ sbd out of a will* iem. onterven ★ *be ~* **out for** *sth* geknipt zijn voor iets ★ *~* **out on** *sth* iets opgeven ★ <u>Am</u> <u>inf</u> *~* **up** stout / ondeugend zijn ★ <u>Br</u> <u>inf</u> *~ up rough* boos of nijdig worden ★ *~ sth up* iets (stuk)snijden, hakken, knippen, versnijden, iets verdelen ★ *~ sbd up* iem. ernstig verwonden / toetakelen, iem. in de pan hakken / afkraken, iem. ernstig aangrijpen, van de kaart doen zijn

cut-and-dried [kʌt-ænd-draɪd] *bn* pasklaar, kant-en-klaar

cut and paste [kʌt ænd peɪst] <u>comput</u> *znw* knippen en plakken

cutaneous [kju:'teɪnɪəs] *bn* van de huid, huid-

cutaway ['kʌtəweɪ] **I** *bn* opengewerkt **II** *znw* ❶ rokkostuum ❷ opengewerkte tekening, opengewerkt model

cutback ['kʌtbæk] *znw* inkrimping, beperking, reductie ★ *a ~ in spending on education* een verlaging van de uitgaven voor onderwijs

cute [kju:t] <u>inf</u> *bn* schattig, lief, snoezig, charmant, aantrekkelijk

cutesy ['kju:tsɪ] <u>inf</u> *bn* aanstellerig

cut glass [kʌt glɑ:s] *znw* geslepen glas ★ *a ~ accent* een geaffecteerd / bekakt / deftig accent

cuticle ['kju:tɪkl] *znw* ❶ nagelriem ❷ opperhuid ❸ <u>plankt & dierk</u> cuticula, opperlaag

cutie ['kju:tɪ] <u>inf</u> *znw* snoes, meisje

cutlass ['kʌtləs] *znw* hartsvanger, korte sabel

cutlery ['kʌtlərɪ] *znw* bestek, couvert, eetgerei

cutlet ['kʌtlɪt] *znw* kotelet, karbonade

cut lunch [kʌt lʌntʃ] <u>Am & NZ</u> *znw* lunchpakket

cut-off ['kʌt-ɒf] *znw* ❶ afsluiter ❷ scheiding, grens ❸ <u>Am</u> kortere weg

cut-offs ['kʌt-ɒfz] *znw* [mv] (spijker)broek met afgeknipte pijpen

cutout ['kʌtaʊt] *znw* ❶ <u>elektr</u> schakelaar ❷ <u>techn</u> vrije uitlaat ⟨v. motor⟩ ❸ uitknipsel ❹ bouwplaat

cut-price [kʌt-'praɪs], **cut-rate** *bn* goedkoop, tegen verlaagde prijs

cutter ['kʌtə] *znw* ❶ snijder, coupeur ❷ (snij)mes, snijmachine, snijbrander ❸ <u>techn</u> frees ❹ houwer, hakker ❺ cutter ⟨v. film⟩ ❻ <u>scheepv</u> kotter, boot

cut-throat ['kʌt-θrəʊt] **I** *bn* moordend, moordlustig, genadeloos, niets ontziend ★ *~ competition* moordende, meedogenloze concurrentie **II** *znw* <u>gedat</u> moordenaar

cut-throat razor ['kʌt-θrəʊt 'reɪzə], **cut-throat** *znw* ouderwets scheermes

cutting ['kʌtɪŋ] **I** *bn* ❶ snijdend, scherp, bijtend, vinnig ❷ snij- **II** *znw* ❶ snijden, knippen & ❷ (afgesneden, afgeknipt) stuk, coupon ⟨v. stof⟩ ❸ (uit)knipsel ❹ <u>plankt</u> stek ★ *take a ~* stekken ❺ holle weg, doorgraving ❻ doorkomen ⟨v. tanden⟩ ❼ montage ⟨v. film⟩

cutting edge ['kʌtɪŋ edʒ] *znw* ❶ snijkant, scherpe kant ❷ voorhoede, avant-garde ★ *at the ~ of technology* in de absolute voorhoede van de technologie

cutting-edge ['kʌtɪŋ-'edʒ] *bn* avant-garde, spraakmakend, innoverend ★ *~ technology* avant-garde technologie

cutting room ['kʌtɪŋ ru:m] *znw* montageruimte ⟨v. films⟩

cuttlefish ['kʌtlfɪʃ] *znw* [mv: *~ of* cuttlefishes] inktvis

cut up [kʌt ʌp] **I** *bn* <u>inf</u> ondersteboven, ontdaan, van de kaart ★ *be ~ up about sth* ontdaan / kapot zijn van iets **II** *znw* ❶ opname die bestaat uit een montage van eerdere opnames ⟨film, muziek⟩ ❷ <u>Am</u> <u>inf</u> grappenmaker, lolbroek

CV *afk* → **curriculum vitae**

cwt. *afk* → **hundredweight**

cyan ['saɪæn] *znw* cyaanblauw

cyanide ['saɪənaɪd] *znw* cyanide

cyanosis [saɪə'nəʊsɪs] <u>med</u> *znw* blauwzucht, cyanose

cyber- ['saɪbə] *voorv* cyber-, computer-

cybercafe ['saɪbəkæfeɪ] *znw* internetcafé

cyberfraud ['saɪbəfrɔ:d] *znw* computerfraude

cy

cybernetic [saɪbɜ:'netɪk] *bn* cybernetisch

cybernetics [saɪbə'netɪks] *znw* [mv] cybernetica, stuurkunde

cyberphobia [saɪbə'fəʊbɪə] *znw* computervrees

cyberpunk ['saɪbəpʌŋk] *znw* ❶ cyberpunk ⟨sciencefiction genre waarin de maatschappij wordt beheerst door computers⟩ ❷ hacker, computerfreak

cybersex ['saɪbəseks] *znw* computerseks

cyberspace ['saɪbəspeɪs] *znw* cyberspace

cybersquatting ['saɪbəskwɒtɪŋ] *znw* opkopen van gewilde domeinnamen om ze tegen veel geld te kunnen verkopen

cyberterrorism ['saɪbətərərɪzəm] *znw* computerterrorisme

cybrarian [saɪ'brærɪən] *znw* maker / beheerder van een internetbibliotheek / databank

cybrary ['saɪbrərɪ] *znw* internetbibliotheek / databank

cycad ['saɪkæd] *znw* palmvaren, cycaspalm

cyclamen ['sɪkləmən] *znw* cyclaam, cyclamen, alpenviooltje

cycle ['saɪkl] **I** *znw* ❶ tijdkring, kringloop, cyclus ★ *an economic ~* een conjunctuurcyclus ★ *the life ~ of the honeybee / a star &* de levenscyclus van de honingbij / een ster & ★ *the rinse ~* het spoelprogramma ❷ rijwiel, fiets **II** *onoverg* fietsen

cycle clips ['saɪkl klɪps] *znw* broekveren

cycle helmet ['saɪkl 'helmɪt] *znw* fietshelm

cycle lane ['saɪkl leɪn] *znw* fietspad, fietsstrook

cycle path ['saɪkl pɑ:θ] *znw* → **cycle track**

cycle rack ['saɪkl ræk] *znw* fietsenrek

cycle track ['saɪkl træk], **cycle path** *znw* fietspad

cyclic ['saɪklɪk], **cyclical** *bn* ❶ tot een cyclus behorend ❷ periodiek

cycling ['saɪklɪŋ] *znw* ❶ fietsen, wielrennen ❷ wielersport

cyclist ['saɪklɪst] *znw* wielrijder, fietser

cyclone ['saɪkləʊn] *znw* cycloon

cyclonic [saɪ'klɒnɪk] *bn* cyclonaal

Cyclops ['saɪklɒps] *znw* cycloop

cyclosporin [saɪklə(ʊ)'spɔ:rɪn] *znw* cyclosporine

cyclostyle ['saɪkləstaɪl] **I** *znw* stencilmachine **II** *overg* stencilen

cygnet ['sɪgnɪt] *znw* jonge zwaan

cylinder ['sɪlɪndə] *znw* cilinder, wals, rol

cylinder head ['sɪlɪndə hed] *znw* cilinderkop

cylinder lock ['sɪlɪndə lɒk] *znw* cilinderslot

cylindrical [sə'lɪndrɪkl] *bn* cilindervormig

cymbal ['sɪmbl] muz *znw* cimbaal, bekken

cynic ['sɪnɪk] *znw* ❶ cynisch wijsgeer ❷ cynicus

cynical ['sɪnɪkl] *bn* cynisch

cynicism ['sɪnɪsɪzəm] *znw* ❶ cynische houding, cynisme ★ *there is widespread ~ about the proposed reforms* men is over het algemeen nogal cynisch over de voorgestelde hervormingen ❷ cynische opmerking

cynosure ['saɪnəʃʊə] dicht *znw* middelpunt (v. belangstelling)

cypher ['saɪfə] *znw* → **cipher**

cypress ['saɪprəs] *znw* cipres

Cyprian ['sɪprɪən] *bn* Cypriotisch

Cypriot ['sɪprɪət] **I** *bn* Cyprisch **II** *znw* Cyprioot, Cyprische

Cyprus ['saɪprəs] *znw* Cyprus

cyrillic [sɪ'rɪlɪk] *znw* cyrillisch (schrift)

cyst [sɪst] *znw* cyste, blaas, beursgezwel

cystectomy [sɪs'tektəmɪ] med *znw* cystectomie, verwijdering van de blaas

cystic fibrosis ['sɪstɪk faɪ'brəʊsɪs] med *znw* cystische fibrose, taaislijmziekte

cystitis [sɪs'taɪtɪs] med *znw* blaasontsteking

cytology [saɪ'tɒlədʒɪ] *znw* cytologie, celleer

czar [zɑ:] *znw* → **tsar**

czarina [zɑ:'ri:nə] *znw* → **tsarina**

czarist ['zɑ:rɪst] **I** *bn* tsaristisch **II** *znw* tsarist

Czech [tʃek] **I** *bn* Tsjechisch **II** *znw* ❶ Tsjech ❷ Tsjechisch, Tsjechische

Czechoslovakia [tʃekəʊsləʊ'vækɪə] hist *znw* Tsjecho-Slowakije

Czech Republic [tʃek rɪ'pʌblɪk] *znw* Tsjechië

D

d [di:] *znw* ❶ (de letter) d ❷ <u>muz</u> d of re ▼ *D* 500 ⟨Romeins cijfer⟩

DA <u>Am</u> *afk* → **district attorney**

dab [dæb] **I** *znw* ❶ tikje, por ❷ klompje, spat, kwak ❸ veegje, bettende beweging ❹ <u>dierk</u> schar **II** *overg* ❶ (aan)tikken ❷ betten, deppen ★ *she ~bed some perfume on her wrists* ze bette wat parfum op haar polsen **III** *onoverg* ❶ (aan)tikken ★ *~ at sth* iets betasten of even bestrijken ❷ betten, deppen

dabble ['dæbl] **I** *overg* bespatten, nat maken, plassen met **II** *onoverg* doen aan, liefhebberen (in *in*) ★ *she ~s in pottery* ze liefhebbert wat in pottenbakken

dab hand [dæb hænd] *inf znw* kei, bolleboos ★ *be a ~ at sth* een uitblinker in iets zijn

dabs [dæbz] <u>Br</u> *inf znw* [mv] vingerafdrukken

dabster ['dæbstə] *znw* ❶ kladschilder ❷ kei, bolleboos

da capo [dɑ: 'kɑ:pəʊ] *(Ital)* <u>muz</u> *bn & bijw* da capo ⟨vanaf het begin⟩

dachshund ['dækshʊnd] *znw* taks, teckel

Dacron® ['dækrɒn] *znw* dacron ⟨soort kunststoftextiel⟩

dad [dæd] <u>inf</u> *znw* pa, pappie, pap(s)

daddy ['dædɪ] <u>inf</u> *znw* ❶ papa ❷ de oudste / grootste / beste ooit ★ *the ~ of all stock exchange crashes* de grootste beurskrach aller tijden ★ *the ~ of all cyclones* de ergste cycloon die er ooit geweest is

daddy-long-legs [dædɪ-'lɒŋ-legz], **daddy-longlegs** *znw* ❶ langpootmug ❷ <u>Am</u> hooiwagen ⟨spin⟩

dado ['deɪdəʊ] *znw* lambrisering, beschot

dado rail ['deɪdəʊ reɪl] *znw* sierlijst ⟨langs de muur op ± 1 m hoogte⟩

daffodil ['dæfədɪl] *znw* gele narcis

daffy ['dæfɪ] <u>inf</u> *bn* gek, getikt

daft [dɑ:ft] <u>inf</u> *bn* dwaas, dom, mal, gek, getikt ★ *as ~ as a brush* zo gek als een deur

dag [dæg] <u>Aus & NZ</u> *znw* ❶ een pluk wol samengeklit met keutels ⟨rond de anus van een schaap⟩ ❷ <u>inf</u> grappig excentriek persoon ❸ <u>inf</u> slordig, vuil persoon

dagger ['dægər] *znw* dolk ★ *look ~s at sbd* iem. vernietigend aankijken

daggy ['dægɪ] <u>Aus & NZ</u> *inf bn* slordig, vuil

dago ['deɪgəʊ] *inf beledigend znw* benaming voor iem. v. Spaanse, Portugese of Italiaanse afkomst

daguerreotype [də'gerəʊtaɪp] *znw* daguerreotype

dahlia ['deɪlɪə] *znw* dahlia

Dáil ['dɔɪl], **Dáil Eireann** *znw* Lagerhuis van de Ierse Republiek

daily ['deɪlɪ] **I** *bn & bijw* dagelijks, dag- ★ *a ~ help* een werkster / schoonmaakster ★ *she visits him ~* ze bezoekt hem elke dag **II** *znw* ❶ → **daily paper** ❷ werkster, schoonmaakster, dagmeisje

daily bread ['deɪlɪ bred] *inf znw* dagelijks brood

daily double ['deɪlɪ 'dʌbl] *znw* weddenschap op de uitkomst van twee races

daily paper ['deɪlɪ 'peɪpə], **daily** *znw* dagblad, krant

daintiness ['deɪntɪnɪs] *znw* ❶ bevalligheid, sierlijkheid ❷ kieskeurigheid

dainty ['deɪntɪ] **I** *bn* ❶ fijn, sierlijk, keurig, aardig ❷ lekker ❸ kieskeurig **II** *znw* lekkernij

daiquiri ['dækɪrɪ] *znw* cocktail met rum en limoensap

dairy ['deərɪ] *znw* ❶ zuivelbedrijf, melkinrichting, melkschuur ❷ zuivelfabriek ❸ zuivel, zuivelproducten

dairy cattle ['deərɪ 'kætl] *znw* melkvee

dairy cow ['deərɪ kaʊ] *znw* melkkoe

dairy farm ['deərɪ fɑ:m] *znw* melkveebedrijf, zuivelbedrijf

dairy herd ['deərɪ hɜ:d] *znw* melkveestapel

dairying ['deərɪɪŋ] *znw* zuivelproductie, zuivelbereiding

dairyman ['deərɪmən] *znw* ❶ melkboer ❷ melkveehouder, zuivelboer

dairy produce ['deərɪ 'prɒdju:s] *znw* zuivelproducten

dairy products ['deərɪ 'prɒdʌkts] *znw* [mv] zuivelproducten

dais ['deɪɪs] *znw* podium, verhoging

daisy ['deɪzɪ] *znw* madeliefje ★ *inf be pushing up the daisies* onder de groene zoden liggen

daisy chain ['deɪzɪ tʃeɪn] *znw* ketting van madeliefjes

daisy wheel ['deɪzɪ wi:l] *znw* daisy wheel, margrietwieltje ⟨in printers, schrijfmachines⟩

daks [dæks] <u>Aus & NZ</u> *inf znw* [mv] broek

dal *afk* (decalitre) decaliter

dale [deɪl] <u>dicht of N.Br</u> *znw* dal ★ *up hill and down ~* op bergen en in dalen, berg op berg af

dalliance ['dælɪəns] *znw* ❶ geflirt, flirt ★ *reporters are making much of his ~ with drugs* journalisten besteden veel aandacht aan zijn flirt met verdovende middelen ❷ korte periode van interesse

dally ['dælɪ] *onoverg* ❶ spelen, stoeien ★ *she's ~ing with the idea of writing a book* ze speelt met het idee een boek te schrijven ★ *~ with sbd/~ with sbd's affections* flirten met iemand ❷ rondlummelen, beuzelen, talmen

Dalmatian [dæl'meɪʃən] **I** *bn* Dalmatisch **II** *znw* Dalmatiër, Dalmatische hond

dam [dæm] **I** *znw* ❶ dam, dijk, stuwdam ❷ ingesloten water ❸ → **dental dam** ❹ moeder ⟨v. dier⟩ **II** *overg* ★ *~ sth (up)* een dam opwerpen tegen iets, iets afdammen, bedijken, iets opkroppen ⟨v. gevoelens⟩

damage ['dæmɪdʒ] **I** *znw* schade, beschadiging, averij ★ *inf what's the ~?* wat kost het? wat is de schade? ★ *the ~ is done* het euvel is al geschied, de schade is al aangericht **II** *overg* ❶ beschadigen, havenen, toetakelen ❷ schaden, in diskrediet brengen

damage limitation ['dæmɪdʒ lɪmɪ'teɪʃən], <u>Am</u> **damage control** *znw* schadebeperking

damage report ['dæmɪdʒ rɪ'pɔ:t] *znw* schaderapport

damages ['dæmɪdʒɪz] *znw* [mv] schadevergoeding ★ *a claim for ~* een eis tot schadevergoeding

damaging ['dæmɪdʒɪŋ] *bn* nadelig, schadelijk,

bezwarend, ongunstig ★ *a ~ report* een bezwarend / ongunstig rapport ★ *smoking is ~ to your health* roken is schadelijk voor je gezondheid

damask ['dæməsk] **I** *bn* ❶ damasten ❷ <u>dicht</u> zacht rood **II** *znw* ❶ damast ❷ gevlamd staal ❸ **damask rose** damascusroos

dame [deɪm] *znw* ❶ dame ★ *Dame* vrouwelijk lid van de *Order of the British Empire* ❷ <u>Am</u> wijf

dammit ['dæmɪt] *inf tsw* (damn it) verdomme!

damn [dæm] **I** *bn & bijw* <u>inf</u> verdomd ★ *that ~ dog!* die verdomde hond! ★ *we came ~ close to winning* we zaten verdomd dicht bij de winst **II** *znw* <u>inf</u> reet, zak, mallemoer ★ *~ all* geen reet, geen ene mallemoer ★ *not worth a ~* geen moer waard ★ *I don't care / give a ~ (about it)* het kan me geen donder (barst) schelen **III** *overg* ❶ vervloeken, verdoemen ★ <u>inf</u> *~ it!* verdomme! ★ <u>inf</u> *well, I'll be / I'm ~ed!* krijg nou wat! ★ <u>inf</u> *~ the rain!* die verdomde regen! ★ <u>inf</u> *as near as ~ it* zo goed als ★ <u>inf</u> *I'll be ~ed if I know* ik mag hangen als ik het weet ❷ veroordelen, afkraken, afbreken ★ *~ sth with faint praise* iets het graf in prijzen

damnable ['dæmnəbl] *bn* ❶ vervloekt ❷ afschuwelijk ❸ godsgruwelijk, pokken-

damnation [dæm'neɪʃən] **I** *tsw* (wel) vervloekt! **II** *znw* verdoemenis, verdoeming

damned [dæmd] *bn & bijw* ❶ vervloekt, verdomd ★ <u>inf</u> *I'll see you / him & ~ first!* over mijn lijk! ★ <u>inf</u> *do one's ~est* alles in het werk stellen ❷ donders

damning ['dæmɪŋ] *fig bn* bezwarend, vernietigend

damp [dæmp] **I** *bn* vochtig, klam **II** *znw* ❶ vocht, vochtigheid ❷ mijngas **III** *overg* vochtig maken, bevochtigen ★ *~ sth down* iets temperen

damp course [dæmp kɔːs], **damp-proof course** *znw* vochtwerende laag

dampen ['dæmpən] *overg* ❶ bevochtigen ❷ dempen ★ *nothing could ~ their enthusiasm* niets kon hun enthousiasme dempen

damper ['dæmpə] *znw* ❶ teleurstelling, domper, spelbreker ★ *put a ~ on sth* een domper zetten op iets ❷ (toon)demper, sordino ❸ sleutel, schuif ⟨in kachelpijp⟩ ❹ <u>Aus</u> meelkoek die gebakken is in hete as ⟨v. kampvuur &⟩

dampish ['dæmpɪʃ] *bn* ietwat vochtig, klammig

damp-proof ['dæmp-pruːf] *bn* bestand tegen vocht

damp-proof course ['dæmp-pruːf kɔːs] *znw* → **damp course**

damp squib [dæmp skwɪb] <u>Br</u> *znw* teleurstellend evenement

damsel ['dæmzl] <u>dicht of scherts</u> *znw* ❶ jongedame ❷ jonkvrouw ★ <u>scherts</u> *a ~ in distress* een dame in problemen

damselfly ['dæmzlflaɪ] *znw* waterjuffer ⟨soort libelle⟩

damson ['dæmzən] **I** *bn* donkerpaars **II** *znw* ❶ kwets ⟨soort pruim⟩ ❷ donkere tint paars

dance [dɑːns] **I** *znw* ❶ dans(je) ★ *lead the ~* voordansen ★ *lead sbd a merry ~* iem. het leven zuur maken, er van laten lusten ★ *would you like a ~?* wil

je dansen? ❷ bal, dansavondje **II** *overg* dansen ★ *~ attendance on sbd* iem. achternalopen **III** *onoverg* dansen ★ *~ to sbd's tune* naar iems. pijpen dansen

dance floor [dɑːns flɔː] *znw* dansvloer

dance hall [dɑːns hɔːl], **dancing hall** *znw* dancing, danszaal

dancer ['dɑːnsə] *znw* danser, danseres

dance studio [dɑːns 'stjuːdɪəʊ] *znw* dansschool

dancing ['dɑːnsɪŋ] *znw* ❶ dansen ❷ danskunst

dancing hall ['dɑːnsɪŋ hɔːl] *znw* → **dance hall**

D and C <u>med</u> *afk* → **dilatation and curettage**

dandelion ['dændɪlaɪən] *znw* paardenbloem

dander ['dændə] <u>inf</u> *znw* ★ *get sbd's ~ up* iem. woedend maken

dandified ['dændɪfaɪd] *bn* als een dandy gekleed

dandify ['dændɪfaɪ] *overg* opsmukken, opdirken

dandle ['dændl] <u>gedat</u> *overg* ❶ laten dansen op de knie ❷ liefkozen ❸ vertroetelen

dandruff ['dændrʌf] *znw* roos ⟨op het hoofd⟩

dandy ['dændɪ] **I** *bn* <u>Am</u> <u>inf</u> prima, puik **II** *znw* ❶ dandy, fat ❷ <u>scheepv</u> soort sloep

dandyism ['dændɪɪzəm] *znw* fatterigheid

Dane [deɪn] *znw* Deen, Deense

danger ['deɪndʒə] *znw* gevaar, risico ★ *~!* gevaarlijk! ★ *the ~ point* het kritisch punt ★ *a ~ signal* een onveilig sein, waarschuwingsteken ★ *the ~ signs* de waarschuwingstekens ★ *a ~ zone* een gevarenzone ★ *be in ~ of sth* het gevaar lopen te ★ *be out of ~* buiten (levens)gevaar zijn

danger list ['deɪndʒə lɪst] *znw* lijst met ernstig zieke patiënten in een ziekenhuis ★ *be on / off the ~* in / buiten levensgevaar zijn

danger money ['deɪndʒə 'mʌnɪ], <u>Am</u> **danger pay** *znw* gevarenpremie, -toeslag

dangerous ['deɪndʒərəs] *bn* gevaarlijk ★ *a high cholesterol level is ~ for humans* een hoog cholesterolniveau is gevaarlijk voor mensen ★ *smoking is ~ to your health* roken is een gevaar voor je gezondheid

dangle ['dæŋgl] **I** *overg* laten bengelen, zwaaien met ★ *fig ~ sth before / in front of sbd* iemand iets voorspiegelen, iemand ergens lekker mee maken **II** *onoverg* slingeren, bengelen, bungelen ★ *keep sbd dangling* iemand aan het lijntje houden

Danish ['deɪnɪʃ] **I** *bn* Deens ★ <u>valuta</u> *~ krone* Deense kroon **II** *znw* Deens

Danish blue ['deɪnɪʃ bluː] *znw* Danish blue ⟨blauwaderkaas⟩

Danish pastry ['deɪnɪʃ 'peɪstrɪ] *znw* Deens gebak

dank [dæŋk] *bn* vochtig, klam

Danube ['dænjuːb] *znw* Donau

dapper ['dæpə] *bn* keurig, parmantig

dapple ['dæpl] **I** *znw* spikkeling, vlektekening **II** *overg* (be)spikkelen

dappled ['dæpld] *bn* gevlekt, gespikkeld, bont ★ *~ sunlight* vlekken van zonlicht

dapple-grey ['dæpl-greɪ] **I** *bn* appelgrauw **II** *znw* <u>dierk</u> appelschimmel

Darby and Joan ['dɑːbi ənd 'dʒəʊn] *znw* bejaard
echtpaar dat erg verknocht is aan elkaar
Darby and Joan club ['dɑːbi ənd 'dʒəʊn klʌb] *znw*
bejaardenclub
dare [deə] **I** *znw* uitdaging **II** *hulpww* durven ★ *I ~ say*
ik denk, denk ik, zeker, wel ★ *he was hungry but he ~
not ask for more* hij had honger, maar hij durfde niet
om meer te vragen **III** *overg* ❶ durven, het wagen
★ *don't you ~!* waag het niet! ★ *how ~ he / she &!* hoe
durft hij / zij &! ❷ trotseren, tarten, uitdagen

> **dare**
> De gewone vorm is **he/she dares**, maar in negatieve
> zinnen wordt de **s** soms weggelaten **he/she dare**.
> *He dare not go home - Hij durft niet naar huis te gaan.*

daredevil ['deədevəl] **I** *bn* roekeloos, doldriest **II** *znw*
waaghals, durfal
daren't ['deərənt] *samentr* (dare not) → **dare**
daresay ['deəseɪ] *overg* ★ *I ~* ik denk, denk ik, zeker,
wel
daring ['deərɪŋ] **I** *bn* stout(moedig), koen, vermetel,
gewaagd, gedurfd **II** *znw* stout(moedig)heid,
vermetelheid, koenheid, durf
dark [dɑːk] **I** *bn* ❶ duister, donker, onverlicht ★ *keep
sth ~* iets geheim houden ❷ fig somber, triest
❸ snood, slecht, verdorven ❹ onbegrijpelijk,
obscuur **II** *znw* donker, duister, vallen van de avond,
duisternis, duisterheid ★ *the ~* het donker ★ fig *a
shot / stab in the ~* een slag in de lucht, een wilde
gok ★ *after / before ~* na, voor het donker worden
★ fig *be in the ~* in het duister tasten ★ *be afraid of
the ~* bang zijn in het donker ★ fig *keep sbd in the ~*
iem. in onwetendheid laten
Dark Ages [dɑːk 'eɪdʒɪz] *znw* ★ *the ~* de (vroege
/ duistere) middeleeuwen
dark chocolate [dɑːk 'tʃɒkələt] *znw* donkere chocola,
pure chocola
darken ['dɑːkən] **I** *overg* donker (duister) maken,
verduisteren ★ *never ~ sbd's door again* geen voet
meer over zijn drempel zetten **II** *onoverg* donker
(duister) worden
darkened ['dɑːkənd] *bn* verduisterd, donker gemaakt
★ *a ~ room* een verduisterde kamer
dark glasses [dɑːk 'glɑːsɪz] *znw* [mv] zonnebril
dark horse [dɑːk hɔːs] *znw* ❶ outsider, onbekende
mededinger ❷ onbekende factor
darkish ['dɑːkɪʃ] *bn* vrij donker, schemerig
darkling ['dɑːklɪŋ] dicht *bn* donker wordend
dark matter [dɑːk 'mætə] astron *znw* zwarte materie
darkness ['dɑːknəs] *znw* duisternis, duisterheid,
duister, donker, donkerheid ★ *the room was plunged
into ~* de kamer was in duisternis gehuld ★ *under
cover of ~* onder dekking van de duisternis / nacht
★ *~ falls early in the tropics* de duisternis valt vroeg
in in de tropen
darkroom ['dɑːkruːm] fotogr *znw* donkere kamer,
doka
dark star [dɑːk stɑː] astron *znw* donkere ster

darky ['dɑːkɪ], **darkie** beledigend gedat *znw* zwartje
darling ['dɑːlɪŋ] **I** *bn* geliefkoosd, geliefd, lief **II** *znw*
lieveling, schat, dot
darn [dɑːn] **I** *tsw*, Am inf **durn** inf verdomd! **II** *bn*, Am
inf **durn** inf verdomd, verrekt ★ *she's a ~ sight older
than him* ze is een verrekt stuk ouder dan hij **III** *znw*
stop, gestopte plaats **IV** *overg* ❶ stoppen, mazen
❷ Am inf **durn** inf vervloeken ★ *~ it all!* vervloekt!
darned [dɑːnd], Am **durned** inf *bn* verdraaid,
vervloekt
darning ['dɑːnɪŋ] *znw* ❶ stoppen, mazen ❷ stopwerk
darning needle ['dɑːnɪŋ 'niːdl] *znw* stopnaald
dart [dɑːt] **I** *znw* ❶ pijl(tje), werpspies ❷ sprong,
(plotselinge) uitval ❸ coupenaad **II** *overg* schieten,
werpen **III** *onoverg* ★ *~ off* wegschieten
dartboard ['dɑːtbɔːd] *znw* dartsbord
darts [dɑːts] sp *znw* [mv] darts, pijltjes werpen
dash [dæʃ] **I** *znw* ❶ spurt, sprint, plotselinge aanval
★ *make a ~ for the bus* in vliegende vaart de bus
proberen te halen ★ *make a ~ for freedom* een snelle
uitbraakpoging doen ❷ scheutje, tikje ★ *a ~ of gin*
een scheutje jenever ★ *a ~ of colour* een zweempje
kleur ★ *a ~ of glamour* een beetje glamour
❸ streepje, kastlijntje, gedachtestreep ❹ zwier, elan,
durf ★ *cut a ~* de show stelen ❺ **dashboard**
dashboard ▼ *a ~ of the pen* een pennenstreek
II *overg* ❶ werpen, smijten, slaan ❷ verpletteren,
terneerslaan, teleurstellen, de bodem inslaan ⟨hoop⟩
❸ verijdelen ▼ inf *~ it!* verdikkeme! **III** *onoverg* snel
bewegen ★ inf *I must ~* ik moet er vandoor **IV** *phras*
★ *~ in* binnen komen stuiven ★ *~ into sth* ergens
inschieten, iets aanschieten ★ *~ off* voort-,
wegstuiven ★ *~ sth off* iets op papier gooien ★ *~ on*
voortstormen ★ *~ up* komen aanstuiven
dashboard ['dæʃbɔːd] *znw* ❶ instrumentenpaneel,
dashboard ❷ spatscherm
dashed [dæʃt] inf euf *bn* vervloekt ★ *where's that ~
taxi?* waar is die verdomde taxi?
dashing ['dæʃɪŋ] gedat *bn* ❶ kranig, flink ❷ zwierig,
chic ★ *cut a ~ figure* er zwierig uitzien
dastardly ['dæstədlɪ] gedat of scherts *bn* lafhartig
DAT [dæt] *afk* (digital audiotape) digitale geluidsband,
dat
data ['deɪtə] *znw* gegevens, informatie, data ★ *back ~*
oude onderzoeksgegevens ★ *the ~ on the effects of
pollution* de gegevens over de effecten van
vervuiling

> **data**
> wordt in het Engels vaak als een niet-telbaar woord
> beschouwd en krijgt dan een persoonsvorm in het
> enkelvoud.
> *The data was collected* en *the data were collected* (de
> gegevens werden verzameld) zijn allebei correct.

data bank ['deɪtə bæŋk] *znw* databank
database ['deɪtəbeɪs] comput *znw* database, databank
database engine ['deɪtəbeɪs 'endʒɪn] comput *znw*
programmatuur, als onderdeel van het Database

da

da

Managementsysteem, die zorgt voor de opslag en het opzoeken van gegevens in een database

data capture ['deɪtə 'kæptʃə] *znw* data capture ‹het vergaren van gegevens›

data dictionary ['deɪtə 'dɪkʃənrɪ] comput *znw* data dictionary

data entry ['deɪtə 'entrɪ] comput *znw* gegevensinvoer

data exchange ['deɪtə ɪks'tʃeɪndʒ] comput *znw* datatransmissie, data-uitwisseling

data file ['deɪtə faɪl] comput *znw* gegevensbestand, databestand

dataglove ['deɪtəglʌv] comput *znw* dataglove ‹soort handschoen om virtuele beelden met de hand te bewerken›

data management ['deɪtə 'mænɪdʒmənt] comput *znw* gegevensbeheer

data mining ['deɪtə 'maɪnɪŋ] comput *znw* data mining, informatievergaring ‹door onderzoek in grote, reeds bestaande databases›

data processing ['deɪtə 'prəʊsesɪŋ] *znw* informatieverwerking, gegevensverwerking

data processor ['deɪtə 'prəʊsesə] *znw* gegevensverwerkend apparaat

data protection ['deɪtə prə'tekʃən] *znw* beveiliging van gegevens

data recovery ['deɪtə rɪ'kʌvərɪ] comput *znw* dataherstel, het herstellen van gegevens die zijn opgeslagen op een beschadigde schijf of tape

data retrieval ['deɪtə rɪ'triːvəl] comput *znw* het terugzoeken van gegevens

data set ['deɪtə set] comput *znw* bestand

data smog ['deɪtə smɒg] comput *znw* overmaat aan gegevens ‹t.g.v. internet zoekopdracht &›

data storage ['deɪtə 'stɔːrɪdʒ] comput *znw* gegevensopslag, dataopslag

data terminal ['deɪtə 'tɜːmɪnl] comput *znw* terminal

data transfer ['deɪtə 'træns-, 'trɑːnsfɜː] comput *znw* gegevensoverdracht

data warehouse ['deɪtə 'weəhaʊs] comput *znw* datawarehouse ‹combinatie van een aantal databanken›

data warehousing ['deɪtə 'weəhaʊsɪŋ] comput *znw* data warehousing ‹methode om snel informatie te betrekken uit een *datawarehouse*›

date [deɪt] **I** *znw* ❶ datum, dagtekening ★ *the ~ of issue* de datum van afgifte ★ *to ~* tot (op) heden ★ *under ~ June 1* gedagtekend 1 juni ★ *put a ~ on / to sth* iets dateren ❷ tijd(stip), jaartal ★ *at a later ~* later ★ *out of ~* uit de tijd, ouderwets, verouderd, achterhaald ★ *up to ~* op de hoogte (van de tijd), bij, modern ★ *bring sbd up to ~* iem. bijpraten, iem. op de hoogte brengen ❸ inf afspraak, afspraakje ★ *it's a ~* afgesproken ❹ Am inf meisje, vriendinnetje, knul, vriendje ❺ dadel(palm) **II** *overg* ❶ dateren, de ouderdom vaststellen ★ *~ sth from sth* iets rekenen vanaf iets ❷ dagtekenen ❸ Am inf afspraakjes hebben met, uitgaan met **III** *onoverg* ❶ verouderen, dateren ★ *~ back to/~ from* dateren uit / van ❷ Am inf afspraakjes hebben, uitgaan

dated ['deɪtɪd] *bn* ouderwets, gedateerd

dateless ['deɪtlɪs] *bn* tijdloos, zonder datum

dateline ['deɪtlaɪn] *znw* dagtekening

Date Line ['deɪt laɪn] *znw* datumlijn, datumgrens

date rape [deɪt reɪp] **I** *znw* verkrachting door iem. met wie het slachtoffer een afspraakje had **II** *overg* verkrachten tijdens een afspraakje

date stamp [deɪt stæmp] *znw* datumstempel

dating agency ['deɪtɪŋ 'eɪdʒənsɪ] *znw* relatiebureau, huwelijksbureau

dative ['deɪtɪv] gramm *znw* datief, derde naamval

DAT recorder [dæt rɪ'kɔːdə] *znw* (digital audiotape recorder) datrecorder

daub [dɔːb] **I** *znw* ❶ pleister(werk) ❷ kladschilderij **II** *overg* smeren, besmeren, bepleisteren, bekladden, kladden

daughter ['dɔːtə] *znw* dochter ★ *she gave birth to a ~ today* ze heeft vandaag het leven geschonken aan een dochter

daughterboard ['dɔːtəbɔːd] comput *znw* dochterbord

daughter-in-law ['dɔːtər-ɪn-lɔː] *znw* [*mv:* daughters-in-law] schoondochter

daughterly ['dɔːtəlɪ] *bn* als (van) een dochter

daunt [dɔːnt] *overg* afschrikken, ontmoedigen ★ *nothing ~ed* onversaagd

dauntless ['dɔːntlɪs] dicht *bn* onverschrokken

davenport ['dævənpɔːt] *znw* ❶ lessenaar ❷ Am sofa, canapé

Davy Jones's Locker [deɪvɪ 'dʒəʊnzɪz 'lɒkə] inf *znw* ★ *go to ~* naar de haaien gaan

Davy lamp ['deɪvɪ læmp] *znw* veiligheidslamp v. mijnwerkers

daw [dɔː] *znw* kauw ‹vogel›

dawdle ['dɔːdl] **I** *znw* ❶ getreuzel, geteut ❷ slakkengangetje ★ *our pace slowed to a ~* onze snelheid werd teruggebracht tot een slakkengangetje **II** *overg* ★ *~ sth away* iets verbeuzelen **III** *onoverg* ❶ treuzelen, talmen, beuzelen ❷ slenteren

dawdler ['dɔːdlə] *znw* treuzel(aar), beuzelaar

dawn [dɔːn] **I** *znw* dageraad, aanbreken van de dag ★ *a false ~* een valse dageraad ★ *at the crack of ~* bij het krieken van de dag ★ *the ~ of civilization* het aanbreken van de beschaving ★ dicht *greet the ~* de dag begroeten **II** *onoverg* licht worden, dagen, aanbreken, ontluiken ★ *the truth started to ~ on me* de waarheid begon mij te dagen / duidelijk te worden

dawn chorus [dɔːn 'kɔːrəs] *znw* morgenlied ‹v. vogels›

dawning ['dɔːnɪŋ] **I** *bn* aanbrekend, ontwakend, beginnend ★ *he looked at us with ~ recognition* hij keek ons aan met de eerste tekenen van herkenning **II** *znw* dicht dageraad

dawn raid [dɔːn reɪd] *znw* ❶ inval in de vroege ochtend ❷ eff vijandelijke overname

day [deɪ] *znw* ❶ dag, daglicht ★ *one ~* op zekere dag, eenmaal, eens ★ *I saw her the other ~* ik heb haar

laatst gezien ★ *the previous* ~ de vorige dag, de dag van tevoren ★ *all* ~ *(long)* de gehele dag ★ *all in a* ~*'s work* hoort er gewoon bij ★ ~ *and night* dag en nacht ★ *he's expected any* ~ *now* hij wordt elk ogenblik verwacht ★ inf *I could beat him any* ~ ik kan hem altijd verslaan ★ *at the end of the* ~ aan het eind van de dag ★ *by* ~ *he's a taxi driver* overdag is hij taxichauffeur ★ *by the* ~ van dag tot dag ★ ~ *by* ~ dag aan dag ★ *during the* ~ overdag ★ *for ten* ~*s* tien dagen lang ★ ~ *in,* ~ *out* dag in dag uit ★ *to this* ~ tot op heden ★ inf *she's fifty if she's a* ~ zij is op zijn minst vijftig ★ inf *that'll be the* ~ dat wil ik nog eens zien ★ *the dish of the* ~ de dagschotel ★ inf *it's not his* ~ hij heeft zijn dag niet ★ *the* ~ *was ours* de zege was ons ★ *call it a* ~ ophouden met iets ★ *carry / win the* ~ de held van de dag zijn, de slag winnen, de overwinning behalen ★ *have a* ~ *off* een vrije dag hebben ★ *lose the* ~ de slag verliezen, de nederlaag lijden ★ *make a* ~ *of it* het er een dagje van nemen ★ *make sbd's* ~ maken dat iemands dag niet meer stuk kan ★ *save the* ~ de situatie (de zaak) redden ★ *name the* ~ de huwelijksdatum vaststellen ★ *spend the* ~ *doing sth* de dag met iets doorbrengen ★ *one of these* ~*s* vandaag of morgen ★ inf *it's been one of those* ~*s* het is zo'n dag geweest waarop alles tegenzit ❷ (ook *mv*) tijd ★ *the good old* ~*s* die goede ouwe tijd ★ *these* ~*s, I don't get out much* tegenwoordig kom ik het huis haast niet meer uit ★ *he's drinking too much these* ~*s* hij drinkt teveel de laatste tijd ★ *in this* ~ *and age* vandaag de dag ★ *in my* ~ in mijn tijd ★ *the fashions of the* ~ de mode van die (van deze) tijd ★ *those were the* ~*s!* dat waren nog eens tijden! ★ *it's early* ~*s yet* het is nog vroeg, er kan nog van alles gebeuren
daybed ['deɪbed] *Am znw* zitslaapbank
daybook ['deɪbʊk] *znw* ❶ boekh dagboek, ligger ❷ *Am* dagboek
day boy [deɪ bɔɪ] *znw* externe leerling
daybreak ['deɪbreɪk] *znw* aanbreken v.d. dag, zonsopgang ★ *we gathered at* ~ we kwamen bij het aanbreken van de dag bij elkaar
day care [deɪ keə] *znw* kinderopvang ★ *a* ~ *centre* een kinderdagverblijf
day centre [deɪ 'sentə] *znw* dagverblijf
daydream ['deɪdriːm] **I** *znw* mijmering, dromerij **II** *onoverg* dagdromen
day girl [deɪ gɜːl] *znw* externe leerlinge
Day-Glo® ['deɪ-gləʊ], **dayglo I** *bn* fluorescerend, felgekleurd ★ *she prefers* ~ *clothing* ze houdt het meest van felgekleurde kleding **II** *znw* ❶ fluorescerende verf ❷ fluorescerende, felle kleur
day labourer [deɪ 'leɪbərə] *znw* dagloner, -gelder
daylight ['deɪlaɪt] *znw* ❶ daglicht, dag ★ *during the* ~ *hours* overdag ★ *in broad* ~ op klaarlichte dag ★ inf *beat / knock the living* ~*s out of* iem. een enorm pak op zijn lazer geven ★ inf *scare the living* ~*s out of sbd* iem. de stuipen op het lijf jagen ❷ dageraad, zonsopgang

daylight robbery ['deɪlaɪt 'rɒbərɪ] inf *znw* brutale afzetterij
daylight saving time ['deɪlaɪt 'seɪvɪŋ taɪm] *znw* zomertijd
day-long ['deɪ-lɒŋ] *bn* de hele dag durend ★ *a* ~ *conference* een eendaagse conferentie
day nursery [deɪ 'nɜːsərɪ] *znw* crèche
Day of Atonement [deɪ ɒv ə'təʊnmənt] joods *znw* Grote Verzoendag, Jom Kippoer
Day of Judgement [deɪ ɒv 'dʒʌdʒmənt] *znw* dag des oordeels
day of reckoning [deɪ ɒv 'rekənɪŋ] *znw* dag van de afrekening, dag des oordeels
daypack ['deɪpæk] *znw* klein rugzakje
day pupil [deɪ 'pjuːpɪl] *znw* externe leerling
day release [deɪ rɪ'liːs] *Br znw* dag vrij om een cursus te doen
day return [deɪ rɪ'tɜːn] *znw* dagretour
day room [deɪ ruːm] *znw* dagverblijf
day school [deɪ skuːl] *znw* school waar de leerlingen niet 's nachts verblijven (in tegenstelling tot internaat)
day shift [deɪ ʃɪft] *znw* ❶ dagploeg ❷ dagtaak
day surgery [deɪ 'sɜːdʒərɪ] *znw* poliklinische chirurgie
daytime ['deɪtaɪm] *znw* dag ★ *during / in the* ~ overdag
daytime course ['deɪtaɪm kɔːs] *znw* dagopleiding
day-to-day [deɪ-tə-'deɪ] *bn & bijw* ❶ van dag tot dag ❷ dagelijks ★ *on a* ~ *basis* dagelijks ★ *we order* ~ we bestellen elke dag
day trading [deɪ 'treɪdɪŋ] *znw* day trading (via de pc handelen in aandelen)
day trip [deɪ trɪp] *znw* dagtochtje, dagexcursie
day tripper [deɪ 'trɪpə] *znw* dagrecreant ★ *the island attracts a lot of* ~*s* het eiland trekt een hoop dagjesmensen aan
daywear ['deɪweə] *znw* dagelijkse kleren
daze [deɪz] **I** *znw* ❶ verdoving, bedwelming ★ *in a* ~ in een verdoofde toestand, verbijsterd ❷ verbijstering **II** *overg* ❶ verdoven, bedwelmen ❷ verbijsteren
dazed [deɪzd] *bn* verdoofd, versuft, verbijsterd
dazzle ['dæzəl] **I** *znw* ❶ verblinding ❷ schittering **II** *overg* ❶ verblinden ❷ verbijsteren
dazzling ['dæzlɪŋ] *bn* oogverblindend, schitterend (lett en fig)
dB *afk* → **decibel**
dba *afk* (doing business as) handel drijvend als, handelend onder de naam van
DBE *afk* (Dame Commander of the British Empire) Dame-Commandeur van het Britse Rijk
DBMS comput *afk* (database management system) databasemanagementsysteem
DC *afk* → **direct current**
D-Day ['diː-deɪ] *znw* ❶ mil D-dag: de dag voor het beginnen van een operatie (i.h.b. van de geallieerde invasie op 6 juni 1944) ❷ fig de grote dag
DDT *afk* (dichlorodipheryltrichlorethane) DDT

dd

de *de-* [dɪ-] *voorv* de-, ont-, af-
DEA *Am afk* (Drug Enforcement Administration) Drugsbestrijdings Agentschap
deacon ['di:kən] *znw* ❶ diaken ❷ ouderling ❸ geestelijke in rang volgend op *priest*
deaconess [di:kə'nes] *znw* diacones
deaconry ['di:kənrɪ] *znw* ambt v. diaken
deactivate [di:'æktɪveɪt] *overg* ❶ buiten werking stellen, onklaar maken ❷ onschadelijk maken ‹bom›
deactivation [di:æktɪ'veɪʃn] *znw* ❶ buitenwerkingstelling ❷ demontage ‹v. bom›
dead [ded] **I** *bn* ❶ dood, gestorven, overleden ★ *inf he's a ~ man* hij is een kind des doods ★ *inf you're ~ meat* je bent er geweest, je zit dik in de problemen ★ *~ and gone* ter ziele, dood ★ *inf as ~ as a / the dodo, as ~ as a a doornail, as ~ as mutton* zo dood als een pier, morsdood ★ *inf ~ from the neck up* ontzettend dom ★ *~ on one's feet* doodmoe ★ *inf over my ~ body* over mijn lijk ★ *more ~ than alive* afgepeigerd, doodop ★ *inf ~ to the world* in diepe slaap ★ *inf I wouldn't be seen ~ with him* ik zou me voor geen goud willen vertonen met hem ★ *inf I wouldn't be seen ~ there* ik zou me daar voor geen goud willen vertonen ❷ gevoelloos, ongevoelig ❸ uitgedoofd, uitgestorven, dof, mat, doods ★ *a ~ calm* een doodse stilte ★ *it's the ~ season* het is de slappe tijd ❹ *elektr* niet ingeschakeld, uitgevallen, stroomloos, op, leeg ‹accu, batterij› ❺ absoluut, compleet, totaal ‹fiasco &› ★ *~ centre* dood punt ‹v. krukas›, precieze midden ★ *inf it's a ~ cert* het is absoluut zeker ★ *with ~ certainty* met absolute zekerheid ★ *on a ~ level* volkomen vlak ★ *he's a ~ shot* hij mist nooit ▼ *a ~ door / window* een blinde deur / venster **II** *bijw* ❶ dood ❷ *versterkend* absoluut, compleet, zeer erg, totaal ★ *inf ~ drunk* zwaar beschonken ★ *inf ~ easy* doodeenvoudig, een fluitje van een cent ★ *inf ~ on* precies goed ★ *inf ~ slow* heel langzaam ★ *inf ~ sure* zo zeker als wat ❸ vlak ❹ plotseling ‹ophouden &› **III** *znw* ❶ dode(n) ★ *bijbel rise from the ~* opstaan uit de dood ❷ hoogtepunt, dieptepunt ★ *the ~ of night* het holst van de nacht ★ *the ~ of winter* het hartje van de winter
dead air [ded eə] *Am znw* tijd dat een radio of tv station (ongewild) uit de lucht is
dead ball [ded bɔ:l] *sp znw* uitbal, stilliggende bal
dead bat [ded bæt] *cricket znw* losjes vastgehouden bat ‹waardoor de bal op de grond valt›
deadbeat ['dedbi:t] *znw* ❶ *Am* klaploper ❷ leegloper
dead beat [ded bi:t] *inf bn* doodop, volkomen uitgeput
deadbolt ['dedbəʊlt] *znw* grendel met draaiknop
dead cat bounce [ded 'kæt baʊns] *eff znw* tijdelijke opleving in koersen na een val
dead duck [ded dʌk] *inf znw* mislukkeling, mislukking, fiasco, miskleun
deaden ['dedn] **I** *overg* ❶ dempen, temperen, verzwakken, verdoven ❷ af-, verstompen **II** *onoverg*

verflauwen, vervlakken, de glans verliezen
dead end [ded end] *znw* doodlopende straat
dead-end [ded-'end] **I** *bn* doodlopend, uitzichtloos ★ *a ~ job* een uitzichtloze baan **II** *onoverg* dood lopen
dead hand [ded hænd] *znw* ongewenste doorgaande invloed, postume invloed
deadhead ['dedhed] *znw* ❶ verwelkte bloem ❷ *inf* sul, sloom figuur ❸ *Am* houder v. vrijkaart
dead heat [ded hi:t] *znw* loop & waarbij de deelnemers gelijk eindigen
dead-heat [ded-'hi:t] *onoverg* gelijk eindigen
dead language [ded 'læŋgwɪdʒ] *znw* dode taal
dead letter [ded 'letə] *znw* ❶ onbestelbare brief ❷ dode letter ‹v. wet›
dead letter box [ded 'letə bɒks] *znw* plaats voor het achterlaten van brieven / berichten
deadlight ['dedlaɪt] *znw* ❶ *scheepv* poortdeksel, stormblinde ❷ daklicht
deadline ['dedlaɪn] *znw* (tijds)limiet, (uiterste, fatale) termijn, deadline ★ *meet a ~* een deadline halen
deadlock ['dedlɒk] **I** *znw* ❶ impasse ★ *in a (state of) ~* op het dode punt, in een impasse ❷ nachtslot ‹met sleutel› **II** *overg* ❶ vastzetten, doen vastlopen ❷ op het nachtslot draaien **III** *onoverg* op het dode punt komen, in een impasse geraken
deadlocked ['dedlɒkt] *bn* in een impasse, vastgelopen ★ *~ talks* vastgelopen besprekingen
dead loss [ded lɒs] *znw* ❶ puur verlies ❷ *inf* iemand waar je niets aan hebt
deadly ['dedlɪ] **I** *bn* ❶ dodelijk, doods ★ *a ~ sin* hoofdzonde ❷ *versterkend* totaal, volkomen ★ *in ~ earnest* in alle ernst ❸ *Aus & NZ* prima, uitstekend **II** *bijw* ❶ dodelijk, dood-, doods-, lijk- ★ *she went ~ pale* ze werd lijkbleek ❷ oer-, uiterst ★ *he was ~ serious* hij was uiterst serieus
deadly nightshade ['dedlɪ 'naɪtʃeɪd] *znw* wolfskers
dead-mans handle ['ded-mænz 'hændl] *znw* dodemansknop
dead march [ded mɑːtʃ] *znw* treurmars, dodenmars
deadness ['dednɪs] *znw* doodsheid
dead nettle [ded 'netl] *znw* dovenetel
deadpan ['dedpæn] **I** *bn* onverstoorbaar, onbewogen, met een stalen gezicht, droogkomiek ★ *~ humour* droge humor **II** *znw* stalen gezicht, pokerface
dead reckoning [ded 'rekənɪŋ] *scheepv znw* gegist bestek
dead ringer [ded 'rɪŋə] *inf znw* evenbeeld, dubbelganger ★ *be a ~ for sbd* heel erg op iem. lijken
Dead Sea [ded 'si:] *znw* ★ *the ~* de Dode Zee
dead weight [ded weɪt] *znw* ❶ eigen gewicht ❷ *scheepv* laadvermogen ❸ *fig* zware (drukkende) last
deadwood ['dedwʊd] *znw* overtollig personeel
deaerate [di:'eəreɪt] *overg* lucht of koolzuurgas uit een vloeistof halen
deaf [def] **I** *bn* doof (voor *to*) ★ *~ and dumb* doofstom

★ <u>inf</u> *as* ~ *as a post* zo doof als een kwartel ★ ~ *in one ear* doof aan één oor ★ *her advice fell on* ~ *ears* haar advies stuitte / viel op dovemansoren ★ *his cries for help fell on* ~ *ears* niemand hoorde zijn hulpgeroep ★ *turn a* ~ *ear to sth* zich doof houden (doof blijven) voor iets ★ *zegsw there's none so* ~ *as those who will not hear* het ergste doof is iemand die niet wil horen **II** *znw* ★ *the* ~ de doven

deaf aid [def eɪd] *znw* <u>Br</u> (ge)hoorapparaat

deafen ['defən] *overg* ❶ doof maken ❷ verdoven, dempen

deafening ['defənɪŋ] *bn* oorverdovend

deaf mute [def mju:t] *znw* doofstomme

deal [di:l] **I** *znw* ❶ transactie, overeenkomst ★ *it's a* ~*!* afgesproken! ★ <u>inf</u> *big* ~*!* is dat alles?, dat heeft niet veel om het lijf, dank je feestelijk! ★ <u>inf</u> *what's the (big)* ~*?* wat is er aan de hand?, wat is het probleem?, nou, en? ★ *all part of the* ~ het hoort er allemaal bij ★ *do / make a* ~ een koop sluiten ★ *get a good / bad* ~ er goed / slecht afkomen ★ *give sbd a fair / square* ~ iem. eerlijk behandelen ★ *pull out of the* ~ zich terugtrekken ❷ <u>inf</u> deal, koehandel ❸ (grote) hoeveelheid ★ *a* ~ *of sth* een boel (van iets) ★ *a great / good* ~ *(of sth)* heel wat (van iets), heel veel (van iets) ❹ geven ‹bij het kaarten› ❺ grenenhout, vurenhout, grenen plank **II** *overg* [dealt, dealt] ❶ geven ‹kaarten› ★ <u>kaartsp</u> ~ *sbd in* iem. laten meedoen ❷ <u>inf</u> dealen ‹drugs &› ❸ uitdelen (ook: ~ *out*), toebrengen ★ ~ *a blow to sbd/*~ *sbd a blow* iem. een slag toebrengen ❹ toedelen, bedelen **III** *onoverg* [dealt, dealt] ❶ handelen ★ ~ *in sth* handel drijven in iets, doen in / aan iets ★ ~ *with sbd* iem. behandelen, bejegenen, handel drijven met iem., kopen bij iem., omgaan met iem., te doen hebben met iem. ★ ~ *with sth* zich bezighouden met iets, iets aanpakken, afrekenen met iets, het hoofd bieden aan iets, iets verwerken ‹bestellingen› ❷ <u>inf</u> dealen ‹drugs &›

dealer ['di:lə] *znw* ❶ gever ‹v. kaarten› ❷ koopman, handelaar, dealer ★ *a* ~ *in antiques* een antiekhandelaar ❸ <u>inf</u> (drugs)dealer

dealership ['di:ləʃɪp] *znw* dealerschap

dealing ['di:lɪŋ] *znw* (be)handeling, handelwijze

dealings ['di:lɪŋz] *znw* [mv] ❶ transacties, zaken ★ *have (no)* ~ *with sbd / sth* (niets) te maken hebben met iem / iets ❷ relaties, omgang

dealt [delt] *ww* [v.t. & v.d.] → **deal**

dean [di:n] *znw* ❶ deken ❷ domproost ★ ~ *and chapter* domkapittel ❸ <u>onderw</u> hoofd (v. faculteit), decaan

deanery ['di:nərɪ] *znw* ❶ decanaat ❷ proosdij

de-anglicize [di:-'æŋɡlɪsaɪz], **de-anglicise** *overg* ontengelsen

dear [dɪə] **I** *tsw* ★ ~*!*, ~ ~ *me!* och, och!, o jee!, lieve hemel! **II** *bn* ❶ lief, waard, dierbaar ★ *Dear Sir* Geachte heer ★ *for* ~ *life* of zijn / haar leven ervan afhing / afhangt ❷ duur, kostbaar **III** *bijw* duur ★ *his services come* ~ zijn diensten zijn duur **IV** *znw*

lieve, liefste, schat ★ *pour me a drink, there's a* ~ wil je zo aardig zijn om mij een glaasje in te schenken?

dearest ['dɪərɪst] **I** *bn* ❶ meest geliefd, meest dierbaar ❷ het duurst **II** *znw* liefste ★ *sbd's nearest and* ~ zijn naaste familie- en vriendenkring

dearie ['dɪərɪ] <u>inf</u> *znw* liefje, schat ★ ~ *me!* gunst!, hemeltjelief!

Dear John letter [dɪə dʒɒn 'letə] *znw* afscheidsbrief ‹brief van een vrouw die een eind maakt aan de relatie›

dearly ['dɪəlɪ] *bijw* ❶ duur ❷ innig, zeer, dolgraag

dearth [dɜ:θ] *znw* ❶ schaarsheid (en duurte) ❷ schaarste, nood, gebrek (aan *of*)

death [deθ] *znw* ❶ dood ★ *she went to an / had an early* ~ ze is jong gestorven ★ *life in those slums is a living* ~ wonen in die krottenwijken is een levens als een hel ★ *a fate worse than* ~ het ergste wat maar kan gebeuren, een lot erger dan sterven ★ *a matter of life and / or* ~ een zaak van leven of dood ★ *as sure as* ~ heel erg zeker ★ *it's a crime punishable by* ~ het is een misdaad waar de doodstraf op staat ★ *they were all saved from* ~ ze werden allemaal van de dood gered ★ *the cause of* ~ *was poisoning* de doodsoorzaak was vergiftiging ★ *flog sth to* ~ iets tot vervelens toe herhalen, doorzagen over iets ★ *he starved to* ~ hij verhongerde ★ <u>inf</u> *I'm sick to* ~ *of her complaints* ik word doodziek van haar klachten ★ <u>inf</u> *she loves that horse to* ~ ze houdt heel erg van dat paard ★ *brothers to the* ~ broeders tot in de dood ★ *be at* ~*'s door* de dood nabij zijn ★ *be in at the* ~ aanwezig zijn bij het doden van de vos ‹bij vossenjacht› ★ <u>inf</u> *be the* ~ *of sbd* iems. dood zijn ★ *be under sentence of* ~ de doodstraf hebben gekregen ★ <u>inf</u> *catch one's* ~ *of cold* zeer ernstig kou vatten ★ *do / put sbd to* ~ iem. ter dood brengen, doden ★ <u>inf</u> *do sth to* ~ iets uitentreuren doen ★ *fight to the* ~ vechten op leven en dood ★ *frighten / scare sbd to* ~ iem. dood laten schrikken ★ <u>inf</u> *look like* ~ *warmed up* er heel slecht uitzien ★ *sentence sbd to* ~ iem. ter dood veroordelen ❷ (af)sterven, overlijden ★ *the average age at* ~ *was 34* de gemiddelde leeftijd bij overlijden was 34 ★ *a* ~ *by drowning / starvation &* verdrinken / verhongeren & ★ *on his* ~, *the farm will pass to his son* na zijn dood gaat de boerderij naar zijn zoon ❸ sterfgeval

death adder [deθ 'ædə] *znw* doodsadder

deathbed ['deθbed] *znw* sterfbed ★ *be on one's* ~ het niet lang meer maken, op het randje van de dood zweven

death benefit [deθ 'benɪfɪt] *znw* overlijdensuitkering

death blow [deθ bləʊ] *znw* doodklap, genadeslag ★ *deal sbd a* ~ iem. de doodsteek geven

death camp [deθ kæmp] *znw* vernietigingskamp

death certificate [deθ sə'tɪfɪkɪt] *znw* overlijdensakte

death-dealing [deθ-'di:lɪŋ] *bn* dodelijk, fataal

death-defying [deθ-dɪ'faɪɪŋ] *bn* levensgevaarlijk

death duty [deθ 'dju:tɪ] *znw* successierecht

death knell [deθ nel] *znw* doodsklok ★ <u>fig</u> *sound the* ~

de

of sth de doodsklok luiden over iets
deathless ['deθlɪs] <u>dicht</u> *bn* onsterfelijk
deathlike ['deθlaɪk] *bn* doods, dodelijk
deathly ['deθlɪ] *bn & bijw* doods, dodelijk, dood(s)-
★ *there was a ~ silence* er was een doodse stilte ★ *she went ~ pale* ze werd lijkbleek
death mask [deθ mɑ:sk] *znw* dodenmasker
death notice [deθ 'nəʊtɪs] *znw* overlijdensbericht
death penalty [deθ 'penəltɪ] *znw* doodstraf
death rate [deθ reɪt] *znw* sterftecijfer
death rattle [deθ 'rætl] *znw* doodsgerochel
death ray [deθ reɪ] *znw* dodelijke straal
death row [deθ raʊ] *znw* dodencellen ★ *be on ~* in de dodencel zitten
death sentence [deθ 'sentəns] *znw* doodvonnis ★ *pass the ~* ter dood veroordelen
death's head [deθs hed] *znw* doodshoofd
death squad [deθ skwɒd] *znw* moordcommando, doodseskader
death tax [deθ tæks] *znw* successierechten
death throes [deθ θrəʊz] *znw* [mv] doodsstrijd
death toll [deθ təʊl] *znw* dodencijfer
death trap [deθ træp] *znw* levensgevaarlijk(e) plaats, val, riskant vervoermiddel
death warrant [deθ 'wɒrənt] *znw* bevelschrift tot voltrekking van het doodvonnis ★ *sign one's own ~* zijn eigen doodvonnis tekenen
death-watch beetle [deθ-wɒtʃ 'bi:tl] *znw* doodkloppertje ⟨soort houtworm⟩
death wish [deθ wɪʃ] *znw* doodsverlangen, doodsdrift
deb [deb] *inf znw* → **debutante**
debacle [deɪ'bɑ:kl] *(<Fr) znw* debacle, volslagen mislukking
debar [dɪ'bɑ:] *overg* uitsluiten (van *from*), onthouden, weigeren, verhinderen
debark [di:'bɑ:k] **I** *overg* ontschorsen ⟨bomen⟩
II *onoverg* (zich) ontschepen, aan land gaan / zetten
debarkation [di:bɑ:'keɪʃən] *znw* ontscheping
debase [dɪ'beɪs] *overg* vernederen, verlagen
debasement [dɪ'beɪsmənt] *znw* ❶ verlaging, vernedering ❷ (waarde-, kwaliteits)vermindering
debatable [dɪ'beɪtəbl] *bn* betwist(baar), discutabel
★ *it's ~ whether his response was appropriate* het valt te betwisten of zijn reactie passend was
debate [dɪ'beɪt] **I** *znw* debat, discussie, woordenstrijd
★ *be open to ~* betwistbaar, discutabel zijn **II** *overg*
❶ debatteren over, bespreken ❷ overleggen
❸ betwisten **III** *onoverg* ❶ debatteren ❷ redetwisten
debater [dɪ'beɪtə] *znw* deelnemer aan een debat, debater
debating [dɪ'beɪtɪŋ] *znw* dispuut, debat ★ *a ~ team* een dispuutgezelschap
debauch [dɪ'bɔ:tʃ] **I** *znw* orgie, uitspatting(en) **II** *overg* verleiden, bederven, op het slechte pad brengen
debauched [dɪ'bɔ:tʃt] *bn* liederlijk ★ *a ~ lifestyle* een verdorven levensstijl
debauchery [dɪ'bɔ:tʃərɪ] *znw* ❶ liederlijkheid
❷ uitspatting(en)

debenture [dɪ'bentʃə] *znw* ❶ <u>Br</u> preferente obligatie
★ *a bearer ~* een obligatie aan toonder ❷ <u>Am</u>
debenture loan schuldbrief, obligatie zonder pandrecht
debenture capital [dɪ'bentʃə 'kæpɪtl] *znw* obligatiekapitaal
debenture holder [dɪ'bentʃə 'həʊldə] *znw* obligatiehouder
debenture issue [dɪ'bentʃə 'ɪʃu:] *znw* obligatie-emissie, obligatie-uitgifte
debenture stock [dɪ'bentʃə stɒk] *znw* obligatiekapitaal
debilitate [dɪ'bɪlɪteɪt] *overg* verzwakken
debilitated [dɪ'bɪlɪteɪtɪd] *bn* verzwakt, uitgeput, afgemat ★ *the illness has left her ~* de ziekte heeft haar afgemat
debilitating [dɪ'bɪlɪteɪtɪŋ] *bn* verzwakkend
debility [dɪ'bɪlətɪ] *znw* zwakheid, zwakte
debit ['debɪt] **I** *znw* <u>handel</u> debet, debetzijde ★ *be in ~* schulden hebben, rood staan **II** *overg* debiteren (voor *with*) ★ *~ sth against sbd* iem. debiteren voor iets
debit card ['debɪt kɑ:d] *znw* betaalpasje
debit column ['debɪt 'kɒləm] <u>boekh</u> *znw* debetkolom
debit entry ['debɪt 'entrɪ] <u>boekh</u> *znw* ❶ debetpost
❷ afschrijving
debit interest ['debɪt 'ɪntrəst] *znw* debetrente
debit side ['debɪt saɪd] *znw* debetzijde
debonair [debə'neə] *bn* charmant, galant, voorkomend
debouch [dɪ'baʊtʃ] *onoverg* ❶ <u>form</u> uitkomen (op *in*), uitmonden (in *in*) ❷ <u>mil</u> deboucheren
Debretts [dɪ'brets] *znw* handboek over de Britse adel
debrief [di:'bri:f] *overg* ondervragen over het verloop van een voltooide opdracht ⟨een piloot, diplomaat &⟩
debriefing ['di:'bri:fɪŋ] *znw* nabespreking, debriefing
★ *a ~ session* een nabespreking / debriefing ★ *hold a ~* een nabespreking / debriefing houden
debris ['debri:, də'bri:] *znw* puin, overblijfselen, brokstukken
debt [det] *znw* schuld ★ *fin a bad ~* een oninbare vordering ★ *be in sbd's ~* bij iem. in de schuld / het krijt staan ★ *get / run into ~* schulden maken ★ *get out of ~* uit de rode cijfers komen ★ *owe sbd a ~ of gratitude* iem. dank verschuldigd zijn
debt-collection agency [det-kə'lekʃən 'eɪdʒənsɪ] *znw* incassobureau
debt collector [det kə'lektə] *znw* incasseerder, incassant
debt counsellor [det 'kaʊnsələ] *znw* schuldsanering adviseur
debt-free [det-'fri:] *bn* schuldenvrij
debt of honour [det ɒv 'ɒnə] *znw* ereschuld
debtor ['detə] *znw* schuldenaar, debiteur
debtor side ['detə saɪd] <u>boekh</u> *znw* debetzijde
debt-ridden [det-'rɪdn] *bn* overladen met schulden
debug [di:'bʌg] <u>comput</u> *overg* debuggen, de fouten

verwijderen ⟨uit een programma⟩
debugger [di:'bʌgə] comput *znw* oplosser van programmafouten, debugger
debunk [di:'bʌŋk] inf *overg* ❶ de ware aard aan het licht brengen ❷ ontluisteren
debut ['deɪbju:] I *znw* debuut II *overg* lanceren, uitbrengen III *onoverg* debuteren
debutante ['debju:tɑ:nt, 'deɪb-], inf **deb** *znw* debutante ⟨meisje dat officieel wordt geïntroduceerd in de uitgaande wereld⟩
dec. *afk* (deceased) overleden ▼ *Dec.* december
decade ['dekeɪd] *znw* tiental ⟨jaren &⟩, decennium
decadence ['dekədns] *znw* verval, decadentie
decadent ['dekədnt] *bn* decadent
decaf ['di:kæf], **decaff** inf *znw* cafeïnevrije koffie
decaffeinated ['di:'kæfɪneɪtɪd] *bn* cafeïnevrij
decagon ['dekəgən] *znw* tienhoek
decal ['di:kæl] *znw* decalcomanie
decalcify [di:'kælsɪfaɪ] *overg* ontkalken
decalitre ['dekəli:tə], Am **decaliter**, **dal** *znw* decaliter
Decalogue ['dekəlɒg] *znw* de Tien Geboden
decametre ['dekəmi:tə], Am **decameter**, **dam** *znw* decameter
decamp [dɪ'kæmp] *onoverg* ❶ (het kamp) opbreken ❷ er vandoor gaan, uitknijpen, 'm smeren
decant [dɪ'kænt] *overg* afgieten, overschenken, decanteren
decanter [dɪ'kæntə] *znw* karaf
decapitate [dɪ'kæpɪteɪt] *overg* onthoofden
decapitated [dɪ'kæpɪteɪtɪd] *bn* onthoofd ★ *his ~ body* zijn onthoofde lichaam
decapitation [dɪkæpɪ'teɪʃn] *znw* onthoofding
decarbonization [di:kɑ:bənaɪ'zeɪʃən] *znw* het ontkolen
decarbonize [dɪ:'kɑ:bənaɪz], **decarbonise** techn *overg* ontkolen
decathlete [də'kæθli:t] sp *znw* tienkamper
decathlon [dɪ'kæθlən] sp *znw* tienkamp
decay [dɪ'keɪ] I *znw* ❶ achteruitgang, verval, aftakeling ★ *fall into ~* in verval geraken ❷ bederf, (ver)rotting II *onoverg* ❶ achteruitgaan, vervallen, in verval geraken ❷ bederven, (ver)rotten
decease [dɪ'si:s] form *znw* overlijden
deceased [dɪ'si:st] I *bn* overleden ★ *the ~ person* de overledene II *znw* ★ *the ~* de overledene, erflater
decedent [dɪ'si:dnt] Am jur *znw* overledene, erflater ★ *law of ~s' estates* erfrecht
deceit [dɪ'si:t] *znw* bedrog, bedrieglijkheid, bedriegerij, misleiding
deceitful [dɪ'si:tfʊl] *bn* ❶ vol bedrog, bedrieglijk ❷ oneerlijk
deceive [dɪ'si:v] *overg* bedriegen, misleiden ★ *~ oneself* jezelf voor de gek houden
deceiver [dɪ'si:və] *znw* bedrieger
decelerate [di:'seləreɪt] *onoverg* ❶ vaart minderen ❷ langzamer gaan
deceleration [di:selə'reɪʃən] *znw* vertraging, snelheidsvermindering

December [dɪ'sembə] *znw* december
decencies ['di:sənsɪz] *znw* [mv] ★ *the ~* de fatsoensnormen, de goede vormen ★ *observe the ~* de goede vormen in acht nemen
decency ['di:sənsɪ] *znw* betamelijkheid, fatsoen ★ *have the ~ to do sth* het fatsoen hebben om iets te doen
decennial [dɪ'senjəl] *bn* ❶ tienjarig ❷ tienjaarlijks
decent ['di:sənt] *bn* ❶ betamelijk, welvoeglijk, behoorlijk, fatsoenlijk, geschikt, aardig ★ inf *you answer the door: I'm not ~ yet* doe jij de deur even open, want ik ben nog niet aangekleed ★ *do the ~ thing* doen wat hoort ❷ met goed fatsoen
decentralization [di:sentrəlaɪ'zeɪʃən], **decentralisation** *znw* decentralisatie
decentralize [di:'sentrəlaɪz], **decentralise** *overg* decentraliseren
decentralized [di:'sentrəlaɪzd], **decentralised** *bn* gedecentraliseerd
deception [dɪ'sepʃən] *znw* bedrog, misleiding ★ *see through the ~* het bedrog doorzien

---

deception
betekent **bedrog** of **misleiding** en niet *deceptie*. *The retreat was a deception* betekent niet *de terugtrekking was een teleurstelling*, maar *de terugtrekking was een misleiding*.
Ned. *deceptie* = **disappointment**.

---

deceptive [dɪ'septɪv] *bn* bedrieglijk, misleidend
deceptively [dɪ'septɪvlɪ] *bijw* bedrieglijk, misleidend
deceptiveness [dɪ'septɪvnɪs] *znw* onoprechtheid, bedrieglijkheid
de-Christianization [di:-krɪstɪənaɪ'zeɪʃn], **de-Christianisation** *znw* ontkerstening
de-Christianize [di:-'krɪstɪənaɪz], **de-Christianise** *overg* ontkerstenen
decibel ['desɪbel], **dB** *znw* decibel
decide [dɪ'saɪd] I *overg* ❶ beslissen, bepalen ❷ (doen) besluiten ❸ tot de conclusie komen (dat) II *onoverg* ❶ een beslissing of besluit nemen ★ *~ against doing sth* besluiten iets niet te doen ★ *~ for oneself* zelf beslissen ★ *~ on sbd* over iem. beslissen ★ *~ on sth* besluiten tot iets ❷ jur uitspraak doen ★ *~ against / for sbd* beslissen ten nadele / gunste van iem.
decided [dɪ'saɪdɪd] *bn* ❶ beslist, vastbesloten ❷ ontegenzeglijk
decidedly [dɪ'saɪdɪdlɪ] *bijw* ongetwijfeld, absoluut
decider [dɪ'saɪdə] sp *znw* beslissende partij, beslissingswedstrijd, beslissende (doel)punt
deciding [dɪ'saɪdɪŋ] *bn* beslissend ★ *the ~ goal* het beslissende doelpunt
deciduous [dɪ'sɪdjʊəs] *bn* loofverliezend, winterkaal ⟨v. boom⟩
decigram ['desɪgræm], **decigramme**, **dg** *znw* decigram
decilitre ['desɪli:tə], Am **deciliter**, **dl** *znw* deciliter
decimal ['desɪml] I *bn* ❶ decimaal, tientallig ❷ tiendelig II *znw* tiendelige breuk
decimal currency ['desɪml 'kʌrənsɪ] *znw* decimaal

de

muntstelsel
decimalize ['desɪmǝlaɪz], **decimalise** *overg* tiendelig maken
decimal place ['desɪml pleɪs] *znw* decimaal, cijfer achter de komma ★ *to three ~s* tot drie cijfers achter de komma, tot drie decimalen
decimal point ['desɪml pɔɪnt] *znw* decimaalteken
decimal system ['desɪml 'sɪstǝm] *znw* decimaal stelsel
decimate ['desɪmeɪt] *overg* decimeren
decimetre ['desɪmiːtǝ], <u>Am</u> **decimeter, dm** *znw* decimeter
decipher [dɪ'saɪfǝ] *overg* ontcijferen, ontraadselen
decision [dɪ'sɪʒǝn] *znw* ❶ beslissing, uitslag, besluit, (rechterlijke) uitspraak, beschikking ★ *uphold a ~* vasthouden aan een beslissing ❷ beslistheid ⟨v. karakter⟩
decision maker [dɪ'sɪʒǝn 'meɪkǝ] *znw* iem. die in een organisatie de beslissingen neemt, beslisser
decision-making [dɪ'sɪʒǝn-'meɪkɪŋ] *znw* besluitvorming
decision theory [dɪ'sɪʒǝn 'θɪǝrɪ] *znw* besliskunde
decisive [dɪ'saɪsɪv] *bn* ❶ beslissend, afdoend, doorslaggevend ❷ maatgevend ❸ beslist, resoluut, doortastend
decisively [dɪ'saɪsɪvlɪ] *bijw* beslist, zelfverzekerd, resoluut ★ *we should have acted more ~* we hadden resoluter moeten optreden
deck [dek] **I** *znw* ❶ <u>scheepv</u> dek ★ *clear the ~s* <u>mil</u> zich opmaken voor de strijd, <u>inf</u> het werk aan kant maken, zorgen dat je een schoon bureau hebt ★ <u>inf</u> *hit the ~* op je bek vallen / gaan ❷ deck ⟨v. cassetterecorder &⟩ ❸ spel (kaarten) ❹ verdieping ⟨van dubbeldeks bus⟩ **II** *overg* (ver)sieren, tooien (ook: *~ out*)
deckchair ['dektʃeǝ] *znw* dekstoel
deckhand ['dekhænd] *znw* dekmatroos
decking ['dekɪŋ] *znw* houten vloer buiten
deckloader [dek'lǝʊdǝ] <u>transport</u> *znw* hefplatform
deck quoits [dek kɔɪts] *znw* [mv] ringwerpen ⟨op schip⟩
deck tennis [dek 'tenɪs] *znw* dektennis
declaim [dɪ'kleɪm] **I** *overg* voordragen, declameren **II** *onoverg* uitvaren (tegen *against*)
declamation [deklǝ'meɪʃǝn] *znw* voordracht, declamatie
declamatory [dɪ'klæmǝtǝrɪ] *bn* hoogdravend
declarant [dɪ'kleǝrǝnt] <u>jur</u> *znw* declarant
declaration [deklǝ'reɪʃǝn] *znw* declaratie, verklaring, bekendmaking ⟨van verkiezingsuitslag⟩, aangifte ★ *a ~ of intent* een beginselverklaring ★ *a ~ of war* een oorlogsverklaring ★ *a ~ on human rights* een verklaring van de rechten van de mens
declarative [dɪ'klærǝtɪv] *bn* verklarend
declare [dɪ'kleǝ] **I** *overg* ❶ verklaren ❷ bekendmaken, te kennen geven, declareren, aangeven ⟨bij douane⟩ ❸ afkondigen, uitroepen ❹ <u>comput</u> declareren ⟨benoemen van de variabele symbolen die in het programma zullen worden gebruikt⟩ ❺ <u>kaartsp</u>

troef maken, annonceren ★ <u>fig</u> *~ one's hand* zijn kaarten op tafel leggen **II** *onoverg* ❶ zich verklaren (voor / tegen *for / against*) ★ *well, I ~!* heb je van je leven! ❷ <u>cricket</u> een innings gesloten verklaren **III** *wederk* ★ *~ oneself* zijn mening zeggen, zich (nader) verklaren, zich openbaren, uitbreken
declared [dɪ'kleǝd] *bn* verklaard, openlijk
declaredly [dɪ'kleǝrɪdlɪ] *bijw* ❶ openlijk ❷ volgens eigen bekentenis
declarer [dɪ'kleǝrǝ] *znw* leider ⟨bij bridge⟩
declassification [diːklæsɪfɪ'keɪʃn] *znw* het vrijgeven, opheffing van geheimhouding
declassify [diːˈklæsɪfaɪ] *overg* vrijgeven ⟨v. geheime informatie⟩
declaw [diːˈklɔː] *overg* ontklauwen, klauwen verwijderen ⟨v. kat⟩
declension [dɪ'klenʃǝn] <u>gramm</u> *znw* verbuiging
declination [deklɪ'neɪʃǝn] *znw* declinatie
decline [dɪ'klaɪn] **I** *znw* ❶ achteruitgang, verval (van krachten) ★ *the tourist industry is still in ~* de toeristenindustrie gaat nog steeds achteruit ★ *be on the ~* achteruitgaan ★ *go / fall into ~* in verval raken ❷ (uit)tering ❸ <u>handel</u> (prijs)daling **II** *overg* ❶ <u>gramm</u> verbuigen ❷ afwijzen, afslaan, bedanken voor, weigeren **III** *onoverg* ❶ afnemen, achteruitgaan, dalen, kwijnen ❷ bedanken, weigeren
declining [dɪ'klaɪnɪŋ] *bn* minder wordend, tanend, achteruitgaand ★ *in his ~ years* op zijn oude dag
declivity [dɪ'klɪvǝtɪ] <u>form</u> *znw* (af)helling
declutch [diːˈklʌtʃ] <u>auto</u> *onoverg* ontkoppelen, debrayeren
decoction [dɪ'kɒkʃǝn] *znw* ❶ afkooksel ❷ het afkoken
decode [diːˈkǝʊd] *overg* decoderen, ontcijferen
decoder [diːˈkǝʊdǝ] <u>telec</u> *znw* decoder, decodeerapparaat, decodeerschakeling
décolletage [deɪkɒl'tɑːʒ] ⟨*Fr*⟩ *znw* decolleté
décolleté [deɪ'kɒlteɪ], **décolletée** ⟨*Fr*⟩ *bn* gedecolleteerd, met laag uitgesneden hals ⟨japon⟩
decolonization [diːkɒlǝnaɪ'zeɪʃn], **decolonisation** *znw* dekolonisatie
decolonize [diːˈkɒlǝnaɪz], **decolonise** *overg* dekoloniseren
decolorant [diːˈkʌlǝrǝnt] *znw* bleekmiddel
decommission [diːkǝ'mɪʃn] *overg* uit bedrijf nemen, ontmantelen
decommunize [diːˈkɒmjʊnaɪz], **decommunise** *overg* vrijmaken van communisme of van communistische invloeden
decompose [diːkǝm'pǝʊz] **I** *overg* <u>wisk</u> ontbinden, in de samenstellende delen uiteen doen vallen **II** *onoverg* oplossen, tot ontbinding overgaan, vergaan
decomposition [diːkɒmpǝ'zɪʃǝn] *znw* ontbinding, oplossing, ontleding
decompress [diːkǝm'pres] *overg* druk opheffen / verlagen
decompression ['diːkǝm'preʃn] *znw* decompressie

decompression chamber [di:kəm'preʃən 'tʃeɪmbə] *znw* decompressiekamer

decompression sickness [di:kəm'preʃn 'sɪknɪs] *znw* caissonziekte

decompressor [di:kəm'presə] *znw* decompressor

deconditioning [di:kən'dɪʃnɪŋ] psych *znw* deconditionering

decongestant [di:kən'dʒestnt] med **I** *bn* decongestief **II** *znw* decongestivum, middel tegen congestie

deconsecrate [di:'kɒnsɪkreɪt] *overg* verwereldlijken, seculariseren

deconstruct [di:kən'strʌkt] *overg* deconstrueren

deconstruction [di:kən'strʌkʃən] *znw* deconstructie

decontaminate [di:kən'tæmɪneɪt] *overg* ontsmetten, schoonmaken

decontextualize [di:kən'tekstjuːəlaɪz], **decontextualise** *overg* uit zijn verband halen

decontextualized [di:kən'tekstjuːəlaɪzd], **decontextualised** *bn* uit zijn verband gehaald

decontrol [di:kən'trəʊl] *overg* vrijgeven, vrijlaten

decor ['deɪkɔ:, 'dekɔ:] *(Fr) znw* decor

decorate ['dekəreɪt] *overg* ❶ versieren ❷ decoreren, een onderscheiding geven ❸ schilderen en behangen ‹kamer›

decoration [dekə'reɪʃən] *znw* ❶ versiering ❷ decoreren ❸ decoratie, onderscheiding ❹ schilderwerk en behang ‹v. kamer›

decorative ['dekərətɪv] *bn* ❶ decoratief, versierings-, sier- ❷ fraai

decorative arts ['dekərətɪv ɑ:ts] *znw* [mv] decoratieve kunsten

decorator ['dekəreɪtə] *znw* decorateur, huisschilder en behanger

decorous ['dekərəs] *bn* welvoeglijk, betamelijk, fatsoenlijk

decorum [dɪ'kɔ:rəm] *znw* welvoeglijkheid, betamelijkheid, fatsoen, decorum ★ *behave with ~* zich goedgemanierd gedragen

decoy **I** *znw* ['di:kɔɪ] ❶ lokeend, lokvogel ❷ lokaas ❸ eendenkooi **II** *overg* [dɪ'kɔɪ] (ver)lokken

decoy duck ['di:kɔɪ dʌk] *znw* ❶ lokeend ❷ fig lokvogel

decrease **I** *znw* ['di:kri:s] vermindering, afname, mindering ★ *fertility is on the ~* vruchtbaarheid is aan het afnemen **II** *overg* [dɪ'kri:s] verminderen, doen afnemen, minderen **III** *onoverg* [dɪ'kri:s] verminderen, afnemen, minderen, dalen ★ *crime has ~d by 60%* criminaliteit is met 60% verminderd

decree [dɪ'kri:] **I** *znw* ❶ decreet, (raads)besluit, bevel ★ *govern by ~* bij decreet regeren ❷ vonnis **II** *overg* bepalen, beslissen, bevelen, verordenen

decree absolute [dɪ'kri: 'æbsəluːt] jur *znw* definitief echtscheidingsvonnis

decree nisi [dɪ'kri: 'naɪsaɪ] jur *znw* voorlopig echtscheidingsvonnis

decrement ['dekrɪmənt] *znw* vermindering

decrepit [dɪ'krepɪt] *bn* afgeleefd, vervallen, gammel

decrepitude [dɪ'krepɪtjuːd] *znw* verval ‹v. krachten›

decretal [dɪ'kri:tl] *znw* pauselijk besluit, decretaal

decry [dɪ'kraɪ] *overg* uitkrijten (voor *as*), afgeven op, (openlijk) afkeuren, afbreken

decrypt [di:'krɪpt] *overg* decoderen, ontcijferen ‹van gecodeerde gegevens›

decryption [di:'krɪpʃn] *znw* decodering, ontcijfering ‹van gecodeerde gegevens›

decussate [dɪ'kʌseɪt] **I** *bn* ❶ X-vormig, snijdend ❷ biol kruisstandig **II** *onoverg* kruisen, elkaar snijden

dedicate ['dedɪkeɪt] *overg* ❶ (toe)wijden, opdragen ❷ voor het publiek openstellen ‹natuurmonument› ❸ plechtig, officieel openen ‹v. gebouw &›

dedicated ['dedɪkeɪtɪd] *bn* ❶ toegewijd, bezield, enthousiast ★ *she is totally ~ to the cause* ze is de zaak helemaal toegewijd ❷ specifiek voor een bep. doel ★ *a ~ bus link to the airport* een speciale busverbinding naar het vliegveld

dedicated software ['dedɪkeɪtɪd 'sɒftweə] comput *znw* specifieke programmatuur voor één doel, dedicated software

dedication [dedɪ'keɪʃən] *znw* ❶ opdracht ❷ openstelling voor het publiek ‹v. natuurmonumenten› ❸ plechtige, officiële opening ‹v. gebouw &› ❹ toewijding, overgave, bezieling, enthousiasme ★ *I admire her for her ~ to her family* ik bewonder haar om haar toewijding aan haar gezin

dedicatory ['dedɪkeɪtərɪ] *bn* als opdracht

deduce [dɪ'djuːs] *overg* afleiden (van, uit *from*)

deducible [dɪ'djuːsəbl] *bn* deduceerbaar, concludeerbaar, af te leiden

deduct [dɪ'dʌkt] *overg* aftrekken

deductible [dɪ'dʌktɪbl] **I** *bn* aftrekbaar ★ *a tax~ expense* kosten die voor de belasting aftrekbaar zijn **II** *znw* Am eigen risico ‹bij verzekering›

deduction [dɪ'dʌkʃən] *znw* ❶ aftrek(king) ‹ook belastingrecht› ❷ korting ❸ gevolgtrekking, deductie ★ *we solved it by a process of ~* we hebben het via een deductieproces opgelost

deductive [dɪ'dʌktɪv] *bn* deductief ★ *use one's ~ powers* zijn deductieve gaven gebruiken

deed [di:d] *znw* ❶ daad ❷ (onderhandse) akte ★ *a ~ of purchase* een koopakte

deed box [di:d bɒks] *znw* doos, kist waarin documenten worden bewaard

deed poll [di:d pəʊl] *znw* akte waarin een eenzijdige rechtshandeling wordt vastgelegd

deejay ['di:dʒeɪ] inf *znw* diskjockey, deejay, dj

deem [di:m] *overg* oordelen, achten, denken ★ *the water is ~ed to be safe* het water wordt veilig geacht

de-emphasize [di:-'emfəsaɪz], **de-emphasise** *overg* minder nadruk leggen op

de-energize [di:-'enədʒaɪz], **de-energise** *overg* loskoppelen van een krachtbron ‹elektrisch circuit›

deep [di:p] **I** *bn* ❶ diep, diepliggend, diepzinnig ❷ verdiept (in *in*) ❸ donker ‹v. kleur›, intens ★ *(be) in ~ water* in de problemen (zitten) ★ *the ~ end* het diepe ‹v. zwembad› ★ fig *go / jump in at the ~ end* een sprong in het duister wagen ★ inf *go off the ~*

de

end uit zijn vel springen van woede ★ *throw sbd in at the ~ end* iem. (meteen) in het diepe gooien ★ *six ~* in zes rijen achter elkaar **II** *bijw* diep ★ *their anger runs ~* hun boosheid zit diep ★ *we travelled ~ into the jungle* we trokken diep het oerwoud in **III** *znw* diepte, zee ★ dicht *the ~* de zee, de oceaan

deep-down [di:p-'daʊn] *bn & bijw* diep in het binnenste ★ *a ~ feeling* een diep innerlijk gevoel ★ *~ she really loves him* in haar hart houdt ze van hem

deep ecology [di:p ɪ'kɒlədʒɪ] *znw* diepte-ecologie

deepen ['di:pən] **I** *overg* ❶ verdiepen, uitdiepen ❷ fig versterken **II** *onoverg* ❶ dieper, donkerder worden ❷ fig toenemen

deepening ['di:pənɪŋ] *bn* dieper wordend, toenemend

deep-freeze [di:p-'fri:z] **I** *bn* diepvries- **II** *znw* diepvrieskast, -kist **III** *overg* diepvriezen, invriezen

deep-fried ['di:p-fraɪd] *bn* gefrituurd

deep-fry ['di:p-fraɪ] *overg* in frituurvet bakken, frituren

deep-laid ['di:p-leɪd] dicht *bn* listig bedacht

deeply ['di:plɪ] *bijw* diep, intens, zeer ★ *we're too ~ involved to withdraw now* we zijn er te zeer bij betrokken om ons nu terug te trekken ★ *they're ~ in love* ze zijn erg verliefd

deep mourning [di:p 'mɔ:nɪŋ] *znw* diepe rouw ★ *in ~* in diepe rouw gedompeld

deepness ['di:pnəs] *znw* diepte

deep-rooted [di:p-'ru:tɪd] *bn* diepgeworteld

deep-sea [di:p-'si:] *bn* diepzee-

deep-seated [di:p-'si:tɪd] *bn* diep(liggend)

deep-set [di:p-'set] *bn* diepliggend ‹v. ogen›

deep throat [di:p θrəʊt] *znw* anonieme klokkenluider

deep vein thrombosis [di:p veɪn θrɒm'bəʊsɪs] med *znw* diepveneuze trombose

deer [dɪə] *znw* [*mv:* ~] hert, herten

deer
betekent **hert** en niet *dier*. Enkelvoud en meervoud van **deer** zijn hetzelfde.
Ned. *dier* = **animal**.

deerhound ['dɪəhaʊnd] *znw* ruwharige windhond

deerskin ['dɪəskɪn] *znw* ❶ hertenvel ❷ hertsleer

deerstalker ['dɪəstɔ:kə] *znw* ❶ hertenjager ❷ jachtpet met klep voor en achter

deerstalking ['dɪəstɔ:kɪŋ] *znw* sluipjacht op herten

de-escalate [di:-'eskəleɪt] *overg & onoverg* de-escaleren

de-escalation [di:-eskə'leɪʃn] *znw* de-escalatie

deface [dɪ'feɪs] *overg* ❶ beschadigen, verminken ❷ schenden, ontsieren, bevuilen ❸ uitwissen, doorhalen, onleesbaar maken

defacement [dɪ'feɪsmənt] *znw* ❶ schending, beschadiging, ontsiering ❷ doorhaling, doorstreping

defacer [dɪ'feɪsə] *znw* schender, beschadiger

de facto [di: 'fæktəʊ] ‹*Lat*› *bn & bijw* feitelijk, de facto

defamation [defə'meɪʃən] *znw* laster, smaad ★ *she's suing him for ~ of character* ze doet hem een proces aan wegens laster

defamatory [dɪ'fæmətərɪ] *bn* lasterlijk, smaad-

defame [dɪ'feɪm] *overg* (be)lasteren, smaden

default [dɪ'fɔ:lt] **I** *znw* ❶ afwezigheid, gebrek, verzuim ★ *by ~* bij gebrek aan beter, bij verstek ★ *in ~ of* bij gebreke (ontstentenis) van ★ sp *win by ~* winnen door het niet opdagen van de tegenstander ❷ in gebreke blijven, niet nakomen ‹v. betalingsverplichting›, wanbetaling ★ jur *a notice of ~/~ notice* ingebrekestelling ❸ jur verstek ★ *a ~ judgment* verstekvonnis ❹ comput standaardwaarde, systeemgekozen waarde, default **II** *overg* jur bij verstek veroordelen **III** *onoverg* ❶ zijn verplichting(en) niet nakomen, in gebreke blijven, niet (op tijd) betalen ❷ jur niet verschijnen

defaulter [dɪ'fɔ:ltə] *znw* ❶ wanbetaler ❷ jur niet opgekomene ❸ mil gestrafte

defeasible [dɪ'fi:zɪbl] form *bn* annuleerbaar, vernietigbaar

defeat [dɪ'fi:t] **I** *znw* nederlaag, vernietiging ★ *they suffered ~ at the hands of the French team* ze werden verslagen door het Franse team, ze leden een nederlaag tegen het Franse team ★ *their hopes ended in ~* hun hoop eindigde in een mislukking ★ *admit ~* het verlies toegeven ★ *inflict a ~* een nederlaag toebrengen **II** *overg* ❶ verslaan ❷ verwerpen ‹voorstel› ★ *the motion was ~ed by ten votes* de motie werd met een meerderheid van tien stemmen verworpen ❸ jur nietig verklaren ❹ verijdelen ‹aanval› ❺ voorbijstreven ‹doel›

defeatism [dɪ'fi:tɪzəm] *znw* defaitisme

defeatist [dɪ'fi:tɪst] **I** *bn* defaitistisch **II** *znw* defaitist

defeature [dɪ'fi:tʃə] *overg* onherkenbaar maken

defecate [defɪ'keɪt] *onoverg* zich ontlasten, zijn gevoeg doen

defecation [defə'keɪʃən] *znw* ontlasting

defect I *znw* ['di:fekt] ❶ gebrek, fout, onvolkomenheid ★ *a birth ~* een aangeboren gebrek ★ *a character ~* een karakterfout ★ *a structural ~* een bouwfout ❷ tekort, gebrek, gemis **II** *onoverg* [dɪ'fekt] overlopen (naar *to*), afvallen (van *from*), ontrouw worden (aan *from*)

defection [dɪ'fekʃən] *znw* overlopen (naar *to*), afvalligheid (van *from*), ontrouw

defective [dɪ'fektɪv] *bn* ❶ gebrekkig, onvolkomen ❷ defect ❸ zwakzinnig

defector [dɪ'fektə] *znw* overloper, afvallige

defeminize [di:'femɪnaɪz], **defeminise** *overg* ontvrouwelijken

defence [dɪ'fens], Am **defense** *znw* ❶ verdediging ★ jur & sp *the ~* de verdediging ★ *in ~ of* ter verdediging van ★ *come to sbd's ~* het voor iem. opnemen ★ *put up a ~* zich verdedigen ★ *rush / spring to sbd's ~* iem. te hulp komen, iem. bijspringen, iem. verdedigen ❷ verweer ★ jur *a statement of ~* een memorie van antwoord ❸ psych afweer

defenceless [dɪ'fenslɪs] *bn* zonder verdediging, weerloos

defence mechanism [dɪˈfens ˈmekənɪzəm] *znw* afweermechanisme
defences [dɪˈfensɪz] *znw* [mv] ❶ mil verdedigingswerken ❷ defensieve opstelling ★ *he let down his* ~ hij liet zijn defensieve houding varen
defend [dɪˈfend] *overg* ❶ verdedigen ❷ beschermen ★ ~ *sbd from sth* iem. bewaren voor iets
defendant [dɪˈfendənt] *znw* ❶ verdachte ❷ gedaagde, verweerder
defender [dɪˈfendə] *znw* verdediger ★ *Am a public* ~ een pro-Deoadvocaat
defending [dɪˈfendɪŋ] *bn* verdedigend ★ *the* ~ *champion* de titelhouder
defense [dɪˈfens] Am *znw* → defence
defensible [dɪˈfensɪbl] *bn* verdedigbaar
defensive [dɪˈfensɪv] I *bn* ❶ defensief, verdedigend, verdedigings- ❷ psych afweer- II *znw* ★ *be on the* ~ een verdedigende houding aannemen, in het defensief zijn, defensief optreden
defer [dɪˈfɜː] I *overg* uitstellen II *onoverg* uitstellen, dralen ★ ~ *to sbd / sth* zich neerleggen bij het oordeel van iem., zich ergens bij neerleggen, zich onderwerpen aan iem. / iets, zich voegen naar iem. / iets
deference [ˈdefərəns] *znw* eerbied, eerbiediging, achting ★ *in* ~ *to* uit achting voor ★ *with due* ~ *to* met alle respect voor
deferential [defəˈrenʃəl] *bn* eerbiedig
deferment [dɪˈfɜːmənt], **deferral** *znw* uitstel, aanhouding
defiance [dɪˈfaɪəns] *znw* uitdaging, tarting, ongehoorzaamheid, verzet, opstandigheid ★ *he raised his fist in* ~ hij stak zijn vuist omhoog als teken van verzet ★ *in* ~ *of the curfew, crowds have gathered* ondanks het uitgaansverbod heeft zich een menigte verzameld
defiant [dɪˈfaɪənt] *bn* uitdagend, tartend
defibrillation [diːfɪbrɪˈleɪʃn] med *znw* defibrillatie
defibrillator [diːˈfɪbrɪleɪtə] *znw* defibrillator
deficiency [dɪˈfɪʃənsɪ] *znw* ❶ gebrek, ontoereikendheid, tekort, tekortkoming, leemte ❷ onvolkomenheid ❸ defect
deficiency disease [dɪˈfɪʃənsɪ dɪˈziːz] *znw* deficiëntieziekte ⟨avitaminose⟩
deficient [dɪˈfɪʃənt] *bn* ❶ gebrekkig, ontoereikend ★ *be* ~ *in sth* tekortschieten in iets, arm zijn aan iets ❷ onvolkomen ❸ zwakzinnig, debiel, geestelijk minderwaardig ⟨*mentally* ~⟩
deficit [ˈdefɪsɪt] *znw* deficit, tekort ★ fig *make up the* ~ het tekort goedmaken
deficit financing [ˈdefɪsɪt ˈfaɪnænsɪŋ], **deficit spending** *znw* tekortfinanciering ⟨door overheid⟩
defile I *znw* [ˈdiːfaɪl, dɪˈfaɪl] dicht (berg)engte, pas II *overg* [dɪˈfaɪl] ❶ bezoedelen ❷ ontwijden, ontheiligen, schenden III *onoverg* [dɪˈfaɪl] mil defileren
defilement [dɪˈfaɪlmənt] *znw* ❶ bevuiling, verontreiniging ❷ bezoedeling ❸ ontwijding

definable [dɪˈfaɪnəbl] *bn* definieerbaar
define [dɪˈfaɪn] *overg* bepalen, begrenzen, afbakenen, beschrijven, omschrijven, definiëren
defining moment [dɪˈfaɪnɪŋ ˈməʊmənt] *znw* omslagmoment
definite [ˈdefɪnɪt] *bn* ❶ bepaald, begrensd, duidelijk omschreven ❷ precies, scherp, duidelijk ❸ definitief, beslist, vastberaden
definite article [ˈdefɪnɪt ˈɑːtɪkl] gramm *znw* bepaald lidwoord
definitely [ˈdefɪnɪtlɪ] *bijw* vast en zeker, beslist, gegarandeerd
definition [defɪˈnɪʃən] *znw* ❶ bepaling, omschrijving, definitie ★ *by* ~ per definitie, uit de aard der zaak ❷ scherpte ⟨v. beeld⟩
definitive [dɪˈfɪnɪtɪv] *bn* ❶ bepalend, beslissend, bepaald, definitief, doorslaggevend ❷ (meest) gezaghebbend, niet beter kunnend
deflate [dɪˈfleɪt] I *overg* ❶ leeg laten lopen ❷ fig minder belangrijk maken, doorprikken ⟨v. pretenties &⟩ ❸ de waarde vermeerderen van geld ⟨door inkrimping van de geldhoeveelheid⟩ II *onoverg* leeglopen ⟨v. band &⟩
deflation [dɪˈfleɪʃən] *znw* ❶ leeglopen ❷ → econ disinflation
deflationary [diːˈfleɪʃənrɪ] econ *bn* deflatoir ★ *a* ~ *policy* een deflatiepolitiek
deflect [dɪˈflekt] I *overg* ❶ doen afwijken ❷ doen uitslaan ⟨naald, wijzer⟩ ❸ buigen II *onoverg* ❶ afwijken ❷ uitslaan ❸ buigen, afschampen ★ *the ball* ~*ed off the post* de bal schampte van de paal af
deflection [dɪˈflekʃən], **deflexion** *znw* ❶ afwijking ❷ uitslag ⟨v. naald, wijzer⟩ ❸ buiging
defloration [diːflɔːˈreɪʃən] dicht *znw* ontmaagding
deflower [dɪˈflaʊə] *overg* ❶ dicht ontmaagden ❷ van bloemen (schoonheid) beroven
defog [diːˈfɒg] *overg* van condens ontdoen
defogger [diːˈfɒgə] *znw* ❶ wasemkap ❷ ruitverwarming
defoliant [diːˈfəʊlɪənt] *znw* ontbladeringsmiddel
defoliate [diːˈfəʊlɪeɪt] *overg* ontbladeren
defoliation [diːfəʊlɪˈeɪʃən] *znw* ontbladering
deforest [diːˈfɒrɪst] *overg* ontbossen
deforestation [diːfɒrɪˈsteɪʃən] *znw* ontbossing
deform [dɪˈfɔːm] *overg* misvormen, ontsieren
deformation [diːfɔːˈmeɪʃən] *znw* ❶ vormverandering ❷ vervorming ❸ misvorming
deformed [dɪˈfɔːmd] *bn* ❶ mismaakt, misvormd ❷ wanstaltig
deformity [dɪˈfɔːmətɪ] *znw* ❶ mismaaktheid, misvormdheid ❷ wanstaltigheid
defraud [dɪˈfrɔːd] *overg* bedriegen, te kort doen ★ ~ *sbd of sth* iemand iets ontfutselen, aftroggelen, afhandig maken
defray [dɪˈfreɪ] *overg* iets bestrijden ⟨de kosten⟩, betalen
defrayal [dɪˈfreɪəl] *znw* bekostiging, bestrijding ⟨van onkosten⟩

de

defrayment [dɪˈfreɪmənt] *znw* bekostiging, bestrijding ⟨van onkosten⟩, betaling

defrock [diːˈfrɒk] *overg* uit het ambt ontzetten

defrost [diːˈfrɒst] *overg & onoverg* ontdooien

defroster [diːˈfrɒstə] Am *znw* → **demister**

deft [deft] *bn* vlug, handig ★ *he's quite ~ at handling questions* hij is erg goed in het behandelen van vragen ★ *she shows a ~ hand at mixing humour with drama* ze laat zien dat ze heel bedreven is in het mengen van humor en drama

deftness [ˈdeftnəs] *znw* behendigheid

defunct [dɪˈfʌŋkt] *bn* ❶ overleden, ter ziele ❷ niet meer bestaand

defuse [diːˈfjuːz] *overg* onschadelijk maken

defy [dɪˈfaɪ] *overg* tarten, trotseren, uitdagen ★ *~ belief / description* niet te geloven / beschrijven zijn ★ *~ all explanation* niet uit te leggen zijn ★ *~ sbd to do sth* iem. tarten iets te doen

degauss [diːˈgaʊs] elektr & comput *znw* demagnetiseren

degeneracy [dɪˈdʒenərəsɪ] *znw* ontaarding

degenerate form [dɪˈdʒenərət] gedegenereerd, ontaard, verbasterd **I** *znw* [dɪˈdʒenərət] gedegenereerde, ontaarde, verbasterde **II** *onoverg* [dɪˈdʒenəreɪt] degenereren, ontaarden, verbasteren ★ *the discussion ~d into a argument* de discussie ontaardde in een woordenstrijd

degeneration [dɪdʒenəˈreɪʃən] *znw* ontaarding, verbastering, degeneratie

degenerative [dɪˈdʒenərətɪv] *bn* verslechterend, degeneratief

deglamourize [diːˈglæməraɪz] *overg* minder aantrekkelijk maken

degradable [dɪˈgreɪdəbl] *bn* (chemisch) afbreekbaar

degradation [degrəˈdeɪʃən] *znw* ❶ degradatie, verlaging, achteruitgang ★ *environmental ~* achteruitgang van het milieu ❷ vernedering ❸ ontaarding

degrade [dɪˈgreɪd] *overg* ❶ degraderen, verlagen ❷ vernederen ❸ doen ontaarden

degrading [dɪˈgreɪdɪŋ] *bn* vernederend, mensonwaardig

degrease [diːˈgriːs] *overg* ontvetten

degree [dɪˈgriː] *znw* ❶ graad, mate, trap ★ *the third ~* derdegraads verhoor ★ *by ~s* langzamerhand ★ *there's a ~ of truth in that* daar zit een element van waarheid in ★ *to a high ~* in hoge mate ★ *to a lesser ~* in mindere mate ★ *to some ~* in zekere mate, tot op zekere hoogte ★ inf *to the nth ~* tot de n'de graad ★ *with varying ~s of success* met verschillende maten van succes ❷ rang, stand ❸ (universitaire) graad ★ *an honorary ~* een eredoctoraat ★ *she's got a ~ in history* zij is afgestudeerd in geschiedenis ★ *confer a ~* een doctoraat verlenen ★ *take out a ~* promoveren

degree of freedom [dɪˈgriː ɒv ˈfriːdəm] *znw* mate van vrijheid

degression [dɪˈgreʃən] *znw* ❶ daling, afname

❷ afnemende belastingdruk

degressive [dɪˈgresɪv] *bn* degressief

dehorn [diːˈhɔːn] *overg* onthoornen

dehumanize [diːˈhjuːmənaɪz], **dehumanise** *overg* ontmenselijken, ontaarden

dehumidifier [diːhjuːˈmɪdɪfaɪə] *znw* vochtonttrekker

dehumidify [diːhjuːˈmɪdɪfaɪ] *overg* ontvochtigen, verlagen van de luchtvochtigheid

dehydrate [diːˈhaɪdreɪt] *overg* ❶ dehydreren ❷ drogen ⟨groente⟩ ❸ fig de pittigheid ontnemen aan

dehydration [diːhaɪˈdreɪʃn] *znw* uitdroging

de-ice [diːˈaɪs] *overg* ontdooien, van ijs ontdoen

de-icer [diːˈaɪsə] *znw* ❶ ijsbestrijder ❷ ijsbestrijdingsmiddel

deification [diːɪfɪˈkeɪʃən] *znw* vergoding

deify [ˈdiːɪfaɪ] *overg* vergoden, vergoddelijken

deign [deɪn] *onoverg* zich verwaardigen ★ *he didn't even ~ to return my call* hij nam niet eens de moeite om mijn telefoontje te beantwoorden

deinstitutionalization [diːɪnstɪtjuːʃənəlaɪˈzaɪʃn], **deinstitutionalization** *znw* de-institutionalisering

deinstitutionalize [diːɪnstɪˈtjuːʃənəlaɪz], **deinstitutionalise** *overg* de-institutionaliseren

deist [ˈdiːɪst, ˈdeɪɪst] *znw* deïst

deistic [dɪˈɪstɪk] *bn* deïstisch

deity [ˈdiːɪtɪ, ˈdeɪɪtɪ] *znw* godheid

déjà vu [deɪʒɑː ˈvuː] ⟨⟨Fr⟩ *znw* déjà vu(-gevoel, -ervaring)

deject [dɪˈdʒekt] *overg* neerslachtig maken

dejected [dɪˈdʒektɪd] *bn* neerslachtig, terneergeslagen, gedrukt, bedrukt, verslagen

dejection [dɪˈdʒekʃən] *znw* neerslachtigheid, bedruktheid, verslagenheid

dejunk [diːˈdʒʌŋk] inf *overg* opschonen, opruimen ⟨door overbodige rommel te verwijderen⟩ ★ *she's trying to ~ her life* ze probeert haar leven op te schonen

de jure [dɪ ˈdʒʊərɪ, deɪ ˈjʊəreɪ] ⟨⟨Lat⟩ *bn & bijw* in rechte, rechtens, de jure

dekko [ˈdekəʊ] ⟨⟨Hindi⟩ inf *znw* blik, kijkje ★ *have a ~ at this* moet je dit eens zien

delay [dɪˈleɪ] **I** *znw* uitstel, oponthoud, vertraging ★ *without ~* onverwijld, zonder uitstel **II** *overg* uitstellen, vertragen, ophouden **III** *onoverg* dralen, talmen

delayed [dɪˈleɪd] *bn* vertraagd ★ *she's suffering from ~ shock* ze lijdt aan een vertraagde schok

delayed-action [dɪˈleɪd-ˈækʃən] *bn* tijd- ★ *a ~ bomb* een tijdbom

delayer [dɪˈleɪə] *overg* terugbrengen van het aantal beslissingsniveaus in een organisatie

delayering [dɪˈleɪərɪŋ] *znw* reductie van beslissingsniveaus

delaying tactics [dɪˈleɪɪŋ ˈtæktɪks] *znw* [mv] vertragingstactiek

delectable [dɪˈlektəbl] *bn* verrukkelijk

delectation [diːlekˈteɪʃən] form of scherts *znw*

genoegen, genot ★ *for your* ~ voor uw plezier
delegacy ['delɪgəsɪ] *znw* delegatie
delegate I *znw* ['delɪgət] gedelegeerde, gemachtigde,
afgevaardigde **II** *overg* ['delɪgeɪt] ❶ delegeren,
overdragen ❷ afvaardigen, opdragen
delegation [delɪ'geɪʃən] *znw* ❶ delegatie,
afvaardiging ❷ opdracht, overdracht
delete [dɪ'liːt] *overg* (weg)schrappen, doorhalen,
verwijderen, wissen
delete key [dɪ'liːt kiː] comput *znw* wistoets, deletetoets
‹op toetsenbord›
deleterious [delɪ'tɪərɪəs] form *bn* schadelijk,
verderfelijk, giftig
deletion [dɪ'liːʃən] *znw* schrapping, doorhaling
delft [delf(t)], **delftware** *znw* Delfts aardewerk
Delhi belly ['delɪ belɪ] inf *znw* maagproblemen en
diarree
deli ['delɪ] inf *znw* → **delicatessen**
deliberate I *bn* [dɪ'lɪbərət] ❶ weloverwogen
❷ opzettelijk, welbewust ❸ bedaard, bezadigd,
beraden **II** *overg* [dɪ'lɪbəreɪt] ❶ overwegen
❷ overléggen **III** *onoverg* [dɪ'lɪbəreɪt] delibereren,
zich beraden, beraadslagen (over *on*) ★ *he* ~*d over
her words* hij overpeinsde haar woorden
deliberately [dɪ'lɪbərətlɪ] *bijw* opzettelijk, doelbewust,
expres ★ *she doesn't* ~ *mean to annoy you* ze wil je
niet opzettelijk irriteren ★ *the accused slowly and* ~
poisoned his wife de verdachte heeft zijn vrouw
langzaam en doelbewust vergiftigd
deliberation [dɪlɪbə'reɪʃən] *znw* ❶ beraadslaging,
beraad, overweging, overleg ★ *she spoke slowly and
with* ~ ze sprak langzaam en met overleg
❷ bedaardheid, bezadigdheid
deliberative [dɪ'lɪbərətɪv] *bn* beraadslagend
delicacy ['delɪkəsɪ] *znw* ❶ fijnheid, zachtheid,
teer(gevoelig)heid, zwakheid ❷ tact, kiesheid,
fijngevoeligheid, (kies)keurigheid, finesse
❸ neteligheid, delicaatheid ❹ lekkernij, delicatesse
delicate ['delɪkət] *bn* ❶ fijn, zacht, teer, zwak
❷ delicaat, kies, fijngevoelig, fijnbesnaard
❸ (kies)keurig ❹ gevoelig ‹v. instrument› ❺ netelig
‹v. situatie›
delicatessen ['delɪkə'tesn], inf **deli** *znw*
delicatessenwinkel
delicense [diː'laɪsəns], **delicence** *overg* intrekken van
een vergunning
delicious [dɪ'lɪʃəs] *bn* heerlijk, lekker
deliciousness [dɪ'lɪʃəsnɪs] *znw* heerlijkheid,
smakelijkheid
delight [dɪ'laɪt] **I** *znw* genoegen, vermaak, behagen,
verrukking, lust, genot ★ *be greeted with* ~ met
vreugde worden begroet ★ *take* ~ *in sth* behagen
scheppen in iets **II** *overg* verheugen, verrukken,
strelen ★ *I would be* ~*ed* het zal mij aangenaam zijn
III *onoverg* behagen scheppen, genot vinden (in *in*)
delighted [dɪ'laɪtɪd] *bn* opgetogen, verrukt ★ *I'd be* ~
to be there het zal me een groot genoegen zijn om
erbij te zijn ★ *he was* ~ *by the news* hij was

opgetogen over het nieuws ★ *we're* ~ *with his success*
we zijn heel blij met zijn succes
delightful [dɪ'laɪtfʊl] *bn* ❶ heerlijk, verrukkelijk
❷ prachtig, uitstekend, voortreffelijk
delimit [dɪ'lɪmɪt] *overg* afbakenen
delimitation [dɪlɪmɪ'teɪʃən] *znw* afbakening
delineate [dɪ'lɪnɪeɪt] *overg* ❶ tekenen, schetsen ❷ fig
schilderen
delineation [dɪlɪnɪ'eɪʃən] *znw* ❶ tekening, schets ❷ fig
(af)schildering
delinquency [dɪ'lɪŋkwənsɪ] *znw* ❶ plichtsverzuim,
overtreding, misdrijf ❷ jeugdcriminaliteit,
misdadigheid
delinquent [dɪ'lɪŋkwənt] **I** *bn* ❶ form delinquent,
schuldig ❷ misdadig **II** *znw* delinquent, misdadiger,
schuldige
deliquescence [delɪ'kwesəns] scheik & biol *znw*
❶ vervloeiing ❷ (weg)smelting
delirious [dɪ'lɪrɪəs] *bn* ❶ ijlend, dol ❷ uitzinnig
(enthousiast) ★ *the crowd was* ~ *with enthusiasm* de
menigte was uitzinnig enthousiast
delirium [dɪ'lɪrɪəm] *znw* ❶ ijlen, waanzin, razernij
❷ extase, uitzinnigheid ★ *she's in a* ~ *of glee* ze is
uitzinnig van vreugde
delirium tremens [dɪ'lɪrɪəm 'triːmenz, 'tremenz] *znw*
delirium tremens, dronkenmanswaanzin
delish [dɪ'lɪʃ] inf *bn* lekker, heerlijk
deliver [dɪ'lɪvə] **I** *overg* ❶ bezorgen, overbrengen,
uitreiken ★ inf ~ *the goods* zijn belofte nakomen, het
'm leveren ❷ (in-, af-, uit)leveren, opleveren,
afgeven (ook: ~ *over*), (over)geven, ter hand stellen
★ ~ *sth up* iets afstaan, af-, overgeven ❸ toebrengen
❹ verlossen ‹van een kind›, bevallen ★ *be* ~*ed by
Caesarean section* bevallen via de keizersnede ★ form
be ~*ed of a child* bevallen van een kind ❺ uitspreken,
houden ‹een rede, lezing &› ❻ bevrijden, verlossen
★ ~ *sbd / sth from sth* iem. / iets van iets verlossen
II *onoverg* ★ *he'll* ~ *on his promise* hij zal doen wat hij
beloofd heeft
deliverable [dɪ'lɪvərəbl] *bn* leverbaar, af te leveren
deliverance [dɪ'lɪvərəns] *znw* ❶ bevrijding, redding,
verlossing ❷ uitspraak, vonnis
deliverer [dɪ'lɪvərə] *znw* ❶ bevrijder ❷ bezorger
delivery [dɪ'lɪvərɪ] *znw* ❶ bezorging, bestelling, (af-,
in)levering, overhandiging ★ *take* ~ *of sth* iets in
ontvangst nemen ❷ verlossing, bevalling, baring
★ *have an easy / difficult / forceps &* ~ een
gemakkelijke / moeilijke / tang- & bevalling hebben
❸ werpen ‹v. bal› ❹ voordracht, houden ‹v. rede›
❺ toebrengen ❻ overgave ‹goederenrecht›
delivery cost [dɪ'lɪvərɪ kɒst] *znw* (af)leveringskosten
delivery date [dɪ'lɪvərɪ deɪt] *znw* leveringsdatum
delivery man [dɪ'lɪvərɪ mæn] *znw* bezorger, besteller
delivery note [dɪ'lɪvərɪ nəʊt] *znw* afleveringsbewijs
‹bij aflevering v. goederen›, vrachtbrief
delivery order [dɪ'lɪvərɪ 'ɔːdə] *znw* volgbriefje
delivery period [dɪ'lɪvərɪ 'pɪərɪəd] *znw*
❶ opleveringstermijn ❷ leveringstijd

de

delivery room [dɪˈlɪvərɪ ruːm] med znw verloskamer
delivery time [dɪˈlɪvərɪ taɪm] znw levertijd
delivery van [dɪˈlɪvərɪ væn] znw bestelwagen
dell [del] dicht znw nauw en bebost dal
delouse [diːˈlaʊs] overg ❶ ontluizen ❷ zuiveren van
Delphic [ˈdelfɪk] bn ❶ van Delphi, Delphisch ❷ dicht
duister, raadselachtig
delphinium [delˈfɪnɪəm] znw ridderspoor ‹plant›
delta [ˈdeltə] znw ❶ delta ❷ Griekse letter d ★ Delta
de letter D ‹in het internationaal alfabet›
deltoid [ˈdeltɔɪd] I bn deltavormig, **deltoid muscle**
II znw anat deltaspier
delude [dɪˈluːd] overg misleiden, bedriegen,
begoochelen ★ he's deluding himself into believing
he's happy in his job hij maakt zichzelf wijs dat hij
gelukkig is in zijn baan
deluded [dɪˈluːdɪd] bn misleid, verblind ★ he still
believes in justice, the poor ~ fool hij gelooft nog
steeds in rechtvaardigheid, de arme misleide dwaas
deluge [ˈdeljuːdʒ] I znw ❶ zondvloed, overstroming
★ the Deluge de zondvloed ❷ (stort)vloed ★ a ~ of
complaints een stortvloed van klachten II overg
overstromen
delusion [dɪˈluːʒən] znw ❶ (zelf)bedrog,
(zins)begoocheling ❷ waan(voorstelling) ★ have ~s
of grandeur aan grootheidswaan lijden
delusive [dɪˈluːsɪv], **delusory** bn misleidend,
bedrieglijk
delustre [diːˈlʌstə], Am **deluster** textiel overg matteren
de luxe [də ˈlʌks, ˈlʊks], **deluxe** bn luxe-, luxueus ★ a ~
hotel een luxehotel
delve [delv] onoverg ❶ delven, graven, spitten ★ ~ into
sth graven in iets ‹ook figuurlijk› ❷ vorsen,
snuffelen, zoeken
demagnetize [diːˈmægnɪtaɪz], **demagnetise** overg
demagnetiseren
demagogic [deməˈgɒgɪk] bn demagogisch
demagogical [deməˈgɒdʒɪkl] bn demagogisch
demagogue [ˈdeməgɒg] znw demagoog, volksmenner
demagogy [ˈdeməgɒdʒɪ], **demagoguery** znw
demagogie
demand [dɪˈmɑːnd] I znw eis, vordering, verlangen,
(aan)vraag ★ supply and ~ vraag en aanbod ★ econ
(price) elasticity of ~ vraagelasticiteit, prijselastische
vraag ★ his experience is much in ~ zijn ervaring is
zeer gezocht / gewild / gevraagd ★ on ~ op
aanvraag, op bestelling, op zicht ★ I've got a lot of ~s
on my time ik heb het verschrikkelijk druk II overg
(ver)eisen, vorderen, verlangen, vergen, vragen (van
of, from)
demandant [dɪˈmɑːndənt] jur znw eiser
demand curve [dɪˈmɑːnd kɜːv] econ znw vraagcurve
demand-driven [dɪˈmɑːnd-ˈdrɪvən] econ bn
afhankelijk van de vraag naar een product
demanding [dɪˈmɑːndɪŋ] bn veeleisend ★ Bach's music
is technically ~ de muziek van Bach is technisch zeer
veeleisend
demand-led [dɪˈmɑːnd-led] econ bn geleid door de

vraag naar een product
demand note [dɪˈmɑːnd nəʊt] znw ❶ aanmaning
❷ direct te betalen nota
demand-pull inflation [dɪˈmɑːnd-pʊl ɪnˈfleɪʃən] econ
znw vraaginflatie
demand-side [dɪˈmɑːnd-saɪd] econ bn betreffende
een economische politiek die de vraag stimuleert
om de productie en werkgelegenheid te verhogen
demarcate [ˈdiːmɑːkeɪt] overg ❶ afbakenen
❷ (af)scheiden
demarcation [diːmɑːˈkeɪʃən] znw afbakening,
demarcatie, afscheiding, grens(lijn)
demarcation dispute [diːmɑːˈkeɪʃən dɪˈspjuːt] znw
competentiestrijd
démarche [deɪˈmɑːʃ] ‹Fr› znw diplomatieke stap,
demarche
demarketing [diːˈmɑːkɪtɪŋ] znw demarketing
‹marketingactiviteiten die erop gericht zijn de
vraag naar een product te verminderen›
dematerialize [diːməˈtɪərɪəlaɪz] I overg onstoffelijk
maken II onoverg onstoffelijk worden
demean [dɪˈmiːn] overg verlagen, vernederen ★ ~
oneself zich verlagen
demeaning [dɪˈmiːnɪŋ] bn vernederend, verlagend
★ the advertisement is ~ to women de advertentie is
vernederend voor vrouwen
demeanour [dɪˈmiːnə], Am **demeanor** znw houding,
gedrag
demented [dɪˈmentɪd] bn ❶ krankzinnig ❷ dement
dementia [dɪˈmenʃə] med znw ❶ waanzin
❷ dementie
demerara sugar [deməˈreərə ˈʃuːgə] znw bruine
rietsuiker
demerger [diːˈmɜːdʒə] znw ontvlechting ‹m.b.t. het
opdelen van een bedrijf na een fusie›
demerit [diːˈmerɪt] znw fout, gebrek ★ ~ points slechte
aantekeningen, strafpunten ‹op rijbewijs›
demeritorious [diːmerɪˈtɔːrɪəs] form bn
afkeurenswaardig
demesne [dɪˈmiːn] hist znw domein, gebied
demigod [ˈdemɪgɒd] znw halfgod
demijohn [ˈdemɪdʒɒn] znw mandenfles
demilitarization [diːmɪlɪtəraɪˈzeɪʃən], **demilitarisation**
znw demilitarisering
demilitarize [diːˈmɪlɪtəraɪz], **demilitarise** overg
demilitariseren
demise [dɪˈmaɪz] znw ❶ overlijden, dood, het ter ziele
gaan ❷ ondergang, einde ★ bring about the ~ of sth
de ondergang van iets bewerkstelligen
demi-semiquaver [demɪ-semɪˈkweɪvə] znw 32ste noot
demission [dɪˈmɪʃən] znw ❶ ontslag ❷ het afstand
doen (van)
demist [diːˈmɪst] overg vrij van condens maken
‹autoruit &›
demister [ˈdiːˈmɪstə], Am **defroster** znw
voorruitverwarming, blower ‹in auto›
demo [ˈdeməʊ] znw ❶ comput demo, demonstratie
software ❷ inf betoging, demonstratie ❸ demo

⟨bandje⟩

demob ['di:mɒb] inf *overg* → **demobilize**

demobilization [di:məʊbəlaɪ'zeɪʃən] *znw* demobilisatie

demobilize [di:'məʊbɪlaɪz], **demobilise**, inf **demob** *overg* demobiliseren

democracy [dɪ'mɒkrəsɪ] *znw* democratie

democrat ['deməkræt] *znw* democraat ★ *Democrat* Democraat ⟨lid van de Democratic Party in de VS⟩

democratic [demə'krætɪk] *bn* democratisch ★ *Democratic* Democratisch ⟨van de Democratic Party in de VS⟩

democratization [dɪmɒkrətaɪ'zeɪʃən], **democratisation** *znw* democratisering

democratize [dɪ'mɒkrətaɪz], **democratise** *overg* democratiseren

demographer [dɪ'mɒgrəfə] *znw* demograaf

demographic [demə'græfɪk] *bn* demografisch ★ ~ *factors* demografische factoren

demographics [demə'græfɪks] *znw* [mv] bevolkingsstatistiek(en)

demography [dɪ'mɒgrəfɪ] *znw* demografie

demolish [dɪ'mɒlɪʃ] *overg* ❶ afbreken, slopen ❷ fig omverwerpen, vernietigen ❸ inf verorberen ❹ ontzenuwen, weerleggen

demolition [demə'lɪʃən] *znw* ❶ afbreken, sloping ❷ vernietiging, afbraak, sloop ★ *a ~ company* een slopersbedrijf

demolition derby [demə'lɪʃən 'dɑːbɪ] Am *znw* ± stockcarrace

demon ['di:mən] *znw* ❶ boze geest, duivel, demon ★ scherts *the ~ drink* de duivel drank ❷ inf bezetene ★ *a ~ for work* een echte werkezel

demonetize [di:'mʌnɪtaɪz], **demonetise** *overg* buiten koers stellen, ontmunten

demoniac [dɪ'məʊnɪæk] I *bn*, **demoniacal** ❶ demonisch, duivels ❷ bezeten II *znw* bezetene

demonic [dɪ'mɒnɪk] *bn* demonisch

demonology [di:mə'nɒlədʒɪ] *znw* demonenleer, demonologie

demonstrable ['demɒnstrəbl] *bn* aantoonbaar, bewijsbaar ★ *these are ~ facts* dit zijn bewijsbare feiten

demonstrate ['demənstreɪt] I *overg* ❶ aantonen, bewijzen ❷ demonstreren ❸ aan de dag leggen II *onoverg* een demonstratie houden

demonstration [demən'streɪʃən] *znw* ❶ bewijs ❷ betoging, manifestatie, demonstratie ❸ uiting, vertoon

demonstrative [dɪ'mɒnstrətɪv] I *bn* ❶ aanwijzend ❷ demonstratief, expansief ❸ extravert, open II *znw* ❶ gramm aanwijzend (voornaam)woord ❷ extravert

demonstrator ['demənstreɪtə] *znw* ❶ betoger, demonstrant, manifestant ❷ assistent ⟨v. professor⟩ ❸ demonstrateur, -trice ⟨v. verkooppartikelen⟩

demoralization [dɪmɒrəlaɪ'zeɪʃən], **demoralization** *znw* demoralisatie

demoralize [dɪ'mɒrəlaɪz], **demoralise** *overg* demoraliseren

demoralizing [dɪ'mɒrəlaɪzɪŋ], **demoralising** *bn* demoraliserend

demote [dɪ'məʊt] *overg* degraderen ★ *he's been ~d to the B division* hij is gedegradeerd naar de B-divisie

demotic [dɪ'mɒtɪk] *bn* volks-, plat- ⟨v. taal⟩ ★ ~ *speech* volksspraak, -taal

demotion [dɪ'məʊʃən] *znw* degradatie

demotivating [di:'məʊtɪveɪtɪŋ] *bn* demotiverend

demur [dɪ'mɜː] form I *znw* ❶ aarzeling, weifeling ❷ bezwaar, protest ★ *without ~* zonder protest II *onoverg* ❶ aarzelen, weifelen ❷ bezwaar maken, protesteren (tegen *at / to*)

demure [dɪ'mjʊə] *bn* stemmig, (gemaakt) zedig, preuts, uitgestreken ★ *her skirts are always a ~ length* haar rokken hebben altijd een zedige lengte

demurral [dɪ'mʌrəl] form *znw* ❶ bezwaar, bedenking ❷ uitstel

demystification [di:mɪstɪfɪ'keɪʃn] *znw* demystificatie, opheldering, ontraadseling

demystify [di:'mɪstɪfaɪ] *overg* ❶ ontraadselen, ophelderen ❷ uit de mystieke sfeer halen

demythologize [di:mɪ'θɒlədʒaɪz], **demythologise** *overg* ontmythologiseren

den [den] inf *znw* ❶ hol, hok, kuil ★ *a ~ of thieves* een dievenhol ❷ kamer

denary ['di:nərɪ] *bn* tientallig

denationalization [di:næʃənəlaɪ'zeɪʃən], **denationalisation** *znw* ❶ privatisering ❷ denaturalisering

denationalize [di:'næʃənəlaɪz], **denationalise** *overg* ❶ privatiseren ❷ denationaliseren

denaturalize [dɪ'nætʃərəlaɪz], **denaturalise** *overg* de burgerrechten ontnemen

denature [di:'neɪtʃə] *overg* ❶ denatureren: ongeschikt maken voor consumptie ❷ verbasteren

dendrology [den'drɒlədʒɪ] *znw* bomenleer

deniable [dɪ'naɪəbl] *bn* ❶ ontkenbaar ❷ loochenbaar

denial [dɪ'naɪəl] *znw* weigering, ontkenning, verloochening, ontzegging, onthouding ⟨v.e. recht aan⟩ ★ *he's still in ~ about his illness* hij ontkent nog steeds dat hij ziek is

denier I *znw* ['denjə] denier ⟨dikteaanduiding v. nylon, rayon⟩ II *znw* [dɪ'naɪə] iem. die ontkent

denigrate ['denɪgreɪt] *overg* denigreren, afkammen, zwart maken

denigration [denɪ'greɪʃən] *znw* ❶ kleinering ❷ laster

denim ['denɪm] *znw* denim

denims ['denɪmz] *znw* [mv] ❶ spijkergoed ★ *blue ~* een blauwe overall ❷ spijkerbroek

denizen ['denɪzən] dicht *znw* bewoner ★ *the ~s of the forest* de bosbewoners

Denmark ['denmɑːk] *znw* Denemarken

denominate [dɪ'nɒmɪneɪt] *overg* (be)noemen

denomination [dɪnɒmɪ'neɪʃən] *znw* ❶ naamgeving, benoeming, benaming, naam ❷ sekte, gezindte ❸ coupure ⟨van effect &⟩, (nominale) waarde ⟨v.

de

munt, postzegel⟩, bedrag

denominational [dɪnɒmɪˈneɪʃnəl] *bn* confessioneel ★ ~ *education* bijzonder onderwijs

denominator [dɪˈnɒmɪneɪtə] *znw* <u>wisk</u> noemer ★ *a common* ~ één noemer ★ *the lowest common* ~ de kleinste gemene veelvoud, <u>fig</u> de grote massa, het grote publiek ★ *reduce sth to a common* ~ iets onder een noemer brengen

denotation [diːnəʊˈteɪʃən] *znw* denotatie, aanduiding

denotative [dɪˈnəʊtətɪv] <u>form</u> *bn* ❶ aanduidend ❷ expliciet

denote [dɪˈnəʊt] *overg* aanduiden, aanwijzen, wijzen op, te kennen geven

dénouement [deɪˈnuːmənt], **denouement** ⟨Fr⟩ *znw* ontknoping

denounce [dɪˈnaʊns] *overg* ❶ aan de kaak stellen (als *as*) ❷ veroordelen, zijn afkeuring uitspreken over

denouncement [dɪˈnaʊnsmənt] *znw* → **denunciation**

dense [dens] *bn* ❶ dicht, compact, ondoordringbaar, niet door te komen ★ ~ *with* dichtbegroeid met ❷ <u>inf</u> stom, stompzinnig

density [ˈdensətɪ] *znw* ❶ dichtheid ❷ compactheid, concentratie

dent [dent] **I** *znw* deuk, bluts, indruk, gat ★ *make / put a ~ in sth* ergens een deuk in maken **II** *overg* (in)deuken

dental [ˈdentl] **I** *bn* ❶ tand- ★ ~ *care* gebitsverzorging ★ ~ *plaque* tandplak ❷ tandheelkundig **II** *znw* <u>fon</u> tandletter, dentaal

dental dam [ˈdentl dæm] <u>tandheelk</u>, **dam** *znw* cofferdam

dental floss [ˈdentl flɒs] *znw* tandzijde

dental hygienist [ˈdentl ˈhaɪdʒiːnɪst] *znw* mondhygiënist(e)

dental surgeon [ˈdentl ˈsɜːdʒən] *znw* tandarts

dental technician [ˈdentl tekˈnɪʃən] tandtechnicus

dentifrice [ˈdentɪfrɪs] *znw* tandpoeder, tandpasta

dentine [ˈdentiːn] *znw* tandbeen

dentist [ˈdentɪst] *znw* tandarts

dentistry [ˈdentɪstrɪ] *znw* tandheelkunde

dentition [denˈtɪʃn] *znw* ❶ tanden krijgen ❷ tandstelsel

dentures [ˈdentʃəz] *znw* [mv] (kunst)gebit

denuclearize [diːˈnjuːklɪəraɪz], **denuclearise** *overg* kernvrij maken

denudation [diːˈnjuːˈdeɪʃən] *znw* ontbloting, blootlegging

denude [dɪˈnjuːd] *overg* ontbloten, blootleggen ★ *the hills were ~d of vegetation* de heuvels waren ontdaan van begroeiing

denunciation [dɪnʌnsɪˈeɪʃən], **denouncement** *znw* aan de kaak stellen, veroordeling, afkeuring

Denver boot [ˈdenvə buːt] *znw* wielklem, parkeerklem

deny [dɪˈnaɪ] *overg* ❶ ontkennen, (ver)loochenen ★ *there's no ~ing that we've had a difficult year* we kunnen niet ontkennen dat we een moeilijk jaar hebben gehad ❷ ontzeggen, onthouden, weigeren

deodorant [diːˈəʊdərənt] *znw* deodorant

deodorize [diːˈəʊdəraɪz], **deodorise** *overg* desodoriseren, de kwalijke lucht verdrijven uit

deontology [diːɒnˈtɒlədʒɪ] <u>filos</u> *znw* plichtenleer

deoxidize [diːˈɒksɪdaɪz] *overg* zuurstof onttrekken aan, reduceren, desoxideren

dep. *afk* ❶ (departs) vertrek ❷ (deputy) plaatsvervanger

depart [dɪˈpɑːt] **I** *onoverg* (weg)gaan, vertrekken, heengaan ★ ~ *this life* overlijden ★ *he ~s for New York tomorrow* hij vertrekt morgen naar New York **II** *phras* ★ ~ **from** *sth* ergens vandaan vertrekken, <u>fig</u> afwijken van iets, iets laten varen

departed [dɪˈpɑːtɪd] **I** *bn* ❶ <u>form</u> overleden ❷ <u>dicht</u> voorbijgegaan ★ ~ *glory* vergane grootheid **II** *znw* ★ <u>form</u> *the* ~ de overledene

department [dɪˈpɑːtmənt] *znw* afdeling, departement, gebied ★ *the administrative* ~ de boekhoudafdeling ★ *the* ~ *head* het afdelingshoofd ★ *the planning* ~ de afdeling planologie

departmental [diːpɑːtˈmentl] *bn* departementaal, departements-, afdelings-

department manager [dɪˈpɑːtmənt ˈmænɪdʒə] *znw* afdelingschef

department store [dɪˈpɑːtmənt stɔː] *znw* warenhuis

departure [dɪˈpɑːtʃə] *znw* ❶ vertrek, afreis ★ *on* ~ bij vertrek ★ *make one's* ~ vertrekken ★ *a new* ~ iets nieuws, een nieuwe koers ❷ heengaan ❸ afwijking ★ *a* ~ *from the rules* een afwijking van de regels

departure gate [dɪˈpɑːtʃə geɪt] *znw* vertrekuitgang ⟨op vliegveld⟩

departure lounge [dɪˈpɑːtʃə laʊndʒ] *znw* vertrekhal

departure tax [dɪˈpɑːtʃə tæks] *znw* luchthavenbelasting

departure time [dɪˈpɑːtʃə taɪm] *znw* vertrektijd

depend [dɪˈpend] *onoverg* ★ *that ~s* dat hangt ervan af ★ ~*ing on* afhankelijk van, al naar gelang (van) ★ ~ *on / upon sth* afhangen van iem. / iets, afhankelijk zijn van iem. / iets, aangewezen zijn op iem. / iets, rekenen op iem. / iets, vertrouwen op iem. / iets, zich verlaten op iem. / iets ★ *the results seem to ~ on climate factors* de resultaten blijken afhankelijk te zijn van weersomstandigheden

dependability [dɪpendəˈbɪlɪtɪ] *znw* betrouwbaarheid

dependable [dɪˈpendəbl] *bn* betrouwbaar

dependance [dɪˈpendəns] <u>Am</u> *znw* → **dependence**

dependant [dɪˈpendənt], **dependent I** *znw* iem. die aan de zorg v.e. ander is toevertrouwd ★ *how many dependants do you have?* voor hoeveel personen hebt u de zorg?, hoeveel personen zijn van u afhankelijk? **II** *bn* ❶ <u>vero</u> afhangend (van *from*) ❷ afhankelijk (van *on / upon*) ❸ ondergeschikt ❹ onderhorig

dependence [dɪˈpendəns], <u>Am</u> **dependance**, **dependency** *znw* ❶ afhankelijkheid (van *on*) ❷ vertrouwen, toeverlaat

dependency [dɪˈpendənsɪ] *znw* ❶ → **dependence** ❷ onderhorigheid

de

dependency culture [dɪ'pendənsɪ 'kʌltʃə] *znw* afhankelijkheidscultuur, levenswijze die wordt gekenmerkt door afhankelijkheid van door de overheid verstrekte uitkeringen

dependent [dɪ'pendənt] *znw & bnw* → **dependant**

depersonalization [di:pɜ:sənəlaɪ'zeɪʃn], **depersonalization** *znw* ontpersoonlijking, depersonalisatie

depersonalize ['di:'pɜ:snəlaɪz], **depersonalise** *overg* van de eigen persoonlijkheid beroven, onpersoonlijk maken, depersonaliseren

depict [dɪ'pɪkt] *overg* (af)schilderen, afbeelden

depiction [dɪ'pɪkʃən] *znw* (af)schildering

depilate ['depɪleɪt] *overg* ontharen, epileren

depilation [depɪ'leɪʃən] *znw* ontharing

depilatory [dɪ'pɪlətərɪ] **I** *bn* ontharings- ★ *a ~ appliance* een epileerapparaat **II** *znw* ontharingsmiddel

deplane [di:'pleɪn] *Am* **I** *overg* uit een vliegtuig laden **II** *onoverg* uit een vliegtuig stappen

deplenish [dɪ'plenɪʃ] *overg* ledigen

deplete [dɪ'pli:t] *overg* ❶ uitputten ❷ leeghalen ❸ verminderen, verkleinen

depleted uranium [dɪ'pli:tɪd jʊə'reɪnɪəm] *znw* verarmd uranium

depletion [dɪ'pli:ʃən] *znw* ❶ lediging ❷ uitputting ❸ vermindering, verkleining

depletion allowance [dɪ'pli:ʃən ə'laʊəns] *Am znw* aftrekpost voor belasting i.v.m. vermindering van voorraad ‹v.e. mijn e.d.›

deplorable [dɪ'plɔ:rəbl] *bn* betreurenswaardig, erbarmelijk, jammerlijk, bedroevend

deplore [dɪ'plɔ:] *overg* betreuren, bewenen, beklagen, bejammeren

deploy [dɪ'plɔɪ] *overg* ❶ mil opstellen, inzetten, plaatsen ‹raketten, troepen› ❷ aanvoeren ‹argumenten› ❸ gebruik maken van ‹middelen, grondstoffen &›

deployment [dɪ'plɔɪmənt] *znw* ❶ inzetten ‹v. troepen› ❷ in stelling brengen, aanvoeren ‹v. argumenten &›

deplume [di:'plu:m] *overg* de veren uittrekken, plukken

depoliticize [di:pə'lɪtɪsaɪz], **depoliticise** *overg* depolitiseren

depopulate [di:'pɒpjʊleɪt] *overg & onoverg* ontvolken

depopulation ['di:pɒpjʊ'leɪʃən] *znw* ontvolking

deport [dɪ'pɔ:t] *overg* deporteren, over de grens zetten ‹als ongewenste vreemdeling›

deportation [di:pɔ:'teɪʃən] *znw* deportatie

deportee [di:pɔ:'ti:] *znw* gedeporteerde

deportment [dɪ'pɔ:tmənt] *znw* houding, gedrag, manieren, optreden

depose [dɪ'pəʊz] **I** *overg* ❶ afzetten ❷ jur (onder ede) verklaren **II** *onoverg* jur getuigen ▼ *bijbel man ~s, God disposes* de mens wikt en God beschikt

deposit [dɪ'pɒzɪt] **I** *znw* ❶ deposito, storting, inleg, aanbetaling, pand, waarborgsom, statiegeld ★ *a refundable / returnable ~* terug te betalen

waarborgsom ★ *leave sth as a ~* iets als waarborg achterlaten ★ *pay / put a ~ on sth* een aanbetaling doen op iets ❷ neerslag, bezinksel ❸ laag, afzetting ‹v. erts, kolen› **II** *overg* ❶ (neer)leggen ❷ in bewaring geven, inleggen ❸ deponeren, storten ❹ afzetten **III** *onoverg* neerslaan

deposit account [dɪ'pɒzɪt ə'kaʊnt] *znw* depositorekening

depositary [dɪ'pɒzɪtərɪ], **depository** *znw* bewaarder

deposition [di:pə'zɪʃən] *znw* ❶ bezinking ❷ afzetting ❸ jur (getuigen)verklaring onder ede ▼ *the Deposition* de kruisafneming

depositor [dɪ'pɒzɪtə] *znw* ❶ inlegger ❷ bewaargever

depository [dɪ'pɒzɪtərɪ] *znw* ❶ bewaarplaats, opslagruimte ❷ → **depositary**

depot ['depəʊ] *znw* ❶ depot ❷ opslagplaats, magazijn ❸ (tram)remise

depravation [deprɪ'veɪʃən] *znw* verdorvenheid, bederf

deprave [dɪ'preɪv] *overg* bederven

depraved [dɪ'preɪvd] *bn* verdorven

depravity [dɪ'prævətɪ] *znw* verdorvenheid

deprecate ['deprɪkeɪt] form *overg* ❶ opkomen tegen, waarschuwen voor ❷ laken, afkeuren

deprecation [deprə'keɪʃən] form *znw* protest

deprecatory ['deprəkeɪtərɪ] form *bn* afkeurend

depreciate [dɪ'pri:ʃeɪt] **I** *overg* ❶ geringschatten, depreciëren ❷ devalueren, in waarde (doen) dalen **II** *onoverg* devalueren, in waarde (doen) dalen

depreciation [dɪpri:ʃɪ'eɪʃən] *znw* ❶ (waarde)vermindering, daling, depreciatie ❷ geringschatting ❸ boekh afschrijving ‹voor waardevermindering›

depreciation allowance [dɪpri:ʃɪ'eɪʃən ə'laʊəns] *znw* fiscaal toelaatbare afschrijving

depreciation rate [dɪpri:ʃɪ'eɪʃən reɪt] *znw* afschrijvingspercentage

depreciatory [dɪ'pri:ʃɪətrɪ], **deprecating** *bn* geringschattend, minachtend

depredation [deprɪ'deɪʃən] form *znw* plundering, verwoesting

depress [dɪ'pres] *overg* ❶ (neer)drukken ❷ verlagen ❸ fig terneerslaan, deprimeren

depressant [dɪ'presənt] **I** *bn* kalmerend **II** *znw* ❶ kalmerend middel ❷ negatieve economische invloed

depressed [dɪ'prest] *bn* ❶ depressief, gedeprimeerd ❷ ingedrukt, ingezakt ❸ noodlijdend, onderdrukt, achtergebleven ★ *a ~ area* een probleemgebied, onderontwikkeld gebied

depressing [dɪ'presɪŋ] *bn* ontmoedigend

depression [dɪ'preʃən] *znw* ❶ depressie, gedruktheid, neerslachtigheid ★ *suffer from ~* lijden aan een depressie / neerslachtigheid ❷ (neer)drukking, verlaging ❸ lagedrukgebied ❹ econ malaise, slapte ★ *be in the grip of a ~* in de greep zijn van een economische depressie ★ *climb out of a ~* uit de economische malaise komen

depressive [dɪ'presɪv] **I** *bn* ❶ depressief, neerslachtig

de

❷ verlagend **II** *znw* depressief persoon

depressurize [di:'preʃəraɪz], **depressurise** *overg* overdruk wegnemen

deprival [dɪ'praɪvəl], **deprivation** *znw* ❶ beroving ❷ verlies

deprivation [deprɪ'veɪʃən] *znw* ❶ → **deprival** ❷ ontbering, ± verwaarlozing, armoede ★ *sleep* ~ het ontstaan van slaapgebrek

deprive [dɪ'praɪv] *overg* beroven ★ ~ *sbd of sth* iem. iets ontnemen / onthouden, iem. van iets beroven ★ *be* ~*d of sth* verstoken van iets zijn, gespeend van iets blijven

deprived [dɪ'praɪvd] *bn* arm, achtergesteld, achtergebleven

deprogramme [di:'prəʊgræm], Am **deprogram** *overg* deprogrammeren ‹van sekteleden›

Dept. *afk* → **department**

depth [depθ] *znw* ❶ diepte, diepzinnigheid, diepgang ★ *in* ~ grondig, diepgaand ★ *be out of one's* ~ geen grond meer kunnen voelen, <u>fig</u> iets niet kunnen begrijpen / bevatten, iets niet aankunnen ❷ intensiteit

depth charge [depθ tʃɑːdʒ] *znw* dieptebom

depth finder [depθ 'faɪndə] *znw* dieptezoeker ‹d.m.v. echolocatie &›

depth gauge [depθ geɪdʒ] *znw* dieptemeter, diepte-insteller ‹op boormachine›

depth of field [depθ ɒv 'fiːld] *znw* scherptediepte ‹v. camera›

depths [depθs] <u>dicht</u> *znw* [mv] ❶ dieptepunt, diepste ★ *in the* ~ *of despair* in diepste wanhoop ❷ het binnenste, midden ★ *in the* ~ *of the night* in het holst van de nacht ❸ hevigste ★ *in the* ~ *of winter* in het hartje van de winter

deputation [depjʊ'teɪʃən] *znw* deputatie, afvaardiging

depute [dɪ'pjuːt] <u>form</u> *overg* ❶ afvaardigen ❷ opdragen, overdragen

deputize ['depjʊtaɪz], **deputise** *onoverg* ★ ~ *for sbd* invallen voor iem., iem. vervangen

deputy ['depjʊtɪ] **I** *bn* plaatsvervangend, vice-, onder-, substituut- **II** *znw* ❶ afgevaardigde ❷ (plaats)vervanger, waarnemer, invaller

deputy chairman ['depjʊtɪ 'tʃeəmən] *znw* ondervoorzitter, vice-voorzitter

deputy director ['depjʊtɪ daɪ'rektə] *znw* onderdirecteur

deputy manager ['depjʊtɪ 'mænɪdʒə] *znw* onderdirecteur, adjunct directeur

deputy mayor ['depjʊtɪ meə] *znw* loco-burgemeester

derail [dɪ'reɪl] **I** *overg* doen ontsporen **II** *onoverg* ontsporen

derailment [dɪ'reɪlmənt] *znw* ontsporing

derange [dɪ'reɪndʒ] *overg* ❶ verstoren, in de war brengen, verwarren ❷ gek maken

deranged [dɪ'reɪndʒd] *bn* (geestelijk) gestoord

derangement [dɪ'reɪndʒmənt] *znw* storing, verwarring ★ *a mental* ~ een geestesstoornis

derby ['dɑːbɪ] *znw* ❶ <u>sp</u> (plaatselijke, streek)derby

❷ <u>Am</u> bolhoed, derby

deregister [di:'redʒɪstə] *overg* uitschrijven

deregistration [di:redʒɪ'streɪʃn] *znw* uitschrijving

deregulate [di:'regjʊleɪt] *overg* dereguleren

deregulation [di:regjʊ'leɪʃn] *znw* deregulering

deregulatory [di:'regjʊlətərɪ] *bn* deregulerend

derelict ['derəlɪkt] **I** *bn* ❶ vervallen, verwaarloosd ★ *lie* ~ er verwaarloosd bij liggen ❷ verlaten, onbeheerd **II** *znw* ❶ verlaten schip, wrak ❷ onbeheerd goed ❸ zwerver

dereliction [derɪ'lɪkʃən] *znw* ❶ nalatigheid, verwaarlozing ★ ~ *of duty* plichtsverzuim ❷ verval

deride [dɪ'raɪd] *overg* bespotten, uitlachen, belachelijk / bespottelijk maken

de rigueur [də rɪ'gɜː(r)] ‹*Fr*› *bn* verplicht, een must

derision [dɪ'rɪʒən] *znw* spot(ternij), bespotting ★ *hold sbd up for / to* ~ iem. belachelijk maken

derisive [dɪ'raɪsɪv], **derisory** *bn* spottend, spot-

derivation [derɪ'veɪʃən] *znw* ❶ afleiding ★ *what is the* ~ *of the word?* waar is het woord van afgeleid? ❷ verkrijging

derivative [də'rɪvətɪv] **I** *bn* ❶ afgeleid, niet oorspronkelijk ❷ derivatief **II** *znw* ❶ afgeleid woord, afleiding ❷ derivaat, afgeleid product ❸ <u>fin</u> derivaat ‹van effect afgeleid waardepapier›

derive [dɪ'raɪv] **I** *overg* ❶ afleiden (uit, van *from*) ❷ (ver)krijgen, trekken, putten (uit *from*) ❸ ontlenen (aan *from*) **II** *onoverg* afkomen, afstammen, voortkomen, voortspruiten (uit *from*)

dermatitis [dɜːmə'taɪtɪs] <u>med</u> *znw* huidontsteking

dermatologist [dɜːmə'tɒlədʒɪst] *znw* dermatoloog, huidarts

dermatology [dɜːmə'tɒlədʒɪ] *znw* dermatologie, leer van de huidziekten

derogate ['derəgeɪt] <u>form</u> **I** *overg* denigreren, geringschatten **II** *onoverg* zich verlagen **III** *phras* ★ ~ *from sth* te kort doen aan iets, afbreuk doen aan iets

derogation [derə'geɪʃən] <u>form</u> *znw* ❶ schade, afbreuk (aan *of / from*), aantasting ❷ verlaging

derogatory [dɪ'rɒgətərɪ] *bn* ❶ afbreuk doend (aan *to*) ❷ vernederend, geringschattend, denigrerend

derrick ['derɪk] *znw* ❶ <u>scheepv</u> kraan, laadboom, bok ❷ <u>techn</u> boortoren

derring-do ['derɪŋ-'duː] <u>gedat of scherts</u> *znw* vermetelheid

derv [dɜːv] *Br znw* brandstof voor dieselmotoren

dervish ['dɜːvɪʃ] *znw* derwisj

desalinate [di:'sælɪneɪt] *overg* ontzilten

desalination [di:sælɪ'neɪʃən] *znw* ontzilting

desaturate [di:'sætʃəreɪt] *overg* minder verzadigd maken

desaturation [di:sætʃə'reɪʃn] *znw* het minder verzadigd maken

descale [di:'skeɪl] *overg* van ketelsteen ontdoen

descant ['deskænt] <u>muz</u> *znw* discant, sopraan

descant recorder ['deskænt rɪ'kɔːdə] <u>muz</u> *znw* sopraanblokfluit

descend [dɪ'send] **I** *overg* afdalen, afzakken **II** *onoverg*
❶ dalen, neerdalen, afdalen (tot *to*), naar beneden
gaan **❷** neerkomen, -vallen, -stromen **❸** afgaan,
afkomen, afzakken, uitstappen **❹** zich verlagen (tot
to) **❺** afstammen van **❻** overgaan (op *to*) **III** *phras*
★ ~ **from** *sth* afstammen van iets, teruggaan op iets,
uit iets stappen, van iets afstappen ★ *be ~ed from sbd*
afstammen van iem. ★ form ~ **into** *sth* overgaan in
iets ★ ~ **on / upon** *sth* een inval doen in iets, landen
op / in iets, iets overvallen ★ ~ **on / upon** *sbd* iem.
overvallen, plotseling bij iem. op bezoek komen
descendant [dɪ'sendənt], **descendent** *znw*
afstammeling, nakomeling
descent [dɪ'sent] *znw* **❶** daling, afdaling, neerdaling
★ *the Descent from the Cross* de kruisafneming **❷** het
afzakken, verval **❸** afkomst, afstamming, geslacht
★ *she's of Turkish ~* ze is van Turkse afkomst
❹ landing, inval, overval **❺** overgang ‹v. rechten›
describe [dɪ'skraɪb] *overg* beschrijven, omschrijven,
weergeven, voorstellen ★ *she ~d him as not very
self-assured* ze omschreef hem als niet erg
zelfverzekerd ★ *words cannot ~ how we felt at that
moment* woorden kunnen niet beschrijven hoe we
ons op dat moment voelden
description [dɪ'skrɪpʃən] *znw* **❶** beschrijving,
omschrijving, benaming ★ *the state of the house
defied / was beyond ~* de toestand van het huis viel
niet te beschrijven **❷** signalement **❸** soort, type,
slag, klasse, aard ★ *the jungle is full of birds of every ~*
het oerwoud zit vol vogels van allerlei soort
descriptive [dɪ'skrɪptɪv] *bn* beschrijvend
descry [dɪ'skraɪ] dicht *overg* gewaarworden, ontwaren,
onderscheiden, ontdekken, bespeuren
desecrate ['desɪkreɪt] *overg* ontheiligen, ontwijden
desecration [desɪ'kreɪʃən] *znw* ontheiliging,
ontwijding
deseed [di:'si:d] *overg* ontzaden, zaad verwijderen uit
deseeder [di:'si:də] *znw* **❶** iem. die zaden verwijdert
❷ apparaat om te ontzaden
desegregate [di:'segrɪgeɪt] *overg* de rassenscheiding
opheffen in ‹scholen &›
desegregation [di:segrɪ'geɪʃən] *znw* opheffing van
rassenscheiding
deselect [di:sɪ'lekt] *overg* van de verkiezingslijst
schrappen, niet opnieuw verkiesbaar stellen
desensitize [di:'sensɪtaɪz], **desensitise** *overg*
ongevoelig(er) maken
desert I *znw* ['dezət] woestijn, woestenij **II** *overg*
[dɪ'zɜ:t] verlaten, in de steek laten, weglopen van
III *onoverg* [dɪ'zɜ:t] deserteren
desert boot ['dezət bu:t] *znw* halfhoge suède schoen
deserted [dɪ'zɜ:tɪd] *bn* verlaten, onbewoond, leeg
deserter [dɪ'zɜ:tə] *znw* deserteur
desertification [dɪzɜ:tɪfɪ'keɪʃən] *znw* woestijnvorming
desertion [dɪ'zɜ:ʃən] *znw* **❶** verlating, afvalligheid,
verzaking **❷** desertie **❸** verlatenheid
desert island ['dezət 'aɪlənd] *znw* onbewoond eiland
deserts [dɪ'zɜ:ts] *znw* [mv] ★ *get / receive one's just ~*

zijn verdiende loon krijgen
deserve [dɪ'zɜ:v] *overg* verdienen ★ *she ~s a medal for
putting up with him* ze zou een medaille moeten
krijgen omdat ze het bij hem uithoudt ★ *he ~s
everything he gets* hij verdient alles wat hij krijgt
deservedly [dɪ'zɜ:vɪdlɪ] *bijw* **❶** naar verdienste
❷ terecht
deserving [dɪ'zɜ:vɪŋ] *bn* verdienstelijk ★ *be ~ of sth* iets
verdienend
desex [di:'seks] *overg* castreren, steriliseren
desexed [di:'sekst] *bn* gecastreerd, gesteriliseerd
deshabillé [dezæ'bi:eɪ], **deshabille** (‹Fr›) *znw* nog niet
geheel geklede staat, bijna ontklede staat
desiccant ['desɪkənt] **I** *bn* opdrogend **II** *znw*
opdrogend middel
desiccate ['desɪkeɪt] *overg* drogen, ontwateren
desiccation [desɪ'keɪʃən] *znw* (op-, uit)droging
desideratum [dɪzɪdə'rɑ:təm] *znw* [*mv*: desiderata]
gevoelde behoefte, gewenst iets, desideratum
design [dɪ'zaɪn] **I** *znw* **❶** tekening, ontwerp, plan
★ *a ~ fault* een fout in het ontwerp **❷** dessin,
patroon, model **❸** vormgeving ★ *industrial ~*
industriële vormgeving ★ *a ~ feature* een
vormgevingsaspect **❹** opzet ★ *by ~* met opzet **❺** fig
bedoeling, oogmerk, doel ★ *harbour sinister ~s*
duistere plannen smeden ★ *have ~s on sbd / sth* een
oogje hebben op iem. / iets **II** *overg* **❶** schetsen,
ontwerpen **❷** dessineren ‹stoffen› **❸** bedoelen
❹ bestemmen
designate I *bn* ['dezɪgnət] nieuwbenoemd ★ *the prime
minister ~* de nieuw benoemde minister-president
II *overg* ['dezɪgneɪt] **❶** aanduiden, aanwijzen
❷ noemen, bestempelen **❸** bestemmen (tot, voor *to
/ for*)
designated driver ['dezɪgneɪtɪd 'draɪvə] *znw* degene
die naar huis rijdt ‹en dus geen alcohol drinkt›
designation [dezɪg'neɪʃən] *znw* **❶** aanduiding,
aanwijzing, bestemming **❷** naam
designedly [dɪ'zaɪnɪdlɪ] *bijw* opzettelijk
designer [dɪ'zaɪnə] **I** *bn* designer-, haute couture- ★ ~
clothing designerkleding, haute couturekleding
II *znw* **❶** ontwerper, vormgever **❷** modeontwerper,
couturier **❸** dessinateur ‹v. stoffen› **❹** techn
tekenaar **❺** constructeur ‹v. vliegtuigen›
designer drug [dɪ'zaɪnə drʌg] *znw* designer drug, in
laboratorium ontwikkelde drug
designing [dɪ'zaɪnɪŋ] *bn* intrigerend, listig
desirability [dɪzaɪərə'bɪlətɪ] *znw* **❶** begeerlijkheid
❷ wenselijkheid
desirable [dɪ'zaɪərəbl] *bn* **❶** begeerlijk, wenselijk,
gewenst **❷** handel aantrekkelijk ‹v. villa &›
desire [dɪ'zaɪə] **I** *znw* wens, verlangen, begeerte,
zucht (naar *for*), verzoek ★ *one's heart's ~* iemands
(grootste) hartenwens ★ *an object of ~* een gewenst
iets ★ *they have no ~ to have children* ze willen geen
kinderen **II** *overg* wensen, begeren, verlangen,
verzoeken ★ *leave a lot / a great deal / much to be ~d*
veel te wensen overlaten

de

desired [dɪ'zaɪəd] *bn* gewenst ★ *have the ~ effect* het gewenste effect hebben

desirous [dɪ'zaɪərəs] <u>form</u> *bn* begerig, verlangend (naar *of*) ★ *Mr and Mr X are ~ of your company at the wedding of...* de heer en mevrouw X zouden uw aanwezigheid bij het huwelijk van... zeer op prijs stellen

desist [dɪ'zɪst] <u>form</u> **I** *onoverg* ophouden, aflaten **II** *phras* ★ *~ from sth* afzien van iets

desk [desk] *znw* ❶ balie ★ *the check-in ~* de incheckbalie, de afhandelingsbalie ★ *the enquiries ~* de informatiebalie ★ *the reception ~* de receptie ‹v. hotel &› ❷ kassa ❸ lessenaar, schrijftafel, schoolbank, bureau

desk-bound ['desk-baʊnd] *bn* aan het bureau gekluisterd

desk clerk [desk klɑːk] <u>Am</u> *znw* receptionist(e)

desk diary [desk 'daɪərɪ] *znw* kantooragenda

desk editor [desk 'edɪtə] *znw* bureauredacteur

deskill [diːˈskɪl] *overg* scholing overbodig maken ‹voor bepaalde taken, bijv. door mechanisatie›

desk job [desk dʒɒb] *znw* kantoorbaan

desk lamp [desk læmp] *znw* bureaulamp

desk sergeant [desk 'sɑːdʒənt] *znw* sergeant van de wacht ‹politie›

desk tidy [desk 'taɪdɪ] *znw* pennenbakje

desktop ['desktɒp] **I** *bn* bureau-, tafel- **II** *znw* ❶ bureaublad ❷ <u>comput</u> desktop, bureaublad ❸ **desktop computer** een computer voor gebruik aan een gewoon bureau

desktop publishing ['desktɒp 'pʌblɪʃɪŋ], **DTP** *znw* desktop publishing, dtp, elektronisch publiceren

desk worker [desk 'wɜːkə] *znw* administratief medewerker, iem. die administratieve werkzaamheden verricht

desolate I *bn* ['desələt] verlaten, eenzaam, woest, troosteloos, naargeestig **II** *overg* ['desəleɪt] ❶ verwoesten, ontvolken ❷ diep ongelukkig maken

desolated ['desəleɪtɪd] *bn* ontroostbaar

desolation [desə'leɪʃən] *znw* ❶ verwoesting ❷ ontvolking ❸ verlatenheid, troosteloosheid

despair [dɪ'speə] **I** *znw* wanhoop ★ *she's the ~ of her teachers* ze is de wanhoop van haar leraren ★ *be in the depths of ~* in diepe wanhoop verkeren ★ *drive sbd to ~* iem. tot wanhoop brengen **II** *onoverg* wanhopen (aan *of*)

despairing [dɪ'speərɪŋ] *bn* wanhopig

despatch [dɪ'spætʃ] *znw & overg* → **dispatch**

desperado [despə'rɑːdəʊ] <u>gedat</u> *znw* [*mv:* -does *of* -s] desperado, dolle waaghals, nietsontziend, roekeloos persoon

desperate ['despərət] *bn* ❶ wanhopig, hopeloos, vertwijfeld ★ *be ~ for sth* snakken naar iets ❷ roekeloos ❸ <u>versterkend</u> verschrikkelijk, zwaar ★ *zegsw ~ diseases must have ~ remedies* vreselijke ziektes hebben vreselijke remedies nodig

desperately ['despərətlɪ] *bijw* ❶ wanhopig ★ *surgeons are fighting ~ to save his life* chirurgen vechten

wanhopig om zijn leven te redden ❷ <u>versterkend</u> heel erg, verschrikkelijk ★ *what the country ~ needs is stability* wat het land heel erg nodig heeft is stabiliteit

desperation [despə'reɪʃən] *znw* wanhoop, vertwijfeling ★ *she rang her parents in ~* uit wanhoop belde ze haar ouders ★ *an act of ~* een wanhoopsdaad ★ *with a strength born of ~* met de moed der vertwijfeling / wanhoop ★ *drive sbd to ~* iem. tot wanhoop brengen

despicable [dɪ'spɪkəbl] *bn* verachtelijk

despise [dɪ'spaɪz] *overg* verachten, versmaden ★ *she ~d him for being such a coward* ze verachtte hem omdat hij zo'n lafaard was

despite [dɪ'spaɪt] *voorz* ondanks, ten spijt ★ *she loves him ~ everything* ondanks alles houdt ze van hem ★ *she laughed ~ herself* ze lachte in weerwil van zichzelf

despoil [dɪ'spɔɪl] <u>form</u> *overg* ❶ beroven ❷ plunderen

despondency [dɪ'spɒndənsɪ] *znw* moedeloosheid, mismoedigheid ★ *following its latest defeat, the team is in the depths of ~* na de laatste nederlaag is het team helemaal moedeloos

despondent [dɪ'spɒndənt] *bn* moedeloos

despot ['despɒt] *znw* despoot, dwingeland

despotic [de'spɒtɪk] *bn* despotisch

despotism ['despətɪzəm] *znw* despotisme

des res [dez 'rez] <u>Br scherts</u> *znw* (desirable residence) aardig optrekje, leuk pand

dessert [dɪ'zɜːt] *znw* dessert, nagerecht

dessertspoon [dɪ'zɜːtspuːn] *znw* dessertlepel

dessertspoonful [dɪ'zɜːtspuːnfʊl] *znw* dessertlepel ‹maat›

dessert trolley [dɪ'zɜːt 'trɒlɪ] *znw* dessertwagentje

dessert wine [dɪ'zɜːt waɪn] *znw* dessertwijn

destabilize [diːˈsteɪbɪlaɪz], **destabilise** *overg* destabiliseren

destination [destɪ'neɪʃən] *znw* (plaats van) bestemming ★ *one's country / port & of ~* zijn bestemmingsland / bestemmingshaven ★ *arrive at / reach one's ~* op zijn bestemming aankomen

destine ['destɪn] *overg* bestemmen

destined ['destɪnd] *bn* bestemd, voorbeschikt ★ *he's ~ for greater things* hij is voorbeschikt voor grotere zaken ★ *the plane is ~ for London* het vliegtuig is op weg naar Londen, het vliegtuig heeft Londen als bestemming ★ *he seems ~ to win every title* het lijkt alsof het voorbestemd is dat hij alle titels wint

destiny ['destɪnɪ] *znw* bestemming, noodlot, lot ★ *she believes in ~* zij gelooft in het noodlot ★ *he has a strong sense of ~* hij heeft een sterk gevoel van bestemming

destitute ['destɪtjuːt] *bn* ❶ behoeftig, berooid ❷ ontbloot, verstoken (van *of*)

destitution [destɪ'tjuːʃən] *znw* armoede, behoeftigheid, gebrek

de-stress [diː-ˈstres] *overg* ontspannen na een periode van stress

destroy [dɪ'strɔɪ] *overg* ❶ vernielen, vernietigen, verwoesten, tenietdoen ★ *he seems intent on ~ing everything they've built up* hij lijkt alles te willen vernietigen wat ze hebben opgebouwd ★ *these weapons are capable of ~ing whole cities* deze wapens kunnen hele steden verwoesten ★ *~ oneself* zich van het leven beroven ❷ afbreken, slopen ❸ verdelgen ❹ afmaken

destroyer [dɪ'strɔɪə] *znw* ❶ vernieler, verwoester ❷ scheepv torpedojager

destructible [dɪ'strʌktɪbl] *bn* vernielbaar

destruction [dɪ'strʌkʃən] *znw* vernieling, vernietiging, verwoesting, verdelging, ondergang ★ *weapons of mass ~* massavernietigingswapens ★ *the cyclone left a trail of ~* de cycloon heeft een spoor van verwoesting achtergelaten ★ *sow the seeds of ~* het zaad der vernietiging zaaien

destructive [dɪ'strʌktɪv] *bn* ❶ vernielend, verwoestend ❷ vernielzuchtig ❸ afbrekend, destructief

destructor [dɪ'strʌktə] *znw* vuilverbrandingsoven

desuetude [dɪ'sju:tju:d] form *znw* ★ *fall into ~* in onbruik raken

desultory ['desəltərɪ] *bn* ❶ onsamenhangend, zonder methode, terloops gemaakt, van de hak op de tak springend ❷ vluchtig

detach [dɪ'tætʃ] *overg* ❶ losmaken, scheiden ★ *~ oneself (from sbd / sth)* zich losmaken (van iem. / iets), zich distantiëren (van iem. / iets) ❷ uitzenden, mil detacheren

detachable [dɪ'tætʃəbl] *bn* afneembaar

detached [dɪ'tætʃt] *bn* ❶ gedetacheerd, uitgezonden ❷ vrij-, alleenstaand ‹huis› ❸ los ‹zin›, afstandelijk, objectief

detached retina [dɪ'tætʃt 'retɪnə] *znw* losgekomen netvlies

detachment [dɪ'tætʃmənt] *znw* ❶ afstandelijkheid, objectiviteit, onverschilligheid voor zijn omgeving ★ *he can now look at his life with a feeling / sense of ~* hij kan zijn leven nu met een zekere afstandelijkheid bekijken ❷ mil detachement, detachering ❸ groep mensen ❹ losmaking, scheiding, isolement

detail ['di:teɪl, dɪ'teɪl] **I** *znw* ❶ detail, kleinigheid ★ *in ~* omstandig, tot in het kleinste detail ❷ bijzonderheid, bijzaak, onderdeel ★ *go into ~* in bijzonderheden afdalen / treden ❸ opsomming ❹ mil detachering, detachement **II** *overg* ❶ precies vertellen, opsommen ❷ mil detacheren, aanwijzen

detailed ['di:teɪld, dɪ'teɪld] *bn* gedetailleerd, omstandig ★ *a ~ report* een gedetailleerd rapport

details ['di:teɪlz] *znw* [mv] ❶ (nadere) informatie, details ★ *the bare ~* de naakte feiten ★ *the complete / full ~* de volledige informatie ★ *for further ~, contact us during office hours* voor verdere informatie kunt u tijdens kantooruren contact met ons opnemen ★ *can you fill me in on the ~?* kun je me volledig op de hoogte brengen? ★ *they're still going over the ~* ze zijn nog bezig de details uit te

werken ★ inf *spare me the ~!* ik wil er niets over horen! ❷ persoonsgegevens ★ *please fill in your ~ below* u kunt uw gegevens hieronder invullen ★ *take sbd's ~* iemands persoonsgegevens noteren

detain [dɪ'teɪn] *overg* ❶ ophouden, terug-, vast-, aan-, achter-, afhouden ★ *she was ~ed for possession of drugs* ze werd aangehouden wegens het bezit van verdovende middelen ★ *a man has been ~ed in connection with the bombing* een man is aangehouden in verband met de bomaanval ★ *they have been ~ed without trial for a year* zij zijn een jaar lang zonder proces vastgehouden ❷ Br jur gevangen of in bewaring houden, detineren ★ *~ sbd at His / Her Majesty's pleasure* iem. in de gevangenis stoppen

detainee [di:teɪ'ni:] *znw* gedetineerde

detainer [dɪ'teɪnə] jur *znw* ❶ (bevel tot) gevangenhouding ❷ inbezithouding ‹v. goederen› ❸ gevangenhouder

detect [dɪ'tekt] *overg* ❶ ontdekken, betrappen ❷ opsporen ❸ bespeuren, waarnemen

detection [dɪ'tekʃən] *znw* ❶ ontdekking ★ *so far, the gang has avoided / escaped / evaded ~* tot dusver is de bende er in geslaagd onontdekt te blijven ❷ opsporing

detective [dɪ'tektɪv] **I** *bn* opsporings-, rechercheurs- ★ *the ~ force* de recherche **II** *znw* detective, rechercheur, speurder

detective novel [dɪ'tektɪv 'nɒvəl], **detective story** *znw* misdaadroman

detective work [dɪ'tektɪv wɜ:k] *znw* speurwerk ★ *it took some ~, but the computer is fixed* er was wat speurwerk voor nodig, maar de computer is gerepareerd

detector [dɪ'tektə] *znw* ❶ ontdekker ❷ verklikker ‹aan instrumenten &› ❸ detector

detectorist [dɪ'tektərɪst] *znw* iem. die bij wijze van hobby munten e.d. opspoort met een metaaldetector

detente [deɪ'tɑ:nt], **détente** ‹Fr› *znw* ontspanning, detente

detention [dɪ'tenʃən] *znw* ❶ achterhouding ❷ oponthoud ❸ aanhouding, gevangenhouding ★ *she has spent six months in ~* zij heeft zes maand gevangen gezeten ★ *he is still under ~* hij zit nog steeds gevangen ❹ onderw schoolblijven

detention centre [dɪ'tenʃən 'sentə], Am **detention center** *znw* ± tuchtschool

detention room [dɪ'tenʃən ru:m] mil *znw* arrestantenkamer

deter [dɪ'tɜ:] *overg* afschrikken, weerhouden (van *from*)

detergent [dɪ'tɜ:dʒənt] **I** *bn* zuiverend **II** *znw* ❶ zuiverend middel ❷ wasmiddel

deteriorate [dɪ'tɪərɪəreɪt] **I** *overg* slechter maken **II** *onoverg* slechter worden, verslechteren, achteruitgaan, ontaarden

deterioration [dɪtɪərɪə'reɪʃən] *znw* verslechtering,

de

achteruitgang, ontaarding ★ *his health is showing signs of* ~ zijn gezondheid toont tekenen van achteruitgang
determinable [dɪˈtɜːmɪnəbl] *bn* bepaalbaar
determinant [dɪˈtɜːmɪnənt] **I** *bn* ❶ beslissend ❷ bepalend **II** *znw* ❶ beslissende factor ❷ bepalend woord
determinate [dɪˈtɜːmɪnət] <u>form</u> *bn* vast, bepaald
determination [dɪtɜːmɪˈneɪʃən] *znw* ❶ bepaling, vaststelling ❷ besluit, beslissing ❸ beslistheid, vastberadenheid ★ *he held on to the rope with grim* ~ hij hield het touw vast met een onwrikbare vastberadenheid
determinative [dɪˈtɜːmɪnətɪv] <u>form</u> *bn* ❶ bepalend ❷ beslissend
determine [dɪˈtɜːmɪn] **I** *overg* ❶ bepalen, vaststellen, (doen) besluiten ❷ beslissen **II** *onoverg* besluiten ★ <u>form</u> ~ *on sth* besluiten tot iets
determined [dɪˈtɜːmɪnd] *bn* (vast)beraden, vastbesloten, resoluut
determiner [dɪˈtɜːmɪnə] *znw* ❶ determinant, bepalende factor ❷ <u>gramm</u> determinator
determinism [dɪˈtɜːmɪnɪzəm] <u>filos</u> *znw* determinisme ‹leer die de vrijheid v.d. wil ontkent›
determinist [dɪˈtɜːmɪnɪst] <u>filos</u> *znw* determinist ‹iem. die de vrijheid v.d. wil ontkent›
deterministic [dɪtɜːmɪnɪstɪk] *bn* deterministisch
deterrence [dɪˈterəns] *znw* afschrikking
deterrent [dɪˈterənt] **I** *bn* afschrikkend ★ *have a* ~ *effect* een afschrikkend effect hebben **II** *znw* afschrikkend middel ★ *a nuclear* ~ afschrikking door atoomwapens ★ *a* ~ *against / to crime / war &* een afschrikkend middel tegen misdaad / oorlog &
detest [dɪˈtest] *overg* verafschuwen, verfoeien, haten
detestable [dɪˈtestəbl] *bn* verfoeilijk
detestation [diːteˈsteɪʃən] *znw* ❶ verfoeiing ❷ afschuw
dethrone [diːˈθrəʊn] *overg* onttronen, afzetten
dethronement [dɪˈθrəʊnmənt] *znw* onttroning
detonate [ˈdetəneɪt] **I** *overg* doen ontploffen, doen knallen, doen detoneren **II** *onoverg* ontploffen, knallen, detoneren
detonation [detəˈneɪʃən] *znw* ontploffing, knal, detonatie
detonator [ˈdetəneɪtə] *znw* detonator, ontsteker, slaghoedje
detour [ˈdiːtʊə] **I** *znw* ❶ omweg ★ *make / take a* ~ een omweg maken ❷ wegomlegging, omleiding **II** *overg* omleiden ‹v. verkeer› **III** *onoverg* een omweg maken
detox [ˈdiːtɒks] <u>inf</u> **I** *znw* ontwenningskuur **II** *overg & onoverg* → **detoxify**
detoxicate [diːˈtɒksɪkeɪt] *overg & onoverg* → **detoxify**
detoxification [diːtɒksɪˈkeɪʃn] *znw* ❶ ontgifting ❷ ontwenning, ontwenningskuur
detoxify [diːˈtɒksɪfaɪ], <u>inf</u> **detox**, **detoxicate I** *overg* ❶ ontgiften ❷ ontwennen, afwennen, doen afkicken **II** *onoverg* afkicken, een ontwenningskuur volgen

detract [dɪˈtrækt] **I** *overg* ❶ aftrekken ❷ afnemen, afleiden **II** *onoverg* ★ ~ *from sth* afbreuk doen aan iets, iets verminderen, iets verkleinen
detraction [dɪˈtrækʃən] *znw* ❶ afbrekende kritiek, kleinering ❷ kwaadsprekerij
detractor [dɪˈtræktə] *znw* ❶ iem. die kleineert ❷ kwaadspreker
detriment [ˈdetrɪmənt] *znw* nadeel, schade (aan *to*) ★ *to the* ~ *of sbd / sth* ten nadele van iem. / iets
detrimental [detrɪˈmentl] *bn* nadelig, schadelijk (voor *to*)
detritus [dɪˈtraɪtəs] *znw* ❶ door erosie losgekomen materiaal ‹zand, grind &› ❷ afval, rommel, rotzooi
de trop [də ˈtrəʊ] *‹Fr› bn* overbodig, te veel
deuce [djuːs] *znw* ❶ twee ‹op dobbelstenen en speelkaarten› ❷ deuce, veertig gelijk ‹tennis› ❸ duivel, drommel ★ <u>inf</u> *what / who the* ~? wat / wie voor de drommel? ★ <u>inf</u> *a* ~ *of a problem / situation &* een vreselijk probleem / vreselijke situatie &
deuced [ˈdjuːsɪd] <u>inf</u> *bn & bijw* drommels, verduiveld ★ *there's that* ~ *dog barking again* daar blaft die verduivelde hond alweer ★ *we're cutting it* ~ *fine* we hebben ons verdraaid weinig tijd gelaten
deus ex machina [deɪʊs eks ˈmækɪnə, diːəs eks məˈʃiːnə] *‹Lat› znw* deus ex machina
devaluate [diːˈvæljʊeɪt], **devalue I** *overg* ❶ devalueren ❷ in waarde doen dalen **II** *onoverg* ❶ devalueren ❷ in waarde dalen
devaluation [diːvæljuːˈeɪʃən] *znw* ❶ devaluatie, geldontwaarding ❷ waardevermindering
devalue [diːˈvæljuː] <u>econ</u> *overg & onoverg* ❶ → **devaluate** ❷ onderschatten, denigreren
devastate [ˈdevəsteɪt] *overg* ❶ verwoesten, vernietigen ❷ diep schokken
devastating [ˈdevəsteɪtɪŋ] *bn* ❶ verwoestend ❷ vernietigend, verschrikkelijk
devastation [devəˈsteɪʃən] *znw* verwoesting, vernietiging, vernieling ★ *the President surveyed the scene of* ~ *today* de president nam het toneel van de verwoesting vandaag in ogenschouw ★ *the hurricane has left a trail of* ~ de orkaan heeft een spoor van vernieling achtergelaten
develop [dɪˈveləp] **I** *overg* ❶ ontwikkelen, tot ontwikkeling brengen ❷ ontginnen ❸ bebouwen ‹met gebouwen› ❹ aan de dag leggen ❺ uitbreiden ❻ krijgen ‹koorts &› **II** *onoverg* ❶ zich ontwikkelen (tot *into*), tot ontwikkeling komen ❷ optreden ‹v. koorts &›, ontstaan, zich ontspinnen ★ *a crisis ~ed* het kwam tot een crisis
developer [dɪˈveləpə] *znw* ❶ <u>chem</u> ontwikkelaar ❷ projectontwikkelaar
developing country [dɪˈveləpɪŋ ˈkʌntrɪ] *znw* ontwikkelingsland
development [dɪˈveləpmənt] *znw* ❶ ontwikkeling ★ ~ *aid* ontwikkelingshulp ★ *await ~s* verdere ontwikkelingen afwachten ❷ bebouwing, (op)bouw, nieuwbouwproject ★ *a property* ~ een nieuwbouwproject

developmental [dɪveləp'mentl] *bn* ontwikkelings-
developmental delay [dɪveləp'mentl dɪ'leɪ] *znw*
ontwikkelingsachterstand
development area [dɪ'veləpmənt 'eərɪə] Br *znw*
ontwikkelingsgebied
deviance ['di:vɪəns] *znw* afwijkend gedrag, afwijking
deviant ['di:vɪənt] I *bn* afwijkend, met afwijkend
gedrag ‹vooral m.b.t. seksualiteit› II *znw* iem. met
afwijkend gedrag
deviate ['di:vɪeɪt] *onoverg* ❶ afwijken (van *from*)
❷ afdwalen
deviation [di:vɪ'eɪʃən] *znw* afwijking
device [dɪ'vaɪs] *znw* ❶ (uit)vinding, apparaat, toestel
❷ middel, list ★ *leave sbd to his own ~s* iem. zijn
eigen gang laten gaan ❸ zinspreuk, devies, motto
❹ emblematische figuur
devil ['devəl] I *znw* ❶ duivel ★ *the ~ incarnate* de
baarlijke duivel, de vleesgeworden duivel ★ inf *how
/ what / why & the ~* hoe / wat / waarom & in
hemelsnaam ★ *she drove like the ~* ze reed als een
bezetene ★ inf *a ~ of a lot* heel erg veel ★ inf *a ~ of a
job* een heksentoer ★ inf *a ~ of a problem* een
heidens probleem ★ inf *a / the ~ of a time* een
vreselijke tijd ★ inf *be a ~!* kom op, doe niet zo flauw
/ saai!, spring eens uit de band! ★ *be between the ~
and the deep blue sea* tussen twee vuren zitten ★ *give
the ~ his due* ieder het zijne geven ★ *have the luck of
the ~* stom geluk hebben ★ *there was the ~ to pay*
daar had je de poppen aan het dansen ★ *speak / talk
of the ~* als je van de duivel spreekt ★ zegsw *better
the ~ you know (than the ~ you don't)* elke
verandering is nog geen verbetering ❷ kerel ★ inf *a
lucky ~* een geluksvogel ★ inf *a poor ~* een arme
drommel II *overg* pittig kruiden, heet peperen
devilish ['devəlɪʃ] *bn & bijw* ❶ duivels ❷ verduiveld,
deksels, bliksems
devil-may-care [devəl-meɪ-'keə] *bn* ❶ onverschillig
❷ roekeloos, doldriest
devilment ['devəlmənt], **devilry** *znw* ❶ duivels onheil,
duivelskunsten(arij), dolle streken ❷ baldadigheid,
roekeloze moed
devil's advocate ['devəlz 'ædvəkət] *znw* advocaat van
de duivel ★ *play the ~* de advocaat van de duivel
spelen ‹de argumenten van de tegenpartij naar
voren brengen›
devil's food cake ['devəlz fu:d keɪk] *znw* donkere
chocoladetaart
devious ['di:vɪəs] *bn* ❶ slingerend, kronkelend ★ *a ~
route* een omweg ❷ sluw, onoprecht, achterbaks,
slinks ★ *by ~ means* op een slinkse manier
devise [dɪ'vaɪz] I *znw* jur legaat II *overg* ❶ uit-,
bedenken, verzinnen, smeden, beramen,
overléggen ❷ jur vermaken, legateren
devitalize [di:'vaɪtəlaɪz] *overg* de levenslust ontnemen
devoid of [dɪ'vɔɪd ɒv/əv] *bn* ★ *~ sth* ontbloot van iets,
verstoken van iets, gespeend van iets, zonder iets
★ *don't waste your jokes on him: he's ~ all humour*
verspil je grappen maar niet aan hem: hij heeft

absoluut geen gevoel voor humor
devolution [di:və'lu:ʃən] *znw* ❶ overgang
❷ overdracht ‹v. rechten, eigendom &›
❸ decentralisatie
devolve [dɪ'vɒlv] form I *overg* doen overgaan,
overdragen, opleggen (aan *upon*) ★ *~ sth to sbd* iets
overdragen aan iem. II *phras* ★ *~ into sth*
degenereren tot iets ★ *~ on / upon sbd* neerkomen
op iem., overgaan op iem., toevallen aan iem.
devote [dɪ'vəʊt] *overg* (toe)wijden, bestemmen (voor
to), overleveren (aan *to*), besteden (aan *to*) ‹v. tijd,
energie &›
devoted [dɪ'vəʊtɪd] *bn* (toe)gewijd, (aan elkaar)
gehecht, verknocht
devotee [devə'ti:] *znw* (bekrompen) dweper (met),
ijveraar (voor), dwepend aanhanger of enthousiast
liefhebber (van *of*)
devotion [dɪ'vəʊʃən] *znw* ❶ (toe)wijding,
gehechtheid, verknochtheid ★ *~ to duty*
plicht(s)betrachting ❷ godsvrucht, vroomheid,
devotie ❸ godsdienstoefening, gebed
devotional [dɪ'vəʊʃənl] *bn* godsdienstig, stichtelijk
devotions [dɪ'vəʊʃənz] *znw* [mv]
godsdienstoefeningen, gebeden
devour [dɪ'vaʊə] *overg* ❶ verslinden ❷ fig verteren
★ *be ~ed by sth* verteerd worden door iets
devout [dɪ'vaʊt] *bn* ❶ godsdienstig, godvruchtig,
vroom, devoot ❷ oprecht, vurig
devoutly [dɪ'vaʊtlɪ] *bijw* ❶ godsdienstig, godvruchtig,
vroom, devoot ★ *a ~ Islamic city* een
devoot-islamitische stad ❷ oprecht, vurig ★ *the
government ~ hopes to reach a settlement* de regering
hoopt vurig een akkoord te kunnen bereiken
devoutness [dɪ'vaʊtnɪs] *znw* vroomheid, devotie
dew [dju:] *znw* dauw ★ *the grass was still heavy / wet
with ~* het gras was nog nat van de dauw
dewclaw ['dju:klɔ:] *znw* rudimentaire teen ‹bij dieren›
dewdrop ['dju:drɒp] *znw* dauwdruppel
dewlap ['dju:læp] *znw* kwab onder de hals v.e. rund
dewy ['dju:ɪ] *bn* dauwachtig, bedauwd
dewy-eyed ['dju:ɪ-'aɪd] *bn* ❶ kinderlijk onschuldig,
met kinderlijk vertrouwen ❷ met betraande
/ vochtige ogen
dexterity [dek'sterətɪ] *znw* behendigheid, handigheid,
vaardigheid
dexterous ['dekstrəs], **dextrous** *bn* behendig, handig,
vaardig
dextrose ['dekstrəʊs] *znw* druivensuiker
d-flat [di:-'flæt] muz *znw* des
dg *afk* (decigram)
dhal [dɑ:l] ‹*Hindi*› *znw* dhal ‹Indiase linzenschotel›
dhoti ['dəʊtɪ] ‹*Hindi*› *znw* lendendoek
dhow [daʊ] *znw* dhow ‹Arabisch zeilschip›
dhurrie ['dʌrɪ] ‹*Hindi*› *znw* katoenen kleed
diabetes [daɪə'bi:ti:z] *znw* diabetes, suikerziekte
diabetic [daɪə'betɪk] I *bn* ❶ voor diabetici ★ *~
chocolate* chocola (geschikt) voor diabetici
❷ suikerziekte- II *znw* diabeticus, suikerpatiënt

di

di

diabolic [daɪəˈbɒlɪk], **diabolical** bn ❶ duivels
❷ afgrijselijk, beroerd, miserabel
diachronic [daɪəˈkrɒnɪk] bn diachronisch, diachroon
diaconate [daɪˈækəneɪt] znw ❶ dekenaat
❷ diakenschap ★ the ~ alle diaken samen
diacritic [daɪəˈkrɪtɪk] taalk I bn diakritisch II znw
diakritisch teken
diadem [ˈdaɪədem] znw diadeem
diagnose [ˈdaɪəgnəʊz] overg ❶ diagnosticeren, de
diagnose opmaken (van) ❷ constateren, vaststellen
⟨ziekte⟩ ★ he's been ~d with cancer er is kanker bij
hem vastgesteld
diagnosis [daɪəgˈnəʊsɪs] znw [mv: diagnoses] diagnose
diagnostic [daɪəgˈnɒstɪk] I bn diagnostisch II znw
symptoom, kenmerkend verschijnsel
diagnostics [daɪəgˈnɒstɪks] znw [mv] diagnostiek
diagonal [daɪˈægənl] bn & znw diagonaal, overhoeks
diagram [ˈdaɪəgræm] I znw diagram, figuur,
schematische voorstelling, grafiek II overg
schematisch of grafisch voorstellen
diagrammatic [daɪəgrəˈmætɪk] bn schematisch,
grafisch, in diagrammen
dial [ˈdaɪəl] I znw ❶ wijzerplaat ❷ (kies)schijf
❸ (afstem)schaal ❹ inf facie, bakkes II overg (een
nummer) draaien, kiezen, opbellen ★ ~ sth up iets
telefonisch bestellen III onoverg draaien, kiezen,
opbellen ★ ~ direct direct kiezen
dial-a [ˈdaɪəl-eɪ, -ə] bn opbel-, -lijn, telefonische
bezorgdienst ★ a ~ pizza een pizzabezorgdienst
dialect [ˈdaɪəlekt] znw streektaal, tongval, dialect
dialectal [daɪəˈlektl] bn dialectisch
dialectic [daɪəˈlektɪk], **dialectics** filos znw dialectiek
dialectical [daɪəˈlektɪkl] bn dialectisch
dialectology [daɪəlekˈtɒlədʒɪ] znw dialectologie
dialer [ˈdaɪələ] znw → **dialler**
dial-in [ˈdaɪəl-ɪn], **dial-up** bn inbel-
dialler [ˈdaɪələ], **dialer** znw automatische kiezer ⟨van
telefoonnummers⟩
dialling code [ˈdaɪəlɪŋ kəʊd] znw netnummer
dialling tone [ˈdaɪəlɪŋ təʊn], Am **dial tone** znw
kiestoon
dialog box [ˈdaɪəlɒg bɒks], **dialogue box** comput znw
dialoogvenster
dialogue [ˈdaɪəlɒg], Am **dialog** znw dialoog,
samenspraak, gesprek
dial telephone [ˈdaɪəl ˈtelɪfəʊn] znw telefoon met
draaischijf
dial tone [ˈdaɪəl təʊn] Am znw → **dialling tone**
dial-up [ˈdaɪəl-ʌp] bn → **dial-in**
dial-up access [ˈdaɪəl-ʌp ˈækses] comput znw
verbinding van een apparaat met een netwerk via
een modem en een publiek telefoonnetwerk
dialysis [daɪˈælɪsɪs] med znw dialyse
dialyze [ˈdaɪəlaɪz], **dialyse** dialyseren
diameter [daɪˈæmɪtə] znw diameter, middellijn
diametrical [daɪəˈmetrɪkl] bn diametraal, lijnrecht
diametrically [daɪəˈmetrɪklɪ] bijw lijnrecht ★ be ~
opposed (to each other) lijnrecht tegenover elkaar

staan
diamond [ˈdaɪəmənd] I bn ❶ diamanten ❷ ruitvormig
II znw ❶ diamant ★ a black ~ een stuk steenkool
★ he's a rough ~ onder zijn ruwe bolster zit een
blanke pit ❷ ruit kaartsp ★ lead ~s met ruiten
uitkomen ❸ sp (binnenveld van) honkbalveld
diamond jubilee [ˈdaɪəmənd ˈdʒuːbɪliː] znw
zestigjarig jubileum
diamond-shaped [ˈdaɪəmənd-ʃeɪpt] bn ruitvormig
diamond wedding [ˈdaɪəmənd ˈwedɪŋ], **diamond
wedding anniversary** znw diamanten bruiloft
diapason [daɪəˈpeɪzn] znw ❶ muz (stem-, toon)hoogte
❷ (toon)omvang ❸ diapason ⟨orgelregister⟩
diaper [ˈdaɪpə] Am znw luier
diaphanous [daɪˈæfənəs] bn doorschijnend
diaphragm [ˈdaɪəfræm] znw ❶ middenrif ❷ diafragma
⟨v. lens⟩ ❸ tussenschot ❹ membraan ❺ pessarium
diarist [ˈdaɪərɪst] znw dagboekschrijver
diarrhoea [daɪəˈrɪə], Am **diarrhea** znw diarree
diary [ˈdaɪərɪ] znw ❶ dagboek ❷ agenda
diaspora [daɪˈæspərə] znw ★ the ~ de diaspora
diatonic [daɪəˈtɒnɪk] muz bn diatonisch
diatribe [ˈdaɪətraɪb] znw diatribe, scheldkanonnade,
hekelschrift
dibs [dɪbz] Am inf znw [mv] keus ★ have first ~ eerste
keus hebben
dice [daɪs] I znw ❶ dobbelsteen, dobbelstenen
★ shoot ~ dobbelen ❷ dobbelspel ▼ Am inf no ~
vergeet het maar, geen schijn van kans II overg aan
dobbelstenen snijden III onoverg dobbelen ★ ~ with
death zijn leven in de waagschaal stellen
dicey [ˈdaɪsɪ] inf bn riskant, gevaarlijk, link
dichotomy [daɪˈkɒtəmɪ] znw ❶ dichotomie,
(twee)deling ★ there is a ~ between the spoken and the
written language de gesproken en de geschreven
taal komen niet helemaal overeen ❷ splitsing
dick [dɪk] znw ❶ inf gedat detective ❷ vulg pik, lul
dickens [ˈdɪkɪnz] inf znw ★ why the ~ didn't you ring?
waarom heb je verdorie / in vredesnaam / in
hemelsnaam niet gebeld? ★ how the ~ did you do it?
hoe heb je dat in hemelsnaam klaargespeeld?
Dickensian [dɪˈkenzɪən] bn net als in het werk van
Dickens, Dickensachtig ★ he's an almost ~ character
hij zou haast uit een roman van Dickens kunnen
komen
dicker [ˈdɪkə] Am onoverg sjacheren, afdingen
dickhead [ˈdɪkɪ], **dicky**, **dickie** inf znw frontje
dickhead [ˈdɪkhed] vulg znw stommerik,
kloothommel
dicky [ˈdɪkɪ] inf I bn wankel, niet solide II znw, **dickie**
→ **dickey**
dicky bird [ˈdɪkɪ bɜːd], **dickybird** inf znw kindertaal
vogeltje ★ not a ~ geen woord
dicky bow [ˈdɪkɪ baʊ] inf znw vlinderdasje
dictaphone [ˈdɪktəfəʊn] znw dicteerapparaat
dictate I znw [ˈdɪkteɪt] (meestal mv) voorschrift, bevel
II overg [dɪkˈteɪt] ❶ voorzeggen, dicteren, ingeven
★ ~ sth to sbd iem. iets dicteren ❷ commanderen,

opleggen, voorschrijven ★ ~ *sth to sbd* iem. iets
opleggen / voorschrijven **III** *onoverg* [dɪk'teɪt]
commanderen ★ ~ *to sbd* iem. de wet voorschrijven

dictation [dɪk'teɪʃən] *znw* ❶ dictee, dictaat ❷ bevel,
oplegging

dictator [dɪk'teɪtə] *znw* dictator

dictatorial [dɪktə'tɔːrɪəl] *bn* gebiedend, heerszuchtig,
dictatoriaal

dictatorship [dɪk'teɪtəʃɪp] *znw* dictatuur

diction ['dɪkʃən] *znw* dictie, voordracht

dictionary ['dɪkʃənrɪ] *znw* woordenboek ★ *a
commercial* ~ een handelswoordenboek ★ *a concise* ~
een handwoordenboek

dictum ['dɪktəm] *znw* [*mv*: dicta *of* dictums] uitspraak,
gezegde

did [dɪd] *ww* [v.t.] → **do**

didactic [daɪ'dæktɪk] *bn* didactisch, belerend, leer-

didactics [daɪ'dæktɪks] *znw* [*mv*] didactiek

diddle ['dɪdl] <u>inf</u> *overg* bedotten ★ ~ *sbd out of sth* iem.
iets slinks afhandig maken

diddly ['dɪdlɪ] <u>Am</u> *inf znw* iets ★ *she doesn't know* ~ ze
weet nergens iets van

diddums! ['dɪdəmz] <u>inf</u> *tsw* ach stakker toch!

didgeridoo [dɪdʒərɪ'duː] *znw* didgeridoo
⟨blaasinstrument van Australische Aborigines⟩

didn't ['dɪdənt] *samentr* (did not) → **do**

die [daɪ] **I** *znw* ❶ [*mv*: dice] dobbelsteen, teerling ★ <u>fig</u>
the ~ *is cast* de teerling is geworpen ❷ [*mv*: dies]
muntstempel ❸ [*mv*: dies] matrijs ❹ [*mv*: dies]
snijijzer **II** *overg* sterven ★ ~ *a millionaire* sterven als
(een) miljonair ★ ~ *a natural death* een natuurlijke
dood sterven ★ ~ *a thousand deaths* doodsangsten
uitstaan **III** *onoverg* ❶ sterven, overlijden,
doodgaan, omkomen ★ *he's dying of cancer* hij heeft
terminale kanker ★ <u>inf</u> *she could have ~d of
embarrassment / she nearly ~d of embarrassment* zij
kon wel door de grond gaan van schaamte ★ ~ *of
thirst* van dorst sterven / vergaan ★ ~ *of laughter* zich
doodlachen ★ *never say* ~ geef nooit op ★ <u>inf</u> *to* ~ *for*
extreem begeerlijk, heel erg goed ★ *old habits* ~
hard oude gewoontes zijn hardnekkig ★ <u>inf</u> ~ *on
one's feet* plotseling ophouden ★ <u>fig</u> ~ *on the vine* in
de kiem gesmoord worden, een vroege dood
sterven ❷ <u>inf</u> verlangen ★ *he's dying to meet you* ze
wil je heel graag ontmoeten ★ *I'm dying for a
cigarette* ik snak naar een sigaret ❸ uit-, wegsterven,
verflauwen, uitgaan ⟨vuur, kaars⟩, bedaren ⟨storm⟩
IV *phras* ★ ~ *away* wegsterven ⟨v. geluid⟩ ★ ~ *down*
afnemen, luwen, bedaren, uitgaan, doven,
wegsterven ★ ~ *off* afsterven ★ ~ *out* weg-,
uitsterven

dieback ['daɪbæk] <u>plantk</u> *znw* afsterven ⟨van boom of
heester⟩

die-cast ['daɪ-kɑːst] **I** *bn* gegoten ⟨v. metaal⟩ **II** *overg*
gieten ⟨v. metaal⟩

die-hard ['daɪ-hɑːd], **diehard I** *bn* onverzoenlijk **II** *znw*
❶ aartsconservatief, rechtse rakker ❷ taaie,
volhouder

dielectric [daɪɪ'lektrɪk] *bn* ❶ isolerend
❷ niet-geleidend ⟨materiaal⟩

diesel ['diːz(ə)l] *znw* diesel

diet ['daɪət] **I** *znw* ❶ voedsel, kost, voeding ★ *have a
healthy* ~ gezond eten ❷ leefregel, dieet ★ *be on a* ~
op dieet zijn ❸ rijksdag, landdag **II** *overg* een
leefregel voorschrijven, op dieet stellen **III** *onoverg*
op dieet zijn, lijnen

dietary ['daɪətrɪ] *bn* dieet-, voedsel- ★ *bad* ~ *habits can
be hard to break* slechte eetgewoontes kunnen
moeilijk te veranderen zijn

dietary fibre ['daɪətrɪ 'faɪbə] *znw* ruwe vezel

dieter ['daɪətə] *znw* iem. die een dieet volgt, die aan
het lijnen is

dietetic [daɪə'tetɪk] *bn* dieet-, voedings-, diëtetisch ★ ~
advice voedingsadvies

dietetics [daɪə'tetɪks] *znw* [mv] diëtetiek, voedselleer

dietician [daɪə'tɪʃən], **dietitian** *znw*
voedingsspecialist(e), diëtist(e)

differ ['dɪfə] *onoverg* ❶ (van elkaar) verschillen ❷ van
mening verschillen ★ ~ *from sbd on / about sth* het
met iem. oneens over iets zijn ★ *agree to* ~ zich erbij
neerleggen dat men niet tot overeenstemming kan
komen ★ *I beg to* ~ neemt u me niet kwalijk, maar ik
ben het (helaas) niet met u eens

difference ['dɪfrəns] *znw* ❶ verschil, onderscheid ★ *a
holiday with a* ~ een vakantie die anders is dan
anders ★ *have a* ~ *of opinion* een verschil van
mening hebben ★ *make no* ~ niets uitmaken ★ *make
all the* ~ heel veel uitmaken ★ *split the* ~ het verschil
delen ❷ geschil(punt)

different ['dɪfrənt] *bn* ❶ verschillend (van *from / to*),
onderscheiden, verscheiden, anders (dan *from / to*),
ander (dan *from*) ★ *the two are as* ~ *as can be* de twee
zijn zo verschillend van elkaar als maar mogelijk is
★ *the climate is very* ~ *to ours* het klimaat is heel
anders dan dat van ons ★ <u>zegsw</u> ~ *strokes for* ~ *folks*
voor elk wat wils, over smaak valt niet te twisten
❷ <u>inf</u> ongewoon, apart

differential [dɪfə'renʃəl] **I** *bn* differentiaal **II** *znw*
❶ <u>wisk</u> differentiaal ❷ <u>techn</u> differentieel
❸ loongeschil ❹ loonklassenverschil ❺ →
differential gear

differential calculus [dɪfə'renʃəl 'kælkjʊləs] *znw*
differentiaalrekening

differential coefficient [dɪfə'renʃəl kəʊɪ'fɪʃənt] <u>wisk</u>
znw differentiaalquotiënt, afgeleide functie

differential equation [dɪfə'renʃəl ɪ'kweɪʒən] *znw*
differentiaalvergelijking

differential gear [dɪfə'renʃəl gɪə], **differential** <u>techn</u>
znw differentieel

differentiate [dɪfə'renʃɪeɪt] **I** *overg* onderscheiden,
doen verschillen, verschil maken tussen **II** *onoverg*
differentiëren, zich onderscheiden, verschil maken
★ *we don't* ~ *between rich and poor* we maken geen
verschil tussen rijk en arm

differentiation [dɪfərenʃɪ'eɪʃən] *znw* ❶ verschil,
onderscheiding ❷ differentiatie

differently abled ['dɪfrəntlɪ 'eɪbld] Am bn
gehandicapt ‹politiek correcte aanduiding›

difficult ['dɪfɪkəlt] bn moeilijk, lastig

difficulty ['dɪfɪkəltɪ] znw moeilijkheid, moeite,
zwarigheid, bezwaar ★ they crossed the border
without any ~ ze kwamen zonder moeilijkheden de
grens over ★ he had ~ starting the car hij had moeite
met het starten van de auto ★ be in ~ / in difficulties
in de problemen zitten

diffidence ['dɪfɪdns] znw ❶ gebrek aan
zelfvertrouwen ❷ schroomvalligheid

diffident ['dɪfɪdnt] bn bedeesd, zonder
zelfvertrouwen, verlegen

diffract [dɪ'frækt] overg & onoverg buigen, breken ‹van
licht›

diffraction [dɪ'frækʃən] znw diffractie, buiging ‹v.
lichtstralen of geluidsgolven›

diffuse I bn [dɪ'fju:s] ❶ verspreid, verstrooid, diffuus
‹v. licht› ❷ breedsprakig, wijdlopig **II** overg [dɪ'fju:z]
❶ verspreiden, uitstorten, uitgieten ❷ diffunderen:
doordringen in ‹v. vloeistoffen, gassen›

diffused [dɪ'fju:zd] bn diffuus ‹v. licht›

diffusion [dɪ'fju:ʒən] znw ❶ verspreiding, verbreiding,
uitstorting ❷ diffusie ‹vermenging v. gassen of
vloeistoffen›

dig [dɪg] **I** znw ❶ graafwerk, ‹archeologische›
opgraving ❷ por, duw ❸ steek, insinuatie ★ have a ~
at sbd iem. een steek onder water geven **II** overg
[dug, dug] ❶ graven, delven, (om)spitten ★ ~ a hole
for oneself/~ oneself into a hole een kuil voor zichzelf
graven, een val voor zichzelf opzetten ❷ rooien
‹aardappelen› ❸ duwen, porren, steken ★ he dug his
fork into the pie hij stak zijn vork in de taart ❹ inf
gedat snappen, begrijpen ❺ inf gedat genieten
(van), leuk vinden, 'te gek' vinden **III** onoverg [dug,
dug] graven, spitten **IV** phras ★ ~ in mil zich
ingraven, inf aanvallen ‹op eten› ★ ~ sth in iets
onderwerken ‹mest› ★ ~ in one's heels / toes / feet het
been stijf houden ★ ~ into sth inf aanvallen ‹op
eten›, ergens in duiken ★ a stone was ~ging into her
foot een steentje boorde zich in haar voet ★ ~ sth
out / up iets uitgraven, opgraven, iets opbreken,
iets rooien, fig iets opdiepen, voor de dag halen, fig
iets oprakelen ★ the surgeon dug out the bullet de
chirurg peuterde de kogel eruit ★ ~ through sth iets
doorgraven

digest I znw ['daɪdʒest] ❶ overzicht, resumé, verkorte
weergave ❷ recht pandecten **II** overg [daɪ'dʒest]
verteren, verwerken, in zich opnemen

digestibility [daɪdʒestə'bɪlətɪ] znw ❶ verteerbaarheid
❷ verwerkbaarheid

digestible [daɪ'dʒestəbl] bn licht verteerbaar

digestion [daɪ'dʒestʃən] znw ❶ spijsvertering
❷ verwerking ‹van het geleerde›, digestie

digestive [daɪ'dʒestɪv] **I** bn ❶ de spijsvertering
bevorderend ❷ spijsverterings- **II** znw
❶ volkorenbiscuitje ❷ de spijsvertering
bevorderend middel

digger ['dɪgə] znw ❶ (goud)graver, delver
❷ graafmachine ❸ Aus & NZ inf soldaat, kameraad
‹als aanspreekvorm›

diggings ['dɪgɪŋz] znw [mv] ❶ goudveld, goudvelden
❷ inf gedat huurkamer

digit ['dɪdʒɪt] znw ❶ vinger(breedte) ❷ teen, vinger
❸ cijfer ‹0 t/m 9› ★ a decimal ~ een decimaal cijfer

digital ['dɪdʒɪtl] bn digitaal

digital audio ['dɪdʒɪtl 'ɔ:dɪəʊ] znw digitaal geluid

digital audio tape ['dɪdʒɪtl 'ɔ:dɪəʊ teɪp] znw digitale
geluidsband

digital camera ['dɪdʒɪtl 'kæmrə] znw digitale camera

digital cash ['dɪdʒɪtl kæʃ] znw digitaal geld

digital computer ['dɪdʒɪtl kəm'pju:tə] znw digitale
computer

digital data ['dɪdʒɪtl 'deɪtə] comput znw digitale
gegevens

digital divide ['dɪdʒɪtl dɪ'vaɪd] znw digitale kloof
‹tussen mensen met en zonder computers en
internet›

digitalis [dɪdʒɪ'teɪlɪs] znw ❶ vingerhoedskruid
❷ digitalis, van vingerhoedskruid gemaakt medicijn
tegen hartkwalen

digitalize ['dɪdʒɪtəlaɪz], **digitalise** comput overg
digitaliseren

digitally ['dɪdʒɪtəlɪ] bijw digitaal

digital photography ['dɪdʒɪtl fə'tɒgrəfɪ] znw digitale
fotografie

digital recording ['dɪdʒɪtl rɪ'kɔ:dɪŋ] znw digitale
opname

digital signature ['dɪdʒɪtl 'sɪgnətʃə] znw digitale
handtekening

digital video ['dɪdʒɪtl 'vɪdɪəʊ] znw digitale video

digital watch ['dɪdʒɪtl wɒtʃ] znw digitaal horloge

digitize ['dɪdʒɪtaɪz], **digitise** comput overg
digitaliseren

diglossia [daɪ'glɒsɪə] taalk znw diglossie
‹tweetaligheid in een maatschappij›

dignified ['dɪgnɪfaɪd] bn waardig, statig, deftig

dignify ['dɪgnɪfaɪ] overg ❶ meer waardigheid geven,
sieren, adelen ❷ vereren (met with)

dignitary ['dɪgnɪtərɪ] znw dignitaris,
hoogwaardigheidsbekleder

dignity ['dɪgnətɪ] znw waardigheid ★ beneath one's ~
beneden zijn stand

digress [daɪ'gres] onoverg afdwalen ‹van het
onderwerp›, uitweiden

digression [daɪ'greʃən] znw afdwaling ‹v. het
onderwerp›, uitweiding

digressive [daɪ'gresɪv] bn uitweidend

digs [dɪgz] inf znw [mv] huurkamer

dike [daɪk], **dyke I** znw ❶ dijk, dam ❷ sloot ❸ inf pot,
lesbo ❹ Aus & NZ inf toilet, WC **II** overg ❶ indijken
❷ een sloot graven om

dilapidated [dɪ'læpɪdeɪtɪd] bn ❶ verwaarloosd,
vervallen, bouwvallig ❷ versleten ‹v. kleren &›

dilapidation [dɪlæpɪ'deɪʃən] znw verwaarlozing,
verval, bouwvalligheid

di

dilatation and curettage [daɪlə'teɪʃn ænd kjʊə'retɪdʒ, -rɪ'tɑːdʒ], **D and C** <u>med</u> *znw* dilatatie en curettage ‹van de baarmoeder›

dilate [daɪ'leɪt] **I** *overg* uitzetten, verwijden **II** *onoverg* uitzetten, zich verwijden

dilated [daɪ'leɪtɪd] *bn* verwijd, uitgezet ★ ~ *eyes* opengesperde ogen

dilation [daɪ'leɪʃən] *znw* uitzetting, verwijding, opzetting

dilatory ['dɪlətərɪ] <u>form</u> *bn* talmend

dildo ['dɪldəʊ] *znw* dildo, kunstpenis

dilemma [dɪ'lemə, daɪ'lemə] *znw* dilemma

dilettante [dɪlɪ'tæntɪ] *znw* [*mv:* dilettanti *of* dilettantes] dilettant

dilettantism [dɪlə'tæntɪzəm] *znw* dilettantisme

diligence ['dɪlɪdʒəns] *znw* ijver, vlijt

diligent ['dɪlɪdʒənt] *bn* ijverig, naarstig, vlijtig

dill [dɪl] *znw* ❶ <u>plantk</u> dille ❷ Aus & NZ <u>inf</u> idioot, domme gans, stommerik

dillydally ['dɪlɪ'dælɪ] <u>inf</u> *onoverg* treuzelen

diluent ['dɪljʊənt] **I** *bn* verdunnend **II** *znw* verdunnend middel

dilute [daɪ'lju:t] **I** *bn* verdund **II** *overg* ❶ verdunnen ❷ versnijden, aanlengen ❸ doen verwateren, afzwakken

dilution [daɪ'lu:ʃən] *znw* verdunning

dim [dɪm] **I** *bn* ❶ vaag, flauw, zwak, onduidelijk ★ *the ~ and distant past* het grijze verleden ❷ dof, schemerig, donker, duister ❸ gering, pover ❹ <u>inf</u> onbeduidend, onbenullig, sloom, dom ‹iemand› ▼ *take a ~ view of sth* niets moeten hebben van iets, niets ophebben met iets **II** *overg* ❶ dof maken, verduisteren, benevelen ❷ ontluisteren **III** *onoverg* ❶ dof worden ❷ verflauwen ❸ tanen ★ *his eyed ~med at the memory* zijn ogen werden dof bij de herinnering

dime [daɪm] *znw* <u>Am</u> 10 dollarcent ★ *a ~ a dozen* dertien in het dozijn, niets waard ★ <u>inf</u> *drop a / the ~ on sbd* iem. verklikken / verraden ★ <u>inf</u> *get off the ~* toon een beetje initiatief

dime novel [daɪm 'nɒvəl] <u>Am</u> *znw* stuiversroman

dimension [daɪ'menʃən] *znw* afmeting, dimensie, omvang, grootte

dimensional [daɪ'menʃənl] *bn* dimensionaal ★ *three~* driedimensionaal

diminish [dɪ'mɪnɪʃ] **I** *overg* ❶ ‹ook muz› verminderen, verkleinen ❷ afbreuk doen aan **II** *onoverg* (ver)minderen, afnemen

diminished [dɪ'mɪnɪʃt] *bn* ❶ verminderd, verzwakt ❷ <u>muz</u> verminderd ‹akkoord›

diminished responsibility [dɪ'mɪnɪʃt rɪspɒnsɪ'bɪlətɪ] <u>jur</u> *znw* verminderde toerekeningsvatbaarheid

diminishing returns [dɪ'mɪnɪʃɪŋ rɪ'tɜ:nz] <u>econ</u> *znw* [mv] ★ *the law of ~* de wet van de afnemende meeropbrengst

diminution [dɪmɪ'nju:ʃən] *znw* vermindering, afname, verkleining

diminutive [dɪ'mɪnjʊtɪv] **I** *bn* klein, gering,

verkleinings-, miniatuur- **II** *znw* <u>gramm</u> verkleinwoord

dimmer ['dɪmə], **dimmer switch** *znw* dimschakelaar, dimmer

dimorphic [daɪ'mɔːfɪk] *bn* dimorf, in twee vormen voorkomend

dimple ['dɪmpl] **I** *znw* (wang)kuiltje **II** *overg* kuiltjes vormen in

dimpled ['dɪmpld] *znw* met kuiltjes ★ ~ *cheeks* wangen met kuiltjes

dimwit ['dɪmwɪt] <u>inf</u> *znw* stommerd, sufferd

dimwitted [dɪm'wɪtɪd] <u>inf</u> *bn* stom, oenig

dim-wittedness [dɪm-'wɪtɪdnɪs] <u>inf</u> *znw* onbenulligheid, idioterie

din [dɪn] **I** *znw* herrie, leven, geraas, lawaai, gekletter **II** *overg* ★ ~ *sth er bij iem.* instampen

dinar ['di:nɑː] <u>valuta</u> *znw* dinar ‹munteenheid van een aantal Arabische landen›

dine [daɪn] **I** *overg* ★ *wine and ~ sbd* iem. trakteren op lekker eten en drinken **II** *onoverg* dineren, eten ★ *they ~d at a restaurant* ze aten in een restaurant **III** *phras* ★ ~ *on sth* iets eten ★ ~ *out* uit eten gaan, buitenshuis eten ★ ~ *out on sth* iets overal rondbazuinen

diner ['daɪnə] *znw* ❶ eter, gast ❷ restauratiewagen ❸ <u>Am</u> eethuisje

dinette [daɪ'net] *znw* eethoek

dingbat ['dɪŋbæt] *znw* ❶ <u>inf</u> sufferd, kluns, oen ❷ typografisch teken ‹anders dan letter of cijfer›

ding-dong ['dɪŋ-dɒŋ] <u>inf</u> **I** *bn & bijw* ❶ vinnig ★ *a ~ battle* een heftig gevecht ❷ (nagenoeg) onbeslist ❸ bimbam ★ *something in her memory went ~* ergens in haar geheugen begon er een belletje te rinkelen **II** *znw* ❶ gebimbam, gebeier ❷ vechtpartij ❸ twistgesprek, hevige woordenwisseling

dinghy ['dɪŋɪ] <u>scheepv</u> *znw* ❶ kleine jol ❷ rubberboot

dinginess ['dɪndʒɪnəs] *znw* smerigheid

dingo ['dɪŋgəʊ] *znw* [mv: -goes] Australische wilde hond

dingy ['dɪndʒɪ] *bn* ❶ groezelig, vuil, goor ❷ (deprimerend) armoedig

dining car ['daɪnɪŋ kɑː] *znw* restauratiewagen

dining hall ['daɪnɪŋ hɔːl] *znw* eetzaal

dining room ['daɪnɪŋ ru:m] *znw* eetkamer

dining table ['daɪnɪŋ 'teɪbl] *znw* eettafel

dinkum ['dɪŋkəm], **dinky-di, dinki-di** Aus & NZ <u>inf</u> *bn* echt ★ *fair ~!* ongelogen, echt waar! ★ *a fair ~ Aussie* een geboren en getogen Australiër

dinky ['dɪŋkɪ] <u>inf</u> *bn* leuk, snoezig, aardig, sierlijk ★ *a ~ little car* een leuk klein autootje

dinky-di [dɪŋkɪ-'daɪ], **dinki-di** *bn* → **dinkum**

dinna ['dɪnə], **dinnae** Schots *samentr* (do not) → **do**

dinner ['dɪnə] *znw* middagmaal, eten, diner ★ Aus, NZ & Can <u>inf</u> *done like a ~* verpletterend verslagen

dinner dance ['dɪnə dɑːns] *znw* diner dansant

dinner jacket ['dɪnə 'dʒækɪt] *znw* smoking

dinner party ['dɪnə 'pɑːtɪ] *znw* dineetje

dinner plate ['dɪnə pleɪt] *znw* plat bord

di

di

dinner service ['dɪnə 'sɜːvɪs], **dinner set** znw
eetservies

dinner table ['dɪnə 'teɪbl] znw eettafel

dinner time ['dɪnə taɪm] znw etenstijd

dinnerware ['dɪnəweə] Am znw tafelgerei
‹serviesgoed, glazen en bestek›

dinosaur ['daɪnəsɔː] znw dinosaurus

dint [dɪnt] I znw deuk, indruk ▼ by ~ of door II overg
deuken

diocesan [daɪ'ɒsɪsən] I bn diocesaan II znw
❶ bisschop ❷ diocesaan

diocese ['daɪəsɪs] znw diocees, bisdom

diode ['daɪəʊd] znw diode

diopter [daɪ'ɒptə], **dioptre** znw dioptrie

dioptric [daɪ'ɒptrɪk] bn dioptrisch

dioptrics [daɪ'ɒptrɪks] znw [mv] dioptrica,
brekingsleer

diorama [daɪə'rɑːmə] znw diorama, kijkdoos

dioxide [daɪ'ɒksaɪd] znw dioxide

dioxin [daɪ'ɒksɪn] znw dioxine

dip [dɪp] I znw ❶ duik, bad ★ take a ~ gaan zwemmen
❷ indoping, onderdompeling ❸ dipsaus ❹ del,
(duin)vallei ❺ (af)helling II overg ❶ (in)dopen,
(in)dompelen ★ ~ one's toe into the water zijn teen in
het water steken ❷ neerlaten ❸ laten hellen ★ ~
one's headlights dimmen ▼ ~ one's hat to sbd zijn
hoed voor iem. afnemen III onoverg ❶ duiken
❷ dalen, (af)hellen ❸ doorslaan ‹v. balans› IV phras
★ ~ into sth ergens in duiken, zich ergens in
verdiepen, iets inkijken / doorkijken / doorbladeren,
iets aanspreken ‹voorraad› ★ ~ into one's pocket in
de zak tasten ★ Am & NZ inf ~ out een kans missen,
mislukken

DipEd afk (Diploma in Education) onderwijsdiploma,
akte van bevoegdheid

diphtheria [dɪf'θɪərɪə] znw difterie, difteritis

diphthong ['dɪfθɒŋ] znw tweeklank, diftong

diploma [dɪ'pləʊmə] znw diploma

diplomacy [dɪ'pləʊməsɪ] znw diplomatie

diplomat ['dɪpləmæt] znw diplomaat

diplomatic [dɪplə'mætɪk] bn ❶ diplomatisch
❷ diplomatiek

diplomatic bag [dɪplə'mætɪk bæg] znw zak met
diplomatieke post

diplomatic corps [dɪplə'mætɪk kɔː] znw corps
diplomatique

diplomatic immunity [dɪplə'mætɪk ɪ'mjuːnɪtɪ] znw
diplomatieke onschendbaarheid

diplomatic recognition [dɪplə'mætɪk rekəg'nɪʃən] znw
diplomatieke erkenning

diplomatic relations [dɪplə'mætɪk rɪ'leɪʃənʃɪp] znw
[mv] diplomatieke betrekkingen ★ establish ~
diplomatieke betrekkingen aanknopen

diplomatic service [dɪplə'mætɪk 'sɜːvɪs] znw
diplomatieke dienst

dipper ['dɪpə] znw ❶ schepper, pollepel ❷ dierk
waterspreeuw ❸ Br inf prostituee ▼ the big ~ de
achtbaan ‹op kermis› ▼ astron the Big Dipper de
Grote Beer

dippy ['dɪpɪ] inf bn getikt, gek, idioot

dipsomania [dɪpsə'meɪnɪə] znw drankzucht

dipsomaniac [dɪpsə'meɪnɪæk] znw alcoholist,
drankzuchtige

dipstick ['dɪpstɪk] auto znw peilstok

dip-switch ['dɪp-swɪtʃ], **dip switch**, Am **dimmer switch**
znw dimschakelaar ‹in auto›

dipterous ['dɪptərəs] bn tweevleugelig

diptych ['dɪptɪk] znw tweeluik

dire ['daɪə] bn ernstig, extreem, akelig, ijselijk,
verschrikkelijk ★ ~ necessity harde noodzaak ★ be
in ~ need of sth snakken naar iets, iets dringend
nodig hebben ★ be in ~ straits ernstig in het nauw
zitten ★ have ~ consequences zeer ernstige gevolgen
hebben

direct [daɪ'rekt] I bn ❶ direct, recht, rechtstreeks,
onmiddellijk ★ ~ evidence rechtstreeks bewijs ★ a ~
insult een regelrechte belediging ❷ exact, absoluut
❸ direct, openhartig II bijw rechtstreeks, direct
★ does this train go there ~? gaat deze trein daar
rechtstreeks heen? III overg ❶ richten, besturen,
(ge)leiden, regisseren ‹film› ❷ voorschrijven, orders
(last) geven ❸ dirigeren ❹ instrueren ❺ adresseren
❻ de weg wijzen

direct access [daɪ'rekt 'ækses] comput znw directe
toegang

direct action [daɪ'rekt 'ækʃən] znw stakingen en
demonstraties

direct banking [daɪ'rekt 'bæŋkɪŋ] znw telebankieren

direct current [daɪ'rekt 'kʌrənt], **DC** znw gelijkstroom

direct debit [daɪ'rekt 'debɪt] znw automatische
afschrijving

direct dialling [daɪ'rekt 'daɪəlɪŋ] znw directe
verbinding, rechtstreeks kiezen

direct hit [daɪ'rekt hɪt] znw voltreffer ‹bom›

direction [daɪ'rekʃən] znw ❶ richting ★ a good / bad
sense of ~ een goed / slecht richtingsgevoel ★ he
glanced in my ~ ze wierp een blik in mijn richting
★ she lacks ~ ze weet niet waar ze heen wil
❷ directie, leiding, bestuur ❸ regie ‹v. film›
❹ aanwijzing, instructie, voorschrift

directional [də'rekʃənl] bn ❶ richting- ❷ radio gericht

direction-finder [daɪ'rekʃən-'faɪndə] radio znw
richtingzoeker, radiopeiler

directionless [daɪ'rekʃənlɪs] bn doelloos

directions [də'rekʃənz] znw [mv] aanwijzingen ★ ask
for ~ de weg vragen

directive [də'rektɪv] I bn leidend, regelend, richt-
★ a ~ role een leidende rol II znw richtlijn, directief

direct labour [daɪ'rekt 'leɪbə] znw productiearbeid

direct line [daɪ'rekt laɪn] znw ❶ rechte lijn (van vader
op zoon) ❷ rechtstreekse verbinding ‹spoorwegen
&›

directly [daɪ'rektlɪ] I voegw form zodra ★ ~ you hear
the sirens, seek cover zodra je de sirenes hoort zoek je
dekking II bijw ❶ direct, recht(streeks) ❷ meteen,
onmiddellijk ❸ precies, vlak

direct mail [daɪˈrekt meɪl] marketing znw direct mail, persoonlijk geadresseerde reclame

direct marketing [daɪˈrekt ˈmɑːkɪtɪŋ] znw direct marketing (DM) ‹verkoop direct aan het publiek›

directness [dəˈrektnəs] znw ❶ directheid ❷ openhartigheid

direct object [dɪˈrekt, daɪˈrekt ˈɒbdʒekt] gramm znw lijdend voorwerp

director [daɪˈrektə] znw ❶ directeur, leider, bestuurder, bewindhebber ★ the acting ~ de interim-directeur ★ a non-executive ~ een directeur die niet deelneemt aan de uitvoerende leiding ★ the board of ~s de raad van bestuur ❷ (film)regisseur

directorate [daɪˈrektərət] znw directoraat

director general [daɪˈrektə ˈdʒenərəl] znw [mv: directors general] directeur-generaal

directorial [daɪrekˈtɔːrɪəl] bn ❶ van de directie, directie- ❷ regie-

Director of Public Prosecutions [dəˈrektər ɒv ˈpʌblɪk prɒsɪˈkjuːʃənz], **DPP** znw openbare aanklager

directorship [dəˈrektəʃɪp] znw directeurschap

directory [daɪˈrektərɪ] znw ❶ adresboek ❷ **telephone directory** telefoongids, -boek ❸ stratenlijst ❹ comput directory

directory enquiries [daɪˈrektərɪ ɪnˈkwaɪərɪz, ɪŋ-], Am **directory assistance** telec znw [mv] inlichtingen ‹omtrent telefoonnummers›

direct rule [daɪˈrekt ruːl] znw rechtstreeks bestuur

direct selling [daɪˈrekt ˈselɪŋ] marketing znw direct selling ‹directe levering aan de detailhandel›

direct speech [daɪˈrekt spiːtʃ] taalk znw directe rede

direct tax [daɪˈrekt tæks] znw directe belasting

dirge [dɜːdʒ] znw lijk-, klaag-, treurzang

dirgeful [ˈdɜːdʒfʊl] bn klagelijk

dirigible [ˈdɪrɪdʒɪbl] I bn form bestuurbaar II znw bestuurbare luchtballon, luchtschip

dirk [dɜːk] znw dolk, ponjaard ‹v. adelborst›

dirndl [ˈdɜːndl] znw dirndljurk ‹jurk met nauwsluitend lijfje en wijde rok›

dirt [dɜːt] znw ❶ vuil, vuilnis, modder, slijk, vuiligheid ★ inf dish the ~ roddelen, kwaadspreken ★ inf do sbd ~ iem. belasteren ★ inf drag sbd's name through the ~ iemands naam door het slijk halen ★ inf eat ~ beledigingen moeten slikken ★ inf get the ~ on sbd / sth belastende informatie over iem. / iets verzamelen ★ inf treat sbd like ~ iemand als oud vuil behandelen ❷ grond, aarde

dirt bike [dɜːt baɪk] znw crossmotor

dirt cheap [dɜːt tʃiːp] inf bn & bijw spotgoedkoop ★ we got the caravan ~ we hebben de caravan voor een schijntje gekregen

dirt poor [dɜːt pɔː] bn straatarm

dirt road [dɜːt rəʊd] znw onverharde weg

dirt track [dɜːt træk] znw ❶ sintelbaan ❷ onverhard pad

dirty [ˈdɜːtɪ] I bn ❶ vuil, smerig ★ get one's hands ~ zijn handen vuil maken ❷ gemeen ❸ vies, obsceen ‹woord &› ★ he's got a ~ mind hij trekt alles in het seksuele II bijw ❶ inf erg, ontzettend, schandalig ★ a ~ great truck overtook me een ontzettend grote vrachtwagen haalde mij in ❷ inf vuil, smerig, gemeen, obsceen ★ play ~ gemeen spelen ★ talk ~ vieze praatjes hebben III znw ★ inf do the ~ on sbd iem. een gemene streek leveren IV overg ❶ vuilmaken ❷ bezoedelen

dirty bomb [dɜːtɪ bɒm] znw vuile bom ‹bom met radioactief materiaal›

dirty linen [dɜːtɪ ˈlɪnɪn] znw vuile was ★ air one's ~ in public de vuile was buiten hangen

dirty look [dɜːtɪ lʊk] inf znw vuile blik ★ give sbd a ~ iem. vuil aankijken

dirty money [dɜːtɪ ˈmʌnɪ] znw ❶ toeslag voor vuil en zwaar werk ❷ oneerlijk verdiend geld

dirty old man [dɜːtɪ əʊld mæn] inf znw ouwe snoeper

dirty trick [dɜːtɪ trɪk] inf znw vuile streek ★ play a ~ on sbd iem. een gemene streek leveren

dirty weekend [dɜːtɪ wiːkˈend] inf znw weekend met minnaar / minnares

dirty word [dɜːtɪ wɜːd] znw vies woord

dirty work [dɜːtɪ wɜːk] znw vuil werk, vies werk

dis [dɪs], **diss** Am inf overg iem. afzeiken, respectloos of vernederend behandelen

dis- [dɪs] voorv dis-, af-, on-, ont-

disability [dɪsəˈbɪlətɪ] znw ❶ belemmering, handicap ❷ invaliditeit ★ full ~ volledige arbeidsongeschiktheid

disability insurance [dɪsəˈbɪlətɪ ɪnˈʃʊərəns] znw arbeidsongeschiktheidsverzekering

disable [dɪsˈeɪbl] overg ❶ buiten gevecht stellen, onbruikbaar maken ❷ invalide maken ❸ uitsluiten

disabled [dɪsˈeɪbld] I bn ❶ arbeidsongeschikt, invalide ★ the accident left him ~ het ongeluk maakte hem invalide ❷ buiten gevecht gesteld ❸ verminkt ❹ ontredderd, stuk II znw [mv] ★ the ~ de gehandicapten, de invaliden

disablement [dɪsˈeɪblmənt] znw invaliditeit

disabling [dɪsˈeɪblɪŋ] bn ongeschikt, gehandicapt makend

disablist [dɪsˈeɪblɪst] bn discriminerend of bevooroordeeld tegenover gehandicapten

disabuse [dɪsəˈbjuːz] form overg uit een dwaling of uit de droom helpen ★ ~ sbd of sth iem. genezen van iets, iem. afhelpen van iets

disaccord [dɪsəˈkɔːd] form I znw gebrek aan overeenstemming II onoverg niet overeenstemmen

disaccustom [dɪsəˈkʌstəm] form overg ontwennen

disadvantage [dɪsədˈvɑːntɪdʒ] I znw ❶ nadeel ★ at a ~ in een nadelige positie ★ feel at a ~ zich in het nadeel voelen ★ place / put sbd at a ~ iem. in een nadelige positie brengen ★ work to sbd's ~ iem. benadelen ❷ bezwaar, ongemak II overg benadelen

disadvantaged [dɪsədˈvɑːntɪdʒd] I bn kansarm, minder bevoorrecht, benadeeld ★ ~ groups kansarme groepen ★ many will be ~ by these measures velen zullen benadeeld worden door deze maatregelen II znw [mv] ★ the ~ de kansarmen

disadvantageous [dɪsædvən'teɪdʒəs] *bn* nadelig (voor *to*)

disaffected [dɪsə'fektɪd] *bn* ontevreden, afvallig, ontrouw ★ ~ *voters* afvallige kiezers

disaffection [dɪsə'fekʃən] *znw* ontevredenheid, ontrouw, onvrede

disaffiliate [dɪsə'fɪlɪeɪt] *onoverg* relaties verbreken ★ ~ *from an organisation* de relaties met een organisatie verbreken

disaffirm [dɪsə'fɜːm] jur *overg* ❶ verwerpen ❷ herroepen

disafforest [dɪsə'fɒrɪst] *overg* ontbossen

disagree [dɪsə'griː] *onoverg* verschillen, het oneens zijn, een tegenstander zijn van, niet passen (bij *with*) ★ *Indian food ~s with me* ik kan niet tegen Indiaas eten ★ *I ~ with your version of the facts* ik ben het niet eens met jouw versie van de feiten

disagreeable [dɪsə'griːəbl] *bn* ❶ onaangenaam ❷ slecht gehumeurd

disagreement [dɪsə'griːmənt] *znw* ❶ afwijking, verschil ❷ meningsverschil, onenigheid ★ *he shook his head in* ~ hij schudde zijn hoofd ten teken dat hij het er niet mee eens was ★ *have a* ~ *(about sth / with sbd)* het oneens zijn (over iets / met iem.) ❸ tweedracht, ruzie, geschil ★ *be in* ~ *(with sbd)* een geschil (met iem.) hebben

disallow [dɪsə'laʊ] *overg* ❶ niet toestaan, weigeren ❷ verwerpen, afkeuren ⟨v. doelpunt &⟩

disappear [dɪsə'pɪə] *onoverg* verdwijnen ★ ~ *from sight / view* uit het zicht verdwijnen ★ ~ *without any trace* spoorloos verdwijnen

disappearance [dɪsə'pɪərəns] *znw* verdwijning ★ *police are unable to explain his* ~ de politie kan geen licht werpen op zijn verdwijning

disappoint [dɪsə'pɔɪnt] *overg* teleurstellen

disappointed [dɪsə'pɔɪntɪd] *bn* teleurgesteld ★ *I'm* ~ *about my parents not coming* ik ben teleurgesteld dat mijn ouders niet komen ★ *they're* ~ *with the outcome* ze zijn teleurgesteld met de uitslag

disappointing [dɪsə'pɔɪntɪŋ] *bn* teleurstellend, tegenvallend

disappointingly [dɪsə'pɔɪntɪŋlɪ] *bijw* teleurstellend ★ ~, *he didn't turn up* tot onze teleurstelling kwam hij niet opdagen

disappointment [dɪsə'pɔɪntmənt] *znw* teleurstelling, tegenvaller, deceptie ★ *the news came as a* ~ het nieuws kwam als een teleurstelling

disapprobation [dɪsæprə'beɪʃən] form *znw* afkeuring

disapproval [dɪsə'pruːvəl] *bn* afkeuring ★ *there were mutters of* ~ *among those present* er was afkeurend gemompel onder de aanwezigen ★ *a chorus of* ~ *arose from the crowd* een koor van afkeuring klonk uit het publiek

disapprove [dɪsə'pruːv] *overg & onoverg* afkeuren ★ *they ~d of his attitude* zij keurden zijn houding af

disapproving [dɪsə'pruːvɪŋ] *bn* afkeurend

disapprovingly [dɪsə'pruːvɪŋlɪ] *bijw* afkeurend

disarm [dɪs'ɑːm] *overg* ontwapenen

disarmament [dɪs'ɑːməmənt] *znw* ontwapening

disarming [dɪs'ɑːmɪŋ] *bn* ontwapenend ★ *she gave him a* ~ *smile* ze glimlachte hem ontwapenend toe

disarrange [dɪsə'reɪndʒ] *overg* in de war brengen

disarrangement [dɪsə'reɪndʒmənt] *znw* verwarring, wanorde

disarray [dɪsə'reɪ] *znw* ❶ wanorde ★ *they straggled off in* ~ ze dropen in wanorde af ❷ verwarring ★ *I found them in a state of* ~ ik trof hen aan in een staat van verwarring

disassemble [dɪsə'sembl] *overg* demonteren

disassembly [dɪsə'semblɪ] *znw* demontage

disassociate [dɪsə'səʊʃɪeɪt] *overg* → **dissociate**

disaster [dɪ'zɑːstə] *znw* ramp, onheil, catastrofe ★ *a recipe for* ~ vragen om een ramp ★ *the world may be heading for* ~ de wereld zou kunnen afstevenen op een catastrofe ★ *the scene of the* ~ de onheilsplek ★ *the nuclear power plant is a* ~ *waiting to happen* de kerncentrale is een ramp die alleen nog maar hoeft te gebeuren ★ *court* ~ om problemen vragen

disaster area [dɪ'zɑːstər 'eərɪə] *znw* rampgebied

disaster relief [dɪ'zɑːstə rɪ'liːf] *znw* rampopvang, hulpverlening

disastrous [dɪ'zɑːstrəs] *bn* rampspoedig, noodlottig, catastrofaal, desastreus

disavow [dɪsə'vaʊ] form *overg* ❶ (ver)loochenen, ontkennen, niet erkennen ❷ verwerpen, desavoueren

disavowal [dɪsə'vaʊəl] form *znw* ❶ verloochening, ontkenning, niet-erkenning ❷ verwerping

disband [dɪs'bænd] **I** *overg* ontbinden **II** *onoverg* uiteengaan, zich verspreiden

disbandment [dɪs'bændmənt] *znw* ontbinding

disbar [dɪs'bɑː] jur *overg* uitsluiten (van de balie)

disbelief [dɪsbɪ'liːf] *znw* ongeloof ★ *it's a fun movie if you can suspend your* ~ het is een grappige film als je je ongeloof kunt uitschakelen ★ *we looked on in* ~ *as the car rolled over the edge* we geloofden onze ogen niet toen we de auto over de rand zagen rollen

disbelieve [dɪsbɪ'liːv] *overg & onoverg* niet geloven (aan *in*)

disbeliever [dɪsbɪ'liːvə] *znw* ongelovige

disbelieving [dɪsbɪ'liːvɪŋ] *bn* niet gelovend

disburden [dɪs'bɜːdn] form *overg* ontlasten

disbursal [dɪs'bɜːsl] *znw* → **disbursement**

disburse [dɪs'bɜːs] *overg & onoverg* (uit)betalen, uitgeven, voorschieten

disbursement [dɪs'bɜːsmənt], **disbursal** *znw* uitbetaling, uitgave

disc [dɪsk], Am **disk** *znw* ❶ schijf, discus ★ comput *the hard* ~ de harde schijf ❷ (grammofoon)plaat, CD ★ *she's one of the greatest singers on* ~ ze is een van de grootste zangeressen op de plaat ❸ tussenwervelschijf ★ med *a slipped* ~ een hernia

discard [dɪs'kɑːd] **I** *overg* af-, wegleggen, opzij zetten, terzijde leggen, afdanken **II** *onoverg* kaartsp afgooien

disc brake [dɪsk breɪk] *znw* schijfrem

discern [dɪ'sɜːn] *overg* onderscheiden, onderkennen, bespeuren, ontwaren, waarnemen

discernible [dɪ'sɜːnəbl], Am **discernable** *bn* (duidelijk) te onderscheiden, waarneembaar

discerning [dɪ'sɜːnɪŋ] *bn* ❶ schrander, scherpziend, opmerkzaam ★ ~ *reader* een opmerkzame lezer ❷ stijlvol ★ *she's a ~ dresser* zij kleedt zich stijlvol

discernment [dɪ'sɜːnmənt] *znw* onderscheidingsvermogen, oordeel des onderscheids, doorzicht, schranderheid, scherpe blik

discharge I *znw* ['dɪstʃɑːdʒ] ❶ ontslag, scheepv afmonstering ★ *a dishonourable ~* een oneervol ontslag ❷ ontheffing, kwijtschelding, vrijspraak ❸ afscheiding, etter ❹ ontlasting, lozing ❺ ontlading ❻ lossen, losbranding, afschieten, schot ❼ vervulling ‹van zijn plicht› ❽ kwijting, kwijtbrief ❾ handel rehabilitatie **II** *overg* [dɪs'tʃɑːdʒ] ❶ ontslaan, scheepv afmonsteren ★ ~ *a patient* een patiënt ontslaan, naar huis sturen ❷ ontheffen, kwijtschelden, vrijspreken (van *from*) ❸ ontlasten ❹ afscheiden ❺ lozen ‹water› ❻ af-, ontladen, afschieten, afvuren, lossen ❼ handel rehabiliteren ❽ (zich) kwijten (van) ❾ vervullen ‹plichten› ❿ voldoen, delgen, betalen ★ ~ *a debt* een schuld betalen **III** *onoverg* [dɪs'tʃɑːdʒ] ❶ zich ontlasten ❷ etteren, dragen ‹v. wond›

discharger [dɪs'tʃɑːdʒə] *znw* ontlaadtang, ontlader

discharging time [dɪs'tʃɑːdʒɪŋ taɪm] transport *znw* lostijd

disc harrow [dɪsk 'hærəʊ] *znw* schijfeg

disciple [dɪ'saɪpl] *znw* volgeling, leerling, discipel ★ *the Disciples* de discipelen

disciplinarian [dɪsɪplɪ'neərɪən] *znw* strenge leermeester

disciplinary [dɪsɪ'plɪnərɪ] *bn* disciplinair, tucht-

discipline ['dɪsɪplɪn] **I** *znw* ❶ (krijgs)tucht, orde, discipline ★ *a breach of ~* een verstoring van de discipline ★ *a breakdown of ~* een verstoring van de orde ★ *the school has very poor ~* er wordt slecht orde gehouden op de school ❷ wetenschappelijke discipline ❸ tuchtiging, kastijding **II** *overg* ❶ disciplineren ❷ tuchtigen, kastijden

disc jockey ['dɪsk dʒɒkɪ], **disk jockey**, **DJ** *znw* diskjockey

disclaim [dɪs'kleɪm] *overg* ❶ niet erkennen, afwijzen ❷ verwerpen, ontkennen

disclaimer [dɪs'kleɪmə] *znw* ❶ afwijzing, verwerping ❷ ontkenning, dementi ❸ afstand ❹ jur exoneratieclausule, exoneratiebeding

disclose [dɪs'kləʊz] *overg* blootleggen, openbaren, onthullen, aan het licht brengen, openbaar maken, bekendmaken, uit de doeken doen ★ *she ~d confidential information to a rival firm* ze maakte vertrouwelijke informatie bekend aan een concurrerende firma

disclosure [dɪs'kləʊʒə] *znw* openbaring, onthulling, openbaarmaking, bekendmaking

disco ['dɪskəʊ] *znw* ❶ disco ❷ Am diskjockey

discolour [dɪs'kʌlə], Am **discolor** *overg & onoverg* (doen) verkleuren, verschieten, verbleken

discolouration [dɪskʌlə'reɪʃn], Am **discoloration** *znw* verandering van kleur, verkleuring, vlek

discomfit [dɪs'kʌmfɪt] *overg* in verlegenheid brengen, verwarren, onthutsen

discomfiture [dɪs'kʌmfɪtʃə] *znw* ❶ verwarring ❷ verbijstering ❸ verlegenheid

discomfort [dɪs'kʌmfət] *znw* ❶ ongemak, ontbering ★ *she should be able to work without ~ soon* ze zou binnenkort zonder ongemak moeten kunnen werken ❷ onbehaaglijkheid ★ *he appeared to be in some ~* hij scheen ergens last van te hebben

discomforting [dɪs'kʌmfətɪŋ] *bn* onbehaaglijk makend

discomposed [dɪskəm'pəʊzd] *bn* verward, verontrust, geschokt

discomposure [dɪskəm'pəʊʒə] *znw* ❶ ontsteltenis, verontrusting, onrust ❷ verwarring

disconcert [dɪskən'sɜːt] *overg* verontrusten, in verlegenheid brengen, van zijn stuk brengen

disconcerted [dɪskən'sɜːtɪd] *bn* ontdaan, onthutst, verbijsterd

disconcerting [dɪskən'sɜːtɪŋ] *bn* verontrustend

disconnect [dɪskə'nekt] *overg* losmaken, los-, afkoppelen, uitschakelen, afsluiten, verbreken ‹telefoongesprek›

disconnected [dɪskə'nektɪd] *bn* onsamenhangend, los

disconnection [dɪskə'nekʃn] *znw* ontkoppeling, onderbreking, afsluiting

disconsolate [dɪs'kɒnsələt] *bn* troosteloos, ontroostbaar

discontent [dɪskən'tent] **I** *bn* misnoegd **II** *znw*, **discontentment** ontevredenheid, onbehagen

discontented [dɪskən'tentɪd] *bn* ontevreden, misnoegd

discontentment [dɪskən'tentmənt] *znw* discontent

discontiguous [dɪskən'tɪɡjʊəs] form *bn* niet aangrenzend

discontinuation [dɪskəntɪnjʊ'eɪʃən] *znw* ❶ afbreking, uitscheiden, ophouden, staking ❷ intrekking, opzegging, opheffing

discontinue [dɪskən'tɪnjuː] **I** *overg* ❶ staken, afbreken, ophouden met ❷ intrekken, opzeggen ‹abonnement›, opheffen ‹zaak› **II** *onoverg* ophouden

discontinued [dɪskən'tɪnjuːd] *bn* gestopt, opgehouden, niet voortgezet

discontinuity [dɪskɒntɪ'njuːətɪ] form *znw* discontinuïteit

discontinuous [dɪskən'tɪnjʊəs] form *bn* ❶ onderbroken ❷ onsamenhangend

discord ['dɪskɔːd] *znw* ❶ disharmonie, onenigheid, wrijving, tweedracht ❷ wanklank, dissonant

discordance [dɪ'skɔːdəns] *znw* disharmonie

discordant [dɪ'skɔːdnt] *bn* ❶ niet overeenstemmend, uiteenlopend ❷ niet harmonisch, niet goed klinkend ★ *strike a ~ note* een wanklank laten horen

discotheque ['dɪskətek] *znw* discotheek, disco

di

discount I *znw* ['dɪskaʊnt] ❶ reductie, korting ★ *tickets are available at a* ~ kaartjes zijn met reductie verkrijgbaar ★ *buy sth at a* ~ iets kopen met korting ❷ disagio ❸ <u>handel</u> disconto II *overg* [dɪ'skaʊnt, 'dɪskaʊnt] ❶ <u>handel</u> (ver)disconteren ❷ buiten rekening laten, niet tellen ❸ niet serieus nemen, weinig geloof hechten aan ❹ buiten beschouwing laten, uitsluiten ❺ iets afdoen ‹v. prijs›

discount card ['dɪskaʊnt kɑ:d] *znw* kortingkaart

discounter [dɪ'skaʊntə] *znw* → **discount shop**

discount house ['dɪskaʊnt haʊs] *znw* ❶ <u>handel</u> discontobank ❷ → **discount shop**

discount-pricing ['dɪskaʊnt-'praɪsɪŋ] <u>marketing</u> *znw* het vaststellen van een lagere prijs dan de geldende marktprijs voor producten van een minder bekend merk

discount rate ['dɪskaʊnt reɪt] *znw* disconto, discontokoers, discontotarief, discontovoet, discontopercentage

discount shop ['dɪskaʊnt ʃɒp], **discount store**, **discounter**, **discount house** *znw* discountwinkel, ramsjwinkel

discourage [dɪ'skʌrɪdʒ] *overg* ❶ ontmoedigen, afschrikken ❷ niet aanmoedigen, ont-, afraden, (ervan) afhouden, tegengaan

discouragement [dɪ'skʌrɪdʒmənt] *znw* ❶ ontmoediging ❷ tegenwerking

discourse I *znw* ['dɪskɔ:s] ❶ verhandeling, voordracht, lezing, rede(voering) ❷ <u>taalk</u> teksteenheid II *onoverg* [dɪ'skɔ:s] redevoering houden, <u>form</u> spreken (over *on*), praten

discourteous [dɪs'kɜ:tɪəs] *bn* onhoffelijk, onheus, onbeleefd

discourtesy [dɪs'kɜ:təsɪ] *znw* onhoffelijkheid, onheusheid, onbeleefdheid

discover [dɪ'skʌvə] *overg* ontdekken, onthullen ★ *I was amazed / dismayed to* ~ *that it was missing* ik was verbaasd / ontsteld toen ik ontdekte dat het weg was

discoverer [dɪ'skʌvərə] *znw* ontdekker

discovery [dɪ'skʌvərɪ] *znw* ontdekking ★ *a journey of* ~ een ontdekkingsreis

discredit [dɪs'kredɪt] I *znw* diskrediet, schande ★ *he's a* ~ *to his family* hij doet zijn familie geen eer aan ★ *bring sth into* ~ iets te schande maken, iets ongeloofwaardig maken ★ *do sbd a* ~ iem. een slechte dienst bewijzen, iem. in diskrediet brengen II *overg* ❶ niet geloven, in twijfel trekken, wantrouwen ❷ in diskrediet brengen, te schande maken ❸ verdacht maken

discreditable [dɪs'kredɪtəbl] <u>form</u> *bn* schandelijk

discreet [dɪ'skri:t] *bn* ❶ discreet, voorzichtig ‹in zijn uitlatingen›, tactvol ★ *we made* ~ *enquiries into his background* we hebben discrete inlichtingen ingewonnen over zijn achtergronden ❷ onopvallend

discrepancy [dɪs'krepənsɪ] *znw* ❶ gebrek aan overeenstemming ❷ tegenstrijdigheid ❸ verschil,

discrepantie

discrepant [dɪs'krepənt] <u>form</u> *bn* tegenstrijdig, niet overeenstemmend

discrete [dɪ'skri:t] *bn* afzonderlijk, niet samenhangend ★ ~ *language areas such as vocabulary will also be tested* afzonderlijke taalgebieden zoals woordenschat zullen ook worden getest

discretely [dɪ'skri:tlɪ] *bijw* discreet ★ *the security guards were* ~ *present* de bewakers waren discreet aanwezig ★ *she coughed* ~ ze hoestte discreet

discretion [dɪ'skreʃən] *znw* oordeel (des onderscheids), verstand, wijsheid, voorzichtigheid, beleid ★ <u>form</u> *publication is at the* ~ *of the editor* publicatie is ter beoordeling van de redacteur ★ <u>form</u> *we will deliver at your* ~ we bezorgen wanneer en waar u dat wilt ★ *act on / use one's own* ~ naar (eigen) goedvinden handelen ★ <u>zegsw</u> ~ *is the better part of valour* beter blo Jan dan do Jan

discretionary [dɪ'skreʃənərɪ] *bn* ❶ onbeperkt, willekeurig ❷ naar eigen believen te bepalen

discretionary income [dɪ'skreʃənərɪ 'ɪnkʌm] *znw* beschikbaar inkomen

discretionary power [dɪ'skreʃənərɪ 'paʊə] *znw* macht om naar goeddunken te handelen

discretionary trust [dɪ'skreʃənərɪ trʌst] *znw* discretionary trust ‹waarbij de beheerder zelf kan beslissen wat hij uitkeert en aan wie›

discriminate [dɪ'skrɪmɪneɪt] I *overg* onderscheiden (van *from*), onderscheid maken (tussen *between*) ★ *he finds it difficult to* ~ *red from green* hij vindt het moeilijk om rood van groen te onderscheiden II *onoverg* discrimineren (ten ongunste van *against*)

discriminating [dɪ'skrɪmɪneɪtɪŋ] *bn* scherpzinnig, kritisch, schrander ★ *they have* ~ *tastes* ze hebben een kritische smaak, ze zijn kieskeurig

discrimination [dɪskrɪmɪ'neɪʃən] *znw* ❶ onderscheiding, onderscheidingsvermogen ❷ scherpzinnigheid ❸ onderscheid ❹ discriminatie ‹v. rassen &› ★ *racial / sex &* ~ rassendiscriminatie / seksediscriminatie &

discriminative [dɪs'krɪmɪnətɪv] *bn* ❶ onderscheidend, nauwlettend ❷ discriminerend

discriminatory [dɪ'skrɪmɪnətrɪ] *bn* discriminatoir, discriminerend ★ *denying foreigners employment is a* ~ *practice* buitenlanders werk weigeren is een discriminerende praktijk

discursive [dɪ'skɜ:sɪv] *bn* ❶ van de hak op de tak springend, onsamenhangend, afdwalend ★ *our discussion was more* ~ *than specific* onze discussie was eerder wijdlopig dan gedetailleerd ❷ discursief, logisch redenerend

discus ['dɪskəs] *sp znw* discus

discuss [dɪ'skʌs] *overg* behandelen, bespreken

discussion [dɪ'skʌʃən] *znw* discussie, bespreking ★ *the matter is under* ~ de kwestie is in behandeling ★ *have / hold a* ~ *about sth* iets bespreken ★ *open sth up to* ~ iets bespreekbaar maken, iets op de agenda zetten

disdain [dɪs'deɪn] **I** *znw* minachting, versmading ★ *she looked at him with* ~ ze keek hem minachtend aan **II** *overg* ❶ minachten ❷ versmaden, beneden zich achten, zich niet verwaardigen ★ *she ~s to even answer my letters* ze verwaardigt zich niet eens om mijn brieven te beantwoorden

disdainful [dɪs'deɪnfʊl] *bn* minachtend, versmadend

disease [dɪ'ziːz] *znw* ziekte, kwaal ★ *an infectious* ~ een besmettelijke ziekte ★ *stress lowers the body's resistance to* ~ spanning verlaagt de weerstand van het lichaam tegen ziektes

diseased [dɪ'ziːzd] *bn* ❶ ziek(elijk) ❷ verziekt

disembark [dɪsɪm'bɑːk] **I** *overg* ontschepen, aan land zetten, lossen **II** *onoverg* zich ontschepen, landen, aan wal gaan, van boord gaan, uitstappen

disembarkation [dɪsembɑː'keɪʃən] *znw* ontscheping, landing

disembodied [dɪsɪm'bɒdiːd] *bn* zonder lichaam, van het lichaam gescheiden, onstoffelijk, niet tastbaar

disembowel [dɪsɪm'baʊəl] *overg* ❶ de buik openrijten van ❷ ⟨vis⟩ uithalen, kaken ❸ ontweien ⟨wild &⟩

disenchant [dɪsɪn'tʃɑːnt] *overg* ontgoochelen, desillusioneren

disenchanted [dɪsɪn'tʃɑːntɪd] *bn* ontgoocheld, gedesillusioneerd

disenchantment [dɪsɪn'tʃɑːntmənt] *znw* ontgoocheling, ontnuchtering, desillusie

disencumber [dɪsɪn'kʌmbə] form *overg* vrijmaken, bevrijden ⟨van overlast⟩

disendow [dɪsɪn'daʊ] form *overg* (kerkelijke) goederen afnemen

disenfranchise [dɪsɪn'fræntʃaɪz] *overg* → **disfranchise**

disenfranchisement [dɪsɪn'fræntʃaɪzmənt] *znw* → **disfranchisement**

disengage [dɪsɪn'geɪdʒ] *overg* los-, vrijmaken, bevrijden

disengaged [dɪsɪn'geɪdʒd] *bn* ❶ bevrijd ❷ los, vrij

disengagement [dɪsɪn'geɪdʒmənt] *znw* ❶ los-, vrijmaking, bevrijding ❷ vrijheid, vrij zijn ❸ onbevangenheid ❹ verbreking van engagement ❺ scheiden van vijandelijke legers

disentangle [dɪsɪn'tæŋgl] *overg* ❶ ontwarren ❷ losmaken ❸ vrijmaken, bevrijden

disentanglement [dɪsɪn'tæŋglmənt] *znw* ❶ ontwarring ❷ los-, vrijmaking, bevrijding

disequilibrium ['dɪsiːkwɪ'lɪbrɪəm] form *znw* onevenwichtigheid

disestablish [dɪsɪ'stæblɪʃ] form *overg* losmaken v.d. banden tussen Staat en Kerk

disestablishment [dɪsɪ'stæblɪʃmənt] form *znw* scheiding van Kerk en Staat

disfavour [dɪs'feɪvə] *Am* **disfavor I** *znw* ❶ afkeuring ❷ ongenade, ongunst ★ *to his* ~ te zijnen nadele ★ *do sbd a* ~ iem. een slechte dienst bewijzen ★ *fall into* ~ *(with sbd)* bij iem. uit de gunst raken ★ *regard sbd / sth with* ~ iem. / iets niet graag zien **II** *overg* ❶ uit de gunst doen geraken ❷ niet graag zien, geen voet geven

disfeature [dɪs'fiːtʃə] *overg* verminken, ontsieren

disfigure [dɪs'fɪgə] *overg* mismaken, schenden, verminken, ontsieren

disfigurement [dɪs'fɪgəmənt] *znw* mismaaktheid, schending, verminking, ontsiering

disfranchise [dɪs'fræntʃaɪz], **disenfranchise** *overg* de voorrechten, het kiesrecht ontnemen

disfranchisement [dɪs'fræntʃɪzmənt], **disenfranchisement** *znw* ontneming van de voorrechten, van het kiesrecht

disgorge [dɪs'gɔːdʒ] **I** *overg* uitbraken, ontlasten ★ *dicht the bell rang, and the school ~d its pupils* de bel ging en de school spuwde zijn leerlingen uit **II** *onoverg* zich ontlasten of uitstorten, leegstromen ★ *the Fly River ~s into the Gulf of Papua* de Flyrivier mondt uit in de Papuagolf

disgrace [dɪs'greɪs] **I** *znw* ❶ ongenade ★ *be in* ~ in ongenade vallen, uit de gratie zijn ❷ schande ★ *be a* ~ *to sbd / sth* een schande voor iem. / iets zijn ❸ schandvlek **II** *overg* ❶ in ongenade doen vallen, zijn gunst onttrekken aan ❷ onteren, te schande maken, een slechte naam bezorgen ★ ~ *oneself* zich schandelijk gedragen ❸ tot schande strekken ❹ schandvlekken

disgraceful [dɪs'greɪsfʊl] *bn* schandelijk

disgruntled [dɪs'grʌntld] *bn* ontevreden, knorrig

disguise [dɪs'gaɪz] **I** *znw* ❶ vermomming, verkleding ★ *in* ~ vermomd, verkapt ❷ dekmantel, masker **II** *overg* ❶ vermommen, verkleden ❷ handig verbergen, verbloemen

disguised [dɪs'gaɪzd] *bn* vermomd, verbloemd, verhuld ★ ~ *subsidies* verkapte subsidies ★ *a thinly* ~ *threat* een nauwelijks verhulde bedreiging ★ *in* ~ *handwriting* in een verdraaid handschrift

disgust [dɪs'gʌst] **I** *znw* ❶ afkeer (van *at / for*), walging, afschuw ★ *she threw down the book in* ~ uit walging gooide ze het boek neer ★ *he looked at her in* ~ hij keek haar met afkeer aan ★ *much to her* ~, *he ate it raw* tot haar afschuw at hij het rauw op ❷ ergernis **II** *overg* ❶ doen walgen, afkerig maken (van *with*) ❷ ergeren

disgusted [dɪs'gʌstɪd] *bn* walgend, vol afkeer ★ *I'm* ~ *at their attitude* hun houding vult mij met afschuw

disgusting [dɪs'gʌstɪŋ] *bn* ❶ walg(e)lijk ★ *the* ~ *smell of cigarette smoke* de walgelijke stank van sigarettenrook ❷ misselijk, ergerlijk ★ *his speech was a* ~ *performance* zijn toespraak was een ergerlijke voorstelling

dish [dɪʃ] **I** *znw* ❶ schotel, schaal ❷ gerecht ★ *the* ~ *of the day* de dagschotel ❸ schotelantenne ❹ *inf* lekker stuk, lekkere meid ▾ *inf the* ~ de achtergrondinformatie ⟨die niet algemeen bekend is⟩ **II** *overg* ★ *inf* ~ *the dirt* roddelen **III** *phras* ★ *inf* ~ *sth out* iets rondstrooien, uitdelen ★ *inf* ~ *it out* straf uitdelen, erop los timmeren ★ ~ *sth up* iets opdissen, opdienen, voorzetten

dish aerial [dɪʃ 'eərɪəl] *znw* schotelantenne

disharmony [dɪs'hɑːmənɪ] *znw* disharmonie

dishcloth ['dɪʃklɒθ] *znw* vaatdoek
dishearten [dɪs'hɑ:tn] *overg* ontmoedigen
disheartened [dɪs'hɑ:tnd] *bn* ontmoedigd
disheartening [dɪs'hɑ:tnɪŋ] *bn* ontmoedigend
dished [dɪʃt] *bn* ❶ scheef ❷ inf naar de maan
dishes ['dɪʃɪz] *znw* [mv] vaat, afwas ★ *do the* ~ de afwas doen
dishevelled [dɪ'ʃevld] *bn* ❶ slonzig, onverzorgd, met verwarde haren ❷ verward ❸ slordig, verfomfaaid
dish liquid [dɪʃ 'lɪkwɪd] Am *znw* afwasmiddel
dish mop [dɪʃ mɒp], **dishmop** *znw* vatenkwast, vaatkwast
dishonest [dɪs'ɒnɪst] *bn* oneerlijk
dishonesty [dɪs'ɒnɪstɪ] *znw* oneerlijkheid
dishonour [dɪs'ɒnə], Am **dishonor** I *znw* form oneer, schande II *overg* ❶ form onteren, te schande maken ❷ handel ‹een wissel› niet honoreren
dishonourable [dɪs'ɒnərəbl] *bn* schandelijk, eerloos, oneervol
dishonourable discharge [dɪs'ɒnərəbl dɪs'tʃɑ:dʒ] *znw* oneervol ontslag
dish rack [dɪʃ ræk] *znw* afdruiprek
dishtowel ['dɪʃtaʊəl] Am *znw* droogdoek, theedoek
dishwasher ['dɪʃwɒʃə] *znw* ❶ bordenwasser ❷ vaatwasmachine, afwasmachine, -automaat ★ ~ *safe* vaatwasbestendig
dishwater ['dɪʃwɔ:tə] *znw* ❶ afwaswater ❷ inf slootwater ‹thee &›
dishy ['dɪʃɪ] inf *bn* ❶ aantrekkelijk, lekker ❷ sexy
disillusion [dɪsɪ'lu:ʒən] I *znw* desillusie, ontgoocheling, teleurstelling II *overg* ontgoochelen, teleurstellen
disillusioned [dɪsɪ'lu:ʒənd] *bn* teleurgesteld, ontgoocheld
disillusionment [dɪsɪ'lu:ʒənmənt] *znw* desillusie, ontgoocheling, teleurstelling ★ *there is widespread* ~ *with the regime* er heerst algemene teleurstelling in het regime
disincentive [dɪsɪn'sentɪv] *znw* belemmering, ontmoediging, remmende factor, hinderpaal
disinclination [dɪsɪnklɪ'neɪʃən] *znw* tegenzin, afkerigheid
disinclined [dɪsɪn'klaɪnd] *bn* afkerig ★ *be / feel* ~ *to do sth* niet geneigd zijn iets te doen
disinfect [dɪsɪn'fekt] *overg* ontsmetten
disinfectant [dɪsɪn'fektnt] I *bn* ontsmettend II *znw* ontsmettingsmiddel
disinfection [dɪsɪn'fekʃən] *znw* ontsmetting
disinfest [dɪsɪn'fest] *overg* van ongedierte zuiveren, ontluizen
disinflation [dɪsɪn'fleɪʃn], **deflation** econ *znw* deflatie
disinformation ['dɪsɪnfə'meɪʃən] *znw* misleidende informatie, valse informatie
disingenuous [dɪsɪn'dʒenjʊəs] form *bn* onoprecht
disinherit [dɪsɪn'herɪt] *overg* onterven
disinheritance [dɪsɪn'herɪtəns] *znw* onterving
disintegrate [dɪs'ɪntɪgreɪt] *onoverg* tot ontbinding overgaan, uiteenvallen ★ *the situation has* ~*d into*

chaos de situatie is in chaos uiteengevallen
disintegration [dɪsɪntɪ'greɪʃən] *znw* ontbinding, uiteenvallen, desintegratie
disinter [dɪsɪn'tɜ:] *overg* ❶ opgraven, opdelven ❷ fig aan het licht brengen
disinterest [dɪs'ɪntrəst] *znw* ❶ belangeloosheid ❷ ongeïnteresseerdheid
disinterested [dɪs'ɪntrəstɪd] *bn* ❶ belangeloos, onbaatzuchtig, onpartijdig ❷ ongeïnteresseerd, zonder belangstelling ★ *the country seems completely* ~ *in the plight of the refugees* het land schijnt volkomen ongeïnteresseerd te zijn in het lot van de vluchtelingen

uninterested en disinterested
Uninterested betekent **ongeïnteresseerd**, en **disinterested** betekent vooral **onpartijdig.**
We want a disinterested umpire betekent *we willen een onpartijdige scheidsrechter* en (natuurlijk) niet *we willen een ongeïnteresseerde scheidsrechter.*

disinvest [dɪsɪn'vest] *overg* desinvesteren
disinvestment [dɪsɪn'vestmənt] *znw* desinvestering
disjointed [dɪs'dʒɔɪntɪd] *bn* onsamenhangend, los, verward
disjunction [dɪs'dʒʌŋkʃən] form *znw* scheiding
disjunctive [dɪs'dʒʌŋktɪv] form *bn* scheidend
disk [dɪsk] Am *znw* disc
disk drive [dɪsk draɪv] comput *znw* diskettestation, de diskdrive
diskette [dɪs'ket, 'dɪsket] comput *znw* diskette
dislike [dɪs'laɪk] I *znw* afkeer, tegenzin, antipathie ★ *likes and* ~*s* sympathieën en antipathieën ★ *take a* ~ *to sbd / sth* een hekel krijgen aan iem. / iets II *overg* ❶ niet houden van, niet mogen ❷ een hekel hebben aan ★ *snails are universally* ~*d* iedereen heeft een hekel aan slakken
dislocate ['dɪsləkeɪt] *overg* ontwrichten
dislocation [dɪslə'keɪʃən] *znw* ontwrichting
dislodge [dɪs'lɒdʒ] *overg* ❶ losmaken ❷ ‹uit een stelling &› verdrijven, op-, verjagen
disloyal [dɪs'lɔɪəl] *bn* ontrouw, trouweloos, oncollegiaal, deloyaal
disloyalty [dɪs'lɔɪəltɪ] *znw* ontrouw, trouweloosheid, trouwbreuk, oncollegialiteit, deloyaliteit ★ *show* ~ *to sbd* iem. ontrouw zijn, niet loyaal zijn aan iem.
dismal ['dɪzml] *bn* ❶ akelig, naar, treurig, triest, somber, chagrijnig ❷ erbarmelijk, armzalig, nietszeggend
dismantle [dɪs'mæntl] *overg* ❶ ontmantelen, onttakelen ❷ techn demonteren, uit elkaar halen
dismay [dɪs'meɪ] I *znw* ontsteltenis, verslagenheid, ontzetting, verbijstering ★ *she looked at the damaged car in* ~ ze keek met ontzetting nar de beschadigde auto ★ *much to her* ~, *she'd put on weight* tot haar grote ontsteltenis was ze aangekomen II *overg* onthutsen, ontmoedigen
dismayed [dɪs'meɪd] *bn* onthutst, verslagen, ontsteld
dismember [dɪs'membə] *overg* ❶ uiteenrukken, in

stukken scheuren, (in stukken) verdelen, verbrokkelen ❷ verminken

dismemberment [dɪsˈmembəmənt] *znw* verdeling, verbrokkeling, versnippering, verminking, verscheuring, verdeling

dismiss [dɪsˈmɪs] **I** *overg* ❶ wegzenden, ontslaan, afdanken, afzetten ❷ laten gaan, <u>mil</u> laten inrukken ❸ van zich afzetten ⟨gedachte⟩, laten varen ⟨een idee⟩ ❹ afpoeieren, zich afmaken van ❺ <u>jur</u> afwijzen **II** *onoverg* inrukken ★ <u>mil</u> ~! ingerukt!

dismissal [dɪsˈmɪsəl] *znw* ❶ ontslag, congé, afdanking, afzetting ★ *a summary* ~ ontslag op staande voet ❷ <u>jur</u> afwijzing

dismissal procedure [dɪsˈmɪsəl prəˈsiːdʒə] *znw* ontslagprocedure

dismissive [dɪsˈmɪsɪv] *bn* geringschattend, minachtend, neerbuigend ★ *he's always been* ~ *of her achievements* hij heeft altijd geringschattend gedaan over haar prestaties

dismount [dɪsˈmaʊnt] **I** *overg* ❶ doen vallen, uit het zadel werpen ❷ <u>techn</u> demonteren, uit elkaar halen **II** *onoverg* afstijgen, afstappen

disobedience [dɪsəˈbiːdɪəns] *znw* ongehoorzaamheid ★ *his actions were seen as an act of* ~ zijn gedragingen werden gezien als een uiting van ongehoorzaamheid

disobedient [dɪsəˈbiːdɪənt] *bn* ongehoorzaam

disobey [dɪsəˈbeɪ] **I** *overg* niet gehoorzamen, niet luisteren naar, overtreden **II** *onoverg* ongehoorzaam zijn, niet luisteren

disobliging [dɪsəˈblaɪdʒɪŋ] *bn* weinig tegemoetkomend, onvriendelijk, onheus

disorder [dɪsˈɔːdə] **I** *znw* ❶ wanorde, verwarring ★ *the news threw us into* ~ het nieuws bracht ons in verwarring ★ *the house is in a state of* ~ het huis is in een staat van wanorde ❷ stoornis, kwaal, ongesteldheid ★ *she suffers from a rare heart* ~ ze lijdt aan een zeldzame hartkwaal ❸ oproer, ordeverstoring **II** *overg* in de war brengen, van streek / ziek maken

disordered [dɪsˈɔːdəd] *bn* ❶ verward ❷ in de war, van streek

disorderly [dɪsˈɔːdəlɪ] *bn* ❶ on-, wanordelijk, ongeregeld, slordig ❷ oproerig, weerspannig ❸ losbandig, aanstootgevend

disorderly conduct [dɪsˈɔːdəlɪ ˈkɒndʌkt] *znw* wangedrag

disorderly house [dɪsˈɔːdəlɪ haʊs] <u>jur</u> *znw* bordeel, goktent

disorganization [dɪsɔːɡənaɪˈzeɪʃən] *znw* desorganisatie, ontwrichting

disorganize [dɪsˈɔːɡənaɪz], **disorganise** *overg* desorganiseren, ontwrichten, in de war brengen

disorganized [dɪsˈɔːɡənaɪzd], **disorganised** *bn* ontwricht, gedesorganiseerd

disorientate [dɪsˈɔːrɪənteɪt], <u>Am</u> **disorient** *overg* desoriënteren

disorientation [dɪsɔːrɪənˈteɪʃn] *znw* verwardheid,

gedesoriënteerdheid

disoriented [dɪsˈɔːrɪəntɪd], **disorientated** *bn* gedesoriënteerd

disown [dɪsˈəʊn] *overg* niet erkennen, verloochenen, verstoten

disparage [dɪˈspærɪdʒ] *overg* verkleinen, kleineren, neerhalen, afbreken

disparagement [dɪˈspærɪdʒmənt] *znw* verkleining, kleinering

disparaging [dɪˈspærɪdʒɪŋ] *bn* kleinerend

disparate [ˈdɪspərət] *bn* ongelijk, onvergelijkbaar, ongelijksoortig

disparity [dɪˈspærətɪ] *znw* ongelijkheid, verschil ★ *the* ~ *between rich and poor nations is increasing* het verschil tussen de rijke en de arme landen wordt groter

dispassionate [dɪˈspæʃənət] *bn* bezadigd, koel, onpartijdig

dispatch [dɪˈspætʃ], **despatch I** *znw* ❶ verzending, uitzending ❷ (spoedige) afdoening, spoed ★ <u>form</u> *with* ~ snel, direct ❸ (spoed)bericht, depêche ⟨vooral in oorlogsomstandigheden⟩ ★ *be mentioned in* ~*es* eervol vermeld worden ⟨v. soldaat⟩ ❹ bericht ⟨van journalist⟩ **II** *overg* ❶ (met spoed) afdoen, afhandelen ❷ afmaken, van kant maken ❸ sturen, uitzenden ⟨troepen, politie &⟩

dispatch box [dɪˈspætʃ bɒks] *znw* → **dispatch case** ★ *the Dispatch Box* spreekgestoelte in het Britse Lagerhuis voor de ministers

dispatch case [dɪˈspætʃ keɪs], **dispatch box** *znw* aktetas, aktedoos ⟨voor verzending van officiële stukken⟩

dispatch rider [dɪˈspætʃ ˈraɪdə] *znw* ❶ koerier ❷ <u>mil</u> motorordonnans

dispel [dɪˈspel] *overg* verdrijven, verjagen

dispensable [dɪˈspensəbl] *bn* ❶ ontbeerlijk ❷ waarvan vrijstelling verleend kan worden

dispensary [dɪˈspensərɪ] *znw* apotheek

dispensation [dɪspenˈseɪʃən] *znw* ❶ uitdeling, toediening ❷ beschikking, bedeling ❸ dispensatie, vergunning, ontheffing, vrijstelling

dispense [dɪˈspens] **I** *overg* ❶ uitdelen, toedienen ❷ klaarmaken ⟨recept⟩ ❸ vrijstellen, ontheffen (van *from*) **II** *onoverg* ★ ~ *with sbd / sth* het stellen buiten iem. / iets, iem. / iets onnodig maken

dispenser [dɪˈspensə] *znw* ❶ apotheker ❷ dispenser ⟨voor mesjes &⟩ ❸ automaat ⟨voor koffie &⟩

dispensing chemist [dɪˈspensɪŋ ˈkemɪst] <u>Br</u> *znw* apotheker

dispensing optician [dɪˈspensɪŋ ɒpˈtɪʃən] <u>Br</u> *znw* opticien

dispersal [dɪˈspɜːsəl] *znw* verstrooiing, verspreiding

dispersant [dɪˈspɜːsənt] *znw* dispersant, dispergeermiddel

disperse [dɪˈspɜːs] **I** *overg* ❶ verstrooien, verspreiden ❷ uiteenjagen, -drijven **II** *onoverg* zich verstrooien, zich verspreiden, uiteengaan

dispersion [dɪˈspɜːʃən] *znw* ❶ verspreiding,

verstrooiing, uiteenjagen ❷ verstrooid liggen ❸ versnippering ‹van stemmen &›

dispirit [dɪ'spɪrɪt] *overg* ontmoedigen

dispirited [dɪ'spɪrɪtɪd] *bn* ontmoedigd, gedeprimeerd

displace [dɪs'pleɪs] *overg* ❶ verplaatsen, verschuiven ❷ afzetten ❸ vervangen ❹ verdringen

displaced person [dɪs'pleɪst 'pɜːsən] *znw* ontheemde, vluchteling

displacement [dɪs'pleɪsmənt] *znw* ❶ (water)verplaatsing ❷ verschuiving ❸ vervanging

displacement activity [dɪs'pleɪsmənt æk'tɪvətɪ] *znw* handeling die niet toepasselijk is in een gegeven situatie en die voortkomt uit stress, onbehagen &

display [dɪ'spleɪ] **I** *znw* ❶ vertoning, demonstratie ★ luchtv *an air ~* een vliegdemonstratie ★ *a firework ~* vuurwerk ★ *a ~ of bad temper* het uiting geven aan een slecht humeur ★ *give / perform / put on a ~ of sth* een show van iets weggeven ★ *make a ~ of sth* iets ten toon spreiden, pralen met iets ❷ uitstalling, vertoon ★ *a ~ of Chinese pottery* een uitstalling van Chinees porselein ★ *on ~* in de etalage, tentoongesteld ★ *go on ~* uitgestald / tentoongesteld worden ❸ comput beeldscherm, display **II** *overg* ❶ ontplooien, ten toon spreiden, aan de dag leggen ❷ uitstallen, (ver)tonen, tentoonstellen ❸ te koop lopen met, geuren met ❹ in beeld brengen, zichtbaar maken, comput displayen

display cabinet [dɪ'spleɪ 'kæbɪnət], **display case** *znw* vitrine, uitstalkast

display window [dɪ'spleɪ 'wɪndəʊ] *znw* etalage

displease [dɪs'pliːz] *overg* mishagen, onaangenaam aandoen, niet aangenaam zijn

displeased [dɪs'pliːzd] *bn* misnoegd, ontstemd, ontevreden (over *with / about / at*)

displeasing [dɪs'pliːzɪŋ] gedat *bn* onaangenaam

displeasure [dɪs'pleʒə] *znw* ❶ mishagen, misnoegen, ongenoegen, ontstemming ★ *she's incurred her parents' deep ~* ze heeft zich het ernstige ongenoegen van haar ouders op de hals gehaald ❷ onlustgevoel

disport [dɪ'spɔːt] gedat of scherts *onoverg* zich vermaken, spelen, dartelen

disposable [dɪ'spəʊzəbl] *bn* ❶ beschikbaar ❷ weggooi-, wegwerp- ‹luiers &›

disposable income [dɪ'spəʊzəbl 'ɪnkʌm] *znw* besteedbaar inkomen

disposal [dɪ'spəʊzəl] *znw* ❶ van de hand doen ❷ verkoop, vervreemding, afstoting ❸ verwijdering, opruiming ‹v. bommen &› ▼ form *at your ~* te uwer beschikking

dispose [dɪ'spəʊz] **I** *overg* ❶ (rang)schikken, plaatsen ❷ stemmen, bewegen **II** *onoverg* ★ *~ of sbd / sth* iem. / iets afmaken, iem. / iets uit de weg ruimen, afrekenen met iem. / iets ★ *~ of sth* dicht beschikken over iets, iets afdoen, iets weerleggen ‹argumenten›, iets ontzenuwen, iets kwijtraken, opruimen, zich ontdoen van iets, iets van de hand

doen, iets verkopen

disposed [dɪ'spəʊzd] *bn* gehumeurd, gestemd, geneigd (tot *to*) ★ *be well / favourably ~ to sbd / sth* welwillend staan tegenover iem. / iets ★ *be ~ to do sth* geneigd zijn om iets te doen, zin hebben om iets te doen

disposition [dɪspə'zɪʃən] *znw* ❶ (rang)schikking, plaatsing ❷ beschikking ★ form *at your ~* te uwer beschikking ❸ neiging, aanleg, gezindheid, neiging, stemming ★ *she has the ~ of a martyr* ze heeft aanleg om een martelaar te zijn ★ form *his ~ to cooperate got him a lenient sentence* zijn genegenheid om mee te werken bezorgde hem een milde straf

dispossess [dɪspə'zes] *overg* ❶ uit het bezit stoten, beroven (van *of*) ★ *~ sbd of sth* iem. iets ontnemen ❷ onteigenen

dispossessed [dɪspə'zest] *znw* [mv] ★ *the ~* de misdeelden

disproof [dɪs'pruːf] *znw* weerlegging ★ *lack of evidence cannot be considered ~* gebrek aan bewijs moet niet gezien worden als weerlegging

disproportion [dɪsprə'pɔːʃən] *znw* onevenredigheid, wanverhouding

disproportional [dɪsprə'pɔːʃənl], **disproportionate** *bn* onevenredig, disproportioneel, niet in verhouding (met *to*)

disprovable [dɪs'pruːvəbl] *bn* weerlegbaar, te weerleggen

disprove [dɪs'pruːv] *overg* weerleggen

disputable [dɪ'spjuːtəbl] *bn* betwistbaar

disputation [dɪspjuː'teɪʃən] *znw* dispuut, redetwist

disputatious [dɪspjuː'teɪʃəs] form *bn* twistziek

dispute [dɪ'spjuːt] **I** *znw* dispuut, twistgesprek, (rede)twist, woordenstrijd, verschil van mening, conflict, geschil ★ *beyond (all) ~* buiten kijf ★ *the matter in ~* het geschilpunt, de zaak in kwestie ★ *be in ~* ter discussie staan ★ *be drawn into a ~* in een conflict betrokken raken ★ *be open to ~* aanvechtbaar zijn ★ *involve sbd in a ~* iem. bij een verschil van mening betrekken **II** *overg* ❶ discussiëren over ❷ betwisten ★ *nobody can ~ the fact that women rarely make it to the top* niemand kan het feit ontkennen dat vrouwen maar zelden de top bereiken **III** *onoverg* (rede)twisten, disputeren

disqualification [dɪskwɒlɪfɪ'keɪʃən] *znw* ❶ onbevoegdheid ❷ uitsluiting, diskwalificatie ★ jur *a compulsory ~* ontzegging van de (rij)bevoegdheid

disqualify [dɪs'kwɒlɪfaɪ] *overg* onbekwaam of ongeschikt maken, zijn bevoegdheid ontnemen, uitsluiten, diskwalificeren

disquiet [dɪs'kwaɪət] **I** *znw* onrust, ongerustheid **II** *overg* verontrusten

disquieting [dɪs'kwaɪətɪŋ] *bn* verontrustend

disquietude [dɪs'kwaɪətjuːd] form *znw* verontrusting, ongerustheid, onrust

disquisition [dɪskwɪ'zɪʃən] form *znw* verhandeling

disregard [dɪsrɪ'gɑːd] **I** *znw* ❶ veronachtzaming ❷ terzijdestelling, geringschatting, minachting ★ *he has shown a blatant ~ for the truth* hij heeft een duidelijke minachting voor de waarheid laten zien **II** *overg* geen acht slaan op, veronachtzamen

disrepair [dɪsrɪ'peə] *znw* vervallen staat, bouwvalligheid ★ *fall into* ~ in verval geraken

disreputable [dɪs'repjʊtəbl] *bn* berucht, minder fatsoenlijk, schandelijk, slecht

disrepute [dɪsrɪ'pjuːt] *znw* ★ *bring sth into* ~ iets in diskrediet brengen ★ *fall into* ~ in opspraak komen, een slechte reputatie krijgen, in diskrediet geraken

disrespect [dɪsrɪ'spekt] *znw* gebrek aan eerbied / respect ★ *intend / mean no* ~ niet de bedoeling hebben oneerbiedig te zijn

disrespectful [dɪsrɪ'spektfʊl] *bn* oneerbiedig

disrobe [dɪs'rəʊb] *overg* ❶ (zich) ontkleden ❷ het ambtsgewaad afleggen ❸ form beroven ‹v. functie, bevoegdheid &›

disroot [dɪs'ruːt] *overg* ontwortelen

disrupt [dɪs'rʌpt] *overg* ontwrichten, verstoren

disruption [dɪs'rʌpʃən] *znw* ontwrichting, verstoring ★ *the blackout caused massive* ~ *to industry* de stroomuitval veroorzaakte een massale ontwrichting van de industrie

disruptive [dɪs'rʌptɪv] *bn* vernietigend, ontwrichtend ★ *a new baby can be very* ~ *to families* een nieuwe baby kan erg ontwrichtend zijn voor een gezin

diss [dɪs] Am inf *overg* → **dis**

dissatisfaction [dɪssætɪs'fækʃən] *znw* ontevredenheid, onvoldaanheid, misnoegen (over *with*)

dissatisfied [dɪs'sætɪsfaɪd] *bn* onvoldaan, ontevreden ★ *he's very* ~ *with his job* hij is erg ontevreden met zijn baan

dissect [dɪ'sekt] *overg* ontleden

dissecting room [dɪ'sektɪŋ ruːm] *znw* snij- of ontleedkamer

dissection [dɪ'sekʃən] *znw* sectie, ontleding

dissemble [dɪ'sembl] **I** *overg* verbergen, ontkennen **II** *onoverg* huichelen

dissembler [dɪ'semblə] *znw* huichelaar, veinzer

disseminate [dɪ'semɪneɪt] *overg* (uit)zaaien, uitstrooien, verspreiden

dissemination [dɪsemɪ'neɪʃən] *znw* zaaien, verspreiding

dissension [dɪ'senʃən] *znw* verdeeldheid, onenigheid, tweedracht

dissent [dɪ'sent] **I** *znw* ❶ verschil van mening ★ *the laws gave rise to a wave of* ~ de wetten veroorzaakten een golf van protest ★ *voices of* ~ *are now being heard* er gaan nu stemmen op die een andere mening verkondigen ❷ afscheiding ‹v.d. staatskerk› **II** *onoverg* ❶ verschillen in gevoelen, verschillen van mening, minderheidsstandpunt innemen ❷ zich afscheiden ‹in geloofszaken›

dissenter [dɪ'sentə] *znw* dissenter, andersdenkende

dissentient [dɪ'senʃənt] **I** *bn* form afwijkend ‹in denkwijze›, andersdenkend ★ *there was one* ~ *voice*

er was één tegenstem **II** *znw* andersdenkende, tegenstemmer

dissenting [dɪ'sentɪŋ] *bn* verschillend van mening ★ ~ *voices* protestgeluiden, tegengeluiden

dissertation [dɪsə'teɪʃən] *znw* ❶ verhandeling (over *on*) ❷ ± proefschrift, dissertatie ★ *she wrote her* ~ *on Mahler* ze heeft haar proefschrift over Mahler geschreven ❸ scriptie

disservice [dɪs'sɜːvɪs] *znw* slechte dienst, schade ★ *do sbd / sth a (grave)* ~ iem. / iets een slechte dienst bewijzen

dissidence ['dɪsɪdns] *znw* ❶ (menings)verschil ❷ dissidentie, afvalligheid

dissident ['dɪsɪdnt] **I** *bn* dissident, andersdenkend **II** *znw* dissident, andersdenkende

dissimilar [dɪ'sɪmɪlə] *bn* ongelijk(soortig) (met *to*)

dissimilarity [dɪsɪmɪ'lærətɪ] *znw* ongelijk(soortig)heid

dissimulate [dɪ'sɪmjʊleɪt] **I** *overg* form ontkennen, verbergen **II** *onoverg* veinzen, huichelen

dissimulation [dɪsɪmjʊ'leɪʃən] *znw* geveinsdheid, veinzerij, huichelarij

dissipate ['dɪsɪpeɪt] **I** *overg* ❶ verstrooien ❷ verdrijven ❸ doen optrekken / vervliegen ❹ verkwisten, verspillen **II** *onoverg* verdwijnen

dissipated ['dɪsɪpeɪtɪd] *bn* liederlijk, verlopen, losbandig, verboemeld ★ *a* ~ *youth* een losbandige jeugd

dissipation [dɪsɪ'peɪʃən] *znw* ❶ verstrooiing ❷ verdrijving ❸ verkwisting, verspilling ❹ losbandigheid

dissociate [dɪ'səʊʃɪeɪt], **disassociate I** *overg* (af)scheiden **II** *wederk* ★ ~ *oneself from sbd / sth* zich afscheiden of losmaken, zich distantiëren van iem / iets

dissociation [dɪsəʊsɪ'eɪʃən] *znw* (af)scheiding

dissoluble [dɪ'sɒljʊbl] *bn* oplosbaar, ontbindbaar

dissolute ['dɪsəluːt] dicht *bn* ongebonden, los(bandig), liederlijk ★ *lead a* ~ *existence / life* een losbandig bestaan / leven leiden

dissolution [dɪsə'luːʃən] *znw* ❶ (weg)smelting, oplossing ❷ ontbinding

dissolvable [dɪ'zɒlvəbl] *bn* oplosbaar, ontbindbaar

dissolve [dɪ'zɒlv] **I** *overg* oplossen, ontbinden, scheiden **II** *onoverg* ❶ (zich) oplossen, smelten ❷ uiteengaan ▼ ~ *into laughter / tears* in lachen / tranen uitbarsten

dissolvent [dɪ'zɒlvənt] **I** *bn* oplossend **II** *znw* oplossend middel

dissonance ['dɪsənəns] *znw* ❶ wanklank, dissonant ❷ onenigheid, meningsverschil

dissonant ['dɪsənənt] *bn* niet harmonisch, niet overeenstemmend (met *from / to*)

dissuade [dɪ'sweɪd] *overg* ❶ af-, ontraden ❷ afbrengen (van *from*)

dissuasion [dɪ'sweɪʒən] *znw* waarschuwing, negatief advies

dissuasive [dɪ'sweɪsɪv] *bn* af-, ontradend

distaff ['dɪstɑːf] hist *znw* ★ *the* ~ *(side)* de spillezijde,

di

di

de vrouwelijke linie

distance ['dɪstns] **I** *znw* ❶ afstand ★ *the middle* ~ het middenplan, tweede plan ⟨v. schilderij⟩, sp de middellange afstand ★ *at / from a* ~ vanaf een afstand ★ *within shouting* ~ binnen gehoorsafstand ★ *within striking / spitting* ~ op een steenworp afstand, vlakbij ★ *within strolling / walking &* ~ op loopafstand ★ *cover the* ~ de afstand afleggen ★ *go / stay the* ~ tot het einde volhouden ★ *keep at a* ~ op afstand houden ★ *keep one's* ~ afstand bewaren ★ zegsw ~ *lends enchantment to the view* vanaf een afstand lijkt alles mooier ❷ afstandelijkheid ❸ verte ★ *in the* ~ in de verte **II** *overg* ❶ (zich) distantiëren ★ ~ *oneself from sbd* iem. op een afstand houden ❷ verwijderen

distance learning ['dɪstns 'lɜːnɪŋ] *znw* afstandsonderwijs

distant ['dɪstnt] *bn* ❶ ver, verwijderd, afgelegen ★ *in the* ~ *past / future* in het verre verleden / de verre toekomst ★ *in the not-too-*~ *future* in de nabije toekomst ❷ afstandelijk, terughoudend, op een afstand

distantiate [dɪ'stænʃɪeɪt] *overg* op afstand houden

distaste [dɪs'teɪst] *znw* afkeer, tegenzin ★ *he has a* ~ *for anything spicy* hij heeft een hekel aan alles dat sterk gekruid is ★ *she tried to hide her* ~ *at the dirty conditions* ze probeerde haar weerzin tegen de vieze omstandigheden te verbergen

distasteful [dɪs'teɪstful] *bn* onaangenaam, akelig

distemper [dɪ'stempə] **I** *znw* ❶ hondenziekte ❷ tempera ⟨verf⟩ ❸ witte muurkalk, latex **II** *overg* sausen, kalken ⟨plafond &⟩

distempered [dɪs'tempəd] *bn* ❶ bedekt met witte muurkalk, latex ❷ dicht geestelijk in de war

distend [dɪ'stend] *overg & onoverg* rekken, openspalken, (doen) uitzetten, opzwellen

distended [dɪ'stendɪd] *bn* gezwollen, opgezet, gerekt

distension [dɪ'stenʃən], Am **distention** *znw* ❶ uitzetting, (op)zwelling, rekking ★ *abdominal* ~ een opgezette buik ❷ omvang

distich ['dɪstɪk] letterk *znw* distichon, tweeregelig vers

distil [dɪ'stɪl], Am **distill** *overg* distilleren

distillate ['dɪstɪleɪt] *znw* distillaat

distillation [dɪstɪ'leɪʃən] *znw* distillatie

distiller [dɪ'stɪlə] *znw* distillateur

distillery [dɪ'stɪlərɪ] *znw* distilleerderij, stokerij, branderij

distinct [dɪ'stɪŋkt] *bn* ❶ onderscheiden, verschillend ★ *her mental as* ~ *from her physical health is now at risk* haar geestelijke gezondheid in plaats van haar lichamelijke gezondheid wordt nu bedreigd ❷ gescheiden, apart ❸ helder, duidelijk ❹ bepaald, beslist

distinction [dɪ'stɪŋkʃən] *znw* ❶ onderscheiding, onderscheid ★ *draw a* ~ *between* een onderscheid maken tussen ❷ aanzien, distinctie, uitmuntendheid, voornaamheid ★ *of* ~ gedistingeerd, eminent, vooraanstaand ★ *the*

dubious ~ de twijfelachtige eer

distinctive [dɪ'stɪŋktɪv] *bn* onderscheidend, kenmerkend, apart

distingué [dɪ'stæŋgeɪ] ⟨‹Fr⟩ *bn* voornaam, gedistingeerd

distinguish [dɪ'stɪŋgwɪʃ] **I** *overg* onderscheiden, onderkennen ★ *the fish is* ~*ed by its almost black colour* de vis wordt gekenmerkt door een bijna zwarte kleur **II** *onoverg* onderscheid maken (tussen *between*) **III** *wederk* ★ ~ *oneself* zich onderscheiden

distinguishable [dɪ'stɪŋgwɪʃəbl] *bn* te onderscheiden

distinguished [dɪ'stɪŋgwɪʃt] *bn* ❶ voornaam ❷ gedistingeerd ❸ eminent, van naam, van betekenis

distort [dɪ'stɔːt] *overg* ❶ verwringen, verdraaien ❷ vervormen

distorting mirror [dɪ'stɔːtɪŋ 'mɪrə] *znw* lachspiegel

distortion [dɪ'stɔːʃən] *znw* ❶ verwringing, verdraaiing ❷ vervorming

distract [dɪ'strækt] *overg* afleiden

distracted [dɪ'stræktɪd] *bn* verward, verbijsterd

distraction [dɪ'strækʃən] *znw* ❶ afleiding ❷ ontspanning, vermaak ❸ verwarring, opgewondenheid ★ *be bored to* ~ zich dood vervelen ★ *drive sbd to* ~ iem. horendol maken ★ *love sbd to* ~ stapelgek op iem. zijn

distraught [dɪ'strɔːt] *bn* radeloos, buiten zichzelf, wanhopig

distress [dɪ'stres] **I** *znw* ❶ nood, ellende, leed, benauwdheid, angst, zorg, smart ★ *a ship in* ~ een schip in nood ★ *(much) to his* ~, *the job went to his colleague* (zeer) tot zijn verdriet ging de baan naar zijn collega ❷ armoede ❸ tegenspoed **II** *overg* benauwen, bedroeven, pijnlijk zijn, kwellen

distressed [dɪ'strest] *bn* ❶ bedroefd ❷ bang, overstuur ❸ behoeftig, in nood

distressed area [dɪ'strest 'eərɪə] *znw* ❶ noodlijdend gebied ❷ probleemgebied, gebied waar veel werkloosheid is

distressing [dɪ'stresɪŋ] *bn* pijnlijk, onrustbarend, versterkend schrikbarend ★ *the incident was very* ~ *for everyone* het incident was erg pijnlijk voor iedereen

distress rocket [dɪ'stres 'rɒkɪt] *znw* rode vuurpijl ⟨als noodsignaal⟩

distress signal [dɪ'stres 'sɪgnl] scheepv *znw* noodsein

distress warrant [dɪ'stres 'wɒrənt] jur *znw* dwangbevel

distribute [dɪ'strɪbjuːt] *overg* ❶ verspreiden, verdelen ★ *the various ethnic groups are* ~*d throughout the country* de verschillende etnische groeperingen wonen verspreid over het hele land ❷ ronddelen, uitdelen, distribueren ❸ verhuren ⟨film⟩

distribution [dɪstrɪ'bjuːʃən] *znw* ❶ uitdeling, distributie ★ *a* ~ *of profit* een winstverdeling, winstuitkering ❷ verdeling, verspreiding ★ *the disease shows a broad pattern of* ~ de ziekte laat een breed verspreidingspatroon zien ❸ (film)verhuur

❹ jur uitkering

distribution centre [dɪstrɪˈbjuːʃən ˈsentə], **Am**
distribution center handel znw distributiecentrum

distribution channel [dɪstrɪˈbjuːʃən ˈtʃænl] handel znw
distributiekanaal, afzetkanaal, verkoopkanaal

distribution outlet [dɪstrɪˈbjuːʃən ˈaʊtlet] znw
distributiepunt

distributive [dɪˈstrɪbjʊtɪv] bn uit-, verdelend,
distributief ★ the ~ industries / trades de
distributiebedrijven ⟨transport-, winkelbedrijf &⟩

distributor [dɪˈstrɪbjʊtə] znw **❶** uitdeler, verdeler,
verspreider **❷** wederverkoper, distributeur, grossier
★ the company will act as the exclusive ~ for the goods
de onderneming zal de enige distributeur zijn van
de goederen **❸** (film)verhuurder

district [ˈdɪstrɪkt] znw district, arrondissement, streek,
wijk, gebied

district attorney [ˈdɪstrɪkt əˈtɜːnɪ], **DA Am** znw
openbare aanklager van een deelstaat, officier van
justitie

district court [ˈdɪstrɪkt kɔːt] znw
arrondissementsrechtbank

district nurse [ˈdɪstrɪkt nɜːs] znw wijkverpleegster

district surgeon [ˈdɪstrɪkt ˈsɜːdʒən] **ZA** znw
districtsdokter ⟨door de regering aangesteld⟩

distrust [dɪsˈtrʌst] **I** znw wantrouwen ★ a climate of ~
has been created er is een sfeer van wantrouwen
gecreëerd **II** overg wantrouwen

distrustful [dɪsˈtrʌstfʊl] bn wantrouwig

disturb [dɪˈstɜːb] overg (ver)storen, in de war brengen,
verontrusten, beroeren, opjagen

disturbance [dɪˈstɜːbəns] znw **❶** (ver)storing, stoornis
❷ verontrusting, rustverstoring, verwarring,
beroering, relletje ★ a ~ of the peace ordeverstoring
★ cause / make a ~ een rel veroorzaken

disturbed [dɪˈstɜːbd] bn **❶** verstoord, veranderd,
ontregeld ★ a ~ childhood een ongelukkige jeugd
❷ gestoord **❸** verontrust, opgejaagd ★ they were
greatly ~ by the incident ze waren erg verontrust
door het incident

disturbing [dɪˈstɜːbɪŋ] bn verontrustend ⟨nieuws⟩

disunite [dɪsjʊˈnaɪt] **I** overg scheiden, verdelen
II onoverg **❶** het oneens worden **❷** uiteengaan

disunity [dɪsˈjuːnətɪ] znw onenigheid, verdeeldheid,
verscheurdheid

disuse [dɪsˈjuːs] znw **❶** onbruik ★ fall into ~ in onbruik
raken **❷** inactiviteit ⟨m.b.t. organen⟩

disused [dɪsˈjuːzd] bn niet meer gebruikt, in onbruik,
verlaten

disyllabic [dɪsɪˈlæbɪk] taalk znw tweelettergrepig

ditch [dɪtʃ] **I** znw sloot, gracht, greppel **II** overg **❶** inf
de bons geven **❷** lozen, dumpen

ditchwater [ˈdɪtʃwɔːtə] znw ★ inf as dull as ~ oersaai

dither [ˈdɪðə] **I** znw paniek, zenuwachtigheid ★ in a ~
/ all of a ~ in alle staten, in paniek **II** onoverg
weifelen

dithering [ˈdɪðərɪŋ] znw **❶** weifeling **❷** comput
dithering, halftoning ⟨kleuren benaderen d.m.v.

mengrasters⟩

ditto [ˈdɪtəʊ] **I** bijw dezelfde / hetzelfde, dito **II** znw,
ditto mark aanhalingstekens ⟨twee komma's om
aan te geven dat een woord of getal wordt
herhaald⟩

ditty [ˈdɪtɪ] znw deuntje, wijsje

diuretic [daɪjʊˈretɪk] med **I** bn diuretisch **II** znw
diureticum ⟨urinedrijvend middel⟩

diurnal [daɪˈɜːnl] form bn dagelijks, dag-

diva [ˈdiːvə] znw gevierde zangeres, danseres, prima
donna

divan [dɪˈvæn] znw divan

dive [daɪv] **I** znw **❶** het duiken, onderduiking ★ take
a ~ snel omlaaggaan ⟨v. prijzen⟩ **❷** duik(vlucht) ★ go
into a ~ een duikvlucht maken **❸** plotselinge snelle
beweging, greep ★ he made a ~ for her handbag hij
deed een greep naar haar tas **❹** inf gedat kroegje,
kit **II** onoverg [dived/Am dove, dived/Am dove]
(onder)duiken ★ ~ for cover dekking zoeken **III** phras
★ ~ in (in het water) duiken, enthousiast mee gaan
doen ★ inf ~ in! tast toe! ★ ~ into sth inf zijn hand
ergens insteken ⟨zak, tas &⟩, in iets tasten, ergens in
duiken ⟨water⟩, ergens enthousiast aan meedoen

dive-bomb [ˈdaɪv-bɒm] overg in duikvlucht bommen
werpen op

dive-bomber [ˈdaɪv-bɒmə] znw duikbommenwerper

diver [ˈdaɪvə] znw **❶** ⟨ook dierk⟩ duiker **❷** sp
schoonspringer

diverge [daɪˈvɜːdʒ] onoverg afwijken, uiteen lopen,
divergeren

divergence [daɪˈvɜːdʒəns], **divergency** znw
divergentie, afwijking

divergent [daɪˈvɜːdʒənt] bn afwijkend, uiteenlopend,
divergerend

divers [ˈdaɪvəz] dicht bn verscheidene, ettelijke

diverse [daɪˈvɜːs] bn onderscheiden, verschillend

diversiform [daɪˈvɜːsɪfɔːm] form bn veelvormig

diversify [daɪˈvɜːsɪfaɪ] overg diversifiëren,
verscheidenheid aanbrengen (in), variëren,
afwisseling aanbrengen

diversion [daɪˈvɜːʃən] znw **❶** afleiding, afwending,
om-, verlegging, omleiding ★ we welcomed the ~ of a
trip down the river we waren blij met het verzetje
van een riviertochtje **❷** ontspanning, vermaak,
verzet(je) **❸** afleidingsmanoeuvre

diversionary [daɪ-, dɪˈvɜːʃən(ə)rɪ] bn afleidend,
afleidings-

diversionary tactic [daɪ-, dɪˈvɜːʃən(ə)rɪ ˈtæktɪk] znw
(meestal mv) afleidingsmanoeuvre

diversity [daɪˈvɜːsətɪ] znw verscheidenheid,
ongelijkheid, diversiteit ★ there is a wide ~ of views
on this subject er zijn veel verschillende opvattingen
over dit onderwerp

divert [daɪˈvɜːt] overg **❶** afwenden, afleiden **❷** om-,
verleggen ⟨een weg⟩, omleiden ⟨verkeer⟩, doen
uitwijken ⟨vliegtuig⟩, dwingen te vliegen (naar to)
❸ aan zijn bestemming onttrekken, tot een ander
doel aanwenden **❹** vermaken, afleiding geven

di

diverting [daɪ'vɜːtɪŋ] *bn* afleiding gevend, amusant, vermakelijk

divest [daɪ'vest] *overg* ❶ <u>form</u> ontkleden, ontdoen, ontbloten, beroven (van *of*) ★ <u>form</u> ~ *sbd / sth of sth* iem. ontdoen van iets, iets afleggen, iets neerleggen ★ <u>scherts</u> *I ~ed myself of my coat* ik trok mijn jas uit ❷ afstoten van productiemiddelen

divide [dɪ'vaɪd] **I** *znw* ❶ waterscheiding ❷ <u>fig</u> scheidingslijn **II** *overg* (ver)delen, indelen, scheiden ★ ~ *the House* laten stemmen ★ ~ *sth off* iets afscheiden ‹d.m.v. een scheidingswand &› ★ ~ *sth up* iets verdelen **III** *onoverg* ❶ delen ❷ zich verdelen, zich splitsen ★ *the river ~s into two at that point* de rivier splitst zich in tweeën op dat punt

divided [dɪ'vaɪdɪd] *bn* gescheiden, verdeeld ★ *a ~ skirt* een broekrok ★ *opinions were* ~ de opvattingen waren verdeeld

divided highway [dɪ'vaɪdɪd 'haɪweɪ] *znw* vierbaansweg

dividend ['dɪvɪdend] *znw* ❶ dividend ★ <u>fig</u> *pay ~s* lonend zijn ❷ uitkering

dividend certificate ['dɪvɪdend sə'tɪfɪkɪt] *znw* certificaat van aandeel

dividend cover ['dɪvɪdend 'kʌvə] *znw* dividenddekking

dividend rate ['dɪvɪdend reɪt] *znw* dividendpercentage

dividend warrant ['dɪvɪdend 'wɒrənt], <u>Am</u> **dividend check** *znw* dividendcheque

dividend yield ['dɪvɪdend jiːld] *znw* dividend rendement

divider [dɪ'vaɪdə] *znw* ❶ scheidingswand, kamerscherm ❷ wie verdeeldheid zaait

dividers [dɪ'vaɪdəz] *znw* [mv] verdeelpasser, steekpasser

dividing line [dɪ'vaɪdɪŋ laɪn] *znw* scheidslijn, scheilijn, scheidingslijn, demarcatielijn

divination [dɪvɪ'neɪʃən] *znw* waarzeggerij, voorspelling

divine [dɪ'vaɪn] **I** *bn* ❶ goddelijk ★ *by* ~ *intervention* door goddelijk ingrijpen ❷ godsdienstig **II** *znw* ❶ godgeleerde ❷ geestelijke **III** *overg* ❶ raden ❷ voorspellen ❸ met wichelroede opsporen

diviner [dɪ'vaɪnə] *znw* ❶ voorspeller, waarzegster ❷ roedeloper

divine service [dɪ'vaɪn 'sɜːvɪs] *znw* godsdienstoefening, kerkdienst

diving ['daɪvɪŋ] *znw* ❶ duiken ❷ <u>sp</u> schoonspringen ★ *high* ~ torenspringen

diving bell ['daɪvɪŋ bel] *znw* duikerklok

diving board ['daɪvɪŋ bɔːd] *znw* springplank

diving suit ['daɪvɪŋ s(j)uːt] *znw* duikerpak

divining rod [dɪ'vaɪnɪŋ rɒd] *znw* wichelroede

divinity [dɪ'vɪnətɪ] *znw* ❶ goddelijkheid, god(heid) ❷ godgeleerdheid

divisible [dɪ'vɪzɪbl] *bn* deelbaar ★ *a number* ~ *by 7* een getal dat deelbaar is door 7

division [dɪ'vɪʒən] *znw* ❶ (ver)deling, in-, afdeling,

sectie, divisie ❷ (kies)district ❸ verdeeldheid ❹ (af)scheiding ❺ stemming

divisional [dɪ'vɪʒənl] *bn* ❶ divisie- ❷ afdelings-

division lobby [dɪ'vɪʒən 'lɒbɪ] *znw* stemgang ‹in Brits parlement›

division of labour [dɪ'vɪʒən ɒv 'leɪbə] arbeidsverdeling

division sign [dɪ'vɪʒən saɪn] *znw* deelteken

divisive [dɪ'vaɪsɪv] *bn* verdeeldheid zaaiend

divisor [dɪ'vaɪzə] *znw* deler

divorce [dɪ'vɔːs] **I** *znw* ❶ (echt)scheiding ★ <u>jur</u> *a* ~ *decree/~ order* een echtscheidingsbeschikking ★ *a* ~ *suit* een echtscheidingsprocedure ★ *he's waiting for his* ~ *to come through* hij wacht op zijn echtscheiding **II** *overg* ❶ scheiden (van *from*) ❷ zich laten scheiden van **III** *onoverg* scheiden

divorced [dɪ'vɔːst] *bn* gescheiden ★ *they got* ~ *after a year of marriage* ze gingen scheiden na een jaar getrouwd te zijn geweest ★ *she seems* ~ *from reality* ze lijkt in een droomwereld te leven

divorcee [dɪvɔː'siː] *znw* gescheiden man (vrouw)

divot ['dɪvət] *znw* losgeslagen stuk gras ‹bij het golfen›

divulge [daɪ'vʌldʒ] *overg* onthullen, openbaar maken, ruchtbaar maken

divulgence [daɪ'vʌldʒəns] *znw* onthulling

divvy ['dɪvɪ] <u>inf</u> **I** *znw* ❶ **divi** dividend ❷ <u>Br</u> stommerik **II** *phras* ★ ~ *sth up* samsam doen

Dixieland ['dɪksɪlænd] <u>muz</u> *znw* dixieland

DIY *afk* → **do-it-yourself**

DIY shop [diːaɪ'waɪ ʃɒp] *znw* doe-het-zelfzaak

dizzy ['dɪzɪ] **I** *bn* ❶ duizelig ❷ duizelingwekkend ★ *reach the* ~ *heights* een duizelingwekkende hoogte bereiken **II** *overg* duizelig maken

DJ *afk* → **disc jockey**

Djibouti [dʒɪ'buːtɪ] *znw* Djibouti

djinn [dʒɪn] *znw* djinn ‹geest in het volksgeloof van islamitische volken›

dl *afk* (deciliter)

dm *afk* (decimeter)

DNA *afk* (deoxyribonucleic acid) DNA (desoxyribonucleïnezuur)

DNA fingerprinting [diːen'eɪ 'fɪŋɡəprɪntɪŋ], **DNA profiling** *znw* genenprint, genetische vingerafdruk, DNA-vingerafdruk

do I *znw* [dəʊ] <u>muz</u> → **doh II** *znw* [duː] [*mv:* dos *of* do's] <u>inf</u> fuif, fuifje ▼ *the dos and don'ts* wat mag en niet mag **III** *hulpww* [duː, də] [did] [v.t.] ❶ ‹gebruikt om een vraag of ontkenning te vormen: niet vertaald› ★ ~ *you see?* ziet u? ★ *I ~n't know* ik weet het niet ❷ wel?, niet?, nietwaar? ‹als afsluitend vraagzinnetje› ★ *you don't like him,* ~ *you?* je vindt hem niet aardig, wel? ★ *you like her, ~n't you?* je vindt haar leuk, niet(waar)? ❸ zeker, wel, echt ‹om nadruk te geven› ★ *you* ~ *have good taste* je hebt zeker een goede smaak ★ ~ *sit down* ga u toch zitten ❹ ‹terugwijzend naar een werkwoord dat al genoemd is; gewoonlijk niet vertaald, maar soms:›

doen ★ *he likes it, and so ~ I* hij vindt het leuk en ik ook ★ *she went home and so did her mother* ze ging naar huis en haar moeder (deed dat) ook ❺ ‹gebruikt bij inversie: niet vertaald› ★ *only rarely ~ I lose my patience* ik verlies maar zelden mijn geduld **IV** *overg* [du:] [did, done] ❶ doen, uitvoeren, verrichten ★ *something must be ~ne about it* er moet iets aan gedaan worden ★ inf ~ *one's thing* doen waar je zin in hebt ‹en waardoor je jezelf bent› ★ inf ~ *it* het voor elkaar krijgen, het hem leveren, het doen ‹neuken› ★ inf *that ~es it* nou breekt mijn klomp, nu is de maat vol ★ inf *that's ~ne it!* dat deed wel de deur dicht!, nou is het uit! ❷ bezig zijn met ★ *she was ~ing the dishes when I rang* ze was aan het afwassen toen ik belde ❸ maken, opmaken ‹bed›, klaarmaken, koken, braden & ★ *the pie is ~ne* de taart is klaar ❹ aanrichten, veroorzaken ‹schade› ❺ uithangen, spelen (voor) ❻ behandelen ★ *the hairdresser will ~ you next* u bent als volgende aan de beurt ‹bij de kapper› ❼ afleggen ‹afstand› ❽ rijden ‹1 op 3› ❾ bezoeken ‹v. land, stad &› ❿ doorbrengen ‹in baan, gevangenis &› ★ inf ~ *time* een gevangenisstraf uitzitten ⓫ schikken, passen ★ *this one will ~ me* deze vind ik wel goed ⓬ inf gebruiken ‹drugs› ⓭ Br inf te pakken nemen, oplichten, afzetten ⓮ inf ruïneren, afmaken, kapotmaken ▼ inf *~n't 'good morning' me!* je moet bij mij niet aankomen met 'goeie morgen'! **V** *onoverg* [du:] [did, done] ❶ doen ★ *~ as you please* ga je gang ★ *~ or die* erop of eronder ❷ gedijen, tieren ★ *he's ~ing well* het gaat hem goed ★ *he did very well* hij bracht het er heel goed af ★ *~ well by sth* ergens wel bij varen ★ *~ well by sbd* iem. goed behandelen ★ *~ well out of sth* ergens goed aan verdienen, ergens voordeel uit halen ❸ inf klaar zijn ★ *are you ~ne yet?* ben je al klaar? ★ *let's just pay him and be ~ne with it* laten we hem gewoon betalen, dan zijn we er vanaf ★ *I've ~ne with him* ik wil niets meer met hem te maken hebben ❹ geschikt zijn, genoeg zijn ★ *you'll ~* jij bent wel geschikt ★ *that will ~* zo is het goed / voldoende / genoeg ★ *that won't ~* dat gaat niet aan, dat kan zo niet ▼ *how do you ~?* hoe maakt u het? ▼ *it is nothing to ~ with you / him &* het heeft niets te maken (niets van doen, niets uit te staan) met jou / hem & het gaat je / hem & niets aan ▼ *our arguments are usually to ~ with money* onze ruzies gaan gewoonlijk over geld ▼ *zegsw ~ by others as you would be done by* wat gij niet wilt dat u geschiedt, doe dat ook een ander niet **VI** *phras* ★ *~ away with* sth iets van zich afzetten, iets wegnemen, iets afschaffen, iets uit de wereld helpen ★ *~ away with sbd* iem. van kant maken ★ Br inf *~ sbd down* iets kleineren / afkraken ★ Br inf *~ sbd down* iem. kleineren / afkraken, iem. beetnemen, iem. afzetten ★ *~ for sth* dienen als iets, deugen voor iets, voldoende zijn voor iets ★ Br *~ for sbd* huishoudelijk werk doen voor iem., inf iem. zijn

vet geven, iem. de das omdoen ★ inf ~ *sth in* iets bezeren ‹rug, knie &› ★ inf ~ *sbd in* iem. vermoorden ★ *~ oneself in* zich blesseren ★ *~ sth over* Br inf iets helemaal overhoop halen, Am inf iets opknappen / schilderen / behangen ‹kamer› ★ Br inf ~ *sbd over* iem. afranselen, aftuigen ★ *~ sth out* iets grondig opruimen, schoonmaken, iets opsieren, verfraaien ★ *~ sbd out of sth* iem. iets door de neus boren ★ *~ sth over* Am inf iets overdoen, weer doen, iets opnieuw inrichten, moderniseren, Br inf iets beroven ‹bank &› ★ *~ sth up* iets in orde maken, iets opsteken, opmaken ‹haar›, iets repareren, opknappen, iets inpakken, dichtmaken, iets dichtknopen, sluiten ‹kledingstuk› ★ inf ~ *oneself up* zich opdoffen ★ *~ with sth* iets kunnen gebruiken ★ *I could ~ with a shave / a haircut / a new coat* ik moet me nodig scheren / moet mijn haar laten knippen / heb een nieuwe jas nodig ★ *I could ~ with something to eat / drink &* ik heb wel zin in iets te eten / drinken & ★ *I could ~ with less work / more time &* ik zou graag wat minder werk / meer tijd & willen hebben ★ *~ without sth* het stellen zonder iets

dob [dɒb] Aus & NZ inf **I** *overg* ★ *~ sbd in* iem. verraden ★ *~ sth in* iets bijdragen ‹geld› **II** *onoverg* ★ *~ on sbd* iem. erbij lappen

dobbin ['dɒbɪn] *znw* werkpaard

doc [dɒk] inf *afk* ❶ (doctor) dokter, doctor ❷ (document) comput document

docile ['dəʊsaɪl] *bn* ❶ dociel, leerzaam, volgzaam ❷ handelbaar, gedwee, gezeglijk

docility [dəʊ'sɪlətɪ] *znw* leerzaamheid, volgzaamheid, handelbaarheid, gezeglijkheid

dock [dɒk] **I** *znw* ❶ scheepv dok, (meestal *mv*) haven, Am kade ★ *be in ~* scheepv in de haven, aan de kade, inf in de lappenmand ❷ plantk zuring ❸ hokje voor de verdachte, bank van de beschuldigden **II** *overg* ❶ scheepv dokken ❷ kortstaarten, couperen ❸ korten, af-, inhouden ‹v. loon› **III** *onoverg* ❶ scheepv dokken ❷ koppelen v. ruimtevaartuigen

dockage ['dɒkɪdʒ] *znw* dokgeld, havengeld

docker ['dɒkə] *znw* bootwerker, havenarbeider

docket ['dɒkɪt] **I** *znw* ❶ briefje, bon, borderel ❷ etiket ❸ korte inhoud ❹ Am jur lijst van aanhangige zaken, lijst van zaken die op de rol staan **II** *overg* de korte inhoud vermelden op, merken en nummeren ‹op een briefje›, etiketteren

dockhand ['dɒkhænd] *znw* dokwerker, havenarbeider

docking station ['dɒkɪŋ 'steɪʃən] comput *znw* docking station

dockland ['dɒklənd] *znw* havenkwartier

dockside ['dɒksaɪd] *znw* havengebied

dockyard ['dɒkjɑːd] *znw* (marine)werf, scheepswerf

doctor ['dɒktə] **I** *znw* doctor, dokter ★ *a ~'s certificate* doktersverklaring, medische verklaring ★ inf *under the ~* onder doktersbehandeling ★ inf *be (just) what the ~ ordered* dat is net wat we nodig hebben **II** *overg*

do

❶ (geneeskundig) behandelen ❷ 'helpen' ⟨steriliseren, castreren van huisdieren⟩ ❸ opknappen ❹ knoeien met, vervalsen ❺ vergiftigen ⟨v. voedsel &⟩

doctoral ['dɒktərəl] *bn* doctors- ★ *a ~ thesis* een proefschrift, dissertatie

doctorate ['dɒktərət] *znw* doctoraat, doctorstitel ★ *do / complete a ~* een doctorstitel halen, promoveren ★ *have a ~* een doctorstitel hebben ★ *her ~ is on kidney disease* haar proefschrift gaat over nierziektes

doctor's orders ['dɒktəz 'ɔːdəz] vooral scherts *znw* [mv] doktersvoorschrift

doctrinaire [dɒktrɪ'neə] *bn* doctrinair

doctrinal [dɒk'traɪnl] *bn* leerstellig

doctrinarian [dɒktrɪ'neərɪən] *znw* theoreticus

doctrine ['dɒktrɪn] *znw* doctrine, leer, leerstuk ★ *party ~* partijlijn

docudrama ['dɒkjʊdrɑːmə] *znw* docudrama

document I *znw* ['dɒkjʊmənt] bewijs(stuk), akte, document **II** *overg* ['dɒkjʊment] documenteren

documentary [dɒkjʊ'mentərɪ] **I** *bn* documentair, schriftelijk **II** *znw* documentaire

documentation [dɒkjʊmen'teɪʃən] *znw* documentatie

docusoap ['dɒkjʊsəʊp] *znw* docusoap

dodder ['dɒdə] *onoverg* ❶ beven ❷ schuifelen

doddering ['dɒdərɪŋ] *bn* bevend, trillend ⟨v. ouderdom⟩

doddery ['dɒdərɪ] *inf bn* beverig, trillend, wankel

doddle ['dɒdl] *inf znw* makkie

dodecagon [dəʊ'dekəgən] *znw* twaalfhoek

dodecahedron [dəʊdɪkə'hiːdrən] *znw* twaalfvlak

dodge [dɒdʒ] **I** *znw* ❶ zijsprong ❷ ontwijkende manoeuvre ❸ kneep, kunstje, foefje, truc, slimmigheidje **II** *overg* ontduiken, vermijden, behendig ontwijken **III** *onoverg* ❶ terzijde springen, opzijgaan, uitwijken ❷ uitvluchten zoeken

dodgem ['dɒdʒəm], **dodgem car** *znw* botsautootje, autoscooter ⟨op kermis⟩

dodger ['dɒdʒə] *inf znw* ❶ ontwijker, ontduiker ⟨belasting &⟩ ❷ slimmerd

dodgy ['dɒdʒɪ] *inf bn* ❶ gewiekst ❷ verraderlijk, lastig, hachelijk

dodo ['dəʊdəʊ] *znw* [mv: -s of -does] dodo ⟨uitgestorven⟩ ★ *inf as dead as a / the ~* zo dood als een pier, morsdood

doe [dəʊ] *znw* [mv: - of -s] ❶ hinde ❷ wijfje

doer ['duːə] *znw* ❶ dader ❷ man van de daad

does [dʌz] *ww* [3e pers. enk. v.] → **do**

doeskin ['dəʊskɪn] *znw* ❶ suède ❷ soort bukskin

doesn't [dʌznt] *samentr* (does not) → **do**

doff [dɒf] *overg* afdoen, afleggen, afzetten ★ *~ one's hat to sbd / sth* zijn hoed afnemen voor iem. / iets

dog [dɒg] **I** *znw* ❶ hond ★ *~ eat ~* moordende concurrentie, niets ontziend eigenbelang ★ Am inf *a ~'s age* heel lang ★ inf *a ~'s breakfast / dinner* janboel, troep ★ Br inf *dressed up like a ~'s dinner* overdreven opzichtig gekleed ★ *a ~'s life* een hondenleven ★ rijmend slang *~ and bone* telefoon

★ Am inf *a ~ and pony show* uitvoerige presentatie of demonstratie ★ *he's a ~ in the manger* hij kan de zon niet in het water zien schijnen ★ inf *like a ~ with two tails* heel erg blij ★ *fight like cat and ~* vechten als kat en hond ★ inf *go to the ~s* naar de bliksem gaan ★ inf *not have a ~'s chance* geen schijn van kans hebben ★ Am inf *put on the ~* gewichtig doen ★ *throw sbd to the ~s* iem. afschrijven ★ *treat sbd like a ~* iem. honds behandelen ★ zegsw *every ~ has his day* iedereen krijgt zijn beurt, het gaat iedereen wel eens goed ★ zegsw *~s bark but the caravans move on* al maak je nog zo'n stampei, er verandert toch niets ★ zegsw *you can't teach an old ~ new tricks* je kunt mensen niet veranderen ★ zegsw *give a ~ a bad name and hang him* als je een slechte naam hebt, krijg je van alles de schuld ★ zegsw *let sleeping ~s lie* geen slapende honden wakker maken ★ zegsw *why keep a ~ and bark yourself?* waarom iets zelf doen als je het een ander kunt laten doen? ❷ mannetje, rekel ⟨v. hond, vos, wolf &⟩, reu ⟨v. hond⟩ ❸ marketing product met een klein marktaandeel en geringe marktgroei ❹ inf kerel ★ *a lucky ~* een geluksvogel ★ *a sly ~* een slimme vogel ❺ Am inf misbaksel, troep, rotzooi ❻ inf beledigend gedrocht, monster ⟨v.e. meisje⟩ **II** *overg* ❶ op de hielen zitten, (op de voet) volgen, iemands gangen nagaan ❷ achtervolgen, vervolgen

dog biscuit [dɒg 'bɪskɪt] *znw* hondenbrok, stuk hondenbrood

dog cart [dɒg kɑːt] *znw* hondenkar

dogcatcher ['dɒgkætʃə] *znw* hondenmepper, hondenvanger

dog collar [dɒg 'kɒlə] *znw* ❶ halsband ❷ inf hoge boord, priesterboord

dog days [dɒg 'deɪz] *znw* [mv] hondsdagen

doge [dəʊdʒ] hist *znw* doge ⟨v. Venetië⟩

dog-eared ['dɒg-ɪəd] *bn* met ezelsoren

dog-end ['dɒg-end] *inf znw* ❶ sigarettenpeuk ❷ de laatste loodjes van iets

dog fancier [dɒg 'fænsɪə] *znw* hondenliefhebber, -kenner, -fokker

dogfight ['dɒgfaɪt] *znw* ❶ hondengevecht ❷ luchtgevecht

dogfish ['dɒgfɪʃ] *znw* hondshaai

dogged ['dɒgɪd] *bn* ❶ vasthoudend, taai ❷ hardnekkig

doggedness ['dɒgɪdnɪs] *znw* vasthoudendheid, hardnekkigheid

doggerel ['dɒgərəl] *znw* ❶ rijmelarij ❷ kreupelrijm

doggie ['dɒgɪ], **doggy** inf *znw* hondje

doggo ['dɒgəʊ] *inf bijw* ★ *lie ~* zich gedeisd houden

doggone ['dɒgɒn] Am inf *tsw, bn & bijw* verduiveld, verdraaid, verdomd

doggy bag ['dɒgɪ bæg] *znw* tasje om het restant van een maaltijd in een restaurant mee naar huis te nemen

doggy paddle ['dɒgɪ 'pædl], **dog paddle** *onoverg* op zijn hondjes zwemmen, rondspartelen

doggy style [ˈdɒgɪ staɪl], **doggy fashion** inf *znw* op z'n hondjes

doghouse [ˈdɒghaʊs] *znw* hondenhok ★ inf *be in the ~* eruit liggen, uit de gratie zijn

dogie [ˈdəʊgɪ] Am *znw* moederloos kalf

dog Latin [dɒg ˈlætɪn] *znw* potjeslatijn

dogleg [ˈdɒgleg] *znw* scherpe bocht, scherpe hoek

dogma [ˈdɒgmə] *znw* dogma, leerstuk

dogmatic [dɒgˈmætɪk] *bn* dogmatisch

dogmatics [dɒgˈmætɪks] *znw* [mv] dogmatiek

dogmatism [ˈdɒgmətɪzəm] *znw* dogmatisme

dogmatist [ˈdɒgmətɪst] *znw* dogmaticus

dogmatize [ˈdɒgmətaɪz], **dogmatise** *overg & onoverg* dogmatiseren

dognap [ˈdɒgnæp] *overg* een hond stelen ⟨om door te verkopen⟩

do-gooder [duː-ˈgʊdə] *znw* (sentimentele) filantroop, (wereld)verbeteraar

dog-paddle [dɒg-ˈpædl] *onoverg* → **doggy paddle**

dogs [dɒgz] *znw* [mv] ★ Br inf *the ~* hondenrennen

dogsbody [ˈdɒgzbɒdɪ] inf *znw* manusje-van-alles, duvelstoejager, factotum

Dog Star [dɒg stɑː] astron *znw* ★ *the ~* Hondsster, Sirius

dog tag [dɒg tæg] *znw* ❶ hondenpenning ❷ Am mil identiteitsplaatje

dog-tired [dɒg-ˈtaɪəd] inf *bn* doodmoe

dog track [dɒg træk] *znw* hondenrenbaan

dog trot [dɒg trɒt] *znw* sukkeldrafje

dogwatch [ˈdɒgwɒtʃ] scheepv *znw* platvoetwacht

doh [dəʊ], **do** muz *znw* do, ut

doily [ˈdɔɪlɪ], **doyly**, **doyley** *znw* kleedje onder vingerkom, fles, gebakje & ⟨van kant of papier⟩

doings [ˈduːɪŋz] *znw* [mv] ❶ handelingen, daden, doen en laten ❷ inf poep

do-it-yourself [duː-ɪt-jʊˈself], **DIY** *bn* doe-het-zelf

Dolby® [ˈdɒlbɪ] *znw* dolbysysteem, ruisonderdrukker

doldrums [ˈdɒldrəmz] *znw* [mv] ★ *the ~* streek rond de evenaar waar vaak windstilte heerst ★ fig *be in the ~* in een gedrukte stemming zijn

dole [dəʊl] I *znw* (werkloosheids)uitkering, steun ★ *the ~ office* het sociale dienst(kantoor), het stempellokaal ★ *be on the ~* steun trekken II *overg* ★ *~ sth out* iets uit-, rond-, toebedelen

dole-bludger [dəʊl-ˈblʌdʒə] Aus & NZ inf afkeurend *znw* ± luie nietsnut ⟨iem. met een werkloosheidsuitkering die niet actief werk zoekt⟩

doleful [ˈdəʊlfʊl] *bn* treurig

dole queue [dəʊl kjuː] *znw* rij werklozen

doll [dɒl] I *znw* ❶ pop ❷ Am inf spetter, stuk II *overg* ★ *~ sbd up* iem. mooi maken, opdirken

dollar [ˈdɒlə] *znw* dollar ★ *the 64,000 ~ question* de hamvraag ★ inf *bet one's bottom ~* er alles onder verwedden (dat)

dollar sign [ˈdɒlə saɪn] *znw* dollarteken

dollop [ˈdɒləp] I *znw* kwak ⟨jam &⟩ ★ *a ~ of romance* een vleugje romantiek II *overg* royaal opscheppen, plempen

doll's house [ˈdɒlz haʊs] *znw* poppenhuis

dolly [ˈdɒlɪ] *znw* ❶ kindertaal popje ❷ dolly ⟨verrijdbaar onderstel⟩, camerawagen ★ *a ~ shot* een opname met een rijdende camera

dolly bird [ˈdɒlɪ bɜːd] Br inf *znw* aantrekkelijke meid, stuk, schatje

dolmen [ˈdɒlmən] *znw* dolmen ⟨soort hunebed⟩

dolorous [ˈdɒlərəs] dicht *bn* treurig, droevig

dolphin [ˈdɒlfɪn] *znw* dolfijn

dolt [dəʊlt] *znw* botterik, lomperik, sul, uilskuiken

doltish [ˈdəʊltɪʃ] *bn* bot, dom, sullig

domain [dəˈmeɪn] *znw* ❶ domein, gebied ❷ comput domein

domain name [dəˈmeɪn neɪm] comput *znw* domeinnaam

dome [dəʊm] *znw* ❶ koepel, gewelf ❷ inf kop

domed [dəʊmd] *bn* koepelvormig

domestic [dəˈmestɪk] I *bn* ❶ huiselijk, huishoudelijk, huis-, tam ★ fig *~ quarrels* interne twisten ★ *for ~ use* voor huishoudelijk gebruik ❷ binnenlands, inlands ★ *~ products* inheemse producten ★ *~ sales* binnenlandse verkoop II *znw* gedat (huis)bediende, dienstbode → **domestic dispute**

domestic animal [dəˈmestɪk ˈænɪml] *znw* huisdier

domestic appliance [dəˈmestɪk əˈplaɪəns] *znw* huishoudelijk apparaat

domesticate [dəˈmestɪkeɪt] *overg* ❶ aan het huiselijk leven laten wennen ❷ tam maken

domestic dispute [dəˈmestɪk dɪˈspjuːt], **domestic** *znw* echtelijke ruzie

domestic flight [dəˈmestɪk flaɪt] *znw* binnenlandse vlucht

domesticity [dɒməˈstɪsətɪ] *znw* ❶ huiselijkheid ❷ huiselijk leven

domestic market [dəˈmestɪk ˈmɑːkɪt] *znw* binnenlandse markt

domestic science [dəˈmestɪk ˈsaɪəns] gedat *znw* huishoudkunde

domestic use [dəˈmestɪk juːs] huishoudelijk gebruik

domicile [ˈdɒmɪsaɪl] I *znw* ❶ domicilie ❷ land waar men juridisch het nauwst mee is verbonden ⟨en waarnaar men uiteindelijk wil terugkeren⟩ ❸ Am woonplaats II *overg* vestigen ★ *be ~d at* zijn zetel hebbend in, gevestigd zijn in

dominance [ˈdɒmɪnəns] *znw* dominantie, overheersing

dominant [ˈdɒmɪnənt] I *bn* (over)heersend, dominerend II *znw* muz dominant

dominate [ˈdɒmɪneɪt] *overg* be-, overheersen, heersen, domineren, uitsteken boven

dominating [ˈdɒmɪneɪtɪŋ] *bn* dominerend ★ *she's got a ~ personality* ze heeft een dominerend karakter

domination [dɒmɪˈneɪʃən] *znw* be-, overheersing, heerschappij

dominatrix [dɒmɪˈneɪtrɪks] *znw* [mv: dominatrices of dominatrixes] domina, meesteres ⟨in sadomasochistische verhoudingen⟩

domineer [dɒmɪˈnɪə] *onoverg* heersen, de baas spelen

do

(over *over*)

domineering [dɒmɪˈnɪərɪŋ] *bn* heerszuchtig, bazig

Dominica [dɒmɪˈniːkə] *znw* Dominica

Dominican [dɒˈmɪnɪkən] **I** *bn* ❶ dominicaans ‹de geestelijke orde betreffend› ❷ Dominicaans ‹de Dominicaanse Republiek of het eiland Dominica betreffend› **II** *znw* ❶ dominicaan ‹lid v. geestelijke orde› ❷ Dominicaan, Dominicaanse ‹inwoner v.d. Dominicaanse Republiek of eiland Dominica›

Dominican Republic [dɒˈmɪnɪkən rɪˈpʌblɪk] *znw* ★ *the* ~ de Dominicaanse Republiek

dominion [dəˈmɪnɪən] *znw* ❶ heerschappij ❷ beheersing ❸ gebied ❹ zelfbesturend deel v.h. Britse Gemenebest

domino [ˈdɒmɪnəʊ] *znw* [*mv:* -noes] dominosteen

domino effect [ˈdɒmɪnəʊ ɪˈfekt] *znw* domino-effect

dominoes [ˈdɒmɪnəʊz] *znw* dominospel

don [dɒn] **I** *znw* ❶ don ❷ invloedrijk persoon, hoge piet ❸ onderw hoofd, *fellow* of *tutor* van een *college* **II** *overg* aantrekken, aandoen, opzetten

donate [dəʊˈneɪt] *overg* ❶ schenken ❷ begiftigen

donation [dəʊˈneɪʃən] *znw* ❶ gift ❷ schenking ★ *the foundation has received $1,000 in ~s* het fonds heeft $1.000 in schenkingen ontvangen

done [dʌn] **I** *tsw* akkoord! ★ *well ~!* goed zo!, bravo! **II** *bn* ❶ gaar, klaar ❷ voorbij, achter de rug ★ zegsw *what is ~ cannot be undone* gedane zaken nemen geen keer ❸ uit, op ★ *~ for* verloren, weg, ‹ten dode› opgeschreven, versleten ‹v. kleren› ★ *inf ~ in* doodop, kapot ❹ netjes ★ *the ~ thing* wat hoort, wat betamelijk is ★ *it's just not ~* zoiets doet men niet **III** *ww* [v.d.] → **do**

donjon [ˈdɒndʒən] *znw* versterkte verdedigingstoren v.e. kasteel, donjon

donkey [ˈdɒŋkɪ] *znw* ezel ★ inf *~'s years* járen ★ inf *~ work* zwaar werk ★ inf *talk the hindleg / hindlegs off a ~* iem. de oren van het hoofd praten, honderduit praten

donkey engine [ˈdɒŋkɪ ˈendʒɪn] techn *znw* donkey, hulpmachine

donkey jacket [ˈdɒŋkɪ ˈdʒækɪt] *znw* jekker

donnish [ˈdɒnɪʃ] *bn* als een *don*, pedant

donor [ˈdəʊnə] *znw* ❶ schenker, gever, donateur ❷ med donor ❸ jur schenker, erflater

donor card [ˈdəʊnə kɑːd] *znw* ❶ donorcodicil ❷ donorverklaring

don't [dəʊnt] *samentr* (do not) → **do**

donut [ˈdəʊnʌt] Am *znw* → **doughnut**

doodah [ˈduːdɑ] inf *znw* dingetje, dinges

doodle [ˈduːdl] **I** *znw* droedel, krabbeltje **II** *overg & onoverg* krabbelen

doohickey [ˈduːhɪkɪ] Am inf *znw* dingetje

doom [duːm] **I** *znw* ❶ noodlot, lot ❷ ondergang **II** *overg* vonnissen, doemen, veroordelen

doomed [duːmd] *bn* ten dode opgeschreven, ten ondergang (tot mislukking) gedoemd

doomsday [ˈduːmzdeɪ] *znw* het laatste Oordeel ★ scherts *hurry up: we don't want to be here till ~*

schiet op: we willen hier niet staan tot sint-juttemis

doomsday merchant [ˈduːmzdeɪ ˈmɜːtʃənt] inf *znw* onheilsprofeet

doomwatch [ˈduːmwɒtʃ] *znw* milieutoezicht

doomwatcher [ˈduːmwɒtʃə] *znw* milieuwachter

doona® [ˈduːnə] Aus *znw* dekbed

door [dɔː] *znw* deur, portier ‹v. auto &› ★ *at the* ~ bij / aan de deur ★ *out of ~s* buitenshuis, buiten ★ *two ~s away / down / off* twee huizen verder ★ *answer the* ~ naar de deur gaan, opendoen ★ *close the ~ on sth* de weg afsluiten, iets onmogelijk maken ★ *get in by the back* ~ ergens door de achterdeur binnenkomen ★ fig *lay sth at sbd's* ~ iem. iets ten laste leggen, het hem in de schoenen schuiven ★ fig *open the ~ to sth* uitzicht bieden op iets, iets mogelijk maken ★ *show sbd the* ~ iem. de deur wijzen ★ *show sbd to the* ~ iem. uitlaten ★ zegsw *close the ~ after the horse has bolted* als het kalf verdronken is dempt men de put

doorbell [ˈdɔːbel] *znw* deurbel

do-or-die [duːˈɔːˈdaɪ] *bn* erop of eronder

door frame [dɔː freɪm], **doorcase** *znw* deurkozijn

door furniture [dɔː ˈfɜːnɪtʃə] *znw* deurbeslag

door handle [dɔː ˈhændl] *znw* deurklink

doorjamb [ˈdɔːdʒæm] Am *znw* → **doorpost**

doorkeeper [dɔːˈkiːpə], **doorman** *znw* portier

doorknob [ˈdɔːnɒb] *znw* deurknop

doorknock [ˈdɔːnɒk] Aus & NZ **I** *znw* huis-aan-huis collecte **II** *onoverg* huis aan huis collecteren

doorknocker [dɔːˈnɒkə] *znw* deurklopper

doorman [ˈdɔːmən] *znw* → **doorkeeper**

doormat [ˈdɔːmæt] *znw* ❶ deurmat ❷ fig voetveeg

doornail [ˈdɔːneɪl] *znw* ★ inf *as dead as a* ~ zo dood als een pier

door plate [dɔː pleɪt] *znw* naamplaatje

doorpost [ˈdɔːpəʊst], Am **doorjamb** *znw* deurstijl

doorstep [ˈdɔːstep] *znw* drempel, stoep ★ fig *on the* ~ vlakbij

doorstop [ˈdɔːstɒp] *znw* deurrubber, stootdop

door-to-door [dɔːtəˈdɔː] *bn* huis-aan-huis, aan huis ‹bezorgen›

doorway [ˈdɔːweɪ] *znw* ❶ ingang ❷ deuropening ❸ portiek ‹v. winkel›

doozy [ˈduːzɪ], **doozie** inf *znw* ongelofelijk goed / slecht / groot / klein & iets ★ *a ~ of a mistake* een gigantische vergissing / fout

dope [dəʊp] **I** *znw* ❶ inf verdovend middel, drugs ❷ inf doping ❸ inf inlichting, nieuws ❹ inf uilskuiken, domoor **II** *overg* ❶ inf drugs / doping toedienen, drogeren ★ *be ~d up (to the back eyeballs)* stijf staan van de drugs ❷ iets doen in ‹wijn, bier &›, vervalsen

doped [dəʊpt] inf *bn* onder de invloed van drugs, stoned

dopey [ˈdəʊpɪ], **dopy** inf *bn* ❶ verdoofd, bedwelmd, onder de drugs (zittend), ❷ suf ❸ dom

Doric [ˈdɒrɪk] bouwk *bn* Dorisch

dork [dɔːk] *znw* ❶ inf malloot, halve gare ❷ Am vulg

lul, penis

dormant ['dɔːmənt] *bn* ❶ slapend, sluimerend ★ *lay ~* sluimeren ❷ niet werkend ❸ handel stil ⟨vennoot⟩

dormer ['dɔːmə], **dormer window** *znw* dakvenster

dormitory ['dɔːmɪtərɪ] *znw* slaapzaal

dormitory town ['dɔːmɪtərɪ taʊn] slaapstad, forensenstad

Dormobile® ['dɔːməbiːl] Br *znw* kampeerauto

dormouse ['dɔːmaʊs] *znw* relmuis, zevenslaper

dorsal ['dɔːsəl] *bn* rug-

DOS [dɒs] comput *afk* (disk operating system) DOS, schijfbesturingssysteem

dosage ['dəʊsɪdʒ] *znw* ❶ dosering, dosis ❷ toediening

dos and don'ts [duːz ən dəʊnts] *znw* [mv] gedragsregels, wat mag en niet mag

dose [dəʊs] **I** *znw* ❶ dosis ★ Br inf *like a ~ of salts* razend snel ★ *in small ~s* in kleine doseringen / porties, fig voor korte periodes ★ *get a ~ of sth* iets krijgen ⟨ziekte⟩ ❷ inf sief, sjanker **II** *overg* ❶ afpassen, afwegen, doseren ❷ een geneesmiddel toedienen (ook: ~ *up*) ★ ~ *sbd with sth* iem. iets ingeven, iem. behandelen met iets

dosh [dɒʃ] inf *znw* geld, poen

doss [dɒs] inf *onoverg* maffen, slapen ★ ~ *about* / *around* rondlummelen ★ ~ *down* slapen ⟨op een geïmproviseerd bed⟩

dosser ['dɒsə] Br afkeurend *znw* logementsklant

dosshouse ['dɒshaʊs] inf *znw* goedkoop hotel, logement

dossier ['dɒsɪə] *znw* dossier

dot [dɒt] **I** *znw* ❶ stip, punt ★ inf *on the ~* stipt (op tijd) ★ *from the year ~* van het jaar nul ❷ comput punt, beeldpunt **II** *overg* stippelen ★ ~ *one's i's* de puntjes op de i zetten ★ inf ~ *and carry one* mank lopen

dotage ['dəʊtɪdʒ] *znw* kindsheid ★ *be in one's ~* seniel zijn

dotard ['dəʊtəd] *znw* ❶ kindse oude man ❷ sufferd

dotcom [dɒt'kɒm], **dot.com** *znw* internetfirma

dote [dəʊt] *onoverg* ❶ kinds worden ❷ verzot / dol zijn (op *on* / *upon*)

doting ['dəʊtɪŋ] *bn* verzot, mal

dot-matrix printer [dɒt-'meɪtrɪks 'prɪntə] comput *znw* matrixprinter

dotted ['dɒtɪd] *bn* ❶ met een punt / stip ★ muz *a ~ minim* halve noot met punt ❷ gespikkeld, met stippen ★ *be ~ with sth* bezaaid zijn met iets

dotted line ['dɒtɪd laɪn] *znw* stippellijn ★ *sign on the ~* (maar) tekenen, zonder meer met alles akkoord gaan

dotty ['dɒtɪ] inf *bn* (van lotje) getikt, halfgaar ★ *be ~ about sbd / sth* dol op iem. / iets zijn

double ['dʌbl] **I** *bn & bijw* ❶ dubbel, tweeledig ★ *a ~ espresso* een dubbele espresso ★ *adults pay ~ the amount* volwassenen betalen dubbel / tweemaal zo veel ❷ dubbelhartig ❸ tweepersoons- ★ *ride ~* met zijn tweeën op één paard zitten **II** *znw* ❶ het dubbele ★ ~ *or quits* quitte of dubbel

❷ dubbelganger, tegenhanger ❸ doublet, duplicaat ❹ doublure ❺ looppas ★ *at the ~* mil in looppas, inf en vlug een beetje! ❻ scherpe draai **III** *overg* ❶ verdubbelen, (om)vouwen ★ ~ *sth down* iets omvouwen ★ ~ *sth up* iets om-, dubbelvouwen ❷ doubleren ❸ scheepv omzeilen **IV** *onoverg* ❶ (zich) verdubbelen ★ *the town has nearly ~d in size* de stad heeft zich bijna verdubbeld in grootte ★ *their share of the vote has ~d to 60%* hun percentage van de stemmen heeft zich verdubbeld tot 60% ★ ~ *up* dubbel slaan, ineenkrimpen, delen ⟨v.e. kamer⟩ ❷ een scherpe draai maken ★ ~ *back* haastig terugkeren ❸ een dubbelrol spelen ❹ mil in de looppas marcheren

double act ['dʌbl ækt] *znw* ❶ act voor twee artiesten ❷ duo ⟨artiesten⟩

double agent ['dʌbl 'eɪdʒənt] *znw* dubbelspion

double-barreled [dʌbl-'bærəld], **double-barrelled** *bn* dubbelloops

double-barrelled name [dʌbl-'bærəld neɪm] *znw* dubbele achternaam

double bass ['dʌbl beɪs] muz *znw* contrabas

double bed ['dʌbl bed] *znw* tweepersoonsledikant

double bill ['dʌbl bɪl] *znw* programma met twee hoofdnummers

double bind ['dʌbl baɪnd] *znw* onoplosbaar dilemma ★ *be in a ~* voor een onoplosbaar dilemma staan

double-blind [dʌbl-'blaɪnd] *bn* dubbelblind ⟨v. experiment⟩

double bluff ['dʌbl blʌf] *znw* poging tot misleiding door de waarheid zo te vertellen dat zij ongeloofwaardig wordt

double-book [dʌbl-'bʊk] *overg & onoverg* dubbel boeken

double-breasted [dʌbl-'brestɪd] *bn* met twee rijen knopen ⟨v. kledingstukken⟩

double-check [dʌbl-'tʃek] **I** *znw* dubbele controle **II** *overg* opnieuw controleren, dubbel controleren

double chin ['dʌbl tʃɪn] *znw* onderkin

double-click [dʌbl-'klɪk] **I** *znw* comput dubbelklik ⟨met de muis⟩ **II** *overg & onoverg* dubbelklikken

double concerto ['dʌbl kən'tʃeətəʊ] *znw* dubbelconcert

double cream ['dʌbl kriːm] *znw* dikke room

double-cross [dʌbl-'krɒs] **I** *znw* verraad, bedriegerij, oplichting ⟨van iem. waarmee wordt samengewerkt⟩ **II** *overg* verraden, bedriegen, oplichten

double-date [dʌbl-'deɪt] **I** *znw* afspraakje met zijn vieren **II** *onoverg* met twee stellen / met zijn vieren uitgaan

double-dealer [dʌbl-'diːlə] *znw* gluiperd

double-dealing [dʌbl-'diːlɪŋ] **I** *bn* vals, gluiperig, oneerlijk **II** *znw* oplichterij, bedrog

double-decker [dʌbl-'dekə] *znw* dubbeldekker, (auto)bus met twee verdiepingen

double-digit [dʌbl-'dɪdʒɪt] *bn* met dubbele cijfers

double digits ['dʌbl 'dɪdʒɪts] *znw* [mv] → **double**

do

figures
double Dutch ['dʌbl dʌtʃ] inf znw onbegrijpelijk gewauwel, koeterwaals, gebrabbel
double-edged [dʌbl-'edʒd] bn tweesnijdend ★ a ~ sword een tweesnijdend zwaard
double entendre [dʊbl ɑ̃:n'tɑ̃:dr] ⟨⟨Fr⟩ znw dubbelzinnigheid
double entry ['dʌbl 'entrɪ] znw dubbel boekhouden
double exposure ['dʌbl ɪk'spəʊʒə] znw dubbele belichting, dubbelopname
double-faced [dʌbl-'feɪst] bn huichelachtig
double fault ['dʌbl fɔ:lt] tennis znw dubbele fout
double feature ['dʌbl 'fi:tʃə] znw filmvoorstelling met twee hoofdfilms
double figures ['dʌbl 'fɪɡəz], **double digits** znw [mv] dubbele cijfers
double-glaze [dʌbl-'ɡleɪz] overg van dubbele beglazing voorzien
double glazing ['dʌbl 'ɡleɪzɪŋ] znw dubbele beglazing
double-header [dʌbl-'hedə] znw ❶ trein met twee locomotieven ❷ sportwedstrijd met twee wedstrijden (van dezelfde teams) achter elkaar
double helix ['dʌbl 'hi:lɪks] znw dubbele spiraal ⟨met name in een DNA-molecuul⟩
double indemnity ['dʌbl ɪn'demnətɪ] znw dubbele uitkering in geval van overlijden door een ongeval
double jeopardy ['dʌbl 'dʒepədɪ] Am jur znw tweede veroordeling voor hetzelfde misdrijf, 'ne bis in idem'
double-jointed [dʌbl-'dʒɔɪntɪd] bn buitengewoon lenig, als van elastiek
double-lock [dʌbl-'lɒk] overg het slot tweemaal omdraaien, op het nachtslot doen
double-minded [dʌbl-'maɪndɪd] bn weifelend
double negative ['dʌbl 'neɡətɪv] taalk znw dubbele ontkenning
double-park [dʌbl-'pɑ:k] overg dubbel parkeren
double play ['dʌbl pleɪ] basketbal znw dubbelspel
double pneumonia ['dʌbl nju:'məʊnɪə] znw dubbele longontsteking
double-quick [dʌbl-'kwɪk] bn & bijw inf razendsnel ★ in ~ time in een wip, oogwenk
double room ['dʌbl ru:m] znw tweepersoonskamer
doubles ['dʌblz] sp znw [mv] dubbelspel, dubbel
double-space [dʌbl-'speɪs] overg dubbele regelafstand
doublespeak ['dʌblspi:k] znw → **doubletalk**
double standard ['dʌbl 'stændəd] znw het meten met twee maten
double stop ['dʌbl stɒp] muz znw dubbelgreep
double-stopping [dʌbl-'stɒpɪŋ] muz znw dubbelgreep
doublet ['dʌblɪt] znw ❶ doublet ❷ hist (wam)buis
double take ['dʌbl 'teɪk] znw vertraagde reactie ★ do a ~ tweemaal kijken ⟨omdat men zijn ogen niet gelooft⟩
doubletalk ['dʌbltɔ:k], **doublespeak** znw ❶ dubbelzinnige taal ❷ onzin
double-team [dʌbl-'ti:m] basketbal I znw dubbele dekking II overg dubbel dekken

double time ['dʌbl taɪm] znw ❶ mil looppas ❷ dubbel salaris ⟨voor overwerk &⟩ ❸ mil dubbele snelheid
double-tongued [dʌbl-'tʌŋd] bn onoprecht
double tonguing ['dʌbl 'tʌŋɪŋ] muz znw staccato spelen ⟨op blaasinstrument⟩
double trouble ['dʌbl 'trʌbl] inf znw tweemaal zoveel problemen
double vision ['dʌbl 'vɪʒən] znw dubbelzien
double whammy ['dʌbl 'wæmɪ] inf znw dubbele tegenslag, dubbele pech ⟨twee tegenslagen tegelijkertijd⟩
double yellow line ['dʌbl 'jeləʊ laɪn] znw dubbele gele streep ⟨parkeerverbod⟩
doubly ['dʌblɪ] bijw tweemaal zo ⟨veel, moeilijk &⟩, extra
doubt [daʊt] I znw twijfel, onzekerheid ★ I have no ~ about it ik twijfel er niet aan ★ beyond ~ stellig ★ in ~ / open to ~ twijfelachtig ★ beyond a shadow of a ~ zonder enige twijfel ★ without ~ / no ~ ongetwijfeld, zonder twijfel ★ be in ~ twijfelen ★ cast ~ on sth twijfel opperen omtrent iets ★ have one's ~s as to / about sth twijfelen aan iets, iets betwijfelen II overg betwijfelen III onoverg twijfelen, weifelen
doubter ['daʊtə] znw twijfelaar
doubtful ['daʊtfʊl] bn ❶ twijfelachtig ❷ dubieus, bedenkelijk ★ boekh a ~ debt een dubieuze post ❸ weifelend ★ be ~ of / about sth twijfelen aan iets
doubting Thomas ['daʊtɪŋ 'tɒməs] znw ongelovige Thomas
doubtless ['daʊtləs] bn ongetwijfeld
douche [du:ʃ] znw ❶ douche ★ inf a cold ~ onaangename verrassing ❷ spoeling ⟨met irrigator⟩
dough [dəʊ] znw ❶ deeg ❷ inf poen
doughboy ['dəʊbɔɪ] znw ❶ knoedel ❷ Am hist infanterist
doughnut ['dəʊnʌt], Am **donut** znw ❶ donut ❷ oliekoek, -bol
doughty ['daʊtɪ] dicht of scherts bn manhaftig, flink
doughy ['dəʊɪ] bn ❶ deegachtig, klef ❷ pafferig
dour [dʊə, daʊə] bn hard, streng, koppig
douse [daʊs], **dowse** overg ❶ nat gooien ❷ uitdoen ⟨licht⟩
dove I znw [dʌv] ❶ duif, duifje ❷ voorstander van politieke ontspanning II ww [dəʊv] [v.t. & v.d.] → Am **dive**
dovecot ['dʌvkɒt], **dovecote** znw duiventil
dovetail ['dʌvteɪl] I znw zwaluwstaart ⟨houtverbinding⟩ II overg (met zwaluwstaart) verbinden, in elkaar doen grijpen III onoverg in elkaar grijpen, passen (in into)
dovish ['dʌvɪʃ] bn vredelievend
dowager ['daʊədʒə] znw douairière
dowdy ['daʊdɪ] bn slonzig, slecht gekleed
dowel ['daʊəl] znw pen of bout die twee stukken hout of steen verbindt, deuvel
Dow Jones Average [daʊ dʒəʊnz 'ævərɪdʒ], **Dow Jones Index** znw Dow Jones Index ⟨index van de

beurs van New York›
down [daʊn] **I** *tsw* ★ ~! koest! af! ★ ~ *with the president!* weg met de president! **II** *voorz* ❶ (van) af, naar beneden ★ *we canoed ~ the river* we kanoden de rivier af ★ *up hill and ~ dale* over heg en steg ★ *tears streamed ~ her face* tranen stroomden langs haar gezicht ❷ langs ★ *I walked ~ the road / street* ik liep de straat door ❸ tot aan, tot op ★ *he'll pay me back ~ to the last penny* hij zal me tot de laatste cent terugbetalen **III** *bn* ❶ benedenwaarts, neergaand, afwaarts ★ *the ~ escalator* de roltrap naar beneden ❷ beneden, onderaan, op/aan de grond, plat ★ ~ *at heel* afgetrapt ‹v. schoenen›, sjofel ★ *fig hit sbd when he is ~* iem. een trap na geven ❸ ingeschreven, genoteerd ★ *be ~ for sth* in het krijt staan voor iets, getekend hebben voor iets, aan de beurt zijn voor iets, iets te wachten hebben ★ *have sbd ~ for sth* iem. op de lijst hebben staan voor iets ❹ contant ★ *a ~ payment* een aanbetaling ❺ somber, gedeprimeerd ★ *she's in a ~ mood* ze is in een sombere stemming ★ *be ~ in / at the mouth* neerslachtig, down zijn ❻ uitgeteld, afgemat ★ *be ~ with a cold / the flu &* een verkoudheid / griep & (te pakken) hebben ❼ buiten bedrijf, comput down ★ *my system is ~* mijn systeem is down / doet het niet ★ comput *go ~* uitvallen ❽ achterlopend, lager ★ *be ~ on sth* achterliggen op iets ★ *three ~ and four to go* drie gespeeld en nog vier te gaan ▼ inf *be ~ on sbd* iem. aanpakken, de pik hebben op iem., een kritische opstelling hebben ten opzichte van iem. **IV** *bijw* ❶ (naar) beneden, neer, onder, af, terneer ★ *she works one floor ~* ze werkt een verdieping lager ★ *come ~ with a cold / the flu* verkouden worden / griep krijgen ★ *put sth ~ in writing* iets opschrijven ★ vulg *go ~ on sbd* orale seks hebben met iem. ❷ naar / in het zuiden ★ *they're travelling ~ south* ze zijn op reis in / naar het zuiden ❸ naartoe, tot aan ★ *~ to our time* tot op onze tijd ★ inf *this suits me ~ to the ground* dit past mij uitstekend ❹ hier(heen), ginder ★ *why don't you come ~ to our place?* waarom kom je niet bij ons thuis? ★ *I'll meet you ~ at the pub later* ik zie je straks in de kroeg ❺ minder, achter ‹aantal punten, bij spel› ★ sp *be a hundred ~* honderd punten achterstand hebben ❻ verticaal ‹kruiswoordraadsel› ❼ vast ★ *nail sth ~* iets vastspijkeren **V** *znw* ❶ dons ❷ neerslachtige periode ❸ sp down ‹in Amerikaans voetbal› ❹ (meestal *mv*) heuvelachtig land ▼ *have a ~ on sbd* de pest aan iem. hebben **VI** *overg* ❶ inf eronder krijgen of houden ❷ neerleggen, -schieten ★ *~ one's tools* (het werk) staken ❸ naar binnen slaan ‹borrel›
down- [daʊn-] *voorv* neerwaarts, naar beneden
down and out [daʊn ə 'naʊt] *bn* in armoedige omstandigheden, berooid ★ *many years ago, when I was ~ in Paris* jaren geleden, toen ik aan de grond zat in Parijs
down-and-out [daʊn-ə-'naʊt] *znw* [*mv: down-and-outs*] armoedzaaier, schooier

down-at-heel [daʊn-ət-'hi:l], Am **down-at-the-heel** *bn* armoedig, haveloos, versleten
downbeat ['daʊnbi:t] **I** *bn* ❶ ontspannen, cool, relaxed ❷ pessimistisch, somber **II** *znw* muz sterk maatdeel, eerste tel (van een maat)
downcast ['daʊnkɑːst] *bn* (ter)neergeslagen, neerslachtig
downcountry [daʊn'kʌntrɪ] *bn & bijw* laagland-
downdraught ['daʊndrɑːft], Am **downdraft** *znw* neerwaartse trek ‹v. schoorsteen &›
downer ['daʊnə] inf *znw* ❶ (meestal *mv*) kalmeringsmiddel ❷ deprimerende ervaring, klap
downfall ['daʊnfɔːl] *znw* val, ondergang, instorting
downfield ['daʊnfiːld] Am sp *bijw* in de richting van het doel van de tegenstander
downgrade ['daʊngreɪd] **I** *znw* ❶ afwaartse helling ❷ fig achteruitgang ★ *on the ~* achteruitgaand, zich in dalende lijn bewegend **II** *overg* in rang verlagen, lager stellen
downhearted [daʊn'hɑːtɪd] *bn* moedeloos
downhill **I** *bn* [daʊn'hɪl] hellend, bergaf ★ ~ *work* werk dat als vanzelf gaat **II** *bijw* [daʊn'hɪl] bergaf(waarts), naar beneden ★ *be ~ all the way* van een leien dakje gaan, steeds erger worden ★ fig *go ~* achteruitgaan **III** *znw* ['daʊnhɪl] ❶ helling naar beneden ❷ sp afdaling ‹ski› ❸ fig neergang ★ *the ~ of life* de levensavond
downhill skiing ['daʊnhɪl 'skiːɪŋ] sp *znw* afdaling ‹skiën›
Downing Street ['daʊnɪŋ striːt] *znw* ❶ straat in Londen met de ambtswoning van de premier ❷ fig de premier, de regering
down jacket [daʊn 'dʒækɪt] *znw* gewatteerd jasje
downland ['daʊnlənd] *znw* heuvelachtig grasland
download ['daʊnləʊd] comput *overg* downloaden, kopiëren ★ ~ *files from the hard disk onto a CD* bestanden van de harde schijf naar een cd kopiëren
downmarket [daʊn'mɑːkɪt] *bn & bijw* voor de lagere inkomensklasse
down payment [daʊn 'peɪmənt] *znw* afbetalingstermijn, aanbetaling
down-pipe ['daʊn-paɪp] *znw* afvoerbuis, regenpijp
downplay [daʊn'pleɪ] *overg* afzwakken, relativeren
downpour ['daʊnpɔː] *znw* stortbui, stortregen ★ *he was caught in a torrential ~* hij werd overvallen door een stortbui
downright ['daʊnraɪt] *bn & bijw* oprecht, rechtuit (gezegd), rond(uit), vierkant, bot(weg), gewoon(weg), bepaald, echt, volslagen ★ *she has a ~ manner* ze heeft een botte manier van doen ★ *he can be ~ rude* hij kan ronduit onbeschoft zijn
downscale ['daʊnskeɪl] *overg* reduceren, kleiner maken
downshift ['daʊnʃɪft] *onoverg* ❶ terugschakelen ‹in een motorvoertuig› ❷ afnemen, minder worden ❸ het rustiger aan gaan doen ★ *he's ~ing from a full-time job* hij doet een stapje terug van een volle baan

do

do

downside ['daʊnsaɪd] *znw* negatieve kant, schaduwzijde, nadeel

downsize ['daʊnsaɪz] *overg & onoverg* inkrimpen ‹v. personeelsbestand›

Down's syndrome [daʊnz 'sɪndrəʊm] *znw* downsyndroom

downstage [daʊn'steɪdʒ] *bn & bijw* op de voorgrond v.h. toneel

downstairs [daʊn'steəz] **I** *bn* beneden, op de begane grond **II** *bijw* (naar) beneden **III** *znw* benedenverdieping

downstream [daʊn'striːm] *bn & bijw* stroomafwaarts

downstroke ['daʊnstrəʊk] *znw* neerhaal

downtime ['daʊntaɪm] *znw* leeglooptijd

down-to-earth [daʊn-tuː-'ɜːθ] *bn* nuchter

downtown [daʊn'taʊn] Am **I** *bn* in / van de binnenstad **II** *bijw* naar / in de binnenstad **III** *znw* binnenstad

downtrodden ['daʊntrɒdn] *bn* vertrapt

downturn ['daʊntɜːn] *znw* teruggang ★ *an economic ~* een dalende conjunctuur

down under [daʊn 'ʌndə] *inf* **I** *bijw* naar Australië en / of Nieuw-Zeeland ★ *we fly ~ in November* we vliegen naar Australië en / of Nieuw-Zeeland in november **II** *znw* ★ *Down Under* Australië en / of Nieuw-Zeeland

downward ['daʊnwəd] **I** *bn* neerwaarts, naar beneden ★ *caught in a ~ spiral* gevangen in een neerwaartse spiraal **II** *bijw*, **downwards** naar beneden, neerwaarts ★ *it's best not to look ~ as you climb* je kunt beter niet naar beneden kijken als je aan het klimmen bent

downwash ['daʊnwɒʃ] *znw* neerwaartse luchtstroom ‹v. vliegtuig of helikopter›

downwind ['daʊnwɪnd] *bijw* met de wind mee ★ *I was standing ~ of the deer* ik stond onder de wind van het hert

downy ['daʊnɪ] *bn* donsachtig, donzig

dowry ['daʊərɪ] *znw* bruidsschat

dowse I *overg* [daʊs] → **douse II** *onoverg* [daʊz] met de wichelroede water & opsporen

doyen ['dɔɪən] *znw* de oudste, nestor ‹v.e. groep &›

doyley [dɔɪlɪ], **doyly** *znw* → **doily**

doze [dəʊz] **I** *znw* dutje, dommeling ★ *fall into a ~* indutten ★ *have a ~* een dutje doen **II** *onoverg* soezen, dutten ★ *~ off* indutten

dozen ['dʌzən] *znw* dozijn ★ *a baker's ~* dertien ★ *a dime a ~* goedkoop, dertien in een dozijn ★ *by the ~ / in their ~s* bij tientallen, bij bosjes ★ *~s of people* heel wat (tientallen) mensen ★ *talk nineteen to the ~* honderduit praten

dozily ['dəʊzɪlɪ] *bijw* slaperig ★ *she emerged ~ from her bedroom* ze kwam slaperig haar slaapkamer uit

doziness ['dəʊzɪnɪs] *znw* slaperigheid

dozy ['dəʊzɪ] *bn* soezerig, doezelig, slaperig

DPhil *afk* (Doctor of Philosophy) doctor in de wijsbegeerte

dpi comput *afk* (dots per inch) dpi, aantal beeldpunten per inch

DPP fin & marketing *afk* ❶ (Director of Public Prosecutions) openbare aanklager ❷ (direct product profitability) direct rendement

Dr *afk* ❶ (Doctor) doctor ❷ (Drive) laan ‹in adressering›

drab [dræb] *bn* vaal(bruin), fig kleurloos, grauw, saai

drabness ['dræbnɪs] *znw* saaiheid, kleurloosheid

drachma ['drækmə] valuta *znw* [*mv: -s of* drachmae] drachme

draconian [drə'kəʊnɪən] *bn* draconisch ★ *take ~ measures* draconische maatregelen treffen

draft [drɑːft] **I** *bn* ❶ ontwerp- ★ *the bill is still in ~ form* het wetsvoorstel is nog in het ontwerpstadium ❷ → **draught II** *znw* ❶ ontwerp, concept, schets, klad ❷ detachement, lichting ❸ Am conscriptie, dienstplicht ❹ handel traite, wissel ❺ → **draught III** *overg*, **draught** ❶ ontwerpen, opstellen, concipiëren ❷ detacheren, oproepen ★ *~ sbd in* iem. inbrengen om een taak uit te voeren ❸ Am oproepen voor de militaire dienst

draft dodger [drɑːft 'dɒdʒə] *znw* dienstweigeraar, iem. die zich aan de dienstplicht onttrekt

draftee [drɑːf'tiː, dræf-] Am *znw* dienstplichtige

draft horse [drɑːft hɔːs] Am *znw* → **draught horse**

draftproof ['drɑːftpruːf] Am *bn* → **draughtproof**

draftproofing ['drɑːftpruːfɪŋ] Am *znw* → **draughtproofing**

draftsman ['drɑːftsmən] Am *znw* → **draughtsman**

draftsmanship ['drɑːftsmənʃɪp] Am *znw* → **draughtsmanship**

draftswoman ['drɑːfts-wʊmən] Am *znw* → **draughtswoman**

drafty ['drɑːftɪ] Am *bn* → **draughty**

drag [dræg] **I** *znw* ❶ het slepen, zeulen, trek, ruk ❷ luchtweerstand, windweerstand ❸ rem, blok aan het been ★ *be a ~ on sbd / sth* iem. / iets belemmeren ❹ inf duffe bedoening, boel ❺ inf saai figuur ❻ inf trekje ‹aan sigaret› ❼ inf door een man gedragen vrouwenkleding ★ inf *in ~* in travestie **II** *overg* ❶ slepen (met), sleuren ★ *~ one's feet / one's heels (over sth)* traineren (met iets) ★ *I had to ~ myself out of bed* ik kon haast niet uit bed komen ❷ (af)dreggen ❸ met een sleepnet (af)vissen ❹ comput slepen ‹met de muis› **III** *onoverg* ❶ slepen ★ *~ and drop* slepen ‹op scherm› ❷ fig traineren ❸ niet vlotten, niet opschieten ❹ omkruipen ‹v. tijd› **IV** *phras* ★ *~ along* voortslepen, omkruipen ‹tijd› ★ *~ sbd / sth along* iem. / iets meeslepen ★ *~ sbd / sth away* iem. / iets wegslepen ★ *~ by* omkruipen ‹tijd› ★ *~ sth down* iets neerhalen ★ *~ sbd down* iem. uitputten, slopen, ± iem. op het slechte pad brengen ★ *~ sth in* iets naar binnen slepen, iets met de haren er bij slepen ★ *~ sbd in* iem. er bij halen ★ *~ sth into* sth iets er met de haren bijslepen ★ *~ sbd into* sth iem. tegen zijn zin bij iets betrekken ★ *~ on* (zich) voortslepen, omkruipen ‹tijd› ★ *~ sth out* iets rekken, iets lang aanhouden ★ ~ *sth* out of *sbd* iets uit iem. trekken ‹de waarheid &› ★ **inf** ~ **up** vrouwenkleren aantrekken ‹door man›, mannenkleren aantrekken ‹door vrouw› ★ ~ *sth* up iets weer naar voren brengen, iets oprakelen ★ Br **inf** ~ *sbd up* iem. slecht opvoeden ‹kinderen›

draggle ['drægl] **I** *overg* bemodderen **II** *onoverg* ❶ over de grond of door de modder slepen ❷ achteraankomen ❸ rekken

draggled ['drægld] *bn* bemodderd, vies

draggy ['drægɪ] **inf** *bn* vervelend, saai, langdradig

dragline ['dræglaɪn] *znw* dragline

dragnet ['drægnet] *znw* sleepnet

dragon ['drægən] *znw* draak ★ **inf** chase the ~ heroïne roken

dragon boat ['drægən bəʊt] *znw* drakenboot ‹naar Chinees ontwerp gemodelleerde grote kano met een drakenkop op de voorsteven, gebruikt bij *dragon-boat racing*›

dragonfly ['drægənflaɪ] *znw* waterjuffer, libel

dragoon [drə'guːn] **I** *znw* dragonder **II** *overg* (met geweld) dwingen (tot *into*)

drag queen [dræg kwiːn] **inf** *znw* travestiet

drag race [dræg reɪs] *znw* drag race ‹race voor speciaal aangepaste auto's over korte afstand›

drain [dreɪn] **I** *znw* ❶ afvoerbuis, afvoerpijp, afvoerkanaal, afwatering, riool ★ **inf** go down the ~ failliet gaan, naar de knoppen gaan ★ **inf** throw money down the ~ geld verspillen ❷ *fig* onttrekking, uitputting, last, belasting ★ *a* ~ *on the finances* een belasting van de financiën ❸ aderlating **II** *overg* ❶ draineren, droogleggen, afwateren, laten leeglopen, aftappen ★ ~ *sth away / off* iets afvoeren ‹water› ❷ laten afdruipen of wegvloeien ❸ op-, uitdrinken ❹ onttrekken, uitputten ★ ~ *sbd of sth* iem. beroven van iets **III** *onoverg* ❶ af-, wegvloeien, weglopen, wegstromen, uitlekken, afdruipen ❷ afwateren ❸ *fig* afnemen

drainage ['dreɪnɪdʒ] *znw* ❶ drooglegging ❷ afwatering, (water)afvoer, riolering ❸ drainering

drainage area ['dreɪnɪdʒ 'eərɪə] *znw* afwateringsgebied

drainage canal ['dreɪnɪdʒ kə'næl] *znw* afwateringskanaal

draincock ['dreɪnkɒk] *znw* aftapkraan

drained [dreɪnd] *bn* leeggelopen, ontdaan van ★ her face was ~ of all colour haar gezicht had alle kleur verloren

drainer ['dreɪnə] *znw* ❶ vergiet ❷ afdruiprek

draining board ['dreɪnɪŋ bɔːd] *znw* aanrechtblad

drainpipe ['dreɪnpaɪp] *znw* rioolbuis ★ ~ pants / trousers broek met nauwe pijpen

drake [dreɪk] *znw* woerd, mannetjeseend

dram [dræm] ❶ beetje ❷ borreltje

drama ['drɑːmə] *znw* ❶ drama ★ make a ~ out of sth ergens een drama van maken ❷ (het) toneel

drama queen ['drɑːmə kwiːn] **inf** opgewonden standje

dramatic [drə'mætɪk] *bn* ❶ dramatisch, drastisch

❷ toneel-, theater- ❸ indrukwekkend, aangrijpend

dramatics [drə'mætɪks] *znw* [mv] ❶ toneel ❷ **inf** overdreven theatraal gedoe

dramatis personae ['dræmətɪs 'pɜː'səʊnaɪ] ‹*Lat*› *znw* [mv] ❶ personen in toneelstuk ❷ rolverdeling

dramatist ['dræmətɪst] *znw* toneelschrijver, dramaturg

dramatization [dræmətaɪ'zeɪʃən], **dramatisation** *znw* ❶ dramatiseren ❷ toneelbewerking

dramatize ['dræmətaɪz], **dramatise** *overg* ❶ dramatiseren ❷ voor het toneel bewerken

drank [dræŋk] *ww* [v.t.] → **drink**

drape [dreɪp] **I** *znw* hang ‹de manier waarop een kledingstuk of gordijn hangt› **II** *overg* bekleden, draperen

draper ['dreɪpə] Br *gedat znw* manufacturier

drapery ['dreɪpərɪ] *znw* ❶ manufacturen, manufacturenhandel, stoffenwinkel ❷ draperie ❸ drapering

drapes [dreɪps] *znw* [mv] gordijnen

drastic ['dræstɪk] *bn* drastisch, radicaal ★ take ~ measures radicale maatregelen treffen

drastically ['dræstɪklɪ] *bijw* drastisch ★ our budget has been ~ reduced ons budget is drastisch ingekort

drat [dræt] **inf** *tsw* ★ ~ (it)! verdorie!

dratted ['drætɪd] **inf** *bn* vervloekt, verwenst

draught [drɑːft], Am **draft I** *bn* ❶ uit het vat ‹bier› ❷ trek- ‹v. dieren› **II** *znw* ❶ trek, trekken, tocht ‹luchtstroom› ★ a ~ of air een luchtstroom, tocht ★ feel a ~ last hebben van tocht ★ *fig* feel the ~ in moeilijke omstandigheden verkeren ❷ teug, slok, drank, drankje ★ at a ~ / in one ~ in één teug ❸ *scheepv* diepgang ❹ aftappen ★ beer on ~/~ beer bier van het vat, getapt bier **III** *overg* → **draft**

draughtboard ['drɑːftbɔːd] *znw* dambord

draught horse [drɑːft hɔːs], Am **draft horse** *znw* trekpaard

draughtproof ['drɑːftpruːf], Am **draftproof** *bn* tochtvrij

draughtproofing ['drɑːftpruːfɪŋ], Am **draftproofing** *znw* tochtvrij maken

draughts [drɑːfts] *znw* [mv] damspel

draughtsman ['drɑːftsmən], Am **draftsman** *znw* ❶ tekenaar ❷ ontwerper, opsteller ❸ damschijf

draughtsmanship ['drɑːftsmənʃɪp], Am **draftsmanship** *znw* tekenkunst

draughtswoman ['drɑːftswʊmən], Am **draftswoman** *znw* tekenares, ontwerpster

draughty ['drɑːftɪ], Am **drafty** *bn* tochtig

draw [drɔː] **I** *znw* ❶ trekken ★ be quick on the ~ snel een revolver kunnen trekken, snel kunnen reageren ❷ trekking, loterij, (ver)loting ★ be the luck of the ~ een kwestie van geluk zijn ❸ onbesliste wedstrijd, gelijkspel, remise ★ end in a ~ onbeslist blijven, gelijk eindigen ❹ trekpleister, attractie ❺ trek ‹aan sigaret &› **II** *overg* ❶ trekken, trekken ★ ~ the line at sth een grens trekken bij iets, iets niet meer accepteren ❷ trekken ★ ~ attention to sth de aandacht vestigen op iets ★ ~ a blank niet in de dr

prijzen vallen, bot vangen ★ ~ *lots* loten ❸ halen, putten, tappen ★ ~ *blood* iem. tot bloedens toe verwonden ★ ~ *breath* inademen ★ ~ *inspiration from sth* ergens inspiratie uit putten ❹ opnemen ‹krediet, geld &› ❺ laten trekken ‹thee› ❻ reactie oproepen ★ *his statements drew a lot of criticism* zijn beweringen oogstten veel kritiek ❼ aantrekken ★ *she drew the dress over her head* ze trok de jurk aan over haar hoofd ❽ uit zijn tent lokken, aan het praten krijgen, uithoren ★ *she won't be ~on the matter* ze laat zich hierover niet uit haar tent lokken ❾ halen, behalen, krijgen ‹applaus, reacties &› ❿ maken ‹vergelijking &› ⓫ sp onbeslist laten **III** *onoverg* [drew, drawn] ❶ komen ‹dichterbij›, gaan, schuiven ★ ~ *near* naderen ★ ~ *to a close / to an end* op een eind lopen ❷ tekenen ★ ~ *from nature* tekenen naar de natuur ❸ trekken ‹thee› ❹ de revolver trekken ❺ (uit)loten ❻ sp gelijkspelen **IV** *phras* ★ ~ **away** af-, wegtrekken, zich verwijderen ★ ~ **back** zich terugtrekken ★ ~ *sth* **back** iets opentrekken ‹gordijnen› ★ ~ **in** binnenkomen, korter worden ‹v. dagen›, vallen ‹avond›, (gaan) bezuinigen ★ ~ *sth in* iets intrekken, iets aanhalen ★ ~ *one's breath in* inademen ★ ~ *sbd* **into** *sth* iem. betrekken bij iets ★ ~ *sth* **off** iets afleiden ‹aandacht›, iets aftappen ★ ~ **on** naderen, vorderen ‹v. avond &› ★ ~ *on sth* trekken aan iets ‹sigaret› ★ ~ *sth on* iets aantrekken ★ ~ **on / upon** *sth* gebruik maken van iets, putten uit iets, iets aanspreken ‹kapitaal› ★ ~ **out** lengen ‹dagen› ★ ~ *sth out* iets uittrekken, iets opvragen ‹geld›, iets (uit)rekken, langer maken, iets voortzetten, iets uitschrijven, opmaken, iets opstellen, muz iets lang aanhouden ★ ~ *sbd out* iem. aan het praten krijgen, iem. uithoren ★ ~ *sth out of sbd* iem. iets ontlokken ★ ~ **together** bij / tot elkaar komen ★ ~ *sth together* iets samentrekken, samenbrengen ★ ~ **up** optrekken, mil (zich) opstellen, stilhouden, tot staan komen ★ ~ *sth up* iets opstellen, iets bijschuiven ‹stoel› ★ ~ *oneself up* zich oprichten, zich in postuur zetten ★ ~ **up to** *sbd / sth* dichter bij iem / iets komen ★ ~ **up with** *sbd* iem. inhalen

drawback ['drɔ:bæk] *znw* ❶ teruggave van betaalde (invoer)rechten ❷ fig bezwaar, schaduwzijde, nadeel, gebrek ★ *the main ~ to / with the scheme is its cost* het belangrijkste nadeel van het systeem zijn de kosten

drawbridge ['drɔ:brɪdʒ] *znw* ophaalbrug

drawcard ['drɔ:kɑ:d] *znw* trekpleister, attractie

drawdown ['drɔ:daʊn] *znw* ❶ vermindering ❷ verlaging van het waterpeil

drawee [drɔ:'i:] handel *znw* betrokkene, trassaat

drawer I *znw* ['drɔ:] (schuif)lade **II** *znw* ['drɔ:ə] ❶ handel trassant ❷ tekenaar

drawers [drɔ:z] gedat *znw* [mv] onderbroek

drawing ['drɔ:ɪŋ] *znw* ❶ tekening ❷ tekenkunst, tekenen ❸ trekken, trekking ❹ opneming ‹v. geld›

drawing board ['drɔ:ɪŋ bɔ:d] *znw* tekenbord,

tekentafel ★ fig *go back to the ~* helemaal opnieuw beginnen, teruggaan naar af

drawing pin ['drɔ:ɪŋ pɪn] *znw* punaise

drawing rights ['drɔ:ɪŋ raɪts] handel *znw* [mv] trekkingsrechten

drawing room ['drɔ:ɪŋ ru:m] *znw* ontvangkamer, salon ★ ~ *manners* goede manieren ★ *a ~ red* een saloncommunist

drawl [drɔ:l] **I** *znw* lijzige manier van praten, geteem **II** *overg & onoverg* lijzig spreken, temen

drawn [drɔ:n] **I** *bn* ❶ (uit)getrokken ❷ opgetrokken ❸ be-, vertrokken ❹ onbeslist **II** *ww* [v.d.] → draw

drawn-out [drɔ:n-'aʊt] *bn* langgerekt ★ *he gave a ~ sigh* hij slaakte een lange zucht

drawstring ['drɔ:strɪŋ] *znw* trekkoord ‹aan een tas, aan kleding &›

dray [dreɪ] *znw* sleperswagen, brouwerswagen

dray-horse [dreɪ-'hɔ:s] *znw* sleperspaard

dread [dred] **I** *bn* gevreesd, vreselijk ★ *a ~ disease* een gevreesde ziekte **II** *znw* angst, vrees (voor *of*) **III** *overg* ❶ vrezen, duchten ❷ opzien tegen ❸ niet durven

dreaded ['dredɪd] *bn* gevreesd ★ scherts *the ~ computer* de gevreesde computer

dreaded lurgy ['dredɪd 'lɜ:gɪ] inf scherts *znw* niet ernstige onbestemde ziekte ★ *she's come down with the ~* ze is een beetje ziek geworden

dreadful ['dredfʊl] *bn* vreselijk, verschrikkelijk

dreadlocks ['dredlɒks], inf **dreads** *znw* [mv] dreadlocks, rastakapsel

dreadnought ['drednɔ:t] hist *znw* dreadnought ‹slagschip›

dreads [dredz] inf *znw* [mv] → **dreadlocks**

dream [dri:m] **I** *znw* ❶ droom ★ *a ~ come true* een droom die waarheid is geworden ★ *inf in your ~s* dat had je gedroomd ★ *be beyond one's wildest ~s* zijn stoutste verwachtingen overtreffen ★ *go like a ~* boven verwachting goed gaan ❷ fig ideaal ★ *the house of her ~s* haar droomhuis **II** *overg* [dreamt/ dreamed, dreamt/dreamed] dromen, zich verbeelden ★ *I never ~t/~ed that this would happen* ik had nooit gedacht dat zoiets zou gebeuren **III** *onoverg* [dreamt/dreamed, dreamt/dreamed] dromen ★ *I wouldn't ~ of asking them for money* ik pieker er niet over om ze om geld te vragen **IV** *phras* ★ ~ **away** wegdromen ★ ~ *sth away* iets verdromen ★ inf ~ **on** dat had je gedroomd ★ ~ *sth up* iets uitdenken, verzinnen, fantaseren

dreamboat ['dri:mbəʊt] inf *znw* ❶ aangebedene ❷ schat, liefje

dreamcatcher [dri:m'kætʃə] *znw* droomvanger, dromenvanger ‹kleine hoepel met een web daarin geknoopt, oorspronkelijk gemaakt door indianen›

dreamer ['dri:mə] *znw* dromer

dreamland ['dri:mlænd] *znw* ❶ droomwereld ❷ dromenland ★ *go off to ~* in slaap vallen

dreamless ['dri:mlɪs] *bn* zonder dromen, droomloos

dreamlike ['dri:mlaɪk] *bn* als in een droom

dreamt [dremt] *ww* [v.t. & v.d.] → **dream**
dream team [dri:m ti:m] *znw* droomteam, meest ideale team
dream ticket [dri:m 'tɪkɪt] Br *znw* ideale koppel
dreamworld ['dri:mwɜ:ld] *znw* droomwereld
dreamy ['dri:mɪ] *bn* ❶ dromerig ❷ vaag
dreary ['drɪərɪ] *bn* akelig, somber, triest(ig), woest
dredge [dredʒ] **I** *znw* ❶ sleepnet ❷ dreg ❸ baggermachine, baggerschuit **II** *overg* ❶ uitbaggeren ❷ dreggen ❸ bestrooien ★ ~ *the cake with icing sugar* bestrooi de taart met poedersuiker **III** *onoverg* ❶ baggeren ❷ dreggen ★ ~ *for sth* dreggen naar iets ❸ strooien **IV** *phras* ★ ~ *sth* up iets ophalen ‹onwelkome herinneringen &›
dredger ['dredʒə] *znw* ❶ baggermachine, baggermolen ❷ strooier, strooibus
dregs [dregz] *znw* [mv] ❶ droesem, drab, moer, grondsop, bezinksel ★ *to the* ~ tot de bodem ❷ *fig* heffe, uitschot, schuim
drench [drentʃ] *overg* ❶ (door)nat maken, doorweken ❷ drenken ‹de aarde›
drencher ['drentʃə] *inf znw* stortbui, plasregen
drenching ['drentʃɪŋ] **I** *bn* doordrenkend ★ ~ *rain* stortregen **II** *znw* plensbui ★ *get a* ~ kletsnat regenen
dress [dres] **I** *znw* ❶ kleding, dracht, kleren, tenue ★ *in* ~ in avondtoilet, in gala ❷ japon, jurk **II** *overg* ❶ (aan)kleden, tooien ❷ klaarmaken, aanmaken ‹salade›, bereiden, bewerken ❸ roskammen ❹ schoonmaken ‹vis en gevogelte› ❺ verbinden ‹wonden› **III** *onoverg* zich kleden, (avond)toilet maken ★ ~ *for work* zijn werkkleren aantrekken ★ ~ *to impress / to kill* zich kleden om indruk te maken **IV** *phras* ★ ~ **down** vrijetijdskleding dragen ‹op kantoor, bij concerten &› ★ ~ *sbd* **down** iem. een schrobbering geven, afstraffen ★ ~ **up** zich opsmukken, zich uitdossen, zich kostumeren, zich verkleden ★ ~ *sth* **up** iets opdoffen, mooi laten lijken, iets aanvaardbaar laten klinken ★ ~ *sbd* **up** iem. uitdossen, iem. kostumeren, verkleden
dressage ['dresɑ:ʒ] *znw* dressuur ‹bij paardensport›
dress circle [dres 'sɜ:kl] *znw* (eerste) balkon ‹in schouwburg›
dress coat [dres kəʊt] *znw* rok ‹v. heer›
dress code [dres kəʊd] *znw* kledingvoorschrift
dressed [drest] *bn* gekleed ★ *inf* ~ *to kill* tiptop / prachtig / fantastisch / uiterst snel gekleed ★ *get* ~ zich aankleden
dresser ['dresə] *znw* ❶ (aan)kleder, -kleedster ❷ bereider ❸ verbinder ❹ dressoir, ladekast
dressing ['dresɪŋ] *znw* ❶ (aan)kleden ❷ (aan)kleding, kledij, toilet ❸ bereiding ❹ mest ❺ saus ❻ verband ★ *change the* ~ *twice daily* her verband tweemaal per dag verwisselen
dressing-down [dresɪŋ-'daʊn] *inf znw* schrobbering, afstraffing ★ *give sbd a* ~ iem. de mantel uitvegen
dressing gown ['dresɪŋ gaʊn] *znw* kamerjas, peignoir
dressing room ['dresɪŋ ru:m] *znw* kleedkamer

dressing table ['dresɪŋ 'teɪbl] *znw* toilettafel
dressmaker ['dresmeɪkə] *znw* kleermaker, kleermaakster
dressmaking ['dresmeɪkɪŋ] *znw* kleding maken, naaien
dress rehearsal [dres rɪ'hɜ:səl] *znw* generale repetitie
dress sense [dres sens] *znw* goede smaak ‹in kleding› ★ *have (a) good* ~ een goede smaak hebben in kleding
dress shirt [dres ʃɜ:t] *znw* wit overhemd gedragen bij een rokkostuum
dress suit [dres su:t] *znw* rokkostuum ‹v. heer›
dress uniform [dres 'ju:nɪfɔ:m] *znw* uitgaanstenue
dressy ['dresɪ] *bn* ❶ smaakvol, chic (gekleed) ❷ *fig* opgedirkt
drew [dru:] *ww* [v.t.] → **draw**
dribble ['drɪbl] **I** *znw* ❶ druppelen ❷ druppeltje ❸ dun straaltje, stroompje ❹ kwijl ❺ *sp* dribbel ‹voetbal› **II** *overg & onoverg* ❶ (laten) druppelen ❷ kwijlen ❸ *sp* dribbelen ‹voetbal›
driblet ['drɪblɪt] *znw* ❶ drupje ❷ klein aantal, kleine hoeveelheid ★ *by / in* ~s bij kleine beetjes
dribs and drabs [drɪbz ænd 'dræbz] *znw* [mv] ★ *in* ~ bij stukjes en beetjes
dried [draɪd] *bn* ❶ gedroogd ❷ in poedervorm
dried flowers [draɪd 'flaʊəz] *znw* droogbloemen
dried fruit [draɪd fru:t] *znw* gedroogde vruchten
dried milk [draɪd mɪlk] *znw* melkpoeder
dried-up ['draɪd-ʌp] *bn* verschrompeld, gerimpeld
drier ['draɪə] *znw* ❶ droger ❷ droogtoestel ❸ droogmiddel
drift [drɪft] **I** *znw* ❶ stroom, trek ❷ *scheepv & luchtv* drift, (af)drijven, afwijking ❸ trend, geleidelijke ontwikkeling ❹ *fig* bedoeling, strekking ★ *if you get my* ~ als je begrijpt wat ik bedoel ❺ massa, opeenhoping ‹ijsgang, zandverstuiving›, (sneeuw)jacht ❻ ZA wed, doorwaadbare plaats **II** *overg* ❶ meevoeren ❷ op hopen jagen ‹sneeuw &› **III** *onoverg* ❶ drijven, af-, meedrijven (met de stroom), (rond)zwalken, rondzwerven ★ *let things* ~ de zaken op hun beloop laten, Gods water over Gods akker laten lopen ★ ~ *in and out of consciousness* af en toe het bewustzijn verliezen ❷ (op)waaien, verstuiven, zich openhopen ‹v. sneeuw› **IV** *phras* ★ ~ **apart / away** elk zijn eigen weg gaan, van elkaar vervreemden ★ ~ **off** *(to sleep)* in slaap dommelen
drifter ['drɪftə] *znw* iem. die op drift is, zwerver
drift ice [drɪft aɪs] *znw* drijfijs
drift net [drɪft net] *znw* drijfnet
driftwood ['drɪftwʊd] *znw* drijfhout
drill [drɪl] **I** *znw* ❶ *techn* dril, drilboor, boor(machine) ❷ drillen, exercitie, oefening ❸ *inf* ding, zaakje, manier ★ *know the* ~ weten hoe het hoort, hoe het toegaat, waar het om gaat (op aankomt) ❹ zaaivoor ❺ rijenzaaimachine ❻ dril ‹katoenen weefsel› **II** *overg* ❶ (door)boren ❷ zaaien met een zaaimachine ❸ drillen, africhten ★ ~ *sth into sbd* iets

er bij iem. inhameren, instampen **III** *onoverg* ❶ boren ★ ~ *for sth* naar iets boren ❷ exerceren

drilling platform ['drɪlɪŋ 'plætfɔ:m] *znw* booreiland, boorplatform

drilling rig ['drɪlɪŋ rɪg] *znw* boorinstallatie, booreiland, boorplatform

drill sergeant [drɪl 'sɑ:dʒənt] *znw* sergeant-instructeur

drily ['draɪlɪ] *bijw* → **dryly**

drink [drɪŋk] **I** *znw* ❶ drank, alcohol ★ *on the* ~ aan de drank ★ *take to* ~ aan de drank raken ❷ dronk ❸ borrel, glas, slokje ★ *a stiff* ~ een stevige borrel ★ *have* ~*s* borrelen ▼ *inf the* ~ het water, de zee **II** *overg* [drank, drunk] (uit-, op)drinken ★ ~ *a toast to sbd* een toost op iem. uitbrengen ★ ~ *oneself into a stupor* zich (compleet) bedrinken ★ ~ *oneself to death* zich dooddrinken **III** *onoverg* [drank, drunk] drinken ★ ~ *and drive* rijden met een slok op ★ ~ *deep* een grote slok nemen, *fig* zich ergens in verdiepen ★ *inf* ~ *like a fish* teveel drinken, zuipen ★ ~ *to excess* overmatig drinken **IV** *phras* ★ ~ *sth* **away** iets verdrinken ⟨zijn geld⟩ ★ ~ *sth* **down** iets opdrinken ★ ~ *sth* **in** iets indrinken, iets in zich opnemen ★ ~ *to sbd,* ~ *to sbd's health* drinken op de gezondheid van iem. ★ *I'll* ~ *to that* helemaal mee eens! ★ ~ **up** opdrinken, leegdrinken, doordrinken ★ ~ *sth* **up** iets uitdrinken

drinkable ['drɪŋkəbl] *bn* drinkbaar

drink-driver [drɪŋk-'draɪvə], Am **drunk driver** *znw* alcomobilist

drink-driving [drɪŋk-'draɪvɪŋ], Am **drunk driving** *znw* alcomobilisme

drinker ['drɪŋkə] *znw* ❶ drinker ❷ drinkebroer

drinking ['drɪŋkɪŋ] **I** *bn* drink- **II** *znw* drinken ⟨vooral v. sterke drank⟩

drinking chocolate ['drɪŋkɪŋ 'tʃɒklət] *znw* ❶ chocolademelk ❷ chocoladepoeder

drinking fountain ['drɪŋkɪŋ 'faʊntɪn] *znw* drinkfonteintje

drinking problem ['drɪŋkɪŋ 'prɒbləm] *znw* alcoholprobleem, drankprobleem

drinking song ['drɪŋkɪŋ sɒŋ] *znw* drinklied

drinking-up time [drɪŋkɪŋ-'ʌp taɪm] Br *znw* toegestane tijd om het laatste glas leeg te drinken ⟨in de pub⟩

drinking water ['drɪŋkɪŋ 'wɔːtə] *znw* drinkwater

drinks machine [drɪŋks mə'ʃiːn] *znw* drankenautomaat

drip [drɪp] **I** *znw* ❶ drup ❷ infuus ❸ druiplijst ❹ *inf* slome duikelaar **II** *overg* laten druppelen **III** *onoverg* druipen, druppelen

drip coffee [drɪp 'kɒfɪ] *znw* filterkoffie

drip-dry ['drɪp-draɪ] *bn* kreukherstellend, dat niet gestreken hoeft te worden

drip feed [drɪp fiːd] med *znw* infuus

drip-feed ['drɪp-fiːd] *overg* voeden met een infuus

drip filter [drɪp 'fɪltə] *znw* filter ⟨om koffie mee te zetten⟩

drip mat [drɪp mæt] *znw* onderzetter, bierviltje

dripping ['drɪpɪŋ] **I** *bn* druipend ★ ~ *wet* druipnat **II** *znw* ❶ druppelen ❷ braadvet

dripping pan ['drɪpɪŋ pæn] *znw* druippan

drive [draɪv] **I** *znw* ❶ rit, ritje, rijtoer ❷ oprijlaan, laan, dreef, oprit ❸ drang, drift, neiging ❹ voortvarendheid, energie, vaart, gang ❺ *fig* drijf-, stuwkracht ❻ campagne, actie ❼ techn aandrijving, overbrenging, drijfwerk ❽ auto ⟨links, rechts⟩ stuur, besturing ❾ sp drive, slag ❿ drijfjacht, drijven, jagen **II** *overg* [drove, driven] ❶ drijven, indrijven ★ ~ *a wedge between two people* een wig drijven tussen twee mensen ★ ~ *sth home* iets helemaal duidelijk maken ❷ voortdrijven, verdrijven, opjagen ❸ dwingen, brengen tot, maken ★ *inf* ~ *sbd to drink* iem. de drank in jagen ★ *inf* ~ *sbd mad / crazy* iem. gek maken ★ *inf* ~ *sbd wild* iem. opgewonden maken, iem. laaiend enthousiast maken ❹ besturen, rijden ★ ~ *sbd home* iem. naar huis rijden **III** *onoverg* [drove, driven] ❶ sturen, rijden ⟨in wagen, auto &⟩ ★ ~ *while intoxicated* rijden onder invloed ★ *I take it that you can* ~? ik neem aan dat je kunt/mag rijden ❷ drijven, jagen ⟨v. regen, sneeuw⟩ **IV** *phras* ★ *fig* ~ **at** *sth* iets voor ogen hebben ★ *I don't know what you're driving at* ik weet niet waar je naartoe wilt ★ *what's he driving at?* wat wil hij?, wat voert hij in zijn schild? ★ *he let* ~ *at her* hij haalde (verbaal) naar haar uit ★ ~ **away** wegrijden ★ ~ *sbd / sth away* iem. / iets verdrijven, ver-, wegjagen ★ ~ *sth* **in** iets inslaan ⟨spijker⟩ ★ ~ *sth* **off** iets afslaan ⟨v. aanval⟩ ★ ~ *sbd off* iem. terugdringen ⟨vijand⟩ ★ ~ *sth* **out** iets verdrijven, iets verdringen ★ ~ *sbd out* iem. verdrijven, verjagen ★ ~ *sth* **through** iets erdoor jagen ⟨wet &⟩ ★ Br ~ *a coach and horses through* iets volledig tenietdoen ★ ~ **up** aan komen rijden, voorrijden ★ ~ *sth up* iets opdrijven, opjagen ⟨prijzen⟩

drive bay [draɪv beɪ] *znw* ruimte in de behuizing van een computer voor het inbouwen van een disk drive e.d.

drive-by ['draɪv-baɪ] *bn* vanuit een rijdende auto ★ *a* ~ *shooting* een beschieting vanuit een rijdende auto

drive-in ['draɪv-ɪn] **I** *bn* drive-in, inrij(bank, postkantoor &) **II** *znw*, **drive-in theater** drive-inbioscoop

drivel ['drɪvəl] **I** *znw* gebazel, gewauwel, gezeur, rimram **II** *overg & onoverg* bazelen, wauwelen ★ ~ *on about sth* doorzeuren over iets

drivelling ['drɪvəlɪŋ] *inf bn* zeverend ★ *a* ~ *idiot* een volslagen idioot

drive mechanism [draɪv 'mekənɪzəm] *znw* aandrijving

driven ['drɪvən] *ww* [v.d.] → **drive**

drive-on ['draɪv-ɒn], **drive-on/drive-off** *bn* rij-op-rij-af

driver ['draɪvə] *znw* ❶ voerman, koetsier, chauffeur, bestuurder, machinist ❷ drijver, menner ❸ mil stukrijder ❹ techn drijfwiel ❺ comput stuurprogramma, besturingsprogramma, driver

driver's licence ['draɪvəz 'laɪsəns] Aus *znw* → **driving licence**

drive shaft ['draɪv ʃɑːft] *znw* aandrijfas
drive-through ['draɪv-θruː] I *bn* drive-in- II *znw* drive-in restaurant / bank / winkel
drive time [draɪv taɪm] *znw* spitsuur
driveway ['draɪvweɪ] *znw* oprijlaan
driving ['draɪvɪŋ] I *bn* ❶ techn drijf- ★ *the ~ band / belt* de drijfriem ★ *the ~ mechanism* het drijfwerk ❷ auto rij- ❸ met veel wind ★ *~ rain* slagregen II *znw* rijden, mennen ★ *be banned from ~* een ontzegging van de rijbevoegdheid krijgen
driving instructor ['draɪvɪŋ ɪn'strʌktə] auto *znw* rijinstructeur
driving licence ['draɪvɪŋ 'laɪsəns], Am **driving license**, Aus **driver's licence** *znw* rijbewijs
driving mirror ['draɪvɪŋ 'mɪrə] auto *znw* achteruitkijkspiegel
driving range ['draɪvɪŋ reɪndʒ] *znw* oefenafslagplaats ⟨golf⟩
driving school ['draɪvɪŋ skuːl] *znw* autorijschool
driving seat ['draɪvɪŋ siːt] auto bestuurdersplaats ★ fig *be in the ~* het voor het zeggen hebben
driving test ['draɪvɪŋ test], **driver's test** *znw* rijexamen
driving wheel ['draɪvɪŋ wiːl] *znw* ❶ techn drijfwiel ❷ auto stuur, stuurrad
drizzle ['drɪzəl] I *znw* motregen II *onoverg* motregenen
drizzly ['drɪzlɪ] *bn* miezerig, druilerig, mottig
droll [drəʊl] *bn* grappig, komiek, kluchtig
drollery ['drəʊlərɪ] *znw* ❶ grappenmakerij ❷ geintje, grappig verhaal / voorval
dromedary ['drɒmɪdərɪ] *znw* dromedaris
drone [drəʊn] I *znw* ❶ dar, hommel ❷ klaploper ❸ gegons, gesnor, gebrom, geronk ❹ dreun II *overg* opdreunen III *onoverg* ❶ gonzen, snorren, brommen, ronken ❷ dreunen ★ *~ on* opdreunen, eindeloos doorzeuren
drongo ['drɒŋgəʊ] *znw* ❶ dierk drongo ⟨zangvogel⟩ ❷ Aus & NZ inf sukkel, sufferd
drool [druːl] I *zn* kwijl II *onoverg* kwijlen ★ *~ over sbd / sth* dwepen met iem. / iets, weglopen met iem. / iets
droop [druːp] I *znw* ❶ hangende houding ★ inf *brewer's ~* impotentie ⟨veroorzaakt door overmatige alcoholconsumptie⟩ ❷ achteruitgang, verflauwing II *overg* ❶ laten hangen ❷ ⟨de ogen⟩ neerslaan III *onoverg* ❶ kwijnend hangen ❷ af-, neerhangen ❸ fig (weg)kwijnen, verflauwen
drooping ['druːpɪŋ] *bn* hangend, afhangend ★ *with ~ eyes* met neergeslagen ogen
droopy ['druːpɪ] *bn* ❶ hangend ★ *~ shoulders* hangende schouders ❷ zwak, slap
drop [drɒp] I *znw* ❶ drop, drup(pel) ★ *a ~ in the ocean / in a bucket* een druppel op een gloeiende plaat ❷ borrel, slokje ❸ val ★ inf *at the ~ of a hat* subiet, op slag, zonder dralen ❹ dropping ❺ (prijs)daling ❻ zuurtje, pastille, flikje ❼ inf vrachtje, iets dat wordt afgeleverd ❽ inf geheime bergplaats II *overg* ❶ laten vallen, neerlaten, af-, uitwerpen, droppen

⟨uit vliegtuig⟩ ★ inf *~ a brick / clanger* een flater begaan ★ inf *~ sbd like a hot potato* iem. laten vallen als een baksteen ❷ zich laten ontvallen, terloops zeggen ★ *~ a hint* een wenk geven ❸ weglaten ❹ laten dalen ⟨stem⟩ ❺ neerslaan ⟨ogen⟩ ❻ laten varen, opgeven, laten schieten ★ *~ everything* overal mee ophouden ★ inf *~ it!* schei uit! ★ *~ it/~ the subject* er niet langer over praten ❼ afleveren, afzetten ⟨een passagier⟩, aanreiken ⟨pakje⟩ III *onoverg* ❶ (om-, neer)vallen, komen te vallen ★ *be ready to ~* bijna omvallen ⟨v. vermoeidheid &⟩ ★ inf *~ dead!* val dood! ❷ dalen, zakken ★ *his face ~ped* zijn gezicht betrok, hij zette een lang gezicht ❸ gaan liggen ⟨v. wind⟩ ❹ ophouden ★ *let the matter ~* de zaak verder laten rusten IV *phras* ★ *~ around / round* even aanwippen ★ *~ away* afvallen ⟨v. partij⟩, zich verwijderen, langzaam achteruitgaan ★ *~ back* terugvallen ★ *~ behind* achter raken ★ *~ down* neerzinken, afzakken ⟨de rivier⟩ ★ *~ in* binnenvallen, even aan-, oplopen (bij iem. *on sbd*) ★ *~ off* ergens af vallen, in slaap vallen, teruglopen ★ *~ sth off* iets afgeven / bezorgen ★ *~ sbd off* iem. afzetten ⟨bij het station &⟩ ★ *~ out* afvallen, uitvallen, vroegtijdig verlaten ⟨school &⟩ ★ *~ out of use* in onbruik raken ★ *~ over* even komen aanwippen
drop curtain [drɒp 'kɜːtn] *znw* valgordijn
drop-dead ['drɒp-ded] inf *bn & bijw* buitengewoon, adembenemend ⟨m.b.t. tot aantrekkelijkheid van iem. of iets⟩ ★ *she was looking ~ gorgeous* ze zag eruit om op te vreten
drop-down ['drɒp-daʊn] *bn* vouw-, uitvouw- ★ *a ~ bed* een vouwbed ★ comput *a ~ menu* een dropdown menu
drop-forged ['drɒp-fɔːdʒd] *bn* gestampt ⟨metaal⟩
drop goal [drɒp gəʊl] rugby *znw* dropgoal
drop hammer [drɒp 'hæmə] *znw* valhamer
drophead ['drɒphed] *znw* ❶ linnen kap ⟨van auto⟩ ❷ cabriolet
drop-in ['drɒp-ɪn] *bn* drop-in ⟨zonder reservering of afspraak te bezoeken⟩
drop-in centre ['drɒp-ɪn 'sentə] *znw* dagcentrum voor welzijnszorg
drop kick [drɒp kɪk] *znw* ❶ sp dropkick ❷ Aus inf nutteloos persoon
drop-kick ['drɒp-kɪk] *overg* dropkicken
drop-leaf table [drɒp-liːf 'teɪbl] *znw* klaptafel
droplet ['drɒplət] *znw* druppeltje
drop-off ['drɒp-ɒf] *znw* plotselinge vermindering
dropout ['drɒpaʊt] *znw* ❶ onderw afvaller, studiestaker, drop-out ❷ tijdelijke onderbreking van geluid ⟨op band &⟩
dropper ['drɒpə] *znw* druppelbuisje
droppings ['drɒpɪŋz] *znw* [mv] uitwerpselen, keutels
drop shot [drɒp ʃɒt] *znw* slag waarbij de bal over het net gaat en dan plotseling valt ⟨bij tennis, badminton &⟩
dropsical ['drɒpsɪkl] gedat *bn* waterzuchtig

dr

dr

dropsy ['drɒpsɪ] gedat znw waterzucht
drop waist [drɒp weɪst], **dropped waist** znw
verlaagde taille
dross [drɒs] znw ❶ slakken, schuim ❷ fig afval,
waardeloos spul
drought [draʊt] znw droogte ★ the ~ had broken by
September de droogte was tegen september aan zijn
eind gekomen
drove [drəʊv] **I** znw kudde, drift, school, drom, hoop,
troep **II** ww [v.t.] → **drive**
drover ['drəʊvə] znw veedrijver, veehandelaar
droves [drəʊvz] znw [mv] hopen, drommen ★ in
their ~ in drommen
drown [draʊn] **I** overg ❶ verdrinken ❷ onder water
zetten, overstromen ❸ overstemmen, smoren ⟨de
stem⟩ (ook: ~ out) ★ inf ~ one's sorrows zijn leed
verdrinken **II** onoverg verdrinken
drowned [draʊnd] bn verdronken ★ a ~ man een
drenkeling ★ inf look like a ~ rat er uitzien als een
verdronken kat
drowned valley [draʊnd 'vælɪ] znw ondergelopen dal
drowse [draʊz] **I** znw soes, dommel(ing) **II** onoverg
soezen, dommelen
drowsy ['draʊzɪ] bn ❶ soezerig, doezelig, dommelig,
slaperig ❷ slaapverwekkend
drubbing ['drʌbɪŋ] znw afrossing, pak slaag ★ inf get
a ~ een pak slaag krijgen
drudge [drʌdʒ] **I** znw werkezel, zwoeger, sloof
II onoverg sloven, zwoegen, zich afsloven
drudgery ['drʌdʒərɪ] znw ❶ gesloof ❷ geestdodend
werk
drug [drʌg] **I** znw ❶ farmaceutisch artikel,
geneesmiddel ★ non-prescription ~s medicijnen die
zonder recept verkrijgbaar zijn ★ he's taking a ~ for
depression hij neemt een middel tegen depressie
❷ verdovend middel, drug **II** overg ❶ medicijnen
toedienen ❷ bedwelmen, verdoven
drug abuse [drʌg ə'bju:s] znw drugsmisbruik
drug addict [drʌg 'ædɪkt] znw drugsverslaafde
drug dealer [drʌg 'di:lə] znw drugsdealer
druggist [drʌgɪst] znw ❶ Am drogist ❷ apotheker
drug pusher [drʌg 'pʊʃə] znw drugshandelaar, dealer
drug squad [drʌg skwɒd], **drugs squad** znw
narcoticabrigade
drug store [drʌg stɔ:] Am znw apotheek, drogisterij
⟨waar van alles en nog wat wordt verkocht, zoals
versnaperingen, tijdschriften enz.⟩
drug test [drʌg test] znw dopingcontrole
drug traffic [drʌg 'træfɪk] znw drugshandel, handel in
verdovende middelen
drug trafficker [drʌg 'træfɪkə] znw drugshandelaar,
handelaar in verdovende middelen
drug trafficking [drʌg 'træfɪkɪŋ] znw drugshandel,
handel in verdovende middelen
Druid ['dru:ɪd] znw druïde, Keltische priester
drum [drʌm] **I** znw ❶ trommel, trom, drum, tamboer
★ bang / beat the ~ of / for sth iets luidruchtig
promoten, erg voor iets zijn ❷ techn cilinder ❸ bus,

blik, vat ⟨voor olie &⟩ **II** onoverg trommelen, muz
drummen **III** phras ★ ~ sth into sbd er iets bij iem.
inhameren / instampen ★ ~ sbd out iem.
verwijderen, uitstoten ⟨met veel herrie⟩ ★ ~ sth up
iets optrommelen, bijeenroepen
drumbeat ['drʌmbi:t] znw drumbeat, (ritmisch)
tromgeroffel
drum brake [drʌm breɪk] znw trommelrem
drum kit [drʌm kɪt] znw drumstel
drum machine [drʌm mə'ʃi:n] znw elektronisch
drumstel
drum major [drʌm 'meɪdʒə] znw tamboer-majoor
drum majorette [drʌm meɪdʒə'ret] znw majorette
drummer ['drʌmə] znw ❶ trommelslager, tamboer
❷ muz drummer, slagwerker
drum roll [drʌm rəʊl] znw roffel ⟨op een trommel⟩
drums [drʌmz] muz znw drumstel ★ the ~ het
slagwerk, de drums
drumstick ['drʌmstɪk] znw ❶ trommelstok ❷ boutje
⟨v. gebraden gevogelte⟩
drunk [drʌŋk] **I** bn dronken ★ ~ and disorderly in
kennelijke staat, door dronkenschap overlast
veroorzaken ★ inf as ~ as a lord / a skunk
stomdronken ★ get ~ on sth dronken worden van
iets, zich bedrinken aan iets ★ be ~ with sth
compleet onder de invloed zijn van iets **II** znw
❶ dronkenman ❷ inf drinkgelag **III** ww [v.d.] →
drink
drunkard ['drʌŋkəd] znw dronkaard
drunk-driver [drʌŋk-'draɪvə] Am znw → **drink-driver**
drunk-driving [drʌŋk-'draɪvɪŋ] Am znw →
drink-driving
drunken ['drʌŋkən] bn ❶ dronken ❷ dronkenmans-
dry [draɪ] **I** bn ❶ droog ★ as ~ as a bone kurkdroog
★ there wasn't a ~ eye in the house iedereen zat te
huilen ❷ inf dorstig ❸ sec, niet zoet ⟨wijn⟩ ❹ fig
drooggelegd ❺ dor **II** znw ❶ voorstander van
drankverbod ❷ droogteperiode ❸ → Aus **dry ginger**
★ Scotch and ~ whisky met gemberbier **III** overg
❶ (laten) drogen, afdrogen ★ ~ the dishes afdrogen,
de vaat drogen ★ ~ one's eyes zijn tranen drogen ★ ~
sbd / sth off iem. / iets afdrogen ★ ~ sth out iets
drogen ★ Am ~ sth up iets afdrogen ⟨vaat⟩ ❷ doen
uitdrogen **IV** onoverg (op-, uit)drogen ★ ~ off droog
worden, afdrogen, ophouden met melk geven ⟨v.
koeien⟩ ★ ~ out uitdrogen, afkicken ⟨v.
alcoholverslaafden⟩ ★ ~ up op-, verdrogen, minder
worden, kwijnen, ophouden, inf zijn mond houden,
sprakeloos zijn, tekst kwijt zijn ⟨bij acteren &⟩
dry-clean [draɪ-kli:n], **dry clean** overg chemisch
reinigen
dry-cleaner [draɪ-'kli:nə], **dry-cleaner** znw stomerij
★ at the ~'s bij de stomerij
dry-cleaning [draɪ-'kli:nɪŋ], **dry cleaning** znw
chemisch reinigen, (uit)stomen
dry-cure [draɪ-'kjʊə] overg droog inmaken
dry dock [draɪ dɒk] znw droogdok
dry-dock ['draɪ-dɒk] overg droogdok

dryer ['draɪə] *znw* → **drier**

dry eye [draɪ aɪ] med *znw* droog oog

dry-eyed [draɪ-'aɪd] *bn* met droge ogen

dry ginger [draɪ 'dʒɪndʒə] Aus *znw* gemberbier, gemberdrank ⟨veelal gemixt met whisky gedronken⟩

dry goods [draɪ gʊdz] *znw* [mv] ❶ droge waren ⟨koffie, graan, suiker &⟩ ❷ Am manufacturen

dry ice [draɪ aɪs] *znw* koolzuursneeuw

drying-up [draɪɪŋ-'ʌp] *znw* ★ *do the* ~ afdrogen

dryish ['draɪʃ] *bn* vrij droog

dry land [draɪ lænd] *znw* vaste grond ★ *reach* ~ aan land komen ★ *set foot on* ~ voet op vaste bodem zetten

drylands ['draɪlændz] *znw* [mv] woestijngronden

dryly ['draɪlɪ], **drily** *bijw* droogjes, droogweg

dry rot [draɪ rɒt] *znw* droogrot, bruine rot

dry run [draɪ rʌn] *znw* ❶ repetitie, proefdraaien ❷ comput bureautest

dry-shod [draɪ-ʃɒd] *bn & bijw* droogvoets

dry-stone ['draɪ-stəʊn] *bn* stapel- ★ *a* ~ *wall* een stapelmuur ⟨zonder metselspecie⟩

dry valley [draɪ 'vælɪ] *znw* droge vallei

DSc *afk* (Doctor of Science) doctor in de natuurwetenschappen

DSC [diːesˈsiː] *afk* (Distinguished Service Cross) militaire onderscheiding

DSM *afk* (Distinguished Service Medal) militaire onderscheiding

DSO *afk* (Distinguished Service Order) militaire onderscheiding

DST *afk* (daylight saving time) zomertijd

DTP *afk* → **desktop publishing**

DTs inf *znw* [mv] (delirium tremens) delirium tremens, dronkenmanswaanzin

dual ['djuːəl] *bn* dubbel, tweevoudig, tweeledig ★ *play a* ~ *role* een dubbelrol spelen

dual carriageway ['djuːəl 'kærɪdʒweɪ] *znw* vierbaansweg

dual control ['djuːəl kənˈtrəʊl] **I** *bn* met dubbele bediening ⟨v. vliegtuig, lesauto⟩ **II** *znw* (meestal *mv*) dubbele bediening

dualism ['djuːəlɪzm] *znw* dualisme

duality [djʊˈælɪtɪ] *znw* tweevoudigheid

dual-purpose ['djuːəl-'pɜːpəs] *bn* met twee doelen

dub [dʌb] *overg* ❶ noemen ❷ nasynchroniseren, dubben ⟨film &⟩

dubbin ['dʌbɪn] **I** *znw* leervet **II** *overg* invetten ⟨leer⟩

dubbing ['dʌbɪŋ] *znw* ❶ nasynchronisatie ❷ (leer)vet, leerwas

dubious ['djuːbɪəs] *bn* ❶ twijfelachtig ★ *I'm* ~ *about his intentions* ik twijfel aan zijn bedoelingen ❷ dubieus

ducal ['djuːkl] *bn* hertogelijk, hertogs-

ducat ['dʌkət] *znw* ❶ hist dukaat ❷ Am inf toegangskaartje

duchess ['dʌtʃɪs] *znw* hertogin

duchy ['dʌtʃɪ] *znw* hertogdom

duck [dʌk] **I** *znw* [mv: ~ *of* -s] ❶ dierk eend, eendvogel,

vrouwtjeseend ★ *be like water off a* ~'s *back* niet het minste effect hebben, iem. niet raken ★ Am inf *get / have one's* ~s *in a row* alles op een rijtje hebben, alles goed voor elkaar hebben ★ *play* ~s *and drakes* steentjes over het water keilen, kiskassen ★ *take to sth like a* ~ *to water* in zijn element zijn met iets ❷ → **ducky** ❸ duik ❹ sp nul(score) ⟨cricket⟩ ❺ ongekeperd linnen, zeildoek **II** *overg* ❶ (in-, onder)dompelen ❷ buigen ❸ ontduiken, trachten te ontwijken **III** *onoverg* ❶ duiken, onderduiken ★ Br ~ *and dive* op een slimme manier onder iets uit komen ❷ (zich) bukken **IV** *phras* ★ inf ~ *out of sth* zich drukken, zich onttrekken aan iets

duckbill ['dʌkbɪl], **duck-billed platypus** *znw* vogelbekdier

duckboard ['dʌkbɔːd] *znw* loopplank

ducking ['dʌkɪŋ] *znw* onderdompeling ★ *get a* ~ kletsnat worden

duckling ['dʌklɪŋ] *znw* jong eendje

ducks [dʌks] *znw* [mv] ❶ broek van ongekeperd linnen ❷ → Br inf **ducky**

duckweed ['dʌkwiːd] *znw* (eenden)kroos

ducky ['dʌkɪ] **I** *bn* eendachtig **II** *znw*, **duck**, **ducks** Br inf liefje, schat, snoes ⟨aanspreekvorm⟩

duct ['dʌkt] *znw* kanaal, buis, leiding

ductile ['dʌktaɪl] *bn* ❶ smeedbaar, rekbaar, buigzaam ❷ fig handelbaar

dud [dʌd] inf **I** *bn* ❶ vals ❷ niets waard, van niks **II** *znw* ❶ prul, nepding ❷ mil blindganger, niet ontplofte granaat

dude [duːd] Am inf *znw* ❶ dandy ❷ kerel, vent

dude ranch [duːd rɑːntʃ] Am *znw* vakantieboerderij

dudgeon ['dʌdʒən] *znw* ★ *in high* ~ zo nijdig als een spin

duds [dʌdz] *znw* [mv] vodden, kleren

due [djuː] **I** *voorz* toe te schrijven, wegens, vanwege, door ★ *the game has been cancelled* ~ *to rain* de wedstrijd is afgelast wegens regen ★ ~ *to circumstances beyond our control* door omstandigheden waarover wij geen controle hebben ★ *it was* ~ *to him that I got my big chance* het was aan hem te danken dat ik mijn grote kans kreeg **II** *bn* ❶ verplicht, schuldig, verschuldigd, verwacht ★ *when's the mail* ~? wanneer moet de post aankomen? ★ *form while all* ~ *care has been taken* terwijl alle verschuldigde voorzichtigheid in acht is genomen ★ *she's* ~ *for a rise* ze is aan de beurt voor een salarisverhoging, ze moet nodig een salarisverhoging ★ *we're more than* ~ *for a holiday* we zijn hoognodig aan vakantie toe ★ *the enquiry is* ~ *to begin on Friday* het onderzoek moet vrijdag beginnen ❷ behoorlijk, gepast, rechtmatig ★ *in* ~ *time / course* (precies) op tijd, te zijner tijd ★ *he must be given the credit that is* ~ *to him* hij moet de waardering krijgen waar hij recht op heeft ★ *with all* ~ *respect* (het zij) met alle respect (gezegd) ❸ handel vervallen ⟨v. wissel⟩ ★ *become / fall* ~ vervallen **III** *bijw* in de precieze richting van, pal

du

naar ★ ~ *east* pal naar het oosten **IV** *znw* het iem. toekomende ★ *give sbd his* ~ iem. geven wat hem toekomt

due date [dju: deɪt] *znw* vervaldag, vervaldatum, afrekeningsdatum ★ *please pay by the* ~ graag betalen voor de vervaldatum

duel ['dju:əl] **I** *znw* duel, tweegevecht ★ *fight a* ~ duelleren **II** *onoverg* duelleren

dues [dju:z] *znw* [mv] ❶ gelden, rechten ★ handel schulden, schuld ❷ rechten en leges ❸ contributie ‹voor vakbond &› ★ *pay one's* ~ zijn contributie betalen

duet [dju:'et] muz *znw* duet ★ *play a* ~ quatre-mains spelen, een duet spelen

duff [dʌf] **I** *bn* Br inf waardeloos, kapot, onbruikbaar **II** *znw* ❶ jan-in-de-zak ‹meelgerecht in een zak gekookt› ❷ Am inf achterste, kont ★ Br inf *up the* ~ zwanger **III** *overg* stelen ‹vee› **IV** *phras* ★ inf ~ *sbd up* iem. aftuigen, in elkaar slaan

duffel bag ['dʌfəl bæg] *znw* plunjezak

duffel coat ['dʌfəl kəʊt] *znw* montycoat, houtje-touwtjejas

duffer ['dʌfə] inf *znw* ❶ stommerd, sukkel, kruk, sufferd ❷ Aus onproductieve mijn ❸ Aus veedief

dug [dʌg] **I** *znw* ❶ tepel ‹v. dier› ❷ uier **II** *ww* [v.t. & v.d.] → **dig**

dugout ['dʌgaʊt] *znw* ❶ sp dug-out ❷ (uitgegraven) schuilplaats ❸ uitgeholde boomstam als kano

DUI jur *afk* (driving under the influence) rijden onder invloed

duke [dju:k] *znw* hertog

dukedom ['dju:kdəm] *znw* ❶ hertogelijke waardigheid of titel ❷ hertogdom

dukes [dju:ks] inf *znw* [mv] knuisten

dulcet ['dʌlsɪt] dicht *bn* zoet, zacht(klinkend)

dulcimer ['dʌlsɪmə] muz *znw* hakkebord

dull [dʌl] **I** *bn* ❶ bot, stomp, afgestompt, dom ❷ dof, saai, vervelend, taai ★ inf *as* ~ *as dishwater* oersaai ❸ druilerig ❹ mat, flauw, gedrukt ❺ suf, loom, traag, sloom **II** *overg* ❶ bot, stomp, dom, dof, suf maken ❷ af-, verstompen ❸ flauw stemmen ❹ verdoven **III** *onoverg* ❶ afstompen ❷ verflauwen, dof worden

dullard ['dʌləd] *znw* sufferd, botterik, domkop

dull-eyed [dʌl-'aɪd] *bn* met doffe blik

dullness ['dʌlnəs] *znw* saaiheid

dull-witted [dʌl-'wɪtɪd] *bn* stom

duly ['dju:lɪ] *bijw* ❶ behoorlijk, naar behoren ★ *form the matter will be* ~ *dealt with* de kwestie zal naar behoren worden afgehandeld ❷ op tijd ★ *construction* ~ *began in March* de constructie begon in maart zoals gepland ❸ terecht, dan ook

dumb [dʌm] **I** *bn* ❶ stom, sprakeloos ❷ niet kunnen / willen spreken ❸ inf sloom, dom **II** *phras* ★ inf ~ *down* vertrossen, versimplificeren ★ inf ~ *sth down* iets vertrossen, iets versimplificeren

dumb-bell ['dʌm-bel], **dumbbell** *znw* ❶ halter ❷ inf domkop

dumb blonde [dʌm blɒnd] inf *znw* dom blondje

dumbfound [dʌm'faʊnd] *overg* verstomd doen staan, verbluffen

dumbfounded [dʌm'faʊndɪd] *bn* verstomd, met stomheid geslagen

dumbness ['dʌmnɪs] *znw* stomheid

dumbo ['dʌmbəʊ] inf *znw* oen, sufferd, klojo

dumbshow ['dʌmʃəʊ] *znw* gebarenspel, pantomime

dumbstruck ['dʌmstrʌk] *bn* sprakeloos

dumb-waiter [dʌm-'weɪtə] *znw* ❶ dientafeltje ❷ lift voor eten, keukenlift

dumdum ['dʌmdʌm] *znw* dumdumkogel

dum-dum ['dʌm-dʌm] inf *znw* stommerik

dummy ['dʌmɪ] **I** *bn* onecht, nagemaakt, schijn- ★ mil ~ *cartridge* exercitiepatroon **II** *znw* ❶ kaartsp blinde ★ *play* ~ met de blinde spelen ❷ figurant, stroman ❸ (kostuum)pop ❹ iets wat nagemaakt is, leeg fust, lege fles & ❺ fopspeen ❻ inf stommeling **III** *onoverg* sp schijnbeweging maken ‹in rugby en voetbal› ▾ Am inf ~ *up* stilzwijgen, geen informatie geven

dummy run ['dʌmɪ rʌn] *znw* ❶ mil oefenaanval ❷ proefdraaien

dump [dʌmp] **I** *znw* ❶ vuilnisbelt ❷ autokerkhof ❸ opslagplaats, hoop ‹kolen &› ❹ inf gat, oord, negorij, krot ❺ comput print van het scherm **II** *overg* ❶ (neer)ploffen, -gooien, storten ‹puin› ❷ achterlaten ‹v. auto &› ❸ inf wegsmijten ❹ ‹waren› beneden de kostprijs in het buitenland verkopen, dumpen ❺ comput dumpen **III** *onoverg* ★ Am inf ~ *on sbd* iem. bekritiseren, iem. slecht behandelen

dumper ['dʌmpə], **dumper truck** *znw* ❶ → **dump truck** ❷ Am & Aus grote vuilcontainer ❸ Aus grote golf ‹die zwemmers en surfers op het strand werpt›

dumping ground ['dʌmpɪŋ graʊnd] *znw* stortplaats, vuilnisbelt

dumpling ['dʌmplɪŋ] *znw* meelballetje

dumps [dʌmps] inf *znw* [mv] neerslachtige bui ★ *down in the* ~ in een neerslachtige bui

dump truck [dʌmp trʌk], **dumper truck**, **dumper** *znw* kiepauto, kiepwagen

dumpy ['dʌmpɪ] *bn* kort en dik

dun [dʌn] **I** *bn* muisvaal, vaalgrijs, donkerbruin, donker **II** *znw* donkerbruin paard **III** *overg* manen, lastig vallen

dunce [dʌns] *znw* domoor, ezel

dunce's cap ['dʌnsɪz kæp] hist *znw* puntmuts van papier die domme of luie leerlingen moesten dragen

dunderhead ['dʌndəhed] inf *znw* domoor, domkop

dune [dju:n] *znw* duin

dung [dʌŋ] *znw* mest, drek

dungaree [dʌŋgə'ri:] *znw* grove calicot, sterke katoenen stof

dungarees [dʌŋgə'ri:z] *znw* [mv] overall, tuinbroek

dungeon ['dʌndʒən] *znw* kerker

dunghill ['dʌŋhɪl] *znw* mesthoop

dunk [dʌŋk] **I** *znw* basketbal dunk **II** *overg* ❶ (in)dopen, soppen ❷ basketbal dunken

dunning letter ['dʌnɪŋ 'letə] *znw* maanbrief, aanmaningsbrief

dunno [də'nəʊ] *samentr* (do not know) → **know**

dunny ['dʌnɪ] Aus & NZ *inf znw* wc, buiten-wc, plee

duo ['dju:əʊ] *znw* ❶ duo ⟨vooral in muziek of cabaret⟩ ❷ muz duet

duodecimal [dju:əʊ'desɪml] *bn* twaalftallig, -delig

duodenal [dju:əʊ'di:nl] *anat bn* van de twaalfvingerige darm

duodenum [dju:əʊ'di:nəm] *anat znw* twaalfvingerige darm

dupe [dju:p] **I** *znw* bedrogene, dupe **II** *overg* bedriegen, beetnemen

dupery ['dju:pərɪ] *znw* bedriegerij

duplex ['dju:pleks] **I** *bn* tweevoudig, dubbel **II** *znw* ❶ Am & Aus halfvrijstaand huis ❷ maisonnette

duplicate I *bn* ['dju:plɪkət] dubbel, duplicaat- ★ *a ~ set of keys* een set reservesleutels **II** *znw* ['dju:plɪkət] afschrift, duplicaat ★ *in ~* in duplo ★ *make a ~ of sth* een kopie van iets maken **III** *overg* ['dju:plɪkeɪt] ❶ verdubbelen, in duplo (op)maken ❷ overschrijven ❸ verveelvoudigen, kopiëren, stencilen

duplication [dju:plɪ'keɪʃən] *znw* verdubbeling

duplicator ['dju:plɪkeɪtə] *znw* ❶ stencilmachine ❷ duplicator

duplicity [dju:'plɪsətɪ] *znw* dubbelhartigheid

durability [djʊərə'bɪlətɪ] *znw* duurzaamheid

durable ['djʊərəbl] *bn* duurzaam ★ *a ~ material* een duurzaam materiaal ★ *a ~ peace* een duurzame vrede

durables ['djʊərəblz] *znw* [mv] duurzame verbruiksgoederen

duration [djʊə'reɪʃən] *znw* duur ★ *for the ~* voor zolang als het duurt, *inf* tot sint-juttemis ★ *he sat silent for the ~ of the journey* hij zat stil tijdens de hele reis

duress [djʊ'res] *znw* bedreiging, dwang ★ *under ~* gedwongen

Durex® ['djʊəreks] *znw* ❶ condoom ❷ Aus plakband

durian ['dʊərɪən] *znw* doerian, stinkvrucht

during ['djʊərɪŋ] *voorz* gedurende, tijdens, onder ★ *~ the day* overdag

durn [dɜ:n] Am *tsw, bn & overg* → **darn**

durum wheat ['djʊərəm wi:t] *znw* harde tarwe

dusk [dʌsk] *znw* schemering, schemerdonker, donker, donkerheid

dusky ['dʌskɪ] *bn* schemerachtig, donker, zwart

dust [dʌst] **I** *znw* stof ★ *be ~ and ashes* erg teleurgesteld zijn ★ *allow the ~ to settle* iets eerst even laten betijen ★ *inf bite the ~* in het zand bijten ★ Am *inf eat sbd's ~* het nakijken hebben, ver bij iem. achterblijven ★ *inf kick up / raise (a) ~* herrie schoppen, stof opjagen ★ *throw ~ in sbd's eyes* iem. zand in de ogen strooien **II** *overg* ❶ afstoffen, afkloppen ★ Br *inf be done and ~ed* helemaal klaar zijn ⟨v. project &⟩ ★ *~ sth down / off* iets afstoffen,

afkloppen, afborstelen, iets ophalen, opfrissen ⟨kennis⟩ ★ Am *inf ~ sbd up* iem. een pak slaag geven, iem. mishandelen ❷ bestuiven, bestrooien

dust bath [dʌst bɑ:θ] *znw* stofbad ⟨van vogels⟩

dustbin ['dʌstbɪn] *znw* vuilnisbak

dustbin bag ['dʌstbɪn bæg] *znw* vuilniszak

dust bowl [dʌst bəʊl] *znw* gebied geteisterd door droogte en zandstormen

Dustbuster® [dʌst'bʌstə] *znw* kruimeldief®

dustcart ['dʌstkɑ:t] Br *znw* vuilniskar

dustcoat ['dʌstkəʊt] *znw* stofjas

dust cover [dʌst 'kʌvə] *znw* ❶ → **dust sheet** ❷ → **dust jacket**

dust devil [dʌst 'devəl] *znw* kleine zandhoos

duster ['dʌstə] *znw* ❶ stoffer, stofdoek ❷ Am ochtendjas

dusting ['dʌstɪŋ] *inf znw* pak slaag

dust jacket [dʌst 'dʒækɪt], **dust cover** *znw* stofomslag ⟨v. boek⟩

dustman ['dʌstmən] *znw* asman, vuilnisman

dustpan ['dʌstpæn] *znw* stof-, (vuilnis)blik

dust-proof [dʌst-pru:f] *bn* stofdicht, -vrij

dust sheet [dʌst ʃi:t], **dust cover** *znw* hoes, stoflaken

dust trap [dʌst træp] *znw* stofnest

dust-up ['dʌst-ʌp] *inf znw* kloppartij, ruzie

dusty ['dʌstɪ] *bn* stoffig, bestoven ★ *a ~ answer* een vaag antwoord ★ Br *inf not so ~* (lang) niet mis, niet zo kwaad ⟨m.b.t. gezondheid⟩

Dutch [dʌtʃ] **I** *bn* ❶ Nederlands, Hollands ❷ Am ⟨soms ook:⟩ Duits ★ *~ comfort* schrale troost ★ *~ gold* blad-, klatergoud ★ *a ~ guilder* een Nederlandse gulden ★ *inf go ~* ieder voor zichzelf betalen, samsam doen **II** *znw* Nederlands, Hollands ★ *the ~* de Hollanders ★ *inf double ~* koeterwaals

Dutch auction [dʌtʃ 'ɔ:kʃən] *znw* verkoping bij afslag

Dutch cap [dʌtʃ kæp] *znw* pessarium

Dutch courage [dʌtʃ 'kʌrɪdʒ] *znw* dronkenmansmoed

Dutch elm disease [dʌtʃ elm dɪ'zi:z] *znw* iepziekte

Dutchman ['dʌtʃmən] *znw* ❶ Nederlander, Hollander ⟨ook: schip⟩ ❷ Am ⟨soms ook:⟩ Duitser ★ *inf or I'm a ~* of ik ben een boon

Dutch treat [dʌtʃ tri:t] *inf znw* uitje waarbij ieder voor zichzelf betaalt

Dutch uncle [dʌtʃ 'ʌŋkl] *znw* iem. die vermanend advies geeft

Dutch wife [dʌtʃ waɪf] *znw* rolkussen

Dutchwoman ['dʌtʃwʊmən] *znw* Nederlandse, Hollandse

dutiable ['dju:tɪəbl] *bn* belastbaar ★ *~ goods* accijnsgoederen

dutiful ['dju:tɪfl] *bn* ❶ gehoorzaam, eerbiedig ❷ plichtmatig, verschuldigd

duty ['dju:tɪ] *znw* ❶ plicht ★ *do / carry out one's ~* zijn plicht doen ★ *do one's ~ by sbd* zijn plicht doen jegens iem. ★ *fulfil one's ~* zijn plicht doen ❷ dienst, functie, bezigheid, werkzaamheid, taak ★ *be off ~* geen dienst hebben, vrij zijn ★ *be on ~* in functie zijn, dienst hebben ★ *do ~ as / for sth* dienst doen als of voor iets ❸ recht, rechten, accijns ★ *be exempt from* ~ vrij van accijns zijn

duty-bound [dju:tɪ-'baʊnd] *bn* verplicht

duty-free [dju:tɪ-'fri:] *bn* belastingvrij ★ *a* ~ *shop* een belastingvrije winkel

duty officer ['dju:tɪ 'ɒfɪsə] *znw* officier van dienst

duvet ['du:veɪ] *znw* dekbed

duvet cover ['du:veɪ 'kʌvə] *znw* dekbedovertrek

DVD comput *afk* (digital versatile disc) DVD

dwarf [dwɔ:f] **I** *bn* dwerg-, miniatuur- ★ *a* ~ *breed* een dwerggras **II** *znw* [*mv:* -*s of* dwarves] dwerg **III** *overg* ❶ in de groei belemmeren ❷ nietig doen lijken, in de schaduw stellen

dwarfish ['dwɔ:fɪʃ] *bn* dwergachtig

dweeb [dwi:b] Am inf *znw* sul, oen, watje

dwell [dwel] **I** *onoverg* [dwelt/dwelled, dwelt/dwelled] wonen, verblijven **II** *phras* ★ ~ *on* / *upon sth* blijven rusten op iets ‹v. het oog›, (lang) stilstaan bij iets, uitweiden over iets

dweller ['dwelə] *znw* bewoner

dwelling ['dwelɪŋ] form of scherts *znw* woning

dwelling house ['dwelɪŋ haʊs] form *znw* woonhuis

dwelling place ['dwelɪŋ pleɪs] form *znw* woonplaats, woning

dwelt [dwelt] *ww* [v.t. & v.d.] → **dwell**

DWEM Am inf *afk* (dead white European male) ‹afkeurende aanduiding voor de schrijvers, kunstenaars, filosofen enz. die samen traditiegetrouw worden beschouwd als dragers van het Europese intellectuele en culturele erfgoed›

DWI Am *afk* (driving while intoxicated) rijden onder invloed

dwindle ['dwɪndl] *onoverg* afnemen, verminderen, achteruitgaan, slinken, inkrimpen

dye [daɪ] **I** *znw* verf(stof), kleur, tint **II** *overg* verven ‹v. stoffen of haar› **III** *onoverg* zich goed laten verven, goed kleur aannemen

dyed [daɪd] *bn* geverfd ★ fig ~-*in-the-wool* door de wol geverfd

dyer ['daɪə] *znw* verver ‹van stoffen›

dyestuff ['daɪstʌf] *znw* verfstof

dying ['daɪɪŋ] *bn* ❶ stervend(e) ★ inf *be* ~ *to do sth* branden van verlangen om iets te doen, dolgraag iets willen doen ❷ doods-, sterf- ★ *till* / *to one's* ~ *day* tot de laatste snik ❸ op zijn sterfbed gegeven ❹ laatste ★ *the* ~ *minutes of the match* de laatste minuten van de wedstrijd

dyke [daɪk] *znw & overg* → **dike**

dynamic [daɪ'næmɪk] **I** *bn* dynamisch **II** *znw* dynamiek

dynamics [daɪ'næmɪks] *znw* [mv] ❶ dynamica ❷ muz dynamiek

dynamism ['daɪnəmɪzəm] *znw* dynamiek

dynamite ['daɪnəmaɪt] **I** *znw* dynamiet **II** *overg* met dynamiet laten springen, bestoken &

dynamo ['daɪnəməʊ] *znw* ❶ dynamo ❷ inf energiek persoon

dynastic [dɪ'næstɪk] *bn* dynastiek

dynasty ['dɪnəstɪ] *znw* dynastie

dysentery ['dɪsəntərɪ] *znw* dysenterie

dysfunction [dɪs'fʌŋkʃən] *znw* disfunctie, stoornis

dysfunctional [dɪs'fʌŋkʃənl] *bn* disfunctioneel, verstoord

dyslexia [dɪs'leksɪə] *znw* woordblindheid, dyslexie

dyslexic [dɪs'leksɪk] **I** *bn* woordblind, dyslectisch **II** *znw* iem. die woordblind is, dyslecticus

dyspepsia [dɪs'pepsɪə] *znw* slechte spijsvertering

dyspeptic [dɪs'peptɪk] **I** *bn* moeilijk verterend **II** *znw* lijder aan moeilijke spijsvertering

dyspraxia [dɪs'præksɪə] med *znw* vorm van apraxie die in verband wordt gebracht met lees- en spellingmoeilijkheden

dystrophy ['dɪstrəfɪ] med *znw* dystrofie ★ *muscular* ~ spierdystrofie

du

E

e I *afk* ★ *E* (east/eastern) oost / oostelijk **II** *znw* [iː]
❶ (de letter) e ❷ <u>muz</u> e of mi
e- [ɪ, e] *voorv* (electronic) elektronisch
ea *afk* → **each**
each [iːtʃ] *telw & onbep vnw* elk, ieder ★ ~ *one of them
was damaged* ze waren allemaal beschadigd ★ *they ~
have a different style* ze hebben allemaal een
verschillende stijl ★ ~ *and every one of them*
allemaal, stuk voor stuk ★ ~ *to his own* ieder het
zijne ★ *they cost a pound* ~ ze kosten een pond per
stuk
each other [iːtʃ ˈʌðə] *vnw* elkaar ★ *they accused* ~ *of
committing the crime* ze beschuldigden elkaar ervan
de misdaad gepleegd te hebben
eager [ˈiːgə] *bn* ❶ vurig, begerig, verlangend, gretig
★ *they're* ~ *for her to move out* ze zitten met
spanning te wachten totdat ze verhuist ★ *he's
always* ~ *to please* hij wil mensen altijd graag
tevreden stellen ❷ enthousiast ❸ gespannen
eager beaver [ˈiːgə ˈbiːvə] <u>inf</u> *znw* enthousiasteling,
harde werker
eagerly [ˈiːgəlɪ] *bijw* gretig, enthousiast, gespannen
★ *the* ~ *awaited day arrived* de met spanning
afgewachte dag brak aan
eagerness [ˈiːgənəs] *znw* enthousiasme ★ *in her* ~ *to
finish, she overlooked some important things* in haar
enthousiasme om het af te maken zag ze een aantal
belangrijke dingen over het hoofd
eagle [ˈiːgl] *znw* arend, adelaar ★ <u>inf</u> *a legal* ~ een
geslepen advocaat
eagle eye [ˈiːgl aɪ] *znw* scherp oog ★ *I'm keeping an* ~
on the clock ik hou de klok scherp in de gaten
eagle-eyed [iːgl-ˈaɪd] *bn* met arendsogen, -blik
eaglet [ˈiːglɪt] *znw* jonge arend, arendsjong
ear [ɪə] *znw* ❶ oor, oortje ★ *for your / her & ~s alone*
alleen voor jouw / haar & oren bestemd ★ *to the
trained* ~ voor het geoefend oor ★ *his ~s were alert to
the slightest sound* zijn oren waren gespitst op het
minste geluid ★ <u>inf</u> *her ~s must be burning* we zitten
over haar te roddelen ★ <u>inf</u> *watch out: ~s are
flapping* uitkijken: er wordt meegeluisterd ★ *be all* ~
een en al oor zijn ★ <u>inf</u> *be out on one's* ~ de zak
krijgen ★ *be up to one's ~s in sth* tot over de oren
ergens in zitten ‹werk, problemen &› ★ *beam / grin
/ smile from* ~ *to* ~ grijnzen van oor tot oor ★ *she
couldn't believe her ~s* ze kon haar oren niet geloven
★ *bring sth (down) about one's ~s* onheil over zichzelf
afroepen ★ *close / shut / stop one's ~s to sth* iets niet
willen horen ★ *drop / have a word in sbd's* ~
vertrouwelijk / onder vier ogen met iem. praten
★ *fall on deaf ~s* geen gehoor vinden ★ *find a
receptive / sympathetic* ~ een welwillend oor vinden
★ *give* ~ *to sbd* het oor lenen aan iem. ★ <u>inf</u> *go in
one* ~ *and out the other* het ene oor in en het andere

oor uitgaan ★ *have good ~s* goed kunnen horen
★ *have an* ~ *for music* muzikaal zijn ★ *have sbd's* ~
het oor hebben van iem. ★ <u>inf</u> *have sth coming out of
one's ~s* ergens heel veel / teveel van hebben ★ *have
/ keep one's* ~ *to the ground* zijn oor te luisteren
leggen, op de hoogte blijven ‹v. nieuwtjes, roddels
&› ★ *keep one's ~s open for sth* zijn oren open houden
voor iets ★ *listen with (only) half an* ~ slechts met een
half oor luisteren ★ *play sth by* ~ iets op het gehoor
spelen, <u>fig</u> improviseren ★ *prick up one's ~s* de oren
spitsen ★ *strain one's ~s to hear sth* zich inspannen
om iets te horen ❷ aar
earache [ˈɪəreɪk] *znw* oorpijn ★ *have an* ~ oorpijn
hebben
earbashing [ˈɪəbæʃɪŋ] <u>inf</u> *znw* ★ *give sbd an* ~ iem. de
oren van het hoofd kletsen
eardrops [ˈɪədrɒps] *znw* [mv] oordruppels
eardrum [ˈɪədrʌm] *znw* trommelvlies
earflap [ˈɪəflæp] *znw* ❶ oorbeschermer ❷ oorschelp
‹vooral v. dieren›
earful [ˈɪəfʊl] <u>inf</u> *znw* flinke reprimande ★ *give sbd
an* ~ iem. zeggen waar het op staat
earhole [ˈɪəhəʊl] *znw* ❶ gehooringang ❷ <u>inf</u> oor
earl [ɜːl] *znw* graaf ‹Eng. titel›
earldom [ˈɜːldəm] <u>hist</u> *znw* ❶ graafschap ❷ rang v.
graaf
ear lobe [ɪə ləʊb], **earlobe** *znw* oorlelletje
early [ˈɜːlɪ] **I** *bn* ❶ vroeg, pril ★ *at the earliest* op zijn
vroegst ★ *in the* ~ *hours of the morning* 's morgens
vroeg ★ *he discovered the joys of singing* ~ *in life* al
vroeg in zijn leven ontdekte hij het genot van
zingen ★ ~ *on / earlier on* al vroeg / eerder, al in het
begin ★ <u>inf</u> *it's* ~ *days yet* het is nog te vroeg (om er
iets zinnigs over te zeggen) ★ *have an* ~ *night* vroeg
naar bed gaan ★ *work oneself into an* ~ *grave* te hard
werken ❷ spoedig **II** *bijw* vroeg, bijtijds ★ <u>Br</u> <u>inf</u> ~
doors vroeg, meteen in het begin ‹v.e. wedstrijd of
competitie› ★ *an hour* ~ een uur te vroeg ★ *as* ~ *as
September* reeds in september ★ ~ *in the year/~ next
month* in het begin van het jaar / volgende maand
★ *zegsw* ~ *to bed and* ~ *to rise (makes a man healthy,
wealthy and wise)* vroeg naar bed en vroeg weer op
is de beste leefregel
early adopter [ˈɜːlɪ əˈdɒptə] *znw* iem. die nieuwe
producten of technologie meteen gebruikt
early bird [ˈɜːlɪ bɜːd] <u>inf</u> *znw* iem. die vroeg opstaat,
vroege vogel ★ *zegsw* *the* ~ *catches the worm* de
morgenstond heeft goud in de mond, als je ergens
vroeg bij bent heb je de beste kansen
Early Childhood Education [ˈɜːlɪ ˈtʃaɪldhʊd
edjʊˈkeɪʃən], **ECE** <u>Am</u> *znw* kinderpedagogiek,
kleuterpedagogiek
early closing [ˈɜːlɪ ˈkləʊzɪŋ] *znw* vroege winkelsluiting
early music [ˈɜːlɪ ˈmjuːzɪk] *znw* oude muziek
early retirement [ˈɜːlɪ rɪˈtaɪəmənt] *znw* vervroegd
pensioen, vut
early warning system [ˈɜːlɪ ˈwɔːnɪŋ ˈsɪstəm] *znw*
radarwaarschuwingssysteem

ea

earmark ['ɪəmɑːk] **I** *znw* ❶ oormerk, merk ❷ kenmerk **II** *overg* ❶ oormerken, merken ❷ *fig* ‹gelden› bestemmen, reserveren, uittrekken ‹op begroting›

earmuffs ['ɪəmʌfs] *znw* [mv] oorbeschermers, oorkleppen

earn [ɜːn] *overg* verdienen, verwerven ★ <u>Br</u> *inf* ~ *one's corn* hard werken om te laten zien dat je je salaris echt verdient ★ ~ *one's keep* werken voor voedsel en onderdak ★ ~ *a living* zijn brood verdienen, de kost verdienen

earner ['ɜːnə] *znw* verdiener ★ *inf a nice little* ~ een leuke bron van inkomsten

earnest ['ɜːnɪst] **I** *bn* ❶ ernstig (gemeend), serieus ❷ ijverig, vurig **II** *znw* ❶ ernst ★ *in* ~ in alle ernst, menens ★ *inf in deadly* ~ doodserieus ★ *be in* ~ het menen ❷ belofte, voorproef

earnestly ['ɜːnɪstlɪ] *bijw* in alle ernst ★ *she assured me* ~ *that she wouldn't do it again* ze verzekerde mij in alle ernst dat ze het niet weer zou doen

earnestness ['ɜːnɪstnɪs] *znw* ernst ★ *in all* ~ in alle ernst

earnings ['ɜːnɪŋz] *znw* [mv] ❶ verdiensten, inkomsten ★ *hourly / weekly &* ~ uurloon / weekloon & ★ *after-tax* ~ netto-inkomsten ★ *loss of* ~ inkomstenderving ★ ~ *per capita* inkomen per hoofd van bevolking ★ ~*related* inkomensafhankelijk ❷ winst ★ *retained* ~ ingehouden winst, niet uitgekeerde winst

earphone ['ɪəfəʊn(z)] *znw* koptelefoon

earpiece ['ɪəpiːs] *znw* ❶ oortelefoon ❷ poot v.e. bril

earplug ['ɪəplʌg] *znw* oordopje

earring ['ɪərɪŋ] *znw* oorring ★ *a pair of* ~*s* een stelletje oorringen

earshot ['ɪəʃɒt] *znw* ★ *out of* ~ buiten gehoorsafstand ★ *within* ~ binnen gehoorsafstand

ear-splitting ['ɪə-splɪtɪŋ] *bn* oorverdovend

earth [ɜːθ] **I** *znw* ❶ aarde, wereld, mensheid ★ *inf on* ~ ter wereld ★ *inf how on* ~ *could I have known?* hoe had ik dat nu toch (in 's hemelsnaam, in godsnaam) moeten weten? ★ *inf like nothing on* ~ verschrikkelijk ★ *fig come back to* ~ / *be brought down to* ~ tot de werkelijkheid terugkeren, ontnuchterd worden ★ *inf cost the* ~ een fortuin kosten ★ *inf pay the* ~ een fortuin betalen ★ *inf promise sbd the* ~ iem. van alles en nog wat beloven ★ *run sbd / sth to* ~ iets / iem. te pakken krijgen, opsnorren ★ *run / go to* ~ zich verschuilen ❷ aarde, grond ❸ <u>elektr</u> aarde, massa **II** *overg* ❶ <u>elektr</u> aarden ❷ aanaarden ★ ~ *sth up* iets bedekken met aarde

earthbound ['ɜːθbaʊnd] *bn* ❶ aan de aarde gebonden ❷ gehecht aan aardse zaken ❸ op weg naar de aarde

earthed [ɜːθt] <u>elektr</u> *znw* geaard

earthen ['ɜːθən] *bn* van aarde, aarden

earthenware ['ɜːθənweə] *znw* aardewerk

earthling ['ɜːθlɪŋ] *znw* aardbewoner

earthly ['ɜːθlɪ] *bn* aards ★ *inf of no* ~ *use* van

hoegenaamd geen nut ★ *inf not have / stand an* ~ *(chance)* geen enkele kans hebben

earth mother [ɜːθ 'mʌðə] *znw* aardmoeder, oermoeder

earth mover [ɜːθ 'muːvə] *znw* grondverzetmachine

earth-moving equipment ['əθ-mʊvɪŋ ɪ'kwɪpmənt] *znw* grondverzetmachines

earthquake ['ɜːθkweɪk] *znw* aardbeving

earth science [ɜːθ 'saɪəns] *znw* aardwetenschap, geowetenschap

earth sciences [ɜːθ 'saɪənsɪz] *znw* [mv] aardwetenschappen

earth-shattering ['ɜːθ-ʃætərɪŋ] *bn* wereldschokkend

earth tremor [ɜːθ 'tremə] *znw* aardschok, lichte aardbeving

earthward ['ɜːθwəd] **I** *bn* naar de aarde (toe) **II** *bijw*, **earthwards** naar de aarde (toe)

earthwork ['ɜːθwɜːk] *znw* grondwerk

earthworm ['ɜːθwɜːm] *znw* aardworm, regenworm

earthy ['ɜːθɪ] *bn* ❶ aardachtig, gronderig, naar aarde ★ *everything has an* ~ *smell after heavy rain* alles ruikt naar aarde na een hevige regenbui ❷ aard- ❸ *fig* laag-bij-de-gronds, alledaags, prozaïsch, zonder omhaal

ear trumpet [ɪə 'trʌmpɪt] *znw* spreekhoren, -hoorn

earwax ['ɪəwæks] *znw* oorsmeer

earwig ['ɪəwɪg] *znw* oorworm

earwitness ['ɪəwɪtnɪs] <u>Am</u> *znw* oorgetuige

ease [iːz] **I** *znw* ❶ rust, gemak ★ *at* ~ op zijn gemak ★ *ill at* ~ niet op zijn gemak ★ <u>mil</u> *stand at* ~ op de plaats rust ★ *live a life of* ~ een luxeleventje leiden ★ *for* ~ *of access* om het gemakkelijker toegankelijk te maken ★ *pass sth with* ~ iets gemakkelijk halen ‹examen› **II** *overg* ❶ geruststellen ★ ~ *one's mind* zich geruststellen ❷ verlichten, ontlasten (van *of*) ❸ gemakkelijker, minder gespannen maken, verminderen ‹de spanning› ❹ behoedzaam / voorzichtig / omzichtig bewegen **III** *onoverg* afnemen, minder worden **IV** *phras* ★ ~ *sbd* **into** *sth* iem. langzaam aan iets leren wennen ★ ~ **off** minder gespannen worden, afnemen, verminderen ★ ~ *sbd* **out** iem. er langzaam uitwerken ★ ~ **up** (het) kalmer aan gaan doen ★ ~ **up on** *sbd* iem. niet te hard aanpakken, minder streng zijn tegen iem.

easeful ['iːzfʊl] <u>dicht</u> *bn* comfortabel, rustgevend

easel ['iːzəl] *znw* (schilders)ezel

easement ['iːzmənt] *znw* ❶ <u>jur</u> servituut, erfdienstbaarheid ❷ <u>dicht</u> verlichting

easily ['iːzəlɪ] *bijw* ❶ gemakkelijk ★ *she could* ~ *pass for forty* ze kon gemakkelijk doorgaan voor veertig ❷ licht ❸ op zijn gemak ❹ <u>versterkend</u> verreweg

easiness ['iːzɪnəs] *znw* gemak, moeiteloosheid

east [iːst] **I** *bn* oostelijk, oosten-, ooster-, oost- ★ *the* ~ *wind* de oostenwind ★ *on the* ~ *side* aan de oostkant **II** *bijw* oostelijk, naar het oosten, ten oosten ★ *we drove* ~ we reden in oostelijke richting ★ *they moved back* ~ ze zijn weer naar het oosten verhuisd **III** *znw* ❶ oosten ❷ oostenwind ★ *the East* het Oosten

eastbound ['i:stbaʊnd] *bn* oostwaarts, in oostelijke richting

Easter ['i:stə] *znw* ❶ Pasen ❷ paas-, Paas-

Easter bunny ['i:stə 'bʌnɪ] *znw* ★ *the* ~ de paashaas

Easter egg ['i:stər eg] *znw* ❶ paasei ❷ comput easter egg ‹verborgen grap of truc in programma›

easterly ['i:stəlɪ] **I** *bn & bijw* oostelijk, oosten- **II** *znw* oostenwind

eastern ['i:stn] *bn* ❶ oosters, oostelijk ❷ oosten-, oost- ★ ~ *longitude* oosterlengte

Eastern bloc ['i:stn blɒk] *znw* Oostblok

easterner ['i:stənə] *znw* oosterling

Eastern Europe ['i:stn 'jʊərəp] *geogr znw* Oost-Europa

Eastern European ['i:stn jʊərə'prən] **I** *bn* Oost-Europees **II** *znw* Oost-Europeaan

easternmost ['i:stnməʊst] *bn* oostelijkst

East Flanders [i:st 'flɑ:ndəz] *geogr znw* Oost-Vlaanderen

eastward ['i:stwəd] **I** *bn* in / naar het oosten, oostwaarts **II** *bijw*, **eastwards** in / naar het oosten, oostwaarts ★ *we drove* ~ wij reden in oostelijke richting

easy ['i:zɪ] **I** *bn* ❶ gemakkelijk ★ ~ *terms* gunstige voorwaarden / termijnen ‹bij afbetaling› ★ *all too* ~ al te gemakkelijk ★ *quick and* ~ snel en gemakkelijk ★ inf *as* ~ *as ABC / as anything / as pie / as* ~ *as falling off a log* heel makkelijk, een eitje ★ *is Tuesday easier for you?* past dinsdag jou beter? ★ inf *the easiest thing in the world* heel erg simpel ★ *no* ~ *matter* / *no* ~ *task* geen makkelijke zaak / taak ★ inf ~ *on the eye* aantrekkelijk, knap ★ inf *I'm* ~ mij best, ik vind alles goed ★ inf ~ *does it!* voorzichtig!, kalmpjes aan! ❷ ongedwongen, probleemloos ❸ gerust ❹ welgesteld ★ *in* ~ *circumstances* in goeden doen, welgesteld **II** *bijw* ❶ gemakkelijk ★ inf ~ *come,* ~ *go* zo gewonnen, zo geronnen ★ inf *easier said than done* gemakkelijker gezegd dan gedaan ★ *go* ~ *on sbd* iem. wat ontzien ★ mil *stand* ~! op de plaats rust! ❷ langzaam, rustig ★ *go* ~! kalmpjes aan!, maak je niet druk! ★ *go* ~ *on the salt* niet te veel zout gebruiken ★ *take things* ~ het rustig aan doen ★ *take it* ~! blijf kalm!, rustig maar!

easy-care ['i:zɪ-keə] *bn* kreukvrij

easy chair ['i:zɪ tʃeə] *znw* leunstoel, luie stoel

easy game ['i:zɪ geɪm], **easy meat** inf *znw* gemakkelijk slachtoffer

easy-going [i:zɪ-'gəʊɪŋ] *bn* ❶ gemakzuchtig ❷ makkelijk, laconiek

easy listening ['i:zɪ 'lɪsənɪŋ] *bn & znw* easy listening ‹melodieuze populaire muziek›

easy meat ['i:zɪ mi:t] inf *znw* → **easy game**

easy money ['i:zɪ 'mʌnɪ] inf *znw* gemakkelijk verdiend / verkregen geld

easy option ['i:zɪ 'ɒpʃən] *znw* gemakkelijke keuze

easy-peasy [i:zɪ-'pi:zɪ] Br inf of kindertaal *bn* erg gemakkelijk

easy street ['i:zɪ stri:t] inf gedat *znw* ★ *on* ~ in goede doen

easy touch ['i:zɪ tʌtʃ] inf *znw* iem. van wie gemakkelijk geld valt los te peuteren

eat [i:t] **I** *overg* [ate, eaten] eten, opeten, (in)vreten ★ inf *I'll* ~ *my hat* dan eet ik mijn hoed op ‹aangevend dat de spreker iets erg onwaarschijnlijk acht› ★ *I could* ~ *a horse* ik heb honger als een paard ★ ~ *one's words* zijn woorden terugnemen ★ inf *what's* ~*ing you?* wat zit je dwars? **II** *onoverg* [ate, eaten] eten ★ inf ~ *like a bird* heel weinig eten **III** *phras* ★ ~ *sth* **away** iets aantasten, wegvreten ★ ~ **away at** *sth* iets aanvreten, aan iets knagen ★ ~ **away at** *sbd* aan iem. vreten ★ ~ **in** thuis eten ★ ~ **into** *sth* iets invreten, iets aantasten ★ ~ **out** buitenshuis eten ★ inf ~ *one's heart out* heftig verlangen naar ‹vooral naar iets onbereikbaars› ★ inf *it's an action-packed thriller:* ~ *your heart out, James Bond!* het is een thriller vol met actie: daar kan James Bond niet tegenop! ★ ~ *sbd* **out of** *house and home* iem. de oren van het hoofd eten ★ *have sbd* ~*ing out of one's hand* iem. volledig onder controle hebben ★ inf ~ **up!** tast toe! ★ ~ *sth* **up** iets opeten ★ *be* ~*en* **up with** *jealousy* verteerd worden door jaloezie ★ *be* ~*en* **up with** *pride* hoogst verwaand zijn

eatable ['i:təbl] *bn* eetbaar

eatables ['i:təblz] *znw* [mv] etenswaren

eaten ['i:tn] *ww* [v.d.] → **eat**

eater ['i:tə] *znw* ❶ eter, eetster ❷ handappel

eaterie ['i:tərɪ] *znw* eethuisje, eetcafé

eating apple ['i:tɪŋ 'æpl] *znw* handappel

eating disorder ['i:tɪŋ dɪs'ɔ:də] *znw* eetstoornis ‹zoals anorexia en boulimia nervosa›

eating house ['i:tɪŋ haʊs] *znw* eethuis

eats [i:ts] inf *znw* [mv] hapjes, eten

eau-de-cologne [əʊ-də-kə'ləʊn] *znw* eau de cologne

eaves [i:vz] *znw* [mv] onderste dakrand

eavesdrop ['i:vzdrɒp] *onoverg* afluisteren, luistervinken ★ ~ *on sth* iets afluisteren

eavesdropper ['i:vzdrɒpə] *znw* luistervink, afluisteraar

ebb [eb] **I** *znw* eb(be), fig afname ★ *at a low* ~ in de put (zitten), aan lagerwal, in verval ★ *...is at its lowest* ~ *...*heeft het dieptepunt bereikt ★ *be on the* ~ afnemen **II** *onoverg* ebben, afnemen (ook: ~ *away*)

ebb tide [eb taɪd] *znw* eb

Ebola [i:'bəʊlə] *znw* Ebola (virus)

Ebonics [e'bɒnɪks, ɪ'bɒnɪks] *znw* [mv] zwart Amerikaans

ebonite ['ebənaɪt] *znw* eboniet

ebony ['ebənɪ] **I** *bn* ❶ ebbenhouten ❷ zwart als ebbenhout **II** *znw* ❶ ebbenhout ❷ ebbenboom

ebullience [ɪ'bʌlɪəns] *znw* uitbundigheid

ebullient [ɪ'bʌlɪənt] *bn* uitbundig

ebulliently [ɪ'bʌlɪəntlɪ] *bijw* uitbundig, enthousiast ★ *the market manager spoke* ~ *about the future of* de verkoopmanager sprak enthousiast over de toekomst

EC *afk* → **European Community**

ec

e-cash ['i:-kæʃ] *znw* elektronisch geld, gebruikt voor elektronische betalingen op internet

eccentric [ɪk'sentrɪk] **I** *bn* ❶ excentrisch ❷ excentriek, buitenissig **II** *znw* ❶ excentriekeling ❷ <u>techn</u> excentriek

eccentrically [ɪk'sentrɪklɪ] *bijw* excentriek ★ *Gaudi's ~ designed cathedral is nowhere near completion* Gaudi's excentriek ontworpen kathedraal is nog lang niet af

eccentricity [eksen'trɪsətɪ] *znw* excentriciteit, zonderlingheid

Ecclesiastes [ɪkli:zɪ'æsti:z] *bijbel znw* Prediker

ecclesiastic [ɪkli:zɪ'æstɪk] **I** *bn* → **ecclesiastical II** *znw* geestelijke

ecclesiastical [ɪkli:zɪ'æstɪkl], **ecclesiastic** *bn* ❶ geestelijk ❷ kerkelijk

ECE *afk* → **Early Childhood Education**

ECG *afk* → **electrocardiogram** → **electrocardiograph**

echelon ['eʃələn, 'eɪʃələn] *znw* ❶ echelon ❷ groep, rang

echidna [ɪ'kɪdnə] *znw* mierenegel

echinacea [ekɪ'neɪsɪə] *znw* rode zonnehoed, echinacea ‹plant›

echo ['ekəʊ] **I** *znw* [*mv:* echoes] weerklank, echo ★ *there are distant ~es of Callas in her singing* haar zingen doet soms in de verte aan Callas denken ★ *his stirring speeches found an ~ in many hearts* zijn stimulerende toespraken vonden een weerklank in veel harten ▼ *Echo* de letter E ‹in het internationaal alfabet› **II** *overg* ❶ weerkaatsen ❷ herhalen ❸ nazeggen **III** *onoverg* weerklinken ★ *his ideas have ~ed down through the ages* zijn ideeën hebben door de eeuwen heen hun weerklank gevonden ★ *her words ~ed in his ears* haar woorden bleven in zijn oren doorklinken ★ *the house is now ~ing with the sound of children's voices* het huis weergalmt nu met het geluid van kinderstemmen

echocardiogram [ekəʊ'kɑ:dɪəgræm] *znw* echocardiogram

echocardiography [ekəʊkɑ:dɪ'ɒgrəfɪ] *znw* echocardiografie

echo chamber ['ekəʊ 'tʃeɪmbə] *znw* echokamer

echoic [e'kəʊɪk] *bn* ❶ <u>taalk</u> klanknabootsend ❷ als een echo

echolalia [ekəʊ'leɪlɪə] *znw* ❶ <u>psych</u> echolalie ❷ napraten ‹door kind dat leert praten›

echo sounder ['ekəʊ 'saʊndə] *znw* echolood

éclair [ɪ'kleə], **eclair** *(‹Fr›) znw* eclair ‹gebakje›

eclampsia [ɪ'klæmpsɪə] <u>med</u> *znw* eclampsie, zwangerschapsstuipen

éclat ['eɪklɑ:] *(‹Fr›)* <u>dicht</u> *znw* ❶ schittering, luister, groot succes ❷ toejuiching

eclectic [ɪ'klektɪk] **I** *bn* eclectisch, schiftend, uitzoekend ★ *her house was an ~ mix of styles* haar huis was een eclectische mengeling van stijlen **II** *znw* eclecticus

eclectically [ɪ'klektɪklɪ] *bijw* eclectisch ★ *the rooms are ~ furnished* de kamers zijn eclectisch ingericht

eclecticism [e'klek-, ɪ(:)'klektɪsɪzm] *znw* eclecticisme

eclipse [ɪ'klɪps] **I** *znw* ❶ verduistering, eclips ❷ <u>fig</u> op de achtergrond raken, aftakeling ★ *in ~* op zijn retour **II** *overg* verduisteren, in de schaduw stellen

eco- ['i:kəʊ-] *voorv* eco-, ecologisch

eco-friendly ['i:kəʊ-frendlɪ] *bn* milieuvriendelijk, ecologisch verantwoord

eco-label ['i:kəʊ-leɪbl] *znw* ecologische kwalificatie

E. coli [i: 'kəʊlaɪ] *znw* E. coli bacterie

ecological [i:kə'lɒdʒɪkl] *bn* ecologisch

ecologically [i:kə'lɒdʒɪkəlɪ] *bijw* ecologisch ★ *~ sound agriculture* ecologisch verantwoorde landbouw

ecologist [ɪ'kɒlədʒɪst] *znw* ecoloog

ecology [ɪ'kɒlədʒɪ] *znw* ecologie

e-commerce ['i:-kɒmɜ:s] *znw* e-commerce, electronic commerce, elektronische handel ‹handel via internet›

econometric [ɪkɒnə'metrɪk] *bn* econometrisch

econometrics [ɪkɒnə'metrɪks] *znw* [mv] econometrie

econometrist [ɪkɒ'nɒmətrɪst], **econometrician** *znw* econometrist

economic [i:kə'nɒmɪk] *bn* economisch, staathuishoudkundig

economical [i:kə'nɒmɪkl] *bn* spaarzaam, zuinig, voordelig, economisch ★ *our new office designs are more ~ with space* onze nieuwe kantoorontwerpen gaan economischer om met ruimte ★ <u>euf</u> *he's inclined to be ~ with the truth* hij is geneigd om het minder nauw te nemen met de waarheid

economically [i:kə'nɒmɪklɪ] *bijw* spaarzaam, zuinig, voordelig, economisch ★ *~ designed* economisch ontworpen

economic cycle [i:kə'nɒmɪk 'saɪkl] *znw* conjunctuur

economic migrant [i:kə'nɒmɪk 'maɪgrənt] *znw* economische migrant

economics [i:kə'nɒmɪks] *znw* [mv] ❶ economie, (staat)huishoudkunde ❷ (de) economische aspecten (van)

---

economics

is eigenlijk meervoud, maar wordt vaak als enkelvoud behandeld vooral wanneer het **de studie van de economie** betekent. Als het betekent **economische aspecten** is het meestal meervoud. Wanneer er geen lidwoord voor staat is het vaak enkelvoud, met lidwoord is het vaak meervoud: *Economics is a difficult study - Economie is een moeilijke studie.*
The economics of carparks are the same as for any other business - De economische aspecten van parkeergarages zijn hetzelfde als die van andere bedrijfstakken.

---

economist [ɪ'kɒnəmɪst] *znw* econoom, staathuishoudkundige

economize [ɪ'kɒnəmaɪz], **economise** *onoverg* bezuinigen (op *on*)

economy [ɪ'kɒnəmɪ] *znw* ❶ economie, bedrijfsleven ★ *a buoyant ~* een vaste economie ★ *an overheated ~* een oververhitte economie ❷ spaarzaamheid,

ec

zuinigheid ★ *(a) false* ~ verkeerde zuinigheid
❸ besparing, bezuiniging ★ *economies of scale*
besparingen door schaalvergroting,
schaalvoordelen ★ *make economies* zuinig zijn
economy class [ɪˈkɒnəmɪ klɑːs] *znw* toeristenklasse
economy drive [ɪˈkɒnəmɪ draɪv] *znw*
bezuinigingscampagne
economy pack [ɪˈkɒnəmɪ pæk] *znw* voordeelpak
economy-sized [ɪˈkɒnəmɪ-saɪzd], **economy-size** *znw*
voordeelverpakking
ecosphere [ˈiːkəʊsfɪə] *znw* ecosfeer
ecosystem [ˈiːkəʊsɪstəm] *znw* ecosysteem
ecotage [ˈiːkəʊtɑːʒ] *znw* sabotage uit
milieuoverwegingen
ecoterrorism [ˈiːkəʊterərɪzəm] *znw* ecoterrorisme
⟨terroristische acties door milieubeschermers⟩
ecotourism [ˈiːkəʊtʊərɪzəm] *znw* ecotoerisme
ecotoxicology [ˈiːkəʊtɒksɪˈkɒlədʒɪ] *znw* ecotoxicologie
eco-warrior [ˈiːkəʊ-wɒrɪə] *znw* milieuactivist
ecru [eɪˈkruː] *znw* de kleur v. ongebleekt linnen, ecru
ecstasy [ˈekstəsɪ] *znw* ❶ (ziels)verrukking,
geestvervoering, opgetogenheid, extase ★ *be / go
into ecstasies about sth* ergens verrukt over raken
❷ Ecstasy ecstasy, xtc ⟨drug⟩
ecstatic [ɪkˈstætɪk] *bn* extatisch, verrukt ★ *he was not
exactly ~ about the idea* hij was niet bepaald
gecharmeerd van het idee ★ *she's ~ at the prospect* ze
is extatisch over het vooruitzicht
ecstatically [ɪkˈstætɪklɪ] *bn* extatisch ★ *she looks ~
happy* ze ziet er zielsgelukkig uit
ECT *afk* → **electroconvulsive therapy**
ectomorph [ˈektəʊmɔːf] *znw* ectomorf ⟨fragiel
lichaamstype⟩
ectopic pregnancy [ˈektɒpɪk ˈpregnənsɪ] *znw*
buitenbaarmoederlijke zwangerschap
ectoplasm [ˈektəʊplæzm] *znw* ectoplasma
ecu [ˈeɪkjuː], **ECU** *znw* (European currency unit) ecu
Ecuador [ˈekwədɔː] *znw* Ecuador
Ecuadorean [ekwəˈdɔːrɪən] **I** *bn* Ecuadoriaans **II** *znw*
Ecuadoriaan, Ecuadoriaanse
ecumenical [iːkjuˈmenɪkl] *bn* ❶ oecumenisch
❷ wereldomvattend
ecumenicism [ɪ(ː)ˈkjuːmənɪsɪzm], **ecumenism** *znw*
oecumenische beweging, oecumene
eczema [ˈeksɪmə] *znw* eczeem
Edam [ˈiːdæm] *znw* ❶ edammer ⟨kaas⟩ ❷ Edam
eddy [ˈedɪ] **I** *znw* ❶ draaikolk, maalstroom ★ *an ~ of
swirling water* een draaikolk van wervelend water
❷ wervel-, dwarrelwind **II** *overg* doen
ronddwarrelen, wervelen **III** *onoverg*
ronddwarrelen, wervelen
edema [ɪˈdiːmə] Am *znw* → **oedema**
edge [edʒ] **I** *znw* ❶ snede, scherpte ★ *at the cutting
/ leading ~* in de voorhoede, in het voorste gelid
★ *take the ~ off sth* de scherpe kantjes van iets
afhalen ❷ rand, kant, zoom ★ *on ~* op zijn kant, fig
in gespannen toestand, fig geprikkeld ★ *on the ~ of
collapse* op het punt in te storten ★ *to the ~ of*

catastrophe tot het randje van de afgrond ★ *inf be on
the ~ of one's seat* op het puntje van zijn stoel zitten
★ *set sbd's teeth on ~* bij iem. door merg en been
gaan ⟨v. geluid⟩, iem. kromme tenen bezorgen
❸ voorsprong ★ *give sbd / sth an ~ / give an ~ to sbd
/ sth* iem / iets een voorsprong geven ★ *give sth an ~
/ give an ~ to sth* iets scherper maken, verscherpen
★ *have the ~ over sbd* net iets beter zijn dan iem.
II *overg* ❶ (om)zomen, (om)boorden, (om)randen
(met *with*) ❷ schuiven, dringen **III** *onoverg*
langzaam / voorzichtig bewegen **IV** *phras* ★ *~ away
/ off* voorzichtig wegsluipen ★ *~ forward/up* zich
naar voren manoeuvreren ★ *~ sbd out* iem.
verdringen, iem. er langzaam uitwerken
-edged [edʒd] *achterv* gerand ★ *gilt~ shares*
goudgerande aandelen ★ *a sharp~ sword* een
scherpsnijdend zwaard
edgeways [ˈedʒweɪz], **edgewise** *bijw* ❶ op zijn kant
(gezet) ❷ schuin tegen elkaar ▼ *not get a word in ~*
er geen woord (geen speld) tussen krijgen
edging [ˈedʒɪŋ] *znw* ❶ rand ❷ boordsel
edgy [ˈedʒɪ] *bn* ❶ gespannen, prikkelbaar
❷ geprikkeld, geïrriteerd ★ *she was rather ~ with
him* ze was nogal geïrriteerd naar hem toe ❸ inf
modieus, avant-garde
EDI comput *afk* (Electronic Data Interchange)
gegevensoverdracht tussen verschillende bedrijven
met behulp van netwerken, zoals internet
edible [ˈedɪbl] *bn* eetbaar, niet giftig
edict [ˈiːdɪkt] *znw* edict, bevelschrift
edification [edɪfɪˈkeɪʃən] form *znw* ❶ stichtend
gesprek, toespraak & ❷ stichting ★ *for the ~ of* ter
stichting van
edifice [ˈedɪfɪs] form *znw* gebouw
edify [ˈedɪfaɪ] form *overg* (innerlijk) stichten
edifying [ˈedɪfaɪɪŋ] form *of scherts* *bn* stichtelijk
edit [ˈedɪt] *overg* ❶ (voor de druk) bezorgen,
bewerken, persklaar maken ❷ redigeren ★ *~ sth out*
iets schrappen ⟨door redactie⟩ ❸ monteren ⟨een
film⟩
editing [ˈedɪtɪŋ] *znw* ❶ montage ⟨v. film⟩ ❷ redactie
⟨v. boeken⟩
edition [ɪˈdɪʃən] *znw* uitgaaf, druk, editie, aflevering
★ *a revised ~* een herziene uitgave
editor [ˈedɪtə] *znw* ❶ redacteur, bewerker
❷ hoofdredacteur ⟨v.e. krant⟩ ❸ cutter ⟨v. film⟩
❹ comput tekstverwerker, editor
editorial [edɪˈtɔːrɪəl] **I** *bn* redactioneel, redactie- ★ *~
staff* redactie **II** *znw* hoofdartikel
editorialize [edɪˈtɔːrɪəlaɪz], **editorialise** *onoverg*
subjectief schrijven, de eigen mening weergeven ⟨in
de journalistiek⟩
editor-in-chief [ˈedɪtər-ɪn-ˈtʃiːf] *znw* eindredacteur
editorship [ˈedɪtəʃɪp] *znw* ❶ bewerking
❷ redacteurschap
EDP comput *afk* → **electronic data processing**
educate [ˈedjʊkeɪt] *overg* ❶ onderwijzen, opleiden ★ *a
more broadly ~d workforce is needed* een breder

ed

opgeleide beroepsbevolking is nodig ★ *he'd been poorly ~d* hij heeft slecht onderwijs gehad ★ *many university students have been privately ~d* veel studenten aan de universiteit hebben privéonderwijs gehad ❷ opvoeden, vormen ❸ voorlichten

educated ['edjʊkeɪtɪd] *bn* ❶ beschaafd, ontwikkeld ★ *he has ~ tastes* hij heeft een verfijnde smaak ❷ opgeleid ★ *she is university~* ze heeft aan de universiteit gestudeerd

educated guess ['edjʊkeɪtɪd ges] *znw* gefundeerde schatting, beredeneerde gok

education [edjʊ'keɪʃən] *znw* ❶ opvoeding, vorming, ontwikkeling, onderwijs ★ *private ~* privéonderwijs ★ *religious ~* godsdienstonderwijs ★ *sex ~* seksuele voorlichting ★ *she had / received a private ~* ze heeft privéonderwijs gehad ★ *he continued his ~ at a technical college* hij heeft zijn studie voortgezet aan een technische hogeschool ★ *he left full-time ~ in 2003* hij beëindigde zijn fulltime studie in 2003 ★ *she went to America to complete / finish her ~* ze is naar Amerika gegaan om haar opleiding af te maken ❷ pedagogie

educational [edjʊ'keɪʃənl] *bn* ❶ de opvoeding betreffend, educatief, leerzaam ★ *the experience was very ~* de ervaring was erg leerzaam ❷ onderwijs-, school- ★ *an ~ project* een onderwijsproject

educationist [edjʊ'keɪʃənɪst], **educationalist** *znw* opvoed(st)er, opvoedkundige, pedagoog

educative ['edjʊkətɪv] *bn* opvoedend

educator ['edjʊkeɪtə] *znw* ❶ onderwijzer(es) ❷ onderwijsdeskundige

educe [ɪ'dju:s] *form overg* ❶ aan het licht brengen ❷ trekken (uit *from*), afleiden ❸ afscheiden

edutainment [edjʊ'teɪnmənt] *znw* programma dat zowel vermaak als educatie biedt

Edwardian [ed'wɔːdɪən] **I** *bn* uit de tijd van Koning Edward VII ‹1901-1910› ★ *an ~style house* een Edwardiaans huis **II** *znw* schrijver, kunstenaar enz. uit de tijd van Koning Edward VII

EEC *afk* (European Economic Community) Europese Economische Gemeenschap, EEG

EEG *afk* ❶ → **electroencephalogram** ❷ → **electroencephalograph**

eek [i:k] *tsw* ah, help! ‹uitroep van schrik›

eel [i:l] *znw* [*mv:* ~ *of* -s] aal, paling

e'er [eə] *dicht bijw* ooit

eerie ['ɪərɪ] *bn* ❶ angstwekkend, akelig, eng ★ *he bears an ~ resemblance to his father* het is haast eng zoveel als hij op zijn vader lijkt ❷ mysterieus

eerily ['ɪərɪlɪ] *bijw* angstwekkend, akelig, eng ★ *his second wife is ~ like his first* zijn tweede vrouw lijkt akelig veel op zijn eerste

efface [ɪ'feɪs] **I** *overg* ❶ uitwissen, uitvegen ❷ fig overschaduwen, in de schaduw stellen **II** *wederk* ★ *~ oneself* zich terugtrekken of op de achtergrond houden, zich wegcijferen

effacement [ɪ'feɪsmənt] *znw* ❶ uit het geheugen

bannen ❷ wegcijfering

effect [ɪ'fekt] **I** *znw* (uit)werking, invloed, gevolg, resultaat, effect ★ *the desired ~* het gewenste effect ★ *the overall ~* het totaaleffect ★ *cause and ~* oorzaak en gevolg ★ *for ~* uit effectbejag ★ *for maximum / optimum ~* voor een optimaal resultaat ★ *he paused for maximum ~* hij stopte even om het maximale effect te bereiken ★ *in ~* in werkelijkheid, in feite ★ *to no ~* zonder resultaat, tevergeefs ★ *or something to this / that ~* of iets in deze / die geest (zin) ★ *he has issued a statement to the ~ that he will resign* hij heeft een verklaring doen uitgaan die erop neerkomt dat hij zal aftreden ★ *with ~ from* met ingang van ★ *with direct / immediate ~* met onmiddellijke ingang ★ *this was the ~ he had aimed for* dit was het effect waar hij op gehoopt had ★ *be of / have no ~* geen uitwerking hebben ★ *come into ~* van kracht worden ‹v. wet &› ★ *create / give the ~ of sth* de indruk van iets geven ★ *feel the ~s of sth* de gevolgen van iets voelen ★ *have an adverse / a good & ~ on sth* een goede / slechte uitwerking op iets hebben ★ *put sth into ~* iets ten uitvoer brengen ★ *take ~* uitwerking hebben, effect maken, in werking treden **II** *overg* ❶ uitwerken, teweegbrengen, bewerkstelligen, tot stand brengen, uitvoeren, verwezenlijken ❷ handel (af)sluiten

effective [ɪ'fektɪv] **I** *bn* ❶ werkzaam, krachtig ❷ krachtdadig, doeltreffend, raak ★ *a product ~ in treating stains* een product dat doeltreffend is voor het behandelen van vlekken ❸ effect hebbend ❹ effectief ★ *the ban becomes ~ at / from midnight* het verbod wordt om / vanaf middernacht van kracht / gaat om middernacht in **II** *znw* mil effectief

effectively [ɪ'fektɪvlɪ] *bijw* feitelijk, eigenlijk, in feite

effectiveness [ɪ'fektɪvnɪs] *znw* ❶ doeltreffendheid ★ *the drug's ~ in treating the disease has not been proven* de effectiviteit van het medicijn in de behandeling van de ziekte moet nog bewezen worden ❷ uitwerking

effects [ɪ'fekts] *znw* [*mv*] bezittingen, goed, goederen, eigendommen ★ *personal ~* persoonlijke bezittingen

effectual [ɪ'fektʃʊəl] *form bn* ❶ krachtig ❷ doeltreffend ❸ geldig, van kracht, bindend

effectually [ɪ'fektʃʊəlɪ] *form bijw* doeltreffend, effectief ★ *the law ~ prevents foreign intervention* de wet verhindert buitenlandse inmenging op een doeltreffende manier

effectuate [ɪ'fektʃʊeɪt] *form overg* bewerkstelligen, uitvoeren, volvoeren, volbrengen

effeminacy [ɪ'femɪnəsɪ] *znw* verwijfdheid

effeminate [ɪ'femɪnət] *bn* verwijfd

effervesce [efə'ves] *onoverg* mousseren, (op)bruisen, borrelen

effervescence [efə'vesəns] *znw* ❶ het mousseren, het (op)bruisen ❷ fig uitgelatenheid, opgewondenheid

effervescent [efə'vesənt] *bn* ❶ mousserend, (op)bruisend ❷ fig uitgelaten, opgewonden

effete [ɪ'fi:t] *form afkeurend bn* ❶ zwak, krachteloos

❷ verwijfd, geaffecteerd

efficacious [efɪˈkeɪʃəs] <u>form</u> *bn* werkzaam, doeltreffend, probaat, kracht(dad)ig, efficiënt

efficaciousness [efɪˈkeɪʃəsnɪs], **efficacy** <u>form</u> *znw* kracht(dadigheid), werkzaamheid, doeltreffendheid, uitwerking

efficiency [ɪˈfɪʃənsɪ] *znw* **❶** kracht(dadigheid), efficiëntie, doeltreffendheid ★ *the rebellion was suppressed with ruthless* ~ de opstand werd met meedogenloze kracht onderdrukt **❷** bekwaamheid, geschiktheid **❸** <u>techn</u> nuttig effect, rendement, productiviteit

efficient [ɪˈfɪʃənt] *bn* **❶** werkend, kracht(dad)ig, efficiënt, productief, doeltreffend **❷** bekwaam, geschikt, competent **❸** <u>techn</u> renderend, efficiënt

efficiently [ɪˈfɪʃəntlɪ] *bijw* **❶** efficiënt, doeltreffend **❷** bekwaam, competent ★ *he runs his business very* ~ hij beheert zijn zaak heel bekwaam

effigy [ˈefɪdʒɪ] *znw* afbeelding, beeld, beeldenaar ‹op een munt› ★ *in* ~ in effigie

effloresce [eflɔːˈres] *onoverg* **❶** <u>dicht</u> ontbloeien, zich ontplooien **❷** <u>chem</u> zoutkristallen aanzetten **❸** uitslaan ‹v. muren›

efflorescence [efləˈresəns] *znw* **❶** <u>dicht</u> ontluiking, bloei **❷** <u>chem</u> verschijning van zoutkristallen **❸** uitslag ‹op muren›

effluence [ˈeflʊəns] *znw* **❶** uitvloeiing, uitstroming **❷** uitvloeisel

effluent [ˈeflʊənt] *znw* **❶** uitstromende vloeistof **❷** afvalwater ‹v. fabriek in rivier›

effluvium [eˈfluːvɪəm] *znw* [*mv: -s* of effluvia] **❶** uitwaseming **❷** (onaangename) geur

effort [ˈefət] *znw* **❶** poging, (krachts)inspanning ★ *despite our best* ~*s, the visiting team won* ondanks onze inspanningen won het bezoekende team ★ *we made a big* ~ *to be there on time* we hebben erg ons best gedaan om er op tijd te zijn ★ *it took a real* ~ *of will* het vergde een hoop wilskracht ★ *he's stopped smoking in an* ~ *to improve his health* hij is gestopt met roken in een poging zijn gezondheid te verbeteren ★ *a lot of* ~ *has gone into making the event a success* er is een hoop energie in gestoken om de gebeurtenis een succes te maken ★ *be worth the* ~ de moeite waard zijn ★ *make an* ~ een poging doen, zich geweld aandoen, zich inspannen ★ *make the* ~ je best doen ★ *make every* ~ *(to do sth)* zich erg inspannen (om iets te doen) **❷** prestatie

effortless [ˈefətləs] *bn* moeiteloos, ongedwongen

effortlessly [ˈefətləslɪ] *bijw* moeiteloos, ongedwongen ★ *the Canadian team won* ~ het Canadese team heeft moeiteloos gewonnen

effrontery [ɪˈfrʌntərɪ] *znw* onbeschaamdheid ★ *have the* ~ *to do sth* de brutaliteit hebben om iets te doen

effulgence [ɪˈfʌldʒəns] <u>dicht</u> *znw* pracht

effulgent [ɪˈfʌldʒənt] <u>dicht</u> *bn* stralend, schitterend

effuse [ɪˈfjuːz] **I** *overg* <u>form</u> uitgieten, (uit)storten, uitstralen, verspreiden **II** *onoverg* zich verspreiden, uitvloeien, uitstromen ★ ~ *about sth* opgewonden

over iets praten

effusion [ɪˈfjuːʒən] <u>form</u> *znw* **❶** vergieten, uitstorting **❷** <u>fig</u> ontboezeming

effusive [ɪˈfjuːsɪv] *bn* zich geheel gevend, (over)hartelijk, expansief, uitbundig

effusively [ɪˈfjuːsɪvlɪ] *bijw* uitbundig, hartelijk ★ *we were greeted* ~ we werden uitbundig begroet

E-fit [ˈiːfɪt], **e-fit** *znw* compositiefoto ‹op de computer gemaakt›

EFL *afk* (English as a Foreign Language) Engels als vreemde taal

eft [eft] *znw* salamander

EFTA [ˈeftə], **Efta** *znw* (European Free Trade Association) Europese Vrijhandelsassociatie, EVA

EFTPOS [ˈeftpɒz] *znw* (electronic funds transfer at point of sale) pinnen ★ *do an* ~ *transaction* pinnen

e.g., **eg** *afk* (for example) bijvoorbeeld, bijv.

egalitarian [ɪgælɪˈteərɪən] **I** *bn* gelijkheid voorstaand, gelijkheids- **II** *znw*, **equalitarian** voorstander van gelijkheid

egalitarianism [ɪgælɪˈteərɪənɪzm] *znw* streven naar gelijkheid

egest [iːˈdʒest] <u>form</u> *overg* uitscheiden

egg [eg] **I** *znw* **❶** ei ★ <u>inf</u> *a bad* ~ een waardeloze figuur ★ <u>inf</u> *a good* ~ een patente kerel ★ *as sure as* ~*s is* ~*s* zo zeker als wat ★ <u>inf</u> *have* ~ *on one's face* in zijn hemd staan, voor joker staan ★ <u>inf</u> *put all one's* ~*s in one basket* alles op één kaart zetten **❷** eicel **II** *phras* ★ ~ *sbd on* iem. aanzetten, aan-, ophitsen

egg-and-spoon race [eg-ənd-ˈspuːn reɪs] *znw* eierrace ‹met een ei op een lepel›

egg beater [eg ˈbiːtə] *znw* **❶** eierklopper **❷** <u>Am</u> <u>inf</u> helikopter

egg cup [eg kʌp] *znw* eierdopje

egg-flip [ˈeg-flɪp], **egg-nog** *znw* eierpunch

egghead [ˈeghed] <u>inf</u> *afkeurend znw* intellectueel

egg-nog [ˈeg-nɒg] *znw* → **egg-flip**

eggplant [ˈegplɑːnt] *znw* aubergine

eggshell [ˈegʃel] **I** *bn* halfmat, halfglanzend ‹v. verf› **II** *znw* eierdop, eierschaal

egg timer [eg ˈtaɪmə] *znw* eierwekker, zandloper

egg whisk [eg wɪsk] *znw* eierklopper

egg white [eg waɪt] *znw* eiwit

egg yolk [eg jəʊk] *znw* eigeel

eglantine [ˈegləntaɪn] *znw* egelantier

ego [ˈiːgəʊ] *znw* ik, ikheid, <u>psych</u> ego ★ *he's a man with an inflated* ~ hij is een man met een gezwollen ego ★ *it takes a strong* ~ *to survive in this business* je moet erg zeker van jezelf zijn om in deze branche te overleven ★ *losing was a real blow to his* ~ het verlies was een hele slag voor zijn trots

ego boost [ˈiːgəʊ buːst] <u>inf</u> *znw* ★ *give sbd an* ~ iems. gevoel van eigenwaarde strelen

egocentric [iːgəʊˈsentrɪk] *bn* egocentrisch

egoism [ˈiːgəʊɪzəm], **egotism** *znw* **❶** egoïsme, zelfzucht, eigenbaat **❷** egotisme, eigenliefde **❸** zelfzucht

egoist ['i:gəʊɪst] *znw* egoïst, zelfzuchtige
egoistic [i:gəʊ'ɪstɪk], **egotistic**, **egotistical** *bn*
egoïstisch
egomania [i:gəʊ'meɪnɪə] *znw* ziekelijk egoïsme
egomaniac [i:gəʊ'meɪnɪæk] *znw* ziekelijk egoïst
egosurf ['i:gəʊsɜ:f] *znw* egosurfen ‹op het internet
naar je eigen naam zoeken›
egotism ['i:gətɪzəm] *znw* → **egoism**
egotist ['i:gətɪst] *znw* ❶ iemand die graag over
zichzelf praat ❷ egoïst
egotistic ['i:gətɪstɪk], **egotistical** *bn* → **egoistic**
ego trip ['i:gəʊ trɪp] *inf znw* egotrip
egregious [ɪ'gri:dʒəs] <u>form</u> afkeurend *bn* groot,
kolossaal ‹ironisch›
egress ['i:gres] <u>form</u> **I** *znw* ❶ uitgang ❷ uitgaan
II *overg* vooral Am verlaten, weggaan uit
egret ['i:grɪt] *znw* (kleine) zilverreiger
Egypt ['i:dʒɪpt] *znw* Egypte
Egyptian [ɪ'dʒɪpʃən] **I** *bn* Egyptisch **II** *znw* Egyptenaar,
Egyptische
Egyptologist [ɪ(:)dʒɪp'tɒlədʒɪst] *znw* egyptoloog
Egyptology [ɪ(:)dʒɪp'tɒlədʒɪ] *znw* egyptologie
eh [eɪ] *tsw* hè!, wat?
eider ['aɪdə] *znw* eidereend, eidergans
eiderdown ['aɪdədaʊn] *znw* ❶ eiderdons ❷ dekbed
(van dons)
eight [eɪt] *telw* acht ★ <u>Br inf</u> have one over the ~ een
glaasje teveel ophebben
eighteen [eɪ'ti:n] *telw* achttien
eighteenth [eɪ'ti:nθ] **I** *telw, bn & bijw* achttiende ★ *he
was born on the ~ of May* hij is op 18 mei geboren
★ *the r is the ~ letter in the alphabet* de r is de
achttiende letter in het alfabet ★ *he came ~* hij werd
achttiende **II** *znw* achttiende deel
eightfold ['eɪtfəʊld] *bn & bijw* achtvoudig
eighth [eɪtθ] **I** *telw, bn & bijw* achtste ★ *she died on
the ~ of November* zij is op 8 november overleden
★ *in ~ position* op de achtste plaats ★ *she ran ~ in the
400 metres* ze werd achtste op de 400 meter **II** *znw*
achtste deel
eightieth ['eɪtɪəθ] **I** *telw, bn & bijw* tachtigste **II** *znw*
tachtigste deel
eighty ['eɪtɪ] *telw* tachtig ★ *the eighties* de jaren
tachtig ★ *she's in the / her eighties* zij is in de tachtig
Eire ['eərə] *znw* Ierland
eisteddfod [aɪ'stedfəd, aɪ'steðvɒd] *znw* zang-, muziek-,
toneel- en dichtconcours in Wales
either ['aɪðə] **I** *telw & vnw* ❶ de één zowel als de
andere, allebei ★ *~ way, we'll see each other in June*
in elk geval / hoe dan ook zien we elkaar in juni
❷ één van beide ★ *there are no redheads on ~ side of
the family* aan geen van beide kanten van de familie
zijn er mensen met rood haar ★ *if ~ of us dies, the
other will take over the business* als één van ons
overlijdt, neemt de ander de zaak over **II** *voegw* of...
(of), een van beiden ★ *available ~ in red or in blue* ze
zijn verkrijgbaar in rood of in blauw ★ *~ you give
back the money or I ring the police* of je geeft me het

geld terug of ik bel de politie **III** *bijw* ook ★ *I'm not
going ~* ik ga ook niet ★ *they're not invited and they
don't care ~* ze zijn niet uitgenodigd en het kan ze
ook niets schelen
either-or ['aɪðər-ɔ:, i:ðər-ɔ:] *bn & znw* of-of(keuze)
★ *an ~ situation* een of-ofsituatie ★ *it's an ~: either she
goes or I do* het is een of-ofkeuze: of zij gaat of ik
ejaculate [ɪ'dʒækjʊleɪt] **I** *znw* ejaculaat, sperma
II *overg & onoverg* ❶ <u>gedat</u> uitbrengen, uitroepen
❷ uitstorten ‹zaad›, ejaculeren
ejaculation [ɪdʒækjʊ'leɪʃən] *znw* ❶ uitroep
❷ zaaduitstorting, ejaculatie
ejaculatory [ɪdʒækjʊ'leɪtərɪ] *bn* ❶ uitroepend
❷ ejaculatie-
eject [ɪ'dʒekt] **I** *overg* ❶ uitwerpen ❷ (met geweld)
uitzetten, verdrijven **II** *onoverg* <u>luchtv</u> gebruik
maken van schietstoel
ejection [ɪ'dʒekʃən] *znw* ❶ uitwerping ❷ uitzetting,
verdrijving
ejector [ɪ'dʒektə] *znw* uitwerper, ejecteur
ejector seat [ɪ'dʒektə si:t] <u>luchtv</u> *znw* schietstoel
eke [i:k] *phras* ★ *~ sth out* iets rekken ★ *~ out a living
/ livelihood* zijn kostje bijeenscharrelen, zich met
moeite in leven kunnen houden
elaborate I *bn* [ɪ'læbərət] ❶ doorwrocht, fijn af-,
uitgewerkt ❷ ingewikkeld ❸ uitgebreid, uitvoerig,
nauwgezet **II** *overg* [ɪ'læbəreɪt] nauwkeurig, grondig
uit-, bewerken **III** *onoverg* [ɪ'læbəreɪt] uitweiden
(over *on*)
elaborately [ɪ'læbərətlɪ] *bijw* ❶ doorwrocht,
ingewikkeld ❷ uitgebreid, uitvoerig, nauwgezet
★ *the dress was ~ decorated with pearls* de jurk was
uitgebreid versierd met parels
elaboration [ɪlæbə'reɪʃən] *znw* (grondige) uit-,
bewerking ★ *some aspects need further ~* sommige
aspecten moeten nog verder uitgewerkt worden
élan [eɪ'læn, eɪ'lɑ̃] ‹*Fr*› *znw* ❶ elan, zwier ❷ vuur
eland ['i:lənd] *znw* elandantilope
elapse [ɪ'læps] *onoverg* verlopen, verstrijken ★ *some
time ~d before we saw him again* er verstreek enige
tijd voordat we hem terugzagen
elastane [ɪ'læsteɪn] *znw* elastane ‹synthetische vezel›
elastic [ɪ'læstɪk] **I** *bn* ❶ veerkrachtig, elastisch
❷ rekbaar **II** *znw*, **elastic band** elastiek(je)
elasticity [i:læ'stɪsɪtɪ] *znw* veerkracht, rekbaarheid,
elasticiteit
elastin [ɪ'læstɪn] <u>biochem</u> *znw* elastine ‹eiwit›
elate [ɪ'leɪt] *overg* triomfantelijk (opgetogen) maken,
verrukken
elated [ɪ'leɪtɪd] *bn* triomfantelijk, opgetogen ★ *an ~
cry* een triomfantelijke kreet ★ *we were all ~ at the
news* we waren allemaal opgetogen over het nieuws
elatedly [ɪ'leɪtɪdlɪ] *bijw* opgetogen ★ *the crowd rose ~*
de menigte ging opgetogen staan
elation [ɪ'leɪʃən] *znw* ❶ verrukking ❷ opgetogenheid
elbow ['elbəʊ] *znw* ❶ elleboog ★ *at one's ~* vlakbij
★ *out at the ~s* met de ellebogen door zijn mouwen
★ *~ to ~* dicht opeengepakt ★ <u>inf</u> *be up to one's ~s in*

work tot over de oren in het werk zitten ★ *dig one's ~ into sbd's rib* iem. met de elleboog een por in de ribben geven ★ <u>inf</u> *give sbd the ~* iem. de bons geven, iem. afdanken ❷ bocht **II** *overg* met de ellebogen duwen, dringen ★ *~ one's way through* zich een weg banen door ‹met behulp van de ellebogen› ★ *~ sbd out* iem. verdringen

elbow grease ['elbəʊ-griːs] <u>inf</u> *znw* zwaar werk

elbow room ['elbəʊ ruːm] *znw* ruimte om zich te roeren, bewegingsruimte, armslag

elder ['eldə] **I** *bn* ouder, oudste ‹v. twee› ★ *Nick is my ~ brother* Nick is mijn oudere broer **II** *znw* ❶ oudere ★ *she's the ~ of the two* ze is de oudste van de twee ❷ ouderling ❸ <u>plantk</u> vlier(struik)

elderberry ['eldəberɪ] *znw* vlierbes

elderly ['eldəlɪ] *bn* bejaard, op leeftijd ★ *the ~* de bejaarden, de ouden van dagen

elder statesman ['eldə 'steɪtsmən] *znw* wijs staatsman

eldest ['eldɪst] *bn & znw* oudste ★ *my ~ son is a pilot* mijn oudste zoon is piloot ★ *their ~ is getting married next month* hun oudste gaat volgende maand trouwen

elect [ɪ'lekt] **I** *bn* <u>form</u> (uit)verkoren, gekozen ★ *an ~ few will be representing the country* een paar uitverkorenen zullen het land vertegenwoordigen **II** *znw* [mv] ★ *the ~* de uitverkorenen **III** *overg* (ver)kiezen (tot)

-elect [ɪ'lekt] *achterv* gekozen ‹maar nog niet geïnstalleerd›, uitverkoren ★ *the president~* de nieuwgekozen president

election [ɪ'lekʃən] *znw* verkiezing ★ *the local ~s* de gemeenteraadsverkiezingen ★ *prior to his ~ to the Senate* voordat hij in de senaat werd gekozen

election campaign [ɪ'lekʃən kæm'peɪn] *znw* verkiezingscampagne

election day [ɪ'lekʃən deɪ] *znw* dag van de verkiezingen

electioneer [ɪlekʃə'nɪə] *onoverg* stemmen werven, meedoen aan een verkiezingscampagne

electioneering [ɪlekʃə'nɪərɪŋ] *znw* stemmen werven, meedoen aan een verkiezingscampagne

elective [ɪ'lektɪv] *bn* ❶ kies-, verkiezings- ❷ ge-, verkozen, verkiesbaar ❸ keuze- ★ *she's chosen Roman history as her ~ subject* ze heeft Romeinse geschiedenis gekozen als haar keuzevak

elective dictatorship [ɪ'lektɪv dɪk'teɪtəʃɪp] <u>afkeurend</u> *znw* gekozen dictatuur ‹wanneer een partij na de verkiezingen een absolute meerderheid heeft›

elective surgery [ɪ'lektɪv 'sɜːdʒərɪ] *znw* chirurgische behandeling op verzoek

elector [ɪ'lektə] *znw* ❶ kiezer ❷ <u>Am</u> kiesman ❸ <u>hist</u> keurvorst

electoral [ɪ'lektərəl] *bn* kies-, kiezers-, verkiezings-, electoraal

electoral college [ɪ'lektərəl 'kɒlɪdʒ] *znw* kiescollege

electoral register [ɪ'lektərəl 'redʒɪstə], **electoral roll** *znw* kiesregister

electorate [ɪ'lektərət] *znw* ❶ electoraat, kiezers,

kiezerskorps ❷ <u>Aus & NZ</u> kiesdistrict ‹vertegenwoordigd door een parlementslid› ❸ <u>hist</u> keurvorstendom

electric [ɪ'lektrɪk] *bn* ❶ elektrisch ★ *an ~ charge* een elektrische lading ★ *an ~ motor* een elektromotor ❷ elektriseer-

electrical [ɪ'lektrɪkl] *bn* ❶ elektrisch ★ *an ~ fault* een elektrische storing ❷ elektriseer-

electrical engineer [ɪ'lektrɪkl endʒɪ'nɪə] *znw* elektrotechnicus

electrical engineering [ɪ'lektrɪkl endʒɪ'nɪərɪŋ] *znw* elektrotechniek

electrical storm [ɪ'lektrɪkl stɔːm], **electric storm** *znw* onweer

electric blanket [ɪ'lektrɪk 'blæŋkɪt] *znw* elektrische deken

electric blue [ɪ'lektrɪk bluː] *znw* staalblauw

electric chair [ɪ'lektrɪk tʃeə] *znw* elektrische stoel

electric eel [ɪ'lektrɪk iːl] *znw* sidderaal

electric eye [ɪ'lektrɪk aɪ] *znw* elektronisch (lees)oog

electric fence [ɪ'lektrɪk fens] *znw* schrikdraad

electric field [ɪ'lektrɪk fiːld] *znw* elektrisch veld

electric heater [ɪ'lektrɪk 'hiːtə] *znw* elektrisch kacheltje

electrician [ɪlek'trɪʃən] *znw* elektricien

electricity [ɪlek'trɪsətɪ] *znw* elektriciteit ★ *the ~ board* het elektriciteitsbedrijf

electric shaver [ɪ'lektrɪk 'ʃeɪvə], **electric razor** *znw* elektrisch scheerapparaat

electric shock [ɪ'lektrɪk ʃɒk] *znw* ❶ elektrische schok ❷ <u>med</u> elektroshock

electrification [ɪlektrɪfɪ'keɪʃən] *znw* ❶ elektrisering ❷ elektrificatie

electrify [ɪ'lektrɪfaɪ] *overg* ❶ elektriseren ❷ elektrificeren ❸ <u>fig</u> geestdriftig maken, opwinden

electrocardiogram [ɪlektrəʊ'kɑːdɪəgræm], **ECG** *znw* elektrocardiogram

electrocardiograph [ɪlektrəʊ'kɑːdɪəgrɑːf], **ECG** *znw* elektrocardiograaf

electroconvulsive therapy [ɪlektrəʊkən'vʌlsɪv 'θerəpɪ], **ECT** *znw* elektroshocktherapie

electrocute [ɪ'lektrəkjuːt] *overg* elektrocuteren, terechtstellen d.m.v. de elektrische stoel

electrocution [ɪlektrə'kjuːʃən] *znw* elektrocutie

electrode [ɪ'lektrəʊd] *znw* elektrode

electrodynamics [ɪlektrəʊdaɪ'næmɪks] *znw* [mv] elektrodynamica

electroencephalogram [ɪlektrəʊɪn'sefələgræm], **EEG** *znw* elektro-encefalogram

electroencephalograph [ɪlektrəʊɪn'sefələgrɑːf], **EEG** *znw* elektro-encefalograaf

electrolyse [ɪ'lektrəlaɪz], **Am electrolyze** *overg* elektrolyseren, ontleden door elektriciteit

electrolysis [ɪlek'trɒlɪsɪs] *znw* elektrolyse

electrolytic [ɪlektrəʊ'lɪtɪk] *bn* elektrolytisch

electrolyze [ɪ'lektrəlaɪz] <u>Am</u> *overg* → **electrolyse**

electromagnet [ɪlektrəʊ'mægnɪt] *znw* elektromagneet

electromagnetic [ɪlektrɒmæg'netɪk] *bn*

el

elektromagnetisch
electrometer [ɪlek'trɒmɪtə] *znw* elektrometer
electron [ɪ'lektrɒn] *znw* elektron
electronic [ɪlek'trɒnɪk] *bn* elektronisch
electronica [ɪlek'trɒnɪkə] *znw* elektronica
electronic banking [ɪlek'trɒnɪk 'bæŋkɪŋ] *znw*
elektronisch bankieren
electronic book [ɪlek'trɒnɪk bʊk] *znw* elektronisch
boek, e-boek
electronic commerce [ɪlek'trɒnɪk 'kɒmɜ:s] *znw*
e-commerce, elektronische handel met behulp van
computernetwerken, zoals internet
electronic data processing [ɪlek'trɒnɪk 'deɪtə
'prəʊsesɪŋ], **EDP** comput *znw* automatische
gegevensverwerking
electronic mail [ɪlek'trɒnɪk meɪl], **e-mail**, **email** *znw*
elektronische post, e-mail
electronic mailbox [ɪlek'trɒnɪk 'meɪlbɒks] *znw*
elektronische postbus
electronic organizer [ɪlek'trɒnɪk 'ɔ:gənaɪzə] *znw*
elektronische agenda
electronic publishing [ɪlek'trɒnɪk 'pʌblɪʃɪŋ] *znw* het
elektronisch publiceren, het publiceren in
elektronische vorm ⟨bijv. op cd-rom of via internet⟩
electronics [ɪlek'trɒnɪks] *znw* [mv] elektronica
electronic tagging [ɪlek'trɒnɪk 'tægɪŋ] *znw*
elektronisch volgsysteem ⟨voor dieren, gevangenen
onder huisarrest &⟩
electron microscope [ɪ'lektrɒn 'maɪkrəskəʊp] *znw*
elektronenmicroscoop
electroplate [ɪ'lektrəpleɪt] *overg* elektrolytisch
verzilveren, galvaniseren
electroscope [ɪ'lektrəskəʊp] *znw* elektroscoop
electroshock [ɪ'lektrəʊʃɒk] *bn* elektroshok
electrostatic [ɪlektrəʊ'stætɪk] *bn* elektrostatisch
elegance ['elɪgəns] *znw* sierlijkheid, keurigheid,
bevalligheid, elegantie ★ *the high ceilings lend a
touch of* ~ *to the house* de hoge plafonds geven een
vleugje elegantie aan het huis
elegant ['elɪgənt] *bn* sierlijk, keurig, bevallig, elegant
elegantly ['elɪgəntlɪ] *bijw* sierlijk, keurig, elegant ★ *she
was always* ~ *dressed* ze was altijd elegant gekleed
elegiac [elɪ'dʒaɪək] *bn* elegisch
elegiacs [elɪ'dʒaɪəks] *znw* [mv] elegische poëzie
elegy ['elədʒɪ] *znw* elegie, treurzang, -dicht
element ['elɪmənt] *znw* element, bestanddeel,
grondstof ★ *in one's* ~ in zijn element ★ *the job has
an* ~ *of danger* de baan is niet geheel van gevaar
ontbloot
elemental [elɪ'mentl] *bn* ❶ dicht van de elementen,
natuur- ❷ wezenlijk, onvermengd
elementary [elɪ'mentərɪ] *bn* elementair, aanvangs-,
grond-, basis- ★ ~ *rights* grondrechten ★ *at the* ~
stage in het aanvangsstadium
elementary education [elɪ'mentərɪ edjʊ'keɪʃən] Am
znw basisonderwijs
elementary particle [elɪ'mentərɪ 'pɑ:tɪkl] *znw*
elementair deeltje

elementary school [elɪ'mentərɪ sku:l] Am *znw*
basisschool
elements ['elɪmənts] *znw* [mv] ❶ (grond)beginselen
❷ elementen ★ dicht of scherts *the* ~ het weer
★ *they were completely exposed to the* ~ ze waren
geheel blootgesteld aan de elementen
elephant ['elɪfənt] *znw* olifant
elephantiasis [elɪfən'taɪəsɪs] *znw* elefantiasis
elephantine [elɪ'fæntaɪn] *bn* als (van) een olifant
elevate ['elɪveɪt] *overg* ❶ opheffen, verheffen,
verhogen ❷ veredelen
elevated ['elɪveɪtɪd] *bn* verheven, hoog, gedragen
⟨toon⟩ ★ *an* ~ *railway* een luchtspoorweg
elevation [elɪ'veɪʃən] *znw* op-, verheffing,
bevordering, verhoging, hoogte (boven zeespiegel),
verhevenheid, bouwk opstand ★ *the front* ~ het
vóóraanzicht
elevator ['elɪveɪtə] *znw* ❶ techn elevator ❷ Am lift
❸ luchtv hoogteroer
elevator music ['elɪveɪtə 'mju:zɪk] *znw* muzikaal
behang, muzak
elevator shaft ['elɪveɪtə ʃɑ:ft] Am *znw* liftkoker,
liftschacht
eleven [ɪ'levən] *telw* elf ★ *an* ~ een elftal
elevenfold [ɪ'levənfəʊld] *bn & bijw* elfvoudig
eleven-plus [ɪlevən-'plʌs] Br *znw* toets om het
middelbare schooltype voor een kind te bepalen
elevenses [ɪ'levənzɪz] Br inf *znw* [mv] lichte maaltijd
omstreeks 11 uur 's ochtends
eleventh [ɪ'levənθ] *telw, bn & bijw* elfde ★ *on the* ~ *of
June* op 11 juni ★ *at the* ~ *hour* ter elfder ure ★ *she
was placed* ~ ze eindigde op de elfde plaats **II** *znw*
elfde deel
elf [elf] *znw* [mv: elves] ❶ elf, fee, kaboutermannetje
❷ dreumes
elfin ['elfɪn] *bn* ❶ elfen-, elfachtig ❷ feeëriek
elfish ['elfɪʃ], **elvish** *bn* ❶ elfen- ❷ fig ondeugend
elicit [ɪ'lɪsɪt] *overg* ❶ uit-, ontlokken, aan het licht
brengen, ontdekken ★ ~ *the truth* de waarheid aan
het licht brengen ❷ krijgen (uit *from*)
elide [ɪ'laɪd] taalk *overg* elideren, weglaten
eligibility [elɪdʒə'bɪlɪtɪ] *znw* geschiktheid,
bevoegdheid
eligible ['elɪdʒəbl] *bn* ❶ in aanmerking komend,
geschikt, bevoegd, (ver)kiesbaar ★ *he may be* ~ *for
early retirement* misschien komt hij in aanmerking
voor een vervroegd pensioen ❷ begeerlijk,
begeerde ★ *the film industry's most* ~ *bachelor* de
meest begeerde vrijgezel uit de filmindustrie
eliminate [ɪ'lɪmɪneɪt] *overg* ❶ elimineren, uitsluiten,
wegwerken ⟨factor⟩, buiten beschouwing laten
❷ verdrijven, verwijderen (uit *from*) ❸ uitschakelen
❹ inf uit de weg ruimen, liquideren
elimination [ɪlɪmɪ'neɪʃən] *znw* eliminatie,
verwijdering, uitschakeling ★ *by a process of* ~ via
een eliminatieproces
elimination tournament [ɪlɪmɪ'neɪʃən 'tʊənəmənt],
elimination contest *znw* afvalwedstrijd

eliminator [ɪ'lɪmɪneɪtə] <u>sp</u> znw voorronde
elision [ɪ'lɪʒən] <u>taalk</u> znw elisie, weglating
elite [ɪ'li:t, eɪ'li:t] **I** bn elite- **II** znw elite
elitism [ɪ'li:tɪzəm, eɪ'li:tɪzəm] znw elitarisme
elitist [ɪ'li:tɪst, eɪ'li:tɪst] **I** bn elitair **II** znw elitair
  persoon
elixir [ɪ'lɪksɪə] <u>dicht</u> znw elixir
Elizabethan [ɪlɪzə'bi:θn] **I** bn van (Koningin) Elizabeth
  I, Elizabethaans **II** znw schrijver enz. uit de tijd van
  Koningin Elizabeth I
elk [elk] znw [mv: ~ of -s] eland
ell [el] <u>hist</u> znw el, ellenmaat
ellipse [ɪ'lɪps] znw ellips
ellipsis [ɪ'lɪpsɪs] znw [mv: ellipses] weglating, uitlating
elliptical [ɪ'lɪptɪkl] bn ❶ elliptisch ❷ onvolledig,
  beknopt
elliptically [ɪ'lɪptɪklɪ] bijw ❶ elliptisch ❷ onvolledig,
  beknopt ★ his thoughts were often ~ expressed zijn
  gedachten werden vaak onvolledig uitgedrukt
elm [elm] znw iep, olm
elocution [elə'kju:ʃən] znw voordracht, dictie
elocutionist [elə'kju:ʃənɪst] znw
  ❶ voordrachtskunstenaar ❷ leraar in de dictie
elongate ['i:lɒŋgeɪt] overg ❶ verlengen ❷ (uit)rekken
elongated ['i:lɒŋgeɪtɪd] bn verlengd, uitgerekt
elongation [i:lɒŋ'geɪʃən] znw ❶ verlenging ❷ <u>techn</u>
  rek
elope [ɪ'ləʊp] onoverg weglopen, er vandoor gaan
  ⟨met minnaar / om te trouwen⟩
elopement [ɪ'ləʊpmənt] znw ❶ weglopen ⟨om te
  kunnen trouwen⟩, vlucht ❷ schaking
eloquence ['eləkwəns] znw welsprekendheid
eloquent ['eləkwənt] bn welsprekend, veelbetekenend
  ⟨gebaar &⟩
eloquently ['eləkwəntlɪ] bijw welbespraakt,
  welsprekend ★ she writes ~ ze schrijft goed
El Salvador [el 'sælvədɔ:] znw El Salvador
El Salvadorian [el sælvə'dɔ:rɪən] **I** bn Salvadoraans
  II znw Salvadoraan, Salvadoraanse
else [els] bijw anders ★ anything ~ (you'd like)? anders
  nog iets (van uw dienst)? ★ has anyone ~ been in the
  room? is er iemand anders in de kamer geweest?
  ★ what ~ is there to do? wat kun je verder nog doen?
  wat kun je nog meer doen? ★ whatever ~ he is, he's
  certainly a convincing liar wat hij verder ook is, hij is
  in ieder geval een overtuigende leugenaar ★ she
  can't be there, or ~ she'd be answering the phone ze is
  er niet, want anders had ze de telefoon wel
  opgenomen ★ inf shut up, or ~! kop dicht of er
  zwaait wat!
elsewhere ['elsweə] bijw ergens anders, elders
ELT afk (English language teaching) onderwijs in het
  Engels
elucidate [ɪ'lu:sɪdeɪt] overg & onoverg ophelderen,
  toelichten, duidelijk maken, verklaren
elucidation [ɪlu:sɪ'deɪʃən] znw opheldering,
  toelichting, verklaring
elucidatory [ɪlu:sɪ'deɪtərɪ] bn ophelderend, verklarend

elude [ɪ'lu:d] overg ❶ ontgaan, ontschieten ⟨naam,
  feit⟩ ★ her name ~s me ik kan niet op haar naam
  komen ❷ ontwijken, ontkomen aan, buiten bereik
  blijven van
elusion [ɪ'lu:ʒən] <u>form</u> znw ❶ ontsnapping
  ❷ ontwijking, ontduiking, ontkoming
elusive [ɪ'lu:sɪv], <u>gedat</u> **elusory** bn ❶ ontwijkend,
  ontduikend ❷ (aan alle naspeuring) ontsnappend,
  moeilijk of niet te benaderen of te bepalen, elusief
  ★ ~ memories ongrijpbare herinneringen ★ financial
  success has remained ~ for him, however financieel
  succes is echter altijd net buiten zijn bereik
  gebleven
elusively [ɪ'lu:sɪvlɪ] bijw ongrijpbaar, elusief
elusiveness [ɪ'lu:sɪvnɪs] znw ongrijpbaarheid,
  ondefinieerbaarheid
elusory [ɪ'lu:sərɪ] <u>gedat</u> bn → **elusive**
elves [elvz] znw [mv] → **elf**
elvish ['elvɪʃ] bn → **elfish**
em- [ɪm-, em-] voorv em-, ver-, be-, in-
'em [əm] <u>inf</u> samentr (them) ze, hun, hen ★ tell ~ to go
  to hell zeg maar tegen ze dat ze de pot op kunnen
emaciated [ɪ'meɪsɪeɪtɪd, ɪ'meɪʃɪeɪtɪd] bn uitgemergeld
emaciation [ɪmeɪsɪ'eɪʃən, ɪmeɪʃɪ'eɪʃən] znw
  vermagering, uittering
e-mail ['i:-meɪl], **email I** znw → **electronic mail**
  II overg e-mailen
e-mail address ['i:-meɪl ə'dres], **email address** znw
  e-mailadres
emanate ['eməneɪt] **I** overg uitstralen, uitzenden,
  afgeven **II** onoverg uitstromen ★ ~ from / through sbd
  / sth voortvloeien uit, voortkomen uit, uitgaan van,
  afkomstig zijn van iem. / iets
emanation [emə'neɪʃən] znw uitstroming, uitstraling,
  emanatie
emancipate [ɪ'mænsɪpeɪt] overg bevrijden, vrijlaten,
  vrijmaken, ontvoogden, emanciperen
emancipated [ɪ'mænsɪpeɪtɪd] bn geëmancipeerd
  ★ these are more ~ times dit zijn meer
  geëmancipeerdere tijden
emancipation [ɪmænsɪ'peɪʃən] znw bevrijding,
  vrijlating, vrijmaking, ontvoogding, emancipatie
emasculate [ɪ'mæskjʊleɪt] overg ❶ castreren,
  ontmannen ★ he feels somewhat ~d staying home
  with the children hij voelt zich een beetje
  ontmannelijkt omdat hij thuis op de kinderen past
  ❷ verzwakken, ontkrachten
emasculation [ɪmæskjʊ'leɪʃən] znw ❶ ontmanning,
  castratie ❷ verzwakking, verzwaktheid
embalm [ɪm'bɑ:m] overg balsemen
embalmer [ɪm'bɑ:mə] znw iem. die balsemt
embankment [ɪm'bæŋkmənt] znw ❶ in-, bedijking
  ❷ (spoor)dijk ❸ kade, wal
embargo [em'bɑ:gəʊ, ɪm-] **I** znw [mv: embargoes]
  embargo, verbod, belemmering, beslag ⟨op
  schepen⟩ ★ put an ~ on sth een embargo op iets
  leggen **II** overg beslag leggen op, onder embargo
  leggen

em

embark [ɪmˈbɑːk] *onoverg* zich inschepen, aan boord gaan ★ *form* ~ *on / upon sth* zich wagen / begeven in iets, ergens aan beginnen

embarkation [embɑːˈkeɪʃən] *znw* inscheping

embarkation port [embɑːˈkeɪʃən pɔːt] *znw* laadhaven, inschepingshaven

embarrass [ɪmˈbærəs] *overg* ❶ in verlegenheid brengen, verwarren, in verwarring brengen ❷ in moeilijkheden brengen

embarrassed [ɪmˈbærəst] *bn* beschaamd, verlegen, gegeneerd ★ *she's* ~ *about her height* ze geneert zich voor haar lengte ★ *he was* ~ *at being found out* hij schaamde zich dat hij betrapt was ★ *they seemed* ~ *by our presence* ze leken zich ongemakkelijk te voelen door onze aanwezigheid ★ *he looked uncomfortable and we all felt* ~ *for him* hij zag er ongemakkelijk uit en we geneerden ons allemaal voor hem

embarrassing [ɪmˈbærəsɪŋ] *bn* lastig, pijnlijk, gênant, beschamend ★ *the leaked report has put him in an* ~ *position* het uitgelekte rapport heeft hem in een pijnlijke positie gebracht

embarrassingly [ɪmˈbærəsɪŋlɪ] *bijw* lastig, pijnlijk, gênant, beschamend ★ *the solution was* ~ *simple* de oplossing was beschamend eenvoudig ★ inf *it's an* ~ *easy dish to make* het is een kinderlijk eenvoudig gerecht om te maken

embarrassment [ɪmˈbærəsmənt] *znw* ❶ (geld)verlegenheid, verwarring, gêne, schaamte ★ *much to our* ~, *we realised the curtains were still open* tot onze grote verlegenheid realiseerden we ons dat de gordijnen nog open waren ★ *she's considered an* ~ *to her family* ze wordt als een schande voor de familie beschouwd ❷ moeilijkheid, lastig parket ★ *his resignation has saved them the* ~ *of dismissing him* zijn ontslagindiening heeft hun de moeilijkheid bespaard hem te moeten ontslaan

embassy [ˈembəsɪ] *znw* ❶ ambassade ❷ gezantschap

embattled [ɪmˈbætld] *bn* ❶ omsingeld ❷ in het nauw gebracht, ingeklemd

embed [ɪmˈbed], **imbed** *overg* insluiten, (in)zetten, (vast)leggen, inbedden ★ *the bullet* ~*ded itself in his leg* de kogel bleef vastzitten in zijn been

embedded [ɪmˈbedɪd], **imbedded** *bn* ingebed, vastzittend, gevat ★ ~ *ideas* vastgeroeste ideeën ★ *religious prejudice is deeply* ~ *in their culture* religieuze vooroordelen zitten diep verankerd in hun cultuur

embellish [ɪmˈbelɪʃ] *overg* versieren, verfraaien, opsieren, mooi(er) maken

embellishment [ɪmˈbelɪʃmənt] *znw* verfraaiing, versiering

ember [ˈembə] *znw* (meestal *mv*) gloeiende kool, gloeiende as

embezzle [ɪmˈbezəl] *overg* verduisteren ⟨v. geld &⟩

embezzlement [ɪmˈbezlmənt] *znw* verduistering ⟨v. geld &⟩

embittered [ɪmˈbɪtəd] *bn* verbitterd

emblazon [ɪmˈbleɪzən] *overg* versieren ★ *their jackets are* ~*ed with the Olympic emblem* hun jasjes zijn versierd met het olympisch embleem

emblem [ˈembləm] *znw* embleem, zinnebeeld, symbool

emblematic [embləˈmætɪk] *bn* zinnebeeldig, symbolisch ★ *their problems are* ~ *of those the entire industry faces* hun problemen zijn symbolisch voor die waarmee de hele industrie wordt geconfronteerd

emblematically [embləˈmætɪklɪ] *bijw* zinnebeeldig, symbolisch

embodiment [ɪmˈbɒdɪmənt] *znw* belichaming ★ *he was the very* ~ *of the American ideal* hij was de ware belichaming van het Amerikaanse ideaal

embody [ɪmˈbɒdɪ] *overg* ❶ belichamen ❷ verenigen, inlijven ❸ be-, omvatten

embolden [ɪmˈbəʊldn] *overg* aanmoedigen ★ ~*ed by this success, he tried it a second time* aangemoedigd door dit succes probeerde hij het een tweede keer

embolism [ˈembəlɪzəm] med *znw* embolie

embolus [ˈembələs] med *znw* embolus, bloedstolsel in bloedvat

embosom [ɪmˈbʊzəm] dicht *overg* ❶ omarmen, aan het hart drukken ❷ in het hart sluiten, koesteren ❸ omsluiten, omhullen

emboss [ɪmˈbɒs] *overg* in reliëf maken, drijven

embouchure [ɒmbʊˈʃʊə(r)] muz *znw* ❶ mondstuk ⟨v. blaasinstrument⟩ ❷ aanzet ⟨bij blazen⟩

embrace [ɪmˈbreɪs] **I** *znw* omhelzing ★ *he found them locked in a tight* ~ hij trof ze aan in een innige omhelzing ★ *he drew her into his* ~ hij trok haar in zijn armen **II** *overg* ❶ omhelzen ❷ form omvatten, insluiten ❸ form aangrijpen **III** *onoverg* elkaar omarmen

embrocation [embrəʊˈkeɪʃən] form *znw* smeersel

embroider [ɪmˈbrɔɪdə] **I** *overg* ❶ borduren ❷ fig opsieren, opsmukken, verfraaien **II** *onoverg* borduren ★ ~ *on the truth* de waarheid een beetje mooier maken

embroidery [ɪmˈbrɔɪdərɪ] *znw* borduurwerk, borduursel ★ *an* ~ *frame* een borduurraam

embroil [ɪmˈbrɔɪl] *overg* ❶ betrekken, verwikkelen (in in) ★ *the country has become* ~*ed in internal conflict* het land is verwikkeld geraakt in een intern conflict ❷ verwarren, in de war brengen

embroilment [ɪmˈbrɔɪlmənt] *znw* twist

embryo [ˈembrɪəʊ] *znw* ❶ embryo, kiem ★ *in* ~ in embryonale toestand ❷ eerste ontwerp

embryology [embrɪˈɒlədʒɪ] *znw* embryologie

embryonic [embrɪˈɒnɪk] *bn* embryonaal

emcee [emˈsiː], **MC** inf **I** *znw* ceremoniemeester, spelleider **II** *overg* als ceremoniemeester / spelleider optreden

em dash, **em rule** *znw* em-streepje

emend [ɪˈmend] *overg* emenderen, verbeteren

emendation [iːmenˈdeɪʃən] *znw* (tekst)verbetering

emerald [ˈemərəld] **I** *bn* ❶ van smaragd ❷ emerald

green smaragdgroen **II** *znw* ❶ smaragd ❷ **emerald**
green smaragdgroen
Emerald Isle ['emərəld aɪl] <u>dicht</u> *znw* ★ *the* ~ het
groene Erin, Ierland
emerge [ɪ'mɜːdʒ] *onoverg* ❶ opduiken, oprijzen
❷ tevoorschijn komen, naar voren komen, ontstaan,
opkomen ❸ zich voordoen ❹ ontwaken ★ *she seems
to have* ~*d from her illusions* het lijkt erop dat ze uit
haar illusies ontwaakt is ❺ uitkomen, blijken ★ *it* ~*s
that the results have been tampered with* het blijkt dat
er met de resultaten is geknoeid
emergence [ɪ'mɜːdʒəns] *znw* verschijning ★ *since his* ~
as the main contender sinds hij naar voren is
gekomen als de belangrijkste tegenstander ★ *the
struggle for* ~ *from poverty* de strijd om aan de
armoede te ontkomen
emergency [ɪ'mɜːdʒənsɪ] *znw* ❶ moeilijke
omstandigheid, noodtoestand ★ ~ *aid is already on
its way* eerste hulp is al onderweg ★ *the police have
been given* ~ *powers* de politie heeft speciale
bevoegdheden gekregen ★ *in case of* ~ / *in an* ~ in
geval van nood ★ *a state of* ~ een noodtoestand
❷ onverwachte / onvoorziene gebeurtenis
❸ spoedgeval
emergency brake [ɪ'mɜːdʒənsɪ breɪk] *znw* noodrem
emergency centre [ɪ'mɜːdʒənsɪ 'sentə], <u>Am</u>
emergency center *znw* alarmcentrale
emergency cord [ɪ'mɜːdʒənsɪ kɔːd] *znw* noodrem (in
trein)
emergency door [ɪ'mɜːdʒənsɪ dɔː] *znw* nooddeur
emergency exit [ɪ'mɜːdʒənsɪ 'eksɪt] *znw* nooduitgang
emergency number [ɪ'mɜːdʒənsɪ 'nʌmbə] *znw*
alarmnummer
emergency room [ɪ'mɜːdʒənsɪ ruːm], **ER** <u>Am</u> *znw*
EHBO, eerstehulpafdeling
emergency services [ɪ'mɜːdʒənsɪ 'sɜːvɪsɪz] *znw* [mv]
hulpdiensten ⟨politie, ambulance en brandweer⟩
emerging [ɪ'mɜːdʒɪŋ], <u>form</u> **emergent** *bn* oprijzend,
opkomend ★ <u>econ</u> ~ *markets* opkomende markten
emeritus [ɪ'merɪtəs] *bn* emeritus, rustend
emersion [ɪ'mɜːʃən] <u>form</u> *znw* opduiken, opkomen
emery ['emərɪ] *znw* amaril, polijststeen
emery board ['emərɪ bɔːd] *znw* nagelvijltje ⟨met een
laagje amaril⟩
emery paper ['emərɪ 'peɪpə] *znw* schuurpapier
emetic [ɪ'metɪk] **I** *bn* braak-, braakwekkend **II** *znw*
braakmiddel
EMF *afk* (European Monetary Fund) EMF, Europees
Monetair Fonds
EMI *afk* (European Monetary Institute) EMI, Europees
Monetair Instituut
emigrant ['emɪɡrənt] **I** *bn* ❶ (naar een ander land)
trekkend, uitwijkend, emigrerend ❷ uitgeweken
❸ trek- **II** *znw* emigrant, landverhuizer
emigrate ['emɪɡreɪt] *onoverg* emigreren, uit het land
trekken, uitwijken
emigration [emɪ'ɡreɪʃən] *znw* emigratie
émigré ['emɪɡreɪ] *⟨Fr⟩* <u>hist</u> *znw* emigrant, politiek

vluchteling
eminence ['emɪnəns] *znw* ❶ hoogte, hoge positie,
grootheid, verhevenheid, uitstekendheid,
voortreffelijkheid, uitmuntendheid ❷ eminentie
❸ <u>form</u> of <u>dicht</u> heuvel
eminent ['emɪnənt] *bn* vooraanstaand, hoog,
verheven, uitstekend, uitnemend, eminent
eminent domain ['emɪnənt də'meɪn] <u>jur</u> *znw*
onteigening door de overheid in het algemeen
belang
eminently ['emɪnəntlɪ] *bijw* ❶ eminent ❷ in hoge
mate, uiterst, bijzonder ★ *she is* ~ *suitable for the
position* ze is uiterst geschikt voor de positie
emir [e'mɪə] *znw* emir
emirate ['emərət] *znw* emiraat
emissary ['emɪsərɪ] *znw* afgezant
emission [ɪ'mɪʃən] *znw* ❶ uitzending ⟨v. geluid, licht⟩
❷ uitstraling, uitstorting ❸ <u>handel</u> emissie, uitgifte
❹ uitlaatgas ❺ uitstoot ⟨van schadelijke gassen &⟩
emit [ɪ'mɪt] *overg* ❶ uitzenden, uitstralen, uitstoten,
afgeven ❷ uit-, voortbrengen ⟨geluid⟩, uiten,
uitspreken, (ten beste) geven ❸ <u>handel</u> uitgeven
❹ uitvaardigen ⟨bevelen⟩
Emmy ['emɪ] *znw* [mv: Emmys] Emmy ⟨Amerikaanse
televisieprijs⟩
emollient [ɪ'mɒlɪənt] **I** *bn* verzachtend **II** *znw*
verzachtend middel
emolument [ɪ'mɒljʊmənt] <u>form</u> *znw* emolument,
honorarium, salaris, verdienste
emote [ɪ'məʊt] *onoverg* theatraal en / of emotioneel
optreden
emoticon [ɪ'məʊtɪkɒn] *znw* (emotion en icon)
emoticon, toetscombinatie met speciale symbolische
betekenis
emotion [ɪ'məʊʃən] *znw* ❶ emotie, aandoening,
ontroering ★ *for a comedy, it has a surprising depth
of* ~ voor een komedie zit er verrassend veel
emotionele diepte in ★ *the play deals with a whole
gamut of* ~*s* het stuk behandelt het hele scala van
emoties ★ *shaking with* ~, *he raised the gun* bevend
van emotie richtte hij zijn pistool ❷ gevoel
★ *mixed* ~*s* gemengde gevoelens
emotional [ɪ'məʊʃənl] *bn* ❶ emotioneel, tot het
gevoel sprekend ❷ affectief, gevoels- ❸ licht
geroerd, geëmotioneerd
emotional intelligence [ɪ'məʊʃənl ɪn'telɪdʒəns] *znw*
emotionele intelligentie
emotionalist [ɪ'məʊʃənəlɪst] *znw* te emotioneel
persoon
emotionally [ɪ'məʊʃənəlɪ] *bijw* emotioneel ★ *the
children are* ~ *disturbed* de kinderen zijn emotioneel
gestoord
emotive [ɪ'məʊtɪv] *bn* gevoels-, op het gemoed
/ gevoel werkend
empanel [ɪm'pænl], **impanel** <u>jur</u> *overg* ❶ op de lijst
van gezworenen plaatsen, tot jurylid (forumlid)
benoemen ❷ samenstellen ⟨een jury⟩
empathize ['empəθaɪz], **empathise** *onoverg* zich

em

invoelen, meevoelen ★ ~ *with sbd* meevoelen met
iem.
empathy ['empəθɪ] *znw* empathie,
invoeling(svermogen)
emperor ['empərə] *znw* keizer
emphasis ['emfəsɪs] *znw* [*mv:* emphases] nadruk,
klem(toon), fig accent ★ *the ~ has moved from*
punishment to correction het accent is verschoven
van straf naar heropvoeding
emphasize ['emfəsaɪz], **emphasise** *overg* de nadruk
leggen op ★ *he failed to ~ the operation's risks* hij
verzuimde op de risico's van de operatie te wijzen
★ *I must ~ that the report is a preliminary one* ik moet
er duidelijk op wijzen dat het een voorlopig rapport
betreft
emphatic [ɪm'fætɪk] *bn* ❶ uit-, nadrukkelijk,
indringend, met klem ❷ krachtig ❸ beslist,
gedecideerd ★ *she is ~ that she saw him that day* ze is
er vast van overtuigd dat ze hem die dag heeft
gezien
emphatically [ɪm'fætɪklɪ] *bijw* ❶ nadrukkelijk, met
klem ❷ *he gestured ~ in her direction* hij gebaarde
nadrukkelijk in haar richting ❷ beslist, gedecideerd
★ *she's ~ not the mothering type* ze is beslist niet het
bemoederende type
emphysema [emfɪ'siːmə] med *znw* emfyseem
empire ['empaɪə] **I** *bn* ★ *Empire* empire ‹meubelen,
stijl› **II** *znw* (keizer)rijk, imperium
empire builder ['empaɪə 'bɪldə] *znw*
machtswellusteling
empire-building ['empaɪə-bɪldɪŋ] *znw* machtswellust
empirical [em'pɪrɪkl] *bn* empirisch, op ervaring
gegrond
empiricism [ɪm'pɪrɪsɪzəm] *znw* empirisme, empirie,
ervaringsleer
empiricist [ɪm'pɪrɪsɪst] *znw* empirist, empiricus
emplacement [ɪm'pleɪsmənt] *znw* ❶ emplacement
❷ terrein ❸ plaatsing
employ [ɪm'plɔɪ] **I** *znw* form dienst, werk ★ *be in*
sbd's ~ in dienst bij iem. zijn **II** *overg* ❶ in dienst
hebben, tewerkstellen, bezighouden ★ *you'd be far*
better ~ed minding your own business je kunt je tijd
beter gebruiken door op je eigen zaken te letten ★ *I*
used to be ~ed as a teacher ik werkte vroeger als
leraar ★ *he's ~ed in the construction industry* hij
werkzaam in de bouw ❷ gebruiken, besteden,
aanwenden
employable [ɪm'plɔɪəbl] *bn* inzetbaar
employed [ɪm'plɔɪd] *znw* ★ *the ~* de werknemers
★ *employers and the ~* werkgevers en werknemers
employee [emplɔɪ'iː] *znw* employé(e), bediende,
werknemer ★ *we offer attractive ~ benefits* we bieden
aantrekkelijke voordelen aan employees
employee board [emplɔɪ'iː bɔːd] *znw* personeelsraad,
ondernemingsraad
employer [ɪm'plɔɪə] *znw* werkgever, patroon, inf
broodheer
employment [ɪm'plɔɪmənt] *znw* ❶ bezigheid, werk,

emplooi, beroep ★ *full ~* volledige werkgelegenheid
★ *permanent ~* vaste baan ★ *salaried ~* loondienst
★ *seasonal ~* seizoensarbeid ★ *secondary ~*
nevenwerkzaamheden ★ *in ~* werkzaam ★ *out of ~*
zonder werk ★ *lose one's ~* zijn baan verliezen ★ *take*
up ~ beginnen te werken ❷ gebruik, aanwending
❸ tewerkstelling ❹ werkgelegenheid ★ *generate ~*
werk creëren
employment agency [ɪm'plɔɪmənt 'eɪdʒənsɪ] *znw*
uitzendbureau, arbeidsbureau
employment contract [ɪm'plɔɪmənt 'kɒntrækt] *znw*
arbeidsovereenkomst
employment office [ɪm'plɔɪmənt 'ɒfɪs] *znw*
arbeidsbureau
employment scheme [ɪm'plɔɪmənt skiːm] *znw*
banenplan
emporium [em'pɔːrɪəm] *znw* [*mv:* -s *of* emporia]
grootwarenhuis
empower [ɪm'paʊə] *overg* ❶ machtigen ❷ in staat
stellen ❸ zelfbewust maken
empress ['emprɪs] *znw* keizerin
emptiness ['emptɪnɪs] *znw* leegheid, leegte
empty ['emptɪ] **I** *bn* ❶ ledig, leeg ★ ~ *of* ontbloot van,
zonder ★ *on an ~ stomach* op een lege maag ❷ ijdel
II *znw* (meestal *mv*) lege wagon, fust, fles & **III** *overg*
ledigen, leegmaken, leeg-, uithalen, ruimen ★ ~ *sth*
out iets leegmaken **IV** *onoverg* ❶ leeg raken,
leeglopen ★ ~ *into sth* ergens in leeglopen ❷ zich
uitstorten
empty calories ['emptɪ 'kælərɪz] *znw* [*mv*] lege
calorieën
empty-handed [emptɪ-'hændɪd] *bn* met lege handen
empty-headed [emptɪ-'hedɪd] *bn* oerdom
empty nester ['emptɪ 'nestə] *znw* iem. van wie de
kinderen het huis uit zijn
em rule [em ruːl] *znw* → **em dash**
EMS *afk* (European Monetary System) EMS, Europees
Monetair Stelsel
emu ['iːmjuː] *znw* emoe ‹Australische loopvogel›
EMU *afk* (European Monetary Union) Europese
Monetaire Unie
emulate ['emjʊleɪt] *overg* wedijveren met, trachten te
evenaren, navolgen
emulation [emjʊ'leɪʃən] *znw* wedijver, poging iem. te
evenaren
emulative ['emjʊlətɪv] form *bn* wedijverend
emulator ['emjʊleɪtə] *znw* mededinger, navolger,
imitator
emulous ['emjʊləs] form *bn* wedijverend
emulsifier [ɪ'mʌlsɪfaɪə] *znw* emulgator
emulsify [ɪ'mʌlsɪfaɪ] *overg* emulgeren
emulsion [ɪ'mʌlʃən] *znw* emulsie ★ ~ *paint*
emulgerende verf, (muur)verf op waterbasis
enable [ɪ'neɪbl] *overg* ❶ in staat stellen, (het) mogelijk
maken ❷ machtigen
-enabled [ɪ'neɪbld] *achterv* toepasbaar ★ *Internet~*
applications op het internet te gebruiken
toepassingen

enabler [ɪ'neɪblə] *znw* iem. die iets mogelijk maakt
enabling act [ɪ'neɪblɪŋ ækt] *znw* machtigingswet
enact [ɪ'nækt] *overg* ❶ vaststellen, bepalen ❷ tot wet verheffen ❸ opvoeren, spelen ★ *they stood stunned by the scene being ~ed before their eyes* ze waren versteld door de scene die zich voor hun ogen afspeelde
enactment [ɪ'næktmənt] *znw* ❶ vaststelling ❷ bepaling ❸ verordening ❹ opvoering
enamel [ɪ'næml] I *znw* ❶ email, brandverf, verglaassel, glazuur, vernis ❷ lak ❸ brandschilderwerk ❹ email kunstvoorwerp II *overg* ❶ emailleren, verglazen, glazuren, vernissen ❷ lakken, moffelen ❸ brandschilderen
enameller [ɪ'næmlə], Am **enameler** *znw* emailleur
enamelware [ɪ'næmlweə] *znw* emailgoed, waren van email
enamelwork [ɪ'næmlwɜːk] *znw* emailwerk
enamoured [ɪ'næməd] *bn* verliefd, gecharmeerd ★ *they are not ~ by the prospect* ze zijn niet gecharmeerd van het vooruitzicht
en bloc [ã blɒk] *(‹Fr) bijw* en bloc, in zijn geheel
encage [ɪn'keɪdʒ] dicht *overg* opsluiten (als) in een kooi
encamp [ɪn'kæmp] *onoverg* (zich) legeren, kamperen
encampment [ɪn'kæmpmənt] *znw* ❶ legering, het kamperen ❷ legerplaats, kamp(ement)
encapsulate [ɪn'kæpsjʊleɪt] *overg* inkapselen ★ *his childhood memories are ~d in the novel* zijn jeugdherinneringen zijn ingekapseld in de roman
encase [ɪn'keɪs] *overg* steken in
encaustic [ɪn'kɔːstɪk] I *bn* ingebrand II *znw* brandschilderwerk
encephalic [en'kefɪk, ensɪ'fælɪk] anat *bn* ❶ de hersenen betreffend ❷ hersen-
encephalitis [enkefə'laɪtɪs, ensefə'laɪtɪs] med *znw* hersenontsteking
enchain [ɪn'tʃeɪn] dicht *overg* ketenen, boeien
enchant [ɪn'tʃɑːnt] *overg* ❶ betoveren ❷ bekoren, verrukken
enchanter [ɪn'tʃɑːntə] *znw* tovenaar
enchanting [ɪn'tʃɑːntɪŋ] *bn* betoverend, verrukkelijk
enchantingly [ɪn'tʃɑːntɪŋlɪ] *bijw* betoverend, verrukkelijk ★ *an ~ beautiful countryside* een betoverend mooi landschap
enchantment [ɪn'tʃɑːntmənt] *znw* ❶ betovering ❷ bekoring, verrukking
enchantress [ɪn'tʃɑːntrəs] *znw* ❶ tovenares ❷ betoverende vrouw
enchilada [entʃɪ'lɑːdə] *znw* enchilada ‹gevulde tortilla met chilisaus› ★ inf scherts *a big ~* een hoge pief
encircle [ɪn'sɜːkl] *overg* omringen, omsluiten, insluiten, omsingelen
encirclement [ɪn'sɜːklmənt] *znw* ❶ omsingeling ❷ insluiting
enclasp [ɪn'klɑːsp] dicht *overg* omklemmen ★ *long sleeves ~ed her arms* lange mouwen omklemden haar armen

enclave ['enkleɪv] *znw* enclave
enclose [ɪn'kləʊz], **inclose** *overg* ❶ om-, insluiten, omheinen, omringen, omvatten, bevatten ❷ bijsluiten, insluiten ‹brief, bijlage &›
enclosure [ɪn'kləʊʒə], **inclosure** *znw* ❶ insluiting ❷ (om)heining ❸ besloten ruimte ❹ handel bijlage
encode [ɪn'kəʊd] *overg* coderen
encomiast [en'kəʊmɪæst] form *znw* lofredenaar
encomium [en'kəʊmɪəm] form *znw [mv: -s of* encomia] lof(rede, -zang)
encompass [ɪn'kʌmpəs] *overg* ❶ omgeven, omringen, omsluiten ❷ om-, bevatten
encore ['ɒŋkɔː] I *tsw* nog eens, bis! II *znw* bis(nummer), toegift ★ *as / for an ~* als toegift III *overg & onoverg* bisseren, bis roepen
encounter [ɪn'kaʊntə] I *znw* ❶ ontmoeting ★ *a chance ~* een toevallige ontmoeting ❷ treffen, gevecht, confrontatie ★ *he had his first sexual ~ at 18* hij had zijn eerste seksuele ervaring op zijn achttiende II *overg* ❶ ontmoeten, tegenkomen, aantreffen, (onder)vinden ❷ geconfronteerd worden met, het hoofd bieden aan ❸ tegemoet treden
encounter group [ɪn'kaʊntə gruːp] Am *znw* ontmoetingsgroep
encourage [ɪn'kʌrɪdʒ] *overg* be-, aanmoedigen, aanzetten, animeren, voet (voedsel) geven aan, in de hand werken, bevorderen
encouragement [ɪn'kʌrɪdʒmənt] *znw* be-, aanmoediging, aanwakkering, aansporing
encouraging [ɪn'kʌrɪdʒɪŋ] *bn* bemoedigend, hoopvol ★ *~ results* bemoedigende resultaten
encouragingly [ɪn'kʌrɪdʒɪŋlɪ] *bijw* bemoedigend ★ *she smiled ~ at the child* ze glimlachte bemoedigend naar het kind
encroach [ɪn'krəʊtʃ] *onoverg* ❶ inbreuk maken (op *on / upon*) ❷ zich indringen, veld winnen
encroachment [ɪn'krəʊtʃmənt] *znw* ❶ inbreuk ❷ binnendringen, uitbreiding, arrogantie
encrustation [ɪŋkrʌ'steɪʃn], **incrustation** *znw* ❶ muurbekleding ‹van steen, marmer &› ❷ harde korst
encrusted [ɪn'krʌstɪd], **incrusted** *bn* bedekt met een korst ★ *~ with jewels* bezet met edelstenen
encrypt [ɪn'krɪpt] *overg* coderen, versleutelen
encryption [ɪn'krɪpʃn] comput *znw* codering, versleuteling, encryptie
encumber [ɪn'kʌmbə] *overg* ❶ belemmeren, hinderen ❷ belasten, bezwaren ★ *we have been ~ed by / with a difficult task* we zijn met een zware taak belast
encumbrance [ɪn'kʌmbrəns] *znw* belemmering, hindernis, last
encyclical [en'sɪklɪkl] I *bn* encyclisch ★ *an ~ letter* een encycliek II *znw* encycliek
encyclopaedia [ensaɪklə'piːdɪə], **encyclopedia** *znw* encyclopedie ★ *an entry in an ~* een ingang in een encyclopedie
encyclopaedic [ensaɪklə'piːdɪk], **encyclopedic** *bn*

en

en

encyclopedisch

end [end] **I** *znw* ❶ eind(e), uiteinde ★ *at an* ~ aan een kant / eind ★ *at the* ~ *of* aan het slot ★ fig *at the* ~ *of the day* aan het eind van de rit, uiteindelijk ★ *...and there's an* ~ *of it* ...en daarmee uit, basta ★ *by the* ~ *of the day / week &* tegen het eind van de dag / week & ★ *from beginning to* ~ van begin tot eind ★ *in the* ~ tenslotte, uiteindelijk, op den duur ★ inf ~ *of story* punt uit ★ *for days / weeks & on* ~ dagen / weken & achter elkaar ★ *it would please her no* ~ *if you came* het zou haar oneindig veel plezier doen als je kwam ★ *there are no* ~ *of people to take her place* er is een overvloed aan mensen om haar plaats in te nemen ★ *we went to no* ~ *of trouble to look after her* we hebben heel veel moeite gedaan om voor haar te zorgen ★ *till / until the* ~ *of the day / month &* tot het eind van de dag / maand & ★ *it stayed cold up to the* ~ *of March* het bleef koud tot eind maart ★ *she was getting tired towards the* ~ *of the day* tegen het eind van de dag begon ze moe te worden ★ *without* ~ eindeloos ★ inf *you really are the* ~! je bent echt het einde! je bent echt onuitstaanbaar! ★ inf *this is the* ~! dat is het toppunt! ★ *be / reach the* ~ *of the line / road* de ondergang zijn / bereiken ★ *be at the* ~ *of one's patience* geen geduld meer hebben ★ *bring sth to an* ~ een eind maken aan iets ★ *come to an* ~ ten einde lopen ★ *be at an* ~ voorbij (om, op, uit) zijn ★ *put an* ~ *to sth* ergens een eind aan maken ❷ dood ★ *be near one's* ~ de dood nabij zijn ★ *come to a sticky* ~ lelijk / ongelukkig aan zijn eind komen ❸ kant, zijde ★ *seen* ~ *on* van de voor / achterkant bekeken ★ inf *it made my hair stand on* ~ het deed me de haren te berge rijzen ★ ~ *to* ~ in de lengte, achter elkaar ❹ eindje, stukje ‹touw, kaars›, peukje ‹sigaret›, gedeelte ★ *make* ~*s meet* de eindjes aan elkaar knopen, rondkomen ★ inf *have got hold of the wrong* ~ *of the stick* het bij het verkeerde eind hebben, aan het kortste eind trekken ★ *keep / hold one's* ~ *up* zijn mannetje staan ❺ doel, oogmerk ★ *for his / their & own* ~*s* voor zijn / hun & eigen doeleinden ★ *for that* ~ te dien einde ★ *to this end* hierom, voor dit doel ★ *to no* ~ tevergeefs ★ *to what* ~? waarvoor?, waartoe zou het dienen? ★ *a means to an* ~ een middel om iets te bereiken ★ *with this* ~ *in mind / view* met dit doel voor ogen ★ *achieve one's* ~/~*s* zijn doel bereiken ★ zegsw *the* ~ *justifies the means* het doel heiligt de middelen **II** *overg* eindigen, een eind maken aan ★ inf *of scherts* ~ *it all* er een eind aan maken ‹zelfmoord› **III** *onoverg* eindigen, besluiten, ophouden, aflopen ★ *I'd like to* ~ *by thanking you all for coming* ik wil graag besluiten met u allen te danken voor uw komst ★ *the operation* ~*ed in disaster* de operatie werd uiteindelijk een ramp ★ ~ *up* eindigen, besluiten, belanden

endanger [ɪn'deɪndʒə] *overg* in gevaar brengen
endangered [ɪn'deɪndʒəd] *bn* bedreigd, in gevaar
en dash [en dæʃ], **en rule** *znw* en-streepje

endear [ɪn'dɪə] *overg* bemind maken (bij *to*) ★ *it was not an act calculated to* ~ *him to the company* het was geen handeling die bedoeld was om hem bij het gezelschap geliefd te maken
endearing [ɪn'dɪərɪŋ] *bn* sympathiek, vertederend, innemend, lief
endearingly [ɪn'dɪərɪŋlɪ] *bijw* sympathiek, vertederend, innemend, lief ★ *her story is* ~ *human* haar verhaal is vertederend menselijk
endearment [ɪn'dɪəmənt] *znw* tederheid, liefkozing, liefdeblijk
endeavour [ɪn'devə], Am **endeavor I** *znw* poging, streven ★ *make an* ~ *to do sth* zich inspannen om iets te doen ★ *make every* ~ *to do sth* alles proberen om iets te doen **II** *overg & onoverg* beproeven, trachten, pogen, streven
endemic [en'demɪk] **I** *bn* endemisch, inheems ★ *the disease is* ~ *among / to many crops* de ziekte is endemisch in veel gewassen ★ *AIDS is* ~ *in most of the country* aids is endemisch in het grootste gedeelte van het land **II** *znw* endemische ziekte
endgame ['endgeɪm] *znw* ❶ slotfase ❷ eindspel ‹schaken›
ending ['endɪŋ] *znw* ❶ einde ★ *the film has a happy* ~ de film heeft een happy end ❷ uitgang ‹v. woord›
endive ['endaɪv] *znw* ❶ andijvie ❷ Am witlof
endless ['endlɪs] *bn* eindeloos, oneindig (veel &)
endlessly ['endlɪslɪ] *bijw* eindeloos ★ *she chattered on* ~ *about nothing* ze ratelde eindeloos door over niets
endmost ['endməʊst] *bn* laatst, uiterst
endo- ['endəʊ-] *voorv* in(wendig)-, binnen-
endocrine ['endəʊkraɪn, -krɪn] **I** *bn* endocrien, met interne secretie ‹klieren› **II** *znw* klier met interne secretie
endocrine gland ['endəʊkraɪn glænd] *znw* endocriene klier
endocrinologist [endəʊkrɪ'nɒlədʒɪst] *znw* endocrinoloog
endocrinology [endəʊkrɪ'nɒlədʒɪ] *znw* hormonenleer
end-of-season [end-əv-'si:zən] *bn* eind van het seizoen ★ *the* ~ *sales* de seizoensuitverkoop
end-of-terrace [end-əv-'terəs] *bn* hoekhuis
endometriosis [endəʊmi:trɪ'əʊsɪs] med *znw* endometriose
endometrium [endəʊ'mi:trɪəm] anat *znw* baarmoederslijmvlies
endomorph ['endəʊmɔ:f] *znw* endomorf ‹mollig lichaamstype›
endorphin [en'dɔ:fɪn] *znw* endorfine
endorse [ɪn'dɔ:s], Am & jur **indorse** *overg* ❶ handel endosseren ❷ (iets) op de rugzijde vermelden van, aantekening maken op ‹rijbewijs &› ❸ steunen, onderschrijven, bevestigen ‹mening &›
endorsee [endɔ:'si:] handel *znw* geëndosseerde
endorsement [ɪn'dɔ:smənt], **indorsement** *znw* ❶ handel endossement ❷ vermelding op de rugzijde, aantekening ‹op rijbewijs &› ❸ fig goedkeuring, steun, bevestiging ★ *the project has*

won ~ from the community het project heeft de goedkeuring van de gemeenschap verworven

endorser [ɪn'dɔ:sə] handel znw endossant

endow [ɪn'daʊ] overg ❶ begiftigen, doteren
★ she's ~ed with intelligence as well as good looks ze is begiftigd met zowel intelligentie als schoonheid ❷ bekleden (met with)

endowment [ɪn'daʊmənt] znw ❶ begiftiging ❷ dotatie, schenking ❸ gave, talent

endowment mortgage [ɪn'daʊmənt 'mɔ:gɪdʒ] znw spaarhypotheek, levenshypotheek

endowment policy [ɪn'daʊmənt 'pɒləsɪ] znw kapitaalverzekering

endpaper ['endpeɪpə] znw schutblad

end product [end 'prɒdʌkt] znw ❶ eindproduct ❷ fig (het) uiteindelijke resultaat

end result [end rɪ'zʌlt] znw eindresultaat

endurable [ɪn'djʊərəbl] bn te verdragen

endurance [ɪn'djʊərəns] znw
❶ uithoudingsvermogen, weerstandsvermogen ★ powers of ~ uithoudingsvermogen ★ be at the limits of one's ~ niet meer kunnen verdragen ★ build ~ weerstand opbouwen ★ test one's ~ zijn uithoudingsvermogen testen ❷ lijdzaamheid, geduld ❸ verdragen

endure [ɪn'djʊə] I overg verduren, verdragen, lijden, dulden, ondergaan, doorstaan, uithouden II onoverg (voort)duren, blijven (bestaan)

enduring [ɪn'djʊərɪŋ] bn blijvend, duurzaam ★ in that time, she formed a number of ~ relationships in die periode vormde ze een aantal duurzame verhoudingen

end user [end 'ju:zə] znw eindgebruiker

endways ['endweɪz], Am **endwise** bijw ❶ overeind ❷ met het eind naar voren ❸ in de lengte

enema ['enɪmə] znw [mv: -s of enemata] klysma

enemy ['enəmɪ] I bn vijandelijk II znw vijand ★ his arch ~ zijn aartsvijand ★ they are mortal enemies ze zijn aartsvijanden ★ an ~ of the people een vijand van het volk ★ desertion in the face of the ~ desertie in het aangezicht van de vijand ⟨aan het front⟩

energetic [enə'dʒetɪk] bn energiek, actief, krachtig, flink, doortastend

energetically [enə'dʒetɪklɪ] bijw energiek, actief, krachtig, flink, doortastend ★ the party has been campaigning ~ de partij heeft energiek campagne gevoerd

energetics [enə'dʒetɪks] znw [mv] ❶ energetica ❷ energiebalans ⟨v.e. systeem⟩

energies ['enədʒɪz] znw [mv] lichamelijke en geestelijke krachten

energize ['enədʒaɪz], **energise** I overg stimuleren II onoverg energiek werken of handelen

energy ['enədʒɪ] znw ❶ energie, (wils)kracht, flinkheid ★ a waste of ~ een verspilling van energie ★ be bursting with ~ boordevol energie zitten ★ channel one's energies zijn krachten richten op ★ put all one's energies into sth al zijn krachten

inzetten voor iets ❷ arbeidsvermogen

energy-conscious ['enədʒɪ-'kɒnʃəs] bn energiebewust

energy conservation ['enədʒɪ kɒnsə'veɪʃən] znw energiebesparing

energy consumption ['enədʒɪ kən'sʌmpʃən] znw energieverbruik

energy crisis ['enədʒɪ 'kraɪsɪs] znw energiecrisis

energy-saving ['enədʒɪ-'seɪvɪŋ] bn energiebesparend

energy source ['enədʒɪ sɔ:s] znw energiebron

energy use ['enədʒɪ ju:z] znw energieverbruik

energy wastage ['enədʒɪ 'weɪstɪdʒ] znw energieverspilling

enervate ['enəveɪt] overg ontzenuwen, verslappen, verzwakken, krachteloos maken

enervating ['enəveɪtɪŋ] bn vermoeiend, afmattend, zenuwslopend

enfant terrible [ɑ̃fɑ̃ te'ri:bl] ⟨Fr⟩ znw enfant terrible, iem. die graag choqueert

enfeeble [ɪn'fi:bl] overg verzwakken

enfeebled [ɪn'fi:bld] bn verzwakt

enfold [ɪn'fəʊld] dicht overg ❶ wikkelen, hullen (in in) ❷ omvatten ❸ omarmen, omhelzen

enforce [ɪn'fɔ:s] overg ❶ afdwingen, dwingen tot ★ ~ sth on / upon sbd iem. iets opleggen, dwingen tot iets ❷ kracht bijzetten ❸ uitvoeren, de hand houden aan

enforceable [ɪn'fɔ:səbl] bn ❶ af te dwingen ❷ uitvoerbaar

enforced [ɪn'fɔ:st] bn gedwongen ★ after an ~ absence na een gedwongen afwezigheid

enforcement [ɪn'fɔ:smənt] znw ❶ handhaving, tenuitvoerlegging, uitvoering ★ law ~ ordehandhaving ★ an ~ officer een politieagent ❷ dwang

enforcement notice [ɪn'fɔ:smənt 'nəʊtɪs] znw dwangbevel

enfranchise [ɪn'fræntʃaɪz] overg ❶ kiesrecht geven ❷ Br ⟨een stad⟩ een vertegenwoordiger in het parlement geven ❸ hist bevrijden, vrijlaten

enfranchisement [ɪn'fræntʃaɪzmənt] znw ❶ verlening van kiesrecht ❷ Br vertegenwoordiging ⟨v.e. stad⟩ in het parlement ❸ hist bevrijding

engage [ɪn'geɪdʒ] I overg ❶ verbinden, engageren, aannemen, in dienst nemen, aanmonsteren, huren ★ ~ sbd in conversation een gesprek met iem. aanknopen ❷ in beslag nemen, bezetten ❸ mil aanvallen, de strijd aanbinden met ❹ techn grijpen in, inschakelen II onoverg techn grijpen (in with), in elkaar grijpen ★ ~ in sth zich mengen in, zich begeven in, zich inlaten met iets, zich bezighouden met iets

engaged [ɪn'geɪdʒd] bn ❶ bezig (aan in / on), bezet ★ she's ~ with a customer at the moment ze is op het ogenblik met een klant bezig ❷ verloofd, geëngageerd (met to) ★ they're ~ to be married ze zijn verloofd ❸ telec in gesprek

engagement [ɪn'geɪdʒmənt] znw ❶ verplichting, afspraak, verbintenis ❷ engagement, verloving

en

★ *she's announced her ~ to Paul* ze heeft haar verloving met Paul bekendgemaakt ❸ bezigheid, dienst ❹ in dienst nemen, aanmonstering ❺ mil treffen, gevecht

engagement ring [ɪn'geɪdʒmənt rɪŋ] *znw* verlovingsring

engaging [ɪn'geɪdʒɪŋ] *bn* innemend, aantrekkelijk, sympathiek

engender [ɪn'dʒendə] *overg* verwekken, voortbrengen, baren, veroorzaken

engine ['endʒɪn] *znw* ❶ machine ❷ brandspuit ❸ locomotief ❹ motor ❺ fig middel, werktuig

engine driver ['endʒɪn 'draɪvə] *znw* machinist

engineer [endʒɪ'nɪə] **I** *znw* ❶ ingenieur ★ *an architectural ~* een bouwkundige ❷ mil genist ★ mil *the (Royal) Engineers* de genie ❸ techn machinebouwer, technicus ❹ scheepv machinist ❺ luchtv boordwerktuigkundige **II** *overg* ❶ als ingenieur leiden, bouwen ❷ fig op touw zetten, (weten te) bewerken, inf klaarspelen

engineering [endʒɪ'nɪərɪŋ] *znw* ❶ techniek, elektro / verwarmings / installatietechniek ★ *hydraulic ~* waterbouw(kunde), hydrotechniek ★ *military ~* genie (leger) ★ *an ~ marvel / wonder* een technisch wonder ★ *a feat of ~* een technische prestatie, een knap staaltje techniek ❷ constructie, structurering ★ *financial ~* structurering van geldzaken, financiële reorganisatie ❸ machinebouw ❹ (burgerlijke) bouwkunde

engineering science [endʒɪ'nɪərɪŋ 'saɪəns], **engineering sciences** *znw* technische wetenschappen

engineering works [endʒɪ'nɪərɪŋ wɜːks] *znw* [mv] machinefabriek

engine failure ['endʒɪn 'feɪljə] *znw* motorstoring

engine oil ['endʒɪn ɔɪl] *znw* motorolie

engine room ['endʒɪn ruːm] *znw* machinekamer

engine trouble ['endʒɪn 'trʌbl] *znw* motorstoring

engirdle [ɪn'gɜːdl] dicht *overg* omgorden

England ['ɪŋglənd] *znw* Engeland

English ['ɪŋglɪʃ] **I** *bn* Engels **II** *znw* (het) Engels ★ *the ~* de Engelsen ★ *the King's / Queen's ~* de (zuivere) Engelse taal ★ *in plain ~* in helder Engels, in gewone taal

English breakfast ['ɪŋglɪʃ 'brekfəst] *znw* Engels ontbijt ‹met eieren en spek &›

English Channel ['ɪŋglɪʃ 'tʃænl] *znw* het Kanaal

Englishman ['ɪŋglɪʃmən] *znw* Engelsman

English muffin ['ɪŋglɪʃ 'mʌfɪn] Am *znw* muffin

English rose ['ɪŋglɪʃ rəʊz] *znw* Engelse schoonheid

English-speaking ['ɪŋglɪʃ-'spiːkɪŋ] *bn* Engelstalig

Englishwoman ['ɪŋglɪʃwʊmən] *znw* Engelse

engorge [ɪn'gɔːdʒ] *overg* ❶ gulzig verslinden ❷ volstoppen

engorged [ɪn'gɔːdʒd] *znw* gezwollen, opgezet ‹vooral met vloeistof› ★ *~ breasts* gezwollen borsten

engorgement [ɪn'gɔːdʒmənt] *znw* congestie, ophoping van vloeistof ‹vooral bloed›

engraft [ɪn'grɑːft] *overg* enten (op *into / upon*), inplanten, fig inprenten, griffelen

engrain [ɪn'greɪn] *overg* → **ingrain**

engrave [ɪn'greɪv] *overg* ❶ graveren ❷ inprenten

engraver [ɪn'greɪvə] *znw* graveur

engraving [ɪn'greɪvɪŋ] *znw* ❶ graveerkunst ❷ gravure, plaat

engross [ɪn'grəʊs] *overg* geheel in beslag nemen ★ *be ~ed in sth* verdiept in iets zijn

engrossing [en'grəʊsɪŋ] *bn* boeiend ★ *an ~ novel* een boeiende roman

engulf [ɪn'gʌlf] *overg* opslokken, verzwelgen, overspoelen ★ *the house was quickly ~ed in flames* het huis veranderde al snel in een vlammenzee

enhance [ɪn'hɑːns] *overg* verhogen, verheffen, vergroten, vermeerderen, verzwaren, versterken, verbeteren ★ *features designed to ~ road safety* aspecten die bedoeld zijn om de verkeersveiligheid te verbeteren

enhancement [ɪn'hɑːnsmənt] *znw* ❶ vermeerdering, verhoging ❷ verbetering, verfraaiing

enigma [ɪ'nɪgmə] *znw* raadsel

enigmatic [enɪg'mætɪk] *bn* raadselachtig, geheimzinnig

enigmatically [enɪg'mætɪklɪ] *bijw* raadselachtig, geheimzinnig ★ *she smiled ~* ze glimlachte geheimzinnig

enjoin [ɪn'dʒɔɪn] form *overg* opleggen, gelasten, bevelen ★ *adult males have been ~ed to wear full beards* volwassen mannen werd bevolen volle baarden te dragen ★ *protesters have been ~ed from trespassing* het is demonstranten verboden om op het terrein te komen

enjoinder [ɪn'dʒɔɪndə] jur *znw* verbod opgelegd via een gerechtelijk bevel

enjoy [ɪn'dʒɔɪ] *overg* genieten (van), zich (mogen) verheugen in, zich laten smaken, schik hebben in, graag mogen ★ *although over 90, he ~s excellent health* hoewel hij de 90 al is gepasseerd, geniet hij nog een uitstekende gezondheid ★ *~ oneself* zich amuseren, genieten

enjoyable [ɪn'dʒɔɪəbl] *bn* ❶ genoeglijk ❷ prettig, fijn

enjoyment [ɪn'dʒɔɪmənt] *znw* genot, genoegen ★ *she plays tennis for ~ only / purely for ~* ze speelt tennis alleen voor haar plezier ★ *the rain didn't exactly add to their ~* de regen droeg niet bepaald bij tot hun genoegen

enkindle [ɪn'kɪndl] dicht *overg* doen ontvlammen, ontsteken

enlarge [ɪn'lɑːdʒ] **I** *overg* vergroten, uitbreiden, verwijden, vermeerderen, uitzetten, verruimen **II** *onoverg* groter worden, zich verwijden, zich uitbreiden ★ *~ on / upon sth* uitweiden over iets

enlarged [ɪn'lɑːdʒd] *bn* vergroot

enlargement [ɪn'lɑːdʒmənt] *znw* vergroting, uitbreiding

enlarger [ɪn'lɑːdʒə] *znw* vergrotingsapparaat

enlighten [ɪn'laɪtn] *overg* ❶ verlichten ❷ fig in-,

voorlichten, opheldering geven, verhelderen
★ *could anyone ~ me as to what's going on?* kan
iemand mij opheldering te geven over wat er aan de
hand is?
enlightened [ɪnˈlaɪtnd] *bn* verlicht
enlightening [ɪnˈlaɪtnɪŋ] *bn* verhelderend, informatief
★ *an ~ discussion on why children turn to drugs* een
verhelderende discussie over waarom kinderen aan
de drugs gaan
enlightenment [ɪnˈlaɪtnmənt] *znw* ❶ verlichting ★ *the
Enlightenment* de verlichting ❷ fig in-, voorlichting,
op-, verheldering
enlist [ɪnˈlɪst] **I** *overg* ❶ mil (aan)werven ❷ fig (voor
zich) winnen, te hulp roepen, gebruik maken van,
inschakelen **II** *onoverg* mil dienst nemen
enlisted [ɪnˈlɪstɪd] *bn* ★ *an ~ man / woman* een
gewoon soldaat
enlistment [ɪnˈlɪstmənt] *znw* ❶ mil werving
❷ dienstneming
enliven [ɪnˈlaɪvən] *overg* verlevendigen, opvrolijken
en masse [ɑ̃ ˈmæs] *(‹Fr) bijw* ❶ massaal
❷ gezamenlijk, in groten getale
enmesh [ɪnˈmeʃ] *overg* verstrikken
enmity [ˈenmɪtɪ] *znw* vijandschap
ennoble [ɪˈnəʊbl] *overg* ❶ dicht veredelen, adelen
❷ tot de adelstand verheffen
ennui [ɒˈnwiː] *(‹Fr)* dicht *znw* verveling
enormity [ɪˈnɔːmətɪ] *znw* ❶ gruwelijkheid,
misdadigheid ★ *images which bring home the ~ of the
tragedy* beelden die de gruwelijkheid van de
tragedie duidelijk maken ❷ gruwel(daad) ❸ enorme
omvang ★ *the photo captures the ~ of the devastation*
de foto legt de omvang van de verwoesting vast
enormous [ɪˈnɔːməs] *bn* enorm, ontzaglijk, kolossaal,
geweldig
enough [ɪˈnʌf] *bn & bijw* genoeg, voldoende ★ *oddly
/ strangely & ~* vreemd & genoeg ★ *and sure ~, there
he was* en ja hoor, daar was hij ★ *he did the job well ~*
hij deed zijn taak heel behoorlijk ★ *I've had ~ of it* ik
ben het zat ★ *~ is ~* basta, en daarmee uit ★ *~ said*
daarmee is alles wel gezegd ★ *he was kind ~ to lend
us his car* hij was zo vriendelijk om ons zijn auto te
lenen ★ zegsw *~ is as good as a feast* tevredenheid is
beter dan rijkdom
enounce [ɪˈnaʊns] form *overg* ❶ uitspreken
❷ aankondigen
en passant [ɑ̃ ˈpæsɑ̃, pæˈsɑːnt] *(‹Fr) bijw* tussen neus
en lippen, en passant
enquire [ɪnˈkwaɪə] *onoverg* → **inquire**
enquiry [ɪnˈkwaɪərɪ] *znw* → **inquiry**
enrage [ɪnˈreɪdʒ] *overg* woedend maken ★ *the
umpire's decision ~d the crowd* de beslissing van de
scheidsrechter maakte het publiek woedend
enraged [ɪnˈreɪdʒd] *bn* woedend
enraptured [ɪnˈræptʃə], **enrapt** dicht *bn* verrukt
enrich [ɪnˈrɪtʃ] *overg* verrijken
enrichment [ɪnˈrɪtʃmənt] *znw* verrijking ★ *an ~ plant*
een (uranium)verrijkingsfabriek

enrol [ɪnˈrəʊl], Am **enroll** **I** *overg* ❶ inschrijven,
registreren ❷ inlijven, in dienst nemen,
aanmonsteren, aanwerven **II** *onoverg* ❶ zich laten
inschrijven, zich opgeven (als lid &) ❷ dienst nemen
enrolment [ɪnˈrəʊlmənt], Am **enrollment** *znw*
❶ inschrijving ❷ registratie ❸ aanmonstering,
werving
en route [ɑ̃ ˈruːt] *(‹Fr) bijw* en route, onderweg
en rule [en ruːl] *znw* → **en dash**
ensconce [ɪnˈskɒns] *overg* ❶ (behaaglijk) nestelen
★ *she ~d herself in an armchair* ze nestelde zich
behaaglijk in een leunstoel ★ *they left the children ~d
in front of the TV* ze lieten de kinderen knus voor de
tv zitten ❷ veilig wegstoppen
ensemble [ɒnˈsɒmbl] *znw* ❶ ensemble ❷ complet
‹dameskostuum›
enshrine [ɪnˈʃraɪn] *overg* ❶ in-, wegsluiten ❷ in een
reliekschrijn zetten ❸ bevatten, omsluiten, vatten in
★ *the rights of children are ~d in law* de rechten van
kinderen zijn vervat in de wet
enshroud [ɪnˈʃraʊd] dicht *overg* (om)hullen ★ *the peak
was ~ed in mist* de bergtop was in nevelen gehuld
★ *the origins of the pyramids is ~ed in mystery* het
ontstaan van de piramiden is omgeven met
mysterie
ensign [ˈens(ə)n, ˈensaɪn] *znw*
❶ (onderscheidings)teken ❷ vaandel, (natie)vlag
★ *the white ~* de Britse marinevlag ❸ hist vaandrig
❹ Am luitenant ter zee derde klas
ensilage [ˈensɪlɪdʒ] **I** *znw* ❶ het inkuilen ❷ → **silage**
II *overg*, **ensile** (in)kuilen
enslave [ɪnˈsleɪv] *overg* tot (zijn) slaaf maken,
knechten ★ *be ~d to sth* ergens verslaafd aan zijn
enslavement [ɪnˈsleɪvmənt] *znw* slavernij
enslaver [ɪnˈsleɪvə] *inf* scherts *znw* charmeuse,
bekoorlijke vrouw
ensnare [ɪnˈsneə] dicht *overg* verstrikken, (ver)lokken
★ *they have become ~d in their own lies* ze zijn
verstrikt geraakt in hun eigen leugens
ensue [ɪnˈsjuː] *onoverg* volgen, voortvloeien (uit *from*)
ensuing [ɪnˈsjuːɪŋ] *bn* daaropvolgend
en suite [ɑ̃ ˈswiːt], **en-suite**, **ensuite** *(‹Fr) bn & bijw* en
suite ★ *an ~ bathroom* een eigen badkamer ★ *the
master bedroom has a bathroom attached ~* de
hoofdslaapkamer heeft een eigen badkamer ernaast
ensure [ɪnˈʃɔː, ɪnˈʃʊə], **insure** *overg* ❶ garanderen,
instaan voor, waarborgen ❷ veilig stellen
❸ verzekeren van
enswathe [ɪnˈsweɪð] dicht *overg* hullen in, inwikkelen,
omzwachtelen
ENT *afk* (ear, nose and throat) keel-, neus- en oor-,
KNO
entablature [enˈtæblətʃə, ɪn-] bouwk *znw* dekstuk
entail [ɪnˈteɪl, en-] **I** *znw* jur onvervreemdbaar erfgoed
II *overg* ❶ meebrengen ★ *it's a situation which ~s a
lot of tact* het is een situatie waar veel tact voor
nodig is ❷ onvervreemdbaar maken ‹v. erfgoed›
entangle [ɪnˈtæŋgl] *overg* in de war maken,

en

verwarren, verstrikken, verwikkelen ★ *she seems to have become ~d with a married man* ze schijnt verwikkeld te zijn in een affaire met een getrouwde man

entanglement [ɪn'tæŋglmənt] *znw* ❶ verwikkeling, verwarring ❷ affaire

entasis ['entəsɪs] bouwk *znw* entasis, lichte bolling van zuilen

entente [ã'tāt, ɒn'tɒnt], **entente cordiale** *(‹Fr›) znw* entente cordiale

enter ['entə] **I** *overg* ❶ binnentreden, ingaan, binnengaan, binnenkomen, binnendringen, betreden, zich begeven in ★ *it never ~ed my head* het kwam niet bij (in) mij op ❷ deelnemen aan ❸ zijn intrede doen in, in dienst treden bij ❹ (laten) inschrijven, boeken ★ *her boyfriend ~ed her name in the beauty contest* haar vriend had haar naam opgegeven voor de schoonheidswedstrijd ❺ comput invoeren ‹v. gegevens› ❻ handel inklaren, aangeven ❼ jur aantekenen ‹protest &› **II** *onoverg* ❶ binnentreden ❷ binnengaan, -komen ❸ opkomen ‹acteur› ★ *~ Hamlet* Hamlet komt op ❹ zich laten inschrijven, zich opgeven **III** *phras* ★ *~ into sth* iets aanknopen ‹gesprek›, iets aangaan ‹verdrag›, iets beginnen, zich ergens in verplaatsen, ergens inkomen ★ *what you think doesn't ~ into it* wat jij denkt doet er niet toe ★ *~ on / upon sth* iets aanvaarden, ergens aan beginnen

enteric [en'terɪk] *bn* darm-, ingewands-
enteric fever [en'terɪk 'fi:və] med *znw* buiktyfus
enteritis [entə'raɪtɪs] med *znw* darmontsteking
enter key ['entə ki:] comput *znw* entertoets, returntoets ‹op toetsenbord›

enterprise ['entəpraɪz] *znw* ❶ onderneming, waagstuk ★ *a commercial ~* een handelsonderneming ★ *free ~* vrij ondernemerschap ★ *a free~ economy* een vrijemarkteconomie ★ *an incorporated ~* een onderneming met rechtspersoonlijkheid ★ *private ~* privéonderneming ★ *a state-owned ~* een staatsbedrijf ❷ speculatie ❸ ondernemingsgeest, initiatief

enterprise bargaining ['entəpraɪz 'ba:gɪnɪŋ] Aus *znw* onderhandelingen over arbeidsomstandigheden en voorwaarden, ± cao-onderhandelingen

enterprise culture ['entəpraɪz 'kʌltʃə] *znw* ondernemerscultuur, prestatiecultuur

enterprise zone ['entəpraɪz zəʊn] *znw* stimuleringsgebied

enterprising ['entəpraɪzɪŋ] *bn* ondernemend

entertain [entə'teɪn] **I** *overg* ❶ vermaken, amuseren, bezighouden, onderhouden ❷ ontvangen, onthalen ❸ koesteren ‹gevoelens› ❹ in overweging nemen ‹voorstel› **II** *onoverg* ❶ ontvangen, recipiëren ❷ gasten hebben, feesten geven

entertainer [entə'teɪnə] *znw* entertainer, conferencier, chansonnier, goochelaar

entertaining [entə'teɪnɪŋ] *bn* onderhoudend

entertainment [entə'teɪnmənt] *znw* ❶ onthaal,

(feestelijke) receptie, partij, feestelijkheid ❷ uitvoering, vermakelijkheid, vermaak, amusement ★ *the ~ industry* het amusementsbedrijf ★ *provide some ~* vermaak bieden

enthral [ɪn'θrɔ:l] *overg* ❶ tot slaaf maken ❷ fig betoveren ❸ boeien, meeslepen

enthralling [ɪn'θrɔ:lɪŋ] *bn* betoverend

enthrone [ɪn'θrəʊn] *overg* ❶ op de troon plaatsen ❷ ‹een bisschop› installeren

enthronement [ɪn'θrəʊnmənt] *znw* ❶ kroning ❷ installering

enthuse [ɪn'θju:z] **I** *overg* enthousiast maken **II** *onoverg* ★ *~ about / over sth* enthousiast zijn over iets, ergens enthousiast over praten

enthusiasm [ɪn'θju:zɪæzəm, -θu:zɪæzəm] *znw* enthousiasme, geestdrift ★ *bubble over with ~* overlopen van enthousiasme ★ *put a dent in sbd's ~* iemands geestdrift de kop in drukken

enthusiast [ɪn'θju:zɪæst, -θu:zɪæst] *znw* enthousiasteling

enthusiastic [ɪnθju:zɪ'æstɪk, -θu:zɪ'æstɪk] *bn* enthousiast, geestdriftig ★ *we're all ~ about the idea* we zijn allemaal enthousiast over het idee

enthusiastically [ɪnθju:zɪ'æstɪklɪ, -θu:zɪ'æstɪklɪ] *bijw* enthousiast, geestdriftig ★ *the Pope was greeted ~ by a huge crowd* de paus werd enthousiast verwelkomd door een grote menigte

entice [ɪn'taɪs] *overg* (ver)lokken, verleiden

enticement [ɪn'taɪsmənt] *znw* verlokking

enticing [ɪn'taɪsɪŋ] *bn* aanlokkelijk, verleidelijk

enticingly [ɪn'taɪsɪŋlɪ] *bijw* aanlokkelijk, verleidelijk ★ *the smell of ripe figs lingered ~ in the orchard* de geur van rijpe vijgen bleef verleidelijk hangen in de boomgaard

entire [ɪn'taɪə] *bn* algeheel, (ge)heel, volkomen, onverdeeld, volledig ★ *we're in ~ agreement* we zijn het helemaal met elkaar eens ★ *they've travelled the ~ world* ze zijn de hele wereld overgereisd

entirely [ɪn'taɪəlɪ] *bijw* geheel, helemaal, volkomen, zeer

entirety [ɪn'taɪərətɪ] *znw* geheel ★ *few have read the book in its ~* er zijn maar weinig die het boek in zijn geheel hebben gelezen

entitle [ɪn'taɪtl] *overg* ❶ noemen, betitelen ★ *her latest book is simply ~d 'Travels'* haar laatste boek is eenvoudig getiteld 'Reizen' ❷ recht geven op ★ *membership ~s you to special benefits* lidmaatschap geeft je recht op speciale voordelen ★ *you're ~d to your opinion* je hebt recht op je opvattingen, je mag denken wat je wilt

entitlement [ɪn'taɪtlmənt] *znw* ❶ bedrag, uitkering & waar iem. recht op heeft ❷ betiteling

entity ['entətɪ] *znw* zijn, wezen, entiteit

entomb [ɪn'tu:m] *overg* ❶ begraven ❷ tot graf dienen

entombment [ɪn'tu:mmənt] *znw* graflegging, begrafenis ‹in graftombe›

entomologist [entə'mɒlədʒɪst] *znw* entomoloog, insectenkundige

entomology [entə'mɒlədʒɪ] *znw* entomologie, insectenkunde

entourage [ɒntʊə'rɑ:ʒ] *(‹Fr)* *znw* entourage, gevolg

entr'acte ['ɒntrækt] *(‹Fr)* *znw* entr'acte, pauze, tussenspel

entrails ['entreɪlz] *znw* [mv] ingewanden

entrain [ɪn'treɪn] *overg* ❶ inladen ‹troepen› ❷ form met zich meevoeren

entrance I *znw* ['entrəns] ❶ ingang, inrit, toegang ★ *at the ~* bij de ingang ★ *they left by the rear ~* ze gingen weg via de achteruitgang / achterdeur ★ *the ~ into the main hall* de ingang tot de grote zaal ★ *the ~ to the car park* de toegang tot het parkeerterrein ❷ entree, opkomen, binnenkomst, inkomst, intocht ❸ scheepv invaart ❹ intrede, aanvaarding ‹v. ambt› **II** *overg* [ɪn'trɑ:ns] verrukken

entrance exam ['entrəns ɪg'zæm], **entrance examination** *znw* toelatingsexamen

entrance fee ['entrəns fi:] *znw* entree, toegangsprijs

entrancing [ɪn'trɑ:nsɪŋ] *bn* verrukkelijk

entrant ['entrənt] *znw* ❶ deelnemer ‹bij wedstrijd› ★ *there are hundreds of ~s for the competition* er zijn honderden deelnemers voor de competitie ❷ nieuweling

entrap [ɪn'træp] *overg* in een val lokken of vangen, verstrikken

entrapment [ɪn'træpmənt] *znw* ❶ vangst ❷ ontlokking van een bekentenis

entreat [ɪn'tri:t] *overg* bidden, smeken (om) ★ *she ~ed him to let the child go unharmed* ze smeekte hem om het kind ongedeerd te laten gaan

entreaty [ɪn'tri:tɪ] *znw* (smeek)bede

entrée ['ɒntreɪ, 'ãtreɪ] *(‹Fr)* *znw* ❶ voorgerecht ❷ Am hoofdgerecht ❸ toegang, entree

entremets ['ɒntrəmeɪ] *(‹Fr)* *znw* tussengerecht, bijgerecht

entrench [ɪn'trentʃ], **intrench** *overg* ❶ verschansen ❷ met een loopgraaf omgeven ❸ stevig verankeren (bijv. v. rechten in de wetgeving)

entrenched [ɪn'trentʃt] *bn* ❶ verschanst, ingegraven ★ *(well-)~ party bosses* vast in het zadel zittende partijbonzen ❷ diepgeworteld ★ *an ~ clause* een fundamentele, onveranderlijke clausule ★ *an ~ habit* een diep verankerde gewoonte

entrenchment [ɪn'trentʃmənt] mil *znw* verschansing, schans

entre nous [ɒntrə 'nu:] *(‹Fr)* *bijw* onder ons, in vertrouwen

entrepreneur [ɒntrəprə'nɜ:] *znw* ondernemer, zelfstandige

entrepreneurial [ɒntrəprə'nɜ:rɪəl, -njʊərɪəl] *bn* ondernemers- ★ handel *~ risk* ondernemersrisico

entrepreneurship [ɒntrəprə'nɜ:ʃɪp] *znw* ondernemerschap

entropy ['entrəpɪ] nat of sociol *znw* entropie

entrust [ɪn'trʌst] *overg* toevertrouwen ★ *they have ~ed their life's savings to him* ze hebben hun spaargeld aan hem toevertrouwd ★ *she has been ~ed with the task of looking after them* ze heeft de taak toevertrouwd gekregen om voor hen te zorgen

entry ['entrɪ] *znw* ❶ toegang, ingang ★ *there were signs of forced ~* er waren tekenen van inbraak ❷ intocht, binnenkomst, intrede ❸ notitie, aantekening ‹in dagboek &› ❹ lemma, artikel ‹in woordenboek› ❺ handel boeking, post ❻ sp inschrijving(en), deelnemer ❼ inzending ★ *his piece was the winning ~* zijn stuk was de winnende inzending ❽ comput invoeren ‹v. gegevens›

entry barrier ['entrɪ 'bærɪə] marketing *znw* toetredingsdrempel ‹beletsel voor nieuwe aanbieders om een bepaalde markt te betreden›

entry date ['entrɪ deɪt] *znw* ❶ boekh boekingsdatum ❷ sluitingsdatum ‹voor deelname aan iets›

entry fee ['entrɪ fi:] *znw* toegangsprijs, entreeprijs

entry form ['entrɪ fɔ:m] *znw* deelnameformulier

entryism ['entrɪɪzm] *znw* infiltratie in een politieke organisatie

entry-level ['entrɪ-levəl] *bn* ongeoefend, onervaren, pas beginnend

entryphone® ['entrɪfəʊn] Br *znw* deurtelefoon

entry visa ['entrɪ 'vi:zə] *znw* inreisvisum

entryway ['entrɪweɪ] Am *znw* toegang

entry wound ['entrɪ wu:nd] *znw* wond waar de kogel het lichaam binnendrong

entwine [ɪn'twaɪn] *overg* ineen-, omstrengelen, omwinden, vlechten

entwined [ɪn'twaɪnd] dicht *bn* verstrengeld ★ *~ destinies* lotsverbondenheid

enucleate [ɪ'nju:klɪeɪt] med *overg* verwijderen v. gezwel

E-number ['i:-nʌmbə] Br *znw* E-nummer ‹code van toegevoegde conserverings-, smaak- en kleurstoffen in voedingsmiddelen›

enumerate [ɪ'nju:məreɪt] *overg* opsommen, (op)tellen, opnoemen

enumeration [ɪnju:mə'reɪʃən] *znw* opsomming, (op)telling

enunciate [ɪ'nʌnsɪeɪt] *overg* ❶ verkondigen, uitdrukken, uiten ❷ uitspreken

enunciation [ɪnʌnsɪ'eɪʃən] *znw* ❶ verkondiging, uiteenzetting ❷ uiting ❸ uitspraak

enuresis [enjʊə'ri:sɪs] med *znw* bedwateren

envelop [ɪn'veləp] *overg* (om)hullen, (in-, om)wikkelen

envelope ['envələʊp] *znw* envelop, couvert, omslag ★ inf *push the ~ / the edge of the ~* de grenzen verleggen, zich buiten de vastgestelde grenzen begeven, iets nieuws ondernemen

envelopment [ɪn'veləpmənt] *znw* in-, omwikkeling

enviable ['envɪəbl] *bn* benijdenswaard(ig)

enviably ['envɪəblɪ] *bijw* benijdenswaardig, om jaloers op te worden ★ *she speaks Italian ~ well* ze spreekt Italiaans om jaloers op te worden

envious ['envɪəs] *bn* afgunstig, jaloers (op *of*)

enviously ['envɪəslɪ] *bijw* jaloers, met afgunst ★ *he looked ~ at the car parked next to his* hij keek met afgunst naar de auto die naast de zijne stond

en

geparkeerd
enviousness ['envɪəsnɪs] *znw* afgunst, jaloezie
environment [ɪn'vaɪərənmənt] *znw* omgeving,
entourage, milieu ★ *the immediate* ~ de
onmiddelijke omgeving ★ *the natural* ~ de
natuurlijke omgeving, het natuurlijke milieu ★ *the
workplace* ~ de werkomgeving ★ *pollution of the* ~
vervuiling van het milieu ★ *damage to the* ~ schade
aan het milieu ★ *substances harmful to the* ~
milieugevaarlijke stoffen ★ *have an impact on the* ~
een invloed op het milieu hebben
environmental [ɪnvaɪərən'mentl] *bn* van (door) het
milieu, milieu- ★ ~ *awareness* milieubewustzijn
★ *an* ~ *expert* een milieudeskundige ★ ~ *health
inspection* ± keuringsdienst van waren ★ *an* ~ *issue*
milieuproblematiek, milieuvraagstuk ★ ~ *legislation*
milieuwetgeving ★ *the* ~ *movement* de
milieubeweging ★ *an* ~ *policy* een milieubeleid ★ ~
pollution milieuvervuiling ★ ~ *protection*
milieubescherming ★ *an* ~ *tax* een milieuheffing
environmental audit [ɪnvaɪərən'mentl 'ɔːdɪt] *znw*
controle op naleving van milieuvoorschriften
environmentalism [ɪnvaɪərən'mentəlɪzm] *znw*
❶ milieubewustzijn ❷ psych milieutheorie ⟨ziet de
omgeving en niet erfelijkheid als bepalende factor⟩
environmentalist [ɪnvaɪərən'mentəlɪst] *znw*
❶ milieuactivist ❷ aanhanger van de milieutheorie
environmentally friendly [ɪnvaɪərən'mentəlɪ 'frendlɪ]
bn milieuvriendelijk
environmental science [ɪnvaɪərən'mentl 'saɪəns] *znw*
milieuwetenschap
environmental studies [ɪnvaɪərən'mentl 'stʌdɪz] *znw*
[mv] milieuwetenschappen ⟨studierichting⟩
environs [ɪn'vaɪərənz, en-] *znw* [mv] omstreken
envisage *overg*, **envision** [ɪn'vɪzɪdʒ] ❶ onder de ogen
zien ❷ beschouwen, overwegen ❸ zich voorstellen
envoy ['envɔɪ] *znw* ❶ (af)gezant ❷ opdracht ⟨als slot
van gedicht⟩
envy ['envɪ] **I** *znw* afgunst, jaloezie, na-ijver, nijd
★ *she's the* ~ *of everyone* zij wordt benijd door
iedereen, iedereen is jaloers / afgunstig op haar
★ *be consumed with* ~ verteerd worden door jaloezie
II *overg* benijden, afgunstig zijn op, misgunnen ★ ~
sbd sth/~ *sbd for sth* iem. om iets benijden
enzyme ['enzaɪm] *znw* enzym, giststof, ferment
eon ['iːɒn] Am *znw* → **aeon**
EP *afk* (extended play) (record) e.p.
EPA *afk* (Environmental Protection Agency) Afdeling
Milieubescherming ⟨in de VS⟩
epaulet ['epələt, 'epɔːlet, 'epəʊlet, epə'let], **epaulette**
znw epaulet
épée [eɪ'peɪ] ⟨*Fr*⟩ *znw* degen
ephemera [ɪ'femərə, ɪ'fiːmərə] *znw* [mv] ❶ wat
kortstondig duurt, eendagsvlieg ❷ alledaagse
verzamelobjecten ★ *she collects* ~ *such as telephone
cards* ze verzamelt alledaagse dingen zoals
telefoonkaarten
ephemeral [ɪ'femərəl, ɪ'fiːmərəl] *bn* kortstondig,

efemeer, vluchtig, voorbijgaand
epic ['epɪk] **I** *bn* ❶ episch, verhalend ★ *an* ~ *poem* een
heldendicht ❷ buitengewoon, gedenkwaardig,
heldhaftig **II** *znw* heldendicht, epos
epicentre ['episentə], Am **epicenter** *znw* epicentrum
epicormic [epɪ'kɔːmɪk] *bn* spruitend uit oud hout
⟨scheuten uit de stam van bomen &⟩
epicure ['epɪkjʊə], **epicurean** *znw* epicurist,
genotzoeker
epicurean [epɪkjʊə'riːən] **I** *bn* epicuristisch **II** *znw* →
epicure
epicurism ['epɪkjʊərɪzm] *znw* epicurisme
epidemic [epɪ'demɪk] **I** *bn* ❶ epidemisch ★ *domestic
violence has reached* ~ *proportions* huishoudelijk
geweld heeft epidemische proporties aangenomen
❷ fig zich snel verbreidend **II** *znw* ❶ epidemie ❷ inf
± rage
epidermis [epɪ'dɜːmɪs] dierk, anat of plantk *znw*
opperhuid
epidural [epɪ'djʊərəl] **I** *bn* anat & med epiduraal
II *znw* med epidurale injectie, ruggenprik
epiglottis [epɪ'glɒtɪs] *znw* strotklepje
epigram ['epɪgræm] *znw* epigram, puntdicht
epigrammatic [epɪgrə'mætɪk] *bn* epigrammatisch,
puntig
epigrammatist [epɪ'græmətɪst] *znw* puntdichter
epigraph ['epɪgrɑːf] *znw* opschrift, motto
epilepsy ['epɪlepsɪ] *znw* epilepsie, vallende ziekte
epileptic [epɪ'leptɪk] **I** *bn* epileptisch ★ *an* ~ *fit* een
toeval **II** *znw* epilepticus
epilogue ['epɪlɒg] *znw* epiloog, naschrift, slotrede
epiphany [ɪ'pɪfənɪ, e'pɪfənɪ] *znw* goddelijke
openbaring ★ *Epiphany* Driekoningen ⟨6 januari⟩
episcopacy [ɪ'pɪskəpəsɪ, e-] *znw* bisschoppelijke
regering ★ *the* ~ de bisschoppen, het episcopaat
episcopal [ɪ'pɪskəpl, e-] *bn* bisschoppelijk
Episcopal Church [ɪ'pɪskəpl tʃɜːtʃ] *znw* ★ *the* ~ de
Anglicaanse Kerk, Episcopale Kerk
episcopalian [ɪpɪskə'peɪlɪən] **I** *bn* episcopaal **II** *znw*
★ *Episcopalian* lid v.e. episcopale kerk
episiotomy [epɪsɪ'ɒtəmɪ, ɪpɪsɪ'ɒtəmɪ] med *znw*
inknipping
episode ['epɪsəʊd] *znw* episode, aflevering ⟨van een
serie⟩
episodic [epɪ'sɒdɪk] *bn* episodisch
epistemology [ɪpɪstɪ'mɒlədʒɪ] *znw* kennisleer
epistle [ɪ'pɪsəl] form of scherts *znw* (zend)brief, epistel
epistolary [ɪ'pɪstələrɪ] *bn* epistolair, brief-
epitaph ['epɪtɑːf] *znw* grafschrift ★ *the album is a
fitting* ~ *to a great career* het album sluit een
glanzende carrière passend af
epithet ['epɪθet] *znw* epitheton, bijnaam ★ *her voice
earned her the* ~ *of 'the Swedish nightingale'* haar stem
bezorgde haar de bijnaam 'de Zweedse nachtegaal'
epitome [ɪ'pɪtəmɪ] *znw* ❶ belichaming, personificatie
❷ kort overzicht, samenvatting
epitomization [ɪpɪtəmaɪ'zeɪʃn], **epitomisation** *znw*
❶ belichaming ❷ samenvatting

epitomize [ɪˈpɪtəmaɪz], **epitomise** *overg*
❶ belichamen, in zich verenigen ❷ samenvatten,
een uittreksel maken van
epoch [ˈiːpɒk] *znw* ❶ tijdperk, tijdvak ❷ tijdstip
epochal [ˈepɒkl], **epoch-making** *bn* van grote
betekenis, baanbrekend, gewichtig
eponym [ˈepənɪm] <u>form</u> *znw* naamgever
eponymous [ɪˈpɒnɪməs] <u>dicht</u> *bn* titel- ★ *Tom Jones,
the ~ hero of Fielding's novel* Tom Jones, de titelheld
van Fieldings roman
epos [ˈiːpɒz, ˈiːpɒs] *znw* epos, heldendicht
epoxy [ɪˈpɒksɪ] **I** *znw*, **epoxy resin** epoxyhars **II** *overg*
lijmen met epoxyhars
EPS *afk* (earnings per share) koers / winstverhouding
Epsom salts [ˈepsəm sɔːlts] *znw* [mv] epsomzout,
Engels zout
equability [ekwəˈbɪlɪtɪ] *znw* gelijkheid,
gelijkmatigheid, gelijkvormigheid
equable [ˈekwəbl] *bn* gelijkmoedig, gelijkmatig,
evenwichtig ★ *an ~ climate* een gelijkmatig klimaat
equably [ˈekwəblɪ] *bijw* gelijkmoedig, gelijkmatig,
evenwichtig ★ *he understood conflict and could deal
with it ~* hij begreep wat een conflict inhield en wist
er evenwichtig mee om te gaan
equal [ˈiːkwəl] **I** *bn* ❶ gelijk, dezelfde, hetzelfde ★ *all
other things being ~* onder overigens gelijke
omstandigheden, ceteris paribus ★ *be more or less ~
in length / size &* ongeveer gelijk in lengte / grootte
& ❷ gelijkmatig, gelijkwaardig, gelijkgerechtigd
★ *be on ~ terms with sbd* op voet van gelijkheid met
iem. staan ❸ bestand, opgewassen ★ *be more than ~
to the task* ruimschoots opgewassen zijn tegen de
taak ★ *be / prove ~ to the occasion* tegen de
moeilijkheden opgewassen zijn, wel raad weten
II *znw* gelijke, weerga ★ *be sbd's ~* iemands gelijke
zijn ★ *have no ~* ongeëvenaard zijn, geen weerga
kennen **III** *overg* ❶ gelijkmaken ❷ gelijk zijn aan,
evenaren ★ *two plus two ~s four* twee plus twee is
vier
equalitarian [ɪkwɒlɪˈteərɪən, iː-] *znw →* **egalitarian**
equality [ɪˈkwɒlɪtɪ] *znw* ❶ gelijkheid ★ *~ of
opportunity* gelijke kansen ❷ gelijkwaardigheid,
rechtsgelijkheid
equalization [iːkwəlaɪˈzeɪʃən], **equalisation** *znw*
❶ gelijkmaking, gelijkstelling ❷ egalisatie ★ <u>fin</u>
an ~ arrangement een egalisatieovereenkomst,
egalisatieafspraak
equalize [ˈiːkwəlaɪz], **equalise I** *overg* gelijkmaken,
gelijkstellen, egaliseren **II** *onoverg* <u>sp</u> gelijkmaken,
de gelijkmaker scoren
equalizer [ˈiːkwəlaɪzə], **equaliser** *znw* ❶ <u>sp</u>
gelijkmaker ❷ <u>Am inf</u> blaffer, proppenschieter
❸ <u>elektr</u> equalizer
equally [ˈiːkwəlɪ] *bijw* gelijk(elijk), even(zeer)
equal opportunity [ˈiːkwəl ɒpəˈtjuːnətɪ] *znw* (meestal
mv) gelijke kansen
equals sign [ˈiːkwəlz saɪn], **equal sign** *znw*
isgelijkteken, het =teken

equanimity [ekwəˈnɪmətɪ] *znw* gelijkmoedigheid,
gelatenheid, berusting
equate [ɪˈkweɪt] **I** *overg* gelijkstellen, gelijkmaken ★ ~
sth with / to sth iets ergens mee gelijkstellen, iets
met iets in evenwicht brengen **II** *onoverg* ★ ~ *to
/ with* gelijk zijn aan, overeenkomen met
equation [ɪˈkweɪʒən] *znw* ❶ vergelijking ★ *it's all part
of the ~* het hoort allemaal bij het systeem
❷ gelijkmaking ❸ equatie
equator [ɪˈkweɪtə] *znw* equator, evenaar
equatorial [ekwəˈtɔːrɪəl] *bn* equatoriaal
Equatorial Guinea [ekwəˈtɔːrɪəl ˈɡɪnɪ] *znw* Equatoriaal
Guinee
equerry [ɪˈkwerɪ, ˈekwərɪ] *znw* ❶ stalmeester ❷ ±
adjudant (van vorstelijk persoon)
equestrian [ɪˈkwestrɪən] *bn* te paard, ruiter-, rij- ★ *an ~
statue* een ruiterstandbeeld
equestrianism [ɪˈkwestrɪənɪzm] *znw* paardensport,
ruitersport, rijsport
equi- [ˈiːkwɪ, ˈekwɪ] *voorv* equi-, gelijk-
equiangular [iːkwɪˈæŋɡjʊlə] *bn* gelijkhoekig
equidistant [iːkwɪˈdɪstnt] *bn* op gelijke afstand (van
from)
equilateral [iːkwɪˈlætərəl] *bn* gelijkzijdig
equilibrate [ɪˈkwɪlɪbreɪt, iːkwɪˈlaɪbreɪt] *techn overg &
onoverg* in evenwicht brengen (houden, zijn)
equilibrium [iːkwɪˈlɪbrɪəm] *znw* [mv: equilibria]
evenwicht
equine [ˈiːkwaɪn, ˈekwaɪn] *bn* paarden- ★ *an ~ disease*
een paardenziekte
equinox [ˈiːkwɪnɒks, ˈek-] *znw* (dag-en-)nachtevening
equip [ɪˈkwɪp] *overg* ❶ toe-, uitrusten ❷ outilleren
equipment [ɪˈkwɪpmənt] *znw* toerusting, uitrusting,
installatie(s), apparatuur ★ *medical ~* medische
apparatuur ★ *photographic ~* fotoapparatuur
equipped [ɪˈkwɪpt] *bn* toegerust ★ *he's not well ~ to
deal with the matter* hij is niet goed toegerust om de
kwestie af te handelen
equisetum [ekwɪˈsiːtəm] *znw* [mv: equisita *of*
equisetums] paardenstaart, heermoes ⟨plant⟩
equitable [ˈekwɪtəbl] *bn* billijk, onpartijdig ▼ *an ~
mortgage* een krediethypotheek
equity [ˈekwɪtɪ] *znw* ❶ billijkheid, rechtvaardigheid
❷ natuurrecht ❸ <u>handel</u> aandeel ❹ eigen
vermogen, actief vermogen ⟨na aftrek van
hypotheek, schulden enz.⟩
equity capital [ˈekwɪtɪ ˈkæpɪtl], **equity** <u>fin</u> *znw* eigen
vermogen, aandelenkapitaal
equity fund [ˈekwɪtɪ fʌnd] *znw* beleggingsfonds dat
belegt in aandelen
equity investment [ˈekwɪtɪ ɪnˈvestmənt] *znw*
aandelenbelegging
equity market [ˈekwɪtɪ ˈmɑːkɪt] *znw* aandelenmarkt
equity option [ˈekwɪtɪ ˈɒpʃən] *znw* aandelenoptie
equivalence [ɪˈkwɪvələns] *znw* gelijkwaardigheid
equivalence class [ɪˈkwɪvələns klɑːs] <u>wisk & logica</u>
znw equivalentieklasse
equivalent [ɪˈkwɪvələnt] **I** *bn* ❶ gelijkwaardig,

eq

gelijkstaand (met *to*) ★ *a river ~ in length to the Seine*
een rivier die even lang is als de Seine ❷ equivalent
II *znw* equivalent ★ *there's no ~ for the word* er is
geen equivalent voor het woord ★ *the Kennedys are
the American ~ of the aristocracy* de Kennedy's zijn
het Amerikaanse equivalent van de aristocratie
equivocal [ɪ'kwɪvəkl] *bn* ❶ dubbelzinnig
❷ twijfelachtig ❸ verdacht
equivocate [ɪ'kwɪvəkeɪt] *onoverg* dubbelzinnig
spreken, draaien, een slag om de arm houden
equivocation [ɪkwɪvə'keɪʃən] form *znw*
❶ dubbelzinnigheid ❷ draaierij
equivocator [ɪ'kwɪvəkeɪtə] *znw* draaier
er [ɜ:] *tsw* eh ⟨aarzeling⟩
ER *afk* ❶ (Elizabeth Regina) koningin Elizabeth ❷ →
Am **emergency room**
era ['ɪərə] *znw* ❶ jaartelling ❷ tijdperk, era ★ *at the
dawn / dawning of the scientific ~* aan het begin van
het wetenschappelijke tijdperk ★ *be on the threshold
of a new ~* op de drempel staan van een nieuw
tijdperk
eradicate [ɪ'rædɪkeɪt] *overg* uitroeien
eradication [ɪrædɪ'keɪʃən] *znw* uitroeiing
erase [ɪ'reɪz] *overg* uitschrappen, doorhalen,
uitwissen, raderen, uitgommen, wegvegen
eraser [ɪ'reɪzə] *znw* ❶ bordenwisser ❷ vlakgom
erasure [ɪ'reɪʒə] *znw* uitschrapping, doorhaling
ere [eə] dicht *voegw & voorz* eer, voor(dat) ★ *~ long*
binnenkort
erect [ɪ'rekt] **I** *bn* ❶ recht(op), opgericht ★ *he is very ~
for his age* hij loopt nog erg recht voor zijn leeftijd
❷ overeind(staand) ★ *an ~ penis* een penis in erectie
II *overg* ❶ oprichten, (op)bouwen, opzetten ❷ techn
monteren ❸ vestigen, instellen ⟨theorie, systeem⟩
erection [ɪ'rekʃən] *znw* ❶ oprichting, verheffing
❷ erectie ❸ opstelling, bouw, gebouw ❹ techn
montage
erectness [ɪ'rektnɪs] *znw* rechtopstaande houding
erector [ɪ'rektə] *znw* ❶ oprichter ❷ techn monteur
★ Am *an Erector set*® ± een meccano set
erelong [eə'lɒŋ] dicht *bijw* binnenkort
eremite ['erɪmaɪt] *znw* kluizenaar
erg [ɜ:g] nat *znw* erg ⟨eenheid van energie⟩
ergo ['ɜ:gəʊ] ⟨Lat⟩ *bijw* ergo, dus, bijgevolg
ergonomic [ɜ:gə'nɒmɪk] *bn* ergonomisch
ergonomically [ɜ:gə'nɒmɪklɪ] *bijw* ergonomisch
ergonomics [ɜ:gə'nɒmɪks] *znw* [mv] ergonomie,
arbeidsleer
ergonomist [ɜ:'gɒnəmɪst] *znw* arbeidskundige,
ergonoom
ergot ['ɜ:gət] *znw* (extract uit) moederkoren
Erin ['ɪərɪn, 'erɪn] dicht *znw* Erin, Ierland
ERISA *afk* (Employee Retirement Income Security Act)
soort AOW in de Verenigde Staten
erk [ɜ:k] inf *tsw* oei! ⟨uitroep van paniek of ontzetting⟩
ermine ['ɜ:mɪn] *znw* ❶ dierk hermelijn ❷ hermelijn
⟨bont⟩
erode [ɪ'rəʊd] *overg* ❶ eroderen, wegvreten,

aanvreten, uitslijpen ❷ fig uithollen
erogenous [ɪ'rɒdʒɪnəs] *bn* erogeen
erosion [ɪ'rəʊʒən] *znw* ❶ erosie, wegvreting,
aanvreting, uitslijping ❷ fig uitholling
erosive [ɪ'rəʊsɪv] *bn* ❶ erosief ❷ uitschurend
erotic [ɪ'rɒtɪk] *bn* erotisch
erotica [ɪ'rɒtɪkə] *znw* [mv] erotische literatuur
erotically [ɪ'rɒtɪklɪ] *bijw* erotisch ★ *the atmosphere
was ~ charged* de atmosfeer was erotisch geladen
eroticism [ɪ'rɒtɪsɪzəm] *znw* erotiek
ERP *afk* (Enterprise Resource Planning)
informatiesysteem voor het bedrijfsleven
err [ɜ:] *onoverg* ❶ een fout begaan, zich vergissen ★ *~
on the side of caution* het zekere voor het onzekere
nemen ★ zegsw *to ~ is human* vergissen is menselijk
❷ falen, zondigen
errand ['erənd] *znw* boodschap ★ *an ~ of mercy* een
hulpactie ★ *go on an ~ for sbd* een boodschap voor
iem. doen ★ *run ~s* boodschappen doen ★ *send sbd
on an ~* iem. om een boodschap sturen
errand boy ['erənd bɔɪ] *znw* loopjongen
errant ['erənt] *bn* ❶ form of scherts zondigend, van
het rechte pad geraakt, ontrouw ❷ dicht
rondtrekkend, dolend
errata [ɪ'rɑ:tə] *znw* [mv] → **erratum**
erratic [ɪ'rætɪk] *bn* ❶ onregelmatig, ongeregeld
❷ grillig
erratically [ɪ'rætɪklɪ] *bijw* onregelmatig, ongeregeld
★ *the police observed him driving ~* de politie zag dat
hij onregelmatig reed
erratum [ɪ'rɑ:təm] *znw* [mv: errata] (druk)fout,
vergissing
erroneous [ɪ'rəʊnɪəs] *bn* foutief, onjuist, verkeerd
★ *an ~ notion* een verkeerd idee
erroneously [ɪ'rəʊnɪəslɪ] *bijw* abusievelijk, per abuis
error ['erə] *znw* ❶ vergissing, fout, overtreding ★ *a
logical ~* een denkfout ★ *an operating ~* een
bedieningsfout ★ *in ~* per abuis ★ *a comedy of ~s* een
komisch toneelstuk gebaseerd op misverstanden,
een kluchtige serie gebeurtenissen ★ *an ~ of
judg(e)ment* een beoordelingsfout ★ *a margin of ~*
een foutenmarge ❷ dwaling ★ *see the ~ of one's ways*
zijn dwaling inzien ★ *be in ~* het mis hebben
error analysis ['erər ə'næləsɪs] *znw* foutenanalyse
error message ['erə 'mesɪdʒ] *znw* foutmelding
ersatz ['eəzæts, 'ɜ:zæts] ⟨Du⟩ *bn* namaak-, nep-,
surrogaat-
Erse [ɜ:s] *znw* Keltisch
erstwhile ['ɜ:stwaɪl] *bn* voormalige, vroeger, van
eertijds ★ *her ~ boss* haar vroegere baas
erudite ['erʊdaɪt] *bn* geleerd
erudition [erʊ'dɪʃən] *znw* geleerdheid
erupt [ɪ'rʌpt] *onoverg* ❶ uitbarsten ⟨vulkaan &⟩
❷ barsten, uitbreken, losbarsten ❸ opkomen ⟨van
huiduitslag &⟩ ★ *her skin has ~ed in pimples* op haar
huid zijn overal pukkels doorgebroken ★ *~ into
violence / war* in geweld / oorlog uitbarsten
eruption [ɪ'rʌpʃən] *znw* ❶ uitbarsting ❷ losbarsten,

uitbreken ‹v. geweld &› ❸ med uitslag

eruptive [ɪˈrʌptɪv] *bn* ❶ uitbarstend ❷ eruptief ❸ uitslaand, met uitslag (gepaard gaand)

escalate [ˈeskəleɪt] **I** *overg* doen escaleren, verhevigen **II** *onoverg* escaleren, toenemen ★ *prices have ~d sharply* de prijzen zijn sterk omhooggegaan ★ *the conflict could ~ into full-scale war* het conflict kan in een volledige oorlog escaleren

escalation [eskəˈleɪʃən] *znw* escalatie, geleidelijk opvoeren (v. oorlog &)

escalation clause [eskəˈleɪʃən klɔːz], Am **escalator clause** prijsclausule

escalator [ˈeskəleɪtə] *znw* roltrap ★ *take the ~ to the ground floor* de roltrap nemen naar de benedenverdieping

escalope [ˈeskəlɒp] *znw* ❶ kalfslapje ❷ kalfsoester

escapade [ˈeskəpeɪd eskəˈpeɪd] *znw* ❶ escapade, dolle of moedwillige streek ❷ kromme sprong

escape [ɪˈskeɪp] **I** *znw* ❶ ontsnapping, ontvluchting, ontkoming ❷ fig vlucht (uit de werkelijkheid) ❸ lek ‹van gas› ❹ **escape key** comput escapetoets ‹op toetsenbord› ★ *have a narrow ~* door het oog van de naald kruipen ★ *make one's ~* (weten te) ontsnappen **II** *onoverg* ontsnappen, ontvluchten, ontkomen, ontglippen (aan *from*), ontvallen, ontgaan, ontlopen ★ *~ alive* er levend vanaf komen ★ *~ narrowly* ternauwernood ontsnappen ★ *~ unharmed / unscathed* ongedeerd blijven, met de schrik vrij komen ★ *the driver ~d with minor injuries* de chauffeur ontsnapte met lichte verwondingen

escape clause [ɪˈskeɪp klɔːz] *znw* ontsnappingsclausule

escapee [ɪskeɪˈpiː] *znw* ontsnapte

escape hatch [ɪˈskeɪp hætʃ] *znw* noodluik

escape mechanism [ɪˈskeɪp ˈmekənɪzəm] *znw* ontsnappingsmechanisme

escapement [ɪˈskeɪpmənt] *znw* echappement

escape road [ɪˈskeɪp rəʊd] *znw* vluchtstrook ‹op race circuit›

escape valve [ɪˈskeɪp vælv] *znw* uitlaatklep

escape velocity [ɪˈskeɪp vɪˈlɒsətɪ] *znw* ontsnappingssnelheid (v.e. ruimtevaartuig)

escape wheel [ɪˈskeɪp wiːl] *znw* schakelrad, gangrad ‹in uurwerk›

escapism [ɪˈskeɪpɪzəm] *znw* escapisme, zucht om te vluchten (uit de werkelijkheid)

escapist [ɪˈskeɪpɪst] **I** *bn* escapistisch ★ *~ literature* ontspanningslectuur **II** *znw* escapist

escapologist [eskəˈpɒlədʒɪst] *znw* boeienkoning

escarpment [ɪˈskɑːpmənt] *znw* ❶ steile wand ❷ glooiing

eschalot [ˈeʃəlɒt] ‹*Fr*› *znw* sjalot

eschatological [eskətəˈlɒdʒɪkəl] *bn* eschatologisch

eschatology [eskəˈtɒlədʒɪ] *znw* eschatologie, leer van de laatste dingen ‹dood, laatste oordeel &›

eschew [ɪsˈtʃuː] *overg* schuwen, (ver)mijden ★ *as pacifists, they ~ violence* als pacifisten mijden zij geweld

escort I *znw* [ˈeskɔːt] ❶ (gewapend) geleide, escorte ❷ begeleider, metgezel ★ *under military / police & ~* met een militair / politie & escort **II** *overg* [ɪˈskɔːt] escorteren, begeleiden

escort agency [ˈeskɔːt ˈeɪdʒənsɪ] *znw* escort service

escrow [eˈskrəʊ] jur *znw* ❶ borg / zekerheidstelling ‹in handen van derden totdat aan de voorwaarden is voldaan› ❷ pandgoed

escudo [eˈskjuːdəʊ] hist *znw* escudo ‹Portugese valuta›

escutcheon [ɪˈskʌtʃən] *znw* (wapen)schild, (familie)wapen

Eskimo [ˈeskɪməʊ] *znw* [*mv*: ~ *of* -s] Eskimo

esky® [ˈeskɪ] Aus *znw* koelbox

ESL *afk* (English as a Second Language) Engels als tweede taal

ESOL [ˈiːsɒl] *afk* (English for speakers of other languages) Engels voor anderstaligen

esophagus [iːˈsɒfəgəs] Am *znw* [*mv*: -es *of* esophagi] → **oesophagus**

esoteric [iːsəʊˈterɪk, e-] *bn* esoterisch, alleen voor ingewijden, insiders

esp. *afk* (especially) vooral

ESP *afk* → **extrasensory perception**

espalier [ɪˈspælɪə] *znw* leiboom, spalier

especial [ɪˈspeʃəl] form *bn* bijzonder, speciaal

especially [ɪˈspeʃəli] *bijw* (in het) bijzonder, vooral, inzonderheid

espionage [ˈespɪənɑːʒ] *znw* spionage ★ *industrial ~* bedrijfsspionage

esplanade [espləˈneɪd] *znw* esplanade

espousal [ɪˈspaʊzəl] *znw* omhelzing, aannemen ‹v.e. godsdienst &›

espouse [ɪˈspaʊz] *overg* omhelzen, tot de zijne maken ‹zaak, godsdienst &›

espresso [eˈspresəʊ] *znw* espresso ‹koffie›

esprit [ˈespriː, eˈspriː] ‹*Fr*› *znw* geest(igheid)

esprit de corps [eˈspriː də ˈkɔː] ‹*Fr*› *znw* teamgeest

espy [ɪˈspaɪ] dicht *overg* in het gezicht krijgen, ontwaren, bespeuren, ontdekken

Esq. *afk* (Esquire) ★ *James Cook, ~* de Weledele Heer James Cook

esquire [ɪˈskwaɪə] *znw* ❶ hist schildknaap, wapendrager ❷ Am titel van een advocaat ★ *Esquire* Weledele / Weledelgeboren Heer ‹als titulatuur›

essay I *znw* [ˈeseɪ] ❶ poging, proef ❷ essay, verhandeling, opstel ★ *do / write an ~ on sth* een opstel schrijven over iets **II** *overg* [eˈseɪ] form pogen, beproeven

essayist [ˈeseɪɪst] *znw* essayist

essence [ˈesəns] *znw* ❶ wezen, essentiële ❷ essence, aftreksel, vluchtige olie, reukwerk ★ *form in ~* in wezen, wezenlijk ★ *she is the ~ of tact* zij is de beleefdheid zelf ★ *form be of the ~* van wezenlijk belang zijn, essentieel zijn ★ *convey the ~ of sth* de essentie van iets weergeven

essential [ɪˈsenʃəl] **I** *bn* wezenlijk, werkelijk, volstrekt noodzakelijk, essentieel ★ *~ to life* van wezenlijk belang voor het leven ★ *~ services* basisvoorzieningen **II** *znw* wezenlijke, volstrekt / hoogst noodzakelijke, hoofdzaak

essentially [ɪˈsenʃəlɪ] *bijw* in wezen, in de grond, volstrekt

essential oil [ɪˈsenʃəl ɔɪl] *znw* vluchtige olie

essentials [ɪˈsenʃəlz] *znw* [mv] ❶ noodzakelijke dingen ❷ grondbeginselen ‹v.e. vak &› ★ *the bare ~* het allernoodzakelijkste

EST *afk* (Eastern Standard Time) oostelijke standaard tijd

establish [ɪˈstæblɪʃ] *overg* ❶ vestigen, grondvesten, oprichten, stichten, instellen ❷ tot stand brengen ❸ aanknopen ‹betrekkingen› ❹ vaststellen, (met bewijzen) staven, bewijzen, constateren ‹een feit› ★ *~ oneself* zich vestigen, ingeburgerd zijn, raken ★ *he has ~ed his reputation as a writer* hij heeft zijn reputatie gevestigd als schrijver

established [ɪˈstæblɪʃt] *bn* gegrond, ingeburgerd, gevestigd ★ *the Established Church* de Staatskerk ‹in Engeland en Schotland› ★ *an ~ truth* een uitgemaakte zaak

establishment [ɪˈstæblɪʃmənt] *znw* ❶ vestiging, grondvesting, oprichting ❷ stichting, inrichting, instelling, etablissement ❸ (handels)huis ❹ totstandkoming ❺ vaststelling, staving ★ *the Establishment* het heersende bestel, het establishment

estate [ɪˈsteɪt] *znw* ❶ woonwijk, industriegebied ❷ landgoed ❸ bezit, bezitting, vermogen ❹ boedel, nalatenschap ❺ plantage, onderneming ❻ rang ❼ *jur* bezitsrecht (voor bepaalde tijdsduur) ★ *the fourth ~* de pers ★ *a housing ~* een woonwijk ★ *an industrial ~* een industrieterrein ★ *real ~* onroerende goederen ★ *jur residuary ~* residu van de nalatenschap ★ *heir to an ~* erfgenaam van een nalatenschap ★ *settle an ~* een erfenis regelen

estate agency [ɪˈsteɪt ˈeɪdʒənsɪ] *znw* makelaarskantoor

estate agent [ɪˈsteɪt ˈeɪdʒənt] *Br znw* makelaar in onroerende goederen

estate car [ɪˈsteɪt kɑ:] *znw* stationcar

estate duty [ɪˈsteɪt ˈdju:tɪ] *znw* successierecht, successiebelasting

estate tax [ɪˈsteɪt tæks] *znw* successierecht, successiebelasting

esteem [ɪˈsti:m] **I** *znw* achting, aanzien, schatting, waardering ★ *as a mark of my / his ~* als blijk van mijn / zijn waardering ★ *hold sbd in (high) ~* iem. hoogachten, iem. zeer waarderen **II** *overg* achten, schatten, waarderen

esthete [ˈi:sθi:t] *Am znw →* **aesthete**

esthetic [i:sˈθetɪk] *Am bn →* **aesthetic**

estimable [ˈestɪməbl] *form bn* achtenswaardig

estimate I *znw* [ˈestɪmət] ❶ schatting, raming, prijsopgave, begroting, waardering ❷ oordeel ★ *at a conservative ~* volgens een voorzichtige schatting ★ *at a rough ~* ruwweg, grof geschat ★ *make an ~ of sth* een schatting maken van iets **II** *overg* [ˈestɪmeɪt]

schatten, ramen, begroten (op *at*)

estimation [estɪˈmeɪʃən] *znw* ❶ schatting ❷ waardering, achting ★ *go up / down in sbd's ~* in iemands achting stijgen / dalen ❸ oordeel, mening ★ *in my ~* naar mijn mening

estimator [ˈestɪmeɪtə] *znw* schatter / berekenaar van de kostprijs, calculator

Estonia [eˈstəʊnɪə] *znw* Estland

Estonian [eˈstəʊnɪən] **I** *bn* Estisch **II** *znw* ❶ Est, Estische ❷ Estisch

estranged [ɪˈstreɪndʒd] *bn* ❶ vervreemd ❷ ex- ★ *his ~ wife* zijn ex-vrouw

estrangement [ɪˈstreɪndʒmənt] *znw* vervreemding

estrogen [ˈi:strədʒən] *Am znw →* **oestrogen**

estuary [ˈestjʊərɪ] *znw* estuarium ‹wijd uitlopende, trechtervormige riviermond›

Estuary English [ˈestjʊərɪ ˈɪŋglɪʃ] *znw* Engels met een Londens accent

ETA [i:ti:ˈeɪ, ˈetə] *afk* ❶ (estimated time of arrival) verwachte aankomsttijd ❷ (Euzkadi ta Azkatasuna) Spa de Baskische afscheidingsbeweging, terreurgroep ETA

e-tailer [ˈi:-teɪlə] *znw* (electronic retailer) iem. die goederen verkoopt via internet

e-tailing [ˈi:-teɪlɪŋ] *znw* (electronic retailing) verkoop via internet

et al [et ˈæl] *afk* (et alii) en anderen

etc, etc. *afk →* **et cetera**

et cetera [et ˈset(ə)rə, ɪt-], **etc, etc.** *bijw* enzovoort, enz., etc.

etceteras [etˈset(ə)rəs, ɪt-] *inf znw* [mv] allerlei extra's

etch [etʃ] *overg* etsen

etched [etʃt] *bn* geëtst ★ *~ in sbd's mind / memory* in iemands geheugen gegrift

etcher [ˈetʃə] *znw* etser

etching [ˈetʃɪŋ] *znw* ❶ etsen ❷ etskunst ❸ ets

eternal [ɪˈtɜ:nl] **I** *bn* eeuwig ★ *~ youth* eeuwige jeugd **II** *znw* ★ *the Eternal* de Eeuwige (Vader), God

eternalize [ɪˈtɜ:nəlaɪz], **eternalise** *overg* vereeuwigen, eeuwig (lang) doen duren

eternally [ɪˈtɜ:nəlɪ] *bijw* eeuwig ★ *I'd be ~ grateful* ik zou eeuwig dankbaar zijn

eternal student [ɪˈtɜ:nl ˈstju:dnt] *znw* eeuwige student

eternal triangle [ɪˈtɜ:nl ˈtraɪæŋgl] *znw* driehoeksverhouding

eternity [ɪˈtɜ:nətɪ] *znw* eeuwigheid

e-text [ˈi:-tekst] *znw* (electronic text) elektronische tekst

ethanol [ˈeθənɒl] *znw* ethanol

ether [ˈi:θə] *znw* ❶ ether ❷ → **aether**

ethereal [ɪˈθɪərɪəl], **etherial** *bn* etherisch, vluchtig, iel, hemels

etherial [ɪˈθɪərɪəl] *bn →* **ethereal**

etherize [ˈi:θəraɪz], **etherise** *hist overg* etheriseren, met ether verdoven

ethic [ˈeθɪk] **I** *bn* ethisch **II** *znw* ethiek

ethical [ˈeθɪkl] *bn* ethisch ★ *they don't seem to have high ~ standards* ze schijnen geen hoge ethische normen te hebben

ethical investment [ˈeθɪkl ɪnˈvestmənt] *znw* ethisch verantwoorde belegging (dus niet in de tabaks- of wapenindustrie e.d.)

ethics [ˈeθɪks] *znw* [mv] ❶ ethica, ethiek, zedenleer ❷ gedragsnormen, gedragscode ★ *a code of* ~ een ethische norm / code ★ *professional* ~ beroepsethiek

Ethiopia [iːθɪˈəʊpɪə] *znw* Ethiopië

Ethiopian [iːθɪˈəʊpɪən] **I** *bn* Ethiopisch **II** *znw* Ethiopiër, Ethiopische

ethnic [ˈeθnɪk] *znw* ❶ etnisch ❷ exotisch, folkloristisch ★ ~ *clothing used to be all the rage in the 70s* folkloristische kleding was erg in de mode in de jaren 70

ethnic cleansing [ˈeθnɪk ˈklenzɪŋ] *znw* etnische zuivering

ethnicity [eθˈnɪsɪtɪ] *znw* het horen bij een bepaalde etnische groep

ethnic minority [ˈeθnɪk maɪˈnɒrətɪ] *znw* etnische minderheid

ethnocentric [eθnəʊˈsentrɪk] *bn* etnocentrisch

ethnocentrism [eθnəʊˈsentrɪzm] *znw* etnocentrisme

ethnographer [eθˈnɒɡrəfə] *znw* etnograaf

ethnographic [eθnəˈɡræfɪk] *bn* etnografisch

ethnography [eθˈnɒɡrəfɪ] *znw* etnografie, volkenbeschrijving

ethnological [eθnəˈlɒdʒɪkl] *bn* etnologisch

ethnologist [eθˈnɒlədʒɪst] *znw* etnoloog

ethnology [eθˈnɒlədʒɪ] *znw* volkenkunde

ethologist [iːˈθɒlədʒɪst] *znw* etholoog

ethology [ɪˈθɒlədʒɪ] *znw* ❶ biol studie v.h. dierlijk gedrag, ethologie ❷ filos karakterkunde

ethos [ˈiːθɒs] *znw* ❶ ethos ❷ karakter, geest

ethyl alcohol [ˈiːθaɪl, ˈeθɪl ˈælkəhɒl] *znw* ethyl alcohol, (gewone) alcohol

etiolated [ˈiːtɪəʊleɪtɪd] *bn* ❶ plantk bleek en sprieterig ⟨door gebrek aan licht⟩ ❷ form zwak, kwijnend

etiology [iːtɪˈɒlədʒɪ] *znw* ❶ oorzakenleer ❷ med leer v.d. oorzaken van ziekten

etiquette [ˈetɪket, etɪˈket] *znw* etiquette ★ *be a stickler for* ~ een overdreven belang hechten aan etiquette

etymological [etɪməˈlɒdʒɪkl] *bn* etymologisch

etymologically [etɪməˈlɒdʒɪklɪ] *bijw* etymologisch ★ ~ *related meanings* etymologisch verwante betekenissen

etymologist [etɪˈmɒlədʒɪst] *znw* etymoloog

etymology [etɪˈmɒlədʒɪ] *znw* etymologie

EU *afk* (European Union) Europese Unie

eucalyptus [juːkəˈlɪptəs] *znw* [mv: -es *of* eucalypti] eucalyptus

Eucharist [ˈjuːkərɪst] *znw* ★ *the* ~ de eucharistie

eucharistic [juːkəˈrɪstɪk] *znw* eucharistisch

euchre [ˈjuːkə] **I** *znw* euchre ⟨kaartspel⟩ **II** *overg* te slim af zijn

eugenic [juːˈdʒenɪk] *bn* eugenetisch

eugenics [juːˈdʒenɪks] *znw* [mv] eugenetica, rasverbetering, eugenetiek

eulogist [ˈjuːlədʒɪst] *znw* lofredenaar

eulogistic [juːləˈdʒɪstɪk] *bn* prijzend, lovend, lof-

eulogize [ˈjuːlədʒaɪz], **eulogise** *overg* prijzen, roemen, loven

eulogy [ˈjuːlədʒɪ] *znw* lof(spraak), lofrede

eunuch [ˈjuːnək] *znw* eunuch

eupeptic [juːˈpeptɪk] *bn* ❶ met goede spijsvertering ❷ fig opgewekt, vrolijk

euphemism [ˈjuːfɪmɪzəm] *znw* eufemisme

euphemistic [juːfəˈmɪstɪk] *bn* eufemistisch, verzachtend, bedekt, verbloemend

euphemistically [juːfəˈmɪstɪklɪ] *bijw* eufemistisch ★ *euthanasia,* ~ *referred to as 'end-of-life choice'* euthanasie, eufemistisch 'keuze voor levensbeëindiging' genoemd

euphonic [juːˈfɒnɪk], **euphonious** *bn* welluidend

euphonium [juːˈfəʊnɪəm] muz *znw* eufonium, tenortuba

euphony [ˈjuːfənɪ] *znw* welluidendheid

euphoria [juːˈfɔːrɪə] *znw* euforie

euphoric [juːˈfɒrɪk] *bn* euforisch

Eurasian [jʊəˈreɪʒən] **I** *bn* ❶ Europees-Aziatisch ❷ Indo-Europees **II** *znw* ❶ Euraziër ❷ Indo-Europeaan, indo, halfbloed

eureka [jʊəˈriːkə] *tsw* eureka!

euro [ˈjʊərəʊ] *znw* [mv: -s] euro

Eurocentric [jʊərəʊˈsentrɪk] *bn* eurocentrisch ⟨gericht op Europa⟩

Eurocheque [ˈjʊərəʊtʃek] *znw* eurocheque

Eurocrat [ˈjʊərəʊkræt] afkeurend *znw* hoge EG-functionaris

Eurocurrency [jʊərəʊˈkʌrənsɪ] *znw* Europese munt / valuta

Euroland [ˈjʊərəʊlænd] *znw* eurogebied ⟨de landen die de euro als munt hebben⟩

Europe [ˈjʊərəp] *znw* Europa

European [jʊərəˈpɪən] **I** *bn* Europees **II** *znw* Europeaan, Europese

European Community [jʊərəˈpɪən kəˈmjuːnətɪ], **EC** hist *znw* Europese Gemeenschap, EG

Europeanize [jʊərəˈpɪənaɪz], **Europeanise I** *overg* Europees maken, vereuropesen **II** *onoverg* Europees worden, vereuropeesen

European Monetary Union [jʊərəˈpɪən ˈmʌnɪtərɪ ˈjuːnjən], **EMU** *znw* Europese Monetaire Unie

European plan [jʊərəˈpɪən plæn] Am *znw* logies zonder maaltijden

European Union [jʊərəˈpɪən ˈjuːnjən], **EU** *znw* EU, Europese Unie

Eurosceptic [ˈjʊərəʊskeptɪk] *znw* euroscepticus ⟨tegenstander van meer bevoegdheden voor de Europese Unie⟩

Eurozone [ˈjʊərəʊzəʊn] *znw* eurozone

Eustachian tube [juːˈsteɪʃən tjuːb] anat *znw* buis van Eustachius

euthanasia [juːθəˈneɪzɪə] *znw* euthanasie

evacuant [ɪˈvækjʊənt] med **I** *bn* laxerend **II** *znw* laxerend middel

evacuate [ɪˈvækjʊeɪt] *overg* ❶ ledigen, lozen

ev

❷ ontlasten ❸ evacueren, (ont)ruimen ‹een stad›

evacuation [ɪvækjʊ'eɪʃən] *znw* ❶ evacuatie, ontruiming ❷ *med* lediging, lozing ‹darmen, blaas›

evacuee [ɪvækju:'i:] *znw* evacué, geëvacueerde

evade [ɪ'veɪd] *overg* ontwijken, ontduiken, ontgaan, ontsnappen aan

evaluate [ɪ'væljʊeɪt] *overg* de waarde bepalen van, evalueren

evaluation [ɪvæljʊ'eɪʃən] *znw* waardebepaling, evaluatie ★ *the technique is still under* ~ de techniek staat nog ter beoordeling

evanescence [i:və'nesəns, e-] dicht *znw* verdwijning

evanescent [i:və'nesənt, e-] dicht *bn* verdwijnend, vluchtig, voorbijgaand

evangelical [i:væn'dʒelɪkəl] *bn* evangelisch

evangelicalism [i:væn'dʒəlɪkəlɪzəm] *znw* evangelische leer

evangelism [ɪ'vændʒəlɪsm] *znw* evangelieprediking

evangelist [ɪ'vændʒəlɪst] *znw* evangelist

evangelize [ɪ'vændʒəlaɪz], **evangelise** *onoverg* ❶ evangeliseren ❷ het evangelie prediken of verkondigen

evaporate [ɪ'væpəreɪt] *overg & onoverg* ❶ (doen) verdampen, uitdampen, uitwasemen ❷ vervluchtigen, vervliegen

evaporated milk [ɪ'væpəreɪtɪd mɪlk] *znw* koffiemelk

evaporating dish [ɪ'væpəreɪtɪŋ dɪʃ] *znw* verdampingsschaaltje ‹in laboratorium›

evaporation [ɪvæpə'reɪʃən] *znw* verdamping, vervluchtiging, uitdamping, uitwaseming

evaporator [ɪ'væpəreɪtə] *znw* ❶ verdamper ❷ verdampingstoestel

evasion [ɪ'veɪʒən] *znw* ontwijking, ontduiking, uitvlucht

evasive [ɪ'veɪsɪv] *bn* ontwijkend ★ *take* ~ *action* moeilijkheden uit de weg gaan, mil contact met de vijand vermijden

evasively [ɪ'veɪsɪvlɪ] *bijw* ontwijkend ★ *he answered* ~ hij gaf een ontwijkend antwoord

eve [i:v] *znw* ❶ vooravond, avond / dag vóór een feestdag ★ *on the* ~ *of the elections* aan de vooravond van de verkiezingen ❷ dicht avond

even ['i:vən] **I** *bn* ❶ gelijk(matig), effen, egaal ★ *the odds / chances are about* ~ de kans is ongeveer fiftyfifty, er is sprake van ongeveer gelijke kansen ★ *we're* ~ *now* nu staan we gelijk, we zijn nu quitte ★ inf *be / get* ~ *with sbd* iem. betaald zetten ★ *be on an* ~ *keel* rustig / in evenwicht / in balans zijn ★ inf *get an* ~ *break* een eerlijke kans krijgen ★ *break* ~ uit kunnen ‹zonder verlies of winst›, quitte spelen (zijn) ❷ even ❸ rond, vol ‹v. som &› **II** *bijw* ❶ (ja) zelfs ★ *they swim in the sea* ~ *in winter* ze zwemmen in zee, zelfs in de winter ★ *there's* ~ *more fruit than last year* er is zelfs nog meer fruit dan vorig jaar ★ ~ *now, I can't believe how lucky we were* ik kan nu nog niet geloven hoeveel geluk we hebben gehad ★ ~ *so* toch, zelfs dan, dan nog ★ ~ *then, he was getting into trouble* ook toen al raakte hij in moeilijkheden ★ ~

though (al)hoewel ★ *not* ~ zelfs niet, niet eens ❷ juist, net ★ ~ *as she spoke, it started to pour* net toen ze aan het woord was begon het te gieten **III** *overg* effenen, gelijkmaken, gelijkstellen ★ ~ *sth out* iets vlakker maken, afvlakken, iets gelijkmatig spreiden, gelijk maken, gelijk verdelen ★ ~ *sth up* iets gelijk maken, (het) evenwicht herstellen **IV** *onoverg* glad, effen worden, gelijk worden ★ ~ *out* nivelleren, gelijk worden

even-handed [i:vən-'hændɪd] *bn* onpartijdig

evening ['i:vnɪŋ] *znw* avond, (gezellig) avondje ★ *the* ~ *meal* het avondeten ★ *in the* ~ 's avonds ★ *towards* ~ tegen de avond

evening class ['i:vnɪŋ klɑːs] *znw* avondschool, avondcursus

evening dress ['i:vnɪŋ dres] *znw* avondkleding, avondjurk, smoking, rokkostuum

evening paper ['i:vnɪŋ 'peɪpə] *znw* avondkrant

evening primrose ['i:vnɪŋ 'prɪmrəʊz] *znw* teunisbloem

evenings ['i:vnɪŋz] inf *bijw* 's avonds ★ *week* ~ *he plays badminton* op doordeweekse avonden speelt hij badminton

evening star ['i:vnɪŋ stɑː] astron *znw* ★ *the* ~ de Avondster, Venus

evenly ['i:vənlɪ] *bijw* gelijk(matig)

even money ['i:vən 'mʌnɪ], **evens** inf *znw* ❶ gelijke kansen ❷ lood om oud ijzer

evensong ['i:vənsɒŋ] *znw* ❶ vesper ❷ avonddienst

event [ɪ'vent] *znw* ❶ gebeurtenis, voorval, geval ★ *at all* ~*s* in elk geval ★ *in any* ~ wat er ook mag gebeuren, hoe het ook zij, toch, in ieder geval ★ *in either* ~ in beide gevallen ★ *in the* ~ uiteindelijk ★ *in the* ~ *of* in geval van ★ *in the* ~ *that* voor het geval dat ★ *be wise after the* ~ achteraf wijs zijn ❷ evenement ❸ sp nummer, wedstrijd, race

even-tempered [i:vn-'tempəd] *bn* gelijkmatig van humeur

eventful [ɪ'ventfʊl] *bn* rijk aan gebeurtenissen, veelbewogen, belangrijk

eventide ['i:vntaɪd] dicht *znw* avond

eventual [ɪ'ventʃʊəl] *bn* ❶ uiteindelijk, eind-, aan het slot, daaruit voortvloeiend ❷ later volgend ❸ mogelijk, eventueel

eventuality [ɪventʃʊ'ælətɪ] *znw* mogelijke gebeurtenis, mogelijkheid ★ *we think we're prepared for every* ~ we denken dat we op alle mogelijke gebeurtenissen zijn voorbereid

eventually [ɪ'ventʃʊəlɪ] *bijw* tenslotte, uiteindelijk

---

eventually
betekent **uiteindelijk, tenslotte** en niet *eventueel*.
Left untreated, this cancer will eventually spread
betekent niet *als de kanker onbehandeld blijft zou deze zich eventueel kunnen uitzaaien* maar *als de kanker onbehandeld blijft zal deze zich uiteindelijk uitzaaien*.
Ned. *eventueel* = **possibly**.

---

eventuate [ɪ'ventʃʊeɪt] *onoverg* ❶ ‹goed &› aflopen, uitlopen (op *in*) ❷ gebeuren ★ *you never know what*

might ~ je weet nooit wat er kan gebeuren
ever ['evə] *bijw* ❶ ooit, weleens ★ *our best harvest
/ results &* ~ onze beste oogst / resultaten & ooit
★ *rarely, if* ~ zelden of nooit ★ *that was a cyclone
/ performance / politician & if* ~ *there was one* als er
ooit een cycloon / optreden / politicus & geweest is
dan was dat hem wel ★ *if* ~ *there was a time to buy,
this is it* als er ooit een beter moment was om te
kopen dan is het wel nu ★ inf *you're never* ~ *at home*
je bent nooit ofte nimmer / nooit en te nimmer
thuis ★ *nothing* ~ *seems to upset her* niets schijnt haar
ooit te verstoren ★ *bigger / better / more & than* ~
groter / beter / meer & dan ooit ★ inf *do I* ~*!* en hoe!
★ inf *did you* ~*!* heb je ooit (van je leven)! ★ inf *was
he* ~ *mad!* wat was hij kwaad! ❷ altijd, immer,
eeuwig ★ ~ *after* daarna ★ *happily* ~ *after* nog lang
en gelukkig ★ *as good / happy / popular & as* ~ nog
altijd even goed / gelukkig / populair & ★ *he's as
overworked as* ~ hij is net zo overwerkt als altijd ★ *as
much as* ~ nog even veel ★ *for* ~ */ for* ~ *and* ~ */ for* ~
and a day (voor) altijd, eeuwig ★ *X for* ~*!* hoera voor
X! ★ ~ *since* sinds(dien), van die tijd af ▼ *thank you* ~
so much! hartstikke bedankt! ▼ *we're* ~ *so grateful*
we zijn heel dankbaar
evergreen ['evəgri:n] *bn & znw* ❶ plantk altijdgroen
(gewas) ❷ evergreen ⟨populaire oude melodie &⟩
everlasting [evə'lɑ:stɪŋ] *bn* ❶ eeuwig(durend),
onsterfelijk ❷ onverwoestbaar
evermore [evə'mɔ:] dicht *bijw* (voor) altijd, eeuwig
every ['evrɪ] *bn* ieder, elk, al ★ ~ *day* alle dagen ★ ~
last dollar / inch / vote & tot de laatste dollar
/ centimeter / stem & ★ inf ~ *man Jack/~ Tom, Dick
and Harry* iedereen, zonder uitzondering ★ *your* ~
move elke stap die je zet ★ *your* ~ *need* alles wat je
nodig hebt ★ ~ *one (of them)* ieder (van hen) ★ ~
other day/~ second day om de andere dag ★ ~ *third
day/~ three days* om de drie dagen ★ ~ *third man* één
van elke drie mannen ★ Am ~ *which way* overal
(heen, vandaan) ★ *your* ~ *word* elk woord dat je zegt
★ ~ *now and then* af en toe ★ ~ *bit as good / happy
/ deadly & (as)* in elk opzicht even goed / gelukkig
/ dodelijk & (als) ★ *in* ~ *way* in alle opzichten,
alleszins ★ *on / at* ~ *corner* op elke straathoek
everybody ['evrɪbɒdɪ] *onbep vnw* ❶ iedereen
❷ allemaal
everyday ['evrɪdeɪ, evrɪ'deɪ] *bn* (alle)daags, gewoon
everyone ['evrɪwʌn] *onbep vnw* ❶ iedereen
❷ allemaal
everyplace ['evrɪpleɪs] Am *bijw* → **everywhere**
everything ['evrɪθɪŋ] *onbep vnw* alles
everyway ['evrɪweɪ] *bijw* in alle opzichten, alleszins
everywhere ['evrɪweə], Am **everyplace** *bijw* overal
evict [ɪ'vɪkt] *overg* uitzetten ★ *they have been* ~*ed from
their home* ze zijn uit hun huis gezet
eviction [ɪ'vɪkʃən] *znw* uitzetting ★ *an* ~ *order
/ warrant* een bevel tot uitzetting
evidence ['evɪdns] **I** *znw* ❶ getuigenis ★ jur *hearsay
/ second-hand* ~ getuigenis van horen zeggen ★ jur

testimonial ~ bewijs door getuigen,
getuigenverklaringen ★ *bear / show* ~ *of sth*
getuigen, blijk geven van iets ★ *give* ~ getuigenis
afleggen ❷ bewijs, bewijsstuk, bewijsmateriaal,
bewijzen ★ *conclusive* ~ overtuigend bewijs, afdoend
bewijs ★ *despite* ~ *to the contrary* ondanks bewijs van
het tegendeel ★ *in the light of new* ~ in het licht van
nieuw bewijsmateriaal ★ *lack of* ~ het ontbreken
van bewijs, onvoldoende bewijs ★ *on the* ~ *of* naar
blijkt uit, op grond van ★ *not a scrap / shred of* ~ *to
support his case* geen enkel bewijs ter ondersteuning
van zijn zaak ★ *be in* ~ de aandacht trekken ★ *the* ~
suggests that he is guilty het bewijsmateriaal doet
vermoeden dat hij schuldig is ★ jur *turn King's
/ Queen's/Am State's* ~ getuigen tegen
medeverdachten ⟨om strafvermindering te krijgen⟩
II *overg* form bewijzen, (aan)komen, getuigen van
evident ['evɪdnt] *bn* blijkbaar, klaarblijkelijk,
kennelijk, duidelijk
evidential [evɪ'denʃəl] form *bn* tot bewijs dienend,
bewijs- ★ *be* ~ *of* bewijzen, getuigen van
evidently ['evɪdəntlɪ] *bijw* ❶ klaarblijkelijk, blijkbaar
★ *he* ~ *thought otherwise* blijkbaar dacht hij er
anders over ★ *'are they friends?'* ~' 'zijn ze
bevriend?' 'blijkbaar wel' ❷ duidelijk ★ *the letter is
so* ~ *forged* de brief is zo duidelijk vervalst
evil ['i:vəl, 'i:vɪl] **I** *bn* slecht, kwaad, kwalijk, boos,
snood ★ *the* ~ *eye* het boze oog ★ *put off the* ~ *day*
iets onplezierigs uitstellen **II** *znw* ❶ kwaad, onheil
★ *the lesser of two* ~*s* van twee kwaden het minste
★ *speak* ~ *of sbd* kwaadspreken over iemand ❷ euvel
❸ kwaal
evildoer ['i:vəldu:ə] *znw* boosdoener
evil-minded [i:vəl-'maɪndɪd] *bn* kwaadaardig
evil-smelling [i:vəl-'smelɪŋ] *bn* stinkend, kwalijk
riekend
evince [ɪ'vɪns] form *overg* bewijzen, (aan)tonen, aan
de dag leggen ★ *her behaviour* ~*s a complete lack of
regard for others* haar gedrag toont een totaal
gebrek aan respect voor anderen
eviscerate [ɪ'vɪsəreɪt] form *overg* ingewanden
uithalen, (buik) openrijten
evisceration [ɪvɪsə'reɪʃn] *znw* ontweien, verwijdering
van ingewanden
evocation [i:vəʊ'keɪʃən] *znw* oproeping, evocatie
evocative [ɪ'vɒkətɪv] *bn* evocatief, suggestief,
herinneringen wekkend ★ *a holiday* ~ *of those we
used to have* een vakantie die doet denken aan de
vakanties die we vroeger hadden
evocatively [ɪ'vɒkətɪvlɪ] *bijw* beeldend, suggestief
★ *they* ~ *refer to the car as 'the shark'* ze noemen de
auto beeldend 'de haai'
evoke [ɪ'vəʊk] *overg* oproepen, tevoorschijn roepen
evolution [i:və'lu:ʃən] *znw* ❶ ontplooiing,
ontwikkeling ❷ evolutie
evolutionary [i:və'lu:ʃənərɪ] *bn* evolutionair, evolutie-
evolutionism [i:və'lu:ʃənɪzm] *znw* evolutieleer
evolve [ɪ'vɒlv] **I** *overg* ❶ ontvouwen, ontplooien,

ev

ontwikkelen ❷ evolueren **II** *onoverg* ❶ zich ontvouwen, ontplooien, ontwikkelen ★ *the company has ~d into a multinational organisation* het bedrijf heeft zich ontwikkeld tot een multinationale organisatie ❷ evolueren ★ *dogs have probably ~d from wolves* honden zijn waarschijnlijk uit wolven ontstaan

ewe [ju:] *znw* ooi

ewer [ˈjuːə] *znw* lampetkan

ex [eks] **I** *voorz* ❶ uit, af ‹fabriek› ❷ zonder **II** *znw* inf ex-man, ex-vrouw, ex-verloofde

ex- [eks-] *voorv* ex-, vroeger, voormalig, gewezen, oud-

exacerbate [ɪɡˈzæsəbeɪt, ekˈsæsəbeɪt] *onoverg* verergeren, toespitsen

exacerbation [ɪɡzæsəˈbeɪʃən, eksæsə-] *znw* verergering

exact [ɪɡˈzækt] **I** *bn* ❶ nauwkeurig, stipt, juist, precies ★ *to be ~* om precies te zijn ❷ afgepast ❸ exact ★ *an ~ science* een exacte wetenschap **II** *overg* ❶ form vorderen ❷ form eisen, afpersen

exacting [ɪɡˈzæktɪŋ] *bn* veeleisend ★ *~ work* inspannend werk

exactitude [ɪɡˈzæktɪtjuːd] *znw* → **exactness**

exactly [ɪɡˈzæktlɪ] *bijw* nauwkeurig, stipt, juist, precies ★ *what did he say ~?* wat zei hij eigenlijk? ★ *he's not ~ what you'd call clever* hij is niet bepaald slim te noemen

exactness [ɪɡˈzæktnɪs], form **exactitude** *znw* ❶ nauwkeurigheid, stiptheid ❷ juistheid

exactor [ɪɡˈzæktə] *znw* afperser

exaggerate [ɪɡˈzædʒəreɪt] *overg* ❶ overdrijven ★ *it is hard to ~ the importance of regular exercise* het belang van regelmatige lichaamsbeweging kan moeilijk worden overschat ❷ chargeren

exaggerated [ɪɡˈzædʒəreɪtɪd] *bn* overdreven

exaggeratedly [ɪɡˈzædʒəreɪtɪdlɪ] *bijw* overdreven ★ *our reception was friendly, but not ~ so* we werden vriendelijk ontvangen, maar niet te

exaggeration [ɪɡzædʒəˈreɪʃən] *znw* ❶ overdrijving ★ *it is no ~ to say that puberty is a difficult time* het is geen overdrijving om te zeggen dat de puberteit een moeilijke periode is ❷ overdrevenheid ❸ charge

exalt [ɪɡˈzɔːlt] *overg* ❶ verheffen, verhogen ❷ verheerlijken, prijzen, loven

exaltation [egzɔːlˈteɪʃən] *znw* ❶ verheffing, verhoging ❷ verheerlijking ❸ (geest)vervoering, verrukking

exalted [ɪɡˈzɔːltɪd] *bn* ❶ verheven, gedragen ‹stijl› ❷ hoog, aanzienlijk ★ *he quickly rose to the ~ position of archbishop* hij rees snel tot de verheven positie van aartsbisschop ❸ in verrukking, geestdriftig

exam [ɪɡˈzæm], **examination** *znw* examen ★ *the final ~* het eindexamen

examination [ɪɡzæmɪˈneɪʃən] *znw* ❶ → **exam** ❷ onderzoek, inspectie, analyse, jur ondervraging, verhoor ★ *a medical ~* een medisch onderzoek, een keuring ★ *a physical ~* een lichamelijk onderzoek ★ *on (closer) ~* bij (nader) onderzoek, op de keper beschouwd ★ *be under ~* in onderzoek zijn, jur

verhoord worden

examination paper [ɪɡzæmɪˈneɪʃən ˈpeɪpə] *znw* examenopgaven, schriftelijk examen

examine [ɪɡˈzæmɪn] *overg* ❶ examineren, onderzoeken, visiteren, inspecteren, controleren, nakijken, bekijken, onder de loep nemen ❷ jur ondervragen, verhoren

examinee [ɪɡzæmɪˈniː] *znw* examinandus

examiner [ɪɡˈzæmɪnə] *znw* ❶ examinator, ondervrager ★ *a medical ~* een controlerend geneesheer, Am een gerechtelijk lijkschouwer ❷ rechter van instructie

example [ɪɡˈzɑːmpl] *znw* ❶ voorbeeld, model ★ *for ~* bijvoorbeeld ★ *hold sbd / sth up as an ~* iem. / iets als voorbeeld stellen ★ *make an ~ of sbd* een voorbeeld stellen door iem. te straffen ★ *set an ~* een voorbeeld geven ★ *take sbd as an ~* een voorbeeld nemen aan iem., zich spiegelen aan iem. ★ *follow sbd's ~* een voorbeeld nemen aan iem., iems. voorbeeld volgen ❷ exemplaar ‹v. kunstwerk› ❸ opgave, som

exanthema [eksænˈθiːmə, ɪkˈsænθɪmə] med *znw* huiduitslag

exasperate [ɪɡˈzɑːspəreɪt] *overg* prikkelen, verbitteren

exasperated [ɪɡˈzɑːspəreɪtɪd] *bn* geërgerd, geïrriteerd, boos ★ *the neighbours are becoming increasingly ~ with the noise* de buren raken steeds meer geïrriteerd door het lawaai

exasperatedly [ɪɡˈzɑːspəreɪtɪdlɪ] *bijw* geërgerd ★ *'I know that!' he said ~* 'dat weet ik!' zei hij geërgerd

exasperating [ɪɡˈzɑːspəreɪtɪŋ] *bn* ergerlijk, onuitstaanbaar, tergend ★ *an ~ delay* een ergerlijke vertraging

exasperatingly [ɪɡˈzɑːspəreɪtɪŋlɪ] *bijw* ergerlijk, onuitstaanbaar, tergend ★ *he types ~ slowly* hij typt tergend langzaam

exasperation [ɪɡzɑːspəˈreɪʃən] *znw* ergernis, frustratie, prikkeling, verbittering ★ *in sheer ~* uit pure frustratie ★ *give vent to one's ~* uitdrukking geven aan zijn ergernis

ex cathedra [eks kəˈθiːdrə] ‹*Lat*› *bn & bijw* ex cathedra

excavate [ˈekskəveɪt] *overg* op-, uitgraven, uithollen

excavation [ekskəˈveɪʃən] *znw* op-, uitgraving, uitholling, holte

excavator [ˈekskəveɪtə] *znw* graafmachine

exceed [ɪkˈsiːd] *overg* ❶ overschrijden ❷ overtreffen

exceedingly [ɪkˈsiːdɪŋlɪ] *bijw* bijzonder, uiterst, buitengewoon ★ *he's rich but ~ boring* hij is rijk maar buitengewoon saai

excel [ɪkˈsel] **I** *overg* overtreffen, uitmunten, uitsteken boven ★ *~ oneself* zichzelf overtreffen **II** *onoverg* uitmunten, uitblinken ★ *~ at sth* uitblinken in iets

excellence [ˈeksələns] *znw* uitmuntendheid, uitstekendheid, voortreffelijkheid

excellency [ˈeksələnsɪ] *znw* excellentie

excellent [ˈeksələnt] *bn* uitmuntend, uitstekend, uitnemend, voortreffelijk ★ *she's ~ at entertaining herself* ze kan zich uitstekend zelf bezig houden ★ *the weather is ~ for sailing* het weer is zeer geschikt om te zeilen

excellently ['eksələntlɪ] *bijw* uitstekend, voortreffelijk ★ *we all thought he played ~* we vonden allemaal dat hij voortreffelijk speelde

except [ɪk'sept] **I** *voegw* behalve, maar, alleen ★ *the twins are identical ~ that one has a birthmark* de tweelingen zijn identiek, maar de een heeft een moedervlek **II** *voorz* ❶ behalve, uitgezonderd ★ *open all days ~ Sunday* alle dagen geopend behalve zondag ★ *~ for* behalve ❷ ware het niet dat **III** *overg* form uitzonderen, uitsluiten ★ *inherited property is not ~ed from taxation* erfenissen zijn niet uitgezonderd van belasting

excepted [ɪk'septɪd] *bn* uitgezonderd ★ *southern Europe (Portugal ~) is experiencing hot conditions* het zuiden van Europa (met uitzondering van Portugal) heeft te maken met hitte

excepting [ɪk'septɪŋ] *voorz* uitgezonderd

exception [ɪk'sepʃən] *znw* uitzondering (op *to*), exceptie ★ *with the ~ of* met uitzondering van ★ *without ~* zonder uitzondering ★ *be the ~ rather than the rule* eerder uitzondering zijn dan de regel ★ *make an ~* een uitzondering maken ★ *take ~ to sbd / sth* aanstoot nemen aan iem. / iets, opkomen tegen iem. / iets ★ zegsw *the ~ proves the rule* de uitzondering bevestigt de regel

exceptionable [ɪk'sepʃənəbl] form *bn* ❶ verwerpelijk, afkeurenswaardig, berispelijk ❷ betwistbaar

exceptional [ɪk'sepʃənl] *bn* ❶ bijzonder, uitzonderlijk, exceptioneel ★ *~ weather conditions* uitzonderlijke weersomstandigheden ❷ uitzonderings-

exceptionally [ɪk'sepʃənəlɪ] *bijw* ❶ bijzonder, exceptioneel ★ *an ~ fine wine* een bijzonder goede wijn ★ *she's ~ pleased with the arrangement* ze is bijzonder blij met de afspraak ❷ bij wijze van uitzondering

excerpt ['eksɜːpt] *znw* ❶ passage ❷ uittreksel

excess I *bn* ['ekses] ❶ bovenmatig, overtollig ★ *an ~ fare* een toeslag ⟨op spoorkaartje⟩ ❷ extra-, over- ★ *~ capacity* overcapaciteit ★ *~ profit* overwinst ★ *~ value* meerwaarde, overwaarde **II** *znw* [ɪk'ses, ek'ses, 'ekses] ❶ overmaat, overdaad, buitensporigheid ★ *an ~ of enthusiasm* een overmaat aan enthousiasme ★ *they both drink to ~* ze drinken allebei buitensporig ❷ uitspatting, wreedheid, mishandeling, exces ❸ surplus, overschot ★ *in ~ of 10,000 people* meer dan 10.000 mensen ❹ eigen risico ⟨v. verzekering⟩

excess baggage ['ekses 'bægɪdʒ], **excess luggage** *znw* overvracht, overbagage

excessive [ɪk'sesɪv] *bn* overdadig, buitensporig, overdreven, ongemeen, extreem veel

excessively [ɪk'sesɪvlɪ] *bijw* overdadig, buitensporig, overdreven, ongemeen ★ *she is overweight, but not ~* ze is te dik, maar niet overdreven

exchange [ɪks'tʃeɪndʒ] **I** *znw* ❶ ruil, verwisseling ★ *the ~ value* de ruilwaarde ❷ uitwisseling ❸ omwisseling, inwisseling ⟨v. valuta⟩, wisselkoers

★ econ *~ loss* koersverlies ⟨m.b.t. valuta's⟩ ❹ beurs ❺ woordenwisseling, schermutseling ❻ telec telefooncentrale **II** *overg* ❶ uitwisselen, ruilen ★ *~ words (with sbd)* een woordenwisseling hebben (met iem.) ★ *~ sth for sth* iets ruilen voor iets anders ❷ inwisselen ❸ verwisselen, verruilen

exchangeability [ɪkstʃeɪndʒə'bɪlɪtɪ] *znw* omwisselbaarheid

exchangeable [ɪks'tʃeɪndʒəbl] *bn* in-, verwisselbaar, ruilbaar

exchange bank [ɪks'tʃeɪndʒ bæŋk] *znw* deviezenbank

exchange control [ɪks'tʃeɪndʒ kən'trəʊl] *znw* deviezenbepaling, deviezencontrole ⟨door regering⟩

exchange loss [ɪks'tʃeɪndʒ lɒs] econ *znw* koersverlies ⟨m.b.t. valuta's⟩

exchange office [ɪks'tʃeɪndʒ 'ɒfɪs] *znw* wisselkantoor

exchange rate [ɪks'tʃeɪndʒ reɪt] *znw* wisselkoers

exchange risk [ɪks'tʃeɪndʒ rɪsk] econ *znw* wisselkoersrisico

exchange student [ɪks'tʃeɪndʒ 'stjuːdnt] *znw* uitwisselingsstudent

exchange transfusion [ɪks'tʃeɪndʒ træns'fjuːʒən] *znw* volledige bloedtransfusie

exchequer [ɪks'tʃekə] *znw* schatkist ★ Br *the Exchequer* Ministerie van Financiën

excisable [ɪk'saɪzəbl] *bn* accijnsplichtig

excise I *znw* ['eksaɪz] accijns ★ *~ duties* accijnzen **II** *overg* [ek-, ɪk'saɪz] uitsnijden, afsnijden, wegnemen, schrappen (uit *from*)

exciseman ['eksaɪzmæn] hist *znw* commies

excision [ɪk'sɪʒən] *znw* ❶ uit-, afsnijding ❷ wegneming, schrapping ❸ uitsluiting

excitability [ɪksaɪtə'bɪlɪtɪ] *znw* prikkelbaarheid

excitable [ɪk'saɪtəbl] *bn* prikkelbaar

excitant ['eksɪtənt, ɪk'saɪtənt, ek-] med *znw* pepmiddel

excite [ɪk'saɪt] *overg* ❶ prikkelen, opwekken, aanzetten, stimuleren ❷ opwinden ❸ (ver)wekken

excited [ɪk'saɪtɪd] *bn* opgewonden ★ inf *nothing to get ~ about* niets om opgewonden over te raken ★ *they're very ~ by the news* ze zijn erg opgewonden door het nieuws

excitedly [ɪk'saɪtɪdlɪ] *bijw* opgewonden ★ *the children ran ~ towards the sea* de kinderen renden opgewonden naar de zee

excitement [ɪk'saɪtmənt] *znw* opwinding, opgewondenheid, spanning, sensatie ★ *the crowd leapt up in ~* de menigte sprong omhoog van opwinding ★ *in the ~ of the moment* in de spanning van het moment ★ *the flags add an air of ~ to the scene* de vlaggen gaven een sfeer van opwinding aan het decor ★ *be flushed with ~* blozen van opwinding

exciting [ɪk'saɪtɪŋ] *bn* opwindend, boeiend, interessant, spannend

exclaim [ɪk'skleɪm] *overg* uitroepen ★ *'it can't be true!' he ~ed in horror* 'dat kan niet waar zijn!' riep hij in afschuw uit

exclamation [eksklə'meɪʃən] *znw* uitroep, kreet,

ex

ex

schreeuw ★ *she gave an ~ of delight* ze gaf een kreet van verrukking

exclamation mark [eksklə'meɪʃən mɑːk], Am **exclamation point** znw uitroepteken ‹!›

exclamatory [ɪk'sklæmətərɪ] bn uitroepend

exclude [ɪk'sklu:d] overg buiten-, uitsluiten

excluding [ɪk'sklu:dɪŋ] voorz ❶ exclusief, niet inbegrepen ★ *$25 ~ tax* $25 exclusief belasting / btw ❷ behalve

exclusion [ɪk'sklu:ʒən] znw buiten-, uitsluiting ★ *to the ~ of* met uitsluiting van

exclusion clause [ɪk'sklu:ʒən klɔːz] jur znw exoneratieclausule, exoneratiebeding

exclusion order [ɪk'sklu:ʒən 'ɔːdə] Br znw huis- / straat- / stadionverbod &

exclusion zone [ɪk'sklu:ʒən zəʊn] znw verboden gebied, territoriale wateren

exclusive [ɪk'sklu:sɪv] I bn ❶ uitsluitend ★ *mutually ~* onverenigbaar ★ *~ of sth* met uitsluiting van iets, iets ongerekend, niet inbegrepen ❷ exclusief II znw exclusief interview, exclusieve reportage

exclusively [ɪk'sklu:sɪvlɪ] bijw uitsluitend ★ *~ for the use of guests* uitsluitend bestemd voor gebruik door gasten ★ *was ~ male* bestond alleen uit mannen

excommunicate [ekskə'mju:nɪkeɪt] overg excommuniceren, in de ban doen

excommunication [ekskəmju:nɪ'keɪʃən] znw excommunicatie, (kerk)ban

ex-con [eks-'kɒn] inf znw (ex-convict) voormalig gevangene

excoriate [eks'kɔ:rɪeɪt] overg ❶ form hekelen, hevig bekritiseren ★ *scientists have ~d his methodology* wetenschappers hebben zijn methodologie gehekeld ❷ med ontvellen, schaven

excoriation [ekskɔ:rɪ'eɪʃən] znw ❶ ontvelling ❷ form hekeling, zware kritiek

excrement ['ekskrɪmənt] znw uitwerpselen, ontlasting, feces

excrescence [ɪk'skresəns] form znw uitwas

excreta [ɪk'skri:tə, ek-] znw [mv] uitscheidingsstoffen ‹met name uitwerpselen en urine›

excrete [ɪk'skri:t] overg uit-, afscheiden

excretion [ɪk'skri:ʃən] znw excretie, secretie, uit-, afscheiding

excretory [ɪk'skri:tərɪ] bn ❶ uit-, afscheidend ❷ uit-, afscheidings-

excruciating [ɪk'skru:ʃɪeɪtɪŋ] bn ondraaglijk, verschrikkelijk, vreselijk

excruciatingly [ɪk'skru:ʃɪeɪtɪŋlɪ] bijw ondraaglijk, verschrikkelijk ★ *the maths exam was ~ difficult* het wiskunde-examen was verschrikkelijk moeilijk

exculpate ['ekskʌlpeɪt] form overg van blaam zuiveren, verontschuldigen, vrijpleiten

exculpation [ekskʌl'peɪʃən] form znw zuivering van blaam, verontschuldiging, vrijpleiten

exculpatory [eks'kʌlpətərɪ] form bn verontschuldigend, vrijpleitend

excursion [ɪk'skɜ:ʃən] znw ❶ excursie, uitstapje ★ *we*

went on an ~ *to the pyramids* we zijn op een excursie naar de piramiden geweest ❷ uitweiding, afdwaling

excursionist [ɪk'skɜ:ʃənɪst] znw excursionist, deelnemer aan een excursie, pleziereiziger

excursive [ɪk'skɜ:sɪv] form bn afdwalend, uitweidend

excusable [ɪks'kju:zəbl] bn vergeeflijk, te verontschuldigen

excusatory [ɪk'sku:zətərɪ] bn verontschuldigend, rechtvaardigend

excuse I znw [ɪks'kju:s] ❶ verschoning, verontschuldiging, excuus ❷ jur schulduitsluitingsgrond ★ *a miserable / poor & ~ for sth* een slecht excuus voor iets ★ *make ~s* uitvluchten verzinnen ★ *make one's ~s* zich verontschuldigen ★ *send an ~* (een uitnodiging) afschrijven II overg [ɪks'kju:z] ❶ verontschuldigen, excuseren, vergeven ★ *~ me* pardon, neemt u me niet kwalijk, sorry ★ *~ oneself* zich verontschuldigen, bedanken ‹voor uitnodiging›, afschrijven ❷ vrijstellen, schenken ‹v. lessen &›

ex-directory [eks-daɪ'rektərɪ] telec bn ★ *an ~ number* een geheim nummer

execrable ['eksɪkrəbl] form bn afschuwelijk

execrably ['eksɪkrəblɪ] form bijw afschuwelijk ★ *he has been treated ~* hij is afschuwelijk behandeld

execrate ['eksɪkreɪt] form overg vervloeken, verafschuwen

execration [eksɪ'kreɪʃən] form znw ❶ vervloeking ❷ afschuw ❸ gruwel

executant [ɪg'zekjʊtənt] I bn uitvoerend ★ *~ skills are required* uitvoerende vaardigheden worden gevraagd II znw ❶ uitvoerder ❷ uitvoerend musicus

execute ['eksɪkju:t] overg ❶ uitvoeren, verrichten, volbrengen, voltrekken ‹een akte› ❸ terechtstellen, ter dood brengen

execution [eksɪ'kju:ʃən] znw ❶ uitvoering, volbrenging ❷ jur voltrekking ★ *stay / suspend ~ of sth* de voltrekking van iets opschorten ❸ executie, terechtstelling ❹ form passeren ‹v.e. akte›

executioner [eksɪ'kju:ʃənə] znw beul

executive [ɪg'zekjʊtɪv] I bn ❶ uitvoerend ❷ leidinggevend, leidend ‹functie &› ★ *an ~ function* een bestuursfunctie ★ *the ~ management* de hoofddirectie ★ *an ~ search bureau* een wervings- en selectiebureau voor leidinggevenden ❸ directie- ★ *the ~ secretary* de directiesecretaris, directiesecretaresse ❹ luxe- II znw ❶ uitvoerende macht ❷ uitvoerend comité, (dagelijks) bestuur ❸ bestuurder, leider, hoofd, directeur

executive board [ɪg'zekjʊtɪv bɔːd] znw college van bestuur ‹van universiteit &›

executive car [ɪg'zekjʊtɪv kɑ:] znw directiewagen

executive committee [ɪg'zekjʊtɪv kə'mɪtɪ] znw bestuurscollege

executive council [ɪg'zekjʊtɪv 'kaʊnsəl] znw raad van bestuur, dagelijks bestuur

executive director [ɪg'zekjʊtɪv daɪ'rektə] znw lid van

de raad van bestuur

executive officer [ɪgˈzekjʊtɪv ˈɒfɪsə] *znw* leidinggevende, persoon met uitvoerende bevoegdheid

executive order [ɪgˈzekjʊtɪv ˈɔːdə] *Am znw* presidentieel besluit

executive privilege [ɪgˈzekjʊtɪv ˈprɪvɪlɪdʒ] *znw* recht op geheimhouding ‹door de president›

executive session [ɪgˈzekjʊtɪv ˈseʃən] *znw* besloten vergadering ‹v.d. Amerikaanse senaat›

executor [ɪgˈzekjʊtə] *znw* ❶ jur executeur(-testamentair) ❷ uitvoerder

executrix [ɪgˈzekjʊtrɪks] *znw* executrice

EXE file [iːeksˈiː faɪl] comput *znw* (executable file) bestand met extensie 'exe', executable file

exegesis [eksɪˈdʒiːsɪs] *znw* [mv: exegeses] exegese, tekstuitleg

exegetic [eksɪˈdʒetɪk], **exegetical** *bn* exegetisch

exemplar [ɪgˈzemplə] *znw* model, voorbeeld

exemplary [ɪgˈzemplərɪ] *bn* voorbeeldig ★ jur ~ *damages* morele schadevergoeding, smartengeld

exemplification [ɪgzemplɪfɪˈkeɪʃən] *znw* ❶ voorbeeld, illustratie ❷ toelichting, verklaring

exemplify [ɪgˈzemplɪfaɪ] *overg* verklaren, toelichten door voorbeelden, een voorbeeld zijn van ★ *her work among the dying exemplifies her compassion* haar werk onder de stervenden is een voorbeeld van haar mededogen

exempt [ɪgˈzempt] **I** *bn* vrij(gesteld) (van *from*) **II** *overg* ontslaan, vrijstellen

exemption [ɪgˈzempʃən] *znw* vrijstelling ★ ~ *from taxes* vrijstelling van belastingen

exemption clause [ɪgˈzempʃən klɔːz] jur *znw* exoneratieclausule, exoneratiebeding

exequies [ˈeksɪkwɪz] form *znw* [mv] uitvaart

exercise [ˈeksəsaɪz] **I** *znw* ❶ oefening, opgave, thema ★ *the talks are little more than an ~ in public relations* de besprekingen zijn weinig meer dan een oefening in public relations ❷ (lichaams)beweging, -oefening ★ *physical ~* lichamelijke oefening ★ *lack of ~ is a health risk* een gebrek aan lichaamsbeweging is een gezondheidsrisico ★ *does he get / do enough ~?* krijgt hij wel genoeg lichaamsbeweging? ★ *he needs more ~* hij moet meer bewegen / oefenen ❸ uitoefening, aanwending, gebruik ❹ betrachting, beoefening ❺ operatie, onderneming, campagne ❻ mil manoeuvre, exercitie **II** *overg* ❶ uitoefenen, aanwenden, gebruiken ❷ in acht nemen, betrachten ‹zorg &› ★ *they failed to ~ sufficient caution* ze namen onvoldoende voorzichtigheid in acht ❸ beweging laten nemen, oefenen ★ *he ~s his mind with reading* hij houdt zijn geest fris door te lezen ❹ mil laten exerceren, drillen ❺ bezighouden ❻ op de proef stellen ‹het geduld› **III** *onoverg* ❶ (zich) oefenen ❷ mil exerceren ❸ beweging nemen

exercise bike [ˈeksəsaɪz baɪk] *znw* hometrainer, trimfiets

exercise book [ˈeksəsaɪz bʊk] *znw* ❶ schrift, cahier ❷ oefenboek

exercise yard [ˈeksəsaɪz jɑːd] *znw* luchtplaats ‹in gevangenis›

exert [ɪgˈzɜːt] **I** *overg* aanwenden, gebruiken, uitoefenen **II** *wederk* ★ ~ *oneself* zich inspannen, zijn best doen

exertion [ɪgˈzɜːʃən] *znw* ❶ aanwending ❷ inspanning ‹van krachten› ❸ krachtige poging

exeunt [ˈeksɪʌnt] ‹*Lat*› *onoverg* (zij gaan) af ‹regieaanwijzing›

exfoliate [eksˈfəʊlɪeɪt] *onoverg* ❶ afschilferen ❷ ontbladeren

exfoliation [eksfəʊlɪˈeɪʃən] *znw* ❶ afschilfering ❷ ontbladering

ex gratia [eks ˈgreɪʃə] ‹*Lat*› *bn & bijw* niet verplicht, als gunst, als gratificatie ★ *an ~ payment* een gratificatie

exhalation [ekshəˈleɪʃən] *znw* uitademing

exhale [eksˈheɪl] *overg* uitademen

exhaust [ɪgˈzɔːst] **I** *znw* uitlaat(gas) ★ ~ *fumes* uitlaatgassen **II** *overg* ❶ uitputten, leegmaken ★ ~ *oneself* zich uitputten, zich uitsloven ❷ grondig behandelen ‹onderwerp›

exhausted [ɪgˈzɔːstɪd] *bn* ❶ uitgeput, geradbraakt ★ *he came home ~ from the day's work* hij kwam uitgeput thuis van een dag werk ❷ handel uitverkocht ❸ op

exhaustible [ɪgˈzɔːstəbl] *bn* eindig ★ *the earth's resources are ~* de hulpbronnen van de aarde zijn eindig

exhaustion [ɪgˈzɔːstʃən] *znw* uitputting ★ *he collapsed from ~* hij stortte van uitputting in elkaar ★ *she was faint with ~* ze was verzwakt door uitputting ★ *suffer from ~* lijden aan uitputting

exhaustive [ɪgˈzɔːstɪv] *bn* uitputtend, grondig ★ *an ~ study* een grondige studie

exhaust pipe [ɪgˈzɔːst paɪp] *znw* uitlaat(pijp)

exhibit [ɪgˈzɪbɪt] **I** *znw* ❶ jur bewijsstuk ❷ inzending ‹op tentoonstelling›, voorwerp & ‹in museum› **II** *overg* ❶ tentoonstellen, exposeren, (ver)tonen, aan de dag leggen ❷ overleggen, indienen **III** *onoverg* exposeren

exhibition [eksɪˈbɪʃən] *znw* ❶ vertoning, tentoonstelling ★ *his paintings are now on ~ in London* zijn schilderijen worden nu tentoongesteld in Londen ★ *make an ~ of oneself* zich (belachelijk) aanstellen, zich bespottelijk maken ❷ jur overlegging, indiening ❸ onderw (studie)beurs

exhibitioner [eksɪˈbɪʃənə] *znw* bursaal, beursstudent

exhibitionism [eksɪˈbɪʃənɪzəm] *znw* ❶ aanstellerij, buitensporig gedrag ❷ exhibitionisme

exhibitionist [eksɪˈbɪʃənɪst] *znw* ❶ aansteller ❷ exhibitionist

exhibition match [eksɪˈbɪʃən mætʃ] *znw* demonstratiewedstrijd

exhibitor [ɪgˈzɪbɪtə] *znw* ❶ iem. die iets toont ❷ exposant

ex

exhibitory [ɪɡ'zɪbɪtrɪ] *bn* berekend op effect

exhilarate [ɪɡ'zɪləreɪt] *overg* opvrolijken, opwekken

exhilarating [ɪɡ'zɪləreɪtɪŋ] *bn* opwekkend, opbeurend

exhilaration [ɪɡzɪlə'reɪʃən] *znw* ❶ opvrolijking ❷ vrolijkheid

exhort [ɪɡ'zɔːt] *overg* aan-, vermanen, aansporen

exhortation [egzɔː'teɪʃən] *znw* aan-, vermaning, aansporing

exhortative [ɪɡ'zɔːtətɪv], **exhortatory** *bn* vermanend

exhorter [ɪɡ'zɔːtə] *znw* vermaner

exhumation [ekshju:'meɪʃən, ɪɡzju:-] *znw* opgraving ‹v. lijk›

exhume [eks'hjuːm, ɪɡ'zjuːm] *overg* ❶ opgraven ‹v. lijk› ❷ fig opdiepen

ex-husband [eks-'hʌzbənd] *znw* ex-man

exigency ['eksɪdʒənsɪ] form *znw* nood, behoefte, eis

exigent ['eksɪdʒənt] form *bn* ❶ urgent, dringend ★ ~ *problems* urgente problemen ❷ veeleisend

exiguity [egzɪ'ɡjuːɪtɪ, ɪɡ-] form *znw* klein-, onbeduidendheid

exiguous [eg'zɪɡjʊəs, ɪɡ-] form *bn* klein, onbeduidend

exile ['eksaɪl, 'egzaɪl] **I** *znw* ❶ verbanning, ballingschap ★ *he spent 20 years in* ~ hij heeft 20 jaar in ballingschap doorgebracht ❷ balling **II** *overg* (ver)bannen ★ *he was* ~*d to St Helena* hij werd verbannen naar St Helena

exist [ɪɡ'zɪst] *onoverg* bestaan, leven, zijn, existeren ★ *water is known to* ~ *on Mars* het is bekend dat er water is op Mars

existence [ɪɡ'zɪstəns] *znw* bestaan, aanwezigheid, wezen, zijn, existentie ★ *the building / company / copyright & is still in* ~ het gebouw / de onderneming / het copyright & bestaat nog steeds ★ *bring / call sth into* ~ iets in het leven roepen ★ *come into* ~ ontstaan ★ *question the* ~ *of sth* het bestaan van iets in twijfel trekken

existent [ɪɡ'zɪstənt] *bn* bestaand

existential [egzɪ'stenʃəl] *bn* existentieel

existentialism [egzɪ'stenʃəlɪzəm] *znw* existentialisme

existentialist [egzɪ'stenʃəlɪst] **I** *bn* existentialistisch **II** *znw* existentialist

exit ['eksɪt, 'egsɪt] **I** *znw* ❶ uitgang ❷ uitrit, afslag ‹v. autoweg› ❸ vertrek, uitreis ★ *make a dignified / an early / a quick &* ~ waardig / vroeg / snel & vertrekken ❹ afgaan ‹v.h. toneel› **II** *onoverg* ❶ afgaan ‹v.h. toneel› ❷ fig van het toneel verdwijnen

exit line ['eksɪt laɪn] *znw* laatste zin ‹bij het verlaten van het toneel›

exit poll ['eksɪt pəʊl] *znw* exit poll ‹opiniepeiling onder mensen die net hebben gestemd›

exit visa ['eksɪt 'viːzə] *znw* uitreisvisum

exit wound ['eksɪt waʊnd] *znw* wond waar de kogel het lichaam heeft verlaten

ex libris [eks 'liːbrɪs] *(‹Lat)* bn & znw ex-libris

exodus ['eksədəs] *znw* ❶ exodus ❷ uittocht

ex officio [eks ə'fɪʃɪəʊ] *(‹Lat)* bn & bijw ❶ ambtshalve ❷ ambtelijk, ex officio

exogamy [ek'sɒɡəmɪ] *znw* exogamie, huwen buiten de eigen sociale groep

exogenous [ek'sɒdʒɪnəs] *bn* exogeen, van buitenaf komend ★ *an* ~ *marriage* een huwelijk buiten de groep

exonerate [ɪɡ'zɒnəreɪt] *overg* ❶ ontlasten, ontheffen ❷ (van blaam) zuiveren

exoneration [ɪɡzɒnə'reɪʃən] *znw* ❶ ontlasting, ontheffing ❷ zuivering (van blaam)

exorbitance [ɪɡ'zɔːbɪtns] *znw* buitensporigheid

exorbitant [ɪɡ'zɔːbɪtnt] *bn* buitensporig, overdreven

exorcise ['eksɔːsaɪz] *overg* → **exorcize**

exorcism ['eksɔːsɪzəm] *znw* (geesten)bezwering

exorcist ['eksɔːsɪst] *znw* geestenbezweerder

exorcize ['eksɔːsaɪz], **exorcise** *overg* ❶ uitdrijven, (uit)bannen, bezweren ❷ (van boze geesten) bevrijden

exotic [ɪɡ'zɒtɪk] **I** *bn* ❶ uitheems ❷ exotisch **II** *znw* exoot, uitheemse plant &

exotica [ɪɡ'zɒtɪkə] *znw* [mv] exotische voorwerpen

exotic dancer [ɪɡ'zɒtɪk 'dɑːnsə] *znw* striptease danseres

exoticism [ɪɡ'zɒtɪsɪzm] *znw* exotisme

expand [ɪk'spænd] **I** *overg* ❶ uitspreiden, uitbreiden ❷ (doen) uitzetten ❸ ontwikkelen, ontplooien ❹ comput uitpakken, decomprimeren ‹van gecomprimeerde bestanden›, uitvouwen ‹van subdirectory's› **II** *onoverg* ❶ uitzetten ❷ toenemen, (zich) uitbreiden / uitspreiden, uitdijen, (zich) ontwikkelen / ontplooien ★ *membership has* ~*ed from 200 to 900* het ledental is toegenomen van 200 tot 900 ★ *the village has* ~*ed into a town* het dorp heeft zich tot stad ontwikkeld ★ ~ *on sth* uitweiden over iets, diep op iets ingaan ❸ ontluiken

expandable [ɪk'spændəbl], **expansible** *bn* uitzetbaar, expandeerbaar

expanse [ɪk'spæns] *znw* ❶ uitgestrektheid ❷ uitspansel

expansile [ɪk'spænsaɪl] nat *bn* uitzetbaar, expansief

expansion [ɪk'spænʃn] *znw* ❶ uitbreiding, expansie, uitzetting, uitdijing ❷ spankracht ❸ ontwikkeling, ontplooiing ❹ ontluiking

expansionary [ɪk'spænʃənərɪ] *bn* expansief, expansiegericht

expansionism [ɪks'pænʃənɪzm] *znw* expansionisme, streven naar (gebieds)uitbreiding

expansionist [ɪks'pænʃənɪst] **I** *bn* expansionistisch **II** *znw* expansionist

expansive [ɪk'spænsɪv] *bn* ❶ uitgebreid, uitgestrekt, wijd ❷ expansief, mededeelzaam ❸ overvloedig, uitbundig, groots

expansively [ɪk'spænsɪvlɪ] *bijw* ❶ uitgebreid, uitgestrekt, wijd, ruim ★ *they live quite* ~ ze wonen nogal ruim ❷ expansief, mededeelzaam ❸ overvloedig, uitbundig, groots ★ *he gestured* ~ hij gebaarde uitbundig

expat [eks'pæt] inf *znw* → **expatriate**

expatiate [ɪk'speɪʃɪeɪt] form *onoverg* uitweiden (over

on)
expatiation [ekspeɪʃɪ'eɪʃən] <u>form</u> *znw* uitweiding
expatriate I *bn* [eks'pætrɪət, -peɪtrɪət] in het buitenland wonend ★ ~ *workers* buitenlandse werknemers **II** *znw* [eks'pætrɪət, -peɪtrɪət], <u>inf</u> **expat** iem. die in het buitenland woont, emigrant **III** *onoverg* [eks'pætrɪeɪt, -peɪtrɪeɪt] in het buitenland gaan wonen, emigreren
expatriation [ekspætrɪ'eɪʃən, -peɪtrɪ'eɪʃən] *znw* verblijf in het buitenland, emigratie
expect [ɪk'spekt] *overg* ❶ verwachten, rekenen op ★ *(only) to be ~ed* zoals te verwachten is ★ <u>inf</u> *be ~ing* in verwachting zijn ❷ <u>inf</u> vermoeden, denken ★ *she's just late, I* ~ ze is gewoon te laat, neem ik aan
expectancy [ɪk'spektənsɪ] *znw* verwachting, vooruitzicht ★ *life* ~ vermoedelijke levensduur ★ *with an air of* ~ in een sfeer van afwachting
expectant [ɪk'spektnt] *bn* ❶ af-, verwachtend ❷ hoopvol ❸ aanstaande ⟨moeder / vader⟩
expectantly [ɪk'spektntlɪ] *bijw* ❶ afwachtend ❷ vol verwachting, hoopvol
expectation [ekspek'teɪʃən] *znw* afwachting, verwachting, vooruitzicht ★ *a life* ~ *of* een vermoedelijke levensduur van ★ *against all ~s / contrary to all ~s* tegen alle verwachtingen in ★ *beyond* ~ beter dan verwacht ★ *in the* ~ *of* in afwachting van ★ *have high ~s of success* grote verwachtingen van succes hebben
expectorant [ek'spektərənt] *bn & znw* slijm oplossend of losmakend (middel)
expectorate [ek'spektəreɪt] *overg* spuwen, slijm / bloed opgeven
expectoration [ekspektə'reɪʃən] *znw* ❶ het opgeven ⟨bij het hoesten⟩ ❷ opgegeven slijm
expedience [ɪk'spi:dɪəns], **expediency** *znw* ❶ gepastheid, geschiktheid, raadzaamheid, dienstigheid, nut ❷ opportunisme, eigenbelang
expedient [ɪk'spi:dɪənt] **I** *bn* gepast, geschikt, raadzaam, dienstig, opportuun **II** *znw* redmiddel, hulpmiddel, geschikt middel ★ *the measure is nothing more than a political* ~ de maatregel is niets anders dan een politiek redmiddel
expediently [ɪk'spi:dɪəntlɪ] *bijw* ❶ geschikt, passend, gunstig ❷ opportunistisch, handig, slim
expedite ['ekspɪdaɪt] *overg* bevorderen, bespoedigen, (vlug) afdoen
expedition [ekspɪ'dɪʃən] *znw* ❶ expeditie ★ *she's gone on a shopping* ~ ze is op een winkelexpeditie gegaan ★ *mount an* ~ een expeditie op touw zetten ❷ spoed, snelheid
expeditionary [ekspɪ'dɪʃənərɪ] *bn* expeditie-
expeditionary force [ekspɪ'dɪʃənərɪ fɔːs] *znw* expeditieleger
expeditious [ekspɪ'dɪʃəs] *bn* snel, vaardig
expeditiously [ekspɪ'dɪʃəslɪ] *bijw* snel, vaardig ★ *your enquiry will be handled as* ~ *as possible* uw vraag zal zo snel mogelijk worden afgehandeld
expel [ɪk'spel] *overg* uit-, verdrijven, verwijderen,

(ver)bannen, uitzetten, wegjagen, -zenden, royeren
expend [ɪk'spend] *overg* ❶ uitgeven, besteden ❷ verbruiken, uitputten
expendable [ɪk'spendəbl] *bn* ❶ overtollig ❷ zonder veel waarde
expenditure [ɪk'spendɪtʃə] *znw* ❶ uitgeven, uitgaaf ❷ uitgaven ★ *capital* ~ kapitale uitgaven ★ *public* ~ overheidsuitgaven ❸ (nutteloos) verbruik
expense [ɪk'spens] *znw* ❶ uitgave(post), kost, prijs ★ *a business* ~ een zakelijke uitgave ★ *at public* ~ op kosten van de gemeenschap ★ *at sbd's* ~ op kosten van iem., ten koste van iem. ★ *at one's own* ~ op eigen kosten ★ *at the* ~ *of sth* ten koste van iets ★ *go to a lot of / great* ~ veel kosten maken ★ *spare no* ~ kosten noch moeite sparen ❷ moeite, opoffering ★ *at great personal* ~ met grote persoonlijke moeite / inspanning
expense account [ɪk'spens ə'kaʊnt] *znw* onkostenrekening
expense allowance [ɪk'spens ə'laʊəns] *znw* onkostenvergoeding
expenses [ɪk'spensɪz] *znw* [mv] onkosten ★ *administrative* ~ beheerskosten ★ *out-of-pocket* ~ contante uitgaven ★ *unexpected* ~ onvoorziene uitgaven ★ *all* ~ *paid* met vergoeding van alle (gemaakte) onkosten ⟨door firma's &⟩
expenses claim [ɪk'spensɪz kleɪm] *znw* onkostendeclaratie
expensive [ɪk'spensɪv] *bn* kostbaar, duur
experience [ɪk'spɪərɪəns] **I** *znw* ❶ ondervinding, ervaring ★ *by / from* ~ bij (door) ondervinding, bij (uit) ervaring ❷ belevenis, wedervaren, bevinding ★ *quite an* ~ een hele belevenis **II** *overg* ondervinden, ervaren, door-, meemaken, beleven
experienced [ɪk'spɪərɪənst] *bn* ervaren, bedreven
experiential [ɪkspɪərɪ'enʃəl] *bn* op de ervaring gebaseerd, ervarings-, empirisch ★ ~ *learning* empirisch onderwijs
experiment I *znw* [ɪks'perɪmənt] experiment, proef(neming) ★ *animal ~s* dierproeven **II** *onoverg* [ɪks'perɪment] experimenteren, proeven nemen
experimental [ɪksperɪ'mentl] *bn* ❶ proefondervindelijk, experimenteel, ervarings- ★ ~ *music* experimentele muziek ❷ proef-
experimentalize [ɪksperɪ'mentəlaɪz], **experimentalise** *onoverg* proeven nemen, experimenteren
experimentally [ɪksperɪ'mentəlɪ] *bijw* proefondervindelijk, experimenteel ★ *the results obtained* ~ *indicate the opposite* de proefondervindelijk behaalde resultaten wijzen op het tegenovergestelde
experimental psychology [ɪksperɪ'mentl saɪ'kɒlədʒɪ] *znw* experimentele psychologie
experimentation [eksperɪmen'teɪʃən] *znw* proefneming, experimenteren
experimenter [ɪks'perɪmentə] *znw* proefnemer, experimentator
expert ['eksp3ːt] **I** *bn* ❶ bedreven (in *at / in*)

❷ vakkundig, vakbekwaam, deskundig, professioneel ★ ~ *advice* vakkundig advies ★ *an ~ witness* een getuige-deskundige **❸** geroutineerd **II** *znw* deskundige, vakman, expert (in *in / at*) ★ *an ~ in employment law* een deskundige op het gebied van de arbeidswetgeving

expertise **I** *znw* [ekspз:'ti:z] deskundigheid **II** *onoverg* ['ekspətaɪz], **expertize** deskundig advies geven

expertly ['ekspз:tlɪ] *bijw* **❶** bedreven, vakkundig, vakbekwaam, deskundig **❷** professioneel, geroutineerd

expert system ['ekspз:t 'sɪstəm] comput *znw* expertsysteem

expiate ['ekspɪeɪt] *overg* boeten ‹een misdaad›

expiation [ekspɪ'eɪʃən] *znw* boete(doening)

expiatory ['ekspɪətərɪ] *bn* boete-, zoen-

expiration [ekspɪ'reɪʃən] *znw* **❶** uitademing **❷** einde **❸** vervallen, verstrijken, afloop, vervaltijd

expiration date [ekspɪ'reɪʃən deɪt], **expiry date** *znw* vervaldatum, vervaldag

expire [ɪk'spaɪə] *onoverg* **❶** de laatste adem uitblazen **❷** aflopen, verstrijken, vervallen, verlopen **❸** uitgaan

expiry [ɪk'spaɪərɪ] *znw* vervallen, verstrijken, afloop, vervaltijd

expiry date [ɪk'spaɪərɪ deɪt] *znw* **❶** → **expiration date** **❷** houdbaarheidsdatum

explain [ɪk'spleɪn] *overg* uitleggen, verklaren, uiteenzetten ★ ~ *oneself* zich nader verklaren ★ *go a long way towards ~ing sth* iets grotendeels verklaren ★ ~ *sth away* iets wegredeneren, goedpraten, vergoelijken

explainable [ɪk'spleɪnəbl] *bn* verklaarbaar

explanation [eksplə'neɪʃən] *znw* verklaring, uitleg(ging), uiteenzetting, explicatie ★ *they have no ~ for what happened* ze hebben geen verklaring voor wat er gebeurd is

explanatory [ɪk'splænətərɪ] *bn* verklarend

expletive [ɪk'spli:tɪv] **I** *bn* gramm aanvullend, overtollig **II** *znw* stopwoord, vloek, krachtterm

explicable [ɪk'splɪkəbl] *bn* verklaarbaar

explicate ['eksplɪkeɪt] form *overg* uitleggen, verklaren, verhelderen

explicit [ɪk'splɪsɪt] *bn* **❶** expliciet **❷** duidelijk, openhartig, niets verhullend ★ *the film contains ~ sex scenes* de film bevat openhartige seksscènes ★ *make sth ~* iets duidelijk maken **❸** stellig, uitdrukkelijk

explode [ɪk'spləʊd] **I** *overg* **❶** tot ontploffing brengen, doen (uit)barsten, laten springen **❷** fig de nekslag geven ★ *the book ~s some of the myths about dieting* het boek ontzenuwt een paar mythes over diëten volgen **II** *onoverg* exploderen, ontploffen, springen, (uit-, los)barsten, snel (plotseling) stijgen ★ ~ *into action* plotseling in actie komen ★ ~ *into colour* in kleuren uitbreken ★ ~ *into laughter* in lachen uitbarsten ★ ~ *with rage* ontploffen van woede

exploit **I** *znw* ['eksplɔɪt] **❶** (helden)daad **❷** wapenfeit

❸ prestatie **II** *overg* [ɪks'plɔɪt] **❶** exploiteren **❷** uitbuiten

exploitable [ɪks'plɔɪtəbl] *bn* exploiteerbaar

exploitation [eksplɔɪ'teɪʃən] *znw* **❶** exploitatie **❷** uitbuiting

exploitation rights [eksplɔɪ'teɪʃən raɪts] *znw* [mv] exploitatierechten

exploitative [ɪks'plɔɪtətɪv] *bn* **❶** uitbuitend **❷** exploitatie-, ontginnings-

exploiter [ɪks'plɔɪtə] *znw* **❶** exploitant **❷** uitbuiter

exploration [eksplə'reɪʃən] *znw* **❶** onderzoek, naspeuring **❷** verkenning, ontdekking

exploratory [ɪk'splɒrətərɪ] *bn* onderzoekend ★ ~ *drilling* proefboring

explore [ɪk'splɔ:] *overg* **❶** onderzoeken, uitzoeken, naspeuren **❷** verkennen

explorer [ɪk'splɔ:rə] *znw* **❶** ontdekkingsreiziger **❷** comput verkenner **❸** onderzoeker

explosion [ɪk'spləʊʒən] *znw* **❶** ontploffing, springen, los-, uitbarsting, explosie ★ *set off / trigger an ~* een explosie veroorzaken **❷** plotselinge groei, explosie

explosive [ɪk'spləʊsɪv] **I** *bn* **❶** ontploffbaar, ontploffings-, spring- **❷** explosief ★ *a potentially ~ issue* een kwestie die controversieel zou kunnen zijn **❸** opvliegend **II** *znw* (meestal *mv*) springstof ★ *high ~s* brisante springstof

explosively [ɪk'spləʊsɪvlɪ] *bijw* explosief ★ *India's population is increasing* ~ de bevolking van India stijgt explosief

expo ['ekspəʊ] *znw* (exposition) tentoonstelling

exponent [ɪk'spəʊnənt] *znw* **❶** exponent, vertegenwoordiger **❷** fig vertolker, drager ‹v. idee› **❸** vertolking, uitdrukking, belichaming

exponential [ekspə'nenʃəl] *znw* exponentieel

exponential function [ekspə'nenʃəl 'fʌŋkʃən] wisk *znw* exponentiële functie

exponential growth [ekspə'nenʃəl grəʊθ] *znw* exponentiële groei

exponentially [ekspə'nenʃəlɪ] *bijw* exponentieel ★ *women-run businesses have increased* ~ het aantal door vrouwen geleide bedrijven is exponentieel gegroeid

export **I** *znw* ['ekspɔ:t] **❶** (meestal *mv*) uitgevoerd goed, uitvoerartikel **❷** uitvoer, export ★ *impose / place a ban on ~s* een exportverbod instellen **II** *overg* [ɪk'spɔ:t] **❶** uitvoeren, exporteren **❷** comput exporteren

exportable [ɪk'spɔ:təbl] *bn* exporteerbaar

exportation [ekspɔ:'teɪʃən] *znw* uitvoer, export

export duty ['ekspɔ:t 'dju:tɪ] *znw* (vaak *mv*) uitvoerrechten

exporter [ɪk'spɔ:tə] *znw* exporteur

export surplus ['ekspɔ:t 'sз:pləs] *znw* exportoverschot, uitvoeroverschot

export tax ['ekspɔ:t tæks] *znw* uitvoerbelasting

export trade ['ekspɔ:t treɪd] *znw* uitvoerhandel, exporthandel

expose [ɪk'spəʊz] *overg* **❶** blootstellen, bloot

/ onbedekt / onbeschut laten ★ *~ oneself* zich blootgeven, zich schuldig maken aan exhibitionisme ❷ aan de kaak stellen, ontmaskeren, aan de dag brengen ★ *~ sbd as a fraud* iem. als een oplichter ontmaskeren ❸ belichten ‹foto› ❹ uitstallen, (ver)tonen, tentoonstellen, blootleggen ❺ fig uiteenzetten ‹theorieën› ❻ te vondeling leggen

exposed [ɪk'spəʊzd] *bn* ❶ open, vrij ❷ kwetsbaar, onbeschut ★ *the house is built in an ~ position* het huis is op een onbeschutte plek gebouwd ★ *the wall is ~ to the east wind* de muur staat bloot aan de oostenwind

exposition [ekspə'zɪʃən] *znw* ❶ uiteenzetting ❷ exposé, uitleg ‹v. drama› ❸ tentoonstelling

expository [ɪks'pɒzɪtərɪ] form *bn* verklarend

ex post [eks 'pəʊst] *(‹Lat) bn & bijw* op gegevens gebaseerd ‹en niet op prognoses›

ex post facto [eks paʊst 'fæktəʊ] *(‹Lat) jur bn & bijw* met terugwerkende kracht

expostulation [ɪkspɒstjʊ'leɪʃən] *znw* vertoog, vermaning, protest

expostulatory [ɪks'pɒstjʊlətərɪ] form *bn* vermanend

exposure [ɪk'spəʊʒə] *znw* ❶ blootstelling, blootgesteld zijn, gebrek aan beschutting ❷ med onderkoeling ❸ ontmaskering, publiciteit ❹ fotogr opname, belichting ❺ richting, ligging ‹v. huis &› ★ *a house with a southern ~* een op het zuiden liggend huis ❻ uitstalling, tentoonspreiding

exposure meter [ɪk'spəʊʒə 'mi:tə] *znw* belichtingsmeter

expound [ɪk'spaʊnd] **I** overg uiteenzetten, verklaren **II** onoverg een uiteenzetting geven ★ *~ on sth* een uiteenzetting geven over iets

express [ɪk'spres] **I** *bn* ❶ uitdrukkelijk ★ *an ~ wish* een uitdrukkelijke wens ❷ speciaal ❸ snel, expres- ★ handel *~ goods* expreszending ★ *an ~ messenger* een expresse **II** *bijw* per expresse **III** *znw* ❶ post expresse ❷ expres(trein) **IV** overg ❶ uitpersen ❷ uitdrukken, te kennen geven, betuigen, uiten

express company [ɪk'spres 'kʌmpənɪ] Am *znw* koeriersbedrijf

express delivery [ɪk'spres dɪ'lɪvərɪ] *znw* snelpost

expressible [ɪk'spresɪbl] *bn* uit te drukken

expression [ɪk'spreʃən] *znw* ❶ uitpersing ❷ uitdrukking, expressie ★ *one's facial ~* zijn gelaatsuitdrukking ★ *beyond ~* onuitsprekelijk ★ *an ~ of anxiety* een uitdrukking van bezorgdheid ★ *find ~ in sth* tot uitdrukking komen in iets ★ *give ~ to sth* uitdrukking geven aan iets ❸ uiting, gezegde

Expressionism [ɪk'spreʃənɪzəm] *znw* expressionisme

Expressionist [ɪk'spreʃənɪst] **I** *bn* expressionistisch **II** *znw* expressionist

expressionistic [ɪkspreʃə'nɪstɪk] *bn* expressionistisch

expressionless [ɪk'spreʃənlɪs] *bn* wezenloos, uitdrukkingsloos

expressive [ɪk'spresɪv] *bn* expressief, beeldend, veelzeggend ★ form *~ of sth* iets uitdrukkend

expressively [ɪk'spresɪvlɪ] *bijw* expressief, beeldend, veelzeggend ★ *she conducts ~* ze dirigeert op een expressieve manier

expressiveness [ɪk'spresɪvnɪs] *znw* (zeggings)kracht, expressiviteit

express lift [ɪk'spres lɪft] *znw* snelle lift ‹die niet op elke verdieping stopt›

expressly [ɪk'spreslɪ] *bijw* ❶ duidelijk ❷ uitdrukkelijk ★ *smoking in the toilets is ~ forbidden* roken op de toiletten is uitdrukkelijk verboden ❸ in het bijzonder

express rifle [ɪk'spres 'raɪfəl] *znw* expressgeweer, expresskarabijn ‹voor jagen op groot wild›

expressway [ɪk'spresweɪ] Am *znw* snelweg

expropriate [eks'prəʊprɪeɪt] overg onteigenen

expropriation [ɪksprəʊprɪ'eɪʃən] *znw* onteigening

expulsion [ɪk'spʌlʃən] *znw* ❶ uit-, verdrijving, uitzetting, verbanning ❷ wegjagen, -zenden ★ *she has been threatened with ~ from school* men heeft gedreigd om haar van school te sturen ❸ royement

expulsive [ɪk'spʌlsɪv] *bn* uit-, af-, verdrijvend

expunge [ɪk'spʌndʒ] form overg uitwissen, schrappen

expurgate ['ekspəgeɪt] form overg zuiveren, castigeren ‹boek›, schrappen

expurgated ['ekspəgeɪtɪd] form *bn* gekuist ‹uitgave›

expurgation [ekspə'geɪʃən] form *znw* zuivering, castigatie ‹v.e. boek›, schrapping

exquisite ['ekskwɪzɪt, ek'skwɪzɪt, ɪk-] *bn* ❶ uitgelezen, uitgezocht, fijn, keurig, prachtig ❷ volmaakt

exquisitely [ek'skwɪzɪtlɪ, ɪk-] *bijw* uitgelezen, fijn, keurig, prachtig ★ *their house is ~ furnished* het huis is zeer smaakvol gemeubileerd

ex-serviceman [eks-'sɜ:vɪsmən] *znw* oud-strijder

ex-servicewoman [eks-'sɜ:vɪswʊmən] *znw* oud-strijdster

ext. telec *afk* (extention) toestelnummer

extant [ek'stænt, ɪk'stænt, 'ekstənt] *bn* (nog) bestaande, voorhanden, aanwezig

extemporaneous [ɪkstempə'reɪnɪəs], **extemporary** *bn* voor de vuist (bedacht), onvoorbereid

extemporaneously [ɪkstempə'reɪnɪəslɪ], **extemporarily** *bijw* voor de vuist weg, onvoorbereid ★ *his speech was delivered ~* hij hield zijn toespraak voor de vuist weg

extemporarily [ɪk'stempərərɪlɪ] *bijw* → **extemporaneously**

extemporary [ɪk'stempərərɪ] *bn* → **extemporaneous**

extempore [ɪk'stempərɪ] *bn & bijw* voor de vuist, onvoorbereid

extemporization [ekstempəraɪ'zeɪʃən], **extemporisation** *znw* improvisatie

extemporize [ɪk'stempəraɪz], **extemporise** onoverg voor de vuist spreken, improviseren

extend [ɪk'stend] **I** overg ❶ uitbreiden, groter / langer maken, (uit)rekken, verlengen ❷ (uit)strekken ❸ uitsteken, toesteken ❹ doen toekomen, te beurt doen vallen, verlenen ‹hulp› ❺ tot het uiterste belasten **II** onoverg ❶ zich uitstrekken, zich

ex

uitbreiden ❷ mil zich verspreiden ❸ van toepassing zijn (op to)

extendable [ɪk'stendəbl] bn ❶ rekbaar ❷ voor uitbreiding vatbaar ❸ uitschuifbaar, verlengbaar ★ an ~ table een schuif-, uittrektafel

extended [ɪk'stendɪd] bn verspreid, verlengd, uitgebreid ★ eff an ~ bond een obligatie met verlengde looptijd ★ ~ credit noodkrediet ★ an ~ holiday een langere vakantie ★ an ~ news item een uitgebreid nieuwsonderdeel ★ for an ~ period voor een langere tijd

extended family [ɪk'stendɪd 'fæməlɪ] znw wijdere familie

extended-play [ɪk'stendɪd-pleɪ] bn met verlengde speelduur ⟨45-toerenplaat⟩

extension [ɪk'stenʃən] znw ❶ verlenging ❷ aanbouw ⟨v. huis⟩ ❸ **extension piece** verlengstuk ❹ uitbreiding, aanvulling ★ form by ~ bij uitbreiding ❺ telec extra toestel ★ ~ 13 toestel 13 ★ an ~ phone een tweede toestel ❻ (uit)strekking, (uit)rekking ❼ uitstel ❽ comput extensie ⟨in bestandsnamen⟩

extension cord [ɪk'stenʃən kɔːd], **extension lead**, **extension cable** znw verlengsnoer

extension course [ɪk'stenʃən kɔːs] onderw znw ± deeltijdstudie

extension ladder [ɪk'stenʃən 'lædə] znw schuifladder

extensive [ɪk'stensɪv] bn uitgebreid, uitgestrekt, omvangrijk, extensief, op grote schaal

extensively [ɪk'stensɪvlɪ] bijw uitgebreid, uitgestrekt, omvangrijk, extensief, op grote schaal ★ they have travelled ~ ze hebben uitgebreid gereisd

extent [ɪk'stent] znw ❶ uitgebreidheid, uitgestrektheid, omvang ❷ hoogte, mate ★ to a large ~ grotendeels ★ to the same ~ evenveel, even groot, in dezelfde mate ★ to some / a certain ~ in zekere mate, tot op zekere hoogte ★ to such an ~ zozeer ★ to what ~ in hoeverre ★ to the ~ of ten bedrage van, zó (ver gaand) dat ★ to the ~ that zozeer, dat

extenuate [ɪk'stenjʊeɪt] overg verzachten, vergoelijken

extenuating circumstances [ɪk'stenjʊeɪtɪŋ 'sɜːkəmstɑːntsɪz] znw [mv] verzachtende omstandigheden

extenuation [ɪkstenjʊ'eɪʃən] form znw verzachting, vergoelijking

exterior [ɪk'stɪərɪə] I bn ❶ uitwendig, uiterlijk ❷ buitenste, buiten- II znw ❶ buitenkant ❷ uiterlijk, uiterlijkheid, uitwendigheid

exteriorize [ɪk'stɪərɪəraɪz], **exteriorise** overg ❶ uiterlijke vorm geven aan ❷ psych projecteren

exterminate [ɪk'stɜːmɪneɪt] overg uitroeien, verdelgen

extermination [ɪkstɜːmɪ'neɪʃən] znw uitroeiing, verdelging

exterminator [ɪk'stɜːmɪneɪtə] znw uitroeier, (ongedierte)verdelger

exterminatory [ɪks'tɜːmɪnətərɪ] bn verdelgings-

external [eks'tɜːnəl] bn ❶ uitwendig ★ for ~ use only

alleen voor uitwendig gebruik ❷ uiterlijk ❸ extern, buiten- ❹ buitenlands

external examination [ɪk'stɜːnəl ɪgzæmɪ'neɪʃən] znw extern examen ⟨buiten de school⟩

external examiner [ɪk'stɜːnəl ɪg'zæmɪnə] znw examinator van buiten de school

externalize [ɪk'stɜːnəlaɪz], **externalise** overg ❶ uiterlijke vorm geven aan ❷ belichamen ❸ psych projecteren

externals [ɪk'stɜːnlz] znw [mv] uiterlijkheden, bijkomstigheden ★ you shouldn't judge by ~ je moet niet op uiterlijkheden afgaan

extinct [ɪk'stɪŋkt] bn ❶ (uit)geblust, uitgedoofd ❷ niet meer bestaand, uitgestorven ❸ afgeschaft

extinction [ɪk'stɪŋkʃən] znw ❶ uitsterving, uitroeiing, ondergang, vernietiging ❷ delging (v. schuld), opheffing ❸ (uit)blussing, uitdoving

extinguish [ɪk'stɪŋgwɪʃ] overg ❶ (uit)blussen, (uit)doven ❷ uitroeien, vernietigen ❸ opheffen, delgen ⟨schuld⟩

extinguishable [ɪk'stɪŋgwɪʃəbl] bn te blussen

extinguisher [ɪk'stɪŋgwɪʃə] znw ❶ blusser ❷ blusapparaat

extirpate ['ekstɜːpeɪt] form overg ❶ uittrekken ❷ uitroeien

extirpation [ekstɜː'peɪʃən] form znw ❶ uittrekken ❷ uitroeiing

extol [ɪk'stəʊl, ɪk'stɒl] overg verheffen, prijzen, ophemelen, verheerlijken ★ ~ the virtues of sth de verdiensten van iets ophemelen

extort [ɪk'stɔːt] overg ontwringen, afdwingen, afpersen

extortion [ɪk'stɔːʃən] znw ❶ afpersing ❷ afzetterij

extortionate [ɪk'stɔːʃənət] bn exorbitant

extortionately [ɪk'stɔːʃənətlɪ] bijw exorbitant ★ meat has become ~ expensive vlees is exorbitant duur geworden

extortioner [ɪk'stɔːʃənə] znw ❶ (geld)afperser, knevelaar, uitzuiger ❷ afzetter

extra ['ekstrə] I bn & bijw extra II znw ❶ iets extra's ⟨extra nummer, dans, schotel &⟩ ★ no ~s alles inbegrepen ★ an optional ~ een accessoire leverbaar tegen meerprijs ❷ extraatje ❸ figurant, dummy

extra cover ['ekstrə 'kʌvə] cricket znw extra cover ⟨veldpositie⟩

extract I znw ['ekstrækt] ❶ extract, uittreksel ❷ fragment, passage II overg [ɪk'strækt] ❶ (uit)trekken, trekken, aftrekken ⟨kruiden⟩, extraheren, halen (uit from), uitpersen ❷ afpersen, afdwingen

extraction [ɪk'strækʃən] znw ❶ uittrekking, extractie ⟨v. tand &⟩ ❷ afkomst ★ of Portuguese ~ van Portugese afkomst

extractor fan [ɪk'stræktə fæn] znw ❶ raamventilator ❷ afzuigkap

extracurricular [ekstrəkə'rɪkjʊlə] bn buiten het gewone (studie)programma om

extraditable ['ekstrədaɪtəbl] bn uitleverbaar

extradite ['ekstrədaɪt] *overg* uitleveren
extradition [ekstrə'dɪʃən] *znw* uitlevering
extragalactic [ekstrəgə'læktɪk] *bn* van buiten de melkweg
extrajudicial [ekstrədʒu:'dɪʃəl] *bn* ❶ buitengerechtelijk ❷ wederrechtelijk
extramarital [ekstrə'mærɪtl] *bn* buitenechtelijk
extramural [ekstrə'mjʊərəl] *bn* buiten de muren van de school of van de universiteit ★ ~ *activities* buitenschoolse activiteiten ★ *an* ~ *student* een extraneus
extraneous [ɪk'streɪnɪəs] *bn* vreemd (aan *to*), niet behorend (bij *to*)
extranet ['ekstrənet] *comput znw* intranet ook voor derden toegankelijk, extranet
extraordinaire [ɪkstrɔ:dɪ'nɜ:] *(Fr) bn* uitmuntend, uitstekend
extraordinarily [ɪk'strɔ:dɪnərɪlɪ] *bijw* buitengewoon, bijzonder ★ *she's had an* ~ *lucky escape* ze is met buitengewoon veel geluk ontsnapt
extraordinariness [ɪk'strɔ:dɪnərɪnɪs] *znw* buitengewoonheid, bijzonderheid
extraordinary [ɪk'strɔ:dɪnərɪ] *bn* buitengewoon, ongemeen ★ ~ *expenses* onvoorziene uitgaven ★ *an* ~ *expense* een behoorlijke uitgave
extrapolate [ɪk'stræpəleɪt] *overg* extrapoleren, uit iets bekends iets onbekends berekenen
extrapolation [ɪkstræpə'leɪʃən] *form znw* extrapolatie
extrasensory [ekstrə'sensərɪ] *bn* paragnostisch
extrasensory perception [ekstrə'sensərɪ pə'sepʃən], **ESP** *znw* buitenzintuiglijke waarneming
extraterrestrial [ekstrətɪ'restrɪəl] **I** *bn* buitenaards **II** *znw* buitenaards wezen
extraterritorial [ekstrəterɪ'tɔ:rɪəl] *bn* extraterritoriaal, buiten de jurisdictie van een staat vallend
extra time ['ekstrə taɪm] *sp znw* verlenging
extravagance [ɪk'strævəgəns] *znw* ❶ buitensporigheid ❷ overdrijving, ongerijmdheid ❸ verkwisting, uitspatting
extravagant [ɪk'strævəgənt] *bn* ❶ buitensporig ❷ overdreven, ongerijmd ❸ verkwistend
extravagantly [ɪk'strævəgəntlɪ] *bijw* ❶ buitensporig, overdreven, ongerijmd ★ ~ *decorated rooms* overdreven versierde kamers ❷ verkwistend
extravaganza [ɪkstrævə'gænzə] *znw* ❶ buitensporigheid ❷ *muz* extravaganza
extra virgin ['ekstrə 'vɜ:dʒɪn] *bn* van de eerste persing ⟨olijfolie⟩
extreme [ɪk'stri:m] **I** *bn* ❶ uiterst, laatst, hoogst, verst ❷ buitengewoon ❸ extreem ❹ gevaarlijk, riskant ⟨m.b.t. sporten⟩ **II** *znw* ❶ uiterste, uiteinde ★ *in the* ~ in de hoogste mate, uiterst ★ *carry / take sth to* ~*s* op de spits drijven ★ *go from one* ~ *to the other* van het ene uiterste naar het andere gaan ★ *go to* ~*s* in het uiterste vervallen ❷ wisk uiterste term
extremely [ɪk'stri:mlɪ] *versterkend bijw* bijzonder, zeer, extreem, buitengewoon
extreme sport [ɪk'stri:m spɔ:t] *znw* extreme sporten

extreme unction [ɪk'stri:m 'ʌŋkʃən] RK *znw* heilig oliesel
extremism [ɪk'stri:mɪzəm] *znw* extremisme
extremist [ɪk'stri:mɪst] **I** *bn* extremistisch **II** *znw* extremist
extremities [ɪk'stremɪtɪz] *znw* [mv] ❶ uiterste, extreme maatregelen ❷ ledematen, extremiteiten
extremity [ɪk'stremɪtɪ] *znw* uiterste, (uit)einde, *form* uiterste nood ★ *police are concerned at the* ~ *of the violence* de politie is verontrust over het extreme karakter van het geweld
extricable [ek'strɪkəbl] *bn* ontwarbaar
extricate ['ekstrɪkeɪt] *overg* los-, vrijmaken, ontwarren, bevrijden, helpen (uit *from*)
extrication [ekstrɪ'keɪʃən] *znw* los-, vrijmaking, ontwarring, bevrijding
extrinsic [ek'strɪnsɪk] *bn* uiterlijk, van buiten ★ *job satisfaction depends on factors* ~ *to the job* tevredenheid met een baan berust op factoren die buiten de baan liggen
extrovert ['ekstrəvɜ:t] **I** *znw psych* extravert, naar buiten gekeerd **II** *znw* extravert
extrude [ɪk'stru:d] *overg* ❶ uit-, verdrijven, uitwerpen ❷ techn (uit)persen, uitstoten
extrusion [ɪk'stru:ʒən] *znw* ❶ uit-, verdrijving, uitwerping ❷ techn (uit)persing, uitstoting, extrusie
extrusive [ɪk'stru:sɪv] *geol bn* uitstotend ★ ~ *rocks* stollingsgesteente
exuberance [ɪg'zju:bərəns] *znw* ❶ weelderigheid ⟨v. groei⟩ ❷ overvloed, (over)volheid ❸ overdrevenheid ❹ uitbundig-, uitgelatenheid
exuberant [ɪg'zju:bərənt] *bn* ❶ weelderig, overvloedig, overdreven, uitbundig, uitgelaten ❷ overvloeiend, overvol, rijk
exuberantly [ɪg'zju:bərəntlɪ] *bijw* uitbundig, uitgelaten ★ *she waved* ~ *to her friends* ze zwaaide uitgelaten naar haar vrienden / vriendinnen
exudation [ɪgzju:'deɪʃən] *znw* uitzweting
exude [ɪg'zju:d] *overg* ❶ uitzweten, afscheiden ❷ *fig* uitstralen ★ *she* ~*s confidence* zij straalt zelfvertrouwen uit
exult [ɪg'zʌlt] **I** *onoverg* juichen, jubelen (over *at*) **II** *phras* ★ form ~ *in sth* zich verkneukelen in iets ★ form ~ *over sth* triomferen over iets
exultant [ɪg'zʌltənt] *bn* juichend, triomfantelijk
exultation [egzʌl'teɪʃən] *znw* ❶ gejuich, gejubel ❷ uitbundige vreugde
exurb ['eksɜ:b] *Am znw* villawijk
exurbanite [eks'ɜ:bənaɪt] *Am znw* villabewoner
exurbia [eks'ɜ:bɪə] *Am znw* villawijken, tuinsteden
ex-wife [eks-'waɪf] *znw* ex-vrouw
ex-works [eks-wɜ:ks] handel *bn & bijw* af fabriek ⟨als leveringsvoorwaarde⟩
eye [aɪ] **I** *znw* ❶ oog, *fig* gezichtsvermogen ★ inf *my* ~! onzin!, klets!, je kan me wat!, kom nou! ★ mil ~*s right* hoofd rechts! ★ *as far as the* ~ *can see* zo ver het oog reikt ★ *before / in front of / under one's (very)* ~*s* vlak voor iemands ogen ★ *in my* ~*s* in mijn

ogen ★ inf *that's one in the ~ for him!* daar kan hij het mee doen, die zit! ★ *he can't take his ~s off her* hij kan zijn ogen niet van haar afhouden ★ *out of the corner of my ~* uit mijn ooghoek ★ *to the experienced ~* voor het geoefend oog ★ inf *his ~s are too big for his belly / stomach* zijn ogen zijn groter dan zijn maag ★ scherts *when I was just a twinkle in my father's ~* toen ik nog maar een schittering in mijn vaders ogen was, lang voor mijn tijd ★ *with the naked ~* met het blote oog ★ *with an ~ to sth* met het oog op iets ★ inf *do sth with one's ~s shut* iets kunnen doen met de ogen dicht ★ *be all ~s* een en al oog zijn ★ *be up to one's ~s in sth* tot over de oren in iets zitten ★ *cast / run one's ~ over sth* een kritische blik werpen op iets ★ *catch sbd's ~* iems. aandacht trekken ★ *close one's ~s to sth* ergens de ogen voor sluiten ★ inf *clap / lay / set ~s on sbd / sth* iem. / iets te zien krijgen ★ inf *give sbd the ~* naar iem. lonken ★ inf *go around with one's ~s shut* met zijn ogen dicht rondlopen ★ *go into sth with one's ~s open* met open ogen ergens in trappen ★ *have one's ~ on sbd / sth* een oogje hebben op iem. / iets, uit zijn op iem. / iets ★ *have an ~ for sth* oog hebben voor iets ★ *only have ~s for sbd* alleen maar oog hebben voor iem. ★ *have an ~ to / for the main chance* uitkijken naar de gelegenheid om zijn kans waar te nemen ★ inf *have ~s out on stalks* met ogen op steeltjes rondlopen ★ inf *have an ~ to sth* het oog houden op iets ★ inf *have ~s in the back of one's head* ogen in zijn achterhoofd hebben ★ *keep one's ~ in* blijven oefenen ★ *keep an ~ on sbd / sth* iem. / iets in het oog houden ★ *keep one's ~s open for sth / keep an ~ out for sth* uitkijken naar iets ★ inf *keep one's ~s peeled / skinned* goed opletten ★ *make ~s at sbd* naar iem. lonken ★ *there's more to it than meets the ~* er zit veel meer achter ★ *open sbd's ~s (to sth)* iem. de ogen openen (voor iets) ★ *open one's ~s wide* grote ogen opzetten ★ *roll one's ~s* met de ogen rollen ★ *see ~ to ~ with sbd* het volkomen eens zijn met iem. ★ *turn a blind ~ to sth* iets niet willen zien, geen notitie nemen van iets, een oogje toedoen voor iets ★ zegsw *an ~ for an ~* oog om oog ★ zegsw *what the ~ doesn't see, the heart doesn't grieve over* wat het oog niet ziet, deert het hart niet ❷ middelpunt, centrum ⟨v. storm &⟩ ❸ kiem, oog, pit ⟨v. aardappel⟩ **II** *overg* aankijken, kijken naar, beschouwen ★ inf *~ sbd up* lonken naar iemand

eyeball ['aɪbɔːl] **I** *znw* oogappel, -bal **II** *overg* inf aankijken, aanstaren, bekijken

eyebrow ['aɪbraʊ] *znw* wenkbrauw ★ *raise an ~* de wenkbrauwen optrekken ⟨over iets⟩

eyebrow pencil ['aɪbraʊ 'pensɪl] *znw* wenkbrauwpotlood

eye candy [aɪ 'kændɪ] inf *znw* leuk om te zien ⟨maar zonder veel inhoud⟩

eye-catcher ['aɪ-kætʃə] *znw* blikvanger

eye-catching ['aɪ-kætʃɪŋ] *bn* opvallend, in het oog springend

eye contact [aɪ 'kɒntækt] *znw* oogcontact

eyeful ['aɪfʊl] inf *znw* ❶ blik ❷ beetje ❸ iets moois, knap meisje, knappe jongen ❹ iets in het oog

eyeglass ['aɪglɑːs] *znw* monocle

eyeglasses ['aɪglɑːsɪz] *znw* [mv] ❶ lorgnet, face-à-main ❷ Am bril

eyehole ['aɪhəʊl] *znw* ❶ kijkgat ❷ (veter)gaatje

eyelash ['aɪlæʃ] *znw* wimper, ooghaar

eyeless ['aɪlɪs] *bn* blind

eyelet ['aɪlət] **I** *znw* ❶ oogje ❷ vetergaatje **II** *overg* oogjes maken ⟨in stof⟩

eye level [aɪ 'levəl] *znw* ★ *at ~* op ooghoogte

eyelid ['aɪlɪd] *znw* ooglid

eyeliner ['aɪlaɪnə] *znw* eyeliner

eye-opener ['aɪ-əʊpənə] *znw* wat iemand de ogen opent, verrassing

eye patch [aɪ pætʃ] *znw* ooglapje

eye pencil [aɪ 'pensɪl] *znw* oogpotlood

eyepiece ['aɪpiːs] *znw* oculair, oogglas

eye-popping ['aɪ-pɒpɪŋ] inf *bn* verbazend groot, imposant, schaamteloos

eyeshade ['aɪʃeɪd] *znw* oogscherm

eyeshadow ['aɪʃædəʊ] *znw* oogschaduw

eyeshot ['aɪʃɒt] *znw* ★ *out of ~* ver genoeg om niet te worden gezien ★ *within ~* dichtbij genoeg om te worden gezien

eyesight ['aɪsaɪt] *znw* gezicht(svermogen)

eye socket [aɪ 'sɒkɪt] *znw* oogholte

eyesore ['aɪsɔː] *znw* ❶ belediging voor het oog ❷ onooglijk iets, iets lelijks ❸ doorn in het oog

eye strain [aɪ streɪn] *znw* vermoeidheid van het oog / de ogen

eye tooth [aɪ tuːθ] *znw* oogtand ★ inf *give one's ~ for sth* ergens alles voor over hebben

eyewash ['aɪwɒʃ] *znw* ❶ oogwatertje ❷ inf onzin, lariekoek

eyewitness ['aɪwɪtnɪs] *znw* ooggetuige

eyrie ['ɪərɪ, 'aɪərɪ, 'ɜːrɪ], Am **aerie** *znw* ❶ nest ⟨v. roofvogel⟩, horst ❷ arendsnest

e-zine ['iː-ziːn] comput *znw* elektronisch tijdschrift, e-zine

F

f [ef] **I** *afk* ★ <u>onderw</u> *F* onvoldoende ⟨bij examen⟩ **II** *znw* **❶** (de letter) f **❷** <u>muz</u> f, fa

fa [fɑ:] <u>muz</u> *znw* fa

FA *afk* **❶** (Football Association) Voetbalbond **❷** → <u>inf</u> **Fanny Adams**

fab [fæb] <u>inf</u> *bn* fantastisch, te gek

Fabian [ˈfeɪbɪən] **I** *bn* niet-revolutionair socialistisch **II** *znw* niet-revolutionair socialist

fable [ˈfeɪbl] *znw* fabel, sprookje, verzinsel, praatje

fabled [ˈfeɪbld] *bn* vermaard, legendarisch, fabelachtig

fabric [ˈfæbrɪk] *znw* **❶** weefsel, stof ★ *furnishing ~s* meubelstoffen, woningtextiel ★ *stretch ~* elastische stof **❷** bouw, samenstel, werk ★ *the ~ of society* het maatschappelijk systeem **❸** maaksel

fabricate [ˈfæbrɪkeɪt] *overg* **❶** bouwen, vervaardigen, maken, fabriceren **❷** <u>fig</u> fabuleren, verzinnen

fabrication [fæbrɪˈkeɪʃən] *znw* **❶** vervaardiging **❷** verzinnen, verzinsel, fabeltje

fabric softener [ˈfæbrɪk ˈsɒfnə] *znw* wasverzachter

fabulist [ˈfæbjʊlɪst] *znw* **❶** fabeldichter **❷** leugenaar

fabulous [ˈfæbjʊləs] *bn* **❶** legendarisch, mythisch **❷** enorm **❸** <u>inf</u> geweldig, fantastisch

façade [fəˈsɑːd], **facade** *znw* **❶** gevel **❷** façade, schijn

face [feɪs] **I** *znw* **❶** gezicht, aangezicht, aanzien, vóórkomen ★ *the changing ~ of India* het veranderende aangezicht van India ★ *the unacceptable ~ of democracy* het onaanvaardbare aspect van democratie ★ *mil about ~!* rechtsomkeert! ★ *before sbd's ~* onder iems. ogen, waar iem. bij staat ★ *in (the) ~ of* tegen... in, ondanks, tegenover ★ *fly in the ~ of sth* tegen iets in gaan ★ <u>inf</u> *be in sbd's ~* vitten op iem., iem. constant bekritiseren, onontkoombaar irritant zijn ⟨muziek, omstandigheden &⟩ ★ *blow up / explode in one's ~* volstrekt misgaan, verkeerd uitpakken ★ *go red in the ~* blozen, een rood hoofd krijgen ★ *set one's ~ against sbd / sth* zich met hand en tand tegen iem. / iets verzetten ★ <u>inf</u> *be off one's ~* erg dronken of stoned ★ *on the ~ of it* op het eerste gezicht, oppervlakkig beschouwd, zo gezien ★ *put a brave / good ~ on sth* zich groot houden ★ <u>inf</u> *put one's ~ on* zich opmaken ★ *put a different ~ on sth* iets in een ander licht stellen, iets van een andere kant bekijken ★ <u>inf</u> *get out of my ~!* ga uit mijn ogen! ★ *to sbd's ~* (vlak) in iems. gezicht ★ *come ~ to ~ with sbd / sth* plotseling tegenover iem. / iets staan ★ <u>inf</u> *have a ~ like the back end of the bus* erg lelijk zijn ★ *have a ~ like thunder* een gezicht hebben dat op onweer staat ★ *make / pull a ~ at sbd* een gezicht tegen iem. trekken, zich verzetten tegen iem. / iets, iem. / iets niet dulden ★ *show one's ~* acte de présence geven ★ *throw sth back in sbd's ~* iem. iets voor de voeten werpen **❷** aanzien, reputatie, goede naam ★ *loss*

of ~ gezichtsverlies ★ *lose ~* afgaan, zijn prestige verliezen ★ *save (one's) ~* zijn prestige / de schijn weten te redden **❸** berg-, rotswand **❹** (voor)zijde, (voor)kant, platte kant **❺** oppervlakte, vlak ★ *disappear off the ~ of the earth* van de aardbodem verdwijnen **❻** wijzerplaat **❼** beeldzijde **❽** <u>inf</u> <u>gedat</u> brutaliteit ★ *what a ~ you've got to ask me that!* hoe durf je me dat te vragen! **II** *overg* **❶** (komen te) staan tegenover, tegemoet treden ★ *he turned to ~ her* hij draaide zich naar haar toe **❷** onder ogen zien, trotseren, het hoofd bieden ★ *~ facts* de feiten onder ogen zien ★ *~ the music* de consequenties aanvaarden, de gevolgen onder ogen zien ★ <u>inf</u> *let's ~ it* laten we eerlijk zijn ★ *I can't ~ it* ik voel me er niet tegen opgewassen ★ *I can't ~ doing those dishes / going to work &* ik heb geen zin om dat af te wassen / naar mijn werk te gaan & **❸** confronteren ★ *the project was ~d with many difficulties* het project had met veel moeilijkheden te kampen ★ *he is facing a long prison sentence* hij kan een lange gevangenisstraf tegemoet zien **❹** bekleden ⟨met tegels &⟩ **III** *onoverg* gekeerd zijn naar ★ <u>Am</u> *~ off* confronteren voordat de wedstrijd / het gevecht begint, de wedstrijd beginnen ★ *~ up to sth* iets onder de ogen zien, het hoofd bieden, iets aandurven

face amount [feɪs əˈmaʊnt] *znw* nominale waarde, nominaal bedrag

face card [feɪs kɑːd] <u>Am</u> *znw* boer / vrouw / heer ⟨v. kaartspel⟩

facecloth [ˈfeɪsklɒθ], **face flannel** *znw* waslapje, washandje

face cream [feɪs kriːm] *znw* gezichtscrème

faceless [ˈfeɪslɪs] *bn* geen gezicht hebbend, anoniem

facelift [ˈfeɪslɪft] *znw* **❶** facelift **❷** <u>fig</u> verjongingskuur, opknapbeurt ⟨v.e. stad, gebouwen &⟩

face-off [ˈfeɪs-ɒf] *znw* **❶** <u>Am</u> confrontatie **❷** ijshockey face-off, begin

face pack [feɪs pæk] *znw* pakking, masker

face paint [feɪs peɪnt] *znw* gezichtsverf, schmink

face powder [feɪs ˈpaʊdə] *znw* gezichtspoeder

facer [ˈfeɪsə] *znw* **❶** <u>Br</u> <u>inf</u> klap in het gezicht **❷** moeilijkheid waar men voor staat, lastig geval

face-saver [ˈfeɪs-seɪvə] *znw* voorstel, toezegging & waarmee gezichtsverlies wordt voorkomen

face-saving [ˈfeɪs-seɪvɪŋ] *bn* waarmee gezichtsverlies wordt voorkomen

facet [ˈfæsɪt] *znw* facet ★ *shyness is another ~ of her personality* verlegenheid is een ander facet van haar persoonlijkheid

-faceted [ˈfæsɪtɪd] *achterv* met facetten

face time [feɪs taɪm] <u>Am</u> <u>inf</u> *znw* tijd doorgebracht in persoonlijk contact

facetious [fəˈsiːʃəs] *bn* (ongepast) grappig, schertsend, zogenaamd leuk ★ *a ~ remark* een spottende, niet-serieuze opmerking

facetiously [fəˈsiːʃlɪ] *bijw* schertsend ★ *I'm sure the remark was made ~* ik ben er zeker van dat de

fa

opmerking in scherts is gemaakt

face-to-face [feɪs-tə-'feɪs] **I** *bn* rechtstreeks, persoonlijk ★ *a ~ conversation* een persoonlijk gesprek **II** *bijw* in directe confrontatie, van aangezicht tot aangezicht ★ *they have finally been brought ~ with reality* zij zijn eindelijk in directe confrontatie met de werkelijkheid gebracht

face value [feɪs'vælju:] *znw* ❶ nominale waarde ❷ ogenschijnlijke waarde ★ *accept / take sth at (its) ~* iets kritiekloos accepteren ★ *taken at ~* op het oog, op het eerste gezicht

faceworker ['feɪswɜːkə] *znw* mijnwerker

facia ['feɪʃə] *znw* → **fascia**

facial ['feɪʃəl] **I** *bn* gezichts-, gelaats- **II** *znw* gezichtsmassage

facial nerve ['feɪʃəl nɜːv] *anat znw* aangezichtszenuw

facile ['fæsaɪl] *bn* ❶ oppervlakkig, niet doordacht ❷ gemakkelijk, vlug, vlot

facilitate [fə'sɪlɪteɪt] *overg* verlichten, vergemakkelijken

facilitation [fəsɪlɪ'teɪʃən] *znw* verlichting, vergemakkelijking

facilitator [fə'sɪlɪteɪtə] *znw* helper, leidsman

facility [fə'sɪlɪtɪ] *znw* ❶ voorziening, faciliteit, inrichting, installatie ★ *basic facilities* basisvoorzieningen ★ *cultural facilities* culturele voorzieningen ★ *the apartment has no facilities for cooking* het appartement heeft geen kookgelegenheid ❷ mogelijkheid ★ *an account with an overdraft ~* een rekening met de mogelijkheid rood te staan ❸ gemakkelijkheid, gemak ❹ vaardigheid, vlugheid, vlotheid ★ *she has an astonishing ~ for facts* ze heeft een verbazingwekkend geheugen voor feiten

facing ['feɪsɪŋ] *znw* ❶ bekleding ❷ garneersel, opslag ⟨aan uniform⟩ ❸ revers

facsimile [fæk'sɪmɪlɪ] *znw* facsimile

fact [fækt] *znw* feit, werkelijkheid ★ *~ and fiction* schijn en werkelijkheid ★ *~s and figures* (kei)harde gegevens ★ *in ~* inderdaad, eigenlijk, feitelijk, in feite ★ *in actual ~* in werkelijkheid, in feite ★ *in view of the ~ that* gezien het feit dat ★ *the ~s of life* euf de bloemetjes en de bijtjes, de realiteiten ★ *a ~ of life* een gegeven, een onontkoombaar feit ★ *the ~ (of the matter) is* de zaak is ★ *is that a ~?* is dat waar?, echt waar? ★ *get one's ~s right* de feiten op een rijtje krijgen ★ *have the ~s at one's fingertips* de feiten tot zijn beschikking hebben ★ *know (sth) for a ~* (iets) absoluut zeker weten

fact-finding ['fækt-faɪndɪŋ] *bn* onderzoeks-

faction ['fækʃən] *znw* ❶ partij(schap), factie, splintergroep ⟨binnen partij⟩ ❷ (interne) partijtwist ❸ docudrama

factional ['fækʃənl] *bn* partij-, factie-

factionalism ['fækʃənəlɪzm] *znw* partijzucht, verdeling in facties

factious ['fækʃəs] *bn* ❶ partijzuchtig ★ *a ~ group within the church* een partijzuchtige groep binnen

de kerk ❷ oproerig

factitious [fæk'tɪʃəs] *bn* nagemaakt, kunstmatig, onecht

factor ['fæktə] **I** *znw* ❶ factor ★ *a contributing ~* een bijdragend element ★ *a decisive / key ~* een beslissende / doorslaggevende factor ★ *wisk the highest common ~* de grootste gemene deler ❷ factoor, agent, commissionair **II** *overg* ★ *~ sth out* iets in factoren ontbinden

factor analysis ['fæktər ə'næləsɪs] *statistiek znw* factoranalyse

factorize ['fæktəraɪz], **factorise** wisk *overg* ontbinden in factoren

factory ['fæktərɪ] *znw* fabriek

factory farming ['fæktərɪ 'fɑːmɪŋ] *znw* bio-industrie, intensieve veehouderij

factory floor ['fæktərɪ flɔː] *znw* werkvloer

factory outlet ['fæktərɪ 'aʊtlet], **factory shop** *znw* fabriekswinkel, discountwinkel

factory ship ['fæktərɪ ʃɪp] *znw* fabrieksschip

factory shop ['fæktərɪ ʃɒp] *znw* → **factory outlet**

factotum [fæk'təʊtəm] *znw* factotum, duivelstoejager

fact sheet ['fækt ʃiːt] *znw* fact sheet ⟨publicatie met feiten, gewoonlijk over een actueel onderwerp⟩

factual ['fæktʃʊəl] *bn* feitelijk, feiten-

faculty ['fækəltɪ] *znw* ❶ vermogen ★ *despite her age, she still has all her faculties* ondanks haar leeftijd, beschikt ze nog over al haar verstandelijke vermogens ❷ faculteit ❸ Am wetenschappelijk personeel

fad [fæd] *znw* gril, manie, rage, bevlieging

faddish ['fædɪʃ] *bn* ❶ grillig ❷ kieskeurig

faddist ['fædɪst] *znw* iem. die aan allerlei trends meedoet, modegek

faddy ['fædɪ] *bn* grillig, maniakaal

fade [feɪd] **I** *znw* fade, in-, uitvloeier ⟨v. filmbeeld, geluid⟩ **II** *overg* doen verwelken, doen verschieten, doen verbleken **III** *onoverg* verwelken, verschieten, verbleken, tanen **IV** *phras* ★ *~ away* verflauwen, vervagen, (weg)kwijnen, wegsterven, verdwijnen ★ *~ in* geleidelijk verschijnen, (in)faden, invloeien ⟨v. filmbeeld⟩ ★ *~ sth in* iets (in)faden, invloeien ⟨filmbeeld⟩ ★ *~ into* sth geleidelijk overgaan in iets ★ *~ out* (uit)faden, uitvloeien ⟨v. filmbeeld⟩, verflauwen, vervagen, (weg)kwijnen, wegsterven, verdwijnen ★ *~ sth out* iets (uit)faden, uitvloeien ⟨filmbeeld⟩

faded ['feɪdɪd] *bn* verschoten, verbleekt, verwelkt ★ *~ jeans* een verschoten spijkerbroek ★ *~ memories* verbleekte herinneringen

fade-in [feɪd-ɪn] *znw* geleidelijk verschijnen van een beeld ⟨in film⟩, geleidelijk aanzwellen van geluid ⟨bij geluidsopname⟩, fade-in

fadeless ['feɪdlɪs] dicht *bn* onvergankelijk

fade-out [feɪd-aʊt] *znw* geleidelijk vervagen van een beeld ⟨in film⟩, wegsterven van geluid ⟨bij geluidsopname⟩, fade-out

fader ['feɪdə] *znw* apparaat om mee te faden

faecal ['fi:kəl], Am **fecal** bn fecaal

faeces ['fi:si:z], Am **feces** znw [mv] feces, fecaliën

faerie ['feɪərɪ], **faery** dicht znw ❶ feeënland ❷ feeën

faff [fæf] Br inf I znw drukte, gedoe II phras ★ ~ about / around rondlummelen, overbodige drukte maken

fag [fæg] I znw ❶ vermoeiend werk, vervelend werk ❷ onderw schooljongen die een oudere leerling diensten moet bewijzen ‹op public school› ❸ inf sigaret, saffie ❹ Am inf & beledigend flikker II overg ★ inf ~ sbd out iem. uitputten, afmatten III onoverg inf zich afsloven ★ ~ for klussen doen voor ouderejaars ‹op public school›

fag end [fæg end] inf znw ❶ stompje, sigarettenpeukje ❷ eind(je) ★ the ~ of the dag het eind van de dag

fagged [fægd] Br inf bn doodop (ook: ~ out) ★ I can't be ~ cooking dinner ik heb geen zin om eten te koken

faggot ['fægət] znw ❶ Am mutsaard, takkenbos ❷ **fagot** bundel ❸ Am inf & beledigend flikker ❹ Br bal gehakt

fag hag [fæg hæg] inf beledigend znw heterovrouw die vaak in gezelschap is van homoseksuele mannen

Fahrenheit ['færənhaɪt], F bn Fahrenheit

faience [faɪ'āns, feɪ-, -'ɑ:ns] znw faience

fail [feɪl] I znw onderw onvoldoende ‹bij examen› ★ without ~ zeker, zonder mankeren II overg ❶ nalaten, verzuimen ★ the government has ~ed to address this problem de regering heeft verzuimd dit probleem aan te pakken ★ it never ~s to amaze me ik ben altijd weer verbaasd (als) ★ don't ~ to ring us when you arrive vergeet niet ons te bellen als je bent aangekomen ❷ teleurstellen, in de steek laten, begeven ‹krachten› ★ words ~ me ik ben sprakeloos ❸ zakken voor ‹examen› ❹ laten zakken ‹kandidaat› III onoverg ❶ mislukken, -lopen, niet uitkomen, falen ★ if all else ~s als al het andere mislukt ★ be doomed to ~ gedoemd zijn te mislukken ❷ ontbreken ❸ achteruitgaan, minder worden, uitvallen, uitgaan ‹v. licht› ❹ in gebreke blijven, niet kunnen, tekortschieten ❺ failliet gaan ❻ zakken ‹bij examen›

failing ['feɪlɪŋ] I voorz ★ ~ this / that bij gebrek hieraan / daaraan, bij gebreke hiervan / daarvan II bn falend, achteruitgaand ★ ~ eyesight minder wordend gezichtsvermogen III znw fout, zwak, gebrek, tekortkoming ★ we all have our ~s we hebben allemaal onze gebreken

fail-safe ['feɪl-seɪf] bn absoluut veilig, goed beveiligd ‹tegen storing›

failure ['feɪljə] znw ❶ mislukking, fiasco, afgang ★ a crop ~ een mislukte oogst ★ be branded a ~ als een mislukking worden bestempeld ★ consider sbd a ~ iem. als een mislukkeling beschouwen ★ feel a ~ zich een mislukkeling voelen ❷ verzuim, nalatigheid, onvermogen ❸ fout, gebrek, defect ★ too much alcohol can lead to liver ~ teveel alcohol kan veroorzaken dat de lever uitvalt ❹ storing, uitvallen ‹v. stroom› ❺ med hartstilstand

faint [feɪnt] I bn ❶ zwak, (afge)mat ★ she was ~ from lack of food ze voelde zich flauw door gebrek aan voedsel ❷ vaag, gering, flauw ★ inf not the ~est (idea) geen flauw idee II znw flauwte III onoverg flauwvallen ★ she ~ed at the sight of so much blood ze viel flauw bij de aanblik van zoveel bloed ★ ~ away in zwijm vallen, flauwvallen ★ he nearly ~ed from lack of air hij viel bijna flauw door gebrek aan lucht ★ she nearly ~ed with shock ze viel bijna in zwijm door de schok

faint-hearted [feɪnt-'hɑ:tɪd] bn laf-, flauwhartig

fainting ['feɪntɪŋ] znw flauwte

faintly ['feɪntlɪ] bijw ❶ zwak(jes), flauw(tjes) ❷ lichtelijk, enigszins

fair [feə] I bn ❶ billijk, eerlijk, geoorloofd, redelijk ★ a ~ comment een redelijke opmerking ★ ~ game een gemakkelijke prooi, aangeschoten wild ★ ~'s ~ eerlijk is eerlijk ★ ~ enough! dat is niet onredelijk!, OK! ★ by ~ means or foul met alle geoorloofde en ongeoorloofde middelen ★ inf a ~ crack of the whip/a ~ shake een eerlijke kans ★ it's not ~ on him het is niet eerlijk tegenover hem ★ it's only ~ het is niet meer dan billijk ★ I think it's ~ to say that it's not our fault ik denk dat we met recht kunnen zeggen dat het niet onze schuld is ★ he's ~ with all his staff hij is fair tegenover al zijn medewerkers ★ to be ~ om eerlijk te zijn, toegegeven ★ inf it's a ~ cop het is terecht dat ik gepakt ben ★ Aus inf give sbd a ~ go iem. een eerlijke kans geven ★ give sbd a ~ hearing iem. zijn woord laten doen ★ zegsw all's ~ in love and war in de oorlog en de liefde is alles toegestaan ❷ licht, blond ‹haar›, blank ‹v. huid› ❸ behoorlijk, tamelijk, vrij aanzienlijk ❹ gunstig ‹v. wind, weer› ❺ vero schoon, mooi, fraai ★ the ~-sex het schone geslacht II bijw ❶ eerlijk ★ ~ and square eerlijk, ronduit ❷ precies, net ★ ~ and square precies III znw jaarmarkt, kermis, jaarbeurs ★ a horse ~ een paardenmarkt ★ a trade ~ een jaarbeurs

fair copy [feə 'kɒpɪ] znw een in het net geschreven afschrift, net

fair dinkum [feə 'dɪŋkəm] Aus inf I tsw echt waar! II bn echt, serieus

fair-faced [feə-'feɪst] bn ❶ met mooi gezicht ❷ zich mooi voordoend

fair game [feə geɪm] znw gemakkelijke / ideale prooi

fair go [feə gəʊ] Aus inf tsw redelijk blijven!

fairground ['feəgraʊnd] znw kermisterrein

fair-haired [feə-'heəd] bn blond

fairing ['feərɪŋ] znw ❶ stroomlijnkap, -bekleding ❷ vloeistuk

fairish ['feərɪʃ] bn ❶ tamelijk goed ❷ een beetje blond

fairisle ['feəaɪl], **Fair Isle** bn fairisle ‹breipatroon oorspronkelijk van Fair Isle in Schotland›

fairly ['feəlɪ] bijw ❶ eerlijk, billijk, behoorlijk ★ ~ and squarely eerlijk, ronduit ❷ nogal, tamelijk, vrij(wel) ❸ bepaald, gewoonweg, werkelijk ❹ goed en wel,

fa

totaal, geheel en al

fair-minded [feə-'maɪndɪd] *bn* eerlijk

fairness ['feənɪs] *znw* ❶ eerlijkheid, billijkheid ★ *in (all)* ~ eerlijkheidshalve ★ *a sense of* ~ een eerlijkheidsgevoel ❷ blondheid, blankheid ❸ schoonheid

fair play [feə pleɪ] *znw* eerlijk (spel)

fair-pricing [feə-'praɪsɪŋ] *znw* het vaststellen van zodanige prijzen voor producten dat deze door het publiek als rechtvaardig zullen worden ervaren ‹m.b.t. producten van overheidsorganisaties, non-profitorganisaties enz.›

fair trade [feə treɪd] *znw* eerlijke handel, maatschappelijk verantwoord ondernemen ‹waarbij de producent in ontwikkelingslanden een eerlijke prijs krijgt›

fairway ['feəweɪ] *znw* ❶ scheepv vaargeul, -water ❷ sp verzorgde golfbaan

fair-weather friend ['feə-weðə 'frend] *znw* mooiweervriend, schijnvriend

fairy ['feərɪ] **I** *bn* toverachtig, feeën-, tover- **II** *znw* ❶ tovergodin, fee ★ *inf she's away with the fairies* ze is een dagdromer, ze is niet realistisch ❷ *inf* beledigend homo, nicht

fairy cake ['feərɪ keɪk] *znw* soort gebakje

fairy floss ['feərɪ flɒs] Aus *znw* suikerspin

fairy godmother ['feərɪ 'gɒdmʌðə] *znw* ❶ goede fee ‹in sprookjes› ❷ fig redder in nood, weldoenster

fairyland ['feərɪlænd] *znw* ❶ feeënland ❷ sprookjesland

fairy lights ['feərɪ laɪts] *znw* [mv] kerstboom-, feestverlichting

fairy-like ['feərɪ-laɪk] *bn* toverachtig, elfachtig

fairy ring ['feərɪ rɪŋ] *znw* heksenkring

fairy story ['feərɪ 'stɔːrɪ] *znw* ❶ sprookje ❷ verzinsel, leugen

fairy tale ['feərɪ teɪl] *znw* sprookje ★ *a* ~ *romance* een sprookjesromance

fait accompli [feɪt ə'kɒmpli:] ‹‹Fr›› *znw* [mv: faits accomplis] voldongen feit, fait accompli

faith [feɪθ] *znw* ❶ geloof, (goede) trouw, vertrouwen ★ *in good* ~ te goeder trouw, bonafide ★ *in bad* ~ met kwade bedoeling ★ *her* ~ *in human nature has been strengthened* haar geloof in de mensheid is versterkt ★ *an article of* ~ een geloofsartikel ★ *a leap of* ~ een sprong in het duister ★ *have every* ~ *in sbd / sth* sterk in iem. / iets geloven ❷ (ere)woord ★ *break / keep* ~ *with sbd* zijn woord breken / houden jegens iem.

faithful ['feɪθfʊl] **I** *bn* ❶ (ge)trouw, eerlijk ★ *a* ~ *promise* een eerlijke belofte ❷ nauwgezet ❸ gelovig **II** *znw* ★ *the* ~ de gelovigen ★ *the party* ~ de partijgetrouwen

faithfully ['feɪθfʊlɪ] *bijw* ❶ (ge)trouw, eerlijk ★ *yours* ~ hoogachtend ★ *promise* ~ iets heilig beloven ❷ nauwgezet ★ *reproduce sth* ~ iets nauwgezet / waarheidsgetrouw weergeven

faith healer [feɪθ 'hi:lə] *znw* gebedsgenezer

faith-healing [feɪθ-'hi:lɪŋ] *znw* gebedsgenezing

faithless ['feɪθlɪs] *bn* ❶ trouweloos ❷ ongelovig

faithlessness ['feɪθlɪsnɪs] *znw* ❶ trouweloosheid ❷ ongeloof, ongelovigheid

fajitas [fə'hi:təz, fə'dʒi:təz] *znw* [mv] Mexicaans gerecht ‹gevulde tortilla's›

fake [feɪk] **I** *bn* vals **II** *znw* ❶ bedrieglijke namaak, namaaksel, vervalsing ❷ oplichter, bedrieger **III** *overg* ❶ knoeien met, namaken ❷ vervalsen ❸ fingeren, voorwenden, simuleren

faker ['feɪkə] *znw* ❶ vervalser ❷ knoeier ❸ simulant

fakir ['feɪkɪə, fə'kɪə], **faqir** *znw* fakir

falafel [fə'læfl], **felafel** *znw* falafel ‹broodje met gekruide salade›

falcon ['fɔ:lkən, 'fɒlkən] *znw* valk

falconer ['fɔ:lkənə, 'fɒlkənə] *znw* valkenier

falconry ['fɔ:lkənrɪ, 'fɒlkənrɪ] *znw* valkerij, valkenjacht

falderal ['fældə'ræl] *znw* → **folderol**

Falkland Islands ['fɔ:lklənd, 'fɒlklənd 'aɪləndz] *znw* Falklandeilanden

fall [fɔ:l] **I** *znw* ❶ val ★ *the Fall* de zondeval ★ *break / cushion sbd's* ~ iemands val breken ★ *have / take a* ~ een val maken ❷ verval, helling ❸ invallen ‹v. h. duister› ❹ neerslag ★ *there have been some good* ~*s lately* er is een goede hoeveelheid neerslag geweest de laatste tijd ❺ daling ❻ (meestal *mv*) waterval ❼ ondergang, dood ★ *the rise and* ~ *of the empire* de opkomst en ondergang van het rijk ❽ Am herfst **II** *kww* [fell, fallen] worden ★ ~ *ill / sick* ziek worden ★ ~ *(a) prey / victim to sbd / sth* het slachtoffer worden van iem. / iets **III** *onoverg* [fell, fallen] ❶ vallen, neervallen, neerkomen ★ *her eyes fell* zij sloeg de ogen neer ★ ~ *backwards with astonishment / surprise &* achterovervallen van verbazing & ★ ~ *flat* niet in goede aarde vallen, geen succes zijn ‹v. grap, plan, idee &› ★ ~ *flat on one's face* plat op zijn gezicht vallen ★ ~ *to bits / pieces* kapot vallen, uiteenvallen ★ ~ *from grace* uit de gunst / gratie raken ★ ~ *to one's knees* op de knieën vallen ★ ~ *short* tekortkomen ❷ dalen, verminderen, afnemen ❸ sneuvelen ❹ raken, terechtkomen ★ ~ *into disuse* in onbruik raken ★ ~ *among bad company / thieves &* in slecht gezelschap / bij dieven & terechtkomen ❺ invallen ‹v. duisternis› ❻ betrekken ★ *his face fell* zijn gezicht betrok, hij zette een lang gezicht **IV** *phras* ★ ~ *apart* kapotgaan, ophouden te functioneren ★ ~ *away* afvallen, vervallen, achteruitgaan, dalen, afvallig worden ★ ~ *back* wijken, terugtreden, -deinzen, terugvallen ★ ~ *back on sth* terugtrekken op iets, zijn toevlucht nemen tot iets ★ ~ *behind* ten achter raken, achterop raken, achter blijven (bij) ★ ~ *down* neer-, omvallen, vallen van, mislukken, tekortschieten ★ ~ *for sth* zich laten inpalmen door iem., geen weerstand kunnen bieden aan iets, ergens weg van zijn, ergens inlopen, ergens intrappen ★ *inf I'm not* ~*ing for that one!* daar trap ik niet in! ★ ~ *for sbd* op iem. vallen, verliefd raken op iem. ★ ~ *in* invallen, instorten, mil aantreden ★ ~ *in love (with sbd)* verliefd worden (op iem.) ★ ~ *in with sbd* iem. (aan)treffen, tegen het lijf lopen ★ ~ **in with** *sth* zich voegen naar iets ‹inzichten›, akkoord gaan met iets ‹voorstel› ★ ~ **into** *sth* vallen / uitlopen in iets ★ ~ *into the background* op de achtergrond raken ★ ~ *into line* mil aantreden, fig zich aansluiten ★ ~ *into place* duidelijk worden, een verklaring vinden (voor iets) ★ ~ *into a rage* woedend worden ★ ~ *into ruin* vervallen tot een ruïne ★ ~ **off** afvallen, vervallen, achteruitgaan, dalen, afnemen, afvallig worden ★ ~ **on** *sbd* iem. (aan)treffen, stoten op iem., iem. aan-, overvallen ★ ~ **on** / **upon** *sth* vallen op iets, neerkomen op iets, vallen om iets ‹de hals› ★ ~ *on bad times* slechte tijden doormaken ★ inf ~ *on one's feet* op zijn pootjes terechtkomen, boffen ★ ~ **out** uitvallen, mil uittreden ★ ~ **out of** *use* in onbruik raken ★ ~ **out with** *sbd* ruzie krijgen iem. ★ ~ **over** omvallen ★ dicht *silence fell over them* er kwam een stilte over hen ★ inf ~ *over oneself (to do sth)* zich uitsloven (om iets te doen) ★ ~ **through** in duigen vallen, mislukken, vallen ‹v. voorstel of motie› ★ ~ **to** *one's lot / share* iem. ten deel vallen ★ ~ *to talking* beginnen te praten ★ form *it ~s to me (to do sth)* het is aan mij om iets te doen ★ ~ **under** *sth* behoren tot iem., vallen onder iets ‹een klasse› ★ ~ **within** *sth* vallen binnen / onder iets

fallacious [fə'leɪʃəs] *bn* bedrieglijk, vals, misleidend

fallaciously [fə'leɪʃəslɪ] *bijw* bedrieglijk, vals, misleidend

fallaciousness [fə'leɪʃəsnɪs] *znw* bedrieglijkheid, misleiding

fallacy ['fæləsɪ] *znw* ❶ drogreden, denkfout ❷ misverstand ★ *it is a common ~ that chocolate causes acne* het is een algemeen verbreid misverstand dat chocolade jeugdpuistjes veroorzaakt

fallback ['fɔːlbæk] *znw* uitwijkmogelijkheid, achterdeurtje

fall break [fɔːl breɪk] Am *znw* herfstvakantie

fallen ['fɔːlən] *ww* [v.d.] → **fall**

fallen woman ['fɔːlən 'wʊmən] *znw* gedat of scherts gevallen vrouw

fall-guy ['fɔːl-gaɪ] Am inf *znw* ❶ slachtoffer, dupe ❷ zondebok

fallibility [fælə'bɪlɪtɪ] *znw* feilbaarheid

fallible ['fæləbl] *bn* feilbaar

falling-off [fɔːlɪŋ-'ɒf], **fall-off** *znw* vermindering, achteruitgang, afname

falling-out [fɔːlɪŋ-'aʊt] *znw* ruzie, onmin

fall-off ['fɔːl-'ɒf] *znw* → **falling-off**

Fallopian tube [fə'ləʊpɪən tjuːb] anat *znw* eileider

fallout ['fɔːlaʊt] *znw* ❶ radioactieve neerslag ❷ (naar, ongewenst) bijverschijnsel

fallout shelter ['fɔːlaʊt 'ʃeltə] *znw* atoomschuilkelder

fallow ['fæləʊ] **I** *bn* braak ★ ~ *land* braakliggend land, braakland ★ *lie ~* braak liggen **II** *znw* braakland

fallow deer ['fæləʊ dɪə] *znw* damhert

false [fɒls, fɔːls] *bn* ❶ vals, onwaar, onjuist, verkeerd ★ *a ~ smile* een valse glimlach ★ *play sbd ~* iem. bedriegen ★ *ring ~* niet betrouwbaar klinken ❷ scheef ‹v. verhouding› ❸ onecht, pseudo ❹ trouweloos, ontrouw (aan *to*) ❺ loos, dubbel ‹bodem›

false alarm [fɒls ə'lɑːm] *znw* loos alarm

false dawn [fɒls dɔːn] *znw* schijnbare dageraad, veelbelovend iets dat niet wordt bewaarheid

false economy [fɒls ɪ'kɒnəmɪ] *znw* verkeerde zuinigheid

false friend [fɒls frend] *znw* een woord dat heel veel lijkt op een woord in een andere taal, maar iets anders betekent

false-hearted [fɔːls-'hɑːtɪd] dicht *bn* vals

falsehood ['fɒlshʊd] *znw* ❶ leugen(s) ❷ valsheid

false hopes [fɒls həʊps] *znw* [mv] valse verwachtingen

false imprisonment [fɒls ɪm'prɪzənmənt] jur *znw* onterechte gevangenschap

falsely ['fɒlslɪ] *bijw* ❶ verkeerd, onterecht ★ *a chaplain ~ accused of espionage has been released* een aalmoezenier die onterecht werd beschuldigd van spionage is vrijgelaten ❷ niet gemeend, geveinsd ★ *she's inclined to be ~ cheerful* ze heeft de gewoonte om geveinsd opgewekt te zijn

false modesty [fɒls 'mɒdɪstɪ] *znw* valse schaamte

false move [fɒls muːv] *znw* een misstap ★ *make a ~* een misstap zetten, een fout maken

false pretences [fɒls prɪ'tensɪz] *znw* [mv] verkeerde voorstelling van zaken ★ *by ~* onder valse voorwendselen

false start [fɒls stɑːt] *znw* ❶ valse start ❷ fig verkeerd begin ★ *get off to a ~* verkeerd beginnen

false teeth [fɒls tiːθ] *znw* [mv] kunstgebit

falsetto [fɒl'setəʊ, fɔːl-] muz *znw* falset(stem)

falsies ['fɒlsɪz, 'fɔːlsɪz] inf *znw* [mv] ❶ vullingen ‹in beha› ❷ kunstborsten ❸ valse wimpers

falsification [fɒlsɪfɪ'keɪʃən, fɔːls-] *znw* vervalsing

falsifier ['fɒlsɪfaɪə, 'fɔːls-] *znw* vervalser

falsify ['fɒlsɪfaɪ, 'fɔːls-] *overg* ❶ vervalsen ❷ weerleggen

falsity ['fɒlsətɪ, 'fɔːl-], **falseness** *znw* ❶ valsheid ❷ onjuistheid

falter ['fɒltə, 'fɔːltə] *onoverg* ❶ stamelen, stotteren ❷ haperen, aarzelen, weifelen, wankelen ❸ teruglopen ‹v. belangstelling &›

faltering ['fɒltərɪŋ, 'fɔːl-] *bn* haperend, aarzelend ★ *a ~ career* een haperende carrière ★ *in a ~ voice* stamelend, met haperende / stokkende stem

falteringly ['fɒltərɪŋlɪ, 'fɔːl-] *bijw* haperend, aarzelend, stamelend ★ *she spoke ~* ze sprak stamelend

fame [feɪm] *znw* ❶ faam, vermaardheid, roem ★ *at the height of their ~* op het toppunt van hun roem ★ *the Trapp Family, of 'The Sound of Music'* de familie Trapp, bekend van de 'The Sound of Music' ★ inf *what's his claim to ~?* wat heeft hij gepresteerd? waarmee heeft hij naam gemaakt?

★ *rise to* ~ beroemd worden ❷ (goede) naam
★ *gedat of scherts a house of ill* ~ een bordeel
★ *their* ~ *has spread* hun naam is bekend geworden
famed [feɪmd] *bn* befaamd, beroemd, vermaard
familial [fə'mɪliəl] *bn* familie-, familiaal
familiar [fə'mɪliə] *bn* ❶ bekend, vertrouwd ★ *I'm not* ~
with the name / novel / product & ik ben niet bekend
met de naam / de roman / het product &
❷ vertrouwelijk, intiem ★ *be on* ~ *terms (with sbd)*
vertrouwelijk omgaan (met iem.) ❸ (al te) familiair
familiarity [fəmɪlɪ'ærɪti] *znw* gemeenzaamheid,
bekendheid, vertrouwdheid, vertrouwelijkheid,
familiariteit ★ *he has a detailed* ~ *with the subject* hij
is tot in de details bekend met het onderwerp ★ *he
treats me with too much* ~ hij behandelt mij met te
veel familiariteit ★ *zegsw* ~ *breeds contempt* als je
iets / iem. te goed kent heb je de neiging het
respect te verliezen
familiarization [fəmɪliərai'zeɪʃən], **familiarisation** *znw*
het vertrouwd maken
familiarize [fə'mɪliəraɪz], **familiarise** *overg* bekend
maken, vertrouwd maken ★ ~ *oneself with sth* zich
met iets vertrouwd maken
family ['fæm(ə)li] *znw* ❶ (huis)gezin, huis ★ *a member
of the* ~ een lid van het gezin ★ *raise a* ~ een gezin
grootbrengen ★ *start a* ~ een gezin stichten ★ *gedat
inf in the* ~ *way* in verwachting ❷ familie ★ *marry
into the* ~ door te trouwen familielid worden ★ *the* ~
jewels de familiejuwelen, inf de mannelijke
geslachtsdelen ❸ geslacht
family allowance ['fæməli ə'laʊəns] *znw* kinderbijslag
family business ['fæməli 'bɪznɪs] *znw* familiebedrijf
family car ['fæməli kɑ:] *znw* gezinsauto
family company ['fæməli 'kʌmpəni] *znw*
familiebedrijf, familievennootschap
family credit ['fæməli 'kredɪt] Br *znw* bijstand voor
ouders met een laag inkomen
family doctor ['fæməli 'dɒktə] *znw* huisarts
family hotel ['fæməli həʊ'tel] *znw* hotel-pension
family likeness ['fæməli 'laɪknɪs] *znw* familietrek
family man ['fæməli mæn] *znw* ❶ huisvader
❷ huiselijk man
family name ['fæməli neɪm] *znw* achternaam,
familienaam
family planning ['fæməli 'plænɪŋ] *znw*
geboortebeperking
family show ['fæməli ʃəʊ] *znw*
amusementsprogramma voor het hele gezin
family-size ['fæməli-saɪz], **family-sized** *bn* in
gezinsverpakking
family tree ['fæməli tri:] *znw* stamboom
family values ['fæməli 'vælju:z] *znw* [mv] traditionele
normen en waarden
famine ['fæmɪn] *znw* hongersnood ★ *over two million
people are now facing* ~ voor meer dan twee miljoen
mensen dreigt er hongersnood ★ ~ *has struck large
parts of the country* hongersnood heeft grote delen
van het land getroffen

famished ['fæmɪʃt] *bn* uitgehongerd ★ inf *I'm
absolutely* ~ ik sterf van de honger
famous ['feɪməs] *bn* beroemd, vermaard, bekend
★ inf ~ *last words* beroemde laatste woorden
〈gezegd wanneer iemand overmoedig iets beweert
dat hij later wellicht zal moeten terugnemen〉
famously ['feɪməsli] *bijw* fantastisch, fameus, prachtig
★ *get on* ~ heel goed kunnen opschieten
fan [fæn] I *znw* ❶ waaier ❷ ventilator
❸ bewonderaar, fan II *overg* ❶ waaien, koelte
toewuiven ❷ aanwakkeren, aanblazen III *onoverg*
★ ~ *out* zich waaiervormig ver-, uitspreiden
fanatic [fə'nætɪk] *znw* ❶ (godsdienstige) dweper,
fanaticus ❷ fan, fanaat 〈sport &〉
fanatical [fə'nætɪkl] *bn* fanatiek, dweepziek
fanatically [fə'nætɪkli] *bijw* fanatiek ★ *he's a soccer fan,
though not* ~ *so* hij is een voetbalfan, maar niet
fanatiek
fanaticism [fə'nætɪsɪzəm] *znw* dweepzucht, fanatisme
fan belt [fæn belt] *znw* ventilatorriem
fanciable ['fænsiəbl] Br inf *bn* aantrekkelijk, sexy
fancier ['fænsiə] *znw* ❶ liefhebber ❷ fokker, kweker
fanciful ['fænsɪfʊl] *bn* ❶ fantastisch ❷ wonderlijk,
grillig ❸ denkbeeldig, hersenschimmig
fan club [fæn klʌb] *znw* fanclub
fancy ['fænsi] I *tsw* stel je voor! II *bn* ❶ kunstig,
ingewikkeld, overdadig ★ *the furnishings are a little
too* ~ *for me* het meubilair is een beetje te versierd
voor mijn smaak ❷ chic, elegant ★ inf *a* ~ *do* een
deftig feestje ★ inf *a* ~ *hotel* een chic hotel III *znw*
❶ inval, gril ❷ (voor)liefde, liefhebberij ❸ fantasie,
verbeelding, inbeelding, verbeeldingskracht ❹ idee,
hersenschim, lust, zin, smaak ❺ klein taartje,
gebakje ★ *a flight of* ~ een ongebreidelde fantasie
★ *take / tickle sbd's* ~ in iems. smaak vallen ★ *take a* ~
to sbd / sth lust / zin krijgen in iem. / iets IV *overg*
❶ zich verbeelden, zich voorstellen, wanen, denken
❷ zin (trek) krijgen of hebben in, op krijgen of
hebben met, houden van ❸ een hoge dunk hebben
van ★ *I don't* ~ *your chances* ik geef niet veel voor je
kansen ★ inf *she doesn't* ~ *him* zij voelt zich
helemaal niet tot hem aangetrokken, ze vindt hem
niet aantrekkelijk 〈seksueel〉 ★ inf ~ *that!* stel je
voor! V *wederk* ★ inf ~ *oneself* met zichzelf
ingenomen zijn
fancy dress ['fænsi dres] *znw* kostuum 〈v.
gekostumeerd bal〉 ★ *a* ~ *ball* een gekostumeerd bal
★ *go in* ~ gekostumeerd gaan / zijn
fancy fair ['fænsi feə] *znw* liefdadigheidsbazaar
fancy-free [fænsi-'fri:] *bn* niet gebonden, vrij 〈m.b.t.
relaties〉
fancy goods ['fænsi gʊdz] *znw* [mv] galanterieën
fancy man ['fænsi mæn] inf *znw* minnaar, vrijer
fancy price ['fænsi praɪs] inf *znw* fabelachtige prijs
fancy woman ['fænsi 'wʊmən] inf *znw* maîtresse,
maintenee, minnares
fancy-work ['fænsi-wɜ:k] *znw* handwerkje,
handwerkjes

fandangle [fæn'dæŋgəl] gedat znw ❶ malligheid ❷ tierelantijntje

fandango [fæn'dæŋgəʊ] znw [mv: -s of -goes] fandango ⟨Spaanse dans⟩

fanfare ['fænfeə] znw fanfare, trompetgeschal

fanfaronade [fænfærə'neɪd, -'nɑːd] znw snoeverij, opscepperij

fang [fæŋ] znw slagtand, giftand ★ the snake sank its ~s into his arm de slang boorde zijn giftanden in zijn arm

fan heater [fæn 'hiːtə] znw ventilatorkacheltje

fanlight ['fænlaɪt] znw (waaiervormig) bovenlicht, bovenraam, puiraam

fan mail [fæn meɪl] znw fanmail

fanny ['fænɪ] znw ❶ Am inf kont ❷ Br vulg kut

Fanny Adams [fænɪ 'ædəmz], **FA** inf znw ★ sweet ~ geen ene moer, absoluut niets

fanny pack ['fænɪ pæk] Am znw heuptasje

fantail ['fænteɪl] znw pauwstaart ⟨duif⟩

fantasia [fæn'teɪzɪə, fæntə'zɪə] muz znw fantasia

fantasist ['fæntəsɪst], Am **fantast** znw fantast

fantasize ['fæntəsaɪz], **fantasise** overg fantaseren

fantastic [fæn'tæstɪk] bn fantastisch, grillig

fantastically [fæn'tæstɪklɪ] bijw fantastisch ★ the sun is a ~ hot body de zon is een fantastisch heet hemellichaam ★ inf we're meeting a couple of ~ hot chicks we gaan een paar fantastisch hete meiden ontmoeten

fantasy ['fæntəsɪ] znw ❶ fantasie ★ these notions belong in the realms of ~ deze ideeën horen thuis in het rijk der fantasieën ❷ illusie ❸ **phantasy** psych fantasiebeeld

fantasy football ['fæntəsɪ 'fʊtbɔːl] znw spel waarbij de deelnemers op papier voetbalteams samenstellen van echte spelers en punten vergaren op basis van de daadwerkelijke prestaties van die spelers in de echte competitie

fanzine ['fænziːn] znw (fan magazine) blad speciaal voor fans van een bepaalde artiest, popgroep enz.

FAO afk (Food and Agriculture Organization) Landbouw en Voedselorganisatie van de Verenigde Naties

FAQ afk (frequently asked questions) document met een lijst met veelgestelde vragen (en de bijbehorende antwoorden) over een bep. onderwerp op het internet

faqir ['feɪkɪə, fə'kɪə] znw → **fakir**

far [fɑː] I bn ver, afgelegen ★ the ~ left / right uiterst links / rechts ★ at the ~ end of the street het andere einde van de straat ★ the ~ ends of the earth de uiteinden / uitersten der aarde ★ on the ~ right of the platform helemaal rechts op het podium II bijw ❶ ver, verre(weg) ★ how ~ hoe ver, in hoever(re) ★ so ~ tot zover, tot nu toe, tot dusver, inzover(re) ★ so ~ so good tot zover is alles (het) in orde ★ thus ~ tot nu toe ★ ~ (and away) the best verreweg de beste ★ ~ and near/~ and wide wijd en zijd, (van) heinde en ver ★ as ~ as tot aan, tot ★ as ~ back as 1904 al in

1904 ★ as ~ as / in so ~ as voorzover, in zoverre ★ by ~ verreweg, versterkend veel ★ ~ from it verre van dien ★ ~ from good enough lang niet goed genoeg, verre van goed ★ ~ off ver weg, ver ★ ~ be it from me to say het is niet aan mij om te zeggen, ik ben wel de laatste om te zeggen ❷ versterkend veel

faraway [fɑːrə'weɪ] bn ❶ afgelegen, ver ❷ verstrooid, dromerig, afwezig

farce [fɑːs] znw ❶ klucht, kluchtspel ❷ paskwil

farcical ['fɑːsɪkl] bn ❶ bespottelijk ❷ kluchtig

farcically ['fɑːsɪklɪ] bijw ❶ bespottelijk, belachelijk ★ the whole business is ~ absurd de hele zaak is belachelijk absurd ❷ kluchtig

fare [feə] I znw ❶ vrachtprijs, tarief ❷ (geld voor) kaartje ⟨in bus &⟩ ❸ passagier, vrachtje ⟨v. taxi⟩ ❹ kost, voedsel II onverg gedat (er bij)varen, gaan, zich bevinden ★ our team ~d badly het verging ons team slecht ★ vero ~ forth vertrekken ★ workers have ~d well under the government de arbeiders zijn erop vooruitgegaan onder de regering ★ vero ~ (you / thee) well! vaarwel!

Far East [fɑːr 'iːst] geogr znw ★ the ~ het Verre Oosten

fare stage [feə steɪdʒ], **fare zone** znw zone ⟨bij openbaar vervoer⟩

farewell [feə'wel] I tsw form vaarwel! II bn afscheids- ★ a ~ party een afscheidsfeestje III znw afscheid, vaarwel ★ we bad them a fond ~ we namen hartelijk afscheid van hem ★ he raised his hand in ~ hij stak zijn hand omhoog als afscheidsgroet

far-fetched [fɑː'fetʃt] bn vergezocht

far-flung [fɑː'flʌŋ] dicht bn ❶ ver verspreid, uitgestrekt ❷ verafgelegen

far-gone [fɑː'gɒn] inf bn ver heen, dronken, in slechte staat

farina [fə'raɪnə, fə'riːnə] znw ❶ bloem van meel ❷ plantk stuifmeel ❸ zetmeel

farinaceous [færɪ'neɪʃəs] bn (zet)meelachtig, melig, meel-

farm [fɑːm] I znw boerderij, fokkerij, kwekerij, (pacht)hoeve ★ ~ animals boerderijdieren ★ an energy ~ een energieproducent ⟨uit alternatieve bronnen⟩ ★ a fish ~ een viskwekerij ★ a mixed ~ een gemengd bedrijf II overg bebouwen III onverg boeren, het boerenbedrijf uitoefenen ★ ~ organically biologisch boeren IV phras ★ ~ sbd / sth out iem. / iets uitbesteden

farmer ['fɑːmə] znw ❶ boer, landman, landbouwer, agrariër ★ a ~s' union een boerenbond ❷ fokker ⟨v. schapen &⟩, houder ⟨v. pluimvee &⟩, kweker ⟨v. oesters &⟩ ❸ vero pachter ⟨v. belastingen &⟩

farmers' market ['fɑːməz 'mɑːkɪt] znw boerenmarkt

farmhand ['fɑːmhænd] znw boerenarbeider, boerenknecht

farmhouse ['fɑːmhaʊs] znw boerderij, boerenhoeve

farmhouse loaf ['fɑːmhaʊs ləʊf] znw boerenwit ⟨soort brood⟩

farming ['fɑːmɪŋ] I bn landbouw-, pacht- II znw ❶ landbouw, boerenbedrijf ★ arable ~ akkerbouw

fa

★ *intensive* ~ intensieve landbouw ❷ teelt

farm labourer [fɑːm ˈleɪbərə] *znw* landarbeider

farmland [ˈfɑːmlænd] *znw* bouwland

farm machinery [fɑːm məˈʃiːnəri] *znw* landbouwmachines

farm product [fɑːm ˈprɒdʌkt] *znw* landbouwproduct, agrarisch product

farmstead [ˈfɑːmsted] *znw* boerderij, boerenhoeve

farmyard [ˈfɑːmjɑːd] *znw* boerenerf

far-off [fɑːr-ˈɒf] *bn* ❶ ver(afgelegen) ❷ lang geleden

far-out [fɑːr-ˈaʊt] *inf bn* ❶ bizar ❷ avant-gardistisch ❸ fantastisch, uitstekend

farrago [fəˈrɑːɡəʊ] *vooral afkeurend znw* [*mv:* -s *of* -goes] mengelmoes

far-reaching [fɑː-ˈriːtʃɪŋ] *bn* verreikend, verstrekkend, ingrijpend ★ *the new laws will have* ~ *effects on farmers* de nieuwe wetten zullen een ingrijpend effect hebben op boeren

farrier [ˈfærɪə] *znw* hoefsmid

farriery [ˈfærɪəri] *znw* ❶ hoefsmederij ❷ paardenartsenijkunde

farrow [ˈfærəʊ] **I** *znw* worp (biggen) **II** *overg* werpen ⟨v. varkens⟩

far-seeing [fɑː-ˈsiːɪŋ] *bn* (ver) vooruitziend

far-sighted [fɑːˈsaɪtɪd] *bn* ❶ verziend ❷ (ver) vooruitziend

fart [fɑːt] *inf* **I** *znw* wind, scheet ★ *a silly old* ~ een domme oude zeur **II** *onoverg* winden laten **III** *phras* ★ ~ *about / around* aan-, rondklooien

farther [ˈfɑːðə], **further** *bn & bijw* verder ⟨m.b.t. afstanden⟩ ★ *the* ~ *bank / side* de overzij ★ *one bridge* ~ een brug verder ★ *we couldn't see* ~ *than a few metres* we konden niet verder kijken dan een paar meter, we hadden maar een paar meter zicht

farthermost [ˈfɑːðəməʊst] *bn* → **furthermost**

farthest [ˈfɑːðɪst], **furthest** *bn & bijw* verst ⟨m.b.t. afstanden alleen⟩ ★ *the* ~ *I've ever walked in one day* het verst dat ik ooit op een dag gelopen heb

farthing [ˈfɑːðɪŋ] *znw* ❶ *hist* kwart penny ❷ *fig* cent, duit

fascia [ˈfeɪʃə], **facia** *znw* ❶ naambord boven winkel ❷ *bouwk* fascie, band, streep ⟨op gevel⟩ ❸ *auto* dashboard ❹ frontje voor mobieltje

fascinate [ˈfæsɪneɪt] *overg* betoveren, bekoren, boeien, fascineren, biologeren

fascinated [ˈfæsɪneɪtɪd] *bn* gefascineerd

fascinating [ˈfæsɪneɪtɪŋ] *bn* fascinerend, boeiend, pakkend

fascination [fæsɪˈneɪʃən] *znw* betovering, fascinatie ★ *he's always had a* ~ *with distances* hij heeft altijd al een fascinatie voor afstanden gehad ★ *TV quizzes hold no* ~ *for me* tv-quizzen boeien mij niet

fascinator [ˈfæsɪneɪtə] *znw* tovenaar, charmeur

fascine [fæˈsiːn] *znw* takkenbos, rijsbos ⟨ter versteviging van dijken, kanaaloevers &⟩

fascism [ˈfæʃɪzəm] *znw* fascisme

fascist [ˈfæʃɪst] **I** *bn* fascistisch **II** *znw* fascist

fashion [ˈfæʃən] **I** *znw* ❶ mode, gewoonte, gebruik

★ *in the latest* ~ naar de laatste mode ★ *out of / in* ~ uit / in de mode ★ *follow* ~ / *the* ~s de mode volgen ❷ manier, wijze, trant ★ *after a* ~ tot op zekere hoogte ★ *in an orderly* ~ op een geordende manier **II** *overg* ❶ vormen, fatsoeneren ❷ pasklaar maken (voor *to*)

fashionable [ˈfæʃnəbl] *bn* ❶ in de mode, naar de mode ❷ chic, modieus, mode- ❸ gangbaar

fashion-conscious [ˈfæʃən-kɒnʃəs] *bn* modebewust

fashion magazine [ˈfæʃən mæɡəˈziːn] *znw* modeblad

fashion model [ˈfæʃən ˈmɒdl] *znw* mannequin, model

fashion plate [ˈfæʃən pleɪt] *znw* modeplaat

fashion statement [ˈfæʃən ˈsteɪtmənt] *znw* modestatement ★ *she likes clothes that make a* ~ ze houdt van kleren die een modestatement afgeven

fashion victim [ˈfæʃən ˈvɪktɪm] *znw inf* modegek

fast [fɑːst] **I** *bn* ❶ snel, vlug, vlot ★ *a* ~ *and furious film* een geweldige film ★ *my watch is* ~ mijn horloge loopt vóór ★ *inf pull a* ~ *one on sbd* iem. een loer draaien, een poets bakken ❷ hecht, vast, stevig ❸ kleurhoudend, wasecht **II** *bijw* ❶ snel, vlug, vlot ★ *play* ~ *and loose* zijn woord niet houden, het zo nauw niet nemen ⟨in gewetenszaken⟩ ★ *stop driving so* ~*!* rij niet zo hard! ❷ vast ★ *the door is stuck* ~ de deur zit muurvast ★ *they're* ~ *asleep* ze zijn in diepe slaap ❸ flink, hard **III** *znw* het vasten **IV** *onoverg* vasten

fastball [ˈfɑːstbɔːl] *sp znw* snel geworpen bal ⟨in honkbal⟩

fast breeder [fɑːst ˈbriːdə], **fast breeder reactor** *znw* snellekweekreactor

fasten [ˈfɑːsən] **I** *overg* ❶ vastmaken, -zetten, -binden, -leggen, bevestigen ❷ sluiten, dichtdoen **II** *onoverg* dichtgaan, sluiten **III** *phras* ★ ~ *on* / *onto sbd* / *sth* aangrijpen, zich vastklampen aan iem. / iets ★ ~ *up* sluiten, dichtdoen

fasten
betekent **vastmaken** en niet *versnellen of vasten*. Ned. *versnellen* = **accelerate** en *vasten* = **fast**.

fastener [ˈfɑːsnə] *znw* klem, knijper, sluiting, rits

fastening [ˈfɑːsənɪŋ] *znw* ❶ sluiting, slot, verbinding ❷ haak, kram

fastening hook [ˈfɑːsənɪŋ hʊk] *znw* hechtkram

fast food [ˈfɑːst fuːd] *znw* fastfood ⟨voedsel dat snel bereid en geserveerd wordt⟩

fast food restaurant [fɑːst ˈfuːd ˈrestərɒnt] *znw* snelbuffet, fastfoodrestaurant

fast forward [fɑːst ˈfɔːwəd] *znw* snelle doorspoelknop ⟨op recorder⟩

fast-forward [fɑːst-ˈfɔːwəd] *overg* snel doorspoelen

fastidious [fæˈstɪdɪəs] *bn* ❶ lastig, kieskeurig ★ *he's very* ~ *about what he eats* hij is heel kieskeurig over wat hij eet ❷ veeleisend

fastidiously [fæˈstɪdɪəsli] *bijw* ❶ kieskeurig ★ *she ate* ~ ze at kieskeurig ❷ veeleisend

fastidiousness [fæˈstɪdɪəsnɪs] *znw* ❶ kieskeurigheid ❷ veeleisendheid

fasting ['fɑ:stɪŋ] *znw* het vasten
fast lane [fɑ:st leɪn] *znw* snelle rijbaan ★ *he lives life in the ~* hij heeft een leven vol activiteit, opwinding en gevaar
fast-moving [fɑ:st-'mʊvɪŋ] *bn* ❶ snel ❷ fig spannend ‹toneelstuk›
fastness ['fɑ:stnɪs] *znw* ❶ vastheid, hechtheid ❷ snelheid ❸ kleurechtheid ❹ bolwerk
fast-talk ['fɑ:st-tɔ:k] *inf overg* omverpraten ★ *he's trying to ~ me into buying it* hij probeert mij om te praten om het te kopen
fast talker [fɑ:st 'tɔ:kə] inf afkeurend *znw* iem. die mensen gemakkelijk kan ompraten
fast track [fɑ:st træk] *znw* snelste weg naar succes
fast-track ['fɑ:st-træk] *overg* snel promotie maken
fast train [fɑ:st treɪn] *znw* sneltrein
fat [fæt] **I** *bn* ❶ vet, vlezig, dik ★*~ cattle / stock* mestvee, slachtvee ❷ groot, rijk, vol ★ inf *a ~ chance* geen schijn van kans ★ inf *(a) ~ lot of good that'll do you* daar schiet je geen moer mee op **II** *znw* ❶ vet ★ inf *the ~ is in the fire* nu heb je de poppen aan het dansen ❷ vette ★ *live off the ~ of the land* van het goede van de aarde genieten
fatal ['feɪtl] *bn* ❶ dodelijk, fataal ★ *swimming pools can be ~ for children* zwembaden kunnen fataal zijn voor kinderen ❷ rampzalig, noodlottig, ongelukkig
fatal error ['feɪtl 'erə] comput *znw* fatale fout, onherstelbare fout
fatalism ['feɪtəlɪzəm] *znw* fatalisme
fatalist ['feɪtəlɪst] *znw* fatalist
fatalistic [feɪtə'lɪstɪk] *bn* fatalistisch
fatalistically [feɪtə'lɪstɪklɪ] *bijw* fatalistisch ★ *they accept their lot ~* ze accepteren hun lot op een fatalistische manier
fatality [fə'tælɪtɪ] *znw* ❶ noodlot, noodlottigheid ❷ slachtoffer, dodelijk ongeval
fatally ['feɪtəlɪ] *bijw* fataal, dodelijk
fat cat [fæt kæt] inf *znw* rijke stinkerd
fate [feɪt] *znw* ❶ noodlot, lot ★ *a ~ worse than death* een lot dat erger is dan sterven ★ *the hand of ~* de hand van het noodlot ★ *a quirk of ~* een gril van het lot ★ *the Fates* de schikgodinnen ❷ dood
fated ['feɪtɪd] *bn* ❶ voorbeschikt, (voor)bestemd ❷ (ten ondergang) gedoemd
fateful ['feɪtful] *bn* ❶ fataal, noodlottig ❷ gewichtig, belangrijk
fat-free [fæt-'fri:], **fatless** *bn* mager, vetarm ‹v. voedsel›
fathead ['fæthed] inf *znw* stomkop
father ['fɑ:ðə] **I** *znw* ❶ vader ★ *the Holy Father* de paus ★ *the city ~s* de vroede vaderen ★ zegsw *like ~, like son* zo vader, zo zoon ❷ grondlegger, uitvinder ❸ pater, pastoor **II** *overg* ❶ vader zijn / worden van, een vader zijn voor ❷ (als kind) aannemen ❸ zich de maker, schrijver & van iets verklaren
Father Christmas ['fɑ:ðə 'krɪsməs] *znw* de Kerstman
father figure ['fɑ:ðə 'fɪgə] *znw* vaderfiguur
fatherhood ['fɑ:ðəhʊd] *znw* vaderschap

father-in-law ['fɑ:ðər-ɪn-lɔ:] *znw* [*mv:* fathers-in-law] schoonvader
fatherland ['fɑ:ðəlænd] *znw* vaderland
fatherless ['fɑ:ðəlɪs] *bn* zonder vader, vaderloos
fatherly ['fɑ:ðəlɪ] *znw* vaderlijk
Father's Day ['fɑ:ðəz deɪ] *znw* Vaderdag
fathom ['fæðəm] **I** *znw* vadem **II** *overg* peilen, doorgronden (ook: *~ out*)
fathomable ['fæðəməbl] *bn* peilbaar
fathomless ['fæðəmlɪs] *bn* ❶ peilloos ❷ dicht ondoorgrondelijk
fatigue [fə'ti:g] **I** *znw* ❶ afmatting, vermoeidheid, vermoeienis ❷ metaalmoeheid ❸ mil corvee **II** *overg* afmatten, vermoeien
fatigued [fə'ti:gd] *bn* vermoeid
fatigues [fə'ti:gz] mil *znw* [mv] gevechtspak
fatiguing [fə'ti:gɪŋ] *bn* vermoeiend
fatless ['fætlɪs] *bn* → **fat-free**
fatten ['fætn] **I** *overg* dik maken, vetmesten ★*~ sbd / sth up* iem. / iets vetmesten **II** *onoverg* dik worden ★*~ up* dik worden
fatty ['fætɪ] **I** *bn* vettig, vet ★*~ deposits* afzettingen van vet **II** *znw* inf dikzak
fatty acid ['fætɪ 'æsɪd] *znw* vetzuur
fatty tissue ['fætɪ 'tɪʃu:] *znw* vetweefsel
fatuity [fə'tju:ətɪ] form *znw* onzinnigheid, onbenulligheid, dwaasheid
fatuous ['fætjʊəs] form *bn* onzinnig, onbenullig, dwaas, idioot
fatwa ['fætwɑ:] *znw* fatwa ‹gezaghebbende uitspraak van een islamitisch rechtsgeleerde›
faucet ['fɔ:sɪt] Am *znw* (tap)kraan
fault [fɒlt, fɔ:lt] **I** *znw* ❶ fout, schuld ★ *be at ~* niet in orde zijn, schuldig zijn, schuld hebben ★ *find ~ with sbd / sth* aanmerking(en) maken, vitten op iem. / iets ❷ gebrek, defect, storing ★ *hospitable / generous / punctual & to a ~* overdreven gastvrij / goedgeefs / punctueel & ❸ breuk(vlak) ‹in aardlaag› **II** *overg* aanmerking(en) maken op, vitten op
fault-finder [fɒlt-'faɪndə, fɔ:lt-] *znw* ❶ muggenzifter ❷ elektr storingzoeker
fault-finding [fɒlt-'faɪndɪŋ, fɔlt-] **I** *bn* vitterig **II** *znw* ❶ gevit, muggenzifterij ❷ elektr opsporen van defecten
faultless ['fɒltlɪs, 'fɔ:ltlɪs] *bn* feilloos, onberispelijk, foutloos
faulty ['fɒltɪ, 'fɔ:ltɪ] *bn* ❶ onjuist, verkeerd, gebrekkig ❷ niet in orde, defect
faun [fɔ:n] *znw* faun, bosgod
fauna ['fɔ:nə] *znw* fauna
faux pas [fəʊ 'pɑ:] ‹‹Fr›› *znw* miskleun, misstap
fava bean ['fɑ:və bi:n] Am *znw* tuinboon
fave [feɪv] inf *bn & znw* (favourite) favoriet, lieveling(s-) ★ *my ~ programme!* mijn lievelingsprogramma! ★ *chocolate biscuits! My ~s!* chocoladekoekjes! Mijn favorieten!
favour ['feɪvə], Am **favor I** *znw* ❶ genegenheid, goedkeuring ★ *find ~ with sbd* goedkeuring krijgen

fa

fa

van iem. ★ *enjoy sbd's* ~ iemands goedkeuring genieten ❷ gunst, genade ★ *in sbd's* ~ in iemands gunst ★ *in* ~ *of* ten gunste van ★ *be in (out of)* ~ *with sbd* in de gunst (uit de gratie) zijn bij iem. ★ *be in* ~ *of sth / look with* ~ *on sth* iets gunstig gezind zijn, vóór iets zijn ★ *curry* ~ *with sbd* naar iemands gunst dingen, bij iem. in de gunst proberen te komen ★ *do me a* ~*!* zeg, doe me een lol! ★ *fall out of / from* ~ uit de gunst raken ❸ begunstiging, voorkeur ★ *come back into* ~ weer in de mode komen ★ jur *find in sbd's* ~ een uitspraak doen in iemands voordeel **II** *overg* ❶ gunstig gezind zijn, (geporteerd) zijn vóór ❷ begunstigen, bevorderen, steunen, aanmoedigen ❸ bevoorrechten, voortrekken ★ *they try not to* ~ *one child over the others* ze proberen om geen kind voor te trekken boven de anderen

favourable ['feɪvərəbl] *bn* gunstig

favourably ['feɪvərəblɪ] *bijw* gunstig, positief ★ *we are quite* ~ *impressed with him* we zijn positief onder de indruk van hem

favourite ['feɪvərɪt] **I** *bn* geliefkoosd, geliefd, lievelings- **II** *znw* ❶ gunsteling(e), protegé, protegee ❷ favoriet ‹bij races› ❸ lieveling

favouritism ['feɪvərɪtɪzəm] *znw* onrechtvaardige begunstiging, bevoorrechting, vriendjespolitiek

fawn [fɔ:n] **I** *bn* lichtbruin **II** *znw* jong hert, reekalf **III** *phras* ★ ~ *over sbd* iem. vleien, kruipen voor iem.

fawner ['fɔ:nə] *znw* vleier, pluimstrijker

fax [fæks] **I** *znw* fax **II** *overg* faxen

fax machine [fæks mə'ʃi:n] *znw* faxapparaat, fax

fax modem [fæks 'məʊdem] *znw* faxmodem

faze [feɪz] *inf overg* in verwarring brengen, van streek maken ★ *nothing ever seems to* ~ *her* niets schijnt haar ooit van streek te maken

FBI *afk* (Federal Bureau of Investigation) recherche, opsporingsdienst ‹in de V.S.›

FC *afk* (Football Club) voetbalvereniging

fealty ['fi:əltɪ] hist *znw* (leenmans)trouw

fear [fɪə] **I** *znw* vrees (voor *of*), angst ★ *inf no* ~*!* geen sprake van! ★ *they're on holidays so there's no* ~ *that we'll be caught* ze zijn met vakantie dus is er geen kans dat we betrapt worden ★ *for* ~ *of / that* uit vrees voor (dat) ★ *without* ~ *or favour* zonder aanzien des persoons ★ *be / go in* ~ *of sbd / sth* vrezen voor iem. / iets ★ *put the* ~ *of God in / into sbd* iem. goed bang maken ★ *strike* ~ *into (the heart) of sbd* iem. bang maken **II** *overg* vrezen ★ *I* ~ *I can't come tomorrow* ik ben bang dat ik morgen niet kan komen **III** *onoverg* vrezen, bang zijn ★ *never* ~ wees maar niet bang ★ ~ *for sbd / sth* bezorgd zijn om iem. / iets, vrezen voor iem. / iets

fearful ['fɪəfʊl] *bn* ❶ bang ★ ~ *lest* bang dat ★ ~ *of* bang voor ❷ vreselijk

fearfully ['fɪəfʊlɪ] *bijw* ❶ bang ★ *he looked* ~ *around* hij keek bang rond ❷ vreselijk ★ *inf it's* ~ *cold* het is vreselijk koud

fearless ['fɪəlɪs] *bn* onbevreesd, onvervaard

fearlessness ['fɪəlɪsnɪs] *znw* onbevreesdheid

fearsome ['fɪəsəm] dicht *bn* vreselijk, angstaanjagend ★ *the animal bared a* ~ *set of teeth* het dier ontblootte een stel angstaanjagende tanden

feasibility [fi:zɪ'bɪlɪtɪ] *znw* haalbaarheid, uitvoerbaarheid ★ *a* ~ *study* een haalbaarheidsonderzoek

feasible ['fi:zɪbl] *bn* ❶ doenlijk, uitvoerbaar, mogelijk ❷ aannemelijk, waarschijnlijk

feast [fi:st] **I** *znw* feest, festijn, gastmaal **II** *overg* onthalen ★ ~ *one's eyes on sbd / sth* met genoegen naar iem. / iets kijken **III** *onoverg* feestvieren, smullen ★ ~ *on sth* zich te goed doen aan iets

feat [fi:t] *znw* ❶ kunststuk, toer, prestatie ★ *no mean* ~ een hele prestatie ★ *the bridge is a* ~ *of engineering* de brug is een knap staaltje bouwkunde ★ *a* ~ *of strength* een krachttoer ❷ (helden)daad

feather ['feðə] **I** *znw* veer, pluim(en) ★ *a* ~ *in one's cap* een pluim op iemands hoed ★ *in full / high* ~ in pontificaal ★ *they're birds of a* ~ het is één pot nat, ze hebben veel van elkaar weg ★ zegsw *fine* ~*s make fine birds* de kleren maken de man **II** *overg* met veren versieren, met veren bedekken ★ ~ *one's nest* zijn beurs spekken ★ ~ *the oars* de riemen plat leggen **III** *onoverg* dwarrelen, uitwaaieren

feather-bed [feðə-'bed], **featherbed** *overg* in de watten leggen

featherbedding [feðə'bedɪŋ] *znw* onnodig werk om overbodig personeel aan te kunnen houden

feather-brained ['feðə-breɪnd], **featherbrained** *bn* leeghoofdig

feather duster ['feðə 'dʌstə] *znw* plumeau

feathered ['feðəd] *bn* gevederd, gevleugeld

featherweight ['feðəweɪt] *znw* ❶ sp vedergewicht ‹boksen› ❷ fig lichtgewicht, nul

feathery ['feðərɪ] *bn* vederachtig, luchtig

feature ['fi:tʃə] **I** *znw* ❶ (gelaats)trek ❷ fig kenmerk, hoofdtrek, (hoofd)punt, glanspunt, clou ❸ speciaal artikel, hoofdartikel ❹ feature film ❺ marketing productkenmerk, producteigenschap, productattribuut ▼ *a* ~ *wall* een decoratieve muur **II** *overg* ❶ een beeld geven van, karakteriseren ❷ vertonen, als kenmerk hebben ❸ laten optreden als ster, brengen ‹een film &›, speciale aandacht besteden aan **III** *onoverg* een rol spelen

feature film ['fi:tʃə fɪlm], **feature** *znw* hoofdfilm, speelfilm

feature-length ['fi:tʃə-leŋθ] *bn* met de lengte van een hoofdfilm

featureless ['fi:tʃəlɪs] *bn* onopvallend, saai

Feb. *afk* → **February**

febrile ['fi:braɪl] *bn* ❶ koortsig, koorts- ❷ koortsachtig

February ['februərɪ] *znw* februari

fecal ['fi:kəl] Am *bn* → **faecal**

feces ['fi:si:z] Am *znw* [mv] → **faeces**

feckless ['feklɪs] *bn* ❶ zwak, lamlendig ❷ lichtvaardig, onhandig, nutteloos

fecund ['fekənd, 'fi:kənd] dicht *bn* vruchtbaar

fecundity [fɪˈkʌndɪtɪ] <u>dicht</u> znw vruchtbaarheid
fed [fed] ww [v.t. & v.d.] → **feed**
Fed [fed] <u>inf</u> **❶** (Federal agent)
regeringsambtenaar, FBI-agent **❷** (Federal Reserve)
Amerikaanse centrale bank
federal [ˈfedərəl] <u>Am</u> bn federaal, bonds- ★ a ~ agent
een federaal ambtenaar, regeringsambtenaar,
FBI-agent ★ a ~ state een deelstaat
federal holiday [ˈfedərəl ˈhɒlədeɪ] <u>Am</u> znw landelijke
feestdag
federalism [ˈfedərəlɪzm] znw federalisme
federalist [ˈfedərəlɪst] **I** bn federalistisch **II** znw
federalist
federalize [ˈfedərəlaɪz], **federalise** overg verenigen
Federal Reserve [ˈfedərəl rɪˈzɜːv], <u>inf</u> **Fed** znw ★ the ~
de Amerikaanse nationale bank
federate I bn [ˈfedərət] verbonden **II** overg [ˈfedəreɪt]
tot een (staten)bond verenigen **III** onoverg [ˈfedəreɪt]
zich tot een (staten)bond verenigen
federation [fedəˈreɪʃən] znw (staten)bond ★ labor
/ union ~s vakcentrales
federative [ˈfedərətɪv] bn federatief
fedora [fɪˈdɔːrə] znw gleufhoed
fed up [fed ʌp] <u>inf</u> bn ontevreden, het zat, balend ★ ~
mothers with screaming children balende moeders
met krijsende kinderen ★ motorists are ~ with the
long traffic jams automobilisten zijn de lange files
zat ★ be ~ to the back teeth balen als een stekker, het
strontzat zijn
fee [fiː] znw **❶** loon, honorarium **❷** leges **❸** (school-,
examen)geld **❹** (meestal mv) contributie, entreegeld
★ most museums charge a ~ for admission de meeste
musea vragen toegangsgeld
feeble [ˈfiːbl] bn zwak ★ 'help me', she said in a ~ voice
'help me', zei ze met zwakke stem ★ the plot is a ~
excuse for scenes of violence het plot is een zwak
excuus voor gewelddadige scenes
feeble-minded [fiːbl-ˈmaɪndɪd] bn zwakzinnig
feebly [ˈfiːblɪ] bijw zwak, zwakjes
feed [fiːd] **I** znw **❶** eten ★ be off one's ~ geen eetlust
hebben, zich niet lekker voelen **❷** <u>inf</u> maal,
maaltijd, portie **❸** voer ★ animal feed dierenvoer
❹ <u>techn</u> voeding, aanvoer, invoer **II** overg [fed, fed]
❶ voeden, te eten geven, voederen, (laten) weiden
★ ~ sbd up iem. flink voeden, iem. (vet)mesten
❷ onderhouden ⟨het vuur⟩ **❸** <u>fig</u> voedsel geven aan,
stimuleren **❹** bevoorraden, toevoeren, aanvoeren
❺ <u>techn</u> aan-, invoeren **III** onoverg [fed, fed] zich
voeden, eten, weiden ★ <u>fig</u> another mouth to ~
alweer een mond om te voeden ★ ~ off / on sth
leven van iets, zich voeden met iets
feedback [ˈfiːdbæk] znw **❶** terugkoppeling
❷ feedback, respons ★ I've had quite a lot of ~ on my
performance at work ik heb een hoop feedback
gekregen over mijn prestaties op het werk **❸** het
rondzingen ⟨v. geluidsinstallatie⟩
feedbag [ˈfiːdbæg] znw haverzak ⟨voor paard⟩
feeder [ˈfiːdə] znw **❶** voeder, eter **❷** zuigfles **❸** in-,

toevoermechanisme **❹** zijlijn ⟨van spoor⟩ **❺** <u>techn</u>
inlader, aanvoerwals **❻** <u>elektr</u> voedingskabel,
-leiding
feeding bottle [ˈfiːdɪŋ ˈbɒtl] znw zuigfles, flesje
feeding frenzy [ˈfiːdɪŋ ˈfrenzɪ] znw **❶** gezamenlijke
aanval van een aantal haaien of piranha's op een
prooi **❷** <u>fig</u> (periode van) intensieve, vooral
commerciële, competitie **❸** overmatige
belangstelling van de media ⟨bijv. voor een
schandaal of een daarbij betrokken persoon⟩
feeding time [ˈfiːdɪŋ taɪm] znw voedertijd ★ <u>scherts</u>
like ~ at the zoo ontzettend druk
feedlot [ˈfiːdlɒt] znw grasland, kleine weide
feedthrough [ˈfiːdθruː] znw **❶** doorgangsstadium
❷ elektrisch verbindingsstuk, doorverbinding
feel [fiːl] **I** znw **❶** gevoel ★ get the ~ of sth iets in de
vingers krijgen **❷** tast, tastzin ★ have a ~ of sth iets
voelen / bevoelen **❸** aanvoelen **II** overg [felt, felt]
❶ (ge)voelen, gewaarworden ★ I don't ~ quite myself
today ik voel me vandaag niet erg prettig ★ the
effects are starting to make themselves felt de effecten
beginnen voelbaar te worden ★ he likes to make his
presence felt hij wil graag laten merken dat hij er is
★ ~ one's age zich net zo oud voelen als men is ★ ~
sth in one's bones iets voorvoelen, iets aan zijn water
voelen ★ ~ the cold / heat last hebben van de kou
/ hitte ★ ~ the pinch de nood voelen ★ not ~ a thing
niets voelen **❷** aftasten, betasten ★ ~ sbd's pulse
iemands pols voelen ★ ~ one's way op de tast gaan,
<u>fig</u> het terrein verkennen **❸** vinden, menen, van
mening zijn, achten, denken **III** onoverg [felt, felt]
❶ (zich) voelen ★ ~ free (to do sth) zich vrij voelen
(om iets te doen) ★ ~ small zich klein voelen ★ I
don't ~ like it ik heb er geen zin in ★ she doesn't ~ like
eating zij heeft geen trek in eten ★ ~ out of it zich
voelen als een kat in een vreemd pakhuis **❷** tasten
★ he felt around the edge of the door hij tastte langs
de rand van de deur **❸** een zeer besliste mening
hebben ★ I'm not sure how I ~ about it ik weet niet
hoe ik hierover denk / wat ik ervan vind **IV** phras
★ ~ for sth (tastend) zoeken naar iets ★ ~ for sbd
meelij hebben met iem. ★ ~ sth out iets zorgvuldig
onderzoeken ★ <u>inf</u> ~ sbd up iem. betasten ★ ~ up to
sth zich opgewassen voelen tegen iets ★ not ~ up to
sth iets niet aandurven
feeler [ˈfiːlə] znw voeler, voelhoorn ★ put out ~s een
proefballon oplaten
feelgood [ˈfiːlɡʊd], **feel-good** bn een goed gevoel
gevend ★ a ~ movie een fijne, positieve film
feeling [ˈfiːlɪŋ] **I** bn gevoelvol, gevoelig ★ she's not a
very ~ person zij is geen erg gevoelig iemand **II** znw
❶ gevoel ★ bad ~/~s wrok ★ a ~ of anger / happiness
/ resentment & een gevoel van woede / geluk
/ wrevel & ★ he had the ~ he was being followed hij
had het gevoel dat hij gevolgd werd ★ I have a ~
you're right ik denk dat je gelijk hebt ★ have a gut ~
about sbd / sth een intuïtie over iem. / iets hebben
★ have no ~ for others geen gevoel voor anderen

fe

hebben ❷ sympathie ❸ gevoeligheid
❹ geraaktheid, ontstemming, opwinding
❺ stemming
feelingly ['fi:lɪŋlɪ] *bijw* gevoelvol
feelings ['fi:lɪŋz] *znw* [mv] gevoelens ★ *hard* ~ kwaad
bloed, wrok ★ *no hard* ~*!* even goeie vrienden! ★ ~
were running high de gemoederen waren verhit
(opgewonden) ★ *have mixed* ~ *(about sth)* gemengde
gevoelens hebben (over iets) ★ *hurt sbd's* ~ iem.
(diep) kwetsen ★ *stir strong* ~ kwaad bloed zetten
fee-paying ['fi:-peɪɪŋ] *bn* betalend ★ *she's a full* ~
student ze is een volledig schoolgeld betalende
studente
feet [fi:t] *znw* [mv] → **foot**
feign [feɪn] *overg* veinzen, voorwenden, huichelen ★ ~
indifference doen alsof het je niets kan schelen
feint [feɪnt] **I** *bn* flauw ⟨v. lijnen⟩ **II** *znw*
❶ schijnbeweging, schijnaanval ❷ voorwendsel
❸ list **III** *onoverg* een schijnbeweging maken
feisty ['faɪstɪ] *inf bn* pittig, flink, stevig, uitbundig
felafel [fe'lɑ:fəl] *znw* → **falafel**
feldspar ['feldspɑ:], **felspar** *znw* veldspaat
felicitate [fɪ'lɪsɪteɪt] *overg* gelukwensen (met *on*)
felicitation [fɪlɪsɪ'teɪʃən] *znw* gelukwens
felicities [fə'lɪsɪtɪz] *dicht znw* [mv] gelukkige
vondsten, gedachten &
felicitous [fə'lɪsɪtəs] *dicht bn* welgekozen, treffend,
goed gevonden ⟨v. woorden &⟩
felicitously [fə'lɪsɪtəslɪ] *dicht bijw* welgekozen,
treffend, goed gevonden ★ *the* ~ *named 'Dr
Goodheart'* de man met de toepasselijke naam 'Dr.
Goedhart'
felicity [fə'lɪsɪtɪ] *dicht znw* geluk, gelukzaligheid
★ *domestic* ~ huiselijk geluk
feline ['fi:laɪn] *bn* katten-, katachtig, kattig
fell [fel] **I** *bn* ❶ *dicht* wreed, woest ★ *at one* ~ *swoop*
met één (enkele) klap ❷ *dicht* dodelijk **II** *znw*
❶ *archaïsch* vel, huid ❷ heuvel, berg **III** *overg* vellen
IV *ww* [v.t.] → **fall**
fella ['felə], **feller** *inf znw* ❶ vent, gozer, kerel
❷ vriendje
fellatio [fɪ'leɪʃɪəʊ, fe'lɑ:tɪəʊ] *znw* fellatio
feller ['felə] *znw* ❶ houthakker ❷ → *inf & dial* **fella**
fellow ['feləʊ] **I** *bn* mede- **II** *znw* ❶ *inf* maat, makker,
kameraad, kerel, vent, knul ❷ andere of gelijke (van
twee), weerga ❸ lid ❹ *onderw* lid v. *college* aan de
Hogescholen ❺ gepromoveerde die een beurs
geniet
fellow-countryman ['feləʊ-'kʌntrɪmən],
fellow-countrywoman *znw* landgenoot, -genote
fellow feeling ['feləʊ 'fi:lɪŋ] *znw* ❶ medelijden,
medegevoel ❷ sympathie
fellow man ['feləʊ mæn] *znw* [mv: fellow men]
medemens
fellowship ['feləʊʃɪp] *znw* ❶ kameraadschap,
collegialiteit ❷ broederschap, (deel)genootschap
❸ omgang, gemeenschap ❹ lidmaatschap ⟨v.
college⟩ ❺ beurs ⟨v.e. *fellow*⟩

fellow-student ['feləʊ-'stju:dnt] *znw* medestudent,
schoolmakker
fellow-traveller ['feləʊ-'trævələ], Am **fellow traveler**
znw ❶ medereiziger, tochtgenoot ❷ meeloper,
sympathiserende ⟨met name van communistische
partij⟩
fellow-worker ['feləʊ-'wɜ:kə] *znw* medearbeider
fells [felz] *znw* [mv] heuvels, bergen, hoogland
felon ['felən] *jur znw* misdadiger, booswicht
felonious [fɪ'ləʊnɪəs] *jur bn* misdadig
felonry ['felənrɪ] *hist znw* misdadigersklasse
felony ['felənɪ] *znw* ❶ (hals)misdaad ❷ Am delict
waarop een straf van minimaal één jaar staat
❸ misdrijf ⟨tegenover overtreding⟩
felspar ['felspɑ:] *znw* → **feldspar**
felt [felt] **I** *bn* vilten **II** *znw* vilt **III** *overg* vilten, tot vilt
maken **IV** *ww* [v.t. & v.d.] → **feel**
felt tip [felt tɪp], **felt-tip pen** *znw* viltstift
felty ['feltɪ] *bn* viltachtig
fem [fem] *znw* → **femme**
female ['fi:meɪl] **I** *bn* vrouwelijk, vrouwen-, wijfjes-
★ *techn* a ~ *screw* een moer **II** *znw* ❶ *dierk* wijfje
❷ vrouw, vrouwspersoon
female circumcision ['fi:meɪl sɜ:kəm'sɪʒən] *znw*
vrouwenbesnijdenis
femaleness ['fi:meɪlnɪs] *znw* vrouwelijkheid
feminine ['femɪnɪn] **I** *bn* ❶ vrouwelijk, ❷ vrouwen-
II *znw* ★ *gramm the* ~ het vrouwelijk geslacht, het
femininum
femininity [femɪ'nɪnɪtɪ] *znw* vrouwelijkheid
feminism ['femɪnɪzm] *znw* feminisme
feminist ['femɪnɪst] **I** *bn* feministisch **II** *znw* feministe
feminize ['femɪnaɪz], **feminise** *overg & onoverg*
vervrouwelijken
femme [fem], **fem** *znw* vrouwelijke partner ⟨in
lesbische relatie⟩
femme fatale [fæm fə'tɑ:l] *znw* femme fatale,
verleidster
femoral ['femərəl] *anat bn* dij-
femur ['fi:mə] *znw* [mv: femora] ❶ *anat* dijbeen ❷ dij
⟨v. insect⟩
fen [fen] *znw* moeras
fenagle [fɪ'nægl] *inf overg & onoverg* → **finagle**
fence [fens] **I** *znw* ❶ schutting, (om)heining, hek, heg
★ *the boundary / perimeter* ~ de omheining ★ *on both
sides of the political* ~ aan beide kanten van de
politieke scheidslijn ★ *sit / stay on the* ~ neutraal
blijven, de kat uit de boom kijken ❷ *sp* hindernis
❸ *inf* heler **II** *overg* omheinen **III** *onoverg*
❶ schermen ❷ hindernissen nemen **IV** *phras* ★ ~ *sbd
in* iem. inperken / belemmeren ★ ~ *sth in* iets
omheinen / afrasteren ★ ~ *sth off* iets afscheiden
/ afschermen ★ ~ *off an attack* een aanval afweren
fence mending ['fens 'mendɪŋ] *znw*
bemiddelingspoging ⟨tussen twee partijen⟩
fence-mending ['fens-'mendɪŋ] *bn* bemiddelend
⟨tussen twee partijen⟩
fence post [fens pəʊst] *znw* afrasteringspaal

fencer ['fensə] *znw* ❶ iem. die hekken maakt ❷ <u>sp</u> schermer

fence sitter [fens 'sɪtə] <u>afkeurend</u> *znw* iem. die geen partij kiest

fence sitting [fens 'sɪtɪŋ] <u>afkeurend</u> *znw* besluiteloosheid, halfslachtigheid

fencing ['fensɪŋ] *znw* ❶ <u>sp</u> schermen, schermkunst ❷ omheining ❸ het omheinen, het afrasteren

fencing master ['fensɪŋ 'mɑ:stə] *znw* schermmeester

fend [fend] *phras* ★ ~ **for** *oneself* voor zichzelf zorgen ★ ~ *sbd / sth* off iem. / iets afweren

fender ['fendə] *znw* ❶ haardscherm ❷ <u>scheepv</u> stootkussen, -mat, -blok ❸ Am spatbord

fender bender ['fendə 'bendə] <u>inf</u> *znw* een klein auto-ongeluk

Fenian ['fi:nɪən] <u>hist</u> *znw* Fenian ‹aanhanger v.d. Ierse revolutionaire beweging›

fennel ['fenl] *znw* venkel

fenugreek ['fenju:gri:k] *znw* fenegriek

feral ['ferəl, 'fɪərəl] *bn* ❶ verwilderd ★ *go* ~ verwilderen ‹v. dieren›, <u>Aus & NZ inf</u> zich onbeschaafd gedragen ❷ wild, ongetemd ❸ beestachtig

ferment I *znw* ['fɜ:ment] ❶ gisting ❷ ferment ❸ onrust **II** *overg* [fə'ment] ❶ doen gisten, doen fermenteren ❷ in beroering brengen **III** *onoverg* [fə'ment] gisten, fermenteren

fermentation [fɜ:men'teɪʃən] *znw* ❶ gisting, fermentatie ★ *secondary* ~ nagisting ❷ onrust, beroering

fern [fɜ:n] *znw* [*mv:* ~ *of* -s] varen(s)

fernery ['fɜ:nərɪ] *znw* kweekplaats voor varens

ferny ['fɜ:nɪ] *bn* met varens begroeid

ferocious [fə'rəʊʃəs] *bn* woest, wreed, fel

ferociously [fə'rəʊʃəslɪ] *bijw* ❶ woest ★ *he was ~ attacked by the shark* hij werd woest aangevallen door de haai ❷ wreed ❸ fel

ferocity [fə'rosɪtɪ] *znw* ❶ woestheid ❷ wreedheid ❸ felheid

ferret ['ferɪt] **I** *znw* <u>dierk</u> fret **II** *onoverg* ❶ fretten ❷ snuffelen **III** *phras* ★ ~ *sth* out iets uitvissen / opscharrelen / opsporen

ferric ['ferɪk] *bn* ijzer-

Ferris wheel ['ferɪs wi:l] *znw* reuzenrad ‹op kermis›

ferroconcrete [ferəʊ'konkri:t] *znw* gewapend beton

ferrous ['ferəs] *bn* ijzerhoudend, ferro-

ferruginous [fə'ru:dʒɪnəs] *bn* ❶ ijzerhoudend ❷ roestkleurig

ferrule ['feru:l] *znw* metalen ring, busje ‹aan mes, rotting, stok›, beslag

ferry ['ferɪ], **ferry boat I** *znw* veer, veerboot, ferry **II** *overg & onoverg* ❶ overzetten, overbrengen, overvaren ❷ vervoeren

ferryman ['ferɪmən] *znw* veerman

fertile ['fɜ:taɪl] *bn* ❶ vruchtbaar ❷ <u>fig</u> overvloedig, rijk ‹fantasie &›

fertility [fɜ:'tɪlɪtɪ] *znw* vruchtbaarheid

fertility cult [fɜ:'tɪlɪtɪ kʌlt] *znw* vruchtbaarheidscultus

fertilization [fɜ:tɪlaɪ'zeɪʃən], **fertilisation** *znw*

❶ vruchtbaar maken ❷ <u>plantk</u> bevruchting ❸ bemesting (met kunstmest)

fertilize ['fɜ:tɪlaɪz] *overg* ❶ vruchtbaar maken ❷ <u>plantk</u> bevruchten ❸ bemesten (met kunstmest)

fertilizer ['fɜ:tɪlaɪzə] *znw* mest(stof), kunstmest(stof) ★ *an organic* ~ een organische mest(stof)

fervency ['fɜ:vənsɪ] *znw* gloed, vuur, vurigheid

fervent ['fɜ:vənt] *bn* vurig, warm, fervent ★ *a ~ hope* een vurige hoop

fervently ['fɜ:vəntlɪ] *bijw* vurig, warm, fervent ★ *we ~ hope he's alive* we hopen vurig dat hij nog in leven is

fervour ['fɜ:və], Am **fervor** *znw* ijver, vurigheid, gloed, hartstocht ★ *he knew how to arouse their* ~ hij wist hoe hij hun hartstocht kon opwekken

fess [fes] <u>inf</u> *phras* ★ ~ **up** *(to sth)* (iets) opbiechten

festal ['festl] <u>dicht</u> *bn* feestelijk, feest-

fester ['festə] **I** *znw* verzwering **II** *onoverg* ❶ (ver)zweren, (ver)etteren, (ver)rotten, invreten ❷ irriteren, knagen

festival ['festɪvəl] **I** *bn* ❶ feestelijk ❷ feest- **II** *znw* ❶ feest, feestviering ❷ feestdag ❸ muziekfeest, festival

festive ['festɪv] *bn* feestelijk, feest-

festively ['festɪvlɪ] *bijw* feestelijk ★ *the house was ~ decorated* het huis was feestelijk versierd

festive season ['festɪv 'si:zən] *znw* feestdagen, kerstperiode

festivity [fe'stɪvɪtɪ] *znw* ❶ feestelijkheid ❷ feestvreugde

festoon [fe'stu:n] **I** *znw* festoen, guirlande, slinger **II** *overg* met guirlandes & behangen

fetal ['fi:təl] Am & wetensch *bn* → **foetal**

fetch [fetʃ] **I** *overg* ❶ (be)halen, brengen, opbrengen ❷ tevoorschijn brengen ‹bloed, tranen› ❸ toebrengen, geven ‹een klap› **II** *onoverg* ★ ~ *and carry* apporteren, <u>fig</u> voor loopjongen (knechtje) spelen ★ Am inf ~ *up* terechtkomen, belanden

fetching ['fetʃɪŋ] *bn* pakkend, aantrekkelijk

fête [feɪt] **I** *znw* ❶ feest ❷ Br bazaar, fancy fair **II** *overg* fêteren, feestelijk onthalen

fetid ['fi:tɪd, 'fetɪd], **foetid** *bn* stinkend

fetish ['fetɪʃ] *znw* fetisj ★ *she makes a ~ of cleanliness* het lijkt wel of ze aan smetvrees lijdt

fetishism ['fetɪʃɪzəm] *znw* fetisjisme

fetlock ['fetlɒk] *znw* vetlok (v. paard)

fetor ['fi:tə] <u>form</u> *znw* stank

fetter ['fetə] **I** *znw* keten, boei, kluister **II** *overg* ❶ boeien, kluisteren ❷ binden

fettle ['fetl] **I** *znw* ★ *in fine* ~ in uitstekende conditie **II** *overg* gladmaken, trimmen ‹v. metaal of v. aardewerk voordat die de oven ingaat›

fetus ['fi:təs] <u>Am & wetensch</u> *znw* → **foetus**

feud [fju:d] **I** *znw* vijandschap, vete, onenigheid **II** *onoverg* strijden, twisten, onenigheid hebben

feudal ['fju:dl] <u>hist</u> *bn* feodaal, leenroerig ★ *the ~ system* het leenstelsel, het feodale systeem

feudalism ['fju:dlɪzəm] <u>hist</u> *znw* feodalisme, leenstelsel

fever ['fi:və] *znw* ❶ koorts ★ *come down with a ~*

koorts krijgen ★ *run a* ~ koorts hebben, een
oplopende temperatuur hebben ❷ grote opwinding
★ *the town was in a* ~ *of excitement* de stad was
koortsachtig opgewonden
fevered ['fiːvəd], **feverish** *bn* ❶ koortsachtig
❷ koortsig
feverishly ['fiːvərɪʃlɪ] *bijw* ❶ koortsachtig ★ *he
searched* ~ *through the luggage* hij doorzocht
koortsachtig de bagage ❷ koortsig ★ *she's babbling* ~
about something ze ligt koortsig over iets te prevelen
fever pitch ['fiːvə pɪtʃ] *znw* hoogtepunt, climax ★ *at* ~
op het kookpunt
fever-ridden ['fiːvə-rɪdn] *bn* geteisterd door koorts
few [fjuː] **I** *telw, vnw & bn* weinig ★ *a* ~ enige, een
paar, enkele ★ *music was one of her* ~ *pleasures*
muziek was een van haar weinige pleziertjes
★ *we've got a* ~ *technical problems* we hebben wat
technische problemen ★ *I'd like to make a* ~ *remarks*
ik zou graag een paar opmerkingen willen maken
★ *every* ~ *days* om de paar dagen ★ *a good* ~ / *quite
a* ~ / *a fair* ~ heel wat ★ *the last* / *next* ~ *days* de
laatste (volgende) (paar) dagen ★ *no* ~*er than* niet
minder dan, maar liefst ★ *only a* ~ *of his claims have
been proven* maar enkele van zijn beweringen zijn
bewezen ★ *as* ~ *as* niet meer dan, nog maar ★ *~ and
far between* zeldzaam ★ *a man of* ~ *words* een man
van weinig woorden ★ <u>inf</u> *he's had a* ~ (*too many*) hij
heeft een glaasje te veel op **II** *znw* [mv] ★ *the* ~ de
weinigen, de enkelen, de minderheid
fey [feɪ] *dicht bn* ❶ fantastisch, elfachtig ❷ ten dode
opgeschreven ❸ helderziend ❹ extatisch
ff. *afk* ❶ (following (pages)) volgende (pagina's)
❷ (folios) folio's
fiancé [fɪ'ɒnseɪ, fɪ'ɑːnseɪ, fɪ'ãseɪ] *znw* verloofde,
aanstaande ⟨aanstaande echtgenoot⟩
fiancée [fɪ'ɒnseɪ, fɪ'ɑːnseɪ, fɪ'ãseɪ] *znw* verloofde,
aanstaande ⟨aanstaande echtgenote⟩
fiasco [fɪ'æskəʊ] *znw* fiasco, flop
fiat ['faɪæt, 'faɪət] *znw* fiat, goedkeuring, besluit
fib [fɪb] **I** *znw* leugentje ★ *tell* ~*s* jokken **II** *onoverg*
jokken
fibber ['fɪbə] *znw* leugenaar(ster), jokkebrok
fibre ['faɪbə], *Am* **fiber** *znw* ❶ vezel, fiber ★ *a
synthetic* ~ een kunstvezel ★ *with every* ~ *of one's
being* met elke vezel van het lichaam, hartgrondig
❷ <u>fig</u> aard, karakter ★ *moral* ~ ruggengraat,
karaktervastheid
fibreboard ['faɪbəbɔːd] *znw* vezelplaat
fibrefill ['faɪbəfɪl] *znw* fiberfill ⟨synthetisch
vulmateriaal⟩
fibreglass ['faɪbəglɑːs], *Am* **fiberglass** *znw* glasvezel,
fiberglas
fibre-optic cable ['faɪbər-ɒptɪk 'keɪbl], *Am* **fiber-optic
cable** ['faɪbər-ɒptɪk 'keɪbl] *znw* glasvezelkabel
fibre optics ['faɪbər 'ɒptɪks], *Am* **fiber optics** *znw*
glasvezeloptica, vezeloptica
fibril ['faɪbrɪl] *znw* ❶ vezeltje ❷ wortelhaartje
fibro ['faɪbrəʊ] *Aus* <u>znw</u> cementplaat

fibrous ['faɪbrəs] *bn* vezelachtig, vezelig
fibula ['fɪbjʊlə] <u>anat</u> *znw* [mv: -s of fibulae] kuitbeen
fickle ['fɪkl] *bn* wispelturig, grillig
fiction ['fɪkʃən] *znw* ❶ verdichting, fictie, verdichtsel,
fabeltje ★ *the entire story was pure* ~ het hele verhaal
was puur verzonnen ❷ romanliteratuur, romans
★ *a work of* ~ een roman
fictional ['fɪkʃənl] *bn* ❶ van (in) de romanliteratuur,
roman- ❷ → **fictitious**
fictionalization [fɪkʃənəlaɪ'zeɪʃn], **fictionalisation** *znw*
fictionalisering, romantisering
fictionalize ['fɪkʃənəlaɪz], **fictionalise** *overg*
fictionaliseren, tot een roman bewerken,
romantiseren
fictitious [fɪk'tɪʃəs], **fictional** *bn* verzonnen, fictief,
gefingeerd, onecht, vals ★ *his story turned out to be
completely* ~ zijn verhaal bleek helemaal onecht te
zijn
fictive ['fɪktɪv] *bn* ❶ vormend, scheppend ❷ fictief,
verzonnen, aangenomen, geveinsd
fiddle ['fɪdl] **I** *znw* ❶ <u>inf</u> viool, fiedel ★ *play first* ~ de
eerste viool spelen ★ *play second* ~ *to sbd* een
ondergeschikte rol spelen aan iem. ❷ <u>inf</u> knoeierij,
zwendel, zwendeltje ★ *be on the* ~ knoeien, oneerlijk
bezig zijn ❸ <u>inf</u> lastige klus **II** *overg* <u>inf</u> knoeien
(met), foezelen (met), vervalsen **III** *onoverg* ❶ <u>inf</u>
viool spelen, vedelen, fiedelen ★ *~ while Rome burns*
net doen of z'n neus bloedt ❷ friemelen **IV** *phras*
★ *~ about* / *around* rondlummelen ★ *~ sth* **away**
iets verspillen
fiddle-de-dee ['fɪdəl-dɪ-'diː] <u>inf</u> *znw* onzin, malligheid
fiddle-faddle ['fɪdl-fædl] *znw* larie
fiddler ['fɪdlə] <u>inf</u> *znw* ❶ vedelaar, speelman
❷ bedrieger, oplichter
fiddlesticks ['fɪdlstɪks] <u>inf</u> *znw* [mv] nonsens,
flauwekul, smoesjes
fiddling ['fɪdlɪŋ] *bn* onbeduidend, nietig ★ *~ details*
onbeduidende details
fidelity [fɪ'delɪtɪ] *znw* getrouwheid, trouw
fidget ['fɪdʒɪt] **I** *znw* zenuwachtig, gejaagd persoon
★ <u>inf</u> *have the* ~*s* niet stil kunnen zitten **II** *onoverg*
❶ zenuwachtig zijn, de kriebels hebben
❷ (zenuwachtig) draaien ★ *~ about* niet stil kunnen
zitten
fidgety ['fɪdʒɪtɪ] *bn* onrustig, ongedurig, onrustig
fiduciary [fɪ'djuːʃərɪ] *jur* **I** *bn* fiduciair, van vertrouwen
II *znw* bewaarnemer
fief [fiːf] *hist znw* leen(goed)
field [fiːld] **I** *bn* ❶ buiten-, in het (open / vrije) veld, in
de natuur ★ *~ observations* waarnemingen in het
veld ★ *~ studies* veldstudie ❷ ter plaatse ❸ veld-, mil
te velde **II** *znw* ❶ veld, akker, terrein, gebied ★ *the* ~
of battle het slagveld ★ <u>mil</u> *one's* ~ *of fire* zijn
schootsveld ★ *a* ~ *of ice* een ijsvlakte ★ *in the* ~ ter
plaatse, <u>mil</u> te velde, in de praktijk, in het veld ★ *in
the* ~ *of finance* op financieel gebied / terrein ★ *she's
working in the* ~ *of medical research* ze werkt op het
gebied van medisch onderzoek ★ *I can't answer that:*

it's outside my ~ dat kan ik niet beantwoorden: dat ligt buiten mijn terrein ★ *hold the* ~ standhouden, fig succes hebben, navolging vinden ❷ sp veld ★ *she's miles ahead of the* ~ ze ligt kilometers voor op de anderen ‹in een wedstrijd of in ontwikkeling› ★ *he's a sportsman both on and off the* ~ hij is erg sportief zowel op het veld als daarbuiten ★ sp & fig *lead the* ~ voorop lopen ★ sp *take the* ~ het veld opkomen **III** *overg* ❶ sp terugspelen ❷ fielden ‹cricket› ❸ in het veld brengen, inzetten ‹v. team› ❹ fig afhandelen, pareren, ± ad rem beantwoorden ‹v. een vraag› **IV** *onoverg* ❶ sp veldspeler zijn ❷ fielden ‹bij cricket›

field day [fiːld deɪ] *znw* ❶ buitenkans, de dag van mijn / hun & leven ★ *if this gets out, the newspapers will have a* ~ als dit ooit uitlekt zullen de kranten ervan smullen / de dag van hun leven hebben ❷ mil manoeuvredag ❸ fig grote dag ❹ Am sportdag

fielder ['fiːldə] sp *znw* veldspeler, fielder ‹bij cricket, honkbal›

field event [fiːld ɪ'vent] sp *znw* veldnummer, springen, werpen ‹geen hardlopen›

fieldfare ['fiːldfeə] *znw* kramsvogel ‹soort lijster›

field glasses [fiːld 'glɑːsɪz] *znw* [mv] veldkijker

field goal [fiːld gəʊl] sp *znw* doelpunt vanuit een gewone spelsituatie, gewoon doelpunt

field guide [fiːld gaɪd] *znw* veldgids

field hockey [fiːld 'hɒkɪ] *znw* hockey

field hospital [fiːld 'hɒspɪtl] *znw* veldhospitaal

field marshal [fiːld 'mɑːʃəl] *znw* veldmaarschalk

fieldmouse [fiːldmaʊs] *znw* veldmuis

field mushroom [fiːld 'mʌʃrʊm] *znw* weidechampignon

field notes [fiːld nəʊts] *znw* [mv] aantekeningen van veldwerker

field officer [fiːld 'ɒfɪsə] *znw* hoofdofficier

field of vision [fiːld ɒv 'vɪʒən] *znw* gezichtsveld

field service [fiːld 'sɜːvɪs] *znw* buitendienst

fieldsman ['fiːldzmən] *znw* veldspeler ‹bij honkbal›

field sports [fiːld 'spɔːts] *znw* [mv] sporten zoals jagen, vissen &

field test [fiːld test] *znw* praktijkproef

fieldwork ['fiːldwɜːk] *znw* ❶ mil veldwerk, veldonderzoek ❷ vergaring van gegevens

fieldworker ['fiːldwɜːkə] *znw* veldwerker, wetenschapper die veldwerk doet

fiend [fiːnd] *znw* ❶ boze geest, duivel ❷ inf maniak, fanaat, aan... verslaafde ★ *a notorious sex* ~ een beruchte seksverslaafde ★ inf *she's a* ~ *for rules and regulations* ze doet fanatiek over regels en voorschriften

fiendish ['fiːndɪʃ] *bn* duivelachtig, duivels

fiendishly ['fiːndɪʃlɪ] *bijw* duivels ★ *the exam was* ~ *difficult* het examen was duivels moeilijk

fierce [fɪəs] *bn* ❶ woest, verwoed, wreed ❷ onstuimig, heftig, fel, hevig

fiercely ['fɪəslɪ] *bijw* ❶ woest, verwoed, wreed ❷ onstuimig, heftig, fel ★ *the fire burned* ~ *for more*

than an hour het vuur brandde meer dan een uur lang heel fel

fiery ['faɪərɪ] *bn* ❶ vurig, brandend, scherp, vlammend, licht ontbrandbaar ❷ vuur- ❸ fig onstuimig, fel, vurig ❹ cholerisch, driftig

fife [faɪf] muz *znw* (dwars)fluit

fifer ['faɪfə] *znw* fluitist

fifteen [fɪf'tiːn, 'fɪftiːn] *telw* vijftien

fifteenth [fɪf'tiːnθ, 'fɪftiːnθ] **I** *telw, bn & bijw* vijftiende ★ *he died on the* ~ *of January* hij is op 15 januari overleden ★ *in* ~ *place* op de vijftiende plaats ★ *she came* ~ zij werd vijftiende **II** *znw* vijftiende deel

fifth [fɪfθ] **I** *telw, bn & bijw* vijfde ★ *she was born on the* ~ *of March* zij is op 5 maart geboren ★ *her* ~ *birthday* haar vijfde verjaardag ★ *he came* ~ hij werd vijfde **II** *znw* ❶ vijfde deel ❷ muz kwint

fifth column [fɪfθ 'kɒləm] *znw* vijfde colonne

fifth columnist [fɪfθ 'kɒləmnɪst] *znw* lid van de vijfde colonne

fifthly ['fɪfθlɪ] *bijw* ten vijfde

fiftieth ['fɪftɪəθ] **I** *telw, bn & bijw* vijftigste **II** *znw* vijftigste deel

fifty ['fɪftɪ] *telw* vijftig ★ *the fifties* de jaren vijftig ★ *in his fifties / in the fifties* in de vijftig

fifty-fifty [fɪftɪ-'fɪftɪ] *bn & bijw* fiftyfifty, half-om-half ★ *a* ~ *division* een verdeling van half om half ★ *we went* ~ *with the loot* we verdeelden de buit door de helft ★ *opinions were divided* ~ de opvattingen waren gelijk verdeeld ★ *a* ~ *chance* 50% kans

fig [fɪg] *znw* ❶ vijgenboom ❷ vijg ★ inf *I don't care a* ~ het kan me geen snars schelen

fig. *afk* (figure) figuur, afbeelding

fight [faɪt] **I** *znw* ❶ gevecht, strijd, ruzie, conflict, vechtpartij ★ *a stand-up* ~ een stevig gevecht ★ *running* ~*s* schermutselingen ★ *the* ~ *is on to find a cure* de strijd om een medicijn te vinden is begonnen ★ *a* ~ *to the death* een gevecht op leven en dood ★ *a* ~ *to the finish* een gevecht tot het bittere einde ★ *he won't give up without a* ~ hij geeft niet zonder tegenstand op ★ *be looking / spoiling for a* ~ */ want a* ~ ruzie zoeken ★ *break up the* ~ bij een gevecht tussenbeide komen ★ *get into a* ~ */ have a* ~ *on one's hands* in een vechtpartij terechtkomen, ruzie krijgen ★ *pick / start a* ~ ruzie zoeken ★ *put up a* ~ zich te weer stellen ★ *step up the* ~ het gevecht opvoeren ❷ vechtlust ★ *he still had some* ~ *in him* hij weerde zich nog kranig **II** *overg* [fought, fought] bevechten, vechten met / tegen, strijden tegen, bestrijden, uitvechten ★ ~ *a battle* slag leveren ★ ~ *a losing battle* een bij voorbaat verloren strijd voeren, tevergeefs strijden ★ Br ~ *one's corner* iets verdedigen waar je in gelooft ★ ~ *fire with fire* vuur met vuur bestrijden ★ ~ *tooth and nail* heel hard vechten ★ ~ *one's way (through / to / towards sth)* zich met geweld een weg banen (door / naar iets) ★ ~ *one's way out of a difficult situation* zich uit een benarde positie bevrijden ★ inf *he couldn't* ~ *his way out of a paper bag* hij is een slapjanus **III** *onoverg* [fought, fought] vechten, strijden ★ ~ *like cats and dogs* vechten als kat en hond ★ ~ *shy of sth* iets uit de weg gaan, ontwijken ★ ~ *successfully for sth* het gevecht voor iets winnen **IV** *phras* ★ ~ **back** zich (ver)weren ★ ~ *sbd / sth* **back** iem. / iets terugdringen ★ ~ *sth* **back** / **down** iets bedwingen, onderdrukken ★ ~ *sbd / sth* **off** iem. / iets afweren, iem. / iets verdrijven ★ <u>inf</u> ~ *it* **out** het uitvechten

fightback ['faɪtbæk] *znw* tegenaanval

fighter ['faɪtə] *znw* ❶ strijder, vechter(sbaas) ❷ <u>luchtv</u> gevechtsvliegtuig, jager

fighter-bomber ['faɪtə-bɒmə] <u>luchtv</u> *znw* jachtbommenwerper

fighter pilot ['faɪtə 'paɪlət] <u>luchtv</u> *znw* jachtvlieger

fighting ['faɪtɪŋ] **I** *bn* ❶ strijdlustig ❷ strijdbaar ❸ gevechts-, strijd-, vecht- **II** *znw* gevecht, gevechten, strijd, vechten

fighting chance ['faɪtɪŋ tʃɑ:ns] *znw* (met grote inspanning) een kans op succes

fighting fit ['faɪtɪŋ fɪt] *bn* in perfecte conditie

fighting spirit ['faɪtɪŋ 'spɪrɪt] *znw* vechtlust

fighting words ['faɪtɪŋ wɜ:dz] *znw* [mv] beledigingen, provocerende taal

fig leaf [fɪg li:f] *znw* vijgenblad

figment ['fɪgmənt] *znw* verdichtsel, fictie ★ *a ~ of sbd's imagination* iemands hersenspinsel

fig tree [fɪg tri:] *znw* vijgenboom

figuration [fɪgə'reɪʃən, fɪgju-] *znw* ❶ (uiterlijke) vorm(geving), (symbolische) voorstelling, afbeelding ❷ ornamentatie

figurative ['fɪgərətɪv, 'fɪgjʊrətɪv] *bn* ❶ figuurlijk, oneigenlijk ❷ zinnebeeldig ❸ figuratief ❹ beeldrijk

figuratively ['fɪgərətɪvlɪ, 'fɪgjʊrətɪvlɪ] *bijw* figuurlijk ★ ~ *speaking, he doesn't have a leg to stand on* figuurlijk gesproken heeft hij geen been om op te staan

figure ['fɪgə] **I** *znw* ❶ figuur, gedaante, gestalte ★ *a fine ~ of a man / woman* een knappe verschijning ★ *cut a ~* een figuur maken / slaan ★ *keep / lose one's ~* zijn (goede) figuur behouden / verliezen ★ *watch one's ~* op de lijn letten ❷ persoonlijkheid, personage, persoon ★ *the leading ~* de hoofdfiguur ❸ afbeelding, beeld ❹ cijfer ★ *the viewing ~s* de kijkcijfers ★ *in single / double / triple ~s* in getallen van een / twee / drie cijfers ★ *be quick at ~s* vlug zijn in rekenen ★ *have a / no head for ~s* goed / slecht zijn in rekenen ❺ bedrag ★ *a six~ amount* een bedrag van boven de honderdduizend ★ *put a ~ on sth* iets schatten, taxeren **II** *overg* ❶ zich voorstellen, denken ★ *it ~s that he would want to do it himself* het is nogal logisch dat hij het zelf wil doen ❷ <u>Am</u> berekenen ★ *the accountant ~d my tax wrong* de accountant heeft mijn belasting verkeerd berekend **III** *onoverg* ❶ figureren, vóórkomen ★ *he ~s among the suspects* hij is een van de verdachten ★ *he ~d as our guide* hij trad op als onze gids ❷ <u>inf</u> voor de hand liggen ★ *it ~s / that ~s* het / dat ligt voor de hand **IV** *phras* ★ <u>Am</u> ~ *on sth* rekenen op iets ★ ~ *sth*

out iets becijferen, uitrekenen ★ *the cost ~s out at $150* de kosten komen op $150 ★ <u>inf</u> ~ *sbd out* iem. begrijpen

figurehead ['fɪgəhed] *znw* ❶ <u>scheepv</u> scheg-, boegbeeld ❷ <u>fig</u> iem. die een louter decoratieve functie heeft, stroman

figure-hugging [fɪgə-'hʌgɪŋ] *bn* nauwsluitend, waarin het figuur goed tot uiting komt

figure of eight ['fɪgər ɒv 'eɪt] *znw* acht ‹figuur bij kunstrijden & die op een 8 lijkt›

figure of fun ['fɪgər ɒv 'fʌn] *znw* schertsfiguur

figure of speech ['fɪgər ɒv 'spi:tʃ] *znw* metafoor, stijlfiguur, manier van spreken

figure-skater ['fɪgə-skeɪtə] *znw* kunstrijder, kunstrijdster

figure-skating ['fɪgə-skeɪtɪŋ] *znw* kunstrijden op de schaats

figurine [fɪgjʊ'ri:n, 'fɪg-, fɪgə'ri:n, 'fɪg-] *znw* beeldje

figwort ['fɪgwɜ:t] *znw* helmkruid

Fiji ['fi:dʒi:] *znw* Fiji

Fijian [fi:'dʒi:ən] **I** *bn* Fijisch **II** *znw* Fijiër, Fijische

filament ['fɪləmənt] *znw* ❶ vezel ❷ <u>elektr</u> (gloei)draad ❸ <u>plantk</u> helmdraad

filbert ['fɪlbət] *znw* ❶ hazelaar ❷ hazelnoot

filch [fɪltʃ] *overg* kapen, gappen

file [faɪl] **I** *znw* ❶ legger, ordner, klapper, map, opbergkast ❷ dossier ★ *on ~* in het dossier ❸ <u>comput</u> bestand ❹ rij, file, <u>mil</u> gelid ★ *in single ~* achter elkaar, in ganzenmars ❺ vijl **II** *overg* ❶ rangschikken, opbergen, opslaan, invoegen ❷ inzenden ‹kopij voor krant, tijdschrift›, indienen ‹een aanklacht &›, deponeren ★ ~ *a tax return* een belastingaangifte indienen ❸ vijlen, afvijlen **III** *onoverg* achter elkaar lopen / rijden ★ ~ *past* in een rij voorbijkomen **IV** *phras* ★ ~ *sth* **away** iets opbergen ★ ~ **for** *sth* iets aanvragen ‹faillissement, scheiding› ★ ~ **in** achter elkaar binnenkomen ★ <u>mil</u> ~ **off** afmarcheren ★ ~ *sth* **off** iets wegvijlen ★ ~ **out** achter elkaar vertrekken

file cabinet [faɪl 'kæbɪnət] *znw* → **filing cabinet**

file copy [faɪl 'kɒpɪ] *znw* archiefexemplaar

file management [faɪl 'mænɪdʒmənt] <u>comput</u> *znw* bestandsbeheer

file name [faɪl neɪm] <u>comput</u> *znw* bestandsnaam

files [faɪlz] *znw* [mv] archief ‹v. kantoor›

file server [faɪl 'sɜ:və] <u>comput</u> *znw* bestandsserver

filial ['fɪlɪəl] *bn* kinderlijk ★ *he looks after his mother out of a sense of ~ duty* hij zorgt voor zijn moeder uit een gevoel van kinderlijke plicht

filiation [fɪlɪ'eɪʃən] *znw* ❶ filiatie, afstamming ❷ verwantschap

filibuster ['fɪlɪbʌstə] **I** *znw* ❶ vrijbuiter ❷ obstructie ❸ vertragingstactiek ❹ obstructievoerder **II** *onoverg* obstructie voeren

filigree ['fɪlɪgri:] *znw* filigraan

filing cabinet ['faɪlɪŋ 'kæbɪnɪt], **file cabinet** *znw* opbergkast, cartotheek

filing card ['faɪlɪŋ kɑ:d] *znw* fiche ‹v. kaartsysteem›

filing clerk ['faɪlɪŋ klɑːk] *znw* archiefbediende
filings ['faɪlɪŋz] *znw* [mv] vijlsel
Filipino [fɪlɪ'piːnəʊ] *bn* Filipijns
fill [fɪl] **I** *znw* ❶ vulling ★ *we stopped to get a ~ of petrol* we stopten om de tank vol te gooien met benzine ❷ voldoende hoeveelheid ★ *drink / eat one's ~* zijn buik vol drinken / eten ★ *have had one's ~ of sbd / sth* iem. / iets zat zijn ★ *look one's ~* zich de ogen uitkijken **II** *overg* ❶ vullen ⟨ook v. kies⟩, vol maken, vol gieten, stoppen ⟨pijp⟩ ❷ vervullen ★ *~ a need* een behoefte vervullen ★ *inf ~ the bill* voldoen, geschikt zijn, precies zijn wat nodig is ❸ uitvoeren ⟨bestelling⟩ ❹ verzadigen ❺ bezetten, bekleden, innemen, beslaan ⟨plaats⟩ ❻ doen zwellen ⟨zeilen⟩ **III** *onoverg* zich vullen, vol lopen, vol raken **IV** *phras* ★ *~ in* invallen, waarnemen ★ *~ sth in* iets invullen, iets dichtmaken, -stoppen, -gooien, dempen ★ *~ in time* de tijd doden ★ *~ sbd in (on sth)* iem. op de hoogte brengen (van iets) ★ *~ out* groter worden, uitzetten, zwellen, dikker worden ★ *~ sth out* iets vullen, opvullen, Am iets invullen ⟨formulier⟩ ★ *~ up* zich geheel vullen, dichtslibben, dempen, (bij)vullen ⟨benzine &⟩, tanken ★ *~ sth up* iets (geheel) vullen, beslaan, innemen, op-, bij-, aan-, invullen, iets dichtgooien, dempen ★ *porridge ~s you up* pap vult de maag
filler ['fɪlə] *znw* ❶ vulsel, bladvulling ❷ plamuur
filler cap ['fɪlə kæp] auto *znw* dop ⟨v. benzinetank⟩
fillet ['fɪlɪt] **I** *znw* lendenstuk, filet **II** *overg* fileren ⟨vis⟩
fill-in ['fɪl-ɪn] *znw* vervanging, vervanger
filling ['fɪlɪŋ] **I** *bn* zwaar, machtig, voedzaam ★ *she cooks ~ meals* ze kookt voedzame maaltijden **II** *znw* vulling, vulsel
filling station ['fɪlɪŋ steɪʃən] *znw* tankstation
fillip ['fɪlɪp] *znw* ❶ knip (met de vingers) ❷ prikkel, aansporing, aanmoediging ❸ stimulans
filly ['fɪlɪ] *znw* ❶ (merrie)veulen ❷ inf wildebras
film [fɪlm] **I** *znw* ❶ film, rolprent ❷ dunne laag, waas, vlies ★ *kitchen film* vershoudfolie **II** *overg* ❶ filmen ❷ verfilmen **III** *onoverg* filmen ★ *~ over* zich met een vlies / waas bedekken
film director [fɪlm daɪ'rektə] *znw* filmregisseur
film-goer ['fɪlm-gəʊə] *znw* bioscoopbezoek(st)er
film maker ['fɪlm meɪkə] *znw* cineast, filmer
film producer [fɪlm prə'djuːsə] *znw* filmproducent
film star ['fɪlm stɑː] *znw* filmster
filmstrip ['fɪlmstrɪp] *znw* filmstrip
filmy ['fɪlmɪ] *znw* ❶ dun, doorzichtig ❷ ragfijn ❸ wazig ❹ beslagen ⟨v. raam⟩
Filofax® ['faɪləʊfæks] *znw* losbladige agenda
filo pastry ['fiːləʊ 'peɪstrɪ], **filo, phyllo pastry** *znw* bladerdeeg
filter ['fɪltə] **I** *znw* filter **II** *overg* filtreren, filteren, zuiveren ★ *~ sth out* iets uitfilteren **III** *onoverg* ❶ door een filtreertoestel gaan ❷ (door)sijpelen ★ *~ through* doorsijpelen, fig doorschemeren, fig uitlekken ❸ voorsorteren ⟨in het verkeer⟩ ★ *~ in* invoegen ⟨auto⟩

filter bed ['fɪltə bed] *znw* filtreerlaag
filter coffee ['fɪltə 'kɒfɪ] *znw* filterkoffie
filter lane ['fɪltə leɪn] *znw* voorsorteerstrook
filter paper ['fɪltə 'peɪpə] *znw* filtreerpapier
filter tip ['fɪltə tɪp], **filter-tipped cigarette** *znw* sigaret met filter
filth [fɪlθ] *znw* ❶ vuil, vuiligheid ❷ fig obsceniteit ▼ Br inf *the ~* de smerissen, de kit
filthiness ['fɪlθɪnɪs] *znw* vuiligheid
filthy ['fɪlθɪ] *bn* ❶ vuil, smerig ★ inf *~ rich* stinkend rijk ❷ obsceen ❸ laag, gemeen ❹ inf heel onplezierig
filtrate ['fɪltreɪt] **I** *znw* filtraat **II** *overg* filtreren
filtration [fɪl'treɪʃən] *znw* filtratie, filtreren
fin [fɪn] *znw* ❶ dierk vin ❷ techn rib ⟨v. radiator &⟩ ❸ luchtv kielvlak
finable ['faɪnəbl] *bn* bekeurbaar, beboetbaar ★ *not wearing seat belts is a ~ offence* het niet dragen van veiligheidsgordels is een overtreding waarvoor je een bekeuring kunt krijgen
finagle [fɪ'neɪgl], **fenagle** inf *overg & onoverg* ❶ beduvelen ❷ oplichten
final ['faɪnl] **I** *bn* laatste, beslissend, definitief, uiteindelijk, eind-, slot- ★ *in the ~ analysis* in de laatste analyse, uiteindelijk ★ *is that ~?* is dat uw laatste woord? ★ *you're not going and that's ~* je gaat niet en daarmee uit ★ *have the ~ word* het laatste woord hebben **II** *znw* sp finale
final demand ['faɪnl dɪ'mɑːnd] *znw* laatste aanmaning
finale [fɪ'nɑːlɪ, -leɪ] *znw* finale
finalist ['faɪnəlɪst] *znw* ❶ finalist ❷ onderw eindexamenkandidaat
finality [faɪ'nælɪtɪ] *znw* ❶ het definitief zijn, beslistheid ★ *in a tone of ~* op besliste toon ❷ vormkracht, het streven naar realisatie
finalize ['faɪnəlaɪz], **finalise** *overg* ❶ definitief regelen ❷ afwerken
finally ['faɪnəlɪ] *bijw* ❶ eindelijk, tenslotte, uiteindelijk ❷ afdoend, beslissend, definitief
finals ['faɪnəlz] *znw* [mv] onderw eindexamen ★ sp *the ~* de finale
final solution ['faɪnl sə'luːʃən] hist *znw* Endlösung ⟨moord op de Joden door de nazi's⟩
finance ['faɪnæns] **I** *znw* ❶ financiën ❷ geldelijk beheer ❸ geldwezen **II** *overg* financieren, geldelijk steunen
finance company ['faɪnæns 'kʌmpənɪ] *znw* financieringsmaatschappij
finance department ['faɪnæns dɪ'pɑːtmənt] *znw* afdeling financiën
finances ['faɪnænsɪz] *znw* [mv] financiën, geldmiddelen, fondsen ★ *their ~ are in a complete mess* hun financiën zijn een complete puinhoop ★ *the project is a drain on the ~* het project vergt veel van de financiën ★ *get one's ~ in order* zijn financiën op orde krijgen ★ inf *it's a nice car but we just don't have the ~* het is een mooie auto, maar we hebben

fi

er gewoon het geld niet voor ★ inf *the ~ just won't run to it* Bruin kan het gewoon niet trekken, we hebben er gewoon geen geld voor

financial [faɪˈnænʃəl] *bn* financieel, geldelijk

financially [faɪˈnænʃəlɪ] *bijw* financieel, geldelijk ★ *we're ~ no better off* financieel gaat het ons niet beter

financial year [faɪˈnænʃəl jɪə], Am **fiscal year** *znw* boekjaar

financier [faɪˈnænsɪə] *znw* financier

finch [fɪntʃ] *znw* vink ⟨vogel⟩

find [faɪnd] I *znw* vondst II *overg* [found, found]
❶ vinden ❷ onder-, bevinden ★ *he doesn't ~ it easy* het valt hem niet gemakkelijk ★ *~ oneself* zich bevinden / zien, zijn ware roeping ontdekken ❸ (be)merken ❹ aantreffen, ontdekken ★ *she was found dead* ze werd dood aangetroffen ★ *the windows were found to be smashed* de ramen bleken gebroken te zijn ★ *he couldn't ~ it in his heart to tell her* hij kon het niet over zijn hart verkrijgen om het haar te vertellen ★ *that morning found him in Paris* 's morgens was hij in Parijs ❺ zoeken, halen ❻ ⟨een vonnis⟩ vellen, ⟨schuldig⟩ verklaren ★ Br gedat *all found* alles inbegrepen, met kost en inwoning III *phras* ★ jur ~ *for sbd* uitspraak doen ten gunste van de eiser ★ ~ *out* merken ★ ~ *sbd out* iem. betrappen, iem. niet thuis treffen ★ ~ *sth out* iets ontdekken, iets te weten komen, iets opsporen ★ ~ *out about sth* achter iets zien te komen

finder [ˈfaɪndə] *znw* ❶ vinder ❷ fotogr zoeker ★ inf ~*s keepers* wie wat vindt mag het houden

finding [ˈfaɪndɪŋ] *znw* ❶ vondst, bevinding ❷ jur uitspraak ❸ conclusie

fine [faɪn] I *bn* ❶ mooi ⟨ook ironisch⟩, fraai, schoon ★ *a ~ figure of a man* een mooi gebouwde man ★ *when it's ~* bij mooi weer ★ *turn out ~* mooi worden ⟨weer⟩ ★ *have sth down / off to a ~ art* iets goed onder de knie hebben ❷ fijn, dun, scherp ❸ subtiel, delicaat ★ *the ~r points of sth* de fijne kneepjes van iets ❹ uitstekend ★ inf ~ *by / with me!* mij best! II *bijw* ❶ mooi ❷ goed ❸ fijn, klein ★ *cut the garlic ~* snipper de knoflook fijn ★ *cut it / things ~* zichzelf weinig speelruimte geven, de tijd krap bemeten III *znw* (geld)boete IV *overg* beboeten (met) V *onoverg* ❶ helder worden ★ ~ *down* verminderen, helder worden ★ ~ *up* opklaren ❷ fijner worden

fine art [faɪn ɑːt] *znw* kunst

fine arts [faɪn ɑːtz] *znw* [mv] schone kunsten

fine chemicals [faɪn ˈkemɪklz] *znw* [mv] gezuiverde chemicaliën

fine-grained [faɪnˈgreɪnd] *bn* fijnkorrelig

finely [ˈfaɪnlɪ] *bijw* ❶ mooi ★ ~ *attired* mooi gekleed ❷ fijn, in kleine stukjes ★ *chop the onion ~* hak de ui fijn ❸ precies

fineness [ˈfaɪnnɪs] *znw* zuiverheid

fine print [faɪn prɪnt] *znw* ★ *the ~* de kleine lettertjes ★ *did you read the ~?* heb je de kleine lettertjes

gelezen?

finery [ˈfaɪnərɪ] *znw* opschik, mooie kleren ★ *she was dressed in all her ~* ze was gekleed in haar mooiste kleren

fines [faɪnz] *znw* [mv] heel kleine deeltjes ⟨in mijnen, molens &⟩

fines herbes [fiːnz ˈeəb] ⟨*Fr*⟩ *znw* [mv] (gemengde) tuinkruiden

fine-spun [faɪnˈspʌn] *bn* ❶ ragfijn ❷ fig subtiel

finesse [fɪˈnes] I *znw* ❶ loosheid, list ❷ kneep, finesse II *overg* snijden ⟨bij bridge⟩

fine-toothed comb [faɪn-tuːθt ˈkəum], **fine-tooth comb** *znw* fijne kam, luizenkam, stofkam ★ *go over sth with a ~* iets onder de loep nemen

fine-tune [faɪn-ˈtjuːn] *overg* afstemmen, nauwkeurig instellen

finger [ˈfɪŋgə] I *znw* vinger ★ *the index ~* de wijsvinger ★ *the little ~* de pink ★ *the ring ~* de ringvinger ★ *the ~ of fate* de hand van het (nood)lot ★ *the ~ of suspicion* de beschuldigende vinger ★ *a ~ of whisky* een vingertje whisky ★ *not lift / raise a ~* geen vinger uitsteken ★ inf *be all ~s and thumbs* twee linkerhanden hebben ★ *cross your ~s, ~s crossed!* duimen! ★ *get one's ~s burnt, burn one's ~s* zijn vingers branden ★ inf *get / pull your ~ out!* laat je handen eens wapperen! ★ Am inf *give sbd the ~* de middelvinger opsteken ★ *have / keep one's ~ on the pulse* de vinger aan de pols houden ★ *have one's ~ in the till* regelmatig een greep in de kas doen ★ *have / keep one's ~ on the pulse* de vinger aan de pols houden ★ *have a ~ in every pie* overal een vinger in de pap hebben ★ *lay a ~ on sbd* iem. raken, iem. kwaad doen ★ *point an accusing ~ at sbd* iem. met de vinger nawijzen ★ *point the ~ of scorn at sbd* iem. verachten ★ inf *put the ~ on sbd* iem. verlinken ★ Iers *put sth on the long ~* iets op de lange baan schuiven ★ fig *put one's ~ on sth* zijn vinger op de zere plek leggen ★ *snap / click one's ~s* met zijn vingers knippen ★ *twist / wind / wrap sbd around / round one's little ~* iem. om de vinger winden ★ *work one's ~s to the bone* zich doodwerken II *overg* ❶ bevoelen, betasten, met zijn vingers zitten aan ❷ inf verlinken, verklikken ▼ muz ~*ed by sbd* met vingerzetting van iem.

finger alphabet [ˈfɪŋgər ˈælfəbet] *znw* vingeralfabet

fingerboard [ˈfɪŋgəbɔːd] muz *znw* toets ⟨greepplank v. snaarinstrument⟩

finger bowl [ˈfɪŋgə bəul] *znw* vingerkommetje

finger buffet [ˈfɪŋgə ˈbufeɪ, ˈbʌfeɪ] *znw* hapjes ⟨die met de vingers worden gegeten⟩

-fingered [ˈfɪŋgəd] *achterv* -vingerig ★ *light~* snelvingerig, vingervlug

finger food [ˈfɪŋgə fuːd] *znw* iets dat met de vingers gegeten wordt

fingering [ˈfɪŋgərɪŋ] *znw* ❶ betasten ❷ muz vingerzetting

finger-licking [ˈfɪŋgə-lɪkɪŋ] *bn* om je vingers bij op te eten

fingermark ['fɪŋgəmɑːk] *znw* vingerafdruk, vieze vinger
fingernail ['fɪŋgəneɪl] *znw* vingernagel
finger painting ['fɪŋgə 'peɪntɪŋ] *znw* ❶ met vingerverf gemaakt schilderij ❷ het vingerverven
fingerpost ['fɪŋgəpəʊst] *znw* wegwijzer
fingerprint ['fɪŋgəprɪnt] I *znw* vingerafdruk ★ *the ~ department* de dactyloscopische dienst II *overg* vingerafdrukken nemen
finger puppet ['fɪŋgə 'pʌpɪt] *znw* poppetje dat op de vingertop wordt geschoven
fingerstall ['fɪŋgəstɔːl] *znw* vingerling, rubber vinger
fingertip ['fɪŋgətɪp] *znw* vingertop ★ *by one's ~s* met moeite ★ *to one's ~s* op-en-top ★ *have sth at one's ~s* iets op zijn duimpje kennen, iets altijd bij de hand hebben
finial ['fɪnɪəl] bouwk *znw* bekroning, fioel, finaal
finicky ['fɪnɪkɪ] *bn* ❶ gemaakt, peuterig, kieskeurig ❷ overdreven netjes
finish ['fɪnɪʃ] I *znw* ❶ einde, slot ★ *fight to the ~* tot het laatst doorvechten ❷ afwerking ❸ glans, vernis ❹ sp finish II *overg* ❶ beëindigen, voleind(ig)en, voltooien, aflopen, afmaken, de laatste hand leggen aan, afwerken ★ *inf he's ~ed* het is afgelopen met hem ★ *I've ~ed packing* ik ben klaar met pakken ❷ uitlezen ❸ opeten, leegeten, leegdrinken, uitdrinken III *onoverg* ❶ eindigen, ophouden, uitscheiden (met) ❷ sp finishen ★ *inf I'm ~ed* ik ben klaar ★ *I haven't ~ed yet* ik ben nog niet uitgesproken IV *phras* ★ *~ sth off* iets beëindigen, afmaken de laatste hand leggen aan iets, iets afwerken, iets opeten, uitdrinken ★ *~ sbd off* iem. afmaken ★ *~ up* belanden, eindigen, besluiten ★ *~ sth up* iets opeten, uitdrinken ★ *~ with sth* iets afmaken, klaar zijn met iets, iets niet meer nodig hebben ★ *~ with sbd* zich afmaken van iem., het uitmaken met iem.
finished ['fɪnɪʃt] *bn* ❶ geëindigd, afgemaakt ★ *~ goods / products* eindproducten ★ *he's ~ as a tennis champion* hij is tenniskampioen af ★ *are you ~ with that paper?* ben je klaar met die krant? ❷ afgestudeerd, volleerd, volmaakt, op-en-top
finisher ['fɪnɪʃə] *znw* ❶ afwerker ❷ appreteur ❸ sp afmaker ❹ wie finisht ❺ laatste slag, stoot &
finishing line ['fɪnɪʃɪŋ laɪn] *znw* eindstreep, finish ★ *reach the ~* de eindstreep bereiken
finishing school ['fɪnɪʃɪŋ skuːl] *znw* school ter voltooiing van de opvoeding (voor meisjes)
finishing stroke ['fɪnɪʃɪŋ strəʊk] *znw* genadeslag
finishing touch ['fɪnɪʃɪŋ tʌtʃ] *znw* laatste hand, afwerking ★ *put the ~es to sth* de laatste hand leggen aan iets
finite ['faɪnaɪt] I *bn* eindig, beperkt II *znw*, **finite verb** gramm persoonsvorm (v. werkwoord)
finito [fɪ'niːtəʊ] (‹Ital)* inf* tsw klaar, afgelopen
fink [fɪŋk] inf I *znw* ❶ klier, rotzak ❷ Am verklikker, tipgever II *phras* ★ *~ on sbd* iem. verlinken ★ *~ out* terugkrabbelen

Finland ['fɪnlənd] *znw* Finland
Finn [fɪn] *znw* Fin, Finse
Finnish ['fɪnɪʃ] I *bn* Fins II *znw* Fins
fiord [fjɔːd] *znw* fjord
fir [fɜː] *znw* ❶ den, dennenboom ❷ zilverspar ❸ dennenhout
fir cone [fɜː kəʊn] *znw* pijnappel, sparappel
fire ['faɪə] I *znw* ❶ vuur ★ *add fuel to the ~* olie op het vuur gooien ★ *breathe ~* vuur spuwen ★ *go through ~ and water* door het vuur gaan (voor iem.) ★ *preach ~ and brimstone* hel en verdoemenis preken ❷ (geweer / kanon)vuur ★ *in the line of ~* in de vuurlinie ★ *come under ~* onder vuur komen, fig zich aan kritiek blootstellen ★ *draw sbd's ~* het vuren van iemand afleiden ★ *hang ~* mil niet meteen afgaan (kanon, geweer), fig langzaam op gang komen, aarzelen ★ *hold one's ~* niet (meer) schieten ★ *mil open ~* het vuur openen ★ *mil return sbd's ~* iems. vuur beantwoorden, terugschieten ❸ brand, hitte ★ *in the ~ of the moment* in het vuur van het moment ★ *on ~* brandend, in brand, gloeiend ★ *catch / take ~* in brand vliegen, beginnen te branden ★ Am *light a ~ under sbd* iem. stimuleren om harder te werken ★ *set sth on ~ / set ~ to sth* iets in brand steken, iets in brand doen vliegen ❹ kachel, haard II *overg* ❶ in brand steken, ont-, aansteken, stoken (oven) ❷ bakken (steen) ❸ schieten met, afschieten, afvuren, lossen (schot) ❹ fig aanvuren, aanwakkeren, doen ontvlammen ★ *be ~d with sth* gloeien van iets ❺ ontslaan III *onoverg* ❶ vlam vatten ❷ vuren, schieten ❸ aanslaan, ontsteken (v. motor) IV *phras* ★ *inf ~ away!* vooruit!, begin maar! ★ *~ into sth* op iets inschieten (menigte &) ★ *~ sth off* iets afvuren ★ *~ on sbd / sth* op iem. / iets schieten ★ *~ on all four cylinders* op volle kracht functioneren ★ gedat *~ up at sth* in vuur raken over iets, opstuiven bij iets
fire alarm ['faɪər ə'lɑːm] *znw* brandalarm, brandmelder
firearm ['faɪərɑːm] *znw* vuurwapen
fireball ['faɪəbɔːl] *znw* vuurbal, vuurbol
fire blanket ['faɪə 'blæŋkɪt] *znw* branddeken
firebomb ['faɪəbɒm] I *znw* brandbom II *overg* met brandbommen bestoken
firebrand ['faɪəbrænd] *znw* ❶ brandend stuk hout ❷ stokebrand
firebreak ['faɪəbreɪk] *znw* brandstrook
firebrick ['faɪəbrɪk] *znw* vuurvaste steen
fire brigade ['faɪə brɪ'geɪd] *znw* brandweerkorps
firebug ['faɪəbʌg] *znw* ❶ glimworm ❷ inf brandstichter, pyromaan
fire call ['faɪə kɔːl] *znw* brandalarm
fire chief ['faɪə tʃiːf] *znw* brandweercommandant
fireclay ['faɪəkleɪ] *znw* vuurvaste klei
fire company ['faɪə 'kʌmpənɪ] *znw* brandweer(afdeling), brandverzekeringsmaatschappij
firecracker ['faɪəkrækə] *znw* stuk vuurwerk, rotje

fire curtain ['faɪə 'kɜːtn] *znw* brandscherm
fire damage ['faɪə 'dæmɪdʒ] *znw* brandschade
firedamp ['faɪədæmp] *znw* mijngas, moerasgas
fire department ['faɪə dɪ'pɑːtmənt] <u>Am</u> *znw* brandweer
firedog ['faɪədɒg] *znw* haardijzer, vuurbok
fire door ['faɪə dɔː] *znw* branddeur
fire drill ['faɪə drɪl], **fire practice** *znw* brandweeroefening, brandoefening, ontruimingsoefening
fire-eater ['faɪər-iːtə] *znw* ❶ vuurvreter, ijzervreter ❷ *fig* ruziezoeker
fire engine ['faɪər 'endʒɪn], <u>Am</u> **fire truck** *znw* brandweerauto
fire escape ['faɪər ɪ'skeɪp] *znw* brandtrap
fire extinguisher ['faɪər ɪk'stɪŋgwɪʃə] *znw* brandblusapparaat
firefight ['faɪəfaɪt] <u>mil</u> *znw* vuurgevecht
firefighter ['faɪəfaɪtə] *znw* brandbestrijder
firefighting ['faɪəfaɪtɪŋ] **I** *bn* brandblus- **II** *znw* brandbestrijding
firefly ['faɪəflaɪ] *znw* glimworm, vuurvliegje
fireguard ['faɪəgɑːd] *znw* haardscherm
fire hazard ['faɪə 'hæzəd] *verz znw* brandgevaar
fire hose ['faɪə həʊz] *znw* brandslang
fire hydrant ['faɪə 'haɪdrənt], <u>Am</u> **fireplug** *znw* brandkraan
fire insurance ['faɪər ɪn'ʃʊərəns] *znw* brandverzekering
fire irons ['faɪər 'aɪənz] *znw* [mv] haardstel
firelight ['faɪəlaɪt] *znw* vuurgloed
firelighter ['faɪəlaɪtə] *znw* aanmaakblokje
firelock ['faɪəlɒk] <u>hist</u> *znw* vuurroer, snaphaan
fireman ['faɪəmən] *znw* ❶ brandweerman ★ *a ~'s carry / lift* een brandweergreep ❷ stoker
fireplace ['faɪəpleɪs] *znw* schouw, open haard, schoorsteen
fireplug ['faɪəplʌg] <u>Am</u> *znw* → **fire hydrant**
fire policy ['faɪə 'pɒləsɪ] *znw* brandpolis
firepower ['faɪəpaʊə] *znw* vuurkracht
fire practice ['faɪə 'præktɪs] *znw* → **fire drill**
fireproof ['faɪəpruːf] **I** *bn* vuurvast, brandvrij ★ *a ~ dish* een vuurvaste schaal **II** *overg* brandvrij, vuurvast maken
fire-raiser ['faɪə-reɪzə] *znw* brandstichter
fire-raising ['faɪə-reɪzɪŋ] *znw* brandstichting
fire retardant ['faɪə rɪ'tɑːdənt] *znw* brandvertragend middel
fire sale ['faɪə seɪl] *znw* uitverkoop van goederen met brand- of rookschade
fire screen ['faɪə skriːn] *znw* vuurscherm
fire service ['faɪə 'sɜːvɪs] <u>Br</u> *znw* brandweer
fireship ['faɪəʃɪp] <u>scheepv</u> *znw* brander
fireside ['faɪəsaɪd] *znw* ❶ haard, haardstede, hoekje van de haard ★ *a ~ chair* clubfauteuil, gemakkelijke stoel, haardstoel ★ *a ~ chat* een gezellig praatje ❷ *fig* huiselijk leven, thuis
fire station ['faɪə 'steɪʃən] *znw* brandweerkazerne

fire stone ['faɪə stəʊn] *znw* vuurvaste steen
firestorm ['faɪəstɔːm] *znw* vuurstorm
firetrail ['faɪətreɪl] *znw* brandgang ‹in bos›
fire trap ['faɪə træp] *znw* brandgevaarlijk gebouw
fire truck ['faɪə trʌk] <u>Am</u> *znw* → **fire engine**
firetube ['faɪətjuːb] *znw* vlampijp
firewall ['faɪəwɔːl] *znw* ❶ brandmuur ❷ <u>comput</u> firewall, netwerkbeveiliging
fire warden ['faɪə 'wɔːdn] *znw* brandwacht
fire-watcher ['faɪə-wɒtʃə] *znw* brandwacht
firewater ['faɪəwɑːtə] *inf znw* (alcoholische) drank(en)
firewood ['faɪəwʊd] *znw* brandhout
firework ['faɪəwɜːk] *znw* ❶ stuk vuurwerk ❷ vuurwerk ★ *a ~ display* vuurwerk
fireworks ['faɪəwɜːks] *znw* [mv] ❶ vuurwerk ❷ *inf &* <u>scherts</u> woede-uitbarsting ★ *if I'm not home by 10 there'll be ~* als ik voor 10 uur niet thuis ben dan wordt er iem. erg boos
firing ['faɪərɪŋ] *znw* ❶ in brand steking ❷ <u>techn</u> ontsteking ❸ (af)vuren ❹ vuren ‹potten & in een oven›
firing line ['faɪərɪŋ laɪn] *znw* vuurlinie
firing pin ['faɪərɪŋ pɪn] <u>mil</u> *znw* slagpin (v. geweer)
firing squad ['faɪərɪŋ skwɒd] *znw* vuurpeloton, executiepeloton ★ *be executed by ~* geëxecuteerd worden door een vuurpeloton
firm [fɜːm] **I** *bn* ❶ vast, standvastig ★ *~ friends* dikke vrienden ❷ vastberaden ❸ hard, stevig, flink **II** *bijw* standvastig, vastberaden ★ *stand ~* op zijn stuk blijven staan **III** *znw* firma **IV** *overg* vast maken / zetten ★ *~ sth up* iets versterken, sterker maken, iets vast (stevig, hard) maken **V** *onoverg* vast worden ★ *~ up* vaster worden ‹prijzen &›, steviger worden ‹pudding &›
firmament ['fɜːməmənt] <u>dicht</u> *znw* uitspansel
firmly ['fɜːmlɪ] *bijw* ❶ vast, stevig ❷ vastberaden ❸ met vaste hand ❹ stellig, met beslistheid
firmness ['fɜːmnɪs] *znw* ❶ vastheid, stevigheid ❷ vastberadenheid ❸ stelligheid, beslistheid
firry ['fɜːrɪ] *bn* met dennen, dennen-
first [fɜːst] **I** *telw & bn* eerst ★ *one's ~ cousin* zijn volle neef (nicht) ★ <u>Am</u> *one's ~ name* zijn voornaam ★ *at (the) ~* in het begin, eerst, aanvankelijk ★ *at ~ hand* uit de eerste hand ★ *from the ~* van het begin, al dadelijk ★ *from ~ to last* van het begin tot het eind ★ *in the ~ instance* in de eerste plaats ★ *in the ~ place* om te beginnen, meteen ★ *~ things ~* wat het zwaarst is moet het zwaarst wegen ★ *I haven't the ~ idea* ik heb niet het geringste idee **II** *bijw* ❶ (voor het) eerst, ten eerste ★ *~ of all, ~ and foremost* allereerst ★ *~ and last* alles samengenomen, door elkaar gerekend ★ *~in, ~out* eerst in, eerst uit ★ *~ off* om te beginnen ★ *he came ~* hij werd eerste ★ *~ come, ~ served* wie eerst komt, eerst maalt ❷ eerder, liever **III** *znw* ❶ eerste, eerste prijs(winnaar), nummer één ★ *come an easy ~* gemakkelijk winnen ❷ <u>onderw</u> ± cum laude ❸ → **first gear**
first aid [fɜːst 'eɪd] *znw* EHBO, eerstehulp

first aid kit [fɜ:st 'eɪd kɪt] znw verbandkist

first base [fɜ:st beɪs] znw eerste honk ‹honkbal› ★ fig *we didn't even get to / reach ~* we kwamen niet eens aan (tong)zoenen toe

first-born ['fɜ:st-bɔːn] I bn eerstgeboren II znw eerstgeborene

first-class [fɜ:st-klɑːs] bn & bijw prima, eersteklas ★ *a ~ row* een geduchte ruzie ★ *travel ~* eerste klas reizen

first cousin [fɜ:st 'kʌzən] znw volle neef / nicht

first-day cover [fɜ:st-deɪ 'kʌvə] znw eerstedagenvelop

first-degree burn [fɜ:st-dɪgri: 'bɜ:n] znw eerstegraads brandwond

first-degree murder [fɜ:st-dɪgri: 'mɜ:də] znw moord met voorbedachten rade

first floor [fɜ:st flɔː] znw 1ste verdieping, Am parterre

first fruits [fɜ:st fru:ts] dicht znw [mv] eersteling(en)

first gear [fɜ:st gɪə], **first** auto znw eerste versnelling

first-hand [fɜ:st-'hænd], **firsthand** bn & bijw uit de eerste hand ★ *a ~ account* een ooggetuigenverslag ★ *we heard the news ~* we hoorden het nieuws uit de eerste hand

first lady [fɜ:st 'leɪdɪ] znw vrouw v.d. (Amerikaanse) president

first language [fɜ:st 'læŋgwɪdʒ] znw moedertaal

first light [fɜ:st laɪt] znw ochtendgloren, zonsopkomst ★ *we leave at ~* we vertrekken als het licht wordt

firstly ['fɜ:stlɪ] bijw ten eerste

first mate [fɜ:st meɪt] znw eerste stuurman

first name [fɜ:st neɪm] znw voornaam ★ *be on ~ terms* elkaar tutoyeren

first night [fɜ:st naɪt] znw avond van de première ★ *~ nerves* plankenkoorts

first offender [fɜ:st ə'fendə] znw iem. die voor de eerste keer een misdrijf pleegt

first officer [fɜ:st 'ɒfɪsə] znw eerste stuurman, vice-piloot

first-past-the-post [fɜ:st-pɑ:st-ðə-'pəʊst] bn met gewone meerderheid van stemmen

first person [fɜ:st 'pɜ:sən] znw de eerste persoon, de ik-vorm ★ *the story is told in the ~* het verhaal is verteld in de ik-vorm

first principles [fɜ:st 'prɪnsɪplz] znw [mv] basisprincipes, uitgangspunten

first-rate [fɜ:st-'reɪt] bn eersterangs, prima ★ *a ~ restaurant* een eersteklas restaurant

first refusal [fɜ:st rɪ'fju:zəl] znw optie ★ *the right of ~* het recht van eerste keus

firsts [fɜ:sts] handel znw [mv] eerste soort

first strike [fɜ:st straɪk] znw eerste aanval met atoomwapens

first-time buyer [fɜ:st-taɪm 'baɪə] znw starter, iem. die voor het eerst een huis koopt

firth [fɜ:θ] Schots znw zeearm, brede riviermond

fir tree [fɜ: tri:] znw ❶ dennenboom ❷ den ❸ zilverspar

fiscal ['fɪskl] bn fiscaal, belasting-, betreffende de openbare financiën

fiscal policy ['fɪskl 'pɒləsɪ] znw budgettair beleid

fiscal year ['fɪskl jɪə] Am znw → **financial year**

fish [fɪʃ] I znw [mv: ~ of -es] vis ★ *a queer ~* een rare snuiter ★ *neither ~, nor fowl* vlees noch vis ★ *be a big ~ in a small pond* een grote vis in een kleine vijver zijn, belangrijk zijn in kleine kring ★ *be like a ~ out of water* als een vis op het droge zijn ★ *be like shooting ~ in a barrel* heel gemakkelijk zijn ★ *drink like a ~* zuipen als een ketter ★ inf *feed the ~es* overgeven (bij zeeziekte), verdrinken ★ inf *have other ~ to fry* wat anders aan zijn hoofd hebben / te doen ★ inf zegsw *there are plenty more ~ in the sea* hij / zij is niet de enige in de wereld, geen handvol maar een landvol II overg (be)vissen ★ *~ sth out / up* iets opvissen, fig iets uitvissen III onoverg vissen ★ *~ for sth* vissen naar iets, iets afvissen, hengelen naar iets ‹ook fig› ★ *~ in troubled waters* in troebel water vissen

fish and chips [fɪʃ ən tʃɪps] znw [mv] gebakken vis met patat

fishball ['fɪʃbɔ:l], **fishcake** znw viskoekje

fish bone [fɪʃ bəʊn] znw visgraat

fishbowl ['fɪʃbəʊl] znw vissenkom

fisher ['fɪʃə] vero znw visser

fisherman ['fɪʃəmən] znw visser

fishery ['fɪʃərɪ] znw ❶ visserij ❷ visplaats, visrecht ❸ viskwekerij

fish-eye lens ['fɪʃ-aɪ 'lenz] znw visooglens

fish farm [fɪʃ fɑ:m] znw viskwekerij

fish finger [fɪʃ 'fɪŋgə], Am **fish stick** znw visstick

fish hook [fɪʃ hʊk] znw vishaak, angel

fishing ['fɪʃɪŋ] znw ❶ vissen ★ *go ~* gaan vissen ❷ visrecht ❸ viswater

fishing boat ['fɪʃɪŋ bəʊt] znw vissersboot

fishing fleet ['fɪʃɪŋ fli:t] znw vissersvloot

fishing gear ['fɪʃɪŋ gɪə] znw hengelartikelen

fishing line ['fɪʃɪŋ laɪn] znw vissnoer

fishing net ['fɪʃɪŋ net] znw visnet

fishing rod ['fɪʃɪŋ rɒd], Am **fishing pole** znw hengel

fishing tackle ['fɪʃɪŋ 'tækl] znw vistuig

fish kettle [fɪʃ 'ketl] znw vissenpan

fish knife [fɪʃ naɪf] znw vismes

fishmeal ['fɪʃmi:l] znw vismeel

fishmonger ['fɪʃmʌŋgə] znw viskoper, vishandelaar

fishnet stockings ['fɪʃnet 'stɒkɪŋz] znw [mv] netkousen

fish oil [fɪʃ ɔɪl] znw vistraan

fishplate ['fɪʃpleɪt] techn znw lasplaat

fish pond [fɪʃ pɒnd] znw visvijver

fishpot ['fɪʃpɒt] znw tenen fuik

fish slice [fɪʃ slaɪs] znw visspaan

fish stick [fɪʃ stɪk] Am znw → **fish finger**

fishtail ['fɪʃteɪl] I bn als een vissenstaart ★ *a ~ wind* veranderlijke wind II znw vissenstaart III onoverg afremmen ‹vliegtuig›

fish tank [fɪʃ tæŋk] znw aquarium

fishwife ['fɪʃwaɪf] znw viswijf, visvrouw

fishy ['fɪʃɪ] bn ❶ visachtig ★ *~ eyes* schelvisogen ❷ visrijk ❸ inf verdacht, met een luchtje eraan, twijfelachtig, ongeloofwaardig

fi

fi

fissile ['fɪsaɪl] *bn* → **fissionable**

fission ['fɪʃən] *znw* splijting, deling, splitsing

fissionable ['fɪʃənəbl], **fissile** *bn* splijtbaar ★ ~ *material* splijtstof

fissure ['fɪʃə] **I** *znw* kloof, spleet, scheur **II** *overg & onoverg* kloven, splijten

fist [fɪst] **I** *znw* vuist ★ *clench one's* ~ zijn vuist ballen ★ *make one's hand into a* ~ zijn hand tot een vuist maken ★ *make a good / bad* ~ *of sth* iets er goed / slecht vanaf brengen ★ *shake one's* ~ *at sbd* de vuist ballen naar iem., razend zijn op iem. **II** *overg* ❶ een vuistslag geven, stompen ❷ vulg vuistneuken

fist fight ['fɪst faɪt] *znw* vuistgevecht ★ *get into a* ~ *with sbd* met iem. op de vuist gaan

fistful ['fɪstfʊl] *znw* handjevol

fistic ['fɪstɪk] *scherts bn* boksers-, boks-

fisticuffs ['fɪstɪkʌfs] *znw* [mv] bokspartij ★ *resort to* ~ op de vuist gaan, gaan knokken

fistula ['fɪstjʊlə] *znw* [mv: -s *of* fistulae] ❶ fistel ❷ buis ⟨v. insecten⟩

fit [fɪt] **I** *bn* ❶ geschikt, bekwaam ★ ~ *for human consumption* geschikt voor menselijke consumptie ★ ~ *for a king* een koning waardig ★ *not* ~ *to be seen* ontoonbaar, niet presentabel ❷ juist, gepast ★ ~ *and proper* keurig netjes ★ *as one sees / thinks* ~ naar iemands goeddunken ❸ gezond, fris, fit ★ *as* ~ *as a fiddle* in uitstekende conditie, kiplekker ★ *be in no* ~ *state to do sth* in geen conditie zijn om iets te doen ▼ *inf* ~ *to drop* doodmoe, doodop **II** *znw* ❶ passen, pasvorm ★ *it's not a good* ~ het zit niet goed ★ *it's a tight* ~ het zit strak, het kan net ❷ stuip, toeval, beroerte ★ *inf throw a* ~ heel driftig / kwaad / ongerust worden ❸ aanval, vlaag, bevlieging, bui ★ *in* ~*s and starts* met horten en stoten, bij vlagen ★ *inf be in* ~*s (of laughter)* in een deuk liggen (van het lachen) ★ *have a shivering* ~ een (koorts)rilling krijgen **III** *overg* ❶ passend / geschikt / bekwaam maken (voor *for / to*) ❷ aanbrengen, zetten, monteren ❸ voorzien (van *with*), uitrusten, inrichten ❹ passen (op / bij / voor), goed zitten ★ zegsw *if the cap / shoe* ~*s, wear it* als de schoen past, trek hem aan **IV** *onoverg* ❶ passen, goed zitten ❷ zich aanpassen aan, aangepast zijn ❸ op zijn plaats zijn **V** *phras* ★ ~ *in* inpassen ★ ~ *in nicely* precies (erin)passen, mooi uitkomen ★ ~ *sbd in* plaats / tijd vinden voor iem. ★ ~ *in with sbd / sth* passen bij iem. / iets ★ *that* ~*s in with what he told me* dat komt overeen met wat hij me heeft verteld ★ ~ *sth* on iets (aan)passen, iets aanbrengen, iets op-, aanzetten ★ ~ *sth* out iets uitrusten ★ ~ *sth* up iets aanbrengen ⟨toestel⟩, techn iets monteren, iets uitrusten ★ *inf* ~ *sbd up* iem. erin laten luizen

fitful ['fɪtfʊl] *bn* ❶ onbestendig ❷ ongeregeld, grillig, bij vlagen ★ *a* ~ *sleep* een rusteloze nacht

fitment ['fɪtmənt] *znw* (meestal *mv*) inrichting, montage

fitness ['fɪtnɪs] *znw* ❶ geschiktheid, bekwaamheid, gepastheid, voegzaamheid ❷ gezondheid, fitness,

(goede) conditie ★ *return to* ~ weer fit worden ★ *work on sbd's* ~ aan iemands conditie werken

fitness centre ['fɪtnɪs 'sentə], Am **fitness center** *znw* fitnesscentrum

fitness equipment ['fɪtnɪs ɪ'kwɪpmənt] *znw* fitnessartikelen

fit-out [fɪt-'aʊt] *znw* uitrusting, inrichting ⟨v.e. woning⟩

fitted ['fɪtɪd] *bn* op maat gemaakt ★ Br *a* ~ *kitchen* een inbouwkeuken ★ *a* ~ *skirt* een aangemeten rok

fitted carpet ['fɪtɪd 'kɑːpɪt] *znw* vaste vloerbedekking

fitted sheet ['fɪtɪd ʃiːt] *znw* hoeslaken

fitter ['fɪtə] *znw* ❶ bankwerker, monteur ❷ fitter

fitting ['fɪtɪŋ] **I** *bn* passend, gepast ★ *a* ~ *punishment* een gepaste straf ★ *it's only* ~ *that we meet her in person* het is niet meer dan passend dat we haar persoonlijk ontmoeten **II** *znw* ❶ passen & ★ *I have to go for a* ~ *at 5* ik heb om 5 uur een afspraak voor een pasbeurt ❷ maat ⟨v. schoenen &⟩

fittingly ['fɪtɪŋlɪ] *bijw* gepast, toepasselijk ★ *she was* ~ *dressed in black* ze was toepasselijk in het zwart gekleed

fitting room ['fɪtɪŋ ruːm] *znw* paskamer

fittings ['fɪtɪŋz] *znw* ❶ benodigdheden voor het inrichten v.e. huis, winkel &, inrichting, installatie, bekleding, (winkel)opstand ★ *fixtures and* ~ vaste inrichting ⟨v.e. gebouw⟩ ❷ accessoires, hulpstukken

fitting shop ['fɪtɪŋ ʃɔp] *znw* montagekamer, montagehal

five [faɪv] *telw* vijf ★ *inf give sbd (a)* ~ iem. een 'high five' geven ★ *inf take* ~ een korte rustpauze houden

fivefold ['faɪvfəʊld] *bn* vijfvoudig

five hundred [faɪv 'hʌndrəd] sp *znw* vijfhonderd ⟨Australisch kaartspel⟩

five o'clock shadow [faɪv əklɔk 'ʃædəʊ] *znw* latemiddagbaard

fiver ['faɪvə] *inf znw* biljet van 5 pond (dollar)

fives [faɪvz] *znw* [mv] ❶ (hand)schoenen & maat vijf ❷ vijfprocentsobligaties ❸ sp soort squash waarbij de bal met de hand wordt geslagen ▼ *inf a bunch of* ~ een hand

five-star [faɪv-'stɑː] *bn* vijfsterren-

fix [fɪks] **I** *znw* ❶ *inf* moeilijkheid, lastig geval ★ *inf be in an awful / bad &* ~ lelijk in de knel zitten, in het nauw zitten ❷ *inf* narcotische injectie, spuit, shot ★ *I need a coffee* ~ ik heb dringend behoefte aan koffie ❸ *inf* oplossing ★ *there is no quick* ~ *to the problem* er is geen eenvoudige oplossing voor het probleem ❹ positie(bepaling) **II** *overg* ❶ vastmaken, -hechten, -zetten, -leggen, bevestigen ★ ~ *the blame on sbd* iem. de schuld geven ★ ~ *sth in the memory* iets in het geheugen prenten ❷ vasthouden, vestigen ★ ~ *sbd with a look / stare &* iem. strak aankijken ❸ aanbrengen, plaatsen, monteren ❹ repareren, in orde brengen, opknappen ❺ bepalen, vaststellen, regelen ★ *the doctor has* ~*ed for me to see a specialist* de dokter heeft een bezoek aan een specialist voor me geregeld ❻ klaarmaken, bereiden ★ *she ~ed herself a drink* ze schonk zich een drankje in ★ *I'll ~ you some lunch* ik zal je wat te eten maken ❼ fixeren ⟨foto, tekening⟩ ❽ inf omkopen ❾ inf spuiten ⟨met narcotica⟩ ❿ mil opzetten ⟨bajonet⟩ ⓫ steriliseren, castreren ⟨huisdier⟩ **III** *onoverg* vast worden, stollen **IV** *phras* ★ *~ on* / *upon sth* iets kiezen, besluiten (tot) iets ★ *~ sth on* / *upon sth* iets vestigen / fixeren op iets ⟨v. ogen, gedachten&⟩ ★ *~ sth* **up** iets aanbrengen, plaatsen, inrichten, iets opknappen, in orde brengen, regelen, organiseren ★ inf *~ sbd up (with sth)* iem. voorzien (van iets), iem. (iets) betalen ★ inf *~ sbd up for the night* iem. logeren ★ inf *~ sbd* **up with** *sbd* iem. aan iem. koppelen

fixated [fɪk'seɪtɪd] *bn* gefixeerd
fixation [fɪk'seɪʃən] *znw* ❶ vaststelling, vastlegging ❷ bevestiging ❸ vasthouden ❹ stolling ❺ fixering, fixatie
fixative ['fɪksətɪv] **I** *bn* fixerend **II** *znw* fixatief, fixeermiddel
fixed [fɪkst] *bn* ❶ vast, strak ★ *a ~ price* een vastgestelde prijs ★ *~ rates* vaste koersen / belastingen ❷ scheik niet vluchtig ❸ bepaald, vastgelegd, afgesproken, geregeld ★ *how are you ~ for cash* / *dinner &?* hoe staat het met je geld / avondeten &?
fixed assets [fɪkst 'æsets] *znw* [mv] vaste activa
fixed costs [fɪkst kɒsts] *znw* [mv] vaste onkosten
fixed income [fɪkst 'ɪnkʌm] *znw* vast inkomen
fixedly ['fɪksɪdlɪ] *bijw* vast ★ *she stared ~ at him* ze keek hem strak aan
fixed odds [fɪkst ɒdz] *znw* [mv] vastgelegde kansen ⟨bij gokken⟩
fixer ['fɪksə] *znw* fixeermiddel
fixing ['fɪksɪŋ] *znw* ❶ vaststelling ★ *price ~* prijsbepaling ❷ ingrediënten
fixings ['fɪksɪŋz] *znw* [mv] ❶ Br apparaat, uitrusting ❷ Am ingrediënten ★ *all the ~ for a meal* alle ingrediënten voor een maaltijd
fixity ['fɪksɪtɪ] *znw* vastheid, stabiliteit
fixture ['fɪkstʃə] *znw* ❶ al wat spijkervast is ❷ vast iets ❸ vaste klant (bezoeker &), vast nummer ❹ (datum voor) wedstrijd
fixtures ['fɪkstʃəz] *znw* [mv] opstand ⟨v. winkel⟩
fizz [fɪz] **I** *znw* ❶ gesis, gebruis ❷ inf pittigheid ❸ inf champagne **II** *onoverg* sissen, bruisen
fizziness ['fɪzɪnɪs] *znw* bruis, prik
fizzle ['fɪzəl] **I** *znw* gesis, gesputter **II** *onoverg* (zachtjes) sissen, sputteren **III** *phras* ★ *~ out* op niets uitdraaien
fizzy ['fɪzɪ] *bn* mousserend, gazeus
fjord [fjɔ:d] *znw* fjord
fl. *afk* ❶ (fluid) vloeistof ❷ (floor) verdieping
flab [flæb] inf *znw* spek, vet ⟨van een mens⟩
flabbergast ['flæbəgɑ:st] inf *overg* geheel van zijn stuk brengen
flabbergasted ['flæbəgɑ:stɪd] *bn* beduusd ★ *the news has left them ~* ze zijn helemaal beduusd van het

nieuws
flabbiness ['flæbɪnɪs] *znw* kwabbigheid
flabby ['flæbɪ] *bn* kwabbig, zacht, week, slap
flaccid ['flæksɪd, 'flæsɪd] *bn* slap
flaccidity [flæk'sɪdɪtɪ, flæ'sɪdɪtɪ] *znw* slapheid
flack [flæk] *znw* ❶ perschef ❷ → **flak**
flag [flæg] **I** *znw* ❶ vlag ★ *fly* / *show* / *wave the ~* de aandacht op het eigen land vestigen ⟨vooral in het buitenland⟩ ★ *keep the ~ flying* doorgaan, volharden ★ *lower the ~* de vlag strijken ★ inf *put the ~s out!* dat mag wel in de krant! ★ *Am* inf *wrap oneself in the ~* overdreven patriottistisch zijn ⟨om kiezers te winnen⟩ ❷ platte steen, tegel ❸ plantk lis **II** *overg* ❶ bevlaggen ❷ seinen (met vlaggen) ★ *~ sbd* / *sth off* de vlag zwaaien om iem. / iets te laten beginnen ❸ doen stoppen (ook: *~ down*) ❹ een vloer leggen in, beleggen (met vloerstenen) **III** *onoverg* mat hangen, verslappen, verflauwen, kwijnen
flag captain [flæg 'kæptɪn] scheepv *znw* vlaggenkapitein
flag day [flæg deɪ] *znw* speldjesdag
flagellant ['flædʒələnt] *znw* flagellant, geselbroeder
flagellate ['flædʒəleɪt] *overg* geselen
flagellation [flædʒə'leɪʃən] *znw* geseling
flageolet [flædʒəʊ'le, -'let] *znw* ❶ muz flageolet ❷ plantk witte boon
flagging ['flægɪŋ] **I** *bn* verflauwend ★ *he's trying to revive their ~ enthusiasm* hij probeert hun verflauwend enthousiasme nieuw leven in te blazen **II** *znw* plaveisel, flagstones
flag lieutenant [flæg lef'tenənt] *znw* adjudant van een admiraal
flagman ['flægmən] *znw* ❶ vlagseiner ❷ baanwachter
flag of convenience [flæg ɒv kən'vi:nɪəns] *znw* goedkope vlag
flag officer [flæg 'ɒfɪsə] *znw* vlagofficier
flag of truce [flæg ɒv tru:s] *znw* witte vlag
flagon ['flægən] *znw* ❶ grote fles ❷ schenkkan
flagpole ['flægpəʊl] *znw* vlaggenstok
flagrancy ['fleɪgrənsɪ] *znw* ❶ het flagrante ❷ verregaande schandaligheid
flagrant ['fleɪgrənt] *bn* ❶ flagrant, in het oog lopend ★ *in ~ disregard of the rules* in flagrante minachting van de regels ❷ schandalig, schreeuwend
flagrantly ['fleɪgrəntlɪ] *bijw* schandelijk, overduidelijk ★ *he ~ violated the speed limit* hij overschreed overduidelijk de snelheidslimiet
flagship ['flægʃɪp] *znw* vlaggenschip ★ *the car is the company's ~ product* de auto is het paradepaardje van de firma
flagstaff ['flægstɑ:f] *znw* vlaggenstok
flagstone ['flægstəʊn] *znw* platte steen, tegel
flag-waving [flæg-'weɪvɪŋ], **flag-wagging** *znw* vlagvertoon, fanatiek nationalisme
flail [fleɪl] **I** *znw* dorsvlegel **II** *overg* (met de vlegel) dorsen, slaan, ranselen **III** *onoverg* ★ *with arms ~ing* met zwaaiende armen
flair ['fleə] *znw* flair ★ *she has quite a ~ for art* ze heeft

fl

veel flair voor kunst

flak [flæk], **flack** znw ❶ licht afweergeschut, -vuur ❷ (steeds herhaalde) reclame ❸ storm van kritiek ★ Aus & NZ inf cop the ~ bekritiseerd worden, het pispaaltje zijn ★ take the ~ kritiek accepteren

flake [fleɪk] I znw ❶ vlok, schilfer, flinter ★ a ~ of ice een ijsschots ❷ Am inf mafkees, achterlijk persoon ❸ Aus zeepaling, haai ⟨als voedsel⟩ II overg doen (af)schilferen, vlokken III onoverg (af)schilferen, vlokken IV phras ★ ~ off afschilferen ★ inf ~ out in slaap vallen, flauwvallen, omvallen van vermoeidheid / dronkenschap

flak jacket [flæk 'dʒækɪt] znw pilotenjack, kogelvrij vest

flaky ['fleɪkɪ] bn ❶ vlokkig ❷ schilferachtig

flaky pastry ['fleɪkɪ 'peɪstrɪ] znw bladerdeeg

flambé ['flɒmbeɪ] I bn geflambeerd II overg flamberen

flamboyant [flæm'bɔɪənt] bn ❶ flamboyant ❷ kleurrijk, zwierig ❸ opzichtig

flamboyantly [flæm'bɔɪəntlɪ] bijw flamboyant, kleurrijk, zwierig, opzichtig ★ he dresses ~ hij kleedt zich flamboyant

flame [fleɪm] I znw ❶ vlam ★ fig add fuel to the ~s / fan the ~s olie op het vuur gooien ★ burst into ~(s) opvlammen, plotseling in brand vliegen ★ go up in ~s in brand vliegen, in vlammen opgaan ❷ hitte, vuur, passie ★ rekindle the ~ het vuur opnieuw aansteken, opnieuw enthousiast worden ★ inf an old ~ een oude vlam / liefde ❸ inf beledigende, kwaadaardige, provocerende e-mail II overg ❶ vlam doen vatten ❷ flamberen ❸ comput een beledigende, kwaadaardige, provocerende e-mail sturen III onoverg op-, ontvlammen, vlammen, schitteren ★ ~ up opvlammen

flameproof ['fleɪmpruːf] bn vuurvast, onbrandbaar

flame retardant [fleɪm rɪ'taːdənt] znw brandvertragend

flame-thrower [fleɪm-'θrəʊə] mil znw vlammenwerper

flamey ['fleɪmɪ] bn → **flamy**

flaming ['fleɪmɪŋ] bn ❶ zeer heet ★ a ~ sun een verzengende zon ❷ felgekleurd ❸ overdreven ❹ inf verrekt, verdomd ★ where's that ~ letter? waar is die verdomde brief?

flamingo [flə'mɪŋgəʊ] znw [mv: -s of -goes] flamingo

flammable ['flæməbl] bn brandbaar

flammable en inflammable
betekenen allebei **ontvlambaar**. Niet ontvlambaar is **nonflammable**.

flamy ['fleɪmɪ], **flamey** bn vlammend, vurig, vlammen-

flan [flæn] znw ❶ ronde, open taart ❷ vlaai

Flanders ['flaːndəz] I bn Vlaams II znw Vlaanderen

flange [flændʒ] scheepv znw flens

flank [flæŋk] I znw ❶ flank ★ the army was attacked on the west ~ het leger werd in de westflank aangevallen ❷ zijde ❸ ribstuk II overg ❶ flankeren ❷ mil in de flank dekken ❸ in de flank aanvallen

❹ omtrekken

flannel ['flænl] I bn flanellen II znw ❶ flanel ❷ lap, doekje, Br washandje, ❸ inf (mooie) praatjes ⟨om iem. over te halen⟩ III overg & onoverg inf stroop smeren, mooie praatjes ophangen

flannelette [flænə'let] znw katoenflanel

flannels ['flænlz] znw [mv] flanellen broek

flap [flæp] I znw ❶ geflap, geflapper ❷ klep, flap ❸ neerslaand blad / luik ❹ slip, pand ⟨jas⟩ ❺ luchtv vleugelklep ❻ lel ❼ inf consternatie, paniek ★ be in a ~ / get into a ~ in consternatie raken II overg slaan (met), klapp(er)en met III onoverg ❶ flappen, klapp(er)en ❷ klapwieken

flapdoodle [flæp'duːdl] Am inf znw larie, kletskoek

flap-eared ['flæp-ɪəd] bn met flaporen

flapjack ['flæpdʒæk] znw ❶ Am pannenkoek ❷ Br rond, plat (haver)koekje

flapper ['flæpə] inf gedat znw bakvis, tiener ⟨omstreeks 1920⟩

flare [fleə] I znw ❶ geflikker, vlam ❷ licht(signaal), lichtfakkel ❸ klokken, uitstaan ⟨v. rok⟩ II onoverg ❶ flikkeren, (op)vlammen, schitteren ★ ~ into life weer opvlammen ★ ~ up opvlammen, opstuiven ❷ klokken, uitstaan ⟨v. rok⟩ (ook: ~ out)

flared [fleəd] bn uitlopend, wijd uitlopend ⟨v. broekspijpen, rok⟩

flarepath ['fleəpɑːθ] znw verlichte landingsbaan / startbaan

flares [fleəz] znw [mv] broek met wijd uitlopende pijpen

flare-up ['fleər-ʌp] znw ❶ uitbarsting, aanval van woede, scène ❷ wild feest

flash [flæʃ] I bn inf opzichtig, fijn ★ ~ clothes opzichtige kleren II znw ❶ schicht, flits ★ as quick as a ~ heel snel, heel ad rem ★ fig a ~ in the pan een strovuur, iets veelbelovends dat op een anticlimax uitloopt ★ in a ~ in een oogwenk ★ we got out of there in / like a ~ we zorgden dat we er als de bliksem wegkwamen ★ there was a ~ of light and a loud bang er was een lichtflits en een luide knal ★ a ~ of lightning een bliksemschicht ❷ glans, (op)flikkering, straal ❸ vlaag, opwelling ★ I had a ~ of inspiration ik kreeg een plotselinge inval ❹ nieuws in het kort, nieuwsflits ❺ Am zaklantaarn III overg ❶ schieten, doen flikkeren & ★ my screen ~ed up a warning er verscheen plotseling een waarschuwing op mijn scherm ❷ (over)seinen ❸ (iets) plotseling / opvallend laten zien, tonen, inf geuren met ★ inf ~ sth about / around met iets lopen te wapperen ★ inf ~ one's money about / around zijn geld rondstrooien IV onoverg ❶ flikkeren, bliksemen, schitteren, blikkeren, opvlammen ★ her eyes ~ed with anger haar ogen schoten vuur van woede ★ elektr ~ over overspringen ❷ (voort)schieten ❸ flitsen ★ it ~ed through my mind het flitste mij door het hoofd ★ ~ back in de herinnering teruggaan, in een flits terugdenken, een flashback gebruiken ⟨in film⟩ ❹ inf potloodventen ‹exhibitionisme plegen›

flashback ['flæʃbæk] *znw* beeld (klank) uit het verleden, terugblik

flashbulb ['flæʃbʌlb] *znw* flitslampje

flash burn [flæʃ bɜːn] *znw* brandwond ‹*vooral* door een kernexplosie›

flashcard ['flæʃkɑːd] *znw* ❶ kaart met informatie ‹gebruikt in het onderwijs› ❷ comput geheugenkaart, flash card, flash memory

flashcube ['flæʃkjuːb] fotogr *znw* flitsblokje

flasher ['flæʃə] *znw* ❶ knipperlicht ‹v. auto› ❷ inf potloodventer

flash flood [flæʃ flʌd] *znw* plotseling opkomend hoogwater ‹door zware regenval &›

flash-freeze [flæʃ-'friːz] *overg* snel invriezen

flashgun ['flæʃɡʌn] fotogr *znw* flitser, flitsapparaat

flashing ['flæʃɪŋ] techn *znw* (metalen) strip als waterwering tussen dak en muur

flashing light ['flæʃɪŋ laɪt] *znw* flikkerlicht, knipperlicht

flashlamp ['flæʃlæmp], **flashlight** *znw* ❶ flitslamp ❷ zaklantaarn

flash point [flæʃ pɔɪnt], **flashpoint** *znw* vlampunt ★ *at ~* op het kookpunt ‹v. gemoederen &›

flashy ['flæʃɪ] *bn* opzichtig ★ *a ~ car* een opzichtige auto

flask [flɑːsk] *znw* ❶ flacon ❷ fles, thermosfles, zakfles

flat [flæt] **I** *bn* ❶ vlak, plat ★ *a ~ race* een wedloop op de vlakke baan ★ *as ~ as a pancake* zo plat als een dubbeltje ❷ dof, mat, saai, niet glanzend ❸ gelijkmatig, uniform ★ *a ~ rate* een uniform tarief, een vast bedrag ★ *a ~ wage* een uniform loon ❹ handel flauw ❺ zonder prik, verschaald ‹bier› ❻ leeg, plat ‹batterij, band› ❼ op de kop af, precies ★ *in five minutes ~* in op de kop af vijf minuten ❽ muz mineur, mol ❾ compleet, absoluut, vierkant ★ *a ~ refusal* een botte / vierkante weigering ★ inf *you're not going and that's ~* je gaat niet uit en daarmee basta! **II** *bijw* ❶ plat ★ *fall ~* mislukken, niet inslaan, niets uithalen ★ *fall ~ on one's face* plat op zijn gezicht vallen ★ *knock sbd / sth ~* iem. tegen de grond slaan ❷ inf helemaal, ronduit ★ *~ broke* volledig platzak ❸ muz te laag ★ *sing ~* vals / te laag zingen **III** *znw* ❶ platte kant ★ *the ~ of one's hand* de vlakke hand ❷ (meestal *mv*) vlak terrein, vlakte ❸ (vaak *mv*) schoen met platte hak: flat ❹ (vaak *mv*) decorvlak, decorstuk ❺ sp vlakke baan ❻ → **flat tyre** ❼ muz mol ❽ etage(woning), appartement, flat

flatbed ['flætbed] *znw* dieplader

flat-bottomed [flæt-'bɒtəmd] *bn* platbodemd

flatbread ['flætbred] *znw* plat brood

flatcar ['flætkɑː] Am *znw* platte goederenwagon

flat-chested [flæt-'tʃestɪd] *bn* plat ‹zonder boezem›

flatfish ['flætfɪʃ] *znw* platvis

flat foot [flæt fʊt] *znw* platvoet

flat-footed [flæt-'fʊtɪd] *bn* ❶ met platvoeten ★ inf *catch sbd ~* iem. overrompelen, iem. op heterdaad betrappen ❷ fig onhandig, lomp

flathead ['flæthed] *znw* platkopvis

flat iron [flæt 'aɪən] hist *znw* strijkijzer

flat-leaf parsley [flæt-liːv 'pɑːslɪ] *znw* platte peterselie

flatlet ['flætlət] *znw* flatje ‹woning›

flatline ['flætlaɪn] inf *onoverg* sterven

flatly ['flætlɪ] *bijw* ❶ vlak, plat ❷ botweg ❸ mat, lusteloos, dof ❹ versterkend vierkant, totaal

flatmate ['flætmeɪt] *znw* flatgenoot, medebewoner v.e. flat

flat out [flæt aʊt] *bijw* op volle kracht, op volle snelheid ★ *go ~* zo hard mogelijk gaan ★ *say sth ~* iets ronduit zeggen, iets recht in het gezicht zeggen ★ *work ~* zo hard mogelijk werken

flat-out [flæt-aʊt] inf *bn* regelrecht ★ *a ~ lie* een regelrechte leugen ★ *~ racism* puur racisme

flat-pack ['flæt-pæk], **flatpack** **I** *znw* bouwpakket ★ *a ~ table* een bouwpakket voor een tafel **II** *overg* als bouwpakket leveren

flat-racing [flæt-'reɪsɪŋ] *znw* paardenrennen ‹op de vlakke baan›

flat rate [flæt reɪt] *znw* vaste prijs, vaste koers, vast tarief

flat sheet [flæt ʃiːt] *znw* gewoon laken ‹geen hoeslaken›

flat spin [flæt spɪn] *znw* ❶ een spiraal naar beneden ‹v. vliegtuig dat zelf horizontaal blijft› ❷ inf staat van paniek ★ *go into a ~* in paniek raken

flatten ['flætn] **I** *overg* ❶ plat / vlak maken ❷ pletten, afbreken, slopen ❸ (ter)neerdrukken, neerslaan ❹ vernederen, klein krijgen ❺ muz verlagen ❻ laten verschalen **II** *onoverg* ★ *~ (out)* plat / vlak worden, verschalen

flatter ['flætə] *overg* ❶ vleien, strelen ★ *he ~s himself he can write well* hij vleit zich met de gedachte dat hij een goede schrijver is ❷ flatteren

flatterer ['flætərə] *znw* vleier

flattering ['flætərɪŋ] *bn* flatterend, flatteus ★ *~ words* flatterende woorden ★ *it's ~ to have been invited* het is flatterend om uitgenodigd te zijn ★ *that dress isn't very ~ to her figure* die jurk is niet er flatteus voor haar figuur

flattery ['flætərɪ] *znw* vleierij, gevlei, vleitaal ★ scherts zegsw *~ will get you nowhere* met vleierij kom je er niet

flatties ['flætɪz] inf *znw* [mv] schoen met platte hak

flat-top ['flæt-tɒp] Am inf *znw* vliegdekschip

flat tyre [flæt 'taɪə], inf **flat** *znw* platte (lekke) band

flatulence ['flætjʊləns] *znw* winderigheid

flatulent ['flætjʊlənt] *bn* ❶ winderig, opgeblazen ★ *beans have a ~ effect* van bonen ga je winden laten ❷ fig gewichtig doend, hoogdravend ★ *he writes ~ prose* hij schrijft hoogdravend proza

flatus ['fleɪtəs] *znw* (buik)wind

flatware ['flætweə] *znw* ❶ borden en schalen ❷ Am bestek

flatways ['flætweɪz], **flatwise** *bn & bijw* met / op de platte kant

flatworm ['flætwɜːm] *znw* platworm

fl

flaunt [flɔːnt] *overg* pralen met, pronken met ★ ~ *oneself* pronken

flautist [ˈflɔːtɪst] *muz* znw fluitist

flavour [ˈfleɪvə], Am **flavor** I znw ❶ geur, smaak, aroma ★ inf *right now, Ireland is the ~ of the month* op het ogenblik is Ierland populair ❷ fig tintje ❸ karakter II *overg* geur geven, smakelijk maken, kruiden

flavoured [ˈfleɪvəd], Am **flavored** bn ❶ met smaak ★ ~ *milk* melk met een smaakje ★ *raspberry~* met frambozensmaak ❷ op smaak gebracht ★ ~ *with aniseed* op smaak gemaakt met anijs

flavour enhancer [ˈfleɪvər ɪnˈhɑːnsə] znw smaakversterker

flavouring [ˈfleɪvərɪŋ], Am inf **flavoring** znw kruiderij, smaakstoffen, aroma ★ ~ *additives* toegevoegde smaakstoffen ★ *this product contains no artificial ~* dit product bevat geen kunstmatige smaakstoffen

flavourless [ˈfleɪvəlɪs], Am **flavorless** bn geurloos, smaakloos

flavoursome [ˈfleɪvəsəm], Am **flavorsome** bn smakelijk, geurig

flaw [flɔː] I znw ❶ fout, ongerechtigheid, gebrek ★ *a design ~* een fout in het ontwerp ★ *a structural ~* een bouwfout ❷ barst, breuk, scheur ❸ vlek, smet II *overg* ❶ doen barsten ❷ bederven, ontsieren III *onoverg* ❶ barsten ❷ bederven, ontsieren

flawed [flɔːd] bn met zwakheden ★ ~ *logic* ondeugdelijke logica

flawless [ˈflɔːlɪs] bn vlekkeloos, smetteloos, onberispelijk, gaaf ★ *she has a ~ skin* ze heeft een gave huid ★ *his accent is almost ~* zijn accent is haast vlekkeloos

flawlessly [ˈflɔːlɪslɪ] bijw vlekkeloos, smetteloos, onberispelijk, gaaf ★ *he went through his part ~* hij ging onberispelijk door zijn gedeelte ★ *she speaks Spanish ~* ze spreekt vlekkeloos Spaans

flax [flæks] znw vlas

flaxen [ˈflæksən] bn ❶ vlassig, van vlas ❷ dicht vlaskleurig, (vlas)blond, vlas-

flay [fleɪ] *overg* ❶ villen, (af)stropen ★ inf ~ *sbd alive* iem. levend villen ❷ fig hekelen

flea [fliː] znw vlo ★ *come away with a ~ in one's ear* van een koude kermis thuiskomen, er bekaaid afkomen ★ *send sbd away with a ~ in his / her ear* iem. afschepen, nul op het rekest geven

fleabag [ˈfliːbæg] znw vlooienbaal

fleabite [ˈfliːbaɪt] znw ❶ vlooienbeet ❷ onbenulligheid

flea-bitten [fliː-ˈbɪtn] bn ❶ onder de vlooien ❷ inf sjofel, goor

flea circus [fliː ˈsɜːkəs] znw vlooientheater

flea collar [fliː ˈkɒlə] znw vlooienband

flea market [fliː ˈmɑːkɪt] znw vlooienmarkt, rommelmarkt

fleapit [ˈfliːpɪt] inf znw goedkope, smerige bioscoop

fleck [flek] I znw ❶ vlek ❷ plek II *overg* ❶ vlekken ❷ plekken

flecked [flekt] bn gespikkeld

fled [fled] ww [v.t. & v.d.] → **flee**

fledged [ˈfledʒd] bn (vlieg)vlug ⟨v. jonge vogels⟩ ★ *fully ~* geheel ontwikkeld, volwassen, ervaren, volleerd

fledgeling [ˈfledʒlɪŋ], **fledgling** znw ❶ (vlieg)vlugge vogel ❷ fig beginneling, melkbaard, melkmuil

flee [fliː] I *overg* [fled, fled] ontvlieden, ontvluchten ★ ~ *the country* het land ontvluchten II *onoverg* [fled, fled] vluchten ★ ~ *empty-handed* er met lege handen vandoor gaan ★ ~ *in panic / terror* vluchten in paniek ★ ~ *like the wind* er als de wind vandoor gaan ★ ~ *for one's life* vluchten voor zijn leven ★ ~ *to safety* vluchten naar veiliger oorden

fleece [fliːs] I znw ❶ (schaaps)vacht ❷ fleecetrui II *overg* ❶ scheren ❷ inf het vel over de oren halen, afzetten ❸ (met een vacht) bedekken

fleecy [ˈfliːsɪ] bn wollig, wolachtig, vlokkig ★ ~ *clouds* schapenwolkjes

fleer [ˈflɪə] dicht onoverg ❶ spotten ❷ spottend of brutaal lachen, honen

fleet [fliːt] I bn dicht snel, vlug, rap ★ ~ *of foot* snelvoetig II znw ❶ vloot ❷ groep ★ *a ~ of cars* een wagenpark III *onoverg* dicht (voorbij-, heen)snellen ★ *a look of annoyance ~ed across his face* een uitdrukking van irritatie vloog over zijn gezicht ★ *the months ~ed by* de maanden vlogen voorbij

fleeting [ˈfliːtɪŋ] bn snel voorbijgaand, vergankelijk, vluchtig ★ *I only caught a ~ glance of the man* ik kreeg alleen maar een vluchtige glimp van de man

Fleet Street [fliːt striːt] znw ❶ de Londense pers ❷ de Britse journalistiek, de Britse pers

Fleming [ˈflemɪŋ] znw Vlaming

Flemish [ˈflemɪʃ] I bn Vlaams II znw Vlaams ★ *the ~* de Vlamingen

flench [flentʃ], **flense**, **flinch** *overg* ❶ ⟨zeehond⟩ villen ❷ spek afsnijden ⟨v.e. walvis⟩

flesh [fleʃ] I znw vlees ★ *one's ~ and blood* je eigen vlees en bloed, je naaste verwanten ★ ~ *and bone* vel over been ★ *more than ~ and blood can bear* meer dan een mens kan verdragen ★ *in the ~* in levenden lijve, in leven ★ *the pleasures of the ~* vleselijke geneugten ★ scherts *the sins of the ~* de zonden des vleses, onkuisheid ★ *go the way of all ~* sterven ★ *make sbd's ~ crawl / creep* iem. de koude rillingen geven ★ *put on ~* aankomen II phras ★ ~ *out* aankomen, dikker worden ★ ~ *sth out* iets verrijken, verlevendigen, meer gestalte geven, aankleden, uitwerken, (op)vullen

flesh-coloured [fleʃ-ˈkʌləd] bn vleeskleurig

fleshings [ˈfleʃɪŋz] znw [mv] vleeskleurig maillot ⟨v. dansers⟩

fleshly [ˈfleʃlɪ] bn vleselijk, zinnelijk ★ ~ *pleasures* zinnelijke geneugten / lusten

fleshpots [ˈfleʃpɒts] znw [mv] ❶ luxueuze eetgelegenheden ❷ bordelen, hoerenkasten, striptenten

fleshy [ˈfleʃɪ] bn ❶ vlezig ❷ gevleesd ❸ vlees- ❹ dik

fl

flew [flu:] *ww* [v.t.] → **fly**
flex [fleks] **I** *znw* elektr snoer **II** *overg & onoverg*
❶ buigen ❷ buigen en strekken ★ ~ one's muscles/~
oneself zijn krachten beproeven, zich oefenen
flexed [flekst] archeol *bn* in hurkligging
flexibility [fleksɪˈbɪlɪtɪ] *znw* buigzaam-, soepelheid,
flexibiliteit
flexible [ˈfleksɪbl] *bn* buigzaam, soepel, flexibel ★ ~
hours variabele werktijden
flexibly [ˈfleksɪblɪ] *bijw* buigzaam, soepel, flexibel
★ the classes are ~ scheduled de klassen hebben een
flexibel rooster
flexion [ˈflekʃən] *znw* buiging
flexitime [ˈfleksɪtaɪm], Am **flextime** *znw* variabele
werktijden
flexor [ˈfleksə] anat *znw* buigspier
flexure [ˈflekʃə] *znw* ❶ buiging ❷ bocht
flibbertigibbet [flɪbətɪˈdʒɪbɪt] *bn* lichthoofdig,
fladderig, wispelturig iem.
flick [flɪk] **I** *znw* tikje, knip, rukje ★ at the ~ of a switch
± met een druk op de knop ★ Aus inf give sbd the ~
iem. de bons geven **II** *overg* een tik(je) geven, tikken,
even aanraken ★ ~ sth open iets openklappen
III *phras* ★ ~ sth **away** / **off** iets wegknippen ★ ~ sth
off iets uitdoen ★ ~ sth **on** iets aanknippen,
aanzetten ★ ~ sth **over** iets snel omslaan ‹de
bladzijden› ★ ~ **through** sth iets snel doorbladeren
‹boek›, ± zappen
flicker [ˈflɪkə] **I** *znw* ❶ geflakker, (op)flikkering,
geflikker ❷ flikkerend licht ❸ gefladder ❹ fig
vleugje, sprankje ★ was that a ~ of recognition? was
dat een vleugje herkenning? ★ she gave a ~ of a
smile ze glimlachte vluchtig **II** *onoverg* ❶ flakkeren,
flikkeren ❷ trillen ❸ fladderen, klappen
flick knife [flɪk naɪf] *znw* springmes, stiletto
flicks [flɪks] *znw* [mv] ★ the ~ de bios
flier [ˈflaɪə] *znw* → **flyer**
flies [flaɪz] *znw* [mv] ★ the ~ dekstuk boven voortoneel
flight [flaɪt] *znw* ❶ vlucht ★ catch / take a ~ een vlucht
/ vliegtuig halen ★ charter a ~ een vlucht charteren
★ miss a ~ het vliegtuig missen ★ dicht put sbd / sth
to ~ iem. / iets op de vlucht drijven ★ a headlong ~
hals over kop vluchten ★ a ~ of fancy een inval
❷ loop, vaart ❸ reeks ★ a ~ of stairs een trap ★ a ~ of
steps een bordes ❹ zwerm, troep, luchtv eskader
flight attendant [flaɪt əˈtendənt] *znw* steward(ess)
flight control [flaɪt kənˈtrəʊl] *znw* vluchtleiding
flight crew [flaɪt kru:] *znw* bemanning ‹v.e. vliegtuig›
flight deck [flaɪt dek] *znw* vliegdek
flight engineer [flaɪt endʒɪˈnɪə] luchtv *znw*
boordwerktuigkundige
flight feather [flaɪt ˈfeðə] *znw* slagpen
flightiness [ˈflaɪtɪnɪs] *znw* grilligheid, wispelturigheid
flightless [ˈflaɪtlɪs] *bn* niet in staat tot vliegen ★ ~ birds
loopvogels
flight lieutenant [flaɪt lefˈtenənt] mil *znw*
kapitein-vlieger
flight path [flaɪt pɑ:θ] luchtv *znw* (aan)vliegroute

flight recorder [flaɪt rɪˈkɔ:də] *znw* vluchtregistrator,
zwarte doos
flight sergeant [flaɪt ˈsɑ:dʒənt] mil *znw*
sergeant-vlieger
flight simulator [flaɪt ˈsɪmjʊleɪtə] *znw* vluchtsimulator
flighty [ˈflaɪtɪ] *bn* ❶ grillig ❷ wispelturig, wuft
❸ halfgaar
flimflam [ˈflɪmflæm], **flim flam** *znw* ❶ geleuter,
kletspraat ❷ zwendel, verlakkerij
flimsily [ˈflɪmzɪlɪ] *bijw* ❶ dun, niet solide,
ondeugdelijk ★ she was ~ clad ze was dungekleed
❷ armzalig, onbenullig, oppervlakkig
flimsiness [ˈflɪmzɪnɪs] *znw* ❶ broosheid, dunheid
❷ onbenulligheid, oppervlakkigheid
flimsy [ˈflɪmzɪ] **I** *bn* ❶ dun, niet solide, ondeugdelijk
★ ~ houses ondeugdelijke huizen ❷ armzalig,
onbenullig, oppervlakkig ★ a ~ excuse een
onbenullige smoes **II** *znw* ❶ dun papier ❷ doorslag
flinch [flɪntʃ] *onoverg* ❶ aarzelen, terugdeinzen,
terugschrikken, wijken (voor from) ★ he ~ed at the
sight hij deinsde terug bij de aanblik ★ she had the
injection without ~ing ze onderging de injectie
zonder een spier te vertrekken ❷ → **flench**
flinders [ˈflɪndəz] *znw* [mv] splinters, scherven ★ the
door was smashed to ~ de deur was aan splinters
geslagen
fling [flɪŋ] **I** *znw* ❶ worp, gooi ❷ korte affaire,
uitspatting ★ have a ~ aan de rol gaan, uitrazen
★ have one last ~ nog éénmaal aan de zwier gaan
II *overg* [flung, flung] gooien, (af)werpen, smijten
★ ~ sth at sbd iets gooien naar iem., iets naar het
hoofd werpen ★ inf & afkeurend ~ oneself at sbd
duidelijk maken dat je iem. wel ziet zitten ★ ~ sth
back at sbd iets teruggooien naar iem. ‹woorden,
beledigingen, verwijten› ★ ~ sth down iets
neergooien, tegen de grond smijten ★ ~ sth in iets
op de koop toegeven ★ ~ oneself into sth zich op iets
storten ★ ~ sbd off iem. afwerpen, iem. van het
spoor brengen ★ ~ sth off iets afwerpen ★ ~ one's
clothes off / on uit / in zijn kleren schieten ★ ~ sth out
iets plotseling (achteruit) slaan, iets uitspreiden ‹zijn
armen›, iets weggooien, iets eruit gooien ‹woorden›
★ ~ sth up iets ten hemel heffen ‹de armen›, fig iets
laten varen ‹plan› **III** *onoverg* [flung, flung] vliegen,
stormen ‹uit vertrek›
flint [flɪnt] *znw* ❶ keisteen, vuursteen ❷ steentje ‹v.
aansteker›
flint glass [flɪnt glɑ:s] *znw* flintglas
flintlock [ˈflɪntlɒk] *znw* ❶ steenslot
❷ vuursteengeweer
flinty [ˈflɪntɪ] *bn* ❶ steenachtig, vuursteen- ❷ fig
onvermurwbaar, hardvochtig
flip [flɪp] **I** *bn* ongepast, brutaal, niet serieus ★ ~ talk
oppervlakkig spottend gepraat **II** *znw* ❶ flip ‹warme
drank v. melk, ei, suiker en wijn, bier of
brandewijn› ❷ knip, tik ❸ salto, opgooien ‹v. munt›
★ he did a complete ~ over his handlebars hij maakte
een complete salto over zijn stuur ★ the Democrats

fl

have done a complete ~ on Iraq de Democraten hebben hun positie over Irak radicaal gewijzigd ▼ *have a ~ through sth* iets snel doorbladeren **III** *overg* ❶ een tikje geven ❷ (weg)knippen ❸ opgooien ‹munt› **IV** *onoverg* inf flippen, compleet gek worden **V** *phras* ★*~ sth* on / off iets aan / uitschakelen ★*~ sth over* iets omkeren ★*~ through sth* iets snel doorbladeren

flip chart [flɪp tʃɑ:t] *znw* flip-over

flip-flop [ˈflɪp-flɒp] **I** *znw* ❶ teenslipper, sandaal ❷ achterwaartse salto ❸ techn flipflop ‹bep. type elektronische schakeling› **II** *onoverg* ❶ klapperen, flapperen ❷ Am inf van standpunt veranderen

flippancy [ˈflɪpənsɪ] *znw* ❶ oneerbiedige, spottende opmerking ❷ spotternij

flippant [ˈflɪpənt] *bn* spotziek, oneerbiedig, ongegeneerd, ongepast ★ *a ~ attitude* een spotzieke houding ★ *make a ~ remark* een oppervlakkige spottende opmerking maken

flipper [ˈflɪpə] *znw* ❶ vin, zwempoot ❷ sp zwemvlies ‹duiksport›

flipping [ˈflɪpɪŋ] inf *bn* verdraaid, verdomd ★ *are you out of your ~ brain / mind?* ben je nu helemaal van de pot gerukt?

flip side [flɪp saɪd] *znw* ❶ B-kant ‹v. grammofoonplaat› ❷ fig schaduwzijde

flip-top [ˈflɪp-tɒp] **I** *bn* met scharnierend deksel, gemakkelijk te openen **II** *znw* scharnierend deksel

flirt [flɜ:t] **I** *znw* flirt **II** *onoverg* flirten ★ *~ with sbd / sth* spelen / koketteren / flirten met iem. / iets

flirtation [flɜ:ˈteɪʃən] *znw* flirt, geflirt

flirtatious [flɜ:ˈteɪʃəs] *bn* graag flirtend

flirtatiously [flɜ:ˈteɪʃəslɪ] *bijw* flirterig, flirtachtig ★ *she smiled ~* ze glimlachte flirterig

flirtatiousness [flɜ:ˈteɪʃəsnɪs] *znw* flirtachtigheid, flirterigheid

flit [flɪt] **I** *znw* ★ inf *do a (moonlight) ~* met de noorderzon vertrekken **II** *onoverg* ❶ fladderen, zweven, vliegen ❷ (snel) heen en weer gaan / schieten, (weg)trekken ★ *that idea had ~ted through my mind* dat idee schoot me door het hoofd ❸ Schots verhuizen

flitch [flɪtʃ] *znw* zijde spek

flitter [ˈflɪtə] *onoverg* fladderen

flivver [ˈflɪvə] Am inf *znw* goedkoop autootje

float [fləʊt] **I** *znw* ❶ dobber ❷ luchtv drijver ❸ techn vlotter ❹ lage wagen, praalwagen ❺ handel kasgeld, voorschot **II** *overg* ❶ laten drijven, vlot maken ★ inf *~ sbd's boat* aantrekkingskracht hebben voor iem. ❷ in omloop brengen, lanceren ‹gerucht &› ❸ oprichten ‹v. bedrijf door uitgifte v. aandelen› ❹ laten zweven ‹v. koersen› **III** *onoverg* ❶ zweven, vlotten, drijven, dobberen ★ *~ on air* in de wolken zijn ❷ vlot zijn ❸ wapperen ▼ *~ around* rondgaan ‹v. gerucht &›

float arm [fləʊt ɑ:m] *znw* vlotterarm

floatation [fləʊˈteɪʃən] *znw* → **flotation**

float board [fləʊt bɔ:d] *znw* schepbord, schoep

floatel [fləʊˈtel], **flotel** *znw* drijvend hotel, (drijvend) hotelplatform

floater [ˈfləʊtə] *znw* ❶ drijvend / zwevend iem. / iets ❷ zwever ‹in het oog› ❸ zwevende kiezer ❹ Am inf zwerver, rondtrekker ❺ Am verzekering van roerend goed

floating [ˈfləʊtɪŋ] *bn* ❶ drijvend ★ transport *a ~ crane / derrick* een drijvende kraan ❷ vlottend ★ *~ capital* werkkapitaal ❸ zwevend ★ *a ~ currency* een zwevende munt(eenheid), valuta

floating bridge [ˈfləʊtɪŋ brɪdʒ] *znw* pontonbrug

floating debt [ˈfləʊtɪŋ det] *znw* vlottende schuld

floating dock [ˈfləʊtɪŋ dɒk] *znw* drijvend dok

floating-point [ˈfləʊtɪŋ-pɔɪnt] comput *znw* floating point ‹manier om getallen weer te geven›

floating population [ˈfləʊtɪŋ pɒpjʊˈleɪʃən] *znw* vlottende bevolking

floating voter [ˈfləʊtɪŋ ˈvəʊtə] *znw* zwevende kiezer

floccule [ˈflɒkjuːl] *znw* (wol)pluisje, vlokje

flock [flɒk] **I** *znw* ❶ kudde, troep, zwerm, schare ★ *a ~ of sheep* een kudde schapen ❷ vlok, pluis **II** *onoverg* ★ *~ (together)* samenkomen, samenscholen, stromen (naar *to*)

floe [fləʊ] *znw* ijsschots, stuk drijfijs

flog [flɒg] *overg* ❶ slaan, (af)ranselen, geselen ★ *~ a dead horse* belangstelling trachten te wekken voor wat afgedaan heeft, vergeefse moeite doen ★ inf *~ oneself to death / into the ground* jezelf doodwerken ★ inf *~ sth to death* iets zeggen of doen dat al zo vaak gedaan is dat het vervelend wordt ❷ inf verpatsen, aansmeren ★ *~ sth off on sbd* iem. iets aansmeren

flogging [ˈflɒgɪŋ] *znw* (pak) slaag / ransel, geseling, geselstraf ★ *give sbd a ~* iem. geselen / afranselen

flood [flʌd] **I** *znw* ❶ vloed, stroom, overstroming ★ *the river is in ~* de rivier is buiten haar oevers getreden ★ *she was in ~s of tears* ze was helemaal in tranen ❷ zondvloed, stortvloed ★ *the Flood* de zondvloed ★ *there was a ~ of reactions* er kwam een stortvloed van reacties **II** *onoverg* ❶ (over)stromen ★ *be ~ed out* door overstroming een huis moeten verlaten ❷ buiten zijn oevers treden ‹rivier› **III** *overg* ❶ onder water zetten, overstromen (met *with*), doen onderlopen ❷ fig overspoelen, verzuipen ‹motor›

flooded [ˈflʌdɪd] *bn* overstroomd

floodgate [ˈflʌdgeɪt] *znw* sluisdeur, sluis ★ fig *open the ~s to sth* de sluizen openzetten voor iets

floodlight [ˈflʌdlaɪt] **I** *znw* (schijnwerper voor) strijklicht **II** *overg* [floodlit, floodlit] verlichten door middel van strijklicht

floodlit [ˈflʌdlɪt] *ww* [v.t. & v.d.] → **floodlight**

flood plain [flʌd pleɪn] *znw* uiterwaarden

flood tide [flʌd taɪd] *znw* vloed

floor [flɔ:] **I** *znw* ❶ vloer ★ *wipe the ~ with sbd* de vloer met iem. aanvegen ★ *go through the ~* door de grond zinken ❷ bodem ★ *the forest ~* de bosbodem ★ *the ocean ~* de oceaanbodem ❸ verdieping ★ *the first ~* de eerste verdieping, Am benedenverdieping, begane grond ❹ zaal ⟨v. parlement &⟩ ★ *get / have / hold the ~* het woord krijgen / hebben / voeren ★ *take the ~* het woord nemen **II** *overg* ❶ een vloer leggen in ❷ inf vloeren, op de grond werpen, het winnen van, verslaan ❸ inf in de war maken ▾ inf *they're catching up: ~ it!* ze halen ons in: gas geven!

floorboard ['flɔ:bɔ:d] *znw* vloerplank

floorcloth ['flɔ:klɒθ] *znw* dweil

floorer ['flɔ:rə] inf *znw* ❶ slag die iem. vloert ❷ ontstellende berichten ❸ lastige kwestie, opgave

flooring ['flɔ:rɪŋ] *znw* bevloering, vloer

floor lamp [flɔ: læmp] *znw* staande schemerlamp

floor leader [flɔ: 'li:də] Am *znw* fractievoorzitter, woordvoerder van politieke partij

floor manager [flɔ: 'mænɪdʒə] *znw* ❶ floormanager ⟨bij tv-productie⟩ ❷ afdelingschef ⟨in warenhuis⟩

floor plan [flɔ: plæn] *znw* bouwtekening, grondplan, verdiepingsplattegrond

floor price [flɔ: praɪs] *znw* minimum prijs, bodemprijs

floor show [flɔ: ʃəʊ] *znw* floorshow

floor-to-ceiling [flɔ:-tə-'si:lɪŋ] *bn* kamerhoog ★ *~ bookshelves* kamerhoge boekenkasten

floorwalker [flɔ:'wɔ:kə] *znw* afdelingschef (in winkel &)

floozy ['flu:zɪ], **floozie** inf *znw* sletje, hoertje

flop [flɒp] **I** *znw* ❶ klap, flap ❷ plof ❸ inf fiasco, flop, afgang, misser **II** *onoverg* ❶ flappen, ploffen, klossen ★ *~ down* neerploffen ❷ inf een flop worden

flophouse ['flɒphaʊs] Am inf *znw* logement, goedkoop hotel

floppy ['flɒpɪ] **I** *bn* flodderig, slap **II** *znw*, **floppy disk** computerdiskette, diskette, floppy disk

flora ['flɔ:rə] *znw* flora

flora and fauna ['flɔ:rə ænd 'fɔ:nə] *znw* [mv] flora en fauna

floral ['flɔ:rəl] *bn* bloemen-, bloem- ★ *a ~ fabric* een gebloemde stof

Florentine ['flɒrəntaɪn] **I** *bn* Florentijns **II** *znw* Florentijn, Florentijnse

floret ['flɒrɪt, 'flɔ:rɪt] *znw* ❶ bloempje ❷ afzonderlijk bloempje in een bloemhoofdje van een composiet ❸ → **floweret**

floriculture ['flɒrɪkʌltʃə] *znw* bloementeelt

floriculturist [flɒrɪ'kʌltʃərɪst] *znw* bloemkweker

florid ['flɒrɪd] *bn* ❶ bloemrijk ★ *~ language* bloemrijke taal ❷ blozend ❸ zwierig

floridity [flɒ'rɪdɪtɪ] *znw* ❶ bloemrijke taal ❷ blozende kleur ❸ zwierigheid

floridly ['flɒrɪdlɪ] *bijw* ❶ bloemrijk ❷ opzichtig ★ *~ decorated pottery* opzichtig versierd aardewerk

florin ['flɒrɪn] hist *znw* tweeshillingstuk

florist ['flɒrɪst] *znw* bloemist

floss [flɒs], **floss silk I** *znw* vloszijde ★ *dental ~* tandzijde **II** *overg & onoverg* flossen, (de tanden) met tandzijde schoonmaken

flossy ['flɒsɪ] *bn* vlossig

flotation [fləʊ'teɪʃən], **floatation** *znw* ❶ drijven & ❷ oprichting ⟨v. bedrijf door uitgifte aandelen⟩ ❸ het zweven ⟨v.e. munteenheid⟩

flotel [fləʊ'tel] *znw* → **floatel**

flotilla [flə'tɪlə] *znw* flottielje

flotsam ['flɒtsəm] *znw* zeedrift, wrakgoed ★ *~ and jetsam* rommel

flounce [flaʊns] **I** *znw* ❶ volant, strook ❷ plof, ruk **II** *onoverg* ❶ overdreven bewegen ★ *~ around the room* door de kamer ijsberen ❷ driftig stappen ★ *~ off* wegstormen ★ *~ out* naar buiten stormen

flounder ['flaʊndə] **I** *znw* [mv: ~ of -s] dierk bot, schar **II** *onoverg* ❶ ⟨in de modder &⟩ baggeren, spartelen ❷ steigeren ❸ hakkelen, knoeien

flour ['flaʊə] **I** *znw* bloem (van meel), meel, poeder **II** *overg* met meel bestrooien

flourish ['flʌrɪʃ] **I** *znw* ❶ bloei, vooruitgang ★ *in full ~* in volle bloei ❷ zwierige wending, versiering, krul ★ *with a ~* zwierig ❸ muz fanfare, trompetgeschal ★ *a ~ of trumpets* een trompetfanfare **II** *overg* zwaaien met, pronken met **III** *onoverg* ❶ bloeien, tieren, gedijen ❷ in zijn bloeitijd zijn ⟨v. kunstenaar &⟩

flourishing ['flʌrɪʃɪŋ] *bn* bloeiend, goed gedijend ★ *they've got a ~ import business* ze hebben een bloeiende importfirma

floury ['flaʊərɪ] *bn* ❶ melig ❷ kruimig ❸ met meel bedekt

flout [flaʊt] *overg* negeren, in de wind slaan, aan zijn laars lappen, zich niets aantrekken van, spotten met

flow [fləʊ] **I** *znw* ❶ (over)vloed, stroom, (uit)stroming, doorstroming ★ *ebb and ~* eb en vloed ★ *he was in full ~* hij was goed op dreef ★ *he always has a ready ~ of conversation* hij is een uiterst vlotte prater ★ *she tried to interrupt the ~ of words* ze probeerde de woordenvloed te onderbreken ★ *go against / with the ~* tegen de stroom in / met de stroom mee gaan **II** *onoverg* ❶ vloeien, overvloeien, stromen ★ *~ from* voortvloeien uit ❷ golven ⟨v. kleed, manen⟩ opkomen ⟨getij⟩

flow chart ['fləʊ tʃɑːt], **flow diagram** *znw* stroomschema, stroomdiagram

flower ['flaʊə] **I** *znw* ❶ bloem, bloesem ★ *a synthetic ~* een kunstbloem ★ *the ~ of America's youth died in that war* de bloem van de jeugd van Amerika is in die oorlog omgekomen ❷ bloei ★ *in ~* in bloei ★ *in full ~* in volle bloei ★ *in the ~ of sbd's youth* in de bloei van iemands jeugd **II** *onoverg* bloeien

flower arrangement ['flaʊər ə'reɪndʒmənt] *znw* ❶ bloemschikkunst ❷ bloemstuk

flower arranging ['flaʊər ə'reɪndʒɪŋ] *znw* bloemschikkunst, bloemschikken

flowerbed ['flaʊəbed] *znw* bloembed / -perk

flower bulb ['flaʊə bʌlb] *znw* bloembol

flower child ['flaʊə tʃaɪld] *znw* bloemenkind, hippie

flowered ['flaʊəd] *bn* gebloemd ★ *~ furnishings* gebloemd meubilair ★ *fragrant~ plants* planten met geurende bloemen

floweret ['flaʊərɪt] *znw* roosje ⟨v. bloemkool en broccoli⟩

fl

flower girl ['flaʊə gɜːl] *znw* bloemenmeisje
flower head ['flaʊə hed] *znw* bloemhoofdje
flowering cherry ['flaʊərɪŋ 'tʃerɪ] *znw* sierkers
flowering plant ['flaʊərɪŋ plɑːnt] *znw* bloeiende plant
flowering rush ['flaʊərɪŋ rʌʃ] *znw* zwanenbloem
flowerpot ['flaʊəpɒt] *znw* bloempot
flower power ['flaʊə 'paʊə] *znw* flowerpower, ideeën van de hippiebeweging
flowery ['flaʊərɪ] *bn* bloemrijk, bloem(en) ★ *she wore a ~ dress* ze droeg een gebloemde jurk
flowing ['fləʊɪŋ] *bn* ❶ vloeiend ❷ loshangend
flown [fləʊn] *ww* [v.d.] → **fly**
flow-on ['fləʊ-ɒn] Aus & NZ *znw* loonaanpassing ‹als gevolg van veranderingen in een vergelijkbare bedrijfstak of in de cao›
flow-on effect ['fləʊ-ɒn ɪ'fekt] *znw* vervolgeffect
fl. oz *afk* → **fluid ounce**
flu [fluː] *znw* influenza, griep ★ *she's got a dose of the ~* ze heeft de griep te pakken
fluctuate ['flʌktʃʊeɪt] *onoverg* op en neer gaan, golven, dobberen, schommelen, weifelen
fluctuation [flʌktʃʊ'eɪʃən] *znw* ❶ schommeling ‹v. prijzen &› ★ *all prices are subject to ~* alle prijzen kunnen schommelen ❷ aarzeling, weifeling
flue [fluː] *znw* rookkanaal, vlampijp
fluency ['fluːənsɪ] *znw* ❶ vaardigheid, vlotheid ★ *~ in English is one of the job's requirements* vloeiende beheersing van het Engels is een van de voorwaarden voor de baan ❷ bespraaktheid
fluent ['fluːənt] *bn* ❶ vloeiend, bespraakt ❷ vlot
fluently ['fluːəntlɪ] *bijw* vloeiend ★ *he speaks four languages ~* hij spreekt vier talen vloeiend
fluff [flʌf] I *znw* dons, pluis II *overg* ❶ pluizen ★ *~ sth out* iets doen uitstaan ★ *~ sth up* iets opschudden ‹kussens &›, iets opkloppen ‹zodat het meer lijkt dan het is› ❷ *inf* verknoeien III *onoverg* pluizen
fluffy ['flʌfɪ] *bn* ❶ donsachtig, donzig, dons- ★ *a ~ blanket* een donzige deken ❷ luchtig ★ *beat the whites until they are ~* klop het eiwit totdat het luchtig is
fluid ['fluːɪd] I *bn* ❶ vloeibaar ❷ niet vast ❸ vloeiend ❹ beweeglijk II *znw* ❶ vloeistof ❷ *nat* fluïdum
fluidity [fluː'ɪdɪtɪ] *znw* ❶ vloeibaarheid ❷ niet vast zijn ❸ vloeiende ❹ beweeglijkheid
fluid ounce ['fluːɪd aʊns], **fl. oz** *znw* inhoudsmaat voor vloeistoffen ‹28,4 cc, in Amerika 29,6 cc›
fluke [fluːk] I *znw* ❶ *inf* mazzel, meevaller ❷ (lever)bot ❸ scheepv ankerblad ❹ lob ‹v.d. staart v.e. walvis› II *overg inf* met geluk voor elkaar krijgen
fluky ['fluːkɪ], **flukey** *inf bn* ❶ (stom)gelukkig ❷ bof-
flume [fluːm] *znw* kunstmatige waterloop
flummery ['flʌmərɪ] *znw* ❶ meelpap ❷ *inf* vleierij
flummox ['flʌməks] *inf overg* verwarren, ontzetten, van zijn stuk brengen ★ *I'm ~ed about why she's so cross with me* ik ben in verwarring over waarom ze zo boos op mij is
flump [flʌmp] I *znw* plof II *overg & onoverg* ploffen
flung [flʌŋ] *ww* [v.t. & v.d.] → **fling**

flunk [flʌŋk] *inf* I *overg* laten zakken ‹bij examen› II *onoverg* stralen, zakken ‹bij examen› ★ *~ out* van school gestuurd worden
flunkey ['flʌŋkɪ] *gedat znw* lakei, stroopsmeerder, hielenlikker
fluorescence [flʊə'resəns] *znw* fluorescentie
fluorescent [flʊə'resənt] *bn* fluorescerend
fluorescent tube [flʊə'resənt tjuːb] *znw* tl-buis
fluoridate ['flʊərɪdeɪt], **fluorinate** *overg* fluorideren
fluoridation [flʊərɪ'deɪʃən] *znw* fluoridering
fluoride ['flʊəraɪd] *znw* fluoride
fluorinate ['flʊərɪneɪt] *overg* → **fluoridate**
fluorine ['flʊəriːn] *znw* fluor
flurried ['flʌrɪd] *bn* geagiteerd, de kluts kwijt ★ *~ movements* geagiteerde bewegingen ★ *she's looking a bit ~* ze lijkt een beetje in de war
flurry ['flʌrɪ] I *znw* ❶ (wind)vlaag, bui ❷ agitatie, gejaagdheid II *overg* zenuwachtig maken, agiteren, jachten, in de war brengen
flush [flʌʃ] I *bn* ❶ overvloedig (voorzien van *of*), vol ‹v. water› ★ *be ~ (with money)* goed bij kas zijn ❷ effen, gelijk, vlak II *znw* ❶ blos, gloed ★ *she's not exactly in the first ~ of youth* ze is bepaald niet meer piepjong ❷ (plotselinge) toevloed, stroom ❸ opwelling, roes, opwinding ❹ spoeling, doorspoeling ‹toilet› ❺ kaartsp suite III *overg* ❶ doorspoelen ★ *~ the toilet* de wc doortrekken ★ *~ sth down the toilet* iets door de WC spoelen ★ *~ sth out* iets uitspoelen ❷ onder water zetten ❸ verjagen ★ *~ sbd out* iem. uit zijn schuilplaats jagen ❹ het bloed naar het hoofd jagen ❺ aanvuren, overmoedig doen worden IV *onoverg* ❶ doorspoelen, doortrekken ‹toilet› ❷ kleuren, blozen
Flushing ['flʌʃɪŋ] *znw* Vlissingen ‹stad›
fluster ['flʌstə] I *znw* opwinding, verwarring ★ *be in a ~* opgewonden zijn II *overg* agiteren, in de war brengen, zenuwachtig maken, enerveren
flute [fluːt] I *znw* ❶ *muz* fluit ❷ groef, cannelure, plooi II *overg* ❶ groeven, canneleren ❷ plooien
fluted ['fluːtɪd] *bn* gegroefd ★ *~ pillars* gegroefde pilaren
flutist ['fluːtɪst] *znw* fluitist
flutter ['flʌtə] I *znw* ❶ gefladder, fladderen & ❷ gejaagdheid, agitatie ★ *in a ~* geagiteerd ★ *cause a ~* sensatie maken ❸ *inf* speculatie, gokje II *overg* doen wapperen, haasten, agiteren III *onoverg* ❶ fladderen, wapperen, dwarrelen ❷ flakkeren, trillen ‹licht› ❸ popelen ‹v. hart› ❹ gejaagd doen
fluty ['fluːtɪ], **flutey** *bn* helder en zacht ‹toon›
fluvial ['fluːvɪəl] *bn* rivier-
flux [flʌks] *znw* ❶ vloed, stroom, vloeiing, voortdurende verandering ★ *in a state of ~* in een staat van constante verandering ❷ vloei-, smeltmiddel
fly [flaɪ] I *bn* Br *inf* uitgeslapen, geslepen, sluw ★ *he's enough to manage* hij is uitgeslapen genoeg om zich te redden II *znw* ❶ vlieg, kunstvlieg ★ *a ~ in the ointment* een haar in de soep ★ *inf (there are) no flies*

on him! die is bij de pinken! ★ *I'd like to be a ~ on the wall* ik wou dat ik stiekem kon kijken / meeluisteren ★ *die / drop like flies* bij bosjes doodgaan / neervallen ★ inf *wouldn't harm / hurt a ~* geen vlieg kwaad doen ❷ (Br vaak *mv*) klep, gulp ‹v. broek &› ❸ vliegwiel, onrust ‹v. klok› ▼ *on the ~* gaandeweg **III** *overg* [flew, flown] ❶ laten vliegen / wapperen, voeren ‹de vlag› ★ *~ a kite* een vlieger oplaten, een proefballon oplaten, een balletje over iets opgooien ★ inf *go ~ a kite!* ga weg! hoepel op! ❷ luchtv vliegen over ‹oceaan›, bevliegen ‹een route›, vliegen ‹een toestel›, per vliegtuig vervoeren ❸ ontvlieden, ontvluchten ★ inf *~ the coop* ontsnappen ★ *~ the nest* uitvliegen, het nest verlaten ‹v. jonge vogels›, inf uitvliegen, het ouderlijk huis verlaten **IV** *onoverg* [flew, flown] ❶ vliegen ★ fig *~ high* ambitieus zijn ❷ vluchten ★ *(I) must ~* ik moet er gauw vandoor ❸ omvliegen, (voorbij)snellen ★ *let ~* laten schieten, vieren, afschieten ‹een pijl› ★ *let ~ at sbd / sth* op iem. / iets los gaan / slaan, iem. / iets er van langs geven ❹ wapperen **V** *phras* ★ *~ about* rondvliegen, rondfladderen ★ *~ at sbd* iem. aanvliegen ★ *~ apart* uit elkaar spatten, springen ★ *~ by* voorbijvliegen ★ *the time flew by* de tijd vloog voorbij ★ *~ in* binnen komen vliegen ★ *~ in the face of sth* iets trotseren, ingaan tegen iets ★ *~ into a rage / temper* woedend worden ★ *~ off* wegvliegen ★ inf *~ off the handle* opvliegen, zijn zelfbeheersing verliezen ★ *~ out* uitvliegen, opstuiven, uitvaren (tegen *at*)

fly agaric [flaɪ 'ægərɪk] *znw* vliegenzwam
fly ash [flaɪ æʃ] *znw* vliegas
flyaway ['flaɪəweɪ] *bn* ❶ loshangend ‹van haar, kleding› ❷ wispelturig
flyblown ['flaɪbləʊn] *bn* bevuild met vliegeneieren / maden
flyby ['flaɪbaɪ] Am *znw* ❶ → **flypast** ❷ vliegend passeren, vooral de baan waarin een ruimtevaartuig een planeet passeert
fly-by-night ['flaɪ-baɪ-naɪt] inf *bn* louche, onbetrouwbaar
flycatcher ['flaɪkætʃə] *znw* vliegenvanger ‹voorwerp en vogel›
fly-drive holiday [flaɪ-draɪv 'hɒlɪdeɪ] *znw* fly-drive vakantie ‹vliegvakantie met huurauto›
flyer ['flaɪə], **flier** *znw* ❶ luchtv vlieger ❷ hardloper, renpaard, snelzeilend schip & ❸ vlugschrift, folder, flyer
fly-fishing ['flaɪfɪʃɪŋ] *znw* vissen met een (kunst)vlieg als aas, vliegvissen
fly-fronted [flaɪ-'frʌntɪd] textiel *bn* gulpsluiting
flying ['flaɪɪŋ] **I** *bn* vliegend ★ *~ glass* rondvliegend glas ★ *pass with ~ colours* slagen met vlag en wimpel ★ *take a ~ leap* een sprong met aanloop nemen **II** *bijw* ★ *go ~* omvallen, op de grond kieperen ★ *send sbd ~* iem. neerslaan ★ *send sth ~* iets omkieperen, omgooien
flying boat ['flaɪɪŋ bəʊt] *znw* vliegboot

flying bomb ['flaɪɪŋ bɒm] *znw* vliegende bom, V1 van de Duitsers
flying bridge ['flaɪɪŋ brɪdʒ] *znw* ❶ noodbrug ❷ gierpont
flying buttress ['flaɪɪŋ 'bʌtrɪs] bouwk *znw* luchtboog
flying doctor ['flaɪɪŋ 'dɒktə] *znw* vliegende dokter
flying fish ['flaɪɪŋ fɪʃ] *znw* vliegende vis
flying fox ['flaɪɪŋ fɒks] *znw* ❶ vliegende hond ❷ Aus katrol ‹in de speeltuin›
flying officer ['flaɪɪŋ 'ɒfɪsə] mil *znw* eersteluitenant-vlieger
flying picket ['flaɪɪŋ 'pɪkɪt] Br *znw* mobiele stakingsposten
flying range ['flaɪɪŋ reɪndʒ] *znw* actieradius
flying saucer ['flaɪɪŋ 'sɔːsə] *znw* vliegende schotel
flying squad ['flaɪɪŋ skwɒd] *znw* vliegende brigade, mobiele eenheid
flying start ['flaɪɪŋ stɑːt] *znw* vliegende start, bliksemstart ★ *get off to a ~* zeer goed beginnen
flying visit ['flaɪɪŋ 'vɪzɪt] *znw* bliksembezoek ★ *pay sbd a ~* iem. een bliksembezoek brengen
flyleaf ['flaɪliːf] *znw* schutblad
fly-on-the-wall [flaɪ-ɒn-ðə-'wɔːl] inf *znw* 'vlieg op de muur', getuige achter de schermen ★ *a ~ report* een reportage van achter de schermen
flyover ['flaɪəʊvə] *znw* viaduct, ongelijkvloerse (weg)kruising
flypaper ['flaɪpeɪpə] *znw* vliegenpapier
flypast ['flaɪpɑːst], Am **flyby** *znw* luchtparade
fly-poster [flaɪ-'pəʊstə], **flyposter** *znw* illegaal aanplakbiljet
fly-posting [flaɪ-'pəʊstɪŋ], **flyposting** *znw* clandestien plakken ‹v. posters›
flysheet ['flaɪʃiːt] *znw* ❶ buitentent ❷ (reclame)blaadje
fly spray [flaɪ spreɪ] *znw* spuitbus ‹tegen insecten›
flystrike ['flaɪstraɪk] *znw* aantasting door vliegenmaden ‹v. e. levend dier›
fly swatter [flaɪ 'swɒtə], **fly swat** *znw* vliegenmepper
flytrap ['flaɪtræp] *znw* vliegenvanger
flyweight ['flaɪweɪt] *znw* vlieggewicht ‹bokser›
flywheel ['flaɪwiːl] *znw* vliegwiel
FM *afk* → **frequency modulation**
foal [fəʊl] **I** *znw* veulen **II** *onoverg* werpen ‹door merrie›
foam [fəʊm] **I** *znw* schuim **II** *onoverg* schuimen ★ *~ at the mouth* schuimbekken
foam board [fəʊm bɔːd] *znw* plaat piepschuim
foam rubber [fəʊm 'rʌbə] *znw* schuimrubber
foamy ['fəʊmɪ] *bn* schuimig, schuimend
fob [fɒb] **I** *znw*, **fob chain** horlogeketting ★ *a key ~* een sleutelhanger **II** *phras* ★ *~ sbd off* afschepen ★ *~ sth off on sbd* iem. iets aansmeren
f.o.b. *afk* (free on board) vrij aan boord ‹alle kosten tot in het schip voor rekening v.d. verkoper›
fob watch [fɒb wɒtʃ] *znw* zakhorloge
focaccia [fə'kætʃə] *znw* focaccia ‹Italiaans broodje›
focal ['fəʊkl] *bn* brandpunts-, brand-, focaal ★ *he is the documentary's ~ figure* hij is de centrale figuur in de

documentaire

focal length ['fəʊkl leŋθ] *znw* brandpuntsafstand

focal point ['fəʊkl pɔɪnt] *znw* brandpunt

foci ['fəʊkɪ] *znw* [mv] → **focus**

fo'c's'le ['fəʊksəl] *znw* → **forecastle**

focus ['fəʊkəs] **I** *znw* [mv: focuses of foci]
❶ brandpunt, haard ⟨v. ziekte⟩, centrum **❷** scherpte ★ *in* ~ scherp (gesteld), duidelijk ★ *out of* ~ onscherp, onduidelijk ★ *narrow the* ~ de focus verkleinen **II** *overg* **❶** in een brandpunt verenigen / brengen **❷** instellen ⟨lens &⟩ **❸** concentreren ⟨gedachten⟩, vestigen ★ ~ *one's attention on sth* zijn aandacht concentreren op iets **III** *onoverg* zich concentreren ★ ~ *on / upon sbd / sth* zich concentreren op iem. / iets

focus group ['fəʊkəs gruːp] *znw* focusgroep

fodder ['fɒdə] *znw* voe(de)r

foe [fəʊ] *dicht znw* vijand

FoE *afk* → **Friends of the Earth**

foetal ['fiːtəl], Am **fetal** *wetensch bn* van de, betreffende de foetus

foetid ['fetɪd, 'fiːtɪd], Am **fetid** *wetensch bn* stinkend

foetus ['fiːtəs], Am **fetus** *znw* foetus, ongeboren vrucht

fog [fɒg] **I** *znw* **❶** mist, nevel ★ *fig in a* ~ de kluts kwijt ★ *in a* ~ *of disbelief / uncertainty &* in een nevel van ongeloof / onzekerheid & **❷** sluier ⟨op foto⟩ **II** *overg* **❶** in mist hullen **❷** onduidelijk maken, vertroebelen **❸** doen beslaan **III** *onoverg* ★ ~ *(up / over)* beslaan

fog bank [fɒg bæŋk] *znw* mistbank

fogbound ['fɒgbaʊnd] *bn* **❶** door mist opgehouden **❷** in mist gehuld

fogey ['fəʊgɪ], **fogy** *inf znw* ouwe zeur, ouwe sok

foggy ['fɒgɪ] *bn* **❶** mistig, nevelig **❷** vaag ★ *inf not the foggiest (idea)* absoluut geen idee

foghorn ['fɒghɔːn] *znw* misthoorn

fog lamp [fɒg læmp] *znw* mistlamp

fog signal [fɒg 'sɪgnl] *znw* mistsignaal

fogy ['fəʊgɪ] *inf znw* → **fogey**

foible ['fɔɪbl] *znw* zwak, zwakke zijde, zwak punt

foil [fɔɪl] **I** *znw* **❶** contrast ★ *they're a perfect* ~ *for / to each other* ze zijn perfect aan elkaar gewaagd **❷** schermdegen, floret **❸** folie, zilverpapier **II** *overg* (iems. plannen) verijdelen

foist [fɔɪst] *overg* ★ ~ *sth on sbd* iem. iets aansmeren (ook: aanwrijven) ★ ~ *oneself on sbd* zich aan iem. opdringen

fold [fəʊld] **I** *znw* **❶** vouw, plooi, kronkel **❷** kudde, schaapskooi **❸** schoot ⟨van de kerk⟩ **II** *overg* **❶** vouwen, plooien ★ ~ *the eggs into the mixture* meng de eieren door het mengsel **❷** wikkelen, sluiten, slaan ★ ~ *sbd in one's arms* iem. in de armen sluiten **III** *onoverg* **❶** zich laten vouwen **❷** *inf* het afleggen, op de fles gaan, het bijltje erbij neergooien **IV** *phras* ★ ~ *sth* **back / down** iets omvouwen ★ ~ *sth* **out** iets uitklappen, uitvouwen ★ ~ **up** bezwijken, het begeven, failliet gaan, *inf* krom liggen (van het lachen) ★ ~ *sth up* iets op-, dichtvouwen, opklappen

foldaway ['fəʊldəweɪ] *bn* opvouwbaar, vouw-, opklap-

folder ['fəʊldə] *znw* **❶** Am folder, vouwblad, gevouwen circulaire **❷** map, mapje **❸** comput map ⟨in DOS bekend als *directory*⟩

folderol ['fɒldərɒl] *znw* **❶** falderalderiere & ⟨refrein⟩ **❷** prul

folding ['fəʊldɪŋ] *bn* opvouwbaar, vouw- ★ *a* ~ *camera* een klapcamera ★ *a* ~ *picture* een uitslaande plaat

folding bed ['fəʊldɪŋ bed] *znw* **❶** opklapbed **❷** veldbed, kermisbed

folding chair ['fəʊldɪŋ tʃeə] *znw* vouwstoel

folding door ['fəʊldɪŋ dɔː] *znw* harmonicadeur

folding money ['fəʊldɪŋ 'mʌnɪ] Am *znw* papiergeld

fold-out ['fəʊld-aʊt] *znw* uitslaande pagina

foliage ['fəʊlɪdʒ] *znw* **❶** loof, lover, gebladerte, lommer **❷** bladversiering, loofwerk

foliate ['fəʊlɪeɪt] *overg* **❶** met folie bedekken **❷** ⟨bladen⟩ nummeren **❸** met loofwerk versieren

foliation [fəʊlɪ'eɪʃən] *znw* **❶** bladvorming **❷** foeliën **❸** foliëring **❹** versiering met loofwerk

folic acid ['fəʊlɪk 'æsɪd] *znw* foliumzuur

folio ['fəʊlɪəʊ] *znw* **❶** folio(vel) **❷** foliant

folk [fəʊk] **I** *bn* volks-, inheems ★ *a* ~ *museum* een volkskundig museum **II** *znw* **❶** volk, mensen **❷** (meestal *mv*) *inf* familieleden **❸** luitjes, volkje ★ *the old* ~s de oudjes ★ *the* ~/~s *back home* de familie thuis

folk dance [fəʊk dɑːns] *znw* volksdans

folk etymology [fəʊk etɪ'mɒlədʒɪ] *znw* volksetymologie

folklore ['fəʊklɔː] *znw* folklore, volkskunde ★ *according to popular* ~ zoals algemeen wordt geloofd

folk music [fəʊk 'mjuːzɪk] *znw* volksmuziek

folk singer [fəʊk 'sɪŋə] *znw* zanger(es) van volksliedjes

folk song [fəʊk sɒŋ] *znw* (oud) volkslied

folksy ['fəʊksɪ] *bn* **❶** *inf* gezellig, hartelijk, eenvoudig **❷** m.b.t. volkskunst

folk tale [fəʊk teɪl] *znw* volksverhaal

follicle ['fɒlɪkl] *znw* (haar)zakje

follow ['fɒləʊ] **I** *overg* **❶** volgen (op), navolgen ★ ~ *one's nose* zijn instinct volgen **❷** achternagaan, nazetten **❸** *fig* najagen **❹** ⟨een beroep⟩ uitoefenen **II** *onoverg* volgen ★ *as* ~s als volgt ★ ~ *in sbd's footsteps* in de voetsporen treden van iem. **III** *phras* ★ ~ *from sth* voortvloeien uit iets ★ ~ *on (from)* aansluiten (aan), volgen (op) ★ *sp* **through** de slag afmaken, uitzwaaien ★ ~ *sth through* iets (nauwkeurig) uitvoeren, iets afmaken, afwerken ★ ~ *sth* **up** iets nagaan, nader ingaan op iets, iets voortzetten, iets laten volgen (door *by / with*)

follower ['fɒləʊwə] *znw* **❶** volger **❷** volgeling, aanhanger **❸** navolger

following ['fɒləʊwɪŋ] **I** *voorz* na, volgend op ★ ~ *the latest suicide bombing, security will be stepped up* na de laatste zelfmoordactie zal de beveiliging worden opgevoerd **II** *bn* volgend **III** *znw* gevolg, aanhang

following
als voorzetsel betekent **na, volgend op**, maar niet *volgens*.
The government has changed its policy following the court ruling betekent *de regering heeft haar politiek gewijzigd* **na** (en niet **volgens**) *de uitspraak van de rechtbank*.
Ned. *volgens* = **according to**.

follow-the-leader [fɒləʊ-ðə-'li:də], **follow-my-leader** *znw* kinderspel, waarbij iedereen de leider moet nadoen

follow-through ['fɒləʊ-θru:] *znw* **❶** afwerking **❷** sp afmaken van de slag ⟨bij tennis, golf &⟩

follow-up ['fɒləʊ-ʌp] **I** *bn* vervolg-, na- ★ med ~ *care* nazorg ★ *a ~ notice* de tweede aanmaning ★ med ~ *treatment* een nabehandeling **II** *znw* voortzetting, nabehandeling, vervolg

folly ['fɒlɪ] *znw* **❶** dwaasheid, gekkenwerk, zotheid **❷** stommiteit **❸** folly ⟨merkwaardig maar nutteloos gebouw &⟩

foment [fə'ment, 'fəʊ-] form *overg* aanstoken, stimuleren, voeden, koesteren, kweken

fond [fɒnd] *bn* **❶** liefhebbend, teder, innig ★ *be ~ of sbd / sth* houden van iem. / iets **❷** dierbaar, lief

fondant ['fɒndənt] *znw* fondant

fondle ['fɒndl] *overg* strelen, liefkozen, aanhalen, knuffelen

fondly ['fɒndlɪ] *bijw* teder, innig, vol liefde ★ *he remembers those days ~* hij denkt met genegenheid terug aan die tijd

fondness ['fɒndnɪs] *znw* tederheid, liefde, genegenheid, zwak (voor *for*)

fondue set ['fɒndju:, -du: set] *znw* fondueset

font [fɒnt] *znw* **❶** doopvont **❷** lettertype ⟨v. printer &⟩

fontal ['fɒntl] *bn* doop-

fontanel [fɒntə'nel], **fontanelle** anat *znw* fontanel

font size [fɒnt saɪz] druk & comput *znw* lettergrootte

food [fu:d] *znw* **❶** voedsel, spijs, eten, voe(de)r ★ *~ for thought* stof tot nadenken ★ *be off one's ~* geen eetlust hebben **❷** voedingsmiddelen, levensmiddelen

food additive [fu:d 'ædətɪv] *znw* voedingsadditief, toevoeging aan voedingsmiddelen

food bank [fu:d bæŋk] *znw* voedseldistributiecentrum, gaarkeuken

food chain [fu:d tʃeɪn] *znw* voedselketen

food court [fu:d kɔ:t], **food hall** *znw* cafetaria / eetgedeelte van een winkelcentrum

foodie ['fu:dɪ], **foody** inf *znw* fijnproever, iem. die zeer geïnteresseerd is in alles wat met eten te maken heeft

food poisoning [fu:d 'pɔɪzənɪŋ] *znw* voedselvergiftiging

food processor [fu:d 'prəʊsesə] *znw* keukenmachine

food stamp [fu:d stæmp] Am *znw* voedselbon ⟨voor de armen⟩

foodstuff ['fu:dstʌf] *znw* voedingsmiddel,

levensmiddel

food value [fu:d 'vælju:] *znw* voedingswaarde

fool [fu:l] **I** *bn* inf gek, idioot ★ *he's involved in some ~ scheme or other* hij is betrokken bij een of ander idioot plan **II** *znw* **❶** dwaas, gek, zot ★ *as any ~ could tell you* zoals elke gek je kan vertellen ★ *like a ~, I told him everything* dwaas die ik ben, heb ik hem alles verteld ★ inf *more ~ you / them &* dat was dom van jou / hen & ★ *he's nobody's ~ / no ~* hij laat zich niet voor de gek houden ★ *make a ~ of sbd* iem. voor de gek houden ★ *make a ~ of oneself* zich belachelijk maken, zich dwaas aanstellen ★ *send sbd on a ~'s errand* iem. voor gek laten lopen ★ zegsw *a ~ and his money are soon parted* domme mensen zijn hun geld zo kwijt ★ zegsw *~s rush in where angels fear to tread* ± bezint eer gij begint ★ zegsw *there's no ~ like an old ~* hoe ouder hoe gekker **❷** nar ★ *act / play the ~* de clown uithangen, zich aanstellen **❸** (kruisbessen)vla **III** *overg* voor de gek houden, bedotten ★ inf *you could have ~ed me!* daar leek het mij niet naar! **IV** *onoverg* beuzelen, gekheid maken **V** *phras* ★ *~ about / around* rondlummelen, aanrommelen ★ *~ about / around with sbd / sth* spelen met iem. / iets, dollen met iem. / iets ★ *~ sbd into doing sth* iem. verleiden iets te doen ★ *~ sbd out of sth* iem. aftroggelen

foolery ['fu:lərɪ] *znw* dwaasheid, scherts, gedol

foolhardy ['fu:lhɑ:dɪ] *bn* roekeloos, doldriest

foolish ['fu:lɪʃ] *bn* **❶** dwaas, gek, mal, zot, idioot, stom **❷** beteuterd

foolishly ['fu:lɪʃlɪ] *bijw* dwaas, gek, mal, zot, idioot, stom

foolishness ['fu:lɪʃnɪs] *znw* dwaasheid, idioterie

foolproof ['fu:lpru:f] *bn* onfeilbaar, betrouwbaar, bedrijfszeker

foolscap ['fu:lskæp] *znw* kleinfoliopapier

fool's errand [fu:lz 'erənd] *znw* een dwaze onderneming ★ *send sbd on a ~* iem. voor niets uitsturen, iem. om een nutteloze boodschap sturen

fool's gold [fu:lz gəʊld] *znw* pyriet ⟨geel mineraal waarvan vaak wordt gedacht dat het goud is⟩

fool's paradise [fu:lz 'pærədaɪs] *znw* droomwereld ★ *live in a ~* zichzelf voor de gek houden

foot [fʊt] **I** *znw* [*mv:* feet] **❶** voet ⟨ook: Eng. maat v. 12 duim, 30,48 cm⟩ ★ *we went by / on ~* we zijn te voet gegaan ★ *he opened the door in his stockinged feet* hij deed de deur open op zijn kousenvoeten / sokken ★ *we were rushed off our feet* we hadden het ontzettend druk ★ *the ground is quite wet under ~* de grond is behoorlijk nat aan je voeten ★ *be on one's feet* op de been zijn, het woord voeren, goed gezond zijn ★ *be dying on one's feet* ten dode opgeschreven zijn ★ *be under sbd's feet* iem. voor de voeten lopen ★ *carry sbd off his feet* iem. meeslepen (in zijn enthousiasme) ★ *fall on one's feet* mazzel hebben ★ *find one's ~ / feet* zijn draai vinden ★ *get off on the wrong ~* verkeerd beginnen ★ *have sth at one's feet* iets in zijn macht hebben ★ *have a ~ in both camps*

fo

geen partij kiezen, twee tegengestelden te vriend hebben ★ *have a ~ in the door* de eerste stap gezet hebben, een ingang hebben ★ *have one ~ in the grave* met een been in het graf staan ★ *jump / leap / spring to one's feet* overeind springen, opspringen ★ *keep one's feet on the ground* met beide benen op de grond blijven ★ *put one's best ~ forward* zijn beste beentje voorzetten ★ *put one's ~ down* (krachtig) optreden (tegen *on*), inf plankgas geven ★ inf *put one's ~ in it / in one's mouth* een flater begaan ★ *never put a ~ wrong* nooit verkeerde dingen doen (zeggen) ★ ZA inf *put ~* opschieten, snel beginnen ★ *put one's feet up* gaan zitten met de voeten omhoog ★ *scramble to one's feet* snel overeind komen ★ *set sbd on his / her feet* iem. op de been (er bovenop) helpen ★ *set ~ in / on sth* ergens aankomen / landen ★ *stand on one's own feet* op eigen benen staan ★ *think on one's feet* snel reageren ★ *rise / get to one's feet* opstaan ★ *my ~!* onzin!, vergeet het maar! ❷ poot ❸ voetvolk, infanterie ❹ voeteneind ▼ Iers *on ~ of advice / recommendations &* op basis van advies / aanbevelingen & II *overg* ★ *~ it* te voet gaan, dansen ★ inf *~ the bill* dokken

footage ['fʊtɪdʒ] *znw* ❶ (film)lengte ❷ sequentie, (stuk) film, ± beelden

foot-and-mouth disease [fʊt-ænd-maʊθ dɪ'zi:z] *znw* mond- en klauwzeer

football ['fʊtbɔ:l] *znw* ❶ Br voetbal ❷ Am football, Amerikaans voetbal ❸ voetbal ‹voorwerpsnaam› ❹ Am rugbybal

footballer ['fʊtbɔ:lə] *znw* voetballer

footballing ['fʊtbɔ:lɪŋ] *bn* voetbal- ★ *his ~ career was at an end* zijn voetbalcarrière was ten einde

football pool ['fʊtbɔ:l pu:l] *znw* voetbalpool, -toto

footboard ['fʊtbɔ:d] *znw* treeplank

footboy ['fʊtbɔɪ] hist *znw* livreiknechtje

footbridge ['fʊtbrɪdʒ] *znw* voetbrug

footer ['fʊtə] *znw* ❶ comput voettekst, voetregel ‹onderaan elke pagina van een document› ❷ inf spelletje voetbal ▼ *a six ~* iets dat 6 voet lang is ‹boot / haai / slang &›

footfall ['fʊtfɔ:l] *znw* (geluid van een) voetstap

foot-fault ['fʊt-fɔ:lt] sp I *znw* voetfout II *onoverg* een voetfout maken

footgear ['fʊtgɪə] *znw* schoeisel

foothill ['fʊthɪl] *znw* (meestal *mv*) heuvel onder aan berg, voorgebergte

foothold ['fʊthəʊld] *znw* ❶ steun voor de voet ❷ fig vaste voet ★ *get a ~ on sth* vaste voet bij iets krijgen, een voet aan de grond krijgen bij iets

footing ['fʊtɪŋ] *znw* ❶ voet ★ *on an equal ~* op voet van gelijkheid ❷ vaste voet, steun, houvast ★ *lose / miss one's ~* uitglijden, z'n houvast verliezen ❸ fig basis ★ *on a secure ~* met een goede basis

footings ['fʊtɪŋz] *znw* [mv] fundament, grondplaat

footle ['fu:tl] Br *onoverg* leuteren, bazelen ★ *~ about / around* rondlummelen ★ *~ away one's time*

lanterfanten, zijn tijd verdoen

footless ['fʊtlɪs] inf *bn* nutteloos

footlights ['fʊtlaɪts] *znw* [mv] voetlicht

footling ['fu:tlɪŋ] inf *bn* ❶ onbetekenend, onbeduidend ❷ dom ★ *~ excuses* domme smoesjes

footlocker ['fʊtlɒkə] Am *znw* opbergkist

footloose ['fʊtlu:s] *bn* vrij, vrij om te gaan en te staan waar men wil

footman ['fʊtmən] *znw* lakei

footmark ['fʊtmɑ:k] *znw* voetspoor

footnote ['fʊtnəʊt] *znw* voetnoot

foot pace [fʊt peɪs] *znw* tred ★ *at a ~* stapvoets

foot passenger [fʊt 'pæsɪndʒə] *znw* passagier die geen auto bij zich heeft ‹op veerboten &›

footpath ['fʊtpɑ:θ] *znw* ❶ voetpad ❷ trottoir, stoep

footplate ['fʊtpleɪt] *znw* staanplaats v. machinist op locomotief

footprint ['fʊtprɪnt] *znw* voetspoor, voetafdruk

footrace ['fʊtreɪs] *znw* hardloopwedstrijd

foot rule [fʊt ru:l] *znw* maatstok ‹v. 1 Eng. voet›

footsie ['fʊtsɪ] inf *znw* ★ *play ~ (with sbd)* voetjevrijen (met iem.)

footslog ['fʊtslɒg] I *znw* lange, vermoeiende mars II *onoverg* voortsjokken

foot soldier [fʊt 'səʊldʒə] *znw* infanterist

footsore ['fʊtsɔ:] *bn* met zere voeten

footstep ['fʊtstep] *znw* voetstap, tred

footstool ['fʊtstu:l] *znw* voetenbankje

footsure ['fʊtʃɔ:] *bn* vast ter been ★ *he's walking, but he's not very ~ yet* hij loopt al, maar hij staat nog niet erg vast op zijn benen

foot-tapping [fʊt-'tæpɪŋ] *bn* de maat aangevend met de voet ★ *~ rhythms* vlotte ritmes

footway ['fʊtweɪ] *znw* voetpad, trottoir

footwear ['fʊtweə] *znw* schoeisel, schoenwerk

footwork ['fʊtwɜ:k] sp & dans *znw* voetenwerk

footworn ['fʊtwɔ:n] *bn* met pijnlijke voeten

foozle ['fu:zl] inf I *znw* onhandige slag ‹bij golf› II *overg* (ver)knoeien

fop [fɒp] *znw* fat, dandy, kwast, modegek

foppery ['fɒpərɪ] *znw* kwasterigheid

foppish ['fɒpɪʃ] *bn* fatterig, dandyachtig

for [fɔ:, fə] I *voegw* plechtig want ★ *he shall be remembered, ~ he was one of us* hij zal herinnerd worden, want hij was een van ons II *voorz* ❶ voor, om ‹doel› ★ *we don't have the tools ~ it* we hebben het gereedschap er niet voor ★ *work ~ a living* werken voor je levensonderhoud ★ *ideas ~ making money* ideeën om geld te verdienen ❷ (in ruil) voor, in plaats van ★ *I couldn't go, so he went ~ me* ik kon er niet heen, dus is hij in mijn plaats gegaan ★ *the J is ~ Jill* de J staat voor Jill ★ *could I exchange this jumper ~ that one?* kan ik deze trui ruilen voor die? ★ *there is nothing ~ it but to start again* er zit niets anders op dan op nieuw te beginnen ❸ voor, ten gunste van ★ *he plays ~ England* hij speelt voor Engeland ★ *that's Jamie ~ you!* dat is nou typisch Jamie! ★ *oh, ~ a cigarette!* had ik (hadden we) maar een sigaret! ❹ voor, vanwege, wegens ★ *I thanked him ~ his contribution* ik heb hem bedankt voor zijn bijdrage ★ *she jumped ~ joy* ze sprong op en neer van vreugde ❺ voor, wat betreft, met betrekking tot ★ *~ her, 6 is quite a good mark* voor haar doen is 6 een behoorlijk goed cijfer ★ *it's warm ~ February* het is warm voor februari ★ *he can go ~ all I care* voor mijn part kan hij ophoepelen ★ *~ all I know, he's still in Paris* voorzover ik weet zit hij nog in Parijs ★ *~ all that, he's still a good teacher* toch is hij een goede leraar ★ *think ~ yourself* zelf denken ❻ als ★ *we don't want him ~ president* we willen hem niet als president ★ *take America, ~ instance* neem Amerika bijvoorbeeld ❼ gedurende ★ *Napoleon was exiled ~ life* Napoleon werd levenslang verbannen ★ *I haven't seen her ~ years* ik heb haar in geen jaren gezien ★ *we've been expecting this ~ years* we verwachten dat al jarenlang ❽ naar ★ *we leave ~ London today* we reizen vandaag af naar Londen ★ *we went out ~ dinner* we gingen uit eten ★ *what are you looking ~?* waar zoek je naar? ★ *now ~ it!* nu erop los!, nu komt het erop aan! ❾ aan ★ *it's ~ her to decide* het is aan haar om te beslissen ❿ uit, bij ★ *inf you're ~ it!* je bent erbij!

forage ['fɒrɪdʒ] **I** *znw* ❶ voe(de)r, foerage ❷ mil foeragering **II** *overg* ❶ (af)stropen ❷ (door)zoeken ❸ plunderen **III** *onoverg* foerageren

forasmuch [fɒrəz'mʌtʃ] plechtig *voegw* ★ *~ as* aangezien

foray ['fɒreɪ] **I** *znw* ❶ rooftocht ❷ uitstapje **II** *onoverg* roven, plunderen

forbad [fə'bæd], **forbade** *ww* [v.t.] → **forbid**

forbear I *znw* ['fɔː'beə] voorouder **II** *phras* [fɔː'beə] [forbore, forborne] ★ vero of plechtig *~ from sth* zich onthouden van iets

forbearance [fɔː'beərəns] *znw* ❶ onthouding ❷ verdraagzaamheid, geduld, toegevendheid

forbearing [fɔː'beərɪŋ] *bn* verdraagzaam, toegevend, geduldig

forbid [fə'bɪd] *overg* [forbad/forbade, forbidden] verbieden ★ *God / Heaven ~!* dat verhoede God!

forbidden [fə'bɪdn] *bn* verboden ★ dicht ~ *fruit* verboden vruchten

forbidding [fə'bɪdɪŋ] *bn* afschrikwekkend, af-, terugstotend, onaanlokkelijk

forbore [fɔː'bɔː] *ww* [v.t.] → **forbear**

forborne [fɔː'bɔːn] *ww* [v.d.] → **forbear**

force [fɔːs] **I** *znw* kracht, macht, geweld ★ Br inf *the ~* de politie ★ *an assault ~* een aanvalsmacht ★ *the ~s of evil* de machten van het kwaad ★ *the ~ of gravity* de zwaartekracht ★ *a ~ to be reckoned with* een macht om rekening mee te houden ★ *by ~* met geweld ★ *by ~ of* door middel van ★ *from / by ~ of habit* uit gewoonte ★ *in ~* van kracht, in groten getale ★ *bring sth into ~* iets in werking stellen, iets van kracht maken ★ *come in / into ~* van kracht worden, in werking treden ★ *join ~/~s (with sbd)* zich aansluiten (bij iem.), zich verenigen (met iem.)

★ *meet ~ with ~* geweld met geweld beantwoorden ★ *take the full ~ of sth* de volle laag van iets krijgen **II** *overg* ❶ forceren, openbreken, met geweld nemen ★ *~ the issue* de kwestie forceren ★ *~ a laugh / smile* een lachje / glimlach forceren ❷ afdwingen ★ *~ sth from sbd* iem. iets afdwingen ⟨tranen &⟩ ❸ dwingen, noodzaken, geweld aandoen ★ *~ sbd's hand* iem. dwingen (tot een handeling) ★ *~ sbd into doing sth* iem. dwingen tot iets ★ *~ the pace* de snelheid dicteren ❹ duwen, dringen, drijven, banen ⟨een doortocht⟩ ★ *~ the bidding* het bieden opdrijven ⟨op veiling⟩ ★ *~ sbd / sth back* iem. / iets terugdringen, terugdrijven, onderdrukken ⟨neiging &⟩ ★ *~ sth down* iets met geweld doorslikken, iets drukken ⟨de markt &⟩ ★ *~ sth down sbd's throat* iem. iets door de strot duwen ★ *~ sbd / sth into sth* iem. / iets dringen, duwen of drijven in iets ★ *~ sth (up)on sbd* iem. iets opdringen ★ *~ one's way (through sth)* (door iets heen) dringen ★ *~ sth up* iets opdrijven ⟨prijzen⟩ ❺ trekken, in kassen kweken, fig klaarstomen

forced [fɔːst] *bn* gedwongen, onvrijwillig, geforceerd ★ *a ~ sale* een noodverkoop ★ *a ~ smile* een geforceerde glimlach

forced labour [fɔːst 'leɪbə] *znw* dwangarbeid

forced landing [fɔːst 'lændɪŋ] *znw* noodlanding

force-feed ['fɔːs-fiːd] *overg* dwingen te eten

forceful ['fɔːsfʊl] *bn* krachtig, sterk, overtuigend ★ *he's quite a ~ personality* hij is een behoorlijk sterke persoonlijkheid

forcefully ['fɔːsfʊlɪ] *bijw* krachtig, sterk, overtuigend ★ *she spoke ~ about the need for gun control* ze sprak overtuigend over de noodzaak van wapenbeheersing

force majeur [fɔːs mæ'ʒɜː] ⟨Fr⟩ *znw* overmacht

forcemeat ['fɔːsmiːt] *znw* farce, gehakt

forceps ['fɔːseps] *znw* [mv] forceps, tang

forces ['fɔːsɪz] *znw* [mv] ★ *the (armed) ~* de strijdkrachten

forcible ['fɔːsɪbl] *bn* ❶ krachtig ❷ gewelddadig ★ *the back door showed signs of ~ entry* de achterdeur vertoonde sporen van braak ❸ gedwongen ❹ overtuigend ⟨argument⟩

forcibly ['fɔːsɪblɪ] *bijw* ❶ met klem ❷ met geweld

forcing house ['fɔːsɪŋ haʊs] *znw* broeikas

ford [fɔːd] **I** *znw* waadbare plaats **II** *overg* doorwaden

fordable ['fɔːdəbl] *bn* doorwaadbaar

fore [fɔː] **I** *znw* voor(ste) **II** *bijw* scheepv vooruit ★ scheepv *~ and aft* van boeg naar achtersteven, langsscheeps **III** *znw* voorgrond, voorste gedeelte ★ *England came to the ~ in the second half* Engeland kwam voor in de tweede helft

fore- [fɔː] *voorv* voor-

forearm I *znw* ['fɔːrɑːm] onderarm, voorarm **II** *overg* [fɔːr'ɑːm] verweer wapenen

forebears ['fɔːbeəz], **forbears** *znw* [mv] voorouders ★ *one's ~* zijn voorouders

forebode [fɔː'bəʊd] vero of dicht *overg* ❶ voorspellen

fo

❷ een voorgevoel hebben van

foreboding [fɔːˈbəʊdɪŋ] **I** *bn* onheilspellend ★ *he was a ~ presence* hij was een onheilspellende aanwezige **II** *znw* ❶ voorspelling ❷ voorgevoel ★ *a sense of ~* een akelig voorgevoel

forebrain [ˈfɔːbreɪn] anat *znw* voorste hersenen

forecabin [ˈfɔːkæbɪn] *znw* voorkajuit

forecast [ˈfɔːkɑːst] **I** *znw* (voorafgaande) berekening, verwachting, (weer)voorspelling ★ *~s about / for economic growth / job growth &* verwachtingen van economische groei / groei in werkgelegenheid & **II** *overg* ❶ (vooraf) berekenen, ontwerpen, voorzien ❷ voorspellen

forecastle [ˈfəʊksəl], **fo'c's'le** scheepv *znw* bak, vooronder

foreclose [fɔːˈkləʊz] jur **I** *overg* beslag leggen op, in beslag nemen, uitsluiten **II** *onoverg* executeren, beslag leggen ★ *~ on a mortgage* een hypotheek executeren

foreclosure [fɔːˈkləʊʒə] *znw* ❶ (recht van) executie ❷ uitsluiting ⟨goederenrecht⟩ ❸ verhindering

forecourt [ˈfɔːkɔːt] *znw* ❶ voorhof, buitenhof ❷ voorplein ❸ voorkant, voorzijde

foredeck [ˈfɔːdek] *znw* voordek

foredoomed [fɔːˈduːmd] dicht *bn* gedoemd ★ *the enterprise seemed ~ to failure* de onderneming scheen gedoemd te mislukken

forefathers [ˈfɔːfɑːðəz] *znw* [mv] voorvaderen, voorouders

forefinger [ˈfɔːfɪŋgə] *znw* wijsvinger

forefoot [ˈfɔːfʊt] *znw* ❶ voorbeen ❷ voorpoot

forefront [ˈfɔːfrʌnt] *znw* voorste gedeelte ★ *be in / at the ~ of sth* een vooraanstaande plaats innemen in (onder, bij) iets

foregather [fɔːˈgæðə] *onoverg* → **forgather**

forego [fɔːˈgəʊ] *overg* [forewent, foregone] → **forgo**

foregoing [fɔːˈgəʊɪŋ] form **I** *bn* voor(af)gaand(e) **II** *znw* ★ *the ~* het voorafgaande

foregone conclusion [ˈfɔːgɒn kənˈkluːʒən] *znw* uitgemaakte zaak

foreground [ˈfɔːgraʊnd] **I** *znw* ★ *the ~* de voorgrond **II** *overg* naar de voorgrond brengen

forehand [ˈfɔːhænd] sp **I** *bn* voorhand- **II** *znw* voorhand ⟨slag⟩

forehead [ˈfɒrɪd, ˈfɔːhed] *znw* voorhoofd

forehock [ˈfɔːhɒk] *znw* varkensschouder

foreign [ˈfɒrɪn, ˈfɒrən] *bn* vreemd, buitenlands, uitheems ★ *a ~ accent* een buitenlands accent ★ *in ~ parts* in het buitenland ★ *this sort of behaviour was ~ to her* dergelijk gedrag was haar vreemd

foreign affairs [ˈfɒrən əˈfeəz] *znw* [mv] buitenlandse zaken

foreign aid [ˈfɒrən eɪd] *znw* ontwikkelingshulp

foreign body [ˈfɒrən ˈbɒdɪ] *znw* vreemd lichaam, ding dat er niet hoort

foreigner [ˈfɒrɪnə, ˈfɒrənə] *znw* vreemdeling, buitenlander

foreign exchange [ˈfɒrən ɪksˈtʃeɪndʒ] *znw* deviezen(handel) ★ *the ~ market* de valutamarkt

Foreign Legion [ˈfɒrənˈliːdʒən] *znw* ★ *the ~* het vreemdelingenlegioen

Foreign Office [ˈfɒrɪn ˈɒfɪs] Br *znw* ★ *the ~* het Ministerie van Buitenlandse Zaken

foreign secretary [ˈfɒrən ˈsekrətərɪ] Br *znw* Minister van Buitenlandse Zaken

forejudge [fɔːˈdʒʌdʒ] form *overg* vooruit be-, veroordelen

foreknow [fɔːˈnəʊ] dicht *overg* vooraf weten

foreknowledge [fɔːˈnɒlɪdʒ] *znw* voorkennis

foreland [ˈfɔːlænd] *znw* landpunt, voorland, uiterwaard

foreleg [ˈfɔːleg] *znw* voorpoot

forelock [ˈfɔːlɒk] *znw* (haar)lok, voorhaar ★ dicht *take time by the ~* de gelegenheid (het gunstige ogenblik) niet laten voorbijgaan ★ Br *touch / tug one's ~* iem. eerbiedig groeten, (overdreven) respect tonen t.a.v. iemand

foreman [ˈfɔːmən] *znw* ❶ voorman, meesterknecht, ploegbaas ❷ voorzitter ⟨v. jury⟩ ★ *the ~ of the jury* de voorzitter van de jury

foremast [ˈfɔːmɑːst] *znw* fokkenmast

forementioned [fɔːˈmenʃənd] form *bn* bovengenoemd, voornoemd

foremost [ˈfɔːməʊst] **I** *bn* belangrijkste, voorste, eerste **II** *bijw* voorop, als eerste

forename [ˈfɔːneɪm] *znw* voornaam

forensic [fəˈrensɪk] *bn* gerechtelijk, rechts-, forensisch

forensic medicine [fəˈrensɪk ˈmedsən] *znw* gerechtelijke geneeskunde

forensic scientist [fəˈrensɪk ˈsaɪəntɪst] *znw* patholoog-anatoom

foreordain [fɔːrɔːˈdeɪn] *overg* voorbestemmen

forepart [ˈfɔːpɑːt] *znw* ❶ voorste deel ❷ eerste deel

foreplay [ˈfɔːpleɪ] *znw* voorspel ⟨bij het vrijen⟩

forequarter [ˈfɔːkwɔːtə] *znw* voorste vierendeel ⟨v. geslacht dier⟩ ★ *a ~ of lamb / beef* een lamsschouder / runderschouder

forequarters [ˈfɔːkwɔːtəz] *znw* [mv] voorhand ⟨v. rund, paard⟩

forerunner [ˈfɔːrʌnə] *znw* voorloper, voorbode

foresail [ˈfɔːseɪl, ˈfɔːsl] scheepv *znw* fok

foresee [fɔːˈsiː] *overg* voorzien, vooruitzien, verwachten

foreseeable [fɔːˈsiːəbl] *bn* voorzienbaar, te voorzien ★ *in the ~ future* binnen afzienbare tijd

foreshadow [fɔːˈʃædəʊ] *overg* (voor)beduiden, de voorbode zijn van, aankondigen

foreshore [ˈfɔːʃɔː] *znw* ❶ stuk strand dat bij eb droogvalt ❷ waterkant

foreshorten [fɔːˈʃɔːtn] *overg* in verkorting zien of tekenen ⟨in perspectief⟩

foresight [ˈfɔːsaɪt] *znw* ❶ vooruitziende blik ★ *have the ~ to do sth* de vooruitziende blik hebben om iets te doen ❷ voorzichtigheid, beleid, voorzorg ★ *a lack of ~* een gebrek aan planning

foreskin [ˈfɔːskɪn] *znw* voorhuid ⟨v.d. penis⟩

forest ['fɒrɪst] **I** znw woud, bos ★ *(an) ancient ~* oerwoud **II** overg bebossen

forestall [fɔː'stɔːl] onoverg vóór zijn, voorkomen, vooruitlopen op, verhinderen

forester ['fɒrɪstə] znw ❶ houtvester ❷ boswachter

forestry ['fɒrɪstrɪ] znw bosbouw(kunde), boswezen

foretaste ['fɔːteɪst] znw voorproefje, voorsmaak ★ *a ~ of spring* een voorproefje van de lente

foretell [fɔː'tel] overg [foretold, foretold] voorzeggen, voorspellen

forethought ['fɔːθɔːt] znw ❶ het vooraf iets bedenken ★ *he had the ~ to check with his wife first* hij had er van tevoren aan gedacht om met zijn vrouw te overleggen ❷ voorzorg, overleg

foretoken ['fɔːtəʊkn] dicht znw voorbode, voorteken

foretold [fɔː'təʊld] ww [v.t. & v.d.] → **foretell**

forever [fə'revə] bijw ❶ eeuwig, voorgoed, voor altijd ❷ onophoudelijk

forewarn [fɔː'wɔːn] overg (vooraf) waarschuwen ★ zegsw *~ed is forearmed* een gewaarschuwd mens telt voor twee

forewent [fɔː'went] ww [v.t.] → **forego**

forewoman ['fɔːwʊmən] znw ❶ hoofd, cheffin ‹in winkel› ❷ presidente van een jury

foreword ['fɔːwɜːd] znw voorwoord

forfeit ['fɔːfɪt] **I** bn verbeurd **II** znw ❶ verbeuren ❷ verbeurde, boete, pand ★ *pay a ~* pand verbeuren **III** overg verbeuren, verliezen, verspelen

forfeiture ['fɔːfɪtʃə] znw ❶ verbeuren ❷ verlies ❸ verbeurdverklaring

forgather [fɔː'gæðə], **foregather** form onoverg ❶ vergaderen ❷ samenkomen ❸ omgang hebben (met *with*)

forgave [fə'geɪv] ww [v.t.] → **forgive**

forge [fɔːdʒ] **I** znw ❶ smidse, smederij, smidsvuur ❷ smeltoven **II** overg ❶ smeden ❷ verzinnen ❸ namaken, vervalsen **III** phras ★ *~ ahead* met moeite (langzaam maar zeker) vooruitkomen

forger ['fɔːdʒə] znw ❶ smeder ❷ verzinner ❸ wie namaakt, vervalser

forgery ['fɔːdʒərɪ] znw ❶ vervalsing, namaak ❷ oplichterij

forget [fə'get] **I** overg [forgot, forgotten/Am forgot] vergeten ★ inf *~ it!* vergeet het maar! ★ inf *and don't you ~ it!* en denk er om! ★ *not ~ting* niet te vergeten **II** onoverg [forgot, forgotten/Am forgot] vergeten ★ *~ about it* vergeet het maar, doe maar geen moeite ★ *~ about sth* ergens niet aan denken **III** wederk [forgot, forgotten/Am forgot] ★ *~ oneself* zich vergeten, zijn zelfbeheersing verliezen

forgetful [fə'getfʊl] bn vergeetachtig ★ *I was a little ~ of the time* ik heb de tijd een beetje vergeten

forgetfulness [fə'getfʊlnɪs] znw vergeetachtigheid

forget-me-not [fə'get-miː-nɒt] znw vergeet-mij-nietje ‹plant›

forgivable [fə'gɪvəbl] bn vergeeflijk

forgive [fə'gɪv] overg [forgave, forgiven] vergeven, kwijtschelden ★ *she forgave him for lying to her* ze

vergaf hem dat hij tegen haar had gelogen ▼ *~ me for asking, but how much did they pay you?* als ik vragen mag, hoeveel hebben ze je betaald?

forgiven [fə'gɪvən] ww [v.d.] → **forgive**

forgiveness [fə'gɪvnɪs] znw ❶ vergiffenis, kwijtschelding ★ *ask sbd's ~* iem. om vergiffenis vragen ❷ vergevensgezindheid

forgiving [fɔː'gɪvɪŋ] bn vergevensgezind ★ inf *fortunately, I found a ~ dress to wear* gelukkig vond ik een verhullende jurk om aan te trekken

forgivingness [fɔː'gɪvɪŋnɪs] znw vergevensgezindheid

forgo [fɔː'gəʊ], **forego** overg [forwent, forgone] afzien van, afstand doen van, opgeven, derven, zich onthouden van

forgot [fə'gɒt] ww [v.t. & Am v.d.] → **forget**

forgotten [fə'gɒtn] ww [v.d.] → **forget**

forint ['fɒrɪnt] valuta znw forint ‹munteenheid van Hongarije›

fork [fɔːk] **I** znw ❶ vork, gaffel ❷ vertakking, tweesprong ❸ afslag **II** overg met de vork bewerken of aangeven ★ inf *~ sth out / up* iets dokken, schokken **III** onoverg zich vertakken, afslaan ‹links, rechts›

forked [fɔːkt] bn gevorkt, gaffelvormig, gespleten

forked lightening [fɔːkt 'laɪtnɪŋ] znw zigzagbliksem

forked tongue [fɔːkt tʌŋ] znw gespleten tong ★ scherts *speak with a ~* met een gespleten tong spreken, liegen, bedriegen

forklift ['fɔːklɪft], **forklift truck** znw vorkheftruck

forlorn [fə'lɔːn] bn verlaten, hopeloos, ellendig, zielig, wanhopig ★ *a ~ hope* wanhopige onderneming, laatste redmiddel

forlornly [fə'lɔːnlɪ] bijw verlaten, hopeloos, ellendig, zielig, wanhopig ★ *I found her sitting ~ in a cafe* ik trof haar aan terwijl ze zielig in een café zat

forlornness [fə'lɔːnɪs] znw ❶ wanhoop ❷ hopeloosheid

form [fɔːm] **I** znw ❶ vorm, soort, gedaante, gestalte ★ *an art ~* een kunstvorm ★ *the human ~* de menselijke gestalte ★ *a life ~* een levensvorm ★ *in ~* in vorm, in goede conditie ★ *in any shape or ~* in welke vorm dan ook ★ *in some ~ or other* op de een of andere manier ★ *on ~* op dreef, in vorm ★ *sp off ~ / out of ~* niet in conditie ★ *take ~* vaste vorm(en) aannemen ❷ formaliteit ★ *as a matter of ~ / for ~'s sake* pro forma, bij wijze van formaliteit ❸ formulier ★ *complete / fill in / fill out the ~* het formulier invullen ❹ fatsoen, behoren ★ *bad ~* niet netjes, niet zoals het hoort ★ *good ~* correctheid, netjes, zoals het hoort ★ *in due ~* naar de eis, behoorlijk ★ *true to ~* naar regel en gewoonte ❺ onderw klasse ❻ bank (zonder leuning) ❼ leger ‹v. haas› **II** overg ❶ vormen ★ *~ an impression of sth* een indruk vormen van iets ★ *the mixture into small balls* vorm het mengsel tot kleine balletjes ❷ (uit)maken ❸ mil formeren **III** onoverg ❶ zich vormen, de vorm aannemen ❷ zich opstellen ★ mil *~ up* aantreden

formal ['fɔːml] bn ❶ formeel ★ *~ dress* avondkleding

❷ stellig, uitdrukkelijk **❸** vormelijk, plecht(stat)ig, officieel ★ *she's had no ~ education* ze heeft geen officieel onderwijs gehad **❹** vorm-

formalism ['fɔːməlɪzəm] *znw* formalisme, vormendienst, vormelijkheid

formalist ['fɔːməlɪst] *znw* formalist, man van de vorm (de vormen)

formalistic [fɔːmə'lɪstɪk] *bn* formalistisch

formality [fɔː'mælətɪ] *znw* **❶** formaliteit, vorm **❷** vormelijkheid

formalize ['fɔːməlaɪz], **formalise** *overg* **❶** in de vorm brengen **❷** formeel maken (doen), formaliseren

formally ['fɔːməlɪ] *bijw* formeel, officieel ★ *~ dressed* formeel gekleed ★ *the bridge will be ~ opened tomorrow* de brug wordt morgen officieel geopend

format ['fɔːmæt] **I** *znw* formaat ‹v. boek› **II** *overg* comput formatteren ‹van floppy's of harde schijf›

formation [fɔː'meɪʃən] *znw* vorming, formatie ★ *in ~* in formatie

formative ['fɔːmətɪv] *bn* vormend, vormings- ★ *his ~ years were spent in an orphanage* zijn jeugdjaren werden in een weeshuis doorgebracht

former ['fɔːmə] **I** *bn* vorig, eerste, vroeger, voormalig ★ *the ~* eerstgenoemde ★ *my ~ job* mijn vroegere baan ★ *his ~ wife* zijn ex-vrouw ★ *I tend to take the ~ view* ik neig naar de eerstgenoemde opvatting **II** *znw* vormer, schepper ▼ *a sixth ~* een zesdeklasser, een leerling van de zesde klas

formerly ['fɔːməlɪ] *bijw* vroeger, eertijds

formic acid ['fɔːmɪk 'æsɪd] scheik *znw* mierenzuur

Formica® [fɔː'maɪkə] *znw* formica ‹soort harde kunststof›

formidable ['fɔːmɪdəbl] *bn* ontzaglijk, geducht, formidabel ★ *a ~ opponent* een geduchte tegenstander

formidably ['fɔːmɪdəblɪ] *bijw* ontzaglijk, geducht, formidabel ★ *the other team is ~ strong* het andere team is ontzettend sterk

formless ['fɔːmlɪs] *bn* vormloos

form letter [fɔːm 'letə] *znw* standaardbrief

formula ['fɔːmjʊlə] *znw* [*mv: -s* of formulae] **❶** formule ★ *I'd like to know their ~ for success* ik zou graag de formule voor hun succes willen kennen **❷** recept **❸** cliché **❹** **formula milk** melkpoeder (voor zuigflessen), flesvoeding

formulaic [fɔːmjʊ'leɪɪk] *bn* formulair

formulary ['fɔːmjʊlərɪ] **I** *bn* vormelijk, voorgeschreven **II** *znw* formulier(boek)

formulate ['fɔːmjʊleɪt] *overg* formuleren

formulation [fɔːmjʊ'leɪʃən] *znw* formulering

formwork ['fɔːmwɜːk] *znw* bekisting

fornicate ['fɔːnɪkeɪt] *onoverg* **❶** form of scherts overspel plegen **❷** bijbel ontucht plegen, hoereren

fornication [fɔːnɪ'keɪʃən] form of scherts *znw* **❶** ontucht **❷** overspel

fornicator ['fɔːnɪkeɪtə] form of scherts *znw* ontuchtige

for-profit [fɔː-'prɒfɪt] *bn* commercieel, met winstoogmerk ★ *a ~ education industry* een onderwijsindustrie met winstoogmerk

forrader ['fɒrədə] *bijw* verder ‹dialectuitspraak v. *forwarder*› ★ scherts *that shortcut didn't get us much ~* die sluiproute bracht ons niet veel verder

forsake [fə:'seɪk, fə'seɪk] form *overg* [forsook, forsaken] verzaken, in de steek laten, verlaten, begeven

forsaken [fə:'seɪkən, fə'seɪkən] *ww* [v.d.] → **forsake**

forsook [fə:'sʊk, fə'sʊk] *ww* [v.t.] → **forsake**

forswear [fɔː'sweə] form *overg* [forswore, forsworn] afzweren

forswore [fɔː'swɔː] *ww* [v.t.] → **forswear**

forsworn [fɔː'swɔːn] *ww* [v.d.] → **forswear**

forsythia [fɔː'saɪθɪə] *znw* forsythia

fort [fɔːt] *znw* mil fort ★ inf *hold the ~* de boel aan het draaien houden, waarnemen, invallen (voor een ander)

forte ['fɔːteɪ] *(‹Ital›)* **I** *bn & bijw* muz forte, krachtig **II** *znw* forte, sterke zijde ★ *cooking is not her ~* koken is niet haar sterkste punt

forth [fɔːθ] form of dicht *bijw* **❶** uit, buiten ★ *come ~ and show yourself* kom naar buiten en laat jezelf zien **❷** voort(s) ★ *and so ~* enzovoorts ★ *from that day ~* van die dag af

forthcoming [fɔːθ'kʌmɪŋ] *bn* **❶** op handen (zijnd), aanstaande ★ *the ~ Olympic Games* de op handen zijnde Olympische spelen **❷** beschikbaar ★ *no answer was ~* het antwoord bleef uit **❸** aanwezig (zijnd) **❹** toeschietelijk ★ *she wasn't very ~ about her plans* ze was niet erg mededeelzaam over haar plannen

forthright ['fɔːθraɪt] *bn* rechtuit, openhartig, onomwonden ★ *he can be very ~ about what he thinks* hij kan heel openhartig zijn over wat hij denkt

forthrightness ['fɔːθraɪtnɪs] *znw* openhartigheid

forthwith [fɔːθ'wɪθ, -wɪð] form *bijw* op staande voet, onmiddellijk, aanstonds

fortieth ['fɔːtɪɪθ] **I** *telw, bn & bijw* veertigste **II** *znw* veertigste deel

fortification [fɔːtɪfɪ'keɪʃən] *znw* versterking

fortified wine ['fɔːtɪfaɪd waɪn] *znw* wijn waaraan alcohol is toegevoegd ‹port, sherry &›

fortify ['fɔːtɪfaɪ] *overg* **❶** versterken, sterken ★ scherts *ring her? I'd better ~ myself with something first* haar opbellen? dan kan ik beter eerst iets als versterking nemen **❷** alcoholiseren

fortitude ['fɔːtɪtjuːd] *znw* zielskracht, vastberadenheid, standvastigheid

fortnight ['fɔːtnaɪt] *znw* veertien dagen ★ *Monday ~* maandag over 14 dagen ★ *we've only got a ~'s holiday* we hebben maar twee weken vakantie

fortnightly ['fɔːtnaɪtlɪ] **I** *bn* veertiendaags **II** *bijw* alle veertien dagen **III** *znw* veertiendaags tijdschrift

fortress ['fɔːtrɪs] *znw* sterkte, vesting

fortuitous [fɔː'tjuːɪtəs] *bn* toevallig, gelukkig

fortuitously [fɔː'tjuːɪtəslɪ] *bijw* toevallig, gelukkig ★ *the air assault was ~ timed* de luchtaanval viel op een gunstig tijdstip

fo

fortuitousness [fɔ:'tju:ɪtəsnɪs] *znw* toevalligheid

fortuity [fɔ:'tju:ɪtɪ] *znw* toevalligheid, toeval

fortunate ['fɔ:tjʊnət, -tʃənət] *bn* gelukkig ★ *it was ~ for us that the hospital was so close* het was gelukkig voor ons dat het ziekenhuis zo dichtbij was ★ *we are ~ in having a mild climate* we hebben geluk dat we een mild klimaat hebben

fortunately ['fɔ:tʃənətlɪ] *bijw* gelukkig, gelukkigerwijs

fortune ['fɔ:tʃu:n, -tju:n] *znw* ❶ geluk, fortuin ★ *fame and ~* roem en fortuin ★ *he's sole heir to a ~* hij is de enige erfgenaam van een vermogen ★ *lose / make a small ~* een klein fortuin verliezen / verdienen ★ *make a / one's ~* zijn fortuin maken ❷ lot, noodlot ★ *as ~ would have it* toevallig ★ *have the good ~ to do sth* het geluk hebben om iets te doen ★ *tell sbd's ~* waarzeggen, iem. de toekomst voorspellen ★ zegsw *~ favours the bold* wie niet waagt, die niet wint

fortune cookie ['fɔ:tʃən 'kʊkɪ] *znw* koekje met een voorspelling of spreuk erin gebakken

fortune hunter ['fɔ:tʃən 'hʌntə] *znw* gelukzoeker ‹door rijk huwelijk›

fortune teller ['fɔ:tʃən 'telə] *znw* waarzegger / waarzegster

fortune-telling ['fɔ:tʃən-'telɪŋ] *znw* waarzeggerij

forty ['fɔ:tɪ] *telw* veertig ★ *the forties* de jaren veertig ★ *the Forties* zeegebied tussen Noordoost Schotland en Noorwegen ★ *the roaring forties* stormachtige zone op de Atlantische Oceaan tussen 40° en 50° noorderbreedte ★ *be in the / in one's forties* in de veertig zijn ★ *the temperature was in the forties* het was boven de veertig graden

forty winks ['fɔ:tɪ wɪŋks] inf *znw* [mv] hazenslaapje ★ *have ~* een dutje doen

forum ['fɔ:rəm] *znw* ❶ forum ❷ comput online discussiegroep

> **forum**
> Het meervoud van **forum** is in het Engels **forums** en niet *fora*.

forward ['fɔ:wəd] I *bn* ❶ voorwaarts, voorste, voor- ❷ vooruitstrevend, progressief, geavanceerd ❸ vroeg, vroegrijp, voorlijk ‹kind› ❹ (ver)gevorderd ❺ brutaal, vrijpostig ❻ bereidwillig, toeschietelijk ❼ handel op termijn II *bijw* → **forwards** III *znw* sp voorhoedespeler ★ *the ~s* de voorhoede IV *overg* ❶ bevorderen, vooruithelpen ❷ handel af-, op-, door-, (o)verzenden

forwarder ['fɔ:wədə] *znw* afzender, expediteur

forwarding address ['fɔ:wədɪŋ ə'dres] *znw* nazendadres

forwarding agency ['fɔ:wədɪŋ 'eɪdʒənsɪ] handel *znw* expeditiezaak

forwarding agent ['fɔ:wədɪŋ 'eɪdʒənt] handel *znw* expediteur

forward-looking ['fɔ:wəd-'lʊkɪŋ], **forward-thinking** *bn* toekomstgericht, vooruitziend

forward market ['fɔ:wəd 'mɑ:kɪt] *znw* termijnmarkt

forwardness ['fɔ:wədnɪs] *znw* ❶ voorlijkheid ❷ brutaliteit, vrijpostigheid

forward rate ['fɔ:wəd reɪt] *znw* termijnkoers

forwards ['fɔ:wədz] I *bijw*, **forward** ❶ vooruit, voorwaarts ★ *from this day ~* van nu af (aan) ❷ naar voren, voorover II *znw* [mv] ❶ eff termijnovereenkomsten ❷ sp voorhoede

forward thinking ['fɔ:wəd 'θɪŋkɪŋ] *znw* forward looking

forwent [fɔ:'went] *ww* [v.t.] → **forgo**

fosse [fɒs] *znw* ❶ groeve (ook anat), kanaal ❷ (vesting)gracht

fossick ['fɒsɪk] Aus & NZ inf *onoverg* ❶ rondsnuffelen, zoeken ❷ (in oude mijnen) goud zoeken

fossil ['fɒsəl] I *bn* versteend, fossiel II *znw* verstening, fossiel

fossil fuel ['fɒsəl 'fju:əl] *znw* fossiele brandstof

fossilization [fɒsɪlaɪ'zeɪʃən], **fossilisation** *znw* ❶ verstening ❷ fig verstarring

fossilize ['fɒsɪlaɪz], **fossilise** *overg & onoverg* ❶ (doen) verstenen ❷ fig verstarren

foster ['fɒstə] *overg* ❶ (aan)kweken, (op)voeden, bevorderen, koesteren ❷ als pleegkind opnemen

foster- ['fɒstə-] *voorv* pleeg- ‹ouders, kind &›

fought [fɔ:t] *ww* [v.t. & v.d.] → **fight**

foul [faʊl] I *bn* ❶ vies, smerig, stinkend, slecht, onaangenaam ★ *a ~ day* een rotdag ★ *a ~ temper* een driftig karakter ★ *~ weather* slecht weer, scheepv zwaar weer ★ *a ~ wind* een tegenwind ★ *fall ~ of sbd / sth* in botsing komen met iem. / iets ❷ laag, snood, gemeen ❸ vals, oneerlijk ★ *cry ~* protesteren ❹ grof ‹v. taal› ❺ vuil, onrein, bedorven ★ *be ~ with sth* vol zitten met iets II *znw* sp overtreding ★ *commit a ~* een overtreding begaan III *overg* ❶ bevuilen, bezoedelen, besmetten, verontreinigen ★ *~ one's own nest* zijn eigen nest bevuilen ★ *~ oneself* het in zijn broek doen ❷ onklaar doen lopen, in het ongerede brengen, in de war maken ‹draad &› ★ *~ sth up* iets verknoeien ❸ verstoppen ❹ sp een overtreding begaan tegen IV *onoverg* ❶ onklaar lopen, in de war raken ‹draad &› ★ *~ up* onklaar raken ❷ botsen ❸ sp een overtreding begaan

foul ball [faʊl bɔ:l] basketbal *znw* foul

foully ['faʊlɪ] *bijw* op een vuile, schandelijke lage of gemene wijze

foul-mouthed [faʊl-'maʊðd] *bn* vulgair, vuil in de mond

foulness ['faʊlnɪs] *znw* ❶ vuilheid ❷ bedorvenheid

foul play [faʊl pleɪ] *znw* ❶ gemeen spel, boze opzet ❷ moord

foul-up ['faʊl-ʌp] *znw* ❶ inf verwarring, verwarde situatie ❷ (ver)storing, defect

found [faʊnd] I *overg* ❶ stichten, grond(vest)en, funderen, oprichten ❷ ‹metaal› gieten II *ww* [v.t. & v.d.] → **find**

foundation [faʊn'deɪʃən] *znw* ❶ fundament, fundering ★ *rock / shake sth to its ~s* op zijn

grondvesten schudden ❷ grondslag, grond
❸ grondvesting, stichting, oprichting ❹ fundatie,
fonds ❺ foundation ‹basiscrème v. make-up› ❻ →
foundation garment

foundation course [faʊnˈdeɪʃən kɔːs] znw basiscursus
foundation garment [faʊnˈdeɪʃən ˈɡɑːmənt],
   foundation znw korset, beha &
foundation stone [faʊnˈdeɪʃən stəʊn] znw eerste
   steen
founder [ˈfaʊndə] **I** znw ❶ grondlegger, oprichter,
   stichter ★ a joint ~ een medeoprichter
   ❷ (metaal)gieter **II** onoverg ❶ <u>scheepv</u> vergaan
   ❷ (ineen)zakken, kreupel worden ❸ mislukken
founder member [ˈfaʊndə ˈmembə] znw
   medeoprichter
founding father [ˈfaʊndɪŋ ˈfɑːðə] fig znw stichter,
   grondlegger, oprichter
foundling [ˈfaʊndlɪŋ] <u>vero</u> znw vondeling
foundry [ˈfaʊndrɪ] znw (metaal)gieterij
fount [faʊnt] znw ❶ <u>dicht</u> bron ★ a ~ of wisdom een
   bron van wijsheid ❷ <u>typ</u> compleet stel letters van
   bep. type, font
fountain [ˈfaʊntɪn] znw ❶ bron, fontein ❷ reservoir
fountainhead [ˈfaʊntɪnhed] <u>dicht</u> znw bron
fountain pen [ˈfaʊntɪn pen] znw vulpen(houder)
four [fɔː] telw vier
four-by-four [fɔː-baɪ-ˈfɔː] znw → **four-wheel drive**
four-eyes [ˈfɔː-raɪz] inf beledigend znw [mv]
   brillenmans
four-flusher [fɔː-ˈflʌʃə] <u>Am</u> inf znw bluffer, oplichter
fourfold [ˈfɔːfəʊld] bn & bijw viervoudig
four-footed [ˈfɔː-ˈfʊtɪd, ˈfɔː-fʊtɪd] bn viervoetig
   ★ our ~ friends onze viervoetige vrienden
four-in-hand [ˈfɔː-rɪn-ˈhænd] znw vierspan
four-leaved clover [ˈfɔː-liːvd ˈkləʊvə] bn klaverblad
   van vier(en), klaver(tje) vier
four-letter word [ˈfɔː-letə wɜːd] znw schuttingwoord,
   drieletterwoord
four-poster [ˈfɔː-ˈpəʊstə] znw hemelbed
fours [fɔːz] znw [mv] ❶ viermansrace ‹wedstrijdboten
   met vier roeiers› ❷ competitie voor viermansteams
   ‹bowls &› ▼ be / go on all ~ op handen en voeten
   kruipen
fourscore [fɔːˈskɔː] <u>vero</u> znw tachtig
foursome [ˈfɔːsəm] znw vier, viertal, kwartet
four-square [ˈfɔː-skweə] bn & bijw vierkant, potig,
   stevig, pal ★ a ~ building een vierkant gebouw
   ★ they'll support him ~ ze staan vierkant achter hem
four-star [fɔː-ˈstɑː] **I** bn met vier sterren **II** znw,
   four-star petrol superbenzine
four-stroke [ˈfɔː-strəʊk] **I** bn viertakt **II** znw
   viertaktmotor
fourteen [fɔːˈtiːn] telw veertien
fourteenth [fɔːˈtiːnθ] **I** telw, bn & bijw veertiende ★ it's
   celebrated on the ~ of July het wordt gevierd op
   veertien juli ★ golf the ~ hole de veertiende hole
   ★ he ran ~ hij werd veertiende **II** znw veertiende
   deel

fourth [fɔːθ] **I** telw, bn & bijw vierde ★ the ~ of July vier
   juli ★ in ~ place op de vierde plek ★ my horse ran ~
   mijn paar werd vierde **II** znw ❶ vierde deel, kwart
   ❷ vierde man ❸ <u>muz</u> kwart
fourth dimension [fɔːθ daɪˈmenʃən] znw de vierde
   dimensie
fourth estate [fɔːθ ɪˈsteɪt] znw ★ the ~ de pers
fourthly [ˈfɔːθlɪ] bijw ten vierde
four-wheel drive [ˈfɔː-wiːl ˈdraɪv], **four-by-four, fwd,**
   f.w.d., 4WD znw vierwielaandrijving
fowl [faʊl] **I** znw ❶ vogel, gevogelte ❷ kip, haan, hoen
   II onoverg vogels vangen of schieten
fowl pest [faʊl pest], **fowl plague** znw vogelpest
fowl run [faʊl rʌn] znw kippenren, kippenloop
fox [fɒks] **I** znw [mv: -es] vos **II** overg ❶ van de wijs
   brengen ❷ bedriegen, overhalen
foxglove [ˈfɒksɡlʌv] znw vingerhoedskruid
foxhole [ˈfɒkshəʊl] <u>mil</u> znw eenmansgat,
   schuttersputje
foxhound [ˈfɒkshaʊnd] znw hond voor vossenjacht
fox-hunting [ˈfɒks-hʌntɪŋ], **fox-hunt** znw vossenjacht
foxtrot [ˈfɒkstrɒt] znw foxtrot ‹dans› ★ Foxtrot de
   letter F ‹in het internationaal alfabet›
foxy [ˈfɒksɪ] bn ❶ sluw ❷ vosachtig ❸ roodbruin
   ❹ Am inf aantrekkelijk
foyer [ˈfɔɪeɪ] znw ❶ foyer ‹in theater› ❷ grote hal of
   wachtkamer
fracas [ˈfrækɑː] znw opschudding, ruzie
fractal [ˈfræktəl] <u>wisk</u> **I** bn fractaal **II** znw fractal,
   fractaal
fraction [ˈfrækʃən] znw ❶ fractie ❷ breuk, gebroken
   getal ❸ onderdeel
fractional [ˈfrækʃənl] bn ❶ gebroken ❷ fractioneel
fractionally [ˈfrækʃənəlɪ] bijw beetje, ietsje ★ could you
   turn that radio ~ down? kun je die radio een ietsje
   zachter zetten?
fractious [ˈfrækʃəs] bn kribbig, lastig, gemelijk
fracture [ˈfræktʃə] **I** znw breuk **II** overg & onoverg
   breken
fractured [ˈfræktʃəd] bn gebroken ★ ~ language
   gebroken taal ★ a ~ skull schedel(basis)fractuur
fragile [ˈfrædʒaɪl] bn breekbaar, bros, zwak, fragiel,
   broos
fragility [frəˈdʒɪlɪtɪ] znw breekbaarheid, brosheid,
   zwakheid, fragiliteit, broosheid
fragment I znw [ˈfrægmənt] brok, brokstuk, fragment
   II overg & onoverg [frægˈment] versplinteren,
   verbrokkelen, fragmenteren
fragmentary [ˈfrægməntərɪ] bn fragmentarisch
fragmentation [frægmənˈteɪʃən] znw fragmentatie
fragmentation bomb [frægmənˈteɪʃən bɒm],
   fragmentation grenade znw splinterbom
fragrance [ˈfreɪɡrəns] znw geur, geurigheid,
   welriekendheid ★ the air was full of ~ de lucht hing
   vol met geuren
fragrant [ˈfreɪɡrənt] bn geurig, welriekend
'fraid [fraɪd] <u>inf</u> bn (afraid) bang ★ ~ not / so bang van
   niet / wel

frail [freɪl] *bn* broos, zwak, teer

frailness ['freɪlnɪs] *znw* broosheid, zwakheid, teerheid

frailty ['freɪltɪ] *znw* zwakheid ★ *human* ~ menselijke zwakheid

fraise [freɪz] *znw* ❶ palissade ❷ (boor)frees

frame [freɪm] **I** *znw* ❶ raam, geraamte, frame, chassis ★ *a cold* ~ een broeibak ⟨voor plantjes⟩ ❷ lijst, kozijn ★ *a door* ~ een deurkozijn ★ *a picture* ~ een schilderijenlijst ❸ lichaam, bouw, gesteldheid ★ *an athletic* ~ een atletisch lichaam ❹ kader, structuur, opzet ★ *a* ~ *of mind* een gemoedsgesteldheid, stemming ★ *a* ~ *of reference* referentiekader ❺ (tv-, film)beeld ★ *be in* / *out of the* ~ in / niet in beeld zijn ❻ looprek ❼ rek voor snookerballen, spelletje snooker ❽ <u>scheepv</u> spant ❾ samenstel, inrichting **II** *overg* ❶ bouwen, vormen, samenstellen ❷ onder woorden brengen, formuleren ❸ ontwerpen, opstellen, op touw zetten ❹ <u>inf</u> een complot smeden tegen, vals beschuldigen, de schuld in de schoenen schuiven ❺ in-, omlijsten **III** *onoverg* ★ *the picture* ~*d well* het schilderij lijkt goed in de lijst

frame house [freɪm haʊs] *znw* houtskelethuis

framer ['freɪmə] *znw* lijstenmaker

frames [freɪmz] *znw* [mv] montuur ★ *her glasses have red* ~ haar bril heeft een rood montuur

frame saw [freɪm sɔː] *znw* spanzaag

frame-up ['freɪm-ʌp] <u>inf</u> *znw* konkelarij, complot

framework ['freɪmwɜːk] *znw* ❶ raam, lijstwerk ❷ geraamte ❸ kader, opzet ⟨v. stuk⟩ ★ *within the* ~ *of* binnen het kader van

franc [fræŋk] *znw* frank ⟨munt⟩

France [frɑːns] *znw* Frankrijk

franchise ['fræntʃaɪz] *znw* ❶ verlenen van rechtspersoonlijkheid, burgerrecht, stemrecht ❷ franchise, <u>Am</u> vergunning, licentie, concessie ★ *the business is run on a* ~ *basis* de zaak wordt gerund op basis van franchise

franchised ['fræntʃaɪzd] <u>Am</u> *bn* met een concessie / licentie

franchisee [fræntʃaɪ'ziː] <u>marketing</u> *znw* franchisenemer

franchising ['fræntʃaɪzɪŋ] <u>marketing</u> *znw* franchising ★ *a* ~ *agreement* een franchiseovereenkomst

franchisor ['fræntʃaɪzə] <u>marketing</u> *znw* franchisegever

Franciscan [fræn'sɪskən] <u>RK</u> *znw* franciscaan

franco ['fræŋkəʊ] <u>handel</u> *znw* vrij

francophone ['fræŋkəfəʊn] *znw* francofoon, Franstalig

frangible ['frændʒɪbl] <u>dicht</u> *bn* breekbaar, broos

frangipane ['frændʒɪpeɪn] *znw* ❶ met amandelspijs bereide room of taart ❷ (parfum van) rode jasmijn

frangipani [frændʒɪ'pɑːnɪ] *znw* frangipani ⟨geurige tropische bloem⟩

frank [fræŋk] **I** *bn* openhartig, oprecht ★ *we had a full and* ~ *exchange of ideas* we hadden een volledige en openhartige uitwisseling van ideeën ★ *to be perfectly* ~ om heel eerlijk te zijn ★ *have a* ~ *talk* een openhartig gesprek hebben **II** *overg* frankeren

frankfurter ['fræŋkfɜːtə] *znw* (Frankfurter) knakworstje

frankincense ['fræŋkɪnsens] *znw* wierook

franking machine ['fræŋkɪŋ məʃiːn] *znw* frankeermachine

frankly ['fræŋklɪ] *bijw* openhartig, ronduit (gezegd), echt, bepaald, zonder meer ★ *may I speak* ~? mag ik zeggen wat ik denk? ★ ~, *it wasn't a successful evening* eerlijk gezegd was het geen succesvolle avond

frankness ['fræŋknɪs] *znw* openhartigheid

frantic ['fræntɪk] *bn* ❶ dol, razend ❷ vertwijfeld ❸ hectisch

frappé ['fræpeɪ] ⟨Fr⟩ **I** *bn* (ijs)gekoeld **II** *znw* sorbet

frass [fræs] *znw* (hout)molm

fraternal [frə'tɜːnl] *bn* broederlijk

fraternally [frə'tɜːnəlɪ] *bijw* broederlijk

fraternity [frə'tɜːnətɪ] *znw* ❶ broederschap ❷ <u>Am</u> (mannelijke) studentenvereniging

fraternization [frætənaɪ'zeɪʃən], **fraternisation** *znw* ❶ verbroedering ❷ vriendschappelijke omgang

fraternize ['frætənaɪz], **fraternise** *onoverg* ❶ broederschap sluiten ❷ zich verbroederen ❸ vriendschappelijk omgaan (met *with*)

fratricidal [frætrɪ'saɪdl] *bn* broedermoordend

fratricide ['frætrɪsaɪd] *znw* ❶ broedermoord ❷ broedermoordenaar

fraud [frɔːd] *znw* ❶ bedrog ❷ bedrieger

fraud squad [frɔːd skwɒd] *znw* afdeling fraudebestrijding

fraudster ['frɔːdstə] <u>Am</u> *znw* zwendelaar, fraudeur

fraudulence ['frɔːdjʊləns] *znw* ❶ bedrieglijkheid ❷ bedrog

fraudulent ['frɔːdjʊlənt] *bn* bedrieglijk, frauduleus

fraudulently ['frɔːdjʊləntlɪ] *bijw* bedrieglijk, frauduleus ★ *the goods were* ~ *acquired* de goederen waren op frauduleuze manier verkregen

fraught [frɔːt] *bn* ❶ vol, beladen ★ ~ *with danger* / *problems &* vol gevaar / problemen & ❷ bezorgd, gespannen

fray [freɪ] **I** *znw* krakeel, twist, gevecht, strijd **II** *overg* & *onoverg* ❶ verslijten ❷ rafelen ❸ <u>fig</u> geprikkeld worden ★ *tempers were starting to* ~ de stemming begon uiterst geprikkeld te worden

frayed [freɪd] *bn* ❶ gerafeld ★ ~ *cuffs* gerafelde manchetten ❷ geprikkeld ★ *a* ~ *temper* een geprikkeld humeur

frazzle ['fræzəl] *znw* ★ *beaten to a* ~ tot moes geslagen ★ *burnt* / *worn to a* ~ totaal op

frazzled ['fræzld] <u>inf</u> *bn* versleten, op, kapot ★ ~ *mothers with crying children* uitgeputte moeders met huilende kinderen

freak [friːk] **I** *bn* ongewoon, buitengewoon, vreemd, bizar, abnormaal, raar ★ *a* ~ *storm* een onverwachte hevige storm **II** *znw* ❶ speling der natuur, gedrocht, monster, wonderdier & ★ *by some* ~ *of fate, I won the competition* door een of andere speling van het lot won ik de competitie ❷ <u>inf</u> grillige figuur, excentriekeling ❸ <u>inf</u> fanaat, freak, maniak ★ *a fitness* ~ een fitnessfanaat **III** *overg* raar laten doen, hysterisch maken **IV** *phras* ★ inf ~ out over de rooie gaan, (uit)freaken ‹na druggebruik› ★ inf ~ *sbd out* iem. laten freaken ‹door drugsgebruik›, iem. hysterisch maken

freaking ['fri:kɪŋ] Am inf *bn* verdomd ★ *where's that ~ remote control?* waar is die verdomde afstandsbediening?

freakish ['fri:kɪʃ], **freaky** inf *bn* ❶ bizar, freakachtig ❷ vreemd, buitengewoon

freakishness ['fri:kɪʃnɪs] *znw* grilligheid, bizar gedrag, excentriciteit

freak-out [fri:k-aʊt] inf *znw* heftige ervaring (hallucinaties &), vooral na drugsgebruik

freak show [fri:k ʃəʊ] *znw* freakshow ‹kermisattractie van mismaakte mensen en dieren›

freaky ['fri:kɪ] inf *bn* → **freakish**

freckle ['frekl] *znw* sproet ★ *she has a sprinkling of ~s* ze heeft een paar verspreide sproeten ★ *he's covered with ~s* hij is een en al sproeten

freckled ['frekld], **freckly** *bn* ❶ sproet(er)ig ❷ gespikkeld

freckle-faced ['frekl-feɪst] *bn* met een sproeterig gezicht

free [fri:] **I** *bn* ❶ vrij ★ *the ~ world* de vrije wereld ★ *~ from / of sth* vrij van iets ★ inf *it's a ~ country* het is een vrij land, je mag zelf bepalen wat je doet ★ *be ~ to do sth* vrij zijn om iets te doen ★ *feel ~!* ga je gang! ★ *give sbd a ~ hand* iem. carte blanche geven ★ *give sbd ~ rein* iem. de vrije teugel laten ❷ gratis, kosteloos, franco ★ inf zegsw *there's no such thing as a ~ lunch* je krijgt niks voor niks ❸ royaal ★ *~ with sth* royaal met iets ❹ vrijmoedig, ongegeneerd ★ *~ stories* ondeugende / pikante verhalen ❺ ongedwongen, vrijwillig ★ *~ and easy* ongedwongen, ongegeneerd ❻ los, open ★ *keep sth ~* iets vrijhouden ★ *a ~ fight* een algehele kloppartij **II** *bijw* ❶ vrij, los ★ *break ~* losbreken ★ *cut sbd ~* iem. lossnijden ★ gedat *make ~ with sth* zich ongegeneerd van iets bedienen ★ *pull sbd ~* iem. vrij trekken ★ *set sbd ~* iem. laten gaan / vrijlaten / bevrijden ★ *walk ~* vrij rondlopen ❷ gratis ★ *get sth for ~* iets gratis krijgen **III** *overg* ❶ in vrijheid stellen ❷ vrijmaken ★ *~ sbd up to do sth* iem. vrijmaken om iets te doen ❸ vrijlaten, bevrijden ★ *~ sbd from / of sth* iem. bevrijden van iets

free agent [fri: 'eɪdʒənt] *znw* vrij mens ★ *be a ~* geheel onafhankelijk zijn, vrij mens zijn

freebase ['fri:beɪs] **I** *znw*, **freebase cocaine** freebase ‹gezuiverde cocaïne› **II** *onoverg* inf cocaïne roken

freebee ['fri:bɪ], **freebie** inf *znw* weggevertje

freebooter ['fri:bu:tə] *znw* vrijbuiter

freebooting ['fri:bu:tɪŋ] *znw* vrijbuiterij

freeborn ['fri:bɔ:n] vero *bn* vrijgeboren

freedman ['fri:dmən] hist *znw* vrijgemaakte slaaf

freedom ['fri:dəm] *znw* ❶ vrijheid ★ *religious ~* godsdienstvrijheid ★ *~ of movement* bewegingsvrijheid ❷ vrijstelling, ontheffing ❸ ongedwongenheid ❹ ereburgerschap ★ *give sbd the ~ of the city* iem. ereburger maken

freedom fighter ['fri:dəm 'faɪtə] *znw* vrijheidsstrijder

freedom of speech ['fri:dəm ɒv 'spi:tʃ] *znw* vrijheid van meningsuiting

free enterprise [fri: 'entəpraɪz] *znw* vrije onderneming

free flight [fri: flaɪt] *znw* glijvlucht

free-floating [fri:-'fləʊtɪŋ] *bn* ❶ zich vrij bewegend, niet-gebonden ❷ vaag, onbestemd

Freefone ['fri:fəʊn], **Freephone** gratis bellen

free-for-all [fri:-fə'rɔ:l] *znw* algemeen gevecht

free-form ['fri:-fɔ:m] *bn* experimenteel, onconventioneel ‹kunst, muziek›

free gift [fri: gɪft] *znw* een premie ‹als reclamemiddel›

freehand ['fri:hænd] *bn & bijw* uit de vrije hand

free-handed [fri:-'hændɪd] *bn* royaal

free-hearted [fri:-'hɑ:tɪd] *bn* openhartig, vrijgevig

freehold ['fri:həʊld] **I** *bn* in volledig eigendom ★ *a ~ property* een onroerend goed in volledige eigendom **II** *znw* volledig eigendomsrecht, vrij bezit ★ *a ~ interest* een onbeperkt bezitsrecht (op onroerende zaken)

freeholder ['fri:həʊldə] *znw* bezitter, eigenaar ‹v. onroerend goed›

free house [fri: haʊs] *znw* ❶ café dat niet aan een brouwerij gebonden is ❷ onafhankelijke slijter

free jazz [fri: dʒæz] *znw* geïmproviseerde jazz

free kick [fri: kɪk] sp *znw* vrije trap, vrije schop

freelance ['fri:lɑ:ns] **I** *bn* freelance- **II** *znw* ❶ freelancer ❷ hist huurling **III** *onoverg* freelancen, freelance werken

freelancer ['fri:lɑ:nsə] *znw* freelancer

freeload ['fri:ləʊd] inf *onoverg* klaplopen, bietsen, uitvreten

freeloader ['fri:ləʊdə] inf *znw* klaploper, tafelschuimer, bietser, uitvreter

free love [fri: lʌv] *znw* vrije liefde

freely ['fri:lɪ] *bijw* ❶ vrij(elijk), vrijuit ❷ overvloedig, royaal ❸ flink, erg, graag

freeman ['fri:mən] *znw* ❶ ereburger ❷ hist (vrije) burger ‹iem. met burgerrechten›

Freemason ['fri:meɪsən] *znw* vrijmetselaar

freemasonry ['fri:meɪsənrɪ] *znw* vrijmetselarij

free pardon [fri: 'pɑ:dn] *znw* gratie, begenadiging, genade

free pass ['fri: pɑ:s] *znw* vrijkaartje

free port ['fri: pɔ:t] *znw* vrijhaven

freepost ['fri:pəʊst] Br *znw* antwoordnummer

free radical [fri: 'rædɪkl] *znw* vrije radicaal

free-range ['fri:-reɪnʒ] *bn* scharrel- ‹kip, varken &› ★ *~ eggs* scharreleieren ★ *~ beef* vlees van vrij loslopende runderen

freeride ['fri:raɪd] **I** *znw*, **freeride board** bep. type snowboard **II** *onoverg* afdalingen maken op een dergelijk snowboard

free sheet [fri: ʃi:t], **freesheet** *znw* huis-aan-huisblad

freesia ['fri:zɪə, 'fri:ʒə] *znw* fresia

free skating [fri: 'skeɪtɪŋ] sp *znw* vrij rijden ‹op de schaats›

free speech [fri: spiːtʃ] *znw* het vrije woord, vrijheid van meningsuiting

free spirit [fri: 'spɪrɪt] *znw* onafhankelijke / ongebonden geest

free-spoken [fri:-'spəʊkn] *bn* ronduit (zijn mening zeggend), vrijmoedig ★ *young Americans are quite ~ about sex* jonge Amerikanen praten nogal open over seks

free-standing [fri:-'stændɪŋ] *bn* vrijstaand

freestone ['fri:stəʊn] I *bn* ❶ hardstenen, arduinen ❷ met losse pit II *znw* ❶ hardsteen, arduin ❷ vrucht met losse pit

freestyle ['fri:staɪl] *znw* ❶ sp vrije stijl ❷ zwemmen vrije slag

freethinker [fri:'θɪŋkə] *znw* vrijdenker

free throw [fri: θrəʊ] sp *znw* vrije worp

free-to-air [fri:-tʊ-'eə] *bn* vrij te ontvangen ‹radio- of tv-programma / zender›

free trade [fri: treɪd] *znw* vrijhandel

free verse [fri: vɜːs] *znw* vrij vers

free vote [fri: vəʊt] *znw* vrije stemming ‹zonder dwang v.d. partij›

freeware ['fri:weə] comput *znw* freeware ‹software die vrijelijk mag worden gebruikt en uitgewisseld›

freeway ['fri:weɪ] *znw* (auto)snelweg

freewheel ['fri:wi:l] *onoverg* ❶ freewheelen, niet trappen ‹op de fiets› ❷ rustig aan doen, je niet uitsloven

free will [fri: wɪl] *znw* vrije wil ★ *of one's own ~* vrijwillig, uit (eigen) vrije wil

freeze [fri:z] I *znw* ❶ vorst(periode) ❷ ‹loon-, prijs- &› stop ★ *impose a ~ on sth* een stop op iets instellen II *overg* [froze, frozen] ❶ doen / laten bevriezen ★ *the sight froze my blood* de aanblik deed mij het bloed in de aderen stollen ❷ invriezen ❸ handel blokkeren ★ *~ wages* een loonstop afkondigen III *onoverg* [froze, frozen] ❶ vriezen, bevriezen, stollen ★ *~ to death* doodvriezen ★ *~ solid* hard bevriezen ❷ verstijven, zich stokstijf (doodstil) houden ★ *~ with fear / horror &* stijf staan van angst / schrik & ★ *~ to the spot* aan de grond genageld staan IV *phras* ★ *inf ~ sbd out* iem. wegwerken ‹een concurrent›, iem. wegkijken ★ *~ over* be-, dichtvriezen ★ *~ up* vast-, dichtvriezen

freeze-dry [fri:z-'draɪ] *overg* vriesdrogen

freeze-frame ['fri:z-freɪm] I *znw* stilstaand beeld, bevroren beeld II *overg* het beeld stilzetten

freezer ['fri:zə] *znw* ❶ vriesvak ❷ diepvriezer

freezer pack ['fri:zə pæk] *znw* vrieselement

freeze-up ['fri:z-ʌp] *znw* vorstperiode

freezing ['fri:zɪŋ] I *bn* ❶ vriezend, vries- ❷ ijskoud II *znw* ❶ invriezen ❷ bevriezing ❸ verstijving, verstarring ❹ vriespunt, 0°C, 32°F ★ *the temperature isn't very far above ~* de temperatuur ligt niet ver boven het vriespunt

freezing compartment ['fri:zɪŋ kəm'pɑːtmənt] *znw*

vriesvak

freezing fog ['fri:zɪŋ fɒg] *znw* ijzel, bevroren mist, rijp

freezing point ['fri:zɪŋ pɔɪnt] *znw* vriespunt ★ *the temperature has dropped to below ~* de temperatuur is tot onder het vriespunt gedaald

freight [freɪt] I *znw* vracht, lading, transport ★ *air ~* luchtvracht, luchttransport ★ *~ charges* vrachtgeld ★ *~ paid* franco vracht ‹waarbij de vervoerskosten voor rekening van de ontvanger komen› II *overg* bevrachten, laden ★ *~ sth* iets verzenden

freightage ['freɪtɪdʒ] *znw* ❶ vracht(prijs) ❷ bevrachting

freight car [freɪt kɑː] Am *znw* goederenwagon

freight elevator [freɪt 'elɪveɪtə] Am *znw* goederenlift

freighter ['freɪtə] *znw* ❶ bevrachter ❷ vrachtschip, vrachtvliegtuig, vrachtauto

Freightliner® ['freɪtlaɪnə] *znw* goederentrein met containers

freight list [freɪt lɪst] *znw* cargalijst, ladinglijst

freight terminal [freɪt 'tɜːmɪnl] *znw* vrachtterminal

freight train [freɪt treɪn] Am *znw* goederentrein

French [frentʃ] I *bn* Frans ★ *hist valuta ~ franc* Franse frank ★ *inf take ~ leave* er (stiekem) tussenuit knijpen II *znw* Frans ★ *the ~* de Fransen ★ scherts *pardon my ~* excusez le mot, sorry voor mijn taalgebruik

French bean [frentʃ bi:n] *znw* slaboon, snijboon, witte boon

French Canadian [frentʃ kə'neɪdɪən] *znw* Franstalige Canadees

French chalk [frentʃ tʃɔːk] *znw* kleermakerskrijt

French door [frentʃ dɔː] *znw* openslaande glazen deur

French dressing [frentʃ 'dresɪŋ] *znw* slasaus, vinaigrette

French fries [frentʃ fraɪz], **French fried potatoes** *znw* [mv] patat, patates frites, friet(en)

French horn [frentʃ hɔːn] muz *znw* waldhoorn

Frenchify ['frentʃɪfaɪ] *overg & onoverg* verfransen

French kiss [frentʃ kɪs] *znw* tongzoen

French letter [frentʃ 'letə] inf *znw* condoom

Frenchman ['frentʃmən] *znw* Fransman

French polish [frentʃ 'pɒlɪʃ] *znw* politoer

French seam [frentʃ si:m] *znw* ingeslagen zoom

French stick [frentʃ stɪk] *znw* stokbrood

French toast [frentʃ təʊst] *znw* ❶ geroosterd brood ❷ wentelteefje

French window [frentʃ 'wɪndəʊ] *znw* openslaande glazen (tuin-, balkon)deur

Frenchwoman ['frentʃwʊmən] *znw* Française

Frenchy ['frentʃɪ] inf *znw* fransoos

frenetic [frə'netɪk] *bn* ❶ waanzinnig, razend, dol ❷ koortsig, hectisch ★ *the kitchen is often a scene of ~ activity* de keuken is vaak het toneel van hectische activiteit

frenetically [frə'netɪklɪ] *bijw* ❶ waanzinnig, razend, dol ❷ koortsig, hectisch ★ *the hall was full of ~ dancing teenagers* de hal was vol met heftig dansende tieners

fr

frenzied ['frenzɪd] *bn* dol, panisch, heftig ★ *the press has launched a ~ attack on the minister* de pers is met een heftige aanval op de minister begonnen

frenzy ['frenzɪ] *znw* razernij, vlaag van waanzin, staat van opwinding ★ *in a ~* als een razende ★ *a ~ of excitement* een vlaag van opwinding ★ *drive sbd into a ~* iem. tot razernij brengen ★ *work sbd (up) into a ~* iem. in een staat van opwinding brengen

frequency ['fri:kwənsɪ] *znw* ❶ herhaald voorkomen, gedurige herhaling ★ *shoplifting is occurring with increasing ~* winkeldiefstal begint steeds vaker voor te komen ❷ veelvuldigheid ❸ frequentie

frequency modulation ['fri:kwənsɪ mɒdjʊ'leɪʃən], **FM** *znw* frequentiemodulatie, FM ‹radio›

frequent **I** *bn* ['fri:kwənt] herhaald, vaak voorkomend, veelvuldig, frequent ★ *at ~ intervals* met regelmatige tussenpozen **II** *overg* [frɪ'kwent] *form* (dikwijls) bezoeken, omgaan met, frequenteren

frequentation [fri:kwən'teɪʃən] *form znw* ❶ bezoeken ❷ omgang

frequenter [frɪ'kwentə] *znw* (geregeld) bezoeker

frequent flier ['fri:kwənt 'flaɪə], **frequent flyer** *znw* regelmatige luchtreiziger

frequently ['fri:kwəntlɪ] *bijw* herhaaldelijk, vaak, dikwijls, veelvuldig

fresco ['freskəʊ] *znw* [*mv:* -s *of* -coes] fresco

fresh [freʃ] **I** *bn* ❶ fris, vers ★ *~ bread* versgebakken brood ★ *~ breath* frisse adem ★ *~ colours* heldere kleuren ★ *as ~ as a daisy* zo fris als een hoentje ❷ nieuw ★ *make a ~ start* helemaal opnieuw beginnen ★ *~ from / out of school* net van school ❸ zoet ‹v. water› ❹ *inf* brutaal **II** *bijw* ❶ vers ★ *~-baked bread* versgebakken brood ❷ *inf* pas ★ *be ~ out of sth* iets net niet meer hebben, net uitverkocht zijn ergens in

freshen ['freʃən] **I** *overg* ❶ op-, verfrissen (ook: ~ *up*) ❷ bijschenken, bijvullen **II** *onoverg* ❶ opfrissen ★ *~ up* zich verfrissen, zich opknappen, zich even opfrissen ❷ toenemen, aanwakkeren ‹v. wind›

freshener ['freʃ(ə)nə] *znw* opfrissertje ★ *a breath ~* een ademverfrissend middel / snoepje

fresher ['freʃə] *inf znw* → **freshman**

freshet ['freʃɪt] *znw* ❶ overstroming (door bovenwater) ❷ stroompje

fresh-faced ['freʃ-feɪst] *bn* met een fris gezicht

freshly ['freʃlɪ] *bijw* ❶ vers, fris ★ *~ squeezed orange juice* versgeperst sinaasappelsap ❷ onlangs, pas

freshman ['freʃmən], *inf* **fresher** *znw* eerstejaars(student), noviet, groen

freshwater ['freʃwɔːtə] *bn* zoetwater- ★ *a ~ lake* een zoetwatermeer

fret [fret] **I** *znw* ❶ ongerustheid ★ *be in a ~ about sth* ergens ongerust over zijn ❷ *muz* toets **II** *overg* ❶ ergeren ❷ ongerust maken ❸ uitsnijden, uitzagen, randen **III** *onoverg* zich zorgen maken, zich opvreten, zich ergeren, kniezen ★ *~ and fume* zich opwinden

fretboard ['fretbɔːd] *znw* fretbord, hals ‹v.e. gitaar,

banjo &›

fretful ['fretfʊl] *bn* kribbig, gemelijk, prikkelbaar, geïrriteerd ★ *the baby's teething and she's very ~* de baby krijgt tandjes en ze is erg prikkelbaar

fretsaw ['fretsɔː] *znw* figuurzaag

fretted ['fretɪd] *bn* ❶ met fretten ★ *a ~ instrument* een muziekinstrument met fretten ❷ gefiguurzaagd ★ *~ woodwork* gefiguurzaagd houtwerk

fretwork ['fretwɜːk] *znw* ❶ (uitgezaagde) lijst, (Griekse) rand ❷ snijwerk, figuurzaagwerk

Freudian ['frɔɪdɪən] **I** *bn* freudiaans **II** *znw* freudiaan

Freudian slip ['frɔɪdɪən slɪp] *znw* een freudiaanse verspreking

Fri. *afk* (Friday) vrijdag

friability [fraɪə'bɪlɪtɪ] *znw* brosheid, brokkeligheid

friable ['fraɪəbl] *bn* bros, brokkelig

friar ['fraɪə] *znw* monnik, (klooster)broeder

friary ['fraɪərɪ] *znw* klooster

fricassee ['frɪkəsiː, frɪkə'siː] **I** *znw* ❶ fricassee, hachee ❷ ragout **II** *overg* fricassee maken van

fricative ['frɪkətɪv] *fon* **I** *bn* schurend **II** *znw* spirant, schuringsgeluid

friction ['frɪkʃən] *znw* wrijving

frictional ['frɪkʃənl] *bn* wrijvings-

Friday ['fraɪdeɪ] *znw* vrijdag ★ *a girl ~* een (uiterst toegewijde) privésecretaresse ★ *a man ~* een rechterhand, toegewijd helper ★ *on ~s I go swimming* vrijdags ga ik zwemmen

fridge [frɪdʒ] *znw* ijskast, koelkast

fridge-freezer [frɪdʒ-'friːzə] *znw* gecombineerde koel- en vrieskast

fridge magnet [frɪdʒ 'mægnət] *znw* koelkastmagneet

fried [fraɪd] *bn* Am *inf* uitgeput

friend [frend] *znw* vriend, vriendin ★ *the (Society of) Friends* de Quakers ★ *my honourable ~* de geachte afgevaardigde ★ *my learned ~* mijn geachte confrater ‹van twee advocaten› ★ *a ~ at court* een invloedrijke vriend, *inf* een kruiwagen ★ *have ~s in high places* een kruiwagen hebben ★ *make ~s (again)* (weer) goede vrienden worden ★ *make ~s with sth* vriendschap sluiten met iem. ★ zegsw *a ~ in need (is a ~ indeed)* in de nood leert men zijn vrienden kennen ★ scherts zegsw *with ~s like you / him &, who needs enemies?* met vrienden zoals jij / hij &, wie heeft er nog vijanden nodig?

friendless ['frendləs] *bn* zonder vrienden

friendliness ['frendlɪnɪs] *znw* vriendelijkheid

friendly ['frendlɪ] *bn* ❶ vriendelijk, vriendschappelijk, amicaal, toeschietelijk ★ *a ~ game / match* een vriendschappelijke wedstrijd ★ *be on ~ terms (with sbd)* op vriendschappelijke voet staan (met iem.) ❷ goedgezind ❸ bevriend, vrienden- ★ *a ~ society* een genootschap tot onderlinge bijstand

friendly fire ['frendlɪ 'faɪə] *znw* eigen vuur ★ *come under ~* beschoten worden door de eigen troepen

friendly society ['frendlɪ sə'saɪətɪ] *znw* vereniging voor onderlinge bijstand

friendship ['frendʃɪp] *znw* vriendschap ★ *cultivate a ~*

een vriendschap koesteren ★ *strike up a ~* een vriendschap aangaan

Friends of the Earth ['frendz ɒv ðɪ 'ɜ:θ], **FoE** *znw* internationale organisatie voor milieudefensie

frier ['fraɪə] *znw* → **fryer**

Friesian ['fri:ʒ(ə)n] *znw* Friese koe

frieze [fri:z] *znw* ❶ bouwk fries ❷ fries ‹weefsel›

frig [frɪg] vulg *onoverg* neuken, (z.) aftrekken ▼ *~ around / about* rondhangen, maar wat aanklooien

frigate ['frɪgɪt] *znw* ❶ scheepv fregat ❷ dierk fregatvogel

frigging ['frɪgɪŋ] vulg *bn* verdomd, klote- ★ *~ cold, isn't it?* verrekte koud, vind je niet?

fright [fraɪt] *znw* schrik, vrees ★ *give sbd a ~* iem. de schrik op het lijf jagen ★ *look a ~* eruitzien als een vogelverschrikker ★ *take ~* bang worden

frighten ['fraɪtn] *overg* doen schrikken ★ *~ sbd / sth away / off* iem. / iets verjagen ★ *~ sbd off* iem. afschrikken ★ *~ sbd into doing sth* iem. zo bang maken dat hij iets doet ★ *be ~ed of sbd / sth* bang zijn voor iem. / iets ★ *~ the wits out of sbd/~ sbd to death* iem. dood laten schrikken, iem. de stuipen op het lijf jagen

frightened ['fraɪtnd] *bn* verschrikt, angstig ★ *~ out of one's wits/~ to death* doodsbang

frightening ['fraɪtnɪŋ] *bn* angstaanjagend, beangstigend, schrikwekkend, ontstellend ★ *it was all very ~ for / to the child* het was allemaal erg beangstigend voor het kind

frightful ['fraɪtfʊl] *bn* verschrikkelijk, vreselijk

frightfully ['fraɪtfʊlɪ] *bijw* verschrikkelijk, vreselijk ★ *I'm ~ sorry* het spijt me verschrikkelijk ★ *the children are ~ tired* de kinderen zijn vreselijk moe

frigid ['frɪdʒɪd] *bn* ❶ koud, koel, kil, ijzig ❷ frigide

frigidity [frɪ'dʒɪdɪtɪ] *znw* ❶ koude, koelheid, kilheid ❷ frigiditeit

frill [frɪl] *znw* ❶ jabot ❷ ruche, franje ❸ geplooide kraag

frilled [frɪld], **frilly** *bn* met ruches en kantjes

frilling ['frɪlɪŋ] *znw* plooisel

frills [frɪlz] *znw* [mv] ❶ aanstellerij ❷ fig franje, (dure) extra's ★ *with all the ~* met alles erop en eraan ★ *without any ~* eenvoudig, zonder poespas

frilly ['frɪlɪ] *bn* met kantjes / strookjes / prullaria

fringe [frɪndʒ] **I** *bn* ★ RTV *a ~ area* een randgebied ‹v. zendbereik› ★ *~ theatre / music & ±* avant-garde theater / muziek & **II** *znw* ❶ franje ❷ (uiterste) zoom, rand, periferie, marge, zelfkant ‹van de maatschappij› ❸ randgroepering ❹ ponyhaar, pony **III** *overg* ❶ met franje versieren ❷ omzomen, omranden

fringe benefits [frɪndʒ 'benɪfɪts] *znw* [mv] secundaire arbeidsvoorwaarden

frippery ['frɪpərɪ] *znw* ❶ opschik ❷ prullen, kwikjes en strikjes

frippet ['frɪpɪt] inf gedat *znw* opzichtig meisje ★ *a (nice) bit of ~* een lekker stuk

frisbee ['frɪzbɪ] *znw* frisbee, werpschijf

Frisco ['frɪskəʊ] inf *znw* San Francisco

Frisian ['frɪzɪən] **I** *bn* Fries **II** *znw* ❶ Fries, Friezin ❷ Fries ‹taal›

frisk [frɪsk] **I** *znw* het fouilleren **II** *overg* fouilleren **III** *onoverg* dartelen, springen

friskily ['frɪskɪlɪ] *bijw* dartel, vrolijk, speels

friskiness ['frɪskɪnɪs] *znw* dartelheid, speelsheid

frisky ['frɪskɪ] *bn* dartel, speels, vrolijk

frisson ['fri:sɒn] *(‹Fr)* *znw* huivering, rilling

fritillary [frɪ'tɪlərɪ] *znw* ❶ plantk kievietsbloem ❷ plantk keizerskroon ❸ paarlemoervlinder

frittata [frɪ'tɑ:tə] *(‹Ital)* *znw* frittata ‹Italiaanse omelet›

fritter ['frɪtə] **I** *znw* beignet **II** *overg* ★ *~ sth away* iets versnipperen, verbeuzelen, verspillen

frivol ['frɪvəl] *onoverg* beuzelen

frivolity [frɪ'vɒlɪtɪ] *znw* ❶ frivoliteit, wuftheid ❷ beuzelachtigheid

frivolous ['frɪvələs] *bn* ❶ frivool, wuft ❷ beuzelachtig

frivolously ['frɪvələslɪ] *bijw* ❶ frivool, wuft ❷ beuzelachtig

frivolousness ['frɪvələsnɪs] *znw* frivoliteit, beuzelachtigheid

frizz [frɪz] **I** *znw* kroeskop **II** *overg* krullen, kroezen, friseren

frizzle ['frɪzəl] **I** *overg* ❶ krullen, kroezen ‹haar› ❷ doen sissen ‹in de pan› ❸ braden, bakken **II** *onoverg* sissen ‹in de pan›

frizzled ['frɪzəld] *bn* gekruld, kroes

frizzy ['frɪzɪ] *bn* krullend, kroezelig, kroes-

fro [frəʊ] *bijw* ★ *to and ~* heen en weer

frock [frɒk] *znw* ❶ pij ❷ jurk ❸ kiel ❹ geklede jas

frock coat [frɒk kəʊt] *znw* geklede jas

frog [frɒg] *znw* ❶ dierk kikvors, kikker ❷ beledigend fransoos ▼ *a ~ in one's throat* een kriebel in de keel, heesheid

frogman ['frɒgmən] *znw* kikvorsman

frogmarch ['frɒgmɑ:tʃ] *overg* met vier man een weerspannige wegdragen bij armen en benen, het gezicht omlaag

frogspawn ['frɒgspɔ:n] *znw* kikkerdril

frolic ['frɒlɪk] **I** *znw* pret, pretje, gekheid, grap **II** *onoverg* vrolijk zijn, pret maken, dartelen

frolicsome ['frɒlɪksəm] dicht *bn* vrolijk, lustig, uitgelaten, dartel, speels

from [frɒm, frəm] *voorz* ❶ van (... af), vandaan, (van) uit ★ *~ among* (van) uit ★ *25 years ~ now* over 25 jaar ★ *~ now on / onwards* vanaf nu ★ *~ out* (van) uit ★ *~ day to day* van dag tot dag ★ *~ under* onder... uit ❷ (te oordelen) naar ❸ aan de hand van, door, (ten gevolge) van ❹ voor ‹schuilen, verbergen›

frond [frɒnd] plantk *znw* (palm-, varen)blad

front [frʌnt] **I** *bn* voorste, voor-, eerste **II** *znw* ❶ voorste gedeelte, voorkant, -zijde ★ *the car in ~ stopped suddenly* de voorste auto stopte plotseling ★ *it's a house with a big tree in ~* het is een huis met een grote boom ervoor ★ *she stood in ~ of the mirror* ze stond voor de spiegel ★ *the house is situated directly in ~ of the beach* het huis bevindt zich vlak voor het

fr

strand ★ *look in ~ of you* kijk voor je ★ *you will have to appear in ~ of a judge* je zult voor de rechter moeten verschijnen ★ *the Spanish team is in ~* het Spaanse team staat voor ★ *there's a car out ~* er staat een auto voor het huis ★ *we'll be up ~* we zullen helemaal vooraan zijn ★ *you'll have to pay up ~* je moet van tevoren betalen ❷ façade, (voor)gevel, fig schijn ★ *put on a brave ~* zich moedig voordoen ❸ strandboulevard, waterkant, kade ❹ front ★ *the battle ~* het front ★ *the home ~* de thuisfront ★ meteor *a cold / warm ~* een koufront / warmtefront ★ *present a united ~* een gemeenschappelijk front vormen ❺ mantelorganisatie, fig stroman, façade ❻ inf lef, onbeschaamdheid ★ *you've got a ~ to ask me that!* hoe durf je me dat te vragen! **III** *overg* ❶ leiden, aan het hoofd staan van ❷ staan / liggen tegenover ❸ Aust & NZ confronteren ★ *he turned and fronted her* hij draaide zich om en confronteerde haar ❹ RTV ⟨een show⟩ presenteren **IV** *onoverg* als façade / stroman dienen ★ *she ~ed for them by taking the money* ze fungeerde als façade voor hen door het geld te incasseren ★ mil *(eyes) ~!* staat! **V** *phras* ★ *~ onto* sth liggen op iets, uitzien op iets ★ Aus & NZ *~ up to* sth ergens voor komen opdagen

frontage ['frʌntɪdʒ] *znw* ❶ front ❷ gevel(breedte) ❸ voorterrein

frontal ['frʌntl] *bn* ❶ voorhoofds- ❷ voor-, front- ❸ frontaal

frontal lobe ['frʌntl ləʊb] *anat znw* voorhoofdskwab

frontal system ['frʌntl 'sɪstəm] meteor *znw* front

front bench [frʌnt bentʃ] *znw* ministersbank ⟨Br. Lagerhuis⟩

frontbencher [frʌnt'bentʃə] *znw* ❶ lid van de regering ❷ leider van een oppositiepartij

front door [frʌnt dɔ:] *znw* voordeur

-fronted [frʌntɪd] *achterv* van voren, met een voorkant ★ *a glass~ cabinet* een kastje met een glazen voorkant

front-end ['frʌnt-end] **I** *bn* initieel, aanloop- **II** *znw* comput gebruikersinterface ⟨bij softwareprogramma's⟩

front-end loader ['frʌnt-end 'ləʊdə] *znw* shovel, graafmachine

frontier ['frʌntɪə] *znw* grens ★ *the ~s of knowledge / science &* de grenzen van de wetenschap &

frontiersman ['frʌntɪəzmən] *znw* pionier ⟨vooral in de VS⟩

frontispiece ['frʌntɪspi:s] *znw* ❶ frontispice ❷ titelplaat, -prent

front line [frʌnt laɪn] *znw* frontlinie, vuurlijn ★ *be in the ~* in de vuurlinie liggen

front man [frʌnt mæn] *znw* ❶ stroman, zetbaas ❷ leider van een popgroep, leadzanger ❸ radio / tv-presentator

front office [frʌnt 'ɒfɪs] *znw* ❶ handel front office ⟨het deel van de organisatie dat directe contacten onderhoudt met de klanten⟩ ❷ hoofdkantoor

front-page [frʌnt-'peɪdʒ] *bn* voorpagina-⟨nieuws⟩, belangrijk, sensationeel ★ *make ~ news* de voorpagina's halen

front room [frʌnt ru:m] gedat *znw* voorkamer

front row [frʌnt raʊ] *znw* ❶ eerste (voorste) rij ❷ rugby eerste lijn ⟨in een scrum⟩

front runner [frʌnt 'rʌnə] *znw* koploper

frontward ['frʌntwɔ:d], **frontwards** *bijw* voorwaarts, recht vooruit

front-wheel drive ['frʌnt-wi:l 'draɪv] *znw* voorwielaandrijving

frost [frɒst] **I** *znw* ❶ vorst ★ *10 degrees of ~* 10 graden onder nul ❷ rijm, rijp **II** *overg* ❶ (als) met rijp bedekken ❷ glaceren ⟨taart⟩ ❸ mat maken, matteren ⟨glas⟩ **III** *onoverg* ★ *~ over / up* met rijp bedekt worden

frostbite ['frɒstbaɪt] *znw* (beschadiging / verwonding als gevolg v.) bevriezing ★ *he suffered ~ to both feet* hij had bevriezingsverschijnselen aan beide voeten

frostbitten ['frɒstbɪtn] *bn* bevroren ★ *~ fingers* bevroren vingers

frostbound ['frɒstbaʊnd] *bn* bevroren, ingevroren

frosted ['frɒstɪd] *bn* ❶ berijpt, met rijp bedekt ❷ mat ★ *~ glass* matglas ❸ geglaceerd

frosting ['frɒstɪŋ] Am *znw* (suiker)glazuur

frosty ['frɒstɪ] *bn* ❶ vriezend, vorstig, vries- ❷ bevroren ❸ kil, ijzig koud ★ *get / receive a ~ reception* een ijzige ontvangst krijgen

froth [frɒθ] **I** *znw* ❶ schuim ❷ gebazel **II** *overg* doen schuimen, schuimbekken **III** *onoverg* schuimen, schuimbekken ★ *~ at the mouth* schuimbekken

frothy ['frɒθɪ] *bn* ❶ schuimachtig ❷ schuimend ❸ ijdel, luchtig

frou-frou ['fru:fru:] *znw* geruis, geritsel ⟨van zijde, jurk &⟩

frown [fraʊn] **I** *znw* frons, stuurse / norse / dreigende blik ★ *he wore a ~* hij had een frons op zijn gezicht ★ *he looked at her with a ~ in his eyes* hij keek haar aan met een stuurse blik in zijn ogen **II** *onoverg* het voorhoofd fronsen, stuurs / nors / dreigend kijken **III** *phras* ★ *~ on / upon* sth iets afkeuren

frowsty ['fraʊstɪ] *bn* ❶ broeierig warm, bedompt ★ *a ~ back room* een bedompt achterkamertje ❷ duf

frowzy ['fraʊzɪ] *bn* ❶ muf, vuns ★ *~ sheets* muffe lakens ❷ vuil, slonzig

froze [frəʊz] *ww* [v.t.] → **freeze**

frozen [frəʊzən] **I** *bn* ❶ bevroren ★ *a ~ account* een bevroren rekening ★ *~ peas* diepvrieserwtjes ★ *my toes are ~ stiff* mijn tenen zijn stijf bevroren ❷ koud ★ *he had a ~ look on his face* hij had een ijzige uitdrukking op zijn gezicht **II** *ww* [v.d.] → **freeze**

fructification [frʌktɪfɪ'keɪʃən] *znw* ❶ vruchtvorming ❷ bevruchting ❸ plantk vruchthoopjes

fructify ['frʌktɪfaɪ] form *onoverg* ❶ vrucht dragen, vruchten voortbrengen ❷ bloeien ❸ winst opleveren

fructose ['frʌktəʊs, -z] *znw* vruchtensuiker

frugal ['fru:gl] *bn* matig, sober, karig, spaarzaam

frugality [fru:ˈgælɪtɪ] *znw* matigheid, soberheid, karigheid, spaarzaamheid
fruit [fru:t] **I** *znw* ❶ vrucht, vruchten, fruit ★ *the ~/~s of one's labours* de vruchten van zijn arbeid / inspanningen ★ *be in ~ / bear ~* vrucht dragen ❷ opbrengst ❸ Am inf flikker **II** *onoverg* vruchten dragen
fruitcake [ˈfru:tkeɪk] *znw* ❶ **fruit cake** vruchtencake ❷ gek, excentriek figuur ★ *be as nutty as a ~* stapelgek zijn
fruit cup [fru:t kʌp] *znw* vruchtenbowl
fruit drink [fru:t drɪŋk] *znw* vruchtendrank
fruiter [ˈfru:tə] *znw* ❶ vruchtboom ❷ fruitschip ❸ fruitkweker
fruiterer [ˈfru:tərə] *znw* fruithandelaar
fruit fly [fru:t flaɪ] *znw* fruitvlieg, bananenvlieg
fruitful [ˈfru:tfʊl] *bn* vruchtbaar
fruit gum [fru:t gʌm] *znw* vruchtensnoepje
fruition [fru:ˈɪʃən] *znw* ❶ dicht rijpheid ❷ verwezenlijking ★ *bring sth to ~* iets verwezenlijken ★ *come to ~* werkelijkheid worden, zich ontplooien
fruit juice [fru:t dʒu:s] *znw* vruchtensap
fruitless [ˈfru:tlɪs] *bn* ❶ zonder vrucht(en) ❷ vruchteloos, nutteloos
fruit machine [fru:t məˈʃi:n] *znw* fruitautomaat ‹gokautomaat›
fruit salad [fru:t ˈsæləd] *znw* vruchtensla
fruit sugar [fru:t ˈʃʊgə] *znw* vruchtensuiker
fruit tree [fru:t tri:] *znw* vruchtboom
fruity [ˈfru:tɪ] *bn* ❶ vrucht(en)- ❷ fruitig ‹v. wijn› ❸ fig sappig ❹ smakelijk ❺ pikant, pittig
frump [frʌmp] *znw* ouwe slons, flodderkous, totebel
frumpish [ˈfrʌmpɪʃ], **frumpy** *bn* slonzig
frustrate [frʌsˈtreɪt] *overg* ❶ doen mislukken, verijdelen, (ver)hinderen ❷ teleurstellen ❸ frustreren
frustrated [frʌsˈtreɪtɪd] *bn* gefrustreerd, teleurgesteld ★ *he's ~ at his lack of progress* hij is gefrustreerd omdat hij niet opschiet ★ *she gets very ~ with him sometimes* ze raakt soms erg gefrustreerd door hem
frustratedly [frʌsˈtreɪtɪdlɪ] *bijw* gefrustreerd, teleurgesteld
frustrating [frʌsˈtreɪtɪŋ] *bn* frustrerend
frustratingly [frʌsˈtreɪtɪŋlɪ] *bijw* frustrerend
frustration [frʌsˈtreɪʃən] *znw* ❶ mislukking, verijdeling ❷ teleurstelling ❸ frustratie
fry [fraɪ] **I** *znw* ❶ gebraden vlees ❷ jonge vissen, broedsel ★ *small ~* jong goedje, klein grut, onbelangrijke mensen **II** *overg & onoverg* ❶ bakken, braden (ook: ~ *up*) ★ *a fried egg* een spiegelei ❷ inf bakken in de zon
fryer [ˈfraɪə], **frier** *znw* ❶ braadpan ❷ bakvis, braadkuiken
frying pan [ˈfraɪɪŋ pæn] *znw* bak-, braad-, koekenpan ★ zegsw *out of the ~ into the fire* van de regen in de drup
fry-up [ˈfraɪ-ʌp] *znw* frituurgerecht

f-stop [ef-stɒp] fotogr *znw* belichtingswaarde, lensopening
ft *afk* (foot/feet) voet
fubsy [ˈfʌbzɪ] Br inf *bn* kort en dik, mollig
fuchsia [ˈfju:ʃə] *znw* fuchsia
fuck [fʌk] vulg **I** *znw* het neuken, neukpartij ★ ~! godverdomme! ★ *a good ~* goed in bed ★ *I don't give a ~!* het kan me geen reet verdommen! **II** *overg* neuken ★ ~ *it!/~ you!* / *go ~ yourself!* sodemieter op!, krijg de klere! **III** *onoverg* neuken **IV** *phras* ★ ~ *sbd about* ± iem. met kutsmoezen aan het lijntje houden ★ ~ *about / around* aanrotzooien, rondklooien ★ ~ *off* oplazeren, opsodemieteren ★ ~ *sbd off* iem. kwaad maken ★ ~ *sbd up* iem. opfokken, (geestelijk) naar de verdommenis helpen ★ ~ *sth up* iets verpesten, naar de sodemieter helpen
fuck all [fʌk ɔ:l] vulg *znw* geen reet, geen klote ★ *you've done ~ today* je hebt vandaag geen reet uitgevoerd
fucker [ˈfʌkə] vulg *znw* lul, klootzak
fuckhead [ˈfʌkhed] vulg *znw* stommeling, klootzak
fucking [ˈfʌkɪŋ] vulg *bn* klote-, klere-, kut-
fuck-up [ˈfʌk-ʌp] vulg *znw* mislukking, puinhoop, blunder ★ *the thing was a complete ~* het ding was een faliekante mislukking
fuckwit [ˈfʌkwɪt] vulg *znw* idioot, stommeling
fuddled [ˈfʌdld] *bn* ❶ beneveld ❷ verward, verbijsterd
fuddy-duddy [ˈfʌdɪ-dʌdɪ] **I** *bn* ❶ ouderwets, saai ❷ pietluttig **II** *znw* ❶ ouwe sok ❷ pietlut
fudge [fʌdʒ] **I** *znw* ❶ (zachte) karamel ❷ uitvlucht, smoes ❸ kletspraat, larie **II** *overg* (handig) ontwijken, omzeilen, uit de weg gaan
fuel [ˈfju:əl] **I** *znw* brandstof ★ *add ~ to the fire / flames* olie op het vuur gooien **II** *overg* ❶ van brandstof voorzien ❷ voeden ‹het vuur› **III** *onoverg* brandstof (benzine) innemen, tanken
fuel consumption [ˈfju:əl kənˈsʌmpʃən] *znw* brandstofverbruik, benzineverbruik
fuel injection [ˈfju:əl ɪnˈdʒekʃən] *znw* brandstofinjectie
fug [fʌg] Br inf *znw* bedompte atmosfeer, mufheid
fugal [ˈfju:gəl] *bn* fuga-, in fugastijl
fuggy [ˈfʌgɪ] Br inf *bn* bedompt, muf
fugitive [ˈfju:dʒɪtɪv] **I** *bn* ❶ form vluchtig, voorbijgaand, kortstondig ❷ voortvluchtig **II** *znw* vluchteling, voortvluchtige ★ *a ~ from justice* een voortvluchtige
fugue [fju:g] *znw* ❶ fuga ❷ psych fugue, periode van verwardheid
fulcrum [ˈfʊlkrəm] techn of form *znw* [*mv*: -s *of* fulcra] steun-, draai-, draagpunt
fulfil [fʊlˈfɪl], Am **fulfill** *overg* vervullen, nakomen, voldoening schenken, ten uitvoer brengen, waarmaken, beantwoorden aan ★ *he failed to ~ his promise* hij kwam zijn belofte niet na
fulfilment [fʊlˈfɪlmənt], Am **fulfillment** *znw* vervulling, bevrediging
fulgent [ˈfʌldʒənt] dicht *bn* schitterend
full [fʊl] **I** *bn* ❶ vol, gevuld ★ inf *be ~ of beans* een

hoop energie hebben ★ *be ~ up* vol zijn ‹v. bus of hotel› ❷ verzadigd, <u>inf</u> dronken ❸ vervuld (van *of*) ★ *be ~ of oneself* vol van zichzelf zijn ★ *be ~ of one's own importance* overtuigd zijn van zijn eigen belangrijkheid ❹ volledig, voltallig, uitvoerig, compleet ★ *a ~ member* een volwaardig lid ★ *~ steam ahead* volle kracht vooruit ★ *(at) ~ blast* voluit ★ *(at) ~ speed / tilt / pelt* op volle snelheid, in volle vaart ★ *(at) ~ stretch* languit, volledig uitgestrekt ★ *in ~* voluit, ten volle, volledig, geheel ★ *in ~ colour* in volle kleur ★ *in ~ flow* goed op dreef, in volle gang ★ *in ~ view* open en bloot ★ *be in ~ cry* luidkeels kritiek uiten ★ *come / go / turn ~ circle* weer terug komen / zijn bij het begin ❺ dik, gezet ★ *~ lips* dikke lippen **II** *bijw* ❶ ten volle, helemaal ★ *go ~ out* voluit gaan ❷ vlak ‹in het gezicht› ❸ <u>versterkend</u> heel, zeer ★ *know ~ well* heel goed weten **III** *znw* ★ *to the ~* ten volle, geheel

fullback ['fʊlbæk] <u>sp</u> *znw* verdediger, achterspeler

full beam [fʊl biːm] *znw* groot licht ‹koplampen›

full-blooded [fʊl-'blʌdɪd] *znw* ❶ volbloed(ig) ❷ robuust, pittig

full-blown [fʊl-bləʊn] *bn* ❶ in volle bloei, geheel ontwikkeld ❷ volleerd ❸ <u>fig</u> volbloed, volslagen, op-en-top, in optima forma

full board [fʊl bɔːd] *znw* volledig pension

full-bodied [fʊl-'bɒdɪd] *bn* ❶ zwaar(lijvig) ❷ vol van smaak ‹v. wijn›

full brother [fʊl 'brʌðə] *znw* volle broer

full-colour [fʊl-'kʌlə] *bn* veelkleuren, vierkleuren

full-cream [fʊl-kriːm] *bn* ★ *~ milk* volle melk

full dress [fʊl dres] *znw* groot toilet, groot tenue, galakleding, ambtsgewaad

full-dress [fʊl-dres] *bn* ❶ in galakleding, in groot tenue, gala- ❷ volledig, uitvoerig ‹debat &› ❸ in optima forma

full-face [fʊl-feɪs] *bn* en face

full-fledged [fʊl-'fledʒd], **fully-fledged** *bn* ❶ (vlieg)vlug ‹v. jonge vogels› ❷ <u>fig</u> geheel ontwikkeld ❸ volleerd ❹ volslagen, op-en-top, volwaardig, in optima forma

full forward [fʊl 'fɔːwəd] <u>sp</u> *znw* aanvaller, voorhoedespeler

full-frontal [fʊl-frʌntl] *bn* ★ *~ nudity* volledig naakt vooraanzicht

full-grown [fʊl-'grəʊn] *bn* volwassen

full-hearted [fʊl-'hɑːtɪd] *bn* ❶ gevoelvol ❷ moedig

full house [fʊl haʊs] *znw* ❶ volle zaal, volle bak ❷ <u>kaartsp</u> full house

full-length [fʊl-'leŋθ] *bn* ❶ ‹portret› ten voeten uit ❷ lang ‹roman, film &›, uitvoerig, volledig ❸ tot op de grond ‹gordijn &› ★ *a ~ dress* een lange jurk

full marks [fʊl 'mɑːks] *znw* [mv] ❶ het hoogste cijfer ❷ <u>fig</u> tien met een griffel, alle lof ★ *~ to the chef!* de complimenten aan de chef!

full monty [fʊl 'mɒntɪ] <u>Br inf</u> *znw* ★ *the ~* het allerbeste, het onderste uit de kan ★ *do the ~* zich naakt uitkleden in het gezelschap van andere

mensen

full moon [fʊl muːn] *znw* volle maan

full-mouthed [fʊl-'maʊðd] *bn* ❶ met een volledig gebit ❷ luid blaffend ❸ luid (klinkend)

fullness ['fʊlnɪs], **fulness** *znw* ❶ volheid ★ *in the ~ of time* als de tijd daar is, op den duur ❷ volledigheid

full-on [fʊl-ɒn] <u>inf</u> *bn* onverminderd, volledig, op volle toeren ★ *a ~ experience* een complete ervaring ★ *those kids are pretty ~* die kinderen zijn behoorlijk op toeren

full-page [fʊl-'peɪdʒ] *bn* de (een) hele pagina beslaand ★ *~ illustrations* illustraties buiten de tekst, buitentekstplaten

full point [fʊl pɔɪnt] *znw* → **full stop**

full professor [fʊl prə'fesə] <u>Am</u> *znw* gewoon hoogleraar

full-scale [fʊl-'skeɪl] *bn* compleet, volledig, levensgroot ★ *a ~ disaster* een complete ramp

full-service [fʊl-'sɜːvɪs] *bn* met volledige service / dienstverlening

full sister [fʊl 'sɪstə] *znw* volle zus

full stop [fʊl stɒp], **full point** *znw* ❶ punt ‹leesteken› ★ *inf you're not going, ~!* je gaat niet, punt uit! ❷ complete stilstand ★ *come to a ~* plotseling tot stilstand komen

full swing [fʊl swɪŋ] *znw* ★ *in ~* druk aan de gang, op z'n hoogtepunt

full-throated [fʊl-'θrəʊtɪd] *bn* uit volle borst

full time [fʊl taɪm] *znw* eind van de wedstrijd

full-time [fʊl-'taɪm] *bn* fulltime, volledig ★ *a ~ job* een fulltime baan ★ *it's a ~ job being a good dad* je hebt er een volledige dagtaak aan om een goede vader te zijn

full-timer [fʊl-'taɪmə] *znw* volledige (werk)kracht

fully ['fʊlɪ] *bijw* ❶ ten volle, geheel ★ *~ paid shares* volgestorte aandelen ❷ volledig, volkomen ★ *I ~ understand your concerns* ik begrijp uw bedenkingen volkomen ❸ uitvoerig

fully fashioned ['fʊlɪ 'fæʃənd] *bn* van goede pasvorm, geminderd ‹nylonkous›

fully-fledged ['fʊlɪ-'fledʒd] *bn* → **full-fledged**

fulminate ['fʌlmɪneɪt] *onoverg* ❶ donderen, fulmineren ❷ heftig uitvaren (tegen)

fulmination [fʊlmɪ'neɪʃən] <u>form</u> *znw* ❶ heftige uitval ★ *the ~s of language purists* de hevige protesten van taalpuristen ❷ knal, ontploffing, donder

fulness ['fʊlnɪs] *znw* → **fullness**

fulsome ['fʊlsəm] *bn* overdreven (lief &) ★ *~ praise* overdreven loftuitingen

fumble ['fʌmbl] **I** *overg* ❶ bevoelen, betasten, morrelen aan ❷ verknoeien ‹kans› **II** *onoverg* voelen, tasten, morrelen ★ *~ along* zijn weg op de tast zoeken

fumbler ['fʌmblə] *znw* onhandige knoeier

fumbling ['fʌmblɪŋ] **I** *bn* onhandig, stuntelig **II** *znw* gestuntel, geknoei

fume [fjuːm] *onoverg* ❶ roken, dampen ❷ koken (van woede) ★ *stranded passengers were left fuming by the*

fu

strike gestrande passagiers werden ziedend achtergelaten ten gevolge van de staking ★ *she sat fuming over the letter for hours* ze zat urenlang te koken van woede vanwege de brief

fumes [fju:mz] *zn* [mv] gassen ★ *exhaust* ~ uitlaatgassen

fumigate ['fju:mɪgeɪt] *overg* uitroken, zuiveren

fumigation [fju:mɪ'geɪʃən] *znw* zuivering door een ruimte uit te roken

fumy ['fju:mɪ] *bn* ❶ rokend ❷ dampig

fun [fʌn] **I** *bn* inf prettig, aardig, amusant, leuk ★ *we had a ~ time* we hebben een leuke tijd gehad **II** *znw* grap, aardigheid, pret, pretje, plezier, lol, lolletje ★ *what ~!* wat leuk! ★ *~ and games* spektakel, pret, lol, opwinding, heisa ★ *~ life's not all ~ and games* het leven is niet alleen maar lol ★ *for ~ / for the ~ of it* voor de grap, voor de aardigheid, voor de lol ★ *she just writes for ~* ze schrijft alleen maar voor de aardigheid ★ *in ~* voor de aardigheid ★ *be ~* aardig, leuk, fijn zijn ★ *not get any ~ out of it* er geen plezier van hebben ★ *make ~ of sbd / poke ~ at sbd* iem. voor de mal houden, de draak steken met iem., iem. op de hak nemen

funambulist [fju:'næmbjʊlɪst] *znw* koorddanser

function ['fʌŋkʃən] **I** *znw* ❶ ambt, functie ❷ plechtigheid, feestelijkheid, party **II** *onoverg* functioneren, werken ★ *he'll ~ as the coordinator* hij zal als coördinator optreden ★ *my study also ~s as the spare bedroom* mijn studeerkamer dient ook als logeerkamer

functional ['fʌŋkʃənl] *bn* functioneel

functional food ['fʌŋkʃənl fu:d] *znw* voedingsmiddel dat gezondheidsbevorderende additieven bevat

functional grammar ['fʌŋkʃənl 'græmə] *znw* functionele grammatica

functional illiteracy ['fʌŋkʃənl ɪ'lɪtərəsɪ] *znw* functioneel analfabetisme

functional illiterate ['fʌŋkʃənl ɪ'lɪtərət] *znw* functioneel analfabeet

functionalism ['fʌŋkʃnəlɪzm] *znw* ❶ doelmatigheid ❷ in wetenschap functionalisme ❸ bouwk nieuwe zakelijkheid

functionality [fʌŋkʃə'nælɪtɪ] *znw* doelmatigheid, functionaliteit

functionary ['fʌŋkʃənərɪ] *znw* ❶ functionaris, ambtenaar ❷ beambte

function key ['fʌŋkʃən ki:] comput *znw* functietoets

fund [fʌnd] **I** *znw* ❶ fonds ❷ voorraad, schat, bron ★ *a ~ of knowledge / solutions &* een bron van informatie / oplossingen & **II** *overg* ❶ financieren, van fondsen voorzien ❷ funderen, consolideren ⟨schuld⟩

fundament ['fʌndəmənt] *znw* ❶ grondslag, basis ❷ scherts zitvlak, achterste

fundamental [fʌndə'mentl] **I** *bn* principieel, grond- **II** *znw* ❶ grondbeginsel, grondslag, fundament, basis ❷ grondwaarheid ❸ muz grondtoon

fundamentalism [fʌndə'mentəlɪzm] *znw*

fundamentalisme

fundamentalist [fʌndə'mentəlɪst] **I** *bn* fundamentalistisch **II** *znw* fundamentalist

fundamentally [fʌndə'mentlɪ] *bijw* in de grond, au fond, principieel

funding ['fʌndɪŋ] *znw* ❶ bekostiging ★ *cuts in ~* een reductie in financiering ❷ fondsgelden

fund manager [fʌnd 'mænɪdʒə] *znw* fondsbeheerder

fund-raiser ['fʌnd-reɪzə] *znw* fondsenwerver

fund-raising ['fʌnd-reɪzɪŋ] *znw* bijeenbrengen van geld, fondsenwerving ★ *a ~ concert* een benefietconcert

funds [fʌndz] *znw* [mv] ❶ kapitaal, geld, contanten ★ *an electronic ~ transfer* een elektronische betaling ★ *in ~ (goed)* bij kas ★ *be short of ~* krap bij kas zijn ★ *freeze the ~* de gelden blokkeren ❷ staatspapieren

funeral ['fju:nərəl] **I** *bn* begrafenis-, graf-, lijk- ★ *a ~ oration* een grafrede **II** *znw* ❶ begrafenis ★ inf *not my ~* mijn zaak niet ❷ lijkstoet

funeral director ['fju:nərəl daɪ'rektə] *znw* begrafenisondernemer

funeral home ['fju:nərəl həʊm] *znw* → **funeral parlour**

funeral march ['fju:nərəl mɑ:tʃ] *znw* treurmars

funeral parlour ['fju:nərəl 'pɑ:lə], Am **funeral parlor**, **funeral home** *znw* rouwkamer, begrafenisonderneming

funeral pile ['fju:nərəl paɪl] *znw* → **funeral pyre**

funeral procession ['fju:nərəl prə'seʃən] *znw* lijkstoet

funeral pyre ['fju:nərəl 'paɪə], **funeral pile** *znw* brandstapel ⟨voor lijkverbranding⟩

funerary ['fju:nərərɪ] *bn* begrafenis-, lijk-

funereal [fju:'nɪərɪəl] *bn* ❶ begrafenis-, lijk-, doden-, graf- ❷ treurig, somber

funfair ['fʌnfeə] *znw* kermis, lunapark

fun-filled ['fʌn-fɪld] *bn* amusant, leuk

fungal ['fʌŋɡəl] *bn* schimmel-, door een fungus veroorzaakt

fungi ['fʌŋɡaɪ, -dʒaɪ] *znw* [mv] → **fungus**

fungicide ['fʌŋɡɪsaɪd, -'fʌndʒɪsaɪd] *znw* schimmelbestrijdingsmiddel

fungous ['fʌŋɡəs] *bn* zwamachtig

fungus ['fʌŋɡəs] *znw* [mv: -es *of* fungi] ❶ zwam, paddenstoel, schimmel ❷ sponsachtige uitwas

funhouse ['fʌnhaʊs], **fun house** *znw* lachpaleis

funicular [fju:'nɪkjʊlə] *znw* kabelspoor

funicular railway [fju:'nɪkjʊlə 'reɪlweɪ] *znw* kabelspoorweg

funk [fʌŋk] **I** *znw* ❶ blue funk inf angst ★ *be in a ~* in de rats zitten ❷ muz funk **II** *overg* ★ inf *~ sth up* iets funky maken ⟨muziek⟩

funky ['fʌŋkɪ] inf *bn* ❶ muz funky ❷ mieters, super, jofel, tof ❸ trendy, modieus

funnel ['fʌnl] *znw* ❶ trechter ❷ schoorsteen, pijp ⟨v. stoomschip⟩ ❸ ⟨lucht⟩koker

funnel-web spider ['fʌnl-web 'spaɪdə] *znw* trechterspin, tunnelspin ⟨zeer giftige Australische spin⟩

funnies ['fʌnɪz] inf *znw* [mv] ❶ grappen ❷ de

fu

moppenpagina

funnily ['fʌnɪlɪ] *bijw* vreemd, eigenaardig

funny ['fʌnɪ] *bn* ❶ grappig, aardig, leuk, komisch ★ inf ~ ha-ha or ~ peculiar? bedoel je grappig of raar? ❷ vreemd, raar, gek ★ feel ~ zich niet helemaal lekker voelen ★ inf go ~ gek worden, raar gaan doen, kuren vertonen ‹apparaat› ❸ eigenaardig, excentriek

funny bone ['fʌnɪ bəʊn], *Am* **crazy bone** *znw* elleboogsknokkel, telefoonbotje

funny business ['fʌnɪ 'bɪznɪs] *znw* ❶ grappenmakerij ❷ bedriegerij ★ there's some ~ going on er is hier iets niet in de haak

funny farm ['fʌnɪ fɑːm] inf *znw* gekkenhuis

funny man ['fʌnɪ mæn] *znw* komiek(eling), pias

funny money ['fʌnɪ 'mʌnɪ] inf *znw* vals geld, waardeloos geld

funny papers ['fʌnɪ 'peɪpəz] Am *znw* [mv] moppenblaadjes

fun run [fʌn rʌn] *znw* trimloop, recreatieloop, benefietloop

fun-size ['fʌn-saɪz] inf *bn* mini-

fur [fɜː] I *bn* bonten, bont- ★ inf all ~ coat and no knickers veel lijken, maar weinig zijn II *znw* ❶ bont, pels, vacht ★ inf this'll make the ~ fly dat wordt donderen, daar komt rotzooi van ❷ pelswerk, pelterij ❸ med beslag ‹v.d. tong› ❹ techn aanslag, ketelsteen III *overg* ❶ ‹de tong› doen beslaan ❷ met aanslag, ketelsteen bedekken IV *onoverg* aan-, beslaan ‹v. tong› (ook: ~ up)

furbelow ['fɜːbɪləʊ] *znw* geplooide strook ★ frills and ~s kwikjes en strikjes

furbish ['fɜːbɪʃ] *overg* polijsten, bruineren, (op)poetsen

furious ['fjʊərɪəs] *bn* woedend, razend, woest (op with) furieus, verwoed

furiously ['fjʊərɪəslɪ] *bijw* furieus, verwoed, razend, woest ★ he drove ~ hij reed als een razende

furl [fɜːl] *overg* ❶ scheepv ‹een zeil› vastmaken ❷ oprollen, opvouwen

furlong ['fɜːlɒŋ] *znw* furlong, één achtste Eng. mijl ‹201 m›

furlough ['fɜːləʊ] I *znw* verlof ★ on ~ met verlof II *overg* Am met verlof laten gaan

furnace ['fɜːnɪs] *znw* (stook-, smelt)oven

furnish ['fɜːnɪʃ] *overg* ❶ verschaffen, leveren, fourneren ❷ voorzien (van with), uitrusten ❸ meubileren

furnished ['fɜːnɪʃt] *bn* gemeubileerd ★ a ~ apartment een gemeubileerd appartement

furnisher ['fɜːnɪʃə] *znw* ❶ meubelhandelaar ❷ stoffeerder

furnishing ['fɜːnɪʃɪŋ] *bn* stoffering ★ ~ fabrics meubelstoffen

furnishings ['fɜːnɪʃɪŋz] *znw* [mv] meubels, stoffering &

furniture ['fɜːnɪtʃə] *znw* meubelen, meubilair, huisraad ★ inf he's part of the ~ hij hoort bij het meubilair

furniture insurance ['fɜːnɪtʃə ɪn'ʃʊərəns] *znw*

inboedelverzekering

furniture polish ['fɜːnɪtʃə 'pɒlɪʃ] *znw* meubelwas

furniture van ['fɜːnɪtʃə væn] *znw* verhuiswagen

furore [fjʊə'rɔːrɪ], *Am* **furor** *znw* furore

furphy ['fɜːfɪ] Aus inf *znw* gerucht, raar verhaal

furred [fɜːd] *bn* ❶ met vacht, behaard ❷ beslagen ‹v. tong› ★ a ~ tongue een beslagen tong

furrier ['fʌrɪə] *znw* pels-, bontwerker, -handelaar

furrow ['fʌrəʊ] I *znw* ❶ voor, groef ❷ rimpel II *overg* groeven, doorploegen, rimpelen

furrowed ['fʌrəʊd] *bn* gegroefd, gerimpeld ★ with ~ brows met een gerimpeld voorhoofd

furry ['fɜːrɪ] *bn* ❶ met bont gevoerd, bonten ❷ zacht

further ['fɜːðə] I *bn* ❶ → **farther** ❷ verste ‹v. twee› ❸ nog, meer, ander ❹ fig nader ★ until ~ notice / orders tot nader order II *bijw* ❶ verder ★ nothing could be ~ from my mind ik pieker er niet over, ik denk er niet aan ★ handel ~ to my / your / our letter of met betrekking tot mijn / uw / onze brief van ★ the news / secret won't go any ~ het nieuws / geheim wordt niet verder verteld ★ take sth ~ iets hogerop zoeken, iets aan een hogere instantie voorleggen, verdergaan met iets ❷ → **farther** III *overg* bevorderen, behartigen

furtherance ['fɜːðərəns] form *znw* bevordering

further education ['fɜːðər edjuː'keɪʃən] *znw* voortgezet onderwijs

furthermore [fɜːðə'mɔː] *bijw* bovendien

furthermost ['fɜːðəməʊst], **farthermost** *bn* verst ★ they sailed to the ~ ends of the earth ze voeren naar de uitersten der aarde

furthest ['fɜːðɪst] *bn & bijw* verst(e) ‹niet alleen m.b.t. afstanden› ★ at the ~ hoogstens, ten eerste, ten laatste ★ 35 kilometres is the ~ I've ever walked in one day 35 kilometer is het verst dat ik ooit op een dag heb gelopen ★ the ~ extremes of human suffering het alleruiterste in menselijk lijden

furtive ['fɜːtɪv] *bn* ❶ heimelijk, steels, stiekem ❷ gestolen

furtively ['fɜːtɪvlɪ] *bijw* heimelijk, stiekem

furuncle ['fjʊərʌnkl] *znw* steenpuist

fury ['fjʊərɪ] *znw* woede, razernij, furie ★ be in a ~ about sth woedend zijn over iets ★ turn one's ~ on sbd zijn woede op iem. richten

furze [fɜːz] *znw* gaspeldoorn

fuse [fjuːz] I *znw* ❶ zekering, veiligheid, stop ★ blow a ~ een stop (laten) doorslaan, uit zijn vel springen van woede ❷ Am **fuze** lont ★ have a short ~ opvliegend van aard zijn ★ light the ~ iets doen dat enthousiasme opwekt ❸ kortsluiting ❹ → **fuze** ❺ buis ‹v. granaat› II *overg & onoverg* ❶ (samen)smelten ❷ fuseren, een fusie aangaan ❸ elektr doorslaan

fuse box [fjuːz bɒks] *znw* stoppenkast, zekering

fused [fjuːzd] elektr *bn* gezekerd

fuselage ['fjuːzəlɑːʒ, -lɪdʒ] luchtv *znw* romp

fuse wire [fjuːz 'waɪə] *znw* zekeringdraad

fusibility [fjuːzɪ'bɪlɪtɪ] *znw* smeltbaarheid

fusible ['fju:zɪbl] *bn* smeltbaar
fusilier [fju:zɪ'lɪə] mil *znw* fuselier
fusillade [fju:zɪ'leɪd] *znw* ❶ fusillade, geweervuur
❷ fusilleren ❸ *fig* spervuur ‹v. vragen &›
fusion ['fju:ʒən] *znw* ❶ smelten ❷ samensmelting,
fusie ★ *cold* ~ koude kernfusie ★ *nuclear* ~ kernfusie
❸ muz mengvorm van verschillende stijlen, vooral
rockmuziek en jazz
fusion bomb ['fju:ʒən bɒm] *znw* waterstofbom
fusion cooking ['fju:ʒən 'kʊkɪŋ] *znw* fusiekoken
‹mengeling van verschillende kookstijlen›
fuss [fʌs] **I** *znw* opschudding, herrie, (onnodige)
drukte, ophef ★ *make a* ~ heibel / herrie schoppen
★ *make a* ~ *about sth* veel tamtam maken over iets
★ *make a* ~ *of* / *over sbd* overdreven aandacht aan
iem. schenken, veel ophef van iem. maken **II** *overg*
Am lastig vallen **III** *onoverg* ❶ drukte maken, zich
druk maken, pietluttig doen ❷ zeuren **IV** *phras* ★ ~
about druk in de weer zijn, rondscharrelen ★ ~
about / **over** *sbd* / *sth* veel drukte maken over iem.
/ iets, iem. / iets betuttelen
fussbudget ['fʌsbʌdʒɪt] Am inf *znw* → **fusspot**
fussed [fʌst] Br inf *bn* ❶ gejaagd, druk, geïrriteerd
❷ een sterk gevoel hebben ‹over iets› ★ *I'm not
that* ~ *that we can't be there* het kan mij niet zoveel
schelen dat we er niet kunnen zijn
fusspot ['fʌspɒt] inf, Am **fussbudget** *znw* ❶ lastpost,
druktemaker ❷ pietlut
fussy ['fʌsɪ] *bn* ❶ pietluttig, bedillerig ★ inf *I'm not* ~
het is mij (allemaal) om het even ❷ druk
fustian ['fʌstɪən] *znw* ❶ fustein, bombazijn ❷ bombast
fusty ['fʌstɪ] *bn* duf, muf
futile ['fju:taɪl] *bn* nutteloos, waardeloos, nietig,
beuzelachtig, vergeefs,
futility [fju:'tɪlɪtɪ] *znw* beuzelachtigheid, beuzelarij,
kinderachtigheid, nietigheid
future ['fju:tʃə] **I** *bn* toekomstig, aanstaand,
(toe)komend ★ *for* ~ *reference* om later op terug te
komen **II** *znw* toekomst ★ gramm *the* ~ de
toekomende tijd ★ *in* ~ / *in the* ~ in het vervolg,
voortaan ★ *who can tell what the* ~ *holds?* wie kan
zeggen wat de toekomst brengt?
future perfect ['fju:tʃə 'pɜ:fɪkt] gramm *znw* voltooid
toekomende tijd
futures ['fju:tʃəz] handel *znw* [mv] termijnzaken
futurism ['fju:tʃərɪzm] *znw* futurisme
futurist ['fju:tʃərɪst] **I** *bn* futuristisch **II** *znw* futurist
futuristic [fju:tʃə'rɪstɪk] *bn* futuristisch
futurology [fju:tʃə'rɒlədʒɪ] *znw* futurologie ‹toekomst
voorspellen op grond van trends›
fuze [fju:z], Br **fuse** Am *znw* lont
fuzz [fʌz] *znw* ❶ pluis ❷ dons
fuzzy ['fʌzɪ] *bn* ❶ pluizig, vlokkig, donzig ❷ kroes
❸ vaag, wazig, beneveld
fuzzy logic ['fʌzɪ 'lɒdʒɪk] wisk & comput *znw* vage
logica
fwd *afk* ❶ (forward) transporteren, getransporteerd
‹boekhouden› ❷ → **f.w.d.**

f.w.d., **fwd**, **4WD** *afk* → **four-wheel drive**
vierwielaandrijving
f-word ['ef-wɜ:d] *znw* ★ *the* ~ het vloekwoord in het
Engels
FYI *afk* (for your information) ter informatie

fy

G

g I *afk* (gram/gramme) gram II *znw* [dʒiː] ❶ (de letter) g ❷ <u>muz</u> g of sol

gab [gæb] <u>inf</u> I *znw* ❶ radheid van tong ★ *he's got the gift of the ~*/Am *gift of ~* hij is goed van de tongriem gesneden ❷ gepraat, geklets, gebabbel II *onoverg* kakelen, ratelen

gabardine ['gæbədiːn] Am *znw* **gaberdine**

gabble ['gæbl] I *znw* gekakel, gebrabbel, gesnater II *overg* afraffelen, opdreunen III *onoverg* kakelen, brabbelen, snateren ★ *~ about sth* zitten te kakelen over iets ★ *~ on* doorratelen

gaberdine ['gæbədiːn], Am **gabardine** *znw* ❶ gabardine ‹stof› ❷ regenjas van dit materiaal

gable ['geɪbl] *znw* ❶ geveltop ❷ **gable end** puntgevel ★ *a ~ roof* een zadeldak

gabled ['geɪbld] *bn* met puntgevel

Gabon [gə'bɒn] *znw* Gabon

Gabonese [gæbə'niːz] I *bn* Gabons, Gabonees II *znw* [*mv:* ~] Gabonner, Ganonees, Gabonse, Gabonese

gad [gæd] <u>inf</u> *phras* ★ *~ about* (rond)zwerven, rondreizen ★ *~ about with sbd* uitgaan met

gadabout ['gædəbaʊt] <u>inf</u> *znw* feestvierder, boemelaar

gadfly ['gædflaɪ] *znw* ❶ horzel ❷ <u>fig</u> lastig iemand

gadget ['gædʒɪt] *znw* apparaat(je), technisch snufje, (hebbe)dingetje

gadgetry ['gædʒɪtrɪ] *znw* ❶ apparatuur ❷ technische snufjes

Gaelic ['geɪlɪk, 'gælɪk] I *bn* Keltisch, Gaelic II *znw* Keltisch, Gaelic ‹de taal van Schotland, Ierland en Man›

gaff [gæf] *znw* ❶ haak, speer met weerhaken ‹voor vis› ❷ <u>scheepv</u> gaffel ❸ <u>Br</u> <u>inf</u> onderkomen, huis, flat ★ <u>inf</u> *blow the ~ (on sth)* (iets) laten uitlekken / verklikken

gaffe [gæf] *znw* grote blunder, tactloosheid

gaffer ['gæfə] *znw* ❶ <u>inf</u> (ouwe) baas, ouwe (heer) ❷ <u>Br</u> <u>inf</u> meesterknecht, ploegbaas ❸ belichter ‹bij filmproducties›

gaffer tape ['gæfə teɪp] *znw* sterk plakband ‹geweven en waterdicht›

gag [gæg] I *znw* ❶ mondprop, <u>fig</u> spreekverbod ❷ <u>inf</u> grap, mop II *overg* een prop in de mond stoppen, <u>fig</u> knevelen, de mond snoeren III *onoverg* kokhalzen

gaga ['gɑːgɑː] <u>inf</u> *bn* seniel, kierewiet ★ *he's ~ about her* hij is stapelgek op haar

gage [geɪdʒ] Am *znw & overg* → **gauge**

gaggle ['gægl] *znw* ❶ vlucht (ganzen) ❷ <u>inf</u> luidruchtig / roerig gezelschap

gaiety ['geɪətɪ] *znw* ❶ bonte opschik, opzichtigheid, fleurigheid ❷ vrolijkheid, pret

gaily ['geɪlɪ] *bijw* ❶ vrolijk ❷ fleurig

gain [geɪn] I *znw* ❶ (aan)winst, profijt, voordeel ❷ toename, stijging II *overg* ❶ verwerven, (ver)krijgen, bereiken ★ *stand to ~ sth* waarschijnlijk iets krijgen ★ *~ access* toegang krijgen ❷ vermeerderen ★ *~ weight* aankomen ★ *~ ground* toenemen, (hoe langer hoe meer) ingang vinden III *onoverg* ❶ (het) winnen ★ *~ on sbd / sth* iem. / iets inhalen, het winnen van iem. / iets, veld / terrein winnen op iem. / iets ★ *have everything / nothing to ~* alles / niets te winnen hebben ❷ zich uitbreiden, vooruitgaan ★ *~ from sth* profiteren van iets, zijn voordeel doen met iets ★ *~ in popularity* populairder worden ❸ voorlopen ‹klok &›

gainer ['geɪnə] *znw* winner ★ *be the ~ by sth* ergens wel bij varen

gainful ['geɪnfʊl] *bn* ❶ voordelig, winstgevend ❷ bezoldigd ★ *~ employment* een betaalde baan

gainfully ['geɪnfʊlɪ] *bijw* bezoldigd, lucratief ★ *be ~ employed* een betaalde baan hebben

gainsay [geɪn'seɪ] <u>form</u> *overg* tegenspreken, ontkennen

gait [geɪt] *znw* (manier van) lopen, loopje, gang, pas

gaiter ['geɪtə] *znw* slobkous, beenkap

gal [gæl] I *znw* <u>inf</u> meisje, grietje II *afk*, **gal.** gallon

gala ['gɑːlə] *znw* gala, feest, feestelijkheid ★ *a ~ occasion* een formele gelegenheid ★ *a ~ performance* een gala-uitvoering

galactic [gə'læktɪk] <u>astron</u> *bn* galactisch, melkweg-

galah [gə'lɑː] *znw* ❶ galah, roze kaketoe ❷ <u>inf</u> sul, dwaas, stommerik

galangal ['gæləŋgæl], **galingale** *znw* galangawortel, laos

galaxy ['gæləksɪ] *znw* ❶ <u>astron</u> melkweg, melkwegstelsel ❷ <u>fig</u> schitterende stoet, groep of verzameling

gale [geɪl] *znw* harde wind, storm ★ *a howling ~* een loeiende storm ★ *a ~ of laughter* een lachsalvo ★ *blow a ~* stormen, heel hard waaien

galingale ['gælɪŋgeɪl] *znw* → **galangal**

gall [gɔːl] I *znw* ❶ gal, bitterheid ❷ brutaliteit, lef ★ *have the ~ to do sth* de brutaliteit hebben om iets te doen ❸ irritatie ❹ galnoot, galappel II *overg* verbitteren, kwellen, ergeren

gallant I *bn* ['gælənt] dapper, fier, moedig ★ *she made a ~ effort to win their confidence* ze deed een dappere poging om hun vertrouwen te winnen II *bn* ['gælənt, gə'lænt] galant, hoffelijk

gallantly ['gæləntlɪ] *bijw* ❶ dapper, fier, moedig ❷ galant, hoffelijk ★ *he ~ agreed to stand down* hoffelijk ging hij ermee akkoord af te treden

gallantry ['gæləntrɪ] *znw* ❶ dapperheid ❷ hoffelijkheid

gall bladder [gɔːl 'blædə] *znw* galblaas

galleon ['gælɪən] *znw* galjoen

gallery ['gælərɪ] *znw* ❶ galerij ❷ **picture gallery** galerie, schilderijenmuseum ★ *~ space* tentoonstellingsruimte ❸ tribune, balkon ★ *the public ~* de publieke tribune ★ *the ~* het schellinkje, de engelenbak ‹in theater› ★ *play to the ~*

(goedkoop) effect najagen

galley ['gælɪ] *znw* ❶ scheepv galei ❷ kombuis ❸ → druk **galley proof**

galley proof ['gælɪ pru:f], **galley** *znw* galeiproef, onopgemaakte (eerste, vuile) drukproef

galley slave ['gælɪ sleɪv] *znw* galeislaaf

Gallic ['gælɪk] *bn* Gallisch, Frans

Gallicism ['gælɪsɪzm] *znw* gallicisme

galling ['gɔ:lɪŋ] *bn* irritant, hinderlijk

gallivant ['gælɪvænt] *inf scherts onoverg* boemelen, stappen ★ *she's ~ing around France at the moment* ze is op het ogenblik in Frankrijk aan het rondstruinen

gallon ['gælən] *znw* gallon ‹inhoudsmaat van 4,54 liter in GB en 3,79 liter in USA› ★ *he drinks ~s of beer* hij drinkt ontzettend veel bier

gallop ['gæləp] **I** *znw* galop ★ *at a ~* in galop, fig op een holletje ★ *at full ~* in volle galop **II** *overg* laten galopperen **III** *onoverg* galopperen ★ *~ through sth* iets dóórvliegen

galloping ['gæləpɪŋ] *bn* snel toenemend ★ gedat *~ consumption* vliegende tering ★ *~ inflation* snel toenemende inflatie

gallows ['gæləʊz] *znw* [mv] galg ★ *he was sent to the ~ for murder* hij werd opgehangen wegens moord

gallows humour ['gæləʊz 'hju:mə], Am **gallows humor** *znw* galgenhumor

gallstone ['gɔ:lstəʊn] *znw* galsteen

Gallup poll ['gæləp pəʊl] *znw* opinieonderzoek

galoot [gə'lu:t] *Am & Schots inf znw* kluns

galop ['gæləp] *znw* galop ‹dans›

galore [gə'lɔ:] *bijw* in overvloed, bij de vleet

galoshes [gə'lɒʃɪz] *znw* [mv] (gummi)overschoenen

galumph [gə'lʌmf] *inf onoverg* zich lomp voortbewegen

galvanic [gæl'vænɪk] *bn* ❶ galvanisch ❷ plotseling, dramatisch ★ *a ~ experience* een dramatische belevenis

galvanism ['gælvənɪzəm] *znw* galvanisme

galvanize ['gælvənaɪz], **galvanise** *overg* galvaniseren, fig aanzetten ‹tot actie›

Gambia ['gæmbɪə] *znw* Gambia

Gambian ['gæmbɪən] **I** *bn* Gambiaans **II** *znw* Gambiaan, Gambiaanse

gambit ['gæmbɪt] *znw* ❶ aanloopje, truc ❷ gambiet ‹bij schaken›

gamble ['gæmbl] **I** *znw* gok, loterij ★ *the ~ paid off* de gok leverde resultaat op **II** *overg* op het spel zetten ★ *~ sth away* iets verspelen, verdobbelen, vergokken **III** *onoverg* ❶ spelen, dobbelen, gokken ❷ een risico nemen ★ *~ on sth* ergens op gokken

gambler ['gæmblə] *znw* speler, dobbelaar, gokker

gambling ['gæmblɪŋ] **I** *bn* gok-, op de gok ★ *a ~ den* een speelhol **II** *znw* het gokken

gambol ['gæmbl] **I** *znw* (kromme) sprong, luchtsprong **II** *onoverg* springen, huppelen, dartelen

game [geɪm] **I** *bn* ❶ flink, dapper, moedig, branie- ★ *be ~ for anything* iets aandurven, voor iets te vinden zijn ❷ lam, mank **II** *znw* ❶ spel ★ *it's all in* the ~ / *all part of the ~* dat hoort er (nu eenmaal) bij ★ inf *none of your ~s!* geen fratsen! ★ inf *what's your ~?* wat voor spelletje ben je aan het spelen?, wat voer je in je schild? ★ *play the ~* eerlijk spelen, zich aan de regels houden ★ *play sbd's ~* iem. in de kaart spelen ★ *beat sbd at their own ~* iem. op eigen terrein verslaan, iem. met zijn eigen middelen verslaan ❷ spelletje, partij ‹biljart›, manche ‹bridge› ★ *have a ~ of cards* een spelletje kaarten ★ *have a ~ of tennis* een partijtje tennissen ❸ wedstrijd ★ *the ~ is up* het spel is verloren, het is mis ★ inf *give the ~ away* de boel verraden ★ *have the ~ in one's (own) hands* gewonnen spel hebben ❹ inf (werk)terrein, domein ★ *ahead of the ~* anderen vooruit ★ *be new to the ~* iets niet eerder hebben gedaan ★ inf *be on the ~* in het leven zitten, als prostitué(e) werkzaam zijn ❺ wild ★ *fair ~* wild waarop gejaagd mag worden, fig terecht mikpunt voor spot, kritiek, uitbuiting &, aangeschoten wild **III** *onoverg* spelen, dobbelen

gamecock ['geɪmkɒk], **gamefowl** *znw* vechthaan ‹voor hanengevechten›

gamekeeper ['geɪmki:pə] *znw* jachtopziener, jachtopzichter

gamely ['geɪmlɪ] *bijw* flink, dapper ★ *despite the injury, he played ~ on* ondanks de blessure speelde hij dapper door

gameplan ['geɪmplæn] *znw* plan de campagne, strategie

gameplay ['geɪmpleɪ] *znw* speelwijze, spelopzet ‹v. computerspel›

game point [geɪm pɔɪnt] *znw* winnende punt ‹in tennis &›

game reserve [geɪm rɪ'zɜ:v] *znw* wildreservaat

games [geɪmz] *znw* [mv] ❶ sport ‹op school› ❷ spelen, atletiekwedstrijden

game show [geɪm ʃəʊ] *znw* spelprogramma, spelshow

gamesmanship ['geɪmzmənʃɪp] *znw* gewiektheid

gamester ['geɪmstə] *znw* speler, dobbelaar

gamete ['gæmi:t] *znw* gameet, geslachtscel

game theory [geɪm 'θɪərɪ] *znw* speltheorie

game warden [geɪm 'wɔ:dn] *znw* jachtopziener

gamey ['geɪmɪ], **gamy** *bn* ❶ adellijk ‹v. wild›, met wildgeur ❷ Am pikant, schandalig ★ *~ language* onfatsoenlijke taal

gaming ['geɪmɪŋ] *znw* gokken

gaming house ['geɪmɪŋ haʊs] *znw* goktent

gamma ['gæmə] *znw* gamma

gamma radiation ['gæmə reɪdɪ'eɪʃən] *znw* gammastraling

gamma rays ['gæmə reɪz] *znw* [mv] gammastralen

gammon ['gæmən] *znw* gerookte ham

gammy ['gæmɪ] *Br inf bn* lam, mank

gamut ['gæmət] *znw* ★ *the whole ~ of sth* het hele scala van iets ★ *run the ~* het hele scala doorlopen

gamy ['geɪmɪ] *bn* → **gamey**

gander ['gændə] *znw* mannetjesgans, gent ★ inf *have a ~ (at sbd / sth)* even kijken (naar iem. / iets)

gang [gæŋ] **I** *znw* ❶ ploeg (werklieden) ❷ bende, kliek, troep ★ ~ *warfare* bendeoorlog ★ *hi, ~!* hallo jongens! **II** *phras* ★ ~ **together** zich verenigen (tot een bende), samenklieken ★ ~ **up** zich verenigen (tot een bende), met vereende krachten optreden (tegen *on*)

gang bang [ˈgæŋ bæŋ] <u>vulg</u> *znw* ❶ groepsverkrachting ❷ groepsseks

gang-bang [ˈgæŋ-bæŋ] <u>vulg</u> *overg* ❶ verkrachten ‹door meerdere mannen› ❷ groepsseks hebben

ganger [ˈgæŋə] *znw* ploegbaas

gangland [ˈgæŋlænd] *znw* onderwereld

gangling [ˈgæŋglɪŋ], **gangly** *bn* slungelig

ganglion [ˈgæŋglɪən] *znw* [*mv:* -s *of* ganglia] ❶ zenuwknoop, ganglion ❷ <u>fig</u> centrum, middelpunt

gangplank [ˈgæŋplæŋk] <u>scheepv</u> *znw* loopplank

gang rape [ˈgæŋ reɪp] *znw* verkrachting door een aantal mannen, groepsverkrachting

gang-rape [ˈgæŋ-reɪp] *overg* verkrachten in een groep

gangrene [ˈgæŋgriːn] *znw* ❶ gangreen, koudvuur ❷ <u>fig</u> verrotting, bederf

gangrenous [ˈgæŋgrɪnəs] *bn* gangreneus, (door koudvuur) aangetast

gangsta [ˈgæŋstə] <u>Am slang</u> *znw* ❶ lid van een jeugdbende ❷ **gangsta rap** bep. stijl in de rapmuziek, gekenmerkt door gewelddadige teksten

gangster [ˈgæŋstə] *znw* gangster, bendelid, bandiet

gangway [ˈgæŋweɪ] *znw* ❶ (gang-, midden)pad, doorgang ❷ <u>scheepv</u> gangboord, loopplank, valreep ★ *~!* opzij!

ganja [ˈgændʒə] *znw* marihuana

gannet [ˈgænɪt] *znw* jan-van-gent ‹zeevogel›

gantry [ˈgæntrɪ] *znw* ❶ stelling, stellage ❷ seinbrug ‹v. spoorweg›, rijbrug ‹v. loopkraan› ❸ stellage met omgekeerde flessen sterke drank achter de bar

gaol [dʒeɪl] *znw & overg* → **jail**

gaoler [dʒeɪlə] → **jailer**

gap [gæp] *znw* ❶ gat, opening, leemte, hiaat, bres ★ *a ~ in the market* een gat in de markt ❷ <u>fig</u> kloof, onderbreking ★ *bridge the ~* de kloof overbruggen

gape [geɪp] **I** *znw* ❶ gaap ❷ opening **II** *onoverg* gapen ★ *~ at sbd / sth* iem. / iets aangapen

gap-toothed [ˈgæp-tuːθt, -tuːðd] *bn* met een spleetje tussen de tanden

gap year [ˈgæp jɪə] <u>Br</u> *znw* tussenjaar ‹tussen het eindexamen en het begin van de studie, meestal besteed aan reizen of werken›

gar [gɑː], **garfish** *znw* geep ‹vis›

garage [ˈgærɑːdʒ, -rɪdʒ] **I** *znw* ❶ garage ❷ garagebedrijf ❸ **garage rock** ongepolijste, energieke en luide vorm van rockmuziek **II** *overg* in de garage stallen

garage sale [ˈgærɑːdʒ seɪl] *znw* verkoop van tweedehands spullen bij de eigenaar thuis

garb [gɑːb] **I** *znw* kostuum, dracht **II** *overg* kleden

garbage [ˈgɑːbɪdʒ] *znw* ❶ vuilnis ❷ <u>fig</u> rotzooi, onzin, flauwekul

garbage bag [ˈgɑːbɪdʒ bæg] <u>Am</u> *znw* vuilniszak

garbage can [ˈgɑːbɪdʒ kæn], **garbage bin** <u>Am</u> *znw* vuilnisbak

garbage collector [ˈgɑːbɪdʒ kəˈlektə], **garbage man** <u>Am</u> *znw* vuilnisman

garbage disposal [ˈgɑːbɪdʒ dɪˈspəʊzəl] <u>Am</u> *znw* afvalverwerking

garbage man [ˈgɑːbɪdʒ mæn] *znw* → **garbage collector**

garbage truck [ˈgɑːbɪdʒ trʌk] <u>Am</u> *znw* vuilniswagen

garbanzo [gɑːˈbænzəʊ], **garbanzo bean** <u>Am</u> *znw* kikkererwt

garble [ˈgɑːbl] **I** *znw* onbegrijpelijke boodschap, rommelige tekst, verwarring ★ *her directions were a complete ~* haar aanwijzingen waren totaal onbegrijpelijk **II** *overg* onbegrijpelijk / onverstaanbaar maken ★ *he ~d his speech* hij verhaspelde zijn toespraak

garbled [ˈgɑːbld] *bn* door elkaar gegooid, verward, onbegrijpelijk ★ *they gave a ~ account of the events* ze gaven een verward verslag van de gebeurtenissen

garbo [ˈgɑːbəʊ] <u>Aus inf</u> *znw* vuilnisman

garden [ˈgɑːdn] **I** *znw* tuin, hof ★ *a public ~* een plantsoen ★ *a walled ~* een ommuurde tuin **II** *onoverg* tuinieren

garden centre [ˈgɑːdn ˈsentə], <u>Am</u> **garden center** *znw* tuincentrum

garden city [ˈgɑːdn ˈsɪtɪ] *znw* tuinstad

garden cress [ˈgɑːdn kres] *znw* tuinkers

gardener [ˈgɑːdnə] *znw* ❶ tuinman, hovenier ❷ tuinier

garden flat [ˈgɑːdn flæt] *znw* appartement met een tuin

garden frame [ˈgɑːdn freɪm] *znw* broeibak, plantenkas

gardenia [gɑːˈdiːnɪə] *znw* gardenia ‹plant›

gardening [ˈgɑːdnɪŋ] *znw* tuinbouw, tuinieren

Garden of Eden [ˈgɑːdn ɒv ˈiːdən] <u>bijbel</u> *znw* ★ *the ~* de hof van Eden, het Paradijs

garden party [ˈgɑːdn ˈpɑːtɪ] *znw* tuinfeest

garden path [ˈgɑːdn pɑːθ] *znw* tuinpad ★ *inf lead sbd up the ~* iem. inpakken, iem. iets wijsmaken

garden pea [ˈgɑːdn piː] *znw* doperwt

garden-variety [ˈgɑːdn-və-ˈraɪətɪ] *bn* gewoon, huis-tuin-en-keuken ★ *it was just a ~ hotel* het was maar een gewoon hotel

gargantuan [gɑːˈgæntjʊən] *bn* reusachtig, gigantisch ★ *of ~ proportions* van gigantische afmetingen

gargle [ˈgɑːgl] **I** *znw* gorgeldrank **II** *onoverg* gorgelen

gargoyle [ˈgɑːgɔɪl] *znw* waterspuwer ‹v. dakgoten, vooral aan gotische kerken›

garish [ˈgeərɪʃ] *bn* opzichtig, bont

garland [ˈgɑːlənd] **I** *znw* bloemenkrans, guirlande, slinger **II** *overg* met guirlandes behangen, omkransen

garlic [ˈgɑːlɪk] *znw* knoflook ★ *a clove of ~* een teentje knoflook ★ *a head of ~* een bolletje knoflook

garlic bread ['gɑ:lɪk bred] *znw* knoflookbrood, stokbrood met kruidenboter

garlic crusher ['gɑ:lɪk 'krʌʃə] *znw* knoflookpers

garlicky ['gɑ:lɪkɪ] *bn* knoflookachtig, ruikend naar knoflook

garment ['gɑ:mənt] *znw* kledingstuk, gewaad

garment bag ['gɑ:mənt bæg] *znw* kledinghoes

garner ['gɑ:nə] <u>dicht</u> *overg* inzamelen, vergaren

garnet ['gɑ:nɪt] *znw* granaat(steen)

garnish ['gɑ:nɪʃ] **I** *znw* garnering, versiering **II** *overg* garneren, opmaken, versieren (met *with*)

garnishee [gɑ:nɪ'ʃi:] <u>jur</u> **I** *znw* gedagvaarde, gedaagde **II** *overg* ❶ dagvaarden ❷ beslag leggen op

garniture ['gɑ:nɪtʃə] *znw* setje decoratieve vazen

garret ['gærɪt] *znw* vliering, zolderkamertje ‹armoedig›

garrison ['gærɪsən] **I** *znw* garnizoen **II** *overg* bezetten, garnizoen leggen in

garrotte [gə'rɒt] **I** *znw* wurgtouw, wurgpaal, garrot **II** *overg* wurgen, garrotteren

garrulity [gə'ru:lɪtɪ] *znw* praatzucht

garrulous ['gærʊləs] *bn* praatziek

garrulously ['gærʊləslɪ] *bijw* praatziek ★ *elderly women chatting ~ about the past* oudere vrouwen die praatziek over het verleden babbelen

garrulousness ['gærʊləsnɪs] *znw* praatzucht

garter ['gɑ:tə] *znw* kousenband ★ <u>inf</u> *have sbd's guts for ~* iem. ongenadig straffen

garter belt ['gɑ:tə belt] <u>Am</u> *znw* jarretellegordel

garters ['gɑ:təz] <u>Am</u> *znw* [mv] jarretelles

gas [gæs] **I** *znw* [mv: gases *of* gasses] ❶ gas ❷ <u>Am</u> <u>inf</u> benzine ★ <u>Am</u> <u>inf</u> *step on the ~* gas geven, er vaart achter zetten ★ <u>Am</u> <u>inf</u> *run out of ~* zonder benzine komen te zitten, aan kracht verliezen, doodbloeden ❸ <u>inf</u> gezwam, geklets, gebral, blabla ❹ <u>inf</u> lol, gein, leut, pret, grap ★ <u>inf</u> *the party was a real ~* het feestje was een topper ❺ winderigheid **II** *overg* (ver)gassen, door gas doen stikken **III** *onoverg* <u>inf</u> kletsen, zwammen ★ *~ on about sth* doorzwammen over iets ★ <u>Am</u> <u>inf</u> *~ up* benzine tanken

gasbag ['gæsbæg] *znw* ❶ <u>inf</u> branieschopper, windbuil, kletsmajoor ❷ gasreservoir

gas burner [gæs 'bɜ:nə], **gas jet** *znw* gasbrander

gas chamber [gæs 'tʃeɪmbə] *znw* gaskamer

gas company [gæs 'kʌmpənɪ] *znw* gasbedrijf

gas cooker [gæs 'kʊkə] *znw* gasfornuis

gas cylinder [gæs 'sɪlɪndə] *znw* gasfles

gaseous ['gæsɪəs] *bn* gasachtig, gasvormig, gas-

gas faucet [gæs 'fɔ:sɪt] <u>Am</u> *znw* gaskraan

gas fire [gæs 'faɪə] *znw* gaskachel, -haard

gas-fired ['gæs-'faɪəd] *bn* gasgestookt

gas gangrene [gæs 'gæŋgri:n] *znw* gasgangreen

gas guzzler [gæs 'gʌzlə] <u>Am</u> <u>inf</u> *znw* auto die benzine zuipt

gash [gæʃ] **I** *znw* snee, jaap, houw **II** *overg* (open)snijden, een snee geven, japen

gasholder ['gæshəʊldə] *znw* → **gasometer**

gasification [gæsɪfɪ'keɪʃən] *znw* ❶ gasvorming

❷ vergassing

gasify ['gæsɪfaɪ] *overg & onoverg* vergassen

gas jet [gæs dʒet] *znw* → **gas burner**

gasket ['gæskɪt] *znw* <u>techn</u> pakking

gas leak [gæs li:k] *znw* gaslek

gaslight ['gæslaɪt] *znw* gaslamp ★ *by ~* bij het licht van een gaslamp

gas main [gæs meɪn] *znw* hoofdgasleiding

gasman ['gæsmən] *znw* ❶ man van het gasbedrijf ❷ meteropnemer

gas mantle [gæs 'mæntl] *znw* gloeikousje

gas mask [gæs mɑ:sk] *znw* gasmasker

gas meter [gæs 'mi:tə] *znw* gasmeter

gas mileage [gæs 'maɪlɪdʒ] <u>Am</u> <u>inf</u> *znw* benzineverbruik (per mijl)

gasolene ['gæsəli:n], **gasoline** <u>Am</u> *znw* benzine

gasometer [gæ'sɒmɪtə], **gasholder** *znw* gashouder

gas oven [gæs 'ʌvən] *znw* gasoven

gasp [gɑ:sp] **I** *znw* stokken van de adem ★ *one's last ~* zijn laatste snik **II** *overg* ★ *~ sth out* iets met moeite uitbrengen **III** *onoverg* (naar adem) snakken, hijgen ★ *~ for sth* snakken naar iets ★ <u>inf</u> *I'm simply ~ing for a drink* ik snak naar iets te drinken

gas pedal [gæs 'pedl] <u>Am</u> *znw* gaspedaal

gas permeable [gæs 'pɜ:mɪəbl] *bn* gasdoorlatend, zuurstofdoorlatend ‹v. contactlenzen›

gas pipe [gæs paɪp] *znw* gasleiding ‹binnenshuis›

gas pump [gæs pʌmp] <u>Am</u> *znw* benzinepomp

gas range [gæs reɪndʒ] *znw* gasfornuis

gas ring [gæs rɪŋ] *znw* gaskomfoor, gaspit

gas station [gæs 'steɪʃən] <u>Am</u> *znw* tankstation, benzinestation

gas stove [gæs stəʊv] *znw* gasfornuis, gaskachel

gas supply [gæs sə'plaɪ] *znw* gaslevering

gassy ['gæsɪ] *bn* ❶ gasachtig, gas- ❷ bruisend ‹v. drank› ❸ <u>inf</u> kletserig, lang van stof ❹ <u>Am</u> winderig

gas tank [gæs tæŋk] <u>Am</u> *znw* benzinetank

gastric ['gæstrɪk] *bn* gastrisch, maag- ★ *a ~ ulcer* een maagzweer

gastric juice ['gæstrɪk dʒu:s] *znw* maagsap

gastritis [gæ'straɪtɪs] <u>med</u> *znw* gastritis, maagontsteking

gastroenteritis [gæstrəʊentə'raɪtɪs] <u>med</u> *znw* maagdarmontsteking, gastro-enteritis

gastronome ['gæstrənəʊm] *znw* gastronoom, fijnproever

gastronomic [gæstrə'nɒmɪk] *bn* gastronomisch

gastronomy [gæ'strɒnəmɪ] *znw* gastronomie

gastropub ['gæstrəʊpʌb] <u>Br</u> *znw* pub met maaltijden van hoge kwaliteit

gasworks ['gæswɜ:ks] *znw* [mv] gasfabriek

gate [geɪt] *znw* ❶ poort, deur, uitgang, ingang ★ *the city ~* de stadspoort ★ *a sluice ~* een sluisdeur ★ <u>Am</u> <u>inf</u> *get / be given the ~* de zak krijgen, de laan uitgestuurd worden ❷ hek, slagboom ❸ betalend publiek ‹bij voetbal›, entreegeld, recette

gateau ['gætəʊ] ‹Fr› *znw* taart

gatecrash ['geɪtkræʃ] <u>inf</u> *overg* zich indringen, onuitgenodigd binnenvallen

gatecrasher ['geɪtkræʃə] inf znw ongenode gast, indringer

gatehouse ['geɪthaʊs] znw ❶ portierswoning ❷ hist gevangenpoort

gatekeeper ['geɪtki:pə] znw poortwachter

gateleg table ['geɪtleg 'teɪbl] znw uittrektafel

gateman ['geɪtmən] znw ❶ portier ❷ overwegwachter ‹bij spoorbaan›

gatepost ['geɪtpəʊst] znw deurpost, stijl ‹v. hek› ★ inf between you and me and the ~ onder ons gezegd, in vertrouwen

gateway ['geɪtweɪ] znw ❶ poort ❷ fig toegangspoort

gather ['gæðə] I overg ❶ vergaren, inzamelen, verzamelen, oogsten, inwinnen, bijeenbrengen ★ ~ (up) courage moed verzamelen ★ ~ dust stoffig worden ★ ~ speed vaart krijgen, fig opgang maken ★ ~ strength sterker worden ★ ~ sth in iets binnen-, inhalen ★ ~ sth together iets bijeenpakken ★ ~ oneself together zich vermannen ★ ~ sth up iets oprapen, opnemen, iets optrekken ‹de benen›, iets verzamelen ❷ afleiden, opmaken ★ I ~ from your remarks that... ik maak uit jouw opmerkingen op dat... ❸ samentrekken, rimpelen ‹stof›, plooien II onoverg zich verzamelen, samenkomen, vergaderen, samenscholen, zich samenpakken ‹wolken &› ★ ~ around / round bijeenkomen ★ ~ around / round sbd / sth zich rond iem. / iets scharen ★ there's a storm ~ing er komt een storm op

gathering ['gæðərɪŋ] znw ❶ inzameling, verzameling, pluk ❷ bijeenkomst, gezelschap

gathers ['gæðəz] znw [mv] plooien, smokwerk

GATT [gæt] afk (General Agreement on Tariffs and Trade) algemene overeenkomst inzake tarieven en handel

gauche [gəʊʃ] bn ❶ onhandig ❷ tactloos, lomp

gaucheness ['gəʊʃnɪs] znw ❶ onhandigheid ❷ tactloosheid

gaucho ['gaʊtʃəʊ] znw gaucho ‹Zuid-Amerikaanse cowboy›

gaudy ['gɔ:dɪ] bn opzichtig, pronkerig, felgekleurd

gauge [geɪdʒ], Am **gage** I znw ❶ peilstok, peilglas, peil, ijkmaat, maat, meter, fig maatstaf ★ serve as a ~ of sth als maatstaf voor iets dienen ❷ spoorwijdte, spoor ❸ techn mal, dikte ‹van metaal of draad› ❹ mil kaliber II overg ❶ peilen, meten, roeien ❷ kalibreren, ijken ❸ schatten, taxeren

Gaul [gɔ:l] znw ❶ Gallië ❷ Galliër

Gaulish ['gɔ:lɪʃ] bn Gallisch

gaunt [gɔ:nt] bn ❶ schraal, mager ❷ dicht kaal, naargeestig

gauntlet ['gɔ:ntlɪt] znw (scherm-, rij)handschoen, hist pantserhandschoen ★ have to run the ~ of onder handen genomen worden door, veel te verduren hebben van ★ run the ~ spitsroeden lopen ★ take / pick up the ~ de uitdaging aannemen ★ throw down the ~ iem. uitdagen

gauze [gɔ:z] I bn gazen II znw gaas

gauzy ['gɔ:zɪ] bn gaasachtig

gave [geɪv] ww [v.t.] → give

gavel ['gævəl] znw (voorzitters)hamer

gavotte [gə'vɒt] znw gavotte ‹dans›

gawd [gɔ:d] inf tsw god! ★ oh my ~! god allemachtig!

gawk [gɔ:k], Br **gawp** inf onoverg met open mond staren, staan aangapen ★ ~ at sbd / sth iem. / iets aanstaren

gawky ['gɔ:kɪ] bn onhandig, lomp, sullig

gawp [gɔ:p] Br inf onoverg → gawk

gay [geɪ] I bn ❶ homoseksueel, homo-, flikker- ❷ vrolijk, opgewekt, los(bandig), luchtig, luchthartig ❸ bont, (veel)kleurig, fleurig II znw homo(seksueel)

---

gay
betekent **homoseksueel** maar ook **vrolijk, opgewekt, luchtig, bont, fleurig**. De betekenis **homoseksueel** is zo langzamerhand de hoofdbetekenis geworden. Als het woord in een van de andere betekenissen wordt gebruikt zit er meestal een dubbelzinnigheid achter.

---

gay liberation [geɪ lɪbə'reɪʃən] znw homo bevrijdingsfront, flikkerfront

gay pride [geɪ praɪd] znw gay pride, zelfbewustheid van homo's

gaze [geɪz] I znw starende blik ★ she reddened under his ~ zijn starende blik deed haar blozen ★ her ~ fell on the photo haar blik viel op de foto ★ his ~ fixed on two figures hij richtte zijn blik op twee figuren II onoverg staren (naar at) ★ I caught her gazing into space ik zag haar doelloos voor zich uit staren

gazebo [gə'zi:bəʊ] znw [mv: -s] prieeltje, belvedère

gazelle [gə'zel] znw gazelle

gazette [gə'zet] I znw ❶ (Engelse) Staatscourant ❷ hist nieuwsblad II overg (officieel) publiceren

gazetteer [gæzə'tɪə] znw geografisch woordenboek, geografische index

gazpacho [gæ'spætʃəʊ] znw gazpacho ‹koude Spaanse soep›

gazump [gə'zʌmp] Br inf overg overbieden ‹meer bieden nadat er al een koopovereenkomst gesloten is›

gazunder [gə'zʌndə] Br inf overg onderbieden ‹minder bieden nadat er al een koopovereenkomst gesloten is›

GB afk ❶ → **Great Britain** ❷ comput **Gb** → gigabyte

GBH jur afk → **grievous bodily harm**

GCE afk (General Certificate of Education ‹tegenwoordig GCSE›) ± vwo diploma

GCSE afk (General Certificate of Secondary Education) ± einddiploma middelbare school

GDP afk (gross domestic product) bbp, bruto binnenlands product

GDR hist afk → **German Democratic Republic**

gear [gɪə] I znw ❶ versnelling, techn overbrenging, drijfwerk, tandwiel ★ techn & auto in ~ gekoppeld ★ techn & auto out of ~ ontkoppeld, afgekoppeld ★ auto change / shift ~ schakelen ★ crash / grind the ~s misschakelen, 'tandenpoetsen' ★ switch ~s in een andere versnelling zetten ‹ook figuurlijk› ❷ uitrusting, goed, gerei ★ camping ~ kampeeruitrusting ❸ inf kleding ★ designer ~ designerkleding II overg instellen (op to), aanpassen (aan to) ★ be ~ed to ingesteld op, aangepast aan ★ ~ sbd up to do sth iem. voorbereiden om iets te doen

gearbox ['grəbɒks] znw versnellingsbak

gear change [grə tʃeɪndʒ] znw verandering van versnelling, schakelen

gearing ['grərɪŋ] techn znw overbrenging, drijfwerk

gear lever [grə 'li:və], **gear shift**, Am **gearstick** znw versnellingspook, pook

gearwheel ['grəwi:l] znw tand-, kettingwiel (v. fiets)

gecko ['gekəʊ] znw [mv: -s of geckoes] gekko

gee [dʒi:] inf I tsw hemel!, verdorie! ★ ~ up! hu! ‹tegen een paard› II znw, **gee gee** kindertaal paard(je)

geek [gi:k] inf znw ❶ sukkel, eikel ❷ fanaat, freak ★ a computer ~ een computerfanaat

geese [gi:s] znw [mv] → **goose**

gee whiz [dʒi: 'wɪz] Am inf tsw jeetje!

geezer ['gi:zə] inf znw (ouwe) knakker

Geiger counter ['gaɪgə kaʊntə] znw geigerteller

geisha ['geɪʃə], **geisha girl** znw geisha

gel [dʒel] I znw gel II onoverg → **jell**

gelati [dʒə'lɑ:tɪ] znw [mv] → **gelato**

gelatine ['dʒelətɪn] znw gelatine

gelatinous [dʒɪ'lætɪnəs] bn gelatineachtig

gelato [dʒə'lɑ:təʊ] znw [mv: gelati] Italiaans ijsje

geld [geld] overg castreren

gelding ['geldɪŋ] znw ❶ het castreren ❷ dierk ruin

gelignite ['dʒelɪgnaɪt] znw kneedbom

gem [dʒem] I znw ❶ edelsteen, juweel ❷ kleinood, juweel(tje) ★ a ~ of a flower / poem & een juweel van een bloem / gedicht & II overg dicht (met edelgesteenten) versieren

geminate fon I bn ['dʒemɪnət] dubbel, gepaard II overg ['dʒemɪneɪt] verdubbelen, paarsgewijs plaatsen

gemination [dʒemɪ'neɪʃən] fon znw verdubbeling, paarsgewijze plaatsing

Gemini ['dʒemɪnaɪ] astron znw Tweelingen

gemstone ['dʒemstəʊn] znw edelsteen

gen [dʒen] Br inf I znw (precieze) gegevens, informatie II overg ★ ~ sbd up on sth iem. over iets helemaal bijpraten, iem. van alle benodigde gegevens over iets voorzien III onoverg ★ ~ up on sth zich over iets op de hoogte stellen, zich goed informeren over iets

Gen. afk (General) generaal

gender ['dʒendə] znw geslacht

gender bender ['dʒendə bendə] inf znw androgyn persoon

gender changer ['dʒendə 'tʃeɪndʒə] znw gender changer ‹verloopstuk om twee mannelijke / vrouwelijke stekkers met elkaar te verbinden›

gene [dʒi:n] znw gen ‹erffactor› ★ carry / have a ~ drager zijn van een gen ★ pass on a ~ een gen

doorgeven

genealogical [dʒi:nɪə'lɒdʒɪkl] bn genealogisch ★ a ~ tree een stamboom

genealogist [dʒi:nɪ'ælədʒɪst] znw genealoog

genealogy [dʒi:nɪ'ælədʒɪ] znw ❶ genealogie ❷ stamboom

gene pool [dʒi:n pu:l] znw genenvoorraad

genera ['dʒenərə] znw [mv] → **genus**

general ['dʒenərəl] I bn algemeen ★ as a ~ rule in / over het algemeen ★ be in the ~ interest in het algemeen belang zijn II znw ❶ mil generaal, veldheer ❷ algemeenheid ★ in ~ in / over het algemeen

general anaesthetic ['dʒenərəl ænɪs'θetɪk] znw algehele verdoving

general delivery ['dʒenərəl dɪ'lɪvərɪ] Am znw poste restante

general election ['dʒenərəl ɪ'lekʃən] znw algemene verkiezingen

generalissimo [dʒenərə'lɪsɪməʊ] ‹Ital› znw generalissimus, opperbevelhebber

generality [dʒenə'rælɪtɪ] znw algemeenheid ★ the ~ (of sth) de algemeenheid (van iets)

generalization [dʒenərəlaɪ'zeɪʃən], **generalisation** znw veralgemening, generalisatie ★ a sweeping ~ een te algemene generalisatie

generalize ['dʒenərəlaɪz], **generalise** I overg algemeen maken of verbreiden II onoverg generaliseren ★ it's hard to ~ het is moeilijk om daar een algemene uitspraak over te doen

general knowledge ['dʒenərəl 'nɒlɪdʒ] znw algemene kennis, algemene ontwikkeling

generally ['dʒenərəlɪ] bijw ❶ gewoonlijk ❷ algemeen, in / over het algemeen ★ generally speaking globaal genomen, over het algemeen

general meeting ['dʒenərəl 'mi:tɪŋ] znw algemene vergadering

general practice ['dʒenərəl 'præktɪs] znw huisartsenpraktijk

general practitioner ['dʒenərəl præk'tɪʃənə], **GP** znw huisarts

general public ['dʒenərəl 'pʌblɪk] znw ★ the ~ het grote publiek, de goegemeente

general-purpose ['dʒenərəl-'pɜ:pəs] bn voor algemeen gebruik, voor alles geschikt

general staff ['dʒenərəl stɑ:f] znw generale staf

general store ['dʒenərəl stɔ:], **general stores** znw warenhuis

general strike ['dʒenərəl straɪk] znw algemene staking

generate ['dʒenəreɪt] overg ❶ voortbrengen, verwekken ❷ ontwikkelen ‹gas›, opwekken ‹elektriciteit›

generating station ['dʒenəreɪtɪŋ 'steɪʃən] znw (elektrische) centrale, krachtstation

generation [dʒenə'reɪʃən] znw ❶ voortbrenging, ontwikkeling, voortplanting ★ the ~ of electricity het opwekken van elektriciteit ★ wealth ~ het creëren van welvaart ❷ generatie, geslacht ★ the younger ~

ge

de nieuwe generatie, de jonge mensen ★ *a second ~ American* een Amerikaan van de tweede generatie ★ *he can trace his family back for eight ~s* hij kan zijn familie acht generaties terugvoeren ★ *from ~ to ~* generaties lang ★ *from one ~ to the next* van een generatie tot de volgende

generation gap [dʒenəˈreɪʃən gæp] *znw* generatiekloof

Generation X [dʒenəˈreɪʃən ˈeks] *znw* generatie nix ‹in het begin van de jaren '90 aanduiding voor een generatie van jongeren die richtingloos, ongemotiveerd en zonder verantwoordelijkheidsgevoel door het leven zouden gaan›

generative [ˈdʒenərətɪv] *bn* ❶ voortbrengend, vruchtbaar ❷ taalk generatief ★ *~ grammar* generatieve grammatica

generator [ˈdʒenəreɪtə] *znw* ❶ voortbrenger, verwekker ❷ techn stoomketel ❸ generator

generic [dʒɪˈnerɪk] *bn* ❶ generisch, geslachts- ❷ algemeen ★ *a ~ term* een algemene term ★ *a ~ drug* een merkloos geneesmiddel

generic brand [dʒɪˈnerɪk brænd] *znw* huismerk

generosity [dʒenəˈrɒsɪtɪ] *znw* edelmoedigheid, generositeit, mildheid, gulheid ★ *we appreciate your ~ to / towards us* we stellen uw gulheid jegens ons zeer op prijs

generous [ˈdʒenərəs] *bn* ❶ edel(moedig), genereus, mild, gul, goedgeefs ❷ royaal, overvloedig, flink, krachtig ★ *~ servings* royale porties

generously [ˈdʒenərəslɪ] *bijw* edelmoedig, royaal, gul ★ *he has ~ donated his services* hij heeft gul zijn diensten aangeboden

genesis [ˈdʒenɪsɪs] *znw* genesis, genese ‹wording(sgeschiedenis)›, ontstaan ★ *Genesis* Genesis

gene therapy [dʒiːn ˈθerəpɪ] *znw* gentherapie

genetic [dʒɪˈnetɪk] *bn* genetisch

genetically [dʒɪˈnetɪklɪ] *bijw* genetisch

genetically engineered [dʒɪˈnetɪklɪ endʒɪˈnɪəd], **genetically modified** *bn* genetisch gemanipuleerd

genetic code [dʒɪˈnetɪk kəʊd] *znw* genetische code

genetic engineering [dʒɪˈnetɪk endʒɪˈnɪərɪŋ] *znw* genetische manipulatie

genetic fingerprint [dʒɪˈnetɪk ˈfɪŋgəprɪnt] *znw* genenprint, genetische vingerafdruk, DNA-vingerafdruk

genetic fingerprinting [dʒɪˈnetɪk ˈfɪŋgəprɪntɪŋ] *znw* ❶ DNA-vingerafdruk, DNA-patroon ❷ het maken van een genenprint, DNA-vingerafdrukkentechniek

geneticist [dʒɪˈnetɪsɪst] *znw* geneticus

genetics [dʒɪˈnetɪks] *znw* [mv] genetica, erfelijkheidsleer

genetics
(genetica) is eigenlijk meervoud, maar wordt vaak als enkelvoud behandeld, vooral als het de studierichting betreft. Het maakt geen verschil of er een lidwoord voor staat of niet.
Genetics is about differences - Genetica gaat over verschillen.
Genetics are the key to improving the tenderness of beef - Genetica is de sleutel tot het verbeteren van de malsheid van rundvlees.

genever [dʒɪˈniːvə] *znw* jenever

genial [ˈdʒiːnɪəl] *bn* vriendelijk, opgewekt, gemoedelijk, joviaal, sympathiek

geniality [dʒiːnɪˈælɪtɪ] *znw* opgewektheid, jovialiteit

genie [ˈdʒiːnɪ] *znw* [mv: genii] geest, djinn

genital [ˈdʒenɪtl] *bn* genitaal, geslachts-

genitalia [dʒenɪˈteɪlɪə] *znw* genitaliën, geslachtsdelen

genitals [ˈdʒenɪtlz] *znw* [mv] genitaliën, geslachtsdelen

genitive [ˈdʒenɪtɪv] gramm **I** *bn* genitief- **II** *znw* genitief, tweede naamval

genito-urinary [ˈdʒenɪtəʊ-ˈjʊərɪnərɪ] med *bn* genito-urinair

genius [ˈdʒiːnɪəs] *znw* [mv: -es of genii] ❶ genie, talent, genialiteit, (natuurlijke) aanleg ★ *have a ~ for sth* ergens een talent voor hebben ‹kan ook ironisch zijn› ★ *his ~ lies in his ability to convey emotions* zijn talent ligt in zijn vermogen om gevoelens over te brengen ❷ geest, karakter, beschermgeest ★ *an evil ~* een kwade genius

genocidal [dʒenəˈsaɪdl] *bn* genocide-

genocide [ˈdʒenəsaɪd] *znw* genocide

genome [ˈdʒiːnəʊm] *znw* genoom

genotype [ˈdʒiːnetaɪp, ˈdʒenətaɪp] *znw* genotype

genre [ˈʒɑːrə] *znw* genre

gent [dʒent] *inf gedat znw* heer, meneer

genteel [dʒenˈtiːl] *bn* fatsoenlijk, net, fijn, deftig

genteelly [dʒenˈtiːlɪ] *bijw* fatsoenlijk, netjes, fijntjes, deftig ★ *she coughed ~* ze hoestte fijntjes

gentile [ˈdʒentaɪl] **I** *bn* niet-joods **II** *znw* niet-jood

gentility [dʒenˈtɪlɪtɪ] *znw* ❶ fatsoen, fatsoenlijkheid, fijne manieren, deftigheid ★ *the hotel retains its air of ~* het hotel heeft zijn deftige karakter behouden ❷ voorname afkomst

gentle [ˈdʒentl] *bn* ❶ zacht, zachtaardig, -moedig, -zinnig, licht ★ *~ persuasion* zachte dwang ❷ lief, vriendelijk, teder ★ *the ~ sex* het zwakke geslacht

gentleman [ˈdʒentlmən] *znw* ❶ (mijn)heer, meneer ❷ gentleman, fatsoenlijk man ★ *a ~'s ~* een herenknecht, een butler

gentleman farmer [ˈdʒentlmən ˈfɑːmə] *znw* herenboer

gentlemanly [ˈdʒentlmənlɪ], **gentlemanlike** *bn* fatsoenlijk, gentlemanlike

gentleman's agreement [ˈdʒentlmənz əˈgriːmənt], **gentlemen's agreement** *znw* herenakkoord

gentlewoman [ˈdʒentlwʊmən] gedat *znw* vrouw uit

gegoede stand, (beschaafde) dame

gently ['dʒentlɪ] *bijw* zacht(jes), vriendelijk ★ ~ *does it!* voorzichtig aan!

gentrification [dʒentrɪfɪ'keɪʃən] *znw* sociale opwaardering ‹v.e. woonwijk door vestiging van nieuwe bewoners uit een beter milieu›

gentry ['dʒentrɪ] *znw* ★ *the* ~ de deftige stand ‹komend na de adel› ★ *the landed* ~ de grootgrondbezitters, de lage landadel

gents [dʒents] inf *znw* [mv] ★ *the* ~ het herentoilet ★ *join the* ~ zich even absenteren

genuflect ['dʒenjʊflekt] *onoverg* ❶ een kniebuiging maken ‹uit eerbied› ❷ fig zich onderwerpen

genuflection [dʒenjʊ'flekʃən], **genuflexion** *znw* ❶ kniebuiging ❷ fig onderwerping

genuine ['dʒenjʊɪn] *bn* ❶ echt, onvervalst, ‹ras› zuiver ★ inf *the watch looked like the* ~ *article* het horloge zag er honderd procent echt uit ❷ oprecht ❸ serieus ‹v. aanvraag &›

genuinely ['dʒenjʊɪnlɪ] *bijw* echt, oprecht, serieus

genuineness ['dʒenjʊɪnnɪs] *znw* echtheid, oprechtheid

genus ['dʒi:nəs, 'dʒenəs] *znw* [mv: genera] geslacht, klasse, soort

geo- ['dʒi:əʊ] *voorv* geo-, aard-

geographer [dʒɪ'ɒgrəfə] *znw* geograaf, aardrijkskundige

geographic [dʒi:ə'græfɪk], **geographical** *bn* geografisch, aardrijkskundig ★ *a* ~ *region* en geografisch gebied

geography [dʒɪ'ɒgrəfɪ] *znw* geografie, aardrijkskunde ★ *I don't know the* ~ *of the area* ik heb de kaart van de streek niet goed in mijn hoofd

geological [dʒi:ə'lɒdʒɪkl] *bn* geologisch

geologist [dʒɪ'ɒlədʒɪst] *znw* geoloog

geology [dʒɪ'ɒlədʒɪ] *znw* geologie

geomancy ['dʒi:əʊmænsɪ] *znw* geomantiek

geometer [dʒɪ'ɒmɪtə] *znw* ❶ meetkundige ❷ dierk spanrups(vlinder)

geometric [dʒɪə'mætrɪk], **geometrical** *bn* meetkundig ★ ~ *drawing* lijntekenen

geometrician [dʒɪəmɪ'trɪʃən] *znw* meetkundige

geometric progression [dʒi:ə'metrɪk prə'greʃən] *znw* meetkundige reeks

geometry [dʒɪ'ɒmɪtrɪ] *znw* meetkunde

geophysical [dʒi:əʊ'fɪzɪkl] *bn* geofysisch

geophysicist [dʒɪəʊ'fɪzɪsɪst] *znw* geofysicus

geophysics [dʒi:əʊ'fɪzɪks] *znw* [mv] geofysica

geopolitical [dʒɪəʊpə'lɪtɪkl] *bn* geopolitiek

geopolitics [dʒɪəʊ'pɒlɪtɪks] *znw* [mv] geopolitiek

Geordie ['dʒɔ:dɪ] Br inf *znw* ❶ Geordie ‹een bewoner van Noord-Engeland en Zuid-Schotland› ❷ Geordie ‹het dialect van Noord-Engeland en Zuid-Schotland›

Georgia ['dʒɔ:dʒə] *znw* ❶ Georgië ‹land in de Kaukasus› ❷ Georgia ‹staat in de Verenigde Staten›

Georgian ['dʒɔ:dʒən] I *bn* ❶ Georgiaans ‹uit de tijd van de vier Georges (1714-1830) of van George V en VI (1910-1952)› ❷ Georgisch ‹van Georgië› ❸ uit

Georgia II *znw* ❶ Georgiër, Georgische ‹inwoner van Georgië› ❷ iemand uit Georgia

geothermal [dʒi:əʊ'θɜ:ml] *bn* geothermisch ‹m.b.t. aardwarmte›

geranium [dʒə'reɪnɪəm] *znw* geranium

gerbil ['dʒɜ:bɪl] *znw* woestijnrat, gerbil

geriatric [dʒerɪ'ætrɪk] I *bn* geriatrisch II *znw* beledigend ouwetje

geriatrician [dʒerɪə'trɪʃən] *znw* geriater

geriatrics [dʒerɪ'ætrɪks] *znw* [mv] geriatrie

germ [dʒɜ:m] *znw* ❶ med bacil, ziektekiem ❷ kiem ★ *the* ~ *of an idea* het ontstaan van een idee ❸ fig oorsprong

German ['dʒɜ:mən] I *bn* Duits II *znw* ❶ Duits ❷ Duitser, Duitse

German Democratic Republic ['dʒɜ:mən deməˈkrætɪk rɪ'pʌblɪk], **GDR** hist *znw* Duitse Democratische Republiek, Oost-Duitsland

germane to [dʒɜ:'meɪn tʊ] form *bn* betrekking hebbend op, toepasselijk ★ *the question is not* ~ *the matter at hand* de vraag is niet van toepassing op de zaak onder behandeling

Germanic [dʒɜ:'mænɪk] *bn* Germaans

German measles ['dʒɜ:mən 'mi:zəlz] *znw* [mv] rodehond, rubella

German shepherd ['dʒɜ:mən 'ʃepəd] *znw* Duitse herder, herdershond

Germany ['dʒɜ:mənɪ] *znw* Duitsland

germ cell [dʒɜ:m sel] *znw* kiemcel

germicide ['dʒɜ:mɪsaɪd] *znw* germicide, kiemdodend middel

germinal ['dʒɜ:mɪnl] *bn* ❶ kiem- ❷ form embryonaal ★ *his research was* ~ *to modern biology* zijn onderzoek heeft de grondslag gelegd voor de moderne biologie

germinate ['dʒɜ:mɪneɪt] *overg & onoverg* (doen) ontkiemen, ontspruiten

germination [dʒɜ:mɪ'neɪʃən] *znw* ontkieming

germinative ['dʒɜ:mɪnətɪv] *bn* kiemkrachtig

germ warfare ['dʒɜ:m 'wɔ:feə] *znw* bacteriologische oorlog(voering)

gerontologist [dʒerɒn'tɒlədʒɪst] *znw* gerontoloog

gerontology [dʒerɒn'tɒlədʒɪ] *znw* gerontologie

gerrymander ['dʒerɪmændə], **jerrymander** I *znw* knoeierij ‹met de indeling van kiesdistricten› II *overg* vervalsen ‹door geknoei met kiesdistricten› III *onoverg* knoeien ‹met de indeling van kiesdistricten›

gerrymandering ['dʒerɪmændərɪŋ] *znw* partijdig herindelen ‹v.d. grenzen v. kiesdistricten›

gerund ['dʒerənd] gramm *znw* gerundium

gestation [dʒe'steɪʃən] *znw* zwangerschap ★ fig *in* ~ in wording

gesticulate [dʒe'stɪkjʊleɪt] *onoverg* gesticuleren, gebaren

gesticulation [dʒestɪkjʊ'leɪʃən] *znw* gesticulatie, gebaar, gebarenspel

gestural ['dʒestʃər(ə)l] *bn* door / met gebaren,

ge

gebaren-

gesture ['dʒestʃə] **I** znw gebaar, geste, teken ★ as a ~ of goodwill als een welwillend gebaar **II** overg door gebaren te kennen geven ★ an usher ~d her to her place een ouvreuse gebaarde haar naar haar plaats **III** onoverg gebaren, gebaren maken ★ she ~d to him to approach ze gebaarde dat hij dichterbij moest komen

get [get] **I** overg [got, got/<u>Am</u> gotten] ❶ ontvangen, krijgen ★ she got a parcel from them ze kreeg een pakje van hen ★ ~ a bad / good reception een slechte / goede ontvangst krijgen ★ <u>inf</u> ~ the sack ontslagen worden, ontslag krijgen ★ he got what was coming to him hij kreeg zijn verdiende loon ❷ verwerven, krijgen ★ ~ a job een baan krijgen ❸ opdoen, oplopen, vatten ★ ~ the flu de griep krijgen ★ ~ a headache hoofdpijn krijgen ★ ~ a cold verkouden worden ❹ halen, pakken ★ I'll ~ a chair for you ik haal je even een stoel ★ you can usually ~ me at home je kunt me gewoonlijk thuis te pakken krijgen ★ I'll ~ the phone ik neem de telefoon wel op ★ will you ~ the door? doe je de deur even open? ❺ kopen ★ you can't ~ spirits in supermarkets je kunt in een supermarkt geen sterke drank kopen ❻ laten komen, bestellen ★ ~ an ambulance een ambulance laten komen ★ would you ~ a taxi, please? wil je alsjeblieft een taxi bestellen? ❼ maken, bereiden ★ she got dinner ready ze maakte het eten klaar ❽ hebben ★ what have you got there? wat heb je daar? ★ do you ~ snow in winter? hebben jullie 's winters ook sneeuw? ❾ brengen tot, overhalen tot, ervoor zorgen dat ★ she got him to agree ze kreeg hem zover dat hij toestemde ★ I'll ~ it signed ik zal ervoor zorgen dat het wordt getekend ❿ bereiken ★ he managed to ~ to the other side hij wist de andere kant te bereiken ★ where will it ~ you? wat bereik je ermee?, wat heb je eraan? ⓫ reizen met, nemen, pakken ★ she got the bus to the station ze pakte de bus naar het station ⓬ komen op, maken ★ I make it $290: what figure do you ~? ik kom op $290, waar kom jij op uit? ⓭ raken, treffen ★ the bullet got him in the heart de kogel trof hem in het hart ⓮ <u>inf</u> (er van langs) krijgen ★ watch out or you'll ~ it! pas op of je krijgt er van langs! ⓯ <u>inf</u> begrijpen, snappen ★ I don't ~ it ik snap het niet ▼ <u>inf</u> ~ those clothes! moet je die kleren eens zien! **II** onoverg [got, got/<u>Am</u> gotten] ❶ komen ★ ~ far ver komen, iets bereiken ★ ~ home thuiskomen, naar huis gaan ★ <u>inf</u> you'll ~ there jij komt er wel ★ ~ going aan de gang / aan de slag gaan, op gang komen / brengen ❷ worden, (ge)raken ★ ~ angry / furious / mad & boos / woedend / kwaad & worden ★ ~ drowned verdrinken ★ ~ late laat worden ★ ~ talking aan de praat komen / raken ★ ~ thinking gaan denken ★ ~ to do sth iets te doen krijgen ★ he got to try out the car hij mocht de auto uitproberen ★ they got to like her ze waren haar aardig gaan vinden ★ he got to

like it hij ging het leuk vinden ★ <u>Am</u> <u>inf</u> it's ~ting so that I can't think / work & ik kan zo langzamerhand niet meer denken / werken & **III** phras ★ ~ about / around / round rondreizen, rondtrekken, zich verspreiden ★ with his leg in plaster, he can't ~ about / around / round met zijn been in het gips is hij niet erg mobiel ★ don't let the news ~ about / around / round zorg ervoor dat het nieuws niet verder komt, vertel het nieuws niet verder ★ ~ above oneself verwaand worden ★ ~ across oversteken ★ ~ sth across iets duidelijk maken, goed doen begrijpen ★ ~ across / over (goed) overkomen ★ ~ along vooruitgaan, opschieten, zich redden ★ how are things ~ting along? hoe staat het ermee? ★ <u>inf</u> ~ along (with you)! ga nou door!, schiet toch op! ★ ~ along with it het klaarspelen ★ ~ around / round sbd iem. inpalmen, beetnemen ★ ~ around / round sth iets ontduiken, omzeilen ‹wet &› ★ there's no ~ting round this daaraan is niet te ontkomen ★ ~ around / round to doing sth er aan toekomen om iets te doen ★ ~ at sbd iem. dwars zitten, <u>inf</u> iem. omkopen ★ ~ at sth bij / aan / achter iets komen, iets bereiken, iets te pakken krijgen ★ I don't know what you're ~ting at ik weet niet wat je bedoelt, ik weet niet waar je het over hebt ★ ~ away wegkrijgen, wegkomen, ontkomen (aan from) ★ ~ away from the subject afraken van het à propos, afdwalen ★ ~ away from it all alles even achter zich laten, vakantie houden ★ there's no ~ting away from it daar kom je niet onderuit, dat kun je niet ontkennen ★ ~ away with it er mee aan de haal gaan, ongestraft blijven ★ ~ away with murder alles ongestraft kunnen doen, alles kunnen maken ★ ~ back teruggaan, terugkomen ★ ~ sbd back iem. terugpakken ★ <u>inf</u> ~ one's own back zich schadeloos stellen, het betaald zetten ★ ~ sth back iets terugkrijgen ★ ~ back at sbd het iem. betaald zetten ★ ~ by passeren, <u>inf</u> het klaren, het versieren ★ ~ down afstappen, uitstappen, naar beneden gaan ★ ~ sbd down iem. deprimeren ★ <u>inf</u> don't let it ~ you down trek het je niet zo aan ★ ~ sth down iets opschrijven, iets naar binnen krijgen ‹eten›, iets pakken van een hoge plek ★ ~ down to sth iets aanpakken, beginnen aan, overgaan tot ★ ~ down to brass tacks tot de kern van de zaak doordringen, spijkers met koppen slaan ★ ~ in instappen, binnenkomen, aankomen, gekozen worden ‹voor Kamer› ★ ~ sth in tijd voor iets vinden, iets binnenkrijgen, er in krijgen, iets ertussen krijgen ‹een woord›, iets binnenhalen ‹oogst›, iets inslaan ‹voorraden›, zorgen dat iets (op tijd) aankomt ★ Br <u>inf</u> ~ the drinks in een rondje drinken halen bij de bar ★ ~ in on sth meedoen aan iets ★ ~ in with sbd intiem worden met iem. ★ ~ into sth ergens inkomen / instappen / inraken, toegelaten worden tot iets ‹een school &›, aan (iets) gaan doen ★ ~ into one's clothes zijn kleren aantrekken ★ <u>inf</u> what's got into you? wat bezielt jou? ★ ~ sbd into sth iem.

ergens in brengen, zorgen dat iem. ergens in raakt ‹problemen, schulden &› ★ ~ *sth into sbd* iets (bij) iem. aan het verstand peuteren ★ ~ **off** weggaan, vertrekken, afstappen, uitstappen, in slaap vallen ★ inf *tell sbd where to* ~ **off** het iem. eens goed zeggen ★ ~ *off a horse* afstijgen ★ ~ *off the ground* op gang komen, van de grond komen ★ ~ *off cheaply* er goedkoop / gemakkelijk vanaf komen ★ ~ *sbd off (to sleep)* iem. in slaap krijgen ‹baby &› ★ ~ *sbd off* sth iem. ergens onderuit krijgen ‹straf› ★ ~ *sth off* iets verwijderen ‹verf &›, iets verzenden, iets uittrekken ‹kleren &› ★ inf ~ *your hands off!* afblijven! ★ ~ *sth off by heart* iets uit het hoofd leren ★ inf ~ **off on** *sth* vallen, kicken op iets ★ ~ **on** vooruitkomen, vorderen, opschieten, op jaren komen, instappen ★ *how are you ~ting on?* hoe gaat het (met) je? ★ ~ *on sbd's nerves* iem. zenuwachtig maken ★ ~ *sth on* iets aantrekken ‹kleren› ★ Am inf ~ *it on* seks hebben ★ *it's ~ting* **on for** *12 o'clock* het loopt naar twaalven ★ ~ **on to** *sbd* iem. te pakken krijgen ★ ~ **on with** *sbd* overweg kunnen met iem. ★ ~ *on with sth* ergens mee opschieten ★ ~ **out** uitkomen, uitlekken, uitstappen, ontkomen, naar buiten gaan ★ ~ *out!* er uit!, ga weg! ★ ~ *sbd out* iem. helpen ontsnappen ★ ~ *sth out* iets eruit halen, krijgen, iets publiceren, uitbrengen ★ *I couldn't* ~ *a word out* ik kon geen woord uitbrengen ★ ~ **out of** *doing sth* iets niet hoeven te doen ★ ~ *out of sight* uit het zicht raken ★ *I didn't* ~ *a lot out of school* ik heb niet veel aan school gehad ★ *they're trying to* ~ *the truth out of him* ze proberen de waarheid uit hem te krijgen ★ ~ **over** *sth* iets te boven komen ‹een verlies &›, iets afleggen ‹een weg› ★ inf *I just can't* ~ *over it!* ik kan het niet begrijpen, ik vind het onvoorstelbaar ★ ~ *sth over with* iets afmaken, ergens een eind aan maken ★ telec ~ **through** aansluiting krijgen ★ ~ *through sth* zich een weg banen door iets, komen door iets, iets er af brengen, ergens door komen ★ ~ *sbd through sth* iem. ergens doorheen helpen ★ ~ *sth through* iets erdoor krijgen ‹wet›, iets laten begrijpen ★ ~ **through to** *sbd* door iem. begrepen worden ★ ~ **to** *sth* komen bij iets, iets bereiken, ergens aan toe komen ★ *where's my book got to?* waar is mijn boek gebleven? ★ ~ **to** *sbd* iem. tot last / ongemak zijn, iem. op de zenuwen werken ★ *don't let it* ~ *to you* trek het je niet aan ★ ~ **together** bijeenkomen, (zich) verenigen ★ ~ **up** opstaan, opstappen, instappen, opsteken ‹wind› ★ ~ *sbd up* iem. uit bed krijgen ★ ~ *oneself up* zich mooi maken, zich opdirken, zich (aan)kleden ★ ~ *sth up* iets arrangeren, iets in elkaar zetten, iets op touw zetten, iets maken ‹stoom› ★ ~ *one's courage up* moed verzamelen ★ vulg ~ *it up* een erectie krijgen ★ inf ~ **up to** *sth* iets uithalen, iets in zijn schild voeren

get-at-able [get-'æt-əbl] inf *bn* te bereiken, toegankelijk, genaakbaar ★ *I was cold, and my jumper was not very* ~ ik had het koud en mijn trui

was niet binnen handbereik

getaway ['getəweɪ] inf *znw* ontsnapping ★ *a* ~ *car* een vluchtauto ★ *make one's* ~ zich uit de voeten maken ★ *a few days'* ~ een paar dagen ertussenuit

get-out ['get-aʊt] Br *znw* uitvlucht, uitweg, ontduiking

get-together ['get-təgeðə] inf *znw* bijeenkomst, instuif

get-up ['get-ʌp] inf *znw* uitrusting, kostuum

get-up-and-go [get-'ʌp-ən-'gəʊ] inf *znw* energie ★ *he's smart and he's got lots of* ~ hij is slim en hij weet goed van aanpakken

geyser ['giːzə, 'gaɪzə] *znw* geiser

Ghana ['gɑːnə] *znw* Ghana

Ghanaian [gɑːˈneɪən] **I** *bn* Ghanees **II** *znw* Ghanees, Ghanese

ghastly ['gɑːstlɪ] *bn* ❶ akelig, afschuwelijk, afgrijselijk, ijzingwekkend ★ *a* ~ *crime* een afschuwelijke misdaad ❷ doodsbleek ❸ inf onplezierig, heel vervelend ★ inf *the weather's* ~ *here* het weer is hier afschuwelijk

ghee [giː] *znw* geklaarde boter

Ghent [gent] *znw* Gent ‹stad›

gherkin ['gɜːkɪn] *znw* augurkje

ghetto ['getəʊ] *znw* getto

ghetto blaster ['getəʊ blɑːstə] inf *znw* gettoblaster ‹grote draagbare radio met cd / cassettespeler›

ghost [gəʊst] **I** *znw* ❶ geest, spook, schim, verschijning ★ *give up the* ~ de geest geven, sterven, scherts kapotgaan ★ *lay a* ~ een geest bezweren ★ *look like / as though you've seen a* ~ er erg geschokt / geschrokken uitzien ❷ schijntje, zweem ★ *not the* ~ *of a chance* geen schijn van kans **II** *overg* als ghostwriter schrijven

ghostbuster ['gəʊstbʌstə] inf *znw* ❶ iem. die zegt (klop)geesten te kunnen verdrijven, spokenjager ❷ ambtenaar die belastingfraude onderzoekt

ghostly ['gəʊstlɪ] *bn* spookachtig

ghost story [gəʊst 'stɔːrɪ] *znw* spookverhaal

ghost town [gəʊst taʊn] *znw* spookstad

ghost train [gəʊst treɪn] *znw* spooktrein ‹op de kermis›

ghostwriter ['gəʊstraɪtə] *znw* ghostwriter ‹iem. die in opdracht en onder de naam van een ander schrijft›

ghoul [guːl] *znw* lijkenverslindend monster

ghoulish ['guːlɪʃ] *bn* ❶ demonisch, walgelijk ❷ macaber

ghoulishly ['guːlɪʃlɪ] *bijw* ❶ demonisch, walgelijk ❷ macaber ★ *teenage girls* ~ *got up in long black dresses* tienermeisjes macaber gekleed in lange zwarte jurken

GHQ afk (General Headquarters) algemeen hoofdkwartier

GI Am *znw* soldaat

giant ['dʒaɪənt] **I** *bn* reuzen-, reusachtig, gigantisch **II** *znw* reus, gigant

giantess [dʒaɪən'tes] *znw* reuzin

gibber ['dʒɪbə] **I** *znw* ❶ gebrabbel ❷ Aus **gibber plains**

rotswoestijn, keienwoestijn **II** *onoverg* brabbelen
er af

gibbering ['dʒɪbərɪŋ] **I** *bn* brabbelend **II** *znw* gebrabbel

gibberish ['dʒɪbərɪʃ] *znw* brabbeltaal, koeterwaals, onzin

gibbet ['dʒɪbɪt] *znw* galg

gibbon ['gɪbən] *znw* gibbon ‹soort aap›

gibbous ['gɪbəs] *bn* ❶ astron tussen half en vol ‹v. maan› ❷ uitpuilend, bultig

gibe [dʒaɪb] *znw & onoverg* → **jibe**

giblets ['dʒɪblɪts] *znw* [mv] eetbare organen van gevogelte

giddy ['gɪdɪ] **I** *bn* ❶ duizelig, draaierig ❷ duizelingwekkend ★ inf *that's the* ~ *limit* dat is (wel) het toppunt ❸ lichtzinnig, onbezonnen **II** *overg* duizelig maken

giddy-up [gɪdɪ-'ʌp], **giddup** *tsw* vort, ju ‹aansporing voor een paard›

gift [gɪft] *znw* ❶ gift, geschenk, cadeau ★ *a birthday / Christmas &* ~ een verjaardagscadeau / kerstcadeau & ★ inf *he thinks he's God's* ~ *to the human race* hij heeft het hoog in de bol / is ontzettend verwaand ★ *a* ~ *to her husband* een geschenk aan haar man ★ zegsw *don't look a* ~ *horse in the mouth* men moet een gegeven paard niet in de bek zien ❷ gave ★ inf *he's got the* ~ *of the gab* hij is goed van de tongriem gesneden

gift duty [gɪft 'dju:tɪ] *znw* schenkingsrecht

gifted ['gɪftɪd] *bn* begaafd ★ *a musically* ~ *child* een muzikaal begaafd kind

gift shop [gɪft ʃɒp] *znw* cadeauwinkel

gift token [gɪft 'təʊkən], **gift voucher** *znw* cadeaubon

gift wrap [gɪft ræp] *znw* cadeauverpakking

gift-wrap ['gɪft-ræp] *overg* als cadeautje inpakken

gig [gɪg] *znw* ❶ hist cabriolet, sjees ❷ scheepv lichte sloep ❸ inf schnabbel, (eenmalig) optreden

gigabyte ['gɪgəbaɪt], **GB**, **Gb** comput *znw* gigabyte, GB (1.073.741.824 bytes)

gigantic [dʒaɪ'gæntɪk] *bn* reusachtig, reuzen-, gigantisch

giggle ['gɪgl] **I** *znw* gegiechel ★ Br inf *it should be a right* ~ dat zou een goeie grap zijn ★ inf *for a* ~ voor de grap, voor de lol **II** *onoverg* giechelen

giggler ['gɪglə] *znw* giechelaar

giggles ['gɪglz] *znw* [mv] slappe lach, giechelbui ★ *have the* ~ de slappe lach hebben

giggly ['gɪglɪ] *bn* giechelig, lacherig ★ *a couple of* ~ *teenage girls* een paar giechelige tienermeisjes

gigolo ['(d)ʒɪgələʊ] *znw* gigolo

gild [gɪld] *overg* vergulden ★ ~ *the lily* iets mooier maken dan nodig is

gilded ['gɪldɪd] *bn* ❶ verguld ❷ rijk, luxueus

gilding ['gɪldɪŋ] *znw* ❶ vergulden ❷ verguldsel

gill I *znw* [gɪl] kieuw ‹van vis› ★ inf *pale / green about / around the* ~*s* bleek om de neus **II** *znw* [dʒɪl] kwart pint

gilt [gɪlt] **I** *bn* verguld **II** *znw* verguldsel ★ *the* ~ *is off the gingerbread* het aantrekkelijke / het nieuwtje is

gilt-edged ['gɪlt-edʒd] *bn* ❶ verguld op snee ❷ handel solide ★ *a* ~ *bond* een goudgerande / solide obligatie

gilts [gɪlts] Br *znw* [mv] (gilt-edged securities) veilige investeringen ‹vooral in staatspapieren›

gimcrack ['dʒɪmkræk] **I** *bn* prullig **II** *znw* prul

gimlet ['gɪmlɪt] *znw* ❶ fretboortje ❷ cocktail ‹met gin en lime›

gimme ['gɪmɪ] *samentr* (give me) geef me

gimmick ['gɪmɪk] *znw* foefje, truc

gimmickry ['gɪmɪkrɪ] *znw* gebruik van foefjes, trucs

gimmicky ['gɪmɪkɪ] *bn* ❶ vol foefjes ❷ op effect gericht

gimp ['gɪmp] *znw* ❶ passement, boordsel ❷ zijden vissnoer versterkt met metaaldraad ❸ Am beledigend mankepoot

gin [dʒɪn] *znw* ❶ gin, jenever ❷ hijswerktuig, lier, bok

ginger ['dʒɪndʒə] **I** *bn* ros, rood ‹v. haarkleur› **II** *znw* gember **III** *overg* ★ inf ~ *sbd / sth up* iem. / iets opkikkeren, iem. / iets porren, iem. / iets pittiger maken

ginger ale ['dʒɪndʒər eɪl], **ginger beer** *znw* gemberbier

gingerbread ['dʒɪndʒəbred] **I** *bn* bouwk overdadig versierd **II** *znw* ❶ gemberkoek(je), peperkoek ❷ bouwk overdadige versiering

ginger group ['dʒɪndʒə gru:p] Br *znw* pressie-, actiegroep

gingerly ['dʒɪndʒəlɪ] *bn & bijw* voorzichtig, behoedzaam ★ *we went at a* ~ *pace* we gingen met een bedaard gangetje ★ *he* ~ *lifted the lid* hij tilde voorzichtig het deksel op

ginger nut ['dʒɪndʒə nʌt], **ginger snap** *znw* gemberkoekje

ginger pop ['dʒɪndʒə pɒp] inf *znw* gemberbier

gingery ['dʒɪndʒərɪ] *bn* gemberachtig, -kleurig

gingham ['gɪŋəm] *znw* geruite katoenen stof

gingivitis [dʒɪndʒɪ'vaɪtɪs] *znw* tandvleesontsteking

gink [gɪŋk] Am inf *znw* rare vent

ginormous [dʒaɪ'nɔ:məs] Br inf *bn* enorm

gin rummy [dʒɪn 'rʌmɪ] kaartsp *znw* gin rummy

ginseng ['dʒɪnseŋ] *znw* ginseng

gipsy ['dʒɪpsɪ] *znw* → **gypsy**

giraffe [dʒɪ'rɑ:f] *znw* giraffe

gird [gɜ:d] vero *overg* [girded/girt, girded/girt] ❶ aan-, omgorden ★ *dicht of scherts* ~ *oneself (up)/* ~ *(up) one's loins* zich ten strijde aangorden ❷ insluiten, omgeven, omsingelen

girder ['gɜ:də] bouwk *znw* steun-, dwarsbalk ‹van staal›

girdle ['gɜ:dl] **I** *znw* ❶ gordel ❷ step-in, korset ❸ ring ‹om boom› **II** *overg* ❶ omgorden, omgeven ❷ ringen ‹boom›

girl [gɜ:l] *znw* ❶ meisje, (jonge) vrouw ★ onderw *an old* ~ een oud-leerlinge ★ inf *look, old* ~ kijk es, ouwetje ❷ dochter

girl Friday [gɜ:l 'fraɪdeɪ] *znw* vrouwelijke assistente, secretaresse

girlfriend ['gɜ:lfrend] *znw* ❶ vriendinnetje, meisje ⟨van man⟩ ❷ vriendin ⟨van vrouw⟩
Girl Guide ['gɜ:l gaɪd], **Girl Scout** *znw* padvindster
girlhood ['gɜ:lhʊd] *znw* meisjesjaren
girlie ['gɜ:lɪ] inf *znw* meisje ★ *a ~ calendar* een pin-upkalender ★ *a ~ magazine* een seksblad, blootblad
girlish ['gɜ:lɪʃ] *bn* meisjesachtig, meisjes-
girls [gɜ:lz] inf *znw* [mv] ★ *the ~* de meiden, de vriendinnengroep
Girl Scout ['gɜ:l skaʊt] *znw* → **Girl Guide**
giro ['dʒaɪrəʊ] *Br znw* (de) giro(dienst) ★ *the National Giro* postgiro ★ *a ~ account* een girorekening
girt [gɜ:t] *ww* [v.t. & v.d.] → **gird**
girth [gɜ:θ] *znw* ❶ buikriem, gordel, singel ⟨v. paard⟩ ❷ omvang, taille
gismo ['gɪzməʊ], **gizmo** inf *znw* dingetje, apparaatje, hoe-heet-het
gist [dʒɪst] *znw* essentiële, kern, pointe ★ *follow sbd's ~* begrijpen wat iem. probeert te zeggen ★ *get the ~ of sth* de bedoeling van iets begrijpen
git [gɪt] *Br* inf *znw* idioot, klootzak, stomme lul
give [gɪv] **I** *znw* meegeven, elasticiteit, buigzaamheid, flexibiliteit ★ *the material doesn't have much ~ in it* het materiaal geeft niet erg mee **II** *overg* [gave, given] ❶ geven, schenken ★ *~ me a vinyl LP any day / every time* geef mij maar een vinyl elpee ★ inf *don't ~ me that!* je kunt me nog meer vertellen! ★ inf *~ sbd what for* iem. op zijn donder geven ★ vulg *~ sbd one* iem. neuken ❷ verlenen, verstrekken, verschaffen, gunnen ★ *~ way* voorrang verlenen, toegeven, bezwijken onder druk ★ inf *~ me a break!* do me een lol, wil je? ★ inf *~ it to sbd* iem. er flink van langs geven, streng straffen ❸ bezorgen, veroorzaken ★ *you gave me a fright!* je liet me schrikken ❹ verbinden met ★ *~ me the doctor, please* mag ik de dokter even spreken? ❺ presenteren ★ *I ~ you the chairman* het woord is aan de voorzitter ★ *~ the case for / against the defendant* het pleidooi voor / tegen de beklaagde houden ❻ aanbieden ★ *~ a dinner* een diner geven ★ *~ my regards to your parents* doe je ouders de groeten ★ *~ one's all / best* zich volledig inzetten ★ *~ anything / one's eye teeth / one's right arm for sth* alles voor iets overhebben ❼ doen ★ *~ a cough / laugh / sigh &* hoesten / lachen / zuchten ❽ maken ★ *he gave a bow* hij maakte een buiging ❾ houden ⟨toespraak⟩ ❿ opbrengen, opleveren ★ *this grass ~s the highest yield per hectare* dit gras geeft de hoogste opbrengst per hectare ⓫ toegeven ★ *I'll ~ you / him & that* dat kan ik niet ontkennen ▼ *~ sbd to know / understand &* iem. laten weten ▼ inf *~ not ~ a damn / hoot &* niets kunnen schelen ▼ *~ or take a few minutes* een paar minuten meer of minder **III** *onoverg* [gave, given] ❶ geven ★ *~ as good as one gets* met gelijke munt betalen ❷ meegeven, doorzakken, doorbuigen ❸ bezwijken, het begeven ▼ inf

*what ~s? hoe is het? nog iets nieuws? **IV** *phras* ★ *~ sth away* iets weggeven, iets cadeau geven ★ *~ the game / the show away* het spel verraden ★ *~ the secret away* het geheim verklappen ★ *~ sbd away* iem. verraden ★ *~ the bride away* als bruidsvader optreden ★ *~ sth back* iets teruggeven ★ *~ in* toegeven, zwichten (voor *to*), het opgeven ★ *~ in to temptation* toegeven aan de verleiding ★ *~ into / on to sth* uitkomen op, uitzicht geven op ★ *~ sth off/gedat forth* iets afgeven ⟨warmte &⟩, verspreiden ★ *~ out* opraken, uitgaan ★ *his strength has ~n out* zijn krachten zijn uitgeput ★ *~ sth out* iets (af)geven, iets uitdelen, iets bekendmaken, publiceren ★ *~ over!* hou op! ★ *~ sbd over to sbd* iem. overleveren, uitleveren aan iem. ⟨politie &⟩ ★ *~ oneself over to sth* zich overgeven aan iets ⟨ondeugd⟩, verslaafd zijn aan iets, zich wijden aan iets ★ *~ up* opgeven ★ *~ sth up* afstand doen van iets, afzien van iets, stoppen met iets ⟨roken, drinken⟩, iets overgeven, overleveren, wijden ★ *~ it up* het opgeven, zich gewonnen geven, *Am* applaudisseren ★ *~ up the fight* het gevecht staken / opgeven ★ *~ up the ghost* de geest geven ★ *~ up hope* de hoop laten varen ★ *~ one's seat up (to sbd)* zijn zitplaats afstaan (aan iem.) ★ *~ sbd up* iem. opgeven ★ *~ sbd up for adoption* iem. laten adopteren ★ *~ sbd up for dead / lost* iem. als dood / verloren beschouwen, opgeven ★ *~ up on sbd / sth* niet meer geloven in iem. / iets ★ *~ oneself up to sth* zich overgeven aan iets ⟨ondeugd⟩, verslaafd zijn aan iets, zich wijden aan iets ★ *~ oneself up to sbd* zich aangeven bij iem. ⟨politie⟩, zich overgeven aan iem.
give-and-take [gɪv-ən-'teɪk] *znw* geven en nemen, over en weer
giveaway ['gɪvəweɪ] **I** *bn* weggeef- **II** *znw* ❶ relatiegeschenk, weggevertje, cadeautje ❷ onthulling, (ongewild) verraad ★ *a dead ~* iets dat alles verraadt
given ['gɪvən] **I** *vz* gegeven ★ *~ these conditions* gegeven deze omstandigheden ★ *~ that there are two viable possibilities* aangenomen dat er twee reële mogelijkheden zijn **II** *bn* ❶ bepaald, willekeurig ★ *at a ~ moment* op een bepaald ogenblik ❷ geneigd (tot *to*), verslaafd (aan), aangelegd ★ *be ~ to sth* de neiging tot iets hebben
given name ['gɪvən neɪm] *znw* voornaam
giver ['gɪvə] *znw* schenker, gever
gizmo ['gɪzməʊ] inf *znw* → **gismo**
gizzard ['gɪzəd] *znw* ❶ spiermaag ⟨v. vogels⟩ ❷ fig strot ★ inf *stick in sbd's ~, get sbd's ~* iem. helemaal niet aanstaan
glacé ['glæseɪ] *bn* geglaceerd, gekonfijt ⟨vruchten⟩
glacial ['gleɪʃəl] *bn* ❶ gletsjer-, glaciaal ❷ ijzig, ijs-
glaciated ['gleɪsɪeɪtɪd] *bn* met ijs bedekt, vergletsjerd
glaciation [gleɪsɪ'eɪʃən] *znw* ijsvorming, vergletsjering, glaciatie
glacier ['glæsɪə] *znw* gletsjer

gl

glad [glæd] *bn* blij, verheugd (over *of* / *at*) ★ *I'm ~ to
hear you're well* ik ben blij om te horen dat het goed
met je gaat ★ *he'd be ~ of the chance to go* hij zou blij
zijn met een kans om te vertrekken ★ *we would be
only too ~ to help* we willen maar al te graag helpen
gladden ['glædn] *overg* verblijden, verheugen
glade [gleɪd] dicht *znw* open plek in een bos
glad-hand ['glæd-hænd] inf I *overg* hartelijk
verwelkomen II *onoverg* overdreven vriendelijk zijn
glad-handing ['glæd-hændɪŋ] inf *znw* overdreven
vriendelijk zijn ★ *the candidates are doing some ~ in
the mall* de kandidaten staan handjes te schudden
in het winkelcentrum
gladiator ['glædɪeɪtə] *znw* gladiator, zwaardvechter
gladiatorial [glædɪə'tɔːrɪəl] *bn* gladiatoren-
gladiolus [glædɪ'əʊləs] *znw* [*mv:* gladioli *of*
gladioluses] gladiool
gladly ['glædlɪ] *bijw* ❶ blij, blijmoedig ❷ met
genoegen, graag
gladness ['glædnɪs] *znw* blijheid, genoegen
glad rags [glæd rægz] inf *znw* [*mv*] beste plunje, beste
kloffie
Gladstone bag ['glædstən bæg] *znw* leren tas,
dokterstas
glam [glæm] inf I *bn* aantrekkelijk II *znw* glitter
III *wederk* ★ *~ oneself up* zich opdoffen, aantrekkelijk
maken
glamor ['glæmə] Am *znw* → **glamour**
glamorize ['glæməraɪz], **glamorise** *overg* idealiseren,
zeer aanlokkelijk maken
glamorous ['glæmərəs] *bn* aantrekkelijk
glamour ['glæmə] *znw* aantrekkelijkheid, glamour
glamour girl ['glæmə gɜːl] *znw* glamour girl,
aantrekkelijk meisje
glamour puss ['glæmə pʊs] inf *znw* aantrekkelijk
meisje
glam rock ['glæm rɒk] *znw* glitterrock, nichtenrock
glance [glɑːns] I *znw* oogopslag, blik ★ *at a ~* met één
oogopslag / blik ★ *at first ~* op het eerste gezicht
★ *catch sbd's ~* iemands blik opvangen ★ *draw ~s* de
blikken naar zich toetrekken ★ *exchange ~s* een blik
(van verstandhouding) wisselen ★ *steal a ~ (at sbd
/ sth)* een vluchtige blik (op iem. / iets) werpen
II *overg* afschampen van III *onoverg* ❶ reflecteren,
blinken ⟨van licht⟩ ❷ kijken, een blik werpen ★ *~
across at sbd / sth* een blik werpen op iem. / iets ★ *~
at sbd / sth* iem. / iets aanblikken, een blik werpen
op iem. / iets ★ *~ down* naar beneden kijken, de
ogen neerslaan ★ *~ over / through sth* iets even
inzien, vluchtig dóórzien ★ *~ up* opkijken
❸ afketsen, afschampen (ook: *~ off*)
glancing ['glɑːnsɪŋ] *bn* afschampend ★ *a ~ blow* een
afschampende slag
gland [glænd] *znw* klier
glandular fever ['glændjʊlə 'fiːvə] med *znw* ziekte van
Pfeiffer, klierkoorts
glans [glænz] anat *znw* [*mv:* glandes] eikel ⟨v.d. penis⟩
glare [gleə] I *znw* ❶ verblindend licht, schel licht,

schittering ❷ woedende blik, woeste blik II *onoverg*
❶ schitteren, fel schijnen ❷ woest kijken ★ *~ at sbd*
iem. woedend aankijken
glaring ['gleərɪŋ] *bn* ❶ schel, verblindend, schitterend
❷ strak aankijkend, vurig ⟨v.d. ogen⟩ ❸ in het oog
springend, schril ⟨v. contrast⟩, flagrant ★ *a ~ error
/ mistake* een grove fout ★ *~ colours* schreeuwende
kleuren
glaringly ['gleərɪŋlɪ] *bijw* ❶ schel, verblindend ❷ in
het oog springend, flagrant ★ *a ~ obvious mistake*
een overduidelijke vergissing
glass [glɑːs] I *bn* glazen, glas- II *znw* ❶ glas ★ *raise
one's ~* het glas heffen ❷ spiegel ❸ (verre)kijker, lens
III *overg* van ruiten / glas voorzien
glass-blowing ['glɑːs-bləʊɪŋ] *znw* glasblazen
glass ceiling [glɑːs 'siːlɪŋ] *znw* glazen plafond
⟨onzichtbare barrière die doorstroming naar een
hogere positie in de weg staat⟩
glass cloth [glɑːs klɒθ] *znw* ❶ glasweefsel
❷ schuurdoek
glass cutter [glɑːs 'kʌtə] *znw* glassnijder
glassed-in [glɑːst-ɪn] *bn* beglaasd
glasses ['glɑːsɪz] *znw* [*mv*] bril ★ *reading ~* een leesbril
★ *a pair of ~* een bril
glass eye [glɑːs aɪ] *znw* glazen oog
glass fibre [glɑːs 'faɪbə], Am **glass fiber** telec *znw*
glasvezel
glasshouse ['glɑːshaʊs] *znw* serre, kas
glass insurance [glɑːs ɪn'ʃʊərəns] *znw* glasverzekering
glasspaper ['glɑːspeɪpə] *znw* (fijn) schuurpapier
glassware ['glɑːsweə] *znw* glaswerk
glass wool [glɑːs wʊl] *znw* glaswol
glassworks ['glɑːswɜːks] *znw* [*mv*] glasfabriek
glassy ['glɑːsɪ] *bn* ❶ glasachtig, glazig, glas-
❷ (spiegel)glad
glaucoma [glɔː'kəʊmə] med *znw* glaucoom, groene
staar
glaze [gleɪz] I *znw* ❶ glazuur ❷ glacé II *overg* ❶ van
glas / ruiten voorzien ❷ glaceren ❸ glazuren
III *onoverg* glazig (glanzig) worden (ook: *~ over*)
⟨ogen⟩
glazed [gleɪzd] *bn* ❶ van glas / ruiten voorzien
❷ geglaceerd ❸ geglazuurd ❹ glazig ⟨v. oog⟩
glazier ['gleɪzɪə] *znw* glaszetter, glazenmaker
glazing ['gleɪzɪŋ] *znw* beglazing
glazy ['gleɪzɪ] *bn* ❶ glasachtig ❷ glanzend
gleam [gliːm] I *znw* ❶ glans, schijnsel, straal ❷ fig
sprankje ⟨hoop, humor &⟩ II *onoverg* blinken,
glanzen, glimmen, schijnen
glean [gliːn] *overg* ❶ bij elkaar schrapen, verzamelen
❷ (moeizaam) vergaren ⟨v. informatie⟩
gleanings ['gliːnɪŋz] *znw* [*mv*] het (moeizaam)
bijeengegaarde, sprokkelingen
glee [gliː] *znw* ❶ vrolijkheid, vreugde ❷ leedvermaak
glee club [gliː klʌb] *znw* zangvereniging,
(mannen)koor
gleeful ['gliːfʊl] *bn* ❶ vrolijk, blij ❷ triomfantelijk, met
leedvermaak

gl

gleefully ['gliːfʊlɪ] *bijw* ❶ vrolijk, blij ❷ triomfantelijk, met leedvermaak ★ *at that he ~ produced my missing glasses* toen haalde hij triomfantelijk mijn verloren bril tevoorschijn

glen [glen] *znw* dal, vallei

glengarry [glen'gærɪ] *znw* Schotse muts

glib [glɪb] *bn* ❶ glad, rad (van tong), welbespraakt ❷ vlot en oppervlakkig ⟨v. bewering⟩

glide [glaɪd] **I** *znw* ❶ glijdende beweging ❷ luchtv glijvlucht, zweefvlucht ❸ muz glissando ❹ fon overgangsklank **II** *onoverg* ❶ glijden ❷ zweven, zweefvliegen

glider ['glaɪdə] luchtv *znw* ❶ zweefvliegtuig ❷ zweefvlieger

gliding ['glaɪdɪŋ] *znw* zweefvliegen

glimmer ['glɪmə] **I** *znw* ❶ zwak schijnsel, glinster(ing) ❷ sprankje, flauw idee ★ *a ~ of hope* een sprankje hoop **II** *onoverg* glinsteren, (even) opflikkeren

glimmering ['glɪmərɪŋ] *znw* glinstering, flikkering, zwak schijnsel ★ *the ~ of moonlight* de glinstering van het maanlicht

glimpse [glɪmps] **I** *znw* glimp, (vluchtige) blik, kijkje ★ *a ~ at sbd / sth* een vluchtige blik op iem. / iets ★ *catch a ~ of sbd / sth* iem. / iets even zien **II** *overg* even zien

glint [glɪnt] **I** *znw* ❶ glinstering, schijnsel ❷ sprankje, spoortje ★ *a ~ of malice* een spoortje kwaadaardigheid **II** *onoverg* glinsteren, blinken

glissade [glɪ'saːd, -'seɪd] **I** *znw* ❶ glijden (van ijs-, sneeuwhelling) ❷ glijpas ⟨dansen⟩ **II** *onoverg* ❶ glijden ❷ een glissade maken ⟨dansen⟩

glisten ['glɪsən] *onoverg* glinsteren, glimmen, glanzen

glitch [glɪtʃ] inf **I** *znw* storing, probleempje, hapering **II** *onoverg* haperen

glitter ['glɪtə] **I** *znw* glinstering, fonkeling, glans **II** *onoverg* glinsteren, fonkelen, blinken ★ zegsw *all that ~s is not gold* het is niet alles goud wat er blinkt

glitterati [glɪtə'raːtɪ] *znw [mv]* de jetset, de sterren, beau monde

glittering ['glɪtərɪŋ] *bn* schitterend ★ *he has had a ~ career* hij heeft een schitterende carrière gehad

glittery ['glɪtərɪ] *bn* flikkerend, fonkelend, schitterend

glitz [glɪts] *znw* glitter, oppervlakkige praal

glitzy ['glɪtsɪ] *bn* opzichtig, opvallend schitterend

gloaming ['gləʊmɪŋ] dicht *znw* ★ *the ~* de schemering

gloat [gləʊt] **I** *znw* ❶ opschepperij ❷ leedvermaak **II** *onoverg* zich in de handen wrijven ★ *~ over / on / upon sth* opscheppen over iets, zich verkneukelen in iets, leedvermaak hebben over iets

gloating ['gləʊtɪŋ] **I** *bn* ❶ met leedvermaak ❷ begerig **II** *znw* leedvermaak

gloatingly ['gləʊtɪŋlɪ] *bijw* ❶ met leedvermaak ❷ begerig ★ *he eyed the treasure ~* hij bekeek de schat begerig

glob [glɒb] inf *znw* kluit, klodder, kwak

global ['gləʊbl] *bn* ❶ wereldomvattend, wereldwijd, wereld- ❷ alles omvattend, totaal ★ *a ~ picture* een totaalbeeld

globalism ['gləʊbəlɪzm] *znw* globalisme, wereldwijde aanpak

globalization [gləʊbəlaɪ'zeɪʃn], **globalisation** *znw* mondialisering, globalisering

globalize ['gləʊbəlaɪz], **globalise** *onoverg* globaliseren

globally ['gləʊbəlɪ] *bijw* wereldwijd ★ *~, there are several million victims of this disease* er zijn wereldwijd miljoenen slachtoffers van de ziekte

global village ['gləʊbl 'vɪlɪdʒ] *znw* de wereld gezien als dorp

global warming ['gləʊbl 'wɔːmɪŋ] *znw* opwarmen van de aarde

globe [gləʊb] *znw* ❶ globe, aardbol ★ *from all parts of the ~ / from every corner of the ~* van alle delen van de wereld, van alle hoeken van de aarde ❷ bol, bal, bolvormig voorwerp

globe artichoke [gləʊb 'ɑːtɪtʃəʊk] *znw* artisjok

globetrotter ['gləʊbtrɒtə] inf *znw* globetrotter, wereldreiziger

globular ['glɒbjʊlə] *bn* ❶ bolvormig ❷ uit bolletjes bestaand

globule ['glɒbjuːl] *znw* bolletje

glockenspiel ['glɒkənspiːl] muz *znw* klokkenspel ⟨slaginstrument⟩

glom [glɒm] Am inf **I** *overg* stelen, jatten **II** *onoverg* ★ *~ on to / onto* inpikken, overnemen

gloom [gluːm] **I** *znw* ❶ duisternis, (half)donker ❷ somberheid, zwaarmoedigheid, droefgeestigheid ★ *doom and ~* doemdenken **II** *onoverg* ★ *~ about sth* terneergeslagen zijn over iets

gloomy ['gluːmɪ] *bn* ❶ donker, duister ❷ somber, droefgeestig, deprimerend

gloop [gluːp] *znw* smurrie, brij

glop [glɒp] **I** *znw* smurrie, brij **II** *overg* ergens smurrie in doen

glorification [glɔːrɪfɪ'keɪʃən] *znw* verheerlijking

glorified ['glɔːrɪfaɪd] *bn* veredeld, opgehemeld ★ *the hospital is a just a ~ first-aid post* het ziekenhuis is niets meer dan een veredelde eerstehulppost

glorify ['glɔːrɪfaɪ] *overg* ❶ verheerlijken, vereren ❷ ophemelen, (iets) mooier voorstellen (dan het is)

glorious ['glɔːrəs] *bn* ❶ roemrijk, glansrijk ❷ heerlijk, stralend ⟨v. weer, dag &⟩ ❸ inf prachtig, kostelijk

gloriously ['glɔːrəslɪ] *bijw* heerlijk, prachtig, kostelijk ★ *we had ~ warm weather* we hadden heerlijk warm weer

glory ['glɔːrɪ] **I** *znw* ❶ roem, eer ★ *to the ~ of God / his country &* ter ere van God / zijn vaderland & ★ *bask in reflected ~* je koesteren in de eer die op je afstraalt ❷ glorie, heerlijkheid, pracht ★ *the crowning ~* het allermooiste ★ *in all its ~* in al zijn heerlijkheid ★ *restore sth to its former ~* iets in zijn vroegere luister herstellen **II** *onoverg* ★ *~ in sth* zich beroemen op, prat gaan op

glory days ['glɔːrɪ deɪz] *znw [mv]* roemruchte dagen

glory hole ['glɔːrɪ həʊl] *znw* ❶ rommelhok, -kast ❷ kleine glasoven ❸ Am groeve, dagbouwmijn ❹ gat in een muur voor seksueel contact

gl

gl

gloss [glɒs] **I** *znw* ❶ glans ❷ **gloss paint** glansverf ❸ (schone) schijn ❹ glosse, kanttekening, commentaar **II** *overg* ❶ glans aanbrengen ❷ kanttekeningen maken bij (op), uitleggen **III** *phras* ★ ~ over *sth* iets verdoezelen, iets verbloemen

glossary ['glɒsərɪ] *znw* verklarende woordenlijst, glossarium

glossy ['glɒsɪ] **I** *bn* ❶ glanzend ❷ met glitter en glamour **II** *znw*, **glossy magazine** duurder (op glad papier gedrukt) tijdschrift

glottal stop ['glɒtl stɒp] fon *znw* glottisslag

glottis ['glɒtɪs] *znw* glottis, stemspleet

glove [glʌv] *znw* (boks)handschoen ★ fig with the ~s off strijdlustig, menens ★ fit sbd like a ~ iem. als aangegoten zitten ★ fig take the ~s off flink aanpakken ★ throw down the ~ uitdagen, de strijd aangaan

glove compartment [glʌv kəm'pɑ:tmənt], **glovebox** *znw* handschoenenvakje ‹v. auto›

glove puppet [glʌv 'pʌpɪt] *znw* handpop, poppenkastpop

glow [gləʊ] **I** *znw* gloed, vuur ★ a ~ of pride een gloed van trots ★ bring a ~ to sbd's cheeks een blos op iemands wangen brengen **II** *onoverg* ❶ gloeien, oplichten ❷ blozen ❸ stralen van plezier

glower ['glaʊə] *onoverg* boos of dreigend kijken (naar at)

glowing ['gləʊɪŋ] *bn* ❶ gloeiend ❷ geestdriftig, enthousiast ★ a ~ report een enthousiast rapport

glowingly ['gləʊɪŋlɪ] *bijw* ❶ gloeiend ❷ geestdriftig, enthousiast ★ he spoke ~ of their achievements hij praatte geestdriftig over hun prestaties

glow-worm ['gləʊ-wɜ:m] *znw* glimworm

glucose ['glu:kəʊs] *znw* glucose, druivensuiker

glue [glu:] **I** *znw* lijm **II** *overg* lijmen, (vast)kleven, (vast)plakken ★ be ~d to the spot aan de grond genageld staan ★ keep one's eyes ~d to sth zijn ogen niet van iets afhouden

glue ear [glu: ɪə] med *znw* oorprop

glue-sniffing [glu:-'snɪfɪŋ] *znw* lijmsnuiven

gluey ['glu:ɪ] *bn* kleverig, plakkerig, lijmerig

glum [glʌm] *bn* somber, nors, stuurs

glumness ['glʌmnɪs] *znw* somberheid, norsheid

glut [glʌt] **I** *znw* (over)verzadiging, overvoering ‹v.d. markt› **II** *overg* (over)verzadigen, overladen, overvoeren ‹de markt›

gluten ['glu:tn] *znw* gluten

glutinous ['glu:tɪnəs] *bn* lijmerig, kleverig, plakkerig

glutton ['glʌtn] *znw* gulzigaard ★ be a ~ for adventure dol op avontuur zijn ★ be a ~ for punishment een masochist zijn ★ be a ~ for work een echte workaholic zijn

gluttonous ['glʌtənəs] *bn* gulzig, vraatzuchtig

gluttony ['glʌtənɪ] *znw* gulzigheid, vraatzucht

glycerine ['glɪsəri:n], Am **glycerin** *znw* glycerine

glycerol ['glɪsərɒl] *znw* glycerol, glycerine

gm *afk* (gram/grams) g, gram

GM *afk* ❶ (genetically modified) genetisch gemanipuleerd ❷ (general manager) algemeen directeur ❸ (grand master) schaken grootmeester

GM food [dʒi:'em fu:d] *znw* genetisch gemanipuleerd voedsel

GMO *afk* (genetically modified organism) genetisch gemanipuleerd organisme

GMT *afk* → **Greenwich Mean Time**

gnarl [nɑ:l] *znw* knoest

gnarled [nɑ:ld] *bn* ❶ knoestig ❷ fig verweerd, ruig

gnarly ['nɑ:lɪ] *bn* ❶ knoestig ❷ Am inf moeilijk, uitdagend ❸ onplezierig ❹ tof, fantastisch

gnash [næʃ] *overg* ★ ~ one's teeth op de tanden knarsen, knarsetanden

gnat [næt] *znw* mug

gnaw [nɔ:] **I** *overg* knagen **II** *onoverg* knagen (aan at), knabbelen ★ uncertainty ~ed (away) at him onzekerheid knaagde aan / kwelde hem

gnawing ['nɔ:ɪŋ] *bn* knagend, kwellend

gnome [nəʊm] *znw* gnoom, kabouter

gnomic ['nəʊmɪk] *bn* aforistisch

GNP *afk* (gross national product) BNP, bruto nationaal product

gnu [nu:, nju:] *znw* gnoe

go [gəʊ] **I** *bn* inf gebruiksklaar ★ all systems ~ alles is startklaar **II** *znw* ❶ poging ★ can I have a ~? mag ik het eens proberen? ★ give sth a ~ iets proberen ★ have a ~ at sth iets eens proberen / aanpakken / onder handen nemen ❷ beurt, keer ★ it's your ~ nu is het jouw beurt ★ (all) at / in one ~ ineens ❸ bezieling, drukte, elan, gang, fut, vaart ★ it's all ~ het is druk, het loopt als een trein ★ on the ~ op de been, in de weer, in beweging ❹ aanval ★ have a ~ at sbd iem. aanvallen / bekritiseren ❺ go ‹Japans bordspel› ▼ inf they're all the ~ ze zijn de mode / een rage ▼ it was a near ~ with him dat was op het nippertje / op het kantje af met hem ▼ inf it's no ~ dat / het gaat niet, het kan niet, het mag niet ▼ from the word ~ meteen van het begin ▼ make a ~ of sth ergens wat van terechtbrengen, iets klaarspelen **III** *overg* [went, gone] ❶ afleggen, gaan ★ we went 20 kilometres that day we hebben die dag 20 kilometer afgelegd ★ they went the shortest way ze hebben de kortste weg genomen ★ ~ it alone het op zijn eentje doen ★ ~ places uitgaan, reizen, inf slagen, succes hebben, inf er zijn mogen ★ ~ a long way towards sth veel bijdragen aan iets ★ his research ~es a long way towards proving that... zijn onderzoek bewijst vrij duidelijk dat... ❷ bieden ★ ~ spades schoppen bieden ★ ~ one better meer bieden, fig meer doen, overtreffen, de loef afsteken ▼ ~ (to) it! toe maar! **IV** *onoverg* [went, gone] ❶ gaan, lopen, reizen ★ ~ far ver gaan / reizen, het ver brengen, voordelig in het gebruik zijn ★ ~ past voorbijgaan, voorbijkomen ★ ~ home naar huis gaan ★ keep ~ing doorgaan, voortgaan ★ let's ~ (and) get a sandwich laten we een broodje gaan halen ★ vulg ~ (and) get stuffed! sodemieter op!, krijg de kolere! ★ Am inf ~

figure! ongelooflijk! ★ Am *two hamburgers to* ~ twee hamburgers om mee te nemen ★ ~ *to the electors* verkiezingen uitschrijven ❷ maken ★ ~ *to a lot of trouble* zich veel moeite getroosten ❸ starten, beginnen ★ sp *ready? ~!* klaar? af! ★ *here ~es!* daar gaat ie! ★ *get ~ing* beginnen ★ inf *get sbd ~ing* iem. kwaad maken, iem. opwinden ❹ vertrekken ★ *when does the train ~?* wanneer gaat de trein? ❺ verstrijken, aflopen, voorbijgaan ★ *ten years went past* er ging tien jaar voorbij ★ *things went badly* het liep slecht af ★ *twelve weeks to* ~ nog twaalf weken ❻ doodgaan ★ *she wants to see her grandchildren before she goes* ze wil haar kleinkinderen nog zien voor ze sterft ❼ opraken, wegraken, verdwijnen ★ *100 jobs will* ~ er zullen 100 banen verdwijnen ❽ uitvallen, stukgaan, bezwijken ★ *the power went in the storm* tijdens de storm viel de stroom uit ❾ (beginnen te) worden ★ *she's ~ing deaf* ze begint doof te worden ❿ reiken ⟨v. geld, gezag &⟩ ⓫ passen, (be)horen, thuishoren ★ *those curtains just don't* ~ die gordijnen staan gewoon niet ⓬ starten, werken, functioneren, aan de gang zijn ★ *the car won't* ~ de auto doet het niet ⓭ gelden, betreffen ★ *what he says ~es* wat hij zegt, gebeurt ook ★ *anything ~es* alles is mogelijk, alles is toegestaan ★ *as / so far as it ~es* tot op zekere hoogte ★ *as far as this matter ~es* wat deze zaak betreft ⓮ luiden, afgaan ⟨geweer⟩ ★ *as the expression ~es* zoals het heet / luidt ★ *something went bang* iets zei boem! ⓯ verkocht worden ★ *~ing, ~ing, gone!* eenmaal, andermaal, verkocht! ⓰ toegekend worden ★ *the prize went to the sculptor John Smith* de prijs ging naar beeldhouwer John Smith ⓱ inf naar de WC gaan, nodig moeten ⓲ inf zeggen ★ *how are you ~ing?/*inf *how ~es it?* hoe staat het ermee? ▼ *there you* ~ daar heb je het al, alsjeblieft ▼ *as roads / teachers / wines & ~* in vergelijking met andere wegen / leraren / wijnen/ & ▼ *as things ~* naar omstandigheden ▼ *as times ~* voor de tijd ▼ *pay as you* ~ alles contant betalen ▼ *be ~ing to* op het punt zijn te, van plan zijn te ▼ *this ~es to prove / show* uit dit (alles) blijkt dat ▼ *all out for sth* alles op alles zetten voor iets, zich voor 100% richten op iets **V** *phras* ★ ~ **about** rondlopen, in omloop zijn, scheepv overstag gaan, wenden ★ ~ *about sth* met iets beginnen, iets aanpakken ★ ~ *about one's business* zich bezighouden met zijn zaken, zijn werk doen ★ ~ *about sth the wrong way* iets verkeerd aanpakken ★ ~ **about with** *sbd* omgaan met iem. ★ ~ **after** *sbd* achter iem. aanzitten, iem. achtervolgen ★ ~ **against** *sbd / sth* ingaan tegen iem. / iets, in het nadeel uitvallen van iem. / iets ★ ~ *against the grain* tegen de borst stuiten ★ ~ *against the tide* tegen de stroom ingaan ★ ~ **ahead** beginnen, vooruitgaan, doorgaan (met), opschieten ★ ~ **along** voortgaan, verder gaan ★ *as we* ~ *along* ondertussen, gaandeweg ★ ~ **along with** *sbd / sth* meegaan met iem. / iets ★ ~ *along with you!* loop

heen! ★ ~ **around / round** achterom lopen, (rond)draaien, rondtrekken, ergens even aangaan, rondgaan ⟨v. gerucht &⟩ ★ ~ *around / round sth* om iets heen gaan / trekken ★ *(not) enough to* ~ *around / round* (niet) genoeg voor allen / alles ★ zegsw *what ~es around, comes around* de gevolgen komen nog wel ★ ~ **at** *sth* iets voortvarend aanpakken ★ ~ *at sbd* iem. aanvallen ★ ~ **away** weggaan, vertrekken ★ ~ **back** achteruit- (terug)gaan ★ ~ **back on** *a decision* een beslissing terugdraaien ★ ~ *back on one's word* zich niet houden aan zijn woord, zijn belofte weer intrekken, terugkrabbelen ★ ~ **back to** *sth* iets weer oppakken ★ ~ *back to sbd* teruggaan naar iem. ★ ~ **before** voorafgaan ★ ~ *before sbd* voor iem. verschijnen ⟨rechter⟩ ★ ~ **behind** *sbd's back* achter iemands rug omgaan ★ ~ *behind sbd's words* iets achter iems. woorden zoeken ★ ~ **by** voorbijgaan, passeren ★ ~ *by appearances* afgaan op het uiterlijk, oordelen naar de schijn ★ ~ *by the book* zich stipt aan de instructies houden ★ ~ *by the name of* bekend staan onder de naam ★ ~ **down** naar beneden gaan, ondergaan ⟨de zon⟩, gaan liggen ⟨de wind⟩, zakken ⟨water⟩, de universiteit verlaten ⟨met vakantie, voorgoed⟩, achteruitgaan, het afleggen, te gronde gaan, (komen te) vallen, uitvallen, niet meer functioneren, dalen ⟨prijzen⟩ ★ ~ *down well* er goed ingaan ★ ~ *down in history as* de geschiedenis ingaan als ★ vulg ~ **down on** *sbd* iem. pijpen, iem. beffen ★ ~ **down with** *sth* iets krijgen ⟨ziekte⟩ ★ ~ **for** *sth* proberen iets te krijgen, iets kiezen, iets leuk vinden / bewonderen, weggaan voor ⟨een bedrag⟩ ★ ~ *for sbd* iem. (gaan) halen, gelden voor iem., inf losgaan op iem., inf zijn voor iem., kiezen voor iem. ★ inf ~ *for it!* zet 'm op! ★ ~ *for a drive* een ritje gaan maken ★ ~ *far into a matter* ergens ★ inf *nothing ~es in with him* hij begrijpt niets ★ ~ **in for** *sth* zich iets aanschaffen ⟨kledingstukken &⟩, meedoen aan iets, opgaan voor iets ⟨een examen⟩, iets leuk vinden ★ ~ *in for sport/music &* doen aan sport, sporten ★ ~ **into** *sth* gaan in iets, besteed worden aan iets, ergens in komen / raken ★ ~ *into a coma* in coma raken ★ *the car went into a spin* de auto raakte in een slip ★ *2 into 10 ~es 5* 10 gedeeld door 2 is 5 ★ *all their money ~es into the business* al hun geld wordt in de zaak gestopt ★ ~ *into the matter* diep(er) op de zaak ingaan ★ ~ *into particulars / details* in bijzonderheden treden ★ ~ **off** uitgaan ⟨v. licht &⟩, weggaan, ontploffen, losbarsten, verlopen, afgaan ⟨geweer &⟩, aflopen ⟨wekker⟩, achteruitgaan, bederven, minder worden ★ inf ~ *off sbd / sth* iem. / iets niet meer mogen ★ ~ **off with** *sbd / sth* er met iem. / iets vandoor gaan ★ ~ **on** doorgaan, voortgaan, verder gaan (met), voorbijgaan ⟨tijd⟩, aan de gang zijn, aangaan, aanspringen ⟨licht &⟩, gebeuren, plaatshebben, zich afspelen, omgaan in iem.⟩, fig zich laten leiden door, zich baseren op ⟨principes⟩, inf tekeergaan ★ inf ~ *on!* je kunt me nog meer vertellen ★ *as time ~es / went on* met de

go

tijd, na verloop van tijd ★ *he's ~ing on for forty* hij loopt tegen de veertig ★ *he went on to say* hij zei vervolgens, hij zei verder ★ ~ **out** uitgaan, uittrekken ‹v. leger›, uit de mode gaan, aflopen, in staking gaan ★ ~ **out of** *one's mind* het verstand verliezen, gek worden ★ *his heart went* **out to** *her* hij had erg met haar te doen ★ ~ **out together** verkering hebben ★ ~ **over** overlopen, een ander geloof aannemen ★ ~ *over sth* iets doorlezen, doorlopen, nakijken ‹rekening›, fig iets de revue laten passeren ★ ~ **through** doorgaan, aangenomen / goedgekeurd worden ‹v. wet &› ★ ~ *through sth* iets doornemen ‹v. les›, iets doorzoeken ‹zijn zakken›, iets doorstaan / meemaken, iets beleven, iets doorwerken / afwerken ‹programma &›, iets opmaken / erdoor jagen ‹v. spaargeld &›, iets vervullen ‹formaliteiten›, goedkeuren, aannemen ‹v. wet &› ★ ~ *through the motions* doen alsof ★ ~ *through with sth* iets doorzetten ★ ~ **to** *sth* ten goede komen, besteed worden voor / aan iets ★ ~ **together** samengaan, fig goed bij elkaar passen ★ ~ **towards** *sth* ten goede komen, besteed worden voor / aan iets, leiden tot iets ★ ~ **under** ondergaan, te gronde gaan, bezwijken, het afleggen ★ ~ *under the name of...* bekend zijn onder de naam van... ★ ~ **up** (op)stijgen (ook luchtv), handel omhoog gaan, ontploffen, opgaan ‹in rook &›, verrijzen ‹v. nieuw gebouw›, Br onderw naar de universiteit gaan ★ ~ **up to** *sth* tot aan iets gaan / lopen ★ ~ **with** *sbd* verkering hebben met iem., meegaan met iem. ★ ~ *with sth* samengaan met iets, harmoniëren met iets, (be)horen / komen / passen / staan bij iets ★ ~ **without** *sth* het ergens zonder / buiten stellen, iets niet krijgen

goad [gəʊd] **I** znw prikstok ‹om vee op te drijven› **II** *overg* prikkelen, aansporen (tot *into* / *to*)

go-ahead ['gəʊ-əhed] **I** bn ondernemend, open voor nieuwe ideeën **II** znw goedkeuring, verlof ★ *get the* ~ groen licht / toestemming krijgen ★ *give sbd the* ~ het licht op groen zetten voor iem.

goal [gəʊl] znw ❶ doel ❷ goal, doelpunt

goal area [gəʊl 'eərɪə] voetbal znw doelgebied

goalhanger ['gəʊlhæŋə] znw ❶ afkeurend iem. die in het doelgebied van de tegenstander blijft hangen ❷ fig opportunist

goalkeeper ['gəʊlkiːpə], inf **goalie** znw doelverdediger, keeper

goal kick [gəʊl kɪk] znw doeltrap

goal line [gəʊl laɪn] znw doellijn

goalmouth ['gəʊlmaʊθ] znw doelmond

goalpost ['gəʊlpəʊst] znw doelpaal ★ *move the* ~s de regels of procedures tussentijds op een oneerlijke manier aanpassen

goalscorer ['gəʊlskɔːrə] znw maker van een doelpunt

goanna [gəʊ'ænə] znw Australische varaan ‹grote hagedis›

go-as-you-please [gəʊ-əz-jʊ-'pliːz] inf bn zonder regels, vrij

goat [gəʊt] znw ❶ geit, bok ★ ~'*s cheese* / *milk* geitenkaas / geitenmelk ★ inf *get sbd's* ~/Aus *get on sbd's* ~ iem. irriteren ❷ inf ezel, stomkop ★ inf *act* / *play the* ~ zich mal aanstellen, idioot doen

goatee [gəʊ'tiː] znw sik, sikje ‹klein baardje›

goatherd ['gəʊthɜːd] znw geitenhoeder

goatskin ['gəʊtskɪn] znw geitenvel, geitenleer

gob [gɒb] inf znw ❶ fluim ★ ~*s of sth* heel veel van iets ❷ mond ★ *shut your* ~! kop dicht!

gobbet ['gɒbɪt] znw ❶ hap, brok, mondvol ❷ stukje tekst, examentekst

gobble ['gɒbl] **I** znw geklok ‹v. e. kalkoen› **II** *overg* opslokken *(~ down* / *up)* **III** *onoverg* klokken, kokkelen ‹v. kalkoenen›

gobbledygook ['gɒbldɪguːk], **gobbledegook** inf znw ❶ (ambtelijk) jargon ❷ koeterwaals, geklets, blabla

gobbler ['gɒblə] znw ❶ inf kalkoen ❷ slokop, veelvraat

Gobelin ['gəʊbəlɪn], **Gobelin tapestry** znw gobelin

go-between ['gəʊ-bɪtwiːn] znw ❶ bemiddelaar, tussenpersoon ❷ postillon d'amour

goblet ['gɒblɪt] znw ❶ glas met voet ❷ beker, bokaal

goblin ['gɒblɪn] znw kobold, (boze) geest, (boze) kabouter

gobsmacked ['gɒbsmækt] Br inf bn stomverbaasd, ontzet, beduusd, perplex

go-by ['gəʊ-baɪ] inf znw ★ *give sbd the* ~ iem. links laten liggen, negeren, iem. afdanken, laten vallen

go-cart ['gəʊ-kɑːt] znw kart, skelter

god [gɒd] znw ❶ god, afgod ★ *God* God ★ *a (little) tin* ~ een potentaatje ★ *for God's sake!* in godsnaam / hemelsnaam ★ *in the lap of the* ~*s* in de schoot der toekomst, nog onzeker ★ *with God* bij God, gestorven ★ *God forbid* God verhoede ★ *pray to God* tot God bidden ★ *I pray to God she's all right* ik hoop in godsnaam dat ze ongedeerd is

god-awful ['gɒd-'ɔːfʊl] inf bn vreselijk ★ *I've had a* ~ *day at work* ik heb een vreselijke dag gehad op mijn werk

godchild ['gɒdtʃaɪld] znw petekind

goddam ['gɒddæm], **goddamn**, **goddamned** inf bn & bijw verdomd ★ *this strike's a* ~ *nuisance* deze staking is verdomd vervelend ★ *that car came* ~ *close to you* die auto kwam verrekt dicht bij je

goddammit [gɒd'dæmɪt] Am inf tsw godverdomme

goddaughter ['gɒddɔːtə] znw peetdochter, petekind

goddess ['gɒdɪs] znw godin

godfather ['gɒdfɑːðə] znw peetoom, peetvader

god-fearing ['gɒd-'fɪərɪŋ] bn godvrezend

godforsaken ['gɒd-fə'seɪkən] bn godvergeten, ellendig

godhead ['gɒdhed] znw godheid

godless ['gɒdlɪs] bn goddeloos

godlike ['gɒdlaɪk] bn ❶ godgelijk ❷ goddelijk

godliness ['gɒdlɪnɪs] znw godsvrucht

godly ['gɒdlɪ] bn godvruchtig

godmother ['gɒdmʌðə] znw peettante, petemoei

godparent ['gɒdpeərənt] znw peet

gods [gɒdz] *znw* [mv] ★ *the* ~ de engelenbak, het schellinkje

godsend ['gɒdsend] *znw* onverwacht geluk, uitkomst, buitenkansje, meevaller

godson ['gɒdsʌn] *znw* peetzoon, petekind

God squad [gɒd skwɒd] *inf* afkeurend *znw* zieltjeswinners, evangelische christenen

God's truth [gɒdz truːθ] *znw* absolute waarheid

godwit ['gɒdwɪt] *znw* grutto ‹weidevogel›

goer ['gəʊə] *znw* ❶ Br *inf* echte liefhebber, iem. die er wel pap van lust ‹v. seks &› ❷ *inf* vrouw met veel seksuele relaties

-goer [gəʊə] *achterv* bezoeker / -ster ★ *a cinema~* een bioscoopbezoeker / -ster ★ *a church~* een kerkganger / -ster

gofer ['gəʊfə], **gopher** *znw* manusje van alles

go-getter ['gəʊ-getə] *inf znw* doorzetter, streber

go-getting ['gəʊ-getɪŋ] *bn* streberig, met doorzettingsvermogen

goggle ['gɒgl] *onoverg* ❶ (met de ogen) rollen, stomverbaasd kijken ❷ uitpuilen ‹v. ogen›

goggle-box ['gɒgl-bɒks] *inf znw* televisietoestel

goggle-eyed ['gɒgl-aɪd] *bn* met uitpuilende ogen

goggles ['gɒglz] *znw* [mv] duik- / motor- / ski- / stof- / veiligheidsbril

go-go dancer ['gəʊ-gəʊ 'dɑːnsə] *znw* gogodanseres, discodanseres

going ['gəʊɪŋ] **I** *bn* ❶ bestaand, gangbaar, geldend ★ *the* ~ *rate* het gangbare tarief ❷ beschikbaar, te krijgen ★ *the best chocolates* ~ de lekkerste chocolaatjes van de wereld ❸ werkend ‹v. machines &› **II** *znw* ❶ gaan, gang, tempo ★ *the work was heavy* ~ het was een zware klus ★ *this book is heavy* ~ dit boek is moeilijk te lezen ★ *when the* ~ *gets tough* als het moeilijk gaat, wanneer de omstandigheden tegenzitten ❷ toestand ‹v. (race)terrein› ❸ vertrek ★ *comings and ~s* komen en gaan ★ *get out while the* ~ *is good* op het goede moment vertrekken, vertrekken wanneer de omstandigheden het toelaten ❹ overlijden

going concern ['gəʊɪŋ kən'sɜːn] *znw* in (vol) bedrijf zijnde onderneming

going-over ['gəʊɪŋ-əʊvə] *znw* ❶ onderzoek, controle(beurt) ❷ *inf* pak slaag ★ *inf give sbd a* ~ iem. een pak slaag geven

goings-on [gəʊɪŋz-'ɒn] *inf znw* gedrag, doen (en laten), gedoe

goitre ['gɔɪtə], Am **goiter** *znw* kropgezwel, struma

go-kart ['gəʊ-kɑːt], **kart I** *znw* skelter, kart **II** *onoverg* skelteren, karten

gold [gəʊld] **I** *bn* gouden **II** *znw* goud ★ *be set in* ~ in goud gevat zijn ★ *prospect for* ~ goud zoeken ★ *strike* ~ goud vinden, *fig* in de roos schieten

gold alloy [gəʊld 'ælɔɪ] *znw* goudlegering

gold brick [gəʊld brɪk] Am *inf znw* ❶ zwendeltruc ❷ zwendelaar, lanterfanter

gold-digger ['gəʊld-dɪgə] *znw* ❶ goudzoeker ❷ *inf* vrouw die rijke mannen uitbuit

gold disc [gəʊld dɪsk] *znw* gouden plaat

gold dust ['gəʊld dʌst] *znw* stofgoud ★ *good secretaries are like* ~ een goede secretaresse moet je met een lantaarntje zoeken

golden ['gəʊldn] *bn* ❶ gouden, goud- ❷ goudkleurig, goudgeel ★ ~ *locks* goudblonde lokken, goudblond haar

golden age ['gəʊldn eɪdʒ] *znw* gouden eeuw

golden boy ['gəʊldn bɔɪ], **golden girl** *znw* oogappel, lievelingetje

golden eagle ['gəʊldn 'iːgl] *znw* steenarend

Golden Fleece ['gəʊldn fliːs] *znw* ❶ het gulden vlies ❷ een moeilijk te bereiken doel

golden goal ['gəʊldn gəʊl] voetbal & hockey *znw* eerst gescoorde en direct beslissende doelpunt in de verlenging

golden goose ['gəʊldn guːs] *znw* kip met de gouden eieren

golden handcuffs ['gəʊldn 'hændkʌfs] *inf znw* [mv] gouden handboeien, aanblijfpremie ‹om werknemer aan bedrijf te binden›

golden handshake ['gəʊldn 'hændʃeɪk] *inf znw* gouden handdruk

golden hello ['gəʊldn hə'ləʊ] Br *inf znw* lokpremie, wegkooppremie

golden jubilee ['gəʊldn 'dʒuːbɪliː] *znw* gouden jubileum

golden mean ['gəʊldn miːn] *znw* gulden middenweg

golden oldie ['gəʊldn 'əʊldɪ] *inf znw* gouwe ouwe

golden opportunity ['gəʊldn ɒpə'tjuːnɪtɪ] *znw* gouden kans, buitenkans

golden oriole ['gəʊldn 'ɔːrɪəʊl] *znw* → **oriole**

golden parachute ['gəʊldn 'pærəʃuːt] *inf znw* vastgelegde afkoopsom, uittredingsbonus

golden retriever ['gəʊldn rɪ'triːvə] *znw* gouden retriever ‹soort hond›

golden rule ['gəʊldn ruːl] *znw* gulden regel

golden syrup ['gəʊldn 'sɪrəp] *znw* stroop ‹licht van kleur›

golden wedding ['gəʊldn 'wedɪŋ], **golden wedding anniversary** *znw* gouden bruiloft

goldfield ['gəʊldfiːld] *znw* goudveld

goldfinch ['gəʊldfɪntʃ] *znw* puttertje ‹zangvogeltje›

goldfish ['gəʊldfɪʃ] *znw* [mv: ~ of -es] goudvis

goldfish bowl ['gəʊldfɪʃ bəʊl] *znw* goudvissenkom

goldilocks ['gəʊldɪlɒks] *znw* ❶ *inf* iem. met goudblond haar ❷ plantk gulden boterbloem

gold leaf [gəʊld liːf] *znw* bladgoud

gold medal [gəʊld 'medl] *znw* gouden medaille

gold mine ['gəʊld maɪn] *znw* goudmijn

gold-plated [gəʊld'pleɪtɪd] *bn* verguld, gouden

gold reserves [gəʊld rɪ'zɜːvz] *znw* [mv] goudreserve

gold rush [gəʊld rʌʃ] *znw* trek naar de goudvelden, goudkoorts

goldsmith ['gəʊldsmɪθ] *znw* goudsmid

gold standard [gəʊld 'stændəd] *znw* goudstandaard

golf [gɒlf] **I** *znw* sp golf ★ *Golf* de letter G ‹in het internationaal alfabet› ★ *inf a* ~ *widow* golfweduwe

go

‹vrouw waarvan de man veel golf speelt› **II** *onoverg* golf spelen

golf ball [gɒlf bɔːl] *znw* golfbal

golfball typewriter ['gɒlfbɔːl 'taɪpraɪtə] *znw* bolletjesschrijfmachine

golf club [gɒlf klʌb] *znw* ❶ golfclub ❷ golfstok

golf course [gɒlf kɔːs], **golf links** *znw* golfbaan

golfer ['gɒlfə] *znw* golfer, golfspeler

golliwog ['gɒliwɒg], **golly** *inf znw* (lappen) negerpop

golly ['gɒlɪ] *inf tsw* gossie ★ *by ~, you'll pay for this!* daar zul je voor boeten, verdorie!

gonad ['gəʊnæd] biol *znw* geslachtsklier, gonade

gondola ['gɒndələ] *znw* gondel

gondolier [gɒndə'lɪə] *znw* gondelier

gone [gɒn] **I** *bn* ❶ verloren, weg, verdwenen, voorbij ★ *in days ~ by* in vervlogen dagen ★ *inf far* ~ ver heen ‹doodziek, stomdronken, diep in de schuld› ★ *it was ~ 4 before he came* het was over vieren toen hij (eindelijk) arriveerde ★ *inf be ~ on sbd* verkikkerd zijn op iem. ❷ op ★ *the wine's all ~* de wijn is helemaal op ❸ dood, overleden ❹ heen ‹in zwangerschap› ★ *inf she was 6 months ~* zij was 6 maanden zwanger **II** *ww* [v.d.] → **go**

goner ['gɒnə] *inf znw* ★ *he's a ~* hij is verloren

gong [gɒŋ] *znw* gong, schel, bel

gonna ['gɒnə] *inf samentr* (going to) → **go**

gonorrhea [gɒnə'rɪːə] *znw* gonorroe

gonzo ['gɒnzəʊ] Am *inf bn* riool-, boulevard- ‹journalistiek, gedrag &›

goo [guː] *inf znw* ❶ kleverig spul ❷ zoetelijkheid, sentimentaliteit

good [gʊd] **I** *tsw* mooi (zo)! ★ *~ for you!/~ on you!* fantastisch!, goed zo! **II** *bn* ❶ goed (voor, jegens *to*, voor, tegen *against / for*) ★ *not ~ enough* deugt niet, is onbevredigend, niet voldoende ★ *the voucher is ~ for $10* de bon is $10 waard / is goed voor $10 ★ *she's always ~ for a few pounds* zij is altijd wel goed voor een paar pond ★ *make ~* (weer) goedmaken, vergoeden, goed terechtkomen, er komen, zich er goed doorheen slaan, zich kranig houden, bewijzen, waarmaken, gestand doen, ten uitvoer brengen ★ *inf he's no ~* het is een vent van niks, daar zit niet veel bij ★ *it's no ~* het is van / het heeft geen nut, het geeft niet(s) ★ *that's no ~ with me* daarmee hoef je bij mij niet aan te komen ★ *it's not much ~* het geeft niet veel ★ *he's up to no ~* hij heeft niets goeds in de zin ★ *he's no ~ at sport / sports* hij is niet goed in sport ❷ zoet ‹v. kinderen›, niet ondeugend, braaf ❸ aanzienlijk, ruim ★ *a ~ while* een hele tijd ★ *in ~ time* bijtijds, op tijd ★ *all in ~ time* alles op z'n tijd ❹ lief, aardig, vriendelijk ❺ prettig, heerlijk, fijn, lekker ❻ flink, knap, kundig, sterk, goed (in *at*) **III** *znw* goed(e), welzijn, best, voordeel, baat ★ *what's the ~ (of it)?* wat geeft (baat) het? ★ *for ~* ten goede ★ *for (and all)* voorgoed ★ *for your own ~* voor je eigen bestwil ★ *he'll come to no ~* er zal niet veel van hem terechtkomen, het zal niet goed met hem aflopen ★ *$10 to the ~* $10 voordeel hebben, er

10 dollar op over houden, nog 10 dollar te goed of ter beschikking hebben ★ *be all to the ~* tot heil strekken, geen kwaad kunnen ★ *do sbd a power of ~* iem. echt goeddoen

good afternoon [gʊd ɑːftə'nuːn] *tsw* goedemiddag

good breeding [gʊd 'briːdɪŋ] gedat *znw* welgemanierdheid, beschaafdheid, wellevendheid

goodbye [gʊd'baɪ] **I** *tsw* (goeden)dag, vaarwel, adieu **II** Am afscheid ★ *say ~ to sbd / sth* afscheid nemen van iem / iets, iem. / iets vaarwel zeggen

good evening [gʊd 'iːvnɪŋ] *tsw* goedenavond

good faith [gʊd feɪθ] *znw* goede trouw ★ *do sth in ~* iets te goeder trouw doen

goodfella ['gʊdfelə] Am *inf znw* gangster, lid van de maffia

good form [gʊd fɔːm] *znw* correctheid, goede manieren

good-for-nothing [gʊd-fə-'nʌθɪŋ] *znw* deugniet

Good Friday [gʊd 'fraɪdeɪ] *znw* Goede Vrijdag

good-hearted [gʊd-'hɑːtɪd] *bn* goedhartig, goedmoedig

good humour [gʊd 'hjuːmə], Am **good humor** *znw* goede stemming, opgeruimdheid, vrolijkheid

good-humoured [gʊd-'hjuːməd], Am **good-humored** *bn* opgeruimd, goedgehumeurd, joviaal

goodie ['gʊdɪ] *inf tsw & znw* → **goody**

goodish ['gʊdɪʃ] *bn* goedig, tamelijk goed ★ *a ~ many* tamelijk veel, aardig wat

good-looker [gʊd-'lʊkə] *znw* knap ding

good-looking [gʊd-'lʊkɪŋ] *bn* knap, mooi

goodly ['gʊdlɪ] *bn* flink ★ *a ~ number* een flink aantal

good money [gʊd 'mʌnɪ] *znw* vrij veel geld ★ *I paid ~ for it* ik heb er aardig wat voor betaald

good morning [gʊd 'mɔːnɪŋ] *tsw* goedemorgen

good nature [gʊd 'neɪtʃə] *znw* goedaardigheid

good-natured [gʊd-'neɪtʃəd] *bn* goedaardig, goedhartig, vriendelijk

goodness ['gʊdnɪs] **I** *tsw* ★ *~/~ gracious!* goeie genade! ★ *for ~' sake* in hemelsnaam ★ *thank ~!* goddank! **II** *znw* ❶ goedheid, deugd ★ *inf I hope to ~* ik hoop ten zeerste ★ *inf ~ knows where* de hemel weet waar ❷ kracht, voedingswaarde ★ *all the ~ of eggs* al het goede van eieren

good night [gʊd naɪt] *znw* goedenacht, welterusten

goods [gʊdz] *znw* [mv] goederen, waren, goed ★ *consumer ~* consumptiegoederen ★ *~ traffic* goederenverkeer ★ *a ~ train* een goederentrein ★ *~ transport* goederenvervoer ★ *inf that's just the ~* is precies wat we nodig hebben ★ *inf come up with / deliver the ~* precies doen wat beloofd is / wat verwacht wordt

goods and chattels [gʊdz ənd 'tʃætlz] jur *znw* [mv] persoonlijke bezittingen

good-tempered [gʊd-'tempəd] *bn* goedgehumeurd, goedmoedig

good-time girl ['gʊd-taɪm gɜːl] *znw* op amusement belust meisje

goodwill [gʊd'wɪl] *znw* ❶ welwillendheid

❷ klandizie, clientèle, goodwill

good word [gʊd wɜːd] *znw* voorspraak, mondelinge steun ★ *put in a ~ for sbd* een goed woordje doen voor iem.

good works [gʊd wɜːks] *znw* [mv] goede werken, liefdadigheid

goody ['gʊdɪ], **goodie** *inf* **I** *tsw* jippie!, joepie!, leuk! **II** *znw* ❶ lekkernij, snoepje ❷ held, goeie ‹in film›

goody-goody ['gʊdɪ-gʊdɪ] *inf znw* schijnheilige, kwezel, kruiper

goody two shoes ['gʊdɪ 'tuː ʃuːz] *inf znw* [mv] brave hendrik

gooey ['guːɪ] *inf bn* ❶ kleverig ❷ klef, sentimenteel

goof [guːf] *Am inf* **I** *znw* ❶ idioot ❷ blunder ★ *make a ~* een blunder maken **II** *phras* ★ *~ around* de clown uithangen ★ *~ off* tijd verklungelen ★ *~ sth up* iets verprutsen / verknoeien

goofball ['guːfbɔːl] *Am inf znw* idioot, naïeveling

goof-up ['guːf-ʌp] *Am inf znw* stomme fout, blunder

goofy ['guːfɪ] *bn* ❶ *Am inf* idioot, belachelijk ❷ met vooruitstekende tanden ★ *a ~ grin* een grijns met vooruitstekende tanden

goo-goo ['guː-guː] *inf bn* ❶ verliefd ★ *lovers making ~ eyes at each other* geliefden die elkaar smachtend aankijken ❷ babygeluidjes makend ★ *politicians making ~ noises at babies* politici die babygeluidjes maken naar kleine kindertjes

gook [guːk, gʊk] *znw* ❶ *Am* beledigend spleetoog ❷ vuil, smurrie

goon [guːn] *inf znw* ❶ *Am* geweldenaar, lid van een knokploeg ❷ uilskuiken

goose [guːs] **I** *znw* [mv: geese] ❶ gans ★ *inf cook someone's ~* iem. ruïneren, iem. van kant maken ★ *kill the ~ that lays the golden eggs* de kip met de gouden eieren slachten ❷ *fig* gansje, uilskuiken ❸ persijzer **II** *overg* ❶ *inf* tussen de billen porren ❷ *Am inf* aansporen, een impuls geven

gooseberry ['gʊzbərɪ] *znw* kruisbes ★ *Br inf play ~* het vijfde rad (wiel) aan de wagen zijn

goosebumps ['guːsbʌmps] *Am znw* [mv] → **goose pimples**

goose down [guːs daʊn] *znw* ganzendons

goose egg [guːs eg] *Am inf znw* nulscore

gooseflesh ['guːsfleʃ] *znw* kippenvel

gooseneck ['guːsnek] *znw* zwanenhals ‹van afvoerbuis›

goose pimples [guːs 'pɪmplz], *Am* **goosebumps** *znw* [mv] kippenvel

goosestep ['guːsstep] **I** *znw* paradepas **II** *onoverg* in paradepas stappen

gopher ['gəʊfə] *znw* ❶ → **gofer** ❷ → **pocket gopher** ❸ **gopher tortoise** gofferschildpad ★ *Gopher* menugestuurd zoeksysteem voor internetgebruikers

gorblimey [gɔː'blaɪmɪ] *Br inf tsw* verdorie

Gordian ['gɔːdɪən] *bn* ★ *cut the ~ knot* de (Gordiaanse) knoop doorhakken

gore [gɔː] **I** *znw* ❶ geronnen bloed ❷ geer ‹spits stuk doek› **II** *overg* doorboren, (met de hoorns) spietsen

gored [gɔːd] *bn* gerend ★ *a ~ skirt* een gerende rok

gorge [gɔːdʒ] **I** *znw* ❶ bergengte, bergkloof ❷ vero strot, keel ★ *the idea of bullfighting makes my ~ rise* het idee van stierenvechten maakt me kotsmisselijk **II** *onoverg* zich volproppen, schrokken ★ *~ oneself on sth* zich volproppen met iets

gorgeous ['gɔːdʒəs] *bn* ❶ prachtig, schitterend ❷ *inf* aantrekkelijk ★ *don't you think he's just ~?* vind je ook niet dat hij fantastisch is?

gorgeously ['gɔːdʒəslɪ] *bijw* prachtig, schitterend ★ *the liner is ~ fitted out* het cruiseschip is schitterend ingericht

gorgon ['gɔːgən] *znw* ijzingwekkend persoon, lelijke vrouw

gorilla [gə'rɪlə] *znw* gorilla

gormandize ['gɔːməndaɪz], **gormandise**, **gourmandize**, **gourmandise** **I** *overg* verslinden **II** *onoverg* veel en goed eten

gormandizer ['gɔːməndaɪzə], **gormandiser** *znw* schrokop

gormless ['gɔːmlɪs] *inf bn* stompzinnig

gorp [gɔːp] *Am znw* studentenhaver

gorse [gɔːs] *znw* gaspeldoorn

gory ['gɔːrɪ] *bn* ❶ bebloed, bloederig ❷ bloedig

gosh [gɒʃ] *inf tsw* ★ *~!* / *by ~!* gossie

goshawk ['gɒshɔːk] *znw* havik

gosling ['gɒzlɪŋ] *znw* jonge gans, gansje

go-slow [gəʊ-'sləʊ] *znw* langzaamaanactie, -tactiek, -staking

gospel ['gɒspl] *znw* ❶ evangelie ❷ gospel(muziek) ★ *take sth as ~ (truth)* iets zonder meer geloven / voor waar aannemen

gospeller ['gɒspələ], *Am* **gospeler** *znw* ❶ voorlezer van het evangelie ❷ dweepziek evangelist, vurig propagandist

gospel truth ['gɒspl truːθ] *fig znw* absolute waarheid

gossamer ['gɒsəmə] **I** *bn* ragfijn **II** *znw* ❶ herfstdraad, -draden ❷ rag(fijn weefsel)

gossip ['gɒsɪp] **I** *znw* ❶ babbelaar(ster), kletstante, roddelaar(ster) ❷ (buur)praatjes, gebabbel, geroddel ★ *a ~ column* een roddelrubriek **II** *onoverg* babbelen, kletsen, roddelen

gossipmonger ['gɒsɪpmʌŋgə] *znw* kletskous, roddelaar(ster)

gossipy ['gɒsɪpɪ] *bn* ❶ praatziek ❷ roddelachtig

got [gɒt] *ww* [v.t. & v.d.] → **get**

gotcha ['gɒtʃə] *tsw* hebbes!

goth [gɒθ] *inf znw* gothic

Gothic ['gɒθɪk] **I** *bn* gotisch ★ *a ~ novel / tale* een griezelroman (-verhaal) **II** *znw* ❶ (het) Gotisch ❷ gotiek ❸ gotische letter

Gothicism ['gɒθɪsɪzm] *znw* gotiek

gotta ['gɒtə] *inf samentr* (got to) → **get** ★ *scherts a man's ~ do what a man's ~ do* wat moet dat moet

gotten ['gɒtn] *Am ww* [v.d.] → **get**

gouge [gaʊdʒ] **I** *znw* techn guts **II** *overg* ❶ techn gutsen ❷ uitsteken (ook: ~ *out*)

gourd [gʊəd] *znw* pompoen, kalebas

go

gourmand ['gʊəmənd, 'gɔ:mənd] *znw* lekkerbek, gulzigaard

gourmandize ['gɔ:məndaɪz, 'gʊəməndaɪz], **gourmandise** *overg & onoverg* → **gormandize**

gourmet ['gʊəmeɪ] **I** *znw* gourmet, fijnproever, lekkerbek **II** *bnw* gourmet

gout [gaʊt] *znw* ❶ jicht ❷ dicht druppel ★ ~*s of blood* druppels bloed

gouty ['gaʊtɪ] *bn* jichtig

gov [gʌv] *inf znw* ❶ baas, chef ❷ ouwe heer

govern ['gʌvən] *overg* ❶ regeren, besturen, leiden ❷ regelen ❸ beheersen ★ ~ *oneself* zich beheersen

governance ['gʌvənəns] *znw* bestuur, leiding, het regeren

governess ['gʌvənɪs] *znw* gouvernante

governing body ['gʌvənɪŋ 'bɒdɪ] *znw* (hoofd)bestuur

government ['gʌvənmənt] *znw* ❶ regering, overheid ★ *a ~ agency* een overheidsinstelling, een overheidsinstantie, een overheidsorgaan ★ *a ~ official* een regeringsambtenaar, een overheidsfunctionaris ★ *form a ~* een regering vormen ❷ bestuur, ministerie, gouvernement ❸ leiding

governmental [gʌvən'mentl] *bn* regerings-

government control ['gʌvənmənt kən'trəʊl] *znw* overheidstoezicht

government grant ['gʌvənmənt grɑ:nt] *znw* overheidsbijdrage, overheidssubsidie

government issue ['gʌvənmənt 'ɪʃu:] *znw* door de staat geleverd materiaal

government loan ['gʌvənmənt ləʊn] *znw* staatslening

government paper ['gʌvənmənt 'peɪpə] *znw* staatspapier, staatsfondsen

government regulations ['gʌvənmənt regjʊ'leɪʃənz] *znw* [mv] overheidsvoorschriften

government securities ['gʌvənmənt sɪ'kjʊərətɪz] *znw* [mv] staatsfondsen

government surplus ['gʌvənmənt 'sɜ:pləs] *znw* overtollig materiaal ‹verkocht door de regering›

governor ['gʌvənə] *znw* ❶ landvoogd, gouverneur ❷ bestuurder, directeur ❸ onderw curator ❹ *inf* ouwe heer ❺ baas, chef, meneer ❻ techn regulateur

governor general ['gʌvənə 'dʒenərəl] *znw* [mv: governors general] gouverneur-generaal

govt *afk* → **government**

gown [gaʊn] **I** *znw* ❶ japon, kleed, jurk ❷ kamerjas ❸ tabberd, toga ❹ operatieschort **II** *overg* ★ *be ~ed* gekleed zijn in toga / lange jurk **III** *onoverg* een toga / lange jurk & aantrekken ★ ~ *up* een operatieschort aandoen

goy [gɔɪ] *inf beledigend znw* [mv: goyim *of* goys] goi, niet-Jood ‹vanuit Joodse gezichtshoek›

GP *afk* → **general practitioner**

GPO *afk* (General Post Office) hoofdpostkantoor

grab [græb] **I** *znw* ❶ greep, graai ★ *make a ~ at sbd / sth* grijpen naar iem. / iets ★ *inf be up for ~s* voor het grijpen zijn ❷ techn vanghaak, grijper **II** *overg* grijpen, pakken, grissen, graaien ★ ~ *sbd's attention* iemands aandacht trekken ★ ~ *hold of sth* iets vastpakken ★ *inf how does that ~ you?* wat denk je daarvan? **III** *onoverg* ❶ grijpen ★ ~ *at sbd / sth* grijpen naar iem. / iets ❷ aanlopen ‹v. remmen›

grabble ['græbl] *onoverg* ❶ grabbelen, tasten (naar *for*) ❷ (liggen te) spartelen

grace [greɪs] **I** *znw* ❶ bevalligheid, gratie ❷ fatsoen, goedheid ★ *with bad ~* met tegenzin, niet van harte ★ *with good ~* graag, van harte, met fatsoen ★ *have the ~ to do sth* het fatsoen hebben om iets te doen ❸ genade, gunst ★ *by the ~ of God* bij de gratie Gods ★ *in the year of ~ 1480* in het jaar onzes Heren 1480 ★ *zegsw there but for the ~ of God (go I)* voor hetzelfde geld had ik dat kunnen zijn ❹ respijt, uitstel ❺ tafelgebed ★ *say ~* danken, bidden ‹aan tafel› ❻ muz versiering ★ *Your Grace* Excellentie ‹titel v. hertog(in) of aartsbisschop› **II** *overg* ❶ (ver)sieren, luister bijzetten aan, opluisteren ❷ vereren (met *with*) ❸ begunstigen ★ ~ *sbd with one's presence* iem. vereren met je aanwezigheid

graceful ['greɪsfʊl] *bn* bevallig, sierlijk, elegant

gracefully ['greɪsfʊlɪ] *bijw* ❶ bevallig, sierlijk, elegant ❷ hoffelijk ★ *bow out ~* zich hoffelijk terugtrekken

graceless ['greɪslɪs] *bn* ❶ onbeschaamd, ondeugend ❷ onbevallig

gracelessly ['greɪslɪslɪ] *bijw* ❶ onbeschaamd, ondeugend ❷ onbevallig

grace note [greɪs nəʊt] muz *znw* voorslag

graces ['greɪsɪz] *znw* [mv] ❶ talenten ❷ gratie, omgangsvormen ★ *social ~* sociale vaardigheden, goede omgangsvormen ★ *be in sbd's good ~* bij iem. in de gunst staan ★ *the (Three) Graces* de Drie Gratiën

gracile ['græsɪl, -saɪl] *bn* ❶ anat slank gebouwd ❷ form sierlijk, slank

gracious ['greɪʃəs] **I** *tsw* ★ ~! / *good* ~! / *goodness* ~! goeie genade!, lieve hemel! **II** *bn* ❶ genadig, goedgunstig ❷ minzaam, hoffelijk

graciously ['greɪʃəslɪ] *bijw* ❶ genadig, goedgunstig ❷ minzaam, hoffelijk ★ *they apologised, but not very ~* ze boden hun verontschuldigingen aan, maar niet erg beleefd

graciousness ['greɪʃəsnɪs] *znw* ❶ hoffelijkheid ❷ genade, goedgunstigheid

grad [græd] *inf znw* afgestudeerde

gradable ['greɪdəbl] taalk *bn* vervoegbaar ‹met vergrotende en overtreffende trap›

gradate [grə'deɪt] *overg & onoverg* geleidelijk (doen) overgaan ★ *the stages will be ~d* de stappen zullen geleidelijk zijn ★ *purple gradating into blue* paars geleidelijk overgaand in blauw

gradation [grə'deɪʃən] *znw* ❶ gradatie, trapsgewijze opklimming, (geleidelijke) overgang ❷ nuancering, nuance ❸ gramm ablaut

gradational [grə'deɪʃənl] *bn* trapsgewijs

grade [greɪd] **I** *znw* ❶ graad, rang, trap ❷ kwaliteit, gehalte, soort, klasse ❸ onderw klas v. lagere school

❹ cijfer ★ <u>inf</u> *make the* ~ slagen, succes hebben, aanslaan, het 'm leveren ❺ <u>Am</u> helling ★ <u>Am</u> *at* ~ gelijkvloers ‹v. kruising› ★ *on the up* ~ in stijgende lijn, opwaarts ★ *on the down* ~ in neergaande lijn **II** *overg* ❶ graderen, rangschikken, sorteren ★ *the eggs are ~d from small to large* de eieren zijn gerangschikt van klein naar groot ❷ beoordelen, cijfers geven ❸ nivelleren ‹een weg› ❹ veredelen ‹v. dieren› **III** *onoverg* geleidelijk overgaan (in *into*)

grade crossing [greɪd 'krɒsɪŋ] <u>Am</u> *znw* overweg ‹v. spoorweg›, gelijkvloerse kruising ‹v. wegen›

grade point average [greɪd pɔɪnt 'ævərɪdʒ] *znw* cijfergemiddelde

grader ['greɪdə] *znw* ❶ sorteermachine ❷ grondschaaf, machine die grond glad maakt ❸ <u>Am</u> leerling van een bepaalde klas ★ <u>Am</u> *a fourth* ~ een vierdeklasser, een leerling van de vierde klas

grade school [greɪd sku:l] <u>Am</u> *znw* lagere school

gradient ['greɪdɪənt] *znw* ❶ helling ❷ hellingshoek ❸ (barometrische) gradiënt

grading ['greɪdɪŋ] *znw* classificatie

gradual ['grædjʊəl] *bn* trapsgewijze opklimmend, geleidelijk

gradually ['grædjʊəlɪ] *bijw* trapsgewijze, geleidelijk, langzamerhand, allengs, gaandeweg

graduate I *znw* ['grædjʊət] ❶ <u>onderw</u> afgestudeerde, gepromoveerde ★ *he's a* ~ *in economics* hij is afgestudeerd in de economie ❷ <u>Am</u> gediplomeerde **II** *overg* ['grædjʊert] ❶ in graden verdelen ❷ graderen ❸ <u>onderw</u> promoveren ❹ <u>Am</u> een diploma verlenen ‹v.d. middelbare school› **III** *onoverg* ['grædjʊert] ❶ (geleidelijk) overgaan (in *into*) ❷ afstuderen, promoveren ‹ook <u>fig</u>› ❸ <u>Am</u> een diploma behalen ‹v.d. middelbare school›

graduate school ['grædjʊət sku:l] <u>Am</u> *znw* universitaire vervolgopleiding na de eerste fase, ± doctoraalopleiding

graduation [grædjʊ'eɪʃən] *znw* ❶ geleidelijke opklimming ❷ graadverdeling, gradering ❸ <u>onderw</u> afstuderen, promotie ❹ <u>Am</u> diploma-uitreiking ‹op de middelbare school›

Graeco- ['gri:kəʊ], **Greco-** *voorv* Grieks, Grieks-

graffiti [grə'fi:ti:] *znw* [mv] graffiti ★ *a* ~ *artist* een graffitikunstenaar ★ ~ *was all over the train* de trein was bedekt met graffiti

---

<u>**graffiti**</u>
is eigenlijk meervoud, maar wordt vaak als enkelvoud behandeld wanneer het als kunstuiting wordt beschouwd. Als het over de inscripties gaat wordt vaak de meervoudsvorm van het werkwoord gebruikt:
Graffiti is not art; it is vandalism - Graffiti is geen kunst maar vandalisme.
Graffiti are important to the paleographer - Graffiti-inscripties zijn van belang voor een paleograaf.
The graffiti were removed today - De graffiti is vandaag verwijderd.

---

graft [grɑ:ft] **I** *znw* ❶ ent, enting ❷ <u>med</u> transplantaat, transplantatie ❸ <u>Am</u> <u>inf</u> (door) politiek gekonkel (verkregen voordeel) ❹ <u>Br</u> <u>inf</u> harde arbeid **II** *overg* ❶ enten ❷ <u>med</u> transplanteren **III** *onoverg* ❶ <u>Am</u> <u>inf</u> konkelen, knoeien ❷ <u>Br</u> <u>inf</u> pezen, hard werken

grafter ['grɑ:ftə] *znw* ❶ enter ❷ <u>Am</u> <u>inf</u> konkelaar, knoeier ❸ <u>Br</u> <u>inf</u> harde werker

grail [greɪl] *znw* ❶ graal ‹v.d. Arthurlegende› ❷ wensdroom, utopie

grain [greɪn] **I** *znw* ❶ graan, koren ❷ korrel, graankorrel ★ *take sth with a* ~ *of salt* iets met een korreltje zout nemen ❸ grein, greintje ★ *a* ~ *of truth* een greintje waarheid ❹ korreling, kern, nerf, weefsel ★ *with the* ~ op de draad, met de vezelrichting mee ★ *cut sth along the* ~ iets met de vezels mee snijden ‹vlees &› ❺ keper, structuur, draad ★ *go against the* ~ tegen de draad in gaan, tegen de borst stuiten **II** *overg & onoverg* ❶ korrelen ❷ aderen, marmeren

grained [greɪnd] *bn* korrelig, geaderd

grainy ['greɪnɪ] *bn* ❶ korrelig ❷ grof(korrelig) ‹foto›

gram [græm], **gramme** *znw* gram

grammar ['græmə] *znw* ❶ spraakkunst, grammatica ★ *bad* ~ ongrammaticaliteit ★ *the rules of* ~ de grammaticaregels ★ *he's still getting to know the* ~ *of the field* hij is nog bezig de basisprincipes van het vakgebied onder de knie te krijgen ❷ <u>Br</u> **grammar school** middelbare school ‹van 11 tot minstens 15 jaar›

grammarian [grə'meərɪən] *znw* grammaticus

grammar school ['græmə sku:l] *znw* ❶ <u>Br</u> middelbare school ❷ <u>hist</u> gymnasium of atheneum ❸ <u>Am</u> voortgezet lager onderwijs

grammatical [grə'mætɪkl] *bn* taalkundig, grammaticaal

grammatically [grə'mætɪklɪ] *bijw* grammaticaal ★ *she doesn't speak* ~ *correct English yet* ze spreekt nog geen grammaticaal correct Engels

gramme [græm] *znw* → **gram**

Grammy ['græmɪ] *znw* Grammy ‹muziekprijs in USA›

gramophone ['græməfəʊn] *znw* grammofoon

gramp [græmp], **gramps**, **grampy** <u>inf of dial</u> *znw* opa

grampus ['græmpəs] *znw* zwaardwalvis, orka ★ <u>inf</u> *puff like a* ~ hijgen als een postpaard

gr

gran [græn] inf znw → **grandma**

granary ['grænərɪ] Br znw ❶ korenzolder, korenschuur ❷ → **granary bread**

granary bread ['grænərɪ bred], Br **granary** znw ❶ grof volkorenbrood ❷

grand [grænd] I bn ❶ groot, groots ★ the ~ old man of jazz / cricket / British politics & de nestor van de jazz / cricket / Britse politiek & ★ live to a ~ old age een hoge leeftijd bereiken ★ make a ~ entrance met veel vertoon binnenkomen ❷ voornaam, edel ❸ weids ❹ hoofd-, belangrijkste ★ the ~ total het totaalbedrag ❺ inf prachtig, fantastisch ★ inf we had a ~ time we hebben ons reuze vermaakt II znw ❶ → muz **grand piano** ❷ inf 1000 pond, 1000 dollar

grandaunt ['grænda:nt] znw oudtante

grandchild ['græntʃaɪld, 'grænd] znw kleinkind

granddad ['grændæd], **grandad** inf znw opa

granddaughter ['grændɔːtə] znw kleindochter

grand duchess [grænd 'dʌtʃɪs] znw groothertogin

grand duchy [grænd 'dʌtʃɪ] znw groothertogdom

grand duke [grænd dju:k] znw groothertog

grande dame [grɑ̃ 'dɑːm] znw grande dame, diva

grandee [græn'diː] znw ❶ (Spaanse) grande ❷ grote heer

grandeur ['grændjə, -ndʒə] znw grootheid, grootsheid, pracht, staatsie, voornaamheid ★ the ~ of the endless steppe de grootsheid van de eindeloze steppe

grandfather ['grænfɑːðə, 'grænd] znw grootvader ★ one's paternal / maternal ~ de grootvader van vaderskant/moederskant ★ Adam Smith has been called the ~ of modern economics Adam Smith wordt wel eens de grootvader van de moderne economie genoemd

grandfather clock ['grænfɑːðə klɒk] znw staande klok

grandiloquence [græn'dɪləkwəns] znw ❶ bombast, hoogdravendheid ❷ grootspraak

grandiloquent [græn'dɪləkwənt] bn ❶ bombastisch, hoogdravend ❷ grootsprakig

grandiose ['grændɪəʊs] bn pompeus, overdadig ★ a ~ facade een overdadige gevel ★ some ~ scheme for saving the world een of ander hoogdravend plan om de wereld te redden

grandiosity [grændɪ'ɒsɪtɪ] znw pompeusheid, grootsheid

grand jury [grænd 'dʒʊərɪ] Am jur znw jury die beslist of er voldoende gronden voor rechtsvervolging aanwezig zijn

grandma ['grænmɑː, 'grænd-], **gran** inf znw oma

grand mal [grɑ̃ 'mæl] znw epilepsie

grandmaster ['grændmɑːstə], **grand master** znw grootmeester ‹schaken, dammen en bridge›

grandmother ['grænmʌðə, 'grænd] znw grootmoeder ★ one's paternal / maternal ~ je grootmoeder van vaderskant/moederskant

grandnephew ['grænnevjuː, 'grænd] znw achterneef

grandniece ['grænniːs, 'grænd] znw achternicht

grand opera [grænd 'ɒprə] znw grand opera

grandpa ['grænpɑː, 'grænd] inf znw opa

grandparents ['grænpeərənts, 'grænd] znw [mv] grootouders

grand piano [grænd pɪ'ænəʊ], **grand** znw vleugel ‹muziekinstrument›

grandsire ['grænsaɪə] znw ❶ voorvader ❷ grootvader ‹v. paard›

grand slam [grænd slæm] znw ❶ sp grand slam ‹winst in alle belangrijke toernooien› ❷ bridge groot slem

grandson ['grænsʌn, 'grænd] znw kleinzoon

grandstand ['grænstænd, 'grænd] znw (overdekte) tribune ★ have a ~ view op de eerste rang zitten

grandstanding ['grænstændɪŋ, 'grænd] znw het bespelen van het publiek

grand tour [grænd tʊə] znw ❶ hist rondreis door Europa als onderdeel van de opvoeding van jonge Britse aristocraten ❷ scherts rondleiding ★ he's taking them on a ~ of his vegetable garden hij geeft ze een rondleiding door zijn groentetuin

granduncle ['grændʌŋkl] znw oudoom

grange [greɪndʒ] znw ❶ herenboerderij ❷ Am boerderij

granite ['grænɪt] I bn ❶ granieten ★ a ~ benchtop een granieten aanrechtblad ❷ fig onbuigzaam, hardvochtig II znw graniet

granny ['grænɪ], **grannie** inf znw oma, grootje, opoe

granny flat ['grænɪ flæt] inf znw aparte woonruimte binnen een groter huis ‹voor ouder familielid›

granny knot ['grænɪ nɒt] znw ❶ oudewijvenknoop ❷ slecht gelegde knoop

grant [grɑːnt] I znw ❶ schenking, bijdrage, toelage, overdracht, subsidie ❷ onderw beurs II overg toestaan, inwilligen, verlenen, schenken, toestemmen ★ ~ed/~ing that toegegeven of aangenomen dat ★ take for ~ed als vaststaand, als vanzelfsprekend, zonder meer aannemen ★ take sbd / sth for ~ed onvoldoende aandacht schenken aan iem. / iets

grantee [grɑːn'tiː] znw begiftigde

grant-maintained [grɑːnt-meɪn'teɪnd] Br bn ‹m.b.t. scholen› door de centrale (en niet de lokale) overheid gefinancierd en autonoom opererend

grantor [grɑːn'tɔː] znw begiftiger, schenker

granular ['grænjʊlə] bn korrelachtig, korrelig

granulate ['grænjʊleɪt] overg & onoverg korrelen, greineren

granulated ['grænjʊleɪtɪd] bn korrelig, korrel ★ ~ sugar kristalsuiker

granulation [grænjʊ'leɪʃən] znw korreling

granule ['grænjuːl] znw korreltje

grape [greɪp] znw plantk druif ★ take no notice of him, it's just sour ~s je moet je van hem maar niets aantrekken, hij is gewoon jaloers

grapefruit ['greɪpfruːt] znw grapefruit

grapevine ['greɪpvaɪn] znw ❶ wijnstok ❷ geruchtencircuit, fluisterkrant

graph [grɑːf] znw grafische voorstelling, grafiek ★ in ~ form in de vorm van een grafiek

graphic ['græfɪk] I bn ❶ grafisch ❷ schrift-, schrijf-,

teken- ❸ plastisch, aanschouwelijk, levendig II *znw* comput grafische voorstelling

graphical user interface ['græfɪkl 'ju:zər 'ɪntəfeɪs] comput *znw* grafische gebruikersinterface

graphic design ['græfɪk dɪ'zaɪn] *znw* grafisch ontwerp

graphic designer ['græfɪk dɪ'zaɪnə] *znw* grafisch ontwerper

graphics ['græfɪks] *znw* [mv] ❶ grafiek ❷ grafische kunst ❸ comput graphics

graphics card ['græfɪks kɑːd] comput *znw* grafische kaart

graphite ['græfaɪt] *znw* grafiet

graphologist [græ'fɒlədʒɪst] *znw* grafoloog, handschriftkundige

graphology [grə'fɒlədʒɪ] *znw* grafologie, handschriftkunde

graph paper [grɑːf 'peɪpə] *znw* ruitjespapier, millimeterpapier

grapnel ['græpnl] *znw* dreg, dreganker

grappa ['græpə] *znw* grappa ⟨Italiaanse sterke drank⟩

grapple ['græpl] I *znw* ❶ (enter)dreg ❷ greep, omvatting, worsteling II *overg* ❶ aanklampen ❷ omvatten, omklemmen, beetpakken III *onoverg* ★ ~ with sbd vechten / worstelen met iem. ★ ~ with sth vechten / worstelen met iets, fig iets onder handen nemen, aanpakken ⟨moeilijkheden⟩

grappling iron ['græplɪŋ 'aɪən] *znw* enterhaak

grapy ['greɪpɪ] *bn* druiven-, als (van) druiven

grasp [grɑːsp] I *znw* ❶ greep, houvast ★ prise sth from sbd's ~ iem. iets ontfutselen ❷ bereik, macht ★ the championship was within her ~ het kampioenschap lag binnen haar bereik ❸ begrip, bevattingsvermogen, beheersing ★ that's beyond his ~ dat is te moeilijk voor hem om te begrijpen ★ have a limited / sound ~ of sth een beperkt / gedegen inzicht in iets hebben II *overg* ❶ grijpen, beetpakken ★ ~ hold of sth iets stevig vastpakken, iets vastgrijpen ❷ omklemmen, vasthouden ❸ vatten, begrijpen III *onoverg* ★ ~ at sth grijpen naar iets ★ ~ at straws zich vastklampen aan kleinigheden

grasping ['grɑːspɪŋ] *bn* inhalig, hebberig

grass [grɑːs] I *znw* ❶ gras ★ not let the ~ grow under one's feet er geen gras over laten groeien ★ zegsw the ~ is always greener on the other side of the fence het gras bij de buren is altijd groener ❷ grasland ★ at ~ in de wei ★ inf put sbd out to ~ iem. de wei insturen, iem. met pensioen sturen ❸ inf marihuana, wiet ❹ inf verklikker II *overg* gras zaaien, met gras(zoden) bedekken III *phras* ★ Br inf ~ on sbd iem. verlinken ★ the path was ~ed over het pad was met gras begroeid ★ Br inf ~ sbd up iem. verlinken

grass cutter ['grɑːskʌtə] *znw* grasmaaimachine

grasshopper ['grɑːshɒpə] *znw* sprinkhaan

grassland ['grɑːslænd] *znw* weiland, grasland

grass roots [grɑːs ruːts], **grassroots I** *bn* met het volk verbonden, fundamenteel, basis- ★ at the ~ level op het fundamentele niveau ★ ~ support populaire steun, steun van het gewone volk II *znw* [mv] ★ the ~ de gewone leden (v. partij &), de achterban, de basis(elementen), grondslagen

grass snake [grɑːs sneɪk] *znw* ringslang

grass widow [grɑːs 'wɪdəʊ] *znw* onbestorven weduwe ⟨vrouw waarvan de man vaak weg is⟩

grassy ['grɑːsɪ] *bn* ❶ grasrijk, grazig ❷ grasachtig, gras-

grate [greɪt] I *znw* ❶ rooster ⟨v. haard &⟩ ❷ → **grating** II *overg* ❶ raspen ❷ knarsen op ⟨de tanden⟩ III *onoverg* knarsen, krassen, schuren ★ ~ on the ear het gehoor pijnlijk aandoen ★ inf ~ on sbd's nerves iem. op de zenuwen werken

grateful ['greɪtfʊl] *bn* dankbaar, erkentelijk

gratefully ['greɪtfʊlɪ] *bijw* dankbaar ★ he ~ accepted the offer of a lift hij nam het aanbod van een lift dankbaar aan

grater ['greɪtə] *znw* rasp

gratification [grætɪfɪ'keɪʃən] *znw* ❶ bevrediging, voldoening, genoegen, genot ❷ bron van genoegen

gratify ['grætɪfaɪ] *overg* ❶ bevredigen, voldoen ❷ behagen, voldoening schenken

gratifying ['grætɪfaɪɪŋ] *bn* aangenaam, verheugend, strelend

gratifyingly ['grætɪfaɪɪŋlɪ] *bijw* verheugend, gelukkig ★ ~, the feedback has been very positive gelukkig is de feedback heel positief geweest

grating ['greɪtɪŋ] I *bn* ❶ knarsend, krassend, door merg en been gaand ❷ irriterend II *znw*, **grate** traliewerk, roosterwerk

gratis ['greɪtɪs, 'grɑː-, 'græ-] *bn & bijw* om niet, gratis, kosteloos

gratitude ['grætɪtjuːd] *znw* dankbaarheid ★ as a token of one's ~ als teken van dankbaarheid ★ express one's ~ bedanken, dank uitspreken

gratuitous [grə'tjuːɪtəs] *bn* ❶ gratis, kosteloos ❷ ongemotiveerd, uit de lucht gegrepen, ongegrond ❸ niet gerechtvaardigd of te rechtvaardigen, nodeloos, gratuit

gratuitously [grə'tjuːɪtəslɪ] *bijw* ongegrond, ongerechtvaardigd, gratuit

gratuity [grə'tjuːɪtɪ] *znw* ❶ form gift, fooi ❷ Br gratificatie

grave I *bn* [greɪv] ❶ ernstig, alarmerend ❷ somber, bedrukt II *znw* [greɪv] graf, grafkuil ★ as quiet / silent as the ~ doodstil ★ is there life beyond the ~? is er leven na de dood? ★ dig one's own ~ zijn eigen graf graven, zichzelf te gronde richten ★ inf roll over / spin around / turn over in one's ~ zich in zijn graf omdraaien III *znw* [grɑːv] (⟨Fr⟩), **grave accent** accent grave IV *overg* [greɪv] [graved, graved/graven] dicht inprenten, griffen in ★ the war is ~n in their collective memory de oorlog staat in hun gezamenlijke geheugen gegrift

gravedigger ['greɪvdɪgə] *znw* doodgraver

gravel ['grævəl] I *znw* ❶ grind, kiezel, kiezelzand ❷ gravel ⟨v. tennisbanen⟩ II *overg* ❶ met kiezelzand

gr

bestrooien, begrinten ❷ Am inf verwarren, irriteren

gravelly ['grævəlɪ] *bn* ❶ vol kiezel(zand) ❷ knarsend ‹v. stem›

grave mound [greɪv maʊnd] *znw* grafheuvel

graven ['greɪvən] *ww* [v.d.] → **grave**

graven image ['greɪvən 'ɪmɪdʒ] bijbel *znw* gesneden beeld

graver ['greɪvə] *znw* ❶ graveur ❷ graveerstift

graveside ['greɪvsaɪd] *znw* ★ *at the* ~ aan het graf, bij de groeve

gravestone ['greɪvstəʊn] *znw* grafsteen

graveyard ['greɪvjɑːd] *znw* kerkhof

graveyard shift ['greɪvjɑːd ʃɪft] *znw* nachtploeg

gravid ['grævɪd] *bn* ❶ techn zwanger ❷ fig vol, zwaar ★ *her poetry is* ~ *with meaning* haar gedichten zijn vol van betekenis

gravitas ['grævɪtæs, -tɑːs] form *bn* waardigheid, ernst, plechtstatigheid

gravitate ['grævɪteɪt] *onoverg* graviteren, door de zwaartekracht bewegen naar ★ ~ *towards sbd / sth* aangetrokken worden tot iem. / iets

gravitation [grævɪ'teɪʃən] *znw* zwaartekracht, aantrekkingskracht

gravitational [grævɪ'teɪʃənl] *bn* van de zwaartekracht, gravitatie- ★ ~ *force* zwaartekracht

gravitational field [grævɪ'teɪʃənl fiːld] *znw* zwaartekrachtsveld

gravity ['grævɪtɪ] *znw* ❶ zwaartekracht ❷ gewicht, zwaarte ★ *specific* ~ soortelijk gewicht ❸ form gewichtigheid, ernst(igheid) ★ form *they have only now realised the* ~ *of the situation* ze beseffen nu pas de ernst van de situatie

gravy ['greɪvɪ] *znw* jus, saus

gravy boat ['greɪvɪ bəʊt] *znw* juskom, sauskom

gravy train ['greɪvɪ treɪn] inf *znw* goudmijntje

gray [greɪ] Am *bn* → **grey**

gray area [greɪ 'eərɪə] Am *znw* → **grey area**

graybeard [greɪ'bɪəd] Am *znw* → **greybeard**

gray dollar [greɪ 'dɒlə] Am *znw* → **grey pound**

gray friar [greɪ 'fraɪə] Am *znw* → **grey friar**

gray-haired ['greɪ-heəd] Am *bn* → **grey-haired**

grayhound ['greɪhaʊnd] Am *znw* → **greyhound**

grayish ['greɪɪʃ] Am *bn* → **greyish**

gray matter [greɪ 'mætə] Am *znw* → **grey matter**

graze [greɪz] I *znw* ❶ schaafwond ❷ schampschot II *overg* ❶ laten grazen, weiden ❷ afgrazen ❸ schaven ★ *she* ~*d her knee* ze heeft haar knie geschaafd ❹ schampen, even aanraken III *onoverg* ❶ grazen, weiden ❷ Am inf zappen ❸ Am inf tussendoortjes eten, snacken ❹ schampen ★ ~ *past* gaan / strijken langs

grazier ['greɪzɪə] *znw* vetweider

grazing ['greɪzɪŋ], **grazing land** *znw* weidegrond

grease I *znw* [griːs] vet, smeer **II** *overg* [griːs, griːz] smeren, invetten, insmeren, auto doorsmeren ★ inf *like* ~*d lightning* als de gesmeerde bliksem ★ ~ *sbd's palm* iem. omkopen ★ Am inf ~ *the wheels / skids* (de zaak) gesmeerd doen lopen

grease monkey [griːs 'mʌŋkɪ] Am inf *znw* (auto)monteur

greasepaint ['griːspeɪnt] *znw* schmink

greaseproof paper ['griːspruːf 'peɪpə] *bn* vetvrij papier

greaser ['griːsə] *znw* monteur, mecanicien

greasy ['griːsɪ] *bn* ❶ smerig, vettig ❷ glibberig, glad ❸ zalvend, kruiperig

greasy spoon ['griːsɪ spuːn] inf *znw* smerige eettent

great [greɪt] **I** *bn* ❶ groot, belangrijk ★ *a* ~ *deal of money / time &* veel geld / tijd & ★ inf *no* ~ *shakes* niet veel bijzonders ★ *my father's a* ~ *one for a joke* mijn vader houdt wel van een grapje ★ zegsw ~ *minds think alike* alle grote geesten zijn het met elkaar eens ❷ hoog ‹leeftijd› ❸ inf prachtig, heerlijk, geweldig, fantastisch, fijn, leuk **II** *bijw* inf fantastisch ★ *you played* ~*!* je hebt fantastisch gespeeld! **III** *znw* grote, vooraanstaande figuur ★ *the* ~ de groten (der aarde) ★ iron *a gathering of the* ~ *and the good* een bijeenkomst van prominenten

great- [greɪt-] *voorv* over-, achter-, oud-

great-aunt [greɪt-ɑːnt] *znw* oudtante

Great Britain [greɪt 'brɪtn] *znw* Groot-Brittannië

greatcoat ['greɪtkəʊt] *znw* ❶ overjas ❷ mil kapotjas

greater ['greɪtə] *bn* groter ★ ~ *London* Londen met de voorsteden ★ *the* ~ *part of the population lives in the country* het grootste deel van de bevolking woont op het platteland

great-grandfather [greɪt-'grænfɑːðə] *znw* overgrootvader

great-grandson [greɪt-'grænsʌn] *znw* achterkleinzoon

greathearted [greɪt'hɑːtɪd] *bn* ❶ moedig ❷ edelmoedig

greatly ['greɪtlɪ] versterkend *bijw* sterk, zeer, veel ★ *her condition is* ~ *improved* haar toestand is sterk verbeterd ★ *I admire her* ~ ik bewonder haar zeer

greatness ['greɪtnɪs] *znw* grootheid

great-uncle [greɪt-'ʌŋkl] *znw* oudoom

Great War [greɪt 'wɔː] *znw* ★ *the* ~ de Eerste Wereldoorlog

grebe [griːb] *znw* fuut

Grecian ['griːʃən] *bn* Grieks

Greece [griːs] *znw* Griekenland

greed [griːd] *znw* ❶ hebzucht, begerigheid ❷ gretigheid, gulzigheid

greedily ['griːdɪlɪ] *bijw* ❶ hebzuchtig, begerig ❷ gretig, gulzig ★ *he ate the food* ~ hij at het eten gulzig op

greediness ['griːdɪnɪs] *znw* ❶ hebzucht, begerigheid ❷ gretigheid, gulzigheid

greedy ['griːdɪ] *bn* ❶ hebzuchtig, begerig (naar *of*) ❷ gretig, gulzig ❸ belust (op *for*)

greedy-guts ['griːdɪ-gʌts] inf *znw* vreetzak, veelvraat

Greek [griːk] **I** *bn* Grieks ★ valuta *the* ~ *drachma* de Griekse drachme **II** *znw* ❶ Griek, Griekse ❷ Grieks ★ *it's (all)* ~ *to me* daar begrijp ik geen snars van

Greek cross [griːk krɒs] *znw* Grieks kruis ‹met vier

gelijke armen⟩

green [griːn] **I** *bn* ❶ groen ★ *be ~ with envy* scheel van afgunst zijn ❷ onrijp, vers ❸ onervaren ❹ milieubewust, milieuvriendelijk **II** *znw* ❶ groen ❷ grasveld, dorpsplein, brink ❸ *sp* green ⟨bij golf⟩ ★ *pol the Greens* de Groenen **III** *overg* ❶ groen maken ❷ groener maken, van meer groen voorzien ⟨v. steden &⟩

greenback ['griːnbæk] *Am inf znw* dollarbiljet

green bean [griːn biːn] *znw* sperzieboon, prinsessenboon

green belt [griːn belt] *znw* groenstrook, -zone ⟨v. stad⟩

green card [griːn kɑːd] *znw* ❶ *Am* werk- en woonvergunning voor buitenlanders ❷ *Br* groene kaart ⟨autoverzekeringspapier⟩

green cheese [griːn tʃiːz] *znw* weikaas

greenery ['griːnərɪ] *znw* groen ★ *they decorated the church with plenty of ~* ze hebben de kerk met veel groen versierd

green-eyed monster ['griːn-aɪd 'mɒnstə] *inf bn* ★ *the ~* de jaloezie

greenfinch ['griːnfɪntʃ] *znw* groenling

green fingers [griːn 'fɪŋgəz] *Br inf znw* [mv] ★ *have ~* groene vingers hebben ⟨succes bij het kweken van planten⟩

greenfly ['griːnflaɪ] *znw* bladluis

greengage ['griːngeɪdʒ] *znw* reine claude ⟨soort pruim⟩

greengrocer ['griːngrəʊsə] *znw* groenteboer, -handelaar

greengrocery ['griːngrəʊsərɪ] *znw* groentehandel, -winkel

greenhide ['griːnhaɪd] *Aus znw* ongelooide dierenhuid

greenhorn ['griːnhɔːn] *Am inf znw* groentje, onervarene, beginneling

greenhouse ['griːnhaʊs] *znw* serre, kas, oranjerie ★ *~ vegetables* kasgroente

greenhouse effect ['griːnhaʊs ɪ'fekt] *znw* broeikaseffect

greenhouse gas ['griːnhaʊs gæs] *znw* broeikasgas

greening ['griːnɪŋ] *znw* groene appel

greenish ['griːnɪʃ] *bn* groenig, groenachtig

Greenland ['griːnlənd] *znw* Groenland

Greenlander ['griːnlændə] *znw* Groenlander, Groenlandse

Greenlandic [griːn'lændɪk] *znw* Groenlands ⟨de taal⟩

green light [griːn laɪt] *znw* groen licht, *fig* goedkeuring, verlof ★ *get the ~* het groene licht krijgen, toestemming krijgen ★ *give sth the ~* het licht op groen zetten voor iets ⟨een plan &⟩ ★ *give sbd the ~* iem. het groene licht geven

green manure [griːn mə'njʊə] *znw* groenbemesting

green onion [griːn 'ʌnjən] *Am znw* bosui

green paper [griːn 'peɪpə] *pol znw* ± discussienota

green pastures [griːn 'pɑːstʃəz] *bijbel znw* [mv] grazige weiden

green pea [griːn piː] *znw* doperwt

green pepper [griːn 'pepə] *znw* groene paprika

green room [griːn ruːm] *znw* artiestenkamer

greens [griːnz] *znw* [mv] bladgroente

green salad [griːn 'sæləd] *znw* (groene) salade, sla

green shoots [griːn ʃuːts] *znw* [mv] eerste tekenen van economische verbetering

greenstick fracture ['griːnstɪk 'fræktʃə] *med znw* greenstick fractuur ⟨bep. type botfractuur⟩

greenstuff ['griːnstʌf] *znw* ❶ groen ⟨loof⟩ ❷ groene groente

green tea [griːn tiː] *znw* groene thee

green thumb [griːn θʌm] *Am znw* groene vingers ★ *have a ~* groene vingers hebben

greenware ['griːnweə] *znw* ongebakken aardewerk

Greenwich Mean Time ['grenɪtʃ/'grɪnɪdʒ 'miːn taɪm], **GMT** *znw* Greenwichtijd

greeny ['griːnɪ] *bn* groen(ig), groenachtig

greet [griːt] *overg* begroeten, groeten ★ *~ sbd by name* iem. persoonlijk groeten ★ *the news was ~ed with disbelief* het nieuws werd met ongeloof begroet

greeting ['griːtɪŋ] *znw* begroeting, groet ★ *extend a ~ to sbd* iem. begroeten ★ *nod a ~* iem. toeknikken bij wijze van groet ★ *return sbd's ~* iemands groet beantwoorden ★ *send him my ~s* doe hem de groeten van mij

greetings card ['griːtɪŋz kɑːd], *Am* **greeting card** *znw* wenskaart

gregarious [grɪ'geərɪəs] *bn* ❶ *dierk* in kudde(n) levend ❷ *fig* gezelschaps-, van gezelligheid houdend

Gregorian [grɪ'gɔːrɪən] *bn* gregoriaans

Gregorian chant [grɪ'gɔːrɪən tʃɑːnt] *znw* gregoriaans kerkgezang

gremlin ['gremlɪn] *inf znw* ❶ denkbeeldige onheilbrengende geest ❷ pechduiveltje

Grenada [gre'neɪdə] *znw* Grenada ⟨West-Indisch eiland⟩

grenade [grɪ'neɪd] *mil znw* (hand)granaat

Grenadian [grə'neɪdɪən] **I** *bn* Grenadaans **II** *znw* Grenadaan, Grenadaanse

grenadier [grenə'dɪə] *mil znw* grenadier

grew [gruː] *ww* [v.t.] → **grow**

grey [greɪ], *Am* **gray I** *bn* ❶ grijs, grauw ★ *a ~ horse* een schimmel ★ *go / turn ~* grijs worden, vergrijzen ❷ duister, vaag ❸ bewolkt ❹ *fig* somber, akelig ❺ kleurloos **II** *znw* ❶ grijs, grauw ❷ schimmel **III** *overg* grijs maken **IV** *onoverg* (beginnen te) grijzen

grey area [greɪ 'eərɪə], *Am* **gray area** *znw* schemergebied, grijze zone

greybeard ['greɪbɪəd], *Am* **graybeard** *dicht of scherts znw* grijsaard

grey friar [greɪ 'fraɪə], *Am* **gray friar** *znw* franciscaan

grey-haired ['greɪ-heəd], *Am* **gray-haired** *bn* met grijs haar, grijs, vergrijsd

greyhound ['greɪhaʊnd] *znw* hazewind, windhond

greyish ['greɪɪʃ], *Am* **grayish** *bn* grijs-, grauwachtig

grey matter [greɪ 'mætə], *Am* **gray matter** *znw* ❶ grijze stof ⟨in het centrale zenuwstelsel⟩ ❷ *fig*

gr

hersens, verstand

grey pound [greɪ paʊnd], <u>Am</u> **gray dollar** *znw* geld dat het bejaarde bevolkingsdeel heeft om uit te geven

grid [grɪd] *znw* ❶ rooster ❷ net, centrale voorziening, netwerk ⟨v. elektriciteit, gas &⟩ ❸ raster

griddle [ˈgrɪdl] *znw* bakplaat

griddle cake [ˈgrɪdl keɪk] *znw* plaatkoek

gridiron [ˈgrɪdaɪən] *znw* ❶ (braad)rooster ❷ traliewerk ❸ <u>Am</u> voetbalveld

gridlock [ˈgrɪdlɒk] *znw* ❶ verkeersopstopping ⟨in een aantal straten⟩ ❷ <u>fig</u> impasse

grid reference [grɪd ˈrefərəns] *znw* coördinaten ⟨van een kaart⟩

grief [gri:f] *znw* droefheid, verdriet, leed, smart ★ *good ~!* goeie God! ★ *come to ~* een ongeluk krijgen, verongelukken, mislukken, stranden, schipbreuk lijden (op *on / over*)

grievance [ˈgri:vəns] *znw* ❶ grief, wrok ★ *nurse a ~* een wrok koesteren ❷ klacht ★ *settle a ~* een klacht oplossen

grieve [gri:v] **I** *overg* bedroeven, verdrieten, smarten, leed (aan)doen **II** *onoverg* treuren (over *about / at / over / for*)

grieving [ˈgri:vɪŋ] **I** *bn* treurend **II** *znw* het treuren

grievous [ˈgri:vəs] <u>form</u> *bn* ❶ zwaar, pijnlijk, smartelijk, bitter ❷ deerlijk, jammerlijk ⟨versterkend⟩

grievous bodily harm [ˈgri:vəs ˈbɒdɪlɪ hɑ:m], **GBH** *znw* zwaar lichamelijk letsel

griffin [ˈgrɪfɪn] *znw* griffioen

grill [grɪl] **I** *znw* ❶ rooster ❷ geroosterd vlees & ❸ → **grill room** ❹ → **grille II** *overg* ❶ roosteren, grilleren, braden ❷ een scherp verhoor afnemen

grille [grɪl], **grill** *znw* traliewerk, -hek, afsluiting

grill pan [grɪl pæn] *znw* grillpan

grill room [grɪl ru:m], **grill** *znw* grillroom, grillrestaurant

grim [grɪm] *bn* ❶ grimmig, bars, streng, somber ★ *~ humour* galgenhumor ★ *hang / hold on like ~ death* met alle macht vasthouden ❷ bar, onverbiddelijk, hard, woest ❸ fel, verwoed, verbeten ★ *~ determination* verbeten vastberadenheid

grimace [ˈgrɪməs] **I** *znw* grimas, grijns **II** *onoverg* grimassen maken, grijnzen

grime [graɪm] *znw* vuil

Grim Reaper [grɪm ˈri:pə] *znw* ★ *the ~* de dood

grimy [ˈgraɪmɪ] *bn* vuil, smerig

grin [grɪn] **I** *znw* ❶ brede glimlach ❷ grijns ★ *take / wipe the ~ off sbd's face* de grijns van iemands gezicht halen **II** *overg* ★ *he ~ned his approval* hij gaf door een grijns te kennen dat hij het ermee eens was **III** *onoverg* grijnzen, grinniken, glimlachen ★ *~ and bear it* zich flink houden, zich niet laten kennen ★ *~ from ear to ear* grijnzen van oor tot oor

grind [graɪnd] **I** *znw* ❶ malende beweging, malend geluid, maling ⟨grof, fijn⟩ ❷ karwei, sjouw ★ *escape the daily ~* uit de dagelijkse sleur ontsnappen ❸ <u>Am</u> <u>inf</u> een student die hard werkt ❹ <u>vulg</u> nummertje,

wip, neukpartij **II** *overg* [ground, ground] ❶ (fijn)malen, (fijn)wrijven ★ *~ one's teeth* knarsetanden ★ *~ sth into / to dust* iets tot stof vermalen ❷ slijpen ❸ draaien ⟨orgel⟩ **III** *onoverg* [ground, ground] ❶ (zich laten) malen / slijpen ❷ knarsen ★ *~ to a halt* (met piepende remmen) tot stilstand komen **IV** *phras* ★ *~ away* zich afbeulen (op iets), ploeteren, blokken ★ *~ sbd down* onderdrukken ★ *~ sth down* iets fijnmalen ★ *~ on* alsmaar doorgaan ★ *~ sth out* iets afdraaien, voortbrengen, opdreunen ★ *~ sth up* iets fijnmaken, vermalen

grinder [ˈgraɪndə] *znw* ❶ molen ★ *a coffee ~* een koffiemolen ❷ slijper ❸ kies, maaltand

grinding [ˈgraɪndɪŋ] *bn* ❶ schrijnend, nijpend ❷ knarsend

grinding wheel [ˈgraɪndɪŋ wi:l] *znw* slijpschijf

grindstone [ˈgraɪndstəʊn] *znw* slijpsteen ★ *inf get back to the ~* weer aan het werk gaan ★ *inf keep one's nose to the ~* zich afbeulen

gringo [ˈgrɪŋgəʊ] <u>inf</u> *znw* ❶ gringo ❷ (Engelssprekende) vreemdeling

grip [grɪp] **I** *znw* ❶ greep, houvast, vat ★ *in a ~* stevig vast ★ *in the ~ of* in de greep van ★ *come / get to ~s with sth* vat krijgen op iets ⟨probleem &⟩ ★ *inf get a ~* houvast krijgen ★ *keep / take a ~ on oneself* zichzelf in de hand houden, zich beheersen ❷ begrip ❸ handvat **II** *overg* ❶ (vast)grijpen, beetpakken, klemmen ❷ <u>fig</u> pakken, boeien **III** *onoverg* pakken, boeien

gripe [graɪp] <u>inf</u> **I** *znw* ❶ klacht, bezwaar, geklaag ❷ kramp, koliek ★ *the ~s* koliek, krampen **II** *onoverg* jammeren, klagen

gripe water® [graɪp ˈwɔːtə] *znw* windverdrijvend drankje ⟨voor baby's⟩

gripping [ˈgrɪpɪŋ] *bn* boeiend, adembenemend

grisly [ˈgrɪzlɪ] *bn* akelig, griezelig

grist [grɪst] *znw* ❶ mout ★ *~ to the / one's mill* koren op zijn molen ❷ bruikbaar materiaal

gristle [ˈgrɪsəl] *znw* kraakbeen

gristly [ˈgrɪslɪ] *bn* kraakbeenachtig

grit [grɪt] **I** *znw* ❶ zand, steengruis ❷ grein, korrel ⟨v. steen of schuurpapier⟩ ❸ <u>fig</u> flinkheid, fut **II** *overg* ❶ zand strooien ⟨op gladde wegen⟩ ★ *~ a road* een weg met zand & bestrooien ⟨bij slipgevaar⟩ ❷ knarsen ★ *~ one's teeth* knarsetanden

grits [grɪts] <u>Am</u> *znw* [mv] grutten

gritter [ˈgrɪtə] *znw* strooiauto

gritty [ˈgrɪtɪ] *bn* ❶ zanderig, korrelig ❷ kranig, flink, pittig

grizzle [ˈgrɪzəl] <u>inf</u> *onoverg* jengelen, jammeren ⟨van baby⟩

grizzled [ˈgrɪzəld] <u>dicht</u> *bn* grijs, grauw, vergrijsd

grizzly [ˈgrɪzlɪ] **I** *bn* ❶ grijsachtig ❷ jengelend **II** *znw*, **grizzly bear** grijze beer, grizzlybeer

groan [grəʊn] **I** *znw* ❶ gesteun, gekreun ❷ kreun, steun **II** *onoverg* ❶ steunen, kreunen, kermen (van *with*), zuchten (naar *for*, onder *under*) ❷ kraken ⟨v.

houtwerk⟩

groat [grəʊt] *znw* ★ *not a* ~ geen zier, geen bal

groats [grəʊts] *znw* [mv] grutten

grocer ['grəʊsə] *znw* kruidenier

groceries ['grəʊsərɪz] *znw* [mv] ❶ kruidenierswaren ❷ boodschappen ★ *do the* ~ boodschappen doen

grocery ['grəʊsərɪ] *znw* kruideniersvak, -winkel, -zaak

grog [grɒg] *znw* ❶ grog ⟨rum met water⟩ ❷ <u>Aus</u> inf wijn, sterke drank ❸ chamotte

groggy ['grɒgɪ] *bn* ❶ aangeschoten, dronken ❷ onvast op de benen, zwak, wankel

groin [grɔɪn] *znw* ❶ lies ❷ bouwk graatrib ❸ → <u>Am</u> **groyne**

groined [grɔɪnd] <u>bouwk</u> *bn* met graatrib ★ *a* ~ *vault* een kruisgewelf

grommet ['grɒmɪt] *znw* ❶ metalen lus of oog, veterring ❷ <u>med</u> draineerbuisje in het trommelvlies ❸ <u>Aus</u> inf onervaren surfer of skateboarder

groom [gru:m] **I** *znw* ❶ stal-, rijknecht ❷ bruidegom ❸ kamerheer **II** *overg* ❶ verzorgen ❷ prepareren, opleiden ⟨een opvolger⟩

groomed [gru:md] *bn* verzorgd ★ *neatly dressed and well* ~ netjes gekleed en goed verzorgd

grooming ['gru:mɪŋ] *znw* verzorging van het uiterlijk

groomsman ['gru:mzmən] *znw* bruidsjonker

groove [gru:v] **I** *znw* ❶ groef, sponning, gleuf ❷ fig sleur ★ inf *get into a* ~ in een sleur vervallen ❸ jazzritme ★ inf *in the* ~ in de juiste stemming **II** *overg* ❶ groeven ❷ techn ploegen **III** *onoverg* ❶ inf zich amuseren, zich prettig voelen ❷ inf dansen ⟨op jazzmuziek⟩

groovy ['gru:vɪ] inf gedat *bn* hip, te gek ★ *that's a* ~ *thing you're wearing* dat is een leuk dingetje dat je aanhebt

grope [grəʊp] **I** *overg* inf betasten, aanraken ⟨met seksuele bedoelingen⟩ **II** *onoverg* (tastend) zoeken, (rond)tasten (naar *for / after*) ★ *I had to* ~ *around to find the switch* ik moest rondtasten om de schakelaar te vinden ★ *she had to* ~ *for the right word* ze moest zoeken naar het juiste woord

groper ['grəʊpə] *znw* naam van verschillende eetbare zeevissen

gross [grəʊs] **I** *bn* ❶ dik, groot, lomp, grof, ruw, onbeschoft ❷ bruto ★ ~ *earnings* bruto verdiensten ❸ schromelijk, erg, flagrant ❹ inf walgelijk, afschuwelijk **II** *bijw* bruto ★ *you'll be paid* ~ je wordt bruto betaald **III** *znw* gros ⟨144⟩ **IV** *overg* ❶ bruto verdienen ❷ een brutowinst hebben van **V** *phras* ★ Am inf ~ *sbd* out iem. doen walgen ★ ~ *sth* up de brutowaarde van iets berekenen

gross domestic product [grəʊs də'mestɪk 'prɒdʌkt] *znw* bruto binnenlands product

gross income [grəʊs 'ɪnkʌm] *znw* onzuiver inkomen, bruto-inkomen

gross national product [grəʊs 'næʃənl 'prɒdʌkt] *znw* bruto nationaal product

gross profit [grəʊs 'prɒfɪt] *znw* brutowinst

gross profit margin [grəʊs 'prɒfɪt 'mɑːdʒɪn] *znw* brutowinstmarge

gross salary [grəʊs 'sælərɪ] *znw* brutosalaris

grot [grɒt] *znw* ❶ dicht grot ❷ Br inf rotzooi ❸ smeerpoets, sloddervos

grotesque [grəʊ'tesk] **I** *bn* grotesk **II** *znw* groteske

grotto ['grɒtəʊ] *znw* [mv: -s of -es] grot

grotty ['grɒtɪ] inf *bn* armzalig, vunzig, smerig ★ *feel* ~ zich niet lekker voelen, zich ongewassen voelen

grouch [graʊtʃ] **I** *znw* ❶ mopperige bui, humeurigheid ❷ brompot **II** *onoverg* mopperen

grouchy ['graʊtʃɪ] *bn* mopperig

ground [graʊnd] **I** *bn* ❶ gemalen ★ ~ *glass* matglas ★ ~ *beef* rundergehakt ❷ van de grond, grond- ★ ~*dwelling animals* dieren die in de grond leven **II** *znw* ❶ grond, aarde, bodem, terrein ★ *above* ~ boven aarde ★ inf *it suits me down to the* ~ dat komt mij heel goed uit ★ inf *from the* ~ *up* helemaal, compleet ★ *on familiar* ~ op bekend terrein ★ *on shaky* ~ op wankele bodem, met een wankele basis ★ *on sure* ~ op veilig terrein ★ *on one's own* ~ op eigen terrein, op zijn eigen gebied ★ *break* ~ beginnen te graven, het terrein ontginnen ★ *break new / fresh* ~ pionierswerk doen ★ *change / shift one's* ~ van standpunt veranderen, het over een andere boeg gooien ★ *cover a lot of* ~ een hele afstand afleggen, zich over een groot gebied uitstrekken, fig veel afdoen ★ *cut / dig / sweep the* ~ *from under sbd's feet* iem. het gras voor de voeten wegmaaien ★ *fall to the* ~ op de grond vallen ★ *gain* ~ veld winnen, vorderen ★ *get off the* ~ op gang komen, van de grond komen ★ *give* ~ wijken ★ *go to* ~ zich verschuilen, onderduiken ★ *hold / keep / maintain one's* ~ stand houden, voet bij stuk houden ★ *lose* ~ terrein verliezen ★ *prepare the* ~ *for sth* de weg bereiden voor iets, de weg effenen tot iets ★ *work oneself into the* ~ zich dood werken ★ *run sbd / sth to the* ~ iem. / iets te pakken krijgen, opsnorren ★ *touch* ~ grond voelen ❷ Am elektr aarde **III** *overg* ❶ gronden, grondvesten, baseren ★ <u>form</u> *be* ~*ed in sth* gegrondvest zijn op iets ★ <u>well</u> ~*ed* gegrond ⟨v. klachten &⟩, goed onderlegd (in *in*) ❷ grondverven ❸ de beginselen onderwijzen ❹ scheepv laten stranden ❺ luchtv aan de grond houden ❻ Am elektr aarden ❼ inf huisarrest geven **IV** *onoverg* scheepv aan de grond lopen, stranden **V** *ww* [v.t. & v.d.] → **grind**

ground ball [graʊnd bɔːl] *znw* grondbal ⟨bij honkbal⟩

groundbreaking ['graʊndbreɪkɪŋ], **ground-breaking** *bn* baanbrekend, vernieuwend

groundcloth ['graʊn(d)klɒθ] Am *znw* → **groundsheet**

ground control [graʊnd kən'trəʊl] *znw* vluchtleiding ⟨bij ruimtevaart⟩

ground cover [graʊnd 'kʌvə] *znw* bodembedekker

ground crew [graʊnd kru:] luchtv *znw* grondpersoneel

ground floor [graʊnd flɔ:] *znw* benedenverdieping, parterre ★ *get in on the* ~ van het begin af aan meedoen, meewerken ⟨in firma &⟩

groundhog ['graʊndhɒg] Am *znw* bosmarmot

gr

grounding ['graʊndɪŋ] *znw* ❶ grondverven
❷ grondslag, basisopleiding ★ *get a a good ~ in sth*
een goede basis in iets krijgen ❸ scheepv aan de
grond raken
ground ivy [graʊnd 'aɪvɪ] *znw* hondsdraf
groundless ['graʊndlɪs] *bn* ongegrond ★ *their
suspicions proved* ~ hun verdenkingen bleken
ongegrond
ground level [graʊnd 'levəl] *znw* begane grond
groundnut ['graʊndnʌt] *znw* aardnoot, pinda
groundout ['graʊndaʊt] *znw* uit na een grondbal
⟨honkbal⟩
ground plan [graʊnd plæn] *znw* ❶ plattegrond
❷ (eerste) ontwerp
ground rent [graʊnd rent] *znw* grondpacht
grounds ['graʊndz] *znw* [mv] ❶ terrein ❷ drab,
bezinksel ★ *coffee* ~ koffiedik ❸ form redenen,
gronden, basis ★ *~ for optimism* gronden voor
optimisme ★ *on personal* ~ om redenen van
persoonlijke aard ★ *on (the) ~ of* op grond van,
wegens ★ *on what ~?* op grond waarvan?
groundsheet ['graʊndʃi:t], Am **groundcloth** *znw*
grondzeil
groundsman ['graʊndzmən] *sp znw* terreinknecht
ground speed [graʊnd spi:d] *znw* grondsnelheid
ground staff [graʊnd stɑ:f] luchtv *znw*
grondpersoneel
ground stroke [graʊnd strəʊk] *znw* slag nadat de bal
de grond heeft geraakt ⟨in tennis⟩
groundswell ['graʊndswel] *znw* vloedgolf, grondzee
groundwater ['graʊndwɔ:tə] *znw* grondwater
groundwork ['graʊndwɜ:k] *znw* grondslag, grond,
onderbouwing ★ *do the ~ for sth* de basis voor iets
leggen
ground zero [graʊnd 'zɪərəʊ] *znw* ❶ de precieze plek
waar een atoombom ontploft ❷ de plek waar het
World Trade Center in New York heeft gestaan
group [gru:p] **I** *znw* groep ★ *a peer* ~ peer groep,
groep van gelijken ★ *~ pressure* groepsdruk **II** *overg*
groeperen **III** *onoverg* zich groeperen
group captain [gru:p 'kæptɪn] *znw* kolonel ⟨bij de
luchtmacht⟩
group dynamics [gru:p daɪ'næmɪks] *znw* [mv]
groepsdynamiek
groupie ['gru:pɪ] inf *znw* groupie
grouping ['gru:pɪŋ] *znw* groepering
Group of Eight [gru:p əv 'eɪt] *znw* de Groep van Acht
⟨de belangrijkste industriële landen⟩
group practice [gru:p 'præktɪs] med *znw*
groepspraktijk
group therapy [gru:p 'θerəpɪ] psych *znw*
groepstherapie
groupthink ['gru:pθɪŋk] Am *znw* groepsdenken
grouse [graʊs] **I** *znw* [mv: ~] ❶ dierk korhoen,
korhoenders ❷ inf gemopper, gekanker ❸ inf grief
II *onoverg* inf mopperen, kankeren
grout [graʊt] **I** *znw* ❶ dunne mortel ❷ voeg **II** *overg*
met dunne mortel voegen

grove [grəʊv] *znw* bosje, bosschage ★ *the ~s of
Academe* de academische wereld
grovel ['grɒvəl] *onoverg* kruipen, zich vernederen, zich
verlagen
groveller ['grɒvələ] afkeurend *znw* kruiper
grovelling ['grɒvəlɪŋ], Am **groveling** *bn* ❶ kruipend,
kruiperig ❷ verachtelijk
grow [grəʊ] **I** *overg* [grew, grown] ❶ laten groeien
/ staan ★ *~ a beard* een baard laten staan
❷ (ver)bouwen, kweken, telen ❸ voortbrengen
II *onoverg* [grew, grown] ❶ groeien, wassen,
aangroeien ★ *~ unchecked* verwilderen ❷ zich
ontwikkelen ★ *~ to accept sth* iets leren accepteren
★ *~ to like / hate sbd / sth* iem. / iets leren waarderen
/ haten ❸ ontstaan ★ *the city grew from a trading
post* de stad begon als een handelspost ❹ worden
★ *~ immune to sth* ergens immuun voor worden ★ *~
old / quiet / tired &* oud / rustig / moe & worden
III *phras* ★ *~ apart/~ away from sbd* van iem.
vervreemden ★ *~ into sbd* iem. worden, opgroeien
tot iem. ★ *~ into sth* zich tot iets ontwikkelen,
groeien in iets ⟨kleren &⟩ ★ *~ into one* aaneen-,
samengroeien ★ *~ on sbd* vat op iem. krijgen, zich
aan iem. opdringen ⟨v. gedachte⟩ ★ *it's starting to ~
on me* ik begin het leuk te vinden / eraan te wennen
★ inf *dollars / jobs & don't ~ on trees* dollars / banen &
komen niet vanzelf ★ *~ out of sth* voortspruiten,
ontstaan uit iets, groeien uit iets, iets ontgroeien ★ *~
together* samengroeien ★ *~ up* (op)groeien, groot
(volwassen) worden, ontstaan
grower ['grəʊə] *znw* kweker, planter
growing ['grəʊɪŋ] *bn* ❶ groeiend, groei- ★ *a ~ concern*
een groeiende bezorgdheid, een groter wordende
firma ★ *she read his letter with ~ concern* ze las zijn
brief met groeiende bezorgdheid ❷ groeizaam ⟨v.
weer⟩
growing pains ['grəʊɪŋ peɪnz] *znw* [mv] groeikoorts,
groeistuip
growing season ['grəʊɪŋ 'si:zən] *znw* groeitijd,
groeiseizoen
growl [graʊl] **I** *znw* grauw, snauw, geknor, gebrom,
gegrom **II** *onoverg* snauwen, knorren, grommen,
brommen (tegen *at*)
growler ['graʊlə] *znw* knorrepot
grown [grəʊn] **I** *bn* ❶ begroeid ❷ volgroeid,
volwassen, groot ❸ verbouwd, geteeld
★ *organically ~ produce* biologisch verbouwde
groente **II** *ww* [v.d.] → **grow**
grown-up ['grəʊn-ʌp] **I** *bn* volwassen ★ *she has a ~ son*
ze heeft een volwassen zoon **II** *znw* vooral
kindertaal volwassene
growth [grəʊθ] *znw* ❶ groei, wasdom, aanwas,
toeneming, vermeerdering ❷ gewas, product ★ *a
week's ~ (of beard)* een baard van een week
❸ gezwel, uitwas
growth curve [grəʊθ kɜ:v] *znw* groeicurve
growth fund [grəʊθ fʌnd] *znw* beleggingsfonds of
-maatschappij in groeiaandelen

gr

growth hormone [grəʊθ 'hɔ:məʊn] *znw*
groeihormoon
growth industry [grəʊθ 'ɪndəstrɪ] *znw* groei-industrie
growth rate [grəʊθ reɪt] *znw* ❶ econ groeipercentage
❷ groeicijfer
growth ring [grəʊθ rɪŋ] *znw* jaarring
growth share [grəʊθ ʃeə] eff *znw* groeiaandeel
growth stage [grəʊθ steɪdʒ] marketing *znw* groeifase
‹in de levenscyclus van een product›
growth stock [grəʊθ stɒk] Am eff *znw* groeiaandeel
growth strategy [grəʊθ 'strætədʒɪ] marketing *znw*
groeistrategie
groyne [grɔɪn], Am **groin** *znw* golfbreker
grub [grʌb] I *znw* ❶ larve, made, engerling ❷ inf eten,
kost ❸ inf sloddervos II *overg* opgraven, om-,
uitgraven, rooien (ook: ~ *up*) III *onoverg* graven,
wroeten
grubby ['grʌbɪ] *bn* vuil, vies, slonzig
grudge [grʌdʒ] I *znw* wrok ★ *bear sbd a ~ / bear a ~*
against sbd (een) wrok koesteren jegens iem., iem.
geen goed hart toedragen II *overg* misgunnen, niet
gunnen ★ *I don't ~ him his happiness* ik misgun hem
zijn geluk niet
grudge match [grʌdʒ mætʃ] *znw* beladen wedstrijd
grudging ['grʌdʒɪŋ] *bn* gereserveerd, zuinig,
aarzelend
grudgingly ['grʌdʒɪŋlɪ] *bijw* met tegenzin,
schoorvoetend, tegen heug en meug
gruel ['gru:əl] *znw* dunne pap, brij
gruelling ['gru:əlɪŋ], Am **grueling** *bn* afmattend, zwaar,
hard
gruellingly ['gru:əlɪŋlɪ] *bijw* zwaar, hard ★ *the team*
has trained extensively and ~ het team heeft
uitgebreid en zwaar getraind
gruesome ['gru:səm] *bn* afschuwelijk, ijselijk,
griezelig, ijzingwekkend, akelig
gruesomely ['gru:səmlɪ] *bijw* afschuwelijk, akelig,
griezelig ★ *lives destroyed ~ in war* levens die op een
afschuwelijke manier zijn vernield in de oorlog
gruff [grʌf] *bn* nors, bars
grumble ['grʌmbl] I *znw* ❶ gegrom, gemopper, grauw
❷ gerommel ‹van donder› II *onoverg* ❶ morren,
knorren, pruttelen, mopperen (over *at / about / over*)
❷ rommelen
grumbler ['grʌmblə] *znw* knorrepot, brombeer,
mopperaar
grumpily ['grʌmpɪlɪ] *bijw* humeurig, knorrig,
mopperig ★ *he picked ~ at his meal* hij zat humeurig
in zijn eten te prikken
grumpy ['grʌmpɪ] *bn* humeurig, knorrig, mopperig
Grundyism ['grʌndɪɪzəm] *znw* kleinburgerlijkheid,
bekrompenheid, preutsheid
grunge [grʌndʒ] *znw* ❶ grunge ‹stijl in de
rockmuziek, vooral gekenmerkt door een hard,
gruizig gitaargeluid› ❷ Am armoede, viezigheid
grungy ['grʌndʒɪ] *bn* ❶ zoals in de wereld van de
grungemuziek ❷ Am armoedig, smerig, min
grunt [grʌnt] I *znw* knor, geknor II *onoverg* knorren

(als een varken)
grunter ['grʌntə] *znw* knorrepot, brombeer
gruntled ['grʌntld] scherts *bn* tevreden
gruyère ['gru:jeə] *znw* gruyère(kaas)
GSM telec *afk* (Global System for Mobile) gsm
‹systeem voor wereldwijde mobiele telefonie›
GSOH *afk* (good sense of humour) goed gevoel voor
humor ‹in kennismakingsadvertenties›
G spot ['dʒi: spɒt], **G-spot** *znw* G-plek ‹erogene plek
in de vagina›
G-string ['dʒi:-strɪŋ] *znw* ❶ muz g-snaar ❷ G-string, ±
tangaslip
GTi I *bn* met GTi **II** *znw* GTi-auto
guano ['gwɑ:nəʊ] *znw* guano
guarantee [gærən'ti:] **I** *znw* (waar)borg, garantie ★ *a*
written ~ een schriftelijke garantie ★ *there is no ~ of*
success succes is niet gegarandeerd **II** *overg*
❶ waarborgen, vrijwaren (tegen, voor *against*
/ from), borg staan voor, garanderen ❷ verzekeren
guarantor [gærən'tɔ:] *znw* garant, borg
guaranty ['gærəntɪ] *znw* waarborg, garantie
guard [gɑ:d] **I** *znw* ❶ wacht, mil garde, lijfwacht ★ *a ~*
of honour een erewacht ★ *the changing of the ~* de
wisseling van de wacht ★ mil *be on ~, stand ~* op
wacht staan ★ *mount (a) ~* de wacht betrekken
❷ hoede, waakzaamheid, dekking ★ *be off one's ~*
niet op zijn hoede zijn ★ *be on one's ~* op zijn hoede
zijn ★ *catch sbd off ~* fig iem. overvallen ★ *lower / let*
down one's ~ zijn waakzaamheid laten verslappen
❸ bescherming, bewaking ★ *be under ~* onder
bewaking staan, gevankelijk zijn ❹ bewaker,
wachter ★ *an armed ~* een gewapende bewaker
❺ Am cipier, gevangenbewaarder ❻ conducteur
❼ (been)beschermer, stootplaat ‹van degen›, beugel
‹van geweer› ❽ (vuur)scherm ❾ leuning **II** *overg*
❶ (be)hoeden, beschermen (tegen *against / from*) ★ *~*
sth with one's life iets met zijn leven beschermen
❷ bewaken **III** *onoverg* zich hoeden, zich wachten,
op zijn hoede zijn, oppassen, waken (voor *against*)
guard dog [gɑ:d dɒg] *znw* waakhond
guarded ['gɑ:dɪd] *bn* ❶ voorzichtig, gereserveerd
★ *a ~ comment* een voorzichtig commentaar
❷ afgeschermd ❸ kaartsp gedekt
guardhouse ['gɑ:dhaʊs] *znw* wachthuisje,
arrestantenlokaal
guardian ['gɑ:dɪən] *znw* ❶ voogd ❷ curator
❸ bewaarder, bewaker ❹ opziener ❺ fig hoeder ★ *a*
moral ~ een moraalridder
guardian angel ['gɑ:dɪən 'eɪndʒəl] *znw*
engelbewaarder, beschermengel
guardianship ['gɑ:dɪənʃɪp] *znw* ❶ voogdij,
voogdijschap ❷ bewaking, hoede, bescherming
guard of honour [gɑ:d əv 'ɒnə] *znw* erewacht
guard post [gɑ:d pəʊst] *znw* wachtpost
guard rail [gɑ:d reɪl] *znw* ❶ leuning ❷ vangrail
guardroom ['gɑ:dru:m, -rʊm] *znw* ❶ mil wachtlokaal
❷ mil arrestantenlokaal ❸ politiekamer
guardsman ['gɑ:dzmən] *znw* officier (soldaat) van de

gu

garde, gardist

Guatemala [gwɑːtəˈmɑːlə] *znw* Guatemala

Guatemalan [gwɑːtəˈmɑːlən] **I** *bn* Guatemalteeks **II** *znw* Guatemalteek, Guatemalteekse

guava [ˈgwɑːvə] *znw* guave ‹boom, vrucht›

gubbins [ˈgʌbɪnz] Br inf *znw* dingetjes, prullen

gubernatorial [gjuːbənəˈtɔːrɪəl] *bn* gouverneurs-, regerings-

gudgeon [ˈgʌdʒən] *znw* ❶ grondeling ‹vis› ❷ <u>techn</u> pen

guernsey [ˈgɜːnzɪ] *znw* trui

guerrilla [gəˈrɪlə], **guerilla I** *bn* guerrilla- ★ ~ *tactics* guerrillamethodes ★ ~ *warfare* guerrillaoorlog **II** *znw* ❶ guerrilla ❷ guerrillastrijder

guess [ges] **I** *znw* gissing, schatting ★ *it's anybody's / anyone's* ~ dat weet geen mens ★ *he made a calculated* ~ hij gaf een beredeneerde schatting ★ *it was a lucky* ~ het was een goeie gok ★ *I just made a wild* ~ ik gokte maar wat ★ *my* ~ *is that he went home* ik vermoed dat hij naar huis is gegaan ★ *at a* ~ naar gissing ★ *give sbd three* ~*es* iem. drie keer laten raden ★ *have a* ~ *(at sth)* raden (naar iets) ★ *hazard a* ~ een gokje wagen **II** *overg* ❶ raden, gissen, schatten ❷ denken, geloven, aannemen, vermoeden **III** *onoverg* raden, gissen (naar *at*) ★ *I could only* ~ *at his intentions* ik kon alleen maar raden naar zijn bedoelingen ★ *keep sbd* ~*ing* iem. aan het lijntje houden, iem. in het ongewisse laten

guesstimate [ˈgestɪmeɪt] <u>inf</u> **I** *znw* ruwe schatting **II** *overg* met de natte vinger een schatting maken

guesswork [ˈgeswɜːk] *znw* gissing, gegis, raden ★ *by* ~ op het gevoel, op de gok ★ *take the* ~ *out of sth* de onzekerheden wegnemen

guest [gest] **I** *bn* gast- ★ *put in a* ~ *appearance* een gastoptreden doen **II** *znw* ❶ gast, logé ★ *a paying* ~ een betalende logé ★ *a* ~ *of honour/* Am *guest of honor* een eregast ★ *be my* ~ ga je gang, doe maar of je thuis bent ❷ introducé ❸ genodigde

guest book [gest bʊk] *znw* gastenboek

guest house [gest haʊs] *znw* pension

guestroom [ˈgestruːm] *znw* logeerkamer

guest speaker [gest ˈspiːkə] *znw* gastspreker

guest worker [gest ˈwɜːkə] *znw* gastarbeider

guff [gʌf] <u>inf</u> *znw* onzin

guffaw [gʌˈfɔː] **I** *znw* luide (bulderende) lach **II** *onoverg* bulderend lachen

GUI [ˈguːɪ] <u>comput</u> *afk* (graphical user interface) grafische gebruikersinterface

guidance [ˈgaɪdns] *znw* leiding, begeleiding, advies ★ *under expert* ~ onder deskundige leiding ★ *look to sbd for* ~ op iem. rekenen voor leiding ★ *seek* ~ *from sbd* advies vragen aan iem.

guide [gaɪd] **I** *znw* ❶ gids, leidsman, (ge)leider ★ *a spiritual* ~ een geestelijk leidsman ❷ handleiding, leidraad, reisgids ★ *a street* ~ een stratengids ❸ indicatie, aanwijzing ★ *as a rough* ~, *one page is 550 words* een bladzijde is ruwweg 500 woorden **II** *overg* (ge)leiden, (be)sturen, tot gids dienen, de

weg wijzen

guidebook [ˈgaɪdbʊk] *znw* (reis)gids, leidraad

guided missile [ˈgaɪdɪd ˈmɪsaɪl] *znw* geleid projectiel

guide dog [gaɪd dɒg] *znw* geleidehond

guided tour [ˈgaɪdɪd tʊə] *znw* rondleiding

guideline [ˈgaɪdlaɪn] *znw* (meestal *mv*) richtlijn, richtsnoer, leidraad ★ ~*s on workplace safety* richtlijnen voor veiligheid op de arbeidsvloer ★ *within the* ~*s* binnen de richtlijnen ★ *lay down* ~*s* richtlijnen vaststellen

guide rope [gaɪd rəʊp] *znw* ❶ sleepkabel, -touw ‹v. ballon› ❷ keertouw ‹bij het hijsen›

Guides [gaɪdz] *znw* [mv] ★ *the* ~ de padvindsters, scouts

guiding principle [ˈgaɪdɪŋ ˈprɪnsɪpl] *znw* leidend beginsel

guiding spirit [ˈgaɪdɪŋ ˈspɪrɪt] *znw* leidende figuur, inspirator

guild [gɪld] *znw* ❶ gilde ❷ vereniging

guilder [ˈgɪldə] *znw* gulden

guildhall [gɪldˈhɔːl] *znw* ❶ gildehuis ❷ stadhuis

guile [gaɪl] *znw* bedrog, (arg)list, valsheid

guileful [ˈgaɪlfʊl] *bn* arglistig, vals

guileless [ˈgaɪllɪs] *bn* onschuldig, argeloos

guillotine [ˈgɪlətiːn] **I** *znw* ❶ guillotine, valbijl ❷ <u>techn</u> snijmachine ❸ vaststellen van de tijd voor de stemming van onderdelen van een wetsontwerp **II** *overg* guillotineren

guilt [gɪlt] *znw* schuld, schuldgevoel ★ ~ *by association* zonder bewijs iem. schuldig verklaren omdat anderen waar die iem. mee omgaat of die soortgelijke ideeën hebben schuldig zijn ★ *she felt a pang of* ~ ze kreeg een plotseling gevoel van schuld ★ *be consumed with* ~ / *haunted by* ~ vervuld zijn met / achtervolgd worden door schuldgevoel

guilt complex [gɪlt ˈkɒmpleks] *znw* schuldcomplex

guiltily [ˈgɪltɪlɪ] *bijw* schuldig, schuldbewust ★ *he dropped his eyes* ~ hij sloeg zijn ogen schuldbewust neer

guiltless [ˈgɪltlɪs] *bn* schuldeloos, onschúldig (aan *of*)

guilt-ridden [ˈgɪlt-rɪdn] *bn* schuldbeladen, schuldbewust

guilt trip [gɪlt trɪp] <u>inf</u> *znw* sterk schuldgevoel

guilt-trip [ˈgɪlt-trɪp] <u>inf</u> *overg* schuldig laten voelen ★ *don't be* ~*ped into taking on jobs you hate* neem geen banen aan waar je een hekel aan hebt vanuit een vals schuldgevoel

guilty [ˈgɪltɪ] *bn* ❶ schuldig (aan *of*) ★ *a* ~ *conscience* een slecht geweten ★ *be* ~ *of sth* zich schuldig maken (bezondigen) aan iets ★ *plead* ~ schuld bekennen ★ *presume sbd* ~ aannemen dat iem. schuldig is ❷ schuldbewust

guinea [ˈgɪnɪ] <u>hist</u> *znw* muntstuk van 21 shilling

Guinea-Bissau [gɪnɪ-bɪˈsaʊ] *znw* Guinee-Bissau

guinea fowl [ˈgɪnɪ faʊl] *znw* [*mv*: ~] parelhoen

Guinean [ˈgɪnɪən] **I** *bn* Guinees **II** *znw* Guineeër, Guineese

guinea pig [ˈgɪnɪ pɪg] *znw* ❶ <u>dierk</u> cavia, Guinees biggetje ❷ fig proefkonijn ★ *act as a* ~ als proefkonijn fungeren

guise [gaɪz] *znw* gedaante, uiterlijk, voorkomen, schijn ★ *in the* ~ *of* bij wijze van ★ *under the* ~ *of* onder de schijn van, als

guitar [gɪ'tɑ:] *znw* gitaar

guitarist [gɪ'tɑ:rɪst] *znw* gitarist, gitaarspeler

gulch [gʌltʃ] Am *znw* ravijn

gulf [gʌlf] *znw* ❶ golf ❷ afgrond fig onoverbrugbare kloof ★ *a* ~ *had opened up between them* er was een kloof tussen hen ontstaan

Gulf Stream [gʌlf stri:m] *znw* ★ *the* ~ het Golfstroom

Gulf War syndrome ['gʌlf wɔ: 'sɪndrəʊm] *znw* Golfoorlogsyndroom ‹gezondheidsklachten bij militairen die hebben deelgenomen aan de Golfoorlog (1991)›

gull [gʌl] **I** *znw* (zee)meeuw **II** *overg* voor het lapje houden, wat wijsmaken, bedotten ★ *they have been ~ed into voting for him* ze zijn erin geluisd om op hem te stemmen

gullet ['gʌlɪt] *znw* slokdarm, keel

gulley ['gʌlɪ] *znw* → **gully**

gullible ['gʌlɪbl] *bn* lichtgelovig, onnozel

gully ['gʌlɪ], **gulley** *znw* ❶ slenk, ravijn ❷ goot, geul, riool ❸ Aus & NZ rivierdal

gulp [gʌlp] **I** *znw* slik, slok ★ *at a / one* ~ / *in a single* ~ in één slok / teug **II** *overg* (in)slikken, schrokken ★ ~ *sth back* iets inslikken ★ ~ *sth down* iets (in)slikken, inslokken, naar binnen slaan **III** *onoverg* slikken, slokken ★ ~ *for breath / air* naar adem snakken

gum [gʌm] **I** *znw* ❶ gom, kauwgom, gombal ❷ gomboom, eucalyptus ❸ tandvlees ▼ *inf by* ~*!* verhip!, potverdikkie! **II** *overg* gommen ★ ~ *sth up* iets onklaar maken ★ *inf* ~ *up the works* de boel in de war sturen ★ *her eyes are ~med up* haar ogen zitten dicht **III** *onoverg* kleven

gum arabic [gʌm 'ærəbɪk] *znw* Arabische gom

gumbo ['gʌmbəʊ] *znw* ❶ okra ‹vrucht› ❷ gumbo ‹kleverige modder› ❸ volkstaal in Louisiana

gumboil ['gʌmbɔɪl] *znw* abcesje op het tandvlees

gumboot ['gʌmbu:t] *znw* rubberlaars

gumdrop ['gʌmdrɒp] *znw* gombal

gummy ['gʌmɪ] *bn* gomachtig, kleverig, dik, opgezet

gumption ['gʌmpʃən] *inf znw* ondernemingslust, slimheid ★ *at least he had the* ~ *to take the risk* hij had tenminste de slimheid om het risico te nemen

gum resin [gʌm 'rezɪn] *znw* gomhars

gumshoe ['gʌmʃu:] Am *inf znw* detective, (politie)spion

gum tree [gʌm tri:] *znw* gomboom, eucalyptus ★ *inf up a* ~ in de knel

gun [gʌn] **I** *znw* ❶ geweer, kanon, revolver, pistool ★ *inf a big* ~ een hoge piet, hoge ome ★ Am *inf a hired* ~ huurmoordenaar ★ *inf the top* ~ de hoogste baas ★ Am *inf under the* ~ onder grote druk ★ *inf with (all)* ~*s blazing* met een hoop energie en kracht ★ *inf be going great* ~*s* lopen als een trein ★ *inf jump the* ~ te vroeg van start gaan, fig op de zaak

vooruitlopen ★ *pull a* ~ *on sbd* iem. bedreigen met een pistool ★ *inf stick to one's* ~ voet bij stuk houden ★ *turn a* ~ *on oneself* zelfmoord plegen met een pistool ❷ spuitpistool, spuit ‹voor verf &› ❸ (saluut)schot ❹ jager **II** *overg* ★ ~ *sbd down* iem. neerschieten **III** *onoverg* ★ *inf be* ~*ning for sbd* het op iem. gemunt hebben

gunboat ['gʌnbəʊt] *znw* kanonneerboot

gunboat diplomacy ['gʌnbəʊt dɪp'ləʊməsɪ] *znw* machtspolitiek

gun carriage [gʌn 'kærɪdʒ] *znw* affuit

gun case [gʌn keɪs] *znw* foedraal v. geweer

guncotton ['gʌnkɒtn] *znw* schietkatoen

gun dog [gʌn dɒg] *znw* jachthond

gunfight ['gʌnfaɪt] *znw* vuurgevecht

gunfire ['gʌnfaɪə] *znw* (kanon / geweer)vuur, (kanon / geweer)schoten

gunge [gʌndʒ] *inf znw* smurrie, derrie, kliederboel

gung-ho [gʌŋ-'həʊ] *inf bn* ❶ overdreven enthousiast en onstuimig ❷ nonchalant, onverschillig ★ *Australians are pretty* ~ *about pain* Australiërs zijn nogal onverschillig wat pijn aangaat

gunman ['gʌnmən] *znw* bandiet, gangster

gunmetal ['gʌnmetl] *znw* ❶ geschutbrons ‹bep. legering van koper en tin› ❷ dof blauwgrijze kleur

gunnel ['gʌnl] *znw* → **gunwale**

gunner ['gʌnə] *znw* ❶ mil artillerist, kanonnier ❷ schutter

gunnery ['gʌnərɪ] *znw* ❶ ballistiek ❷ kanonvuur

gunny ['gʌnɪ] *znw* ❶ gonje, jute ❷ **gunnysack** jutezak

gunpoint ['gʌnpɔɪnt] *znw* ★ *at* ~ onder bedreiging met een vuurwapen

gunpowder ['gʌnpaʊdə] *znw* (bus)kruit

gunroom ['gʌnrʊm] *znw* wapenkamer

gunrunner ['gʌnrʌnə] *znw* wapensmokkelaar

gunrunning ['gʌnrʌnɪŋ] *znw* wapensmokkelarij

gunshot ['gʌnʃɒt] *znw* geweer-, kanonschot ★ *a* ~ *wound* een schotwond

gunslinger ['gʌnslɪŋə] *znw* gangster, revolverheld, huurmoordenaar

gunsmith ['gʌnsmɪθ] *znw* geweermaker, wapensmid

gunwale ['gʌnl], **gunnel** *znw* dolboord ★ *inf to the* ~*s* stampvol

guppy ['gʌpɪ] *znw* guppy ‹aquariumvisje›

gurgle ['gɜ:gl] **I** *znw* ❶ geklok ❷ gemurmel ❸ gekir ‹v. kind› **II** *onoverg* ❶ klokken ‹als uit een fles› ❷ murmelen ❸ kirren ‹v. kind›

gurgler ['gɜ:glə] *inf znw* ★ *go down the* ~ naar de knoppen gaan, verloren gaan

Gurkha ['gɜ:kə] *znw* Gurkha(soldaat)

gurney ['gɜ:nɪ] *znw* brancard

guru ['gʊru:, 'gu:ru:] *znw* goeroe, leermeester

gush [gʌʃ] **I** *znw* ❶ stroom, uitstroming, uitstorting, uitbarsting ❷ overdreven enthousiasme **II** *onoverg* ❶ gutsen, (uit)stromen ❷ aanstellerig sentimenteel doen, dwepen (met *about*)

gusher ['gʌʃə] *znw* ❶ spuitende oliebron, spuiter ❷ dweper, aansteller

gushing ['gʌʃɪŋ] *bn* ❶ overvloeiend ❷ <u>fig</u> overdreven, sentimenteel, dwepend

gushingly ['gʌʃɪŋlɪ], **gushily** *bijw* overdreven, sentimenteel ★ *she spoke ~ of her experiences* ze praatte op een overdreven manier over haar ervaringen

gushy ['gʌʃɪ] *bn* overdreven

gusset ['gʌsɪt] *znw* geer, okselstuk, (driehoekig) inzetsel

gust [gʌst] **I** *znw* (wind)vlaag **II** *onoverg* met vlagen waaien

gustation [gʌs'teɪʃən] <u>form</u> *znw* proeven

gustatory ['gʌstətərɪ] <u>form</u> *bn* smaak-

gusto ['gʌstəʊ] *znw* smaak, genot, animo

gusty ['gʌstɪ] *bn* ❶ winderig, stormachtig ❷ enthousiast

gut [gʌt] **I** *znw* darm ★ <u>inf</u> *have a ~ feeling about sth* een onberedeneerd gevoel hebben over iets **II** *overg* ❶ uithalen, schoonmaken ‹v. vis of dier› ❷ uitbranden ‹bij brand› ❸ plunderen, excerperen ‹voor referaat›

gutless ['gʌtlɪs] <u>inf</u> *bn* futloos, laf

guts [gʌts] *znw* [mv] ❶ ingewanden, <u>inf</u> buik ★ <u>inf</u> *have sbd's ~ for garters* iem. op zijn sodemieter geven ★ <u>inf</u> *hate sbd's ~* de pest hebben aan iem. ★ <u>inf</u> *slog / sweat / work one's ~ out* je uit de naad werken ❷ <u>inf</u> durf, lef ★ <u>inf</u> *have the ~ to do sth* het lef hebben iets te doen

gutsy ['gʌtsɪ] <u>inf</u> *bn* met pit, gedurfd, moedig

gutter ['gʌtə] **I** *znw* goot, geul, dakgoot ★ <u>fig</u> *the ~* bittere armoede ★ *children that have been picked out of the ~* kinderen die van de straat zijn opgeraapt, die uit de goot zijn gehaald **II** *onoverg* druipen ‹v. kaars›

guttered ['gʌtəd] <u>inf</u> *bn* dronken, bezopen

guttering ['gʌtərɪŋ] *znw* gootwerk

gutter press ['gʌtə pres] *znw* ★ *the ~* de schandaalpers

guttersnipe ['gʌtəsnaɪp] <u>afkeurend</u> *znw* straatkind

guttural ['gʌtərəl] **I** *bn* gutturaal, keel- **II** *znw* <u>fon</u> keelklank, gutturaal

gut-wrenching ['gʌt-rentʃɪŋ] <u>inf</u> *bn* afschuwelijk, weerzinwekkend, schokkend

guv [gʌv], **guv'nor** <u>Br</u> <u>inf</u> *znw* ouwe heer, vader, meneer ‹als aanspreekvorm›

guy [gaɪ] **I** *znw* ❶ <u>inf</u> vent, kerel, knaap, jongen ❷ → **guy rope** ❸ Guy-Fawkespop (op 5 nov. rondgedragen ter herinnering aan het Buskruitverraad) **II** *overg* ❶ voor het lapje houden ❷ met een stormlijn vastzetten

Guyana [gaɪ'ænə, gɪ'ɑ:nə] *znw* Guyana

Guyanese [gaɪə'ni:z] **I** *bn* Guyaans **II** *znw* [mv: ~] Guyaan, Guyaanse

Guy Fawkes Night ['gaɪ fɔ:ks naɪt] *znw* Guy-Fawkesavond ‹5 november›

guy rope [gaɪ rəʊp], **guy** *znw* ❶ ❷ scheerlijn ‹v. tent›, borgtouw, stormlijn

guys [gaɪz] <u>inf</u> *znw* jongens, kameraden ★ *hey, ~, time to go* hé jongens, het is tijd om op te stappen ‹ook

tegen vrouwen / meisjes›

guzzle ['gʌzəl] *overg & onoverg* ❶ zuipen, brassen ❷ (op)schrokken ★ *the car just ~s petrol* de auto zuipt gewoon benzine

guzzler ['gʌzlə] *znw* ❶ zuiplap, brasser ❷ schrokker

gym [dʒɪm] *znw* gymnastiek(zaal)

gymkhana [dʒɪm'kɑ:nə] *znw* ❶ gymkana, hindernisrace ‹vooral voor paarden› ❷ sportterrein

gymnasium [dʒɪm'neɪzɪəm] *znw* [*mv*: -s *of* gymnasia] ❶ gymnastiekschool, -zaal, fitnesscentrum ❷ gymnasium ‹buiten Engeland›

gymnasium

betekent **fitnesscentrum, gymnastiekzaal** en alleen maar **gymnasium** als het gaat over Europese schooltypes.
Het Nederlandse *gymnasium* is in Engeland een **grammar school**.

gymnast ['dʒɪmnæst] *znw* gymnast(e), turn(st)er

gymnastic [dʒɪm'næstɪk] *bn* ❶ gymnastisch ❷ gymnastiek-

gymnastics [dʒɪm'næstɪks] *znw* [mv] gymnastiek

gym shoe [dʒɪm ʃu:] *znw* gymnastiekschoen

gymslip ['dʒɪmslɪp] <u>Br</u> *znw* overgooier, tuniek ‹deel van het schooluniform van meisjes›

gynaecological [gaɪnɪkə'lɒdʒɪkl], <u>Am</u> **gynecological** *bn* gynaecologisch

gynaecologist [gaɪnɪ'kɒlədʒɪst], <u>Am</u> **gynecologist** *znw* gynaecoloog, vrouwenarts

gynaecology [gaɪnɪ'kɒlədʒɪ], <u>Am</u> **gynecology** *znw* gynaecologie

gyp [dʒɪp] <u>inf</u> **I** *znw* ❶ pijn ★ <u>Br</u> *give sbd ~* iem. op z'n donder geven, pijn doen ❷ bedrog, zwendel **II** *overg* bedriegen, oplichten

gypsophila [dʒɪp'sɒfɪlə] *znw* gipskruid

gypsum ['dʒɪpsəm] *znw* gips

gypsum board ['dʒɪpsəm bɔ:d] <u>Am</u> *znw* gipsplaat

gypsy ['dʒɪpsɪ], **gipsy** *znw* zigeuner(in)

gyrate ['dʒaɪəreɪt] *onoverg* (rond)draaien

gyration [dʒaɪə'reɪʃən] *znw* ronddraaiing, omwenteling, kringloop

gyratory [dʒaɪə'reɪtərɪ, 'rətərɪ] *bn* draaiend, draai-

gyroplane ['dʒaɪərəʊpleɪn] *znw* autogiro, gyrovliegtuig

gyroscope ['dʒaɪərəskəʊp] *znw* gyroscoop

gu

H

h [eɪtʃ] *znw* (de letter) h ★ *drop one's h's* de h niet
uitspreken
ha I *afk* (hectare) hectare **II** *tsw* [hɑ:], **hah** ha!
habeas corpus ['heɪbɪəs'kɔ:pəs] *jur znw* ★ *(writ of)* ~
bevelschrift tot voorgeleiding van een gevangene
haberdasher ['hæbədæʃə] *znw* ❶ winkelier in
fournituren, winkelier in garen en band ❷ Am
verkoper van herenkleding
haberdashery [hæbə'dæʃəri] *znw* ❶ garen- en
bandwinkel ❷ fournituren ❸ Am herenmodezaak
habit ['hæbɪt] *znw* ❶ gewoonte, hebbelijkheid,
aanwensel ★ *a* ~ *of mind* een denkwijze ★ *from force
of* ~ / *out of* ~ uit gewoonte ★ *be in the* ~ *of doing sth*
de gewoonte hebben, gewoon zijn iets te doen
★ *have a* ~ *of doing sth* de (vervelende) gewoonte
hebben iets te doen ★ *fall / get into the* ~ *of doing sth*
zich aanwennen iets te doen ❷ verslaving ★ inf
have a ~ verslaafd zijn ★ *kick the* ~ afkicken,
ophouden met roken, drinken & ❸ habijt, pij
habitable ['hæbɪtəbl] *bn* bewoonbaar
habitat ['hæbɪtæt] *znw* ❶ woongebied, leefgebied,
natuurlijke omgeving, habitat, vindplaats ‹v. dier of
plant› ★ *tigers are threatened by loss of* ~ tijgers
worden bedreigd doordat ze hun natuurlijke
omgeving kwijtraken
habitation [hæbɪ'teɪʃən] *znw* ❶ bewoning ★ *unfit for
human* ~ niet geschikt voor menselijke bewoning
❷ form woning, woonplaats
habit-forming ['hæbɪt-fɔ:mɪŋ] *bn* verslavend ★ *a* ~
drug een verslavend middel, een verslavende drug
habitual [hə'bɪtʃʊəl] *bn* ❶ gewoon ❷ gewoonte- ★ *she
was dressed in her* ~ *black* ze was zoals gewoonlijk
gekleed in het zwart
habitually [hə'bɪtʃʊəli] *bijw* gewoonlijk, doorgaans
★ *the child is* ~ *tired* het kind is doorgaans moe
habituate [hə'bɪtʃʊeɪt] *overg* wennen (aan *to*)
habituation [həbɪtʃʊ'eɪʃn] *znw* gewenning
habitué [hə'bɪtjʊeɪ] ‹Fr› *znw* vaste bezoeker, stamgast
hack [hæk] **I** *bn* ongeïnspireerd, van mindere
kwaliteit, banaal ★ ~ *work* werk om den brode ★ *a* ~
writer een broodschrijver **II** *znw* ❶ houw, snede,
keep, kerf ❷ sp onreglementaire slag of schop
❸ hak, houweel ❹ comput computerkraak
❺ broodschrijver, tweederangs journalist
❻ loonslaaf, werkezel ❼ huurpaard, knol ❽ rit te
paard ❾ Am taxi, taxichauffeur ❿ droogrek ‹voor
stenen, kazen &› **III** *overg* ❶ hakken, houwen, japen,
kerven, inkepen ★ inf *I can't* ~ *it* het lukt me niet, ik
kan er niet tegen ★ ~ *one's way through sth* zich
worstelen door iets ★ ~ *sth to bits / pieces* iets in
stukken hakken ★ ~ *sbd to death* iem. doodhakken
❷ sp ongecontroleerd schoppen ❸ computers
kraken ❹ ritje maken op ‹een paard› **IV** *onoverg*
❶ erop inhakken (ook: ~ *at*) ❷ comput hacken

V *phras* ★ Am inf ~ **around** rondlummelen ★ ~ **into**
sth ergens op inhakken ★ inf ~ *sbd* **off** iem. irriteren
/ kwaad maken ★ inf *be* ~*ed off* balen
hacker ['hækə] inf *znw* computerkraker, hacker
hacking cough ['hækɪŋ kɒf] *znw* droge kuch
hackle ['hækl] *znw* ❶ (vlas)hekel ❷ (hanen)veer,
kunstvlieg (met veer)
hackles ['hæklz] *znw* [mv] nekveren, kraag, nekharen
★ *get sbd's* ~ *up* / *make sbd's* ~ *rise* iem. tegen de
haren in strijken, iem. kwaad maken
hackney cab ['hæknɪ kæb], **hackney**, **hackney carriage**
znw huurrijtuig, taxi
hackneyed ['hæknɪd] *bn* afgezaagd, banaal
hacksaw ['hæksɔ:] *znw* ijzerzaag, metaalzaag
hacktivist ['hæktɪvɪst] inf *znw* activist die gebruik
maakt van de computer ‹vaak op een illegale
manier›
had [hæd] *ww* [v.t. & v.d.] → **have**
haddock ['hædək] *znw* [mv: ~] schelvis
hadn't ['hædnt] *samentr* (had not) → **have**
haematologist [hiːmə'tɒlədʒɪst], Am **hematologist**
znw hematoloog
haematology [hiːmə'tɒlədʒɪ], Am **hematology** *znw*
hematologie
haematoma [hiːmə'təʊmə], Am **hematoma** *znw*
hematoom, bloeduitstorting
haemo- ['hiːməʊ-], Am **hemo-** *voorv* hemo-
haemoglobin [hiːmə'gləʊbɪn], Am **hemoglobin** *znw*
hemoglobine
haemophilia [hiːmə'fɪlɪə], Am **hemophilia** *znw*
hemofilie, bloederziekte
haemophiliac [hiːmə'fɪlɪæk], Am **hemophiliac** *znw*
hemofiliepatiënt, bloeder
haemorrhage ['hemərɪdʒ], Am **hemorrhage I** *znw*
bloeding ★ *he suffered a massive* ~ hij kreeg een
zware bloeding **II** *onoverg* bloeden ★ ~ *to death*
doodbloeden
haemorrhoids ['hemərɔɪdz], Am **hemorrhoids** *znw*
[mv] aambeien
haft [hɑ:ft] *znw* heft, handvat
hag [hæg] *znw* ❶ heks, toverkol ❷ lelijke oude vrouw
haggard ['hægəd] *bn* uitgeput, afgetobd, mager
haggis ['hægɪs] *znw* haggis ‹Schots nationaal gerecht
van orgaanvlees van schaap of kalf›
haggish ['hægɪʃ] *bn* als (van) een heks
haggle ['hægl] **I** *znw* gemarchandeer, gepingel
II *onoverg* pingelen, (af)dingen, marchanderen
hagiographer [hægɪ'ɒgrəfə] *znw* hagiograaf
hagiography [hægɪ'ɒgrəfɪ] *znw* hagiografie,
overdreven lovende biografie
hagiolatry [hægɪ'ɒlətrɪ] *znw* overdreven
heiligenverering, overdreven verering van een
beroemdheid
hag-ridden ['hæg-rɪdn] *bn* (als) door een nachtmerrie
gekweld
Hague [heɪg] *znw* ★ *The* ~ Den Haag ‹stad›
ha-ha ['hɑ:-hɑ:] *znw* droge sloot rond tuin of park
hail [heɪl] **I** *tsw* arch of scherts heil (u) ★ RK ~ *Mary*

ha

wees gegroet, Maria **II** *znw* **❶** hagel ★ *a ~ of criticism* een storm v. kritiek **❷** (aan)roep ★ *within / out of ~* binnen (buiten) gehoorsafstand **III** *overg* **❶** doen neerdalen **❷** aanroepen, scheepv praaien ★ *~ a taxi* een taxi aanhouden **❸** begroeten ★ *be ~ed as* begroet / binnengehaald / geroemd worden als **IV** *onoverg* hagelen **V** *phras* ★ *~ from* komen van, afkomstig zijn van

hail-fellow-well-met [heɪl-feləʊ-wel-'met] **I** *bn* (overdreven) familiair, (te) amicaal **II** *znw* ouwe-jongens-krentenbrood

hailing ['heɪlɪŋ] *bn* ★ *be within ~ distance of sbd* binnen gehoorsafstand van iem. zijn

Hail Mary [heɪl 'meərɪ] *RK znw* weesgegroet(je)

hailstone ['heɪlstəʊn] *znw* hagelsteen, -korrel

hailstorm ['heɪlstɔːm] *znw* hagelbui, hagelstorm

hair [heə] *znw* haar, haartje, hoofdhaar ★ *inf a ~ of the dog (that bit you)* een borreltje tegen de kater ★ *by a ~'s breadth* op het nippertje ★ *not by a ~'s breadth* geen haarbreed ★ *he had a ~'s breadth escape* het scheelde maar een haar of hij was er bij geweest ★ *scherts it'll put ~s on your chest* daar word je een kerel van ‹gezegd van een sterke borrel› ★ *to a ~* op een haar, haarfijn ★ *inf get in sbd's ~* iem. op de zenuwen werken ★ *grow one's ~* zijn haar lang laten groeien ★ *inf keep your ~ on* maak je niet dik ★ *fig let one's ~ down* zich laten gaan, loskomen ★ *inf make one's ~ stand on end* de haren te berge doen rijzen ★ *split ~s* haarkloven, muggenziften ★ *not turn a ~* geen spier vertrekken

hairball ['heəbɔːl] *znw* haarbal

hairband ['heəbænd] *znw* haarband

hairbrush ['heəbrʌʃ] *znw* haarborstel

haircare ['heəkeə] *znw* haarverzorging

haircloth ['heəklɒθ] *znw* **❶** haren stof **❷** haren kleed, boetekleed

haircut ['heəkʌt] *znw* knippen, coupe, kapsel ★ *I badly need a ~* ik moet nodig mijn haar laten knippen

hairdo ['heədu:] *znw* kapsel, coiffure, frisuur

hairdresser ['heədresə] *znw* kapper, coiffeur

hairdressing ['heədresɪŋ] *znw* haarknippen

hairdryer ['heədraɪə] *znw* haardroger

hair extension [heər ɪk'stenʃən] *znw* haarverlenging

hair gel [heə dʒel] *znw* (haar)gel

hairgrip ['heəgrɪp] *znw* haarspeld

hairiness ['heərɪnɪs] *znw* behaardheid

hair lacquer [heə 'lækə] *znw* haarlak

hairless ['heəlɪs] *bn* onbehaard, kaal

hairline ['heəlaɪn] **I** *bn* haar- ★ *~ crack* haarscheurtje ★ *med ~ fracture* haarscheurfractuur **II** *znw* haargrens ‹v. voorhoofdshaar›

hair loss [heə lɒs] *znw* haaruitval

hairnet ['heənet] *znw* haarnetje

hairpiece ['heəpi:s] *znw* haarstukje

hairpin ['heəpɪn] *znw* haarspeld

hairpin bend ['heəpɪn bend] *znw* haarspeldbocht

hair-raiser ['heə-reɪzə] *inf znw* iets huiveringwekkends

hair-raising ['heə-reɪzɪŋ] *bn* waarvan je de haren te berge rijzen, huiveringwekkend ★ *~ adventures* huiveringwekkende avonturen

hair restorer [heə rɪ'stɔ:rə] *znw* haargroeimiddel

hair shirt [heə ʃɜːt] *znw* (kemels)haren hemd, boetekleed

hairslide ['heəslaɪd] *znw* haarspeld

hair-splitter ['heə-splɪtə] *znw* haarklover

hair-splitting ['heə-splɪtɪŋ] **I** *bn* haarklovend **II** *znw* haarkloverij

hairspray ['heəspreɪ] *znw* haarlak

hairspring ['heəsprɪŋ] *znw* spiraalveer ‹in horloge›

hairstyle ['heəstaɪl] *znw* coiffure, kapsel

hair stylist [heə 'staɪlɪst] *znw* kapper

hair trigger [heə 'trɪgə] *znw* erg gevoelige trekker ‹van geweer &›

hairwash ['heəwɒʃ] *znw* haarwassing ★ *have a ~* zijn haar (laten) wassen

hairy ['heərɪ] *bn* **❶** harig, behaard **❷** inf gevaarlijk, angstaanjagend

Haiti ['heɪtɪ] *znw* Haïti

Haitian ['heɪʃən, -ʃən] **I** *bn* Haïtiaans **II** *znw* Haïtiaan, Haïtiaanse

hake [heɪk] *znw* heek ‹grote zeevis›

halberd ['hælbəd] *znw* hellebaard

halberdier [hælbə'dɪə] *hist znw* hellebaardier

halcyon days ['hælsɪən deɪz] *znw* [mv] de gelukkige tijden van vroeger

hale [heɪl] *bn* fris, gezond, kloek, flink ★ *~ and hearty* fris en gezond, kras

half [hɑːf] **I** *telw & bn* half ★ *~ an hour* een half uur ★ *~ a pound* een half pond ★ *in a ~ whisper* (zacht) fluisterend ★ *~ past five* half zes ★ *from two to ~ past* van twee tot half drie ★ *he was ~ ashamed* hij schaamde zich een beetje ★ *getting there on time is ~ the battle* er op tijd zijn is een stap in de goede richting ★ *if I had ~ a chance* als ik maar enigszins kon **II** *bijw* half, halverwege ★ *inf not ~!* en of!, en niet zuinig ook! ★ *inf not ~ bad* nog zo kwaad niet, lang niet slecht ★ *inf he's not ~ angry* hij is heel kwaad ★ *~ as much / many again* anderhalf maal zoveel ★ *he was ~ inclined to believe her* hij had bijna de neiging haar te geloven ★ *I ~ think* ik ben geneigd te denken **III** *znw* [mv: halves] **❶** helft, half ★ *scherts one's better / other ~* zijn wederhelft ★ *inf that was a party / holiday & and a ~!* dat was me nog 'ns een feest / vakantie &! ★ *bigger by ~* de helft groter ★ *too cheeky by ~* veel te brutaal ★ *not do things by halves* geen halve maatregelen treffen ★ *cut / fold & sth in ~ / into two halves* iets in tweeën, iets doormidden knippen / vouwen ★ *inf you don't know the ~ of it* je weet nog niet eens de helft ★ *go halves* samen delen **❷** speelhelft **❸** kaartje voor half geld **❹** half pint

half-and-half [hɑːf-ənd-'hɑːf] *bn bijw* half-en-half, half-om-half

half-assed ['hɑːf-æst], **half-arsed** *vulg bn* halfbakken, incompetent

halfback ['hɑːfbæk] sp *znw* middenspeler
half-baked [hɑːf-'beɪkt] inf *bn* ❶ halfbakken
❷ halfgaar, dom
half binding [hɑːf 'baɪndɪŋ] *znw* halfleren band
half blood [hɑːf blʌd] *znw* ❶ halfbroeder, halfzuster
❷ → beledigend **half-breed**
half board [hɑːf bɔːd] *znw* halfpension
half-breed ['hɑːf-briːd], **half-caste**, **half blood**
beledigend halfbloed
half-brother ['hɑːf-'brʌðə] *znw* halfbroer
half-caste ['hɑːf-kɑːst] *znw* → **half-breed**
half-cock [hɑːf-'kɒk] *znw* ★ *go off at ~* mislukken, de
mist ingaan (door overijld handelen)
half-crown ['hɑːf-kraʊn], **half a crown** *znw* vroegere
Britse munt met waarde v. 2,5 shilling
half-cut [hɑːf-'kʌt] Br inf *bn* dronken
half day [hɑːf deɪ], **half holiday** *znw* halve vrije dag,
vrije morgen, vrije middag
half-dead [hɑːf-'ded] inf *bn* halfdood, heel erg moe
half-decent [hɑːf-'diːsənt] inf *bn* redelijk goed
half-hardy [hɑːf-'hɑːdɪ] *bn* half winterhard
half-hearted [hɑːf-'hɑːtɪd] *bn* niet van harte, lauw,
halfslachtig, weifelend ★ *he's making a ~ attempt at
it* hij gooit er met de pet naar
half holiday [hɑːf 'hɒlɪdeɪ] *znw* → **half day**
half-hour [hɑːf-'aʊə] *znw* half uur ★ *the clock struck
the ~* de klok sloeg het halve uur ★ *trains depart
every ~* de treinen vertrekken elk half uur
half-hourly [hɑːf-'aʊəlɪ] *bn & bijw* om het halve uur,
halfuur- ★ *a ~ bus service* een busdienst om het half
uur ★ *buses run ~* de bussen gaan elk half uur
half-inch [hɑːf-'ɪntʃ] **I** *znw* een halve inch ⟨12,7mm⟩
II *overg* inf jatten, stelen
half-length [hɑːf-'leŋθ] **I** *bn* halflang ★ *a ~ portrait* een
kniestuk ⟨portret tot aan de knie⟩ **II** *znw* een
kniestuk ⟨portret / beeld tot aan de knie⟩
half-life ['hɑːf-laɪf] *znw* halveringstijd
half-light ['hɑːf-laɪt] *znw* schemering
half-marathon [hɑːf-'mærəθən] *znw* halve marathon
half-mast [hɑːf-'mɑːst] *znw* halfstok ★ *fly at ~* halfstok
hangen
half-measures [hɑːf-'meʒəz] *znw* [mv] halve
maatregelen
half-moon [hɑːf-'muːn] *znw* halvemaan
half note [hɑːf nəʊt] Am muz *znw* halve noot
half pay [hɑːf peɪ] *znw* non-activiteitstraktement,
wachtgeld ★ *be on ~* op non-actief staan
halfpence ['heɪp(ə)ns] *znw* → **halfpenny**
halfpenny ['heɪpnɪ], **ha'penny** hist *znw* [mv: halfpence
⟨bedrag⟩ of halfpennies ⟨munten⟩] halve penny
halfpennyworth ['heɪpnɪwɜːθ, 'heɪpəθ], **ha'p'orth** hist
bn ter waarde van of voor een halve penny
half-pie ['hɑːf-paɪ] NZ inf *znw* middelmatig, imperfect
half-pipe ['hɑːf-paɪp] *znw* halfpipe ⟨voor
skateboarden, rolschaatsen &⟩
half-price [hɑːf-'praɪs] *bn & bijw* voor halve prijs ★ *a ~
fare* een kaartje voor de halve prijs ★ *travel ~* reizen
voor de halve prijs

half-sister ['hɑːf-sɪstə] *znw* halfzuster
half step [hɑːf step] muz *znw* halve toon
half term [hɑːf tɜːm] Br *znw* korte (school)vakantie
★ *the autumn ~* de herfstvakantie
half-timbered [hɑːf-'tɪmbəd] *bn* vakwerk- ★ *a ~ house*
een vakwerkhuis
half-time [hɑːf-'taɪm] **I** *bn & bijw* voor de halve tijd
★ *a ~ break* halftime, rust ⟨bij voetbalwedstrijd &⟩
★ *he works ~* hij werkt halve dagen **II** *znw* halftime,
rust
halftone [hɑːf'təʊn] *znw* ❶ halftint ❷ Am muz halve
toon
half-truth ['hɑːf-truːθ] *znw* halve waarheid
half volley [hɑːf 'vɒlɪ] *znw* halve volley
halfway [hɑːf'weɪ] *bijw* halfweg, halverwege ★ *meet
sbd ~* iem. halverwege tegemoet komen, een
compromis sluiten met iem.
halfway house [hɑːf'weɪ haʊs] *znw* ❶ tussenstation
❷ compromis ❸ rehabilitatiecentrum,
reclasseringscentrum
half-wit ['hɑːf-wɪt] inf *znw* imbeciel, halve gare
half-witted [hɑːf-'wɪtɪd] inf *bn* niet goed bij zijn
hoofd, zwakzinnig, idioot
half-yearly [hɑːf-'jɪəlɪ] *bn* halfjaarlijks
halibut ['hælɪbət] *znw* [mv: ~] heilbot
halitosis [hælɪ'təʊsɪs] *znw* slechte adem
hall [hɔːl] *znw* ❶ hal, vestibule, gang ★ *you'll find him
in a room down the ~* je vindt hem in een kamer
verder de gang op ★ *he has an office off the ~* hij
heeft een kantoor naast de hal ❷ zaal ❸ gildehuis,
stadhuis ❹ studentenhuis, college ⟨op campus⟩
❺ onderw eetzaal
hallelujah [hælɪ'luːjə] **I** *tsw* halleluja! niet te geloven!
II *znw* halleluja, alleluja
hallmark ['hɔːlmɑːk] **I** *znw* stempel, keur ⟨v.
essayeurs⟩, waarmerk **II** *overg* stempelen,
waarmerken
hallo [hæ'ləʊ] *tsw, znw & onoverg* → **hello**
hall of fame [hɔːl əv 'feɪm] *znw* [mv: halls of fame]
eregalerij
hall of residence [hɔːl əv 'rezɪdns] *znw* [mv: halls of
residence] studentenhuis (op universiteitsterrein)
hallow ['hæləʊ] *overg* heiligen, wijden
hallowed ['hæləʊd] *bn* gezegend, geheiligd, gewijd
★ *~ ground* gewijde grond
Halloween [hæləʊ'iːn] *znw* allerheiligenavond ⟨31
oktober⟩
hall porter [hɔːl 'pɔːtə] *znw* portier
hallstand ['hɔːlstænd] *znw* kapstok en
paraplustandaard
hallucinate [hə'luːsɪneɪt] *onoverg* hallucineren, aan
waanvoorstellingen lijden
hallucination [həluːsɪ'neɪʃən] *znw* hallucinatie
hallucinatory [həluː'sɪneɪtərɪ] *bn* hallucinatorisch
hallucinogen [hə'luːsɪnədʒən] *znw* hallucinogeen
hallucinogenic [həluːsɪnə'dʒenɪk] *bn* hallucinogeen,
geestverruimend
hallway ['hɔːlweɪ] *znw* hal, portaal, vestibule

ha

halo ['heɪləʊ] **I** *znw* [*mv:* -loes] ❶ halo ⟨lichtkring om zon of maan⟩ ❷ stralenkrans ⟨v. heilige⟩ **II** *overg* met een halo (stralenkrans) omgeven

halo effect ['heɪləʊ ɪ'fekt] *znw* halo-effect

halogen ['hælədʒən] *znw* halogeen ★ *a ~ lamp / light* een halogeenlamp

halt [hɔːlt] **I** *tsw* halt! **II** *znw* ❶ halt, stilstand ★ *call a ~* halt (laten) houden ★ *demand a ~ to sth* vragen om ergens mee op te houden ★ *bring sth to a ~* iets laten stoppen ★ *come to a ~* tot stilstand komen ★ *make a ~* halt houden ★ *scream / screech to a ~* snerpend / knarsend tot stilstand komen ❷ halte **III** *overg* halt laten houden, stoppen ★ *~ sth in its tracks* iets halt laten houden **IV** *onoverg* halt houden, stoppen ★ *~ in one's tracks* stilstaan

halter ['hɔːltə] **I** *znw* halster **II** *overg* halsteren, met een touw of halster binden

halterneck ['hɔːltənek], **halter-neck** *znw* halterjurk ⟨met bandjes die in de nek worden gestrikt⟩

halting ['hɔːltɪŋ] *bn* weifelend, stamelend ★ *they came to a ~ stop* zij kwamen met schokken tot stilstand

haltingly ['hɔːltɪŋlɪ] *bijw* met horten en stoten, stamelend, aarzelend ★ *she speaks the language ~* ze spreekt de taal aarzelend

halve [hɑːv] *overg* halveren, in tweeën delen

halves ['hɑːvz] *znw* [mv] → **half**

halyard ['hæljəd] scheepv *znw* val

ham [hæm] **I** *znw* ❶ dij, bil ★ *squat on one's ~s* hurken ❷ ham ❸ **ham actor** inf slecht acteur (actrice) ❹ radioamateur **II** *overg* inf overacteren, zich aanstellen ★ *~ it up* overacteren ⟨om het publiek aan het lachen te krijgen⟩ **III** *onoverg* inf overacteren, zich aanstellen

hamburger ['hæmbɜːgə] *znw* hamburger, (broodje met) gehakt, gehaktbal

ham-fisted [hæm-'fɪstɪd], **ham-handed** inf *bn* onhandig, ruw ★ *a ~ attempt at humour* een onhandige poging om grappig te zijn

hamlet ['hæmlɪt] *znw* gehucht

hammer ['hæmə] **I** *znw* ❶ hamer ⟨ook als gehoorsbeentje⟩ ★ *come under the ~* onder de hamer komen ★ *go at sth ~ and tongs* uit alle macht met iets bezig gaan / zijn ★ sp *throw the ~* kogelslingeren ❷ haan ⟨v. geweer⟩ **II** *overg* ❶ (uit)hameren, slaan ★ *~ sth home* iets volkomen duidelijk maken ★ inf *~ sth into sbd's head* het iem. instampen ❷ fig kraken, de grond in boren ❸ compleet verslaan, inmaken **III** *onoverg* hameren **IV** *phras* ★ *~ away* erop los hameren ★ *~ (away) at sth* beuken op iets, ploeteren aan iets ★ *~ sth out* iets uitvorsen, iets verzinnen, iets uitwerken

hammer and sickle ['hæmər ənd 'sɪkl] *znw* hamer en sikkel ⟨communistisch embleem⟩

hammer drill ['hæmə drɪl] *znw* klopboormachine

hammered ['hæməd] inf *znw* stomdronken

hammerhead shark ['hæməhed ʃɑːk] *znw* hamerhaai

hammering ['hæmərɪŋ] *znw* gehamer, gebonk, gebeuk ★ *there was a loud ~ at the door* er werd luid op de deur gebonkt ★ *give sbd a ~* iem. aftuigen ★ *take a ~* in elkaar geslagen worden

hammer price ['hæmə praɪs] *znw* veilingprijs

hammock ['hæmək] *znw* hangmat

hammy ['hæmɪ] inf *bn* ❶ overgeacteerd ❷ dik ⟨v. hand of dij⟩

hamper ['hæmpə] **I** *znw* dekselmand, picknickmand ★ *a Christmas ~* een kerstpakket **II** *overg* bemoeilijken, belemmeren, verstrikken

hamster ['hæmstə] *znw* hamster

hamstring ['hæmstrɪŋ] **I** *znw* kniepees **II** *overg* [hamstrung, hamstrung] fig verlammen

hamstrung ['hæmstrʌŋ] *ww* [v.t. & v.d.] → **hamstring**

hand [hænd] **I** *znw* ❶ hand ★ *~s on hips* met de handen op de heupen, met de handen in de zij ★ *on one's ~s and knees* op handen en voeten ★ *by ~* met de hand ⟨gemaakt⟩, met de fles ⟨grootbrengen⟩ ★ *from ~ to mouth* van de hand in de tand ★ *in ~* in de hand, in handen, nog voorhanden, onverkocht ★ *the matter in ~* in voorbereiding, onder handen, de zaak in kwestie ★ *money in ~* gereed geld, contanten ★ *that's off my ~s* daar ben ik af, dat is aan kant ★ *~s off!* afblijven! ★ *I don't have your letter to ~* ik heb uw brief niet bij de hand ★ mil *~ to ~* man tegen man ★ *~s up!* handen omhoog! ★ *with folded ~s* fig met de handen in de schoot ★ *with a high / heavy ~* uit de hoogte, aanmatigend, eigenmachtig, autoritair ★ fig *with one ~ tied behind one's back* op één slof sloffen ★ *be bound / tied ~ and foot* aan handen en voeten gebonden zijn ★ *be (close / near) at ~* bij de hand zijn, in de buurt zijn, op handen zijn ★ *be ~ in glove with sbd* dikke vrienden zijn met iem. ★ *be in the ~s of God* in Gods handen zijn, niet beïnvloed kunnen worden ★ *be in safe ~s* in veilige handen zijn ★ *carry one's life in one's ~s* voortdurend zijn leven wagen ★ *change ~s* in andere handen overgaan ★ *come to ~* in handen vallen, zijn bestemming bereiken ⟨v. brieven⟩ ★ *force sbd's ~* fig iem. het mes op de keel zetten ★ *get one's ~ in* de slag van iets (weer) beetkrijgen ★ inf *get / lay / put one's ~s on sbd* iem. te pakken krijgen, iem. vinden ★ inf *get / lay / put one's ~s on sth* iets vinden, beslag leggen op iets ★ *hold ~s* elkaar de hand vasthouden ★ *go ~ in ~ with sth* hand in / aan hand gaan met iets ★ *get out of ~* ongezeglijk worden, moeilijk (niet meer) te regeren zijn, uit de hand lopen ⟨conflict⟩ ★ *have a free ~* de vrije hand hebben ★ *have sbd (well / thoroughly) in ~* iem. (goed / totaal) onder controle hebben ★ *have the situation in ~* de toestand meester zijn ★ *have sth on ~* iets nog in voorraad hebben ★ *have work on ~* werk voor de boeg hebben ★ *have time on one's ~s* vrije tijd hebben ★ *keep a firm ~ on sth* iets stevig onder controle houden ★ *know sth like the back of one's ~* iets kennen als zijn broekzak ★ *make money ~ over fist* gouden zaken doen ★ inf *put one's ~ in one's pocket* geld geven ★ *strengthen sbd's ~* zorgen dat iem. efficiënter gaat werken ★ *take sbd / sth in ~* iem. / iets flink aanpakken

★ *take one's life in one's ~s* zijn leven wagen ★ *tie sbd's ~ at sth* iem. in een dwangpositie brengen ★ *try one's ~ at sth* iets (ook eens) proberen ★ *turn one's ~ to painting / needlework &* met schilderen / handwerken & beginnen ★ *wait upon sbd ~ and foot* iem. op zijn wenken bedienen ★ zegsw *bite the ~ that feeds one* stank voor dank geven ★ zegsw *many ~s make light work* vele handen maken licht werk ❷ handschrift, handtekening ★ *she has a nice ~* ze heeft een mooi handschrift ❸ handvol, tros ★ *a ~ of bananas* een kam bananen ❹ voorpoot, schouder ★ *a ~ of pork* een varkensschouder ❺ wijzer ‹v. uurwerk› ★ *the big / little ~* de grote / kleine wijzer ❻ inf applaus ★ *a big ~ for sbd* een hartelijk applaus voor iem. ❼ actieve rol, hulp ★ *he had a ~ in the organization* hij had een actieve rol in de organisatie ★ *lend sbd a ~* iem. een handje helpen ★ *need a ~* hulp nodig hebben ★ *at the ~s of* door toedoen van, van de kant van ★ *be on ~* aanwezig zijn, voorradig zijn, ter beschikking zijn (staan) ★ *have a ~ in sth* de hand in iets hebben ❽ arbeider, fabrieksarbeider, landarbeider, bemanningslid ★ *a new ~* een nieuweling, beginner ★ *an old ~* een ouwe rot ★ *be a poor / great ~ at sth* slecht (goed) zijn in iets, geen bolleboos zijn in iets ★ scheepv *all ~s on deck* alle hens aan dek ★ scheepv *with all ~s (on board)* met man en muis ❾ kant ★ *on all ~s* van / aan alle kanten ★ *on either ~* van (aan) beide zijden (kanten) ★ *on the one ~* aan de ene kant, enerzijds ★ *on the other ~* aan de andere kant, anderzijds, daarentegen ❿ kaartsp partijtje, spel, hand kaarten ★ *show one's ~* de kaarten openleggen, zich blootgeven ★ *keep one's ~ in* zorgen er niet uit te raken, het onderhouden ⓫ *win ~s down* op zijn dooie gemak winnen ⓬ 4 inches ‹maat voor paarden, 10,16 cm› ▼ *at first / second ~* uit de eerste / tweede hand ▼ *off ~* zo uit het blote hoofd ▼ *out of ~* op staande voet **II** overg ter hand stellen, overhandigen, aangeven, overreiken ★ inf *~ sbd sth on a plate* iem. iets op een presenteerblaadje aanreiken ★ *I'll ~ it to him* dat moet ik hem nageven ★ inf *you've got to ~ it to him* ik neem mijn petje voor hem af **III** phras ★ *~ sth around / round* iets ronddelen, ronddienen ★ *~ sth back* iets teruggeven ★ *~ sth down* iets (van boven) aanreiken, iets overleveren, iets overerven ★ jur *~ down a verdict* een vonnis wijzen ★ *~ sth in* iets inleveren, afgeven, aanbieden ★ *~ sth on* iets doorgeven ★ *~ sth out* iets aan-, afgeven, iets uitdelen ★ *~ sth over* iets inleveren, afleveren, overhandigen afgeven, uitreiken, fig iets afstaan, overmaken, overleveren, iets overdragen ‹de leiding, het bestuur, de zaak &› ★ *~ sbd over* iem. uitleveren, overdragen

handbag ['hændbæg] znw handtas, handtasje
hand baggage [hænd 'bægɪdʒ] Am znw handbagage
handball ['hændbɔːl] znw ❶ handbal ❷ hands ‹bij voetbal›
hand barrow [hænd 'bærəʊ] znw handkar, draagbaar

handbasin ['hændbeɪsən] znw wasbak
handbill ['hændbɪl] znw (strooi)biljet
handbook ['hændbʊk] znw ❶ leerboek, inleiding, handboek ❷ gids
handbrake ['hændbreɪk] znw handrem ★ *put the ~ on* op de handrem zetten
handcart ['hændkɑːt] znw handkar
handclap ['hændklæp] znw handgeklap ★ *a slow ~* langzaam handgeklap ★ *give sbd a ~* iem. applaus geven
handclasp ['hændklɑːsp] znw handdruk
handcraft ['hændkrɑːft] **I** znw → **handicraft II** overg maken met de hand
handcrafted ['hændkrɑːftɪd] bn handgemaakt
handcuff ['hændkʌf] **I** znw handboei **II** overg de handboeien aanleggen, boeien
-handed [hændɪd] achterv -handig ★ *we live in a right~ society* we leven in een rechtshandige maatschappij
handedness ['hændɪdnɪs] znw de neiging om de ene hand meer te gebruiken dan de andere
hand-feed [hænd-'fiːd] overg uit de hand voeren
handful ['hændfʊl] znw ❶ handvol ❷ inf lastig persoon, ding &
handglass ['hændglɑːs] znw ❶ handspiegel ❷ loep
hand grenade [hænd grɪ'neɪd] znw handgranaat
handgrip ['hændgrɪp] znw ❶ handgreep, handvat ❷ stevige handdruk
handgun ['hændgʌn] znw handvuurwapen
hand-held [hænd-'held] **I** bn hand- ★ *a ~ blender* een handmixer **II** znw handpalmcomputer, zakcomputer, palmtopcomputer
handhold ['hændhəʊld] znw houvast ★ *get a ~* houvast krijgen
handicap ['hændɪkæp] **I** znw ❶ handicap ❷ hindernis, belemmering ❸ nadeel **II** overg ❶ handicappen ❷ in minder gunstige positie brengen, belemmeren
handicapped ['hændɪkæpt] **I** bn ❶ gehandicapt ★ *physically ~* lichamelijk gehandicapt ★ *mentally ~* geestelijk gehandicapt ❷ sp met een handicap **II** znw ★ *the ~* de gehandicapten
handicraft ['hændɪkrɑːft], **handcraft** znw (meestal mv) ambacht, handwerk, handenarbeid
handiwork ['hændɪwɜːk] znw werk (van de handen), handwerk ★ *he stood back to admire his ~* hij deed een stapje achteruit om zijn werk te bewonderen
handkerchief ['hæŋkətʃɪf] znw [mv: -s of -chieves] zakdoek, (neus)doek ★ *blow one's nose in one's ~* zijn neus snuiten in zijn zakdoek
hand-knitted [hænd-'nɪtɪd] bn met de hand gebreid
handle ['hændl] **I** znw ❶ handvat, heft, hengsel, (hand)greep, oor, hendel, steel ★ inf *fly off the ~* opstuiven ★ inf *get a ~ on sth* greep op iets krijgen ★ inf *have a ~ to one's name* een titel voor / achter zijn naam hebben ❷ stuur ❸ (deur)knop, kruk ❹ gelegenheid, kans, middel ❺ inf (bij)naam, pseudoniem **II** overg ❶ hanteren, bevoelen ❷ hanteren, aanvatten, aanpakken ★ *have you ever ~d a gun?* heb je ooit een wapen in handen

ha

gehad? ❸ behandelen, omgaan met ★ *he ~d the job badly* hij heeft de taak slecht aangepakt ★ *they ~d themselves with dignity* ze gedroegen zich waardig ❹ verwerken, afhandelen, behartigen ★ *she doesn't ~ responsibility well* ze kan niet goed met verantwoordelijkheid omgaan ❺ mil bedienen ⟨geschut⟩ ❻ sp met de handen aanraken ⟨de bal⟩, hands maken ❼ handelen in **III** *onoverg* zich laten hanteren, bedienen ★ *~ well / badly* gemakkelijk (moeilijk) te hanteren, te bedienen zijn ⟨auto, wapen &⟩

handlebar ['hændlbɑ:] *znw* (meestal *mv*) stuur ⟨v. fiets⟩ ★ *dropped ~s* een omgekeerd stuur

handlebar moustache ['hændlbɑ: mə'stɑ:ʃ] scherts *znw* 'fietsstuur' ⟨lange, zware snor⟩

handler ['hændlə] *znw* ❶ iem. die iets hanteert ❷ africhter ⟨van dieren, vooral honden⟩ ❸ bokstrainer ❹ publiciteitsagent

handling ['hændlɪŋ] *znw* ❶ behandeling, hantering ❷ verzending (v. goederen) ❸ voetbal hands

handling charges ['hændlɪŋ 'tʃɑːdʒɪz], **handling costs** *znw* [*mv*] ❶ verpakkings- en verzendkosten ❷ behandelingskosten

handling fee ['hændlɪŋ fiː] *znw* behandelingskosten

hand luggage [hænd 'lʌɡɪdʒ] *znw* handbagage

handmade [hænd'meɪd] *bn* uit/met de hand gemaakt

handmaid ['hændmeɪd], **handmaiden** *znw* ❶ arch dienstmaagd ❷ fig dienares

hand-me-down ['hænd-mɪ-daʊn] *znw* [*mv*: hand-me-downs] afdankertje, afleggertje

handout ['hændaʊt] *znw* ❶ persbericht ❷ hand-out ⟨korte samenvatting v. lezing &⟩ ❸ gift, aalmoes, uitkering ★ *many people are forced to live on government ~s* veel mensen moeten rondkomen van een uitkering van de regering

handover ['hændəʊvə] *znw* overdracht

hand-pick [hænd-'pɪk] *overg* selecteren

handprint ['hændprɪnt] *znw* handafdruk

handrail ['hændreɪl] *znw* leuning

handsaw ['hændsɔ:] *znw* handzaag

handset ['hændset] *znw* telefoonhoorn

hands free [hændz 'fri:] **I** *bn* handsfree **II** *znw* handsfree toestel

handshake ['hændʃeɪk] *znw* handdruk ★ *seal sth with a ~* iets met een handdruk bevestigen

hands-off ['hændz-ɒf] *bn* ❶ machinaal ❷ zonder interventie, tolerant, vrij

handsome ['hænsəm] *bn* ❶ mooi, fraai, knap, nobel, royaal, mild ★ zegsw *~ is that ~ does* men moet niet op het uiterlijk afgaan ❷ aardig, flink, behoorlijk ★ *a ~ majority* een flinke meerderheid

hands-on ['hændz-ɒn] *bn* praktisch, praktijk-

handspring ['hændsprɪŋ] *znw* radslag

handstand ['hændstænd] *znw* handstand ⟨gymnastiek⟩

hand-to-hand combat [hænd-tə-'hænd 'kɒmbæt] *znw* gevecht van man tegen man, handgemeen

hand-to-mouth [hænd-tə-'maʊθ] *bn & bijw* van de

hand in de tand (levend) ★ *a ~ existence* een van de hand op de tand bestaan

handwork ['hændwɜ:k] *znw* handenarbeid ★ *the jackets are expensive because it's all ~* de jasjes zijn duur, want het is allemaal met de hand gemaakt

handwoven [hænd'wəʊvən] *bn* handgeweven

handwriting ['hændraɪtɪŋ] *znw* handschrift ★ *a ~ expert* een grafoloog, schriftkundige

handwritten [hænd'rɪtn] *bn* met de hand geschreven

handy ['hændɪ] *bn* ❶ bij de hand ❷ handig ★ *be ~ with sth* iets goed kunnende gebruiken ★ *come in ~* handig zijn, van pas komen

handyman ['hændɪmæn] *znw* ❶ factotum ❷ knutselaar

hang [hæŋ] **I** *znw* ❶ hangen, manier van hangen ❷ (steile) helling ❸ val ⟨v. kleren⟩ ❹ inf slag ★ *get the ~ of it* de slag ervan te pakken krijgen ▼ *inf I don't give / care a ~* het kan me geen fluit schelen **II** *overg* [hung, hung] ❶ ophangen, behangen ★ Am inf *~ one's hat* zich installeren ★ Am inf *~ sbd out to dry* iem. in een kwetsbare of moeilijke situatie laten zitten ★ *hung, drawn and quartered* opgehangen en gevierendeeld ❷ laten besterven ⟨vlees⟩ **III** *onoverg* [hung, hung] ❶ (af)hangen ★ *~ by a thread* aan een zijden draadje hangen, in een beslissend stadium verkeren ❷ zweven ★ fig *~ in the air* onopgelost blijven ❸ traineren ⟨v. proces⟩ ❹ hangen, vastzitten, vastlopen ⟨v. computer &⟩ ★ *time ~s heavy / heavily on my hands* de tijd valt me lang **IV** *phras* [hung, hung] ★ *inf ~ about!* wacht even! ★ *~ about / around / round* rondlummelen, wachten ★ *~ back* achterblijven, op de achtergrond blijven, aarzelen, niet vooruit willen, terugkrabbelen ★ *~ behind* achterblijven ★ *~ down* afhangen, (neer)vallen ⟨haar, stof⟩ ★ Am inf *~ in there* volhouden, 't niet opgeven ★ *~ on* wachten, blijven (hangen), zich vastklemmen, volhouden ★ *~ on!* wacht even!, een ogenblikje! ★ *~ on sbd's words* aan iemands lippen hangen ★ *~ on sth* van iets afhangen ★ *inf ~ sth on sbd* iem. de schuld geven van iets ★ *~ on to* iets vasthouden, iets niet laten schieten ★ *inf ~ out* (ergens) uithangen, zich ophouden ★ *inf let it all ~ out* uit zijn bol gaan, zich uitleven ★ *~ sth out* iets uithangen ⟨vlag⟩, ophangen ⟨was⟩ ★ *~ together* samenhangen, eendrachtig samengaan, klitten, één lijn trekken ★ telec *~ up* ophangen, het gesprek afbreken (met *on*) ★ *~ sth up* iets ophangen ★ *~ upon sth* ergens van afhangen **V** *overg* [hanged, hanged] ophangen ⟨als straf⟩ ★ *I'll be ~ed if I know* ik mag hangen als ik het weet ★ *I'll be ~ed first* ik zou nog liever hangen ★ *inf ~ it!* verdorie! ★ *~ the expense!* wat kunnen mij de kosten schelen! ★ *she was ~ed for murder* ze werd opgehangen voor moord ★ zegsw *you may / might as well be ~ed for a sheep as for a lamb* als je toch gestraft gaat worden kun je er evengoed mee doorgaan of er nog een schepje bovenop doen **VI** *onoverg* [hanged, hanged] opgehangen zijn

/ worden ★ *they were sentenced to* ~ ze werden tot de strop veroordeeld

hangar ['hæŋə] *znw* hangar, (vliegtuig)loods

hangdog ['hæŋdɒg] *bn* ★ *a* ~ *look* een schuldige blik, armezondaarsgezicht

hanger ['hæŋə] *znw* ❶ hanger ❷ haak, kapstok

hanger-on [hæŋər'ɒn] *fig znw* [*mv:* hangers-on] parasiet

hang-glide ['hæŋ-glaɪd] *onoverg* deltavliegen, zeilvliegen

hang-glider ['hæŋ-glaɪdə] *znw* deltavlieger, hangglider

hang-gliding ['hæŋ-glaɪdɪŋ] *znw* deltavliegen

hangi ['hæŋi, 'hɑːŋi] *NZ znw* kuil met hete stenen waarin eten wordt gekookt, feest waar zo wordt gekookt

hanging ['hæŋɪŋ] **I** *bn* (af)hangend, hang- **II** *znw* ❶ ophanging, hangen ★ *a* ~ *affair / matter* een halszaak, -misdaad ❷ wandversiering, wandtapijt ★ *a wall* ~ een wandtapijt

hanging basket ['hæŋɪŋ 'bɑːskɪt] *znw* hangende bloembak

hangman ['hæŋmən] *znw* ❶ beul ❷ galgje ⟨woordspel⟩

hangnail ['hæŋneɪl] *znw* dwangnagel

hang-out ['hæŋ-aʊt] *inf znw* verblijf, hol, trefpunt

hangover ['hæŋəʊvə] *znw* ❶ *inf* kater ❷ overblijfsel ★ *a* ~ *from his days in the army* een overblijfsel van zijn diensttijd

hang-up ['hæŋ-ʌp] *inf znw* obsessie

hank [hæŋk] *znw* streng ⟨garen⟩

hanker ['hæŋkə] *onoverg* (vurig) verlangen, hunkeren (naar *after / for*) ★ *he's* ~*ing to go sailing* hij hunkert ernaar om te gaan zeilen

hankering ['hæŋkərɪŋ] *znw* vurig verlangen, hunkering ★ *have a* ~ *for sth* een hunkering naar iets hebben

hanky ['hæŋkɪ], **hankie** *inf znw* zakdoek

hanky-panky [hæŋkɪ-'pæŋkɪ] *inf znw* ❶ gefoezel, geflikflooi ❷ trucs, knoeierij

Hansard ['hænsɑːd] *znw* de Handelingen van het Britse (Canadese, Australische, Nieuw-Zeelandse en Zuid-Afrikaanse) Parlement

hansom ['hænsəm], **hansom cab** *znw* hansom, tweewielige huurkoets

Hanukah ['hɑːnəkə, x-], **Hanukkah**, **Chanukah** joods *znw* Chanoeka ⟨joods feest in december⟩

ha'penny ['heɪpnɪ] → **halfpenny**

haphazard [hæp'hæzəd] *bn* ❶ op goed geluk, lukraak, toevallig ❷ wanordelijk

haphazardly [hæp'hæzədlɪ] *bijw* ❶ toevallig, op goed geluk, lukraak ❷ wanordelijk ★ *the city's narrow streets are arranged* ~ de nauwe straten van de stad lopen wanordelijk door elkaar

hapless ['hæplɪs] *bn* ongelukkig

ha'p'orth ['heɪpəθ] *hist znw* → **halfpennyworth**

happen ['hæpən] *onoverg* (toevallig, vanzelf) gebeuren, plaatsgrijpen, voorvallen ★ *what* ~*ed to*

you? wat is er met jou gebeurd? wat is jou overkomen? ★ *whatever* ~*ed to that watch you used to have?* waar is dat horloge gebleven dat je altijd had? ★ *I* ~*ed to see him* toevallig zag ik hem ★ *as it* ~*ed / as it* ~*s / as it so* ~*s* toevallig, het toeval wilde / wil dat ★ *inf* ~ *along/Am* ~ *by* toevallig (langs)komen ★ ~ *on sbd / sth* iem. / iets toevallig ontmoeten, aantreffen

happening ['hæpənɪŋ] **I** *bn inf* hip, trendy ★ *the* ~ *scene* de trendy scene, het hippe wereldje **II** *znw* ❶ gebeurtenis ❷ happening

happenstance ['hæpənstəns] Am *znw* toeval

happily ['hæpɪlɪ] *bijw* ❶ gelukkig(erwijs) ❷ met (veel) genoegen ★ *I could have* ~ *murdered him* ik had hem met veel genoegen de nek omgedraaid

happiness ['hæpɪnɪs] *znw* geluk, blijheid, tevredenheid

happy ['hæpɪ] *bn* gelukkig, blij, tevreden ★ *euf the* ~ *day* de huwelijksdag ★ *a* ~ *coincidence* een gelukkig toeval ★ *euf the* ~ *event* de blijde gebeurtenis, de geboorte van een kind ★ *Br inf she's not a* ~ *bunny* ze is niet erg blij ★ *inf they'e inclined to be a bit gun*~ ze zijn een beetje gek op geweren ★ *inf he's gone to the* ~ *hunting grounds* hij is naar de eeuwige jachtvelden ★ *he has a* ~ *knack of turning up unexpectedly* hij heeft er een handje van om onverwachts op te duiken ★ *I'd be* ~ *to take you there* ik breng je er met genoegen heen ★ *form the director will be* ~ *to see you at 4* de directeur ziet u graag om 4 uur verschijnen ★ *inf as* ~ *as Larry / a sandboy / a clam* overgelukkig, dolgelukkig ★ *she's not* ~ *about it* ze is er niet blij mee ★ *I'm not* ~ *with these arrangements* ik ben niet blij met deze afspraken

happy camper ['hæpɪ 'kæmpə] scherts *znw* iem. die blij is met de situatie

happy-clappy [hæpɪ-'klæpɪ] *inf afkeurend znw* hallelujachristen, blije christen

happy families ['hæpɪ 'fæməlɪz] *znw* [*mv*] kwartetten

happy-go-lucky [hæpɪ-gəʊ-'lʌkɪ] *bn* zorgeloos

happy hour ['hæpɪ aʊə] *znw* tijd van de dag waarop de drank in het café goedkoper is dan normaal

happy medium ['hæpɪ 'miːdɪəm] *znw* gulden middenweg ★ *strike a* ~ een gulden middenweg vinden

harangue [hə'ræŋ] **I** *znw* heftige of hoogdravende rede, toespraak **II** *overg* (heftig en ernstig) toespreken

harass ['hærəs] *overg* kwellen, teisteren, afmatten, bestoken

harassment ['hærəsmənt] *znw* kwelling ★ *sexual* ~ handtastelijkheid, ongewenste intimiteiten

harbinger ['hɑːbɪndʒə] *dicht znw* (voor)bode, voorloper ★ *a* ~ *of doom* een voorbode van de ondergang

harbour ['hɑːbə], Am **harbor I** *znw* haven, schuilplaats ⟨v. hert⟩ ★ *a coastal* ~ een kusthaven ★ *an industrial* ~ een industriehaven **II** *overg* ❶ herbergen ⟨ook: ongedierte &⟩ ❷ koesteren ⟨gedachten⟩ ★ ~ *a*

ha

grudge wrok koesteren **III** *onoverg* scheepv voor
anker gaan
harbourage [ˈhɑːbərɪdʒ] *znw* schuilplaats
harbour dues [ˈhɑːbə djuːz], **harbor dues** *znw* [mv]
havengeld
harbour facilities [ˈhɑːbə fəˈsɪlɪtɪz] *znw* [mv]
havenfaciliteiten
harbour master [ˈhɑːbə ˈmɑːstə], **harbor master** *znw*
havenmeester
harbour pilot [ˈhɑːbə ˈpaɪlət], **harbor pilot** *znw*
havenloods
harbour police [ˈhɑːbə pəˈliːs], **harbor police** *znw*
havenpolitie
hard [hɑːd] **I** *bn* ❶ hard ★ ~ *as nails* spijkerhard
❷ moeizaam, zwaar, moeilijk ★ ~ *words* moeilijke
woorden, harde woorden ★ *give sbd a* ~ *time* iem.
het leven zuur / moeilijk maken ★ *learn the* ~ *way*
een harde leerschool doorlopen ★ *play* ~ *to get* doen
alsof je niet geïnteresseerd bent, doen alsof je
moeilijk te krijgen bent ★ Aus & NZ *inf* put the ~
word on sbd iem. om een gunst vragen ❸ streng,
hardvochtig ❹ vaststaand ★ *a* ~ *and fast rule* een
vaste (geen uitzondering of afwijking toelatende)
regel ❺ handel vast ❻ scherp ⟨v. medeklinkers⟩
II *bijw* hard ★ ~ *of hearing* hardhorend ★ ~ *on the*
heels of sth vlak na iets, onmiddellijk volgend op iets
★ *inf* he's ~ *at it* hij is er hard mee bezig ★ *be* ~ *on*
sbd hard voor iem. zijn ★ *be* ~ *on sth* iets snel
verslijten ★ *be* ~ *hit by sth* het erg te verduren
hebben van iets ★ *be* ~ *pushed / put to do sth* iets erg
moeilijk vinden ★ *be* ~ *up* slecht bij kas, verlegen
(om *for*) ★ *drink* ~ zwaar drinken ★ *feel* ~ *done by*
zich slecht behandeld, belazerd voelen ★ *look* ~ *at*
sbd iem. streng / strak aankijken ★ *think* ~
ingespannen denken, zich goed bedenken ★ *try* ~
zijn uiterste best doen
hardback [ˈhɑːdbæk] *znw* gebonden (boek) ★ *available*
in ~ verkrijgbaar met een harde kaft
hardball [ˈhɑːdbɔːl] *znw* Am honkbal ★ Am *inf* play ~
het keihard spelen
hard-bitten [hɑːd-ˈbɪtn] *bn* taai, verbeten, cynisch
hardboard [ˈhɑːdbɔːd] *znw* hardboard
hard-boiled [hɑːd-ˈbɔɪld] *bn* ❶ hardgekookt ⟨ei⟩
❷ nuchter, hard, berekenend, doortrapt
hard-bound [ˈhɑːd-baʊnd] *bn* gebonden ⟨uitgave⟩
hard by [hɑːd baɪ] dicht *bijw* vlak bij
hard case [hɑːd keɪs] *znw* ❶ een moeilijk persoon
❷ Aus & NZ een grappig of excentriek persoon
hard cash [hɑːd kæʃ] *znw* klinkende munt
hard cider [hɑːd ˈsaɪdə] Am *znw* cider
hard copy [hɑːd ˈkɒpɪ] *znw* afdruk op papier
hard core [hɑːd-ˈkɔː] **I** *bn* ❶ doorgewinterd, verstokt,
aartsconservatief ❷ hard ⟨porno⟩ ❸ snel, heftig,
extreem ⟨muziek, vooral techno⟩ **II** *znw* ❶ steenslag
❷ kern ⟨v.e. partij⟩ ❸ harde porno ❹ snelle,
extreme, heftige muziek, vooral techno
hardcover [ˈhɑːdkʌvə] *znw* gebonden (boek)
hard currency [hɑːd ˈkʌrənsɪ] *znw* harde valuta

hard disk [hɑːd dɪsk] comput *znw* harde schijf
hard drive [hɑːd draɪv] comput *znw* hard drive
hard drug [hɑːd drʌg] *znw* (meestal *mv*) harddrug,
drug met groot risico
hard-earned [hɑːd-ˈɜːnd] *bn* zuurverdiend
harden [ˈhɑːdn] **I** *overg* harden, hard (gevoelloos)
maken, verharden ★ ~ *a plant off* een plant
afharden **II** *onoverg* ❶ hard worden, verharden
❷ een vaste(re) vorm aannemen ❸ handel vaster
(hoger) worden
hardened [ˈhɑːdnd] *bn* verhard, verstokt ★ *a* ~
criminal een verstokte crimineel
hard evidence [hɑːd ˈevɪdns] *znw* concrete bewijzen
hard-faced [hɑːd-ˈfeɪst], **hard-featured** *bn* bars
(streng) van uiterlijk
hard facts [hɑːd fækts] *znw* [mv] harde / naakte feiten
hard feelings [hɑːd ˈfiːlɪŋz] *znw* [mv] wrok, rancune
hard-fought [hɑːd-ˈfɔːt] *bn* zwaarbevochten
hard going [hɑːd ˈgəʊɪŋ] *bn* moeilijk te doen / te
begrijpen
hard-got [hɑːd-ˈgɒt], **hard-gotten** *bn* zuur verdiend
hard hat [hɑːd hæt] *znw* (veiligheids)helm
hard-headed [hɑːd-ˈhedɪd] *bn* nuchter, praktisch,
onaandoenlijk
hard-hearted [hɑːd-ˈhɑːtɪd] *bn* hardvochtig
hard-hitting [hɑːd-ˈhɪtɪŋ] *bn* hard toeslaand, vinnig
hardiness [ˈhɑːdɪnɪs] *znw* ❶ stoutmoedigheid,
doorzettingsvermogen ❷ wintervastheid
hard labour [hɑːd ˈleɪbə], **hard labor** *znw*
dwangarbeid
hard landing [hɑːd ˈlændɪŋ] *znw* harde landing, crash
⟨v. ruimtevaartuig / module &⟩
hard line [hɑːd laɪn] *znw* harde lijn ★ *take a* ~ *on*
/ *with sth* een hard standpunt innemen over iets
hardliner [hɑːdˈlaɪnə] *znw* voorstander van de harde
lijn
hard liquor [hɑːd ˈlɪkə] *znw* zwaar alcoholische
dranken
hard luck [hɑːd lʌk] *znw* pech
hard-luck story [hɑːd-ˈlʌk ˈstɔːrɪ] *znw* zielig verhaal
hardly [ˈhɑːdlɪ] *bijw* ❶ nauwelijks, ternauwernood,
bijna niet ★ ~ *ever* bijna nooit ★ *he had* ~ *arrived*
when the phone rang hij was nog maar nauwelijks
binnen of de telefoon ging ★ *she can* ~ *stand* ze kan
bijna niet staan ❷ bezwaarlijk, kwalijk
hardness [ˈhɑːdnɪs] *znw* hardheid
hard-nosed [hɑːd-ˈnəʊzd] *inf bn* nuchter, zakelijk,
realistisch
hard nut [hɑːd nʌt] *inf znw* harde noot ★ *be a* ~ *nut to*
crack een harde noot zijn om te kraken, een harde
dobber zijn
hard-on [ˈhɑːd-ɒn] *vulg znw* stijve, erectie
hard palate [hɑːd ˈpælət] anat *znw* hard verhemelte
hardpan [ˈhɑːdpæn] *znw* verharde ondergrond, kern
hard porn [hɑːd pɔːn] *znw* harde porno
hard-pressed [hɑːd-ˈprest] *bn* in moeilijkheden, in het
nauw ★ ~ *troops* in het nauw gedreven troepen
★ *be* ~ in tijdnood zitten, geldgebrek hebben ★ *be* ~

to do sth moeite hebben om iets te doen
hard return [ha:d rɪ'tɜ:n] <u>comput</u> znw harde return
‹vast regeleinde›
hard rock [ha:d rɒk] znw hardrock (muziek)
hard sciences [ha:d 'saɪəns] znw exacte
wetenschappen
hard sell [ha:d sel] znw agressieve verkoopmethode
hardship ['ha:dʃɪp] znw ❶ moeilijkheid, ongemak
★ *the conditions posed no real ~ to them* de
voorwaarden vormden geen echt ongemak voor
hen ❷ ontbering, tegenspoed ★ *there is*
considerable ~ among the unemployed er is veel
ontbering onder de werkelozen ★ *they live in*
genuine ~ ze leven in echte armoede
hard shoulder [ha:d 'ʃəʊldə] znw vluchtstrook
hard stuff [ha:d stʌf] <u>inf</u> znw ★ *the ~* sterke drank,
harddrugs
hard tack [ha:d tæk] znw scheepsbeschuit
hardtop ['ha:dtɒp] znw auto zonder open dak
hardware ['ha:dweə] znw ❶ ijzerwaren, gereedschap
❷ <u>comput</u> hardware ❸ <u>techn</u> apparatuur,
bouwelementen ❹ <u>mil</u> zware wapens
hard-wearing [ha:d-'weərɪŋ] bn sterk, niet gauw
slijtend, solide
hard wheat [ha:d wi:t] znw harde tarwe
hard-wired [ha:d-'waɪəd] bn hardwired ‹met een
permanente koppeling tussen twee apparaten›
hard-won [ha:d-'wʌn] bn met moeite verkregen
hardwood ['ha:dwʊd] znw hardhout
hard-working [ha:d-'wɜ:kɪŋ] bn hardwerkend
hardy ['ha:dɪ] bn ❶ gehard ❷ onversaagd, koen, flink
❸ <u>plantk</u> winterhard ★ <u>plantk</u> *a ~ perennial* een
vaste plant, <u>fig</u> een (elk jaar) geregeld terugkerend
onderwerp
hare [heə] I znw haas ★ Br zegsw *run with the ~ and*
hunt with the hounds beide partijen te vriend
trachten te houden II onoverg rennen ★ *~ off*
wegrennen ★ *~ in* fig binnenvliegen
hare and hounds [heər ənd haʊndz] sp znw
spoorzoekertje
harebell ['heəbel] znw grasklokje
hare-brained ['heə-breɪnd] bn onbesuisd,
onbezonnen ★ *a ~ scheme* een onbezonnen plan
harelip ['heəlɪp] znw hazenlip
harem ['ha:ri:m, ha:'ri:m] znw harem
haricot ['hærɪkəʊ], **haricot bean** znw snijboon, witte
boon
hark [ha:k] onoverg <u>dicht</u> luisteren ★ Br inf *~ at you*
/ *him!* moet je jou / hem horen! ★ *~ back to*
teruggaan naar, terugdenken aan, terugkomen op
harken ['ha:kən] <u>dicht</u> onoverg → **hearken**
harlequin ['ha:lɪkwɪn] znw harlekijn, hansworst
harlot ['ha:lət] <u>vero</u> znw hoer
harm [ha:m] I znw ❶ kwaad, schade, nadeel ★ *no ~*
done geen man overboord ★ *no ~ in trying* je kunt
het allicht proberen ★ *be out of ~'s way* geen schade
kunnen aanrichten, zich op een veilige plaats
bevinden ★ *do more ~ than good* meer kwaad dan

goed doen ★ *mean no ~* geen kwaad in de zin
hebben ★ *shield sbd from ~* iem. beschermen ★ *wish*
sbd ~ iem. kwaad toewensen ❷ letsel ★ *he'll come to*
no ~ er zal hem niets overkomen II overg kwaad
doen, schaden, benadelen, deren, letsel toebrengen
★ *not ~ a hair on sbd's head* iem. geen kwaad doen
harmful ['ha:mfʊl] bn nadelig, schadelijk ★ *socially ~*
effects maatschappelijk nadelige effecten ★ *~ to the*
environment schadelijk voor het milieu
harmfulness ['ha:mfʊlnɪs] znw schade, nadeel
harmless ['ha:mlɪs] bn onschadelijk, ongevaarlijk
harmonic [ha:'mɒnɪk] <u>muz</u> I bn harmonisch ★ *a ~*
sequence een harmonische sequens II znw
❶ boventoon ❷ flageolettoon ‹op viool›
harmonica [ha:'mɒnɪkə] znw mondharmonica
harmonic minor [ha:'mɒnɪk 'maɪnə], **harmonic minor**
scale <u>muz</u> znw harmonische mineurladder
harmonious [ha:'məʊnɪəs] bn ❶ harmonieus,
welluidend ❷ harmonisch ❸ eendrachtig
harmonium [ha:'məʊnɪəm] znw harmonium
harmonization [ha:mənaɪ'zeɪʃən], **harmonisation** znw
❶ harmoniëring ❷ <u>muz</u> harmonisering
❸ harmonisatie ‹v. lonen, prijzen›
harmonize ['ha:mənaɪz], **harmonise** I overg ❶ doen
harmoniëren, in overeenstemming brengen
❷ harmoniseren ‹v. muziek, lonen, prijzen›
II onoverg harmoniëren, overeenstemmen
harmony ['ha:mənɪ] znw harmonie,
overeenstemming, eensgezindheid
harness ['ha:nɪs] I znw (paarde)tuig, gareel ★ *in ~*
with sbd samenwerkend met iem. ★ <u>inf</u> *be back in ~*
weer aan de slag gaan ★ <u>fig</u> *die in ~* in het harnas
sterven II overg ❶ (op)tuigen ‹paard›, aanspannen
❷ <u>fig</u> aanwenden, gebruiken (voor *to*)
harp [ha:p] I znw <u>muz</u> harp II phras ★ *~ on (about) sth*
het steeds weer over iets hebben
harpist ['ha:pɪst] znw harpspeler, harpist(e)
harpoon [ha:'pu:n] I znw harpoen II overg
harpoeneren
harpsichord ['ha:psɪkɔ:d] <u>muz</u> znw klavecimbel
harpy ['ha:pɪ] znw harpij
harquebus ['ha:kwɪbəs] hist znw haakbus
harridan ['hærɪdn] znw oude feeks, tang
harrier ['hærɪə] znw ❶ hond voor de lange jacht ❷ sp
deelnemer aan veldloop ❸ kiekendief ‹roofvogel›
❹ plunderaar
harrow ['hærəʊ] I znw eg II overg eggen
harrowed ['hærəʊd] bn gepijnigd, geschokt
harrowing ['hærəʊɪŋ] bn aangrijpend, schokkend
harrumph [hə'rʌmf] I znw ❶ het schrapen van de keel
❷ knorrige afkeuring II onoverg ❶ zijn keel
schrapen ❷ knorrig zijn afkeuring laten blijken
harry ['hærɪ] overg ❶ teisteren, plunderen ❷ kwellen,
bestoken, lastig vallen
harsh [ha:ʃ] bn ❶ hard, grof, ruw, krijsend ❷ streng
harshness ['ha:ʃnɪs] znw hardheid, ruwheid,
strengheid
hart [ha:t] znw (mannetjes)hert

ha

hartebeest ['hɑːtɪbiːst] *znw* hartenbeest ‹soort antilope›

harum-scarum [heərəm-'skeərəm] **I** *bn* wild, dol(zinnig), onbesuisd **II** *znw* wildebras

harvest ['hɑːvɪst] **I** *znw* oogst **II** *overg* oogsten, inzamelen

harvester ['hɑːvɪstə] *znw* ❶ oogster ❷ oogstmachine

harvest festival ['hɑːvɪst 'festɪvəl] *znw* dankdienst voor het gewas, oogstfeest

harvest home ['hɑːvɪst həʊm] *znw* ❶ einde van de oogst ❷ oogstfeest

has [hæz,həs] *ww* [derde pers. enk. T.T.] → **have**

has-been ['hæz-biːn] inf *znw* wie heeft afgedaan ★ *a political* ~ een politicus die zijn tijd gehad heeft

hash [hæʃ] **I** *znw* ❶ hachee ★ inf *settle sbd's* ~ iem. zijn vet geven ❷ mengelmoes ❸ inf (rommel)zootje ★ inf *make a* ~ *of sth* iets verknoeien ❹ inf hasj ❺ #-teken, hekje **II** *overg* (fijn)hakken ★ ~ *sth out* uiteindelijk tot overeenstemming komen

hash browns [hæʃ braʊnz] Am *znw* [mv] opgebakken aardappels

hashish ['hæʃiːʃ] *znw* hasj(iesj)

hasn't ['hæznt] *samentr* (has not) → **have**

hasp [hɑːsp] *znw* ❶ klamp, klink, beugel ❷ grendel

hassle ['hæsəl] **I** *znw* ❶ gedoe, heisa, beslommering ★ *take the* ~ *out of sth* ergens de problemen uit verwijderen ❷ ruzie **II** *overg* pesten, op de zenuwen werken ‹met woorden›

hassock ['hæsək] *znw* ❶ knielkussen ❷ graspol

hast [hæst] plechtig *ww* [tweede pers. enk. T.T.] → **have**

haste [heɪst] *znw* haast, spoed ★ gedat *make* ~ zich haasten ★ zegsw *more* ~, *less speed* haastige spoed is zelden goed

hasten ['heɪsən] **I** *overg* form bespoedigen ★ *the shock* ~*ed his death* de schok bespoedigde zijn dood **II** *onoverg* dicht zich haasten (spoeden)

hasty ['heɪstɪ] *bn* haastig, gehaast

hat [hæt] *znw* hoed, pet ‹stijf, decoratief› ★ *a cocked* ~ een steek, punthoed ★ inf *old* ~ ouwe koek ★ ~ *in hand* nederig, onderdanig ★ Am inf *be all* ~ *and no cattle* veel praatjes hebben, maar weinig presteren ★ inf *keep sth under one's* ~ iets geheim houden ★ *pass the* ~ *(around / round)* rondgaan (voor geldinzameling), collecteren ★ *pick sth out of a* ~ iets willekeurig kiezen ★ *take one's* ~ *off to sbd* zijn bewondering voor iem. uitspreken / tonen ★ inf *talk through one's* ~ als een kip zonder kop praten ★ inf *throw one's* ~ *in the ring* zich in de strijd mengen

hatband ['hætbænd] *znw* hoedenband, hoedenlint

hatbox ['hætbɒks] *znw* hoedendoos

hatch [hætʃ] **I** *znw* ❶ broeden, broedsel ❷ scheepv luik(gat) ★ inf *down the* ~! proost!, in het mondje! ‹tegen kleine kinderen bij het voeren› **II** *overg* ❶ uitbroeden ★ ~ *sth up* iets beramen / verzinnen ❷ arceren **III** *onoverg* ❶ broeden ❷ uitkomen

hatchback ['hætʃbæk] *znw* ❶ vijfde deur ‹v. auto› ❷ auto met vijfde deur, hatchback

hatchery ['hætʃərɪ] *znw* broedplaats ‹voor vis of pluimvee›

hatchet ['hætʃɪt] *znw* handbijl, bijltje ★ *bury the* ~ de strijdbijl begraven

hatchet-faced ['hætʃɪt-feɪst] inf *bn* met scherpe gelaatstrekken

hatchet job ['hætʃɪt dʒɒb] inf *znw* boosaardige, vernietigende aanval ‹op schrift›

hatchet man ['hætʃɪt mæn] inf *znw* ❶ een huurmoordenaar ❷ fig iem. die de vuile zaakjes voor anderen opknapt

hatching ['hætʃɪŋ] *znw* arcering

hatchway ['hætʃweɪ] scheepv *znw* luikgat

hate [heɪt] **I** *znw* ❶ haat ★ *a* ~ *campaign* een haatcampagne ❷ ergernis ★ *my pet* ~ mijn grootste ergernis **II** *overg* haten, een hekel hebben aan ★ *he* ~*s cooking* hij heeft een hekel aan koken ★ *I* ~ *to admit it* ik geef het niet graag toe ★ inf ~ *sbd's guts* iem. niet kunnen uitstaan

hateful ['heɪtfʊl] *bn* ❶ hatelijk ❷ gehaat ❸ afschuwelijk, akelig

hatefully ['heɪtfʊlɪ] *bijw* ❶ hatelijk ❷ afschuwelijk, akelig

hate mail [heɪt meɪl] *znw* scheldbrieven

hath [hæθ] plechtig *ww* [derde pers. enk. T.T.] → **have**

hatpin ['hætpɪn] *znw* hoedenspeld

hatred ['heɪtrɪd] *znw* haat, vijandschap (tegen *of*)

hatstand ['hætstænd] *znw* kapstok

hatter ['hætə] *znw* hoedenmaker, -verkoper ★ inf *as mad as a* ~ stapelgek

hat trick [hæt trɪk] sp *znw* hattrick

haughtiness ['hɔːtɪnɪs] *znw* hooghartigheid, arrogantie

haughty ['hɔːtɪ] *bn* ❶ hoogmoedig, hooghartig, trots ❷ uit de hoogte, arrogant

haul [hɔːl] **I** *znw* ❶ trek, haal ❷ traject, afstand, weg ★ *a long / short* ~ *flight* lange / korte luchtreis ★ *we're in for a / the long* ~ dat wordt een lange ruk, het zal heel wat moeite gaan kosten ❸ vangst, winst, buit **II** *overg* ❶ trekken, slepen, halen ★ ~ *sbd before the judge* iem. voor de rechter slepen ★ ~ *sbd / sth in* iem. / iets binnen boord halen ★ inf ~ *sbd over the coals* iem. een uitbrander geven ❷ vervoeren ❸ scheepv aanhalen, wenden **III** *onoverg* ❶ draaien ‹wind, schip› ❷ trekken ‹aan touw›

haulage ['hɔːlɪdʒ] *znw* ❶ (beroeps-, weg)vervoer ❷ vervoerprijs

haulier ['hɔːlɪə] *znw* ❶ transportonderneming, ❷ (beroeps-, weg)vervoerder, vrachtwagenchauffeur

haunch [hɔːntʃ] *znw* ❶ bil en dij samen ★ *get down on one's* ~*es* op zijn hurken gaan zitten ❷ bout, lenden(stuk) ★ *a* ~ *of venison* een hertenbout

haunt [hɔːnt] **I** *znw* ❶ (vaste) verblijfplaats, stek, stamkroeg ★ *revisit one's old* ~*s* zijn oude lievelingsplekken weer bezoeken ❷ hol, schuilplaats (v. dieren) **II** *overg* ❶ regelmatig bezoeken ❷ rondwaren in ‹v. spook› ❸ (steeds) vervolgen,

ha

kwellen ⟨gedachten⟩ ★ <u>scherts</u> *she promised to come back to ~ him* ze beloofde terug te komen als geest om hem te achtervolgen ★ <u>fig</u> *that decision came back to ~ him later* dat besluit bleef hem later achtervolgen

haunted [ˈhɔːntɪd] *bn* spook- ★ *a ~ house* een spookhuis ★ *a ~ look* een verwilderde blik

haunter [ˈhɔːntə] *znw* trouwe bezoeker

haute couture [əʊt kuːˈtjʊə] ⟨*Fr*⟩ *znw* haute couture

haute cuisine [əʊt kwɪˈziːn] ⟨*Fr*⟩ *znw* haute cuisine

hauteur [əʊˈtɜː] ⟨*Fr*⟩ *znw* hooghartigheid

Havana [həˈvænə] *znw* havanna(sigaar)

have [hæv] **I** *znw* ★ *the ~s and the ~-nots* de armen en de rijken, de bezitters en de niet-bezitters **II** *hulpww* [had, had] hebben, zijn ★ *many homes ~ been evacuated* veel huizen zijn ontruimd ★ *we've already eaten* we hebben al gegeten ★ *the first climbers had already set out when it started to snow* de eerste klimmers waren al onderweg toen het begon te sneeuwen ★ *they'd eaten before I arrived home* ze hadden al gegeten toen ik thuiskwam ★ *they'll have eaten by the time I get there* ze zullen al gegeten hebben als ik daar aankom **III** *overg* [had, had] ❶ **have got** hebben, bezitten, houden ★ *they ~/~ got a lot of support amongst the voters* ze hebben een hoop steun onder de kiezers ★ *~ the courage / decency / good sense & to do sth* de moed / het fatsoen / het gezonde verstand & hebben om iets te doen ★ *she's got / she has blue eyes* ze heeft blauwe ogen ★ *we've got a new car* we hebben een nieuwe auto ★ *he has rabbits* hij houdt konijnen ★ *~ sbd (all) to oneself* iem. (helemaal) voor zich alleen hebben ★ *~ it (all) to oneself* het rijk alleen hebben ★ *~ sth ready* iets paraat hebben ★ *not ~ any money on one* geen geld bij zich hebben ★ <u>inf</u> *~ nothing on sbd* niet op kunnen tegen iem., niets belastends over iem. weten ❷ krijgen, ontvangen ★ *to be had at all booksellers* bij alle boekhandelaren verkrijgbaar ★ *~ a baby* een kind krijgen ★ <u>inf</u> *let him ~ it* geef hem ervan langs ★ <u>inf</u> *you've had it* je bent er geweest, je hebt geen kans meer ★ *a good time was had by all* iedereen vermaakte zich ❸ **have got** bevatten, bestaan uit ★ *the concerto has (got) three movements* het concert bestaat uit drie delen ★ *the house has (got) a garden* het huis heeft een tuin ❹ **have got** te pakken hebben, ervaren ★ *she has a bad headache / she's got a bad headache* ze heeft erge hoofdpijn ★ *we think we've got him / we think we ~ him* we denken dat we hem te pakken hebben ★ <u>inf</u> *you've got me there / you ~ me there / there you ~ me* daar kan ik geen antwoord op geven ★ *I ~ it!* nu ben ik er!, nu snap ik het! ★ *he's got / he has the impression that...* hij heeft het idee dat... ❺ **have got** <u>inf</u> beetnemen ★ *he feels he's been had* hij heeft het gevoel dat hij ertussen genomen is ❻ **have got** kennen ★ *my wife has / has got a bit of French* mijn vrouw kent een beetje Frans ❼ nemen, gebruiken ★ *I'll ~ a steak and a green salad* ik neem een biefstuk

met groene salade ★ *~ breakfast / dinner &* ontbijten / dineren & ❽ laten, doen, maken ★ *we're going to ~ it built* we laten het bouwen ★ *~ a game* een spelletje doen ❾ moeten ★ *I ~ to go now / I've got to go now* ik moet nu gaan ★ *there has to be a way out* er moet een manier zijn om hier uit te komen ❿ willen ★ *as the Bible has it* zoals in de Bijbel staat, zoals de Bijbel zegt / wil ★ *as chance / fate / luck & would ~ it* zoals het toeval wilde ★ *rumour has it* het gerucht gaat ★ <u>inf</u> *I'm not having (any of) this* dit pik ik niet **IV** *phras* ★ *~ at sbd* iem. aanvallen ★ <u>vulg</u> *~ it away with / off with sbd* met iem. naar bed gaan ★ *~ it in you / him & to do sth* ertoe in staat zijn iets te doen ★ <u>inf</u> *~ it in for sbd* het gemunt hebben op iem., iets hebben tegen iem. ★ <u>inf</u> *~ sbd on* iem. voor de gek houden ★ *~ sth on* iets op-, om-, aanhebben ★ *~ sth out* iets verwijderd krijgen ⟨operatief⟩ ★ *~ a tooth out* een tand laten trekken ★ *~ it out (with sbd)* iem. zeggen waar het op staat ★ *~ sbd over* iem. op bezoek hebben ★ <u>inf</u> *~ sbd over a barrel* iem. in zijn macht hebben ★ *~ sbd up* iem. vóór laten komen, iem. op het matje roepen, iem. laten komen

haven [ˈheɪvən] *znw* ❶ haven ❷ toevluchtsoord ★ *a safe ~* een beschermd gebied voor vluchtelingen ten tijde van oorlog ★ *a ~ for wildlife* een wildreservaat ★ *a ~ of peace* een vredig oord

haven't [ˈhævənt] *samentr* (have not) → **have**

haver [ˈheɪvə] <u>Schots</u> *onoverg* onzin uitkramen

haversack [ˈhævəsæk] *znw* ❶ <u>mil</u> broodzak ❷ knapzak

having [ˈhævɪŋ] *znw* ❶ <u>form</u> bezitting, have ❷ het hebben ★ *the mere ~ of ideas is not enough* het hebben van ideeën alleen is niet genoeg

havoc [ˈhævək] *znw* verwoesting ★ *play ~ with sth* iets compleet in de war sturen ★ *wreak ~* vreselijk huishouden in, verwoesten, vernielen

haw [hɔː] **I** *znw* haagappel, vrucht van de meidoorn **II** *onoverg* ★ *hum and ~* hakkelen, allerlei bedenkingen opperen, niet ronduit spreken

Hawaiian [həˈwaɪən] **I** *bn* Hawaïaans **II** *znw* Hawaïaan, Hawaïaanse

hawk [hɔːk] **I** *znw* havik ★ *have eyes like a ~* scherpe ogen hebben ★ *watch sbd like a ~* iem. nauwlettend in de gaten houden **II** *overg* ❶ (rond)venten, op straat verkopen, leuren met (ook: *~ about*) ❷ <u>fig</u> uitstrooien, verspreiden ❸ ophoesten ★ *~ sth up* iets ophoesten ⟨slijm⟩ **III** *onoverg* ❶ met valken jagen ❷ de keel schrapen

hawker [ˈhɔːkə] *znw* ❶ venter, leurder, marskramer ❷ valkenier

hawk-eyed [ˈhɔːk-aɪd] *bn* scherpziend, met haviksogen

hawser [ˈhɔːzə] <u>scheepv</u> *znw* kabel, tros

hawthorn [ˈhɔːθɔːn] *znw* meidoorn

hay [heɪ] *znw* hooi ★ <u>inf</u> *hit the ~* gaan hooien in de koffer induiken ★ *make ~* hooien ★ <u>zegsw</u> *make ~ while the sun shines* het ijzer smeden als het heet is

haycock [ˈheɪkɒk] *znw* hooiopper

hay fever [heɪ 'fi:və] *znw* hooikoorts
hayloft ['heɪlɒft] *znw* hooizolder
haymaker ['heɪmeɪkə] *znw* ❶ hooier, hooister
❷ hooischudder
haymaking ['heɪmeɪkɪŋ] *znw* hooibouw, hooien
haymaking season ['heɪmeɪkɪŋ 'si:zən] *znw* ★ *the ~* de hooitijd
hayrick ['heɪrɪk], **haystack** *znw* hooiberg
hayseed ['heɪsi:d] Am *inf znw* boerenpummel
haystack ['heɪstæk] *znw* → **hayrick**
haywire ['heɪwaɪə] *inf* ★ *be all ~ / go ~* in de war zijn (raken), in het honderd lopen, ‹machines &› kuren vertonen
hazard ['hæzəd] **I** *znw* ❶ (ongelukkig) toeval ❷ risico, gevaar ★ *the new offices are a fire ~* de nieuwe kantoren zijn brandgevaarlijk ★ *the intersection is a ~ to motorists* het kruispunt is een gevaar voor automobilisten **II** *overg* ❶ wagen, in de waagschaal stellen, riskeren ❷ durven maken (opperen &) ★ *I'd ~ a guess that he's in his 40s* ik gok erop dat hij in de 40 is
hazard light ['hæzəd laɪt], **hazard warning light** *znw* waarschuwingsknipperlicht
hazardous ['hæzədəs] *bn* gevaarlijk, gewaagd, riskant ★ *~ for shipping* een gevaar voor de scheepvaart ★ *~ to human beings* gevaarlijk voor mensen
haze [heɪz] **I** *znw* damp, nevel, waas, wazigheid **II** *overg* ❶ in nevelen hullen ★ *the morning was ~d in mist* de morgen was in mist gehuld ❷ Am ontgroenen **III** *phras* ★ *~ over* nevelig worden, mistig worden
hazel ['heɪzəl] **I** *bn* lichtbruin **II** *znw* hazelaar
hazelnut ['heɪzəlnʌt] *znw* hazelnoot
hazy ['heɪzɪ] *bn* ❶ dampig, wazig, heiig, nevelig ❷ *fig* vaag
H-bomb ['eɪtʃ-bɒm] *znw* waterstofbom
he [hi:, hɪ] **I** *pers vnw* hij **II** *znw* man, mannetje
head [hed] **I** *znw* ❶ hoofd, kop ★ *~ first, ~ foremost* voorover, onbesuisd, hals over kop ★ *an old / a wise ~ on young shoulders* een vroegwijs kind ★ *inf it's above / over my ~* het gaat boven mijn pet(je) ★ *~ and shoulders above sbd / sth* met kop en schouders boven iem. / iets uit ★ *from ~ to foot / toe* van top tot teen ★ *a full / thick ~ of hair* een dikke bos haar ★ *inf she could do it standing on her ~* het is een fluitje van een cent voor haar ★ *she's ~ over heels in love* ze is tot over de oren verliefd ★ *they left ~ over heels* ze zijn hals over kop vertrokken ★ *inf be in over one's ~* ergens tot over zijn nek inzitten ★ *it's on your (own) ~* de gevolgen zijn voor je eigen rekening ★ *be hanging over sbd's ~* iem. boven het hoofd hangen ★ *inf bang / knock one's ~ against a brick wall* met het kop tegen de muur lopen ★ *inf bite / snap sbd's ~ off* iem. afsnauwen ★ *inf get / put one's ~ down* gaan slapen ★ *vulg get one's ~ down* pijpen, orale seks hebben ★ *go to sbd's ~* iem. naar het hoofd stijgen ★ *go over sbd's ~* iem. passeren ‹bij promotie &› ★ *hang one's ~*

(in shame) zijn hoofd laten hangen (van schaamte) ★ *have one's ~ in the clouds* met het hoofd in de wolken zijn ★ *have one's ~ (buried / stuck) in a book* met zijn neus in een boek zitten ★ *inf have one's ~ (screwed) on right / the right way* ze allemaal op een rijtje hebben, goed bij zijn ★ *hold / put a gun to sbd's ~* iem. onder zware druk zetten ★ *hold up one's ~ / hold one's ~ high* het hoofd niet laten hangen ★ *keep one's ~ above water* het hoofd boven water houden ★ *inf keep one's ~ down* zich gedekt houden, problemen vermijden ★ *inf laugh / shout / work / yawn & one's ~ off* zich doodlachen (-schreeuwen, -werken, -gapen &) ★ *nod one's ~* knikken ★ *shake one's ~* zijn hoofd schudden ★ *inf talk off the top of one's ~* zomaar, spontaan iets zeggen ★ *inf talk one's ~ off* blijven (door)praten, ratelen ★ *turn sbd's ~* iem. het hoofd op hol brengen ★ *turn ~s* een hoop aandacht krijgen ★ *~s will roll* er gaan koppen rollen ❷ *inf* hoofdpijn, kater ★ *I've got a bit of a ~* ik heb een beetje hoofdpijn, ik heb een kater ❸ hoofd, verstand, aanleg, talent ★ *he'd worked it out in his ~* hij had het in zijn hoofd uitgerekend ★ *off the top of my / his / her ~* zonder er bij na te denken ★ *he's off his ~* hij is niet goed bij zijn hoofd, hij is gek ★ *he got that joke out of his own ~* dat was een grapje uit (zijn) eigen koker ★ *not bother sbd's ~ about sth* zich geen zorgen maken over iets ★ Br *inf do sbd's ~ in* iem. boos, verward of gefrustreerd maken ★ *not enter sbd's ~ (that)* niet bij iem. opkomen (dat) ★ *inf get one's ~ around / round sth* iets begrijpen ★ *inf get sth into sbd's ~* iem. iets aan het verstand peuteren ★ *have a good ~ for business / figures &* aanleg hebben voor zaken / cijfers & ★ *keep one's ~* kalm blijven, het hoofd erbij houden ★ *lose one's ~* het hoofd verliezen, zenuwachtig worden ★ *put our / your / their ~s together* (met elkaar) overleggen ★ *put sth into sbd's ~* iem. iets aanpraten ★ *take it into one's ~ to do sth* het in zijn hoofd halen om iets te doen ❹ hoofdman, leider, chef, directeur ❺ persoon, hoofd van bevolking ‹als teleenheid› ★ *fifty pounds a / per ~* vijftig pond per persoon ❻ stuk, stuks ‹vee› ❼ hoofdlengte ‹winstmarge bij race› ★ *win by a ~* met een hoofdlengte winnen ❽ voorste positie, mil spits ★ *at the ~ of* aan het hoofd (de spits) van, bovenaan (nummer één) ‹op lijst› ★ *take the ~* zich aan de spits stellen ❾ beeldenaar ‹v. munt› ★ *~s or tails?* kruis of munt? ★ *inf not make ~ or tail of sth* ergens geen touw aan vast kunnen knopen ★ *zegsw ~s I win, tails you lose* wat er ook gebeurt, ik win ❿ bovenkant, spits, kop, kruin, top, puist, manchet ‹schuim op glas bier› ★ *bring sth to a ~* iets op de spits drijven ★ *come to a ~* kritiek worden ‹situatie &› ★ *form* gather ~ zich sterker ontwikkelen, aan kracht winnen ★ *knock sth on the ~* definitief met iets afrekenen ★ *stand / turn sth on its ~* iets helemaal omgooien / op zijn kop zetten ⓫ krop ‹v. sla›, stronk ‹v. andijvie, bloemkool›,

ha

bloemhoofdje, aar **⑫** hoofdeinde ‹v. bed, tafel› **⑬** bron, oorsprong ‹v. rivier› **II** *overg* **❶** aan het hoofd staan van, aanvoeren, zich aan de spits (het hoofd) stellen van **❷** de eerste zijn van **❸** van een kop / titel voorzien **❹** sturen, wenden **❺** sp koppen ‹een bal› **❻** toppen ‹bomen› **III** *onoverg* plantk kroppen **IV** *phras* ★ ~ back teruggaan ★ ~ for / towards sth koers zetten naar iets, gaan naar iets, afstevenen op iets ‹onheil› ★ ~ off weggaan, vertrekken ★ ~ sbd off iem. opvangen (aanhouden), iem. de pas afsnijden ★ ~ sth off iets voorkomen, verhinderen ★ ~ out of a place uit een plaats weggaan

headache ['hedeɪk] *znw* **❶** hoofdpijn ★ have a splitting ~ barstende hoofdpijn hebben **❷** inf probleem, moeilijkheid, (kop)zorg, last ★ the new equipment is giving us lots of ~s de nieuwe apparatuur geeft ons een hoop kopzorgen

headband ['hedbænd] *znw* hoofdband

headbanger ['hedbæŋə] inf *znw* **❶** liefhebber van heavy metal muziek **❷** idioot, excentriek persoon

headbanging ['hedbæŋɪŋ] *znw* **❶** het hoofd woest bewegen op het ritme van heavy metal muziek **❷** het schudden van hoofd en lichaam van geestelijk gestoorden

headboard ['hedbɔ:d] *znw* plank aan het hoofdeinde ‹v. bed›

headbutt ['hedbʌt] **I** *znw* kopstoot **II** *overg* een kopstoot geven

headcase ['hedkeɪs] inf *znw* krankzinnige, dwaas, idioot, gek

headcheese ['hedtʃi:z] Am *znw* hoofdkaas

head cold [hed kəʊld] *znw* (hoofd)verkoudheid ★ have a ~ verkouden zijn

headcount ['hedkaʊnt] *znw* koppen tellen

headdress ['heddres] *znw* hoofdtooi

-headed [hedɪd] *achterv* -harig, met... haar ★ a red~ child een kind met rood haar

headed notepaper ['hedɪd 'nəʊtpeɪpə] *znw* briefpapier met een kop

header ['hedə] *znw* **❶** kopsteen **❷** inf duik, val ‹voorover› **❸** sp kopbal **❹** kop, koptekst, (bericht)aanhef, header

headfirst [hed'fɜ:st] *bn & bijw* **❶** met het hoofd vooruit ★ a ~ dive een duik met het hoofd vooruit ★ the baby came ~ de baby kwam met eerst het hoofdje **❷** onbesuisd ★ he's always rushing ~ into things hij stort zich altijd ergens in zonder erbij na te denken

head gasket [hed 'gæskɪt] *znw* koppakking

headgear ['hedgɪə] *znw* **❶** hoofddeksel **❷** hoofdtooi **❸** hoofdstel

headhunter ['hedhʌntə] *znw* **❶** koppensneller **❷** headhunter ‹bemiddelaar voor hoger personeel›

headhunting ['hedhʌntɪŋ] *znw* **❶** het koppensnellen **❷** headhunting

headiness ['hedɪnɪs] *znw* koppigheid

heading ['hedɪŋ] *znw* hoofd, titel, opschrift, rubriek

★ she organised her talk under three main ~s ze had haar toespraak geordend naar drie hoofdpunten ★ these medicines come / fall under the ~ of prohibited drugs deze medicijnen vallen onder de categorie verboden geneesmiddelen

headlamp ['hedlæmp], **headlight** auto *znw* koplamp ★ dim one's ~s de koplampen dimmen

headland ['hedlənd, -lænd] *znw* **❶** voorgebergte, kaap, landtong **❷** wendakker

headless ['hedlɪs] *bn* zonder hoofd / kop ★ inf rush / run around like a ~ chicken rondrennen als een kip zonder kop

headlight ['hedlaɪt] *znw* **❶** → auto **headlamp** **❷** scheepv mast-, toplicht

headline ['hedlaɪn] *znw* hoofd, opschrift, kop, kopje ‹in krant› ★ make ~ news voorpaginanieuws zijn

headlines ['hedlaɪnz] *znw* ★ the ~ het voornaamste nieuws ★ hit the ~ / make ~ in het nieuws komen, voorpaginanieuws zijn

headlong ['hedlɒŋ] *bn & bijw* **❶** met het hoofd vooruit, hals over kop **❷** blindelings, onstuimig, onbezonnen, roekeloos ★ the cat made a ~ dash through the house de kat stoof als een dolle door het huis ★ the country seems to be rushing ~ into war het land lijkt zich blindelings in een oorlog te storten

head louse [hed laʊs] *znw* [mv: head lice] hoofdluis

headman ['hedmən] *znw* **❶** hoofdman, onderbaas, meesterknecht **❷** stamhoofd

headmaster [hed'mɑ:stə] onderw *znw* hoofd van een school, directeur, rector

headmistress [hed'mɪstrɪs] onderw *znw* hoofd van een school, directrice, rectrix, rectrice

head nurse [hed nɜ:s] Am *znw* hoofdverpleegkundige, hoofdzuster

head office [hed 'ɒfɪs] *znw* hoofdkantoor

head of state [hed əv 'steɪt] *znw* staatshoofd

head-on ['hed-ɒn] *bn & bijw* frontaal ‹tegen elkaar botsen› ★ a ~ collision een frontale botsing, fig een felle botsing ★ they hit the car ~ ze botsten frontaal tegen de auto aan

headphone ['hedfəʊn] *znw* (meestal mv) koptelefoon

headpiece ['hedpi:s] *znw* **❶** iets dat op het hoofd wordt gedragen **❷** titelvignet

headquarters [hed'kwɔ:təz] *znw* [mv] **❶** mil hoofdkwartier ★ mil general ~ het grote hoofdkwartier **❷** hoofdbureau, hoofdzetel, handel hoofdkantoor ★ the organisation has its ~ in Brussels de organisatie heeft zijn hoofdkantoor in Brussel

headrest ['hedrest] *znw* hoofdsteun

headroom ['hedru:m] *znw* vrije hoogte ‹v. boog &›, doorvaarthoogte ‹v. brug›, doorrijhoogte ‹v. viaduct›

headscarf ['hedskɑ:f] *znw* hoofddoek

headset ['hedset] *znw* hoofdtelefoon met microfoon

headship ['hedʃɪp] *znw* **❶** directeurschap & **❷** leiding

headshrinker ['hedʃrɪŋkə] inf *znw* psychiater

headspace ['hedspeɪs] *znw* **❶** vrije ruimte in een luchtdichte verpakking ‹fles of blik› **❷** inf denkvermogen, denkruimte

he

headstall ['hedstɔ:l] *znw* hoofdstel

headstand ['hedstænd] *znw* ★ *do a ~* op zijn hoofd staan

head start [hed stɑ:t] *znw* voorsprong, goede uitgangspositie ★ *get a ~ on / over sbd* een voorsprong op iem. krijgen

headstone ['hedstəʊn] *znw* - (rechtopstaande) grafsteen

headstrong ['hedstrɒŋ] *bn* koppig, eigenzinnig

head teacher [hed 'ti:tʃə] *znw* hoofdonderwijzer

head-turning [hed-'tɜ:nɪŋ] *bn* opvallend, zeer aantrekkelijk ★ *she wore a ~ red dress* ze droeg een opvallende rode jurk

head voice [hed vɔɪs] *znw* kopstem, falsetstem

head waiter [hed 'weɪtə] *znw* ober

headward ['hedwəd] **I** *bn* naar het hoofd, in de richting van het hoofd **II** *bijw*, **headwards** naar het hoofd, in de richting van het hoofd

headwater ['hedwɔ:tə] *znw* bovenloop

headway ['hedweɪ] *znw* ❶ vaart, gang, vooruitgang ★ *make* ~ opschieten, vorderen, om zich heen grijpen, zich uitbreiden ❷ tussentijd ‹tussen bussen &›

headwind ['hedwɪnd] *znw* tegenwind

headword ['hedwɜ:d] *znw* hoofdwoord, titelwoord, lemma

headwork ['hedwɜ:k] *znw* hersenwerk

heady ['hedɪ] *bn* ❶ koppig ‹v. wijn›, bedwelmend ❷ opwindend

heal [hi:l] **I** *overg* helen, genezen, gezond maken **II** *onoverg* helen, genezen, beter worden ★ *~ over / up* toegroeien, dichtgaan ‹v. wond›

heal-all ['hi:l-ɔ:l] *znw* wondermiddel

healer [hi:lə] *znw* (gebeds)genezer

healing ['hi:lɪŋ] *znw* heilzaam, geneeskrachtig ★ *the ~ art* de geneeskunde ★ *the gift of ~* de gave te kunnen genezen

health [helθ] *znw* gezondheid, welzijn, heil ‹van de ziel› ★ *a ~ risk* een gezondheidsrisico ★ *occupational ~ and safety* Arbo ★ *the disease poses a threat to public ~* de ziekte bedreigt de algemene gezondheid ★ *your (good) ~!* (op uw) gezondheid! ★ *be in good ~ / enjoy good ~* goed gezond zijn ★ *issue a ~ warning* een gezondheidswaarschuwing doen uitgaan ★ *nurse sbd back to ~* door verpleging iem. weer gezond maken

health care ['helθkeə] *znw* gezondheidszorg

health-care professional ['helθkeə prə'feʃənl] *znw* hulpverlener

health centre [helθ 'sentə], Am **health center** *znw* consultatiebureau, gezondheidscentrum

health certificate [helθ sə'tɪfɪkɪt] *znw* gezondheidsverklaring

health farm [helθ fɑ:m] *znw* gezondheidsboerderij

health food [helθ fu:d] *znw* reformartikelen

health food shop [helθ fu:d ʃɒp] *znw* natuurvoedingswinkel, reformwinkel

healthful ['helθfʊl] *bn* gezond ★ *~ herbs* gezonde kruiden

health insurance [helθ ɪn'ʃʊərəns] *znw* ziektekostenverzekering

health resort [helθ rɪ'zɔ:t] *znw* herstellingsoord, kuuroord

health service [helθ 'sɜ:vɪs] *znw* gezondheidszorg, gezondheidsdienst

health visitor [helθ 'vɪzɪtə] *znw* wijkverpleegster, verpleegster aan huis

healthy ['helθɪ] *bn* gezond ★ *a ~ disrespect for authority* een gezond gebrek aan respect voor autoriteiten

heap [hi:p] **I** *znw* ❶ hoop, stapel ★ *fig at the top / bottom of the ~* boven (onder) aan de ladder ★ *she collapsed in a ~* ze stortte in elkaar ★ *he landed in a ~ on the ground* hij viel als een blok op de grond ★ *her clothes lay in a ~* haar kleren lagen op een hoopje ★ *inf be struck all of a ~* verstomd, versteld, erg van streek zijn ❷ *inf* boel, massa ★ *a (whole) ~ of/~s of money / room / time &* veel geld / ruimte / tijd & ❸ *inf* oude auto, roestbak **II** *overg* ophopen, (op)stapelen *(~ up)* ★ *~ criticism on sbd* iem. overstelpen met kritiek ★ *~ coals of fire on / upon sbd's head* vurige kolen op iemands hoofd stapelen ★ *she always ~s our plates with food* ze doet altijd een hoop eten op onze borden

heaped [hi:pt] *bn* opgehoopt, met kop ★ *two ~ teaspoons of sugar* twee volle theelepels suiker

heaps [hi:ps] *inf bijw* een heleboel, heel erg ★ *the children love her ~* de kinderen houden erg veel van haar

hear [hɪə] **I** *tsw* ★ *~ ~!* bravo! **II** *overg* [heard, heard] ❶ horen ★ *it's so noisy you can't ~ yourself think* het is zo rumoerig dat je jezelf niet kunt horen denken ★ *I must be ~ing things* ik geloof mijn oren niet ★ *~ wedding bells* huwelijksklokjes horen, denken dat er een bruiloft op komst is ★ *we haven't ~d anything of him for years* we hebben al jaren niets meer van hem gehoord ★ *inf we'll never ~ the end of it* dat zullen we nog jaren moeten horen ★ *~ sbd out* iem. tot het eind toe aanhoren ❷ verhoren ‹gebed› ❸ *jur* behandelen ‹zaak› **III** *onoverg* [heard, heard] horen, luisteren ★ *I won't stand for it, do you ~?* dat accepteer ik niet hoor! ★ *~ of sbd / sth* horen van / over iem. / iets

heard [hɜ:d] *ww* [v.t. & v.d.] → **hear**

hearer ['hɪərə] *znw* (toe)hoorder(s)

hearing ['hɪərɪŋ] *znw* ❶ gehoor ★ *hard of ~* hardhorend ★ *have impaired ~ / have a ~ impairment* gehoorgestoord zijn ★ *lose one's ~* zijn gehoor verliezen ❷ gehoorsafstand ★ *he didn't say it in / within my ~* hij zei het niet zo dat ik het kon horen ★ *he's out of ~* hij is buiten gehoorsafstand ❸ aanhoren ★ *get a (sympathetic) ~* (welwillend) worden aangehoord ★ *give sbd a (fair) ~* iem. aanhoren, naar iemands standpunt luisteren ❹ *jur* verhoor, behandeling ‹van een zaak›, hoorzitting ★ *attend a ~* een hoorzitting bijwonen ★ *pending a ~*

in afwachting van een hoorzitting ❸ <u>muz</u> auditie

hearing aid ['hɪərɪŋ eɪd] *znw* gehoorapparaat

hearing dog ['hɪərɪŋ dɒg] *znw* hond die er speciaal op is getraind om zijn baas te waarschuwen als de deurbel, de telefoon, het alarm enz. gaat

hearing-impaired ['hɪərɪŋ-ɪm'peəd] **I** *bn* slechthorend **II** *znw* ★ *the* ~ de slechthorende(n)

hearken ['hɑːkən], **harken** <u>dicht</u> *onoverg* luisteren

hearsay ['hɪəseɪ] *znw* praatjes, geruchten ★ *by / from / on* ~ van horen zeggen

hearse [hɜːs] *znw* lijkwagen

heart [hɑːt] *znw* ❶ hart ★ *two ~s that beat as one* twee handen op één buik ★ *have a* ~ *of oak* standvastig / moedig zijn ★ *have a* ~ *of gold* een hart van goud hebben ★ *have a* ~ *of stone* een hart van steen hebben ★ *have one's* ~ *in the right place* zijn hart op de goeie plek hebben ★ *have one's* ~ *in one's mouth* het hart in de keel hebben kloppen, erg gespannen / geschrokken zijn ★ *his* ~ *sank* zijn hart zonk hem in de schoenen ★ *wear one's* ~ *on one's sleeve* het hart op de tong hebben ★ <u>kindertaal & scherts</u> *cross my* ~ *and hope to die* met de hand op mijn hart ❷ kern, essentie, binnenste ★ *the* ~ *of the city* de binnenstad ★ *the* ~ *of the matter* de kern van de zaak ❸ moed, durf ★ <u>bijbel</u> *be of good* ~ houd maar moed, wees maar niet bang ★ *not have the* ~ *to do sth* het niet over je hart kunnen verkrijgen om iets te doen ★ *lose* ~ de moed verliezen ★ *put some* ~ *into sbd* iem. moed geven ★ *take* ~ moed vatten ❹ gevoel, binnenste, innerlijk ★ *all* ~ één en al gevoel ★ *at* ~ in de grond, in zijn hart ★ *sad / sick at* ~ droef te moede ★ *from the bottom of my* ~ uit de grond van mijn hart ★ *in good* ~ met goede moed, opgewekt ★ *in his* ~ *of* ~*s* in de grond (het diepst) van zijn hart ★ *his* ~ *isn't in it* hij is er niet met hart en ziel bij ★ *to one's* ~*'s content / desire* naar hartenlust ★ *close / dear to one's* ~ na aan het hart liggend ★ *with all my* ~ van (ganser) harte ★ *break sbd's* ~ iemands hart breken ★ *it does my* ~ *good to see them so happy* het doet me goed om te zien dat ze zo gelukkig zijn ★ *have a* ~*!* strijk eens over je hart! ★ *have sth at* ~ zich (veel) aan iets gelegen laten zijn ★ *lose one's* ~ *to sbd / sth* zijn hart verliezen aan iem. / iets ★ *take sth to* ~ zich iets (erg) aantrekken ★ *win the* ~*s and minds of the citizens / people / voters &* de sympathie van de burgers / het volk / de kiezers & veroveren ❺ geest, gedachten ★ *after my own* ~ naar mijn hart ★ *they have their own interests at* ~ ze hebben hun eigen belangen voor ogen ★ *have a change of* ~ van mening veranderen ★ *learn / know sth by* ~ iets uit het hoofd leren / kennen ★ *set one's* ~ *on sbd / sth* zijn zinnen zetten op iem. / iets ❻ hartje, hartvormig figuur ★ <u>kaartsp</u> *lead* ~*s* met harten uitkomen

heartache ['hɑːteɪk] *znw* hartzeer, hartenleed

heart attack [hɑːt ə'tæk] *znw* hartaanval ★ *die from / of a* ~ overlijden aan een hartaanval

heartbeat ['hɑːtbiːt] *znw* hartslag

heartbreak ['hɑːtbreɪk] *znw* groot verdriet

heartbreaker ['hɑːtbreɪkə] *znw* ❶ hartenbreker, hartenbreekster ❷ droevig verhaal, droevige gebeurtenis

heartbreaking ['hɑːtbreɪkɪŋ] *bn* hartverscheurend

heartbreakingly ['hɑːtbreɪkɪŋlɪ] *bijw* hartverscheurend ★ *the child sobbed* ~ het kind snikte hartverscheurend

heartbroken ['hɑːtbrəʊkən] *bn* gebroken (door smart) ★ *he'd be* ~ *if she ever left him* zijn hart zou breken als ze hem ooit zou verlaten

heartburn ['hɑːtbɜːn] *znw* (brandend maag)zuur

heart condition [hɑːt kən'dɪʃən] <u>med</u> *znw* hartaandoening, hartafwijking

heart disease [hɑːt dɪ'ziːz] <u>med</u> *znw* hartziekte

hearten ['hɑːtn] *overg* bemoedigen ★ *the news should* ~ *him* het nieuws zou hem moeten bemoedigen

heartening ['hɑːtnɪŋ] *bn* bemoedigend ★ ~ *news* bemoedigend nieuws

heart failure [hɑːt 'feɪljə] *znw* hartverlamming

heartfelt ['hɑːtfelt] *bn* diepgevoeld, oprecht, innig ★ *please accept our* ~ *apologies* we bieden u onze oprechte verontschuldigingen aan

hearth [hɑːθ] *znw* haard, haardstede

hearthrug ['hɑːθrʌg] *znw* haardkleedje

hearthstone ['hɑːθstəʊn] *znw* haardsteen

heartily ['hɑːtɪlɪ] *bijw* ❶ hartgrondig ❷ hartelijk, van harte ★ *we were greeted* ~ we werden hartelijk welkom geheten ❸ flink ★ *dinner was waiting and they tucked in* ~ het eten was klaar en ze werkten het gretig naar binnen

heartiness ['hɑːtɪnɪs] *znw* ❶ hartelijkheid ❷ vitaliteit, energie

heartland ['hɑːtlənd] *znw* centrum, hart, kern ‹v.e. gebied›

heartless ['hɑːtlɪs] *znw* harteloos

heart line [hɑːt laɪn] *znw* hartlijn ‹v. hand›

heart-lung machine [hɑːt-'lʌŋ mə'ʃiːn] *znw* hart-longmachine

heart murmur [hɑːt 'mɜːmə] *znw* hartgeruis

heart rate [hɑːt reɪt] *znw* hartslag

heart-rending ['hɑːtrendɪŋ], **heartrending** *bn* hartverscheurend

heart-searching ['hɑːt-sɜːtʃɪŋ] **I** *bn* het hart doorvorsend, diep nadenkend ★ *it was a* ~ *time for them* het was een zelfonderzoek, diep nadenkend ★ *after much* ~, *he confessed* na veel gewetensonderzoek bekende hij ❷ gewetensknaging, bange twijfel

heartsick ['hɑːtsɪk], **heartsore** <u>dicht</u> *bn* diep bedroefd, moedeloos

heart-stopping ['hɑːt-stɒpɪŋ] *bn* adembenemend ★ *the drive lasted ten* ~ *minutes* de rit duurde tien adembenemende minuten

heartstrings ['hɑːtstrɪŋz] *znw* [mv] (koorden van het) hart ★ *pull at / tug at / touch sbd's* ~ een gevoelige snaar bij iem. raken

heart-throb ['hɑːt-θrɒb], **heartthrob** inf znw
droomprins, populaire beroemdheid
heart-to-heart [hɑːt-tə-'hɑːt] **I** bn (open)hartig, intiem
★ a ~ conversation een openhartig intiem gesprek
II znw ★ inf have a ~ een openhartig gesprek
hebben
heartwarming ['hɑːtwɔːmɪŋ] bn hartverwarmend,
bemoedigend
heart-wrenching ['hɑːt-rentʃɪŋ] bn hartverscheurend
hearty ['hɑːtɪ] **I** bn ❶ hartelijk, joviaal, robuust
❷ hartgrondig ❸ hartig ❹ flink, gezond **II** znw inf
(flinke) kerel ★ drink up, me hearties! drinken,
mannen!
heat [hiːt] **I** znw ❶ hitte, warmte, gloed ★ in the ~ of
the day tijdens het warmste deel van de dag
★ zegsw if you can't stand the ~, get out of the kitchen
als je het niet aankunt moet je ermee ophouden
❷ warmtebron ★ remove the pan from the ~ / take the
pan off the ~ de pan van het vuur halen ★ simmer
over a gentle ~ op een laag pitje sudderen ❸ fig
vuur, heftigheid ★ in the ~ of the moment in het vuur
van het moment ❹ sp manche, loop ❺ bronst ‹vrouwtjesdier› ★ in / on ~ bronstig, krols, loops ❻ inf
kritiek, druk ‹door autoriteiten› ★ Br the ~ de politie
★ the ~ is on de druk zit op de ketel ★ put the ~ on
sbd iem. onder druk zetten ★ take the ~ off sbd de
hoeveelheid kritiek op iem. verminderen **II** overg
❶ heet / warm maken, verhitten, verwarmen (ook: ~
up) ❷ opwinden **III** onoverg heet / warm worden
(ook: ~ up)
heated ['hiːtɪd] bn heftig, verhit ★ the discussion
started to become ~ de discussie begon verhit te
worden
heater ['hiːtə] znw ❶ verwarmingstoestel,
(straal)kachel ❷ geiser, boiler, heetwatertoestel
heat-exchanger [hiːt-ɪksˈtʃeɪndʒə] znw
warmtewisselaar
heat exhaustion [hiːt ɪgˈzɔːstʃən] znw warmtestuwing,
bevangenheid door de hitte
heath [hiːθ] znw ❶ heide, hei ❷ plantk struikheide,
erica, dopheide
heat haze [hiːt heɪz] znw hittewaas
heathen ['hiːðən] **I** bn heidens ★ a ~ custom een
heidens gebruik **II** znw ❶ heiden ★ the ~ de
heidenen ❷ cultuurbarbaar
heathenism ['hiːðənɪzm] znw heidendom
heather ['heðə] znw heidekruid, heide
heathery ['heðərɪ], **heathy** bn met heide begroeid,
heide-
Heath Robinson [hiːθ ˈrɒbɪnsən] bn uiterst
ingewikkeld, maar onpraktisch ‹naar de Engelse
cartoonist W. Heath Robinson, 1872-1944›
heating ['hiːtɪŋ] znw verhitting, verwarming
★ underfloor ~ vloerverwarming
heat lightning [hiːt ˈlaɪtnɪŋ] Am znw weerlicht
heatproof ['hiːtpruːf] bn hittebestendig
heat rash [hiːt ræʃ] znw warmte-uitslag
heat-resistant [hiːt-rɪˈzɪstnt] bn hittebestendig

heat-seeking missile ['hiːt-siːkɪŋ ˈmɪsaɪl] znw
hittezoekende raket
heat-sensitive [hiːt-ˈsensɪtɪv] bn warmtegevoelig
heat shield [hiːt ʃiːld] znw hitteschild
heatstroke ['hiːtstrəʊk] znw ❶ bevangen worden door
de hitte, hyperthermie ❷ zonnesteek
heat treatment [hiːt ˈtriːtmənt] znw
warmtebehandeling
heatwave ['hiːtweɪv] znw hittegolf
heave [hiːv] **I** znw ❶ het rijzen ❷ deining,
(op)zwelling ❸ zwoegen ❹ ruk **II** overg [heaved/
scheepv hove, heaved/ scheepv hove] ❶ opheffen,
(op)tillen, (op)hijsen, ophalen ★ ~ oneself out of sth
zich ergens uit hijsen ‹stoel, bed &› ❷ scheepv
lichten, hieuwen ❸ inf gooien ❹ slaken ‹zucht› ★ ~
a sigh (of relief) een zucht (van verlichting) slaken
III onoverg [heaved/ scheepv hove, heaved/ scheepv
hove] ❶ rijzen, zich verheffen ★ ~ in sight / into view
in het gezicht komen ❷ op en neer gaan, deinen
❸ kokhalzen **IV** phras ★ scheepv ~ to bijdraaien
heave-ho ['hiːv-həʊ] **I** tsw trekken! **II** znw ★ inf the ~
het ontslag, de zak
heaven ['hevən] znw hemel ★ by ~!, good ~s! goeie
hemel! ★ inf for ~'s sake in hemelsnaam ★ in
seventh ~ in de zevende hemel ★ my idea of ~ zo stel
ik mij de hemel voor ★ inf the airconditioning is ~!
de airco is zalig ★ ~ forbid God verhoede het ★ ~
knows Joost mag het weten ★ inf smell / stink to
high ~ uren in de wind stinken ★ move ~ and earth
to do sth hemel en aarde bewegen om iets gedaan
te krijgen
heavenly ['hevənlɪ] bn ❶ hemels, goddelijk ★ inf you
look ~ in that dress je ziet er goddelijk uit in die jurk
❷ hemel- ❸ inf zalig, heerlijk
heavenly body ['hevənlɪ ˈbɒdɪ] znw hemellichaam
heavenly host ['hevənlɪ həʊst] dicht znw hemelheer,
de engelen
heaven-sent [hevən-ˈsent] bn (als) door de hemel
gezonden
heavenward ['hevənwəd] **I** bn ten hemel **II** bijw,
heavenwards ten hemel
heavies ['hevɪz] znw [mv] ❶ mil zware
bommenwerpers / artillerie / cavalerie ❷ inf
gangsters, zware jongens
heavy ['hevɪ] **I** bn ❶ zwaar ★ ~ seas zware zeeën ★ be
/ go ~ on sth kwistig zijn met iets ★ bijbel be ~ with
child hoogzwanger zijn ★ make ~ weather of sth iets
moeilijk maken wat gemakkelijk is, ergens zwaar
aan tillen ★ weigh ~ on one's mind / stomach zwaar
op de maag liggen ❷ dik, drukkend ‹lucht› ★ dicht
be ~ with sth bezwangerd zijn met ‹geuren &›,
beladen zijn met, vol zijn met ❸ druk ‹verkeer,
schema› ❹ zwaar op de hand, zwaarmoedig ★ with
a ~ heart met een bedrukt hart ❺ grof,
zwaargebouwd ❻ inf moeilijk, ernstig, streng ★ be ~
on sbd iem. hard aanpakken ❼ diep ‹slaap› **II** znw
❶ zwaargewicht ❷ inf hoge ome, belangrijk
persoon ❸ inf bodyguard, klerenkast

heavy breather ['hevɪ 'briːðə] *znw* hijger ‹aan telefoon›
heavy-duty [hevɪ-'djuːtɪ] *bn* ❶ ijzersterk ‹tapijt &› ❷ voor zwaar (industrieel) gebruik
heavy-footed [hevɪ-'fʊtɪd] *bn* ❶ log, met zware tred ❷ moeizaam, stroef
heavy going ['hevɪ 'gəʊɪŋ] *bn* moeilijk te begrijpen, moeilijk door te komen ★ *the book is fairly* ~ het boek is nogal moeilijk te begrijpen
heavy-handed [hevɪ-'hændɪd] *bn* ❶ plomp, onbehouwen, tactloos ❷ te royaal ‹met ingrediënten›
heavy-hearted [hevɪ-'haːtɪd] *bn* moedeloos, terneergeslagen
heavy industry ['hevɪ 'ɪndəstrɪ] *znw* zware industrie
heavy laden [hevɪ-'leɪdn] *bn* ❶ zwaarbeladen ❷ fig bedrukt, bezwaard
heavy metal ['hevɪ 'metl] *znw* ❶ zwaar geschut, zware wapens ❷ zwaar metaal ❸ muz heavy metal
heavy petting ['hevɪ 'petɪŋ] *znw* stevige vrijpartij ‹zonder penetratie›
heavyset [hevɪ'set], **heavy-set** *bn* zwaargebouwd
heavyweight ['hevɪweɪt] *znw* ❶ sp zwaargewicht ❷ fig kopstuk
Hebraic [hɪ'breɪɪk] *bn* Hebreeuws
Hebrew ['hiːbruː] I *bn* Hebreeuws II *znw* ❶ Hebreeuws ❷ Hebreeër ★ bijbel *Hebrews* (brief aan de) Hebreeën
heck [hek] *inf tsw & znw* verdorie! ★ *what the* ~ wat in hemelsnaam ★ *a* ~ *of a long way* erg ver
heckle ['hekl] *overg* (sprekers of verkiezingskandidaten) almaar in de rede vallen, steeds onderbreken
heckler ['heklə] *znw* iem. die lastige vragen stelt ‹bij politieke bijeenkomsten &›
hectare ['hekteə] *znw* hectare
hectic ['hektɪk] *bn* koortsachtig, dol, opwindend, jachtig, hectisch
hectogram ['hektəgræm], **hectogramme** *znw* hectogram
hectolitre ['hektəliːtə], Am **hectoliter** *znw* hectoliter
hectometre ['hektəmiːtə], Am **hectometer** *znw* hectometer
hector ['hektə] *overg* intimideren, koeioneren, donderen ★ *she's always* ~*ing me about taking a holiday* ze zit me altijd op mijn kop over vrij nemen
hectoring ['hektərɪŋ] I *bn* intimiderend II *znw* intimidatie
he'd [hiːd, hɪd] *samentr* ❶ (he had) → **have** ❷ (he would) → **would**
hedge [hedʒ] I *znw* ❶ heg, haag ❷ fin waarborg, dekking ‹tegen bedrijfsrisico› ❸ slag om de arm II *overg* ❶ omheinen, insluiten (ook: ~ *in*), afsluiten (ook: ~ *off*) ❷ fin indekken tegen ★ ~ *one's bets* op twee paarden wedden III *onoverg* ❶ zich gedekt houden, een slag om de arm houden, zich indekken ❷ om de zaken heendraaien
hedge clippers [hedʒ 'klɪpəz] *znw* [mv] heggenschaar

hedgehog ['hedʒhɒg] *znw* egel
hedge-hop ['hedʒhɒp] luchtv *onoverg* laag vliegen
hedgerow ['hedʒrəʊ] *znw* haag
hedge sparrow [hedʒ 'spærəʊ] *znw* heggenmus
hedge trimmer [hedʒ 'trɪmə] *znw* elektrische heggenschaar
hedging ['hedʒɪŋ] fin *znw* hedging, het indekken
hedonism ['hiːdənɪzm] *znw* hedonisme
hedonist ['hiːdənɪst] *znw & bn* hedonist(isch)
hedonistic [hiːdə'nɪstɪk] *bn* hedonistisch
heebie-jeebies [hiːbɪ-'dʒiːbɪz, -'jiːbɪz] *inf znw* [mv] ★ *the* ~ de zenuwen ‹hebben› ★ *it gives me the* ~ daar krijg ik kippenvel / de kriebels van
heed [hiːd] I *znw* aandacht, opmerkzaamheid, oplettendheid ★ *pay (no)* ~ *to sbd / sth / take (no)* ~ *of sbd / sth* (geen) acht slaan op, (niet) letten op, zich (niet) bekommeren om iem. / iets ★ *take* ~ oppassen, zich in acht nemen II *overg* acht geven (slaan) op, letten op ★ ~ *my advice* neem mijn advies ter harte
heedful ['hiːdfʊl] *bn* oplettend
heedless ['hiːdlɪs] *bn* onachtzaam, zorgeloos ★ ~ *of sth* niet lettend op iets, niet gevend om iets
hee-haw ['hiː-hɔː] I *znw* gebalk, ia ‹van een ezel› II *onoverg* iaën, balken
heel [hiːl] I *znw* ❶ hiel, hak ★ *at / to* ~ stukje achter je lopend ‹door hond› ★ *down at* ~ afgetrapt, haveloos ★ *be hard / hot on sbd's* ~*s* iem. vlak op de hielen zitten ★ *be at sbd's* ~*s* iem. op de hielen zitten ★ *be under sbd's* ~ door iem. gedomineerd worden ★ *bring / call sbd / sth to* ~ iem / iets doen gehoorzamen, klein krijgen ★ *come to* ~ gedwee volgen ★ *dig one's* ~*s in* zich schrap zetten, niet toegeven ★ *drag one's* ~*s* traineren, opzettelijk treuzelen ★ *kick / cool one's* ~*s* moeten wachten ‹op zijn beurt &› ★ Am *kick up one's* ~*s* zich prima vermaken ★ *set / rock sbd back on their* ~*s* iem. verbazen ★ *take to one's* ~*s* het hazenpad kiezen ★ *turn on one's* ~ zich plotseling omdraaien ★ *inf show sbd a clean pair of* ~*s* er snel vandoor gaan ❷ muis ‹v. hand› ❸ korstje ‹v. brood, kaas› ❹ uiteinde ❺ overhelling, slagzij II *overg* ❶ hielen (een hiel) zetten aan, de hakken (een hak) zetten onder ❷ scheepv kielen III *onoverg* scheepv slagzij maken (ook: ~ *over*)
heel bar [hiːl baː] *znw* hakkenbar
heeled [hiːld] *bn* Am *inf* gewapend ★ *well* ~ rijk
-heeled [hiːld] *achterv* met... hakken ★ *flat*~ *shoes* schoenen met lage hakken
heft [heft] I *znw* Am gewicht, zwaarte ★ *political* ~ politiek gewicht II *overg* optillen
hefty ['heftɪ] *bn* ❶ fors, potig ‹lichaamsbouw› ❷ fiks ★ *they were fined a* ~ *$10,000* ze kregen een fikse boete van $10.000
hegemony [hɪ'dʒemənɪ, -'gemənɪ] *znw* hegemonie ‹overwicht over andere staten›
he-goat ['hiː-gəʊt] *znw* bok
heifer ['hefə] *znw* vaars
heigh ho [heɪ 'həʊ] *tsw* ach! ★ ~, *it's back to the*

he

drawing board okay, laten we maar weer van voren af aan beginnen

height [haɪt] *znw* ❶ hoogte ❷ hoogtepunt, toppunt ★ *at its* ~ op zijn hoogst ★ *at the* ~ *of summer* hartje zomer ❸ grootte, (lichaams)lengte

heighten ['haɪtn] *overg* verhogen, versterken, verhevigen

heightened ['haɪtnd] *bn* verhoogd, sterk ★ *there is* ~ *concern over the lot of the hostages* er is verhoogde bezorgdheid over het lot van de gijzelaars

heights ['haɪts] *znw* [mv] hoogtes ★ *be afraid of* ~ hoogtevrees hebben ★ *take sth to new* ~ iets tot nieuwe hoogtes opvoeren

heinous ['heɪnəs, 'hiːnəs] *bn* snood, gruwelijk, weerzinwekkend

heir [eə] *znw* erfgenaam ★ *a legal* ~ een erfgenaam (bij versterf), erfgenaam krachtens de wet ★ *the sole* ~ de enige erfgenaam ★ *a rightful* ~ een rechtmatige / wettige erfgenaam ★ *the* ~ *to the throne* de troonopvolger

heir apparent [eə ə'pærənt] *znw* [mv: heirs apparent] ❶ rechtmatige (troon)opvolger ❷ erfgenaam bij versterf

heiress ['eərɪs] *znw* erfgename

heirless ['eəlɪs] *bn* zonder erfgenaam

heirloom ['eəluːm] *znw* erfstuk

heir presumptive [eə prɪ'zʌmptɪv] *znw* [mv: heirs presumptive] vermoedelijke erfgenaam, vermoedelijke troonopvolger

heist [haɪst] *inf* **I** *znw* kraak, inbraak **II** *overg* Am stelen

held [held] *ww* [v.t. & v.d.] → **hold**

helices ['heliːsiːz, 'hiːlɪsiːz] *znw* [mv] → **helix**

helicopter ['helɪkɒptə] *znw* helikopter

helicopter transport ['helɪkɒptə 'trɑːnspɔːt, 'træns-] *znw* helikoptervervoer

helipad ['helɪpæd] *znw* helikopterdek

heliport ['helɪpɔːt] *znw* helihaven, heliport

heli-skiing ['helɪ-'skiːɪŋ] *znw* heli-skiën ‹waarbij de skiër door een helikopter op een berg wordt afgezet›

helium ['hiːlɪəm] *znw* helium

helix ['hiːlɪks] *znw* [mv: helices] ❶ schroeflijn, spiraal(lijn) ❷ rand van de oorschelp

hell [hel] **I** *tsw inf* verrek! **II** *znw* hel ★ *inf for the* ~ *of it* voor de lol ★ *inf from* ~ buitengewoon slecht, onaangenaam & ★ *inf not a hope in* ~ geen enkele kans ★ *inf a* ~ *of a lot* reuze veel ★ *inf one* ~ *of a guy* een reuzekerel ★ *inf one* ~ *of a headache* barstende hoofdpijn ★ *inf a* ~ *of a noise* een hels kabaal ★ *inf like* ~ om de donder niet ★ *inf damn it to* ~! verdomme! ★ *inf to* ~ *with sbd / sth* iem. / iets kan de pot op! ★ *until* ~ *freezes over* voor altijd ★ *inf what the* ~? wat verdomme? ★ *inf oh, what the* ~! wat maakt 't uit?, wat geeft 't? ★ *inf be* ~ *to pay* de poppen aan 't dansen hebben ★ *inf all* ~ *broke loose* toen had je de poppen aan 't dansen ★ *come* ~ *or high water* wat er ook gebeurt ★ *inf get the* ~ *out of*

here! donder op, nu meteen! ★ *inf give them* ~! geef ze van katoen! sla er op! ★ *give sbd* ~ iem. het leven zuur maken ★ *inf go to* ~! loop naar de maan! ★ *have a* ~ *of a time inf* ontzettend veel lol hebben, het zwaar te verduren hebben ★ *inf hope / pray to* ~ ontzettend hopen / bidden ★ *inf play (merry)* ~ *with sth* iets volledig in het honderd sturen ★ *inf raise* ~ de boel op stelten zetten ★ *inf ride* ~ *for leather* in dolle vaart rijden ★ *inf run / work & like* ~ rennen / werken & als een idioot ★ *inf scare the* ~ *out of sbd* iem. de stuipen op het lijf jagen ★ *zegsw* ~ *hath no fury like a woman scorned* de wraak van een afgewezen vrouw is verschrikkelijk ★ *zegsw the road to* ~ *is paved with good intentions* de weg naar de hel is geplaveid met goede voornemens

he'll [hiːl, hɪl] *samentr* ❶ (he will) → **will** ❷ (he shall) → **shall**

hell-bent [hel-bent] *bn* wild, gebrand (op *for / on*)

hellcat ['helkæt] *znw* helleveeg, feeks, heks

hellebore ['helɪbɔː] *znw* nieskruid, kerstroos

Hellenic [he'lenɪk, -'liːnɪk] *bn* Helleens

Hellenism ['helɪnɪzm] *znw* hellenisme

hellfire ['helfaɪə] *znw* hellevuur

hellhole ['helhəʊl] *znw* hel, vreselijke plek

hellhound ['helhaʊnd] *znw* ❶ helhond, Cerberus ❷ demon

hellish ['helɪʃ] *bn* hels

hello [hə'ləʊ], **hallo, hullo** **I** *tsw* ❶ hela! ❷ hé! ❸ hallo! ★ *say* ~ *to sbd* iem. dag zeggen, iem. (be)groeten **II** *znw* hallo ★ *he never gives me a* ~ hij zegt nooit hallo tegen me, hij groet mij nooit **III** *onoverg* hallo zeggen

hellraiser ['helreɪzə] *znw* ruziezoeker, herrieschopper

hellraising ['helreɪzɪŋ] *znw* ruziezoeken, herrieschopperij

hell's bells [helz belz] *tsw* hemeltje!

helluva ['heləvə] *inf bn* ontzettend ★ *we have one* ~ *problem* we hebben een ontzettend probleem

helm [helm] *znw* helmstok, roerpen, roer ★ *be at the* ~ aan het roer staan

helmet ['helmɪt] *znw* ❶ helm ❷ helmhoed

helmsman ['helmzmən] *znw* roerganger

help [help] **I** *znw* ❶ **helper** helper, helpster ❷ hulp in de huishouding ❸ hulp, bijstand, steun, uitkomst ★ *you've been a big / great* ~ je hebt me erg geholpen, je bent een grote steun geweest ★ *it's been a big* ~ *having him here* het is een uitkomst geweest om hem hier te hebben ★ *there's no* ~ *for it* er helpt niets tegen ★ *the animal is beyond* ~ het dier kan niet meer geholpen worden ★ *she's in need of* ~ ze heeft hulp nodig ★ *if I could be of* ~ als ik kan helpen ★ *you could be of* ~ *to me* ik kan je hulp wel gebruiken ★ *with the* ~ *of* met de hulp van, met behulp van ★ *come to sbd's* ~ iem. te hulp schieten ★ *shout for* ~ om hulp roepen **II** *overg* ❶ helpen, bijstaan, hulp verlenen, ondersteunen ★ *so* ~ *me God!* zo waarlijk helpe mij God (Almachtig)! ★ *he couldn't* ~ *himself* hij kon er niets aan doen ★ ~ *sbd*

/ sth along iem / iets vooruit-, voorthelpen ★ ~ *sth on* iets bevorderen, voorthelpen ★ ~ *sbd on / off with his coat* iem. in / uit zijn jas helpen ★ ~ *sbd out* iem. helpen / redden ⟨uit een moeilijkheid⟩ ★ ~ *sbd to their feet* iem. overeind helpen ❷ verhelpen, verbeteren ★ *he didn't* ~ *matters* hij maakte de zaak niet beter ❸ voorkomen ★ *it can't be ~ed* er is niets aan te doen ★ *not if I can ~ it!* geen sprake van!, over mijn lijk! ❹ serveren, bedienen ★ ~ *oneself* zich(zelf) helpen, zich bedienen (van *to*) ★ ~ *sbd to the cream / sauce &* iem. de room / jus aangeven **III** *onoverg* helpen ★ *I couldn't ~ laughing / I couldn't ~ but laugh* ik kon niet nalaten te lachen, ik moest wel lachen ★ *don't be longer than you can ~* doe er niet langer over dan nodig is ★ *exercise will ~ in reducing weight* oefeningen doen helpt om af te vallen

helpdesk ['helpdesk], **help desk** *znw* helpdesk

helper ['helpə], **help** *znw* (mede)helper, helpster

helpful ['helpfʊl] *bn* ❶ behulpzaam, hulpvaardig ❷ bevorderlijk ❸ nuttig, bruikbaar

helpfulness ['helpfʊlnɪs] *znw* ❶ behulpzaamheid ❷ nut

helping ['helpɪŋ] **I** *bn* helpend ★ *lend a ~ hand* de helpende hand bieden **II** *znw* portie ⟨eten⟩

helpless ['helplɪs] *bn* ❶ hulpeloos ❷ machteloos ❸ onbeholpen, ongecontroleerd

helplessness ['helplɪsnɪs] *znw* ❶ hulpeloosheid ❷ machteloosheid

helpline ['helplaɪn] *znw* hulplijn, informatielijn ⟨telefoon⟩

helpmate ['helpmeɪt], **helpmeet** *znw* ❶ helper, hulp ❷ levensgezel, -gezellin

help screen [help skriːn] *comput znw* hulpscherm

helter-skelter [heltə-'skeltə] **I** *bn* overhaast, onbesuisd, dol ★ *a ~ dash to the door* een onbesuisde sprint naar de deur **II** *bijw* holderdebolder, hals over kop ★ *he hurtled ~ down the embankment* hij kletterde hals over kop van het talud af **III** *znw* ❶ wilde verwarring, dolle vlucht (ren &) ❷ glijbaan ⟨op kermis &⟩

helve [helv] *znw* steel ⟨v.e. bijl &⟩

Helvetian [hel'viːʃən] **I** *bn* Zwitsers **II** *znw* Zwitser, Zwitserse

hem [hem] **I** *tsw* hum! **II** *znw* zoom, boord **III** *overg* (om)zomen ★ ~ *sbd in* iem. inperken ★ ~ *sth in* iets insluiten **IV** *onoverg* hum! roepen, hummen ★ Am *inf* ~ *and haw* hakkelen, allerlei bedenkingen opperen, niet ronduit spreken

he-man ['hiː-mæn] *inf znw* he-man

hematologist [hiːmə'tɒlədʒɪst] Am *znw* → **haematologist**

hematology [hiːmə'tɒlədʒɪ] Am *znw* → **haematology**

hematoma [hiːmə'təʊmə] Am *znw* → **haematoma**

hemisphere ['hemɪsfɪə] *znw* halfrond, halve bol

hemispherical [hemɪ'sferɪkl] *bn* halfrond

hemline ['hemlaɪn] *znw* ❶ roklengte ❷ onderkant van rok &

hemlock ['hemlɒk] *znw* dollekervel

hemo- ['hiːməʊ] Am *voorv* → **haemo-**

hemoglobin [hiːmə'gləʊbɪn] Am *znw* → **haemoglobin**

hemophilia [hiːmə'fɪlɪə] Am *znw* → **haemophilia**

hemophiliac [hiːmə'fɪlɪæk] Am *znw* → **haemophiliac**

hemorrhage ['hemərɪdʒ] Am *znw* → **haemorrhage**

hemorrhoids ['hemərɔɪdz] Am *znw* [mv] → **haemorrhoids**

hemp [hemp] *znw* ❶ hennep ❷ cannabis, hasj

hemstitch ['hemstɪtʃ] **I** *znw* zoomsteek **II** *overg* met zoomsteken naaien

hen [hen] *znw* ❶ hen, kip, hoen ★ *inf as rare / scarce as ~s' teeth* heel zeldzaam ❷ pop ⟨vrouwtjesvogel⟩

hence [hens] *bijw* ❶ van nu af ★ *a week ~* over een week ❷ vandaar, daarom ★ *however, more funds are needed, hence this letter* maar er is nog meer geld nodig, vandaar deze brief

henceforth [hens'fɔːθ], **henceforward** *form bijw* van nu af, voortaan, in het vervolg

henchman ['hentʃmən] *znw* volgeling, trawant, handlanger

henhouse ['henhaʊs] *znw* kippenhok

henna ['henə] *znw* henna

hen night [hen naɪt], **hen party** *inf znw* ❶ vrijgezellenavond voor vrouwen ⟨voorafgaande aan de huwelijksdag⟩ ❷ dameskransje

henpecked ['henpekt] *inf bn* onder de plak zittend ★ *a ~ husband* een pantoffelheld

hepatic [hɪ'pætɪk] *bn* van de lever, lever-

hepatitis [hepə'taɪtɪs] *znw* hepatitis, leverontsteking

heptagon ['heptəgən] *znw* zevenhoek

heptagonal [hep'tægənəl] *bn* zevenhoekig

heptathlon [hep'tæθlɒn] *sp znw* zevenkamp

her [hɜː] *pers vnw & bez vnw* ❶ haar ★ *Her Excellency / Highness / Majesty* Hare Excellentie / Hoogheid / Majesteit ★ *the crowd just loved ~* het publiek vond haar fantastisch ★ *I told Jane I'd go shopping with ~* ik zei tegen Jane dat ik met haar zou gaan winkelen ★ *the ship and all ~ crew were lost* het schip is vergaan met de hele bemanning / met man en muis ❷ zij ★ *that woman in red must be ~* het moet wel die dame in het rood zijn ★ *I'm 6 years older than ~* ik ben 6 jaar ouder dan zij ★ Br *inf ~ indoors* moeder de vrouw

herald ['herəld] **I** *znw* ❶ heraut ❷ *fig* voorloper, (voor)bode, aankondiger **II** *overg* ❶ aankondigen, inluiden (ook: ~ *in*) ❷ aanprijzen

heraldic [he'rældɪk] *bn* heraldisch

heraldry ['herəldrɪ] *znw* ❶ heraldiek, wapenkunde ❷ wapenschild, blazoen

herb [hɜːb] *znw* ❶ kruid, tuinkruid, geneeskrachtig kruid ★ *a ~ garden* een kruidentuin ❷ kruidachtig gewas

herbaceous [hɜː'beɪʃəs] *bn* kruidachtig

herbaceous border [hɜː'beɪʃəs 'bɔːdə] *znw* border ⟨rand met bloemplanten⟩

herbage ['hɜːbɪdʒ] *znw* ❶ groenvoer ❷ kruidachtige gewassen

herbal ['hɜːbl] **I** *bn* kruiden- ★ *a ~ tea* een kruidenthee ★ *a ~ remedy* een plantaardig geneesmiddel **II** *znw* kruidenboek

herbalist ['hɜːbəlɪst] *znw* ❶ kruidkundige ❷ verkoper van geneeskrachtige kruiden

herb doctor [hɜːb 'dɒktə] *inf znw* kruidendokter

herbicide ['hɜːbɪsaɪd] *znw* onkruidbestrijdingsmiddel, herbicide

herbivore [hɜːbɪ'vɔː] *znw* herbivoor, planteneter

herbivorous [hɜːˈbɪvərəs] *bn* plantenetend

herby ['hɜːbɪ] *bn* kruidachtig

Herculean [hɜːkjʊ'liːən, -'kjuːlɪən] *bn* herculisch, zeer sterk, zeer moeilijk

herd [hɜːd] **I** *znw* ❶ kudde ★ *stand out from the ~* boven het maaiveld uitsteken ❷ troep, horde ★ *the common ~* de grote massa, het vulgus ★ *a ~ of journalists* een horde journalisten ❸ herder, hoeder **II** *overg* ❶ (in kudden) bijeendrijven ❷ hoeden **III** *onoverg* ❶ in kudden leven ❷ samendrommen ★ *~ into sth* met zijn allen ergens naar binnen gaan ★ *~ together* zich groeperen, samenscholen

herd book [hɜːd bʊk] *znw* (rundvee)stamboek

herd instinct [hɜːd 'ɪnstɪŋkt] *znw* kuddegeest

herdsman ['hɜːdzmən] *znw* veehoeder, herder

here [hɪə] **I** *tsw* ❶ present! ❷ wacht! ★ *~, let me help you* wacht maar, ik help je wel even **II** *bijw* ❶ hier, op deze plek ★ *~ and now* nu meteen ★ *~ and there* hier en daar ★ *~, there and everywhere* overal ★ *it's neither ~ nor there* het heeft er niets mee te maken, het doet er niet toe, dat raakt kant noch wal ★ *from ~* van hier ★ *near ~* hier in de buurt ★ *~'s to you!* (op je) gezondheid! ★ *inf I'm out of ~* ik ben weg, ik smeer 'm ★ *~ you are* alsjeblieft, ziehier, hier heb je 't ★ *~ goes!* vooruit (met de geit)!, daar gaat ie, daar gaan we dan! ★ *inf ~ we go again* daar gaan we weer, daar begint het weer ★ *~ today, gone tomorrow* zo gewonnen, zo geronnen ❷ hierheen ★ *come ~!* kom hier!

hereabouts [hɪərə'baʊts] *bijw* hier in de buurt

hereafter [hɪər'ɑːftə] *form* **I** *bijw* ❶ hierna, voortaan ❷ in het leven hiernamaals ❸ verderop ⟨in boek⟩ **II** *znw* ★ *the ~* het hiernamaals

hereby [hɪə'baɪ] *form bijw* hierbij, hierdoor, hiermee ★ *I ~ declare this bridge open* hiermee verklaar ik deze brug voor geopend

hereditary [hɪ'redɪtərɪ] *bn* erfelijk, overgeërfd, erf- ★ *a ~ peer* een edelman met een erfelijke adellijke titel

heredity [hɪ'redɪtɪ] *znw* ❶ erfelijkheid ❷ overerving ❸ afkomst

herein [hɪə'rɪn] *form bijw* hierin ★ *see the conditions ~* zie de bijgevoegde voorwaarden ★ *~ lies a tale* hier steekt een verhaal achter

hereinafter [hɪərɪn'ɑːftə] *form bijw* hierna, nu volgend ⟨in documenten⟩

hereof [hɪər'ɒv] *form bijw* hiervan

hereon [hɪər'ɒn] *form bijw* hierop

heresy ['herəsɪ] *znw* ketterij

heretic ['herətɪk] *znw* ketter

heretical [hɪ'retɪkl] *bn* ketters

hereto [hɪə'tuː] *form bijw* hiertoe

heretofore [hɪətʊ'fɔː] *form bijw* voorheen, tot nog toe

hereunto [hɪərʌn'tuː] *form bijw* tot zover, tot nu toe

herewith [hɪə'wɪð, -'wɪθ] *form bijw* hiermee, hierbij, bij dezen

heritage ['herɪtɪdʒ] *znw* erfenis, erfdeel, erfgoed

heritage-listed building ['herɪtɪdʒ-lɪstɪd 'bɪldɪŋ] *znw* gebouw op de monumentenlijst

hermaphrodite [hɜːˈmæfrədaɪt] **I** *bn* tweeslachtig **II** *znw* hermafrodiet

hermeneutic [hɜːmɪ'njuːtɪk] *bn* hermeneutisch, uitleggend

hermeneutics [hɜːmɪ'njuːtɪks] *znw* [mv] hermeneutiek, uitlegkunde

hermetic [hɜːˈmetɪk] *bn* hermetisch, luchtdicht ★ *a ~ seal* een hermetische sluiting

hermetically sealed [hɜːˈmetɪklɪ siːld] *bn* hermetisch gesloten, luchtdicht verpakt

hermit ['hɜːmɪt] *znw* kluizenaar, heremiet

hermitage ['hɜːmɪtɪdʒ] *znw* kluizenaarshut

hermit crab ['hɜːmɪt kræb] *znw* heremietkreeft

hernia ['hɜːnɪə] *med znw* breuk, hernia

hero ['hɪərəʊ] *znw* [mv: -roes] ❶ held ★ *an unsung ~* een miskende held ★ *die a ~'s death* een heldendood sterven ★ *receive a ~'s welcome* een heldenontvangst krijgen ❷ → *Am* **hero sandwich**

heroic [hɪ'rəʊɪk] *bn* ❶ helden-

heroics [hɪ'rəʊɪks] *znw* [mv] ❶ gezwollen taal, valse pathos ❷ heldhaftigheid / -heden

heroin ['herəʊɪn] *znw* heroïne

heroine ['herəʊɪn] *znw* heldin

heroism ['herəʊɪzəm] *znw* heldhaftigheid, heldenmoed, heroïsme

heron ['herən] *znw* reiger

heronry ['herənrɪ] *znw* reigerkolonie

hero sandwich ['hɪərəʊ 'sænwɪdʒ], **hero** *Am znw* belegd stuk stokbrood

hero worship ['hɪərəʊ 'wɜːʃɪp] *znw* heldenverering

herpes ['hɜːpiːz] *znw* herpes

herring ['herɪŋ] *znw* [mv: ~ of -s] *dierk* haring

herringbone ['herɪŋbəʊn] **I** *znw* ❶ haringgraat ❷ **herringbone stitch** flanelsteek ❸ visgraat(dessin) ★ *~ parking* parkeerplaats met insteekhavens in visgraatmotief ❹ *bouwk* visgraatverband, keperverband ❺ visgraatpas ⟨bij skiën⟩ **II** *overg* ❶ een visgraatmotief aanbrengen op ❷ in keperverband maken **III** *onoverg* bergopwaarts lopen in de visgraatpas ⟨met de punten van de ski's naar buiten gericht⟩

herring gull ['herɪŋ gʌl] *znw* zilvermeeuw

hers [hɜːz] *bez vnw* de / het hare, van haar ★ *this handbag isn't ~* deze handtas is niet van haar ★ *they're friends of ~* het zijn vrienden van haar

herself [həˈself] *wederk vnw* zijzelf, haarzelf, zich(zelf) ★ *by ~* alleen ★ *she doesn't seem ~ today* het lijkt erop dat ze niet helemaal zichzelf is vandaag ★ *she said* *so ~ ze* heeft het zelf gezegd ★ inf *how is she in ~?* hoe gaat het geestelijk met haar? hoe voelt ze zich? ★ *she should be ashamed of ~* ze moet zich schamen

hertz [hɜ:ts] *znw* hertz

he's [hi:z, hɪz] *samentr* ❶ (he is) → **be** ❷ (he has) → **have**

hesitance ['hezɪtəns], **hesitancy** *znw* aarzeling, weifeling

hesitant ['hezɪtnt] *bn* aarzelend, weifelend ★ *she gave a ~ smile* ze gaf een aarzelende glimlach ★ *they seemed ~ about buying it* ze leken te aarzelen of ze het zouden kopen

hesitantly ['hezɪtəntlɪ] *bijw* aarzelend, weifelend ★ *she ~ dipped her toe into the water* aarzelend doopte ze haar teen in het water

hesitate ['hezɪteɪt] *onoverg* ❶ aarzelen, weifelen ★ zegsw *he who ~s is lost* wie aarzelt is verloren ❷ naar woorden zoeken, haperen

hesitation [hezɪ'teɪʃən] *znw* ❶ aarzeling, weifeling ★ *I have no ~ in recommending her* ik kan haar van ganser harte aanbevelen ★ *without a second's ~* zonder ook maar de minste aarzeling ❷ hapering

hessian ['hesɪən] *znw* grof linnen, jute

hetero ['hetərəʊ] inf I *bn* heteroseksueel II *znw* hetero(seksueel)

heterodox ['hetərəʊdɒks] *bn* heterodox ‹van de gevestigde mening (kerkelijke leer) afwijkend›

heterogeneity [hetərəʊdʒɪ'ni:ɪtɪ] *znw* heterogeniteit, ongelijksoortigheid

heterogeneous [hetərəʊ'dʒi:nɪəs] *bn* heterogeen, ongelijksoortig

heterosexual [hetərəʊ'seksjʊəl, -ʃʊəl] *bn* heteroseksueel

heterosexuality [hetərəʊseksjʊ'ælɪtɪ, -ʃʊ'ælɪtɪ] *znw* heteroseksualiteit

het up [het 'ʌp] inf *bn* opgewonden, overspannen, geïrriteerd ★ *get ~ about sth* ergens geïrriteerd over raken

heuristic [hjʊə'rɪstɪk] *bn* heuristisch

hew [hju:] I *overg* [hewed, hewn/hewed] houwen, uithouwen, hakken ★ *they ~ed their way through thick undergrowth* ze baanden zich een weg door het dichte kreupelhout II *onoverg* [hewed, hewn/hewed] ❶ houwen (naar *at*) ❷ Am zich conformeren, zich houden aan ★ *he ~s to the party line* hij houdt zich aan het partijprogramma

hewer ['hju:ə] *znw* hakker, houwer

hewn [hju:n] *ww* [v.d.] → **hew**

hex [heks] Am inf I *znw* ❶ betovering, vloek ★ *somebody must have put a ~ on this car* iemand moet een vloek over deze auto hebben uitgesproken ❷ heks II *overg* beheksen, betoveren

hexadecimal [heksə'desɪməl] wisk *bn* hexadecimaal

hexagon ['heksəgən] *znw* zeshoek

hexagonal [hek'sægənl] *bn* zeshoekig

hexahedron [heksə'hi:drən] *znw* zesvlak

hexameter [hek'sæmɪtə] *znw* hexameter ‹zesvoetig vers›

hey [heɪ] inf *tsw* hei!, hee!, hé? ★ *~ you!* hé, jij daar!

heyday ['heɪdeɪ] *znw* bloeitijd, hoogtepunt, toppunt

hey presto [heɪ 'prestəʊ] *tsw* hocus, pocus, pas!

hg *afk* → **hectogram**

hi [haɪ] *tsw* ❶ hei!, hee!, hé! ❷ hallo, hoi

hiatus [haɪ'eɪtəs] *znw* hiaat

hiatus hernia [haɪ'eɪtəs 'hɜ:nɪə] med *znw* maagbreuk

hibachi [hɪ'bætʃɪ, 'hɪbətʃɪ] ‹‹Jap›› *znw* kleine gietijzeren barbecue

hibernate ['haɪbəneɪt] *onoverg* een winterslaap houden

hibernation [haɪbə'neɪʃən] *znw* winterslaap ★ *emerge from ~* ontwaken uit de winterslaap ★ *go into ~* een winterslaap gaan houden

Hibernian [haɪ'bɜ:nɪən] I *bn* Iers II *znw* Ier, Ierse

hibiscus [hɪ'bɪskəs] *znw* hibiscus

hiccough ['hɪkʌp], **hiccup** I *znw* ❶ hik ❷ inf tegenslag, tegenvaller, moeilijkheid, probleempje II *onoverg* hikken, de hik hebben

hick [hɪk] Am inf I *bn* provinciaals, boers II *znw* provinciaal, boerenpummel

hickey ['hɪkɪ] Am inf *znw* ❶ puistje, pukkeltje ❷ liefdesbeet, zuigzoen

hickory ['hɪkərɪ] *znw* Amerikaanse notenboom, notenhout

hicksville ['hɪksvɪl] inf *znw* boerengat, negorij

hid [hɪd] *ww* [v.d.] → **hide**

hidden ['hɪdn] *ww* [v.d.] → **hide**

hidden agenda ['hɪdn ə'dʒendə] *znw* geheime agenda, verborgen agenda

hidden file ['hɪdn faɪl] comput *znw* verborgen bestand, systeembestand

hidden reserves ['hɪdn rɪ'zɜ:vz] *znw* [mv] geheime reserves

hide [haɪd] I *znw* ❶ huid, vel ★ *not find ~ nor hair of sbd / sth* geen spoor van iem. / iets ontdekken ★ inf *tan / whip sbd's ~* iem. op zijn huid geven ❷ inf hachje ★ *save one's ~* zijn hachje redden ❸ Br schuilplaats II *overg* [hid, hidden] verbergen, weg-, verstoppen (voor *from*) ★ *~ sth away* iets verstoppen ★ zegsw *~ one's light under a bushel* zijn licht onder de korenmaat zetten III *onoverg* [hid, hidden] zich verstoppen, zich verschuilen ★ *~ behind sth* zich verbergen, zich verschuilen achter iets ★ *~ from sbd* zich voor iem. verstoppen / schuil houden ★ *~ from sight / view* uit het zicht blijven ★ *~ out* zich schuil houden

hide-and-seek [haɪd-ən-'si:k] *znw* verstoppertje

hideaway ['haɪdəweɪ] *znw* schuilplaats, schuiladres ★ *they retired and bought a country ~* ze gingen met pensioen en kochten een stekkie op het platteland

hidebound ['haɪdbaʊnd] *bn* ❶ bekrompen ❷ beperkt in z'n bewegingen

hideous ['hɪdɪəs] *bn* afschuwelijk, afzichtelijk

hideously ['hɪdɪəslɪ] inf *bijw* ❶ afschuwelijk, afzichtelijk ★ *the injuries had left him ~ deformed* door de verwondingen was hij afschuwelijk mismaakt ❷ extreem ★ *a ~ expensive meal* een

hi

verschrikkelijk dure maaltijd
hideout ['haɪdaʊt] znw schuilplaats ★ *police have found their* ~ de politie heeft hun schuilplaats gevonden
hidey-hole ['haɪdɪ-həʊl], **hidy-hole** inf znw schuilplaats, verborgen plekje
hiding ['haɪdɪŋ] znw ❶ inf pak rammel ★ inf *give sbd a* ~ iem. een pak slaag geven ❷ het verborgen zijn ★ *be in* ~ zich schuilhouden, ondergedoken zijn ★ Br inf *be on a* ~ *to nothing* in een uitzichtloze situatie zitten ★ *go into* ~ zich verbergen / verschuilen, onderduiken
hiding place ['haɪdɪŋ pleɪs] znw schuilplaats
hie [haɪ] scherts onoverg zich haasten, zich reppen
hierarchic [haɪə'rɑːkɪk], **hierarchical** bn hiërarchisch
hierarchy ['haɪərɑːkɪ] znw hiërarchie, rangorde ★ *he rose quickly through the* ~ hij steeg snel door de rangen
hieratic [haɪə'rætɪk] bn hiëratisch, priesterlijk gewijd ★ ~ *writing* hiëratisch schrift 〈oud-Egypte〉
hieroglyph ['haɪərəglɪf] znw hiëroglyfe
hieroglyphic [haɪərə'glɪfɪk] bn hiëroglyfisch
hieroglyphics [haɪərə'glɪfɪks] znw [mv] hiëroglyfen
hifalutin [haɪfə'luːtɪn] inf bn → **highfalutin**
hi-fi ['haɪ-faɪ] inf znw ❶ → **high fidelity** ❷ geluidsinstallatie
hi-fi set ['haɪ-faɪ set] znw hifi-installatie
higgledy-piggledy [hɪgəldɪ-'pɪgəldɪ] bn & bijw ondersteboven, op en door elkaar, overhoop ★ *arranged in a* ~ *fashion* allemaal door elkaar, in wanorde ★ *clothes thrown* ~ *onto the bed* kleren in wanorde op het bed gegooid
high [haɪ] **I** bn ❶ hoog ★ ~ *and dry* scheepv gestrand, fig hulpeloos, zonder middelen, onthand ★ *from on* ~ van boven, van omhoog ★ *on* ~ bovenop, omhoog, in de lucht, in de hemel ★ *not* ~ *on my list of priorities* geen hoge prioriteit ★ *be / get on one's* ~ *horse* zich arrogant gedragen ❷ hooggelegen ★ *take the* ~ *ground* zich superieur opstellen, de leidende positie innemen ❸ groot 〈in aantal, formaat &〉 ★ ~ *time (that)* de hoogste tijd (om) ❹ intens, sterk ❺ verheven, machtig, hooggeplaatst ★ ~ *and mighty* arrogant ❻ inf vrolijk, aangeschoten, high 〈door drugs &〉 ★ *have a* ~ *(old) time* een fantastische, mieterse tijd hebben ❼ bedorven, sterk ruikend 〈kaas &〉, adellijk 〈wild〉 **II** bijw hoog ★ *look / search* ~ *and low* overal zoeken **III** znw ❶ gebied van hoge luchtdruk ❷ hoogtepunt, toppunt ❸ inf het high-zijn, euforie ❹ hoogste versnelling
high altar [haɪ 'ɔːltə] znw hoofd-, hoogaltaar
high-backed [haɪ-'bækt] bn met een hoge rug
highball ['haɪbɔːl] Am **I** znw whisky-soda **II** onoverg inf snel reizen
high-born [haɪ-'bɔːn] gedat bn van adellijke afkomst
highboy ['haɪbɔɪ] Am znw (hoge) ladekast
highbrow ['haɪbraʊ] bn (pedant) intellectueel
high chair [haɪ tʃeə] znw kinderstoel
high church [haɪ tʃɜːtʃ] znw de katholieke stroming

binnen de Anglicaanse Kerk
high-class [haɪ-'klɑːs] bn ❶ eersteklas, van prima kwaliteit ❷ voornaam
high colour [haɪ 'kʌlə], **high colouring** znw blos, rood gezicht
high comedy [haɪ 'kɒmɪdɪ] znw intellectualistische komedie, satirische komedie
high command [haɪ kə'mɑːnd] znw opperbevel
High Commission [haɪ kə'mɪʃən] znw ambassade van een lidstaat van het Britse Gemenebest in een andere lidstaat
High Commissioner [haɪ kə'mɪʃənə] znw ❶ ambassadeur van een lidstaat van het Britse Gemenebest in een andere lidstaat ❷ Hoge Commissaris
High Court [haɪ kɔːt] znw Hooggerechtshof
high day [haɪ deɪ] znw religieuze feestdag
high definition [haɪ defɪ'nɪʃən] techn znw high definition, HD 〈met meer beeldpunten〉
high-dependency [haɪ-dɪ'pendənsɪ] bn die veel zorg nodig hebben 〈v. ziekenhuispatiënten〉
high-end [haɪ-'end] bn erg duur, van hoge kwaliteit
higher education ['haɪər edjʊ'keɪʃən] znw hoger onderwijs
higher-up [haɪər-'ʌp] inf znw → **high-up**
high explosive [haɪ ɪk'spləʊsɪv] znw brisante springstof
highfalutin [haɪfə'luːtɪn], **hifalutin**, **highfaluting** inf bn hoogdravend
high fashion [haɪ 'fæʃən] znw haute couture
high fidelity [haɪ fɪ'delɪtɪ], inf **hi-fi** znw natuurgetrouwe weergave
high finance [haɪ 'faɪnæns] znw het grote geld, transacties waarmee veel geld is gemoeid
high-five [haɪ-'faɪv] inf znw high-five
high-flier [haɪ-'flaɪə] znw → **high-flyer**
high-flown [haɪ-'fləʊn] bn hoogdravend
high-flyer [haɪ-'flaɪə], **high-flier** znw iem. met hoge aspiraties
high-flying [haɪ-'flaɪɪŋ] bn eerzuchtig, ambitieus
high frequency [haɪ 'friːkwənsɪ] bn met hoge frequentie 〈3-30 megahertz〉
high-grade [haɪ-'greɪd] bn ❶ met een hoog gehalte 〈v. erts &〉, hoogwaardig ❷ prima
high-handed [haɪ-'hændɪd] bn arbitrair, eigenmachtig, aanmatigend, autoritair
high hat [haɪ hæt] inf znw snob
high-heeled [haɪ-'hiːld] bn met hoge hak
high heels [haɪ hiːlz] znw [mv] schoenen met hoge hakken
high-impact [haɪ-'ɪmpækt] bn bestand tegen grote schokken
high jinks [haɪ 'dʒɪŋks] znw [mv] dolle pret
high jump [haɪ dʒʌmp] znw sp hoogspringen ★ inf *be for the* ~ een zware straf krijgen, moeten hangen
high-key [haɪ-'kiː] bn met lichte, heldere kleuren 〈kunstwerken, foto's〉
highland ['haɪlənd] **I** bn hooglands ★ *Highland cattle*

Schotse Hooglanders ⟨runderen⟩ **II** *znw* hoogland ★ *the Highlands* de Schotse Hooglanden

Highlander [ˈhaɪləndə] *znw* Hooglander

Highland fling [ˈhaɪlənd flɪŋ] *znw* Schotse volksdans

high-level [haɪ-ˈlevəl] *bn* op hoog niveau

high-level language [haɪ-ˈlevəl ˈlæŋgwɪdʒ] *znw* hogere programmeertaal

high life [haɪ laɪf] *znw* ★ *the* ~ (het leven van) de jetset

highlight [ˈhaɪlaɪt] **I** *znw* ❶ hoogtepunt ❷ licht gedeelte, opvallend detail ⟨in foto / schilderij⟩ ❸ coupe soleil **II** *overg* ❶ goed doen uitkomen, in het licht stellen ❷ bijzondere aandacht schenken aan ❸ markeren

highlighter [ˈhaɪlaɪtə], **highlighter pen** *znw* markeerstift

highly [ˈhaɪlɪ] *bijw* ❶ hoog, dicht hooglijk ❷ versterkend hoogst, zeer ★ ~ *inflammable* licht ontvlambaar ⟨zeer brandbaar⟩ ❸ lovend, goedkeurend ★ *speak* ~ *of sbd* met veel lof spreken van ★ *think* ~ *of sbd* een hoge dunk hebben van

highly strung [ˈhaɪlɪ strʌŋ], _Am_ **high strung** *bn* overgevoelig, erg nerveus, opgewonden

high-maintenance [haɪ-ˈmeɪntənəns] *bn* veel onderhoud vergend, onderhoudsintensief

High Mass [haɪ mæs] *znw* hoogmis

high-minded [haɪ-ˈmaɪndɪd] *bn* met sterke morele principes

highness [ˈhaɪnɪs] *znw* hoogheid, hoogte ★ *Your / His / Her Highness* Uwe / Zijne / Hare Hoogheid

high noon [haɪ nuːn] *znw* ❶ midden op de dag ❷ fig beslissend moment

high note [haɪ nəʊt] *znw* hoogtepunt ★ *end on a* ~ met iets positiefs eindigen, met een hoogtepunt eindigen

high-octane [haɪ-ˈɒkteɪn] *bn* met een hoog octaangehalte

high-pitched [haɪ-ˈpɪtʃt] *bn* ❶ hoog(gestemd), schel ⟨v. geluid⟩ ❷ steil ⟨v. dak⟩

high places [haɪ ˈpleɪsɪz] *znw* [mv] hogere kringen ★ *she has friends in* ~ ze heeft kruiwagens

high point [haɪ pɔɪnt] *znw* hoogtepunt ★ *the* ~ *of her day is a visit to the park* het hoogtepunt van haar dag is een bezoek aan het park

high-powered [haɪ-ˈpaʊəd], **high power** *bn* ❶ zwaar ⟨v. motor⟩, sterk, krachtig ❷ machtig, zwaar, geweldig, succesvol, verantwoordelijk ★ *he has a* ~ *job in banking* hij heeft een machtige baan in de bankwereld

high-pressure [haɪ-ˈpreʃə] *bn* techn hogedruk-

high-priced [haɪ-ˈpraɪst], **high-price** *bn* prijzig, duur

high priest [haɪ priːst] *znw* hogepriester, leidende figuur ★ *the* ~ *of jazz* de hogepriester van de jazz

high profile [haɪ ˈprəʊfaɪl] **I** *bn* opvallend, in de publiciteit ★ *a* ~ *job* een baan in de schijnwerpers **II** *znw* positie op de voorgrond ★ *the organisation has adopted / taken a* ~ *in the community* de organisatie heeft een opvallende positie ingenomen in de gemeenschap

high-quality [haɪ-ˈkwɒlɪtɪ] *znw* hoogwaardig, van hoge kwaliteit

high-ranking [haɪ-ˈræŋkɪŋ] *bn* hoog(geplaatst)

high relief [haɪ rɪˈliːf] *znw* hoog reliëf

high-resolution [haɪ-rezəˈl(j)uːʃ(ə)n] techn *bn* met hoog scheidend vermogen ⟨v. optische apparaten⟩

high-rise [ˈhaɪ-raɪz] **I** *bn* hoogbouw- ★ ~ *apartments / flats* hoogbouw ★ ~ *offices* kantoorflats **II** *znw* hoogbouw

high road [haɪ rəʊd] *znw* ❶ hoofdweg ❷ beste of kortste weg ⟨tot succes⟩

high-roller [haɪ-ˈrəʊlə] _Am_ inf *znw* ❶ iemand die met geld smijt, patser ❷ iem. die hoog inzet ⟨bij gokken⟩

high school [haɪ skuːl] *znw* ± middelbare school

high seas [haɪ siːz] *znw* [mv] de volle (open) zee ★ *on the* ~ in volle (open) zee

high season [haɪ ˈsiːzən] *znw* hoogseizoen

high society [haɪ səˈsaɪətɪ] *znw* de hogere / betere kringen, elite, high society

high-sounding [haɪ-ˈsaʊndɪŋ] *bn* hoogdravend, weids

high-speed [haɪ-ˈspiːd] *bn* snellopend, snel, met hoge snelheid ★ *a* ~ *rail link* een hogesnelheidslijn, hsl

high-spirited [haɪ-ˈspɪrɪtɪd] *bn* ❶ opgewekt, vrolijk, uitbundig ❷ vurig ⟨paard⟩

high spirits [haɪ ˈspɪrɪts] *znw* [mv] opgewektheid, vrolijkheid ★ *be in* ~ in een goed humeur zijn

high street [ˈhaɪ striːt] *znw* hoofdstraat

high-strung [haɪ-ˈstrʌŋ] _Am_ *bn* → **highly strung**

high summer [haɪ ˈsʌmə] *znw* hoogzomer

high table [haɪ ˈteɪbl] onderw *znw* tafel voor de fellows / eregasten in college

hightail [ˈhaɪteɪl] _Am_ inf *overg* ★ ~ *it* 'm smeren

high tea [haɪ tiː] *znw* vroege avondmaaltijd met brood, thee en een warm gerecht

high tech [haɪ ˈtek], **hi-tech I** *bn* (high technology) technologisch geavanceerd, hightech **II** *znw* geavanceerde technologie

high technology [haɪ tekˈnɒlədʒɪ] *znw* hoogwaardige, hypermoderne techniek

high tension [haɪ ˈtenʃən], **high-voltage** hoogspannings- ★ *a* ~ *pole* een hoogspanningsmast

high tide [haɪ taɪd] *znw* hoogwater, vloed ★ *at* ~ bij hoog water

high-toned [haɪ-ˈtəʊnd] _Am_ *bn* stijlvol, superieur

high-top [haɪ-ˈtɒp] *bn* tot boven de enkel ⟨bep. type sportschoenen⟩ ★ *the* ~ *model* het hoge model sportschoen

high tops [haɪ ˈtɒps] *znw* [mv] hoge sportschoenen ⟨tot boven de enkel⟩

high treason [haɪ ˈtriːzən] *znw* hoogverraad

high-up [haɪ-ˈʌp], **higher-up** inf *znw* hoge ome ⟨in organisatie⟩

high-voltage [haɪ-ˈvəʊltɪdʒ] *bn* → **high tension**

high water [haɪ ˈwɔːtə] *znw* hoogwater

high-water mark [haɪ-ˈwɔːtə mɑːk] *znw* ❶ hoogwaterpeil ❷ fig hoogste punt

highway [ˈhaɪweɪ] *znw* ❶ grote weg, verkeersweg, straatweg ★ *the King's / Queen's* ~ de openbare weg

★ *the ~ code* het wegenverkeersreglement ❷ fig beste / snelste weg

highwayman ['haɪweɪmən] hist *znw* struikrover

high wind [haɪ wɪnd] *znw* stormwind

high wire [haɪ 'waɪə] *znw* het hoge koord ‹voor koorddansers› ★ *getting employers to agree may be a ~ act* de werkgevers zover te krijgen dat ze akkoord gaan zou wel eens heel moeilijk kunnen worden

hijack ['haɪdʒæk] *overg* kapen

hijacker ['haɪdʒækə] *znw* kaper

hike [haɪk] **I** *znw* ❶ voetreis, trektocht ★ Am *inf take a ~!* hoepel op! ❷ grote afstand ❸ inf verhoging ★ *the prices of most goods have taken a ~* de prijzen van de meeste goederen zijn omhoog gegaan **II** *overg* ophijsen ★ *~ sth up* iets verhogen ‹prijzen &› **III** *onoverg* een voetreis maken, trekken

hiker ['haɪkə] *znw* wandelaar, trekker

hilarious [hɪ'leərɪəs] *bn* hilarisch, uiterst komisch

hilarity [hɪ'lærɪtɪ] *znw* vrolijkheid, hilariteit

hill [hɪl] *znw* heuvel, berg ★ *as old as the ~s* zo oud als de weg naar Rome ★ *inf over the ~* over zijn hoogtepunt heen, op jaren

hillbilly ['hɪlbɪlɪ] *znw* hillbilly ‹bergbewoner in het zuidoosten van de VS›, boerenpummel ★ *~ music* hillbillymuziek

hill climb [hɪl klaɪm] *znw* heuvelklim ‹autorace tegen een steile heuvel op›

hill figure [hɪl 'fɪgə] *znw* in kalkheuvel aangebrachte figuur, vaak prehistorisch ‹vnl in Zuid-Engeland›

hillock ['hɪlək] *znw* heuveltje

hillside ['hɪlsaɪd] *znw* heuvelhelling, berghelling

hill station [hɪl 'steɪʃən] *znw* stadje in de heuvels van Zuid-India, populair als koele vakantieplek in het hete seizoen

hilltop ['hɪltɒp] *znw* heuveltop

hilly ['hɪlɪ] *bn* heuvelachtig, bergachtig

hilt [hɪlt] *znw* gevest, hecht ★ *(up) to the ~* geheel en al, volkomen, door en door ★ *their house is mortgaged (up) to the ~* ze hebben een volledige hypotheek op hun huis

him [hɪm] *pers vnw* ❶ hem ★ *the audience booed ~* het publiek floot hem uit ★ *I promised Peter I'd take ~ to the game* ik heb Peter beloofd dat ik hem mee zou nemen naar de wedstrijd ❷ hij ★ *was that the doorbell? It must be ~* was dat de bel? Dat moet hem zijn dan ★ *I'm a lot younger than ~* ik ben een stuk jonger dan hij ★ *~ and his jokes!* hij met zijn (stomme) grappen!

Himalayan [hɪmə'leɪən] *bn* van het Himalayagebergte

himself [hɪm'self] *wederk vnw* hijzelf, hemzelf, zich(zelf) ★ *by ~* alleen ★ *he did it ~* hij deed het (helemaal) zelf ★ *he's not ~ at the moment* hij is niet helemaal zichzelf op het ogenblik ★ *inf how is he in ~?* hoe gaat het geestelijk met hem? hoe voelt hij zich? ★ *he ought to be ashamed of ~* hij moet zich schamen

hind [haɪnd] **I** *bn* achterst(e), achter- ★ *a ~ leg* een

achterpoot **II** *znw* hinde

hinder ['hɪndə] *overg* ❶ hinderen ❷ belemmeren, verhinderen, beletten (om te *from*)

Hindi ['hɪndɪ] *znw* Hindi

hindmost ['haɪndməʊst] *bn* achterste

hindquarters [haɪnd'kwɔːtəz] *znw* [mv] ❶ achterbout ‹v. slachtvee› ❷ achterhand ‹v. paard› ❸ achterste

hindrance ['hɪndrəns] *znw* hindernis, beletsel, belemmering

hindsight ['haɪndsaɪt] *znw* wijsheid achteraf ★ *with the advantage / benefit / wisdom of ~* achteraf bezien

Hindu ['hɪnduː] **I** *bn* hindoe- **II** *znw* Hindoe

Hinduism ['hɪnduːɪzəm] *znw* hindoeïsme

Hindustani [hɪndʊ'stɑːnɪ] *znw* Hindoestaans ‹taal›

hinge [hɪndʒ] **I** *znw* ❶ scharnier ❷ fig spil **II** *overg* van hengsels voorzien **III** *onoverg* draaien, rusten (om, op *on / upon*) ★ *the conviction ~d on the evidence of a single witness* de veroordeling berustte op het bewijs van één enkele getuige

hinged [hɪndʒd] *bn* scharnierend, met scharnier(en)

hinny ['hɪnɪ] *znw* muilezel

hint [hɪnt] **I** *znw* ❶ wenk, aanwijzing, hint ★ *drop a ~* een hint geven ★ *take the ~* de wenk begrijpen / opvolgen ❷ zinspeling, toespeling, aanduiding ❸ zweem, spoor, vleugje, tikje **II** *overg* aanduiden, te kennen geven, laten doorschemeren **III** *onoverg* ★ *~ at sth* zinspelen op iets

hinterland ['hɪntəlænd] *znw* achterland

hip [hɪp] **I** *tsw* hiep! ★ *~ ~, hurrah!* hiep, hiep, hoera! **II** *bn* inf hip **III** *znw* ❶ heup ★ *hands on ~s* handen in de zij, handen op de heupen ❷ bouwk graatbalk ❸ plantk rozenbottel

hip-bath ['hɪp-bɑːθ] *znw* zitbad

hip bone [hɪp bəʊn] *znw* heupbeen

hip flask [hɪp flɑːsk] *znw* heupfles, zakflacon

hip hop [hɪp hɒp] muz *znw* hiphop ‹sterk ritmische rapmuziek›

hipped [hɪpt] *bn* ❶ Am inf bezeten (van), gek (op) ❷ met betrekking tot de heupen ★ *she's fairly broad~* ze heeft nogal brede heupen

hippie ['hɪpɪ] *bn & znw* → **hippy**

hippo ['hɪpəʊ] inf *znw* → **hippopotamus**

hip pocket [hɪp 'pɒkɪt] *znw* heupzak, achterzak ★ Am inf *in sbd's ~* onder de controle van iem.

Hippocratic oath [hɪpə'krætɪk əʊθ] *znw* eed van Hippocrates

hippodrome ['hɪpədrəʊm] *znw* renbaan

hippopotamus [hɪpə'pɒtəməs], inf **hippo** *znw* [mv: -es of hippopotami] nijlpaard

hippy ['hɪpɪ] **I** *bn* ❶ **hippie** hippie(achtig) ❷ met brede heupen **II** *znw*, **hippie** hippie

hippy-dippy [hɪpɪ-'dɪpɪ] inf afkeurend *bn* geitenwollensokken-

hip roof [hɪp ruːf], **hipped roof** *znw* schilddak

hipster ['hɪpstə] **I** *bn* heup- **II** *znw* inf iem. die met de laatste trend meegaat

hipsters ['hɪpstəz], **hip trousers** *znw* [mv] heupbroek

hire ['haɪə] **I** *znw* huur, verhuur ★ *for ~* te huur, ‹taxi› vrij ★ *on* ~ te huur, in huur **II** *overg* ❶ huren, verhuren ★ ~ *oneself out (as)* een baan aannemen (als) ★ ~ *sth out* iets verhuren ❷ in dienst nemen ★ ~ *sbd in* iem. inhuren

hire car ['haɪə kɑ:] *znw* huurauto

hired gun ['haɪəd gʌn] Am *inf znw* huurmoordenaar

hired hand ['haɪəd hænd] *znw* tijdelijke arbeidskracht

hired help ['haɪəd help] *znw* tijdelijke hulp (in de huishouding)

hired man ['haɪəd mæn] Am *znw* dagloner, seizoenarbeider

hireling ['haɪəlɪŋ] *afkeurend znw* huurling

hire purchase ['haɪə 'pɜ:tʃɪs] *znw* koop op afbetaling ★ *a* ~ *agreement* een huurkoopovereenkomst ★ *the* ~ *system* de huurkoop

hirer ['haɪə] *znw* ❶ huurder ❷ verhuurder

hirsute ['hɜ:sju:t] *bn* ruig, harig, borstelig

his [hɪz] *bez vnw* ❶ zijn ★ *His Excellency / Highness / Majesty* Zijne Excellentie / Hoogheid / Majesteit ★ *inf he's* ~ *own man* hij is eigen baas ★ *gedat a child needs* – *mother at such times* een kind heeft zijn moeder nodig op zulke ogenblikken ❷ van hem, het zijne, de zijne(n) ★ *this car isn't* ~ deze auto is niet van hem ★ *they're friends of* ~ het zijn vrienden van hem

his and hers [hɪz ænd 'hɜ:z] *bn* voor hem en voor haar

Hispanic [hɪ'spænɪk] **I** *bn* van Latijns-Amerikaanse afkomst / herkomst **II** *znw* Spaanssprekende Amerikaan, meestal van Latijns-Amerikaanse afkomst

hiss [hɪs] **I** *znw* ❶ gesis, gefluit ❷ sisklank **II** *overg* ❶ uitfluiten ❷ nasissen ★ ~ *sth away / off* iets door sissen verjagen, iets wegfluiten ★ ~ *sbd down* iem. uitfluiten **III** *onoverg* sissen, fluiten

hissy ['hɪsɪ], **hissy fit** *znw* driftbui ★ *have / throw a* ~ een driftaanval krijgen

histamine ['hɪstəmɪn, -mi:n] *med znw* histamine

histogram ['hɪstəgræm] *znw* staafdiagram, histogram

histology [hɪ'stɒlədʒɪ] *znw* histologie, weefselleer

historian [hɪ'stɔ:rən] *znw* historicus, geschiedschrijver

historic [hɪ'stɒrɪk] *bn* ❶ historisch ★ *a* ~ *site* een historische plek ❷ beroemd, gedenkwaardig, van betekenis

historical [hɪ'stɒrɪkl] *bn* geschiedkundig, historisch ★ *from a* ~ *perspective* vanuit historisch oogpunt

historic present [hɪ'stɒrɪk 'prez(ə)nt] *gramm znw* present historicum ‹tegenwoordige tijd met verleden tijd betekenis›

historiographer [hɪstɔ:rɪ'ɒgrəfə] *znw* historiograaf, (officieel) geschiedschrijver

historiography [hɪstɔ:rɪ'ɒgrəfɪ] *znw* historiografie, (officiële) geschiedschrijving

history ['hɪstərɪ] *znw* ❶ geschiedenis, (geschied)verhaal, historie ★ *contemporary* ~ hedendaagse geschiedenis ★ *cultural* ~ cultuurgeschiedenis ★ *local* ~ plaatselijke geschiedenis ★ *recorded* ~ opgetekende geschiedenis ★ *the village is a slice of* ~ het dorp is een stukje geschiedenis ★ *throughout* ~ door de eeuwen heen ★ *the present-day school may soon be* ~ de school zoals we die kennen zou binnenkort wel eens tot het verleden kunnen behoren ★ *inf call the police and you're* ~ als je de politie belt, dan ben je er geweest ★ *the rest is* ~ de rest is bekend ★ *change the course of* ~ de loop van de geschiedenis veranderen ★ *go down in* ~ *as* de geschiedenis ingaan als ★ *make* ~ geschiedenis maken, schrijven ❷ achtergrond, verleden ★ *during its long* ~ gedurende zijn lange verleden ★ *he has a* ~ *of mental illness* hij heeft een achtergrond van psychische aandoeningen ★ *have had a chequered* ~ een veelbewogen geschiedenis hebben ★ *with their marriage,* ~ *has repeated itself* met hun huwelijk heeft het verleden zich herhaald

histrionic [hɪstrɪ'ɒnɪk] *bn* komedianterig, gehuicheld, aanstellerig

histrionics [hɪstrɪ'ɒnɪks] *znw* [mv] aanstellerij, komediespel

hit [hɪt] **I** *znw* ❶ klap, slag, stoot, slag ❷ steek onder water ❸ *inf* huurmoord ❹ *mil* treffer ★ *a direct* ~ een voltreffer ❺ *comput* treffer, bezoek ‹aan website› ❻ succes, successtuk, hit ★ *inf be / make a* ~ *with sbd* populair zijn bij iem. ❼ *inf* dosis verdovende middelen, shot **II** *overg* [hit, hit] ❶ slaan, raken, treffen, stoten ★ ~ *the nail on the head* de spijker op de kop slaan ★ ~ *the right note* de goeie opmerking maken, de juiste actie ondernemen ★ ~ *the mark* goed raden ★ *inf* ~ *the bottle* te veel drinken, 'm raken ★ *inf* ~ *the road* er vandoor gaan, weggaan ★ *inf* ~ *the spot* precies doen wat nodig is ★ *inf not know what* ~ *you* volkomen verrast worden ‹door iets onaangenaams› ❷ (aan)komen in / op / tegen &, bereiken, halen ★ ~ *the front* aan kop komen ★ ~ *the headlines* voorpaginanieuws zijn ★ ~ *the jackpot* de pot winnen, een klapper maken ★ ~ *the deck* op zijn bek gaan, vallen, *inf* aan het werk gaan ★ *inf* ~ *the ground running* enthousiast met iets beginnen ★ *inf* ~ *the ceiling / roof* uit zijn vel springen, over de rooie zijn, gaan ‹v. kwaadheid› ★ *inf* ~ *the hay / sack* het nest induiken ❸ geven ‹een slag› ★ ~ *sbd when he's down* iem. een trap na geven ★ ~ *sbd below the belt* iem. een stoot onder de gordel geven **III** *onoverg* [hit, hit] raken, treffen, slaan ★ ~ *home* raak slaan, hard aankomen **IV** *phras* ★ ~ *back (at sbd)* (iem.) terugslaan, (iem.) van repliek dienen ★ Am *inf* ~ *sbd for sth* iem. om iets vragen ★ *inf* ~ *sbd for six* de vloer aanvegen met iem., het glansrijk winnen van iem. ★ *inf* ~ *it off (together / with each other)* het kunnen vinden, goed overweg kunnen met elkaar ★ Am *inf* ~ *on sbd* iem. laten zien dat je op hem / haar valt ★ ~ *on / upon sth* iets toevallig aantreffen / vinden ★ ~ *on / upon the idea of doing sth* op het idee komen iets te doen ★ ~ *out* slaan, (flink) van zich afslaan ★ ~ *out at sbd* uithalen naar iem. ★ Am *inf* ~ *sbd up for sth* iem. vragen om iets

hit-and-miss [hɪt-ən-'mɪs] *bn* lukraak

hit-and-run [hɪt-ən-'rʌn] *bn* ★ *a ~ accident* een verkeersongeval waarna wordt doorgereden ★ *a ~ attack* een aanval met snel toeslaan en terugtrekken, een verrassingsaanval ★ *a ~ driver* een automobilist die na een aanrijding doorrijdt

hitch [hɪtʃ] **I** *znw* ❶ hapering, storing, beletsel ★ *go (off) without a ~* zonder hapering verlopen ❷ knoop ⟨in touw⟩ ❸ inf liften ❹ Am inf diensttijd **II** *overg* ❶ vastmaken, aan-, vasthaken (aan *to / on to*) ❷ met een ruk bewegen ★ *~ sth up* iets optrekken / ophijsen ⟨broek⟩ ❸ een lift vragen ★ *~ a lift / ride* liften **III** *onoverg* inf liften

hitched [hɪtʃt] inf *bn* ★ *get ~* trouwen

hitch-hike ['hɪtʃ-haɪk], **hitchhike** *onoverg* liften ⟨met auto⟩

hitchhiker ['hɪtʃhaɪkə] *znw* lifter

hi-tech [haɪ-'tek] *bn & znw* → **high tech**

hither ['hɪðə] dicht *bijw* herwaarts, hierheen, hier ★ *~ and thither* heen en weer, her en der

hitherto [hɪðə'tuː] *bijw* tot nog toe, tot dusver

hit list [hɪt lɪst] *znw* lijst van mensen die geëlimineerd moeten worden, zwarte lijst ★ *be on sbd's ~* op iemands zwarte lijst staan

hit man [hɪt mæn] inf *znw* huurmoordenaar

hit-or-miss [hɪt-ɔ-'mɪs] *bn* op goed geluk, lukraak

hit parade ['hɪt pəreɪd] *znw* hitparade

hit squad ['hɪt skwɔːd] *znw* moordcommando, doodseskader

Hittite ['hɪtaɪt] *znw* Hetiet

HIV *afk* (human immunodeficiency virus) hiv ⟨virus dat aids veroorzaakt⟩

hive [haɪv] **I** *znw* ❶ bijenkorf ❷ zwerm ⟨bijen⟩ ❸ fig (druk) centrum ★ *a ~ of activity / industry* grote activiteit, grote bedrijvigheid **II** *overg* ★ *~ sth off* iets afscheiden, afstoten ⟨v. onrendabele bedrijfsonderdelen⟩

hives [haɪvz] med *znw* [mv] netelroos

HIV-positive ['eɪtʃaɪviː-'pɒzɪtɪv] *bn* seropositief

HIV test [eɪtʃaɪ'viː test] *znw* aidstest

hiya ['haɪjə] inf *tsw* hallo

hl *afk* → **hectolitre**

hm [hm], **hmm** *tsw* hum, hm ⟨brommend geluid⟩

HM *afk* (His/Her Majesty) Zijne Majesteit, Hare Majesteit

HMS *afk* (His/Her Majesty's Ship) Zijne / Hare Majesteits schip ⟨voor de naam van een marineschip⟩

ho [həʊ] *tsw* hé, ha, hallo

hoagie ['həʊgɪ] Am *znw* broodje met vlees, kaas en salade

hoard [hɔːd] **I** *znw* ❶ hoop, verzameling ❷ geheime voorraad, schat **II** *overg* vergaren, (op)sparen, hamsteren, oppotten *(~ up)*

hoarder ['hɔːdə] *znw* potter, hamsteraar

hoarding ['hɔːdɪŋ] *znw* ❶ verborgen voorraad, hamsteren ❷ handel oppotting ❸ houten schutting, reclamebord

hoar frost [hɔː frɒst] *znw* rijp, rijm

hoarse [hɔːs] *bn* hees, schor ★ *in a ~ whisper* op hese fluistertoon ★ *shout / scream oneself ~* zich schor schreeuwen

hoary ['hɔːrɪ] *bn* ❶ grijs, wit ⟨v. ouderdom⟩ ❷ oud, afgezaagd ★ inf *a ~ joke* een mop met een baard

hoax [həʊks] **I** *bn* nep- ★ *a ~ call* een vals telefoontje, een neptelefoontje **II** *znw* nep, bedrog ★ *the bomb warning was a ~* de bommelding was vals (alarm) **III** *overg* om de tuin leiden, voor de gek houden

hoaxer ['həʊksə] *znw* grappenmaker, bedrieger

hob [hɒb] *znw* haardplaat, kookplaat

hobble ['hɒbl] **I** *znw* ❶ strompelende gang, strompeling ❷ kluistertouw ⟨voor paard, koe &⟩ **II** *overg* ❶ kluisteren ⟨paard⟩ ❷ doen strompelen **III** *onoverg* strompelen, hompelen, hinken

hobby ['hɒbɪ] *znw* ❶ hobby, liefhebberij ★ *dancing and photography are among her hobbies* haar hobby's zijn onder meer dansen en fotograferen ★ *he collects stamps as a ~* hij verzamelt postzegels als liefhebberij ❷ boomvalk

hobby horse ['hɒbɪ hɔːs] *znw* ❶ hobbelpaard ❷ stokpaard, hobby ★ *cultivating roses is his ~* rozen kweken is zijn hobby ★ *mention politics and he'll get on his ~* als je over politiek begint komt hij op zijn stokpaardje terecht

hobbyist ['hɒbɪɪst] *znw* hobbyist, amateur

hobgoblin ['hɒbgɒblɪn] *znw* ❶ kabouter ❷ boeman

hobnail boot ['hɒbneɪl buːt] *znw* spijkerschoen

hobnob ['hɒbnɒb] inf *onoverg* gezellig omgaan of praten (met *with*)

hobo ['həʊbəʊ] Am *znw* [mv: -s of -boes] zwerver, dakloze

Hobson's choice ['hɒbsənz tʃɔɪs] *znw* waarbij men te kiezen of te delen heeft, geen (echte) keus, graag of niet

hock [hɒk] **I** *znw* ❶ rijnwijn ❷ spronggewricht ▼ *in ~* verpand **II** *overg* verpanden, naar de lommerd brengen

hockey ['hɒkɪ] *znw* ❶ hockey ❷ Am ijshockey

hocus-pocus [həʊkəs-'pəʊkəs] *znw* hocus pocus

hod [hɒd] *znw* kalkbak, stenenbak ★ *a ~ carrier* een opperman

hodgepodge ['hɒdʒpɒdʒ] Am *znw* → **hotchpotch**

Hodgkin's disease ['hɒdʒkɪnz dɪ'ziːz] med *znw* ziekte van Hodgkin

hoe [həʊ] **I** *znw* schoffel, hak **II** *overg* schoffelen **III** *phras* ★ Aus & NZ inf *~ in* flink toetasten ★ *~ into sbd* iem. aanvallen / bekritiseren

hoedown ['həʊdaʊn] Am *znw* volksdansfeest

hog [hɒg] **I** *znw* ❶ dierk varken, zwijn ★ inf *go the whole ~* iets grondig / helemaal doen ★ Am inf *live high on / off the ~* een luxeleventje leiden ❷ inf vreetzak, schrokop **II** *overg* inf zich toe-eigenen, inpikken

hogback ['hɒgbæk] *znw* scherpe (heuvel)rug

hogget ['hɒgɪt] *znw* éénjarig schaap

hog heaven [hɒg 'hevən] Am inf *znw* de zevende

hemel

Hogmanay ['hɒgməneɪ, -'neɪ] Schots *znw* oudejaarsdag

hogshead ['hɒgzhed] *znw* okshoofd, vat wijn ‹238,5 l›

hog-tie ['hɒg-taɪ] Am *overg* knevelen, aan handen en voeten binden ‹ook fig›

hogwash ['hɒgwɒʃ] *znw* inf lariekoek, nonsens

ho-hum ['həʊhʌm] **I** *tsw* uitdrukking van ongeïnteresseerdheid **II** *bn* inf saai ★ *a ~ movie* een saaie film

hoick [hɔɪk] *onoverg* plotseling optrekken, ophijsen

hoi polloi [hɔɪ pə'lɔɪ] afkeurend of scherts *znw* [mv] ★ *the ~* het gajes, plebs

hoist [hɔɪst] **I** *znw* hijstoestel, lift **II** *overg* (op)hijsen, (op)lichten ★ *~ the flag* de vlag hijsen ★ *~ with one's own petard* zelf in de kuil vallen die je voor een ander gegraven hebt

hoity-toity [hɔɪtɪ-'tɔɪtɪ] inf *bn* arrogant, uit de hoogte ★ *she's got a rather ~ manner* ze heeft een nogal arrogante manier van doen

hokey ['həʊkɪ] *bn* oversentimenteel

hokum ['həʊkəm] inf *znw* ❶ onzin, kletspraat ❷ sentimentele flauwekul, goedkoop effectbejag

hold [həʊld] **I** *znw* ❶ houvast, vat, greep ★ *no ~s barred* alles is geoorloofd ★ *catch / get / lay / seize & ~ of sbd / sth* iem. / iets aanpakken, aantasten, iem. / iets grijpen, te pakken krijgen ★ *get ~ of an idea / concept &* een idee / plan krijgen / opdoen ★ *lose one's ~ on sth* zijn greep op iets verliezen ★ *keep ~ of sbd / sth* iem. / iets vasthouden ★ *release one's ~ on sth* zijn greep op iets verslappen ★ *take ~* vastpakken ❷ steunpunt ❸ macht, controle ★ *have a ~ on / over sbd* iem. in zijn macht hebben ★ *have a ~ on sth* iets beheersen, iets in zijn greep hebben ❹ onderbreking ★ *on ~* uitgesteld, in de wachtkamer **II** *overg* (scheeps)ruim **I** [held, held] ❶ houden, vasthouden, omarmen ★ *~ court* hof houden, het centrum van alle aandacht zijn ★ *~ the floor* constant aan het woord zijn ★ inf *~ the fort* de zaak waarnemen, op de winkel passen ★ telec *~ the line* blijf even aan uw toestel ★ *~ sway* de heerschappij voeren ★ *~ the reins* de teugels / touwtjes in handen hebben ★ *~ the road well* vast op de weg liggen ‹v. auto› ❷ volgen ‹koers› ❸ behouden, aanhouden ★ *~ one's own* zich staande houden ❹ inhouden, (kunnen) bevatten ★ *~ the key* de oplossing bieden ★ *~ one's liquor* tegen drank kunnen ❺ in bezit hebben, hebben ★ *~ all the cards* alle kaarten in handen hebben ❻ bekleden, innemen ‹plaats› ❼ erop na houden ‹theorie›, huldigen, toegedaan zijn ‹mening›, achten, van oordeel zijn ★ *~ life dear / sacred &* het leven dierbaar / heilig & achten ★ *~ sbd in contempt* iem. minachten, verachten ❽ in bedwang houden, tegenhouden, stoppen ★ *~ one's breath* zijn adem inhouden ★ inf *don't ~ your breath* ik zou er maar niet op rekenen ★ inf *~ your horses!* niet zo snel! even wachten! ★ *~ one's tongue* zijn mond houden

★ inf *~ everything!* stop! ★ inf *~ it!* sta stil! ★ *there's no ~ing him (back)* hij is niet te stuiten **III** *onoverg* [held, held] ❶ aanhouden, (blijven) duren, blijven ★ *~ still* zit stil ❷ het uithouden, volhouden, zich goed houden ★ *~ tight/~ on tight* hou je goed vast ❸ doorgaan, gelden, van kracht zijn, opgaan **IV** *phras* ★ *~ sth against sbd* iem. iets aanrekenen ★ *I don't ~ it against him* ik neem het hem niet kwalijk ★ *~ back* aarzelen, weinig animo tonen, zich inhouden ★ *~ sth back* iets achterhouden, iets verzwijgen, iets tegenhouden ★ *~ sbd back* iem. tegenhouden, iem. in de weg staan ★ *~ by sth* vasthouden aan iets ★ *~ sth down* iets in bedwang houden, iets laag houden ‹v. prijzen›, iets vervullen, behouden ‹betrekking› ★ *~ sbd down* iem. in bedwang houden ★ *~ forth* betogen, oreren ★ *~ forth on sth* uitweiden over iets ★ *~ off* uitblijven, geen actie ondernemen ★ *~ sbd / sth off* iem. / iets afweren, weerstaan ★ *~ off the inevitable* het onvermijdbare uitstellen ★ *~ on* volhouden, doorgaan, aanhouden, zich vasthouden ★ *~ on!* stop! wacht even! ★ *~ on to* / *onto sth* iets vast blijven houden ★ *~ out* het volhouden, weigeren toe te geven ★ *~ sth out* iets bieden ‹hoop &›, iets uitsteken ‹hand &› ★ *~ out for sth* blijven aandringen op iets ★ inf *~ out on sbd* iets geheim houden voor iem., Am iem. geld weigeren ★ *~ sth over sth* iets verlengen, prolongeren ★ *~ sbd to sth* iem. aan iets houden ★ *~ up* volhouden, standhouden ★ *~ sbd / sth up* iem. / iets overvallen, beroven, iem. / iets ondersteunen, iem. / iets vertragen ★ *~ one's head up* moed houden ★ *~ up one's head with the best* zich kunnen meten met de besten ★ *~ sbd / sth up as an example / a model* iem. / iets tot voorbeeld stellen ★ *~ sbd / sth up to ridicule* iem. / iets belachelijk maken ★ *not ~ with sth* iets niet goedkeuren

holdall ['həʊldɔːl] *znw* grote reistas

holder ['həʊldə] *znw* ❶ bezitter, (aandeel)houder ❷ bekleder ‹v. ambt› ❸ handgreep, pannenlap, aanpakkertje ❹ houder, reservoir, etui, pijpje

holding ['həʊldɪŋ] *znw* ❶ bezit ‹waardepapieren &› ❷ pachthoeve, landbouwbedrijf

holding company ['həʊldɪŋ 'kʌmpənɪ] *znw* houdstermaatschappij

holding operation ['həʊldɪŋ ɒpə'reɪʃən] *znw* actie met het doel de bestaande toestand te handhaven

holding pattern ['həʊldɪŋ 'pætn] luchtv *znw* wachtpatroon

holdings ['həʊldɪŋz] *znw* [mv] bezit ‹v. aandelen›, eigendom

holdout ['həʊldaʊt] Am *znw* ❶ weigering ❷ weigeraar

holdover ['həʊldəʊvə] Am *znw* overblijfsel, restant

hold-up ['həʊld-ʌp] *znw* ❶ (roof)overval ❷ stagnatie, vertraging

hole [həʊl] **I** *znw* ❶ gat, hol, kuil, opening ★ *(all) in ~s* vol gaten, helemaal stuk ★ *blow a ~ in sth* het effect van iets tenietdoen ★ *make a ~ in sth* ergens een groot deel van opmaken ★ inf scherts *need sth like a ~ in the head* iets kunnen missen als kiespijn ★ *pick ~s in sth* aanmerkingen maken op iets, iets ontzenuwen ‹een argument› ❷ hole ‹golfspel› ★ sp *get a ~ in one* de bal met één slag in de hole krijgen ❸ zwak punt, hiaat ❹ inf penibele situatie, onplezierige plek ★ *a real ~ / a ~ of a place* een nest, een gat ★ Am inf *in the ~* in de schulden ★ inf *be in a ~* in de klem zitten ❺ Am put, mijn **II** *overg* een gat (gaten) maken in ★ *be ~d* scheepv lek slaan, in een hole slaan ‹bij golf› **III** *phras* ★ sp *~ out* de bal in de hole krijgen ‹golf›, uitgevangen worden ‹cricket› ★ inf *~ up* zich schuilhouden, (de bal) in een hole slaan

hole-and-corner [həʊl-ən-'kɔːnə] *bn* onderhands, geheim, stiekem ★ *a ~ affair* een geheime affaire

hole in the heart [həʊl ɪn ðə hɑːt] *znw* gaatje in het hart

hole in the wall [həʊl ɪn ðə wɔːl] *znw* ❶ Br inf geldautomaat ❷ Am klein, sjofel restaurant

holey ['həʊlɪ] *bn* vol gaten

holiday ['hɒlɪdeɪ] **I** *bn* ❶ feest- ❷ vakantie- ★ *that ~ feeling* het vakantiegevoel **II** *znw* ❶ feestdag, vakantiedag ❷ (meestal *mv*) vakantie ★ *during the summer ~s* in de zomervakantie ★ *be on / go on ~* met vakantie zijn / gaan ★ *take a ~* vrijaf / vakantie nemen **III** *onoverg* vakantie nemen / houden, de vakantie doorbrengen

holiday camp ['hɒlɪdeɪ kæmp] *znw* vakantiekamp, vakantiekolonie

holiday job ['hɒlɪdeɪ dʒɒb] *znw* vakantiebaantje

holidaymaker ['hɒlɪdeɪmeɪkə] *znw* vakantieganger

holiday pay ['hɒlɪdeɪ peɪ] *znw* vakantiegeld

holiday resort ['hɒlɪdeɪ rɪ'zɔːt] *znw* vakantieoord

holiday season ['hɒlɪdeɪ 'siːzən] *znw* vakantieperiode, vakantieseizoen

holier-than-thou ['həʊlɪə-ðən-'ðaʊ] *bn* schijnheilig

holiness ['həʊlɪnɪs] *znw* heiligheid

holism ['həʊlɪzm, 'hɒ-] *znw* holisme

holistic [həʊ'lɪstɪk, hɒ-] *bn* holistisch

holistic medicine ['həʊlɪstɪk, 'hɒ- 'med(ɪ)sɪn] *znw* holistische geneeskunde

holland ['hɒlənd] *znw* ongebleekt linnen ★ *Holland* Nederland

holler ['hɒlə] inf **I** *znw* schreeuw, kreet, gil ★ *if you need me, just give a ~* als je me nodig hebt geef je maar een gil **II** *onoverg* ❶ blèren ❷ schreeuwen

hollow ['hɒləʊ] **I** *bn* ❶ hol ★ *~ cheeks* holle / ingevallen wangen ❷ waardeloos, leeg ★ *~ promises* loze beloftes **II** *bijw* ★ inf *beat sbd ~* iem. totaal verslaan **III** *znw* ❶ holte, uitholling, hol ❷ laagte, del **IV** *overg* uithollen (ook: *~ out*), hol maken

hollow-cheeked [hɒləʊ-'tʃiːkt] *bn* met ingevallen wangen

hollow-eyed [hɒləʊ-'aɪd] *bn* hologig

hollowness ['hɒləʊnɪs] *znw* ❶ holheid ❷ leegheid

holly ['hɒlɪ] *znw* hulst

hollyhock ['hɒlɪhɒk] *znw* stokroos

holm [həʊm], **holme** Br *znw* riviereilandje, waard

holm oak [həʊm əʊk] *znw* steeneik

holocaust ['hɒləkɔːst] *znw* ❶ holocaust, volkerenmoord ❷ slachting, vernietiging

hologram ['hɒləɡræm] *znw* hologram

holograph ['hɒləɡrɑːf] *znw* eigenhandig geschreven (holografisch) stuk ‹testament &›

holography [hɒ'lɒɡrəfɪ] *znw* holografie

hols [hɒlz] inf *znw* (holidays) vakantie

holster ['həʊlstə] *znw* pistooltas, holster

holy ['həʊlɪ] *bn* heilig, gewijd ★ *a ~ person* een heilige ★ *a ~ rite* een gewijde rite

Holy Communion ['həʊlɪ kə'mjuːnɪən] *znw* heilige communie

holy cow ['həʊlɪ kaʊ] **I** *tsw*, **holy mackerel**, **holy smoke** inf verhip!, verrek! **II** *znw* heilige koe ★ *the ~ of science* de heilige koe van de wetenschap

holy day ['həʊlɪ deɪ] *znw* heiligedag, (kerkelijke) feestdag, hoogtijdag

Holy Father ['həʊlɪ 'fɑːðə] *znw* ★ *the ~* de Heilige Vader, de paus

Holy Ghost ['həʊlɪ ɡəʊst], **Holy Spirit** *znw* ★ *the ~* de Heilige Geest

holy grail ['həʊlɪ ɡreɪl] *znw* ❶ heilige graal ❷ wensdroom, utopie ★ iron *the ~ of market forces* het heilig ideaal van marktkrachten

holy mackerel ['həʊlɪ 'mækrəl] *tsw* → **holy cow**

holy of holies ['həʊlɪ ɒv 'həʊlɪz] *znw* het heilige der heiligen

holy orders ['həʊlɪ 'ɔːdəz] *znw* [mv] priesterwijding ★ *take ~* de priesterwijding ontvangen, priester worden

Holy Saturday ['həʊlɪ 'sætədeɪ] *znw* paaszaterdag

Holy Scripture ['həʊlɪ skrɪptʃə] *znw* de heilige Schrift

holy smoke ['həʊlɪ sməʊk] *tsw* → **holy cow**

Holy Spirit ['həʊlɪ 'spɪrɪt] *znw* → **Holy Ghost**

Holy Thursday ['həʊlɪ 'θɜːzdeɪ] RK *znw* Witte Donderdag

holy water ['həʊlɪ 'wɔːtə] *znw* wijwater

Holy Week ['həʊlɪ wiːk] *znw* de Stille Week, RK de Goede Week

Holy Writ ['həʊlɪ rɪt] *znw* de heilige Schrift

homage ['hɒmɪdʒ] *znw* hulde, huldebetoon, huldiging ★ *pay ~ to sbd / sth* iem. / iets hulde bewijzen, iem. / iets huldigen

hombre ['ɒmbreɪ] ‹Sp› Am inf *znw* man, kerel

homburg ['hɒmbɜːɡ] *znw* slappe vilthoed

home [həʊm] **I** *bn* ❶ huiselijk ❷ thuis-, huis- ★ *one's ~ country* zijn eigen land ❸ binnenlands, nationaal **II** *bijw* ❶ naar huis, huiswaarts, huistoe, thuis ★ *be ~ and dry/*Am *~ and free/*Aus *~ and hosed* hoog en droog zitten, veilig thuis zijn ★ *bring sth ~ to sbd* iem. (duidelijk) aan het verstand brengen, iem. doen beseffen ★ *come ~ to sbd* doordringen tot iem. ★ *go ~* naar huis gaan ★ *see sbd ~* iem. thuisbrengen ★ *nothing to write ~ about* niet veel soeps ❷ naar het doel, over de finish, raak ★ *drive / hammer sth ~* iets

ho

volkomen duidelijk maken ⟨punt⟩, vastslaan ⟨spijker⟩ ★ *hit* ~ gevoelig treffen, raak slaan ★ *romp* ~ op zijn gemak winnen **III** *znw* ❶ huis, verblijf, woning ★ *a forest* ~ een huis in het bos ★ dicht *one's long* ~ zijn laatste woning, eeuwige rust ★ *the marital* ~ de echtelijke woning ★ Br *a* ~ *from* ~/Am *a* ~ *away from* ~ een tweede thuis ★ close *to* ~ dicht bij huis, raak ★ *make yourself at* ~ doe alsof je thuis bent ❷ thuis, (huis)gezin, huishouden ★ *be at* ~ thuis zijn, zich thuis voelen ★ *be at* ~ *in / on / with sth* ergens goed in thuis zijn ★ *be away from* ~ van huis weg zijn ★ *feel at* ~ zich thuis voelen ★ zegsw ~ *is where the heart is* thuis is waar je je thuis voelt ★ zegsw *(be it ever so humble) there's no place like* ~/zegsw ~ *sweet* ~ eigen haard is goud waard, zoals het klokje thuis tikt, tikt het nergens ❸ (vader)land, geboorteplek, woonplek ★ *at / back* ~ thuis, in het (vader)land, in het moederland ★ *make one's* ~ zich metterwoon vestigen, gaan wonen ★ *set up* ~ gaan wonen, een woning inrichten ❹ woongebied, habitat ★ *be* ~ *to sth* het woongebied zijn van iets ❺ tehuis, verpleeginrichting, bejaardentehuis, gesticht ★ *a* ~ *for the aged* een bejaardentehuis ★ *a* ~ *for the blind* een blindeninstituut ❻ eindstreep, thuishonk **IV** *onoverg* naar huis gaan ⟨v. duiven⟩ ★ ~ *in on sth* het doel zoeken ⟨v. projectiel⟩, aanvliegen, afgaan op iets

home address [həʊm ə'dres] *znw* thuisadres
home banking [həʊm 'bæŋkɪŋ] *znw* thuisbankieren
home base [həʊm beɪs] *znw* thuisbasis
homebody ['həʊmbɒdɪ] inf *znw* huismus
homeboy ['həʊmbɔɪ], **homey**, **homie** Am inf *znw* dorps- / streek- / stadsgenoot, jongen uit de buurt
home brew [həʊm bru:] *znw* zelf gebrouwen bier / wijn / drank
homebuyer ['həʊmbaɪə] *znw* huizenkoper
home cinema [həʊm 'sɪnɪmɑ:] *znw* thuisbioscoop
homecoming ['həʊmkʌmɪŋ] *znw* thuiskomst
home computer [həʊm kəm'pju:tə] *znw* huiscomputer
home-cooked [həʊm-'kʊkt] *bn* eigengemaakt, zelf gekookt, zelf gebakken
home cooking [həʊm 'kʊkɪŋ] *znw* koken zoals het thuis gebeurt
home economics [həʊm i:kə'nɒmɪks] *znw* [mv] huishoudkunde
home fries [həʊm fraɪz], **home-fried potatoes** Am *znw* [mv] gebakken aardappeltjes
home front [həʊm frʌnt] *znw* ★ *the* ~ het thuisfront
home game [həʊm geɪm] *znw* thuiswedstrijd
homegirl [həʊm gɜ:l], **homey**, **homie** Am inf *znw* dorps- / streek- / stadsgenote, meisje uit de buurt
home ground [həʊm graʊnd] *znw* ❶ sp eigen veld, thuis ❷ fig vertrouwd terrein ★ *meet sbd on his / her* ~ iem. op zijn / haar eigen terrein ontmoeten
home-grown [həʊm-'grəʊn] **I** *bn* ❶ van eigen bodem, inlands ❷ zelf verbouwd **II** *znw* inf eigen teelt
home help [həʊm help] *znw* gezinshulp

home key [həʊm ki:] comput *znw* hometoets
home-knitted [həʊm-'nɪtɪd] *bn* zelfgebreid
homeland ['həʊmlænd] *znw* ❶ geboorteland ❷ ZA hist thuisland
homeless ['həʊmlɪs] *bn* onbehuisd, dakloos
home loan [həʊm ləʊn] *znw* hypotheeklening
home-loving [həʊm-'lʌvɪŋ] *bn* huiselijk
homely ['həʊmli] *bn* ❶ huiselijk ❷ eenvoudig, alledaags, gewoon ❸ Am niet mooi, lelijk
home-made [həʊm-'meɪd] *bn* ❶ eigengemaakt ❷ van inlands fabricaat
homemaker ['həʊmmeɪkə] *znw* Am huisvrouw, huismoeder
home number [həʊm 'nʌmbə] *znw* thuisnummer
Home Office [həʊm 'ɒfɪs] *znw* ★ *the* ~ het ministerie van Binnenlandse Zaken ⟨in Groot-Brittannië⟩
homeopath ['həʊmɪəʊpæθ, 'hɒm-] *znw* → **homoeopath**
homeopathic [həʊmɪə'pæθɪk, 'hɒm-] *bn* → **homoeopathic**
homeopathy [həʊmɪ'ɒpəθɪ, 'hɒm-] *znw* → **homoeopathy**
homeowner ['həʊməʊnə] *znw* huiseigenaar
home page [həʊm peɪdʒ] *znw* homepage, homepagina ⟨de hoofdpagina van een website⟩
home plate [həʊm pleɪt] sp *znw* thuisplaat ⟨honkbal⟩
home port [həʊm pɔ:t] *znw* thuishaven
homer ['həʊmə] Am sp *znw* homerun ⟨honkbal⟩
Homeric [həʊ'merɪk] *bn* homerisch ⟨gelach⟩
home rule [həʊm ru:l] *znw* zelfbestuur
home run [həʊm rʌn] sp *znw* homerun ⟨honkbal⟩
home schooling [həʊm 'sku:lɪŋ] *znw* thuisonderwijs
Home Secretary [həʊm 'sekrətərɪ] *znw* ★ *the Home Secretary* de minister van Binnenlandse Zaken ⟨in Groot-Brittannië⟩
home shopping [həʊm 'ʃɒpɪŋ] *znw* thuiswinkelen, telewinkelen, teleshopping
homesick ['həʊmsɪk] *bn* heimwee hebbend
homesickness ['həʊmsɪknɪs] *znw* heimwee
homespun ['həʊmspʌn] *bn* ❶ eigengesponnen (stof) ❷ fig eenvoudig, simpel, pretentieloos
homestead ['həʊmsted] *znw* hoeve, boerderij
home straight [həʊm streɪt], **homestretch** *znw* laatste rechte deel van een baan of parcours vóór de eindstreep
home team [həʊm ti:m] *znw* thuisclub, thuisspelende ploeg
home theater [həʊm 'θɪətə] Am *znw* thuisbioscoop
home time [həʊm taɪm] inf *znw* tijd om naar huis te gaan
hometown ['həʊmtaʊn] *znw* geboortestad
home truth [həʊm tru:θ] *znw* (meestal mv) harde waarheid ★ *tell sbd some* ~s iem. flink de waarheid zeggen
homeward ['həʊmwəd] **I** *bn* huiswaarts ★ *the* ~ *journey* de thuisreis **II** *bijw* → **homewards**
homeward-bound ['həʊmwəd-baʊnd] *bn* op de thuisreis

ho

ho

homewards ['həʊmwədz], **homeward** *bijw* huiswaarts ★ *we strolled* ~ we wandelden naar huis
homework ['həʊmwɜ:k] *znw* ❶ huiswerk ★ *do sth for* ~ iets doen als huiswerk ★ *have you done your* ~? heb je je huiswerk gemaakt? ❷ voorbereidend werk ★ *the minister had done his* ~ de minister had zich goed voorbereid
homeworker ['həʊmwɜ:kə] *znw* thuiswerker
homey ['həʊmɪ] Am inf I *bn*, **homy** huiselijk, gezellig, knus II *znw* ❶ → **homeboy** ❷ → **homegirl**
homicidal [hɒmɪ'saɪdl] *bn* moorddadig, moord-
homicide ['hɒmɪsaɪd] *znw* moord, doodslag ★ jur *culpable / punishable / unlawful* ~ misdrijf tegen het leven gericht
homie ['həʊmɪ] *znw* ❶ → **homeboy** ❷ → **homegirl**
homily ['hɒmɪlɪ] afkeurend *znw* leerrede, (zeden)preek
homing ['həʊmɪŋ] *bn* naar huis terugkerend ★ luchtv *a* ~ *beacon* een aanvliegbaken ★ *a* ~ *device* een stuurmechanisme van geleid projectiel ★ *the* ~ *instinct* het instinct om eigen huis terug te vinden ⟨bijen, duiven⟩
homing pigeon ['həʊmɪŋ 'pɪdʒɪn] *znw* postduif, wedstrijdduif
hominy ['hɒmɪnɪ] *znw* grof gemalen maïs
homo ['həʊməʊ] beledigend *znw* homo
homoeopath ['həʊmɪəʊpæθ, 'hɒmɪ-], **homeopath** *znw* homeopaat
homoeopathic [həʊmɪə'pæθɪk, 'hɒmɪ-], **homeopathic** *bn* homeopathisch
homoeopathy [həʊmɪ'ɒpəθɪ, 'hɒmɪ-], **homeopathy** *znw* homeopathie
homogeneity [həʊməʊdʒɪ'ni:ɪtɪ, hɒməʊ-] *znw* homogeniteit, gelijksoortigheid
homogeneous [həʊməʊ'dʒi:nɪəs, hɒməʊ-] *bn* homogeen, gelijksoortig
homogenized [hə'mɒdʒɪnaɪzd], **homogenised** *bn* ❶ gehomogeniseerd ⟨v. melk⟩ ❷ homogeen gemaakt ⟨maatschappij⟩
homograft ['hɒməgrɑ:ft] med *znw* transplantatie met weefsel van een donor van dezelfde soort
homologous [hə'mɒləgəs] form *bn* overeenkomend, overeenkomstig
homonym ['hɒmənɪm] *znw* homoniem ⟨gelijkklinkend woord met andere betekenis⟩
homonymous [hɒ'mɒnɪməs] *bn* gelijkluidend
homophobia [həʊmə'fəʊbɪə] *znw* homohaat, homofobie ⟨afkeer van homoseksualiteit / homoseksuelen⟩
homophone ['hɒməfəʊn] *znw* homofoon ⟨woord dat hetzelfde klinkt als een ander woord⟩
homosexual [hɒm-, həʊmə(ʊ)'seksjʊəl, -ʃʊəl] *znw & bn* homoseksueel, homofiel ★ *a closet* ~ een homoseksueel in het geheim
homosexuality [hɒm-, həʊmə(ʊ)seksjʊ'ælɪtɪ, -ʃʊ'ælɪtɪ] *znw* homoseksualiteit, homofilie
homy ['həʊmɪ] *bn* → **homey**
hon [hʌn] *znw* → **honey**

Hon *afk* → **honourable**
Honduran [hɒn'djʊərən] I *bn* Hondurees II *znw* Hondurees, Hondurese
Honduras [hɒn'djʊərəs] *znw* Honduras
hone [həʊn] I *znw* wetsteen II *overg* ❶ aanzetten, scherpen ❷ fig aanscherpen, verbeteren III *phras* ★ inf ~ *in* on *sth* aansturen op iets, zich richten op iets
honest ['ɒnɪst] I *tsw* inf echt waar!, op mijn (ere)woord! II *bn* ❶ eerlijk ★ *to be* ~ *(with you)* om (je) de waarheid te zeggen, om eerlijk (tegen je) te zijn ★ *earn / make / turn an* ~ *living* eerlijk aan de kost komen ❷ rechtschapen, braaf ★ scherts *make an* ~ *woman of / out of sbd* haar trouwen ⟨na een affaire⟩ ❸ onvervalst
honest broker ['ɒnɪst 'brəʊkə] *znw* onpartijdige bemiddelaar ⟨in internationale, industriële, of andere geschillen⟩
honestly ['ɒnɪstlɪ] I *tsw* nee maar zeg! II *bijw* eerlijk (waar, gezegd), werkelijk, echt
honest to God ['ɒnɪst tə gɒd] *tsw* op mijn woord, eerlijk waar
honest-to-goodness ['ɒnɪst-tə-'gʊdnɪs] inf *bn* echt, onvervalst ★ *an* ~ *family car* een onvervalste gezinsauto
honesty ['ɒnɪstɪ] *znw* ❶ eerlijkheid, rechtschapenheid, braafheid ★ *in all* ~ in alle openheid, met zijn hand op het hart ★ zegsw ~ *is the best policy* eerlijk duurt het langst ❷ plantk judaspenning
honey ['hʌnɪ] *znw* ❶ honing ★ *as sweet as* ~ zoet als honing, honingzoet ❷ Am inf **hon** liefje, schat
honeybee ['hʌnɪbi:] *znw* honingbij
honeycomb ['hʌnɪkəʊm] I *znw* honingraat ★ *a* ~ *cloth / towel* een wafeldoek II *overg* doorboren, doorzeven, ondermijnen ★ *these fields were once* ~*ed with trenches* deze velden waren eens doorgraven met loopgraven
honeydew ['hʌnɪdju:] *znw* ❶ honingdauw ❷ **honeydew melon** suikermeloen
honeyed ['hʌnɪd] *bn* honingzoet ★ ~ *words* honingzoete woorden
honeymoon ['hʌnɪmu:n] I *znw* ❶ wittebroodsweken ❷ huwelijksreis ★ *go on a* ~ op huwelijksreis gaan II *onoverg* ❶ de wittebroodsweken doorbrengen ❷ op huwelijksreis zijn
honeymooners ['hʌnɪmu:nəz] *znw* [mv] paar op huwelijksreis
honeysuckle ['hʌnɪsʌkl] *znw* kamperfoelie
honey-tongued ['hʌnɪ-tʌŋd] *bn* mooipratend
honeytrap ['hʌnɪ træp] Br inf *znw* ❶ trekpleister ★ *a* ~ *for tourists* een trekpleister voor toeristen ❷ honeytrap ⟨spionne die haar aantrekkingskracht gebruikt om informatie te verzamelen⟩
Hong Kong ['hɒŋ kɒŋ] *znw* Hongkong
honk [hɒŋk] I *znw* ❶ geschreeuw ⟨v. wilde gans⟩ ❷ (auto)getoeter II *onoverg* ❶ schreeuwen ⟨als de wilde gans⟩ ❷ toeteren ⟨met autohoorn⟩ ❸ Br inf

overgeven

honky ['hɒŋkɪ] Am beledigend *znw* blanke

honky-tonk ['hɒŋkɪ-tɒŋk] *znw* ❶ Am inf ordinaire kroeg / dancing ❷ inf cafépianomuziek

honor ['ɒnə] Am *znw & overg* → **honour**

honorarium [ɒnə'reərɪəm] *znw* [*mv:* -s *of* honoraria] honorarium

honorary ['ɒnərərɪ] *bn* honorair, ere-

honorific [ɒnə'rɪfɪk] **I** *bn* ❶ ere- ❷ vererend **II** *znw* ❶ eretitel ❷ beleefdheidsformule

honour ['ɒnə], Am **honor** **I** *znw* ❶ eer, eerbewijs ★ form *your Honour* Edelachtbare ★ *a lap of* ~ een ereronde ★ *a mark of* ~ een eerbewijs ★ *the place / seat of* ~ de ereplaats ★ *in his / her* ~ ter ere van hem / haar ★ *in* ~ *of sbd / sth* ter ere van iem. / iets ★ *he gave me his word of* ~ hij gaf mij zijn erewoord ★ *acquit oneself with* ~ zijn taak met eer voltooien ★ *do sbd an* ~ iem. eer bewijzen, iem. eer aandoen ❷ eergevoel, reputatie, aanzien ★ *be* ~ *bound to do sth* zedelijk verplicht zijn, het aan zijn eer verplicht zijn ★ *defend sbd's* ~ iemands eer verdedigen ★ *uphold the* ~ *of sth* iemands eer hooghouden ❸ erewoord ★ *on my* ~ op mijn erewoord **II** *overg* ❶ eren, vereren ★ *be* ~ed *for bravery* geëerd worden voor moed ★ ~ *sbd with one's presence* iem. met een bezoek vereren ❷ nakomen ⟨verplichtingen⟩ ★ ~ *a promise* een belofte nakomen

honourable ['ɒnərəbl], Am **honorable** *bn* ❶ eervol ❷ achtbaar, eerzaam, eerwaardig ★ ~ *intentions* eerbare bedoelingen ❸ **Hon.** hooggeboren (als titel) ★ pol *the* ~ *member* ± de geachte afgevaardigde

honourable mention ['ɒnərəbl-'menʃən] *znw* eervolle vermelding

honours ['ɒnəz], Am **honors** *znw* [*mv*] ❶ eer(bewijzen), onderscheidingen ⟨op verjaardagen v. vorsten, met Nieuwjaar⟩ ❷ eretitels ❸ honneurs ★ inf *do the* ~ de honneurs waarnemen, iets inschenken / aanbieden ❹ onderw met lof, cum laude ★ *graduate with* ~ cum laude promoveren

honours degree ['ɒnəz dɪ'griː], **honors degree** *znw* universitaire graad ⟨meer gespecialiseerd dan een *pass degree*⟩

honours list ['ɒnəz lɪst] *znw* lijst van personen die een onderscheiding hebben gekregen, lintjesregen

honour system ['ɒnə 'sɪstəm] *znw* eresysteem ⟨berustend op de eerlijkheid van de deelnemers⟩

hooch [huːtʃ], **hootch** Am inf *znw* slechte of illegaal gestookte whisky, bocht, vuurwater

hood [hʊd] *znw* ❶ kap, capuchon ❷ overkapping, huif ❸ afzuigkap ❹ Am motorkap ❺ Am inf gangster, crimineel

hooded ['hʊdɪd] *bn* ❶ met een kap, bedekt ❷ half toegeknepen ⟨ogen⟩

hooded crow ['hʊdɪd krəʊ] *znw* bonte kraai

hoodlum ['huːdləm] *znw* gangster, crimineel, bendelid

hoodwink ['hʊdwɪŋk] *overg* beetnemen, misleiden, oplichten

hooey ['huːɪ] Am inf *znw* onzin, nonsens

hoof [huːf] **I** *znw* [*mv:* -s *of* hooves] hoef ★ *on the* ~ uit bed, op de been **II** *overg* ★ inf ~ *it* lopen ★ inf ~ *sbd out* iem. eruit trappen

hoof and mouth disease [huːf ənd maʊθ dɪ'ziːz] Am *znw* mond- en klauwzeer

hoofbeat ['huːfbiːt] *znw* hoefslag

hoofed [huːft] *bn* gehoefd

hoo-ha ['huːhɑː] Br inf *znw* herrie, trammelant, drukte

hook [hʊk] **I** *znw* ❶ haak, vishaak, angel ★ ~, *line and sinker* compleet, helemaal, met alles erop en eraan ★ *off the* ~ van de haak ⟨telefoon⟩ ★ inf *get sbd off the* ~ iem. uit de puree halen ★ inf *get one's* ~s *into sbd* iem. het leven zuur maken ★ inf *get one's* ~s *into sth* iets te pakken krijgen ❷ sikkel, snoeimes ❸ sp hoek(stoot) ⟨boksen⟩, boogbal ⟨golf, cricket⟩ ★ Am inf *give sbd the* ~ iem. ontslaan ▼ *by* ~ *or by crook* op de een of andere manier, eerlijk of oneerlijk **II** *overg* ❶ haken zetten aan ❷ aan-, dichthaken ★ ~ *sbd / sth up* iem. / iets aansluiten, verbinden, iem. / iets aanhaken ❸ aan de haak slaan ❹ naar zich toe halen ❺ sp een boogbal slaan ⟨cricket, golf⟩ **III** *onoverg* (blijven) haken ★ ~ *up to sth* verbonden worden met iets

hookah ['hʊkə] *znw* Turkse waterpijp

hook and eye [hʊk ænd aɪ] *znw* haakje en oogje

hooked [hʊkt] *bn* ❶ haakvormig, gehoekt ❷ met een haak ❸ inf verslaafd ⟨aan drugs⟩ ★ inf *be / get* ~ *on sth* helemaal weg zijn van iets, verslaafd raken aan iets

hooker ['hʊkə] *znw* ❶ inf hoer ❷ sp hooker ⟨rugby⟩

hook nose [hʊk nəʊz], **hooked nose** *znw* haviksneus, haakneus

hook-nosed ['hʊk-nəʊzd] *bn* met een haviksneus / haakneus

hook-up ['hʊk-ʌp] RTV *znw* verbinding ★ *a nationwide* ~ een uitzending over alle zenders (v.e. land)

hookworm ['hʊk wɜːm] *znw* mijnworm

hooky ['hʊkɪ] Am inf *znw* ★ *play* ~ spijbelen

hooligan ['huːlɪgən] *znw* (jonge) vandaal, hooligan

hooliganism ['huːlɪgənɪzəm] *znw* vandalisme, supportersgeweld

hoon [huːn] Aus inf **I** *znw* hufter **II** *phras* ★ ~ **around** als een dolle rondrijden

hoop [huːp] *znw* ❶ hoepel ★ inf *go through the* ~s het moeilijk hebben, een beproeving doorstaan, gestraft worden ★ inf *put sbd through the* ~s iem. onder handen nemen, iem. het leven zuur maken ❷ hoepelrok ❸ ring, band

hooped [huːpt] *bn* hoepel-

hoopla ['huːplɑː] *znw* ❶ ringwerpspel ⟨op kermis⟩ ❷ Am inf drukte, herrie

hooray [hʊ'reɪ] *tsw* → **hurrah**

hoot [huːt] **I** *znw* ❶ gejoel ❷ geschreeuw ⟨v. uil⟩ ❸ getoet(er) ❹ Br inf giller ▼ *not care / give a* ~ / *two* ~s geen zier / moer kunnen schelen **II** *overg*

ho

uitjouwen ★ ~ *sbd down* iem. wegfluiten, iem. het spreken onmogelijk maken ★ ~ *sbd off* iem. wegjouwen ‹v. toneel› **III** *onoverg* ❶ jouwen ★ ~ *at sbd* iem. na-, uitjouwen ❷ schreeuwen ‹v. uil› ❸ toeten ‹v. stoomfluit› ❹ toeteren, claxonneren ‹v. auto›

hootch [hu:tʃ] Am inf *znw* → **hooch**

hooter ['hu:tə] *znw* ❶ stoomfluit, sirene, (auto)toeter, claxon ❷ inf snufferd, neus

hoover ['hu:və] *overg & onoverg* stofzuigen

hooves ['hu:vz] *znw* [mv] → **hoof**

hop [hɒp] **I** *znw* ❶ sprongetje, sprong ★ inf *on the* ~ bezig, in de weer ★ inf *be caught on the* ~ overrompeld worden, verrast worden ❷ korte afstand ❸ danspartij ❹ comput koppeling tussen twee knooppunten in een netwerk ❺ plantk hop **II** *overg* ❶ overheen springen, wippen ❷ springen in ‹bus, trein› ★ inf ~ *it* 'm smeren, ophoepelen **III** *onoverg* huppelen, hinken, springen, inf dansen

hope [həʊp] **I** *znw* hoop, verwachting ★ *the team's brightest* ~ *for a gold medal* de beste kans van het team voor een gouden medaille ★ inf *not a* ~ *in hell* geen schijn van kans ★ *some* ~! het mocht wat!, schei uit!, je meent het! ★ *beyond* ~ *of repair* geen enkele hoop op reparatie ★ *entertain the* ~ *that* de hoop koesteren dat ★ *live in* ~ (blijven) hopen ★ zegsw ~ *springs eternal* hoop doet leven **II** *overg & onoverg* hopen (op *for*), verwachten (van *of*) ★ ~ *for the best* het beste maar hopen ★ ~ *against* ~ hopen tegen beter weten in

hope chest [həʊp tʃest] *znw* uitzet

hopeful ['həʊpfʊl] **I** *bn* ❶ hoopvol, optimistisch ❷ veelbelovend ★ *a* ~ *sign* een veelbelovend teken **II** *znw* veelbelovend persoon ★ *a young* ~ een jong persoon met ambities

hopefully ['həʊpfʊlɪ] *bijw* ❶ hopelijk ❷ hoopvol

hopeless ['həʊplɪs] *bn* hopeloos, uitzichtloos ★ inf *he's a* ~ *romantic* hij is een onverbeterlijke romanticus

hopper ['hɒpə] *znw* ❶ vultrechter ❷ tremel ‹v.e. molen›

hopper wagon ['hɒpə 'wægən] transport *znw* onderlosser

hopping ['hɒpɪŋ] inf *bn* ★ ~ *mad* spinnijdig, woest ★ *do a* ~ *business* goede zaken doen

hops [hɒps] *znw* [mv] hop(bellen)

hopscotch ['hɒpskɒtʃ] *znw* hinkelspel

hop step and jump ['hɒp step ən 'dʒʌmp], **hop skip and jump** *znw* hink-stap-sprong ★ inf *we'll get there in a* ~ we zijn er in een vloek en een zucht

horde [hɔ:d] *znw* horde, bende, troep

horizon [hə'raɪzən] *znw* horizon, (gezichts)einder, gezichtskring ★ *on the* ~ aan de horizon ‹ook fig› ★ *scan the* ~ de horizon afzoeken ★ *their* ~*s stretch no further than simply surviving* hun blikveld reikt niet verder dan eenvoudigweg overleven

horizontal [hɒrɪ'zɒntl] **I** *bn* horizontaal **II** *znw* horizontale lijn, horizontaal vlak

horizontally [hɒrɪ'zɒntlɪ] *bijw* horizontaal, liggend

★ *the bottles should be stored* ~ de flessen moeten liggend bewaard worden

horlicks ['hɔ:lɪks] Br inf *znw* ★ *make a* ~ *of sth* een zootje maken van iets

hormonal [hɔ:'məʊnəl] *bn* hormonaal

hormone ['hɔ:məʊn] *znw* hormoon

hormone replacement therapy ['hɔ:məʊn rɪ'pleɪsmənt 'θerəpɪ] *znw* hormoontherapie

hormone treatment ['hɔ:məʊn 'tri:tmənt] med *znw* hormoonbehandeling

horn [hɔ:n] **I** *znw* ❶ hoorn, horen ★ Am inf *on the* ~ aan de telefoon ★ *on the* ~*s of a dilemma* in een impasse, voor een dilemma ★ inf *blow one's own* ~ zijn eigen loftrompet blazen, opscheppen ❷ claxon, toeter, sirene ❸ voelhoorn ★ *draw in one's* ~*s* wat inbinden ❹ drinkhoorn, kruithoorn ❺ Br vulg erectie, stijve **II** *overg* hoornen **III** *onoverg* ★ inf ~ *in* zich opdringen

horned [hɔ:nd] *bn* gehoornd, hoorn-

hornet ['hɔ:nɪt] *znw* horzel, hoornaar ★ *stir up a* ~*'s nest* zich in een wespennest steken

horniness ['hɔ:nɪnɪs] inf *znw* geilheid, hitsigheid

horn of plenty [hɔ:n əv 'plentɪ] *znw* hoorn des overvloeds

hornpipe ['hɔ:npaɪp] *znw* horlepiep

horn-rimmed [hɔ:n-'rɪmd] *bn* ★ ~ *glasses / spectacles* een uilenbril

horny ['hɔ:nɪ] *bn* ❶ hoornachtig ❷ eeltig ❸ hoorn- ❹ inf geil, hitsig

horoscope ['hɒrəskəʊp] *znw* horoscoop ★ *cast / draw up sbd's* ~ iemands horoscoop trekken ★ *read sbd's* ~ iemands horoscoop lezen ★ *what does your* ~ *say?* wat staat er in jouw horoscoop?

horrendous [hə'rendəs] *bn* afgrijselijk, verschrikkelijk ★ *his injuries were* ~ zijn verwondingen waren afgrijselijk

horrendously [hə'rendəslɪ] *bijw* afgrijselijk, verschrikkelijk ★ *in such conditions, they must have suffered* ~ onder zulke omstandigheden moeten ze verschrikkelijk geleden hebben

horrible ['hɒrɪbl] inf *bn* afschuwelijk, afgrijselijk, akelig, vreselijk, gruwelijk, huiveringwekkend ★ *my parents think I'm* ~ mijn ouders vinden me vreselijk

horribly ['hɒrɪblɪ] *bijw* afschuwelijk, afgrijselijk, akelig, vreselijk, gruwelijk ★ *the prisoners suffered* ~ de gevangenen hebben afschuwelijk geleden ★ *I'm afraid you're* ~ *mistaken* ik ben bang dat je het vreselijk mis hebt ★ *he's been* ~ *naughty at school* hij is heel erg stout geweest op school

horrid ['hɒrɪd] *bn* vreselijk, verschrikkelijk, angstaanjagend ★ *I've had a* ~ *dream* ik heb een angstaanjagende droom gehad ★ inf *you're a* ~ *little boy* je bent een vreselijk vervelend jongetje

horrific [hə'rɪfɪk] *bn* schrikbarend, afgrijselijk ★ *he suffered* ~ *injuries* hij liep afgrijselijke verwondingen op

horrified ['hɒrɪfaɪd] *bn* vervuld van afschuw, vol huiver

ho

horrify ['hɒrɪfaɪ] *overg* met afschuw vervullen, schokken

horrifying ['hɒrɪfaɪɪŋ] *bn* afschuwelijk, afgrijselijk, ontstellend ★ *a ~ experience* een afschuwelijke ervaring

horrifyingly ['hɒrɪfaɪɪŋlɪ] *bijw* afschuwelijk, afgrijselijk, ontstellend ★ *she's got ~ thin* ze is afschuwelijk mager geworden

horror ['hɒrə] *znw* ❶ (af)schrik, afschuw, gruwel, verschrikking, akeligheid ★ *he has a ~ of spiders* hij heeft een afschuw van spinnen ★ *to my ~, the boat started to tilt* tot mijn grote schrik begon de boot over te hellen ★ *the thought alone filled her with ~* de gedachte alleen al vervulde haar met afschuw ❷ griezel, kreng, monster

horror film ['hɒrə fɪlm] *znw* griezelfilm, horrorfilm

horrors ['hɒrəz] **I** *tsw* inf afschuwelijk! **II** *znw* [mv] ❶ angstaanval(len), de zenuwen ★ inf *the film gave me the ~* de film gaf me de zenuwen ❷ verschrikkingen ★ scherts *and then, ~ of ~, I had to give a speech* en toen, erger kan het niet / tot overmaat van ramp, moest ik een toespraak houden

horror story ['hɒrə 'stɔːrɪ] *znw* griezelverhaal, horrorstory

horror-stricken ['hɒrə-strɪkən], **horror-struck** *bn* met afgrijzen vervuld

hors de combat ['ɔːdə 'kɒmbaː] *⟨Fr⟩ bn* buiten gevecht

hors-d'oeuvre [ɔːˈdɜːvr, -dɜːv] *⟨Fr⟩ znw* [mv: ~ of hors-d'oeuvres] hors-d'oeuvre, voorgerecht

horse [hɔːs] **I** *znw* ❶ paard ⟨ook turntoestel⟩ ★ *a dark ~* een onbekend paard ⟨bij races⟩, fig iemand van wie men maar weinig weet ★ inf *~s for courses* de juiste man op de juiste plaats ★ inf *straight from the ~'s mouth* uit de eerste hand ★ inf *a ~ of a different colour* een heel andere zaak ★ inf *come off one's high ~* een toontje lager zingen ★ inf *hold your ~s!* rustig aan!, kalm aan een beetje! ★ inf *get on one's high ~* een hoge toon aanslaan ★ zegsw *you can lead / take a ~ to water but you can't make him drink* je kunt een paard wel naar het water brengen, maar drinken moet hij zelf ❷ ruiterij, cavalerie ❸ schraag, rek, bok ❹ inf heroïne **II** *overg* van paarden voorzien **III** *phras* ★ inf *~ about / around* stoeien, dollen

horse and buggy [hɔːs ənd 'bʌgɪ] *znw* paard en wagen

horse artillery [hɔːs ɑːˈtɪlərɪ] *znw* rijdende artillerie

horseback ['hɔːsbæk] *znw* ★ *on ~* te paard

horsebox ['hɔːsbɒks] *znw* → **horse float**

horse chestnut [hɔːs 'tʃesnʌt] *znw* wilde kastanje, paardenkastanje

horse collar [hɔːs 'kɒlə] *znw* gareel, haam

horse dealer [hɔːs 'diːlə] *znw* paardenhandelaar

horse-drawn ['hɔːs-drɔːn] *bn* met paarden bespannen

horseflesh ['hɔːsfleʃ] *znw* paarden ⟨collectief gezien⟩

horse float [hɔːs fləʊt], **horse box**, **horse trailer**, **horse van** *znw* paardentrailer

horse fly [hɔːs flaɪ] *znw* paardenvlieg

horsehair ['hɔːsheə] *znw* paardenhaar

horse laugh [hɔːs laːf] *znw* ruwe lach

horseleech ['hɔːsliːtʃ] *znw* grote bloedzuiger

horseman ['hɔːsmən] *znw* ruiter, paardrijder

horsemanship ['hɔːsmənʃɪp] *znw* rijkunst

horsemeat ['hɔːsmiːt] *znw* paardenvlees

horse opera [hɔːs 'ɒprə] Am inf *znw* cowboyfilm, western

horseplay ['hɔːspleɪ] *znw* ruw spel, ruwe grappen

horsepower ['hɔːspaʊə] *znw* paardenkracht ★ *the brake ~* de rempaardenkracht ★ *the indicated ~* de indicateur-paardenkracht

horse racing [hɔːs 'reɪsɪŋ] *znw* paardenrennen

horseradish ['hɔːsrædɪʃ] *znw* mierikswortel

horse riding [hɔːs 'raɪdɪŋ] *znw* paardrijden, paardrijkunst

horse sense [hɔːs sens] inf *znw* gezond verstand

horseshoe ['hɔːsʃuː] *znw* hoefijzer

horse show [hɔːs ʃəʊ] *znw* ❶ paardententoonstelling ❷ concours hippique

horsetail ['hɔːsteɪl] *znw* plantk paardenstaart

horse track [hɔːs træk] *znw* ruiterpad

horsetrading ['hɔːstreɪdɪŋ] *znw* ❶ paardenhandel ❷ fig koehandel

horse trailer [hɔːs 'treɪlə] *znw* → **horse float**

horse van [hɔːs væn] *znw* → **horse float**

horsewhip ['hɔːswɪp] **I** *znw* rijzweep **II** *overg* met een rijzweep slaan, afranselen

horsewoman ['hɔːswʊmən] *znw* paardrijdster, amazone

horsey ['hɔːsɪ], **horsy** *bn* ❶ als (van) een paard ❷ dol op paarden(sport)

horticultural [hɔːtɪˈkʌltʃərəl] *bn* tuinbouw-

horticulturalist [hɔːtɪˈkʌltʃərəlɪst] *znw* → **horticulturist**

horticulture ['hɔːtɪkʌltʃə] *znw* tuinbouw

horticulturist [hɔːtɪˈkʌltʃərɪst], **horticulturalist** *znw* ❶ tuinder ❷ tuinbouwkundige

hosanna [həʊˈzænə] **I** *tsw* hosanna! **II** *znw* hosanna, gejubel

hose [həʊz] **I** *znw* ❶ slang ⟨v. brandspuit⟩ ❷ kousen, panty **II** *overg* bespuiten ★ *~ sbd / sth down* iem. / iets nat-, schoonspuiten

hosepipe ['həʊzpaɪp] Br *znw* ❶ brandslang ❷ tuinslang

hoser ['həʊzə] Am & Can inf *znw* dom of lomp persoon

hosiery ['həʊzɪərɪ] *znw* sokken, kousen en panty's

hospice ['hɒspɪs] *znw* verpleeghuis voor terminale patiënten

hospitable ['hɒspɪtəbl] *bn* ❶ gastvrij, hartelijk ❷ aangenaam, prettig

hospitably ['hɒspɪtəblɪ] *bijw* ❶ gastvrij, hartelijk ★ *he inquired ~ about her health* hij informeerde hartelijk naar haar gezondheid ❷ aangenaam, prettig

hospital ['hɒspɪtl] *znw* ❶ ziekenhuis, hospitaal ★ *she works at the local ~* ze werkt in het plaatselijke ziekenhuis ★ *he was admitted to ~* hij werd in het

ho

ziekenhuis opgenomen ❷ gasthuis

hospital corners ['hɒspɪtl 'kɔ:nəz] *znw* [mv]
ingevouwen hoeken van de lakens bij het opmaken
van het bed

hospitality [hɒspɪ'tælɪtɪ] *znw* ❶ gastvrijheid ★ *the ~
industry* de horeca ★ *abuse sbd's ~* misbruik maken
van iemands gastvrijheid ❷ receptie, officiële
ontvangst ★ *the firm's ~ area* de firma's
receptieruimte

hospitalization [hɒspɪtəlaɪ'zeɪʃn], **hospitalisation** *znw*
ziekenhuisopname

hospitalize ['hɒspɪtəlaɪz], **hospitalise** *overg* in een
ziekenhuis (laten) opnemen / verplegen

host [həʊst] **I** *znw* ❶ gastheer, waard, herbergier
★ *the ~ country* het gastland ★ *a ~ family* een
gastgezin ★ *the desert is ~ to some rare animals* de
woestijn herbergt een aantal zeldzame dieren ★ *act
as ~* als gastheer optreden ★ *play ~ to sth* gastheer
zijn voor iets, iets organiseren ‹evenement,
sportontmoeting, conferentie &› ❷ → **host
computer** ❸ → biol **host cell** ❹ RK hostie ❺ massa,
menigte ★ bijbel *the Lord of Hosts* de Heer der
heerscharen ★ Bijbel *the heavenly ~* de hemelse
heerscharen, de engelen ★ *~s of / a ~ of memories
/ problems / reporters &* een groot aantal
herinneringen / problemen / journalisten & **II** *overg*
optreden als gastheer voor (bij) ★ *~ a radio
programme* een radioprogramma presenteren

hostage ['hɒstɪdʒ] *znw* gijzelaar, gegijzelde ★ *a ~ to
fortune* zich een blok aan het been binden ★ *take
/ hold sbd ~* iem. gijzelen

host cell [həʊst sel] biol, **host** *znw* gastcel

host computer [həʊst kəm'pju:tə], **host** *znw* centrale
computer, host, host computer

hostel ['hɒstl] *znw* ❶ tehuis, kosthuis, studentenhuis
❷ jeugdherberg

hosteller ['hɒstələ], Am **hosteler** *znw* bezoeker / -ster
van een jeugdherberg

hostelry ['hɒstəlrɪ] scherts *znw* pub, café

hostess ['həʊstɪs] *znw* ❶ gastvrouw, hostess
❷ waardin ❸ luchtv stewardess ❹ RTV presentatrice
❺ animeermeisje

hostile ['hɒstaɪl] *bn* ❶ vijandelijk ❷ vijandig
★ *management was ~ to the idea* het management
was tegen het idee

hostile takeover ['hɒstaɪl 'teɪkəʊvə] *znw* vijandige
overname

hostile witness ['hɒstaɪl 'wɪtnɪs] *znw* onwillige
getuige

hostilities [hɒ'stɪlɪtɪz] *znw* [mv] vijandelijkheden,
gevechten ★ *at the commencement of ~* bij het begin
van de vijandelijkheden

hostility [hɒ'stɪlɪtɪ] *znw* vijandigheid, vijandige
gezindheid, vijandschap

hot [hɒt] **I** *bn* ❶ heet, warm ★ *in ~ pursuit* op de
hielen zittend ★ inf *in ~ water* in de problemen ★ *~
on the heels of sbd / sth* iem. / iets op de hielen zitten
★ *be ~ on sbd's trail* iem. op de hielen zitten ★ inf *be*

too ~ to handle te controversieel zijn, te moeilijk te
behandelen zijn ★ *get ~* warm zijn ‹bij raadspelletje›
★ *go ~ and cold* het beurtelings warm en koud
krijgen ★ inf *go / sell like ~ cakes* als warme broodjes
de winkel uit vliegen ★ inf *make it / things ~ for sbd*
iem. het vuur na aan de schenen leggen ❷ inf
onder spanning, radioactief ❸ vurig, pikant,
gepeperd, scherp ❹ heftig, hevig, driftig ★ *~ and
bothered* kwaad, erg bezorgd ★ inf *~ under the collar*
woedend, razend, in verlegenheid ★ inf *be ~ on sth*
gebrand zijn op iets, gek op iets zijn, bedreven in
iets zijn ❺ geil, opwindend ★ Am inf *~ to trot*
seksueel opgewonden, geil ❻ inf actueel, recent,
kersvers, gloednieuw ★ *~ news* sensationeel nieuws
★ *~ off the press* vers van de pers, recent ‹nieuws›
❼ inf link, gestolen **II** *overg* ★ Br inf *~ sth up* iets
warm(er) maken, iets levendiger / heviger maken,
iets opvoeren ‹v. auto's› **III** *onoverg* ★ Br inf *~ up*
warm(er) worden, levendiger / heviger worden

hot air [hɒt eə] *znw* blabla, gebakken lucht

hot air balloon [hɒt eə bə'lu:n] *znw* heteluchtballon

hot-air ballooning [hɒt-eə bə'lu:nɪŋ] *znw* ballonvaren

hot-air gun [hɒt-eə gʌn] *znw* verfbrander

hotbed ['hɒtbed] *znw* ❶ broeibak ❷ broeinest ★ *a ~ of
corruption / intrigue &* een broeinest van corruptie
/ intrige &

hot-blooded [hɒt-'blʌdɪd] *bn* heetgebakerd, vurig

hot button [hɒt 'bʌtn] Am inf *znw* een gevoelige
kwestie, heet hangijzer

hotchpotch ['hɒtʃpɒtʃ], Am **hodgepodge** *znw* hutspot,
mengelmoes, allegaartje, warboel

hot cross bun [hɒt krɒs bʌn] *znw* kruisbroodje
‹gegeten op Goede Vrijdag›

hot-desking [hɒt-'deskɪŋ] *znw* systeem waarbij
kantoorpersoneel niet een eigen bureau krijgt
toegewezen, maar waarbij bureaus worden gedeeld

hot dog ['hɒt dɒg] **I** *tsw* Am inf schitterend!,
fantastisch! **II** *znw* ❶ hotdog ❷ Am inf stuntskiër,
stuntatleet **III** *onoverg* stunts doen

hotel [həʊ'tel] *znw* hotel ★ *Hotel* de letter H ‹in het
internationaal alfabet› ★ *we met at the ~* we
kwamen elkaar bij het hotel tegen

hotelier [həʊ'telɪə] *znw* hotelier, hotelhouder

hot flush [hɒt flʌʃ], Am **hot flash** *znw* opvlieger ‹v.
vrouwen in de overgang›

hotfoot ['hɒtfʊt] inf **I** *bijw* halsoverkop, in aller ijl,
spoorslags ★ *I went ~ to the doctor* ik ben
halsoverkop naar de dokter gegaan **II** *onoverg* ★ *~ it*
zich haasten, wegrennen

hothead ['hɒthed] *znw* heethoofd, driftkop

hot-headed [hɒt-'hedɪd], **hotheaded** *bn* heethoofdig

hot-headedness [hɒt-'hedɪdnɪs], **hotheadedness** *znw*
heethoofdigheid

hothouse ['hɒthaʊs] *znw* (broei)kas

hothouse flower ['hɒthaʊs 'flaʊə] *znw* kasbloem

hot key [hɒt ki:] comput *znw* sneltoets, functietoets

hotline ['hɒtlaɪn] *znw* directe telefoonverbinding,
hotline

hot link [hɒt lɪŋk] comput znw hot link, hyperlink
hotly ['hɒtlɪ] bijw vurig, fel ★ a ~ debated issue een fel bediscussieerde kwestie
hot money [hɒt 'mʌnɪ] znw hot money, speculatiegeld
hot pants [hɒt pænts] znw [mv] hotpants
hotplate ['hɒtpleɪt] znw ❶ kookplaat ❷ rechaud, verwarmingsplaat
hotpot ['hɒtpɒt] znw jachtschotel
hot potato [hɒt pə'teɪtəʊ] inf znw heet hangijzer ★ drop sbd like a ~ iem. als een baksteen laten vallen
hotrod ['hɒtrɒd] I znw opgevoerde auto II onoverg met een opgefokte auto rijden
hots [hɒts] inf znw [mv] ★ get / have the ~ for sbd geilen op iem
hot seat [hɒt siːt] znw ★ inf the ~ een positie met zware verantwoordelijkheden, Am de elektrische stoel ★ be in the ~ de verantwoordelijkheid hebben
hotshot ['hɒtʃɒt] inf znw ❶ uitblinker, kanjer ❷ hoge piet, kopstuk
hot spot [hɒt spɒt] znw ❶ gevaarlijke plek, brandhaard ❷ geol een gebied met vulkanische activiteit ❸ fig netelige situatie
hot stuff [hɒt stʌf] inf I bn erg goed, expert, sensationeel ★ he's ~ at most sports hij is erg goed in de meeste sporten II znw ❶ kei, kanjer ❷ stuk, stoot, spetter ❸ zwaargewicht, belangrijk figuur ❹ prima spul, topkwaliteit ★ the tabloids have got hold of some ~ on him de roddelbladen hebben sensationeel nieuws over hem te pakken gekregen
hot-tempered [hɒt-'tempəd] bn heetgebakerd, oplopend
hot ticket [hɒt 'tɪkɪt] znw iets dat zeer in trek is, populair persoon
hottie ['hɒtɪ], **hotty** inf znw ❶ Br kruik ❷ aantrekkelijke meid
hotting ['hɒtɪŋ] Br inf znw roekeloos rijden en stunts uithalen met snelle, gestolen auto's om indruk te maken
hot-water bottle [hɒt-'wɔːtə 'bɒtl], **hot-water bag** znw (warme) kruik
hot water cylinder [hɒt 'wɔːtə 'sɪlɪndə], **hot water tank** znw heetwatertank, boiler
hot water system [hɒt 'wɔːtə 'sɪstəm] znw heetwatersysteem
hot water tank [hɒt 'wɔːtə tæŋk] znw → **hot water cylinder**
hot-wire [hɒt-'waɪə] inf overg de draden doorverbinden ⟨om een auto zonder contactsleutel te starten⟩
hound [haʊnd] I znw jachthond, hond II overg achtervolgen, vervolgen ★ ~ sbd out iem. wegjagen, wegpesten
houndstooth ['haʊndztuːθ] znw houndstooth, kippenpoot ⟨bep. weefpatroon, vooral voor colberts &⟩
hour [aʊə] znw uur ★ opening ~s werktijd, kantooruren ★ the small / wee ~s de uren na

middernacht ★ after ~s na het sluitingsuur, na kantoortijd ★ ~ after ~ urenlang, uur na uur ★ afkeurend at all ~s (of the day / night) de hele godganse dag / nacht, op alle mogelijke en onmogelijke tijdstippen ★ by the ~ / from ~ to ~ van uur tot uur ★ inf for ~s (and ~s) urenlang, uren achter elkaar ★ in an evil ~ te kwader ure ★ in two ~s' time over twee uur ★ on the ~ op het hele uur ★ afkeurend till all ~s tot diep in de nacht ★ your / his / their & ~ has come jouw / zijn / hun & uur / tijd is gekomen ★ work bad / regular / unsociable & ~s slechte / regelmatige / asociale werktijden hebben
hourglass ['aʊəɡlɑːs] znw zandloper
hour-glass figure ['aʊə-ɡlɑːs 'fɪɡə] znw zandloperfiguur
hour hand [aʊə hænd] znw uurwijzer
hourly ['aʊəlɪ] bn & bijw ❶ (van) ieder uur, alle uren, van uur tot uur ★ we got an ~ account of their movements we kregen een verslag van hun activiteiten van uur tot uur ❷ om het uur ★ the baby is waking ~ de baby wordt om het uur wakker ❸ per uur, uur-★ the ~ rate de prijs per uur, de uurprijs ❹ voortdurend
hourly wage ['aʊəlɪ weɪdʒ] znw uurloon
house I znw [haʊs] ❶ huis, woning ★ ~ and home huis en hof ★ inf as safe as ~s volkomen veilig ★ a ~ of cards een kaartenhuis ★ inf get on / along like a ~ on fire het prima met elkaar kunnen vinden ★ keep open ~ heel gastvrij zijn ★ stay in the ~ binnen blijven ★ zegsw people who live in glass ~s shouldn't throw stones wie in een glazen huisje zit, moet niet met stenen gooien ❷ huishouden ★ keep ~ huishouden, het huishouden doen ★ put / set one's ~ in order orde op zaken stellen ★ set up ~ een huishouden opzetten ★ zegsw a ~ divided cannot stand een huis dat in zichzelf verdeeld is gaat ten onder ❸ vorstenhuis ❹ handelshuis, firma, restaurant, café ★ inf on the ~ van het huis ⟨gratis⟩ ❺ klooster, armenhuis, (afdeling v.) internaat, schoolafdeling ❻ schouwburg, zaal ★ a full / packed ~ een uitverkochte zaal ★ bring the ~ down staande ovaties oogsten, de zaal plat krijgen ❼ kamer ⟨in parlement⟩ ★ Br the House het Lagerhuis of het Hogerhuis ❽ **house music** house ❾ astrol huis II overg [haʊz] ❶ onder dak brengen, onderbrengen, huisvesten ❷ binnenhalen ❸ stallen
house agent [haʊs 'eɪdʒənt] znw makelaar in huizen
house arrest [haʊs ə'rest] znw huisarrest ★ be placed under ~ onder huisarrest staan
houseboat ['haʊsbəʊt] znw woonschip
housebound ['haʊsbaʊnd] bn aan huis gebonden, bedlegerig
houseboy ['haʊsbɔɪ], Am **houseman** znw huisknecht
housebreak ['haʊsbreɪk] Am overg → **housetrain**
housebreaker ['haʊsbreɪkə] znw inbreker
housebreaking ['haʊsbreɪkɪŋ] znw inbraak
house-broken ['haʊs-brəʊkən] Am, **housebroken** bn

ho

ho

→ **house-trained**
housebuyer ['haʊsbaɪə] *znw* huizenkoper
house call [haʊs kɔ:l] *znw* huisbezoek ‹v. dokter &›
housecoat ['haʊskəʊt] *znw* ochtendjas
House Committee [haʊs kə'mɪtɪ] *znw* Commissie van het Lagerhuis
housefather ['haʊsfɑ:ðə] *znw* (wees)huisvader
housefly ['haʊsflaɪ] *znw* huisvlieg
house guest [haʊs gest] *znw* logé
household ['haʊshəʊld] *znw* (huis)gezin, huishouden ★ ~ *chores* huishoudelijk werk, huishoudelijke karweitjes ★ ~ *goods* huishoudelijke artikelen ★ *the head of the* ~ het hoofd van het gezin
householder ['haʊshəʊldə] *znw* gezinshoofd
household name ['haʊshəʊld neɪm] *znw* begrip, bekende naam
household remedy ['haʊshəʊld 'remɪdɪ] *znw* huismiddeltje
household troops ['haʊshəʊld 'tru:ps] Br *znw* [mv] koninklijke lijfgarde
household word ['haʊshəʊld wɜ:d] *znw* begrip, bekende naam
house-hunting ['haʊs-hʌntɪŋ] *znw* huizenjacht
house husband [haʊs 'hʌzbənd] *znw* huisman ‹man die het huishouden doet›
housekeeper ['haʊski:pə] *znw* huishoudster
housekeeping ['haʊski:pɪŋ] *znw* huishouding, huishouden ★ *the* ~ *book* het huishoudboek ★ *the* ~ *money* het huishoudgeld
house lights [haʊs laɪts] *znw* [mv] zaalverlichting
housemaid ['haʊsmeɪd] *znw* werkmeid
housemaid's knee ['haʊsmeɪdz ni:] med *znw* kruipknie, vocht in de knie
houseman ['haʊsmən] *znw* ❶ → Br **house officer** ❷ → Am **houseboy**
house martin [haʊs 'mɑ:tɪn] *znw* huiszwaluw
housemaster ['haʊsmɑ:stə] *znw* leraar die de leiding heeft over de leerlingen van een internaat
housemate ['haʊsmeɪt] *znw* huisgenoot
housemistress ['haʊsmɪstrɪs] *znw* lerares die de leiding heeft over de leerlingen van een internaat
housemother ['haʊsmʌðə] *znw* (wees)huismoeder
House of Commons [haʊs əv 'kɒmənz] Br *znw* ★ *the* ~ het Lagerhuis
house of correction [haʊs əv kə'rekʃən] Am *znw* verbeterhuis, verbeteringsgesticht, gevangenis
house officer [haʊs 'ɒfɪsə], Br **houseman** *znw* ± inwonend coassistent, assistent-arts ‹in ziekenhuis›
house owner [haʊs 'əʊnə] *znw* huiseigenaar
house painter [haʊs 'peɪntə] *znw* huisschilder
house party [haʊs 'pɑ:tɪ] *znw* ❶ (deelnemers aan een)

logeerpartij in een landhuis (gedurende enige dagen) ❷ house party ‹feest met housemuziek›
houseplant ['haʊsplɑ:nt] *znw* kamerplant
house-proud ['haʊs-praʊd], **houseproud** *bn* keurig (netjes) op het huishouden
houseroom ['haʊsru:m] *znw* ruimte in een huis ★ inf *I wouldn't give it* ~ ik zou het nog niet cadeau willen hebben, zoiets komt er bij mij niet in
Houses of Parliament ['haʊzɪz əv 'pɑ:ləmənt] *znw* [mv] ★ *the* ~ het parlement
house sparrow [haʊs 'spærəʊ] *znw* huismus
house-to-house [haʊs-tə-'haʊs] *bn* huis aan huis, van deur tot deur
housetop ['haʊstɒp] *znw* dak ★ *proclaim / shout sth from the* ~s iets van de daken verkondigen
housetrain ['haʊstreɪn], Am **housebreak** *overg* zindelijk maken ‹v. huisdier›
house-trained ['haʊs-treɪnd], **housetrained**, Am **house-broken**, Am **housebroken** *bn* zindelijk
housewares ['haʊsweəz] *znw* [mv] huishoudelijke artikelen
housewarming ['haʊswɔ:mɪŋ], **housewarming party** *znw* feestje ter inwijding van een woning, housewarmingparty
housewife ['haʊswaɪf] *znw* ❶ huisvrouw ❷ necessaire (met naaigerei)
housewifely ['haʊswaɪflɪ] *bn* ❶ huishoudelijk ❷ spaarzaam
housewifery ['haʊswɪfrɪ] *znw* huishouden
housework ['haʊswɜ:k] *znw* huishoudelijk werk
housing ['haʊzɪŋ] *znw* ❶ huisvesting ★ *affordable* ~ betaalbare huisvesting ★ *council* ~ gemeentewoning(en) ★ *sheltered* ~ aanleunwoning(en) ★ *social* ~ sociale woningbouw ❷ techn huis, bus
housing association ['haʊzɪŋ əsəʊsɪ'eɪʃən] *znw* woningbouwvereniging
housing benefit ['haʊzɪŋ 'benɪfɪt] *znw* huursubsidie
housing construction ['haʊzɪŋ kən'strʌkʃən] *znw* huizenbouw
housing development ['haʊzɪŋ dɪ'veləpmənt] *znw* nieuwbouwproject
housing estate ['haʊzɪŋ ɪ'steɪt] *znw* nieuwbouwwijk
housing industry ['haʊzɪŋ 'ɪndəstrɪ] *znw* woningbouwindustrie
housing market ['haʊzɪŋ 'mɑ:kɪt] *znw* huizenmarkt
housing shortage ['haʊzɪŋ 'ʃɔ:tɪdʒ] *znw* woningtekort
housing statistics ['haʊzɪŋ stə'tɪstɪks] *znw* [mv] onroerendgoedmarktcijfers
hove [həʊv] *ww* [v.t. & v.d.] → **heave**
hovel ['hɒvəl] *znw* hut, stulp, krot
hover ['hɒvə] *onoverg* ❶ fladderen, zweven ❷ (blijven) hangen, weifelen ★ ~ *in the background / the doorway* op de achtergrond / bij de deur blijven hangen
hovercraft ['hɒvəkrɑ:ft] *znw* hovercraft
hoverport ['hɒvəpɔ:t] *znw* haven voor de hovercraft
how [haʊ] **I** *bijw* ❶ hoe ★ inf ~ *crazy / stupid & is that?*

kan het nog gekker / dommer &? ★ inf *and ~!* en of!
★ inf *~ come?* waarom?, waardoor?, hoezo?
★ form *~ do you do?* aangenaam, hoe maakt u het?
‹bij kennismaking› ★ *~ do you mean?* hoe bedoel je?
★ *~ are you?* hoe gaat het? ★ inf *~ are things/~'s
tricks/~'s everything/~'s it going?* hoe gaat het er mee?
★ *~ so?* hoezo? hoe komt dat? ❷ wat ★ *~ beautiful
/ odd / unusual &* wat mooi / vreemd / ongewoon &
★ inf *~ about that!* wat zeg je me daarvan! ★ *~ about
lunch?* wat dacht je van lunch? **II** *znw* ★ *the ~ (and
why)* het hoe (en waarom)

how-do-you-do [haʊ-du:-ju:-'du:], **how-d'ye-do**,
how-de-do inf *znw* (mooie) geschiedenis ★ *with not
so much as a ~* zomaar, plompverloren

howdy ['haʊdɪ] Am inf *tsw* hallo!, dag!

however [haʊ'evə] *bijw* ❶ echter, evenwel, maar ★ *~,
when we arrived, he was gone* maar toen wij
aankwamen was hij verdwenen ❷ hoe ook, hoe ★ *~
you look at it, we're in mess* hoe je het ook bekijkt
zitten we in de problemen ★ *come ~ you like* het
doet er niet toe hoe je gekleed bent ★ *he'll do it, ~
much it takes* hij doet het, hoe moeilijk het ook is

howitzer ['haʊɪtsə] *znw* houwitser

howl [haʊl] **I** *znw* ❶ gehuil, gejank ❷ gebrul **II** *overg*
★ *~ sbd down* iem. weghonen **III** *onoverg* ❶ huilen,
janken ❷ brullen ‹van het lachen› ★ *~ with laughter*
brullen van het lachen

howler ['haʊlə] *znw* ❶ huiler, janker ❷ inf
verschrikkelijke blunder, stommiteit

howling ['haʊlɪŋ] *bn* ❶ inf verschrikkelijk, vreselijk
❷ enorm ★ *the party was a ~ success* het feestje was
een enorm succes **II** *znw* gehuil, gejank

howsoever [haʊsəʊ'evə] form *voegw & bijw* hoe ook

how-to [haʊ-'tu:] inf **I** *bn* instructie- ★ *a ~ manual* een
handleiding die aangeeft hoe het moet **II** *znw*
instructies ★ *he'll give us the ~* hij gaat ons vertellen
hoe het moet

hoy [hɔɪ] **I** *tsw* inf hé! hallo! **II** *znw* Aus inf gil,
schreeuw ★ inf *when you've finished, give me a ~* geef
me maar een gil als je klaar bent

h.p., hp, HP *afk* ❶ (horsepower) pk, paardenkracht
❷ (hire purchase) op afbetaling

HQ *afk* (headquarters) hoofdkwartier

hr *afk* (hour) u., uur

HRH *afk* (His/Her Royal Highness) ZKH (Zijne
Koninklijke Hoogheid), HKH (Hare Koninklijke
Hoogheid)

HRT *afk* → **hormone replacement therapy**

HSC Aus *afk* (higher school certificate) einddiploma
middelbare school

ht *afk* (height) hoogte

HTML comput *afk* (Hypertext Mark-up Language)
opmaakcodeersysteem voor teksten, HTML

http comput *afk* (Hypertext Transfer Protocol)
Hypertext Transfer Protocol ‹bij internet›

hub [hʌb] *znw* ❶ naaf ❷ fig middelpunt

hub and spoke [hʌb ənd 'spəʊk] *bn* luchtvaartroutes
met directe vluchten vanuit vele kleinere plaatsen

naar een centraal geplaatste luchthaven

hubbub ['hʌbʌb] *znw* ❶ geroezemoes ❷ rumoer,
kabaal

hubby ['hʌbɪ] inf *znw* mannie

hubcap ['hʌbkæp] *znw* naafdop, auto wieldop

hubris ['hju:brɪs] *znw* hoogmoed, driestheid

huckaback ['hʌkəbæk] *znw* grof linnen

huckleberry ['hʌkəlbərɪ] *znw* bosbes

huckster ['hʌkstə] *znw* ❶ venter, kramer ❷ sjacheraar

huddle ['hʌdl] **I** *znw* ❶ hoop ★ *a little ~ of women
stood waiting* er stond een klein groepje vrouwen te
wachten ❷ inf conferentie, onderonsje ★ *go into a ~*
de koppen bij elkaar steken **II** *onoverg* zich
opeenhopen, bijeenkruipen **III** *phras* ★ *~ around
/ round sbd / sth* dicht om iem. / iets heen gaan
staan ★ *~ together* bijeenkruipen ★ *~ up* zich klein
maken, in elkaar kruipen ★ *~ up to sbd* tegen iem.
aankruipen

hue [hju:] *znw* kleur, tint, schakering ★ *musicians of
all ~s* allerhande musici

hue and cry [hju: ənd kraɪ] *znw* alarmkreet,
geschreeuw ★ *raise a ~* luid protesteren, tekeergaan,
schande roepen (over *about*)

-hued [hju:d] *achterv* getint, gekleurd, -kleurig ★ *an
orange~ butterfly* een oranjekleurige vlinder

huff [hʌf] **I** *znw* ★ inf *in a ~* gepikeerd **II** *onoverg*
❶ briesen ❷ blazen, puffen ★ *~ and puff* razen en
tieren, puffen

huffily ['hʌfɪlɪ] *bijw* humeurig, prikkelbaar
★ *'remember your manners', he said ~* 'gedraag je', zei
hij humeurig

huffish ['hʌfɪʃ] *bn* ❶ lichtgeraakt, humeurig ❷ nijdig,
geprikkeld

huffy ['hʌfɪ] inf *bn* ❶ nijdig, kwaad ❷ pruilerig
❸ lichtgeraakt, humeurig

hug [hʌg] **I** *znw* omhelzing, knuffel ★ *give sbd a ~* iem.
knuffelen **II** *overg* ❶ in de armen drukken,
omhelzen, omklemmen, knuffelen ★ *he's like a
child ~ging a secret* hij is net een kind dat een
geheim koestert ★ *they ~ged each other* ze
omhelsden elkaar ★ *she ~ged herself with excitement*
ze sloeg de armen om zich heen van opwinding
❷ fig zich vastklemmen aan, dicht in de buurt
blijven van ★ *the car ~s the road nicely* de auto ligt
goed op de weg ★ *the road ~ged the coast* de weg
liep vlak langs de kust

huge [hju:dʒ] *bn* zeer groot, kolossaal, enorm
★ *computers have made a ~ difference to our lives*
computers hebben ons leven ingrijpend veranderd

hugely ['hju:dʒlɪ] *bijw* enorm, erg, zwaar ★ *the newest
model is ~ popular* het nieuwste model is enorm
populair

hugger-mugger ['hʌgə-mʌgə] **I** *bn* ❶ geheim,
heimelijk ★ *a ~ approach to financial planning* een
geheime aanpak van financiële planning ❷ in de
war, verward **II** *bijw* rommelig, wanordelijk,
chaotisch ★ *an arrangement made ~* een chaotisch
gemaakte afspraak **III** *znw* ❶ geheimhouding,

gesmoes ❷ janboel, wirwar, wanorde ★ *the ~ of shipping regulations* de wirwar van scheepvaartvoorschriften

hula hoop [ˈhuːlə huːp] *znw* hoelahoep

hulk [hʌlk] *znw* ❶ onttakeld schip, scheepscasco ❷ bonk, log gevaarte

hulking [ˈhʌlkɪŋ] *bn* log, lomp ★ *a ~ farm hand* een lompe boerenarbeider

hull [hʌl] I *znw* ❶ schil, dop, omhulsel ❷ scheepv romp, casco II *overg* pellen

hullabaloo [hʌləbəˈluː] inf *znw* kabaal, herrie

hullo [həˈləu] *tsw & znw & onoverg* → **hello**

hum [hʌm] I *tsw* hum! II *znw* gegons, gezoem, gesnor, gebrom, geneurie III *overg* neuriën IV *onoverg* gonzen, zoemen, bruisen, snorren, brommen, neuriën ★ *~ and haw* allerlei bedenkingen opperen, niet ronduit spreken ★ *the town is ~ming with excitement* de stad gonst van opwinding ★ *the little girl ~med to herself as she played* het kleine meisje zat onder het spelen voor zich uit te neuriën

human [ˈhjuːmən] I *bn* menselijk, mensen- ★ *after all, we're only ~* we zijn allemaal maar mensen II *znw*, **human being** mens(elijk wezen)

humane [hjuːˈmeɪn] *bn* menslievend, humaan ★ *the Humane Society* de Vereniging voor Dierenbescherming

humanely [hjuːˈmeɪnlɪ] *bijw* op een humane manier

human engineering [ˈhjuːmən endʒɪˈnɪərɪŋ] *znw* ergonomie

human error [ˈhjuːmən ˈerə] *znw* menselijke fout ★ *the crash was due to ~* de botsing was te wijten aan een menselijke fout

Human Genome Project [ˈhjuːmən ˈdʒiːnəʊm ˈprɒdʒekt] *znw* Humaan Genoom Project, menselijk genoom project

human interest [ˈhjuːmən ˈɪntrest] *znw* human interest, het menselijk element

humanism [ˈhjuːmənɪzəm] *znw* humanisme

humanist [ˈhjuːmənɪst] *znw* humanist

humanistic [hjuːməˈnɪstɪk] *bn* humanistisch

humanitarian [hjuːmænɪˈteərɪən] I *bn* ❶ humanitair ★ *~ aid* humanitaire hulp ❷ menslievend II *znw* filantroop

humanities [hjuːˈmænɪtɪz] *znw* [mv] de humaniora, ± de geesteswetenschappen

humanity [hjuːˈmænɪtɪ] *znw* ❶ mensdom, mensheid ❷ menselijkheid, menslievendheid

humanize [ˈhjuːmənaɪz], **humanise** *overg* beschaven, veredelen, humaniseren

humankind [hjuːmənˈkaɪnd] *znw* (de) mensheid

humanly [ˈhjuːmənlɪ] *bijw* menselijk ★ *we've done all that is ~ possibly to help her* we hebben alles wat maar menselijk mogelijk was gedaan om haar te helpen

humanoid [ˈhjuːmənɔɪd] I *bn* mensachtig II *znw* mensachtige

human race [ˈhjuːmən reɪs] *znw* ★ *the ~* de mensheid

human relations [ˈhjuːmən rɪˈleɪʃənz] *znw* [mv] intermenselijke betrekkingen / relaties

human resources [ˈhjuːmən rɪˈzɔːsɪz] *znw* [mv] ❶ personeel, menselijk kapitaal ❷ personeelsbeheer, personeelszaken, personeel en organisatie

human rights [ˈhjuːmən raɪts] *znw* [mv] mensenrechten

human shield [ˈhjuːmən ʃiːld] *znw* menselijk schild

humble [ˈhʌmbl] I *bn* ❶ nederig, bescheiden, onderdanig ‹in beleefdheidsformules› ★ vero of scherts *your ~ servant* uw dienstwillige / onderdanige dienaar ★ *eat ~ pie* een toontje lager zingen, zijn excuses moeten aanbieden ★ scherts *welcome to our ~ abode* welkom in ons nederig stulpje ❷ gering, onbelangrijk II *overg* vernederen

humble-bee [ˈhʌmbl-biː] *znw* hommel

humbug [ˈhʌmbʌg] *znw* ❶ kale bluf, huichelarij, bedrog ❷ hypocriet ❸ (pepermunt)balletje

humdinger [ˈhʌmdɪŋə] Am inf *znw* iets geweldigs, iets buitengewoons ★ *a ~ of a headache* barstende hoofdpijn

humdrum [ˈhʌmdrʌm] *bn* eentonig, alledaags, saai ★ *they lead a fairly ~ life* ze leiden een nogal eentonig leventje

humerus [ˈhjuːmərəs] anat *znw* [mv: humeri] opperarmbeen

humid [ˈhjuːmɪd] *bn* vochtig

humidifier [hjuːˈmɪdɪfaɪə] *znw* luchtbevochtiger

humidity [hjuːˈmɪdɪtɪ] *znw* ❶ vocht, vochtigheid ❷ vochtigheidsgraad

humiliate [hjuːˈmɪlɪeɪt] *overg* vernederen, verootmoedigen

humiliated [hjuːˈmɪlɪeɪtɪd] *bn* vernederd ★ *feel ~* zich vernederd voelen

humiliating [hjuːˈmɪlɪeɪtɪŋ] *bn* vernederend

humiliation [hjuːmɪlɪˈeɪʃən] *znw* vernedering, verootmoediging

humility [hjuːˈmɪlɪtɪ] *znw* nederigheid, ootmoed

hummingbird [ˈhʌmɪŋbɜːd] *znw* kolibrie

humming top [ˈhʌmɪŋ tɒp] *znw* bromtol

hummock [ˈhʌmək] *znw* hoogte, heuveltje

humongous [hjuːˈmʌŋgəs], **humungous** scherts *bn* groot, enorm

humor [ˈhjuːmə] Am *znw & overg* → **humour**

humorist [ˈhjuːmərɪst] *znw* humorist

humorous [ˈhjuːmərəs] *bn* humoristisch, geestig, grappig

humorously [ˈhjuːmərəslɪ] *bijw* humoristisch, geestig, grappig ★ *some have half~ suggested he be shot* sommige mensen hebben halfgrappig voorgesteld hem dood te schieten

humour [ˈhjuːmə], Am **humor** I *znw* ❶ humeur, stemming ★ *be out of ~* in een slechte bui zijn ★ *be out of ~ with sbd* boos op iem. zijn ❷ humor ★ *schoolboy ~* scholierenhumor ★ *appreciate the ~ of sth* de humor van iets inzien ★ *have great sense of ~* een goed gevoel voor humor hebben II *overg* zich schikken naar, zijn zin geven, toegeven (aan)

humourless ['hju:mǝlɪs], **humorless** *bn* humorloos
hump [hʌmp] **I** *znw* **❶** bult, bochel, uitsteeksel
❷ heuveltje ★ inf *be over the ~* het ergste achter de
rug hebben **❸** kwade bui ★ inf *get / have the ~*
geïrriteerd raken, een slecht humeur krijgen
II *overg* **❶** krommen **❷** torsen **❸** vulg naaien,
neuken **III** *onoverg* bollen, welven, krom trekken
★ Iers inf *~ off!* hoepel op!
humpback ['hʌmpbæk] **I** *bn*, **humpbacked** gebocheld
II *znw* **❶** bochel **❷** gebochelde **❸** → **humpback**
whale
humpback bridge ['hʌmpbæk brɪdʒ] *znw* een smalle,
steile brug
humpback whale ['hʌmpbæk weɪl], **humpback** *znw*
bultrug ‹soort walvis›
humph [hǝmf] *tsw* h(u)m!
humpty-dumpty [hʌmptɪ-'dʌmptɪ] *znw* **❶** kleine
dikzak **❷** fig iets dat niet gerepareerd kan worden
als het kapot is
humpy ['hʌmpɪ] **I** *bn* **❶** gebocheld **❷** bultig **II** *znw* Aus
hut
humus ['hju:mǝs] *znw* humus, teelaarde
Hun [hʌn] *znw* **❶** Hun **❷** beledigend mof, Duitser
hunch [hʌntʃ] **I** *znw* **❶** bochel, bult **❷** (voor)gevoel,
idee, ingeving ★ *he phoned on a ~ I'd be there* hij
belde op met het vage idee dat ik daar zou zijn
II *overg* optrekken, krommen ‹schouders› ★ *be ~ed*
up ineengedoken zitten **III** *onoverg* ineengedoken
zitten ★ *~ forward* zich vooroverbuigen,
voorovergebogen zitten
hunchback ['hʌntʃbæk] *znw* **❶** bochel, bult
❷ beledigend gebochelde, bultenaar
hundred ['hʌndrǝd] *telw & znw* honderd(tal) ★ inf *he's*
not feeling one ~ percent hij voelt zich niet honderd
procent
hundredfold ['hʌndrǝdfǝʊld] *bn* honderdvoudig
hundredth ['hʌndrǝdθ] **I** *telw, bn & bijw* honderdste
II *znw* honderdste deel
hundredweight ['hʌndrǝdweɪt], **cwt.** *znw* centenaar,
112 Eng. ponden ‹50,7 kilogram›, 100 Am. ponden
‹45,3 kilogram›
hung [hʌŋ] **I** *bn* ★ *a ~ parliament* een parlement
waarin geen enkele partij de meerderheid heeft
II *ww* [v.t. & v.d.] → **hang**
Hungarian [hʌŋ'geǝrɪǝn] **I** *bn* Hongaars **II** *znw*
❶ Hongaar, Hongaarse **❷** Hongaars
Hungary ['hʌŋgǝrɪ] *znw* Hongarije
hunger ['hʌŋgǝ] **I** *znw* **❶** honger ★ *be weak with ~*
verzwakt zijn door honger ★ *die of ~* sterven van de
honger **❷** hunkering **II** *onoverg* hongeren,
hunkeren (naar *after / for*)
hunger pangs ['hʌŋgǝ pæŋz] *znw* [mv] knagende
honger
hunger strike ['hʌŋgǝ straɪk] *znw* hongerstaking ★ *go*
on a ~ in hongerstaking gaan
hung-over [hʌŋ-'ǝʊvǝ] *bn* katterig
hungrily ['hʌŋgrɪlɪ] *bijw* hongerig, begerig ★ *he*
looked ~ at the camera hij keek begerig naar de
camera
hungry ['hʌŋgrɪ] *bn* **❶** hongerig ★ *be ~* honger hebben
★ *go ~* honger lijden **❷** hongerig makend ‹werk›
❸ hunkerend
hung-up [hʌŋ-'ʌp] *bn* **❶** opgefokt, verknipt
❷ geobsedeerd, gebiologeerd ★ inf *be ~ on sbd / sth*
geobsedeerd zijn door iem. / iets, verslingerd zijn
aan iem. / iets
hunk [hʌŋk] *znw* **❶** homp, (groot) brok **❷** inf lekker
stuk, spetter
hunker ['hʌŋkǝ] *onoverg* hurken ★ *~ down* neerhurken
hunkers ['hʌŋkǝz] inf *znw* dijen, hurken ★ *on one's ~*
op de hurken
hunky ['hʌŋkɪ] inf *bn* aantrekkelijk, stoer
hunky-dory [hʌŋkɪ-'dɔːrɪ] Am inf *bn* prima
★ *everything's ~* alles loopt op rolletjes
hunt [hʌnt] **I** *znw* **❶** (vossen)jacht **❷** jachtveld
❸ jachtgezelschap **II** *overg* **❶** jagen (op) **❷** afjagen,
afzoeken **❸** najagen, nazetten **III** *onoverg* **❶** jagen
❷ op de (vossen)jacht gaan **❸** fig snuffelen, zoeken
IV *phras* ★ *~ sbd / sth* **down** iem. / iets opsporen ★ *~*
for sbd / sth iem. / iets najagen, jacht maken op iem.
/ iets, zoeken naar iem. / iets ★ *~ sth* **out / up** iets
opzoeken, opsporen, (uit)vinden
hunted ['hʌntɪd] *bn* opgejaagd ★ *he had a ~ look in his*
eyes hij had een opgejaagde blik in zijn ogen
hunter ['hʌntǝ] *znw* **❶** jager **❷** jachtpaard
hunter-gatherer ['hʌntǝ-'gæðǝrǝ] *znw*
jager-verzamelaar
hunter's moon ['hʌntǝz mu:n] *znw* de volle maan in
oktober
hunting ['hʌntɪŋ] *znw* jacht, jagen ★ *go ~* op jacht
gaan
hunting crop ['hʌntɪŋ krɒp] *znw* korte rijzweep
hunting ground ['hʌntɪŋ graʊnd] *znw* **❶** jachtgebied
★ *the town's antique shops are a favourite ~ for*
collectors de antiekwinkels van de stad zijn een
geliefd jachtgebied voor verzamelaars **❷** jachtveld
★ *the happy ~s* de eeuwige jachtvelden
hunting horn ['hʌntɪŋ hɔːn] *znw* jachthoorn
hunting-lodge ['hʌntɪŋ-lɒdʒ] *znw* jachthuis, jachthut
hunting party ['hʌntɪŋ 'pɑːtɪ] *znw* jachtgezelschap
hunting season ['hʌntɪŋ 'siːzǝn] *znw* jachtseizoen
huntress ['hʌntrɪs] *znw* jageres
hunt saboteur [hʌnt sæbǝ'tɜː] *znw* anti-jachtactivist
huntsman ['hʌntsmǝn] *znw* **❶** jager **❷** pikeur ‹bij
vossenjacht›
hurdle ['hɜːdl] **I** *znw* **❶** horde ‹bij hordeloop›
❷ verplaatsbaar hek, tijdelijke afzetting **❸** fig
hindernis, obstakel ★ *face a ~* een obstakel
tegenkomen ★ *overcome a ~* een hindernis
overwinnen **II** *overg* springen over
hurdler ['hɜːdlǝ] *znw* **❶** hordevlechter, hordemaker
❷ sp hordeloper
hurdle race ['hɜːdl reɪs] *znw* hordeloop
hurdles ['hɜːdlz] sp *znw* [mv] ★ *the ~* de hordeloop
hurdy-gurdy ['hɜːdɪ-gɜːdɪ] muz *znw* draailier,
draaiorgel

hurl [hɜːl] *overg* slingeren, werpen ★ ~ *abuse / insults / reproaches & at sbd* iem. verwensingen / beledigingen / verwijten & naar het hoofd slingeren

hurly-burly ['hɜːlɪ-bɜːlɪ] *znw* geraas, kabaal, commotie, tumult

hurrah [hʊ'rɑː], **hurray**, **hooray** *tsw* hoera

hurricane ['hʌrɪkən, -keɪn] *znw* orkaan

hurricane deck ['hʌrɪkən dek] *znw* stormdek

hurricane lamp ['hʌrɪkən læmp] *znw* stormlamp

hurried ['hʌrɪd] *bn* haastig, gehaast, overhaast(ig) ★ *with* ~ *steps* met rasse schreden

hurriedly ['hʌrɪdlɪ] *bijw* haastig, gehaast, overhaast(ig) ★ *she packed her things* ~ ze pakte haastig haar spullen in

hurriedness ['hʌrɪdnɪs] *znw* gehaastheid, overhaastheid

hurry ['hʌrɪ] **I** *znw* haast, haastige spoed ★ *what's the* ~? vanwaar die haast? ★ *no (great)* ~ *about it* er zit geen haast bij ★ *be in a* ~ haast hebben, zich haasten, ongeduldig zijn ★ *come / go & in a* ~ snel, gauw komen / gaan & **II** *overg* ❶ haasten ❷ overhaasten ❸ haast maken met ❹ in aller ijl brengen, zenden & ‹v. troepen &› **III** *onoverg* zich haasten **IV** *phras* ★ ~ **along** / **on** voortijlen, voortsnellen ★ ~ *sbd along* / *on* iem. aansporen op te schieten ★ ~ *sth along* / *on* vaart achter iets zetten, iets (laten) versnellen ★ ~ **away** zich wegspoeden ★ ~ **back** snel terugkomen ★ ~ **over** *sth* haast maken met iets ★ ~ *sth* **through** iets erdoor jagen ★ ~ **up** haast maken, voortmaken ★ ~ *up!* schiet op! vlug! ★ ~ *sbd up* iem. aansporen ★ ~ *sth up* voortmaken met iets

hurt [hɜːt] **I** *bn* pijnlijk, bezeerd, gekwetst ★ ~ *feelings* gekwetste gevoelens ★ *a* ~ *look* een gepijnigde blik ★ *put that knife away before somebody gets* ~ doe dat mes weg voordat er ongelukken gebeuren **II** *znw* ❶ pijn, kwelling ★ *cause sbd a lot of* ~ iem. veel pijn veroorzaken ❷ letsel, wond ❸ krenking, belediging **III** *overg* [hurt, hurt] ❶ pijn doen, bezeren, wonden ★ *inf it wouldn't* ~ *you to wash the dishes* jij zou ook best eens de afwas kunnen doen ❷ deren ❸ krenken, kwetsen, beledigen ❹ schaden, benadelen **IV** *onoverg* [hurt, hurt] ❶ schaden ★ *just a little drink won't* ~ één glaasje kan geen kwaad ★ *it never* ~*s to get up early* vroeg opstaan is alleen maar gezond ❷ pijn doen ★ *my leg* ~*s* mijn been doet zeer

hurtful ['hɜːtfʊl] *bn* ❶ schadelijk, nadelig (voor *to*) ❷ pijnlijk, krenkend

hurtfully ['hɜːtfʊlɪ] *bijw* ❶ schadelijk, nadelig ❷ grievend, krenkend ★ *I don't think her remark was meant* ~ ik denk niet dat haar opmerking krenkend bedoeld was

hurtle ['hɜːtl] **I** *overg* slingeren, smakken, smijten **II** *onoverg* botsen, stoten, ratelen, donderen

husband ['hʌzbənd] **I** *znw* echtgenoot, man **II** *overg* form zuinig huishouden (omgaan) met, zuinig beheren, sparen

husbandry ['hʌzbəndrɪ] *znw* ❶ landbouw, veeteelt ★ *animal* ~ veeteelt, veefokkerij, veehouderij ❷ form huishoudkunde, (huishoudelijk / zuinig) beheer

hush [hʌʃ] **I** *tsw* stil!, st! **II** *znw* zwijgen, (diepe) stilte ★ *a* ~ *fell over the hall* een stilte viel over de zaal **III** *overg* tot zwijgen brengen, sussen ★ ~ *sth up* iets in de doofpot stoppen, verzwijgen **IV** *onoverg* zwijgen

hushed [hʌʃt] *bn* gedempt ★ *in* ~ *tones* op gedempte toon

hush-hush [hʌʃ-'hʌʃ] *inf bn* geheim

hush money [hʌʃ 'mʌnɪ] *znw* zwijggeld

husk [hʌsk] **I** *znw* ❶ schil, bolster, dop, kaf ❷ omhulsel **II** *overg* schillen, doppen, pellen

husky ['hʌskɪ] **I** *bn* ❶ schor, hees ❷ stevig, potig **II** *znw* husky, poolhond

hussy ['hʌsɪ] *znw* ❶ ondeugd ‹v.e. meisje›, brutaaltje ❷ sloerie, del

hustings ['hʌstɪŋz] *znw* [*mv:* ~] verkiezingscampagne

hustle ['hʌsəl] **I** *znw* ❶ gejacht, geduw, gedrang ★ ~ *and bustle* drukte ❷ voortvarendheid, energie **II** *overg* ❶ (ver)dringen, (weg)duwen, stompen, door elkaar schudden ❷ voortjagen, jachten ❸ ruw duwen, snel verwijderen ★ ~ *sbd into sth* iem. snel ergens in duwen, iem. ergens toe dwingen **III** *onoverg* ❶ duwen, dringen ❷ er vaart achter zetten, aanpakken

hustler ['hʌslə] Am inf *znw* ❶ ritselaar, sjacheraar ❷ prostitué(e)

hut [hʌt] *znw* ❶ hut, keet ❷ barak

hutch [hʌtʃ] *znw* ❶ (konijnen)hok ❷ Am voorraadkist, buffetkast

hyacinth ['haɪəsɪnθ] *znw* ❶ plantk hyacint ❷ hyacint ‹edelsteen›

hyaena [haɪ'iːnə] *znw* → **hyena**

hybrid ['haɪbrɪd] **I** *bn* hybridisch, bastaard-, gemengd **II** *znw* hybride, bastaard

hydra ['haɪdrə] *znw* [*mv:* -s *of* hydrae] waterslang, hydra

hydrangea [haɪ'dreɪndʒə] *znw* hydrangea, hortensia

hydrant ['haɪdrənt] *znw* brandkraan

hydrate ['haɪdreɪt] **I** *znw* hydraat **II** *overg* hydrateren

hydraulic [haɪ'drɔːlɪk, -'drɒlɪk] *bn* hydraulisch

hydraulics [haɪ'drɔːlɪks, -'drɒlɪks] *znw* [mv] hydraulica

hydro ['haɪdrəʊ] inf *znw* ❶ waterkuurinrichting ❷ waterkrachtcentrale

hydro- ['haɪdrəʊ-] *voorv* hydro-, water-

hydrocarbon [haɪdrəʊ'kɑːbən] *znw* koolwaterstof

hydrocephalus [haɪdrə'sefələs] med *znw* waterhoofd

hydrochloric acid [haɪdrə'klɔːrɪk, -'klɒrɪk 'æsɪd] *znw* zoutzuur

hydrodynamics [haɪdrəʊdaɪ'næmɪks] *znw* hydrodynamica

hydroelectric [haɪdrəʊɪ'lektrɪk] *bn* hydro-elektrisch ★ *a* ~ *power station* een waterkrachtcentrale

hydrofoil ['haɪdrəfɔɪl] *znw* draagvleugelboot

hydrogen ['haɪdrədʒən] *znw* waterstof

hydrogen bomb ['haɪdrədʒən bɒm] *znw*

waterstofbom
hydrographic [haɪdrə'græfɪk], **hydrographical** bn hydrografisch
hydrolysis [haɪ'drɒlɪsɪs] scheik znw hydrolyse
hydrolyze ['haɪdrəlaɪz], **hydrolyse** scheik overg hydrolyseren
hydromassage [haɪdrəʊ'mæsɑ:dʒ] znw hydromassage
hydromechanics [haɪdrəʊmɪ'kænɪks] znw [mv] hydromechanica
hydrometer [haɪ'drɒmɪtə] znw hydrometer
hydropathy [haɪ'drɒpəθɪ] znw hydrotherapie
hydrophobia [haɪdrə'fəʊbɪə] znw watervrees, hondsdolheid
hydroplane ['haɪdrəpleɪn] znw ❶ Am watervliegtuig ❷ scheepv glijboot
hydroponics [haɪdrə'pɒnɪks] plantk znw hydrocultuur, watercultuur
hydropower ['haɪdrəʊpaʊə] znw waterkracht
hydrospeed ['haɪdrəʊspi:d], **hydrospeeding** znw hydrospeeden ‹sport waarbij men zich, in beschermende kleding en voorzien van zwemvliezen, door een snelstromende rivier laat meesleuren, half liggend op een klein bord›
hydrosphere ['haɪdrəsfɪə] znw hydrosfeer
hydrostatic [haɪdrə'stætɪk] bn hydrostatisch
hydrostatics [haɪdrə'stætɪks] znw [mv] hydrostatica
hydrotherapy [haɪdrə'θerəpɪ] znw watergeneeswijze, hydrotherapie
hyena [haɪ'i:nə], **hyaena** znw hyena
hygiene ['haɪdʒi:n] znw hygiëne, gezondheidsleer
hygienic [haɪ'dʒi:nɪk] bn hygiënisch
hygienist [haɪ'dʒi:nɪst] znw hygiënist
hymen ['haɪmen] znw maagdenvlies
hymn [hɪm] I znw kerkgezang, lofzang, gezang II overg & onoverg dicht loven, (be)zingen
hymnal ['hɪmnl], **hymn book** znw gezangboek
hype [haɪp] I znw ❶ publiciteitscampagne, overdadige promotie ‹v.e. product, persoon›, hype ★ there's a lot of ~ surrounding the affair er is een grote hype rondom het hele gebeuren ❷ inf injectienaald, drugsverslaafde II overg ❶ opschroeven, opkrikken ❷ opwarmen, oppeppen
hyper ['haɪpə] inf bn hyperactief
hyper- ['haɪpə-] voorv hyper-
hyperactive [haɪpə'ræktɪv] bn overactief, hyperactief
hyperactivity [haɪpəræk'tɪvɪtɪ] znw hyperactiviteit
hyperbola [haɪ'pɜ:bələ] wisk znw [mv: -s of hyperbolae] hyperbool, kegelsnede
hyperbole [haɪ'pɜ:bəlɪ] znw ‹stijlfiguur› hyperbool, overdrijving
hyperbolic [haɪpə'bɒlɪk], **hyperbolical** bn hyperbolisch
hypercritical [haɪpə'krɪtɪkl] bn hyperkritisch, overkritisch, muggenzifterig
hyperinflation [haɪpərɪn'fleɪʃən] znw hyperinflatie
hyperlink ['haɪpəlɪŋk] comput znw hyperlink
hypermarket ['haɪpəmɑ:kɪt] znw weilandwinkel, hypermarkt

hypersensitive [haɪpə'sensɪtɪv] bn overgevoelig
hyperspace ['haɪpəspeɪs] znw hyperruimte
hypertension [haɪpə'tenʃən] znw hypertensie, verhoogde bloeddruk
hypertext ['haɪpətekst] comput znw hypertekst, tekst met hyperlinks
hyperventilate [haɪpə'ventɪleɪt] onoverg hyperventileren
hyperventilation [haɪpəventɪ'leɪʃən] znw hyperventilatie
hyphen ['haɪfən] znw koppelteken
hyphenate ['haɪfəneɪt] overg door een koppelteken verbinden ★ a ~d name een dubbele naam
hyphenation [haɪfə'neɪʃn] znw ❶ woordscheiding ❷ comput woordafbreking, afbreking
hypnosis [hɪp'nəʊsɪs] znw hypnose
hypnotic [hɪp'nɒtɪk] I bn ❶ slaapverwekkend ❷ hypnotisch II znw ❶ hypnoticum, slaapmiddel ❷ gehypnotiseerde
hypnotically [hɪp'nɒtɪklɪ] bijw hypnotisch ★ he gestured ~ hij maakte een hypnotisch gebaar
hypnotism ['hɪpnətɪzəm] znw hypnotisme
hypnotist ['hɪpnətɪst] znw hypnotiseur
hypnotize ['hɪpnətaɪz], **hypnotise** overg hypnotiseren
hypo- ['haɪpəʊ-] voorv verminderd, onvolkomen, onder-, hypo-
hypochondria [haɪpə'kɒndrɪə] znw hypochondrie
hypochondriac [haɪpə'kɒndriæk] I bn hypochondrisch II znw hypochonder
hypocrisy [hɪ'pɒkrɪsɪ] znw hypocrisie, huichelarij, veinzerij
hypocrite ['hɪpəkrɪt] znw hypocriet, huichelaar, veinzer
hypocritical [hɪpə'krɪtɪkl] bn hypocriet, hypocritisch, huichelachtig, schijnheilig
hypodermic [haɪpə'dɜ:mɪk] I bn onderhuids ★ a ~ needle een injectienaald ★ a ~ syringe een injectiespuitje II znw spuit, spuitje, injectiespuitje
hypoglycaemia [haɪpəʊglaɪ'si:mɪə], **hypoglycemia** znw hypoglycaemie ‹te lage bloedglucosespiegel›
hypotenuse [haɪ'pɒtənju:z] znw hypotenusa
hypothecate [haɪ'pɒθɪkeɪt] overg ❶ verhypothekeren ❷ verpanden
hypothermia [haɪpəʊ'θ3:mɪə] znw onderkoeling, hypothermie
hypothesis [haɪ'pɒθɪsɪs] znw [mv: hypotheses] hypothese, veronderstelling
hypothesize [haɪ'pɒθɪsaɪz], **hypothesise** overg een veronderstelling doen, een hypothese formuleren
hypothetic [haɪpə'θetɪk], **hypothetical** bn hypothetisch
hyssop ['hɪsəp] znw plantk hysop
hysterectomy [hɪstə'rektəmɪ] med znw verwijdering van de baarmoeder, hysterectomie
hysteria [hɪ'stɪərɪə] znw hysterie
hysteric [hɪ'sterɪk] bn hysterisch
hysterical [hɪ'sterɪkl] bn ❶ hysterisch ❷ zenuwachtig ‹v. lachen› ❸ inf ontzettend grappig

hy

hysterics [hɪ'sterɪks] *znw* [mv] ❶ zenuwtoeval ★ *inf* go
into ~ het op de zenuwen krijgen ❷ hysterische
uitbarsting ★ *inf* be in ~ zich een breuk lachen
Hz *afk* → **hertz**

I

i [aɪ] I *vnw* ★ *I* ik ★ psych *the I* het ik, het ego II *znw*
(de letter) i ▼ *I* 1 ‹Romeins cijfer›
ib. *afk* → **ibidem**
IB *afk* → **International Baccalaureate**
IBA *afk* (Independent Broadcasting Authority) ±
Commissariaat voor de Media
Iberian [aɪ'bɪərɪən] I *bn* Iberisch II *znw* ❶ Iberiër,
Iberische ❷ het Iberisch
ibex ['aɪbeks] *znw* steenbok
ibidem [ɪ'bɪdəm], **ibid.**, **ib.** *(‹Lat) bijw* in hetzelfde
boek, van dezelfde auteur
ibis ['aɪbɪs] *znw* ibis
IBRD *afk* (International Bank for Reconstruction and
Development) Oost-Europabank,
wereldontwikkelingsbank
IBS med *afk* → **irritable bowel syndrome**
ICBM *afk* (intercontinental ballistic missile)
intercontinentale raket
ice [aɪs] I *znw* ijs ★ fig *on thin* ~ op glad ijs ★ *break
the* ~ het ijs breken ★ *cut no* ~ geen gewicht in de
schaal leggen ★ ~ *no ice with sbd* geen effect hebben
op iem. ★ *keep / put sth on* ~ iets in de ijskast zetten
/ leggen ‹ook fig› II *overg* ❶ frapperen ‹dranken›
❷ glaceren ‹suikerwerk› III *onoverg* ★ ~ *over / up*
bevriezen, dichtvriezen
ice age [aɪs eɪdʒ] *znw* ijstijd
iceberg ['aɪsbɜːg] *znw* ijsberg
iceberg lettuce ['aɪsbɜːg 'letɪs] *znw* ijsbergsla
ice blue [aɪs bluː] *bn & znw* vaalblauw, lichtblauw
icebound ['aɪsbaʊnd] *bn* ❶ ingevroren, ingesloten
door ijs ❷ dicht-, toegevroren, bevroren
icebox ['aɪsbɒks] *znw* ❶ Br vriesvak ❷ Am koelkast,
ijskast
ice-breaker ['aɪs-breɪkə] *znw* ijsbreker
ice bucket [aɪs 'bʌkɪt] *znw* ijsemmer
ice cap [aɪs kæp] *znw* ijskap
ice-cold [aɪs-'kəʊld] *bn* ijskoud
ice cream [aɪs kriːm] *znw* (room)ijs, ijs(je)
ice cream cone ['aɪs kriːm kəʊn] *znw* ijshoorntje
ice cube [aɪs kjuːb] *znw* ijsblokje
iced lolly [aɪst 'lɒlɪ] *znw* → **ice lolly**
ice drift [aɪs drɪft] *znw* ijsgang
iced tea [aɪst tiː], **ice tea** *znw* ice tea
ice field [aɪs fiːld] *znw* ijsveld
ice floe [aɪs fləʊ] *znw* ijsschots
ice hockey [aɪs 'hɒkɪ] *znw* ijshockey
ice house [aɪs haʊs] *znw* ijskelder
Iceland ['aɪslənd] *znw* IJsland
Icelander ['aɪsləndə] *znw* IJslander, IJslandse
Icelandic [aɪs'lændɪk] I *bn* van IJsland, IJslands II *znw*
IJslands ‹de taal›
ice lolly [aɪs 'lɒlɪ], **iced lolly**, Aus **icy pole** *znw* ijslolly,
waterijsje
ice pack [aɪs pæk] *znw* ❶ pakijs ❷ ijszak

hy

ice rink [aɪs rɪŋk] *znw* kunstijsbaan
ice show [aɪs ʃəʊ] *znw* ijsrevue, ijsshow
ice skate [aɪs skeɪt] *znw* schaats
ice-skate [ˈaɪs-skeɪt] *onoverg* schaatsen
ice skater [aɪs ˈskeɪtə] *znw* schaatser
ice tea [aɪs tiː] *znw* → **iced tea**
ice water [aɪs ˈwɔːtə] *znw* ijswater
ichthyology [ɪkθɪˈɒlədʒɪ] *znw* ichtyologie, viskunde
icicle [ˈaɪsɪkl] *znw* ijskegel, -pegel
icily [ˈaɪsɪlɪ] *bijw* ❶ ijzig ★ *the court's ruling was greeted* ~ de uitspraak van het gerechtshof werd uiterst koel ontvangen ❷ ijs-
iciness [ˈaɪsɪnɪs] *znw* ijzigheid
icing [ˈaɪsɪŋ] *znw* ❶ suikerglazuur ‹v. gebak› ★ *fig that was the* ~ *on the cake* dat maakte het helemaal compleet / af / perfect ❷ ijsafzetting ❸ icing ‹bij ijshockey›
icing sugar [ˈaɪsɪŋ ˈʃʊgə] *znw* poedersuiker
ick [ɪk] Am *inf tsw* jakkes!
icky [ˈɪkɪ], **ikky** *inf bn* goor, vies, smerig
icon [ˈaɪkɒn] *znw* ❶ → **ikon** ❷ *fig* symbool ❸ comput pictogram, icoon
iconize [ˈaɪkənaɪz] *overg* ❶ verafgoden ❷ comput iconify een pictogram maken van
iconoclasm [aɪˈkɒnəklæzəm] *znw* ❶ beeldenstorm ❷ *fig* afbreken van heilige huisjes
iconoclast [aɪˈkɒnəklæst] *znw* ❶ beeldenstormer ❷ *fig* afbreker van heilige huisjes
iconoclastic [aɪkɒnəˈklæstɪk] *bn* ❶ beeldenstormend ❷ *fig* heilige huisjes afbrekend
ICT comput *afk* (Information Communication Technology) ICT, Informatie Communicatie Technologie
icterus [ˈɪktərəs] med *znw* geelzucht
icy [ˈaɪsɪ] *bn* ❶ ijskoud, ijzig, ijs- ★ *meet with an ~ reception* een ijzige ontvangst krijgen ❷ beijzeld ‹weg›
icy pole [ˈaɪsɪ pəʊl] Aus *znw* → **ice lolly**
id [ɪd] psych *znw* id, es
I'd [aɪd] *samentr* ❶ (I had) → **have** ❷ (I would) → **would** ❸ (I should) → **should**
ID card [aɪˈdiː kɑːd] *znw* legitimatiebewijs
idea [aɪˈdɪə] *znw* idee, denkbeeld, begrip, gedachte ★ *an ~s man* een man met ideeën ★ *the basic ~* het onderliggende gedachte, basisidee, grondgedachte ★ *a half-baked ~* een halfbakken idee ★ *the (very) ~!* stel je voor!, wat een onzin! ★ *inf that's an ~* dat is een goed idee ★ *that's the ~* dat is de bedoeling, zo is / moet het, *inf* mooi zo!, juist! ★ *inf not my ~ of a nice time / the ideal holiday &* niet wat je noemt een leuke tijd / de ideale vakantie & ★ *inf what's the big ~?* wat krijgen we nou? ★ *be open to ~s* openstaan voor ideeën ★ *entertain the ~* van plan zijn om ★ *inf get the ~* begrijpen ★ *get the ~ across* het idee overbrengen ★ *inf give sbd ~s* iem. iets in zijn hoofd laten halen ★ *inf have no* ~ niet weten ★ *have other ~s* er anders over denken ★ *it might be an ~ (to do sth)* het is misschien wel een goed idee

(om iets te doen) ★ *the ~ just popped into my head* ik zat net te denken, er schoot mij net iets te binnen ★ *put ~s into sbd's head* iem. op (vreemde) gedachten brengen
ideal [aɪˈdiːəl] **I** *bn* ❶ ideaal ❷ ideëel, denkbeeldig **II** *znw* ideaal
idealism [aɪˈdɪəlɪzəm] *znw* idealisme
idealist [aɪˈdɪəlɪst] *znw* idealist
idealistic [aɪdɪəˈlɪstɪk] *bn* idealistisch
idealistically [aɪdɪəˈlɪstɪklɪ] *bijw* ideëel, idealistisch
idealization [aɪdɪəlaɪˈzeɪʃən], **idealisation** *znw* idealisering
idealize [aɪˈdɪəlaɪz], **idealise** *overg* idealiseren
idealized [aɪˈdɪəlaɪzd], **idealised** *bn* geïdealiseerd ★ *an ~ image* ideaalbeeld
ideally [aɪˈdɪəlɪ] *bijw* idealiter
idée fixe [iːdeɪ ˈfiːks] ‹(Fr) *znw* obsessie
identical [aɪˈdentɪkl] *bn* de (de-, het)zelfde, gelijk, identiek ★ *~ to* identiek aan
identical twin [aɪˈdentɪkl twɪn] *znw* eeneiige tweeling, één van een eeneiige tweeling ★ *~s* een eeneiige tweeling
identifiable [aɪdentɪˈfaɪəbl] *bn* identificeerbaar, herkenbaar
identification [aɪdentɪfɪˈkeɪʃən] *znw* ❶ vereenzelviging, gelijkstelling, identificatie ❷ legitimatie, identiteitsbewijs ★ *an ~ card* een legitimatiebewijs ★ *an ~ mark* een (ken)merk, herkenningsteken
identification parade [aɪdentɪfɪˈkeɪʃən pəˈreɪd], **identity parade** *znw* confrontatie(opstelling) ‹bij aanwijzen van een verdachte›
identify [aɪˈdentɪfaɪ] **I** *overg* ❶ zich vereenzelvigen, gelijkstellen, -maken (aan *with*), identificeren ★ *he was identified as being a spy* hij was ontmaskerd als spion ★ *he is anxious not to be identified with his predecessor* hij wil niet graag vereenzelvigd worden met zijn voorganger ❷ in verband brengen (met *with*) **II** *onoverg* zich identificeren ★ ~ *with sbd* zich met iem. identificeren
identikit [aɪˈdentɪkɪt] *znw* compositietekening, montagefoto
identity [aɪˈdentɪtɪ] *znw* ❶ gelijk(luidend)heid ❷ het ééénzijn ❸ persoon(lijkheid) ★ *a case of mistaken ~* een geval van persoonsverwisseling ❹ identiteit ★ *under an assumed ~* met een valse identiteit
identity card [aɪˈdentɪtɪ kɑːd] *znw* identiteitsbewijs, -kaart, persoonsbewijs
identity crisis [aɪˈdentɪtɪ ˈkraɪsɪs] *znw* identiteitscrisis
identity disk [aɪˈdentɪtɪ dɪsk] *znw* identiteitsplaatje
ideogram [ˈɪdɪəgræm], **ideograph** *znw* beeldmerk
ideological [aɪdɪəˈlɒdʒɪkl] *bn* ideologisch
ideologically [aɪdɪəˈlɒdʒɪklɪ] *bijw* ideologisch ★ ~ *correct ideas* ideologisch correcte ideeën ★ ~*, little separates the two groups* ideologisch gezien is er weinig verschil tussen de twee groepen
ideologist [aɪdɪˈɒlədʒɪst] *znw* ideoloog, theoreticus
ideologue [ˈaɪdɪəlɒg] *znw* ideoloog

id

ideology [aɪdɪ'ɒlədʒɪ] *znw* ideologie
idiocy ['ɪdɪəsɪ] *znw* idiotie, idioterie, stompzinnigheid
idiom ['ɪdɪəm] *znw* ❶ idioom, taaleigen ❷ dialect
idiomatic [ɪdɪə'mætɪk] *bn* idiomatisch
idiosyncrasy [ɪdɪəʊ'sɪŋkrəsɪ] *znw* eigenaardigheid, hebbelijkheid, individuele geestes- of gevoelsneiging
idiosyncratic [ɪdɪəʊsɪn'krætɪk] *bn* eigenaardig
idiot ['ɪdɪət] *znw* idioot ★ *make an ~ of oneself* zich belachelijk maken
idiotic [ɪdɪ'ɒtɪk] *bn* idioot, mal
idiotically [ɪdɪ'ɒtɪklɪ] *bijw* idioot, raar ★ *he's acting ~ lately* hij doet raar de laatste tijd
idiot savant [i:djəʊ, ɪdɪəʊ sæ'vɑ̃] *znw* idiot savant ‹zwakzinnige met specifieke talenten›
idle ['aɪdl] **I** *bn* ❶ ledig, nietsdoend, werkeloos, stil(liggend, -staand), lui ★ *we haven't been* ~ we hebben niet stilgezeten ★ *~ capital* dood / rendementloos kapitaal ❷ ongebruikt ❸ ijdel, nutteloos ★ *~ threats* loze dreigementen **II** *overg* ★ *~ sth away* iets in ledigheid doorbrengen, verluieren **III** *onoverg* ❶ leeglopen, niets doen, luieren, lanterfanten ❷ techn stationair draaien ‹v. motor›
idleness ['aɪdlnɪs] *znw* nutteloosheid
idler ['aɪdlə] *znw* leegloper, nietsdoener, dagdief
idling ['aɪdlɪŋ] **I** *bn* luierend, stationair draaiend **II** *znw* ❶ nietsdoen ❷ vrijloop ‹v. motor›
idly ['aɪdlɪ] *bijw* ❶ zonder een hand uit te steken ★ *we can't just stand ~ by* we kunnen er niet bijstaan en niets doen ❷ zomaar
idol ['aɪdl] *znw* afgod, idool
idolater [aɪ'dɒlətə] *znw* ❶ afgodendienaar ❷ aanbidder, afgodisch vereerder
idolatress [aɪ'dɒlətrɪs] *znw* aanbidster, afgodendienares
idolatrous [aɪ'dɒlətrəs] *bn* afgodisch
idolatry [aɪ'dɒlətrɪ] *znw* ❶ afgoderij ❷ afgodendienst, idolatrie ❸ verafgoding
idolization [aɪdəlaɪ'zeɪʃən], **idolisation** *znw* verafgoding
idolize ['aɪdəlaɪz], **idolise** *overg* verafgoden
idyll ['ɪdɪl] *znw* idylle
idyllic [ɪ'dɪlɪk] *bn* idyllisch
i.e. *afk* (id est, that is) dat wil zeggen, d.w.z.
if [ɪf] **I** *voegw* ❶ indien, zo, als, ingeval ★ *~ anything, he's too nice* hij is zo mogelijk te aardig ★ *~ not* zo niet ★ *~ applicable / relevant* indien van toepassing ★ *~ only I had known* had ik het maar geweten ★ *~ he should ever ring* mocht hij bellen, mocht hij überhaupt bellen ❷ zowaar, warempel ★ *~ he hasn't beaten me to it!* daar is ie me waarachtig voor geweest! ★ *well, ~ it isn't John!* kijk eens, daar hebben we John! ❸ al, zij het ★ *nice weather, ~ rather cold* ondanks dat het wat koud is, is het (toch) lekker weer ★ *the damage, ~ any* de eventuele schade ★ *little / few, ~ any* vrijwel geen ★ *I'll do it even ~ it kills me* ik zal het doen al wordt het mijn dood ★ *nothing ~ not critical* zeer kritisch ❹ of

iffy ['ɪfɪ] *inf bn* ❶ onzeker, twijfelachtig ★ *we're still a bit ~ about our plans* we zijn nog een beetje onzeker wat onze plannen betreft ❷ niet helemaal betrouwbaar ★ *this meat smells a bit ~* het vlees ruikt niet helemaal goed meer
igloo ['ɪglu:] *znw* iglo, sneeuwhut
igneous ['ɪgnɪəs] *bn* ❶ vurig, vuur- ❷ vulkanisch
ignitable [ɪg'naɪtəbl] *bn* ontbrandbaar
ignite [ɪg'naɪt] **I** *overg* in brand steken, doen ontbranden, ontsteken **II** *onoverg* in brand raken, ontbranden, vuur vatten ★ *the car was hot and tempers were igniting* de auto was warm en de gemoederen raakten verhit
igniter [ɪg'naɪtə] *znw* ontsteker
ignition [ɪg'nɪʃən] *znw* ❶ ontbranding ❷ techn ontsteking ★ auto *an ~ key* een contactsleuteltje ★ *an ~ mechanism* een ontstekingsmechanisme ★ *an ~ switch* een ontstekingsschakelaar
ignoble [ɪg'nəʊbl] *bn* onedel, laag, schandelijk
ignominious [ɪgnə'mɪnɪəs] *bn* ❶ schandelijk, onterend ❷ smadelijk, oneervol
ignominy ['ɪgnəmɪnɪ] *znw* schande(lijkheid), oneer, smaad
ignoramus [ɪgnə'reɪməs] *znw* onbenul, domoor ★ *where money's concerned, he's a complete ~* wat geld betreft is hij een volslagen onbenul
ignorance ['ɪgnərəns] *znw* ❶ onkunde, onwetendheid ★ *we were kept in ~ of the real situation* de echte situatie werd voor ons verborgen gehouden ❷ onbekendheid (met *of*)
ignorant ['ɪgnərənt] *bn* ❶ onwetend, onkundig ★ *~ of* onbekend met, onkundig van ❷ onderontwikkeld, *inf* dom
ignore [ɪg'nɔ:] *overg* niet willen weten of kennen, geen notitie nemen van, negeren
i.h.p. *afk* (indicated horse-power) ipk, indicateur-paardenkracht
ikky ['ɪkɪ] *inf bn* → **icky**
ikon ['aɪkɒn], **icon** *znw* icoon ‹geschilderd portret van Christus of een heilige›
il- [ɪl-] *voorv* on-, niet
ileum ['ɪlɪəm] *anat znw* [*mv:* ilea] kronkeldarm
ilk [ɪlk] *znw* soort, slag ★ *inf people of that ~* van dat soort mensen
ill [ɪl] **I** *bn* ❶ kwaad, slecht, kwalijk, nadelig, ongunstig ★ *be ~ at ease* niet op zijn gemak zijn ★ zegsw *it's an ~ wind that blows nobody any good* geen ongeluk zo groot of er is een geluk bij ❷ ziek, misselijk ★ *fall / get / be taken ~* ziek worden **II** *bijw* ❶ slecht, kwalijk ★ *speak ~ of sbd* kwaadspreken over iem. ❷ amper, nauwelijks ★ *they can ~ afford it* ze kunnen het zich nauwelijks veroorloven **III** *znw* ❶ form kwaad, kwaal ★ *augur / bode ~* niet veel goeds beloven ❷ ramp
I'll [aɪl] *samentr* ❶ (I will) → **will** ❷ (I shall) → **shall**
ill-advised [ɪl-əd'vaɪzd] *bn* onberaden, onverstandig ★ *you'd be ~ to accept the offer* je zou onverstandig

zijn als je het aanbod aan zou nemen

ill-assorted [ɪl-ə'sɔ:tɪd] *bn* slecht bij elkaar passend ★ *they're an ~ couple* ze passen als stelletje slecht bij elkaar

ill blood [ɪl blʌd] *znw* kwaad bloed, wrok, vijandschap ★ *we don't want to create any ~* we willen geen kwaad bloed zetten

ill-boding [ɪl-'bəʊdɪŋ] *bn* onheilspellend

ill-bred [ɪl-'bred] *gedat bn* onopgevoed, ongemanierd

ill-breeding [ɪl-'bri:dɪŋ] *gedat znw* ongemanierdheid

ill-conceived [ɪl-kən'si:vd] *bn* slecht doordacht

ill-considered [ɪl-kən'sɪdəd] *bn* onberaden

ill-defined [ɪl-dɪ'faɪnd] *bn* slecht gedefinieerd

ill-disposed [ɪl-dɪ'spəʊzd] *bn* ❶ niet genegen ❷ kwaadgezind, kwaadwillig

illegal [ɪ'li:gl] **I** *bn* onwettig, illegaal, verboden ★ *an ~ substance* een onwettige substantie **II** *znw*, **illegal immigrant** illegale

illegality [ɪlɪ:'gælɪtɪ] *znw* onwettigheid, illegaliteit

illegally [ɪ'li:gəlɪ] *bijw* onwettig, illegaal ★ *we're parked ~* we staal illegaal geparkeerd

illegibility [ɪledʒɪ'bɪlɪtɪ] *znw* onleesbaarheid

illegible [ɪ'ledʒɪbl] *bn* onleesbaar

illegitimacy [ɪlɪ'dʒɪtɪməsɪ] *znw* onwettigheid, ongeoorloofdheid, onechtheid

illegitimate [ɪlɪ'dʒɪtɪmɪt] *bn* onwettig, ongeoorloofd, onecht ★ *an ~ child* een natuurlijk kind ★ *the new regime is regarded as ~* het nieuwe regime wordt als onwettig beschouwd

ill-equipped [ɪl-ɪ'kwɪpt] *bn* slecht toegerust ★ *she's ~ to take the position* ze heeft niet de juiste kwaliteiten voor de baan

ill-famed [ɪl-'feɪmd] *bn* berucht

ill-fated [ɪl-'feɪtɪd] *bn* ongelukkig, rampspoedig ★ *an ~ expedition* een rampzalige expeditie

ill-favoured [ɪl-'feɪvəd] *dicht bn* mismaakt, lelijk

ill feeling [ɪl 'fi:lɪŋ] *znw* kwade gevoelens, onwelwillendheid, kwaad bloed

ill-fitting [ɪl-'fɪtɪŋ] *bn* slecht passend ⟨v. kleding⟩

ill-founded [ɪl-'faʊndɪd] *bn* ongegrond ★ *~ fears* ongegronde angst

ill-gotten [ɪl-'gɒtn] *dicht of scherts bn* onrechtvaardig / onrechtmatig / oneerlijk verkregen ★ *his ~ gains* zijn gestolen goed

ill health [ɪl helθ] *znw* slechte gezondheid, ziekte ★ *be in ~* een slechte gezondheid hebben

ill-humoured [ɪl-'hju:məd] *bn* slecht gehumeurd

illiberal [ɪ'lɪbərəl] *form bn* bekrompen

illiberality [ɪlɪbə'rælətɪ] *form znw* bekrompenheid

illicit [ɪ'lɪsɪt] *bn* ❶ ongeoorloofd ❷ onwettig ★ *an ~ trade in arms* een onwettige wapenhandel

illiquid [ɪ'lɪkwɪd] *bn* illiquide

illiquidity [ɪlɪ'kwɪdɪtɪ] *znw* illiquiditeit

illiteracy [ɪ'lɪtərəsɪ] *znw* ❶ ongeletterdheid ❷ analfabetisme

illiterate [ɪ'lɪtərət] **I** *bn* ongeletterd, niet kunnende lezen (en schrijven), analfabeet ★ *she's computer ~* ze kan niet met computers omgaan **II** *znw* analfabeet

ill-judged [ɪl-'jʌdʒd] *bn* ❶ slecht bedacht / overlegd, onberaden ❷ onwijs, onverstandig ★ *an ~ chess move* een slechte schaakzet

ill luck [ɪl lʌk] *znw* ongeluk, tegenspoed

ill-mannered [ɪl-'mænəd] *bn* ongemanierd

ill-matched [ɪl-'mætʃt] *bn* niet bij elkaar passend

ill-natured [ɪl-'neɪtʃəd] *bn* kwaadaardig, boosaardig, hatelijk

illness [ɪlnɪs] *znw* ziekte, kwaal ★ *suffer from an ~* lijden aan een ziekte ★ *nurse sbd through an ~* iem. verplegen tijdens een ziekte

illogical [ɪ'lɒdʒɪkl] *bn* onlogisch

ill-omened [ɪl-'əʊmənd] *bn* ❶ onder ongunstige omstandigheden ondernomen ❷ ongelukkig

ill-prepared [ɪl-prɪ'peəd] *bn* slecht voorbereid

ill-starred [ɪl-'stɑ:d] *bn* ongelukkig ★ *the ~ expedition set out in 1890* de door tegenslag geteisterde expeditie vertrok in 1890

ill-tempered [ɪl-'tempəd] *bn* humeurig, uit zijn (haar) humeur

ill-timed [ɪl-'taɪmd] *bn* ontijdig, ongelegen

ill-treat [ɪl-'tri:t], **ill-use** *overg* mishandelen, slecht / verkeerd behandelen

ill-treatment [ɪl-'tri:tmənt], **ill-usage** *znw* ❶ mishandeling ❷ slechte (verkeerde) behandeling

illume [ɪ'l(j)u:m] *dicht overg* verlichten, verhelderen

illuminant [ɪ'l(j)u:mɪnənt] **I** *bn* verlichtend **II** *znw techn* verlichtingsmiddel

illuminate [ɪ'l(j)u:mɪneɪt], *dicht* **illumine** *overg* ❶ verlichten, belichten ❷ verluchten, illumineren ❸ licht werpen op, voorlichten ❹ luister bijzetten aan

illuminating [ɪ'l(j)u:mɪneɪtɪŋ] *bn* verhelderend, verduidelijkend ★ *an ~ discussion* een verhelderend werkende discussie

illumination [ɪl(j)u:mɪ'neɪʃən] *znw* ❶ verlichting, belichting ❷ verluchting, illuminatie ❸ voorlichting ❹ glans, luister

illuminative [ɪ'l(j)u:mɪnətɪv] *bn* verlichtend

illuminator [ɪ'l(j)u:mɪneɪtə] *znw* ❶ verlichter ❷ voorlichter ❸ verlichtingsmiddel ❹ verluchter

illumine [ɪ'l(j)u:mɪn] *dicht overg* → **illuminate**

ill-usage [ɪl-'ju:zɪdʒ] *znw* → **ill-treatment**

ill-use [ɪl-'ju:z] *overg* → **ill-treat**

illusion [ɪ'l(j)u:ʒən] *znw* ❶ illusie ★ *be under an ~* in de illusie verkeren ★ *have no ~s about sth* ergens geen illusies over hebben ★ *labour under the ~ that* in de illusie verkeren dat ❷ (zins)begoocheling, zinsbedrog

illusionist [ɪ'l(j)u:ʒənɪst] *znw* goochelaar

illusive [ɪ'l(j)u:sɪv], **illusory** *bn* ❶ illusoir, denkbeeldig ❷ bedrieglijk

illustrate ['ɪləstreɪt] *overg* ❶ toelichten, ophelderen, verduidelijken ★ *the example serves to ~ this point* het voorbeeld dient om dit punt toe te lichten ❷ illustreren

illustration [ɪlə'streɪʃən] *znw* ❶ illustratie ❷ prent, plaat ❸ toelichting, opheldering

illustrative ['ɪləstrətɪv] *bn* illustrerend, illustratief, ophelderend, toelichtend, verklarend

illustrator ['ɪləstreɪtə] *znw* illustrator

illustrious [ɪ'lʌstrɪəs] *bn* doorluchtig, beroemd, roemrijk, vermaard, hoog, illuster

ill-will [ɪl-'wɪl] *znw* vijandige gezindheid, kwaadwilligheid, wrok ★ *bear sbd* ~ wrok koesteren tegen iemand

I'm [aɪm] *samentr* (I am) → **be**

image ['ɪmɪdʒ] *znw* ❶ beeld, beeltenis, evenbeeld ★ *he's the living / spitting / very* ~ *of his father* hij lijkt als twee druppels water op zijn vader ❷ toonbeeld, personificatie ❸ reputatie, imago, image ★ *live up to one's* ~ zijn imago recht doen

image-building ['ɪmɪdʒ-'bɪldɪŋ] *znw* imagebuilding, creëren van een imago, beeldvorming

image definition ['ɪmɪdʒ defɪ'nɪʃən] *znw* beeldscherpte

image processing ['ɪmɪdʒ 'prəʊsesɪŋ] *znw* beeldverwerking

imagery ['ɪmɪdʒərɪ] *znw* ❶ beeld, beeldwerk, beelden ❷ beeldrijkheid ❸ beeldspraak

imaginable [ɪ'mædʒɪnəbl] *bn* denkbaar ★ *you can get them in every colour* ~ je kunt ze in alle denkbare kleuren krijgen

imaginary [ɪ'mædʒɪnərɪ] *bn* ingebeeld, denkbeeldig

imagination [ɪmædʒɪ'neɪʃən] *znw* verbeelding(skracht), fantasie, voorstellingsvermogen, voorstelling ★ *poverty beyond one's* ~ onvoorstelbare armoede ★ *a figment of the* ~ een hersenspinsel ★ *not by any / by no stretch of the* ~ zeker niet, op geen enkele manier ★ *capture the* ~ tot de verbeelding spreken ★ *leave nothing to the* ~ niets aan de verbeelding overlaten

imaginative [ɪ'mædʒɪnətɪv] *bn* ❶ vol verbeeldingskracht, fantasierijk ❷ van fantasie getuigend ❸ van de verbeelding, verbeeldings-

imagine [ɪ'mædʒɪn] *overg* zich in-, verbeelden, zich voorstellen ★ inf ~! verbeeld je! ★ inf *she's 114 years old -* ~ *that!* ze is 114 jaar oud - moet je je voorstellen! ★ inf *you can't* ~ *how stupid I've been* je kunt je niet voorstellen hoe dom ik geweest ben ★ *you must be imagining things* je haalt je dingen in je hoofd

imaging ['ɪmɪdʒɪŋ] comput *znw* een beeld creëren op scherm

imago [ɪ'meɪgəʊ] *znw* [mv: -s of imagines] ❶ insectenk volkomen ontwikkeld insect ❷ psych ideaalbeeld

imam [ɪ'mɑːm] *znw* imam

IMAX® ['aɪmæks] *znw* IMAX ‹film met extreem groot beeld›

imbalance [ɪm'bæləns] *znw* gebrek aan evenwicht, onevenwichtigheid, onbalans ★ *a gender* ~ een onbalans tussen mannen en vrouwen ★ *a trade* ~ een gebrek aan handelsevenwicht

imbecile ['ɪmbɪsiːl], **imbecilic I** *bn* imbeciel, idioot, dwaas **II** *znw* imbeciel, stommeling

imbecility [ɪmbɪ'sɪlɪtɪ] *znw* geesteszwakte, imbeciliteit

imbed [ɪm'bed] *overg* → **embed**

imbibe [ɪm'baɪb] *overg* ❶ form (in)drinken, op-, inzuigen, (in zich) opnemen ❷ scherts te veel drinken

imbroglio [ɪm'brəʊlɪəʊ] ‹*Ital*› *znw* ❶ imbroglio, warboel, verwarring ❷ verwikkeling

imbue [ɪm'bjuː] *overg* ❶ doortrékken, doordringen ❷ drenken, verven ❸ fig vervullen (van *with*) ★ *a garden ~d with colour* een tuin vol kleuren

IMF *afk* (International Monetary Fund) IMF, Internationaal Monetair Fonds

imitable ['ɪmɪtəbl] *bn* navolgbaar

imitate ['ɪmɪteɪt] *overg* navolgen, nabootsen, namaken, nadoen, afkeurend na-apen

imitation [ɪmɪ'teɪʃən] **I** *bn* imitatie- **II** *znw* navolging, nabootsing, imitatie ★ *do an* ~ *of sbd / sth* iem. / iets nadoen ★ zegsw ~ *is the sincerest form of flattery* imitatie is het eerlijkste compliment van allemaal

imitative ['ɪmɪtətɪv] *bn* nabootsend, navolgend ★ ~ *of* in navolging van, naar, gevormd (gebouwd) naar

imitator ['ɪmɪteɪtə] *znw* imitator

immaculate [ɪ'mækjʊlət] *bn* ❶ onbevlekt ❷ smetteloos, onberispelijk

Immaculate Conception [ɪ'mækjʊlət kən'sepʃən] *bn* ★ *the* ~ de Onbevlekte Ontvangenis

immanence ['ɪmənəns] *znw* het zijn in

immanent ['ɪmənənt] *bn* immanent, inherent

immaterial [ɪmə'tɪərɪəl] *bn* ❶ onstoffelijk, onlichamelijk ❷ van weinig of geen belang, van geen betekenis, onverschillig

immature [ɪmə'tjʊə] *bn* onvolwassen, onontwikkeld, onrijp

immaturity [ɪmə'tjʊərətɪ] *znw* onvolwassenheid, onrijpheid

immeasurable [ɪ'meʒərəbl] *bn* ❶ onmeetbaar ❷ onmetelijk ❸ versterkend oneindig

immediacy [ɪ'miːdɪəsɪ] *znw* onmiddelijkheid

immediate [ɪ'miːdɪət] *bn* ❶ onmiddellijk, dadelijk, direct ★ *on your* ~ *left* direct aan uw linkerhand ❷ naast, dichtsbijzijnd, ophanden zijnd

immediately [ɪ'miːdɪətlɪ] **I** *voegw* zodra ★ *I'll deal with him* ~ *he arrives* ik zal me met hem bezighouden zodra hij binnenkomt **II** *bijw* ❶ onmiddellijk ❷ rechtstreeks

immemorial [ɪmɪ'mɔːrɪəl] dicht *bn* onheuglijk, eeuwenoud ★ *from / since time* ~ sinds mensenheugenis

immense [ɪ'mens] *bn* onmetelijk, oneindig, reusachtig, enorm

immensely [ɪ'menslɪ] *bijw* ❶ immens, onmetelijk, reusachtig ❷ mateloos, kostelijk, heel erg

immensity [ɪ'mensɪtɪ] *znw* onmetelijkheid, oneindigheid, eindeloze uitgestrektheid

immerse [ɪ'mɜːs] *overg* in-, onderdompelen, indopen ★ ~ *oneself in sth / be ~d in sth* zich verdiepen in iets, ergens helemaal in opgaan

immersion [ɪ'mɜːʃən] *znw* in-, onderdompeling, indoping

immersion heater [ɪ'mɜːʃən 'hiːtə] *znw* dompelaar
immigrant ['ɪmɪɡrənt] **I** *bn* immigrerend **II** *znw* immigrant
immigrant labour ['ɪmɪɡrənt 'leɪbə], <u>Am</u> **immigrant labor** *znw* gastarbeid
immigrate ['ɪmɪɡreɪt] *onoverg* immigreren
immigration [ɪmɪ'ɡreɪʃən] *znw* ❶ immigratie ❷ ± paspoortcontrole ★ *go through* ~ door de paspoortcontrole gaan
imminence ['ɪmɪnəns] *znw* nabijheid, dreiging, nadering ‹v. gevaar &›
immiscible [ɪ'mɪsɪbl] <u>techn</u> *bn* on(ver)mengbaar
immobile [ɪ'məʊbaɪl] *bn* onbeweeglijk
immobility [ɪməʊ'bɪlɪtɪ] *znw* onbeweeglijkheid
immobilization [ɪməʊbəlaɪ'zeɪʃən], **immobilisation** *znw* immobilisatie
immobilize [ɪ'məʊbɪlaɪz], **immobilise** *overg* onbeweeglijk / immobiel maken, stilleggen, lamleggen, inactiveren
immoderate [ɪ'mɒdərət] *bn* on-, bovenmatig, onredelijk, overdreven
immoderation [ɪmɒdə'reɪʃən] *znw* ❶ onmatigheid ❷ onredelijkheid, overdrevenheid
immodest [ɪ'mɒdɪst] *bn* ❶ onbescheiden ❷ onbetamelijk, onzedig
immodesty [ɪ'mɒdɪstɪ] *znw* ❶ onbescheidenheid ❷ onbetamelijkheid, onzedigheid
immolate ['ɪmələɪt] *overg* (op)offeren, doden als offer ‹vooral als brandoffer›
immolation [ɪmə'leɪʃən] *znw* (op)offering, offer, brandoffer
immoral [ɪ'mɒrəl] *bn* ❶ immoreel, onzedelijk ❷ zedeloos
immoral earnings [ɪ'mɒrəl 'ɜːnɪŋz] *znw* [mv] verdiensten uit prostitutie
immorality [ɪmə'rælɪtɪ] *znw* ❶ immoraliteit, onzedelijkheid ❷ onzedelijke handeling(en) ❸ zedeloosheid
immortal [ɪ'mɔːtl] **I** *bn* onsterfelijk **II** *znw* onsterfelijke
immortality [ɪmɔː'tælɪtɪ] *znw* onsterfelijkheid
immortalization [ɪmɔːtəlaɪ'zeɪʃən], **immortalisation** *znw* onsterfelijk maken, vereeuwiging
immortalize [ɪ'mɔːtəlaɪz], **immortalise** *overg* onsterfelijk maken, vereeuwigen
immortelle [ɪmɔː'tel] *znw* immortelle, strobloem
immovable [ɪ'muːvəbl] *bn* ❶ onbeweegbaar, onbeweeglijk ❷ onveranderlijk, onwrikbaar ❸ <u>jur</u> onroerend, vast
immovables [ɪ'muːvəblz] *znw* [mv] onroerende of vaste goederen
immune [ɪ'mjuːn] *bn* ❶ immuun, onvatbaar (voor *from, to, against*) ❷ vrijgesteld, gevrijwaard (van *from*)
immune deficiency [ɪ'mjuːn dɪ'fɪʃənsɪ], **immunodeficiency** *znw* verminderd afweersysteem
immune response [ɪ'mjuːn rɪ'spɒns] *znw* immuniteitsreactie
immune system [ɪ'mjuːn 'sɪstəm] <u>med</u> *znw* immuunsysteem
immunity [ɪ'mjuːnɪtɪ] *znw* ❶ immuniteit, onschendbaarheid ★ *diplomatic* ~ diplomatieke onschendbaarheid ★ *develop* ~ *to sth* immuun worden voor iets ❷ vrijstelling, ontheffing
immunization [ɪmjʊnaɪ'zeɪʃən], **immunisation** *znw* immunisatie, immunisering
immunize ['ɪmjʊnaɪz], **immunise** *overg* immuun maken, immuniseren ★ *he's been* ~d *against smallpox* hij is ingeënt tegen pokken
immunodeficiency [ɪmjuː'nəʊdɪ'fɪʃənsɪ] *znw* → **immune deficiency**
immunology [ɪmjuː'nɒlədʒɪ] *znw* immunologie
immured [ɪ'mjʊəd] *bn* opgesloten
immutability [ɪmjuːtə'bɪlɪtɪ] *znw* onveranderlijkheid
immutable [ɪ'mjuːtəbl] *bn* onveranderlijk, onveranderbaar
imp [ɪmp] *znw* kobold, duiveltje, rakker
impact I *znw* ['ɪmpækt] ❶ stoot, schok, slag, botsing ★ *cushion the* ~ *of sth* de schok van iets dempen / opvangen ❷ <u>fig</u> uitwerking, invloed, effect ★ *have an* ~ *on sth* een effect op iets hebben **II** *overg* [ɪm'pækt] ❶ indrijven, indrukken ❷ (krachtig) raken, treffen **III** *onoverg* [ɪm'pækt] ❶ inslaan ❷ <u>Am</u> invloed hebben, effect hebben ★ *the cutbacks will mainly* ~ *on the poor* de bezuinigingen zullen voornamelijk de armen treffen
impair [ɪm'peə] *overg* benadelen, aantasten, verzwakken, afbreuk doen aan
impaired [ɪm'peəd] *bn* gehandicapt, met een bepaalde handicap ★ *hearing*~ gehoorgestoord
impairment [ɪm'peəmənt] *znw* ❶ beschadiging ❷ verzwakking
impala [ɪm'pɑːlə, -'pælə] *znw* impala
impale [ɪm'peɪl] *overg* spietsen, doorboren
impalement [ɪm'peɪlmənt] *znw* ❶ spietsen ❷ doorboring
impalpability [ɪmpælpə'bɪlɪtɪ] <u>dicht</u> *znw* ❶ onvoelbaarheid ❷ ongrijpbaarheid
impalpable [ɪm'pælpəbl] <u>dicht</u> *bn* ❶ onvoelbaar, niet tastbaar ❷ ongrijpbaar
impanel [ɪm'pænl] <u>jur</u> *overg* → **empanel**
imparity [ɪm'pærɪtɪ] *znw* ongelijkheid, verscheidenheid
impart [ɪm'pɑːt] *overg* ❶ mededelen, geven, verlenen ❷ bijbrengen ‹kennis›
impartial [ɪm'pɑːʃəl] *bn* onpartijdig
impartiality [ɪmpɑːʃɪ'ælɪtɪ] *znw* onpartijdigheid
impartially [ɪm'pɑːʃəlɪ] *bijw* onpartijdig ★ *the matter will be dealt with fairly and* ~ de zaak zal eerlijk en onpartijdig worden afgehandeld
impassability [ɪmpɑːsə'bɪlɪtɪ] *znw* ❶ onbegaanbaarheid ❷ onoverkomelijkheid
impassable [ɪm'pɑːsəbl] *bn* ❶ onbegaanbaar ❷ ‹rivier› waar men niet overheen kan
impasse ['æmpæs, 'ɪm-] *znw* ❶ doodlopende straat ❷ <u>fig</u> dood punt
impassible [ɪm'pæsɪbl] <u>theol</u> *bn* ❶ onaandoenlijk

im

❷ ongevoelig, gevoelloos

impassion [ɪmˈpæʃən] *overg* aanvuren

impassioned [ɪmˈpæʃənd] *bn* hartstochtelijk

impassive [ɪmˈpæsɪv] *bn* onbewogen, ongevoelig, onaandoenlijk, onverstoorbaar, afgestompt

impassivity [ɪmpæˈsɪvɪtɪ] *znw* ❶ onverstoorbaarheid ❷ ongevoeligheid

impasto [ɪmˈpæstəʊ] *znw* ❶ dik opleggen van de verf ❷ dikke verf(laag)

impatience [ɪmˈpeɪʃəns] *znw* ongeduld, ongeduldigheid

impatiens [ɪmˈpeɪʃɪenz] *znw* balsemien, vlijtig liesje

impatient [ɪmˈpeɪʃənt] *bn* ongeduldig ★ *voters are increasingly ~ for change* de kiezers wachten steeds ongeduldiger op verandering

impeach [ɪmˈpiːtʃ] *overg* ❶ in twijfel trekken, verdacht maken ❷ beschuldigen, aanklagen

impeachable [ɪmˈpiːtʃəbl] *bn* laakbaar

impeachment [ɪmˈpiːtʃmənt] *znw* ❶ in twijfel trekken, verdachtmaking ❷ (stellen in staat van) beschuldiging, aanklacht ‹wegens politiek misdrijf›, impeachment

impeccable [ɪmˈpekəbl] *bn* onberispelijk, foutloos ★ *~ manners* perfecte manieren

impeccably [ɪmˈpekəblɪ] *bijw* onberispelijk, foutloos ★ *he was dressed ~* hij was onberispelijk gekleed

impecuniosity [ɪmpɪkjuːnɪˈɒsɪtɪ] *znw* ❶ geldgebrek ❷ geldelijk onvermogen

impecunious [ɪmpɪˈkjuːnɪəs] *bn* ❶ zonder geld ❷ onbemiddeld, onvermogend

impedance [ɪmˈpiːdns] elektr *znw* impedantie, schijnweerstand

impede [ɪmˈpiːd] *overg* bemoeilijken, verhinderen, belemmeren, tegenhouden, beletten

impediment [ɪmˈpedɪmənt] *znw* verhindering, belemmering, beletsel ★ *a speech ~* een spraakgebrek ★ *a legal ~* een juridisch beletsel

impedimenta [ɪmpedɪˈmentə] *znw* [mv] (leger)bagage

impel [ɪmˈpel] *overg* ❶ aandrijven, voortdrijven, -bewegen ❷ aanzetten, bewegen

impending [ɪmˈpendɪŋ] *bn* dreigend, aanstaand, ophanden zijnde

impenetrable [ɪmˈpenɪtrəbl] *bn* ❶ ondoordringbaar ❷ ondoorgrondelijk

impenitent [ɪmˈpenɪtnt] *bn* onboetvaardig

imperative [ɪmˈperətɪv] **I** *bn* gebiedend, (absoluut) noodzakelijk, verplicht **II** *znw* ❶ (eerste) vereiste ❷ gramm imperatief ★ *the ~* de gebiedende wijs, imperatief

imperceptible [ɪmpəˈseptɪbl] *bn* onmerkbaar ★ *~ to the human eye* met het menselijk oog niet te zien

imperceptibly [ɪmpəseptɪˈbɪlɪtɪ] *bijw* onmerkbaar ★ *one season merges almost ~ into the next* het ene jaargetijde gaat haast onmerkbaar over in het volgende

imperfect [ɪmˈpɜːfɪkt] **I** *bn* onvolmaakt, onvolkomen **II** *znw* ★ gramm *the ~* de onvoltooid verleden tijd

imperfect competition [ɪmˈpɜːfɪkt kɒmpəˈtɪʃən]

handel *znw* imperfecte competitie

imperfection [ɪmpəˈfekʃən] *znw* onvolmaaktheid, onvolkomenheid

imperial [ɪmˈpɪərɪəl] **I** *bn* ❶ keizerlijk, keizer(s)- ❷ rijks-, imperiaal ❸ Brits ‹v. maten & gewichten &› **II** *znw* ❶ imperiaal ‹papierformaat› ❷ puntbaardje

imperialism [ɪmˈpɪərɪəlɪzəm] *znw* ❶ keizersmacht ❷ imperialisme

imperialist [ɪmˈpɪərɪəlɪst] **I** *bn* ❶ imperialistisch ❷ keizersgezind **II** *znw* ❶ imperialist ❷ keizersgezinde

imperialistic [ɪmpɪərɪəˈlɪstɪk] *bn* imperialistisch

imperil [ɪmˈperɪl] *overg* in gevaar brengen

imperious [ɪmˈpɪərɪəs] *bn* ❶ gebiedend, heerszuchtig ❷ bazig

imperishability [ɪmperɪʃəˈbɪlɪtɪ] dicht *znw* onvergankelijkheid

imperishable [ɪmˈperɪʃəbl] dicht *bn* onvergankelijk ★ *~ memories* onvergankelijke herinneringen

impermanence [ɪmˈpɜːmənəns] *znw* tijdelijkheid, vluchtigheid

impermanent [ɪmˈpɜːmənənt] *bn* tijdelijk, vergankelijk

impermeable [ɪmˈpɜːmɪəbl] *bn* ondoordringbaar

impermissible [ɪmpəˈmɪsɪbl] *bn* ontoelaatbaar, ongeoorloofd

impersonal [ɪmˈpɜːsənl] *bn* niet persoonlijk, onpersoonlijk

impersonality [ɪmpɜːsəˈnælɪtɪ] *znw* onpersoonlijkheid

impersonate [ɪmˈpɜːsəneɪt] *overg* ❶ imiteren, de rol spelen van ❷ zich uitgeven voor, zich voordoen als

impersonation [ɪmpɜːsəˈneɪʃən] *znw* ❶ imitatie ❷ impersonatie

impersonator [ɪmˈpɜːsəneɪtə] *znw* imitator ★ theat *a female ~* een travestieartiest, een man die vrouwenrol speelt

impertinence [ɪmˈpɜːtɪnəns] *znw* onbeschaamdheid ★ *he had the ~ to send me the bill* hij had de onbeschaamdheid om mij de rekening te sturen

impertinent [ɪmˈpɜːtɪnənt] *bn* ❶ ongepast ❷ onbeschaamd, brutaal

imperturbability [ɪmpətɜːbəˈbɪlɪtɪ] *znw* onverstoorbaarheid

imperturbable [ɪmpəˈtɜːbəbl] *bn* onverstoorbaar

imperturbably [ɪmpəˈtɜːbəblɪ] *bijw* onverstoorbaar

impervious [ɪmˈpɜːvɪəs] *bn* ❶ ondoordringbaar ❷ ontoegankelijk, niet vatbaar (voor *to*)

impetigo [ɪmpɪˈtaɪgəʊ] *znw* impetigo, krentenbaard ‹huidziekte›

impetuosity [ɪmpetjʊˈɒsɪtɪ], **impetuousness** *znw* ❶ onstuimigheid, heftigheid ❷ onbezonnenheid, overhaastheid

impetuous [ɪmˈpetʃʊəs] *bn* onstuimig, heftig, impulsief, onbezonnen, overhaast

impetuously [ɪmˈpetʃʊəslɪ] *bijw* ❶ onstuimig, heftig ❷ onbezonnen, overhaast ★ *we bought the house rather ~* we hebben het huis nogal overhaast gekocht

impetus ['ɪmpɪtəs] *znw* ❶ impuls, stimulans, aansporing, prikkel ❷ voortstuwende kracht, vaart ❸ aandrang, aandrift, drijfveer

impiety [ɪm'paɪətɪ] *znw* goddeloosheid, oneerbiedigheid, gebrek aan piëteit

impinge [ɪm'pɪndʒ] *overg* ★ ~ *on sbd / sth* treffen / raken / v. invloed zijn op iem. / iets, inbreuk maken op iem. / iets

impingement [ɪm'pɪndʒmənt] *znw* inbreuk ★ *a ban would be an ~ of basic human rights* een ban zou een inbreuk betekenen op de fundamentele rechten van de mens

impious ['ɪmpɪəs] *bn* ❶ goddeloos ❷ oneerbiedig

impish ['ɪmpɪʃ] *bn* duivels, ondeugend

implacability [ɪmplækə'bɪlɪtɪ] *znw* onverbiddelijkheid

implacable [ɪm'plækəbl] *bn* ❶ onverzoenlijk ❷ onverbiddelijk

implacably [ɪm'plækəblɪ] *bijw* onverbiddelijk, onverzoenlijk ★ *the residents are ~ opposed to the freeway* de bewoners zijn onverbiddelijk op de snelweg tegen

implant I *znw* ['ɪmplɑ:nt] med implantaat **II** *overg* [ɪm'plɑ:nt] ❶ (in)planten, med implanteren ❷ zaaien ❸ inprenten

implantation [ɪmplɑ:n'teɪʃən] *znw* ❶ inplanting, med implantatie ❷ inprenting

implausibility [ɪmplɔ:zɪ'bɪlɪtɪ] *bijw* onwaarschijnlijkheid

implausible [ɪm'plɔ:zɪbl] *bn* onwaarschijnlijk

implausibly [ɪm'plɔ:zɪblɪ] *bijw* onwaarschijnlijk ★ *the reported death toll is ~ low* het opgegeven aantal dodelijke slachtoffers is onwaarschijnlijk laag

implement I *znw* ['ɪmplɪmənt] ❶ gereedschap ❷ werktuig **II** *overg* ['ɪmplɪment] ❶ uitvoeren ❷ nakomen ❸ aanvullen

implementation [ɪmpləmen'teɪʃən] *znw* ❶ uitvoering ❷ nakoming ❸ aanvulling

implicate ['ɪmplɪkeɪt] *overg* ❶ impliceren, suggereren ❷ betrokkenheid bewijzen ‹bij een misdaad› ★ *be implicated in* betrokken zijn bij

implication [ɪmplɪ'keɪʃən] *znw* ❶ in-, verwikkeling, betrokkenheid ❷ implicatie ★ *by ~* stilzwijgend, bij implicatie, indirect

implicit [ɪm'plɪsɪt] *bn* ❶ daaronder begrepen, stilzwijgend (aangenomen), impliciet ❷ onvoorwaardelijk ❸ blind ‹vertrouwen &›

implied [ɪm'plaɪd] *bn* daaronder begrepen, stilzwijgend aangenomen, impliciet

implode [ɪm'pləʊd] **I** *overg* doen imploderen, ineen laten klappen **II** *onoverg* imploderen, ineenklappen

implore [ɪm'plɔ:] *overg* smeken, afsmeken

imploring [ɪm'plɔ:rɪŋ] *bn* smekend

imploringly [ɪm'plɔ:rɪŋlɪ] *bijw* smekend ★ *the defendant looked at the jury ~* de beklaagde keek de jury smekend aan

implosion [ɪm'pləʊʒən] *znw* implosie

imply [ɪm'plaɪ] *overg* ❶ insluiten, inhouden ❷ vooronderstellen ❸ suggereren, (indirect) te kennen geven of aanduiden, impliceren, met zich meebrengen

impolite [ɪmpə'laɪt] *bn* onbeleefd, onwellevend

impolitic [ɪm'pɒlɪtɪk] *bn* onhandig, onverstandig ★ *it was ~ to mention the matter* het was geen goed idee om de zaak ter sprake te brengen

imponderability [ɪmpɒndərə'bɪlɪtɪ] *znw* onberekenbaarheid

imponderable [ɪm'pɒndərəbl] **I** *bn* onweegbaar, moeilijk in te schatten, onvoorspelbaar **II** *znw* onweegbare zaak, onberekenbare / onvoorspelbare factor

import I *znw* ['ɪmpɔ:t] ❶ (meestal *mv*) invoer, import ★ *an ~ country* een invoerland ❷ → form

importance II *overg* [ɪm'pɔ:t] ❶ invoeren ‹ook in de computer›, importeren ❷ form betekenen, inhouden

importance [ɪm'pɔ:tns], form import *znw* belang, belangrijkheid, gewicht, gewichtigheid, betekenis

important [ɪm'pɔ:tnt] *bn* belangrijk, van gewicht (betekenis), gewichtig(doend)

importation [ɪmpɔ:'teɪʃən] *znw* import, invoer

import ban ['ɪmpɔ:t bæn] *znw* importverbod, invoerverbod

import bounty ['ɪmpɔ:t 'baʊntɪ] *znw* invoerpremie

import duty ['ɪmpɔ:t 'dju:tɪ] *znw* invoerrechten, invoerheffing, invoerbelasting

importer [ɪm'pɔ:tə] *znw* importeur

import prohibition ['ɪmpɔ:t prəʊhɪ'bɪʃən] *znw* invoerverbod

import quota ['ɪmpɔ:t 'kwəʊtə] *znw* invoercontingent

import restriction ['ɪmpɔ:t rɪ'strɪkʃən] *znw* invoerbeperking

importunate [ɪm'pɔ:tjʊnət] *bn* lastig, opdringerig

importune [ɪmpɔ:'tju:n] *overg* lastig vallen, herhaaldelijk verzoeken, aandringen

importunity [ɪmpɔ:'tju:nɪtɪ] *znw* ❶ lastigheid ❷ overlast ❸ onbescheiden aanhouden

impose [ɪm'pəʊz] **I** *overg* opleggen ★ ~ *sth on sbd* iem. iets opleggen, iem. iets in de handen stoppen **II** *onoverg* tot last zijn ★ ~ *on / upon sbd* misbruik maken van iem.

imposing [ɪm'pəʊzɪŋ] *bn* imposant, imponerend, indrukwekkend

imposition [ɪmpə'zɪʃən] *znw* ❶ oplegging ❷ belasting ❸ misleiding

impossibility [ɪmpɒsɪ'bɪlɪtɪ] *znw* onmogelijkheid

impossible [ɪm'pɒsɪbl] **I** *bn* onmogelijk **II** *znw* ★ *the ~* het onmogelijke

impossibly [ɪm'pɒsɪblɪ] *bijw* onmogelijk, onwaarschijnlijk ★ *the cause can be ~ difficult to detect* de oorzaak kan onwaarschijnlijk moeilijk te vinden zijn

imposter [ɪm'pɒstə], **impostor** *znw* bedrieger, oplichter

imposture [ɪm'pɒstʃə] *znw* bedrog, bedriegerij

impotence ['ɪmpətəns] *znw* ❶ onmacht, machteloosheid ❷ onvermogen ❸ impotentie

im

impotent ['ɪmpətənt] *bn* ❶ onmachtig, machteloos, onvermogend ❷ impotent

impound [ɪm'paʊnd] *overg* ❶ in beslag nemen ⟨goederen⟩ ❷ inhouden ⟨paspoort⟩

impoverish [ɪm'pɒvərɪʃ] *overg* verarmen, uitputten ⟨land⟩

impoverishment [ɪm'pɒvərɪʃmənt] *znw* verarming, uitputting

impracticability [ɪmpræktɪkə'bɪlɪtɪ] *znw* ❶ onuitvoerbaarheid ❷ onhandelbaarheid ❸ onbegaanbaarheid

impracticable [ɪm'præktɪkəbl] *bn* ondoenlijk, onuitvoerbaar

impractical [ɪm'præktɪkl] *bn* onpraktisch, onhandig, onbruikbaar

impracticality [ɪmpræktɪ'kælɪtɪ] *znw* onhandigheid, onbruikbaarheid

imprecation [ɪmprɪ'keɪʃən] *znw* verwensing, vervloeking

imprecatory [ɪmprɪ'keɪtərɪ] form *bn* verwensend, vloek-

imprecise [ɪmprɪ'saɪs] *bn* onduidelijk, vaag, onnauwkeurig

imprecision [ɪmprɪ'sɪʒən] *znw* onduidelijkheid, vaagheid, onnauwkeurigheid

impregnable [ɪm'pregnəbl] *bn* ❶ onneembaar ❷ onaantastbaar

impregnate ['ɪmpregneɪt] *overg* ❶ bevruchten ❷ impregneren, doortrekken, verzadigen

impregnation [ɪmpreg'neɪʃən] *znw* ❶ bevruchting ❷ impregnatie ❸ verzadiging

impresario [ɪmprɪ'sɑːrɪəʊ] *znw* impresario, theateragent

impress I *znw* ['ɪmpres] ❶ indruk ❷ afdruk, afdruksel, stempel **II** *overg* [ɪm'pres] ❶ in-, afdrukken, inprenten, stempelen ★ ~ *sth on / upon sbd* iets drukken op iem., iets op het hart drukken, iets inprenten ❷ (een zekere) indruk maken op, imponeren, treffen

impressible [ɪm'presɪbl] *bn* → **impressionable**

impression [ɪm'preʃən] *znw* ❶ indruk, impressie, idee ★ *be under the ~ that* in de veronderstelling verkeren dat ★ *form an ~* een indruk vormen ★ *get the distinct ~ that* duidelijk het idee krijgen dat ★ *make an ~* indruk maken ❷ (karikaturale) imitatie ⟨v. stem, gebaren &⟩ ❸ afdruk, stempel ❹ oplage, druk ❺ het indrukken

impressionable [ɪm'preʃənəbl], **impressible** *bn* voor indrukken vatbaar, gevoelig

Impressionism [ɪm'preʃənɪzm] *znw* impressionisme

Impressionist [ɪm'preʃənɪst] **I** *bn* impressionistisch **II** *znw* ❶ impressionist ❷ imitator

impressionistic [ɪmpreʃə'nɪstɪk] *bn* impressionistisch

impressive [ɪm'presɪv] *bn* indrukwekkend

imprimatur [ɪmprɪ'meɪtə] *znw* ❶ imprimatur ❷ fiat, officiële toestemming

imprint I *znw* ['ɪmprɪnt] ❶ indruk ⟨v. voet &⟩, afdruk, afdruksel ❷ stempel, drukkers- of uitgeversnaam op

titelblad & **II** *overg* [ɪm'prɪnt] drukken, stempelen, inprenten

imprison [ɪm'prɪzən] *overg* gevangen zetten

imprisonment [ɪm'prɪzənmənt] *znw* gevangenschap, gevangenzetting, gevangenis(straf) ★ *false ~* wederrechtelijke vrijheidsberoving

impro ['ɪmprəʊ] inf *znw* improvisatie ⟨vooral als theatertechniek⟩

improbability [ɪmprɒbə'bɪlɪtɪ] *znw* onwaarschijnlijkheid

improbable [ɪm'prɒbəbl] *bn* onwaarschijnlijk

improbity [ɪm'prəʊbɪtɪ] form *znw* oneerlijkheid

impromptu [ɪm'prɒmptjuː] **I** *bn* geïmproviseerd **II** *bijw* voor de vuist **III** *znw* muz impromptu

improper [ɪm'prɒpə] *bn* ❶ onbehoorlijk, ongepast, onfatsoenlijk, onbetamelijk, ongeschikt ❷ onjuist, ten onrechte

improper fraction [ɪm'prɒpə 'frækʃən] wisk *znw* onechte breuk

impropriety [ɪmprə'praɪətɪ] *znw* ongeschiktheid, ongepastheid, onbetamelijkheid

improve [ɪm'pruːv] **I** *overg* ❶ verbeteren, beter maken, verhogen, veredelen, vervolmaken ❷ ten nutte maken **II** *onoverg* beter worden, vooruitgaan ★ ~ *on / upon sth* verbeteringen aanbrengen in of aan iets, iets verbeteren

improvement [ɪm'pruːvmənt] *znw* ❶ verbetering, beterschap, vooruitgang, vordering ❷ veredeling

improver [ɪm'pruːvə] *znw* ❶ verbeteraar ❷ leerling, volontair (in een of ander vak)

improvidence [ɪm'prɒvɪdəns] form *znw* gebrek aan voorzorg, zorgeloosheid

improvident [ɪm'prɒvɪdnt] form *bn* zonder voorzorg, niet vooruitziend, zorgeloos

improvisation [ɪmprəvaɪ'zeɪʃən] *znw* improvisatie

improvise ['ɪmprəvaɪz] *overg & onoverg* improviseren

improviser ['ɪmprəvaɪzə] *znw* improvisator

imprudence [ɪm'pruːdns] *znw* onvoorzichtigheid

imprudent [ɪm'pruːdnt] *bn* onvoorzichtig

impudence ['ɪmpjʊdns] *znw* onbeschaamdheid, schaamteloosheid

impudent ['ɪmpjʊdnt] *bn* onbeschaamd, schaamteloos

impugn [ɪm'pjuːn] *overg* bestrijden, betwisten

impulse ['ɪmpʌls] *znw* ❶ aandrijving, aandrift, aandrang, opwelling, impuls ★ *on ~ / on an ~* in een opwelling, impulsief ❷ form drijfveer ❸ form stimulans, prikkel ❹ stoot ⟨elektrische energie⟩

impulse buying ['ɪmpʌls 'baɪɪŋ], **impulse buy**, **impulse purchase** *znw* impulsaankoop

impulsion [ɪm'pʌlʃən] *znw* impuls, aandrang

impulsive [ɪm'pʌlsɪv] *bn* ❶ impulsief ❷ stuw-

impulsively [ɪm'pʌlsɪvlɪ] *bijw* impulsief

impunity [ɪm'pjuːnɪtɪ] *znw* straffeloosheid ★ *with ~* straffeloos

impure [ɪm'pjʊə] *bn* ❶ onzuiver, onrein ❷ onkuis

impurity [ɪm'pjʊərɪtɪ] *znw* ❶ onzuiverheid, onreinheid ❷ onkuisheid ❸ verontreiniging

imputation [ɪmpjʊ'teɪʃən] *znw* beschuldiging

impute [ɪmˈpjuːt] *overg* toeschrijven (aan *to*), wijten, aanwrijven, toedichten, ten laste leggen

in [ɪn] **I** *voorz* ❶ in, op ★ *he's got it ~ him* hij heeft het in zich ★ *there's something ~ that* daar zit wel iets in ★ *two ~ the afternoon* twee uur 's middags ★ *a woman ~ her thirties* een vrouw van in de dertig ★ *four feet ~ width* vier voet breed ★ *written ~ English* geschreven in het Engels ★ *painted ~ oils* geschilderd in olieverf ★ *~ the attic* op zolder ❷ van, op, uit ★ *~ itself* op zichzelf, alleen al ★ *one ~ four* één op vier ❸ naar, volgens ★ *~ my opinion* volgens mij ❹ in zover, omdat ★ *~ that* dat wil zeggen, in de zin dat ★ *giraffes are like camels ~ being able to go without water* giraffen lijken wel wat op kamelen omdat ze zonder water kunnen ❺ bij ★ *~ their thousands* bij duizenden ❻ met... aan / op, met ★ *the girl ~ the red dress* het meisje met de rode jurk (aan) ❼ over ★ *~ three days* in drie dagen, over drie dagen ❽ tijdens ★ *children are taught what to do ~ a tornado* kinderen leren wat ze tijdens een tornado moeten doen **II** *bn* ❶ binnen- ❷ *inf* exclusief, modieus ★ *the ~ crowd* het wereldje, de scene ★ *the ~ thing to do* iets dat in de mode is om te doen **III** *bijw* ❶ (naar) binnen, thuis, aanwezig, er ★ *strawberries are now ~* nu is het de tijd voor aardbeien ★ *all ~* alles inbegrepen ★ *be ~ on sth* ergens deelgenoot van zijn ★ *let sbd ~ on a secret* iem. laten delen in een geheim ★ *be ~ with sbd* goede maatjes zijn met iem. ❷ aan ‹van boot›, binnen ‹van trein› ❸ aan slag ‹bij cricket› ❹ aan het bewind, aan de regering, gekozen ❺ *inf* in, in de mode ▼ *inf you're ~ for it* je bent zuur, je bent erbij ▼ *inf he's got it ~ for me* hij heeft de pik op mij ▼ *inf you're ~ for a telling off* er staat je een standje te wachten ▼ *inf be all ~* kapot, (dood)op zijn

> **in en into**
> worden vaak met elkaar verward. **In** geeft **de plaats waar** aan terwijl **into** een **richting** aanduidt:
> *Wasps were seen flying in the classroom* - Ze zagen wespen in het klaslokaal rondvliegen.
> *Wasps were seen flying into the classroom* - Ze zagen wespen het klaslokaal binnenvliegen.

in. *afk* (inch/inches) inch, duim

in- [ɪn-] *voorv* in-, on-

inability [ɪnəˈbɪlɪtɪ] *znw* onvermogen, onbekwaamheid

in absentia [ɪn æbˈsentɪə] *(‹Lat›* *bijw* in absentia, bij afwezigheid, bij verstek

inaccessibility [ɪnəksesəˈbɪlɪtɪ] *znw* ontoegankelijkheid

inaccessible [ɪnækˈsesɪbl] *bn* ❶ ongenaakbaar ❷ ontoegankelijk, onbeklimbaar, onbereikbaar ★ *~ by car* niet te bereiken per auto ★ *~ to wheelchair users* ontoegankelijk voor rolstoelgebruikers

inaccuracy [ɪnˈækjʊrəsɪ] *znw* onnauwkeurigheid

inaccurate [ɪnˈækjʊrət] *bn* onnauwkeurig, onjuist

inaccurately [ɪnˈækjʊrətlɪ] *bijw* onnauwkeurig, onjuist

★ *he was ~ described as having red hair* hij werd onterecht beschreven als iemand met rood haar

inaction [ɪnˈækʃən] *znw* het niets doen, ± non-interventie

inactive [ɪnˈæktɪv] *bn* ❶ werkeloos ❷ niet actief ❸ traag

inactivity [ɪnækˈtɪvɪtɪ] *znw* ❶ werkeloosheid, nietsdoen ❷ traagheid

inadequacy [ɪnˈædɪkwəsɪ] *znw* ontoereikendheid, inadequatie

inadequate [ɪnˈædɪkwət] *bn* onvoldoende, ontoereikend, inadequaat ★ *prove ~* niet toereikend blijken te zijn

inadmissible [ɪnədˈmɪsɪbl] *bn* ❶ ontoelaatbaar ❷ jur niet-ontvankelijk

inadvertence [ɪnədˈvɜːtns] *znw* onachtzaamheid, onoplettendheid

inadvertent [ɪnədˈvɜːtnt] *bn* ❶ onachtzaam, onoplettend ❷ onbewust, onopzettelijk

inadvisable [ɪnədˈvaɪzəbl] *bn* niet raadzaam, onverstandig

inalienable [ɪnˈeɪlɪənəbl], **unalienable** *bn* onvervreemdbaar

in-and-out [ɪn-ænd-ˈaʊt] *inf bn* ❶ in en uit, door en door ★ *robbing banks is an ~ job* banken beroven is een zaak van snel naar binnen en snel weer naar buiten ❷ inconsistent, onbetrouwbaar ★ *he's a bit of an ~ actor* hij is een ietwat inconsistente toneelspeler

inane [ɪˈneɪn] *bn* ❶ leeg, zinloos, inhoudsloos ★ *an ~ American sitcom* een inhoudsloze Amerikaanse sitcom ❷ idioot, dom, onnozel

inanimate [ɪnˈænɪmət] *bn* levenloos, onbezield

inanity [ɪnˈænɪtɪ] *znw* ❶ (zin)ledigheid, zinloosheid, leegheid ❷ banaliteit, oppervlakkigheid, stupiditeit

inapplicability [ɪnəplɪkəˈbɪlɪtɪ] *znw* het niet v. toepassing zijn

inapplicable [ɪnˈæplɪkəbl, ɪnəˈplɪkəbl] *bn* ontoepasselijk, niet van toepassing (op *to*)

inapposite [ɪnˈæpəzɪt] *form bn* misplaatst, ongepast

inappreciative [ɪnəˈpriːʃətɪv] *bn* niet waarderend

inapprehensible [ɪnæprɪˈhensɪbl] *form bn* onbegrijpelijk, onbevattelijk

inappropriate [ɪnəˈprəʊprɪət] *bn* ❶ ongeschikt, ongepast ★ *the building's design is ~ to the needs of disabled people* het ontwerp van het gebouw is ongeschikt voor de behoeften van gehandicapten ❷ onjuist, verkeerd

inapt [ɪnˈæpt] *bn* ontoepasselijk, ongeschikt, onbekwaam, niet ad rem

inaptitude [ɪnˈæptɪtjuːd] *znw* ontoepasselijkheid, ongeschiktheid

inaptly [ɪnˈæptlɪ] *bijw* niet toepasselijk, ongeschikt, onbekwaam ★ *the word 'truth' is ~ applied here* het woord 'waarheid' is hier verkeerd gebruikt

inarguable [ɪnˈɑːgjʊəbl] *bn* → **unarguable**

inarguably [ɪnˈɑːgjʊəblɪ] *bijw* → **unarguably**

inarticulate [ɪnɑːˈtɪkjʊlət] *bn* ❶ niet gearticuleerd,

in

onduidelijk, zich moeilijk uitdrukkend ❷ sprakeloos ❸ ongeleed

inartistic [ɪnɑːˈtɪstɪk] *bn* niet kunstzinnig

inasmuch as [ɪnəzˈmʌtʃ æz] *bijw* ❶ <u>form</u> aangezien ❷ <u>plechtig</u> in zoverre (als)

inattention [ɪnəˈtenʃən] *znw* onoplettendheid

inattentive [ɪnəˈtentɪv] *bn* ❶ onoplettend, niet lettend (op *to*) ❷ onattent

inaudible [ɪnˈɔːdɪbl] *bn* onhoorbaar ★ *the bats' sound is ~ to the human ear* het geluid van vleermuizen is onhoorbaar voor het menselijk oor

inaugural [ɪˈnɔːgjʊrəl] *bn* inaugureel, intree-, inwijdings-, openings- ★ *an ~ meeting* een oprichtingsvergadering ★ *an ~ speech* een inaugurele rede

inaugurate [ɪˈnɔːgjʊreɪt] *overg* inwijden, inhuldigen, onthullen, openen ‹nieuw tijdperk›

inauguration [ɪnɔːgjʊˈreɪʃən] *znw* inwijding, inhuldiging

inauspicious [ɪnɔːˈspɪʃəs] *bn* onheilspellend, ongunstig, ongelukkig

inauspiciously [ɪnɔːˈspɪʃəslɪ] *bijw* onheilspellend, ongunstig, ongelukkig ★ *the game started ~, with an own goal* de wedstrijd begon ongunstig met een eigen doelpunt

in-between [ɪn-bɪˈtwiːn] *bn* tussen-, tussenliggend

inboard [ˈɪnbɔːd] *bn & bijw* binnenboords

inborn [ˈɪnbɔːn] *bn* aangeboren

inbound [ˈɪnbaʊnd] *bn* op huis aan, inkomend ★ *~ traffic can expect delays* inkomend verkeer moet rekening houden met vertragingen

in-box [ˈɪn-bɒks] *znw* ❶ bakje voor binnengekomen post ❷ <u>comput</u> bestand voor binnenkomende e-mails

inbred [ɪnˈbred] *bn* ❶ aangeboren ❷ door inteelt ontstaan

inbreeding [ɪnˈbriːdɪŋ] *znw* inteelt

in-built [ˈɪn-bɪlt] *bn* ❶ ingebouwd ❷ <u>fig</u> aangeboren, van nature

inc. [ɪŋk] <u>Am</u> *afk* ❶ → **incl.** ❷ (incorporated Inc.) ± naamloze vennootschap, nv

incalculable [ɪnˈkælkjʊləbl] *bn* onberekenbaar, onmetelijk

incandescence [ɪnkænˈdesəns] *znw* (witte) gloeihitte, gloeiing

incandescent [ɪnkænˈdesənt] *bn* (wit)gloeiend, gloei-

incantation [ɪnkænˈteɪʃən] *znw* bezwering, toverformule

incapability [ɪnkeɪpəˈbɪlɪtɪ] *znw* ❶ onbekwaamheid, niet kunnen ❷ <u>jur</u> onbevoegdheid

incapable [ɪnˈkeɪpəbl] *bn* onbekwaam, incapabel ★ *~ of* niet kunnende, niet in staat om, zich niet latende

incapacitate [ɪnkəˈpæsɪteɪt] *overg* uitschakelen, ongeschikt maken ★ *he was ~d by his injuries* hij was uitgeschakeld door zijn verwondingen / blessures

incapacitating [ɪnkəˈpæsɪteɪtɪŋ] *bn* uitschakelend, incapabel makend ★ *she suffers from an ~ illness* ze lijdt aan een ziekte die haar ernstig handicapt

incapacity [ɪnkəˈpæsɪtɪ] *znw* ❶ onbekwaamheid, onvermogen ★ *its ~ to limit the road toll is frustrating police* de politie wordt gefrustreerd door het onvermogen het aantal verkeersslachtoffers te beperken ❷ <u>jur</u> onbevoegdheid

incapacity benefit [ɪnkəˈpæsɪtɪ ˈbenɪfɪt] *znw* WAO-uitkering

incarcerate [ɪnˈkɑːsəreɪt] *overg* gevangenzetten, opsluiten

incarceration [ɪnkɑːsəˈreɪʃən] *znw* gevangenzetting, opsluiting

incarnate I *bn* [ɪnˈkɑːnət] vlees geworden, vleselijk **II** *overg* [ˈɪnkɑːneɪt] incarneren, belichamen **III** *onoverg* [ˈɪnkɑːneɪt] incarneren ★ *~ as* incarneren als, terugkomen als

incarnation [ɪnkɑːˈneɪʃən] *znw* incarnatie, vleeswording, menswording, belichaming, verpersoonlijking

incautious [ɪnˈkɔːʃəs] *bn* onvoorzichtig

incendiarism [ɪnˈsendɪərɪzəm] *znw* ❶ brandstichting ❷ <u>fig</u> opruiing

incendiary [ɪnˈsendɪərɪ] **I** *bn* ❶ brandstichtend ❷ brand- ❸ <u>fig</u> opruiend **II** *znw* ❶ brandstichter ❷ brandbom ❸ <u>fig</u> stokebrand, opruier

incense I *znw* [ˈɪnsens] wierook **II** *overg* [ˈɪnsens] bewieroken **III** *overg* [ɪnˈsens] vertoornen

incensed [ɪnˈsenst] *bn* verbolgen, gebelgd, woedend (over *at*)

incensory [ˈɪnsensərɪ] *znw* wierookvat

incentive [ɪnˈsentɪv] **I** *bn* aanmoedigings- **II** *znw* ❶ prikkel(ing), aansporing, stimulans, drijfveer, motivatie ★ *our employees have every ~ to be productive* onze medewerkers hebben alle aanleiding om productief te zijn ❷ beloning, (investerings)premie

incentivize [ɪnˈsentɪvaɪz], **incentivise** *overg* een stimulans bieden

inception [ɪnˈsepʃən] *znw* begin

inception date [ɪnˈsepʃən deɪt] <u>verz</u> *znw* ingangsdatum

inceptive [ɪnˈseptɪv] <u>form</u> *bn* beginnend, begin-

incertitude [ɪnˈsɜːtɪtjuːd] <u>form</u> *znw* onzekerheid

incessant [ɪnˈsesənt] *bn* aanhoudend, onophoudelijk, voortdurend

incessantly [ɪnˈsesəntlɪ] *bijw* onophoudelijk, aanhoudend

incest [ˈɪnsest] *znw* bloedschande, incest

incestuous [ɪnˈsestjʊəs] *bn* bloedschendig, incestueus ★ <u>afkeurend</u> *the media and celebrities often have an ~ relationship* de media en beroemdheden hebben vaak een incestueuze verhouding

incestuously [ɪnˈsestjʊəslɪ] *bijw* incestueus

inch [ɪntʃ] **I** *znw* inch, Engelse duim ‹2,54 cm› ★ *by ~es* op een haar na, rakelings ★ *~ by ~* beetje bij beetje, langzaam aan, langzamerhand ★ *every ~ a gentleman / a managing director &* op-en-top een heer / een directeur & ★ *to an ~* precies, op een haar ★ *there are twelve ~es to a foot* er gaan twaalf inches in een voet ★ *beat / flog & sbd to within an ~ of his life* iem. bijna doodslaan / doodranselen ★ *not budge / give / move & an ~* geen duimbreed wijken ★ zegsw *give sbd an ~ and he'll / she'll take a mile* als men iem. een vinger geeft, neemt hij / zij de hele hand **II** *overg & onoverg* langzaam maar zeker bewegen

inchoate [ɪnˈkəʊeɪt, ˈɪn-] form *bn* ❶ juist begonnen ❷ onontwikkeld

incidence [ˈɪnsɪdns] *znw* ❶ verbreiding, frequentie, vóórkomen ★ *the ~ of heart disease / AIDS &* de verbreiding van hartaandoeningen / aids & ❷ invloed, gevolgen ❸ druk ⟨v. belasting⟩ ❹ natuurk inval ★ *the angle of ~* de hoek van inval

incident [ˈɪnsɪdnt] *znw* voorval, episode, incident ★ *the journey passed without ~* de reis is zonder incidenten verlopen

incidental [ɪnsɪˈdentl] **I** *bn* ❶ toevallig, bijkomend, bijkomstig, incidenteel, bij- ★ *an ~ remark* terloops gemaakte opmerking ❷ tussen- **II** *znw* (meestal *mv*) bijkomstigheid ★ *transport costs and other ~s* transportkosten en bijkomende (on)kosten

> **incidental**
> betekent **toevallig, bijkomstig**.
> *The road will bring incidental advantages* betekent *de weg zal bijkomende voordelen opleveren* en niet *de weg zal incidenteel voordeel opleveren*.
> Ned. *incidenteel* = **occasional**.

incidentally [ɪnsɪˈdentəlɪ] *bijw* ❶ toevallig, terloops ❷ tussen twee haakjes, overigens

incidental music [ɪnsɪˈdentl ˈmjuːzɪk] *znw* tussen de handeling, begeleidende muziek ⟨bij film, toneelstuk⟩

incinerate [ɪnˈsɪnəreɪt] *overg* ❶ (tot as) verbranden ❷ verassen

incineration [ɪnsɪnəˈreɪʃən] *znw* ❶ verbranding (tot as) ❷ lijkverbranding, verassing

incinerator [ɪnˈsɪnəreɪtə] *znw* vuilverbrandingsoven

incipience [ɪnˈsɪpɪəns], **incipiency** form *znw* begin

incipient [ɪnˈsɪpɪənt] form *bn* beginnend, begin-

incise [ɪnˈsaɪz] *overg* insnijden, kerven

incision [ɪnˈsɪʒən] *znw* insnijding, snee, kerf

incisive [ɪnˈsaɪsɪv] *bn* ❶ snijdend ❷ fig scherp, indringend

incisively [ɪnˈsaɪsɪvlɪ] *bijw* scherp, indringend ★ *he writes ~ about the war* hij schrijft op een indringende manier over de oorlog

incisor [ɪnˈsaɪzə] *znw* snijtand

incite [ɪnˈsaɪt] *overg* aansporen, aanzetten, opzetten, aanhitsen

incitement [ɪnˈsaɪtmənt] *znw* ❶ aansporing, ophitsing ❷ prikkel ❸ opwekking

incivility [ɪnsɪˈvɪlɪtɪ] *znw* onbeleefdheid

incl., Am **inc.** *afk* (including) inclusief

inclemency [ɪnˈklemənsɪ] form *znw* guurheid ⟨v. weer⟩

inclement [ɪnˈklemənt] form *bn* bar, guur ⟨weer⟩

inclination [ɪnklɪˈneɪʃən] *znw* ❶ helling ❷ inclinatie

❸ neiging, genegenheid ❹ zin, trek, lust ★ *I don't have the time or the ~ to write a book* ik heb geen tijd en geen zin om een boek te schrijven

incline I *znw* [ˈɪnklaɪn] helling, hellend vlak **II** *overg* [ɪnˈklaɪn] ❶ buigen, doen (over)hellen, schuin houden / zetten ❷ geneigd maken ★ *be ~d to do sth* geneigd zijn iets te doen **III** *onoverg* [ɪnˈklaɪn] neigen, buigen, (over)hellen, geneigd zijn (tot, naar *to/ towards*)

inclined [ɪnˈklaɪnd] *bn* ❶ hellend, schuin ★ *an ~ plane* hellend vlak ❷ geneigd ★ *I'm ~ to agree with you* ik neig ernaar het met je eens te zijn ★ *he's not very academically ~* hij is niet erg wetenschappelijk ingesteld

inclose [ɪnˈkləʊz] *overg* → **enclose**

inclosure [ɪnˈkləʊʒə] *znw* → **enclosure**

include [ɪnˈkluːd] *overg* ❶ insluiten, bevatten, omvatten, meetellen, meerekenen ❷ opnemen, inschakelen

including [ɪnˈkluːdɪŋ] *voorz* ❶ inbegrepen, met inbegrip van ★ *the entire population, ~ overseas residents* de hele bevolking, inclusief de in het buitenland wonenden ★ *up to and ~* tot en met ❷ daaronder, waaronder

inclusion [ɪnˈkluːʒən] *znw* insluiting, opneming, opname, inschakeling ★ *the article will need to meet strict criteria for ~* het artikel zal aan strikte criteria voor opname moeten voldoen

inclusive [ɪnˈkluːsɪv] *bn* insluitend, inclusief ★ *from January to March ~* van januari tot en met maart ★ *the price is all ~* bij de prijs is alles inbegrepen ★ *the fare is ~ of accommodation* overnachtingen zijn bij de reiskosten inbegrepen

incognito [ɪnkɒgˈniːtəʊ], inf **incog** *bn, bijw & znw* incognito

incognizable [ɪnˈkɒgnɪzəbl], **incognisable** form *bn* on(her)kenbaar

incoherence [ɪnkəʊˈhɪərəns] *znw* onsamenhangendheid

incoherent [ɪnkəʊˈhɪərənt] *bn* onsamenhangend

incombustible [ɪnkəmˈbʌstɪbl] *bn* on(ver)brandbaar

income [ˈɪnkʌm, ˈɪŋkəm] *znw* inkomen, inkomsten ★ *additional ~* bijverdiensten, neveninkomsten ★ *adjusted gross ~* gecorrigeerd bruto-inkomen ★ *annual ~* jaarinkomen ★ *disposable ~* besteedbaar inkomen ★ belastingen *earned ~* inkomen uit arbeid, arbeidsinkomen ★ *monthly ~* maandinkomen ★ belastingen *notional ~* fictief inkomen ★ *pre-tax ~* bruto-inkomen ★ *real ~* netto-inkomen ★ *taxable ~* belastbaar inkomen

income bracket [ˈɪnkʌm ˈbrækɪt], **income group** *znw* inkomensgroep, inkomensklasse

income distribution [ˈɪnkʌm dɪstrɪˈbjuːʃən] *znw* inkomensverdeling

income group [ˈɪnkʌm gruːp] *znw* → **income bracket**

incomer [ˈɪnkʌmə] *znw* ❶ binnenkomende ❷ indringer ❸ nieuwe huurder ❹ immigrant

income support [ˈɪnkʌm səˈpɔːt] *znw* ± bijstand

in

income tax [ˈɪnkʌm tæks] *znw* <u>Br</u> inkomstenbelasting, <u>Am</u> inkomsten- en vennootschapsbelasting ★ <u>Am</u> *individual* ~ inkomstenbelasting ★ <u>Am</u> *corporate* ~ vennootschapsbelasting

incoming [ˈɪnkʌmɪŋ] *bn* ❶ inkomend, binnenkomend ❷ opkomend ‹getij› ❸ nieuw ‹v. ambtenaar &›

incommensurable [ɪnkəˈmenʃərəbl] *bn* ❶ <u>wisk</u> (onderling) onmeetbaar ❷ **incommensurate** <u>form</u> niet te vergelijken, niet in verhouding (tot *with*)

incommodious [ɪnkəˈməʊdɪəs] <u>form or gedat</u> *bn* lastig, ongemakkelijk, ongerief(e)lijk

incommunicable [ɪnkəˈmjuːnɪkəbl] *bn* niet geschikt om mede te delen

incommunicado [ɪnkəmjuːnɪˈkɑːdəʊ] *bn & bijw* ❶ van de buitenwereld afgesloten, zonder communicatiemogelijkheid ★ *he is being held* ~ *at an unknown location* hij wordt van de buitenwereld afgezonderd gehouden op een onbekende locatie ❷ in isoleercel opgesloten ‹v. gevangene› ❸ niet te bereiken

incommunicative [ɪnkəˈmjuːnɪkətɪv] *bn* niet (bijzonder) mededeelzaam, gesloten

incommutable [ɪnkəˈmjuːtəbl] <u>form</u> *bn* ❶ onveranderlijk ❷ niet verwisselbaar

in-company training [ɪn-ˈkʌmpəni ˈtreɪnɪŋ] *znw* bedrijfsopleiding, bedrijfsscholing

incomparable [ɪnˈkɒmpərəbl] *bn* onvergelijkelijk, weergaloos, uniek

incomparably [ɪnˈkɒmpərəblɪ] *bijw* niet te vergelijken, weergaloos, uniek ★ *the facilities are* ~ *better than they used to be* het is niet te vergelijken hoeveel beter de voorzieningen nu zijn dan vroeger

incompatibility [ɪnkəmpætɪˈbɪlɪtɪ] *znw* ❶ strijdigheid, onverenigbaarheid ❷ <u>comput</u> incompatibiliteit

incompatible [ɪnkəmˈpætɪbl] *bn* ❶ <u>comput</u> incompatibel, niet bij elkaar passend ❷ onverenigbaar, strijdig ★ *his work is* ~ *with long-term relationships* zijn werk gaat niet samen met langdurige verhoudingen ❸ geheel (te zeer) uiteenlopend, tegengesteld

incompetence [ɪnˈkɒmpɪtns] *znw* incompetentie, onbekwaamheid, ondeskundigheid, ongeschiktheid, onbevoegdheid

incompetent [ɪnˈkɒmpɪtnt] **I** *bn* incompetent, onbekwaam, ondeskundig, ongeschikt, onbevoegd (tot *to*) **II** *znw* onbekwaam persoon, onbenul

incompetently [ɪnˈkɒmpɪtntlɪ] *bijw* incompetent, onbekwaam, ondeskundig, onbevoegd ★ *the plumbing was done* ~ het loodgieterswerk was ondeskundig uitgevoerd

incomplete [ɪnkəmˈpliːt] *bn* onvolledig, onvoltallig, onvoltooid, onvolkomen

incompletely [ɪnkəmˈpliːtlɪ] *bijw* onvolledig, onvoltallig, onvolkomen ★ *the mole was* ~ *removed* de moedervlek was niet volledig verwijderd

incompleteness [ɪnkəmˈpliːtnɪs] *znw* onvolledigheid, onvoltalligheid

incomprehensibility [ɪnkɒmprɪhensɪˈbɪlɪtɪ] *znw* onbegrijpelijkheid

incomprehensible [ɪnkɒmprɪˈhensɪbl] *bn* onbegrijpelijk ★ *most of this text is* ~ *to me* het grootste deel van de tekst is onbegrijpelijk voor mij

incomprehension [ɪnkɒmprɪˈhenʃən] *znw* onbegrip, niet-begrijpen

incomprehensive [ɪnkɒmprɪˈhensɪv] *bn* niet-begrijpend

incompressible [ɪnkəmˈpresɪbl] *bn* onsamendrukbaar

inconceivability [ɪnkənsiːvəˈbɪlɪtɪ] *znw* onvoorstelbaarheid

inconceivable [ɪnkənˈsiːvəbl] *bn* ❶ onbegrijpelijk ❷ ondenkbaar, onvoorstelbaar ★ *it's not* ~ *that interest rates will drop soon* het is niet ondenkbaar dat het rentepercentage binnenkort naar beneden gaat ★ *the idea of leaving him is* ~ *to her* het idee dat ze hem zou verlaten is voor haar onvoorstelbaar

inconceivably [ɪnkənˈsiːvəblɪ] *bijw* onvoorstelbaar, onbegrijpelijk ★ *an* ~ *small amount* een onvoorstelbaar kleine hoeveelheid

inconclusive [ɪnkənˈkluːsɪv] *bn* ❶ niet afdoend, niet beslissend ❷ niet overtuigend, twijfelachtig

inconclusively [ɪnkənˈkluːsɪvlɪ] *bijw* ❶ niet afdoend, niet beslissend ❷ niet overtuigend, twijfelachtig ★ *milk has been* ~ *linked to allergies* melk is op een twijfelachtige manier in verband gebracht met allergieën

incongruity [ɪnkɒŋˈgruːɪtɪ] *znw* ❶ gebrek aan overeenstemming, ongelijk(soortig)heid ❷ wanverhouding ❸ ongerijmdheid, ongepastheid

incongruous [ɪnˈkɒŋgrʊəs] *bn* ❶ ongelijk(soortig), onverenigbaar ❷ ongerijmd, ongepast, strijdig

inconsequence [ɪnˈkɒnsɪkwəns] *znw* het onlogische, inconsequentie, onsamenhangendheid

inconsequent [ɪnˈkɒnsɪkwənt] *bn* ❶ niet consequent, onlogisch, onsamenhangend ❷ → **inconsequential**

inconsequential [ɪnkɒnsɪˈkwenʃəl], **inconsequent** *bn* onbelangrijk

inconsequentially [ɪnkɒnsɪˈkwenʃəlɪ] *bijw* niet consequent, onlogisch, onbelangrijk, irrelevant ★ *'as I remember, it was hot that day', she added* ~ 'voor zover ik me kan herinneren was het die dag warm', voegde ze irrelevant toe

inconsiderable [ɪnkənˈsɪdərəbl] *bn* onbeduidend, gering ★ *a not* ~ *amount of money went into it* er is een niet onbeduidend bedrag aan geld aan besteed

inconsiderate [ɪnkənˈsɪdərət] *bn* ❶ onbezonnen, onbedachtzaam, ondoordacht ❷ onattent, zonder consideratie

inconsiderately [ɪnkənˈsɪdərətlɪ] *bijw* ❶ onbezonnen, ondoordacht ❷ onattent, zonder consideratie

inconsideration [ɪnkənsɪdəˈreɪʃən] *znw* onbezonnenheid, gebrek aan consideratie, ondoordachtheid

inconsistency [ɪnkənˈsɪstənsɪ] *znw* ❶ onverenigbaarheid, onbestaanbaarheid, tegenspraak ❷ inconsequentie

inconsistent [ɪnkənˈsɪstnt] *bn* ❶ niet bestaanbaar, niet

in

in overeenstemming, onverenigbaar of in tegenspraak (met *with*) ★ *his results are* ~ *with our findings* zijn resultaten zijn in tegenspraak met onze bevindingen ❷ inconsequent, onlogisch

inconsistently [ɪnkən'sɪstntlɪ] *bijw* niet consequent ★ *work regulations are* ~ *enforced* er wordt niet consequent de hand gehouden aan de arbeidsbepalingen

inconsolable [ɪnkən'səʊləbl] *bn* ontroostbaar

inconsolably [ɪnkən'səʊləblɪ] *bijw* ontroostbaar ★ *the child sobbed* ~ het kind zat ontroostbaar te snikken

inconspicuous [ɪnkən'spɪkjʊəs] *bn* ❶ niet opvallend, niet de aandacht trekkend, nauwelijks zichtbaar ❷ onaanzienlijk

inconstancy [ɪn'kɒnstənsɪ] *znw* ❶ onbestendigheid, onstandvastigheid ❷ ongestadigheid, veranderlijkheid, wispelturigheid

inconstant [ɪn'kɒnstnt] *form of dicht bn* onbestendig, onstandvastig, veranderlijk, wispelturig

incontestable [ɪnkən'testəbl] *bn* onbetwistbaar

incontestably [ɪnkən'testəblɪ] *bijw* onbetwistbaar, zonder twijfel ★ *this is* ~ *the best car on the market* dit is zonder twijfel de beste auto die er te koop is

incontinence [ɪn'kɒntɪnəns] *znw* ❶ med incontinentie ★ *an* ~ *pad* een incontinentieluier ❷ form gebrek aan zelfbeheersing

incontinent [ɪn'kɒntɪnənt] *bn* ❶ med incontinent ❷ form onbeheerst

incontrovertibility [ɪnkɒntrəvɜːtɪ'bɪlɪtɪ] *znw* onbetwistbaarheid

incontrovertible [ɪnkɒntrə'vɜːtɪbl] *bn* onbetwistbaar, onweerlegbaar

incontrovertibly [ɪnkɒntrə'vɜːtɪblɪ] *bijw* onbetwistbaar, onweerlegbaar, ontegenzeggelijk

inconvenience [ɪnkən'viːnɪəns] I *znw* ongemak, ongerief, het ongelegen zijn II *overg* ❶ tot last zijn ❷ lastig vallen

inconvenient [ɪnkən'viːnɪənt] *bn* ongelegen, niet gelegen (komend), lastig, ongeriefelijk ★ *would tomorrow at 10 be* ~ *for you?* zou morgenochtend om tien uur lastig voor u zijn?

inconvertibility [ɪnkənvɜːtɪ'bɪlɪtɪ] *znw* onverwisselbaarheid

inconvertible [ɪnkən'vɜːtɪbl] *bn* ❶ onverwisselbaar, onveranderlijk ❷ niet converteerbaar, niet inwisselbaar (voor *into*)

incoordination [ɪnkəʊɔːdɪ'neɪʃən] *znw* gebrek aan coördinatie

incorporate I *bn* [ɪn'kɔːpərət] ❶ (tot één lichaam) verenigd ❷ met rechtspersoonlijkheid II *overg* [ɪn'kɔːpəreɪt] ❶ (tot één lichaam, maatschappij) verenigen, inlijven (bij *in / with*), opnemen ‹in een groep, corporatie &› ❷ bevatten ❸ rechtspersoonlijkheid verlenen

incorporation [ɪnkɔːpe'reɪʃən] *znw* ❶ inlijving, opname ❷ erkenning als rechtspersoon, incorporatie ★ Am *articles of* ~ oprichtingsakte, statuten ‹van een rechtspersoon›

incorporeal [ɪnkɔː'pɔːrɪəl] *bn* onlichamelijk, onstoffelijk

incorporeity [ɪnkɔːpə'riːtɪ] *znw* onlichamelijkheid, onstoffelijkheid

incorrect [ɪnkə'rekt] *bn* onnauwkeurig, onjuist, niet correct

incorrigible [ɪn'kɒrɪdʒɪbl] *bn* onverbeterlijk ★ scherts *you're an* ~ *rogue!* je bent een onverbeterlijke deugniet!

incorrigibly [ɪn'kɒrɪdʒɪblɪ] *bijw* onverbeterlijk ★ *he's* ~ *lazy* hij is onverbeterlijk lui

incorruptible [ɪnkə'rʌptɪbl] *bn* ❶ onbederfelijk, onvergankelijk ❷ onomkoopbaar, integer

incorruptibly [ɪnkə'rʌptɪblɪ] *bijw* ❶ onbederfelijk, onvergankelijk ❷ onomkoopbaar, integer

increase I *znw* ['ɪnkriːs] ❶ groei, aanwas, wassen, toename, vermeerdering ★ *be on the* ~ aangroeien, wassen, toenemen, talrijker (groter) worden ❷ verhoging II *overg* [ɪn'kriːs] ❶ doen aangroeien, doen toenemen ❷ vermeerderen, vergroten, verhogen, versterken III *onoverg* [ɪn'kriːs] ❶ (aan)groeien, toenemen, stijgen, zich vermeerderen ❷ groter worden

increasingly [ɪn'kriːsɪŋlɪ] *bijw* in toenemende mate, meer en meer ★ ~ *difficult* steeds moeilijker ★ *customers are* ~ *buying on-line* klanten kopen in toenemende mate via internet

incredibility [ɪnkredɪ'bɪlɪtɪ] *znw* ongeloofwaardigheid

incredible [ɪn'kredɪbl] *bn* ongelofelijk

incredibly [ɪn'kredɪblɪ] *bijw* ongelofelijk, onvoorstelbaar ★ *they're* ~ *rich* ze zijn ongelofelijk rijk ★ ~, *nobody noticed the car for a month* onvoorstelbaar, een maand lang heeft niemand de auto opgemerkt

incredulity [ɪnkrɪ'djuːlɪtɪ] *znw* ongelovigheid, ongeloof

incredulous [ɪn'kredjʊləs] *bn* ongelovig, sceptisch

incredulously [ɪn'kredjʊləslɪ] *bijw* ongelovig, sceptisch

increment ['ɪnkrɪmənt] *znw* ❶ aanwas ❷ toeneming ❸ (waarde)vermeerdering ❹ (loons)verhoging ★ *a wage* ~ een loonsverhoging

incremental [ɪnkrɪ'mentl] *bn* periodiek stijgend ‹salaris, winst &› ★ boekh ~ *costs* marginale kosten

incrementally [ɪnkrɪ'mentlɪ] *bijw* periodiek toenemend

incriminate [ɪn'krɪmɪneɪt] *overg* beschuldigen, ten laste leggen

incrimination [ɪnkrɪmɪ'neɪʃən] *znw* aanklacht

incriminatory [ɪn'krɪmɪnətrɪ] *bn* beschuldigend

in-crowd ['ɪn-kraʊd] *znw* incrowd, kliek, wereldje

incrustation [ɪnkrʌs'teɪʃən] *znw* → **encrustation**

incrusted [ɪn'krʌstɪd] *bn* → **encrusted**

incubate ['ɪŋkjʊbeɪt] *overg & onoverg* ❶ (uit)broeden ❷ bebroeden

incubation [ɪŋkjʊ'beɪʃən] *znw* ❶ het broeden, broedperiode ❷ incubatie(tijd)

incubator ['ɪŋkjʊbeɪtə] *znw* broedmachine, broedtoestel, couveuse

in

incubus ['ɪŋkjʊbəs] *znw* [*mv:* -es *of* incubi] ❶ nachtmerrie ❷ schrikbeeld

inculcate ['ɪnkʌlkeɪt] *overg* inprenten ★ ~ *sth into sbd/~ sbd with sth* iem. iets inprenten

inculcation [ɪnkʌl'keɪʃən] form *znw* inprenting

inculpate ['ɪnkʌlpeɪt] form *overg* beschuldigen, aanklagen

inculpation [ɪnkʌl'peɪʃən] form *znw* beschuldiging, aanklacht

incumbency [ɪn'kʌmbənsɪ] *znw* ❶ bekleden van een (geestelijk) ambt, ambtsperiode ❷ predikantsplaats ❸ verplichting

incumbent [ɪn'kʌmbənt] **I** *bn* ❶ zittend ❷ form in functie zijnd ★ *it is ~ on / upon me to....* het is mijn taak / verantwoordelijkheid om... **II** *znw* bekleder van een (geestelijk) ambt, predikant

incunable [ɪn'kju:nəbl], **incunabulum** *znw* [*mv:* incunabula] incunabel, wiegendruk

incur [ɪn'kɜ:] *overg* ❶ zich op de hals halen, oplopen, vervallen in ★ ~ *debts* schulden maken ❷ zich blootstellen aan

incurable [ɪn'kjʊərəbl] **I** *bn* ❶ ongeneeslijk ★ *an ~ disease* een ongeneeslijke ziekte ❷ onverbeterlijk ★ *an ~ optimist* een onverbeterlijke optimist **II** *znw* ongeneeslijke zieke

incurably [ɪn'kjʊərəblɪ] *bijw* ❶ ongeneeslijk ★ *he's ~ ill with cancer* hij is ongeneeslijk ziek met kanker ❷ onverbeterlijk

incurious [ɪn'kjʊərəs] *bn* ❶ niet nieuwsgierig ❷ achteloos, onachtzaam

incursion [ɪn'kɜ:ʃən] *znw* ❶ inval, invasie, verrassingsaanval ❷ form inbreuk op iemands privacy

incurvation [ɪnkɜ:'veɪʃən] *znw* (krom)buiging

incus ['ɪŋkəs] anat *znw* [*mv:* incudes] aambeeld ⟨gehoorbeentje⟩

incuse [ɪŋ'kju:z] **I** *bn* ingeslagen, gestempeld, ingestanst **II** *znw* stempelindruk **III** *overg* ❶ stansen, inslaan ⟨beeltenis⟩ ❷ stempelen

indebted [ɪn'detɪd] *bn* schuldig, verschuldigd ★ *be ~ to sbd for sth* iem. iets te danken hebben, iem. dankbaar voor iets (moeten) zijn ★ *the company is heavily ~ to the bank* het bedrijf heeft grote schulden bij de bank

indebtedness [ɪn'detɪdnɪs] *znw* ❶ schuld(en) ❷ verplichting

indecency [ɪn'di:sənsɪ] *znw* onbetamelijkheid, onwelvoeglijkheid, onfatsoenlijkheid

indecent [ɪn'di:sənt] *bn* onfatsoenlijk, onbetamelijk, onwelvoeglijk ★ *the film went on to make an ~ amount of money* de film verdiende vervolgens een onbehoorlijke hoop geld ★ *an ~ suggestion* een onoorbaar voorstel

indecent exposure [ɪn'di:sənt ɪk'spəʊʒə] *znw* exhibitionisme

indecently [ɪn'di:səntlɪ] *bijw* onfatsoenlijk, onbetamelijk, onwelvoeglijk ★ *he was convicted of ~ assaulting the woman* hij werd veroordeeld voor het aanranden van de vrouw

indecipherable [ɪndɪ'saɪfərəbl] *bn* niet te ontcijferen

indecipherably [ɪndɪ'saɪfərəblɪ] *bijw* niet te ontcijferen

indecision [ɪndɪ'sɪʒən] *znw* besluiteloosheid

indecisive [ɪndɪ'saɪsɪv] *bn* ❶ niet beslissend ❷ besluiteloos, weifelend

indecisively [ɪndɪ'saɪsɪvlɪ] *bijw* ❶ niet beslissend ❷ besluiteloos, weifelend ★ *she's not one to dither about ~* ze is niet iemand die besluiteloos heen en weer loopt

indecisiveness [ɪndɪ'saɪsɪvnɪs] *znw* besluiteloosheid

indeclinable [ɪndɪ'klaɪnəbl] *bn* onverbuigbaar

indecorous [ɪn'dekərəs] *bn* onwelvoeglijk, onbehoorlijk, ongepast

indecorously [ɪn'dekərəslɪ] *bijw* onwelvoeglijk, onbehoorlijk, ongepast

indecorum [ɪndɪ'kɔ:rəm] *znw* onwelvoeglijkheid

indeed [ɪn'di:d] *bijw* inderdaad, in werkelijkheid, zeker, voorwaar, waarlijk, waarachtig, wel, ja (zelfs), dan ook, trouwens ★ *'you're John Smith?' '~ I am'* 'bent u John Smith?' 'Jazeker, dat ben ik' ★ *afraid of the dark at your age? ~!* bang voor het donker op jouw leeftijd? laat me niet lachen! ★ *it was ~ his fault* het was inderdaad zijn schuld ★ *we are pleased, ~, delighted, to welcome you* we zijn blij, sterker nog, opgetogen u hier welkom te mogen heten

indefatigable [ɪndɪ'fætɪgəbl] *bn* onvermoeibaar, onvermoeid

indefatigably [ɪndɪ'fætɪgəblɪ] *bijw* onvermoeibaar, onvermoeid

indefeasible [ɪndɪ'fi:zɪbl] vooral jur & filos *bn* onvermoeibaar, onvermoeid

indefeasibly [ɪndɪ'fi:zɪblɪ] vooral jur & filos *bijw* onvermoeibaar, onvermoeid

indefectible [ɪndɪ'fektɪbl] form *bn* ❶ onvergankelijk ❷ onfeilbaar, feilloos

indefensibility [ɪndɪfensɪ'bɪlɪtɪ] *znw* onverdedigbaarheid

indefensible [ɪndɪ'fensɪbl] *bn* onverdedigbaar

indefensibly [ɪndɪ'fensɪblɪ] *bijw* onverdedigbaar

indefinable [ɪndɪ'faɪnəbl] *bn* ondefinieerbaar, onomschrijfbaar

indefinably [ɪndɪ'faɪnəblɪ] *bijw* ondefinieerbaar, onomschrijfbaar ★ *the band's sound is ~ their own* het geluid van de band is op een ondefinieerbare manier hun eigen

indefinite [ɪn'defɪnɪt] *bn* ❶ onbepaald, onbegrensd ❷ onduidelijk, vaag ❸ onzeker, niet definitief

indefinite article [ɪn'defɪnɪt 'ɑ:tɪkl] gramm *znw* onbepaald lidwoord

indefinitely [ɪn'defɪnɪtlɪ] *bijw* voor onbepaalde tijd ★ *the match has been postponed ~* de wedstrijd is voor onbepaalde tijd uitgesteld

indefinite pronoun [ɪn'defɪnɪt 'prəʊnaʊn] *znw* onbepaald voornaamwoord

indelible [ɪn'delɪbl] *bn* onuitwisbaar

indelicacy [ɪn'delɪkəsɪ] *znw* ❶ onkiesheid, onbehoorlijkheid ❷ tactloosheid

indelicate [ɪn'delɪkət] *bn* ❶ onkies, onfatsoenlijk ❷ tactloos, indiscreet

indelicately [ɪn'delɪkətlɪ] *bijw* ❶ onkies, onfatsoenlijk ★ *the skin condition is ~ referred to as 'pizza face'* de huidaandoening wordt wel onkies als 'pizzagezicht' aangeduid ❷ tactloos, indiscreet

indemnification [ɪndemnɪfɪ'keɪʃən] *znw* schadeloosstelling, (schade)vergoeding

indemnify [ɪn'demnɪfaɪ] *overg* ❶ schadeloosstellen ❷ vrijwaren (voor *against / from*)

indemnity [ɪn'demnɪtɪ] *znw* ❶ vrijwaring ❷ schadeloosstelling, vergoeding ❸ kwijtschelding

indemonstrable [ɪn'demənstrəbl, ɪndɪ'mɒn-] *bn* onaantoonbaar

indemonstrably [ɪn'demənstrəblɪ, ɪndɪ'mɒn-] *bijw* onaantoonbaar

indent I *znw* ['ɪndent] ❶ bestelling, order ❷ inspringing ⟨v. regel⟩ ❸ uittanding, insnijding, inkerving, (in)keep ❹ deuk **II** *overg* [ɪn'dent] ❶ inspringen ⟨v. regel⟩ ❷ inkepen, (uit)tanden, insnijden ❸ (in)deuken, (en reliëf) stempelen ❹ bestellen, in duplo opmaken

indentation [ɪnden'teɪʃən] *znw* ❶ uittanding, inkeping ❷ deuk ❸ inspringen, inspringing ⟨v. regel⟩

indenture [ɪn'dentʃə] **I** *znw* ❶ contract ❷ (meestal *mv*) leercontract **II** *overg* bij contract verbinden, in de leer doen (nemen) ★ *~d labour* contractarbeiders, contractarbeid

independence [ɪndɪ'pendəns] *znw* ❶ onafhankelijkheid (van *on*), zelfstandigheid ★ *the country gained ~ in 1977* het land kreeg zijn onafhankelijkheid in 1977 ❷ onafhankelijk bestaan / inkomen

Independence Day [ɪndɪ'pendəns deɪ] <u>Am</u> *znw* onafhankelijkheidsdag (4 juli)

independence movement [ɪndɪ'pendəns 'mu:vmənt] *znw* onafhankelijkheidsbeweging

independent [ɪndɪ'pendənt] **I** *bn* ❶ onafhankelijk (van *of / from*) ❷ zelfstandig **II** *znw* ❶ onafhankelijke ❷ partijloze ⟨in de politiek⟩

independently [ɪndɪ'pendəntlɪ] *bijw* onafhankelijke

independent means [ɪndɪ'pendənt mi:nz] *znw* [mv] financiële onafhankelijkheid

independent school [ɪndɪ'pendənt sku:l] *znw* particuliere school

in-depth ['ɪn-depθ] *bn* diepgaand, grondig, diepte-

in-depth interview ['ɪn-depθ 'ɪntəvju:] *znw* diepte-interview

indescribable [ɪndɪ'skraɪbəbl] *bn* onbeschrijfelijk

indescribably [ɪndɪ'skraɪbəblɪ] *bijw* onbeschrijfelijk

indestructibility [ɪndɪstrʌktɪ'bɪlɪtɪ] *znw* onverwoestbaarheid

indestructible [ɪndɪ'strʌktɪbl] *bn* onverwoestbaar, niet te vernielen, onverdelgbaar

indeterminable [ɪndɪ'tɜ:mɪnəbl] *bn* ❶ onbepaalbaar

❷ niet vast te stellen ❸ niet te beslissen

indeterminacy [ɪndɪ'təmɪnəsɪ] *znw* onbepaaldheid

indeterminate [ɪndɪ'tɜ:mɪnət] *bn* ❶ onbepaald, onbeslist ❷ vaag, onduidelijk

indeterminately [ɪndɪ'tɜ:mɪnətlɪ] *bijw* ❶ onbepaald, onbeslist ❷ vaag, onduidelijk

indetermination [ɪndɪtɜ:mɪ'neɪʃən] *znw* besluiteloosheid

index ['ɪndeks] **I** *znw* [*mv: -es of* indices] ❶ index ❷ lijst, klapper, register ❸ wisk exponent ❹ <u>fig</u> aanwijzing **II** *overg* ❶ van een index voorzien ❷ in een register inschrijven ❸ op de index plaatsen ❹ indexeren

indexation [ɪndek'seɪʃən] *znw* indexering ⟨automatische correctie t.g.v. inflatie of wijziging van koopkracht⟩

index card ['ɪndeks kɑ:d] *znw* fiche ⟨v. kaartsysteem⟩

index figure ['ɪndeks 'fɪgə] *znw* indexcijfer

index finger ['ɪndeks 'fɪŋgə] *znw* wijsvinger

index-linked ['ɪndeks-'lɪŋkt] *bn* geïndexeerd, waardevast ⟨v. pensioen &⟩

index of leading economic indicators ['ɪndeks əv 'li:dɪŋ i:kə'nɒmɪk 'ɪndɪkeɪtəz] *znw* index van leidende economische indicatoren ⟨Amerikaanse maatstaf voor de activiteit van de economie⟩

index option ['ɪndeks 'ɒpʃən] <u>eff</u> *znw* indexoptie

India ['ɪndɪə] *znw* ❶ India ❷ de letter I ⟨in het internationaal alfabet⟩

Indiaman ['ɪndɪəmən] <u>hist</u> *znw* Oost-Indiëvaarder

Indian ['ɪndɪən] **I** *bn* ❶ Indiaas ❷ indiaans **II** *znw* ❶ Indiër, Indiase ❷ indiaan, indiaanse

Indian club ['ɪndɪən klʌb] *znw* knots ⟨voor gymnastiek⟩

Indian elephant ['ɪndɪən 'elɪfənt] *znw* Indische olifant

Indian file ['ɪndɪən faɪl] *znw* ganzenmars

Indian ink ['ɪndɪən ɪŋk] *znw* Oost-Indische inkt

Indian Ocean ['ɪndɪən 'əʊʃən] *znw* ★ *the ~* de Indische Oceaan

Indian summer ['ɪndɪən 'sʌmə] *znw* nazomer, tweede jeugd

India rubber ['ɪndɪə 'rʌbə] *znw* ❶ vlakgom ❷ rubber

indicate ['ɪndɪkeɪt] **I** *overg* ❶ (aan)wijzen, aanduiden, te kennen geven ❷ wijzen op ❸ indiceren ★ *some caution is ~d* een beetje voorzichtigheid zou raadzaam kunnen zijn **II** *onoverg* richting aangeven ★ *you failed to ~ when you changed lanes* je hebt geen richting aangegeven toen je van rijbaan veranderde

indication [ɪndɪ'keɪʃən] *znw* aanwijzing, aanduiding, teken, indicatie ★ *all the ~s are that he will recover fully* alle tekenen wijzen erop dat hij volledig zal herstellen ★ *there is every ~ that the venture will succeed* er is voldoende aanwijzing dat de onderneming succes zal hebben

indicative [ɪn'dɪkətɪv] **I** *bn* aantonend ★ *be ~ of* kenmerkend zijn voor **II** *znw* ★ <u>gramm</u> *the ~* de aantonende wijs

indicator ['ɪndɪkeɪtə] *znw* ❶ richtingaanwijzer,

in

knipperlicht ❷ indicateur, aangever ❸ indicatie, indicator ❹ <u>techn</u> meter, teller, verklikker

indices ['ɪndɪsiːz] *znw* [mv] → **index**

indict [ɪn'daɪt] *overg* aanklagen

indictable [ɪn'daɪtəbl] <u>jur</u> *bn* strafbaar

indictment [ɪn'daɪtmənt] *znw* aanklacht, tenlastelegging ★ *an ~ for murder* een aanklacht wegens moord

indie ['ɪndɪ] <u>Br inf</u> **I** *bn* onafhankelijk ‹v. popgroep of platenlabel› **II** *znw* onafhankelijke popgroep of platenlabel

indifference [ɪn'dɪfrəns] *znw* ❶ onverschilligheid ❷ onbelangrijkheid ❸ middelmatigheid

indifferent [ɪn'dɪfrənt] *bn* ❶ onverschillig (voor *to*) ❷ van geen / weinig belang ❸ (middel)matig, zozo, niet veel zaaks ❹ indifferent

indifferently [ɪn'dɪfrəntlɪ] *bijw* ❶ zonder verschil (te maken) ❷ onverschillig ❸ (middel)matig, tamelijk (wel), niet bijzonder (goed &), zozo ❹ (vrij) slecht

indigence ['ɪndɪdʒəns] *znw* behoeftigheid, nooddruft, gebrek, armoede

indigenous [ɪn'dɪdʒɪnəs] *bn* ❶ inlands, inheems ★ *the plant is ~ to Australia* de plant hoort in Australië thuis ❷ aangeboren

indigent ['ɪndɪdʒənt] *bn* behoeftig, arm

indigested [ɪndaɪ'dʒestɪd, ɪndɪ-] *bn* ❶ ongeordend, chaotisch, ondoordacht ❷ onverteerd

indigestibility [ɪndɪdʒestɪ'bɪlɪtɪ] *znw* onverteerbaarheid

indigestible [ɪndɪ'dʒestɪbl] *bn* onverteerbaar

indigestion [ɪndɪ'dʒestʃən] *znw* indigestie, slechte spijsvertering

indignant [ɪn'dɪgnənt] *bn* verontwaardigd (over *about* / *at* / *over*)

indignantly [ɪn'dɪgnəntlɪ] *bijw* verontwaardigd

indignation [ɪndɪg'neɪʃən] *znw* verontwaardiging

indignity [ɪn'dɪgnɪtɪ] *znw* onwaardige behandeling, smaad, hoon, belediging

indigo ['ɪndɪgəʊ] *znw* indigo ‹plant, verfstof en kleur›

indirect [ɪndaɪ'rekt] *bn* ❶ zijdelings, indirect, niet rechtstreeks ❷ slinks, ontwijkend

indirect costs [ɪndaɪ'rekt kɒsts] <u>boekh</u> *znw* [mv] indirecte kosten

indirectly [ɪndaɪ'rektlɪ] *bijw* zijdelings, indirect, niet rechtstreeks

indirect object [ɪndaɪ'rekt 'ɒbdʒekt] <u>gramm</u> *znw* ★ *the ~* het meewerkend voorwerp

indirect question [ɪndaɪ'rekt 'kwestʃən] <u>gramm</u> *znw* indirecte vraag, vraag in de indirecte rede

indirect rule [ɪndaɪ'rekt ruːl] *znw* indirect bestuur ‹koloniaal bestuur door inlandse machthebbers›

indirect speech [ɪndaɪ'rekt spiːtʃ] <u>gramm</u> *znw* indirecte rede

indirect tax [ɪndaɪ'rekt tæks] *znw* indirecte belasting

indiscernible [ɪndɪ'sɜːnɪbl] *bn* niet te onderscheiden of te onderkennen

indiscernibly [ɪndɪ'sɜːnɪblɪ] *bijw* niet te onderscheiden of te onderkennen

indiscipline [ɪn'dɪsɪplɪn] *znw* ❶ gebrek aan discipline ❷ tuchteloosheid

indiscreet [ɪndɪ'skriːt] *bn* ❶ onvoorzichtig, onbezonnen ❷ indiscreet, loslippig

indiscreetly [ɪndɪ'skriːtlɪ] *bijw* ❶ onvoorzichtig, onbezonnen ❷ indiscreet, loslippig

indiscrete [ɪndɪs'kriːt] <u>form</u> *bn* compact, homogeen, ondeelbaar

indiscretion [ɪndɪ'skreʃən] *znw* ❶ onvoorzichtigheid, onbezonnenheid ❷ indiscretie

indiscriminate [ɪndɪ'skrɪmɪnət] *bn* ❶ kritiekloos, onzorgvuldig, geen onderscheid makend ❷ lukraak, ongenuanceerd, algemeen ★ *a ban on the ~ killing of seals* een verbod op het in het wilde weg doden van zeehonden

indiscriminately [ɪndɪ'skrɪmɪnətlɪ] *bijw* ❶ kritiekloos, onzorgvuldig, zonder onderscheid des persoons ❷ lukraak, ongenuanceerd, algemeen ★ *the gunman fired ~ into the restaurant* de gewapende overvaller vuurde lukraak het restaurant in

indispensability [ɪndɪspensə'bɪlɪtɪ] *znw* noodzaak, onmisbaarheid

indispensable [ɪndɪ'spensəbl] *bn* onmisbaar, onontbeerlijk, noodzakelijk ★ *books are ~ to most of us* boeken zijn voor de meesten van ons onmisbaar

indispose [ɪndɪ'spəʊz] *overg* ❶ ongeschikt / onbruikbaar maken ❷ onpasselijk / onwel maken ❸ onwelwillend stemmen, afkerig maken (van *from* / *to* / *towards*)

indisposed [ɪndɪ'spəʊzd] *bn* ❶ ongenegen, onwillig ❷ onwel, ongesteld

indisposition [ɪndɪspə'zɪʃən] *znw* ❶ onwel zijn, lichte ziekte ❷ onwelwillendheid, afkerigheid (van *to* / *towards*)

indisputability [ɪndɪspjuːtə'bɪlɪtɪ] *znw* onbetwistbaarheid

indisputable [ɪndɪ'spjuːtəbl] *bn* onbetwistbaar

indisputably [ɪndɪ'spjuːtəblɪ] *bijw* onbetwistbaar, zonder twijfel ★ *he is ~ one of the greatest singers of all time* hij is zonder twijfel een van de grootste zangers aller tijden

indissolubility [ɪndɪsɒljʊ'bɪlɪtɪ] *znw* ❶ onoplosbaarheid ❷ onverbrekelijkheid

indissoluble [ɪndɪ'sɒljʊbl] *bn* onoplosbaar, onverbreekbaar, onontbindbaar, onlosmakelijk

indissolubly [ɪndɪ'sɒljʊblɪ] *bijw* onoplosbaar, onverbreekbaar, onontbindbaar, onlosmakelijk ★ *language and cultural values are ~ linked* taal een culturele waarden zijn onlosmakelijk met elkaar verbonden

indistinct [ɪndɪ'stɪŋkt] *bn* ❶ onduidelijk, vaag ❷ verward

indistinctly [ɪndɪ'stɪŋktlɪ] *bijw* ❶ onduidelijk, vaag ❷ verward

indistinctness [ɪndɪ'stɪŋktnɪs] *znw* onduidelijkheid

indistinguishable [ɪndɪ'stɪŋgwɪʃəbl] *bn* niet te onderscheiden

indistinguishably [ɪndɪ'stɪŋgwɪʃəblɪ] *bijw* niet te

onderscheiden ★ *the hills merge almost ~ into the plain* de heuvels gaan haast onmerkbaar over in de vlakte

individual [ˌɪndɪˈvɪdjʊəl] **I** *bn* individueel, afzonderlijk, apart, persoonlijk **II** *znw* ❶ enkeling ❷ persoon ❸ individu ★ *the choice is up to the ~* de keus is aan het individu

individualism [ˌɪndɪˈvɪdjʊəlɪzəm] *znw* individualisme

individualist [ˌɪndɪˈvɪdjʊəlɪst] **I** *bn* individualistisch **II** *znw* individualist

individualistic [ˌɪndɪvɪdjʊəˈlɪstɪk] *bn* individualistisch

individualistically [ˌɪndɪvɪdjʊəˈlɪstɪklɪ] *bijw* individualistisch ★ *an ~ orientated society* een individualistisch georiënteerde maatschappij

individuality [ˌɪndɪvɪdjʊˈælɪtɪ] *znw* individualiteit, (eigen) persoonlijkheid

individualization [ˌɪndɪvɪdjʊəlaɪˈzeɪʃən], **individualisation** *znw* individualisering

individualize [ˌɪndɪˈvɪdjʊəlaɪz], **individualise** *overg* individualiseren

individually [ˌɪndɪˈvɪdjʊəlɪ] *bijw* individueel, (elk) op zichzelf, één voor één, apart

indivisibility [ˌɪndɪvɪzɪˈbɪlɪtɪ] *znw* ondeelbaarheid

indivisible [ˌɪndɪˈvɪzɪbl] *bn* ondeelbaar

Indo-China [ˈɪndəʊ-ˈtʃaɪnə] *geogr znw* Indochina

indocile [ɪnˈdəʊsaɪl] *form bn* ongezeglijk

indoctrinate [ɪnˈdɒktrɪneɪt] *overg* ❶ onderwijzen (in *in*), indoctrineren ❷ inprenten

indoctrination [ɪndɒktrɪˈneɪʃən] *znw* indoctrinatie, inprenting

Indo-European [ˈɪndəʊ-jʊərəˈpɪən] **I** *bn* Indo-Europees **II** *znw* Indo-Europeaan

Indo-Germanic [ˈɪndəʊ-dʒɜːˈmænɪk] **I** *bn* Indo-Germaans **II** *znw* ❶ Indo-Germaans ❷ Indo-Germaan

indolence [ˈɪndələns] *znw* traagheid, gezapigheid, vadsigheid, indolentie

indolent [ˈɪndələnt] *bn* traag, gezapig, vadsig, indolent

indolently [ˈɪndələntlɪ] *bijw* traag, gezapig, vadsig, indolent ★ *the dog ~ raised its head* de hond deed traag zijn kop omhoog

indomitable [ɪnˈdɒmɪtəbl] *bn* ontembaar, onbedwingbaar

indomitably [ɪnˈdɒmɪtəblɪ] *bijw* ontembaar, onbedwingbaar ★ *despite the setbacks, she remains ~ cheerful* ondanks alle tegenslagen blijft ze onverzettelijk opgewekt

Indonesia [ɪndəʊˈniːzɪə, -ˈniːʒə, -ˈniːʃə, ɪndə-] *znw* Indonesië

Indonesian [ɪndəˈniːzɪən, -ʒ(ə)n, -ʃ(ə)n] **I** *bn* Indonesisch **II** *znw* Indonesiër, Indonesische

indoor [ɪnˈdɔː, ˈɪndɔː] *bn* ❶ binnenshuis, huis-, kamer-, binnen- ★ *an ~ swimming-pool* een binnenbad, een overdekt zwembassin ❷ sp zaal-, indoor-

indoors [ɪnˈdɔːz] **I** *bijw* binnen(shuis), naar binnen ★ *the children ran ~* de kinderen renden naar binnen **II** *znw* binnenkant ‹v.e. gebouw›

indorse [ɪnˈdɔːs] Am & jur *overg* → **endorse**

indorsement [ɪnˈdɔːsmənt] *znw* ❶ recht Am endossement ❷ indossement

indraught [ˈɪndrɑːft], Am **indraft** *znw* ❶ inademing ❷ zuiging ❸ binnenwaartse stroming

indrawn [ˈɪndrɔːn] *bn* ❶ ingeademd ★ *he looked up at her sharply ~ breath* hij keek op toen ze plotseling diep inademde ❷ teruggetrokken, ingetrokken, ingehouden

indubitable [ɪnˈdjuːbɪtəbl] *bn* ontwijfelbaar

indubitably [ɪnˈdjuːbɪtəblɪ] *bijw* zonder twijfel, ongetwijfeld ★ *he was ~ the man they were looking for* hij was ongetwijfeld de man die ze zochten

induce [ɪnˈdjuːs] *overg* ❶ bewegen, nopen ❷ teweegbrengen, aanleiding geven tot, aanzetten ❸ filos afleiden ❹ med opwekken ‹v. weeën› ❺ elektr induceren

induced current [ɪnˈdjuːst ˈkʌrənt] *znw* inductiestroom

inducement [ɪnˈdjuːsmənt] *znw* ❶ aanleiding, drijfveer, prikkel, lokmiddel ★ *the tax is an ~ to fraud* de belasting is een aanleiding om te frauderen ❷ teweegbrengen

induct [ɪnˈdʌkt] *overg* ❶ installeren (in *into*) ❷ bevestigen ‹geestelijk ambt› ❸ inwijden, introduceren

induction [ɪnˈdʌkʃən] *znw* ❶ installatie, bevestiging, inwijding ★ onderw *an ~ course* een voorbereidende cursus ❷ gevolgtrekking, inductie ❸ med opwekking ‹v. weeën› ❹ techn inlaat

induction coil [ɪnˈdʌkʃən kɔɪl] *znw* inductieklos

induction heating [ɪnˈdʌkʃən ˈhiːtɪŋ] *znw* inductieverhitting

induction loop [ɪnˈdʌkʃən luːp] *znw* ringleiding ‹voor doven en slechthorenden›

inductive [ɪnˈdʌktɪv] *bn* ❶ inductief ❷ elektr inductie-

inductor [ɪnˈdʌktə] *znw* inductor

indulge [ɪnˈdʌldʒ] **I** *overg* ❶ toegeven (aan), zich overgeven aan ★ *~ oneself in sth* zich overgeven aan iets ❷ zijn zin geven, verwennen **II** *onoverg* inf te veel drinken ★ *~ in* zich overgeven aan, zich inlaten met, zich de weelde veroorloven van, zich te goed doen, zich permitteren, zich te buiten gaan aan drank

indulgence [ɪnˈdʌldʒəns] *znw* ❶ zich overgeven (aan *in*), bevrediging (van *of*) ❷ toegevendheid, toegeeflijkheid, gunst ★ *he asked the audience's ~ to listen to the manifesto* hij vroeg het publiek het geduld om te brengen om naar het manifest te luisteren ❸ RK aflaat

indulgent [ɪnˈdʌldʒənt] *bn* inschikkelijk, toegeeflijk

indurated [ˈɪndjʊəreɪtɪd] *bn* verhard

induration [ɪndjʊˈreɪʃən] *znw* verharding

industrial [ɪnˈdʌstrɪəl] *bn* industrieel, industrie-, nijverheids-, bedrijfs- ★ *an ~ nation* een industrieel land

industrial action [ɪnˈdʌstrɪəl ˈækʃən] *znw* stakingsactie

industrial area [ɪnˈdʌstrɪəl ˈeərɪə] *znw* industriegebied

in

industrial column [ɪn'dʌstrɪəl 'kɒləm], **industrial sector** econ znw bedrijfskolom

industrial democracy [ɪn'dʌstrɪəl dɪ'mɒkrəsɪ] znw industriële democratie

industrial diamond [ɪn'dʌstrɪəl 'daɪəmənd] znw industriële diamant

industrial dispute [ɪn'dʌstrɪəl dɪ'spju:t] znw arbeidsconflict

industrial espionage [ɪn'dʌstrɪəl 'espɪənɑ:ʒ] znw bedrijfsspionage

industrial estate [ɪn'dʌstrɪəl ɪ'steɪt], Am **industrial park** znw industrieterrein

industrialism [ɪn'dʌstrɪəlɪzəm] znw sociaaleconomisch systeem waarin de industrie een overheersende rol speelt

industrialist [ɪn'dʌstrɪəlɪst] znw industrieel

industrialization [ɪndʌstrɪəlaɪ'zeɪʃən], **industrialisation** znw industrialisering

industrialize [ɪn'dʌstrɪəlaɪz], **industrialise** overg & onoverg industrialiseren

industrial medicine [ɪn'dʌstrɪəl 'medsən] znw bedrijfsgeneeskunde

industrial park [ɪn'dʌstrɪəl pɑ:k] Am znw → **industrial estate**

industrial relations [ɪn'dʌstrɪəl rɪ'leɪʃənz] znw [mv] arbeidsverhoudingen

industrial revolution [ɪn'dʌstrɪəl revə'lu:ʃən] znw industriële revolutie

industrials [ɪn'dʌstrɪəlz] handel znw [mv] industriewaarden

industrial sector [ɪn'dʌstrɪəl 'sektə] econ znw → **industrial column**

industrial-strength [ɪn'dʌstrɪəl-strenθ] bn ❶ voor professioneel gebruik, extra sterk, extra geconcentreerd ❷ scherts meer dan nodig, sterker dan nodig

industrial tribunal [ɪn'dʌstrɪəl traɪ'bju:nl] znw arbeidsrechtbank

industrious [ɪn'dʌstrɪəs] bn arbeidzaam, werkzaam, nijver, ijverig, vlijtig

industriously [ɪn'dʌstrɪəslɪ] bijw ijverig, vlijtig

industry ['ɪndəstrɪ] znw ❶ ijver, vlijt ❷ nijverheid, industrie, bedrijf, bedrijfsleven, bedrijfstak ★ a cottage ~ huisindustrie, thuiswerk ★ the leisure / mining / music & ~ de vrijetijdsindustrie / mijnbouwindustrie / muziekindustrie & ★ a captain of ~ een grootindustrieel, een topman in het bedrijfsleven

inebriated [ɪ'ni:brɪeɪtɪd] bn dronken

inebriation [ɪni:brɪ'eɪʃən] znw dronkenschap, roes

inedible [ɪn'edɪbl] bn oneetbaar

ineffable [ɪn'efəbl] bn onuitsprekelijk

ineffaceable [ɪnɪ'feɪsəbl] bn onuitwisbaar, onvergetelijk

ineffective [ɪnɪ'fektɪv] bn ❶ ineffectief, zonder uitwerking, geen effect sorterend ❷ inefficiënt, ondoelmatig ★ their weapons were completely ~ against tanks hun wapens waren totaal nutteloos tegen tanks

ineffectively [ɪnɪ'fektɪvlɪ] bijw ❶ inefficiënt, ondoelmatig ❷ ondoeltreffend ★ busy couples often communicate ~ drukke stelletjes communiceren vaak ondoeltreffend met elkaar

ineffectual [ɪnɪ'fektʃʊəl] bn ❶ vruchteloos ❷ incapabel

ineffectually [ɪnɪ'fektʃʊəlɪ] bijw ❶ vruchteloos, zonder succes ❷ incapabel

inefficacious [ɪnefɪ'keɪʃəs] form bn ondoeltreffend

inefficacy [ɪn'efɪkəsɪ] form znw ondoeltreffendheid

inefficiency [ɪnɪ'fɪʃənsɪ] znw inefficiëntie, ondoelmatigheid

inefficient [ɪnɪ'fɪʃnt] bn ❶ inefficiënt, ondoelmatig ❷ ongeschikt, onbruikbaar ❸ geen effect sorterend

inefficiently [ɪnɪ'fɪʃəntlɪ] bijw inefficiënt, ondoelmatig ★ social problems are being dealt with ~ sociale problemen worden inefficiënt behandeld

inelegance [ɪ'nelɪgəns] znw onbevalligheid, onsierlijkheid

inelegant [ɪn'elɪgənt] bn ❶ onbevallig, onelegant ❷ lomp

inelegantly [ɪn'elɪgəntlɪ] bijw ❶ onbevallig, onelegant ★ he slumped ~ into his chair hij plofte onelegant in zijn stoel ❷ lomp

ineligibility [ɪnelɪdʒə'bɪlɪtɪ] znw onverkiesbaarheid

ineligible [ɪn'elɪdʒɪbl] bn ❶ niet verkiesbaar ❷ onverkieslijk ❸ ongeschikt, ongewenst, niet in aanmerking komend ★ he is ~ for re-election hij komt niet in aanmerking voor herverkiezing

ineluctable [ɪnɪ'lʌktəbl] form bn onontkoombaar

inept [ɪ'nept] bn ❶ onhandig, onbeholpen, lomp ★ he is being criticized for his ~ handling of the affair hij wordt bekritiseerd vanwege zijn onbeholpen behandeling van de kwestie ❷ onbedreven, ondeskundig ★ I'm fairly ~ at chess ik ben niet erg goed in schaken

ineptitude [ɪn'eptɪtju:d], **ineptness** znw ❶ onhandigheid, onbeholpenheid ❷ onbedrevenheid, ondeskundigheid

ineptly [ɪ'neptlɪ] bijw ❶ onhandig, onbeholpen, lomp ❷ onbedreven, ondeskundig ★ the play is poorly cast and ~ produced het stuk heeft een slechte bezetting en is ondeskundig geregisseerd

ineptness [ɪn'eptnɪs] znw → **ineptitude**

inequable [ɪn'ekwəbl] bn ongelijk (verdeeld), onevenredig, onbillijk

inequality [ɪnɪ'kwɒlɪtɪ] znw ❶ ongelijkheid ❷ oneffenheid

inequitable [ɪn'ekwɪtəbl] bn onbillijk, onrechtvaardig

inequity [ɪn'ekwɪtɪ] znw onbillijkheid, onrechtvaardigheid

ineradicable [ɪnɪ'rædɪkəbl] bn onuitroeibaar

inerrant [ɪn'erənt] form bn onfeilbaar

inert [ɪ'nɜ:t] bn log, loom, traag, inert

inert gas [ɪ'nɜ:t gæs] znw edelgas

inertia [ɪ'nɜ:ʃə] znw traagheid, inertie ★ the delay is being blamed on bureaucratic ~ de vertraging wordt geweten aan bureaucratische traagheid

inertia selling [ɪ'nɜːʃə 'selɪŋ] *znw* inertieverkoop ‹levering van ongevraagde goederen›

inertly [ɪ'nɜːtlɪ] *bijw* log, loom, traag, inert ★ *teenagers slumped ~ in front of the television* tieners die sloom voor de tv hangen

inescapable [ɪnɪ'skeɪpəbl] *bn* onontkoombaar

inescapably [ɪnɪ'skeɪpəblɪ] *bijw* onontkoombaar ★ *with her plain features, she was ~ her father's child* met haar weinig attractieve gelaatstrekken was ze onmiskenbaar een kind van haar vader

inessential [ɪnɪ'senʃəl], **unessential I** *bn* bijkomstig **II** *znw* (meestal *mv*) bijkomstigheid

inestimable [ɪn'estɪməbl] *bn* onschatbaar ★ *the discovery is of ~ value* de ontdekking is van onschatbare waarde

inestimably [ɪn'estɪməblɪ] *bijw* onschatbaar

inevitability [ɪnevɪtə'bɪlɪtɪ] *znw* onvermijdelijkheid

inevitable [ɪn'evɪtəbl] **I** *bn* onvermijdelijk **II** *znw* het onvermijdelijke ★ *bow to the ~* het onvermijdelijke accepteren

inexact [ɪnɪg'zækt] *bn* onnauwkeurig, onjuist

inexactitude [ɪnɪg'zæktɪtjuːd] *znw* onnauwkeurigheid, onjuistheid

inexcusable [ɪnɪk'skjuːzəbl] *bn* onvergeeflijk

inexcusably [ɪnɪk'skjuːzəblɪ] *bijw* onvergeeflijk ★ *he was ~ rude to his mother* hij was onvergeeflijk brutaal tegen zijn moeder

inexhaustible [ɪnɪg'zɔːstɪbl] *bn* ❶ onuitputtelijk ❷ onvermoeibaar

inexorable [ɪn'eksərəbl] *bn* onverbiddelijk

inexorably [ɪn'eksərəblɪ] *bijw* onverbiddelijk ★ *the play moves ~ towards its fatal conclusion* het stuk ontwikkelt zich onverbiddelijk naar zijn fatale climax

inexpediency [ɪnɪk'spiːdɪənsɪ] *znw* ondoelmatigheid, ongeschiktheid, niet raadzaam zijn

inexpedient [ɪnɪk'spiːdɪənt] *bn* ondoelmatig, ongeschikt, af te raden

inexpensive [ɪnɪk'spensɪv] *bn* goedkoop

inexperience [ɪnɪk'spɪərɪəns] *znw* onervarenheid ★ *put sth down to ~* iets wijten aan onervarenheid

inexperienced [ɪnɪk'spɪərɪənst] *bn* onervaren

inexpert [ɪn'eksp3ːt] *bn* ❶ onbedreven ❷ ondeskundig

inexpiable [ɪn'ekspɪəbl] *bn* ❶ door geen boetedoening goed te maken ❷ onverzoenlijk

inexplicable [ɪnɪk'splɪkəbl] *bn* onverklaarbaar

inexplicably [ɪnɪk'splɪkəblɪ] *bijw* ❶ op onverklaarbare wijze ❷ om onverklaarbare redenen

inexplicit [ɪnɪks'plɪsɪt] *bn* niet duidelijk uitgedrukt of aangeduid

inexpressible [ɪnɪk'spresɪbl] *bn* onuitsprekelijk

inexpressibly [ɪnɪk'spresɪblɪ] *bijw* onuitsprekelijk

inexpressive [ɪnɪk'spresɪv] *bn* ❶ zonder uitdrukking, uitdrukkingsloos ❷ nietszeggend

inextinguishable [ɪnɪk'stɪŋgwɪʃəbl] *bn* onuitblusbaar, onlesbaar, onbedaarlijk

in extremis [ɪn ek'striːmɪs] ‹*Lat*› *bijw* in extremis

inextricable [ɪn'ekstrɪkəbl] *bn* ❶ onontwarbaar ❷ waar men zich niet uit kan redden

inextricably [ɪn'ekstrɪkəblɪ] *bijw* onontwarbaar, onlosmakelijk ★ *his name is ~ linked to the swinging sixties* zijn naam is onlosmakelijk verbonden aan de swingende jaren zestig

infallibility [ɪnfælɪ'bɪlɪtɪ] *znw* onfeilbaarheid

infallible [ɪn'fælɪbl] *bn* onfeilbaar

infamous ['ɪnfəməs] *bn* ❶ berucht ❷ schandelijk

infamy ['ɪnfəmɪ] *znw* ❶ schande(lijkheid) ❷ schanddaad

infancy ['ɪnfənsɪ] *znw* ❶ babytijd, vroege jeugd ❷ <u>fig</u> beginstadium, kinderschoenen ★ *the industry is still in its ~* de industrie staat nog in zijn kinderschoenen

infant ['ɪnfənt] **I** *bn* ❶ jong ❷ opkomend ❸ kinder- **II** *znw* ❶ zuigeling ❷ kind

infant class ['ɪnfənt klɑːs] *znw* kleuterklas

infant formula ['ɪnfənt 'fɔːmjʊlə] *Am znw* zuigelingenvoeding, babyvoeding

infanticide [ɪn'fæntɪsaɪd] *znw* kindermoord(enaar), kinderdoodslag

infantile ['ɪnfəntaɪl] *bn* infantiel, kinderlijk, kinderachtig, kinder-

infantile paralysis ['ɪnfəntaɪl pə'rælɪsɪs] <u>vero</u> *znw* kinderverlamming, polio

infantilism [ɪn'fæntɪlɪzəm] *znw* ❶ infantilisme ❷ infantiliteiten

infant mortality ['ɪnfənt mɔː'tælɪtɪ] *znw* kindersterfte

infantry ['ɪnfəntrɪ] *znw* infanterie

infantryman ['ɪnfəntrɪmən] *znw* infanterist

infant school ['ɪnfənt skuːl] *znw* kleuterschool

infarct ['ɪnfɑːkt] *znw* infarct

infatuate [ɪn'fætjʊeɪt] *overg* ❶ verdwazen ❷ verblinden

infatuated [ɪn'fætjʊeɪtɪd] *bn* (smoor)verliefd, dol (op *with*)

infatuation [ɪnfætjʊ'eɪʃən] *znw* (hevige) verliefdheid

infeasible [ɪn'fiːzɪbl] *Am bn* → **unfeasible**

infect [ɪn'fekt] *overg* ❶ infecteren, aansteken, besmetten ❷ bederven, verpesten (door *with*)

infection [ɪn'fekʃən] *znw* ❶ infectie, besmetting ❷ bederf, verpesting

infectious [ɪn'fekʃəs] *bn* besmettelijk, aanstekelijk ★ *~ matter* smetstof ★ *her enthusiasm is ~* haar enthousiasme is aanstekelijk

infective [ɪn'fektɪv] *bn* besmettelijk

infeed [ɪn'fiːd] *znw* invoer ‹materiaal in een machine›

infelicitous [ɪnfɪ'lɪsɪtəs] <u>form</u> *bn* niet gelukkig (gekozen)

infelicity [ɪnfɪ'lɪsɪtɪ] <u>form</u> *znw* ❶ ongeluk ❷ ongelukkige opmerking / uitdrukking / gedachte &

infer [ɪn'fɜː] *overg* ❶ concluderen, afleiden (uit *from*) ❷ inhouden, impliceren

inferable [ɪn'fɜːrəbl], **inferrable** *bn* afleidbaar

inference ['ɪnfərəns] *znw* gevolgtrekking ★ *the strike is affecting their staffing, and by ~, their turnover* de staking heeft een effect op hun personeel en

in

bijgevolg ook op hun omzet
inferential [ɪnfə'renʃəl] *bn* ❶ afleidbaar ❷ afgeleid
inferior [ɪn'fɪərɪə] **I** *bn* ❶ minder, lager, ondergeschikt
❷ inferieur, minderwaardig, onder- ★ *his later work
is in no way ~ to his early work* zijn latere werk is in
geen enkel opzicht minder dan zijn vroegere werk
II *znw* mindere, ondergeschikte
inferiority [ɪnfɪərɪ'ɒrɪtɪ] *znw* ❶ minderheid,
minderwaardigheid ★ *the novel's ~ to his earlier work
is undeniable* de inferioriteit van de roman
vergeleken met zijn vroegere werk is onmiskenbaar
❷ ondergeschiktheid
inferiority complex [ɪnfɪərɪ'ɒrɪtɪ 'kɒmpleks] *znw*
minderwaardigheidscomplex
infernal [ɪn'fɜ:nl] *bn* ❶ hels, duivels, infernaal ❷ inf
afschuwelijk, vervloekt ★ *he thinks I'm just an ~
nuisance* hij denkt dat ik alleen maar een
afschuwelijke lastpost ben
inferno [ɪn'fɜ:nəʊ] *znw* inferno, hel
inferrable [ɪn'fɜ:rəbl] *bn* → **inferable**
infertile [ɪn'fɜ:taɪl] *bn* onvruchtbaar
infertility [ɪnfɜ:'tɪlɪtɪ] *znw* onvruchtbaarheid
infertility clinic [ɪnfɜ:'tɪlɪtɪ 'klɪnɪk] *znw*
vruchtbaarheidskliniek
infest [ɪn'fest] *overg* onveilig maken, teisteren
★ *be ~ed with sth* krioelend van, wemelend van,
vergeven van iets
infestation [ɪnfe'steɪʃən] *znw* teistering, plaag
infibulate [ɪn'fɪbjʊleɪt] *overg* vrouwenbesnijdenis
uitvoeren
infibulation [ɪnfɪbjʊ'leɪʃn] *znw* infibulatie,
vrouwenbesnijdenis
infidel ['ɪnfɪdl] vero **I** *bn* ongelovig **II** *znw* ongelovige
infidelity [ɪnfɪ'delɪtɪ] *znw* ontrouw
infield ['ɪnfi:ld] *znw* ❶ cricket middenveld ❷ honkbal
binnenveld
infielder ['ɪnfi:ldə] *znw* ❶ cricket middenvelder
❷ honkbal binnenvelder
infighting ['ɪnfaɪtɪŋ] *znw* ❶ onderlinge strijd
❷ interne machtsstrijd ❸ sp invechten ‹boksen›
infill ['ɪnfɪl] **I** *znw*, **infilling** opvulling, opvulsel **II** *overg*
opvullen
infiltrate ['ɪnfɪltreɪt] *overg* (laten) in-, doorsijpelen,
langzaam doordringen of doortrekken, infiltreren
infiltration [ɪnfɪl'treɪʃən] *znw* doorsijpeling, langzame
doordringing, infiltratie
infiltrator ['ɪnfɪltreɪtə] *znw* infiltrant
infinite ['ɪnfɪnɪt] **I** *bn* ❶ oneindig ❷ heel veel **II** *znw*
★ *the ~* het oneindige ★ *the Infinite* de Oneindige,
God
infinitesimal [ɪnfɪnɪ'tesɪml] **I** *bn* ❶ oneindig klein
❷ heel klein, miniem **II** *znw* oneindig kleine
hoeveelheid
infinitesimally [ɪnfɪnɪ'tesɪməlɪ] *bijw* oneindig klein
★ *an ~ small amount* een oneindig kleine
hoeveelheid
infinitive [ɪn'fɪnɪtɪv] **I** *bn* in de onbepaalde wijs,
infinitief- **II** *znw* onbepaalde wijs, infinitief

infinity [ɪn'fɪnɪtɪ] *znw* ❶ oneindigheid, eeuwigheid
★ *take an ~* een eeuwigheid duren ❷ oneindige
hoeveelheid ❸ oneindige ruimte
infirm [ɪn'fɜ:m] *bn* ❶ zwak ❷ onvast, weifelend
infirmary [ɪn'fɜ:mərɪ] gedat *znw* ❶ ziekenhuis
❷ ziekenzaal ‹v. school &›
infirmity [ɪn'fɜ:mɪtɪ] *znw* zwakheid, zwakte,
ziekelijkheid, gebrek
infix I *znw* ['ɪnfɪks] gramm infix, tussenvoegsel **II** *overg*
[ɪn'fɪks] inzetten, invoegen, bevestigen, inplanten,
inprenten
inflame [ɪn'fleɪm] **I** *overg* ❶ ontsteken, ontstoken
maken ❷ kwaad maken **II** *onoverg* ❶ ontstoken
raken ❷ kwaad worden
inflammability [ɪnflæmə'bɪlɪtɪ] *znw* ontvlambaarheid
inflammable [ɪn'flæməbl] *bn* ontvlambaar

> **flammable en inflammable**
> betekenen allebei **ontvlambaar**. *Niet ontvlambaar* is
> nonflammable.

inflammation [ɪnflə'meɪʃən] *znw* ❶ ontvlamming
❷ ontsteking
inflammatory [ɪn'flæmətərɪ] *bn* ❶ verhittend,
ontstekend ❷ ontstekings- ❸ opruiend
inflatable [ɪn'fleɪtəbl] *bn* opblaasbaar ‹rubberboot &›
inflate [ɪn'fleɪt] *overg* ❶ opblazen fig opgeblazen
maken ❷ doen zwellen, vullen, oppompen
‹fietsband› ❸ (kunstmatig) opdrijven
inflated [ɪn'fleɪtɪd] *bn* ❶ opgepompt ★ *artificially ~
prices* kunstmatig opgevoerde prijzen ❷ gezwollen,
opgeblazen
inflater [ɪn'fleɪtə] *znw* → **inflator**
inflation [ɪn'fleɪʃən] *znw* ❶ opblazen, oppompen
❷ inflatie, geldontwaarding ★ *galloping ~* wilde
inflatie ★ *wages are not keeping pace with ~* lonen
houden geen gelijke tred met inflatie
❸ (kunstmatige) opdrijving ❹ opgeblazenheid
inflationary [ɪn'fleɪʃənrɪ] *bn* inflatoir
inflationary spiral [ɪn'fleɪʃənrɪ 'spaɪərəl] *znw*
inflatiespiraal
inflation rate [ɪn'fleɪʃən reɪt] *znw* inflatietempo
inflation-resistant [ɪn'fleɪʃən-rɪ'zɪstnt] *bn*
inflatiebestendig, waardevast
inflator [ɪn'fleɪtə], **inflater** *znw* pomp
inflect [ɪn'flekt] **I** *overg* ❶ (om)buigen ❷ gramm
verbuigen ❸ muz de toonsoort veranderen
II *onoverg* gramm verbogen worden
inflected language [ɪn'flektɪd 'læŋgwɪdʒ] *znw*
flecterende taal
inflection [ɪn'flekʃən] *znw* → **inflexion**
inflective [ɪn'flektɪv] *bn* ❶ buigbaar ❷ buigings-
inflexibility [ɪnfleksɪ'bɪlɪtɪ] *znw* ❶ standvastigheid
❷ onbuigbaarheid
inflexible [ɪn'fleksɪbl] *bn* onbuigbaar, onbuigzaam
inflexion [ɪn'flekʃn], **inflection** *znw* ❶ buiging
❷ verbuiging ❸ buigingsvorm, -uitgang
❹ stembuiging
inflexional [ɪn'flekʃənl] *bn* buigings-

inflict [ɪnˈflɪkt] *overg* ❶ opleggen ⟨straf⟩ ❷ ⟨een slag⟩ toebrengen (aan *on* / *upon*) ❸ doen ondergaan

infliction [ɪnˈflɪkʃən] *znw* ❶ toebrengen of doen ondergaan ❷ (straf)oplegging, straf, kwelling, marteling

in-flight [ˈɪn-flaɪt] *bn* tijdens de vlucht, aan boord ⟨v.e. vliegtuig⟩

inflorescence [ɪnfləˈresəns] *znw* ❶ <u>plant</u>k bloem(en) ❷ <u>plant</u>k bloeiwijze ❸ bloei

inflow [ˈɪnfləʊ] *znw* ❶ binnenstromen ❷ toevloed

influence [ˈɪnflʊəns] **I** *znw* ❶ invloed (op *on* / *over* / *with*) ★ <u>jur</u> *undue* ~ ongeoorloofde beïnvloeding van een ander, misbruik van omstandigheden ⟨zoals wilsgebrek⟩ ★ *under the* ~ onder invloed ⟨v. drank⟩ ★ *bring one's* ~ *to bear on sth* zijn invloed doen gelden over iets ★ *exert an* ~ invloed uitoefenen ❷ inwerking **II** *overg* invloed hebben op, beïnvloeden

influence peddling [ˈɪnflʊəns ˈpedlɪŋ] *Am znw* het tegen betaling aanwenden van positie of politieke status

influential [ɪnflʊˈenʃəl] *bn* invloedrijk

influenza [ɪnflʊˈenzə] *znw* influenza, griep ★ *a bout of* ~ een griepaanval

influx [ˈɪnflʌks] *znw* ❶ binnenstromen ❷ stroom, ⟨grote⟩ toevloed ★ *they expect an* ~ *of tourists* ze verwachten een stroom toeristen

info [ˈɪnfəʊ] <u>inf</u> *znw* info

infobahn [ˈɪnfəʊbɑːn] <u>comput</u> *znw* hogesnelheidscomputernetwerk

infomediary [ɪnfəʊˈmiːdɪərɪ] *znw* infomediair

infomercial [ɪnfəʊˈmɜːʃəl] <u>inf</u> *znw* (information commercial) informatieve reclame

inform [ɪnˈfɔːm] **I** *overg* mededelen, berichten, in-, voorlichten ★ *be reliably* ~*ed* goed geïnformeerd worden, betrouwbare informatie krijgen ★ ~ *sbd of sth* iem. op de hoogte stellen van iets, iem. iets berichten, iem. iets melden **II** *onoverg* ★ ~ *against sbd* iem. aanklagen / aanbrengen, getuigen tegen iem. ★ ~ *on sbd* iem. aanbrengen / verraden

informal [ɪnˈfɔːml] *bn* inofficieel, informeel, familiair, zonder complimenten

informality [ɪnfɔːˈmælɪtɪ] *znw* informaliteit

informant [ɪnˈfɔːmənt] *znw* ❶ zegsman, informant ❷ <u>jur</u> aanbrenger

informatics [ɪnfəˈmætɪks] *znw* [mv] informatica

information [ɪnfəˈmeɪʃən] *znw* ❶ informatie, kennis(geving), voorlichting ❷ bericht, mededeling, inlichting(en) ❸ <u>jur</u> aanklacht

information desk [ɪnfəˈmeɪʃən desk] *znw* informatiebalie, inlichtingenbureau

information revolution [ɪnfəˈmeɪʃən revəˈluːʃən] *znw* informatierevolutie

information science [ɪnfəˈmeɪʃən ˈsaɪəns] *znw* informatica

information superhighway [ɪnfəˈmeɪʃən ˈsuːpəˈhaɪweɪ] <u>comput</u> *znw* elektronische snelweg

information technology [ɪnfəˈmeɪʃən tekˈnɒlədʒɪ], **IT**

in

znw informatietechnologie, informatica

information transfer [ɪnfəˈmeɪʃən ˈtrænsfɜː, ˈtrɑːnsfɜː] *znw* informatieoverdracht

informative [ɪnˈfɔːmətɪv] *bn* informatief, leerzaam, voorlichtend

informatory [ɪnˈfɔːmətərɪ] *bn* informatief, informatiegevend

informed [ɪnˈfɔːmd] *bn* ❶ goed ingelicht, (goed) op de hoogte ★ *we're kept well~ about his progress* we worden goed op de hoogte gehouden over zijn ontwikkeling ❷ ontwikkeld, beschaafd

informer [ɪnˈfɔːmə] *znw* ❶ aanbrenger, aangever, aanklager ❷ tipgever, informant, politiespion

infotainment [ɪnfəʊˈteɪnmənt] <u>afkeurend</u> *znw* (*information* en *entertainment*) informatief amusement, infotainment

infraction [ɪnˈfrækʃən] <u>jur</u> *znw* schending, overtreding

infra dig [ɪnfrə ˈdɪg] *Br inf bn* beneden iemands waardigheid, onwaardig

infrangible [ɪnˈfrændʒɪbl] <u>form</u> *bn* ❶ onverbreekbaar ❷ onschendbaar

infrared [ɪnfrəˈred] *bn* infrarood

infrastructure [ˈɪnfrəstrʌktʃə] *znw* infrastructuur

infrequency [ɪnˈfriːkwənsɪ] *znw* zeldzaamheid

infrequent [ɪnˈfriːkwənt] *bn* zeldzaam, schaars, weinig frequent

infrequently [ɪnˈfriːkwəntlɪ], **unfrequently** *bijw* zelden ★ *not* ~ nogal eens

infringe [ɪnˈfrɪndʒ] *overg* overtreden, schenden, inbreuk maken op

infringement [ɪnˈfrɪndʒmənt] *znw* overtreding, schending, inbreuk ★ *an* ~ *of copyright* een schending van copyright

infundibular [ɪnfʌnˈdɪbjʊlə] <u>anat of dierk</u> *bn* trechtervormig

infuriate [ɪnˈfjʊərɪeɪt] *overg* razend (woedend, dol) maken

infuse [ɪnˈfjuːz] **I** *overg* ❶ ingieten, instorten ⟨genade⟩, ingeven, inboezemen, bezielen (met *with*) ★ *his poetry is* ~*d with an understanding of suffering* zijn poëzie is bezield met een begrip van lijden ❷ laten trekken ⟨thee⟩ **II** *onoverg* trekken ⟨v. thee⟩

infusible [ɪnˈfjuːzɪbl] *bn* onsmeltbaar

infusion [ɪnˈfjuːʒən] *znw* ❶ ingieting, ingeving ❷ instorting ⟨v. genade⟩ ❸ aftreksel, infusie

ingather [ˈɪngæðə] <u>form</u> *overg* inzamelen, oogsten

ingenious [ɪnˈdʒiːnɪəs] *bn* vindingrijk, vernuftig, ingenieus

ingénue [ˈænʒeɪnjuː] ⟨*(Fr)* znw naïef meisje

ingenuity [ɪndʒɪˈnjuːɪtɪ] *znw* vindingrijkheid, vernuft, vernuftigheid

ingenuous [ɪnˈdʒenjʊəs] *bn* ongekunsteld, openhartig, naïef

ingest [ɪnˈdʒest] *overg* ❶ opnemen ⟨voedsel⟩ ❷ <u>form</u> opnemen, verwerken ⟨kennis &⟩

ingesta [ɪnˈdʒestə] *znw* eten en drinken

inglenook [ˈɪngəlnʊk] *znw* hoekje bij de haard

inglorious [ɪnˈglɔːrɪəs] *bn* roemloos, schandelijk

ingoing ['ɪngəʊɪŋ] *bn* binnengaand, intredend, nieuw ‹eigenaar v. huis &›

ingot ['ɪŋgɒt, -gət] *znw* baar, staaf

ingrain [ɪn'greɪn] **I** *bn* in de wol geverfd ‹v. weefsel› **II** *overg*, **engrain** diep doordringen van, inprenten

ingrained [ɪn'greɪnd] *bn* ❶ ingebed ‹v. vuil› ❷ fig ingeroest, ingebakken

ingrate ['ɪngreɪt, -'greɪt] form of dicht *znw* ondankbare

ingratiate [ɪn'greɪʃɪeɪt] afkeurend *wederk* ★ ~ *oneself* zich bemind maken, trachten in de gunst te komen

ingratiating [ɪn'greɪʃɪeɪtɪŋ] *bn* innemend, in de gunst proberend te komen ★ *an* ~ *manner* een manier bedoeld om in de gunst te komen

ingratitude [ɪn'grætɪtjuːd] *znw* ondankbaarheid

ingredient [ɪn'griːdɪənt] *znw* ingrediënt, bestanddeel

ingress ['ɪngres] form *znw* binnentreden, -dringen, in-, toegang

in-group ['ɪn-gruːp] afkeurend *znw* hechte groep, kliek

ingrowing ['ɪngrəʊɪŋ] *bn* ingroeiend ‹nagel›

inguinal ['ɪŋgwɪnl] anat *bn* lies-

ingurgitate [ɪn'gɜːdʒɪteɪt] dicht *overg* opslokken

inhabit [ɪn'hæbɪt] *overg* bewonen, wonen in

inhabitable [ɪn'hæbɪtəbl] *bn* bewoonbaar

inhabitant [ɪn'hæbɪtənt] *znw* inwoner, bewoner

inhabitation [ɪnhæbɪ'teɪʃən] form *znw* bewoning

inhalant [ɪn'heɪlənt] *znw* inhaleringsstof / medicijn

inhalation [ɪnhə'leɪʃən] *znw* inademing, inhalatie

inhale [ɪn'heɪl] *overg* inademen, inhaleren ★ *she ~d sharply when she saw him* ze ademde diep in toen ze hem zag

inhaler [ɪn'heɪlə] *znw* inhaleertoestel, respirator, ademhalingstoestel

inharmonious [ɪnhɑː'məʊnɪəs] *bn* ❶ onwelluidend, vals ❷ tegenstrijdig, oneens

inhere [ɪn'hɪə] form *onoverg* ❶ een noodzakelijk onderdeel vormen (van *in*), onafscheidelijk verbonden zijn ❷ inherent zijn (aan *in*)

inherence [ɪn'herəns, ɪn'hɪərəns] form *znw* inherentie

inherent [ɪn'herənt, ɪn'hɪərənt] *bn* onafscheidelijk verbonden, inherent (aan *in*)

inherently [ɪn'herəntlɪ, ɪn'hɪərəntlɪ] *bijw* als zodanig

inherit [ɪn'herɪt] *overg* (over)erven

inheritable [ɪn'herɪtəbl] *bn* (over)erfelijk

inheritance [ɪn'herɪtns] *znw* ❶ overerving ❷ erfenis, erfgoed, boedel, nalatenschap

inheritance tax [ɪn'herɪtns tæks] *znw* successie- en schenkingsrechten

inheritor [ɪn'herɪtə] *znw* erfgenaam, erfgename, erfopvolger / ster

inhibit [ɪn'hɪbɪt] *overg* verhinderen, stuiten, remmen

inhibited [ɪn'hɪbɪtɪd] *bn* geremd

inhibition [ɪnhɪ'bɪʃən] *znw* ❶ remming, rem ❷ geremdheid

inhibitory [ɪn'hɪbɪtərɪ] *bn* ❶ belemmerend, remmend ❷ verbiedend, verbods-

in-home [ɪn-'həʊm] Am *bn* thuis-, aan huis

inhospitable [ɪnhɒ'spɪtəbl, ɪn'hɒspɪtəbl] *bn* ❶ onherbergzaam ❷ ongastvrij, onvriendelijk

inhospitality [ɪnhɒspɪ'tælɪtɪ] *znw* ❶ onherbergzaamheid ❷ ongastvrijheid

in-house [ɪn-'haʊs] *bn* intern, binnen het bedrijf, binnenshuis

inhuman [ɪn'hjuːmən] *bn* onmenselijk, wreed, beestachtig

inhumane [ɪnhjuː'meɪn] *bn* niet menslievend, inhumaan, wreed

inhumanity [ɪnhjuː'mænɪtɪ] *znw* onmenselijkheid, wreedheid

inhumation [ɪnhjʊ'meɪʃən] archeol *znw* begraving, begrafenis

inhume [ɪn'hjuːm] dicht *overg* begraven

inimical [ɪ'nɪmɪkl] form *bn* ❶ vijandig ❷ schadelijk ★ ~ *to* schadelijk voor

inimitability [ɪnɪmɪtə'bɪlɪtɪ] *znw* onnavolgbaarheid

inimitable [ɪ'nɪmɪtəbl] *bn* onnavolgbaar ★ *his style is* ~ zijn stijl is onnavolgbaar

inimitably [ɪ'nɪmɪtəblɪ] *bijw* onnavolgbaar ★ *a style which is* ~ *hers* een stijl die onnavolgbaar haar eigen is

iniquitous [ɪ'nɪkwɪtəs] *bn* ❶ onrechtvaardig, onbillijk ❷ snood, misdadig, zondig

iniquitously [ɪ'nɪkwɪtəslɪ] form *bijw* onrechtmatig, misdadig, zondig

iniquity [ɪ'nɪkwɪtɪ] form *znw* ❶ ongerechtigheid, onbillijkheid ❷ misdadigheid, zonde

initial [ɪ'nɪʃəl] **I** *bn* eerste, voorste, begin-, aanvangs-, aanloop- ★ ~ *capital* oprichtingskapitaal, stamkapitaal ★ *the* ~ *move* de eerste zet **II** *znw* eerste letter, voorletter, initiaal **III** *overg* met (de) voorletters merken, tekenen, paraferen

initialize [ɪ'nɪʃəlaɪz], **initialise** comput *overg* initialiseren

initially [ɪ'nɪʃəlɪ] *bijw* aanvankelijk, eerst

initials [ɪ'nɪʃəlz] *znw* [mv] paraaf ‹als verkorte handtekening›

initiate I *znw* [ɪ'nɪʃɪət] ingewijde **II** *overg* [ɪ'nɪʃɪeɪt] ❶ inwijden (in *in / into*) ❷ een begin maken met, inleiden, initiëren

initiated [ɪ'nɪʃɪeɪtɪd] *znw* ★ *the* ~ de ingewijden, de mensen die op de hoogte zijn

initiation [ɪnɪʃɪ'eɪʃən] *znw* ❶ inwijding, initiatie ★ *an* ~ *rite / a rite of* ~ een inwijdingsrite ❷ begin

initiative [ɪ'nɪʃətɪv] *znw* initiatief ★ *on one's own* ~ op eigen initiatief ★ *lose the* ~ het initiatief kwijtraken ★ *take the* ~ het voortouw nemen, het initiatief nemen ★ *use one's* ~ initiatief tonen

initiator [ɪ'nɪʃɪeɪtə] *znw* initiatiefnemer

initiatory [ɪ'nɪʃətərɪ, ɪ'nɪʃjətərɪ] *bn* ❶ inwijdings- ❷ eerste

inject [ɪn'dʒekt] *overg* ❶ inspuiten, injecteren ❷ inbrengen

injection [ɪn'dʒekʃən] *znw* inspuiting, injectie ★ *what the firm needs is an* ~ *of funds* wat de firma nodig heeft is een financiële injectie

in-joke ['ɪn-dʒəʊk] *bn* privégrapje, grapje voor ingewijden

injudicious [ɪndʒu:'dɪʃəs] form *bn* onoordeelkundig, onverstandig

injunction [ɪn'dʒʌŋkʃən] *znw* rechterlijk verbod / gebod, rechterlijk bevel(schrift), injunctie, uitdrukkelijk bevel, last, gebod ★ *an ~ order* een gerechtelijk bevel

injure ['ɪndʒə] *overg* ❶ schaden, benadelen, onrecht aandoen, kwaad doen ❷ verwonden, blesseren, kwetsen

injurious [ɪn'dʒʊərɪəs] *bn* nadelig, schadelijk ★ *smoking is ~ to health* roken is schadelijk voor de gezondheid

injury ['ɪndʒərɪ] *znw* ❶ onrecht, verongelijking, krenking ❷ schade, nadeel, kwaad ★ inf *do oneself an ~* zichzelf schade berokkenen ❸ kwetsuur, letsel, verwonding, blessure ★ *be sidelined by ~* aan de kant zitten vanwege een blessure ★ inf *do oneself an ~* zichzelf letsel toebrengen ★ *shake off an ~* een blessure te boven komen

injury time ['ɪndʒərɪ taɪm] *sp znw* blessuretijd

injustice [ɪn'dʒʌstɪs] *znw* onrecht, onrechtvaardigheid

ink [ɪŋk] **I** *znw* inkt **II** *overg* ❶ inkten ★ *~ sth in* iets ininkten ‹v. tekening› ❷ met inkt besmeren

ink-blot test ['ɪŋk-blɒt test] *znw* rorschachtest

ink cartridge [ɪŋk 'kɑ:trɪdʒ] *znw* inktpatroon

inkjet printer ['ɪŋkdʒet 'prɪntə] comput *znw* inkjetprinter

inkling ['ɪŋklɪŋ] *znw* aanduiding, flauw vermoeden ★ *I didn't have the slightest ~ what was going on* ik had niet het flauwste idee wat er aan de hand was

inkstand ['ɪŋkstænd] *znw* ❶ inktkoker ❷ inktstel

inkwell ['ɪŋkwel] *znw* inktpot, inktkoker

inky ['ɪŋkɪ] *bn* ❶ inktachtig, vol inkt ❷ dicht zo zwart als inkt

inlaid [ɪn'leɪd] *bn* ingelegd (vloer, doos &) ★ *~ with pearl* ingelegd met paarlemoer

inland I *bn* ['ɪnlənd] ❶ binnenlands ❷ binnen- ★ *an ~ port* een binnenhaven ★ *an ~ town* een landstad **II** *bijw* ['ɪnlənd, 'ɪnlænd] landinwaarts, in / naar het binnenland **III** *znw* ['ɪnlənd, 'ɪnlænd] ★ *the ~* het binnenland

inland navigation ['ɪnlənd nævɪ'geɪʃən] *znw* binnenscheepvaart

inland revenue ['ɪnlənd 'revənju:] Br *znw* belastingdienst

inland sea ['ɪnlənd si:] *znw* binnenzee

in-laws ['ɪn-lɔ:z] inf *znw* [mv] aangetrouwde familieleden, schoonouders, schoonfamilie

inlay I *znw* ['ɪnleɪ] ❶ ingelegd werk, inlegsel, mozaïek ❷ (voorgevormde) vulling ‹v. gebit› **II** *overg* [ɪn'leɪ] inleggen

inlet ['ɪnlet] *znw* ❶ inham, kreek, baai ❷ inzetsel ❸ techn inlaat

in-liner ['ɪn-laɪnə] *znw* ❶ inlineskate ❷ iem. die rolschaatst op inlineskates

in-line skates ['ɪn-laɪn skeɪts] *znw* [mv] inlineskates

‹rolschaatsen met de wielen recht achter elkaar›

in loco parentis [ɪn ləʊkəʊ pə'rentɪs] ‹*Lat*› *bn & bijw* in loco parentis, als plaatsvervanger van de ouders, als verzorger

inly ['ɪnlɪ] dicht *bijw* ❶ innerlijk ❷ innig, oprecht

inmate ['ɪnmeɪt] *znw* ❶ (gestichts)patiënt, verpleegde ❷ gevangene

inmost ['ɪnməʊst] dicht *bn* ❶ binnenste ❷ geheimste

inn [ɪn] *znw* herberg, logement

innards ['ɪnədz] inf *znw* [mv] ❶ ingewanden ❷ binnenste

innate [ɪ'neɪt] *bn* aangeboren, natuurlijk

innately [ɪ'neɪtlɪ] *bijw* aangeboren, natuurlijk, van nature ★ *art may not be an ~ human activity* kunst is misschien van nature geen menselijke activiteit

innavigable [ɪ'nævɪgəbl] *bn* onbevaarbaar

inner ['ɪnə] **I** *bn* ❶ inwendig, innerlijk, binnenst, binnen- ★ *the ~ cabinet* het kernkabinet ‹van ministers› ★ *an ~ wall* een binnenmuur ❷ intiem, verborgen **II** *znw* ❶ ring om de roos ‹v. schietschijf› ❷ schot daarin

inner child ['ɪnə tʃaɪld] *znw* het innerlijk kind

inner circle ['ɪnə 'sɜ:kl] *znw* vriendenkring, kring van vertrouwelingen

inner city ['ɪnə 'sɪti:] *znw* binnenstad

inner ear ['ɪnər ɪə] *znw* inwendige oor

inner man ['ɪnə mæn] *znw* ❶ ziel ❷ inf inwendige mens

innermost ['ɪnəməʊst] *bn* binnenste

inner sanctum ['ɪnə 'sæŋktəm] *znw* binnenste heiligdom, heilige der heiligen

inner self ['ɪnə self] *znw* eigen ik, innerlijke zelf

innersole ['ɪnəsəʊl] *znw* → insole

inner space ['ɪnə speɪs] *znw* ❶ stratosfeer ❷ diepzee ❸ onderbewustzijn

inner-spring ['ɪnə-sprɪŋ] *bn* met binnenvering

inner tube ['ɪnə tju:b] *znw* binnenband

inning ['ɪnɪŋ] *sp znw* slagbeurt, inning ‹bij honkbal›

innings ['ɪnɪŋz] *znw* sp slagbeurt, innings, aan slag zijn ‹bij cricket› ★ inf *have had a good ~* een lang en gelukkig leven hebben gehad

innkeeper ['ɪnki:pə] *znw* herbergier, waard

innocence ['ɪnəsəns] *znw* ❶ onschuld ★ *plead ~* beweren onschuldig te zijn ★ *protest one's ~* zijn onschuld betuigen ❷ onnozelheid, argeloosheid ★ *take advantage of sbd's ~* misbruik maken van iemands argeloosheid

innocent ['ɪnəsənt] **I** *bn* ❶ onschuldig (aan *of*) ❷ schuldeloos ❸ onschadelijk ❹ onnozel, argeloos **II** *znw* ❶ onschuldige ❷ onnozele

innocently ['ɪnəsəntlɪ] *bijw* ❶ onschuldig, schuldeloos ❷ argeloos, zonder medeweten, te goeder trouw ★ *he claimed he had received the goods ~* hij beweerde dat hij de goederen te goeder trouw had ontvangen

innocuous [ɪ'nɒkjʊəs] *bn* onschadelijk, onschuldig

innocuously [ɪ'nɒkjʊəslɪ] *bijw* onschadelijk, onschuldig ★ *the evening started ~ enough* de avond begon onschuldig genoeg

innocuousness [ɪ'nɒkjʊəsnɪs] *znw* onschadelijkheid, onschuld, ongevaarlijkheid

innovate ['ɪnəveɪt] *overg & onoverg* nieuwigheden (veranderingen) invoeren

innovation [ɪnə'veɪʃən] *znw* vernieuwing, innovatie, nieuwigheid, verandering ★ *a technological* ~ een technologische innovatie ★ *these measures will stifle* ~ deze maatregelen zullen vernieuwingen onderdrukken

innovative ['ɪnəvətɪv], **innovatory** *bn* vernieuwend, innoverend

innovator ['ɪnəʊveɪtə] *znw* ❶ invoerder van nieuwigheden of veranderingen ❷ marketing consumptiepionier, innovator

innuendo [ɪnjʊ'endəʊ] *znw* [*mv:* -s of -does] (boosaardige) toespeling, insinuatie

innumerable [ɪ'nju:mərəbl] *bn* ontelbaar, legio

inobservance [ɪnəb'zɜ:vəns] *znw* ❶ niet nakomen, niet opvolgen ‹v. wet &› ❷ achteloosheid

inoculate [ɪ'nɒkjʊleɪt] *overg* (in)enten

inoculation [ɪnɒkjʊ'leɪʃən] *znw* (in)enting

inoculator [ɪ'nɒkjʊleɪtə] *znw* (in)enter

inodorous [ɪn'əʊdərəs] form *bn* reukloos

inoffensive [ɪnə'fensɪv] *bn* ❶ niet beledigend ❷ onschadelijk, onschuldig, argeloos

inoperable [ɪn'ɒpərəbl] *bn* inoperabel

inoperative [ɪn'ɒpərətɪv] *bn* ❶ buiten werking ❷ zonder uitwerking ❸ niet van kracht ‹v. wetten›

inopportune [ɪn'ɒpətju:n] *bn* ontijdig, ongelegen

inordinate [ɪn'ɔ:dɪnət] *bn* ❶ overdreven, onmatig, buitensporig ❷ ongeregeld

inorganic [ɪnɔ:'gænɪk] *bn* anorganisch

in-patient ['ɪn-peɪʃənt], **inpatient** *znw* in een ziekenhuis verpleegde patiënt

input ['ɪnpʊt] I *znw* ❶ elektr toegevoerd vermogen ❷ inspraak ❸ invoer ‹v. computer› II *overg* comput invoeren

inquest ['ɪnkwest, 'ɪŋkwest] *znw* onderzoek ★ *a coroner's* ~ een gerechtelijke lijkschouwing ★ *an* ~ *into / on the deaths* een onderzoek naar de sterfgevallen

inquietude [ɪn'kwaɪɪtju:d] dicht *znw* ❶ ongerustheid ❷ onrust, onrustigheid

inquire [ɪn'kwaɪə], **enquire** *onoverg* navraag doen, vragen, informeren, onderzoeken ★ ~ *about sth* informeren naar iets ★ ~ *after sbd* naar iems. gezondheid & informeren ★ ~ *at the office* om inlichtingen vragen bij het kantoor / bureau ★ ~ *into sth* iets onderzoeken ★ ~ *of sbd* inlichtingen inwinnen bij iem. ★ ~ *within* informatie binnen te verkrijgen / bevragen

inquirer [ɪn'kwaɪərə], **enquirer** *znw* ❶ vragensteller, ondervrager ❷ onderzoeker

inquiring [ɪn'kwaɪərɪn], **enquiring** *bn* vragend, onderzoekend, weetgierig

inquiry [ɪn'kwaɪərɪ], **enquiry** *znw* ❶ vraag, enquête, informatie, onderzoek ★ *a preliminary* ~ een gerechtelijk vooronderzoek ★ *a public* ~ een

hoorzitting ★ *a look of* ~ een vragende blik ★ *make inquiries* informeren, inlichtingen inwinnen, een onderzoek instellen ❷ aanvraag, navraag

inquiry office [ɪn'kwaɪərɪ 'ɒfɪs] *znw* informatiebureau

inquisition [ɪnkwɪ'zɪʃən] *znw* form afkeurend onderzoek ★ hist *the Inquisition* de inquisitie

inquisitive [ɪn'kwɪzɪtɪv] *bn* (alles) onderzoekend, nieuwsgierig, leergierig

inquisitor [ɪn'kwɪzɪtə] *znw* ❶ ondervrager ❷ rechter van onderzoek ❸ hist inquisiteur

inquisitorial [ɪnkwɪzɪ'tɔ:rɪəl] *bn* inquisitoriaal, inquisitie-

inquorate [ɪn'kwɔ:reɪt] Am inf *bn* zonder een quorum

in-residence [ɪn-'rezɪdns] *bn* gast-

inroads ['ɪnrəʊdz] *znw* [mv] ★ *make* ~ *into sth* een aanslag plegen op ‹portemonnee &› ★ *make* ~ *into a market* een stuk van de markt veroveren

inrush ['ɪnrʌʃ] *znw* ❶ binnenstromen, binnendringen ❷ toevloed

insalubrious [ɪnsə'l(j)u:brɪəs] form *bn* ongezond

insalubrity [ɪnsə'l(j)u:brɪtɪ] form *znw* ongezondheid

ins and outs [ɪnz ænd 'aʊts] *znw* [mv] ★ *the* ~ alle ins en outs, alle finesses / details

insane [ɪn'seɪn] I *bn* krankzinnig II *znw* ★ *the* ~ krankzinnige mensen ★ *the criminally* ~ de crimineel gestoorden, gevaarlijk geestelijk gestoorden

insanitary [ɪn'sænɪtərɪ] *bn* → **unsanitary**

insanity [ɪn'sænɪtɪ] *znw* krankzinnigheid

insatiability [ɪnseɪʃə'bɪlɪtɪ] *znw* onverzadigbaarheid

insatiable [ɪn'seɪʃəbl] *bn* onverzadigbaar ★ *he has an* ~ *appetite for television quizzes* hij heeft een onverzadigbare voorliefde voor televisiequizzen

inscribe [ɪn'skraɪb] *overg* ❶ in-, opschrijven, griffen ❷ signeren ‹een boek›

inscription [ɪn'skrɪpʃən] *znw* ❶ inscriptie, inschrift, opschrift ❷ opdracht

inscrutability [ɪnskru:tə'bɪlɪtɪ] *znw* ❶ ondoorgrondelijkheid ❷ geheimzinnigheid

inscrutable [ɪn'skru:təbl] *bn* ondoorgrondelijk, niet na te gaan

inscrutably [ɪn'skru:təblɪ] *bijw* ondoorgrondelijk ★ *he smiled* ~ hij glimlachte ondoorgrondelijk

inseam ['ɪnsi:m] Am *znw* → **inside leg**

insect ['ɪnsekt] *znw* insect

insecticide [ɪn'sektɪsaɪd] *znw* insecticide

insectivore [ɪn'sektɪvɔ:] *znw* insecteneter

insectivorous [ɪnsek'tɪvərəs] *bn* insectivoor, insectenetend

insecure [ɪnsɪ'kjʊə] *bn* onveilig, onzeker, onvast

insecurely [ɪnsɪ'kjʊəlɪ] *bijw* onveilig, onzeker, onvast ★ *our luggage was* ~ *tied down* onze bagage was niet goed vastgebonden

insecurity [ɪnsɪ'kjʊərɪtɪ] *znw* onveiligheid, onzekerheid, onvastheid

inseminate [ɪn'semɪneɪt] *overg* ❶ bevruchten, insemineren ❷ zaaien

insemination [ɪnsemɪ'neɪʃən] *znw* inseminatie

in

insensate [ɪn'senseɪt] <u>form</u> *bn* ❶ zinneloos ❷ gevoelloos ❸ onzinnig

insensible [ɪn'sensɪbl] <u>form</u> *bn* ❶ ongevoelig (voor *of / to*) ❷ bewusteloos ❸ onbewust ❹ onmerkbaar

insensitive [ɪn'sensɪtɪv] *bn* ongevoelig (voor *to*)

insensitively [ɪn'sensɪtɪvlɪ] *bijw* ongevoelig, op een ongevoelige manier

insensitivity [ɪnsensɪ'tɪvɪtɪ] *znw* ongevoeligheid, hardvochtigheid ★ *he has been criticized for his ~ to / towards migrants* hij is bekritiseerd om zijn hardvochtigheid jegens migranten

insentient [ɪn'senʃənt] <u>form</u> *bn* geen gevoel (meer) hebbend, onbezield

inseparable [ɪn'sepərəbl] *bn* ❶ onscheidbaar ❷ onafscheidelijk (van *from*)

inseparably [ɪn'sepərəblɪ] *bijw* ❶ onscheidbaar ★ *ecosystems are ~ connected* ecosystemen zijn onscheidbaar met elkaar verbonden ❷ onafscheidelijk

insert I *znw* ['ɪnsɜːt] ❶ inlas ❷ inlegvel, antwoordkaart of folder ⟨in tijdschrift⟩, bijvoegsel ⟨bij krant &⟩ **II** *overg* [ɪn'sɜːt] invoegen, inlassen, inzetten, plaatsen ⟨in krant, in een document bij tekstverwerking⟩

insertion [ɪn'sɜːʃən] *znw* ❶ invoeging, inlassing ❷ plaatsing ⟨in krant⟩, entre-deux

insert key [ɪn'sɜːt kiː] <u>comput</u> *znw* invoegtoets ⟨op toetsenbord⟩

in-service [ɪn-'sɜːvɪs] **I** *bn* tijdens het werk ★ *~ training* training tijdens het werk, bijscholing **II** *znw* training tijdens het werk

inset I *bn* [ɪn'set] ingezet **II** *znw* ['ɪnset] ❶ bijlage, bijvoegsel, inlegvel ❷ bijkaartje ❸ inzetsel **III** *overg* [ɪn'set] invoegen, inleggen, inzetten

inshore ['ɪnʃɔː] *bn & bijw* bij (naar) de kust ★ *an ~ fisherman* een kustvisser

inside I *voorz* [ɪn'saɪd] binnen(in), in ★ *he hears a voice ~ his head* hij hoort een stem in zijn hoofd ★ *~ of a week / a year &* binnen een week / een jaar & **II** *bn* ['ɪnsaɪd] ❶ binnenste, binnen- ★ *the ~ story* het verhaal vanuit de bron / van ingewijden ❷ vertrouwelijk, geheim ❸ betrouwbaar **III** *bijw* [ɪn'saɪd] (naar, van) binnen ★ <u>inf</u> *be ~* achter de tralies zitten ★ *he was screaming ~* innerlijk schreeuwde hij **IV** *znw* ['ɪnsaɪd] ❶ binnenkant, inwendige ★ *the ~ of the house was drab* de binnenkant van het huis was saai ★ *overtaking on the ~ is illegal* rechts inhalen is niet toegestaan ⟨in Groot-Brittannië &: links inhalen⟩ ❷ **inside bend** binnenbocht

inside information ['ɪnsaɪd ɪnfə'meɪʃən] *znw* inlichtingen van ingewijden

inside job ['ɪnsaɪd dʒɒb] <u>inf</u> *znw* inbraak of diefstal door bekenden

inside lane ['ɪnsaɪd leɪn] *znw* linkerrijstrook ⟨in Engeland⟩, de rechterrijstrook ⟨in Nederland &⟩

inside leg ['ɪnsaɪd leg], <u>Am</u> **inseam** *znw* binnenbeenlengte

inside out ['ɪnsaɪd aʊt] *bijw* binnenstebuiten ★ <u>inf</u> *know sbd / sth ~* iem. / iets van haver tot gort kennen ★ <u>inf</u> *turn a place ~* een plek binnenstebuiten keren, een plek grondig doorzoeken

insider [ɪn'saɪdə] *znw* ingewijde, insider

insider dealing [ɪn'saɪdə 'diːlɪŋ], **insider trading** *znw* handelen met voorkennis, misbruik van voorkennis

insides [ɪn'saɪdz] <u>inf</u> *znw* [mv] ingewanden

inside track ['ɪnsaɪd træk] *znw* <u>sp</u> binnenbaan ★ <u>inf</u> *have the ~* de meeste kans hebben

insidious [ɪn'sɪdɪəs] *bn* ❶ arglistig ❷ verraderlijk

insight ['ɪnsaɪt] *znw* inzicht

insightful ['ɪnsaɪtfəl] *bn* inzichtelijk

insignia [ɪn'sɪgnɪə] *znw* insignes, ordetekenen

insignificance [ɪnsɪg'nɪfɪkəns] *znw* onbeduidendheid, onbelangrijkheid ★ *fade / pale into ~* (totaal) onbelangrijk worden, (totaal) in het niet vallen

insignificant [ɪnsɪg'nɪfɪkənt] *bn* onbetekenend, onbeduidend, onbelangrijk, onaanzienlijk, gering

insincere [ɪnsɪn'sɪə] *bn* onoprecht

insincerity [ɪnsɪn'serɪtɪ] *znw* onoprechtheid

insinuate [ɪn'sɪnjʊeɪt] **I** *overg* insinueren, te verstaan geven **II** *wederk* ★ <u>afkeurend</u> *~ oneself into sth* ergens op slinkse wijze binnendringen

insinuating [ɪn'sɪnjʊeɪtɪŋ] *bn* ❶ insinuerend, toespelingen makend ★ *an ~ comment* een insinuerende opmerking ❷ vleierig

insinuation [ɪnsɪnjʊ'eɪʃən] *znw* ❶ indringen ❷ bedekte toespeling, insinuatie

insipid [ɪn'sɪpɪd] *bn* saai, laf, flauw

insipidity [ɪnsɪ'pɪdɪtɪ] *znw* saaiheid, kleurloosheid

insipidly [ɪn'sɪpɪdlɪ] *bijw* smakeloos, flauw ★ *the Virgin has an ~ sweet smile* de Heilige Maagd heeft een nietszeggende zoete glimlach

insist [ɪn'sɪst] *onoverg* ❶ aanhouden, volhouden, aandringen ★ *~ on sth* staan op iets, aandringen op iets, blijven bij iets, blijven staan op iets, stilstaan bij iets, iets met alle geweld willen, toch willen ⟨gaan &⟩ ❷ (nadrukkelijk) beweren

insistence [ɪn'sɪstns] *znw* aanhouden, aandringen, aandrang ★ *at sbd's ~* op aandringen van iem.

insistent [ɪn'sɪstnt] *bn* ❶ aanhoudend, dringend ❷ zich opdringend

in situ [ɪn 'sɪtjuː] ⟨*Lat*⟩ *bn & bijw* in situ, ter plekke ★ *the remains have been left ~* de overblijfselen zijn gelaten waar ze waren

insobriety [ɪnsə'braɪtɪ] <u>form</u> *znw* onmatigheid (vooral in drinken)

insofar as [ɪnsəʊ'faːr æz] *voegw* voorzover, in zoverre

insolation [ɪnsəʊ'leɪʃən] <u>techn</u> *znw* ❶ (blootstelling aan de) inwerking van de zon ❷ zonnebad, zonnebaden ❸ zonnesteek

insole ['ɪnsəʊl], **innersole** *znw* ❶ binnenzool ❷ inlegzool

insolence ['ɪnsələns] *znw* onbeschaamdheid, brutaliteit

insolent ['ɪnsələnt] *bn* onbeschaamd, brutaal

insolubility [ɪnsɒljʊ'bɪlɪtɪ] *znw* onoplosbaarheid

in

insoluble [ɪn'sɒljʊbl] *bn* ❶ onoplosbaar ‹in vloeistof›
❷ → **insolvable**

insolvable [ɪn'sɒlvəbl], **insoluble** *bn* onoplosbaar
‹m.b.t. problemen›

insolvency [ɪn'sɒlvənsɪ] *znw* ❶ onvermogen tot
betaling, insolventie ❷ faillissement

insolvent [ɪn'sɒlvənt] *bn* onvermogend om te betalen,
insolvent

insomnia [ɪn'sɒmnɪə] *znw* slapeloosheid

insomniac [ɪn'sɒmnɪæk] **I** *bn* aan slapeloosheid
lijdend **II** *znw* iem. die aan slapeloosheid lijdt

insomuch [ɪnsəʊ'mʌtʃ] *bijw* ★ ~ *that* zo(zeer) dat ★ ~ *as*
aangezien, zodanig dat

insouciance [ɪn'suːsɪəns] *(‹Fr›) znw* zorgeloosheid,
onverschilligheid

insouciant [ɪn'suːsɪənt] *(‹Fr›) bn* zorgeloos,
onverschillig

insourcing ['ɪnsɔːsɪŋ] *znw* het werk door eigen
mensen laten doen

inspect [ɪn'spekt] *overg* onderzoeken, inspecteren

inspection [ɪn'spekʃən] *znw* ❶ inzage, bezichtiging,
onderzoek, keuring ★ *the final* ~ de nakeuring,
tweede keuring ❷ inspectie, toezicht

inspection chamber [ɪn'spekʃən 'tʃeɪmbə] *znw*
mangat op een kruispunt of bocht in riolering om
verstoppingen vlot te kunnen verhelpen

inspection copy [ɪn'spekʃən 'kɒpɪ] *znw* exemplaar ter
inzage

inspection pit [ɪn'spekʃən pɪt] *znw* smeerkuil

inspector [ɪn'spektə] *znw* ❶ onderzoeker ❷ opziener,
controleur, inspecteur ★ *a building* ~ een
bouwinspecteur ★ *a tax* ~/~ *of taxes* een
belastinginspecteur ❸ in Groot-Brittannië adjudant
bij politie

inspectorate [ɪn'spektərət] *znw* ❶ ambt van
inspecteur ❷ inspectie

inspiration [ɪnspɪ'reɪʃən] *znw* inspiratie, ingeving

inspirational [ɪnspɪ'reɪʃənəl] *bn* ❶ geïnspireerd
❷ inspirerend

inspire [ɪn'spaɪə] *overg* ❶ inblazen, ingeven,
inboezemen, bezielen (met *with*), inspireren
❷ aanvuren

inspired [ɪn'spaɪəd] *bn* geïnspireerd

inspiring [ɪn'spaɪərɪŋ] *bn* inspirerend, bezielend

inspiringly [ɪn'spaɪərɪŋlɪ] *bijw* inspirerend, bezielend
★ *she spoke* ~ *about overcoming fear* ze sprak op een
inspirerende manier over het beheersen van angst

inst. gedat *afk* (instant) dezer (van deze maand)

instability [ɪnstə'bɪlɪtɪ] *znw* onvastheid,
onbestendigheid, onstandvastigheid, labiliteit

install [ɪn'stɔːl], **instal** *overg* ❶ een plaats geven
❷ installeren ★ ~ *oneself* zich installeren / inrichten
★ *she* ~*ed herself at the bar* ze installeerde zich aan
de bar

installation [ɪnstə'leɪʃən] *znw* ❶ aanbrengen, aanleg,
montage, installering ❷ installatie, bevestiging

instalment [ɪn'stɔːlmənt], **Am installment** *znw*
❶ aflevering ★ *a novel in* ~*s* een vervolgroman,

feuilleton ❷ termijn ★ *on* ~ op afbetaling
❸ gedeelte ★ *publish sth in* ~*s* iets in gedeeltes
publiceren

instance ['ɪnstns] **I** *znw* ❶ voorbeeld, geval ★ *for* ~ bij
voorbeeld ★ *in the present* ~ in het onderhavige
geval ❷ aandrang, dringend verzoek ❸ jur
instantie, aanleg ★ form *in the first / second &* ~ in
eerste / tweede & instantie, in de eerste / tweede &
plaats **II** *overg* ogenblik ontploffen ★ *he* ~*d
a similar case in Canada* hij haalde een soortgelijk
geval in Canada aan

instant ['ɪnstnt] **I** *bn* ❶ ogenblikkelijk, onmiddellijk
★ *an* ~ *success* een onmiddellijk succes ❷ instant, zo
klaar ‹v. voedingspreparaten› **II** *znw* ogenblik(je),
moment ★ *the bomb could explode at any* ~ de bom
kon elk ogenblik ontploffen ★ *come here this* ~! kom
ogenblikkelijk hier! ★ *I came the* ~ *I heard* zo gauw
als ik het hoorde ben ik gekomen ★ gedat *the
twentieth* ~ de twintigste dezer

instantaneous [ɪnstən'teɪnɪəs] *bn* ogenblikkelijk,
onmiddellijk

instant coffee ['ɪnstnt 'kɒfɪ] *znw* oploskoffie,
koffiepoeder

instantly ['ɪnstəntlɪ] *bijw* ogenblikkelijk, op staande
voet, dadelijk

instant messaging ['ɪnstnt 'mesɪdʒɪŋ] comput *znw*
instant messaging

instant replay ['ɪnstnt 'riːpleɪ] *znw* herhaling ‹v.
beelden tijdens sportwedstrijd›

instate [ɪn'steɪt] *overg* (in ambt) installeren

instead [ɪn'sted] *bijw* in plaats daarvan ★ ~ *of* in
plaats van

instep ['ɪnstep] *znw* wreef ‹van de voet›

instigate ['ɪnstɪgeɪt] *overg* ❶ aansporen ❷ ophitsen,
aanzetten (tot), aanstichten

instigation [ɪnstɪ'geɪʃən] *znw* aansporing, ophitsing,
aanstichting ★ *at the* ~ *of* op instigatie van

instigator ['ɪnstɪgeɪtə] *znw* aanstichter, aanstoker,
aanlegger, ophitser

instil [ɪn'stɪl], **Am instill** *overg* inboezemen,
(geleidelijk) inprenten (in *into*)

instillation [ɪnstɪ'leɪʃən] *znw* ❶ indruppeling ❷ fig
inboezeming, (geleidelijke) inprenting

instinct ['ɪnstɪŋkt] *znw* instinct ★ *children learn by* ~
kinderen leren instinctief ★ *he's got an* ~ *for survival*
hij heeft een overlevingsinstinct ★ *appeal to sbd's
baser / better* ~*s* een beroep doen op iemands lagere
/ hogere instincten ★ *follow one's* ~ zijn intuïtie
volgen ★ *my* ~ *tells me I'm right* mijn instinct zegt
me dat ik gelijk heb

instinctive [ɪn'stɪŋktɪv], **instinctual** *bn* instinctief,
instinctmatig

instinctively [ɪn'stɪŋktɪvlɪ] *bijw* instinctief,
instinctmatig ★ *he* ~ *ducked to avoid the blow* hij
bukte instinctief om de klap te ontwijken

institute ['ɪnstɪtjuːt] **I** *znw* instituut, instelling,
genootschap **II** *overg* ❶ instellen, stichten
❷ installeren, aanstellen

in

institution [ɪnstɪ'tju:ʃən] *znw* ❶ instituut, instelling, stichting ★ *a financial ~* een financiële instelling ❷ aanstelling, installatie ❸ wet ❹ <u>inf</u> ingewortelde gewoonte

institutional [ɪnstɪ'tju:ʃənl] *bn* ❶ ingesteld ❷ institutioneel

institutionalize [ɪnstɪ'tju:ʃənəlaiz], **institutionalise** *overg* ❶ institutionaliseren ❷ in een inrichting plaatsen

institutionalized racism [ɪnstɪ'tju:ʃənəlaizd 'reɪsɪzəm], **institutionalised racism** *znw* geïnstitutionaliseerd racisme

institutionalized religion [ɪnstɪ'tju:ʃənəlaizd rɪ'lɪdʒən], **institutionalised religion** *znw* geïnstitutionaliseerde godsdienst

in-store [ɪn-'stɔ:] *bn* in de winkel plaatsvindend

instruct [ɪn'strʌkt] *overg* ❶ onderwijzen, onderrichten ❷ opdragen, bevelen, gelasten

instruction [ɪn'strʌkʃən] *znw* ❶ onderwijs, onderricht, onderrichting, lering, les ❷ opdracht, instructie, voorschrift ★ *operating* ~*s* bedieningsvoorschriften ★ *act on sbd's* ~*s* in opdracht van iemand handelen ★ *carry out / follow sbd's* ~*s to the letter* iemands instructies tot op de letter volgen

instructional [ɪn'strʌkʃənl] *bn* onderwijs- ★ *an* ~ *film* een instructiefilm

instruction manual [ɪn'strʌkʃən 'mænjʊəl] *znw* handleiding, gebruiksaanwijzing

instructive [ɪn'strʌktɪv] *bn* leerzaam, leerrijk, instructief

instructor [ɪn'strʌktə] *znw* ❶ onderwijzer, leraar ❷ instructeur

instructress [ɪn'strʌktrɪs] *znw* instructrice

instrument ['ɪnstrəmənt] **I** *znw* ❶ instrument ★ *learn an* ~ een instrument leren bespelen ❷ <u>techn</u> gereedschap, werktuig ★ *an* ~ *of torture* een martelwerktuig ❸ (gerechtelijke) akte, oorkonde, document, stuk **II** *overg* ❶ <u>muz</u> instrumenteren, arrangeren ❷ voorzien van meetapparatuur

instrumental [ɪnstrə'mentl] *bn* ❶ <u>muz</u> instrumentaal ❷ <u>form</u> dienstig, bevorderlijk ★ *be* ~ *in* behulpzaam zijn bij

instrumentalist [ɪnstrə'mentəlɪst] *znw* instrumentist, instrumentalist, bespeler van een (muziek)instrument

instrumentality [ɪnstrəmen'tælɪtɪ] *znw* ❶ (mede)werking ❷ bemiddeling

instrumentation [ɪnstrəmen'teɪʃən] *znw* instrumentatie

instrument panel ['ɪnstrəmənt 'pænl] *znw* instrumentenbord ‹v. vliegtuig &›

insubordinate [ɪnsə'bɔ:dɪnət] *bn* ongehoorzaam, opstandig, weerspannig

insubordination [ɪnsəbɔ:dɪ'neɪʃən] *znw* ongehoorzaamheid, weerspannigheid, verzet (tegen de krijgstucht)

insubstantial [ɪnsəb'stænʃəl] *bn* ❶ onecht

❷ krachteloos, zwak ❸ <u>jur</u> ongefundeerd ‹v. aanklacht›

insufferable [ɪn'sʌfərəbl] *bn* onduldbaar, on(ver)draaglijk, onuitstaanbaar

insufferably [ɪn'sʌfərəblɪ] *bijw* onduldbaar, on(ver)draaglijk, onuitstaanbaar ★ *it was* ~ *hot in summer* het was ondraaglijk heet in de zomer

insufficiency [ɪnsə'fɪʃənsɪ] *znw* ontoereikendheid, ongenoegzaamheid, gebrek (aan)

insufficient [ɪnsə'fɪʃənt] *bn* onvoldoende, ontoereikend

insufficiently [ɪnsə'fɪʃəntlɪ] *bijw* onvoldoende, ontoereikend ★ *the matter was* ~ *investigated at the time* de kwestie was destijds onvoldoende onderzocht

insufflate ['ɪnsəfleɪt] <u>med of theol</u> *overg* inblazen, opblazen

insular ['ɪnsjʊlə] *bn* ❶ eiland- ❷ <u>afkeurend</u> bekrompen

insularism ['ɪnsjʊlərɪzəm] *znw* bekrompenheid

insularity [ɪnsjʊ'lærɪtɪ] *znw* ❶ eiland zijn ❷ <u>fig</u> afzondering, bekrompenheid

insulate ['ɪnsjʊleɪt] *overg* ❶ <u>elektr</u> isoleren ‹ook: geluid, warmte› ❷ afzonderen

insulating tape ['ɪnsjʊleɪtɪŋ teɪp] *znw* isolatieband

insulation [ɪnsjʊ'leɪʃən] *znw* ❶ <u>elektr</u> isolatie ‹ook: geluid, warmte› ❷ afzondering

insulator ['ɪnsjʊleɪtə] *znw* isolator

insulin ['ɪnsjʊlɪn] *znw* insuline

insult I *znw* ['ɪnsʌlt] belediging, hoon ★ *add* ~ *to injury* de zaak nog erger maken ★ *an* ~ *to sbd's intelligence* een belediging voor iemands intelligentie **II** *overg* [ɪn'sʌlt] beledigen, honen

insulting [ɪn'sʌltɪŋ] *bn* beledigend

insultingly [ɪn'sʌltɪŋlɪ] *bijw* beledigend ★ *he's paid an* ~ *low wage* het lage loon dat hij krijgt is een belediging

insuperable [ɪn'su:pərəbl] *bn* onoverkomelijk

insupportable [ɪnsə'pɔ:təbl] *bn* on(ver)draaglijk ★ *irrigation has imposed* ~*demands on the water supply* irrigatie heeft een ondraaglijk beroep op de watervoorziening gedaan

insurance [ɪn'ʃʊərəns] *znw* verzekering, assurantie ★ *accident* ~ ongevallenverzekering ★ *comprehensive* ~ allriskverzekering ★ *a mutual* ~ *association* een onderlinge waarborgmaatschappij ★ *national* ~ *contributions* premies volksverzekeringen ★ *a national* ~ *scheme* een volksverzekering

insurance agent [ɪn'ʃʊərəns 'eɪdʒənt] *znw* verzekeringsagent

insurance broker [ɪn'ʃʊərəns 'brəʊkə] *znw* assurantiemakelaar

insurance certificate [ɪn'ʃʊərəns sə'tɪfɪkɪt] *znw* assurantiecertificaat

insurance policy [ɪn'ʃʊərəns 'pɒlɪsɪ] *znw* verzekeringspolis

insurance premium [ɪn'ʃʊərəns 'pri:mɪəm] *znw*

verzekeringspremie

insure [ɪn'ʃʊə] *overg* ❶ verzekeren, assureren ❷ →
ensure

insured [ɪn'ʃʊəd] **I** *bn* verzekerd ★ *the ~ value* de
verzekerde waarde **II** *znw* ★ *the ~* de verzekerde

insurer [ɪn'ʃʊərə] *znw* verzekeraar, assuradeur

insurgence [ɪn'sɜ:dʒəns], **insurgency** *znw* oproer,
opstand, ongeregeldheden

insurgency [ɪn'sɜ:dʒənsɪ] *znw* → insurgence

insurgent [ɪn'sɜ:dʒənt] **I** *bn* opstandig **II** *znw*
oproerling, opstandeling

insurmountable [ɪnsə'maʊntəbl] *bn* onoverkomelijk

insurrection [ɪnsə'rekʃən] *znw* opstand, oproer ★ *crush
an ~* een opstand neerslaan

insurrectionist [ɪnsə'rekʃənɪst] *znw* oproerling,
opstandeling

insusceptible [ɪnsə'septɪbl] form *bn* ongevoelig,
onvatbaar (voor *to*)

inswinger ['ɪnswɪŋə] cricket *znw* effectbal die naar het
midden van het wicket afbuigt

intact [ɪn'tækt] *bn* intact, gaaf, heel, onbeschadigd,
ongeschonden, ongerept ★ *emerge ~ from sth* ergens
ongeschonden uit tevoorschijn komen ★ *leave sth ~*
iets intact laten

intaglio [ɪn'tælɪəʊ, -'tɑ:lɪəʊ] *(Ital) znw* ❶ gegraveerde
edelsteen ❷ gravering

intake ['ɪnteɪk] *znw* ❶ opneming, inname ★ *an ~ of
breath* een inademing ★ *restrict one's ~ of sth* de
inname van iets beperken ‹eten, drinken &›
❷ opgenomen hoeveelheid ❸ inlaat

intangible [ɪn'tændʒɪbl] **I** *bn* ❶ niet tastbaar, vaag
❷ immaterieel **II** *znw* (meestal *mv*) immateriële
dingen ★ *~s like happiness are what's important* het
zijn de immateriële dingen, zoals geluk, die
belangrijk zijn

intangible asset [ɪn'tændʒɪbl 'æset] *znw* immateriële
goederen

integer ['ɪntɪdʒə] wisk *znw* geheel (getal)

integral ['ɪntɪgrəl] *bn* ❶ geheel, volledig, integraal
★ *an ~ part of the design* een integraal onderdeel van
het ontwerp ❷ integrerend

integral calculus ['ɪntɪgrəl 'kælkjʊləs] *znw*
integraalrekening

integrant ['ɪntəgrənt] form *bn* integrerend

integrate ['ɪntɪgreɪt] *overg & onoverg* ❶ integreren, tot
een geheel verenigen / verenigd worden, (zich)
inpassen, volledig maken ❷ rassenscheiding
opheffen

integrated circuit ['ɪntɪgreɪtɪd 'sɜ:kɪt] elektr & comput
znw geïntegreerde schakeling

integration [ɪntɪ'greɪʃən] *znw* ❶ integratie
❷ opnemen in een geheel ❸ opheffen van
rassenscheiding

integrationist [ɪntɪ'greɪʃənɪst] *znw* voorstander van
rassenintegratie

integrity [ɪn'tegrɪtɪ] *znw* ❶ integriteit,
onkreukbaarheid, onomkoopbaarheid, eerlijkheid
★ *an attack on sbd's ~* een aanval op iemands

integriteit ★ *a matter of professional ~* een kwestie
van professionele integriteit ★ *compromise / question
sbd's ~* iemands integriteit compromitteren / in
twijfel trekken ❷ zuiverheid, volledigheid ❸ geheel

intellect ['ɪntɪlekt] *znw* intellect, verstand

intellectual [ɪntɪ'lektʃʊəl] **I** *bn* intellectueel,
verstandelijk, geestelijk, verstands-, geestes- **II** *znw*
intellectueel

intellectualize [ɪntɪ'lektʃʊəlaɪz], **intellectualise** *overg*
intellectualiseren

intellectual property [ɪntɪ'lektʃʊəl 'prɒpətɪ] *znw*
intellectueel eigendom

intelligence [ɪn'telɪdʒəns] *znw* ❶ verstand, oordeel,
begrip, schranderheid, intelligentie ❷ bericht,
berichten, nieuws ❸ inlichtingendienst ★ *the
Central Intelligence Agency (CIA)* de Amerikaanse
Inlichtingendienst

intelligence department [ɪn'telɪdʒəns dɪ'pɑ:tmənt]
znw inlichtingendienst

intelligence quotient [ɪn'telɪdʒəns 'kwəʊʃənt], **IQ** *znw*
intelligentiequotiënt, IQ

intelligence service [ɪn'telɪdʒəns 'sɜ:vɪs] *znw*
inlichtingendienst

intelligent [ɪn'telɪdʒənt] *bn* verstandig, vlug (van
begrip), intelligent, schrander

intelligent design [ɪn'telɪdʒənt dɪ'zaɪn] *znw*
intelligent design, ID ‹theorie dat de wereld niet
spontaan is geëvolueerd, maar dat er een
intelligentie achter zit›

intelligently [ɪn'telɪdʒəntlɪ] *bijw* met verstand

intelligentsia [ɪntelɪ'dʒentsɪə] *znw* ★ *the ~* de
intelligentsia, (progressieve) intellectuelen

intelligibility [ɪntelɪdʒɪ'bɪlɪtɪ] *znw* begrijpelijkheid

intelligible [ɪn'telɪdʒɪbl] *bn* begrijpelijk, verstaanbaar
★ *the instructions must be ~ to the layman* de
instructies moeten voor een leek begrijpelijk zijn

intemperance [ɪn'tempərəns] form *znw*
❶ onmatigheid, drankzucht ❷ overdrevenheid

intemperate [ɪn'tempərət] *bn* ❶ form onmatig,
drankzuchtig ❷ form overdreven ❸ form
onbeheerst, gewelddadig ❹ guur ‹klimaat›

intend [ɪn'tend] *overg* ❶ voorhebben, van plan zijn,
de bedoeling hebben, bedoelen ❷ bestemmen (voor
for)

intended [ɪn'tendɪd] **I** *bn* ❶ voorgenomen,
aanstaande ★ *his ~ victim* zijn beoogde slachtoffer
❷ opzettelijk **II** *znw* inf aanstaande (echtgeno(o)t(e)

intending [ɪn'tendɪŋ] *bn* aanstaand ★ *~ purchasers*
gegadigden

intense [ɪn'tens] *bn* (in)gespannen, hevig, krachtig,
diep, intens

intensely [ɪn'tenslɪ] *bijw* intens

intensification [ɪntensɪfɪ'keɪʃən] *znw* versterking,
verhoging, verheviging, verscherping, intensivering

intensifier [ɪn'tensɪfaɪə] *znw* versterker

intensify [ɪn'tensɪfaɪ] **I** *overg* versterken, verhogen,
verhevigen, verscherpen, intensiveren **II** *onoverg*
zich intensiveren, toenemen

intensity [ɪn'tensɪtɪ] *znw* hevigheid, kracht, intensiteit ★ *vary in* ~ in hevigheid variëren

intensive [ɪn'tensɪv] *bn* intensief ★ *an* ~ *course* een stoomcursus ★ *labour* ~ arbeidsintensief

intensive care [ɪn'tensɪv keə] med *znw* intensive care, intensieve verpleging ★ *the* ~ *unit* de (afdeling) intensive care

intent [ɪn'tent] **I** *bn* ingespannen, strak, conconcenteerd ★ *be* ~ *on / upon sth* gericht op, uit op iets zijn ★ *be* ~ *on / upon mischief* kwaad in zijn schild voerend ★ *he was* ~ *on his work* hij was ijverig aan zijn werk **II** *znw* oogmerk, bedoeling, opzet ★ *to all* ~*s and purposes* in alle opzichten, feitelijk ★ *with* ~ moedwillig, met opzet

intention [ɪn'tenʃən] *znw* ❶ voornemen, oogmerk, bedoeling ★ *the best of* ~*s* de beste bedoelingen ★ *have every* ~ *of doing sth* vast van plan zijn om iets doen ★ *have no / not the least / not the slightest* ~ *of doing sth* er niet aan denken iets te doen ❷ RK intentie

intentional [ɪn'tenʃənl] *bn* opzettelijk, met opzet (gedaan)

intently [ɪn'tentlɪ] *bijw* ❶ ingespannen ❷ strak

inter [ɪn'tɜ:] *overg* begraven

inter- ['ɪntə-] *voorv* tussen, onder

interact [ɪntər'ækt] *onoverg* op elkaar inwerken ★ *he* ~*s well with the other children* hij en de andere kinderen reageren goed op elkaar

interaction [ɪntər'ækʃən] *znw* wisselwerking

interactive [ɪntər'æktɪv] *bn* interactief

interactively [ɪntər'æktɪvlɪ] *bijw* interactief ★ *learning* ~ *is encouraged* op een interactieve manier leren wordt ontraden

inter alia [ɪntər 'eɪlɪə] (‹Lat) form *bijw* onder andere

interbank ['ɪntəbæŋk] *znw* interbancair

interbreed [ɪntə'bri:d] *overg & onoverg* ❶ (laten) kruisen met een ander ras of soort ❷ (laten) kruisen binnen een familie om gewenste eigenschappen te verkrijgen

intercalary [ɪn'tɜ:kələrɪ, ɪntɜ:'kælərɪ] *bn* ❶ ingevoegd, ingelast ❷ schrikkel-

intercalation [ɪntɜ:kə'leɪʃən] *znw* inlassing

intercede [ɪntə'si:d] *onoverg* tussenbeide komen, bemiddelen ★ ~ *for sbd* iems. voorspraak zijn, een goed woordje voor iem. doen

intercept [ɪntə'sept] **I** *znw* ❶ interceptie ❷ wisk afgesneden stuk van een kromme **II** *overg* onderscheppen, opvangen, (de pas) afsnijden, tegenhouden

interception [ɪntə'sepʃən] *znw* onderschepping, opvangen, afsnijding, tegenhouden

interceptor [ɪntə'septə] luchtv *znw* onderschepper, jager

intercession [ɪntə'seʃən] *znw* ❶ tussenkomst, bemiddeling ❷ voorspraak, voorbede ★ *an* ~ *service* een bidstond

intercessor [ɪntə'sesə] *znw* (be)middelaar

intercessory [ɪntə'sesərɪ] *bn* bemiddelend

interchange I *znw* ['ɪntətʃeɪndʒ] ❶ form wisseling, uit-, afwisseling, ruil ★ *an* ~ *of ideas* een uitwisseling van ideeën ❷ ongelijkvloerse kruising **II** *overg* [ɪntə'tʃeɪndʒ] af-, ver-, uitwisselen, (met elkaar) wisselen, ruilen

interchangeable [ɪntə'tʃeɪndʒəbl] *bn* (onderling) verwisselbaar

intercity [ɪntə'sɪtɪ] *bn* interlokaal ★ *an* ~ *train* een intercity trein

intercollegiate [ɪntəkə'li:dʒət] *bn* tussen twee colleges of universiteiten (bestaand of plaatsvindend)

intercom ['ɪntəkɒm] *znw* ❶ intercom ❷ intern telefoonsysteem

intercommunicate [ɪntəkə'mju:nɪkeɪt] *onoverg* met elkaar in verbinding staan, onderling contact hebben, communiceren

intercommunication ['ɪntəkəmju:nɪ'keɪʃən] *znw* onderling contact, onderlinge verbinding

interconnect [ɪntəkə'nekt] **I** *overg* onderling verbinden / aaneenschakelen **II** *onoverg* onderling verbonden / aaneengeschakeld zijn

intercontinental [ɪntəkɒntɪ'nentl] *bn* intercontinentaal

intercourse ['ɪntəkɔ:s] *znw* omgang, gemeenschap, (handels)verkeer, betrekkingen ★ *have* ~ geslachtsgemeenschap hebben

interdenominational [ɪntədɪnɒmɪ'neɪʃənl] *bn* interkerkelijk

interdepartmental ['ɪntədɪpɑ:t'mentl] *bn* interdepartementaal

interdependence [ɪntədɪ'pendəns] *znw* onderlinge afhankelijkheid

interdependent [ɪntədɪ'pendənt] *bn* onderling afhankelijk

interdict I *znw* ['ɪntədɪkt] ❶ form verbod ❷ RK interdict, schorsing **II** *overg* [ɪntə'dɪkt] ❶ form verbieden ★ Am ~ *sbd from doing sth* iem. verbieden iets te doen ❷ RK het interdict uitspreken over, schorsen

interdiction [ɪntə'dɪkʃən] form *znw* verbod

interdictory [ɪntə'dɪktərɪ] form *bn* verbods-

interdigitate [ɪntə'dɪdʒɪteɪt] techn *onoverg* in elkaar grijpen, vervlochten zijn

interdisciplinary [ɪntədɪsɪ'plɪnərɪ] *bn* interdisciplinair

interest ['ɪntrəst] **I** *znw* ❶ belang, voordeel ★ *business* ~*s* zakelijke belangen ★ *multinational* ~*s* multinationale belangen ★ *belastingen & fin a substantial* ~ een aanmerkelijk belang ★ *vested* ~ gevestigde belangen ★ *in the* ~/~*s of* in het belang van, ten behoeve van ★ *in sbd's best* ~*s* voor iemands bestwil ★ *a conflict of* ~ tegenstrijdige belangen ★ *to sbd's* ~ in iemands belang / voordeel ❷ belangstelling, interesse ★ *a burning / consuming* ~ intense belangstelling, vurige belangstelling ★ *a close* ~ een diepgaande interesse ★ *human* ~ human interest, aandacht voor het menselijk aspect ★ *outside* ~*s* hobby's, nevenfuncties ★ *of* ~ interessant, belangwekkend ★ *with* ~ met

in

belangstelling ★ *declare an / one's ~ (in sth)* zijn
belangstelling (in iets) kenbaar maken ★ *lose ~ (in
sbd / sth)* zijn belangstelling (in iem. / iets) verliezen
★ *show an ~ (in sbd / sth)* belangstelling tonen (in
/ voor iem. / iets) ★ *take an ~ (in sbd / sth)* belang
stellen (in iem. / iets) ❸ aandeel ★ fin *a
participating ~* een deelneming, aandeel ❹ (meestal
mv) partij, belangengroepering ❺ rente, interest
★ *back ~* achterstallige rente ★ *simple ~*
enkelvoudige rent ★ *at ~* op rente (uitgezet)
★ *with ~* met rente **II** *overg* ❶ interesseren, belang
inboezemen, belang doen stellen (in *for / in*) ★ *~
oneself in sth* belang stellen in iets, zich gelegen
laten liggen aan iets ❷ de belangen raken van
interest-bearing ['ɪntrəst-'beərɪŋ] *bn* rentegevend
★ *an ~ account* een rentegevende rekening
interested ['ɪntərestɪd] *bn* ❶ belangstellend,
geïnteresseerd ★ *it's hard to keep him ~ in his
schoolwork* het is moeilijk om hem geïnteresseerd te
houden in zijn schoolwerk ❷ belang hebbend
interest-free [ɪntrəst-'friː] *bn & bijw* rentevrij,
renteloos ★ *an ~ loan* een renteloze lening ★ *he lent
it ~* hij leende het uit zonder rente
interest group ['ɪntrəst gruːp] *znw*
belangenorganisatie, belangengroepering
interesting ['ɪntrəstɪŋ] *bn* interessant
interestingly ['ɪntrəstɪŋlɪ] *bijw* interessant ★ *~ enough,
she too was born in Greece* interessant genoeg was zij
ook geboren in Griekenland
interest rate ['ɪntrəst reɪt] *znw* rentevoet, rentestand
interest rate exposure ['ɪntrəst reɪt ɪk'spəʊʒə] econ
znw rentestandrisico ★ *~ management*
renterisicobeleid
interest rate floor ['ɪntrəst reɪt flɔː] *znw* rentefloor
⟨limitering van de minimale hoogte van de rente bij
een lening met variabele rente⟩
interface ['ɪntəfeɪs] **I** *znw* ❶ raakvlak ❷ comput
interface **II** *onoverg* ★ *~ with sth* een
samenwerkingsverband hebben met iets
interfaith [ɪntə'feɪθ] *bn* interreligieus
interfere [ɪntə'fɪə] *onoverg* tussenbeide komen, zich
ermee bemoeien ★ *~ in sth* zich mengen in iets ★ *~
with sbd* zich bemoeien met iem., iem. belemmeren,
storen, in botsing komen met iem., zich vergrijpen
aan iem. ⟨seksueel⟩ ★ *~ with sth* ergens aankomen,
ergens met zijn vingers aanzitten
interference [ɪntə'fɪərəns] *znw* ❶ tussenkomst,
inmenging, bemoeiing ★ jur *wrongful ~ with goods*
onrechtmatig inbreuk maken op iemands
bezitsrechten t.a.v. roerende zaken ❷ storing,
hinder, belemmering ❸ interferentie ⟨v. golven⟩
interfering [ɪntə'fɪərɪŋ] *bn* bemoeiziek
interferon [ɪntə'fɪərɒn] biochem *znw* interferon
interflow ['ɪntəfləʊ] *znw* samenvloeiing, vermenging
interfuse [ɪntə'fjuːz] dicht *overg* samenvoegen,
vermengen
interfused [ɪntə'fjuːzd] dicht *bn* samengevoegd,
vermengd

intergalactic [ɪntəgə'læktɪk] *bn* tussen melkwegstelsels
intergovernmental [ɪntəgʌvən'mentl] *bn*
intergouvernementeel, tussen verschillende
regeringen
interim ['ɪntərɪm] **I** *bn* ❶ tijdelijk ❷ waarnemend
❸ tussentijds, voorlopig ⟨dividend⟩ **II** *znw*
❶ tussentijd ★ *in the ~* intussen ❷ (meestal *mv*)
tussentijds dividend
interim government ['ɪntərɪm 'gʌvənmənt] *znw*
interim-regering
interior [ɪn'tɪərɪə] **I** *bn* ❶ binnen- ❷ inwendig
❸ binnenlands ❹ innerlijk **II** *znw* ❶ binnenste
❷ binnenland ★ *the Minister of / for the Interior* de
minister van Binnenlandse Zaken ❸ interieur
interior decoration [ɪn'tɪərɪə dekə'reɪʃən] *znw*
binnenhuisarchitectuur
interior decorator [ɪn'tɪərɪə 'dekəreɪtə] *znw*
binnenhuisarchitect, interieurontwerper
interject [ɪntə'dʒekt] *overg* er tussen gooien,
uitroepen
interjection [ɪntə'dʒekʃən] *znw* ❶ tussenwerpsel
❷ uitroep
interjectional [ɪntə'dʒekʃənəl] *bn* tussengevoegd
interknit [ɪntə'nɪt] *overg* ineenstrengelen
interlace [ɪntə'leɪs] **I** *overg* ❶ dooreenvlechten,
ineenstrengelen ❷ doorweven, doorspekken ★ *the
meeting was ~d with interruptions* de vergadering
was doorspekt met interrupties **II** *onoverg* elkaar
doorkruisen
interlard [ɪntə'lɑːd] *overg* doorspekken (met *with*)
interleave [ɪntə'liːv] *overg* (met wit papier)
doorschieten
interlibrary ['ɪntəlaɪbrərɪ] *bn* tussen bibliotheken
interline [ɪntə'laɪn] *overg* tussen (de regels) schrijven
of invoegen
interlinear [ɪntə'lɪnɪə] *bn* tussen de regels (gedrukt of
geschreven), interlineair
interlineation [ɪntəlɪnɪ'eɪʃən] *znw* ❶ het tussen de
regels schrijven ❷ dat wat tussen de regels
geschreven is
interlingual [ɪntə'lɪŋgwəl] *bn* interlinguaal
interlink [ɪntə'lɪŋk] **I** *overg* aaneenschakelen,
verbinden **II** *onoverg* aaneengeschakeld, verbonden
worden
interlinking [ɪntə'lɪŋkɪŋ] *bn* onderling verbindend
interlock [ɪntə'lɒk] **I** *znw* ❶ iets dat twee dingen aan
elkaar grendelt ❷ **interlock fabric** interlock ⟨fijn
breiwerk, gebruikt voor ondergoed⟩ **II** *overg &
onoverg* in elkaar (doen) sluiten of grijpen
interlocking [ɪntə'lɒkɪŋ] *bn* in elkaar grijpend
interlocution [ɪntələ'kjuːʃən] form *znw* gesprek,
bespreking
interlocutor [ɪntə'lɒkjʊtə] form *znw* persoon met wie
men spreekt, gesprekspartner
interlocutory [ɪntə'lɒkjʊtərɪ] form *bn* in de vorm van
een gesprek
interlope [ɪntə'ləʊp] afkeurend *onoverg* ❶ zich
indringen ❷ zich (ongevraagd) bemoeien (met)

in

interloper ['ɪntələʊpə] afkeurend *znw* ❶ indringer ❷ bemoeial

interlude ['ɪntəl(j)u:d] *znw* ❶ pauze ❷ tussenbedrijf, tussenspel, intermezzo

intermarriage [ɪntə'mærɪdʒ] *znw* ❶ gemengd huwelijk ‹tussen leden van verschillend ras, verschillende stand, familie &› ❷ huwelijk tussen naaste verwanten

intermarry [ɪntə'mærɪ] *onoverg* ❶ onderling trouwen ‹v. volken, stammen of families› ❷ onder elkaar trouwen ‹v. naaste verwanten›

intermediary [ɪntə'mi:dɪərɪ] **I** *bn* ❶ tussen- ❷ bemiddelend ★ ~ *services* bemiddeling **II** *znw* ❶ tussenpersoon, bemiddelaar ❷ bemiddeling

intermediate [ɪntə'mi:dɪət] *bn* tussenliggend, tussen-

intermediate school [ɪntə'mi:dɪət sku:l] *znw* middenschool

interment [ɪn'tɜ:mənt] *znw* begrafenis

intermezzo [ɪntə'metsəʊ] *znw* [*mv:* -s *of* -mezzi] intermezzo

interminable [ɪn'tɜ:mɪnəbl] *bn* oneindig, eindeloos ★ *an* ~ *delay* een eindeloze vertraging

intermingle [ɪntə'mɪŋgl], **intermix I** *overg* (ver)mengen **II** *onoverg* zich (laten) vermengen

intermission [ɪntə'mɪʃən] *znw* onderbreking, tussenpoos, pauze ★ *without* ~ zonder ophouden

intermit [ɪntə'mɪt] **I** *overg* tijdelijk afbreken, doen ophouden, staken, schorsen **II** *onoverg* tijdelijk ophouden

intermittent [ɪntə'mɪtnt] *bn* ❶ (af)wisselend, bij tussenpozen ‹werkend, spuitend &› ❷ intermitterend

intermittently [ɪntə'mɪtntlɪ] *bijw* met tussenpozen, van tijd tot tijd ★ *the matter has been discussed* ~ de zaak is van tijd tot tijd onderwerp van discussie geweest

intermix [ɪntə'mɪks] *overg & onoverg* → **intermingle**

intermixture [ɪntə'mɪkstʃə] *znw* vermenging, mengsel

intermodal [ɪntə'məʊdl] *znw* transport dat gebruik maakt van twee of meer soorten vervoer

intern I *znw*, **interne** ['ɪntɜ:n] Am inwonend assistent(e) in een ziekenhuis **II** *overg* [ɪn'tɜ:n] interneren **III** *onoverg* ['ɪntɜ:n] Am als inwonend assistent(e) in een ziekenhuis werken

internal [ɪn'tɜ:nl] *bn* ❶ inwendig, innerlijk ❷ binnenlands ❸ binnen-

internal clock [ɪn'tɜ:nl klɒk] *znw* biologische klok

internal combustion engine [ɪn'tɜ:nl kəm'bʌstʃən 'endʒɪn] *znw* explosiemotor, verbrandingsmotor

internal evidence [ɪn'tɜ:nl 'evɪdns] *znw* inwendig bewijs

internalize [ɪn'tɜ:nəlaɪz], **internalise** *overg* zich eigen maken

internal market [ɪn'tɜ:nl 'mɑ:kɪt] econ *znw* binnenmarkt

internal medicine [ɪn'tɜ:nl 'medsən] *znw* inwendige geneeskunde

Internal Revenue Service [ɪn'tɜ:nl 'revənju: 'sɜ:vɪs],

IRS Am *znw* belastingdienst, fiscus

international [ɪntə'næʃənl] **I** *bn* internationaal ★ *an* ~ *agreement* een internationale overeenkomst ★ *the* ~ *community* de internationale gemeenschap **II** *znw* (deelnemer aan) internationale wedstrijd

International Baccalaureate [ɪntə'næʃənl bækə'lɔ:rɪət], **IB** *znw* internationaal baccalaureaat

International Date Line [ɪntə'næʃənl deɪt laɪn] *znw* datumlijn

Internationale [ɪntənæʃə'nɑ:l] *znw* ★ *the* ~ de Internationale ‹socialistisch strijdlied›

internationalism [ɪntə'næʃənəlɪzəm] *znw* internationalisme

internationalization [ɪntənæʃənəlaɪ'zeɪʃən], **internationalisation** *znw* internationalisering

internationalize [ɪntə'næʃənəlaɪz], **internationalise** *overg* internationaliseren

international law [ɪntə'næʃənl lɔ:] *znw* volkenrecht

International Monetary Fund [ɪntə'næʃənl 'mʌnɪtərɪ fʌnd] *znw* Internationale Monetaire Fonds

International Phonetic Alphabet [ɪntə'næʃənl fə'netɪk 'ælfəbet], **IPA** *znw* internationaal fonetisch alfabet

international relations [ɪntə'næʃənl rɪ'leɪʃənz] *znw* [mv] internationale betrekkingen

internecine [ɪntə'ni:saɪn] form *bn* ❶ moorddadig, verwoestend, elkaar verdelgend ❷ intern ‹m.b.t. conflicten› ★ ~ *strife* interne strijd

internee [ɪntɜ:'ni:] *znw* geïnterneerde

Internet ['ɪntənet] *znw* ★ *the* ~ internet

Internet access provider ['ɪntənet 'ækses prə'vaɪdə] *znw* internet provider

internet banking ['ɪntənet 'bæŋkɪŋ] *znw* het internetbankieren

internet café ['ɪntənet 'kæfeɪ] *znw* internetcafé

internment [ɪn'tɜ:nmənt] *znw* internering

internuncio [ɪntə'nʌnʃɪəʊ] *znw* internuntius

interpellate [ɪn'tɜ:pəleɪt] *overg* interpelleren

interpellation [ɪntɜ:pə'leɪʃən] *znw* interpellatie

interpellator [ɪn'tɜ:pəleɪtə] *znw* interpellant

interpersonal [ɪntə'pɜ:sənl] *bn* intermenselijk ★ ~ *skills* communicatieve vaardigheden, goed met mensen kunnen omgaan

interplanetary [ɪntə'plænɪtərɪ] *bn* interplanetair

interplant [ɪntə'plɑ:nt] *overg* meerdere gewassen op hetzelfde stuk land verbouwen

interplay ['ɪntəpleɪ] *znw* wisselwerking, reactie over en weer

Interpol ['ɪntəpɒl] *znw* (International Criminal Police Organization) internationale samenwerkingsvorm v.d. politie, Interpol

interpolate [ɪn'tɜ:pəleɪt] *overg* in-, tussenvoegen, inschuiven, interpoleren

interpolation [ɪntɜ:pə'leɪʃən] *znw* in-, tussenvoeging, inschuiving, interpolatie

interpose [ɪntə'pəʊz] **I** *overg* ❶ stellen of plaatsen tussen ❷ in het midden brengen ‹iets› **II** *onoverg* form tussenbeide komen, in de rede vallen

in

interposition [ɪntəpə'zɪʃən] *znw* ❶ liggen (plaatsen) tussen ❷ <u>form</u> tussenkomst, bemiddeling
interpret [ɪn'tɜ:prɪt] **I** *overg* uitleggen, vertolken, interpreteren **II** *onoverg* als tolk fungeren
interpretable [ɪn'tɜ:prɪtəbl] *bn* voor uitleg (vertolking) vatbaar, te interpreteren
interpretation [ɪntɜ:prə'teɪʃən] *znw* uitleg, vertolking, interpretatie ★ *be open to* ~ voor verschillende uitleg vatbaar ★ *put an* ~ *on sth* een bepaalde uitleg aan iets geven
interpretative [ɪn'tɜ:prɪtətɪv], **interpretive** *bn* uitleggend, vertolkend
interpreter [ɪn'tɜ:prɪtə] *znw* uitlegger, vertolker, tolk
interracial [ɪntə'reɪʃəl] *bn* tussen (de) rassen ★ ~ *relationships* rassenverhoudingen
interregnum [ɪntə'regnəm] *znw* [*mv:* -s en interregna] ❶ interregnum, tussenregering ❷ <u>form</u> interim, tussentijd ❸ <u>form</u> onderbreking
interrelate [ɪntərɪ'leɪt] **I** *overg* met elkaar in verband brengen **II** *onoverg* met elkaar in verband staan
interrelation [ɪntərɪ'leɪʃn], **interrelationship** *znw* onderling verband
interrogate [ɪn'terəgeɪt] *overg* (onder)vragen
interrogation [ɪntera'geɪʃən] *znw* ondervraging, vraag
interrogation point [ɪntera'geɪʃən pɔɪnt], **interrogation mark** *znw* vraagteken
interrogative [ɪntə'rɒgətɪv] **I** *bn* vragend, vraag- **II** *znw* <u>gramm</u> vragend voornaamwoord ★ *the* ~ het vragend voornaamwoord
interrogator [ɪn'terəgeɪtə] *znw* ondervrager
interrogatory [ɪntə'rɒgətərɪ] **I** *bn* (onder)vragend **II** *znw* ❶ vraag ❷ ondervraging
interrupt [ɪntə'rʌpt] **I** *overg* ❶ af-, onderbreken ❷ belemmeren, storen ❸ in de rede vallen **II** *onoverg* ❶ hinderen, storen ❷ in de rede vallen
interruption [ɪntə'rʌpʃən] *znw* ❶ af-, onderbreking ❷ storing ❸ interruptie
interscholastic [ɪntəskə'læstɪk] *Am bn* tussen scholen
intersect [ɪntə'sekt] **I** *overg* (door)snijden, (door)kruisen **II** *onoverg* elkaar snijden
intersection [ɪntə'sekʃən] *znw* ❶ (door)snijding ❷ snijpunt ❸ kruispunt, wegkruising
interspace ['ɪntəspeɪs] *znw* tussenruimte
intersperse [ɪntə'spɜ:s] *overg* hier en daar strooien, mengen, verspreiden, zetten, planten & ★ *he* ~*d his speech with anecdotes* hij onderbrak zijn toespraak af en toe met een anekdote
interstate ['ɪntəsteɪt] **I** *bn* tussen de staten **II** *znw* <u>Am</u> autoweg (die staten met elkaar verbindt), autosnelweg
interstellar [ɪntə'stelə] *bn* interstellair
interstice [ɪn'tɜ:stɪs] <u>form</u> *znw* (meestal *mv*) tussenruimte, opening, spleet ★ *the* ~*s between the leaves* de openingen tussen de bladeren
intertextuality [ɪntətekstʃʊ'ælɪtɪ] *znw* intertekstualiteit
intertwine [ɪntə'twaɪn] *overg & onoverg* (zich) dooreenvlechten, ineen-, verstrengelen
interval ['ɪntəvəl] *znw* ❶ tussenpoos, -tijd ★ *at*

regular ~*s* regelmatig ★ ~*s of sun* tijdelijke opklaringen ⟨v. weer⟩ ❷ pauze ❸ <u>muz</u> (toon)afstand, interval ❹ tussenruimte
intervene [ɪntə'vi:n] *onoverg* ❶ liggen of zijn tussen ❷ tussenbeide komen / treden ❸ ingrijpen ⟨v. chirurg⟩ ❹ zich (onverwachts) voordoen
intervention [ɪntə'venʃən] *znw* ❶ interventie, tussenkomst ★ *a military* ~ een militaire interventie ❷ ingreep ⟨v. chirurg⟩
interventionism [ɪntə'venʃənɪzəm] *znw* interventionisme, imperialisme
interventionist [ɪntə'venʃənɪst] *znw* interventionist
interview ['ɪntəvju:] **I** *znw* ❶ sollicitatiegesprek ❷ onderhoud ❸ interview, vraaggesprek **II** *overg* ❶ een onderhoud hebben met ❷ interviewen
interviewee [ɪntəvju:'i:] *znw* geïnterviewde
interviewer ['ɪntəvju:ə] *znw* interviewer, ondervrager
interwar [ɪntə'wɔ:] *bn* interbellair ★ *the* ~ *years* de jaren tussen de twee wereldoorlogen (1919-1939), het interbellum
interweave [ɪntə'wi:v] *overg* door(een)weven
interzonal [ɪntə'zəʊnəl] *bn* interzonaal
intestate [ɪn'testət] *bn & znw* zonder testament (overledene), intestaat
intestinal [ɪn'testɪnl] *bn* darm-, ingewands-
intestinal flora [ɪn'testɪnl 'flɔ:rə] *znw* [*mv*] darmflora
intestinal fortitude [ɪn'testɪnl 'fɔ:tɪtju:d] *inf scherts znw* moed, uithoudingsvermogen
intestine [ɪn'testɪn] *znw* (meestal *mv*) darm, ingewanden
intifada [ɪntɪ'fɑ:də] *znw* intifada ⟨in 1988 begonnen opstand van Palestijnse jongeren in de door Israël bezette gebieden⟩
intimacy ['ɪntɪməsɪ] *znw* ❶ vertrouwelijkheid, intimiteit ❷ innigheid ❸ grondigheid ⟨v. kennis⟩ ❹ geslachtsgemeenschap
intimate I *bn* ['ɪntɪmət] ❶ innerlijk, innig ❷ vertrouwelijk, intiem ❸ grondig ⟨v. kennis⟩ ❹ <u>euf</u> geslachtsgemeenschap hebbend (met) **II** *znw* ['ɪntɪmət] intimus, intieme vriend **III** *overg* ['ɪntɪmeɪt] <u>form</u> bekendmaken, te kennen geven, laten doorschemeren ★ *the president* ~*d that he may resign* de president gaf te kennen dat hij misschien zou aftreden
intimately ['ɪntɪmətlɪ] *bn* ❶ intiem, innig, vertrouwelijk ❷ grondig
intimation [ɪntɪ'meɪʃən] *znw* ❶ kennisgeving ❷ aanduiding, wenk, teken ★ *forgetfulness is often the first* ~ *of the disease* vergeetachtigheid is vaak het eerste teken van de ziekte
intimidate [ɪn'tɪmɪdeɪt] *overg* ❶ bang maken ❷ vrees, schrik aanjagen, intimideren
intimidation [ɪntɪmɪ'deɪʃən] *znw* bangmakerij, vreesaanjaging, intimidatie
into ['ɪntʊ] *voorz* in, tot ⟨drukt beweging of verandering uit⟩ ★ *we talked far* ~ *the night* we praatten tot diep in de nacht ★ *he crashed* ~ *a car* hij botste tegen een auto aan ★ *the path led* ~ *the woods*

het pad voerde het bos in ★ *he whispered something* ~ *her ear* hij fluisterde haar iets in het oor ★ *an inquest* ~ *her death* een gerechtelijk onderzoek naar haar dood ★ *they were forced* ~ *resigning* ze werden gedwongen af te treden ★ *3* ~ *6 is 2* 6 gedeeld door 3 is 2 ★ <u>inf</u> *be* ~ *sth* in iets geïnteresseerd zijn ★ *come* ~ *the house* het huis binnenkomen ★ *get* ~ *trouble* in moeilijkheden raken ★ *go* ~ *business* in zaken gaan ★ *look* ~ *sth* iets onderzoeken ★ *run* ~ *a wall* tegen een muur aanrijden ★ *translate* ~ *English* in het Engels vertalen

intolerable [ɪn'tɒlərəbl] *bn* on(ver)draaglijk, onduldbaar, onuitstaanbaar

intolerably [ɪn'tɒlərəblɪ] *bijw* on(ver)draaglijk, onduldbaar, onuitstaanbaar ★ *the disease is* ~ *painful* de ziekte is zo pijnlijk dat het ondraaglijk is

intolerance [ɪn'tɒlərəns] *znw* intolerantie, <u>afkeurend</u> onverdraagzaamheid ★ *a food* ~ geen voedsel kunnen verdragen, een voedselintolerantie ★ <u>afkeurend</u> ~ *of other people's views* onverdraagzaamheid ten opzichte van de opvattingen van anderen

intolerant [ɪn'tɒlərənt] *bn* onverdraagzaam, intolerant

intolerantly [ɪn'tɒlərəntlɪ] *bijw* onverdraagzaam, intolerant

intonation [ɪntə'neɪʃən] *znw* ❶ intonatie ❷ lees-, spreektoon, stembuiging ❸ aanhef

intone [ɪn'təʊn] *overg* ❶ intoneren ❷ aanheffen ‹gezang›

in toto [ɪn 'təʊtəʊ] *(‹Lat› bijw* in zijn geheel

intoxicant [ɪn'tɒksɪkənt] *znw* sterke drank

intoxicate [ɪn'tɒksɪkeɪt] *overg* dronken maken, bedwelmen

intoxication [ɪntɒksɪ'keɪʃən] *znw* ❶ <u>form</u> dronkenschap, roes ❷ <u>dicht</u> intoxicatie

intra- ['ɪntrə-] *voorv* intra-, in-, binnen ★ *intracranial* binnen de schedel ★ *intravascular* binnen het bloedvat

intractability [ɪntræktə'bɪlɪtɪ] *znw* onhandelbaarheid

intractable [ɪn'træktəbl] *bn* ❶ onhandelbaar ❷ lastig

intramural [ɪntrə'mjʊərəl] *bn* ❶ binnen de muren ‹van de stad of van de universiteit› ❷ alleen voor studenten / leerlingen van de school / instelling ★ ~ *sport* schoolsportwedstrijden

intranet ['ɪntrənet] <u>comput</u> *znw* intern bedrijfsnetwerk

intransigence [ɪn'trænsɪdʒəns] <u>form</u> *znw* onverzoenlijkheid, onbuigzaamheid

intransigent [ɪn'trænsɪdʒənt, -'trɑː-, -zɪdʒənt] <u>form</u> *bn* onverzoenlijk, wars van geschipper

intransitive [ɪn'trænsɪtɪv, -'trɑː-, -zɪtɪv] <u>gramm</u> *bn* onovergankelijk ★ *an* ~ *verb* een onovergankelijk werkwoord

intrapreneur [ɪntrəprə'nɜ:] *znw* intrapreneur

intra-uterine device [ɪntrə-'ju:təraɪn, -rɪn dɪ'vaɪs], **IUD** *znw* spiraaltje

intravenous [ɪntrə'vi:nəs] *bn* intraveneus, in de ader ★ *an* ~ *drug user* een spuiter

intravenously [ɪntrə'vi:nəslɪ] *bijw* intraveneus, in de ader

in tray ['ɪn treɪ] *znw* bakje voor binnenkomende post

intrench [ɪn'trentʃ] *overg* → **entrench**

intrepid [ɪn'trepɪd] *bn* onverschrokken, moedig, dapper

intrepidity [ɪntrɪ'pɪdɪtɪ] *znw* onverschrokkenheid

intrepidly [ɪn'trepɪdlɪ] *bijw* onverschrokken ★ *they marched* ~ *into battle* ze marcheerden onverschrokken ten strijde

intricacy ['ɪntrɪkəsɪ] *znw* ingewikkeldheid

intricate ['ɪntrɪkət] *bn* ingewikkeld, verward

intrigue [ɪn'tri:g] **I** *znw* kuiperij, gekonkel, intrige ★ *political* ~ politieke intrige **II** *overg* intrigeren, nieuwsgierig maken **III** *onoverg* kuipen, konkelen, intrigeren

intriguer [ɪn'tri:gə] *znw* intrigant

intriguing [ɪn'tri:gɪŋ] *bn* boeiend, fascinerend ★ *an* ~ *tale* een fascinerend verhaal

intrinsic [ɪn'trɪnsɪk] *bn* innerlijk, wezenlijk, intrinsiek

intrinsically [ɪn'trɪnsɪklɪ] *bijw* in wezen, wezenlijk, intrinsiek ★ *many drugs are* ~ *unsafe* veel geneesmiddelen zijn in wezen onveilig

intro ['ɪntrəʊ] <u>inf</u> *znw* → **introduction**

introduce [ɪntrə'dju:s] *overg* ❶ invoeren, inleiden, binnenleiden ★ ~ *sbd to sth* iem. ergens mee laten kennismaken ❷ indienen ‹wetsvoorstel›, ter tafel brengen ‹onderwerp› ❸ voorstellen ‹iemand›, introduceren ★ ~ *sbd to sbd* iem. aan iem. voorstellen

introduction [ɪntrə'dʌkʃən], <u>inf</u> **intro** *znw* ❶ inleiding, invoering ❷ indiening ❸ voorstelling ‹van twee personen›, introductie

introduction stage [ɪntrə'dʌkʃən steɪdʒ] <u>marketing</u> *znw* introductiefase, fase waarin een product op de markt wordt geïntroduceerd

introductory [ɪntrə'dʌktərɪ] *bn* inleidend, preliminair

introit ['ɪntrɔɪt, ɪn'trəʊɪt] <u>RK</u> *znw* introïtus

introject [ɪntrə'dʒekt] <u>psych</u> *overg* introjecteren

introjection [ɪntrə'dʒekʃən] <u>psych</u> *znw* introjectie

introspect [ɪntrə'spekt] *onoverg* onderzoeken ‹van eigen gedachten en gevoelens›

introspection [ɪntrə'spekʃən] *znw* introspectie, zelfbeschouwing

introspective [ɪntrə'spektɪv] *bn* introspectief

introvert [ɪntrə'vɜ:t] **I** *bn*, **introverted** introvert, naar binnen gekeerd **II** *znw* introvert

intrude [ɪn'tru:d] **I** *overg* storen, opdringen, lastig vallen **II** *onoverg* zich indringen, zich opdringen, onuitgenodigd binnenkomen, ongelegen komen ★ ~ *on sbd* iem. lastig vallen, ongelegen komen

intruder [ɪn'tru:də] *znw* indringer, insluiper, ongenode of onwelkome gast

intrusion [ɪn'tru:ʒən] *znw* binnendringen ★ *he complained that it was an* ~ *on / upon his privacy* hij klaagde dat het een inbreuk op zijn privacy was

intrusive [ɪn'tru:sɪv] *bn* ❶ indringend ★ *environmentally* ~ *activities* activiteiten die

in

indringen in het milieu ❷ opdringerig ★ *an ~ question* een opdringerige vraag
intuit [ɪn'tjuːɪt] *overg* intuïtief weten / aanvoelen
intuition [ɪntju'ɪʃən] *znw* intuïtie
intuitive [ɪn'tjuːɪtɪv] *bn* intuïtief
intumescence [ɪntjuː'mesəns] form *znw* gezwel
intumescent [ɪntjuː'mesənt] techn *bn* opzwellend, uitzettend
Inuit ['ɪnjuːɪt, 'ɪnʊɪt] *znw* Inuit, Eskimo
inundate ['ɪnʌndeɪt] *overg* ❶ onder water zetten, inunderen ❷ overstromen (met *with*)
inundation [ɪnʌn'deɪʃən] *znw* ❶ onderwaterzetting, inundatie, overstroming ❷ fig stroom
inure [ɪ'njʊə] form *overg* wennen (aan *to*), harden (tegen *to*) ★ *he was ~d to the conditions of his life* hij was gewend aan zijn leefomstandigheden
inurement [ɪ'njʊəmənt] form *znw* wennen, harden
invade [ɪn'veɪd] **I** *overg* ❶ een inval doen in, in-, binnendringen ❷ inbreuk maken op **II** *onoverg* een invasie uitvoeren
invader [ɪn'veɪdə] *znw* invaller, indringer
invagination [ɪnvædʒɪ'neɪʃn] anat of dierk *znw* invaginatie, instulping
invalid I *bn* [ɪn'vælɪd] niet geldend, ongeldig ★ *an ~ argument* een ongeldig argument **II** *bn* ['ɪnvəlɪd] gebrekkig, invalide, ziekelijk, lijdend **III** *znw* ['ɪnvəlɪd] zieke, lijder, invalide ★ *an ~ car* een invalidenwagen(tje) ★ *an ~ chair* een rolstoel **IV** *overg* ['ɪnvəlɪd] ❶ aan het ziekbed kluisteren ❷ mil voor de dienst ongeschikt maken / verklaren ★ *~ sbd out* iem. wegens ziekte of als invalide evacueren
invalidate [ɪn'vælɪdeɪt] *overg* ❶ ongeldig / krachteloos maken ❷ ontzenuwen ‹argumenten›
invalidation [ɪnvælɪ'deɪʃən] *znw* ❶ ongeldigverklaring ❷ ontzenuwing
invalidism ['ɪnvəlɪdɪzm] *znw* ❶ invaliditeit ❷ chronische ziekte
invalidity [ɪnvə'lɪdɪtɪ] *znw* ❶ invaliditeit ❷ zwakheid, krachteloosheid, ongeldigheid, onwaarde
invaluable [ɪn'væljʊəbl] *bn* onschatbaar, van onschatbare waarde

> **invaluable**
> (onbetaalbaar, van onschatbare waarde) en
> **valuable** (waardevol) betekenen allebei ongeveer
> hetzelfde. **Valuable** wordt meer voor concrete
> dingen gebruikt en **invaluable** meer voor personen
> en abstracte zaken.
> *A valuable diamond - Een waardevolle diamant.*
> *Parental support is invaluable to teachers - De steun*
> *van de ouders is voor leraren van onschatbare waarde.*
> Ned. *niet waardevol, waardeloos* = **valueless,**
> **worthless.**

invariable [ɪn'veərɪəbl] *bn* onveranderlijk, constant
invariably [ɪn'veərɪəblɪ] *bijw* ❶ onveranderlijk ❷ steeds, steevast ★ *John is ~ late* John is altijd te laat, John is steevast te laat

invasion [ɪn'veɪʒən] *znw* ❶ (vijandelijke) inval, binnendringen ❷ invasie ❸ jur schending
invasive [ɪn'veɪsɪv] *bn* ❶ invallend, binnendringend ★ *~ surgery* ingrijpende chirurgie ❷ zich snel uitbreidend ★ *an ~ cancer* een zich snel uitbreidend kankergezwel
invective [ɪn'vektɪv] *znw* ❶ scheldwoord, scheldwoorden ❷ smaadrede
inveigh [ɪn'veɪ] form *onoverg* (heftig) uitvaren, schelden, schimpen (op *against*)
inveigle [ɪn'veɪgl, ɪn'viːgl] *overg* (ver)lokken, verleiden (tot *into*)
invent [ɪn'vent] *overg* ❶ uitvinden ❷ uit-, bedenken, verzinnen, uit de lucht grijpen, verdichten
invention [ɪn'venʃən] *znw* ❶ (uit)vinding, uitvindsel, bedenksel, verzinsel ❷ vindingrijkheid
inventive [ɪn'ventɪv] *bn* inventief, vindingrijk
inventor [ɪn'ventə] *znw* ❶ uitvinder ❷ verzinner
inventory ['ɪnvəntərɪ] **I** *znw* ❶ inventaris ★ handel *the closing ~* de eindvoorraad ❷ boedelbeschrijving **II** *overg* inventariseren
inverse ['ɪnvɜːs, ɪn'vɜːs] **I** *bn* omgekeerd ★ *in ~ proportion to* in omgekeerde verhouding tot, omgekeerd evenredig met **II** *znw* omgekeerde
inversely [ɪn'vɜːslɪ] *bijw* ★ *~ proportional to* omgekeerd evenredig met
inversion [ɪn'vɜːʃən] *znw* omkering, omzetting, inversie
invert [ɪn'vɜːt] *overg* omkeren, omzetten ★ *~ the cake onto a rack* keer de cake om op een rooster
invertebrate [ɪn'vɜːtɪbrət, -breɪt] **I** *bn* ongewerveld **II** *znw* ongewerveld dier
inverted [ɪn'vɜːtɪd] *bn* omgekeerd, geïnverteerd ★ *an ~ nipple* een naar binnen gekeerde tepel
inverted commas [ɪn'vɜːtɪd 'kɒməz] *znw* [mv] aanhalingstekens
inverted snob [ɪn'vɜːtɪd snɒb] afkeurend *znw* omgekeerde snob ‹iem. die afgeeft op rijkdom, status &›
inverted snobbery [ɪn'vɜːtɪd 'snɒbərɪ] afkeurend *znw* omgekeerd snobisme ‹afgeven op rijkdom, status &›
inverter [ɪn'vɜːtə] *znw* inverter ‹verandert gelijkstroom in wisselstroom›
invest [ɪn'vest] **I** *overg* ❶ ‹geld› beleggen, steken (in *in*), investeren ❷ dicht bekleden (met *with*) ❸ form installeren ❹ mil insluiten, omsingelen **II** *onoverg* zijn geld beleggen ★ *~ abroad* beleggen in het buitenland ★ *~ in sth* ergens in investeren, inf iets kopen, aanschaffen
investigate [ɪn'vestɪgeɪt] *overg* onderzoeken, navorsen, nasporen
investigation [ɪnvestɪ'geɪʃən] *znw* navorsing, naspeuring, onderzoek ★ *a preliminary ~* een gerechtelijk vooronderzoek
investigative [ɪn'vestɪgətɪv] *bn* onderzoekend, onderzoeks-
investigative journalism [ɪn'vestɪgətɪv 'dʒɜːnəlɪzəm] *znw* onderzoeksjournalisme

investigator [ɪnˈvestɪɡeɪtə] *znw* navorser, onderzoeker
investigatory [ɪnˈvestɪɡətərɪ] *bn* onderzoekend
investiture [ɪnˈvestɪtʃə, -jə] *znw* ❶ investituur, installatie ❷ bekleding
investment [ɪnˈvestmənt] *znw* ❶ belegging, investering ★ marketing *an* ~ *strategy* een investeringsstrategie ❷ mil insluiting, omsingeling ❸ bekleding
investment bank [ɪnˈvestmənt bæŋk] *Am znw* investeringsbank
investment consultant [ɪnˈvestmənt kənˈsʌltnt] *znw* beleggingsadviseur
investment funds [ɪnˈvestmənt fʌndz] *znw* [mv] beleggingsgelden
investment trust [ɪnˈvestmənt trʌst] *znw* investment trust, beleggingsmaatschappij
investor [ɪnˈvestə] *znw* belegger, investeerder
inveterate [ɪnˈvetərət] afkeurend *bn* ❶ ingeworteld, ingekankerd, chronisch ❷ aarts- ★ *an* ~ *liar* een aartsleugenaar ❸ onverbeterlijk ❹ verbitterd
invidious [ɪnˈvɪdɪəs] *bn* ❶ hatelijk ❷ aanstootgevend ❸ netelig ★ *be in an* ~ *position* in een netelige positie verkeren
invigilate [ɪnˈvɪdʒɪleɪt] *onoverg* surveilleren ‹bij examen›
invigilation [ɪnvɪdʒɪˈleɪʃən] *znw* surveillance ‹bij examen›
invigilator [ɪnˈvɪdʒɪleɪtə] *znw* surveillant
invigorate [ɪnˈvɪɡəreɪt] *overg* kracht bijzetten / geven, sterker maken, versterken, verkwikken
invigorating [ɪnˈvɪɡəreɪtɪŋ] *bn* versterkend, krachtgevend
invincibility [ɪnvɪnsɪˈbɪlɪtɪ] *znw* onoverwinnelijkheid
invincible [ɪnˈvɪnsɪbl] *bn* onoverwinnelijk
invincibly [ɪnˈvɪnsɪblɪ] *bijw* onoverwinnelijk
inviolability [ɪnvaɪələˈbɪlɪtɪ] *znw* onschendbaarheid
inviolable [ɪnˈvaɪələbl] *bn* onschendbaar
inviolate [ɪnˈvaɪələt] form *bn* ongeschonden, ongerept
invisibility [ɪnvɪzɪˈbɪlɪtɪ] *znw* onzichtbaarheid
invisible [ɪnˈvɪzɪbl] **I** *bn* onzichtbaar, niet te zien / spreken **II** *znw* onzichtbare
invisible ink [ɪnˈvɪzɪbl ɪŋk] *znw* onzichtbare inkt
invitation [ɪnvɪˈteɪʃən] *znw* uitnodiging
invite I *znw* [ˈɪnvaɪt] inf uitnodiging **II** *overg* [ɪnˈvaɪt] ❶ (uit)nodigen, noden, inviteren ★ *applications are* ~*d* sollicitaties worden ingewacht ★ ~ *sbd in* iem. vragen binnen te komen ★ ~ *sbd over* iem. uitnodigen om langs te komen ❷ (vriendelijk) verzoeken, vragen (om) ❸ uitlokken
inviting [ɪnˈvaɪtɪŋ] *bn* uitnodigend, aanlokkelijk, verleidelijk
in vitro [ɪn ˈviːtrəʊ] *bn* reageerbuis-, in vitro-
in vitro fertilization [ɪn ˈviːtrəʊ fɜːtɪlaɪˈzeɪʃən], **IVF** *znw* in-vitrofertilisatie, reageerbuisbevruchting
invocation [ɪnvəˈkeɪʃən] *znw* ❶ in-, aanroeping, afsmeking ❷ het oproepen
invoice [ˈɪnvɔɪs] handel **I** *znw* factuur **II** *overg* factureren

invoke [ɪnˈvəʊk] form *overg* ❶ in-, aanroepen, afsmeken ❷ oproepen ❸ zich beroepen op
involuntarily [ɪnvɒlənˈterɪlɪ] *bijw* ❶ onwillekeurig ❷ onvrijwillig
involuntary [ɪnˈvɒləntərɪ] *bn* ❶ onwillekeurig ❷ onvrijwillig
involute [ˈɪnvəl(j)uːt] *bn* ❶ form ingewikkeld ❷ techn naar binnen gedraaid / gerold ❸ biol ineensluitend
involution [ɪnvəˈl(j)uːʃən] *znw* ❶ in-, verwikkeling ❷ form ingewikkeldheid ❸ wisk machtsverheffing ❹ med teruggang, regressie ‹v. organen &›
involve [ɪnˈvɒlv] *overg* ❶ verwikkelen, betrekken ★ *our interests are* ~*d* het gaat om onze belangen ★ ~ *sbd in sth* iem. ergens bij betrekken ❷ insluiten, meebrengen, meeslepen, betekenen ★ *the risk it* ~*s is great* het ermee gepaard gaande gevaar is groot
involved [ɪnˈvɒlvd] *bn* ❶ ingewikkeld ★ *the plot is* ~ het plot is ingewikkeld ❷ betrokken ★ *the persons* ~ de daarbij betrokken personen ★ *become / get* ~ *with sbd / sth* zich inlaten met iem. / iets
involvement [ɪnˈvɒlvmənt] *znw* ❶ in-, verwikkeling ❷ betrokkenheid ❸ moeilijkheden ❹ schuld(en)
invulnerability [ɪnvʌlnərəˈbɪlɪtɪ] *znw* onkwetsbaarheid
invulnerable [ɪnˈvʌlnərəbl] *bn* onkwetsbaar
-in waiting [ɪn ˈweɪtɪŋ] *achterv* ❶ dienstdoend, in dienst ‹met name aan het hof› ❷ in afwachting, op het punt te gebeuren
inward [ˈɪnwəd] **I** *bn* ❶ inwendig, innerlijk ❷ naar binnen, binnenwaarts ★ *dicht an* ~ *look* een binnenwaartse blik **II** *bijw* → **inwards**
inward-looking [ˈɪnwəd-ˈlʊkɪŋ] *bn* in zichzelf gekeerd
inwardly [ˈɪnwədlɪ] *bijw* ❶ inwendig, innerlijk ❷ in zijn binnenste, in zichzelf ❸ naar binnen
inwardness [ˈɪnwədnɪs] *znw* innerlijke betekenis, innerlijk wezen
inwards [ˈɪnwədz], **inward** *bijw* naar binnen ★ *the door opens* ~ de deur gaat naar binnen open
inwrought [ɪnˈrɔːt, ˈɪnrɔːt] dicht *bn* ingewerkt, doorweven (met *with*)
in-your-face [ɪn-jɔː-ˈfeɪs] inf *bn* recht voor z'n raap, provocerend, agressief, onontkoombaar ★ *an* ~ *interview* een provocerende interview
I/O comput *afk* (input/output) input / output
iodide [ˈaɪədaɪd] *znw* jodide
iodine [ˈaɪədiːn] *znw* jodium
iodoform [aɪˈɒdəfɔːm, aɪˈəʊdəfɔːm] *znw* jodoform
ion [ˈaɪən] *znw* ion
Ionian [aɪˈəʊnɪən] **I** *bn* Ionisch **II** *znw* Ioniër, Ionische
Ionian Sea [aɪˈəʊnɪən siː] geogr *znw* Ionische Zee
ionic [aɪˈɒnɪk] *bn* ionen- ▾ bouwk *Ionic* Ionisch
ionization [aɪənaɪˈzeɪʃən], **ionisation** *znw* ionisatie
ionize [ˈaɪənaɪz], **ionise** *overg & onoverg* ioniseren
ionizer [ˈaɪənaɪzə], **ioniser** *znw* apparaatje om de kwaliteit v.d. lucht in een kamer te verbeteren
ionosphere [aɪˈɒnəsfɪə] *znw* ionosfeer
iota [aɪˈəʊtə] *znw* Griekse i, jota ★ *not one* ~ geen jota
IOU [aɪəʊˈjuː] *znw* (I owe you) ik ben u schuldig, schuldbekentenis

io

IP comput *afk* (Internet protocol)

IPA *afk* → **International Phonetic Alphabet**

IPO *afk* (initial public offering) eerste uitgifte ‹van aandelen›

ipso facto ['ɪpsəʊ 'fæktəʊ] *(‹Lat) bijw* ipso facto, noodzakelijkerwijs

IQ *afk* → **intelligence quotient**

ir- [ɪ(r)-] *voorv* on-, niet

IRA *afk* (Irish Republican Army) IRA, Ierse Republikeinse Leger

Iran [ɪ'rɑ:n] *znw* Iran

Iranian [ɪ'reɪnɪən] **I** *bn* Iraans **II** *znw* Iraniër, Iraanse

Iraq [ɪ'rɑ:k] *znw* Irak

Iraqi [ɪ'rɑ:kɪ] **I** *bn* Iraaks **II** *znw* Irakees, Irakese

irascibility [ɪræsɪ'bɪlɪtɪ] *znw* opvliegendheid

irascible [ɪ'ræsɪbl] *bn* prikkelbaar, opvliegend

irate [aɪ'reɪt] *bn* woedend, toornig, verbolgen

IRC comput *afk* (Internet relay chat) chatten, IRC

ire ['aɪə] dicht *znw* toorn

ireful ['aɪəfʊl] dicht *bn* toornig, verbolgen

Ireland ['aɪələnd] *znw* Ierland

iridescence [ɪrɪ'desəns] *znw* kleurenspel (als van een regenboog)

iridescent [ɪrɪ'desənt] *bn* iriserend, regenboogkleurig schitterend

iris ['aɪərɪs] **I** *znw* ❶ anat iris, regenboogvlies ❷ plantk iris **II** *onoverg* openen en sluiten als een iris

Irish ['aɪərɪʃ] **I** *bn* Iers ★ ~ *Gaelic* Iers Gaelic, Ierse Keltische taal **II** *znw* het Iers ★ *the ~* de Ieren

Irish-American ['aɪərɪʃ-ə'merɪkən] *bn* Iers-Amerikaans

Irish coffee ['aɪərɪʃ 'kɒfɪ] *znw* Irish coffee ‹koffie met whisky en slagroom›

Irishman ['aɪərɪʃmən] *znw* Ier

Irish stew ['aɪərɪʃ stju:] *znw* Ierse stoofschotel ‹met lamsvlees en uien›

Irishwoman ['aɪərɪʃwʊmən] *znw* Ierse

irk [ɜ:k] *overg* ergeren, vervelen, tegenstaan ★ *it ~s her to have to do all the housework* het ergert haar dat ze het hele huishouden moet doen

irksome ['ɜ:ksəm] *bn* vervelend, ergerlijk

iron ['aɪən] **I** *bn* ijzeren ★ *an ~ fist / hand in a velvet glove* iem. die vriendelijk overkomt, maar bikkelhard kan zijn **II** *znw* ❶ ijzer ★ zegsw *strike the ~ while it is hot / strike while the ~'s hot* men moet het ijzer smeden, als het heet is ❷ strijkijzer ❸ brandijzer ★ *have many ~s in the fire* veel ijzers in het vuur hebben ❹ soort golfstok **III** *overg* strijken ★ ~ *sth out* iets weg-, gladstrijken, fig iets wegnemen, verwijderen, vereffenen **IV** *onoverg* strijken

Iron Age ['aɪən eɪdʒ] *znw* ★ *the* ~ de ijzertijd

ironbark ['aɪənbɑ:k] *znw* ironbark ‹eucalyptussoort met hard hout›

iron-bound ['aɪən-baʊnd] *bn* ❶ met ijzeren banden ❷ fig ijzeren, uiterst streng ❸ door (steile) rotsen ingesloten

ironclad ['aɪənklæd] *bn* ❶ gepantserd ❷ hard, streng, stalen ★ *an ~ alibi* een ijzersterk alibi

Iron Curtain ['aɪən 'kɜ:tn] hist *znw* ★ *the* ~ het ijzeren gordijn

iron-hearted [aɪən-'hɑ:tɪd] dicht *bn* hardvochtig

ironic [aɪ'rɒnɪk], **ironical** *bn* ironisch

ironically [aɪ'rɒnɪklɪ] *bijw* ironisch ★ *'so what's new?', he said* ~ 'wat is daar zo anders aan?', zei hij ironisch ★ ~, *when we reached her house, she was on her way to us* ironisch genoeg, toen we bij haar huis aankwamen, was zij onderweg naar ons toe

ironing ['aɪənɪŋ] *znw* ❶ strijken ❷ strijkgoed

ironing board ['aɪənɪŋ bɔ:d] *znw* strijkplank

iron lung ['aɪən lʌŋ] *znw* ijzeren long

iron man ['aɪən mæn] *znw* man van staal

ironmonger ['aɪənmʌŋgə] *znw* handelaar in ijzerwaren

ironmongery ['aɪənmʌŋgərɪ] *znw* ❶ ijzerwaren ❷ ijzerhandel

iron ore ['aɪən ɔ:] *znw* ijzererts

iron rations ['aɪən 'ræʃənz] *znw* [mv] noodrantsoen

irons ['aɪənz] *znw* [mv] ❶ boeien ❷ beugels ‹v. been› ❸ inf stijgbeugels

ironstone ['aɪənstəʊn] *znw* ijzersteen

ironworks ['aɪənwɜ:ks] *znw* [mv] ijzergieterij

irony ['aɪrənɪ] *znw* ironie ★ *the* ~ *of it hasn't escaped us* de ironie ervan is door ons niet onopgemerkt gebleven

irradiance [ɪ'reɪdɪəns] *znw* ❶ (uit)straling ❷ glans

irradiate [ɪ'reɪdɪeɪt] *overg* ❶ bestralen ❷ dicht schijnen op, verlichten, doen stralen

irradiation [ɪreɪdɪ'eɪʃən] *znw* ❶ bestraling ❷ uitstraling

irrational [ɪ'ræʃənl] *bn* onredelijk, irrationeel

irrationality [ɪræʃə'nælɪtɪ] *znw* onredelijkheid

irrationally [ɪ'ræʃənəlɪ] *bijw* onredelijk, irrationeel ★ *he's behaving quite* ~ *lately* hij gedraagt zich nogal onredelijk de laatste tijd

irreclaimable [ɪrɪ'kleɪməbl] *bn* ❶ onverbeterlijk ❷ onontginbaar ❸ onherroepelijk

irreconcilable [ɪrekən'saɪləbl] *bn* onverzoenlijk, onverenigbaar, onoverbrugbaar

irreconcilably [ɪrekən'saɪləblɪ] *bijw* ❶ onverzoenlijk ❷ onverenigbaar, onoverbrugbaar ★ ~ *opposed points of view* onoverbrugbaar tegengestelde opvattingen

irrecoverable [ɪrɪ'kʌvərəbl] *bn* ❶ niet te herkrijgen ❷ onherroepelijk verloren ❸ oninbaar ❹ onherstelbaar

irrecoverably [ɪrɪ'kʌvərəblɪ] *bijw* onherstelbaar, onherroepelijk ★ *their culture is* ~ *lost* hun cultuur is onherroepelijk verloren

irredeemable [ɪrɪ'di:məbl] *bn* onherstelbaar, onafkoopbaar, onaflosbaar

irreducible [ɪrɪ'dju:sɪbl] *bn* onherleidbaar, niet vereenvoudigbaar, niet te verminderen

irreducibly [ɪrɪ'dju:sɪblɪ] *bijw* niet te vereenvoudigen, onveranderbaar ★ *truth is* ~ *complex* de waarheid is onveranderbaar complex

irrefragable [ɪ'refrəgəbl] form *bn* onweerlegbaar

irrefrangible [ɪrɪ'frændʒɪbl] <u>form</u> *bn*
❶ onverbreekbaar, onschendbaar ❷ onbreekbaar
‹v. stralen›

irrefutable [ɪ'refjʊtəb] *bn* onomstotelijk,
onweerlegbaar

irrefutably [ɪ'refjʊtəblɪ] *bijw* onbetwistbaar,
onomstotelijk, definitief ★ *the disease has not yet
been ~ identified* de ziekte is nog niet definitief
geïdentificeerd

irregular [ɪ'regjʊlə] *bn* ❶ onregelmatig ❷ niet in orde
‹v. paspoort &› ❸ ongeregeld ❹ ongelijk

irregularity [ɪregjʊ'lærɪtɪ] *znw* ❶ onregelmatigheid
❷ ongeregeldheid

irregularly [ɪ'regjʊləlɪ] *bijw* onregelmatig ★ *a row of ~
aligned teeth* een rij onregelmatig geplaatste tanden

irregulars [ɪ'regjʊləz] *znw* [mv] ongeregelde troepen

irrelevance [ɪ'relɪvəns] *znw* ontoepasselijkheid, niet
ter zake zijn

irrelevancy [ɪ'relɪvənsɪ] *znw* ❶ ontoepasselijkheid
❷ irrelevante opmerking ❸ bijzaak, bijkomstigheid

irrelevant [ɪ'relɪvənt] *bn* irrelevant, niet toepasselijk,
geen betrekking hebbend (op *to*), niets te maken
hebbend (met *to*)

irrelevantly [ɪ'relɪvəntlɪ] *bijw* niet ter zake doend,
irrelevant ★ *interestingly, though ~, he too is a
scientist* interessant genoeg, hoewel niet relevant, is
hij ook wetenschapper

irreligious [ɪrɪ'lɪdʒəs] <u>afkeurend</u> *bn* ❶ ongelovig
❷ godsdienstloos, zonder geloof ❸ ongodsdienstig

irremediable [ɪrɪ'miːdɪəbl] *bn* ❶ onherstelbaar
❷ ongeneeslijk

irremissible [ɪrɪ'mɪsɪbl] <u>form</u> *bn* onvergeeflijk

irremovable [ɪrɪ'muːvəbl] *bn* ❶ onafzetbaar
❷ onverplaatsbaar

irreparable [ɪ'repərəbl] *bn* onherstelbaar

irreparably [ɪ'repərəblɪ] *bijw* onherstelbaar ★ *the
relationship has been ~ damaged* de verhouding is
onherstelbaar beschadigd

irreplaceable [ɪrɪ'pleɪsəbl] *bn* onvervangbaar

irrepressible [ɪrɪ'presɪbl] *bn* ❶ niet te onderdrukken
★ *in ~ good spirits* in een niet te onderdrukken goed
humeur ❷ onbedwingbaar

irrepressibly [ɪrɪ'presɪblɪ] *bijw* ❶ niet te onderdrukken
★ *he has an ~ jovial nature* hij heeft een niet te
onderdrukken joviaal karakter ❷ onbedwingbaar

irreproachable [ɪrɪ'prəʊtʃəbl] *bn* onberispelijk

irreproachably [ɪrɪ'prəʊtʃəblɪ] *bijw* onberispelijk

irresistible [ɪrɪ'zɪstɪbl] *bn* onweerstaanbaar

irresistibly [ɪrɪ'zɪstɪblɪ] *bijw* onweerstaanbaar ★ *he's ~
good looking* hij ziet er onweerstaanbaar goed uit

irresolute [ɪ'rezəl(j)uːt] *bn* besluiteloos, weifelend,
aarzelend

irresolutely [ɪ'rezəl(j)uːtlɪ] *bijw* besluiteloos, weifelend,
aarzelend ★ *he rested his hand ~ on the doorknob* hij
liet zijn hand besluiteloos op de deurklink rusten

irresolution [ɪrezə'l(j)uːʃən] *znw* besluiteloosheid

irresolvable [ɪrɪ'zɒlvəbl] *bn* onoplosbaar ‹v. probleem
&›

irrespective [ɪrɪ'spektɪv] *bijw* ★ ~ *of* zonder te letten
op, ongeacht ★ *the legislation will apply ~ of age or
ethnic origin* de wet is van toepassing ongeacht
leeftijd of etnische achtergrond

irresponsibility [ɪrɪspɒnsɪ'bɪlɪtɪ] *znw*
onverantwoordelijkheid

irresponsible [ɪrɪ'spɒnsɪbl] *bn* ❶ onverantwoordelijk
❷ onbetrouwbaar ❸ ontoerekenbaar

irresponsibly [ɪrɪ'spɒnsɪblɪ] *bijw* onverantwoordelijk,
onverantwoord ★ *he behaved ~ in driving so fast* hij
gedroeg zich onverantwoordelijk door zo snel te
rijden

irresponsive [ɪrɪs'pɒnsɪv] *bn* niet reagerend (op *to*)

irretrievable [ɪrɪ'triːvəbl] *bn* onherstelbaar

irretrievably [ɪrɪ'triːvəblɪ] *bijw* onherstelbaar ★ ~ *lost*
onherroepelijk verloren

irreverence [ɪ'revərəns] *znw* oneerbiedigheid

irreverent [ɪ'revərənt] *bn* oneerbiedig

irreverently [ɪ'revərəntlɪ] *bijw* oneerbiedig ★ *he refers
to his father ~ as 'the old man'* hij noemt zijn vader
oneerbiedig zijn 'ouwe heer'

irreversible [ɪrɪ'vɜːsɪbl] *bn* ❶ onherroepelijk,
onveranderlijk ❷ onomkeerbaar, irreversibel

irreversibly [ɪrɪ'vɜːsɪblɪ] *bijw* onherroepelijk,
onomkeerbaar ★ *his lungs are ~ damaged* zijn longen
zijn onherroepelijk beschadigd

irrevocable [ɪ'revəkəbl] *bn* onherroepelijk

irrevocably [ɪ'revəkəblɪ] *bijw* onherroepelijk ★ *the
coming of the railway changed their lives ~* de komst
van de spoorweg heeft hun leven onherroepelijk
veranderd

irrigate ['ɪrɪgeɪt] *overg* bevochtigen, besproeien,
bevloeien, irrigeren

irrigation [ɪrɪ'geɪʃən] *znw* bevochtiging, besproeiing,
bevloeiing, irrigatie

irritability [ɪrɪtə'bɪlɪtɪ] *znw* prikkelbaarheid

irritable ['ɪrɪtəbl] *bn* prikkelbaar, geprikkeld

irritable bowel syndrome ['ɪrɪtəbl 'baʊəl 'sɪndrəʊm],
IBS <u>med</u> *znw* geïrriteerde darm syndroom

irritably ['ɪrɪtəblɪ] *bijw* geprikkeld, geïrriteerd ★ *'it's
the same old story', he said ~* 'het is het oude liedje',
zei hij geïrriteerd

irritant ['ɪrɪtnt] *bn & znw* prikkelend (middel)

irritate ['ɪrɪteɪt] *overg* prikkelen, irriteren, ergeren

irritating ['ɪrɪteɪtɪŋ] *bn* irriterend, irritant, ergerlijk

irritatingly ['ɪrɪteɪtɪŋlɪ] *bijw* irritant ★ *she's so ~ tidy* ze
is zo irritant netjes

irritation [ɪrɪ'teɪʃən] *znw* ❶ prikkeling, geprikkeldheid
❷ irritatie, ergernis

irruption [ɪ'rʌpʃən] *znw* binnendringen, inval

IRS Am *afk* → **Internal Revenue Service**

is [ɪz,z,s] *ww* [derde pers. enk.] → **be**

ISBN *afk* (international standard book number) ISBN,
internationaal standaardboeknummer

ISDN <u>telec</u> *afk* (integrated services digital network)
ISDN

Islam ['ɪzlɑːm, -læm, '-lɑːm] *znw* de islam

Islamic [ɪz'læmɪk] *bn* islamitisch

is

Islamize ['ɪzlæmaɪz], **Islamise** overg islamiseren
island ['aɪlənd] znw ❶ eiland ❷ vluchtheuvel
islander ['aɪləndə] znw eilandbewoner
isle [aɪl] dicht znw eiland
islet ['aɪlɪt] znw eilandje
islet of Langerhans ['aɪlɪt əv 'læŋəhænz] anat znw
eilandje van Langerhans
ism ['ɪzəm] inf znw ❶ isme ★ economic rationalism is
just another ~ economisch rationalisme is gewoon
het zoveelste isme ❷ leer, theorie
isn't ['ɪzənt] samentr (is not) → **be**
isobar ['aɪsəʊbɑː] znw isobaar
isogloss ['aɪsəʊɡlɒs] znw isoglosse
isolate ['aɪsəleɪt] I znw geïsoleerde persoon,
geïsoleerde stof II overg afzonderen, isoleren
★ technicians are trying to ~ the problem technici
proberen het probleem te isoleren ★ he will have to
be ~d from the other patients hij zal afgezonderd
moeten worden van de andere patiënten
isolated ['aɪsəleɪtɪd] bn afgelegen, alleenstaand,
geïsoleerd, afzonderlijk ★ an ~ case op zichzelf
staand geval
isolation [aɪsə'leɪʃən] znw afzondering, isolering,
isolatie, isolement ★ they live in relative ~ ze leven in
betrekkelijke afzondering
isolationism [aɪsə'leɪʃənɪzəm] znw isolationisme
isolationist [aɪsə'leɪʃənɪst] I bn isolationistisch II znw
isolationist
isosceles triangle [aɪ'sɒsɪliːz 'traɪæŋɡl] znw
gelijkbenige driehoek
isotherm ['aɪsəʊθɜːm] znw isotherm
isotope ['aɪsətəʊp] znw isotoop
Israel ['ɪzreɪəl] znw Israël
Israeli [ɪz'reɪlɪ] I bn Israëlisch II znw Israëli
Israelite ['ɪzrəlaɪt] znw israëliet, Israëliet
issue ['ɪʃuː, 'ɪsjuː] I znw ❶ (geschil)punt, kwestie,
strijdvraag ★ form at ~ in kwestie ★ address an ~ zich
met een kwestie bezighouden ★ cloud / confuse the ~
de zaak vertroebelen ★ duck / evade the ~ zich
handig om iets redden ★ make an ~ of sth ergens een
punt van maken ★ take ~ de strijd aanbinden
❷ uitvaardiging, uitgifte, emissie ❸ nummer, editie
‹v. krant› ★ a single ~ een los (tijdschrift)nummer
❹ afloop, uitslag, uitkomst, resultaat ❺ form & jur
nakomelingschap, (na)kroost ★ vero be without ~
geen nakomelingen hebben ❻ uitgang, uitweg,
uitstorting, uitstroming II overg ❶ afgeven,
uitgeven, in omloop brengen ★ ~ a statement een
verklaring afgeven ★ ~ sbd with sth iem. van iets
voorzien ❷ uitvaardigen ★ jur ~ a writ een
dwangbevel uitvaardigen III onoverg ❶ uitkomen
❷ zich uitstorten, uitstromen, naar buiten komen
IV phras ★ ~ forth te voorschijn komen ★ ~ from
sth komen uit iets, voortkomen uit iets, afstammen
van iets
issueless ['ɪʃuːlɪs, 'ɪsjuːlɪs] vero bn zonder
nakomelingen
issue of law ['ɪʃuː, 'ɪsjuː əv 'lɔː] jur znw wetskwestie

issue price ['ɪʃuː, 'ɪsjuː praɪs] eff znw emissiekoers
issues ['ɪʃuːz, 'ɪsjuːz] znw [mv] problemen,
moeilijkheden ★ have ~ with sth moeilijkheden met
iets hebben
isthmus ['ɪsməs, 'ɪsθməs] znw landengte
it [ɪt] pers vnw het, hij, zij ★ ~'s me ik ben het ★ that's ~
dat is 't, daar zit 'm de kneep, juist, precies, dat is
dat, klaar is Kees ★ a small house with a big family
in ~ een klein huis met daarin een groot gezin ★ she
won't talk about ~ ze wil er niet over praten ★ you
either have ~ or you don't je hebt het of je hebt het
niet ★ that's just ~ dat is het hem nu juist ★ one more
week and that's ~ nog een week en dan is het
afgelopen ★ that's ~: no more fighting! zo is het
genoeg / stop maar: ophouden met vechten! ★ inf
this is ~! dit is het helemaal! ★ who is ~? wie is dat?
★ kindertaal Emma's ~ now Emma is hem nou ‹aan
de beurt›
Italian [ɪ'tæljən] I bn Italiaans II znw ❶ Italiaan,
Italiaanse ❷ het Italiaans
Italianate [ɪ'tæljəneɪt] bn veritaliaanst, in Italiaanse
stijl
Italian parsley [ɪ'tæljən 'pɑːslɪ] znw Italiaanse
peterselie, platte peterselie
italic [ɪ'tælɪk] bn cursief
italicize [ɪ'tælɪsaɪz], **italicise** overg cursiveren
italics [ɪ'tælɪks] znw [mv] cursieve druk ★ in ~ cursief
gedrukt ★ my ~ / the ~ are mine ik cursiveer
Italy ['ɪtəlɪ] znw Italië
itch [ɪtʃ] I znw ❶ jeuk ❷ schurft ❸ inf hevig verlangen
II onoverg ❶ jeuken ★ inf my fingers are ~ing to get
started mijn vingers jeuken om aan de gang te gaan
❷ inf hevig verlangen ★ he was ~ing to go hij
popelde om te gaan
itching ['ɪtʃɪŋ] I bn ❶ jeukend ★ she has an ~ ear ze is
tuk op nieuwtjes ❷ popelend ★ he's ~ to do it hij zit
te springen om het te doen II znw ❶ jeuk
❷ hunkering
itchy ['ɪtʃɪ] bn ❶ jeukerig ★ fig we have ~ feet we
blijven niet graag lang op een plek ❷ schurftig
it'd ['ɪtəd] samentr (it had) → **have** (it would) → **would**
item ['aɪtəm] znw ❶ artikel, post, item, punt ‹op
agenda›, nummer ‹v. program›, stuk
❷ (nieuws)bericht ▼ inf be an ~ een relatie hebben
‹v. mensen›
itemize ['aɪtəmaɪz], **itemise** overg specificeren
itemized ['aɪtəmaɪzd], **itemised** bn gespecificeerd
★ an ~ bill gespecificeerde nota, gespecificeerde
rekening
iterate ['ɪtəreɪt] form overg herhalen
iteration [ɪtə'reɪʃən] form znw herhaling
iterative ['ɪtərətɪv] bn ❶ herhalend ❷ herhaald,
herhalings- ❸ gramm iteratief
itinerant [aɪ'tɪnərənt, ɪ-] I bn rondreizend,
rondtrekkend ★ an ~ tradesman een rondtrekkende
handelaar II znw iem. die rondreist / rondtrekt
itinerary [aɪ'tɪnərərɪ, ɪ-] znw reisroute, reisbeschrijving
itinerate [aɪ'tɪnəreɪt, ɪ-] onoverg (rond)reizen,

rondtrekken
it'll ['ɪtl] *samentr* (it shall) → **shall** (it will) → **will**
its [ɪts] *bez vnw* zijn, haar
it's [ɪts] *samentr* ❶ (it has) → **have** ❷ (it is) → **be**
itself [ɪt'self] *wederk vnw* zich(zelf)
itsy-bitsy [ɪtsɪ-'bɪtsɪ], **itty-bitty** inf *bn* heel klein
IUD *afk* → **intra-uterine device**
IV *afk* ❶ → **intravenous** ❷ → **intravenously**
I've [aɪv] *samentr* (I have) → **have**
IVF *znw* → **in vitro fertilization**
ivied ['aɪvɪd], **ivy-clad**, **ivy-mantled** *bn* met klimop
  begroeid
ivories ['aɪvərɪz] *znw* [mv] ❶ (kunst)objecten van ivoor
  ❷ biljartballen, dobbelstenen, pianotoetsen, tanden
  ★ inf *tinkle the* ~ pianospelen
ivory ['aɪvərɪ] **I** *bn* ivoren **II** *znw* ivoor
Ivory Coast ['aɪvərɪ kəʊst] *znw* Ivoorkust
ivory tower ['aɪvərɪ taʊə] afkeurend *znw* ivoren toren
ivy ['aɪvɪ] *znw* klimop
ivy-clad ['aɪvɪ-klæd] *bn* → **ivied**
Ivy League ['aɪvɪ 'li:g] Am *znw* de oude universiteiten
  en colleges in het noordoosten van de Verenigde
  Staten
ivy-mantled ['aɪvɪ-'mæntld] *bn* → **ivied**

J

j I *afk* ★ *J* (joule/joules) joule **II** *znw* [dʒeɪ] (de letter) j
jab [dʒæb] **I** *znw* ❶ steek, por ★ *a ~ in the ribs* een por
  in de ribben, een aansporing ❷ inf prik, injectie
  ★ inf *a flu / tetanus &* ~ een griepprik / tetanusprik &
  II *overg & onoverg* steken, porren
jabber ['dʒæbə] **I** *znw* gekakel, gebrabbel **II** *overg &
  onoverg* kakelen, brabbelen, wauwelen ★ *she ~ed
  (out) something about a thief* ze brabbelde iets over
  een dief
jack [dʒæk] **I** *bn* Aus inf moe, verveeld ‹van iem. / iets›
  ★ *I'm really getting ~ of my boss* ik word echt zat van
  mijn baas **II** *znw* ❶ krik, dommekracht, hefboom
  ❷ kaartsp boer ★ *the ~ of hearts / spades &*
  hartenboer / schoppenboer & ❸ gewone man ★ inf
  every man ~ iedereen ★ inf *I'm all right Jack* met mij
  gaat het goed ‹suggereert: de rest kan me niet
  schelen› ❹ jack, cochonnet ‹het kleine balletje in
  jeu de boules & bowls› ❺ boegsprietvlaggetje
  ❻ spitdraaier, zaagbok ❼ mannetje ‹van dier›
  ▼ rijmend slang *on one's Jack (Jones)* in zijn eentje
  III *phras* ★ Am inf *~ sbd around* iem. van het kastje
  naar de muur sturen, iem. het bos insturen ★ inf *~
  sth in* iets opgeven ★ *~ in / into sth* ergens inloggen
  ‹computer› ★ vulg *~ off* zich aftrekken,
  masturberen ★ inf *~ up* drugs spuiten, Aus de brui
  eraan geven, niet meer mee willen doen ★ *~ sth up*
  iets opkrikken, iets opvijzelen (ook v. prijzen)
jackal ['dʒækl] *znw* jakhals
jackanapes ['dʒækəneɪps] gedat *znw* ❶ fat, kwast
  ❷ ondeugende rakker
jackaroo [dʒækə'ru:], **jackeroo** Aus & NZ **I** *znw*
  jongeman die op een veeboerderij werkt om
  ervaring op te doen **II** *onoverg* werken als jackeroo
jackass ['dʒækæs] *znw* ezel
jackboot ['dʒækbu:t] *znw* hoge laars
Jack-by-the-hedge ['dʒæk-bai-ðə-'hedʒ] *znw*
  look-zonder-look ‹plant›
jackdaw ['dʒækdɔ:] *znw* kauw, torenkraai
jackeroo [dʒækə'ru:] *znw & onoverg* → **jackaroo**
jacket ['dʒækɪt] *znw* ❶ jekker, jak, jas, jasje, colbert
  ★ *a ~ and tie* een colbert met stropdas ❷ omhulsel,
  mantel ❸ stofomslag ❹ schil ‹v. aardappel› ★ *a
  potato cooked in its ~* een in de schil gekookte
  aardappel
jacket potato ['dʒækɪt pə'teɪtəʊ] *znw* in de schil
  gekookte aardappel
jackfish ['dʒækfɪʃ] Am *znw* snoek, snoekbaars
Jack Frost [dʒæk 'frost] *znw* Koning Winter
jackfruit ['dʒækfru:t] *znw* ❶ broodboom
  ❷ broodvrucht
jack hammer ['dʒæk hæmə] *znw* pneumatische boor
jack-in-office ['dʒæk-ɪn-ɒfɪs] Br *znw* (gewichtigdoend)
  ambtenaartje
jack-in-the-box ['dʒæk-ɪn-ðə-bɒks] *znw* duveltje in

ja

een doosje

jackknife ['dʒæknaɪf] **I** znw ❶ groot knipmes
❷ snoekduik **II** onoverg ❶ dubbelklappen, scharen
⟨v. vrachtwagen met oplegger⟩ ❷ zich opvouwen

jackleg ['dʒækleg] Am inf znw beunhaas

jack-of-all-trades [dʒæk-əv-ɔ:l-'treɪdz] znw
manusje-van-alles ★ zegsw a ~ and master of none
twaalf ambachten, dertien ongelukken

jack-o-lantern [dʒæk-ə-'læntən] znw lampion van
uitgeholde pompoen

jack plug ['dʒæk plʌg] elektr znw enkelvoudige
stekker, jack

jackpot ['dʒækpɒt] znw sp pot, jackpot, prijs ★ inf hit
the ~ een groot succes behalen, boffen, geluk
hebben, winnen

jackrabbit ['dʒækræbɪt] znw prairiehaas

Jack Robinson [dʒæk 'rɒbɪnsən] znw ★ before you
could say ~ vliegensvlug, als de gesmeerde bliksem

jacks [dʒæks] znw ❶ Iers toilet ❷ bikkelspelletje

jackstraw ['dʒækstrɔ:] znw ❶ stropop ❷ fig
onbetekenend persoon ❸ mikadospel

Jack the Lad [dʒæk ðə 'læd] Br znw haantje de
voorste, opschepper

Jacobean [dʒækə'bi:ən] bn uit de tijd van koning
Jacobus I ⟨1566-1625⟩ ★ a ~ manor house / tragedy &
een landhuis / toneelstuk & uit de tijd van Jacobus I

jacobin ['dʒækəbɪn] znw kapduif

Jacobite ['dʒækəbaɪt] hist znw jakobiet ⟨aanhanger
v.d. verdreven koning Jacobus II (1633-1701)⟩

Jacob's ladder ['dʒeɪkəbz 'lædə] znw jakobsladder

jacquard ['dʒækɑ:d] znw jacquard ⟨machine, weefsel⟩

jacuzzi® [dʒə'ku:zɪ] znw whirlpool, massagebad,
bubbelbad

jade [dʒeɪd] znw bittersteen, nefriet, jade

jaded ['dʒeɪdɪd] bn afgemat, uitgeput, uitgewoond

jag [dʒæg] **I** znw ❶ uitstekende punt, tand ❷ rafelige
scheur ❸ Am inf drinkgelag, boemel, stuk in de
kraag, dronkenschap, stoned zijn **II** overg ❶ steken,
prikken ★ he ~ged himself with the pitchfork hij stak
zichzelf met de mestvork ❷ inkepen, kerven

jagged ['dʒægɪd] bn getand, geschaard, puntig,
gekarteld ★ he cut himself on the ~ edge of the glass
hij sneed zich aan de scherpe rand van het glas
★ this should soothe her ~ nerves dit moet haar
geprikkelde zenuwen kalmeren

jaggery ['dʒægərɪ] znw ruwe suiker ⟨van palmbomen⟩

jaguar ['dʒægjʊə] znw jaguar

jail [dʒeɪl], **gaol I** znw gevangenis **II** overg
gevangenzetten

jailbird ['dʒeɪlbɜ:d] inf znw boef, bajesklant

jailbreak ['dʒeɪlbreɪk] znw uitbraak, ontsnapping uit
de gevangenis

jailer ['dʒeɪlə], **gaoler** znw cipier, gevangenbewaarder

jailhouse ['dʒeɪlhaʊs] Am znw gevangenis

jalopy [dʒə'lɒpɪ] inf znw ouwe kar, rammelkast ⟨auto⟩

jam [dʒæm] **I** znw ❶ jam ❷ opeenhoping, opstopping,
gedrang ❸ inf verlegenheid, moeilijkheid, knel
★ we were in a bit of a ~ we zaten een beetje in de

problemen **II** overg ❶ samendrukken,
samenpakken, samenduwen ❷ vastzetten,
klemmen, knellen ★ ~ on the brakes hard remmen
❸ versperren ❹ radio storen **III** onoverg ❶ klemmen
❷ blokkeren, verstoppen ★ the roads are ~med solid
de wegen zitten propvol ❸ muz jammen ⟨jazz,
popmuziek⟩

Jamaica [dʒə'meɪkə] znw Jamaica

Jamaican [dʒə'meɪkən] **I** bn Jamaicaans **II** znw
Jamaicaan, Jamaicaanse

jamb [dʒæm] znw stijl ⟨v. deur &⟩

jamboree [dʒæmbə'ri:] znw ❶ jamboree ❷ inf fuif

jam-full [dʒæm-'fʊl] bn → **jam-packed**

jam jar ['dʒæm dʒɑ:] znw jampot

jammy ['dʒæmɪ] bn ❶ jamachtig, gevuld met jam
❷ Br inf geluks-, mazzel- ★ they scored from a ~ free
kick ze scoorden uit een gelukkige vrije schop

jam-packed [dʒæm-'pækt], **jam-full** bn propvol

jam session [dʒæm 'seʃən] znw jamsession

Jan. afk (January) januari

jangle ['dʒæŋgl] **I** znw ❶ gekrijs, schril geluid
❷ kibbelarij **II** overg ❶ ontstemmen ★ that noise is
starting to ~ my nerves het geluid begint me op mijn
zenuwen te werken ❷ krijsen ❸ rammelen, rinkelen
met ★ he ~d his keys impatiently hij rammelde
ongeduldig met zijn sleutels **III** onoverg ❶ rinkelen,
rammelen ★ the doorbell ~d de deurbel rinkelde
❷ een wanklank geven, schril klinken ❸ kibbelen

jangled ['dʒæŋgld] bn geschokt, ontstemd ★ ~ nerves
geschokte zenuwen

janitor ['dʒænɪtə] znw portier

January ['dʒænjʊərɪ] znw januari

Jap [dʒæp] inf beledigend **I** bn Japans **II** znw jap

japan [dʒə'pæn] **I** znw ❶ lak ❷ Japans porselein
▼ Japan Japan **II** overg (ver)lakken

Japanese [dʒæpə'ni:z] **I** bn Japans **II** znw [mv: ~]
❶ Japanner, Japanse ❷ het Japans

jape [dʒeɪp] **I** znw poets **II** onoverg gekscheren

jar [dʒɑ:] **I** znw ❶ (stop)fles, kruik, pot ❷ gekras,
schuurgeluid, wanklank ❸ schok **II** overg doen
trillen ⟨van de schok⟩ ★ he ~red his ankle on the hard
surface hij stootte zijn enkel pijnlijk aan het harde
oppervlak **III** onoverg ❶ krassen, schuren ❷ trillen
❸ botsen, in botsing komen, niet harmoniëren (met
with) ★ his plans always ~ with mine zijn plannen
botsen altijd met de mijne

jargon ['dʒɑ:gən] znw ❶ jargon, vaktaal, groepstaal
❷ brabbeltaal, koeterwaals ❸ → **jargoon**

jargoon [dʒɑ:'gu:n], **jargon** znw zirkoon(steen)

jarring ['dʒɑ:rɪŋ] bn krassend, schurend, niet
harmoniërend ★ strike a ~ note een wanklank
veroorzaken

jasmine ['dʒæsmɪn, 'dʒæz-] znw jasmijn ★ ~ tea
jasmijnthee

jasper ['dʒæspə] znw jaspis

jaundice ['dʒɔ:ndɪs] znw ❶ geelzucht ❷ fig bitterheid,
afgunst

jaundiced ['dʒɔ:ndɪst] bn ❶ aan geelzucht lijdend

❷ <u>fig</u> afgunstig ★ *with a ~ eye* met een afgunstige blik ❸ nijdig, pessimistisch, negatief

jaunt [dʒɔ:nt] **I** *znw* uitstapje, tochtje **II** *onoverg* een uitstapje maken

jauntily ['dʒɔ:ntɪlɪ] *bijw* zwierig, kwiek ★ *his hat was set ~ at the back of his head* zijn hoed stond zwierig achter op zijn hoofd

jaunty ['dʒɔ:ntɪ] *bn* zwierig, kwiek ★ *he struck up a ~ pose* hij nam een kwieke houding aan ★ *his cap was at a ~ angle* zijn pet stond zwierig schuin

java ['dʒɑ:və] Am *inf znw* koffie

Javanese [dʒɑ:və'ni:z] **I** *bn* Javaans **II** *znw* [*mv: ~*] ❶ Javaan, Javaanse ❷ het Javaans

javelin ['dʒæv(ə)lɪn] *znw* werpspies, <u>sp</u> speer

jaw [dʒɔ:] **I** *znw* ❶ kaak ❷ <u>techn</u> klauw ‹v. tang› ❸ <u>inf</u> geklets, gezwam ❹ <u>inf</u> brutale mond **II** *overg* <u>inf</u> de les lezen **III** *onoverg* <u>inf</u> kletsen, zwammen (ook: *~ away*)

jawbone ['dʒɔ:bəʊn] **I** *znw* kaakbeen **II** *overg* Am *inf* overhalen, onder druk zetten

jawbreaker ['dʒɔ:breɪkə] <u>inf</u> *znw* moeilijk uit te spreken woord

jaw-dropping ['dʒɔ:-'drɒpɪŋ] <u>inf</u> *bn* verbazend ★ *a ~ display of tightrope agility* een verbazende demonstratie van behendigheid in koorddansen

jaws [dʒɔ:z] *znw* [*mv*] ❶ mond, kaken ★ *snatched from the ~ of death* uit de klauwen van de dood gered ❷ bek v. tang of sleutel ❸ randen van ravijn

Jaws of Life® [dʒɔ:z əv 'laɪf] Am *znw* hydraulische schaar en spreider ‹om mensen uit autowrakken te bevrijden›

jay [dʒeɪ] *znw* Vlaamse gaai ‹vogel›

jaywalk ['dʒeɪwɔ:k] Am *onoverg* roekeloos de straat oversteken ‹strafbaar›

jaywalker ['dʒeɪwɔ:kə] Am *znw* onvoorzichtige voetganger ‹bij het oversteken &›

jaywalking ['dʒeɪwɔ:kɪŋ] Am *znw* zonder uit te kijken over straat lopen

jazz [dʒæz] **I** *znw* ❶ <u>muz</u> jazz ❷ <u>inf</u> mooie praatjes ★ *and all that ~* et cetera, en nog meer van die prietpraat, en dat hele gedoe **II** *phras* ★ <u>inf</u> *~ sth* **up** iets opkikkeren, fut brengen in, opvrolijken

jazzed-up [dʒæzd-'ʌp] <u>inf</u> *bn* opgepept, opgevrolijkt

jazzy ['dʒæzɪ] *bn* ❶ lawaaierig, druk, kakelbont ★ *a ~ tie* een bonte stropdas ❷ <u>muz</u> jazzy

JCB® Br *znw* soort graafmachine

jealous ['dʒeləs] *bn* ❶ jaloers, afgunstig, ijverzuchtig, na-ijverig (op *of*) ❷ angstvallig bezorgd / wakend

jealously ['dʒeləslɪ] *bijw* jaloers, angstvallig ★ *the exact location is being guarded* ~ de precieze locatie wordt angstvallig geheim gehouden

jealousy ['dʒeləsɪ] *znw* ❶ jaloersheid, jaloezie, afgunst, na-ijver ★ *in a fit of ~* in een aanval van jaloezie ★ *be eaten up with* ~ verteerd worden door jaloezie ❷ angstvallige bezorgdheid

jeans [dʒi:nz] *znw* [*mv*] spijkerbroek, jeans

jeep [dʒi:p] *znw* jeep

jeepers ['dʒi:pəz], **jeepers creepers** *tsw* lieve hemel!

jeer [dʒɪə] **I** *znw* ❶ hoon, hoongelach, gejouw ❷ hatelijke opmerking **II** *overg* bespotten, uitjouwen, honen **III** *onoverg* jouwen, boe roepen ★ *~ at sbd* iem. uitlachen, iem. bespotten, iem. uitjouwen

jeering ['dʒɪərɪŋ] *znw* gejouw, gespot

Jehovah [dʒɪ'həʊvə] *znw* Jehova

Jehovah's Witness [dʒɪ'həʊvəz 'wɪtnɪs] *znw* Jehova's getuige

jejune [dʒɪ'dʒu:n] *bn* ❶ droog, oninteressant ❷ naïef, oppervlakkig

Jekyll and Hyde [dʒekɪl ənd 'haɪd] <u>afkeurend</u> *znw* gespleten persoonlijkheid, dubbelleven

jell [dʒel], **gel** *onoverg* ❶ stijf worden ❷ vorm krijgen ★ *our ideas are starting to* ~ onze ideeën beginnen vorm te krijgen ▼ *it didn't ~ between them* het klikte niet tussen hen

jellied ['dʒelɪd] *bn* geleiachtig, gestold, in gelei

Jell-O® ['dʒel-əʊ], **jello** Am *znw* gelatinepudding

jelly ['dʒelɪ] *znw* gelei, lil, dril, gelatinepudding ★ *into / to a ~* tot moes, tot mosterd, in stukken ★ *her legs turned to* ~ haar benen werden slap

jelly baby ['dʒelɪ 'beɪbɪ] *znw* snoepje, gombeertje

jelly bag ['dʒelɪ bæg] *znw* filterzak ‹om gelei te maken›

jellybean ['dʒelɪbi:n] *znw* snoepje ‹boonvormig›

jellyfish ['dʒelɪfɪʃ] *znw* kwal

jelly roll ['dʒelɪ rəʊl] Am *znw* opgerolde cake met jam

jelly shoe ['dʒelɪ ʃu:], **jelly sandal** *znw* plastic sandaal

jemmy ['dʒemɪ], Am **jimmy** *znw* breekijzer ‹van inbreker›

je ne sais quoi [ʒə nə seɪ 'kwɑ:] *(‹Fr)* *znw* iets ondefinieerbaars

jenny ['dʒenɪ] *znw* ❶ spinmachine ❷ <u>techn</u> loopkraan ❸ ezelin

jeopardize ['dʒepədaɪz], **jeapardise** *overg* ❶ in gevaar brengen ★ *the scandal could seriously ~ his career* het schandaal zou zijn carrière ernstig in gevaar kunnen brengen ❷ in de waagschaal stellen

jeopardy ['dʒepədɪ] *znw* gevaar, risico ★ *the hostages' lives are in ~* het leven van de gijzelaars loopt gevaar

jerk [dʒɜ:k] **I** *znw* ❶ stoot, ruk, hort, schok, (spier)trekking ★ <u>inf</u> *physical ~s* gymnastische oefeningen ★ *the door slammed shut and she woke up with a ~* de deur klapte dicht en ze werd met een schok wakker ❷ <u>inf</u> sufferd, stommeling **II** *overg* ❶ rukken aan, stoten ❷ keilen **III** *onoverg* stoten, rukken, schokken, horten ★ *~ awake* met een schok wakker worden ★ *~ to a halt* met een schok stilstaan **IV** *phras* ★ Am *inf* ★ *~ sbd* **around** iem. oneerlijk of unfair behandelen ★ <u>vulg</u> *~ off* zich afrukken, aftrekken, masturberen ★ *~ sth* **open** iets met een ruk opentrekken

jerkin ['dʒɜ:kɪn] *znw* ❶ buis, wambuis ❷ <u>hist</u> kolder

jerkwater ['dʒɜ:kwɔ:tə] Am *inf* *bn* afgelegen, bekrompen, boers

jerky ['dʒɜ:kɪ] *bn* hortend, krampachtig, schokkerig

jerry ['dʒerɪ] <u>gedat</u> *znw* po

je

jerry-built ['dʒerɪ-bɪlt] *bn* in elkaar geflanst
jerrycan ['dʒerɪkæn] *znw* jerrycan
jerrymander ['dʒerɪmændə] *znw, overg & onoverg* → **gerrymander**
jersey ['dʒɜ:zɪ] *znw* ❶ (wollen) sporttrui, trui ❷ jersey ⟨gebreide stof⟩ ▼ *a Jersey (cow)* een Jerseykoe
Jerusalem artichoke [dʒə'ru:s(ə)ləm 'ɑ:tɪtʃəʊk] *znw* aardpeer, topinamboer
jest [dʒest] **I** *znw* kwinkslag, scherts, aardigheid, grap, mop ▼ *in* ~ schertsend ★ zegsw *many a true word is spoken in* ~ de waarheid wordt ook vaak als grap gebracht **II** *onoverg* schertsen, gekheid maken
jester ['dʒestə] *znw* ❶ spotvogel ❷ (hof)nar
Jesuit ['dʒezjʊɪt] *znw* jezuïet
Jesuitical [dʒezjʊ'ɪtɪkl] *bn* jezuïtisch
jet [dʒet] **I** *znw* ❶ (water)straal, fontein ❷ (gas)vlam, gasbek, gaspit ❸ straalpijp ⟨v. spuit⟩ ❹ sproeier ⟨v. carburator⟩ ❺ gietbuis, gietgat ❻ straalmotor, straalvliegtuig ❼ git **II** *overg & onoverg* ❶ (uit)spuiten ❷ per straalvliegtuig gaan of vervoeren
jet black [dʒet 'blæk] *bn* gitzwart ★ ~ *hair* gitzwart haar
jet engine [dʒet 'endʒɪn] *znw* straalmotor
jet fighter [dʒet 'faɪtə] *znw* straaljager
jetfoil ['dʒetfɔɪl] *znw* draagvleugelboot
jet lag ['dʒet læg] *znw* jetlag
jetliner ['dʒetlaɪnə] *znw* straalverkeersvliegtuig
jet plane [dʒet pleɪn] *znw* straalvliegtuig
jet-propelled [dʒet-prə'peld] *bn* met straalaandrijving
jet propulsion [dʒet prə'pʌlʃən] *znw* straalaandrijving
jetsam ['dʒetsəm] *znw* overboord geworpen lading, strandgoederen
jet set ['dʒet set] *znw* jetset
jet-setter ['dʒet-setə] *znw* jetsetter
jet ski ['dʒet ski:] *znw* waterscooter, jetski
jet stream ['dʒet stri:m] *znw* ❶ uitlaatstroom van straalmotor ❷ straalstroom, straalwind ⟨hoge luchtstroom⟩
jettison ['dʒetɪsən] *overg* ❶ overboord werpen ⟨in nood⟩ ❷ *fig* prijsgeven, laten varen ⟨hoop &⟩
jetty ['dʒetɪ] *znw* havenhoofd, pier, steiger
Jew [dʒu:] *znw* jood, Jood
jew-baiting [dʒu:-'beɪtɪŋ] *znw* jodenvervolging
jewel ['dʒu:əl] *znw* juweel, edelsteen, kleinood ★ *the* ~ *in the crown* de parel in de kroon
jewel case ['dʒu:əl keɪs] *znw* juwelenkistje
jewelled ['dʒu:əld] *bn* met juwelen versierd / bezet
jeweller ['dʒu:ələ], Am **jeweler** *znw* juwelier
jewellery ['dʒu:əlrɪ], Am **jewelry** *znw* juwelen, kostbaarheden
jewellery box ['dʒu:əlrɪ bɒks] *znw* juwelenkistje
Jewess ['dʒu:es] *znw* jodin
jewfish ['dʒu:fɪʃ] *znw* naam van een aantal tropische zeevissen
Jewish ['dʒu:ɪʃ] *bn* joods
Jewishness ['dʒu:ɪʃnɪs] *znw* Joodsheid
Jewry ['dʒʊərɪ] *znw* ❶ hist Jodenbuurt ❷ jodendom

Jew's harp [dʒu:z hɑ:p] *znw* mondharp
Jezebel ['dʒezəbel] afkeurend gedat *znw* ❶ schaamteloze vrouw ❷ vrouw die zich zwaar opmaakt
jib [dʒɪb] **I** *znw* ❶ scheepv kluiver ❷ techn arm van een kraan **II** *onoverg* kopschuw worden, niet willen ★ ~ *at sth* iets niet aandurven, niets moeten hebben van iets
jib boom [dʒɪb bu:m] scheepv *znw* kluiverboom
jibe [dʒaɪb], **gibe I** *znw* spottende opmerking, schimpscheut, hatelijkheid **II** *onoverg* honen, schimpen, spotten (met *at*)
jiffy ['dʒɪfɪ] inf *znw* ogenblikje ★ *in a* ~ in een wip, een-twee-drie
Jiffy bag® ['dʒɪfɪ bæg] *znw* gewatteerde envelop
jig [dʒɪg] **I** *znw* ❶ jig ⟨soort horlepiep of danswijsje daarvoor⟩ ★ Am inf *in* ~ *time* op de maat van een jig ★ Am inf *the* ~'*s up* het spel is uit, we zitten mooi in de puree ❷ techn spangereedschap, mal **II** *overg* op en neer bewegen (schudden) **III** *onoverg* (de horlepiep) dansen, op en neer springen, huppelen
jigger ['dʒɪgə] **I** *znw* ❶ machine met op en neer of heen en weer bewegende delen, decoupeerzaag ❷ iem. die een jig danst ❸ jigger ⟨zeil⟩, visserssloep met jiggerzeil ❹ takel ❺ natte maat ⟨voor sterke drank⟩ ❻ steun voor biljartkeu **II** *overg* inf knoeien met, veranderen ⟨oneerlijk of illegaal⟩
jiggered ['dʒɪgəd] inf *bn* moe, uitgeput, kapot ★ *well, I'll be / I'm ~!* wel heb ik ooit!
jiggery-pokery [dʒɪgərɪ-'pəʊkərɪ] Br inf *znw* gekonkel, knoeierij
jiggle ['dʒɪgl] *overg & onoverg* schudden, schokken, schommelen
jigsaw ['dʒɪgsɔ:] *znw* ❶ machinale figuurzaag ❷ (leg)puzzel
jihad [dʒɪ'hæd, -'hɑ:d] ⟨Arab⟩ *znw* heilige oorlog, jihad
jillaroo [dʒɪlə'ru:], **jilleroo I** *znw* jilleroo, vrouwelijke jackeroo **II** *onoverg* werken als jilleroo
jilt [dʒɪlt] *overg* de bons geven ★ *he ~ed her for his secretary* hij verliet haar voor zijn secretaresse
Jim Crow [dʒɪm 'krəʊ] *znw* ❶ Am beledigend neger ❷ Am rassenscheiding
jim-dandy [dʒɪm-'dændɪ] Am inf **I** *bn* uitstekend, prima **II** *znw* het neusje van de zalm
Jiminy ['dʒɪmɪnɪ] inf *tsw* ★ *by* ~ wel verdraaid!
jim-jams ['dʒɪm-dʒæmz] *znw* ❶ inf 'de zenuwen', kippenvel ❷ kindertaal pyjama
jimmy ['dʒɪmɪ] Am *znw* → **jemmy**
jingle ['dʒɪŋgl] **I** *znw* ❶ gerinkel ❷ rijmklank, rijmpje, RTV jingle, reclametune **II** *overg* laten rinkelen **III** *onoverg* rinkelen
jingo ['dʒɪŋgəʊ] *znw* [mv: -goes] gedat jingo, fanatiek chauvinist ▼ *by ~!* voor de drommel!, verdikkeme!
jingoism ['dʒɪŋgəʊɪzm] *znw* jingoïsme, fanatiek chauvinisme
jingoistic [dʒɪŋgəʊ'ɪstɪk] *bn* erg chauvinistisch
jink [dʒɪŋk] **I** *znw* ❶ (plotselinge) ontwijkende

beweging ★ inf *he's given me the* ~ hij is me ontglipt ❷ het manoeuvreren met vliegtuig door afweergeschut heen **II** *onoverg* wegduiken

jinks [dʒɪŋks] *znw* [mv] ★ *high* ~ dolle pret, reuze lol

jinx [dʒɪŋks] *znw* ❶ ongeluksbrenger ❷ vloek, doem

jinxed [dʒɪŋkst] *bn* ★ *be* ~ door pech worden achtervolgd, een pechvogel zijn

JIT *afk* → **just-in-time**

jitney ['dʒɪtni] Am inf *znw* ❶ munt van 5 dollarcent ❷ klein busje

jitterbug ['dʒɪtəbʌg] **I** *znw* ❶ jitterbug ‹dans› ❷ lafbek, bangerik **II** *onoverg* de jitterbug dansen

jitters ['dʒɪtəz] inf *znw* [mv] zenuwachtigheid, angst ★ *give sbd the* ~ iem. op de zenuwen werken ★ *have the* ~ in de rats zitten

jittery ['dʒɪtərɪ] inf *bn* zenuwachtig

jiu-jitsu [dʒuː-'dʒɪtsuː] *znw* jiujitsu

jive [dʒaɪv] **I** *znw* ❶ jive ‹dans› ❷ Am inf lulkoek, slap geouwehoer **II** *onoverg* de jive dansen

Jnr, Jr, Jun. *afk* (Junior) junior ★ *John Smith* ~ John Smith de jongere, John Smith junior

job [dʒɒb] **I** *znw* ❶ baan, baantje, (aangenomen) werk, taak, klus, karwei ★ *a steady* ~ een vaste baan ★ ~*s for the boys* vriendjespolitiek ★ *just the man / woman for the* ~ de juiste man / vrouw voor de klus ★ inf *on the* ~ (druk) bezig, er mee bezig, aan (onder) het werk, aan het neuken ★ *be up to the* ~ opgewassen zijn tegen de taak ★ *do a good / bad* ~ het goed / slecht doen ★ *do / make a good* ~ *of sth* iets er goed afbrengen ★ *that should do the* ~ daarmee moet het lukken ★ *get a* ~ *as sth* een baantje krijgen als ★ *give up one's* ~ zijn baan opzeggen ★ *have a* ~ *doing sth* ergens de handen aan vol hebben ★ *hold down a* ~ een baan houden ★ *learn on the* ~ al doende leren ❷ zaak, zaakje, misdaad, gesjacher, knoeierij ★ inf *and a good* ~ *too!* en maar goed ook! ★ *a good* ~ *you didn't buy those shares* een geluk dat je die aandelen niet hebt gekocht ★ *an inside* ~ een inbraak / diefstal door bekenden ★ inf *just the* ~ net wat je moet hebben ★ inf *give sth up as a bad* ~ iets opgeven als een hopeloos geval ❸ bewerking, taak ‹uitgevoerd door een computersysteem› ❹ inf geval, ding **II** *overg* Am inf versjacheren, verraden, bedriegen **III** *onoverg* karweitjes doen, klussen

job action [dʒɒb 'ækʃən] *znw* vakbondsactie, protestactie

job application [dʒɒb æplɪ'keɪʃən] *znw* sollicitatie

jobber ['dʒɒbə] *znw* ❶ tussenhandelaar, groothandelaar, grossier ❷ stukwerker, tijdelijke arbeidskracht ❸ sjacheraar, intrigant ❹ (effecten)handelaar, hoekman

jobbery ['dʒɒbərɪ] *znw* knoeierij, geknoei, corruptie

jobbing ['dʒɒbɪŋ] *bn* klussend, klusjes- ★ *a* ~ *gardener* een tuinman die niet in vaste dienst is

jobcentre ['dʒɒbsentə], **job centre**, Am **job center** *znw* ± arbeidsbureau, banenmarkt

job classification [dʒɒb klæsɪfɪ'keɪʃən] *znw* beroepsgroepenindeling

job club [dʒɒb klʌb] *znw* organisatie voor hulp aan langdurig werklozen

job creation [dʒɒb kriː'eɪʃən] *znw* scheppen van banen

job description [dʒɒb dɪ'skrɪpʃən] *znw* taakomschrijving

job evaluation [dʒɒb ɪvæljʊ'eɪʃən] *znw* functiewaardering, functiebeoordeling

job-hunt ['dʒɒb-hʌnt] *onoverg* werk zoeken

jobless ['dʒɒblɪs] *bn* werkloos, zonder baan(tje)

job lot [dʒɒb lɒt] *znw* ❶ (een partij) ongeregelde goederen ❷ een rommelzootje

job market [dʒɒb 'mɑːkɪt] *znw* banenmarkt, arbeidsmarkt

job offer [dʒɒb 'ɒfə] *znw* aanbod van een baan

job opportunity [dʒɒb ɒpə'tjuːnɪtɪ] *znw* beroepsmogelijkheid

job prospects [dʒɒb 'prɒspekt] *znw* [mv] beroepsperspectief

job rotation [dʒɒb rəʊ'teɪʃən] *znw* rouleren van banen

job satisfaction [dʒɒb sætɪs'fækʃən] *znw* arbeidsvreugde

job search [dʒɒb sɜːtʃ] *znw* het zoeken naar werk

job security [dʒɒb sɪ'kjʊərɪtɪ] *znw* arbeidszekerheid

jobseeker's allowance ['dʒɒbsiːkəz ə'laʊəns], **JSA** *znw* werkzoekendentoelage

jobshare ['dʒɒbʃeə] *onoverg* een duobaan hebben

jobsharing ['dʒɒbʃeərɪŋ] *znw* werken in deeltijd

job shortage [dʒɒb 'ʃɔːtɪdʒ] *znw* arbeidsschaarste

job supply [dʒɒb sə'plaɪ] *znw* arbeidsaanbod

job title [dʒɒb 'taɪtl] *znw* functienaam

jock [dʒɒk] *znw* ❶ inf diskjockey ❷ → **jockstrap** ❸ Am afkeurend sporter, sportieveling ▼ inf *a Jock* een Schot

jockey ['dʒɒkɪ] **I** *znw* jockey **II** *overg* ❶ door bedrog / slinkse streken krijgen (tot *into*, van *out of*) ★ *they were ~ed into buying the house* we zijn omgepraat om het huis te kopen ❷ wegwerken ★ *they're trying to* ~ *him out* ze proberen hem te wippen **III** *onoverg* ❶ knoeien ❷ manoeuvreren ★ ~ *for position* de meest gunstige plaats trachten te krijgen, ± met de ellebogen werken

jockstrap ['dʒɒkstræp], **jock** *znw* suspensoir, toque

jocose [dʒə'kəʊs] dicht *bn* grappig, schertsend

jocosity [dʒə'kɒsɪtɪ] *znw* grappigheid, scherts

jocular ['dʒɒkjʊlə] *bn* vrolijk, schertsend

jocularity [dʒɒkjʊ'lærɪtɪ] form *znw* grappigheid, scherts

jocund ['dʒɒkənd] form *bn* vrolijk, opgewekt

jocundity [dʒə'kʌndɪtɪ] form *znw* vrolijkheid, opgewektheid

jodhpurs ['dʒɒdpəz] *znw* [mv] soort rijbroek

Joe Bloggs [dʒəʊ 'blɒgz], Am **Joe Blow** inf *znw* Jan Modaal, de gewone man

Joe Public [dʒəʊ 'pʌblɪk] Br inf *znw* Jan Publiek, de man in de straat

jo

Joe Sixpack [dʒəʊ 'sɪkspæk] Am inf znw Jan met de pet, de gewone arbeider

joey ['dʒəʊɪ] znw jonge kangoeroe, jong dier

jog [dʒɒg] I znw ❶ duwtje, por ❷ draf(je) ★ at a brisk ~ met een stevige draf ❸ een eindje joggen ★ go for a ~ een eindje gaan joggen II overg ❶ aanstoten, schudden, aanporren ❷ opfrissen ‹geheugen› III onoverg ❶ horten, sjokken ❷ joggen ★ ~ along voortsukkelen

jogger ['dʒɒgə] znw jogger, trimmer

joggers ['dʒɒgəz] znw [mv] joggingbroek

jogging ['dʒɒgɪŋ] znw joggen, trimmen

jogging suit ['dʒɒgɪŋ su:t] znw joggingpak

joggle ['dʒɒgl] I znw duwtje II overg schokken

jogtrot ['dʒɒgtrɒt] znw sukkeldrafje

john [dʒɒn] znw ❶ Am inf wc ❷ inf klant van een prostituee ▼ bijbel John Johannes

John Bull [dʒɒn 'bʊl] znw John Bull, de Engelsman, de Engelsen

John Citizen [dʒɒn 'sɪtɪzən] znw Jan Modaal, de gewone man

John Doe [dʒɒn 'dəʊ] Am jur znw de onbekende

John Dory [dʒɒn 'dɔːrɪ] znw zonnevis

johnny ['dʒɒnɪ] Br inf znw jochie, kerel ★ the insurance ~ rang while you were out de kerel van de verzekering heeft gebeld toen je weg was

johnnycake ['dʒɒnɪkeɪk] Am znw maïsbrood

johnny-come-lately ['dʒɒnɪ-kʌm-'leɪtlɪ] inf znw nieuwkomer

joie de vivre ['ʒwɑː də 'vi:vrə] ‹(Fr)› znw levensvreugde

join [dʒɔɪn] I znw aaneenvoeging, verbinding, las II overg ❶ verenigen, samenvoegen, verbinden ★ ~ forces zich verenigen, samenwerken ★ ~ hands de handen vouwen, elkaar de hand geven / reiken, fig de handen ineenslaan ❷ zich voegen / aansluiten bij, zich verenigen met, toetreden tot, lid worden van, dienst nemen in / bij ★ form ~ battle het gevecht aangaan ★ inf ~ the club! ik ook! dan kunnen we elkaar een hand geven! ★ ~ the ranks gaan horen bij III onoverg ❶ zich verenigen of verbinden, (aaneen)sluiten ❷ zich associëren ❸ dienst nemen IV phras ★ ~ in deelnemen aan ‹gesprek›, meedoen (aan), meezingen &, muz invallen ★ mil ~ up dienst nemen, in het leger gaan ★ ~ sth up (to sth) iets (aan iets) vastmaken / verbinden

joinder ['dʒɔɪndə] jur znw cumulatie van rechtsvorderingen

joined-up [dʒɔɪnd-'ʌp] bn verbonden, aan elkaar ‹handschrift›

joiner ['dʒɔɪnə] znw ❶ schrijnwerker, meubelmaker ❷ deelnemer aan het verenigingsleven

joinery ['dʒɔɪnərɪ] znw ❶ schrijnwerk ❷ meubelmakerij

joint [dʒɔɪnt] I bn verbonden, verenigd, gezamenlijk, gemeenschappelijk, mede- ★ ~ custody gemeenschappelijke voogdij ★ a ~ owner een mede-eigenaar II znw ❶ verbinding, voeg, las, naad ❷ gewricht, scharnier ★ his shoulder is out of ~ zijn schouder is uit de kom / uit het lid ★ his nose is out of ~ hij is jaloers / ontstemd ★ put sbd's plans out of ~ iemands plannen dwarsbomen ❸ gelid, geleding ❹ plantk knoop ❺ stuk (vlees), braadstuk ❻ Am inf plaats, huis, kroeg, keet, tent ❼ inf joint ‹marihuana-, hasjsigaret› III overg ❶ verbinden ❷ techn voegen, lassen ❸ verdelen ‹vlees›

joint account [dʒɔɪnt ə'kaʊnt] znw gezamenlijke rekening ★ on ~ voor gezamenlijke rekening

jointed ['dʒɔɪntɪd] bn met gewrichten, gescharnierd ★ a ~ doll een ledenpop

joint-heir [dʒɔɪnt-'eə] znw mede-erfgenaam

jointly ['dʒɔɪntlɪ] bijw gezamenlijk ★ ~ with in samenwerking met

joint resolution [dʒɔɪnt rezə'lu:ʃən] znw gezamenlijke resolutie

joint-stock company ['dʒɔɪnt-stɒk 'kʌmpənɪ] fin znw maatschappelijk kapitaal

joint tenancy [dʒɔɪnt 'tenənsɪ] znw gezamenlijk bezit

joint venture [dʒɔɪnt 'ventʃə] znw samenwerkingsverband, gezamenlijke onderneming

joist [dʒɔɪst] bouwk znw dwarsbalk, bint

joke [dʒəʊk] I znw ❶ scherts, grap, aardigheid, mop, kwinkslag ★ a dirty ~ een vieze mop ★ it's no ~ het is geen aardigheid, het is ernst, het is geen gekheid / kleinigheid ★ the ~'s on me / him & deze grap is / gaat ten koste van mij / hem ★ crack a ~ een mop vertellen, een grapje maken ★ the ~ fell flat niemand lachte om de mop ★ get / go beyond a ~ niet grappig meer zijn, ernstig worden, irritant worden ★ make a ~ of sth lachen om iets, spotten met iets ❷ inf bespottelijk iemand / iets ❸ inf aanfluiting II onoverg schertsen, gekheid maken ★ joking apart / aside alle gekheid op een stokje ★ you're joking! / you must be joking! je meent het!, toch niet heus! ★ only joking! grapje! ★ Aus inf ~ around gekheid maken

joker ['dʒəʊkə] znw ❶ grappenmaker ❷ kaartsp joker

jokey ['dʒəʊkɪ], **joky** bn grappig

jokingly ['dʒəʊkɪŋlɪ] bijw als grap ★ half~ half als grap

joky ['dʒəʊkɪ] bn → jokey

jollies ['dʒɒlɪz] inf znw [mv] ★ get one's ~ lol hebben

jollification [dʒɒlɪfɪ'keɪʃən] gedat znw jool, pret

jolliness ['dʒɒlɪnɪs], **jollity** znw ❶ joligheid ❷ festiviteit

jolly ['dʒɒlɪ] I bn ❶ vrolijk, jolig, lollig ❷ leuk, aardig ★ a ~ good fellow goeie vent, patente kerel, zo'n peer ★ Br scherts ~ hockey sticks (kost)schoolmeisjesachtig II bijw versterkend aardig, drommels, heel ★ he can ~ well wait laat hem maar lekker wachten III overg opmonteren, opvrolijken ★ ~ sbd along iem. met een zoet lijntje er toe krijgen ★ ~ sbd / sth up iem. / iets opvrolijken

Jolly Roger ['dʒɒlɪ 'rɒdʒə] znw piratenvlag

jolt [dʒəʊlt] I znw hort, stoot, schok ★ a ~ to his pride een klap voor zijn trots ★ *she awoke with a* ~ ze werd met een schok wakker **II** *overg* stoten, schokken, schudden ★ *~ sbd into / out of sth* iem. met een schok ergens toe brengen / ergens uit halen **III** *onoverg* horten, stoten, schokken, schudden

jolty ['dʒəʊltɪ] *bn* schokkend

Jonah ['dʒəʊnə] *znw* ❶ Jonas ❷ onheilbrenger ❸ pechvogel

Jonathan ['dʒɒnəθən] *znw* soort appel

Joneses ['dʒəʊnzɪz] *znw* [mv] ★ *keep up with the* ~ niet voor de buurt (willen) onderdoen

jonquil ['dʒɒŋkwɪl] *znw* geurende narcis

Jordanian [dʒɔ:'deɪnɪən] **I** *bn* Jordaans **II** *znw* Jordaniër, Jordaanse

jorum ['dʒɔ:rəm] *znw* grote kom of beker

josh [dʒɒʃ] *Am inf overg* voor de gek houden

joss [dʒɒs] *znw* Chinees afgodsbeeld

joss house ['dʒɒs haʊs] *znw* Chinese tempel

joss stick ['dʒɒs stɪk] *znw* wierook-, offerstokje

jostle ['dʒɒsəl] **I** *znw* ❶ duw, stoot ❷ gedrang ❸ botsing **II** *overg* stoten, duwen ‹met de elleboog› **III** *onoverg* dringen, hossen

jot [dʒɒt] **I** *znw* jota ★ *she doesn't care a* ~ het kan haar geen zier schelen **II** *overg* opschrijven, aantekenen, noteren (ook: ~ *down*)

jotter ['dʒɒtə] *znw* notitieboekje

jotting ['dʒɒtɪŋ] *znw* notitie

joule [dʒu:l], **J** *znw* joule

jounce [dʒaʊns] **I** *overg* (dooreen)schudden **II** *onoverg* schokken, geschud worden

journal ['dʒɜ:nl] *znw* ❶ dagboek, journaal ❷ (dag)blad, tijdschrift ★ *subscribe to a* ~ een abonnement hebben op een tijdschrift

journalese [dʒɜ:nə'li:z] *afkeurend znw* krantenstijl

journalism ['dʒɜ:nəlɪzəm] *znw* journalistiek

journalist ['dʒɜ:nəlɪst] *znw* journalist

journalistic [dʒɜ:nə'lɪstɪk] *bn* journalistiek

journey ['dʒɜ:nɪ] **I** *znw* reis, rit, tocht ★ *the homeward* ~ de thuisreis ★ *break / interrupt one's* ~ zijn reis onderbreken ★ *go on a* ~ op reis gaan ★ *have a safe* ~! goeie reis! **II** *onoverg dicht* reizen

journeyman ['dʒɜ:nɪmən] *znw* ❶ gezel, knecht ❷ loonslaaf

journo ['dʒɜ:nəʊ] *inf znw* journalist

joust [dʒaʊst] **I** *znw* steekspel, toernooi **II** *onoverg* een steekspel houden

Jove [dʒəʊv] *inf znw* ★ *by* ~! sakkerloot!

jovial ['dʒəʊvɪəl] *bn* vrolijk, opgewekt

joviality [dʒəʊvɪ'ælɪtɪ] *znw* vrolijkheid, opgewektheid

jowl [dʒaʊl] *znw* ❶ wang, kaak ❷ halskwab

jowly ['dʒaʊlɪ] *bn* met zware kaken, met dubbele kin

joy [dʒɔɪ] *znw* ❶ vreugde, genot, plezier, blijdschap ★ *my / her & pride and* ~ mijn / haar & oogappel ★ *dicht a* ~ *to behold* een genot om te zien ★ *his playing is a* ~ *to listen to* zijn spel is een plezier om naar te luisteren ★ *be filled with* ~ vervuld zijn van blijdschap ★ *weep for* ~ huilen van vreugde ❷ *inf* geluk, succes, mazzel ★ *Br inf did you have any* ~?

heb je succes gehad? ★ *wish sbd* ~ iem. gelukwensen

joyful ['dʒɔɪfʊl] *bn* ❶ vreugdevol ❷ blijde ❸ verblijdend

joyless ['dʒɔɪlɪs] *bn* vreugdeloos

joylessness ['dʒɔɪlɪsnɪs] *znw* vreugdeloosheid

joyous ['dʒɔɪəs] *dicht bn* ❶ vreugdevol ❷ blij, vrolijk

joyously ['dʒɔɪəslɪ] *dicht bijw* vreugdevol, blij, vrolijk

joyousness ['dʒɔɪəsnɪs] *znw* blijheid, vrolijkheid

joyride ['dʒɔɪraɪd] **I** *znw* plezierrit, pleziertochtje in een auto, joyride ‹meestal in gestolen auto› **II** *onoverg* joyriden

joyrider ['dʒɔɪraɪdə] *znw* joyrider

joystick ['dʒɔɪstɪk] *znw* ❶ joystick ‹v. videospelletjes &› ❷ *luchtv* knuppel, stuurstok

JP *afk* → **Justice of the Peace**

JPEG ['dʒeɪpeg] *comput znw* jpeg ‹systeem om afbeeldingen te comprimeren›

Jr *afk* → **Jnr**

JSA *afk* → **jobseeker's allowance**

jubilant ['dʒu:bɪlənt] *bn* jubelend, juichend, opgetogen ★ *the team was* ~ *about / at / over its success* het team was opgetogen over zijn succes

jubilation [dʒu:bɪ'leɪʃən] *znw* gejubel, gejuich

jubilee ['dʒu:bɪli:] *znw* ❶ jubeljaar, jubelfeest ❷ (25/50-jarig) jubileum ★ *their silver* ~ hun vijfentwintigjarig jubileum

Judaic [dʒʊ'deɪɪk] *bn* joods

Judaism ['dʒu:deɪɪzəm] *znw* jodendom, joodse leer

judas ['dʒu:dəs], **judas hole** *znw* kijkgat in deur

judder ['dʒʌdə] **I** *znw* vibratie, trilling **II** *onoverg* vibreren, schudden

judge [dʒʌdʒ] **I** *znw* ❶ rechter ❷ beoordelaar, kenner ★ *he is a good* ~ *of character / people* hij heeft een goeie kijk op karakters / mensen, hij heeft veel mensenkennis ❸ jurylid ‹v. tentoonstelling &› **II** *overg* ❶ uitspraak doen over, oordelen (ook: achten), beoordelen (naar *by*) ★ ~ *sth on its merits* iets op zijn merites beoordelen ★ *zegsw you can't* ~ *a book by its cover* je moet niet op de buitenkant afgaan ❷ schatten ‹waarde, afstand› **III** *onoverg* rechtspreken, oordelen (naar *by / from*), uitspraak doen (over/ *of*) ★ *judging by / from what the newspapers have said* afgaande op wat de kranten erover gezegd hebben ★ ~ *by appearances* naar de schijn oordelen, op de buitenkant afgaan

judge advocate [dʒʌdʒ 'ædvəkət] *jur znw* auditeur-militair

judge-made ['dʒʌdʒ-meɪd] *bn* ★ ~ *law* recht gebaseerd op rechterlijke beslissingen

judgement ['dʒʌdʒmənt], Am & *jur* **judgment** *znw* ❶ vonnis, arrest, oordeel ★ *jur* ~ *by default* verstekvonnis ★ *an error of* ~ een gerechtelijke dwaling ★ *pass* ~ uitspraak doen ★ *reserve* ~ zijn oordeel in beraad houden ★ *sit in* ~ oordelen, rechter spelen ★ *bijbel the Last Judgement* het Laatste Oordeel ❷ mening, (gezond) verstand ★ *against one's better* ~ tegen beter weten in ★ *exercise one's* ~ zijn gezond verstand gebruiken

ju

judgemental [dʒʌdʒ'mentl], **judgmental** bn
overkritisch ★ *he's very ~* hij heeft over alles direct
een oordeel

judgementally [dʒʌdʒ'mentəlɪ], **judgmentally** bijw
overkritisch, meteen met een oordeel klaar ★ *obese
patients must be treated non-~* corpulente patiënten
moeten niet overkritisch behandeld worden

Judgement Day ['dʒʌdʒmənt deɪ] znw dag van het
(laatste) oordeel

Judges ['dʒʌdʒɪz] bijbel znw Richteren

judging committee ['dʒʌdʒɪŋ kə'mɪtɪ] znw jury

judicature ['dʒu:dɪkətʃə, dʒu'dɪkətʃə] znw
❶ rechtspleging, justitie ❷ rechterschap

judicial [dʒu:'dɪʃəl] bn ❶ rechterlijk, gerechtelijk,
justitieel, rechters- ★ *the ~ system* het justitieel
systeem ❷ onpartijdig

judicial hearing [dʒu:'dɪʃəl 'hɪərɪŋ] znw gerechtelijke
hoorzitting

judicial review [dʒu:'dɪʃəl rɪ'vju:] znw gerechtelijke
herziening

judiciary [dʒu:'dɪʃɪərɪ] **I** bn rechterlijk, gerechtelijk ★ *~
powers* rechterlijke macht **II** znw rechterlijke macht
★ *a member of the ~* een lid van de rechterlijke
macht

judicious [dʒu:'dɪʃəs] bn verstandig, oordeelkundig
★ *the country is making ~ use of its resources* het land
maakt verstandig gebruik van zijn hulpbronnen

judo ['dʒu:dəʊ] ‹Jap› znw judo

judoka ['dʒu:dəʊkə] ‹Jap› znw judoka

Judy ['dʒu:dɪ] znw → **Punch and Judy**

jug [dʒʌg] **I** znw ❶ kruik ❷ kan, kannetje ❸ inf
gevangenis **II** overg ❶ in de pot koken ❷ Am inf
vervolgen, gevangennemen

jugged hare ['dʒʌgɪd heə] znw hazenpeper

juggernaut ['dʒʌgənɔ:t] znw ❶ moloch ❷ wegreus
‹grote vrachtwagen›

juggins ['dʒʌgɪnz] Br inf znw sul, uilskuiken, idioot

juggle ['dʒʌgl] **I** overg ❶ goochelen met ★ *she has to ~
her career with raising children* ze moet balanceren
met haar carrière en de opvoeding van haar
kinderen ★ *~ sth away* iets weggoochelen
❷ manipuleren, knoeien met ★ *~ the figures* met de
cijfers knoeien **II** onoverg ❶ jongleren ❷ goochelen

juggler ['dʒʌglə] znw ❶ jongleur ❷ goochelaar
❸ bedrieger

jugglery ['dʒʌglərɪ] znw goochelarij, gegoochel

juggling act ['dʒʌglɪŋ ækt] znw jongleertruc,
goocheltruc

jugs [dʒʌgz] vulg znw [mv] tieten, prammen

jugular ['dʒʌgjʊlə] **I** bn hals-, keel- **II** znw halsader
★ *go for the ~* naar de keel vliegen, fig er
onmiddellijk bovenop springen, bloed ruiken

jugular vein ['dʒʌgjʊlə veɪn] znw halsader

juice [dʒu:s] **I** znw ❶ sap ★ *get the creative ~s flowing*
de creatieve sappen in beweging zetten ★ *let sbd
stew in his own ~* iemand in zijn eigen sop laten
gaarkoken ❷ inf benzine ❸ inf stroom **II** overg
uitpersen **III** phras ★ *Am inf ~ sth up* iets oppeppen,

verlevendigen

juicer ['dʒu:sə] znw ❶ vruchtenpers ❷ Am inf
elektricien

juicy ['dʒu:sɪ] bn ❶ saprijk, sappig ★ *inf we hope to
make a nice ~ profit* we hopen een lekkere vette
winst te maken ❷ inf pittig, pikant ★ *inf want to
hear some ~ gossip?* wil je een pikante roddel horen?

ju-jitsu [dʒu:-'dʒɪtsu:] ‹Jap› znw jiujitsu

jujube ['dʒu:dʒu:b] znw jujube

juke box ['dʒu:k bɒks] znw jukebox

julep ['dʒu:lep] znw verkoelende, zoete drank

julienne [dʒu:lɪ'en] **I** znw in dunne reepjes gesneden
groente **II** overg groente in dunne reepjes snijden

Juliet ['dʒu:lɪ'et] znw de letter J ‹in het internationaal
alfabet›

July [dʒu:'laɪ] znw juli

jumble ['dʒʌmbl] **I** znw ❶ mengelmoes, warboel,
rommel, troep ❷ bric-à-brac **II** overg dooreengooien
(ook: *~ up*) ★ *~ everything together* alles bij / door
elkaar gooien

jumble sale ['dʒʌmbl seɪl], Am **rummage sale** znw
liefdadigheidsbazaar

jumbo ['dʒʌmbəʊ] **I** bn inf buitengewoon groot,
reuzen-, maxi- ★ *a ~ sale* een grote uitverkoop **II** znw
, **jumbo jet** jumbo(jet)

jump [dʒʌmp] **I** znw ❶ sprong ★ *be one ~ ahead* één
stap vooruit zijn ★ *Am inf get / have a ~ on sbd* iem.
voor zijn ★ *make the ~ to sth* de overstap naar iets
maken ❷ opspringen (van schrik) ★ *give sbd a ~* iem.
doen opschrikken ❸ sp hindernis ‹rensport›
❹ snelle stijging **II** overg ❶ springen over,
bespringen ★ *~ bail* zijn borgtocht verbeuren ★ *Am
vulg ~ sbd's bones* seks hebben met iem. ★ *~ the gun
sp* het startschot niet afwachten, inf voorbarig zijn
★ *~ the lights* door een rood stoplicht rijden ★ *~ the
queue* zijn beurt niet afwachten ★ *Am ~ rope*
touwtjespringen ★ *Am inf ~ the shark*
onwaarschijnlijke situaties opnemen voor effect ‹in
films of tv-series› ★ *~ ship* het schip verlaten, aan
wal blijven (zonder af te monsteren) ★ *Am ~ a train*
in of uit een trein springen ❷ laten / helpen
springen, doen opspringen ❸ vliegen uit ‹de rails›
★ *~ the rails / the track* ontsporen ❹ overslaan
❺ (voor de neus) wegkapen **III** onoverg ❶ springen,
opspringen (ook van verbazing / schrik) ★ *~ for joy*
een gat in de lucht springen ★ *make sbd ~* iem. doen
schrikken ★ *inf ~ out of one's skin* uit zijn vel
springen ★ *inf ~ down sbd's throat* uitvaren tegen
iem., iem. aanvliegen ★ *inf ~ into bed with sbd* met
iem. het bed induiken ★ *~ through hoops* op een
ingewikkelde manier zijn doel bereiken ★ *~ to
conclusions* overhaaste gevolgtrekkingen maken
❷ plotseling omhooggaan ‹v. prijzen› **IV** phras ★ *~
about* rondspringen, fig van de hak op de tak
springen ★ *~ at sth* iets met beide handen
aangrijpen ‹een kans &›, gretig toehappen ★ *~ in*
naar binnen springen, tussenbeide komen ★ *~ on
sbd* iem. te lijf gaan, inf uitvaren tegen iem. ★ *~ on*

the bandwagon met de massa meedoen, meelopen ★ ~ **out** *(at sbd)* (iem.) meteen opvallen ★ inf ~ **to** *it!* schiet op, aan de slag!

jumpcut ['dʒʌmpkʌt] *znw* plotselinge overgang ‹van de ene scene naar een ander in film of tv-programma›

jump-cut ['dʒʌmp-kʌt] *onoverg* een plotseling overgang maken ‹film of televisie›

jumped-up [dʒʌmpt-'ʌp] inf *bn* gewichtig, omhooggevallen ★ *a ~ delivery van* een verheerlijkte bestelwagen ★ *a ~ bureaucrat* een omhooggevallen bureaucraat

jumper ['dʒʌmpə] *znw* ❶ springer ❷ trui, pullover, jumper ❸ Am overgooier

jumping jack ['dʒʌmpɪŋ dʒæk] *znw* ❶ sprong vanuit stand met gespreide armen en benen ❷ trekpop ‹kinderspeelgoed›

jumping-off point [dʒʌmpɪŋ-'ɒf pɔɪnt] *znw* uitgangspunt, startpunt

jump jet [dʒʌmp dʒet] luchtv *znw* steilstarter

jump lead [dʒʌmp li:d] auto *znw* startkabel

jump-off ['dʒʌmp-ɒf] *znw* barrage ‹bij paardensport›

jump rope [dʒʌmp rəʊp] Am *znw* springtouw

jumps [dʒʌmps] inf *znw* [mv] ★ *the ~* de zenuwen

jump-start ['dʒʌmp-stɑ:t] I *znw* start met behulp van startkabels II *overg* ‹een auto› starten met behulp van startkabels of door hem aan te duwen

jump suit ['dʒʌmp su:t] *znw* jumpsuit

jumpy ['dʒʌmpɪ] inf *bn* zenuwachtig, schrikachtig

Jun. *afk* ❶ (June) juni ❷ → **Jnr**

junction ['dʒʌŋkʃən] *znw* ❶ vereniging, verbinding, verbindingspunt, verenigingspunt ❷ knooppunt ‹v. spoorwegen›, wegkruising ★ *a burrowing ~* een ongelijkvloerse kruising ‹van spoorwegen›

junction box ['dʒʌŋkʃən bɒks] elektr *znw* aftakdoos

juncture ['dʒʌŋktʃə] *znw* ❶ (kritiek) ogenblik ★ *at this ~* op dit (kritieke) ogenblik, onder de (huidige) omstandigheden ❷ samenloop van omstandigheden

June [dʒu:n] *znw* juni

jungle ['dʒʌŋgl] *znw* ❶ jungle, tropische wildernis, rimboe ❷ verwilderde plantengroei, warboel ★ *a ~ of regulations* een doolhof van regels ★ *a ~ of weeds* een wildernis van onkruid ❸ **jungle music** jungle (muziek) ‹dansmuziek met elementen uit de hiphop en ragga›

jungle fever ['dʒʌŋgl 'fi:və] *znw* ernstige vorm van malaria

jungle gym ['dʒʌŋgl dʒɪm] *znw* klimrek

jungle warfare ['dʒʌŋgl 'wɔ:feə] *znw* jungleoorlog

jungly ['dʒʌŋglɪ] *bn* rimboeachtig

junior ['dʒu:nɪə] I *bn* ❶ jonger, junior ★ *John Smith Junior* John Smith Junior, John Smith de jongere ❷ jongst ★ *a ~ partner* jongste medefirmant ❸ lager ❹ onderw in of voor de lagere klassen II *znw* ❶ jongere ★ *he's my ~ by ten years* hij is tien jaar jonger dan ik ❷ Br schoolkind ❸ mindere, ondergeschikte, jongste bediende

junior clerk ['dʒu:nɪə klɑ:k] *znw* jongste bediende

junior school ['dʒu:nɪə sku:l] *znw* basisschool ‹7-11 jaar in Eng.›

juniper ['dʒu:nɪpə] *znw* jeneverbes

junk [dʒʌŋk] *znw* ❶ (ouwe) rommel, oudroest ❷ nonsens ❸ inf junk ‹heroïne &› ❹ scheepv jonk

junk bond [dʒʌŋk bɒnd] *znw* risicovolle, hoogrentende obligatie van redelijk renderend bedrijf

junket ['dʒʌŋkɪt] I *znw* ❶ dessert van gestremde melk ❷ inf snoepreisje ❸ inf feest, fuif II *onoverg* ❶ inf een snoepreisje maken ❷ feesten, fuiven

junk food ['dʒʌŋk fu:d] *znw* ongezond eten, voedsel met weinig voedingswaarde, junkfood

junkie ['dʒʌŋkɪ] inf *znw* junkie, (drugs)verslaafde ★ *a computer / power / television & ~* een computerverslaafde / machtsverslaafde / televisieverslaafde &

junk mail ['dʒʌŋk meɪl] *znw* ongevraagd drukwerk, reclameblaadjes &

junk science ['dʒʌŋk 'saɪəns] *znw* ongefundeerde wetenschappelijke theorieën

junk shop ['dʒʌŋk ʃɒp] *znw* uitdragerswinkel

junk yard ['dʒʌŋk jɑ:d] *znw* ❶ autokerkhof, sloperserf ❷ dumphandel

junta ['dʒʌntə] *znw* junta ‹raad›

Jupiter ['dʒu:pɪtə] astron *znw* Jupiter

jural ['dʒʊərəl] form *bn* ❶ wettelijk- ❷ recht(s)-

juridical [dʒʊə'rɪdɪkl], **juristic** *bn* gerechtelijk, juridisch ★ *a ~ act* een rechtshandeling ★ *a ~ person* een rechtspersoon

jurisdiction [dʒʊərɪs'dɪkʃən] *znw* rechtsgebied, rechtsbevoegdheid, rechtspraak ★ *criminal ~* strafrecht ★ *exclusive ~* exclusieve bevoegdheid ★ *summary ~* korte rechtsgang ★ *the area is still under the ~ of tribal law* het gebied staat nog steeds onder stammenrecht ★ *the matter is not within the court's ~* de zaak valt niet onder de bevoegdheid van de rechtbank

jurisdictional [dʒʊərɪs'dɪkʃənəl] *bn* m.b.t. jurisdictie

jurisprudence [dʒʊərɪs'pru:dns] *znw* ❶ rechtswetenschap, rechtsfilosofie, algemene rechtsleer ❷ rechtsstelsel, rechtssysteem

jurist ['dʒʊərɪst] *znw* ❶ civilist ❷ jurist, rechtsgeleerde ❸ meester in de rechten ❹ rechtenstudent ❺ rechter

juristic [dʒʊə'rɪstɪk] *bn* → **juridical**

juror ['dʒʊərə] *znw* ❶ gezworene ❷ jurylid

jury ['dʒʊərɪ] *znw* jury ★ *a hung ~* een verdeelde jury ★ *trial by ~* juryrechtspraak ★ fig *the ~ is still out (on that)* we zijn het er nog niet helemaal over eens

jury box ['dʒʊərɪ bɒks] *znw* jurytribune, (de) jurybank(en)

juryman ['dʒʊərɪmən] jur *znw* jurylid

jury-rigged ['dʒʊərɪ-rɪgd] *znw* met noodtuig ★ *~ repairs* provisorische reparaties

just [dʒʌst] I *bn* ❶ rechtvaardig, verdiend, billijk ★ *get one's ~ deserts* zijn verdiende loon krijgen ★ form

ju

have ~ *cause* gegronde redenen hebben ❷ juist
II *bijw* ❶ precies, bepaald ★ afkeurend ~ *like him
/ them &* typisch iets voor hem / hen & ★ ~ *my / his
& luck!* dat dat nu net mij / hem & moet overkomen!
★ *everything has to be* ~ *so* alles moet precies zo zijn
★ ~ *what do you think you're doing?* wat denk je
eigenlijk dat je aan het doen bent? ★ ~ *who do you
think you are?* wie denk je wel dat je bent?
❷ (daar)net, juist, even ★ ~ *now* daarnet, op het
ogenblik, nu ★ ~ *on two o'clock* vlak voor tweeën ★ ~
over £300 iets meer dan £300 ★ ~ *then* (net) op dat
ogenblik ★ *I might* ~ *as well go home* ik kan net zo
goed naar huis gaan ★ *not* ~ *yet* nu nog niet,
vooreerst niet ★ *it might* ~ *be possible* het is niet
onmogelijk ❸ (alleen) maar, eens (even) ★ ~ *fancy!*
verbeeld je! ★ ~ *a moment, please* een ogenblik(je)
★ *it's* ~ *one of those things* het is gewoon een van die
dingen ★ *it's* ~ *as well you didn't tell him* het is maar
goed dat je het hem niet hebt verteld
❹ gewoon(weg), zomaar, zonder meer ★ afkeurend
and then he walked off, ~ *like that* en toen liep hij
weg, zomaar ★ ~ *go and see* ga eens kijken ★ *you* ~
don't do that sort of thing zoiets doe je gewoon niet
▼ *'a lovely garden!' 'Isn't it* ~*!'* 'een mooie tuin!'
'Nou en of!'

justice ['dʒʌstɪs] *znw* ❶ gerechtigheid,
rechtvaardigheid ★ *do* ~ *to sbd* iem. recht laten
wedervaren ★ *do* ~ *to sth* iets eer aandoen ‹maaltijd
&› ★ *do oneself* ~ het er met ere afbrengen ★ *bring
sbd to* ~ iem. de gerechte straf doen ondergaan
❷ recht (en billijkheid) ★ *natural* ~ natuurrecht
★ *in* ~ van rechtswege, rechtens, billijkerwijze,
billijkheidshalve ❸ justitie ★ *the criminal* ~ *system*
het justitieapparaat ❹ rechter ‹van het
Hooggerechtshof› ★ *the Lord Chief Justice* Lord Chief
Justice, opperrechter

Justice of the Peace ['dʒʌstɪs əv ðə 'pi:s], **JP** *znw*
plaatselijke magistraat, ± kantonrechter,
politierechter

justifiable ['dʒʌstɪfaɪəbl] *bn* te rechtvaardigen,
verantwoord, verdedigbaar

justifiable homicide ['dʒʌstɪfaɪəbl 'hɒmɪsaɪd] Am *jur*
znw niet strafbare doodslag ‹uit zelfverdediging of
als uitvoering van een vonnis›

justifiably ['dʒʌstɪfaɪəblɪ] *bijw* terecht ★ *she was* ~
annoyed ze was terecht boos ★ *he was proud of her,
and* ~ *so* hij was trots op haar, en terecht

justification [dʒʌstɪfɪ'keɪʃən] *znw* rechtvaardiging,
verdediging, verantwoording, jur
rechtvaardigingsgrond

justify ['dʒʌstɪfaɪ] *overg* ❶ rechtvaardigen,
verdedigen, verantwoorden, wettigen ❷ in het
gelijk stellen ❸ typ uit-, opvullen ‹v. regel›

just-in-time [dʒʌst-ɪn-'taɪm], **JIT** marketing *bn* just in
time ‹distributiemethode waarbij wordt gestreefd
naar aflevering van de producten precies op het
moment dat de afnemer ze nodig heeft›

justly ['dʒʌstlɪ] *bijw* terecht ★ *they're* ~ *proud of her*

achievements ze zijn terecht trots op hun prestaties

just war [dʒʌst wɔ:] *znw* rechtvaardige oorlog

jut [dʒʌt] **I** *znw* uitsteeksel **II** *onoverg* uitsteken,
uitspringen (ook: ~ out)

jute [dʒu:t] *znw* jute

jutting ['dʒʌtɪŋ] *bn* uitspringend, uitstekend

juvenescence [dʒu:vɪ'nesns] form *znw* jeugd

juvenescent [dʒu:vɪ'nesnt] form *bn* verjongend

juvenile ['dʒu:vənaɪl] **I** *bn* ❶ jeugdig, jong ★ *the* ~ *lead*
de jeune premier ❷ voor (van) de jeugd, kinder-
★ afkeurend ~ *behaviour* kinderachtig gedrag **II** *znw*
❶ jeugdig persoon ❷ jongeling ❸ jeune premier

juvenile court ['dʒu:vənaɪl kɔ:t] *znw* kinderrechter

juvenile delinquency ['dʒu:vənaɪl dɪ'lɪŋkwənsɪ] *znw*
jeugdcriminaliteit

juvenile offender ['dʒu:vənaɪl ə'fendə] *znw* jeugdige
crimineel

juvenilia [dʒu:və'nɪlɪə] *znw* [mv] jeugdwerken ‹v.
schrijver, kunstenaar›

juvenility [dʒu:və'nɪlɪtɪ] form *znw* jeugdigheid

juxtapose [dʒʌkstə'pəʊz] *overg* naast elkaar plaatsen

juxtaposition [dʒʌkstəpə'zɪʃən] *znw* plaatsing naast
elkaar

ju

K

k [keɪ] *znw* (de letter) k
Kaffir ['kæfə] ZA beledigend *znw* Kaffer
kaftan ['kæftæn], **caftan** *znw* kaftan
kagoule [kə'gu:l] *znw* → **cagoule**
kaizen [kaɪ'zen] *(‹Jap)* *znw* Japanse bedrijfsfilosofie gericht op verbetering van productiviteit en prestatie door voortdurende bijstelling van werkmethodes
kakapo ['ka:kəpəʊ] *znw* kakapo, uilpapegaai ‹Nieuw-Zeelandse vogel›
kaki ['ka:kɪ] *znw* kakivrucht, dadelpruim
Kalashnikov [kə'læʃnɪkɒf, -'la:ʃ-] *znw* kalasjnikov ‹Russische mitrailleur›
kale [keɪl] *znw* boerenkool
kaleidoscope [kə'laɪdəskəʊp] *znw* caleidoscoop
kaleidoscopic [kəlaɪdə'skɒpɪk] *bn* caleidoscopisch
kameez [kə'mi:z] *znw [mv: ~ of* kameezes] kameez ‹Pakistaans lang hemd›
kamikaze [kæmɪ'ka:zɪ] *(‹Jap)* **I** *bn* zelfmoord-, kamikaze- **II** *znw* ❶ kamikazevliegtuig ❷ kamikazepiloot
kanaka [kə'nækə, -'na:kə] *znw* Kanake ‹Polynesiër›
kangaroo [kæŋgə'ru:] *znw* kangoeroe
kangaroo court [kæŋgə'ru: kɔ:t] *znw* onwettige rechtbank
kangaroo rat [kæŋgə'ru: ræt] *znw* buidelrat
kanji ['kændʒɪ] *(‹Jap)* *znw* kanji ‹Japans schrift met Chinese lettertekens›
kaolin ['keɪəlɪn] *znw* kaolien, porseleinaarde
kapok ['keɪpɒk] *znw* kapok
kaput [kə'pʊt] *(‹Du)* inf *bn* naar de filistijnen, kapot
karaoke [kæra'əʊkɪ, kærɪ-] *(‹Jap)* *znw* karaoke
karat ['kærət] Am *znw* → **carat**
karate [kə'ra:tɪ] *(‹Jap)* *znw* karate ★ *he's a / he's got a black belt in ~* hij heeft een zwarte band in karate
karate-chop [kə'ra:tɪ-tʃɒp] *overg* karateslag
kark [ka:k] Aus inf *overg* → **cark**
karma ['ka:mə] *znw* (nood)lot
karoshi [kæ'rəʊʃɪ] *(‹Jap)* *znw* dood als gevolg van overwerktheid
kart [ka:t] *znw & overg* → **go-kart**
karyotyping ['ka:rətaɪpɪŋ] *znw* chromosoomonderzoek
Kashmiri [kæʃ'mɪərɪ] **I** *bn* uit, van Kasjmir **II** *znw* ❶ inwoner van Kasjmir ❷ de taal van Kasjmir
Katmandu [kætmæn'du:] *znw* Katmandoe ‹stad›
katydid ['keɪtɪdɪd] *znw* sabelsprinkhaan
kauri [kaʊ'rɪ] *znw* kauri ‹naaldboom›
kava ['ka:və] *znw* kava ‹Polynesische plant en drank›
kayak ['kaɪæk] **I** *znw* kajak **II** *onoverg* kajakken
Kazakh [kə'zæk, 'kæzæk] **I** *bn* Kazachs, Kazachstaans **II** *znw* Kazach ‹inwoner van Kazachstan›
Kazakhstan [kæzək'sta:n, -'stæn] *znw* Kazachstan
kazoo [kə'zu:] *znw* kazoo ‹muziekinstrumentje›

KB, Kb *afk* → **kilobyte**
kea ['ki:ə, 'keɪə] *znw* kea ‹Nieuw-Zeelandse papegaai›
kebab [kɪ'bæb, kə'ba:b] *znw* kebab, spies met stukjes vlees en groente
keck [kek] *onoverg* kokhalzen
kecks [keks] Br inf *znw* [mv] broek, onderbroek
kedgeree ['kedʒərɪ, -'ri:] *znw* gerecht van rijst en vis
keel [ki:l] **I** *znw* ❶ scheepv kiel ★ *on an even ~ in* evenwicht ❷ scheepv platbodem, kolenschuit ❸ dierk kam op borstbeen van vliegende vogels **II** *phras* ★ *~ over* kapseizen, inf omvallen
keelhaul ['ki:lhɔ:l] scheepv *overg* kielhalen
keen [ki:n] *bn* ❶ scherp, hevig, stevig, intens, levendig, vurig ★ *a ~ southerly wind* een felle zuidenwind ★ Br inf *(as) ~ as mustard* vol vuur ★ *take a ~ interest in sth* een levendige interesse in iets hebben ❷ ijverig, hartstochtelijk, verwoed ★ *a ~ chess player* een verwoed schaker ❸ fel, happig, gebrand (op *on*)
keen-edged [ki:n-'edʒd] dicht *bn* scherp
keener ['ki:nə] *znw* ❶ rouwklager ❷ huilebalk
keenly ['ki:nlɪ] *bijw* ❶ scherp, vlijmend, hevig, intens ★ *we are only too ~ aware of the potential problems* we zijn ons heel erg bewust van de mogelijke problemen ❷ levendig, vurig, hartstochtelijk, verwoed
keen-sighted [ki:n-'saɪtɪd] *bn* scherp van gezicht
keen-witted [ki:n-'wɪtɪd] *bn* scherp(zinnig)
keep [ki:p] **I** *znw* ❶ onderhoud, kost ❷ bewaring, hoede ★ inf *for ~s* om te houden, voorgoed ❸ slottoren ‹als gevangenis› **II** *overg* [kept, kept] ❶ houden, behouden, bewaren ❷ erop na houden, (te koop) hebben, kweken ❸ onderhouden ❹ behoeden, beschermen, bewaken, verdedigen ★ *~ a secret* een geheim bewaren ★ sp *~ goal* in het doel staan ❺ zich houden aan, in acht nemen, vieren ★ *~ an appointment* een afspraak nakomen ★ *~ one's promise / word* zijn woord houden ❻ bijhouden ‹boeken› ★ *~ an account* de boeken bijhouden, een rekening hebben, een verslag bijhouden ★ *~ a diary* een dagboek bijhouden ★ *~ a record* een verslag bijhouden, informatie / documentatie / bewijsstukken bewaren **III** *onoverg* [kept, kept] blijven, zich (goed) houden, goed blijven ‹v. vruchten, vlees &› ★ *how are you ~ing?* hoe gaat het ermee? ★ inf *it'll ~* het kan wachten, er is geen haast bij ★ *~ going* door blijven gaan ★ *~ asking / looking / running &* blijven vragen / kijken / lopen & ★ *~ sbd waiting* iem. laten wachten ★ *~ in good health, ~ well* gezond blijven ★ *~ in touch with sbd* contact blijven houden met iem. ★ *~ on one's feet* op de been blijven **IV** *phras* ★ *~ at sbd / sth* achter iem. / iets aan zitten ★ *~ at it* ermee doorgaan, ermee bezighouden ★ *~ away* wegblijven ★ *~ sbd / sth away* iem. / iets afhouden ★ *~ sth away from sbd* iets bij iem. uit de buurt houden ★ *~ back* zich op een afstand houden ★ *~ sth back* iets achterhouden, iets terughouden ★ *~ sbd back* terughouden ★ *~*

ke

down bukken, verborgen blijven ★ ~ *sth down* iets laag houden ‹prijzen› ★ ~ *one's food down* niet (hoeven) overgeven ★ ~ *sbd down* iem. bedwingen, in bedwang houden ★ inf *you can't ~ a good man / woman down* een capabel iemand komt tegenslagen te boven ★ ~ **from** *sth* zich onthouden van iets ★ ~ *sbd from sth* iem. behoeden / bewaren voor iets, iem. afhouden van iets ★ ~ *sth from sbd* iets onthouden aan iem., iets verborgen houden voor iem. ★ ~ **in** binnen blijven ★ ~ *sth in* niet met iets naar buiten komen, iets niet laten blijken ★ ~ *sbd in* iem. binnen houden, onderw iem. laten schoolblijven ★ ~ **in with** *sbd* op goede voet blijven met iem. ★ ~ **off** uitblijven, wegblijven ★ ~ *off sth* iets vermijden, iets niet betreden ★ ~ *sth off* iets weghouden ★ ~ *sbd off* iem. op een afstand houden, iem. weghouden ★ ~ *sbd off sth* iem. weghouden van iets ‹dat slecht voor ze is› ★ ~ **on** aan-, ophouden ★ ~ *on doing sth* doorgaan met iets, iets blijven doen ★ ~ *sbd on* iem. aanhouden als werknemer ★ ~ *sth on* iets blijven gebruiken, iets aanhouden ‹kleding› ★ inf ~ **on at** *sbd* zeuren tegen iem. ★ ~ **out** (er)buiten blijven ★ ~ *out of the way* uit de weg blijven, zich op een afstand houden ★ ~ **to** *sth* (zich) houden aan iets, blijven bij iets, vasthouden aan iets ★ ~ *to the right / left* rechts / links houden ★ *he kept to his room* hij bleef op zijn kamer ★ ~ *to oneself* zich niet met anderen bemoeien ★ ~ *sth to oneself* iets voor zich houden ★ ~ **together** bijeenblijven ★ ~ *sth together* iets bijeenhouden ★ ~ *sbd* **under** iem. onderdrukt houden, iem. onder narcose houden ★ ~ **up** volhouden ★ ~ *sth up* met iets doorgaan ★ ~ *up appearances* de schijn bewaren ★ ~ *up one's courage* moed houden ★ ~ *it up* (de strijd) volhouden, het niet opgeven ★ ~ *sbd up* iem. wakker houden ★ ~ **up with** *sth* iets bijhouden ★ ~ *up with the news* het nieuws volgen ★ ~ *up with sbd* gelijke tred houden met iem., niet achterblijven bij iem., niet onderdoen voor iem. ★ ~ *up with each other* contact met elkaar blijven houden ★ ~ *up with the Joneses* zijn stand ophouden

keeper ['ki:pə] *znw* ❶ houder, bewaarder, suppoost, conservator ❷ bewaker, oppasser, opzichter, cipier ★ *a zoo* ~ een dierenoppasser ❸ sp keeper, doelman ❹ wicketkeeper ‹cricket› ❺ bijbel hoeder

keep-fit [ki:p-'fɪt] Br *znw* conditietraining

keeping ['ki:pɪŋ] *znw* ❶ bewaring, berusting, hoede ★ *in safe* ~ in veilige bewaring ★ *leave sth in sbd's* ~ iets aan iem. in bewaring geven ❷ onderhoud ❸ overeenstemming ★ *out of / in* ~ *(with sth)* (niet) strokend (met iets)

keepnet ['ki:pnet] *znw* leefnet ‹voor vissen›

keepsake ['ki:pseɪk] *znw* herinnering, souvenir

keg [keg] *znw* vaatje

keg party [keg 'pɑ:tɪ] *znw* feestje met tapbier

kelp [kelp] *znw* ❶ kelp ❷ plantk zeewier

kelpie ['kelpɪ] *znw* ❶ Australische herdershond

❷ Schots watergeest

kelvin ['kelvɪn] *znw* kelvin ‹temperatuurschaal›

kempt [kempt] *bn* goed verzorgd, gekamd ★ *the house looked neat and* ~ het huis zag er netjes en verzorgd uit

ken [ken] **I** *znw* gezichtskring, (geestelijke) horizon ★ *that's beyond my* ~ dat gaat boven mijn pet, daar heb ik geen kaas van gegeten **II** *overg* Schots kennen, weten

kennel ['kenl] **I** *znw* ❶ (honden)hok, kennel ❷ troep ‹jachthonden›, meute ❸ hol, krot, goot **II** *overg* in een hok opsluiten of houden

Kenya ['kenjə] *znw* Kenia

Kenyan ['kenjən] **I** *bn* Keniaans **II** *znw* Keniaan, Keniaanse

kept [kept] *ww* [v.t. & v.d.] → **keep**

kept woman [kept 'wʊmən] *znw* maintenee, maîtresse

kerb [kɜ:b], Am **curb** *znw* trottoirband, stoeprand

kerb-crawler ['kɜ:b-krɔ:lə] *znw* man die vanuit zijn auto een prostituee oppikt

kerb-crawling ['kɜ:b-krɔ:lɪŋ] *znw* vanuit een auto een prostituee oppikken

kerb drill ['kɜ:b drɪl] *znw* regels voor het oversteken

kerbing ['kɜ:bɪŋ], Am **curbing** *znw* stoeprand, trottoirband

kerbside ['kɜ:bsaɪd], Am **curbside** *znw* stoeprandkant ‹dat deel van de weg of het voetpad dat het dichtst bij de stoeprand ligt›

kerbstone ['kɜ:bstəʊn], Am **curbstone** *znw* trottoirband

kerb weight ['kɜ:b weɪt], Am **curb weight** *znw* leeg gewicht van een auto

kerchief ['kɜ:tʃi:f, -tʃɪf] *znw* hoofddoek, halsdoek

kerf [kɜ:f] *znw* kerf, zaagsnede

kerfuffle [kə'fʌfəl] inf *znw* opschudding, heisa, consternatie ★ *we lost sight of him in the* ~ we hebben hem uit het oog verloren in alle consternatie

kernel ['kɜ:nl] *znw* ❶ korrel ❷ pit, kern ❸ comput kernprogramma, kernel ‹centraal deel van besturingssysteem›

kerosene ['kerəsi:n] *znw* gezuiverde petroleum, kerosine

Kerry ['kerɪ] *znw* Iers vee ‹kleine zwarte koeien›

Kerry blue ['kerɪ blu:] *znw* Ierse terriër

kestrel ['kestrəl] *znw* torenvalk

ketch [ketʃ] *znw* kits ‹zeiljacht›

ketchup ['ketʃʌp], Am **catsup** *znw* ketchup

kettle ['ketl] *znw* ketel ★ inf *another / a different* ~ *of fish* andere koek, een geheel andere zaak ★ inf *a pretty / fine* ~ *of fish* een mooie boel ★ *put the* ~ *on* het (thee)water opzetten ★ zegsw *the pot calling the* ~ *black* de pot verwijt de ketel dat hij zwart ziet

kettledrum ['ketldrʌm] *znw* pauk, keteltrom

kettledrummer ['ketldrʌmə] *znw* paukenist

kettleholder ['ketlhəʊldə] *znw* pannenlap

kewpie ['kju:pɪ], **kewpie doll** *znw* pop met een groot hoofd en grote ogen

key [ki:] **I** *bn* sleutel-, voornaamste, hoofd-, essentieel, vitaal, onmisbaar **II** *znw* ❶ sleutel ★ *get a ~ cut* een sleutel laten maken ★ *turn the ~* afsluiten ❷ oplossing, verklaring ★ *hold the ~ to sth* de beste manier zijn om iets te bereiken ❸ muz toon(aard) ★ *in ~* op toon ★ *in a major / minor ~* in grote / kleine terts ★ *off ~* vals ‹v. zingen &› ★ *be out of ~ with sth* niet harmoniëren met iets, niet passen bij iets ❹ toets, klep ❺ techn wig, spie ❻ gevleugeld zaadje ‹v. bepaalde bomen› **III** *overg* ❶ spannen, techn vastzetten ★ *~ sth up* iets opschroepen, opdraaien, spannen ★ fig *be ~ed up* gespannen zijn ❷ comput intoetsen (ook: *~ in*) ❸ afstemmen, stemmen ★ *the courses are ~ed to the interests of the elderly* de cursussen zijn afgestemd op de interesses van de bejaarden

keyboard ['ki:bɔ:d] **I** *znw* ❶ klavier, keyboard ❷ toetsenbord **II** *overg* comput intoetsen, intikken

key card ['ki: kɑ:d] *znw* sleutelkaart

keyed [ki:d] *bn* met toetsen ★ muz *a ~ instrument* een toetsinstrument

keyhole ['ki:həʊl] *znw* sleutelgat

keyhole surgery ['ki:həʊl 'sɜ:dʒərɪ] med *znw* kijkoperatie

keyless ['ki:lɪs] *bn* zonder sleutel

key money [ki: 'mʌnɪ] *znw* sleutelgeld

Keynesian ['keɪnzɪən] *bn* keynesiaans

keynote ['ki:nəʊt] *znw* ❶ hoofdgedachte, leidende gedachte, hoofdthema ★ *a ~ address* rede waarin de hoofdlijnen v.h. beleid worden uiteengezet ★ *the ~ of the conference was achieving peace* het hoofdthema van de conferentie was het bereiken van vrede ❷ muz grondtoon

keypad ['ki:pæd] comput *znw* gedeelte van het toetsenbord met numerieke toetsen en toetsen voor speciale tekens

keypal ['ki:pæl] *znw* e-mail correspondentievriend(in)

key punch ['ki: pʌntʃ] *znw* ponsmachine

key ring ['ki: rɪŋ] *znw* sleutelring

key signature [ki: 'sɪgnətʃə] *znw* voortekening ‹v. toonsoort›

keystone ['ki:stəʊn] *znw* ❶ sluitsteen ❷ fig hoeksteen

keystroke ['ki:strəʊk] *znw* toetsaanslag

keyword ['ki:wɜ:d] *znw* sleutelwoord

kg *afk* → **kilogram**

KGB *znw* Russische Inlichtingendienst

khaki ['kɑ:kɪ] *znw* kaki, kakistof, kakikleur

khan [kɑ:n, kæn] *znw* kan, khan ‹Aziatische eretitel›

Khartoum [kɑ:'tu:m] *znw* Khartoem ‹stad›

kHz *afk* → **kilohertz**

kibble ['kɪbl] **I** *znw* ❶ Br hijskooi in mijn ❷ Am meelballetjes ‹voor dierenvoer› **II** *overg* verbrokkelen, grof malen

kibbutz [kɪ'bʊts] *znw* [*mv:* kibbutzim] kibboets

kibitz ['kɪbɪts] Am *inf onoverg* als toeschouwer ongevraagd advies geven ‹vooral bij kaartspel›

kibitzer ['kɪbɪtsə] Am *inf znw* bemoeial

kibosh ['kaɪbɒʃ] inf *znw* ★ *put the ~ on sth* ergens een eind aan maken, iets naar de knoppen helpen

kick [kɪk] **I** *znw* ❶ schop, trap ★ *Can inf a ~ at the can / the cat* een mogelijkheid om iets te bereiken ★ inf *a ~ in the pants / up the backside* een schop onder de kont ★ inf *a ~ in the teeth* een klap in het gezicht ★ *more ~s than halfpence* meer slaag dan eten ★ inf *get the ~* zijn congé krijgen ❷ terugslag ‹v. geweer &› ❸ inf fut, pit ❹ inf prikkel, sensatie ★ inf *get a ~ out of sth* ergens een kick van krijgen **II** *overg* ❶ (voort)schoppen, (weg)trappen ★ inf *~ the bucket* doodgaan ★ inf *~ oneself* zichzelf voor het hoofd slaan ★ *~ one's heels* moeten wachten ★ *~ sbd when they're down* iem. een trap achterna geven ★ inf *~ sbd upstairs* iem. wegpromoveren ★ Br inf *~ sth into touch* iets duidelijk afwijzen ❷ stoppen met ‹een verslaving› ★ inf *~ the habit* afkicken ‹v. drugs &› **III** *onoverg* ❶ schoppen, trappen (naar *at*) ★ *~ against the pricks* bijbel de verzenen tegen de prikkels slaan, inf zich verzetten tegen de autoriteiten ❷ terugslaan ‹v. geweer› ❸ fig zich verzetten (tegen *at, against*) ❹ klagen **IV** *phras* ★ *~ around / about* rondzwerven, rondslingeren ★ inf *~ sbd around* iem. grof behandelen ★ *~ back* terugschoppen ★ *~ in* beginnen te gebeuren, in werking treden ★ *~ sth in* iets intrappen, Am inf iets bijdragen ‹geld› ★ *~ off* sp de aftrap doen, beginnen ★ *~ sth off* iets beginnen, starten, iets uitschoppen ★ *~ sbd out* iem. eruit trappen ★ *~ over the traces* uit de band springen ★ *~ up* aanwakkeren ‹wind› ★ *~ up a fuss / a stink &* herrie schoppen ★ *~ up one's heels* iets doen waar je plezier in hebt

kickabout ['kɪkəbaʊt] Br inf *znw* balletjetrappen

kick-ass ['kɪk-æs] Am inf *bn* ruig, wild, baldadig

kickback ['kɪkbæk] *znw* ❶ terugslag ❷ inf smeergeld

kick-boxing ['kɪk-bɒksɪŋ] *znw* kickboksen

kicker ['kɪkə] *znw* die schopt, trapper

kicking ['kɪkɪŋ] inf *bn* opwindend, opzwepend ‹vooral m.b.t. muziek›

kick-off ['kɪk-ɒf], **kickoff**, **kick off** sp *znw* aftrap

kick-start ['kɪk-stɑ:t] **I** *znw*, **kick-starter** ❶ kickstarter ‹v. motor› ❷ (nieuwe) impuls **II** *overg* ❶ aantrappen ‹v. motor› ❷ een (nieuwe) impuls geven, snel op gang brengen

kick-up ['kɪk-ʌp] *znw* ❶ sprong ❷ herrie ❸ vrolijke boel

kicky ['kɪkɪ] Am inf *bn* pittig, vurig, levendig

kid [kɪd] **I** *znw* ❶ jonge geit, geitje ❷ geitenleer, glacé ‹leer›, glacé ‹handschoen› ❸ inf kind, peuter, joch(ie), jongen, meisje **II** *overg* inf voor het lapje houden, wat wijsmaken ★ *~ oneself* zichzelf voor de gek houden ★ inf *I ~ you not* ik meen het **III** *onoverg* ❶ (geitjes) werpen ❷ inf plagen, schertsen ★ *you must be ~ding* dat meen je niet, kom nou ★ *no ~ding* echt waar ★ *no ~ding?* meen je dat? ★ *no ~ding!* ongelooflijk! ★ *~ around* niet serieus zijn, stom doen

kid brother [kɪd 'brʌðə] Am inf *znw* jonger broertje

kiddie ['kɪdɪ], **kiddy** inf *znw* ❶ peuter, kleine

ki

❷ joch(ie)

kiddiewink ['kɪdɪwɪŋk] inf znw klein kind

kiddo ['kɪdəʊ] inf znw joch

kid-glove ['kɪd-glʌv] bn (half)zacht, verwekelijkt, week ★ give sbd the ~ treatment iem. zacht behandelen

kid gloves [kɪd glʌvz] znw [mv] glacéhandschoenen ★ handle / treat sbd with ~ iem. voorzichtig en tactvol behandelen

kidnap ['kɪdnæp] overg kidnappen, ontvoeren

kidnapper ['kɪdnæpə] znw kidnapper, ontvoerder

kidney ['kɪdnɪ] znw nier ★ a floating ~ een wandelende nier ★ be of the right ~ van de goede soort zijn

kidney bean ['kɪdnɪ biːn] znw ❶ bruine boon ❷ slaboon ❸ pronkboon

kidney dish ['kɪdnɪ dɪʃ] znw niervormig bekken ⟨gebruikt in operatiezalen &⟩

kidney machine ['kɪdnɪ məˈʃiːn] znw kunstnier

kidney-shaped ['kɪdnɪ-ʃeɪpt] bn niervormig

kidney stone ['kɪdnɪ stəʊn] znw niersteen

kid sister [kɪd 'sɪstə] Am inf znw jonger zusje

kids' stuff ['kɪdz stʌf] inf afkeurend znw kinderwerk

kike [kaɪk] beledigend znw Jood

kill [kɪl] I znw ❶ doden, afmaken ★ be in at the ~ fig aanwezig zijn bij de uiteindelijke overwinning, aanwezig zijn op het moment suprême ★ go in for / move for the ~ de genadestoot geven ❷ gedood dier, gedode dieren, dode prooi II overg ❶ doden, vermoorden ★ be ~ed om het leven komen, verongelukken, sneuvelen ★ inf if it ~s me tot elke prijs ★ inf my feet are ~ling me ik heb vreselijk pijnlijke voeten ★ inf ~ oneself (doing sth) keihard werken, het uiterste geven ★ inf ~ oneself laughing zich doodlachen ★ ~ time / a few minutes & de tijd / een paar minuten & volmaken ★ ~ sth off iets afmaken, uitroeien ★ ~ sbd with kindness iem. doodknuffelen ★ zegsw two birds with one stone twee vliegen in een klap slaan ❷ fig tenietdoen, onmogelijk maken, afmaken ⟨een wet⟩ ❸ slachten ★ ~ the fatted calf het gemeste kalf slachten ★ ~ the goose that lays the golden egg de kip met de gouden eieren slachten ❹ overstelpen ⟨met vriendelijkheid &⟩ ❺ afzetten ⟨motor⟩ III onoverg ❶ doodslaan, doden ★ a case of ~ or cure erop of eronder ★ inf dressed to ~ vreselijk chic (gekleed) ❷ dodelijk zijn ❸ (zich laten) slachten

killer ['kɪlə] znw ❶ doder, moordenaar ★ working nights is a real ~ 's nachts werken is ontzettend zwaar ❷ inf prachtexemplaar, fantastisch ding, prachtfiguur ★ inf he's a real ~ on drums hij is werkelijk fantastisch op drums

killer application ['kɪlər æplɪˈkeɪʃən], **killer app** inf znw ❶ ultiem softwarepakket ❷ ultiem (technologisch innovatief) product

killer bee ['kɪlə biː] znw moordbij, agressieve bij

killer instinct ['kɪlər ˈɪnstɪŋkt] znw killersinstinct, meedogenloosheid

killer whale ['kɪlə weɪl] znw orka

killing ['kɪlɪŋ] I bn ❶ dodelijk, moorddadig ❷ inf gedat onweerstaanbaar ▼ gedat a ~ joke een grappige mop II znw ❶ doden ❷ slachting, doodslag, moord ▼ inf make a ~ fortuin maken, een fortuin verdienen

killing field ['kɪlɪŋ fiːld] znw plaats waar een massaslachting heeft plaatsgehad

killjoy ['kɪldʒɔɪ] znw ❶ spelbederver ❷ feestverstoorder

kill-time [kɪl-taɪm] inf znw tijdverdrijf

kiln [kɪln] znw ❶ kalk-, steenoven ❷ pottenbakkersoven

kiln-dried ['kɪln-draɪd] bn in de oven gedroogd

kilo ['kiːləʊ] znw kilo(gram) ★ Kilo de letter K ⟨in het internationaal alfabet⟩

kilobyte ['kɪləbaɪt], **KB**, **Kb** znw kilobyte

kilogram ['kɪləgræm], **kilogramme**, **kg** znw kilogram

kilohertz ['kɪləhɜːts], **kHz** znw [mv: ~] kilohertz

kilojoule ['kɪlədʒuːl], **kJ** znw kilojoule

kilolitre ['kɪləliːtə], Am **kiloliter**, **kl** znw kiloliter

kilometre ['kɪləmiːtə, kɪˈlɒmətə], Am **kilometer**, **km** znw kilometer

kilovolt ['kɪləvɒlt], **kV** znw kilovolt

kilowatt ['kɪləwɒt], **kW** znw kilowatt

kilt [kɪlt] znw kilt, Schotse rok

kilted ['kɪltɪd] bn ❶ geplooid ❷ met kilt

kilter ['kɪltə] znw ★ out of ~ niet in orde, in slechte staat ★ throw sth out of ~ iets in de war sturen

kiltie ['kɪltɪ] inf znw hooglander

kimono [kɪˈməʊnəʊ] znw kimono

kin [kɪn] znw maagschap, verwantschap, geslacht, familie ★ next of ~ naaste bloedverwant(en)

kind [kaɪnd] I bn vriendelijk, goed (voor to) ★ she has a ~ heart ze heeft een goed hart II znw soort, slag, aard, variëteit ★ human ~ de mensheid ★ our ~ ons soort mensen ★ all ~s of allerlei ★ two of a ~ twee van dezelfde soort ★ there were facilities of a ~ er was iets dat voor voorzieningen moest doorgaan ★ nothing of the ~ volstrekt niet, niets daarvan ★ something of the ~ iets dergelijks ★ of its ~ in zijn soort ★ inf it's ~ of nice being home again het is best fijn om weer thuis te zijn ★ inf I ~ of thought so dat dacht ik wel half en half, zo'n beetje ★ receive / pay sth in ~ in natura ontvangen (betalen) ★ repay in ~ met gelijke munt betalen

kinda ['kaɪndə] inf samentr (kind of) min of meer, best wel ★ I was ~ sorry that I didn't go ik vond het best wel jammer dat ik niet was gegaan

kinder ['kɪndə] Aus inf znw → **kindergarten**

kindergarten ['kɪndəgɑːtn], Aus inf **kinder** znw kleuterschool, peuteropvang

kind-hearted [kaɪnd-'hɑːtɪd] bn goed(hartig)

kindle ['kɪndl] I overg ❶ ontsteken, aansteken, doen ontvlammen / ontbranden ❷ dicht verlichten, doen stralen, doen fonkelen II onoverg ❶ vuur vatten, beginnen te gloeien (van with) ❷ dicht stralen, fonkelen, vlammen

kindliness ['kaɪndlɪnɪs] znw ❶ vriendelijkheid

❷ mildheid
kindling ['kɪndlɪŋ], **kindling wood** *znw* aanmaakhout
kindly ['kaɪndlɪ] **I** *bn* vriendelijk, goed(aardig), welwillend **II** *bijw* vriendelijk, goed, welwillend ★ ~ *tell me why* wees zo goed mij te zeggen waarom ★ *I thank you* ~ dank u vriendelijk ★ *she didn't take* ~ *to my suggestion* ze stelde mijn suggestie niet op prijs
kindness ['kaɪndnɪs] *znw* ❶ vriendelijkheid, goedheid ★ *she was* ~ *itself* ze was de vriendelijkheid in persoon ❷ (vrienden)dienst, vriendschap
kindred ['kɪndrɪd] **I** *bn* (aan)verwant **II** *znw* (bloed)verwantschap, familie
kindred spirit ['kɪndrɪd 'spɪrɪt] *znw* geestverwant
kinesiology [kɪniːsɪ'ɒlədʒɪ] *znw* kinesiologie, fysiologische bewegingsleer
kinetic [kɪ'netɪk] *bn* kinetisch, bewegings-
kinetic energy [kɪ'netɪk 'enədʒɪ] *znw* kinetische energie
kinetics [kɪ'netɪks] *znw* [mv] kinetica, bewegingsleer
king [kɪŋ] *znw* ❶ koning, vorst, heer ★ bijbel *Kings* Koningen ★ *the* ~ *of beasts* de leeuw (koning der dieren) ★ *a* ~ *'s ransom* een hele hoop geld ★ *live like a* ~ leven als God in Frankrijk ❷ sp dam, koning, heer ★ *go to* ~ een dam halen
kingbolt ['kɪŋbəʊlt], **kingpin** techn *znw* hoofdbout, fuseepen
kingdom ['kɪŋdəm] *znw* koninkrijk, rijk ★ inf *till / until* ~ *come* tot sint-juttemis, tot je een ons weegt ★ inf *to* ~ *come* naar de andere wereld, naar het hiernamaals ★ form *come into one's* ~ erkenning krijgen, de overhand krijgen
kingfisher ['kɪŋfɪʃə] *znw* ijsvogel
king-hit [kɪŋ-'hɪt] Aus & NZ **I** *znw* plotselinge harde klap **II** *overg* plotseling heel hard slaan
kinglike ['kɪŋlaɪk] *bn* koninklijk
kingly ['kɪŋlɪ] *bn* koninklijk
kingmaker ['kɪŋmeɪkə] *znw* iem. die benoeming tot hoge post kan beïnvloeden
king penguin [kɪŋ 'peŋgwɪn] *znw* koningspinguïn
kingpin ['kɪŋpɪn] *znw* ❶ de koning v.h. kegelspel ❷ fig hoofdfiguur, leider, sleutelfiguur ❸ → techn **kingbolt**
king prawn [kɪŋ prɔːn] *znw* grote garnaal
King's evidence [kɪŋz 'evɪdns] Br jur *znw* getuigenis door een misdadiger tegen een medeplichtige
King's highway [kɪŋz 'haɪweɪ] *znw* openbare weg
kingship ['kɪŋʃɪp] *znw* koningschap
kingside ['kɪŋsaɪd] schaken *znw* koningsvleugel
king-size ['kɪŋ-saɪz], **king-sized** *bn* extra groot
kink [kɪŋk] **I** *znw* ❶ slag, knik ⟨in touw, draad, haar &⟩, kink ❷ kronkel (in de hersens) ❸ gril **II** *onoverg* kinken
kinky ['kɪŋkɪ] *bn* ❶ kronkelig, kroes- ❷ inf pervers ❸ inf opwindend, wild, bizar, vreemd
kinless ['kɪnlɪs] *bn* zonder familie of verwanten
kinsfolk ['kɪnzfəʊk] gedat *znw* [mv] familie(leden)
kinship ['kɪnʃɪp] *znw* (bloed)verwantschap
kinship group ['kɪnʃɪp gruːp] *znw*

verwantschapsgroep
kinsman ['kɪnzmən] *znw* bloedverwant
kinswoman ['kɪnzwʊmən] *znw* bloedverwante
kiosk ['kiːɒsk] *znw* kiosk
kip [kɪp] **I** *znw* ❶ inf dutje ★ *get a bit of* ~ een dutje doen ❷ Schots slaapplaats, bed **II** *onoverg* inf slapen, maffen ★ ~ *down* gaan maffen
kipper ['kɪpə] **I** *znw* gezouten en gerookte haring **II** *overg* zouten en roken
Kiribati [kɪrɪ'bæs, 'kɪrɪbəts] *znw* Kiribati
kirk [kɜːk] Schots *znw* kerk
Kir® [kɜː] *znw* drankje van witte wijn en cassislikeur
kismet ['kɪsmet, 'kɪzmet] *znw* noodlot
kiss [kɪs] **I** *znw* ❶ kus, zoen ★ *the* ~ *of death* de doodsteek ★ *the* ~ *of life* mond-op-mondbeademing ★ *blow / throw a* ~ *(at sbd)* (iem.) een kushand toewerpen ★ *steal a* ~ onverhoeds een kus geven, een kusje stelen ❷ biljart klots, klos **II** *overg* ❶ kussen, zoenen ★ vulg slang ~ *sbd's arse/*Am *ass* iemands kont likken, iem. slijmen ★ Am vulg slang ~ *ass* kontlikker, kontlikkerij ★ ~ *sbd goodbye* iem. een vaarwelkus geven ★ inf *you can* ~ *that goodbye/*~ *goodbye to that* dat kun je wel vergeten, zeg maar dag met je handje ★ ~ *the rod* gedwee straf ondergaan ★ ~ *one's hand to sbd* iem. een kushand toewerpen ★ ~ *sth better* een kusje op de zere plek om het beter te maken ⟨bij kinderen⟩ ❷ biljart klotsen tegen **III** *onoverg* ❶ (elkaar) kussen ★ ~ *and make up* zich verzoenen ★ ~ *and tell* uit de school klappen ⟨over seks met een beroemd persoon⟩ ❷ biljart klotsen **IV** *phras* ★ inf ~ *up to sbd* iemands hielen likken
kissable ['kɪsəbl] *bn* om te zoenen
kissagram ['kɪsəgræm], **kissogram** *znw* felicitaties bezorgd met een kus
kiss-curl ['kɪs-kɜːl] *znw* spuuglok, krulletje
kisser ['kɪsə] inf *znw* mond
kissing cousin ['kɪsɪŋ 'kʌzən] *znw* verre neef / nicht
kissogram ['kɪsəgræm] *znw* → **kissagram**
kissy ['kɪsɪ] inf *bn* zoenerig
kit [kɪt] **I** *znw* ❶ gereedschap, gereedschapskist ❷ bouwpakket ★ *in* ~ *form* als bouwpakket ❸ uitrusting ❷ vaatje **II** *phras* ★ ~ *sbd / sth* out / up iem. / iets uitrusten
kitbag ['kɪtbæg] mil *znw* valies
kitchen ['kɪtʃɪn] *znw* ❶ keuken ★ *an open* ~ een open keuken ❷ inf percussie, slagwerk in een orkest
kitchen cabinet ['kɪtʃɪn 'kæbɪnɪt] *znw* ❶ keukenkastje ❷ onofficiële adviesgroep van een politicus
kitchenette [kɪtʃɪ'net] *znw* keukentje ⟨v. flat⟩
kitchen garden ['kɪtʃɪn 'gɑːdn] *znw* moestuin
kitchen paper ['kɪtʃɪn 'peɪpə], **kitchen roll** *znw* keukenpapier
kitchen sink ['kɪtʃɪn sɪŋk] **I** *bn* realistisch en troosteloos ⟨toneel, film, roman & dat het gewone leven laat zien⟩ **II** *znw* gootsteen, aanrecht ★ inf *everything but the* ~ de hele rataplan, het hele hebben en houwen

ki

kitchen sink unit ['kɪtʃɪn sɪŋk 'juːnɪt] *znw* aanrecht(blok)

kitchen tea ['kɪtʃɪn tiː] Aus & NZ *znw* feestje voor een bruiloft met keukenspullen als cadeaus

kitchenware ['kɪtʃɪnweə] *znw* keukengerei

kite [kaɪt] *znw* ❶ wouw ‹roofvogel› ❷ vlieger ★ *inf as high as a ~* (zo) stoned als een garnaal ★ *inf go fly a ~!* hoepel op! ❸ handel schoorsteenwissel ❹ ongedekte cheque

kite-flying ['kaɪt-flaɪɪŋ] *znw* ❶ vliegeren ❷ het uittesten van iets op het publiek ❸ fraude met een cheque, rekening &

Kitemark® ['kaɪtmɑːk] Br *znw* vliegertje, bewijs van goedkeuring van de British Standards Institution (soort Kemakeure)

kith [kɪθ] *znw* ★ *~ and kin* kennissen en verwanten

kitsch [kɪtʃ] *znw* kitsch

kitten ['kɪtn] *znw* dierk katje ★ *inf have ~s* erg opgewonden / angstig zijn

kittenish ['kɪtənɪʃ] *bn* speels (als een jong katje)

kittenishly ['kɪtənɪʃlɪ] *bijw* speels (als een jong katje)

kitty ['kɪtɪ] *znw* ❶ poesje ❷ pot, (gemeenschappelijke) kas

kiwi ['kiːwiː] *znw* ❶ kiwi ‹vogel› ★ *inf a Kiwi* een Nieuw-Zeelander ❷ → **kiwi fruit**

kiwi fruit ['kiːwiː fruːt], **kiwi** *znw* kiwi(vrucht)

kJ *afk* → **kilojoule**

KKK *afk* → **Ku Klux Klan**

kl *afk* → **kilolitre**

Klansman ['klænzmən], **Klanswoman** *znw* lid van de Ku-Klux-Klan

klaxon ['klæksən] *znw* claxon

kleptomania [kleptəʊ'meɪnɪə] *znw* kleptomanie

kleptomaniac [kleptəʊ'meɪnɪæk] *bn* kleptomaan

klutz [klʌts] Am inf *znw* kluns, klungel

Kluxer [klʌksə] *znw* lid van de Ku-Klux-Klan

km *afk* → **kilometre**

knack [næk] *znw* ❶ slag, handigheid ★ *acquire / develop / get the ~* handigheid krijgen ★ *lose the ~* de handigheid kwijtraken ★ *there's a ~ to it* er zit een trucje bij ❷ talent, kunst ★ *she has a real ~ for finding the right solution* ze heeft echt de gave om de juiste oplossing te vinden

knacker ['nækə] vulg slang *znw* ❶ vilder ❷ sloper ❸ (meestal *mv*) bal, testikel

knackered ['nækəd] inf *bn* doodop, afgepeigerd

knacker's yard ['nækəz jɑːd] *znw* sloperij, autokerkhof

knapsack ['næpsæk] *znw* ransel, knapzak, rugzak

knave [neɪv] *znw* ❶ vero schurk, schelm ❷ kaartsp boer

knavery ['neɪvərɪ] vero *znw* schurkerij, schelmenstreken ★ *a piece of ~* een schurkenstreek

knavish ['neɪvɪʃ] vero *bn* schurkachtig, oneerlijk ★ *a ~ trick* een schurkenstreek

knead [niːd] *overg* ❶ kneden ❷ masseren

knee [niː] **I** *znw* knie ★ *weak at the ~s* zwak in de knieën ★ *at one's mother's / father's ~* op jonge leeftijd ★ *on one's ~s* op de knieën ★ *on bended ~/~s*

knielend ★ *bend / bow one's / the ~ (to sbd)* zich onderwerpen (aan iem.) ★ *bring sbd / sth to their ~s* iem. / iets op de knieën brengen ★ *drop / fall / sink & to one's ~s* neerknielen ★ *go down on one's ~s* op de knieën vallen **II** *overg* een knietje geven, met de knie aanraken

knee breeches [niː 'briːtʃɪz] *znw* [mv] kuit-, kniebroek

kneecap ['niːkæp] **I** *znw* knieschijf **II** *overg* door de knieschijven schieten

knee-deep [niː-'diːp] *bn & bijw* kniehoog, op kniehoogte ★ *the firm is ~ in financial trouble* de firma zit tot over de oren in de financiële problemen

knee-high [niː-'haɪ] **I** *bn & bijw* kniehoog, op kniehoogte ★ *inf scherts when I was ~ to a grasshopper* toen ik nog klein was **II** *znw* (meestal *mv*) nylon kniekousen

kneehole ['niːhəʊl] *znw* beenruimte ‹onder bureau›

knee-jerk ['niː-dʒɜːk] *znw* kniereflex

knee-jerk reaction ['niː-dʒɜːk rɪ'ækʃən] *znw* spontane, ondoordachte reactie

knee joint ['niː dʒɔɪnt] anat *znw* kniegewricht

kneel [niːl] *onoverg* [knelt/Am ook: kneeled, knelt/Am ook: kneeled] knielen ★ *~ down* neerknielen

knee-length ['niː-leŋθ] *bn* tot de knieën

kneeler ['niːlə] *znw* ❶ iem. die knielt ❷ knielkussen, knielbank

knee-pan ['niː-pæn] gedat *znw* knieschijf

knee stocking [niː 'stɒkɪŋ] *znw* kniekous

knees-up ['niːz-ʌp] inf *znw* gezellig feest

knell [nel] **I** *znw* doodsklok **II** *onoverg* de doodsklok luiden

knelt [nelt] *ww* [v.t. & v.d.] → **kneel**

knew [njuː] *ww* [v.t.] → **know**

knickerbockers ['nɪkəbɒkəz] *znw* [mv] knickerbocker, wijde kniebroek

knickers ['nɪkəz] *znw* [mv] ❶ inf slipje, onderbroek ‹v. vrouw› ★ Br inf *get one's ~ in a twist / knot* verhit, opgewonden reageren ★ Br inf *~!* verdorie!, zo kan ie wel weer! ❷ Am plusfours

knick-knack ['nɪk-næk] *znw* snuisterij

knife [naɪf] **I** *znw* [mv: knives] mes ★ inf *before you can say ~* binnen de kortste keren ★ *like a (hot) ~ through butter* heel gemakkelijk, zonder problemen ★ *an accent that you could cut with a ~* een heel dik accent ★ *get / have one's ~ into sbd* op iem. zitten te hakken, iem. (ongenadig) te pakken hebben ★ *inf go / be under the ~* een operatie(moeten) ondergaan, onder het mes gaan / zijn ★ *put / stick the ~ in / put / stick the ~into sbd* boosaardig of haatdragend zijn ten opzichte van iem. ★ *twist / turn the ~ (in the wound)* extra zout in de wond strooien, nog een trap nageven **II** *overg* (door)steken

knife block ['naɪf blɒk] *znw* messenblok

knife-edge ['naɪf-edʒ] *znw* ❶ scherp van de snede ‹v. mes› ❷ messcherpe plooi ‹in broek &› ❸ moeilijke situatie, spannende toestand ★ *on a ~ about sth* in grote spanning over iets

knife grinder [naɪf 'graɪndə] *znw* scharenslijper
knife pleat ['naɪf pli:t] *znw* messcherpe vouw
knife-point ['naɪf-pɔɪnt] *znw* ★ *at* ~ onder bedreiging met een mes, met het mes op de keel
knife rest ['naɪf rest] *znw* messenlegger
knife sharpener [naɪf 'ʃɑ:pənə] *znw* aanzetstaal, messenaanzetter
knife-throwing [naɪf-'θrəʊɪŋ] *znw* messenwerpen
knight [naɪt] **I** *znw* ❶ ridder ★ *a white* ~ een bedrijf dat een ander bedrijf redt van een ongewenste overname ★ *a* ~ *in shining armour / on a white charger* de ridder op het witte paard, een redder in nood, een sprookjesprins ★ inf *a* ~ *of the road* een handelsreiziger, een zwerver ❷ schaken paard **II** *overg* tot ridder slaan, in de adelstand verheffen
knightage ['naɪtɪdʒ] *znw* ❶ ridderschap ❷ adelboek
knight errant [naɪt 'erənt] *znw* [*mv:* knights errant] dolende ridder
knighthood ['naɪthʊd] *znw* ❶ ridderschap ❷ titel van ridder
knightly ['naɪtlɪ] dicht *bn* ridderlijk, ridder-
knit [nɪt] **I** *bn* gebreid ★ *a close / closely* ~ *family* een hechte familie **II** *overg* [knit/knitted, knit/knitted] breien, knopen, (ver)binden, samenvlechten, verenigen ★ ~ *one's brows* de wenkbrauwen fronsen ★ ~ *sth together* iets samenknopen, verbinden **III** *onoverg* [knit/knitted, knit/knitted] ❶ breien ❷ zich verenigen, zich samentrekken ⟨v. wenkbrauwen⟩ ★ ~ *together* één worden, vergroeien
knits [nɪts] *znw* [*mv*] gebreide kleren
knitter ['nɪtə] *znw* brei(st)er
knitting ['nɪtɪŋ] *znw* ❶ breien ❷ breiwerk
knitting machine ['nɪtɪŋ mə'ʃi:n] *znw* breimachine
knitting needle ['nɪtɪŋ 'ni:dl] *znw* breinaald
knitting pattern ['nɪtɪŋ 'pætn] *znw* breipatroon
knitwear ['nɪtweə] *znw* gebreide kleren
knives [naɪvz] *znw* [*mv*] → knife
knob [nɒb] *znw* ❶ knobbel, bult ❷ knop ⟨v. deur of stok⟩ ★ Br inf *with (brass)* ~*s on!* en hoe! ❸ klontje, brokje ❹ vulg lul
knobbed [nɒbd] *znw* ❶ knobbelig ❷ met een knop
knobby ['nɒbɪ], **knobbly** *bn* knobbelig, knokig
knobkerrie ['nɒbkerɪ], **knobstick** ZA *znw* knuppel, knots
knock [nɒk] **I** *znw* ❶ klop, geklop ★ *there was a* ~ *(at the door)* er werd geklopt ★ *give a double* ~ tweemaal kloppen ❷ slag, klap ★ *take a hard* ~ een klap krijgen **II** *overg* ❶ kloppen ❷ slaan, stoten ★ ~ *sbd cold* iem. vellen, fig iem. bewusteloos slaan ★ inf ~ *'em dead!* zet 'm op! ★ ~ *sbd flying* iem. neerslaan ★ inf ~ *sbd for six*, ~ *sbd sideways* iem. erg choqueren, iem. van streek maken ★ ~ *sbd on the head* iem. de kop indrukken, bewusteloos slaan, doodslaan ★ inf ~ *sth on the head* iets de nekslag geven ❸ inf scherp bekritiseren, afkammen **III** *onoverg* ❶ (aan)kloppen ★ *she* ~*ed at / on the door* ze klopte aan ★ ~ *on wood!* afkloppen! ❷ stoten, botsen ❸ techn ratelen, kloppen ⟨v. motor⟩ **IV** *phras* ★ inf ~

about / around rondzwerven, rondhangen, lanterfanten ★ inf ~ *sth about / around* iets bespreken ★ inf ~ *sbd about / around* iem. ruw behandelen, toetakelen ★ ~ *against sbd / sth* tegen iem. / iets opbotsen ★ inf ~ *sth back* iets naar binnen slaan ⟨drank⟩ ★ ~ *sbd back* iem. afwijzen ★ inf ~ *sbd back a few dollars* iem. een paar dollar kosten ★ ~ *sth down* iets toewijzen ⟨op veiling⟩, iets afslaan, iets verlagen ⟨prijs⟩, iets afdingen, iets afbreken ★ ~ *sbd down* iem. neerslaan,tegen de grond gooien, iem. aanrijden, iem. verslaan, iem. doen omvallen ⟨van verbazing &⟩ ★ *you could have* ~*ed me down with a feather* ik stond er paf van ★ ~ *sth into sbd* iem. iets inhameren ★ inf ~ *some sense into sbd* iem. met kracht tot rede brengen ★ ~ *off (work)* afnokken, ophouden / uitscheiden met werken ★ ~ *sth off* iets afslaan, iets er af doen ⟨v.d. prijs⟩, inf iets vlug afmaken, iets klaarspelen, inf iets jatten, Am inf illegaal kopiëren van merkartikelen ⟨zoals kleding, schoeisel &⟩ ★ inf ~ *it off!* ophouden! ★ inf ~ *sbd off* iem. vermoorden, vulg iem. neuken ★ ~ *sbd off their pedestal* iem. van zijn voetstuk stoten ★ inf ~ *sbd's block off* iem. hard slaan ★ ~ *spots off sth* iets de loef afsteken ★ inf ~ *sth out* iets uitslaan, uitkloppen, iets in elkaar flansen ★ ~ *the bottom out of sth* iets krachteloos maken, tenietdoen, iets onthullen ⟨geheim⟩, handel de klad brengen in iets ★ ~ *sbd out* iem. knock-out slaan ⟨bij boksen⟩, iem. verslaan, het winnen van iem., iem. buiten gevecht stellen, inf iem. met stomheid slaan, verbijsteren, iem. uitputten, inf iem. zwanger maken ★ inf ~ *oneself out* zich afpeigeren ★ ~ *sbd / sth over* iem. / iets omver slaan, omgooien ★ *be* ~*ed over* overreden worden, fig kapot van iets zijn ★ ~ *sth together / up* iets in elkaar of samenflansen, iets (inderhaast) arrangeren of improviseren ★ sp ~ *up* inspelen, een warming-up doen ★ ~ *sbd up* iem. wekken, iem. uitputten, inf iem. zwanger maken
knockabout ['nɒkəbaʊt] **I** *bn* ❶ gooi-en-smijt-, slapstick- ❷ tegen een stootje kunnend ⟨v. kleren⟩ **II** *znw* ❶ slapstick komedie ❷ Am zwerver ❸ Aus & NZ manusje van alles op een boerderij ❹ kleine boot
knock-back ['nɒk-bæk] inf *znw* weigering, afwijzing, verwerping
knock-down ['nɒk-daʊn], **knockdown I** *bn* ★ *a* ~ *argument* een dooddoener **II** *znw* neervellende slag of tijding
knock-down price ['nɒk-daʊn praɪs] marketing *znw* gereduceerde prijs
knocked up [nɒkt 'ʌp] *bn* ❶ (dood)op ❷ inf zwanger
knocker ['nɒkə] *znw* ❶ klopper ❷ inf vitter, criticaster
knockers ['nɒkəz] *znw* [*mv*] inf tieten
knocking copy ['nɒkɪŋ 'kɒpɪ] marketing *znw* negatieve vergelijkende reclame
knocking shop ['nɒkɪŋ ʃɒp] Br inf *znw* bordeel
knock-kneed ['nɒk-ni:d] *bn* met X-benen
knock-knees ['nɒk-ni:z] *znw* [*mv*] X-benen

knock-off ['nɒk-ɒf] inf *znw* kopie of imitatie van een merkartikel ‹kleding, schoeisel &›

knock-on effect ['nɒk-ɒn ɪ'fekt] *znw* domino-effect

knockout ['nɒkaʊt] **I** *bn* ❶ sp afval-, knock-out ‹wedstrijd, toernooi› ❷ eersteklas ★ *a ~ hit* een eersteklas hit **II** *znw* ❶ sp knock-out slaan ‹bij boksen› ❷ genadeslag ❸ inf iets of iemand waar je paf van staat

knock-out price ['nɒk-aʊt praɪs] marketing *znw* zeer lage prijs ‹die de concurrentie uit de markt prijst›

knock-up ['nɒk-ʌp] *znw* inslaan, warming-up ‹tennis›

knoll [nəʊl] *znw* heuveltje

knot [nɒt] **I** *znw* ❶ knoop ★ *at the rate of ~s* razendsnel ★ *cut the ~* de knoop doorhakken ★ inf *tie the ~* in het huwelijksbootje stappen, een boterbriefje halen ★ *tie sbd up in ~s* iem. volledig van de kook brengen ❷ knot, knoedel, dot ❸ knobbel, knoest, kwast, node ‹v.e. plant› ❹ kluitje (mensen), groep, groepje ❺ fig moeilijkheid, complicatie ❻ strik, strikje, fig band **II** *overg* ❶ knopen ❷ verbinden ❸ verwikkelen **III** *onoverg* ❶ knopen vormen ❷ in de knoop raken

knotted ['nɒtɪd] *bn* ❶ **knotty** knoestig, kwastig ❷ **knotty** knobbelig ❸ met knopen ▼ Br inf *get ~!* sodemieter op!

knotty ['nɒtɪ] *bn* ❶ → **knotted** ❷ fig netelig, lastig, ingewikkeld

know [nəʊ] **I** *znw* ★ inf *be in the ~* er alles van weten, op de hoogte zijn **II** *overg* [knew, known] ❶ kennen ★ *his generosity ~s no bounds* zijn vrijgevigheid kent geen grenzen ★ *~ the ropes* de kneepjes van het vak kennen, ingewijd zijn, weten wat er te koop is ★ inf *~ a trick or two* niet van gisteren zijn ★ inf *I wouldn't ~ him if I fell over him* ik ken hem helemaal niet ★ *~ sth back to front* iets op zijn duimpje kennen ★ *~ sbd by name* iem. van naam kennen ★ *~ sbd by sight* iem. van gezicht kennen ❷ weten, verstaan ★ inf *he ~s what side his bread's buttered on* hij weet wat voor hem voordeel oplevert ★ inf *he ~s what's what / knows a thing or two* hij weet het een en ander, hij is niet van gisteren ★ *there's no ~ing what might happen* je kunt nooit weten wat er kan gebeuren ★ *not if I ~ it!* ik ben er ook nog!, daar komt niets van in! ★ inf *he didn't ~ what hit him* hij wist niet wat hem overkwam ★ *he ~s his way around London* hij is bekend in Londen ★ *he'll ~ a way around it* hij weet wel een uitweg ★ *before you ~ it / before you ~ where you are* voor je 't weet, in een handomdraai ★ *~ sth for a fact* iets zeker weten ★ *~ of sbd / sth* gehoord hebben over iem. / iets ❸ herkennen, (kunnen) onderscheiden ★ *~ one from the other/~ which is which* ze uit elkaar kennen ★ inf *not ~ sbd from Adam / from a bar of soap* iem. helemaal niet kennen ★ vulg *not ~ his arse from his elbow* er de ballen verstand van hebben, een onbenul zijn ❹ leren kennen, ervaren, ondervinden, merken, zien ❺ kunnen ★ *~ how to do sth* iets kunnen doen **III** *onoverg* [knew, known] weten

★ *goodness / God / heaven & ~s* ik heb geen idee ★ inf *how was I to ~?* hoe kon ik het weten? ★ *well, what do you ~!* krijg nou wat! uitroep van verbazing ★ inf *I don't ~, whatever I do seems to go wrong* ik begrijp het niet, alles wat ik doe lijkt mis te gaan ★ *leave it to him: he ~s best* laat het maar aan hem over, hij weet het het beste ★ *I ~ better than that* ik weet wel beter, ik kijk wel uit! ★ *I should have ~n better* ik had wijzer moeten zijn ★ *you should have ~n better than to say that to your mother* je had beter moeten weten dan dat tegen je moeder te zeggen ★ *what does he ~ of it?* wat weet hij ervan? ★ *not that I ~ of* niet dat ik weet ★ inf *I just didn't ~ where to look* ik wist gewoon niet waar ik moest kijken van schaamte / verlegenheid &

knowable ['nəʊəbl] *bn* te weten, te kennen, (her)kenbaar

know-all ['nəʊ-ɔ:l] inf *znw* weetal

know-how ['nəʊ-haʊ] inf *znw* praktische kennis, (technische) kennis

knowing ['nəʊɪŋ] *bn* ❶ schrander ❷ geslepen, slim ❸ veelbetekenend ‹v. blik &›

knowingly ['nəʊɪŋlɪ] *bijw* ❶ bewust, willens en wetens, met opzet ❷ schrander, geslepen, slim ❸ veelbetekenend ★ *he nodded ~* hij knikte veelbetekenend

know-it-all ['nəʊ-ɪt-ɔ:l] Am inf *znw* betweter, wijsneus

knowledgable ['nɒlɪdʒəbl] *znw* → **knowledgeable**

knowledge ['nɒlɪdʒ] *znw* ❶ kennis, kunde, geleerdheid ★ *broaden one's ~* zijn kennis verbreden ★ *flaunt one's ~* zijn kennis tentoonspreiden ❷ (mede)weten, wetenschap (van iets), voorkennis ★ *it's common ~* het is algemeen bekend ★ form *it has come to my ~* ik heb vernomen ★ *to (the best of) my ~* voorzover ik weet, voorzover mij bekend ★ *bring sth to sbd's ~* iem. iets meedelen ★ *deny all ~ of sth* ontkennen ergens iets van af te weten

knowledgeable ['nɒlɪdʒəbl], **knowledgable** *bn* ❶ kundig, knap ❷ goed ingelicht, goed op de hoogte

knowledge bank ['nɒlɪdʒ bæŋk] comput *znw* kennisbank

knowledge base ['nɒlɪdʒ beɪs] *znw* bron van gegevens

knowledge management ['nɒlɪdʒ 'mænɪdʒmənt] *znw* kennisbeheer, informatiebeheer

knowledge worker ['nɒlɪdʒ 'wɜːkə] *znw* informatiebeheerder

known [nəʊn] **I** *bn* (wel)bekend **II** *ww* [v.d.] → **know**

know-nothing ['nəʊ-nʌθɪŋ] inf *znw* domoor, onbenul

knuckle ['nʌkl] **I** *znw* ❶ knokkel ★ inf *near the ~* gewaagd, nogal schuin ‹mop› ★ *rap sbd on / over the ~s* iem. een ernstige berisping geven ❷ schenkel, ‹varkens› kluif **II** *overg* met de knokkels bewerken **III** *phras* ★ *~ down to sth* zich serieus wijden aan ‹studie &›, iets aanpakken ★ *~ under* zich gewonnen geven, door de knieën gaan (voor *to*)

knucklebone ['nʌklbəʊn] *znw* ❶ knokkel ❷ bikkel

knuckleduster ['nʌkldʌstə] znw boksbeugel
knucklehead ['nʌklhed] Am inf znw stommeling, oen
knuckle sandwich ['nʌkl 'sænwɪdʒ] inf znw vuistslag
in het gezicht
knur [nɜ:] sp znw houten bal of kogel
KO I znw (knock-out) knock-out **II** overg knock-out
slaan
koala [kəʊ'ɑ:lə] znw koala
Kodiak bear ['kəʊdɪæk beə] znw kodiakbeer
kohl [kəʊl] (⟨Arab⟩) znw kohl, oogpotlood ⟨vooral
gebruikt in Oosterse landen⟩
kohlrabi [kəʊl'rɑ:bɪ] znw koolrabi, raapkool
Komodo dragon [kə'məʊdəʊ 'drægən] znw
komodovaraan
kook [ku:k] Am inf znw eigenaardig persoon
kookaburra ['kʊkəbʌrə] znw kookaburra, lachvogel
⟨Australische vogel⟩
kooky ['ku:kɪ] Am inf bn excentriek
Koori ['kʊərɪ], **Koorie** znw Aborigine ⟨oorspronkelijke
Australiër⟩
kopeck ['kəʊpek] valuta znw kopeke ⟨Russische munt⟩
kopje ['kɒpɪ], **koppie** ZA znw heuveltje
Koran [kɔ:'rɑ:n, kə-] znw Koran
Koranic [kɔ:'rænɪk, -'rɑ:nɪk, kə-] bn volgens,
betreffende de Koran
Korea [kə'rɪə] znw Korea
Korean [kə'ri:ən] **I** bn Koreaans **II** znw ❶ Koreaan,
Koreaanse ❷ Koreaans
korma ['kɔ:mə] znw korma ⟨milde Indiase curry⟩
kosher ['kəʊʃə] bn koosjer, (ritueel) zuiver
kowtow [kaʊ'taʊ] (⟨Chin⟩) onoverg ★ ~ to sbd door het
stof gaan, zich vernederen voor iem.
kph afk (kilometres per hour) km / u
kraut [kraʊt] (⟨Du⟩) inf beledigend znw mof ⟨Duitser⟩
krill [krɪl] znw [mv: ~] krill
Kris Kringle [krɪs 'krɪŋgl] Am znw kerstman
krona ['krəʊnə] valuta znw ❶ [mv: kronor] Zweedse
kroon ❷ [mv: kronur] IJslandse kroon
krone ['krəʊnə] valuta znw [mv: kroner] Noorse kroon,
Deense kroon
kudos ['kju:dɒs] znw roem, eer ★ get ~ for sth eer
krijgen voor iets
Ku Klux Klan [ku: klʌks 'klæn], **KKK** znw Ku-Klux-Klan
⟨geheim racistisch genootschap⟩
kumquat ['kʌmkwɒt] znw kumquat ⟨kleine
citrusvrucht⟩
kung fu [kʊŋ 'fu:, kʌŋ] znw kungfu ⟨Chinese
vechtsport⟩
Kurd [kɜ:d] znw Koerd
Kurdish ['kɜ:dɪʃ] **I** bn Koerdisch **II** znw Koerdisch ⟨de
taal⟩
Kurdistan [kɜ:dɪ'stɑ:n, -'stæn] znw Koerdistan
kurta ['kɜ:tə], **kurtha** znw kurta ⟨Indiaas hemd⟩
Kuwait [kʊ'weɪt] znw Koeweit
Kuwaiti [kʊ'weɪtɪ] **I** bn Koeweits **II** znw Koeweiti
⟨inwoner v. Koeweit⟩
kV afk → **kilovolt**
kW afk kW, kilowatt

Kwanza ['kwænzə], **Kwanzaa** znw Kwanza ⟨festival
van Afro-Amerikanen⟩
K-Y jelly® ['keɪ-waɪ 'dʒelɪ] znw K-Y jelly ⟨glijmiddel⟩
kyle [kaɪl] Schots znw enge zeearm
Kyrgyz [kə'gi:z, 'kɜ:gɪz] **I** bn Kirgizisch **II** znw
Kirgiziër, Kirgizische
Kyrgyzstan ['kɜ:gɪzstæn, -stɑ:n, 'kɪəgɪ-] znw Kirgizië,
Kirgizistan
Kyrgyzstani [kɜ:gɪz'stænɪ, -'stɑ:nɪ, kɪəgɪ-] bn Kirgizisch

ky

L

l I *afk* → **litre** ★ *L* large, groot ‹kledingmaat› II *znw* [el] (de letter) l ▼ *L* 50 ‹Romeins cijfer›

la [lɑ:] *muz znw* la

lab [læb] *inf znw* lab, laboratorium

label ['leɪbl] I *znw* ❶ etiket, (platen)label, strook ❷ fig benaming II *overg* ❶ etiketteren, de label(s) hechten aan, labelen ❷ fig noemen (ook: ~ *as*) ★ *she had automatically ~led the class as unteachable* ze had automatisch de klas het etiket hardleers meegegeven

labia ['leɪbɪə] anat *znw* [mv] schaamlippen

labial ['leɪbɪəl] I *bn* anat & fon lip-, labiaal II *znw* fon labiaal, lipklank

labiate ['leɪbɪət] dierk of plantk I *bn* lipbloemig II *znw* lipbloemige plant

labile ['leɪbaɪl] *znw* ❶ labiel ❷ veranderlijk

labor ['leɪbə] Am *znw & overg & onoverg* → **labour**

laboratory [lə'bɒrətərɪ] *znw* laboratorium ★ *a ~ animal* een proefdier ★ *a ~ worker* een laborant ★ *the product has been tested under ~ conditions* dit product is in het laboratorium getest

laborious [lə'bɔ:rɪəs] *bn* moeizaam, zwaar, moeilijk

laboriously [lə'bɔ:rɪəslɪ] *bijw* moeizaam, zwaar, moeilijk ★ *we wrote out the invitations ~ by hand* we schreven de uitnodigingen moeizaam met de hand

labor union ['leɪbə 'ju:njən] Am *znw* vakbond, vakvereniging

labour ['leɪbə], Am **labor** I *znw* ❶ arbeid, werk ★ *foreign ~* gastarbeid ★ *hard ~* dwangarbeid ★ *a ~ of love* liefdewerk ❷ werkkrachten, arbeiders, werkende klassen ★ *Labour (party)* Arbeiderspartij ★ *organized ~* arbeidersbeweging ❸ moeite, taak, opdracht ★ *lost ~* vergeefse moeite ❹ bevalling, baring ★ *be in ~* aan het bevallen zijn ★ *go into ~* weeën krijgen II *overg* ❶ uitgebreid bespreken ❷ bewerken ★ *~ the point* uitvoerig op een (twist)punt ingaan, iets (nader) uitwerken III *onoverg* arbeiden, werken ‹ook: v. schip› zich moeite geven ★ *~ over sth* met iets zwoegen ★ *~ through* zich er doorheen slaan, met moeite doorheen werken ★ *~ under sth* kampen met iets ★ *~ under a delusion / misapprehension* in een waan verkeren, een misvatting hebben

labour agreement ['leɪbə ə'gri:mənt], Am **labor agreement** *znw* arbeidsovereenkomst ★ *a collective ~* een collectieve arbeidsovereenkomst

labour camp ['leɪbə kæmp], Am **labor camp** *znw* werkkamp

Labour Day ['leɪbə deɪ], Am **Labor Day** *znw* Dag van de Arbeid ‹1 mei, in de VS en Canada: eerste maandag in september›

labour dispute ['leɪbə dɪ'spju:t], Am **labor dispute** *znw* arbeidsconflict

laboured ['leɪbəd], Am **labored** *bn* ❶ bewerkt ❷ moeilijk ‹v. ademhaling› ❸ gekunsteld, niet spontaan ★ *his jokes can be quite ~* zijn grappen zijn soms nogal gekunsteld

labourer ['leɪbərə], Am **laborer** *znw* arbeider, werkman, ongeschoolde arbeider ★ *an agricultural ~* een boerenarbeider, landarbeider ★ *a casual ~* een los werkman

labour exchange ['leɪbə ɪks'tʃeɪndʒ], Am **labor exchange** *znw* arbeidsbureau

labour force ['leɪbə fɔ:s], Am **labor force** *znw* werkkrachten, arbeidskrachten

labour-intensive ['leɪbər-ɪn'tensɪv], Am **labor-intensive** *bn* arbeidsintensief

Labourite ['leɪbəraɪt], Am **Laborite** *znw* lid van de **Labour Party**

labour law ['leɪbə lɔ:], Am **labor law** *znw* arbeidswet, wet op de arbeid

labour market ['leɪbə 'mɑ:kɪt], Am **labor market** *znw* arbeidsmarkt

labour movement ['leɪbə 'mu:vmənt], Am **labor movement** *znw* arbeidersbeweging

labour pains ['leɪbə 'peɪnz], Am **labor pains** *znw* [mv] (barens)weeën

Labour Party ['leɪbə 'pɑ:tɪ] *znw* Arbeiderspartij

labour relations ['leɪbə rɪ'leɪʃənʃɪp], Am **labor relations** *znw* [mv] arbeidsverhoudingen

labour room ['leɪbə ru:m], Am **labor room** *znw* verloskamer

labour-saving ['leɪbə-seɪvɪŋ], Am **labor saving** *bn* arbeidsbesparend

laburnum [lə'bɜ:nəm] *znw* goudenregen

labyrinth ['læbərɪnθ] dicht *znw* labyrint, doolhof

labyrinthine [læbə'rɪnθaɪn] dicht *bn* verward, ingewikkeld (als een doolhof), labyrintisch

lace [leɪs] I *bn* kanten II *znw* ❶ veter ❷ galon, passement ❸ kant, vitrage III *overg* ❶ (vast)rijgen, snoeren ★ *~ sth up* iets vastrijgen ❷ doorvlechten ★ *he ~d his talk with jokes* hij doorvlocht zijn toespraak met grappen ❸ versieren ‹met kant› ❹ oppeppen ‹met een scheutje sterke drank› ★ *coffee ~d with cognac* koffie met een scheutje cognac IV *onoverg* zich laten rijgen ▼ *inf ~ into sbd* iem. afrossen

lacerate ['læsəreɪt] *overg* scheuren, verscheuren, snijden

laceration [læsə'reɪʃən] *znw* (ver)scheuring, snee ★ *he sustained ~s to both legs* hij liep snijwonden aan beide benen op

lace-up ['leɪs-ʌp] I *bn* rijg- ★ *a ~ boot* een rijglaars II *znw* rijglaars, -schoen

lachrymal ['lækrɪml] techn of dicht *bn* traan-

lachrymatory ['lækrɪmət(ə)rɪ] techn of dicht *bn* tranen verwekkend, traan-

lachrymose ['lækrɪməʊs] dicht *bn* ❶ vol tranen ❷ huilerig

lacing ['leɪsɪŋ] *znw* ❶ veter, boordsel ❷ scheutje sterke drank (in koffie &)

lack [læk] I *znw* gebrek, gemis, behoefte, tekort (aan

of), schaarste ★ *if we fail, it won't be for ~ of effort* als we niet slagen ligt het niet aan gebrek aan inspanning ★ *I failed the exam simply for ~ of preparation* ik ben eenvoudig voor het examen gezakt door gebrek aan voorbereiding ★ *no ~ of sth* genoeg van iets **II** *overg* gebrek / een tekort hebben aan ★ *she ~s confidence / is ~ing in confidence* het ontbreekt haar aan zelfvertrouwen ★ *be ~ing* ontbreken

lackadaisical [lækə'deɪzɪkl] *bn* ❶ lusteloos ❷ nonchalant, laks, luchtigjes

lackey ['lækɪ] *znw* lakei

lacking ['lækɪŋ] *bn* ❶ ontbrekend, niet voorhanden ★ *she's certainly not ~ in money* het ontbreekt haar zeker niet aan geld ❷ ontoereikend, tekortschietend ★ *they tried him out as bookkeeper but found him ~* ze probeerden hem uit als boekhouder, maar merkten dat hij tekort schoot

lacklustre ['læklʌstə] *bn*, *Am* **lackluster** *bn* ❶ glansloos, dof ❷ ongeïnspireerd, zonder overtuiging ★ *the game was a ~ one* het spel was ongeïnspireerd

laconic [lə'kɒnɪk] *bn* laconiek, kort en bondig

laconically [lə'kɒnɪklɪ] *bijw* laconiek, bondig ★ *he spoke quite ~ about his past problems* hij praatte nogal laconiek over zijn vroegere problemen

laconicism [lə'kɒnɪsɪzəm], **laconism** *znw* ❶ bondigheid ❷ bondig gezegde

lacquer ['lækə] **I** *znw* ❶ lak, lakwerk, vernis ❷ haarlak **II** *overg* ❶ lakken, vernissen ❷ haarlak opbrengen

lacrosse [lə'krɒs] *znw* lacrosse ⟨Canadees balspel⟩

lactate ['lækteɪt] *onoverg* melk afscheiden

lactation [læk'teɪʃən] *znw* melkafscheiding

lacteal ['læktɪəl] *anat bn* melk-

lactic ['læktɪk] *bn* melk-

lactic acid ['læktɪk 'æsɪd] *znw* melkzuur

lacto-ovo-vegetarian ['læktəʊ-'əʊvəʊ-vedʒə'teərɪən] *znw* lacto-ovovegetariër ⟨eet plantaardig voedsel, melkproducten en eieren⟩

lactose ['læktəʊs] *znw* melksuiker, lactose

lactose intolerance ['læktəʊs ɪn'tɒlərəns] *znw* lactose-intolerantie

lactose intolerant ['læktəʊs ɪn'tɒlərənt] *bn* lactose-intolerant

lacto-vegetarian ['læktəʊ-vedʒə'teərɪən] *znw* lactovegetariër ⟨eet plantaardig voedsel en melkproducten⟩

lacuna [lə'kjuːnə] *znw* [*mv*: lacunae *of* lacunas] leemte, gaping, hiaat, lacune

lacy ['leɪsɪ] *bn* ❶ als (van) kant ❷ kanten

lad [læd] *inf znw* ❶ knaap, jongen, jongeman ❷ vlotte jongen

ladder ['lædə] **I** *znw* ladder ★ *she's finally got one foot on the career ~* ze staat eindelijk met één voet op de carrièreladder ★ *the ~ to the attic* de ladder naar de vliering ★ *he was up a ~ painting when we turned up* hij stond op een ladder te verven toen wij aankwamen **II** *onoverg* ladderen ⟨v. kous⟩

ladder dredge ['lædə dredʒ] *znw* baggermachine

ladder stitch ['lædə stɪtʃ] *znw* dwarssteek

laddie ['lædɪ], **laddy** Schots *znw* knaap, jongen

laden ['leɪdn] geladen, beladen ★ *the tree is ~ with plums* de boom hangt vol met pruimen ★ *the book is a suspense-~ mystery* het boek is een detective vol spanning

la-di-da [lɑːdɪ'dɑː], **la-di-dah**, **lah-di-dah** *inf bn* aanstellerig, dikdoenerig, gemaakt

ladies' man ['leɪdɪz mæn], **lady's man** *inf znw* charmeur, vrouwenliefhebber

ladies' room ['leɪdɪz ruːm] *znw* damestoilet

ladified ['leɪdɪfaɪd] *bn* → **ladyfied**

ladle ['leɪdl] **I** *znw* pollepel, soeplepel, scheplepel **II** *overg* opscheppen ★ *~ out sth* iets uitscheppen / oplepelen, iets met kwistige hand uitdelen

ladleful ['leɪdlfʊl] *znw* lepel(vol)

lady ['leɪdɪ] **I** *bn* ❶ vrouwelijk ★ *a ~ doctor* een vrouwelijke dokter ❷ -in, -ster, -es ★ *a ~ poet* een dichteres **II** *znw* ❶ dame, vrouw, mevrouw ★ *the Ladies'* (openbaar) damestoilet ★ *the cleaning ~* de schoonmaakster ★ *the tea ~* koffiejuffrouw ★ *Our Lady* Onze-Lieve-Vrouw ★ *a ~ of leisure* een niet werkende dame ★ *the ~ of the house* de vrouw des huizes ❷ echtgenote, beminde, geliefde ★ *inf your good ~* mevrouw ⟨uw vrouw⟩ ★ *inf the / my old ~* moeder de vrouw ❸ titel van een adellijke dame

Lady altar ['leɪdɪ 'ɔːltə] *znw* Maria-altaar

ladybird ['leɪdɪbɜːd], *Am* **ladybug** *znw* lieveheersbeestje

Lady Bountiful ['leɪdɪ 'baʊntɪfʊl] scherts *znw* weldoenster, filantrope

ladyboy ['leɪdɪbɔɪ] *znw* travestiet of transseksueel ⟨in Thailand⟩

ladybug ['leɪdɪbʌg] *znw* **ladybird**

Lady chapel ['leɪdɪ 'tʃæpl] RK *znw* Mariakapel

Lady Day ['leɪdɪ deɪ] *znw* Maria-Boodschap ⟨25 maart⟩

ladyfied ['leɪdɪfaɪd], **ladified** *bn* als een dame, nuffig, mondain

ladyfinger ['leɪdɪ'fɪŋgə] *znw* ❶ klein soort banaan ❷ → **lady's finger**

lady friend ['leɪdɪ frend] *znw* vriendin

lady-in-waiting ['leɪdɪ-ɪn-'weɪtɪŋ] *znw* hofdame

ladykiller ['leɪdɪkɪlə] *znw* ladykiller, donjuan, rokkenjager

ladylike ['leɪdɪlaɪk] *bn* als een dame, damesachtig, beschaafd, elegant

lady-love ['leɪdɪlʌv] *gedat znw* liefste, geliefde

Lady Muck ['leɪdɪ mʌk] Br *inf znw* dikdoenerige dame, kakmadam

lady's bedstraw ['leɪdɪz 'bedstrɔː] *znw* walstro, (onze)lievevrouwebedstro

lady's companion ['leɪdɪz kəm'pænjən] *znw* handwerktas

lady's finger ['leɪdɪz 'fɪŋgə] *znw* ❶ plantk wondklaver ❷ *Am* **ladyfinger** lange vinger ⟨koekje⟩ ❸ Br okra ⟨vrucht⟩

ladyship ['leɪdɪʃɪp] *znw* titel van lady ★ *her / your ~* mevrouw (de gravin &)

lady's mantle ['leɪdɪz 'mæntl] *znw* vrouwenmantel ⟨plant⟩

lady's slipper ['leɪdɪz 'slɪpə] *znw* vrouwenschoentje, venusschoentje ⟨plant⟩

lag [læg] **I** *znw* ❶ **time lag** tijdsverloop, periode, verschil in tijd ❷ achterstand, vertraging(sfactor) ❸ inf (ontslagen) gedeporteerde, tuchthuisboef ★ *an old* ~ een bajesklant **II** *overg* ❶ inf in de gevangenis stoppen, arresteren ❷ techn bekleden, isoleren **III** *onoverg* (ook: ~ *behind*) achteraankomen, achterblijven ★ *the region has* ~*ged behind in its economic development* het gebied is achtergebleven in zijn economische ontwikkeling ★ *he* ~*ged behind the others* hij bleef achter bij de anderen

lager ['lɑːgə] *znw* lagerbier, pils

laggard ['lægəd] *znw* talmer, achterblijver

lagging ['lægɪŋ] *znw* ❶ techn isolatiemateriaal ❷ getalm, geaarzel

lagoon [lə'guːn] *znw* lagune, haf

lah-di-dah [lɑː-diː-'dɑː] inf *bn* → **la-di-da**

laical ['leɪɪkl] form *bn* ❶ leken- ❷ wereldlijk

laicization [leɪɪsaɪ'zeɪʃən], **laicisation** *znw* secularisatie

laicize ['leɪɪsaɪz], **laicise** *overg* seculariseren

laid [leɪd] *ww* [v.t. & v.d.] → **lay** ★ vulg *get* ~ genaaid worden, een beurt krijgen ★ *be* ~ *up* door ziekte in bed liggen

laid-back ['leɪdbæk] inf *znw* ontspannen, relaxed

lain [leɪn] *ww* [v.d.] → **lie**

lair [leə] *znw* hol, leger ⟨v. dier⟩

laird [leəd] Schots *znw* (land)heer

lairy ['leəri] inf *bn* ❶ sluw, zelfingenomen ❷ opzichtig ❸ lawaaischopperig, wild, agressief

laissez faire [le(ɪ)seɪ 'feə], **laisser faire** *znw* laisser faire

laity ['leɪətɪ] *znw* ❶ lekendom ❷ leken

lake [leɪk] *znw* ❶ meer ★ *an artificial / ornamental* ~ een vijver ★ geogr *Lake Superior* het Bovenmeer ❷ (rode) lakverf

lake-dweller ['leɪk-dwelə] *znw* paalbewoner

lake dwelling [leɪk 'dwelɪŋ] hist *znw* paalwoning

Lakeland ['leɪklænd] *znw* ★ *the* ~ het merendistrict

lakelet ['leɪklət] *znw* meertje

lakeside ['leɪksaɪd] *znw* rand van een meer

lakh [læk] *znw* honderdduizend (roepies) ⟨in India⟩

laksa ['læksæ] *znw* laksa, Chinese vermicelli, rijstvermicelli

la-la land ['lɑː-lɑː lænd] Am inf *znw* ❶ Hollywood ❷ droomwereld

lam [læm] inf **I** *znw* Am vlucht ★ *on the* ~ op de vlucht ⟨voor politie, justitie &⟩ **II** *overg* afranselen **III** *onoverg* Am ontsnappen, vluchten

lama ['lɑːmə] *znw* lama ⟨boeddhistische priester⟩

Lamaism ['lɑːməɪzəm] *znw* lamaïsme, Tibetaans boeddhisme

lamasery ['lɑːməsərɪ] *znw* lamaklooster

lamb [læm] **I** *znw* ❶ lam ★ *in* ~ drachtig ⟨v. schaap⟩ ★ *like a* ~ *to the slaughter* als een lam naar de slachtbank, gedwee ❷ lamsvlees ❸ inf lieve kind **II** *onoverg* lammeren, werpen

lambada [læm'bɑːdə] *znw* lambada ⟨Braziliaanse dans⟩

lambast [læm'bæst], **lambaste** *overg* hekelen, afkraken, de grond in boren ★ *the critics* ~*ed his first film* de recensenten kraakten zijn eerste film af

lamb chop [læm tʃɒp] *znw* lamskotelet

lambent ['læmbənt] dicht *bn* lekkend, spelend ⟨v. vlammen⟩, glinsterend, tintelend

lambing ['læmɪŋ] *znw* het lammeren

lambkin ['læmkɪn] *znw* lammetje

lamb's fry ['læmz fraɪ] *znw* ❶ Br gebakken lamstestikels ❷ Aus & NZ gebakken lamslever

lambskin ['læmskɪn] *znw* lamsvel

lamb's tails ['læmz teɪlz] *znw* [mv] hazelkatjes ⟨plant⟩

lambswool ['læmzwʊl] *znw* lamswol

lame [leɪm] **I** *bn* ❶ mank, kreupel, gebrekkig ★ ~ *in one leg* mank aan één been ❷ armzalig, onbevredigend ⟨excuus⟩ **II** *overg* ❶ mank (kreupel) maken ❷ verlammen, met lamheid slaan

lamebrain ['leɪmbreɪn] inf *znw* stommeling, flapdrol

lamebrained ['leɪmbreɪnd] inf *bn* stom

lame duck [leɪm dʌk] *znw* ❶ zielige figuur ❷ Am demissionair politicus

lamella [lə'melə] *znw* [mv: -s of lamellae] lamel, plaatje

lament [lə'ment] **I** *znw* ❶ jammer-, weeklacht ❷ klaaglied, klaagzang **II** *overg* bejammeren, betreuren, bewenen ★ *no point* ~*ing the passing of time* het heeft geen zin om te jammeren dat de tijd vliegt **III** *onoverg* (wee)klagen, jammeren, lamenteren

lamentable ['læməntəbl] *bn* ❶ beklagens-, betreurenswaardig ❷ jammerlijk ❸ minderwaardig

lamentably ['læməntəblɪ] *bijw* triest, jammerlijk, minderwaardig ★ ~ *few of the reforms have been carried out* er maar bitter weinig hervormingen doorgevoerd

lamentation [læmən'teɪʃən] *znw* weeklacht, jammerklacht, gejammer ★ bijbel *Lamentations* Klaagliederen

lamented [lə'mentɪd] *bn* betreurd ★ *the late* ~ *Mr Smith* wijlen de heer Smith

lamina ['læmɪnə] *znw* [mv: laminae] dunne plaat, laag, blad

laminate ['læmɪneɪt] **I** *znw* laminaat **II** *overg* ❶ pletten ❷ in lagen afdelen ❸ met platen beleggen, lamineren

laminated ['læmɪneɪtɪd] *bn* gelamineerd ★ ~ *wood* multiplex, triplex

lamington ['læmɪŋtən] Aus & NZ *znw* lamington ⟨cakeje met chocolade en kokosnoot⟩

lamp [læmp] *znw* ❶ lamp ❷ lantaarn

lampblack ['læmpblæk] *znw* lampzwart

lamplight ['læmplaɪt] *znw* lamplicht ★ *by* ~ bij lamplicht

lamplighter ['læmplaɪtə] hist *znw* lantaarnopsteker

lamplit ['læmplɪt] *bn* met een lamp verlicht

lampoon [læm'puːn] **I** *znw* satire, schotschrift, pamflet **II** *overg* hekelen, een satire schrijven tegen ★ *the* *press ~ed his performance* de pers kraakte zijn voorstelling af

lampoonist [læm'pu:nɪst] *znw* pamfletschrijver

lamp post [læmp pəʊst] *znw* lantaarn(paal) ★ <u>inf</u> *between you, me and the ~* tussen ons gezegd en gezwegen

lampshade ['læmpʃeɪd] *znw* lampenkap

LAN [læn] <u>comput</u> *afk* → **local area network**

lance [lɑ:ns] **I** *znw* lans, speer **II** *overg* ➊ (met een lans) doorsteken ➋ (met een lancet) dóórsteken / openen **III** *onoverg* een plotselinge beweging maken ★ *a sharp pain ~d through his back* een scherpe pijn schoot door zijn rug

lance corporal [lɑ:ns 'kɔ:prəl] *znw* soldaat eerste klasse

lancer ['lɑ:nsə] <u>hist</u> *znw* lansier

lancers ['lɑ:nsəz] *znw* [mv] lanciers ‹dans›

lance sergeant [lɑ:ns 'sɑ:dʒənt] *znw* als sergeant fungerend korporaal

lancet ['lɑ:nsɪt] *znw* lancet

lancet arch ['lɑ:nsɪt ɑ:tʃ] <u>bouwk</u> *znw* spitsboog, lancetboog

lancet window ['lɑ:nsɪt 'wɪndəʊ] *znw* spitsboogvenster

land [lænd] **I** *znw* ➊ land ★ *we visited distant ~s* we hebben verre landen bezocht ★ *the promised ~* het beloofde land ★ *by ~* over land, te land ★ *on ~* aan land, aan (de) wal, te land ★ *clear the ~* land ontginnen ★ *make ~* land zien of bereiken ★ *see how the ~ lies* poolshoogte nemen ➋ platteland, landerijen ★ *get back to the ~* teruggaan naar een landelijk bestaan ★ *leave the ~* naar de stad trekken ★ *~ reform* agrarische hervorming ➌ grond, bodem ★ *arable ~* landbouwgrond ★ *common ~* gemeenschapsgrond ★ *derelict ~* verwaarloosde grond ★ *it was good to be on dry ~ again* het was goed weer vaste grond onder de voeten te hebben ★ *prime ~* puike grond ★ *live off the ~* zijn eigen voedsel verbouwen **II** *overg* ➊ (doen) landen, doen belanden, aan land zetten, aan land brengen / halen, lossen ‹goederen›, afzetten ‹uit voertuig› ★ <u>inf</u> *she ~ed him one in the eye* ze gaf hem een klap op z'n oog ★ <u>inf</u> *~ sbd with sth* iem. opzadelen met iets ➋ <u>fig</u> brengen ‹in moeilijkheden› ➌ <u>inf</u> opstrijken, bemachtigen, krijgen **III** *onoverg* ➊ (aan-, be)landen ★ *we ~ed at Heathrow* we landden op Heathrow ★ <u>inf</u> *~ up with sth* er met iets afkomen ➋ neerkomen, terechtkomen ★ *he fell and ~ed heavily on his arm* hij viel en kwam hard op zijn arm terecht ★ <u>fig</u> *~ on one's feet* geluk hebben ➌ <u>sp</u> aankomen ‹bij einddoel›

land agent [lænd 'eɪdʒənt] *znw* ➊ rentmeester ➋ makelaar in landerijen &

landau ['lændɔ:] *znw* landauer ‹soort koets›

land bank [lænd bæŋk] *znw* grondkredietbank

landed ['lændɪd] *bn* ➊ uit landerijen bestaande ★ *~ property* grondbezit ➋ landerijen bezittende, grond- ★ *~ interests* grondbezitters ★ *the ~ gentry* de landadel

landfall ['lændfɔ:l] *znw* ➊ aankomst aan land ‹na zeereis›, landing ‹na vliegreis› ➋ → **landslide** ★ *make ~* voet aan wal zetten

landfill ['lændfɪl] *znw* ➊ stortterrein ➋ storten v. afval

land forces ['lænd 'fɔ:sɪz] *znw* [mv] landmacht

landholder ['lændhəʊldə] *znw* ➊ grondbezitter ➋ pachter

landholding ['lændhəʊldɪŋ] *znw* ➊ landbezit ➋ gehuurd land

landing ['lændɪŋ] *znw* ➊ landing ★ *~ tax* landingsgeld ‹betaling voor toestemming om op een luchthaven te landen› ★ *we had a bumpy ~* we hadden een hobbelige landing ★ *he had to make a forced ~* hij moest een noodlanding maken ➋ landingsplaats, losplaats ★ *a ~ facility* een losplaats ‹voor schepen› ★ *a ~ place* een aanlegplaats ➌ (trap)portaal, overloop

landing charges ['lændɪŋ tʃɑ:dʒɪz] *znw* [mv] lossingskosten, landingskosten

landing craft ['lændɪŋ krɑ:ft] *znw* landingsvaartuig, landingsvaartuigen

landing gear ['lændɪŋ gɪə] <u>luchtv</u> *znw* landingsgestel, onderstel

landing light ['lændɪŋ laɪt] *znw* landingslicht

landing net ['lændɪŋ net] *znw* schepnet

landing pad ['lændɪŋ pæd] *znw* landingsplaats ‹voor helikopter›

landing party ['lændɪŋ 'pɑ:tɪ] *znw* landingsdetachement

landing stage ['lændɪŋ steɪdʒ] *znw* aanlegsteiger, kade

landing strip ['lændɪŋ strɪp] *znw* landingsstrook, landingsstrip

landlady ['lændleɪdɪ] *znw* ➊ hospita, kostjuffrouw ➋ herbergierster, waardin

landless ['lændləs] *bn* zonder land

landlocked ['lændlɒkt] *bn* door land ingesloten

landlord ['lændlɔ:d] *znw* ➊ huisbaas, -eigenaar ➋ hospes, kostbaas ➌ herbergier, waard, kastelein

landlubber ['lændlʌbə] *znw* landrot

landmark ['lændmɑ:k] *znw* ➊ baken, (bekend) punt, oriëntatiepunt ➋ <u>fig</u> mijlpaal, keerpunt ‹op levensweg &›

land mass [lænd mæs] *znw* continent, groot grondgebied

landmine ['lændmaɪn] *znw* landmijn

landowner ['lændəʊnə] *znw* grondbezitter

land registry [lænd 'redʒɪstrɪ] *znw* kadaster

Land Rover® ['lænd rəʊvə] *znw* landrover ‹terreinwagen›

landscape [lændskeɪp] **I** *znw* landschap **II** *overg* verfraaien d.m.v. landschapsarchitectuur

landscape architecture [lændskeɪp 'ɑ:kɪtektʃə] *znw* tuinarchitectuur, landschapsarchitectuur

landscape artist [lændskeɪp 'ɑ:tɪst], **landscape painter** *znw* landschapschilder

landscape gardener [lændskeɪp 'gɑ:dnə] *znw*

la

tuinarchitect, landschapsarchitect
landscape gardening [lændskeɪp ˈɡɑːdnɪŋ] *znw*
tuinarchitectuur
landscapist [ˈlændskeɪpɪst] *znw* landschapschilder
landslide [ˈlændslaɪd] *znw* ❶ **landfall, landslip**
bergstorting, aardverschuiving ❷ **landslide victory**
overweldigende verkiezingsoverwinning
landsman [ˈlændzmən] *znw* ❶ landrot ❷ landgenoot,
streekgenoot
land surveyor [lænd səˈveɪə] *znw* landmeter
land tax [lænd tæks] *znw* grondbelasting
landward [ˈlændwəd] **I** *bn* landwaarts **II** *bijw*,
landwards landwaarts
lane [leɪn] *znw* ❶ landweg ⟨tussen heggen⟩ ❷ nauwe
straat, steeg ❸ (rij)strook ★ *an acceleration* ~ een
invoegstrook ★ *a four-~ highway* een vierbaansweg
❹ sp baan ❺ scheepv vaarweg, -geul ❻ scheepv &
luchtv route
lane markings [leɪn ˈmɑːkɪŋz] *znw* [mv]
rijstrookmarkering
language [ˈlæŋɡwɪdʒ] *znw* taal, spraak ★ *bad* ~
scheldwoorden ★ *the official* ~ de landstaal, de
officiële taal ★ *speak the same* ~ elkaar aanvoelen,
begrijpen ★ *use bad* ~ vloeken, schelden
language laboratory [ˈlæŋɡwɪdʒ ləˈbɒrətəri] *znw*
talenpracticum
languid [ˈlæŋɡwɪd] dicht *bn* mat, slap, loom, lusteloos,
flauw, smachtend
languish [ˈlæŋɡwɪʃ] dicht *onoverg* ❶ verflauwen
❷ weg-, (ver)kwijnen, (ver)smachten (naar *for*)
★ *he ~ed in jail for five years* hij zat vijf jaar in de
gevangenis
languishing [ˈlæŋɡwɪʃɪŋ] dicht *bn* ❶ smachtend
❷ kwijnend
languor [ˈlæŋɡə] dicht *znw* ❶ achteruitgang,
verflauwing ❷ matheid, loomheid
languorous [ˈlæŋɡərəs] dicht *bn* ❶ kwijnend,
smachtend ❷ mat, loom
languorously [ˈlæŋɡərəslɪ] dicht *bijw* ❶ kwijnend,
smachtend ❷ mat, loom ★ *she reached down* ~ *for
her sandals* ze reikte sloom naar beneden voor haar
sandalen
lank [læŋk] *bn* sluik ⟨v. haar⟩
lanky [ˈlæŋkɪ] *bn* lang (en mager), slungelachtig
lanolin [ˈlænəlɪn] *znw* lanoline, wolvet
lantana [lænˈteɪnə, lænˈtɑːnə] *znw* lantana ⟨sierstruik⟩
lantern [ˈlæntən] *znw* ❶ lantaarn ★ *a Chinese* ~ een
lampion ★ *a magic* ~ een toverlantaarn
❷ lichtkamer ⟨v. vuurtoren⟩
lantern jaw [ˈlæntən dʒɔː] *znw* lange dunne
onderkaak
lantern slide [ˈlæntən slaɪd] *znw* toverlantaarnplaatje
Laos [ˈlaʊs] *znw* Laos
Laotian [ˈlaʊʃən] **I** *bn* Laotiaans **II** *znw* Laotiaan,
Laotiaanse
lap [læp] **I** *znw* ❶ schoot ★ *in the* ~ *of the gods* in de
schoot der goden, in de toekomst ★ *in the* ~ *of
luxury* badend in luxe, weelde ❷ ronde ⟨bij

baanwedstrijd⟩, etappe ⟨ook fig⟩ ★ *a* ~ *of honour* een
ererondje **II** *overg* ❶ sp 'lappen', op een ronde
achterstand zetten ❷ (meestal: ~ *up*) (op)lebberen,
opslorpen, gulzig drinken, fig gretig in zich
opnemen ❸ kabbelen, klotsen **III** *onoverg* ❶ slorpen
❷ klotsen, kabbelen **IV** *phras* ★ ~ *sbd / sth* in iem.
/ iets omwikkelen ★ inf ~ *sth* up iets oplebberen, iets
opslurpen, ergens van genieten
lap belt [læp belt] *znw* heupgordel ⟨in auto⟩
lap dancing [læp ˈdɑːnsɪŋ] *znw* erotische dans ⟨in
nachtclub &⟩
lapdog [ˈlæpdɒɡ] *znw* schoothondje
lapel [ləˈpel] *znw* lapel ⟨v. jas⟩
lapful [ˈlæpfʊl] *znw* schootvol
lapidary [ˈlæpɪdəri] **I** *bn* lapidair **II** *znw* steensnijder,
edelsteenkenner
lapis lazuli [læpɪsˈlæzjʊlaɪ] *znw* lapis lazuli,
lazuursteen, lazuur
lap of honour [læp əv ˈɒnə] *znw* ereronde
Lapp [læp] **I** *bn* Laplands **II** *znw* Lap
lappet [ˈlæpɪt] *znw* ❶ flap, slip ⟨aan kleding⟩ ❷ kwab,
(oor)lel
Lappish [ˈlæpɪʃ] **I** *bn* Laplands **II** *znw* Laplands
lapse [læps] **I** *znw* ❶ val, loop, verval ⟨ook erfrecht⟩,
verloop, vervallen, afval(ligheid) ❷ afdwaling,
misslag, fout, vergissing, lapsus ★ *a memory* ~
moment van vergeetachtigheid **II** *onoverg* verlopen,
(ver)vallen, afvallen, afdwalen
lapsed [ˈlæpst] *bn* ❶ jur verlopen ❷ niet meer
praktiserend, afvallig ⟨v. geloof⟩ ❸ in onbruik
geraakt
laptop computer [ˈlæptɒp kəmˈpjuːtə] *znw* laptop,
schootcomputer, draagbare computer
lapwing [ˈlæpwɪŋ] *znw* kievit ⟨weidevogel⟩
larceny [ˈlɑːsəni] jur *znw* diefstal
larch [lɑːtʃ] *znw* ❶ lorkenboom, lariks ❷ lorkenhout,
larikshout
lard [lɑːd] **I** *znw* reuzel **II** *overg* larderen, doorspekken
(met *with*)
larder [ˈlɑːdə] *znw* provisiekamer, -kast
lardy [ˈlɑːdɪ] *bn* vetachtig
large [lɑːdʒ] **I** *bn* ❶ groot, ruim, royaal ❷ breed,
veelomvattend, vérstrekkend, uitgebreid ★ *at* ~
breedvoerig, vrij, op vrije voeten, in / over het
algemeen ★ *the public at* ~ het grote publiek ★ *by
and* ~ over het algemeen ★ *as* ~ *as life* in levenden
lijve, hoogstpersoonlijk ★ *form in* ~ *measure / part*
voor een groot gedeelte ★ ~*r than life* overdreven,
buiten proporties ★ Br inf *have / give it* ~ uitgaan en
zich vermaken ⟨met drank en drugs⟩ **II** *overg* ★ Br
inf ~ *it* gaan drinken en dansen
large-handed [lɑːdʒ-ˈhændɪd] *bn* royaal, mild
large-hearted [lɑːdʒˈhɑːtɪd] *bn* groothartig,
edelmoedig
large intestine [lɑːdʒ ɪnˈtestɪn] anat *znw* dikke darm
large-limbed [lɑːdʒˈlɪmd] *bn* grofgebouwd
largely [ˈlɑːdʒlɪ] *bijw* ❶ in grote (ruime, hoge) mate,
ruimschoots, grotendeels ★ *her work went* ~

unnoticed haar werk bleef grotendeels onopgemerkt ❷ voornamelijk

large-minded [lɑːdʒ'maɪndɪd] *bn* breed van opvatting, ruim van blik

largeness ['lɑːdʒnəs] *znw* ❶ grootte ❷ onbekrompenheid

large-scale [lɑːdʒ-'skeɪl] *bn* op grote schaal, grootscheeps, groot

largesse [lɑː-'dʒes], **largess** *znw* vrijgevigheid, gulheid

larghetto [lɑː'getəʊ] *muz bn & bijw* larghetto

largish ['lɑːdʒɪʃ] *bn* vrij groot

lariat ['lærɪət] *znw* ❶ lasso ❷ touw om paard & vast te binden

lark [lɑːk] **I** *znw* ❶ leeuwerik ★ *be up with the* ~ voor dag en dauw zijn ❷ *inf* pret, pretje, grap, lolletje ★ Br *sod this for a* ~! bekijk het maar! ‹uitdrukking van ergernis› **II** *phras* ★ *inf* ~ **about/around** lol maken ★ *inf* ~ *it* **up** lol maken

larker ['lɑːkə] *znw* grapjas

larkspur ['lɑːkspɜː] *znw* ridderspoor ‹plant›

larky ['lɑːkɪ] *inf bn* uit op een pretje, jolig, lollig

larrikin ['lærɪkɪn] *znw* ❶ Aus herrieschopper, straatschender ❷ boefje

larrup ['lærəp] *inf overg* afranselen

larva ['lɑːvə] *znw* [*mv*: larvae] larve

larval ['lɑːvl] *bn* larven-

laryngeal [lə'rɪndʒɪəl] *bn* ❶ *anat* van het strottenhoofd ❷ *fon* laryngaal

laryngitis [lærɪn'dʒaɪtɪs] *med znw* laryngitis, ontsteking van het strottenhoofd

laryngologist [lærɪn'gɒlədʒɪst] *znw* keelarts

larynx ['lærɪŋks] *anat znw* [*mv*: -es of larynges] larynx, strottenhoofd

lascivious [lə'sɪvɪəs] *bn* wellustig, geil, wulps

laser ['leɪzə] *znw* laser

laser gun ['leɪzə gʌn] *znw* laserpistool

laser printer ['leɪzə 'prɪntə] *comput znw* laserprinter

lash [læʃ] **I** *znw* ❶ zweep ★ *fig come under the* ~ onder de plak komen te zitten ❷ slag, zweepslag, gesel, -slag ❸ wimper, ooghaar **II** *overg* ❶ zwepen, geselen, striemen, slaan ❷ *fig* opzwepen ❸ (vast)sjorren **III** *onoverg* slaan, zwiepen **IV** *phras* ★ ~ *sth* **down** iets vastsjorren ★ ~ **into** *sbd* iem. ervan langs geven ★ ~ *sbd* **into** *sth* iem. opzwepen tot iets ★ ~ **out** achteruitslaan ‹v. paard›, *inf* uit de band springen ★ ~ **out at** *sbd* iem. er van langs geven, uitvallen naar, uitvaren tegen iem., iem. woest aanvallen

lasher ['læʃə] *znw* ❶ waterkering ❷ stuwdam, spui, spuigat, spuiwater ❸ stuwbekken

lashing ['læʃɪŋ] *znw* ❶ geseling ❷ *scheepv* sjorring

lashings ['læʃɪŋz] *inf znw* [*mv*] hopen, massa's ★ *cake with* ~ *of cream* cake met veel slagroom

lash-up ['læʃʌp] *inf znw* haastige improvisatie

lass [læs], **lassie** *znw* deerntje, meisje

lassitude ['læsɪtjuːd] *znw* moeheid, loomheid, matheid

lasso [lə'suː] **I** *znw* [*mv*: -s of -soes] lasso **II** *overg* met de lasso vangen

last [lɑːst] **I** *bn* ❶ laatst ★ *the Last Day* de jongste dag ★ *every* ~ *one* iedereen (zonder uitzondering) ★ *he's the* ~ *person you'd expect to see here* hij is wel de laatste die je hier zou verwachten ★ *a puncture was the* ~ *thing we needed* een lekke band was wel het laatste wat we konden gebruiken ★ *as a / in the* ~ *resort* in laatste instantie, als een laatste uitweg ❷ vorig(e), verleden, jongstleden ★ ~ *night* gister(en)avond, vannacht ‹verleden nacht› ★ *the night before* ~ eergister(en)avond, eergister(en)nacht ★ *the year before* ~ twee jaar geleden ❸ nieuwst, meest recent **II** *bijw* ❶ het laatst ★ ~ *in, first out* laatst in, eerst uit ❷ tenslotte **III** *znw* ❶ (schoenmakers)leest ❷ *handel* last ❸ laatste ★ *the* ~ *but one* op een na de laatste ★ ~ *but not least* last but not least, als laatste genoemd maar zeker niet het / de minste ★ *we'll never hear the* ~ *of it* er komt nooit een eind aan ★ *at (long)* ~ uiteindelijk, ten slotte, ten langen leste ★ *near one's* ~ zijn eind nabij ★ *to / till the* ~ tot het laatst toe ★ *towards the* ~ tegen het eind ★ *breathe one's* ~ de laatste adem uitblazen ★ *leave sth till* ~ iets voor het laatst bewaren ★ *look one's* ~ *at sth* een laatste blik werpen op iets **IV** *overg* voldoende zijn ★ *the money will have to* ~ *us a week* we zullen ons de hele week met het geld moeten redden **V** *onoverg* ❶ blijven, duren, voortduren ★ *she won't* ~ *long* zij zal het niet lang meer maken ❷ goed blijven, (lang) meegaan ★ *make one's money* ~ lang doen met zijn geld ❸ het uithouden ★ *she won't* ~ *(out) the day / the week &* ze houdt het geen dag / week & uit ★ *can you* ~ *out until we get home?* kun je het uithouden totdat we thuis zijn?

last-ditch [lɑːst-'dɪtʃ] *bn* wanhoops- ★ *a* ~ *attempt* een wanhoopspoging

last-gasp [lɑːst-'gɑːsp] *znw* laatste ademtocht, laatste snik

last hurrah [lɑːst hʊ'rɑː] *znw* zwanenzang

lasting ['lɑːstɪŋ] *bn* duurzaam, (voort)durend, bestendig

Last Judgement [lɑːst 'dʒʌdʒmənt] *znw* ★ *the* ~ het laatste oordeel

lastly ['lɑːstlɪ] *bijw* ten laatste, tenslotte

last minute [lɑːst 'mɪnɪt] *znw* ★ *the* ~ het laatste moment ★ *she always leaves things to the* ~ ze stelt altijd alles uit tot het laatste moment ★ *they only told her at the* ~ *that they wouldn't be there* ze hebben haar pas op het laatste moment verteld dat ze er niet zouden zijn

last-minute [lɑːst-'mɪnɪt] *bn* op het laatste ogenblik, te elfder ure

last name [lɑːst neɪm] *znw* achternaam

last orders [lɑːst 'ɔːdəz] *znw* [*mv*] laatste bestelling voor sluitingstijd ‹in een kroeg›

last post [lɑːst pəʊst] *znw* ★ *the* ~ de Last Post

last rites [lɑːst raɪts] *znw* [*mv*] ★ *the* ~ de laatste sacramenten / riten

la

last will and testament [lɑ:st wɪl ən 'testəmənt] *znw* testament

last word [lɑ:st wɜ:d] *znw* laatste woord ★ *she always has to have the* ~ ze moet altijd het laatste woord hebben

lat. *afk* (latitude) breedte

latch [lætʃ] **I** *znw* klink ★ *off the* ~ op een kier ★ *on the* ~ op de klink **II** *overg* op de klink doen **III** *phras* ★ ~ on de tepel pakken ‹baby aan de borst›, *inf* snappen, begrijpen ★ ~ on to / onto *sth* zich vastklampen aan iets, *inf* iets snappen ★ *inf* ~ *onto sbd* aan iem. klitten, niet weg te slaan zijn bij iem.

latchkey ['lætʃki:] *znw* huissleutel

latchkey child ['lætʃki: tʃaɪld] *znw* sleutelkind

late [leɪt] **I** *bn* ❶ laat, te laat ★ *it's a bit* ~ *in the day/Am game* er is niet genoeg tijd over, het is hier rijkelijk laat voor ★ *I'm half an hour* ~ *for the interview* ik ben een half uur te laat voor het interview ❷ laatst, van de laatste tijd, jongst(e) ★ *of* ~ (in) de laatste tijd ❸ vergevorderd ★ *she's in her* ~ *30s* ze is eind 30 ★ *the* ~ *1980s* het eind van de tachtiger jaren ❹ gewezen, vorig, ex- ★ ~ *of* tot voor kort wonend in (te) ❺ overleden, wijlen ★ *the* ~ *John Smith* wijlen John Smith ★ *my* ~ *husband* mijn overleden man **II** *bijw* ❶ laat ❷ te laat ★ *we arrived* ~ we kwamen te laat aan ❸ voorheen ❹ onlangs ★ *as* ~ *as 2001* tot aan (in), nog in, tot op die tijd

late bloomer [leɪt 'blu:mə] *znw* laatbloeier

latecomer ['leɪtkʌmə] *znw* laatkomer

late developer [leɪt dɪ'veləpə] *znw* laatbloeier

lateish ['leɪtɪʃ] *znw* → **latish**

lately ['leɪtlɪ] *bijw* ❶ laatst, onlangs, kort geleden ❷ (in) de laatste tijd

late-model ['leɪt-'mɒdl] *bn* laatste model ‹vooral v. auto's›

latency ['leɪtnsɪ] *znw* latentie

lateness ['leɪtnəs] *znw* het (te) laat zijn ★ *despite the* ~ *of the hour* ondanks het late uur

late-night ['leɪt-naɪt] *bn* nacht- ★ ~ *shopping* koopavond

latent ['leɪtnt] *bn* verborgen, slapend, latent ★ *a* ~ *period* een incubatietijd ★ ~ *tensions* onderhuidse spanningen

later ['leɪtə] *bn & bijw* later ★ ~ *on* later, naderhand

lateral ['lætərəl] *bn* zijdelings, zij-

lateral thinking ['lætərəl 'θɪŋkɪŋ] *znw* lateraal denken, onorthodoxe probleemaanpak

latest ['leɪtɪst] **I** *bn* laatste, nieuwste ★ *the* ~ *fashions* de laatste mode ★ *the* ~ *news* het laatste nieuws **II** *znw* ★ *at the (very)* ~ niet later dan, op z'n laatst

latex ['leɪteks] **I** *bn* latex ★ ~ *gloves* latex handschoenen **II** *znw* latex, melksap

lath [lɑ:θ] *znw* lat

lath-and-plaster [lɑ:θ-ən-'plɑ:stə] *znw* bepleisterd schotwerk

lathe [leɪð] *znw* draaibank

lather ['lɑ:ðə] **I** *znw* ❶ zeepsop ❷ schuim, zweet ‹v. paard› ★ *in a* ~ (op)gejaagd ★ *get into a* ~ *(about sth)*

zich opwinden (over iets) **II** *overg* ❶ met schuim bedekken ❷ inzepen ❸ *inf* afranselen ★ ~ *sth up* iets opschuimen **III** *onoverg* schuimen ★ ~ *up* opschuimen

Latin ['lætɪn] **I** *bn* Latijns **II** *znw* ❶ Latijn ❷ Latijns (zuidelijk) type ‹persoon›

Latin America ['lætɪn ə'merɪkə] *znw* Latijns-Amerika

Latin-American ['lætɪn-ə'merɪkən] **I** *bn* Latijns-Amerikaans **II** *znw* Latijns-Amerikaan ‹persoon›

Latinize ['lætɪnaɪz], **Latinise** *overg* ❶ verlatijnsen ❷ Latijnse vormen gebruiken

latish ['leɪtɪʃ], **lateish** *bn* wat laat

latitude ['lætɪtju:d] *znw* ❶ (geografische) breedte, hemelstreek ❷ *form* vrijheid ‹v. handelen›, speelruimte

latitudinal [lætɪ'tju:dɪnl] *bn* breedte-

latitudinarian [lætɪtju:dɪ'neərɪən] *form* **I** *bn* vrijzinnig **II** *znw* vrijzinnige

latrine [lə'tri:n] *znw* latrine

latte ['lætei, 'lɑ:tei] *znw* café latte, koffie verkeerd

latter ['lætə] **I** *bn* laatstgenoemde, laatste ‹van twee›, tweede ★ *unemployment grew in the* ~ *part of the jaar* de werkeloosheid is gegroeid in de tweede helft van het jaar **II** *znw* laatst(genoemd)e ‹van twee› ★ *she was awarded the* ~ *of the two prizes* ze kreeg de laatste van de twee prijzen

latter-day [lætə-'deɪ] *bn* van de laatste tijd, modern ★ *they're a* ~ *David and Goliath* ze zijn een moderne versie van David en Goliath

Latter-Day Saints [lætə-'deɪ seɪnts] *znw* [mv] de heiligen der laatste dagen, mormonen

latterly ['lætəlɪ] *bijw* ❶ in de laatste tijd ❷ tegenwoordig ❸ tegen het eind (van het leven &)

lattice ['lætɪs] **I** *znw* traliewerk, open latwerk ★ *a* ~ *bridge* een traliebrug **II** *overg* van tralie-, latwerk voorzien

latticed ['lætɪst] *bn* getralied

lattice window ['lætɪs 'wɪndəʊ] *znw* ❶ tralievenster ❷ venster met glas in lood

latticework ['lætɪswɜ:k] *znw* traliewerk

Latvia ['lætvɪə] *znw* Letland

Latvian ['lætvɪən] **I** *bn* Lets, van / uit Letland **II** *znw* ❶ Let, Letse ❷ Lets

laud [lɔ:d] *overg* loven, prijzen ★ *the judges* ~*ed his entry* de juryleden prezen zijn inzending

laudable ['lɔ:dəbl] *bn* lof-, prijzenswaardig

laudably ['lɔ:dəblɪ] *bijw* prijzenswaardig

laudator [lɔ:'deɪtə] *form znw* lofredenaar

laudatory ['lɔ:dətərɪ] *bn* prijzend, lovend-, lof-

laugh [lɑ:f] **I** *znw* ❶ lach, gelach ★ *inf that's a* ~! laat me niet lachen! ★ *inf she's a good* ~ met haar kun je lachen ★ *inf he's a* ~ *a minute* het is lachen, gieren, brullen met hem ★ *the* ~ *is on me / you / her &* nu lachen ze om mij / jou / haar & ★ *dismiss sth with a* ~ iets met een lachje afdoen ★ *have a good* ~ *at sbd / sth* flink om iem. / iets lachen ★ *have the last* ~ het laatst lachen ❷ *inf* gein(tje), lol(letje) ★ *she bought it*

la

just for a ~ ze heeft het voor de grap gekocht **II** *overg* lachen ★ *no ~ing matter* niet iets om te lachen ★ ~ *sbd down* iem. door lachen tot zwijgen brengen ★ ~ *sth off* zich lachend afmaken van, weglachen, met een grapje afdoen ★ ~ *one's head off* zich doodlachen ★ ~ *oneself sick / silly* zich doodlachen, zich een ongeluk lachen ★ ~ *sth / sbd out of court* iets / iem. volledig belachelijk maken **III** *onoverg* lachen ★ inf *if the deal comes off, they'll be ~ing* als de zaak goed uitpakt zitten ze op rozen ★ *burst out ~ing* in lachen uitbarsten ★ *fall about ~ing* omvallen van het lachen ★ *find oneself ~ing* onwillekeurig meelachen ★ *make sbd* ~ iem. aan het lachen brengen ★ inf *don't make me ~!* laat me niet lachen! ★ inf *~ all the way to the bank* makkelijk binnenlopen ‹rijk worden› ★ ~ *at sbd* lachen om iem., iem. uitlachen, lachen tegen iem. ★ ~ *at sth* lachen om iets ★ ~ *in sbd's face* iem. in zijn gezicht uitlachen ★ ~ *in the face of sth* iets tarten, bespotten ★ inf *he'll be ~ing on the other side of his face* hij zal lachen als een boer die kiespijn heeft ★ ~ *out loud* luid lachen ★ ~ *over sth* lachen om iets ★ ~ *up one's sleeve* in z'n vuistje lachen ★ zegsw *he who ~s last ~s longest / loudest* wie het laatst lacht, lacht het best
laughable ['lɑːfəbl] *bn* belachelijk, lachwekkend
laughing gas ['lɑːfɪŋ gæs] *znw* lachgas
laughing jackass ['lɑːfɪŋ 'dʒækæs] gedat *znw* kookaburra
laughingly ['lɑːfɪŋlɪ] *bijw* lachend ★ *she ~ described what happened next* ze beschreef met een lach wat er daarna gebeurde
laughing stock ['lɑːfɪŋ stɒk] *znw* voorwerp van bespotting, risee ★ *when we lost the game we were the ~ of the country* toen we de wedstrijd verloren werden we in het hele land uitgelachen
laughter ['lɑːftə] *znw* gelach, lachen ★ *a ripple of* ~ een golf van gelach ★ *roar with* ~ bulderen van het lachen ★ *shake with* ~ schudden van het lachen ★ *snort with* ~ het uitproesten van het lachen
launch [lɔːntʃ] **I** *znw* ❶ tewaterlating ❷ lancering ‹v. raket› ❸ lanceren, uitbrengen ‹v. product, film &› ★ *a press* ~ een perslancering ❹ barkas, motorsloep **II** *overg* ❶ werpen, slingeren ❷ te water laten, van stapel laten lopen ❸ van wal steken ❹ lanceren, afschieten ‹raket› ❺ de wereld in zenden (in sturen), uitbrengen, beginnen, op touw zetten, inzetten, ontketenen ‹aanval &› ❻ oplaten ‹ballon› **III** *phras* ★ ~ *forth* in zee gaan, zich storten in ★ ~ *into sth* aan iets beginnen, enthousiast beginnen ★ ~ *out* uitbarsten, zich storten in, zijn geld laten rollen, beginnen
launcher ['lɔːntʃə] *znw* lanceerinrichting
launch pad [lɔːntʃ pæd], **launching pad** *znw* ❶ **launching site** lanceerplatform ❷ fig opstap ‹naar een hogere functie &›
launder ['lɔːndə] *overg* ❶ wassen en opmaken ❷ witwassen, witten ‹v. zwart geld›
launderette [lɔːn'dret], **laundrette**, Am **laundromat** *znw* wasserette
laundress ['lɔːndrəs] *znw* wasvrouw
laundry ['lɔːndrɪ] *znw* ❶ was, wasgoed ❷ wasruimte, bijkeuken ❸ wasserij
laundryman ['lɔːndrɪmən] *znw* wasman
laureate ['lɒrɪət] **I** *bn* dicht gelauwerd **II** *znw* gelauwerde dichter
laurel ['lɒrəl] *znw* ❶ laurier ❷ lauwerkrans ★ *rest on one's ~s* op zijn lauweren rusten
laurel wreath ['lɒrəl riːθ] *znw* lauwerkrans
lav [læv] inf *znw* (lavatory) wc, plee
lava ['lɑːvə] *znw* lava
lavabo [lə'vɑːbəʊ] *znw* [*mv:* -s] ❶ lavabo ❷ bak en handdoek voor handwassing v. priester ❸ gedat wasbak
lava lamp ['lɑːvə læmp] *znw* lavalamp ‹soort sierlamp›
lavatorial [lævə'tɔːrɪəl] *bn* met betrekking tot de wc ★ ~ *jokes* scabreuze grappen, onderbroekenlol
lavatory ['lævətərɪ] *znw* toilet, retirade, wc, closet
lavatory bowl ['lævətərɪ bəʊl], **lavatory pan** *znw* closetpot
lavatory pan ['lævətərɪ pæn] *znw* closetbak
lavatory paper ['lævətərɪ 'peɪpə] *znw* toiletpapier, wc-papier
lave [leɪv] dicht *overg* wassen, bespoelen
lavender ['lævɪndə] *znw* ❶ lavendel ❷ lavendelblauw
lavish ['lævɪʃ] **I** *bn* ❶ kwistig ❷ overvloedig, luxueus **II** *overg* ❶ kwistig uitdelen of besteden ❷ verkwisten (aan *on*)
lavishness ['lævɪʃnəs] *znw* kwistigheid
law [lɔː] *znw* ❶ wet, wetgeving ★ *uniform ~s* eenvormige wetten ★ *he thinks he's above the* ~ hij denkt dat hij boven de wet staat ★ *soliciting is against the* ~ tippelen is tegen de wet ★ *as the ~ stands* zoals de wet nu luidt ★ *by ~, a seatbelt must be worn* volgens de wet moet er een veiligheidsgordel worden gedragen ★ *a ~ on strike action* een wet over stakingsrecht ★ *be a ~ unto oneself* zijn eigen wetten stellen ★ *follow the letter of the* ~ leven naar de letter van de wet ★ *lay down the* ~ de wet stellen, autoritair optreden ❷ recht, rechten ★ *canon* ~ canoniek (kerkelijk) recht ★ *civil* ~ burgerlijk recht ★ *constitutional* ~ staatsrecht ★ *study / read* ~ rechten studeren ★ *take the* ~ *into one's own hands* eigenrichting plegen, eigen rechter spelen ❸ justitie ★ *go to* ~ de weg van rechten inslaan, gaan procederen ★ *have the* ~ *on sbd* iem. voor de rechter slepen ❹ inf politie, agent, politieman ❺ regel, wetmatigheid
law-abiding ['lɔːəbaɪdɪŋ] *bn* ❶ gehoorzaam (aan de wet), gezagsgetrouw, ordelievend ❷ achtenswaardig
law and order [lɔː ən 'ɔːdə] *znw* recht en orde, orde en gezag
lawbreaker ['lɔːbreɪkə] *znw* wetsovertreder
law centre [lɔː 'sentə], Am **law center** *znw* bureau voor rechtshulp
lawcourt ['lɔːkɔːt] *znw* rechtbank

la

law enforcement [lɔ: ɪn'fɔ:smənt] *znw* misdaadbestrijding

lawful ['lɔ:fʊl] *bn* wettig, rechtmatig, geoorloofd

lawgiver ['lɔ:gɪvə] *znw* → **lawmaker**

lawless ['lɔ:ləs] *bn* ❶ wetteloos ❷ bandeloos

lawmaker ['lɔ:meɪkə], **lawgiver** *znw* wetgever

lawman ['lɔ:mæn] Am *znw* politieman

lawn [lɔ:n] *znw* ❶ grasperk, -veld, gazon ❷ kamerdoek, batist

lawn bowling [lɔ:n 'bəʊlɪŋ] *znw* bowls

lawnmower ['lɔ:nməʊə] *znw* grasmaaimachine, grasmaaier

lawn party [lɔ:n 'pɑ:tɪ] *znw* tuinfeest

lawn tennis [lɔ:n tenɪs] *znw* tennis

lawny ['lɔ:nɪ] *bn* ❶ v. batist ❷ als een grasperk

law officer [lɔ: 'ɒfɪsə] *znw* rechterlijk ambtenaar

law of nations [lɔ: əv 'neɪʃənz] *jur znw* volkenrecht

lawsuit ['lɔ:su:t] *znw* rechtsgeding, proces

lawyer ['lɔɪə] *znw* ❶ rechtsgeleerde, jurist ❷ advocaat

lax [læks] *bn* ❶ los, slap, laks, zorgeloos, nalatig ★ *they were ~ in investigating the matter* ze waren nonchalant met het uitzoeken van de zaak ❷ aan diarree lijdend ★ *have ~ bowels* diarree hebben

laxative ['læksətɪv] I *bn* laxerend ★ *have a ~ effect on sbd / sth* een laxerend effect op iem. / iets hebben ★ *inf he has a ~ effect on me* ik word kotsmisselijk van hem II *znw* laxeermiddel, laxatief

laxity ['læksətɪ], **laxness** *znw* losheid, slapheid, laksheid, onnauwkeurigheid

lay [leɪ] I *bn* ❶ wereldlijk, leken- ❷ amateur- II *znw* ❶ ligging ★ fig *the ~ of the land* de stand van zaken ❷ *inf* wip, nummertje ★ *she's an easy ~* zij gaat zo'n beetje met iedereen naar bed ❸ leg ⟨v. kip⟩ ❹ lied, zang III *overg* [laid, laid] ❶ leggen, plaatsen, neerleggen, vlijen, installeren ★ *~ sbd to rest* iem. begraven ★ *~ sth bare* iets blootleggen ★ *~ sbd low* iem. tegen de grond werken, iem. verslaan, fig iem. vellen ⟨door ziekte⟩ ★ *~ the basis / foundation for sth* de basis leggen voor iets ★ *~ sth at sbd's door* iem. iets verwijten, iem. de schuld van iets geven ★ inf *~ it on thick / with a trowel* het er dik opleggen, overdrijven, met de stroopkwast werken ★ *~ eyes on sbd / sth* zijn oog laten vallen op iem. / iets ★ *~ hands on sbd* iem. de handen opleggen ★ *~ one's hands on sbd / sth* iem. / iets te pakken krijgen, iem. / iets kunnen vinden ★ *~ oneself open to sth* zich blootstellen aan ❷ bekleden, bedekken, beleggen (met *with*) ★ *the roof is laid with tiles* het dak is bedekt met pannen ❸ aanleggen ⟨vuur⟩ ❹ dekken ⟨tafel⟩, klaarzetten ⟨ontbijt &⟩ ★ *~ the table* de tafel dekken ❺ (eieren) leggen ❻ inf neuken, een beurt geven ❼ (ver)wedden ★ *~ a bet* een weddenschap aangaan ★ *~ money on sth* inzetten / wedden op iets ❽ indienen, opstellen, beramen, smeden ★ *~ claim to sth* aanspraak op iets maken ★ *~ a snare / trap* een strik spannen, een val zetten ★ *he laid a proposal before the committee* hij diende een voorstel in bij de commissie ★ *a well-laid plan* een weldoordacht plan

▼ *~ hold of sbd* iem. vastpakken, iem. te pakken krijgen ▼ *~ siege to sth* iets belegeren, het beleg slaan voor iets ▼ *~ store by sth* waarde hechten aan iets IV *onoverg* [laid, laid] ❶ leggen, aan de leg zijn ❷ scheepv liggen ★ *~ at anchor* voor anker liggen V *phras* ★ Br *~ about (one)* wild om zich heen slaan ★ *~ sth aside* iets opzij leggen, terzijde leggen, iets laten varen ★ *~ sth before sbd* iem. iets voorleggen ★ *~ sth by* iets opzij leggen, sparen ★ *~ sth down* iets neerleggen, iets (vast)stellen ⟨regels⟩, voorschrijven, bepalen, iets opslaan ⟨wijn⟩ ★ *~ one's life down* zijn leven geven ★ *~ sth down to sth* iets wijten aan iets ★ *~ sth in* iets opdoen, inslaan ⟨voorraden⟩ ★ inf *~ into sbd* er op los slaan ★ inf *~ off / sth* iem. / iets met rust laten ★ *~ sbd off* iem. (tijdelijk) ontslaan, iem. op non-actief stellen ★ *~ sth on* iets opleggen, iets erop / erover leggen, iets aanleggen ⟨gas &⟩, iets organiseren ⟨feestje &⟩, zorgen voor iets, iets schuiven op ⟨schuld⟩ ★ *~ sth out* iets uitleggen, klaarleggen, -zetten, iets aanleggen, ontwerpen, iets uitgeven, besteden (aan *on*) ★ *~ sbd out* iem. afleggen, inf iem. bewusteloos slaan, buiten gevecht stellen ★ Br *~ oneself out to do sth* ergens zijn best voor doen ★ Am *~ over* overblijven ★ scheepv *~ to* bijleggen ★ scheepv *~ up* opleggen ★ *~ sth up* iets inslaan ⟨voorraad⟩, iets inzamelen, sparen ★ *~ sbd up* iem. buiten dienst stellen, vellen, afschaffen, afdanken ★ *be laid up* (ziek) liggen, het bed moeten houden VI *ww* [v.t.] → **lie**

lay
kan zowel de tegenwoordige tijd van het werkwoord **lay** (leggen) als de verleden tijd van het werkwoord **lie** (liggen) zijn:
Please lay the book on the table - Leg het boek maar op tafel, alsjeblieft.
The book lay on the table - Het boek lag op tafel.

layabout ['leɪəbaʊt] *znw* leegloper

layaway ['leɪəweɪ] *znw* iets dat gereserveerd is

lay brother ['leɪ'brʌðə] *znw* lekenbroeder

lay-by ['leɪ-baɪ] auto *znw* [*mv:* lay-bys] parkeerhaven

layer ['leɪə] *znw* ❶ laag ❷ dierk leghen ❸ plantk aflegger

layer cake ['leɪə keɪk] *znw* uit lagen opgebouwd gebak

layered ['leɪəd] *bn* gelaagd

layette [leɪ'et] *znw* babyuitzet

lay figure ['leɪ'fɪgə] *znw* ledenpop

layman ['leɪmən], **lay person** *znw* leek

lay-off ['leɪ-ɒf], **layoff** *znw* (tijdelijk) naar huis sturen van arbeiders wegens gebrek aan werk

layout ['leɪaʊt] *znw* ❶ aanleg ⟨v. park &⟩ ❷ inrichting ❸ ontwerp, ⟨v. drukwerk⟩ lay-out ❹ situatietekening ❺ opzet

layover ['leɪəʊvə] Am *znw* reisonderbreking

lay person [leɪ 'pɜ:sən] *znw* **layman**

lay preacher ['leɪ'pri:tʃə], **lay reader** *znw*

lekenprediker
lay sister [leɪ ˈsɪstə] *znw* lekenzuster
laze [leɪz] **I** *overg* verluieren, verniksen ★ ~ *sth away* iets verluieren, verlummelen ‹v. tijd› **II** *onoverg* luilakken, lummelen, lanterfanten ★ *we like to ~ about / around on Sundays* we luieren 's zondags graag wat rond
lazy [ˈleɪzɪ] *bn* lui, vadsig
lazybones [ˈleɪzɪbəʊnz] *inf znw* [mv] luiwammes, luilak
lazy Susan [ˈleɪzɪ ˈsuːzn] *znw* draairekje ‹op tafel voor cakes &›
lb *afk* (pound ‹eig. van Lat. libra›) Engels pond ‹0,453 kg›
LBO fin *afk* → **leveraged buyout**
lbw cricket *afk* → **leg before wicket**
LCD *afk* → **liquid crystal display**
L-driver [ˈel-draɪvə] Br *znw* leerling-automobilist
leach [liːtʃ] *overg* (uit)logen
lead I *bn* [led] loden ★ *go down / over like a ~ balloon* slecht overkomen, slecht ontvangen worden ‹v. toespraak, grap, voorstel &› **II** *bn* [liːd] ❶ voorste, eerste ❷ voornaamste **III** *znw* [led] ❶ lood, kogels ★ Am *inf get the ~ out* opschieten, sneller gaan / werken ❷ potlood(stift), grafiet ★ *inf have ~ in one's pencil* geil zijn, een erectie hebben, vol energie zijn ❸ diep-, peillood ❹ zegelloodje ❺ *druk* witlijn ❻ **IV** *znw* [liːd] ❶ leiding, leidraad, richtsnoer, voorbeeld ★ *be in the ~* vooraan, aan de kop zijn ★ *take the ~* de leiding nemen ❷ vingerwijzing, aanwijzing, wenk, aanknopingspunt, houvast ❸ kaartsp invite, voorhand, uitkomen ★ kaartsp *it's my ~* ik moet uitkomen ★ *follow sbd's ~* kaartsp doorspelen in dezelfde kleur, fig het voorbeeld van iem. volgen ❹ voorsprong (op *over*) ❺ hoofdrol, hoofdrolspeler ★ *the juvenile ~* romantische mannelijke hoofdrol, jeune premier ❻ hoofdartikel, openingsartikel ‹in krant› ❼ riem, lijn ‹voor honden› ❽ elektr voedingsdraad ❾ kanaal, molenvliet **V** *overg* [led] ❶ met lood bedekken of bezwaren ❷ verzegelen, plomberen ‹voor de douane› ❸ in lood vatten ❹ interlinieren ‹zetsel› **VI** *overg* [liːd] [led, led] ❶ leiden, (tot iets) brengen ❷ (aan)voeren ❸ kaartsp uitkomen met ★ ~ *the way* voorgaan, vooropgaan ★ *be easily led* makkelijk te beïnvloeden zijn ★ ~ *sbd astray* iem. op een dwaalspoor brengen ★ ~ *sbd by the nose* iem. bij de neus nemen ★ ~ *sbd / sth in prayer* iem. / iets in het gebed voorgaan, voorbidden ★ fig ~ *sbd up the garden path* iem. inpakken, iets wijsmaken **VII** *onoverg* [liːd] [led, led] ❶ vooropgaan, bovenaan (nummer één) staan ❷ leiden, de leiding hebben ❸ sp aan de kop liggen ❹ voorstaan ‹in (doel)punten› ❺ kaartsp uitkomen ★ ~ *with sth* kaartsp uitkomen met iets, iets als voornaamste nieuws brengen ‹v. krant› **VIII** *phras* ★ ~ *sbd / sth away* iem. / iets wegleiden, wegvoeren ★ ~ *off* voorgaan, beginnen ★ ~ *off the ball* het bal openen

★ ~ **on** vooropgaan, aanvoeren ★ ~ *sbd on* iem. iets wijsmaken, iem. tot iets verleiden, iem. meeslepen ★ ~ **to** *sth* tot iets leiden, iets veroorzaken ★ ~ **up to** *sth* voeren / leiden tot iets, aansturen op iets ‹een gesprek›
leaded [ˈledɪd] *bn* ❶ glas-in-lood ‹ramen› ★ ~ *windows* glas-in-loodramen ❷ gelood ‹v. benzine &›
leaded light [ˈledɪd laɪt], **leadlight** *znw* glas-in-loodraam
leaden [ˈledn] *bn* ❶ dicht loden, loodzwaar ❷ grauw, treurig ★ *she looked at him with ~ eyes* ze keek hem aan met treurige ogen ❸ loodkleurig ❹ afkeurend deprimerend
leader [ˈliːdə] *znw* ❶ (ge)leider, leidsman, gids, aanvoerder, voorman ❷ Br muz concertmeester, Am muz dirigent ❸ hoofdartikel ❹ lokartikel, lokkertje, klantentrekker ❺ voorpaard
leaderette [liːdəˈret] *znw* kort hoofdartikel
leadership [ˈliːdəʃɪp] *znw* leiding, leiderschap
lead-footed [led-ˈfʊtɪd] *bn* ❶ onhandig, traag ❷ geneigd te hard te rijden
lead-free [ˈled-friː] *bn* loodvrij
lead-in [ˈliːd-ɪn] *znw* ❶ elektr invoer-, toevoer(kabel) ❷ fig inleiding
leading I *bn* [ˈliːdɪŋ] ❶ leidend, eerste, voorste ★ transport *the ~ wagon* de kopwagen ❷ hoofd-, voornaamste, vooraanstaand, toonaangevend **II** *znw* [ˈliːdɪŋ] leiding **III** *znw* [ˈledɪŋ] lood ‹v. glas›
leading article [ˈliːdɪŋ ˈɑːtɪkl] *znw* hoofdartikel ‹v. krant›
leading edge [ˈliːdɪŋ edʒ] *znw* ❶ luchtv voorrand ‹v. vleugel› ❷ fig voorste gelid, voorsprong ❸ nieuwste van het nieuwste, neusje van de zalm ★ *a career at the ~ of information technology* een carrière in de voorhoede van de informatietechnologie
leading-edge [ˈliːdɪŋ-ˈedʒ] *bn* geavanceerd ★ ~ *technology* geavanceerde technologie
leading hand [ˈliːdɪŋ hænd] *znw* voorman ‹in fabriek &›
leading lady [ˈliːdɪŋ ˈleɪdɪ] *znw* hoofdrolspeelster, eerste rol ‹toneel›
leading light [ˈliːdɪŋ laɪt] *znw* kopstuk, prominent persoon
leading man [ˈliːdɪŋ mæn] *znw* hoofdrolspeler, eerste rol ‹toneel›
leading question [ˈliːdɪŋ ˈkwestʃən] *znw* suggestieve vraag
leadlight [ˈledlaɪt] *znw* → **leaded light**
lead-off [ˈliːd-ɒf] *inf znw* begin, start
lead pencil [led ˈpensɪl] *znw* potlood
lead poisoning [led ˈpɔɪzənɪŋ] *znw* loodvergiftiging
leads [ledz] *znw* [mv] ❶ daklood ❷ lood ‹v. glas in lood›
lead story [ˈliːd stɔːrɪ] *znw* hoofdartikel
lead time [ˈliːd taɪm] *znw* productietijd
lead-up [ˈliːd-ʌp] *znw* aanleiding, aanloop ★ *in the ~ to the elections* in de aanloop tot de verkiezingen
leaf [liːf] **I** *znw* [mv: leaves] ❶ (boom)blad, bloemblad

le

★ plantk *in* ~ uitgelopen ⟨v. bomen⟩ ★ *shake / tremble like a* ~ trillen als een espenblad ❷ blad, vel papier ★ *take a* ~ *out of / from sbd's book* iem. tot voorbeeld nemen ★ *turn over a new* ~ een nieuw en beter leven beginnen ❸ vleugel ⟨v. deur⟩, klep ⟨v. vizier⟩, blad ⟨v. tafel⟩ **II** *onoverg* ❶ uitlopen, bladeren krijgen ❷ bladeren ★ ~ *through sth* bladeren in iets, iets doorbladeren

leafage ['liːfɪdʒ] *znw* ❶ loof ❷ loofwerk, bladversiering

leaf insect [liːf ɪn'sekt] *znw* wandelend blad ⟨insect⟩

leafless ['liːfləs] *bn* bladerloos

leaflet ['liːflət] **I** *znw* ❶ blaadje ❷ folder, strooibiljet, brochure, traktaatje **II** *overg* folderen

leaf litter [liːf 'lɪtə] *znw* strooisel ⟨humuslaag in bos⟩

leaf mould [liːf məʊld] *znw* ❶ bladaarde ❷ bladschimmel

leafy ['liːfɪ] *bn* ❶ bladerrijk, loofrijk ★ ~ *vegetables* bladgroente ❷ lommerrijk, groen ⟨v. stad &⟩

league [liːg] *znw* ❶ verbond, liga ★ *be in* ~ *with sbd* heulen met iem., samenspannen met iem. ❷ sp competitie ⟨voetbal⟩ ❸ vero mijl ❹ klasse, groep, categorie, niveau ★ *not in the same* ~ niet te vergelijken ★ *in a* ~ *of her / his own* een klasse apart

League of Nations [liːg əv 'neɪʃənz] hist *znw* ★ *the* ~ de Volkenbond

leaguer ['liːgə] *znw* ❶ lid van een liga ❷ kamp van belegeringstroepen

league table [liːg 'teɪbl] *znw* lijst van scholen, ziekenhuizen enz., gerangschikt naar geleverde prestaties ⟨in Groot-Brittannië⟩

leak [liːk] **I** *znw* ❶ lek ★ inf *go for / have / take a* ~ pissen ❷ lekkage **II** *overg* laten uitlekken **III** *onoverg* lekken, lek zijn ★ ~ *out* uitlekken

leakage ['liːkɪdʒ] *znw* ❶ lekkage, lek ❷ uitlekken

leakiness ['liːkɪnəs] *znw* lek zijn

leaky ['liːkɪ], **leaking** *bn* lek

lean [liːn] **I** *bn* ❶ mager, schraal ❷ ⟨van bedrijven⟩ (kosten)efficiënt georganiseerd en met de goede personele bezetting **II** *znw* ❶ overhelling ❷ mager vlees **III** *overg* [leant/leaned, leant/leaned] ❶ laten leunen / steunen ❷ zetten **IV** *onoverg* ❶ leunen ★ ~ *back* achterover leunen ★ ~ *(over) backwards* achteroverleunen, inf zijn uiterste best doen ★ ~ *forward / forwards* voorover leunen ★ ~ *on sbd* leunen / steunen op iem., inf iem. onder druk zetten ★ ~ *on sth* leunen / steunen op iets ❷ overhellen, hellen, neigen ★ ~ *over* (voor)overhellen ★ ~ *towards sth* neigen tot iets, de neiging hebben tot iets

leaning ['liːnɪŋ] *znw* overhelling, neiging ★ *his political* ~*s are radical* hij heeft radicale politieke neigingen

leant [lent] *ww* [v.t. & v.d.] → **lean**

lean-to ['liːntuː] *znw* [*mv*: -tos] aanbouwsel, loods, schuurtje

leap [liːp] **I** *znw* sprong ★ *a* ~ *in the dark* een sprong in het duister ★ *by / in* ~*s and bounds* met grote

sprongen **II** *overg* [leapt/leaped, leapt/leaped] ❶ over... springen ❷ overslaan ⟨bij lezen⟩ **III** *onoverg* [leapt/leaped, leapt/leaped] springen ★ *her heart* ~*t* haar hart ging (ineens) sneller kloppen ★ ~ *at sth* iets aangrijpen ★ *it* ~*s out at you* het springt in het oog ★ ~ *to the eye* in het oog springen ★ ~ *up* opspringen

leap day [liːp deɪ] *znw* schrikkeldag

leapfrog ['liːpfrɒg] **I** *znw* haasje-over **II** *onoverg* ❶ haasje-over spelen ❷ sprongsgewijs vorderen

leap month [liːp mʌnθ] *znw* schrikkelmaand

leapt [lept] *ww* [v.t. & v.d.] → **leap**

leap year [liːp jɪə] *znw* schrikkeljaar

learn [lɜːn] *overg* [learnt/learned, learnt/learned] ❶ leren ★ ~ *one's lesson* leergeld betalen ❷ vernemen, te weten komen (ook: ~ *of*) ❸ slang & dial onderwijzen

learned I *bn* ~ ['lɜːnɪd] ❶ geleerd ★ *my* ~ *friend* mijn geleerde vriend, mijn hooggeachte collega ❷ wetenschappelijk ★ *the* ~ *professions* de 'vrije' beroepen **II** *ww* ['lɜːnd] [v.t. & v.d.] → **learn**

learned helplessness [lɜːnd 'helplɪsnɪs] *znw* aangeleerde hulpeloosheid

learner ['lɜːnə] *znw* ❶ leerling ❷ **learner driver** leerling-automobilist

learner's permit ['lɜːnəz 'pɜːmɪt] *znw* → **learning permit**

learning ['lɜːnɪŋ] *znw* geleerdheid, wetenschap

learning curve ['lɜːnɪŋ kɜːv] *znw* leercurve, toenemende hoeveelheid leerstof of toenemende eisen om zich te scholen ★ *it's a steep* ~ *at work with all that new technology* het is een steile leercurve op mijn werk met al die nieuwe technologie

learning difficulties ['lɜːnɪŋ 'dɪfɪkltɪz] *znw* [*mv*] leermoeilijkheden

learning permit ['lɜːnɪŋ 'pɜːmɪt], **learner's permit** *znw* voorlopig rijbewijs

learnt [lɜːnt] *ww* [v.t. & v.d.] → **learn**

lease [liːs] **I** *znw* ❶ huurcontract, verhuur, verpachting ★ *a long-term / short-term* ~ een langetermijn- / kortetermijnverhuur ❷ pacht, huur ★ *have a new* ~ *of / on life* geheel verjongd zijn, weer als nieuw zijn ★ *take out a* ~ *on sth* iets pachten / huren **II** *overg* ❶ (ver)huren, (ver)pachten ❷ leasen

leaseback ['liːsbæk] *znw* verhuur aan de oorspronkelijke eigenaar

leasehold ['liːshəʊld] **I** *bn* pacht-, huur- **II** *znw* ❶ pacht ❷ pachthoeve

leaseholder ['liːshəʊldə] *znw* pachter, huurder

leash [liːʃ] **I** *znw* koppel, lijn, riem ★ *on the* ~ aan de lijn, aangelijnd ⟨hond⟩ ★ *strain at the* ~ trappelen van ongeduld **II** *overg* (aan)koppelen

leasing ['liːsɪŋ] *znw* leasing

least [liːst] **I** *telw & vnw* kleinste, minste, geringste ★ *at the* ~ *provocation* bij de minste provocatie ★ *not the* ~ *idea* geen enkel idee **II** *bijw* ★ *at* ~ tenminste ★ *at the* ~ op zijn minst (genomen) ★ *not* ~ *because* niet in het minst omdat, niet in de laatste plaats vanwege ★ *not in the ~* volstrekt niet ★ *~ of all from* vooral niet van ★ <u>zegsw</u> *~ said, soonest mended* ± spreken is zilver, zwijgen is goud

leastways ['li:stweɪz], **leastwise** inf of dial *bijw* tenminste ★ *we don't mind dogs, ~ if they are on the lead* we hebben geen bezwaar tegen honden, als ze maar aangelijnd zijn

leather ['leðə] **I** *bn* leren, van leer ★ *a ~ jacket* een leren jasje **II** *znw* leer ★ *imitation ~* imitatieleer

leatherette [leðə'ret] *znw* kunstleer

leathering ['leðərɪŋ] <u>inf</u> *znw* pak slaag

leatherneck ['leðənek] <u>Am inf</u> *znw* marinier

leathers ['leðəz] *znw* [mv] leren broek of beenkappen, leren kleding

leathery ['leðərɪ] *bn* leerachtig, leer-

leave [li:v] **I** *znw* verlof ★ *compassionate ~* buitengewoon verlof, verlof wegens familieomstandigheden ★ *parental ~* ouderschapsverlof ★ *shore ~* verlof om aan wal te gaan ★ *special ~* buitengewoon verlof ★ *by your ~* met uw verlof ★ *without so much as a by-your-* zonder zelfs maar toestemming te vragen ★ *on ~* met verlof ★ *take one's ~* afscheid nemen ★ *have you taken ~ of your senses?* ben je nu helemaal gek geworden? **II** *overg* [left, left] ❶ laten ★ *~ sbd be* iem. met rust laten ★ *~ sbd cold* iem. niets kunnen schelen ★ *~ sbd standing/~ sbd on the sidelines* beter zijn dan iem., iem. in de schaduw stellen ★ *~ no stone unturned* niets (geen middel) onbeproefd laten, hemel en aarde bewegen ★ *~ sbd / sth alone* afblijven van iem. / iets, zich niet bemoeien met iem. / iets, iem. / iets met rust laten ★ *~ sth well alone* iets laten zoals het is ★ *~ it at that* het daarbij laten, er verder niets meer over zeggen ❷ verlaten, in de steek laten ★ *~ home* van huis gaan ★ *~ school* van school afgaan ★ *~ Sydney for London* van Sydney vertrekken naar Londen ❸ achterlaten, laten staan / liggen, overlaten ★ *six from seven ~s one* 7 min 6 is 1 ★ *be left holding the baby / the bag* met de gebakken peren blijven zitten ★ *~ a lot to be desired* veel te wensen overlaten ★ *~ sth about* iets laten slingeren ★ *~ sth to chance* iets aan het lot overlaten ★ *~ sbd to their own devices* iem. aan zijn lot overlaten ★ *~ sbd to it* iem. aan zijn lot overlaten, iem. rustig zijn eigen gang laten gaan ★ *~ sbd in the lurch* iem. in de steek laten ★ *~ a bad taste in one's mouth* een vieze smaak achterlaten **III** *onoverg* [left, left] weggaan, vertrekken (naar *for*) **IV** *phras* ★ *~ sth aside* iets laten rusten ★ *~ sbd / sth behind* iem. / iets achterlaten ★ *~ off* ophouden, stoppen ★ *~ off!* hou op! ★ *~ off doing sth* het bijltje ergens bij neergooien ★ *the book picks up the story where the other one ~s off* dit boek pakt het verhaal weer op waar het andere boek gebleven was ★ *we decided to ~ off looking for the book* we besloten niet langer naar het boek te zoeken ★ *~ sth off/~ off sth* iets afleggen, uitlaten ⟨kleren⟩, ophouden met iets ★ *~ sth out* iets uit-, weglaten ★ <u>Br inf</u> *~ it out!* hou

ermee op! ★ *~ sbd out* iem. overslaan, iem. voorbijgaan ★ *~ sbd out in the cold* iem. buitensluiten ★ *feel left out* (zich) buitengesloten voelen ★ *~ sth over* iets laten liggen of rusten **V** *onoverg* [leaved, leaved] bladeren krijgen

leaved [li:vd] *bn* ❶ gebladerd ❷ -bladig

leaven ['levən] **I** *znw* zuurdeeg, zuurdesem **II** *overg* ❶ desemen ❷ doortrekken, doordringen

leave of absence [li:v əv 'æbsəns] *znw* verlof

leaver ['li:və] *znw* wie vertrekt of verlaat ★ *a school-~* een schoolverlater ★ *university-~s* afgestudeerden van de universiteit, academisch gevormden

leaves [li:vz] *znw* [mv] → **leaf**

leave-taking ['li:v-teɪkɪŋ] *znw* afscheid

leaving certificate ['li:vɪŋ sə'tɪfɪkɪt] <u>onderw</u> *znw* einddiploma

leavings ['li:vɪŋz] *znw* [mv] overblijfsel, overschot, kliekjes, afval

Lebanese [lebə'ni:z] **I** *bn* Libanees **II** *znw* [mv: ~] Libanees, Libanese

Lebanon ['lebənən] *znw* Libanon

lech [letʃ] <u>inf</u> **I** *znw* ❶ geilaard ❷ geilheid, hitsigheid, iets geils **II** *onoverg* geilen (*after* op)

lecher ['letʃə] *znw* geilaard, wellusteling

lecherous ['letʃərəs] *bn* ontuchtig, wellustig, geil

lechery ['letʃərɪ] *znw* ontucht, wellust, geilheid

lectern ['lektɜ:n] *znw* lessenaar

lectorship ['lektɔ:ʃɪp] <u>onderw</u> *znw* ± lectoraat

lecture ['lektʃə] **I** *znw* ❶ lezing, verhandeling ❷ <u>onderw</u> college ❸ strafpreek ★ *get a ~ (on sth)* een preek (over iets) krijgen ★ *give sbd a ~* iem. de les lezen **II** *overg* de les lezen, betuttelen **III** *onoverg* lezing(en) houden, college geven (over *on*) ★ *he ~s in psychology* hij is docent in de psychologie

lecture hall ['lektʃə hɔ:l] <u>onderw</u> *znw* collegezaal

lecture notes ['lektʃə nəʊts] <u>onderw</u> *znw* [mv] collegedictaat

lecturer ['lektʃərə] *znw* ❶ wie een lezing houdt, spreker ❷ <u>onderw</u> docent, lector

lectureship ['lektʃəʃɪp] *znw* ❶ docentschap ⟨in hoger onderwijs⟩ ❷ lezingenfonds

lecture theatre ['lektʃə 'θɪətə] *znw* collegezaal

led [led] *ww* [v.t. & v.d.] → **lead**

ledge [ledʒ] *znw* richel, rand, scherpe kant

ledger ['ledʒə] *znw* grootboek

ledger account ['ledʒər ə'kaʊnt] <u>fin</u> *znw* grootboekrekening

ledger line ['ledʒə laɪn] <u>muz</u> *znw* hulplijn

lee [li:], **lee side** *znw* lij, lijzijde, luwte ★ *the ~ shore* de lagerwal

leeboard ['li:bɔ:d] <u>scheepv</u> *znw* (zij)zwaard

leech [li:tʃ] *znw* bloedzuiger ★ *cling / stick like a ~* klitten, niet weg te slaan zijn, blijven plakken ⟨v. personen⟩

leek [li:k] *znw* prei, look

leer [lɪə] **I** *znw* glurende, wellustige blik **II** *onoverg* gluren ★ *~ at sbd* iem. begluren, iem. toelonken, geile blikken werpen op iem.

le

leery ['lɪərɪ] inf bn gewiekst, geslepen ★ be ~ of wantrouwen, op zijn hoede zijn voor

lees [li:z] znw droesem, grondsop, moer, heffe

leeshore ['li:ʃɔ:] znw kust aan lijzijde, lagerwal

lee side [li: saɪd] znw → **lee**

leeward ['li:wəd] bn & bijw lijwaarts, onder de wind, aan lij

Leeward Islands ['li:wəd 'aɪləndz] znw ★ the ~ de Benedenwindse Eilanden

leeway ['li:weɪ] znw speelruimte, speling ★ make up ~ de achterstand inhalen

left [left] I bn ❶ links, linker ★ have two ~ hands twee linkerhanden hebben ❷ achter-, nagelaten ★ any tea ~? is er nog thee? ★ is there anything ~ to do? is er nog iets te doen? ★ there's nothing ~ to do but accept it we moeten het gewoon accepteren ★ be ~ with sth blijven zitten met iets II bijw links ★ ~, right and centre overal, van alle kanten III znw linkerhand, -kant, -vleugel ★ pol the Left links ★ from ~ to right van links naar rechts ★ on the ~ aan de linkerkant ★ on your ~ aan uw linkerhand, links van u ★ to the ~ aan de linkerkant, (naar) links ★ to the ~ of the party aan de linkerkant van de partij IV ww [v.t. & v.d.] → **leave**

left field [left fi:ld] I bn radicaal, experimenteel ⟨v. kunstwerken⟩ II znw ❶ sp linksveld ⟨honkbal⟩ ❷ marginale positie, verkeerde positie

left-hand ['left-hænd] bn linker, links ★ the ~ side of the road de linkerkant van de weg

left-hand drive ['left-hænd 'draɪv] znw met het stuur aan de linkerkant

left-handed [left'hændɪd] bn ❶ linkshandig, links ❷ dubbelzinnig, dubieus ⟨compliment⟩ ▼ a ~ marriage een morganatisch huwelijk

left-handed compliment [left'hændɪd 'komplɪmənt] znw dubieus compliment

left-hander [left-'hændə] znw ❶ wie links(handig) is ❷ slag met de linkerhand

leftie ['leftɪ] inf znw → **lefty**

leftism ['leftɪzəm] znw socialisme, linkse ideologie

leftist ['leftɪst] I bn links georiënteerd, progressief ★ he has ~ leanings hij heeft linkse neigingen II znw progressief, socialist, links denkende, radicaal

left-leaning ['left-'li:nɪŋ] bn naar links neigend

left luggage [left 'lʌgɪdʒ], **left luggage office** Br znw bagagedepot

leftmost ['leftməʊst] bn meest links

left-of-centre [left-əv-'sentə], Am **left-of-center** pol bn links van het midden, gematigd links

leftovers ['leftəʊvəz] znw [mv] kliekjes, restanten

leftward ['leftwəd], **leftwards** bijw links, naar links

left-wing [left-'wɪŋ] bn ❶ links ⟨in de politiek⟩ ❷ linkervleugel-

left-winger [left-'wɪŋə] znw lid van de linkervleugel

lefty ['leftɪ], **leftie** inf znw ❶ linkse, socialist ❷ linkshandige

leg [leg] I znw ❶ been, bout, schenkel, poot ★ ~ exercises beenoefeningen ★ be on one's last ~s op zijn laatste benen lopen ★ Br vulg get one's ~ over neuken ★ give sbd a ~ (up) iem. een handje helpen, een zetje geven ★ not have a ~ to stand on geen enkel steekhoudend argument kunnen aanvoeren ★ pull sbd's ~ iem. voor het lapje houden, iem. ertussen nemen ★ inf shake a ~ zich haasten ★ inf show a ~! kom uit je bed! ★ stretch one's ~s zich vertreden ❷ pijp ⟨v. broek⟩, schacht ⟨v. laars⟩ ❸ gedeelte, etappe, ronde ⟨v. wedstrijd &⟩ ★ the homeward ~ het laatste stuk naar huis ★ the first / second & ~ of sth de eerste / tweede & ronde van iets II overg ★ inf ~ it lopen

legacy ['legəsɪ] znw ❶ legaat ❷ fig erfenis ★ a ~ from colonial times een erfenis uit het koloniale tijdperk

legal ['li:gl] bn ❶ wettelijk, wettig, rechtsgeldig ★ ~ tender wettig betaalmiddel ❷ rechterlijk, rechtskundig, juridisch, gerechtelijk ★ take ~ action against sbd gerechtelijke stappen ondernemen tegen iemand ❸ wets-, rechts- ★ a ~ concept een rechtsfiguur ★ a ~ personality een rechtspersoonlijkheid ★ ~ status rechtspositie

legal aid ['li:gl eɪd] znw kosteloze rechtsbijstand ★ Br a ~ counsel een pro-Deoadvocaat ★ a ~ office een bureau voor rechtshulp ★ a ~ order een beschikking inzake kosteloze rechtsbijstand

legal beagle ['li:gl 'bi:gl], **legal eagle** inf znw agressieve, listige advocaat

legal clinic ['li:gl 'klɪnɪk] Am znw bureau voor rechtsbijstand

legal eagle ['li:gl 'i:gl] inf znw → **legal beagle**

legal entity ['li:gl 'entətɪ] jur znw rechtspersoon

legalese [li:gə'li:z] afkeurend znw juridisch jargon, advocatenjargon

legal fiction ['li:gl 'fɪkʃən] jur ❶ wettelijke fictie ❷ aanname omwille van het betoog

legal holiday ['li:gl 'holədeɪ] Am znw wettelijke vrije dag

legalism ['li:gəlɪzəm] znw overdreven in acht nemen van de wet

legalist ['li:gəlɪst] znw iem. die zich aan de letter van de wet houdt

legalistic [li:gə'lɪstɪk] bn legalistisch, wettisch, overdreven streng naar de wet

legality [lɪ'gælətɪ] znw wettigheid

legalization [li:gəlaɪ'zeɪʃən], **legalisation** znw ❶ legalisatie ❷ wettiging

legalize ['li:gəlaɪz], **legalise** overg ❶ legaliseren ❷ wettigen

legal owner ['li:gl 'əʊnə] znw de wettige eigenaar

legal person ['li:gl 'pɜ:sən] znw rechtspersoon, rechtssubject

legal position ['li:gl pə'zɪʃən] znw rechtspositie

legal proceedings ['li:gl prə'si:dɪŋz] znw [mv] gerechtelijke stappen, proces ★ abuse of ~ misbruik van procesrecht ★ initiate ~ gerechtelijke stappen ondernemen

legal separation ['li:gl sepə'reɪʃən] znw scheiding van tafel en bed

le

legal status ['li:gl 'stertəs] *znw* rechtspersoonlijkheid
legal tender ['li:gl 'tendə] *znw* wettig betaalmiddel
legate ['legət] *znw* legaat, (pauselijk) gezant
legatee [legə'ti:] *znw* legataris, testamentair
erfgenaam
legation [lɪ'geɪʃən] *znw* ❶ legatie ❷ gezantschap
legator [lɪ'geɪtə] jur *znw* erflater
leg before wicket [leg bɪ'fɔː 'wɪkɪt], **LBW** cricket *bn &*
bijw leg before wicket ‹uit wegens obstructie van de
bal›
legend ['ledʒənd] *znw* ❶ legende ★ *a living* ~ een
levende legende ★ *the stuff of* ~ het materiaal
waaruit legendes gemaakt worden ❷ randschrift,
op-, omschrift, onderschrift, bijschrift
legendary ['ledʒəndərɪ] *bn* legendarisch
leggings ['legɪŋz] *znw* [mv] ❶ beenkappen,
beenbeschermers ❷ legging
leg guard [leg gɑːd] *znw* beenbeschermer
leggy ['legɪ] *bn* langbenig
leghorn [le'gɔːn] *znw* ❶ **leghorn hat** hoed v. Italiaans
stro ❷ leghorn ‹kippenras›
legibility [ledʒə'bɪlətɪ] *znw* leesbaarheid
legible ['ledʒɪbl] *bn* leesbaar, te lezen
legion ['li:dʒən] I *bn* talloos II *znw* ❶ legioen ❷ legio
★ *a ~/~s of reporters* talloze journalisten
legionary ['li:dʒənərɪ] *znw* legionair, oud-strijder
Legionnaires' disease [li:dʒə'neəz dɪ'ziːz] *znw*
veteranenziekte, legionella
leg iron [leg 'aɪən] *znw* voetboei
legislate ['ledʒɪsleɪt] *overg & onoverg* wetten maken
legislation [ledʒɪs'leɪʃən] *znw* ❶ wetgeving
★ *knee-jerk* ~ impulsieve wetgeving ❷ wet(ten),
geschreven recht ★ *enact* ~ een wet vaststellen
legislative ['ledʒɪslətɪv] *bn* wetgevend ★ *~ power*
wetgevende macht
legislator ['ledʒɪsleɪtə] *znw* wetgever
legislature ['ledʒɪsleɪtʃə] *znw* wetgevende macht
legit [lɪ'dʒɪt] inf *bn* → **legitimate**
legitimacy [lɪ'dʒɪtəməsɪ] *znw* wettigheid,
rechtmatigheid, echtheid ★ *the ~ of the laws has*
been questioned de rechtmatigheid van de wetten
wordt in twijfel getrokken
legitimate I *bn*, inf **legit** [lɪ'dʒɪtəmɪt] ❶ wettig,
rechtmatig, echt ❷ gewettigd, gerechtvaardigd
II *overg* [lɪ'dʒɪtəmeɪt] → **legitimize**
legitimately [lɪ'dʒɪtəmɪtlɪ] *bijw* ❶ wettig, rechtmatig,
echt ★ *not all visitors enter the country* ~ niet alle
bezoekers komen op een rechtmatige manier het
land binnen ❷ terecht, gewettigd, gerechtvaardigd,
rechtmatig ★ *the movie could* ~ *be described as*
rubbish de film kon met recht worden omschreven
als waardeloos
legitimation [lɪdʒɪtɪ'meɪʃən] *znw* echting, wettiging
legitimize [lɪ'dʒɪtəmaɪz], **legitimise**, **legitimate** *overg*
wettig verklaren, echt verklaren, echten, wettigen,
legitimeren
legless ['legləs] *bn* ❶ zonder benen ❷ inf ladderzat,
straalbezopen

leg-pulling ['legpʊlɪŋ] inf *znw* bedotterij
legroom ['legruːm] *znw* beenruimte
legume ['legjuːm] *znw* ❶ peulvrucht ❷ groente
leguminous [lɪ'gjuːmɪnəs] *bn* peul-
leg-up ['legʌp] *znw* steuntje, zetje ★ *give sbd a* ~ iem.
een handje helpen, een zetje geven
leg warmer [leg 'wɔːmə] *znw* beenwarmer
legwork ['legwɜːk] *znw* werk waarbij veel moet
worden gelopen, gereisd &
leisure ['leʒə] I *bn* ❶ vrij ❷ vrijetijds- ‹v. kleding &›
★ *the* ~ *industry* de vrijetijdsindustrie II *znw* (vrije)
tijd ★ *at one's* ~ op zijn gemak ★ *form* *be at* ~ *to do*
sth vrij zijn om iets te doen
leisure clothing ['leʒə 'kləʊðɪŋ], **leisurewear** *znw*
vrijetijdskleding
leisured ['leʒəd] *bn* met veel (vrije) tijd
leisurely ['leʒəlɪ] *bn & bijw* bedaard, op zijn gemak
★ *at a* ~ *pace* op zijn gemak ★ *take a* ~ *stroll* een
ongehaaste wandeling maken
leisurewear ['leʒəweə] *znw* → **leisure clothing**
leitmotif ['laɪtməʊtiːf] ‹*Du*›, **leitmotiv** *znw* leidmotief
lemming ['lemɪŋ] *znw* lemming
lemon ['lemən] I *bn* citroenkleurig II *znw* ❶ plantk
citroen(boom) ❷ inf waardeloze troep, miskoop
❸ inf flapdrol, zoutzak
lemonade [lemə'neɪd] *znw* (citroen)limonade
lemon balm ['lemən bɑːm] *znw* citroenmelisse
lemon curd ['lemən kɜːd] *znw* citroengelei
lemon drop ['lemən drɒp] *znw* citroenzuurtje
lemon grass ['lemən grɑːs] *znw* sereh, citroengras
lemon juice ['lemən dʒuːs] *znw* citroensap
lemon sole ['lemən səʊl] *znw* tongschar
lemon squash ['lemən skwɒʃ] *znw* kwast ‹drank›
lemon squeezer ['lemən 'skwiːzə] *znw* citroenpers
lemony ['lemənɪ] *bn* citroenachtig
lemon-yellow ['lemən-'jeləʊ] I *bn* citroengeel II *znw*
citroengeel
lend [lend] *overg* [lent, lent] ❶ (uit)lenen ★ *the novel* ~*s*
itself to filming de roman leent zich prima / is heel
geschikt voor verfilming ❷ verlenen ★ ~ *a (helping)*
hand de helpende hand bieden, een handje helpen
lender ['lendə] *znw* lener, uitlener
lending library ['lendɪŋ 'laɪbrərɪ] *znw*
❶ leesbibliotheek ❷ uitleenbibliotheek
lending rate ['lendɪŋ reɪt] *znw* debetrente
length [leŋθ] *znw* ❶ lengte ★ *along the* ~ *of the beam*
/ the wall & langs de hele balk / muur &
★ *throughout the* ~ *and breadth of the country* het
hele land door ★ *(at) full* ~ languit, ten voeten uit,
levensgroot ★ *they can can grow to / reach 2 metres*
in ~ ze kunnen twee meter lang worden ★ *a*
maximum ~ *of 200 words* een lengte van maximaal
200 woorden ★ *hold sth at arm's* ~ iets op
armslengte houden ★ *keep sbd at arm's* ~ iem. op
afstand houden ★ *swim 10* ~*s of the the pool* 10
baantjes zwemmen ❷ afstand, grootte ★ *go to all* ~*s*
door dik en dun meegaan, tot het uiterste gaan
★ *go to any* ~*s* alles willen doen (om) ★ *go to great* ~*s*

le

heel veel doen, heel wat durven (zeggen), zich veel moeite getroosten, heel wat laten vallen van zijn eisen ❸ duur ★ *at great* ~ uitvoerig, in extenso ★ *for any* ~ *of time* voor onbepaalde tijd, lang ★ *for some* ~ *of time* een tijd(lang) ★ *at* ~ eindelijk, ten laatste, uitvoerig, voluit ★ *go the* ~ *of saying that* zo ver gaan, dat men durft te beweren, dat ❹ stuk, eind(je) ★ *a* ~ *of pipe / rope &* een stuk buis / touw &

-length [leŋθ] *achterv* -lang, -lengte ★ *a full*~ *mirror* een passpiegel ★ *a knee*~ *dress* een jurk tot op de knieën ★ *shoulder*~ *hair* schouderlang haar

lengthen ['leŋθən] **I** *overg* verlengen, langer maken **II** *onoverg* lengen, langer worden

lengthening ['leŋθənɪŋ] *znw* verlenging

lengthways ['leŋθweɪz], **lengthwise** *bn & bijw* in de lengte

lengthy ['leŋθɪ] *bn* ❶ lang(gerekt), (ietwat) gerekt ❷ uitvoerig, breedsprakig

leniency ['li:nɪənsɪ], **lenience** *znw* zachtheid, toegevendheid, mildheid

lenient ['li:nɪənt] *bn* zacht, toegevend, mild

lenity ['lenətɪ] *dicht znw* zachtheid, toegevendheid

lens [lenz] *znw* ❶ lens ❷ loep

lens hood [lenz hʊd] *znw* lenskap

lent [lent] **I** *znw* ★ Lent de vastentijd ‹van Aswoensdag tot Pasen› **II** *ww* [v.t. & v.d.] → **lend**

lenten ['lentən] *bn* ❶ vasten- ❷ schraal, mager

lentil ['lentɪl] *znw* linze

Leo ['li:əʊ] *astrol znw* Leeuw

leonine ['li:ənaɪn] *bn* ❶ leeuwachtig ❷ leeuwen-

leopard ['lepəd] *znw* luipaard ★ zegsw *a* ~ *can't / doesn't change its spots* een vos verliest wel zijn haren, maar niet zijn streken

leopardess ['lepədəs] *znw* vrouwtjesluipaard

leotard ['li:əta:d] *znw* tricot ‹v. acrobaat, danser(es)›

leper ['lepə] *znw* melaatse, lepralijder

lepidopterist [lepɪ'dɒptərɪst] *znw* vlinderkenner, vlinderverzamelaar

leprechaun ['leprə-, 'leprɪkɔ:n] *znw* boosaardige kabouter, boze geest ‹in Ierse folklore›

leprosy ['leprəsɪ] *znw* lepra, melaatsheid

leprous ['leprəs] *bn* melaats, aan lepra lijdend

lesbian ['lezbɪən] **I** *bn* lesbisch **II** *znw* lesbienne

lesbianism ['lezbɪənɪzm] *znw* lesbisch-zijn, homoseksualiteit bij vrouwen

lese-majesty [li:z 'mædʒɪstɪ] *znw* majesteitsschennis

lesion ['li:ʒən] *znw* letsel, kneuzing, (ver)wond(ing)

Lesothan [lə'səʊtən] *bn* Lesothaans

Lesotho [lə'səʊtəʊ] *znw* Lesotho

less [les] **I** *voorz* zonder, min, met aftrek van ★ *two weeks* ~ *a day* twee weken min een dag **II** *vnw* minder ★ *there are* ~ *than 20 people there* er zijn daar nog geen 20 mensen **III** *bn* minder, kleiner ★ *the* ~ *work we do the better* des te minder werk we doen des te beter ★ *no* ~ *a man than Nelson Mandela has supported it* niemand minder dan Nelson Mandela heeft het gesteund ★ *a* ~ *satisfactory solution* een minder bevredigende oplossing **IV** *bijw* ★ *teenagers are reading* ~ *and* ~ teenagers lezen steeds minder ★ *I haven't seen the letter, much* ~ *read it* ik heb de brief niet gezien, laat staan dat ik hem gelezen heb ★ *they're going to New York, no* ~ ze gaan naar New York, nota bene! ★ *she looked* ~ *than happy* ze zag er helemaal niet blij uit

lessee [le'si:] *znw* huurder, pachter

lessen ['lesən] **I** *overg* ❶ verminderen ❷ verkleinen **II** *onoverg* verminderen, afnemen

lesser ['lesə] *bn* ❶ kleiner, minder ❷ klein(st)

lesser-known [lesə-'nəʊn] *bn* minder bekend

lesson ['lesən] *znw* ❶ les ★ *teach sbd a* ~ iem. een lesje geven ❷ Schriftlezing, Bijbellezing

lessor [le'sɔ:] *znw* verhuurder, verpachter

lest [lest] *dicht voegw* uit vrees dat, opdat niet ★ *we stood still,* ~ *we disturb the animal* we bleven staan om het dier niet te storen

let [let] **I** *znw* ❶ sp letbal, bal die overgespeeld wordt ‹tennis› ★ *play a* ~ een letbal spelen ❷ verhuur ★ *take a* ~ *on sth* iets huren **II** *overg* [let, let] ❶ laten, toelaten ★ ~ *blood* aderlaten ★ ~ *sbd be* iem. met rust laten, afblijven van iem. ★ ~ *sbd go* iem. laten gaan, iem. ontslaan ★ ~ *sth go / pass* iets laten schieten ★ inf ~ *oneself go* zich laten gaan, zichzelf verwaarlozen ★ ~ *it go* laat maar!, het hindert niet!, het geeft niet! ★ ~ *sth drop* iets laten vallen ★ ~ *sbd know* iem. laten weten ★ ~*'s pretend* laten we doen alsof ★ ~*'s say* laten we zeggen ★ ~ *me see / think* eens even kijken ★ ~ *me tell you* ik zal je vertellen ★ ~ *sbd alone* zich niet bemoeien met iem., iem. met rust laten, afblijven van iem. ★ ~ *loose* loslaten ★ ~ *go (of sth)* (iets) loslaten ★ ~ *sth slip* iets per ongeluk loslaten ‹geheim› ❷ verhuren ★ *to* ~ te huur **III** *phras* ★ ~ **down** de landen ‹vliegtuig› ★ ~ *sth down* een nadelig effect op iets hebben, iets neerlaten, laten zakken, iets leeg laten lopen ‹v. band›, iets wat langer maken ‹kleding› ★ ~ *one's hair down* zijn haar los doen, fig zich laten gaan, loskomen ★ ~ *sbd down* iem. teleurstellen, duperen, iem. in de steek laten ★ ~ *sbd / sth* in iem / iets. in-, binnenlaten ★ inf ~ *oneself in for* zich iets op de hals halen ★ ~ *sbd into sth* iem. toelaten, binnenlaten in iets ★ ~ *sbd in on sth* iem. inwijden in iets ‹geheim› ★ ~ *sth* off iets afschieten, iets afsteken ‹vuurwerk› ★ ~ *off steam* stoom afblazen ★ ~ *sbd off* iem. loslaten / vrijlaten, iem. kwijtschelden, iem. ontslaan / vrijstellen van iets, iem. laten uitstappen ★ *be* ~ *off lightly* er genadig afkomen ★ inf ~ **on** zich uitlaten, (zich) verraden, verklappen, klikken, doen alsof ★ Am ~ **out** dichtgaan, uitgaan ‹school, bioscoop &› ★ ~ *sth out* iets uitbrengen, uiten, slaken, iets uitleggen ‹een zoom›, iets wijder maken ‹kleding›, iets verhuren, verpachten, iets rondstrooien, verklappen ‹geheim› ★ ~ *sbd out* iem. uitlaten, iem. vrijlaten, iem. laten gaan ★ ~ **up** verflauwen, verminderen, inf ophouden ★ ~ **up on** *sbd / sth* inf minder streng zijn tegen

let alone [let ə'ləʊn] *bijw* laat staan, daargelaten (dat) ★ *he couldn't hurt a fly*, ~ *kill his wife* hij kan nog geen vlieg kwaad doen, laat staan dat hij zijn vrouw zou vermoorden

letdown ['letdaʊn] inf *znw* klap, teleurstelling

lethal ['li:tl] *bn* dodelijk, letaal ★ ~ *weapons* dodelijke wapens

lethal injection ['li:tl ɪn'dʒekʃən] *znw* dodelijke injectie ★ *death by* ~ dood door injectie

lethargic [lə'θɑ:dʒɪk] *bn* lethargisch, slaperig, sloom

lethargy ['leθədʒɪ] *znw* lethargie, slaapzucht, diepe slaap, doffe onverschilligheid

let-off ['let-ɒf] inf *znw* ❶ ontsnappingsmogelijkheid ❷ kwijtschelding

let-out ['letaʊt] Br inf *znw* uitweg, ontsnappingsmogelijkheid ★ *a ~ clause* een ontsnappingsclausule

Lett [let] **I** *bn* Lets **II** *znw* Let, Letlander, Letse

letter ['letə] **I** *znw* ❶ brief ★ *an accompanying* ~ een begeleidende brief, begeleidend schrijven ★ *a covering* ~ een begeleidende brief ★ *a form / standard* ~ een standaardbrief ★ *a threatening* ~ een dreigbrief ★ *by* ~ per brief, schriftelijk ★ *a ~ to the editor* een ingezonden brief ★ *the ~s crossed in the mail* de brieven kruisten elkaar ❷ letter ★ *the ~ of the law* de letter van de wet ★ *to the* ~ naar de letter, letterlijk, tot in detail **II** *overg* letteren, merken

letter bomb ['letə bɒm] *znw* bombrief

letter box ['letə bɒks] *znw* brievenbus

letter carrier ['letə 'kærɪə] *znw* brievenbesteller

lettered ['letəd] *bn* met letters gemerkt

letterhead ['letəhed] *znw* briefhoofd, brievenhoofd

lettering ['letərɪŋ] *znw* ❶ letteren, merken ❷ letters, (rug)titel

letter of credence ['letərəv 'kri:dns] *znw* geloofsbrief ⟨v. ambassadeur⟩

letter of credit ['letərəv 'kredɪt] *znw* kredietbrief

letter of intent ['letərəv ɪn'tent] *znw* intentieverklaring

letter opener ['letə 'əʊpənə] *znw* briefopener

letter perfect ['letə 'pɜ:fɪkt] Am *bn* rolvast

letterpress ['letəpres] *znw* ❶ bijschrift, tekst ⟨bij of onder illustratie⟩, drukschrift, boekdruk ❷ kopieerpers

letter rate ['letə reɪt] *znw* briefporto

letters ['letəz] *znw* [mv] letteren, literatuur ★ *a man of* ~ een letterkundige / literator, een auteur

Lettish ['letɪʃ] *bn* Lets

lettuce ['letɪs] *znw* salade, sla

let-up ['letʌp] inf *znw* ❶ onderbreking ❷ vermindering

leucocyte ['lju:kəʊsaɪt] *znw* leukocyt, wit bloedlichaampje

leukaemia [lu:'ki:mɪə], Am **leukemia** *znw* leukemie ★ *childhood* ~ kinderleukemie

levee ['levɪ] *znw* ❶ Am dijk ❷ scheepv steiger

level ['levəl] **I** *bn* ❶ waterpas, horizontaal, vlak ★ *a ~ teaspoonful* een afgestreken theelepel ❷ gelijk(matig), evenwichtig ★ ~ *pegging* gelijke scores ★ *get* ~ *with sbd* quitte worden, afrekenen met iem. ★ *keep a ~ head* een evenwichtige, nuchtere geest houden ❸ op één hoogte, naast elkaar ★ *keep* ~ *with sth* op de hoogte blijven van iets, iets bijhouden ★ *keep* ~ *with sbd* iem. bijhouden ▼ *do one's* ~ *best* zijn uiterste best doen ▼ *be* ~ *with sbd* eerlijk zijn tegen iem. **II** *znw* ❶ waterpas ⟨gereedschap⟩ ❷ niveau, stand ⟨v. het water⟩, spiegel ⟨v.d. zee⟩, peil, hoogte ★ *at a deeper* ~ op een grotere diepte ★ *at the highest* ~ op het hoogste niveau ★ inf *be on the* ~ eerlijk zijn ★ *be on a* ~ *with* op gelijke hoogte staan, op één lijn staan, gelijkstaan met ★ *find one's own* ~ zijn eigen niveau vinden ★ *put sth on a* ~ *(with)* iets op één lijn stellen (met) ❸ vlak, vlakte ★ *on a superficial* ~ oppervlakkig **III** *overg* ❶ gelijkmaken, slechten ❷ waterpassen, nivelleren, egaliseren **IV** *onoverg* een niveau bereiken **V** *phras* ★ ~ *sth* **against/at** *sbd* iem. in het openbaar van iets beschuldigen ★ ~ *sth* **down** iets nivelleren ★ ~ *sth* **off** iets gelijk / vlak maken ★ ~ **off / out** (zich) (op een bepaald niveau) stabiliseren ★ ~ *sth* **up** iets ophogen, optillen, iets op hoger peil brengen ★ inf ~ **with** *sbd* eerlijk zijn tegenover iem.

level crossing ['levəl 'krɒsɪŋ] *znw* overweg ⟨v. spoorweg⟩

level-headed [levəl'hedɪd] *bn* evenwichtig, bezadigd, nuchter

leveller ['levələ], Am **leveler** *znw* gelijkmaker

levelling ['levəlɪŋ], Am **leveling** *znw* ❶ gelijkmaking ❷ nivellering

levelling screw ['levəlɪŋ skru:] *znw* stelschroef

level of living ['levəl əv 'lɪvɪŋ] Am *znw* levensstandaard, welvaartsniveau

level playing field ['levəl 'pleɪɪŋ fi:ld] *znw* situatie waarin iedereen gelijke kans van slagen heeft

lever ['li:və] **I** *znw* ❶ hefboom ❷ koevoet, breekijzer ❸ versnellingspook ★ *throw the* ~ *into reverse* de versnelling in zijn achteruit gooien ❹ fig pressiemiddel **II** *overg* (met een hefboom) optillen, opvijzelen

leverage ['li:vərɪdʒ] *znw* ❶ kracht of werking van een hefboom ❷ fig vat, invloed ❸ veel winnen door een geringe investering, zoals een controlerend belang verkrijgen met geleend geld

leveraged buyout ['li:vərɪdʒd 'baɪaʊt], **LBO** fin *znw* overname gefinancierd met vreemd vermogen, overname met geleend geld

leverage ratio ['li:vərɪdʒ 'reɪʃɪəʊ] fin *znw* hefboomwerkingscoëfficiënt ⟨verhouding vreemd vermogen tot netto activa⟩

lever arch file ['li:vər ɑ:tʃ faɪl] *znw* ordner

leveret ['levərɪt] *znw* jonge haas

leviable ['levɪəbl] *bn* invorderbaar ⟨belasting⟩

leviathan [lɪ'vaɪəθən], **Leviathan I** *bn* kolossaal **II** *znw* ❶ leviathan ⟨zeemonster⟩ ❷ kolossus

levitate ['levɪteɪt] *overg & onoverg* (zich) verheffen in de lucht

le

levitation [levɪˈteɪʃən] *znw* levitatie
Levite [ˈliːvaɪt] *znw* leviet, priester
levity [ˈlevətɪ] *znw* licht(zinnig)heid, wuftheid
levy [ˈlevɪ] **I** *znw* heffing ‹v. tol &› ★ *impose a ~ on sth* iets met een heffing belasten **II** *overg* heffen
lewd [ljuːd] *bn* ❶ ontuchtig, wulps, geil ❷ schunnig, obsceen
lewdness [ˈljuːdnəs] *znw* wulpsheid, geilheid
lexical [ˈleksɪkl] *bn* lexicaal
lexicographer [leksɪˈkɒgrəfə] *znw* lexicograaf
lexicographical [leksɪkəʊˈgræfɪkl] *bn* lexicografisch
lexicography [leksɪˈkɒgrəfɪ] *znw* lexicografie
lexicology [leksɪˈkɒlədʒɪ] *znw* lexicologie
lexicon [ˈleksɪkən] *znw* ❶ lexicon, woordenboek ❷ woordenschat
lexis [ˈleksɪs] *znw* woordenschat
Leyden [ˈlaɪdn], **Leiden** *znw* Leiden ‹stad›
ley line [ˈleɪ laɪn] *znw* leilijn, krachtlijn
liabilities [laɪəˈbɪlətɪz] boekh *znw* [mv] passiva ★ *deferred* ~ niet direct opeisbare schulden ★ *net* ~ netto passief
liability [laɪəˈbɪlətɪ] *znw* ❶ verantwoordelijkheid, aansprakelijkheid ★ jur *legal* ~ wettelijke aansprakelijkheid ★ jur *limited* ~ beperkte aansprakelijkheid ❷ (geldelijke) verplichting, belastingschuld ★ *a tax* ~ verschuldigde belasting, belastingbedrag ❸ inf last(post), nadeel, handicap, blok aan het been ❹ het blootstaan (aan *to*), onderhevigheid
liability insurance [laɪəˈbɪlətɪ ɪnˈʃʊərəns] *znw* WA-verzekering
liable [ˈlaɪəbl] *bn* ❶ geneigd, de neiging hebbend, het risico lopend ★ *be* ~ *to err / make mistakes* zich licht (kunnen) vergissen, de kans lopen zich te vergissen ❷ verantwoordelijk, aansprakelijk (voor *for*) ★ *hold sbd* ~ iem. verantwoordelijk stellen ❸ onderhevig, blootgesteld (aan *to*)
liaise [lɪˈeɪz] *onoverg* contact onderhouden
liaison [lɪˈeɪz(ə)n] *znw* ❶ liaison ❷ (kortstondige) verhouding ❸ verbinding
liaison officer [lɪˈeɪzən ˈɒfɪsə] *znw* verbindingsofficier
liana [lɪˈɑːnə] *znw* liane, liaan
liar [ˈlaɪə] *znw* leugenaar ★ *an accomplished* ~ een talentvolle leugenaar
lib [lɪb] inf *znw* (liberation) emancipatie ★ *women's* ~ vrouwenemancipatiebeweging, Dolle Mina ★ *gay* ~ homo-emancipatiebeweging, Flikkerfront
Lib. pol *afk* (liberal) liberaal ‹in VS en UK›
libation [laɪˈbeɪʃən] form *znw* plengoffer
libber [ˈlɪbə] inf *znw* aanhang(st)er van een emancipatiebeweging ★ *a women's* ~ een voorvechtster van de vrouwenbeweging, feministe, dolle mina ★ *an animal* ~ een aanhang(st)er van het dierenbevrijdingsfront
libel [ˈlaɪbl] **I** *znw* schotschrift, smaadschrift, smaad, laster **II** *overg* belasteren, bekladden
libellous [ˈlaɪbələs], **Am libelous** *bn* lasterlijk
liberal [ˈlɪbərəl] **I** *bn* ❶ mild, vrijgevig, royaal, gul,

kwistig ★ *she's very* ~ *with her criticism* ze is erg royaal met haar kritiek ❷ overvloedig, ruim ❸ liberaal, vrijzinnig, ruimdenkend, tolerant ❹ veelzijdig, breed ★ *the* ~ *arts* de vrije kunsten **II** *znw* liberaal, vrijzinnige
liberalism [ˈlɪbərəlɪzəm] *znw* liberalisme
liberality [lɪbəˈrælətɪ] *znw* ❶ mildheid, gulheid, kwistigheid, royaliteit ❷ liberaliteit, vrijzinnigheid ❸ tolerantie
liberalization [lɪbərəlaɪˈzeɪʃən], **liberalisation** *znw* liberalisering
liberalize [ˈlɪbərəlaɪz], **liberalise** *overg* liberaliseren
liberal-minded [lɪbərəlˈmaɪndɪd] *bn* vrijzinnig, ruimdenkend
liberal studies [ˈlɪbərəl ˈstʌdɪz] *znw* [mv] ❶ alfawetenschappen ❷ algemene vorming
liberate [ˈlɪbəreɪt] *overg* bevrijden, vrijlaten, vrijmaken, emanciperen
liberated [ˈlɪbəreɪtɪd] *bn* ❶ geëmancipeerd ❷ liberaal, tolerant
liberation [lɪbəˈreɪʃən] *znw* bevrijding, vrijlating, vrijmaking ★ *a* ~ *front* een bevrijdingsfront ★ *a* ~ *movement* een bevrijdingsbeweging
liberator [ˈlɪbəreɪtə] *znw* bevrijder
Liberia [laɪˈbɪərɪə] *znw* Liberia
Liberian [laɪˈbɪərɪən] **I** *bn* Liberiaans **II** *znw* Liberiaan, Liberiaanse
libertarian [lɪbəˈteərɪən] *znw* (voorstander) van vrijheid
libertine [ˈlɪbətiːn] **I** *bn* losbandig **II** *znw* losbandig persoon, libertijn
libertinism [ˈlɪbətiːnɪzəm] *znw* losbandigheid
liberty [ˈlɪbətɪ] *znw* vrijheid ★ *at* ~ vrij, in vrijheid ★ form *I'm not at* ~ *to disclose his identity* het staat mij niet vrij om zijn identiteit te onthullen ★ *take the* ~ *of doing sth* zo vrij zijn om iets te doen ★ *take liberties (with sbd / sth)* zich vrijheden veroorloven (met iem. / iets)
libidinous [lɪˈbɪdɪnəs] *bn* wellustig, wulps, libidineus
libido [lɪˈbiːdəʊ] *znw* libido
Libra [ˈliːbrə] astrol *znw* Weegschaal
Libran [ˈlaɪbrən] astrol *znw* iem. geboren onder het teken Weegschaal
librarian [laɪˈbreərɪən] *znw* bibliothecaris
librarianship [laɪˈbreərɪənʃɪp] *znw* ❶ bibliotheekwezen ❷ bibliothecarisambt
library [ˈlaɪbrərɪ] *znw* ❶ bibliotheek, boekerij ❷ studeerkamer ❸ collectie ‹v. cd's &›
librate [laɪˈbreɪt] *onoverg* ❶ heen en weer slingeren (schommelen) ❷ zich in evenwicht houden
librettist [lɪˈbretɪst] *znw* librettist
libretto [lɪˈbretəʊ] *znw* [mv: -s of libretti] libretto, tekstboekje ‹v. opera &›
Libya [ˈlɪbɪə] *znw* Libië
Libyan [ˈlɪbɪən] **I** *bn* Libisch **II** *znw* Libiër, Libische
lice [laɪs] *znw* [mv] → **louse**
licence [ˈlaɪsəns], **Am license** *znw* ❶ verlof, vergunning, vrijheid, losbandigheid ★ *poetic* ~

dichterlijke vrijheid ★ *lenient traffic laws are a ~ to speed* soepele verkeersregels zijn een vergunning voor te snel rijden ★ *a ~ to print money* een zeer winstgevende commerciële activiteit ❷ licentie, patent, akte, diploma ★ *under ~* in licentie ⟨vervaardigen⟩ ❸ rijbewijs

licence fee ['laɪsəns fiː], Am **license fee** *znw* ❶ RTV kijk- en luistergeld ❷ radio luisterbijdrage ❸ TV kijkgeld

licence number ['laɪsəns 'nʌmbə], Am **license number** *znw* kenteken

licence plate ['laɪsəns pleɪt], Am **license plate** *znw* nummerbord

license ['laɪsəns] I *znw* → **licence** II *overg* vergunning verlenen, (officieel) toelaten, patenteren

licensed ['laɪsənst] *bn* met vergunning ★ *a ~ restaurant* een restaurant met drankvergunning

licensed practical nurse ['laɪsənst 'præktɪkl nɜːs] Am *znw* gediplomeerd verpleegster ⟨die geen medicijnen mag toedienen zonder toestemming⟩

licensee [laɪsən'siː] *znw* licentiehouder, vergunninghouder ⟨vooral voor de verkoop van alcoholische dranken⟩

license plate ['laɪsəns pleɪt] Am *znw* → **licence plate**

licenser ['laɪsənsə] *znw* licentiegever

licensing laws ['laɪsənsɪŋ 'lɔːz] *znw* [mv] drankwet

licentiate [laɪ'senʃɪət] *znw* licentiaat

licentious [laɪ'senʃəs] *bn* los(bandig), ongebonden, wellustig

lichen ['laɪkən] *znw* korstmos

lichenous ['laɪkənəs] *bn* ❶ mosachtig, korstmosachtig ❷ bedekt met korstmossen

lichgate ['lɪtʃgeɪt] *znw* → **lychgate**

licit ['lɪsɪt] *bn* wettig

lick [lɪk] I *znw* ❶ lik, veeg ★ *inf a ~ and a promise* een kattenwasje, (met) de Franse slag ❷ liksteen, zoutlik ⟨voor vee⟩ ❸ *inf* klap, mep ❹ *inf* vaart ★ *at a ~* in vliegende vaart II *overg* ❶ (af-, be-, op)likken, likken aan ★ *inf ~ sbd's boots/vulg ~ sbd's arse* voor iem. kruipen, kruiperig vleien ★ *~ the dust* in het zand (stof) bijten ★ *~ one's lips* zijn lippen aflikken ★ *~ one's wounds* zijn wonden likken ★ *~ sbd / sth into shape* iem. / iets fatsoeneren, vormen ★ *~ sth off* iets aflikken ★ *~ sth up* iets oplikken ❷ *inf* (af)ranselen ❸ *inf* verslaan, het winnen van ❹ *inf* onder de knie krijgen III *onoverg* ❶ likken (aan *at*) ❷ lekken ⟨v. vlammen⟩

lickety-split [lɪkəti-'splɪt] *inf bijw* rap, als de bliksem

licking ['lɪkɪŋ] *inf znw* ❶ pak rammel ❷ vernederende nederlaag, afgang

lickspittle ['lɪkspɪtl] *znw* pluimstrijker, strooplikker

licorice ['lɪkərɪs] Am *znw* → **liquorice**

lid [lɪd] *znw* ❶ deksel ★ *inf flip one's ~* over de rooie gaan, uit zijn vel springen ★ *inf keep a ~ on sth* iets onder controle houden ★ *lift / take the ~ off sth* onthullingen doen ★ *inf that puts the ~ on it* dat doet de deur dicht, dat is wel het toppunt ❷ (oog)lid ❸ *inf* helm, hoed, muts

lidded ['lɪdɪd] *bn* voorzien van een deksel

lido ['liːdəʊ] *znw* natuurbad, openluchtzwembad

lie [laɪ] I *znw* ❶ leugen ★ *a pack of ~s* een pak leugens ★ *a tissue / web of ~s* een web van leugens ★ *give the ~ to sth* iets logenstraffen ★ *live a ~* een huichelachtig leven leiden ★ *swallow a ~* een leugen voor waar aannemen, in een leugen trappen ★ *tell a ~* liegen ★ *Br inf I tell a ~* nee, nou lieg ik ⟨aangevend dat de spreker zich vergist⟩ ❷ ligging ★ *the ~ of the land* de natuurlijke ligging van het land, fig de stand van zaken II *onoverg* [lied, lied] liegen ★ *inf ~ in / through one's teeth* schaamteloos liegen III *onoverg* [lay, lain] ❶ liggen, rusten, slapen ★ *~ in state* opgebaard liggen ★ *~ low* zich koest houden ❷ liggen, zich bevinden ★ *the problem ~s in his self-esteem* het probleem zit hem in zijn gebrek aan zelfvertrouwen IV *phras* ★ *~ about / around* rondslingeren ★ *~ around* luieren, niksen ★ *~ back* achteroverliggen of -leunen ★ *~ behind sth* achter iets zitten ★ *we're not sure what ~s behind his decision* we weten niet precies wat er achter zijn besluit steekt ★ *~ down* gaan liggen ★ *take sth lying down* iets over zijn kant laten gaan ★ *Br ~ in* uitslapen ★ *scheepv ~ off* afhouden ★ *Am ~ over* blijven liggen, uitgesteld worden ★ *scheepv ~ to* bijleggen, bijdraaien ★ *scheepv ~ up* dokken ★ *~ with sbd / sth* de verantwoordelijkheid zijn van iem. / iets ★ *bijbel ~ with sbd* gemeenschap hebben met iem.

lie-abed ['laɪ-əbed] *inf znw* langslaper

Liechtenstein ['lɪktənstaɪn] *znw* Liechtenstein

Liechtensteiner ['lɪktənstaɪnə] *znw* Liechtensteiner, Liechtensteinse

lie detector [laɪ dɪ'tektə] *znw* leugendetector

lie-down ['laɪ-daʊn] *inf znw* dutje, tukje ★ *have a ~* een dutje doen

liege [liːdʒ] hist I *bn* ❶ leenplichtig ★ *a ~ lord* een (leen)heer, vorst ❷ (ge)trouw II *znw* ❶ leenheer, (opper)heer ❷ **liegeman** leenman ❸ trouwe onderdaan

lie-in [laɪ-'ɪn] *inf znw* lang uitslapen ★ *have a ~* lang uitslapen

lien ['liːən] *jur znw* pandrecht, zekerheidsrecht ★ *possessory ~* retentierecht

lieu [ljuː] *znw* ★ *in ~ of* in plaats van

lieutenancy [Br lef'tenənsɪ, Am luː'tenənsɪ] *znw* ❶ rang of plaats v. luitenant ❷ ambt v. gouverneur

lieutenant [Br lef'tenənt, Am luː'tenənt] *znw* ❶ mil luitenant ❷ gouverneur, stadhouder, onderbevelhebber ❸ Am inspecteur van politie, adjudant

lieutenant commander [Br lef'tenənt kə'mɑːndə, Am luː'tenənt kə'mɑːndə] *znw* luitenant-ter-zee eerste klas

lieutenant governor [Br lef'tenənt 'gʌvənə, Am luː'tenənt 'gʌvənə] *znw* ondergouverneur

life [laɪf] *znw* [mv: lives] ❶ leven, (levens)duur, levenswijze, levensbeschrijving ★ *this is the ~!* dat is pas leven! ★ *how's ~? / how's ~ treating you?* hoe gaat

    li

het? ★ *as large as* ~ levensgroot, in levenden lijve ★ *larger than* ~ overdreven, buiten proporties, een karikaturaal karakter hebbend ★ *for* ~ voor het leven, levenslang ★ *for dear* ~ / *for one's* ~ uit alle macht ★ *not for the* ~ *of him* voor geen geld van de wereld, om de dood niet ★ *drawn from* ~ naar het leven (de natuur) getekend, uit het leven gegrepen ★ *in* ~ in het leven, bij zijn leven, van de wereld ★ inf *the man / woman in sbd's* ~ de man / vrouw in iemands leven ★ inf *spend* ~ *in the fast lane* een actief, opwindend leven hebben ★ *the chance / time & of my / his &* ~ de kans / tijd & van mijn / zijn & leven ★ *full of* ~ levenslustig ★ *there was no loss of* ~ er waren geen mensenlevens te betreuren ★ *the* ~ *(and soul) of the party* de gangmaker v.h. feest ★ *just part of* ~ / *just part of* ~'s *rich tapestry* het hoort bij het leven ‹gezegd van iets moeilijks› ★ *not on your* ~! om de dooie dood niet! ★ gedat *upon my* ~ op mijn woord ★ *bring sth to* ~ iets tot leven brengen ★ *come to* ~ tot leven komen ★ *escape with one's* ~ het er levend afbrengen ★ inf *get a* ~! ga je eigen leven leiden! word wakker! ★ *give one's* ~ zijn leven geven ★ *give one's* ~ *to sth* zijn leven wijden aan iets ★ *lead an easy* ~ een gemakkelijk leven hebben ★ *see something of* ~ iets van de wereld zien ★ *scare the* ~ *out of sbd / scare sbd out of his* ~ iem. zich dood doen schrikken ★ *start a new* ~ een nieuw leven beginnen ★ *take sbd's* ~ iem. van het leven beroven ★ *take one's own* ~ zelfmoord plegen ★ *take one's* ~ *in one's hands* zijn leven op het spel zetten ❷ → inf **life imprisonment**

life-and-death [laɪf-ən-'deθ] *bn* op leven en dood ★ *a* ~ *struggle* een strijd op leven en dood

life annuity [laɪf ə'nju:ɪtɪ] *znw* lijfrente

life assurance [laɪf ə'ʃʊərəns] *znw* → **life insurance**

lifebelt ['laɪfbelt] *znw* redding(s)gordel

lifeblood ['laɪfblʌd] *znw* ❶ levensbloed, hartenbloed ★ *tourism is the* ~ *of Bali's economy* toerisme is het hart van de Balinese economie ❷ ziel

lifeboat ['laɪfbəʊt] *znw* redding(s)boot

lifebuoy ['laɪfbɔɪ] *znw* redding(s)boei

life cycle [laɪf 'saɪkl] *znw* levenscyclus

life-enhancing [laɪf-ɪn'ha:nsɪŋ] *bn* de kwaliteit van het bestaan verbeterend

life expectancy [laɪf ɪk'spektənsɪ] *znw* levensverwachting

life force [laɪf fɔ:s] *znw* levenskracht

life form [laɪf fɔ:m] *znw* levensvorm

life-giving ['laɪf-'gɪvɪŋ] *bn* levenwekkend, levengevend

lifeguard ['laɪfgɑ:d] *znw* badmeester, strandmeester, strandwacht

life history [laɪf 'hɪstərɪ] *znw* levensgeschiedenis

life imprisonment [laɪf ɪm'prɪzənmənt], inf **life** *znw* levenslange gevangenisstraf

life insurance [laɪf ɪn'ʃʊərəns], **life assurance** *znw* levensverzekering

life interest [laɪf 'ɪntrəst] *znw* levenslang

vruchtgebruik (van *in*)

life jacket [laɪf 'dʒækɪt], Am **life vest** *znw* zwemvest

lifeless ['laɪflɪs] *bn* levenloos

lifelike ['laɪflaɪk] *bn* alsof het leeft, getrouw, levensecht

lifeline ['laɪflaɪn] *znw* ❶ redding(s)lijn ❷ fig levensader ❸ vitale ravitailleringsweg ❹ levenslijn ‹v. hand›

lifelong ['laɪflɒŋ] *bn* levenslang

life member [laɪf 'membə] *znw* lid voor het leven

life peer [laɪf pɪə] *znw* pair voor het leven

life peerage [laɪf 'pɪərɪdʒ] *znw* niet-erfelijk pairschap v. *life peers* met persoonlijke titel

life preserver [laɪf prɪ'zɜ:və] *znw* ❶ Am reddingsboei, reddingsgordel, reddingsvest ❷ Br inf ploertendoder

lifer ['laɪfə] inf *znw* tot levenslang veroordeelde

life raft [laɪf rɑ:ft] *znw* reddingvlot, reddingssloep

lifesaver ['laɪfseɪvə], **life-saver** *znw* ❶ mensenredder, redder in nood ❷ strandwacht, strandmeester ❸ reddingsgordel

life-saving ['laɪf-'seɪvɪŋ] *bn* redding(s)-

life sciences [laɪf 'saɪənsɪz] *znw* [mv] biowetenschappen

life sentence [laɪf 'sentəns] *znw* (veroordeling tot) levenslange gevangenisstraf

life-size ['laɪf-saɪz], **life-sized** *bn* op natuurlijke / ware grootte, levensgroot

lifespan ['laɪfspæn] *znw* levensduur

life story [laɪf 'stɔ:rɪ] *znw* levensverhaal

lifestyle ['laɪfstaɪl] *znw* levensstijl

lifestyle drug ['laɪfstaɪl drʌg] *znw* lifestyle drug ‹middel dat niet voor medicinale doeleinden wordt gebruikt›

life support [laɪf sə'pɔ:t] *znw* instandhouding van het leven

life-support machine ['laɪf-sə'pɔ:t mə'ʃi:n] med *znw* beademingsapparaat, apparaat om de levensfuncties in stand te houden

life-support system ['laɪf-sə'pɔ:t 'sɪstəm] *znw* systeem om de levensfuncties in stand te houden

life term [laɪf tɜ:m] *znw* levenslang, levenslange gevangenisstraf

life-threatening ['laɪf-'θretnɪŋ] *bn* levensbedreigend

lifetime ['laɪftaɪm] *znw* levenstijd, levensduur, mensenleeftijd ★ *a* ~ *ago* tijden geleden, heel lang geleden ★ *a* ~'s *experience* levenslange ervaring ★ *once in a* ~ eenmaal in een mensenleven ★ *the chance of a* ~ een unieke kans, de kans van je leven ★ *the experience of a* ~ een unieke ervaring ★ *in my* ~ bij mijn leven

life vest [laɪf vest] *znw* life jacket, reddingsvest

life work [laɪf wɜ:k], **life's work** *znw* levenswerk

LIFO ['laɪfəʊ] *afk* (last-in, first-out) als laatste erin, als eerste eruit ‹ontslagvolgorde›

lift [lɪft] **I** *znw* ❶ lift ★ *get a* ~ (voor niets) mee mogen rijden, een lift krijgen, promotie maken ★ *give sbd a* ~ iem. mee laten rijden, een lift geven, fig iem. een zetje geven, iem. opmonteren ★ *hitch / thumb* *a* ~ liften ★ *take the* ~ met de lift gaan ❷ heffen, (op)heffing, til, hefvermogen ❸ stijging, rijzing, kleine helling ❹ vervoer door de lucht, luchtbrug ❺ duwtje / steuntje in de rug, inf opkikker **II** *overg* ❶ (op)heffen, (op)tillen, (op)lichten ★ inf *he doesn't ~ a finger around the house* hij steekt geen vinger uit in het huishouden ★ *they ~ed the beam into place* ze tilden de balk op zijn plek ★ *he ~ed her up off her feet* hij tilde haar van de grond ❷ verheffen, opslaan ‹de ogen›, opsteken ‹de hand &› ❸ rooien ‹aardappelen &› ❹ inf stelen, inpikken **III** *onoverg* ❶ omhooggaan, rijzen ★ ~ *off* opstijgen ‹v. raket› ❷ optrekken ‹v. mist›

liftboy ['lɪftbɔɪ], **liftman** *znw* liftjongen, -bediende

lift bridge ['lɪft brɪdʒ] *znw* ophaalbrug, hefbrug

lifter ['lɪftə] *znw* ❶ lichter ❷ (gewichts)heffer ❸ inf dief

lifting capacity ['lɪftɪŋ kə'pæsɪtɪ] *znw* hefvermogen

lift-off ['lɪft-ɒf] *znw* start ‹v. raket›

lift shaft ['lɪft ʃɑːft] *znw* liftkoker

ligament ['lɪgəmənt] *znw* (gewrichts)band

ligate [lɪ'geɪt] med *overg* afbinden

ligature ['lɪgətʃə] **I** *znw* ❶ band, verband ❷ koppelletter ❸ muz ligatuur **II** *overg* med afbinden

light [laɪt] **I** *bn* ❶ licht ‹niet zwaar› ★ *as ~ as a feather* zo licht als een veertje ★ *~ fingers* lange vingers ★ *~ on one's feet* vlug ter been ❷ licht, helder, licht(blond) ‹niet donker› ❸ (te) licht, luchtig, gemakkelijk ‹niet moeilijk› ★ *~ reading* lichte (ontspannings)lectuur ★ *make ~ of sth* iets licht tellen, ergens niet zwaar aan tillen aan, ergens de hand mee lichten, iets in de wind slaan ❹ los ‹v. grond› **II** *bijw* ❶ licht, zacht ❷ met weinig bagage **III** *znw* ❶ licht, daglicht, levenslicht ★ *at first* ~ bij het ochtendgloren ★ *in the ~ of* in dit licht bezien ★ *can you bring it into the ~?* kun je het in het licht brengen? ★ *be brought to / come to* ~ aan het licht komen ★ *cast / shed / throw* ~ *on sth* licht werpen op iets, iets duidelijk maken ★ *catch the* ~ het licht vangen / weerkaatsen ★ fig *see the* ~ het levenslicht aanschouwen, het licht zien, tot inzicht (inkeer) komen ★ *stand in the* ~ *of* verduisteren, belemmeren ★ *stand in one's own* ~ zichzelf in het licht (in de weg) staan, zijn eigen glazen ingooien ❷ lamp ★ *turn up the* ~ de lamp opdraaien / hoger draaien ★ inf *go out like a* ~ als een blok in slaap vallen ❸ vuur, vlammetje, lucifer, vuurtje ★ *set* ~ *to sth* iets in brand steken ❹ lichteffect, belichting, verlichting ❺ venster, ruit ❻ (meestal *mv*) verkeerslicht ★ inf *jump the* ~s door het rode licht rijden ❼ (meestal *mv*) koplamp ‹v. auto› ❽ (meestal *mv*) theat voetlicht **IV** *overg* [lit/lighted, lit/lighted] ❶ ver-, be-, bijlichten ❷ aansteken, opsteken **V** *onoverg* aangaan, vuur vatten **VI** *phras* ~ *on / upon sth* neerkomen of neerstrijken op iets, iets tegenkomen, aantreffen ★ Am inf ~ *out* 'm smeren ★ ~ **up** de lichten aansteken, verlichten, inf een rokertje opsteken, fig verhelderen, opklaren, beginnen te schitteren ‹v. ogen›, aangaan ★ ~ *sth up* iets belichten, iets opsteken ‹sigaret›

light aircraft [laɪt 'eəkrɑːft] *znw* licht vliegtuigje

light beam ['laɪt biːm] *znw* ❶ lichtstraal ❷ lichtbundel

light bulb ['laɪt bʌlb] *znw* gloeilamp, peertje

lighted ['laɪtɪd] *bn* aangestoken, brandend ★ *a ~ cigar* een brandende sigaar

lighten ['laɪtn] **I** *overg* ❶ verlichten, verhelderen, opklaren ❷ verlichten ‹een taak &› **II** *onoverg* ❶ lichter worden ❷ (weer)lichten, bliksemen **III** *phras* ★ ~ **up** helderder worden, minder zwaar / drukkend worden ★ inf ~ *up!* wees niet zo serieus! ★ ~ *sth* **up** iets lichter / minder donker maken

lighter ['laɪtə] *znw* ❶ aansteker ❷ scheepv lichter

lighter fuel ['laɪtə 'fjuːəl] *znw* aanstekervloeistof

lightfast ['laɪtfɑːst] *bn* kleurecht

light-fingered [laɪt-'fɪŋgəd] inf *bn* vingervlug, diefachtig

light-footed [laɪt-'fʊtɪd] *bn* lichtvoetig

light-handed [laɪt-'hændɪd] *bn* ❶ tactvol ❷ met onvoldoende bemanning of personeel ❸ licht beladen

light-headed [laɪt-'hedɪd] *bn* licht in het hoofd

light-hearted [laɪt-'hɑːtɪd] *bn* ❶ opgewekt ❷ luchtig, lichthartig

light-heavyweight [laɪt-'hevɪweɪt] boksen *znw* halfzwaargewicht

lighthouse ['laɪthaʊs] *znw* vuurtoren

lighthouse keeper ['laɪthaʊs 'kiːpə] *znw* vuurtorenwachter

light industry [laɪt 'ɪndəstrɪ] *znw* lichte industrie

lighting ['laɪtɪŋ] *znw* ❶ aansteken ❷ be-, verlichting ★ *artificial* ~ kunstlicht ★ *concealed* ~ indirecte verlichting

lightish ['laɪtɪʃ] *bn* een beetje licht

lightly ['laɪtlɪ] *bijw* ❶ licht, gemakkelijk ★ *get off* ~ er genadig afkomen ❷ zacht ‹gekookt› ❸ luchtig, lichtzinnig

light meter [laɪt 'miːtə] *znw* lichtmeter ‹v. camera›

lightness ['laɪtnɪs] *znw* lichtheid ‹van beweging, gevoel›

lightning ['laɪtnɪŋ] **I** *bn* bliksemsnel ★ *a ~ action* een bliksemactie ★ *a ~ glance* een snelle, scherpe blik ★ *a ~ strike* een onaangekondigde, wilde staking **II** *znw* weerlicht, bliksem ★ *a bolt of* ~ een bliksemschicht ★ zegsw ~ *never strikes twice* de bliksem slaat nooit tweemaal in op dezelfde plek, de kans dat een ramp zich herhaalt is klein

lightning conductor ['laɪtnɪŋ kən'dʌktə], **lightning rod** *znw* bliksemafleider

lightning-proof ['laɪtnɪŋ-pruːf] *bn* beveiligd tegen blikseminslag

light opera [laɪt 'ɒprə] *znw* operette

light pen ['laɪt pen] comput *znw* lichtpen

light railway [laɪt 'reɪlweɪ] *znw* lichte spoorweg

lights [laɪts] *znw* [mv] longen ‹v. dieren, *vooral* als voedsel›

light-sensitive ['laɪt-'sensɪtɪv] *bn* lichtgevoelig

light shaft ['laɪt ʃɑːft] *znw* lichtschacht, lichtkoker

lightship ['laɪtʃɪp] *znw* licht-, vuurschip

light show ['laɪt ʃəʊ] *znw* lichtshow

lightsome ['laɪtsəm] <u>dicht</u> *bn* ❶ licht, helder ❷ licht, vlug, opgewekt

lights-out ['laɪts-aʊt] *znw* lichten uit ‹in internaat›

light switch ['laɪt swɪtʃ] *znw* lichtschakelaar

lightweight ['laɪtweɪt] *znw* ❶ lichtgewicht ❷ <u>fig</u> onbeduidend persoon

light well ['laɪt wel] *znw* lichtkoker

lightwood ['laɪtwʊd] *znw* ❶ aanmaakhout ❷ harsachtig hout

light year ['laɪt jɪə] *znw* lichtjaar ★ <u>inf</u> ~*s ahead of sth* iets lichtjaren vooruit zijn

ligneous ['lɪgnɪəs] *bn* houtachtig

lignite ['lɪgnaɪt] *znw* ligniet ‹bruinkool›

likable ['laɪkəbl], **likeable** *bn* prettig, aangenaam, sympathiek, aantrekkelijk

like [laɪk] **I** *voorz* ❶ als, zoals, gelijk aan, op de manier van ★ *what's it* ~*?* hoe ziet het er uit?, hoe is het?, wat is het voor iets? ★ <u>inf</u> ~ *anything / blazes / hell &* van je welste, als de bliksem ★ ~ *a good boy* dan ben je een beste ★ *nothing* ~ *a good drink* er gaat niets boven een lekker drankje ★ *nothing / not anything* ~ *as good* op geen stukken na / lang niet zo goed ★ *something* ~ *1,500 people* zowat, ongeveer 1500 mensen ★ *that's just* ~ *him* dat is net iets voor hem ★ *that's more* ~ *it* dat lijkt er meer op ❷ bijvoorbeeld, zoals bijvoorbeeld, neem **II** *voegw* ❶ <u>inf</u> zoals ★ *she goes through husbands* ~ *we go through clothes* ze verslijt mannen zoals wij kleren verslijten ❷ alsof ★ *she felt* ~ *she'd seen him before* ze had het idee dat ze hem al eens eerder had gezien **III** *bn* gelijk, dergelijk, soortgelijk, (de)zelfde, gelijkend ★ *as* ~ *as two peas in the pod* op elkaar gelijkend als twee druppels water ★ *classes of* ~ *ability* klassen van gelijkwaardige capaciteiten ★ *in a* ~ *manner* op een soortgelijke manier **IV** *bijw* ❶ ietwat, bijna, ongeveer ❷ waarschijnlijk ★ <u>inf</u> ~ *as not* (best) mogelijk, waarschijnlijk ❸ <u>inf</u> zo te zeggen, nou, weet je wel ‹vaak stopwoord› ★ <u>inf</u> *and then* ~ *she says she's not going* nou, en dan zegt ze dat ze niet gaat ❹ als het ware ★ <u>inf</u> *a sort of musty smell* ~ een soort muffige geur, als het ware **V** *znw* ❶ gelijke, weerga ★ *his* ~ zijn weerga ★ *the* ~ */ the* ~*s of it* iets dergelijks ★ <u>inf</u> *you and the* ~*s of you* u en uws gelijken ★ *and the* ~ enzovoort, en dergelijke ❷ voorliefde, voorkeur ★ ~*s and dislikes* sympathieën en antipathieën **VI** *overg* ❶ houden van, veel op hebben met ★ <u>inf</u> *I* ~ *that one!* die is goed! ❷ geven om, (gaarne) mogen, graag hebben, lusten ★ *I'd* ~ *to know* ik zou graag (wel eens) willen weten ★ *what would you* ~*?* wat zal het zijn? ★ <u>inf</u> *if you don't* ~ *it, you can lump it* je moet het maar voor lief nemen ★ ~ *it or not* of je (nu) wil of niet ❸ <u>vero</u> lijken, aanstaan ★ *as you* ~ *it* zoals het u behaagt **VII** *onoverg* verkiezen, willen, wensen ★ *if you* ~ als

je wilt

likeable ['laɪkəbl] *bn* → **likable**

likelihood ['laɪklɪhʊd], **likeliness** *znw* waarschijnlijkheid ★ *every* ~ alle waarschijnlijkheid ★ *in all* ~ naar alle waarschijnlijkheid

likely ['laɪklɪ] **I** *bn* ❶ waarschijnlijk ★ *a short circuit was the* ~ *cause* kortsluiting was de waarschijnlijke oorzaak ★ *the pub is the most* ~ *place to find him* hij is hoogstwaarschijnlijk in de kroeg te vinden ★ *a* ~ *story* een aannemelijk verhaal ★ <u>inf</u> *not* ~*!* kun je net denken! ★ *as* ~ *as not* wel (best) mogelijk, waarschijnlijk (wel) ★ *he isn't* ~ *to come* hij zal (waarschijnlijk) wel niet komen ★ *he's more* ~ *to succeed* hij heeft meer kans te slagen ❷ geschikt **II** *bijw* waarschijnlijk, vermoedelijk

like-minded [laɪk-'maɪndɪd] *bn* gelijkgezind, één van zin

liken ['laɪkən] *overg* vergelijken (bij *to*) ★ *the jaguar's sound has been* ~*ed to a hoarse cough* het geluid van de jaguar is wel vergeleken met een hese hoest

likeness ['laɪknɪs] *znw* ❶ gelijkenis ❷ portret ❸ voorkomen

likewise ['laɪkwaɪz] *bijw* ❶ evenzo ❷ des-, insgelijks, eveneens, ook

liking ['laɪkɪŋ] *znw* zin, smaak, lust, (voor)liefde, genegenheid, sympathie ★ *it's too hot for my* ~ het is te heet / gekruid voor mijn smaak ★ *the food wasn't really to his* ~ het eten was niet echt zijn smaak ★ *have a* ~ *for sth* houden van iets, geporteerd zijn voor iets

lilac ['laɪlək] **I** *bn* lila **II** *znw* ❶ <u>plantk</u> sering ❷ lila

Lilliputian [lɪlɪ'pjuːʃən] **I** *bn* lilliputachtig, dwergachtig **II** *znw* lilliputter

lilo ['laɪləʊ] *znw* [*mv:* -s] luchtbed

lilt [lɪlt] **I** *znw* ❶ vrolijk wijsje ❷ ritme, cadans **II** *onoverg* ❶ wippen, huppelen ❷ zingen

lily ['lɪlɪ] *znw* lelie ★ *gild the* ~ iets beter / mooier maken dan nodig

lily-livered [lɪlɪ-'lɪvəd] *bn* laf

lily of the valley ['lɪlɪ əv ðə 'vælɪ] *znw* lelietje-van-dalen

lily pad ['lɪlɪ pæd] *znw* plompenblad

lily-white [lɪlɪ-'waɪt] *bn* lelieblank

Lima ['liːmə] *znw* de letter L ‹in het internationaal alfabet›

lima bean ['liːmə biːn] *znw* limaboon

limb [lɪm] *znw* ❶ lid ‹been, arm, vleugel› ★ *an artificial* ~ een kunstbeen / kunstarm ★ *life and* ~ lijf en leden ★ *tear sbd* ~ *from* ~ iem. uiteentrekken, in stukken scheuren ❷ tak ★ *go out on a* ~ tegen de meerderheid ingaan ❸ limbus, rand

limber ['lɪmbə] **I** *bn* buigzaam, lenig **II** *phras* ★ ~ *up* de spieren los maken door lenigheidsoefeningen, <u>fig</u> zich inspelen

limbo ['lɪmbəʊ] *znw* ❶ vagevuur, het voorgeborchte van de hel ★ *be in* ~ in onzekerheid verkeren ❷ <u>fig</u> gevangenis

lime [laɪm], **lime green I** *bn* helder lichtgroen **II** *znw*

❶ kalk ★ *slaked* ~ gebluste kalk ❷ limoen ❸ → **lime tree** ❹ helder lichtgroen ❺ (vogel)lijm **III** *overg* ❶ met kalk bemesten of behandelen ❷ met lijm bestrijken, lijmen

lime juice ['laɪm dʒuːs] *znw* limoensap

limekiln ['laɪmkɪln] *znw* kalkoven, kalkbranderij

limelight ['laɪmlaɪt] *znw* ★ *in the* ~ in de schijnwerpers, in de publiciteit

limepit ['laɪmpɪt] *znw* kalkkuil

limerick ['lɪmərɪk] *znw* limerick, vijfregelig grappig versje

limestone ['laɪmstəʊn] *znw* kalksteen

lime tree ['laɪm triː], **lime** *znw* ❶ lindeboom ❷ limoenboom

limewash ['laɪmwɒʃ] **I** *znw* witkalk **II** *overg* witten

lime water ['laɪm 'wɔːtə] *znw* kalkwater

Limey ['laɪmɪ] Am & Aus *inf znw* Engelsman

limit ['lɪmɪt] **I** *znw* (uiterste) grens, grenslijn, limiet, beperking ★ inf *that's the* ~ dat is het toppunt ★ inf *he's the* ~*!* hij is onuitstaanbaar! ★ *the sky's the* ~ de mogelijkheden zijn onbeperkt ★ *above / over the* ~ boven de limiet ★ *off* ~*s* verboden terrein ★ *to the* ~ tot het (aller)uiterste ★ *within* ~*s* binnen bepaalde grenzen, tot op zekere hoogte ★ *without* ~ ongelimiteerd, onbegrensd **II** *overg* begrenzen, beperken, limiteren

limitable ['lɪmɪtəbl] *bn* begrensbaar

limitation [lɪmɪ'teɪʃən] *znw* ❶ beperking, begrenzing, grens ★ *arms* ~ wapenbeperkingen ★ *budgetary* ~*s* begrotingslimieten ★ jur *a* ~ *clause* een beding tot beperking van aansprakelijkheid ❷ beperktheid ❸ **limitations period** verjaringstermijn ★ jur *a time* ~ een verjaringstermijn

limited ['lɪmɪtɪd] *bn* ❶ beperkt, begrensd ★ *of* ~ *use* niet erg bruikbaar ❷ geborneerd, bekrompen

limited company ['lɪmɪtɪd 'kʌmpənɪ] *znw* naamloze vennootschap (met beperkte aansprakelijkheid)

limited edition ['lɪmɪtɪd ɪ'dɪʃən] *znw* beperkte oplage

limited liability ['lɪmɪtɪd laɪə'bɪlɪtɪ] *znw* beperkte aansprakelijkheid

limited partnership ['lɪmɪtɪd 'pɑːtnəʃɪp] *znw* commanditaire vennootschap

limitless ['lɪmɪtlɪs] *bn* onbegrensd, onbeperkt

limo ['lɪməʊ] *inf znw* (limousine) limousine

limousine ['lɪməziːn, lɪmə'ziːn] *znw* limousine

limp [lɪmp] **I** *bn* slap **II** *znw* ★ *walk with a* ~ mank / kreupel lopen **III** *onoverg* hinken, mank, kreupel lopen

limpet ['lɪmpɪt] *znw* napjesslak ★ *cling / stick like a* ~ zich vastbijten, zich vastklampen

limpet mine ['lɪmpɪt maɪn] mil *znw* kleefmijn

limpid ['lɪmpɪd] dicht *bn* helder, klaar, doorschijnend

limpidity [lɪm'pɪdɪtɪ] dicht *znw* helderheid

limp-wristed ['lɪmp-'rɪstɪd] *bn* halfzacht, slap

limy ['laɪmɪ] *bn* ❶ lijmig ❷ kalkachtig, kalk-

linage ['laɪnɪdʒ] *znw* ❶ aantal regels ❷ honorarium per regel

linchpin ['lɪntʃpɪn], **lynchpin** *znw* ❶ techn lens, pin

door een gat ❷ fig voornaamste element, vitaal onderdeel

linctus ['lɪŋktəs] *znw* stroperige medicijn

linden ['lɪndən] *znw* lindeboom, linde

line [laɪn] **I** *znw* ❶ lijn, streep, schreef ★ *sign on the dotted* ~ ondertekenen ★ *toe the* ~ zich voegen, gehoorzamen ★ *put one's life on the* ~ zijn leven riskeren ❷ groef, rimpel ❸ grens(lijn) ★ *draw the* ~ een grens trekken ★ *cross the thin blue* ~ te ver gaan, een grens overschrijden ★ *his job is on the* ~ zijn baan staat op het spel ❹ snoer, touw, waslijn ★ *give sbd* ~ *enough* iem. de nodige vrijheid van beweging laten ❺ telefoonlijn ★ telec *hold the* ~ blijft u aan het toestel? ★ comput *on* ~ online, aangesloten op het internet ❻ spoorlijn, scheepvaartlijn, buslijn ❼ regel, inf regeltje, krabbeltje, onderw strafregel ★ *read between the* ~*s* tussen de regels lezen ★ *drop sbd a* ~ iem. een briefje schrijven ❽ reeks, rij, file, linie ★ *the battle* ~ slagorde ★ *all along the* ~ over de gehele linie ★ *somewhere along the* ~ op een gegeven ogenblik ★ *down the* ~ helemaal ★ *the* ~ *of fire* de vuurlinie ★ *one's* ~ *of sight / vision* zijn gezichtslijn ★ *be in* ~ *for sth* aan de beurt zijn voor iets ★ *come from a good* ~ van goede komaf komen ★ *come into* ~ *with sbd* zich scharen aan de zijde van iem. ★ mil *form into* ~ aantreden, in bataille komen ★ *bring sbd / sth into* ~ iem. / iets in het gareel brengen ★ *stand in* ~ in de rij (gaan) staan ★ *step out of* ~ een fout begaan, over de schreef gaan ❾ assortiment, artikel ❿ branche, vak ★ *one's* ~ *of business* zijn vak, branche ⓫ beleidslijn, gedragslijn, koers ★ *the official* ~ de officiële lijn ★ *along the* ~*s of* in de geest (zin, trant) van, op de wijze van ★ *in the* ~ *of duty* tijdens de uitoefening van iemands functie ★ *that's not in his* ~ dat ligt niet op zijn weg, daar heeft hij geen bemoeienis mee, dat is niets voor hem ★ *a* ~ *of action* een koers, gedragslijn ★ *the* ~ *of least resistance* de weg van de minste weerstand ★ *one's* ~ *of thought* zijn gedachtegang ★ *be in* ~ *with sth* op één lijn met iets, in overeenstemming met iets ★ *be on the right* ~ min of meer juist zijn ★ *be out of* ~ *with sth* niet in overeenstemming met iets zijn ★ *take a* ~ *of one's own / take one's own* ~ zijn eigen weg gaan, zijn eigen inzicht volgen ★ *take a firm* ~ *against sth* vastberaden optreden tegen iets ⓬ informatie ★ inf *get a* ~ *on sbd* iets ontdekken over iem. ▼ inf *shoot a* ~ opscheppen **II** *overg* ❶ liniëren, strepen ❷ afzetten ‹met soldaten› ❸ (geschaard) staan langs ‹v. menigte, bomen &› ❹ voeren, bekleden ★ ~ *one's pockets / purse* zijn beurs spekken ❺ beleggen, beschieten **III** *phras* ★ ~ *up* zich opstellen, aantreden, in de (een) rij gaan staan ★ ~ *sth up* iets opstellen, laten aantreden, iets op een rij zetten, iets voorbereiden ★ ~ *people up* mensen in een rij zetten ★ ~ *up with / behind sbd* zich aansluiten bij iem., zich scharen aan de zijde van iem.

lineage ['lɪnɪɪdʒ] *znw* ❶ geslacht, afkomst

li

❷ nakomelingschap

lineal ['lɪnɪəl] *bn* in de rechte lijn (afstammend), rechtstreeks

lineament ['lɪnɪəmənt] *znw* gelaatstrek, trek

linear ['lɪnɪə] *bn* lijnvormig, lineair, lijn-, lengte-

lineate ['lɪnɪeɪt] *overg* liniëren

linebacker ['laɪnbækə] Am voetbal *znw* lijnverdediger

lined [laɪnd] *bn* gegroefd ★ *a face* ~ *with age* een door ouderdom gegroefd gelaat

line dancing [laɪn 'dɑːnsɪŋ] *znw* lijndansen

line drawing [laɪn 'drɔːɪŋ] *znw* contourtekening

line-engraving [laɪn-ɪn'greɪvɪŋ] *znw* lijngravure

line filling [laɪn 'fɪlɪŋ] marketing *znw* assortimentsuitbreiding met producten binnen de oorspronkelijke productlijn

line keeper [laɪn 'kiːpə] *znw* baanwachter

lineman ['laɪnmən], Br **linesman** *znw* lijnwerker ‹bij de spoorwegen›

line manager [laɪn 'mænɪdʒə] *znw* productiechef

linen ['lɪnɪn] **I** *bn* linnen, van linnen **II** *znw* linnen(goed), ‹schone, vuile› was

linen basket ['lɪnɪn 'bɑːskɪt] *znw* wasmand

linen cupboard ['lɪnɪn 'kʌbəd] *znw* linnenkast

line of fortune [laɪn əv 'fɔːtʃən] *znw* lotslijn ‹in de hand›

line of life [laɪn əv 'laɪf] *znw* levenslijn ‹in de hand›

line of scrimmage [laɪn əv 'skrɪmɪdʒ] *znw* scrimmagelijn ‹in Am. voetbal›

line of thought [laɪn əv 'θɔːt] *znw* gedachtegang

lineout ['laɪnaʊt] rugby *znw* line-out ‹opstelling van spelers bij een inworp›

line printer ['laɪn 'prɪntə] comput *znw* regelprinter, regeldrukker

liner ['laɪnə] *znw* ❶ lijnboot, lijnvliegtuig ★ *a ocean* ~ een oceaanboot ❷ techn bekleding, voering ★ *a pedal bin* ~ een pedaalemmerzak ❸ dunne penseel, eyeliner

lines [laɪnz] *znw* [mv] ❶ rol, tekst, woorden ‹v. acteur› ★ *fluff one's* ~ zich verspreken, zijn tekst kwijt zijn ‹op toneel› ❷ methode, aanpak, beleidslijn, gedragslijn ★ *built along the* ~ *of Greek architecture* gebouwd volgens de principes van de Griekse architectuur ❸ inf strafregels ★ *give sbd* ~ iem. strafregels opgeven ❹ inf trouwboekje ❺ form dichtregels, gedicht

linesman ['laɪnzmən] Br *znw* ❶ sp grensrechter ❷ → **lineman**

line-up ['laɪn-ʌp] *znw* ❶ opstelling, constellatie ❷ line-up, opstelling ‹v. popgroep &› ❸ sp startpositie ‹atletiek› ❹ inf programma ❺ confrontatie ‹op politiebureau ter identificatie van een verdachte›

ling [lɪŋ] *znw* ❶ leng ‹soort vis› ❷ (struik)heide

linger ['lɪŋɡə] *onoverg* ❶ toeven, talmen, dralen ★ ~ *over sth* lang stilstaan bij iets ❷ weifelen ❸ kwijnen, blijven hangen (ook: ~ *on*)

lingerer ['lɪŋɡərə] *znw* talmer, treuzelaar

lingerie ['læŋʒəriː, 'lɒnʒəreɪ] *znw* damesondergoed,

lingerie

lingering ['lɪŋɡərɪŋ] *bn* ❶ lang(durig), slepend, langzaam (werkend) ★ *have* ~ *doubts about sth* aanhoudende twijfels over iets hebben ❷ dralend, langgerekt

lingo ['lɪŋɡəʊ] inf *znw* [*mv:* -s *of* -goes] taaltje, vakjargon

lingon berry ['lɪŋɡən 'berɪ, 'bərɪ] *znw* vossenbes, rode bosbes

lingua franca ['lɪŋwə 'fræŋkə] *znw* [*mv:* lingua francas *of* linguae francae] handelstaal, voertaal

lingual ['lɪŋɡwəl] *bn* ❶ anat tong- ❷ taal- ★ ~ *dexterity* taalvaardigheid

linguist ['lɪŋɡwɪst] *znw* ❶ talenkenner ❷ taalkundige

linguistic [lɪŋ'ɡwɪstɪk] *bn* taalkundig, taal- ★ *her* ~ *development is remarkable for such a young child* haar taalontwikkeling is heel bijzonder voor zo'n jong kind

linguistically [lɪŋ'ɡwɪstɪklɪ] *bijw* taalkundig ★ *he's* ~ *advanced for his age* voor zijn leeftijd is hij taalkundig goed ontwikkeld

linguistics [lɪŋ'ɡwɪstɪks] *znw* [mv] taalwetenschap

> **linguistics**
> (taalkunde, linguïstiek) is eigenlijk meervoud, maar wordt meestal als enkelvoud behandeld, vooral wanneer het de studierichting of wetenschap betreft.
> *Linguistics is the scientific study of language - De taalkunde is de wetenschappelijke bestudering van taal. French linguistics are offered as options - Franse taalkunde wordt als keuzevak aangeboden.*

liniment ['lɪnɪmənt] *znw* smeersel

lining ['laɪnɪŋ] *znw* voering, bekleding ★ *the* ~ *of the stomach* de maagwand

link [lɪŋk] **I** *znw* ❶ schakel, schalm ❷ fig band, verbinding, verband ★ *a causal* ~ een causaal verband, oorzakelijk verband ★ *she has severed all* ~*s with her family* zij heeft alle banden met haar familie verbroken ★ *his only* ~ *to the outside world is via e-mail* zijn enige verbinding met de buitenwereld is via e-mail ★ *police are investigating a possible* ~ *to the other shootings* de politie onderzoekt een mogelijk verband met de andere schietpartijen ❸ comput link, doorklikmogelijkheid ❹ lengte van 7,92 inch ‹20,1 cm› **II** *overg* ❶ steken (door *in*) ❷ ineenslaan ‹v. handen &› ❸ aaneenschakelen, verbinden, verenigen, aansluiten (met, aan *to / with*) **III** *onoverg* ★ ~ *up* samenkomen ★ ~ *sbd / sth up* iem. / iets verbinden met ★ ~ *up with sbd / sth* zich verbinden met iem. / iets, zich verenigen met iem. / iets, zich aansluiten bij iem. / iets

linkage ['lɪŋkɪdʒ] *znw* verbinding, koppeling

linking verb ['lɪŋkɪŋ vɜːb] gramm *znw* koppelwerkwoord

linkman ['lɪŋkmæn] *znw* ❶ RTV centrale presentator ❷ sp middenvelder

links [lɪŋks] *znw* [mv] golfterrein

link-up ['lɪŋk-ʌp] *znw* verbinding, vereniging
linnet ['lɪnɪt] *znw* kneu ‹zangvogeltje›
lino ['laɪnəʊ] *inf znw* linoleum
linocut ['laɪnəʊkʌt] *znw* linoleumsnede, -druk
linoleum [lɪ'nəʊlɪəm] *znw* linoleum
linotype ['laɪnəʊtaɪp] *znw* linotype ‹zetmachine›
linseed ['lɪnsi:d] *znw* lijnzaad
linseed oil ['lɪnsi:d ɔɪl] *znw* lijnolie
lint [lɪnt] *znw* pluksel
lintel ['lɪntl] <u>bouwk</u> *znw* kalf, bovendrempel
lion ['laɪən] *znw* ❶ leeuw ★ *a ~ tamer* een leeuwentemmer ❷ <u>fig</u> beroemdheid ★ *a literary ~* een literaire beroemdheid ★ *the ~ of the day* de held van de dag
lioness ['laɪənɪs] *znw* leeuwin
lion-hearted [laɪən-'hɑːtɪd] <u>dicht</u> *bn* met leeuwenmoed (bezield), manmoedig
lion hunter ['laɪən 'hʌntə] *znw* ❶ leeuwenjager ❷ <u>fig</u> iem. die beroemdheden naloopt
lionization [laɪənaɪ'zeɪʃn], **lionisation** *znw* verafgoding
lionize ['laɪənaɪz], **lionise** *overg* fêteren, op een voetstuk plaatsen, idoliseren
lion's den ['laɪənz den] *znw* leeuwenkuil
lion's share ['laɪənz ʃeə] *znw* leeuwendeel
lip [lɪp] *znw* ❶ lip ★ *there was a smile on her ~s* ze had een glimlach op haar lippen ★ *the story's on everybody's ~s* het verhaal ligt op ieders tong ★ *keep a stiff upper ~* zich groot houden, geen spier vertrekken ★ *she pursed her ~s* ze tuitte haar lippen ★ *my ~s are sealed* ik zeg niets, ik mag niets zeggen ❷ rand ❸ *inf* brutaliteit ★ *none of your ~!* géén brutaliteiten!
lippy ['lɪpɪ] *inf znw* brutaal
lip-read ['lɪp-ri:d] *onoverg* liplezen
lip salve ['lɪp sælv] *znw* lippenzalf
lip service [lɪp 's3:vɪs] *znw* lippendienst ★ *pay ~ to sth* lippendienst bewijzen aan iets
lipstick ['lɪpstɪk] *znw* lippenstift
lip-synch ['lɪp-sɪŋk] **I** *znw* playback **II** *overg* playbacken
liquefaction [lɪkwɪ'fækʃən] <u>techn</u> *znw* het vloeibaar maken
liquefy ['lɪkwɪfaɪ] **I** *overg* vloeibaar maken **II** *onoverg* vloeibaar worden
liqueur [lɪ'kjʊə] *znw* likeur
liquid ['lɪkwɪd] **I** *bn* ❶ vloeibaar ★ *we stopped for some ~ refreshments* we stopten om iets te drinken ❷ vloeiend ❸ waterig ‹v. ogen› ❹ liquide **II** *znw* vloeistof
liquidambar [lɪkwɪ'dæmbə], **liquid amber** *znw* liquidambar ‹boom met mooie herfstkleuren›
liquid assets ['lɪkwɪd 'æsets] *znw* [mv] → **liquid resources**
liquidate ['lɪkwɪdeɪt] *overg* ❶ vereffenen, liquideren ❷ doden, uit de weg ruimen
liquidation [lɪkwɪ'deɪʃən] *znw* liquidatie, vereffening ★ *compulsory ~* gedwongen liquidatie
liquidator ['lɪkwɪdeɪtə] *znw* liquidateur

liquid crystal display ['lɪkwɪd 'krɪstl dɪ'spleɪ], **LCD** *znw* lcd-scherm ‹beeldscherm op basis van vloeibare kristallen›
liquidity [lɪ'kwɪdɪtɪ] <u>handel</u> *znw* liquiditeit
liquidity management [lɪ'kwɪdɪtɪ 'mænɪdʒmənt] *znw* liquiditeitenbeheer
liquidity ratio [lɪ'kwɪdɪtɪ 'reɪʃɪəʊ] <u>fin</u> *znw* liquiditeitsgraad
liquidize ['lɪkwɪdaɪz], **liquidise** *overg* vloeibaar maken
liquidizer ['lɪkwɪdaɪzə], **liquidiser** *znw* blender
liquid lunch ['lɪkwɪd lʌntʃ] <u>scherts</u> *znw* een lunch waarbij veel alcohol wordt gedronken
liquid measure ['lɪkwɪd 'meʒə] *znw* inhoudsmaat voor vloeistoffen
Liquid Paper® ['lɪkwɪd 'peɪpə] *znw* correctievloeistof
liquid resources ['lɪkwɪd rɪ'zɔ:sɪz], **liquid assets** *znw* [mv] ❶ <u>handel</u> liquide middelen, vlottende middelen ❷ <u>boekh</u> liquide activa
liquor ['lɪkə] **I** *znw* ❶ (sterke) drank ❷ kooksappen, kooknat, jus **II** *overg* ★ *Am inf be / get ~ed up* zich bedrinken
liquorice ['lɪkərɪs, -rɪʃ], *Am* **licorice** *znw* ❶ <u>plantk</u> zoethout ❷ drop ★ *~ allsorts* Engelse drop
liquor store ['lɪkə stɔ:] *Am znw* slijterij
Lisbon ['lɪzbən] *znw* Lissabon ‹stad›
lisle thread ['laɪl θred] *znw* fil d'écosse ‹garen›
lisp [lɪsp] **I** *znw* gelispel **II** *overg & onoverg* lispelen
lissom ['lɪsəm], **lissome** <u>dicht</u> *bn* soepel, lenig
list [lɪst] **I** *znw* ❶ (naam)lijst, catalogus, tabel, rol ★ <u>sp</u> *the transfer ~* de transferlijst ★ *a waiting ~* een wachtlijst ★ *the wine ~* de wijnkaart ❷ overhelling, scheepv slagzij **II** *overg* ❶ een lijst opmaken van, catalogiseren, inschrijven, noteren ❷ opnemen, opsommen, vermelden ❸ ‹effecten› in de notering opnemen **III** *onoverg* overhellen, scheepv slagzij maken
listed ['lɪstɪd] *Br bn* voorkomend op de monumentenlijst
listen ['lɪsən] **I** *znw* het luisteren ★ *have a ~ to sth* naar iets luisteren **II** *onoverg* luisteren (naar *to*) ★ *~ with half an ear* met een half oor luisteren **III** *phras* ★ <u>radio</u> *~ in* luisteren ★ *~ in on sth* iets be-, afluisteren ★ *~ out for sth* proberen iets te horen, de oren openhouden voor iets ★ *Am inf ~ up* opletten
listenable ['lɪsənəbl] *bn* beluisterbaar, prettig in het gehoor
listener ['lɪsənə] *znw* ❶ luisteraar ❷ toehoorder
listening post ['lɪsənɪŋ pəʊst] *znw* luisterpost
listeria [lɪ'stɪərɪə] *znw* listeria darmbacterie
listeriosis [lɪstɪərɪ'əʊsɪs] *znw* listeriose ‹voedselvergiftiging›
listing ['lɪstɪŋ] *znw* ❶ lijst ❷ samenstelling v.e. lijst ❸ <u>comput</u> uitdraai, print ‹veelal van een bronprogramma›
listless ['lɪstlɪs] *bn* lusteloos, hangerig, slap
list price [lɪst praɪs] *znw* ❶ catalogusprijs ❷ vaste prijs
lists [lɪsts] <u>hist</u> *znw* [mv] strijdperk
lit [lɪt] *ww* [v.t. & v.d.] → **light**

li

litany [ˈlɪtənɪ] *znw* litanie ★ *a ~ of complaints / sins &* een litanie van klachten / zonden &

literacy [ˈlɪtərəsɪ] *znw* alfabetisme, geletterdheid, het kunnen lezen (en schrijven)

literal [ˈlɪtərəl] *bn* ❶ letterlijk ❷ letter- ❸ ⟨v. mensen⟩ nuchter, prozaïsch

literalism [ˈlɪtərəlɪzm] *znw* letterlijkheid, letterlijke uitleg

literalist [ˈlɪtərəlɪst] *znw* scherpslijper

literally [ˈlɪtərəlɪ] *bijw* ❶ letterlijk ❷ absoluut

literary [ˈlɪtərərɪ] *bn* ❶ literair, letterkundig ❷ geletterd

literary agent [ˈlɪtərərɪ ˈeɪdʒənt] *znw* literair agent

literary criticism [ˈlɪtərərɪ ˈkrɪtɪsɪzəm] *znw* literatuurkritiek

literary history [ˈlɪtərərɪ ˈhɪstərɪ] *znw* literatuurgeschiedenis

literary prize [ˈlɪtərərɪ praɪz] *znw* literatuurprijs

literary property [ˈlɪtərərɪ ˈprɒpətɪ] *znw* auteursrecht

literate [ˈlɪtərət] *bn* ❶ het lezen (en schrijven) machtig (zijnde) ❷ geletterd

literati [lɪtəˈrɑːtiː] *znw* [mv] geleerden, geletterden

literatim [lɪtəˈrɑːtɪm] *(‹Lat›* form *bijw* letterlijk, letter voor letter

literature [ˈlɪtərətʃə] *znw* ❶ literatuur, letterkunde ★ *the ~ on kidney disease* de literatuur over nierziektes ❷ ⟨propaganda⟩ lectuur, prospectussen, drukwerk &

literature search [ˈlɪtərətʃə sɜːtʃ] *znw* literatuuronderzoek

litharge [ˈlɪθɑːdʒ] *znw* loodglit

lithe [ˈlaɪð] *bn* buigzaam, lenig

lithesome [ˈlaɪðsəm] dicht *bn* buigzaam, lenig

lithograph [ˈlɪθəɡrɑːf, ˈlaɪθə-] **I** *znw* lithografie, steendruk(plaat) **II** *overg* lithograferen

lithographer [lɪˈθɒɡrəfə] *znw* lithograaf

lithography [lɪˈθɒɡrəfɪ] *znw* lithografie

Lithuania [lɪθ(j)uːˈeɪnɪə] *znw* Litouwen

Lithuanian [lɪθ(j)uːˈeɪnɪən] **I** *bn* Litouws **II** *znw* ❶ Litouwer, Litouwse ❷ Litouws ⟨taal⟩

litigant [ˈlɪtɪɡənt] jur *znw* procederende partij, litigant ★ *a ~ in person* een procespartij die zich niet laat vertegenwoordigen

litigate [ˈlɪtɪɡeɪt] jur **I** *overg* ❶ procederen over ❷ betwisten **II** *onoverg* procederen

litigation [lɪtɪˈɡeɪʃən] jur *znw* procederen, (rechts)geding, proces ★ *threaten ~* dreigen met een proces

litigator [ˈlɪtɪɡeɪtə] jur *znw* ❶ pleiter ❷ advocaat gespecialiseerd in procesrecht

litigious [lɪˈtɪdʒəs] *bn* ❶ betwistbaar ❷ afkeurend procesziek ★ *Americans are more ~ than Dutchmen* Amerikanen lopen eerder naar de rechter dan Nederlanders

litmus [ˈlɪtməs] *znw* lakmoes

litmus paper [ˈlɪtməs ˈpeɪpə] *znw* lakmoespapier

litre [ˈliːtə], Am **liter** *znw* liter

LittD *afk* (Doctor of Letters) doctor in de letterkunde

litter [ˈlɪtə] **I** *znw* ❶ rommel, afval, warboel ❷ stalstro, strooisel, kattenbakkorrels ❸ worp ⟨v. dieren⟩ ❹ **leaf** **litter** humuslaag ⟨in bos⟩ ❺ draagkoets, (draag)baar **II** *overg* ❶ bezaaien ★ *the book is ~ed with mistakes* het boek staat vol met fouten ❷ dooreengooien, overal (ordeloos) neergooien of laten liggen, vervuilen **III** *onoverg* ❶ rommel maken ❷ (jongen) werpen

litter bin [ˈlɪtə bɪn] *znw* afvalbak, prullenbak

litterbug [ˈlɪtəbʌɡ], Br **litter lout** inf *znw* sloddervos

littery [ˈlɪtərɪ] *bn* rommelig

little [ˈlɪtl] **I** *vnw* weinig, beetje, kleinigheid ★ *~ butter* weinig boter ★ *no ~ / not a ~* niet weinig, zeer veel ★ *after a ~* na korte tijd ★ *~ by ~* langzamerhand ★ *for a ~* een poosje ★ *make ~ of* niet tellen, weinig geven om **II** *bn* ❶ klein ★ *a ~ bit* een beetje, een kleinigheid ★ *quite the ~ artist / footballer &* een echt kunstenaartje / voetballertje & ❷ kleinzielig ❸ luttel, weinig, gering ★ *a ~ butter* wat / een beetje boter ★ *quite a ~ sth* nogal wat van iets **III** *bijw* ❶ weinig, amper ❷ geensszins, helemaal niet ★ *~ did he know (that)* hij had er geen flauw benul / idee van (dat)

little black dress [ˈlɪtl blæk ˈdres] inf *znw* kort zwart jurkje ⟨geschikt voor alle gelegenheden⟩

little finger [ˈlɪtl ˈfɪŋɡə] *znw* pink ★ *twist sbd around one's ~* iem. om je vinger winden

little folk [ˈlɪtl fəʊk], **little people** *znw* elfen en kabouters

little grebe [ˈlɪtl ɡriːb] *znw* dodaars ⟨watervogel⟩

littleness [ˈlɪtlnɪs] *znw* klein(zielig)heid

little one [ˈlɪtl wʌn] *znw* kind, kleintje ★ *the ~s are playing in the sandpit* de kleintjes spelen in de zandbak

little people [ˈlɪtl ˈpiːpl] *znw* → **little folk**

little toe [ˈlɪtl təʊ] *znw* kleine teen

littoral [ˈlɪtərəl] **I** *bn* kust- **II** *znw* kustgebied

liturgical [lɪˈtɜːdʒɪkl] *bn* liturgisch

liturgy [ˈlɪtədʒɪ] *znw* liturgie

livable [ˈlɪvəbl], **liveable** *bn* ❶ bewoonbaar ❷ leefbaar ⟨leven⟩ ❸ gezellig

live I *bn* [laɪv] ❶ levend, in leven ❷ RTV live, rechtstreeks, direct ⟨v. uitzending⟩ ★ *a ~ concert* een live / rechtstreeks concert ❸ elektr onder stroom of geladen ❹ gloeiend ⟨kool⟩ ❺ scherp (geladen), niet ontploft ⟨granaat⟩ ❻ levendig, actief, energiek ❼ brandend, actueel ⟨v. kwestie⟩ **II** *bijw* [laɪv] RTV live, rechtstreeks, direct ⟨v. uitzending⟩ ★ *the concert was recorded ~* het concert was rechtstreeks opgenomen **III** *overg* [lɪv] ❶ leven ★ *a lie* een leugenachtig leven leiden ❷ doorleven, beleven **IV** *onoverg* [lɪv] ❶ leven, bestaan, in (het) leven blijven ★ *inf you ~ and learn* een mens is nooit te oud om te leren ★ *~ and let* leven en laten leven ★ gedat *as I ~ and breathe!* zo waar ik leef! ★ *~ again* herleven ★ *~ happily ever after* nog lang en gelukkig leven ★ *~ like a king / lord* leven als een vorst ★ *~ above / beyond one's means* op te grote voet leven

★ <u>bijbel</u> *not* ~ *by bread alone* niet leven van brood alleen ★ ~ *by one's wits* op een ongeregelde manier aan de kost komen ★ *I* ~ *for the day* ik verheug me op de dag ★ ~ *to (be) a hundred* (nog) honderd jaar worden ★ ~ *to fight another day* iets moeilijks overleven / doorstaan ★ ~ *to see the day that / when* het mogen beleven dat ★ ~ *to tell the tale* iets gevaarlijks overleven ❷ wonen ★ <u>inf</u> *he just about* ~*s there* hij is er altijd over de vloer **V** *phras* ★ ~ *sth* **down** ergens overheen komen ★ *never* ~ *sth down* iets de rest van zijn leven moeten horen ★ ~ **in** intern zijn, inwonen ★ ~ **off** *sth* ergens van leven, ergens van rondkomen ★ ~ *off the land* leven van wat je zelf verbouwt ★ ~ *off the fat of the land* van het goede der aarde genieten ★ ~ *off sbd* leven op kosten van iem. ★ ~ **on** blijven leven, voortleven ★ ~ *on grass / insects &* zich voeden met gras / insecten & ★ ~ *on one's reputation* op zijn roem teren ★ ~ **out** niet intern zijn ★ <u>inf</u> ~ *out of a suitcase* altijd maar onderweg zijn, veel reizen ★ ~ **through** *sth* iets doormaken ★ ~ **together** samenwonen ★ <u>inf</u> ~ *it* **up** het er van nemen ★ ~ **up to** *sth* iets waarmaken, aan de verwachtingen voldoen ★ ~ **with** *sth* ergens mee kunnen leven, iets accepteren ★ ~ **with** *sbd* (in)wonen bij iem., samenwonen met iem.
liveable ['lɪvəbl] *znw* → **livable**
live bait [laɪv beɪt] *znw* levend aas
live broadcast [laɪv 'brɔːdkɑːst] *znw* live-uitzending
lived-in ['lɪvd-ɪn] *bn* bewoond, gebruikt ★ *his apartment doesn't have that* ~ *look yet* het appartement ziet er nog niet bewoond uit
live-in ['lɪv-ɪn] **I** *bn* inwonend, intern ★ *a* ~ *maid* een inwonende meid **II** *znw* <u>inf</u> vriend(in) met wie men samenwoont
livelihood ['laɪvlɪhʊd] *znw* kost-, broodwinning, kost, (levens)onderhoud, brood, bestaan ★ *earn one's* ~ zijn brood verdienen
liveliness ['laɪvlɪnɪs] *znw* levendigheid, vrolijkheid
livelong ['lɪvlɒŋ] <u>dicht</u> *bn* ★ *the* ~ *day* de hele dag lang, de godganse dag
lively ['laɪvlɪ] *bn* ❶ levendig, vrolijk ★ *a* ~ *conversation* een levendig gesprek ★ ~ *trade* levendige handel ❷ vitaal, energiek ❸ vlug, druk
liven ['laɪvən] *overg* ★ ~ *sbd / sth up* iem. / iets verlevendigen, opvrolijken
liver ['lɪvə] *znw* ❶ wie leeft, levende ★ *a fast* ~ een losbol ★ *a good* ~ een braaf mens, een bon vivant ❷ lever ❸ leverkleur
liver fluke ['lɪvə fluːk] *znw* ❶ leverbot ❷ leverbotziekte
liveried ['lɪvərɪd] *bn* in livrei
liverish ['lɪvərɪʃ], **livery** *bn* ❶ een leverziekte hebbend, beetje ziek ⟨alsof men last van de lever heeft⟩ ❷ geïrriteerd
Liverpudlian [lɪvə'pʌdlɪən] *znw* inwoner van Liverpool
liver sausage ['lɪvə 'sɒsɪdʒ] *znw* leverworst
liverwort ['lɪvəwɜːt] *znw* levermos
livery ['lɪvərɪ] *znw* ❶ livrei ❷ huisstijl ⟨uniforme beschildering van auto's &⟩ ❸ *fig* kleed ❹ → **liverish**

livery stable ['lɪvərɪ 'steɪbl] *znw* stalhouderij
lives [laɪvz] *znw* [mv] → **life**
livestock ['laɪvstɒk] *znw* levende have, veestapel
live weight [laɪv weɪt] *znw* levend gewicht
live wire [laɪv 'waɪə] *znw* ❶ draad waar spanning op staat ❷ <u>fig</u> een energiek iemand ❸ een dynamische persoonlijkheid
livid ['lɪvɪd] *bn* ❶ paarsblauw ❷ <u>inf</u> hels, razend
living ['lɪvɪŋ] **I** *bn* levend ★ *within* ~ *memory* sinds mensenheugenis ★ *be still* ~ nog leven, nog in leven zijn **II** *znw* ❶ leven, (levens)onderhoud, bestaan, broodwinning, kost(winning) ★ *what do you do for a* ~*?* wat doe je voor de kost? wat voor werk doe je? ★ *be fond of good* ~ van lekker eten en drinken houden ★ *earn a* ~ zijn brood verdienen ★ *eke out / scrape a* ~ met moeite in zijn onderhoud voorzien ❷ predikantsplaats
living conditions ['lɪvɪŋ kən'dɪʃənz] *znw* [mv] leefomstandigheden
living death ['lɪvɪŋ deθ] *znw* levende dood ★ *life has become a* ~ het leven is ondraaglijk geworden
living room ['lɪvɪŋ ruːm] *znw* woonvertrek, huiskamer
living space ['lɪvɪŋ speɪs] *znw* ❶ woonruimte ❷ levensruimte
living standard ['lɪvɪŋ 'stændəd] *znw* levensstandaard
living wage ['lɪvɪŋ weɪdʒ] *znw* aanvaardbaar salaris ⟨waarmee je goed kunt leven⟩
living will ['lɪvɪŋ wɪl] *znw* levenstestament, ± euthanasieverklaring
lizard ['lɪzəd] *znw* hagedis
ll. *afk* (lines) regels
llama ['lɑːmə] *znw* lama
LLB *afk* (Bachelor of Laws) standaardgraad in de rechten
lo [ləʊ], **lo and behold** <u>vero</u> *tsw* zie!, kijk!
load [ləʊd] **I** *znw* ❶ lading, last, vracht ★ *he has a heavy teaching* ~ hij heeft een zware onderwijstaak ★ <u>inf</u> *a* ~ *of/*~*s of sth* hopen, massa's ★ <u>inf</u> *a* ~ *of crap / nonsense / rubbish &* de grootst mogelijke nonsens / flauwekul! ★ *a* ~ *of hay* een voer hooi ★ *that's a* ~ *off my mind* dat is een pak van mijn hart ★ *the axle broke under the* ~ de as is onder het gewicht gebroken ★ <u>inf</u> *get a* ~ *of that!* moet je dat zien! ★ <u>Am inf</u> *get / have a* ~ *on* dronken worden / zijn ★ *take a / the* ~ *off one's feet* gaan zitten ★ *that takes a* ~ *off my / his & mind* dat is een pak van mijn / zijn & hart ❷ <u>techn</u> belasting **II** *overg* ❶ (in-, op-, be)laden, bevrachten, bezwaren, belasten ★ *be* ~*ed with sth* geladen zijn met iets, veel van iets hebben ❷ vullen ⟨pijp⟩ ❸ overladen ❹ <u>comput</u> installeren, in het computergeheugen opslaan **III** *onoverg* laden ★ *we* ~*ed into the car* we stapten met zijn allen in de auto **IV** *phras* ★ *be* ~*ed* **down with** *sth* gebukt gaan onder iets ★ ~ **up** inladen ★ ~ **up on** *sth* een voorraad van iets inslaan
load-bearing ['ləʊd-beərɪŋ] *bn* dragend ⟨v. muren &⟩
loaded ['ləʊdɪd] *bn* ❶ geladen ★ ~ *dice* valse dobbelstenen ★ *a* ~ *question* een strikvraag ❷ <u>inf</u>

lo

stinkend rijk ❸ inf dronken, Am inf stoned
loader ['ləʊdə] transport *znw* lader
load factor [ləʊd 'fæktə] *znw* ❶ belastingsgraad
❷ bezettingsgraad ‹van vliegtuig›
loading ['ləʊdɪŋ] *znw* ❶ het laden, lading, vracht
★ *the ~ deck* het laaddek ★ *~ equipment*
laadinrichting ★ *a ~ platform* een laadperron,
laadplatform, open laadbak ★ *a ~ quay* een
ladingsplaats, een laadkade ★ *a ~ siding* een
laadspoor ★ *the ~ time* het ladingstermijn ★ *~ and
unloading* laden en lossen ❷ techn belasting
loading bay ['ləʊdɪŋ beɪ], Am **loading dock** *znw*
laadplatform
load line [ləʊd laɪn] *znw* lastlijn
loadsheet ['ləʊdʃiːt] *znw* laadlijst
loadspace ['ləʊdspeɪs] *znw* laadruimte
loadstar ['ləʊdstɑː] *znw* poolster dicht leidstar
loadstone ['ləʊdstəʊn], **lodestone** *znw* magneetsteen
loaf [ləʊf] **I** *znw* [*mv:* loaves] ❶ brood ★ zegsw *half a ~
is better than no bread* beter een half ei dan een lege
dop ❷ inf kop ★ *use your ~!* gebruik je hersens!
II *onoverg* leeglopen, lanterfanten, rondslenteren
(ook *~ around, ~ about*)
loafer ['ləʊfə] *znw* leegloper, schooier
loaf sugar [ləʊf 'ʃʊgə] *znw* broodsuiker
loam [ləʊm] *znw* leem
loam pit [ləʊm pɪt] *znw* leemgroeve
loamy ['ləʊmɪ] *bn* leemachtig, leem-
loan [ləʊn] **I** *znw* lening, geleende, lenen, krediet ★ *a
bridging ~* overbruggingskrediet ★ *we used the house
as security against the ~* we hebben het huis gebruikt
als onderpand voor de lening ★ *I've been given the ~
of his car* ik heb zijn auto te leen gekregen ★ *on ~* te
leen ★ *the book is out on ~* het boek is uitgeleend
★ *take out a ~* een lening opnemen / sluiten **II** *overg*
(uit)lenen
loan capital [ləʊn 'kæpɪtl] *znw* geleend kapitaal
loan collection [ləʊn kə'lekʃən] *znw* verzameling in
bruikleen
loan shark [ləʊn ʃɑːk] inf *znw* woekeraar, uitbuiter
loanword ['ləʊnwɜːd] *znw* bastaardwoord, leenwoord
loath [ləʊθ], **loth** *bn* afkerig, ongenegen ★ *be ~ to do
sth* er een hekel aan hebben om iets te doen
loathe [ləʊð] *overg* verafschuwen, een afkeer hebben
van, walgen van ★ *he ~s washing the dishes* hij heeft
een hartgrondige hekel aan afwassen
loathing ['ləʊðɪŋ] *znw* walging, weerzin
loathsome ['ləʊðsəm] *bn* walgelijk, weerzinwekkend,
afschuwelijk
loaves [ləʊvz] *znw* [*mv*] → **loaf**
lob [lɒb] sp **I** *znw* lob, boogbal **II** *overg* ❶ in een boog
gooien ❷ lobben
lobby ['lɒbɪ] **I** *znw* ❶ voorzaal, hal, portaal
❷ koffiekamer, foyer ❸ couloir, wandelgang
❹ lobby ★ *mount a ~* een lobby / pressiegroep
opzetten **II** *overg & onoverg* lobbyen, druk
uitoefenen op de (politieke) besluitvorming in de
wandelgangen

lobe [ləʊb] *znw* ❶ lob ‹hersenen› ❷ kwab ‹long› ❸ lel
‹oor›
lobed ['ləʊbd] *bn* gelobd, -lobbig
lobotomy [lə'bɒtəmɪ] med *znw* lobotomie
lobster ['lɒbstə] *znw* [*mv:* ~ *of* -s] zeekreeft
lobster pot ['lɒbstə pɒt] *znw* kreeftenfuik
lobworm ['lɒbwɜːm] *znw* zeepier
local ['ləʊkl] **I** *bn* plaatselijk, lokaal, van de plaats,
plaats- ★ *the ~ town hall* het plaatselijke stadhuis
II *znw* ❶ plaatselijke inwoner ❷ inf (stam)kroeg,
buurtcafé
local anaesthetic ['ləʊkl ænɪs'θetɪk] *znw* plaatselijke
verdoving
local area network ['ləʊkl 'eərɪə 'netwɜːk], **LAN** *znw*
lokaal netwerk van aan elkaar gekoppelde
computers, beperkt van omvang, LAN
local authority ['ləʊkl ɔː'θɒrɪtɪ] *znw* plaatselijke
overheid
local colour ['ləʊkl 'kʌlə] inf *znw* couleur locale, lokale
kleur ‹beschrijving van het karakteristieke van een
bep. gebied› ★ *get a bit of ~* de plaatselijke cultuur
/ sfeer opsnuiven
local derby ['ləʊkl 'dɑːbɪ] *znw* streekderby
locale [ləʊ'kɑːl] *znw* plaats (waar iets voorvalt) ★ *the
movie is set in exotic ~s* de film speelt zich af op
exotische locaties
local government ['ləʊkl 'gʌvənmənt] *znw* plaatselijk
bestuur
localism ['ləʊkəlɪzəm] *znw* plaatselijke
eigenaardigheid, uitdrukking &
locality [ləʊ'kælɪtɪ] *znw* plaats, lokaliteit
localization [ləʊkəlaɪ'zeɪʃən], **localisation** *znw*
❶ lokalisatie, plaatselijk maken, plaatselijke
beperking ❷ plaatsbepaling ❸ comput
(software)lokalisatie
localize ['ləʊkəlaɪz], **localise** *overg* ❶ plaatselijk
worden ❷ lokaliseren, binnen bepaalde grenzen
beperken ★ *the gene has been ~d to chromosome 4*
het gen is gelokaliseerd op chromosoom 4
localized ['ləʊkəlaɪzd], **localized** *bn* gelokaliseerd
locally ['ləʊkəlɪ] *bijw* plaatselijk, ter plaatse ★ *we like
to shop ~* we doen onze boodschappen graag in de
buurt
local time ['ləʊkl taɪm] *znw* plaatselijke tijd
locate [ləʊ'keɪt] *overg* ❶ een (zijn) plaats aanwijzen
❷ plaatsen, vestigen ★ *the hospital is centrally ~d* het
ziekenhuis is centraal gelegen ❸ de plaats opsporen
(vaststellen, vinden) van
location [ləʊ'keɪʃən] *znw* ❶ plaatsbepaling, plaatsing
❷ plaats, ligging, locatie ★ *a ~ shot* een
buitenopname ‹film› ★ *the hostages have been moved
to an unknown ~* de gijzelaars zijn overgebracht
naar een onbekende locatie ★ *on ~* op locatie ‹film›
loch [lɒk, lɒx] Schots *znw* ❶ meer ❷ zeearm
loci ['ləʊsaɪ, -kaɪ, -kiː] *znw* [*mv*] → **locus**
lock [lɒk] **I** *znw* ❶ lok ‹haar› ★ *a stray ~ of hair* een
wispelturige lok haar ❷ slot ★ *~, stock and barrel*
zoals het reilt en zeilt, alles inbegrepen, en bloc

★ *under ~ and key* achter slot en grendel ❸ sluis
❹ houdgreep ★ *Am have a ~ on sbd / sth* complete
controle hebben over iem. / iets ❺ *auto* draaicirkel
II *overg* ❶ sluiten, op slot doen, af-, op-, in-, om-,
wegsluiten ❷ vastzetten, klemmen ★ *~ horns* met de
hoorns (aan elkaar) vastzitten ❸ van sluizen
voorzien **III** *onoverg* sluiten, afsluiten ★ *the door ~s
automatically* de deur gaat automatisch op slot
IV *phras* ★ *~ sth* **away** iets wegsluiten ★ *~ sbd away*
iem. opsluiten ⟨in gevangenis,
krankzinnigengesticht &⟩ ★ *Am ~ sbd* **down** iem. in
zijn cel houden ★ *~ sbd* **in** iem. insluiten ★ *be ~ed in
sth* vastzitten in iets ⟨file, situatie &⟩ ★ *~* **on** *to sth*
iets automatisch volgen ⟨v. raketten⟩ ★ *~ sth* **out** iets
uit het geheugen verbannen ★ *~ sbd out* iem.
buitensluiten, iem. uitsluiten ⟨werkvolk⟩ ★ *~ sth*
through iets (door)schutten ⟨schip⟩ ★ *~* **up** de boel
afsluiten ★ *~ sth up* iets wegsluiten, iets vastleggen
⟨kapitaal⟩, iets sluiten ★ *~ sbd up* iem. opsluiten (in
gevangenis, krankzinnigengesticht &)
lockable [ˈlɒkəbl] *bn* afsluitbaar, vergrendelbaar
lockage [ˈlɒkɪdʒ] *znw* ❶ verval van een sluis ❷ schut-,
sluisgeld ❸ sluiswerken
locked [lɒkt] *bn* gesloten, op slot ★ *the talks took place
behind ~ doors* de besprekingen vonden plaats
achter gesloten deuren
-locked [lɒkt] *achterv* met... haar ★ *his daughter is that
curly~ little child* zijn dochtertje is het kindje met het
krulhaar
locker [ˈlɒkə] *znw* kluisje, kastje, kist ★ *go to Davy
Jones' ~* naar de kelder gaan, vergaan, verdrinken
locker room [ˈlɒkə ruːm] *znw* kleedkamer
locket [ˈlɒkɪt] *znw* medaillon
lock gate [lɒk geɪt] *znw* sluisdeur
lock-in [ˈlɒk-ɪn] *znw* ❶ het bezetten v. fabriek, enz. uit
protest ❷ doordrinken achter gesloten deuren na
sluitingstijd ❸ gedwongen nering
lockjaw [ˈlɒkdʒɔː] *znw* tetanus, mondklem
lock-keeper [lɒk-ˈkiːpə] *znw* sluiswachter
locknut [ˈlɒknʌt] *znw* contramoer
lockout [ˈlɒkaʊt] *znw* uitsluiting
locksman [ˈlɒksmən] *znw* sluiswachter
locksmith [ˈlɒksmɪθ] *znw* slotenmaker
lock-up [ˈlɒk-ʌp] *znw* ❶ arrestantenlokaal, nor ❷ box
⟨v. garage⟩ ★ *~ garages* boxengarages ❸ (tijd van)
sluiten
lock-up shop [ˈlɒk-ʌp ʃɒp] *znw* winkel zonder
woongelegenheid, dagwinkel
loco [ˈləʊkəʊ] *inf bn* getikt, gek
locomotion [ləʊkəˈməʊʃən] *znw* (vermogen van)
voortbeweging, zich verplaatsen
locomotive [ləʊkəˈməʊtɪv] **I** *bn* ❶ zich (automatisch)
voortbewegend ★ *a ~ engine* een locomotief
❷ bewegings- **II** *znw* locomotief
loco price [ˈləʊkəʊ praɪs] *handel znw* locoprijs ⟨prijs
voor loco-goederen⟩
locum tenens [ˈləʊkəm ˈtiːnenz, ˈtenenz], **locum** *znw*
(plaats)vervanger ⟨v. dokter of geestelijke⟩

locus [ˈləʊkəs] *znw* [*mv:* loci] ❶ *form* plaats, punt
★ *the ~ of decision-making has been shifted to the
market* de plaats waar besluitvorming plaatsvindt is
naar de markt verhuisd ❷ *meetk* meetkundige
plaats, puntenverzameling ❸ locus ⟨plaats van een
gen op een chromosoom⟩
locust [ˈləʊkəst] *znw* sprinkhaan
locution [ləkˈjuːʃən] *znw* spreekwijze
lode [ləʊd] *znw* ertsader
loden [ˈləʊdn] *znw* loden ⟨wollen stof⟩
lodestar [ˈləʊdstɑː] *znw* poolster, *dicht* leidster
lodestone [ˈləʊdstəʊn] *znw* → **loadstone**
lodge [lɒdʒ] **I** *znw* ❶ optrekje, huisje, hut
❷ portierswoning, -hokje, conciërgewoning ⟨bij
universiteit⟩ ❸ loge ⟨v. vrijmetselaars⟩ ❹ leger, hol
⟨v. dier⟩ **II** *overg* ❶ (neer)leggen, plaatsen,
huisvesten, herbergen, zetten ★ *form power is ~d
with the House* de macht berust bij het parlement
❷ blijven zitten ❸ deponeren, indienen, inleveren,
inzenden (bij *with*) ★ *~ a complaint* een klacht
indienen ❹ opslaan ⟨goederen⟩ **III** *onoverg*
❶ wonen, huizen ★ *~ with sbd* inwonen bij iem.
❷ blijven zitten (steken) ★ *the bullet ~d in the wall* de
kogel bleef in de muur steken
lodgement [ˈlɒdʒmənt] *znw* → **lodgment**
lodger [ˈlɒdʒə] *znw* kamerbewoner, inwonende
lodging [ˈlɒdʒɪŋ] *znw* huisvesting, (in)woning, logies,
kamers
lodging house [ˈlɒdʒɪŋ haʊs] *znw* pension
lodgings [ˈlɒdʒɪŋz] *znw* [*mv*] gehuurde kamer(s) ★ *live
in ~* op kamers wonen
lodgment [ˈlɒdʒmənt], **lodgement** *znw* plaatsing,
huisvesting
loess [ˈləʊɪs, lɜːs] *znw* löss
loft [lɒft] **I** *znw* ❶ zolder, vliering ❷ galerij ⟨in kerk⟩
❸ *Am* bovenverdieping ⟨v. fabriek &⟩ ❹ duiventil
II *overg sp* hoog slaan, een boogbal slaan
loftily [ˈlɒftɪlɪ] *bijw* uit de hoogte, hoogdravend ★ *he
spoke ~ about the need for reform* hij sprak
hoogdravend over de noodzaak van hervorming
loftiness [ˈlɒftɪnɪs] *znw* ❶ verhevenheid, hoogte
❷ trots, arrogantie
lofty [ˈlɒftɪ] *form bn* ❶ verheven, hoog ❷ trots,
arrogant ❸ gedragen, hoogdravend
log [lɒg] **I** *znw* ❶ blok hout, boomstam ★ *as easy as
falling off a ~* doodsimpel ★ *sleep like a ~* slapen als
een marmot ❷ *wisk* logaritme ❸ → **logbook** ★ *keep
a ~ (of sth)* een logboek bijhouden (van iets) **II** *overg*
❶ (hout)hakken ❷ in het logboek optekenen
❸ klokken, afleggen ⟨v. afstand⟩ ❹ registreren
III *onoverg* ❶ houthakken ❷ leegkappen **IV** *phras*
★ *comput ~* **in** / **on** inloggen, aanloggen
★ *comput ~* **out** / **off** uitloggen
loganberry [ˈləʊgənbəri, beri] *znw* loganbes ⟨kruising
tussen braam en framboos⟩
logarithm [ˈlɒgərɪðəm] *znw* logaritme
logbook [ˈlɒgbʊk], **log** *znw* ❶ *scheepv* logboek,
journaal ❷ dagboek ❸ register, werkboekje

lo

log cabin [lɒg ˈkæbɪn] *znw* blokhut

log canoe [lɒg kəˈnuː] *znw* kano ‹v. uitgeholde boomstam›

logged [lɒgd] *bn* ❶ vol water ❷ stilstaand ‹v. water› ❸ vastgelopen

logger [ˈlɒgə] *znw* houthakker

loggerheads [ˈlɒgəhedz] *znw* [mv] ★ *be at* ~ *(with sbd)* elkaar in het haar zitten, overhoop liggen, bakkeleien

loggia [ˈləʊdʒə, ˈlɒdʒə, -dʒɪə] *znw* loggia

logging [ˈlɒgɪŋ] *znw* hakken en vervoeren van hout

logging ban [ˈlɒgɪŋ bæn] *znw* kapverbod

logging industry [ˈlɒgɪŋ ˈɪndəstrɪ] *znw* houthakkersbedrijf

logic [ˈlɒdʒɪk] *znw* ❶ logica ★ *the* ~ *of that escapes me* de logica daarvan ontgaat me ❷ redelijk argument

logical [ˈlɒdʒɪkl] *bn* logisch

logically [ˈlɒdʒɪklɪ] *bijw* logischerwijs

logical necessity [ˈlɒdʒɪkl nɪˈsesɪtɪ] *znw* logische noodzakelijkheid

logician [ləˈdʒɪʃən] *znw* logicus, beoefenaar v.d. logica

login [ˈlɒgɪn], **logon** comput *znw* inlogprocedure

login ID [ˈlɒgɪn aɪˈdiː] comput *znw* loginidentificatie

logistic [ləˈdʒɪstɪk], **logistical** *bn* logistiek

logistics [ləˈdʒɪstɪks] *znw* [mv] logistiek

logistics manager [ləˈdʒɪstɪks ˈmænɪdʒə] transport *znw* logistiek manager

logjam [ˈlɒgdʒæm] *znw* ❶ stremming v.e. rivier door boomstronken ❷ impasse ★ *break the* ~ de impasse doorbreken

logo [ˈləʊgəʊ, ˈlɒgəʊ] *znw* logo, beeldmerk

logoff [ˈlɒgɒf], **logout** comput *znw* uitloggen

loin [lɔɪn] *znw* lende, lendenstuk

loincloth [ˈlɔɪnklɒθ] *znw* lendendoek

loins [lɔɪnz] *znw* dicht lendenen ★ bijbel *the fruit of his* ~ de vrucht van zijn lendenen, zijn nageslacht

loiter [ˈlɔɪtə] *onoverg* talmen, treuzelen, lanterfanten ★ ~ *about* rondslenteren ★ Br jur ~ *with intent* op verdachte wijze rondhangen

loiterer [ˈlɔɪtərə] *znw* treuzelaar, slenteraar

loll [lɒl] *onoverg* lui liggen, leunen, hangen ★ ~ *about* maar wat rondhangen

lollipop [ˈlɒlɪpɒp] inf *znw* ❶ snoepje, snoep, lekkers ❷ lolly

lollipop lady [ˈlɒlɪpɒp ˈleɪdɪ], **lollipop man** *znw* klaar-over

lollop [ˈlɒləp] inf *onoverg* luieren, lummelen ★ ~ *about* lanterfanten, rondzwalken

lolly [ˈlɒlɪ] *znw* ❶ Br lolly ❷ Aus snoepje ❸ inf duiten, money

London [ˈlʌndən] *znw* Londen ‹stad›

Londoner [ˈlʌndənə] *znw* Londenaar

lone [ləʊn] *bn* eenzaam, verlaten ★ *play a* ~ *hand* in zijn eentje optreden, zijn eigen weg gaan

loneliness [ˈləʊnlɪnɪs] *znw* eenzaamheid, verlatenheid

lonely [ˈləʊnli] *bn* eenzaam, alleen, verlaten

lonely heart [ˈləʊnlɪ hɑːt] *znw* iem. die op zoek is naar een partner ★ *the* ~*s / the* ~*s column*

contactadvertenties

loner [ˈləʊnə] *znw* einzelgänger, eenling

lonesome [ˈləʊnsəm] Am *bn* eenzaam ★ *by / on one's* ~ alleen

lone wolf [ləʊn wʊlf] *znw* einzelgänger, eenling

long [lɒŋ] **I** *bn* lang, langdurig, langgerekt, langdradig ★ *in the* ~ *run* op den duur, uiteindelijk ★ *the* ~ *arm of the law* de lange / machtige arm der wet ★ *a list as* ~ *as your arm* een lijst net zo lang als je arm ★ *not by a* ~ *shot / chalk* bijlange na niet ★ inf *how* ~ *is a piece of string?* al sla je me dood, geen enkel idee ★ inf ~ *time no see* ik heb je in tijden niet gezien ★ *be* ~ *in the tooth* aftands zijn ★ *have come a* ~ *way* het ver geschopt hebben ★ *go a* ~ *way* voordelig zijn in het gebruik, veel effect hebben ★ *go back a* ~ *way* van lang geleden dateren, al heel lang bestaan ★ *go a* ~ *way towards doing sth* erg nuttig zijn voor het doen van iets ★ *take the* ~ *view* op de lange termijn bekijken **II** *bijw* lang ★ *as* ~ *as six months ago* al (wel) zes maanden geleden ★ *as / so* ~ *as you're back by ten* als je maar / mits je om tien uur terug bent ★ *before* ~ binnenkort ★ *not for* ~ niet lang ★ *a time* ~ *since past* heel lang geleden ★ inf *so* ~*!* tot ziens! ★ ~ *live the Queen / King!* lang leve de koningin / koning! ★ *don't be* ~ blijf niet te lang weg ★ *she isn't* ~ *for this world* zij zal het niet lang meer maken ★ *he wasn't* ~ *in finding out* het duurde niet lang voordat hij ontdekte ★ *take* ~ veel tijd nodig hebben **III** *znw* ★ *the* ~ *and the short of it is* om kort te gaan, het komt hierop neer **IV** *onoverg* verlangen (naar *for*)

long. *afk* (longitude) lengte

long-awaited [lɒŋ-əˈweɪtɪd] *bn* lang verwacht

longbill [ˈlɒŋbɪl] *znw* langsnavel ‹naam van een aantal vogels en vissen›

long-billed [ˈlɒŋ-bɪld] *bn* langsnavelig

longboat [ˈlɒŋbəʊt] *znw* sloep

longbow [ˈlɒŋbəʊ] *znw* (grote) handboog ★ inf *draw the* ~ overdrijven

long-dated [lɒŋ-ˈdeɪtɪd] fin *bn* langzicht- ‹wissel› ★ *a* ~ *bill / a* ~ *draft* een langzichtwissel ★ *a* ~ *security* een langlopende obligatie

long-distance [lɒŋ-ˈdɪstəns] *bn* interlokaal, langeafstands- ★ *a* ~ *runner* een langeafstandsloper ★ ~ *transport* langeafstandsvervoer

long division [lɒŋ dɪˈvɪʒən] *znw* staartdeling

long-drawn-out [lɒŋ-drɔːn-ˈaʊt] *bn* langgerekt

long drink [lɒŋ drɪŋk] *znw* longdrink ‹aangelengde alcoholische drank in groot glas›

longer [ˈlɒŋgə] *bijw* langer, meer ★ gedat *she is no* ~ zij is niet meer, zij is overleden ★ *he doesn't work here any* ~ hij werkt hier niet meer

longest [ˈlɒŋgɪst] *bijw* langst ★ *at the* ~ op zijn langst

longevity [lɒnˈdʒevɪtɪ] *znw* lang leven, hoge ouderdom ★ *he attributes his* ~ *to a healthy diet* hij schrijft zijn hoge ouderdom toe aan een gezond dieet

long face [lɒŋ feɪs] *znw* lang (somber) gezicht ★ *draw*

/ *pull a* ~ een lang gezicht trekken
long-haired ['lɒŋ-heəd] *bn* langharig ★ *a* ~ *cat* een langharige kat
longhand ['lɒŋhænd] **I** *bijw* met de hand ‹schrijven› **II** *znw* gewoon handschrift (tegenover stenografie)
long haul [lɒŋ hɔ:l] *znw* ❶ transport over grote afstand ❷ langdurige, moeilijke taak ★ *inf be in for the* ~ een lange klus voor de boeg hebben
longing ['lɒŋɪŋ] **I** *bn* (erg) verlangend **II** *znw* (sterk) verlangen, belustheid
longingly ['lɒŋɪŋlɪ] *bijw* (erg) verlangend ★ *he looked* ~ *at the cake trolley* hij keek verlangend naar het cakewagentje
longish ['lɒŋgɪʃ] *bn* wat lang, vrij lang
longitude ['lɒŋgɪtjuːd, 'lɒndʒɪ-] *znw* (geografische) lengte
longitudinal [lɒŋgɪ'tjuːdɪnl, 'lɒndʒɪ-] *bn* in de lengte, lengte- ★ *a* ~ *section* een lengtedoorsnede
long johns [lɒŋ dʒɒnz] *znw* [mv] lange onderbroek
long jump [lɒŋ dʒʌmp] *sp znw* vèrspringen
long-lasting [lɒŋ-'lɑːstɪŋ] *bn* langdurig
long-legged ['lɒŋ-legd] *bn* langbenig
long-life ['lɒŋ-laɪf] *bn* lang houdbaar ‹v. voedingsmiddelen›
long-lived [lɒŋ-'lɪvd] *bn* ❶ langlevend, lang van leven ❷ langdurig, van lange duur
long-lost [lɒŋ-lɒst] *bn* die men al een lange tijd niet heeft gezien ‹v. personen›
longneck ['lɒŋnek] Am *inf znw* bierflesje met een lange nek
long player [lɒŋ 'pleɪə] *znw* langspeelplaat, elpee, lp
long-playing [lɒŋ-'pleɪɪŋ] *bn* langspeel- ★ *a* ~ *record* een langspeelplaat
long-range [lɒŋ-reɪndʒ] *bn* ❶ mil vèrdragend ‹geschut› ❷ luchtv langeafstands- ‹vlucht› ❸ fig op lange termijn ★ *a* ~ *plan* een meerjarenplan ★ ~ *planning* meerjarenplanning, langetermijnplanning
longshoreman ['lɒŋʃɔːmən] Am *znw* sjouwer, bootwerker, havenarbeider, dokwerker
long shot [lɒŋ ʃɒt] *znw* gok, waagstuk ★ *take a* ~ een gok wagen ★ *inf not by a* ~ op geen stukken na
long-sighted [lɒŋ-'saɪtɪd] *bn* ❶ vèrziend ❷ fig vooruitziend
long-standing [lɒŋ-'stændɪŋ] *bn* oud, van lang geleden ★ *a* ~ *acquaintance* een oude bekende ★ *a* ~ *feud* een oude vete
long-stay ['lɒŋ-steɪ] *bn* lange termijn-, voor lang verblijf ★ ~ *accommodation* accommodatie voor een lange tijd ★ *a* ~ *carpark* een terrein voor langparkeerders
long-suffering [lɒŋ-'sʌfərɪŋ] *bn* lankmoedig
long-term [lɒŋ-'tɜːm] *bn* op lange termijn, langlopend, voor lange tijd ★ boekh *a* ~ *asset* een vast activum ★ *a* ~ *contract* een langlopend contract ★ ~ *credit* langlopend krediet ★ *the* ~ *effect* het langetermijneffect ★ *a* ~ *investment* een langetermijninvestering, langetermijnbelegging ★ *a* ~ *loan* een langlopende lening ★ ~ *planning*

langetermijnplanning ★ *a* ~ *policy* een langetermijnbeleid
long-time ['lɒŋ-taɪm] *bn* van oudsher, oud ★ *a* ~ *friend* een oude vriend
long vacation [lɒŋ və'keɪʃən] *znw* grote vakantie
long wave [lɒŋ weɪv], **LW** *znw* lange golf
longways ['lɒŋweɪz], Am **longwise** *bijw* in de lengte
long weekend [lɒŋ wiːk'end] *znw* lang weekend
long-winded [lɒŋ-'wɪndɪd] *bn* lang van stof, breedsprakig, langdradig
longwise ['lɒŋwaɪz] Am *bijw* → **longways**
loo [luː] *inf znw* plee, wc
loofah ['luːfə] *znw* luffaspons, spons van natuurlijk materiaal
look [lʊk] **I** *znw* ❶ blik ★ *she left without a backward* ~ ze ging weg zonder achterom te kijken ★ *have / take a* ~ *at sth* eens kijken naar iets, iets bekijken, een blik werpen op iets ★ *have / take a fresh* ~ *at sth* iets opnieuw bekijken ★ *have / take a humorous* ~ *at sth* iets van de grappige kant bekijken ★ *take that* ~ *off your face!* haal die uitdrukking van je gezicht! ❷ aanzien, gezicht, voorkomen, uiterlijk ★ *she has a youthful* ~ *about her* ze ziet er jong uit ★ *by / from the* ~ *of it* zoals het er uitziet ★ *I don't like the* ~ *of it* dat bevalt me niet, ik vertrouw het niet erg ★ *he has the* ~ *of an alcoholic* hij heeft het uiterlijk van een alcoholist ❸ look, mode **II** *overg* ❶ eruitzien als, voorstellen ★ *not* ~ *one's age* jonger lijken dan men is, er nog goed uitzien (voor zijn jaren) ★ ~ *one's best* zijn (haar) beau jour hebben, er op zijn voordeligst uitzien, goed uitkomen ★ ~ *it/* ~ *the part* het goede figuur hebben voor een rol, zijn uiterlijk niet logenstraffen ★ *she's not* ~*ing herself lately* zij ziet er niet (zo goed) als gewoonlijk uit ❷ door zijn kijken uitdrukken, verraden ❸ (er voor) zorgen ❹ verwachten ❺ bekijken, aankijken ★ ~ *sbd through and through* iem. scherp aankijken, iem. heel en al doorzien ★ ~ *sbd up and down* iem. van boven naar beneden bekijken **III** *onoverg* ❶ kijken, zien ★ ~ *blank* wezenloos kijken ★ ~ *here!* hoor 'es!, zeg 'es! ★ ~ *south* uitzien op het zuiden ★ ~ *before you leap* bezint eer gij begint ❷ eruitzien, lijken ★ ~ *alive* opmerkzaam zijn ★ ~ *black* er somber uitzien ★ ~ *foolish* een domme indruk maken ★ *inf* ~ *great* prachtig staan ‹v. kledingstuk› ★ ~ *like* lijken op, ernaar uitzien (dat) ★ *it* ~*s like rain* het ziet ernaar uit of we regen zullen krijgen ★ ~ *sharp* haast maken, voortmaken, opschieten **IV** *phras* ★ ~ *about / around* rondkijken, rondzien ★ ~ *about one* om zich heen kijken, de situatie opnemen ★ ~ *about for sbd / sth* omzien (zoeken) naar iem. / iets ★ ~ *after sbd / sth* passen op, letten op, zorgen voor iem. / iets ★ ~ *after sbd's interests* iemands belangen behartigen ★ ~ *ahead* vooruitzien als, ~ *around* / *round* omkijken, omzien, om zich heen zien ★ *we didn't have time to* ~ *(a)round the city* we hadden geen tijd om de stad te bekijken ★ ~ *at sth* kijken naar iets, iets bekijken, kijken op iets ‹zijn horloge›,

lo

iets bezien, iets beschouwen, <u>inf</u> iets tegemoet zien ★ *inf I couldn't ~ at another cake / prawn &* ik zou geen koekje / garnaal & meer aankunnen ★ *~ at sbd* iem. aankijken ★ *~* **away** een andere kant uit kijken, de blik (de ogen) afwenden ★ *~* **back** terugzien, omzien, omkijken ★ *we started our business two years ago and we haven't ~ed back since* we zijn twee jaar geleden met onze zaak begonnen en het is sindsdien steeds beter gegaan ★ *~* **back on** / **upon** *sth* een terugblik werpen op iets ★ *~* **behind** omkijken ★ *~* **down** omlaag kijken, <u>handel</u> naar beneden gaan ‹prijzen› ★ *~ down one's nose at sbd* de neus voor iem. ophalen, neerkijken op iem., iem. minachten ★ *~* **down on** *sbd* neerkijken op iem. ★ *~* **for** *sbd / sth* zoeken naar iem. / iets ★ *~* **forward to** *sth* verlangend uitzien naar iets, zich verheugen op iets, iets tegemoet zien ★ *~* **in** even aanlopen (bij *on*) ★ *~* **into** *sth* kijken in iets, iets onderzoeken, nagaan ★ *~* **on** toekijken ★ *~* **on** *sbd* **as** iem. beschouwen als, iem. houden voor ★ *~* **on** *sth* **with** *distrust* iets wantrouwend bekijken, iets wantrouwen ★ *~* **onto** *sth* uitzien op iets ‹de straat &› ★ *~* **out** uitzien, uit... zien, op de uitkijk staan, (goed) uitkijken ★ *~* **out!** opgepast! ★ Br *~ sth out* iets opzoeken / opduikelen ★ *~* **out for** *sbd / sth* uitzien naar iem. / iets, iem. / iets (zeker) verwachten ★ *~* **over** *sth* iets bekijken, opnemen, iets doorkijken ★ *~* **through** *sth* iets goed bekijken, iets doornemen, kijken door iets, iets doorkijken, iets doorbladeren ★ *greed / jealousy & ~s through his eyes* hebzucht / jaloezie & straalt uit zijn ogen ★ *~* **to** *sth* (uit)zien naar iets, letten op iets, passen op iets, iets verwachten, uitzien op iets ★ *~* **to** *sbd* vertrouwen op iem., rekenen op iem. ★ *~* **towards** *sth* uitzien naar / op iets, overhellen naar iets ★ *~* **up** opzien, opkijken, de hoogte ingaan ‹prijzen›, opleven, beter gaan ‹zaken›, opknappen ‹het weer› ★ *~ sth up* iets opzoeken, naslaan ★ *~ sbd up* iem. opzoeken, bezoeken ★ *~* **up to** *sbd* (hoog) opzien tegen iem.

lookalike ['lʊkəlaɪk] *znw* dubbelganger, evenbeeld
looker ['lʊkə] <u>inf</u> *znw* ★ *a good* ~ een knap iem.
looker-on [lʊkər-'ɒn] *znw* [*mv:* lookers-on] toeschouwer, kijker
look-in ['lʊk-ɪn] <u>inf</u> *znw* ★ *have a* ~ een kansje hebben
looking glass ['lʊkɪŋ glɑ:s] *znw* spiegel
lookout ['lʊkaʊt] *znw* ❶ uitkijk ★ <u>inf</u> *it's his (own)* ~ dat is zijn zaak ★ *be on the* ~ / *keep a* ~ *for sth* op zoek zijn naar iets ❷ (voor)uitzicht
look-over ['lʊk-əʊvə] *znw* kort onderzoek ★ *give sth a* ~ ergens wel even naar kijken
looks [lʊks] *znw* [*mv*] uiterlijk, schoonheid ★ *good* ~ een knap uiterlijk ★ *by the* ~ *of it* zo te zien
look-see [lʊk-'si:] <u>inf</u> *znw* inspectie, kijkje ★ *have / take a* ~ een kijkje nemen
loom [lu:m] **I** *znw* weefgetouw **II** *onoverg* zich (in flauwe omtrekken) vertonen, (dreigend) oprijzen, opdoemen (ook: ~ *up*) ★ *~ ahead* opdoemen ★ *~ large* van onevenredig grote betekenis zijn

/ schijnen
loon [lu:n] *znw* ❶ <u>Schots</u> stommeling, idioot ❷ inf deugniet ❸ <u>Am</u> duiker ‹zeevogel›
loony ['lu:nɪ] inf **I** *bn* getikt **II** *znw* gek
loony bin ['lu:nɪ bɪn] <u>inf</u> *znw* gesticht (voor krankzinnigen)
loop [lu:p] **I** *znw* ❶ lus, lis, bocht, (laarzen)strop ❷ <u>luchtv</u> looping, duikvlucht ❸ <u>comput</u> ‹in een programma› lus, loop ‹zich herhalende reeks instructies› **II** *overg* ❶ met een lus vastmaken ❷ in een bocht opschieten ★ *~ the* ~ een kringduikeling/ <u>luchtv</u> looping maken **III** *onoverg* ❶ zich in een lus kronkelen ❷ omduikelen
loop aerial [lu:p 'eərɪəl] *znw* raamantenne
looper ['lu:pə] *znw* spanrups
loophole ['lu:phəʊl] *znw* uitvlucht, uitweg, achterdeurtje ★ *a legal* ~ een maas in de wet
loop line [lu:p laɪn] *znw* zijlijn, aftakking (v. spoorweg) die later weer samenkomt met de hoofdbaan
loopy ['lu:pɪ] *bn* ❶ bochtig ❷ inf getikt, gek
loose [lu:s] **I** *bn* ❶ los, slap ★ *a ~ connection* een losse verbinding ★ *be at a ~ end* niets om handen hebben ★ *inf have a screw* ~ niet goed bij zijn hoofd zijn ❷ vrij, ongehinderd ★ *break* ~ uitbreken ★ *cut* ~ (zich) losmaken, (zich) bevrijden ★ <u>Am</u> inf *hang / stay* ~ kalm blijven, zich niet druk maken, relaxen ★ *let sbd* ~ iem. de vrije hand laten, iem. vrijlaten ★ *let sth* ~ iets vrijlaten ★ *he let* ~ *a torrent of abuse* hij liet een stroom scheldwoorden los ❸ ruim, wijd ❹ vaag, onnauwkeurig ❺ <u>gedat</u> losbandig ★ *a ~ woman* een losbandige vrouw **II** *znw* ★ *on the* ~ aan de rol, aan de zwabber **III** *overg* ❶ losmaken, loslaten ★ *he ~d all his frustration on her* hij liet al zijn frustraties op haar los ❷ afschieten ❸ <u>scheepv</u> losgooien
loose change [lu:s tʃeɪndʒ] *znw* los kleingeld
loose cover [lu:s 'kʌvə] *znw* kussenhoes
loose ends [lu:s endz] *znw* kleinigheden ‹die nog gedaan moeten worden›
loose-fitting [lu:s-'fɪtɪŋ] *bn* ruimzittend ‹v. kleding›
loose-leaf [lu:s-'li:f] *bn* losbladig ‹v. boek›
loose-limbed [lu:s-'lɪmd] *bn* lenig, soepel
loosely ['lu:slɪ] *bijw* losjes
loose-minded [lu:s-'maɪndɪd] *bn* lichtzinnig
loosen ['lu:sən] **I** *overg* ❶ losmaken, losser maken ❷ laten verslappen ‹tucht› **II** *onoverg* ❶ losgaan, los(ser) worden ★ *~ up* loskomen, ontdooien, vrijuit praten, sp opwarmen aan warming-up doen ❷ verslappen ‹tucht›
loosestrife ['lu:sstraɪf] *znw* ❶ wederik ‹gele plant› ❷ kattenstaart ‹paarse plant›
loose-tongued [lu:s-'tʌŋd] *bn* loslippig
loot [lu:t] **I** *znw* ❶ buit, roof, plundering ❷ inf poen **II** *overg* (uit)plunderen, beroven, (weg)roven **III** *onoverg* plunderen, stelen
looter ['lu:tə] *znw* plunderaar
lop [lɒp] **I** *overg* ❶ (af)kappen, wegkappen (ook: ~ *away*, ~ *off*) ❷ snoeien ❸ <u>Am</u> laten hangen

lo

II *onoverg* ❶ slap neerhangen ❷ rondhopsen, huppelen ❸ rondhangen

lope [ləʊp] **I** *znw* lange sprong **II** *onoverg* zich met lange sprongen voortbewegen

lop-eared [lɒp-'ɪəd] *bn* met hangende oren ★ *a ~ rabbit* een hangoorkonijn

loppings ['lɒpɪŋz] *znw* [mv] snoeisel

lop-sided [lɒp-'saɪdɪd] *bn* ❶ met één zijde kleiner (lager) dan de andere, scheef ❷ niet in evenwicht, eenzijdig

loquacious [lɒ'kweɪʃəs] *bn* ❶ babbelziek ❷ spraakzaam

loquacity [lɒ'kwæsɪtɪ] *znw* ❶ babbelzucht ❷ spraakzaamheid

lord [lɔːd] **I** *znw* ❶ heer, meester ★ *the Lord* de Heer, God ★ *good Lord! / oh Lord!* goeie God! goeie genade! ★ *Lord knows* dat mag God weten ★ scherts *one's ~ and master* je echtgenoot ❷ heer ⟨adellijke titel⟩, lord ⟨lid v.h. Hogerhuis⟩ ★ *(as) drunk as a ~* zo dronken als een kanon ★ *live like a ~* royaal leven ★ *swear like a ~* vloeken als een ketter **II** *overg* in de adelstand verheffen ★ *~ it over sbd* de baas spelen over iem.

Lord Chancellor [lɔːd 'tʃɑːnsələ] *znw* voorzitter v. het Hogerhuis ⟨in Groot-Brittannië⟩

lordling ['lɔːdlɪŋ] *znw* lordje, heertje

lordly ['lɔːdlɪ] *bn* ❶ als (van) een lord ❷ hooghartig

Lord Mayor [lɔːd meə] Br *znw* burgemeester ⟨v.grote stad⟩

lordship ['lɔːdʃɪp] *znw* ❶ heerschappij (over *of / over*) ❷ heerlijkheid ❸ lordschap ★ *his / your ~* mijnheer (de graaf &)

lore [lɔː] *znw* traditionele kennis, overlevering

lorgnette [lɔː'njet] *znw* ❶ toneelkijker ❷ face-à-main

lorn [lɔːn] *dicht bn* eenzaam en verlaten

lorry ['lɒrɪ] *znw* vrachtauto ★ inf *it fell off the back of a ~* het is weggenomen, gejat, geritseld

lorry-hop ['lɒrɪ-hɒp] inf *znw* meeliften met vrachtauto's

lorry-load ['lɒrɪ-ləʊd] *znw* vrachtwagen vol

lory ['lɔːrɪ] *znw* papegaai

lose [luːz] **I** *overg* [lost, lost] ❶ verliezen, verbeuren, verspelen, erbij inschieten, kwijtraken ★ *have nothing to ~* niets te verliezen hebben ★ *~ ground* terrein verliezen ★ *~ heart* de moed verliezen ★ dicht *~ one's heart to sbd* zijn hart verliezen aan iem. ★ inf *be losing it* gek worden, zijn verstand verliezen ★ inf *~ it* emotionele controle verliezen ★ *~ one's life* om het leven komen ★ inf *~ one's marbles* geestelijk gestoord worden ★ *~ a motion* een motie verliezen ★ *~ one's place* niet meer weten waar men gebleven is ⟨in een boek⟩ ★ inf *~ the plot* zich dom of vreemd gedragen ★ inf *~ the rag* woedend worden, zijn zelfbeheersing verliezen ★ *~ one's senses* z'n verstand kwijt raken, gek worden ★ inf *~ one's shirt* een hoop geld verliezen ⟨door gokken⟩ ★ *~ sight of sbd / sth* iem. / iets vergeten, uit het oog verliezen ★ *~ sleep over / about sth* zich

ergens zorgen over maken, ergens niet van kunnen slapen ★ *~ one's temper* boos worden ★ *~ track* er even niet bij zijn met de gedachten ★ *~ track of sbd / sth* iem. / iets uit het oog verliezen ★ *~ one's way* verdwalen ★ *~ oneself* zich verliezen of opgaan (in *in*), verdwalen ❷ achterlopen ⟨v.e. klok⟩ ❸ afraken van ❹ doen verliezen **II** *onoverg* [lost, lost] ❶ verliezen, te kort komen (bij *by*) ★ *stand to ~* waarschijnlijk gaan verliezen ❷ achterlopen ⟨v. horloge⟩ **III** *phras* ★ *~ out* verlies lijden ★ *~ out on sth* er iets bij inschieten ★ *~ out to sbd* het afleggen tegen iem.

loser ['luːzə] *znw* ❶ verliezer ★ *be a bad / good ~* niet / goed tegen zijn verlies kunnen ❷ inf de klos, loser

losing ['luːzɪŋ] *bn* ❶ verliezend, waarbij verloren wordt ★ *a ~ streak* een serie nederlagen, een periode van tegenspoed ❷ niet te winnen, hopeloos ★ *fight a ~ battle* een (bij voorbaat) verloren strijd voeren

loss [lɒs] *znw* verlies, nadeel, schade ★ *a dead ~* een fiasco ★ *no great ~* geen groot verlies, geen ramp ★ *a weight ~* gewichtsverlies ★ *at a ~* met verlies, het spoor bijster, niet wetend wat / hoe ★ *never at a ~ for a reply* nooit om een antwoord verlegen ★ *~ of appetite* verlies van eetlust ★ *~ of face* gezichtsverlies ★ *cut one's ~es* zijn verlies nemen ★ handel *offset one's ~es* zijn verliezen compenseren

loss adjuster [lɒs ə'dʒʌstə] Br *znw* schade-expert

loss-leader [lɒs-'liːdə] marketing *znw* lokartikel, loss leader (beneden of tegen inkoopsprijs)

loss making [lɒs 'meɪkɪŋ] *bn* verliesgevend, verlieslijdend

lost [lɒst] **I** *bn* ❶ verloren (gegaan), weg ★ *a ~ book* een verloren / kwijtgeraakt boek ★ *a ~ motion* een verloren motie ★ *the joke was ~ on him* niet aan hem besteed, ontging hem ★ *be ~ in a book* verdiept zijn in een boek ★ *be ~ in thought* in gedachten verzonken zijn ★ *be ~ without sbd* niet zonder iem. kunnen ❷ verdwaald ★ *become / get ~* verdwalen ★ inf *get ~!* maak dat je wegkomt! ❸ omgekomen, verongelukt ❹ scheepv vergaan **II** *ww* [v.t. & v.d.] → **lose**

lost and found [lɒst ənd 'faʊnd], Br **lost property** *znw* (bureau voor) gevonden voorwerpen

lost cause [lɒst 'kɔːz] *znw* hopeloze, verloren zaak

lot [lɒt] **I** *znw* ❶ lot, deel ★ *by ~* door het lot, bij loting ★ *draw / cast ~s* loten ★ *fall to sbd's ~* iem. ten deel vallen ★ *throw in one's ~ with sbd* zich achter iem. scharen, iem. door dik en dun steunen ❷ portie, partij, kavel ⟨veiling⟩ ❸ kaveling, perceel, terrein, lot ⟨terrein bij filmstudio voor buitenopnamen⟩ ❹ inf hoop, heel wat, boel, heel veel ★ *an awful ~* een heleboel ★ inf *a hell of a ~* heel erg veel ★ inf *~s of* veel ★ *a hamburger with the ~* een hamburger met alles erop en eraan ★ *there were fifty and I bought the whole ~* er waren er vijftig en ik heb ze allemaal gekocht ❺ inf groep, stel, kluit, zwik, zooi ★ *a bad ~* een waardeloze figuur **II** *overg* ★ *~ sth*

lo

(out) iets (ver)kavelen

loth [ləʊθ] *bn* → **loath**

Lothario [ləˈθɑːrɪəʊ, -ˈθeərɪəʊ] *znw* lichtmis, verleider

lotion [ˈləʊʃən] *znw* ❶ lotion ❷ watertje

lottery [ˈlɒtərɪ] *znw* loterij

lottery ticket [ˈlɒtərɪ ˈtɪkɪt] *znw* loterijbriefje

lotto [ˈlɒtəʊ] *znw* lotto, kienspel

lotus [ˈləʊtəs] *znw* ❶ (Egyptische) lotusbloem ❷ lotusstruik, lotusboom

lotus eater [ˈləʊtəs ˈiːtə] *fig znw* iem. die zich aan dromerijen en nietsdoen overgeeft

lotus-land [ˈləʊtəs-lænd] *znw* luilekkerland

lotus position [ˈləʊtəs pəˈzɪʃən] *znw* lotushouding, lotuszit

louche [luːʃ] *bn* louche, onguur

loud [laʊd] **I** *bn* ❶ luid ❷ luidruchtig ❸ opzichtig, schreeuwend ⟨kleuren⟩ ★ *a ~ jacket* een opzichtig jasje **II** *bijw* luid, hard ★ *out ~* hardop ★ *fig ~ and clear* erg duidelijk, overduidelijk

loudhailer [laʊdˈheɪlə] *znw* megafoon

loudly [ˈlaʊdlɪ] *bijw* luid, krachtig

loudmouth [ˈlaʊdmaʊθ] *inf znw* luidruchtig persoon, schreeuwlelijk, braller

loud-mouthed [ˈlaʊd-maʊðd] *bn* luidruchtig

loudness [ˈlaʊdnɪs] *znw* (geluids)volume, kracht

loudspeaker [laʊdˈspiːkə] *znw* luidspreker

lough [lɒk, lɒx] *Iers znw* meer

lounge [laʊndʒ] **I** *znw* ❶ conversatiezaal, grote hal (v. hotel), lounge ★ *the arrival / departure ~* de aankomst- / vertrekhal ❷ zitkamer ⟨v. huis⟩, foyer ⟨v. theater⟩ **II** *onoverg* luieren, (rond)hangen (ook *~ around, ~ about*)

lounge bar [laʊndʒ bɑː] *znw* afdeling met meer comfort ⟨in een pub⟩

lounge chair [laʊndʒ tʃeə] *znw* luie stoel

lounge lizard [laʊndʒ ˈlɪzəd] *inf znw* gigolo

lounger [ˈlaʊndʒə] *znw* ❶ ligstoel, dekstoel, strandstoel ❷ lanterfanter, slenteraar, flaneur

lounge suit [laʊndʒ suːt] *znw* wandelkostuum, colbertkostuum, colbert

lour [ˈlaʊə], **lower I** *znw* ❶ dreigende, norse blik ❷ dreigende wolken **II** *onoverg* ❶ nors, dreigend, somber kijken (naar *at*) ❷ dreigen ⟨v. wolken⟩

louring [ˈlaʊərɪŋ], **lowering** *dicht bn* somber, dreigend ★ *~ skies* dreigende luchten

louse [laʊs] **I** *znw* [*mv:* lice] ❶ luis ❷ *Am inf* rotzak, smeerlap, rat **II** *overg* luizen ★ *Am inf ~ sth up* iets bederven

lousy [ˈlaʊzɪ] *bn* ❶ luizig ★ *~ with sth* vol van iets, wemelend van iets ❷ *inf* min, beroerd, miserabel ★ *inf I got a ~ $10 in tips* ik kreeg maar een armzalige $10 aan fooien

lout [laʊt] *znw* (boeren)kinkel, pummel, lummel, vlegel, hufter ★ *football ~s* hooligans

loutish [ˈlaʊtɪʃ] *bn* pummelig, slungelig, lummelachtig, vlegelachtig

Louvain [luˈveˉ:] **I** *bn* Leuvens **II** *znw* Leuven ⟨stad⟩

louver [ˈluːvə], **louvre** *znw* lat in jaloezie of jaloeziedeur

louvred [ˈluːvəd], **louvered** *bn* louvre-, met latjes ★ *a ~ door* een louvredeur, een deur met horizontale latjes

louvres [ˈluːvəz], **louvers** *znw* [*mv*] jaloezieën

lovable [ˈlʌvəbl], **loveable** *bn* beminnelijk, lief, sympathiek

lovably [ˈlʌvəblɪ], **loveably** *bijw* lief ★ *she can be so ~ dumb* ze kan zo lekker dom uit de hoek komen

lovage [ˈlʌvɪdʒ] *znw* lavas ⟨maggiplant⟩

love [lʌv] **I** *znw* ❶ liefde, verliefdheid ★ *it was ~ at first sight* het was liefde op het eerste gezicht ★ *there's no ~ lost between them* ze mogen elkaar niet ★ *for the ~ of it* uit liefde ★ *for the ~ of God* om godswil ★ *Br inf for the ~ of Mike* om hemelswil, in hemelsnaam ★ *not for ~ or money* voor geen geld of goede woorden ★ *she's the ~ of his life* zij is zijn grote liefde ★ *fall in ~* verliefd worden (op *with*) ★ *fall out of ~* niet meer op iem. verliefd zijn ★ *make ~* vrijen, de liefde bedrijven ❷ plezier, genoegen, voorliefde ★ *play for ~* om 's keizers baard (om niet) spelen ★ *share a ~ of sth* een voorliefde voor iets delen ❸ geliefde, liefje ★ *Br inf don't cry, there's a ~* niet huilen, liefje ❹ → **luv** ❺ groeten ★ *my ~ to all* de groeten aan allemaal ★ *give / send one's ~* de groeten doen ❻ nulstand ⟨in tennis, squash &⟩ ★ *sp ~ all* nul gelijk **II** *overg* ❶ liefhebben, beminnen, houden van ★ *~ me, ~ my dog* wie mij liefheeft, moet mijn vrienden op de koop toe nemen ❷ heel graag hebben of willen, het heerlijk vinden, dol zijn op ❸ lief zijn voor

loveable [ˈlʌvəbl] *bn* → **lovable**

loveably [ˈlʌvəblɪ] *bijw* → **lovably**

love affair [lʌv əˈfeə] *znw* (liefdes)verhouding, liefdesgeschiedenis, minnarij

lovebird [ˈlʌvbːd] *znw* ❶ dwergpapegaai ❷ *inf* minnaar ❸ verliefde

love bite [lʌv baɪt] *inf znw* zuigzoen

love child [lʌv tʃaɪld] *znw* kind van de liefde, buitenechtelijk kind

love game [lʌv geɪm] *sp znw* love game

love handles [lʌv ˈhændlz] *inf znw* [*mv*] zwembandje ⟨vetrol⟩

love-hate relationship [lʌv-heɪt rɪˈleɪʃənʃɪp] *znw* haat-liefdeverhouding ★ *scherts I'm having a ~ with the new computer* ik heb een haat-liefdeverhouding met de nieuwe computer

loveless [ˈlʌvlɪs] *bn* liefdeloos ★ *they had a ~ marriage* ze hadden een liefdeloos huwelijk

love letter [lʌv ˈletə] *znw* liefdesbrief, minnebrief

love life [lʌv laɪf] *znw* liefdesleven

lovelorn [ˈlʌvlɔːn] *dicht bn* ❶ door de geliefde verlaten ❷ (van liefde) smachtend

lovely [ˈlʌvlɪ] **I** *bn* ❶ mooi, lief(tallig) ❷ allerliefst ❸ *inf* prachtig, verrukkelijk, heerlijk, mooi **II** *znw* mooi meisje, schoonheid

love-making [ˈlʌv-meɪkɪŋ] *znw* ❶ vrijerij ❷ geslachtsgemeenschap

love match [lʌv mætʃ] *znw* huwelijk uit liefde
love nest [lʌv nest] *znw* liefdesnestje
love potion [lʌv 'pəʊʃən] *znw* minnedrank
lover ['lʌvə] *znw* minnaar, liefhebber ★ *a ~ of nature / a nature ~* een natuurvriend ★ *a couple of ~s* een (minnend) paartje ★ *the two were friends before they became ~s* de twee waren al bevriend voordat ze minnaars werden ★ *take a ~* een minnaar / minnares nemen
love-rat ['lʌv-ræt] Br inf *znw* iem. die een clandestiene verhouding heeft
loverboy ['lʌvəbɔɪ] *znw* vrouwenversierder
lovesick ['lʌvsɪk] *bn* smoorverliefd ★ *he's looking like a ~ teenager* hij kijkt als een smoorverliefde teenager
love song [lʌv sɒŋ] *znw* liefdesliedje, minnelied
love story [lʌv 'stɔ:rɪ] *znw* liefdesgeschiedenis
love-struck ['lʌv-strʌk] *bn* smoorverliefd
lovey ['lʌvɪ] Br inf, **luvvy** *znw* liefje, schat ⟨aanspreekvorm⟩
lovey-dovey [lʌvɪ-'dʌvɪ] inf *bn* overdreven lief, suikerzoet
loving ['lʌvɪŋ] *bn* ❶ liefhebbend, liefderijk, liefdevol ❷ toegenegen, teder
loving cup ['lʌvɪŋ kʌp] *znw* vriendschapsbeker
loving kindness ['lʌvɪŋ 'kaɪndnɪs] *znw* barmhartigheid, goedheid
low [ləʊ] **I** *bn* ❶ laag, laag uitgesneden, diep ★ *a ~ bow* een diepe buiging ★ *~ alcohol* laag alcoholpercentage ★ *the recipe is very ~ in fat* het recept is erg vetarm ❷ lager, inferieur ❸ niet veel, gering ★ *a ~ income* een gering inkomen ❹ gemeen, ordinair, min ★ *that was a ~ remark* dat was een gemene opmerking ❺ bijna leeg ⟨v. batterij &⟩, zwak ⟨pols⟩, zacht ⟨stem⟩ ❻ terneergeslagen, ongelukkig, depressief ★ *be / feel ~* neerslachtig zijn, in een gedrukte stemming zijn, zich ellendig voelen ★ *be in ~ spirits* depressief / terneergeslagen zijn **II** *bijw* ❶ laag, diep ★ *lay sbd ~* iem. (neer)vellen ★ *bring sbd ~* iem. vernederen, verzwakken, iem. ruïneren ★ *lie ~* zich koest houden ★ *run / get ~ on sth* iets bijna niet meer hebben, iets dreigen tekort te komen ❷ zachtjes ⟨spreken⟩ ❸ tegen lage prijs **III** *znw* ❶ dieptepunt ★ *an all-time / record ~* een laagterecord ★ *hit an all-time / a new ~* een dieptepunt bereiken ★ *the lowest of the ~* het toppunt van gemeenheid ❷ gebied van lage luchtdruk ❸ geloei, gebulk **IV** *onoverg* loeien, bulken
low-born [ləʊ-'bɔ:n] *bn* van lage geboorte
low-bred [ləʊ-'bred] *bn* onbeschaafd
lowbrow ['ləʊbraʊ] inf *bn & znw* ❶ alledaags (mens) ❷ (iem.) met weinig ontwikkeling, niet-intellectueel ★ *a ~ newspaper* een populaire / niet intellectuele krant
low-budget [ləʊ-'bʌdʒɪt] *bn* goedkoop, voordelig
low-calorie [ləʊ-'kælərɪ] *bn* caloriearm
Low Church [ləʊ tʃɜ:tʃ] *znw* calvinistische stroming in de Engelse staatskerk

low-class [ləʊ-'klɑ:s] *bn* ❶ inferieur ❷ ordinair
low comedy [ləʊ 'kɒmɪdɪ] *znw* klucht, boertige komedie
Low Countries [ləʊ 'kʌntrɪz] [mv] ★ *the ~* de Nederlanden, de Lage Landen: Nederland, België en Luxemburg
low-cut [ləʊ-'kʌt] *bn* laag (diep) uitgesneden
low-down [ləʊ-daʊn] inf **I** *bn* laag, gemeen **II** *znw* ★ *get the ~ on sth* de achtergronden / het fijne van iets te weten komen
lower ['ləʊə] **I** *bn* ❶ lager, dieper ❷ minder, geringer ❸ beneden-, onder(ste) ★ *~ back pain* lagerugpijn **II** *bijw* lager, dieper ★ *our spirits sank even ~* onze stemming werd zelfs nog minder **III** *overg* ❶ lager maken of draaien ❷ temperen ❸ verlagen ❹ neerslaan, neerlaten, laten zakken, strijken ⟨zeil⟩ ★ *he ~ed himself into the seat* hij liet zich in de stoel zakken ★ *the bell was ~ed onto the ground* de klok werd op de grond neergelaten ★ *they ~ed the flag to the ground* ze lieten de vlag tot op de grond zakken ❺ vernederen, fnuiken ⟨trots⟩ ❻ verminderen ★ *~ one's voice* zachter spreken **IV** *onoverg* ❶ afnemen, dalen, zakken ❷ → **lour**
lower animals ['ləʊər 'ænɪməlz] *znw* [mv] lagere dieren
lower case ['ləʊə keɪs] *znw* onderkast, in / met kleine letters
lower classes ['ləʊə 'klɑ:sɪz] gedat *znw* [mv] ★ *the ~* de lagere stand(en)
lower deck ['ləʊə dek] scheepv *znw* ❶ onderdek ❷ minderen
lower house pol ['ləʊə haʊs] *znw* Lagerhuis, Tweede Kamer
lowering ['laʊərɪŋ] dicht *bn* → **louring**
lowermost ['ləʊəməʊst] *bn* laagst
lowest common denominator ['ləʊɪst 'kɒmən dɪ'nɒmɪneɪtə] *znw* ❶ wisk kleinste gemene deler ❷ afkeurend laagste gemene deler, het laagste niveau
low-fat [ləʊ-'fæt] *bn* vetarm
low gear [ləʊ gɪə] *znw* lage versnelling
Low German [ləʊ 'dʒɜ:mən] *znw* Nederduits
low-grade [ləʊ-'greɪd] *bn* ❶ met een laag gehalte ⟨v. erts⟩, arm ❷ inferieur
low-heeled [ləʊ-'hi:ld] *bn* met lage hak
low-income [ləʊ-'ɪnkʌm] *bn* met een laag inkomen
low-key [ləʊ-'ki:] *bn* ingetogen, gematigd, sober, rustig ★ *her fiftieth was a ~ affair* haar vijftigste verjaardag was een rustige aangelegenheid
lowland ['ləʊlənd] **I** *bn* van het laagland **II** *znw* laagland
Lowlands ['ləʊləndz] geogr *znw* [mv] ★ *the ~* de Schotse Laaglanden
low-level ['ləʊ-'levəl] *bn* ❶ op lage hoogte, op een laag niveau ❷ comput laag, lager ⟨v. programmeertaal⟩
low life ['ləʊ laɪf] *znw* platvloersheid, asociaal of crimineel gedrag, asociale of criminele mensen
lowly ['ləʊlɪ] *bn* ❶ gering, onaanzienlijk ❷ nederig,

lo

ootmoedig
low-lying [ləʊ-'laɪɪŋ] *bn* laaggelegen ‹land›
low-maintenance [ləʊ-'meɪntənəns] *bn*
onderhoudsvrij, weinig onderhoud vereisend
low-minded [ləʊ'maɪndɪd] *bn* laag ‹van geest›,
ordinair
low-necked [ləʊ-'nekt] *bn* gedecolleteerd
lowness ['ləʊnɪs] *znw* laagheid
low-pitched [ləʊ-'pɪtʃt] *bn* ❶ laag ‹v. toon, klank›
❷ niet steil ★ a ~ *roof* een geleidelijk aflopend dak
low-powered [ləʊ-'paʊəd] *bn* ❶ licht ‹v. motor›
❷ zwak ‹v. radiozender›
low-profile [ləʊ-'prəʊfaɪl] *bn* onopvallend
low-rent [ləʊ-'rent] *bn* ❶ met een lage huur
❷ waardeloos
low-rider [ləʊ-'raɪdə] *znw* laag model auto
low-rise ['ləʊ-raɪz] **I** *bn* laagbouw- ★ a ~ *building*
laagbouw **II** *znw* laagbouw
low season [ləʊ 'si:zən] *znw* laagseizoen, kalme
periode
low-slung [ləʊ-'slʌŋ] *bn* laag
low-spirited [ləʊ'spɪrɪtəd] *bn* neerslachtig
low-tech [ləʊ'tek] *bn* technisch laagwaardig,
eenvoudig
low tension [ləʊ 'tenʃən] *znw* laagspanning
low tide [ləʊ taɪd] *znw* eb, laag water
low-water mark [ləʊ-'wɔ:tə mɑ:k] *znw* laagwaterpeil,
-lijn
lox [lɒks] *Am znw* gerookte zalm
loyal ['lɔɪəl] *bn* (ge)trouw, loyaal
loyalist ['lɔɪəlɪst] *znw* regeringsgetrouw onderdaan
loyalty ['lɔɪəltɪ] *znw* ❶ getrouwheid,
(onderdanen)trouw, loyaliteit ❷ binding
loyalty card ['lɔɪəltɪ kɑ:d] *znw* klantenkaart
lozenge ['lɒzɪndʒ] *znw* ❶ tabletje ‹voor soep, hoest &›
❷ ruitje ‹in raam› ❸ herald ruit
lozenged ['lɒzɪndʒd] *bn* ruitvormig, geruit
LP *afk* (long-playing (record)) elpee, lp
LPG *afk* lpg, autogas
L-plate ['el-pleɪt] *znw* L-plaat ‹L op lesauto's, maar ook
op de eigen auto› ★ *get one's ~s* een voorlopig
rijbewijs krijgen
lpm comput *afk* (lines per minute) maat voor de
snelheid van printers
l.s.d., L.S.D., £.s.d. Br inf *afk* ❶ (librae, solidi, denarii)
pounds, shillings, en pence ❷ geld
LSD *afk* (lysergic acid diethylamide) lsd ‹drug›
Lt *afk* (lieutenant) luitenant
Ltd *afk* (limited) naamloze vennootschap, nv
lube oil ['lu:b ɔɪl], **lube** inf *znw* smeerolie
lubricant ['lu:brɪkənt] *znw* smeermiddel
lubricate ['lu:brɪkeɪt] *overg* ❶ oliën, smeren ❷ inf
dronken maken
lubricated ['lu:brɪkeɪtɪd] *bn* ❶ gesmeerd ❷ inf
dronken, teut, lazarus
lubricating ['lu:brɪkeɪtɪŋ] *bn* smerend, smeer- ★ ~ *oil*
smeerolie
lubrication [lu:brɪ'keɪʃən] *znw* smering

lubrication pit [lu:brɪ'keɪʃən pɪt] *znw* smeerkuil
lubrication point [lu:brɪ'keɪʃən pɔɪnt] *znw* smeerpunt
lubricator ['lu:brɪkeɪtə] *znw* ❶ smeerpot
❷ smeermiddel
lubricious [lu:'brɪʃəs] *bn* ❶ glibberig, glad ❷ form geil
lubricity [lu:'brɪsətɪ] *znw* ❶ glibberigheid, gladheid
❷ form geilheid
lucerne [lu:'sɜ:n] *znw* luzerne, alfalfa
‹landbouwgewas›
lucid ['lu:sɪd] *bn* ❶ schitterend, stralend ❷ helder,
lucide, duidelijk ❸ bij zijn verstand
lucidity [lu:'sɪdətɪ] *znw* helderheid, luciditeit
Lucifer ['lu:sɪfə] *znw* ❶ Lucifer ‹de engel› ❷ Satan
luck [lʌk] **I** *znw* toeval, geluk, tref, bof ★ *bad* ~ pech
★ *beginner's* ~ beginnersgeluk ★ *better* ~ *next time*
volgende keer beter ★ *good* ~ geluk, bof ★ *good / the*
best of ~! veel succes! het beste! ★ *hard / rotten*
/ tough ~ pech ★ *just my* ~ natuurlijk heb ik weer
pech ★ *worse* ~ ongelukkigerwijze ★ *I can't believe*
my ~ bof ik daar even! ★ *no such* ~ pech gehad,
helaas ★ *be in* ~ geluk hebben, gelukkig zijn, boffen
★ *be down on one's* ~ pech hebben, tegen zitten
‹financieel› ★ *be out of* ~ pech hebben ★ *be the* ~ *of*
the draw een kwestie van geluk zijn, stom toeval zijn
★ *if our* ~ *holds* als het geluk ons goed gezind blijft
★ *run out of* ~ geen geluk meer hebben ★ *try one's* ~
een gokje wagen ★ *if our* ~ *turns* als ons geluk keert
II *phras* ★ inf ~ *into sth* iets bij toeval krijgen ★ Am
inf ~ **out** veel geluk hebben
luckily ['lʌkɪlɪ] *bijw* gelukkigerwijze, gelukkig
luckiness ['lʌkɪnəs] *znw* gelukkig toeval, geluk
luckless ['lʌkləs] *bn* ❶ onfortuinlijk ❷ ongelukkig
lucky ['lʌkɪ] *bn* gelukkig, geluks- ★ *a* ~ *charm* een
talisman ★ *a* ~ *dip* een grabbelton ★ ~ *you!* bofkont!
★ ~ *for you no one noticed* je hebt geluk dat niemand
het gezien heeft ★ *be* ~ geluk hebben, boffen, geluk
aanbrengen ★ *you'll be* ~ *to get there by 6* het is niet
erg waarschijnlijk dat je daar voor 6 uur bent ★ inf
you should be so ~! reken daar maar niet op! ★ inf
get ~ een (seksuele) partner vinden ★ *strike it* ~ geluk
hebben, boffen
lucrative ['lu:krətɪv] *bn* winstgevend, voordelig,
lucratief ★ *a commercially* ~ *venture* een
commercieel winstgevende onderneming
lucre ['lu:kə] *znw* geld, winst, voordeel ★ *filthy* ~ vuil
gewin, het slijk der aarde
Luddite ['lʌdaɪt] *znw* ❶ hist Luddite ‹Engelse
textielarbeiders, die begin 19e eeuw uit protest
machines vernielden› ❷ afkeurend tegenstander
van technische vooruitgang
ludicrous ['lu:dɪkrəs] *bn* belachelijk, lachwekkend,
potsierlijk, koddig
ludicrously ['lu:dɪkrəslɪ] *bijw* belachelijk ★ *the hotel*
was a ~ expensive het hotel was belachelijk duur
ludo ['lu:dəʊ] spel *znw* mens-erger-je-niet
lug [lʌɡ] **I** *znw* ❶ inf oor ❷ handvat ❸ flinke scheut
★ *a ~ of olive oil* een flinke scheut olijfolie
❹ fruitkrat **II** *overg* trekken, slepen **III** *onoverg* ★ ~ *at*

sth trekken aan iets

luggage ['lʌgɪdʒ] *znw* bagage, reis-, passagiersgoed

luggage allowance ['lʌgɪdʒ ə'laʊəns] transport *znw* toegestane bagage

luggage carrier ['lʌgɪdʒ 'kærɪə] *znw* bagagedrager ‹op fiets, auto &›

luggage claim ['lʌgɪdʒ kleɪm] *znw* bagageafhaalruimte, bagageband

luggage insurance ['lʌgɪdʒ ɪn'ʃʊərəns] *znw* bagageverzekering

luggage label ['lʌgɪdʒ 'leɪbl] *znw* bagagelabel

luggage locker ['lʌgɪdʒ 'lɒkə] *znw* bagagekluis

luggage rack ['lʌgɪdʒ ræk] *znw* bagagerek, bagagenet ‹in trein›

luggage van ['lʌgɪdʒ væn] *znw* bagagewagen

lugger ['lʌgə] *znw* logger ‹schip›

lughole ['lʌghəʊl] Br *inf znw* oor

lugsail ['lʌgseɪl, 'lʌgsl] *znw* loggerzeil

lugubrious [luː'guːbrɪəs] *bn* luguber, somber, treurig

lugubriously [luː'guːbrɪslɪ] *bijw* luguber, somber, treurig ★ *a ~ decorated hotel room* een somber ingerichte hotelkamer

lukewarm [luːk'wɔːm] *bn* lauw

lull [lʌl] **I** *znw* (korte) stilte, kalmte, (ogenblik) rust **II** *overg* (in slaap) sussen, in slaap wiegen, kalmeren ★ *we were ~ed into a false sense of security* we werden in een vals gevoel van veiligheid gesust **III** *onoverg* gaan liggen, luwen ‹wind›

lullaby ['lʌləbaɪ] *znw* wiegelied(je)

lumbago [lʌm'beɪgəʊ] *znw* spit (in de rug)

lumbar ['lʌmbə] anat *bn* van de lendenen, lenden-

lumbar puncture ['lʌmbə 'pʌŋktʃə] med *znw* lumbaalpunctie, ruggenprik

lumber ['lʌmbə] **I** *znw* ❶ (oude) rommel ❷ Am timmerhout **II** *overg* ❶ inf volproppen (ook: ~ *up*) ❷ opzadelen (met *with*) **III** *onoverg* ❶ rommelen ❷ zich log, zwaar bewegen

lumberer ['lʌmbərə] *znw* ❶ houthakker ❷ houtvervoerder

lumber industry ['lʌmbə 'ɪndəstrɪ] Am *znw* houtbedrijf

lumbering ['lʌmbərɪŋ] *bn* ❶ lomp, onbehouwen ❷ sjokkerig

lumberjack ['lʌmbədʒæk], **lumberman** *znw* houthakker

lumberjacket ['lʌmbədʒækɪt] *znw* stevige korte jekker

lumberman ['lʌmbəmæn] *znw* → **lumberjack**

lumber room ['lʌmbə ruːm] Br *znw* rommelkamer

lumber trade ['lʌmbə treɪd] Am *znw* handel in hout, houthandel

lumberyard ['lʌmbəjaːd] *znw* houtopslagplaats, houthandel

luminary ['luːmɪnərɪ] *znw* ❶ hemellichaam ❷ fig verlichte geest

luminescence [luːmɪ'nesəns] *znw* luminescentie

luminosity [luːmɪ'nɒsɪtɪ] *znw* ❶ lichtgevend vermogen ❷ lichtsterkte

luminous ['luːmɪnəs] *bn* lichtgevend, lichtend,

stralend, helder, lumineus, licht- ★ *her face was ~ with happiness* haar gezicht straalde van geluk

lumme ['lʌmɪ], **lummy** Br *inf tsw* ❶ verduiveld! ❷ god beware me!

lummox ['lʌməks] Am *inf znw* kluns, oen

lummy ['lʌmɪ] *tsw* → **lumme**

lump [lʌmp] **I** *znw* ❶ stuk, bonk, klomp, klont, klontje, brok, bult ★ *have a ~ in one's throat* een brok in de keel hebben ❷ buil, knobbel ❸ inf pummel, lomperd **II** *overg* bijeengooien ★ inf *~ it* iets (maar moeten) slikken ★ *~ sth together* iets samennemen, over één kam scheren ★ *~ sth under sth/~ sth (in) with sth* iets en bloc nemen met iets, iets indelen bij iets, iets over één kam scheren met iets

lumpen ['lʌmpn] *bn* ❶ stom, ondoordacht ❷ lomp, plomp

lumper ['lʌmpə] *znw* ❶ bootwerker ❷ kleine aannemer

lumpfish ['lʌmpfɪʃ], **lumpsucker** *znw* snotolf ‹vis›

lumping ['lʌmpɪŋ] inf *bn* zwaar, dik

lumpish ['lʌmpɪʃ] *bn* ❶ lomp ❷ traag

lump sum [lʌmp sʌm] *znw* bedrag ineens

lumpy ['lʌmpɪ] *bn* ❶ klonterig ❷ bultig, vol builen

lunacy ['luːnəsɪ] *znw* krankzinnigheid, waanzin ★ *it was sheer ~ to go out in such weather* het was pure waanzin om in zulk weer naar buiten te gaan

lunar ['luːnə] *bn* van de maan, maan-

lunar eclipse ['luːnər ɪ'klɪps] *znw* maansverduistering

lunar module ['luːnə 'mɒdjuːl] *znw* maanlander

lunar month ['luːnə mʌnθ] *znw* maanmaand

lunate ['luːneɪt] *bn* sikkelvormig

lunatic ['luːnətɪk] **I** *bn* krankzinnig **II** *znw* krankzinnige

lunatic asylum ['luːnətɪk ə'saɪləm] gedat *znw* gekkenhuis, krankzinnigengesticht

lunatic fringe ['luːnətɪk frɪndʒ] *znw* extreme vleugel ‹v.e. groepering›

lunch [lʌntʃ] **I** *znw* lunch ★ *a packed ~* lunchpakket ★ *a pub ~* middageten in een café ★ *let's go out for ~* laten we ergens gaan lunchen ★ inf *be out to ~* niet goed bij het hoofd zijn ★ inf zegsw *there's no such thing as a free ~* je krijgt niks voor niks **II** *onoverg* lunchen

lunchbox ['lʌntʃbɒks] *znw* broodtrommeltje, lunchbox

lunch break [lʌntʃ breɪk] *znw* lunchpauze, middagpauze

luncheon ['lʌntʃən] *znw* lunch

luncheonette [lʌntʃə'net] *znw* lunchrestaurant ‹klein restaurant met lichte maaltijden›

luncheon voucher ['lʌntʃən 'vaʊtʃə] *znw* maaltijdbon

lunch hour [lʌntʃ aʊə] *znw* lunchpauze

lunchroom ['lʌntʃruːm] *znw* lunchroom, lunchgelegenheid

lunchtime ['lʌntʃtaɪm] *znw* lunchtijd, middagpauze

lunette [luː'net] *znw* ❶ bouwk lunet ❷ trekring ‹aan voertuig› ❸ kijkglas, bril, plat horlogeglas

lung [lʌŋ] *znw* long

lung cancer [lʌŋ 'kænsə] med *znw* longkanker

lu

lunge [lʌndʒ] **I** *znw* stoot, uitval ⟨bij het schermen⟩
II *onoverg* uitvallen, een uitval doen ★ ~ *at sbd / sth*
zich op iem. / iets storten
lunged I *bn* [lʌŋd] met longen **II** *ww* [lʌndʒd] [v.t. &
v.d.] → **lunge**
lupin [ˈluːpɪn], Am **lupine** *znw* lupine
lupus [ˈluːpəs] med *znw* lupus ⟨huidaandoening⟩
lurch [lɜːtʃ] **I** *znw* ruk, plotselinge slinger(ing) ▼ inf
leave sbd / sth in the ~ iem. / iets in de steek laten
II *onoverg* slingeren, plotseling opzij schieten
lure [ljʊə] **I** *znw* lokaas, lokspijs, verlokking **II** *overg*
(aan)lokken, weg-, verlokken ★ ~ *sbd away* iem.
weglokken ★ ~ *sbd into sth* iem. verlokken tot iets
★ ~ *sbd on* iem. verlokken, meetronen
lurgy [ˈlɜːgɪ] Br scherts *znw* ± griepje, baaldag(en)
★ *she's caught some ~ or other* ze heeft een of ander
kwaaltje opgelopen
lurid [ˈljʊərɪd] *bn* ❶ sensationeel ❷ schel ⟨kleur⟩,
gloeiend ⟨kleuren⟩
lurk [lɜːk] **I** *znw* Aus & NZ inf foefje, trucje dat geld
oplevert **II** *onoverg* ❶ schuilen, zich schuilhouden
❷ verborgen zijn
lurker [ˈlɜːkə] comput *znw* passief bezoeker van
discussiesite op internet, lurker
lurking [ˈlɜːkɪŋ] *bn* latent, verborgen ★ *she has a ~ fear
of cellars* ze heeft een latente angst voor kelders
lurve [lɜːv] scherts *znw* liefde
luscious [ˈlʌʃəs] *bn* ❶ heerlijk, lekker ❷ (heel) zoet,
overrijp ❸ overdadig versierd ❹ voluptueus
lush [lʌʃ] **I** *bn* ❶ weelderig, sappig, mals ⟨gras⟩
❷ overvloedig, luxe **II** *znw* Am inf dronkenlap
lust [lʌst] **I** *znw* (zinnelijke) lust, wellust, begeerte,
zucht ★ *a ~ for power* een machtswellust **II** *onoverg*
(vurig) begeren, dorsten (naar *after / for*)
luster [ˈlʌstə] Am *znw* → **lustre**
lustful [ˈlʌstfʊl] *bn* wellustig
lustily [ˈlʌstɪlɪ] *bijw* gezond, robuust, flink ★ *they
sang ~* ze zongen uit volle borst
lustre [ˈlʌstə], Am **luster** *znw* ❶ luister, glans
❷ schittering ❸ fig vermaardheid, glorie
lustreless [ˈlʌstələs] *bn* glansloos, dof
lustrous [ˈlʌstrəs] *bn* luisterrijk, glansrijk, schitterend
lusty [ˈlʌstɪ] *bn* gezond, kloek, flink, stevig, krachtig,
ferm, robuust
lutanist [ˈluːtənɪst] *znw* luitspeler
lute [luːt] muz *znw* luit
Lutheran [ˈluːθərən] **I** *bn* ❶ luthers ❷ van Luther
II *znw* lutheraan
luv [lʌv] inf *znw* schat ⟨als familiaire aanspreekvorm⟩
luvvy [ˈlʌvɪ] Br *znw* ❶ acteur of actrice ⟨vooral bij
overdreven of gemaakt gedrag⟩ ❷ → **lovey**
luxe [lʌks, lʊks] **I** *bn* luxueus, prachtig, kostbaar,
weelderig ★ *the ~ life* het luxeleven **II** *znw* luxe,
weelde, pracht
Luxembourg [ˈlʌksəmbɜːg] *znw* Luxemburg
Luxembourger [ˈlʌksəmbɜːgə] **I** *bn* Luxemburgs **II** *znw*
Luxemburger
luxuriance [lʌgˈʒʊərɪəns] *znw* weelderigheid,

weligheid
luxuriant [lʌgˈʒʊərɪənt] *bn* weelderig, welig
luxuriate [lʌgˈʒʊərɪeɪt] *onoverg* in overdaad leven,
zwelgen (in *in*)
luxurious [lʌgˈʒʊərɪəs] *bn* luxueus, weelderig
luxury [ˈlʌkʃərɪ] **I** *bn* luxueus, luxe- ★ *a ~ hotel* een
luxehotel **II** *znw* ❶ luxe, weelde, weelderigheid,
overdaad ★ *the house has every ~* het huis is van alle
gemakken voorzien ★ *we can't afford such luxuries*
we kunnen ons zo'n luxe niet permitteren ★ *she's
living a life of ~ in America* ze leeft een luxeleventje
in Amerika ❷ genot ★ *we rarely have the ~ of a
weekend off* we hebben haast nooit het genot van
een vrij weekend
luxury goods [ˈlʌkʃərɪ gʊdz] *znw* [mv] luxegoederen
LW afk → **long wave**
lychee [ˈlaɪtʃiː, ˈlɪ(ː)tʃiː] *znw* lychee ⟨oosterse vrucht⟩
lychgate [ˈlɪtʃgeɪt], **lichgate** *znw* overdekte ingang v.
kerkhof
lye [laɪ] *znw* loog
lying [ˈlaɪɪŋ] **I** *bn* ❶ leugenachtig ★ *you ~ dog!*
liegbeest! ❷ liggend **II** *znw* ❶ leugen ❷ ligplaats
lying-in-state [ˈlaɪɪŋ-ɪn-steɪt] *znw* het opgebaard
liggen
lymph [lɪmf] *znw* ❶ lymf(e) ❷ weefselvocht
lymphatic [lɪmˈfætɪk] **I** *bn* lymfatisch, lymf(e)- **II** *znw*
lymf(e)vat
lymph gland [lɪmf glænd] anat *znw* lymfeklier
lynch [lɪntʃ] *overg* lynchen
lynching [ˈlɪntʃɪŋ] *znw* lynchpartij
lynch mob [lɪntʃ mɒb] *znw* lynchmeute
lynx [lɪŋks] *znw* lynx, los ⟨roofdier⟩
lyre [ˈlaɪə] muz *znw* lier
lyrebird [ˈlaɪəbɜːd] *znw* liervogel ⟨Australische
hoenderachtige⟩
lyric [ˈlɪrɪk] **I** *bn* lyrisch **II** *znw* lyrisch gedicht
lyrical [ˈlɪrɪkl] *bn* lyrisch ★ *she waxed ~ about the
landscape* ze werd lyrisch over het landschap
lyricism [ˈlɪrɪsɪzəm] *znw* lyriek, lyrisch karakter,
lyrische vlucht
lyricist [ˈlɪrɪsɪst] *znw* tekstschrijver ⟨v. liederen⟩
lyrics [ˈlɪrɪks] *znw* [mv] ❶ songtekst ❷ lyriek, lyrische
poëzie ★ Aus *be in ~ about sth* helemaal weg zijn
van iets

M

m I *afk* ❶ (masculine) <u>gramm</u> mannelijk ❷ (male) <u>gramm</u> mannelijk ❸ (metre/metres) meter(s) ❹ (mile/miles) mijl(en) ❺ (million/millions) miljoen(en) II *znw* [em] (de letter) m ▼ *M* 1000 ‹Romeins cijfer›

ma [mɑ:] <u>inf</u> *znw* ma

MA *afk* → **Master of Arts**

ma'am [mæm, mɑ:m] *znw* mevrouw ‹aanspreekvorm voor koningin, prinses en voor vrouwelijke superieuren›

mac [mæk] <u>inf</u> *znw* (mackintosh) (waterproof) regenjas

macabre [mə'kɑ:br] *bn* macaber, griezelig, akelig

macadam [mə'kædəm] *znw* macadam ‹wegdek›

macaroni [mækə'rəʊnɪ] *znw* macaroni

macaroni cheese [mækə'rəʊnɪ tʃi:z] *znw* macaroni met kaassaus

macaroon [mækə'ru:n] *znw* bitterkoekje

macaw [mə'kɔ:] *znw* ara ‹papegaaiensoort›

mace [meɪs] I *znw* ❶ foelie ‹bast van muskaatnoot› ❷ staf, scepter ❸ <u>mil</u> strijdknots ▼ *Mace*® soort pepperspray ‹uitschakelingsstof uit spuitbus› II *overg*, **Mace** met pepperspray bespuiten

Macedonia [mæsɪ'dəʊnjə] *znw* Macedonië

Macedonian [mæsɪ'dəʊnjən] I *bn* Macedonisch II *znw* Macedoniër, Macedonische

macerate ['mæsəreɪt] *overg* laten weken, week maken, macereren

Mach [mɑ:k, mæk] *znw* mach ‹snelheid van het geluid›

machete [mə'ʃetɪ] *znw* groot kapmes

Machiavellian [mækɪə'velɪən] I *bn* machiavellistisch, geslepen, zonder scrupules II *znw* machiavellist, opportunist, intrigant

machinate ['mækɪneɪt] *overg & onoverg* kuipen, konkelen, beramen ★ *the rebels have ~d a plot to overthrow the regime* de rebellen hebben een complot beraamd om de regering omver te werpen

machinations [mækɪ'neɪʃəns] *znw* [mv] ❶ machinatie, kuiperij, konkelarij, intriges ❷ intriges ‹v. toneelstuk›, (bovennatuurlijke) machten of middelen die in literair werk optreden

machinator ['mækɪneɪtə] *znw* intrigant

machine [mə'ʃi:n] I *znw* ❶ machine, toestel, apparaat, automaat ❷ <u>fig</u> apparaat, (partij)organisatie II *overg* ❶ machinaal bewerken / vervaardigen ❷ naaien ‹met de naaimachine›

machine code [mə'ʃi:n kəʊd] <u>comput</u> *znw* machinetaal

machine gun [mə'ʃi:n gʌn] *znw* mitrailleur, machinegeweer

machine-gun [mə'ʃi:ngʌn] *overg* mitrailleren

machine-gunner [mə'ʃi:n'gʌnə] *znw* mitrailleur

machine-made [məʃi:n'meɪd] *bn* machinaal (vervaardigd), fabrieks-

machine-readable [mə'ʃi:n'ri:dəbl] *bn* machinaal leesbaar

machinery [mə'ʃi:nərɪ] *znw* ❶ machines, machinepark, machinerie ❷ mechaniek, mechanisme, onderdelen ❸ apparaat ‹v. bestuur &›, systeem, inrichting ★ *the administrative ~* het bestuurlijk apparaat

machine shop [mə'ʃi:n ʃɒp] *znw* machinewerkplaats

machine tool [mə'ʃi:n tu:l] *znw* machinaal gedreven werktuig, werktuigmachine

machine washable [mə'ʃi:n 'wɒʃəbl] *bn* machinewasbaar

machinist [mə'ʃi:nɪst] *znw* ❶ machineconstructeur ❷ wie een machine bedient ❸ machinenaaister

machismo ['mætʃɪzməʊ] *(‹Sp›) znw* machogedrag, machismo, hanigheid

macho ['mætʃəʊ] I *bn* macho, hanig II *znw* macho, haantje

mackerel ['mækrəl] *znw* [mv: ~ of -s] makreel

mackerel sky ['mækrəl skaɪ] *znw* lucht met schapenwolkjes

mackintosh ['mækɪntɒʃ], <u>inf</u> **mac** *znw* (waterproof) regenjas

mackle ['mækl] <u>druk</u> *znw* misdruk, vage druk, dubbeldruk

macramé [mə'krɑ:mɪ] *znw* macramé, knoopwerk

macro ['mækrəʊ] <u>comput</u> *znw* macro-instructie, macroprogramma, macro

macro- ['mækrəʊ] *voorv* macro-

macrobiotic [mækrəʊbaɪ'ɒtɪk] *bn* macrobiotisch

macrocosm ['mækrəʊkɒzəm] *znw* macrokosmos

macroeconomics ['mæɪkrəʊ i:kə'nɒmɪks] *znw* [mv] macro-economie

macula ['mækjʊlə] *znw* [mv: maculae] ❶ vlek ‹op huid› ❷ zonnevlek ❸ <u>anat</u> gele vlek ‹in het oog›

maculate ['mækjʊleɪt] *overg* (be)vlekken

maculation [mækjʊ'leɪʃən] *znw* ❶ het bevlekken ❷ vlek

mad [mæd] I *bn* ❶ krankzinnig, gek, niet wijs ★ <u>inf</u> *we had to drive like ~ to get here on time* we moesten rijden als gekken om op tijd hier te zijn ★ *as ~ as a hatter / as a March hare* stapelgek ★ *the crowd's going ~ with excitement* de menigte wordt gek van opwinding ❷ dol (op *about*) ❸ kwaad, nijdig, razend (over *at*) ★ <u>inf</u> *hopping ~* woest, hels II *bijw* <u>inf</u> opvallend, ongewoon, te gek, gaaf ★ *~ keen* laaiend enthousiast

Madagascan [mædə'gæskən] I *bn* Madagassisch II *znw* Madagassiër, Madagassische

Madagascar [mædə'gæskə] *znw* Madagaskar

madam ['mædəm] *znw* ❶ mevrouw, juffrouw ★ *Madam* Mevrouw ‹als aanspreekvorm of in briefaanhef› ❷ hoerenmadam ❸ <u>Br</u> <u>inf</u> verwaand juffertje

madcap ['mædkæp] I *bn* doldwaas, roekeloos ★ *you and your ~ ideas!* jij en je dwaze ideeën II *znw* dwaas, roekeloos persoon

mad cow disease [mæd 'kaʊ dɪ'zi:z] <u>inf</u> *znw* gekke koeienziekte, BSE

madden ['mædn] *overg* gek / dol / razend maken ★ *her reaction ~ed him* haar reactie maakte hem razend

maddening ['mædənɪŋ] *bn* om gek (razend) van te worden

maddeningly ['mædənɪŋlɪ] *bijw* om gek van te worden

madder ['mædə] *znw* ❶ (mee)krap, meekrapwortel ‹plant› ❷ meekrap ‹pigment›

made [meɪd] **I** *bn* gemaakt ★ *a ~ man* iemand die binnen is **II** *ww* [v.t. & v.d.] → **make**

made road [meɪd rəʊd] *znw* aangelegde weg ‹grintweg of geplaveide weg›

made-to-measure ['meɪdtə'meʒə] *bn* op maat gemaakt, maat-

made to order [meɪd tu: 'ɔ:də] *bn* op maat gemaakt ‹van kleding, gordijnen, meubelen›

made-up [meɪd'ʌp] *bn* ❶ verzonnen ★ *a ~ story* een verzonnen verhaal ❷ voorgewend ❸ opgemaakt ‹v. gezicht›

madhouse ['mædhaʊs] *hist znw* gekkenhuis

madly ['mædlɪ] *bijw* als een bezetene, heel erg ★ *~ in love* waanzinnig verliefd

madman ['mædmən] *znw* dolleman, gek, krankzinnige

madness ['mædnəs] *znw* ❶ dolheid, krankzinnigheid, razernij ❷ gekte

madonna [mə'dɒnə] *znw* madonna ★ *the Madonna* de Maagd Maria

madrigal ['mædrɪgl] *znw* madrigaal

madwoman ['mædwʊmən] *znw* krankzinnige (vrouw)

maelstrom ['meɪlstrəm] *znw* maalstroom

maestro ['maɪstrəʊ] *‹Ital› znw* [*mv:* -s *of* maestri] maestro, beroemde componist of dirigent

Mae West [meɪ'west] *znw* opblaasbaar zwemvest

mafia ['mæfi:ə] *znw* maffia ★ *the Mafia* de Maffia

mafioso [mæfi'əʊsəʊ] *znw* [*mv:* mafiosi] maffialid

magazine [mægə'zi:n] *znw* ❶ magazijn, tuighuis ❷ kruitkamer ‹v. geweer› ❸ *inf* **mag** tijdschrift, magazine ★ *a fashion ~* een modeblad

magenta [mə'dʒentə] *bn & znw* magenta ‹roodpaars›

maggot ['mægət] *znw* made

maggoty ['mægətɪ] *bn* vol maden, wormstekig

magi ['meɪdʒaɪ] *znw* [mv] ★ *the Magi* de Drie Koningen, de Wijzen uit het Oosten

magic ['mædʒɪk] **I** *bn* ❶ magisch, toverachtig, betoverend, tover- ★ *what's the ~ word?* wat ben je vergeten te zeggen? ‹als een kind vergeet *please* te zeggen› ❷ *inf* hartstikke goed, mooi & **II** *znw* ❶ toverkracht, -kunst, tove(na)rij, magie ★ *black ~* zwarte (boosaardige) kunst ★ *white ~* heilzame toverkunst ★ *as if by ~* als bij toverslag ❷ betovering **III** *overg inf* omtoveren, tevoorschijn toveren ★ *what do you expect me to do: ~ the money?* wat verwacht je nou van me: dat ik het geld tevoorschijn tover? ★ *~ sth away* iets wegtoveren

magical ['mædʒɪkl] *bn* betoverend, toverachtig,

magisch ★ *it was a ~ evening* het was een betoverende avond

magically ['mædʒɪklɪ] *bijw* magisch, betoverend

magic carpet ['mædʒɪk 'kɑ:pɪt] *znw* vliegend tapijt

magic circle ['mædʒɪk 'sɜ:kl] *znw* ❶ toverkring ❷ tovenaarsvereniging

magic cookie ['mædʒɪk 'kʊkɪ] compute *znw* cookie

magic eye ['mædʒɪk aɪ] *znw* ❶ afstemoog ‹v. radio &› ❷ foto-elektrische cel

magician [mə'dʒɪʃən] *znw* ❶ tovenaar, magiër ❷ goochelaar

magic lantern ['mædʒɪk 'læntən] *znw* toverlantaarn

magic mushroom ['mædʒɪk 'mʌʃrʊm] *inf znw* psychedelische paddenstoelen, paddo's

magic realism ['mædʒɪk 'ri:əlɪzəm] *znw* magisch realisme ‹in schilderkunst en literatuur›

magic wand ['mædʒɪk wɒnd] *znw* toverstaf

magisterial [mædʒɪ'stɪərɪəl] *bn* ❶ magistraal ❷ meesterachtig ❸ magistraats-

magistracy ['mædʒɪstrəsɪ], **magistrature** *znw* ★ *the ~* de magistratuur

magistrate ['mædʒɪstrət] *znw* magistraat, politierechter ★ *an examining ~* een onderzoeksrechter ★ *appear before a ~* voor de rechter verschijnen

magma ['mægmə] *znw* magma

magma chamber ['mægmə 'tʃeɪmbə] *znw* magmakamer

magnanimity [mægnə'nɪmɪtɪ] *znw* grootmoedigheid ★ *he conceded defeat with ~* hij gaf zijn verlies grootmoedig toe

magnanimous [mæg'nænɪməs] *bn* grootmoedig

magnanimously [mæg'nænɪməslɪ] *bijw* grootmoedig

magnate ['mægneɪt] *znw* magnaat ★ *a shipping ~* een scheepsmagnaat

magnesia [mæg'ni:ʃə] *znw* magnesia, magnesiumoxide

magnesium [məg'ni:zɪəm] *znw* magnesium

magnet ['mægnət] *znw* magneet ★ *Greece is a tourist ~* Griekenland is een magneet voor toeristen

magnetic [mæg'netɪk] *bn* ❶ magnetisch, magneet- ★ *a ~ card* een magneetkaart ★ *techn a ~ core* een magneetkern ❷ *fig* fascinerend, boeiend ★ *she has a ~ personality* ze heeft een fascinerende persoonlijkheid

magnetic compass [mæg'netɪk 'kʌmpəs] *znw* kompas

magnetic disk [mæg'netɪk dɪsk] compute *znw* magneetschijf

magnetic equator [mæg'netɪk ɪ'kweɪtə] *znw* magnetische equator

magnetic field [mæg'netɪk fi:ld] *znw* magnetisch veld

magnetic head [mæg'netɪk hed] *znw* kop ‹v. bandrecorder, videorecorder, computer›

magnetic north [mæg'netɪk nɔ:θ] *znw* magnetische noorden

magnetic pole [mæg'netɪk pəʊl] *znw* magnetische pool

magnetic resonance imaging [mæg'netɪk 'rezənəns

'ɪmɪdʒɪŋ] *znw* magnetic resonance imaging, MRI ‹beeldvorming met elektromagneten en radiogolven›

magnetic storm [mæg'netɪk stɔːm] *znw* magnetische storm

magnetic strip [mæg'netɪk strɪp] *znw* magneetstrip, magneetstrook

magnetic tape [mæg'netɪk teɪp] *znw* magneetband

magnetism ['mægnɪtɪzəm] *znw* magnetisme, aantrekkingskracht ★ *it's his animal ~ that attracts them all* zijn dierlijk magnetisme trekt ze allemaal aan

magnetization [mægnɪtaɪ'zeɪʃən], **magnetisation** *znw* magnetiseren, magnetisatie

magnetize ['mægnɪtaɪz], **magnetise** *overg* ❶ magnetisch maken, magnetiseren ❷ aantrekken, biologeren

magnetizer ['mægnɪtaɪzə], **magnetiser** *znw* magnetiseur

magneto [mæg'niːtəʊ] *znw* magneetontsteker

Magnificat [mæg'nɪfɪkæt] *znw* Magnificat, lofzang van Maria

magnification [mægnɪfɪ'keɪʃən] *znw* vergroting

magnificence [mæg'nɪfɪsəns] *znw* pracht, heerlijkheid, luister

magnificent [mæg'nɪfɪsənt] *bn* ❶ prachtig, uitmuntend, luisterrijk ❷ *inf* geweldig, uitstekend

magnificently [mæg'nɪfɪsəntlɪ] *znw* ❶ prachtig ❷ *inf* geweldig, uitstekend

magnifico [mæg'nɪfɪkəʊ] *inf* *znw* [*mv*: -coes] notabele, vooraanstaand iemand

magnifier ['mægnɪfaɪə] *znw* vergrootglas, loep

magnify ['mægnɪfaɪ] *overg* ❶ vergroten ★ *the insect is magnified 10 times* het insect is 10 keer vergroot ★ *globalization has magnified the risk of terrorism* globalisering heeft het risico van terrorisme vergroot ❷ groter maken / voorstellen, overdrijven ❸ *bijbel* verheerlijken

magnifying glass ['mægnɪfaɪŋ glɑːs] *znw* vergrootglas, loep

magniloquence [mæg'nɪləkwəns] *znw* grootspraak, gezwollenheid ‹van stijl›

magnitude ['mægnɪtjuːd] *znw* ❶ grootte, omvang ★ *by an order of ~ of* met een orde van grootte van ★ *we must not underestimate the ~ of the problem* we moeten de omvang van het probleem niet onderschatten ❷ grootheid

magnolia [mæg'nəʊljə] *znw* magnolia

magnum ['mægnəm] *znw* magnum, dubbele fles

magnum opus ['mægnəm'ɒpəs, -'əʊpəs] ‹*Lat*› *znw* magnum opus, belangrijkste werk

magpie ['mægpaɪ] *znw* ❶ ekster ❷ *inf* verzamelaar, hamsteraar ❸ *inf* kletskous

magus ['meɪgəs] *znw* [*mv*: magi] magiër

mag wheel [mæg wiːl] *znw* magnesium velg, magnesium wiel

Magyar ['mægjɑː] *znw* ❶ Hongaar, Hongaarse ❷ (het) Hongaars

maharajah [mɑːhə'rɑːdʒə, məhə'raja] ‹*Hindi*› *znw* maharadja ‹Indiase vorstentitel›

maharani [mɑːhə'rɑːnɪ] ‹*Hindi*› *znw* vrouw of weduwe van een maharadja

mah-jong [mɑː'dʒɒŋ] *znw* mahjong

mahogany [mə'hɒgənɪ] *znw* ❶ mahoniehout ❷ mahonieboom

mahout [mə'haʊt] ‹*Hindi*› *znw* kornak, olifantenberijder

maid [meɪd] *znw* ❶ meid ★ *a lady's ~* een kamenier, kamenierster ★ gedat *an old ~* een oude vrijster ❷ dicht meisje, maagd

maiden ['meɪdn] **I** *bn* eerste **II** *znw* ❶ dicht jonkvrouw, meisje, maagd ❷ → **maiden over**

maiden aunt ['meɪdn ɑːnt] gedat *znw* ongetrouwde tante

maidenhair fern ['meɪdnheə fɜːn] *znw* venushaar ‹varen›

maidenhead ['meɪdnhed], **maidenhood** vero of dicht *znw* maagdelijkheid

maidenly ['meɪdnlɪ] *bn* ❶ maagdelijk ❷ kuis

maiden name ['meɪdn neɪm] *znw* meisjesnaam ‹v. gehuwde vrouw›

maiden over ['meɪdn 'əʊvə], **maiden** cricket *znw* maiden over ‹over zonder runs›

maiden speech ['meɪdn spiːtʃ] pol *znw* maidenspeech ‹eerste redevoering van nieuw lid›

maiden voyage ['meɪdn 'vɔɪɪdʒ] *znw* eerste reis ‹v. schip›

maid of honour ['meɪd əv 'ɒnə] *znw* eerste (oudste) bruidsmeisje

maidservant ['meɪdsɜːvənt] gedat *znw* dienstmeid, dienstmeisje

mail [meɪl] **I** *znw* ❶ post, brievenpost, postzak ★ *by ~* per post ❷ posttrein ❸ hist maliënkolder, pantserhemd **II** *overg* Am met de post of mail (ver)zenden, posten

---

mail
betekent **post via de brievenbus** en niet *e-mail, elektronische post.*
Ned. *mailtje* = **email**.

---

mailbag ['meɪlbæg] *znw* postzak

mailboat ['meɪlbəʊt] hist *znw* mailboot, postboot

mail bomb [meɪl bɒm] comput *znw* mailbomb ‹zeer grote hoeveelheid e-mails naar één e-mailadres›

mail-bomb ['meɪl bɒm] comput *overg* mailbomben, gigantisch veel mails sturen naar één adres om daar een storing te veroorzaken

mailbox ['meɪlbɒks] *znw* ❶ Am brievenbus ❷ postbus ❸ comput bestand voor de opslag van e-mails

mail carrier [meɪl 'kærɪə] Am *znw* postbode

mail coach [meɪl kəʊtʃ] *znw* postwagen

mail drop [meɪl drɒp] *znw* ❶ postbus ‹op postkantoor› ❷ postbestelling

mailed [meɪld] *bn* ★ *the ~ fist* fysiek geweld

Mailgram® [meɪlgræm] *znw* teleboodschap ‹telefonisch of telexbericht in geschreven vorm›

ma

mailing ['meɪlɪŋ] *znw* ❶ mailing ‹per post toegestuurde reclame› ❷ postverzending

mailing list ['meɪlɪŋlɪst] <u>marketing</u> *znw* adressenlijst ‹voor een direct mailactie›

maillot [mæ'jəʊ] *(‹Fr) znw* ❶ maillot, eendelig tricot kledingstuk ‹ballet &› ❷ <u>Am</u> eendelig zwempak

mailman ['meɪlmən] <u>Am</u> *znw* postbode

mail merge [meɪl mɜːdʒ] <u>comput</u> *znw* mail merge ‹het combineren van een adressenlijst met een tekst›

mail order ['meɪl ɔːdə] *znw* postorder

mail order business ['meɪl ɔːdə 'bɪznɪs] *znw* postorderbedrijf

mail order house ['meɪl ɔːdə haʊs] *znw* postorderfirma, verzendhuis

mail order retailing ['meɪl ɔːdə 'riːteɪlɪŋ], **mail order selling** <u>marketing</u> *znw* directe verkoop aan consumenten via de post, veelal m.b.v. catalogi

mail-out [meɪlaʊt] *znw* mailing, rondsturen van reclame

mailshot ['meɪlʃɒt] <u>marketing</u> **I** *znw* ★ *do a* ~ een mailing doen **II** *overg* een mailing doen

mail slot [meɪl slɒt] <u>Am</u> *znw* brievenbus ‹in deur &›

mail train [meɪl treɪn] *znw* posttrein

mail tray [meɪl treɪ] *znw* brievenbakje

mail van [meɪl væn] *znw* postauto

maim [meɪm] *overg* verminken

main [meɪn] **I** *bn* voornaamste, groot(ste), hoofd- ★ *the* ~ *point* het belangrijkste punt ★ *the* ~ *problem* het hoofdprobleem ★ *by* ~ *force* uit alle macht **II** *znw* ❶ belangrijkste ★ *in the* ~ in hoofdzaak, over het geheel ❷ hoofdleiding ‹gas, elektriciteit &› ▼ *arch of dicht the* ~ (open) zee ▼ *with might and* ~ met man en macht

main brace [meɪn breɪs] <u>scheepv</u> grote bras ★ *splice the* ~ een oorlam geven

main cause [meɪn kɔːz] *znw* hoofdoorzaak

main character [meɪn 'kærəktə] *znw* hoofdfiguur

main clause [meɪn klɔːz] <u>gramm</u> *znw* hoofdzin

main constituent [meɪn kən'stɪtjʊənt] *znw* hoofdbestanddeel

main contractor [meɪn kən'træktə] *znw* hoofdaannemer

main course [meɪn kɔːs] *znw* hoofdgerecht, hoofdschotel

main deck [meɪn dek] *znw* hoofddek

main department [meɪn dɪ'pɑːtmənt] *znw* hoofdafdeling

main diagram [meɪn 'daɪəgræm] *znw* hoofdschema

main division [meɪn dɪ'vɪʒən] *znw* hoofdafdeling

main drag [meɪn dræg] <u>Am</u> <u>inf</u> *znw* ★ *the* ~ de hoofdstraat, hoofdweg

main entrance [meɪn 'entrəns] *znw* hoofdingang

mainframe ['meɪnfreɪm] <u>comput</u> *znw* mainframe

main ingredient [meɪn ɪn'griːdɪənt] *znw* hoofdbestanddeel

mainland ['meɪnlənd] *znw* vasteland

main line [meɪn laɪn] **I** *znw* ❶ belangrijke spoorlijn ❷ <u>inf</u> hoofdader voor het injecteren van drugs

II *overg & onoverg* <u>inf</u> (drugs) spuiten

mainliner ['meɪnlaɪnə] <u>inf</u> *znw* drugsspuiter

mainly ['meɪnlɪ] *bijw* voornamelijk, in hoofdzaak, grotendeels

mainmast ['meɪnmɑːst] *znw* grote mast

main part [meɪn pɑːt] *znw* hoofdmoot

main principle [meɪn 'prɪnsɪpl] *znw* hoofdbeginsel

main programme [meɪn 'prəʊgræm] *znw* hoofdprogramma

main road [meɪn rəʊd] *znw* hoofdweg

mains [meɪnz] *znw* [mv] ❶ hoofdleiding, hoofdbuis ‹van gas &› ★ *turn the gas off at the* ~ draai de hoofdkraan van het gas dicht ❷ hoofdnet ★ *be on the* ~ / *be connected to the* ~ aangesloten zijn op gas / elektriciteit / water

mainsail ['meɪnseɪl] <u>scheepv</u> *znw* grootzeil

mainsheet ['meɪnʃiːt] <u>scheepv</u> *znw* grootschoot

mainspring ['meɪnsprɪŋ] *znw* ❶ grote veer, slagveer ❷ <u>fig</u> hoofdoorzaak, drijfveer, drijfkracht

mainstay ['meɪnsteɪ] *znw* ❶ <u>scheepv</u> grote stag ❷ <u>fig</u> voornaamste steun

mainstream ['meɪnstriːm] **I** *bn* mainstream, conventioneel **II** *znw* voornaamste stroming, hoofdrichting

main street [meɪn striːt] *znw* hoofdstraat

main subject [meɪn 'sʌbdʒɪkt] *znw* ❶ <u>Br</u> onderw hoofdvak ❷ afstudeerrichting ❸ hoofdonderwerp

maintain [meɪn'teɪn] *overg* ❶ handhaven, in stand houden ❷ op peil houden, hooghouden, steunen, verdedigen ❸ onderhouden ❹ staande houden, volhouden ❺ beweren ❻ <u>mil</u> houden ‹stelling› ❼ ophouden ‹waardigheid›, bewaren ‹stilzwijgen›

maintainable [meɪn'teɪnəbl] *bn* te handhaven, verdedigbaar, houdbaar

maintenance ['meɪntənəns] *znw* ❶ handhaving, verdediging ❷ onderhoud, service ★ *preventative* ~ preventief onderhoud ★ *scheduled* ~ periodiek onderhoud ★ ~ *arrears* achterstallig onderhoud ★ *carry out* ~ onderhoud plegen ❸ toelage, alimentatie ★ <u>Br</u> *child support* ~ alimentatie (voor kinderen) ★ *he pays a lot in* ~ hij betaalt een hoop alimentatie

maintenance allowance ['meɪntənəns ə'laʊəns] <u>Br</u> *znw* alimentatie

maintenance bond ['meɪntənəns bɒnd] *znw* onderhoudsgarantie

maintenance man ['meɪntənəns mæn] *znw* onderhoudsmonteur

maintenance order ['meɪntənəns ɔːdə] <u>Br</u> *znw* veroordeling tot onderhoudsplicht ‹van echtgenoten of kinderen›

maintenance service ['meɪntənəns 'sɜːvɪs] *znw* onderhoudsdienst

maintop ['meɪntɒp] <u>scheepv</u> *znw* grote mars

main topic [meɪn 'tɒpɪk] *znw* hoofdonderwerp

main verb [meɪn vɜːb] <u>gramm</u> *znw* hoofdwerkwoord

main yard [meɪn jɑːd] <u>scheepv</u> *znw* grote ra

maiolica [mə'jɒlɪkə], **majolica** *znw* majolica

ma

maisonette [meɪzə'net] *(‹Fr)* *znw* maisonnette

maitre d' hotel [metrə dəʊ'tel], **maitre d'** *znw* maître d' hôtel, hoofdkelner

maize [meɪz] *znw* maïs

majestic [mə'dʒestɪk] *bn* ❶ majestueus ❷ majesteitelijk

majestically [mə'dʒestɪklɪ] *bijw* majestueus

majesty ['mædʒəstɪ] *znw* majesteit ★ *Your Majesty* Majesteit ‹als aanspreekvorm› ★ *His / Her Majesty* Zijne / Hare Majesteit

major ['meɪdʒə] **I** *bn* ❶ groot(ste), hoofd-, belangrijk, van formaat ★ *the ~ part* het overgrote deel ★ *a ~ problem* een groot probleem ★ *a ~ road* voorrangsweg ❷ muz majeur ❸ onderw senior **II** *znw* ❶ mil majoor ❷ muz majeur ‹toonaard› ❸ Am (student met als) hoofdvak **III** *onoverg* ★ Am, Aus & NZ onderw *~ in sth* iets als hoofdvak hebben

major-domo ['meɪdʒə'dəʊməʊ] *znw* majordomus, hofmeester, hofmeier

majorette [meɪdʒə'ret] *znw* majorette

major general ['meɪdʒə 'dʒenərəl] *znw* generaal-majoor

majority [mə'dʒɒrətɪ] *znw* ❶ meerderheid ★ *the silent ~* de zwijgende meerderheid ★ *a two-thirds ~* een twee-derde meerderheid ★ *a working ~* een voldoende meerderheid ❷ merendeel ★ *the ~ of people* de meeste mensen ❸ meerderjarigheid

majority interest [mə'dʒɒrətɪ 'ɪntrəst] *znw* meerderheidsdeelneming ‹aandelenbelang van meer dan 50%›

majority leader [mə'dʒɒrətɪ 'li:də] *znw* leider van de (politieke) meerderheid

majority rule [mə'dʒɒrətɪ ru:l] *znw* meerderheidsbeginsel

majority shareholder [mə'dʒɒrətɪ 'ʃeəhəʊldə] *znw* meerderheidsaandeelhouder

majority stake [mə'dʒɒrətɪ steɪk] *znw* meerderheidsbelang

majority verdict [mə'dʒɒrətɪ 'vɜ:dɪkt] *znw* juryuitspraak met meerderheid van stemmen

majority vote [mə'dʒɒrətɪ vəʊt] *znw* absolute meerderheid van stemmen

major league ['meɪdʒə li:g] Am *znw* hoogste divisie ‹v.e. sportcompetitie›

majorly ['meɪdʒəlɪ] inf *bijw* heel erg, hoogst ★ *my dad will be ~ annoyed* mijn vader zal ontzettend kwaad zijn

major piece ['meɪdʒə pi:s] schaken *znw* belangrijk stuk ‹dame of toren›

make [meɪk] **I** *znw* ❶ maaksel, fabricaat, makelij ❷ merk ▼ inf afkeurend *be on the ~* op eigen voordeel uit zijn, het hogerop zoeken **II** *overg* [made, made] ❶ maken, vervaardigen, vormen, scheppen, fabriceren ★ *~ it* het maken, succes hebben, op tijd zijn, tijd hebben om te komen ★ *what do you ~ the time?* hoe laat heb je het? ★ *this will ~ or break him* het is erop of eronder voor hem ★ inf *~ sbd's day* iemands dag goed maken ❷ zijn,

worden ★ *he'll never ~ an author / teacher &* hij zal nooit een (goed) schrijver / leraar & worden ★ *twice two ~s four* 2 x 2 = 4 ★ *this room would ~ a nice study* deze kamer is bijzonder geschikt als studeerkamer ★ *it ~s pleasant reading* het laat zich aangenaam (prettig) lezen ❸ doen, veroorzaken, voortbrengen ★ inf *Arsenal can ~ it* Arsenal kan het klaarspelen / versieren ★ *~ itself felt* zich doen gevoelen (laten voelen) ❹ benoemen tot ❺ schatten op, komen op ★ *I ~ it to be a couple of miles* ik houd het op twee mijl ❻ zetten ‹koffie›, aanleggen ‹vuur›, opmaken ‹bed›, houden ‹redevoering›, begaan ‹vergissing›, verrichten ‹arrestatie›, brengen ‹offers›, leveren ‹bijdrage›, stellen ‹voorwaarden›, treffen ‹regelingen›, nemen ‹besluit›, dwingen ‹iets te doen›, verdienen ‹geld›, halen ‹de voorpagina, een trein›, inf versieren ‹meisje›, trekken ‹gezicht›, afleggen ‹afstand›, voeren ‹oorlog›, (af)sluiten ‹verdrag, vrede›, inwinnen ‹inlichtingen›, lijden ‹verliezen› **III** *onoverg* [made, made] ❶ maken, doen ★ *~ believe* voorwenden, doen alsof ★ *~ do (with sbd / sth)* zich behelpen (met iem. / iets) ★ *~ good* iets vergoeden, iets nakomen ‹belofte›, iets voldoen ★ *~ as if* doen alsof ★ *~ to go* aanstalten maken om te gaan ❷ (de kaarten) schudden ❸ zich begeven (naar for) ❹ komen opzetten of aflopen ‹getij› **IV** *phras* ★ gedat *~ at sbd* op iem. afkomen ★ gedat *~ after sbd* iem. vervolgen, nazetten ★ *~ away with sth* iets zoek maken, opmaken, inf iets naar binnen werken ★ *~ away with sbd* iem. uit de weg ruimen ‹ook: doden› ★ *~ away with oneself* zich van kant maken ★ *~ for sth* zich begeven naar iets, aansturen op iets, bevorderlijk zijn voor iets, bijdragen tot iets ‹geluk &› ★ *be made for sth* geknipt zijn voor iets ★ *~ for sbd* aan-, afgaan op iem. ★ *~ sbd / sth into sth* iem. / iets maken tot iets, veranderen in iets ★ *~ sth of sth* iets belangrijk vinden ★ *I don't know what to ~ of the situation* ik weet niet wat ik van de situatie moet denken ★ *what do you ~ of this behaviour of hers?* wat denk je van haar gedrag? ★ *~ a lot/much of sbd* iem. hoogachten ★ *she spoke in anger - you shouldn't ~ too much of it* ze zei het uit woede - daar moet je je niet teveel van aantrekken ★ inf *do you want to ~ anything / something of it?* zoek je ruzie? ★ inf *~ off* er vandoor gaan ★ inf *~ off with sth* iets stelen ★ inf *~ out* het maken, zich redden, rondkomen ★ *how is she making out in the job?* hoe redt ze zich in haar baan? ★ *she's not as angry as she ~s out to be* ze is niet zo boos als ze doet voorkomen ★ *~ sth out* iets onderscheiden, iets ontcijferen ★ *can you ~ out what it says?* kun jij ontcijferen wat er staat? ★ *~ the cheque out to me* schrijf de cheque maar aan mij uit ★ *~ sbd out* iem. haast niet kunnen zien / horen, iem. doorzien, doorhebben ★ *she's a funny woman - I can't ~ her out at all* ze is een vreemde vrouw - ik krijg helemaal geen hoogte van haar ★ *~ sbd / sth out to be sth* iem. / iets voorstellen, afschilderen als, houden voor iets

ma

★ Am inf ~ **out with** *sbd.* met iem. vrijen ★ ~ *sth*
over iets vermaken, opnieuw maken, iets overdoen,
overdragen ★ ~ **towards** *sbd / sth* in de richting
gaan van iem. / iets ★ ~ **up** zich grimeren, zich
opmaken, zich verzoenen ★ ~ *sth up* iets verzinnen,
iets bijleggen ‹ruzie›, iets aanzuiveren ‹bedrag›, iets
klaarmaken ‹bestelling &›, opmaken ‹pagina› ★ ~
one's mind up een besluit nemen, voor zichzelf
uitmaken (dat) ★ *he's making it up* hij verzint maar
wat ★ inf ~ *it up again* het weer goedmaken,
bijleggen ★ ~ *sth up as you go along* iets al
gaandeweg verzinnen, iets improviseren ★ ~ *sbd up*
iem. opmaken, schminken, grimeren ★ ~ **up for** *sth*
iets inhalen ‹achterstand›, iets compenseren,
goedmaken ★ ~ *up for lost time* de tijd inhalen ★ *be
made* **up** of bestaan uit ★ ~ **up to** *sbd* afkomen op,
toegaan naar iem., afkeurend in het gevlij zien te
komen bij iem., het hof maken aan iem. ★ ~ *it up to
sbd* iem. compenseren ★ Am inf ~ **with** *the money!*
kom op met het geld!

make-believe ['meɪk-bəli:v] **I** *bn* schijn-, fantasie-
★ *he's living in a ~ world* hij leeft in een
fantasiewereld **II** *znw* ❶ wat men zichzelf
wijsmaakt, schijn, komedie(spel) ❷ voorwendsel
III *overg* fantaseren, doen alsof

make-do [meɪk-'du:] *bn* tijdelijk, nood- ★ *a ~ solution*
een noodoplossing

make or break [meɪk ɔ: breɪk] *bn* erop of eronder,
buigen of barsten ★ *it's a ~ year for Chelsea* het is dit
jaar erop of eronder voor Chelsea

makeover ['meɪkəʊvə] *znw* opknapbeurt

maker ['meɪkə] *znw* ❶ maker, fabrikant, vervaardiger,
schepper ★ *our Maker* de Schepper ★ scherts *meet
one's Maker* overlijden, doodgaan ❷ uitschrijver ‹v.e.
promesse›

makeshift ['meɪkʃɪft] **I** *bn* bij wijze van noodhulp,
geïmproviseerd **II** *znw* redmiddel, noodoplossing

make-up ['meɪk-ʌp] *znw* ❶ samenstelling, gestel,
gesteldheid ★ *cruelty is not part of his ~* wreedheid is
geen onderdeel van zijn karakter ❷ opmaak,
uitvoering, verzorging ‹v. boek› ❸ make-up, grime

makeweight ['meɪkweɪt] *znw* toegift

making ['meɪkɪŋ] *znw* ❶ vervaardiging, vorming ★ *it
was the ~ of him* dat heeft zijn karakter gevormd
❷ maken, maak, maaksel ★ *in the ~* in ontwikkeling,
in de maak ★ *of one's own ~* aan zichzelf te wijten

makings ['meɪkɪŋz] *znw* [mv] ❶ essentiële
eigenschappen ★ *he has the ~ of a good lawyer* er zit
een goede advocaat in hem ❷ papier en tabak om
sigaret te rollen ❸ verdiensten

mal- [mæl] *voorv* slecht, mis-

malachite ['mæləkaɪt] *znw* malachiet

maladjusted [mælə'dʒʌstɪd] psych *bn* onaangepast
★ *a ~ teenager* een onaangepaste tiener

maladjustment [mælə'dʒʌstmənt] *znw* ❶ slechte
regeling, verkeerde inrichting ❷ psych
onaangepastheid

maladministration [mælədmɪnɪ'streɪʃən] *znw*

wanbeheer, wanbestuur

maladroit [mælə'drɔɪt] *(‹Fr)* form *bn* onhandig

malady ['mælədɪ] *znw* ziekte, kwaal

mala fide ['mælə 'fi:deɪ] *(‹Lat)* jur *bn* malafide,
onbetrouwbaar

malaise [mə'leɪz] *znw* ❶ gevoel van onbehagen
❷ malaise

malamute ['mæləmu:t], **malemute** *znw* eskimohond,
husky

malapropism ['mæləprɒpɪzəm] *znw* verkeerd gebruik
van vreemde woorden ‹vaak humoristisch bedoeld›

malapropos [mæləprə'pəʊ] form *bn & bijw*
inopportuun, ongelegen

malaria [mə'leərɪə] *znw* malaria

malarial [mə'leərɪəl] *bn* malaria-

malarkey [mə'lɑ:kɪ] inf *znw* nonsens, onzin

malathion [mælə'θaɪɒn] *znw* malathion ‹insecticide›

Malawi [mə'lɑ:wɪ] *znw* Malawi

Malawian [mə'lɑ:wɪən] **I** *bn* Malawisch **II** *znw*
Malawiër, Malawische

Malay [mə'leɪ], **Malayan I** *bn* Maleis **II** *znw* ❶ Maleier,
Maleise ❷ Maleis ‹de taal›

Malaya [mə'leɪə] *znw* Maleisisch Schiereiland

Malayan [mə'leɪən] *bn* → **Malay**

Malaysia [mə'leɪzɪə] *znw* Maleisië

Malaysian [mə'leɪzɪən] **I** *bn* Maleisisch **II** *znw*
Maleisiër, Maleisische

malcontent ['mælkəntent] **I** *bn* ontevreden, misnoegd
II *znw* ontevredene

Maldives ['mɔ:ldaɪvz] *znw* [mv] Malediven

Maldivian ['mɔ:ldɪvɪən] **I** *bn* Maledivisch **II** *znw*
Malediviër, Maledivische

male [meɪl] **I** *bn* ❶ mannelijk, mannen- ★ *a ~ screw*
een schroefbout ❷ van het mannelijk geslacht,
mannetjes- **II** *znw* ❶ dierk mannetje
❷ manspersoon, man

male bonding [meɪl 'bɒndɪŋ] *znw* kameraadschap

male chauvinist [meɪl 'ʃəʊvɪnɪst], **male chauvinist pig**
znw (vuile) seksist

malediction [mælɪ'dɪkʃən] *znw* vervloeking

malefaction [mælɪ'fækʃən] form *znw* misdaad

malefactor ['mælɪfæktə] form *znw* boosdoener,
misdadiger

malefic [mə'lefɪk] dicht *bn* boos, verderfelijk

maleficent [mə'lefɪsnt, mæ'le-] dicht *bn* onheil
stichtend, verderfelijk

male menopause [meɪl 'menəpɔ:z] *znw* penopauze,
mannelijke menopauze

male model [meɪl 'mɒdl] *znw* dressman

malemute ['mæləmu:t] *znw* → **malamute**

male organ [meɪl 'ɔ:gən] *znw* ★ *the ~* het mannelijk
orgaan, de penis

malevolence [mə'levələns] *znw* kwaadwilligheid,
vijandige gezindheid, boosaardigheid

malevolent [mə'levələnt] *bn* kwaadwillig, vijandig
gezind, boosaardig

malfeasance [mæl'fi:zəns] jur *znw* (ambts)overtreding,
(ambts)misdrijf

malformation [mælfɔ:'meɪʃən] *znw* misvorming
malformed [mæl'fɔ:md] *bn* misvormd
malfunction [mæl'fʌŋkʃən] **I** *znw* technische fout, storing, defect **II** *onoverg* slecht / niet werken, defect zijn
Mali ['mɑ:lɪ] *znw* Mali
Malian ['mɑ:lɪən] **I** *bn* Malisch, Malinees **II** *znw* Maliër, Malinees, Malische, Malinese
malice ['mælɪs] *znw* ❶ boos(aardig)heid, kwaadaardigheid ★ *out of* ~ uit kwaadaardigheid ★ *bear sbd* ~ / *bear* ~ *towards sbd* wrok koesteren jegens iem. ❷ plaagzucht ❸ *jur* boze opzet ★ *with* ~ *aforethought* met kwaadwillige opzet, met voorbedachten rade
malicious [mə'lɪʃəs] *bn* ❶ boos(aardig) ❷ plaagziek ❸ *jur* opzettelijk
maliciously [mə'lɪʃəslɪ] *bijw* ❶ boosaardig ❷ plagerig ❸ *jur* met misdadig opzet
malign [mə'laɪn] **I** *bn* boos(aardig), verderfelijk, slecht, ongunstig **II** *overg* kwaadspreken van, belasteren ★ *much* ~*ed* verguisd
malignancy [mə'lɪgnənsɪ] *znw* ❶ boos(aardig)heid ❷ kwaadaardigheid ‹v. ziekte› ❸ kwaadwilligheid
malignant [mə'lɪgnənt] *bn* ❶ boos(aardig) ❷ kwaadaardig ‹v. ziekte› ❸ kwaadwillig
malignantly [mə'lɪgnəntlɪ] *bijw* ❶ boos(aardig) ❷ kwaadaardig ‹v. ziekte› ❸ kwaadwillig
maligner [mə'laɪnə] *znw* kwaadspreker, lasteraar
Malines [mə'li:n] *znw* Mechelen ‹stad›
malinger [mə'lɪŋgə] *onoverg* simuleren, ziekte voorwenden
malingerer [mə'lɪŋgərə] *znw* simulant
mall [mæl] *znw* ❶ *hist* malie(baan) ❷ promenade ❸ *Am* overdekt winkelcentrum, winkelpromenade
mallard ['mælɑ:d] *znw* [*mv:* ~ *-s*] wilde eend
malleability [mælɪə'bɪlətɪ] *znw* ❶ pletbaarheid ❷ kneedbaarheid
malleable ['mælɪəbl] *bn* ❶ smeedbaar ❷ *fig* kneedbaar, buigzaam, gedwee
mallee ['mæli:] *znw* ❶ mallee, struikachtige eucalyptus ❷ halfwoestijn begroeid met mallee
mallet ['mælɪt] *znw* (houten) hamer
malling ['mɔ:lɪŋ] *Am znw* tijd doorbrengen in een groot winkelcentrum ‹met name door jongeren›
mallow ['mæləʊ] *znw* malve, kaasjeskruid
mall rat [mæl ræt] *Am inf znw* jongere die rondhangt in winkelcentra
malm [mɑ:m] *znw* leem
malnourished [mæl'nʌrɪʃt] *bn* ondervoed, aan ondervoeding lijdend
malnutrition [mælnju:'trɪʃən] *znw* slechte voeding, ondervoeding
malodorous [mæl'əʊdərəs] *form bn* stinkend
malpractice [mæl'præktɪs] *znw* ❶ verkeerde (be)handeling, kwade praktijken ❷ malversatie
malt [mɔ:lt] **I** *znw* mout **II** *overg* mouten
Malta ['mɔ:ltə] *znw* Malta
malted milk [mɔ:ltɪd mɪlk] *znw* moutmelk

Maltese [mɔ:l'ti:z] **I** *bn* Maltees, Maltezer **II** *znw* [*mv:* ~] ❶ Maltezer, Maltese ❷ Maltees ‹taal›
Maltese cross [mɔ:l'ti:z krɒs] *znw* Maltezer kruis
Maltese terrier [mɔ:l'ti:z 'terɪə] *znw* Maltezerhond, Maltezer leeuwtje ‹hondenras›
malt extract [mɔ:lt ɪks'trækt, 'ekstrækt] *znw* moutextract
malthouse ['mɔ:lthaʊs] *znw* mouterij
Malthusian [mæl'θju:zɪən] **I** *bn* malthusiaans **II** *znw* aanhanger v.h. malthusianisme
malt liquor [mɔ:lt 'lɪkə] *znw* bier
maltreat [mæl'tri:t] *overg* mishandelen, slecht behandelen
maltreatment [mæl'tri:tmənt] *znw* mishandeling, slechte behandeling
maltster ['mɔ:ltstə] *znw* mouter
malt whiskey [mɔ:lt 'wɪskɪ], **malt whisky** *znw* mout whisky
malversation [mælvə'seɪʃən] *form znw* malversatie, geldverduistering, wanbeheer
mam [mæm] *Br inf of dial znw* moe, ma
mama [mə'mɑ:], **mamma** *inf znw* mama, mamma
mama's boy [mə'mɑ:s bɔɪ] *Am znw* moederskindje, moederszoontje
mamba ['mæmbə] *znw* mamba ‹soort slang›
mamilla [mə'mɪlə], **mammilla** *anat znw* tepel
mamma ['mæmə] *inf znw →* **mama**
mammal ['mæməl] *znw* zoogdier
mammalian [mə'meɪlɪən] *bn* zoogdier-
mammary ['mæmərɪ] **I** *bn* borst- ★ *a* ~ *gland* een borstklier **II** *znw inf* (meestal *mv*) borst
mammilla [mə'mɪlə] *anat znw →* **mamilla**
mammon ['mæmən] *znw* mammon
mammoth ['mæməθ] **I** *bn* kolossaal, reuzen- ★ *a* ~ *amount of work* een kolossale hoeveelheid werk ★ *the government faces a* ~ *task* de regering staat voor een gigantische taak **II** *znw* mammoet
mammy ['mæmɪ] *Am inf znw* ❶ mamaatje, moedertje ❷ beledigend zwarte kindermeid, oude negerin
man [mæn] **I** *bn* mannelijk, van het mannelijk geslacht **II** *znw* [*mv:* men] ❶ man, mens ❷ werkman, knecht, bediende ❸ (schaak)stuk, (dam)schijf ★ *Man* de mens, het mensdom ★ *inf the Man* de politie, de autoriteiten, Afro-Amerikaans de blanken ‹als dominante groep› ★ *men* manschappen ★ *a* ~*about-town* een boemelaar, bon vivant ★ *a* ~ *of action* een doortastend man ★ *a* ~ *of few words* een man van weinig woorden, geen groot prater ★ *the* ~ *of the house* de man des huizes ★ *the* ~ *of the match* de man van de wedstrijd ★ *the* ~ *in the moon* het mannetje in de maan ★ *the* ~ *in the street/Am on the street* de gewone man, Jan met de pet ★ *a* ~ *of straw / a straw* ~ een stropop, stroman ★ ~'*s best friend* de hond ★ ~'*s inhumanity to* ~ de onmenselijkheid van mensen onderling ★ *the little* ~ het ventje, de kleine man ★ *Br inf old* ~! ouwe jongen! ★ *Br gedat* ~ *and boy* van jongs af aan, z'n hele leven ★ *he is not a* ~ *to complain* hij is er de

man niet naar om te klagen ★ *as... as the next* ~ net
zo... als ieder ander ★ *as one man* als één man ★ ~
for ~ man voor man ★ *to a* ~ als één man, tot de
laatste man, eenparig, allen ★ *be* ~ *enough to do sth*
genoeg lef hebben om iets te doen ★ *be one's own* ~
zijn eigen baas zijn, zichzelf (meester) zijn ★ <u>inf</u>
what's a ~ *to do?* wat kun je eraan doen? ★ *make a* ~
out of sbd een man van iem. maken ★ *separate / sort
out the men from the boys* de echte kerels eruit halen
★ <u>zegsw</u> *every* ~ *for himself (and the devil take the
hindmost)* iedereen voor zichzelf **III** *overg*
bemannen, bezetten **IV** *wederk* ★ ~ *oneself* zich
vermannen

manacle ['mænəkl] **I** *znw* (hand)boei **II** *overg* boeien,
kluisteren, de handen binden

manage ['mænɪdʒ] **I** *overg* ❶ besturen, behandelen,
beheren, leiden, regeren ❷ opkunnen, aankunnen,
afdoen ★ *she can't quite* ~ *the work* zij kan het werk
niet helemaal aan ❸ hanteren, beheersen **II** *onoverg*
❶ rondkomen, zich behelpen ★ ~ *for oneself*
zich(zelf) redden, het zelf klaarspelen ★ ~ *on sth*
toekunnen met iets ‹weinig slaap &› ★ ~ *on one's
own* het alleen redden ❷ slagen ★ ~ *to do sth* er in
slagen iets te doen, iets weten te doen

manageability [mænɪdʒə'bɪlətɪ] *znw* handelbaarheid,
beheersbaarheid, bestuurbaarheid

manageable ['mænɪdʒəbl] *bn* handelbaar, meegaand,
(gemakkelijk) te besturen &

managed economy ['mænɪdʒd ɪ'kɒnəmɪ] *znw* geleide
economie, gereguleerde economie

management ['mænɪdʒmənt] *znw* ❶ behandeling,
bediening, beheersing ★ *anger* ~ woedebeheersing
★ *stress* ~ stressmanagement ❷ management,
bestuur, leiding, beheer, administratie ★ *financial* ~
financieel beheer / management ★ *under sbd's* ~
onder de directie van iem. ★ *under new* ~ in nieuwe
handen, onder een nieuwe leiding
❸ bedrijfsleiding, management, directie ★ *general* ~
hoofddirectie ★ ~ *and unions* de sociale partners,
werkgevers en bonden

management accounting ['mænɪdʒmənt ə'kaʊntɪŋ]
znw management accounting

management advice ['mænɪdʒmənt əd'vaɪs] *znw*
organisatieadvies

management audit ['mænɪdʒmənt 'ɔːdɪt] *znw*
organisatieonderzoek

management board ['mænɪdʒmənt bɔːd] *znw*
bestuur, raad van bestuur

management buyout ['mænɪdʒmənt baɪaʊt] *znw*
directieovername

management company ['mænɪdʒmənt 'kʌmpənɪ]
znw beheersgroep

management consultancy ['mænɪdʒmənt
kən'sʌltənsɪ] *znw* organisatieadviesbureau

management consultant ['mænɪdʒmənt kən'sʌltnt]
znw organisatiedeskundige, bedrijfsadviseur

management report ['mænɪdʒmənt rɪ'pɔːt] *znw*
directieverslag

management science ['mænɪdʒmənt 'saɪəns] *znw*
organisatiekunde

management style ['mænɪdʒmənt staɪl] *znw*
managementstijl ‹de manier waarop een manager
leiding geeft aan zijn ondergeschikten›

management team ['mænɪdʒmənt tiːm] *znw*
managementteam

management training ['mænɪdʒmənt 'treɪnɪŋ] *znw*
managementopleiding

manager ['mænɪdʒə] *znw* manager, bestuurder,
beheerder, leider, administrateur, directeur, chef
★ *an acting* ~ een interim-directeur,
interim-manager ★ <u>verz</u> *an area* ~ een rayonleider,
districtsverkoopleider, regiomanager ★ *general* ~
hoofddirecteur, algemeen directeur ★ *regional* ~
regiomanager

manageress [mænɪdʒə'res] *znw* ❶ bestuurster,
manager ❷ leidster ❸ administratrice, directrice,
cheffin

managerial [mænə'dʒɪərɪəl] *bn* ❶ directie-, bestuurs-
❷ (bedrijfs)organisatorisch

managership ['mænɪdʒəʃɪp] *znw* bestuur, beheer,
leiding

managing ['mænɪdʒɪŋ] *bn* ❶ autoritair, bazig
❷ beherend, leidend

managing director ['mænɪdʒɪŋ daɪ'rektə] *znw*
directeur

managing partner ['mænɪdʒɪŋ 'pɑːtnə] *znw* beherend
vennoot

man-at-arms [mænət'ɑːmz] *znw* krijger, krijgsman

Mancunian [mæn'kjuːnɪən] **I** *bn* van, uit Manchester
II *znw* inwoner van Manchester

mandala ['mændələ, mæn'dɑːlə] *znw* mandala
‹cirkelvormig symbool in oosterse godsdiensten›

mandarin ['mændərɪn] *znw* mandarijn ★ *Mandarin*
Mandarijn ‹Standaardchinese taal›

mandarin collar ['mændərɪn 'kɒlə] *znw* Chinese
kraag, opstaande kraag

mandarin jacket ['mændərɪn 'dʒækɪt] *znw* Chinees
(zijden) jasje

mandatary ['mændətərɪ, -'deɪtərɪ], **mandatory** <u>hist</u>
znw mandataris, gevolmachtigde

mandate ['mændeɪt] **I** *znw* lastbrief, -geving,
bevelschrift, opdracht, mandaat **II** *overg* onder
mandaat brengen ★ *be* ~*d to* onder mandaat gesteld
zijn van

mandatory ['mændətərɪ] *bn* ❶ verplicht ★ *seatbelts
have been made* ~ veiligheidsgordels zijn verplicht
gesteld ❷ mandaat-

mandatory sentence ['mændətərɪ 'sentəns] *znw* vaste
straf, verplichte straf

man-day ['mæn-deɪ] *znw* mandag

Mandelbrot set ['mændəlbrɒt set] <u>wisk</u> *znw*
Mandelbrot set

mandible ['mændɪbl] <u>anat of dierk</u> *znw* onderkaak,
kaakbeen, kaak

mandolin [mændə'lɪn] *znw* ❶ <u>muz</u> mandoline
❷ **mandoline** mandoline, keukenschaaf ‹voor

groenten⟩
mandrake ['mændreɪk] *znw* alruin ⟨plant⟩
mandrel ['mændrəl] *znw* ❶ spil ⟨v. draaibank⟩
❷ drevel ❸ houweel
mandrill ['mændrɪl] *znw* mandril ⟨soort aap⟩
mane [meɪn] *znw* manen ⟨van een paard &⟩
maneater ['mæn'i:tə] *znw* ❶ menseneter ⟨ook tijger, haai⟩ ❷ inf mannenverslindster
man-eating ['mæn-i:tɪŋ] *bn* mensenetend, kannibalistisch
maneuver [mə'nu:və] Am *znw* → **manoeuvre**
maneuverability [mənu:vərə'bɪlətɪ] *bijw* → **manoeuvrability**
maneuverable [mə'nu:vərəbl] Am *bn* → **manoeuvrable**
Man Friday [mæn 'fraɪdeɪ] *znw* ❶ rechterhand, assistent ❷ handlanger
manful ['mænfʊl] *bn* dapper, manhaftig, moedig
manfully ['mænfʊllɪ] *bijw* dapper, manhaftig, moedig
manga ['mæŋgə] ⟨⟨Jap⟩⟩ *znw* manga, Japanse strip of tekenfilm
manganese ['mæŋgəni:z] *znw* mangaan
mange [meɪndʒ] *znw* schurft
mangel ['mæŋgl], **mangel-wurzel** *znw* voederbiet
manger ['meɪndʒə] *znw* ❶ trog, voerbak ❷ bijbel krib(be)
mangetout [mɑːŋʒ'tuː] *znw* peultje
mangey ['meɪndʒɪ] *bn* → **mangy**
manginess ['meɪn(d)ʒɪnɪs] *znw* schurftigheid
mangle ['mæŋgl] I *znw* mangel II *overg* ❶ mangelen ❷ fig verscheuren ❸ havenen ❹ verminken ❺ verknoeien
mangled ['mæŋgld] *bn* ❶ gemangeld ❷ verminkt, gescheurd, gehavend ❸ verhaspeld
mango ['mæŋgəʊ] *znw* [*mv:* -s *of* -goes] ❶ mango ❷ mangoboom
mangrove ['mæŋgrəʊv] *znw* mangrove, wortelboom
mangy ['meɪndʒɪ], **mangey** *bn* ❶ schurftig ❷ fig sjofel, versleten ★ *a ~ old couch* een aftandse oude sofa
manhandle ['mænhændl] *overg* ❶ ruw aanpakken, mishandelen, toetakelen ❷ door mensenhand laten behandelen
man hater ['mæn heɪtə] *znw* mannenhaatster
Manhattan [mæn'hætn] *znw* manhattan ⟨bep. cocktail⟩
manhole ['mænhəʊl] *znw* mangat
manhood ['mænhʊd] *znw* ❶ mannelijkheid ❷ mannelijke staat ❸ mannen ❹ manmoedigheid, moed
man-hour ['mæn-aʊə] *znw* manuur
manhunt ['mænhʌnt] *znw* razzia, mensenjacht
mania ['meɪnɪə] *znw* manie, bezetenheid ★ *religious ~* godsdienstwaanzin ★ inf *she has a ~ for chocolates* ze is gek op chocolaatjes
maniac ['meɪnɪæk] I *bn* waanzinnig II *znw* maniak, waanzinnige ★ inf *she drives like a ~* ze rijdt als een gek
maniacal [mə'naɪəkl] *bn* ❶ waanzinnig ❷ maniakaal

manic ['mænɪk] *bn* manisch
manic depression ['mænɪk dɪ'preʃən] psych *znw* manische depressie
manic-depressive ['mænɪkdɪ'presɪv] psych I *bn* manisch-depressief II *znw* manisch-depressief persoon
manicure ['mænɪkjʊə] I *znw* manicure II *overg* manicuren
manicured ['mænɪkjʊəd] *bn* gemanicuurd
manicurist ['mænɪkjʊərɪst] *znw* manicure
manifest ['mænɪfest] I *bn* form duidelijk, kennelijk ★ *a ~ injustice* een duidelijk geval van onrecht II *znw* scheepv scheepsmanifest III *overg* form openbaren, openbaar maken, aan de dag leggen ★ *she is ~ing the early signs of dementia* ze toont de eerste tekenen van dementie IV *wederk* ★ form *~ itself* zich openbaren / vertonen, zich manifesteren
manifestation [mænɪfe'steɪʃən] *znw* openbaarmaking, openbaring, uiting, manifestatie ★ *yet another ~ of government corruption* alweer een uiting van corruptie door de regering
manifestly [mænɪ'festlɪ] *bijw* duidelijk
manifesto [mænɪ'festəʊ] *znw* manifest
manifold ['mænɪfəʊld] I *bn* form menigvuldig, veelvuldig, veelsoortig, vele ★ *despite the book's ~ faults, it is selling well* ondanks de vele fouten in het boek verkoopt het goed II *znw* ❶ techn verzamelbuis ❷ verdeelstuk, spruitstuk
manikin ['mænɪkɪn], **mannikin** *znw* ❶ ledenpop ❷ fantoom ❸ kleermakerspop ❹ mannetje, dwerg
manipulate [mə'nɪpjʊleɪt] *overg* hanteren, behandelen, bewerken, manipuleren, knoeien met ⟨boekhouding &⟩
manipulation [mənɪpjʊ'leɪʃən] *znw* ❶ manipulatie ❷ betasting
manipulative [mə'nɪpjʊlətɪv] *bn* ❶ manipulerend ❷ manipulatief
manipulator [mə'nɪpjʊleɪtə] *znw* manipulator
mankind [mæn'kaɪnd] *znw* het mensdom, de mensheid
manky ['mæŋkɪ] Br inf *bn* groezelig, onfris
manlike ['mænlaɪk] *bn* mannelijk, manachtig
manliness ['mænlɪnəs] *znw* mannelijkheid
manly ['mænlɪ] *bn* mannelijk, manmoedig, mannen-
man-made ['mænmeɪd], Am **manmade** *bn* door mensen gemaakt ★ *a ~ fibre* een kunstvezel
manna ['mænə] *znw* manna ★ *~ from heaven* een geschenk uit de hemel
manned [mænd] *bn* bemand
mannequin ['mænɪkɪn] *znw* mannequin
manner ['mænə] *znw* ❶ manier, wijze, trant ★ *after the ~ of Rembrandt* in de trant / stijl van Rembrandt ★ *in this ~* op deze manier (wijze) ★ *in like ~* op dezelfde wijze, eveneens ❷ manier van doen, gewoonte ★ *(as if) to the ~ born* van kindsbeen daaraan gewend, er geknipt voor ❸ soort, slag ★ *all ~ of* allerlei ★ *not by any ~ of means* op generlei wijze, volstrekt niet ★ *in a ~* in zekere zin ★ *in a ~ of*

ma

speaking om zo te zeggen

mannered ['mænəd] *bn* ❶ gemanierd, met...
manieren ★ *ill~* ongemanierd ❷ afkeurend
geaffecteerd

mannerism ['mænərɪzəm] *znw* gemaniëreerdheid,
gemaaktheid, maniërisme ⟨in de kunst⟩

mannerless ['mænələs] *bn* ongemanierd

mannerly ['mænəlɪ] *bn* welgemanierd, beleefd

manners ['mænəz] *znw* [mv] ❶ zeden, gewoonten ★ *~
and customs* zeden en gewoonten ❷ (goede)
manieren ★ *it's bad ~ to do that* het past niet dat te
doen ★ *where are your ~?* heb je geen manieren
geleerd? ★ *have good ~* zijn manieren kennen ★ *you
might have had the ~ to ring* je had de beleefdheid
kunnen hebben om te bellen ❸ maniertjes

mannikin ['mænɪkɪn] *znw →* **manikin**

mannish ['mænɪʃ] *bn* ❶ manachtig ❷ als (van) een
man

manoeuvrability [mə'nu:vrə'bɪlətɪ], *Am*
maneuverability *znw* manoeuvreerbaarheid

manoeuvrable [mə'nu:vrəbl], *Am* **maneuverable** *bn*
manoeuvreerbaar, wendbaar

manoeuvre [mə'nu:və], *Am* **maneuver I** *znw*
manoeuvre ★ *room for ~* bewegingsruimte,
speelruimte **II** *overg* manoeuvreren, besturen ★ *~ sth
into position* iets in positie manoeuvreren ★ *~ one's
way into power* op een slinkse manier aan de macht
komen **III** *onoverg* ❶ manoeuvreren ❷ intrigeren

man of God ['mæn əv 'gɒd] *znw* priester, dominee

man of letters ['mæn əv 'letəz] *znw* ❶ geleerde
❷ letterkundige, lit(t)erator

man-of-war ['mæn-əv-'wɔ:] *znw* [mv: men-of-war]
oorlogsschip

manometer [mə'nɒmɪtə] *znw* manometer

manor ['mænə] *znw* ❶ (ambachts)heerlijkheid
❷ landgoed, havezate

manor house ['mænə haʊs] *znw* (ridder)slot,
herenhuis, havezate

manorial [mə'nɔ:rɪəl] *bn* van een
ambachtsheerlijkheid, heerlijk

manpower ['mænpaʊə] *znw* ❶ menskracht
❷ mankracht ❸ werk- of strijdkrachten

manqué ['mɒŋkeɪ] *(Fr) bn* mislukt, miskend ★ *an
actor / artist & ~* een mislukte (miskende) acteur
/ kunstenaar &

mansard ['mænsa:d], **mansard roof** *znw* gebroken
dak

manse [mæns] *znw* pastorie, predikantswoning

manservant ['mænsɜ:vənt] gedat *znw* knecht,
bediende

mansion ['mænʃən] *znw* ❶ herenhuis, villa ❷ bijbel
woning

mansion house ['mænʃən haʊs] *znw* huis van de heer
⟨op een heerlijkheid⟩ ★ *the Mansion House* de
officiële woning van de Lord Mayor te Londen

Mansions ['mænʃənz] *znw* [mv] flatgebouw ⟨vooral als
adresaanduiding⟩

man-sized ['mænsaɪzd] *bn* ❶ mansgroot, voor één

man berekend ❷ inf mannen-

manslaughter ['mænslɔ:tə] *jur znw* doodslag, moord
★ *accidental / involuntary ~* ± dood door schuld

man's man ['mænz mæn] *znw* een man die zich onder
mannen het meest op zijn gemak voelt

manta ray ['mæntə reɪ] *znw* mantarog ⟨vis⟩

mantel ['mæntl], **mantelpiece** *znw* schoorsteenmantel

mantelshelf ['mæntlʃelf] *znw* schoorsteenrand

mantilla [mæntɪlə] *znw* mantille ⟨sjaal⟩

mantis ['mæntɪs] *znw* [mv: ~ of -es] mantis,
bidsprinkhaan ★ *a praying ~* een bidsprinkhaan

mantle ['mæntl] **I** *znw* ❶ mantel ❷ fig dekmantel
❸ gloeikousje **II** *overg* bedekken, verbergen

man-to-man ['mæntə'mæn] *bn* man tot man,
openhartig ★ *have a ~ talk* openhartig gesprek
onder vier ogen

mantra ['mæntrə] *znw* mantra

mantrap ['mæntræp] *znw* voetangel, klem, val ⟨om
mensen te vangen, vooral stropers⟩

manual ['mænjʊəl] **I** *bn* met de hand, hand(en)-,
manueel **II** *znw* ❶ handboek, handleiding ★ *a car ~*
autohandboek ★ *a ~ on hygiene* een handleiding
over hygiëne ❷ handgeschakelde auto ❸ klavier,
toetsenbord ⟨van orgel &⟩

manual alphabet ['mænjʊəl ælfə'bet] *znw*
vingeralfabet ⟨v. doven⟩

manual arts ['mænjʊəl ɑ:ts] *znw* [mv] handenarbeid

manual control ['mænjʊəl kən'trəʊl] *znw*
handbediening

manual dexterity ['mænjʊəl dek'sterətɪ] *znw*
handigheid, vingervlugheid

manual labour ['mænjʊəl 'leɪbə] *znw* handwerk

manual labourer ['mænjʊəl 'leɪbərə] *znw*
handarbeider

manual transmission ['mænjʊəl trænz'mɪʃən] auto
znw handschakeling

manual work ['mænjʊəl wɜ:k] *znw* handwerk,
handarbeid

manual worker ['mænjʊəl 'wɜ:kə] *znw* handarbeider

manufacture [mænju'fæktʃə] **I** *znw* ❶ vervaardiging,
fabricage, fabriceren ❷ fabricaat **II** *overg*
❶ vervaardigen, fabriceren ⟨ook leugens⟩
❷ afkeurend fabrieken

manufactured [mænju'fæktʃəd] *bn* ❶ fabrieks-
❷ afkeurend verzonnen, uit de duim gezogen ★ *~
stories* leugenverhalen

manufacturer [mænju'fæktʃərə] *znw* fabrikant

manufactures [mænju'fæktʃəz] *znw* [mv] fabricaat,
goederen, geproduceerde artikelen

manufacturing [mænju'fæktʃərɪŋ] *znw* fabricage,
productie ★ *~ costs* productiekosten

manufacturing fault [mænju'fæktʃərɪŋ fɔ:lt] *znw*
fabricagefout, productiefout

manufacturing town [mænju'fæktʃərɪŋ taʊn] *znw*
fabrieksstad

manure [mə'njʊə] **I** *znw* mest **II** *overg* (be)mesten

manuscript ['mænjʊskrɪpt] *znw* manuscript,
handschrift

manuscript paper ['mænjʊskrɪpt 'peɪpə] *znw* muziekpapier

Manx ['mæŋks] **I** *bn* van het eiland Man **II** *znw* Manx ⟨taal van Man⟩

Manx cat [mæŋks kæt] *znw* manxkat ⟨staartloze kat⟩

Manxman ['mæŋksmən] *znw* bewoner van het eiland Man

Manxwoman ['mæŋkswʊmən] *znw* bewoonster van het eiland Man

many ['menɪ] **I** *telw, vnw & bn* veel, vele ★ ~ *a man/~ a one* menigeen ★ ~ *a time/~'s the time* menigmaal, vaak ★ ~ *happy returns (of the day)* en nog vele jaren ★ ~ *thanks* hartelijk bedankt ★ *as ~ as ten / one hundred &* wel tien / honderd & ★ *in as ~ days / years &* in zoveel dagen, jaren & ★ *not in so ~ words* niet met zoveel woorden ★ *too ~* te veel ★ *be one too ~* (ergens) te veel zijn ★ *inf have one too ~* te diep in het glaasje kijken **II** *znw* ★ *the ~* de menigte, de grote hoop, de meerderheid ★ *a good / great ~* heel wat, heel veel, zeer veel (velen)

many-sided [menɪ'saɪdɪd] *bn* veelzijdig

Maoism ['maʊɪzəm] *znw* maoïsme

Maoist ['maʊɪst] *znw* maoïst

Maori ['maʊrɪ] **I** *bn* Maori **II** *znw* ❶ Maori ❷ taal v.d. Maori

map [mæp] **I** *znw* (land)kaart, hemelkaart ★ *a coastal ~* een kustkaart ★ *off the ~* onbereikbaar, *inf* niet (meer) aan de orde, niet (meer) in tel ★ *put sbd / sth on the ~* iem. / iets bekend / beroemd maken ★ *wipe sth off the ~* iets van de aardbodem wegvagen **II** *overg* ❶ in kaart brengen ❷ ontwerpen ★ *~ sth out* in details uitwerken ★ *~ out one's time* z'n tijd indelen

---

map
betekent **kaart, plattegrond** en niet *map*.
Ned. *map* = **folder, file, portfolio**.

MAP *afk* (modified American plan) halfpension

maple ['meɪpl] *znw* ahorn, esdoorn

maple leaf ['meɪpl liːf] *znw* esdoornblad, ahornblad ⟨symbool van Canada⟩

maple syrup ['meɪpl 'sɪrəp] *znw* ahornsiroop

mar [maː] *overg* ❶ bederven ❷ ontsieren

Mar. *afk* (March) maart

maraca [mə'raːkə, -'rækə] *znw* maraca ⟨Caribisch ritme-instrument⟩

maraschino [mærə'skiːnəʊ] *znw* ❶ marasquin ⟨kersenlikeur⟩ ❷ **maraschino cherry** cocktailkers

marathon ['mærəθən] **I** *bn* ❶ marathon- ★ *a ~ session* een marathonsessie ❷ *fig* langdurig, inspannend **II** *znw* ❶ *sp* marathonloop ★ *run a ~* een marathon lopen ❷ *fig* marathon ❸ langdurige, uitputtende prestatie

maraud [mə'rɔːd] *overg & onoverg* plunderen

marauder [mə'rɔːdə] *znw* plunderaar

marble ['maːbl] **I** *bn* marmeren **II** *znw* ❶ marmer ❷ marmeren beeld & ❸ knikker **III** *overg* marmeren

marbled ['maːbld] *bn* gemarmerd, doorregen ⟨vlees⟩

★ *they like their steak ~ with fat* ze hebben hun biefstuk graag gemarmerd met vet

marbles ['maːblz] *znw* [mv] ❶ knikkerspel ★ *play ~* knikkeren ❷ *inf* geestelijke capaciteiten ★ *inf lose one's ~* z'n verstand verliezen

marble-topped ['maːbl-tɒpt] *bn* met marmeren blad

marbling ['maːblɪŋ] *znw* het marmeren

marbly ['maːblɪ] *bn* marmerachtig, marmeren

marcasite ['maːkəsaɪt] *bn* marcasiet

march [maːtʃ] **I** *znw* ❶ *mil & muz* mars ★ *a day's ~ away* op een dagmars afstand ★ *go on a ~* op mars gaan ❷ opmars, tocht, (voort)gang, loop, verloop ★ *a ~ against the war* een antioorlogsdemonstratie ★ *steal a ~ on sbd* iem. de loef afsteken, een loopje nemen met iem. ▼ *March* maart **II** *overg* laten marcheren ★ *~ sbd off* iem. wegleiden, wegvoeren **III** *onoverg* marcheren, op-, aanrukken ★ *~ off* afmarcheren ★ *~ out* uitrukken ★ *~ past* defileren (voor) ★ *~ to (the beat of) a different tune* bewust een andere aanpak of houding kiezen dan de meerderheid

marcher [maːtʃə] *znw* betoger, demonstrant

marching band ['maːtʃɪŋ bænd] *znw* fanfare, muziekkapel

marching orders ['maːtʃɪŋ 'ɔːdəz] *inf znw* [mv] ★ *get one's ~* ontslag krijgen ★ *give sbd their ~* iem. ontslaan

marchioness [maːʃə'nes] *znw* markiezin

march past ['maːtʃpaːst] *znw* defilé

Mardi Gras ['maːdɪ 'graː] *znw* carnaval, carnavalsoptocht

mare [meə] *znw* merrie

mare's nest ['meəz nest] *znw* ❶ waardeloze vondst of ontdekking, illusie ❷ grote rommel

mare's tail ['meəz teɪl] *znw* lidsteng, paardenstaart ⟨plant⟩

mare's tails ['meəz teɪlz] *znw* vederwolken

margarine [maːdʒə'riːn] *znw* margarine

margarita [maːgə'riːtə] *znw* cocktail van tequila en limoen / citroensap

marge [maːdʒ] *znw* ❶ *inf* margarine ❷ *dicht* marge

margin ['maːdʒɪn] *znw* ❶ rand, kant, grens ★ *on the ~s of sth* in de marge van iets, niet in het centrum van iets ❷ marge, kantlijn ★ *a profit ~* een winstmarge ★ *a safety ~* een veiligheidsmarge ❸ *handel* winst, surplus ❹ speelruimte, speling ★ *by a narrow ~* op het nippertje, ternauwernood ★ *a ~ of error* een foutenmarge

marginal ['maːdʒɪnl] *bn* ❶ marginaal, op de rand ★ *a ~ seat* een onzekere zetel ★ *there's only a ~ difference between them* er zit maar een klein verschil tussen hen ❷ grens-

marginal cost ['maːdʒɪnl kɒst] *econ znw* marginale kosten

marginalia [maːdʒɪ'neɪlɪə] *znw* [mv] kanttekeningen

marginalize ['maːdʒɪnəlaɪz], **marginalise** *overg* buiten de maatschappij plaatsen, marginaliseren, als onbeduidend aan de kant schuiven

ma

marginal land ['mɑ:dʒɪnl lænd] *znw* marginaal bouwland

marginally ['mɑ:dʒɪnlɪ] *bijw* ❶ enigszins ★ *she's only feeling ~ better* ze voelt zich maar een heel klein beetje beter ❷ met een kleine meerderheid

marginal seat ['mɑ:dʒɪnl si:t] *pol znw* onzekere zetel

margin call ['mɑ:dʒɪn kɔ:l] *fin znw* verplichting tot bijstorting op een prolongatierekening bij onvoldoende marge

margin of error [mɑ:dʒɪ'n əv 'erə] *znw* foutmarge

Marian ['meərɪən] *bn* Maria-

marigold ['mærɪgəʊld] *znw* goudsbloem

marihuana [mærɪ'hwɑ:nə], **marijuana** *znw* marihuana

marimba [mə'rɪmbə] *znw* marimba ‹Afrikaanse xylofoon›

marina [mə'ri:nə] *znw* jachthaven

marinade ['mærɪ'neɪd] **I** *znw* ❶ marinade: gekruide (wijn)azijnsaus ❷ gemarineerde vis- of vleesspijs **II** *overg* → **marinate**

marinara [mærɪ'nɑ:rə] *znw* marinara ‹saus met tomaten, ui en schaal / schelpdieren›

marinate ['mærɪ'neɪt], **marinade** *overg* marineren

marine [mə'ri:n] **I** *bn* zee-, scheeps-, maritiem ★ *~ life* zeeflora en -fauna ★ *a ~ parade* een strandboulevard ★ *~ science* oceanologie, zeewetenschappen ★ *a ~ telephone* een marifoon ‹maritieme telefoon die vaak gebruikt wordt in geval van nood› **II** *znw* ❶ marinier ★ *the Marines* het korps Mariniers ★ Am *tell that to the Marines* maak dat je grootje wijs ❷ vloot ★ *the mercantile ~ / merchant ~* de koopvaardijvloot

mariner ['mærɪnə] *znw* zeeman, matroos

marine stores [mə'ri:n stɔ:z] *znw* [mv] gebruikt scheepsmateriaal dat verkocht wordt

Mariolatry [meərɪ'ɒlətrɪ] *znw* Mariaverering

marionette [mærɪə'net] *znw* marionet

marital ['mærɪtl] *bn* ❶ van een echtgenoot ❷ echtelijk, huwelijks- ★ *they're having ~ problems* ze hebben huwelijksproblemen

marital aid ['mærɪtl eɪd] *gedat znw* seksspeeltje

marital status ['mærɪtl 'steɪtəs] *znw* burgerlijke staat

maritime ['mærɪtaɪm] *bn* aan zee gelegen, maritiem, kust-, zee- ★ *a ~ museum* een maritiem museum

maritime law ['mærɪtaɪm lɔ:] *znw* zeerecht

maritime power ['mærɪtaɪm 'paʊə] *znw* zeemogendheid

marjoram ['mɑ:dʒərəm] *znw* marjolein

mark [mɑ:k] **I** *znw* ❶ spoor, vlek ★ *a burn ~* een brandvlek ❷ onderw cijfer, punt ‹op school› ★ *full ~s!* mijn complimenten!, een tien met een griffel! ★ *a pass / fail ~* een voldoende / onvoldoende ★ *take off a ~* een punt aftrekken ❸ blijk ★ *as a ~ of* ten teken, als blijk van ❹ doel(wit) ★ *(right) on the ~* in de roos ★ *wide of the ~ / off the ~* er volkomen naast, de plank mis ★ *be near the ~* er dicht bij, dicht bij de waarheid zijn ★ *hit the ~* raak schieten, de spijker op de kop slaan, het raden ★ inf *an easy ~* een gemakkelijke prooi ❺ peil, niveau ★ *above the ~*

boven peil ★ *around the $100 ~* ergens in de buurt van $100 ★ *below the ~* beneden peil ★ *a politician of ~* een politicus van niveau ★ *be up to the ~* aan de (gestelde) eisen voldoen ★ *keep up to the ~* op peil houden ★ inf *I don't feel up to the ~* ik voel me niet honderd procent ❻ (ken)merk, merkteken, stempel ★ *a distinguishing ~* een herkenningsteken ★ *make one's ~* zich onderscheiden, van zich doen spreken, succes hebben (bij *with*) ★ *leave a ~ on sbd* een blijvend effect op iem. hebben ★ *leave one's ~ on sth* zijn stempel drukken op iets ❼ teken, kruisje ‹in plaats v. handtekening› ❽ sp mark, vangbal ‹in rugby en Australisch voetbal› ❾ startstreep ★ *on your ~/~s* op uw plaatsen ‹bij de start› ★ *be quick / slow off the ~* snel (langzaam) starten, fig snel (langzaam) te werk gaan, snel (langzaam) v. begrip zijn ❿ valuta mark ▼ bijbel *Mark* Markus **II** *overg* ❶ merken, markeren, noteren, op-, aantekenen, aanstrepen ★ *~ time* mil de pas markeren, pas op de plaats maken, fig niet verder komen ★ inf *~ me/~ my words* let op mijn woorden! ❷ laten merken, markeren, aanduiden, aangeven, beduiden, betekenen ❸ tekenen, vlekken ‹dier› ❹ kenmerken, onderscheiden ❺ bestemmen ❻ niet ongemerkt voorbij laten gaan, vieren, herdenken ❼ onderw cijfers / punten geven ❽ prijzen ‹koopwaar› ❾ opmerken, letten op, acht geven op ❿ sp dekken ‹tegenspeler› **III** *onoverg* ❶ vlekken, vlekken maken / krijgen ❷ cijfers geven **IV** *phras* ★ *~ sth down* iets aanstrepen, iets aangeven ‹op kaart›, iets noteren, iets eruit pikken, selecteren, handel iets lager noteren, iets afprijzen, onderw een lager cijfer voor iets geven ★ *~ sbd down* onderw iem. een lager cijfer geven ★ *she ~ed him down as a terrorist* ze zag hem voor een terrorist aan ★ *~ sth off* iets afscheiden, onderscheiden (van *from*), iets doorhalen, doorstrepen ‹namen op een lijst &› ★ *~ sth out* iets aanwijzen, bestemmen, iets afbakenen, afsteken ‹terrein› ★ *~ sbd out* iem. onderscheiden ★ *be ~ed out as sth* duidelijk kenbaar zijn als, uitgekozen zijn als ★ *~ sth up* iets noteren, handel iets hoger noteren, iets in prijs verhogen

markdown ['mɑ:kdaʊn] *znw* prijsverlaging

marked [mɑ:kt] *bn* ❶ gemerkt, gemarkeerd ❷ opvallend, in het oog vallend, duidelijk, merkbaar, markant ★ *there's ~ improvement in his health* er is een duidelijke verbetering in zijn gezondheid ★ *in ~ contrast to* in uitgesproken tegenstelling tot ❸ getekend, gedoemd ❹ verdacht

marked man [mɑ:kt mæn] *znw* een ten dode opgeschrevene

marker ['mɑ:kə] *znw* ❶ baken, teken, kenteken ❷ boekenlegger ❸ **marker pen** markeerstift

market ['mɑ:kɪt] **I** *znw* ❶ markt ★ *an active ~* een levendige markt ★ *a cattle ~* een veemarkt ★ *a closed ~* een gesloten markt ★ *a depressed ~* een ingevallen markt ★ *the financial ~* de financiële markt ★ *a free ~* een vrije markt ★ *the job ~* de

ma

arbeidsmarkt ★ <u>eff</u> *a long* ~ een haussemarkt ★ *an outdoor* ~ een markt in de open lucht ★ *a* ~ *boom* een hausse in de markt ★ *a potential* ~ een afzetmogelijkheid, een potentiële markt ★ *not on the* ~ niet op de markt, niet in de handel ★ *on the open* ~ vrij te koop ★ *be in the* ~ *for sth* iets nodig hebben, in de markt zijn voor iets ★ *break into the* ~ ingang vinden in de markt ★ *come onto the* ~ op de markt of in de handel komen ★ *the bottom has fallen out of the* ~ de markt is ingestort ★ *place / put sth on the* ~ iets te koop bieden / stellen ★ *play the* ~ speculeren ‹op de beurs› ❷ aftrek, vraag **II** *overg* ❶ ter markt brengen ❷ handelen in ❸ verkopen ‹op de markt› **III** *onoverg* markten, inkopen doen

marketability [mɑːkɪtəˈbɪlətɪ] *znw* verkoopbaarheid

marketable [ˈmɑːkɪtəbl] *bn* ❶ geschikt voor de markt ❷ (goed) verkoopbaar, courant

market analysis [ˈmɑːkɪt əˈnæləsɪs] *znw* marktanalyse, marktonderzoek

market basket [ˈmɑːkɪt ˈbɑːskɪt] *znw* boodschappenmand

market concentration [ˈmɑːkɪt kɒnsənˈtreɪʃən] <u>econ</u> <u>of marketing</u> *znw* aanbodconcentratie

market coverage [ˈmɑːkɪt ˈkʌvərɪdʒ] *znw* marktbereik

market day [ˈmɑːkɪt deɪ] *znw* marktdag

market demand [ˈmɑːkɪt dɪˈmɑːnd] <u>econ of marketing</u> *znw* marktvraag

market economy [ˈmɑːkɪt ɪˈkɒnəmɪ] *znw* markteconomie

marketeer [mɑːkəˈtɪə] *znw* marktdeskundige, iem. die werkzaam is in de marketing, marketeer

market erosion [ˈmɑːkɪt ɪˈrəʊʒən] <u>marketing</u> *znw* afbrokkeling van de markt

market forces [ˈmɑːkɪt fɔːsɪz] *znw* [mv] vrijemarktmechanisme

market gap [ˈmɑːkɪt gæp] <u>marketing</u> *znw* gat in de markt

market garden [ˈmɑːkɪt ˈgɑːdn] *znw* groentekwekerij

market gardener [ˈmɑːkɪt ˈgɑːdnə] *znw* groentekweker, tuinder

market gardening [ˈmɑːkɪt ˈgɑːdɪŋ] *znw* tuinderij

marketing [ˈmɑːkɪtɪŋ] *znw* marketing ★ *global* ~ marketing met consumenten uit verschillende landen als doelgroep ★ *indirect* ~ indirecte marketing

marketing channel [ˈmɑːkɪtɪŋ ˈtʃænl] *znw* ❶ distributieschakel ❷ afzetkanaal

marketing department [ˈmɑːkɪtɪŋ dɪˈpɑːtmənt] *znw* marketingafdeling

marketing director [ˈmɑːkɪtɪŋ daɪˈrektə] *znw* commercieel directeur

marketing management [ˈmɑːkɪtɪŋ ˈmænɪdʒmənt] *znw* marketingmanagement

marketing strategy [ˈmɑːkɪtɪŋ ˈstrætədʒɪ] *znw* marketingstrategie

marketing tool [ˈmɑːkɪtɪŋ tuːl] *znw* marketinginstrument

marketization [mɑːkɪtaɪˈzeɪʃən], **marketisation** *znw*

❶ overschakeling van een geleide- naar een markteconomie ❷ het onderhevig zijn aan het marktmechanisme

market leader [ˈmɑːkɪt ˈliːdə] <u>marketing</u> *znw* marktleider

market niche [ˈmɑːkɪt nɪtʃ] <u>marketing</u> *znw* marktniche, witte vlek

marketplace [ˈmɑːkɪtpleɪs] *znw* marktplein, markt ★ *it can be hard to survive in a changing* ~ het is soms moeilijk om in een veranderende markt te overleven

market price [ˈmɑːkɪt praɪs] *znw* ❶ marktprijs, -notering ❷ koers(waarde)

market rate [ˈmɑːkɪt reɪt] <u>eff</u> *znw* marktprijs

market research [ˈmɑːkɪt rɪˈsɜːtʃ] *znw* marktonderzoek ★ *do* ~ marktonderzoek doen

market saturation [ˈmɑːkɪt sætʃəˈreɪʃən] <u>marketing</u> *znw* marktverzadiging

market share [ˈmɑːkɪt ʃeə] <u>marketing</u> *znw* marktaandeel ★ *increase one's* ~ zijn marktaandeel vergroten

market square [ˈmɑːkɪt skweə] *znw* marktplein

market stall [ˈmɑːkɪt stɔːl] *znw* marktkraam

market strategy [ˈmɑːkɪt ˈstrætədʒɪ] <u>marketing</u> *znw* marktstrategie

market structure [ˈmɑːkɪt ˈstrʌktʃə] *znw* marktstructuur

market-to-market [ˈmɑːkɪtəˈmɑːkɪt] *bn* tussen markten onderling

market town [ˈmɑːkɪt taʊn] *znw* marktplaats

market trader [ˈmɑːkɪt ˈtreɪdə] *znw* marktkoopman

market trend [ˈmɑːkɪt trend] <u>eff</u> *znw* ❶ markttrend ❷ beursverloop

market value [ˈmɑːkɪt ˈvæljuː] *znw* marktwaarde

marking [ˈmɑːkɪŋ] *znw* ❶ <u>handel</u> notering ❷ (meestal *mv*) tekening ‹v. dier› ❸ corrigeren, beoordeling ‹v. schoolwerk› ❹ <u>luchtv</u> herkenningsteken

marking ink [ˈmɑːkɪŋ ɪŋk] *znw* merkinkt

marksman [ˈmɑːksmən] *znw* (scherp)schutter

marksmanship [ˈmɑːksmənʃɪp] *znw* scherpschutterskunst

mark-up [ˈmɑːkʌp] *znw* ❶ winstmarge ❷ prijsverhoging

marl [mɑːl] **I** *znw* mergel **II** *overg* met mergel bemesten

marlin [ˈmɑːlɪn] *znw* marlin ‹grote zeevis›

marl limestone [mɑːl ˈlaɪmstəʊn] *znw* mergelkalk

marly [ˈmɑːlɪ] *bn* mergelachtig, mergel-

marmalade [ˈmɑːməleɪd] *znw* marmelade

marmite [ˈmɑːmaɪt] *znw* stenen kookpot ★ *Marmite*® marmiet ‹pikante pasta›

marmoreal [mɑːˈmɔːrɪəl] *bn* ❶ marmerachtig ❷ van marmer, marmeren ❸ marmer-

marmoset [ˈmɑːməzet] *znw* zijdeaapje, ouistiti

marmot [ˈmɑːmət] *znw* marmot

maroon [məˈruːn] **I** *bn* bordeauxrood **II** *overg* ❶ op een onbewoond eiland aan wal zetten, achterlaten ❷ isoleren, afsnijden, insluiten

ma

marquee [maː'kiː] *znw* grote tent

marquess ['maːkwɪs] *znw* markies ‹in Groot-Brittannië›

marquetry ['maːkɪtrɪ] *znw* inlegwerk

marquis ['maːkwɪs] *znw* markies ‹buiten Groot-Brittannië›

marquise [maː'kiːz] *znw* markiezin

marriage ['mærɪdʒ] *znw* huwelijk ★ *an arranged ~* een gearrangeerd huwelijk ★ *a ~ breakdown* het stuklopen van een huwelijk ★ *a broken ~* een stukgelopen huwelijk ★ *a common law ~* een juridisch erkend huwelijk (hoewel niet aan alle vormvereisten is voldaan) ★ *a mixed ~* een gemengd huwelijk ★ *a relative by ~* een aangetrouwd familielid ★ *ask for sbd's hand in ~* iem. ten huwelijk vragen

marriageable ['mærɪdʒəbl] *bn* huwbaar

marriage bureau ['mærɪdʒ 'bjʊərəʊ] *znw* huwelijksbureau

marriage certificate ['mærɪdʒ sə'tɪfɪkɪt] *znw* huwelijksakte

marriage counsellor ['mærɪdʒ 'kaʊnsələ] *znw* huwelijksconsulent(e)

marriage guidance ['mærɪdʒ 'gaɪdns] *znw* huwelijksbegeleiding

marriage licence ['mærɪdʒ 'laɪsəns], <u>Am</u> **marriage license** *znw* trouwakte, huwelijksvergunning van overheidswege

marriage lines ['mærɪdʒ 'laɪnzmən] <u>Br inf</u> *znw* [mv] trouwakte

marriage of convenience ['mærɪdʒ əv kən'viːnɪəns] *znw* verstandshuwelijk

marriage proposal ['mærɪdʒ prə'pəʊzəl] *znw* huwelijksaanzoek

marriage settlement ['mærɪdʒ 'setlmənt] *znw* huwelijksvoorwaarden

marriage vows ['mærɪdʒ vaʊz] *znw* [mv] trouwbeloften

married ['mærɪd] *bn* ❶ gehuwd, getrouwd (met *to*) ★ *a ~ couple* een echtpaar ★ *she's ~ to my brother* ze is met mijn broer getrouwd ★ *get ~* trouwen ❷ echtelijk, huwelijks-

married name ['mærɪd neɪm] *znw* achternaam van de man ‹v. getrouwde vrouwen›, getrouwde naam

marrieds ['mærɪdz] *znw* [mv] getrouwde mensen ★ *we were just young ~ at the time* we waren toentertijd nog maar net getrouwd

marrow ['mærəʊ] *znw* ❶ bone marrow merg ★ *chilled / frozen to the ~* verstijfd tot op het bot ❷ *fig* pit ❸ **vegetable marrow** eierpompoen ★ *a baby ~* een courgette

marrowbone ['mærəʊbəʊn] *znw* mergpijp

marrowfat pea ['mærəʊfæt 'piː] *znw* grote erwt, kapucijner

marrowy ['mærəʊɪ] *bn* ❶ vol merg, mergachtig ❷ *fig* pittig

marry ['mærɪ] **I** *overg* ❶ trouwen ★ *~ a fortune/~ money* iem. met geld trouwen ❷ uithuwen

❸ huwen, paren, verbinden **II** *onoverg* trouwen ★ *~ well* een goed huwelijk doen ★ *~ young / late* vroeg / laat trouwen ★ *not the ~ing kind* niet iem. die wil trouwen ★ *zegsw ~ in haste, repent in leisure* vlug getrouwd, lang berouwd **III** *phras* ★ *~ into sth* ergens introuwen ★ *~ sbd off* iem. aan de man / vrouw brengen, iem. uithuwelijken ★ *~ out* met iemand van buitenaf trouwen ‹met andere godsdienst, nationaliteit &› ★ *~ up* combineren, samenbrengen

Mars [maːz] <u>astron</u> *znw* Mars

marsala [maː'saːlə] *znw* marsala ‹dessertwijn›

marsh [maːʃ] *znw* moeras

marshal ['maːʃəl] **I** *znw* ❶ maarschalk ❷ ceremoniemeester ❸ ordecommissaris ❹ <u>Am</u> hoofd van politie of brandweer ❺ federale deurwaarder **II** *overg* ❶ ordenen, opstellen, rangschikken ❷ aanvoeren, geleiden ❸ bundelen, bijeenbrengen

marshalling yard ['maːʃəlɪŋ jaːd] *znw* rangeerterrein

Marshal of the Royal Air Force ['maːʃəl əv ðə rɔɪəl 'eə fɔːs] *znw* hoogste rang in de Britse luchtmacht

marsh gas [maːʃ gæs] *znw* moeras-, methaangas

marshland ['maːʃlənd] *znw* moerasland

marshmallow [maːʃ'mæləʊ] *znw* ❶ <u>plantk</u> heemst, witte malve ❷ ± spekkie ‹snoepgoed›

marsh marigold [maːʃ 'mærɪɡəʊld] *znw* dotterbloem

marshy ['maːʃɪ] *bn* moerassig, drassig

marsupial [maː'suːpɪəl] <u>dierk</u> **I** *bn* buideldragend **II** *znw* buideldier

mart [maːt] *znw* ❶ markt ❷ stapelplaats, handelscentrum ❸ venduhuis, verkooplokaal

marten ['maːtɪn] *znw* ❶ <u>dierk</u> marter ❷ marterbont

martial ['maːʃəl] *bn* krijgshaftig, krijgs-

martial arts ['maːʃəl aːts] *znw* [mv] oosterse vechtkunst (judo, karate &)

martial law ['maːʃəl lɔː] *znw* krijgswet ★ *be under ~* onder militair gezag staan ★ *proclaim ~* de staat van beleg afkondigen

Martian ['maːʃən] **I** *bn* van Mars **II** *znw* Martiaan, Marsmannetje

martin ['maːtɪn] *znw* huiszwaluw

martinet [maːtɪ'net] *znw* dienstklopper

martini [maː'tiːnɪ] *znw* vermout ★ *a dry ~* vermout met gin

Martinmas ['maːtɪnməs] *znw* Sint-Maarten(sdag)

martyr ['maːtə] **I** *znw* martelaar ★ <u>scherts</u> *be a ~ to sth* lijden aan iets ★ *die a ~'s death* sterven als martelaar ★ *make a ~ of oneself* zich als martelaar presenteren **II** *overg* ❶ martelen, pijnigen ❷ de marteldood doen sterven

martyrdom ['maːtədəm] *znw* ❶ martelaarschap, marteldood ❷ marteling

martyred ['maːtəd] *bn* gepijnigd ★ *she looked at him with a ~ expression* ze keek hem aan met een gepijnigde blik

martyrize ['maːtəraɪz], **martyrise** *overg* ❶ martelen ❷ *fig* een martelaar maken van

marvel ['mɑːvəl] **I** znw wonder **II** onoverg zich verwonderen (over at / over), verbaasd staan, zich (verbaasd) afvragen ★ I never cease to ~ at how bungling he is ik sta altijd weer verbaasd over hoe onhandig hij is

marvellous ['mɑːvələs], Am **marvelous** bn ❶ wonderbaarlijk ❷ inf enig, fantastisch

marvellously ['mɑːvələslɪ], Am **marvelously** bijw wonderbaarlijk, fantastisch

Marxian ['mɑːksɪən] bn marxistisch

Marxism ['mɑːksɪzm] znw marxisme

Marxist ['mɑːksɪst] **I** bn marxistisch **II** znw marxist

marzipan ['mɑːzɪpæn] znw marsepein

masc gramm afk (masculine) mannelijk

mascara [mæ'skɑːrə] znw mascara

mascaraed [mæ'skɑːrəd] bn met mascara

mascot ['mæskɒt] znw mascotte, talisman

masculine ['mæs-, 'mɑːskjʊlɪn] **I** bn ❶ mannelijk ❷ mannen- **II** znw ★ the ~ het mannelijk geslacht, het masculinum

masculinity [mæs-, mɑːskjʊ'lɪnɪtɪ] znw mannelijkheid

mash [mæʃ] **I** znw ❶ beslag ‹v. brouwers› ❷ mengvoer ❸ (aardappel)puree ❹ fig brij ❺ mengelmoes **II** overg ❶ pureren, fijnstampen ★ ~ sth up iets fijnstampen ★ his face got ~ed up in the fight zijn gezicht werd in het gevecht tot moes geslagen ❷ mengen ‹v. mout›

mashed potatoes [mæʃt pə'teɪtəʊz] znw [mv] (aardappel)puree

masher ['mæʃə] znw stamper ‹voor aardappels &›

mashie ['mæʃɪ] znw golfstok met ijzeren kop, ijzeren golfstok

mask [mɑːsk] **I** znw masker, mom **II** overg ❶ een masker opdoen bij ❷ vermommen ❸ maskeren ★ he ~ed his annoyance with a smile hij verborg zijn irritatie onder een glimlach

masked [mɑːskt] bn gemaskerd ★ a ~ intruder een gemaskerde indringer

masked ball [mɑːskt bɔːl] znw gemaskerd bal

masker ['mɑːskə] znw gemaskerde

masking tape ['mɑːskɪŋ teɪp] znw afplakband

masochism ['mæsəkɪzəm] znw masochisme

masochist ['mæsəkɪst] znw masochist

masochistic [mæsə'kɪstɪk] bn masochistisch

mason ['meɪsən] znw steenhouwer

masonic [mə'sɒnɪk] bn vrijmetselaars-

masonry ['meɪsənrɪ] znw metselwerk

masquerade [mɑːskə'reɪd] **I** znw maskerade **II** onoverg vermomd gaan, zich vermommen ★ ~ as sbd / sth zich voordoen als iem. / iets, zich uitgeven voor iem / iets

mass [mæs] **I** bn ❶ massa- ❷ op grote schaal, massaal **II** znw ❶ massa, hoop ★ be a ~ of bruises / pimples & één en al kneuzingen / puistjes & zijn ❷ merendeel ★ in the ~ over het geheel genomen ★ the ~ of het merendeel van, de meeste ❸ RK mis ★ a high ~ een hoogmis ★ a requiem ~ een requiem mis, uitvaartmis ★ attend ~ de mis bijwonen ★ celebrate / say ~ de mis lezen **III** overg ❶ (in massa) bijeenbrengen, op-, samenhopen ❷ combineren **IV** onoverg zich op-, samenhopen, zich verzamelen, zich groeperen

massacre ['mæsəkə] **I** znw moord(partij), bloedbad, slachting ★ bijbel the ~ of the Innocents de kindermoord te Bethlehem **II** overg ❶ uit-, vermoorden, een slachting aanrichten onder ❷ fig in de pan hakken, compleet verslaan

massage ['mæsɑːʒ, mə'sɑːʒ] **I** znw massage **II** overg ❶ masseren ★ inf ~ sbd's ego iem. vleien ❷ fig manipuleren (met)

massage oil ['mæsɑːʒ, mə'sɑːʒ ɔɪl] znw massageolie

massage parlour ['mæsɑːʒ, mə'sɑːʒ 'pɑːlə] znw massage-instituut

mass appeal [mæs ə'piːl] znw aantrekkelijk voor de brede massa

mass book ['mæs-, 'mɑːsbʊk] RK znw missaal

mass communication ['mæskəmjuːnɪkeɪʃən] znw massacommunicatie

masses ['mæsɪz] znw [mv] ★ the ~ het massapubliek

masseur [mæ'sɜː] znw masseur

masseuse [mæ'sɜːz] znw ❶ masseuse ❷ inf (verkapte) prostituee

mass grave ['mæsgreɪv] znw massagraf

massif ['mæsiːf] znw massief ‹bergketen›

massive ['mæsɪv] **I** bn ❶ massief, zwaar ❷ massaal, aanzienlijk, indrukwekkend **II** znw Br inf groep jonge mensen uit een bepaald gebied die geïnteresseerd zijn in dansmuziek

massively ['mæsɪvlɪ] bijw massief, zeer

massiveness ['mæsɪvnəs] znw ❶ massiviteit, zwaarte ❷ massaliteit, massaal karakter

mass mailing ['mæs 'meɪlɪŋ] Am znw mailing

mass-market ['mæs'mɑːkɪt] **I** bn massaproductie- **II** overg op grote schaal op de markt brengen

mass media ['mæsmiːdjə] znw [mv] ★ the ~ massamedia

mass meeting [mæs 'miːtɪŋ] znw massabijeenkomst

mass murder [mæs 'mɜːdə] znw massamoord

mass murderer [mæs 'mɜːdərə] znw massamoordenaar

mass-produce ['mæsprə'djuːs] overg in massaproductie vervaardigen, in massa produceren

mass production [mæs prə'dʌkʃən] znw massaproductie

mast [mɑːst] **I** znw mast ★ nail / pin one's colours to the ~ openlijk voor iets uitkomen, van geen wijken weten **II** overg masten

mastectomy [mæs'tektəmɪ] med znw afzetten van een borst

master ['mɑːstə] **I** bn ❶ hoofd-, voornaamste ❷ meester- ★ a ~ baker een meesterbakker **II** znw ❶ meester, heer (des huizes), eigenaar ★ a French ~ een Franse meester (schilder), schilderstuk van een Franse meester ❷ baas, chef, directeur ★ be one's own ~ eigen baas zijn ❸ onderw hoofd (v.e. college), leraar ❹ scheepv gezagvoerder, schipper ❺ Schots

ma

erfgenaam v. adellijke titel ❺ origineel **III** *overg*
❶ zich meester maken van, overmeesteren, baas
worden, onder de knie krijgen, meester worden,
machtig worden ★ ~ *the art of sth* de kunst van iets
onder de knie krijgen ❷ besturen **IV** *wederk* ★ ~
oneself zich(zelf) beheersen

master agreement ['mɑːstər ə'griːmənt] *znw*
mantelovereenkomst ‹overeenkomst met
hoofdzaken en randvoorwaarden voor latere
details›

master-at-arms ['mɑːstəræt'ɑːmz] *znw* hoogste
onderofficier bij de marine

master bedroom ['mɑːstə 'bedruːm] *znw* grootste
slaapkamer

master builder ['mɑːstə 'bɪldə] *znw* ❶ bouwmeester
❷ meesteraannemer

masterclass ['mɑːstəklɑːs] *znw* masterclass ‹door een
gerenommeerde leraar gegeven les, vooral in
muziek›

master contract ['mɑːstə 'kɒntrækt] *znw*
mantelovereenkomst ‹overeenkomst met
hoofdzaken en randvoorwaarden voor latere
details›

master copy ['mɑːstə 'kɒpɪ] *znw* origineel

masterful ['mɑːstəfʊl] *bn* ❶ autoritair, bazig
❷ meesterlijk, magistraal, meester-

master key ['mɑːstə kiː] *znw* loper ‹sleutel›

masterless ['mɑːstələs] *bn* zonder meester

masterly ['mɑːstəlɪ] *bn* meesterlijk, magistraal,
meester-

master mariner ['mɑːstə 'mærɪnə] scheepv *znw*
gezagvoerder ‹koopvaardij›

mastermind ['mɑːstəmaɪnd] **I** *znw* meesterbrein,
leider (achter de schermen) **II** *overg* leiden ‹handig,
achter de schermen›

Master of Arts ['mɑːstərəv 'ɑːts], **MA** onderw *znw*
graad in de letteren, ± doctorandus

Master of Business Administration ['mɑːstərəv
'bɪznəs ədmɪnɪ'streɪʃən], **MBA** onderw *znw* graad in
de bedrijfseconomie, ± doctorandus

Master of Ceremonies ['mɑːstərəv 'serɪmənɪz], **MC**
znw ceremoniemeester

Master of Hounds ['mɑːstərəv haʊndz] *znw*
opperjagermeester

Master of Philosophy ['mɑːstərəv fɪ'lɒsəfɪ], **MPhil**
onderw *znw* graad in de filosofie, ± doctorandus

Master of Science ['mɑːstərəv 'saɪəns], **MSc** onderw
znw graad in de natuurwetenschappen, ±
doctorandus

Master of the Rolls ['mɑːstərəvðə 'rəʊlz] *znw*
Rijksarchivaris en rechter bij het Hof van Beroep ‹in
Engeland en Wales›

masterpiece ['mɑːstəpiːs] *znw* meesterstuk,
meesterwerk

master plan ['mɑːstə plæn] *znw* basisplan

Master's degree ['mɑːstəz dɪ'griː], inf **Master's**
onderw *znw* universitaire graad, ± doctorandus

mastership ['mɑːstəʃɪp] *znw* ❶ meesterschap

❷ leraarschap ❸ waardigheid van *master*

master stroke ['mɑːstə strəʊk] *znw* meesterlijke zet,
meesterstuk

master switch ['mɑːstə swɪtʃ] *znw* hoofdschakelaar

master tape ['mɑːstə teɪp] *znw* moederband

masterwork ['mɑːstəwɜːk] *znw* meesterwerk,
meesterlijk staaltje

mastery ['mɑːstərɪ] *znw* ❶ meesterschap ❷ overhand,
heerschappij ★ *he had absolute* ~ *over the kingdom*
hij had de absolute heerschappij over het koninkrijk
❸ beheersing ★ *they demonstrated their* ~ *of the
tango* ze demonstreerden hun beheersing van de
tango

masthead ['mɑːsthed] *znw* ❶ top van de mast ★ *at
the* ~ in top ❷ typ impressum

mastic ['mæstɪk] *znw* ❶ mastiekboom ❷ mastiek
‹dakbedekking›

masticate ['mæstɪkeɪt] *overg* kauwen

mastication [mæstɪ'keɪʃən] *znw* het kauwen

masticator ['mæstɪkeɪtə] *znw* ❶ form kauwer ❷ hak-,
snij-, maalmachine

mastiff ['mæstɪf] *znw* Engelse dog, mastiff

mastitis [mæ'staɪtɪs] *znw* mastitis,
borstklierontsteking, uierontsteking

mastodon ['mæstədɒn] *znw* mastodont, reus(achtig
dier)

masturbate ['mæstəbeɪt] *overg & onoverg*
masturberen

masturbation [mæstə'beɪʃən] *znw* masturbatie

mat [mæt] **I** *bn* ❶ mat ❷ → **matt II** *znw* ❶ mat,
(tafel)matje ★ inf *on the* ~ in moeilijkheden, op het
matje ‹geroepen worden› ★ inf *go to the* ~ het
opnemen voor iem. ❷ onderzetter ‹voor bier &›
❸ verwarde massa (haar &) ❹ → **matt III** *overg*
❶ mat maken, matteren ❷ met matten beleggen
❸ doen samenklitten, verwarren ❹ → **matt**
IV *onoverg* samenkleven, samenklitten, in de knoop
raken

matador ['mætədɔː] *znw* matador

match [mætʃ] **I** *znw* ❶ lucifer ★ *put a* ~ *to sth* iets in
brand steken ❷ gelijke, evenknie, tegenhanger
★ *this colour is a perfect / the exact* ~ deze kleur past
er perfect bij ★ *be a* ~ *for sbd* het kunnen opnemen
tegen iem., opgewassen zijn tegen iem., iem.
aankunnen ★ *be more than a* ~ *for sbd.* iem.
verreweg de baas zijn ★ *be no* ~ *for sbd* geen partij
zijn voor iem. ❸ stel, paar ★ *make a good* ~ een
goede combinatie vormen, een goed huwelijk
sluiten / vormen ❹ wedstrijd ★ *an away* ~ een
uitwedstrijd ★ *the man / woman of the* ~ de man
/ vrouw van de wedstrijd ★ *draw the* ~ gelijkspelen
★ *play a* ~ een wedstrijd spelen **II** *overg* ❶ evenaren,
zich kunnen meten met, de vergelijking kunnen
doorstaan met, hetzelfde bieden als ★ ~ *the same
amount* hetzelfde bedrag bijpassen ★ ~ *sth up* iets
bijpassends zoeken voor iets ★ ~ *sbd up with sbd* iem.
aan iem. koppelen ❷ tegenover elkaar stellen (als
tegenstanders) ★ *be* ~*ed against sbd* het tegen iem.

moeten opnemen ★ ~ *one's brain against the computer* het opnemen tegen de computer ❸ in overeenstemming brengen (met *to*) ★ *be well ~ed* goed bij elkaar passen **III** *onoverg* een paar vormen, bij elkaar horen (komen) ★ *with a shirt to* ~ met een bijpassend overhemd ★ *a ~ing tie* een bijpassende das ★ ~ *up* evenaren

matchboard ['mætʃbɔːd] *znw* plank met groef en messing

matchbook ['mætʃbʊk] *znw* luciferboekje

matchbox ['mætʃbɒks] *znw* lucifersdoosje

match-fixing ['mætʃfɪksɪŋ] *znw* afspraak over het resultaat van een wedstrijd ‹doorgestoken kaart›

matchless ['mætʃləs] *form* *bn* weergaloos

matchlock ['mætʃlɒk] *hist* *znw* lontroer

matchmake ['mætʃmeɪk] *overg* koppelen

matchmaker ['mætʃmeɪkə] *znw* koppelaar(ster)

matchmaking ['mætʃmeɪkɪŋ] *znw* ❶ fabricage van lucifers ❷ het koppelen ‹voor huwelijk›

match point [mætʃ pɔɪnt] *sp* *znw* matchpoint

matchstick ['mætʃstɪk] *znw* lucifershoutje

matchwood ['mætʃwʊd] *znw* lucifershout, splinters ★ *make ~ of sth* iets totaal ruïneren of kapotslaan

mate [meɪt] **I** *znw* ❶ maat, makker, kameraad ★ *inf my / his & best* ~ mijn / zijn & beste kameraad ❷ helper, gezel ❸ levensgezel(lin), mannetje of wijfje ‹v. dieren› ❹ scheepv stuurman ❺ (schaak)mat **II** *overg* ❶ laten paren ‹v. dieren› ❷ paren, (in de echt) verenigen, huwen ❸ (schaak)mat zetten **III** *onoverg* ❶ paren ★ *swans ~ for life* zwanen paren voor het leven ❷ zich verenigen

mateless ['meɪtles] *bn* zonder partner

mater ['meɪtə] *Br gedat* *znw* moeder, ouwe vrouw

material [mə'tɪərɪəl] **I** *bn* ❶ stoffelijk, lichamelijk, materieel ❷ form belangrijk, wezenlijk ★ *it will make no ~ difference* het maakt geen wezenlijk verschil **II** *znw* ❶ (ook *mv*) materiaal, stof, bouwstof ★ *dress ~* stof voor een jurk ★ *original ~* origineel materiaal ★ *a synthetic ~* een kunststof ★ *~ for a book* materiaal voor een boek ★ *made of the right ~* uit het goede hout gesneden ★ *~ on the war* informatie over de oorlog ❷ materieel ★ *writing ~/~s* schrijfbehoeften ❸ fig soort

materialism [mə'tɪərɪəlɪzəm] *znw* materialisme

materialist [mə'tɪərɪəlɪst] **I** *bn* materialistisch **II** *znw* materialist

materialistic [mə'tɪərɪə'lɪstɪk] *bn* materialistisch

materiality [mətɪərɪ'ælɪtɪ] *znw* ❶ stoffelijkheid ❷ lichamelijkheid ❸ wezenlijkheid ❹ belang, belangrijkheid

materialization [mətɪərɪəlaɪ'zeɪʃən], **materialisation** *znw* ❶ realisatie, verwezenlijking ❷ verstoffelijking

materialize [mə'tɪərɪəlaɪz], **materialise I** *overg* ❶ realiseren ❷ verstoffelijken **II** *onoverg* ❶ zich verwezenlijken ★ *the promised rise didn't ~* van de beloofde loonsverhoging kwam niets terecht ❷ zich verstoffelijken ❸ inf plotseling verschijnen,

opduiken ★ *the car seemed to ~ out of nowhere* het leek alsof de auto uit het niets verscheen

materially [mə'tɪərɪəlɪ] *bijw* ❶ form wezenlijk ★ *the repairs will not ~ affect services* de reparaties zullen de diensten niet wezenlijk beïnvloeden ❷ materieel ★ *~ we'll be no better off* materieel zullen we niet beter af zijn

materials [mə'tɪərɪəlz] *znw* [mv] ❶ materialen, benodigdheden ★ *art ~* schildersbenodigdheden ❷ stoffen, grondstoffen ★ *raw ~* grondstoffen

materials management [mə'tɪərɪəlz 'mænɪdʒmənt] *znw* materials management ‹het zo efficiënt mogelijk organiseren van de goederenstroom door het productieproces›

materials science [mə'tɪərɪəlz 'saɪəns] *znw* materiaalkunde, materiaalleer

maternal [mə'tɜːnl] *bn* ❶ moederlijk, moeder(s)- ❷ van moederszijde

maternal instinct [mə'tɜːnl 'ɪnstɪŋkt] *znw* moederinstinct

maternity [mə'tɜːnɪtɪ] *form* *znw* moederschap

maternity clothes [mə'tɜːnɪtɪ kləʊðz] *znw* [mv] positiekleding

maternity dress [mə'tɜːnɪtɪ dres] *znw* positiejurk

maternity hospital [mə'tɜːnɪtɪ 'hɒspɪtl], **maternity home** *znw* kraamkliniek

maternity leave [mə'tɜːnɪtɪ liːv] *znw* zwangerschapsverlof

maternity nurse [mə'tɜːnɪtɪ nɜːs] *znw* kraamverzorgster

maternity ward [mə'tɜːnɪtɪ wɔːd] *znw* kraamafdeling

mateship ['meɪtʃɪp] *znw* kameraadschap

matey [meɪti] *inf* *bn* amicaal, familiaar

math [mæθ] Am *znw* wiskunde ‹als schoolvak›

mathematical [mæθə'mætɪkl] *bn* ❶ mathematisch, wiskundig ★ *~ instruments* gereedschappen voor het rechtlijnig tekenen ★ *with ~ precision* met wiskundige precisie ❷ wiskunde- ❸ strikt nauwkeurig, strikt zeker

mathematically [mæθə'mætɪklɪ] *bijw* wiskundig, nauwkeurig

mathematician [mæθəmə'tɪʃən] *znw* wiskundige

mathematics [mæθə'mætɪks] *znw* [mv] ❶ wiskunde ❷ cijfermatige aspecten ❸ rekenwerk ❹ financiën

ma

mathematics/maths
(wiskunde) is eigenlijk meervoud, maar wordt bijna altijd als enkelvoud behandeld. Alleen in oudere teksten vinden we **mathematics** met een werkwoord in het meervoud.
Pure mathematics is, in its way, the poetry of logical ideas - Pure wiskunde is op zijn manier de poëzie van logische ideeën.
Mathematics are well and good but nature keeps dragging us around by the nose - Wiskunde is allemaal goed en wel, maar de natuur neemt ons telkens weer bij de neus.
(beide uitspraken worden toegeschreven aan Albert Einstein).

maths [mæθs] *znw* [mv] wiskunde ‹als schoolvak›
matinée ['mætɪneɪ] *znw* matinee
matinée coat ['mætɪneɪ kəʊt] *znw* wollen babyjasje
matinée idol ['mætɪneɪ 'aɪdl] *gedat znw* acteur die geliefd is bij het vrouwelijke publiek
mating ['meɪtɪŋ] *znw* paring
mating season ['meɪtɪŋsi:zn 'si:zn] *znw* paartijd
matins ['mætɪn] *znw* ❶ RK metten ❷ morgendienst ‹Anglicaanse›
matriarch ['meɪtrɪɑ:k] *znw* ❶ vrouwelijk gezinshoofd / stamhoofd ❷ invloedrijke vrouw
matriarchal [meɪtrɪ'ɑ:kl] *bn* matriarchaal
matriarchy ['meɪtrɪɑ:kɪ] *znw* matriarchaat
matrices ['meɪtrɪsi:z] *znw* [mv] → **matrix**
matricide ['meɪtrɪsaɪd] *znw* ❶ moedermoord ❷ moedermoordenaar
matriculate [mə'trɪkjʊleɪt] **I** *overg* inschrijven, toelaten (als student) **II** *onoverg* ❶ zich laten inschrijven, toegelaten worden ❷ ZA eindexamen doen ‹v. middelbare school›
matriculation [mətrɪkjʊ'leɪʃən] *znw* ❶ inschrijving, toelating (als student) ★ ~ *requirements* toelatingseisen ‹voor een studie› ❷ hist
matriculation examination toelatingsexamen
matrilineal [mætrɪ'lɪnɪəl] *bn* in vrouwelijke lijn
matrimonial [mætrɪ'məʊnjəl] *bn* form huwelijks- ★ jur *the ~ home* de echtelijke woning ★ *~ property* huwelijksvermogen
matrimonial bed [mætrɪ'məʊnjəl bed] *znw* het huwelijksbed
matrimonial law [mætrɪ'məʊnjəl lɔ:] *znw* huwelijksrecht
matrimony ['mætrɪmənɪ] *form znw* huwelijk, huwelijkse staat
matrix ['meɪtrɪks] *znw* [mv: -es of matrices] ❶ bakermat ❷ matrijs ❸ wisk & geol matrix
matron ['meɪtrən] *znw* ❶ getrouwde dame, matrone ❷ moeder ‹v. weeshuis› ❸ juffrouw voor de huishouding ‹v. kostschool› ❹ directrice ‹v. ziekenhuis›
matronly ['meɪtrənlɪ] *bn* ❶ matroneachtig ❷ bazig
matron of honour ['meɪtrən əv 'ɒnə] *znw* getrouwd bruidsmeisje

matt [mæt], **matte**, Am **mat** **I** *bn* mat ‹niet glanzend› **II** *znw* ❶ matglans, matheid ❷ passe-partout **III** *overg* mat maken
matted ['mætɪd] *bn* ❶ gematteerd ❷ samengeklit
matter ['mætə] **I** *znw* ❶ stof, materie, materiaal ★ *printed* ~ drukwerk ❷ zaak, aangelegenheid, kwestie ★ *a small* ~ een kleinigheid ★ form *~s pending* hangende kwesties ★ *the* ~ *at / in hand* wat nu aan de orde is ★ *a* ~ *of form* een formaliteit ★ *a* ~ *of habit* een kwestie van gewoonte ★ *a* ~ *of life or death* een zaak / kwestie van leven en dood ★ *that's a* ~ *of opinion* het is maar hoe je erover denkt ★ *a* ~ *of 500 pounds* een kleine 500 pond ★ *a* ~ *of record* een bewezen feit ★ *(only) a* ~ *of time* (alleen maar) een kwestie van tijd ★ *a* ~ *of weeks* een paar weken ★ *the fact / truth of the* ~ *is* de waarheid is ★ *another / a different* ~ dat is heel wat anders, dat is een andere kwestie ★ form *in the* ~ *of* inzake ★ *let the* ~ *drop / rest* de zaak laten rusten ★ *take* ~*s into one's own hands* de zaak zelf in de hand nemen ❸ aanleiding, reden, belang ★ *a* ~ *for conjecture* iets waarover gespeculeerd kan worden ★ *as the* ~ *may be* (al) naar omstandigheden ★ *for that* ~ wat dat betreft, trouwens ★ *no* ~ het maakt niet(s) uit ★ *no* ~ *how / what* hoe dan ook ★ *no laughing* ~ niet om te lachen ★ *no such* ~ niets van dien aard ★ *what's the* ~ *(with you)?* wat is er?, wat scheelt eraan? **II** *onoverg* van belang zijn ★ *it doesn't* ~ het komt er niet op aan, het geeft niet, het heeft niets te betekenen, het is niet erg ★ *what does it* ~? wat geeft het? wat maakt het uit?
matter of course [mætərəv 'kɔ:s] *znw* vanzelfsprekendheid ★ *the documents will be shredded as a* ~ de documenten worden vanzelfsprekend versnipperd
matter of fact [mætərəv 'fækt] *znw* feit ★ *as a* ~ feitelijk, eigenlijk, in werkelijkheid, inderdaad, trouwens
matter-of-fact [mætərəv'fækt] *bn* ❶ zakelijk ❷ prozaïsch, droog, nuchter
matter-of-factly [mætərəv'fæktlɪ] *bijw* zakelijk, nuchter, prozaïsch ★ *she spoke* ~ ze sprak op een zakelijke manier
matter-of-factness [mætərəv'fæktnəs] *znw* zakelijkheid, nuchterheid
matting ['mætɪŋ] *znw* matwerk, (matten)bekleding
mattock ['mætək] *znw* houweel, hak
mattress ['mætrəs] *znw* matras
maturation [mætʃʊ'reɪʃən] *znw* ❶ rijping, het rijpen ❷ ontwikkeling, het zich ontwikkelen
mature [mə'tjʊə] **I** *bn* ❶ rijp, bezonken ★ *a* ~ *cheese* een belegen kaas ★ *a* ~ *decision* een weloverwogen besluit ❷ handel vervallen **II** *overg* rijp maken, rijpen **III** *onoverg* ❶ rijp worden, rijpen ★ *~ for three years* drie jaar rijpen ❷ handel vervallen
matured [mə'tjʊəd] *bn* ❶ gerijpt, volwassen ❷ rijp, belegen ❸ handel vervallen
mature student [mə'tjʊə 'stju:dnt], Aus **mature-age**

student <u>Br</u> *znw* student die ouder is dan de meeste andere studenten

maturity [mə'tʃʊərətɪ] *znw* ❶ rijpheid, volwassenheid ★ <u>marketing</u> *the* ~ *stage* rijpheidsfase, volwassenheidsfase ⟨in de levenscyclus van een product⟩ ★ *approach* ~ bijna volwassen zijn ★ *grow in* ~ volwassener worden ❷ <u>handel</u> vervaltijd, -dag

matzo ['mætsəʊ] *znw* [*mv:* -s *of* matzoth] matse

matzo ball ['mætsəʊ bɔ:l] *znw* meelballetje ⟨uit matsenmeel⟩

maudlin ['mɔ:dlɪn] *bn* (dronkenmansachtig) sentimenteel

maul [mɔ:l] *overg* ❶ toetakelen, ernstig verwonden, verscheuren ⟨door leeuw, hond &⟩ ❷ <u>inf</u> ruw behandelen, omgaan met ❸ de grond inboren, wegschrijven, afbranden ⟨door de critici⟩

mauler ['mɔ:lə] <u>inf</u> *znw* vuist

maulstick ['mɔ:lstɪk] *znw* schildersstok

maunder ['mɔ:ndə] *onoverg* onsamenhangend praten, raaskallen ★ *he* ~*ed on about his war experiences* hij bazelde door over zijn oorlogservaringen

Maundy Thursday ['mɔ:ndɪ'θɜ:zdɪ] *znw* Witte Donderdag

Mauritania [mɔ:rɪteɪnjə] *znw* Mauretanië

Mauritanian [mɔ:rɪteɪnjən] **I** *bn* Mauretanisch **II** *znw* Mauretaniër, Mauretanische

Mauritian [mə'rɪʃən] **I** *bn* Mauritiaans **II** *znw* Mauritiaan, Mauritiaanse

Mauritius [mə'rɪʃəs] *znw* Mauritius

mauser ['maʊzə] *znw* mausergeweer, pistool

mausoleum [mɔ:sə'li:əm] *znw* [*mv:* -s *of* mausolea] mausoleum, praalgraf

mauve [məʊv] *bn & znw* mauve

maverick ['mævərɪk] *znw* ❶ <u>Am</u> ongemerkt kalf ❷ <u>fig</u> buitenbeentje

maw [mɔ:] *znw* ❶ pens, krop, maag ❷ <u>fig</u> muil, afgrond

mawkish ['mɔ:kɪʃ] <u>fig</u> *bn* overdreven sentimenteel

mawkishly ['mɔ:kɪʃlɪ] *bijw* overdreven sentimenteel ★ *a* ~ *sentimental American film* een overdreven sentimentele Amerikaanse film

mawkishness ['mɔ:kɪʃnəs] *znw* overdreven sentimentaliteit

maw worm [mɔ: wɜ:m] <u>gedat</u> *znw* spoelworm

max ['mæks] <u>inf</u> (maximum) **I** *bijw* hoogstens ★ *it'll cost £100* ~ het kost hoogstens 100 pond **II** *znw* ★ *to the* ~ volledig, totaal, maximaal **III** *overg & onoverg* <u>Am</u> de grens bereiken ★ ~ *out* de grens van de capaciteit of de mogelijkheden bereiken, pieken

max. *afk* (maximum) maximum

maxi ['mæksɪ] *znw* maxi, maxi-jurk, maxi-jas

maxilla [mæk'sɪlə] <u>anat</u> *znw* kaak

maxillary [mæk'sɪlərɪ] **I** *bn* kaak- **II** *znw* kaak

maxim ['mæksɪm] *znw* grondstelling, (stel)regel, leerspreuk, maxime

maxima ['mæksɪmə] *znw* [*mv*] → **maximum**

maximal ['mæksɪml] *bn* maximaal

maximization [mæksɪmaɪ'zeɪʃən], **maximisation** *znw*

maximalisering

maximize ['mæksɪmaɪz], **maximise** *overg* maximaliseren

maximum ['mæksɪməm] **I** *bn* hoogste, maximaal, top- **II** *znw* [*mv:* maxima] maximum ★ *the absolute* ~ het absolute maximum ★ *he was fined the* ~ *possible for the offence* hij kreeg de maximale boete opgelegd voor de overtreding ★ *the temperature will reach a* ~ *of 10°C* de temperatuur zal een maximum van 10 °C bereiken

maximum penalty ['mæksɪməm 'penəltɪ] *znw* maximumstraf

may [meɪ] **I** *znw* ★ *May* mei **II** *hulpww* mogen, kunnen, kunnen zijn ★ ~ *I use your phone?* mag ik je telefoon gebruiken? ★ *how* ~ *I help you?* hoe kan ik u helpen? ★ *what* ~ *I ask are you doing?* mag ik vragen wat je aan het doen bent? ★ *he* ~ *not be at home* misschien is hij niet thuis ★ ~ *you enjoy your retirement* ik hoop dat u zult genieten van uw pensioen ★ *that is as* ~ *be, but* dat kan zijn, maar ★ *be that as it* ~ hoe het ook zij ★ *you* ~ *as well stay* je kunt net zo goed blijven

maybe ['meɪbi:] **I** *bijw* misschien, mogelijk ★ <u>inf</u> *she was* ~ *ten metres from the gunman* ze stond zo'n tien meter bij de schutter vandaan **II** *znw* ★ *no ifs, buts or* ~*s* geen maren, geen tegenwerpingen

May bug [meɪ bʌg] *znw* meikever

May bush [meɪ bʊʃ], **May tree** *znw* meidoorn

mayday ['meɪdeɪ] *znw* mayday ⟨internationaal radionoodsein⟩

May Day [meɪ deɪ] *znw* eerste mei, dag van de arbeid

mayfly ['meɪflaɪ] *znw* haft, eendagsvlieg

mayhem ['meɪhem] <u>inf</u> *znw* rotzooi, herrie ★ *his parties usually end in complete* ~ zijn feestjes eindigen meestal in een complete puinhoop

mayn't ['meɪənt] *samentr* (may not) → **may**

mayonnaise [meɪə'neɪz] *znw* mayonaise

mayor [meə] *znw* burgemeester ★ *the acting* ~ de loco-burgemeester

mayoral ['meərəl] *bn* burgemeesters- ★ ~ *duties* burgemeesterstaken

mayoralty ['meərəltɪ] *znw* burgemeesterschap

mayoress [meə'res] *znw* ❶ burgemeestersvrouw ❷ vrouwelijke burgemeester

mayorship ['meəʃɪp] *znw* burgemeestersambt

maypole ['meɪpəʊl] *znw* meiboom

May tree [meɪ tri:] *znw* → **May bush**

may've ['meɪəv] *samentr* (may have) → **may**

mazarine blue [mæzə'ri:n blu:] **I** *bn* donkerblauw **II** *znw* ❶ blauwtje ⟨vlinder⟩ ❷ donkerblauw

maze [meɪz] *znw* doolhof ★ <u>afkeurend</u> *the bureaucratic* ~ de bureaucratische doolhof ★ *a* ~ *of paperwork* een labyrint van papier

mazer ['meɪzə] <u>hist</u> *znw* houten drinkkelk, -bokaal

mazuma [mə'zu:mə] <u>Am</u> <u>inf</u> *znw* geld, pegels

mazurka [mə'zɜ:kə] *znw* mazurka ⟨dans en muziek⟩

mazy ['meɪzɪ] *bn* ❶ vol kronkelpaden ❷ verward

MB <u>comput</u> *afk* ❶ (megabyte) 1.048.576 bytes

mb

❷ (Medicinae Baccalaureus) Bachelor of Medicine, bachelor in de medicijnen

MBA *afk* → **Master of Business Administration**

MBE *afk* (Member of the Order of the British Empire ‹Britse onderscheiding›)

MC I *afk* → **Master of Ceremonies II** *znw & overg* → **emcee**

McCoy [məˈkɔɪ] *inf* ★ *the real* ~ je ware

MD *afk* ❶ (managing director) algemeen directeur ❷ (medical doctor) Am doctor in de medicijnen

me [mi:] *pers vnw* ❶ mij, me ❷ *inf* ik ▾ *dear* ~*!* lieve hemel!

mea culpa [ˈmi:ə ˈkʌlpə] *tsw* ik beken schuld

mead [mi:d] *znw* mee ‹drank›

meadow [ˈmedəʊ] *znw* weide, weiland

meadowland [ˈmedəʊlænd] *znw* weidegrond

meadow mouse [ˈmedəʊ maʊs] *znw* veldmuis

meadowsweet [ˈmedəʊswi:t] *znw* (moeras)spirea

meagre [ˈmi:gə] *bn* mager, schraal

meal [mi:l] *znw* ❶ maal, maaltijd ★ *there's not much talking at* ~ *times* er wordt niet veel gepraat onder het eten ★ *the argument started during the* ~ het argument begon onder het eten ★ *a* ~ *of bread and cheese* een maaltijd van brood en kaas ★ *eat / have/form take a* ~ eten ★ *finish one's* ~ de maaltijd beëindigen ★ *go out for a* ~ uit eten ★ *inf make a* ~ *of sth* veel ophef maken over iets ★ *snatch a* ~ gauw een hapje eten ★ *stay for a* ~ blijven eten ❷ meel, Am maïsmeel

mealie [ˈmi:lɪ], **mielie** ZA *znw* (meestal *mv*) mielie, maïs

mealiness [ˈmi:lɪnɪs] *znw* ❶ meelachtigheid ❷ meligheid

meals on wheels [mi:lz ɒn wi:lz] *znw* Tafeltje-dek-je ‹maaltijdservice voor bejaarden &›

meal ticket [ˈmi:ltɪkt] *znw* broodwinning, inkomstenbron

mealtime [ˈmi:ltaɪm] *znw* etenstijd ★ *at* ~*s* bij de maaltijd, aan tafel

meal voucher [mi:l ˈvaʊtʃə] *znw* lunchbon, maaltijdbon

mealy [ˈmi:lɪ] *bn* ❶ meelachtig ❷ melig ❸ bleekneuzig

mealy-mouthed [mi:lɪ-maʊðd] *bn* ❶ te voorzichtig in zijn uitlatingen ❷ zalvend, zoetsappig ❸ schijnheilig

mean [mi:n] **I** *bn* ❶ krenterig ★ *he's* ~ *with his money* hij is krenterig met zijn geld ❷ gemeen, min, laag ★ *a* ~ *trick* een gemene truc ❸ armzalig, armoedig ❹ Am kwaadaardig, vals ❺ gemiddeld, middel- ❻ gering, schriel ★ *no* ~ *feat* geen kattendrek, niet gering, niet mis ❼ Am *inf* fantastisch, te gek snel **II** *znw* gemiddelde, middelmaat, middenweg, middelevenredige ★ *the golden* ~ de gulden middelmaat **III** *overg* [meant, meant] ❶ bedoelen, menen, in de zin hebben, van plan zijn ★ *he* ~*s business* hij is vastberaden, hij is serieus ★ *what do you* ~ *by that comment?* wat wil je met die

opmerking zeggen? ★ *what do you* ~ *by locking me out?* waarom heb je me buitengesloten? ★ *this drawing is* ~*t to be you* deze tekening moet jou voorstellen ★ *we were* ~*t to be there by 6* we hadden er tegen zessen moeten zijn ★ *inf are we* ~*t to laugh?* moeten we lachen? ★ *do you* ~ *to say (that) you don't believe me?* wil je daarmee zeggen dat je me niet gelooft? ★ *I* ~ *what I say* ik meen wat ik zeg ❷ betekenen ★ *it doesn't* ~ *(that) I don't care about her* dat wil niet zeggen, dat ik niet om haar geef ★ *the word* ~*s 'bread' in Portuguese* het woord betekent 'brood' in het Portugees ★ *the name* ~*s nothing to me* die naam zegt me niets ★ *his work* ~*s more to him than his family* zijn werk betekent meer voor hem dan zijn gezin ❸ bestemmen (voor *for*) ★ *the house was* ~*t for a large family* het huis was bedoeld voor een groot gezin ★ *the bomb was* ~*t for him* de bom was voor hem bedoeld ★ *we're* ~*t for each other* we zijn voorbestemd voor elkaar **IV** *onoverg* [meant, meant] het menen (bedoelen) ★ ~ *well (by sth)* het goed menen (met iets)

meander [mɪˈændə] **I** *znw* kronkeling **II** *onoverg* ❶ kronkelen, zich slingeren ❷ dolen

meandering [mɪˈændərɪŋ] *bn* ❶ onsamenhangend ‹van toespraak, verhaal› ❷ slingerend ‹van pad, rivier›

meanderings [mɪˈændərɪŋz] *znw* [mv] ❶ afdwaling ❷ zwerftocht ❸ gekronkel

meanie [ˈmi:nɪ], **meany** *inf* *znw* ❶ kleinzielig persoon, krent ❷ rotzak

meaning [ˈmi:nɪŋ] **I** *bn* veelbetekenend ★ *she gave him a* ~ *look* ze keek hem veelbetekenend aan **II** *znw* ❶ bedoeling ❷ betekenis, zin ★ *inf generosity? He doesn't know the* ~ *of the word!* vrijgevigheid? hij weet niet wat het woord betekent! ★ *the word has taken on another* ~ het woord heeft een andere betekenis gekregen

meaningful [ˈmi:nɪŋfʊl] *bn* ❶ zinvol, zinrijk ★ *he's no longer finding his work* ~ hij vindt zijn werk niet zinvol meer ❷ veelbetekenend ❸ van betekenis

meaningfully [ˈmi:nɪŋfʊlɪ] *bijw* ❶ zinvol ❷ veelbetekenend ★ *she pointed* ~ *in the direction of the door* ze wees veelbetekenend naar de deur

meaningless [ˈmi:nɪŋləs] *bn* ❶ zonder zin, zinledig, zinloos, doelloos ❷ nietszeggend

meaninglessly [ˈmi:nɪŋləslɪ] *bijw* ❶ zonder zin, zinloos, doelloos ❷ nietszeggend

meaninglessness [ˈmi:nɪŋləsnəs] *znw* ❶ zinloosheid, doelloosheid ❷ nietszeggendheid

meaningly [ˈmi:nɪŋlɪ] *bijw* ❶ veelbetekenend ❷ opzettelijk

meanly [ˈmi:nlɪ] *bijw* ❶ slecht, gemeen, zelfzuchtig ★ *he can behave quite* ~ *when he likes* hij kan heel gemeen reageren als hij dat wil ❷ geringschattend

meanness [ˈmi:nəs] *znw* gemeenheid, zelfzucht, slechtheid

mean rate [mi:n reɪt] *znw* middenkoers

means [mi:nz] *znw* [mv] ❶ manier, middel ★ *ways*

mb

and ~ manieren ★ *by all* ~ toch vooral, zeker, stellig ★ *not by any* ~ / *by no* ~ / *by no manner of* ~ geenszins, volstrekt niet ★ *by legitimate* ~ op een legitieme manier ★ *by other* ~ op een andere manier ★ *by* ~ *of* door middel van ★ *by his* ~ met zijn hulp, door zijn bemiddeling, door hem ★ *by fair* ~ *or foul* op eerlijke of oneerlijke manier ★ *a* ~ *to an end* een middel om een doel te bereiken ❷ middelen, geldelijke inkomsten ★ *modest* ~ gering inkomen, bescheiden middelen ★ *beyond the* ~ *of* te duur voor ★ *of independent* / *private* ~ financieel onafhankelijk ★ *a man of* ~ een bemiddeld man ★ *live beyond one's* ~ boven zijn stand leven ★ *live within one's* ~ niet boven zijn stand leven ★ ~ *of support* bron van inkomsten

means of production [mi:nz əv prə'dʌkʃən] *znw* productiemiddelen

mean-spirited ['mi:n'spɪrɪtɪd] *bn* laaghartig

means test ['mi:nztest] *znw* onderzoek naar iemands draagkracht

means-tested ['mi:nztestɪd] *bn* inkomensafhankelijk

meant [ment] *ww* [v.t. & v.d.] → **mean**

meantime ['mi:ntaɪm], **meanwhile I** *bijw* intussen, ondertussen **II** *znw* ★ *in the* ~ intussen, ondertussen

mean time [mi:n taɪm] *znw* gemiddelde zonnetijd

meanwhile ['mi:nwaɪl] *bijw & znw* → **meantime**

meany ['mi:nɪ] *inf znw* → **meanie**

measles ['mi:zəlz] *znw* [mv] mazelen

> **measles**
> (mazelen) is eigenlijk meervoud, maar wordt vaak als enkelvoud behandeld.
> *Measles is a virus infection* - Mazelen is een virusinfectie.
> *Measles are now rare* - Mazelen komt tegenwoordig haast niet meer voor.

measliness ['mi:zlɪnəs] *znw* armzaligheid, miezerigheid

measly ['mi:zlɪ] *inf bn* armzalig, miserabel, miezerig

measurable ['meʒərəbl] *bn* ❶ meetbaar ❷ afzienbaar

measure ['meʒə] **I** *znw* ❶ maatregel ★ *austerity* ~*s* versoberingsmaatregelen ★ *protective* ~*s* beschermingsmaatregelen ★ *a* ~ *against terrorism* een antiterreurmaatregel ★ *a* ~ *for reducing costs* een kostenbesparende maatregel ★ *take* ~*s* maatregelen nemen ❷ maat, mate ★ *a generous* ~ een royale hoeveelheid ★ *beyond* ~ bovenmatig ★ *for* ~ leer om leer ★ *for good* ~ op de koop toe ★ *in large* ~ in grote mate, grotendeels ★ *in some* ~ in zekere mate, tot op zekere hoogte ★ *the true* ~ *of sth* de uiteindelijke beoordeling van iets ★ *have the* ~ *of sbd* iem. schatten, wegen, de krachten meten ★ *made to* ~ op maat (gemaakt) ❸ maatstaf, meetlat **II** *overg* ❶ meten, op-, af-, uit-, toemeten ★ *inf he* ~*d his length on the ground* hij viel languit op de grond ❷ de maat nemen ❸ beoordelen, taxeren **III** *phras* ★ ~ *sbd* / *sth* **against** *sbd* / *sth* iem. / iets met iem. / iets vergelijken ★ ~ *sth* **off** iets opmeten / afmeten

★ ~ *sth* **out** iets uitmeten / afmeten ★ ~ **up** voldoen ★ ~ *sbd* / *sth* **up** iem. / iets opmeten ★ *I* ~*d him up (with my eye)* ik nam hem op van het hoofd tot de voeten ★ ~ **up to** *sth* voldoen aan iets, beantwoorden aan iets, opgewassen zijn tegen iets, op kunnen tegen iets

measured ['meʒəd] *bn* ❶ afgemeten, gelijkmatig ❷ gematigd ❸ weloverwogen ★ *her words were calm and* ~ haar woorden waren kalm en weloverwogen

measureless ['meʒələs] *bn* onmetelijk, onbegrensd

measurement ['meʒəmənt] *znw* ❶ (af)meting, maat ❷ inhoud

measuring ['meʒərɪŋ] **I** *bn* maat-, meet- **II** *znw* het meten, het de maat nemen

measuring cup ['meʒərɪŋ kʌp] *znw* maatbeker

measuring equipment ['meʒərɪŋ ɪ'kwɪpmənt] *znw* meetapparatuur

measuring instrument ['meʒərɪŋ 'ɪnstrəmənt] *znw* meetinstrument

measuring jug ['meʒərɪŋ dʒʌg] *Am znw* maatbeker

measuring tape ['meʒərɪŋ teɪp] *znw* meetlint, centimeter

meat [mi:t] *znw* ❶ vlees, voedsel ★ *I'm not a great* ~ *eater* ik eet niet veel vlees ★ *strong* ~ zware kost ★ *it's* ~ *and drink to him* het is zijn lust en zijn leven ★ *zegsw one man's* ~ *is another man's poison* de een zijn dood is de ander zijn brood, elk zijn meug ❷ *fig* diepere inhoud ❸ *inf* mensenvlees ★ *that'll put* ~ *on his bones* daar wordt hij dikker van, daar gaat hij van aansterken ▼ *inf easy* ~ een willig slachtoffer

meat-and-potatoes [mi:t ænd pə'teɪtəʊz] *Am* **I** *bn* fundamenteel ★ *the budget model is our* ~ *line* het goedkope model is ons basisartikel **II** *znw fig* het allerbelangrijkste

meat axe [mi:t æks] *znw* vleesbijl

meatball ['mi:tbɔ:l] *znw* gehaktbal

meat grinder [mi:t 'graɪndə] *znw* vleesmolen

meathead ['mi:thed] *inf znw* stomkop

meathook ['mi:thʊk] *znw* vleeshaak

meathooks ['mi:thʊks] *inf znw* [mv] handen, armen

meat loaf [mi:t ləʊf] *znw* gehaktbrood

meat market [mi:t 'mɑ:kɪt] *inf znw* café of club waar men heengaat om iemand te versieren

meat pie [mi:t paɪ] *znw* vleespastei

meat safe [mi:t seɪf] *znw* vliegenkast

meatspace ['mi:tspeɪs] *inf znw* de feitelijke wereld ‹in tegenstelling tot *cyberspace*›

meat wagon [mi:t 'wægən] *inf znw* ambulance of lijkwagen

meaty ['mi:tɪ] *bn* ❶ vlezig, vlees- ❷ rijk ‹v. inhoud›, degelijk, stevig

Mecca ['mekə] *znw* Mekka ★ *fig the zoo is a* ~ *for children* de dierentuin is een mekka voor kinderen

mechanic [mɪ'kænɪk] *znw* werktuigkundige, mecanicien, monteur

mechanical [mɪ'kænɪkl] *bn* ❶ machinaal, werktuiglijk ❷ mechanisch, werktuigkundig ❸ machine- ❹ *fig* ongeïnspireerd

me

mechanical drawing [mɪˈkænɪkl ˈdrɔːɪŋ] *znw*
technisch tekenen

mechanical engineer [mɪˈkænɪkl endʒɪˈnɪə] *znw*
werktuigbouwkundige, werktuigkundige

mechanical engineering [mɪˈkænɪkl endʒɪˈnɪərɪŋ] *znw*
werktuigbouwkunde

mechanically [mɪˈkænɪklɪ] *bijw* ❶ technisch,
mechanisch, werktuigkundig ★ *he's not very ~
minded* hij is niet erg technisch aangelegd ❷ *fig*
ongeïnspireerd, werktuiglijk

mechanician [mekəˈnɪʃən] *znw* werktuigkundige,
mecanicien

mechanics [mɪˈkænɪks] *znw* [mv] ❶ werktuigkunde,
mechanica ❷ *fig* mechanisme

mechanism [ˈmekənɪzəm] *znw* ❶ mechanisme,
mechaniek ★ *it's the body's defence ~ against disease*
het is het verdedigingsmechanisme van het lichaam
tegen ziektes ❷ techniek ★ *a survival ~* een
overlevingstechniek

mechanist [ˈmekənɪst] *znw* machineconstructeur,
werktuigkundige, expert of constructeur v.
machines

mechanistic [mekəˈnɪstɪk] *bn* ❶ mechanistisch
❷ mechanisch

mechanization [mekənaɪˈzeɪʃən], **mechanisation** *znw*
mechanisering

mechanize [ˈmekənaɪz], **mechanise** *overg*
mechaniseren

Med [med] *inf znw* ★ *the ~* de Middellandse Zee

médaillon [meidarˈjɔ˜] *(‹Fr)* *znw* medaillon ‹klein rond
stukje vlees of vis›

medal [ˈmedl] *znw* (gedenk)penning, medaille ★ *a ~
winner* een medaillewinnaar ★ *he was awarded a ~
for bravery* hij kreeg een medaille voor moed

medallion [mɪˈdæljən] *znw* ❶ grote medaille of
(gedenk)penning ❷ medaillon ‹als ornament›

medallist [ˈmedəlɪst] *znw* ❶ medailleur ❷ houder van
een medaille

meddle [ˈmedl] *onoverg* ❶ zich bemoeien, zich inlaten
(met *with*), zich mengen (in *in*) ★ *that'll teach you
to ~ in other people's affairs* dat zal je leren om je met
andermans zaken te bemoeien ❷ met zijn vingers
aan iets komen, knoeien, putsen, tornen (aan *with*)

meddler [ˈmedlə] *znw* bemoeial

meddlesome [ˈmedəlsəm] *bn* bemoeiziek

media [ˈmiːdɪə] *znw* [mv] → **medium** ★ *the ~* de media
★ *get / receive ~ coverage* publiciteit in de media
krijgen

media

In het Engels wordt **the media** (de media) vaak als
enkelvoud gezien:
the media hasn't reported this fact is dus even correct
als *the media haven't reported this fact (de media
hebben dit feit niet vermeld).*

media adviser [ˈmiːdɪə ədˈvaɪzə] *znw* mediaplanner,
media-adviseur

media analysis [ˈmiːdɪə əˈnæləsɪs] *znw* mediaplanning

media board [ˈmiːdɪə bɔːd] *znw* commissariaat voor
de media

media broker [ˈmiːdɪə ˈbrəʊkə] reclame *znw*
mediabureau, media-inkoopbureau

media coverage [ˈmiːdɪə ˈkʌvərɪdʒ] reclame *znw*
mediabereik, mediadekking

media-driven [ˈmiːdɪə-drɪvən] *bn* mediagestuurd

mediaeval [medɪˈiːvəl] *bn* → **medieval**

mediaevalism [medɪˈiːvəlɪzəm] *znw* → **medievalism**

media event [ˈmiːdɪə ɪˈvent] *znw* mediagebeurtenis

mediagenic [miːdɪəˈdʒenɪk] *bn* mediageniek

medial [ˈmiːdɪəl] *bn* ❶ midden-, tussen-, middel-
❷ gemiddeld

median [ˈmiːdɪən] **I** *bn* midden-, middel- ★ *~ domestic
spending* gemiddelde binnenlandse uitgaven **II** *znw*
mediaan

median strip [ˈmiːdɪən strɪp] *Am znw* middenberm

media studies [ˈmiːdɪə ˈstʌdɪz] *znw* [mv] mediastudies

mediate I *bn* [ˈmiːdɪət] indirect **II** *overg & onoverg*
[ˈmiːdɪeɪt] bemiddelen ★ *~ an end to the conflict* via
bemiddeling een eind aan een conflict maken ★ *~
between the parties* bemiddelen tussen de partijen

mediation [miːdɪˈeɪʃən] *znw* bemiddeling

mediator [ˈmiːdɪeɪtə] *znw* bemiddelaar ‹bij geschil›

mediatory [ˈmiːdɪətərɪ] *bn* bemiddelend,
bemiddelings-

medic [ˈmedɪk] *Am inf znw* dokter ‹bij de
krijgsmachten›

Medicaid [ˈmedɪkˈeɪd] *znw* ziektekostenverzekering
‹in de VS voor minima›

medical [ˈmedɪkl] **I** *bn* medisch, genees-,
geneeskundig **II** *znw* ❶ medisch examen
❷ algemeen medisch onderzoek

medical assessment [ˈmedɪkl əˈsesmənt] *znw* →
medical examination

medical certificate [ˈmedɪkl səˈtɪfɪkɪt] *znw*
doktersverklaring

medical examination [ˈmedɪkl ɪgzæmɪˈneɪʃən],
medical assessment *znw* medische keuring

medical examiner [ˈmedɪkl ɪgˈzæmɪnə] *znw*
keuringsarts

medical jurisprudence [ˈmedɪkl dʒʊərɪsˈpruːdns] *znw*
forensische geneeskunde, gerechtelijke
geneeskunde

medically [ˈmedɪklɪ] *bijw* door de dokter, medisch
★ *a ~ prescribed dose* een door de dokter
voorgeschreven dosis ★ *~ fit* medisch gezien fit

medical officer [ˈmedɪkl ˈɒfɪsə] *znw* ❶ *mil* officier van
gezondheid ❷ arts v.d. Geneeskundige Dienst

medical practitioner [ˈmedɪkl prækˈtɪʃənə] *znw*
medicus, dokter

medicament [məˈdɪkəmənt] *znw* geneesmiddel

Medicare [ˈmedɪkeə] *znw* ❶ *Am* gezondheidszorg
voor bejaarden ❷ *Aus & NZ* ziekenfonds

medicate [ˈmedɪkeɪt] *overg* ❶ geneeskrachtig maken,
een geneeskrachtige stof toevoegen
❷ geneeskundig behandelen

medicated [ˈmedɪkeɪtɪd] *bn* gezondheids-, sanitair,

medicinaal ★ a ~ shampoo een medicinale shampoo

medication [medɪˈkeɪʃən] znw medicatie, geneesmiddel ★ he's on ~ for his blood pressure hij neemt medicijnen voor zijn bloeddruk

medicinal [məˈdɪsɪnl] bn geneeskrachtig, genezend, medicinaal, geneeskundig

medicinally [məˈdɪsɪnəlɪ] bijw geneeskrachtig, genezend, medicinaal, geneeskundig

medicine [ˈmedsən] znw ❶ medicijn, geneesmiddel, artsenij ★ get a dose / taste of one's own ~ een koekje van eigen deeg krijgen ★ fig take one's ~ zijn straf ondergaan ❷ geneeskunde ★ study ~ medicijnen studeren

medicine chest [ˈmedsən tʃest], **medicine cabinet** znw medicijnkistje, huisapotheek

medicine man [ˈmedsən mæn] znw medicijnman

medico [ˈmedɪkəʊ] znw ❶ inf medicus, esculaap ❷ medisch student

medico-legal [ˈmedɪkəʊˈliːgəl] bn medisch-forensisch

medieval [medɪˈiːvəl], **mediaeval** bn middeleeuws

medievalism [medɪˈiːvəlɪzəm], **mediaevalism** znw studie van de middeleeuwen

mediocre [miːdɪˈəʊkə] bn middelmatig, onbetekenend, inferieur ★ a ~ film een onbeduidende film ★ a ~ school een middelmatige school

mediocrity [miːdɪˈɒkrətɪ] znw middelmatigheid ★ the scenery saves the film from ~ het landschap tilt de film boven het middelmatige uit

meditate [ˈmedɪteɪt] I overg overdenken, denken over, bepeinzen, beramen II onoverg ❶ nadenken, peinzen (over on / over) ❷ mediteren

meditation [medɪˈteɪʃən] znw ❶ overdenking, overpeinzing, gepeins ★ the piece is a ~ on loss het stuk is een bespiegeling over verlies ❷ meditatie ★ they spend hours in silent ~ each day ze brengen elke dag uren door in zwijgende meditatie

meditative [ˈmedɪtətɪv] bn (na)denkend, peinzend

Mediterranean [medɪtəˈreɪnɪən] I bn (van de) Middellandse Zee, mediterraan II znw ★ the ~ (Sea) de Middellandse Zee

medium [ˈmiːdɪəm] I bn ❶ middelsoort- ❷ middelfijn, middelzwaar & ★ ~rare medium, à point, halfdoorbakken ⟨v. biefstuk⟩ ❸ gemiddeld, middelmatig II znw [mv: -s of media] ❶ massacommunicatiemiddel ❷ (natuurlijk) milieu ❸ midden, middenweg, compromis III znw [mv: -s] ❶ tussenpersoon, medium ★ by / through the ~ of door (bemiddeling / tussenkomst van) ❷ medium ⟨maat⟩ ❸ middenweg ★ strike a happy ~ de gulden middenweg vinden

medium coverage [ˈmiːdɪəm ˈkʌvərɪdʒ] marketing znw mediumbereik, bereik van het voor reclamedoeleinden te gebruiken medium

mediumistic [miːdjəˈmɪstɪk] bn mediamiek

medium-range [ˈmiːdɪəmˈreɪndʒ] bn middellangeafstands-

medium-sized [ˈmiːdɪəmˈsaɪzd] bn middelgroot

medium-term [ˈmiːdɪəmˈtɜːm] bn middellang ★ ~ credit middellang krediet ⟨een krediet met een looptijd van één tot tien jaar⟩ ★ a ~ loan een middellange lening ★ a ~ plan een meerjarenplan

medium wave [ˈmiːdɪəm weɪv] radio [mv] znw middengolf

medlar [ˈmedlə] znw mispel

medley [ˈmedlɪ] znw ❶ mengelmoes, mengeling, mengelwerk ❷ muz medley, potpourri ❸ **medley relay** sp wisselslag

medulla [mɪˈdʌlə] anat znw merg

medusa [məˈdjuːzə] znw kwal

meek [miːk] bn zachtmoedig, zachtzinnig, ootmoedig, gedwee

meerschaum [ˈmɪəʃəm] znw ❶ meerschuim ❷ meerschuimen pijp

meet [miːt] I znw ❶ bijeenkomst ❷ rendez-vous ❸ sp wedstrijd, ontmoeting II overg [met, met] ❶ ontmoeten, tegenkomen, (aan)treffen, vinden ★ there's more to this than ~s the eye daar schuilt meer achter dan het zo lijkt ★ ~ one's match zijns gelijke vinden ★ ~ one's Waterloo verpletterend verslagen worden ❷ een ontmoeting (samen-, bijeenkomst) hebben met, op-, bezoeken ❸ kennismaken met ★ I'd like you to ~ Jane Smith mag ik u voorstellen aan Jane Smith? ★ nice / pleased to ~ you aangenaam ★ I look forward to ~ing you ik zie er naar uit om u te ontmoeten ❹ ontvangen, afhalen ★ ~ sbd at the station iem. afhalen van het station ❺ tegemoet gaan of treden, het hoofd bieden (aan) ★ ~ sbd's eyes / gaze / look iem. aankijken, iemands blik kruisen ★ fig ~ sbd halfway iem. tegemoet komen ❻ tegemoet komen (aan), voldoen (aan) ★ ~ the challenge aan de uitdaging voldoen ❼ voorzien in, ondervangen, opvangen ★ ~ one's expenses de kosten dekken / bestrijden III onoverg [met, met] ❶ elkaar ontmoeten ❷ samen-, bijeenkomen (ook: ~ up) ★ till we ~ again tot weerziens IV phras ★ ~ up aantreffen, ontmoeten ⟨mensen⟩, samenkomen ⟨wegen, lijnen⟩ ★ I met up with her in Barcelona ik kwam haar in Barcelona tegen ★ ~ with sth iets wegdragen ⟨goedkeuring⟩, iets krijgen ⟨een ongeluk⟩, iets (onder)vinden, iets lijden ⟨verlies⟩

meeting [ˈmiːtɪŋ] znw ❶ ontmoeting, bijeenkomst ★ an accidental / chance ~ een toevallige ontmoeting ★ a ~ of minds een overeenstemming, eendracht ❷ vergadering ★ the general ~ de ledenvergadering ★ the minutes of the ~ de notulen van de vergadering ★ he's in a ~ at the moment hij zit op het ogenblik in een vergadering ★ call the ~ to order de vergadering tot de orde roepen ★ convene a ~ een vergadering bijeenroepen ❸ sp wedstrijd, wedren ❹ samenvloeiing ⟨v. rivieren⟩

meeting ground [ˈmiːtɪŋ graʊnd] znw gemeenschappelijke kennis of interesse

meeting house [ˈmiːtɪŋ haʊs] znw bedehuis

meeting place [ˈmiːtɪŋ pleɪs] znw ontmoetingsplaats,

me

ontmoetingscentrum, verzamelplaats, plaats van samenkomst, trefpunt

meeting point ['miːtɪŋ pɔɪnt] *znw* trefpunt, ontmoetingspunt

meg ['meg] comput *afk* → **megabyte**

mega ['megə] *inf bn* enorm, belangrijk, geweldig, fantastisch ★ *a* ~ *headache* een enorme hoofdpijn

mega- ['megə] *voorv* ❶ een miljoen ❷ *inf* enorm, reusachtig, mega-

megabit ['megəbɪt] comput *znw* megabit ‹1024 kilobit›

megabucks ['megəbʌks] *inf znw* [mv] heel veel geld

megabyte ['megəbaɪt] comput *znw* megabyte ‹1.048.576 bytes›

megadeath ['megədeθ] *znw* 1 miljoen doden

megadose ['megədəʊs] *znw* zeer grote dosis

megahertz ['megəheːts], **MHz** *znw* megahertz

megalomania [megələ'meɪnɪə] *znw* grootheidswaan(zin)

megalomaniac [megələ'meɪnɪæk] **I** *bn* lijdend aan grootheidswaan(zin) **II** *znw* lijder aan grootheidswaan(zin)

megalopolis [megə'lɒpəlɪs] *znw* megalopolis, stedencomplex, agglomeratie

megaphone ['megəfəʊn] *znw* megafoon

megaplex ['megəpleks] *znw* groot bioscoopcomplex

megastar ['megəstɑː] *inf znw* absolute superster, megaster

megastore ['megəstɔː] *znw* megamarkt, winkelgigant

megaton ['megətʌn] *znw* megaton

megawatt ['megəwɒt] *znw* megawatt

me generation [mi: dʒenə'reɪʃən] *znw* ★ *the* ~ de ik-generatie

melancholia [melən'kəʊlɪə] gedat *znw* melancholie

melancholy ['melənkəlɪ], **melancholic I** *bn* ❶ melancholiek, zwaarmoedig, droefgeestig ❷ droevig, treurig, triest **II** *znw* melancholie, zwaarmoedigheid, droefgeestigheid

Melanesia [melə'niːzɪə] *znw* Melanesië

Melanesian [melə'niːzɪən] **I** *bn* Melanesisch **II** *znw* Melanesiër, Melanesische

melanoma [melə'nəʊmə] med *znw* melanoom

meld [meld] **I** *znw* ❶ roem‹kaartspel› ❷ combinatie **II** *overg* ❶ roem melden ❷ mengen, vermengen, combineren

melee ['meleɪ] *znw* strijdgewoel

meliorate ['miːlɪəreɪt] form *overg & onoverg* → **ameliorate**

melioration [miːlɪə'reɪʃən] form *znw* → **amelioration**

mellifluence [me'lɪflʊəns] *znw* honingzoetheid, zoetvloeiendheid

mellifluous [mɪ'lɪflʊəs] *bn* zoetvloeiend, honingzoet ★ *the* ~ *sound of the flute* het zoetgevooisde geluid van de fluit

mellow ['meləʊ] **I** *bn* ❶ rijp, mals, zacht ❷ getemperd door leeftijd of ervaring ❸ zoetvloeiend ‹toon› ❹ *inf* joviaal ❺ *inf* halfdronken ❻ rijk, leemachtig ‹v. grond› **II** *overg* ❶ doen rijpen ❷ mals, zacht &

maken ❸ temperen, verdoezelen **III** *onoverg* ❶ rijp & worden ❷ relaxen, ontspannen ★ Am *inf* ~ *out* relaxen, ontspannen ❸ milder worden

melodic [mɪ'lɒdɪk] *bn* ❶ melodisch ❷ melodieus

melodically [mɪ'lɒdɪklɪ] *bijw* ❶ melodisch ❷ melodieus

melodious [mɪ'ləʊdɪəs] *bn* melodieus, welluidend, zangerig

melodist ['melədɪst] *znw* ❶ zanger ❷ componist van de melodie

melodrama ['melədrɒmə] *znw* ❶ melodrama ❷ draak ‹toneel›

melodramatic [melədrə'mætɪk] *bn* melodramatisch, overdreven, sensationeel, drakerig (toneel)

melodramatically [melədrə'mætɪklɪ] *bijw* melodramatisch, overdreven ★ *he groaned* ~ hij kreunde overdreven

melody ['melədɪ] *znw* melodie

melon ['melən] *znw* meloen

melt [melt] **I** *znw* smelting **II** *overg* ❶ smelten ★ ~ *sth down* iets omsmelten ❷ vermurwen, vertederen, roeren **III** *onoverg* smelten ★ ~ *away* weg-, versmelten ★ ~ *into one another* in elkaar vloeien ‹v. kleuren› ★ ~ *into the crowd* opgaan / verdwijnen in de massa

meltdown ['meltdaʊn] *znw* meltdown ‹v. kernreactor›

melting ['meltɪŋ] **I** *bn* smeltend, (ziel)roerend **II** *znw* ❶ smelting ❷ vertedering

melting point ['meltɪŋ pɔɪnt] *znw* smeltpunt

melting pot ['meltɪŋ pɒt] *znw* smeltkroes

meltwater ['meltwɔːtə] *znw* smeltwater

member ['membə] *znw* ❶ lid, lidmaat ★ *a family* ~ een lid van het gezin ★ *an honorary* ~ een erelid ★ *a* ~ *of staff* een staflid ★ *resign as a* ~ zijn lidmaatschap opzeggen ❷ afgevaardigde, deelnemer

membered ['membəd] *bn* van... leden ★ scheik *a five~ ring formation* een vijfdelige ringformatie ‹van moleculen›

member of parliament ['membərəv 'pɑːləmənt], **MP** *znw* [*mv:* members of parliament] Lagerhuislid

membership ['membəʃɪp] *znw* ❶ lidmaatschap ★ *honorary* ~ erelidmaatschap ★ *union* ~ lidmaatschap van de vakbond ★ *apply for* ~ lidmaatschap aanvragen ★ *resign one's* ~ zijn lidmaatschap opzeggen ❷ (aantal) leden

membership card ['membəʃɪp kɑːd] *znw* clubcard, lidmaatschapskaart

membership fee ['membəʃɪp fiː] *znw* contributie

member state ['membə steɪt] *znw* lidstaat

membrane ['membreɪn] *znw* vlies, membraan

membranous ['membrənəs] *bn* vliezig

memento [mə'mentəʊ] *znw* [*mv:* -s of -toes] gedachtenis, herinnering, aandenken, souvenir ★ *as a* ~ *of* als aandenken aan

memo ['meməʊ] *znw* → **memorandum**

memoir ['memwɑː] Am *znw* verhandeling, (auto)biografie

memoirs ['memwɑ:z] *znw* [mv] ❶ memoires, autobiografie ❷ verhandelingen ‹v. geleerd genootschap›

memo pad ['meməʊ pæd] *znw* notitieblok, memoblok

memorabilia [memərə'bɪlɪə] *znw* [mv] souvenirs

memorable ['memərəbl] *bn* gedenkwaardig, heuglijk, onvergetelijk, opmerkelijk

memorandum [memə'rændəm], **memo** *znw* [mv: -s of memoranda] ❶ memorandum, aantekening, notitie ❷ nota

memorandum entry [memə'rændəm 'entrɪ], **memorandum item** boekh *znw* memoriepost

memorandum of association [memə'rændəm əv əsəʊsɪ'eɪʃən] *znw* akte van oprichting

memorial [mɪ'mɔ:rɪəl] **I** *bn* herinnerings-, gedenk- **II** *znw* ❶ gedachtenis, herinnering ❷ verzoekschrift, petitie, adres, nota, memorie ❸ gedenkstuk, -teken

Memorial Day [mɪ'mɔ:rɪəl deɪ] *znw* Memorial Day ‹in de VS: herdenking van de gevallenen›

memorialist [mɪ'mɔ:rɪəlɪst] *znw* ❶ adressant ❷ memoiresschrijver, schrijver van gedenkschrift

memorialize [mɪ'mɔ:rɪəlaɪz], **memorialise** *overg* zich met een verzoekschrift wenden tot

memorial service [mɪ'mɔ:rɪəl 'sɜ:vɪs] *znw* rouwdienst

memorize ['meməraɪz], **memorise** *overg* ❶ memoriseren, uit het hoofd leren ❷ onthouden

memory ['memərɪ] *znw* ❶ memorie, geheugen ★ *learn sth from* ~ iets uit het hoofd leren ★ *in / within living* ~ sinds mensenheugenis ★ *commit sth to* ~ iets uit het hoofd leren, in het geheugen prenten ★ *have a* ~ *like an elephant* een geheugen hebben als een olifant ★ *have a* ~ *like a sieve* een geheugen hebben als een zeef ★ *jog one's* ~ zijn geheugen opfrissen ★ *take a trip down* ~ *lane* herinneringen ophalen aan vroeger ❷ herinnering, (na)gedachtenis, aandenken ★ *in* ~ *of* ter nagedachtenis aan

memory bank ['memərɪ bæŋk] comput *znw* geheugenbank

memory board ['memərɪ bɔ:d] comput *znw* geheugenmodule

memory book ['memərɪ bʊk] *znw* plakboek

memory capacity ['memərɪ kə'pæsətɪ] comput *znw* geheugencapaciteit

memory chip ['memərɪ tʃɪp] comput *znw* geheugenchip

memory leak ['memərɪ li:k] comput *znw* geheugenlek

memsahib ['memsɑ:(h)ɪb, -sɑ:b] hist *znw* Europese getrouwde vrouw in India

men [men] *znw* [mv] → **man**

menace ['menɪs] **I** *znw* ❶ dreiging, bedreiging ★ *he's a* ~ *to society* hij is een bedreiging voor de maatschappij ❷ dreigement ❸ inf lastpost, kruis **II** *overg* dreigen, bedreigen

menacingly ['menɪsɪŋlɪ] *bijw* bedreigend

ménage [me'nɑ:ʒ] *(‹Fr›)*, **menage** *znw* huishouden

ménage à trois [me'nɑ:ʒ ɑ: 'trwɑ:] *(‹Fr›) znw* [mv: menages à trois] driehoeksverhouding

menagerie [mɪ'nædʒərɪ] *znw* menagerie, beestenspel

mend [mend] **I** *znw* reparatie, gestopte of verstelde plaats ★ *on the* ~ aan de beterende hand **II** *overg* ❶ (ver)beteren, beter maken, herstellen, repareren, (ver)maken, verstellen, lappen, stoppen ★ *that won't* ~ *matters* dat maakt het niet beter ★ inf ~ *one's fences* een ruzie bijleggen ★ ~ *ones' manners* zich beter gedragen ★ ~ *one's ways* zijn leven beteren **III** *onoverg* ❶ beteren, beter worden ❷ vooruitgaan ‹zieke› ❸ zich (ver)beteren

mendacious [men'deɪʃəs] form *bn* leugenachtig

mendacity [men'dæsətɪ] form *znw* leugenachtigheid

mender ['mendə] *znw* hersteller, verbeteraar

mendicant ['mendɪkənt] form **I** *bn* bedelend, bedel- **II** *znw* ❶ bedelaar ❷ bedelmonnik

mendicity [men'dɪsɪtɪ] form *znw* bedelarij

mending ['mendɪŋ] *znw* ❶ reparatie, herstel, verstelling ❷ stopgaren ❸ verstelwerk

menfolk ['menfəʊk] *znw* man(s)volk, mannen

menhir ['menhɪə] *znw* menhir ‹staande steen uit de prehistorie›

menial ['mi:nɪəl] **I** *bn* ❶ dienend, dienst- ❷ dienstbaar ❸ afkeurend ondergeschikt, oninteressant, saai ‹werk &› ★ *a* ~ *task* een oninteressante taak **II** *znw* gedat (dienst)knecht, bediende, lakei

meningitis [menɪn'dʒaɪtɪs] med *znw* hersenvliesontsteking

menopausal [menəʊ'pɔ:zl] *bn* van, in de menopauze

menopause ['menəpɔ:z] *znw* menopauze ★ *go through the* ~ in de menopauze zitten

menorah [mɪ'nɔ:rə] joods *znw* zevenarmige (of achtarmige) kandelaar

menses ['mensi:z] med *znw* [mv] menstruatie

men's movement ['menz mu:vmənt] *znw* mannenbeweging ‹gericht op bevrijding van de man uit zijn traditionele rol›

men's room ['menz ru:m] Am *znw* herentoilet

menstrual ['menstrʊəl] *bn* menstruatie- ★ ~ *problems* menstruatieproblemen

menstrual cycle ['menstrʊəl 'saɪkl] *znw* menstruatiecyclus

menstrual period ['menstrʊəl 'pɪərɪəd] *znw* menstruatie, ongesteldheid

menstruate ['menstrʊeɪt] *onoverg* menstrueren

menstruation [menstrʊ'eɪʃən] *znw* menstruatie, ongesteldheid

mensurable ['menʃərəbl] *bn* meetbaar

mensuration [menʃə'reɪʃən] *znw* meting

menswear ['menzweə] *znw* herenmode, herenkleding, herenconfectie

mental ['mentl] *bn* ❶ geestelijk, geestes-, mentaal, psychisch ★ *make a* ~ *note of sth* iets in zijn oren knopen ❷ verstandelijk ❸ inf gestoord, krankzinnig

mental age ['mentl eɪdʒ] *znw* verstandelijke leeftijd ★ *a* ~ *of ten* een verstandelijke leeftijd van tien jaar

mental arithmetic ['mentl ærɪθ'metɪk] *znw* hoofdrekenen

mental block ['mentl blɒk] *znw* geheugenblokkade

me

mental cruelty ['mentl 'kruːəltɪ] *znw* geestelijke mishandeling

mental deficiency ['mentl dɪ'fɪʃənsɪ] *znw* zwakzinnigheid, debiliteit

mental faculties ['mentl 'fækəltɪz] *znw* [mv] geestvermogens

mental handicap ['mentl 'hændɪkæp] *znw* geestelijke handicap

mental home ['mentl həʊm] gedat *znw* gekkenhuis

mental hospital ['mentl 'hɒspɪtl] gedat *znw* psychiatrische inrichting

mental illness ['mentl 'ɪlnəs] *znw* zenuwziekte

mentality [men'tælətɪ] *znw* ❶ mentaliteit ❷ geestesgesteldheid ❸ denkwijze

mentally ['mentəlɪ] *bijw* ❶ geestelijk, mentaal ❷ in de geest ❸ verstandelijk ❹ uit het hoofd

mentally defective ['mentəlɪ dɪ'fektɪv], **mentally deficient** *bn* zwakzinnig, debiel

mentally disturbed ['mentəlɪ dɪ'stɜːbd] *bn* geestelijk gestoord

mentally handicapped ['mentəlɪ 'hændɪkæpt] *bn* geestelijk gehandicapt

mentally ill ['mentəlɪ ɪl], **mentally sick** *bn* geestesziek

mentally retarded ['mentəlɪ rɪ'tɑːdɪd] beledigend gedat *znw* achterlijk

mental nurse ['mentl nɜːs] *znw* krankzinnigenverpleger, -verpleegster

mental patient ['mentl 'peɪʃənt] *znw* geesteszieke, zenuwpatiënt

mental state ['mentl steɪt] *znw* psychische toestand

menthol ['menθɒl] *znw* menthol

mentholated ['menθəleɪtɪd] *bn* met menthol, menthol-

mention ['menʃən] **I** *znw* (ver)melding, gewag ★ *he doesn't rate a ~* hij wordt niet genoemd **II** *overg* (ver)melden, noemen, melding maken van, gewag maken van, spreken over ★ *don't ~ it* geen dank ★ *~ed above / below* voornoemd / nagenoemd, bovenstaand / onderstaand ★ *not to ~* om nog maar niet te spreken van ★ *to ~ but a few* om maar een paar te noemen ★ *now you ~ it / now you come to ~ it* nu je het zegt ★ *avoid ~ing sth* ergens niet over praten, iets niet noemen ★ *be worth ~ing* de moeite van het vermelden waard zijn ★ *be ~ed in dispatches* eervol vermeld worden ★ *fail / forget / omit to ~ sth* iets vergeten te zeggen ★ *~ sbd in one's will* iem. iets nalaten per testament

mentor ['mentɔː] *znw* mentor, raadgever

menu ['menjuː] *znw* ❶ menu, spijskaart ★ *what's on the ~?* wat staat er op het menu? wat eten we? ❷ comput menu

menu bar ['menjuː bɑː] comput *znw* menubalk

menu-driven ['menjuː-drɪvən] comput *bn* menugestuurd

menu option ['menjuː 'ɒpʃən] comput *znw* menukeuzes

meow [mɪ'aʊ, mjaʊ] *znw & onoverg* → **miaow**

MEP *afk* (Member of the European Parliament)

Europarlementariër

Mephistophelian [mefɪstə'fiːljən] *bn* ❶ mefistofelisch ❷ sluw, kwaadaardig, duivels

mercantile ['mɜːkəntaɪl] *bn* koopmans-, handels-, mercantiel

mercantile marine ['mɜːkəntaɪl mə'riːn] *znw* koopvaardijvloot, handelsvloot

mercenary ['mɜːsɪnərɪ] **I** *bn* ❶ gehuurd, huur- ❷ veil, (voor geld) te koop ❸ geldzuchtig, afkeurend koopmans- **II** *znw* huurling

mercer ['mɜːsə] hist *znw* manufacturier (in zijden en wollen stoffen)

mercerize ['mɜːseraɪz], **mercerise** *overg* merceriseren, glanzen

merchandise ['mɜːtʃəndaɪz] **I** *znw* koopwaar, waren **II** *onoverg & overg*, **merchandize** Am verkopen

merchandiser ['mɜːtʃəndaɪzə] *znw* verkoper

merchandising ['mɜːtʃəndaɪzɪŋ] *znw* verkooppromotie ⟨d.m.v. folders, displays, raambiljetten e.d.⟩

merchant ['mɜːtʃənt] **I** *bn* handels-, koopvaardij- **II** *znw* koopman, (groot)handelaar ★ inf *a speed / panic / gossip ~* een snelheidsmaniak / paniekzaaier / roddeltante

merchant bank ['mɜːtʃənt bæŋk] *znw* handelsbank

merchantman ['mɜːtʃəntmən] *znw* koopvaardijschip

merchant navy ['mɜːtʃənt 'neɪvɪ] *znw* koopvaardijvloot

merchant prince ['mɜːtʃənt prɪns] *znw* handelsmagnaat, rijke koopman

merchant seaman ['mɜːtʃənt 'siːmən] *znw* koopvaardijmatroos, -schipper

merchant service ['mɜːtʃənt 'sɜːvɪs] *znw* ❶ handelsvloot ❷ koopvaardij(vaart)

merchant ship ['mɜːtʃənt ʃɪp] *znw* koopvaardijschip

merchant shipping ['mɜːtʃənt 'ʃɪpɪŋ] *znw* handelsvaart, koopvaardij

merciful ['mɜːsɪfʊl] *bn* barmhartig, genadig

mercifully ['mɜːsɪfʊlɪ] *bijw* barmhartig, genadig

mercifulness ['mɜːsɪfʊlnəs] *znw* barmhartigheid, genade

merciless ['mɜːsɪləs] *bn* onbarmhartig, meedogenloos, genadeloos, ongenadig

mercilessly ['mɜːsɪləslɪ] *bijw* onbarmhartig, meedogenloos, ongenadig

mercilessness ['mɜːsɪləsnəs] *znw* onbarmhartigheid, meedogenloosheid

mercurial [mɜː'kjʊərɪəl] *bn* ❶ kwikzilverachtig ❷ kwik- ❸ fig levendig, vlug ❹ wispelturig

mercury ['mɜːkjʊrɪ] *znw* kwik(zilver) ▼ astron *Mercury* Mercurius

mercy ['mɜːsɪ] *znw* ❶ barmhartigheid, genade ★ *a ~ dash* een race naar het ziekenhuis ★ jur *a appeal for ~* een verzoek om gratie ★ *for ~'s sake* om godswil ★ *have ~ (up)on us* wees ons genadig, ontferm u over ons ⟨deel van de Anglicaanse en rooms-katholieke liturgie⟩ ★ *be at the ~ of sbd / sth* aan de genade overgeleverd zijn van iem. / iets, een spel zijn van iets ⟨wind en golven⟩ ★ *beg for ~* om genade smeken ★ *leave sbd / sth to the ~ of* iem. / iets overlaten aan de goedheid van ★ *show no ~* geen genade tonen ❷ weldaad, zegen ★ *be grateful / thankful for small mercies* dankbaar zijn voor kleine lichtpuntjes in een verder moeilijke situatie

mercy killing ['mɜːsɪ 'kɪlɪŋ] *znw* euthanasie

mere [mɪə] *bn* ❶ louter, zuiver, enkel ★ *the ~ thought* de gedachte alleen al ★ *she's sensitive to the ~st hint of criticism* ze is gevoelig voor zelfs het geringste spoortje kritiek ★ *teenage girls sob at the ~st mention of his name* tienermeisjes barsten in snikken uit als zijn naam alleen maar wordt genoemd ❷ maar ★ *a ~ boy* nog maar een jongen

merely ['mɪəlɪ] *bijw* enkel, louter, alleen

meretricious [merɪ'trɪʃəs] form *bn* opzichtig, schoonschijnend

merganser [mɜː'gænsə] *znw* grote zaagbek, duikergans ‹watervogel›

merge [mɜːdʒ] **I** *overg* samensmelten (met *into*), doen opgaan **II** *onoverg* ❶ opgaan (in), fuseren (met) ★ *~ with sth* fuseren met iets ❷ samenkomen ❸ (zich) voegen bij

merger ['mɜːdʒə] handel *znw* samensmelting, fusie

meridian [mə'rɪdɪən] **I** *bn* ❶ middag- ★ *~ altitude* middaghoogte ❷ hoogste **II** *znw* ❶ meridiaan ❷ fig hoogtepunt, toppunt

meridional [mə'rɪdɪənl], **meridionial** *bn* ❶ meridiaans ❷ zuidelijk ‹vooral v. Europa› ★ *a wine with ~ flavours* een wijn met zuidelijke aroma's

meringue [mə'ræŋ] *znw* schuimpje, schuimtaart

merino [mə'riːnəʊ] *znw* ❶ merinos, merinosgaren ❷ merinosschaap

merit ['merɪt] **I** *znw* verdienste, waarde, merite ★ *there's no ~ in such an idea* er zit niets waardevols in zo'n idee ★ *the ~s of sth* het essentiële / het eigenlijke / de merites van iets ★ *in order of ~* in volgorde van belangrijkheid ★ *argue the ~s of sth* de verdienste van iets bepleiten ★ *judge sth on its (own) ~s* iets op zijn eigen waarde beoordelen **II** *overg* verdienen

meritocracy [merɪ'tɒkrəsɪ] *znw* meritocratie, prestatiemaatschappij

meritorious [merɪ'tɔːrɪəs] *bn* ❶ form verdienstelijk ❷ Am jur met goede kans van slagen, gegrond ‹v. proces of eis›

merlin ['mɜːlɪn] *znw* steenvalk

mermaid ['mɜːmeɪd] *znw* meermin

merman ['mɜːmæn] *znw* meerman

merriment ['merɪmənt] *znw* vrolijkheid ★ *his ways are a source of much ~* zijn manieren zorgen altijd voor veel vrolijkheid

merry ['merɪ] *bn* ❶ vrolijk, opgewekt ★ *make ~* vrolijk zijn, feestvieren, pret maken ❷ prettig ❸ inf aangeschoten, beetje dronken

merry-go-round ['merɪgəʊraʊnd] *znw* draaimolen

merrymaker ['merɪmeɪkə] *znw* pleziermaker

merry making ['merɪ 'meɪkɪŋ] *znw* pretmakerij, feestvreugde

mésalliance [me'zælɪəns] ‹‹Fr› form *znw* mesalliance, huwelijk beneden iems. stand

mescaline ['meskəliːn] *znw* mescaline

mesclun ['mesklən] *znw* Provençaalse gemengde sla

meseems [mɪ'siːmz] vero of scherts *ww* mij dunkt, dunkt me

mesh [meʃ] **I** *znw* maas **II** *overg* in de mazen van een net vangen, verstrikken **III** *onoverg* ❶ techn in elkaar grijpen ❷ fig harmoniëren, bij elkaar passen ★ *the opening scene doesn't ~ with the rest of the movie* de openingsscène past niet bij de rest van de film

mesmeric [mez'merɪk] *bn* biologerend

mesmerism ['mezmərɪzm] *znw* mesmerisme

mesmerize ['mezməraɪz], **mesmerise** *overg* biologeren, hypnotiseren

mesmerizing ['mezməraɪzɪŋ], **mesmerising** *bn* fascinerend, biologerend, hypnotiserend ★ *he has dark hair and ~ black eyes* hij heeft donker haar en fascinerende zwarte ogen

mesomorph [mesəʊ-, mezəʊ'mɔːf] *znw* gespierd, atletisch type

mesomorphic [mesəʊ-, mezəʊ'mɔːfɪk] *bn* gespierd, atletisch

mess [mes] **I** *znw* ❶ smeerboel, warboel, knoeiboel, puinhoop, rotzooi, troep ★ *be in a ~* overhoop liggen, (emotioneel) in de war zijn ★ *look a ~* er niet uitzien ★ *make a ~ of sth* alles overhoop halen, de boel verknoeien, in de war sturen ❷ netelige situatie, kritisch geval ★ *be in a fine ~* er lelijk in zitten ★ *get oneself into a ~* zich allerlei moeilijkheden op de hals halen ❸ militaire kantine ❹ veevoer ❺ vuil goedje **II** *overg* bemorsen, vuilmaken **III** *onoverg* morsen, knoeien **IV** *phras* ★ *~ about / around* (rond)scharrelen, aanrommelen ★ inf *~ sbd about / around* sollen met iem, iem. aan het lijntje houden ★ inf *~ about / around with sth* prutsen aan iets, knoeien met iets ★ inf *~ about / around with sbd* rotzooien met iem., vreemdgaan met iem, zich inlaten met iem. ★ inf *~ sth up* iets verknoeien, bederven, iets in de war sturen, iets smerig maken ★ inf *~ sbd up* iem. in grote problemen brengen, iem. ernstig toetakelen ★ inf *~ with sth* met iets knoeien, rotzooien ★ Am inf *~ with sbd's head* iem. in de war brengen, iem. overstuur maken ★ inf *~ with sbd* iem. lastigvallen, zich bemoeien met iem.

message ['mesɪdʒ] *znw* ❶ boodschap ★ *drive the ~ home* de boodschap volkomen duidelijk maken ★ inf *get the ~* (de bedoeling) begrijpen ★ *get / put the ~ across* de boodschap overbrengen ★ *reinforce the ~* de boodschap benadrukken ❷ bericht

message box ['mesɪdʒ bɒks] comput *znw* kadertje op scherm met instructies

messenger ['mesɪndʒə] *znw* bode, boodschapper, koerier

messenger boy ['mesɪndʒə bɔɪ] *znw* boodschappenjongen, telegrambesteller

mess hall [mes hɔ:l] *znw* eetzaal, kantine

Messiah [mɪˈsaɪə] *znw* ❶ Messias ❷ heiland, verlosser

messianic [mesɪˈænɪk] *bn* messiaans

mess kit [mes kɪt] *znw* ❶ formeel uniform ❷ kook- en eetgerei ‹v. soldaat›

messmate [ˈmesmeɪt] scheepv *znw* baksmaat

mess room [mes ru:m] scheepv of mil *znw* eetkamer

Messrs [ˈmesəz] *znw* [mv] de heren

mess sergeant [mes ˈsɑːdʒənt] mil *znw* menagemeester

mess tin [mes tɪn] mil *znw* eetketeltje, gamel

mess-up [ˈmesʌp] inf *znw* warboel, geknoei

messy [ˈmesɪ] *bn* vuil, smerig, slordig, wanordelijk

mestizo [mesˈtiːzəʊ] *(‹Sp›) znw* [mv: mestizas of -s] mesties, halfbloed ‹met Spaanse en indiaanse voorouders›

met [met] *ww* [v.t. & v.d.] → meet

metabolic [metəˈbɒlɪk] *bn* stofwisselings-

metabolism [mɪˈtæbəlɪzəm] *znw* stofwisseling

metacarpal [metəˈkɑːpl] anat *znw* middenhandsbeentje

metacarpus [metəˈkɑːpəs] anat *znw* [mv: metacarpi] middelhand

metal [ˈmetl] **I** *bn* metalen, metaal- **II** *znw* ❶ metaal ★ *the bare* ~ het blanke metaal ★ *scrap* ~ schroot, oud ijzer ❷ steenslag ❸ glasspecie **III** *overg* ❶ bekleden ‹schip› ❷ verharden ‹weg›

metalanguage [ˈmetəlæŋgwɪdʒ] *znw* metataal

metal fatigue [ˈmetlfəˈtiːg] *znw* metaalmoeheid

metal industry [ˈmetl ˈɪndəstrɪ] *znw* metaalindustrie, metaalnijverheid

metalinguistic [ˈmetəlɪŋˈgwɪstɪk] *bn* metalinguïstisch

metalinguistics [ˈmetəlɪŋˈgwɪstɪks] *znw* [mv] metalinguïstiek

metallic [mɪˈtælɪk] *bn* ❶ metaalachtig, metalen, metaal- ❷ metallic, metaalkleurig

metallize [ˈmetəlaɪz], **metallise** *overg* metalliseren

metallurgical [metlˈɜːdʒɪk(ə)l], **metallurgic** *bn* metallurgisch, metaal-

metallurgist [meˈtæ-, ˈmetəlɜːdʒɪst] *znw* ❶ metaalbewerker ❷ metaalkenner

metallurgy [mɪˈtælədʒɪ] *znw* metallurgie, metaalbewerking

metals [ˈmetlz] *znw* [mv] spoorstaven, rails ★ *leave the* ~ / *run off the* ~ derailleren, ontsporen

metalwork [ˈmetlwɜːk] *znw* ❶ (ambachtelijk) metaalwerk ❷ metaalbewerking

metalworker [ˈmetlwɜːkə] *znw* ❶ metaalbewerker ❷ metaalarbeider

metamorphic [metəˈmɔːfɪk] *bn* ❶ geol metamorf ❷ van de gedaanteverwisseling, van de metamorfose

metamorphose [metəˈmɔːfəʊz] *overg & onoverg* van gedaante (doen) veranderen

metamorphosis [metəˈmɔːfəsɪs] *znw* [mv: metamorphoses] metamorfose, gedaanteverwisseling, vormverandering

metaphor [ˈmetəfɔː] *znw* metafoor, beeldspraak ★ *a* ~

for sth een symbool voor iets

metaphorical [metəˈfɒrɪkl] *bn* metaforisch, overdrachtelijk, figuurlijk

metaphorically [metəˈfɒrɪklɪ] *bijw* metaforisch, overdrachtelijk, figuurlijk ★ ~ *speaking* figuurlijk uitgedrukt, in beeldspraak

metaphysical [metəˈfɪzɪkl] *bn* metafysisch

metaphysician [metəfɪˈzɪʃən] *znw* metafysicus

metaphysics [metəˈfɪzɪks] *znw* [mv] metafysica

metapsychology [metəsaɪˈkɒlədʒɪ] *znw* metapsychologie

metastasis [mɪˈtæstəsɪs] med *znw* [mv: metastases] metastase, uitzaaiing

metastasize [mɪˈtæstəsaɪz], **metastasise** med *onoverg* uitzaaien

metatarsal bone [metəˈtɑːsl bəʊn] anat *znw* middenvoetsbeentje

metatarsus [metəˈtɑːsəs] anat *znw* [mv: metatarsi] middenvoet

metathesis [mɪˈtæθəsɪs] taalk *znw* metathesis, klankverwisseling, verspringing van letters

mete [mi:t] *overg* ★ ~ *sth out* iets toe(be)delen, toemeten, toedienen, geven ‹beloning, straf›

metempsychosis [metempsɪˈkəʊsɪs] *znw* [mv: metempsychoses] metempsychose, zielsverhuizing

meteor [ˈmiːtɪə] *znw* meteoor

meteoric [miːtɪˈɒrɪk] *bn* ❶ meteoor- ❷ fig bliksemsnel, bliksem-

meteorite [ˈmiːtɪəraɪt] *znw* meteoriet, meteoorsteen

meteoroid [miːtɪˈɒrɔɪd] *znw* meteoroïde

meteorological [miːtjərəˈlɒdʒɪkl] *bn* meteorologisch, weerkundig

meteorological station [miːtjərəˈlɒdʒɪkl ˈsteɪʃən] *znw* meteorologisch instituut

meteorologist [miːtɪəˈrɒlədʒɪst] *znw* meteoroloog, weerkundige

meteorology [miːtɪəˈrɒlədʒɪ] *znw* meteorologie

meteor shower [ˈmiːtɪə ˈʃaʊə] *znw* sterrenregen

meter [ˈmiːtə] Am **I** *znw* ❶ meter ‹voor gas &› ★ *a* ~ *reader* een meteropnemer ★ *the* ~ *was ticking away* de meter tikte maar door ❷ → metre **II** *overg* meten ‹met een meetlat &›

meterage [ˈmiːtərɪdʒ] *znw* ❶ het meten ❷ aantal meters

metered [ˈmiːtəd] *bn* ★ *a* ~ *area* een gebied met parkeerautomaten ★ ~ *mail* machinaal gefrankeerde post(stukken)

meter maid [ˈmiːtə meɪd] inf *znw* vrouwelijke parkeerwacht

methadone [ˈmeθədəʊn] *znw* methadon

methane [ˈmiːθeɪn] *znw* methaan, moerasgas, mijngas

methanol [ˈmeθənɒl] *znw* methanol, methylalcohol

methinks [mɪˈθɪŋks] vero of scherts *ww* mij dunkt, dunkt me

metho [ˈmeθəʊ] Aus & NZ inf *znw* ❶ → **methylated spirits** ❷ spiritusdrinker

method [ˈmeθəd] *znw* ❶ methode, werk-, leerwijze

★ *a research* ~ een onderzoeksmethode ❷ systeem
★ *adopt a* ~ een systeem aannemen
method acting ['meθəd 'æktɪŋ] *znw* wijze van acteren
waarbij de acteurs zich volledig inleven
methodical [mɪ'θɒdɪkl] *bn* methodisch
Methodism ['meθədɪzm] *znw* methodisme
Methodist ['meθədɪst] **I** *bn* methodistisch,
methodisten- **II** *znw* methodist
methodize ['meθədaɪz], **methodise** *overg* methodisch
rangschikken
methodological ['meθədə'lɒdʒɪkl] *bn* methodologisch
methodology [meθə'dɒlədʒɪ] *znw* methodologie
methought [mɪ'θɔ:t] vero of scherts *ww* (naar) ik
dacht
meths [meθs] Br inf *znw* [mv] → **methylated spirits**
methuselah [mə'θju:zələ] *znw* ❶ stokoude man
★ scherts *as old as Methuselah* zo oud als
Methusalem ❷ grote wijnfles ‹acht gewone flessen›
methyl ['meθəl] *znw* methyl
methylated spirits ['meθəleɪtɪd 'spɪrɪts], Br inf **meths**,
Aus & NZ inf **metho** *znw* brandspiritus,
gedenatureerde alcohol
meticulous [mə'tɪkjʊləs] *bn* bijzonder nauwgezet,
uiterst precies
meticulously [mə'tɪkjʊləslɪ] *bijw* bijzonder nauwgezet,
uiterst precies
métier ['metɪeɪ], **metier** *‹Fr› znw* beroep, vak, métier
Met Office [met 'ɒfɪs] *znw* ★ *the* ~ het Meteorologisch
Instituut
metonymy [mɪ'tɒnɪmɪ] taalk *znw* metonymie
me-too [mi:tu:] inf *bn* ★ *a* ~ *product* een product dat
heel veel lijkt op een goedlopend product van een
concurrent
metre ['mi:tə], Am **meter** *znw* ❶ metrum, dichtmaat
❷ meter ‹lengtemaat› ★ *the 800*~*s* de achthonderd
meter
metric ['metrɪk] **I** *bn* metriek **II** *znw* ❶ metrieke stelsel
★ *I can't think in* ~*s* ik kan niet in metrieke maten
denken ★ *go* ~ het metrieke stelsel aannemen
❷ meeteenheid
metrical ['metrɪkl] *bn* metrisch ★ *a* ~ *foot* een versvoet
metricate ['metrɪkeɪt] **I** *overg* aanpassen aan het
metrieke stelsel **II** *onoverg* op het metrieke stelsel
overgaan
metrication [metrɪ'keɪʃən] *znw* overschakeling op het
metrieke stelsel
metricize ['metrɪsaɪz], **metricise** *onoverg*
overschakelen op het metrieke stelsel
metric mile ['metrɪk maɪl] *znw* 1500 meter
metric system ['metrɪk 'sɪstəm] *znw* ★ *the* ~ het
metrieke stelsel
metric ton ['metrɪk tʌn], **metric tonne** *znw* 1000 kg
metrification [metrəfɪ'keɪʃən] *znw* ❶ overschakeling
op het metrieke stelsel ❷ versificatie
metro ['metrə] **I** *bn* hoofdstedelijk **II** *znw* metro ★ *go*
by ~ met de metro gaan
metronome ['metrənəʊm] *znw* metronoom
metropolis [mə'trɒpəlɪs] *znw* ❶ hoofdstad

❷ wereldstad
metropolitan [metrə'pɒlɪtn] **I** *bn* van de hoofdstad,
hoofdstedelijk **II** *znw* metropolitaan, aartsbisschop
Metropolitan Police [metrə'pɒlɪtn pə'li:s] *znw* ★ *the* ~
de Londense politie
mettle ['metl] *znw* vuur, moed, fut ★ *be on one's* ~ zijn
uiterste best doen ★ *prove / show one's* ~ laten zien
wat men kan ★ *put sbd on his* ~ iem. laten tonen wat
hij kan
mettlesome ['metlsəm] *bn* vurig, hartstochtelijk
Meuse ['mɜ:z] *znw* Maas ‹rivier›
mew [mju:] **I** *znw* ❶ gemiauw ❷ gekrijs ‹v. meeuwen›
II *overg* ★ ~ *sbd / sth up* iem. / iets opsluiten
III *onoverg* ❶ miauwen ❷ krijsen ‹v. meeuwen›
mews [mju:z] *znw* [mv] ❶ stal(len) ❷ tot (dure)
woningen verbouwde koetshuizen of stallen ❸ hof,
steeg
Mexican ['meksɪkən] **I** *bn* Mexicaans **II** *znw* Mexicaan,
Mexicaanse
Mexican wave ['meksɪkən weɪv] *znw* wave ‹in stadion
&›
Mexico ['meksɪkəʊ] *znw* Mexico
mezzaluna [metsə'lu:nə] *‹Ital› znw* halvemaanvormig
mes met twee handvaten ‹om kruiden fijn te
snijden›
mezzanine ['metsəni:n] *znw* entresol,
tussenverdieping
mezzo ['metsəʊ], **mezzo-soprano** muz *znw*
mezzosopraan
mezzotint ['metsəʊtɪnt] *znw* mezzotint
mg *afk* → **milligram**
MHz *afk* → **megahertz**
mi [mi:] muz *znw* mi
MI5 [emaɪ'faɪv] Br *afk* binnenlandse veiligheidsdienst
MI6 [emaɪ'sɪks] Br *afk* inlichtingendienst
miaow [mɪ'ɑʊ], **meow I** *znw* gemiauw **II** *onoverg*
miauwen
miasma [mɪ'æzmə] dicht *znw* [mv: -s of miasmata]
kwalijke dampen, verpestende atmosfeer ★ *a* ~ *of*
despair een verpeste atmosfeer van wanhoop
mic [maɪk] Am inf, inf **mike** *znw* microfoon
mica ['maɪkə] *znw* mica, glimmer
mice [maɪs] *znw* [mv] → **mouse**
Michaelmas ['mɪklməs] *znw* St.-Michaël
Michaelmas daisy ['mɪklməs 'deɪzɪ] *znw* herfstaster
mickey ['mɪkɪ] inf *znw* ★ *take the* ~ *out of sbd* iem. op
de hak nemen
Mickey Finn ['mɪkɪ 'fɪn] inf *znw* drankje waar een
verdovend middel in is gedaan
Mickey Mouse ['mɪkɪ 'maʊs] inf *bn* inferieur,
onbelangrijk
mickle ['mɪkl], **muckle** Schots of N.Br **I** *bn* veel, groot
II *znw* grote hoeveelheid ★ zegsw *many a little*
makes a ~, *many a* ~ *makes a muckle* vele kleintjes
maken één grote
micro ['maɪkrəʊ] *znw* → **microcomputer**
micro- ['maɪkrəʊ] *voorv* ❶ micro- ❷ zeer klein
microanalysis [maɪkrəʊə'næləsɪs] *znw* microanalyse

microarray [ˈmaɪkrəʊəˈreɪ] <u>genetica</u> *znw* microarray
microbalance [ˈmaɪkrəʊbæləns] *znw* microweegschaal
microbe [ˈmaɪkrəʊb] *znw* microbe
microbiological [ˌmaɪkrəʊbaɪəˈlɒdʒɪkl] *bn*
microbiologisch
microbiologist [ˌmaɪkrəʊbaɪˈɒlədʒɪst] *znw*
microbioloog
microbiology [ˌmaɪkrəʊbaɪˈɒlədʒɪ] *znw* microbiologie
microbiota [ˌmaɪkrəʊbaɪˈəʊtə] *znw* de
micro-organismen van een bepaald
onderzoeksgebied
microbrewery [ˌmaɪkrəʊˈbruːərɪ] *znw* kleine
bierbrouwerij met eigen café
microburst [ˈmaɪkrəʊbɜːst] *znw* plotselinge sterke
plaatselijke luchtstroom
microchip [ˈmaɪkrəʊtʃɪp] <u>comput</u> *znw* microchip
microcircuit [ˈmaɪkrəʊsɜːkɪt] *znw* microcircuit
microclimate [ˈmaɪkrəʊklaɪmɪt] *znw* microklimaat
microcomputer [ˈmaɪkrəʊkəmˈpjuːtə], **micro** *znw*
microcomputer
microcopy [ˈmaɪkrəʊkɒpɪ] *znw* microkopie
microcosm [ˈmaɪkrəkɒzəm] *znw* microkosmos ★ *a ~ of
British society / British society in ~* de Britse
samenleving in het klein, in miniatuur
microcredit [ˈmaɪkrəʊkredɪt] *znw* microkrediet
microdot [ˈmaɪkrəʊdɒt] *znw* tot het formaat v.e. punt
verkleinde foto
microeconomics [ˌmaɪkrəʊ iːkəˈnɒmɪks] *znw* [mv]
micro-economie
microelectronics [ˌmaɪkrəʊelekˈtrɒnɪks] *znw* [mv]
micro-elektronica
micro-environment [ˌmaɪkrəʊ-ɪnˈvaɪərənmənt] *znw*
micro-omgeving
microfauna [ˈmaɪkrəʊfɔːnə] <u>milieu</u> *znw* microfauna
microfibre [ˈmaɪkrəʊfaɪbə], **microfiber** *znw* microfiber
microfiche [ˈmaɪkrəʊfiːʃ] *znw* microfiche
microfilm [ˈmaɪkrəʊfɪlm] I *znw* microfilm II *overg*
microfilmen
microgram [ˈmaɪkrəʊgræm] *znw* microgram
microhabitat [ˌmaɪkrəʊˈhæbɪtæt] <u>milieu</u> *znw*
microhabitat, microbiotoop
microlight [ˈmaɪkrəʊlaɪt] *znw* ultralicht vliegtuig, ULV
micromanage [ˈmaɪkrəʊmænɪdʒ] <u>Am</u> *overg* alles tot in
het kleinste detail regelen
micromesh [ˈmaɪkrəʊmeʃ] *znw* uitermate fijn
maaswerk
micrometer [maɪˈkrɒmɪtə], **micrometre** *znw*
micrometer
micron [ˈmaɪkrɒn] *znw* micron, een miljoenste meter
Micronesia [ˌmaɪkrəʊˈniːzɪə] *znw* Micronesië
Micronesian [ˌmaɪkrəʊˈniːzɪən] I *bn* Micronesisch
II *znw* Micronesiër, Micronesische
micro-organism [ˈmaɪkrəʊ-ˈɔːgənɪzəm] *znw*
micro-organisme
microphone [ˈmaɪkrəfəʊn] *znw* microfoon
microprocessor [ˌmaɪkrəʊˈprəʊsesə] *znw*
microprocessor
microscope [ˈmaɪkrəskəʊp] *znw* microscoop

microscopic [ˌmaɪkrəˈskɒpɪk], **microscopical** *bn*
microscopisch (klein)
microsurgery [ˌmaɪkrəʊˈsɜːdʒərɪ] *znw* microchirurgie
microwave [ˈmaɪkrəʊweɪv] *znw* ❶ magnetron ❷ →
microwave oven
microwave dish [ˈmaɪkrəʊweɪv dɪʃ] *znw*
magnetronschaal
microwave oven [ˈmaɪkrəʊweɪv ˈʌvən], **microwave**
znw magnetron(oven)
micturate [ˈmɪktjʊreɪt] <u>form</u> *onoverg* urineren, plassen
micturition [ˌmɪktjuˈrɪʃən] <u>form</u> *znw* ❶ het urineren,
mictie ❷ herhaalde drang tot urineren
mid [mɪd] I *voorz* <u>dicht</u> te midden van II *bn*
❶ midden- ❷ half-
mid- [mɪd] *voorv* midden- ★ *he's in his ~twenties* hij is
midden twintig
mid-air [mɪdˈeə] I *bn* in de lucht ★ *a ~ collision* een
botsing in de lucht II *znw* ★ *in ~* in de lucht, tussen
hemel en aarde
Midas touch [ˈmaɪdæs, ˈmaɪdəs tʌtʃ] *znw* ★ *have the ~*
gouden handjes hebben
midday [mɪdˈdeɪ] *znw* middag, 12 uur 's middags
midden [ˈmɪdn] *znw* ❶ vuilnishoop ❷ mesthoop
middle [ˈmɪdl] I *bn* middelste, midden-, middel-,
tussen-, middelbaar ★ *follow / steer / take a ~ course*
een middenweg volgen II *znw* midden, middel ‹v.
lichaam› ★ *in the ~ of* midden in ★ <u>inf</u> *in the ~ of
nowhere* aan het eind van de wereld ★ *be in the ~ of
doing sth* net iets aan het doen zijn ★ *divide / split sth
down the ~* iets middendoor delen
middle age [ˈmɪdl eɪdʒ] *znw* middelbare leeftijd
★ *in ~* op middelbare leeftijd
middle-aged [mɪdl-ˈeɪdʒd] *bn* van middelbare leeftijd
Middle Ages [ˈmɪdl eɪdʒɪz] *znw* ★ *the ~* de
middeleeuwen
middle-age spread [mɪdl-ˈeɪdʒd spred] <u>inf scherts</u>
znw buikje (op middelbare leeftijd)
Middle America [mɪdl əˈmerɪkə] *znw* aanduiding voor
de Amerikaanse middenklassen, beschouwd als
vertegenwoordigers van conservatieve politieke
standpunten
middlebrow [ˈmɪdlbraʊ] I *bn* van middelmatig
intellectueel niveau II *znw* iem. met doorsnee
intelligentie, iem. met doorsnee geestelijke
interesses
middle C [mɪdl ˈsiː] <u>muz</u> *znw* eengestreept C
middle class [mɪdl ˈklɑːs] *znw* burgerklasse, (gegoede)
middenstand
middle-class [ˈmɪdl-klɑːs] *bn* burgerlijk,
middenstands-
middle distance [ˈmɪdl ˈdɪstns] *znw* middellange
afstand, middenafstand
middle-distance [ˈmɪdl-ˈdɪstns] *bn* middenafstands-
middle ear [ˈmɪdl ɪə] <u>anat</u> *znw* middenoor ★ *a ~
infection* een middenoorontsteking
Middle East [mɪdl ˈiːst] *znw* ★ *the ~* het
Midden-Oosten
Middle Eastern [mɪdl ˈiːstn] *bn* van het

mi

Midden-Oosten

Middle England [mɪdl 'ɪŋlənd] *znw* aanduiding voor de buiten Londen wonende middenklassen, beschouwd als vertegenwoordigers van conservatieve politieke standpunten

middle finger ['mɪdl 'fɪŋgə] *znw* middenvinger

middle ground ['mɪdl graʊnd] *znw* ❶ middenplan ‹v. foto of schilderij› ❷ middenpositie, gematigde houding

middleman ['mɪdlmæn] *znw* tussenpersoon

middle management ['mɪdl 'mænɪdʒmənt] *znw* middenkader

middlemost ['mɪdlməʊst] *bn* ❶ middelste ❷ dichtst bij het midden

middle name ['mɪdl neɪm] *znw* ❶ tweede voornaam ❷ *inf* tweede natuur

middle-of-the-road ['mɪdl-əv-ðə-'rəʊd] *bn* ❶ gematigd ❷ weinig uitgesproken, neutraal

middle school ['mɪdl skuːl] *znw* middenschool, brugschool, junior highschool ‹school voor leerlingen van ±9 tot ±13 jaar›

middle-sized [mɪdl-'saɪzd] *bn* middelgroot

middle way ['mɪdl weɪ] *znw* middenweg ★ *the Middle Way* het Achtvoudig Pad, de boeddhistische heilsweg

middleweight ['mɪdlweɪt] *znw* middengewicht ‹bokser›

Middle West [mɪdl 'west], **Midwest** *znw* ★ *the ~* Midden-Westen ‹v.d. Verenigde Staten›

middling ['mɪdlɪŋ] *inf* **I** *bn* middelmatig, tamelijk, redelijk, zozo ★ *in ~ health* in matige gezondheid ★ *fair to ~* matigjes **II** *bijw* tamelijk ★ *they're a ~ rich couple* ze zijn tamelijk rijk stelletje

middy ['mɪdɪ] *inf znw* ❶ → **midshipman** ❷ *Aus* bierglas van 285 ml

midfield ['mɪdfiːld] *sp znw* middenveld

midfielder ['mɪdfiːldə] *sp znw* middenvelder

midge [mɪdʒ] *znw* ❶ mug ❷ *fig* dwerg

midget ['mɪdʒɪt] **I** *bn* mini- **II** *znw* dwerg, lilliputter

midheaven ['mɪd'hevən] *astrol znw* midhemel, MC

MIDI ['miːdiː] *afk* (Musical Instrument Digital Interface) standaard om muziekinstrumenten en computers te verbinden

midland ['mɪdlənd] **I** *bn* in het midden van een land gelegen, binnenlands **II** *znw* midden van een land

Midlands ['mɪdləndz] *znw* ★ *the ~* Midden-Engeland

midlife ['mɪd'laɪf] **I** *bn* op middelbare leeftijd (gebeurend) **II** *znw* middelbare leeftijd

mid-life crisis [mɪd-'laɪf 'kraɪsiːz] *znw* midlifecrisis, crisis op middelbare leeftijd

midmorning [mɪd'mɔːnɪŋ] *bn & znw* halverwege de ochtend

midmost ['mɪdməʊst] *dicht bn & bijw* middelste

midnight ['mɪdnaɪt] **I** *bn* middernachtelijk ★ *burn the ~ oil* tot diep in de nacht studeren & **II** *znw* middernacht ★ *on the stroke of ~* klokslag middernacht

midnight feast ['mɪdnaɪt fiːst] *znw* maaltijd midden in de nacht ‹vaak stiekem›

midnight sun ['mɪdnaɪt sʌn] *znw* middernachtzon

mid-off [mɪd-ɒf] cricket *znw* veldpositie links achter de bowler

mid-on [mɪd-ɒn] cricket *znw* veldpositie rechts achter de bowler

midpoint ['mɪdpɔɪnt] *znw* middenpunt ‹in ruimte, tijd›

mid-range ['mɪd-reɪndʒ] *bn* doorsnee, middelmatig

midriff ['mɪdrɪf] *znw* middenrif

midsection ['mɪdsekʃən] *znw* ❶ middenstuk ❷ middenrif

midship ['mɪdʃɪp] scheepv *znw* middelste gedeelte van een schip

midshipman ['mɪdʃɪpmən], *inf* **middy** scheepv *znw* adelborst

midships ['mɪdʃɪps] scheepv *bijw & znw* midscheeps

midst [mɪdst] dicht *znw* midden ★ *be in the ~ of doing sth* bezig zijn met iets te doen

midstream ['mɪdstriːm] **I** *bn* med halverwege de stroom ‹v. urine› **II** *znw* ❶ het midden van de rivier / stroom ❷ *fig* halverwege, halfweg ★ *in ~* halverwege ★ *zegsw don't change horses in ~* als je je bedenkt moet je dat op een geschikt moment doen

midsummer [mɪd'sʌmə] *znw* ❶ het midden van de zomer ❷ zomerzonnestilstand

Midsummer Day [mɪd'sʌmə deɪ], **Midsummer's Day** *znw* midzomerdag ‹24 juni›

midsummer madness [mɪd'sʌmə 'mædnəs] *znw* complete dwaasheid, waanzin

midterm [mɪd'tɜːm] *znw* midden v.e. academisch trimester / politieke ambtstermijn

midtown ['mɪdtaʊn] *Am znw* binnenstad, stadscentrum

midway ['mɪdweɪ] *bn & bijw* halverwege, in het midden ★ *a ~ point* een punt in het midden ★ *they camped ~ between the two rivers* ze kampeerden halverwege tussen de beide rivieren in

midweek [mɪd'wiːk] *znw* het midden v.d. week

Midwest [mɪd'west] *znw* → **Middle West**

Midwestern [mɪd'westn] *bn* van, uit het Midden-Westen

midwicket [mɪd'wɪkɪt] cricket *znw* veldpositie schuin rechts voor de bowler

midwife ['mɪdwaɪf] *znw* vroedvrouw

midwifery [mɪd'wɪfərɪ] *znw* verloskunde

midwinter [mɪd'wɪntə] *znw* ❶ het midden van de winter ❷ winterzonnestilstand

mien [miːn] dicht *znw* uiterlijk, voorkomen, houding

mifepristone [mɪfe'prɪstəʊn] med *znw* mifepristone ‹middel dat abortus opwekt›

miffed [mɪft] *inf bn* nijdig

might [maɪt] **I** *znw* macht, kracht ★ *with all one's ~ / with ~ and main* uit/met alle macht **II** *hulpww* ❶ mochten, zouden mogen ❷ kon(den), zou(den) (misschien) kunnen ★ *~ as well* kunnen we wel doen ★ *I ~ have known / guessed* ik had het kunnen weten ★ *he said he ~ come* hij zei dat hij misschien zou komen ★ *who knows? I ~ be next* wie weet? misschien ben ik de volgende wel ★ *we ~ have been dead if we'd taken that train* we hadden dood kunnen zijn als we die trein hadden genomen ★ *you ~ turn the light off* je zou misschien het licht uit kunnen doen, wil je het licht uitdoen? ★ *you ~ have turned the light off* je had het licht uit kunnen doen, waarom heb je het licht niet uitgedaan? ★ *I've come here so that I ~ talk to you* ik ben gekomen om met je te praten ★ *who ~ you be?* wie ben jij eigenlijk?

might-have-been ['maɪtəvbi:n] <u>inf</u> *znw* gemiste kans

mightily ['maɪtəlɪ] *bijw* ❶ machtig ❷ <u>inf</u> kolossaal

mightiness ['maɪtɪnəs] *znw* ❶ machtigheid ❷ hoogheid

mightn't ['maɪtnt] *samentr* (might not) → **might** ★ *he ~ be there* misschien is hij er niet

might've ['maɪtəv] *samentr* (might have) → **might** ★ *you ~ told me* je had het me wel eens kunnen vertellen

mighty ['maatɪ] **I** *bn* ❶ machtig, groot, sterk ❷ <u>inf</u> zeer, heel erg ★ *he gave a ~ yell* hij gaf een reusachtige gil **II** *bijw* <u>inf versterkend</u> (alle)machtig, geweldig, formidabel, erg ★ *it's a ~ big headache* het is een formidabele hoofdpijn

migraine ['mi:greɪn] *znw* migraine

migrant ['maɪɡrənt] **I** *bn* trek-, migrerend **II** *znw* ❶ migrant ❷ <u>dierk</u> trekvogel

migrant worker ['maɪɡrənt 'wɜ:kə] *znw* gastarbeider, seizoenarbeider

migrate [maɪ'ɡreɪt] *onoverg* verhuizen, migreren, trekken ‹v. vogels of vis› ★ *they ~d from Holland to Australia in the 50s* ze zijn van Nederland naar Australië geëmigreerd in de jaren 50 ★ *~ northwards / southwards &* noordwaartse / zuidwaartse & trek

migration [maɪ'ɡreɪʃən] *znw* verhuizing, migratie, trek ★ *there was a mass ~ of city dwellers into the country* er was een massale trek van stadsbewoners naar het platteland

migratory ['maɪɡrətərɪ] *bn* ❶ verhuizend, trekkend, zwervend ❷ trek- ★ <u>dierk</u> *~ birds* trekvogels

mike [maɪk] *znw* → <u>Am inf</u> **mic** ★ *Mike* de letter M ‹in het internationaal alfabet›

milady [mɪ'leɪdɪ] <u>scherts</u> *znw* (my lady) mevrouw, dame ‹aanspreektitel›

milage ['maɪlɪdʒ] *znw* → **mileage**

Milan [mɪ'læn] *znw* Milaan ‹stad›

milch [mɪltʃ] *bn* melkgevend

milch cow [mɪltʃ kaʊ] *znw* melkkoe

mild [maɪld] **I** *bn* ❶ zacht(aardig), goedaardig, onschuldig ‹ziekte› ❷ mild, zwak, flauw, matig **II** *znw* <u>Br</u> licht bier

mildew ['mɪldju:] **I** *znw* ❶ meeldauw ❷ schimmel **II** *overg* ❶ met meeldauw besmetten, bedekken & ❷ doen (be)schimmelen

mildewed ['mɪldju:d], **mildewy** *bn* ❶ met meeldauw ❷ schimmelig, beschimmeld

mildly ['maɪldlɪ] *bijw* mild, zacht, flauw, matig ★ *~*

sarcastic lichtelijk sarcastisch ★ *to put it ~* op zijn zachtst gezegd

mild-mannered [maɪld-'mænəd] *bn* aardig, vriendelijk, beleefd

mild-spoken [maɪld-'spəʊkən] *bn* vriendelijk, beleefd

mild steel [maɪld sti:l] *znw* zacht staal, vloeistaal

mile [maɪl], **m** *znw* (Engelse) mijl ‹1609 meter›, <u>fig</u> grote afstand ★ *~s an / per hour* mijl per uur ★ *~s better / better by ~s* veel beter ★ <u>inf</u> *~s from anywhere / nowhere* mijlen van de bewoonde wereld ★ <u>inf</u> *~s too big / much &* veel te groot / veel & ★ <u>inf</u> *be ~s away* dagdromen ★ <u>inf</u> *be ~s out* er mijlenver naast zitten ★ <u>inf</u> *stand / stick out a ~* zeer duidelijk opvallen, in het oog springen ★ <u>inf</u> *tell / see sth a ~ off* iets duidelijk zien, vinden dat iets overduidelijk is

mileage ['maɪlɪdʒ], **milage** *znw* ❶ aantal mijlen ❷ kosten per mijl ❸ <u>fig</u> nut, voordeel

mileage allowance ['maɪlɪdʒ ə'laʊəns] *znw* kilometervergoeding

mileometer [maɪ'lɒmɪtə], **milometer** *znw* mijlenteller

milepost ['maɪlpəʊst] *znw* mijlpaal ★ *pass a ~* een mijlpaal bereiken

milestone ['maɪlstəʊn] *znw* mijlsteen, mijlpaal

milieu ['mi:lj3:] *‹Fr› znw* milieu, omgeving

militancy ['mɪlɪtnsɪ] *znw* strijdlust, strijdbaarheid

militant ['mɪlɪtnt] **I** *bn* ❶ strijdend, strijdlustig ❷ strijdbaar, militant **II** *znw* strijder

militantly ['mɪlɪtntlɪ] *bijw* strijdbaar, strijdlustig

militarily ['mɪlɪtərəlɪ] *bijw* op een militaire manier

militarism ['mɪlɪtərɪzəm] *znw* militarisme

militarist ['mɪlɪtərɪst], **militaristic I** *bn* militaristisch **II** *znw* militarist

militarization [mɪlɪtəraɪ'zeɪʃən], **miliarisation** *znw* militarisering

militarize ['mɪlɪtəraɪz], **militarise** *overg* militariseren

military ['mɪlɪtərɪ] **I** *bn* militair, krijgs- ★ *a ~ bearing* een militaire houding **II** *znw* ★ *the ~* de militairen, het leger

military academy ['mɪlɪtərɪ ə'kædəmɪ] *znw* militaire academie

military band ['mɪlɪtərɪ bænd] *znw* militaire kapel

military honours ['mɪlɪtərɪ 'ɒnəz] *znw* [mv] ❶ militaire eer ★ *be buried with full ~* met militaire eer begraven worden ❷ militaire onderscheidingen

military police ['mɪlɪtərɪ pə'li:s], **MP** *znw* ★ *the ~* de militaire politie

military service ['mɪlɪtərɪ 'sɜ:vɪs] *znw* militaire dienst, krijgsdienst

militate ['mɪlɪteɪt] *phras* ★ *~ against sth* pleiten tegen iets, iets tegenwerken, niet gunstig, niet bevorderlijk zijn voor iets

militia [mɪ'lɪʃə] <u>mil</u> *znw* militie(leger)

militiaman [mɪ'lɪʃəmən] *znw* lid van een militie

milk [mɪlk] **I** *znw* melk ★ *bottle ~* flessenmelk ★ *in ~* melkgevend ★ *the ~ of human kindness* menselijke goedheid ★ *express ~* kolven ★ <u>zegsw</u> *it's no use crying over spilt ~* gedane zaken nemen geen keer

II *overg* ❶ melken ❷ ontlokken, (uit)melken ‹informatie / situatie› ❸ onttrekken, aftappen ❹ uitbuiten, uitmelken

milk-and-water ['mɪlk-ən-'wɔːtə] *bn* halfzacht, slap

milk bar [mɪlk bɑː] *znw* ❶ Br melksalon ❷ Aus buurtwinkeltje

milk chocolate [mɪlk 'tʃɒkələt] *znw* melkchocolade

milk churn [mɪlk tʃɜːn] *znw* ❶ melkbus ❷ karn

milker ['mɪlkə] *znw* ❶ melk(st)er ❷ melkmachine ❸ melkkoe

milk float [mɪlk fləʊt] *znw* melkwagentje

milking ['mɪlkɪŋ] *znw* melken ★ *do the* ~ melken

milking machine ['mɪlkɪŋ məˈʃiːn] *znw* melkmachine

milking stool ['mɪlkɪŋ stuːl] *znw* melkkrukje

milk jug [mɪlk dʒʌg] *znw* melkkan

milkmaid ['mɪlkmeɪd] hist *znw* melkmeid, -meisje

milkman ['mɪlkmən] *znw* melkboer

milk production [mɪlk prəˈdʌkʃən] *znw* melkproductie

milk round [mɪlk raʊnd] *znw* ❶ melkronde ❷ rekruteringsronde ‹v. bedrijven langs universiteiten›

milk run [mɪlk rʌn] *znw* routineklus

milkshake ['mɪlkʃeɪk] *znw* milkshake

milksop ['mɪlksɒp] *znw* melkmuil, lafbek

milk sugar [mɪlk 'ʃʊgə] *znw* melksuiker, lactose

milk tooth [mɪlk tuːθ] *znw* melktand

milk train [mɪlk treɪn] *znw* eerste trein ‹'s ochtends vroeg›

milky ['mɪlkɪ] *bn* melkachtig, melk-

milk yield [mɪlk jiːld] *znw* melkproductie (van een koe in een bepaalde periode)

Milky Way ['mɪlkɪ weɪ] astron *znw* ★ *the* ~ de Melkweg

mill [mɪl] **I** *znw* ❶ molen, tredmolen ★ inf *go through the* ~ veel moeten doorstaan ★ inf *put sbd through the* ~ het iem. moeilijk maken ❷ fabriek, spinnerij **II** *overg* ❶ malen ❷ vollen ❸ pletten ❹ kartelen ‹munt› ❺ techn frezen **III** *phras* ★ ~ *about* / *around* rondlopen, (rond)sjouwen

millboard ['mɪlbɔːd] *znw* dik karton

mill dam [mɪl dæm] *znw* molenstuw

millenarian [mɪlɪˈneərɪən] **I** *bn* ❶ duizendjarig ❷ van het duizendjarig rijk **II** *znw* wie het duizendjarig rijk verwacht

millenary [mɪˈlenərɪ] **I** *bn* ❶ uit duizend bestaande ❷ duizendjarig **II** *znw* ❶ duizend jaar ❷ duizendjarig tijdperk of gedenkfeest

millennial [mɪˈlenɪəl] *bn* ❶ duizendjarig ❷ van het duizendjarig rijk

millennium [mɪˈlenɪəm] *znw* [mv: -s of millennia] ❶ duizend jaar ❷ duizendjarig rijk

millennium bug [mɪˈlenɪəm bʌg], **millenium problem** comput *znw* ★ *the* ~ het millenniumprobleem, de millenniumbug

millepede ['mɪləpiːd], **millipede** *znw* duizendpoot

miller ['mɪlə] *znw* molenaar

millesimal [mɪˈlesɪml] **I** *bn* ❶ duizendste ❷ duizenddelig **II** *znw* duizendste deel

millet ['mɪlɪt] *znw* gierst

millhand ['mɪlhænd] *znw* fabrieksarbeider

milli- ['mɪlɪ] *voorv* milli-, een duizendste

milliard ['mɪljəd] Br *znw* miljard

millibar ['mɪlɪbɑː] *znw* millibar

milligram ['mɪlɪgræm], **milligramme**, **mg** *znw* milligram

millilitre ['mɪlɪliːtə], Am **milliliter**, **ml** *znw* milliliter

millimetre ['mɪlɪmiːtə], Am **millimeter**, **mm** *znw* millimeter

milliner ['mɪlɪnə] *znw* hoedenmaakster, modiste

millinery ['mɪlɪnərɪ] *znw* ❶ hoedenwinkel ❷ hoedenmaken

milling machine ['mɪlɪŋ məˈʃiːn] techn *znw* freesmachine

million ['mɪljən] *telw & znw* miljoen ★ *one in a* ~ een man uit duizenden ★ *a one-in-a-*~ *chance* een kans van één op de miljoen ★ inf *thanks a* ~ reuze bedankt, je wordt bedankt ‹ironisch› ★ inf *look (like) a* ~ *dollars* / *bucks* er fantastisch uitzien

millionaire [mɪljəˈneə] *znw* miljonair

millionfold ['mɪljənfəʊld] *bn & bijw* een miljoen keer, miljoenvoudig

millionth ['mɪljənθ] *bn & znw* miljoenste (deel)

millipede ['mɪlɪpiːd] *znw* → **millepede**

mill owner [mɪl 'əʊnə] *znw* fabrikant

millpond ['mɪlpɒnd] *znw* ❶ molenvijver ❷ fig spiegelglad water

mill race [mɪl reɪs] *znw* waterloop, molentocht

millstone ['mɪlstəʊn] *znw* ❶ molensteen ★ *be (like) a* ~ *around* / *round one's neck* een molensteen om iemands nek zijn, als een molensteen op het hart liggen ❷ fig belemmering

millwright ['mɪlraɪt] *znw* molenmaker

milometer [maɪˈlɒmɪtə] *znw* → **mileometer**

milt [mɪlt] *znw* hom

mime [maɪm] **I** *znw* ❶ gebarenspel ❷ mimespeler **II** *overg* door gebaren voorstellen **III** *onoverg* mimische bewegingen maken

mime artist [maɪm 'ɑːtɪst] *znw* mimespeler

mimeograph ['mɪmɪəgrɑːf] **I** *znw* stencilmachine **II** *overg* stencilen

mimetic [mɪˈmetɪk] *bn* nabootsend, nagebootst

mimic ['mɪmɪk] **I** *bn* ❶ mimisch, nabootsend ❷ nagebootst ❸ geveinsd, schijn-, onecht **II** *znw* nabootser, na-aper **III** *overg* nabootsen, nadoen, na-apen

mimicry ['mɪmɪkrɪ] *znw* ❶ mimiek ❷ nabootsing ❸ mimicry, (kleur)aanpassing

mimosa [mɪˈməʊzə] *znw* mimosa

min. *afk* ❶ (minimum) minimum ❷ (minute) minuut, minuten

minacious [mɪˈneɪʃəs] form *bn* dreigend

minaret ['mɪnəˈret] *znw* minaret

minatory ['mɪnətərɪ] form *bn* dreigend, dreig- ★ *their planes are keeping a* ~ *watch over the island* hun vliegtuigen houden dreigend wacht over het eiland

mince [mɪns] **I** *znw* fijngehakt vlees **II** *overg*

mi

fijnhakken ★ *not to ~ words* om er geen doekjes om te winden, om geen blad voor de mond te nemen **III** *onoverg* ❶ met een pruimenmondje spreken ❷ nuffig trippelen

mincemeat ['mɪnsmiːt] *znw* ❶ vulsel van fijngehakte krenten, appels & ❷ gehakt (vlees) ★ inf *make ~ of sbd* iem. tot moes hakken, geen stuk heel laten van iem.

mince pie ['mɪnspaɪ] *znw* pasteitje met vulling van fijngehakte rozijnen, appels &

mincer ['mɪnsə] *znw* vleesmolen

mincing ['mɪnsɪŋ] *bn* geaffecteerd

mincingly ['mɪnsɪŋlɪ] *bijw* geaffecteerd, dribbelend, met kleine pasjes

mincing machine ['mɪnsɪŋ(lɪ) mə'ʃiːn] *znw* vleesmolen

mind [maɪnd] **I** *znw* ❶ verstand, brein, geest ★ *the human ~* de menselijke geest ★ *a lively ~* een vlug verstand ★ *at the back of my ~* in mijn achterhoofd ★ *there is no doubt in my ~ that he did it* ik twijfel er niet aan dat hij het gedaan heeft ★ *in his ~'s eye* in zijn geestesoog ★ inf *he's out of his ~* hij is niet goed bij zijn hoofd, hij is gek ★ *~ over matter* de zege van de geest over de materie ★ *be in one's right ~* bij zijn volle verstand zijn ★ *flash across one's ~* door het hoofd schieten ★ inf *get one's ~ around / round sth* iets doorhebben, begrijpen ★ *put one's ~ to sth* zich toeleggen op iets ❷ gemoed, gevoelen ★ inf *that's a load off my ~* dat is mij een pak van het hart ★ *give sbd a piece of one's ~* iem. eens flink de waarheid zeggen ★ *have sth on one's ~* iets op het hart hebben, zich over iets druk maken ★ *know one's own ~* weten wat je wilt ★ *set sbd's ~ at rest* iem. geruststellen ❸ herinnering, gedachten ★ *my own problems remained uppermost in my ~* mijn eigen problemen hadden de overhand in mijn gedachten ★ *bear / have / keep sth in ~* iets bedenken, onthouden, denken aan ★ *call / bring sbd / sth to ~* zich iem. / iets herinneren ★ *occupy one's ~* zijn gedachten in beslag nemen ★ Am *not pay sbd any ~* iem. geen aandacht schenken ★ *prey on one's ~* de gedachten bezighouden / kwellen ★ *put sth out of one's ~* zich iets uit het hoofd zetten ★ *slip one's ~* vergeten ★ *spring to ~* te binnen schieten ❹ mening, opinie ★ *to my ~* naar mijn idee, volgens mij ★ *be in two ~s about sth* het niet met zichzelf eens zijn, in twijfel staan over iets ★ *be of sbd's ~* het met iem. eens zijn ★ *be of one ~* het eens zijn, eensgezind zijn ★ *change one's ~* van mening veranderen ★ *have / keep an open ~ (on sth)* zich een oordeel voorbehouden (over iets) ★ *make up one's ~* een besluit nemen ★ *speak one's ~* zijn mening zeggen, ronduit spreken ❺ gezindheid, neiging, lust, zin ★ *have a (good) ~ to do sth* (erg veel) zin hebben om iets te doen ★ *have half a ~ to do sth* wel zin hebben om iets te doen ★ *set one's ~ on sth* zijn zinnen zetten op iets **II** *overg* ❶ bedenken, denken om, geven om ★ *~ you ring us* denk eraan dat je ons belt ★ *he can't walk, never ~ run* hij kan niet lopen, laat

staan rennen ❷ bezwaar hebben (tegen) ★ *I wouldn't ~ a cup of tea* ik zou wel een kop thee lusten ★ *would you ~ telling me where the post office is?* zoudt u zo vriendelijk willen zijn mij te zeggen waar het postkantoor is? ★ *I don't ~ telling you* ik wil je wel vertellen ❸ acht slaan op, letten op, passen op, oppassen ★ *~ your own business!* bemoei je met je eigen zaken! ★ *never ~ him* stoor je niet aan hem ★ *don't ~ me* stoor je maar niet aan mij ★ inf *~ one's Ps and Qs* op z'n tellen passen ❹ zorgen voor ★ *my husband is ~ing the children* mijn man past op / zorgt voor de kinderen **III** *onoverg* ❶ om iets denken, opletten, oppassen ★ *~!* let wel!, pas op! ★ *~ you, I wouldn't like to be in his shoes* trouwens, ik zou niet graag in zijn schoenen staan ★ *~ out (for)* passen op ❷ er wat om geven, zich het aantrekken, het erg vinden, er iets op tegen hebben ★ *if you don't ~* als u er niets op tegen hebt, als u het goedvindt ★ *I don't ~ mij best* ★ *I don't ~ if I do* dat sla ik niet af, graag! ★ *never ~* het geeft niet, dat is niets, maak je geen zorgen ★ *never ~ about that* bekommer u daar niet over ★ *never you ~* het gaat je niet aan

mind-altering ['maɪnd-ɔːltərɪŋ] *bn* geestverruimend, hallucinogeen

mind-bending ['maɪnd-bendɪŋ] inf *bn* hallucinogeen, hallucinaties opwekkend ‹drugs›

mind-blowing ['maɪnd-bləʊɪŋ] inf *bn* ❶ extatisch, hallucinogeen ❷ verbijsterend, verwarrend

mind-boggling ['maɪnd-bɒɡlɪŋ] inf *bn* verbijsterend, verbazend ★ *he earned a ~ 5 million dollars* hij verdiende het verbijsterende bedrag van 5 miljoen dollar

minded ['maɪndɪd] *bn* gezind, ingesteld, aangelegd ★ *mathematically~* wiskundig aangelegd ★ *car~* met belangstelling voor auto's ★ *be ~ to* van zins zijn, zin hebben om

minder ['maɪndə] *znw* ❶ oppasser, verzorger ❷ inf lijfwacht

mind-expanding ['maɪndɪk'spændɪŋ] *bn* bewustzijnverruimend

mindful ['maɪndfʊl] *bn* indachtig, oplettend, zorgvuldig, behoedzaam ★ *~ of* denkend om (aan)

mind game [maɪnd ɡeɪm] *znw* psychologisch spelletje

mindless ['maɪndləs] *bn* ❶ onoplettend, achteloos ★ *~ of* niet denkend om (aan) ❷ dom

mind-numbing ['maɪndnʌmɪŋ] *znw* geestdodend

mind reader [maɪnd 'riːdə] *znw* gedachtelezer

mindset ['maɪndset] *znw* manier van denken

mine [maɪn] **I** *bez vnw* ❶ de, het mijne ❷ van mij ★ inf *I and ~* ik en de mijnen ★ *an old friend of ~* een oude vriend van mij **II** *znw* ❶ mijn ❷ fig bron ★ *a ~ of information* een bron van informatie **III** *overg* ❶ ondermijnen, opblazen, mijnen leggen ❷ uitgraven, ontginnen ❸ winnen ‹steenkool› **IV** *onoverg* ❶ mijnen, een mijn leggen ❷ in een mijn werken ★ *~ for gold / copper &* naar goud / koper & zoeken

mine detector [maɪn dɪ'tektə] *znw* mijndetector

minefield [ˈmaɪnfiːld] *znw* mijnenveld ★ *the new tax laws are a ~ for the unwary* de nieuwe belastingwetten zijn een mijnenveld voor de onoplettenden

minehunter [ˈmaɪnhʌntə] *znw* mijnenjager

minelayer [ˈmaɪnleɪə] *znw* mijnenlegger

miner [ˈmaɪnə] *znw* mijnwerker

mineral [ˈmɪnərəl] **I** *bn* mineraal, delfstoffen- ★ *~ deposits* minerale afzettingen **II** *znw* ❶ mineraal, delfstof ❷ mineraalwater

mineralize [ˈmɪnərəlaiz], **mineralise** *overg & onoverg* mineraliseren

mineral kingdom [ˈmɪnərəl ˈkɪŋdəm] *znw* ★ *the ~* het delfstoffenrijk

mineralogist [mɪnəˈrælədʒɪst] *znw* delfstofkundige, mineraloog

mineralogy [mɪnəˈrælədʒɪ] *znw* delfstofkunde, mineralogie

mineral oil [ˈmɪnərəl ɔɪl] *znw* gezuiverde petroleum

mineral resources [ˈmɪnərəl rɪˈzɔːsɪz] *znw* [mv] bodemschatten

mineral water [ˈmɪnərəl ˈwɔːtə] *znw* mineraalwater

mine shaft [maɪn ʃɑːft] *znw* mijnschacht

minesweeper [ˈmaɪnswiːpə] *znw* mijnenveger

minger [ˈmɪndʒə] Br inf beledigend *znw* waardeloos persoon of ding

mingle [ˈmɪŋgl] **I** *overg* vermengen ★ *a wine that ~s the flavours of gooseberry and butter* een wijn met de gemengde aroma's van kruisbessen en boter **II** *onoverg* zich mengen ★ *loud voices ~d with the crash of crockery* harde stemmen mengden zich met het geluid van brekend serviesgoed ★ *I'd better ~ with the guests* ik kan me beter met de gasten bezighouden / praten ★ *the queen likes to ~ with the people* de koningin begeeft zich graag onder het volk

mingy [ˈmɪndʒɪ] inf *bn* ❶ kreterig, gierig ❷ armzalig, waardeloos ★ *he got a ~ $5* hij kreeg een armzalige $5

mini [ˈmɪnɪ] **I** *bn* mini- **II** *znw* ❶ mini ❷ inf piepklein voorwerp

miniature [ˈmɪnɪtʃə] **I** *bn* miniatuur- ★ *in ~* in het klein **II** *znw* miniatuur

miniaturist [ˈmɪnətʃərɪst] *znw* miniatuurschilder

miniaturize [ˈmɪnjətʃəraɪz], **miniaturise** *overg* verkleinen, kleiner maken

minibus [ˈmɪnɪbʌs] *znw* kleine autobus, minibus

minicab [ˈmɪnɪkæb] *znw* taxi ‹alleen telefonisch te bestellen›

minicam [ˈmɪnɪkæm] *znw* kleine videocamera

minicar [ˈmɪnɪkɑː] *znw* miniauto

minicomputer [ˈmɪnɪkəmˈpjuːtə] *znw* minicomputer

minidisc [ˈmɪnɪdɪsk] *znw* minidisk ‹klein formaat cd waarmee geluid opgenomen en afgespeeld kan worden›

minim [ˈmɪnɪm] muz *znw* halve noot

minima [ˈmɪnɪmə] *znw* [mv] → **minimum**

minimal [ˈmɪnɪməl] *bn* minimaal, minste

minimalism [ˈmɪnɪməlɪsm] *znw* minimalisme, minimal art

minimalist [ˈmɪnɪməlɪst] **I** *bn* minimalistisch **II** *znw* minimalist

minimization [mɪnɪmaɪˈzeɪʃən], **minimisation** *znw* ❶ herleiding tot een minimum ❷ verkleining

minimize [ˈmɪnɪmaɪz], **minimise** *overg* ❶ minimaliseren, tot een minimum terugbrengen of herleiden, zo gering mogelijk maken ❷ verkleinen ❸ bagatelliseren

minimum [ˈmɪnɪməm] *znw* [mv: minima] minimum ★ *the ~ age at which you can buy alcohol is 16* de minimumleeftijd om alcohol te kopen is 16 ★ *we need a ~ of ten people* we hebben minimaal tien mensen nodig ★ *they kept the noise to a ~* ze hielden het lawaai tot een minimum beperkt

minimum price [ˈmɪnɪməm praɪs] *znw* minimumprijs, bodemprijs

minimum wage [ˈmɪnɪməm weɪdʒ] *znw* minimumloon

mining [ˈmaɪnɪŋ] *znw* ❶ mijnbouw ❷ mijnarbeid ❸ mijnwezen

mining engineer [ˈmaɪnɪŋ endʒɪˈnɪə] *znw* mijnbouwkundig ingenieur

mining industry [ˈmaɪnɪŋ ˈɪndəstrɪ] *znw* ★ *the ~* de mijnbouw

minion [ˈmɪnjən] *znw* gunsteling, favoriet(e), handlanger

minipill [ˈmɪnɪpɪl] *znw* minipil

miniseries [ˈmɪnɪsɪəriːz], **mini-series** *znw* [mv] miniserie

miniskirt [ˈmɪnɪskɜːt] *znw* minirok

minister [ˈmɪnɪstə] **I** *znw* ❶ minister ❷ gezant ❸ predikant, dominee **II** *overg* toedienen ‹sacrament› **III** *onoverg* ★ *~ to sbd* iem. bijstaan, hulp verlenen aan iem.

ministerial [mɪnɪˈstɪərɪəl] *bn* ❶ ministerieel, minister(s)- ❷ ambtelijk, ambts-

ministering [ˈmɪnɪstərɪŋ] *bn* dienend, verzorgend, behulpzaam

ministering angel [ˈmɪnɪstərɪŋ ˈeɪndʒəl] *znw* reddende engel, dienende engel

Minister of State [ˈmɪnɪstərəv ˈsteɪt] *znw* minister, staatssecretaris

Minister without Portfolio [ˈmɪnɪstə wɪˈðaʊt pɔːtˈfəʊlɪəʊ] *znw* minister zonder portefeuille

ministrant [ˈmɪnɪstrənt] form **I** *bn* dienend **II** *znw* dienaar

ministration [mɪnɪˈstreɪʃən] form of scherts *znw* ❶ bediening, (geestelijk) ambt ❷ bijstand, medewerking ❸ verlening, verschaffing, toediening

ministry [ˈmɪnɪstrɪ] *znw* ❶ ministerie, kabinet, regering ❷ geestelijkheid, (predik)ambt

mink [mɪŋk] *znw* [mv: ~ of -s] ❶ mink, Amerikaanse nerts ❷ nerts ‹bont›

minnow [ˈmɪnəʊ] *znw* [mv: ~ of -s] elrits ‹klein zoetwatervisje›

minor [ˈmaɪnə] **I** *bn* ❶ minder, klein(er), van minder

mi

belang ★ ~ *damage* blikschade ★ *a* ~ *issue* een
bijzaak ❷ muz mineur ★ *in a* ~ *key* in mineur, op
klagende toon ❸ secundair ‹weg› **II** *znw*
❶ minderjarige ❷ muz mineur

Minorite ['maɪnəraɪt] *znw* minderbroeder

minority [maɪ'nɒrətɪ] *znw* ❶ minderheid ★ *an ethnic* ~
een etnische minderheid ★ *be in the* ~ in de
minderheid zijn ❷ minderjarigheid

minority government [maɪ'nɒrətɪ 'gʌvənmənt] *znw*
minderheidsregering

minority group [maɪ'nɒrətɪ gru:p] *znw*
minderheidsgroepering

minority interest [maɪ'nɒrətɪ 'ɪntrəst] *znw*
minderheidsdeelneming

minority shareholder [maɪ'nɒrətɪ 'ʃeəhəʊldə] *znw*
minderheidsaandeelhouder

minority stake [maɪ'nɒrətɪ steɪk] *znw*
minderheidsdeelneming

minster ['mɪnstə] *znw* kloosterkerk, munsterkerk

minstrel ['mɪnstrəl] *znw* ❶ minstreel ❷ als neger
gegrimeerde zanger

minstrelsy ['mɪnstrəlsɪ] *znw* kunst, poëzie van de
minstrelen

mint [mɪnt] **I** *bn* ★ *in* ~ *condition / state* als nieuw,
gloednieuw ‹v. postzegels› **II** *znw* ❶ plantk munt
❷ pepermuntje ❸ munt ‹instelling, gebouw›
III *overg* ❶ munten ❷ fig smeden, verzinnen

minter ['mɪntə] *znw* munter

mint sauce [mɪnt sɔ:s] *znw* kruizemuntsaus

minuend ['mɪnjʊend] wisk *znw* aftrektal

minuet [mɪnjʊ'et] muz *znw* menuet

minus ['maɪnəs] **I** *voorz* ❶ minus, min ❷ inf zonder,
behalve ★ inf *he came* ~ *his girlfriend* hij kwam
zonder zijn vriendin **II** *bn* min, negatief ★ ~ *five
degrees* min vijf graden **III** *znw* ❶ negatieve waarde,
minpunt ★ *lack of experience may be a* ~ gebrek aan
ervaring kan een minpunt zijn ❷ **minus sign**
minteken

minuscule ['mɪnəskju:l] *bn* (uiterst) klein, minuscuul

minus sign ['maɪnəs saɪn], **minus** *znw* minteken

minute I *bn* [maɪ'nju:t] ❶ klein, gering ❷ minutieus,
haarfijn, uiterst precies **II** *znw* ['mɪnɪt] ❶ minuut ‹v.
uur en gradenboog› ★ *to the* ~ op de minuut af
★ *within* ~*s* binnen een paar minuten ❷ ogenblik
★ *the* ~ *(that) you see him* zodra / zo gauw als je hem
ziet ★ *this* ~ op staande voet, een ogenblik geleden,
zo net ★ *at that* ~ op dat ogenblik ★ *just a* ~*!* een
ogenblik!, wacht even!, wacht eens! ★ *not for a* ~
geen moment ★ *I won't be a* ~ ik ben zo klaar ★ inf
hang on / hold on a ~ even wachten ★ *leave
everything to the last* ~ alles uitstellen tot het laatste
moment ★ *spare a* ~ een minuutje vrij maken
❸ minuut, origineel ontwerp ‹v. akte of contract›
❹ memorandum **III** *overg* ['mɪnɪt] ❶ minuteren
❷ notuleren ★ ~ *sth down* iets noteren

minute book ['mɪnɪt bʊk] *znw* notulenboek

minute hand ['mɪnɪt hænd] *znw* minuutwijzer

minutely [maɪ'nju:tlɪ] *bijw* omstandig, (tot) in de

kleinste bijzonderheden, minutieus

minuteness [maɪ'nju:tnəs] *znw* ❶ nietigheid
❷ uiterste nauwkeurigheid, pietluttigheid

minutes ['mɪnɪts] *znw* [mv] notulen

minute steak ['mɪnɪt steɪk] *znw* biefstuk à la minute

minutiae [maɪ'nju:ʃɪ:], **minutia** *znw* [mv] ★ *the* ~ de
bijzonderheden, de kleinigheden, de nietigheden
★ *the* ~ *of everyday life* de alledaagse kleine dingen

minx [mɪŋks] scherts of afkeurend *znw* brutale meid,
feeks, kat

MIPS comput *afk* (million instructions per second
‹maat voor de snelheid van computers›)

miracle ['mɪrəkl] **I** *bn* wonder-, mirakel- ★ *a* ~ *medicine*
een wondermedicijn **II** *znw* wonderwerk, wonder,
mirakel ★ *by a* ~, *they escaped injury* ze bleven
wonder boven wonder ongedeerd ★ *a* ~ *of
engineering* een wonder van techniek ★ inf *perform
/ work* ~*s / a* ~ wonderen doen / verrichten ★ *it
would take a* ~ *to get there in time* er is een wonder
voor nodig om er op tijd te zijn

miracle monger ['mɪrəkl 'mʌŋgə] inf *znw*
wonderdoener

miracle play ['mɪrəkl pleɪ] *znw* mirakelspel

miraculous [mɪ'rækjʊləs] *bn* ❶ miraculeus,
wonderbaarlijk ★ *little / nothing short of* ~ niet
minder dan wonderbaarlijk, in één woord
miraculeus ❷ wonderdadig, wonder-

mirage ['mɪrɑ:ʒ] *znw* ❶ luchtspiegeling ❷ fig
drogbeeld, hersenschim

Miranda rights [mɪ'rændə raɪts] Am jur *znw*
Mirandarechten ‹recht van een arrestant om te
zwijgen en om een advocaat te vragen›

mire ['maɪə] *znw* modder, slijk ★ *be / be stuck / find
oneself in the* ~ in de knoei zitten

mired ['maɪəd] *bn* ★ *be / become* ~ *(down) in sth* vast
komen te zitten (in de modder)

mirin ['mɪrɪn] *znw* Japanse rijstwijn

mirror ['mɪrə] **I** *znw* ❶ spiegel ★ *a rear* ~ een
achteruitkijkspiegel ★ *a two-way* ~ een
doorkijkspiegel ★ *catch sight of oneself in the* ~ een
glimp van jezelf opvangen in de spiegel ★ *check
your* ~ *before overtaking* kijk voor het inhalen in de
spiegel ❷ afspiegeling ★ *the play is a* ~ *of life in the
50s* het toneelstuk weerspiegelt het leven in de jaren
50 ❸ toonbeeld **II** *overg* af-, weerspiegelen ★ *his
excitement was* ~*ed on his face* zijn opwinding was
van zijn gezicht af te lezen

mirror finish ['mɪrə 'fɪnɪʃ] *znw* spiegelglans

mirror glass ['mɪrə glɑ:s] *znw* spiegelglas

mirror image ['mɪrə 'ɪmɪdʒ] *znw* spiegelbeeld

mirror site ['mɪrə saɪt] comput *znw* website die een
exacte kopie is van een reeds bestaande website

mirror writing ['mɪrə 'raɪtɪŋ] *znw* spiegelschrift

mirth [mɜ:θ] *znw* ❶ vrolijkheid ❷ gelach

mirthful ['mɜ:θfʊl] *bn* vrolijk

mirthless ['mɜ:θləs] *bn* ❶ droefgeestig, somber ★ *she
gave a* ~ *laugh* ze gaf een somber lachje ❷ bitter

mirthlessly ['mɜ:θləslɪ] *bijw* ❶ droefgeestig, somber

mi

★ *he laughed* ~ *at the idea* hij lachte niet gemeend om het idee ❷ bitter

miry ['maɪərɪ] *bn* modderig, slijkerig

mis- [mɪs] *voorv* mis-, slecht

MIS *afk* (management information systems) management informatiesystemen

misadventure [mɪsəd'ventʃə] *znw* ongeluk, tegenspoed ★ jur *death by* ~ onwillige doodslag, doodslag door ongeluk

misalliance [mɪsə'laɪəns] *znw* mesalliance, huwelijk beneden iemands stand

misandrist [mɪ'sændrɪst] *znw* mannenhaatster

misandry [mɪ'sændrɪ] *znw* mannenhaat

misanthrope ['mɪsənθrəʊp], **misanthropist** *znw* ❶ mensenhater ❷ verbitterde kluizenaar

misanthropic ['mɪsənθrɒpɪk] *bn* misantropisch

misanthropist [mɪ'zænθrəpɪst] *znw* → **misanthrope**

misanthropy [mɪ'sænθrəpɪ] *znw* mensenhaat

misapplication [mɪsæplɪ'keɪʃən] *znw* ❶ verkeerde toepassing ❷ misbruik ★ ~ *of funds* misbruik van gelden

misapply [mɪsə'plaɪ] *overg* verkeerd toepassen

misapprehend [mɪsæprɪ'hend] *overg* misverstaan, verkeerd begrijpen

misapprehension [mɪsæprɪ'henʃən] *znw* misverstand, misvatting

misappropriate [mɪsə'prəʊprɪeɪt] *overg* zich onrechtmatig toe-eigenen, misbruiken, verduisteren

misappropriation ['mɪsəprəʊprɪ'eɪʃən] *znw* onrechtmatige toe-eigening, misbruik, verduistering

misbegotten [mɪsbɪ'gɒtn] *bn* ❶ verachtelijk ❷ afschuwelijk, ellendig, rampzalig ★ *the company's* ~ *merger plans* de rampzalige fusieplannen van het bedrijf

misbehave [mɪsbɪ'heɪv] *onoverg* zich misdragen

misbehaviour [mɪsbɪ'heɪvjə], Am **misbehavior** *znw* wangedrag

misbelief [mɪsbɪ'liːf] *znw* ❶ verkeerd geloof, dwaalleer ❷ ketterij

misbeliever ['mɪsbəliːvə] *znw* ❶ ketter ❷ ongelovige

misc. *afk* (miscellaneous) gemengd, gevarieerd

miscalculate [mɪs'kælkjʊleɪt] *overg* misrekenen, verkeerd berekenen

miscalculation [mɪskælkjʊ'leɪʃən] *znw* ❶ misrekening ❷ verkeerde berekening ❸ beoordelingsfout

miscall ['mɪs'kɔːl] *overg* ❶ sp verkeerde beslissing ⟨v.d. scheidsrechter of lijnrechter⟩ ❷ verkeerd noemen ❸ dial uitschelden

miscarriage ['mɪskærɪdʒ] *znw* ❶ miskraam ❷ wegraken ❸ mislukking

miscarriage of justice ['mɪskærɪdʒ əv 'dʒʌstɪs] *znw* rechterlijke dwaling

miscarry [mɪs'kærɪ] *onoverg* ❶ weg-, verloren raken ❷ mislukken ❸ mislopen ❹ ontijdig bevallen, een miskraam hebben

miscast [mɪs'kɑːst] *overg* een niet-passende rol geven, een verkeerde rolbezetting kiezen

miscegenation [mɪsɪdʒɪ'neɪʃən] *znw* rassenvermenging

miscellanea [mɪsə'leɪnɪə] *znw* [mv] ❶ gemengde collectie ❷ gemengde berichten ⟨in krant⟩, letterkundige mengeling

miscellaneous [mɪsə'leɪnɪəs], **misc.** *bn* ❶ gemengd ❷ allerlei, veelsoortig ❸ veelzijdig

miscellany [mɪ'selənɪ] *znw* mengelwerk, mengeling, verzamelbundel

mischance [mɪs'tʃɑːns] *znw* ongeluk, pech ★ *by* ~ per ongeluk

mischief ['mɪstʃɪf] *znw* ❶ kattenkwaad, ondeugendheid ★ *out of pure* ~ uit louter baldadigheid ★ *get up to* ~ kattenkwaad uithalen ★ *get into* ~ streken / kattenkwaad uithalen ★ *keep out of* ~ geen kunsten uithalen ❷ onheil, kwaad ★ *cause / do* ~ kwaad doen ★ *do sbd / oneself a* ~ een ongeluk begaan aan iem. / zichzelf, iem. / zichzelf verwonden ★ *make* ~ onheil stichten, tweedracht zaaien, de boel in de war sturen ★ *mean* ~ iets (kwaads) in zijn schild voeren ❸ inf rakker

mischief-maker ['mɪstʃɪf'meɪkə] *znw* onruststoker

mischievous ['mɪstʃɪvəs] *bn* ❶ ondeugend ❷ boosaardig, moedwillig, schadelijk

mischievously ['mɪstʃɪvəslɪ] *bijw* ❶ ondeugend ❷ boosaardig, moedwillig, schadelijk

miscible ['mɪsɪbl] *bn* (ver)mengbaar

misconceive [mɪskən'siːv] *overg* verkeerd begrijpen of opvatten, misverstaan

misconception [mɪskən'sepʃən] *znw* verkeerde opvatting, misvatting, wanbegrip ★ *she hopes to dispel some popular ~s about AIDS* ze hoopt wat algemene misvattingen over aids uit de weg te ruimen

misconduct I *znw* [mɪs'kɒndʌkt] ❶ slecht bestuur, wanbeheer ❷ wangedrag ❸ overspel **II** *overg* [mɪskən'dʌkt] slecht beheren, verkeerd leiden **III** *wederk* [mɪskən'dʌkt] ★ ~ *oneself* zich misdragen

misconstruction [mɪskən'strʌkʃən] *znw* verkeerde interpretatie, misverstand

misconstrue [mɪskən'struː] form *overg* verkeerd uitleggen, verkeerd opvatten

miscount I *znw* ['mɪskaʊnt] verkeerde (op)telling ★ *make a* ~ zich vertellen **II** *overg* [mɪs'kaʊnt] verkeerd (op)tellen **III** *onoverg* [mɪs'kaʊnt] zich vergissen bij het tellen, zich vertellen

miscreant ['mɪskrɪənt] **I** *bn* laag, snood **II** *znw* onverlaat

miscue [mɪs'kjuː] **I** *znw* misstoot **II** *onoverg* biljart ketsen

misdeal [mɪs'diːl] kaartsp **I** *znw* verkeerd geven ★ *make a* ~ (de kaarten) verkeerd geven **II** *onoverg* verkeerd geven

misdeed [mɪs'diːd] *znw* misdaad, wandaad

misdelivery [mɪsdɪ'lɪvərɪ] *znw* verkeerde bezorging

misdemeanour [mɪsdɪ'miːnə], Am **misdemeanor** *znw* ❶ wangedrag, wandaad ❷ vergrijp, misdrijf ❸ Am delict waarop een straf van ten hoogste één jaar gevangenisstraf staat

mi

misdiagnose [mɪsˈdaɪəgnəʊz] *overg* een verkeerde diagnose stellen

misdiagnosis [mɪsdaɪəgˈnəʊsɪs] *znw* verkeerde diagnose

misdial [mɪsˈdaɪəl] **I** *znw* fout bij het kiezen van een nummer **II** *onoverg* een verkeerd nummer bellen

misdirect [mɪsdaɪˈrekt] *overg* ❶ verkeerd richten ❷ verkeerde aanwijzing geven ❸ in verkeerde richting leiden ❹ verkeerd adresseren

misdirection [mɪsdaɪˈrekʃən] *znw* ❶ in verkeerde richting leiden ❷ verkeerde, misleidende inlichting ❸ verkeerd adres

misdoing [mɪsˈduːɪŋ] *znw* ❶ vergrijp, wandaad ❷ misdaad

miser [ˈmaɪzə] *znw* gierigaard, vrek

miserable [ˈmɪzərəbl] *bn* ❶ ellendig, rampzalig, diep ongelukkig ❷ beroerd, droevig, jammerlijk ❸ karig, armzalig

misère [mɪˈzeə] <u>kaartsp</u> *znw* misère

miserere [mɪzəˈrɪərɪ] *znw* miserere, boetpsalm

misericord [mɪˈzərɪkɔːd] *znw* misericorde

miserly [ˈmaɪzəlɪ] *bn* gierig, vrekkig

misery [ˈmɪzərɪ] *znw* narigheid, ellende, smart, tegenspoed ★ *the bad weather only added to the* ~ het slechte weer maakte de ellende zelfs nog erger ★ *make sbd's life a* ~ iemands leven tot een hel maken ★ *put sbd / sth out of his* ~ iem. / iets uit zijn lijden verlossen, iem. / iets ombrengen

misfeasance [mɪsˈfiːzəns] <u>jur</u> *znw* machtsmisbruik

misfeed [mɪsˈfiːd] *znw* papierstoring ‹bij printer, kopieermachine &›

misfire [mɪsˈfaɪə] *onoverg* ❶ ketsen, weigeren, niet aanslaan ‹v. motor› ❷ <u>fig</u> geen succes hebben

misfit [ˈmɪsfɪt] *znw* onaangepast persoon ★ *a social* ~ een onaangepast iemand, een mislukkeling

misfortune [mɪsˈfɔːtʃən] *znw* ramp(spoed), ongeluk ★ *from the outset, the cruise was dogged by* ~ vanaf het begin werd de cruise achtervolgd door rampspoed

misgive [mɪsˈgɪv] <u>dicht</u> *overg* ★ *my heart* ~*s me* ik heb er een bang voorgevoel bij

misgiving [mɪsˈgɪvɪŋ] *znw* (meestal *mv*) bange twijfel, bezorgdheid, angstig voorgevoel ★ *I have my* ~*s about him* ik heb mijn twijfels over hem

misgovern [mɪsˈgʌvən] *overg* slecht besturen

misgovernment [mɪsˈgʌvənmənt] *znw* slecht bestuur, wanbeheer

misguide [mɪsˈgaɪd] *overg* misleiden, op een dwaalspoor brengen

misguided [mɪsˈgaɪdɪd] *bn* ❶ misleid, verdwaasd ❷ ondoordacht, onverstandig ★ *in a* ~ *moment* in een ogenblik van zwakte

mishandle [mɪsˈhændl] *overg* ❶ verkeerd hanteren of aanpakken ❷ havenen, mishandelen

mishap [ˈmɪshæp] *znw* ongeval, ongeluk, ongelukkig voorval

mishear [mɪsˈhɪə] *overg & onoverg* verkeerd horen

mishmash [ˈmɪʃmæʃ] *znw* mengelmoes ★ *a* ~ *of*

building styles een mengelmoes van bouwstijlen

misinform [mɪsɪnˈfɔːm] *overg* verkeerd inlichten

misinformation [ˈmɪsɪnfəˈmeɪʃən] *znw* verkeerde inlichting(en)

misinterpret [mɪsɪnˈtɜːprɪt] *overg* verkeerd uitleggen, verkeerd begrijpen

misinterpretation [mɪsɪntɜːprɪˈteɪʃən] *znw* verkeerde uitleg

misjudge [mɪsˈdʒʌdʒ] *overg* verkeerd (be)oordelen

mislay [mɪsˈleɪ] *overg* op een verkeerde plaats leggen, zoekmaken ★ *your letter has somehow got mislaid* uw brief is op de een of andere manier zoekgeraakt

mislead [mɪsˈliːd] *overg* ❶ misleiden, op een dwaalspoor brengen ❷ bedriegen

misleading [mɪsˈliːdɪŋ] *bn* misleidend, bedrieglijk

misleadingly [mɪsˈliːdɪŋlɪ] *bijw* bedrieglijk ★ *the novel's* ~ *mundane title* de bedrieglijk alledaagse titel van de roman

mismanage [mɪsˈmænɪdʒ] *overg* verkeerd, slecht behandelen (besturen, aanpakken)

mismanagement [mɪsˈmænɪdʒmənt] *znw* ❶ slecht bestuur, wanbeheer ❷ verkeerde regeling, verkeerd optreden

mismatch I *znw* [ˈmɪsmætʃ] verkeerde combinatie **II** *overg* [mɪsˈmætʃ] slecht bij elkaar passen, slecht combineren

misname [mɪsˈneɪm] *overg* verkeerd (be)noemen

misnomer [mɪsˈnəʊmə] *znw* verkeerde benaming, ongelukkig gekozen naam

misogynist [mɪˈsɒdʒənɪst] *znw* vrouwenhater

misogynous [maɪˈsɒdʒɪnəs] *bn* vrouwen hatend

misplace [mɪsˈpleɪs] *overg* verkeerd plaatsen of aanbrengen

misplaced [mɪsˈpleɪst] *bn* misplaatst, verkeerd geplaatst

misplaced loyalty [mɪsˈpleɪst ˈlɔɪəltɪ] *znw* misplaatste loyaliteit

misprint I *znw* [ˈmɪsprɪnt] drukfout **II** *overg* [mɪsˈprɪnt] verkeerd (af)drukken

misprize [mɪsˈpraɪz] *overg* ❶ onderschatten ❷ minachten

mispronounce [mɪsprəˈnaʊns] *overg* verkeerd uitspreken

mispronunciation [mɪsprənʌnsɪˈeɪʃən] *znw* verkeerde uitspraak

misproportion [mɪsprəˈpɔːʃən] *znw* wanverhouding

misquotation [ˈmɪskwəʊˈteɪʃən] *znw* verkeerde aanhaling

misquote [mɪsˈkwəʊt] *overg* verkeerd aanhalen

misread [mɪsˈriːd] *overg* ❶ verkeerd lezen ★ *I* ~ *'Iran' as 'Iraq'* ik heb 'Irak' gelezen in plaats van 'Iran' ❷ verkeerd uitleggen, verkeerd begrijpen

misrecognize [mɪsˈrekəgnaɪz], **misrecognise** *overg* ten onrechte menen te herkennen

misremember [mɪsrɪˈmembə] *overg* zich verkeerd herinneren

misreport [ˈmɪsrɪˈpɔːt] *overg* verkeerd overbrengen

misrepresent [mɪsreprɪˈzent] *overg* verkeerd

voorstellen, in een verkeerd daglicht plaatsen, een valse voorstelling geven van

misrepresentation [mɪsreprɪzen'teɪʃən] *znw* onjuiste of verkeerde voorstelling (opgave) ★ *a fraudulent ~* bedrog

misrule [mɪs'ruːl] **I** *znw* **❶** wanorde, verwarring, tumult **❷** wanbestuur **II** *overg* verkeerd, slecht besturen

miss [mɪs] **I** *znw* **❶** (me)juffrouw ★ *Miss Jane Smith* juffrouw Jane Smith **❷** meisje ★ *inf afkeurend you're a cheeky young ~* je bent een brutale jongedame **❸** miss ★ *Miss America / World &* Miss Amerika / World & **❹** misslag, misstoot, misschot, misser, poedel ★ *a near ~* bijna raak schot, schampschot ★ *fig that was a near ~!* dat scheelde maar een haartje! ★ *inf give it a ~* vermijden, weglaten, wegblijven, met rust laten ★ *zegsw a ~ is as good as a mile* mis is mis, al scheelt het nog zo weinig **II** *overg* **❶** missen, misslaan, mislopen ★ *inf ~ the boat / bus* de boot / bus missen ★ *~ a chance / an opportunity* een kans / gelegenheid voorbij laten gaan ★ *~ the mark* misschieten, *fig* zijn doel niet treffen ★ *~ the point* niet begrijpen ★ *inf not ~ a trick* van elke gelegenheid gebruik maken ★ *inf not ~ much* niet veel missen ★ *it's on the left-hand side; you can't ~ it* het is aan de linkerkant: je kunt het niet missen ★ *she'll be sadly ~ed* we zullen haar missen **❷** niet zien, niet horen **❸** zich laten ontgaan **❹** verzuimen ⟨school, lessen of gelegenheden⟩ **❺** overslaan, uit-, weglaten (ook: *~ out*) ★ *~ a beat* een slag overslaan ⟨v. hart⟩, aarzelen, weifelen ⟨vooral bij moeilijke taak⟩ **III** *onoverg* **❶** missen, misschieten ★ *too good to ~* te goed om te missen ★ *~ out on sth* iets missen, iets te kort komen, iets mislopen, iets laten voorbijgaan ⟨kans⟩ **❷** verzuimen ⟨de school⟩

missal ['mɪsəl] *znw* missaal, misboek

missel thrush ['mɪsl(θrʌʃ) θrʌʃ] *znw* → **mistle thrush**

misshapen [mɪs'ʃeɪpən] *bn* mismaakt, wanstaltig

missile ['mɪsaɪl] *znw* projectiel, raket ★ *a guided ~* een geleid projectiel ★ *a long-range ~* een langeafstandsraket

missing ['mɪsɪŋ] *bn* niet aanwezig, verloren, vermist, ontbrekend ★ *be ~* er niet zijn, ontbreken, vermist worden

missing in action ['mɪsɪŋ ɪn 'ækʃən] *znw* vermist ⟨v. soldaat aan het front⟩ ★ *be listed as ~* als vermist vermeld staan

missing link ['mɪsɪŋ lɪŋk] *znw* ontbrekende schakel

missing person ['mɪsɪŋ 'pɜːsən] *znw* vermist persoon

mission ['mɪʃən] *znw* **❶** zending, missie, zendingspost ⟨religieus⟩ **❷** gezantschap, afvaardiging ★ *a trade ~* een handelsmissie / handelsafvaardiging **❸** missie, opdracht, onderzoekstocht ★ *a fact-finding ~* een reis om feiten te verzamelen ★ *a peacekeeping ~* een vredesmissie ★ *a suicide ~* een zelfmoordopdracht ★ *he's on a diplomatic ~* hij is op een diplomatieke missie ★ *a ~ to Mars* een onderzoekstocht naar Mars,

een Marsmissie **❹** roeping, doel ★ *my / her & ~ in life* mijn / haar & levensdoel ★ *a man / woman with a ~* een man / vrouw met een doel voor ogen

missionary ['mɪʃənərɪ] **I** *bn* **❶** RK missie- **❷** zendings-, missionair **II** *znw* **❶** RK missionaris **❷** zendeling

missionary position ['mɪʃənərɪ pə'zɪʃən] *znw* missionarispositie ⟨seksstandje met de vrouw onder en de man boven⟩

missionary zeal ['mɪʃənərɪ ziːl] *znw* zendingsijver

mission control ['mɪʃən kən'trəʊl] ruimtevaart *znw* controlecentrum

mission statement ['mɪʃən 'steɪtmənt] *znw* verklaring met daarin de doelstellingen (van een bedrijf, organisatie enz.), missieverklaring

missis ['mɪsɪz] *inf znw* → **missus**

missive ['mɪsɪv] *znw* missive, brief

misspell [mɪs'spel] *overg* verkeerd spellen

misspend [mɪs'spend] *overg* verkeerd of nutteloos besteden, verkwisten

misstate ['mɪs'steɪt] *overg* verkeerd voorstellen, verkeerd opgeven, verdraaien

misstatement ['mɪs'steɪtmənt] *znw* verkeerde, onjuiste voorstelling (opgave), onjuistheid, verdraaiing van de feiten

missus ['mɪsɪz], **missis** *inf znw* (moeder de) vrouw ★ *the ~* (mijn) mevrouw ⟨v. dienstboden⟩

missy ['mɪsɪ] *inf znw* juffie, meisje

mist [mɪst] **I** *znw* **❶** mist, nevel ★ *lost in the ~s of time* gehuld in de nevelen van de tijd **❷** waas ⟨voor de ogen⟩ **II** *phras* ★ *~ over/up* (doen) beslaan

mistakable [mɪs'teɪkəbl] *bn* **❶** onduidelijk **❷** gemakkelijk verkeerd op te vatten

mistake [mɪ'steɪk] **I** *znw* vergissing, dwaling, abuis, fout, misgreep ★ *a spelling ~* een spelfout ★ *I'm sure it's all a ~* ik weet zeker dat het allemaal een vergissing is ★ *a common ~* een veelvoorkomende vergissing, een gemeenschappelijke dwaling ★ *it was a costly ~* het was een dure vergissing ★ *it's an easy ~ to make* dat is een voor de hand liggende vergissing ★ *a mutual ~* een wederzijdse dwaling ★ *my ~!* ik vergis me! ★ *inf it's a real mystery, and no ~* het is een echt mysterie, dat is zeker ★ *inf now no ~* versta me nu goed ★ *make no ~ about it* vergis je niet ★ *there must be some ~* er moet een vergissing in het spel zijn ★ *he must have made a ~ about the time* hij moet zich in de tijd hebben vergist ★ *by ~* per abuis, ten gevolge van een vergissing ★ *be under a ~* zich vergissen, het mis hebben ★ *make a ~* een fout maken, zich vergissen (in *over*) ★ *put the ~ right* de fout verbeteren / corrigeren **II** *overg* [mistook, mistaken] **❶** misverstaan, verkeerd verstaan **❷** zich vergissen in, ten onrechte aanzien (voor *for*) ★ *she often ~s me for my brother* ze ziet me vaak voor mijn broer aan ★ *the two are often ~n for each other* de twee worden vaak verwisseld ★ *there's no mistaking a cold for the flu* je kunt een verkoudheid niet voor griep aanzien ★ *be ~n* zich vergissen

mistaken [mɪ'steɪkən] **I** *bn* verkeerd, foutief,

misplaatst ★ *don't restrict carbohydrates in the ~ belief that they're fattening* beperk koolhydraten niet vanuit de misplaatste opvatting dat ze dik zouden maken **II** *ww* [v.d.] → **mistake**

mistaken identity [mɪˈsteɪkən aɪˈdentətɪ] *znw* persoonsverwisseling ★ *it was a case of ~* het was een geval van persoonsverwisseling

mistakenly [mɪˈsteɪkənlɪ] *bijw* ❶ bij vergissing, per abuis ❷ verkeerdelijk

mister [ˈmɪstə] *znw* ❶ meneer, de heer ❷ <u>scherts</u> meneer ‹als aanspreekvorm› ★ *OK, ~, time to clean up your room* Oké meneer, tijd om je kamer op te ruimen

mistime [mɪsˈtaɪm] *overg* ❶ verkeerd timen ❷ op het verkeerde moment zeggen / doen &

mistimed [ˈmɪsˈtaɪmd] *bn* te onpas, misplaatst ★ *it was a ~ comment* het was een misplaatste opmerking

mistle thrush [ˈmɪsəltəʊ θrʌʃ], **missel thrush** *znw* grote lijster

mistletoe [ˈmɪsəltəʊ] *znw* maretak, vogellijm, mistletoe

mistook [mɪˈstʊk] *ww* [v.t.] → **mistake**

mistral [ˈmɪstrəl, mɪsˈtrɑːl] *znw* mistral

mistranslate [ˈmɪstrɑːnsˈleɪt] *overg* verkeerd vertalen

mistreat [mɪsˈtriːt] *overg* mishandelen

mistreatment [mɪsˈtriːtmənt] *znw* mishandeling

mistress [ˈmɪstrəs] *znw* ❶ heerseres, gebiedster, meesteres ★ *she's her own ~* zij is haar eigen baas, zij is zichzelf meester ❷ vrouw des huizes, mevrouw ‹v.e. dienstbode› ❸ directrice, hoofd ❹ onderwijzeres, lerares ❺ geliefde, maîtresse, concubine

mistrial [mɪsˈtraɪəl] <u>jur</u> *znw* (nietigheid wegens) procedurefout

mistrust [mɪsˈtrʌst] **I** *znw* wantrouwen **II** *overg* wantrouwen, niet vertrouwen

mistrustful [mɪsˈtrʌstfʊl] *bn* wantrouwig

mistrustfully [mɪsˈtrʌstfʊlɪ] *bijw* wantrouwig ★ *he looked ~ at his meal* hij keek wantrouwig naar zijn eten

misty [ˈmɪstɪ] *bn* ❶ mistig, beneveld, nevelig ❷ beslagen ❸ <u>fig</u> vaag

misty-eyed [mɪstɪˈaɪd] *bn* met betraande ogen, sentimenteel ★ *she went all ~ when she saw the photos* ze werd helemaal sentimenteel toen ze de foto's zag

misunderstand [mɪsʌndəˈstænd] *overg* [misunderstood, misunderstood] misverstaan, verkeerd of niet begrijpen

misunderstanding [mɪsʌndəˈstændɪŋ] *znw* misverstand, geschil ★ *a popular ~* een wijdverbreide misvatting ★ *there must be some ~* er moet een misverstand zijn ★ *a ~ about / over the terms* een misverstand over de voorwaarden ★ <u>scherts</u> *the broken arm? I had a ~ with a bus* die gebroken arm? ik heb een verschil van mening gehad met een bus

misunderstood [mɪsʌndəˈstʊd] *ww* [v.t. & v.d.] → **misunderstand**

misusage [mɪsˈjuːsɪdʒ] *znw* ❶ misbruik, verkeerd gebruik ‹vnl. taalgebruik› ★ *~ of power* misbruik van macht ❷ mishandeling

misuse I *znw* [mɪsˈjuːs] misbruik, verkeerd gebruik ★ *a ~ of valuable resources* een verkeerd gebruik van waardevolle middelen **II** *overg* [mɪsˈjuːz] ❶ misbruiken, verkeerd gebruiken ❷ mishandelen

mite [maɪt] *znw* ❶ mijt, kaasmijt ❷ <u>gedat</u> beetje, ziertje ★ *you do look a ~ tired* je ziet er een beetje moe uit ❸ klein kind, jong dier ★ *poor little ~s* de bloedjes van kinderen

miter [ˈmaɪtə] *znw & overg* → **mitre**

miter joint [ˈmaɪtə dʒɔɪnt] <u>Am</u> *znw* → **mitre joint**

mitigate [ˈmɪtɪɡeɪt] *overg* ❶ verzachten ❷ lenigen ❸ matigen

mitigating [ˈmɪtɪɡeɪtɪŋ] *bn* verzachtend, lenigend, matigend ★ <u>jur</u> *~ circumstances* verzachtende omstandigheden

mitigation [mɪtɪˈɡeɪʃən] *znw* ❶ verzachting ❷ leniging ❸ matiging

mitre [ˈmaɪtə], **Am miter I** *znw* ❶ mijter ❷ **mitre-joint** <u>bouwk</u> verstek: hoek van 45° **II** *overg* <u>bouwk</u> in het verstek werken

mitre box [ˈmaɪtə bɒks], **mitre block** *znw* verstekbak

mitred [ˈmaɪtəd] *bn* ❶ <u>bouwk</u> in verstek ❷ gemijterd

mitre joint [ˈmaɪtə dʒɔɪnt], <u>Am</u> **miter joint** *znw* → **mitre**

mitre saw [ˈmaɪtə sɔː] *znw* verstekzaag

mitt [mɪt] *znw* ❶ want ‹handschoen zonder vingers› ★ *an oven ~* een ovenwant ❷ honkbalhandschoen ❸ <u>inf</u> hand, vuist ★ <u>scherts</u> *get your ~s off it!* blijf er met je vingers af!

mitten [ˈmɪtn] *znw* ❶ want ❷ <u>inf</u> bokshandschoen

mity [ˈmaɪtɪ] *bn* vol mijten

mix [mɪks] **I** *znw* ❶ mengsel, mengeling ❷ mengelmoes ❸ mix ‹geprepareerd mengsel› **II** *overg* ❶ mengen, vermengen ❷ aanmaken ‹salade›, mixen **III** *onoverg* zich (laten) vermengen ★ *~ with others* omgaan met anderen **IV** *phras* ★ *~ sth up* iets dooreen-, vermengen, hutselen ★ *~ sbd up (with sbd else)* iem. verwarren (met iem. anders) ★ *~ sbd up in sth* iem. ergens in betrekken ★ *be ~ed up with sth* vermengd zijn met iets, ergens bij betrokken zijn ★ <u>inf</u> *get ~ed up with sbd* zich inlaten met iem.

mix and match [mɪks ən ˈmætʃ] *overg* combineren ‹v. kleding &›

mix-and-match [ˈmɪks ən ˈmætʃ] *bn* gecombineerd ‹v. kleding &›

mixed [mɪkst] *bn* gemengd, vermengd, gemêleerd ★ *there was a ~ reaction to the proposals* er werd verschillend gereageerd op de voorstellen

mixed-ability [mɪkstəˈbɪlətɪ] *bn* gemengd ‹met leerlingen van verschillend niveau› ★ *~ classes* klassen met leerlingen van verschillend niveau

mixed bag [mɪkst bæɡ] *znw* een ratjetoe, allegaartje

mi

mixed blessing [mɪkst 'blesɪŋ] znw geen onverdeeld genoegen

mixed doubles [mɪkst 'dʌblz] sp znw [mv] gemengd dubbel

mixed economy [mɪkst ɪ'kɒnəmɪ] znw een gemengde economie (met zowel staats- als particuliere ondernemingen)

mixed farming [mɪkst 'fɑːmɪŋ] znw gemengd bedrijf

mixed feelings [mɪkst 'fiːlɪŋz] znw [mv] gemengde gevoelens

mixed grill [mɪkst grɪl] znw mixed grill ‹verschillende vleessoorten van de gril›

mixed marriage [mɪkst 'mærɪdʒ] znw gemengd huwelijk

mixed media [mɪkst 'miːdɪə] znw gemengde technieken ‹in kunstwerk›

mixed metaphor [mɪkst 'metəfɔː] znw gemengde beeldspraak ‹twee beeldspraken samengevoegd, meestal humoristisch›

mixed spice [mɪkst spaɪs] znw gemengde specerijen

mixed-up [mɪkst'ʌp] bn verknipt, neurotisch ★ a ~ teenager een neurotische tiener

mixer ['mɪksə] znw ❶ menger ‹v. dranken› ❷ molen ‹voor beton &› ❸ mixer ▼ a good ~ iem. die zich gemakkelijk aansluit, een gezellig iemand

mixer tap ['mɪksə tæp] znw mengkraan

mixing desk ['mɪksɪŋ desk] znw mengpaneel (van een geluidstechnicus)

mixture ['mɪkstʃə] znw mengeling, mengsel, melange

mix-up ['mɪks-ʌp] inf znw verwarring, warboel

mizzen ['mɪzn], **mizen** scheepv znw bezaan

mizzen yard ['mɪzn jɑːd], **mizen yard** scheepv znw bezaansra

mizzle ['mɪzəl] I znw motregen II onoverg motregenen

mizzly ['mɪzlɪ] bn druilerig

ml afk ❶ (mile/miles) mijl(en) ❷ (millilitre/millilitres) milliliter(s)

mm afk (millimetre/millimetres) millimeter(s)

MMR afk (measles, mumps and rubella) bmr-prik ‹inenting tegen mazelen, bof en rodehond›

mnemonic [nɪ'mɒnɪk] I bn gemakkelijk om te onthouden II znw ezelsbruggetje, geheugensteuntje

mo [məʊ] inf znw ogenblik ★ just / half a ~ wacht even

mo. Am afk → month

moan [məʊn] I znw ❶ gesteun, gekreun, gekerm ★ a ~ of pain / despair & een kreun van pijn / wanhoop & ❷ inf geklaag, gejammer, gezeur II onoverg ❶ kreunen, kermen ★ stop ~ing and groaning! hou op te kreunen en te jammeren ★ ~ with delight / pain & kreunen van genot / pijn & ❷ klagen, jammeren, zeuren ★ inf what's she ~ing about now? waar zit ze nu weer over te zeuren? ★ inf my parents are always ~ing at me to work harder mijn ouders zitten me altijd aan het hoofd te zeuren dat ik harder moet werken

moaning minnie ['məʊnɪŋ 'mɪnɪ] inf gedat znw iem. die altijd klaagt

moat [məʊt] znw gracht ‹om kasteel›

moated [məʊtɪd] bn met een gracht

mob [mɒb] I znw ❶ grauw, gespuis, gepeupel ❷ hoop, troep, bende ★ the Mob de maffia ★ a lynch ~ een lynchbende II overg hinderlijk volgen, zich verdringen om, omringen

mob cap [mɒb kæp] hist znw mop(muts)

mobile ['məʊbaɪl] I bn ❶ beweeglijk, mobiel ❷ flexibel, veranderlijk ★ an upwardly / downwardly ~ social group een naar boven / naar beneden flexibele sociale groep ❸ rijdend, verplaatsbaar ★ a fully ~ cooling unit een volledig mobiele koelinstallatie II znw ❶ mobiel ‹beweeglijke figuur› ❷ → **mobile phone**

mobile canteen ['məʊbaɪl kæn'tiːn] znw kantinewagen

mobile coverage ['məʊbaɪl 'kʌvərɪdʒ] znw berichtgeving ter plekke

mobile home ['məʊbaɪl həʊm] znw caravan

mobile library ['məʊbaɪl 'laɪbrərɪ] znw bibliotheekbus, bibliobus

mobile phone ['məʊbaɪl fəʊn], **mobile** znw mobieltje, mobiele telefoon, gsm

mobile shop ['məʊbaɪl ʃɒp] znw rijdende winkel

mobility [məʊ'bɪlətɪ] znw ❶ beweeglijkheid, mobiliteit ★ the stroke left her with limited ~ in her right arm als gevolg van de beroerte kon ze haar rechterarm niet goed bewegen ❷ flexibiliteit

mobility allowance [məʊ'bɪlətɪ ə'laʊəns] znw taxivergoeding, transportvergoeding ‹voor gehandicapten›

mobilization [məʊbəlaɪ'zeɪʃən], **mobilisation** znw mobilisatie

mobilize ['məʊbɪlaɪz], **mobilise** overg & onoverg mobiliseren

mob law [mɒb lɔː] znw volksjustitie

mob mentality [mɒb men'tælətɪ] znw kuddementaliteit

mobocracy [mɒ'bɒkrəsɪ] znw de heerschappij van het gepeupel

mob orator [mɒb 'ɒrətə] znw volksredenaar

mob rule [mɒb ruːl] znw heerschappij van het gepeupel, heerschappij van de straat

mobster ['mɒbstə] Am inf znw gangster, bendelid, bandiet

moccasin ['mɒkəsɪn] znw mocassin ‹schoeisel›

mocha ['mɒkə,'məʊkə] znw mokka(koffie)

mock [mɒk] I bn nagemaakt, schijn-, zogenaamd, onecht, voorgewend ★ he opened his eyes wide in ~ horror hij sperde zijn ogen zogenaamd van schrik wijd open II znw ❶ Br inf proefexamen ❷ gedat voorwerp van spot ★ make a ~ of sbd / sth de spot drijven met iem. / iets III overg ❶ bespotten, spotten met ❷ bespottelijk maken ❸ na-apen ★ ~ sth up een voorbeeld / maquette van iets maken IV onoverg spotten (met at)

mocker ['mɒkə] znw spotter ▼ Br inf put the ~s on sth een einde maken aan iets, ongeluk brengen over iets

mo

mockery ['mɒkərɪ] *znw* spot, spotternij, bespotting, aanfluiting, farce, paskwil ★ *make a ~ of sth* de spot drijven met iets

mock exam [mɒk ɪg'zæm] *znw* proefexamen

mock-heroic [mɒkhə'rəʊɪk] *bn* komisch-heroïsch ⟨v. literair werk⟩

mockingbird ['mɒkɪŋbɜːd] *znw* spotvogel

mockingly ['mɒkɪŋlɪ] *bijw* spottend

mockney ['mɒknɪ] *inf* afkeurend *znw* nagemaakt Londens accent

mock orange [mɒk 'ɒrɪndʒ] *znw* boerenjasmijn

mock trial [mɒk 'traɪəl] *znw* schijnproces, schertsproces

mock turtle soup [mɒk 'tɜːtl suːp] *znw* nagemaakte schildpadsoep

mock-up ['mɒkʌp] *znw* ❶ (bouw)model ⟨v. vliegtuig &⟩ ❷ maquette, voorbeeld

mod [mɒd] *inf* I *bn* modern, modieus II *znw* Br mod ⟨modieus geklede nozem in de jaren zestig⟩

modal ['məʊdl] I *bn* ❶ modaal ❷ *gramm* modaal-, hulp- II *znw* *gramm* modaal hulpwerkwoord

modality [məʊ'dælɪtɪ] *znw* modaliteit

modal verb ['məʊdl vɜːb] *gramm* *znw* modaal hulpwerkwoord

mod cons [mɒd kɒnsæn'gwɪnətɪ] *inf* *znw* [mv] moderne gemakken ⟨v. huis, flat &⟩

mode [məʊd] *znw* ❶ modus, vorm, wijze, manier ❷ gebruik, mode ★ *be the ~* in de mode zijn, gebruikelijk zijn ❸ *muz* toonsoort

model ['mɒdl] I *bn* model-, voorbeeldig II *znw* ❶ model, toonbeeld, voorbeeld ★ *the latest ~* het nieuwste model ★ *a ~ of restraint / self control* een toonbeeld van zelfbeheersing ❷ maquette ★ *a clay / wax &~* een model van klei / was & ❸ mannequin ★ *a fashion ~* een mannequin ★ *a male ~* een mannelijk model III *overg* ❶ modelleren, boetseren, (naar een voorbeeld) vormen ★ *~ oneself on sbd* iem. tot voorbeeld nemen ★ *~ sth on sth* iets namaken van iets ❷ showen ⟨kleding⟩ IV *onoverg* model of mannequin zijn

model home ['mɒdl həʊm] Am *znw* modelwoning

modeller ['mɒdlə], Am **modeler** *znw* ❶ vormer ❷ modelleur, boetseerder

modem ['məʊdem] *comput* *znw* modem

moderate I *bn* ['mɒdərət] ❶ matig, gematigd ★ *he is more ~ in his views* hij is gematigder in zijn opvattingen ❷ middelmatig II *znw* ['mɒdərət] gematigde III *overg* ['mɒdəreɪt] matigen, temperen, stillen, doen bedaren IV *onoverg* ['mɒdəreɪt] ❶ zich matigen, bedaren ❷ presideren

moderately ['mɒdərətlɪ] *bijw* ❶ matig, gematigd ★ *a ~ priced car* een redelijk geprijsde auto ❷ middelmatig, gemiddeld

moderation [mɒdə'reɪʃən] *znw* ❶ matiging, tempering ★ *the government has called for ~* de regering heeft opgeroepen tot matiging ❷ matigheid, gematigdheid ★ *zegsw all things in ~/~ in all things* alles met mate

moderator ['mɒdəreɪtə] *znw* ❶ voorzitter, leider ❷ *techn* moderator ⟨v. kernreactor⟩

modern ['mɒdn] *bn* modern, van de nieuw(er)e tijd, nieuw, hedendaags ★ *~ Greek* Nieuwgrieks

modern-day ['mɒdndeɪ] *bn* hedendaags

modernism ['mɒdnɪzəm] *znw* modernisme

modernist ['mɒdnɪst] *znw* modernist

modernistic ['mɒdnɪstɪk] *bn* modernistisch

modernity [mɒ'dɜːnɪtɪ] *znw* modern karakter, moderniteit

modernization [mɒdənaɪ'zeɪʃən], **modernisation** *znw* modernisering

modernize ['mɒdənaɪz], **modernise** *overg* moderniseren

modern jazz ['mɒdn dʒæz] *znw* moderne jazz

modern languages ['mɒdn 'læŋgwɪdʒɪz] *znw* [mv] levende talen, moderne (vreemde) talen

modest ['mɒdɪst] *bn* ❶ bescheiden ★ *she is ~ about her achievements* ze is bescheiden over haar prestaties ❷ zedig, eerbaar, ingetogen

modesty ['mɒdɪstɪ] *znw* ❶ bescheidenheid ★ *in all ~* in alle bescheidenheid ★ *~ forbids me from mentioning my role in the film* bescheidenheid laat niet toe dat ik het over mijn rol in de film heb ❷ zedigheid, eerbaarheid, ingetogenheid

modicum ['mɒdɪkəm] *znw* beetje, kleine hoeveelheid ★ *he doesn't have a ~ of common sense* hij heeft geen greintje gezond verstand ★ *there's not a ~ of truth in the rumours* er zit niet de minste waarheid in de geruchten

modifiable ['mɒdɪfaɪəbl] *bn* te matigen, te wijzigen

modification [mɒdɪfɪ'keɪʃən] *znw* ❶ wijziging ★ *there have been a few ~s to the timetable* er zijn een paar aanpassingen aan het rooster ❷ beperking ❸ matiging, verzachting

modified American plan ['mɒdɪfaɪd ə'merɪkən plæn], **MAP** Am *znw* halfpension

modifier ['mɒdɪfaɪə] *znw* ❶ modifier, veranderingsfactor ❷ *gramm* beperkend woord

modify ['mɒdɪfaɪ] *overg* ❶ wijzigen, veranderen ★ *we may have to ~ the plans slightly* misschien moeten we de plannen een beetje veranderen ❷ beperken ❸ matigen, verzachten

modish ['məʊdɪʃ] *bn* modieus

modiste [məʊ'diːst] *gedat* *znw* modiste

modular ['mɒdjʊlə] *bn* modulair

modulate ['mɒdjʊleɪt] I *overg* moduleren, regelen, afstemmen II *onoverg* moduleren

modulation [mɒdjʊ'leɪʃən] *znw* modulatie

module ['mɒdjuːl] *znw* ❶ module ★ *a lunar ~* een maanlandingsvoertuig / maanmodule ★ *a study ~* een studiemodule ❷ modulus ⟨v. bouwwerk⟩

modus ['məʊdəs] ⟨Lat⟩ *znw* [mv: modi] methode, manier, wijze

modus operandi ['məʊdəs ɒpə'rændiː] ⟨Lat⟩ *znw* modus operandi, manier van werken

modus vivendi ['məʊdəs vɪ'vendiː] ⟨Lat⟩ *form* *znw* ❶ modus vivendi, voorlopige schikking tussen twee strijdende partijen ❷ levensstijl

moggy ['mɒgɪ], **moggie** inf znw kat

mogul [məʊ'gʌl] znw ❶ mogol ⟨invloedrijk persoon⟩ ★ hist the Great Mogul de Grootmogol ❷ sp verhoging op skipiste

mohair ['məʊheə] znw mohair, angorawol

Mohican ['məʊɪkən], **Mohawk** znw hanenkam

moi [mwɑ:] scherts vnw ik

moiety ['mɔɪətɪ] form of techn znw helft, deel

moiré ['mwɑ:reɪ], **moire I** bn gevlamd **II** znw textiel moiré, gevlamde zijde

moist [mɔɪst] bn vochtig, nat, klam

moisten ['mɔɪsən] **I** overg bevochtigen **II** onoverg vochtig worden

moistness ['mɔɪstnəs] znw vochtigheid

moisture ['mɔɪstʃə] znw vochtigheid, vocht

moisturize ['mɔɪstʃəraɪz], **moisturise** overg bevochtigen

moisturizing cream ['mɔɪstʃəraɪzɪŋ kri:m], **moisturising cream** znw vochtregulerende crème

moke [məʊk] inf znw ❶ ezel ❷ Aus & NZ oud aftands paard

molar ['məʊlə] znw kies

molasses [mə'læsɪz] znw melasse, suikerstroop

mold ['məʊld] Am znw & overg → **mould**

Moldova [mɒl'dɒvə], **Moldavia** znw Moldavië

Moldovan [mɒl'dɒvən] **I** bn Moldavisch **II** znw ❶ Moldaviër, Moldavische ❷ Moldavisch ⟨taal⟩

mole I znw [məʊl] ❶ mol ❷ spion ❸ moedervlek ❹ havendam, pier, strekdam, keerdam **II** znw ['məʊleɪ] mole ⟨Mexicaanse saus⟩

mole cast [məʊl kɑ:st] znw molshoop

mole cricket [məʊl 'krɪkɪt] znw veenmol, aardkrekel ⟨ondergronds insect⟩

molecular [mə'lekjʊlə] bn moleculair

molecular biology [mə'lekjʊlə baɪ'ɒlədʒɪ] znw moleculaire biologie

molecule ['mɒlɪkju:l] znw molecule

mole-eyed [məʊl'aɪd] bn ❶ bijziende ❷ blind

molehill ['məʊlhɪl] znw molshoop

mole plough [məʊl plaʊ] znw draineerploeg

moleskin ['məʊlskɪn] znw ❶ mollenvel ❷ moleskin

molest [mə'lest] overg molesteren

molestation [məʊle'steɪʃən] znw molestatie

moll [mɒl] inf znw ❶ gangsterliefje ❷ snol, prostituee

mollification [mɒlɪfɪ'keɪʃən] znw verzachting, vertedering, vermurwing, kalmering

mollify ['mɒlɪfaɪ] overg verzachten, vertederen, vermurwen, kalmeren, sussen

mollusc ['mɒləsk] znw weekdier

mollycoddle ['mɒlɪkɒdl] inf **I** znw moederskindje, doetje **II** overg vertroetelen, in de watten leggen

Molotov cocktail ['mɒlətɒf 'kɒkteɪl] znw molotovcocktail

molt [məʊlt] Am znw & onoverg → **moult**

molten ['məʊltn] bn gesmolten

molybdenum [mɒ'lɪbdɪnəm] znw molybdeen

mom [mɒm] Am inf, **momma**, **mommy** znw mama,

mams, mammie

moment ['məʊmənt] znw ❶ moment, ogenblik ★ it started to rain the ~ we went outside het begon te regenen op het moment dat wij naar buiten gingen ★ I came the (very) ~ I heard ik ben meteen gekomen toen ik het hoorde ★ never a dull ~ er is altijd wel wat te beleven ★ when you have a ~ / a few ~s als je een ogenblikje hebt ★ a ~ ago zo-even, net ★ at the ~ op dat (het) ogenblik ★ at any ~ op elk ogenblik, ieder moment ★ at this ~ in time op dit tijdstip ★ not for a ~! nooit! ★ from the very ~ van het moment af aan ★ in a ~ zo meteen ★ just this ~ een minuut geleden, daarnet ★ a ~ later even later ★ a ~ or two eventjes ★ not a ~ too soon net op tijd ★ chose / pick the right ~ het goeie moment kiezen ★ he has his ~s hij komt soms leuk uit de hoek, hij heeft ook zo zijn goede kanten / momenten ★ could you just give me a ~? kun je eventjes wachten? ★ live for the ~ zich geen zorgen maken over de toekomst ★ could you spare a ~? heb je even tijd? ★ it'll only take a ~ het duurt niet lang, het is zo gebeurd ❷ form gewicht, belang

momentarily ['məʊməntərəlɪ] bijw ❶ (voor) een ogenblik ❷ ieder ogenblik

momentary ['məʊməntərɪ] bn van (voor) een ogenblik, kortstondig, vluchtig

memento [mə'mentəʊ] znw aandenken

momentous [mə'mentəs] bn gewichtig, hoogst belangrijk

momentously [mə'mentəslɪ] bijw gewichtig, hoogst belangrijk

momentum [mə'mentəm] znw [mv: momenta] ❶ natuurk hoeveelheid van beweging, impuls (product van massa en snelheid) ❷ kracht, drang, vaart ★ gather / increase / pick up ~ vaart maken ★ keep the ~ going de gang erin houden ★ lose ~ vaart verliezen

momma ['mɒmə] Am, **mommy** znw → **mom**

Mon., **Mon** afk (Monday) maandag

Monaco ['mɒnəkəʊ] znw Monaco

monad ['mɒnæd] znw ❶ filos monade ❷ biol eencellige, afgietseldiertje

monarch ['mɒnək] znw ❶ vorst, vorstin ❷ (alleen)heerser, monarch ★ ~ of all one surveys heerser over alles dat men ziet

monarchical [mɒ'nɑ:kɪkl] bn monarchaal

monarchist ['mɒnəkɪst] **I** bn monarchistisch **II** znw monarchist

monarchy ['mɒnəkɪ] znw monarchie

monastery ['mɒnəstərɪ] znw (mannen)klooster

monastic [mə'næstɪk] bn ❶ kloosterachtig, kloosterlijk, klooster- ❷ als (van) een monnik, monniken-

monasticism [mə'næstɪsɪzəm] znw kloosterwezen, kloosterleven

mondaine [mɒn'deɪn] ⟨⟨Fr⟩⟩ bn mondain, modieus

Monday ['mʌndeɪ] znw maandag ★ I've got that ~ morning feeling ik heb dat maandagmorgengevoel

mo

Mondayitis [mʌndeɪˈaɪtɪs] Aus inf znw maandagziekte

Monday-morning quarterback [mʌndeɪˈmɔːnɪŋ ˈkwɔːtəbæk] Am inf znw nakaarter, iemand die achteraf alles beter weet

mondial [ˈmɒndɪəl] ⟨<Fr⟩ bn wereldwijd

Monégasque [mɒnəˈgæsk] I bn Monegaskisch II znw Monegask

monetarism [ˈmʌnɪtərɪzm] znw monetarisme

monetarist [ˈmʌnɪtərɪst] I bn monetaristisch II znw monetarist

monetary [ˈmʌnɪtərɪ] bn ❶ geldelijk ❷ munt-, monetair

monetary policy [ˈmʌnɪtərɪ ˈpɒləsɪ] znw monetair beleid

monetary system [ˈmʌnɪtərɪ ˈsɪstəm] znw monetair stelsel, muntstelsel

monetary union [ˈmʌnɪtərɪ ˈjuːnjən] znw monetaire unie, muntunie

monetary unit [ˈmʌnɪtərɪ ˈjuːnɪt] znw munteenheid

monetization [mʌnɪtaɪˈzeɪʃən], **monetisation** znw aanmunting

monetize [ˈmʌnɪtaɪz], **monetise** overg aanmunten

money [ˈmʌnɪ] znw [mv: -s of monies] ❶ geld ★ the taxpayer's ~ de belastingcenten, belastinggelden ★ the exact ~ gepast geld ★ fresh ~ nieuw kapitaal ★ for my ~ volgens mij ★ Br inf ~ for old rope gemakkelijk (gauw) verdiend geld ★ inf in the ~ rijk ★ there's no ~ in it er is niets aan te verdienen ★ a sum of ~ een geldbedrag ★ out of / short of ~ slecht bij kas ★ inf be made of ~ bulken van het geld ★ Am on the ~ correct, precies ★ be worth one's ~ zijn geld waard zijn ★ all her ~ goes on rent al haar geld gaat op aan huur ★ inf I just don't know where the ~ goes ik weet gewoon niet waar het geld blijft ★ inf have ~ to burn bulken van het geld, stinkend rijk zijn ★ have / get one's ~'s worth waar voor zijn geld krijgen ★ make ~ geld verdienen, rijk worden ★ marry ~ een rijke man / vrouw trouwen ★ put ~ into sth investeren in iets ★ put one's ~ on sbd / sth wedden op iem. / iets ★ inf put one's ~ where one's mouth is de daad bij het woord voegen, bewijzen wat men zegt ★ see the colour of sbd's ~ zien dat iem. genoeg geld heeft om te betalen ★ throw ~ at sth geld achter iets aansmijten ★ inf throw one's ~ about met geld strooien ★ zegsw ~ doesn't grow on trees het geld groeit me niet op de rug ★ inf & scherts zegsw you pays your ~ and you takes your chance / choice er is weinig te kiezen ★ zegsw ~ talks met geld gaan alle deuren voor je open ★ zegsw ~ is the root of all evil geld is de wortel van alle kwaad ❷ rijkdom, bezit

money-back [ˈmʌnɪbæk] bn geld terug

moneybags [ˈmʌnɪbægz] inf znw [mv] rijke stinkerd

money box [ˈmʌnɪ bɒks] znw ❶ spaarpot ❷ collectebus ❸ geldkistje

money broker [ˈmʌnɪ ˈbrəʊkə] znw geldhandelaar

money changer [ˈmʌnɪ ˈtʃeɪndʒə] znw geldwisselaar

moneyed [ˈmʌnɪd] bn ❶ rijk, bemiddeld ❷ geldelijk,

geld-

money-grubber [ˈmʌnɪgrʌbə] inf znw geldwolf

money-grubbing [ˈmʌnɪgrʌbɪŋ] inf bn schraperig, inhalig

money lender [ˈmʌnɪ ˈlendə] znw geldschieter

moneymaker [ˈmʌnɪ ˈmeɪkə], **money-maker** znw ❶ persoon die veel geld verdient ❷ winstgevend zaakje

money market [ˈmʌnɪ ˈmɑːkɪt] znw geldmarkt

money order [ˈmʌnɪ ˈɔːdə] znw postwissel

moneys [ˈmʌnɪz] form znw [mv] → **monies**

money spider [ˈmʌnɪ ˈspaɪdə] znw geluk brengend spinnetje

money-spinner [ˈmʌnɪspɪnə] znw ❶ iem. die geld als water verdient ❷ iets dat geld in het laatje brengt, goudmijntje

money supply [ˈmʌnɪ səˈplaɪ] znw geldvoorraad, hoeveelheid geld die in omloop is

money transfer [ˈmʌnɪ ˈtræns-, ˈtrɑːnsfɜː] znw girale betaling

moneywort [ˈmʌnɪwɜːt] znw penningkruid

-monger [ˈmʌŋgə] achterv handelaar, koper ★ fish~ vishandelaar ★ afkeurend war~ oorlogsstoker, aanstichter tot oorlog

mongol [ˈmɒŋgəl] znw beledigend gedat mongooltje, iem. met het syndroom van Down ★ Mongol Mongool

Mongolia [mɒŋgəʊljə] znw Mongolië

Mongolian [mɒŋˈgəʊlɪən], **Mongol** I bn Mongools II znw ❶ Mongool, Mongoolse ❷ Mongools ⟨taal⟩

mongolism [ˈmɒŋgəlɪzm] beledigend gedat znw mongolisme, syndroom van Down

mongoose [ˈmɒŋguːs] znw mangoeste, ichneumon

mongrel [ˈmʌŋgrəl] I bn ❶ van gemengd ras, bastaard- ⟨dier, meestal hond⟩ ❷ beledigend van gemengd ras ⟨mens⟩ II znw ❶ bastaard ⟨meestal hond⟩, vuilnisbakkenras ❷ beledigend persoon van gemengd ras

monicker [ˈmɒnɪkə] inf znw → **moniker**

monies [ˈmʌnɪz], **moneys** fin znw [mv] gelden

moniker [ˈmɒnɪkə], **monicker** inf znw (bij)naam ★ could you just put your ~ on this? kun je hier even je handtekening / paraaf op zetten?

monition [məˈnɪʃən] form znw ❶ waarschuwing ❷ herderlijke vermaning

monitor [ˈmɒnɪtə] I znw ❶ beeldapparatuur, monitor ❷ radio beroepsluisteraar ❸ waarnemer ❹ mentor, monitor, leraarshulpje ❺ monitor lizard dierk varaan ⟨grote hagedis⟩ II overg & onoverg controleren, toezicht houden (op), (ter controle) meeluisteren (naar)

monitorial [mɒnɪˈtɔːrɪəl] form bn ❶ waarschuwend ❷ vermanend

monitoring [ˈmɒnɪtərɪŋ] znw controle, meeluisteren, afluisteren ★ a ~ service een radioluisterdienst, een dienst voor meekijken van televisieprogramma's

monitor stand [ˈmɒnɪtə stænd] comput znw monitorstandaard

monitory ['mɒnɪtərɪ] *bn* ❶ vermanend ❷ waarschuwend

monk [mʌŋk] *znw* monnik, kloosterling

monkey ['mʌŋkɪ] **I** *znw* ❶ <u>dierk</u> aap ★ Br inf *not give a ~'s* geen reet schelen ★ <u>inf</u> *have a ~ on one's back* een lastig probleem hebben, aan drugs verslaafd zijn ★ *make a ~ of / out of sbd* iem. belachelijk maken ★ <u>inf</u> *put sbd's ~ up* iem. nijdig maken ★ <u>zegsw</u> *as artful / clever as a wagonload / cartload of ~s* heel erg slim / ondeugend ❷ Br inf £500 **II** *phras* ★ <u>inf</u> *~ about / around* morrelen, donderjagen ★ <u>inf</u> *~ with sth* ergens aanzitten, knoeien met iets

monkey bars ['mʌŋkɪ bɑːz] *znw* [mv] klimrek

monkey business ['mʌŋkɪ 'bɪznɪs] inf *znw* gesjoemel

monkey house ['mʌŋkɪ haʊs] *znw* apenkooi, -hok

monkey nut ['mʌŋkɪ nʌt] *znw* apenootje

monkey puzzle ['mʌŋkɪ 'pʌzəl], **monkey puzzle tree** *znw* apenboom, araucaria

monkey suit ['mʌŋkɪ suːt] inf *znw* smoking

monkey tricks ['mʌŋkɪ 'trɪkstə] *znw* [mv] kattenkwaad ★ *is he up to his ~ again?* zit hij weer kattenkwaad uit te halen?

monkey wrench ['mʌŋkɪ rentʃ] *znw* moersleutel, schroefsleutel

monkfish ['mʌŋkfɪʃ] *znw* zeeduivel ‹vis›

monkish ['mʌŋkɪʃ] *bn* als (van) een monnik, monniken-

mono ['mɒnəʊ] **I** *bn* ❶ mono ❷ monofoon **II** *znw* mono geluidsdrager

mono- ['mɒnəʊ] *voorv* mono-, een-

monochromatic [mɒnəkrə'mætɪk] *bn* eenkleurig, monochromatisch

monochrome ['mɒnəkrəʊm] *bn* ❶ monochroom, in één kleur ❷ zwart-wit

monocle ['mɒnək(ə)l] *znw* monocle

monocotyledon ['mɒnəʊkɒtɪ'liːdən] *znw* eenzaadlobbige plant

monocular [mə'nɒkjʊlə] *bn* ❶ voor / van één oog ❷ eenogig

monoculture ['mɒnəʊkʌltʃə] *znw* monocultuur

monody ['mɒnədɪ] <u>muz</u> *znw* ❶ monodie ‹eenstemmig gezang› ❷ klaaglied, lijkzang

monoecious [mɒ'niːsɪəs] *bn* ❶ <u>plantk</u> eenhuizig ❷ <u>dierk</u> hermafroditisch

monogamous [mə'nɒɡəməs] *znw* monogaam

monogamy [mə'nɒɡəmɪ] *znw* monogamie

monogram ['mɒnəɡræm] *znw* monogram

monogrammed ['mɒnəɡræmd] *bn* met een monogram

monograph ['mɒnəɡrɑːf] *znw* monografie

monolingual [mɒnə'lɪŋɡwəl] *bn* monolinguaal, eentalig

monolith ['mɒnəlɪθ] *znw* ❶ monoliet ❷ zuil uit één stuk steen

monolithic [mɒnə'lɪθɪk] *bn* monolithisch

monologue ['mɒnəlɒɡ] *znw* monoloog, alleenspraak

monomania [mɒnəʊ'meɪnɪə] *znw* monomanie

monomaniac [mɒnəʊ'meɪnɪæk] *bn & znw* monomaan

monomaniacal [mɒnəʊmə'naɪəkl] *bn* monomaan

mononucleosis ['mɒnəʊn(j)uːklɪ'əʊsɪs] <u>med</u> *znw* ziekte van Pfeiffer

monoplane ['mɒnəpleɪn] *znw* eendekker ‹vliegtuig›

monopolist [mə'nɒpəlɪst] *znw* monopolist, houder of voorstander van een monopolie

monopolistic [mə'nɒpəlɪstɪk] *bn* monopolistisch

monopolization [mənɒpəlaɪ'zeɪʃən], **monopolisation** *znw* monopolisering

monopolize [mə'nɒpəlaɪz], **monopolise** *overg* ❶ <u>handel</u> monopoliseren ❷ (alléén) in beslag nemen ★ *~ sbd's time* beslag leggen op iemands tijd ★ *~ the conversation* het gesprek domineren

monopoly [mə'nɒpəlɪ] *znw* monopolie, alleenrecht ★ *a near ~* bijna een monopolie ★ *enjoy a ~* het monopolie hebben ★ *not have a ~ on sth* geen monopolie hebben op iets, iets niet in pacht hebben ‹de waarheid›

monorail ['mɒnəʊreɪl] *znw* monorail

monosodium glutamate [mɒnəʊ'səʊdɪəm 'ɡluːtəmeɪt], **MSG** *znw* smaakpoeder in Chinese en Indische gerechten, ve-tsin

monosyllabic [mɒnəsɪ'læbɪk] *bn* ❶ eenlettergrepig ❷ <u>fig</u> weinig spraakzaam

monosyllable ['mɒnəsɪləbl] *znw* eenlettergrepig woord ★ *speak in ~s* kortaf zijn

monotheism ['mɒnəʊθiːɪzm] *znw* monotheïsme, geloof aan één god

monotone ['mɒnətəʊn] **I** *bn* eentonig, monotoon **II** *znw* ❶ eentonig gezang (geluid, spreken &) ❷ eentonigheid

monotonous [mə'nɒtənəs] *bn* eentonig

monotony [mə'nɒtənɪ] *znw* eentonigheid ★ *break / relieve the ~* de eentonigheid doorbreken

monoxide [mɒ'nɒksaɪd] *znw* monoxide

monsignor [mɒn'siːnjə] *znw* monseigneur

monsoon [mɒn'suːn] *znw* moesson

monster ['mɒnstə] **I** *bn* reuzen-, reusachtig **II** *znw* ❶ monster, gedrocht ❷ kanjer

monstrance ['mɒnstrəns] RK *znw* monstrans

monstrosity [mɒn'strɒsətɪ] *znw* monstruositeit, monstrum, wanproduct

monstrous ['mɒnstrəs] *bn* monsterlijk (groot), misvormd, afschuwelijk, monster-

monstrously ['mɒnstrəslɪ] *bijw* ❶ monsterlijk ❷ versterkend verschrikkelijk, geweldig &

montage [mɒn'tɑːʒ] *znw* montage ‹v. film &›

month [mʌnθ] *znw* maand ★ *by this time of the ~* tegen deze tijd van de maand ★ *it hasn't rained for ~s* het heeft in maanden niet geregend ★ *in a ~'s time* over een maand ★ <u>inf</u> *not in a ~ of Sundays* in geen honderd jaar, in geen eeuwigheid ★ *the ~ of March / June &* de maand maart / juni &

monthlies ['mʌnθlɪz] inf *znw* [mv] ongesteldheid

monthly ['mʌnθlɪ] **I** *bn & bijw* maandelijks ★ *a ~ subscription* maandabonnement ★ *she visits him ~* ze komt eenmaal per maand bij hem op bezoek **II** *znw*

mo

maandschrift, maandblad

monument ['mɒnjʊmənt] *znw* monument,
gedenkteken ★ *a ~ to the victims of the fire* een
monument voor de slachtoffers van de brand ★ *his
books are a ~ to his assiduous research* zijn boeken zijn
een eerbetoon aan zijn nauwgezette onderzoek

---

monument
betekent **monument, gedenkteken** en heeft in het
Engels altijd een aspect van herinnering aan een
gebeurtenis en/of van eerbetoon. *Een oude boerderij
op de monumentenlijst* heet **a National
Trust-classified farmhouse** of **a heritage
farmhouse.**

---

monumental [mɒnjʊ'mentl] *bn* ❶ monumentaal
❷ kolossaal ★ *you're making a ~ mistake* je maakt
een kolossale fout
monumental mason [mɒnjʊ'mentl 'meɪsən] *znw*
grafsteenhouwer
moo [mu:] **I** *znw* boe(geluid) ‹v. koe› ★ *inf silly old ~*
rare troel **II** *onoverg* loeien ‹v. koeien›
mooch [mu:tʃ] *inf* **I** *overg Am* pikken, jatten **II** *onoverg*
❶ *Br* rondhangen, lanterfanten (ook: ~ *about
/ around*) ❷ *Am* pikken, jatten
mood [mu:d] *znw* ❶ stemming, bui, luim, humeur
★ *a bad ~* een slecht humeur ★ *a change of ~* een
verandering van stemming ★ *be in a ~* een sombere
bui hebben ★ *be in no ~ for sth* ergens niet voor in
de stemming zijn ★ *capture the ~* de stemming
reflecteren ❷ gramm wijs ‹v.e. werkwoord›
mood-altering ['mu:d-'ɔ:ltərɪŋ] *bn*
stemmingsbeïnvloedend
mood lighting [mu:d 'laɪtɪŋ] *znw* sfeerverlichting
mood swing [mu:d swɪŋ] *znw* plotselinge verandering
van stemming
moody ['mu:dɪ] *bn* ❶ humeurig ❷ droevig, somber
moolah ['mu:lɑ:] *Am inf znw* poen, geld
moon [mu:n] **I** *znw* ❶ maan ★ *once in a blue ~* een
enkele keer ★ *inf over the ~ (about sth)* in de wolken
(over iets) ★ *cry for / want the ~* het onmogelijke
willen ❷ dicht of scherts maand ★ dicht of scherts
many ~s ago heel lang geleden **II** *overg* ★ *~ sth away*
iets verdromen **III** *onoverg* ❶ dromen, zitten suffen
★ *~ about / around* rondlummelen ★ *~ over sth*
mijmeren over iets ★ *~ over sbd* zwijmelen over iem.
❷ inf blote billen laten zien
moonbeam ['mu:nbi:m] *znw* straal maanlicht
moonboot ['mu:nbu:t] *znw* (gewatteerde)
sneeuwlaars
moonbuggy ['mu:nbʌgɪ] *znw* maanlandingsvaartuig
moon cake [mu:n keɪk] *znw* gebak ter gelegenheid
van het Chinese maanfeest
mooncalf ['mu:nkɑ:f] scherts *znw* uilskuiken
moon-faced [mu:n'feɪst] *bn* met een pafferig, rond
gezicht
mooning ['mu:nɪŋ] *znw* blote billen laten zien
moonless ['mu:nles] *bn* maanloos, zonder maan
moonlight ['mu:nlaɪt] **I** *bn* maanlicht-, maan- ★ inf *do*

---

a ~ flit met de noorderzon vertrekken **II** *znw*
maanlicht, maneschijn **III** *onoverg* ❶ bijverdienen,
een bijbaantje hebben ❷ zwart werken
moonlighter ['mu:nlaɪtə] *znw* zwartwerker, beunhaas
moonlit ['mu:nlɪt] *bn* door de maan verlicht
moonscape ['mu:nskeɪp] *znw* maanlandschap
moonshine ['mu:nʃaɪn] *znw* ❶ maneschijn ❷ nonsens,
dwaze praat ❸ Am inf gesmokkelde of clandestien
gestookte drank
moonshiner ['mu:nʃaɪnə] Am inf *znw*
dranksmokkelaar of clandestiene stoker
moonshiny ['mu:nʃaɪnɪ] *bn* ❶ door de maan
beschenen ❷ inf ingebeeld
moonstone ['mu:nstəʊn] *znw* maansteen
moonstruck ['mu:nstrʌk] *bn* maanziek, getikt
moonwalk ['mu:nwɔ:k] *znw* maanwandeling
moony ['mu:nɪ] *bn* ❶ maan- ❷ fig dromerig
moor [mʊə] **I** *znw* ❶ hei(de) ❷ veen **II** *overg* scheepv
(vast)meren, vastleggen
moorage ['mʊərɪdʒ] *znw* ankerplaats
moorfowl ['mʊəfaʊl] *znw* sneeuwhoen
moorhen ['mʊəhen] *znw* ❶ vrouwtje v.h. sneeuwhoen
❷ waterhoen
mooring ['mʊərɪŋ] scheepv *znw* (vaak *mv*)
ankerplaats, ligplaats
mooring buoy ['mʊərɪŋ bɔɪ] *znw* meerboei
mooring mast ['mʊərɪŋ mɑ:st] scheepv *znw* meerpaal
moorings ['mʊərɪŋz] *znw* [*mv*] meertros (-kabel,
-ketting, -anker)
Moorish ['mʊərɪʃ] *bn* Moors
moorland ['mʊələnd] *znw* heide(grond)
moose [mu:s] *znw* [*mv:* ~] Amerikaanse eland
moot [mu:t] **I** *bn* betwistbaar ★ *a ~ point* een
twistpunt **II** *overg* ter sprake brengen
mop [mɒp] **I** *znw* ❶ stokdweil, zwabber
❷ (vaten)kwast ❸ inf ragebol, pruik (haar) **II** *overg*
dweilen, zwabberen, (af)wissen ★ *~ sth up* iets
opnemen, opdweilen, fig iets opslorpen, in zich
opnemen, inf iets in de war slepen
mope [məʊp] **I** *znw* kniesbui, zeurbui **II** *onoverg*
kniezen **III** *phras* ★ *~ about / around (somewhere)*
(ergens) treurig / lusteloos rondhangen
moped ['məʊped] *znw* bromfiets
mopey ['məʊpɪ], **mopy** *bn* kniezerig
mopey-eyed ['məʊpɪ-'aid], **mopy-eyed** *bn* kniezerig
mop head [mɒp hed] *znw* ragebol ‹ook figuurlijk›
mopoke ['məʊpəʊk] Aus *znw* ❶ koekoeksuil ❷ tawny
frogmouth ‹soort Australische nachtzwaluw›
moppet ['mɒpɪt] inf *znw* ❶ lappenpop ❷ dreumes,
wurm, kleuter ❸ schoothondje
mopping-up [mɒpɪŋ-'ʌp] mil *znw*
❶ opruimingswerkzaamheden ❷ zuivering ‹v.
vijanden›
mopy ['məʊpɪ] *bn* → **mopey**
mopy-eyed ['məʊpɪ-'aid] *bn* → **mopey-eyed**
moraine [mɒ'reɪn] *znw* morene
moral ['mɒrəl] **I** *bn* ❶ moreel, zedelijk ★ *attempt to
capture the ~ high ground* proberen eerlijker en beter

mo

te lijken dan anderen ❷ zedenkundig, zeden- **II** *znw* zedenles, moraal ★ *the ~ of / to the story* de moraal van het verhaal

morale [mə'rɑ:l] *znw* moreel

moralise ['mɒrəlaɪz] *overg & onoverg* → **moralize**

moraliser ['mɒrəlaɪzə] *znw* → **moralizer**

moralist ['mɒrəlɪst] *znw* zedenmeester, zedenprediker, moralist

moralistic [mɒrə'lɪstɪk] *bn* moraliserend, moralistisch

morality [mə'rælɪtɪ] *znw* zedenleer, zedelijkheid, zedelijk gedrag, moraal, moraliteit

morality play [mə'rælətɪ pleɪ] *znw* zinnespel, moraliteit ‹middeleeuws toneelstuk›

moralize ['mɒrəlaɪz], **moralise I** *overg* de moraal verbeteren van **II** *onoverg* moraliseren, een zedenpreek houden voor (over), zedenlessen geven

moralizer ['mɒrəlaɪzə], **moraliser** *znw* zedenmeester, zedenprediker

morally ['mɒrəlɪ] *bijw* moreel

moral majority ['mɒrəl mə'dʒɒrətɪ] *znw* ★ *the ~* fundamentalistisch-christelijke pressiegroep in de VS

morals ['mɒrəlz] *znw* [mv] ❶ zeden ★ *of loose ~* het niet zo nauw nemend met de zeden ★ *doubtful ~* twijfelachtige moraal ❷ moraal, zedenleer

moral support ['mɒrəl sə'pɔ:t] *znw* morele steun

moral victory ['mɒrəl 'vɪktərɪ] *znw* morele overwinning

morass [mə'ræs] *znw* ❶ moeras ❷ *fig* moeilijke situatie ❸ zedelijke verlaging

moratorium [mɒrə'tɔ:rɪəm] *znw* [mv: -s *of* moratoria] ❶ moratorium, wettelijke uitstel van betaling ❷ tijdelijk verbod of uitstel

moray [mɒ'reɪ], **moray eel** *znw* murene, moeraal ‹tropische vis›

morbid ['mɔ:bɪd] *bn* ❶ med ziekelijk, ziekte- ★ *~ anatomy* pathologische anatomie ❷ somber

morbidity [mɔ:'bɪdətɪ] *znw* ❶ med ziekelijkheid ❷ med ziektetoestand ❸ somberheid

mordacious [mɔ:'deɪʃəs] form *bn* bijtend, sarcastisch, scherp

mordacity [mɔ:'dæsətɪ] form *znw* vinnigheid

mordant ['mɔ:dnt] **I** *bn* form bijtend, scherp, sarcastisch **II** *znw* bijtmiddel, etsvloeistof **III** *overg* beitsen ‹v. weefsels›

mordent ['mɔ:dnt] muz *znw* mordent

more [mɔ:] *telw, vnw & bijw* meer ★ *~ and ~* steeds meer ★ *the ~..., the ~...* hoe meer..., hoe / des te meer... ★ *the ~ the merrier* hoe meer zielen hoe meer vreugd ★ *~ and ~ difficult* steeds moeilijker ★ *all the ~* nog erger, des te meer ★ *just one ~* nog eentje ★ inf *that's ~ like it!* dat lijkt er meer op! ★ *no ~* niet meer, niet langer, niets meer ★ *he is no ~* hij is niet meer, hij is dood ★ *no ~ does he* hij ook niet ★ *no ~ than I do* evenmin als ik ★ *(no) ~ than usual* (niet) meer dan gewoonlijk ★ *not any ~* niet meer, niet langer, niet weer ★ *~ often than not* meestal wel ★ *once ~* nog eens, nog een keer ★ *~ or less*

ongeveer, min of meer ★ *some ~* nog wat, nog enige ★ *it was ~ than I could take* het was meer dan ik kon verdragen ★ *I'd be ~ than happy to oblige* ik ben maar al te blij je van dienst te zijn ★ *what's ~* bovendien ★ *I couldn't agree / disagree ~* ik ben het er helemaal mee eens / oneens

moreish [mɔ:rɪʃ] *inf bn* lekker, smakend naar meer

morel [mɒ'rel] *znw* ❶ morille ‹eetbare paddenstoel› ❷ (zwarte) nachtschade

morello [mə'reləʊ] *znw* morel

moreover [mɔ:'rəʊvə] *bijw* daarenboven, bovendien

mores ['mɔ:ri:z] form *znw* [mv] mores, zeden, gebruiken

Moresque [mɒ'resk] *bn* Moors

morganatic [mɔ:gə'nætɪk] *bn* morganatisch

morgue [mɔ:g] *znw* morgue, lijkenhuis

moribund ['mɒrɪbʌnd] *bn* zieltogend, stervend

Mormon ['mɔ:mən] **I** *bn* mormoons **II** *znw* mormoon

morn [mɔ:n] *dicht znw* → **morning**

morning ['mɔ:nɪŋ], dicht **morn** *znw* morgen, ochtend, voormiddag ★ *in the ~* 's morgens, morgenochtend ★ *first thing in the ~* meteen morgenvroeg ★ *towards ~* tegen de morgen ★ *at two in the ~* om twee uur 's nachts

morning-after pill ['mɔnɪŋ-'ɑ:ftə pɪl] *znw* morning-afterpil

morning coat ['mɔ:nɪŋ kəʊt] *znw* jacquet

morning gown ['mɔ:nɪŋ gaʊn] *znw* ochtendjas, peignoir

morning paper ['mɔ:nɪŋ 'peɪpə] *znw* ochtendblad

morning prayer ['mɔ:nɪŋ preə] *znw* ochtendgebed

mornings ['mɔ:nɪŋz] *bijw* 's morgens ★ *~ I visit my mother* 's morgens ga ik bij mijn moeder op bezoek

morning shift ['mɔ:nɪŋ ʃɪft] *znw* ❶ ochtendploeg ❷ ochtenddienst

morning sickness ['mɔ:nɪŋ 'sɪknəs] *znw* zwangerschapsmisselijkheid

morning star ['mɔ:nɪŋ stɑ:] *znw* hist goedendag ‹knots met punten› ★ *the ~* de Morgenster, Venus

morning suit ['mɔ:nɪŋ su:t] *znw* jacquet

morning tea ['mɔ:nɪŋ ti:] *znw* koffiepauze ‹'s morgens›

morning watch ['mɔ:nɪŋ wɒtʃ] scheepv *znw* dagwacht

Moroccan [mə'rɒkən] **I** *bn* Marokkaans **II** *znw* Marokkaan, Marokkaanse

morocco [mə'rɒkəʊ] *znw* marokijn(leer)

moron ['mɔ:rɒn] *znw* ❶ beledigend zwakzinnige, debiel ❷ inf idioot, klojo

moronic [mə'rɒnɪk] inf *bn* idioot, debiel, imbeciel ★ *that was a really ~ thing to say* dat was echt een imbeciele opmerking

morose [mə'rəʊs] *bn* ❶ chagrijnig, knorrig, stuurs ❷ somber, mistroostig

morosely [mə'rəʊslɪ] *bijw* ❶ chagrijnig, knorrig, stuurs ❷ somber, mistroostig ★ *he stared ~ out of the window* hij zat somber uit het raam te staren

morpheme ['mɔ:fi:m] taalk *znw* morfeem

morphing ['mɔ:fɪŋ] *znw* computertechniek waarin

mo

een filmbeeld overvloeit in een ander filmbeeld

morphinism ['mɔːfɪnɪzəm] med znw morfinisme

morphology [mɔːˈfɒlədʒɪ] biol, taalk of geol znw morfologie

morris dance ['mɒrɪs dɑːns] znw Engelse volksdans

morrow ['mɒrəʊ] dicht znw volgende dag ★ on the ~ morgen

morse code [mɔːs kəʊd], **morse** znw morse(alfabet)

morsel ['mɔːsəl] znw brokje, stukje, hap, hapje ★ a ~ of food een hapje eten

mortal ['mɔːtl] dicht I bn ❶ sterfelijk ★ inf any ~ thing (al) wat je maar wilt ❷ dodelijk, dood(s)- ★ a ~ illness een dodelijke ziekte II znw sterveling

mortal combat ['mɔːtl 'kɒmbæt] znw strijd op leven en dood

mortal enemy ['mɔːtl 'enəmɪ] znw doodsvijand

mortal fear ['mɔːtl fɪə] znw doodsangst

mortality [mɔːˈtælətɪ] znw ❶ sterfelijkheid ❷ sterfte, sterftecijfer ★ adult ~ sterftecijfer voor volwassenen ★ infant ~ kindersterfte

mortally ['mɔːtlɪ] bijw ❶ dodelijk ❷ inf vreselijk

mortal sin ['mɔːtl sɪn] RK znw doodzonde

mortar ['mɔːtə] I znw ❶ mortel, metselspecie ❷ vijzel ❸ mil mortier II overg ❶ met mortel pleisteren ❷ mil met mortieren bestoken

mortar board ['mɔːtə bɔːd] znw ❶ mortelplank, kalkplank ❷ onderw vierhoekige studentenbaret

mortgage ['mɔːgɪdʒ] I znw ❶ hypotheek ❷ goederenrechtelijk zekerheidsrecht ❸ soort bezwaring ★ a fixed ~ een vaste hypotheek ★ a floating / variable ~ een hypotheek met variabele rente ★ a ~ interest relief een hypotheekrenteaftrek ★ take out / get a ~ een hypotheek nemen II overg ❶ (ver)hypothekeren ★ ~d to the hilt ten volle bezwaard ‹goederenrecht› ❷ fig verpanden

mortgage advisor ['mɔːgɪdʒ ədˈvaɪzər] znw hypotheekadviseur

mortgage bank ['mɔːgɪdʒ bæŋk] znw hypotheekbank

mortgage broker ['mɔːgɪdʒ 'brəʊkə] znw hypotheekmakelaar

mortgagee [mɔːgɪˈdʒiː] znw ❶ zekerheidsverkrijger ❷ hypotheeknemer, hypotheekhouder

mortgage insurance ['mɔːgɪdʒ ɪnˈʃʊərəns] znw hypotheekverzekering

mortgage rate ['mɔːgɪdʒ reɪt] znw hypotheekrente

mortgage repayment ['mɔːgɪdʒ riːˈpeɪmənt] znw hypotheekaflossing ★ fall behind with the ~s achter raken met de hypotheekaflossing

mortgage sum ['mɔːgɪdʒ sʌm] znw hypotheekbedrag

mortgagor [mɔːgəˈdʒɔː] znw ❶ zekerheidsverschaffer ❷ hypotheekgever

mortician [mɔːˈtɪʃən] Am znw begrafenisondernemer

mortification [mɔːtɪfɪˈkeɪʃən] znw ❶ grievende vernedering, beschaming ★ to my / his & ~ tot mijn / zijn & grote schande ❷ tuchtiging, kastijding, af-, versterving

mortify ['mɔːtɪfaɪ] overg ❶ vernederen, beschamen, verootmoedigen ❷ tuchtigen, kastijden

mortise ['mɔːtɪs], **mortice** techn znw tapgat

mortise lock ['mɔːtɪs lɒk] znw insteekslot

mortuary ['mɔːtjʊərɪ] I bn ❶ sterf-, graf-, begrafenis- ★ ~ rituals begrafenisrituelen ❷ lijk- II znw mortuarium, lijkenhuis

mosaic [məʊˈzeɪɪk] znw mozaïek

Moscow ['mɒskəʊ] znw Moskou ‹stad›

Moselle [məʊˈzel] znw Moezel ‹rivier›

mosey ['məʊzɪ] inf I overg Br ontspannen wandelingetje II onoverg slenteren, drentelen ★ ~ around rondslenteren

mosh [mɒʃ] inf onoverg pogoën op rockmuziek

Moslem ['mɒzləm] bn & znw → **Muslim**

mosque [mɒsk] znw moskee

mosquito [məˈskiːtəʊ] znw [mv: -toes] muskiet, steekmug

mosquito coil [məˈskiːtəʊ kɔɪl] znw antimuskietenspiraal

mosquito net [məˈskiːtəʊ net] znw klamboe, muskietennet

moss [mɒs] znw mos

moss-grown ['mɒsˈgrəʊn] bn met mos begroeid of bedekt, bemost

mossy ['mɒsɪ] bn ❶ bemost ❷ mosachtig

most [məʊst] telw, vnw & bijw ❶ meest, grootst ★ ~ people de meeste mensen ★ the ~ eastern part het oostelijkste gedeelte ★ for the ~ part merendeels ★ ~ of the day het grootste deel van de dag ★ make the ~ of sth zoveel mogelijk voordeel & halen uit iets ★ I like ~ types of food ik hou van bijna alle soorten eten ❷ hoogst, zeer, bijzonder ★ he was ~ annoyed hij was hoogst geërgerd ★ at (the) ~ op zijn hoogst, hooguit, hoogstens

mostly ['məʊstlɪ] bijw meest(al), voornamelijk

MOT afk ❶ (Ministry of Transport) Ministerie van Verkeer ❷ **MOT test** apk, verplichte autokeuring

mote [məʊt] dicht znw stofje ★ a ~ in sbd's eye een klein foutje bij iemand anders ‹terwijl men zijn eigen grote fouten niet ziet›

motel [məʊˈtel] znw motel

motet [məʊˈtet] muz znw motet

moth [mɒθ] znw ❶ mot ❷ nachtvlinder, uil ‹insect›

mothball ['mɒθbɔːl] znw mottenbal

moth-eaten ['mɒθiːtn] bn ❶ door de mot aangetast ❷ fig afgedragen, versleten

mother ['mʌðə] I znw ❶ moeder ★ an expectant ~ een aanstaande moeder ★ a first-time ~ iem. die voor de eerste keer moeder wordt / is ★ an unfit ~ een slechte moeder ★ the ~ of all deals / parties / wars & de grootste transactie / partij / oorlog & aller tijden ★ inf shall I be ~? zal ik inschenken / ronddelen / &? ❷ → vulg **motherfucker** II overg bemoederen, moedertje spelen over, verzorgen

motherboard ['mʌðəbɔːd] comput znw moederbord

mother carrier ['mʌðə 'kærɪə] znw moederschip ‹schip dat andere (kleinere) schepen van brandstof en voorraad voorziet›

mother church ['mʌðə tʃɜːtʃ] znw moederkerk

mother country ['mʌðə 'kʌntrɪ] *znw* vaderland, moederland

mothercraft ['mʌðəkrɑːft] *znw* kinderverzorging ★ *a course in* ~ een moedercursus

motherfucker ['mʌðəfʌkə], **mother** vulg *znw* klootzak, lul, klerelijer

mother hen ['mʌðə hen] *znw* ❶ dierk kloek ❷ inf moederkloek ⟨vrouw⟩

motherhood ['mʌðəhʊd] *znw* moederschap ★ *surrogate* ~ draagmoederschap

Mothering Sunday ['mʌðərɪŋ 'sʌndeɪ] Br *znw* moeder zondag ⟨vierde zondag van de vasten⟩

mother-in-law ['mʌðərɪnlɔː] *znw* [*mv:* mothers-in-law] schoonmoeder

motherland ['mʌðəlænd] *znw* vaderland, geboorteland

motherless ['mʌðələs] *bn* moederloos

motherly ['mʌðəlɪ], **motherlike** *bn* moederlijk

Mother Nature ['mʌðə 'neɪtʃə] *znw* moeder natuur

mother-of-pearl ['mʌðərəv'pɜːl] *znw* paarlemoer

Mother's Day ['mʌðəz deɪ] *znw* Moederdag

mother's help ['mʌðəz help] *znw* moeders hulpje

mother's ruin ['mʌðəz 'ruːɪn] Br inf *znw* gin, jenever

mother's son ['mʌðəz 'sʌn] *znw* man ★ *every* ~ *was there* alle mannen waren er

Mother Superior ['mʌðə suː'pɪərɪə] RK *znw* moeder-overste

mother-to-be ['mʌðətəbiː] *znw* aanstaande moeder

mother tongue ['mʌðə tʌŋ] *znw* moedertaal

mother wit ['mʌðə wɪt] *znw* aangeboren geest of (gezond) verstand

mothproof ['mɒθpruːf] **I** *bn* motvrij **II** *overg* motvrij maken

mothy ['mɒθɪ] *bn* mottig of vol motten

motif [məʊ'tiːf] *znw* motief ⟨in de kunst⟩

motion ['məʊʃən] **I** *znw* ❶ beweging, gebaar ★ *in slow* ~ vertraagd ★ *go through the* ~*s* voor de vorm meedoen, net doen alsof ★ *put / set sth in* ~ iets in beweging zetten, iets op gang helpen ❷ voorstel, motie ★ *a* ~ *of no confidence* een motie van wantrouwen ★ *propose / put forward / table a* ~ een voorstel / motie indienen ❸ stoelgang, ontlasting ❹ techn mechanisme, werk **II** *overg & onoverg* gebaren, wenken, een wenk geven om te ★ *he* ~*ed (to) the public to step back* hij gebaarde het publiek om achteruit te gaan ★ *he* ~*ed (to) me to leave* hij gebaarde mij weg te gaan

motionless ['məʊʃənləs] *bn* bewegingloos, onbeweeglijk, roerloos

motion picture ['məʊʃən 'pɪktʃə] Am *znw* film

motion sickness ['məʊʃən 'sɪknəs] *znw* bewegingsziekte ⟨wagenziekte, luchtziekte, zeeziekte⟩

motivate ['məʊtɪveɪt] *overg* ❶ motiveren ❷ bewegen, aanzetten

motivated ['məʊtɪveɪtɪd] *bn* gemotiveerd

motivation [məʊtɪ'veɪʃən] *znw* motivatie

motivational [məʊtɪ'veɪʃənl] *bn* motivatie-

motive ['məʊtɪv] **I** *bn* bewegend, bewegings-, beweeg- ★ *the* ~ *force behind the talks* de drijvende kracht achter de onderhandelingen **II** *znw* motief, beweegreden ★ *an ulterior* ~ een bijbedoeling ★ *the* ~ *behind the attack is unclear* de reden voor de aanval is onduidelijk ★ *what* ~ *could he have for claiming that?* wat voor motief zou hij kunnen hebben om dat te beweren?

motiveless ['məʊtɪvləs] *bn* ongemotiveerd

mot juste [məʊ 'dʒuːst] ⟨*Fr*⟩ *znw* [*mv:* mots justes] ★ *the* ~ het juiste woord, de spijker op zijn kop

motley ['mɒtlɪ] **I** *bn* bont, gemengd ★ *a* ~ *crew* een zootje ongeregeld **II** *znw* narrenpak

motocross ['məʊtəʊkrɒs] *znw* motorcross

motor ['məʊtə] **I** *bn* ❶ motorisch, motor- ❷ bewegings- ⟨zenuw &⟩ **II** *znw* ❶ motor, beweger ❷ inf auto **III** *overg & onoverg* met of in een auto rijden

motorbike ['məʊtəbaɪk] *znw* ❶ Br motorfiets, motor ❷ Am brommer

motorboat ['məʊtəbəʊt] *znw* motorboot

motorcade ['məʊtəkeɪd] *znw* autocolonne

motor car ['məʊtə kɑː] *znw* auto(mobiel)

motor coach ['məʊtə kəʊtʃ] *znw* ❶ touringcar ❷ rijtuig ⟨v. elektr. trein⟩

motorcycle ['məʊtə'saɪkl] *znw* motorfiets ★ *the* ~ *police* de motorpolitie

motorcyclist ['məʊtə'saɪklɪst] *znw* motorrijder

motorhome ['məʊtəhəʊm] *znw* kampeerauto, camper

motoring ['məʊtərɪŋ] **I** *bn* auto-, motor- ★ *a* ~ *holiday* een autovakantie / motorvakantie **II** *znw* automobilisme, autorijden

motor inn ['məʊtər ɪn], **motor lodge** *znw* motel

motorist ['məʊtərɪst] *znw* automobilist, autorijder

motorization [məʊtəraɪ'zeɪʃən], **motorisation** *znw* motorisering

motorize ['məʊtəraɪz], **motorise** *overg* motoriseren

motorized ['məʊtəraɪzd], **motorised** *bn* gemotoriseerd ★ *a* ~ *wheelchair* een gemotoriseerde rolstoel

motor lodge ['məʊtə lɒdʒ] *znw* → **motor inn**

motor neurone disease [məʊtə 'njʊərəʊn dɪ'ziːz] med *znw* motore-neuronziekte, ziekte van spieren en zenuwen

motor racing ['məʊtə 'reɪsɪŋ] *znw* autoracen, autorensport

motor sport ['məʊtə spɔːt] *znw* autosport

motor vehicle ['məʊtə 'viːɪkl] *znw* motorvoertuig, motorrijtuig

motorway ['məʊtəweɪ] *znw* autoweg

mottled ['mɒtld] *bn* ❶ gevlekt, geaderd, gestreept, gemarmerd ❷ doorregen ⟨vlees⟩

motto ['mɒtəʊ] *znw* [*mv:* mottoes] motto, (zin-, kern)spreuk

mouflon ['muːflɒn], **moufflon** *znw* moeflon ⟨wild schaap⟩

mould [məʊld], Am **mold I** *znw* ❶ teelaarde, losse

aarde ❷ schimmel ❸ (giet)vorm, mal ★ fig *cast in the same* ~ (van) hetzelfde (type) II *overg* ❶ vormen (naar *on*) ❷ gieten, kneden

mouldable ['məʊldəbl] *bn* kneedbaar

mouldboard ['məʊldbɔːd] *znw* (ploeg)rister, strijkbord

moulder ['məʊldə], Am **molder** *onoverg* vermolmen, tot stof vergaan, vervallen

moulding ['məʊldɪŋ], Am **molding** *znw* ❶ afdruk ❷ bouwk lijstwerk, lijst ❸ fries ❹ techn vormstuk

mouldy ['məʊldɪ], Am **moldy** *bn* ❶ beschimmeld ❷ vermolm(en)d, vergaan(d) ❸ inf afgezaagd ❹ miezerig, waardeloos

moult [məʊlt], Am **molt** I *znw* rui II *onoverg* ruien, verharen

moulting time ['məʊltɪŋ taɪm], Am **molting time** *znw* ruitijd

mound [maʊnd] *znw* ❶ hoop aarde, heuveltje ❷ fig berg, hoop

mount [maʊnt] I *znw* ❶ dicht berg ❷ rit ⟨bij wedren⟩ ❸ rijdier, paard ❹ montuur, omlijsting II *overg* ❶ opgaan, oplopen, opklimmen, beklimmen, bestijgen ★ *the car ~ed the pavement* de auto reed het trottoir op ❷ te paard zetten, laten opzitten ❸ opstellen, (in)zetten, plaatsen, monteren ❹ in scène zetten ❺ opzetten ⟨dieren⟩ ❻ prepareren, fixeren ❼ organiseren, op touw zetten ★ *~ an attack / an offensive* een aanval inzetten ★ *~ guard (on / over sbd)* de wacht betrekken, goed letten op iem. III *onoverg* klimmen, (op)stijgen, naar boven gaan, opgaan IV *phras* ★ *~ up* stijgen, oplopen ⟨schuld⟩

mountain ['maʊntɪn] *znw* berg ★ *a ~ of work* een berg werk ★ *make a ~ out of a molehill* van een mug een olifant maken

mountain ash ['maʊntɪn æʃ] *znw* lijsterbes

mountain bike ['maʊntɪn baɪk] *znw* mountainbike

mountain chain ['maʊntɪn tʃeɪn] *znw* bergketen

mountain dew ['maʊntɪn djuː] inf *znw* Schotse whisky

mountaineer [maʊntɪ'nɪə] *znw* bergbeklimmer

mountaineering [maʊntɪ'nɪərɪŋ] *znw* bergsport

mountainous ['maʊntɪnəs] *bn* ❶ bergachtig, berg- ❷ huizenhoog, hemelhoog, kolossaal

mountain range ['maʊntɪn reɪndʒ] *znw* bergketen

mountainside ['maʊntɪnsaɪd] *znw* berghelling

mountain top ['maʊntɪn tɒp] *znw* bergtop

mountebank ['maʊntɪbæŋk] *znw* kwakzalver, charlatan

mounted ['maʊntɪd] *bn* te paard (zittend), bereden ⟨politie &⟩

Mountie ['maʊntɪ] inf *znw* bereden politieagent in Canada

mounting ['maʊntɪŋ] *znw* ❶ montage ❷ montuur, beslag

mounting block ['maʊntɪŋ blɒk] *znw* steenblok of trapje voor het bestijgen van een paard

mourn [mɔːn] I *overg* betreuren, bewenen ★ *~ the passing of sth* het verdwijnen van iets betreuren II *onoverg* treuren, rouwen (over, om *for / over*)

mourner ['mɔːnə] *znw* ❶ treurende ❷ rouwdrager

mournful ['mɔːnfʊl] *bn* treurig, droevig

mournfully ['mɔːnfʊlɪ] *bijw* treurig, droevig

mournfulness ['mɔːnfʊlnəs] *znw* treurigheid, droefenis

mourning ['mɔːnɪŋ] *znw* ❶ droefheid, treurigheid ❷ rouw, rouwkleding, rouwperiode ★ *in ~* in de rouw ★ *in deep ~* in diepe rouw ★ *in full ~* in volle rouw ★ *out of ~* uit de rouw

mourning band ['mɔːnɪŋ bænd] *znw* rouwband

mouse I *znw* [maʊs] ❶ [*mv*: mice] muis ★ *as quiet as a ~* zo stil als een muisje ❷ [*mv*: mice] fig verlegen, schuw persoon, bangerik ❸ [*mv*: mice *of* mouses] computermuis ★ *at the click of a ~* met een muisklik II *onoverg* [maʊs, maʊz] ❶ muizen ⟨door katten⟩ ❷ muizen, de cursor met behulp van de muis over het scherm bewegen

mouse mat [maʊs mæt], **mouse pad** comput *znw* muismat

mouse potato [maʊs pə'teɪtəʊ] inf *znw* iemand die buitensporig veel tijd achter een computer doorbrengt

mouser ['maʊsə, 'maʊzə] *znw* muizenvanger

mousetrap ['maʊstræp] *znw* muizenval ★ inf *~ cheese* muffe of smakeloze kaas

mousey ['maʊsɪ] *bn* → **mousy**

moustache [mə'stɑːʃ], Am **mustache** *znw* snor, knevel

mousy ['maʊsɪ], **mousey** *bn* ❶ schuchter, muisachtig, timide ❷ muisgrijs

mouth I *znw* [maʊθ] ❶ mond, muil, bek ★ *by word of ~* van mond tot mond, mondeling ★ inf *down in the ~* neerslachtig ★ *a ~ to feed* een mond om te voeden ★ dicht *out of the ~s of babes* uit de mond van zuigelingen ★ inf *be all ~* veel geschreeuw maar weinig wol ★ inf *keep one's ~ shut / shut one's ~* zwijgen ★ *make sbd's ~ water* iem. doen watertanden ❷ monding II *overg* [maʊð] ❶ declameren, oreren ❷ zonder geluid uitspreken III *onoverg* [maʊð] ❶ bekken trekken ❷ uitmonden IV *phras* ★ inf afkeurend *~ at sbd/~ off to sbd* onbeschoft praten tegen iem. ★ inf afkeurend *~ off (about sth)* te luid zijn mening verkondigen (over iets)

mouthful ['maʊθfʊl] *znw* mondvol, hap ★ *quite a ~* een hele mondvol ★ inf *give sbd a ~* iem. flink de waarheid vertellen, iem. uitschelden

mouth organ [maʊθ 'ɔːgən] *znw* mondharmonica

mouthpiece ['maʊθpiːs] *znw* ❶ mondstuk ❷ hoorn ⟨v. telefoon⟩ ❸ fig woordvoerder, spreekbuis

mouth-to-mouth ['maʊθ tə'maʊθ] I *bn* ★ *~ resuscitation* mond-op-mondbeademing II *znw* mond-op-mondbeademing

mouthwash ['maʊθwɒʃ] *znw* mondspoeling

mouth-watering ['maʊθ'wɔːtərɪŋ] *bn* om van te watertanden

mouthy ['maʊðɪ] *bn* bombastisch, luidruchtig

movability [muːvə'bɪlətɪ] *znw* verplaatsbaarheid

movable ['muːvəbl], **moveable** I *bn* ❶ beweeglijk, beweegbaar, verplaatsbaar ❷ roerend, veranderlijk

II *znw* (meestal *mv*) roerende goederen, meubels
movable feast ['mu:vəbl fi:st] *znw* verspringende feestdag
move [mu:v] **I** *znw* ❶ beweging ★ *be on the ~* voortdurend in beweging zijn, reizen en trekken, op pad zijn ★ *get a ~ on* opschieten, in beweging komen ★ *make no ~* zich niet bewegen, geen vin verroeren ❷ sp zet ★ *whose ~ is it?* wie is aan zet? ❸ fig stap, maatregel ❹ verhuizing **II** *overg* ❶ bewegen, in beweging brengen ★ *~ heaven and earth* hemel en aarde bewegen ★ *not ~ a muscle* geen spier vertrekken ★ inf *~ it!* vooruit! opschieten! ❷ verplaatsen, overbrengen, vervoeren, verzetten ⟨schaakstuk⟩ ★ *~ house* verhuizen ❸ (op)wekken, (ont)roeren ★ scherts *if the spirit ~s you* als je de geest krijgt ★ *~ sbd to tears* iem. tot tranen toe bewegen ❹ voorstellen ⟨motie &⟩, doen ⟨een voorstel⟩ **III** *onoverg* ❶ zich bewegen, zich in beweging zetten ❷ zich roeren, iets doen ❸ zich verplaatsen, trekken, (weg)gaan, verhuizen **IV** *phras* ★ *~ aside* opzijgaan, zich terugtrekken ★ *~ away* verhuizen naar elders ★ *~ away from sth* zich verwijderen van iets, zich distantiëren van iets ⟨een idee⟩ ★ *~ for sth* verzoeken om iets, iets voorstellen ★ *~ in/~ into a house* een woning betrekken ★ *~ sbd in* iem. inzetten, inschakelen ★ *~ in on sbd / sth* iem. / iets naderen ⟨om aan te vallen of te controleren⟩ ★ *~ off* wegtrekken, zich verwijderen, mil afmarcheren ★ *~ on* verder gaan, mil voortmarcheren, oprukken ★ *~ on!* doorlopen! ★ *~ sbd on* iem. doen doorlopen ★ *~ on to sth* met iets nieuws beginnen ★ *~ on to higher / better things* zich verbeteren ⟨baan, situatie &⟩ ★ *~ out* eruit trekken ⟨uit een huis⟩ ★ *~ over* opschuiven, opschikken, opzijgaan ★ *~ up* opschuiven, opschikken ★ *~ sth up* iets laten aanrukken ⟨versterkingen &⟩
moveable ['mu:vəbl] *bn & znw* → **movable**
movement ['mu:vmənt] *znw* ❶ beweging ★ *wear clothing that allows easy ~* draag kleren waarin je je gemakkelijk kunt bewegen ★ *a ~ against war* een antioorlogsbeweging ★ *a ~ for gay rights* een actiegroep voor homorechten ★ *there has been a ~ away from / towards the use of force* er is een tendens tegen / voor het gebruik van geweld ★ *a ~ caught her eye* een beweging trok haar aandacht ★ *police are monitoring the ~s of known criminals* de politie houdt de bewegingen van bekende criminelen in de gaten ❷ verplaatsing, overbrenging, vervoer ★ *the laws will facilitate the ~ of labour between EU countries* de wetten maken de verplaatsing van arbeidskrachten tussen EU-landen gemakkelijker ❸ fig aandrang, opwelling ❹ gang ⟨v. verhaal⟩ ❺ techn mechaniek ❻ muz deel ❼ handel omzet ❽ med stoelgang
mover ['mu:və] *znw* ❶ beweger ★ *the prime ~* de voornaamste drijfkracht, de eerste oorzaak, de aanstichter ❷ voorsteller ❸ drijfveer ❹ verhuizer
movers and shakers ['mu:vəz ən 'ʃeɪkəz] *znw* [mv]

★ *the ~* mensen met een hoop invloed en macht
movie ['mu:vɪ] Am **I** *bn* film-, bioscoop- **II** *znw* film
moviegoer ['mu:vɪɡəʊə] Am *znw* bioscoopbezoeker
moviegoing ['mu:vɪɡəʊɪŋ] Am *bn* de bioscoop bezoekend
movies ['mu:vɪz] Am *znw* [mv] ★ *the ~* de bioscoop
movie star ['mu:vɪ stɑ:] Am *znw* filmster
movie theater ['mu:vɪ 'θɪətə] Am *znw* bioscoop
moving ['mu:vɪŋ] *bn* ❶ (zich) bewegend, rijdend ★ *the ~ force / spirit* de drijf-, stuwkracht ❷ in beweging ❸ roerend, aangrijpend, aandoenlijk ★ *a ~ story* een aangrijpend verhaal ❹ verhuis- ★ Am *a ~ man* een verhuizer
moving staircase ['mu:vɪŋ 'steəkeɪs] Br *znw* roltrap
moving van ['mu:vɪŋ væn] *znw* verhuiswagen
mow I *znw* Am [maʊ] ❶ hooiberg, hoop graan & ❷ plaats in een schuur om hooi & te bergen **II** *overg* [məʊ] [mowed, mown] maaien ★ *~ sbd / sth down* iem. / iets wegmaaien ⟨troepen⟩
mower ['məʊə] *znw* ❶ maaier ❷ maaimachine
mowing machine ['məʊɪŋ məˈʃiːn] *znw* maaimachine
mown [məʊn] *ww* [v.d.] → **mow**
moxie ['mɒksi:] Am *inf znw* moed
Mozambican [məʊzæmˈbiːkən] **I** *bn* Mozambikaans **II** *znw* Mozambikaan, Mozambikaanse
Mozambique [məʊzæmˈbiːk] *znw* Mozambique
MP *afk* ❶ → **member of parliament** ❷ → **military police**
MP3 [empiː'θriː] comput *afk* (motion picture 3) mp3 ⟨standaard compressietechniek voor audio en / of grafische data⟩
MP3 player [empiː'θriː 'pleɪə] *znw* mp3-speler
MPC comput *afk* → **multimedia pc**
mpg *afk* (miles per gallon) mijl(en) per gallon ⟨brandstofverbruik⟩
mph *afk* (miles per hour) mijl(en) per uur ⟨snelheid⟩
MPhil *afk* → **Master of Philosophy**
Mr ['mɪstə] *afk* dhr., de heer, meneer ★ inf *no more ~ Nice Guy* van nu af aan ben ik niet meer aardig
MRI med *afk* (magnetic resonance imaging) MRI ⟨met behulp van elektromagnetische straling gemaakte afbeelding van doorsneden van het lichaam⟩
Mrs ['mɪsɪz] *afk* mevr., mevrouw
Ms [mɪz] *afk* Mevr. ⟨zegt niets over het al dan niet getrouwd zijn⟩
MS *afk* (manuscript) manuscript
MSc *afk* → **Master of Science**
MS-DOS [emes'dɒs] comput *afk* (Microsoft Disk Operating System) besturingssysteem MS-DOS
MSG *afk* → **monosodium glutamate**
MSS *afk* (manuscripts) manuscripten
Mt *afk* (Mount) de berg
much [mʌtʃ] *telw, vnw & bijw* ❶ veel ★ *as ~ as* zoveel als, zoveel, evenzeer (evengoed) als, ook maar ★ *it was as ~ as he could do to keep up* hij kon slechts met moeite meekomen ★ *her fare was almost as ~ again* haar kaartje kostte bijna het dubbele ★ *I said as ~ at the time* ik heb het indertijd wel gezegd ★ *he*

mu

wouldn't kill a fly, ~ *less his wife* hij zou geen vlieg doodslaan, laat staan zijn vrouw ★ *I don't see* ~ *of him nowadays* ik zie hem tegenwoordig niet vaak meer ★ *it's not* ~ *of a thing to ask* het is niet te veel gevraagd ★ *you've done so* ~ *you might as well do the rest* je hebt al zoveel gedaan dat je de rest ook wel even kunt doen ★ *he escaped with not so* ~ *as a scratch* hij ontsnapte zonder ook maar een schrammetje ★ *so* ~ *for that idea* dat idee is het dus ook niet ★ *so* ~ *the better* des te beter ★ *the job's too* ~ *for me* ik kan de baan niet aan ★ *that's* ~ *too* ~ *wine for me* dat is veel te veel wijn voor mij ★ *it's too* ~ *to ask at my age* het is teveel gevraagd op mijn leeftijd ★ *make* ~ *of sth* veel gewicht hechten aan iets, veel ophef maken van iets, munt slaan uit iets ★ *make* ~ *of sbd* iem. in de hoogte steken, veel ophebben met iem., iem. fêteren ❷ zeer, erg ★ ~ *as I like him* hoewel ik hem graag mag ★ *it's nothing* ~ het is niet veel (zaaks), het is zo erg niet ★ *he isn't* ~ *of a dancer* hij is niet zo'n goede danser ★ *I'm not so* ~ *angry as sad* ik ben eerder bedroefd dan boos ★ *a lot have been killed, so* ~ *so that they are now an endangered species* er zijn er een hoop doodgemaakt, zoveel dat het nu een bedreigde diersoort is ★ ~ *to the amusement of everyone* tot groot vermaak van iedereen ❸ grotendeels, ongeveer ★ *he said as* ~ dat zei hij ook ongeveer ★ *I thought as* ~ dat dacht ik wel ★ *she as* ~ *as admitted it was her fault* ze gaf vrijwel toe dat het haar schuld was ★ *as* ~ *as to say* alsof hij wilde zeggen ★ ~ *the same,* ~ *as usual* zowat, vrijwel hetzelfde

muchness ['mʌtʃnəs] *inf znw* ★ *much of a* ~ vrijwel hetzelfde, één pot nat

mucilage ['mju:sɪlɪdʒ] *znw* ❶ (planten)slijm ❷ vloeibare gom

mucilaginous [mju:sɪ'lædʒɪnəs] *bn* slijmerig, gomachtig

muck [mʌk] **I** *znw* ❶ (natte) mest, vuiligheid, vuil ★ *inf make a* ~ *of sth* iets verknoeien, iets vuilmaken ★ *Br zegsw where's there's* ~ *there's brass* vuil werk verdient vaak goed ❷ *inf* rommel **II** *overg* bevuilen, bemesten **III** *phras* ★ *inf* ~ *about* niksen, (rond)lummelen, klieren ★ ~ *sbd* **about** / **around** iem. last bezorgen, iem. slecht uitkomen ★ ~ *sth about* / *around* knoeien met iets ★ *inf* ~ **about with** *sth* (met zijn vingers) ergens aan zitten, knoeien met iets ★ *inf* ~ **in with** *sbd* (lief en leed) broederlijk delen met iem., (alles) samendoen met ★ ~ **out** uitmesten ★ ~ *sth out* iets uitmesten ★ *inf* ~ *sth* **up** iets verknoeien, bederven

mucker ['mʌkə] *znw* ❶ iem. die vuil en afval verwijdert ⟨vooral uit stallen en mijnen⟩ ❷ *Br inf* kameraad ❸ lelijke val ★ *Br inf come a* ~ een lelijke smak maken

muckheap ['mʌkhi:p] *znw* mesthoop

muckle ['mʌkl] Schots of N.Br *bn & znw* → **mickle**

muckrake ['mʌkreɪk] *onoverg* vuile zaakjes uitpluizen, schandalen onthullen

muckraker ['mʌkreɪkə] *znw* vuilspuiter

muckraking ['mʌkreɪkɪŋ] *znw* vuilspuiterij

muck-up ['mʌk-ʌp] *inf znw* warboel, knoeierij

mucky ['mʌkɪ] *inf bn* smerig, vuil, vies

mucous ['mju:kəs] *bn* slijmig

mucous membrane ['mju:kəs 'membreɪn] *znw* slijmvlies

mucus ['mju:kəs] *znw* slijm

mud [mʌd] *znw* ❶ modder, slijk ★ *drag sbd* / *sth through the* ~ iem. / iets door het slijk halen ★ *his name is* ~ hij is in ongenade ★ *hurl* / *sling* ~ *at sbd* kwaadspreken van iem. ★ *inf here's* ~ *in your eye!* proost! ❷ leem ⟨v. muur &⟩

mud bath ['mʌd bɑ:θ] *znw* modderbad

mudbrick ['mʌdbrɪk] **I** *bn* van leemblokken **II** *znw* leemblok

muddle ['mʌdl] **I** *znw* warboel, verwarring, troep ★ *get sbd into a* ~ iem. in verwarring brengen ★ *make a* ~ *of sth* ergens een puinhoop van maken **II** *overg* ❶ benevelen ❷ in de war gooien ★ ~ *sbd together/* ~ *sbd up* iem. verwarren met iem. anders ❸ in verwarring brengen ❹ verknoeien **III** *onoverg* modderen, ploeteren ★ ~ *along/* ~ *on* voortsukkelen, voortploeteren ★ ~ *through* er door scharrelen, zich erdoorheen slaan

muddled ['mʌdld] *bn* verward, warrig

muddle-headed [mʌdl'hedɪd] *bn* suf, verward

muddy ['mʌdɪ] **I** *bn* ❶ modderig ❷ modder- ❸ bemodderd, vuil, vaal ❹ troebel, verward **II** *overg* ❶ bemodderen ❷ vertroebelen

mudflap ['mʌdflæp] *znw* spatlap

mudflat ['mʌdflæt] *znw* slikgrond, wad

mudguard ['mʌdgɑ:d] *znw* spatbord

mud hut ['mʌd hʌt] *znw* lemen hut

mud pack ['mʌd pæk] *znw* kleimasker

mud pie ['mʌd paɪ] *znw* zandtaartje ⟨door kinderen gemaakt⟩

mudslide ['mʌdslaɪd] *znw* modderlawine

mud-slinger ['mʌdslɪŋə] *znw* lasteraar

mud-slinging ['mʌdslɪŋɪŋ], **mudslinging** *znw* gelaster, het modder gooien

mud-stained ['mʌdsteɪnd] *bn* bemodderd

muesli ['mu:zlɪ] *znw* muesli

muezzin [mu:'ezɪn] *znw* muezzin

muff [mʌf] **I** *znw* ❶ mof ❷ dek voor autoradiator tegen vrieskou ❸ *vulg* kut ❹ fout, misser ⟨vooral bij sport⟩ ★ *inf make a* ~ *of sth* iets verknoeien **II** *overg* bederven, verknoeien ★ *inf* ~ *the shot* missen

muffin ['mʌfɪn] *znw* muffin ⟨klein cakeje⟩

muffle ['mʌfəl] *overg* ❶ warm inpakken (ook: ~ *up*) ❷ omwikkelen ❸ dempen ❹ omfloersen ⟨trom⟩

muffled ['mʌfld] *bn* gedempt ⟨geluid⟩ ★ *he spoke in a* ~ *voice* met gedempte stem

muffler ['mʌflə] *znw* ❶ bouffante, dikke, warme das ❷ geluiddemper ❸ auto knaldemper

mufti ['mʌftɪ] *znw* moefti ⟨Koranuitlegger en rechtsgeleerde⟩ ★ *in* ~ in burger

mug [mʌg] **I** *znw* ❶ beker, mok ❷ pot ❸ *inf* gezicht,

mu

smoel ❹ <u>inf</u> sul, sufferd ★ <u>inf</u> *a ~'s game* gekkenwerk
II *overg* aanvallen en beroven ‹op straat› **III** *onoverg*
<u>inf</u> blokken (op *at*) **IV** *phras* ★ *~ sth* up, *~* up on *sth*
iets instampen ‹kennis›
mugger ['mʌgə] *znw* straatrover
mugging ['mʌgɪŋ] *znw* ❶ op straat overvallen en
mishandelen ❷ ± mishandeling
muggins ['mʌgɪnz] Br <u>inf</u> *znw* idioot, stommeling,
stomme lul
muggy ['mʌgɪ] *bn* broeierig, drukkend, zwoel
mug shot ['mʌgʃɒt] *znw* ❶ <u>inf</u> portretfoto voor
officieel gebruik ❷ foto van verdachte ‹in
politiedossier &›
mugwump ['mʌgwʌmp] Am <u>inf</u> *znw* ❶ hoge ome
❷ onafhankelijke ‹in politiek›
mujaheddin [mʊdʒɑːhiˈdiːn] *znw* moedjahedien
‹moslim strijders›
mulatto [mjʊˈlætəʊ] *znw* [*mv:* -s *of* -toes] mulat
mulberry ['mʌlbərɪ] *znw* moerbei
mulch [mʌltʃ] **I** *znw* mulch, muls ‹mengsel van
halfverrot stro en bladeren ter bescherming v.
wortels› **II** *overg & onoverg* mulchen
mulct [mʌlkt] <u>form</u> **I** *znw* geldboete **II** *overg* beboeten
(met *in*) ★ *~ sbd of sth* iem. beroven van iets
mule [mjuːl] *znw* ❶ <u>dierk</u> muildier ❷ <u>dierk plantk</u>
bastaard ❸ <u>fig</u> stijfkop ❹ <u>techn</u> fijnspinmachine
❺ muiltje ❻ <u>inf</u> drugskoerier
muleteer [mjuːlɪˈtɪə] *znw* muilezeldrijver
mulga ['mʌlgə] Aus *znw* mulga ‹soort acacia› ★ <u>inf</u>
the ~ het binnenland, de bush
mulish ['mjuːlɪʃ] *bn* ❶ als (van) een muildier ❷ koppig
mull [mʌl] **I** *overg* (dranken) heet maken en kruiden
II *phras* ★ *~ over sth* iets overpeinzen, piekeren over
iets
mullah ['mʌlə] *znw* mollah, mullah ‹moslim
Schriftgeleerde›
mulled wine [mʌld 'waɪn] *znw* bisschopswijn
mullet ['mʌlɪt] *znw* naam van verschillende eetbare
zeevissen ‹o.m. mul en harder› ★ *look like a
stunned ~* stomverbaasd kijken
mulligan ['mʌlɪgən] Am *znw* ❶ ratjetoe ❷ hutspot
mulligatawny [mʌlɪgəˈtɔːnɪ] *znw* Indiase gekruide
vleessoep
mullion ['mʌljən] *znw* middenstijl ‹v. raam›
mullioned ['mʌljənd] *bn* met verticale raamstijlen
multi- ['mʌltɪ] *voorv* veel-, meervoudig, multi-
multichannel ['mʌltɪtʃænl] *bn* met veel kanalen
multicoloured ['mʌltɪkʌləd], **multicolored** *bn*
veelkleurig
multicultural [mʌltɪˈkʌltʃərəl] *bn* multicultureel
multiculturalism [mʌltɪˈkʌltʃərəlɪzəm] *znw*
multiculturalisme
multidimensional [mʌltɪdaɪˈmenʃənl] *bn*
❶ multidimensionaal ❷ gecompliceerd
multidimensionality [mʌltɪdaɪmenʃəˈnælətɪ] *znw*
❶ multidimensionaliteit ❷ gecompliceerdheid
multi-ethnic [mʌltɪˈeθnɪk] *bn* multi-etnisch
multi-faceted [mʌltɪˈfæsɪtɪd] *bn* (rijk) geschakeerd,

(zeer) gevarieerd
multi-faith ['mʌltɪfeɪθ] *bn* interconfessioneel,
multiconfessioneel
multifarious [mʌltɪˈfeərɪəs] <u>form</u> *bn* veelsoortig,
velerlei, menigerlei, verscheiden
multiform ['mʌltɪfɔːm] *bn* veelvormig
multifunctional [mʌltɪˈfʌŋkʃənl] *bn* multifunctioneel
multigenerational [mʌltɪdʒenəˈreɪʃənl] *bn* van veel
generaties
multigrain ['mʌltɪgreɪn] *bn* veelkoren-
multigym ['mʌltɪdʒɪm] *znw* multigym
‹fitnessapparaat waarmee vrijwel alle spiergroepen
getraind kunnen worden›
multilateral [mʌltɪˈlætərəl] *bn* multilateraal, veelzijdig
multilayered ['mʌltɪleɪəd] *bn* met veel lagen
multilevel [mʌltɪˈlevl] *bn* met veel niveaus
multilingual [mʌltɪˈlɪŋgwəl] *bn* met meerdere talen,
veeltalig
multimedia [mʌltɪˈmiːdɪə] *znw* multimedia
multimedia pc [mʌltɪˈmiːdɪə piːsiː], **MPC** <u>comput</u> *znw*
multimedia-pc
multimillionaire [mʌltɪmɪljəˈneə] *znw* multimiljonair
multinational [mʌltɪˈnæʃənl] **I** *bn* ❶ in vele landen
opererend ‹bedrijf› ❷ vele nationaliteiten
omvattend **II** *znw* multinational, multinationaal
bedrijf
multinomial [mʌltɪˈnəʊmɪəl] <u>wisk</u> *znw* veelterm
multiparty [mʌltɪˈpɑːtɪ] *bn* meerpartijen-, veelpartijen-
multi-party system [mʌltɪˈpɑːtɪ ˈsɪstəm] *znw*
meerpartijenstelsel
multiplay ['mʌltɪpleɪ] *bn* ★ *a ~ CD-player* een
cd-wisselaar
multiple ['mʌltɪpl] **I** *bn* ❶ veelvuldig ❷ veelsoortig,
vele ★ *~ burns* meerdere brandwonden,
meervoudige brandwonden **II** *znw* ❶ veelvoud
★ *the least common ~* het kleinste gemene veelvoud
❷ → **multiple shop**
multiple birth ['mʌltɪpl bɜːθ] *znw* ❶ meerling
❷ meervoudige geboorte
multiple choice ['mʌltɪpl tʃɔɪs] *znw* multiple choice,
meerkeuze ‹toets›
multiple sclerosis ['mʌltɪpl sklɪəˈrəʊsɪs] <u>med</u> *znw*
multiple sclerose
multiple shop ['mʌltɪpl ʃɒp], **multiple store**, **multiple**
Br *znw* grootwinkelbedrijf
multiplex ['mʌltɪpleks] **I** *bn* ❶ veelvoudig, met veel
lagen ❷ samengesteld **II** *znw* ❶ bioscoopcomplex
❷ → **multiplex wood**
multiplex wood ['mʌltɪpleks wʊd], **multiplex** *znw*
multiplex
multipliable ['mʌltɪplaɪəbl] *bn* vermenigvuldigbaar
(met *by*)
multiplicand [mʌltɪplɪˈkænd] <u>wisk</u> *znw*
vermenigvuldigtal
multiplication [mʌltɪplɪˈkeɪʃən] *znw*
vermenigvuldiging
multiplication sign [mʌltɪplɪˈkeɪʃən saɪn] *znw*
vermenigvuldigingsteken, maalteken

mu

multiplication table [mʌltɪplɪ'keɪʃən 'teɪbl] *znw* tafel van vermenigvuldiging

multiplicity [mʌltɪ'plɪsətɪ] *znw* ❶ menigvuldigheid ❷ veelheid ❸ pluriformiteit

multiplier ['mʌltɪplaɪə] *znw* ❶ wisk vermenigvuldiger ❷ techn multiplicator

multiply ['mʌltɪplaɪ] **I** *overg* vermenigvuldigen, verveelvoudigen ★ ~ 22 *by* 5 vermenigvuldig 22 met 5 **II** *onoverg* zich vermenigvuldigen

multi-purpose [mʌltɪ-'pɜːpəs], **multipurpose** *bn* geschikt voor vele doeleinden ★ *a ~ tool* een veelzijdig stuk gereedschap

multiracial [mʌltɪ'reɪʃəl] *bn* multiraciaal

multi-store business ['mʌltɪ-stɔː 'bɪznɪs] *znw* grootwinkelbedrijf

multi-storey [mʌltɪ-'stɔːrɪ], **multistorey** *bn* met meerdere verdiepingen, hoogbouw ★ *a ~ building* een flatgebouw, torenflat ★ *a ~ car park* een torengarage ★ *a ~ flat* een torenflat

multitasking ['mʌltɪtɑːskɪŋ] *znw* multitasking, meer dingen tegelijkertijd doen ‹ook v. computers› ★ *men are not very good at ~* mannen kunnen niet goed meerdere dingen tegelijk doen

multi-track ['mʌltɪ-træk] **I** *bn* met verschillende tracks ‹opnameapparatuur› **II** *znw* een opname die met behulp van meerdere tracks is gemaakt **III** *overg* meerdere tracks opnemen

multitude ['mʌltɪtjuːd] *znw* menigte, (grote) massa, hoop ★ *the ~ / the ~s* de grote hoop

multitudinous [mʌltɪ'tjuːdɪnəs] *bn* ❶ menigvuldig, veelvuldig, talrijk ❷ eindeloos

multi-user system [mʌltɪ-'juːsɪs 'sɪstəm] comput *znw* meergebruikerssysteem

mum [mʌm] **I** *bn* stil ★ *keep ~* zwijgen, stommetje spelen, geen woord zeggen ★ ~'s *the word!* mondje dicht! **II** *znw* mamma, mammie, mam

mumble ['mʌmbl] **I** *znw* gemompel **II** *overg & onoverg* mompelen

mumbo jumbo ['mʌmbəʊ'dʒʌmbəʊ] inf *znw* ❶ bijgelovige handelingen ❷ hocus pocus, poppenkast, ritueel zonder betekenis, abracadabra

mummer ['mʌmə] *znw* ❶ vermomde, gemaskerde ❷ pantomimespeler

mummery ['mʌmərɪ] *znw* ❶ maskerade, mommerij ❷ fig belachelijke vertoning

mummied ['mʌmɪd] *bn* gemummificeerd

mummification [mʌmɪfɪ'keɪʃən] *znw* mummificatie

mummify ['mʌmɪfaɪ] *overg* mummificeren

mummy ['mʌmɪ] *znw* ❶ mummie ❷ kindertaal mammie

mummy's boy ['mʌmɪz bɔɪ], Am **mama's boy** inf *znw* moederskindje

mumps [mʌmps] *znw* [mv] bof ‹ziekte›

mumps
(de bof) is eigenlijk meervoud, maar wordt vaak als enkelvoud behandeld. Het woord wordt met en zonder lidwoord gebruikt:
Mumps is/are an infectious disease - De bof is een besmettelijke ziekte.
The mumps is/are caused by a virus - De bof wordt veroorzaakt door een virus.

mumsy ['mʌmzɪ] Br inf **I** *bn* onelegant, saai, truttig **II** *znw* moedertje, moesje, mammie

munch [mʌntʃ] **I** *overg* (hoorbaar) kauwen, (op)peuzelen **II** *onoverg* ★ ~ *on sth* ergens op kauwen / knabbelen

munchies ['mʌnʃɪz] inf *znw* [mv] hapjes ★ *have the ~* trek hebben

munchkin ['mʌnʃkɪn] Am inf *znw* kind

mundane [mʌn'deɪn] *bn* ❶ werelds, mondain, wereld- ❷ alledaags, afgezaagd, saai, gewoon

mung bean ['mʌŋ biːn] *znw* taugéboon

Munich ['mjuːnɪk] *znw* München ‹stad›

municipal [mjuː'nɪsɪpl] *bn* gemeentelijk, stedelijk, stads-, gemeente- ★ *the ~ offices* het gemeentehuis / stadskantoor / stadhuis ★ ~ *tax* gemeentebelasting, gemeentelijke belasting

municipal bond [mjuː'nɪsɪpl bɒnd] *znw* obligatie van een lagere overheid

municipality [mjuːnɪsɪ'pælətɪ] *znw* ❶ gemeente ❷ gemeentebestuur

municipalize [mjuː'nɪsɪpəlaɪz], **municipalise** *overg* onder gemeentebestuur brengen

munificence [mjuː'nɪfɪsəns] form *znw* mildheid, vrijgevigheid

munificent [mjuː'nɪfɪsənt] form *bn* mild, vrijgevig

munition [mjuː'nɪʃən] *overg* v. munitie voorzien

munitions [mjʊ'nɪʃənz] *znw* [mv] krijgsvoorraad, (am)munitie

mural ['mjʊərəl] **I** *bn* muur-, wand- **II** *znw* wandschildering

murder ['mɜːdə] **I** *znw* ❶ moord ★ jur *wilful ~* moord met voorbedachten rade ★ *he has a conviction for ~* hij is voor moord veroordeeld ★ inf *get away with (blue) ~* alles kunnen maken, precies kunnen doen wat men wil ★ inf *scream / yell blue / bloody ~* moord en brand schreeuwen ★ zegsw ~ *will out* een moord blijft niet verborgen, bedrog komt altijd uit ❷ inf *crime* ★ *it's ~ trying to find a parking spot* het is een crime om een parkeerplaats te vinden **II** *overg* vermoorden ★ inf ~ *the King's / Queen's English* het Engels verkrachten **III** *onoverg* ★ inf *I could ~ for a cup of tea / a coffee &* ik snak naar een kop thee / koffie &

murderer ['mɜːdərə] *znw* moordenaar

murderess ['mɜːdərɪs] *znw* moordenares

murderous ['mɜːdərəs] *bn* moorddadig, moordend ★ inf *the traffic's ~ on Mondays* het verkeer is moordend op maandag

mured ['mjʊəd] *overg* ★ *be ~ up* opgesloten zitten

murine ['mjʊəraɪn] <u>dierk</u> *bn* muisachtig

murk [mɜːk] <u>dicht</u> *znw* duisternis

murky ['mɜːkɪ] *bn* ❶ duister, donker, somber
❷ verborgen

murmur ['mɜːmə] **I** *znw* ❶ gemurmel, gemompel,
gebrom, gemor ★ *without a* ~ zonder een kik te
geven ❷ geruis **II** *onoverg* ❶ murmelen, mompelen,
mopperen, morren (over *at, against*) ★ *she heard
him* ~ *something under his breath* ze hoorde hem
binnensmonds iets mompelen ❷ ruisen

murmurer ['mɜːmərə] *znw* mopperaar

murmurous ['mɜːmərəs] <u>dicht</u> *bn* murmelend,
mompelend, mopperend, morrend, ruisend

Murphy's law ['mɜːfɪz lɔː] *znw* de wet van Murphy

muscatel [mʌskə'tel] *znw* ❶ muskaatwijn
❷ muskaatdruif

muscle ['mʌsəl] **I** *znw* ❶ spier ★ *not move a* ~ geen
spier vertrekken ★ *pull a* ~ een spier verrekken
❷ spierkracht ❸ kracht, macht **II** *phras* ★ <u>inf</u> ~ *in on
sth* zich indringen bij iets, inbreuk maken op iets
★ <u>inf</u> ~ *into sth* met geweld ergens binnendringen
★ <u>inf</u> *be* ~*d* out *(of sth)* met geweld verwijderd
worden ★ <u>Am</u> ~ up zijn spieren ontwikkelen

muscle-bound ['mʌsəlbaʊnd] <u>afkeurend</u> *bn* stijf (van
spieren)

muscle-flexing ['mʌsəlfleksɪŋ] *znw* machtsvertoon

muscleman ['mʌsəlmæn] *znw* ❶ krachtpatser,
klerenkast, tarzan ❷ bodybuilder

muscle tone ['mʌsəl təʊn] *znw* spankracht van de
spieren

muscly ['mʌsəlɪ] *bn* gespierd

muscular ['mʌskjʊlə] *bn* ❶ gespierd ❷ spier- ★ *a* ~
spasm spierkramp

muscular dystrophy ['mʌskjʊlə 'dɪstrəfɪ] <u>med</u> *znw*
spierdystrofie

muscularity [mʌskjʊ'lærɪtɪ] *znw* gespierdheid

musculature ['mʌskjʊlətʃə] *znw* spierstelsel

muse [mjuːz] **I** *znw* muze, inspiratie **II** *overg & onoverg*
peinzen, mijmeren ★ ~ *on sth* iets overpeinzen,
staren naar

muser ['mjuːzə] *znw* peinzer, mijmeraar, dromer

museum [mjuːˈziːəm] *znw* museum ★ *the* ~ *houses a
collection of Chinese ceramics* het museum herbergt
een collectie Chinese keramiek

---

museum
Het meervoud van **museum** is in het Engels
museums en niet *musea*.

---

museum piece [mjuːˈziːəm piːs] *znw* museumstuk

mush [mʌʃ] *znw* ❶ zachte massa, brij ❷ maïspap ❸ <u>inf</u>
sentimentaliteit ❹ <u>inf</u> gezicht

mushroom ['mʌʃrʊm] **I** *bn* ❶ paddenstoelvormig
❷ snel opkomend ★ ~ *suburbs* uit de grond
schietende stadswijken ❸ licht bruinroze **II** *znw*
❶ paddenstoel, champignon ❷ licht bruinroze
III *onoverg* ❶ champignons zoeken of inzamelen
❷ uit de grond schieten, zich snel uitbreiden

mushroom cloud ['mʌʃrʊm klaʊd] *znw* atoomwolk,

paddenstoelwolk

mushroom growth ['mʌʃrʊm ɡrəʊθ] *znw* snelle
ontwikkeling, explosieve groei

mushy ['mʌʃɪ] *bn* ❶ papperig, brijig ❷ <u>inf</u>
sentimenteel

music ['mjuːzɪk] *znw* muziek ★ *in time to the* ~ op de
maat van de muziek ★ *that's* ~ *to my ears* dat klinkt
me als muziek in de oren ★ *face the* ~ de
consequenties aanvaarden ★ *put on some* ~ muziek
opzetten / aanzetten ★ *set sth to* ~ iets op muziek
zetten

musical ['mjuːzɪkl] **I** *bn* ❶ muzikaal ❷ muziek- **II** *znw*
❶ musical ❷ operette(film)

musical box ['mjuːzɪkl bɒks] *znw* speeldoos

musical chairs ['mjuːzɪkl tʃeəz] *znw* [mv]
❶ stoelendans ❷ <u>fig</u> stuivertje-wisselen

musical comedy ['mjuːzɪkl 'kɒmɪdɪ] *znw* operette

musicale [mjuːzɪˈkɑːl] <u>Am</u> *znw* muziekavondje

musical instrument ['mjuːzɪkl 'ɪnstrəmənt] *znw*
muziekinstrument

musicality [mjuːzɪˈkælətɪ] *znw* muzikaliteit,
welluidendheid

musically ['mjuːzɪklɪ] *bijw* muzikaal ★ *a school for* ~
gifted children een school voor muzikaal begaafde
kinderen

music box ['mjuːzɪk bɒks] *znw* speeldoos

music cassette ['mjuːzɪk 'kæset, kəˈset] *znw*
muziekcassette

music centre ['mjuːzɪk 'sentə], Am **music center** *znw*
❶ stereocombinatie, audiorack ❷ muziekcentrum

music festival ['mjuːzɪk 'festɪvəl] *znw* muziekfestival

music hall ['mjuːzɪk hɔːl] *znw* variété(theater)

musician [mjuːˈzɪʃən] *znw* muzikant, musicus,
toonkunstenaar

musicianship [mjuːˈzɪʃənʃɪp] *znw* muzikaal vermogen,
muzikaal vakmanschap

music lover ['mjuːzɪk 'lʌvə] *znw* muziekliefhebber

music-making ['mjuːzɪkmeɪkɪŋ] *znw* muziek maken,
musiceren

musicological [mjuːzɪkəˈlɒdʒɪkl] *bn* musicologisch

musicologist [mjuːzɪˈkɒlədʒɪst] *znw* musicoloog

musicology [mjuːzɪˈkɒlədʒɪ] *znw* musicologie

music producer ['mjuːzɪk prəˈdjuːsə] *znw*
muziekproducent

music stand ['mjuːzɪk stænd] *znw* muziekstandaard

music stool ['mjuːzɪk stuːl] *znw* pianokrukje

music theatre ['mjuːzɪk 'θɪətə] *znw* muziektheater

musing ['mjuːzɪŋ] **I** *bn* peinzend, mijmerend **II** *znw*
gepeins, gemijmer, mijmering(en)

musk [mʌsk] *znw* muskus

musket ['mʌskɪt] *znw* musket

musketeer [mʌskɪ'tɪə] <u>hist</u> *znw* musketier

musketry ['mʌskɪtrɪ] *znw* ❶ geweervuur
❷ schietoefeningen

muskrat ['mʌskræt] *znw* ❶ <u>dierk</u> muskusrat, bisamrat
❷ bisambont

musky ['mʌskɪ] *bn* als (van) muskus, muskus-

Muslim ['mʊzlɪm], **Moslem I** *bn* moslim-, islamitisch

mu

II *znw* moslim

muslin ['mʌzlɪn] *znw* mousseline, neteldoek

muso ['mjuːzəʊ] *inf znw* [*mv:* musos] muziekgek ‹vooral popmuziek›

muss [mʌs] __Am inf__ **I** *znw* wanorde, rotzooi, knoeiboel **II** *overg* ❶ in de war brengen (ook: ~ *up*) ❷ verkreukelen

mussel ['mʌsəl] *znw* mossel

mussel farmer ['mʌsəl 'fɑːmə] *znw* mosselkweker

mussy ['mʌsɪ] __Am inf__ *bn* ❶ wanordelijk door elkaar, rommelig ❷ vuil, vies

must [mʌst] **I** *znw* ❶ most, druivensap ❷ dufheid, schimmel ❸ noodzaak, vereiste, verplichte kost ★ __inf__ *a* ~ iets wat gedaan (gezien, gelezen &) moet worden, een must **II** *hulpww* moeten ★ *all passengers* ~ *have a valid passport* alle passagiers dienen een geldig paspoort te hebben ★ *I* ~ *have a haircut* ik moet nodig mijn haar laten knippen ★ *you* ~ *be very tired after that trip* je moet wel moe zijn na die reis ★ *you* ~ *have eaten it* je hebt het vast opgegeten ★ *I* ~ *admit, I hadn't expected him to come* ik moet toegeven dat ik niet had verwacht dat hij zou komen

mustache [mə'stɑːʃ] __Am__ *znw* → **moustache**

mustachioed [mə'stɑːʃɪəʊd] *bn* met een grote snor

mustang ['mʌstæŋ] *znw* mustang

mustard ['mʌstəd] *znw* mosterd ★ __inf__ *cut the* ~ aan de verwachtingen voldoen

mustard gas ['mʌstəd gæs] __mil__ *znw* mosterdgas

mustard greens ['mʌstəd 'griːnsɪknəs] *znw* [*mv*] mosterdbladeren ‹als groente›

mustard seed ['mʌstəd siːd] *znw* mosterdzaad

muster ['mʌstə] **I** *znw* ❶ __mil__ appel ❷ __mil__ inspectie ★ *pass* ~ de toets doorstaan, er mee door kunnen ❸ monstering **II** *overg* ❶ monsteren ❷ op de been roepen ❸ (laten) verzamelen ★ ~ *up one's courage* moed verzamelen ★ ~ *up a smile* met moeite een glimlach tevoorschijn roepen

muster roll ['mʌstə rəʊl] *znw* ❶ __scheepv__ monsterrol ❷ __mil__ stamboek (naamlijst)

must-have ['mʌstæv] __inf__ **I** *bn* essentieel, erg begerenswaard **II** *znw* essentieel of begerenswaardig iets

mustiness ['mʌstɪnɪs] *znw* ❶ beschimmeldheid, schimmeligheid, schimmel ❷ muffigheid, dufheid

mustn't [mʌsnt] *samentr* (must not) → **must**

musty ['mʌstɪ] *bn* ❶ beschimmeld, schimmelig ❷ muf, duf

mutable ['mjuːtəbl] __form__ *bn* veranderlijk, ongedurig

mutate [mjuː'teɪt] **I** *overg* doen veranderen **II** *onoverg* ❶ mutatie ondergaan ❷ veranderen, verschuiven ★ ~ *into sth* ergens in veranderen

mutation [mjuː'teɪʃən] *znw* ❶ genetische mutatie ❷ __taalk__ verandering, (klank)wijziging

mute [mjuːt] **I** *bn* stom, sprakeloos, zwijgend **II** *znw* ❶ (doof)stomme ❷ __muz__ sordino ❸ __hist__ bidder ‹bij begrafenis› ❹ __hist__ klaagvrouw **III** *overg* dempen, de sordino opzetten

muted ['mjuːtɪd] *bn* gedempt

muteness ['mjuːtɪdnəs] *znw* stomheid, (stil)zwijgen

mute swan [mjuːt swɒn] *znw* knobbelzwaan

mutilate ['mjuːtɪleɪt] *overg* verminken, schenden ★ *the body had been badly* ~*d* het lichaam was ernstig verminkt

mutilation [mjuːtɪ'leɪʃən] *znw* verminking, schending

mutineer [mjuːtɪ'nɪə] *znw* muiter, oproerling

mutinous ['mjuːtɪnəs] *bn* oproerig, opstandig

mutiny ['mjuːtɪnɪ] **I** *znw* muiterij, opstand, oproer **II** *onoverg* oproerig worden, aan het muiten slaan, opstaan (tegen *against*)

mutism ['mjuːtɪzəm] *znw* stomheid, stilzwijgen

mutt [mʌt] *znw* ❶ __inf__ stommeling ❷ __Am inf__ hond, Fikkie, mormel

mutter ['mʌtə] **I** *znw* gemompel **II** *overg* mompelen ★ *I heard him* ~*ing something to himself* ik hoorde hem iets tegen zichzelf mompelen ★ *he* ~*ed something under his breath* hij mompelde iets binnensmonds **III** *onoverg* ❶ mompelen ❷ mopperen

mutterer ['mʌtərə] *znw* mopperaar

mutterings ['mʌtərɪŋz] *znw* [*mv*] gemopper

mutton ['mʌtn] *znw* ❶ schapenvlees ★ *as dead as* ~ dood als een pier ★ *a leg of* ~ schapenbout ★ ~ *dressed as lamb* overdreven jeugdig gekleed ❷ __scherts__ schaap

mutton bird ['mʌtn bɜːd] *znw* grauwe pijlstormvogel ‹zeevogel›

mutton chop ['mʌtn tʃɒp] *znw* schaapskotelet

mutton chops ['mʌtn tʃɒps], **mutton chop whiskers** *znw* [*mv*] bakkebaarden, tochtlatten

mutton fist ['mʌtn fɪst] __inf__ *znw* grote, ruwe hand, kolenschop

muttonhead ['mʌtnhed] __inf__ *znw* stommeling, schaapskop

mutual ['mjuːtʃʊəl] **I** *bn* ❶ onderling, wederkerig ❷ wederzijds ❸ gemeenschappelijk ★ *a* ~ *friend* een gemeenschappelijke vriend **II** *znw* onderlinge maatschappij

mutual fund ['mjuːtʃʊəl fʌnd] *znw* (onderling) beleggingsfonds

mutuality [mjuːtʃʊ'ælətɪ] *znw* wederkerigheid

mutually ['mjuːtʃʊəlɪ] *bijw* onderling, van beide kanten, over en weer ★ *come to a* ~ *profitable arrangement* een voor beide partijen voordelige overeenkomst sluiten

muzak® ['mjuːzæk] *znw* muzak, achtergrondmuziek

muzzle ['mʌzəl] **I** *znw* ❶ muil, bek, snuit ❷ muilkorf, -band ❸ mond, tromp ‹v. vuurwapen› **II** *overg* muilkorven, de mond snoeren

muzzle-loader ['mʌzələʊdə] __hist__ *znw* voorlader

muzzy ['mʌzɪ] *bn* beneveld ‹ook v. drank›, suf

mW *afk* (milliwatt/milliwatts) milliwatt

my [maɪ] *bez vnw* mijn ★ *gedat (oh)* ~! goeie genade! ★ *it was not of* ~ *doing* ik heb het niet gedaan ★ *excuse* ~ *asking, but...* sorry dat ik het vraag, maar...

mycelium [maɪˈsiːlɪəm] *znw* [*mv:* mycelia] mycelium, zwamvlok

mynah [ˈmaɪnə], **mynah bird**, **myna** *znw* maina, beo ‹spreeuwachtige vogel›

myopia [maɪˈəʊpɪə] *znw* bijziendheid, kortzichtigheid ★ *the ~ of bureaucrats* de kortzichtigheid van bureaucraten

myopic [maɪˈɒpɪk] *bn* bijziend, kortzichtig

myriad [ˈmɪrɪəd] dicht *znw* ❶ myriade, tienduizendtal ❷ duizenden en duizenden, ontelbare

myrrh [mɜː] *znw* mirre

myrtle [ˈmɜːtl] *znw* mirt, mirtenstruik

myself [maɪˈself] *wederk vnw* zelf, ik(zelf), mij(zelve) ★ *I'm not (feeling) ~* ik ben niet goed in orde ★ *I wrote this letter ~* ik heb deze brief zelf geschreven

mysterious [mɪˈstɪərɪəs] *bn* geheimzinnig, mysterieus

mystery [ˈmɪstərɪ] **I** *bn* geheim, onbekend **II** *znw* geheim, mysterie, raadsel, geheimzinnigheid ★ *it's a ~ as to what happened* het is een raadsel wat er gebeurd is ★ *it's a ~ to me* het is me een raadsel ★ *be cloaked in / shrouded in ~* gehuld zijn in mysterie / raadselen ★ *shed light on the ~* licht op de zaak werpen ★ *take the ~ out of sth* de geheimzinnigheid van iets wegnemen

mystery play [ˈmɪstərɪ pleɪ] *znw* mysterie(spel)

mystery shopper [ˈmɪstərɪ ˈʃɒpə] *znw* winkeltester ‹iem. die winkels toetst door te poseren als klant›

mystery tour [ˈmɪstərɪ tʊə] *znw* tocht met onbekende bestemming

mystic [ˈmɪstɪk] **I** *bn* ❶ mystiek, verborgen ❷ occult **II** *znw* mysticus

mystical [ˈmɪstɪkl] *bn* mystiek

mysticism [ˈmɪstɪsɪzəm] *znw* ❶ mysticisme ❷ mystiek ❸ zweverige godsdienstige of occulte ideeën (neigingen)

mystification [mɪstɪfɪˈkeɪʃən] *znw* ❶ mystificatie ❷ verbijstering, verwarring

mystified [ˈmɪstɪfaɪd] *bn* perplex

mystify [ˈmɪstɪfaɪ] *overg* ❶ mystificeren ❷ verbijsteren, verwarren

mystique [mɪˈstiːk] *znw* ❶ gemystificeer, hocus pocus ❷ mysterieuze sfeer

myth [mɪθ] *znw* ❶ mythe, sage ❷ verdichtsel, fabel ★ *contrary to popular ~* in tegenstelling tot het gangbare fabeltje ★ *the ~ persists that chocolate makes acne worse* de mythe dat chocola puistjes erger maakt is nog steeds gangbaar

mythical [ˈmɪθɪkl], **mythic** *bn* mythisch

mythological [mɪθəˈlɒdʒɪkl] *bn* mythologisch

mythologist [mɪˈθɒlədʒɪst] *znw* mytholoog

mythology [mɪˈθɒlədʒɪ] *znw* mythologie

myxomatosis [mɪksəʊməˈtəʊsɪs] *znw* myxomatose

N

n I *afk* ❶ (noun) zelfstandig naamwoord ❷ (neuter) onzijdig ★ *N* (north/northern) noord / noordelijk **II** *znw* [en] ❶ (de letter) n ❷ wisk n ‹symbool voor een onbepaald of variabel getal›

'n [ən] *inf voegw* (and) en ★ *fish ~ chips* gebakken vis met patat

n/a, **N/A** *afk* (not applicable) niet van toepassing

naan [nɑːn], **nan** *znw* naan ‹Indiaas brood›

nab [næb] *inf overg* ❶ inrekenen, vangen ❷ op de kop tikken, gappen ★ *I was lucky enough to ~ a window seat* ik had het geluk dat ik een plaats bij het raam te pakken kon krijgen

nabob [ˈneɪbɒb] *znw* ❶ hist nabob, inheems vorst ❷ fig rijkaard

nacelle [ˈnæsel] *znw* motorgondel ‹v. vliegtuig &›

nacre [ˈneɪkə] *znw* parelmoer

nadir [ˈneɪdɪə] *znw* ❶ astron nadir, voetpunt ❷ form laagste punt, dieptepunt ★ *the defeat was the ~ of his political career* de nederlaag was het dieptepunt van zijn politieke carrière

naevus [ˈniːvəs], Am **nevus** *znw* [*mv:* naevi] wijnvlek, geboortevlek

naff [næf] Br *inf* **I** *bn* waardeloos, flut, knudde **II** *phras* ★ *~ off!* ga weg! donder op!

naffing [ˈnæfɪŋ] Br *inf bn & bijw* erg, verdomd, irritant, vervelend ★ *that's just ~ stupid!* dat is gewoon verrekte stom!

NAFTA [ˈnæftə] *afk* (North American Free Trade Agreement) vrijhandelsverdrag tussen de Verenigde Staten, Canada en Mexico

nag [næg] **I** *znw* ❶ inf paard, knol ❷ zanik, zeurkous, zeurpiet ❸ gevoel van onrust **II** *overg* bevitten, treiteren door aanmerkingen te maken ★ *I've finally ~ged him into fixing the tap* ik heb net zo lang tegen hem gezeurd tot hij uiteindelijk de kraan repareerde ★ *he's been ~ged by injuries for months* hij wordt al maanden geplaagd door blessures **III** *onoverg* zaniken, zeuren, vitten (op *at*) ★ *the thought ~ged at me for days* de gedachte knaagde dagenlang aan me

nagger [ˈnægə] *znw* vitter, treiteraar

nagging [ˈnægɪŋ] *bn* zeurend ★ *a ~ headache* een zeurende hoofdpijn ★ *I've got a ~ feeling I've forgotten something* ik heb het knagende gevoel dat ik iets heb vergeten

nagware [ˈnægweə] comput *znw* shareware waarbij op het scherm van de gebruikers zeer geregeld oproepen verschijnen om zich te laten registreren en te betalen

nail [neɪl] **I** *znw* ❶ nagel, klauw ★ *fight tooth and ~* vechten uit alle macht ❷ spijker, nagel ★ *a masonry ~* een muurspijker ★ *an upholstery ~* een stoffeernagel ★ *that was the final ~ in his coffin* dat was de laatste nagel aan zijn doodkist ★ *as hard*

na

as ~s ijzersterk, taai, keihard, streng ★ *hit the ~ on the head* de spijker op de kop slaan ★ inf *pay on the ~* onmiddellijk betalen II *overg* ❶ (vast)spijkeren, met spijkers beslaan ★ *~ one's colours to the mast* van geen wijken of toegeven willen weten ❷ inf betrappen, snappen ❸ inf op de kop tikken, te pakken krijgen ★ *the band really ~ed the music* de band speelde de muziek precies zoals het hoort ❹ fig niet loslaten, vastzetten, fixeren ★ *she ~ed me with her eye* ze keek me strak aan ❺ inf de overhand krijgen III *phras* ★ *~ sth* **down** iets dichtspijkeren, vastspijkeren, fig bepalen, iets in detail vaststellen ‹termen in een contract &› ★ fig *~ sbd down* iem. dwingen iets te doen, iem. dwingen duidelijk te zijn ★ *~ sth* **up** iets dichttimmeren, iets ophangen

nail-biter ['neɪlbaɪtə] *znw* ❶ nagelbijter ❷ inf spannende gebeurtenis ★ *the match was a real ~* de wedstrijd was ontzettend spannend

nail-biting ['neɪl-baɪtɪŋ] *bn* zenuwslopend, erg spannend ★ *a ~ end to the game* een spannend einde van de wedstrijd

nail brush [neɪl brʌʃ] *znw* nagelborstel

nail clippers [neɪl 'klɪpəz] *znw* [mv] nagelknipper

nailer ['neɪlə] *znw* ❶ spijkermaker, nagelsmid ❷ spijkerpistool

nail file [neɪl faɪl] *znw* nagelvijltje

nail gun [neɪl gʌn] *znw* spijkerpistool

nail polish [neɪl 'pɒlɪʃ] *znw* nagellak

nail punch [neɪl pʌntʃ] *znw* drevel, doorslag

nail scissors [neɪl 'sɪzəz] *znw* [mv] nagelschaartje

nail varnish [neɪl 'vaːnɪʃ] *znw* nagellak

naive [naɪ'iːv, naː'iːv], **naïve** *bn* ❶ naïef, ongekunsteld ❷ onnozel

naively [naɪ'iːvlɪ, naː'iːvlɪ], **naïvely** *bijw* ❶ naïef, ongekunsteld ❷ onnozel

naivety [naɪ'iːvətɪ], **naïvety** *znw* naïviteit

naked ['neɪkɪd] *bn* ❶ naakt, bloot, kaal ★ *the ~ truth* de naakte waarheid ★ *stark ~* spiernaakt ★ *with the ~ eye* met het blote oog ❷ onbeschut ★ *a ~ flame* open vuur ★ *a ~ light* een onbeschermd licht ❸ onverbloemd, duidelijk, onopgesmukt ❹ fig weerloos

namby-pamby [næmbɪ-'pæmbɪ] afkeurend I *bn* ❶ sentimenteel ❷ slap, week, dweperig II *znw* [mv: namby-pambies] ❶ sentimentaliteit ❷ slapperig, moederskindje

name [neɪm] I *znw* ❶ naam, benaming ★ *an assumed ~* een fictieve naam, alias ★ *a Christian ~* een voornaam, doopnaam ★ *a household ~* een begrip ‹iedereen kent het› ★ *a hyphenated ~* een dubbele naam met een streepje ★ *joint ~s* gezamenlijke namen ★ *one's last ~* zijn achternaam ★ *her maiden ~* haar meisjesnaam ★ *a married ~* een trouwnaam ★ *a no~ brand* een huismerk ★ *a stage ~* een toneelnaam ★ *in all but ~* de facto, niet officieel ★ *in the ~ of* namens, als vertegenwoordiger van, onder de naam van, op naam (ten name) van ★ *in ~ only* alleen in naam ★ *what's in a ~?* wat zegt een

naam eigenlijk? ★ inf *winning is the ~ of the game* winnen is waar het om gaat ★ *he hasn't got a penny to his ~* hij heeft geen cent ★ *ask for sbd by ~* bij naam naar iem. vragen ★ inf *his ~ is mud* hij ligt uit de gratie ★ inf *call sbd ~s* iem. uitschelden ★ *call out sbd's ~* iemands naam roepen ★ *give sbd's ~ to sth* iets naar iem. vernoemen ★ *go by the ~ of Jones* bekend staan als Jones ★ *have a ~ for sth* bekend zijn om iets ★ inf *the bullet had my ~ on it* de kogel was voor mij bedoeld ★ *know sbd by ~ (only)* iem. (alleen maar) van naam kennen ★ *mention sbd / sth by ~* iem. / iets met name (met naam en toenaam) noemen ★ *don't mention my ~* hou mij er buiten ★ *put sbd's ~ down for sth* iem. voor iets aanmelden ★ *take sbd's ~* iemands naam noteren ‹voor bestelling &›, iem. een bekeuring geven ★ *take sbd's ~ in vain* iemands naam ijdel gebruiken ❷ reputatie ★ *make a ~ for oneself* naam maken II *overg* ❶ noemen, benoemen ★ *~ the day* de bruiloftsdag vaststellen ★ *~ sbd after sbd/Am for sbd* iem. noemen / vernoemen naar iem. ★ *~ sbd / sth in honour of* iem. / iets een naam geven ter ere van ❷ dopen ‹schip &›

name day [neɪm deɪ] *znw* naamdag

name-dropping ['neɪm-drɒpɪŋ] *znw* dikdoenerij met namen van bekende personen

nameless ['neɪmləs] *bn* ❶ naamloos, zonder naam, anoniem, onbekend ★ *the person in question, who shall remain ~* de persoon om wie het gaat, die zal ik niet noemen ❷ ondefinieerbaar, onbestemd, onnoemelijk ❸ afschuwelijk, onbeschrijfelijk, afgrijselijk

namely ['neɪmlɪ] *bijw* namelijk, te weten

nameplate ['neɪmpleɪt] *znw* naambordje, -plaatje

namesake ['neɪmseɪk] *znw* naamgenoot

Namibia [naː'mɪbɪə] *znw* Namibië

Namibian [naː'mɪbɪən] I *bn* Namibisch II *znw* Namibiër, Namibische

naming ceremony ['neɪmɪŋ 'serɪmənɪ] *znw* doopplechtigheid ‹v. schip &›

Namur [næ'mʊə] *znw* Namen ‹stad›

nan [næn] *znw* → **naan** → **nanna**

nancy ['nænsɪ], **nancy boy** inf beledigend *znw* mietje, nicht, flikker

nanna ['nænə], **nan** inf *znw* oma

nannie ['nænɪ], **nanny** *znw* kinderjuffrouw, juf

nanny goat ['nænɪ gəʊt] *znw* geit

nano- ['nænəʊ] *voorv* nano- ‹in meeteenheden›

nanometre ['nænəʊ'miːtə], Am **nanometer** *znw* nanometer

nanosecond ['nænəʊ'sekənd] *znw* nanoseconde

nanotechnology ['nænəʊtek'nɒlədʒɪ] *znw* nanotechnologie

nap [næp] I *znw* ❶ slaapje, dutje ★ *have / take a ~* een dutje doen ❷ nop, haar ❸ Br inf beste kans ‹voor wedren› II *overg* tippen, de beste kans geven ‹als winnaar van de race voorspellen› III *onoverg* dutten ★ inf *catch sbd ~ping* iem. overrompelen

napalm ['neɪpaːm] I *znw* napalm II *overg* met napalm

bestoken, een napalmbombardement uitvoeren

nape [neɪp] *znw* nek, de achterkant van de nek (ook: the ~ of the neck)

naphthalene ['næfθəli:n] *znw* naftaleen

napkin ['næpkɪn] *znw* ❶ servet ❷ luier

napkin ring ['næpkɪn rɪŋ] *znw* servetring

Naples ['neɪplz] *znw* Napels

nappa ['næpə] *znw* nappa(leer)

nappy ['næpɪ] *znw* luier ★ *a ~ liner* een luierinleg ★ *a ~ pin* een luierspeld ★ *a cloth ~* een katoenen luier ★ *a disposable ~* een wegwerpluier ★ *I knew him when he was still in nappies* ik ken hem al van toen hij een baby was ★ *change a ~* een luier verschonen

nappy rash ['næpɪ ræʃ] *znw* luieruitslag, luiereczeem

narcissism [nɑ:'sɪsɪzm] *znw* narcisme

narcissistic [nɑ:sɪ'sɪstɪk] *bn* narcistisch

narcissus [nɑ:'sɪsəs] *znw* [*mv*: -es of narcissi] narcis

narcosis [nɑ:'kəʊsɪs] *znw* narcose

narcoterrorism [nɑ:kəʊ'terərɪzəm] *samentr* (narcotics en terrorism) met drugshandel samenhangend terrorisme

narcotic [nɑ:'kɒtɪk] **I** *bn* verdovend, narcotisch **II** *znw* verdovend middel, narcoticum

nark [nɑ:k] inf **I** *znw* ❶ Br stille verklikker, politiespion ❷ Aus irritant persoon / iets **II** *overg* ❶ Br verklikken ❷ kribbig maken, ergeren ▼ Br *~ it!* hou ermee op!

narky ['nɑ:kɪ] Br inf *bn* kribbig, sarcastisch

narrate [nə'reɪt] *overg* verhalen, vertellen

narration [nə'reɪʃən] *znw* verhaal, relaas

narrative ['nærətɪv] **I** *bn* verhalend, vertellend **II** *znw* verhaal, relaas, vertelling

narrator [nə'reɪtə] *znw* verhaler, verteller ★ *a first-person ~* een ik-figuur ⟨in roman⟩

narrow ['nærəʊ] **I** *bn* ❶ smal, eng, nauw ❷ precies, gedetailleerd, nauwkeurig ⟨onderzoek⟩ ❸ bekrompen, benepen, kleingeestig ❹ beperkt, klein, krap, nipt ★ *a ~ majority* een geringe (krappe) meerderheid ★ *I caught the train, but it was a ~ squeak* ik haalde de trein maar het was op het nippertje ★ *have a ~ escape* ternauwernood ontkomen **II** *overg* vernauwen, verengen, versmallen ★ *~ sth down* iets in aantal terugbrengen, reduceren ★ *~ing the gap between rich and poor was their goal* het verkleinen van de kloof tussen rijk en arm was hun doel **III** *onoverg* ❶ nauwer worden, inkrimpen ❷ zich vernauwen, (zich) versmallen

narrowband ['nærəʊbænd] *bn* smalband ⟨internetten via de telefoonlijn⟩

narrow-brimmed [nærəʊ'brɪmd] *bn* met smalle rand

narrowcast ['nærəʊkɑ:st] TV **I** *znw* ❶ uitzending voor beperkt publiek ❷ lokale of regionale uitzending **II** *overg & onoverg* uitzenden op een lokaal of regionaal televisienet of voor een beperkt publiek

narrow gauge ['nærəʊ geɪdʒ] *znw* smalspoor

narrowly ['nærəʊlɪ] *bijw* ❶ net, ternauwernood, op het kantje af ❷ nauwgezet, zorgvuldig, precies,

gedetailleerd

narrow-minded [nærəʊ'maɪndɪd] *bn* kleingeestig, bekrompen

narrows ['nærəʊz] *znw* [mv] zee-engten

narwhal ['nɑ:wəl] *znw* narwal ⟨soort walvis⟩

nary ['neərɪ] inf of dial *bijw* geen één

NASA ['nɑsə, 'næsə] Am *afk* (National Aeronautics and Space Administration) NASA ⟨Amerikaanse ruimtevaartorganisatie⟩

nasal ['neɪzəl] **I** *bn* ❶ neus- ❷ door de neus, nasaal **II** *znw* nasaal, neusklank

nasalize ['neɪzəlaɪz], **nasalise** *overg* nasaleren, nasaliseren

nasally ['neɪzəlɪ] *bijw* door de neus, nasaal

nascent ['næsənt] *bn* (geboren) wordend, ontstaand, opkomend, ontluikend

NASDAQ ['næzdæk] *afk* (National Association of Securities Dealers Automated Quotations) NASDAQ ⟨de technologiebeurs van Amerika⟩

nasturtium [nə'stɜ:ʃəm] *znw* Oost-Indische kers

nasty ['nɑ:stɪ] **I** *bn* ❶ akelig, gemeen, lelijk, naar ★ inf *a ~ cold* een zware / lelijke verkoudheid ★ *only an iron railing preventing a ~ drop to the bottom* er is alleen maar een ijzeren leuning die een akelige val naar beneden verhindert ★ *I have a ~ feeling that I've forgotten it* ik heb het vervelende gevoel dat ik het vergeten heb ★ inf *he has a ~ habit of turning up unexpectedly* hij heeft de nare gewoonte om onverwachts op te duiken ★ *things turned ~ at the end of the match* tegen het eind van de wedstrijd werd het grimmig ❷ vuil, smerig, weerzinwekkend ★ fig *it left a ~ taste in my mouth* het liet een vieze smaak in mijn mond achter ❸ guur, onaangenaam ⟨weer⟩ ❹ obsceen, schunnig ❺ gevaarlijk, onbetrouwbaar, kwaadaardig ★ *a ~ fellow / one* een gevaarlijk heerschap ★ inf *a ~ piece / bit of work* een kwaadaardig / onbetrouwbaar persoon **II** *znw* inf onplezierig / gevaarlijk ding / persoon ★ *a disinfectant to get rid of all the nasties* een desinfecterend middel om alle vervelende dingen te verwijderen

natal ['neɪtl] *bn* van de geboorte, geboorte-

natality [nə'tælətɪ] *znw* geboortecijfer

natatorium [neɪtə'tɔ:rɪəm] Am *znw* zwembassin

nation ['neɪʃən] *znw* volk, natie ★ *a ~ building* de opbouw van een land ★ *a developing / emerging / emergent ~* een ontwikkelingsland ★ *across the ~* over het hele land, landelijk ★ *among the ~s* internationaal

national ['næʃənl] **I** *bn* ❶ nationaal, landelijk, vaderlands(gezind) ★ *~ pride* nationale trots, chauvinisme ❷ volks-, staats-, lands- ★ *in the ~ interest* in het staatsbelang **II** *znw* ❶ staatsburger ★ *a foreign ~* een buitenlander, iem. met een buitenlands paspoort ❷ (meestal mv) landelijk dagblad

national bank ['næʃənl bæŋk] *znw* centrale bank

national curriculum ['næʃənl kə'rɪkjʊləm] onderw *znw*

na

landelijk onderwijsprogramma
national debt ['næʃənl det] *znw* staatsschuld
national grid ['næʃənl grɪd] *znw* hoogspanningsnet
National Health Service ['næʃənl helθ 'sɜːvɪs], **NHS** Br *znw* nationale gezondheidszorg, ziekenfonds
National Insurance ['næʃənl ɪn'ʃʊərəns] Br *znw* sociale verzekering
nationalism ['næʃənəlɪzəm] *znw* vaderlandslievende gezindheid, nationalisme, chauvinisme ★ *the country is being swept by a tide of* ~ een golf van nationalisme overspoelt het land
nationalist ['næʃənəlɪst] **I** *bn* nationalistisch **II** *znw* nationalist
nationalistic [næʃənə'lɪstɪk] *bn* nationalistisch
nationality [næʃə'næləti] *znw* ❶ nationaliteit ❷ volkskarakter
nationalization [næʃənəlaɪ'zeɪʃən], **nationalisation** *znw* ❶ nationalisatie, naasting ❷ naturalisatie
nationalize ['næʃənəlaɪz], **nationalise** *overg* ❶ nationaliseren, onteigenen ❷ naturaliseren
national park ['næʃənl pɑːk] *znw* nationaal park
national service ['næʃənl 'sɜːvɪs] mil *znw* dienstplicht
National Socialism ['næʃənl'səʊʃəlɪzəm] *znw* nationaalsocialisme
National Trust ['næʃənl trʌst] *znw* ★ *the* ~ Britse organisatie voor monumentenzorg en landschapsbeheer
nationhood ['neɪʃənhʊd] *znw* bestaan als natie
nation state ['neɪʃən steɪt] *znw* nationale staat
nationwide [neɪʃən'waɪd] *bn* de gehele natie omvattend, over het hele land, landelijk
native ['neɪtɪv] **I** *bn* ❶ aangeboren, natuurlijk ❷ inheems, inlands, vaderlands ★ ~ *to the place* daar inheems / thuishorend ★ *inf go* ~ zich aanpassen aan de plaatselijke bevolking / gebruiken ❸ geboorte- ❹ puur, zuiver ⟨mineralen⟩ **II** *znw* ❶ oorspronkelijke inwoner ★ *a* ~ *of Australia* iemand uit / geboortig van Australië, dierk & plantk in Australië thuishorend, inheems ❷ niet-Europeaan, inlander ★ *inf astonish the* ~*s* de mensen versteld doen staan ❸ inheemse plant, inheems dier
Native American ['neɪtɪv ə'merɪkən] *znw* indiaan
native country ['neɪtɪv 'kʌntrɪ] *znw* geboortegrond, vaderland
native language ['neɪtɪv 'læŋgwɪdʒ] *znw* moedertaal
native speaker ['neɪtɪv 'spiːkə] *znw* moedertaalspreker, native speaker
Nativity [nə'tɪvətɪ] *znw* ★ *the* ~ de geboorte van Christus
nativity play [nə'tɪvətɪ pleɪ] *znw* kerstspel
NATO ['neɪtəʊ], **Nato** *afk* (North Atlantic Treaty Organization) NAVO, Noord-Atlantische Verdragsorganisatie
natter ['nætə] *inf* **I** *znw* kletspraatje, babbeltje **II** *onoverg* ❶ babbelen, kletsen, roddelen ❷ mopperen (over *about*)

natty ['nætɪ] inf *bn* ❶ (kraak)net, keurig ❷ handig
natural ['nætʃərəl] **I** *bn* ❶ natuurlijk, natuur- ★ ~ *fibres* natuurlijke vezels ★ ~ *stone* natuursteen ❷ aangeboren ❸ gewoon, normaal, voor de hand liggend ❹ spontaan, ongedwongen, eenvoudig, ongekunsteld ❺ muz naturel, zonder voorteken ❻ muz natuur- ⟨v. blaasinstrumenten: zonder ventiel⟩ **II** *znw* ❶ natuurtalent, iemand met een natuurlijke aanleg ❷ muz noot zonder voorteken, herstellingsteken, witte toets ❸ naturel, beige ⟨natuurlijke kleur⟩
natural attrition ['nætʃərəl ə'trɪʃən], **natural wastage** *znw* natuurlijk verloop
natural childbirth ['nætʃərəl 'tʃaɪldbɜːθ] *znw* natuurlijke geboorte ⟨zonder kunstmiddelen⟩
natural disaster ['nætʃərəl dɪ'zɑːstə] *znw* natuurramp
natural gas ['nætʃərəl gæs] *znw* aardgas
natural history ['nætʃərəl 'hɪstərɪ] *znw* biologie
naturalism ['nætʃərəlɪzəm] *znw* naturalisme ⟨kunst- en literatuurstroming⟩
naturalist ['nætʃərəlɪst] **I** *bn* naturalistisch **II** *znw* ❶ natuuronderzoeker ❷ naturalist
naturalistic [nætʃərə'lɪstɪk] *bn* naturalistisch
naturalization [nætʃərəlaɪ'zeɪʃən], **naturalisation** *znw* ❶ naturalisatie ❷ inburgering ❸ plantk & dierk acclimatisatie
naturalize ['nætʃərəlaɪz], **naturalise** *overg* ❶ naturaliseren ❷ inburgeren ❸ plantk & dierk acclimatiseren
natural language ['nætʃərəl 'læŋgwɪdʒ] *znw* natuurlijke taal
natural life ['nætʃərəl laɪf] *znw* aardse (vergankelijke) leven
naturally ['nætʃərəlɪ] *bijw* ❶ op natuurlijke wijze, gewoon, normaal ❷ van nature ★ *it comes* ~ *to him* het gaat hem gemakkelijk af ❸ uiteraard
natural product ['nætʃərəl 'prɒdʌkt] *znw* natuurproduct
natural resources ['nætʃərəl rɪ'zɔːsɪz] *znw* [mv] natuurlijke hulpbronnen, rijkdommen
natural science ['nætʃərəl 'saɪəns] *znw* (meestal *mv*) natuurwetenschap(pen)
natural selection ['nætʃərəl sɪ'lekʃən] *znw* natuurlijke selectie
natural therapy ['nætʃərəl 'θerəpɪ] *znw* natuurgeneeswijze
natural wastage ['nætʃərəl 'weɪstɪdʒ] Br *znw* → **natural attrition**
nature ['neɪtʃə] *znw* natuur, karakter, aard, geaardheid, wezen ★ *by* ~ van nature ★ *by its very* ~ uit de aard der zaak ★ *answer a call of* ~ naar de wc gaan ★ *from* ~ naar de natuur ★ *in* ~ (in de natuur) bestaand ★ *in a state of* ~ in de natuurlijke staat, naakt, in adamskostuum ★ *in the* ~ *of things* normaal, natuurlijk ★ *a call of* ~ aandrang ★ *inf that's the* ~ *of the beast* dat ligt in de aard van het beestje ★ *true to* ~ natuurgetrouw ★ *there's a hidden side to his* ~ er zit een verborgen kant aan zijn

karakter ★ *appeal to sbd's better* ~ een beroep doen op iemands geweten ★ *it has the* ~ *of an ultimatum* het heeft het karakter van een ultimatum

nature conservation ['neɪtʃə kɒnsə'veɪʃən] milieu *znw* natuurbehoud, natuurbescherming

nature reserve ['neɪtʃə rɪ'zɜ:v] milieu *znw* natuurreservaat

nature strip ['neɪtʃə strɪp] Aus *znw* groenstrook

nature study ['neɪtʃə 'stʌdɪ] onderw *znw* kennis der natuur, biologie

nature trail ['neɪtʃə treɪl] *znw* natuurpad

naturism ['neɪtʃərɪzəm] *znw* naturisme

naturist ['neɪtʃərɪst] *znw* naturist

naught [nɔ:t], **nought** *znw* niets, nul ★ *come to* ~ op niets uitlopen, in het water vallen, mislukken

naughts and crosses ['nɔ:ts ən 'krɒsɪz], **noughts and crosses** *znw* [mv] boter, kaas en eieren ‹spelletje›

naughty ['nɔ:tɪ] *bn* ondeugend, gewaagd, stout

Nauru [ŋɑ:'u:ru:] *znw* Nauru

nausea ['nɔ:zɪə] *znw* ❶ misselijkheid, walging ❷ zeeziekte

nauseate ['nɔ:zɪeɪt] *overg* misselijk maken, doen walgen

nauseating ['nɔ:zɪeɪtɪŋ] *bn* walgelijk, misselijkmakend

nauseous ['nɔ:zɪəs] *bn* ❶ walgelijk, misselijk makend ❷ misselijk

nautical ['nɔ:tɪkl] *bn* zeevaartkundig, zeevaart-, zee- **nautical mile** ['nɔ:tɪkl maɪl] *znw* zeemijl

naval ['neɪvəl] *bn* zee-, scheeps-, marine-, vloot- ★ *a* ~ *officer* een marineofficier ★ *a* ~ *port* een marinehaven ★ *a* ~ *term* een scheepsterm

nave [neɪv] *znw* ❶ naaf ‹v. wiel› ❷ schip ‹v. kerk›

navel ['neɪvəl] *znw* ❶ navel ❷ fig middelpunt

navel gazing ['neɪvəl geɪzɪŋ] inf *znw* navelstaren

navel orange ['neɪvəl 'ɒrɪndʒ] *znw* navelsinaasappel

navigability [nævɪgə'bɪlətɪ] *znw* ❶ zeewaardigheid ❷ bestuurbaarheid ❸ bevaarbaarheid

navigable ['nævɪgəbl] *bn* ❶ bevaarbaar ‹v. water› ❷ bestuurbaar ‹v. ballonnen›

navigate ['nævɪgeɪt] **I** *overg* ❶ bevaren, varen op ❷ besturen **II** *onoverg* ❶ varen, een vliegtuig / boot besturen ❷ kaartlezen, de route aangeven ‹in auto &›

navigating bridge ['nævɪgeɪtɪŋ 'brɪdʒ] *znw* commandobrug

navigation [nævɪ'geɪʃən] *znw* navigatie, (scheep)vaart, stuurmanskunst ★ ~ *aids* navigatie-instrumenten ★ *coastal* ~ kustvaart, kustnavigatie

navigational [nævɪ'geɪʃənəl] *bn* navigatie-

navigational computer [nævɪ'geɪʃənəl kəm'pju:tə] *znw* navigatiecomputer

navigation lights [nævɪ'geɪʃən 'laɪtsəm] *znw* [mv] navigatielicht, navigatieverlichting

navigation system [nævɪ'geɪʃən 'sɪstəm] *znw* navigatiesysteem

navigator ['nævɪgeɪtə] *znw* ❶ zeevaarder ❷ luchtv navigator

navvy ['nævɪ] Br gedat *znw* ❶ grondwerker, polderjongen ❷ techn excavateur, baggermachine

navy ['neɪvɪ] **I** *znw*, **navy blue** marineblauw **II** *znw* marine, (oorlogs)vloot, zeemacht ★ *in the* ~ bij de marine

navy yard ['neɪvɪ jɑ:d] Am *znw* marinewerf

nay [neɪ] **I** *bijw* ❶ plechtig wat meer is, ja (zelfs) ★ *it is my right,* ~ *my duty, to go* het is mijn recht, ja zelfs mijn plicht om te gaan ❷ dial nee **II** *znw* nee ★ *say* ~ weigeren, tegenspreken ★ *take no* ~ van geen weigering willen horen

Nazi ['nɑ:tsɪ] *znw* nazi

Nazism ['nɑ:tsɪzəm] *znw* nazisme

NB, **nb** *afk* → nota bene

NBC *afk* (National Broadcasting Company) NBC ‹Amerikaanse tv-zender›

NCO *afk* → non-commissioned officer

NE *afk* (northeast/northeastern) noordoost

Neapolitan [ni:ə'pɒlɪtən] **I** *bn* Napolitaans **II** *znw* Napolitaan, Napolitaanse

neap tide [ni:p taɪd] *znw* doodtij

near [nɪə] **I** *voorz* nabij ★ *you're* ~ *it now* je bent er nou in de buurt ★ *we'd like a table* ~ *the window* we willen graag een tafeltje bij het raam ★ *he was* ~ *exhaustion* hij was de uitputting nabij ★ *it's* ~ *enough to what I want* het is nagenoeg wat ik zoek **II** *bn* ❶ na, nabij, dichtbij zijnd ★ *a* ~ *disaster* bijna een ramp ★ *that was a* ~ *thing* / *the* ~*est of* ~ *things* dat was op het nippertje, dat scheelde maar weinig ★ *she's the* ~*est thing to a sister I've got* ik heb geen zussen, maar zij komt er het dichtst bij ★ *to the* ~*est pound* tot op een (het) pond nauwkeurig ❷ nauw verwant, dierbaar ❸ veel lijkend op, haast **III** *bijw* ❶ dichtbij, in de buurt ★ *those* ~ *and dear to us* die ons het naast aan het hart liggen ★ ~ *at hand* (dicht) bij de hand, ophanden ★ *nowhere* ~ *finished* bij lange na niet klaar ★ *he went and sat* ~*er the door* hij ging dichter bij de deur zitten ★ *the details will be available* ~*er to the date* de details zullen later, dichter bij de datum, beschikbaar zijn ★ *I recognised him when he drew* ~ ik herkende hem toen hij dichterbij kwam ★ *her departure is drawing* ~*er* haar vertrek komt dichterbij ❷ omtrent, bijna ★ ~ *on* / *upon a week* bijna een week ★ *she came* ~ *falling* zij was bijna gevallen **IV** *overg* naderen ★ *the project is* ~*ing completion* het project is bijna voltooid **V** *onoverg* naderen

nearby [nɪə'baɪ] *bn & bijw* naburig, nabij

near-death experience [nɪə'deθ ɪk'spɪərɪəns] *znw* bijna-doodervaring

Near East [nɪə 'i:st] *znw* ★ *the* ~ het Nabije Oosten

nearly ['nɪəlɪ] *bijw* bijna, van nabij, na ★ *she's not* ~ *as poor as she makes out* ze is lang niet zo arm als ze wil doen geloven ★ *there's not* ~ *enough left* er is lang niet genoeg overgebleven

near miss [nɪə mɪs] *znw* ❶ iets dat bijna raak is ★ *he kicked a* ~ hij maakte bijna een doelpunt ❷ mil schot (inslag) waardoor het doel even geraakt wordt ❸ luchtv bijna-botsing

ne

near money [nɪə 'mʌnɪ] <u>econ</u> znw 'bijna geld', activa die makkelijk verzilverd kunnen worden

nearness ['nɪənəs] znw ❶ nabijheid ★ *the ~ of work brought them to the city* de nabijheid van werk voerde hen naar de stad ❷ nauwe verwantschap

nearside ['nɪəsaɪd] Br I bn aan de linkerkant, linker- ‹het dichtst bij de kant van de weg› II znw linkerkant

nearsighted [nɪə'saɪtɪd] Am bn bijziend

near-term [nɪə'tɜ:m] bn ❶ op korte termijn ❷ bijna voldragen, tegen het eind van de zwangerschap

neat [ni:t] bn ❶ net(jes), keurig, schoon ★ *~ and tidy* netjes opgeruimd ❷ puur, onverdund, zonder water / ijs ‹v. drank› ❸ Am inf gaaf, te gek

neaten ['ni:tn] overg netjes maken, fatsoeneren ★ *she ~ed her hair (up) before she went in* ze fatsoeneerde haar haar voor ze naar binnen ging

neath [ni:θ] <u>dicht</u> voorz (beneath) onder, beneden

neat-handed [ni:t'hændɪd] bn behendig, vlug

neatly ['ni:tlɪ] bijw netjes, keurig

neatness ['ni:tnəs] znw netheid

neats-foot oil [ni:tsfʊt 'ɔɪl] znw klauwenolie ‹leerbehandelingsmiddel›

nebula ['nebjʊlə] znw [mv: nebulae] ❶ <u>astron</u> nevel(vlek) ❷ <u>med</u> hoornvliesvlek

nebular ['nebjʊlə] bn nevel- ★ *the ~ theory* de nevelhypothese

nebulizer ['nebjʊlaɪzə], **nebuliser** znw verstuiver

nebulosity [nebjʊ'lɒsɪtɪ] znw nevel(acht)igheid, vaagheid

nebulous ['nebjʊləs] bn nevel(acht)ig, vaag

necessaries ['nesəsərɪz] znw [mv] vereisten, behoeften ★ *the ~ (of life)* levensbehoeften

necessarily ['nesəsərəlɪ] bijw noodzakelijk(erwijs), per se, nodig

necessary ['nesəsərɪ] I bn ❶ noodzakelijk, nodig, benodigd, onmisbaar ★ *if ~, contact a doctor* in geval van nood, roep een dokter ★ *we will provide support as / when / where ~* we geven ondersteuning waar dat nodig is ❷ onvermijdelijk, verplicht, vereist II znw ★ inf *the ~* het noodzakelijke, het nodige, geld

necessary evil ['nesəsərɪ 'i:vəl] znw noodzakelijk kwaad

necessitate [nɪ'sesɪteɪt] overg noodzakelijk maken, noodzaken, dwingen

necessitous [nɪ'sesɪtəs] bn behoeftig, noodlijdend

necessity [nɪ'sesətɪ] znw ❶ noodzaak, noodzakelijkheid, noodwendigheid ★ *diversification is a matter of dire ~* diversificatie is een zaak van pure noodzaak ★ *a bigger house was a practical ~* een groter huis was een praktische noodzaak ★ *of ~* noodzakelijkerwijs ❷ nood, behoefte ★ *housing is a primary / basic ~* huisvesting is een eerste levensbehoefte ★ *from ~* uit nood ★ *a ~ of life / of basic ~* eerste (noodzakelijkste) levensbehoefte ★ *make a virtue of ~* van de nood een deugd maken ★ zegsw *~ knows no law* nood breekt wet ★ zegsw *~*

ne

is the mother of invention nood maakt vindingrijk, nood leert bidden

neck [nek] I znw ❶ hals, halsstuk ★ *~ and ~* nek aan nek ‹v. renpaarden› ★ *the back of the ~* de nek ★ *I'd go too but I'm up to my ~ at the moment* ik zou ook wel mee willen, maar ik zit tot over mijn oren in het werk ★ inf *up to one's ~ in sth* tot zijn nek ‹in de schuld & zitten› ★ inf *she's breaking her ~ to leave* ze stelt alles in het werk om te vertrekken ★ inf *get / catch it in the ~* er van langs krijgen, heel wat moeten verduren ★ inf *stick out one's ~* zich blootgeven, zich op glad ijs wagen ★ inf *talk out of the back of one's ~* uit zijn nek kletsen ★ fig *wring sbd's ~* iem. de nek omdraaien ❷ sp halslengte ❸ (land)engte ★ inf *in this ~ of the woods* in deze omgeving, hier in de buurt ▾ inf *have the ~ to do sth* zo brutaal zijn om iets te doen II overg Br inf drinken ★ *we ~ed a couple of beers* we sloegen een paar biertjes achterover III onoverg inf vrijen

neckband ['nekbænd] znw halsboord ‹v. hemd›

neckcloth ['nek'klɒθ] znw das, stropdas

neckerchief ['nekətʃɪf] znw halsdoek

necking ['nekɪŋ] inf znw vrijen, vrijerij

necklace ['nekləs] znw halsketting, collier

necklet ['neklət] znw halssnoer

neckline ['neklaɪn] znw halslijn ★ *a low / plunging ~* een decolleté

necktie ['nektaɪ] znw das, stropdas, vlinderdas

neckwear ['nekweə] znw boorden en dassen

necrologist [ne'krɒlədʒɪst] znw schrijver v. necrologie

necrology [ne'krɒlədʒɪ] znw ❶ necrologie, in memoriam ❷ lijst v. gestorvenen

necromancer ['nekrəʊmænsə] znw beoefenaar van de zwarte kunst, geestenbezweerder

necromancy ['nekrəʊmænsɪ] znw zwarte kunst, geestenbezwering

necrophilia [nekrə'fɪlɪə], **necrophilism** znw necrofilie

necropolis [ne'krɒpəlɪs] znw ❶ dodenstad ❷ grote begraafplaats

necrosis [ne'krəʊsɪs] <u>med</u> znw necrose, gangreen

nectar ['nektə] znw nectar

nectarine ['nektərɪn] znw nectarine ‹soort perzik›

née [neɪ] ‹Fr› bn geboren ‹meisjesnaam› ★ *Saskia Rees ~ Jones* Saskia Rees, geboren Jones

need [ni:d] I znw ❶ nood, noodzaak, noodzakelijkheid ★ *stay as long as ~ be* blijf maar zolang als nodig is ★ *if ~/~s be* als het per se moet, zo nodig, in geval van nood ★ *there's no ~ for us to go* we hoeven niet te gaan ❷ behoefte (aan for / of) ★ *he has no ~ of my help* hij heeft mijn hulp niet nodig ★ *the house was sorely in ~ of repair* het huis had dringend onderhoud nodig ★ *we cater to your every ~* wij vervullen al uw behoeftes ❸ armoede, gebrek ★ *be in ~* in behoeftige omstandigheden verkeren II hulpww moeten, hoeven ‹in negatieve zinnen› ★ *I ~ to go now* ik moet nu gaan ★ *you ~n't worry about me* je hoeft je over mij geen zorgen te maken ★ *I didn't ~ to go after all* ik hoefde toch niet te gaan

★ *you ~n't have gone to so much trouble* je had niet zoveel moeite moeten doen ★ *~ you ask?* moet je dat nog vragen? ★ *I ~ hardly remind you that we are in a difficult situation* ik hoef je er niet aan te herinneren, dat we in een lastig parket zitten ★ *~ I say, we are all very upset* het is vanzelfsprekend dat we allemaal overstuur zijn ★ scherts *he's out celebrating: ~ I say more?* hij is aan het feestvieren, moet ik nog meer zeggen? **III** *overg* nodig hebben, behoeven, vereisen ★ *I hardly ~ anything* ik heb haast niets nodig ★ *this ~s some explanation* dit moet even uitgelegd worden ★ *she ~s some help* ze heeft wat hulp nodig ★ scherts *who ~s men?* wie heeft er nu mannen nodig?

needful ['ni:dfʊl] **I** bn form nodig, noodzakelijk ★ *some ~ attention* wat noodzakelijke aandacht **II** znw ★ *the ~* het nodige, inf de duiten, het geld

neediness ['ni:dɪnəs] znw gebrek, behoefte

needle ['ni:dl] **I** znw **❶** naald ★ zegsw *like trying to find a ~ in a haystack* dat is zoeken naar een speld in een hooiberg **❷** dennennaald **❸** injectienaald, spuitje **II** overg **❶** prikken, steken ⟨als met naalden⟩ **❷** inf ergeren, jennen, stangen

needlecase ['ni:dlkeɪs] znw naaldenkoker

needlepoint ['ni:dlpɔɪnt] znw borduurwerk

needless ['ni:dləs] bn onnodig, nodeloos ★ *~ to say, he won't be at work tomorrow* het spreekt vanzelf dat hij morgen niet op zijn werk komt

needlessly ['ni:dləslɪ] bijw onnodig ★ *I'm sure you're worrying ~* ik weet zeker dat je je onnodig zorgen zit te maken

needlewoman ['ni:dlwʊmən] znw naaister

needlework ['ni:dlwɜ:k] znw naaldwerk, handwerken, naaiwerk

needn't ['ni:dnt] samentr (need not) → **need**

needs [ni:dz] **I** bijw vero noodzakelijkerwijs ★ *he ~ must go* hij moet echt weg **II** znw [mv] (basis)behoeften ★ *basic ~* basisbehoeften ★ *we haven't got enough to meet our ~* we hebben niet genoeg om in onze behoeften te voorzien

needy ['ni:dɪ] bn behoeftig ★ *poor and ~* arm en hulpbehoevend

ne'er [nɛə] dicht samentr → **never**

ne'er-do-well ['nɛədʊwel] gedat znw nietsnut

nefarious [nɪ'fɛərɪəs] bn afschuwelijk, snood, kwalijk

negate [nɪ'geɪt] overg **❶** ontkennen **❷** herroepen, opheffen

negation [nɪ'geɪʃən] znw **❶** ontkenning **❷** weigering **❸** annulering, opheffing

negative ['negətɪv] **I** bn **❶** negatief **❷** ontkennend **❸** weigerend **II** znw **❶** ontkenning ★ *answer in the ~* met nee beantwoorden, ontkennend antwoorden **❷** weigerend antwoord **❸** negatief **❹** negatieve grootheid **❺** elektr negatieve pool **III** overg **❶** ontkennen, weerleggen, weerspreken **❷** tenietdoen, verwerpen ⟨wet⟩

negative equity ['negətɪv 'ekwətɪ] znw negatief vermogen

negative feedback ['negətɪv 'fi:dbæk] znw **❶** negatieve feedback, kritiek **❷** biol negatieve feedback ⟨remming van een reactie⟩

negatively ['negətɪvlɪ] bijw negatief, op een negatieve manier

negative pole ['negətɪv pəʊl] znw negatieve pool ⟨magneet⟩

negative sign ['negətɪv saɪn] znw minteken

negativity [negə'tɪvətɪ] znw negativiteit

neglect [nɪ'glekt] **I** znw **❶** verzuim **❷** verwaarlozing, veronachtzaming ★ *the house has fallen into a state of ~* het huis is verwaarloosd geraakt ★ *he concentrated on his work to the ~ of everything else* hij concentreerde zich op zijn werk met verwaarlozing van al het andere **II** overg verzuimen, verwaarlozen, veronachtzamen, over het hoofd zien, niet (mee)tellen ★ *she's ~ed to tell me her new address* ze heeft verzuimd mij haar nieuwe adres te geven ★ *recreational facilities are being ~ed in favour of offices* recreatieve voorzieningen worden verwaarloosd ten gunste van kantoren

neglected [nɪ'glektɪd] bn verwaarloosd ★ *a ~ child* een verwaarloosd kind

neglectful [nɪ'glektfʊl] bn achteloos, nalatig ★ *he's always been rather ~ of his family* hij heeft zijn familie altijd nogal verwaarloosd

négligee ['neglɪʒeɪ] ⟨Fr⟩ znw negligé, deshabillé

negligence ['neglɪdʒəns] znw nalatigheid, achteloosheid, onachtzaamheid, veronachtzaming ★ *contributory ~* medeoorzakelijke nalatigheid ★ *culpable ~* verwijtbare nalatigheid ★ *gross ~* grove nalatigheid

negligent ['neglɪdʒənt] bn nalatig, onachtzaam, achteloos ★ *the council was ~ in allowing such a situation to occur* de gemeente was nalatig door deze situatie mogelijk te maken

negligently ['neglɪdʒəntlɪ] bijw achteloos, onachtzaam

negligible ['neglɪdʒɪbl] bn te verwaarlozen, niet noemenswaard, miniem ★ *a ~ amount* een verwaarloosbaar bedrag

negligibly ['neglɪdʒɪblɪ] bijw verwaarloosbaar, te verwaarlozen

negotiable [nɪ'gəʊʃəbl] bn **❶** verhandelbaar **❷** bespreekbaar, onderhandelbaar ★ *everything is ~, even the salary* alles is bespreekbaar, zelfs het salaris

negotiate [nɪ'gəʊʃɪeɪt] **I** overg **❶** verhandelen **❷** onderhandelen over **❸** tot stand brengen, sluiten ⟨huwelijk, lening &⟩ **❹** heenkomen, springen, rijden over **❺** 'nemen' ⟨hindernis, bocht &⟩, doorstaan ⟨proef⟩ **II** onoverg onderhandelen

negotiating [nɪ'gəʊʃɪeɪtɪŋ] bn onderhandelend, onderhandelings- ★ *they are now at the ~ table* ze zitten nu aan de onderhandelingstafel

negotiation [negəʊʃɪ'eɪʃən] znw **❶** onderhandeling ★ *~s between the two parties are continuing* onderhandelingen tussen de twee partijen worden voortgezet ★ *the terms are now under ~* over de voorwaarden wordt nu onderhandeld

ne

❷ verhandeling ❸ totstandbrenging
negotiator [nɪˈɡəʊʃɪeɪtə] *znw* ❶ onderhandelaar
❷ verhandelaar
negress [ˈniːɡrəs] beledigend *znw* negerin
negro [ˈniːɡrəʊ] **I** *bn* zwart ★ *the ~ peoples of Africa* de
zwarte volkeren van Afrika **II** *znw* beledigend
neger, zwarte
negroid [ˈniːɡrɔɪd] beledigend *bn* negroïde
neigh [neɪ] **I** *znw* gehinnik **II** *onoverg* hinniken
neighbour [ˈneɪbə], Am **neighbor I** *znw* ❶ buur,
buurman, buurvrouw ★ *the next-door / immediate ~s*
de naaste buren ❷ bijbel naaste **II** *onoverg* ★ *~ on*
sth grenzen aan iets
neighbourhood [ˈneɪbəhʊd], Am **neighborhood** *znw*
❶ buurt, buurtschap ❷ nabijheid ★ *in the ~ of* in de
buurt van, om en nabij
neighbourhood watch [ˈneɪbəhʊd wɒtʃ], Am
neighborhood watch *znw* burgerwacht
neighbouring [ˈneɪbərɪŋ], Am **neighboring** *bn*
naburig, in de buurt gelegen, aangrenzend,
nabijgelegen
neighbourly [ˈneɪbəlɪ], Am **neighborly** *bn* ❶ in goede
verstandhouding met de (zijn) buren, als goede
buren ❷ als (van) een goede buur ★ *it's very ~ of you*
to offer het is erg vriendelijk van je om dat aan te
bieden
neither [ˈnaɪðə] **I** *telw & onbep vnw* geen van beide(n)
★ *~ side is prepared to give way* geen van beide
kanten wil toegeven ★ *~ of us wants this to happen*
we willen geen van beiden dat dit gebeurt **II** *bijw*
ook niet, evenmin ★ *she is ~ blind nor a fool* ze is niet
blind en ook niet gek ★ *she doesn't know and ~ do I*
ze weet het niet en ik ook niet ★ *that's ~ here nor*
there dat slaat nergens op ★ *it is ~ one thing nor the*
other het is vlees noch vis
nelly [ˈnelɪ], **nellie** inf *znw* ★ *not on your ~* vergeet het
maar, nooit van z'n leven, over mijn lijk
nelson [ˈnelsn] *znw* nelson ‹worstelgreep› ★ *a full ~*
een dubbele nelson
nematode [ˈnemətəʊd] *znw* aaltje, draadworm.
rondworm
nemesis [ˈnemɪsɪs] dicht *znw* ❶ bron van ondergang,
verwoester ★ *drink will be his ~* drank wordt zijn
ondergang ❷ wraak, gerechtigheid
neo- [ˈniːəʊ] *voorv* neo-, nieuw
neoclassical [niːəʊˈklæsɪkl] *bn* neoklassiek
neocolonialism [niːəʊkəˈləʊnɪəlɪzəm] *znw*
neokolonialisme
neo-fascism [niːəʊˈfæʃɪzəm] *znw* neofascisme
Neolithic [niːəˈlθɪk] *bn* neolithisch
neologism [niːˈɒlədʒɪzəm] *znw* neologisme, nieuw
woord
neology [niːˈɒlədʒɪ] *znw* invoering van nieuwe
woorden of leerstellingen
neon [ˈniːɒn] *znw* neon
neonatal [ˈniːəʊneɪtl] *bn* ★ *the ~ unit* de afdeling
neonatologie
neo-Nazi [niːəʊˈnɑːtsɪ] *znw* neonazi

neon lighting [ˈniːɒn ˈlaɪtɪŋ] *znw* neonverlichting
neon sign [ˈniːɒn saɪn] *znw* neonreclame
neophyte [ˈniːəfaɪt] *znw* ❶ neofiet, pas gewijd
priester, nieuwbekeerde ❷ nieuweling, beginner
Nepal [nɪˈpɔːl] *znw* Nepal
Nepalese [nɪˈpɔːliːz] **I** *bn* Nepalees **II** *znw* [*mv:* ~]
Nepalees, Nepalese
nephew [ˈnevjuː] *znw* neef ‹oomzegger›
nephritic [neˈfrɪtɪk] med *bn* van de nieren, nier-
nephritis [neˈfraɪtɪs] med *znw* nierontsteking
nepotism [ˈnepətɪzəm] *znw* nepotisme,
vriendjespolitiek
Neptune [ˈneptjuːn] astron *znw* Neptunus
nerd [nəːd] inf *znw* ❶ afkeurend sul, ei
❷ computerfreak
nerdy [ˈnəːdɪ] inf *bn* ❶ klungelig, suffig ❷ als een
computerfreak
nerve [nəːv] **I** *znw* ❶ zenuw ★ *touch / hit a (raw) ~* een
gevoelige plek raken ❷ nerf, pees ❸ lef, moed ★ *lose*
one's ~ de moed verliezen, besluiteloos worden ❹ inf
brutaliteit ★ *you've got a ~!* jij durft nogal, zeg!
II *wederk* ★ *~ oneself* zich moed inspreken om, zich
oppeppen voor
nerve centre [nəːv ˈsentə] *znw* ❶ zenuwknoop ❷ inf
zenuwcentrum
nerve gas [nəːv ɡæs] *znw* zenuwgas
nerveless [ˈnəːvləs] *bn* ❶ krachteloos, slap
❷ koelbloedig
nerve-racking [ˈnəːvrækɪŋ] *bn* zenuwslopend
nerves [nəːvz] *znw* [*mv*] zenuwen ★ *an attack of ~* een
zenuwaanval ★ *a battle of ~* een zenuwengevecht
★ *a bundle of ~* een bonk zenuwen ★ *get on sbd's ~*
op iemands zenuwen werken ★ *have first-night ~* last
hebben van plankenkoorts ★ *have ~ of steel* stalen
zenuwen hebben ★ *live on one's ~* onder
voortdurende spanning staan ★ *I need something to*
steady my ~ first ik heb eerst iets nodig om de
zenuwen onder bedwang te krijgen ‹een borrel›
nervous [ˈnəːvəs] *bn* ❶ zenuw- ❷ zenuwachtig,
nerveus, bang ❸ gespannen, opgewonden
nervous breakdown [ˈnəːvəs ˈbreɪkdaʊn] *znw*
zenuwinzinking
nervously [ˈnəːvəslɪ] *bijw* zenuwachtig
nervous system [ˈnəːvəs ˈsɪstəm] *znw* zenuwstelsel
nervous tension [ˈnəːvəs ˈtenʃən] *znw*
overspannenheid
nervous wreck [ˈnəːvəs rek] inf *znw* (een) bonk
zenuwen
nervy [ˈnəːvɪ] *bn* ❶ nerveus, zenuwachtig
❷ geïrriteerd ❸ angstig ❹ Am inf stoer,
onverschillig
nescience [ˈnesɪəns] dicht *znw* onwetendheid, het
niet-weten
nescient [ˈnesɪənt] dicht *bn* onwetend
ness [nes] *znw* voorgebergte, landtong
nest [nest] **I** *znw* ❶ nest ❷ verblijf, schuilplaats, huis
❸ broedsel, zwerm, groep ❹ stel **II** *onoverg*
❶ nestelen, een nest maken, zich nestelen ❷ nesten

ne

uithalen
nest box ['nest bɒks] *znw* nestkastje
nest egg ['nest eg] *znw* spaarcentjes, geldreserve
nesting ['nestɪŋ] comput *znw* nesting ‹het in elkaar passen›
nesting box ['nestɪŋ bɒks] *znw* nestkastje
nestle ['nesəl] *onoverg* zich nestelen ★ ~ *close (to sbd)/ ~ up (to sbd)* zich vlijen, aankruipen tegen iem. ★ ~ *down* zich neervlijen
nestling ['neslɪŋ] *znw* nestvogel, nestkuiken
net [net] **I** *bn* → **nett II** *znw* ❶ net ★ *the Net* internet ★ fig *cast one's ~ wider* verder kijken, de actieradius vergroten ‹v.e. onderzoek &› ★ *slip through the ~* door de mazen van het net kruipen, tussen de wal en het schip terechtkomen ❷ valstrik ❸ netje ❹ tule, vitrage **III** *overg* ❶ in een net vangen, in zijn netten vangen ❷ afvissen (met het net) ❸ knopen ❹ → **nett**
net amount [net ə'maʊnt] handel *znw* nettobedrag
netball ['netbɔːl] sp *znw* netbal ‹soort korfbal›
net earnings [net 'ɜːnɪŋz] handel *znw* [mv] nettoloon, nettowinst
nether ['neðə] dicht *bn* onderste, onder-, beneden-
Netherlands ['neðələndz] *znw* ★ *the ~* Nederland
nethermost ['neðəməʊst] dicht *bn* onderste, laagste, benedenste, diepste
nether regions ['neðə 'riːdʒənz] *znw* [mv] ❶ euf onderste regionen ‹onderbuik en schaamstreek› ❷ krochten ❸ schimmenrijk, onderwereld
netherworld ['neðəwɜːld] *znw* onderwereld
net income [net 'ɪnkʌm] handel *znw* netto inkomen
netizen ['netɪzən] inf *znw* (enthousiaste) internetgebruiker
net loss [net lɒs] handel *znw* nettoverlies
net payment [net 'peɪmənt] handel *znw* netto-uitkering, nettobetaling
net price [net praɪs] handel *znw* nettoprijs
net profit [net 'prɒfɪt] handel *znw* nettowinst, nettoresultaat
net result [net rɪ'zʌlt] *znw* uiteindelijke resultaat
net salary [net 'sælərɪ] *znw* nettosalaris
netsurfing ['net'sɜːfɪŋ] *znw* surfen op internet
nett [net], **net I** *bn* handel netto, zuiver ★ *the ~ effect* het netto-effect **II** *overg* ❶ (netto) opleveren of verdienen, binnenhalen ‹winst› ❷ inf in de wacht slepen
netting ['netɪŋ] *znw* ❶ netwerk, knoopwerk ❷ gaas
nettiquette ['netɪket] inf *znw* nettiquette, gedragsregels voor de gebruikers van computernetwerken
nettle ['netl] **I** *znw* (brand)netel ★ *grasp the ~* de moeilijkheden ferm aanpakken **II** *overg* ergeren ★ *my comment had clearly ~d him* mijn opmerking had hem duidelijk geërgerd
nettle rash ['netl ræʃ] *znw* netelroos
net weight [net weɪt] *znw* nettogewicht
network ['netwɜːk] *znw* ❶ netwerk, fig net ❷ groep ❸ RTV zender(net), omroepmaatschappij

network connection ['netwɜːk kə'nekʃən] comput *znw* netwerkaansluiting
network design ['netwɜːk dɪ'zaɪn] comput *znw* netwerkontwerp
networking ['netwɜːkɪŋ] *znw* het bouwen aan een netwerk
network server ['netwɜːk 'sɜːvə] *znw* centrale computer in een computernetwerk, netwerkserver
network software ['netwɜːk 'sɒftweə] comput *znw* netwerkprogrammatuur
neural ['njʊərəl] anat *bn* neuraal, zenuw-
neuralgia [njʊə'rældʒə] med *znw* neuralgie, zenuwpijn
neuralgic [njʊ'rældʒɪk] med *bn* neuralgisch
neurasthenia [njʊərəs'θiːnɪə] med *znw* neurasthenie
neurasthenic [njʊərəs'θenɪk] med **I** *bn* neurasthenisch **II** *znw* neurasthenicus
neuritis [njʊə'raɪtɪs] med *znw* neuritis, zenuwontsteking
neuro- [njʊərəʊ] *voorv* neuro-, zenuw-
neurological [njʊərə'lɒdʒɪkl] *bn* neurologisch
neurologist [njʊə'rɒlədʒɪst] *znw* neuroloog, zenuwarts
neurology [njʊə'rɒlədʒɪ] *znw* neurologie
neuron ['njʊərɒn], **neurone** *znw* neuron
neurosis [njʊə'rəʊsɪs] med *znw* [mv: neuroses] neurose
neurosurgeon [njʊərəʊ'sɜːdʒən] *znw* neurochirurg
neurosurgery [njʊərəʊ'sɜːdʒərɪ] *znw* neurochirurgie
neurotic [njʊə'rɒtɪk] **I** *bn* neurotisch, abnormaal gevoelig ★ inf *she's ~ about her weight* ze is neurotisch over haar gewicht **II** *znw* neuroticus
neurotically [njʊə'rɒtɪklɪ] *bijw* neurotisch
neuter ['njuːtə] **I** *bn* ❶ gramm onzijdig ❷ geslachtsloos **II** *znw* geslachtsloos dier, geslachtsloze plant ▼ gramm *the ~* het onzijdig geslacht, het neutrum **III** *overg* castreren, steriliseren
neutral ['njuːtrəl] **I** *bn* neutraal, onzijdig, onpartijdig ★ *a ~ colour* een neutrale kleur ★ *on ~ ground / territory* op neutraal gebied ★ *gender ~* neutrum, onzijdig **II** *znw* ❶ neutrale, onpartijdige ❷ auto vrijloop, z'n vrij
neutrality [njuː'trælətɪ] *znw* neutraliteit, onzijdigheid
neutralization [njuːtrəlaɪ'zeɪʃən], **neutralisation** *znw* ❶ neutralisering, opheffing ❷ neutraalverklaring
neutralize ['njuːtrəlaɪz], **neutralise** *overg* ❶ neutraliseren, tenietdoen, opheffen ❷ neutraal verklaren ❸ mil euf doden, vernietigen
neutral territory ['njuːtrəl 'terɪtərɪ] *znw* neutraal gebied
neutron ['njuːtrɒn] *znw* neutron
neutron bomb ['njuːtrɒn bɒm] *znw* neutronenbom
never ['nevə] *bijw* ❶ nooit, nimmer ★ inf *~!* nee toch! ★ inf *well, I ~!* heb ik van mijn leven! ❷ (in het minst, helemaal) niet, toch niet ★ scherts *~ fear!* wees maar niet bang! ★ *oh, ~ mind* het geeft niet ★ *it's the best in town, ~ mind the country* het is het beste in de stad, om van het platteland maar te

zwijgen ★ inf ~ *mind that we have no time, we're still going* het kan ons niet schelen dat we geen tijd hebben, we gaan toch ~ *this will* ~ *do* dit kan zo niet

never-ending [nevər-'endıŋ] *bn* onophoudelijk, eeuwig

never-failing [nevə-'feılıŋ] *bn* ❶ nooit missend ❷ onfeilbaar

never-never ['nevə-'nevə] *znw* ★ inf *on the* ~ op afbetaling ★ Aus *the Never-Never* het binnenland van Australië

never-never land [nevə-'nevə lænd] *znw* sprookjesland ★ *the* ~ *of affordable dental care* het droombeeld van betaalbare tandartsbehandelingen

nevertheless [nevəðə'les], **nonetheless** *bijw* (desal)niettemin, desondanks, niettegenstaande dat, toch

never-to-be-forgotten ['nevə-tə-bi:-fə'gɒtn] *bn* onvergetelijk

nevus ['ni:vəs] Am *znw* → **naevus**

new [nju:] *bn* nieuw, ongebruikt, vers, groen ★ *brand / spanking* ~ fonkelnieuw ★ inf *hey, what's* ~? hallo, hoe gaat het? ★ inf *that's a* ~ *one on me* dat heb ik nog nooit eerder gehoord ★ *he's* ~ *to the job* hij is nog maar pas in de zaak

New Age [nju: 'eıdʒ] *bn & znw* new age

new blood [nju: blʌd] *znw* vers bloed, verse inbreng ★ *what this job needs is some* ~ deze baan heeft wat vers bloed nodig

newborn ['nju:bɔ:n] *bn* ❶ pasgeboren ❷ wedergeboren

newcomer ['nju:kʌmə] *znw* pas aangekomene, nieuweling

new economy [nju: ı'kɒnəmı] *znw* nieuwe economie ⟨ICT-economie⟩

newel ['nju:əl] *znw* ❶ spil ⟨v. wenteltrap⟩ ❷ grote stijl ⟨v. trapleuning⟩

newfangled ['nju:fæŋgld] *bn* nieuwerwets

new-fashioned [nju:'fæʃənd] *bn* nieuwmodisch

new-for-old [nju:fərəʊld] verz *znw* nieuwwaarde ★ ~ *insurance* nieuwwaardeverzekering

new-found ['nju:faʊnd] *bn* juist verworven, pril ⟨geluk, vrijheid &⟩

New Guinea [nju: 'gını] *znw* Nieuw-Guinea

newish ['nju:ıʃ] *bn* vrij nieuw

new-laid ['nju:leıd] *bn* vers (gelegd)

newly ['nju:lı] *bijw* ❶ nieuw ❷ onlangs, pas

newly built ['nju:lı bılt] *bn* ❶ pas gebouwd ❷ verbouwd

newly-wed ['nju:lıwed], **newlywed** *znw* (meestal *mv*) pasgetrouwde

new man [nju: mæn] *znw* de 'nieuwe' (moderne, geëmancipeerde) man

new maths [nju: mæθs], Am **new math** *znw* methode van wiskundeonderwijs waarbij verzamelingenleer een belangrijke rol speelt

new moon [nju: mu:n] *znw* nieuwe maan

newness ['nju:nəs] *znw* ❶ nieuw(ig)heid ❷ nieuwtje

new penny [nju: 'penı] *znw* nieuwe Britse penny

⟨decimaal stelsel, ingevoerd in 1971⟩

news [nju:z] *znw* nieuws, tijding, bericht, berichten ★ *the* ~ het nieuws, de nieuwsberichten ★ *I heard it on the* ~ ik heb het op het nieuws gehoord ★ *that's* ~ *to me* dat is nieuw voor mij, daar hoor ik van op, dat hoor ik nu voor het eerst ★ *be in the* ~ in het nieuws zijn ★ *break the* ~ *to sbd* iem. als eerste het slechte nieuws vertellen ★ zegsw *no* ~ *is good* ~ geen nieuws, goed nieuws

news agency [nju:z 'eıdʒənsı] *znw* persagentschap

newsagent ['nju:zeıdʒənt] *znw* krantenhandelaar, krantenkiosk

news board [nju:z bɔ:d] *znw* aanplakbord

newsboy ['nju:zbɔı] *znw* krantenjongen

news bulletin [nju:z 'bʊlətın] *znw* nieuwsbulletin

newscast ['nju:zka:st] RTV *znw* nieuwsuitzending

newscaster ['nju:zka:stə] RTV *znw* nieuwslezer

news conference [nju:z 'kɒnfərəns] *znw* persconferentie

newsdealer ['nju:zdi:lə] Am *znw* krantenkiosk

news desk [nju:z desk] *znw* perskamer, nieuwsdienst

newsflash ['nju:zflæʃ] *znw* korte nieuwsmededeling, nieuwsflits

newsgroup ['nju:zgru:p] *znw* nieuwsgroep ⟨discussiegroep op internet⟩

newshawk ['nju:zhɔ:k] inf *znw* journalist

newsletter ['nju:zletə] *znw* mededelingenblaadje, bulletin

newsman ['nju:zmæn] *znw* journalist

newsmonger ['nju:zmʌŋgə] *znw* roddelaar(ster), nieuwtjesjager

newspaper ['nju:speıpə] *znw* ❶ krant ❷ krantenpapier

newspaper article ['nju:speıpər 'ɑ:tıkl] *znw* krantenartikel

newspaper clipping ['nju:speıpə 'klıpıŋ], **newspaper cutting** *znw* krantenknipsel

newspaperman ['nju:speıpəmæn] *znw* journalist

newspaper report ['nju:speıpə rı'pɔ:t] *znw* krantenbericht

newspaper stand ['nju:speıpə stænd] *znw* kiosk

newsprint ['nju:zprınt] *znw* krantenpapier

newsreader ['nju:zri:də] *znw* nieuwslezer

newsreel ['nju:zri:l] *znw* (film)journaal ★ ~ *theatre* journaaltheater, cineac

news report [nju:z rı'pɔ:t] *znw* nieuwsbericht

newsroom ['nju:zru:m] *znw* nieuwsredactie

news service [nju:z 'sɜ:vıs] *znw* nieuwsdienst, nieuwsvoorziening

news sheet [nju:z ʃi:t] *znw* nieuwsblad / bulletin

newsstand ['nju:zstænd] *znw* krantenkiosk

news theatre [nju:z 'θıətə], Am **news theater** *znw* cineac

newsvendor ['nju:zvendə] *znw* krantenverkoper ⟨op straat⟩

newsworthy ['nju:zwɜ:ðı] *bn* met nieuwswaarde

newsy ['nju:zı] inf *bn* met (veel) nieuwtjes ★ ~ *letters home* gezellige kletsbrieven naar huis

newt [nju:t] *znw* (kleine) watersalamander
New Testament [nju: 'testəmənt] *znw* ★ *the ~* het Nieuwe Testament
new town [nju: taʊn] *znw* nieuwbouwstad
new wave [nju: weɪv] *bn* ❶ nouvelle vague, Franse filmstijl uit jaren 50 ❷ new wave, punkachtige popmuziek uit de jaren 70
New World [nju: wɜ:ld] *znw* ★ *the ~* de Nieuwe Wereld
New Year ['nju:'jɪə] *znw* Nieuwjaar ★ *happy ~!* gelukkig Nieuwjaar!
New Year's Day [nju: jəz 'deɪ] *znw* nieuwjaarsdag
New Year's Eve [nju: jəz 'i:v] *znw* oudejaarsavond, oudejaar
New Year's resolution [nju: jəz rezə'lu:ʃən] *znw* goed voornemen voor het nieuwe jaar
New York Stock Exchange [nju: jɔ:k 'stɒkɪkstʃeɪn(d)ʒ] *znw* effectenbeurs van New York
New Zealand [njʊ(:)'zi:lənd] **I** *bn* Nieuw-Zeelands **II** *znw* Nieuw-Zeeland
New Zealander [njʊ(:) 'zi:ləndə] *znw* Nieuw-Zeelander, Nieuw-Zeelandse
next [nekst] **I** *bn* ❶ naast, aangrenzend, dichtstbijzijnd ★ *I enjoy winning as much as the ~ person* ik vind winnen net zo leuk als ieder ander ❷ (eerst)volgend, volgend op, daaropvolgend, aanstaand ★ *~ Thursday* aankomende donderdag ★ *inf the ~ thing I knew I was flat on the ground* voor ik het wist lag ik plat op de grond **II** *bijw* ❶ (daar)naast ★ *sitting ~ to me* naast mij ★ *they have ~ to nothing* ze hebben zo goed als niets ★ *~ to London, it's the largest city* het is de grootste stad na Londen ★ *the situation is ~ to hopeless* de situatie is zo goed als hopeloos ❷ de volgende keer, (daar)na, vervolgens ★ *the ~ best* op één na de beste ★ *inf what / whatever ~!* wat (krijgen we) nu?, nu nog mooier! ★ *~ in line* de volgende die aan de beurt is ★ *~ up is the news* hierna volgt het nieuws ★ *inf they'll be pulling up the street ~* straks breken ze ook nog de straat op **III** *znw* volgende persoon, eerstvolgend iets ★ *~ please!* wie volgt!
next door [nekst dɔ:] **I** *bn* van hiernaast **II** *bijw* ❶ hiernaast ★ *he lives ~* hij woont hiernaast ❷ naast ★ *he lives ~ to the school* hij woont naast de school **III** *znw* Br *inf* buurman, buren ★ *~'s lost his job* de buurman is zijn baan kwijt
next of kin ['nekst əv 'kɪn] *znw* naaste bloedverwant(en)
next to last ['nekst tə 'lɑ:st] *bn* op een na laatste
nexus ['neksəs] *znw* [*mv:* ~ of -es] verbinding, band ★ *the exhibition features comics as a ~ of culture* de tentoonstelling besteedt aandacht aan stripverhalen als een focus van cultuur
NHS *afk* → **National Health Service**
NI Br *afk* ❶ (National Insurance) sociale verzekering ❷ (Northern Ireland) Noord-Ierland
nib [nɪb] *znw* ❶ snavel, neb ❷ punt, spits ❸ pen ▼ scherts *his ~s* meneer (de baron) ‹zelfingenomen iemand›

nibble ['nɪbl] **I** *znw* ❶ geknabbel ❷ hapje ❸ beet ‹v. vissen› ❹ comput nibble ‹groep van vier bits› ❺ inf mogelijke klant, geïnteresseerde **II** *overg* af-, beknabbelen **III** *onoverg* knabbelen (aan *at*) ★ *the house repairs have ~d away at her savings* de reparaties aan het huis hebben een stuk van haar spaargeld weggesnoept
nibbles ['nɪblz] inf *znw* knabbels ‹nootjes &›
niblick ['nɪblɪk] *znw* golfstok met zware kop
Nicam ['naɪkæm] Br *afk* (near instantaneously companded audio multiplex ‹geluidssysteem voor videosignalen›)
Nicaragua [nɪkə'rægjʊə] *znw* Nicaragua
Nicaraguan [nɪkə'rægjʊən] **I** *bn* Nicaraguaans **II** *znw* Nicaraguaan, Nicaraguaanse
nice [naɪs] *bn* ❶ lekker, leuk, prettig, mooi ★ ironisch *a ~ mess / state of affairs* een mooie boel ★ inf *~ work if you can get it* je moet maar geluk hebben ★ *~ and near* lekker dichtbij ★ *~ and wide* lekker ruim ❷ aardig, lief, vriendelijk ❸ fijn, nauwkeurig, scherp ❹ subtiel, nauwgezet, genuanceerd ★ *a ~ distinction* een subtiel onderscheid ❺ keurig, netjes, net, fatsoenlijk
nice-looking [naɪs-'lʊkɪŋ] *bn* mooi, knap
nicely ['naɪslɪ] *bijw* ❶ mooi, leuk, aardig, plezierig ★ *they did very ~ from the sale* ze hebben aardig aan de verkoop verdiend ❷ precies, subtiel ❸ uitstekend, goed ★ *that'll do ~, thanks* dat is prima, dank je, zo kan ie wel weer hoor
nicety ['naɪsətɪ] *znw* ❶ keurigheid, kieskeurigheid, nauwkeurigheid ★ *to a ~* uiterst nauwkeurig, precies ❷ fijnheid, fijne onderscheiding, finesse ★ *the niceties are wasted on him* de details zijn aan hem niet besteed
niche [nɪtʃ] *znw* ❶ nis ❷ fig (passend) plaatsje ★ *find one's ~ (in life)* zijn plek (in het leven) vinden ❸ marketing niche ‹gespecialiseerd, maar lucratief marktsegment› ★ *carve out a ~* een niche veroveren, creëren
niche market [nɪtʃ 'mɑ:kɪt] marketing *znw* nichemarkt
nick [nɪk] **I** *znw* ❶ (in)keep, kerf, insnijding ❷ inf staat, vorm, conditie ★ *in good ~* in puike conditie ❸ inf gevangenis, politiebureau ★ *the ~* de lik, de gevangenis ▼ *in the ~ of time* juist op het nippertje, net op tijd **II** *overg* ❶ (in)kepen, (in)kerven, (in)snijden ❷ inf in de kraag grijpen ❸ inf gappen, jatten **III** *onoverg* inf vlug ergens heen gaan ★ Aus & NZ inf *they ~ed across the road* ze gingen snel naar de overburen ★ inf *~ in* voordringen, ertussen schieten
nickel ['nɪkl] **I** *bn* nikkelen **II** *znw* ❶ nikkel ❷ Am vijfcentstuk **III** *overg* vernikkelen
nickel-and-dime ['nɪkl-ən-'daɪm] Am inf *bn* goedkoop, minderwaardig
nicker ['nɪkə] Br inf *znw* pond ‹munt›
nick-nack ['nɪk-næk], **knick-knack** *znw* ❶ liflafje ❷ snuisterij

ni

nickname ['nɪkneɪm] **I** znw bijnaam, spotnaam **II** overg een bijnaam geven ★ *this part of the city has been ~d 'little India'* dit gedeelte van de stad staat bekend als 'klein India'
nicotine ['nɪkəti:n] znw nicotine
nicotine free ['nɪkəti:n fri:] bn nicotinevrij
nicotine patch ['nɪkəti:n pætʃ] znw nicotinepleister
nicotine poisoning ['nɪkəti:n 'pɔɪzənɪŋ] znw nicotinevergiftiging
niece [ni:s] znw nicht ⟨oomzegster⟩
niff [nɪf] Br inf **I** znw stank **II** onoverg stinken
niffy ['nɪfɪ] Br inf bn stinkend
nifty ['nɪftɪ] inf bn ❶ mooi, aardig, fijn ❷ kwiek, slim
Niger ['naɪdʒə] znw Niger
Nigeria [naɪ'dʒɪərɪə] znw Nigeria
Nigerian [naɪ'dʒɪərɪən] **I** bn Nigeriaans **II** znw Nigeriaan, Nigeriaanse
Nigerien [naɪ'dʒɪərɪən] **I** bn Nigerees ⟨uit Niger⟩ **II** znw Nigerees, Nigerese
niggard ['nɪgəd] znw vrek
niggardly ['nɪgədlɪ] bn krenterig, gierig
nigger ['nɪgə] beledigend znw nikker, neger, zwarte ★ *a ~ in the woodpile* een addertje onder het gras ★ *work like a ~* werken als een paard
niggle ['nɪgl] **I** znw onbenullige kritiek **II** overg irriteren, dwarszitten, storen ★ *her words ~d me all evening* haar woorden zaten me de hele avond dwars **III** onoverg ❶ dwarszitten, knagen ★ *something ~d at the back of my mind* er knaagde iets in mijn achterhoofd ❷ muggenziften, pietluttig doen, vitten
niggling ['nɪglɪŋ], **niggly** bn ❶ irritant, knagend ⟨twijfel &⟩, zeurend ⟨pijn⟩ ❷ peuterig, pietluttig
nigh [naɪ] dicht bijw na, nabij, dichtbij
night [naɪt] **I** tsw welterusten! ★ kindertaal ~~ welterusten **II** znw ❶ nacht, avond ★ *guess who I saw the other ~?* raad eens wie ik een paar avonden geleden gezien heb ★ *we've been working ~ and day / day and ~* we hebben dag en nacht gewerkt ★ *their parties keep us awake ~ after ~* hun feestjes houden ons elke nacht wakker ★ *we were up all ~ (long)* we zijn de hele nacht wakker geweest ★ *at ~* 's avonds, in de nacht, 's nachts ★ *by ~* 's nachts ★ *in the dead of ~* midden in de nacht ★ *we decided to have a ~ out* we besloten er een avondje uit van te maken ★ *get a good ~'s sleep* een goede nachtrust hebben ★ *have an early / late ~* vroeg / laat naar bed gaan ★ *have a ~ on the town* een avondje gaan stappen ★ *make a ~ of it* nachtbraken, de nacht doorfuiven ❷ duisternis
nightcap ['naɪtkæp] znw ❶ slaapmuts ❷ slaapmutsje ⟨drank⟩
nightclothes ['naɪtkləʊðz] znw [mv] nachtgoed
nightclub ['naɪtklʌb] znw nachtclub
night cream [naɪt kri:m] znw nachtcrème
nightdress ['naɪtdres] znw nachthemd, nacht(ja)pon
night duty ['naɪt dju:tɪ] znw nachtdienst
nightfall ['naɪtfɔ:l] znw het vallen van de avond / nacht, schemering

night fighter ['naɪt 'faɪtə], **nightfighter** luchtv znw nachtjager
nightgown ['naɪtgaʊn] znw nachthemd, nacht(ja)pon
nightingale ['naɪtɪŋgeɪl] znw nachtegaal ⟨zangvogel⟩
nightjar ['naɪtdʒɑ:] znw nachtzwaluw ⟨vogel⟩
nightlife ['naɪtlaɪf] znw nachtleven
night light ['naɪt laɪt] znw nachtlichtje
night-long ['naɪtlɒŋ] bn & bijw de gehele nacht (durende)
nightly ['naɪtlɪ] **I** bn nachtelijk, avond- ★ *~ broadcasts of the cricket* avonduitzendingen van cricketwedstrijden **II** bijw ❶ 's nachts ★ *they appear ~* ze komen 's nachts te voorschijn ❷ elke nacht (avond)
nightmare ['naɪtmeə] znw nachtmerrie ★ *under his regime, their life has become a living ~* onder zijn bewind is hun leven een nachtmerrie geworden ★ *with this attack, their worst ~ has come true* met deze aanval werd hun ergste vrees werkelijkheid
nightmarish ['naɪtmeərɪʃ] bn als (in) een nachtmerrie
night nurse ['naɪt nɜ:s] znw nachtzuster
night owl ['naɪt aʊl] inf znw ❶ nachtuil ❷ nachtbraker
night porter ['naɪt 'pɔ:tə] znw nachtportier
night rate ['naɪt reɪt] znw nachttarief
nights [naɪts] Am bijw 's avonds laat, 's nachts ★ *be on ~* nachtdienst hebben
night safe ['naɪt seɪf] znw nachtkluis
night school ['naɪt sku:l] znw avondschool
night service ['naɪt 'sɜ:vɪs] znw nachtdienstregeling
nightshade ['naɪtʃeɪd] plantk znw nachtschade
night shift ['naɪt ʃɪft] znw nachtploeg, nachtdienst
nightshirt ['naɪtʃɜ:t] znw nachthemd ⟨voor mannen⟩
night soil ['naɪt sɔɪl] znw 's nachts in een po of emmer opgevangen ontlasting
nightspot ['naɪtspɒt] inf znw nachtclub
nightstick ['naɪtstɪk] Am znw politieknuppel
night terrors ['naɪt terəz] znw [mv] plotseling wakker schrikken
night-time ['naɪttaɪm] **I** bn nachtelijk **II** znw nacht
night vision ['naɪt vɪʒən] znw nachtogen
nightwatch ['naɪtwɒtʃ] znw nachtwacht
nightwatchman ['naɪt'wɒtʃmən] znw nachtwaker
nightwear ['naɪtweə] znw nachtgoed
nighty ['naɪtɪ], **nightie** inf znw nachtpon
nihilism ['naɪɪlɪzəm] znw nihilisme
nihilist ['naɪɪlɪst] znw nihilist
nihilistic [naɪ(h)ɪ'lɪstɪk] bn nihilistisch
Nikkei ['nɪkeɪ], **Nikkei Index** znw Nikkei-index ⟨beursindex van Tokio⟩
nil [nɪl] znw niets, nul, nihil ★ *we beat them two~* we hebben hen met twee-nul verslagen
Nile [naɪl] znw Nijl ⟨rivier in Afrika⟩
nimble ['nɪmbl] bn vlug, rap, vaardig, behendig ★ *she has a ~ mind* ze is vlug van begrip
nimble-witted [nɪmbl'wɪtɪd] bn schrander, gevat
nimbus ['nɪmbəs] znw [mv: nimbi of nimbuses] ❶ nimbus ❷ licht-, stralenkrans ❸ regenwolk

nimby ['nɪmbɪ] <u>inf</u> *bn* (not in my backyard) niet in mijn achtertuin, niet in mijn buurt ‹protesten tegen ongewenste ontwikkelingen in de eigen omgeving›

nincompoop ['nɪŋkəmpu:p] <u>inf</u> *znw* sul, uilskuiken

nine [naɪn] *telw* negen ★ *a ~ days' wonder* sensatienieuwtje / succes van één dag ★ *done up / dressed (up) to the ~s* piekfijn / tiptop gekleed ★ *~ times out of ten* in negen van de tien gevallen ★ *9/11* 9/11 ‹11 september 2001, de aanslag op het World Trade Center in New York›

ninefold ['naɪnfəʊld] *bn & bijw* negenvoudig

ninepins ['naɪnpɪnz] *znw* [mv] ❶ kegelspel ‹met negen kegels› ❷ kegels ★ *go down / fall like ~* bij bosjes omvallen

nineteen [naɪn'ti:n] *telw* negentien ★ <u>inf</u> *talk ~ to the dozen* honderduit praten

nineteenth [naɪn'ti:nθ] **I** *telw, bn & bijw* negentiende ★ *she was born on the ~ of March* zij is op 19 maart geboren ★ <u>inf</u> *the ~ hole* de bar in een golfclub ★ *she came ~* ze werd negentiende **II** *znw* negentiende deel

ninetieth ['naɪntɪəθ] **I** *telw, bn & bijw* negentigste **II** *znw* negentigste deel

nine-to-five [naɪntə'faɪv] *bn* van negen tot vijf ★ *a ~ job* een baan van negen tot vijf, een reguliere baan

nine-to-fiver [naɪntə'faɪvə] *znw* iem. met een vaste baan

ninety ['naɪntɪ] *telw* negentig ★ *the nineties* de jaren negentig ★ *he's in the / his nineties* hij is in de negentig

ning-nong ['nɪŋnɒŋ] Aus & NZ inf *znw* idioot

ninny ['nɪnɪ] <u>inf</u> *znw* uilskuiken, sul

ninth [naɪnθ] **I** *telw, bn & bijw* negende **II** *znw* negende deel

nip [nɪp] **I** *znw* ❶ neep, kneep, beet ❷ steek, schimpscheut ❸ bijtende kou ❹ borreltje, slokje **II** *overg* ❶ (k)nijpen, beknellen, klemmen ★ *~ sth in the bud* iets in de kiem smoren ❷ bijten ❸ vernielen, beschadigen ‹v. vorst› ❹ nippen, een slokje nemen ❺ Am inf gappen, jatten **III** *onoverg* ❶ (k)nijpen ❷ bijten ‹kou, wind› ❸ Br inf vlug gaan, wippen, vliegen **IV** *phras* ★ <u>inf</u> *~* **along** vlug gaan ★ <u>inf</u> *~* **in** binnenwippen ★ *~ sth* **off** iets afbijten, afknijpen ★ <u>inf</u> *~* **out** uitknijpen, wegwippen

nipped [nɪpt] *bn* ❶ stijf van de kou ‹vingers› ❷ bevroren ‹plant›

nipper ['nɪpə] <u>inf</u> *znw* ❶ peuter ❷ stekend of bijtend insect

nippers ['nɪpəz] *znw* [mv] ❶ knijptang, kniptangetje ❷ scharen ‹van een krab of kreeft›

nipping ['nɪpɪŋ] *bn* bijtend, vinnig

nipple ['nɪpl] *znw* ❶ tepel, speen ❷ <u>techn</u> nippel

Nippon ['nɪpɒn] *znw* Japan ‹het Japanse woord›

nippy ['nɪpɪ] *bn* ❶ <u>inf</u> bijtend koud ❷ scherp ‹v. smaak› ❸ vlug, kwiek

niqab [nɪ'kɑ:b] *znw* nikab, gezichtssluier

nirvana [nɪə'vɑ:nə] *znw* nirwana

nit [nɪt] *znw* ❶ neet ❷ <u>inf</u> idioot, stommerik

nitpicker ['nɪtpɪkə] *znw* mierenneuker, muggenzifter, haarklover

nitpicking ['nɪtpɪkɪŋ] <u>afkeurend</u> **I** *bn* muggenzifterig **II** *znw* muggenzifterij, haarkloverij

nitrate ['naɪtreɪt] *znw* nitraat

nitric acid ['naɪtrɪk'æsɪd] *znw* salpeterzuur

nitrogen ['naɪtrədʒən] *znw* stikstof

nitrogenous [naɪ'trɒdʒɪnəs] *bn* stikstofhoudend

nitroglycerine ['naɪtrəʊglɪsə'ri:n] *znw* nitroglycerine

nitrous oxide ['naɪtrəs 'ɒksaɪd] *znw* lachgas, stikstofmonoxide

nitty-gritty ['nɪtɪ'grɪtɪ] <u>inf</u> *znw* realiteit, harde feiten, essentie ★ *get down to the ~* tot de kern van de zaak komen

nitwit ['nɪtwɪt] *znw* leeghoofd, stommeling, idioot

nix [nɪks] <u>inf</u> *znw* niets, niks

NNE *afk* (north-northeast/north-northeastern) noordnoordoost

NNW *afk* (north-northwest/ north-northwestern) noordnoordwest

no [nəʊ] **I** *telw* geen ★ *he's ~ fool* hij is niet gek ★ Aus <u>inf</u> *~ worries!* prima! ★ *there's ~ telling / saying / knowing what she'll do* het is niet te zeggen wat ze zal doen **II** *tsw* nee! **III** *bijw* geen, niet ★ <u>inf</u> *~ can do* onmogelijk ★ <u>inf</u> *sorry, ~ go* het spijt me, maar dat mag niet ★ *I'll stand it ~ longer / more* ik kan het niet langer verdragen ★ *they ~ longer live here* ze wonen hier niet meer ★ *he's ~ more* hij is overleden ★ *he's ~ more able to do it than I am* hij kan het net zo min doen als ik ★ *~ sooner said than done* zo gezegd, zo gedaan ★ *there are ~ two ways about it* er is geen twijfel mogelijk **IV** *znw* ❶ neen ❷ tegenstemmer ★ *the ~es have it* de meerderheid is er tegen

No., no. *afk* (number) nummer, numero

no-account [nəʊ-ə'kaʊnt] Am inf **I** *bn* prullerig **II** *znw* prul

nob [nɒb] <u>inf</u> *znw* ❶ kop, kersenpit, knetter ❷ chique meneer, rijke stinkerd

no-ball [nəʊ-'bɔ:l] *znw* bal gebowld in strijd met de regels ‹bij cricket›

nobble ['nɒbl] <u>inf</u> *overg* ❶ (paard) ongeschikt maken om (race) te winnen (door doping of omkoping) ❷ omkopen, op onrechtmatige wijze verkrijgen ‹stemmen &› ❸ gappen, stelen, jatten, bedotten ❹ snappen, aanklampen, aanhouden ‹dief &›

Nobel Prize [nəʊ'bel praɪz] *znw* Nobelprijs

nobility [nəʊ'bɪlətɪ] *znw* ❶ edelheid, edelmoedigheid ❷ adel, adeldom, adelstand ★ *the ~* de adelstand

noble ['nəʊbl] **I** *bn* ❶ edel, edelmoedig ❷ adellijk ❸ groots, nobel, prachtig, imposant **II** *znw* ❶ edelman ❷ <u>hist</u> nobel ‹munt›

nobleman ['nəʊblmən] *znw* edelman, edele

noble-minded [nəʊbl-'maɪndɪd] *bn* edelmoedig

noblesse oblige [nəʊ'bles ɒ'bli:ʒ] ‹‹Fr› *znw* de verplichtingen van adeldom

noblewoman ['nəʊblwʊmən] *znw* edelvrouw, adellijke dame

nobly ['nəʊblɪ] *bijw* ❶ adellijk ★ *~ born* van adellijke geboorte ❷ edelmoedig ★ *he ~ offered to take my place* onzelfzuchtig bood hij aan mijn plaats in te nemen

nobody ['nəʊbədɪ] **I** *onbep vnw*, **no one** niemand **II** *znw* fig onbenul, nul

no-claims bonus [nəʊ-'kleɪmz 'bəʊnəs], **no-claims discount** *znw* no-claimkorting

nocturnal [nɒk'tɜːnl] *bn* nachtelijk, nacht-

nocturnal emission [nɒk'tɜːnl ɪ'mɪʃən] *znw* nachtelijke zaadlozing

nocturne ['nɒktɜːn] muz *znw* nocturne, nachtstuk

nocuous ['nɒkjʊəs] dicht *bn* giftig, schadelijk

nod [nɒd] **I** *znw* ❶ knik, knikje ★ *the land of Nod* dromenland ★ *the proposal was accepted on the ~* het voorstel werd met algemene stemmen aangenomen ★ *give a ~* knikken ★ *give sbd a ~* iem. toeknikken ★ *give / get the ~* het groene licht geven / krijgen ★ zegsw *a ~'s as good as a wink* een goed verstaander heeft maar een half woord nodig ❷ wenk **II** *overg* knikken, door knikken te kennen geven ★ *~ approval* goedkeurend knikken ★ *~ one's assent* goedkeurend knikken ★ *~ one's head* met het hoofd knikken ★ *~ sth through* iets zonder te stemmen aannemen **III** *onoverg* ❶ knikken ‹met hoofd› ❷ knikkebollen, suffen, niet opletten ★ *~ off* wegdutten

nodal ['nəʊdl] *bn* knoop-

nodding ['nɒdɪŋ] *bn* ★ *be on ~ terms with sbd* iem. oppervlakkig kennen ★ *have a ~ acquaintance with sth* oppervlakkige kennis van iets hebben

noddle ['nɒdl] inf gedat *znw* hoofd, hersenpan

node [nəʊd] *znw* ❶ knobbel, knoest ❷ knoop, knooppunt ❸ comput node ‹aan een netwerk verbonden apparaat› ❹ knooppunt ‹in een boomdiagram›

nodose [nəʊ'dəʊs] *bn* knobbelig, knoestig

nodular ['nɒdjʊlə] *bn* knoestig

nodule ['nɒdjuːl] *znw* ❶ knoestje, knobbeltje ❷ klompje

nodus ['nəʊdəs] form *znw* [*mv*: nodi] knoop, verwikkeling

Noel [nəʊ'el] *znw* Kerstmis ‹vooral in kerstliederen›

no-fault [nəʊ-'fɔːlt] *bn* volgens het niet-aansprakelijkheidsprincipe

no-fly zone [nəʊ-'flaɪ 'zəʊn] *znw* gebied waar geen vliegtuigen overheen mogen vliegen ‹vooral bij conflicten›

no-frills [nəʊ-'frɪlz] *bn* zonder franje, eenvoudig ★ *a ~ airline* een lage kosten vliegtuigmaatschappij

noggin ['nɒgɪn] inf *znw* ❶ kroes, mok, bekertje ❷ hoofd

no-go [nəʊ'gəʊ] inf **I** *bn* ❶ verboden voor bepaalde personen ❷ verboden zonder speciale vergunning **II** *znw* mislukking, fiasco

no-go area [nəʊ-'gəʊ 'eərɪə] *znw* verboden terrein / gebied, verboden wijk

no-good [nəʊ-'gʊd] inf *bn* waardeloos, nutteloos

no-holds-barred [nəʊ-'həʊldz-'bɑːd] *bn* zonder

grenzen of controle

no-hoper [nəʊ-'həʊpə] inf *znw* mislukkeling, nietsnut

nohow ['nəʊhaʊ] Am inf *bijw* van zijn leven niet

noise [nɔɪz] **I** *znw* ❶ leven, lawaai, rumoer, kabaal, geweld ★ inf *make a ~ about sth* luid klagen over iets ★ inf *if we don't watch out they'll start to make ~s* als we niet uitkijken gaan ze klagen ★ inf *a big ~* een belangrijk man, een hoge ome ❷ geluid ★ inf *I hear they're making positive ~s about her* ik hoor dat ze zich lovend over haar uitlaten ★ inf *they made all the right ~s about my interview, but who knows?* ze reageerden gunstig op mijn interview, maar wie weet? ❸ vero geraas, gerucht ❹ geruis, ruis **II** *overg* ★ form *~ sth about / abroad* iets ruchtbaar maken

noise abatement [nɔɪz ə'beɪtmənt] *znw* lawaaibestrijding

noiseless ['nɔɪzləs] *bn* geruisloos

noiselessly ['nɔɪzləslɪ] *bijw* geruisloos

noise pollution [nɔɪz pə'luːʃən] *znw* geluidshinder

noisily ['nɔɪzəlɪ] *bijw* luidruchtig

noisome ['nɔɪsəm] dicht *bn* ❶ stinkend, walgelijk ❷ schadelijk, ongezond

noisy ['nɔɪzɪ] *bn* ❶ luidruchtig, lawaai(er)ig, rumoerig ❷ druk ❸ gehorig

no-liability clause [nəʊ-laɪə'bɪlətɪ 'klɔːz] econ *znw* concurrentiebeding

nomad ['nəʊmæd] *znw* nomade, zwerver

nomadic [nəʊ'mædɪk] *bn* nomadisch, zwervend, rondtrekkend

no-man's-land ['nəʊ-mænz-'lænd] *znw* niemandsland ★ fig *they are in a legal ~* ze bevinden zich in een juridisch niemandsland

nom de plume [nɔːmdə'pluːm] ‹*Fr*› *znw* [*mv:* noms de plume] pseudoniem

nomenclature [nəʊ'menklətʃə] *znw* ❶ nomenclatuur ❷ naamlijst

nominal ['nɒmɪnl] *bn* ❶ nominaal, gering, klein, symbolisch ‹bedrag› ★ *a ~ amount* een nominaal bedrag, een gering bedrag ★ *a ~ consideration* een nominale vergoeding, een geringe vergoeding ★ *a ~ interest* een nominale rente ★ *a ~ price* een spotprijs ★ *~ wages* nominaal loon ★ eff *a ~ yield* een nominaal rendement ❷ naam(s)-, in naam ★ *a ~ share* een aandeel op naam ❸ gramm naamwoordelijk ▼ *~ capital* maatschappelijk kapitaal

nominally ['nɒmɪnəlɪ] *bijw* in naam

nominal value ['nɒmɪnl 'væljuː] econ *znw* nominale waarde

nominate ['nɒmɪneɪt] *overg* ❶ benoemen ❷ kandidaat stellen, voordragen ❸ vastleggen ‹datum, plaats›

nomination [nɒmɪ'neɪʃən] *znw* ❶ benoeming ❷ kandidaatstelling, voordracht

nominative ['nɒmɪnətɪv] gramm *znw* nominatief, eerste naamval

nominator ['nɒmɪneɪtə] *znw* (be)noemer

nominee [nɒmɪ'niː] *znw* ❶ benoemde ❷ kandidaat,

voorgedragene

non- [nɒn] *voorv* non-, niet-, -vrij

non-acceptance [nɒnək'septns] *znw* het niet aannemen, non-acceptatie

non-addictive [nɒnə'dɪktɪv] *bn* niet verslavend

nonagenarian [nəʊnədʒɪ'neərɪən] **I** *bn* negentigjarig **II** *znw* negentigjarige

non-aggression pact [nɒnə'greʃən pækt], **non-aggression treaty** *znw* niet-aanvalsverdrag

non-alcoholic [nɒnælkə'hɒlɪk] *bn* alcoholvrij

non-aligned [nɒnə'laɪnd] pol *bn* niet-gebonden ‹landen›

non-alignment ['nɒnə'laɪnmənt] pol *znw* niet-gebonden-zijn, niet-gebondenheid

non-allergic [nɒnə'lɜːdʒɪk], **non-allergenic** *bn* niet allergeen

non-appearance [nɒnə'pɪərəns] *znw* niet-verschijning, ontstentenis

non-attendance ['nɒnə'tendəns] *znw* niet-verschijnen, wegblijven, afwezigheid

non-availability [nɒnə'veɪləbɪlətɪ] *znw* niet beschikbaar zijn

non-believer [nɒnbɪ'liːvə] *znw* ongelovige

non-biodegradable ['nɒnbaɪəʊdɪ'greɪdəbl] *bn* niet biologisch afbreekbaar

non-biological [nɒnbaɪə'lɒdʒɪkl] *bn* niet biologisch

nonce [nɒns] *znw* ★ *for the* ~ bij deze (bijzondere) gelegenheid, voor deze keer

nonce word [nɒns wɜːd] *znw* gelegenheidswoord

nonchalance ['nɒnʃələns] *znw* nonchalance, onverschilligheid

nonchalant ['nɒnʃələnt] *bn* nonchalant, onverschillig

nonchalantly ['nɒnʃələntlɪ] *bijw* nonchalant, onverschillig

non-collegiate [nɒnkə'liːdʒɪət] *bn* ❶ niet inwonend ‹student› ❷ niet volgens het collegesysteem ingericht ‹universiteit›

non-com ['nɒnkɒm] inf *znw* → **non-commissioned officer**

non-combatant [nɒn'kɒmbətnt] *znw* non-combattant

non-commissioned officer [nɒnkə'mɪʃənd 'ɒfɪsə], inf **non-com**, **NCO** mil *znw* onderofficier

non-committal [nɒnkə'mɪtl] *bn* ❶ zich niet blootgevend, niet compromitterend ❷ tot niets verbindend, een slag om de arm houdend ★ *a* ~ *answer* een nietszeggend / vrijblijvend antwoord ❸ neutraal

non-conducting [nɒnkən'dʌktɪŋ] *bn* niet geleidend

non-conformist [nɒnkən'fɔːmɪst], **nonconformist I** *bn* non-conformistisch **II** *znw* non-conformist ★ *Nonconformist* lid van een niet-anglicaanse protestantse kerk

non-conformity [nɒnkən'fɔːmətɪ], **nonconformity** *znw* ❶ niet-overeenstemming, afwijking ❷ non-conformisme

non-contributory [nɒnkən'trɪbjʊtərɪ] *bn* premievrij ★ *a* ~ *pension scheme* een premievrije pensioenregeling

non-convertible [nɒnkən'vɜːtɪbl] *bn* niet-converteerbaar ‹niet inwisselbaar›

non-cooperation ['nɒnkəʊppə'reɪʃən] *znw* weigering om mee te werken

non-dairy [nɒn'deərɪ] *bn* geen melkproduct, niet op basis van melk

non-deductible [nɒndɪ'dʌktɪbl] belastingen *bn* niet-aftrekbaar

nondescript ['nɒndɪskrɪpt] *bn* onopvallend, onbeduidend, nietszeggend

non-drinker [nɒn'drɪŋkə] *znw* niet-drinker

non-drip [nɒn'drɪp] *bn* geen druppels achterlatend ‹verf›

non-driver [nɒn'draɪvə] *znw* niet-rijder

none [nʌn] **I** *vnw* geen, niet een, niemand, niets ★ ~ *but* hij alleen ★ *it's* ~ *of my business* het is mijn zaak niet, het gaat me niets aan, ik heb er niets mee te maken ★ ~ *of your impudence!* geen brutaliteit alsjeblieft! ★ *I'll have* ~ *of it!* ik moet er niets van hebben! ★ ~ *other than* niemand anders dan **II** *bijw* niets, (volstrekt) niet, niet zo bijzonder ★ *he was* ~ *too happy / pleased at this prospect* hij was niet bepaald blij met dat vooruitzicht ★ *be* ~ *the better / richer / wiser for sth* er niet beter / rijker / wijzer op worden door iets ★ *be* ~ *the worse for wear* (nog) in goede toestand / staat

non-effective [nɒnɪ'fektɪv] *bn* onbruikbaar, afgekeurd

nonentity [nɒ'nentətɪ] *znw* onbeduidend mens (ding)

nonetheless [nʌnðə'les] *bijw* → **nevertheless**

non-event [nɒnɪ'vent] inf *znw* flop, afknapper, tegenvaller

non-existent ['nɒnɪg'zɪstənt] *bn* niet-bestaand

non-fat [nɒn'fæt] *bn* vetvrij, mager ★ ~ *milk* magere melk

non-ferrous [nɒn'ferəs] *bn* non-ferro ‹metalen›

non-fiction [nɒn'fɪkʃən] *znw* non-fictie ‹literatuur›

non-flammable ['nɒn'flæməbl], **non-inflammable** *bn* onbrandbaar

non-fulfilment [nɒnfʊl'fɪlmənt] *znw* niet nakomen ★ jur ~ *of a contract* het niet nakomen van een contract

non-functional [nɒn'fʌŋkʃənl] *bn* ❶ niet functioneel ❷ niet operationeel

nong [nɒŋ] Aus & NZ inf *znw* oen, stommerik

non-human [nɒn'hjuːmən] *bn* niet tot het menselijke ras behorend

non-inflammable [nɒnɪn'flæməbl] *bn* → **non-flammable**

non-interlaced [nɒnɪntə'leɪst] comput *bn* non-interlaced

non-intervention [nɒnɪntə'venʃən] *znw* non-interventie: het niet tussenbeide komen

non-iron [nɒn'aɪən] *bn* kreukvrij

non-issue ['nɒn-'ɪʃuː] *znw* onbelangrijk onderwerp

non-member [nɒn'membə] *znw* niet-lid

non-native [nɒn'neɪtɪv] *bn* niet inheems, niet-autochtoon ★ ~ *speakers of English* Engelssprekenden van wie het Engels niet de

no

moedertaal is

non-negotiable [nɒnɪ'gəʊʃəbl] *bn* niet bespreekbaar ★ ~ *terms* onbespreekbare voorwaarden

non-nuclear [nɒn'nju:klɪə] *bn* ❶ conventioneel ‹wapen›, niet op kernenergie werkend ‹elektriciteitscentrale› ❷ niet in het bezit van kernwapens ‹land›

no-no [nəʊ-nəʊ] *inf znw* [*mv:* no-noes] ★ *it's a* ~ het is taboe, het is verboden

non-objective [nɒnəb'dʒektɪv] *bn* niet objectief

non-observance [nɒnəb'zɜ:vəns] *znw* het niet in acht nemen, verwaarlozing ★ *jur* ~ *of these terms will result in cancellation of the contract* het niet in acht nemen van deze voorwaarden heeft ontbinding van het contract tot gevolg

no-nonsense [nəʊ-'nɒnsəns] *bn* zakelijk, no-nonsense

non-operational [nɒnɒpə'reɪʃənl] *bn* niet operatief, niet in gebruik ★ *he's on* ~ *at the moment* hij is momenteel werkloos

nonpareil [nɒnpə'rel] **I** *bn* onvergelijkelijk, zonder weerga **II** *znw* persoon of zaak, die zijn weerga niet heeft

non-payment ['nɒn'peɪmənt] *znw* niet-betaling

non-performance ['nɒnpə'fɔ:məns] *znw* wanprestatie

non-perishable [nɒn'perɪʃəbl] *bn* houdbaar, niet aan bederf onderhevig

nonplus [nɒn'plʌs] *overg* doen staan

nonplussed [nɒn'plʌst] *bn* ❶ verbaasd, verbijsterd, perplex ❷ Am *inf* niet verontrust, niet in verlegenheid

non-political [nɒnpə'lɪtɪkl] *bn* niet politiek, apolitiek ★ ~ *motives* niet-politieke motieven

non-prescription [nɒnprɪ'skrɪpʃən] *bn* zonder recept verkrijgbaar

non-productive [nɒnprə'dʌktɪv] *bn* niet productief

non-professional [nɒnprə'feʃənl] *bn* niet beroepsmatig, niet professioneel

non-profit [nɒn'prɒfɪt], **non-profit-making** *bn* niet-commercieel ‹v. onderneming›

non-proliferation [nɒnprəlɪfə'reɪʃən] *znw* non-proliferatie, voorkoming van verdere verspreiding ‹vooral v. kernwapens›

non-proliferation treaty [nɒnprəlɪfə'reɪʃən 'tri:tɪ] *znw* non-proliferatieverdrag ‹beperking van kernwapens›

non-quoted [nɒn'kwəʊtɪd] *eff bn* niet-genoteerd ★ ~ *shares* incourante fondsen

non-recurring [nɒnrɪ'kɜ:rɪŋ] *bn* incidenteel ★ boekh ~ *costs* incidentele kosten ★ boekh ~ *items* incidentele posten

non-religious [nɒnrɪ'lɪdʒəs] *bn* niet gelovig

non-resident [nɒn'rezɪdnt] **I** *bn* uitwonend, extern **II** *znw* ❶ niet-inwoner, forens ❷ externe

non-resistance [nɒnrɪ'zɪstns] *znw* ❶ geweldloosheid ❷ passieve gehoorzaamheid

non-returnable ['nɒnrɪ'tɜ:nəbl] *bn* zonder statiegeld, wegwerp-

non-scene [nɒn'si:n] *inf bn* geen bars of andere

homogelegenheden bezoekend

nonsense ['nɒnsəns] *znw* onzin, gekheid, nonsens ★ *a load / lot of* ~ grote onzin ★ *the idea was dismissed as (a)* ~ het idee werd als onzin afgedaan ★ *this makes a* ~ *of the theory* dit maakt de theorie helemaal ongeldig ★ *not stand any* ~ / *stand no* ~ geen flauwekul (kunsten) dulden ★ *he's talking absolute* ~ hij kletst uit zijn nek ★ gedat *stuff and* ~! klinkklare onzin!

nonsensical [nɒn'sensɪkl] *bn* onzinnig, ongerijmd, gek, zot, absurd

non sequitur [nɒn'sekwɪtə] ‹*Lat*› *znw* non sequitur: onlogische gevolgtrekking

non-shrink ['nɒn'ʃrɪŋk] *bn* krimpvrij

non-skid [nɒn'skɪd] *bn* antislip- ★ *a* ~ *chain* een sneeuwketting

non-smoker [nɒn'sməʊkə] *znw* ❶ iem. die niet rookt ❷ niet-roken treincoupé

non-smoking [nɒn'sməʊkɪŋ] *bn* niet roken, bestemd voor niet-rokers

non-standard [nɒn'stændəd] *bn* niet standaard

non-starter [nɒn'stɑ:tə] *inf znw* ★ *he's a* ~ hij doet het niet, hij is kansloos

non-stick [nɒn'stɪk] *bn* antiaanbak- ★ *a* ~ *coating* een antiaanbaklaag

non-stop [nɒn'stɒp] **I** *bn* ❶ doorgaand ‹trein›, direct ‹verbinding›, luchtv zonder tussenlanding(en) ❷ doorlopend ‹voorstelling› **II** *bijw* onafgebroken, non-stop

non-taxable [nɒn'tæksəbl] *bn* onbelastbaar, niet onderhevig aan belastingheffing

non-toxic [nɒn'tɒksɪk] *bn* niet giftig, niet toxisch

non-transferable [nɒntræns'fɜ:rəbl] *bn* niet-overdraagbaar ★ *a* ~ *ticket* een niet-overdraagbaar plaatsbewijs

non-union ['nɒn'ju:njen] *bn* niet aangesloten ‹bij een vakbond›, ongeorganiseerd

non-unionist [nɒn'ju:nɪənɪst] *znw* niet bij vakbond aangesloten arbeider

non-verbal [nɒn'vɜ:bl] *bn* non-verbaal

non-violence [nɒn'vaɪələns] *znw* geweldloosheid

non-violent [nɒn'vaɪələnt] *bn* geweldloos

non-volatile [nɒn'vɒlətaɪl] *bn* ❶ niet vluchtig ❷ comput niet-vluchtig, resident ‹m.b.t. geheugen›

non-white [nɒn'waɪt] *bn* niet blank ★ *the* ~*s* de niet-blanken, de bonte was

noodle ['nu:dl] *znw* ❶ noedel, (Chinese) vermicelli, mie ❷ *inf* kluns, schlemiel, uilskuiken

nook [nʊk] *znw* ❶ hoek, hoekje, gezellig plekje ★ *every* ~ *and cranny* alle hoekjes en gaatjes ❷ uithoek

nookie ['nu:kɪ], **nooky** *inf znw* nummertje ‹seks›

noon [nu:n] *znw* middag, 12 uur 's middags

noonday ['nu:ndeɪ] **I** *bn* ❶ middag- ❷ dicht hoogtepunt **II** *znw* middag

no one ['nəʊ'wʌn] *onbep vnw* → **nobody**

noose [nu:s] **I** *znw* ❶ strop ‹om iem. op te hangen› ★ *the* ~ dood door ophanging ★ *inf put one's head in*

the ~ zijn eigen ondergang veroorzaken ❷ strik, val
‹om dieren te vangen› ❸ lus, lasso **II** *overg*
❶ knopen, een lus maken in ❷ vangen ‹met een
strik of lasso›

nope [nəʊp] *inf tsw* nee!

noplace ['nəʊpleɪs] Am *inf bijw* nergens

nor [nɔ:] *voegw* noch, (en) ook niet, dan ook niet

Nordic ['nɔ:dɪk] *bn* ❶ noords ❷ Scandinavisch

noreaster [nɔ:'ri:stə] *znw* → **north-easterly**

norm [nɔ:m] *znw* norm ★ *violence has become the ~ in*
some areas geweld is de norm geworden in
sommige gebieden

normal ['nɔ:ml] **I** *bn* normaal, gewoon ★ *above*
/ *below* ~ hoger dan / lager dan normaal, boven
/ beneden het gemiddelde ★ *under* ~ *circumstances*
onder normale omstandigheden **II** *znw* ❶ normale
(lichaams)temperatuur / toestand / & ★ *things are*
back to ~ alles is weer normaal ❷ normaal, loodlijn

normality [nɔ:'mælətɪ], Am **normalcy** *znw* normaliteit
★ *maintain a semblance of* ~ de schijn van
normaliteit ophouden

normalization [nɔ:məlaɪ'zeɪʃən], **normalisation** *znw*
normalisering, normalisatie

normalize ['nɔ:məlaɪz], **normalise** *overg* normaliseren

normally ['nɔ:məlɪ] *bijw* normaal, normaliter, in de
regel, doorgaans, gewoonlijk, meestal

normal school ['nɔ:ml sku:l] Am *znw* kweekschool,
pedagogische academie

Norman ['nɔ:mən] **I** *bn* Normandisch **II** *znw*
Normandiër, Normandische

Normandy ['nɔ:məndɪ] *geogr znw* Normandië

normative ['nɔ:mətɪv] *bn* een norm gevend / stellend

Norse [nɔ:s] *znw* Noors, Oudnoors

Norseman ['nɔ:smən] *hist znw* Noorman

north [nɔ:θ] **I** *bn* ❶ noordelijk ❷ noord-, noorder-,
noorden- ★ *the* ~ *wind* de noordenwind **II** *bijw* naar
het noorden, noordwaarts, noordelijk ★ *a* ~*facing*
garden een tuin op het noorden ★ *the hills are* ~ *of*
the city de heuvels liggen ten noorden van de stad
★ *inf they live up* ~ ze wonen in het noorden ▼ *their*
shares are now worth ~ *of $3 billion* hun aandelen
zijn nu meer dan $3 miljard **III** *znw* noorden

North Africa [nɔ:θ 'æfrɪkə] *geogr znw* Noord-Afrika

North African [nɔ:θ 'æfrɪkən] **I** *bn* Noord-Afrikaans
II *znw* Noord-Afrikaan, Noord-Afrikaanse

North America [nɔ:θ ə'merɪkə] *geogr znw*
Noord-Amerika

North American [nɔ:θ ə'merɪkən] **I** *bn*
Noord-Amerikaans **II** *znw* Noord-Amerikaan,
Noord-Amerikaanse ‹iem. uit de VS of Canada›

North Atlantic [nɔ:θ ət'læntɪk] *bn* Noord-Atlantisch

northbound ['nɔ:θbaʊnd] *bn* naar het noorden, in
noordelijke richting

north-east [nɔ:θ-'i:st], **northeast I** *bn & bijw*
noordoost **II** *znw* ★ *the* ~ het noordoosten

north-easterly [nɔ:θ-'i:stəlɪ] **I** *bn & bijw*, **northeasterly**
noordoostelijk **II** *znw*, **noreaster**, **northeaster**
noordoostenwind, noordooster

norther ['nɔ:ðə] Am *znw* harde, koude noordenwind

northerly ['nɔ:ðəlɪ] **I** *bn & bijw* noordelijk **II** *znw*
noordenwind

northern ['nɔ:ðn] *bn* noordelijk, noord(en)- ★ ~
latitude noorderbreedte

northerner ['nɔ:ðənə] *znw* noorderling, bewoner van
het noorden ‹v. Engeland, Amerika, Europa &›

northern hemisphere ['nɔ:ðn'hemɪsfɪə] *znw* het
noordelijk halfrond

Northern Ireland ['nɔ:ðn'aɪələnd] *znw* Noord-Ierland

Northern lights ['nɔ:ðn 'laɪts] *znw* [mv] noorderlicht

northernmost ['nɔ:ðnməʊst] *bn* noordelijkst

North Korea [nɔ:θ kə'rɪə] *znw* Noord-Korea

North Korean [nɔ:θ kə'rɪən] **I** *bn* Noord-Koreaans
II *znw* Noord-Koreaan, Noord-Koreaanse

North Pole ['nɔ:θ 'pəʊl] *znw* ★ *the* ~ Noordpool

North Sea ['nɔ:θ 'si:] *znw* ★ *the* ~ de Noordzee

North-South divide [nɔ:θ-'saʊθ dɪ'vaɪd] *znw*
❶ Noord-Zuid scheidslijn ‹tussen de rijke en arme
landen› ❷ Noord-Zuid scheidslijn ‹tussen het
noorden en zuiden van Engeland›

North Star ['nɔ:θ 'stɑ:] *astron znw* ★ *the* ~ de Poolster,
de Noordster

northward ['nɔ:θwəd] **I** *bn* in / naar het noorden,
noordwaarts **II** *bijw*, **northwards** in / naar het
noorden, noordwaarts ★ *we drove* ~ we reden in
noordelijke richting

north-west [nɔ:θ-'west], **northwest I** *bn & bijw*
noordwest **II** *znw* ★ *the* ~ het noordwesten

north-westerly [nɔ:θ-'westəlɪ], **northwesterly I** *bn &*
bijw noordwestelijk **II** *znw*, **northwester**, **norwester**
noordwestenwind, noordwester

Norway ['nɔ:weɪ] *znw* Noorwegen

Norwegian [nɔ:'wi:dʒən] **I** *bn* Noors **II** *znw* ❶ Noor,
Noorse ❷ Noors ‹de taal›

norwester [nɔ:'westə] *znw* **north-westerly**

nos *afk* (numbers) nummers

nose [nəʊz] **I** *znw* ❶ neus ★ *with one's* ~ *in the air* uit
de hoogte, arrogant ★ *be (right) under sbd's* ~ vlak
voor iemands zijn neus zijn ★ *cut off one's* ~ *to spite*
one's face zijn eigen glazen ingooien ★ *follow one's* ~
zijn neus volgen, op de reuk afgaan, rechtuit gaan,
fig z'n instinct volgen ★ *inf get up sbd's* ~ iem.
irriteren ★ *give sbd a blood* / *bloody* ~ iem. een
bloedneus slaan, fig iem. overtuigend verslaan
★ *have one's* ~ *in a book* met zijn neus in een boek
zitten ★ *hold one's* ~ de neus dichtknijpen ★ *hit sth*
right on the ~ iets precies bij het juiste eind hebben
★ *inf keep one's* ~ *clean* zich gedeisd houden ★ *inf*
keep one's ~ *out of sth* zich ergens niet mee
bemoeien ★ *inf keep* / *put one's* ~ *to the grindstone*
hard doorwerken ★ *look down one's* ~ *at sbd*
neerkijken op iem. ★ *inf pay through the* ~ moeten
'bloeden' ★ *inf poke* / *stick one's* ~ *into sbd's business*
zijn neus in andermans zaken steken ★ *euf powder*
one's ~ naar de wc gaan ★ *inf put sbd's* ~ *out of joint*
iem. de voet lichten, dwarszitten, jaloers maken
★ *there's no need to rub my* / *his &* ~ *into it* het is niet

no

nodig mij / hem & dat onder de neus te wrijven ★ *not see further than the end of one's* ~ niet verder kijken dan zijn neus lang is ★ *take / steal sth from under / out from under sbd's* ~ iets stelen vlak voor iemands neus / onder iemands ogen ★ *turn up one's* ~ *(at sth)* de neus optrekken (voor iets) ❷ geur, reuk ★ *a bit of fruit on the* ~ een neus met fruit ‹wijnproeven› ★ <u>Aus</u> *inf it's a bit on the* ~ het stinkt een beetje ★ *have a good* ~ *for sth* een goede neus voor iets hebben ❸ *inf* stille, verklikker ❹ <u>techn</u> tuit, hals ‹v. buizen, retorten &› ▼ <u>Am</u> *inf at two on the* ~ precies om twee uur **II** *overg* ❶ opsnuiven ❷ besnuffelen **III** *onoverg* ❶ neuzen, zijn neus in andermans zaken steken ❷ snuffelen ❸ zich voorzichtig een weg banen (bewegen) **IV** *phras* ★ ~ **about** / **around** rondsnuffelen ★ ~ **at** *sth* iets besnuffelen ★ ~ **for** *sth* (snuffelend) zoeken naar iets ★ ~ *sth* **out** iets uitvissen

nosebag ['nəʊzbæg] *znw* voederzak ‹v. paard›

nosebleed ['nəʊzbli:d] <u>Am</u> **I** *bn* inf slecht ‹v.plaatsen in een theater, sportarena &› ★ ~ *seats* de engelenbak **II** *znw* neusbloeding

nose candy [nəʊz 'kændɪ] <u>Am</u> *inf znw* drug die gesnoven wordt, cocaïne

nose cone [nəʊz kəʊn] *znw* neuskegel

nosedive ['nəʊzdaɪv] **I** *znw* duik(vlucht) **II** *onoverg* duiken

nosegay ['nəʊzgeɪ] *znw* boeketje, bosje, ruiker

nose job [nəʊz dʒɒb] *inf znw* neuscorrectie ★ *have a* ~ zijn neus laten corrigeren ‹d.m.v. plastische chirurgie›

nosepiece ['nəʊzpi:s] *znw* ❶ neusstuk ‹v. helm› ❷ objectiefstuk ‹v. microscoop›

nose rag [nəʊz ræg] *inf znw* zakdoek

nosey ['nəʊzɪ], **nosy** *inf bn* bemoeiziek

nosh [nɒʃ] *inf* **I** *znw* hapje, snack **II** *overg & onoverg* eten

no-show ['nəʊ-ʃəʊ] *inf znw* iem. die het laat afweten, iem. die niet komt opdagen ★ *two passengers were* ~*s* twee passagiers kwamen niet opdagen

nosh-up ['nɒʃʌp] <u>Br</u> *inf znw* uitgebreide maaltijd

nosing ['nəʊzɪŋ] *znw* uitstekende, halfronde vorm

nostalgia [nɒ'stældʒə] *znw* nostalgie, heimwee

nostalgic [nɒ'stældʒɪk] *bn* nostalgisch

nostril ['nɒstrɪl] *znw* neusgat

nosy ['nəʊzɪ] *bn* → **nosey**

nosy parker ['nəʊzɪ 'pɑ:kə] *inf znw* bemoeial

not [nɒt] *bijw* niet ★ ~ *a thing* helemaal niets ★ *certainly* ~*!* geen sprake van! ★ *inf* ~ *half* heel erg ★ ~ *often* niet vaak ★ *he's surely* ~ *coming?* hij komt toch niet? ★ *if* ~ zo niet, dan ★ ~ *at all* helemaal niet, graag gedaan, geen dank ★ *more likely than* ~ heel goed mogelijk, niet onwaarschijnlijk, wel waarschijnlijk ★ ~ *that I mind, but isn't he late?* niet dat ik het erg vind, maar is hij niet te laat? ★ *she wouldn't tell me, but* ~ *that I was really interested* ze wou me het niet vertellen, niet dat ik het echt wou weten hoor ★ *inf* ~ *I'm* ~ *all that pleased* ik ben er niet

zo blij mee ★ *I hope* ~ ik hoop van niet

nota bene [nəʊtə 'beneɪ] *tsw* nota bene

notabilia [nəʊtə'bɪlɪə] *znw* [mv] interessante zaken, dingen &

notability [nəʊtə'bɪlətɪ] *znw* ❶ merkwaardigheid ❷ belangrijk persoon

notable ['nəʊtəbl] **I** *bn* ❶ opmerkelijk, merkwaardig ❷ aanzienlijk bekend, eminent **II** *znw* voorname, notabele

notably ['nəʊtəblɪ] *bijw* ❶ met name, inzonderheid, in het bijzonder ★ *the collection has been expanded,* ~ *by modern works* de collectie is uitgebreid, met name met modern werk ❷ merkbaar, aanmerkelijk, opmerkelijk ★ *the prime minister was* ~ *absent* het was opmerkelijk dat de minister-president afwezig was ❸ belangrijk

notarial [nəʊ'teərɪəl] *bn* notarieel ★ ~ *charges* notariële kosten ★ *a* ~ *deed* een notariële akte

notary ['nəʊtərɪ], **notary public** <u>jur</u> *znw* notaris

notation [nəʊ'teɪʃən] *znw* notering, schrijfwijze, voorstellingswijze, (noten)schrift, notatie, talstelsel

notch [nɒtʃ] **I** *znw* ❶ inkeping, keep, kerf, schaard(e) ‹in mes› ❷ *inf* graadje ★ *inf she thinks she's a* ~ *above us* ze denkt dat ze een graadje beter is dan wij **II** *overg* inkepen, kerven, (af)turven ★ *inf* ~ *sth up* iets behalen ‹punten, succes›

notched [nɒtʃt] *bn* ❶ ingekeept ❷ getand

note [nəʊt] **I** *znw* ❶ noot, aantekening, nota, notitie, voetnoot ★ *marginal* ~*s* / *margin* ~*s* kanttekeningen ★ *make a mental* ~ *of sth* iets in je geheugen prenten / iets goed onthouden ★ *take* ~ *of sth* nota / notitie nemen van ★ *take* ~*s* aantekeningen maken, noteren ❷ briefje, memorandum ❸ bankbiljet ❹ promesse, orderbriefje ❺ <u>muz</u> noot, toon, toets ‹v. piano &›, geluid ★ *strike a warning* ~ een waarschuwend geluid laten horen ★ *strike / hit the right / wrong* ~ iets precies goed / helemaal verkeerd doen / zeggen ★ *sound / strike a* ~ *of caution* een waarschuwend geluid laten horen ❻ betekenis, aanzien ❼ merk, teken, kenmerk, merkteken **II** *overg* ❶ noteren, opschrijven, aan-, optekenen (ook: ~ *down*) ❷ nota of notitie nemen van, opmerken ❸ van aantekeningen voorzien

notebook ['nəʊtbʊk] *znw* ❶ aantekenboek, notitieboekje, zakboekje ❷ dictaatcahier, schrift ❸ **notebook computer** notebook, draagbare computer, laptop

noted ['nəʊtɪd] *bn* bekend, vermaard, befaamd

notedly ['nəʊtɪdlɪ] *bijw* speciaal, in het bijzonder

notelet ['nəʊtlət] *znw* velletje briefpapier ‹vaak met versiering›

notepad ['nəʊtpæd] *znw* notitieblok

notepaper ['nəʊtpeɪpə] *znw* postpapier

noteworthy ['nəʊtwɜ:ðɪ] *bn* opmerkenswaardig, opmerkelijk, merkwaardig

nothing ['nʌθɪŋ] **I** *onbep vnw & bijw* niets, helemaal niets ★ *it was all for* ~ het was alles tevergeefs ★ *it's all or* ~ *for her* het is alles of niets voor haar ★ *she*

no

buys ~ *but the best* ze koopt alleen maar het allerbeste ★ *I got it for* ~ ik kreeg het voor niets / gratis ★ *there's* ~ *for it but to walk* er zit niets anders op dan te lopen ★ *she's* ~ *if not generous* ze is uitermate vrijgevig ★ *there is* ~ *in it* er is niets (van) aan, het is niet waar ★ *the idea was* ~ *less than brilliant* het idee was gewoon briljant ★ *this is* ~ *like enough* dit is bij lange na niet genoeg ★ inf *it's like* ~ *on earth* het is uniek, het is niet te vergelijken ★ *he's* ~ *more than a nuisance* hij is gewoon lastig ★ *there's* ~ *more to do here* er is hier niets meer te doen ★ *I said* ~ *of the sort / kind* zoiets heb ik helemaal niet gezegd ★ *I could make* ~ *of his calculations* ik kon zijn berekeningen niet begrijpen ★ *he had been hurt but made* ~ *of it* hij was gewond maar hij deed er niet moeilijk over ★ *we've got* ~ *on tonight* we hebben geen afspraken voor vanavond ★ *sorry I didn't answer, but I had* ~ *on* sorry dat ik niet opendeed, maar ik had niets aan ★ *it is* ~ *to how it used to be* het is niets, vergeleken met hoe het was ★ *she's* ~ *to him* ze betekent niets voor hem ★ *machinery breakdowns are* ~ *to him* kapotte machines, daar draait hij zijn hand niet voor om ★ inf *there's* ~ *to it* er is niets aan, het is niets bijzonders ★ *it has* ~ *to do with me* ik heb er niets mee te maken ★ *this will come to* ~ hier komt niets van terecht ★ inf ~ *doing* er is niets te doen, er is niets aan de hand, het zal niet gaan, mij niet gezien!, niks hoor! II *bn* inf niks ★ *it's a* ~ *issue* het is een probleem van niks III *znw* ★ *a (mere)* ~ een niets, nietigheid, nul
nothingness ['nʌθɪŋnəs] *znw* ❶ nietigheid, niet ❷ niets ❸ onbeduidendheid
notice ['nəʊtɪs] I *znw* ❶ aandacht, acht, opmerkzaamheid ★ *bring / come to sbd's* ~ onder iemands aandacht brengen / komen ★ *take no* ~ *(of sth)* geen aandacht schenken (aan iets) ★ *take* ~ *(of sth)* kennis nemen (van iets), notitie nemen (van iets) ❷ aankondiging, bekendmaking, bericht, kennisgeving, ontslagaankondiging, convocatie ★ *a final* ~ een laatste aanmaning ★ jur *the respondent's* ~ de memorie van antwoord ★ *at / on a moment's* ~ op staande voet ★ *at / on short* ~ op korte termijn ★ *until further* ~ tot nader order ★ *be under* ~ opgezegd zijn ★ *give sbd* ~ iem. kennis geven, iem. laten weten, iem. waarschuwen, iem. ontslaan ★ *hand in one's* ~ ontslag nemen ★ *serve* ~ *on sbd* iem. een (officiële) waarschuwing geven ❸ opschrift, waarschuwing ❹ recensie II *overg* ❶ acht slaan op, (veel) notitie nemen van, opmerken, (be)merken ❷ vermelden, bespreken, recenseren
noticeable ['nəʊtɪsəbl] *bn* ❶ opmerkelijk ❷ merkbaar ❸ opvallend
noticeably ['nəʊtɪsəblɪ] *bijw* merkbaar, opvallend ★ *he had aged* ~ hij was zichtbaar ouder geworden
noticeboard ['nəʊtɪsbɔːd] *znw* ❶ mededelingenbord, aanplakbord ❷ waarschuwingsbord, verkeersbord &

notifiable ['nəʊtɪfaɪəbl] *bn* waarvan men de autoriteiten in kennis moet stellen ‹ziekte, adreswijziging &›
notification [nəʊtɪfɪ'keɪʃən] *znw* ❶ aanzegging, aanschrijving, kennisgeving ❷ aangifte
notify ['nəʊtɪfaɪ] *overg* ❶ ter kennis brengen, bekendmaken, kennis geven (van) ❷ aangeven
notion ['nəʊʃən] gedat *znw* begrip, denkbeeld, idee, notie ★ *I had a* ~ *to get into the television business* ik kreeg plotseling het idee om het televisievak in te gaan
notional ['nəʊʃənl] *bn* denkbeeldig, begrips-
notions ['nəʊʃənz] Am *znw* [mv: mv] fournituren
notoriety [nəʊtə'raɪətɪ] *znw* beruchtheid
notorious [nəʊ'tɔːrɪəs] *bn* berucht, notoir
notwithstanding [nɒtwɪð'stændɪŋ] I *voorz* niettegenstaande, ondanks, trots, ten spijt ★ ~ *evidence to the contrary* ondanks bewijzen voor het tegendeel II *voegw* desondanks, toch III *bijw* niettemin, desondanks
nougat ['nuːgɑː] *znw* noga
nought [nɔːt] *znw* → **naught**
noughts and crosses ['nɔːts ən 'krɒsɪz] *znw* [mv] → **naughts and crosses**
noun [naʊn] gramm *znw* (zelfstandig) naamwoord
nourish ['nʌrɪʃ] *overg* voeden, form koesteren, aankweken, grootbrengen ★ form ~ *a hope* de hoop koesteren
nourishing ['nʌrɪʃɪŋ] *bn* voedzaam, voedend
nourishment ['nʌrɪʃmənt] *znw* voedsel, voeding
nous [naʊs] inf *znw* verstand ★ *use your* ~ gebruik je hersens
nouveau riche ['nuːvəʊ'riːʃ] (‹Fr›) *znw* [mv: nouveaux riches] nieuwe rijke, parvenu
Nov. *afk* → **November**
nova ['nəʊvə] astron *znw* [mv: -s of novae] nova, nieuwe ster
novel ['nɒvəl] I *bn* nieuw, ongewoon II *znw* roman ★ *a regional* ~ een streekroman
novelette [nɒvə'let] *znw* romannetje
novelist ['nɒvəlɪst] *znw* romanschrijver, romancier
novelistic [nɒvə'lɪstɪk] *bn* roman-
novella [nə'velə] *znw* vertelling, novelle
novelty ['nɒvəltɪ] *znw* ❶ nieuwigheid(je), nieuwtje, (iets) nieuws ❷ het nieuwe, ongewoonheid
November [nə'vembə] *znw* november ★ *November* de letter N ‹in het internationaal alfabet›
novena [nə'viːnə] RK *znw* [mv: novenae] noveen, novene ‹negen dagen bidden›
novice ['nɒvɪs] *znw* ❶ novice ❷ nieuweling
noviciate [nə'vɪʃɪət], **novitiate** *znw* noviciaat, proeftijd ‹in een klooster›
now [naʊ] I *voegw* nu ★ ~ *(that) you mention it* nu je het zegt II *bijw* ❶ nu, thans ★ *just* ~ zo-even, daarnet ★ *right* ~ op dit moment ★ *he should be home by* ~ hij zou al thuis moeten zijn ★ *from* ~ *on* van nu af (aan), voortaan ★ *three days from* ~ over drie dagen ★ *(every)* ~ *and again / then* nu en dan, bij

no

tussenpozen, af en toe ★ *inf he's going to beat you up! Oh, is he ~?* hij gaat je in elkaar slaan! o, ja? ★ *inf ~ you're talking!* nu zeg je me wat! dat is een goed idee! ★ *zegsw it's ~ or never* het is nu of nooit ❷ wel(nu) ★ *~ ~* kom, kom ‹troostend›, rustig aan! ‹als waarschuwing› ★ *~ then, what shall we do next?* zo, wat zullen we nu doen? ★ *~ then, stop that teasing* kom, niet plagen

nowadays ['naʊədeɪz] *bijw* tegenwoordig

noway ['nəʊweɪ], **noways** Am *bijw* geenszins

nowhere ['nəʊweə] *bijw* nergens ★ *from / out of ~* plotseling, uit het niets ★ *~ near* lang niet, ver(re) van ★ *I feel we're on a road to ~* volgens mij komen we hier niet verder mee ★ *~ to be found* nergens te vinden ★ *be / come ~* nergens zijn, helemaal achteraan komen, niet in aanmerking komen ★ *I'm getting / going ~ with my work* mijn werk schiet niet op ★ *he'll get ~ with her* hij maakt geen kans bij haar ★ *losing your temper will get you ~* met boos worden schiet je niets op

nowt [naʊt] *dial of inf znw* niets

noxious ['nɒkʃəs] *bn* schadelijk, verderfelijk

nozzle ['nɒzəl] *znw* ❶ spuit, pijp, straalpijp, sproeier, tuit, mondstuk, snuit ❷ neus

nr *afk* (near) bij

nth [enθ] *bn* ★ *inf for the ~ time* voor de duizendste / zoveelste / tigste keer ★ *to the ~ degree* wisk tot de n'de macht, uiterst, buitengewoon ‹vervelend, lastig &›

nuance ['njuːɑ̃ns] *znw* nuance, subtiel verschil ★ *the portrait captures every ~ of her character* het portret geeft elke nuance van haar karakter weer

nub [nʌb] *znw* ❶ kern, punt ‹waar het om gaat› ❷ brok ❸ knobbel

nubbly ['nʌblɪ] *bn* knobbelig, bultig

nubile ['njuːbaɪl] *bn* ❶ huwbaar ❷ rijp ‹v. vrouw›

nubuck ['njuːbʌk] *znw* nubuck, op suède lijkend leer

nuclear ['njuːklɪə] *bn* nucleair, kern-, atoom-

nuclear family ['njuːklɪə 'fæməlɪ] *znw* kerngezin

nuclear fission ['njuːklɪə 'fɪʃən] *znw* kernsplitsing

nuclear force ['njuːklɪə fɔːs] *znw* kernmacht

nuclear-free ['njuːklɪə-'friː] *bn* atoomvrij

nuclear fusion ['njuːklɪə 'fjuːʒən] *znw* kernfusie

nuclear missile ['njuːklɪə 'mɪsaɪl] *znw* kernraket

nuclear physics ['njuːklɪə 'fɪzɪks] *znw* [mv] kernfysica

nuclear power ['njuːklɪə 'paʊə] *znw* ❶ kernenergie ❷ kernmogendheid

nuclear power station ['njuːklɪə 'paʊə'steɪʃən] *znw* kernenergiecentrale

nuclear reactor ['njuːklɪə rɪ'æktə] *znw* kernreactor

nuclear war ['njuːklɪə wɔː] *znw* atoomoorlog, kernoorlog

nuclear warhead ['njuːklɪə 'wɔːhed] *znw* kernkop

nuclear waste ['njuːklɪə weɪst] *znw* atoomafval

nuclear weapon ['njuːklɪə 'wepən] *znw* atoomwapen

nuclei ['njuːklaɪ] *znw* [mv] → **nucleus**

nucleic acid ['njuːklɪɪk 'æsɪd] *znw* nucleïnezuur

nucleus ['njuːklɪəs] *znw* [mv: nuclei] kern

nude [njuːd] **I** *bn* naakt, bloot, onbedekt **II** *znw* naakt (model) ★ *in the ~* naakt

nudge [nʌdʒ] **I** *znw* duwtje, por ★ *inf I'll bet you had a nice time together, ~ ~, wink wink* je hebt het vast heel leuk gehad hè? je begrijpt vast wel wat ik bedoel! ‹'por, por, knipoog, knipoog' is heel suggestief bedoeld› **II** *overg* ❶ (met de elleboog) aanstoten ❷ zachtjes duwen ❸ naderen ‹percentage, snelheid &›

nudism ['njuːdɪzəm] *znw* nudisme

nudist ['njuːdɪst] **I** *bn* nudisten- **II** *znw* nudist, naaktloper

nudity ['njuːdətɪ] *znw* naaktheid, blootheid

nugatory ['njuːgətərɪ] *form bn* ❶ beuzelachtig, nietszeggend ❷ ongeldig, zonder uitwerking

nugget ['nʌgɪt] *znw* ❶ goudklompje ❷ *fig* juweeltje

nuisance ['njuːsəns] *znw* ❶ (over)last, ergernis, hinder ★ *what a ~!* wat vervelend! ❷ lastpost ★ *be a ~ to sbd* iem. lastig vallen ★ *make a ~ of oneself* anderen ergeren

nuisance value ['njuːsəns 'væljuː] *znw* waarde als tegenwicht, als storende factor

nuke [njuːk] *inf* **I** *znw* ❶ kernbom ❷ kerncentrale **II** *overg* ❶ met kernwapens aanvallen / vernietigen ❷ opwarmen in de magnetron (ook: ~ *up*)

null [nʌl] *bn* krachteloos, nietig, ongeldig

null and void ['nʌl ən 'vɔɪd] *jur bn* krachteloos, van nul en generlei waarde

nullification [nʌlɪfɪ'keɪʃən] *znw* ❶ nietig-, ongeldigverklaring, tenietdoen, opheffing ❷ *jur* vernietiging

nullify ['nʌlɪfaɪ] *overg* ❶ krachteloos maken, nietig / ongeldig verklaren, tenietdoen ❷ *jur* vernietigen

numb [nʌm] **I** *bn* gevoelloos, verstijfd, verkleumd, verdoofd ★ *~ with cold* gevoelloos / verstijfd van de kou **II** *overg* ❶ doen verstijven, verkleumen ❷ verdoven

number ['nʌmbə] **I** *znw* ❶ nummer, getal ★ *wrong ~* verkeerd verbonden ‹telefoon› ★ *gedat he's good at his ~s* hij kan goed rekenen ★ *painting by ~s* volgens een vooropgezet stramien, niet origineel ★ *inf I hope it hasn't got my ~ on it* ik hoop dat het niet voor mij bedoeld is ★ *inf his ~'s up* hij is er geweest, hij is dood ★ *inf I've got his ~* ik heb hem wel door ❷ aantal ★ *beyond / without ~* zonder tal, talloos ★ *in ~* in aantal ★ *in considerable ~s* in groten getale ★ *to the ~ of* ten getale van ★ *we've got any ~ of them left* we hebben er nog een hele hoop van ❸ aflevering ‹tijdschrift› ❹ optreden, liedje ❺ geval(letje) ‹kledingstuk› ❻ *gramm* getal ▼ bijbel *Numbers* Numeri ▼ Am *inf do a ~ on sbd* iem. slecht / gemeen behandelen **II** *overg* ❶ nummeren, tellen ★ *~ sth consecutively* iets dóórnummeren ★ *his days are ~ed* zijn dagen zijn geteld ❷ rekenen (onder, tot *among, in, with*) ❸ bedragen **III** *onoverg* tellen ★ *mil ~ off* zich nummeren

number cruncher ['nʌmbə 'krʌntʃə] *znw* zeer krachtige computer, getallenkraker

no

number-crunching ['nʌmbə'krʌnʃɪŋ] scherts znw ingewikkeld rekenwerk, ingewikkeld gecijfer
numberless ['nʌmbələs] bn talloos, zonder tal
number one ['nʌmbə wʌn] **I** bn belangrijkst ★ a ~ priority de eerste prioriteit ★ inf ~! prima! **II** znw ❶ inf de spreker zelf, 'ondergetekende' ❷ inf belangrijkste persoon of zaak ❸ inf euf plasje, kleine boodschap
number plate ['nʌmbə pleɪt] znw nummerbord, -plaat
Number Ten ['nʌmbə 'ten] znw (Downing Street) nummer 10 ‹ambtswoning van de Britse minister-president›
number two ['nʌmbə tu:] euf znw grote boodschap
numbly ['nʌmlɪ] bijw ❶ gevoelloos ❷ verbijsterd, verdoofd
numbness ['nʌmnəs] znw ❶ gevoelloosheid ❷ verbijstering
numbskull ['nʌmskʌl] inf znw → **numskull**
numeracy ['nju:mərəsɪ] znw het kunnen rekenen
numeral ['nju:mərəl] **I** bn getal-, nummer- **II** znw ❶ getalletter, getalmerk, cijfer ★ Roman ~s Romeinse cijfers ❷ gramm telwoord
numerate ['nju:mərət] bn het rekenen machtig
numeration [nju:mə'reɪʃən] znw telling
numerator ['nju:məreɪtə] znw teller ‹van breuk›
numeric [nju:'merɪk], **numerical** bn numeriek, getal(s)- ★ ~ superiority grotere getalsterkte ★ in ~ order op getalsvolgorde
numerically [nju:'merɪklɪ] bijw getalsmatig ★ ~ superior sterker in aantal
numerology [njʊ(:)mə'rɒlədʒɪ] znw leer v.d. getallensymboliek
numerous ['nju:mərəs] bn talrijk, tal van, vele
numinous ['nju:mɪnəs] bn form goddelijk
numismatic [nju:mɪz'mætɪk] bn numismatisch
numismatics [nju:mɪz'mætɪks] znw [mv] penningkunde
numskull [nʌmskʌl], **numbskull** inf znw uilskuiken, stommerd
nun [nʌn] znw non, kloosterlinge, religieuze
nuncio ['nʌnʃɪəʊ] znw nuntius: pauselijk gezant
nunnery ['nʌnərɪ] znw nonnenklooster
nuptial ['nʌpʃəl] bn huwelijks-, bruilofts- ★ the ~ party de bruidsstoet
nuptials ['nʌpʃəlz] znw [mv] bruiloft
nurse [nɜ:s] **I** znw ❶ verpleegkundige, verpleegster, verpleger ★ a geriatric ~ een bejaardenverzorger / ster ★ a male ~ een (zieken)verpleger, broeder ❷ kinderjuffrouw ❸ baker, min **II** overg ❶ zogen, (zelf) voeden ❷ verplegen, oppassen, verzorgen ★ ~ a cold een verkoudheid uitzieken ★ ~ sbd back to health iem. door goede zorg weer tot gezondheid brengen ★ ~ sbd through sth iem. door iets heenhelpen ❸ koesteren, (op)kweken, grootbrengen ❹ zuinig beheren, zuinig zijn met ❺ omstrengeld houden **III** onoverg ❶ zuigen, drinken aan de borst ❷ uit verplegen gaan ❸ in de verpleging zijn
nursemaid ['nɜ:smeɪd] znw kindermeisje

nursery ['nɜ:sərɪ] znw ❶ kinderkamer ❷ crèche ❸ (boom)kwekerij ❹ kweekplaats, kweekvijver
nursery governess ['nɜ:sərɪ 'gʌvənəs] gedat znw kinderjuffrouw, gouvernante
nurseryman ['nɜ:sərɪmən] znw boomkweker
nursery rhyme ['nɜ:sərɪ raɪm] znw kinderrijmpje
nursery school ['nɜ:sərɪ sku:l] znw bewaarschool ‹3-5 jaar in Eng.›
nursery slope ['nɜ:sərɪ sləʊp] znw beginnelingenpiste ‹bij skiën›
nurse's aid ['nɜ:sɪz 'eɪd] Am znw → **nursing aid**
nursing ['nɜ:sɪŋ] znw ❶ verpleging ❷ verpleegkunde
nursing aid ['nɜ:sɪŋ eɪd], Aus **nursing aide**, Br **nursing auxiliary**, Am **nurse's aid**, Am **nurse's aide** znw assistent verpleegkundige
nursing home ['nɜ:sɪŋ həʊm] znw verpleegtehuis, verpleeginrichting, ziekeninrichting
nursing sister ['nɜ:sɪŋ 'sɪstə] znw pleegzuster, (zieken)verpleegster, ziekenzuster
nurture ['nɜ:tʃə] **I** znw ❶ op-, aankweking ❷ verzorging, opvoeding ★ nature or ~ aangeboren of aangeleerd **II** overg ❶ op-, aankweken ❷ opvoeden, verzorgen ❸ voeden, koesteren ‹v. plannen›
nut [nʌt] **I** znw ❶ noot ‹vrucht›, klompje ‹boter &› ★ inf a hard / tough ~ geen lieverdje ★ a hard / tough ~ to crack een moeilijk probleem ❷ techn moer ‹v. bout› ★ the ~s and bolts de moeren en bouten, fig de hoofdzaken ❸ muz slof ‹strijkstok› ❹ inf hoofd, kop ★ be off one's ~ van lotje getikt zijn ★ do one's ~ tekeergaan ❺ inf fanaat, gek, idioot ❻ vulg kloot, bal **II** overg Br inf een kopstoot geven **III** phras ★ Aus / NZ inf ~ sth out een oplossing voor iets bedenken
nut-brown [nʌt'braʊn] bn lichtbruin
nutcase ['nʌtkeɪs] inf znw krankzinnige
nutcracker ['nʌtkrækə(z)] znw (meestal mv) notenkraker ‹apparaat›
nuthatch ['nʌthætʃ] znw boomklever ‹vogel›
nuthouse ['nʌthaʊs] inf znw gekkenhuis
nutmeg ['nʌtmeg] znw nootmuskaat
nutraceutical [nju:trə'sju:tɪkl] znw (nutrition en pharmaceutical) voedingsmiddel dat gezondheidsbevorderende additieven bevat
nutria ['nju:trɪə] znw ❶ dierk beverrat, nutria ❷ nutria ‹bont›
nutrient ['nju:trɪənt] **I** bn voedend **II** znw nutriënt, voedingsstof
nutriment ['nju:trɪmənt] znw voedsel
nutrition [nju:'trɪʃən] znw voeding, voedsel
nutritional [nju:'trɪʃnəl], **nutritive** bn voedings-
nutritionist [ju:'trɪʃənɪst] znw voedingsdeskundige
nutritious [nju:'trɪʃəs] bn voedend, voedzaam
nutritive ['nju:trɪtɪv] **I** bn → **nutritional II** znw voedingsartikel
nuts [nʌts] inf **I** tsw gelul! **II** bn ★ be ~ getikt zijn, gek zijn ★ be ~ about sbd / sth dol zijn op iem. / iets ★ go ~ gek worden **III** znw → vulg **nut**

nu

nuts-and-bolts ['nʌts-ən-'bəʊlts] **I** *bn* praktisch **II** *znw* [mv] grondbeginselen ★ *he fell down when it came to the ~ of looking after a baby* hij schoot tekort in de grondbeginselen van babyverzorging

nutshell ['nʌtʃel] *znw* notendop ★ *fig in a ~* in een notendop, in een paar woorden

nutter ['nʌtə] *inf znw* gek, halve gare, imbeciel

nut tree [nʌt tri:] *znw* ❶ notenboom, walnoot ❷ hazelaar

nutty ['nʌtɪ] *bn* ❶ met nootjes, met notensmaak, nootachtig ❷ *inf* getikt, gek

nuzzle ['nʌzəl] **I** *overg* ❶ wroeten langs of in ❷ besnuffelen **II** *onoverg* ❶ met de neus wrijven (duwen) tegen, snuffelen ❷ wroeten ❸ zich nestelen of vlijen

NW *afk* (northwest/northwestern) noordwest(elijk)

nylon ['naɪlən] **I** *bn* nylon **II** *znw* nylon

nylons ['naɪlənz] *znw* [mv] panty

nymph [nɪmf] *znw* ❶ nimf ❷ pop ‹v. insect›

nymphet [nɪm'fet] *inf znw* jong, vroegrijp meisje

nymphomaniac [nɪmfə'meɪnɪæk], *inf* **nympho I** *bn* nymfomaan **II** *znw* nymfomane

NYSE *eff afk* (New York Stock Exchange) de effectenbeurs van New York

nu

O

o [əʊ] *znw* ❶ (de letter) o ❷ nul ‹in telefoonnummers›

o' [ə] *voorz* (of) van ★ *a cup ~ tea* een kopje thee ★ *ten ~clock* tien uur

oaf [əʊf] *gedat znw* ❶ pummel, uilskuiken ❷ mispunt

oafish ['əʊfɪʃ] *gedat bn* pummelig, sullig, onnozel

oak [əʊk] **I** *bn* eiken, eikenhouten **II** *znw* ❶ eik ❷ eikenhout ❸ eikenloof

oaken ['əʊkən] *bn* eiken, eikenhouten

oakwood ['əʊkwʊd] *znw* ❶ eikenhout ❷ eikenbos

oaky ['əʊkɪ] *bn* eikachtig, met de smaak van eikenhout‹wijn›

OAP [əʊei'pi:] *afk* → **old age pensioner**

oar [ɔ:] *znw* ❶ (roei)riem ★ *inf afkeurend put / stick one's ~ in* een duit in het zakje doen, tussenbeide komen ★ *rest on one's ~s* op de riemen rusten, fig op zijn lauweren rusten ❷ roeier

oarlock ['ɔ:lɒk] *znw* → **rowlock**

oarsman ['ɔ:zmən] *znw* roeier

oarsmanship ['ɔ:zmənʃɪp] *znw* roeikunst

oarswoman ['ɔ:zwʊmən] *znw* roeister

oasis [əʊ'eɪsɪs] *znw* [mv: oases] oase

oast [əʊst] *znw* eest, droogoven

oat [əʊt] *znw* haver (meestal ~s) ★ *rolled ~s* havermout ★ *inf be off one's ~s* zich niet lekker voelen ★ Br *inf get one's ~s* (seksueel) aan zijn trekken komen ★ Am *inf feel one's ~s* bruisen van energie ★ *sow one's wild ~s* zich wild en onbezonnen gedragen tijdens zijn jonge jaren

oatcake ['əʊtkeɪk] *znw* haverkoek

oath [əʊθ] *znw* [mv: oaths] ❶ eed ★ Aus & NZ *inf my ~!* absoluut! ‹uitdrukking van instemming› ★ *the ~ of allegiance* de eed van trouw, de huldigingseed ★ *the ~ of office* de ambtseed ★ *be on / under ~* onder ede zijn ★ *take / swear an ~* een eed doen ❷ vloek

oatmeal ['əʊtmi:l] *znw* havermeel ★ *~ porridge* havermoutpap

OB Am *inf znw* → **obstetrician**

obbligato [ɒblɪ'ga:təʊ], **obligato** *muz znw* obligaat ‹gedeelte dat niet weggelaten mag worden›

obduracy ['ɒbdjʊərəsɪ] *form znw* verstoktheid, verharding, halsstarrigheid

obdurate ['ɒbdjʊərət] *form bn* verstokt, verhard, halsstarrig

obedience [əʊ'bi:dɪəns] *znw* gehoorzaamheid ★ *in ~ to* gehoorzamend aan, *form* overeenkomstig

obedient [əʊ'bi:dɪənt] *bn* gehoorzaam

obeisance [əʊ'beɪsəns] *form znw* ❶ diepe buiging ❷ hulde, respect, eerbetoon

obelisk ['ɒbəlɪsk] *znw* obelisk

obese [əʊ'bi:s] *bn* corpulent, zwaarlijvig

obesity [əʊ'bi:sətɪ] *znw* corpulentie, zwaarlijvigheid

obey [əʊ'beɪ] *overg* ❶ gehoorzamen (aan) ★ *I'm just ~ing orders* ik doe alleen maar wat me is opgedragen ❷ gehoor geven aan ❸ luisteren naar ⟨het roer⟩

obfuscate [ˈɒbfʌskeɪt] <u>form</u> overg ❶ verduisteren, benevelen ⟨het verstand⟩ ❷ verbijsteren, verwarren ★ *these regulations seem meant to ~ people* deze regels lijken bedoeld om mensen in de war te brengen

ob-gyn [ɒb-gaɪn] <u>Am inf</u> znw (obstetrician-gynaecologist) verloskundige en vrouwenarts

obituary [əˈbɪtʃʊərɪ] znw ❶ **obituary notice** overlijdens-, doodsbericht ❷ levensbericht, in memoriam

object I znw [ˈɒbdʒekt] ❶ voorwerp, object ❷ oogmerk, bedoeling, doel ★ *the foundation was opened with the ~ of promoting research* de stichting werd opgericht met het doel onderzoek te stimuleren ❸ onderwerp ⟨v. onderzoek⟩ ▼ *no ~* niet belangrijk, bijzaak II onoverg [əbˈdʒekt] ❶ er op tegen hebben ❷ tegenwerpingen maken, bezwaar hebben, opkomen (tegen *to*)

objectify [ɒbˈdʒektɪfaɪ] overg objectief voorstellen, belichamen

objection [əbˈdʒekʃən] znw tegenwerping, bedenking, bezwaar ★ *overcome sbd's ~s* iemands bezwaren overwinnen ★ *raise / voice one's ~s* uiting geven aan je bezwaren

objectionable [əbˈdʒekʃənəbl] bn ❶ aanstootgevend, afkeurenswaardig, verwerpelijk ❷ onaangenaam

objective [əbˈdʒektɪv] I bn objectief II znw ❶ objectief ⟨v. kijker⟩ ❷ <u>mil</u> object ❸ doel ★ <u>gramm</u> *the ~* voorwerpsnaamval

objectivity [ɒbdʒekˈtɪvətɪ] znw objectiviteit

object lesson [ˈɒbdʒekt ˈlesn] znw ❶ praktijkvoorbeeld, praktijkles ❷ sprekend voorbeeld, toonbeeld ★ *the press conference was an ~ in remaining calm under fire* de persconferentie was een toonbeeld van kalm blijven in de vuurlinie

objector [əbˈdʒektə] znw wie tegenwerpingen maakt, opponent ★ *a group of ~s to globalization stormed the building* een groep tegenstanders van globalisering bestormde het gebouw

oblation [əʊˈbleɪʃən] znw offerande, offer, gave

obligate [ˈɒblɪgeɪt] overg (ver)binden, verplichten ★ *you are not ~d to attend* je bent niet verplicht aanwezig te zijn

obligation [ɒblɪˈgeɪʃən] znw ❶ verbintenis, verplichting ★ *a contractual ~* contractuele verplichting, verbintenis uit een overeenkomst ★ *a legal ~* een wettelijke verplichting ★ *be under an ~ to* verplicht zijn te ★ *put sbd under an ~* iem. aan zich verplichten ❷ last ⟨erfrecht⟩

obligatory [əˈblɪgətərɪ] bn verplicht, bindend ★ *the ~ Christmas turkey with all the trimmings* de verplichte kerstkalkoen met alles erop en eraan ★ *make sth ~* iets verplicht stellen

oblige [əˈblaɪdʒ] I overg ❶ (aan zich) verplichten, noodzaken ★ *much ~d* hartelijke dank ★ *I'd be ~d if you'd ring first* ik zou het zeer op prijs stellen als je

eerst opbelde ★ *they're ~d to give two weeks' notice* ze zijn verplicht om een opzegtermijn van twee weken aan te houden ❷ een gunst bewijzen, een genoegen doen ★ <u>form</u> *you could ~ me by closing that window* zoudt u zo vriendelijk willen zijn om het raam te sluiten? II onoverg van dienst zijn, gewenst zijn ★ <u>form</u> *would you ~ with some coffee?* hebt u misschien koffie voor ons?

obliging [əˈblaɪdʒɪŋ] bn voorkomend, minzaam, inschikkelijk, behulpzaam, gedienstig ★ *an ~ passer-by showed me the way* een behulpzame voorbijganger wees me de weg

oblique [əˈbliːk] I bn ❶ scheef ⟨hoek⟩, schuin(s), hellend, afwijkend ❷ zijdelings, indirect, dubbelzinnig, slinks ★ *an ~ glance* een zijdelingse blik ★ *an ~ reference (to sth)* een indirecte verwijzing (naar iets) II znw schuine lijn, schuin streepje

obliquely [əˈbliːklɪ] bijw ❶ scheef, schuin ❷ zijdelings, indirect

obliterate [əˈblɪtəreɪt] overg ❶ uitwissen, doorhalen ★ *the fog completely ~d the view* de mist nam het uitzicht totaal weg ❷ vernietigen

obliteration [əblɪtəˈreɪʃən] znw ❶ doorhaling, doorstreping ❷ vernietiging

oblivion [əˈblɪvɪən] znw vergetelheid ★ *fall / sink into ~* in vergetelheid raken

oblivious [əˈblɪvɪəs] bn zich niet bewust, onbewust ★ *many bosses are ~ of labour laws* veel bazen hebben geen oog voor de arbeidswetten ★ *he seemed ~ to her unhappiness* hij scheen zich niet bewust te zijn dat ze niet gelukkig was

obliviously [əˈblɪvɪəslɪ] bijw onbewust

oblong [ˈɒblɒŋ] I bn langwerpig II znw rechthoek, langwerpig voorwerp

obnoxious [əbˈnɒkʃəs] bn ❶ aanstootgevend ❷ gehaat ❸ onaangenaam, verfoeilijk, afschuwelijk ★ *he's being ~ to everybody lately* hij is de laatste tijd erg vervelend tegen iedereen

obnoxiously [əbˈnɒkʃəslɪ] bijw aanstootgevend, onaangenaam

obnoxiousness [əbˈnɒkʃəsnəs] znw aanstootgevendheid, onaangenaamheid, onhebbelijkheid

oboe [ˈəʊbəʊ] <u>muz</u> znw hobo

oboist [ˈəʊbəʊɪst] znw hoboïst

obscene [əbˈsiːn] bn obsceen, schunnig, onfatsoenlijk, onzedelijk ★ *~ language* obscene taal ★ *an ~ amount of money has gone into the renovations* een onfatsoenlijke hoeveelheid geld is in de verbouwingen gestoken

obscenely [əbˈsiːnlɪ] bijw obsceen, schunnig, onfatsoenlijk, onzedelijk

obscenity [əbˈsenətɪ] znw obsceniteit, ontuchtigheid, schunnigheid ★ *he was shouting obscenities at the police* hij riep schunnigheden naar de politie

obscurant [ɒbˈskjʊərənt], **obscurantist** I bn obscurantistisch II znw obscurantist, domper

obscurantism [ɒbˈskjʊərəntɪzm] znw obscurantisme

obscure [əb'skjʊə] I *bn* ❶ duister, donker ★ *their motives remain* ~ hun motieven blijven duister ❷ obscuur, onduidelijk, vaag ★ *he made an* ~ *reference to Italian history* hij maakte een onduidelijke verwijzing naar de Italiaanse geschiedenis ❸ onbekend, verborgen II *overg* ❶ verduisteren, donker maken ❷ verdoezelen, fig overschaduwen ★ *we mustn't let personal considerations* ~ *the matter* we moeten persoonlijke overwegingen de zaak niet laten overschaduwen

obscurity [əb'skjʊərətɪ] *znw* ❶ duister, duisternis, donker, donkerte ❷ onbekendheid, onbelangrijkheid ★ *fall into* ~ onbekend worden, bekendheid verliezen ★ *live in* ~ stil (teruggetrokken) leven ❸ obscuriteit, onduidelijkheid

obsequies ['ɒbsəkwɪz] form *znw* [mv] ❶ rouwplechtigheid, lijkdienst ❷ uitvaart, begrafenis

obsequious [əb'si:kwɪəs] *bn* onderdanig, overgedienstig, kruiperig

obsequiously [əb'si:kwɪəslɪ] *bijw* onderdanig, overgedienstig, kruiperig

observable [əb'zɜ:vəbl] *bn* ❶ merkbaar, waarneembaar ★ *there's no* ~ *change to her condition* er is geen merkbare verandering in haar toestand ❷ opmerkenswaard(ig)

observance [əb'zɜ:vəns] *znw* ❶ waarneming ❷ inachtneming, naleving ★ *the* ~ *of one minute's silence* het in acht nemen van een minuut stilte ❸ viering, plechtigheid ❹ voorschrift, regel

observant [əb'zɜ:vənt] *bn* ❶ oplettend, opmerkzaam ★ *that's very* ~ *of you* dat is erg opmerkzaam van je, dat heb je goed gezien ❷ nalevend, inachtnemend

observation [ɒbzə'veɪʃən] *znw* ❶ waarneming, observatie ★ *she's being kept there overnight for* ~ ze wordt daar een nacht gehouden voor observatie ★ *for his age, his powers of* ~ *are remarkable* voor zijn leeftijd is zijn waarnemingsvermogen buitengewoon ★ *we have them under* ~ we houden ze in de gaten ❷ opmerking

observational [ɒbzə'veɪʃnəl] *bn* waarnemings-

observation deck [ɒbzə'veɪʃən dek] *znw* observatiedek

observation post [ɒbzə'veɪʃən pəʊst] *znw* observatiepost

observatory [əb'zɜ:vətərɪ] *znw* ❶ observatorium, sterrenwacht ❷ uitzicht-, uitkijktoren

observe [əb'zɜ:v] *overg* ❶ waarnemen, gadeslaan, observeren ❷ opmerken ★ *'our position is no worse than it was', he* ~*d* 'onze positie is niet slechter dan hij was', merkte hij op ❸ in acht nemen, naleven, vieren ‹feestdagen›

observer [əb'zɜ:və] *znw* ❶ waarnemer, opmerker, observator ❷ toeschouwer

observing [əb'zɜ:vɪŋ] *bn* opmerkzaam

obsess [əb'ses] *overg* obsederen, niet loslaten, onophoudelijk ver-, achtervolgen ‹van gedachten›

★ *he's* ~*ed by the thought of dying* de gedachte dat hij doodgaat laat hem niet los ★ *she's* ~*ed with clothes* ze denkt alleen maar aan kleren

obsession [əb'seʃən] *znw* ❶ bezeten zijn ‹door boze geest› ❷ obsessie, nooit loslatende gedachte, voortdurende kwelling

obsessional [əb'seʃnəl], **obsessive** *bn* ❶ obsederend ❷ geobsedeerd, bezeten

obsessive [əb'sesɪv] *bn* ❶ obsederend ❷ bezeten

obsessive compulsive disorder [əb'sesɪv kəm'pʌlsɪv dɪs'ɔ:də] psych *znw* obsessieve-compulsieve stoornis, dwangneurose

obsidian [əb'sɪdɪən] *znw* lavaglas, obsidiaan

obsolescence [ɒbsə'lesəns] *znw* veroudering, in onbruik geraken ★ *built-in / planned* ~ ingecalculeerde veroudering

obsolescent [ɒbsə'lesənt] *bn* verouderend, in onbruik gerakend

obsolete ['ɒbsəli:t] *bn* verouderd, in onbruik geraakt

obstacle ['ɒbstəkl] *znw* obstakel, hinderpaal, hindernis, beletsel ★ *an* ~ *in the path of progress* een hindernis op de weg naar vooruitgang

obstacle race ['ɒbstəkl reɪs] *znw* wedren met hindernissen

obstetric [ɒb'stetrɪk] *bn* ❶ verloskundig ❷ kraam-

obstetrician [ɒbstə'trɪʃən] *znw* verloskundige

obstetrics [əb'stetrɪks] *znw* [mv] obstetrie, verloskunde

---

obstetrics

(verloskunde) is eigenlijk meervoud, maar wordt meestal als enkelvoud behandeld:
Obstetrics is currently undergoing a major crisis - De verloskunde maak momenteel een ernstige crisis door.
Obstetrics have compulsary emergency study days - De verloskundestudie kent verplichte eerstehulpstudiedagen.

---

obstinacy ['ɒbstɪnəsɪ] *znw* hardnekkigheid, halsstarrigheid, (stijf)koppigheid

obstinate ['ɒbstɪnət] *bn* ❶ hardnekkig ❷ halsstarrig, stijfhoofdig, koppig, obstinaat

obstreperous [əb'strepərəs] *bn* ❶ luidruchtig, rumoerig, lawaaiig ★ ~ *football supporters* luidruchtige voetbalsupporters ❷ onhandelbaar, woelig

obstruct [əb'strʌkt] *overg* ❶ verstoppen, blokkeren, versperren ❷ belemmeren, (ver)hinderen ★ *you'll be charged with* ~*ing justice* je wordt aangeklaagd wegens het belemmeren van de rechtsgang ❸ zich verzetten tegen

obstruction [əb'strʌkʃən] *znw* ❶ obstructie, verstopping, versperring ❷ belemmering, hindernis

obstructionism [əb'strʌkʃənɪzəm] pol *znw* obstructionisme

obstructionist [əb'strʌkʃənɪst] I *bn* obstructievoerend II *znw* obstructievoerder, obstructionist

obstructive [əb'strʌktɪv] *bn* ❶ verstoppend ❷ belemmerend, versperrend, verhinderend

❸ obstructievoerend, obstructief ❹ obstructie-
obstructor [əb'strʌktə] *znw* ❶ tegenstrever ❷ iem. die de doorgang verspert
obtain [əb'teɪn] **I** *overg* (ver)krijgen, bekomen, verwerven, behalen **II** *onoverg* ❶ <u>form</u> algemeen regel zijn, ingang gevonden hebben ❷ <u>form</u> heersen, gelden ★ *drought conditions now ~ throughout the country* er heerst nu een staat van droogte in het hele land
obtainable [əb'teɪnəbl] *bn* verkrijgbaar
obtrude [əb'tru:d] **I** *overg* opdringen, indringen **II** *onoverg* zich indringen, zich opdringen (aan *on / upon*) ★ *~ on sbd's privacy* een inbreuk doen op iemands privacy
obtrusion [əb'tru:ʒən] *znw* op-, indringing
obtrusive [əb'tru:sɪv] *bn* op-, indringerig
obtrusively [əb'tru:sɪvlɪ] *bijw* opdringerig, indringerig
obtuse [əb'tju:s] *bn* ❶ stomp, bot ❷ <u>form</u> stompzinnig
obverse ['ɒbvɜ:s] *znw* ❶ voorzijde ⟨v. munt &⟩ ❷ <u>form</u> pendant, keerzijde, tegengestelde ★ *the ~ is true* het tegengestelde is waar
obversely [ɒb'vɜ:slɪ] *bijw* omgekeerd
obviate ['ɒbvɪeɪt] *overg* afwenden, voorkomen, ondervangen, uit de weg ruimen ★ *~ the need for sth* iets overbodig maken
obvious ['ɒbvɪəs] **I** *bn* ❶ voor de hand liggend, in het oog springend, duidelijk (merkbaar), kennelijk, klaarblijkelijk, zonneklaar ❷ aangewezen **II** *znw* ★ *state the ~* een open deur intrappen
obviously ['ɒbvɪəslɪ] *bijw* duidelijk, kennelijk
obviousness ['ɒbvɪəsnəs] *znw* ❶ duidelijkheid ❷ klaarblijkelijkheid
ocarina [ɒkə'ri:nə] <u>muz</u> *znw* ocarina
occasion [ə'keɪʒən] **I** *znw* ❶ gelegenheid, situatie ★ *a party is not a suitable ~ for a long speech* een feestje is niet de aangewezen gelegenheid voor een lange toespraak ★ *the wedding provided the ~ for a family reunion* de bruiloft bood de gelegenheid voor een familiereünie ★ *on ~* af en toe ★ *on the ~ of* bij gelegenheid van ★ *on special ~s* bij speciale gelegenheden ★ *if the ~ arises* als de gelegenheid zich voordoet ★ *be equal to the ~* tegen de situatie zijn opgewassen ★ *rise to the ~* tegen de moeilijkheden (taak) opgewassen zijn ★ *take / use the ~ to* van de gelegenheid gebruik maken om ❷ aanleiding, behoefte ★ <u>form</u> *have ~ to* moeten ❸ gebeurtenis, plechtigheid, feest **II** *overg* <u>form</u> veroorzaken, aanleiding geven tot ★ *his case has ~ed a lot of concern* zijn geval heeft een hoop ongerustheid veroorzaakt
occasional [ə'keɪʒənl] *bn* ❶ toevallig, nu en dan (voorkomend), af en toe, onregelmatig, zelden ★ *I have the ~ whiskey* ik neem af en toe een whisky ❷ gelegenheids-
occasionally [ə'keɪʒənlɪ] *bijw* ❶ af en toe, nu en dan, van tijd tot tijd ❷ bij gelegenheid
occasional table [ə'keɪʒənl 'teɪbl] *znw* bijzettafeltje
Occident ['ɒksɪdənt] <u>form of dicht</u> *znw* ★ *the ~* het

westen, het Avondland
occidental [ɒksɪ'dentl] <u>form</u> **I** *bn* westelijk, westers ★ *~ cultural values* westelijke culturele waarden **II** *znw* ★ *an Occidental* een westerling
occipital [ɒk'sɪpɪtl] <u>anat</u> *bn* achterhoofds-
occiput ['ɒksɪpʌt] <u>anat</u> *znw* achterhoofd
occlude [ə'klu:d] *overg & onoverg* ❶ <u>form of techn</u> afsluiten, stoppen ❷ <u>chem</u> absorberen ⟨gassen⟩
occlusion [ə'klu:ʒən] *znw* ❶ <u>med</u> afsluiting, verstopping ❷ <u>meteor</u> occlusie, occlusiefront ❸ <u>tandheelk</u> (normaal) op elkaar sluiten van boven- en ondertanden
occult [ɒ'kʌlt] *bn* ❶ occult, bovennatuurlijk, magisch ★ *he claims to have ~ powers* hij zegt dat hij bovennatuurlijke gaven heeft ❷ verborgen, geheim
occulting light [ɒ'kʌltɪŋ laɪt] *znw* afgebroken licht ⟨v. vuurtoren⟩
occultism ['ɒkʌltɪzm] *znw* occultisme
occupancy ['ɒkjupənsɪ] *znw* inbezitneming, bezit, bewoning
occupant ['ɒkjupənt] *znw* ❶ wie bezit neemt, bezitter ❷ bewoner, inzittende ★ *the car's ~s* de inzittenden van de auto ❸ bekleder ⟨v. ambt⟩
occupation [ɒkju'peɪʃən] *znw* ❶ bezitneming, bezit, <u>mil</u> bezetting ❷ bewoning ★ *the houses are not yet ready for ~* de huizen zijn nog niet gereed voor bewoning ★ *unfit for ~* onbewoonbaar ❸ bezigheid, beroep
occupational [ɒkju'peɪʃnl] *bn* beroeps- ★ *~ expenses* beroepskosten ★ *an ~ illness* een beroepsziekte
occupational hazard [ɒkju'peɪʃnl 'hæzəd], **occupational risk** *znw* beroepsrisico
occupational therapist [ɒkju'peɪʃnl 'θerəpɪst] *znw* bezigheidstherapeut
occupational therapy [ɒkju'peɪʃnl 'θerəpɪ] *znw* bezigheidstherapie
occupier ['ɒkjupaɪə] *znw* ❶ bezetter ❷ bewoner
occupy ['ɒkjupaɪ] *overg* ❶ bezetten, bezet houden ❷ beslaan ⟨plaats⟩, innemen ❸ in beslag nemen ⟨tijd &⟩, bezighouden ★ *~ oneself with sth / be occupied with sth* aan / met iets bezig zijn ★ *keep sbd occupied* iem. bezighouden ❹ bewonen ⟨huis⟩ ★ *the house hasn't been occupied for years* het huis is al jaren niet meer bewoond ❺ bekleden ⟨post⟩
occur [ə'kɜ:] *onoverg* ❶ vóórkomen, zich voordoen, gebeuren, voorvallen ❷ opkomen, invallen ★ *it just didn't ~ to me to ask* het kwam gewoon niet bij me op om het te vragen
occurrence [ə'kʌrəns] *znw* ❶ gebeurtenis, voorval ★ *domestic violence is an everyday ~ here* huiselijk geweld is hier aan de orde van de dag ❷ vóórkomen
ocean ['əʊʃən] *znw* oceaan, (wereld)zee ★ <u>inf</u> *we have ~s of time to get there* we hebben tijd zat om er te komen
ocean-going ['əʊʃən-'gəʊɪŋ], **oceangoing** *bn* zeewaardig ★ *an ~ ship* een zeeschip
oceanic [əʊʃɪ'ænɪk] *bn* ❶ van de oceaan, oceaan-, zee-

❷ <u>fig</u> onmetelijk, grenzeloos

ocean liner ['əʊʃən 'laɪnə] *znw* oceaanstomer, cruiseschip, passagiersschip

oceanographer [əʊʃə'nɒgrəfə] *znw* oceanograaf

oceanography [əʊʃə'nɒgrəfɪ] *znw* oceanografie

ocelot ['ɒsɪlɒt] *znw* ocelot, wilde tijgerkat

ochre ['əʊkə], **ocher** *znw* oker

ocker ['ɒkə], **okker** <u>Aus inf</u> *znw* onbehouwen Australiër

o'clock [ə'klɒk] *bijw* uur

OCR <u>comput</u> *afk* (optical character recognition) tekstherkenning

Oct. *afk* (October) oktober

octagon ['ɒktəgən] *znw* achthoek

octagonal [ɒk'tægənl] *bn* achthoekig

octahedral [ɒktə'hi:drəl] *bn* achtvlakkig

octahedron [ɒktə'hi:drən] *znw* achtvlak

octane ['ɒkteɪn] *znw* octaan

octane number ['ɒkteɪn 'nʌmbə], **octane rating** *znw* octaangetal, octaanwaarde

octave ['ɒktɪv] *znw* ❶ achttal ❷ octaaf ★ *with his long fingers he could span an ~ and a half* met zijn lange vingers kon hij anderhalve octaaf overbruggen ❸ octaafdag ❹ acht versregels

octavo [ɒk'teɪvəʊ] *znw* octavo ‹papier- en boekformaat›

octet [ɒk'tet] *znw* ❶ <u>muz</u> octet ❷ acht versregels

October [ɒk'təʊbə] *znw* oktober

octogenarian [ɒktəʊdʒɪ'neərɪən] *bn & znw* tachtigjarig(e)

octopus ['ɒktəpəs] *znw* [*mv:* -es] ❶ octopus, achtarmige poliep, inktvis ❷ spin, snelbinder

octosyllabic [ɒktəʊsɪ'læbɪk] *bn* achtlettergrepig

octosyllable [ɒktəʊ'sɪləbl] *znw* achtlettergrepig woord

octuple [ɒk'tjʊpl] **I** *bn* achtvoudig **II** *znw* achtvoud

ocular ['ɒkjʊlə] **I** *bn* oog- **II** *znw* oculair

oculist ['ɒkjʊlɪst] <u>gedat</u> *znw* oogarts

OD *afk* → **overdose**

odd [ɒd] *bn* ❶ zonderling, vreemd, gek, raar ★ *how odd - I'm sure I left my glasses here* wat vreemd - ik weet zeker dat ik mijn bril hier heb laten liggen ★ *the ~ man / one out* het buitenbeentje, de zonderling ❷ toevallig, onregelmatig ★ *he has the ~ cigar after dinner* af en toe rookt hij een sigaar na het eten ❸ ongeveer, ietsje meer dan ★ *he paid fifty ~ dollars* hij betaalde een dollar of vijftig ❹ oneven ❺ overgebleven van één of meer paren, niet bij elkaar horend

oddball ['ɒdbɔ:l] <u>inf</u> *znw* excentriekeling, vreemde snoeshaan

Oddfellow ['ɒdfeləʊ] *znw* lid van de op vrijmetselaars gelijkende vereniging van de *Oddfellows*

oddity ['ɒdətɪ] *znw* ❶ zonderlingheid, vreemdheid ❷ excentriek wezen, gek type, zonderling ★ *she's regarded as something of an ~* ze wordt beschouwd als een beetje excentriek persoon ❸ curiositeit

odd job [ɒd dʒɒb] *znw* (meestal *mv*) karweitje, klusje

odd-job man [ɒd'dʒɒbə mæn], **odd-jobber** *znw*

klusjesman, manusje van alles

odd-looking [ɒd'lʊkɪŋ] *bn* er vreemd uitziend

oddly ['ɒdlɪ] *bijw* vreemd, gek (genoeg) ★ *~ enough, she didn't mention the divorce* vreemd genoeg zei ze niets over de scheiding

oddments ['ɒdmənts] *znw* [*mv*] overgebleven stukken, restanten

oddness ['ɒdnəs] *znw* eigenaardigheid

odd pricing ['ɒd 'praɪsɪŋ] <u>marketing</u> *znw* odd pricing ‹psychologische prijsbepaling waarbij de prijzen eindigen op een oneven, niet-afgerond, getal om ze goedkoper te laten lijken (bijv. 199 euro in plaats van 200 euro)›

odds [ɒdz] *znw* [*mv*] ❶ grotere kans, waarschijnlijkheid ★ *we may get rain, but it's long ~* we kunnen regen krijgen, maar de kans is klein ★ *it's short ~ that we'll get rain soon* het is zo goed als zeker dat we binnenkort regen krijgen ★ *at ~* oneens, overhoop liggend (met *with*) ★ *the ~ are against his coming* naar alle waarschijnlijkheid zal hij niet komen ★ <u>Am</u> *by all ~* vast en zeker ★ *by all the ~* verreweg ‹de beste &›, ontegenzeggelijk ★ *the ~ are that she'll live* er is een goede kans dat ze het overleeft ★ <u>sp</u> *lay / give ~* voorgift geven ★ <u>Br inf</u> *it makes no ~* het maakt niets uit ★ *pay over the ~* te veel betalen ★ *the ~ are stacked against me* alles keert zich tegen me ★ *take ~* een ongelijke weddenschap aannemen ★ *take ~ of one to eight* een inzet accepteren van één tegen acht ❷ notering van een paard bij de bookmakers

odds and ends [ɒdz ən 'endz] *znw* [*mv*] stukken en brokken, brokstukken, rommel

odds and sods [ɒdz ən 'sɒdz] <u>inf</u> *znw* [*mv*] allerlei troep, allerlei soorten mensen, mengelmoes

odds-on [ɒdz-'ɒn] *bn* goede ‹kans›

ode [əʊd] *znw* ode

odious ['əʊdɪəs] *bn* hatelijk, afschuwelijk, verfoeilijk

odium ['əʊdɪəm] <u>form</u> *znw* ❶ haat en verachting ❷ blaam

odometer [əʊ'dɒmɪtə] *znw* kilometer- / mijlenteller

odontologist [ɒdɒn'tɒlədʒɪst] *znw* tandheelkundige, odontoloog

odontology [ɒdən'tɒlədʒɪ] *znw* tandheelkunde, odontologie

odor ['əʊdə] <u>Am</u> *znw* → **odour**

odoriferous [əʊdə'rɪfərəs] *bn* sterk ruikend ‹vooral onaangenaam›

odorous ['əʊdərəs] *bn* ❶ welriekend, geurig ❷ stinkend

odour ['əʊdə], <u>Am</u> **odor** *znw* reuk, geur, <u>fig</u> reputatie ★ *be in bad / ill ~ with sbd* in een kwade reuk staan bij iem.

odourless ['əʊdələs], <u>Am</u> **odorless** *bn* reukloos

odyssey ['ɒdɪsɪ] *znw* lange, avontuurlijke reis

OECD *afk* (Organization for Economic Cooperation and Development) OESO, Organisatie voor Economische Samenwerking en Ontwikkeling

oecumenical [i:kjʊ'menɪkl] *bn* oecumenisch

oc

oedema [ɪ'diːmə], Am **edema** med znw oedeem
oedipal ['iːdɪpl] bn oedipaal
Oedipus complex ['iːdɪpəs 'kɒmpleks] znw
oedipuscomplex
OEM comput afk (Original Equipment Manufacturer)
OEM, oorspronkelijke hardwarefabrikant
oenology [iː'nɒlədʒɪ] znw oenologie, wijnkunde
oenophile ['iːnəʊfaɪl] znw wijnliefhebber, wijnkenner
o'er ['əʊə] dicht I voorz ❶ over (heen) ❷ aan de
overkant ❸ met betrekking tot II bijw ❶ naar de
andere kant ❷ naar / aan de overkant
oesophagus [iː'sɒfəgəs], Am **esophagus** znw [mv: -es of
oesophagi] slokdarm
oestrogen ['iːstrədʒən], Am **estrogen** znw oestrogeen
oestrus ['iːstrəs] znw ❶ paardrift ‹van vrouwelijke
zoogdieren› ❷ vruchtbare periode
oeuvre ['ɜːvrə] ‹Fr› znw ❶ oeuvre ❷ (kunst)werk
of [ɒv, əv] voorz van ★ the city ~ Rome de stad Rome
★ ~ itself vanzelf, uit zichzelf ★ the three ~ them het
drietal ★ there were fifty ~ them er waren er vijftig,
ze waren met zijn vijftigen ★ he ~ the grey Mercedes
die met de grijze Mercedes ★ ~ all the cheek / nerve!
wat een brutaliteit! ★ ~ all the nonsense wat een
onzin, zo'n onzin, (een) onzin! ★ he ~ all people en
dat juist hij ★ in China, ~ all places in China, nota
bene ★ ~ all things, she wants a football ze wil
uitgerekend een voetbal ★ ~ an evening / morning &
des avonds, des morgens &
off [ɒf] I voorz ❶ van... (af), van... (weg), van,
verwijderd van ★ be ~ one's food geen trek in eten
hebben ★ live ~ the land van het land leven ❷ opzij
van, uitkomend op, in de buurt van ❸ scheepv op
de hoogte van II bn ❶ verder gelegen, aan de
zijkant ★ the ~ horse het vandehandse (rechtse)
paard ★ an ~ street een zijstraat ❷ minder goed, uit,
af ★ inf she's in a bit of an ~ mood ze is een beetje
slecht gehumeurd ★ inf my stomach's a bit ~ mijn
maag is niet helemaal in orde ★ Br inf that's a bit ~,
isn't it? dat is toch niet helemaal zoals het hoort te
zijn, wel?, dat is een beetje onbeleefd, nietwaar?
★ be ~ niet doorgaan ‹v. wedstrijd &›, van de baan
zijn, uit zijn ‹verloving &›, afgedaan hebben,
uitgeschakeld zijn, er naast zitten, in slaap zijn, in
zwijm liggen, bedorven zijn, stinken, opstappen,
weggaan, vertrekken ❸ weg ★ they're ~! en wèg zijn
ze! ‹bij race› ★ ~ you go! daar ga je!, vooruit met de
geit! III bijw ❶ er af, af ★ ~ and on af en toe, bij
tussenpozen, een enkele maal ❷ weg, ver,
verwijderd ★ (be) ~ with you! weg!, eruit! ★ have a
day ~ een vrije dag hebben ❸ er aan toe, uit ★ how
are we ~ for supplies? hoe staat het met onze
voorraden? ★ how are you ~ for money? heb je geld
genoeg? ★ be badly ~ er slecht aan toe zijn, het
slecht hebben
offal ['ɒfəl] znw afval, slachtafval
off balance [ɒf 'bæləns] bn uit het evenwicht ★ catch
sbd ~ iem. overrompelen ★ throw sbd ~ iem. zijn
evenwicht laten verliezen, iem. in verwarring

brengen
off beam [ɒf biːm] inf bn verkeerd, mis
off-beat ['ɒf-biːt] inf bn ongewoon, bijzonder,
buitenissig
off-centre [ɒf-'sentə], Am **off-center** bn ❶ niet
helemaal in het midden ❷ excentrisch
off chance ['ɒf-tʃɑːns] znw eventuele mogelijkheid
★ on the ~ op goed geluk
off-colour [ɒf-'kʌlə], Am **off-color** bn ❶ onwel, niet in
orde, niet lekker ❷ inf onfatsoenlijk
offcut ['ɒfkʌt] znw restant, afval ‹v. afgesneden
papier, gezaagd hout &›
off-day ['ɒf-deɪ] znw ❶ ongeluksdag ❷ dag waarop
men niet op dreef is
off-duty [ɒf-'djuːtɪ] bn niet in functie, buiten
diensttijd
offence [ə'fens], Am **offense** znw ❶ overtreding,
vergrijp, delict, strafbaar feit, misdaad ★ a
criminal ~ een strafbaar feit ★ a driving ~ een
verkeersovertreding ❷ belediging, aanstoot,
ergernis ★ no ~ meant neem me niet kwalijk ★ cause
/ give ~ aanstoot geven ★ take ~ (at sth) zich beledigd
voelen (over iets) ❸ aanval
offend [ə'fend] I overg ❶ beledigen, ergeren, kwetsen
❷ aanstoot geven ❸ onaangenaam aandoen
II onoverg misdoen ★ ~ against zondigen tegen,
overtreden
offender [ə'fendə] znw ❶ overtreder, delinquent ★ a
first ~ een delinquent met een blanco strafregister
★ a young ~ institution een jeugdgevangenis, een
strafinrichting voor jeugdigen ❷ zondaar
offender profile [ə'fendə 'prəʊfaɪl] znw daderprofiel
offensive [ə'fensɪv] I bn ❶ beledigend, ergerlijk
❷ weerzinwekkend, onaangenaam, walgelijk
❸ offensief, aanvallend, aanvals- II znw offensief,
aanval ★ act on the ~ aanvallend optreden ★ be on
the ~ in de aanval gaan ★ go on the ~ / take the ~ het
offensief openen
offensively [ə'fensɪvlɪ] bijw ❶ beledigend,
aanstootgevend ❷ walgelijk, weerzinwekkend
❸ offensief, aanvallend
offensiveness [ə'fensɪvnəs] znw beledigende aard,
aanstotelijkheid
offer ['ɒfə] I znw ❶ aanbod, aanbieding ★ an ~ of help
een aanbod om te helpen ★ on ~ (goedkoop)
aangeboden, in de aanbieding ❷ offerte, bod ★ a
firm ~ een vaste offerte ★ the house is under ~ er is
een bod gedaan op het huis ★ put in / make an ~
een bod uitbrengen ❸ (huwelijks)aanzoek II overg
❶ (aan)bieden, offreren ★ ~ one's hand een hand
geven ❷ offeren, ten offer brengen (ook: ~ up)
❸ aanvoeren ‹ter verdediging› ❹ uitloven ‹prijs›
❺ ten beste geven, maken ‹opmerkingen &›
❻ (uit)oefenen ‹kritiek› III onoverg ❶ zich
aanbieden ❷ zich voordoen
offerer ['ɒfərə], **offeror** znw ❶ offeraar ❷ aanbieder
❸ bieder
offering ['ɒfərɪŋ] znw ❶ offerande, offergave, offer

of

❷ gift ❸ (te koop aangeboden) product

offer price ['ɒfə praɪs] <u>eff</u> znw laatkoers, vraagprijs

offertory ['ɒfətərɪ] znw ❶ offertorium, offergebed ❷ collecte

offhand [ɒf'hænd], **off-handed** I bn ❶ terloops, zonder ophef ❷ nonchalant ❸ bruusk II bijw, **off-handedly** onvoorbereid, voor de vuist weg

off-hours ['ɔːfaʊəz] znw [mv] vrije uren

office ['ɒfɪs] znw ❶ kantoor, bureau, ministerie, <u>Am</u> spreekkamer ❷ ambt, functie, betrekking, dienst, bediening, taak ★ be in ~ een ambt bekleden, in functie zijn ★ hold ~ een ambt bekleden ★ leave / retire from ~ zijn ambt neerleggen ★ take ~ een (zijn) ambt aanvaarden, aan het bewind komen ❸ (kerk)dienst, ritueel, gebed, gebeden ★ through the good ~s of door de welwillende medewerking van

office-bearer [ɒfɪs-beərə], **office-holder** znw titularis, functionaris

office block ['ɒfɪs blɒk] znw kantoorgebouw

office boy ['ɒfɪs bɔɪ] znw loopjongen, kantoorjongen

office building ['ɒfɪs 'bɪldɪŋ] znw kantoorgebouw

office hours ['ɒfɪsaʊəz] znw [mv] ❶ kantooruren, werktijd ❷ spreekuren

office manager ['ɒfɪs 'mænɪdʒə] znw bureauchef

officer ['ɒfɪsə] I znw ❶ beambte, ambtenaar, functionaris ❷ agent ⟨van politie⟩ ❸ <u>mil</u> officier ★ a commanding ~ een bevelhebber ❹ deurwaarder II overg ❶ <u>mil</u> van officieren voorzien, encadreren ❷ aanvoeren ⟨als officier⟩

office space ['ɒfɪs speɪs] znw ❶ kantoorruimte ❷ bedrijfsruimte

office supplies ['ɒfɪs sə'plaɪz] znw [mv] kantoorbenodigdheden

office worker ['ɒfɪs 'wɜːkə] znw bediende, beambte

official [ə'fɪʃəl] I bn ambtelijk, officieel, ambts- ★ ~ duties ambtsbezigheden, -plichten II znw ❶ ambtenaar, beambte, functionaris ★ a local ~ een gemeenteambtenaar ❷ <u>sport</u> official

officialdom [ə'fɪʃəldəm] <u>afkeurend</u> znw bureaucratie

officialese [əfɪʃə'liːz] <u>afkeurend</u> znw ambtelijk jargon

official receiver [ə'fɪʃəl rɪ'siːvə] <u>Br</u> znw curator, bewindvoerder ⟨bij faillissement⟩

official secret [ə'fɪʃəl 'siːkrɪt] znw staatsgeheim

Official Secrets Act [ə'fɪʃəl 'siːkrɪts 'ækt] znw ★ the ~ de wet op de staatsgeheimen ⟨in het Verenigd Koninkrijk⟩

officiant [ə'fɪʃɪənt] <u>godsd</u> znw officiant, celebrant ⟨geestelijke die een mis / dienst leidt⟩

officiate [ə'fɪʃɪeɪt] onoverg ❶ dienst doen ★ ~ as sth fungeren als iets ❷ officiëren, de dienst doen, de mis opdragen ★ her local priest will ~ at her wedding haar plaatselijke priester zal haar huwelijk inzegenen

officious [ə'fɪʃəs] bn ❶ autoritair ❷ overgedienstig, opdringerig, bemoeiziek

officiously [ə'fɪʃəslɪ] bijw ❶ autoritair ❷ overgedienstig, opdringerig

offing ['ɒfɪŋ] znw ★ in the ~ in het verschiet, op til

offish ['ɒfɪʃ] inf bn ❶ gereserveerd ❷ uit de hoogte

off-key [ɒf'kiː] bn vals, uit de toon (vallend)

off-licence ['ɒflaɪsəns], <u>Am</u> **off-license** znw ❶ <u>Br</u> slijtvergunning ❷ slijterij, slijterijafdeling in café

off-limits ['ɒf-'lɪmɪts] bn verboden ⟨terrein &⟩ ★ his doctor has declared the pub ~ to him zijn dokter heeft de kroeg tot verboden terrein verklaard voor hem

off-line [ɒf-'laɪn], **offline** <u>comput</u> bn offline

offload ['ɒfləʊd] overg ❶ lossen ⟨voertuig⟩ ❷ <u>fig</u> dumpen, van de hand doen, lozen

off-message [ɒf-'mesɪdʒ] bn afwijkend van het partijprogramma ⟨gezegd van een politicus⟩

off-night ['ɒfnaɪt] znw vrije avond

off-peak [ɒf-'piːk] bn ❶ buiten de piekuren ❷ buiten het hoogseizoen

off-piste [ɒf-'piːst] bn & bijw buiten de pistes

offprint ['ɒfprɪnt] znw overdrukje

off-putting ['ɒf-'pʊtɪŋ] inf bn ❶ ontmoedigend, van de wijs brengend ❷ ontstellend, onaantrekkelijk

off-ramp [ɒf-'ræmp] <u>Am</u> znw afrit, afslag ⟨van autoweg⟩

off-road [ɒf-'rəʊd] I bn terrein- ★ an ~ vehicle terreinwagen II bijw van de weg af, op ruig terrein, crosscountry

offscourings ['ɒfskaʊrɪŋz] znw [mv] afval

off season ['ɒfsiːzən] znw slappe tijd, komkommertijd, laagseizoen

off-season [ɒf'siːzən] bn buiten het seizoen ★ ~ rates prijzen buiten het seizoen, laagseizoenprijzen

offset ['ɒfset] I znw ❶ uitloper, wortelscheut, spruit ❷ tegenwicht, vergoeding, compensatie ❸ offset(druk) II overg opwegen tegen, goedmaken, compenseren, tenietdoen, neutraliseren ★ ~ sth against iets stellen tegenover

offshoot ['ɒfʃuːt] znw uitloper, afzetsel, zijtak

offshore ['ɒfʃɔː] bn ❶ van de kust af, aflandig ⟨wind⟩ ❷ bij (voor) de kust, offshore- ⟨m.b.t. oliewinning &⟩ ❸ <u>handel</u> in het buitenland, buitenlands ⟨m.b.t. banken, fondsen &⟩

offshore company ['ɒfʃɔː 'kʌmpənɪ] znw brievenbusfirma

offside ['ɒf'saɪd] I bn & bijw buitenspel- II znw sp buitenspel(positie)

off side ['ɒf 'saɪd] <u>auto</u> I bn rechter- ⟨in Engeland &⟩, linker- ⟨elders⟩ II znw ★ the ~ de rechterkant ⟨in Engeland &⟩, de linkerkant ⟨elders⟩

offsider ['ɒfsaɪdə] znw partner, helper, assistent

offspin ['ɒfspɪn] znw effectbal in cricket

offspring ['ɒfsprɪŋ] znw ❶ (na)kroost, spruit(en), nakomeling(en), nageslacht ★ all three parties were the ~ of the pro-democracy movement alle drie de partijen zijn voortgekomen uit de democratische beweging ❷ <u>fig</u> resultaat

off-stage ['ɒf'steɪdʒ] bn achter de coulissen ★ ~ he's a generous man privé is het een hartelijke man

off-street [ɒf-'striːt] bn niet op de openbare weg

off the bat [ɒf ðə 'bæt] bijw meteen

off-the-cuff ['ɒfðəkʌf] *bn* onvoorbereid, voor de vuist weg, uit de losse pols

off-the-peg ['ɒfðəpeg] *bn* confectie-

off-the-record ['ɒff-ðə-'rekɔːd] *bn* vertrouwelijk, onofficieel, niet voor publicatie

off the shoulder [ɒf ðə 'ʃəʊldə] *bn* strapless ⟨dameskleding die de schouders vrijlaat⟩

off-the-wall ['ɒfðəwɔːl] *inf bn* ❶ bizar, absurd ❷ origineel

off-time [ɒf'taɪm] *znw* vrije tijd

off-white [ɒf'waɪt] *bn & znw* gebroken wit

oft [ɒft] dicht *bijw* dikwijls, vaak

often ['ɒfən] *bijw* dikwijls, vaak ★ *as ~ as not* vaak genoeg, niet zelden ★ *every so ~* zo nu en dan, af en toe ★ *more ~ than not* meestal

oftentimes ['ɒfəntaɪmz] Am *bijw* dikwijls, vaak

ogee ['əʊdʒiː, əʊ'dʒiː] bouwk *znw* ojief ⟨S-vormige boog of profiel⟩

ogival [əʊ'dʒaɪvəl] bouwk *bn* ogivaal, spitsbogig

ogive ['əʊdʒaɪv] bouwk *znw* ogief, spitsboog

ogle ['əʊgl] I *znw* lonk, (verliefde) blik II *overg* aan-, toelonken III *onoverg* lonken ★ *stop ogling at the girls* stop het lonken naar de meisjes

ogre ['əʊgə] *znw* ❶ menseneter ❷ wildeman, boeman

ogreish ['əʊgəriʃ], **ogrish** *bn* wildemans-

ogress ['əʊgrɪs] *znw* menseneetster, angstaanjagende vrouw

oh [əʊ] *tsw* ❶ o ★ *~?* zo? ★ *~ no!* o nee hè!, nee toch! ❷ ach, och ❸ au

ohm [əʊm] *znw* ohm ⟨eenheid v. weerstand⟩

oho [əʊ'həʊ] *tsw* aha!

OHP *afk* → **overhead projector**

oik [ɔɪk] Br *inf znw* pummel, boerenkinkel

oil [ɔɪl] I *znw* ❶ olie ★ fig *pour ~ on troubled waters* olie op de golven gieten ★ fig *strike ~* olie aanboren, fig plotseling rijk worden ★ fig *throw ~ on the flames* olie op het vuur gieten ❷ petroleum ❸ (vaak *mv*) oliegoed ❹ (vaak *mv*) olieverfschilderijen ★ *in ~(s)* in olieverf (geschilderd) II *overg* ❶ oliën, (met olie) insmeren ★ *~ sbd's hand / palm* iem. de handen smeren, omkopen ★ *~ the wheels* de wielen smeren ❷ in olie inleggen

oilcake ['ɔɪlkeɪk] *znw* lijnkoek, veekoek

oilcan ['ɔɪlkæn] *znw* oliespuit

oilcloth ['ɔɪlklɒθ] *znw* wasdoek, zeildoek

oil colour [ɔɪl 'kʌlə], Am **oil color** *znw* olieverf

oil company [ɔɪl 'kʌmpənɪ] *znw* oliemaatschappij

oiled ['ɔɪld] *bn* geolied, gesmeerd ★ inf *well ~* in de olie, aangeschoten

oiler ['ɔɪlə] *znw* ❶ oliekan, -spuit, -spuitje ❷ olieman, smeerder ❸ petroleumboot

oil exploration [ɔɪl eksplə'reɪʃən] *znw* onderzoek naar aardolie

oilfield ['ɔɪlfiːld] *znw* olieveld

oil-fired ['ɔɪl-faɪəd] *bn* met olie gestookt, op (stook)olie

oil heater [ɔɪl 'hiːtə] *znw* petroleumkachel

oiliness ['ɔɪlɪnəs] *znw* ❶ olieachtigheid, vettigheid

❷ fig gevlei, geslijm

oil lamp [ɔɪl læmp] *znw* olielamp

oilman ['ɔɪlmæn] *znw* ❶ oliehandelaar ❷ olieman

oil paint [ɔɪl peɪnt] *znw* olieverf

oil painting ['ɔɪl-'peɪntɪŋ] *znw* ❶ het schilderen in olieverf ❷ olieverf(schilderij)

oil pipeline [ɔɪl 'paɪplaɪn] *znw* oliepijpleiding

oil platform [ɔɪl 'plætfɔːm] *znw* (olie)boorplatform

oil press [ɔɪl pres] *znw* oliepers

oil refinery [ɔɪl rɪ'faɪnərɪ] *znw* olieraffinaderij

oilrig ['ɔɪlrɪg] *znw* booreiland

oilskin ['ɔɪlskɪn] *znw* ❶ gewaste taf ❷ oliejas

oilskins ['ɔɪlskɪnz] *znw* [mv] oliegoed

oil slick ['ɔɪlslɪk] *znw* olievlek ⟨op zee⟩

oilstone ['ɔɪlstəʊn] *znw* oliesteen

oil supply [ɔɪl sə'plaɪ] *znw* (aard)olievoorraad

oil tanker [ɔɪl 'tæŋkə] *znw* olietanker

oil well ['ɔɪl wel] *znw* oliebron

oily ['ɔɪlɪ] *bn* ❶ olieachtig, vet, goed gesmeerd ❷ olie- ❸ fig vleierig, zalvend, glad ⟨v. tong⟩

oink [ɔɪŋk] *inf znw* knorgeluid ⟨van een varken⟩

ointment ['ɔɪntmənt] *znw* zalf, smeersel

OK [əʊ'keɪ], **okay** *inf* I *tsw* oké, OK II *bn & bijw* ❶ oké, in orde, goed ❷ fijn, prima III *znw* goedkeuring, verlof ★ *give one's ~* zijn goedkeuring geven IV *overg* [OK'd/OKayed, OK'd/OKayed] in orde bevinden, goedkeuren

okapi [əʊ'kɑːpɪ] *znw* okapi

okay [əʊ'keɪ] *tsw & bn & bijw & overg* → **OK**

okey-doke ['əʊkɪ-dəʊk], **okey-dokey** inf *bn & tsw* okido, in orde, afgesproken

okra ['əʊkrə] *znw* oker, okra ⟨(plant met) eetbare vrucht⟩

old [əʊld] *bn* ❶ oud, bejaard ★ *the ripe ~ age of* de gezegende leeftijd van ★ *she has a ten-year~ son* ze heeft een zoon van tien (jaar oud) ★ *her mother is sixty-four years ~* haar moeder is vierenzestig jaar oud ★ *as ~ as the hills* zo oud als de weg naar Rome ❷ oud, voormalig, ouderwets ★ *the good ~ days* de goede oude tijd ★ *for ~ time's sake* als herinnering aan vroeger ★ dicht *days of ~* vanouds, in (van) vroeger dagen ▼ *any ~ how* op welke manier dan ook ▼ *any ~ time / place / thing* het doet er niet toe wanneer / waar / wat

old age [əʊld 'eɪdʒ] *znw* de oude dag, ouderdom ★ *my father became reclusive in his ~* mijn vader werd eenzelvig op zijn oude dag

old age pension [əʊld eɪdʒ 'penʃən] *znw* (ouderdoms)pensioen, AOW

old age pensioner [əʊld eɪdʒ 'penʃənə] *znw* gepensioneerde, AOW'er

Old Bill [əʊld bɪl] Br *inf znw* ★ *the ~* de politie

old boy [əʊld bɔɪ] *znw* oud-leerling ★ *an ~ network/ ~s' network* vriendjespolitiek ⟨door oud-klas- of -studiegenoten onderling⟩

old country [əʊld 'kʌntrɪ] *znw* ★ *the ~* het oude vaderland ⟨van een emigrant⟩

old dear [əʊld dɪə] *inf znw* ouwetje

ol

olden ['əʊldn] dicht *bn* oud, vroeger ★ *in the ~ days* in vroeger tijden

olde-worlde ['ɒldɪ-'weːldɪ] scherts *bn* antiek, ouderwets ‹vaak namaak› ★ *we had lunch in an ~ pub* we lunchten in een antieke kroeg

old-fashioned [əʊld-'fæʃənd] *bn* ouderwets, conservatief

old flame [əʊld fleɪm] *znw* oude vlam, oude liefde

old folks' home [əʊld 'fəʊks həʊm] inf *znw* bejaardentehuis

old-growth [əʊld-'grəʊθ] *bn* nooit gekapt, oer- ‹v. boom, bos›

old guard [əʊld gɑːd] *znw* ★ *the ~* de oude garde

old hand [əʊld hænd] *znw* ervaren iemand

old hat [əʊld hæt] inf *bn* verouderd, oude koek

oldie ['əʊldɪ] inf *znw* oudje, ouwetje

oldish ['əʊldɪʃ] *bn* ouwelijk

old lady [əʊld 'leɪdɪ] Br inf *znw* oude vrouw ★ *the / my ~* mijn moeder / vrouw

old maid [əʊld meɪd] gedat *znw* ouwe vrijster

old-maidish [əʊld-'meɪdɪʃ] *bn* als (van) een oude vrijster

old man [əʊld mæn] Br inf *znw* oude man ★ *the / my ~* mijn vader / man

old master [əʊld 'mɑːstə] *znw* oude meester

old money [əʊld 'mʌnɪ] *znw* rijke familie ‹al sinds generaties›

Old Nick [əʊld nɪk] scherts *znw* de duivel

old people's home [əʊld 'piːplz həʊm] *znw* bejaardentehuis

old school tie [əʊld skuːl taɪ] *znw* overdreven hang naar het traditionele

oldster ['əʊldstə] Am *znw* ❶ oude heer ❷ oudere, oudgediende

Old Testament [əʊld 'testəmənt] *znw* ★ *the ~* het Oude Testament

old-time [əʊld'taɪm] *bn* van vroeger, oud, ouderwets ★ *an ~ favourite* een oude favoriet

old-timer [əʊld'taɪmə] *znw* ❶ oudgediende, ouwetje ❷ oudgast

old wives' tale [əʊld 'waɪvz 'teɪl] *znw* bakerpraatje

old woman [əʊld 'wʊmən] *znw* ❶ oude vrouw ★ inf *my ~* mijn vrouw ❷ afkeurend oud wijf, bangelijke man

old-womanish [əʊld-'wʊmənɪʃ] *bn* als (van) een oud wijf, bangelijk

old-world [əʊld'wɜːld] *bn* ❶ uit de oude tijd, ouderwets ★ *the hotel had a certain ~ charm* het hotel had een zekere ouderwetse charme ❷ van de Oude Wereld

Old World [əʊld wɜːld] *znw* ★ *the ~* de Oude Wereld

oleaginous [əʊlɪ'ædʒɪnəs] *bn* olie-, vettachtig

oleander [əʊlɪ'ændə] *znw* oleander ‹sierstruik›

oleograph ['əʊlɪəgrɑːf] *znw* oleografie ‹reproductie die behandeld is om eruit te zien als een schilderij›

O-level ['əʊlevəl] Br onderw *znw* (ordinary level) laagste eindexamenniveau van de middelbare school

olfactory [ɒl'fæktərɪ] *bn* van de reuk ★ *the ~ organs* de reukorganen

oligarchic [ɒlɪ'gɑːkɪk] *bn* oligarchisch

oligarchy ['ɒlɪgɑːkɪ] *znw* oligarchie

oligopoly [ɒlɪ'gɒpəlɪ] *znw* oligopolie ‹marktvorm met weinig aanbieders›

olive ['ɒlɪv] *znw* ❶ olijf(tak) ❷ olijfkleur ❸ blinde vink

olive branch ['ɒlɪv brɑːntʃ] *znw* olijftak

olive oil ['ɒlɪv ɔɪl] *znw* olijfolie

ology ['ɒlədʒɪ] inf scherts *znw* [*mv:* ologies] wetenschap ★ *he's at university learning lots of ologies* hij zit op de universiteit en studeert allerlei kundes

Olympiad [ə'lɪmpɪæd] *znw* olympiade

Olympian [ə'lɪmpɪən] I *bn* ❶ olympisch ❷ verheven ❸ neerbuigend II *znw* olympiër

Olympic Games [ə'lɪmpɪk 'geɪmz], **Olympics** *znw* ★ *the ~* de Olympische Spelen

Oman [əʊ'mɑːn] *znw* Oman

Omani [əʊ'mɑːnɪ] I *bn* Omanitisch II *znw* Omaniet, Omanitische

ombudsman ['ɒmbʊdzmən] *znw* ombudsman

omega ['əʊmɪgə] *znw* ❶ omega ❷ einde

omelette ['ɒmlɪt], Am **omelet** *znw* omelet ★ zegsw *you can't make an ~ without breaking eggs* waar gehakt wordt, vallen spaanders

omen ['əʊmən] *znw* voorteken, omen ★ *she took the incident as a bad ~* ze zag het incident als een slecht voorteken

ominous ['ɒmɪnəs] *bn* onheilspellend, omineus ★ *an ~ silence* een onheilspellende stilte

omissible [əʊ'mɪsɪbl] *bn* wat weggelaten kan worden

omission [ə'mɪʃən] *znw* ❶ weg-, uitlating, hiaat ★ *there are a few glaring ~s in the report* er zitten een paar in het oog vallende hiaten in het rapport ❷ nalatigheid, verzuim, omissie

omissive [əʊ'mɪsɪv] *bn* ❶ weglatend ❷ nalatig

omit [ə'mɪt] *overg* ❶ weg-, uitlaten, achterwege laten, overslaan ❷ nalaten, verzuimen ★ *the report ~ted to mention some crucial figures* het rapport liet na enige cruciale cijfers te vermelden

omni- ['ɒmnɪ] *voorv* omni-, al-, alom-

omnibus ['ɒmnɪbəs] I *bn* vele onderwerpen (voorwerpen &) omvattend, omnibus-, verzamel- ★ *an ~ edition* een omnibus uitgave II *znw* gedat omnibus

omnifarious [ɒmnɪ'feərɪəs] form *bn* veelsoortig

omnipotence [ɒm'nɪpətəns] *znw* almacht

omnipotent [ɒm'nɪpətnt] *bn* almachtig

omnipresence [ɒmnɪ'prezəns] *znw* alomtegenwoordigheid

omnipresent [ɒmnɪ'prezənt] *bn* alomtegenwoordig

omniscience [ɒm'nɪsɪəns] *znw* alwetendheid

omniscient [ɒm'nɪsɪənt] *bn* alwetend

omnivore ['ɒmnɪvɔː] dierk *znw* omnivoor, alleseter

omnivorous [ɒm'nɪvərəs] *bn* ❶ allesverslindend ❷ dierk omnivoor, allesetend

on [ɒn] I *voorz* ❶ op, bovenop ‹plaats› ★ *~ the table* op tafel ❷ op ‹tijdstip› ★ *~ Saturday* op zaterdag

❸ naar, op, tegen ‹richting› ★ *they marched ~ Berlin* ze trokken op naar Berlijn ★ *slam the door ~ sbd* de deur vóór iem. dichtslaan ❹ over ★ *this book is ~ birds* dit boek gaat over vogels ❺ op, volgens, naar ★ *Westside Story is modelled ~ Romeo and Juliet* Westside Story is gebaseerd op Romeo en Julia ❻ aan, in, bij ★ *~ the leash* aan de lijn ★ *~ the go* erg druk ❼ om ★ *send sbd ~ an errand* iem. om een boodschap sturen ❽ op kosten van, ten koste van ★ inf *this round is ~ me* dit rondje geef ik **II** *bijw* ❶ (er)aan, (er)op ★ *~ with your coat!* (trek) aan je jas! ★ inf *be ~ to sbd* iem. doorhebben ★ inf *be ~ to sth* iets ruiken ★ *get ~ to sbd* zich in verbinding stellen met iem. ★ *get ~ to sth* (boven)op iets komen / klimmen ‹het dak›, iets ontdekken ❷ bezig, aan de gang, aan het werk, mee ★ *it was well ~ in April when we finally met* het was al een heel eind in april voordat we elkaar eindelijk ontmoetten ★ inf *I'm ~!* ik wil wel!, ik doe mee! ★ inf *you're ~!* komt voor elkaar! Ik neem het aan! ‹weddenschap› ★ *what's ~ at the movies?* wat draait er (in de bioscoop)? ★ *what's going ~?* wat is er aan de hand? ★ inf *it's (just) not ~!* dat doe je niet! ❸ door, voort, verder ★ *he went ~ and ~ about his holiday* hij bleef maar doorgaan over zijn vakantie ★ *it rained ~ and off the whole time* de hele tijd door regende het met tussenpozen ★ Br inf *he's always ~ about not wasting money* hij zit altijd te zeuren over het niet verspillen van geld ★ inf *what's he ~ about?* waar heeft-ie het (in godsnaam) over? ★ Br inf *be ~ at sbd* iem. aan zijn kop zeuren

on-and-off ['ɒn-ən-'ɒf] *bn* aan en uit ★ *they have an ~ relationship* ze hebben een knipperlichtrelatie
onanism ['əʊnənɪzəm] form *znw* onanie, masturbatie
on-board [ɒn-'bɔːd] *bn* aan boord, boord-
once [wʌns] **I** *voegw* toen (eenmaal), als (eenmaal), zodra ★ *we'll go ~ we've eaten* we gaan zodra we gegeten hebben ★ *~ it starts raining it never seems to stop* als het eenmaal begint te regenen lijkt het niet weer op te houden **II** *bijw* eens, eenmaal ★ *at ~* dadelijk, tegelijk ★ *all at ~* plotseling, allemaal / alles tegelijk ★ *~ again* nog eens, nogmaals, opnieuw, andermaal, weer ★ *for ~* een enkele maal, bij (hoge) uitzondering ★ *~ and for all* eens en niet weer ★ *~ and away* eens en dan niet meer, een hoogst enkele maal ★ *just this ~* voor deze ene keer ★ *~ in a blue moon* een doodenkele keer ★ *(every) ~ in a while* een enkele keer, af en toe ★ *~ more* nog eens, nogmaals, opnieuw, andermaal, weer ★ *not ~* geen enkele keer ★ *~ or twice* af en toe, een enkele maal ★ *~ upon a time* (er was) eens
once-in-a-lifetime [wʌns-ɪn-ə-'laɪftaɪm] *bn* eenmalig, uniek ★ *a ~ opportunity* een unieke kans
once-over [wʌns'əʊvə] inf *znw* vluchtig onderzoek ★ *give sbd the ~* zijn ogen laten gaan over iem.
oncogene ['ɒŋkəʊdʒiːn] med *znw* oncogen ‹gen dat tumoren veroorzaakt›
oncology [ɒŋ'kɒlədʒɪ] med *znw* oncologie

oncoming ['ɒnkʌmɪŋ] **I** *bn* ❶ naderbij komend, tegemoetkomend ★ *an ~ car* een tegenligger ★ *the ~ traffic* het tegemoetkomend verkeer ❷ naderend, aanstaand **II** *znw* nadering ★ *with the ~ of spring* met de naderende lente
one [wʌn] **I** *telw* ❶ een, één ★ *book / chapter ~* het eerste boek / hoofdstuk ★ inf *~ hell of an argument / a fine evening &* een ontzettende ruzie / een ontzettend mooie avond & ★ *~ and all* allen (gezamenlijk), als één man ★ *~ after another* de een na de ander, de één voor de ander ★ *~ by ~* één voor één, stuk voor stuk ★ *by ~s and twos* bij bosjes van twee en drie ★ *~ with another* door elkaar (gerekend) ★ *the ~(s) I know* die ik ken ★ *which ~?* welke? ★ *what kind of ~(s)?* welke, wat voor? ★ *be ~* één zijn, het eens zijn ★ *be at ~ with sbd on / about sth* het met iem. eens zijn over iets ★ *be ~ of the party* van de partij zijn ★ inf *be ~ up on sbd* iem. een slag vóór zijn ★ *guess sth in ~* iets in één keer goed raden ★ inf *have ~ for the road* een afzakkertje nemen ❷ een enkele, een zekere ★ *~ John Smith* een zekere John Smith, ene John Smith ★ *~ day* op zekere dag ❸ (een en) dezelfde, hetzelfde ★ *it is all ~* het is allemaal hetzelfde ❹ enig ★ *his ~ and only hope / suit &* zijn enige hoop / pak & ▼ *John Smith, for ~* John Smith, om maar eens iemand te noemen, John Smith bijvoorbeeld ▼ *I for ~* ik voor mij **II** *onbep vnw* ❶ men, inf je ❷ de een ‹t.o. de andere›, eentje, degene ★ *I'm not ~ to talk* ik kan maar beter mijn mond houden ‹want ik doe / heb het zelf ook› ★ inf *that was ~ in the eye for me!* dat was een lelijke slag / klap voor mij ❸ iemand ★ *like ~ possessed* als een bezetene **III** *znw* één ★ *two ~s* twee enen ★ gedat inf *he's a ~!* hij is me er eentje! ★ *he's the ~* hij is de (onze) man, hij is het ★ *a small boy and a big ~* een kleine jongen en een grote ★ *the little ~(s)* de kleine(n), kleintje(s) ★ inf *you're a fine ~!* je bent me een mooie! ★ inf *that's a good ~!* die is goed! ★ *that was a nasty ~* dat was een lelijke klap
one another [wʌn ə'nʌðə] *vnw* elkaar
one-armed bandit [wʌn-'ɑːmd 'bændɪt] inf *znw* eenarmige bandiet, gokautomaat
one-dimensional [wʌn-daɪ'menʃənl] *bn* eendimensionaal
one-eyed [wʌn-'aɪd] *bn* eenogig
one-handed [wʌn-'hændɪd] *bn* met één hand, eenhandig
one-hit wonder [wʌn-hɪt 'wʌndə] inf *znw* groep of artiest met maar één tophit
one-horse ['wʌn-hɔːs] *bn* met één paard, inf klein, armoedig ★ *a ~ town* een gat ‹onaanzienlijk, stil, vervallen stadje of dorp›
one-legged [wʌn-'legɪd] *bn* met één been, eenbenig
one-liner [wʌn-laɪnə] *znw* korte, uit één zinnetje bestaande grap, kwinkslag
one-man ['wʌn-mæn] *bn* eenmans-, van één persoon, schilder & ★ *a ~ exhibition* een tentoonstelling van

on

werk van één persoon

one-man-band [wʌn-mæn-'bænd] *znw*
eenmansformatie, straatmuzikant

oneness ['wʌnnəs] *znw* eenheid, enigheid

one-night stand ['wʌn-naɪt 'stænd] *znw* ❶ *inf* een
liefdesaffaire / vriend(in) voor één nacht ❷ <u>theat</u>
eenmalige voorstelling

one-off [wʌn-'ɒf] <u>inf</u> I *bn* uniek, eenmalig II *znw*
unieke persoon, uniek ding

one-off costs [wʌn-'ɒf kɒsts] *znw* [mv] eenmalige
kosten

one-on-one ['wʌn-ɒn-'wʌn] <u>Am</u> *bn* → **one-to-one**

one-parent family [wʌn-'peərənt 'fæməli] *znw*
eenoudergezin

one-piece ['wʌn-pi:s] I *bn* uit één stuk, eendelig
II *znw* eendelig kledingstuk

oner ['wʌnə] <u>inf</u> *znw* ❶ geweldige kerel, prachtstuk,
bijzonder iem. of iets ❷ expert ❸ één pond

onerous ['ɒnərəs] *bn* ❶ <u>form</u> lastig, bezwaarlijk,
zwaar, onereus ❷ <u>jur</u> bezwaard ‹eigendom›

oneself [wʌn'self] *wederk vnw* ❶ zich ❷ zichzelf ❸ zelf

one-shot [wʌn-ʃɒt] <u>Am</u> *inf* *bn* eenmalig, in één keer
raak

one-sided [wʌn-'saɪdɪd] *bn* eenzijdig, partijdig

one-stop shop ['wʌn-stɒp ʃɒp] *znw* grote supermarkt
(waar alles te koop is)

one-storeyed [wʌn-'stɔ:rɪd], **one-storied** *bn* v. één
verdieping

one-time ['wʌn-taɪm] *bn* voormalig, gewezen, ex-
★ *a ~ petty criminal* een gewezen kleine crimineel

one-to-one ['wʌn-tə-'wʌn], <u>Am</u> **one-on-one** *bn* ❶ een
op een ★ *~ tuition* privéles ❷ een tegen een ★ *a ~
fight* een gevecht van man tegen man

one-track mind [wʌn-'træk maɪnd] *znw* ★ *have a ~*
maar aan een ding denken ‹meestal: seks›

one-two punch [wʌn-'tu: pʌntʃ] <u>Am</u> *znw* twee
vervelende dingen tegelijk

one-upmanship ['wʌn-'ʌpmənʃɪp] <u>inf</u> *znw*
slagvaardigheid, de kunst om anderen steeds een
slag voor te zijn

one-way [wʌn-'weɪ] *bn* in één richting

one-way street [wʌn-'weɪ stri:t] *znw* straat met
eenrichtingsverkeer

one-way ticket [wʌn-'weɪ 'tɪkɪt] *znw* enkele reis
‹kaartje›, enkeltje

one-way traffic [wʌn-'weɪ 'træfɪk] *znw*
eenrichtingsverkeer

one-woman ['wʌn-'wʊmən] *bn* eenvrouws

onflow ['ɒnfləʊ] *znw* (voortdurende) stroom

onglaze ['ɒngleɪz] *bn* op het glazuur ★ *~ decoration*
versiering op het glazuur

ongoing ['ɒngəʊɪŋ] *bn* voortdurend, aanhoudend,
lopend

onion ['ʌnjən] *znw* ui ★ <u>inf</u> *know one's ~s* gewiekst zijn

on-line ['ɒn-'laɪn], **online** <u>comput</u> *bn* online

online banking [ɒn'laɪn 'bæŋkɪŋ] *znw*
internetbankieren

on-line dictionary [ɒn-'laɪn 'dɪkʃənrɪ], **online**
dictionary *znw* onlinewoordenboek, elektronisch
woordenboek

online payment [ɒn'laɪn 'peɪmənt] *znw* betaling via
internet

onlooker ['ɒnlʊkə] *znw* toeschouwer

only ['əʊnlɪ] I *voegw* <u>inf</u> alleen, maar ★ *I would have
rung ~ I didn't have your number* ik wou je wel
bellen, maar ik had je nummer niet II *bn* enig
III *bijw* ❶ alleen, enig, enkel, maar, slechts, nog
(maar) ★ *you've ~ got to say the word* je hoeft het
alleen maar te zeggen ★ *if ~ she'd listened to me* had
ze maar naar me geluisterd ★ *~ too glad* maar al te
blij ❷ pas, net ★ *she survived the attack, but ~ just* ze
overleefde de aanslag, maar op het nippertje
❸ eerst

only child ['əʊnlɪ tʃaɪld] *znw* enig kind

on-message [ɒn-'mesɪdʒ] *bn* in overeenstemming
met het partijprogramma ‹gezegd van een
politicus›

onomatopoeia [ɒnəmætə'pi:ə] *znw*
❶ klanknabootsing ❷ klanknabootsend woord,
onomatopee

onomatopoeic [ɒnəmætə'pi:ɪk] *bn* klanknabootsend

onrush ['ɒnrʌʃ] *znw* stormloop, opmars

on-screen [ɒn-'skri:n] *bn & bijw* ❶ in beeld ‹tv, film,
scherm› ❷ op het scherm / monitor

onset ['ɒnset] *znw* aanvang, begin ★ *the ~ of winter*
het begin van de winter

onshore ['ɒnʃɔ:] *bn* aanlandig ‹wind›

on-site [ɒn-'saɪt] *bn & bijw* ter plekke, ter plaatse

onslaught ['ɒnslɔ:t] *znw* aanval

onstage [ɒn'steɪdʒ] *bn & bijw* op het toneel

on-the-job [ɒn-ðə-'dʒɒb] *bn* ★ *~ training*
praktijkopleiding

onto ['ɒntu:] *voorz* op, aan ★ *can we move ~ the next
topic?* kunnen we naar het volgende onderwerp
gaan? ★ *be ~ sbd* iem. doorhebben ★ *be ~ sth* iets op
het spoor zijn

onus ['əʊnəs] *znw* plicht, verplichting, last ★ <u>jur</u> *the ~
of proof* de bewijslast

onward ['ɒnwəd] I *bn* voorwaarts II *bijw*, **onwards**
voorwaarts, vooruit

onyx ['ɒnɪks] *znw* onyx

oodles ['u:dlz] <u>inf</u> *znw* [mv] ★ *~ of sth* een hoop ‹geld
&›

oof [u:f] <u>inf</u> *znw* geld, poen

oofy ['u:fɪ] <u>inf</u> *bn* rijk

oomph [ʊmf] <u>inf</u> *znw* ❶ sexappeal ❷ pit, energie

oops [u:ps] <u>inf</u> *tsw* ❶ oeps! foutje! ❷ hupsakee!,
hoepla!

oops-a-daisy [u:psə'deɪzɪ] <u>inf</u> *tsw* → **upsy-daisy**

ooze [u:z] I *znw* ❶ modder, slik ❷ stroompje
❸ gesijpel II *overg* ❶ uitzweten ❷ <u>fig</u> druipen van
III *onoverg* ❶ sijpelen, ★ *~ away* wegsijpelen, <u>fig</u>
langzaam verdwijnen ★ *~ out* doorsijpelen,
(uit)lekken ★ *~ with* druipen van ❷ dóórdringen

oozy ['u:zɪ] *bn* ❶ modderig, slijkerig ❷ klam

op [ɒp] <u>inf</u> *znw* operatie ‹militaire, medische›

opacity [ə'pæsətɪ] *znw* ondoorschijnendheid, donkerheid, duisterheid

opal ['əupl] *znw* opaal(steen)

opalescent [əupə'lesənt], **opaline** *bn* opaalachtig

opaline ['əupəlaɪn] *bn* opaalachtig, opaal-

opaque [əu'peɪk] *bn* ❶ ondoorschijnend, donker, duister ❷ dom, traag van begrip

op art ['ɒp ɑ:t] *znw* opart, kinetische kunst

op. cit. ['ɒp'sɪt] *afk* op. cit., aangehaalde werken

OPEC ['əupek] *afk* (Organisation of the Petroleum Exporting Countries) OPEC

open ['əupən] **I** *bn* ❶ open, geopend ★ *with eyes ~ / with ~ eyes* met open ogen, bij zijn volle verstand ★ *the exhibition is ~ to the public* de tentoonstelling is toegankelijk voor het publiek ★ *be ~ to sth* open zijn (staan) voor iets, blootstaan aan iets, vatbaar zijn voor iets ⟨rede⟩ ★ *declare sth ~* iets voor geopend verklaren ★ *greet sbd with ~ arms* iem. met open armen ontvangen ❷ onbezet, vacant ★ *~ country* het vrije veld ❸ openbaar, publiek, openlijk, onverholen ★ *in ~ court* in een openbare rechtszitting ★ *lay sth ~* iets open-, blootleggen ★ *lay oneself ~ to sth* zich blootstellen aan iets ❹ onbeperkt, vrij ★ *~ to abuse* de mogelijkheid biedend tot misbruik ❺ openhartig, onbevangen ★ *be ~ with sbd* openhartig zijn tegenover iem. **II** *znw* ❶ openbaarheid ★ *bring sth out in(to) the ~* iets aan het licht brengen ★ *come into the ~* voor de dag komen, eerlijk zeggen ❷ open lucht, open veld, open zee ★ *in the ~* in de open lucht, onder de blote hemel ❸ sp open toernooi ⟨waarvoor iedereen zich kan inschrijven⟩ **III** *overg* ❶ openen, openmaken, -doen, -zetten, -stellen ★ *~ the door to sbd* de deur voor iem. opendoen ★ *~ sbd's eyes* iem. de ogen openen ★ *~ one's mouth* zijn mond opendoen ❷ openleggen, blootleggen ★ *~ one's heart to sbd* zich laten vermurwen door iem. ★ *~ sbd to sth* iem. blootstellen aan iets ★ *the new regulations ~ us to the threat of litigation* de nieuwe regels maken het mogelijk dat ons een proces aangedaan wordt ❸ inleiden ⟨onderwerp⟩, beginnen ❹ ontginnen ⟨terrein⟩, banen ⟨weg⟩ ❺ verruimen ⟨geest⟩ **IV** *onoverg* ❶ opengaan, zich openen ★ *at that moment I just wanted the earth / floor to ~* op dat ogenblik wou ik dat de grond zich zou openen / wou ik dat ik door de grond kon zakken ★ *the heavens ~ed* de hemelen openden zich ❷ beginnen ★ *the minister ~ed with a prayer* de dominee begon met een gebed **V** *phras* ★ *~ into / on / onto sth* uitkomen op iets ⟨straat &⟩ ★ *~ out* opengaan, zich ontplooien, 'loskomen' ★ *~ sth out* iets openen ★ *~ up* opengaan, beginnen, 'loskomen', mil beginnen te vuren ★ *~ sth up* iets toegankelijk maken, ontsluiten, iets openleggen / blootleggen, iets meer open maken, iets onthullen, iets ontginnen, iets beginnen ★ inf *~ sbd up* iem. opereren / opensnijden

open admission ['əupən əd'mɪʃən], **open enrollment**

znw vrije toelating tot een studie ⟨zonder vereiste diploma's⟩

open adoption ['əupən ə'dɒpʃən] *znw* open adoptie ⟨waarbij contact wordt gehouden met de biologische ouder(s)⟩

open air ['əupən eə] **I** *bn* openlucht-, buiten- ★ *an open-air museum* een openluchtmuseum ★ *the performance was ~* de voorstelling werd gegeven in de open lucht **II** *znw* buiten, buitenlucht

open-and-shut [əupən-ən-'ʃʌt] *bn* ★ *an ~ case* een duidelijk geval

opencast ['əupənka:st] *bn & znw* → **open cut**

open classroom ['əupən 'kla:sru:m] *znw* onderwijs systeem in de VS voor jonge kinderen ⟨met informele en aangepaste lessen en activiteiten⟩

open cut ['əupən-kʌt], **opencast I** *bn* dagbouw- ★ *open-cut mining* dagbouw **II** *znw* dagbouwmijn, groeve

open day ['əupən deɪ] *znw* open dag

open door ['əupən-'dɔ:] **I** *bn* opendeur- **II** *znw* open deur politiek

open-ended [əupən-'endɪd] *bn* open, flexibel, niet vastomschreven, vrij, voor onbepaalde duur ⟨contract⟩, zonder tijdslimiet ⟨bijeenkomst⟩, zonder vaste retourdatum ⟨ticket⟩

open-ended question [əupən-'endɪd 'kwestʃən] *znw* open vraag

opener ['əupənə] *znw* ❶ (blik-, fles)opener ❷ eerste onderdeel van iets ★ inf *for ~s* om te beginnen

open-eyed [əupən-'aɪd] *bn* ❶ met open(gesperde) ogen ❷ waakzaam, alert

open-faced [əupən-'feist] *bn* ❶ openhartig ❷ betrouwbaar ❸ onschuldig

open-handed [əupən-'hændɪd] *bn* mild, royaal

open-hearted [əupən-'ha:tɪd] *bn* ❶ openhartig ❷ grootmoedig, hartelijk

open-heart surgery [əupən-'ha:t 'sɜ:dʒərɪ] *znw* openhartchirurgie

open house ['əup(ə)n haus] *znw* open huis ★ *keep ~* heel gastvrij zijn

opening ['əupənɪŋ] **I** *bn* ❶ openend, inleidend ★ *an ~ remark* een opmerking vooraf ❷ eerste, openings- ★ schaken *the ~ move* de openingszet **II** *znw* ❶ opening, begin, inleiding ★ *the official ~ is next Saturday* de officiële opening is aanstaande zaterdag ❷ kans, gelegenheid, vacature ★ *there are not many ~s for people of his age* de kansen zijn beperkt voor mensen van zijn leeftijd

opening gambit ['əupənɪŋ 'gæmbɪt] *znw* ❶ schaken openingsgambiet ❷ inleidende opmerking om het ijs te breken

opening hours ['əupənɪŋ auəz] *znw* [mv] openingstijden

opening night ['əupənɪŋ naɪt] theat *znw* première

opening time ['əupənɪŋ taɪm] *znw* openingstijd ⟨vooral tijd waarop de kroegen open mogen gaan⟩

openly ['əupənlɪ] *bijw* ❶ openlijk, in het openbaar ❷ openhartig

op

open market ['əʊpən 'mɑːkɪt] *znw* open markt
open marriage ['əʊpən 'mærɪdʒ] *znw* open huwelijk
open-minded [əʊpən-'maɪndɪd] *bn* onbevangen, onbevooroordeeld
open-mouthed [əʊpən-'maʊðd] *bn* ❶ met open mond ❷ gulzig, gretig
open-necked [əʊpən-'nekt] *bn* met open kraag ★ *an ~ shirt* een open overhemd
openness ['əʊpənəs] *znw* openheid, openhartigheid ★ *patients must be treated courteously and with ~* patiënten moeten beleefd en openhartig worden benaderd
open-plan ['əʊpən-plæn] *bn* met weinig tussenmuren ★ *an ~ office* een kantoortuin
open question ['əʊpən 'kwestʃən] *znw* open vraag
open road ['əʊpən rəʊd] *znw* open weg ★ *on the ~* op de open weg ‹zonder verkeersremmende maatregelen›
open sandwich ['əʊpən 'sænwɪdʒ] *znw* sandwich zonder brood bovenop
open season ['əʊpən 'siːzən] *znw* jacht-, visseizoen
open secret ['əʊpən 'siːkrɪt] *znw* publiek geheim
open sesame ['əʊpən 'sesəmɪ] *znw* sesam open u ★ *knowing important people is not an ~ to success* het kennen van belangrijke mensen leidt niet noodzakelijkerwijs tot succes
open shop ['əʊpən ʃɒp] *znw* bedrijf dat ook ongeorganiseerde werknemers in dienst neemt
Open University ['əʊpən juːnɪ'vɜːsətɪ] *znw* ★ *the ~* de Open Universiteit
open verdict ['əʊpən 'vɜːdɪkt] *jur znw* juridische uitspraak dat de doodsoorzaak onbekend is
open work ['əʊpən wɜːk] *znw* ajour
opera ['ɒprə] *znw* opera
operable ['ɒpərəbl] *bn* operabel
opera glasses ['ɒprə 'glɑːsɪz] *znw* [mv] toneelkijker
opera hat ['ɒprə hæt] *znw* hoge zijden ‹hoed›
opera house ['ɒprə haʊs] *znw* opera(gebouw)
operate ['ɒpəreɪt] **I** *overg* ❶ bewerken, teweegbrengen, ten gevolge hebben ❷ in werking stellen, in beweging brengen ❸ besturen, behandelen, bedienen ‹machine›, werken met ❹ <u>techn</u> drijven ❺ exploiteren, leiden, runnen, houden **II** *onoverg* ❶ in werking zijn, uitwerking hebben, werken ★ *the trains will ~ according to the weekend timetable* de treinen lopen volgens de weekenddienstregeling ❷ van kracht zijn ❸ <u>handel</u> & <u>mil</u> opereren ★ *not all contractors ~ within the law* niet alle aannemers opereren binnen de grenzen van de wet ❹ <u>med</u> een operatie doen ★ *her hip was ~d on* zij werd geopereerd aan haar heup
operatic [ɒpə'rætɪk] *bn* ❶ opera- ❷ <u>fig</u> theatraal
operating ['ɒpəreɪtɪŋ] *bn* ❶ werkend, in werking, functionerend ❷ bedrijfs-
operating costs ['ɒpəreɪtɪŋ kɒsts] *znw* [mv] bedrijfskosten
operating expenses ['ɒpəreɪtɪŋ ɪk'spensɪz] *znw* [mv] bedrijfskosten

operating profit ['ɒpəreɪtɪŋ 'prɒfɪt] *znw* bedrijfsresultaat
operating room ['ɒpəreɪtɪŋ ruːm] *znw* operatiekamer
operating system ['ɒpəreɪtɪŋ 'sɪstəm] <u>comput</u> *znw* besturingssysteem
operating table ['ɒpəreɪtɪŋ 'teɪbl] *znw* operatietafel
operating theatre ['ɒpəreɪtɪŋ 'θɪətə], **operating room** *znw* operatiekamer, -zaal
operation [ɒpə'reɪʃən] *znw* ❶ (uit)werking ★ *be in ~* van kracht zijn, <u>techn</u> in bedrijf zijn ★ *come into ~* in werking treden, <u>pol & jur</u> van kracht worden, ingaan ‹v. wet› ❷ werkzaamheid, verrichting, bewerking, (be)handeling, bediening ‹v. machine› ❸ exploitatie ❹ operatie
operational [ɒpə'reɪʃənl] *bn* operationeel ★ *the ~ budget* de bedrijfsbegroting ★ *make sth ~* iets operationeel maken
operational research [ɒpə'reɪʃənl rɪ'sɜːtʃ] *znw* operationeel onderzoek, toegepaste research
operations room [ɒpə'reɪʃənz ruːm] *znw* controlekamer
operative ['ɒpərətɪv] **I** *bn* ❶ werkzaam, werkend, van kracht, functioneel ★ *become ~* in werking treden ★ *'choice' is the ~ word for women today* 'keuze' is het functionele woord voor vrouwen tegenwoordig ❷ werk- ❸ meest relevant, voornaamst ❹ <u>med</u> operatief **II** *znw* ❶ werkman, arbeider ❷ <u>Am</u> detective, rechercheur
operator ['ɒpəreɪtə] *znw* ❶ (be)werker, machinist, operateur, cameraman ★ *a smooth ~* een gladde jongen ❷ telegrafist, telefonist ❸ speculant, ondernemer, zelfstandige
operetta [ɒpə'retə] *znw* operette
ophthalmia [ɒf'θælmɪə] <u>med</u> *znw* oogontsteking
ophthalmic [ɒf'θælmɪk] *bn* ❶ oog- ❷ ooglijders-
ophthalmic optician [ɒf'θælmɪk ɒp'tɪʃən] <u>Br</u> *znw* optometrist, opticien
ophthalmology [ɒfθæl'mɒlədʒɪ] *znw* oogheelkunde
ophthalmoscope [ɒf'θælməskəʊp] *znw* oogspiegel
opiate ['əʊpɪət] *znw* opiaat, opiumhoudend slaap- of pijnstillend middel
opine [əʊ'paɪn] <u>form</u> *onoverg* van mening zijn, vermenen
opinion [ə'pɪnjən] *znw* ❶ opinie, ziens-, denkwijze, idee ★ *in the present climate of ~* in het huidige opinieklimaat ★ *have a high / low ~ of sbd* een / geen hoge dunk hebben van iem. ❷ mening, oordeel, opvatting ★ *if you want my honest ~* als je het mij vraagt ★ *a second ~* second opinion, contra-expertise, tweede mening ★ *in my ~* volgens mijn mening, naar mijn opinie, mijns inziens ★ *form is of the ~ that* is van mening dat ★ *a matter of ~* een kwestie van opvatting, onuitgemaakt ★ *shades of ~* nuances van opvatting ★ *form the ~* de mening vormen ❸ advies ‹rechtskundig &›
opinionated [ə'pɪnjəneɪtɪd], **opinionative** *bn* koppig, eigenwijs, eigenzinnig
opinion poll [ə'pɪnjən pəʊl] *znw* opiniepeiling,

opinieonderzoek

opium ['əʊpɪəm] *znw* opium

opium den ['əʊpɪəm den] *znw* opiumkit

opium poppy ['əʊpɪəm 'pɒpɪ] *znw* maankop, slaapbol, opiumpapaver

opossum [ə'pɒsəm] *znw* opossum, buidelrat

opp. *afk* → **opposite**

opponent [ə'pəʊnənt] *znw* tegenstander, tegenpartij, bestrijder, opponent, opposant

opportune ['ɔpətjuːn, ɔpə'tjuːn] *bn* juist op tijd, van pas (komend), gelegen, geschikt, opportuun ★ *is this an ~ time to discuss the matter?* is dit een geschikte tijd om de kwestie te bespreken?

opportunism [ɒpə'tjuːnɪzəm] *znw* opportunisme

opportunist ['ɔpə'tjuːnist] **I** *bn* opportunistisch **II** *znw* opportunist

opportunistic [ɒpətjuː'nɪstɪk] *bn* opportunistisch

opportunity [ɒpə'tjuːnətɪ] *znw* (gunstige) gelegenheid, kans ★ *take the ~ to* van de gelegenheid gebruik maken om te ★ *do sth at every ~* elke kans aangrijpen om iets te doen ★ *an equal ~* gelijke kansen

opportunity shop [ɒpə'tjuːnətɪ ʃɒp] *znw* liefdadigheidswinkel

oppose [ə'pəʊz] *overg* zich kanten tegen, zich verzetten tegen, tegengaan, bestrijden ‹voorstel›

opposed [ə'pəʊzd] *bn* ❶ tegenovergesteld ★ *as ~ to* tegen(over) ❷ tegen, vijandig ★ *residents are firmly ~ to the planned road* de bewoners zijn vierkant tegen de geplande weg

opposer [ə'pəʊzə] *znw* ❶ opponent ❷ bestrijder

opposing [ə'pəʊzɪŋ] *bn* ❶ tegen(over)gesteld, tegenstrijdig ❷ (vijandig) tegenover elkaar staand

opposite ['ɒpəzɪt] **I** *voorz* (daar)tegenover, aan de overkant ★ *you sat ~ me in the train* je zat tegenover me in de trein ★ *~ the house* tegenover het huis **II** *bn* ❶ tegen(over)gesteld, tegenover(gelegen) ★ *the ~ party* de tegenpartij ❷ overstaand ‹v. hoeken, bladeren› **III** *bijw* (daar)tegenover, aan de overkant ★ *nearly ~* schuin tegenover **IV** *znw* tegen(over)gestelde, tegendeel, tegenpool ★ *in many ways, he's my complete ~* in veel opzichten is hij mijn complete tegenpool

opposite number ['ɒpəzɪt 'nʌmbə] *znw* gelijke, ambtgenoot, collega, pendant, tegenspeler

opposite sex ['ɒpəzɪt seks] *znw* ★ *the ~* het andere geslacht

opposition [ɒpə'zɪʃən] *znw* ❶ oppositie, tegenstand, verzet, tegenkanting ★ *pol the Opposition* de oppositie ★ *in the face of ~* geconfronteerd met tegenslagen / tegenstand ❷ tegenoverstelling ★ *in ~ to* tegenover, in strijd met, tegen... in ❸ tegenstelling

opposition party [ɒpə'zɪʃən 'pɑːtɪ] *znw* oppositiepartij

oppress [ə'pres] *overg* ❶ onderdrukken, verdrukken ❷ drukken (op), bezwaren, benauwen

oppressed [ə'prest] *bn* ❶ onderdrukt ❷ benauwd

oppression [ə'preʃən] *znw* ❶ onder-, verdrukking

❷ druk, benauwing

oppressive [ə'presɪv] *bn* (onder)drukkend, benauwend ★ *an ~ regime* een onderdrukkend regime

oppressor [ə'presə] *znw* onderdrukker, verdrukker

opprobrious [ə'prəʊbrɪəs] form *bn* smadend, smaad-, beledigend

opprobrium [ə'prəʊbrɪəm] form *znw* smaad, schande ★ *heap ~ on sbd* iem. overladen met smaad

oppugn [ə'pjuːn] form *overg* bestrijden

op shop [ə'pæsɪt ʃɒp] inf *znw* → **opportunity shop**

opt [ɒpt] *phras* ★ *~ for sth* opteren, kiezen (voor) iets ★ *~ in/into sth* ervoor kiezen om aan iets mee te doen ★ *~ out* niet meer willen (meedoen), bedanken (voor *of*)

optic ['ɒptɪk] **I** *bn* optisch, gezichts- **II** *znw* lens, optisch onderdeel

optical ['ɒptɪkl] *bn* optisch, gezichts-

optical brightener ['ɒptɪkl 'braɪtənə] *znw* optisch wit ‹in waspoeder›

optical cable ['ɒptɪkl 'keɪbl] *znw* glaskabel

optical character recognition ['ɒptɪkl 'kærəktə rekəg'nɪʃən] comput *znw* optische tekenherkenning, tekstherkenning

optical disk ['ɒptɪkl dɪsk], **optical disc** comput *znw* optische schijf ‹geheugenmedium dat met behulp van een laserstraal wordt gelezen›

optical fibre ['ɒptɪkl 'faɪbə], Am **optical fiber** *znw* glasvezel

optical glass ['ɒptɪkl glɑːs] *znw* optisch glas

optical illusion ['ɒptɪkl ɪ'luːʒən] *znw* gezichtsbedrog

optically ['ɒptɪklɪ] *bijw* optisch

optical scanner ['ɒptɪkl 'skænə] comput *znw* optische scanner

optician [ɒp'tɪʃən] *znw* opticien

optic nerve ['ɒptɪk nɜːv] anat *znw* oogzenuw

optics ['ɒptɪks] [mv] *znw* ❶ leer v. het zien, leer v. het licht ❷ onderdelen van een optisch instrument

optimal ['ɒptɪml] *bn* optimaal

optimism ['ɒptɪmɪzəm] *znw* optimisme ★ *are there any grounds for ~?* zijn er redenen voor optimisme?

optimist ['ɒptɪmɪst] *znw* optimist ★ *a born ~* een geboren optimist

optimistic [ɒptɪ'mɪstɪk] *bn* optimistisch, hoopvol ★ *I'm quite ~ about my chances* ik ben vrij optimistisch over mijn kansen

optimistically [ɒptɪ'mɪstɪklɪ] *bijw* optimistisch

optimize ['ɒptɪmaɪz], **optimise** *overg* optimaliseren

optimum ['ɒptɪməm] **I** *bn* optimaal **II** *znw* [mv: -s of optima] optimum

optimum return ['ɒptɪməm rɪ'tɜːn] econ *znw* optimaal rendement

option ['ɒpʃən] *znw* ❶ keus, verkiezing, recht of vrijheid van kiezen, optie ★ *the easy / soft ~* de gemakkelijke uitweg ★ *we have little / no ~ but to wait for the next bus* we hebben geen keus dan op de volgende bus te wachten ★ *keep / leave one's ~s open* (nog) geen definitieve keuze doen, zorgen dat men alle kanten uit kan, ± zich op de vlakte houden

op

❷ <u>handel</u> premie(affaire)

optional ['ɒpʃənl] *bn* niet verplicht, ter keuze, facultatief

optional extras ['ɒpʃənl ekstrə'sensərɪ] *znw* [mv] accessoires

options exchange ['ɒpʃənz ɪks'tʃeɪndʒ] <u>eff</u> *znw* optiebeurs

options market ['ɒpʃənz 'mɑːkɪt] <u>eff</u> *znw* optiemarkt

optoelectronics ['ɒptəʊɪlek'trɒnɪks] *znw* [mv] opto-elektronica

optometrist [ɒp'tɒmɪtrɪst] *znw* optometrist, opticien

optometry [ɒp'tɒmɪtrɪ] *znw* optometrie, oogmeetkunde

opt-out [ɒpt-'aʊt] *znw* de mogelijkheid om iets niet te doen, om ergens niet aan deel te nemen

opulence ['ɒpjʊləns] *znw* rijkdom, overvloed, weelde(righeid)

opulent ['ɒpjʊlənt] *bn* rijk, overvloedig, weelderig

opus ['əʊpəs] <u>muz</u> *znw* [*mv:* -es *of* opera] opus, werk ‹v. schrijver›

or [ɔː] *voegw* of ★ *five* ~ *six* vijf à zes, een stuk of zes ★ *a word* ~ *two* een paar woorden ★ *fifty* ~ *so* een stuk of vijftig ★ *he doesn't smoke* ~ *drink* hij rookt en drinkt niet ★ *it was either dark blue* ~ *black* het was een van beiden, donkerblauw of zwart ★ *whether you like it* ~ *not* of je het nou leuk vindt of niet ★ *we can't do better than that,* ~ *can we?* dat is het beste wat we kunnen doen, of niet dan?

OR <u>Am</u> *afk* → **operating room**

oracle ['ɒrəkl] *znw* orakel ★ <u>inf</u> *work the* ~ achter de schermen werken

oracular [ə'rækjʊlə] *bn* orakelachtig ★ *her* ~ *utterances* haar orakeltaal

oral ['ɔːrəl] **I** *bn* ❶ mondeling ❷ mond- ❸ <u>med</u> oraal **II** *znw* mondeling (examen)

oral history ['ɔːrəl 'hɪstərɪ] *znw* mondelinge overlevering

oral sex ['ɔːrəl seks] *znw* orale seks

orange ['ɒrɪndʒ] **I** *bn* oranje **II** *znw* ❶ oranjeboom, sinaasappel ★ ~ *blossom* oranjebloesem ❷ oranje

orangeade [ɒrɪndʒ'eɪd] *znw* orangeade, sinaasappellimonade

Orangeism ['ɒrɪn(d)ʒɪsm] *znw* militant protestantisme ‹in Noord-Ierland›

orange juice ['ɒrɪndʒ dʒuːs] *znw* jus d'orange, sinaasappelsap

Orangeman ['ɒrɪndʒmən] *znw* militante protestant ‹in Noord-Ierland›

orange peel ['ɒrɪndʒ piːl] *znw* sinaasappelschil

orangery ['ɒrɪn(d)ʒərɪ] *znw* oranjerie

orange squash ['ɒrɪndʒ skwɒʃ] *znw* sinaasappeldrank, sinas

orang-outang [ɔː'ræŋuː'tæn, 'ɔː'ræŋ'uːtæn], **orang-utan** *znw* orang-oetan(g)

orate [ɔː'reɪt] *overg* oreren

oration [ɔː'reɪʃən] *znw* rede, redevoering, oratie

orator ['ɒrətə] *znw* redenaar, spreker

oratorical [ɒrə'tɒrɪkl] *bn* oratorisch, redenaars-

oratorio [ɒrə'tɔːrɪəʊ] <u>muz</u> *znw* oratorium

oratory ['ɒrətərɪ] *znw* ❶ welsprekendheid ❷ (holle) retoriek ❸ bidvertrek, (huis)kapel

orb [ɔːb] <u>dicht</u> *znw* ❶ (hemel)bol ❷ kring ❸ rijksappel

orbit ['ɔːbɪt] **I** *znw* ❶ baan ‹v. hemellichaam, satelliet› ★ *be in* ~ in een baan draaien ‹om een hemellichaam› ★ *go into* ~ in een baan komen ★ *put / send into* ~ in een baan brengen ❷ <u>fig</u> sfeer ❸ oogholte, -kas **II** *overg* in een baan draaien om ‹de aarde, de maan &› **III** *onoverg* in een baan draaien

orbital ['ɔːbɪtl] *bn* ❶ van de oogkas ❷ van een baan, baan- ★ *an* ~ *flight* een vlucht in een baan ‹om de aarde &›

orbital road ['ɔːbɪtl rəʊd] *znw* ringweg

orbital sander ['ɔːbɪtl 'sændə] *znw* vlakschuurmachine ‹met een kleine draaiende beweging›

orbiter ['ɔːbɪtə] *znw* satelliet

orchard ['ɔːtʃəd] *znw* boomgaard

orchestra ['ɔːkɪstrə] *znw* orkest

orchestral [ɔː'kestrəl] *bn* van het orkest, orkest-

orchestra pit ['ɔːkɪstrə pɪt] *znw* orkestbak

orchestra stalls ['ɔːkɪstrə stɔːlz], <u>Am</u> **orchestra seats** *znw* [mv] stalles

orchestrate ['ɔːkɪstreɪt] *overg* ❶ orkestreren, voor orkest bewerken ❷ <u>fig</u> organiseren, arrangeren

orchestration [ɔːkɪs'treɪʃən] *znw* orkestratie, arrangement

orchid ['ɔːkɪd] *znw* orchidee

ordain [ɔː'deɪn] *overg* ❶ aan-, instellen ❷ bevelen, verordenen, <u>plechtig</u> (ver)ordineren ❸ bestemmen, bepalen ❹ wijden, ordenen (tot priester)

ordeal [ɔː'diːl] *znw* ❶ beproeving ❷ vuurproef

order ['ɔːdə] **I** *tsw* ★ ~! ~! tot de orde! ‹gebruikt door de voorzitter van het Britse Lagerhuis› **II** *znw* ❶ orde, rangorde, volgorde ★ *law and* ~ orde en gezag ★ *the* ~ *of the day* de orde van de dag, <u>mil</u> de dagorder ★ *in* ~ in orde, aan de orde, niet buiten de orde ★ *of / in the* ~ *of* ter grootte van ★ *be out of* ~ niet in orde zijn, in het ongerede, defect, stuk zijn, buiten de orde vallen ★ *call to* ~ tot de orde roepen ❷ order, bevel, lastgeving, bestelling ★ *a firm* ~ definitieve bestelling ★ <u>inf</u> *that's a tall* ~ dat is veel gevergd, dat is niet mis ★ *there is an* ~ *against it* het is verboden ★ *by* ~ op bevel, op last ★ *on* ~ in bestelling ★ *be under* ~/~*s to* bevel (gekregen) hebben om ★ *do sth to* ~ iets doen op commando / bevel, iets doen volgens bestelling / op maat ★ *take an* ~ een bestelling opnemen ★ ~*s are* ~*s* een bevel is een bevel ❸ ridderorde, ordeteken ★ *an* ~ *of knighthood* een ridderorde ❹ <u>rel</u> orde, wijding ★ *holy* ~*s* de geestelijke wijding ★ *enter into / take (holy)* ~*s* (tot priester) gewijd worden ❺ bedoeling ★ *in* ~ *to / for / that* om te ❻ stand, klasse, soort ★ *in working* ~ bedrijfsklaar, in bedrijf, goed functionerend **III** *overg* ❶ ordenen, (be)schikken, regelen, inrichten ★ ~ *one's thoughts* zijn gedachten ordenen ❷ verordenen, gelasten, bevelen, voorschrijven ★ ~ *sbd home* iem. gelasten naar huis te gaan, iem. naar huis sturen, iem. naar het moederland terugroepen / terugsturen ❸ bestellen **IV** *onoverg* ❶ het bevel voeren ❷ bestellen **V** *phras* ★ ~ *sbd* **about / around** iem. commanderen / ringeloren ★ ~ *sbd* **away / off** iem. gelasten weg te gaan, iem. wegsturen ★ ~ *sth* **in** iets laten komen / bezorgen

order form ['ɔːdə fɔːm] *znw* bestelbiljet, bestelformulier, bestelkaart

orderly ['ɔːdəlɪ] **I** *bn* ordelijk, geregeld **II** *znw* ❶ ordonnans ❷ hospitaalsoldaat ❸ oppasser ⟨in een hospitaal⟩

orderly officer ['ɔːdəlɪ 'ɒfɪsə] mil *znw* officier van de dag

orderly room ['ɔːdəlɪ ruːm] mil *znw* bureau

order number ['ɔːdə 'nʌmbə] *znw* bestelnummer

order of magnitude ['ɔːdərəv 'mægnɪtjuːd] *znw* orde van grootte

order paper ['ɔːdə 'peɪpə] *znw* agenda ⟨voor parlementsvergadering⟩

ordinal ['ɔːdɪnl] *bn* rangschikkend

ordinal number ['ɔːdɪnl 'nʌmbə] *znw* rangtelwoord

ordinance ['ɔːdɪnəns] *znw* ❶ voorschrift, decreet ❷ Am (plaatselijke) verordening, ordonnantie ❸ rite

ordinand ['ɔːdɪnænd] *znw* kandidaat voor wijding, RK wijdeling

ordinaries ['ɔːdɪnərɪz] eff *znw* [mv] gewone aandelen

ordinarily ['ɔːdɪnərɪlɪ, 'ɔːdənrɪlɪ] *bijw* ❶ gewoonlijk ❷ gewoon

ordinariness ['ɔːdɪnərɪnəs] *znw* gewoonheid

ordinary ['ɔːdɪnərɪ] **I** *bn* ❶ gewoon, alledaags, doorsnee, normaal ★ *no ~ day / man &* ❷ geen doorsnee dag / man & ❷ middelmatig, saai ★ *a pretty ~ house* een vrij saai huis ❸ Aus niet lekker **II** *znw* ❶ het gewone ★ *nothing out of the ~* niets bijzonders ★ *out of the ~* ongewoon, buitengewoon ❷ RK ordinaris ❸ RK ordinarium ⟨van de mis⟩

ordinary seaman ['ɔːdɪnərɪ 'siːmən] *znw* lichtmatroos

ordinate ['ɔːdɪnɪt] wisk *znw* ordinaat

ordination [ɔːdɪ'neɪʃən] *znw* (priester)wijding

ordnance ['ɔːdnəns] *znw* ❶ geschut, artillerie ❷ oorlogsmateriaal en -voorraden

ordnance map ['ɔːdnəns mæp] *znw* stafkaart

ordnance survey ['ɔːdnəns sɜː'veɪ] *znw* topografische opname, triangulatie ★ *the Ordinance Survey* topografische dienst ⟨in het Verenigd Koninkrijk⟩

ordure ['ɔːdjʊə] form *znw* ❶ vuilnis ❷ vuiligheid, vuil

ore [ɔː] *znw* erts

oregano [ɒrɪ'gɑːnəʊ] *znw* oregano

organ ['ɔːgən] *znw* ❶ muz orgel ❷ orgaan

organdie ['ɔːgəndɪ] *znw* organdie ⟨soort mousseline⟩

organ-grinder ['ɔːgəngraɪndə] *znw* orgeldraaier

organic [ɔː'gænɪk] *bn* ❶ organisch, organiek ❷ biologisch, natuurlijk ⟨v. voeding, tuinbouw &⟩ ★ ~ *waste* gft-afval, biologisch afval

organic chemistry [ɔː'gænɪk 'kemɪstrɪ] *znw*

organische scheikunde

organism ['ɔːgənɪzəm] *znw* organisme

organist [ɔː'gænɪst] *znw* organist

organization [ɔːgənaɪ'zeɪʃən], **organisation** *znw* organisatie ★ *a charitable ~* een charitatieve instelling ★ *a front ~* een mantelorganisatie ★ *industrial ~* industriële organisatie, bedrijfsorganisatie ★ *a professional ~* een beroepsorganisatie ★ *there's a complete lack of ~ within the household* er is een compleet gebrek aan organisatie binnen het huishouden

organizational [ɔːgənaɪ'zeɪʃnəl], **organisational** *bn* organisatorisch

organization chart [ɔːgənaɪ'zeɪʃən tʃɑːt], **organisation chart** management *znw* organigram

organization man [ɔːgənaɪ'zeɪʃən mæn], **organisation man** *znw* man wiens leven wordt gedomineerd door de organisatie waar hij voor werkt

organize ['ɔːgənaɪz], **organise** *overg* organiseren

organized ['ɔːgənaɪzd], **organised** *bn* georganiseerd, aangesloten ⟨van vakbondsleden⟩

organized crime ['ɔːgənaɪzd kraɪm], **organised crime** *znw* georganiseerde misdaad

organizer ['ɔːgənaɪzə], **organiser** *znw* ❶ organisator ❷ organiser, systematische agenda, elektronische agenda

organ loft ['ɔːgən lɒft] *znw* ❶ orgelgalerij, orgelkoor ❷ RK oksaal

organ stop ['ɔːgən stɒp] muz *znw* (orgel)register

orgasm ['ɔːgæzəm] *znw* orgasme, hoogste opwinding, opgewondenheid

orgasmic ['ɔːgæzmɪk], **orgastic** *bn* orgastisch

orgiastic [ɔːdʒɪ'æstɪk] *bn* orgiastisch, als een orgie

orgy ['ɔːdʒɪ] *znw* orgie, zwelg-, braspartij

oriel ['ɔːrɪəl] *znw* ❶ erker ❷ **oriel window** erkervenster

orient ['ɔːrɪənt] **I** *bn* ❶ oostelijk, oosters ❷ schitterend, stralend **II** *znw* ★ *the Orient* de Oriënt **III** *overg* ❶ richten ❷ oriënteren, situeren ★ ~ *oneself* zich oriënteren

oriental [ɔːrɪ'entl] **I** *bn* ❶ oostelijk ❷ oosters **II** *znw* oosterling

orientalism [ɔːrɪ'entəlɪzəm] *znw* ❶ oosters karakter ❷ kennis v. het oosten

orientate ['ɔːrɪənteɪt] *overg* zich richten (op *to*) ★ ~ *oneself* zich oriënteren

orientation [ɔːrɪen'teɪʃən] *znw* oriëntering, oriëntatie ★ *the building has a southerly ~* het gebouw ligt / staat op het zuiden

orienteering ['ɔːrɪentɪərɪŋ] sp *znw* oriëntatieloop

orifice ['ɒrɪfɪs] *znw* ❶ opening ❷ mond

origin ['ɒrɪdʒɪn] *znw* ❶ oorsprong, begin, beginpunt, afkomst, herkomst, origine ★ *one's country of ~* zijn land van herkomst ★ *he can trace his ~s back several centuries* hij kan zijn voorouders een paar eeuwen lang traceren ❷ oorzaak, ontstaan

original [ə'rɪdʒɪnl] **I** *bn* oorspronkelijk, aanvankelijk, origineel **II** *znw* ❶ origineel, oorspronkelijk stuk,

oorspronkelijk werk ★ *pass sth off as the* ~ iets voor
het origineel laten doorgaan ❷ grondtekst,
oorspronkelijke taal ★ *I read it in the* ~ ik heb het in
de oorspronkelijke taal gelezen

original instrument [əˈrɪdʒɪnl ˈɪnstrəmənt] *znw*
origineel instrument ‹muziekinstrument (of een
kopie daarvan) uit de tijd dat de muziek werd
geschreven›

originality [ərɪdʒɪˈnælətɪ] *znw* oorspronkelijkheid,
originaliteit ★ *the scenario doesn't have a spark of* ~ *in
it* er zit geen enkele originaliteit in het script

original sin [əˈrɪdʒɪnl sɪn] *znw* erfzonde

originate [əˈrɪdʒɪneɪt] **I** *overg* voortbrengen ★ *he's the
one who* ~*d the rumour* hij is degene die het gerucht
de wereld ingestuurd heeft **II** *onoverg* ontstaan,
voortspruiten (uit *in*), afkomstig zijn, uitgaan (van
from, with)

origination [ərɪdʒɪˈneɪʃən] *znw* oorsprong, ontstaan

originator [əˈrɪdʒɪneɪtə] *znw* (eerste) ontwerper,
aanlegger, initiatiefnemer, schepper, verwekker,
vader

oriole [ˈɔːrɪəʊl], **golden oriole** *znw* wielewaal,
goudmerel ‹zangvogel›

Orion [əˈraɪən] *astron znw* Orion

Orkney Islands [ˈɔːknɪ ˈaɪləndz], **Orkney, the Orkneys**
znw Orcaden

ormolu [ˈɔːməluː] *znw* goudbrons

ornament I *znw* [ˈɔːnəmənt] ❶ ornament, versiersel,
versiering ❷ sieraad **II** *overg* [ˈɔːnəment] (ver)sieren,
tooien

ornamental [ɔːnəˈmentl] *bn* (ver)sierend,
ornamenteel, decoratief, sier- ★ *kitchen herbs are
intermixed with purely* ~ *plants* keukenkruiden staan
tussen de puur decoratieve planten door

ornamentation [ɔːnəmenˈteɪʃən] *znw* ❶ versiering
❷ ornamentiek

ornate [ɔːˈneɪt] *bn* (te) rijk versierd, overladen

ornery [ˈɔːnərɪ] *Am inf bn* ❶ chagrijnig, vervelend
❷ koppig

ornithological [ɔːnɪθəˈlɒdʒɪkl] *bn* ornithologisch,
vogel-

ornithologist [ɔːnɪˈθɒlədʒɪst] *znw* ornitholoog,
vogeldeskundige

ornithology [ɔːnɪˈθɒlədʒɪ] *znw* ornithologie,
vogelkunde

orphan [ˈɔːfən] **I** *bn* verweesd, ouderloos, wees- **II** *znw*
weeskind, wees **III** *overg* tot wees maken

orphanage [ˈɔːfənɪdʒ] *znw* weeshuis

orphaned [ˈɔːfənd] *bn* verweesd, ouderloos

orphanhood [ˈɔːfənhʊd] *znw* ouderloosheid,
verweesdheid

orrery [ˈɒrərɪ] *znw* planetarium

orthodontic [ɔːθəˈdɒntɪk] *bn* orthodontisch

orthodontics [ɔːθəˈdɒntɪks] *znw* [mv] orthodontie

orthodontist [ɔːθəˈdɒntɪst] *znw* orthodontist

orthodox [ˈɔːθədɒks] *bn* ❶ orthodox, rechtzinnig
❷ conventioneel, gebruikelijk, gewoon ❸ echt, van
de oude stempel ❹ oosters-orthodox

orthodox medicine [ˈɔːθədɒks ˈmedsən] *znw*
❶ conventionele geneeskunde ❷ conventioneel
medicijn

orthodoxy [ˈɔːθədɒksɪ] *znw* orthodoxie,
rechtzinnigheid

orthographic [ɔːθəˈgræfɪk] *bn* orthografisch: van de
spelling, spelling-

orthography [ɔːˈθɒgrəfɪ] *znw* orthografie, (juiste)
spelling

orthopaedic [ɔːθəˈpiːdɪk], Am **orthopedic** *bn*
orthopedisch ★ *an* ~ *surgeon* een orthopedist

orthopaedics [ɔːθəˈpiːdɪks], Am **orthopedics** *znw* [mv]
orthopedie

orthopaedist [ɔːθəˈpiːdɪst], Am **orthopedist** *znw*
orthopedist, orthopeed

orthopaedy [ɔːθəˈpiːdɪ], Am **orthopedy** *znw*
orthopedie

orzo [ˈɒtsəʊ] *znw* orzo ‹pasta in de vorm van gerst- of
rijstkorrels›

OS *afk* → **ordnance survey**

Oscar [ˈɒskə] *znw* de letter O ‹in het internationaal
alfabet›

oscillate [ˈɒsɪleɪt] *overg & onoverg* ❶ slingeren,
schommelen ❷ trillen ❸ aarzelen ❹ radio oscilleren

oscillation [ɒsɪˈleɪʃən] *znw* ❶ slingering, schommeling
❷ radio oscillatie

oscillatory [ɔˈsɪlət(ə)rɪ, ɒsɪleɪt(ə)rɪ] *bn* ❶ slingerend,
schommelend, slinger- ❷ radio oscillatie-

oscilloscope [ɒˈsɪləskəʊp] *znw* oscilloscoop

oscular [ˈɒskjʊlə] *bn* ❶ dierk v.d. mond ❷ inf kussend,
kus- ★ scherts *they're doing some* ~ *research* ze staan
te zoenen

osculate [ˈɒskjʊleɪt] **I** *overg* scherts kussen **II** *onoverg*
wisk osculeren

osculation [ɒskjʊˈleɪʃən] *znw* ❶ wisk osculatie
❷ scherts kus, gekus

osier [ˈəʊzɪə] *znw* ❶ kat-, teen-, bindwilg ❷ rijs, teen

osmosis [ɒzˈməʊsɪs] *znw* osmose

osprey [ˈɒspreɪ] *znw* visarend ‹vogel›

osseous [ˈɒsɪəs] med of dierk *bn* beenachtig, beender-

Ossi [ˈɒsɪ] *inf & vaak afkeurend znw* ‹in Duitsland›
inwoner van de voormalige DDR, Ossi

ossicle [ˈɒsɪkl] *anat of dierk znw* beentje

ossicles [ˈɒsəkəls] *znw* [mv] gehoorbeentjes

ossification [ɒsɪfɪˈkeɪʃən] *znw* beenvorming,
verbening

ossify [ˈɒsɪfaɪ] *overg & onoverg* ❶ (doen) verbenen
❷ verharden

ossuary [ˈɒsjʊərɪ] *znw* knekelhuis, ossuarium

Ostend [ɒsˈtend] *znw* Oostende ‹stad›

ostensible [ɒˈstensɪbl] *bn* voorgewend, voor de schijn,
ogenschijnlijk ★ *his* ~ *purpose was to collect signatures*
zijn doel was zogenaamd om handtekeningen te
verzamelen

ostensibly [ɒˈstensɪblɪ] *bijw* zoals voorgegeven wordt
(werd), ogenschijnlijk, zogenaamd

ostensive [ɒˈstensɪv] taalk *bn* ostensief,
aanschouwelijk, aanwijzend

or

ostentation [ɒsten'teɪʃən] *znw* ❶ (uiterlijk) vertoon, pralerij, pronkerij ❷ ostentatie
ostentatious [ɒsten'teɪʃəs] *bn* ❶ pralend, praalziek, pronkerig, pronkziek ❷ ostentatief
osteoarthritis [ɒstɪəʊɑː'θraɪtɪs] med *znw* osteoartritis
osteology [ɒstɪ'ɒlədʒɪ] *znw* osteologie, leer van de beenderen
osteomyelitis [ɒstɪəʊmaɪɪ'laɪtɪs] med *znw* osteomyelitis, beenmergontsteking
osteopath ['ɒstɪəpæθ] *znw* osteopaat, bottenkraker
osteopathy [ɒstɪ'ɒpəθɪ] *znw* osteopathie, bottenkraken
osteoporosis [ɒstɪəʊpɔ:'rəʊsɪs] med *znw* osteoporose, botontkalking
ostler ['ɒslə] hist *znw* stalknecht
ostracism ['ɒstrəsɪzəm] *znw* ❶ uitsluiting ❷ verbanning
ostracize ['ɒstrəsaɪz], **ostracise** *overg* uitsluiten, (maatschappelijk) boycotten
ostrich ['ɒstrɪtʃ] *znw* struisvogel
otaku [əʊ'tɑːkuː] afkeurend ⟨⟨Jap⟩ *znw* [mv] nerds, computerfanaten ⟨in Japan⟩
OTE *afk* (on-target earnings) aanduiding voor het te verwachten salaris van een verkoper of vertegenwoordiger, plus bonussen en provisie
other ['ʌðə] *vnw & bn* ❶ ander, tweede ★ *the ~ day* onlangs ★ *every ~ day* om de andere dag ★ *some ~ day* op een andere dag ★ *the ~ half* de andere helft ★ *the ~ night* laatst op een avond ★ *in ~ words* met andere woorden ★ *on the ~ hand* aan de andere kant, daarentegen ★ *someone or ~* de een of andere, deze of gene ★ *some time or ~* (bij gelegenheid) wel eens ❷ nog (meer) ❸ anders ★ *~ than* verschillend van, anders dan, behalve
other half ['ʌðə hɑːf] Br inf *znw* ★ *my / his & ~* mijn / zijn & partner / vrouw / man
otherness ['ʌðənəs] *znw* verschillend / anders zijn
otherwise ['ʌðəwaɪz] *bn & bijw* ❶ anders, anderszins, op (een) andere manier ★ *rich or ~* al of niet rijk, rijk of arm ★ *obstruction and delay, ~ known as the public service* tegenwerking en vertraging, ook bekend als de ambtenarij ★ *all the evidence suggests ~* alle aanduidingen wijzen op het tegendeel ❷ overigens ❸ alias
otherworldly [ʌðə'wɜːldlɪ] *bn* niet van deze wereld
otiose ['əʊʃɪəʊs] form *bn* nutteloos, overbodig ★ *the ~ comma* de overbodige komma
otitis [o'taɪtɪs] med *znw* oorontsteking
otoscope ['əʊtəskəʊp] *znw* oorspiegel
OTT *afk* (over the top) overdreven
otter ['ɒtə] *znw* (zee)otter
ottoman ['ɒtəmən] *znw* rustbank
ouch [aʊtʃ] *tsw* au!
ought [ɔːt] *hulpww* moeten, behoren ★ *you ~ to be ashamed of yourself* je moet je schamen ★ *I ~ to have thanked you* ik had je moeten bedanken ★ *we ~ to be there soon* we zouden er zo moeten zijn
oughtn't [ɔːtnt] *samentr* (ought not) → **ought**

ouija board ['wiːdʒə bɔːd] *znw* ouijabord, letterbord ⟨gebruikt bij spiritistische seance⟩
ounce [aʊns] *znw* ❶ Engels ons, 28,35 gram ❷ fig greintje, beetje ★ *an ~ of common sense* een greintje gezond verstand ★ *we summoned up every ~ of strength* we raapten al onze krachten bij elkaar
our ['aʊə] *bez vnw* ons, onze
Our Father ['aʊə 'fɑːðə] *znw* ❶ Onze Vader, Paternoster ❷ God
Our Lady ['aʊə 'leɪdɪ] *znw* Onze Lieve Vrouw
ours ['aʊəz] *bez vnw* ❶ de onze(n), het onze ❷ van ons
ourselves [aʊə'selvz], **ourself** *wederk vnw* ❶ wij(zelf) ★ *we did all the building (by) ~* we hebben alle bouwwerkzaamheden zelf gedaan ❷ ons, (ons)zelf ★ *we keep the weekends to ~* we houden de weekenden voor onszelf
ousel ['uːzəl] *znw* → **ouzel**
oust [aʊst] *overg* ❶ verjagen ❷ verdringen ★ *he's been ~ed from his position as number one player* hij is verdrongen van zijn positie als eerste speler ❸ de voet lichten ★ uit-, ontzetten
out [aʊt] **I** *tsw* ★ *~!* eruit!, donder op! **II** *voorz* uit, naar buiten ★ *dicht he took his sword from ~ his sheath* hij nam zijn zwaard uit de schede ★ *be ~ of sth* door iets heen zijn ⟨voorraden⟩ ★ *he's ~ of the team* hij zit niet meer in het team ★ *he's ~ of town* hij is de stad uit ★ *the patient is ~ of danger* de patiënt is buiten gevaar ★ *the machine is ~ of order* de machine is defect ★ *they are both ~ of work* ze zijn allebei werkeloos ★ *it's made ~ of leather* het is van leer gemaakt ★ *I'm just asking ~ of interest* ik vraag het alleen maar uit belangstelling ★ *she paid for it ~ of her savings* ze heeft het met haar spaargeld betaald ★ *eight ~ of ten people* acht van de tien mensen ★ *he's ~ of practice* hij heeft het een beetje verleerd ★ *inf she's ~ of it* ze is er niet van op de hoogte ★ *inf she felt ~ of the party* ze voelde zich buitengesloten van het feestje ★ *inf you're ~ of your mind / head!* je bent gek! ★ *he was ~ to the world* hij was bewusteloos **III** *bn* ❶ uit, buiten, niet thuis ★ *his arm is ~* zijn arm is uit het lid / uit de kom ★ *the sun is ~* de zon schijnt ★ *the tide is ~* het getij is uit ❷ openbaar, gepubliceerd, in gebruik ★ *her book is ~* haar boek is uit / verschenen ❸ uitgedoofd, uitgeschakeld, afgelopen, voorbij ❹ niet mogelijk, niet gewenst ❺ mis, ernaast ⟨bij schattingen, berekeningen &⟩ ★ *be ~ in one's calculations* zich verrekend hebbend ❻ sp buiten de lijnen, af, uitgetikt & ⟨honkbal, cricket⟩ ❼ open ⟨v. bloemen⟩ ★ *the flowers are ~* de bloemen zijn uitgekomen ❽ niet modieus ❾ voor uitgaande post ❿ buiten bewustzijn **IV** *bijw* ❶ uit, naar buiten, weg ★ *~ and about* weer op de been, in de weer ★ *~ there* daar ver weg, ergens ver weg ★ *be tired ~* uitgeput zijn ★ *come ~* inf uitkomen voor zijn / haar homoseksualiteit, uitkomen ⟨v. bloemen⟩ ★ *cry ~* schreeuwen ★ *eat ~* uit eten ★ *give sth ~* iets uitdelen ★ *have sth ~* iets duidelijk stellen, iets uitvechten

ou

★ *keep* ~ geen toegang ★ ~ *with it!* voor de dag ermee!, biecht maar eens op! ❷ buiten, in de buitenlucht ❸ scheepv buitengaats, mil te veld ❹ eropuit, aan de gang ★ *be* ~ *to do sth* erop uit zijn om iets te doen ★ inf *be* ~ *for sth* iets nastreven, op het oog hebben ★ inf *be flat* ~ met alle kracht aan het werk zijn, het erg druk hebben ★ inf *go all / flat* ~ alles op alles zetten ❺ bekend, geopenbaard, publiek ❻ uit, niet meer in werking, uitgedoofd ❼ sp niet meer aan slag ❽ bewusteloos, uitgeteld ❾ uitgesloten, niet gewenst **V** *znw* ❶ uitweg, uitvlucht ❷ ex-machthebber ★ *the* ~*s* de niet aan het bewind zijnde partij ❸ sp iemand die uitgetikt / af is ‹honkbal, cricket &› **VI** *overg* ❶ neerslaan, bewusteloos slaan ❷ eruit werken ❸ inf de homoseksualiteit onthullen van

out- [aʊt] *voorv* uit-, buiten-, over-

outa [ˈaʊtə] inf *voorz* → **outta**

out-act [aʊt-ˈækt] *overg* overtreffen

outage [ˈaʊtɪdʒ] *znw* (stroom)onderbreking

out-and-out [aʊt-n-ˈaʊt] *bn* ❶ door en door, eersterangs ❷ echt ❸ aarts-, doortrapt, uitgeslapen ❹ door dik en dun (meegaand), je reinste

outback [ˈaʊtbæk] Aus *znw* binnenland

outbalance [aʊtˈbæləns] *overg* zwaarder wegen (dan)

outbid [aʊtˈbɪd] *overg* meer bieden (dan), overbieden

outboard engine [ˈaʊtbɔːd ˈendʒɪn], **outboard motor** *znw* buitenboordmotor

outbound [ˈaʊtbaʊnd] *bn* op de uitreis ‹schip &›

outbox [ˈaʊtbɒks] *overg* beter boksen dan

out-box [aʊt-ˈbɒks] comput *znw* ❶ bestand voor verzonden e-mail berichten ❷ → Am **out-tray**

outbrave [aʊtˈbreɪv] *overg* ❶ trotseren ❷ (in moed) overtreffen

outbreak [ˈaʊtbreɪk] *znw* ❶ uitbreken ‹v. oorlog› ❷ uitbarsting ❸ opstand, opstootje, oproer

outbuilding [ˈaʊtbɪldɪŋ] *znw* bijgebouw

outburst [ˈaʊtbɜːst] *znw* ❶ uitbarsting ❷ fig uitval

outcast [ˈaʊtkɑːst] *znw* ❶ verworpeling, verstoteling, verschoppeling, uitgestotene ❷ balling

outclass [aʊtˈklɑːs] *overg* ❶ overtreffen, (ver) achter zich laten ❷ sp overklassen, overspelen

outcome [ˈaʊtkʌm] *znw* uitslag, resultaat

outcompete [aʊtkəmˈpiːt] *overg* wegconcurreren, harder concurreren dan

outcrop [ˈaʊtkrɒp] geol *znw* dagzoom

outcry [ˈaʊtkraɪ] *znw* luid protest

outdare [aʊtˈdeə] *overg* ❶ meer durven dan ❷ tarten

outdated [aʊtˈdeɪtɪd] *bn* verouderd, uit de tijd

outdistance [aʊtˈdɪstns] *overg* achter zich laten

outdo [aʊtˈduː] *overg* overtreffen, de loef afsteken

outdoor [ˈaʊtdɔː], Am **out-of-door** *bn* ❶ buiten- ❷ voor buitenshuis gebruik ❸ in de open lucht

outdoors [aʊtˈdɔːz], Am **out-of-doors** *bijw* buitenshuis, buiten

outer [ˈaʊtə] **I** *bn* ❶ buiten-, buitenste ★ ~ *garments* bovenkleren ❷ verste, uiterste **II** *znw* ❶ bovenkleding, buitenkant van een kledingstuk

❷ de buitenrand van een schietschijf ▼ Aus *on the* ~ buitengesloten, geen deel van de groep

outer limits [ˈaʊtə ˈlɪmɪts] *znw* [mv] buitengrens

outermost [ˈaʊtəməʊst] *bn* buitenste, uiterste

outer space [ˈaʊtə speɪs] *znw* buitenatmosfeer, buitenaardse ruimte

outerwear [ˈaʊtəweə] *znw* bovenkleding

outface [aʊtˈfeɪs] *overg* ❶ de ogen doen neerslaan ❷ van zijn stuk brengen ❸ trotseren

outfall [ˈaʊtfɔːl] *znw* afvloeiing ‹v. water›, afvoerkanaal, waterlozing, uitweg, -gang

outfield [ˈaʊtfiːld] honkbal & cricket *znw* verre veld

outfielder [ˈaʊtfiːldə] sp *znw* buitenvelder, verre velder

outfight [aʊtˈfaɪt] *overg* beter vechten dan, overwinnen

outfit [ˈaʊtfɪt] *znw* ❶ uitrusting, kostuum ❷ inf zaak, zaakje ❸ gezelschap, stel ❹ ploeg ❺ mil afdeling, onderdeel

outfitter [ˈaʊtfɪtə] *znw* ❶ leverancier van uitrustingen ❷ winkelier in herenmode

outflank [aʊtˈflæŋk] *overg* ❶ mil overvleugelen, omtrekken ❷ fig beetnemen

outflow [ˈaʊtfləʊ] *znw* ❶ uitstroming ❷ uitstorting ❸ wegvloeien ‹v. kapitaal›

outfly [aʊtˈflaɪ] *overg* sneller (hoger &) vliegen dan

outfox [aʊtˈfɒks] *overg* te slim af zijn

out freight [aʊt freɪt] *znw* heenvracht

outgeneral [aʊtˈdʒenərəl] *overg* in krijgsmanschap overtreffen

outgiving [aʊtˈgɪvɪŋ] Am *znw* verklaring

outgo I *znw* [ˈaʊtgəʊ] uitgaven **II** *overg* [aʊtˈgəʊ] overtreffen

outgoing [aʊtˈgəʊɪŋ] *bn* ❶ uitgaand ❷ aflopend ‹getij› ❸ vertrekkend ‹trein› ❹ aftredend, demissionair ‹minister›

outgoings [ˈaʊtgəʊɪŋz] *znw* [mv] onkosten

outgrow [aʊtˈgrəʊ] *overg* ❶ sneller groeien dan, over het hoofd groeien ❷ te groot worden voor, groeien uit ‹kledingstuk› ❸ ontgroeien, ontwassen ★ *he has never* ~*n his love of pop music* hij is zijn liefde voor de popmuziek nooit ontgroeid

outgrowth [ˈaʊtgrəʊθ] *znw* ❶ uitwas ❷ fig uitvloeisel, resultaat, product

outgun [aʊtˈgʌn] *overg* overtreffen, overtroeven

outhouse [ˈaʊthaʊs] *znw* ❶ bijgebouw ❷ buiten-WC

outing [ˈaʊtɪŋ] *znw* uitstapje, uitje

outlandish [aʊtˈlændɪʃ] *bn* vreemd, zonderling, bizar, gek ★ *she wore an* ~ *purple outfit* ze droeg een bizar paars kostuum

outlast [aʊtˈlɑːst] *overg* langer duren dan

outlaw [ˈaʊtlɔː] **I** *znw* ❶ vogelvrij verklaarde, balling ❷ bandiet **II** *overg* ❶ vogelvrij verklaren, buiten de wet stellen ❷ verbieden

outlawry [ˈaʊtlɔːrɪ] *znw* vogelvrijverklaring, buiten de wet stellen

outlay [ˈaʊtleɪ] *znw* uitgave, (on)kosten

outlet [ˈaʊtlet] *znw* ❶ uitgang ❷ uitweg

❸ afvoerkanaal ❹ <u>handel</u> afzetgebied
❺ verkooppunt ❻ <u>fig</u> uitlaatklep
outlier ['aʊtlaɪə] *znw* ❶ iem. die of iets wat zich
buiten zijn gewone woonplaats bevindt ❷ forens
outline ['aʊtlaɪn] **I** *znw* ❶ omtrek, schets ★ *a broad* ~
in grote trekken ★ *a rough* ~ een ruwe schets
❷ omlijning **II** *overg* ❶ (in omtrek) schetsen,
(af)tekenen ★ *be* ~*d against* zich aftekenen tegen
❷ omlijnen ❸ uitstippelen
outlive [aʊt'lɪv] *overg* langer leven dan, overleven, te
boven komen ★ ~ *one's day* zichzelf overleven ★ <u>inf</u>
this couch has ~*d its day* deze bank heeft zijn tijd
gehad ★ *not* ~ *the night* de dag niet halen ★ ~ *its
usefulness* zijn (beste) tijd gehad hebben
outlook ['aʊtlʊk] *znw* ❶ uitkijk ❷ kijk, blik,
zienswijze, opvatting, visie ❸ (voor)uitzicht
outlying ['aʊtlaɪɪŋ] *bn* ver, verwijderd, afgelegen,
buiten
outmanoeuvre [aʊtmə'nu:və], *Am* **outmaneuver** *overg*
iem. te slim af zijn
outmarch [aʊt'mɑ:tʃ] *overg* sneller marcheren dan,
achter zich laten
outmatch [aʊt'mætʃ] *overg* overtreffen
outmoded [aʊt'məʊdɪd] *bn* ouderwets
outmost ['aʊtməʊst] *bn* buitenste, uiterste
outnumber [aʊt'nʌmbə] *overg* in aantal overtreffen,
talrijker zijn dan ★ *be* ~*ed* in de minderheid zijn
(blijven)
out-of-body experience [aʊt-ə-'bɒdɪ ɪk'spɪərɪəns]
znw uittreding, buiten het lichaam treden
out-of-court [aʊt-əv-'kɔ:t] *bn* buiten de rechtbank om
out-of-date [aʊt-əv-'deɪt] *bn* ❶ ouderwets, verouderd
❷ verlopen
out-of-door [aʊt-əv-'dɔ:] *Am bn* → **outdoor**
out-of-doors [aʊt-əv-'dɔ:z] *Am bijw* → **outdoors**
out-of-pocket expenses ['aʊt-əv-'pɒkɪt ɪk'spensɪz]
znw [mv] voorschotten, contante uitgaven
out-of-the-way [aʊt-əv-ðə-'weɪ] *bn* ❶ afgelegen
❷ ongewoon, buitenissig
out-of-town [aʊt-əv-'taʊn] *bn* van buiten de stad
out-of-work [aʊt-əv-'wɜ:k] *bn* werkloos, zonder werk
outpace [aʊt'peɪs] *overg* voorbijstreven
outpatient ['aʊtpeɪʃənt] *znw* poliklinische patiënt
outpatients department ['aʊtpeɪʃənts dɪ'pɑ:tmənt],
outpatients clinic *znw* polikliniek
outperform [aʊtpə'fɔ:m] *overg* beter presteren dan
outplace [aʊtpleɪs] *overg* tewerkstellen ‹bij andere
werkgever›
outplacement ['aʊtpleɪsmənt] *znw* outplacement,
afvloeiingsbemiddeling, uitplaatsing
outplay [aʊt'pleɪ] *overg* beter spelen dan, overspelen
outpost ['aʊtpəʊst] *znw* ❶ buitenpost ❷ <u>mil</u> voorpost
outpouring ['aʊtpɔ:rɪŋ] *znw* ❶ uitstorting ★ *an* ~ *of
grief* een uitstorting van droefheid ❷ ontboezeming
output ['aʊtpʊt] **I** *znw* ❶ opbrengst, productie
❷ <u>elektr</u> uitgang(svermogen) ❸ <u>comput</u> uitvoer,
output **II** *overg* <u>comput</u> uitvoeren
outrage ['aʊtreɪdʒ] **I** *znw* ❶ sterke verontwaardiging,

schok ❷ schandaal, smaad, belediging
❸ geweldddaad, wandaad, aanslag **II** *overg*
❶ verontwaardigen ❷ beledigen, schenden, met
voeten treden, geweld aandoen
outraged ['aʊtreɪdʒd] *bn* diep verontwaardigd
outrageous [aʊt'reɪdʒəs] *bn* ❶ beledigend,
schandelijk, grof ★ *an* ~ *waste of money* een
schandalige geldverspilling ❷ gewelddadig, wreed
❸ buitensporig, extravagant, uitbundig
outrageously [aʊt'reɪdʒəslɪ] *bijw* uitbundig,
bovenmate ★ *an* ~ *expensive car* een buitengewoon
dure auto
outran [aʊt'ræn] *overg* [v.t.] → **outrun**
outrange [aʊt'reɪndʒ] *overg* verder dragen ‹v.
geschut›, verder reiken dan
outrank [aʊt'ræŋk] *overg* ❶ (in rang) staan boven
❷ overtreffen
outré ['u:treɪ] *(‹Fr)* *bn* buitenissig, onbetamelijk,
excentriek ★ *her clothes style is somewhat* ~ haar
kledingstijl is een beetje buitenissig
outreach [aʊt'ri:tʃ] *overg* ❶ verder reiken dan
❷ overtreffen
outride [aʊt'raɪd] *overg* voorbijrijden ★ ~ *the storm* het
uithouden in een storm
outrider ['aʊtraɪdə] *znw* voorrijder
outrigger ['aʊtrɪgə] <u>scheepv</u> *znw* ❶ vlerk, uitlegger
❷ boot met leggers, vlerkprauw ❸ outrigger, dol
outright ['aʊtraɪt] *bn & bijw* ❶ ineens, op slag ❷ zoals
het reilt en zeilt, in zijn geheel, terdege, totaal,
volslagen ❸ openlijk, ronduit ★ *laugh* ~ in een
schaterlach uitbarsten, hardop lachen
outrival [aʊt'raɪvəl] *overg* het winnen van
outrun [aʊt'rʌn] *overg* ❶ harder lopen dan, ontlopen
❷ <u>fig</u> voorbijstreven ❸ overschrijden
outrunner [aʊt'rʌnə] *znw* voorloper
outrush ['aʊtrʌʃ] *znw* uitstroming ★ *an* ~ *of feeling* een
uitstorting van gevoel
outs [aʊts] *Am inf znw* [mv] ★ *be on the* ~ ruzie
hebben
outsail [aʊt'seɪl] *overg* ❶ harder zeilen dan
❷ voorbijvaren
outscore [aʊt'skɔ:] *overg* meer scoren dan
outsell [aʊt'sel] *overg* ❶ meer verkocht worden dan
❷ meer verkopen dan
outset ['aʊtset] *znw* begin ★ *at the* ~ / *from the* ~ al
dadelijk (bij het begin)
outshine [aʊt'ʃaɪn] *overg* (in glans) overtreffen
outside **I** *voorz* [aʊt'saɪd] buiten (het bereik van) **II** *bn*
['aʊtsaɪd] ❶ van buiten (komend), extern ★ ~ *capital*
vreemd kapitaal, extern kapitaal ❷ uiterste ★ *an* ~
chance uiterst kleine kans ❸ buiten- ★ *the* ~ *world* de
buitenwereld **III** *bijw* [aʊt'saɪd] ❶ buiten ❷ van,
naar buiten **IV** *znw* ['aʊtsaɪd] ❶ buitenzijde, -kant
★ *from (the)* ~ van buiten ★ *on the* ~ aan de
buitenkant ❷ uitwendige, buitenste ❸ uiterste ★ *six
at the* ~ zes op zijn hoogst, maximaal zes
outside broadcast ['aʊtsaɪd 'brɒdkɑ:st] *znw*
uitzending op locatie ‹buiten de studio›

ou

outside director ['aʊtsaɪd daɪ'rektə] *znw* directeur van buitenaf ‹niet in dienst van de firma›

outside help ['aʊtsaɪd help] *znw* hulp van buitenaf

outside interest ['aʊtsaɪd 'ɪntrest] *znw* hobby

outside lane ['aʊtsaɪd leɪn] *znw* buitenste rijstrook

outside line ['aʊtsaɪd laɪn] telec *znw* buitenlijn

outsider [aʊt'saɪdə] *znw* ❶ niet-ingewijde, buitenstaander, outsider ❷ niet favoriet zijnd paard

outsider art [aʊt'saɪdər ɑ:t] *znw* outsider art, spontane kunst ‹kunst door geestelijk gehandicapten, kinderen &›

outsize ['aʊtsaɪz] **I** *bn*, **outsized** van abnormale grootte **II** *znw* extra grote maat

outskirts ['aʊtskɜ:ts] *znw* [mv] ❶ buitenkant, zoom, grens, rand ❷ buitenwijken

outsleep [aʊt'sli:p] *overg* langer slapen dan

outsmart [aʊt'smɑ:t] *overg* te slim af zijn

outsource [aʊt'sɔ:s] *overg* ❶ van buitenaf betrekken ‹v. goederen, diensten› ❷ uitbesteden

outsourcing [aʊt'sɔ:sɪŋ] *znw* ❶ uitbesteding ❷ het van buitenaf betrekken

outspoken [aʊt'spəʊkən] *bn* openhartig, vrijmoedig, direct

outspread [aʊt'spred] *bn* uitgespreid

outstanding [aʊt'stændɪŋ] *bn* ❶ markant, bijzonder, uitzonderlijk ❷ uitstaand, onbetaald ❸ onafgedaan, onuitgemaakt, onbeslist, onopgelost

outstandingly [aʊt'stændɪŋlɪ] *bijw* buitengewoon, uitzonderlijk, uitstekend

outstare [aʊt'steə] *overg* iem. met een blik van z'n stuk brengen (beschamen)

outstation ['aʊtsteɪʃən] *znw* buitenpost

outstay [aʊt'steɪ] *overg* langer blijven dan ★ ~ *one's welcome* misbruik maken van iemands gastvrijheid

outstep [aʊt'step] *overg* overschrijden

outstretched [aʊt'stretʃt] *bn* uitgestrekt

outstrip [aʊt'strɪp] *overg* voorbijstreven, achter zich laten, de loef afsteken

outta ['aʊtə], **outa** inf *voorz* (out of) weg van, vandaan ★ *it's 5 o'clock and I'm* ~ *here* het is 5 uur en ik ben weg

out-take ['aʊt-teɪk] *znw* fragment ‹dat niet in de uiteindelijke film of cd is opgenomen›

out-talk [aʊt-'tɔ:k] *overg* omverpraten

out-tray ['aʊttreɪ], Am **out-box** *znw* aflegbakje ‹voor uitgaande post›

out-turn ['aʊt-tɜ:n] *znw* productie

outvie [aʊt'vaɪ] *overg* overtreffen, voorbijstreven, het winnen van

outvote [aʊt'vəʊt] *overg* overstemmen ★ *be* ~*d* in de minderheid blijven

outwalk [aʊt'wɔ:k] *overg* sneller (verder) wandelen dan

outward ['aʊtwəd] **I** *bn* ❶ uitwendig, uiterlijk ★ *the* ~ / *the* ~ *form* het uiterlijk, het vóórkomen ❷ naar buiten gekeerd ★ *the* ~ *journey* de uitreis ❸ buiten- **II** *bijw* → **outwards**

outward bound ['aʊtwəd baʊnd] scheepv *bn* op de uitreis

outwardly ['aʊtwədlɪ] *bijw* uiterlijk, zo op het oog

outwards ['aʊtwədz], **outward** *bijw* naar buiten, buitenwaarts

outwear [aʊt'weə] *overg* ❶ verslijten ❷ te boven komen ❸ langer duren dan

outweigh [aʊt'weɪ] *overg* zwaarder wegen dan, meer gelden dan

outwit [aʊt'wɪt] *overg* verschalken, te slim af zijn

outwork ['aʊtwɜ:k] *znw* ❶ thuiswerk ❷ mil buitenwerk

outworker ['aʊtwɜ:kə] *znw* thuiswerker

outworking ['aʊtwɜ:kɪŋ] *znw* thuiswerk

outworn [aʊt'wɔ:n] *bn* ❶ afgezaagd, verouderd ❷ versleten, uitgeput

ouzel ['u:zəl], **ousel**, **ring ouzel**, **ring ousel** *znw* beflijster

ouzo ['u:zəʊ] *znw* ouzo ‹Griekse sterke drank›

ova ['əʊvə] *znw* [mv] → **ovum**

oval ['əʊvəl] **I** *bn* ovaal, eirond **II** *znw* ovaal

Oval Office ['əʊvəl 'ɒfɪs] *znw* ★ *the* ~ het kantoor van de president van de VS, het presidentschap van de VS

ovarian [əʊ'veərɪən] *bn* van de eierstokken

ovary ['əʊvərɪ] *znw* ❶ eierstok ❷ plantk vruchtbeginsel

ovate ['əʊveɪt] *bn* eivormig

ovation [əʊ'veɪʃən] *znw* ovatie ★ *get* / *give a standing* ~ een staande ovatie krijgen / brengen

oven ['ʌvən] *znw* oven ★ *a fan-forced* ~ een heteluchtoven ★ *the house is like an* ~ *in summer* het huis is 's zomers snikheet

oven-baked ['ʌvən-beɪkt] *bn* in de oven gebakken

oven dish ['ʌvən dɪʃ] *znw* ovenschotel

oven glove ['ʌvən glʌv] *znw* ovenhandschoen

oven mitt ['ʌvən mɪt(n)] *znw* ovenwant

ovenproof ['ʌvənpru:f] *bn* ovenvast

oven-ready ['ʌvən-'redɪ] *bn* bakklaar

ovenware ['ʌvənweə] *znw* ovenvast aardewerk

over ['əʊvə] **I** *voorz* ❶ over, boven, over... heen ★ *the news is all* ~ *the town* het nieuws is in de hele stad bekend ★ *all* ~ *the world, all the world* ~ over de hele wereld ★ inf *be all* ~ *sbd* niet van iem. kunnen afblijven ❷ boven... uit ★ *she shouted* ~ *the noise of the children* ze schreeuwde boven het lawaai van de kinderen uit ❸ meer dan ★ *he's* ~ *forty* hij is boven de veertig ❹ naar de overkant, naar de andere kant, aan de andere kant ★ *be* ~ *the worst* het ergste achter de rug hebben ★ *he live* ~ *the road* hij woont aan de overkant van de straat ❺ tijdens, bij, gedurende ★ ~ *dinner* / *a glass of wine &* onder / bij het diner / een glaasje wijn ★ ~ *the holidays* / *the weekend &* gedurende de vakantie / het weekend & ★ ~ *the years* in de loop der jaren ❻ via ★ ~ *the telephone* door de telefoon ❼ naar aanleiding van, in verband met, inzake, aangaande ★ *be* / *take a long time* ~ *sth* er lang over doen **II** *bijw* ❶ over, boven ★ ~ *and above* bovenop, eroverheen, bovendien ★ *all* ~ van boven tot onder, van top tot teen, op-en-top, helemaal ❷ omver, overboord, naar / aan de andere kant ★ ~ *against* tegenover, in tegenstelling met ★ ~ *in America* (daar)ginder in Amerika ★ ~ *here* hier, op deze plek ★ ~ *there* (daar)ginder, aan de overkant, daar ★ *hand sth* ~ iets overhandigen, iets inleveren ★ *knock sth* ~ iets omgooien ★ *lean* ~ overleunen ❸ voorbij, afgelopen, uit, achter de rug ★ ~ *and out* over en uit ★ *it's all* ~ het is over, voorbij, afgelopen ★ *it's all* ~ *with him* het is gedaan, uit met hem ★ *get sth* ~ *(and done) with* iets afmaken, ergens een eind aan maken ❹ meer, weer, opnieuw ★ ~ *again* nog eens ★ ~ *and* ~ *(again)* keer op keer, telkens weer ★ *twice* ~ wel tweemaal ★ *not* ~ *pleased* niet bijster tevreden **III** *znw* sp over ‹cricket›

over-abundance [əʊvər-əˈbʌndəns] *znw* overvloed, overdaad

over-abundant [əʊvər-əˈbʌndənt] *bn* overvloedig, overdadig

overachieve [ˈəʊvərəˈtʃiːv] *onoverg* boven verwachting presteren

overachiever [ˈəʊvərəˈtʃiːvə] *znw* iem. die boven verwachting presteert

overact [əʊvərˈækt] *onoverg* overacteren, overdrijven, chargeren

overall I *bn* [əʊvərˈɔːl] ❶ totaal ❷ algemeen, globaal **II** *znw* [ˈəʊvərɔːl] overall, stofjas, jasschort, morskiel, werkjurk

overalls [ˈəʊvərɔːlz] *znw* [mv] overbroek, werkbroek, werkpak, overall, ketelpak

overambitious [ˈəʊvəræmˈbɪʃəs] *bn* te ambitieus

overanxiety [ˈəʊvərænˈzaɪətɪ] *znw* al te grote bezorgdheid

overanxious [əʊvərˈæŋkʃəs] *bn* (al) te bezorgd

overarch [əʊvərˈɑːtʃ] *overg* overwelven

overarm [ˈəʊvərɑːm] sp, **overhand** *bn & bijw* bovenhands ‹serveren &›

overawe [əʊvərˈɔː] *overg* in ontzag houden, ontzag inboezemen, imponeren

overbalance [əʊvəˈbæləns] **I** *overg* ❶ het evenwicht doen verliezen ❷ zwaarder of meer wegen dan **II** *onoverg* het evenwicht verliezen

overbear [əʊvəˈbeə] *overg* [overbore, overborne] ❶ ‹iem.› zijn wil opleggen, doen zwichten ❷ de baas spelen over

overbearing [əʊvəˈbeərɪŋ] *bn* dominerend, bazig, aanmatigend

overbid [əʊvəˈbɪd], **overcall** *overg* [overbid, overbid] ❶ meer bieden dan, overbieden ❷ overtreffen

overbite [ˈəʊvəbaɪt] *znw* overbeet

overblown [əʊvəˈbləʊn] *bn* overdreven, uitvergroot

overboard [ˈəʊvəbɔːd] *bijw* overboord ★ inf *go* ~ te ver gaan, overdrijven ★ inf *throw / toss & sbd / sth* ~ iem. / iets overboord gooien ‹plan &›

overbold [əʊvəˈbəʊld] *bn* al te vrijmoedig

overbook [əʊvəˈbuːk] *overg* overboeken, te vol boeken

overbrim [əʊvəˈbrɪm] *onoverg* overlopen

overbrimming [əʊvəˈbrɪmɪŋ] *bn* overlopend, overstromend

overbuild [əʊvəˈbɪld] *overg* [overbuilt, overbuilt] te vol bouwen

overburden [əʊvəˈbɜːdn] *overg* overladen

overburdened [əʊvəˈbɜːdənd] *bn* (geestelijk) overbelast

overbusy [əʊvəˈbɪzɪ] *bn* het ontzettend druk hebbend

overcall [əʊvəˈkɔːl] *overg* → **overbid**

overcapacity [əʊvəkəˈpæsətɪ] *znw* overcapaciteit

overcapitalize [əʊvəˈkæpɪtəlaɪz], **overcapitalise** *onoverg* overkapitaliseren

overcareful [əʊvəˈkeəfʊl] *bn* overzorgvuldig, al te voorzichtig

overcast [əʊvəˈkɑːst] *bn* bewolkt, betrokken ‹van de lucht› ★ *get / grow* ~ betrekken ‹lucht &›

overcautious [əʊvəˈkɔːʃəs] *bn* al te omzichtig, overdreven voorzichtig

overcharge [əʊvəˈtʃɑːdʒ] **I** *overg* ❶ handel te veel berekenen, overvragen (voor) ❷ overladen **II** *onoverg* handel overvragen

overcloud [əʊvəˈklaʊd] *overg* met wolken bedekken

overcoat [ˈəʊvəkəʊt] *znw* overjas

overcome [əʊvəˈkʌm] **I** *bn* ❶ onder de indruk, aangedaan ❷ overmand, verslagen (ook: ~ *by emotion*) ★ *he seems* ~ *with remorse* hij lijkt door berouw overmand ❸ bevangen ❹ inf beneveld **II** *overg* [overcame, overcome] ❶ overwinnen, te boven komen ❷ bevangen, overmannen, overweldigen ★ *they were* ~ *by fumes* ze werden bedwelmd door de dampen

overcompensate [əʊvəˈkɒmpenseɪt] *overg* overcompenseren

overcompensation [əʊvəkɒmpenˈseɪʃən] *znw* overcompensatie

overconfident [əʊvəˈkɒnfɪdnt] *bn* ❶ zelfgenoegzaam ❷ overmoedig

overcook [əʊvəˈkʊk] *overg* te lang koken

overcooked [əʊvəˈkuːkt] *bn* te gaar, overgaar

overcritical [əʊvəˈkrɪtɪkl] *bn* overkritisch, overdreven kritisch

overcrop [əʊvəˈkrɒp] *overg* uitputten door roofbouw

overcropping [əʊvəˈkrɒpɪŋ] *znw* roofbouw

overcrowd [əʊvəˈkraʊd] *overg* ❶ overladen (met namen, details) ❷ overbevolken

overcrowded [əʊvəˈkraʊdɪd] *bn* ❶ overladen ❷ overbevolkt, overvol

overcrowding [əʊvəˈkraʊdɪŋ] *znw* ❶ overbevolking ‹in gebouw &› ❷ gedrang, opstopping

overcurious [əʊvəˈkjʊərɪəs] *bn* al te nieuwsgierig

overdeveloped [əʊvədɪˈveləpt] *bn* overontwikkeld

overdo [əʊvəˈduː] *overg* [overdid, overdone] ❶ (de zaak) overdrijven, te ver drijven ❷ te gaar koken / braden &

overdone [ˈəʊvəˈdʌn] *bn* ❶ overdreven, overladen ❷ afgemat ❸ te gaar (gekookt / gebraden &)

overdose [ˈəʊvədəʊs] **I** *znw* overdosis, te grote dosis ★ *she died of an* ~ *of sleeping tablets* ze overleed aan

OV

een overdosis slaaptabletten **II** *onoverg* een te grote dosis nemen ★ *he's in hospital after overdosing on heroin* hij ligt in het ziekenhuis na het nemen van een overdosis heroïne

overdraft ['əʊvədrɑːft] *znw* (bedrag van) overdispositie, voorschot in rekening-courant, rood staan

overdramatize [əʊvə'dræmətaɪz], **overdramatise** *overg* overdramatiseren, overdrijven

overdraw [əʊvə'drɔː] *overg* [overdrew, overdrawn] overdisponeren, meer opnemen dan op de bank staat (ook: ~ *one's account*) ★ *be ~n* debet staan ‹bij de bank›

overdress [əʊvə'dres] *overg & onoverg* ❶ (zich) te formeel kleden ❷ (zich) te zwierig kleden, te veel opschikken

overdressed [əʊvə'drest] *bn* ❶ te formeel gekleed ❷ te zwierig gekleed, te veel opschik

overdrink [əʊvə'drɪŋk] *onoverg* [overdrank, overdrunk] te veel (alcohol) drinken

overdrive ['əʊvədraɪv] *znw* auto overdrive, oversnelversnelling ★ inf *go into ~* er vaart achter zetten, er hard tegenaan gaan

overdue [əʊvə'djuː] *bn* ❶ over zijn tijd, te laat ‹trein› ❷ reeds lang noodzakelijk ★ *the changes are years ~* de veranderingen hadden al jaren geleden moeten gebeuren ❸ over de vervaltijd, achterstallig ‹v. schulden›

overeager [əʊvər'iːgə] *bn* al te enthousiast
overeagerly [əʊvər'iːgəlɪ] *bijw* al te enthousiast

over easy ['əʊvər 'iːzɪ] Am *bn* ★ *eggs ~* aan twee kanten kort gebakken ei met zachte dooier

overeat [əʊvər'iːt] *onoverg* [overate, overeaten] zich overeten, te veel eten

over-elaborate I *bn* [əʊvə-ɪ'læbərɪt] te gedetailleerd **II** *onoverg* [əʊvə-ɪ'læbəreɪt] te veel uitweiden

overemotional [əʊvərɪ'məʊʃənl] *bn* al te emotioneel

overemphasize [əʊvər'emfəsaɪz], **overemphasise** *overg* te zeer de nadruk leggen op, overdrijven ★ *I can't ~ how delighted we are* ik kan niet te vaak zeggen hoe opgetogen we zijn

overestimate I *znw* [əʊvər'estɪmət], **overestimation** ❶ te hoge schatting ❷ overschatting **II** *overg* [əʊvər'estɪmeɪt] ❶ te hoog schatten of aanslaan ❷ overschatten

overexcite ['əʊvərɪk'saɪt] *overg* al te zeer opwekken, prikkelen, opwinden &

overexert ['əʊvərɪg'zɜːt] *wederk* ★ *~ oneself* zich te zeer inspannen

overexertion ['əʊvərɪg'zɜːʃən] *znw* bovenmatige inspanning

overexpose [əʊvərɪk'spəʊz] *overg* te lang blootstellen, overbelichten ‹van foto›

overexposed [əʊvərɪks'pəʊzd] fotogr *bn* overbelicht
overexposure [əʊvərɪks'pəʊʒə] fotogr *znw* overbelichting

overextend [əʊvərɪk'stend] *overg* overbelasten, over de kop werken

overfall ['əʊvəfɔːl] *znw* ❶ ruw water (door tegenstroming of zandbank) ❷ verlaat

overfamiliar [əʊvəfə'mɪlɪə] *bn* ❶ overbekend ❷ al te familiair, brutaal

overfeed [əʊvə'fiːd] *overg* [overfed, overfed] overvoeren, te veel te eten geven

overfish [əʊvə'fɪʃ] *overg* overbevissen

overflight ['əʊvəflaɪt] luchtv *znw* het vliegen over

overflow I *znw* ['əʊvəfləʊ] ❶ overstroming ❷ teveel ❸ (water)overlaat, overloop **II** *overg* [əʊvə'fləʊ] ❶ overstromen ❷ stromen over ★ *~ its banks* buiten de oevers treden **III** *onoverg* [əʊvə'fləʊ] overvloeien, overlopen (van *with*)

overflow error ['əʊvəfləʊ 'erə] comput *znw* overflow error ‹te veel voor het geheugen›

overflowing [əʊvə'fləʊɪŋ] *bn* overvloeiend ★ *full to ~* overvol, boordevol, afgestampt vol

overflow pipe ['əʊvəfləʊ paɪp] *znw* afvoerpijp

overfly [əʊvə'flaɪ] luchtv *overg* [overflew, overflown] vliegen over

overfond [əʊvə'fɒnd] *bn* te verzot (op *of*)

overfull ['əʊvə'fʊl] *bn* te vol

overfund [əʊvə'fʌnd] *overg* overfinancieren

overgarment ['əʊvə'gɑːmənt] *znw* bovenkledingstuk

overgeneralize [əʊvə'dʒenərəlaɪz], **overgeneralise** *onoverg* overgeneraliseren

overground ['əʊvəgraʊnd] *bn* bovengronds

overgrow [əʊvə'grəʊ] **I** *overg* [overgrew, overgrown] begroeien, overdekken, overwoekeren **II** *onoverg* [overgrew, overgrown] te groot groeien, overwoekerd worden

overgrown [əʊvə'grəʊn] *bn* ❶ begroeid, bedekt ‹met gras &› ❷ verwilderd ‹v. tuin›, overwoekerd ★ *~ with weeds* overwoekerd met onkruid ❸ uit zijn krachten gegroeid, opgeschoten ★ *they were behaving like ~ schoolboys* ze gedroegen zich als opgeschoten schooljongens

overgrowth ['əʊvəgrəʊθ] *znw* te welige groei

overhand ['əʊvəhænd] sp *bn & bijw* → **overarm**

overhang I *znw* ['əʊvəhæn] ❶ overhangen ❷ overhangend gedeelte **II** *overg* [əʊvə'hæn] [overhung, overhung], overhung], boven (iets) ❷ boven het hoofd hangen, dreigen **III** *onoverg* [əʊvə'hæn] [overhung, overhung] overhangen, uitsteken

overhaul I *znw* ['əʊvəhɔːl] grondig nazien, herziening, techn revisie ★ *the system needs a complete ~* het systeem heeft een grondige revisie nodig **II** *overg* [əʊvə'hɔːl] ❶ scheepv inhalen ❷ grondig nakijken, onder handen nemen, techn reviseren ‹motor &›

overhead I *bn* ['əʊvəhed] ❶ hoog, boven het hoofd, aan de bovenkant ★ elektr *~ wires* bovengrondse leiding of bovenleiding ❷ vast, algemeen ‹v. kosten› ★ *~ expenses* vaste / algemene kosten **II** *bijw* [əʊvə'hed] boven ons, boven het (ons, zijn) hoofd, (hoog) in de lucht ★ *the sun is directly ~ the equator* de zon staat direct boven de evenaar **III** *znw*

['əʊvəhed] (meestal *mv*) algemene onkosten →
overhead transparency
overhead projector ['əʊvəhed prə'dʒektə], **OHP** *znw*
overheadprojector
overhead railway ['əʊvəhed 'reɪlweɪ] *znw*
luchtspoorweg
overhead transparency ['əʊvəhed træn'spærənsɪ],
overhead *znw* sheet voor een overhead projector
overhead valve ['əʊvəhed vælv] techn *znw* kopklep
overhear [əʊvə'hɪə] *overg & onoverg* [overheard,
overheard] bij toeval horen ★ *he ~d their
conversation* hij hoorde toevallig hun gesprek
overheat [əʊvə'hi:t] **I** *overg* te heet maken, te veel
verhitten, oververhitten **II** *onoverg* oververhit
worden, warm lopen
overhung [əʊvə'hʌŋ] *bn* overhangend
overindulge ['əʊvərɪn'dʌldʒ] **I** *overg* te veel toegeven
aan (iemands grillen) **II** *onoverg* zich te veel laten
gaan ⟨vooral m.b.t. eten⟩
overjoyed [əʊvə'dʒɔɪd] *bn* in de wolken, dolblij ★ *they
are ~ by the response* ze zijn dolblij met de reactie
★ *I'm ~ with the results* ik ben verrukt over de
resultaten
overkill ['əʊvəkɪl] *znw* ❶ overkill, overmatig gebruik
van strijdmiddelen ❷ fig te veel van het goede
overladen [əʊvə'leɪdn] *bn* ❶ overbelast ❷ overladen
(met versiering)
overland ['əʊvəlænd, əʊvə'lænd] **I** *bn* over land
(gaand) **II** *bijw* over land
overlap I *znw* ['əʊvəlæp] overlap(ping) **II** *overg &
onoverg* [əʊvə'læp] ❶ (elkaar) gedeeltelijk bedekken,
overlappen ❷ over (elkaar) heen vallen, gedeeltelijk
samenvallen ❸ fig gedeeltelijk hetzelfde doen &,
herhalen, dubbel werk doen, (elkaar) overlappen
overlay I *znw* ['əʊvəleɪ] ❶ tweede laag ⟨verf⟩
❷ overtrek ❸ bedekking **II** *overg* [əʊvə'leɪ] [overlaid,
overlaid] bedekken, beleggen
overleaf [əʊvə'li:f] *bijw* aan ommezijde, op de andere
kant
overleap [əʊvə'li:p] *overg* springen over
overlie ['əʊvə'laɪ] *overg* [overlay, overlain] liggen over
overload I *znw* ['əʊvələʊd] te zware belasting,
overbelasting **II** *overg* [əʊvə'ləʊd] overladen,
overbelasten
overlock [əʊvə'lɒk] *overg* overstikken van een
textielrand tegen het rafelen
overlong [əʊvə'lɒŋ] *bn & bijw* al te lang
overlook [əʊvə'lʊk] *overg* ❶ overzien, uitzien op
❷ toezien op, in het oog houden ❸ over het hoofd
zien ★ *such matters are easily ~ed* zulke dingen zijn
gemakkelijk over het hoofd te zien ❹ door de
vingers zien
overlooker [əʊvə'lʊkə] *znw* opzichter, ploegbaas
overlord ['əʊvəlɔ:d] **I** *znw* opperheer, leenheer
II *overg* ★ *~ it* de baas spelen
overlordship ['əʊvə'lɔ:dʃɪp] *znw* opperheerschappij
overly ['əʊvəlɪ] *bijw* overdreven, al te
overman [əʊvə'mæn] **I** *overg* te veel personeel

inzetten **II** *znw* (ploeg)baas
overmanned [əʊvə'mænd] *bn* overbezet
overmanning [əʊvə'mænɪŋ] *znw* overbezetting
over many ['əʊvə 'menɪ] *bn* al te veel
overmaster [əʊvə'mɑːstə] *overg* overmeesteren
overmatch [əʊvə'mætʃ] **I** *znw* meerdere ⟨bij
mededinging⟩ **II** *overg* overtreffen, verslaan
overmuch [əʊvə'mʌtʃ] *bn & bijw* al te veel, te zeer
★ *there isn't ~ petrol in the tank* er zit niet al te veel
benzine in de tank
overnice [əʊvə'naɪs] gedat *bn* al te kieskeurig
overnight [əʊvə'naɪt] **I** *bn* ❶ nachtelijk ⟨reis⟩ ❷ één
nacht durend ⟨verblijf⟩ ★ *an ~ stay/~ stop* een
overnachting ❸ plotseling ⟨succes &⟩ **II** *bijw* ❶ de
avond (nacht) tevoren ❷ gedurende één nacht ❸ in
één nacht, ineens, plotseling, op stel en sprong
★ *she become famous ~* ze werd plotseling beroemd
overnight bag [əʊvə'naɪt bæg] *znw* weekendtas,
reistas
over-particular [əʊvə-pə'tɪkjʊlə] *bn* ❶ te kieskeurig
❷ te nauwgezet
overpass ['əʊvəpɑːs] *znw* ongelijkvloerse kruising,
viaduct
overpay [əʊvə'peɪ] *overg* te veel (uit)betalen, een te
hoog loon geven, te hoog bezoldigen
overplay [əʊvə'pleɪ] *overg* ❶ chargeren ⟨v. acteur⟩,
overspelen ★ *~ one's hand* zijn hand overspelen
❷ overdrijven
overplus ['əʊvəplʌs] *znw* overschot
overpopulated [əʊvə'pɒpjʊlеɪtɪd] *bn* overbevolkt
overpopulation [əʊvəpɒpjʊ'leɪʃən] *znw* overbevolking
overpower [əʊvə'paʊə] *overg* overmannen,
overstelpen, overweldigen
overpowering [əʊvə'paʊərɪŋ] *bn* ❶ overweldigend
❷ onweerstaanbaar
overpraise [əʊvə'preɪz] *znw* overdreven lof
overprice [əʊvə'praɪs] *overg* te veel vragen voor
overpriced [əʊvə'praɪst] *bn* te duur, te hoog geprijsd
★ *~ shoes* te dure schoenen
overprint I *znw* ['əʊvəprɪnt] opdruk **II** *overg*
[əʊvə'prɪnt] ❶ van een opdruk voorzien ⟨postzegel⟩
❷ te grote oplaag drukken
overproduction ['əʊvəprə'dʌkʃən] *znw* overproductie
overprotective [əʊvəprə'tektɪv] *bn* overbezorgd
overqualified [əʊvə'kwɒlɪfaɪd] *bn* te hoog opgeleid
overrate [əʊvə'reɪt] *overg* overschatten,
overwaarderen
overreach [əʊvə'ri:tʃ] fig wederk ★ *~ oneself* te veel
hooi op zijn vork nemen
overreact [əʊvərɪ'ækt] *onoverg* overdreven / te heftig
reageren
override [əʊvə'raɪd] *overg* [overrode, overridden]
❶ opzij zetten, ter zijde stellen, met voeten treden,
vernietigen, (weer) teniet doen ❷ overheersen,
belangrijker zijn dan, voorrang hebben boven
overriding [əʊvə'raɪdɪŋ] *bn* v. het allergrootste belang
overripe ['əʊvə'raɪp] *bn* overrijp, beurs
overrule [əʊvə'ru:l] *overg* ❶ jur verwerpen, teniet doen

OV

❷ overstemmen ★ *be ~d* moeten zwichten, in de minderheid blijven, overstemd / afgestemd worden

overrun [əʊvə'rʌn] **I** *overg* [overran, overrun] ❶ overlopen, overschrijden, overstromen ❷ overdekken ⟨van plantengroei⟩ ❸ overstelpen (met *with*), wemelen (van *with*) ❹ binnenvallen ❺ verwoesten, onder de voet lopen ⟨een land⟩ **II** *onoverg* [overran, overrun] langer duren dan gepland

overseas, Br **oversea I** *bn* ['əʊvəsi:z] overzees, buitenlands ★ *an ~ posting* een buitenlandse post **II** *bijw* [əʊvə'si:z] ❶ over zee, naar overzeese gewesten ❷ in het buitenland ★ *work ~* in het buitenland werken

oversee [əʊvə'si:] *overg* [oversaw, overseen] het toezicht hebben over ★ *he is responsible for ~ing the entire project* hij is verantwoordelijk voor het toezicht op het hele project

overseer ['əʊvəsi:ə] *znw* ❶ opzichter, opziener, inspecteur ❷ bewaker ❸ surveillant

oversell [əʊvə'sel] *overg* [oversold, oversold] ❶ meer verkopen dan geleverd kan worden ❷ *fig* bovenmatig aanprijzen

oversensitive [əʊvə'sensɪtɪv] *bn* overgevoelig

overset [əʊvə'set] *overg* [overset, overset] ❶ gedat omverwerpen, omgooien ❷ van zijn stuk brengen

oversew [əʊvə'səʊ] *overg* [oversewed, oversewed/ oversewn] omslaan, overhands naaien

oversexed [əʊvə'sekst] *bn* oversekst

overshadow [əʊvə'ʃædəʊ] *overg* overschaduwen, in de schaduw stellen, verduisteren ★ *their wedding was ~ed by her mother's death* hun huwelijk werd overschaduwd door het overlijden van haar moeder

overshoe ['əʊvəʃu:] *znw* overschoen

overshoot [əʊvə'ʃu:t] *overg* [overshot, overshot] voorbijschieten, overheen schieten ★ *~ the mark* zijn / het doel voorbijschieten

overside ['əʊvəsaɪd] *bijw* over de reling, over de verschansing ⟨van een schip⟩

oversight ['əʊvəsaɪt] *znw* ❶ onoplettendheid, vergissing ★ *it was an ~ on my part* het was een vergissing van mij ❷ toe-, opzicht

---

oversight
betekent **onoplettendheid, vergissing** en niet *overzicht*.
Ned. *overzicht* = **survey, view, overview.**

---

oversimplified ['əʊvə'sɪmplɪfaɪd] *bn* simplistisch, al te eenvoudig voorgesteld

oversimplify [əʊvə'sɪmplɪfaɪ] *overg* oversimplificeren, simplistisch voorstellen, opvatten of redeneren

oversize [əʊvə'saɪz], **oversized** *bn* ❶ extra groot, oversized ❷ te groot

oversleep [əʊvə'sli:p] *onoverg* [overslept, overslept] zich verslapen

oversleeve ['əʊvəsli:v] *znw* morsmouw

oversolicitous [əʊvəsə'lɪsɪtəs] *bn* overbezorgd

overspend [əʊvə'spend] *overg & onoverg* [overspent,

overspent] te veel uitgeven ★ *we have already overspent on our budget* we hebben al meer dan ons budget uitgegeven

overspill ['əʊvəspɪl] *znw* ❶ teveel ❷ overbevolking

overspill town ['əʊvəspɪl taʊn] *znw* groeikern, voorstad, satellietstad

overspread [əʊvə'spred] *overg* [overspread, overspread] overdekken, zich verspreiden over ★ *a giant beech ~ the garden* een gigantische beuk overdekte de tuin

overstaff [əʊvə'stɑ:f] *overg* te veel personeel aanstellen

overstaffed [əʊvə'stɑ:ft] *bn* met te veel personeel, overbezet

overstate [əʊvə'steɪt] *overg* ❶ overdrijven ★ *~ the case* te veel beweren ❷ te hoog opgeven

overstatement [əʊvə'steɪtmənt] *znw* overdrijving

overstay [əʊvə'steɪ] *overg* langer blijven dan, te lang blijven ★ *~ one's visa* langer blijven dan het visum toestaat ★ *~ one's welcome* te lang blijven

overstep [əʊvə'step] *overg* overschrijden, te buiten gaan ★ *~ all (the) bounds* alle perken te buiten gaan ★ *fig ~ the mark* te ver gaan

overstitch ['əʊvəstɪtʃ, əʊvə'stɪtʃ] *znw* oversteek ⟨bij naaien⟩

overstock I *znw* ['əʊvəstɔk] te grote voorraad **II** *overg* [əʊvə'stɔk] ❶ te grote voorraad hebben ❷ overladen, overvoeren ⟨de markt⟩

overstrain [əʊvə'streɪn] *overg* te zeer (in)spannen, overspannen

overstress ['əʊvə'stres] *overg* ❶ overbeklemtonen, al te zeer de nadruk leggen op ❷ overspannen, overbelasten

overstrung [əʊvə'strʌŋ] *bn* ❶ muz kruissnarig ❷ overspannen, overgevoelig, prikkelbaar

oversubscribed [əʊvəsəb'skraɪbd] *bn* met teveel aanvragen

overt [əʊ'vɜ:t] *bn* open, openlijk, duidelijk

overtake [əʊvə'teɪk] *overg* [overtook, overtaken] ❶ inhalen, achterhalen ❷ bijwerken ❸ overvallen

overtaking lane [əʊvə'teɪkɪŋ leɪn] *znw* inhaalstrook

overtax [əʊvə'tæks] *overg* ❶ al te zwaar belasten ❷ te veel vergen van

over-the-counter [əʊvə-ðə-'kaʊntə] *bn* ❶ zonder recept verkrijgbaar ⟨medicijnen⟩ ❷ incourant ⟨effecten⟩

overthrow I *znw* ['əʊvəθrəʊ] ❶ omverwerping ❷ *fig* val ⟨v. minister &⟩ ❸ nederlaag **II** *overg* [əʊvə'θrəʊ] [overthrew, overthrown] ❶ om(ver)werpen ❷ *fig* ten val brengen ❸ vernietigen

overthrowal [əʊvə'θrəʊəl] *znw* nederlaag, val

overtime ['əʊvətaɪm] **I** *bn* ★ *~ work* overwerk **II** *bijw* ★ *work ~* overuren maken, overwerken **III** *znw* overuren, overwerk

overtire [əʊvə'taɪə] *overg* uitputten, afmatten

overtone ['əʊvətəʊn] *znw* ❶ muz boventoon ❷ *fig* ondertoon ★ *the attack has ~s of racism* de aanval heeft een racistische ondertoon ❸ bijbetekenis,

bijklank
overtook [əʊvəˈtʊk] *ww* [v.t.] → **overtake**
overtop [əʊvəˈtɒp] *overg* ❶ uitsteken boven, uitgroeien boven ❷ overtreffen
overtrump [əʊvəˈtrʌmp] *overg* overtroeven
overture [ˈəʊvətjʊə] *znw* ❶ opening, inleiding ❷ inleidend voorstel ⟨bij onderhandeling⟩ ❸ <u>muz</u> ouverture ❹ (meestal *mv*) avances ★ *he seems to be making ~s to her* hij schijnt haar het hof te maken
overturn [əʊvəˈtɜːn] I *overg* omwerpen, omverwerpen, doen mislukken, te gronde richten, tenietdoen II *onoverg* omslaan, omvallen
overuse [əʊvəˈjuːz] *overg* te veel gebruiken
overvalue [ˈəʊvəˈvæljuː] *overg* overschatten, overwaarderen
overview [ˈəʊvəvjuː] *znw* overzicht
overweening [əʊvəˈwiːnɪŋ] *bn* ❶ aanmatigend, verwaand, laatdunkend ❷ overdreven ★ *he had an ~ sense of his own importance* hij had een overdreven idee van zijn eigen belangrijkheid
overweight I *bn* [əʊvəˈweɪt] → **overweighted** II *znw* [ˈəʊvəweɪt] ❶ overwicht ❷ overgewicht
overweighted [əʊvəˈweɪtɪd], **overweight** *bn* overbelast, te zwaar
overwhelm [əʊvəˈwelm] *overg* ❶ overstelpen (met *with*) ❷ overweldigen ★ *we were ~ed by the response* we werden overweldigd door de reactie ❸ verwarren ❹ verpletteren
overwhelming [əʊvəˈwelmɪŋ] *bn* overstelpend, verpletterend, overweldigend, overgroot ★ *an ~ sense of grief* een overweldigend gevoel van smart
overwhelmingly [əʊvəˈwelmɪŋlɪ] *bijw* verpletterend, overweldigend ★ *residents voted ~ for the sitting member* inwoners stemden in overweldigende meerderheid voor het zittende lid
overwind [əʊvəˈwaɪnd] *overg* [overwound, overwound] te hard opwinden ⟨v. horloge⟩
overwork I *znw* [ˈəʊvəwɜːk] te grote inspanning II *overg* [əʊvəˈwɜːk] ❶ te veel laten werken ❷ uitputten III *onoverg* [əʊvəˈwɜːk] zich overwerken
overworn [əʊvəˈwɔːn] *bn* ❶ afgedragen ❷ doodop ❸ afgezaagd
overwrite [əʊvəˈraɪt] <u>comput</u> *overg* [overwrote, overwritten] overschrijven
overwrought [əʊvəˈrɔːt] *bn* ❶ overspannen ❷ overladen ⟨met details⟩
overzealous [ˈəʊvəˈzeləs] *bn* overijverig
oviduct [ˈɒvɪdʌkt] <u>anat of dierk</u> *znw* eileider
oviform [ˈɒvɪfɔːm] *bn* eivormig
ovine [ˈəʊvaɪn] *bn* van de schapen, schapen-
oviparous [əʊˈvɪpərəs] <u>dierk</u> *bn* eierleggend
ovipositor [əʊvɪˈpɒzɪtə] <u>dierk</u> *znw* legboor
ovoid [ˈəʊvɔɪd] I *bn* eivormig II *znw* eivormig lichaam
ovulate [ˈɒvjʊleɪt] *onoverg* ovuleren
ovulation [əʊvjʊˈleɪʃən] *znw* ovulatie
ovum [ˈəʊvəm] *znw* [*mv:* ova] eicel
ow [aʊ] *tsw* au
owe [əʊ] I *overg* schuldig zijn, verschuldigd zijn, te

danken / te wijten hebben (aan) ★ <u>inf</u> *I ~ you one* ik ben je erg dankbaar ★ *~ sbd a living* iem. moeten onderhouden ★ *~ it to yourself to take a day off* wel een vrije dag verdiend hebben II *onoverg* schuld(en) hebben
owing [ˈəʊɪŋ] I *voorz* ★ *~ to* ten gevolge van, dankzij ★ *his speech had to be cut short ~ to lack of time* zijn toespraak moest worden ingekort wegens tijdgebrek ★ *part of her success is ~ to her experience* een deel van haar succes is het gevolg van haar ervaring II *bn* te betalen (zijnd) ★ *the amount ~ is $120* het te betalen bedrag is $120
owl [aʊl] *znw* uil
owlet [ˈaʊlət] *znw* uiltje, kleine uil
owlish [ˈaʊlɪʃ] *bn* uilachtig, uilig, uilen-
own [əʊn] I *vnw & bn* eigen ★ *a charm (all) of its ~* zijn eigen charme ★ *a house of their ~* een eigen huis ★ *one's ~ flesh and blood* zijn eigen vlees en bloed ★ *act on one's ~* zelfstandig handelen ★ *be one's ~ man / woman / person* eigen baas zijn ★ *be on one's ~* alleen zijn ★ *be it on your ~ head* de gevolgen zijn voor jou ★ *come into its / one's ~* effectief worden, erkenning krijgen ★ *do sth on one's ~* iets in zijn eentje doen ★ *get one's ~ back (on sbd)* (iem.) iets betaald zetten, wraak nemen (op iem.) ★ *get one's ~ way* zijn zin krijgen ★ *hold one's ~* stand houden, niet wijken ★ *look after one's ~* voor zijn eigen belangen opkomen ★ *make sth one's ~* zich iets eigen maken II *overg* ❶ bezitten, (in bezit) hebben ★ *he orders us around as though he ~s the place* hij commandeert ons alsof de zaak van hem is ❷ toegeven, erkennen III *phras* ★ *~ up (to sth)* (iets) bekennen, opbiechten
own brand [əʊn brænd] *znw* huismerk
owner [ˈəʊnə] *znw* ❶ eigenaar ❷ reder
ownerless [ˈəʊnələs] *bn* onbeheerd
owner-manager [ˈəʊnə-ˈmænɪdʒə] *znw* directeur-eigenaar
owner-occupier [ˈəʊnə-ˈɒkjʊpaɪə] *znw* eigenaar-bewoner
ownership [ˈəʊnəʃɪp] *znw* eigendom(srecht), bezit(srecht) ★ *the shop is under new ~* de winkel heeft een nieuwe eigenaar
own goal [əʊn ɡəʊl] <u>voetbal</u> *znw* eigen doelpunt
own-label [əʊn-leɪbl] <u>Br</u> *znw* huismerk
owt [aʊt] <u>N.Br dial</u> *vnw* iets
ox [ɒks] *znw* [*mv:* oxen] ❶ os ❷ rund
oxalic acid [ɒkˈsælɪk ˈæsɪd] *znw* oxaalzuur, zuringzuur
oxbow [ˈɒksbaʊ] *znw* ❶ U-bocht ⟨in rivier⟩ ❷ gareel v. ossenjuk
Oxbridge [ˈɒksbrɪdʒ] *znw* Oxford en Cambridge ⟨de oude universiteiten⟩
oxcart [ˈɒkskɑːt] *znw* ossenkar
oxen [ˈɒksən] *znw* [*mv*] → **ox**
ox-eye [ˈɒks-aɪ] *znw* ❶ ossenoog ❷ <u>plantk</u> margriet ❸ <u>dierk</u> koolmees
ox-eyed [ɒks-ˈaɪd] <u>fig</u> *bn* met kalfsogen
Oxfam [ˈɒksfæm] *znw* (Oxford Committee for Famine

OX

Relief) Oxfam ‹ontwikkelingshulporganisatie, moederorganisatie van Novib›

oxidation [ɒksɪˈdeɪʃən] *znw* oxidatie

oxide [ˈɒksaɪd] *znw* ❶ oxide ❷ zuurstofverbinding

oxidize [ˈɒksɪdaɪz], **oxidise** *onoverg* oxideren

oxlip [ˈɒkslɪp] *znw* primula, sleutelbloem

Oxonian [ɒkˈsəʊnɪən] underw *bn & znw* (student of gegradueerde) van Oxford

oxtail [ˈɒksteɪl] *znw* ossenstaart

oxtail soup [ˈɒksteɪl suːp] *znw* ossenstaartsoep

oxyacetylene [ɒksɪəˈsetɪliːn] *bn* ★ *an ~ torch* een snijbrander ★ *~ welding* autogeen lassen

oxygen [ˈɒksɪdʒən] *znw* zuurstof

oxygenate [ˈɒksɪdʒəneɪt] *overg* met zuurstof verbinden

oxygen mask [ˈɒksɪdʒən mɑːsk] *znw* zuurstofmasker

oxygen supply [ˈɒksɪdʒən səˈplaɪ] *znw* zuurstoftoevoer

oxygen tank [ˈɒksɪdʒən tæŋk] *znw* zuurstoftank

oxygen tent [ˈɒksɪdʒən tent] *znw* zuurstoftent

oyez [əʊˈjes, əʊˈjez, əʊˈjeɪ] *tsw* hoort! ‹kreet van stadsomroepers›

oyster [ˈɔɪstə] *znw* oester ★ zegsw *the world is your ~* de wereld ligt voor je open

oyster bed [ˈɔɪstə bed] *znw* oesterbank

oyster catcher [ˈɔɪstə ˈkætʃə] *znw* scholekster ‹weide- en strandvogel›

oyster farm [ˈɔɪstə fɑːm] *znw* oesterkwekerij

oz *afk* (ounce(s)) ons ‹28,35 gram›

ozone [ˈəʊzəʊn] *znw* ozon

ozone-friendly [ˈəʊzəʊn-ˈfrendlɪ] *bn* de ozonlaag niet aantastend

ozone hole [ˈəʊzəʊn həʊl] *znw* gat in de ozonlaag

ozone layer [ˈəʊzəʊn ˈleɪə] *znw* ozonlaag

ozonic [əʊˈzɒnɪk] *bn* ozonhoudend, ozon-

P

p & p *afk* → **postage and packing**

p I *afk* (penny/pence) penny / penny's **II** *znw* [piː] (de letter) p ★ *mind your P's and Q's* pas op uw tellen

pa [pɑː] *inf znw* pa

p.a. *afk* → **per annum**

pace [peɪs] **I** *znw* ❶ stap, pas, schrede ★ *keep ~ with* gelijke tred houden met ★ *put sbd / sth through his / its ~s* iem. op de proef stellen, iem. laten tonen wat hij kan ❷ gang, tempo ★ *a change of ~* een tempoverandering ★ *at a brisk / smart ~* met flinke stappen, vlug ★ *at a slow ~* langzaam stappend, langzaam (lopend) ★ *at a snail's ~* met een slakkengangetje ★ *go the ~* flink doorstappen of doorrijden, fig er op los leven, aan de sjouw zijn ★ *set the ~* het tempo aangeven ★ *stand / stay the ~* bij kunnen blijven, bij kunnen houden ❸ telgang ‹v. paard› **II** *overg* ❶ afpassen, meten (ook: *~ off / out*) ★ *~ oneself* zijn krachten verdelen, zich in acht nemen ❷ het tempo aangeven ❸ de snelheid meten van **III** *onoverg* ❶ stappen ★ *~ up and down* ijsberen ❷ in de telgang gaan ‹v. paard›

pace bowler [peɪs ˈbəʊlə] cricket *znw* snelle bowler

pacemaker [ˈpeɪsmeɪkə] *znw* ❶ gangmaker, haas ‹bij atletiekwedstrijden› ❷ med pacemaker

pacer [ˈpeɪsə] *znw* ❶ telganger ❷ gangmaker

pacesetter [ˈpeɪssetə] *znw* ❶ sp gangmaker, haas ❷ koploper

pachyderm [ˈpækɪdɜːm] *znw* dikhuidig dier (mens)

pacific [pəˈsɪfɪk] *bn* form vredelievend, vreedzaam ★ geogr *Pacific* van, in, m.b.t. de Grote Oceaan, de Stille Zuidzee ★ geogr *the Pacific islands* Zuidzee-eilanden ★ geogr *the Pacific Rim* de landen rond de Stille Oceaan

pacification [pæsɪfɪˈkeɪʃən] *znw* ❶ stilling ❷ bedaring, kalmering ❸ pacificatie, het stichten van vrede

pacificatory [pəˈsɪfɪkətərɪ] *bn* ❶ vredes- ❷ form bedarend, kalmerend

Pacific Ocean [pəˈsɪfɪk ˈəʊʃən], **Pacific** geogr *znw* ★ *the ~* de Grote Oceaan, de Stille Zuidzee, de Stille Oceaan

pacifier [ˈpæsɪfaɪə] Am *znw* fopspeen

pacifism [ˈpæsɪfɪzm] *znw* pacifisme

pacifist [ˈpæsɪfɪst] **I** *bn* pacifistisch **II** *znw* pacifist

pacify [ˈpæsɪfaɪ] *overg* ❶ stillen ❷ bedaren, kalmeren ❸ pacificeren, tot vrede (rust) brengen

pack [pæk] **I** *znw* ❶ pakje, pak, last, bundel, mars ‹v. marskramer› ★ *a cigarette ~ / a ~ of cigarettes* een pakje sigaretten ❷ hoop ★ *a ~ of lies* een hoop leugens ❸ rugzak, bepakking, ransel ❹ meute, bende, troep ‹jachthonden &›, sp peloton ★ *the leader of the ~* de bendeleider ★ Aus & NZ inf *go to the ~* naar de bliksem gaan, verslechteren ❺ pakijs ❻ spel ‹kaarten› ❼ kompres **II** *overg* ❶ pakken, inpakken, verpakken ★ Am inf *~ heat* een pistool dragen ★ inf ~ *a punch* hard toeslaan, erin hakken ❷ inmaken ‹levensmiddelen› ❸ bepakken, beladen ❹ samenpakken, volproppen, volstoppen (met *with*) ❺ omwikkelen ❻ partijdig samenstellen ‹jury› **III** *onoverg* ❶ pakken ❷ zich laten (in)pakken ❸ drommen ❹ zijn biezen pakken ★ *send sbd ~ing* iem. de bons geven ★ *be sent ~ing* zijn congé krijgen **IV** *phras* ★ ~ *sth* away iets wegbergen, inf iets naar binnen werken ★ inf ~ *sth* **in** met iets stoppen ★ inf ~ *it in* ermee ophouden ★ inf ~ *it in!* opgehoepeld! ★ inf *we ~ed a lot in while we were in Paris* we hebben er een vol programma van gemaakt toen we in Parijs waren ★ inf ~ *sbd in* de verhouding met iem. beëindigen ★ inf *his newest film is ~ing them in* zijn nieuwste film trekt volle zalen ★ ~ *sbd* **off** iem. wegsturen ★ ~ *sth* **out** iets volproppen ★ *Wembley Stadium was ~ed out* het Wembley Stadion was stampvol ★ ~ **up** inpakken, inf het begeven, afslaan ‹motor› ★ ~ *sth* **up** iets omwikkelen, inf ophouden met iets, iets opgeven

package ['pækɪdʒ] **I** *znw* ❶ verpakking ★ zegsw *good things come in small ~s* de duurste cadeautjes komen in de kleinste verpakkingen ❷ pak, pakket ❸ Am pakje ‹sigaretten &› **II** *overg* ❶ verpakken ❷ fig presenteren

package deal ['pækɪdʒ diːl] *znw* aanbieding die in haar geheel geaccepteerd moet worden, package deal

package holiday ['pækɪdʒ 'hɒlədeɪ], **package tour** *znw* geheel verzorgde vakantie

package store ['pækɪdʒ stɔː] Am *znw* slijterij

package tour ['pækɪdʒ tʊə] *znw* → **package holiday**

packaging ['pækɪdʒɪŋ] *znw* verpakking

pack animal ['pæk 'ænɪml] *znw* pakdier, lastdier

pack drill [pæk drɪl] mil *znw* strafexerceren

packed [pækt] *bn* ❶ opeengepakt ❷ overvol ★ *a ~ house* een volle / uitverkochte zaal ★ *action~* barstensvol actie

packed lunch [pækt lʌntʃ] *znw* een lunchpakket

packer ['pækə] *znw* ❶ (ver)pakker ❷ pakmachine ❸ fabrikant van verduurzaamde levensmiddelen

packet ['pækɪt] *znw* ❶ pakje, pakket ❷ inf bom duiten ★ *make a ~* dik geld verdienen

packhorse [s] *znw* pakpaard

pack ice [pæk aɪs] *znw* pakijs

packing ['pækɪŋ] *znw* ❶ inpakken ❷ verpakking ❸ techn pakking

packing case ['pækɪŋ keɪs] *znw* pakkist

packing charges ['pækɪŋ tʃɑːdʒɪz], **packing costs** *znw* [mv] verpakkingskosten

packthread ['pækθred] *znw* pakgaren

pact [pækt] *znw* ❶ pact, verdrag, verbond ❷ contract, overeenkomst

pacy ['peɪsɪ] inf *bn* snel

pad [pæd] **I** *znw* ❶ kussen(tje), opvulsel ❷ beenbeschermer ❸ stempelkussen ❹ onderlegger bij het schrijven, blok, blocnote ❺ zachte onderkant van poot, spoor ‹v. dier› ❻ inf flat, kamer, hok, bed

II *overg* (op)vullen, capitonneren, watteren **III** *onoverg* draven, trippelen, lopen **IV** *phras* ★ ~ *sth* **out** iets (op)vullen, iets langer maken, iets rekken ‹toespraak &›

padded cell ['pædɪd 'sel] *znw* (gecapitonneerde) isoleercel

padding ['pædɪŋ] *znw* ❶ (op)vulsel ‹bijv. watten› ❷ vulling, bladvulling

paddle ['pædl] **I** *znw* ❶ pagaai, peddel, blad ‹v.e. roeiriem› ❷ schopje, schoep ‹van een scheprad› ❸ zwemvoet, vin ❹ roeitochtje **II** *overg* pagaaien, roeien ★ inf ~ *one's own canoe* op eigen wieken drijven **III** *onoverg* ❶ pagaaien, peddelen, roeien ❷ dribbelen, waggelen, wiebelen, ongedurig zijn ❸ pootjebaden, ploeteren ‹in water›

paddle boat ['pædl bəʊt], **paddle steamer** *znw* rader(stoom)boot

paddle wheel ['pædl wiːl] *znw* scheprad, schoepenrad

paddling pool ['pædlɪŋpuːl puːl] *znw* pierenbadje, kinderbadje

paddock ['pædək] *znw* ❶ paddock, kleine paardenweide ‹bij renbaan of manege› ❷ Aus & NZ omheinde weide, akker

paddy ['pædɪ] *znw* ❶ inf nijdige bui ❷ plantk padie ‹rijst› ❸ **paddy field** rijstveld, sawa ▼ inf *Paddy* Ier ‹ook als aanspreekvorm›

paddy wagon ['pædɪwægən] Am inf *znw* politieauto

pademelon ['pædɪmelən], **paddymelon** *znw* kleine kangoeroe

padlock ['pædlɒk] **I** *znw* hangslot **II** *overg* met een hangslot sluiten

padre ['pɑːdrɪ] *znw* ❶ dominee ❷ mil (leger-, vloot)predikant, RK (leger-, vloot)aalmoezenier

padsaw ['pædsɔː] *znw* smalle handzaag

paean ['piːən] dicht *znw* jubelzang, zegelied

paederast ['pedəræst], **pederast** *znw* pedofiel die op jonge jongens valt

paederasty ['pedəræstɪ], **pederasty** *znw* pederastie, pedofilie

paediatric [piːdɪ'ætrɪk], Am **pediatric** *bn* pediatrisch

paediatrician [piːdɪə'trɪʃən], Am **pediatrician** *znw* pediater, kinderarts

paediatrics [piːdɪ'ætrɪks], Am **pediatrics** *znw* [mv] pediatrie, kindergeneeskunde

paedophile ['piːdəfaɪl], Am **pedophile** *bn & znw* pedofiel

paedophilia [piːdə'fɪlɪə], Am **pedophilia** *znw* pedofilie

paeony ['piːənɪ] *znw* → **peony**

pagan ['peɪgən] **I** *bn* heidens **II** *znw* heiden

paganism ['peɪgənɪzəm] *znw* heidendom

page [peɪdʒ] **I** *znw* ❶ bladzijde, pagina ★ *at the top / bottom of the ~* bovenaan / onderaan de bladzijde ★ Am inf *be on the same ~* ermee eens zijn ★ *run one's eye / finger down the ~* de bladzijde doorlopen (met het oog / met de vinger) ❷ page, livreiknechtje, piccolo **II** *overg* iemands naam laten omroepen ‹in hotels &› ★ *paging Mr Smith* is de heer Smith aanwezig?

pageant ['pædʒənt] *znw* ❶ (praal)vertoning, praal, pracht ❷ (historisch) schouwspel, (historische) optocht

pageantry ['pædʒəntrɪ] *znw* praal(vertoning)

pageboy ['peɪdʒbɔɪ] *znw* ❶ hist page ❷ piccolo ‹in hotel› ❸ bruidsjonker ❹ pagekopje ‹haardracht›

page break [peɪdʒ breɪk] comput *znw* paginaovergang, paginascheiding, pagina-einde ‹bij tekstverwerking›

pager ['peɪdʒə] *znw* pieper ‹oproepapparaatje›

page three girl [peɪdʒ 'θriː gɜːl] Br *znw* pin-up

page-turner ['peɪdʒ-tɜːnə] *znw* ❶ iem. die de bladzijden omslaat voor een musicus ❷ inf spannend boek

paginate ['pædʒɪneɪt] *overg* pagineren

pagination [pædʒɪ'neɪʃən] *znw* paginering

pagoda [pə'gəʊdə] *znw* pagode

paid [peɪd] **I** *bn* betaald ★ ~ *leave* betaald verlof ★ *put* ~ *to sth* een eind maken aan iets **II** *ww* [v.t. & v.d.] → **pay**

paid-up [peɪd'ʌp] *bn* ❶ contributie betaald hebbend ‹lid› ❷ fig enthousiast ‹lid› ❸ volgestort ‹aandelen› ❹ premievrij ‹polis›

paid-up capital [peɪd'ʌp 'kæpɪtl] boekh *znw* gestort kapitaal

pail [peɪl] *znw* emmer

pailful ['peɪlfʊl] *znw* emmer(vol)

paillasse ['pælɪæs, pælɪ'æs] *znw* → **palliasse**

pain [peɪn] **I** *znw* ❶ pijn, smart, lijden ★ *aches and* ~*s* pijnen en pijntjes ★ *labour* ~*s* (barens)weeën ★ *period* ~/~*s* menstruatiepijn ★ *sth for the* ~ iets tegen de pijn ★ inf *a* ~ *in the neck* een onuitstaanbaar persoon ★ vulg *a* ~ *in the arse/*Am *ass / under* ~ *of death* op straffe des doods ★ *be in* ~ pijn hebben, pijn lijden ★ *are you in (any)* ~*?* heb je pijn? ❷ kruis, bezoeking, moeite ★ inf *for one's* ~*s* voor de moeite ★ *go to / take great* ~*s to do sth* zich veel moeite geven om iets te doen ★ zegsw *no* ~, *no gain* niets zonder moeite **II** *overg* pijn doen ★ *it* ~*s me to see that* het doet me pijn als ik dat zie **III** *onoverg* ❶ pijnlijk zijn, pijn doen of veroorzaken ❷ pijn / verdriet doen

pain barrier [peɪn 'bærɪə] *znw* pijngrens

pained [peɪnd] *bn* gepijnigd ★ *she looked at me with a* ~ *expression* ze keek mij aan met een gepijnigde blik

painful ['peɪnfʊl] *bn* ❶ pijnlijk, smartelijk ❷ moeilijk, moeizaam ❸ inf van bedroevend slechte kwaliteit

painfully ['peɪnfʊlɪ] *bijw* pijnlijk

painkiller ['peɪnkɪlə] *znw* pijnstillend middel

painless ['peɪnləs] *bn* ❶ pijnloos ❷ moeiteloos

painstaking ['peɪnzteɪkɪŋ] *bn* ❶ ijverig ❷ nauwgezet

paint [peɪnt] **I** *znw* ❶ verf ★ *a fresh coat of* ~ een nieuw laagje verf ★ *a lick of* ~ een likje verf ★ inf *like watching* ~ *dry* ontzettend saai ❷ kleurstof, pigment ❸ gekleurde cosmetica, rouge **II** *overg* ❶ (be-, af)schilderen ★ ~ *a gloomy / rosy & picture* een

somber / rooskleurig & beeld schetsen ★ inf ~ *the town red* de bloemetjes buiten zetten ★ ~ *sth in* iets bijschilderen ★ inf ~ *oneself into a corner* zich in de nesten werken ★ ~ *sth out / over* iets overschilderen ❷ kleuren, verven, (zich) schminken, opmaken ❸ comput inkleuren, opvullen met een kleur of arcering **III** *onoverg* schilderen

paintball ['peɪntbɔːl] *znw* paintball ‹spel met pistolen en verfkogels›

paintbox ['peɪntbɒks] *znw* kleur-, verfdoos

paintbrush ['peɪntbrʌʃ] *znw* penseel, verfkwast

paint-by-numbers [peɪnt-baɪ-'nʌmbəz] *bn* ❶ met genummerde in te kleuren vakjes ❷ routinematig

painted lady ['peɪntɪd 'leɪdɪ] *znw* distelvlinder

painter ['peɪntə] *znw* ❶ schilder ❷ scheepv vanglijn

painterly ['peɪntəlɪ] *bn* schilderkunstig

paint gun [peɪnt gʌn] *znw* verfpistool

pain threshold [peɪn 'θreʃəʊld] *znw* pijndrempel

painting ['peɪntɪŋ] *znw* ❶ schilderij ❷ schilderkunst ❸ schilderen ★ fig ~ *by numbers* een werktuigelijke taak, routineklus

paint stripper [peɪnt 'strɪpə] *znw* ❶ afbijtmiddel ❷ verfkrabber

paint thinner [peɪnt 'θɪnə] *znw* verfverdunner

paintwork ['peɪntwɜːk] *znw* lak, verf(laag)

pair [peə] **I** *znw* ❶ paar (twee, die bij elkaar behoren) ★ *a* ~ *of glasses / spectacles* een bril ★ *a* ~ *of gloves* een paar handschoenen ★ *a* ~ *of trousers* een broek ★ *I could do with an extra* ~ *of hands* ik kan wel een extra paar handen gebruiken ❷ tweetal, stel ❸ span, paartje **II** *overg* ❶ paren ❷ verenigen **III** *onoverg* ❶ paren ❷ samengaan **IV** *phras* ★ ~ *off* (een) koppel(s) vormen, ‹in het Britse parlement› paarsgewijs afwezig zijn v.e. lid v.d. regeringspartij en de oppositie ★ ~ *sbd* off *with sbd* iem. aan iem. koppelen ★ ~ *up* paren vormen

---

pair

wordt in het Engels voor een aantal voorwerpen gebruikt die uit twee onderdelen bestaan:
a pair of spectacles/glasses = een bril;
two pairs of spectacles/glasses = twee brillen; zo ook:
a pair of trousers/pants = een broek
a pair of shorts = een korte broek
a pair of jeans = een spijkerbroek
a pair of pajamas = een pyjama
a pair of scissors = een schaar
a pair of binoculars = een verrekijker
a pair of pliers = een tang
Vaak wordt **a pair of** weggelaten: *has anyone seen my glasses?* (heeft iemand mijn bril gezien?)

---

paired [peəd] *bn* twee bij twee

pairing ['peərɪŋ] *znw* koppeling, paarvorming

paisley ['peɪzlɪ] *znw* paisley ‹(kledingstuk van) wollen stof met kasjmierdessin›

pajamas [pə'dʒɑːməz] Am *znw* [mv] → **pyjamas**

pak choi ['pɑːk 'tʃɔɪ] *znw* paksoi

pa

Pakistan [pɑːkiːˈstɑːn] *znw* Pakistan
Pakistani [pɑːkɪˈstɑːnɪ] I *bn* Pakistaans II *znw* Pakistaan, Pakistani, Pakistaner, Pakistaanse
pal [pæl] *inf* I *znw* kameraad, vriendje II *phras* ★ ~ **around** rondhangen met een vriend(in) / met vrienden ★ ~ **up** bevriend worden (met *with*)
palace [ˈpæləs] *znw* paleis
palace coup [ˈpæləs kuː], **palace revolution** *znw* paleisrevolutie
paladin [ˈpælədɪn] *znw* paladijn
palaeo- [ˈpælɪəʊ], Am **paleo-** *voorv* paleo-, prehistorisch, oud
palaeography [pælɪˈɒɡrəfɪ], Am **paleography** *znw* paleografie: studie van oude handschriften
palaeontologist [pælɪɒnˈtɒlədʒɪst], Am **paleontologist** *znw* paleontoloog
palaeontology [pælɪɒnˈtɒlədʒɪ], Am **paleontology** *znw* paleontologie: fossielenkunde
palais [ˈpæleɪ] *znw* grote danszaal
palatability [pæletəˈbɪlətɪ] *znw* smakelijkheid
palatable [ˈpælətəbl] *bn* smakelijk, aangenaam
palatal [ˈpælətl] I *bn* ❶ gehemelte- ❷ taalk palataal II *znw* ❶ gehemeltebeen ❷ taalk palatale klank
palatalize [pælətəlaɪz], **palatalise** taalk *overg* palataliseren, palataal maken
palate [ˈpælət] *znw* ❶ verhemelte ❷ fig smaak
palatial [pəˈleɪʃəl] *bn* als (van) een paleis, groots
palatinate [pəˈlætɪneɪt] hist *znw* paltsgraafschap
palatine [ˈpælətaɪn] *bn* ❶ hist paltsgrafelijk ❷ anat verhemelte-
palaver [pəˈlɑːvə] I *znw* ❶ oeverloze discussie ❷ rompslomp II *onoverg* langdurig praten, doorkletsen
pale [peɪl] I *bn* bleek, dof, flauw, flets, licht ‹blauw &› II *znw* paal ★ *beyond the* ~ onbehoorlijk, de grenzen van fatsoen overschrijdend III *onoverg* bleek worden, verbleken ★ ~ *into insignificance (in comparison with)* verbleken (bij), in het niet zinken (vergeleken bij)
pale ale [peɪl eɪl] *inf znw* licht Engels bier
paleface [ˈpeɪlfeɪs] *znw* bleekgezicht, blanke
pale-faced [peɪl-ˈfeɪst] *bn* bleek ‹v. gezicht›
pale imitation [peɪl ɪmɪˈteɪʃən] *znw* zwakke imitatie
paleness [ˈpeɪlnəs] *znw* bleekheid
paleo- [ˈpælɪəʊ-] Am *voorv* → **palaeo-**
paleo-conservative [ˈpælɪəʊ-kənˈsɜːvətɪv] Am *znw* ultraconservatief
Palestinian [pælɪˈstɪnɪən] I *bn* Palestijns II *znw* Palestijn, Palestijnse
palette [ˈpælɪt] *znw* palet
palette knife [ˈpælɪt naɪf] *znw* paletmes, tempermes
palimony [ˈpælɪmənɪ] alimentatie ‹(in de VS) voor ongehuwde partner›
palimpsest [ˈpælɪm(p)sest] *znw* ❶ palimpsest ‹meermalig gebruikte perkamentrol› ❷ iets wat nog de sporen van vorig gebruik draagt
palindrome [ˈpælɪndrəʊm] *znw* palindroom
paling [ˈpeɪlɪŋ] *znw* omrastering, omheining

palisade [pælɪˈseɪd] *znw* paalwerk, palissade, stormpaal
palisades [pælɪˈseɪdz] Am *znw* [mv] (rij van) steile kliffen
palish [ˈpeɪlɪʃ] *bn* bleekachtig, bleekjes
pall [pɔːl] I *znw* ❶ baarkleed, lijkkleed, dekkleed ❷ donkere wolk, schaduw ★ *a* ~ *of smoke* een rooksluier ★ *cast a* ~ *of terror on / over* een schaduw van terreur werpen over ❸ pallium, kroningsmantel, altaarkleed II *onoverg* vervelen, smakeloos worden ★ *life in the country was starting to* ~ het leven op het platteland begon zijn aantrekkelijkheid te verliezen
palladium [pəˈleɪdɪəm] scheik *znw* palladium
pallbearer [ˈpɔːlbeərə] *znw* ❶ drager ‹bij begrafenis› ❷ slippendrager
pallet [ˈpælət] *znw* ❶ palet ❷ strobed, strozak ❸ pallet ‹laadbord›
palliasse [ˈpælɪæs], **paillasse** *znw* stromatras
palliate [ˈpælɪeɪt] *overg* ❶ verzachten, lenigen, verlichten ★ *palliating circumstances* verzachtende omstandigheden ❷ form verbloemen, vergoelijken, verontschuldigen
palliation [pælɪˈeɪʃən] *znw* ❶ verzachting, leniging, verlichting ❷ form vergoelijking, bewimpeling, verbloeming
palliative [ˈpælɪətɪv] I *bn* ❶ verzachtend ❷ vergoelijkend II *znw* ❶ verzachtend middel ❷ zoethoudertje
palliative care [ˈpælɪətɪv keə] *znw* palliatieve zorg ‹voor terminaal zieken en hun gezinnen›
pallid [ˈpælɪd] *bn* ❶ (doods)bleek ❷ flauw, lusteloos
pallor [ˈpælə] *znw* bleekheid
pally [ˈpælɪ] *inf bn* kameraadschappelijk, bevriend
palm [pɑːm] I *znw* ❶ palm(boom) ❷ (hand)palm ★ *inf grease / oil sbd's* ~ iem. omkopen ★ *have sbd in the* ~ *of one's hand / have sbd eating out of the* ~ *of one's hand* iem. helemaal in zijn macht hebben ★ *read sbd's* ~ iem. de hand lezen II *overg* in de hand verbergen III *phras* ★ *inf* ~ *sth* off on *sbd* iem. iets aansmeren ★ *inf* ~ *sbd* off with *sth* iem. afschepen met iets
palmcorder [ˈpɑːmkɔːdə] *znw* kleine camcorder ‹die in de hand gehouden wordt›
palm-greasing [ˈpɑːm-griːsɪŋ] *znw* omkoperij
palmist [ˈpɑːmɪst] *znw* handlezer
palmistry [ˈpɑːmɪstrɪ] *znw* handleeskunde
palm oil [pɑːm ɔɪl] *znw* palmolie
palmreader [ˈpɑːmriːdə] *znw* handlijnkundige
Palm Sunday [pɑːm ˈsʌndeɪ] *znw* Palmpasen
palmtop [ˈpɑːmtɒp], **palmtop computer** *znw* palmtop, palmtopcomputer, handpalmcomputer, zakcomputer
palm tree [pɑːm triː], **palm** *znw* palmboom
palmy [ˈpɑːmɪ] *bn* bloeiend, voorspoedig, welvarend ★ ~ *days* bloeitijd
palomino [pæləˈmiːnəʊ] *znw* palomino ‹soort paard›
palooka [pəˈluːkə] *inf znw* zielenpoot, kluns

pa

palpable ['pælpəbl] *bn* tastbaar, voelbaar ★ *a ~ lump* een voelbare knobbel ★ *the tension was ~* de spanning was voelbaar

palpably ['pælpəblɪ] *bijw* tastbaar, voelbaar

palpate [pæl'peɪt] *overg* bekloppen, betasten ‹vooral voor medische doeleinden›

palpation [pæl'peɪʃən] *znw* het betasten

palpitate ['pælpɪteɪt] *onoverg* kloppen ‹van het hart›, bonzen, popelen, trillen, lillen

palpitation [pælpɪ'teɪʃən] *znw* (meestal *mv*) (hart)klopping

palsied ['pɔːlzɪd] gedat *bn* verlamd

palsy ['pɔːlzɪ] gedat *znw* verlamming

palsy-walsy ['pɔːlzɪ-'wɔːlzɪ] inf *bn* overvriendelijk, te familiair

palter ['pɔːltə] vero *onoverg* ★ *~ with sth* knoeien met iets, marchanderen met iets, het zo nauw niet nemen met iets

paltry ['pɔːltrɪ] *bn* ❶ onbeduidend, nietig ❷ verachtelijk

pampas ['pæmpəz] *znw* [*mv*] pampa's

pampas grass ['pæmpəz grɑːs] *znw* pampagras

pamper ['pæmpə] *overg* vertroetelen, verwennen, te veel toegeven aan

pampered ['pæmpəd] *bn* verwend

pamphlet ['pæmflət] *znw* ❶ brochure, vlugschrift ❷ pamflet

pamphleteer [pæmflə'tɪə] *znw* ❶ schrijver van brochures of vlugschriften ❷ pamflettist

pan [pæn] **I** *znw* ❶ pan ‹ook van vuurwapen› ❷ schotel ❸ hersenpan ❹ schaal ‹v. weegschaal› ❺ closetpot ★ inf *go down the ~* compleet mislukken ❻ inf tronie, smoel **II** *overg* ❶ goud wassen ‹met een pan› ❷ inf hekelen, afkammen ❸ laten zwenken ‹filmcamera› en (het beeld) vasthouden **III** *phras* ★ *~ for sth* iets wassen ‹goudaarde› ★ *~ for attention* proberen de aandacht te trekken ★ *~ sth off/out* iets wassen ‹goudaarde› ★ inf *~ out* opleveren, opbrengen, uitpakken ★ *~ out well* heel wat opleveren, prachtig gaan / marcheren

panacea [pænə'siːə] *znw* panacee

panache [pə'næʃ] *znw* ❶ fig bravoure ❷ hist vederbos, pluim

Pan-African ['pæn-'æfrɪkən] *bn* pan-Afrikaans

panama ['pænəmɑː], **panama hat** *znw* panama(hoed)

Panamanian [pænə'meɪnjən, -ɪən] *znw & bn* Panamees, Panamese

Pan-American ['pænə'merɪkən] *bn* pan-Amerikaans, geheel Amerika omvattend

panatella [pænə'telə] ‹‹Sp›› *znw* lange, dunne sigaar

pancake ['pænkeɪk] **I** *znw* ❶ pannenkoek ★ *as flat as a ~* zo plat als een dubbeltje / pannenkoek ❷ **pancake make-up** pancake, make-upbasis **II** *overg* platmaken **III** *onoverg* ❶ door de wielen zakken ❷ een buiklanding maken ‹vliegtuig›

Pancake Day ['pænkeɪk deɪ] *znw* Vastenavond

pancake landing ['pænkeɪk 'lændɪŋ] *znw* noodlanding, buiklanding ‹v. vliegtuig›

pancreas ['pæŋkrɪəs] *znw* pancreas, alvleesklier

pancreatic [pæŋkrɪ'ætɪk] *bn* van de alvleesklier

panda ['pændə] *znw* panda, pandabeer

panda car ['pændə kɑː] Br inf *znw* patrouillewagen ‹v.d. politie›

pandemic [pæn'demɪk] *bn* algemeen verspreid ‹ziekte›, pandemisch

pandemonium [pændɪ'məʊnɪəm] *znw* ❶ hels lawaai, pandemonium ❷ grote verwarring

pander ['pændə] *onoverg* ★ *~ to sbd / sth* toegeven aan iem. / iets

pandit ['pændɪt] *znw* → **pundit**

Pandora's box [pæn'dɔːrəz bɒks] *znw* de doos van Pandora

pane [peɪn] *znw* glasruit, (venster)ruit

panegyric [pænə'dʒɪrɪk] *znw* lofrede

panel ['pænl] **I** *znw* ❶ paneel, vak ❷ tussenzetsel, inzetstuk ❸ instrumentenbord, bedieningspaneel ★ *the control ~* het bedieningspaneel ❹ jury, panel, groep, forum ★ *a ~ of experts* een panel van experts **II** *overg* ❶ (met panelen) lambriseren, van panelen voorzien ❷ in vakken verdelen

panel beater ['pænl 'biːtə] *znw* uitdeuker, plaatwerker, carrosseriehersteller

panel discussion ['pænl dɪ'skʌʃən] *znw* forumdiscussie

panel game ['pænl geɪm] *znw* panelspel, panelquiz

panelling ['pænəlɪŋ], Am **paneling** *znw* beschot, lambrisering

panellist ['pænlɪst], Am **panelist** *znw* lid van een panel (forum)

panel truck ['pænl trʌk] Am *znw* bestelwagen

panel van ['pænl væn] Aus, NZ & ZA *znw* kleine bestelwagen

pan-fry ['pæn-fraɪ] *overg* bakken in een koekenpan

pang [pæŋ] *znw* ❶ pijn, steek ★ *hunger ~s* knagende honger ❷ foltering, kwelling, angst ★ *a ~ of conscience* gewetenswroeging

panhandle ['pænhændl] Am inf *onoverg* bedelen

panhandler ['pænhændlə] inf *znw* bedelaar

panic ['pænɪk] **I** *znw* paniek ★ inf *hit / press / push the ~ button* in paniek raken **II** *overg* in paniek brengen **III** *onoverg* in paniek raken

panic attack ['pænɪk ə'tæk] *znw* paniekaanval

panic buying ['pænɪk 'baɪɪŋ] *znw* hamsteren

panicky ['pænɪkɪ] inf *bn* in een paniekstemming, paniekerig

panic-monger ['pænɪk-mʌŋgə] *znw* paniekzaaier

panic-mongering ['pænɪk-mʌŋgərɪŋ] *znw* paniekzaaierij, paniekzaaien

panic selling ['pænɪk 'selɪŋ] *znw* paniekverkoop ‹v. aandelen›

panic stations ['pænɪk 'steɪʃənz] inf *znw* [*mv*] paniektoestand ★ *with two goals all and a minute to go, it was ~* met een stand van twee tegen twee en nog een minuut te gaan was het een paniektoestand

panic-stricken ['pænɪk-strɪkən] *bn* in paniek geraakt

pannier ['pænɪə], **pannier bag** *znw* ❶ mand, korf

pa

❷ fietstas

pannikin ['pænɪkɪn] *znw* kroes

panoplied ['pænəplɪd] <u>form</u> *bn* **❶** in volle wapenrusting **❷** volledig toegerust

panoply ['pænəplɪ] *znw* **❶** <u>hist</u> volle wapenrusting **❷** <u>form</u> uitgebreide verzameling ★ <u>fig</u> *a full* ~ compleet arsenaal, hele scala

panoptic [pæn'ɒptɪk] *bn* panoptisch, allesomvattend

panopticon [pæn'ɒptɪkən] *znw* koepelgevangenis

panorama [pænə'rɑ:mə] *znw* panorama

panoramic [pænə'ræmɪk] *bn* als (van) een panorama, panorama-

pan pipes ['pænpaɪps], **panpipes** *znw* panfluit

pan scourer [pæn 'skaʊərə] *znw* pannenspons

pansy ['pænzɪ] *znw* **❶** viooltje ‹bloem› **❷** <u>inf</u> <u>beledigend</u> verwijfde vent, mietje, nicht

pant [pænt] **I** *znw* **❶** gehijg, zucht **❷** (hart)klopping **II** *overg* hijgend uitbrengen (ook: ~ *out*) **III** *onoverg* **❶** hijgen **❷** kloppen ‹v. hart› **IV** *phras* ★ ~ *after* / *for sth* / *sbd* verlangen, haken, snakken naar iets / iem.

pantaloons [pæntə'lu:nz] *znw* [*mv*] ★ *(a pair of)* ~ een pantalon

pantheism ['pænθɪɪzəm] *znw* pantheïsme

pantheist ['pænθɪɪst] *znw* pantheïst

pantheistic [pænθɪ'ɪstɪk] *bn* pantheïstisch

pantheon ['pænθɪən] *znw* pantheon

panther ['pænθə] *znw* panter

panties ['pæntɪz] <u>inf</u> *znw* [*mv*] damesslipje

> **panties**
> betekent **damesslipje** en niet *panty*.
> Ned. *panty* = **tights, pantyhose**.

pantihose ['pæntɪhəʊz], **pantyhose** *znw* panty

pantile ['pæntaɪl] *znw* dakpan

panto ['pæntəʊ] <u>inf</u> *znw* (pantomime) kersttheatershow

pantograph ['pæntəgrɑ:f] *znw* **❶** pantograaf, tekenaap **❷** pantograaf, stroomafnemer ‹v. tram, trein, trolleybus›

pantomime ['pæntəmaɪm] *znw* **❶** (kerst)theatershow voor kinderen **❷** pantomime **❸** <u>fig</u> koddige vertoning

pantomime horse ['pæntəmaɪm hɔ:s] *znw* toneelpaard ‹met twee mensen erin›

pantry ['pæntrɪ] *znw* provisiekamer, -kast

pants [pænts] *znw* [*mv*] **❶** onderbroek, <u>Am</u> pantalon, broek ★ *two pairs of* ~ twee broeken ★ <u>inf</u> *be caught with one's* ~ *down* plotseling verrast worden ★ <u>inf</u> *beat / bore / frighten & the* ~ *off sbd* iem. heel erg verslaan / vervelen / bang maken & ★ *wet one's* ~ in zijn broek plassen **❷** <u>Br</u> <u>inf</u> onzin

pantsuit ['pæntsu:t] *znw* broekpak

pantyhose ['pæntɪhəʊz] *znw* → **pantihose**

pantyliner ['pæntɪlaɪnə] *znw* inlegkruisje

pap [pæp] *znw* **❶** pap **❷** tepel **❸** <u>fig</u> pulp

papa [pə'pɑ:, 'pəpɑ:] *znw* <u>Am</u> <u>inf</u> papa ★ *Papa* de letter P ‹in het internationaal alfabet›

papacy ['peɪpəsɪ] *znw* **❶** pausschap **❷** pausdom

papal ['peɪpl] *bn* pauselijk

paparazzo [pæpə'rætsəʊ] *znw* [*mv:* paparazzi] paparazzo, opdringerige (boulevard)persfotograaf

papaya [pə'paɪjə] *znw* papaja

paper ['peɪpə] **I** *bn* **❶** papieren **❷** <u>fig</u> op papier ‹niet in werkelijkheid› **II** *znw* **❶** papier, behang, behangselpapier ★ *squared* ~ ruitjespapier ★ *writing* ~ schrijfpapier ★ *on* ~, *it certainly looks good* het ziet er op papier wel terdege goed uit ★ *it's not worth the* ~ *it's written on* het is zonde van het papier, waardeloos ★ *commit sth to* ~ iets op papier zetten, opschrijven ★ *put pen to* ~ iets op papier zetten **❷** (nieuws)blad, krant ★ *a daily* ~ een krant, dagblad ★ *make the* ~s in de krant komen **❸** opstel, verhandeling, voordracht, artikel ★ *a written* ~ een geschreven werkstuk, een opstel ★ *give* / *read a* ~ *(on)* een voordracht (referaat) houden (over) **❹** examenopgave ★ *an examination* ~ examenopgaven, -werk **❺** agenda ‹in parlement› **❻** document **❼** geldswaardige papieren **III** *overg* behangen ‹kamer›, met papier beplakken ★ <u>inf</u> ~ *the house* de zaal vol krijgen door vrijkaartjes uit te delen **IV** *phras* ★ ~ *sth* over iets overplakken, <u>fig</u> iets verdoezelen ★ <u>fig</u> ~ *over the cracks* fouten wegmoffelen, onder het tapijt vegen

paperback ['peɪpəbæk] *znw* paperback, pocketboek ★ *it has not appeared in* ~ *yet* het is nog niet in paperback uitgekomen

paper bag ['peɪpə bæg] *znw* papieren zak ★ <u>inf</u> *he couldn't fight his way out of a* ~ hij presteert absoluut niets

paperbark ['peɪpəbɑ:k] *znw* de naam van een aantal boomsoorten met papierachtige bast

paperboy ['peɪpəbɔɪ] *znw* krantenjongen

paperchase ['peɪpətʃeɪs] *znw* snipperjacht

paper clip ['peɪpə klɪp] *znw* paperclip

paper cover ['peɪpə 'kʌvə] *znw* boekomslag

paper currency ['peɪpə 'kʌrənsɪ], **paper money** *znw* papiergeld

paper cutter ['peɪpə 'kʌtə] *znw* snijmachine

paper feed ['peɪpə fi:d] *znw* papiertoevoer

paperhanger ['peɪpəhæŋə] *znw* behanger

paper knife ['peɪpə naɪf] *znw* vouwbeen, briefopener

paperless office ['peɪpələs 'ɒfɪs] <u>comput</u> *znw* papierloos kantoor

paper mill ['peɪpə mɪl] *znw* papierfabriek, -molen

paper money ['peɪpə 'mʌnɪ] *znw* papiergeld, bankbiljetten

paper profit ['peɪpə 'prɒfɪt] *znw* winst op papier ‹(nog) niet gerealiseerd›

paper-pusher ['peɪpə-'pʊʃə] <u>Am</u> <u>inf</u> *znw* bureaucraat, kantoorklerk

paper round ['peɪpə raʊnd], **Am paper route** *znw* krantenwijk

papers ['peɪpəz] *znw* [*mv*] **❶** (officiële) stukken **❷** identiteitspapieren ★ *identity* ~ identiteitspapieren ★ *the police asked to see our* ~ de politie vroeg ons om onze papieren

pa

paper shop ['peɪpə ʃɒp] *znw* krantenwinkel
paper thin ['peɪpə θɪn] *bn* flinterdun
paper tiger ['peɪpə 'taɪgə] *fig znw* papieren tijger ‹schijnbaar sterke persoon, organisatie &›
paper towel ['peɪpə 'taʊəl] *znw* papieren handdoek
paper trail ['peɪpə treɪl] *znw* bewijs op papier van iemands activiteiten
paperweight ['peɪpəweɪt] *znw* presse-papier
paperwork ['peɪpəwɜ:k] *znw* administratief werk, administratie ★ *catch up on the* ~ de administratie bijwerken ★ *do some* ~ wat schrijfwerk doen
papery ['peɪpərɪ] *bn* papierachtig, doorschijnend ‹v. huid &›
papilla [pə'pɪlə] med of plantk *znw* [*mv:* papillae] papil
papillary [pə'pɪlərɪ] *bn* papillair
papist ['peɪpɪst] beledigend *znw* papist, paap
papistry ['peɪpɪstrɪ] beledigend *znw* papisterij ‹negatieve benaming van katholicisme›
papoose [pə'pu:s] *znw* ❶ Indianenbaby ❷ draagzak voor baby
pappy [pæpɪ] **I** *bn* pappig, zacht, sappig **II** *znw* kindertaal papa
paprika ['pæprɪkə, pə'pri:kə] *znw* paprikapoeder
Pap smear ['pæp smɪə], **Pap test** *znw* uitstrijkje
Papuan ['pæpjʊən] **I** *bn* Papoeaas **II** *znw* Papoea
Papua New Guinea ['pæpjʊə nju: 'gɪnɪ] *znw* Papoea-Nieuw-Guinea
papyrus [pə'paɪərəs] *znw* [*mv:* -es of papyri] papyrus(rol)
par [pɑ:] *znw* gelijkheid, gemiddelde, handel pari(koers) ★ *above* ~ boven pari, boven het gemiddelde, uitstekend ★ *at* ~ à pari, op het gemiddelde ★ *below / under* ~ beneden pari, beneden het gemiddelde, niet veel zaaks ★ *that's* ~ *for the course* dat viel te verwachten ★ *on a* ~ gemiddeld ★ *up to* ~ voldoende ★ *be on a* ~ gelijk staan, op één lijn staan ★ *feel below* ~ zich niet erg goed voelen
para., par. *znw* → **paragraph**
para- ['pærə] *znw* para-
parable ['pærəbl] *znw* parabel, gelijkenis
parabola [pə'ræbələ] *znw* parabool
parabolic [pærə'bɒlɪk] *bn* parabolisch, in gelijkenissen, als een gelijkenis
parachute ['pærəʃu:t] **I** *znw,* inf chute parachute, valscherm **II** *overg* af-, uit-, neerwerpen (aan een parachute), parachuteren **III** *onoverg* springen met een parachute
parachutist ['pærəʃutɪst] *znw* parachutist(e)
Paraclete ['pærəkli:t] *znw* ★ *the* ~ de Parakleet, de Heilige Geest
parade [pə'reɪd] **I** *znw* ❶ parade, optocht, fig vertoon ★ *on* ~ in optocht, op parade ★ *go on* ~ parade houden ★ *make a* ~ *of sth* pronken met iets ❷ appel, aantreden ❸ openbare wandelplaats, promenade, (strand)boulevard ❹ (mode)show ❺ mil **parade ground** exercitieterrein, paradeplaats **II** *overg*

❶ pronken met ❷ parade laten maken, inspecteren: laten marcheren **III** *onoverg* ❶ paraderen, in optocht marcheren, voorbijtrekken ❷ mil aantreden
parade ring [pə'reɪd rɪŋ] *znw* plek op een racecourse waar de paarden warmlopen
paradigm ['pærədaɪm] *znw* paradigma, voorbeeld
paradigm shift ['pærədaɪm ʃɪft] *znw* paradigmaverschuiving
paradise ['pærədaɪs] *znw* paradijs ★ *Paradise* het Paradijs
paradisiacal [pærədɪ'saɪəkl] *bn* paradijsachtig, paradijselijk, paradijs-
paradox ['pærədɒks] *znw* paradox
paradoxical [pærə'dɒksɪkl] *bn* paradoxaal
paraffin ['pærəfɪn] *znw* ❶ **paraffin wax** paraffine ❷ **paraffin oil** kerosine
paragliding ['pærəglaɪdɪŋ] *znw* paragliding, zweefparachutisme
paragon ['pærəgən] *znw* toonbeeld ★ *a* ~ *of virtue* een toonbeeld van deugdzaamheid
paragraph ['pærəgrɑ:f] *znw* ❶ alinea ❷ (kort) krantenbericht

> **paragraph**
> betekent **alinea** en niet *paragraaf*.
> Ned. *paragraaf* = **section**.

paragraph mark ['pærəgrɑ:f mɑ:k] *znw* paragraafteken, alineamarkering
Paraguay ['pærəgwaɪ] *znw* Paraguay
Paraguayan [pærə'gwaɪən, -'gweɪən] **I** *bn* Paraguayaans **II** *znw* Paraguayaan, Paraguayaanse
parakeet ['pærəki:t], **parrakeet** *znw* parkiet
parakite ['pærəkaɪt] *znw* parakite, zweefsportvlieger
paralegal ['pærəli:gl] Am *znw* assistent van een advocaat ‹nog niet bevoegd om zelfstandig als advocaat op te treden›
paralinguistic ['pærəlɪŋ'gwɪstɪk] *bn* paralinguïstisch
paralinguistics ['pærəlɪŋ'gwɪstɪks] *znw* [*mv*] paralinguïstiek
parallel ['pærəlel] **I** *bn* evenwijdig (met *to, with*), parallel, overeenkomstig ★ ~ *lines* evenwijdige lijnen **II** *znw* ❶ evenwijdige lijn, parallel ★ elektr *in* ~ parallelgeschakeld ❷ weerga, gelijke ★ form *be without* ~ / *have no* ~ zonder weerga zijn ❸ overeenkomst ★ *draw / make a* ~ *with* een vergelijking trekken met ❹ **parallel of latitude** breedtecirkel **III** *overg* ❶ evenwijdig lopen met ❷ evenwijdig plaatsen ❸ op één lijn stellen, vergelijken ❹ evenaren ❺ een ander voorbeeld aanhalen van
parallel bars ['pærəlel bɑ:z] sp *znw* [*mv*] brug
parallelism ['pærəlelɪzəm] *znw* ❶ parallellisme ❷ evenwijdigheid, overeenkomstigheid
parallelogram [pærə'leləgræm] meetk *znw* parallellogram
parallel parking ['pærəlel 'pɑ:kɪŋ] *znw* parallel parkeren
parallel port ['pærəlel pɔ:t] comput *znw* parallelle

poort
parallel processing ['pærəlel 'prəʊsesɪŋ] comput *znw*
parallelverwerking
paralyse ['pærəlaɪz], Am **paralyze** *overg* verlammen
★ *the strike has ~d the city* de staking heeft de stad
verlamd
paralysed ['pærəlaɪzd], Am **paralyzed** *bn* verlamd ★ *~
from the waist down* vanaf het middel verlamd
paralysis [pə'rælɪsɪs] *znw* [*mv:* paralyses] verlamming
paralytic [pærə'lɪtɪk] **I** *bn* ❶ verlamd ❷ verlammend
❸ verlammings- ❹ Br inf dronken als een tor,
straalbezopen **II** *znw* verlamde
paralyzed ['pærəlaɪzd] Am *bn* → **paralysed**
paramedic [pærə'medɪk] *znw* paramedicus
parameter [pə'ræmɪtə] *znw* parameter, kenmerkende
grootheid
paramilitary [pærə'mɪlɪtərɪ] *bn* paramilitair
paramount ['pærəmaʊnt] *bn* ❶ opperste, opper-,
hoogste ★ *of ~ importance* van het allergrootste
belang ★ *one's health is ~* je gezondheid gaat voor
alles ❷ overwegend, overheersend
paramountcy ['pærəmaʊntsɪ] *znw* opperheerschappij
paramour ['pærəmʊə] dicht *znw* minnaar, minnares
paranoia [pærə'nɔɪə] *znw* paranoia
paranoid ['pærənɔɪd] *bn* ❶ paranoïde ★ *~ delusions*
waandenkbeelden ❷ dwaas, krankzinnig
paranormal [pærə'nɔːməl] *bn* paranormaal
parapet ['pærəpɪt] *znw* ❶ borstwering ❷ leuning
❸ muurtje
paraph ['pærəf] *znw* kronkel onder een handtekening
paraphasia [pærə'feɪzɪə] psych *znw* parafasie
paraphernalia [pærəfə'neɪlɪə] *znw* ❶ lijfgoederen,
persoonlijk eigendom ❷ sieraden, tooi ❸ gerei,
toebehoren, uitrusting ❹ santenkraam
paraphrase ['pærəfreɪz] **I** *znw* parafrase, omschrijving
II *overg* parafraseren, omschrijven
paraphrastic [pærə'fræstɪk] form *bn* omschrijvend
paraplegia [pærə'pliːdʒɪə] *znw* paraplegie
⟨verlamming van beide benen⟩
paraplegic [pærə'pliːdʒɪk] **I** *bn* aan beide benen
verlamd **II** *znw* aan beide benen verlamde
parapsychological ['pærəsaɪkə'lɒdʒɪkl] *bn*
parapsychologisch
parapsychology [pærəsaɪ'kɒlədʒɪ] *znw*
parapsychologie
parasailing ['pærəseɪlɪŋ] *znw* parasailing,
parachutevliegen
parascending ['pærəsendɪŋ] *znw* parachutezweven,
parachutevliegen
parasite ['pærəsaɪt] *znw* ❶ parasiet ⟨plant of dier dat
zich voedt van een ander⟩ ❷ parasiet, klaploper,
profiteur
parasitic [pærə'sɪtɪk], **parasitical** *bn* ❶ parasitair
⟨ziekte⟩ ❷ parasitisch: op kosten van anderen
levend, op andere gewassen groeiend
parasol ['pærəsɒl] *znw* parasol, zonnescherm
parataxis [pærə'tæksɪs] taalk *znw* nevenschikking
paratrooper ['pærətruːpə] mil *znw* para, paratroeper

paratroops ['pærətruːps] mil *znw* [*mv*] paratroepen,
para's
paratyphoid [pærə'taɪfɔɪd] anat *znw* paratyfus
parboil ['pɑːbɔɪl] *overg* blancheren
parcel ['pɑːsəl] **I** *znw* ❶ pakje, pak, pakket ★ *a
brown-paper ~* een in bruin papier gewikkeld pakket
★ *pass the ~* pakketje rondgeven ⟨kinderspel⟩
❷ partij, hoop, pakket ❸ perceel, kavel ★ *a ~ of land*
een perceel land **II** *overg* verdelen, kavelen,
toedelen ★ *the land was ~(l)ed into lots* het land werd
verkaveld **III** *phras* ★ *~ sth out* iets uitdelen, iets
verkavelen ★ *~ sth up* iets inpakken
parcel bomb ['pɑːsəl bɒm] *znw* bompakket
parcel post ['pɑːslpəʊst] *znw* pakketpost
parcels delivery ['pɑːslzdɪ'lɪvərɪ] *znw* besteldienst
parch [pɑːtʃ] *overg & onoverg* ❶ (doen) verdrogen,
verzengen, schroeien ★ *the hot summer had ~ed the
land* de hete zomer had het land doen verdorren
❷ zacht roosteren
parched [pɑːtʃt] *bn* ❶ verdord ❷ inf uitgedroogd
parchment ['pɑːtʃmənt] **I** *bn* perkamenten **II** *znw*
perkament
pardner ['pɑːdnə] Am inf *znw* kameraad
pardon ['pɑːdn] **I** *znw* ❶ pardon, vergiffenis,
vergeving ★ *~/*form *I beg your ~* pardon, excuseer
me ★ *(I beg your) ~?* wablief?, wat zei u?
❷ begenadiging, genade, gratie, amnestie (ook:
free ~) ★ *a general ~* een amnestie ★ *ask for ~*
verzoeken om gratie ❸ aflaat **II** *overg* vergiffenis
schenken, vergeven, begenadigen, genade (gratie)
verlenen ★ *~ me* neem me niet kwalijk ★ inf *~ me
for breathing / living &* nee maar! ⟨uitdrukking om
aan te geven dat men zich oneerlijk of onbeleefd
behandeld voelt⟩
pardonable ['pɑːdnəbl] *bn* vergeeflijk
pardonably ['pɑːdnəblɪ] *bijw* vergeeflijk ★ *his parents
are ~ proud of his achievements* het is begrijpelijk dat
zijn ouders trots zijn op zijn prestaties
pardoner ['pɑːdənə] hist *znw* aflaatkramer,
aflaatverkoper
pare [peə] *overg* ❶ schillen ⟨appel⟩ ❷ (af)knippen
⟨nagel⟩ ❸ wegsnijden, afsnijden (ook: *~ away / off*)
❹ besnoeien (ook: *~ down*)
parent ['peərənt] **I** *bn* moeder- **II** *znw* ❶ vader,
moeder ❷ ouder ★ *~s* ouders ★ *a lone / single ~* een
alleenstaande ouder **III** *overg* als ouder optreden
voor, de rol van ouder hebben voor
parentage ['peərəntɪdʒ] *znw* afkomst, geboorte,
geslacht, familie
parental [pə'rentl] *bn* ❶ vaderlijk ❷ moederlijk
❸ ouderlijk, ouder-
parental leave [pə'rentl liːv] *znw* ouderschapsverlof
parent company ['peərənt 'kʌmpənɪ] fin *znw*
houdstermaatschappij, moedermaatschappij,
holding
parenthesis [pə'renθəsɪs] *znw* [*mv:* parentheses]
❶ tussenzin, parenthesis ★ *he said in ~* zei hij bij
wijze van toevoeging ❷ (meestal *mv*) rond haakje

pa

★ *in* ~ / *parentheses* tussen haakjes ❸ fig intermezzo
parenthetic [pærən'θetɪk] *bn* tussen haakjes, verklarend ★ *he made the point in a* ~ *remark* hij maakte de opmerking langs zijn neus weg
parenthetical [pærən'θetɪkəl] *bn* bij wijze van parenthesis, zo tussen haakjes
parenthood ['peərənthʊd] *znw* ouderschap
parenting ['peərəntɪŋ] *znw* ouderschap ★ *surrogate* ~ draagmoederschap ★ ~ *is a full-time occupation* kinderen opvoeden is een dagtaak
parentless ['peərəntles] *bn* ouderloos
parent-teacher association ['peərənt-'tiːtʃər əsəʊsɪ'eɪʃən, əsəʊʃɪ-,], **PTA** *znw* oudercommissie
parer ['peərə] *znw* ❶ schilmachine, schilmesje ❷ snoeier
parfait [pɑː'feɪ] (*Fr*) *znw* parfait ‹soort dessert›
parfumerie [pɑː'fjuːmərɪ] (*Fr*) *znw* parfumerie, parfumwinkel
parget ['pɑːdʒɪt] I *znw* (versierd) pleisterwerk II *overg* met pleisterwerk versieren, pleisteren, bepleisteren, aansmeren
pariah [pə'raɪə] *znw* paria ★ *a social* ~ iem. die met de nek wordt aangekeken
paring ['peərɪŋ] *znw* ❶ schil, knipsel, afval ❷ flinter ❸ (af)schillen, (af)knippen
paring knife ['peərɪŋ naɪf] *znw* ❶ schilmesje ❷ hoefmes ‹v. hoefsmid›
Paris ['pærɪs] *znw* Parijs
parish ['pærɪʃ] *znw* kerspel, parochie, (kerkelijke) gemeente
parish clerk ['pærɪʃ klɑːk] *znw* koster
parish council ['pærɪʃ 'kaʊnsəl] Br *znw* gemeenteraad
parishioner [pə'rɪʃənə] *znw* parochiaan
parish magazine ['pærɪʃ mægə'ziːn] *znw* kerkblaadje
parish priest ['pærɪʃ'priːst] *znw* (plaatselijke) pastoor of dominee
parish-pump [pærɪʃ-'pʌmp] Br *bn* ❶ alleen van plaatselijk belang ❷ bekrompen ★ *we have to get away from the* ~ *approach* we moeten de pietluttige benadering overboord gooien
parish register ['pærɪʃ 'redʒɪstə] *znw* kerkelijk register
Parisian [pə'rɪzɪən] I *bn* van, uit Parijs II *znw* ❶ Parijzenaar ❷ Parisienne
parity ['pærətɪ] *znw* ❶ gelijkheid ❷ overeenkomst, analogie ❸ pariteit ★ *purchasing power* ~ koopkrachtpariteit
park [pɑːk] I *znw* park II *overg* ❶ parkeren ❷ inf deponeren ★ ~ *oneself* neerploffen III *onoverg* parkeren
parka ['pɑːkə] *znw* parka, anorak
park-and-ride ['pɑːk-ən-'raɪd] *znw* park and ride terrein ‹parkeerterrein nabij trein of metro›
park cattle [pɑːk 'kætl] *znw* Engels parkrund ‹witte runderen met een zwarte snuit, oren en hoeven›
parking ['pɑːkɪŋ] *znw* parkeren, parkeergelegenheid ★ *there is* ~ *for 50 cars* er kunnen 50 auto's parkeren
parking brake ['pɑːkɪŋ breɪk] *znw* handrem
parking fine ['pɑːkɪŋ faɪn] *znw* parkeerboete

parking light ['pɑːkɪŋ laɪt] *znw* stadslicht, parkeerlicht
parking lot ['pɑːkɪŋ lɒt] Am *znw* parkeerterrein
parking meter ['pɑːkɪŋ 'miːtə] *znw* parkeermeter
parking space ['pɑːkɪŋ speɪs] *znw* parkeerruimte
parking ticket ['pɑːkɪŋ 'tɪkɪt] *znw* parkeerbon
Parkinson's disease ['pɑːkɪnsənz dɪ'ziːz], **Parkinson's** *znw* ziekte van Parkinson
Parkinson's law ['pɑːkɪnsənz dɪ'ziːz lɔː] *znw* wet van Parkinson
park keeper [pɑːk 'kiːpə] *znw* parkwachter
parkland ['pɑːklænd] *znw* parkachtig stuk grond
parkway ['pɑːkɪŋweɪ] Am *znw* landschappelijk verfraaide snelweg
parky ['pɑːkɪ] Br inf *bn* koud
parlance ['pɑːləns] *znw* taal ★ *in legal* ~ in de taal van de rechtsgeleerden
parlay ['pɑːlɪ] Am I *znw* het opnieuw inzetten van de winst ‹bij gokken› II *overg* de winst opnieuw inzetten
parley ['pɑːlɪ] scherts I *znw* onderhoud, onderhandeling II *onoverg* ❶ onderhandelen, parlementeren ❷ parlevinken
parliament ['pɑːləmənt] *znw* parlement ★ *stand for* ~ zich verkiesbaar stellen voor het parlement
parliamentarian [pɑːləmen'teərɪən] *znw* parlementariër
parliamentary [pɑːlə'mentərɪ] *bn* parlementair, parlements- ★ ~ *privilege* parlementair privilege
parlour ['pɑːlə], Am **parlor** I *bn* afkeurend salon- ★ *a* ~ *socialist* een salonsocialist II *znw* ❶ spreekkamer, ontvangkamer ‹vooral in klooster› ❷ Am salon ‹v. kapper &› ❸ vero zitkamer
parlour game ['pɑːlə geɪm], Am **parlor game** *znw* gezelschapsspel
parlour maid ['pɑːlə meɪd], Am **parlor maid** hist *znw* dienstmeisje
parlous ['pɑːləs] scherts *bn* precair, gevaarlijk ★ *their finances are in a* ~ *state* hun financiën verkeren in een precaire staat
Parma ham ['pɑːmə hæm] *znw* parmaham
Parmesan [pɑːmɪ'zæn], **Parmesan cheese** *bn* parmezaanse kaas, parmezaan
parochial [pə'rəʊkɪəl] *bn* ❶ parochiaal ❷ afkeurend kleinsteeds, bekrompen, begrensd
parochialism [pə'rəʊkɪəlɪzəm] *znw* bekrompenheid, kleinsteedsheid
parochial school [pə'rəʊkɪəl skuːl] Am *znw* confessionele school
parodist ['pærədɪst] *znw* parodist, schrijver van parodieën
parody ['pærədɪ] I *znw* parodie ★ *a* ~ *of justice* een karikatuur van rechtvaardigheid II *overg* parodiëren, bespottelijk nabootsen
parole [pə'rəʊl] I *znw* voorwaardelijke invrijheidstelling, parool ★ *he will be eligible for* ~ *in five years* hij komt over vijf jaar in aanmerking voor parool ★ jur *on* ~ voorwaardelijk II *overg* voorwaardelijk in vrijheid stellen

pa

parole officer [pəˈrəʊl ˈɒfɪsə] *znw* reclasseringsambtenaar

parotitis [pærəˈtaɪtɪs] *med znw* bof

paroxysm [ˈpærəksɪzəm] *znw* vlaag, (heftige) aanval ★ *in a ~ of grief* in een aanval van smart ★ *we were in ~s of laughter* we kregen gigantische lachbuien

parquet [ˈpɑːkɪ, ˈpɑːkeɪ] **I** *znw*, **parquet flooring** parket, parketvloer **II** *overg* van parket voorzien

parquetry [ˈpɑːkɪtrɪ] *znw* parketvloer, -werk

parrakeet [ˈpærəkiːt] *znw* → **parakeet**

parricidal [pærɪˈsaɪdl] *bn* van een vadermoord, vadermoordenaars-

parricide [ˈpærɪsaɪd] *znw* vadermoord(enaar)

parrot [ˈpærət] **I** *znw* papegaai **II** *overg* napraten

parrot-fashion [ˈpærət-ˈfæʃən] *bijw* onnadenkend, uit het hoofd

parrotry [ˈpærətrɪ] *znw* na-aperij

parry [ˈpærɪ] **I** *znw* ❶ afwering ❷ ontwijking ❸ parade ⟨bij het schermen⟩ **II** *overg* ❶ afweren, pareren ★ *~ with sth* een aanval afwenden / pareren met iets ❷ ontwijken ★ *the prime minister parried the question* de minister-president ontweek de vraag

parse [pɑːz] *overg* ❶ taalkundig (redekundig) ontleden ❷ comput syntactisch analyseren

parser [ˈpɑːzə] comput *znw* parser

parsimonious [pɑːsɪˈməʊnjəs] afkeurend *bn* spaarzaam, krenterig, karig, schriel

parsimony [ˈpɑːsɪmənɪ] form *znw* spaarzaamheid, krenterigheid, karigheid, schrielheid

parsley [ˈpɑːslɪ] *znw* peterselie

parsnip [ˈpɑːsnɪp] *znw* pastinaak

parson [ˈpɑːsən] *znw* ❶ predikant, dominee ❷ inf iedere geestelijke

parsonage [ˈpɑːsənɪdʒ] *znw* predikantswoning, pastorie

parson's nose [ˈpɑːsənz nəʊz] *znw* gebraden staartstuk v. vogel

part [pɑːt] **I** *bn* deel- ★ *a ~ role* een deelrol **II** *bijw* gedeeltelijk, deels ★ *the book is ~ text, ~ photos* het boek is deels tekst, deels foto's **III** *znw* ❶ part, aandeel, deel, gedeelte, aflevering ⟨v. boekwerk⟩ ★ *the ~s of the body* de onderdelen van het lichaam, de lichaamsdelen ★ *a good ~ of sth* een groot gedeelte van iets ★ *the best / better ~ of sth* het grootste gedeelte van iets ★ inf *one's private ~s* geslachtsdelen ★ *for the most ~* hoofdzakelijk, grotendeels ★ *in ~* deels, gedeeltelijk ★ *the book was published in ~s* het boek werd in afleveringen uitgegeven ★ *be ~ of sth* (be)horen bij (tot) iets ★ *be ~ and parcel of sth* een integrerend deel uitmaken van iets, schering en inslag zijn van iets ★ inf *be ~ of the furniture* tot de inventaris behoren ★ *take ~* deelnemen, meedoen (aan *in*) ★ *take sth in good ~* iets goed opnemen ❷ techn onderdeel ❸ gebied, streek ★ *in foreign ~s* in den vreemde ★ *in these ~s* in deze streek / buurt ❹ plicht, zaak, taak ★ *do one's ~* het zijne / zijn plicht doen ❺ partij, zijde, kant ★ *for my ~* voor mijn part, wat mij betreft, ik voor mij

★ *on the ~ of* vanwege, wat... betreft ★ *on my ~* van mijn kant, mijnerzijds, uit naam van mij ★ *take sbd's ~/form take ~ with sbd* iems. partij kiezen ❻ muz partij, stem ★ *some hymns are sung in unison, others are sung in ~s* sommige kerkliederen worden eenstemmig gezongen en andere meerstemmig ❼ rol ★ *learn a ~* een rol leren ★ *play a ~* een rol spelen, fig komedie spelen ★ *play one's ~* het zijne doen, zijn deel bijdragen ★ *play a leading ~* een belangrijke rol spelen ★ *play the principal ~* de hoofdrol spelen ★ *dress / look / act the ~* er naar uitzien ❽ Am scheiding ⟨in haar⟩ **IV** *overg* ❶ verdelen ❷ scheiden ★ *the two could never bear to be ~ed* de twee zouden niet kunnen verdragen dat ze uit elkaar werden gehaald ★ *~ company* uit of van elkaar gaan, scheiden (van *with*) ★ *~ one's hair* een scheiding maken (in zijn haar) ❸ breken **V** *onoverg* ❶ zich verdelen, uiteengaan, -wijken, scheiden (als) ❷ breken **VI** *phras* ★ *~ from sbd* weggaan / scheiden van iem. ★ *~ with sth* iets van de hand doen, afstand doen van iets

partake [pɑːˈteɪk] *onoverg* [partook, partaken] form deelnemen, deel hebben (aan, in *of / in*) ★ scherts *we partook of some liquid refreshments* we namen deel aan enige vloeibare versnaperingen, we namen iets te drinken

partaken [pɑːˈteɪkn] *ww* [v.d.] → **partake**

partaker [pɑːˈteɪkə] *znw* deelnemer, deelgenoot

part delivery [pɑːt dɪˈlɪvərɪ] *znw* gedeeltelijke levering

parted [ˈpɑːtɪd] *bn* ❶ afgescheiden, verdeeld ❷ biol gedeeld ★ *~ lips* geopende lippen

parterre [pɑːˈteə] *(Fr) znw* ❶ bloemperken ❷ parterre

part exchange [pɑːt ɪksˈtʃeɪndʒ] **I** *znw* inruil ★ *in ~ for* als inruil voor **II** *overg* inruilen

parthenogenesis [pɑːθɪnəʊˈdʒenɪsɪs] *znw* parthenogenese, voortplanting zonder bevruchting

Parthian shot [ˈpɑːθɪən ʃɒt] *znw* hatelijke laatste opmerking, trap na

partial [ˈpɑːʃəl] *bn* ❶ partieel, gedeeltelijk ★ *a ~ success* een gedeeltelijk succes ❷ partijdig, eenzijdig ❸ verzot, gesteld (op *to*) ★ *be ~ to sth* een voorliefde hebben voor iets, iets bijzonder graag mogen

partial derivative [ˈpɑːʃəl dəˈrɪvətɪv] wisk *znw* partiële afgeleide

partial eclipse [ˈpɑːʃəl ɪˈklɪps] *znw* gedeeltelijke verduistering

partiality [pɑːʃɪˈælətɪ] *znw* ❶ partijdigheid, eenzijdigheid ★ *the judge has been accused of ~* de rechter wordt van partijdigheid beschuldigd ❷ zwak, voorliefde (voor *for / to*) ★ *the Dutch are known for their ~ to / for herrings* de Nederlanders staan bekend om hun voorliefde voor haring

partially [ˈpɑːʃəlɪ] *bijw* gedeeltelijk, deels ★ *the building is only ~ completed* het gebouw is nog maar voor een deel klaar ★ *~ cooked meat can be a health hazard* gedeeltelijk gekookt vlees kan een gezondheidsrisico zijn

partially sighted [ˈpɑːʃəlɪ ˈsaɪtɪd] *bn* gedeeltelijk

visueel gehandicapt

participant [pɑːˈtɪsɪpənt] *znw* deelnemer, -hebber, participant

participate [pɑːˈtɪsɪpeɪt] *onoverg* delen, deelnemen, deel hebben (in, aan *in*), participeren

participation [pɑːtɪsɪˈpeɪʃən] *znw* deelneming, participatie, medezeggenschap, inspraak

participation rate [pɑːtɪsɪˈpeɪʃən reɪt] *znw* deelnemingspercentage

participator [pɑːˈtɪsɪpeɪtə] *znw* deelnemer

participatory [pɑːtɪsɪˈpeɪtərɪ] *bn* deelnemend

participle [ˈpɑːtɪsɪpl] gramm *znw* deelwoord

particle [ˈpɑːtɪkl] *znw* ❶ deeltje, greintje ❷ partikel: onveranderlijk rededeeltje

particle accelerator [ˈpɑːtɪkl əkˈseləreɪtə] *znw* deeltjesversneller

particle board [ˈpɑːtɪkl bɔːd] *znw* spaanplaat

particular [pəˈtɪkjʊlə] **I** *bn* ❶ bijzonder, speciaal, bepaald, persoonlijk ★ *a ~ friend* een goede / intieme vriend ★ *in ~* (meer) in het bijzonder, met name ★ *do you have any ~ reason for saying this?* heb je een speciale reden waarom je dat zegt? ★ *no ~ reason* geen bijzondere reden ❷ kieskeurig, nauwkeurig, veeleisend, lastig ★ *he's ~ about his food* hij is kieskeurig wat zijn eten betreft ★ *she's ~ about who she gives interviews to* ze is kieskeurig over aan wie ze een interview toestaat ❸ gedetailleerd **II** *znw* bijzonderheid, bijzondere omstandigheid, punt ★ *in every ~* op elk punt

> **particular**
> betekent o.a. **bijzonder, kieskeurig, gedetailleerd** maar niet *particulier*.
> *He is a particular person* betekent niet *hij is een particulier* maar *hij is nogal kieskeurig*.
> Ned. *particulier* = **private**.

particularities [pətɪkjʊˈlærətɪz] *znw* [mv] bijzonderheden, details ★ *we have the broad picture - now for the ~* we weten de grote lijnen - nu de details

particularity [pətɪkjʊˈlærətɪ] *znw* ❶ bijzonderheid ❷ kieskeurigheid ❸ nauwkeurigheid ★ *the work requires patience and ~* het werk vereist geduld en zorgvuldigheid

particularize [pəˈtɪkjʊləraɪz], **particularise I** *overg* ❶ met naam noemen ❷ in bijzonderheden opgeven, omstandig verhalen **II** *onoverg* in bijzonderheden treden

particularly [pəˈtɪkjʊləlɪ] *bijw* ❶ bijzonder ★ *a ~ capable manager* een bijzonder bekwame manager ❷ zeer ★ *I'm ~ grateful to you* ik ben je erg dankbaar ❸ speciaal, vooral, met name, in het bijzonder ★ *they asked for you ~* ze hebben speciaal naar jou gevraagd

particulars [pəˈtɪkjʊlɪz] *znw* [mv] persoonsgegevens

particulate [pəˈtɪkjʊleɪt, pəˈtɪkjʊlɪt] *znw* (meestal *mv*) deeltjes ⟨stofdeeltjes &⟩

parting [ˈpɑːtɪŋ] **I** *bn* afscheids- ★ *one's ~ breath* zijn

laatste ademtocht ★ *a ~ word* een woordje tot afscheid **II** *znw* ❶ scheiding ⟨in haar⟩ ❷ afscheid, vertrek ★ *a ~ of the ways* een tweesprong

parting shot [ˈpɑːtɪŋ ʃɒt] *znw* hatelijkheid ⟨bij het weggaan⟩ ★ *'and you're not even competent', he said as a ~* 'en je bent niet eens competent', zei hij als uitsmijter

partisan [ˈpɑːtɪzæn] **I** *bn* ❶ partijdig ❷ partizanen- **II** *znw* ❶ aanhanger, medestander, voorstander ❷ partijganger ❸ partizaan

partisanship [ˈpɑːtɪzænʃɪp] *znw* partijgeest

partita [pɑːtiːˈtə] muz *znw* [*mv*: partite *of* partitas] partita

partite [ˈpɑːtaɪt] *bn* gedeeld

partition [pɑːˈtɪʃən] **I** *znw* ❶ deling, verdeling, (af)scheiding ❷ scheidsmuur, afdeling, tussenschot ❸ deel, gedeelte ❹ comput partitie ⟨deel van (schijf)geheugen⟩ **II** *overg* ❶ delen, verdelen ❷ afscheiden, afschutten ★ *~ sth off* iets afscheiden ⟨met een scheidsmuur⟩

partition wall [pɑːˈtɪʃən wɔːl] *znw* scheidsmuur

partitive [ˈpɑːtɪtɪv] *bn* ❶ delend ❷ delings-

partly [ˈpɑːtlɪ] *bijw* gedeeltelijk, ten dele, deels

partner [ˈpɑːtnə] **I** *znw* ❶ gezel(lin), partner ★ *a drinking ~* een kroegmaat ★ *her marital ~* haar echtgenoot ❷ deelgenoot, deelhebber, compagnon, firmant, vennoot ★ *a sleeping / silent / dormant ~* een stille vennoot ★ *a trading ~* een handelspartner ★ *a ~ in crime* een medeplichtige **II** *overg* terzijde staan, de partner zijn van **III** *onoverg* ★ Am *~ with sbd* partner zijn van iem.

partnership [ˈpɑːtnəʃɪp] *znw* ❶ deelgenootschap, vennootschap, burgerlijke maatschap ★ *a trading ~* een vennootschap onder firma ★ *enter into a ~ (with sbd)* een partnerschap aangaan (met iem.) ❷ samenwerking(sverband) ★ *a business ~* een zakelijk samenwerkingsverband

part of speech [pɑːt əv ˈspiːtʃ] gramm *znw* woordsoort

partook [pɑːˈtʊk] *ww* [v.t.] → **partake**

part order [pɑːt ˈɔːdə] *znw* gedeeltelijke levering

part-owner [ˈpɑːt-ˈəʊnə] *znw* ❶ mede-eigenaar ❷ scheepv medereder

part-payment [pɑːt-ˈpeɪmənt] *znw* gedeeltelijke betaling

partridge [ˈpɑːtrɪdʒ] *znw* patrijs

part-song [ˈpɑːt-sɒŋ] *znw* meerstemmig lied

part-time [pɑːt-ˈtaɪm] *bn* parttime, niet volledig

part-time job [pɑːt-ˈtaɪm dʒɒb] *znw* deeltijdbaan

part-timer [pɑːt-ˈtaɪmə] *znw* parttimer, niet volledige (werk)kracht

parturition [pɑːtjʊˈrɪʃən] form *znw* geboorte, bevalling

part-way [pɑːt-ˈweɪ] *bijw* voor een deel

party [ˈpɑːtɪ] **I** *znw* ❶ partij ❷ feest(je) ★ *throw a ~* een feestje bouwen ❸ afdeling, groep, troep ❹ deelnemer ★ *be a ~ to sth* deel hebben of deelnemen aan iets, meedoen aan iets ❺ inf persoon, iemand ★ *an innocent ~* een onschuldig

iemand ★ *an interested ~* een geïnteresseerd persoon
II *onoverg* feest vieren, de bloemetjes buiten zetten
party animal ['pɑːtɪ 'ænɪml] inf *znw* feestbeest
party-coloured ['pɑːtɪ-'kʌləd], Am **party-colored** *bn*
bont, veelkleurig
party dress ['pɑːtɪ dres] *znw* galajurk
party faithful ['pɑːtɪ 'feɪθfʊl] *znw* ★ *the ~* de
partijgetrouwen
party favour ['pɑːtɪ 'feɪvə] *znw* cadeautje voor elke
feestganger ‹vooral bij kinderfeestjes›
partygoer ['pɑːtɪgəʊə] *znw* bezoeker van feestjes
party leader ['pɑːtɪ 'liːdə] *znw* lijsttrekker, partijleider
party line ['pɑːtɪ laɪn] *znw* ❶ (politieke) partijlijn
★ *take the ~* de partijlijn volgen ❷ telec lijn met
meervoudige aansluiting
party list ['pɑːtɪ lɪst] pol *znw* kandidatenlijst
party piece ['pɑːtɪ piːs] *znw* favoriet nummer (op
feestjes)
party political broadcast ['pɑːtɪ pə'lɪtɪkl 'brɔːdkɑːst]
znw uitzending in het kader van de zendtijd voor
politieke partijen
party politics ['pɑːtɪ 'pɒlɪtɪks] *znw* [mv] partijpolitiek
party pooper ['pɑːtɪ 'puːpə] inf *znw* spelbreker, iem.
die roet in het eten gooit
party popper ['pɑːtɪ 'pɒpə] *znw* party popper,
confetti schieter
party rally ['pɑːtɪ 'rælɪ] pol *znw* partijbijeenkomst
party spirit ['pɑːtɪ 'spɪrɪt] *znw* ❶ partijgeest
❷ feeststemming ★ *get into the ~* in een
feeststemming komen
party tent ['pɑːtɪ tent] *znw* partytent
party wall ['pɑːtɪ wɔːl] *znw* gemeenschappelijke muur
par value [pɑː 'væljuː] fin & eff *znw* pariteit, nominale
waarde
parvenu ['pɑːvənuː] *‹Fr› znw* parvenu
parvis ['pɑːvɪs] *znw* ❶ voorplein ‹v. kerk›
❷ kerkportaal
pas [pɑː] *znw* (dans)pas
paschal ['pæskl] *bn* paas-
paschal lamb ['pæskl læm] *znw* paaslam
pas de deux [pɑː də 'dɜː] *‹Fr› znw* pas de deux, dans
voor twee
pash [pæʃ] gedat **I** *znw* kortstondige verliefdheid
II *onoverg* ★ Aus & NZ *~ on* zoenen en knuffelen
paso doble ['pæsəʊ 'dəʊbleɪ] *‹Sp› znw* paso doble
‹dans en muziek›
paspalum ['pæspləm] *znw* paspalum ‹tropische
grassoort›
pass [pɑːs] **I** *znw* ❶ het passeren ❷ handbeweging,
goocheltruc ❸ uitval ‹bij schermen› ❹ onderw
voldoende ‹bij examen› ★ *scrape a ~* op het
nippertje slagen ❺ onderw gewone graad ❻ reis-,
verlofpas, vrij-, permissiebiljet, toegangsbewijs,
perskaart (*press ~*) ❼ sp pass ❽ avance, seksuele
toenadering ★ *make a ~ at sbd* proberen iem. te
versieren ❾ toestand, stand van zaken ★ *things have
come to a pretty ~ (when...)* de toestand heeft een
bedenkelijk stadium bereikt (als...) ★ *things had*

reached such a ~ (that) de stand van zaken was
zodanig geworden (dat) ❿ pas ‹bij kaartspel›
⓫ pas, bergpas, doorgang, scheepv 'gat' **II** *overg*
❶ strijken met ‹zijn hand› (over *across*), halen (door
through) ❷ overslaan, voorbijgaan, passeren
❸ overgaan, overtrekken, doorgaan ❹ te boven
gaan, overtreffen ❺ doorbrengen ‹tijd›
❻ doorgeven, aanreiken, toespelen ‹bal› ★ *~ the
baton* het stokje doorgeven ‹bij estafetteloop›, de
zaak aan een opvolger overhandigen ★ *~ the buck*
de verantwoordelijkheid afschuiven ❼ met goed
gevolg afleggen ★ *~ muster* ermee door kunnen
❽ laten passeren ‹een wet &› ❾ erdoor of toelaten,
aannemen ‹voorstel›, goedkeuren ‹medisch›
❿ geven ‹zijn woord›, uitspreken ‹oordeel› ★ *~
judgement (on sbd)* een oordeel uitspreken (over
iem.) ★ *~ sentence* een vonnis uitspreken
⓫ uitgeven, kwijtraken ‹geldstuk› ⓬ afscheiden,
ontlasten, ledigen ★ *~ water* plassen, urineren ▼ *~
the time of day* gedag zeggen, een praatje maken
III *onoverg* ❶ voorbijgaan, heengaan ★ *time ~ed
quickly* de tijd ging snel voorbij ★ *his mood will ~*
zijn slechte humeur gaat wel weer over ★ *~
unnoticed* ongemerkt voorbijgaan ★ *let sth ~* iets
laten passeren, er niet op reageren ❷ passeren,
inhalen, erdoor komen ★ *along this road it's difficult
to ~* op deze weg kun je moeilijk inhalen ★ *could
you let the lady ~, please?* mag de dame er alsjeblieft
even door? ❸ form voorvallen ❹ gewisseld worden
‹v. woorden &› ★ *angry words ~ed between them* er
werden boze woorden gewisseld tussen hen
❺ slagen ‹bij examen› ❻ aangenomen worden
‹wet› ❼ passen ‹bij kaartspel› ❽ sp een pass geven
IV *phras* ★ *~ sth around / round* iets slaan of leggen
om ‹v.e. touw›, iets doorgeven, iets laten rondgaan
★ *~ the hat around* met de pet rondgaan ★ *~ away*
voorbijgaan, verdwijnen, heengaan, overlijden ★ *~
sth away* iets verdrijven ‹tijd› ★ *~ by* passeren,
voorbijlopen ★ *she let the remark ~ by* ze negeerde
de opmerking ★ *~ sbd / sth by* iem. / iets passeren,
voorbijlopen ★ *~ by the name of* genoemd worden
★ *~ sth* **down** iets doorgeven, iets overleveren, iets
bij testament vermaken ★ *~ for sth* doorgaan voor
iets, gelden als iets, slagen als / voor iets ★ *~ into sth*
overgaan in iets, veranderen in iets, iets worden ★ *~
off* gaan, verlopen, voorbij-, overgaan ★ *~ sth off* iets
uitgeven, kwijtraken ‹vals geld›, iets maken
‹opmerkingen› ★ *~ sth off with a smile* zich ergens
met een (glim)lachje van afmaken ★ *~ oneself* **off as**
sbd zich uitgeven voor iem. ★ *~* **on** dóórlopen,
verder gaan, heengaan, overlijden ★ *~ sth on* iets
doorgeven, iets doorberekenen (aan *to*) ★ *~* **out** een
(onderwijs)inrichting verlaten, heengaan, buiten
bewustzijn raken, flauwvallen, doodgaan ★ *~* **over**
gaan over, komen over, voorbijgaan, voorbijtrekken
‹onweer› ★ *~ sbd over* iem. passeren, iem. overslaan,
geen notitie nemen van iem. ★ *~* **through** gaan
door, steken door, doormaken, meemaken,

doorlópen ‹school› ★ *be ~ing through* op doorreis zijn ★ *~ sth* up, *~* up on *sth* iets laten schieten, bedanken voor iets

passable ['pɑːsəbl] *bn* ❶ begaanbaar, berijd-, bevaarbaar ❷ er mee door kunnend, draaglijk, tamelijk, voldoend, passabel ★ *she speaks ~ French* ze spreekt redelijk Frans ❸ gangbaar

passably ['pɑːsəblɪ] *bijw* redelijk (goed) ★ *the film is ~ acted* er wordt redelijk goed geacteerd in de film

passage ['pæsɪdʒ] *znw* ❶ doorgang, doortocht, doortrek ‹v. vogels›, doorvaart, doorreis, doormars ★ *clear a ~* een pad vrijmaken ★ *force a ~* een doorgang forceren ❷ passeren, voorbijgaan ★ *with the ~ of time* met het verstrijken van de tijd ❸ overgang, overtocht ★ *book one's ~* de overtocht boeken ★ *work one's ~* voor zijn overtocht werken ❹ gang, steeg ❺ passage, plaats ‹in boek &› ★ *the opening ~* de openingsalinea ❻ aannemen ‹wetsvoorstel›

passageway ['pæsɪdʒweɪ] *znw* doorgang

passata [pə'sɑːtə] *(‹Ital›)* *znw* gezeefde tomaten

passbook ['pɑːsbʊk] *znw* kassiersboekje, rekening-courantboekje, (spaar)bankboekje

pass degree [pɑːs dɪ'griː] *znw* universitaire graad zonder lof

passé ['pɑːseɪ, 'pæseɪ] *(‹Fr›)* *bn* ❶ uit de tijd, achterhaald ❷ op zijn retour, verlept

passenger ['pæsɪndʒə] *znw* passagier, reiziger

passenger car ['pæsɪndʒə kɑː] *znw* personenauto

passenger insurance ['pæsɪndʒər ɪn'ʃʊərəns] *znw* inzittendenverzekering

passenger pigeon ['pæsɪndʒə 'pɪdʒɪn] *znw* trekduif

passenger train ['pæsɪndʒə treɪn] *znw* passagierstrein, personentrein

passe-partout ['pæs-pɑːtuː] *(‹Fr›)* *znw* ❶ passe-partout ❷ loper

passer-by [pɑːsə-'baɪ] *znw* [*mv*: passers-by] voorbijganger

passerine ['pæseraɪn] *znw* zangvogel

pass-fail [pɑːs-feɪl] *Am bn* voldoende-onvoldoende ‹v. onderwijssysteem waar geen cijfers worden gegeven›

passim ['pæsɪm] *(‹Lat›)* *bijw* op meerdere plaatsen ‹in een boek›

passing ['pɑːsɪŋ] **I** *bn* ❶ voorbijgaand ❷ dóórtrekkend ❸ terloops, oppervlakkig ★ *a ~ remark* een terloopse opmerking ★ *a ~ resemblance to sbd* vaag op iem. lijken **II** *znw* ❶ voorbijgang ★ *in ~* en passant, terloops ★ *the ~ of time* het voorbijgaan van de tijd ❷ slagen ‹bij examen› ❸ aannemen ‹wet› ❹ plechtig heengaan, overlijden

passing bell ['pɑːsɪŋ bel] *znw* doodsklok

passing lane ['pɑːsɪŋ leɪn] *znw* inhaalstrook

passing shot ['pɑːsɪŋ ʃɒt] *tennis znw* passeerslag

passion ['pæʃən] *znw* ❶ lijden ★ *the Passion of Christ* het lijden van Christus ❷ drift, hartstocht, passie ★ *have a ~ for sth* dol zijn op ★ *indulge in a ~ for sth* zijn passie voor iets botvieren ❸ woede ★ *in a ~ in*

drift, woedend

passionate ['pæʃənət] *bn* ❶ hartstochtelijk, fervent ❷ driftig

passion flower ['pæʃən 'flaʊə] *znw* passiebloem

passion fruit ['pæʃən fruːt] *znw* passievrucht

passionless ['pæʃənləs] *bn* zonder hartstocht, geen hartstocht kennend

passion play ['pæʃən pleɪ] *znw* passiespel

Passion Sunday ['pæʃən 'sʌndeɪ] *znw* passiezondag ‹tweede zondag vóór Pasen›

Passiontide ['pæʃəntaɪd] *znw* passietijd ‹de twee weken van passiezondag tot paasavond›

Passion Week ['pæʃən wiːk] *znw* week van passiezondag tot Palmpasen

passive ['pæsɪv] **I** *bn* ❶ lijdelijk ❷ lijdend ❸ passief ★ *in the discussions, he played a largely ~ role* in de discussies speelde hij voornamelijk een passieve rol **II** *znw* gramm passief, lijdende vorm, lijdend werkwoord

passiveness ['pæsɪvnəs], **passivity** *znw* passiviteit, lijdelijkheid

passive resistance ['pæsɪv rɪ'zɪstns] *znw* lijdelijk verzet, geweldloos verzet, burgerlijke ongehoorzaamheid

passive smoking ['pæsɪv 'sməʊkɪŋ] *znw* meeroken, passief roken

passivity ['pæ'sɪvətɪ] *znw* → **passiveness**

pass key [pɑːs kiː] *znw* ❶ loper ❷ huissleutel ❸ eigen sleutel

pass-out ['pɑːs-əʊt] *znw* ❶ sortie, contramerk ❷ Am flauwte

Passover ['pɑːsəʊvə] joods *znw* paasfeest

passport ['pɑːspɔːt] *znw* paspoort, pas ★ *a ~ to success / happiness &* de sleutel tot succes / geluk &

password ['pɑːswɜːd] *znw* wachtwoord ‹ook computꞏ›, parool

past [pɑːst] **I** *voorz* voorbij, over, na ★ *five minutes ~ two* vijf minuten over twee ★ *at noon or five minutes ~* om twaalf uur of vijf over ★ *it's ~ crying over* er helpt geen lievemoederen meer aan ★ *~ cure* onherstelbaar, ongeneeslijk ★ *~ help* niet meer te helpen ★ *~ hope* hopeloos ★ *~ saving* reddeloos verloren ★ *I wouldn't put it ~ him* hij is er toe in staat, het zou me van hem niets verbazen **II** *bn* ❶ verleden, geleden ❷ voorbij(gegaan), afgelopen, vorig ★ *~ attempts had failed* vorige pogingen waren mislukt ❸ vroeger, ex- ★ *she is a ~ student* ze is een ex-student **III** *bijw* ❶ voorbij, langs ★ *two days went ~* twee dagen gingen voorbij ★ *the boats sailed ~* de boten voeren voorbij ❷ geleden ★ *some time ~* enige tijd geleden **IV** *znw* ★ *the ~* het verleden, het (vroeger) gebeurde, gramm de verleden tijd

pasta ['pæstə] *znw* pasta, Italiaanse deegwaren

past continuous [pɑːst kən'tɪnjʊəs] gramm *znw* ★ *the ~* de duratieve verleden tijd ‹werkwoordstijd die aangeeft dat iets aan de gang was in het verleden›

paste [peɪst] I *znw* ❶ pasta, smeersel, deeg ★ *mix to a ~* meng het tot een pasta ❷ pap ‹om te plakken›, stijfsel ❸ imitatiediamant II *overg* ❶ (be)plakken, opplakken ★ *~ sth up* iets aanplakken ❷ comput plakken, invoegen

pasteboard ['peɪstbɔːd] I *bn* ❶ bordpapieren, kartonnen ❷ fig onecht, schijn- II *znw* bordpapier, karton

pastel ['pæstl] *znw* ❶ pastel, pastelkrijt ★ *in ~ in* pastelkrijt ❷ pastelkleur

pastelist ['pæstlɪst], **pastellist** *znw* pastellist

paste-up ['peɪst-ʌp] *znw* ❶ collage ❷ druk plakvel

pasteurization [pæstərɑɪ'zeɪʃən], **pasteurisation** *znw* pasteurisatie

pasteurize ['pɑːstjərɑɪz], **pasteurise** *overg* pasteuriseren

pastiche [pæ'stiːʃ] *znw* ❶ mengelmoes, allegaartje ★ *the house is furnished in a ~ of styles* het huis is gemeubileerd in een mengelmoes van stijlen ❷ pastiche, namaak

pastille ['pæst(ə)l] *znw* pastille

pastime ['pɑːstɑɪm] *znw* tijdverdrijf, -passering, -korting ★ *strikes seem to be the national ~* staken schijnt het nationale tijdverdrijf te zijn

pasting ['peɪstɪŋ] inf *znw* pak slaag

pastis [pæ'stɪs, pæ'stiːs] *‹Fr› znw* pastis ‹sterke drank met anijssmaak›

past master [pɑːst 'mɑːstə] *znw* ware meester, kunstenaar ‹in zijn vak› ★ *he's a ~ at deception* hij is een meester in misleiding

pastor ['pɑːstə] *znw* ❶ pastor, zielenherder, voorganger, predikant ❷ Am pastoor

pastoral ['pɑːstərəl] I *bn* ❶ herderlijk, landelijk ❷ herders- ❸ rel pastoraal ★ *~ care* zielzorg II *znw* ❶ herderlijk schrijven ❷ pastorale, herderszang, -dicht, -spel

pastorale [pæstə'rɑːl] muz *znw* pastorale

pastoral farming ['pɑːstərəl 'fɑːmɪŋ] *znw* veeteelt

pastoral letter ['pɑːstərəl 'letə] *znw* herderlijk schrijven

pastorate ['pɑːstərət] *znw* ❶ geestelijkheid ❷ herderlijk ambt

past participle [pɑːst 'pɑːtɪsɪpl], **perfect participle** gramm *znw* voltooid deelwoord

past perfect [pɑːst 'pɜːfɪkt] gramm *znw* ★ *the ~* de voltooid verleden tijd

pastrami [pə'strɑːmɪ] *znw* pastrami ‹sterk gekruid, gerookt rundvlees›

pastry ['peɪstrɪ] *znw* ❶ (korst)deeg ❷ gebak, pastei, gebakje(s), taartje(s), banket

pastry cook ['peɪstrɪ kʊk] *znw* banketbakker

pastry cream ['peɪstrɪ kriːm] *znw* banketbakkersroom

past simple [pɑːst 'sɪmpl], **simple past** gramm *znw* ★ *the ~* de onvoltooid verleden tijd

past tense [pɑːst tens] gramm *znw* ★ *the ~* de verleden tijd

pasturage ['pɑːstʃərɪdʒ] *znw* ❶ weiden ❷ weiland, gras

pasture ['pɑːstʃə] I *znw* weide, gras ★ *inf put sbd out to ~* iem. onverrichter zake wegsturen ★ *move on to ~s new / leave for greener ~s ±* aan iets nieuws beginnen II *onoverg & overg* (laten) weiden, (af)grazen

pasty I *bn* ['peɪstɪ] ❶ deegachtig ❷ bleek II *znw* ['pæstɪ] vleespastei

pasty-faced ['peɪstɪ-feɪst] *bn* bleekjes, flets

PA system [piː'eɪ 'sɪstəm], **PA** *znw* (public address system) geluidsinstallatie

pat [pæt] I *bn & bijw* ❶ ingestudeerd, gelikt, voorgekauwd ★ *a ~ answer* een ingestudeerd antwoord ❷ op zijn duimpje, uit zijn hoofd ★ *have / know sth off ~* iets op zijn duimpje kennen ❸ pal, op zijn stuk ★ Am *stand ~* op zijn stuk blijven staan II *znw* ❶ tikje, klopje ★ *a ~ on the back* een schouderklopje ❷ klompje, stukje ‹boter› III *overg* tikken, kloppen (op) ★ *~ sbd on the back / head* iem. goedkeurend op de schouder / bol kloppen ★ *~ sth dry* iets droog deppen

pat-a-cake [pæt-ə-keɪk] *znw* handjeklap ‹kinderspelletje›

patch [pætʃ] I *znw* ❶ lap, ooglapje, lapje ❷ stukje, gedeelte, plek, vlek ★ *the purple ~es* markante plaatsen, prachtige gedeelten ‹in gedicht &› ❸ schoonheidspleistertje, moesje ❹ lapje grond, werkterrein, gebied, district ★ *a ~ of grass* een stukje gras ❺ flard ‹v. mist &› ❻ comput patch ‹een provisorische reparatie van fouten of tekortkomingen in computerprogrammatuur› ❼ patch ‹pleister doordrenkt met medicijnen zodat deze gelijkmatig door de huid heen worden opgenomen› ❽ inf periode ★ *go through a bad / difficult / rough / sticky ~* een moeilijke periode doormaken ▼ *inf not a ~ on sth* het niet halend bij iets II *overg* een lap zetten op, oplappen III *phras* ★ *~ sth together* iets haastig tot stand brengen ★ *~ sth up* iets oplappen, opknappen, opkalefateren, iets in elkaar flansen, iets bijleggen ‹v. ruzie› ★ *~ sbd up* iem. oplappen

patcher ['pætʃə] *znw* ❶ lapper ❷ knoeier

patchily ['pætʃɪlɪ] *bijw* ❶ in beetjes, in stukken ❷ onregelmatig

patchiness ['pætʃɪnəs] *znw* vlekkerigheid, onregelmatigheid

patch kit [pætʃ kɪt] Am *znw* bandenplaksetje

patch pocket [pætʃ 'pɒkɪt] *znw* opgenaaide zak

patch-up ['pætʃ-ʌp] I *bn* tijdelijk, nood- ★ *a ~ solution* een noodoplossing II *znw* ❶ geknoei ❷ lapmiddel

patchwork ['pætʃwɜːk] *znw* lapwerk ★ *a ~ quilt* een lappendeken

patchy ['pætʃɪ] *bn* ❶ ongelijk, onregelmatig ★ *do a ~ job* ongelijk werk leveren ❷ in flarden voorkomend ★ *a ~ knowledge of sth* fragmentarische kennis van iets

pate [peɪt] scherts *znw* kop, bol, knikker

patella [pə'telə] anat *znw* [mv: patellae] knieschijf

patent ['peɪtnt] I *bn* ❶ form open(baar), duidelijk (aan

pa

het licht tredend), voor een ieder zichtbaar ★ *a ~ lie* een klinkklare leugen ★ *a ~ truth* een overduidelijke waarheid ❷ <u>form</u> gepatenteerd, patent- ❸ <u>form</u> voortreffelijk **II** *znw* ❶ patent, vergunning ❷ octrooi ★ *~ pending* octrooi aangevraagd **III** *overg* patenteren

patentable ['peɪtntəbl] *bn* patenteerbaar

patentee [peɪtən'tiː] *znw* patenthouder

patent leather ['peɪtnt 'leðə] *znw* verlakt leer, lakleer

patently ['peɪtəntlɪ] *bijw* klaarblijkelijk, kennelijk

patent medicine ['peɪtnt 'medsən] *znw* zonder doktersvoorschrift verkrijgbaar, gepatenteerd geneesmiddel

patent office ['peɪ-, 'pætəntɒfɪs] *znw* octrooiraad, octrooibureau, patentbureau

patent right ['peɪtnt raɪt] *znw* patentrecht

pater ['peɪtə] Br <u>gedat</u> *znw* ouweheer (vader)

paterfamilias [peɪtəfə'mɪlɪæs] *(‹Lat)* *znw* hoofd van het gezin, huisvader

paternal [pə'tɜːnl] *bn* ❶ vaderlijk, vader(s)- ❷ van vaderszijde

paternalism [pə'tɜːnəlɪzəm] <u>meestal afkeurend</u> *znw* ❶ paternalisme ❷ bevoogding

paternalistic [pətɜːnə'lɪstɪk] <u>meestal afkeurend</u> *bn* paternalistisch

paternally [pæ'tɜːnəlɪ] *bijw* vaderlijk

paternity [pə'tɜːnətɪ] *znw* vaderschap

paternity leave [pə'tɜːnətɪ liːv] *znw* vaderschapsverlof, ouderschapsverlof

paternity suit [pə'tɜːnətɪ suːt] *znw* vaderschapsactie

paternoster [pætə'nɒstə] *znw* ❶ onzevader, paternoster ❷ paternosterlift

path [pɑːθ] *znw* pad, weg, baan ★ *the ~ of least resistance* de weg van de minste weerstand ★ *our ~s crossed ten years later* onze wegen kruisten zich tien jaar later

path-breaking ['pɑːθ-'breɪkɪŋ] *bn* baanbrekend

pathetic [pə'θetɪk] *bn* ❶ pathetisch ❷ beklagenswaardig, deerniswekkend, zielig, treurig ★ *a ~ sight* een zielig gezicht ★ *cut a ~ figure* een belabberd figuur slaan

pathfinder ['pɑːθfaɪndə] *znw* ❶ verkenner, pionier ❷ <u>mil</u> verkenningsvliegtuig

pathless ['pɑːθləs] <u>dicht</u> *bn* ongebaand

pathname ['pɑːθneɪm] <u>comput</u> *znw* padnaam

pathogen ['pæθədʒən] <u>med</u> *znw* ziekteverwekker

pathogenic [pæθə'dʒenɪk] <u>med</u> *bn* ziekteverwekkend

pathological [pæθə'lɒdʒɪkl] *bn* ❶ pathologisch, ziek, ziekelijk ❷ <u>inf</u> compulsief, obsessief ★ *a ~ lier* een pathologische / compulsieve leugenaar

pathologist [pə'θɒlədʒɪst] *znw* patholoog

pathology [pə'θɒlədʒɪ] *znw* ❶ pathologie, ziektekunde ❷ ziektebeeld

pathos ['peɪθɒs] *znw* pathos

pathway ['pɑːθweɪ] *znw* (voet)pad, weg, baan

patience ['peɪʃəns] *znw* ❶ geduld, lankmoedigheid, lijdzaamheid ★ *be / run out of ~ with sbd* iem. niet meer kunnen luchten of zien ★ *have the ~ of a saint* het geduld van een heilige hebben ★ *have no ~ with sbd / sth* iem. / iets niet kunnen uitstaan ★ *lose ~ / lose one's ~ (with sbd / sth)* zijn geduld (met iem. / iets) verliezen ★ *try sbd's ~* iems. geduld op de proef stellen ❷ volharding ❸ <u>kaartsp</u> patience

patient ['peɪʃənt] **I** *bn* ❶ geduldig, lankmoedig, lijdzaam ❷ volhardend **II** *znw* patiënt, lijder

patiently ['peɪʃəntlɪ] *bijw* geduldig

patina ['pætɪnə] *znw* ❶ patina, roestlaag ❷ tint van ouderdom

patio ['pætɪəʊ] *znw* patio, open binnenplaats

patisserie [pə-, pæ'tiːs(ə)rɪ] *(‹Fr)* *znw* patisserie

patois ['pætwɑː] *(‹Fr)* *znw* dialect, jargon, Bargoens

patriarch ['peɪtrɪɑːk] *znw* ❶ patriarch, aartsvader ❷ <u>fig</u> nestor

patriarchal [peɪtrɪ'ɑːkəl] *bn* patriarchaal, aartsvaderlijk

patriarchate ['peɪtrɪɑːkɪt] *znw* patriarchaat

patriarchy ['peɪtrɪɑːkɪ] *znw* ❶ patriarchaat ❷ patriarchaal ingerichte samenleving of regering

patrician [pə'trɪʃən] **I** *bn* patricisch, aristocratisch **II** *znw* patriciër, aristocraat

patriciate [pə'trɪʃət] *znw* patriciaat

patricide ['pætrɪsaɪd] *znw* ❶ vadermoord ❷ vadermoordenaar

patrilineal [pætrɪ'lɪnɪəl] *bn* patrilineaal, langs de mannelijke kant

patrimonial [pætrɪ'məʊnjəl] *bn* ❶ tot het vaderlijk erfdeel behorend ❷ (over)geërfd

patrimony ['pætrɪmənɪ] *znw* vaderlijk erfdeel, erfgoed, vermogen

patriot ['peɪtrɪət] *znw* patriot, vaderlander

patriotic [pætrɪ'ɒtɪk] *bn* vaderland(s)lievend, patriottisch

patriotically [pætrɪ'ɒtɪklɪ] *bijw* vaderland(s)lievend, patriottisch

patriotic front [pætrɪ'ɒtɪk(əlɪ) frʌnt] *znw* militante nationalistische organisatie

patriotism ['peɪtrɪətɪzəm] *znw* vaderlandsliefde

patrol [pə'trəʊl] **I** *znw* patrouille, ronde **II** *overg &* *onoverg* ❶ (af)patrouilleren ❷ surveilleren (op, in) ‹v. politie›

patrol car [pə'trəʊl kɑː] *znw* surveillancewagen ‹v. politie›

patrolman [pə'trəʊlmən] <u>Am</u> *znw* agent(-surveillant)

patrol wagon [pə'trəʊl 'wægən] <u>Am</u> *znw* boevenwagen

patron ['peɪtrən] *znw* ❶ beschermer, beschermheer ❷ (vaste) klant, begunstiger ❸ begever van kerkelijk ambt

patronage ['pætrənɪdʒ] *znw* ❶ beschermheerschap, bescherming, steun ★ *under the ~ of* onder de bescherming van ❷ beschermend air, neerbuigendheid ❸ begunstiging, klandizie

patroness [peɪtrə'nes] *znw* ❶ beschermster, beschermvrouwe ❷ patrones, beschermheilige

patronize ['pætrənaɪz], **patronise** *overg* ❶ uit de hoogte behandelen ❷ begunstigen ‹met klandizie›,

geregeld bezoeken ★ *well ~d* beklant ⟨v. winkel⟩
❸ steunen
patronizing ['pætrənaɪzɪŋ], **patronising** *bn*
beschermend, neerbuigend, uit de hoogte ★ *his ~
tone irritates me* zijn neerbuigende toon irriteert me
patron saint ['peɪtrən seɪnt] *znw* beschermheilige
patronymic [pætrə'nɪmɪk] **I** *bn* vaders-, familie- **II** *znw*
vadersnaam, stamnaam, familienaam
patsy ['pætsɪ] Am *inf znw* lomperd, sul
patten ['pætn] *znw* trip ⟨schoeisel⟩
patter ['pætə] **I** *znw* ❶ getrippel, gekletter, geratel
❷ kletspraatje, (mooi) praatje ⟨om klanten te
trekken⟩, snel gezongen woorden ⟨v. lied of
komediestuk⟩ ❸ taaltje, jargon **II** *overg* ❶ doen
kletteren ❷ (af)ratelen (ook: ~ *out*), afraffelen
⟨gebeden⟩ ❸ kakelen, parlevinken, snel praten
III *onoverg* ❶ kletteren ⟨hagel⟩ ❷ ratelen
❸ trappelen, trippelen
pattern ['pætn] **I** *znw* ❶ model, voorbeeld, patroon,
staal ❷ dessin, tekening ❸ toonbeeld **II** *overg*
❶ volgens patroon maken, vormen, modelleren
(naar *on*) ❷ versieren (met *with*)
patterned ['pætnd] *bn* met een patroon ★ *a floral~
dress* een jurk met een bloemetjespatroon
patternless ['pætnləs] *bn* zonder patroon
patty ['pætɪ] *znw* pasteitje
paucity ['pɔːsətɪ] *znw* schaarste, gebrek (aan *of*)
paunch [pɔːntʃ] *znw* pens, buik
paunchy ['pɔːntʃɪ] *bn* dikbuikig
pauper ['pɔːpə] *znw* arme, pauper
pauperism ['pɔːpərɪzəm], **pauperdom** *znw* ❶ armoede
❷ pauperisme
pauperization [pɔːpəraɪ'zeɪʃən], **pauperisation** *znw*
verarming
pauperize ['pɔːpəraɪz], **pauperise** *overg & onoverg* tot
armoede brengen / komen, verarmen, armlastig
maken / worden
pause [pɔːz] **I** *znw* ❶ rust, stilte, pauzering, stilstand
★ *he spoke without a ~* hij sprak aan een stuk door
★ form *give sbd ~* iem. doen aarzelen, tot nadenken
stemmen ❷ gedachtestreep ❸ muz orgelpunt
❹ pauze ★ *have / take a ~* even pauzeren **II** *onoverg*
❶ pauzeren, even rusten, ophouden ★ *~ for breath
/ thought* een adempauze / denkpauze nemen
❷ nadenken, zich bedenken
pause key [pɔːz kiː] comput *znw* pauzetoets
pave [peɪv] *overg* ❶ bestraten, plaveien ★ *~ the way
for sth* de weg banen voor iets ❷ een vloer leggen in
paved [peɪvd] *bn* ❶ geplaveid, bestraat ★ *~ with gold*
geplaveid met goud ❷ vol
pavement ['peɪvmənt] *znw* ❶ bestrating, plaveisel,
stenen vloer ❷ trottoir, stoep ❸ terras ⟨v. café⟩
❹ Am rijweg, rijbaan
pavement artist ['peɪvmənt 'ɑːtɪst] *znw*
straattekenaar, trottoirschilder
paver ['peɪvə] *znw* stratenmaker
pavilion [pə'vɪljən] *znw* paviljoen, tent
paving ['peɪvɪŋ] *znw* ❶ bestrating ❷ plaveisel

paving stone ['peɪvɪŋ stəʊn] *znw* straatsteen
pavlova [pæv'ləʊvə] *znw* schuimtaart
paw [pɔː] **I** *znw* poot, klauw **II** *overg* ❶ met de poot
aanraken / krabben ★ *~ the ground* met een hoef
over de grond schrapen ⟨paard⟩ ❷ betasten ❸ ruw
beetpakken **III** *onoverg* krabben, klauwen ⟨met de
voorpoot⟩ ★ *try to stop your pet from ~ing at the
dresser* proberen je huisdier af te leren aan het
dressoir te krabben
pawky ['pɔːkɪ] Schots & N.Br *bn* sluw, slim
pawl [pɔːl] techn *znw* pal
pawn [pɔːn] **I** *znw* ❶ pion ⟨schaakspel⟩ ★ *he's a mere ~
in their game* hij is maar een pion in hun spel
❷ onderpand ★ *in ~* in onderpand ★ *take sth out of ~*
iets inlossen **II** *overg* verpanden, belenen
pawnbroker ['pɔːnbrəʊkə] *znw* lommerdhouder,
pandjesbaas
pawnee [pɔː'niː] jur *znw* pandhouder, pandnemer
pawnor ['pɔːnə] jur *znw* pandgever
pawnshop ['pɔːnʃɒp] *znw* pandjeshuis, lommerd
pawn ticket [pɔːn 'tɪkɪt] *znw* lommerdbriefje
pawpaw [pɔː'pɔː], **papaw** *znw* papaja ⟨tropische
vrucht(boom)⟩
pay [peɪ] **I** *znw* betaling, bezoldiging, traktement,
salaris, loon, gage, mil soldij ★ *in the ~ of sbd / in
sbd's ~* door iem. bezoldigd, in dienst van iem.
II *overg* [paid, paid] ❶ betalen, bezoldigen,
salariëren, voldoen, uitbetalen, uitkeren ★ *~
dividends* dividend uitkeren ★ *~ one's dues* zijn
schulden betalen, leergeld betalen ★ *~ the price* de
prijs betalen ★ *~ the ultimate price* met zijn leven
betalen ★ *inf ~ top dollar* een hoge prijs betalen ★ *~
one's way* zich(zelf) bedruipen ★ zegsw *he who ~s the
piper calls the tune* iem. die betaalt bepaalt hoe het
gebeurt ★ *inf zegsw you pays your money and you
takes your choice* er is weinig te kiezen ❷ lonen,
vergelden ★ *it'll ~ you to (do sth)* het loont je de
moeite (om iets te doen) ❸ schenken, geven,
verlenen, maken, betuigen ⟨eerbied⟩ ★ *~ attention*
aandacht schenken (aan *to*), opletten, acht geven
★ *~ (sbd) a call* (iem.) bezoeken ★ gedat *~ court to sbd*
iem. het hof maken ★ *~ a compliment* een
compliment maken ★ *~ one's respects* zijn
opwachting maken (bij *to*) ★ *~ a visit* een bezoek
afleggen **III** *onoverg* [paid, paid] ❶ betalen ★ inf *~
through the nose* buitengewoon veel betalen, afgezet
worden ★ *~ towards the cost* het zijne bijdragen
❷ de moeite lonen, renderen ★ *crime doesn't ~*
misdaad gedijt niet **IV** *phras* ★ *~ sth* **down** contant
betalen ★ *~ sbd / sth* **back** iem. / iets terugbetalen
★ *~ sbd* **back for** *sth* iem. iets betaald zetten ★ *~* **for**
sth iets betalen, boeten voor iets ★ *~ sth* **in** iets
storten ⟨geld⟩ ★ *~* **off** de moeite lonen, vruchten
afwerpen, succes hebben ★ *~ sth off* iets afbetalen
★ *~ sbd off* iem. uitbetalen, inf iem. omkopen ★ *~
the crew off* het scheepsvolk afmonsteren ★ *sth* **out**
iets betalen, iets laten vieren ⟨touw &⟩ ★ *~ sbd* **out**
iem. uitkopen ★ *~ sth* **over to** *sbd* iets (uit)betalen,

pa

afdragen aan iem. ★ ~ **up** (af)betalen, volstorten ⟨aandelen⟩

payable ['peɪəbl] *bn* ❶ betaalbaar, te betalen, verschuldigd ★ *interest is ~ on the remaining amount* er is rente verschuldigd over het uitstaande bedrag ★ *make the cheque ~ to me* maak de cheque uit aan mij ❷ lonend, renderend

pay-as-you-go financing [peɪ əz juː ˈɡəʊ ˈfaɪnænsɪŋ] *fin* *znw* omslagstelsel

payback ['peɪbæk] *znw* ❶ vergeldingsactie ❷ **payback period** terugverdienperiode

pay bed [peɪ bed] *Br* *znw* particulier bed ⟨in ziekenhuis⟩

pay booth [peɪ buːθ], *Am* **pay station** *znw* telefooncel

pay cable [peɪ ˈkeɪbl] *znw* abonneetelevisie via het kabelnet

pay check [peɪ tʃek], *Am* **paycheck** salarischeque

pay claim [peɪ kleɪm] *znw* looneis

pay cut [peɪ kʌt] *znw* loonsverlaging ★ *force sbd to take a ~* iem. dwingen een loonsverlaging te accepteren

pay day [peɪ deɪ] *znw* ❶ betaaldag ❷ traktementsdag

pay desk [peɪ desk] *Am* *znw* kassa

pay dirt [peɪ dɜːt] *znw* ❶ rijke ertshoudende grond ★ *strike ~* succes hebben ❷ *inf* lonende onderneming

PAYE *afk* (pay as you earn) loonbelasting die bij uitbetaling wordt ingehouden

payee [peɪˈiː] *znw* te betalen persoon, nemer ⟨v. wissel⟩

pay envelope [peɪ ˈenvələʊp] *Am* *znw* loonzakje

payer [ˈpeɪə] *znw* betaler

pay freeze [peɪ friːz] *znw* loonstop

pay increase [peɪ ɪnˈkriːs, ˈɪnkriːs] *znw* loonstijging

paying guest [ˈpeɪɪŋ ɡest] *znw* kostganger, pensiongast, betalende gast

pay-in slip [peɪ-ˈɪn slɪp], **paying-in slip** *znw* stortingsbewijs

payload [ˈpeɪləʊd] *znw* nuttige last, nuttige bevrachting

paymaster [ˈpeɪmɑːstə] *znw* ❶ betaler ❷ betaalmeester ❸ *mil & scheepv* officier van administratie

payment [ˈpeɪmənt] *znw* ❶ betaling ★ *a back ~* een achterstallige betaling ★ *a deferred ~* een uitgestelde betaling ★ *~ in advance* vooruitbetaling ★ *in ~ for* als betaling voor ❷ *fig* loon

payment order [ˈpeɪmənt ˈɔːdə] *znw* betalingsopdracht

pay-off [ˈpeɪ-ɒf] *znw* ❶ beloning, gouden handdruk, smeergeld ❷ *inf* afrekening ❸ resultaat

pay office [peɪ ˈɒfɪs] *znw* betaalkantoor, -kas

payola [peɪˈəʊlə] *Am* *znw* steekpenningen

pay packet [peɪ ˈpækɪt] *znw* loonzakje

pay-per-view [peɪ-pɜː-ˈvjuː] *znw* televisiesysteem waarbij een abonnee moet betalen voor elk programma dat hij bekijkt

payphone [ˈpeɪfəʊn] *znw* ❶ telefooncel ❷ munttelefoon

pay rise [peɪ raɪz] *znw* loonsverhoging

payroll [ˈpeɪrəʊl] *znw* betaalstaat, loonlijst ★ *the monthly ~* de maandelijkse loonkosten ⟨v. een bedrijf⟩

payroll accounting [ˈpeɪrəʊl əˈkaʊntɪŋ] *znw* loonadministratie

payroll tax [ˈpeɪrəʊl tæks] *Am* *znw* loonbelasting en premies sociale verzekeringen

pay scale [peɪ skeɪl] *znw* loonschaal, salarisschaal

pay settlement [peɪ ˈsetlmənt] *znw* loonakkoord, loonovereenkomst

pay slip [peɪ slɪp] *znw* loonbriefje, loonstrookje

pay spine [peɪ spaɪn], **spine** *znw* loonschaal die onder bepaalde voorwaarden flexibiliteit toestaat

pay station [peɪ ˈsteɪʃən] *znw* → **pay booth**

pay TV [ˈpeɪ tiːviː] *znw* betaaltelevisie

PBS *afk* (public broadcasting service) publieke omroep

PC *afk* ❶ → **privy councillor** ❷ → **police constable** ❸ → **personal computer**

PCB *afk* ❶ (printed circuit board) ❷ (polychlorinated biphenyl) pcb, polychloorbifenyl

pcm, p.c.m. *afk* → **per calendar month**

PC Plod [piːsiː ˈplɒd] *Br scherts* *znw* politieagent

pd *afk* (paid) betaald

PD *afk* → **police department**

PDA *afk* → **personal digital assistant**

PDL *comput* *znw* (page description language) taal die de paginaopmaak communiceert aan de printer

PDQ *inf* *bijw* (pretty damn quick) behoorlijk snel

PE *afk* → **physical education**

pea [piː] *znw* erwt ★ *like two ~s in a pod* als twee druppels water (op elkaar lijken)

pea-brain [ˈpiː-breɪn] *inf* *znw* stommerik, dom persoon

pea-brained [ˈpiː-breɪnd] *inf* *bn* stom, dom

peace [piːs] *znw* vrede, rust ★ *~ and quiet* rust en vrede ★ *~ of mind* gemoedsrust ★ *at ~* in vrede ★ *be at ~ with the world* in harmonie zijn met de hele wereld, tevreden zijn ★ *disturb the ~* de rust verstoren ★ *hold / keep one's ~* (stil)zwijgen ★ *keep the ~* de vrede bewaren, de openbare orde niet verstoren, de orde bewaren, handhaven ★ *leave sbd in ~* iem. met rust laten ★ *live in ~* in vrede leven ★ *make one's ~ with sbd* zich verzoenen met iem.

peaceable [ˈpiːsəbl] *bn* ❶ vreedzaam ❷ vredelievend

peace-breaker [ˈpiːs-ˈbreɪkə] *znw* ❶ vredeverstoorder ❷ rustverstoorder

Peace Corps [piːs kɔː] *znw* ★ *the ~* Amerikaanse jongerenvrijwilligersorganisatie t.b.v. ontwikkelingslanden

peace dividend [piːs ˈdɪvɪdend] *znw* overschot aan overheidsgeld als gevolg van verminderde defensie-uitgaven

peaceful [ˈpiːsfʊl] *bn* ❶ vreedzaam ❷ vredig, rustig, kalm

peacefully [ˈpiːsfʊlɪ] *bijw* ❶ vreedzaam ❷ vredig,

rustig, kalm ★ *she died ~ in her sleep* ze overleed vredig in haar slaap

peacekeeping force [ˈpiːskiːpɪŋ fɔːs] *znw* vredesmacht

peace-loving [ˈpiːs-ˈlʌvɪŋ] *bn* vredelievend

peacemaker [ˈpiːsmeɪkə] *znw* vredestichter

peace movement [piːs ˈmuːvmənt] *znw* vredesbeweging

peace offering [piːs ˈɒfərɪŋ] *znw* dank-, zoenoffer

peace pipe [piːs paɪp] *znw* vredespijp

peace sign [piːs saɪn] *znw* vredesteken, V-teken

peacetime [ˈpiːstaɪm] *znw* vredestijd

peach [piːtʃ] **I** *znw* ❶ perzik ★ *a ~es and cream complexion* een perzikhuidje ❷ *inf* snoes, 'juweel' **II** *onoverg* ★ *inf ~ on sbd* iem. verklikken

peach-coloured [ˈpiːtʃkʌləd] *bn* perzikbloesemkleurig

peach Melba [piːtʃ ˈmelbə] *znw* pêche melba ⟨perzik met roomijs &⟩

peachy [ˈpiːtʃɪ] *bn* ❶ perzikachtig, -kleurig ❷ perzik- ❸ *inf* beregoed

peacock [ˈpiːkɒk] *znw* ❶ pauw ❷ pauwoog ⟨vlinder⟩

peacock blue [ˈpiːkɒk bluː] *znw* pauwblauw

peacockery [ˈpiːkɒkrɪ] *znw* opschik

peacockish [ˈpiːkɒkɪʃ] *bn* ❶ pauwachtig ❷ opgeblazen

pea green [piː griːn] *bn* lichtgroen

peahen [ˈpiːhen] *znw* pauwhen

pea jacket [piː ˈdʒækɪt] *znw* korte overjas, jopper

peak [piːk] **I** *bn* piek-, spits- ★ *~ hours / times* piekuren, spitsuren ★ *techn the ~ load* spitsbelasting, maximale belasting ★ *~ season* hoogseizoen **II** *znw* ❶ spits, punt, top ★ *reach the ~* de top bereiken ❷ *fig* hoogtepunt, maximum, record ★ *be at one's ~* op het toppunt staan ★ *be past one's ~* over zijn hoogtepunt heen zijn ❸ piek ⟨ook scheepv⟩ ❹ klep ⟨v. pet⟩ **III** *onoverg* ❶ een hoogtepunt / piek bereiken ❷ *sp* pieken

peaked [piːkt] *bn* ❶ puntig ★ *a ~ cap* pet met een klep ❷ **peaky** smalletjes ⟨v. gezicht⟩, pips ❸ spits, scherp

peal [piːl] **I** *znw* ❶ galm, geschal ★ *a ~ of bells* klokgelui ★ *a ~ of laughter* een schaterend gelach ❷ (donder)slag ❸ stel klokken ⟨v. klokkenspel⟩ **II** *overg* doen schallen, klinken & ★ *~ out the news / a warning &* het nieuws / een waarschuwing & uitbazuinen **III** *onoverg* schallen, klinken, klateren, galmen

peanut [ˈpiːnʌt] *znw* pinda, olienootje, apenootje

peanut butter [ˈpiːnʌt ˈbʌtə] *znw* pindakaas

peanut gallery [ˈpiːnʌt ˈɡælərɪ] *Am inf znw* engelenbak ⟨bovenste plaatsen in een schouwburg⟩

peanut oil [ˈpiːnʌt ɔɪl] *znw* arachideolie

peanuts [ˈpiːnʌts] *inf tsw* kleinigheid, onbenulligheid, habbekrats

pear [peə] *znw* peer, perenboom

pearl [pɜːl] **I** *znw* parel ★ *cast ~s before swine* paarlen voor de zwijnen werpen **II** *onoverg* ❶ parelen ❷ naar parels vissen

pearl barley [pɜːl ˈbɑːlɪ] *znw* parelgerst

pearl button [pɜːl ˈbʌtn] *znw* paarlemoeren knoop

pearl diver [pɜːl ˈdaɪvə] *znw* parelvisser

pearler [ˈpɜːlə] *znw* parelvisser

pearl-grey [pɜːl-ɡreɪ] *bn* parelgrijs

pearlies [ˈpɜːlɪz] *znw [mv]* ❶ (kleren met) grote paarlemoeren knopen ❷ mensen die deze dragen, straatventers ❸ *inf* tanden

pearl shell [pɜːl ʃel] *znw* parelschelp

pearly [ˈpɜːlɪ] *bn* parelachtig, rijk aan parelen

pearly gates [ˈpɜːlɪ ˈɡeɪtsmən] scherts *znw [mv]* ★ *the ~* de paarlen poorten, de poorten van de hemel

pearly king [ˈpɜːlɪ kɪŋ] *znw* Londense straatventer in feestkledij, bezet met parelmoeren knopen

pear-shaped [ˈpeə-ʃeɪpt] *bn* peervormig ★ *Br inf go ~* mislukken

peasant [ˈpezənt] **I** *bn* boeren- **II** *znw* ❶ (kleine) boer, landman ★ *~ farmer* eigenerfde (boer) ❷ lompe boer, hufter

peasantry [ˈpezəntrɪ] *znw* boerenstand, landvolk

pease pudding [ˈpiːzpʊdɪŋ] *znw* erwtengerecht, ± erwtensoep

pea-shooter [ˈpiː-ʃuːtə] *znw* ❶ erwtenblazer, blaaspijp ❷ *inf* revolver

pea soup [piː suːp] *znw* erwtensoep

pea-souper [piːˈsuːpə] *inf znw* dikke, gele mist

peat [piːt] *znw* ❶ turf ❷ veen

peat bog [piːt bɒɡ] *znw* veengrond, veen

peat moor [piːt mʊə] *znw* veenland

peatmoss [piːtmɒs] *znw* ❶ veenmos ❷ lage veengrond

peaty [ˈpiːtɪ] *bn* ❶ turfachtig, turf- ❷ veenachtig

pebble [ˈpebl] *znw* ❶ kiezelsteen ❷ bergkristal

pebbled [ˈpebld], **pebbly** *bn* vol kiezelstenen

pebble-dash [ˈpebl-dæʃ] *Br znw* kiezelpleister

pebbly [ˈpeblɪ] *bn* met of vol kiezelstenen

pecan [ˈpiːkæn] *znw* Amerikaanse walnoot, pecannoot

peccadillo [pekəˈdɪləʊ] *znw [mv: -s of -loes]* kleine zonde ★ *a youthful ~* een kleine jeugdzonde

peck [pek] **I** *znw* ❶ pik ⟨met de snavel⟩ ❷ vluchtig kusje ★ *a ~ on the cheek* een vluchtige kus op de wang ❸ *vero* maat: 9,092 liter **II** *overg* ❶ pikken ❷ vluchtig kussen ★ *~ sbd on the cheek* iem. vluchtig op de wang kussen **III** *phras* ★ *~ at sth* pikken in / naar iets, *fig* hakken op iets ★ *inf she ~ed at her food* ze zat maar een beetje in haar eten te prikken, ze zat met lange tanden te eten ★ *~ sth out* iets uitpikken ⟨door vogels⟩, iets uittikken met twee vingers

pecker [ˈpekə] *inf znw* ❶ neus ❷ *Am* pik, lul ▼ *inf keep your ~ up* kop op!

pecking order [ˈpekɪŋɔːdə] *znw* pikorde, rangorde, hiërarchie

peckish [ˈpekɪʃ] *inf bn* hongerig

pecs [peks] *inf znw* → **pectorals**

pectin [ˈpektɪn] *znw* pectine

pectoral [ˈpektərəl] *bn* borst-

pectoral cross [ˈpektərəl krɒs] *znw* borstkruis

pectorals [ˈpektərəlz], *inf* **pecs** *znw [mv]* borstspieren

peculiar [pɪˈkjuːlɪə] *bn* ❶ bijzonder, karakteristiek ★ *~ to* eigen aan, karakteristiek voor ❷ eigenaardig

peculiarity [pɪkjuːlɪ'ærətɪ] *znw* bijzonderheid, eigenaardigheid

peculiarly [pɪ'kjuːltəlɪ] *bijw* ❶ ongewoon, uitzonderlijk, eigenaardig, vreemd ❷ speciaal, bijzonder ❸ individueel, typisch ★ *the custom is ~ French* het gebruik is typisch Frans

pecuniary [pɪ'kjuːnɪərɪ] *bn* geldelijk, geld(s)- ★ *~ loss* geldverlies

pedagogic [pedə'ɡɒdʒɪk], **pedagogical** *bn* opvoedkundig, pedagogisch

pedagogically [pedə'ɡɒdʒɪklɪ] *bijw* pedagogisch ★ *~ unsound practices* pedagogisch onverantwoorde praktijken

pedagogics [pedə'ɡɒdʒɪks] <u>gedat</u> *znw* [mv] pedagogie, opvoedkunde

pedagogue ['pedəɡɒɡ] *znw* ❶ <u>form</u> pedagoog ❷ <u>scherts</u> schoolmeester

pedagogy ['pedəɡɒdʒɪ] *znw* pedagogie, opvoedkunde

pedal ['pedl] **I** *znw* pedaal **II** *onoverg* peddelen, trappen, fietsen

pedal bin ['pedl bɪn] *znw* pedaalemmer

pedalo ['pedələʊ] *znw* [*mv:* -s *of* -oes] waterfiets

pedal power ['pedl 'paʊə] <u>inf</u> *znw* vervoer per fiets

pedal pushers ['pedl 'pʊʃəz] *znw* [mv] ❶ damesbroek met halflange pijpen ❷ <u>scherts</u> fietsers

pedant ['pednt] *znw* ❶ <u>afkeurend</u> pedant ❷ <u>inf</u> frik

pedantic [pə'dæntɪk] *bn* pedant, pedanterig, schoolmeesterachtig

pedantically [pə'dæntɪklɪ] *bijw* pedanterig ★ *a ~ written book on Roman law* een pedanterig geschreven boek over Romeins recht

pedantry ['pedəntrɪ] *znw* pedanterie, schoolmeesterachtigheid

peddlar ['pedlə] *znw* → **pedlar**

peddle ['pedl] **I** *overg* ❶ rondventen, aan de man brengen, dealen ‹drugs› ❷ rondstrooien ‹praatjes &› **II** *onoverg* venten

pederast ['pedəræst] *znw* → **paederast**

pedestal ['pedɪstl] *znw* voetstuk, sokkel ★ *knock sbd off his ~* iem. van zijn voetstuk stoten ★ *put sbd on a ~* iem. verafgoden, aanbidden

pedestal table ['pedɪstl 'teɪbl] *znw* tafel met kolompoot

pedestrian [pɪ'destrɪən] **I** *bn* ❶ te voet ❷ voet- ❸ voetgangers- ❹ <u>fig</u> alledaags, prozaïsch, saai **II** *znw* voetganger

pedestrian crossing [pɪ'destrɪən 'krɒsɪŋ] *znw* voetgangersoversteekplaats, zebrapad

pedestrianize [pə'destrɪənaɪz], **pedestrianise** *overg* tot voetgangersgebied maken

pedestrian lane [pɪ'destrɪən leɪn] *znw* oversteekplaats

pedestrian precinct [pɪ'destrɪən 'priːsɪŋkt] *znw* voetgangersgebied

pediatric [piːdɪ'ætrɪk] <u>Am</u> *bn* → **paediatric**

pediatrician [piːdɪə'trɪʃən] <u>Am</u> *znw* → **paediatrician**

pediatrics [piːdɪ'ætrɪks] <u>Am</u> *znw* [mv] → **paediatrics**

pedicab ['pedɪkæb] *znw* fietstaxi

pedicure ['pedɪkjʊə] *znw* pedicure

pedigree ['pedɪɡriː] *znw* ❶ stamboom, stamboek ★ *~ cattle* stamboekvee ★ *~ fowl* rashoenders ❷ afstamming, afkomst ★ *he has a long ~ in stage and film* hij heeft een lange voorgeschiedenis in het toneel en de film

pediment ['pedɪmənt] <u>bouwk</u> *znw* fronton, timpaan

pedlar ['pedlə], **peddlar**, <u>Am</u> **peddler** *znw* ❶ venter ★ *a drug ~* een drugsdealer ❷ verspreider ‹v. praatjes &›

pedology [pɪ'dɒlədʒɪ] *znw* bodemkunde

pedometer [pɪ'dɒmɪtə] *znw* schredenteller

pedophile ['piːdəʊfaɪl] <u>Am</u> *znw & bn* → **paedophile**

pedophilia [piːdə'fɪlɪə] <u>Am</u> *znw* → **paedophilia**

pedway ['pedweɪ] <u>Am</u> *znw* voetpad

pee [piː] <u>inf</u> **I** *znw* plas ★ *be desperate for a ~* nodig moeten plassen **II** *overg & onoverg* plassen ★ *~ in one's pants/~ oneself* in zijn broek plassen

peek [piːk] **I** *znw* kijkje, blik ★ *have / take a ~ (at sth)* een vlugge blik slaan (op iets) **II** *onoverg* gluren, kijken ★ *plants are starting to ~ out through the earth* de planten beginnen hun kopjes uit de grond te steken

peekaboo ['piːkə'buː], **peek-a-boo**, **peek-bo** *znw* kiekeboe

peeky ['piːki] *bn* ★ *look ~* er pips uitzien

peel [piːl] **I** *znw* schil ★ *candied ~* sukade **II** *overg* (af)schillen, pellen, (af)stropen, villen, ontvellen, ontschorsen **III** *onoverg* ❶ (zich laten) schillen ★ *lemons don't ~ easily* citroenen zijn moeilijk om te schillen ❷ afschilferen, afbladderen, vervellen **IV** *phras* ★ *~ away / off* afschilferen, afbladderen, vervellen, zich afsplitsen ★ *~ sth away* iets wegtrekken (van), iets afpellen ★ *~ sth off* iets afschillen, afstropen ★ <u>Am</u> <u>inf</u> *~ out* vlug weggaan

peeler ['piːlə] *znw* schiller, schilmesje

peelings ['piːlɪŋz] *znw* [mv] ❶ schillen ❷ schilfers

peep [piːp] **I** *znw* ❶ gepiep ❷ (glurende) blik, kijkje ★ *have / take a ~ at sth* een blik op iets werpen ★ *at the ~ of day (dawn)* bij het aanbreken van de dag **II** *onoverg* ❶ piepen, tjirpen ❷ gluren, kijken (naar *at*) ❸ gloren

peep-bo [piːp'bəʊ] *tsw* → **peekaboo**

peeper ['piːpə] *znw* ❶ piepend jong ❷ bespieder

peepers ['piːpəz] <u>inf</u> *znw* [mv] doppen, kijkers ‹ogen›

peephole ['piːphəʊl] *znw* kijkgat

peeping Tom ['piːpɪŋ tɒm] *znw* voyeur, gluurder

peepshow ['piːpʃəʊ] *znw* ❶ kijkkast, rarekiek ❷ peepshow

peer [pɪə] **I** *znw* ❶ edelman ❷ gelijke, collega ★ *without ~* zonder gelijke, uniek **II** *onoverg* turen, kijken (naar *at*), bekijken

peerage ['pɪərɪdʒ] *znw* ❶ adel(stand) ❷ adelboek

peeress ['pɪə'res] *znw* ❶ vrouw van een edelman ❷ edelvrouw

peer group [pɪə ɡruːp] *znw* peergroup, leeftijdsgenoten, soortgenoten, makkers

peerless ['pɪələs] *bn* weergaloos

peer of the realm ['pɪər əv ðə 'relm] *znw* edelman die

lid is van het Hogerhuis

peer pressure [pɪə 'preʃə] *znw* groepsdwang ★ *bow / succumb to* ~ toegeven aan groepsdwang

peer review [pɪə rɪ'vju:] *znw* bespreking door een vakgenoot

peer-to-peer network [pɪə-tə-pɪə 'netwɜ:k] comput *bn* peer-to-peer netwerk ⟨netwerk zonder centrale server⟩

peeve [pi:v] *inf overg* ergeren, irriteren ★ *she's ~d that she wasn't invited too* ze is geïrriteerd dat ze niet ook was uitgenodigd

peevish ['pi:vɪʃ], **peeved** *bn* korzelig, kribbig, chagrijnig

peewit ['pi:wɪt], **pewit** *znw* kievit ⟨weidevogel⟩

peg [peg] **I** *znw* ❶ pin, houten pen / nagel, haak, knop ★ *inf he's a square ~ in a round hole* hij is niet de juiste man op de juiste plaats ★ *inf bring / take sbd down a ~ or two* iem. een toontje lager laten zingen ❷ muz schroef ⟨aan viool &⟩ ❸ stop ⟨v. vat⟩ ❹ (tent)haring ❺ (was)knijper ❻ paaltje ⟨v. wicket bij cricket⟩ ❼ kapstok, klerenhanger ★ *off the ~* confectie ❽ *inf* (houten) been ❾ *inf* borrel (brandy, whisky) **II** *overg* ❶ (met een pin) vastmaken, vastpinnen ❷ koppelen ❸ (met wasknijpers) ophangen ❹ handel stabiliseren, bevriezen ⟨v. prijzen⟩ ▼ *inf* ~ *it* doodgaan **III** *phras* ★ *inf* ~ *away (at sth)* zwoegen (aan / over iets) ★ ~ *sbd* **down** *(to sth)* iem. binden (aan iets) ★ *inf* ~ *out* doodgaan, ertussenuit knijpen, winnen met cribbage ⟨kaartspel⟩ ★ ~ *sth out* iets afbakenen ⟨land⟩ ★ ~ *out the washing* de was ophangen

pegleg ['pegleg] *inf znw* houten been

peignoir ['peɪnwɑ:] ⟨Fr⟩ *znw* peignoir, ochtendjas

pejorative [pɪ'dʒɒrətɪv] *znw & bn* pejoratief ★ *'welfare' has ~ overtones* 'bijstand' heeft een ongunstige bijbetekenis

pekinese [pi:kə'ni:z], **pekingese** *znw* pekinees ⟨soort hond⟩

pekoe ['pi:kəʊ] *znw* pecco(thee)

pelargonium [pelə'gəʊnjəm] *znw* geranium

peleton ['pelətən] *znw* peloton

pelican ['pelɪkən] *znw* pelikaan

pelican crossing ['pelɪkən 'krɒsɪŋ] Br *znw* zebrapad ⟨met zelfbedieningslichten⟩

pellet ['pelɪt] *znw* ❶ balletje, prop, propje ❷ pilletje ❸ kogeltje ❹ braakbal ❺ keutel

pell-mell [pel'mel] *bijw* ❶ door en over elkaar ❷ holderdebolder

pellucid [pɪ'lu:sɪd] dicht *bn* ❶ doorschijnend ❷ helder ★ *the ~ waters of the lake* het heldere water van het meer

pelmet ['pelmɪt] *znw* sierlijst ⟨v. gordijnen⟩

Peloponnese [peləpə'ni:s] geogr *znw* ★ *the ~* de Peloponnesus

Peloponnesian [peləpə'ni:ʃən] **I** *bn* Peloponnesisch **II** *znw* Peloponnesiër, Peloponnesische

pelt [pelt] **I** *znw* vel, vacht, huid ▼ *(at) full ~* zo hard mogelijk (lopend) **II** *overg* gooien, beschieten,

bekogelen, bombarderen **III** *onoverg* ❶ kletteren ⟨hagel, regen⟩ ★ *it's ~ing down with rain* het regent dat het giet ❷ rennen

pelvic ['pelvɪk] *bn* van het bekken

pelvis ['pelvɪs] *znw* [*mv:* pelvises *of* pelves] bekken, nierbekken

pemican ['pemɪkən], **pemmican** *znw* ❶ in repen gesneden, gedroogd rundvlees ❷ fig degelijke kost

pen [pen] **I** *znw* ❶ pen ★ *a fountain ~* een vulpen ★ *put ~ to paper* schrijven, de pen op het papier zetten ★ *a slip of the ~* een verschrijving, schrijffout ★ zegsw *the ~ is mightier than the sword* de pen is machtiger dan het zwaard ❷ (schaaps)kooi, hok ❸ (baby)box ❹ duikbootbunker **II** *overg* ❶ schrijven, (neer)pennen ❷ beperken ❸ opsluiten (ook: ~ *in / up*)

Pen. afk → peninsula

penal ['pi:nl] *bn* strafbaar, straf-

penal code ['pi:nl kəʊd] *znw* ★ *the ~* de strafwetten

penal colony ['pi:nl 'kɒlənɪ], **penal settlement** *znw* strafkolonie

penalization [pi:nəlaɪ'zeɪʃən], **penalisation** *znw* (het opleggen van) straf

penalize ['pi:nəlaɪz], **penalise** *overg* ❶ strafbaar stellen ❷ straffen ❸ handicappen

penal reform ['pi:nl rɪ'fɔ:m] *znw* herziening van het strafrecht

penal servitude ['pi:nl 'sɜ:vɪtju:d] hist *znw* dwangarbeid

penal settlement ['pi:nl 'setlmənt] *znw* → **penal colony**

penalty ['penəltɪ] *znw* ❶ straf, boete ❷ handicap ❸ sp strafschop ⟨voetbal⟩

penalty area ['penəltɪ 'eərɪə] sp *znw* strafschopgebied

penalty box ['penəltɪ bɒks] *znw* strafbank, strafhokje ⟨ijshockey⟩

penalty clause ['penəltɪ klɔ:z] *znw* strafbepaling, boetebepaling, boeteclausule ⟨in een contract⟩

penalty kick ['penəltɪ kɪk] sp *znw* strafschop

penalty rate ['penəltɪ reɪt] Aus *znw* onregelmatigheidstoeslag

penalty shoot-out ['penltɪ 'ʃu:taʊt] sp *znw* strafschoppenreeks ⟨om wedstrijd te beslissen⟩

penalty spot ['penəltɪ spɒt] sp *znw* strafschopstip ⟨voetbal⟩

penance ['penəns] *znw* ❶ boete(doening), penitentie ★ *do ~ for sth* boete doen voor iets ❷ fig straf, ongemak

pen-and-ink drawing ['penənɪŋk] *znw* pentekening

pen case [pen keɪs] *znw* pennenkoker

pence [pens] *znw* [mv] → **penny**

penchant ['pãʃã, 'pentʃənt] *znw* neiging, voorkeur ★ *he has a ~ for fast cars* hij heeft een voorliefde voor snelle auto's

pencil ['pensɪl] **I** *znw* ❶ potlood ❷ griffel, stift ❸ stralenbundel ★ *a ~ of light* stralenbundel **II** *overg* ❶ (met potlood) tekenen, optekenen, (op)schrijven ❷ (met potlood) kleuren ❸ schetsen **III** *phras* ★ ~ *sth* in iets voorlopig noteren, met potlood schrijven ‹i.p.v. pen› ★ ~ *sbd in* iem. voorlopig noteren voor iets

pencil
betekent **potlood** en niet *penseel*.
Ned. *penseel* = **paintbrush.**

pencil case ['pensɪl keɪs] *znw* ❶ potloodkoker ❷ potlood-, schooletui

pencilled ['pensɪld] *bn* met potlood getekend ★ ~ *eyebrows* zwartgemaakte wenkbrauwen

pencil pusher ['pensɪl 'pʊʃə] inf *znw* → **pen pusher**

pencil sharpener ['pensɪl 'ʃɑːpənə] *znw* puntenslijper

pencil skirt ['pensɪl skɜːt] *znw* kokerrok

pencil-thin [pensl-'θɪn] *bn* erg dun

pendant ['pendənt] I *bn* → **pendent** II *znw* hanger(tje), oorhanger

pendency ['pendnsɪ] jur *znw* hangende of aanhangig zijn ‹v. proces›

pendent ['pendənt] *bn* ❶ hangend ❷ overhangend ❸ zwevend

pending ['pendɪŋ] I *voorz* in afwachting van ★ ~ *the outcome of the investigations* in afwachting van de uitkomst van het onderzoek II *bn* (nog) hangend, onafgedaan ★ *his trial is* ~ zijn rechtzaak moet nog voorkomen

pendulous ['pendjʊləs] *bn* ❶ hangend ★ ~ *breasts* hangborsten ❷ schommelend

pendulum ['pendjʊləm] *znw* slinger ‹v. klok›

penetrability [penətrə'bɪlətɪ] *znw* ❶ doordringbaarheid ❷ ontvankelijkheid

penetrable ['penətrəbl] *bn* ❶ doordringbaar ★ ~ *defences* doordringbare verdediging ❷ te doorgronden

penetrate ['penətreɪt] I *overg* ❶ doordringen (van with) ❷ doorgronden II *onoverg* door-, binnendringen (in *into, through*)

penetrating ['penətreɪtɪŋ] *bn* ❶ doordringend ❷ scherp(ziend), scherpzinnig, diepgaand

penetration [penə'treɪʃən] *znw* ❶ penetratie, in-, binnendringing, doordringing ❷ marktpenetratie ❸ doorgronding, inzicht, scherpzinnigheid

penetrative ['penətreɪtɪv] *bn* ❶ doordringend ❷ scherpzinnig ★ *a* ~ *observation* een scherpzinnige opmerking

penfriend [penfrend], **pen friend**, Am **pen pal** *znw* correspondentievriend(in)

penguin ['peŋgwɪn] *znw* pinguïn

penguin suit ['peŋgwɪn suːt] inf *znw* rokkostuum

penholder ['penhəʊldə] *znw* pen(nen)houder

penicillin [penɪ'sɪlɪn] *znw* penicilline

penile ['piːnaɪl] *bn* van de penis, penis-

peninsula [pə'nɪnsjʊlə] *znw* schiereiland

peninsular [pə'nɪnsjʊlə] *bn* van een schiereiland

penis ['piːnɪs] *znw* [*mv:* penises of penes] penis

penis envy ['piːnɪs 'envɪ] *znw* penisnijd

penitence ['penɪtns] *znw* berouw

penitent ['penɪtnt] I *bn* berouwvol, boetvaardig II *znw*

boetvaardige, boeteling(e), penitent(e)

penitential [penɪ'tenʃəl] I *bn* ❶ boetvaardig, berouwvol ❷ boete- II *znw* boeteboek, biechtboek

penitentiary [penɪ'tenʃərɪ] I *znw* ❶ boete- ❷ straf-, penitentiair II *znw* Am gevangenis, penitentiaire inrichting, strafinrichting

penknife ['pennaɪf] *znw* pennenmes, zakmesje

penlight ['penlaɪt] *znw* kleine zaklantaarn

penmanship ['penmənʃɪp] *znw* (schoon)schrijfkunst

pen-name [pen-neɪm], **pen name** *znw* schuilnaam, pseudoniem

pennant ['penənt] *znw* wimpel

penniless ['penɪlɪs] *bn* zonder geld, arm

pennon ['penən] *znw* ❶ scheepv wimpel ❷ banier ❸ mil (lans)vaantje

penn'orth ['penəθ] *znw* → **pennyworth**

penny ['penɪ] *znw* [*mv:* pennies ‹munten›, pence ‹in bedragen›] ❶ penny ★ *a* ~ *for your thoughts* waar zit je over te peinzen? ★ *he doesn't have a* ~ *to his name* hij bezit geen rooie duit ★ inf *the* ~ *dropped* het kwartje viel, het is duidelijk ★ inf *be two / ten a* ~ kost(en) nog maar een habbekrats ★ *cost a pretty* ~ een hele duit kosten ★ *spend a* ~ naar de wc gaan ★ *turn an honest* ~ een eerlijk stuk brood verdienen ★ zegsw *in for a* ~ *(in for a pound)* wie a zegt, moet ook b zeggen ★ zegsw *a* ~ *saved is a* ~ *gained / got* die wat spaart, heeft wat ★ zegsw *take care of the pennies and the pounds will take care of themselves* wie het kleine niet eert is het grote niet weerd ❷ hist penning

penny ante ['penɪ 'æntɪ] *znw* pokerspel met een lage inzet

penny arcade ['penɪ ɑː'keɪd] Am *znw* automatenhal

penny dreadful [penɪ'dredfʊl] *znw* sensatieromannetje, stuiversroman

penny-farthing ['penɪ-'fɑːðɪŋ] hist *znw* vélocipède ‹fiets met een groot en een klein wiel›

penny-in-the-slot machine ['penɪ-ɪn-ðə-'slɒt mə'ʃiːn] *znw* ❶ automaat ❷ gokautomaat

penny-pinching ['penɪ-pɪntʃɪŋ] I *bn* vrekkig, gierig, hebzuchtig ★ *a* ~ *approach to funding* een zuinige manier van subsidiëren II *znw* overdreven zuinigheid, vrekkigheid

pennyroyal [penɪ'rɔɪəl] *znw* polei ‹soort aromatische plant›

penny stock ['penɪ stɒk] Am *znw* aandelen met groot risico, die bij uitgifte minder dan één dollar kosten

pennyweight ['penɪweɪt] *znw* gewicht: 1,55 gram

penny whistle ['penɪwɪsl] *znw* eenvoudige metalen fluit ‹i.h.b. in de Ierse volksmuziek›

penny wise ['penɪ waɪz] *bn* zuinig op nietigheden ★ zegsw ~ *and pound foolish* misplaatste zuinigheid ‹in kleine dingen en verkwisting aan de andere kant›

pennyworth ['penɪwɜːθ], **penn'orth** *znw* voor een stuiver ★ *put in one's two* ~ ook een duit in het zakje doen, zich mengen in een gesprek

penology [piː'nɒlədʒɪ] *znw* leer v.d. straffen,

strafoplegging en -toepassing

pen pal [pen pæl] *znw* → **penfriend**

pen pusher [pen 'pʊʃə], **pencil pusher** *inf znw*
❶ pennenlikker, inktkoelie, klerk ❷ ambtenaartje

pensile ['pensɪl, -saɪl] *bn* hangend ‹v. nesten›

pension ['penʃ(ə)n] **I** *znw* ❶ jaargeld, pensioen ★ *he's
on a ~* hij leeft van een pensioen, hij is
gepensioneerd ★ *qualify for a ~* in aanmerking
komen voor een pensioen ❷ pension **II** *overg* een
jaargeld geven, toeleggen **III** *phras* ★ *inf ~ sth* off
iets buiten gebruik stellen, iets afdanken ★ *~ sbd off*
iem. pensioneren, op pensioen stellen

pensionable ['penʃənəbl] *znw* pensioengerechtigd,
recht gevend op pensioen

pension book ['penʃ(ə)n bʊk] Br *znw* door de
overheid verstrekt boekje met reçu's voor de
wekelijkse inning van het pensioen

pensioner ['penʃənə] *znw* ❶ trekker van een jaargeld
❷ gepensioneerde ❸ bejaarde

pension fund ['penʃ(ə)n fʌnd] *znw* pensioenfonds

pension mortgage ['penʃ(ə)n 'mɔːgɪdʒ] *znw*
pensioenhypotheek

pension plan ['penʃ(ə)n plæn], **pension scheme** *znw*
pensioenregeling

pensive ['pensɪv] *bn* peinzend, ernstig, weemoedig,
droevig ★ *she sat with a ~ look on her face* ze zat met
een peinzende uitdrukking op haar gezicht

penstock ['penstɒk] *znw* valdeur ‹v. sluis›

pentagon ['pentəgən] *znw* vijfhoek ★ *the Pentagon* het
Pentagon ‹hoofdkwartier van het Amerikaanse
Ministerie van Defensie›

pentagonal [pen'tægənl] *bn* vijfhoekig

pentagram ['pentəgræm] *znw* vijfpuntige ster

pentameter [pen'tæmɪtə] *znw* vijfvoetig vers

pentathlete [pen'tæθliːt] sp *znw* vijfkamper

pentathlon [pen'tæθlən] sp *znw* vijfkamp

Pentecost ['pentɪkɒst] *znw* ❶ pinksterzondag,
Pinksteren ❷ Wekenfeest, pinksterfeest van de
joden

Pentecostal [pentɪ'kɒstl] **I** *bn* pinkster- ★ *the ~
churches* de pinksterkerken / pinkstergemeentes
★ *the ~ movement* de pinksterbeweging **II** *znw* lid
van een pinksterkerk

Pentecostalism [pentɪ'kɒstlɪzəm] *znw*
pinksterbeweging

penthouse ['penthaʊs] *znw* penthouse, terraswoning
‹op flatgebouw›

pent roof [pent ruːf] *znw* lessenaarsdak

pent-up ['pent'ʌp] *bn* ❶ op-, ingesloten ❷ fig lang
ingehouden, opgekropt ★ *~ anger* opgekropte
woede

penultimate [pə'nʌltɪmət] *bn* voorlaatste ★ *the ~
parliamentary session* de op een na laatste zitting
van het parlement

penumbra [pɪ'nʌmbrə] *znw* [*mv*: -s *of* penumbrae]
halfschaduw

penurious [pə'njʊərɪəs] form *bn* ❶ karig, schraal,
armoedig ❷ gierig

penury ['penjʊrɪ] form *znw* ❶ armoede, behoeftigheid
❷ volslagen gebrek (aan *of*)

peon ['piːən] *znw* ❶ soldaat, oppasser, politieagent ‹in
India› ❷ dagloner ‹in Latijns Amerika›, (bij zijn
schuldeiser werkende) schuldenaar

peony ['piːənɪ], **paeony** *znw* pioen(roos)

people ['piːpl] **I** *znw* ❶ volk ❷ mensen, lieden,
personen ★ *the little ~* de feeën, kaboutertjes ★ *you
/ he & of all ~* jij / hij & nota bene / nog wel!
❸ gewoon volk, proletariaat ★ *a man / woman of
the ~* een man / vrouw van het volk ❹ volgelingen,
gevolg, bedienden, werkvolk ❺ familie ❻ men ★ *~
say so* men zegt het **II** *overg* bevolken ★ *the film is ~d
with all sorts of strange beings* de film wordt bevolkt
door allerlei vreemde wezens

people carrier ['piːpl 'kærɪə] Br *znw* grote
personenauto met drie rijen stoelen

people mover ['piːpl 'muːvə] *inf znw* geautomatiseerd
personenvervoersysteem

people person ['piːpl 'pɜːsən] *inf znw* gezelschapsdier
‹iem. die graag in gezelschap van anderen verkeert›

people's court ['piːplz kɔːt] *znw* volksrechtbank

people's democracy ['piːplz dɪ'mɒkrəsɪ] *znw*
volksrepubliek

People's Republic of China ['piːplz rɪ'pʌblɪk əv
'tʃaɪnə] *znw* ★ *the ~* de Volksrepubliek China

pep [pep] *inf* **I** *znw* pep, fut **II** *phras* ★ *~ sbd / sth* up
iem. / iets oppeppen

pepper ['pepə] **I** *znw* ❶ peper ❷ paprika **II** *overg*
❶ peperen ★ *his speech was ~ed with expletives* zijn
toespraak was gelardeerd met krachttermen
❷ spikkelen, (be)strooien ❸ beschieten, bestoken
★ *the president was ~ed with questions* de president
werd bestookt met vragen

pepper-and-salt [pepər-ən-'sɔːlt] *znw (bn)*
peper-en-zoutkleur(ig) ★ *~ hair* peper-en-zoutkleurig
haar

peppercorn ['pepəkɔːn] *znw* peperkorrel

peppercorn rent ['pepəkɔːn rent] Br *znw* symbolisch
huurbedrag

pepper mill ['pepə mɪl] *znw* pepermolen

peppermint ['pepəmɪnt] *znw* ❶ plantk pepermunt
❷ pepermuntje

pepper pot ['pepə pɒt], **pepper shaker** *znw* peperbus

pepper spray ['pepə spreɪ] *znw* pepperspray

peppery ['pepərɪ] *bn* ❶ peperachtig ❷ vol peper
❸ gepeperd, scherp, prikkelend ❹ prikkelbaar,
opvliegend, heetgebakerd

pep pill [pep pɪl] *znw* peppil

peppy ['pepɪ] *inf bn* vurig, pittig

pep rally [pep 'rælɪ] *znw* oppepbijeenkomst

pepsin ['pepsɪn] *znw* pepsine ‹maagenzym›

pep talk [pep tɔːk] *inf znw* peptalk: opwekkend
praatje

peptic ['peptɪk] *bn* maag-

peptics ['peptɪks] scherts *znw* [*mv*]
spijsverteringsorganen

peptic ulcer ['peptɪk 'ʌlsə] med *znw* maagzweer

pe

per [pɜː] *voorz* per ★ *$25 ~ head* $25 per persoon ★ *~ courier* per koerier ★ *as ~ instructions* volgens de instructies ★ *as ~ usual / normal* zoals gewoonlijk, gebruikelijk

peradventure [pərəd'ventʃə] arch of scherts *bijw* misschien, bij toeval

perambulate [pə'ræmbjʊleɪt] form of scherts *overg & onoverg* ❶ (door)wandelen, doorlopen ❷ ijsberen

perambulation [pəræmbjʊ'leɪʃən] form of scherts *znw* (door)wandeling, rondgang

perambulator [pə'ræmbjʊleɪtə] gedat *znw* kinderwagen

per annum [pər'ænəm] *(Lat) bijw* per jaar

per calendar month [pɜː 'kæləndə mʌnθ], **pcm**, **p.c.m.** *bijw* per kalendermaand

per capita [pə 'kæpɪtə] *(Lat) bn & bijw* per hoofd ⟨v.d. bevolking⟩

perceivable [pə'siːvəbl] *bn* waarneembaar

perceive [pə'siːv] *overg* (be)merken, bespeuren, ontwaren, waarnemen ★ *English food is often ~d to be dull* Engels eten wordt vaak als saai beschouwd

per cent [pə 'sent], **Am percent** *bijw & znw* procent, percent ★ *inf one hundred ~* voor honderd procent

percentage [pə'sentɪdʒ] *znw* ❶ percentage ❷ percenten, commissieloon

percentage point [pə'sentɪdʒ pɔɪnt] *znw* procentpunt, één procent

percept ['pɜːsept] filos *znw* geestelijke voorstelling v. wat men heeft waargenomen

perceptible [pə'septɪbl] *bn* merkbaar, waarneembaar ★ *there is no ~ difference in her condition* er is geen merkbare verandering in haar toestand

perception [pə'sepʃən] *znw* ❶ perceptie, waarneming, gewaarwording ❷ beeld, voorstelling

perceptive [pə'septɪv] *bn* ❶ waarnemend ★ *keen ~ faculties* een uitstekend waarnemingsvermogen ❷ opmerkzaam, oplettend ❸ scherpzinnig

perceptively [pə'septɪvlɪ] *bijw* merkbaar, waarneembaar

perceptiveness [pə'septɪvnəs] *znw* ❶ waarnemingsvermogen ❷ scherpzinnigheid

perch [pɜːtʃ] **I** *znw* ❶ stokje in een vogelkooi, roest, stang ❷ hoge plaats ❸ baars ⟨vis⟩ **II** *overg* doen zitten, (hoog) plaatsen **III** *onoverg* ❶ (hoog) gaan zitten, roesten ⟨vogels⟩ ★ *she sat ~ed on the edge of her chair* ze zat op de rand van haar stoel gebalanceerd ❷ neerstrijken (op *on*)

perchance [pɜː'tʃɑːns] arch of scherts *bijw* misschien

percipience [pə'sɪpɪəns] form *znw* waarnemingsvermogen

percipient [pə'sɪpɪənt] form **I** *bn* ❶ gewaarwordend ❷ waarnemend ❸ opmerkzaam, scherpzinnig **II** *znw* ❶ waarnemer, observator ❷ waarnemer van psychische fenomenen

percolate ['pɜːkəleɪt] *overg & onoverg* (laten) filtreren, doorsijpelen, doordringen

percolation [pɜːkə'leɪʃən] *znw* ❶ filtreren ❷ doorsijpelen, doordringen

percolator ['pɜːkəleɪtə] *znw* ❶ filter ❷ filtreerkan

per curiam opinion ['pɜː 'kjʊərɪəm ə'pɪnjən] jur *znw* unanieme beslissing van de rechtbank

percuss [pə'kʌs] med *overg* percuteren, bekloppen

percussion [pə'kʌʃən] *znw* ❶ schok, slag, stoot, botsing ❷ muz slagwerk

percussion cap [pə'kʌʃən kæp] *znw* slaghoedje

percussion drill [pə'kʌʃən drɪl] *znw* klopboor

percussionist [pə'kʌʃənɪst] muz *znw* slagwerker

percussive [pə'kʌʃɪv] *bn* slaand, schokkend, stotend, slag-, schok-, stoot-

per diem ['pɜː 'daɪem, -'diːem] *(Lat) znw & bijw* per dag

perdition [pə'dɪʃən] dicht *znw* verderf, ondergang, verdoemenis ★ *condemn sbd to ~* iem. tot de verdoemenis veroordelen

peregrinate ['perɪgrɪneɪt] arch of scherts *onoverg* (rond)zwerven, reizen en trekken

peregrination [perəgrɪ'neɪʃən] arch of scherts *znw* ❶ omzwerving, zwerftocht ❷ bedevaart

peregrinator ['perɪgrɪneɪtə] arch of scherts *znw* zwerver

peregrine ['perɪgrɪn], **peregrine falcon** *znw* slechtvalk

peremptory [pə'remptərɪ] *bn* ❶ geen tegenspraak duldend ★ *he issued some ~ instructions* hij vaardigde enkele dwingende instructies uit ❷ gebiedend, heerszuchtig ❸ afdoend, beslissend

perennial [pə'renɪəl] **I** *bn* ❶ het gehele jaar durend ❷ eeuwig(durend), voortdurend ❸ (over)blijvend, vast ⟨v. plant⟩ **II** *znw* overblijvende plant ★ *a hardy ~* een winterharde vaste plant

perennially [pə'renɪəlɪ] *bijw* jaar in jaar uit

perestroika [perɪ'strɔɪkə] *(Rus) znw* perestrojka

perfect I *bn* ['pɜːfɪkt] ❶ volmaakt, volkomen, perfect (in orde), foutloos ❷ echt ❸ versterkend volslagen **II** *znw* ['pɜːfɪkt] ★ *gramm the ~* de voltooide tijd **III** *overg* [pə'fekt] ❶ (ver)volmaken, verbeteren, perfectioneren ❷ volvoeren

perfect competition ['pɜːfɪkt kɒmpɪ'tɪʃən] econ *znw* perfecte concurrentie

perfectibility [pəfektə'bɪlətɪ] *bn* voltooibaarheid

perfectible [pə'fektəbl] *bn* voor verbetering vatbaar

perfection [pə'fekʃən] *znw* ❶ volmaaktheid, volkomenheid, perfectie ★ *to ~* uitstekend, volmaakt ❷ (ver)volmaking

perfectionism [pə'fekʃənɪzəm] *znw* perfectionisme

perfectionist [pə'fekʃ(ə)nɪst] *znw* perfectionist

perfectly ['pɜːfɪktlɪ] *bijw* ❶ volmaakt, volkomen, absoluut, volslagen ★ *you know ~ well what I mean* je weet heel goed / opperbest wat ik bedoel ❷ foutloos

perfect participle ['pɜːfɪkt 'pɑːtɪsɪpl] gramm *znw* → **past participle**

perfect pitch ['pɜːfɪkt pɪtʃ] *znw* absoluut gehoor

perfect square ['pɜːfɪkt skweə] *znw* volkomen kwadraat ⟨getal⟩

perfidious [pə'fɪdɪəs] dicht *bn* trouweloos, verraderlijk, vals (voor *to*), perfide

perfidy ['pɜːfɪdɪ] dicht *znw* trouweloosheid,

verraderlijkheid, valsheid

perforate ['pɜ:fəreɪt] *overg* doorboren, perforeren

perforated ['pɜ:fəreɪtɪd] *bn* met kleine gaatjes, geperforeerd ★ *a ~ eardrum* een gescheurd trommelvlies

perforation [pɜ:fə'reɪʃən] *znw* ❶ doorboring, perforatie ❷ tanding ‹filatelie›

perforce [pə'fɔ:s] form *bijw* (nood)gedwongen, noodzakelijk(erwijs) ★ *the environment, which we, ~, have to share* de omgeving, die wij noodgedwongen met elkaar moeten delen

perform [pə'fɔ:m] I *overg* ❶ doen, verrichten, uitvoeren, volvoeren, volbrengen ❷ opvoeren, vertonen, spelen II *onoverg* ❶ (komedie) spelen, kunsten doen, optreden ❷ presteren, functioneren, prestaties leveren ★ *be unable to ~* niet kunnen presteren, impotent zijn

performable [pə'fɔ:məbl] *bn* uitvoerbaar

performance [pə'fɔ:məns] *znw* ❶ uitvoering, opvoering, voorstelling, vertoning ★ *a repeat ~* een herhaling ★ *his ~ as Hamlet* zijn optreden als Hamlet ❷ inf aanstellerij, scène ★ *put on a ~* zich aanstellen ❸ vervulling, verrichting ❹ prestatie, succes ★ *based on past ~* op grond van prestaties in het verleden ❺ karwei, werk

performance art [pə'fɔ:məns ɑ:t] *znw* performance kunst

performance bond [pə'fɔ:məns bɒnd] *znw* uitvoeringsgarantie, uitvoeringsborgtocht ‹garantie voor de uitvoering van een contractueel vastgelegde verplichting›

performance poetry [pə'fɔ:məns 'pəʊətrɪ] *znw* poëzie geschreven om voor te dragen (in een voorstelling), vaak met improvisatie

performer [pə'fɔ:mə] *znw* ❶ toneelspeler, artiest, musicus ★ *a polished stage ~* een bekwame toneelspeler ❷ volbrenger, uitvoerder

performing animals [pə'fɔ:mɪŋ 'ænɪməlz] *znw* [mv] circusdieren, optredende dieren

performing arts [pə'fɔ:mɪŋ ɑ:ts] *znw* [mv] ★ *the ~* podiumkunsten

perfume I *znw* ['pɜ:fju:m] ❶ geur ❷ reukwerk, parfum II *overg* ['pɜ:fju:m, pə'fju:m] welriekend maken, een geurtje geven, parfumeren

perfumer [pə'fju:mə] *znw* parfumeur

perfumery [pə'fju:mərɪ] *znw* parfumerie(ën)

perfunctory [pə'fʌŋktərɪ] *bn* ❶ plichtmatig ❷ oppervlakkig, vluchtig, nonchalant ★ *he made a few ~ remarks* hij maakte een paar oppervlakkige opmerkingen

pergola ['pɜ:gələ] *znw* pergola

perhaps [pə'hæps] *bijw* misschien

pericardium [perɪ'kɑ:dɪəm] anat *znw* [mv: pericardia] hartzakje

perigee ['perɪdʒi:] astron *znw* perigeum

peril ['perɪl] *znw* gevaar ★ *at one's (own) ~* op zijn eigen verantwoording, risico ★ *he was in ~ of his life* hij was in levensgevaar

perilous ['perɪləs] *bn* gevaarlijk, hachelijk

perimeter [pə'rɪmɪtə] *znw* omtrek ‹v.e. vlak›, perimeter ★ *a ~ fence* een grensschutting, grensomheining

perinatal [perɪ'neɪtl] *bn* perinataal

perineum [perɪ'ni:əm] anat *znw* perineum, bilnaad

period ['pɪərɪəd] I *bn* in historische stijl, van zekere tijd, in zekere tijd spelend ★ *they went in ~ costume* ze gingen in historisch kostuum II *znw* ❶ periode, tijdvak, tijdkring, tijdperk, tijd ★ *the Christmas ~* de kersttijd ★ *during his ~ of office* in zijn ambtsperiode ★ *in the initial ~* in de aanloopperiode ★ *over a ~ of time* een tijdlang ★ *throughout the ~* gedurende het hele tijdvak ❷ stadium, fase ❸ lestijd, lesuur ❹ omloop(s)tijd v. planeet, cyclus ❺ wisk periodieke functie ❻ **menstrual period** menstruatie II *znw* ❼ Am punt ‹leesteken› ★ *put ~ to sth* een eind maken aan iets ★ *you're not going, ~!* je gaat niet, punt uit!

periodic [pɪərɪ'ɒdɪk] *bn* periodiek

periodical [pɪərɪ'ɒdɪkl] I *bn* periodiek II *znw* periodiek, tijdschrift

periodic table [pɪərɪ'ɒdɪk 'teɪbl] scheik *znw* ★ *the ~* het periodiek systeem ‹van elementen›

periodontics [perɪə'dɒntɪks], **periodontology** *znw* [mv] paradontologie

period piece ['pɪərɪəd pi:s] *znw* ❶ stijlmeubel ❷ inf hopeloos ouderwets geval ‹boek, film &›

peripatetic [perɪpə'tetɪk] form I *bn* ❶ peripatetisch, wandelend ❷ rondreizend II *znw* leerkracht die op meerdere scholen werkt

peripeteia [perɪpə'ti:jə] form *znw* ❶ beslissende wending in drama ❷ fig plotselinge ommekeer

peripheral [pə'rɪfərəl] I *bn* perifeer, rand- II *znw* comput randapparatuur

periphery [pə'rɪfərɪ] *znw* ❶ periferie, omtrek ❷ buitenrand ★ *on the ~ (of)* aan de rand (van)

periphrasis [pə'rɪfrəsɪs] letterk *znw* [mv: periphrases] omschrijving (als retorische stijlfiguur)

periphrastic [perɪ'fræstɪk] form *bn* omschrijvend

periscope ['perɪskəʊp] *znw* periscoop

perish ['perɪʃ] dicht *onoverg* ❶ omkomen, sterven ❷ vergaan, (ver)rotten ★ *inf ~ the thought!* ik moet er niet aan denken!

perishable ['perɪʃəbl] *bn* ❶ vergankelijk ❷ aan bederf onderhevig, bederfelijk, beperkt houdbaar

perishables ['perɪʃəblz] *znw* [mv] aan bederf onderhevige waren, beperkt houdbare waren

perished ['perɪʃt] Br inf *bn* ★ *be ~* het berekoud hebben

perisher ['perɪʃə] Br inf *znw* klier, lastpak, etterbakje

perishing ['perɪʃɪŋ] inf *bn* ❶ bitterkoud ❷ gedat verdomd ★ *it's ~ cold in here* het is hier verdomd koud

peristaltic [perɪ'stæltɪk] *bn* peristaltisch ‹beweging van de darmen›

peristyle ['perɪstaɪl] bouwk *znw* zuilengalerij

peritoneum [perɪtə'ni:əm] anat *znw* [mv: -s of peritonea] buikvlies

pe

peritonitis [perɪtə'naɪtɪs] <u>med</u> *znw* buikvliesontsteking

periwig ['perɪwɪg] <u>hist</u> *znw* pruik

periwinkle ['perɪwɪŋkl] *znw* ❶ alikruik ‹zeeslakje› ❷ <u>plantk</u> maagdenpalm

perjure ['pɜːdʒə] <u>jur</u> *overg* ★ ~ *oneself* vals zweren, zich schuldig maken aan meineed, een eed breken

perjured ['pɜːdʒəd] *bn* meinedig

perjurer [pɜːdʒərə] *znw* meinedige

perjury ['pɜːdʒərɪ] <u>jur</u> *znw* ❶ meineed ❷ woordbreuk

perk [pɜːk] **I** *znw* <u>inf</u> extra verdienste, extraatje ★ *one of the ~s of the job* een van de voordelen van de baan **II** *overg* spitsen ‹oren› **III** *phras* ★ ~ *up* weer moed krijgen, opfleuren, opleven, opkikkeren ★ ~ *sbd up* opvrolijken, opkikkeren

perkiness ['pɜːkɪnəs] *znw* ❶ brutaliteit, verwaandheid ❷ opgewektheid, zwierigheid

perky ['pɜːkɪ] *bn* ❶ opgewekt, vrolijk, levendig, zwierig, parmant(ig) ★ *a ~ little red car* een parmantig rood autootje ❷ brutaal

perm [pɜːm] <u>inf</u> **I** *znw* ❶ permanent ❷ (permutation) combinatie ‹bij voetbaltoto› **II** *overg* permanenten

permafrost ['pɜːməfrɒst] *znw* permafrost ‹eeuwig bevroren bodem›

permanence ['pɜːmənəns], <u>form</u> **permanency** *znw* bestendigheid, duurzaamheid, duur

permanency ['pɜːmənənsi] *znw* ❶ vaste betrekking ❷ → **permanence**

permanent ['pɜːmənənt] *bn* bestendig, blijvend, vast, permanent

permanently ['pɜːmənəntlɪ] *bijw* voorgoed, blijvend

permanent secretary ['pɜːmənənt 'sekrətərɪ] *znw* vaste secretaris

permanent teeth ['pɜːmənənt tiːθ] *znw* blijvend gebit

permanent wave ['pɜːmənənt weɪv], **permanent** *znw* permanent (wave)

permanent way ['pɜːmənənt weɪ] <u>Br</u> *znw* baanbed, spoorbaan

permanganate [pɜː'mæŋgənɪt] *znw* permanganaat ★ ~ *of potash* permangaan, kaliumpermanganaat

permeability [pɜːmɪə'bɪlətɪ] *znw* doordringbaarheid, doorlaatbaarheid

permeable ['pɜːmɪəbl] *bn* doordringbaar, poreus

permeant ['pɜːmɪənt] *bn* doordringend

permeate ['pɜːmɪeɪt] *overg & onoverg* ❶ doordringen, doortrekken ❷ dringen, trekken (door *through*)

permeation [pɜːmɪ'eɪʃən] *znw* doordringing

permissible [pə'mɪsɪbl] *bn* toelaatbaar, geoorloofd ★ *within the bounds of the ~* binnen de grenzen van het toelaatbare

permission [pə'mɪʃən] *znw* permissie, vergunning, verlof, toestemming ★ *by kind ~ of* met de vriendelijke permissie van ★ *grant ~ for sth* toestemming geven voor iets

permissive [pə'mɪsɪv] *bn* ❶ veroorlovend ❷ tolerant

permissiveness [pə'mɪsɪvnəs] *znw* ❶ toegeeflijkheid ❷ tolerantie

permissive society [pə'mɪsɪv sə'saɪətɪ] <u>meestal afkeurend</u> *znw* de moderne maatschappij ‹waarin

de normen losser zijn geworden›

permit I *znw* ['pɜːmɪt] ❶ (schriftelijke) vergunning ❷ verlof ❸ consent **II** *overg* [pə'mɪt] permitteren, veroorloven, toestaan, toelaten, vergunnen ★ *the hall is designed to ~ easy wheelchair access* de zaal is ontworpen om rolstoelgebruikers gemakkelijk toegang te verschaffen **III** *onoverg* [pə'mɪt] het toelaten ★ <u>form</u> ~ *of* toelaten, dulden

permutation [pɜːmjʊ'teɪʃən] *znw* ❶ <u>form</u> permutatie, verwisseling ❷ <u>Br</u> **perm** combinatie, selectie ‹bij voetbaltoto›

permute [pə'mjuːt] <u>techn</u> *overg* ❶ de volgorde veranderen ❷ verwisselen

pernicious [pə'nɪʃəs] *bn* verderfelijk, schadelijk, fnuikend

pernicious anaemia [pə'nɪʃəs ə'niːmɪə] <u>med</u> *znw* pernicieuze anemie

pernickety [pə'nɪkətɪ], <u>Am</u> **persnickety** <u>inf</u> *bn* ❶ pietluttig, overdreven netjes, kieskeurig ❷ lastig, netelig, delicaat

perorate ['perəreɪt] <u>form</u> *onoverg* een redevoering houden, oreren

peroration [perə'reɪʃən] <u>form</u> *znw* slotwoord, slot van een redevoering

peroxide [pə'rɒksaɪd] **I** *bn* peroxide- ★ <u>inf</u> *a ~ blonde* een meisje / vrouw met gebleondeerd haar **II** *znw* peroxide **III** *overg* blonderen, bleken ‹het haar›

perpendicular [pɜːpən'dɪkjʊlə] **I** *bn* loodrecht, rechtop, steil **II** *znw* ❶ loodlijn ★ *the ~* de loodrechte stand ❷ schietlood

perpendicularity ['pɜːpəndɪkjʊ'lærɪtɪ] *znw* loodrechte stand, in het lood zijn

perpetrate ['pɜːpɪtreɪt] *overg* (kwaad) bedrijven, begaan, plegen

perpetration [pɜːpə'treɪʃən] *znw* het bedrijven, begaan of plegen

perpetrator ['pɜːpətreɪtə] *znw* dader

perpetual [pə'petʃʊəl] *bn* ❶ eeuwigdurend, altijddurend, eeuwig, levenslang, vast ★ *a ~ student* een eeuwige student ❷ onophoudelijk, aanhoudend

perpetuate [pə'petʃʊeɪt] *overg* vereeuwigen, doen voortduren

perpetuation [pəpetʃʊ'eɪʃən] *znw* voortduren, vereeuwiging

perpetuity [pɜːpɪ'tjuːətɪ] <u>form</u> *znw* eeuwige duur, eeuwigheid ★ *in* / *for ~* voor eeuwig, voor onbeperkte duur

perplex [pə'pleks] *overg* in de war brengen, verwarren, verlegen maken, onthutsen

perplexed [pə'plekst] *bn* verward, onthutst, verslagen

perplexity [pə'pleksətɪ] *znw* verwardheid, verlegenheid, verbijstering, verslagenheid ★ *she looked at me in ~* ze keek mij verbijsterd aan

perquisite ['pɜːkwɪzɪt] <u>form</u> *znw* ❶ faciliteit, extra voordeel ★ *as president, he enjoys all the ~s of state* als president geniet hij alle voorrechten van de staat ❷ extra verdienste, emolument

per se ['pɜːˈseɪ] *bijw* als zodanig, op zich(zelf)

persecute ['pɜːsɪkjuːt] *overg* ❶ vervolgen, onderdrukken ★ *they were ~d for their religion* ze werden vervolgd om hun geloof ❷ lastig vallen

persecution [pɜːsɪˈkjuːʃən] *znw* vervolging

persecution complex [pɜːsɪˈkjuːʃən ˈkɒmpleks] *znw* achtervolgingswaan

persecutor ['pɜːsɪkjuːtə] *znw* vervolger

perseverance [pɜːsɪˈvɪərəns] *znw* volharding

persevere [pɜːsɪˈvɪə] *onoverg* volharden (in *in/with*), aanhouden, doorzetten

persevering [pɜːsɪˈvɪərɪŋ] *bn* volhardend, hardnekkig

Persia ['pɜːʃə] *znw* Perzië

Persian ['pɜːʃən] **I** *bn* Perzisch **II** *znw* ❶ Pers, Perzische ❷ (het) Perzisch

Persian cat ['pɜːʃən kæt], **Persian** *znw* Perzische kat, pers

persiflage [pɜːsɪˈflɑːʒ, peəsɪˈflɑːʒ] *znw* persiflage, bespotting

persimmon [pɜːˈsɪmən] *znw* dadelpruim, kaki

persist [pəˈsɪst] *onoverg* ❶ (koppig) volhouden, blijven (bij *in*), doorgaan (met *in*) ❷ aanhouden, voortduren, blijven voortbestaan ★ *if the symptoms ~ for more than a week, see a doctor* als de symptomen langer dan een week aanhouden moet u een dokter raadplegen ★ *the frosts ~ed into / until late spring* de nachtvorst bleef tot het einde van de lente voortduren

persistence [pəˈsɪstəns], **persistency** *znw* ❶ volharding, voortduring ❷ hardnekkig volhouden, hardnekkigheid

persistent [pəˈsɪstnt] *bn* volhardend, aanhoudend, blijvend, hardnekkig

persistent vegetative state [pəˈsɪstnt ˈvedʒɪtətɪv stert] *med znw* persistente vegetatieve toestand

persnickety [pəˈsnɪkɪtɪ] Am *bn* → **pernickety**

person ['pɜːsən] *znw* ❶ persoon, personage, mens, iemand ★ *as a ~* als persoon ★ *the ~ in charge* de leidinggevende ★ *gramm in the first / second / third ~* in de eerste / tweede / derde persoon ★ *in ~* persoonlijk, in levende lijve ★ *have identity papers on / about your ~ at all times* zorg dat u uw identiteitspapieren altijd bij u hebt ❷ figuur ❸ uiterlijk ❹ rechtspersoon

-person ['pɜːsən] *achterv* -persoon ‹sekseneutraal achtervoegsel in plaats van -*man* of -*vrouw*› ★ *chairperson* voorzitter / -ster ★ *sportsperson* sporter

persona [pɜːˈsəʊnə] psych *znw* [*mv:* personae] persona, imago, uiterlijk voorkomen

personable ['pɜːsənəbl] *bn* aangenaam, vriendelijk, voorkomend

personage ['pɜːsənɪdʒ] *znw* persoon, personage ★ *in the ~ of* in de persoon van

personal ['pɜːsənl] *bn* ❶ persoonlijk, personeel ★ *give sth one's ~ attention* iets zijn persoonlijke aandacht geven ★ *make a ~ appearance* in persoon verschijnen ★ *~ data / details* persoonlijke gegevens, personalia ❷ eigen, privé, intiem ★ *a ~ matter* een privéaangelegenheid ❸ beledigend ★ *a ~ remark*

/ *comment* een persoonlijke / beledigende opmerking ★ *become/ inf get* ~ beledigend worden

personal ad ['pɜːsənl æd] *znw* persoonlijke advertentie

personal allowance ['pɜːsənl əˈlaʊəns] *znw* belastingvrije voet

personal call ['pɜːsənl kɔːl] *znw* persoonlijk gesprek ‹telefoon›

personal column ['pɜːsənl ˈkɒləm] *znw* familieberichten ‹in krant›

personal computer ['pɜːsənl kəmˈpjuːtə], **PC** *znw* personal computer, pc

personal digital assistant ['pɜːsənl ˈdɪdʒɪtl əˈsɪstnt], **PDA** *znw* PDA, handcomputer, zakcomputer

personal effects ['pɜːsənl ɪˈfekts] *znw* [mv] persoonlijke eigendommen

personal identification number ['pɜːsənl aɪdentɪfɪˈkeɪʃənˈnʌmbə], **PIN** *znw* pin nummer, persoonlijk identificatienummer

personalise ['pɜːsənəlaɪz] *overg* → **personalize**

personalised ['pɜːsənəlaɪzd] *bn* → **personalized**

personality [pɜːsəˈnælɪtɪ] *znw* ❶ persoonlijkheid, karakter ★ *lack (the) ~ (for sth)* niet het karakter hebben (voor iets) ❷ identiteit, individualiteit ❸ beroemdheid, bekend persoon

personality clash [pɜːsəˈnælɪtɪ klæʃ] *znw* botsing van karakters

personality cult [pɜːsəˈnælɪtɪ kʌlt] *znw* persoonlijkheidscultus

personality disorder [pɜːsəˈnælɪtɪ dɪsˈɔːdə] *znw* persoonlijkheidsstoornis

personality type [pɜːsəˈnælɪtɪ taɪp] *znw* persoonlijkheidstype

personalize ['pɜːsənəlaɪz], **personalise** *overg* personifiëren, verpersoonlijken

personalized ['pɜːsənəlaɪzd] *bn* voorzien van de naam v.d. eigenaar ‹postpapier &›

personally ['pɜːsənəlɪ] *bijw* ❶ persoonlijk ★ *~ (speaking), I don't have a problem with it* persoonlijk heb ik er geen enkele moeite mee ★ *take sth ~* iets persoonlijk / als een belediging opvatten ❷ in persoon, zelf

personal organizer ['pɜːsənl ˈɔːgənaɪzə] *znw* personal organiser, digitale agenda

personal pension ['pɜːsənl ˈpenʃ(ə)n] *znw* persoonlijk pensioen

personal pronoun ['pɜːsənl ˈprəʊnaʊn] gramm *znw* persoonlijk voornaamwoord

personal property ['pɜːsənl ˈprɒpətɪ] *znw* persoonlijk eigendom

personal services ['pɜːsənl ˈsɜːvɪsɪz] *znw* [mv] persoonlijke diensten

personal shopper ['pɜːsənl ˈʃɒpə] *znw* persoonlijke winkelassistent

personal space ['pɜːsənl speɪs] *znw* persoonlijke ruimte

personal stereo ['pɜːsənl ˈsterɪəʊ] *znw* walkman, discman

pe

personal touch ['pɜːsənl tʌtʃ] *znw* persoonlijke toets

personal trainer ['pɜːsənl 'treɪnə] *znw* persoonlijke trainer, privétrainer

persona non grata [pɜː'səʊnə nɒn 'grɑːtə] *(Lat) znw* [*mv*: personae non gratae] persona non grata, ongewenste vreemdeling

personate ['pɜːsəneɪt] *overg* ❶ voorstellen, uitbeelden, de rol vervullen van ❷ zich uitgeven voor

personator ['pɜːsəneɪtə] *znw* ❶ personificatie ❷ vertolker

personification [pəsɒnɪfɪ'keɪʃən] *znw* persoonsverbeelding, verpersoonlijking, belichaming ★ *the ~ of evil / wisdom* de belichaming van het kwaad / wijsheid

personify [pə'sɒnɪfaɪ] *overg* verpersoonlijken

personnel [pɜːsə'nel] *znw* ❶ personeel, <u>mil</u> manschappen ❷ (afdeling) personeelszaken

personnel carrier [pɜːsə'nel 'kærɪə] *znw* troepentransportwagen

person of colour ['pɜːsən əv 'kʌlə] *znw* iemand met een donkere huidskleur

> **person of colour**
> wordt in de VS gebruikt in formele teksten als
> politiek correcte term voor een niet-blank persoon.
> Het is echter (nog) niet in het algemeen
> spraakgebruik doorgedrongen.

person-to-person ['pɜːsən-tə-'pɜːsən] *bn* van persoon tot persoon, persoonlijk ‹telefoongesprek›

perspective [pə'spektɪv] **I** *bn* perspectivisch **II** *znw* ❶ perspectief, doorzicht ★ *in ~* in juiste verhouding ★ *out of ~* niet in de juiste verhouding ★ *get / keep sth in ~* iets in perspectief krijgen / houden ★ *put sth in / into ~* iets in het juiste perspectief plaatsen ❷ perspectieftekening ❸ verschiet, (voor)uitzicht

perspex ['pɜːspeks] *znw* perspex, plexiglas

perspicacious [pɜːspɪ'keɪʃəs] *bn* scherpziend, scherpzinnig, schrander

perspicacity [pɜːspɪ'kæsətɪ] *znw* scherpziende blik, scherpzinnigheid, schranderheid

perspicuity [pɜːspɪ'kjuːətɪ] <u>form</u> *znw* klaarheid, duidelijkheid, helderheid

perspicuous [pə'spɪkjʊəs] <u>form</u> *bn* duidelijk, helder

perspiration [pɜːspɪ'reɪʃən] *znw* ❶ transpiratie, zweet ★ *be in a ~* transpireren ★ *break out in a ~* in het klamme zweet uitbreken ❷ uitwaseming

perspire [pə'spaɪə] **I** *overg* uitzweten **II** *onoverg* transpireren, zweten

persuade [pə'sweɪd] *overg* ❶ overreden, overhalen, brengen (tot *to*) ❷ overtuigen ★ *he has ~d himself of her guilt* hij heeft zichzelf overtuigd dat zij schuldig is

persuader [pə'sweɪdə] *znw* ❶ overreder ❷ <u>inf</u> wapen, pistool

persuasible [pə'sweɪsəbl] *bn* te overreden

persuasion [pə'sweɪʒən] *znw* ❶ overreding, overtuiging ❷ geloof, gezindte, richting

persuasive [pə'sweɪsɪv] *bn* overredend, overtuigend

★ *~ power* overredingskracht

persuasively [pə'sweɪsɪvlɪ] *bijw* overtuigend

persuasiveness [pə'sweɪsɪvnəs] *znw* overredingskracht, overtuigingskracht

pert [pɜːt] *bn* ❶ vrijpostig, brutaal ❷ klein en welgevormd ★ *a ~ little nose* een welgevormd neusje

pertain *phras* ★ *~ to sth* betrekking hebben op iets, <u>jur</u> behoren tot iets, deel uitmaken van iets, <u>form</u> eigen zijn aan iets

pertinacious [pɜːtɪ'neɪʃəs] <u>form</u> *bn* hardnekkig, halsstarrig, volhoudend, vasthoudend

pertinacity [pɜːtɪ'næsətɪ] <u>form</u> *znw* hardnekkigheid, halsstarrigheid, volharding

pertinence ['pɜːtɪnəns] *znw* toepasselijkheid, zakelijkheid

pertinent ['pɜːtɪnənt] *bn* relevant, toepasselijk, ter zake (dienend), zakelijk ★ *~ to* van toepassing op, betrekking hebbend op

perturb [pə'tɜːb] *overg* storen, in beroering brengen, verstoren, verontrusten

perturbation [pɜːtə'beɪʃən] *znw* ❶ storing, verontrusting, beroering ❷ verwarring ❸ onrust, bezorgdheid

perturbed [pə'tɜːbd] *bn* ontdaan ★ *he didn't seem unduly ~ by the news* hij scheen niet erg onder de indruk te zijn van het nieuws

Peru [pə'ruː] *znw* Peru

perusal [pə'ruːzəl] *znw* (nauwkeurige) lezing

peruse [pə'ruːz] <u>form</u> *overg* (nauwkeurig) lezen, doorlezen, onderzoeken

Peruvian [pə'ruːvɪən] **I** *bn* Peruviaans **II** *znw* Peruaan, Peruaanse

pervade [pə'veɪd] *overg* doordringen, doortrekken, vervullen (van *with / by*)

pervasion [pə'veɪʒən] <u>form</u> *znw* doordringing

pervasive [pə'veɪsɪv] *bn* doordringend ★ *an all~ smell of petrol* een doordringende benzinelucht

perve [pɜːv], **perv** *inf* **I** *znw* pervers persoon, geile blik **II** *onoverg* <u>Aus & NZ</u> zich geil gedragen, geil kijken, gluren

perverse [pə'vɜːs] *bn* ❶ inslecht, verdorven, pervers ❷ onredelijk, dwars, koppig ❸ averechts, verkeerd, kribbig, twistziek

perversion [pə'vɜːʃən] *znw* ❶ verdraaiing, omkering ❷ perversie

perversity [pə'vɜːsətɪ] *znw* perversiteit, slechtheid, verdorvenheid

pervert I *znw* ['pɜːvɜːt] iem. met perverse neigingen **II** *overg* [pə'vɜːt] ❶ verdraaien ‹v. woord› ❷ bederven, verleiden, misbruiken ★ <u>jur</u> *~ the course of justice* verhinderen dat het recht zijn loop heeft

perverted [pə'vɜːtɪd] *bn* pervers, ontaard

pervious ['pɜːvɪəs] *bn* doordringbaar, toegankelijk, vatbaar (voor *to*)

pesky ['peskɪ] <u>Am</u> *inf bn* lam, vervelend, lastig

peso ['peɪsəʊ] <u>valuta</u> *znw* peso ‹munteenheid in een aantal Latijns-Amerikaanse landen en de Filippijnen›

pessary ['pesərɪ] *znw* pessarium
pessimism ['pesɪmɪzəm] *znw* pessimisme
pessimist ['pesɪmɪst] *znw* pessimist
pessimistic [pesɪ'mɪstɪk] *bn* pessimistisch, somber
★ *we are quite ~ about the future* we zijn nogal pessimistisch over de toekomst
pest [pest] *znw* ❶ schadelijk dier, insect of gewas ❷ inf last, kwelling, plaag, kwelgeest, lastpost
pest control [pest kən'trəʊl] *znw* ongediertebestrijding
pester ['pestə] *overg* lastig vallen, kwellen, plagen
pesterer [pestərə] *znw* kwelgeest
pesticide ['pestɪsaɪd] *znw* insecticide, insectenverdelgingsmiddel, bestrijdingsmiddel
pesticide-free ['pestɪsaɪd-fri:] *bn* onbespoten
pestilence ['pestɪləns] arch *znw* pest, pestziekte
pestilent ['pestɪlənt] *bn* ❶ form pestilent, verderfelijk ❷ inf lastig
pestilential [pestɪ'lenʃəl] *bn* ❶ pestachtig, verpestend, pest- ❷ form pestilent, verderfelijk ❸ inf hinderlijk, lastig
pestle ['pesəl] *znw* stamper ‹v. vijzel›
pet [pet] **I** *bn* ❶ geliefd, vertroeteld ★ *a ~ name* een troetelnaam ❷ lievelings- ★ *a ~ aversion* een hartgrondige hekel ❸ huis-, als huisdier ★ *a ~ dog* een hond als huisdier ★ *~ food* dierenvoedsel ★ *a ~ shop* een dierenwinkel **II** *znw* ❶ huisdier, lievelingsdier, gezelschapsdier ❷ fig lieveling, schat ❸ kwade luim, boze bui **III** *overg* ❶ (ver)troetelen, liefkozen, aanhalen ❷ vrijen met **IV** *onoverg* vrijen
petal ['petl] *znw* bloemblad
petard [pɪ'tɑ:d] *znw* ★ *he was hoist with his own ~* hij kreeg een koekje van eigen deeg
peter ['pi:tə] *phras* ★ *~ out* uitgeput raken ‹v. voorraden›, afnemen, ophouden, uitgaan als een nachtkaars
Peter Pan ['pi:tə 'pæn] *znw* iem. die zijn jeugdigheid bewaart
pet form [pet fɔ:m] *znw* koosnaam
petit bourgeois ['petɪ 'bʊəʒwɑ:], **petty bourgeois I** *bn* kleinburgerlijk **II** *znw* [*mv:* petits bourgeois] bekrompen burger
petite [pə'ti:t] *bn* klein en sierlijk ‹v. vrouw›
petit four ['petɪ 'fɔ:] ‹Fr› *znw* [*mv:* petits fours] petitfour
petition [pɪ'tɪʃən] **I** *znw* ❶ smeekschrift, verzoek(schrift), petitie ★ *file a ~ for bankruptcy* faillissement aanvragen ❷ jur eis **II** *overg* ❶ smeken (om *for*) ❷ verzoeken **III** *onoverg* een petitie indienen, rekwestreren
petitionary [pə'tɪʃənərɪ] *bn* verzoek-, smekend
petitioner [pə'tɪʃənə] *znw* ❶ verzoeker, adressant, rekwestrant ❷ eiser in echtscheidingsproces
petit mal ['petɪ 'mæl] ‹Fr› *znw* petit mal ‹vorm van epilepsie›
petit point ['petɪ 'pɔɪnt, -'pwɑ̃:] ‹Fr› *znw* petit point, halve kruisjes ‹borduursteek›
petit pois ['petɪ 'pwɑ:] ‹Fr› *znw* [mv] kleine doperwten

pet name [pet neɪm] *znw* troetelnaam, koosnaam
petrel ['petrəl] *znw* stormvogeltje ★ fig *a stormy ~* een onruststoker
petri dish ['petri dɪʃ] *znw* petrischaal
petrifaction [petrɪ'fækʃən] *znw* ❶ techn verstening ❷ form verlamming
petrified ['petrɪfaɪd] *bn* verstijfd van schrik, verlamd door angst
petrify ['petrɪfaɪ] *overg & onoverg* ❶ (doen) verstenen ❷ (doen) verstijven ‹v. angst›, verbijsteren, angst aanjagen
petrochemical [petrəʊ'kemɪkl] *bn* petrochemisch
petrol ['petrəl] *znw* benzine ★ *~ consumption* benzineverbruik ★ *be low on ~* bijna geen benzine meer hebben
petrol bomb ['petrəl bɒm] *znw* benzinebom, molotovcocktail
petroleum [pə'trəʊlɪəm] *znw* petroleum, aardolie ★ *~ production* oliewinning
petroleum jelly [pə'trəʊlɪəm 'dʒelɪ] *znw* vaseline
petrol gauge ['petrəl geɪdʒ] *znw* benzinemeter
petrolhead ['petrəlhed] inf *znw* autogek
petrology [pə'trɒlədʒɪ] *znw* petrologie, gesteentekunde
petrol pump ['petrəl pʌmp] *znw* benzinepomp
petrol station ['petrəl 'steɪʃən] *znw* benzinestation
petrol tank ['petrəl tæŋk] *znw* benzinetank
pet sit [pet sɪt] *znw* dierenoppas
pet sitting [pet 'sɪtɪŋ] *znw* op dieren passen
petticoat ['petɪkəʊt] *znw* onderrok, petticoat
pettifogger ['petɪfɒgə] *znw* muggenzifter
pettifogging ['petɪfɒgɪŋ] *bn* ❶ muggenzifterig ❷ kleingeestig ❸ beuzelachtig
petting ['petɪŋ] *znw* vrijen
petting zoo ['petɪŋ zu:] *znw* kinderboerderij
pettish ['petɪʃ] *bn* ❶ korzelig, gemelijk ❷ gauw op zijn teentjes getrapt, prikkelbaar
petty ['petɪ] *bn* ❶ klein, gering, onbeduidend ❷ klein(zielig)
petty bourgeois ['petɪ 'bʊəʒwɑ:] *bn & znw* → **petit bourgeois**
petty cash ['petɪ kæʃ] *znw* kleine uitgaven, kleine kas
petty crime ['petɪ kraɪm] *znw* kleine criminaliteit
petty larceny ['petɪ 'lɑːsənɪ] jur *znw* kruimeldiefstal
petty officer ['petɪ 'ɒfɪsə] scheepv *znw* onderofficier
petty theft ['petɪ θeft] *znw* kruimeldiefstal
petty thief ['petɪ θi:f] *znw* kruimeldief
petulance ['petjʊləns] *znw* nukkigheid, prikkelbaarheid, lastigheid, knorrigheid
petulant ['petjʊlənt] *bn* pruilerig, nukkig, humeurig
petulantly ['petjʊləntlɪ] *bijw* nukkig, prikkelbaar, lastig, knorrig
petunia [pɪ'tju:njə] *znw* petunia
pew [pju:] *znw* kerkbank ★ inf *take / grab a ~* ga zitten, neem plaats
pewit ['pi:wɪt] *znw* → **peewit**
pewter ['pju:tə] **I** *bn* tinnen **II** *znw* tin, tinnegoed
peyote [per'əʊtɪ] *znw* ❶ peyotecactus ❷ mescaline

pe

⟨drug⟩

pfft [fʌt] <u>Am</u> *tsw* → **phut**

PG *afk* (parental guidance) meekijken gewenst ⟨aanduiding dat een film misschien niet geschikt is voor kinderen⟩

PG-13 [piːdʒiː-θɜːˈtiːn] *afk* (parental guidance-13) niet geschikt voor kinderen onder 13 ⟨van film⟩

PGCE *afk* (Postgraduate Certificate in Education) postdoctoraal onderwijsdiploma

pH *znw* pH ⟨zuurgraad⟩

phagocyte [ˈfægəsaɪt] <u>biol</u> *znw* fagocyt

phalange [ˈfælæn(d)ʒ], **phalangx** <u>anat</u> *znw* [*mv:* phalanges] kootje

phalanx [ˈfælæŋks] *znw* [*mv:* phalanxes] falanx, gesloten slagorde

phallic [ˈfælɪk] *bn* fallisch, fallus-

phallocentric [ˈfælə(ʊ)ˈsentrɪk] *bn* fallocentrisch

phallus [ˈfæləs] *znw* [*mv:* -es *of* phalli] fallus

phantasm [ˈfæntæzəm] <u>dicht</u> *znw* droombeeld, hersenschim

phantasmagoria [fæntæzməˈgɔːrɪə] *znw* schimmenspel, fantasmagorie

phantasmal [fænˈtæzməl] <u>dicht</u> *bn* fantastisch, spookachtig

phantasy [ˈfæntəsɪ] <u>psych</u> *znw* → **fantasy**

phantom [ˈfæntəm] *znw* ❶ spook(sel), schim, verschijning, geest ★ *a ~ ship* een spookschip ❷ droombeeld

phantom limb [ˈfæntəm lɪm] *znw* fantoomarm, fantoombeen ⟨geamputeerde ledematen die nog wel worden gevoeld⟩

phantom pain [ˈfæntəm peɪn] *znw* fantoompijn ⟨pijn in een geamputeerd lichaamsdeel⟩

phantom pregnancy [ˈfæntəm ˈpregnənsɪ] *znw* schijnzwangerschap

pharaoh [ˈfeərəʊ] *znw* farao

pharisaic [færɪˈseɪɪk], **pharisaical** *bn* farizees, farizeïsch, schijnheilig

pharisee [ˈfaɪrɪsiː] *znw* farizeeër, schijnheilige ★ *the Pharisees* de farizeeën

pharmaceutical [fɑːməˈsjuːtɪkl] **I** *bn* farmaceutisch ★ *a ~ chemist* een apotheker **II** *znw* (meestal *mv*) farmaceutische producten

pharmaceutics [fɑːməˈsjuːtɪks] *znw* [mv] farmacie

pharmacist [ˈfɑːməsɪst] *znw* farmaceut, apotheker

pharmacologist [fɑːməˈkɒlədʒɪst] *znw* farmacoloog

pharmacology [fɑːməˈkɒlədʒɪ] *znw* farmacologie

pharmacopoeia [fɑːməkəˈpiːə] *znw* farmacopee, apothekersreceptenboek

pharmacy [ˈfɑːməsɪ] *znw* ❶ apotheek ❷ farmacie

pharos [ˈfeərɒs] *znw* vuurtoren, baken

pharyngeal [fəˈrɪndʒɪəl] **I** *bn* <u>anat & fon</u> faryngaal, van de keelholte **II** *znw* <u>fon</u> keelklank

pharyngitis [færənˈdʒaɪtɪs] <u>med</u> *znw* ontsteking van de keelholte

pharynx [ˈfærɪŋks] <u>anat</u> *znw* keelholte

phase [feɪz] **I** *znw* fase, stadium ★ *in ~* gelijkfasig ★ *out of ~* ongelijkfasig **II** *overg* in fasen, geleidelijk doen plaatshebben, faseren **III** *phras* ★ *~ sth* in iets geleidelijk invoeren ★ *~ sth* out iets geleidelijk afschaffen

phasedown [ˈfeɪzdaʊn] *znw* geleidelijke vermindering, gefaseerde reductie

phaseout [ˈfeɪzaʊt] *znw* geleidelijke afschaffing

phat [fæt] <u>slang</u> *bn* geweldig, tof, gaaf, sexy

PhD *afk* (Doctor of Philosophy) doctorstitel, doctor ⟨gepromoveerd in een bepaalde wetenschap⟩

pheasant [ˈfezənt] *znw* fazant

phenol [ˈfiːnɒl] *znw* fenol

phenom [fəˈnɒm] *znw* uitblinker

phenomenal [fəˈnɒmɪnl] *bn* ❶ fenomenaal, merkwaardig, buitengewoon ❷ op de verschijnselen betrekking hebbend, zinnelijk waarneembaar

phenomenally [fəˈnɒmɪn(ə)lɪ] *bijw* fenomenaal, buitengewoon

phenomenon [fəˈnɒmɪnən] *znw* [*mv:* phenomena] verschijnsel, fenomeen

phew [fjuː] *inf tsw* phoe!, oef! ⟨uitroep van opluchting, verbazing &⟩

phial [ˈfaɪəl] *znw* flesje

Phi Beta Kappa [ˈfaɪ ˈbeɪtə/ˈbiːtə ˈkæpə] <u>Am</u> *znw* Phi Beta Kappa ⟨academisch genootschap in de VS waar men op grond van academische prestaties toe kan worden uitgenodigd⟩

philanderer [fɪˈlændərə] *znw* versierder, donjuan, beroepsflirter

philandering [fɪˈlændərɪŋ] *znw* ❶ geflirt ❷ avontuurtje

philanthropic [fɪlənˈθrɒpɪk] *bn* ❶ filantropisch, menslievend ❷ liefdadigheids-

philanthropist [fɪˈlænθrəpɪst] *znw* filantroop, mensenvriend

philanthropy [fɪˈlænθrəpɪ] *znw* filantropie, mensenliefde, menslievendheid

philatelic [fɪləˈtelɪk] *bn* filatelistisch

philatelist [fɪˈlætəlɪst] *znw* filatelist, postzegelverzamelaar

philately [fɪˈlætəlɪ] *znw* filatelie

philharmonic [fɪlhɑːˈmɒnɪk] *bn* filharmonisch

Philippine [ˈfɪlɪpiːn] *bn* Filippijns

Philippines [ˈfɪlɪpiːnz] *znw* [mv] ★ *the ~* de Filippijnen

philistine [ˈfɪlɪstaɪn] **I** *bn* ❶ onbeschaafd ❷ prozaïsch **II** *znw* cultuurbarbaar

philistinism [ˈfɪlɪstɪnɪzm] *znw* kleinburgerlijkheid, benepenheid, filisterij

Philly [ˈfɪlɪ] *inf znw* populaire benaming voor Philadelphia ★ *~ cheese* soort roomkaas

philological [fɪləˈlɒdʒɪkl] *bn* filologisch

philologist [fɪˈlɒlədʒɪst] *znw* filoloog

philology [fɪˈlɒlədʒɪ] *znw* filologie

philosopher [fɪˈlɒsəfə] *znw* filosoof, wijsgeer

philosopher's stone [fɪˈlɒsəfəz stəʊn] *znw* ★ *the ~* de steen der wijzen

philosophic [fɪləˈsɒfɪk], **philosophical** *bn* filosofisch, wijsgerig

philosophize [fɪˈlɒsəfaɪz], **philosophise** *onoverg*

filosoferen
philosophy [fɪ'lɒsəfɪ] *znw* filosofie, wijsbegeerte
phiz [fɪz] Br inf *znw* facie, tronie
phlegm [flem] *znw* ❶ slijm, fluim ❷ flegma, onverstoorbaarheid
phlegmatic [fleg'mætɪk] *bn* ❶ flegmatisch
❷ flegmatiek, onverstoorbaar
phlox [flɒks] *znw* flox ‹tuinbloem›
phobia ['fəʊbɪə] *znw* fobie
phobic ['fəʊbɪk] **I** *bn* fobisch **II** *znw* fobiepatiënt
phoenix ['fiːnɪks] *znw* feniks ★ *rise ~like / like a ~ (from the ashes)* als een feniks (uit de as) herrijzen
phone [fəʊn] **I** *znw* telefoon **II** *overg & onoverg* bellen, telefoneren **III** *phras* ★ *~ in* telefonisch meedoen ‹aan radio / TV-spelletje› ★ *she ~d in sick* ze belde op dat ze ziek was ★ *~ (sbd)* **up** (iem.) opbellen
phone banking [fəʊn 'bæŋkɪŋ] *znw* telefonisch bankieren
phone book [fəʊn bʊk] *znw* telefoonboek
phone booth [fəʊn buːð], **phone box** *znw* telefooncel
phone call [fəʊn kɔːl] *znw* telefoontje, telefoongesprek
phone card [fəʊn kɑːd] *znw* telefoonkaart
phone-in ['fəʊn'ɪn] *znw* phone-in (programma) ‹radioprogramma waarbij de luisteraars telefonisch kunnen meepraten›
phoneme ['fəʊniːm] fon *znw* foneem
phone sex [fəʊn seks] *znw* telefoonseks
phone-tapping ['fəʊn-'tæpɪŋ] *znw* het afluisteren van telefoons
phonetic [fə'netɪk] *bn* fonetisch
phonetically [fə'netɪklɪ] *bijw* fonetisch
phonetics [fə'netɪks] *znw* [mv] fonetiek
phoney ['fəʊnɪ], **phony** inf **I** *bn* vals, onecht, namaak-, schijn- **II** *znw* ❶ bedrieger, huichelaar ❷ namaak
phonic ['fɒnɪk] *bn* klank-, akoestisch
phonogram ['fəʊnəgræm] *znw* fonogram
phonograph ['fəʊnəgrɑːf] *znw* ❶ fonograaf ❷ Am grammofoon
phonology [fə'nɒlədʒɪ] *znw* ❶ fonologie, klankleer ❷ klankstelsel
phooey ['fuːɪ] inf *tsw* bah!, foei!
phosphate ['fɒsfeɪt] *znw* fosfaat
phosphor ['fɒsfə] *znw* ❶ fosforescerende stof ❷ vero fosfor
phosphorate ['fɒsfəreɪt] *overg* met fosfor verbinden
phosphoresce [fɒsfə'res] *onoverg* fosforesceren
phosphorescence [fɒsfə'resəns] *znw* fosforescentie
phosphorescent [fɒsfə'resənt] *bn* fosforescerend
phosphoric [fɒs'fɒrɪk] *bn* fosforisch, fosfor- ‹5-waardig›
phosphorous ['fɒsfərəs] *bn* fosfor- ‹3-waardig›
phosphorus ['fɒsfərəs] *znw* fosfor
photo ['fəʊtəʊ] *znw* ❶ foto ❷ → inf **photo finish**
photo album ['fəʊtəʊ 'ælbəm] *znw* → **photograph album**
photo booth ['fəʊtəʊ buːð] *znw* (pas)fotoautomaat
photo call ['fəʊtəʊ kɔːl] *znw* fotosessie voor de media ‹bij internationale conferenties &›

photo CD ['fəʊtəʊ siːdiː] *znw* foto-cd
photocell ['fəʊtəʊsel] *znw* fotocel
photochemical [fəʊtəʊ'kemɪkl] *bn* fotochemisch
photochemical smog [fəʊtəʊ'kemɪkl smɒg] *znw* fotochemische smog, ozonsmog
photocopiable ['fəʊtəʊ'kɒpɪəbl] *bn* fotokopieerbaar
photocopier ['fəʊtəʊkɒpɪə] *znw* fotokopieerapparaat
photocopy ['fəʊtəʊkɒpɪ], **photostat I** *znw* fotokopie **II** *overg* fotokopiëren
photoelectric [fəʊtəʊɪ'lektrɪk] *bn* foto-elektrisch
photoelectric cell [fəʊtəʊɪ'lektrɪk sel] *znw* foto-elektrische cel
photo finish ['fəʊtəʊ 'fɪnɪʃ], **photo** *znw* fotofinish
photofit ['fəʊtəʊfɪt] *znw* compositiefoto
photo frame ['fəʊtəʊ freɪm] *znw* fotolijstje
photogenic [fəʊtəʊ'dʒenɪk] *bn* fotogeniek
photograph ['fəʊtəgrɑːf] **I** *znw* foto ★ *have one's ~ taken* zich laten fotograferen **II** *overg* fotograferen
photograph album ['fəʊtəgrɑːf 'ælbəm], **photo album** *znw* fotoalbum
photographer [fə'tɒgrəfə] *znw* fotograaf
photographic [fəʊtə'græfɪk] *bn* fotografisch
photographic memory [fəʊtə'græfɪk 'memərɪ] *znw* fotografisch geheugen
photography [fə'tɒgrəfɪ] *znw* fotografie
photogravure [fəʊtəʊgrə'vjʊə] *znw* koper(diep)druk
photojournalism [fəʊtəʊ'dʒɜːnəlɪzəm] *znw* fotojournalistiek
photojournalist [fəʊtəʊ'dʒɜːnəlɪst] *znw* fotojournalist(e)
photometer [fəʊ'tɒmɪtə] *znw* lichtmeter
photon ['fəʊtɒn] *znw* lichtdeeltje
photo opportunity ['fəʊtəʊ ɒpə'tjuːnətɪ] *znw* → **photo call**
photophobia [fəʊtə'fəʊbɪə] *znw* lichtschuwheid
photosensitive [fəʊtəʊ'sensɪtɪv] *bn* lichtgevoelig
photosensitize [fəʊtəʊ'sensɪtaɪz], **photosensitise** *overg* lichtgevoelig maken
photo session ['fəʊtəʊ 'seʃən] *znw* fotosessie
photosphere ['fəʊtəsfɪə] *znw* fotosfeer, lichtkring om de zon
photostat ['fəʊtəstæt] *znw & overg* → **photocopy**
phototype ['fəʊtəʊtaɪp] *znw* lichtdruk
phrasal ['freɪzl] *bn* uit een woordgroep bestaand
phrasal verb ['freɪzl vɜːb] gramm *znw* woordgroep die als werkwoord fungeert ‹werkwoord + bijwoord of werkwoord + voorzetsel›
phrase [freɪz] **I** *znw* ❶ frase ❷ zegs-, spreekwijze, uitdrukking, gezegde ★ *a turn of ~* wijze van uitdrukken ★ iron *to coin a ~* om het maar eens heel origineel te zeggen **II** *overg* ❶ onder woorden brengen, inkleden, uitdrukken ❷ muz fraseren
phrase book [freɪz bʊk] *znw* taalgids
phrasemonger ['freɪzmʌŋgə] inf *znw* ❶ praatjesmaker ❷ fraseur
phraseology [freɪzɪ'ɒlədʒɪ] *znw* fraseologie ‹woordkeus en zinsbouw›

ph

phrasing ['freɪzɪŋ] znw woordkeus ★ the ~ of the text is quite careful de woordkeus in de tekst is heel voorzichtig

phrenology [frɪ'nɒlədʒɪ] znw frenologie, schedelleer

phut [fʌt], Am **pfft** inf bijw ★ go ~ in elkaar zakken, op niets uitlopen

phylactery [fɪ'læktərɪ] joods znw gebedsriem

phyllo pastry ['fiːləʊ 'peɪstrɪ] znw → **filo pastry**

phylloxera [fɪlɒk'sɪərə] znw fylloxera, druifluis

phylum ['faɪləm] biol znw [mv: phyla] fylum, stam, divisie

physical ['fɪzɪkl] I bn ❶ fysiek, lichamelijk, lichaams- ★ inf things started to get a bit ~ het begon een beetje agressief te worden ❷ natuurkundig, natuurwetenschappelijk II znw medische keuring

physical education ['fɪzɪkl edjʊ'keɪʃən], **PE, physical training** znw lichamelijke oefening, gymnastiek

physical jerks ['fɪzɪkl 'dʒɜːks] inf znw [mv] gym, lichamelijke oefening(en)

physically ['fɪzɪklɪ] bijw lichamelijk ★ she doesn't find him ~ attractive ze vindt hem lichamelijk niet aantrekkelijk

physical sciences ['fɪzɪkl 'saɪənsɪz] znw [mv] natuurwetenschappen

physical therapy ['fɪzɪkl 'θerəpɪ] znw fysiotherapie, fysische therapie

physical training ['fɪzɪkl 'treɪnɪŋ], **PT** znw → **physical education**

physician [fɪ'zɪʃən] znw dokter, geneesheer

physicist ['fɪzɪsɪst] znw natuurkundige, fysicus

physics ['fɪzɪks] znw [mv] natuurkunde, fysica

physio ['fɪzɪəʊ] inf znw ❶ → **physiotherapist** ❷ → **physiotherapy**

physiognomist [fɪzɪ'ɒnəmɪst] znw gelaatkundige

physiognomy [fɪzɪ'ɒnəmɪ] znw ❶ gelaatkunde ❷ fysionomie, voorkomen, gelaat ❸ inf tronie

physiography [fɪzɪ'ɒgrəfɪ] znw fysische geografie

physiological [fɪzɪə'lɒdʒɪkl] bn fysiologisch

physiologist [fɪzɪ'ɒlədʒɪst] znw fysioloog

physiology [fɪzɪ'ɒlədʒɪ] znw fysiologie

physiotherapist [fɪzɪəʊ'θerəpɪst], inf **physio** znw fysiotherapeut

physiotherapy [fɪzɪəʊ'θerəpɪ], inf **physio** znw fysiotherapie

physique [fɪ'ziːk] znw fysiek, lichaamsbouw

pi [paɪ] I bn Br inf vroom II znw ❶ de Griekse letter pi ❷ het getal pi

pianist ['piːənɪst] znw pianist

piano [pɪ'ænəʊ] znw piano

pianoforte [pɪænəʊ'fɔːtɪ] znw piano

pianola [pɪə'nəʊlə] znw pianola

piano lid [pɪ'ænəʊ lɪd] znw pianoklep

piano stool [pɪ'ænəʊ stuːl] znw pianokruk

piano tuner [pɪ'ænəʊ 'tjuːnə] znw pianostemmer

piazza [pɪ'ætsə] znw ❶ plein ‹in Italië &› ❷ Am buitengalerij, veranda

pibroch ['piːbrɒx] Schots znw krijgsmars (met variaties) op de doedelzak

pic [pɪk] inf znw [mv: -s of pix] ❶ film ❷ foto

picaresque [pɪkə'resk] bn picaresk, schelmen-

picayune [pɪkə'juːn] Am inf I bn onbeduidend, nietswaardig II znw ❶ muntstukje (van 5 dollarcent) ★ not worth a ~ geen stuiver waard ❷ prul, kleinigheid, bagatel ❸ onbeduidend persoon, nul

piccalilli ['pɪkəlɪlɪ] znw piccalilly

piccaninny [pɪkə'nɪnɪ] beledigend gedat znw negerkind

piccolo ['pɪkələʊ] muz znw piccolo(fluit)

pick [pɪk] I znw ❶ punthouweel, pikhouweel ❷ inf plectrum ❸ tandenstoker ❹ pluk, oogst ❺ keus ★ the ~ of sth de (het) beste van iets, het puik(je) van iets ★ take one's ~ from / of sth een keus doen uit iets II overg ❶ plukken ‹vruchten, bloemen en gevogelte› ❷ pikken ‹v. vogels› ★ ~ holes in sth vitten op iets, iets kritiseren ❸ (uit)kiezen, (uit)zoeken, (af-, uit-)pluizen ★ inf ~ sbd's brains iemand advies inwinnen ★ ~ a fight ruzie zoeken ★ ~ pockets zakkenrollen ★ ~ straws strootje trekken, loten, muggenziften ★ ~ one's way voorzichtig (stap voor stap) vooruitgaan ★ ~ one's words voorzichtig zijn woorden kiezen ❹ uitpeuteren, peuteren in ‹neus, tanden›, (af)kluiven ★ ~ a lock een slot openpeuteren (met ijzerdraad) ★ ~ one's nose neuspeuteren ★ ~ sbd to pieces iem. bekritiseren zodat er geen stuk van heel blijft, afmaken ★ ~ sth to pieces iets uit elkaar nemen, iets bekritiseren zodat er geen stuk van heel blijft III onoverg ❶ kluiven, bikken ❷ kiezen ★ ~ and choose kiezen, kieskeurig zijn ★ ~ at one's food kleine hapjes eten, kieskauwen IV phras ★ ~ sbd / sth off iem. / iets een voor een neerschieten / afschieten ★ ~ on sbd iem. (uit)kiezen, afgeven op iem. ★ ~ sth out iets uitpikken, (uit)kiezen, iets onderscheiden, iets zien, iets ontdekken ‹de betekenis›, muz iets op het gehoor spelen ★ her name was ~ed out in lights haar naam was in licht gevangen ★ ~ sth over iets sorteren, het beste van iets eruit pikken ★ ~ through sth iets grondig doorzoeken ★ ~ up bijkrabbelen, bijkomen ‹v. herstellenden›, weer aanslaan ‹v. motor›, optrekken ‹v. auto› ★ ~ sth up iets oppikken, iets oprapen, opnemen, iets opdoen, op de kop tikken, (te pakken) krijgen, vinden, iets opvangen ‹een radiostation, geluid &›, iets herkrijgen ‹krachten›, iets hervatten ‹verhaal &› ★ inf ~ up the bill de rekening betalen ★ ~ up a living zijn kostje bijeenscharrelen ★ ~ the phone up de telefoon opnemen ★ ~ up the pieces zijn leven weer oppakken, een nieuwe start maken ★ ~ up speed snelheid maken ★ ~ up steam snelheid maken ‹van proces of trein› ★ ~ up the threads de draad weer opvatten ★ ~ sbd up iem. oppikken ‹in een bar &›, iem. ophalen ‹reiziger› ★ ~ oneself up weer opkrabbelen, op verhaal komen ★ ~ up on sth iets oppikken, bemerken, opmerken ★ ~ sbd up on sth iem. over iets de les lezen

pickaback ['pɪkəbæk] gedat bijw op de rug

pickaxe ['pɪkæks], Am **pickax** znw houweel
picked [pɪkt] bn uitgekozen, uitgezocht, uitgelezen, keur-, elite
picker ['pɪkə] znw plukker
pickerel ['pɪk(ə)r(e)l] znw [mv: ~ of -s] ❶ jonge snoek ❷ Am snoek ⟨naam van verschillende Amerikaanse snoeken⟩
picket ['pɪkɪt] I znw ❶ piketpaal, staak ❷ mil piket II overg ❶ met palen afzetten of versterken ❷ posten ⟨bij staking⟩
picket fence ['pɪkɪt fens] znw staketsel
picket line ['pɪkɪt laɪn] znw post ⟨bij staking⟩
picking ['pɪkɪŋ] znw pluk
pickings ['pɪkɪŋz] znw [mv] ❶ kliekjes, restanten ❷ oneerlijk verkregen geld &
pickle ['pɪkl] I znw ❶ pekel, zuur ❷ ingemaakt zuur ★ mixed ~s gemengd zuur ★ inf be in a ~ in moeilijkheden, (lelijk) in de knoei zitten II overg ❶ pekelen, inmaken, inleggen ❷ afbijten, schoonbijten (met bijtmiddel)
pickled ['pɪkld] inf bn in de olie, dronken
picklock ['pɪklɒk] znw ❶ haaksleutel ❷ inbreker
pick-me-up ['pɪkmɪʌp] inf znw opkikkertje, borreltje
pickpocket ['pɪkpɒkɪt] znw zakkenroller
pickup ['pɪkʌp], **pick-up** znw ❶ pick-uptruck, Am kleine bestelauto ❷ inf op straat opgepikt persoon (meestal meisje), scharreltje ❸ inf herstel, hartversterking ❹ onderweg meegenomen passagiers ❺ inf lift ⟨in auto⟩
Pickwickian [pɪk'wɪkɪən] bn ❶ Pickwickiaans, joviaal en gezet, vrijgevig ❷ misverstaan, verkeerd gebruikt ⟨v. woorden⟩
picky ['pɪkɪ] inf bn kieskeurig
pick-your-own ['pɪk-jər-'əʊn], PYO znw zelfpluk
picnic ['pɪknɪk] I znw picknick ★ inf be no ~ geen pretje zijn, geen kleinigheid zijn II onoverg picknicken
pictograph ['pɪktəgrɑːf], **pictogram** znw pictogram
pictorial [pɪk'tɔːrɪəl] I bn ❶ beeldend, schilder- ❷ in beeld(en), beeld- ❸ geïllustreerd II znw geïllustreerd blad
picture ['pɪktʃə] I znw ❶ schilderij, tekening, prent, afbeelding ★ inf her / his face was a ~ haar / zijn gezicht sprak boekdelen ❷ foto ★ you're not allowed to take ~s je mag hier niet fotograferen ❸ beeltenis, portret ★ he had his ~ painted hij heeft zijn portret laten schilderen ❹ (mooi) plaatje ★ as pretty as a ~ heel mooi ★ be / look a ~ beelderig zijn ❺ televisiebeeld ❻ film ❼ beeld, indruk, totaaloverzicht ★ be in the ~ op de hoogte, goed geïnformeerd zijn, belangrijk zijn, toepasselijk zijn ★ be out of the ~ niet in zijn omgeving passen, er niet bij horen, niet meetellen ★ inf get the ~ het snappen ★ leave sth out of the ~ er buiten laten ★ look at / see the big ~ het totaalbeeld bekijken ★ keep sbd in the ~ iem. op de hoogte houden ❽ toonbeeld, belichaming ★ be the ~ of health / innocence & het toonbeeld van gezondheid

/ onschuld & zijn II overg (af)schilderen, afbeelden ★ ~ this stel je dit eens voor
picture book ['pɪktʃəbʊk] znw prentenboek
picture card ['pɪktʃə kɑːd] kaartsp znw pop
picture frame ['pɪktʃə freɪm] znw fotolijst, schilderijenlijst
picture gallery ['pɪktʃə 'gælərɪ] znw galerie, zaal voor schilderijen, schilderijenkabinet, schilderijenmuseum
picture hat ['pɪktʃə hæt] znw breedgerande dameshoed
picture house ['pɪktʃəhaʊs], **picture palace** Br gedat znw bioscoop
picture-perfect ['pɪktʃə-'pɜːfɪkt] Am bn beeldschoon
picture-postcard ['pɪktʃə-'pəʊstkɑːd] bn pittoresk, schilderachtig
picture rail ['pɪktʃə reɪl] znw kroonlijst
pictures ['pɪktʃəz] inf znw [mv] ★ the ~ de bioscoop
picture show ['pɪktʃə ʃəʊ] znw bioscoopvoorstelling
picturesque [pɪktʃə'resk] bn schilderachtig, pittoresk
picture tube ['pɪktʃə tjuːb] znw beeldbuis
picture window ['pɪktʃə 'wɪndəʊ] znw groot raam met weids uitzicht
picture-writing ['pɪktʃə-'raɪtɪŋ] znw beeldschrift
piddle ['pɪdl] inf I znw plasje II onoverg ❶ een plasje doen ❷ prutsen, zijn tijd verdoen, beuzelen ★ he spent the day piddling around his workshop hij bracht de dag door met gepruts in zijn werkplaats
piddling ['pɪdlɪŋ] inf bn beuzelachtig
pidgin ['pɪdʒɪn] znw pidgin, mengtaaltje
pie [paɪ] znw ❶ pastei, Am taart ★ as easy as ~ doodsimpel ★ a ~ in the sky een luchtkasteel ★ have a finger in every ~ overal een vinger in de pap hebben ❷ typ door elkaar gevallen zetsel
piebald ['paɪbɔːld] bn bont, gevlekt
piece [piːs] I znw ❶ stuk, brok, portie, deel, beetje ★ a ~ of the action een aandeel, deelname ★ a ~ of advice een raad ★ vulg a ~ of ass / tail / crumpet een stuk, stoot, seks ★ a ~ of bread and butter een boterham ★ a ~ of cake een stuk koek, inf stuk (meisje), inf een peulenschilletje, een makkie ★ ~ by ~ stukje bij beetje ★ in ~s aan stukken, stuk ★ of a ~ uit één stuk ★ (all) of a ~ van één soort, in overeenstemming (met with), van hetzelfde slag (als with) ★ be in one ~ heel zijn ★ come / fall to ~s stukgaan, in stukken breken, fig het afleggen, mislukken ★ give sbd a ~ of one's mind iem. eens flink de waarheid zeggen ★ fig go to ~s instorten, helemaal kapot gaan, zich niet langer goed kunnen houden ★ say one's ~ zijn zegje doen ★ inf pick up the ~s de brokken lijmen ★ pull / tear sth to ~s iets uit elkaar trekken, inf iets scherp kritiseren, afmaken ★ take sth to ~s iets uit elkaar nemen ❷ stuk, artikel, eenheid ★ a ~ per stuk, ieder ★ by the ~ per stuk ★ a ~ of news een nieuwtje ★ a ~ of sculpture een beeldhouwwerk ❸ voorbeeld, geval ★ a ~ of good fortune een buitenkansje ★ Br a ~ of impudence een brutaal stukje, een staaltje van onbeschaamdheid

★ inf *a nasty ~ of work / goods* een gemeen / onbetrouwbaar persoon ❹ muntstuk ★ hist *a ~ of eight* stuk van achten ‹acht realen›, Spaanse mat ‹munt› **II** *phras* ★ ~ *sth* **together** iets samenlappen, aaneenflansen, iets reconstrueren

pièce de résistance [pjes də rer'zɪstɑ̃s] *(‹Fr)* znw ❶ pièce de résistance ❷ hoofdschotel

piece goods [pi:s gʊdz] *znw* [mv] geweven (stuk)goederen, goederen aan het stuk, manufacturen

piecemeal ['pi:smi:l] *bijw* bij stukjes en beetjes, geleidelijk

piece rate [pi:s reɪt] *znw* tarief per stuk, stuktarief, stukloon

piecework ['pi:swɜ:k] *znw* stukwerk ★ ~ *wages/~ pay* stukloon

pieceworker ['pi:swɜ:kə] *znw* stukwerker

pie chart [paɪ tʃɑ:t] *znw* taartdiagram, cirkeldiagram

piecrust ['paɪkrʌst] *znw* pasteikorst ★ ~ *promises* waardeloze beloften

pied [paɪd] *bn* bont, gevlekt

pie-eyed [paɪ'aɪd] *inf bn* beschonken

pieplant ['paɪplɑ:nt] *Am znw* rabarber

pier [pɪə] *znw* ❶ pier, kade, aanlegsteiger, havenhoofd ❷ havendam, golfbreker ❸ pijler ‹v. brug› ❹ bouwk stenen beer ❺ bouwk penant ❻ pier ‹op luchthaven›

pierce [pɪəs] **I** *overg* ❶ doorboren, doorsteken ★ ~ *sth through* iets doorboren ❷ open-, dóórsteken, doordringen, doorsnijden ❸ door... heendringen, breken door ❹ doorgronden, doorzien **II** *onoverg* binnendringen (in *into*), doordringen (tot *to*), zich een weg banen (door *through*) ★ ~ *through* verder doordringen

piercer ['pɪəsə] *znw* ❶ (grote) boor ❷ priem

piercing ['pɪəsɪŋ] **I** *bn* ❶ doordringend ❷ scherp, snijdend **II** *znw* piercing

piercingly ['pɪəsɪŋlɪ] *bijw* doordringend

pier glass [pɪə glɑ:s] *znw* penantspiegel

pierhead ['pɪəhed] *znw* kop van haven- of strekdam, pier

Pierrot ['pɪərəʊ, 'pjerəʊ] *znw* pierrot

pietist ['paɪətɪst] *znw* ❶ piëtist ❷ fig kwezelaar

piety ['paɪətɪ] *znw* vroomheid, piëteit, kinderlijke liefde

piezoelectric [paɪ'i:zəʊɪ'lektrɪk, 'pi:zəʊɪ'lektrɪk] *bn* piëzo-elektrisch

piffle ['pɪfəl] *inf znw* kletskoek, onzin

piffling ['pɪflɪŋ] *inf bn* ❶ belachelijk, onzinnig ❷ onbenullig

pig [pɪg] **I** *znw* ❶ varken, big ★ Iers inf *be on the ~'s back* leven als god in Frankrijk, een luizenleventje hebben ★ *buy a ~ in a poke* een kat in de zak kopen ★ Br inf *make a ~'s ear of sth* iets verknoeien, verprutsen, prutswerk afleveren ★ iron *~s can / might fly* je kunt me nog meer vertellen ❷ schrokop ★ inf *make a ~ of oneself* vreten of zuipen (als een varken), te veel eten of drinken

❸ inf smeerlap, stijfkop, mispunt ★ *a ~ of a day / job* & een rotdag / rotklus & ❹ slang smeris ❺ techn gieteling, klomp ruw ijzer, blok ‹lood›, schuitje ‹tin› **II** *overg* ★ inf *~ it* als varkens samenhokken **III** *onoverg* ❶ biggen ❷ samenhokken ‹als varkens› **IV** *phras* ★ inf *~ out on sth* te veel eten van iets

pigeon ['pɪdʒɪn] *znw* dierk duif ★ *a clay ~* een kleiduif ★ *a homing ~* een postduif ★ *~ post* postduivenpostsysteem ★ inf *it's not my ~* het is mijn zaak niet ★ *put the cat amongst the ~s* de knuppel in het hoenderhok gooien

pigeon breast ['pɪdʒɪn brest], **pigeon chest** *znw* kippenborst ‹met vooruitstekend borstbeen›

pigeon fancier ['pɪdʒɪn 'fænsɪə] *znw* duivenmelker

pigeon-hearted [pɪdʒən'hɑ:tɪd] *bn* bang, laf

pigeonhole ['pɪdʒɪnhəʊl] **I** *znw* loket, hokje, vakje, postvakje ★ *put sbd in a ~* iem. een etiket opplakken, iem. in een hokje plaatsen **II** *overg* ❶ in een vakje leggen ❷ opbergen ❸ in vakjes ordenen, indelen ❹ classificeren, categoriseren, aanmerken als

pigeon house ['pɪdʒɪn haʊs], **pigeon loft** *znw* duiventil

pigeon-toed [pɪdʒɪn-'təʊd] *bn* met naar binnen gekeerde tenen

piggery ['pɪgərɪ] *znw* ❶ varkensfokkerij ❷ zwijnenstal, varkenshok, varkenskot ❸ zwijnerij

piggish ['pɪgɪʃ] *bn* ❶ varkensachtig, vuil, vies ❷ gulzig ❸ koppig

piggy ['pɪgɪ] kindertaal *znw* varkentje, big ★ *~ eyes* varkensoogjes

piggyback ['pɪgɪbæk] **I** *bn* inf op de rug / schouders ★ *~ transport* vervoer op platte, open wagons **II** *bijw* op de rug / schouders **III** *znw* een ritje op iemands rug / schouders **IV** *overg* op de rug / schouders dragen

piggy bank ['pɪgɪ bæŋk] *znw* spaarvarken

piggy in the middle ['pɪgɪ ɪn ðə 'mɪdl] *znw* lummelen ‹balspel v. kinderen› ★ *be ~* tussen twee vuren zitten

pigheaded [pɪg'hedɪd] *bn* koppig, dwars, eigenwijs

pig iron [pɪg 'aɪən] *znw* ruw ijzer

piglet ['pɪglət] *znw* big, biggetje

pigment ['pɪgmənt] **I** *znw* pigment, kleur-, verfstof **II** *overg* kleuren

pigmentation [pɪgmən'teɪʃən] *znw* ❶ biol pigmentatie, kleuring ❷ med pigmentering

pigmy ['pɪgmɪ] *znw & bn* → **pygmy**

pig pen ['pɪgpen] *znw* ❶ Am varkensstal ❷ fig zwijnenstal, beestenbende

pigskin ['pɪgskɪn] *znw* ❶ varkenshuid ❷ varkensleer ❸ Am sp voetbal

pigsticker ['pɪgstɪkə] *znw* ❶ wildezwijnenjager ❷ inf bajonet

pig sticking [pɪg 'stɪkɪŋ] *znw* jacht op wilde zwijnen (met speren)

pigsty ['pɪgstaɪ] *znw* varkenskot, varkenshok

pigtail ['pɪgteɪl] *znw* (haar)vlecht, staartje

pigwash ['pɪgwɒʃ], **pig's wash**, **pigswill** *znw* spoeling, varkensdraf, varkensvoer

pi

pike [paɪk] *znw* ❶ piek, spies ❷ tolboom ❸ <u>dierk</u> snoek

piked [paɪkt] *bn* puntig, stekelig

pikelet [ˈpaɪklɪt] *znw* rond theegebakje ‹als drie-in-de-pan, maar zonder gedroogde vruchten›

pikeman [ˈpaɪkmən] <u>hist</u> *znw* piekenier

pikeperch [ˈpaɪkpɜːtʃ] *znw* snoekbaars

pikestaff [ˈpaɪkstɑːf] *znw* piekstok, lansstok ★ *as plain as a ~* zo duidelijk als wat, zo klaar als een klontje, niet aantrekkelijk

pilaf [pɪˈlæf], **pilaff** *znw* → **pilau**

pilaster [pɪˈlæstə] *znw* pilaster

Pilates [pəˈlɑːtiːz] *znw* de Pilates methode ‹bepaalde fitnessmethode›

pilau [pɪˈlaʊ], **pilaf**, **pilaff** *znw* pilau, pilav ‹gerecht van rijst met schapenvlees›

pilch [pɪltʃ], **pilcher** *znw* driehoekige flanellen luier

pilchard [ˈpɪltʃəd] *znw* pelser, sardien ‹vis›

pile [paɪl] **I** *znw* ❶ hoop, stapel ★ *a ~ of books / clothes &* een stapel boeken / kleren & ❷ <u>inf</u> hoop geld, fortuin ★ <u>inf</u> *make a ~* fortuin maken ❸ hoog gebouw, gebouwencomplex ❹ <u>elektr</u> element, zuil van Volta, batterij ❺ paal, heipaal ❻ pool ‹v. fluweel, tapijt›, pluis, nop ‹van laken &› **II** *overg* ❶ (op)stapelen, ophopen ❷ beladen **III** *phras* ★ *~ into / onto sth* ergens met zijn allen in / op gaan ★ *~ sth* on iets opstapelen, ophopen ★ <u>inf</u> *~ it on* overdrijven ★ *~ up* zich opstapelen, zich ophopen ★ *~ sth up* iets opstapelen, ophopen

piledriver [ˈpaɪldraɪvə] *znw* ❶ heimachine ❷ <u>inf</u> harde klap, stoot ❸ drankje van rum, wodka, jus en coca-cola

pile dwelling [paɪl ˈdwelɪŋ] *znw* paalwoning

piles [paɪlz] <u>inf</u> *znw* [mv] aambeien

pile-up [ˈpaɪlʌp] *znw* ❶ (ravage van) kettingbotsing ❷ op elkaar botsen van auto's

pilewort [ˈpaɪlwɜːt] *znw* speenkruid

pilfer [ˈpɪlfə] *overg* pikken, gappen, jatten

pilferage [ˈpɪlfərɪdʒ] *znw* kruimeldiefstal

pilferer [ˈpɪlfərə] *znw* kruimeldief

pilgrim [ˈpɪlɡrɪm] *znw* pelgrim

pilgrimage [ˈpɪlɡrɪmɪdʒ] *znw* ❶ bedevaart, pelgrimstocht ❷ <u>fig</u> levensreis

piling [ˈpaɪlɪŋ] *znw* heiwerk

pill [pɪl] *znw* pil ★ *the ~* de (anticonceptie)pil ★ *a bitter ~ (to swallow)* een bittere pil ★ *be on the ~* aan de pil zijn, de pil gebruiken ★ *sugar / sweeten the ~* de pil vergulden

pillage [ˈpɪlɪdʒ] **I** *znw* plundering, roof **II** *overg & onoverg* plunderen, roven

pillar [ˈpɪlə] *znw* ❶ pilaar, pijler, zuil ★ *~s of society* steunpilaren van de maatschappij ❷ stut, stijl ★ *from ~ to post* van het kastje naar de muur

pillar box [ˈpɪlə bɒks] <u>post</u> *znw* (ronde, rode) brievenbus ‹in Engeland›

pillared [ˈpɪlə] *bn* door pilaren gedragen

pillbox [ˈpɪlbɒks] *znw* ❶ pillendoos ❷ klein rond hoedje ❸ <u>mil</u> kleine bunker

pillion [ˈpɪljən] *znw* ❶ duo(zitting), zadelkussen ★ *ride ~* achterop zitten ❷ dameszadel

pillion rider [ˈpɪljən ˈraɪdə] *znw* duopassagier

pillory [ˈpɪlərɪ] **I** *znw* kaak, schandpaal **II** *overg* aan de kaak stellen

pillow [ˈpɪləʊ] **I** *znw* ❶ (hoofd)kussen ★ <u>scherts</u> *take counsel of / with one's ~* er nog eens over slapen ❷ <u>techn</u> kussen **II** *overg* ❶ op een kussen leggen, (als) op een kussen laten rusten ❷ met kussens steunen

pillowcase [ˈpɪləʊkeɪs], **pillowslip** *znw* kussensloop

pillow fight [ˈpɪləʊ faɪt] *znw* kussengevecht

pillowslip [ˈpɪləʊslɪp] *znw* → **pillowcase**

pillow talk [ˈpɪləʊ tɔːk] *znw* slaapkamergesprek(ken)

pill-popping [ˈpɪl-ˈpɒpɪŋ] <u>inf</u> *znw* het slikken van pillen

pilosity [paɪˈlɒsɪtɪ] <u>biol</u> *znw* behaard-, harigheid

pilot [ˈpaɪlət] **I** *bn* proef-, pilot- ‹v. fabriek &› **II** *znw* ❶ loods, gids ❷ <u>luchtv</u> bestuurder, piloot ❸ <u>RTV</u> pilot(aflevering) ‹v.e. serie &› **III** *overg* loodsen, (be)sturen, geleiden

pilotage [ˈpaɪlətɪdʒ] *znw* ❶ loodsgeld ❷ loodsen, (be)sturen ❸ loodswezen

pilot balloon [ˈpaɪlət bəˈluːn] *znw* proefballon

pilot boat [ˈpaɪlət bəʊt] *znw* loodsboot

pilot burner [ˈpaɪlət ˈbɜːnə] *znw* waakvlam

pilotfish [ˈpaɪlətfɪʃ] *znw* loodsmannetje ‹tropische vis›

pilot investigation [ˈpaɪlət ɪnvestɪˈɡeɪʃən] *znw* vooronderzoek, voorstudie, proefonderzoek

pilot lamp [ˈpaɪlət læmp], **pilot light** *znw* controlelampje

pilot officer [ˈpaɪlət ˈɒfɪsə] *znw* tweede luitenant-vlieger

pilot plant [ˈpaɪlət plɑːnt] *znw* proeffabriek

pilot project [ˈpaɪlət ˈprɒdʒekt], **pilot scheme** *znw* proefproject

pilot's licence [ˈpaɪləts ˈlaɪsəns] *znw* vliegbrevet

pilule [ˈpɪljuːl] *znw* pilletje

pimento [pɪˈmentəʊ], **pimiento** *znw* rode peper, Spaanse peper

pimp [pɪmp] **I** *znw* ❶ souteneur, pooier ❷ koppelaar ❸ <u>Aus</u> aanbrenger, tipgever **II** *onoverg* ★ <u>Aus</u> *~ on sbd* iem. aangeven, verraden ★ <u>inf</u> *~ (up) sth* iets verfraaien

pimpernel [ˈpɪmpənel] *znw* guichelheil, rode bastaardmuur ‹plant›

pimple [ˈpɪmpl] *znw* puistje, pukkel

pimpled [ˈpɪmpld], **pimply** *bn* puistig, vol puisten

pin [pɪn] **I** *znw* ❶ speld, speldje, haarspeld ★ *(as) clean / neat as a new ~* brandschoon, keurig netjes ★ <u>inf</u> *for two ~s, I'd / she'd &* wat let me of ik / zij & ★ <u>inf</u> *be on ~s and needles* zenuwachtig zijn ★ <u>inf</u> *I don't care a ~* ik geef er geen steek om ❷ pin, pen, stift, tap, nagel, bout ❸ lens, pin door een gat ❹ kegel ❺ penning ‹in schaken› ❻ <u>muz</u> schroef ❼ <u>inf</u> been **II** *overg* ❶ (vast)spelden ★ *~ sth in place* iets vastspelden ★ *~ one's colours to the mast* openlijk voor iets uitkomen, van geen wijken of toegeven willen weten ❷ (op)prikken ★ <u>inf</u> ~ *back your ears / lugholes!* luister nu eens goed! ❸ vastklemmen, vastzetten, vasthouden ❹ insluiten, opsluiten **III** *phras* ★ ~ *sth* **down** de precieze details uitzoeken ★ ~ *sbd down* iem. tegen de grond drukken ★ ~ *sth* **on** *sbd* iem. de schuld geven van iets, iem. iets in de schoenen schuiven ★ ~ *one's faith / hope on sbd / sth* alle vertrouwen hebben (stellen) in iem. / iets, alle hoop vestigen op iem. / iets ★ ~ **sth up** iets vastspelden, iets opprikken, iets opsluiten, iets stutten

pinafore ['pɪnəfɔ:], Br **pinafore dress**, inf **pinny** *znw* ❶ (kinder)schort ❷ overgooier

pinball ['pɪnbɔ:l] *znw* flipper(spel)

pinball machine ['pɪnbɔ:l məˈʃi:n], **pin table** *znw* flipperkast

pince-nez ['pæns-neɪ] *(‹Fr) znw [mv: ~]* knijpbril

pincer movement ['pɪnsə 'mu:vmənt] <u>mil</u> *znw* tangbeweging

pincers ['pɪnsəz] *znw [mv]* ❶ nijptang ★ *a pair of ~* een nijptang ❷ schaar ‹v. kreeft &›

pinch [pɪntʃ] **I** *znw* ❶ kneep, klem ❷ nijpen, nijpende nood ★ *at a ~* desnoods ★ *when it comes to the ~* als het er op aankomt, in geval van nood, desnoods ★ *feel the ~* (aan den lijve) de nood voelen ❸ snuifje **II** *overg* ❶ knijpen, knellen, klemmen, drukken, pijn doen ★ *sometimes I have to ~ myself (to see if I'm dreaming)* ik moet me soms in de arm knijpen (om me te overtuigen dat ik niet droom) ★ ~ *pennies* zuinig zijn ❷ dichtknijpen ❸ <u>inf</u> gappen ❹ <u>inf</u> pakken, inrekenen ‹dief› **III** *onoverg* ❶ knijpen, knellen ❷ heel zuinig zijn ★ *she had to ~ and save to get the money together* ze moest kromliggen om het geld bij elkaar te krijgen

pinchbeck ['pɪn(t)ʃbek] **I** *bn* onecht, nagemaakt **II** *znw* ❶ goudkleurige legering van koper en zink ❷ namaak

pinched [pɪntʃt] **I** *bn* ingevallen, mager, benepen ‹gezicht› ★ *be ~ for money / time* krap genoeg geld / tijd hebben **II** *znw* fantoompijn ‹pijn in een geamputeerd lichaamsdeel›

pincushion ['pɪnkʊʃən] *znw* speldenkussen

pine [paɪn] **I** *znw* ❶ **pine tree** pijn(boom), grove den ❷ vurenhout, grenenhout **II** *onoverg* (ver)kwijnen, smachten, verlangen, hunkeren (naar *after / for*) ★ ~ *away* wegkwijnen

pineal gland ['pɪnɪəl glænd] <u>anat</u> *znw* pijnappelklier

pineapple ['paɪnæpl] *znw* ananas

pine cone [paɪn kəʊn] *znw* dennenappel

pine marten [paɪn 'mɑːtɪn] *znw* boommarter

pine needle [paɪn 'niːdl] *znw* dennennaald

pine nut [paɪn nʌt] *znw* pijnboompit

pinery ['paɪnərɪ] *znw* ❶ dennenaanplant ❷ ananaskwekerij

pine tree [paɪn triː] *znw* → **pine**

pinetum [paɪˈniːtəm] *znw [mv: pineta]* pinetum, bomentuin met coniferen

pinewood ['paɪnwʊd] *znw* ❶ vurenhout, grenenhout

❷ (meestal *mv*) dennenbos, pijnbos

piney ['paɪnɪ] *bn* → **piny**

pin feather [pɪn 'feðə] *znw* onvolgroeide veer

pinfold ['pɪnfəʊld] *znw* schutstal, stal voor verdwaald vee

ping [pɪŋ] **I** *znw* ping ‹kort, hoog, tinkelend geluid› **II** *onoverg* tinkelen

ping-pong ['pɪŋpɒŋ] <u>inf</u> *znw* pingpong ‹tafeltennis›

pinhead ['pɪnhed] *znw* ❶ speldenknop ❷ <u>inf</u> idioot, uilskuiken

pinion ['pɪnjən] **I** *znw* ❶ punt van een vleugel, slagveer ❷ <u>dicht</u> vleugel, wiek ❸ <u>techn</u> rondsel, tandwiel **II** *overg* ❶ kortwieken ❷ boeien, knevelen, (vast)binden ‹de armen›

pink [pɪŋk] **I** *bn* ❶ roze(kleurig) ❷ <u>inf</u> gematigd socialistisch, linksig **II** *znw* ❶ <u>plantk</u> anjelier ❷ roze, rozerood ★ <u>inf</u> *he was in the ~ (of health)* hij was in uitstekende conditie **III** *overg* perforeren, uitschulpen, versieren **IV** *onoverg* <u>Br</u> pingelen ‹v. motor›

pink elephants [pɪŋk 'elɪfənts] <u>inf</u> *znw [mv]* roze olifanten, witte muizen, dronkenmanshallucinaties

pink-eye ['pɪŋkaɪ] *znw* ❶ bep. koorts ‹bij paard› ❷ oogontsteking ‹bij mens›

pinkie ['pɪŋkɪ], **pinky** *znw* pink ‹vinger›

pinking scissors ['pɪŋkɪŋ 'sɪzəz], **pinking shears** *znw [mv]* kartelschaar

pinkish ['pɪŋkɪʃ] *bn* rozeachtig

pinko ['pɪŋkəʊ] <u>inf</u> beledigend *znw* gematigde liberaal / radicaal

pink pound [pɪŋk paʊnd] *znw* ★ *the ~* koopkracht van homoseksuelen ‹als consumentengroep›

pinky ['pɪŋkɪ] *znw* → **pinkie**

pin money [pɪn 'mʌnɪ] *znw* kleedgeld, zakgeld

pinnacle ['pɪnəkl] *znw* ❶ pinakel, siertorentje ❷ bergspits, bergtop ❸ <u>fig</u> toppunt

pinnate ['pɪnɪt] *bn* ❶ vleugelvormig, gevederd ❷ <u>plantk</u> gevind, geveerd

pinny ['pɪnɪ] <u>inf</u> *znw* → **pinafore**

pinpoint ['pɪnpɔɪnt] **I** *bn* nauwkeurig, precies **II** *znw* speldenpunt **III** *overg* nauwkeurig aanwijzen (aangeven, de plaats bepalen van), (uiterst) precies lokaliseren (definiëren), de vinger leggen op

pinprick ['pɪnprɪk] *znw* speldenprik

pins and needles ['pɪnz ən 'niːdlz] *znw [mv]* het slapen ‹van armen, benen &›

pinstripe ['pɪnstraɪp] *znw* ❶ streepje ‹op stoffen› ❷ **pinstripe suit** krijtstreeppak

pint [paɪnt] *znw* ❶ pint ‹0,568 l› ❷ <u>inf</u> biertje

pinta ['paɪntə] <u>Br</u> <u>inf</u> *znw* een pint melk

pin table ['pɪnteɪbl] *znw* → **pinball machine**

pintail ['pɪnteɪl] *znw* pijlstaart ‹eend›

pintle ['pɪntl] *znw* pinnetje, bout

pinto bean ['pɪntəʊ biːn] *znw* pintoboon, kievitsboon

pint-size ['pɪntsaɪz], **pint-sized** *bn* minuscuul, piepklein

pin-up ['pɪnʌp] *znw* pin-up

pinwheel ['pɪnwiːl] *znw* ❶ molentje ‹kinderspeelgoed›

❷ vuurwiel ⟨vuurwerk⟩

piny ['paɪnɪ], **piney** bn ❶ pijnboom- ❷ met pijnbomen beplant

pioneer [paɪə'nɪə] I znw pionier, baanbreker, wegbereider II onoverg & overg pionierswerk doen, de weg bereiden (voor), het eerst aanpakken, invoeren of beginnen met

pious ['paɪəs] bn godvruchtig, vroom ★ Br ~ hope onvervulbare hoop

pip [pɪp] I znw ❶ pit ⟨van appel &⟩ ❷ toon ⟨v. tijdsein⟩ ❸ oog ⟨op dobbelstenen⟩ ❹ mil ster ⟨als distinctief⟩ ❺ pluimveeziekte ▼ inf gedat give sbd the ~s iem. op de zenuwen werken II overg ❶ inf net verslaan ★ ~ sbd at the post iem. met een neuslengte verslaan ❷ te slim af zijn, tegenwerken

pipage ['paɪpɪdʒ] znw (leggen van) buizen

pipe [paɪp] I znw ❶ (tabaks)pijp ★ the ~ of peace de vredespijp ★ inf put that in your ~ and smoke it die kun je in je zak steken ❷ buis, leiding, pijp ❸ fluit, fluitje, gefluit, (fluit)signaal ❹ luchtpijp ❺ (meestal mv) de doedelzak II overg ❶ fluiten ❷ piepen ❸ met biezen versieren ❹ van buizen voorzien ❺ door buizen leiden III onoverg ❶ fluiten ❷ piepen IV phras ★ inf ~ down zich bedaren ★ inf ~ up zich laten horen

pipe bomb [paɪp bɒm] znw zelfgemaakte bom ⟨in ijzeren buis⟩

pipeclay ['paɪpkleɪ] znw pijpaarde

pipe cleaner [paɪp 'kli:nə] znw pijpenstoker, pijpenrager

piped music [paɪpt 'mju:zɪk] znw ingeblikte muziek, muzak

pipe dream [paɪp dri:m] znw dromerij, fantastisch plan (idee &)

piped water [paɪpt 'wɔ:tə] znw ❶ leidingwater ❷ waterleiding

pipeline ['paɪplaɪn] znw techn pijpleiding ★ in the ~ op komst, onderweg

piper ['paɪpə] znw ❶ fluitist ❷ doedelzakblazer ★ the Pied Piper of Hamelin de rattenvanger van Hamelen ★ fig pay the ~ het gelag betalen

pipette [pɪ'pet] znw pipet

piping ['paɪpɪŋ] I bn ❶ schel, schril ★ the ~ voice of a child de schrille stem van een kind ❷ fluitend & II znw ❶ buizenstelsel ❷ buizen, pijpen ❸ bies, galon

piping hot ['paɪpɪŋ hɒt] bn kokend heet

pipit ['pɪpɪt] znw pieper ⟨zangvogeltje⟩

pipkin ['pɪpkɪn] znw pannetje, potje ⟨van aardewerk⟩

pippin ['pɪpɪn] znw pippeling ⟨appel⟩

pipsqueak ['pɪpskwi:k] inf znw lulletje rozenwater, nul, vent van niks

piquancy ['pi:kənsɪ] znw pikanterie, het pikante

piquant ['pi:kənt] bn pikant, prikkelend

pique [pi:k] I znw pik, wrok ★ in a fit of ~ in een nijdige bui II overg ❶ krenken ★ be ~d gepikeerd / geraakt zijn ❷ ergeren ❸ prikkelen, gaande maken

piquet [pɪ'ket] znw piketspel

piracy ['paɪrəsɪ] znw ❶ piraterij, zeeroverij ❷ plagiaat ❸ namaak ⟨v. merkkleding &⟩

piranha [pɪ'rɑ:nə, pɪ'rɑ:njə] znw piranha ⟨tropische roofvis⟩

pirate ['paɪrət] I bn piraat-, piraten-, namaak-, illegaal gekopieerde ★ a ~ radio station / transmitter een clandestiene zender, een piratenzender II znw ❶ piraat, zeerover ❷ roofschip, piratenschip ❸ namaker, plagiaatpleger III overg ❶ roven ❷ ongeoorloofd nadrukken, illegaal kopiëren, ongeoorloofd namaken ❸ plagiëren

pirate copy ['paɪrət 'kɒpɪ] znw illegale kopie

piratical [paɪ'rætɪkl] bn (zee)rovers-, roof-

pirouette [pɪrʊ'et] I znw pirouette II onoverg pirouetteren

piscatory ['pɪskətərɪ], **piscatorial** form bn vis-, vissers-

Pisces ['pɪsi:z, 'paɪsi:z] astrol znw Vissen

pisciculture ['pɪsɪkʌltʃə] znw visteelt

piscivorous [pɪ'sɪvərəs] dierk bn visetend

pish [pɪʃ] inf gedat I tsw ba, foei! II overg ba / foei zeggen

piss [pɪs] vulg I znw urine, pis ★ have a ~ plassen, pissen, zeiken ★ Br a piece of ~ een makkie ★ be / go on the ~ / hit the ~ aan de zuip zijn / gaan ★ Am not have a pot to ~ in erg arm zijn ★ take the ~ out of sbd / sth iem. in de zeik zetten II overg bepissen III onoverg plassen, pissen, zeiken ★ ~ in the wind nutteloos werk doen IV phras ★ ~ about / around (aan)rotzooien ★ ~ sth away iets verknoeien ⟨een kans⟩ ★ ~ down regenen dat het zeikt ★ ~ off weggaan ★ ~ off! donder op! ★ ~ sbd off iem. ergeren ★ he really ~es me off ik ben hem spuugzat ★ ~ sth up iets verknoeien

piss artist [pɪs 'a:tɪst] vulg znw ❶ tijdverspiller, iem. die domme dingen doet ❷ zuiplap, zuipschuit

pissed [pɪst] vulg bn ❶ Br **pissed up** dronken ❷ Am **pissed-off** boos, geërgerd

pisshead ['pɪshed] vulg znw zuiplap, drankorgel

pissoir [pi:'swa:, 'pɪswa:] znw pissoir, urinoir

piss-poor ['pɪs-pɔ:] vulg bn ❶ ontzettend arm ❷ van ontzettend slechte kwaliteit

pisspot ['pɪspɒt] vulg znw ❶ pispot, po ❷ Aus zuipschuit

piss-take ['pɪs-teɪk] vulg znw voor-de-gek-houderij

pistachio [pɪ'stɑ:ʃɪəʊ] znw ❶ **pistachio nut** pistache, pimpernoot ❷ pistachegroen

piste [pi:st] znw piste

pistil ['pɪstɪl] plantk znw stamper

pistol ['pɪstl] znw pistool

pistol shot ['pɪstl ʃɒt] znw pistoolschot

pistol-whip ['pɪstl-wɪp] overg (neer)slaan met de kolf van een pistool

piston ['pɪstn] znw ❶ (pomp)zuiger ❷ muz klep

piston engine ['pɪstn 'endʒɪn] znw zuigermotor

piston ring ['pɪstn rɪŋ] znw zuigerveer

piston rod ['pɪstn rɒd] znw zuigerstang

piston valve ['pɪstn vælv] znw zuigerklep

pi

pit [pɪt] **I** *znw* **❶** kuil, groeve ★ fig *dig a ~ for sbd* een kuil graven voor iem., een val zetten voor iem. **❷** (kolen)put, (kolen)mijn, mijnschacht **❸** bijbel hel ★ *the bottomless ~* de afgrond van de hel **❹** werkkuil, smeerkuil ⟨in garage⟩, orkestbak, hoek ⟨effectenbeurs⟩ **❺** berenkuil **❻** putje, holte, kuiltje, litteken, pok ★ *the ~ of one's stomach* de maagkuil, fig diep in je binnenste **❼** valkuil **❽** Br inf bed **❾** pit ⟨v. vrucht⟩ **❿** inf puinhoop, rommeltje **II** *overg* **❶** inkuilen **❷** kuiltjes / putjes vormen in **III** *phras* ★ *~ sbd / sth* **against** *sbd / sth* iem. / iets laten vechten, opzetten, aanhitsen tegen iem. / iets ★ *~ one's strength / wits against sbd* zijn krachten met iem. meten

pit-a-pat [ˈpɪtəpæt] **I** *bijw* **❶** tiktak ★ *his heart went ~* zijn hart ging van rikketik **❷** triptrap **II** *znw* gerikketik, geklop ★ *the ~ of my heart* het kloppen van mijn hart

pit bull terrier [pɪt bʊl ˈterɪə], **pit bull** *znw* pitbull

pitch [pɪtʃ] **I** *znw* **❶** hoogte **❷** muz toonhoogte ★ *concert ~* concerttoon, orkesttoon ★ *have perfect ~* absoluut gehoor hebben **❸** helling, schuinte **❹** (sport)terrein **❺** trap, graad **❻** worp **❼** verkooppraatje **❽** scheepv stampen ⟨v. schip⟩ **❾** techn spoed ⟨v. schroef⟩, steek ⟨v. schuine palen &⟩ **❿** standplaats ⟨v. venter⟩ **⓫** comput, typ aantal afgedrukte tekens per inch **⓬** pek ▼ Br inf *queer sbd's ~* het gras voor iemands voeten wegmaaien **II** *overg* **❶** muz aangeven ⟨toon⟩, stemmen **❷** afstemmen op **❸** opstellen, opslaan, (op)zetten ⟨tent &⟩ ★ *~ one's expectations high / low* zijn verwachtingen hoog / laag spannen ★ *~ a tale / a yarn* een verhaal doen, ophangen **❹** bestraten ⟨met stenen⟩ **❺** uitstallen ⟨waren⟩, proberen te verkopen **❻** gooien, keilen ⟨stenen &⟩ **❼** met pek besmeren **III** *onoverg* **❶** neersmakken, tuimelen, vallen **❷** stampen ⟨schip⟩ **IV** *phras* ★ inf *~ in* hem van katoen geven, flink aan de slag gaan, een handje helpen ★ inf *~ into sbd* op iem. los gaan (slaan), iem. te lijf gaan, iem. met verwijten overstelpen ★ *~ on sth* zijn keus laten vallen op iets, komen op iets ★ inf *~ up* aankomen, bereiken

pitch-and-toss [pɪtʃənˈtɒs] *znw* dobbelspelletje met muntstuk, kruis-of-munt

pitch-black [ˈpɪtʃˈblæk] *bn* pikzwart

pitch dark [pɪtʃ dɑːk] *bn* pikdonker

pitched [pɪtʃt] *bn* schuin ★ *a ~ roof* een schuin dak

pitched battle [ˈpɪtʃt ˈbætl] *znw* **❶** een geregelde veldslag **❷** gevecht met veel mensen

pitcher [ˈpɪtʃə] *znw* **❶** grote kan **❷** sp werper

pitcher plant [ˈpɪtʃə plɑːnt] *znw* bekerplant

pitchfork [ˈpɪtʃfɔːk] **I** *znw* hooivork **II** *overg* **❶** met een hooivork (op)gooien **❷** fig in het diepe gooien

pitching [ˈpɪtʃɪŋ] *znw* **❶** gooien, werpen **❷** opzetten ⟨v. tent⟩ **❸** bestrating **❹** taludbedekking **❺** stampen ⟨van schip⟩

pitchpine [ˈpɪtʃpaɪn] *znw* Amerikaans grenenhout

pitch-pipe [ˈpɪtʃpaɪp] muz *znw* stemfluit

pitchy [ˈpɪtʃɪ] *bn* **❶** pekachtig, bepekt **❷** pikzwart, stikdonker

piteous [ˈpɪtɪəs] *bn* jammerlijk, erbarmelijk, deerlijk, treurig, zielig ★ *give a ~ cry* een jammerkreet uitstoten

pitfall [ˈpɪtfɔːl] *znw* valkuil, val(strik)

pith [pɪθ] *znw* **❶** pit, kern **❷** wit onder schil van sinaasappel & **❸** (ruggen)merg **❹** kracht

pithead [ˈpɪthed] *znw* schachtopening, laadplaats ⟨v. mijn⟩

pith helmet [ˈpɪθˈhelmɪt] *znw* tropenhelm

pithy [ˈpɪθɪ] *bn* pittig, kernachtig, krachtig

pitiable [ˈpɪtɪəbl] *bn* beklagenswaardig, deerniswaardig, jammerlijk, erbarmelijk, zielig

pitiful [ˈpɪtɪfʊl] *bn* deerniswekkend, treurig, armzalig, erbarmelijk, zielig

pitiless [ˈpɪtɪlɪs] *bn* meedogenloos, onbarmhartig, geen medelijden kennend

pitman [ˈpɪtmən] *znw* mijnwerker, kompel

piton [ˈpɪton] *znw* rotshaak, klemhaak ⟨v. alpinist⟩

pit pony [pɪt ˈpəʊnɪ] *znw* pony gebruikt in de mijnen

pit prop [pɪt prop] *znw* mijnstut

pits [pɪts] *znw* [mv] ★ *the ~* sp (de) pit(s) ⟨op autoracecircuit⟩, inf rotzooi, rommel, het ergste wat er is

pit saw [pɪt sɔː] *znw* boomzaag

pit stop [pɪt stop] *znw* **❶** pitsstop **❷** tussenstop, sanitaire stop

pittance [ˈpɪtns] *znw* hongerloon, karig loon, schrale portie, aalmoes ★ *a mere ~* een bedroefd beetje, niet meer dan een aalmoes

pitted [ˈpɪtɪd] *bn* **❶** met putjes of kuiltjes **❷** pokdalig

pitter-patter [ˈpɪtəˈpætə] *bijw* tiktak, triptrap

pituitary [pɪˈtjuːɪtərɪ], **pituitary gland**, **pituitary body** anat *znw* hypofyse

pity [ˈpətɪ] **I** *znw* medelijden, deernis ★ *that's a ~ / what a ~* wat jammer ★ *more's the ~* des te erger, wat nog erger is ★ *for ~'s sake* in godsnaam ★ *out of ~ for* uit medelijden voor ★ *have / take ~ on sbd* medelijden hebben met iem. **II** *overg* medelijden hebben met, begaan zijn met, beklagen

pitying [ˈpɪtɪɪŋ] *bn* medelijdend, vol medelijden

pivot [ˈpɪvət] **I** *znw* **❶** spil **❷** tap **❸** stift **❹** pivot tooth stifttand **II** *overg* (om een spil) doen draaien **III** *onoverg* draaien (om *on*)

pivotal [ˈpɪvətl] *bn* waar alles om draait, belangrijk, centraal

pivot bridge [ˈpɪvət brɪdʒ] *znw* draaibrug

pix [pɪks] inf *znw* [mv] foto's, films, bioscoop

pixel [ˈpɪksl] comput & telec *znw* beeldpunt, pixel ⟨op beeldscherm⟩

pixie [ˈpɪksɪ] *znw* fee

pixie hat [ˈpɪksɪ hæt], **pixie hood** *znw* puntmuts

pixilated [ˈpɪksɪleɪtɪd], **pixillated** Am inf *bn* beetje gek, getikt

pizza [ˈpiːtsə] *znw* pizza

pizza parlour [ˈpiːtsə ˈpɑːlə], Am **pizza parlor** *znw* pizzeria

pizzazz [pɪ'zæz], **pizazz, pzazz** inf znw vaart, schwung
pizzicato [pɪtsɪ'kɑ:təʊ] muz bn & bijw pizzicato, getokkeld
PKU test [pi:keɪju: test] med znw hielprik
pl afk → **plural**
placard ['plækɑ:d] **I** znw plakkaat, aanplakbiljet **II** overg be-, aanplakken, afficheren
placate [plə'keɪt] overg sussen, kalmeren, verzoenen
placatory [plə'keɪtərɪ] bn verzoenend, verzoenings-
place [pleɪs] **I** znw ❶ plaats, plek, oord ★ Place ⟨in namen⟩ plein, buiten, buitenverblijf ★ everything is in ~ alles is op zijn (hun) plaats ★ in first / second & ~ op de eerste / tweede & plaats ⟨bij een competitie⟩ ★ in the first ~ om te beginnen ★ in the second / third & ~ ten tweede / derde & ★ you shouldn't have been here in the first ~ je had hier helemaal niet moeten zijn ★ in ~s hier en daar ★ out of ~ niet op zijn plaats, misplaatst ★ his clothes are all over the ~ zijn kleren liggen overal ★ there are rumours all over the ~ er gaan overal geruchten rond ★ inf she seems all over the ~ ze lijkt helemaal in de war te zijn ★ to ten decimal ~s tot in tien decimalen ★ change ~s van plaats verwisselen ★ fall into ~ duidelijk zijn, worden ★ give ~ to wijken voor, plaats maken voor ★ inf go ~s succes hebben ★ know one's ~ weten waar men staan moet ★ put sbd in his (proper / right) ~ iem. op zijn plaats zetten ★ take ~ plaatshebben, plaatsgrijpen ★ take the ~ of de plaats vervullen van, in de plaats komen voor, vervangen ★ take your ~s neemt uw plaatsen in ❷ woning, huis, kantoor, winkel, zaak & ★ the meeting is at my ~ de vergadering is bij mij thuis ❸ passage ⟨in boek⟩ ❹ positie, betrekking, baan, post, ambt ★ it's not my ~ to judge het is niet aan mij om te oordelen **II** overg ❶ plaatsen, zetten, leggen, stellen ★ ~ a call een telefoongesprek aanvragen ★ sp be ~d geplaatst zijn ★ fig be well ~d zich in een gunstige positie bevinden ★ inf how are you ~d for time / money &? heb je genoeg tijd / geld &? ❷ (op interest) uitzetten ❸ ⟨iem.⟩ 'thuisbrengen', herkennen
placebo [plə'si:bəʊ] znw placebo
place card [pleɪs kɑ:d] znw plaatskaart ⟨op tafel⟩
placeman ['pleɪsmən] Br afkeurend znw gunsteling, iem. die een politiek baantje als gunst heeft gekregen
placemat ['pleɪsmæt] znw placemat ⟨onderlegger voor bord en bestek⟩
placement ['pleɪsmənt] znw ❶ plaatsing ❷ investering, belegging
placement test ['pleɪsmənt test] znw niveautest
place name [pleɪs neɪm] znw plaatsnaam
placenta [plə'sentə] znw [mv: placentae of -s] placenta: moederkoek, nageboorte
place of worship [pleɪs əv 'wɜ:ʃɪp] znw bedehuis, kerk
placer ['pleɪsə] znw ❶ goudbedding ❷ iem. die plaatst ❸ iem. die een plaats verworven heeft ⟨de zoveelste in een race⟩ ❹ inf heler
place setting ['pleɪssetɪŋ] znw couvert

placid ['plæsɪd] bn onbewogen, rustig, vreedzaam, kalm
placidity [plə'sɪdətɪ], **placidness** znw ❶ onbewogenheid, vreedzaamheid, rustigheid ❷ rust
placing ['pleɪsɪŋ] znw ❶ handel plaatsen ⟨v. kapitaal⟩ ❷ positie ⟨op ranglijst &⟩
placket ['plækɪt] znw split of zak in een (vrouwen)rok
plagiarism ['pleɪdʒərɪzəm] znw plagiaat
plagiarist ['pleɪdʒərɪst] znw plagiator, plagiaris, letterdief
plagiarize ['pleɪdʒəraɪz], **plagiarise I** overg naschrijven **II** onoverg plagiaat plegen
plagiary ['pleɪdʒərɪ] znw plagiaat
plague [pleɪg] **I** znw ❶ pest, pestilentie ★ vero a ~ on him! de duivel hale hem! ★ avoid sbd like the ~ iem. mijden als de pest ❷ ramp, straf ❸ plaag **II** overg ❶ teisteren ❷ kwellen, lastigvallen
plaguey ['pleɪgɪ], **plagy** inf bn verduiveld, drommels
plaice [pleɪs] znw [mv: ~] schol ⟨platvis⟩
plaid [plæd] **I** bn plaid-, met Schots (ruit)patroon **II** znw ❶ plaid, Schotse omslagdoek ❷ reisdeken
plain [pleɪn] **I** bn ❶ vlak, effen, duidelijk ★ in ~ words in duidelijke taal ★ as ~ as day / as the nose on your face zo duidelijk als wat, zo klaar als een klontje ❷ eenvoudig, onopgesmukt, ongekunsteld ★ ~ water water zonder iets erin ❸ ongelinieerd, ongekleurd ❹ glad ⟨v. ring⟩, zonder mondstuk ⟨v. sigaret⟩, puur ⟨v. chocolade⟩ ❺ niet mooi, gewoon, alledaags, lelijk ❻ openhartig, rondborstig **II** znw ❶ vlakte ❷ rechte steek ⟨bij breien⟩
plainchant ['pleɪntʃɑ:nt] znw → **plainsong**
plain chocolate [pleɪn 'tʃɒkələt] znw pure chocolade
plain clothes [pleɪn kləʊðz] znw [mv] burgerkleren
plain-clothes policeman [pleɪn'kləʊðz pə'li:smən] znw politieman in burger
plain English [pleɪn 'ɪŋglɪʃ] znw gewoon Engels
plain flour [pleɪn 'flaʊə] znw bloem ⟨zonder bakpoeder⟩
plainly ['pleɪnlɪ] bijw ❶ duidelijk, ronduit, rondborstig ❷ eenvoudig, heel gewoon ❸ kennelijk
plain sailing [pleɪn 'seɪlɪŋ] znw een doodgewone zaak, iets wat van een leien dakje gaat ★ writing the first chapter was hard, but the rest was ~ het schrijven van het eerste hoofdstuk was moeilijk, maar de rest ging gemakkelijk
plainsman ['pleɪnzmən] znw vlaktebewoner
plainsong ['pleɪnsɒŋ], **plainchant** znw eenstemmig koraalgezang
plain speaking [pleɪn 'spi:kɪŋ] znw openhartigheid
plain-spoken [pleɪn-'spəʊkən] bn ronduit sprekend, openhartig, rond(borstig)
plaint [pleɪnt] znw ❶ dicht klacht ❷ jur aanklacht
plaintiff ['pleɪntɪf] jur znw klager, eiser
plaintive ['pleɪntɪv] bn klagend, klaaglijk, klaag- ★ the ~ sound of foghorns het klaaglijke geluid van misthoorns
plain-vanilla [pleɪn-və'nɪlə] bn zonder toeters of

pl

bellen, doodgewoon ★ *we've just got a ~ mortgage* we hebben alleen maar een doodgewone hypotheek

plait [plæt], **plat I** *znw* vlecht **II** *overg* vlechten

plan [plæn] **I** *znw* plan, ontwerp, plattegrond, schets ★ *a ~ of action / attack / campaign* een plan de campagne, actieplan ★ *what's our best ~?* wat kunnen we het beste doen? ★ *go according to ~* volgens plan, (zo)als gepland verlopen ★ *put the ~ into action* het plan ten uitvoer brengen **II** *overg* ❶ een plan maken van, van plan zijn, beramen ❷ ontwerpen (ook: ~ *out*), plannen ★ *~ sth down to the last detail* iets tot in detail plannen ❸ inrichten ❹ voorzien **III** *onoverg* ❶ van plan zijn ★ *~ on doing sth* van plan zijn iets te doen ❷ plannen ★ *we hadn't ~ned on so many people coming* we hadden er niet op gerekend dat er zoveel mensen zouden komen

planar ['pleɪnə] <u>wisk</u> *znw* vlak

planchette [plɑːnˈʃet] *znw* planchet, meettafel

plane [pleɪn] **I** *bn* vlak **II** *znw* ❶ → <u>plantk</u> **plane tree** ❷ <u>techn</u> schaaf ❸ (plat) vlak ❹ draagvlak ❺ plan, niveau, peil ❻ <u>luchtv</u> vliegtuig **III** *overg* schaven ★ *~ sth away / down* iets afschaven **IV** *onoverg* ❶ <u>luchtv</u> vliegen ❷ glijden ★ *~ down* dalen (in glijvlucht)

planet ['plænɪt] *znw* planeet ★ <u>Br</u> *inf what ~ are you on?* op welke planeet woon je eigenlijk? ⟨vraag om aan te duiden dat de toegesprokene alle werkelijkheidszin mist⟩

planetarium [plænəˈteərɪəm] *znw* [*mv:* -s *of* planetaria] planetarium

planetary ['plænɪtərɪ] *bn* planeet-, planetair ★ *a ~ system* een planetenstelsel

planetoid ['plænɪtɔɪd] *znw* planetoïde, asteroïde

plane tree [pleɪn triː], **plane** *znw* plataan

plangent ['plændʒənt] <u>dicht</u> *bn* ❶ schallend, luidklinkend ❷ klotsend ❸ klagend

planish ['plænɪʃ] *overg* ❶ glad maken, polijsten ❷ planeren, pletten ⟨metaal⟩

plank [plæŋk] **I** *znw* ❶ (dikke) plank ❷ punt van politiek program **II** *overg* ❶ met planken bedekken ❷ <u>inf</u> met een klap neerzetten ❸ <u>Schots</u> verstoppen

planking ['plæŋkɪŋ] *znw* ❶ beplanking ❷ planken

plankton ['plæŋktɒn] *znw* plankton

planless ['plænlɪs] *bn* zonder plan, onsystematisch

planned economy [plænd ɪˈkɒnəmɪ] *znw* planmatig economie, geleide economie, planeconomie

planned obsolescence [plænd ɒbsəˈlesəns] *znw* geplande veroudering

planner ['plænə] *znw* ❶ plannenmaker, ontwerper, beramer ❷ planoloog, stedenbouwkundige

planning ['plænɪŋ] *znw* ontwerpen, beramen, ordenen &

planning permission ['plænɪŋ pəˈmɪʃən] *znw* bouwvergunning

plant [plɑːnt] **I** *znw* ❶ <u>plantk</u> plant, gewas ❷ <u>techn</u> installatie, outillage, bedrijfsmateriaal ❸ fabriek, bedrijf ❹ <u>inf</u> zwendel ❺ <u>inf</u> complot, doorgestoken

kaart ❻ <u>inf</u> stille (verklikker), infiltrant, geheim agent ❼ <u>theat</u> claqueur **II** *overg* ❶ planten, poten, beplanten ★ *~ sth out* iets uit-, verplanten ❷ posteren, (neer)zetten ★ *she ~ed herself in front of the TV* ze installeerde zich voor de tv ❸ opstellen ⟨geschut⟩ ❹ toebrengen ⟨slag⟩ ❺ verbergen ⟨gestolen goederen⟩ ❻ <u>inf</u> begraven

plantain ['plæntɪn] *znw* weegbree ⟨wilde⟩

plantation [plænˈteɪʃən] *znw* ❶ (be)planting, aanplanting ❷ plantage

plantation wood [plænˈteɪʃən wʊd], **plantation timber** *znw* plantagehout

plant engineer [plɑːnt endʒɪˈnɪə] *znw* ❶ bedrijfstechnicus, onderhoudsmonteur ❷ bedrijfsingenieur

planter ['plɑːntə] *znw* planter

plantlike ['plɑːntlaɪk] *bn* als een plant

plant louse [plɑːnt laʊs] *znw* bladluis

plant manager [plɑːnt 'mænɪdʒə] *znw* ❶ bedrijfsleider ❷ fabrieksdirecteur

plant pathology [plɑːnt pəˈθɒlədʒɪ] *znw* plantenziektekunde

plant pot [plɑːnt pɒt] *znw* bloempot

plaque [plæk] *znw* ❶ (gedenk)plaat ❷ (tand)plak

plaquette [plæˈket, plɑːˈket] *znw* plaquette

plash [plæʃ] **I** *znw* ❶ plas, poel ❷ geklater, gekletter **II** *overg* bespatten, besprenkelen **III** *onoverg* plassen, plonzen, kletteren

plashy ['plæʃɪ] *bn* ❶ vol plassen, drassig ❷ plassend, kletterend

plasma ['plæzmə] *znw* plasma

plaster ['plɑːstə] **I** *znw* ❶ gipsen **II** *znw* ❶ pleister ⟨stofnaam⟩, pleisterkalk ❷ gips(verband) ★ *his leg is in ~* zijn been zit in het gips ❸ → **plaster of Paris** ❹ pleister ⟨voorwerpsnaam⟩ **III** *overg* ❶ een pleister leggen op ❷ (be)pleisteren ❸ (be)plakken ❹ het er dik opleggen ❺ helemaal bedekken ❻ zwaar beschieten ⟨met bommen, vragen &⟩

plasterboard ['plɑːstəbɔːd] *znw* gipsplaat

plaster cast ['plɑːstə kɑːst] *znw* ❶ gipsafdruk ❷ gipsverband

plastered ['plɑːstəd] <u>inf</u> *bn* dronken

plasterer ['plɑːstərə] *znw* pleisteraar, stukadoor

plaster of Paris ['plɑːstərəv 'pærɪs], **plaster** *znw* modelgips

plastic ['plæstɪk] **I** *bn* ❶ plastisch, vormend, beeldend ❷ <u>fig</u> kneedbaar ❸ plastieken, plastic, van kunststof ★ *~ packaging* plastic verpakking ❹ plastic, onecht, gemaakt, onnatuurlijk, smakeloos **II** *znw* ❶ plastiek ❷ plastic, kunststof ❸ <u>inf</u> plastic geld ⟨creditcards e.d.⟩

plastic bomb ['plæstɪk bɒm] *znw* kneedbom, plastic bom

plastic bullet ['plæstɪk 'bʊlɪt] *znw* plastic kogel

plastic explosive ['plæstɪk ɪkˈspləʊsɪv] *znw* kneedbare springstof

plasticine ['plæstəˈsiːn] *znw* plasticine

plasticity [plæsˈtɪsətɪ] *znw* plasticiteit, kneedbaarheid

plasticize ['plæstɪsaɪz, 'plɑːstɪsaɪz], **plasticise** *overg* ❶ plastificeren ❷ <u>chem</u> week maken

plasticky ['plæstɪkɪ] *bn* plasticachtig ★ *the car's interior doesn't look ~ at all* de binnenkant van de auto ziet er helemaal niet plasticachtig uit

plastic money ['plæstɪk 'mʌnɪ] *znw* plastic geld ‹creditcards e.d.›

plastics ['plæstɪks] *znw* [mv] plastic, kunststoffen

plastic surgeon ['plæstɪk 'sɜːdʒən] *znw* plastisch chirurg

plastic surgery ['plæstɪk 'sɜːdʒərɪ] *znw* plastische chirurgie

plastic wood ['plæstɪk wʊd] *znw* kneedbaar hout

plastic wrap ['plæstɪk ræp] <u>Am</u> *znw* huishoudfolie, plastic folie

plastron ['plæstrən] *znw* buikschild ‹v. schildpadden›

plat [plæt] <u>Am</u> **I** *znw* ❶ klein stukje grond ❷ → **plait** **II** *overg* → **plait**

plate [pleɪt] **I** *znw* ❶ bord, schotel, bordvol, vaatwerk ★ <u>rijmend slang</u> *~s of meat* (plat)voeten ★ <u>Aus & NZ</u> *bring a ~* breng een gerecht mee ‹naar een feestje / bijeenkomst &› ★ <u>inf</u> *give / hand sbd sth on a ~* iem. iets in de schoot werpen, iem. iets op een presenteerblaadje aanbieden ★ <u>inf</u> *have enough / a lot on one's ~* genoeg om handen hebben ❷ schaal ‹voor collecte› ❸ tafelzilver, verzilverd tafelbestek, pleet, goud- of zilverwerk ❹ plaat ★ <u>Am honkbal</u> *the ~* de thuisplaat ❺ naambord ❻ (number plate) nummerplaat ❼ etsplaat, ets ❽ gebitplaat, tandprothese, kunstgebit **II** *overg* ❶ met metaalplaten bekleden ❷ (be)pantseren ❸ plateren, verzilveren, vergulden &

plate armour [pleɪt 'ɑːmə], <u>Am</u> **plate armor** *znw* ❶ bepantsering ❷ harnas

plateau ['plætəʊ] *znw* [mv: -s of plateaux] plateau, tafelland ★ *reach a ~* zich stabiliseren

plated ['pleɪtɪd] *bn* verkoperd, verguld, verzilverd ★ *a ~ candlestick* pleten kandelaar ★ *~ ware* pleet, metaal bedekt met laagje edelmetaal ★ *a gold~ watch* een verguld horloge

plateful ['pleɪtfʊl] *znw* bordvol

plate glass [pleɪt glɑːs] *znw* spiegelglas ★ *a ~ window* een spiegelruit

platelayer ['pleɪtleɪə] *znw* wegwerker ‹spoorwegen›

platelet ['pleɪtlət] <u>anat</u> *znw* bloedplaatje

plate mark [pleɪt mɑːk] *znw* keurmerk ‹op zilver en goud›

platen ['plætn] *znw* degel ‹v. drukpers, schrijfmachine›

platform ['plætfɔːm] *znw* ❶ perron ❷ terras ❸ podium ❹ balkon ‹van tram› ❺ laadbak ‹v. vrachtauto› ❻ platform, politiek program ★ *they had been elected on a ~ of government reform* ze waren gekozen op basis van een program van regeringshervorming ❼ <u>fig</u> bestuurstafel ‹v. vergadering›

platform shoes ['plætfɔːm 'ʃuːʃaɪn] *znw* [mv] schoenen met plateauzolen

platform ticket ['plætfɔːm 'tɪkɪt] *znw* perronkaartje

plating ['pleɪtɪŋ] *znw* verguldsel

platinum ['plætɪnəm] *znw* platina

platinum blonde ['plætɪnəm blɒnd] *bn* platinablond

platitude ['plætɪtjuːd] *znw* banaliteit, gemeenplaats ★ *politicians mouthing ~s about values* politici die nietszeggende uitspraken doen over waarden en normen

platitudinous [plætɪ'tjuːdɪnəs] *bn* banaal

platonic [plə'tɒnɪk] *bn* platonisch ★ *their relationship remained ~* hun verhouding bleef platonisch

platoon [plə'tuːn] <u>mil</u> *znw* peloton

platter ['plætə] *znw* ❶ platte (houten) schotel ❷ <u>inf</u> <u>gedat</u> grammofoonplaat

platypus ['plætɪpəs] *znw* vogelbekdier

plaudits ['plɔːdɪts] *znw* [mv] ❶ toejuichingen, applaus ❷ <u>fig</u> bijval, goedkeuring

plausibility [plɔːzə'bɪlətɪ] *znw* ❶ geloofwaardigheid ❷ schone schijn

plausible ['plɔːzəbl] *bn* ❶ plausibel, aannemelijk ❷ schoonschijnend

plausibly ['plɔːzəblɪ] *bijw* plausibel, aannemelijk

play [pleɪ] **I** *znw* ❶ spel, spelletje ★ *a ~ of colours* een kleurenspel ★ *a ~ on words* een woordspeling ★ *out of ~* af ‹bij spel› ★ *be at ~* aan het spelen zijn, spelen ★ *do sth in ~* iets in scherts / voor de aardigheid doen ★ *bring / call sth into ~* iets er bij halen, aanwenden ‹invloed &› ★ *come into ~* erbij in het spel komen, zich doen gelden ‹invloeden› ★ *make a ~ for sth* iets proberen te krijgen / versieren ★ *make great ~ of sth* schermen met iets, iets uitbuiten ❷ beurt, zet ★ <u>biljart</u> *be in ~* aan stoot zijn ❸ (toneel)stuk, opvoering ❹ manier van spelen ❺ werking, actie ★ *be in full ~* in volle werking zijn, in volle gang zijn ❻ speling, speelruimte, bewegingsvrijheid ★ *give / allow full ~ to sth* iets vrij spel laten, de vrije loop laten, de teugel vieren **II** *overg* ❶ spelen ★ *~ ball* een balspel spelen ★ <u>Am</u> *~ favorites* bevoorrechten, voortrekken ★ <u>inf</u> *~ footsie* voetjevrijen ★ *~ the game* eerlijk spel spelen, eerlijk doen ★ *~ a losing game* een hopeloze strijd voeren ★ *~ (it) safe* voorzichtig zijn ★ *~ ducks and drakes with sbd* iem. niet serieus nemen, spelen met iemand ★ *~ havoc with sbd / sth* iem. / iets vernielen, in de vernieling helpen ★ *~ sth by ear* iets uit het hoofd spelen ‹melodie›, improviseren, op het gevoel afgaan bij iets ❷ spelen tegen ★ *~ sbd false* iem. bedriegen ❸ <u>sp</u> opstellen ‹v. speler› ❹ uitspelen ★ *~ one's cards close to one's chest* niet het achterste van je tong laten zien ★ *~ one's cards right / well* de gelegenheid goed benutten ★ *~ both ends against the middle* twee partijen tegen elkaar uitspelen ❺ spelen voor, uithangen, (een rol) spelen ★ *~ the fool* voor gek spelen, zich dwaas aanstellen ★ *~ God* voor God spelen ★ *~ hard to get* doen alsof men geen interesse heeft ★ <u>inf</u> *~ silly buggers* de idioot uithangen ❻ uithalen ‹grap› ★ *~ a joke / trick on sbd* iem. een poets bakken ❼ spelen op, bespelen ★ *~*

the field van de een naar de ander lopen, zijn aandacht verdelen ★ ~ *the market* speculeren ★ ~ *second fiddle* tweede viool spelen ❸ laten spelen, (af)draaien ‹cd, grammofoonplaat› ❹ laten uitspartelen ‹vis› **III** *onoverg* ❶ spelen ★ ~ *fair* eerlijk spelen ★ ~ *fast and loose* onverantwoord handelen ★ ~ *by the rules* spelen volgens de regels ★ ~ *to the gallery* op het publiek spelen, effect najagen ❷ speling of speelruimte hebben ❸ inf meedoen, van de partij zijn **IV** *phras* ★ ~ **about** / **around with** *sbd* iem. voor de gek houden, iem. bedriegen ★ ~ *sbd* **along** iem. aan het lijntje houden ★ ~ **along with** *sbd* / *sth* met iem. / iets meespelen, meedoen ★ ~ **around** stoeien, (zich) vermaken, plezier hebben ‹v. kinderen›, rondklooien, aanklooien ★ ~ **at** *sth* iets spelen, iets niet serieus nemen, iets doen voor de lol ★ *two can* ~ *at that game* wat een ander kan, kan ik ook ★ ~ *sth* **back** iets afspelen ‹met bandrecorder› ★ ~ *sth* **down** iets bagatelliseren / kleineren, iets afzwakken / verzwakken / verzachten ★ ~ **for** *sth* om iets spelen ★ ~ *for high stakes* met een hoge inzet spelen, om hoge bedragen spelen ★ ~ *for safety* geen risico's nemen, het zekere voor het onzekere nemen ★ ~ *for time* tijd trachten te winnen ★ ~ *sth* **in** iets inspelen ‹een instrument› ★ ~ **into** *sbd's hands* iem. in de kaart spelen ★ ~ **off** de beslissingswedstrijd spelen ★ ~ *sbd* **off** *against sbd* de een tegen de ander uitspelen ★ ~ **on** doorgaan met spelen ★ ~ *on sth* spelen op iets, iets bespelen ‹instrument›, (laten) spelen op iets ‹v. kanonnen of licht›, misbruik maken van iets ★ ~ *on words* woordspelingen maken ★ ~ *sth* **out** iets (uit)spelen ‹rol› ★ ~ **up** beginnen te spelen, harder spelen, last bezorgen, kuren krijgen ‹v. apparaten›, sp spelen zo goed je kan ★ ~ *sth up* iets aandikken / benadrukken ★ Br inf ~ *sbd up* iem. pijn doen, last veroorzaken ★ inf ~ **up on** *sbd* iem. pijn doen, last veroorzaken ★ ~ **up to** *sbd* goed tegenspel te zien geven, iem. waardig ter zijde staan ‹op het toneel›, bij iem. in het gevlij zien te komen ★ inf ~ **with** *oneself* masturberen

playable ['pleɪəbl] *bn* ❶ speelbaar ❷ sp bespeelbaar ‹terrein›

play-act ['pleɪækt] *onoverg* doen alsof

play-acting ['pleɪæktɪŋ] *znw* doen alsof, komediespelletje

play-actor ['pleɪæktə] afkeurend *znw* acteur, komediant

playback ['pleɪbæk] *znw* afspelen ‹met bandrecorder›

playbill ['pleɪbɪl] *znw* ❶ affiche ❷ programma

playbook ['pleɪbʊk] *znw* draaiboek

playboy ['pleɪbɔɪ] *znw* losbol, boemelaar, doordraaier, playboy

play dough [pleɪ dəʊ] *znw* boetseerklei ‹voor kinderen›

player ['pleɪə] *znw* ❶ speler ❷ toneelspeler

player-piano [pleɪəpɪ'ænəʊ] *znw* pianola

playfellow ['pleɪfeləʊ] *znw* → **playmate**

playful ['pleɪfʊl] *bn* ❶ speels, ludiek ❷ schalks

playgoer ['pleɪgəʊə] *znw* schouwburgbezoeker

playground ['pleɪgraʊnd] *znw* speelplaats

playgroup ['pleɪgruːp] *znw* peuterklas

playhouse ['pleɪhaʊs] *znw* ❶ schouwburg ❷ poppenhuis

playing card ['pleɪɪŋ kɑːd] *znw* (speel)kaart

playing field ['pleɪɪŋ fiːld] *znw* speelveld ★ fig *a level* ~ een situatie waarin iedereen gelijke kansen heeft

playmate ['pleɪmeɪt], **playfellow** *znw* speelmakker

play-off ['pleɪ-ɒf] sp *znw* beslissingswedstrijd

playpen ['pleɪpen] *znw* (baby)box, loophek

playroom ['pleɪruːm] *znw* speelkamer

playschool ['pleɪskuːl] *znw* peuterklasje

playsuit ['pleɪsuːt] *znw* speelpakje

plaything ['pleɪθɪŋ] *znw* ❶ (stuk) speelgoed ❷ fig speelbal

playtime ['pleɪtaɪm] *znw* vrije tijd, vrij kwartier, speeltijd, schoolpauze

playwright ['pleɪraɪt] *znw* toneelschrijver

plaza ['plɑːzə] *znw* plein

PLC marketing *afk* ❶ **plc** (public limited company) ± nv, naamloze vennootschap ❷ (product life cycle) levenscyclus van een product

plea [pliː] *znw* ❶ pleidooi, pleit ★ *enter a* ~ *of guilty* schuld bekennen ❷ verontschuldiging ❸ voorwendsel ❹ (smeek)bede, dringend verzoek ★ *a* ~ *for help* een verzoek om hulp

plea bargaining ['pliː 'bɑːgɪnɪŋ] Am jur *znw* bepleiten van strafvermindering in ruil voor een bekentenis

pleach [pliːtʃ] *overg* (dooreen)vlechten

plead [pliːd] **I** *overg* [pleaded/Am, Schots & dial pled, pleaded/Am, Schots & dial pled] ❶ bepleiten ★ ~ *ignorance* zich met onwetendheid verontschuldigen ❷ aanvoeren ‹gronden› ★ ~ *illness* ziekte voorwenden **II** *onoverg* [pleaded/Am, Schots & dial pled, pleaded/Am, Schots & dial pled] ❶ pleiten, zich verdedigen ★ ~ *guilty* / *not guilty* (niet) bekennen ❷ smeken ★ *he* ~*ed for his life* hij smeekte om te mogen leven ★ *she* ~*ed with him to give the child back* ze smeekte hem om het kind terug te geven

pleader ['pliːdə] *znw* pleiter, verdediger

pleading ['pliːdɪŋ] **I** *bn* smekend **II** *znw* ❶ het pleiten ❷ pleidooi ❸ smeking ❹ (meestal *mv*) recht conclusie(wisseling)

pleadingly ['pliːdɪŋlɪ] *bijw* smekend

pleasant ['plezənt] *bn* aangenaam, prettig, genoeglijk, plezierig, vriendelijk

pleasantly ['plezəntlɪ] *bijw* aangenaam, prettig, genoeglijk, plezierig, vriendelijk

pleasantry ['plezəntrɪ], **pleasantness** *znw* ❶ grapje, aardigheid ❷ vriendelijke, aardige woorden

please [pliːz] **I** *bijw* ❶ alsjeblieft, alstublieft ★ *would you* ~ *move out of the way?* wilt u alstublieft even uit de weg gaan? ★ *'may I borrow that book?' '*~ *do'* 'mag ik dat boek lenen?' 'Ja, dat mag' ★ *'he's the best president we've had' 'Oh,* ~*!'* hij is de beste president die we hebben gehad' 'O, alsjeblieft zeg!' ❷ graag, graag dank u ★ *'would you like some tea?' 'Yes, ~'* 'lust je een kopje thee?' 'Ja graag' **II** *overg* ❶ behagen, bevallen, aanstaan ★ *~ God* zo God wil ★ *do as you ~/*inf *~ yourself* handel naar eigen goedvinden, je moet zelf maar weten wat je doet ❷ voldoen, plezieren ❸ believen **III** *onoverg* behagen ★ *as you ~* zoals je wilt ★ *if you ~* als het u belieft, alstublieft, alsjeblieft, iron nota bene, waarachtig

pleased [pli:zd] *bn* blij, tevreden ★ *~ to meet you* aangenaam (kennis met u te maken) ★ *be ~ at sth* zich verheugen over iets ★ *be ~ to do sth* iets graag doen ★ *I'm only too ~ to help* ik help u graag ★ *be ~ with sth* ingenomen (in zijn schik) zijn met iets, tevreden zijn over iets ★ *you're looking ~ with yourself* je ziet er tevreden uit

pleasing ['pli:zɪŋ] *bn* behaaglijk, welgevallig, aangenaam, innemend ★ *~ to the ear* prettig om naar te luisteren

pleasingly ['pli:zɪŋlɪ] *bijw* prettig, plezierig ★ *a film with some ~ unexpected twists* een film met een paar leuke onverwachte wendingen

pleasurable ['pleʒərəbl] *bn* genoeglijk, aangenaam, prettig

pleasure ['pleʒə] *znw* ❶ vermaak, genoegen, genot, plezier ★ *it's a ~ / it's my ~* graag gedaan ★ *what's your ~?* wat zou je graag willen (eten / drinken)? ★ *with ~* met genoegen ★ *have the ~ of sth / doing sth* het genoegen hebben van iets / om iets te doen ★ form *could I have the ~ of this dance?* mag ik deze dans van u? ★ *take ~ in doing sth* er plezier in vinden om iets te doen, behagen scheppen in het doen van iets ★ *we take / have ~ in announcing the engagement of Julie and Andrew* wij hebben het genoegen de verloving van Julie en Andrew aan te kondigen ★ *take one's ~* zich vermaken ❷ (wel)behagen ★ *at Her / His Majesty's ~* in de gevangenis ❸ believen, welgevallen, goedvinden ★ *at sbd's ~* naar verkiezing, naar iems. eigen goeddunken ❹ psych lust

pleasure boat ['pleʒə bəʊt] *znw* plezierboot
pleasure-loving ['pleʒəlʌvɪŋ] *bn* genotziek
pleasure principle ['pleʒə 'prɪnsɪpl] *znw* lustprincipe
pleat [pli:t] **I** *znw* plooi **II** *overg* plooien
pleb [pleb] inf *znw* plebejer
plebby ['plebɪ] inf *bn* plebejisch
plebeian [plɪ'bi:ən] **I** *bn* plebejisch, proleterig **II** *znw* plebejer, proleet

plebiscite ['plebɪsɪt] *znw* plebisciet, referendum
plectrum ['plektrəm] *znw* [mv: -s of plectra] plectrum
pled [pled] Am, Schots & dial *ww* [v.t. & v.d.] → **plead**
pledge [pledʒ] **I** *znw* ❶ bewijs, teken, onderpand ❷ belofte, gelofte, eed ★ *take the ~* de gelofte van geheelonthouding afleggen **II** *overg* ❶ verpanden ❷ (ver)binden ❸ plechtig beloven ★ *~ allegiance* trouw zweren **III** *wederk* ★ *~ oneself* zijn woord geven, zich (op erewoord) verbinden

pledgee [pledʒ'i:] jur *znw* pandhouder, pandnemer
Pledge of Allegiance ['pledʒ əv ə'li:dʒəns] Am *znw* ★ *the ~* de eed van trouw aan de Verenigde Staten
pledger ['pledʒə] *znw* pandgever
pledgor [pledʒ'ɔ:] jur *znw* pandgever
plenary ['pli:nərɪ] **I** *bn* volkomen, volledig, algeheel ★ *~ powers* volmacht ★ *a ~ session / sitting* voltallige vergadering, plenum, plenaire zitting **II** *znw* plenaire vergadering
plenipotentiary [plenɪpə'tenʃərɪ] form **I** *bn* gevolmachtigd **II** *znw* gevolmachtigde
plenitude ['plenɪtju:d] *znw* volheid, overvloed
plenteous ['plentɪəs] dicht *bn* overvloedig
plentiful ['plentɪful] *bn* overvloedig
plenty ['plentɪ] **I** *vnw* veel, meer dan genoeg ★ *~ of money* geld genoeg ★ *fish in ~* vis in overvloed **II** *bn* inf & dial overvloedig, genoeg **III** *bijw* ❶ inf overvloedig, ruimschoots ★ *we got there with ~ enough time to spare* we kwamen daar aan met ruimschoots tijd genoeg over ❷ inf talrijk ❸ inf zeer **IV** *znw* overvloed
plenum ['pli:nəm] *znw* voltallige vergadering
pleonastic [pli:ə'næstɪk] *bn* pleonastisch
plethora ['pleθərə] *znw* ❶ overmaat, overvloed ★ *a ~ of information* een overvloed aan informatie ❷ med plethora, teveel aan lichaamsvocht 〈zoals bloed〉
pleura ['plʊərə] anat *znw* [mv: pleurae] borstvlies
pleurisy ['plʊərəsɪ] med *znw* pleuritis, borstvliesontsteking
plexiglass ['pleksɪglɑ:s] *znw* plexiglas
plexus ['pleksəs] anat *znw* [mv: ~ of plexuses] vlechtwerk 〈v. zenuwen of bloedvaten〉
pliability [plaɪə'bɪlətɪ] *znw* ❶ plooibaarheid ❷ volgzaamheid
pliable ['plaɪəbl] *bn* ❶ buigzaam ❷ fig plooibaar, meegaand
pliancy ['plaɪənsɪ] *znw* soepel-, buigzaamheid &
pliant ['plaɪənt] *bn* ❶ soepel, buigzaam ❷ gedwee, volgzaam ❸ makkelijk te beïnvloeden
pliers ['plaɪəz] *znw* [mv] tang, buigtang, combinatietang ★ *a pair of ~* een tang
plight [plaɪt] **I** *znw* ❶ (vervelende, moeilijke, benarde, nare &) situatie, staat, toestand, conditie ★ *the desperate ~ of the refugees* de wanhopige toestand van de vluchtelingen ❷ noodtoestand, dwangsituatie, netelige positie, misère **II** *overg* ★ dicht *~ one's troth* zijn woord geven, trouw zweren 〈met huwelijksbelofte〉
Plimsoll line ['plɪmsəl laɪn] scheepv *znw* ★ *the ~* de lastlijn
plimsolls ['plɪmsəlz] *znw* [mv] gymnastiekschoenen
plinth [plɪnθ] *znw* ❶ onderste stuk van sokkel, pui & ❷ plint
plod [plɒd] **I** *znw* ❶ sjouw, slepende (zware) gang ❷ gezwoeg **II** *onoverg* ❶ moeizaam gaan, zich voortslepen ★ *~ along / on* door-, voortploeteren, voortsjouwen ❷ fig ploeteren (aan *at*) ❸ zwoegen ❹ blokken (op *at*)

pl

plodder ['plɒdə] *znw* ❶ ploeteraar ❷ blokker, zwoeger

plonk [plɒŋk] *inf* **I** *bijw* met een plof ★ *an apple landed ~ on our tent* een appel kwam met een plof op onze tent terecht **II** *znw* ❶ hol, galmend geluid ❷ goedkope wijn **III** *overg* ❶ met een plof neersmijten ❷ neerkwakken **IV** *onoverg* met een plof neerkomen

plop [plɒp] **I** *bijw* met een plons **II** *overg* doen neerplonzen ★ *~ oneself down* zichzelf laten neerplonzen **III** *onoverg* plompen, plonzen

plosion ['pləʊʒən] *fon znw* plof

plosive ['pləʊsɪv] *fon* **I** *bn* ploffend **II** *znw* plofklank

plot [plɒt] **I** *znw* ❶ stuk(je) grond, perceel ❷ samenzwering, complot ❸ intrige ⟨in roman &⟩, plot ★ *inf lose the ~* de zaak niet meer kunnen bijbenen ★ *zegsw the ~ thickens* de zaak begint ingewikkelder te worden ❹ Am plattegrond **II** *overg* ❶ in kaart brengen, uitzetten, traceren, ontwerpen (ook: *~ out*) ❷ beramen, smeden ★ *~ sbd's downfall* iemands ondergang beramen **III** *onoverg* ❶ plannen maken, intrigeren ❷ samenspannen, samenzweren, complotteren

plotter ['plɒtə] *znw* ❶ ontwerper ❷ samenzweerder ❸ intrigant ❹ comput plotter

plough [plaʊ], Am **plow I** *znw* ❶ ploeg ★ *astron the Plough* de Grote Beer ❷ ploegschaaf ❸ snijmachine ⟨v. boekbinderij⟩ **II** *overg* ❶ (om)ploegen ★ *~ a lonely furrow* iets alleen doen ★ *~ one's way through sth* zich een weg banen door iets ❷ doorploegen ⟨het gelaat⟩ ❸ doorklieven ⟨de golven⟩ ❹ Br *inf* gedat laten zakken ⟨voor examen⟩ **III** *onoverg* ❶ ploegen ❷ ploeteren ⟨door de modder &⟩ ❸ *inf* zakken ⟨voor examen⟩ **IV** *phras* ★ *~ sth* back / in iets onderploegen ⟨klaver &⟩ ★ *all of the profits are being ~ed back into the business* alle winst wordt geherinvesteerd in de eigen onderneming ★ *~ into* sth zich in iets boren, op iets inrijden ★ *~ into work* flink aan het werk gaan ★ *~ into sbd* iem. aanrijden ★ *~ on* stug doorgaan ★ *~ through* sth iets doorworstelen, door iets heen ploeteren ★ *~ sth* up iets omploegen ⟨akker⟩, iets scheuren ⟨weidegrond⟩, iets naar boven ploegen

ploughboy ['plaʊbɔɪ] *znw* ❶ hulp bij het ploegen ❷ boerenjongen

ploughland ['plaʊlænd], Am **plowland** *znw* bouwland

ploughman ['plaʊmən], Am **plowman** *znw* ploeger

ploughman's lunch ['plaʊmənz 'lʌntʃ] *znw* kaassandwich met pickles ⟨vaak geserveerd in een pub⟩

ploughshare ['plaʊʃeə] *znw* ploegschaar

plover ['plʌvə] *znw* plevier ⟨naam van een aantal weide- en strandvogels⟩

plow [plaʊ] Am *znw & overg & onoverg* → **plough**

ploy [plɔɪ] *znw* handige zet, truc ★ *the phone call was a ~ to get him out of the room* het telefoontje was een truc om hem de kamer uit te krijgen

pluck [plʌk] **I** *znw* ❶ orgaanvlees ⟨hart, long, lever⟩

❷ moed, durf **II** *overg & onoverg* ❶ rukken, plukken, trekken (aan *at*) ★ *~ sth out* iets uitrukken ★ *~ sth out of the air* iets uit zijn duim zuigen ⟨feiten, getallen &⟩ ★ *~ up courage* moed scheppen ❷ tokkelen ⟨snaarinstrument⟩

plucky ['plʌkɪ] *bn* moedig, dapper, branie

plug [plʌg] **I** *znw* ❶ plug, prop, tap, stop ★ *inf pull the ~ on sbd* iem. er bij lappen ⟨v. medeplichtige⟩ ★ *inf pull the ~ on sth* iets afblazen, laten vallen ⟨v. project &⟩ ❷ elektr stekker, plug ❸ auto bougie ❹ waterspoeling ⟨van wc⟩ ❺ med tampon ❻ (stuk) geperste tabak, pruimpje (tabak) ❼ aanbeveling, reclame, gunstige publiciteit ⟨in radio-uitzending &⟩ **II** *overg* ❶ dichtstoppen, (ver)stoppen ❷ med tamponneren ❸ plomberen ⟨kies⟩ (ook: *~ up*) ❹ Am *inf* beschieten, neerschieten, een kogel jagen door (het lijf) ❺ pluggen, het trachten er in te krijgen ⟨nieuwe liedjes bij het publiek⟩, reclame maken voor **III** *onoverg* ★ *inf ~ away* ploeteren ★ *elektr ~ sth in* iets inschakelen, aansluiten, stekker in stopcontact steken ★ *inf ~ into* sth goed passen in iets, aansluiten op iets

plugboard ['plʌgbɔːd] *znw* schakelbord

plug-compatible [plʌg-kəm'pætəbl] comput *bn* ⟨m.b.t. een apparaat⟩ zonder modificaties uitwisselbaar

plug fuse [plʌg fjuːz] *znw* stop, zekering

plughole ['plʌghəʊl] *znw* afvoergat ⟨v. gootsteen &⟩ ★ *inf go down the ~* geen succes hebben, verloren gaan

plug-in [plʌg-'ɪn, 'plʌg-ɪn], **plugin** elektr *bn* (in)steek-, inschuif-

plug-ugly ['plʌg-ʌglɪ] Am *inf znw* herrieschopper, straatschender

plum [plʌm] **I** *bn* ❶ donkerrood (-paars), pruimkleurig ❷ *inf* droom-, fantastisch ⟨v. baan &⟩ **II** *znw* ❶ plantk pruim ★ *Br have a ~ in one's mouth* een hete aardappel in zijn mond hebben, bekakt praten ❷ *fig* het beste, het puikje ❸ *inf* vet baantje

plumage ['pluːmɪdʒ] *znw* bevedering, pluimage, vederkleed ★ *summer / winter ~* zomer- (winter)kleed

plumb [plʌm] **I** *bn* in het lood, loodrecht ★ *inf ~ nonsense* je reinste onzin **II** *bijw* ❶ *inf* precies ❷ Am *inf* volslagen, helemaal **III** *znw* ❶ (schiet)lood ★ *out of ~* uit het lood ❷ dieplood **IV** *overg* ❶ peilen ★ *~ the depths* een absoluut dieptepunt bereiken ❷ *fig* doorzien, doorgronden ★ *I can't ~ his mind* ik krijg geen hoogte van hem ❸ van gas / water & voorzien ★ *~ sth in* iets aansluiten ⟨op waterleiding &⟩

plumbago [plʌm'beɪgəʊ] *znw* ❶ grafiet ❷ plantk loodkruid

plumb bob [plʌm bɒb] *znw* loodje ⟨aan schietlood⟩

plumber ['plʌmə] *znw* loodgieter, loodwerker

plumbing ['plʌmɪŋ] *znw* loodgieterswerk, sanitaire inrichting(en)

plumb line [plʌm laɪn] *znw* schiet-, dieplood

plumb rule [plʌm ruːl] *znw* timmermanswaterpas

plum cake [plʌm keɪk] *znw* rozijnencake

plum duff [plʌm dʌf] *znw* jan-in-de-zak

plume [plu:m] **I** *znw* ❶ vederbos ❷ veer, pluim ❸ rookpluim **II** *overg* ❶ van veren voorzien ❷ ⟨de veren⟩ gladstrijken ★ ~ *oneself on sth* zich laten voorstaan op iets **III** *onoverg* pluimen vormen

plummet ['plʌmɪt] **I** *znw* ❶ schiet-, dieplood ❷ loodje **II** *onoverg* snel dalen, neerstorten ★ *the aircraft ~ed to earth* het vliegtuig stortte neer

plummy ['plʌmɪ] *bn* ❶ vol pruimen, pruimen- ❷ inf kostelijk, uitstekend, rijk ❸ gemakkelijk en goed betaald ⟨baantje⟩ ❹ inf bekakt, met een hete aardappel in de keel

plump [plʌmp] **I** *bn* gevuld, vlezig, mollig, dik **II** *bijw* ❶ inf plompverloren, plotseling ❷ met een plof ★ *she sat ~ down on the cushions* ze ging met een plof op de kussens zitten **III** *overg* ❶ gevuld(er), mollig maken ❷ doen uitzetten ❸ (neer)kwakken ★ *she ~ed herself into the armchair* ze plofte in de leunstoel **IV** *onoverg* (neer)ploffen (ook: ~ *down*) **V** *phras* ★ ~ *for sbd* alleen stemmen op iem., zich onvoorwaardelijk verklaren vóór iem. ★ ~ *out / up* gevulder, dikker worden, zich ronden, uitzetten

plum pudding [plʌm 'pʊdɪŋ] *znw* plumpudding

plum tomato [plʌm tə'mɑ:təʊ] *znw* pruimtomaat

plumy ['plu:mɪ] *bn* ❶ gevederd, veder- ❷ veren-

plunder ['plʌndə] **I** *znw* ❶ plundering, beroving, roof ❷ buit **II** *overg* plunderen, beroven **III** *onoverg* plunderen, roven

plunderer ['plʌndərə] *znw* plunderaar

plunge [plʌndʒ] **I** *znw* ❶ in-, onderdompeling, duik ❷ sprong, val ★ *fig* take *the* ~ de sprong wagen **II** *overg* ❶ dompelen, storten, stoten, plonzen (in *into*) ★ *~d in thought* in gedachten verdiept ❷ onder-, indompelen ❸ vallen ⟨v. prijzen⟩ **III** *onoverg* ❶ zich storten, duiken ★ ~ *in / into sth* ergens induiken ★ ~ *to one's death* dodelijk neerstorten ❷ achteruitspringen en -slaan ⟨paard⟩ ❸ scheepv stampen ❹ inf zwaar gokken

plunger ['plʌndʒə] *znw* ❶ duiker ❷ techn zuiger ⟨v. pomp⟩, dompelaar ❸ stang ⟨v. karn⟩ ❹ plopper ⟨ter ontstopping⟩

plunging ['plʌndʒɪŋ] *bn* omlaagduikend ★ *a ~ neckline* diep uitgesneden decolleté

plunk [plʌŋk] **I** *znw* ❶ zware slag, plof ❷ Am inf dollar **II** *overg & onoverg* ❶ tokkelen ❷ wegschieten ❸ neerploffen ★ ~ *sth down* iets betalen ⟨een geldbedrag⟩ ❹ Am inf onverwachts raken

pluperfect [plu:'pɜ:fɪkt] gramm *znw* ★ *the* ~ de voltooid verleden tijd

plural ['plʊərəl] **I** *bn* meervoudig **II** *znw* meervoud

pluralism ['plʊərəlɪzəm] *znw* ❶ pluralisme ❷ meerdere ambten (vooral kerkelijke) bezitten

pluralist ['plʊərəlɪst] *znw* pluralist

pluralistic ['plʊərəlɪstɪk], **pluralist** *bn* pluralistisch

plurality [plʊə'rælətɪ] *znw* ❶ meervoudigheid, meervoud ❷ menigte ❸ meerderheid, merendeel

plural society ['plʊərəl sə'saɪətɪ] *znw* pluriforme maatschappij

plural voting ['plʊərəl 'vəʊtɪŋ] *znw* stemmen in meer dan een kiesdistrict

plus [plʌs] **I** *voorz* ❶ plus ❷ vermeerderd met **II** *voegw* inf en bovendien ★ *a restaurant where the food's cheap ~ it's tasty* een restaurant waar het eten goedkoop is en bovendien smakelijk **III** *bn* extra, bijkomend, gunstig, positief ★ *on the ~ side, it's close to transport* een positief aspect is dat het dicht bij openbaar vervoer is **IV** *znw* [mv: plusses, Am pluses] ❶ plusteken ❷ pluspunt, extra

plus fours [plʌs fɔ:z] *znw* [mv] plusfour ⟨wijde sportbroek⟩

plush [plʌʃ] **I** *bn* ❶ pluche(n) ❷ plushy inf luxueus, chic, fijn **II** *znw* pluche

plus sign [plʌs saɪn], **positive sign** *znw* plusteken

Pluto ['plu:təʊ] astron *znw* Pluto

plutocracy [plu:'tɒkrəsɪ] *znw* plutocratie, regering door rijken

plutocrat ['plu:təʊkræt] *znw* plutocraat, kapitalist

plutocratic [plu:tə'krætɪk] *bn* plutocratisch

plutonic [plu:'tɒnɪk] *bn* plutonisch, vulkanisch ⟨v. gesteente⟩

plutonium [plu:'təʊnjəm] *znw* plutonium

ply [plaɪ] **I** *znw* ❶ plooi, vouw ❷ streng, draad ⟨van garen⟩, laag ⟨v. triplex, stof &⟩ **II** *overg* ❶ gebruiken, werken met, hanteren ★ ~ *the oars* roeien ❷ in de weer zijn met ❸ uitoefenen ⟨beroep⟩ ❹ volstoppen, overladen ★ ~ *sbd with food* iem. overladen met eten ★ ~ *sbd with questions* iem. bestormen met vragen **III** *onoverg* ❶ (heen en weer) varen (rijden, vliegen &) ★ ~ *for customers* snorren ⟨v. huurkoetsier, taxi⟩ ❷ scheepv laveren, opkruisen

plywood ['plaɪwʊd] *znw* triplex, multiplex ⟨hout van drie of meer lagen⟩

p.m., **pm** *afk* (post meridiem) 's middags, na de middag, n.m.

PM *afk* → **prime minister**

PMG *afk* → **postmaster general**

PMS *afk* → **premenstrual syndrome**

PMT *afk* → **premenstrual tension**

pneumatic [nju:'mætɪk] *bn* ❶ pneumatisch ★ inf *a ~ blonde* een blondje met grote borsten ❷ lucht-

pneumatic drill [nju:'mætɪk drɪl] *znw* pneumatische boor

pneumatics [nju:'mætɪks] *znw* [mv] pneumatiek, aeromechanica

pneumatic tyre [nju:'mætɪk 'taɪə] *znw* luchtband

pneumonia [nju:'məʊnɪə] med *znw* longontsteking ★ *catch / get ~* longontsteking krijgen

pneumonic [njʊ'mɒnɪk] *bn* ❶ van de longen ❷ longontstekings- ❸ longontsteking hebbend

PO *afk* → **post office**

poach [pəʊtʃ] **I** *overg* ❶ pocheren, bereiden in bijna kokend water ❷ stropen ❸ fig afpakken, wegnemen ❹ kuilen trappen (in drassige grond) **II** *onoverg* ❶ stropen ★ ~ *on sbd's preserves* onder iems. duiven schieten ❷ drassig worden, vol kuilen raken

poacher ['pəʊtʃə] *znw* stroper

POB, **PO box** *znw* postbus

po

pochard ['pəʊtʃəd] *znw* tafeleend
pock [pɒk] *znw* pok, put ⟨v. pok⟩
pocked ['pɒkt] *bn* pokdalig
pocket ['pɒkɪt] **I** *bn* in zakformaat, zak-, miniatuur-
II *znw* ❶ zak ★ *be out of ~* geen geld hebben ★ *I'm $100 out of ~, I'm out of ~ by $100* ik schiet er $100 bij in, ik moet er $100 op toeleggen ★ *be / live in each other's ~s* bij elkaar op de lip zitten ★ *inf have sbd in one's ~* met iem. kunnen doen wat men wil ★ *line one's own ~s* zijn zakken vullen ★ *pay sth out of ~* iets uit eigen zak betalen ★ *put one's dignity / pride & in one's ~* zijn waardigheid / trots & opzij zetten ★ *inf put one's hand in one's ~* uit eigen zak betalen ❷ fig klein, beperkt, geïsoleerd gebied ❸ mil (gevechts)haard ★ *a ~ of resistance* een kern van verzet **III** *overg* ❶ in de zak steken ❷ kapen ❸ fig slikken ⟨belediging⟩ ❹ opzij zetten ⟨zijn trots⟩
pocketable ['pɒkɪtəbl] *bn* gemakkelijk in de zak te steken, zak-
pocketbook ['pɒkɪtbʊk] *znw* ❶ zakboekje ❷ Am portefeuille ❸ Am damestasje ⟨zonder hengsels⟩
pocket calculator ['pɒkɪt 'kælkjʊleɪtə] *znw* zakrekenmachine
pocketful ['pɒkɪtfʊl] *znw* ❶ zak vol ⟨zoveel als in een broek- / jaszak past⟩ ❷ heel veel
pocket gopher ['pɒkɪt'gəʊfə], **gopher** *znw* grondeekhoorn
pocket handkerchief ['pɒkɪt 'hæŋkətʃɪf] *znw* zakdoek
pocketknife ['pɒkɪtnaɪf] *znw* zakmes
pocket money ['pɒkɪt 'mʌnɪ] *znw* zakgeld
pocket-sized ['pɒkɪt-saɪzd] *bn* ❶ in zakformaat ❷ fig miniatuur
pocket veto ['pɒkɪt 'viːtəʊ] *znw* indirect veto
pocket watch ['pɒkɪt wɒtʃ] *znw* zakhorloge
pockmark ['pɒkmɑːk] *znw* pokputje
pockmarked ['pɒkmɑːkt] *bn* pokdalig
pod [pɒd] **I** *znw* ❶ dop, schil, bast, peul ❷ kleine school walvissen of robben ❸ gondel ⟨v. ruimtecapsule⟩, magazijn ⟨brandstofreservoir onder vliegtuigvleugel⟩ **II** *overg* doppen, peulen **III** *onoverg* peulen zetten
podge [pɒdʒ] *inf znw* dikzak
podginess ['pɒdʒɪnəs] *znw* dikheid, rondheid
podgy ['pɒdʒɪ] *inf bn* dik, propperig
podiatrist [pə'daɪətrɪst] Am *znw* chiropodist, pedicure
podiatry [pə'daɪətrɪ] Am *znw* chiropodie, voetorthopedie
podium ['pəʊdɪəm] *znw* [mv: -s of podia] podium
poem ['pəʊɪm] *znw* gedicht, dichtstuk ★ *recite a ~* een gedicht voordragen
poet ['pəʊɪt] *znw* dichter, poëet
poetaster ['pəʊɪtæstə] *znw* poëtaster, pruldichter
poetess ['pəʊɪtes] *znw* dichteres
poetic [pəʊ'etɪk], **poetical** *bn* dichterlijk, poëtisch
poeticize [pəʊ'etɪsaɪz], **poetize I** *overg* in dichtvorm gieten, bezingen **II** *onoverg* dichten
poetic justice [pəʊ'etɪk 'dʒʌstɪs] *znw* zegevieren v.h. recht

poetic licence [pəʊ'etɪk 'laɪsəns] *znw* dichterlijke vrijheid
poetics [pəʊ'etɪks] *znw* [mv] dichtkunst, poëtica
poetize *overg & onoverg* → **poeticize**
poet laureate ['pəʊɪt 'lɒrɪət] *znw* hofdichter
poetry ['pəʊətrɪ] *znw* dichtkunst, poëzie
po-faced [pəʊ'feɪst] *inf bn* dom en suf kijkend
pogo ['pəʊgəʊ] **I** *znw* ❶ pogo ⟨punkdans⟩ ❷ **pogo stick** springstok ⟨speelgoed⟩ **II** *onoverg* pogoën, de pogo dansen
pogrom ['pɒgrəm] *znw* ❶ (joden)vervolging ❷ pogrom
poignancy ['pɔɪnjənsɪ] *znw* scherpheid &
poignant ['pɔɪnjənt] *bn* aangrijpend, ontroerend
poinsettia [pɔɪn'setɪə] *znw* kerstster, poinsettia ⟨plant⟩
point [pɔɪnt] **I** *znw* ❶ punt, spits, stift, (ets)naald ★ *at the ~ of the sword* met de degen (in de vuist), met geweld (van wapenen) ❷ punt, stip, decimaalteken ★ *six ~ five on the Richter scale* zes komma vijf op de schaal van Richter ❸ punt, cijfer ★ *score ~s* punten scoren ★ *~ taken* die slag / dat punt is voor jou ★ *win on ~s* op punten winnen ❹ punt, opmerking, idee, onderwerp, kwestie ★ *a ~ of order* een punt van orde ★ *a case in ~* een ter zake dienend geval / voorbeeld ★ *the finer ~s* de finesses ★ *that's just the ~* dat is (nu) juist de kwestie, dat is het hem juist, daar gaat het juist om ★ *that's the whole ~* dat is het hele punt ★ *you've got a ~ there* daar heb je gelijk in, daar zeg je zo wat, daar zit wat in ★ *make it a ~ of honour (to do sth)* er een eer in stellen (om iets te doen) ★ *make / prove one's ~* zijn bewering bewijzen ★ *make the ~ (that)* er op wijzen, (dat) ★ *press the ~* op iets aandringen ★ *pursue the ~* verder erop doorgaan ★ *not to put too fine a ~ upon it* om het nu maar eens ronduit te zeggen ★ *stretch a ~* het zo nauw niet nemen, met de hand over het hart strijken, overdrijven ❺ kern, essentie ★ *that's beside the ~* dat doet niets ter zake ★ *in ~ of fact* in werkelijkheid, feitelijk ★ *to the ~* ter zake ★ *come / get to the ~* ter zake komen ★ *when it came to the ~* toen het erop aankwam, toen puntje bij paaltje kwam, op stuk van zaken ★ *make a ~ of sth* staan / aandringen op iets ★ *make a ~ of doing sth, make it a ~ to do sth* het zich tot taak stellen om iets te doen ❻ eigenschap ★ *one's strong ~* zijn fort ❼ zin, nut, effect, bedoeling ★ *there's no ~ in doing that* het heeft geen zin dat te doen ★ *up to a ~* tot op zekere hoogte ★ *what's the ~?* wat heeft het voor zin? ★ *get / see / take the ~* iets snappen ★ *miss the ~* niet begrijpen waar het om te doen is, er naast zitten ❽ moment ★ *at this ~* in time op dit moment ★ *be on the ~ of doing sth* op het punt staan om iets te doen ★ *at the ~ of death* op sterven ❾ plek, precieze plaats, standpunt ★ *the ~ of no return* punt vanwaar geen terugkeer meer mogelijk is ★ *a ~ of view* oog-, standpunt ★ *a ~ of reference* een referentiepunt ★ *maintain one's ~* op zijn stuk blijven staan, volhouden ❿ landpunt ⓫ kompaspunt ★ *the ~s of*

the compass de streken van het kompas ⓬ stopcontact ⓭ clou, pointe **II** *overg* ❶ (aan)punten, een punt maken aan, scherpen, spitsen, interpungeren ❷ mil aanleggen, richten (op *at*) ❸ wijzen met ‹vinger &› ★ ~ *the finger (of blame)* de beschuldigende vinger wijzen ❹ onderstrepen ‹beweringen &›, op treffende wijze illustreren ❺ voegen ‹van metselwerk› **III** *onoverg* ❶ wijzen (op *at / to*) ❷ staan ‹v. jachthond› **IV** *phras* ★ ~ *sth* **out** iets (aan)wijzen, wijzen op, aanduiden, aantonen, te kennen geven ★ ~ *sth* **up** iets accentueren, onderstrepen

point-blank [pɔɪnt-'blæŋk] *bn & bijw* ❶ van korte afstand, recht op het doel ‹schot› ❷ fig vlak in zijn gezicht, op de man af, bot-, gladweg

point duty [pɔɪnt 'dju:tɪ] *znw* dienst van (als) verkeersagent op een bepaald punt ★ *be on* ~ het verkeer regelen

pointed ['pɔɪntɪd] *bn* ❶ spits, scherp, puntig ★ *a* ~ *arch* een spitsboog ★ *a* ~ *beard* een puntbaard ❷ snedig, gevat ❸ precies, ondubbelzinnig ❹ opvallend

pointedly ['pɔɪntɪdlɪ] *bijw* ❶ stipt ❷ nadrukkelijk, duidelijk, ondubbelzinnig ★ *in his speech, he referred* ~ *to the government's promise* in zijn toespraak verwees hij duidelijk naar de belofte van de regering

pointer ['pɔɪntə] *znw* ❶ wijzer, aanwijsstok ❷ aanwijzing ❸ pointer ‹soort hond› ❹ kleine advertentie voorafgaand aan een grotere ❺ comput verwijzing naar een geheugenadres, pointer ❻ muisaanwijzer, pointer ‹in grafische gebruikersinterface›

pointillism ['pwæntɪlɪzəm] *znw* pointillisme

pointing ['pɔɪntɪŋ] *znw* ❶ punctuatie ❷ voegwerk

point lace [pɔɪnt leɪs] *znw* borduurwerk, naaldkant

pointless ['pɔɪntləs] *bn* ❶ zinloos, nutteloos ❷ zonder uitwerking

point of no return [pɔɪnt əv nəʊ rɪ'tɜ:n] *znw* het punt waarna er geen weg terug is ★ *reach the* ~ het kritieke punt naderen

point of order [pɔɪnt əv 'ɔ:də] *znw* procedurekwestie ★ *raise a* ~ een procedurevraag stellen

point of purchase [pɔɪnt əv 'pɜ:tʃɪs] *znw* advertentiemateriaal in de winkel

point-of-sale [pɔɪnt-əv-'seɪl], **POS** marketing *znw* verkooppunt

point of sale advertising [pɔɪnt əv 'seɪl 'ædvətaɪzɪŋ], **POS advertising** marketing *znw* reclame in de winkel

point-of-sale terminal [pɔɪnt əv 'seɪl 'tɜ:mɪnl] *znw* betaalautomaat ‹in supermarkt›

point of view [pɔɪnt əv 'vju:] *znw* gezichtspunt, opvatting, standpunt ★ *come around to sbd's* ~ in de richting van iemands standpunt neigen ★ *see sbd's* ~ iemands standpunt zien

points [pɔɪnts] *znw* [mv] wissel ‹v. spoor›

pointsman ['pɔɪntsmən] *znw* ❶ wisselwachter ❷ verkeersagent

points system [pɔɪnts 'sɪstəm] *znw* puntensysteem

point-to-point ['pɔɪnt-tə-'pɔɪnt] *bn & bijw* van punt tot punt ★ *a* ~ *race* een steeplechase voor amateurs

pointy ['pɔɪntɪ] *bn* puntig

poise [pɔɪz] **I** *znw* ❶ evenwicht ❷ beheerstheid ❸ balanceren ❹ zweving ‹in onzekerheid› ❺ houding ‹v. hoofd &› **II** *overg* ❶ in evenwicht houden of brengen ❷ balanceren ❸ wegen ‹in de hand› ❹ houden, dragen

poised [pɔɪzd] *bn* ❶ verstandig, evenwichtig, zelfverzekerd ❷ klaar, gereed ★ ~ *for attack* klaar om aan te vallen ❸ zwevend

poison ['pɔɪzən] **I** *znw* vergif, gif ★ inf *what's your* ~? wat wil je drinken? **II** *overg* ❶ vergiftigen, fig bederven, vergallen ❷ verbitteren

poisoned chalice ['pɔɪzənd 'tʃælɪs] *znw* gifbeker ★ *his election turned out to be a* ~ zijn verkiezing bleek een miskleun te zijn

poisoner ['pɔɪzənə] *znw* gifmenger, gifmengster

poison gas ['pɔɪzən gæs] *znw* gifgas

poison ivy ['pɔɪzən 'aɪvɪ] *znw* gifsumak ‹giftige Noord-Amerikaanse klimplant›

poisonous ['pɔɪzənəs] *bn* ❶ (ver)giftig, gif- ★ *a* ~ *atmosphere* een vergiftigde sfeer / atmosfeer ❷ inf onuitstaanbaar, afschuwelijk

poison-pen letter ['pɔɪzən-pen 'letə] *znw* boosaardige anonieme brief

poison pill ['pɔɪzən pɪl] fin *znw* constructie om een onderneming te beschermen tegen een vijandige overname

poke [pəʊk] **I** *znw* stoot, por ★ *a pig in a* ~ een kat in de zak ★ *take a* ~ *at sbd* met de vuist naar iem. slaan, iem. een steek onder water geven **II** *overg* ❶ stoten, duwen ❷ steken ‹ook: (op)poken, (op)porren ★ ~ *fun at sbd* iem. plagen ▼ vulg ~ *sbd* iem. neuken, naaien **III** *onoverg* scharrelen, snuffelen, tasten, voelen ★ ~ *about* rondsnuffelen, rondneuzen

poke bonnet [pəʊk 'bɒnɪt] hist *znw* tuithoed

poker ['pəʊkə] *znw* ❶ (kachel)pook ❷ kaartsp poker

poker-face ['pəʊkə-feɪs] *znw* pokerface, strak (stalen) gezicht

poker-faced ['pəʊkəfeɪst] *bn* met een uitgestreken gezicht, zonder een spier te vertrekken

pokey ['pəʊkɪ] Am inf *znw* gevangenis

poky ['pəʊkɪ], **pokey** *bn* ❶ bekrompen, nauw ❷ hokkerig ❸ krottig

Poland ['pəʊlənd] *znw* Polen

polar ['pəʊlə] *bn* pool-, polair ★ *my sister and I are* ~ *opposites* mijn zuster en ik zijn elkaars tegenpolen

polar bear ['pəʊlə beə] *znw* ijsbeer

polar cap ['pəʊlə kæp] *znw* ijskap, poolkap

polar coordinates ['pəʊlə kəʊ'ɔ:dɪnəts] *znw* [mv] poolcoördinaten

polarity [pə'lærɪtɪ] *znw* polariteit

polarization [pəʊləraɪ'zeɪʃən], **polarisation** *znw* polarisatie

polarize ['pəʊləraɪz], **polarise** *onoverg* polariseren

po

polar orbit ['pəʊlə 'ɔːbɪt] *znw* polaire baan ‹v. satelliet›

polder ['pəʊldə] *znw* polder

pole [pəʊl] **I** *znw* ❶ pool ★ *inf ~s apart* hemelsbreed verschillend ❷ paal, stok, pols, staak, mast ★ *inf up the ~* Br in de knoei, Br woedend, Br gek, Iers zwanger ❸ disselboom ▼ *a Pole* een Pool, een Poolse **II** *overg* scheepv (voort)bomen

poleaxe ['pəʊlæks] **I** *znw* ❶ slagersbijl ❷ hellebaard, strijdbijl **II** *overg* neerslaan, -vellen ★ *he was ~d by the news* hij was verbijsterd / met stomheid geslagen door het nieuws

polecat ['pəʊlkæt] *znw* ❶ bunzing ❷ Am skunk

polemic [pə'lemɪk] *znw* ❶ het polemiseren ❷ (meestal *mv*) polemiek

polemical [pə'lemɪkl], **polemic** *bn* polemisch

polemicist [pə'lemɪsɪst] *znw* polemist

pole position [pəʊl pə'zɪʃən] *znw* eerste startpositie ‹bij auto- en motorracen›

Pole Star [pəʊl stɑː] astron *znw* ★ *the ~* de Poolster, de Noordster

pole vault [pəʊl vɔːlt] **I** *znw* polsstoksprong ★ sp *the ~* polsstok(hoog)springen **II** *onoverg* polsstok(hoog)springen

pole-vaulter ['pəʊl-vɔːltə] *znw* polsstokspringer

police [pə'liːs] **I** *bn* politioneel, politie- ★ *~ headquarters* politiehoofdkwartier **II** *znw* politie ★ *women ~ are still in a minority* vrouwelijke politieagenten zijn nog steeds in de minderheid **III** *overg* ❶ (politie)toezicht houden op ❷ van politie voorzien

police car [pə'liːs kɑː] *znw* politieauto

police constable [pə'liːs 'kʌnstəbl], **PC** Br *znw* politieagent

police department [pə'liːs dɪ'pɑːtmənt], **PD** *znw* politiebureau

police dog [pə'liːs dɒg] *znw* politiehond

police force [pə'liːs fɔːs] *znw* politie(macht), politiekorps

police inspector [pə'liːs ɪn'spektə] *znw* inspecteur van politie

policeman [pə'liːsmən] *znw* politieagent

police officer [pə'liːs 'ɒfɪsə] *znw* politieagent

police record [pə'liːs 'rekɔːd] *znw* strafblad

police sergeant [pə'liːs 'sɑːdʒənt] Br *znw* brigadier

police state [pə'liːs steɪt] *znw* politiestaat

police station [pə'liːs 'steɪʃən] *znw* politiebureau

police van [pə'liːs væn] *znw* politiewagen

policewoman [pə'liːswʊmən] *znw* agente van politie

policlinic [pɒlɪ'klɪnɪk] *znw* polikliniek

policy ['pɒləsɪ] *znw* ❶ (staats)beleid, politiek, gedragslijn ★ *a domestic ~* een binnenlands beleid ★ *industry is urging a ~ of restraint* de industrie dringt aan op een terughoudend beleid ★ *the government's ~ on health is under fire* de gezondheidspolitiek van de regering ligt onder vuur ❷ polis ★ verz *a comprehensive ~* een uitgebreide polis

policyholder ['pɒləsɪhəʊldə] *znw* verzekerde, polishouder

policymaker ['pɒləsɪmeɪkə] *znw* beleidsmaker

policy-making ['pɒləsɪ-meɪkɪŋ] *znw* beleidsvorming

poliomyelitis [pəʊlɪəʊmaɪə'laɪtɪs], **polio** *znw* kinderverlamming, poliomyelitis, polio

polish I *bn* ['pəʊlɪʃ] ★ *Polish* Pools **II** *znw* ['pɒlɪʃ] ❶ politoer, poetsmiddel, poetsbeurt ★ *give sth a quick / final & ~* iets een vluchtige / laatste & poetsbeurt geven ❷ glans ❸ fig beschaving **III** *znw* ['pəʊlɪʃ] ★ *Polish* Pools ‹de taal› ★ *the Polish* het Poolse volk **IV** *overg* ['pɒlɪʃ] ❶ polijsten, politoeren, af-, gladwrijven, poetsen, boenen ❷ slijpen, bijschaven **V** *phras* ★ *inf ~ sth* off iets afdoen, afraffelen ‹een werkje›, iets vlug opeten, opdrinken ★ *inf ~ sbd off* iem. uit de weg ruimen ‹tegenstander› ★ *~ sth up* iets opknappen, iets oppoetsen, fig iets opfrissen ‹kennis &› ★ *~ up well* er goed uit komen te zien

polished ['pɒlɪʃt] *bn* gepolijst, beschaafd ★ *~ manners* beschaafde manieren

polisher ['pɒlɪʃə] *znw* ❶ polijster ❷ slijper ❸ glansborstel

politburo ['pɒlɪtbjʊərəʊ] Rus *znw* politbureau

polite [pə'laɪt] *bn* ❶ beleefd ❷ beschaafd

politely [pə'laɪtlɪ] *bijw* beleefd, beschaafd ★ *they asked him ~ to go* ze vroegen hem beleefd om weg te gaan

politeness [pə'laɪtnəs] *znw* beleefdheid

politic ['pɒlɪtɪk] *bn* ❶ politiek ★ *the body ~* de Staat ❷ diplomatiek, slim, geslepen ❸ berekenend

political [pə'lɪtɪkl] *bn* ❶ politiek ❷ staatkundig

political animal [pə'lɪtɪkl 'ænɪml] inf *znw* politiek beest

political asylum [pə'lɪtɪkl ə'saɪləm] *znw* politiek asiel

political correctness [pə'lɪtɪkl kə'rektnəs] *znw* politieke correctheid

political economy [pə'lɪtɪkl ɪ'kɒnəmɪ] *znw* staathuishoudkunde

politically correct [pə'lɪtɪklɪ kə'rekt] *bn* politiek correct

political prisoner [pə'lɪtɪkl 'prɪznə] *znw* politieke gevangene

political refugee [pə'lɪtɪkl refjʊ'dʒiː] *znw* politieke vluchteling

political science [pə'lɪtɪkl 'saɪəns] *znw* politicologie

political scientist [pə'lɪtɪkl 'saɪəntɪst] *znw* politicoloog

politician [pɒlɪ'tɪʃən] *znw* politicus, staatkundige, staatsman

politicize [pə'lɪtɪsaɪz], **politicise** *overg* politiseren

politicking ['pɒlɪtɪkɪŋ] *znw* (het spelen van) politieke spelletjes

politico [pə'lɪtɪkəʊ] afkeurend *znw* politicus

politics ['pɒlɪtɪks] *znw* [mv] politiek, staatkunde ★ *enter ~* de politiek ingaan

politics
is eigenlijk meervoud, maar wordt meestal als
enkelvoud behandeld.
*All politics is/are local - Alle politiek is plaatselijke
politiek.*

polka ['pɒlkə] *znw* polka
polka dots ['pɒlkə dɒts] *znw* [mv] stippels
poll [pəʊl] **I** *znw* ❶ kiezerslijst ❷ stembus, stembureau
★ *go to the ~s* naar de stembus gaan ❸ stemming,
peiling ★ *a public opinion* ~ een opinieonderzoek,
-peiling, enquête ❹ aantal (uitgebrachte) stemmen,
stemmencijfer ❺ <u>inf</u> kruin, hoofd ❻ hoornloos rund,
hoornloos dier **II** *overg* ❶ (stemmen) verwerven
❷ laten stemmen ❸ laten deelnemen aan een
opinieonderzoek, ondervragen, enquêteren
❹ knotten ‹v. bomen›, hoornloos maken ‹v. vee›
III *onoverg* stemmen (op *for*)
pollard ['pɒləd] **I** *znw* ❶ getopte boom ❷ <u>dierk</u> hert
dat zijn gewei verloren heeft ❸ hoornloos rund
II *overg* <u>plantk</u> knotten
pollard willow ['pɒləd 'wɪləʊ] *znw* knotwilg
pollen ['pɒlən] *znw* stuifmeel
pollen count ['pɒlən kaʊnt] *znw* stuifmeelgehalte ‹in
de lucht›
pollinate ['pɒlɪneɪt] *overg* bestuiven
pollination [pɒlɪ'neɪʃən] *znw* bestuiving
polling ['pəʊlɪŋ] *znw* stemming
polling booth ['pəʊlɪŋ bu:ð] *znw* stemhokje
polling day ['pəʊlɪŋ deɪ] *znw* verkiezingsdag
polling station ['pəʊlɪŋ 'steɪʃən] *znw* stembureau
pollster ['pəʊlstə] *znw* opinieonderzoeker, enquêteur
poll tax [pəʊl tæks] *znw* personele belasting
pollutant [pə'lu:tənt] *znw* milieuverontreinigende
stof, gif
pollute [pə'lu:t] *overg* ❶ bezoedelen, bevlekken,
besmetten, ontwijden ❷ verontreinigen, vervuilen
pollution [pə'lu:ʃən] *znw* ❶ bezoedeling, besmetting,
ontwijding ❷ verontreiniging, vervuiling ★ *air* ~
luchtverontreiniging
polo ['pəʊləʊ] *sp znw* polo
polonaise [pɒlə'neɪz] *znw* polonaise
polo neck ['pəʊləʊ nek] *znw* ❶ col, rolkraag ❷ coltrui
polo shirt ['pəʊləʊ ʃɜ:t] *znw* poloshirt, polohemd
poltergeist ['pɒltəgaɪst] *znw* klopgeest
poltroon [pɒl'tru:n] <u>dicht</u> *znw* lafaard
poly ['pɒlɪ] <u>inf</u> *znw* → **polytechnic**
poly- ['pɒlɪ-] *voorv* poly-, veel-, meer-
polyandry ['pɒlɪændrɪ] *znw* veelmannerij, polyandrie
polyanthus [pɒlɪ'ænθəs] *znw* sleutelbloem, primula
polychrome ['pɒlɪkrəʊm] **I** *bn* veelkleurig **II** *znw*
veelkleurig beschilderd kunstwerk
polyclinic [pɒlɪ'klɪnɪk] *znw* polikliniek
polycotton [pɒlɪ'kɒtn] *znw* stof van katoen en
kunstvezel
polyethylene [pɒlɪ'eθɪli:n] *znw* polyethyleen
polygamist [pə'lɪgəmɪst] *znw* polygame man / vrouw
polygamous [pə'lɪgəməs] *bn* polygaam

polygamy [pə'lɪgəmɪ] *znw* polygamie, veelwijverij,
veelmannerij
polyglot ['pɒlɪglɒt] **I** *bn* polyglottisch, met meerdere
talen **II** *znw* polyglot, talenkenner
polygon ['pɒlɪgən] *znw* veelhoek
polygonal [pɒ'lɪgənl] *bn* veelhoekig
polyhedral [pɒlɪ'hi:drəl] *bn* veelvlakkig
polyhedron [pɒlɪ'hi:drən] *znw* veelvlak
polymath ['pɒlɪmæθ] *znw* veelzijdig geleerde
polymer ['pɒlɪmə] <u>scheik</u> *znw* polymeer
polymorphous [pɒlɪ'mɔ:fəs], **polymorphic** *bn*
polymorf, veelvormig
Polynesian [pɒlɪ'ni:zɪən] **I** *bn* Polynesisch **II** *znw*
Polynesiër, Polynesische
polyp ['pɒlɪp] *znw* poliep
polyphonic [pɒlɪ'fɒnɪk] *bn* ❶ veelstemmig, polyfoon
❷ contrapuntisch
polyphony [pə'lɪfənɪ] <u>muz</u> *znw* polyfonie, contrapunt
polystyrene [pɒlɪ'staɪəri:n] *znw* polystyreen,
piepschuim
polysyllabic [pɒlɪsɪ'læbɪk] *bn* veellettergrepig
polysyllable ['pɒlɪ'sɪləbl] *znw* veellettergrepig woord
polytechnic [pɒlɪ'teknɪk], <u>inf</u> **poly I** *bn* (poly)technisch
II *znw* (poly)technische school
polytheism ['pɒlɪθi:ɪzəm] *znw* polytheïsme,
veelgodendom
polytheist ['pɒlɪθi:ɪst] *znw* polytheïst
polytheistic [pɒlɪθi'ɪstɪk] *bn* polytheïstisch
polythene ['pɒlɪθi:n] *znw* polyethyleen
polyunsaturated [pɒlɪʌn'sætʃəreɪtɪd] *bn* meervoudig
onverzadigd
polyurethane [pɒlɪ'jʊərəθeɪn] *znw* polyurethaan
Pom [pɒm] <u>Aus inf</u> *znw* → **Pommy**
pomade [pə'mɑ:d] **I** *znw* pommade **II** *overg*
pommaderen
pomander [pə'mændə] *znw* reukbal
pomegranate ['pɒmɪgrænɪt] *znw* granaat(appel),
granaat(boom)
pomelo ['pɒmɪləʊ] *znw* ❶ grapefruit ❷ pompelmoes
pommel ['pʌml] **I** *znw* ❶ degenknop ❷ zadelknop
II *overg* → **pummel**
Pommy ['pɒmɪ], **Pom** <u>Aus inf</u> *znw* Engelsman
pomology [pə'mɒlədʒɪ] *znw* pomologie,
fruitteeltkunde
pomp [pɒmp] *znw* pracht, praal, luister, staatsie
pompom ['pɒmpɒm] *znw* ❶ pompon ‹wollen balletje
op muts› ❷ <u>plantk</u> pompondahlia, pomponchrysant
pomposity [pɒm'pɒsətɪ], **pompousness** *znw*
❶ pompeusheid, praalzucht, gewichtigdoenerij
❷ gezwollenheid ‹v. stijl›
pompous ['pɒmpəs] *bn* ❶ pompeus, pralend
❷ hoogdravend, gezwollen
ponce [pɒns] <u>Br inf</u> **I** *znw* ❶ pooier ❷ beledigend
verwijfde, nichterige man **II** *overg* (af)bietsen,
aftroggelen ★ ~ *sth up* overbodige veranderingen
aan iets aanbrengen **III** *onoverg* ★ ~ *about* zich zo
trots als een pauw bewegen, paraderen
poncho ['pɒntʃəʊ] *znw* poncho

po

pond [pɒnd] *znw* poel, vijver

ponder ['pɒndə] **I** *overg* overwegen, overdenken, bepeinzen **II** *onoverg* peinzen (over *on*)

ponderable ['pɒndərəbl] *dicht bn* weegbaar

ponderous ['pɒndərəs] *bn* zwaar, zwaarwichtig, zwaar op de hand ⟨v. stijl⟩

pong [pɒŋ] *inf* **I** *znw* stank **II** *onoverg* stinken

ponies ['pəʊnɪz] *inf znw* [mv] ★ *the* ~ het paardenrennen

pontiff ['pɒntɪf] *znw* paus

pontifical [pɒn'tɪfɪkl] *bn* **❶** opperpriesterlijk, pontificaal, pauselijk **❷** *fig* pompeus, plechtig, pontificaal, autoritair

pontifical Mass [pɒn'tɪfɪkl 'mæs] *znw* pontificale mis ⟨opgedragen door de bisschop⟩

pontificate I *znw* [pɒn'tɪfɪkət] pontificaat, opperpriesterschap, pauselijke waardigheid **II** *onoverg* [pɒn'tɪfɪkeɪt] *afkeurend* pontificeren, gewichtig doen of oreren (over *about*), de onfeilbare uithangen

pontoon [pɒn'tu:n] *znw* **❶** ponton, drijvend dok **❷** banken ⟨kaartspel⟩

pony ['pəʊnɪ] **I** *znw* **❶** *dierk* pony **❷** *Br inf* £25 **II** *phras* ★ *Am inf* ~ *sth* up iets betalen, dokken

ponytail ['pəʊnɪteɪl] *znw* paardenstaart ⟨haardracht⟩

pony-trekking ['pəʊnɪ-'trekɪŋ] *znw* trektocht op pony's

pooch [pu:tʃ] *inf znw* hond ⟨als troeteldier⟩

poo diaper ['pu: daɪəpə] *Am znw* poepluier

poodle ['pu:dl] *znw* poedel

poof [pʊf], **poofter**, **pouf** *inf beledigend znw* nicht, flikker, poot

poofy ['pʊfɪ] *inf beledigend bn* flikkerachtig

pooh [pu:] *tsw* **❶** bah! **❷** poeh!, het zou wat

pooh-pooh [pu:'pu:] *inf overg* niet willen weten van

pooka ['pu:kə] *Iers znw* kabouter

pool [pu:l] **I** *znw* **❶** poel, plas, plasje **❷** (zwem)bassin **❸** stil en diep gedeelte v. rivier **❹** potspel, inzet, pot **❺** *sport* poule **❻** *biljart* pool ★ *play* ~ / *shoot some* ~ pool spelen **❼** *handel* syndicaat, groep, met anderen gedeeld personeel ⟨typisten &⟩ **❽** gemeenschappelijke voorziening, pool ★ *a car* ~ een carpool ★ *a typing* ~ een typekamer **II** *overg* **❶** samenleggen, verenigen ⟨v. kapitaal⟩ **❷** onder één directie brengen **III** *onoverg* samendoen, zich verenigen

poolhall ['pu:lhɔ:l], **poolroom** *Am znw* **❶** biljartlokaal **❷** goklokaal

pools [pu:lz] *znw* [mv] ★ *the* ~ / *the football* ~ de voetbalpool

poop [pu:p] **I** *znw* **❶** achterschip, achterdek, kampanje **❷** *Am inf* poep, hondenpoep **❸** *Am inf* inside information, fijne van de zaak **❹** *Am inf* dwaas, sul **II** *overg inf* afpeigeren **III** *onoverg inf* poepen **IV** *phras* ★ *inf* ~ out het opgeven, ophouden

pooped [pu:pt] *inf bn* doodop, uitgeput ★ ~ *out* uitgeteld

pooper scooper ['pu:pə 'sku:pə], **poop scoop** *inf znw*

hondenpoepschepje

poor [pɔ:] *bn* **❶** arm (aan *in*), behoeftig, armoedig ★ ~ *as a church mouse* zo arm als een kerkrat ★ *the* ~ *man's caviar* / *champagne* / *holiday resort* & de kaviaar / champagne / badplaats & voor de gewone arme sloeber ★ *fig a* ~ *relation* een stiefkind **❷** schraal, mager, gering, min, armzalig ★ *take a* ~ *view of sth* zich weinig voorstellen van iets **❸** treurig, erbarmelijk, zielig, ellendig ★ *a* ~ *devil* een arme drommel **❹** slecht, teleurstellend ★ *a* ~ *result* een teleurstellend resultaat

poor box [pɔ: bɒks] *znw* offerblok, offerbus

poorhouse ['pɔ:haʊs] *hist znw* armenhuis

Poor Law [pɔ: lɔ:] *hist znw* armenwet

poorly ['pɔ:lɪ] **I** *bn Br* min(netjes), niet erg gezond **II** *bijw* **❶** arm, gebrekkig, armoedig **❷** slecht, onvoldoende ★ *a* ~ *attended meeting* een slecht bezochte vergadering

poor mouth [pɔ: maʊθ] **I** *znw* iem. die doet alsof hij arm is **II** *overg* kleineren

poor relief [pɔ: rɪ'li:f] *hist znw* armenzorg

poor-spirited [pɔ:'spɪrɪtəd] *bn* zonder durf, lafhartig

pootle ['pu:tl] *Br inf onoverg* aankeutelen

pop [pɒp] **I** *tsw & bijw* pof!, floep! ★ *go* ~ barsten, op de fles gaan **II** *znw* **❶** pof, plof, floep, klap, knal **❷** *inf* limonade, prik, frisdrank **❸** → **poppa** **❹** pop(muziek) **III** *overg* **❶** doen knallen, doen klappen, afschieten **❷** *Am* poffen (maïs) **❸** stellen ⟨vraag⟩ ★ *inf* ~ *a question* een vraag opwerpen ★ *inf* ~ *the question* een meisje ten huwelijk vragen **❹** plotseling bewegen ★ *inf* ~ *one's head in* het hoofd om de deur steken ★ ~ *one's head out of sth* het hoofd ergens uit naar buiten steken **IV** *onoverg* **❶** poffen, paffen, knallen, ploffen, floepen, klappen **❷** *inf* snel (onverwacht) bewegen, snel (onverwacht) komen en gaan **V** *phras* ★ *inf* ~ **across** overwippen ★ *inf* ~ **in** *(on sbd)* (ergens) binnen komen vallen, aanwippen (bij iem.), binnenstuiven ★ *inf* ~ **into** *sth* ergens binnenwippen ★ *inf* ~ **off** wegwippen, 'm smeren, ervantussen gaan, creperen, doodgaan ★ *inf* ~ *sbd off* iem. doodschieten ★ ~ **out** ineens tevoorschijn komen, uitschieten, uitdoen ★ *inf* ~ *out for a minute* / *an hour* & een minuutje / uurtje & weg zijn ★ *inf* ~ **up** ineens opduiken

pop. *afk* (population) bevolking

pop art [pɒp ɑ:t] *znw* popart

popcorn ['pɒpkɔ:n] *znw* **❶** popcorn, gepofte maïs **❷** pofmaïs

pop culture [pɒp 'kʌltʃə] *znw* popcultuur

pope [pəʊp] *znw* **❶** paus ⟨v. Rome⟩ ★ *the Pope* de Paus ★ *scherts is the Pope a Catholic?* is dat niet overduidelijk? **❷** pope ⟨in de Griekse Kerk⟩

popedom ['pəʊpdəm] *znw* pausdom

popery ['pəʊpərɪ] *znw* papisterij, papisme ⟨negatieve benaming van katholicisme⟩

pop-eyed ['pɒpaɪd] *bn* met grote (uitpuilende) ogen, verbaasd

pop festival [pɒp 'festɪvəl] *znw* popfestival

pop group [pɒp gru:p] *znw* popgroep

popgun ['pɒpɡʌn] *znw* proppenschieter, <u>geringsch</u> kinderpistooltje

popinjay ['pɒpɪndʒeɪ] <u>gedat</u> *znw* kwast, windbuil

popish ['pəʊpɪʃ] *bn* paaps

poplar ['pɒplə] *znw* populier

poplin ['pɒplɪn] *znw* popeline ⟨stof⟩

pop music [pɒp 'mju:zɪk] *znw* popmuziek

poppa ['pɒpə], **pop** <u>Am</u> inf *znw* papa, pa

popper ['pɒpə] <u>inf</u> *znw* ❶ <u>Br</u> drukkertje ⟨drukknoopje⟩ ❷ drugscapsule ⟨amylnitriet⟩

poppet ['pɒpɪt] <u>Br</u> inf *znw* popje, schatje

pop psychology [pɒp saɪ'kɒlədʒɪ] *znw* populaire psychologie

poppy ['pɒpɪ] *znw* → **corn poppy** ★ <u>Br</u> *Poppy Day* klaproosdag ⟨11 november, herdenking van de slachtoffers van de twee wereldoorlogen⟩

poppycock ['pɒpɪkɒk] <u>inf</u> *znw* larie, kletskoek

poppy head ['pɒpɪ hed] *znw* papaverbol

Popsicle® ['pɒpsɪkl] <u>Am</u> *znw* waterijsje, ijslolly

pop singer [pɒp 'sɪŋə] *znw* popzanger(es)

popsy ['pɒpsɪ], **popsie** inf *znw* schatje, lief meisje

populace ['pɒpjʊləs] *znw* ❶ volk, menigte, massa ❷ gepeupel, grauw

popular ['pɒpjʊlə] *bn* ❶ algemeen, volks- ★ *a ~ concert* een volksconcert ★ *a ~ government* een democratische regeringsvorm ❷ populair, geliefd ★ *the beach is ~ among / with families* het strand is populair / geliefd bij gezinnen

popular front ['pɒpjʊlə frʌnt] *znw* volksfront, regeringscoalitie van linkse partijen

popularity [pɒpjʊ'lærətɪ] *znw* populariteit

popularization [pɒpjʊləraɪ'zeɪʃən], **popularisation** *znw* popularisering, verspreiding onder het volk

popularize ['pɒpjʊləraɪz], **popularise** *overg* populariseren

popularly ['pɒpjʊləlɪ] *bijw* ❶ populair ❷ algemeen, gewoonlijk ★ *~ known as M16* in de wandeling M16 genoemd ❸ van / door het volk ★ *~ elected* door het volk gekozen

popular music ['pɒpjʊlə 'mju:zɪk] *znw* populaire muziek, popmuziek

populate ['pɒpjʊleɪt] *overg* bevolken

population [pɒpjʊ'leɪʃən] *znw* bevolking ★ *per head of ~* per hoofd van de bevolking ★ *the bird ~* het vogelbestand

population density [pɒpjʊ'leɪʃən 'densətɪ] *znw* bevolkingsdichtheid

population explosion [pɒpjʊ'leɪʃən ɪk'spləʊʒən] *znw* bevolkingsexplosie

population group [pɒpjʊ'leɪʃən gru:p] *znw* bevolkingsgroep

population inversion [pɒpjʊ'leɪʃən ɪn'vɜːʃən] <u>nat</u> *znw* populatie inversie

population pyramid [pɒpjʊ'leɪʃən 'pɪrəmɪd] *znw* bevolkingspiramide

populism ['pɒpjʊlɪzm] *znw* populisme

populist ['pɒpjʊlɪst] I *bn* populistisch II *znw* populist

populous ['pɒpjʊləs] *bn* volkrijk, dichtbevolkt

pop-up menu [pɒpʌp-'menju:] <u>comput</u> *znw* pop-up menu

porcelain ['pɔːsəlɪn] *znw* porselein

porch [pɔːtʃ] *znw* ❶ (voor)portaal ❷ portiek ❸ <u>Am</u> veranda

porcine ['pɔːsaɪn] *bn* varkensachtig, varkens-

porcini [pɔː'tʃiːnɪ] *znw* eekhoorntjesbrood ⟨eetbare paddenstoel⟩

porcupine ['pɔːkjʊpaɪn] *znw* stekelvarken

pore [pɔː] I *znw* porie II *onoverg* ★ *~ over sth* iets aandachtig (diepgaand) bestuderen, zich verdiepen in iets

pork [pɔːk] *znw* ❶ varkensvlees ❷ **pork barrel** <u>Am</u> subsidie door één van de politieke partijen

porker ['pɔːkə] *znw* mestvarken

porkie ['pɔːkɪ], **porky**, **porky pie** <u>Br</u> inf *znw* leugen ★ *tell a ~* een leugen vertellen

porkling ['pɔːklɪŋ] *znw* big

pork pie [pɔːk paɪ] *znw* varkens(vlees)pastei

pork-pie hat ['pɔːk-paɪ 'hæt] *znw* platte hoed met opgerolde rand

pork scratchings [pɔːk 'skrætʃɪŋz] *znw* [mv] uitgebakken zwoerdjes

porky ['pɔːkɪ] inf I *bn* vet (als een varken) II *znw* ❶ <u>Am</u> stekelvarken ❷ → **porkie**

porn [pɔːn], **porno** inf I *bn* (pornographic) pornografisch II *znw* (pornography) pornografie

pornographer [pɔː'nɒgrəfə] *znw* pornograaf

pornographic [pɔːnə'græfɪk], <u>inf</u> **porn**, <u>inf</u> **porno** *bn* pornografisch

pornography [pɔː'nɒgrəfɪ], <u>inf</u> **porn**, <u>inf</u> **porno** *znw* pornografie ★ *hard-core ~* harde porno(grafie) ★ *soft ~* zachte porno(grafie)

porosity [pə'rɒsətɪ] *znw* poreusheid

porous ['pɔːrəs] *bn* poreus

porphyry ['pɔːfɪrɪ] *znw* porfier

porpoise ['pɔːpəs] *znw* bruinvis, dolfijn

porridge ['pɒrɪdʒ] *znw* ❶ havermoutpap ❷ <u>Br</u> inf bajes, bak, nor

porringer ['pɒrɪndʒə] *znw* (soep)kommetje, nap

port [pɔːt] *znw* ❶ haven, havenplaats, havenstad ★ *a coastal ~* kusthaven ★ *any ~ in a storm* nood breekt wet ❷ <u>fig</u> veilige haven, toevluchtsoord ❸ <u>scheepv</u> geschutpoort, patrijspoort ❹ <u>scheepv</u> bakboord ❺ houding ⟨v. geweer⟩ ❻ port(wijn) ❼ <u>comput</u> poort

portability [pɔːtə'bɪlɪtɪ] *znw* ❶ draagbaarheid, transporteerbaarheid ❷ overdraagbaarheid ⟨v. pensioenbijdragen⟩

portable ['pɔːtəbl] *bn* draagbaar, verplaatsbaar ⟨radio, computer &⟩

portage ['pɔːtɪdʒ] *znw* ❶ vervoer ❷ draagloon, vervoerkosten

portal ['pɔːtl] *znw* ❶ poort ❷ portaal ❸ <u>comput</u> portal, webtoegang

portal system ['pɔːtl 'sɪstəm] <u>anat & comput</u> *znw* portaalsysteem

po

port authorities [pɔːt ɔːˈθɒrətiːz] *znw* [*mv*] havenautoriteiten

port charges [pɔːt ˈtʃɑːdʒɪz], **port dues** *znw* [*mv*] havengelden

portcullis [pɔːtˈkʌlɪs] <u>hist</u> *znw* valpoort

port dues [pɔːt djuːz] *znw* [*mv*] → **port charges**

portend [pɔːˈtend] *overg* (voor)beduiden, voorspellen, betekenen

portent [ˈpɔːtent, pɔːˈtent] *znw* (ongunstig) voorteken, voorbode ★ <u>form</u> *a matter of great ~* een (uiterst) gewichtige zaak

portentous [pɔːˈtentəs] *bn* ❶ onheilspellend ❷ monsterachtig, vervaarlijk, geweldig ❸ gewichtig, belangrijk

porter [ˈpɔːtə] *znw* ❶ portier ❷ drager, sjouwer, kruier, witkiel ❸ porter ‹bruinbier›

porterage [ˈpɔːtərɪdʒ] *znw* ❶ kruierswerk ❷ draag-, kruiersloon

porterhouse steak [ˈpɔːtəhaʊs steɪk] *znw* porterhousesteak ‹dikke steak van rib of lende›

portfolio [pɔːtˈfəʊlɪəʊ] *znw* portefeuille, map, aktetas

porthole [ˈpɔːthəʊl] *znw* ❶ patrijspoort ❷ <u>hist</u> geschutpoort

portico [ˈpɔːtɪkəʊ] *znw* [*mv*: -s *of* -coes] portiek, zuilengang

portion [ˈpɔːʃən] **I** *znw* deel, lot, portie, aandeel ★ *divide sth into ~s* iets in porties verdelen **II** *overg* verdelen, uitdelen ★ *~ sth out* iets verdelen

portliness [ˈpɔːtlɪnəs] *znw* welgedaanheid, corpulentie

portly [ˈpɔːtlɪ] *bn* dik, welgedaan, zwaar

portmanteau [pɔːtˈmæntəʊ] **I** *bn* tweedelig, tweeledig **II** *znw* valies

portmanteau word [pɔːtˈmæntəʊ wɜːd] *znw* mengwoord, vlechtwoord ‹samengesteld uit twee andere woorden›

port of call [pɔːt əv ˈkɔːl] *znw* aanloophaven

port of discharge [pɔːt əv ˈdɪstʃɑːdʒ] *znw* loshaven

port of entry [pɔːt əv ˈentrɪ] *znw* inklaringshaven, haven van invoer

portrait [ˈpɔːtrɪt] *znw* portret, foto, schildering

portraitist [ˈpɔːtrɪtɪst] *znw* portrettist, portretfotograaf, portretschilder

portraiture [ˈpɔːtrɪtʃə] *znw* ❶ portret ❷ portretteren, portretschilderen ❸ schildering

portray [pɔːˈtreɪ] *overg* portretteren, afschilderen ★ *in the movie he is ~ed as the villain* hij wordt in de film afgeschilderd als de schurk

portrayal [pɔːˈtreɪəl] *znw* schildering, afbeelding

Portugal [ˈpɔːtʃʊgl] *znw* Portugal

Portuguese [pɔːtjʊˈgiːz] **I** *bn* Portugees **II** *znw* [*mv*: ~] Portuges, Portugese

POS <u>marketing</u> *afk* → **point-of-sale**

POS advertising [piːəʊes ˈædvətaɪzɪŋ] <u>marketing</u> *znw* → **point of sale advertising**

pose [pəʊz] **I** *znw* ❶ pose, houding ★ *strike a ~* een houding aannemen ❷ aanstellerij **II** *overg* ❶ stellen ‹een vraag› ❷ een pose doen aannemen ❸ vormen

‹een bedreiging› **III** *onoverg* ❶ poseren ★ *~ as sbd* zich voordoen als iem., zich uitgeven voor iem. ❷ zetten ‹bij domineren›

poser [ˈpəʊzə] *znw* ❶ moeilijke vraag, moeilijkheid ❷ → **poseur**

poseur [pəʊˈzɜː], **poser** *znw* poseur, aansteller

posh [pɒʃ] *inf* **I** *bn* ❶ chic, fijn ❷ <u>Br</u> bekakt **II** *bijw* ❶ chic, fijn ❷ <u>Br</u> bekakt ★ *talk ~* bekakt praten **III** *overg* ★ *~ sth up* iets optutten

posing [ˈpəʊzɪŋ] *znw* ❶ houding ❷ aanstellerij

posit [ˈpɒzɪt] <u>form</u> *overg* poneren, als waar aannemen ★ *non-Western culture is ~ed as inferior* niet-westerse cultuur wordt verondersteld inferieur te zijn

position [pəˈzɪʃən] **I** *znw* ❶ ligging, positie ★ *be in a ~ to do sth* iets kunnen doen, bij machte zijn iets te doen ★ *put sbd in a difficult ~* iemand in een moeilijke positie brengen ❷ houding, rang, stand, plaats ❸ standpunt ❹ toestand, stelling ❺ bewering **II** *overg* ❶ plaatsen, positioneren, opstellen ★ *the company is uniquely ~ed for success* de firma heeft een unieke uitgangspositie voor succes ❷ de plaats bepalen van

positive [ˈpɒzətɪv] **I** *bn* ❶ positief, stellig, bepaald, volstrekt ❷ vaststaand, vast, zeker ★ *are you ~ you saw him there?* weet je zeker dat je hem daar hebt gezien? ❸ echt, wezenlijk ★ *inf it's a ~ delight to be here* het is een waar genoegen om hier te zijn **II** *znw* ❶ <u>gramm</u> positief, stellende trap ❷ positief ‹v. foto›

positive discrimination [ˈpɒzətɪv dɪskrɪmɪˈneɪʃən] *znw* positieve discriminatie, voorkeursbehandeling

positively [ˈpɒzətɪvlɪ] *bijw* ❶ positief, volstrekt ❷ vast, zeker, echt

positive sign [ˈpɒzətɪv saɪn] *znw* → **plus sign**

positive vetting [ˈpɒzətɪv ˈvetɪŋ] *znw* (veiligheids)onderzoek naar iemands antecedenten

positivism [ˈpɒzɪtɪvɪzm] <u>filos</u> *znw* positivisme

positivist [ˈpɒzɪtɪvɪst] <u>filos</u> **I** *bn* positivistisch **II** *znw* positivist

posse [ˈpɒsɪ] *znw* ❶ posse ❷ (politie)macht ❸ <u>inf</u> groep, troep ❹ <u>inf</u> criminele (drugs)bende van zwarte (vaak Jamaicaanse) jongeren ❺ <u>inf</u> groep mensen die samen uitgaan

possess [pəˈzes] *overg* bezitten, hebben, beheersen ★ *what ~ed you?* wat bezielde je toch? ★ *like one ~ed* als een bezetene ★ <u>form</u> *be ~ed of sth* iets bezitten

possession [pəˈzeʃən] *znw* ❶ bezitting, eigendom, bezit ★ *personal ~s* persoonlijke bezittingen, persoonlijk eigendom ★ *colonial / overseas ~s* koloniën, overzeese bezittingen ★ *unlawful ~* onrechtmatig bezit ★ <u>form</u> *be in ~ of sth* in het bezit zijn van iets ★ *the police are not yet in full ~ of the facts* de politie heeft nog niet alle feiten ★ <u>form</u> *with immediate ~* dadelijk te aanvaarden ★ *get / take ~ of sth* iets in bezit nemen, betrekken ‹een huis› ★ *have sth in one's ~* iets in zijn bezit hebben ★ <u>zegsw</u> *~ is nine points of the law* ± hebben is hebben, krijgen is de kunst, zalig zijn de bezitters ❷ bezetenheid

possession order [pə'zeʃən 'ɔ:də] jur znw
uitzettingsbevel
possession ratio [pə'zeʃən 'reɪʃɪəʊ] marketing znw
bezitsgraad
possessive [pə'zesɪv] **I** bn ❶ bezit- ❷ bezitterig,
dominerend, egoïstisch ❸ gramm bezitaanduidend,
bezittelijk **II** znw tweede naamval
possessive determiner [pə'zesɪv dɪ'tɜ:mɪnə] gramm
znw bezittelijk voornaamwoord ⟨bijvoeglijke vorm⟩
possessive pronoun [pə'zesɪv 'prəʊnaʊn] gramm znw
bezittelijk voornaamwoord ⟨zelfstandige vorm⟩
possessor [pə'zesə] znw bezitter, eigenaar
posset ['pɒsɪt] **I** znw hist soort kandeel **II** overg &
onoverg melk opboeren ⟨v. baby⟩
possibility [pɒsɪ'bɪlətɪ] znw mogelijkheid, kans
★ there is no ~ of his coming er is geen kans (op) dat
hij komt ★ not by any ~ onmogelijk ★ I wouldn't rule
out the ~ ik zou de mogelijkheid niet uitsluiten
possible ['pɒsɪbl] **I** bn ❶ mogelijk ★ as fast as ~ zo snel
mogelijk ★ if (at all) ~ zo mogelijk ❷ aannemelijk,
redelijk ★ the only ~ de enige geschikte **II** znw
❶ mogelijke ★ the ~ het mogelijke ❷ inf geschikte
vent
possibly ['pɒsɪblɪ] bijw mogelijk, misschien ★ he
can't ~ come hij kan onmogelijk komen
possum ['pɒsəm] znw ❶ possum ⟨naam van
verschillende Australische buideldieren⟩ ❷ Am inf
opossum, buidelrat ★ play ~ zich dood houden, zich
van de domme houden
post [pəʊst] **I** znw ❶ post(bestelling) ★ the first / last ~
eerste / laatste lichting of bezorging ★ by ~ / through
the ~ over de post ★ by return ~ per ommegaande
★ catch the ~ nog juist op tijd (voor de laatste
lichting) een brief op de post doen ★ miss the ~ de
laatste lichting missen ❷ paal, stijl, stut ❸ sp (start-,
finish)punt ❹ post, betrekking ★ an honorary ~ een
onbezoldigd ambt ★ form be relieved of one's ~ uit
zijn betrekking ontheven worden ❺ mil
(stand)plaats ❻ buitenpost ❼ handel factorij ▼ mil
the last ~ taptoe om 10 uur: wordt ook geblazen bij
militaire begrafenis als laatste vaarwel **II** overg
❶ posten, op de post doen ★ ~ sth off iets per post
versturen ❷ posteren, uitzetten, plaatsen ❸ indelen
(bij to) ❹ aanplakken ★ be ~ed as missing als vermist
opgegeven worden ★ ~ sth up afficheren, handel
bijhouden, bijwerken ⟨boeken⟩ ❺ beplakken
❻ handel boeken ❼ fig op de hoogte brengen, in de
geheimen ⟨van het vak⟩ inwijden ★ keep sbd ~ed
iem. op de hoogte houden ★ ~ sbd up iem. op de
hoogte houden
post- [pəʊst-] voorv post-, na-, achter-
postage ['pəʊstɪdʒ] post znw port(o) ★ additional ~
strafport ★ ~ paid port betaald, portvrij, franco ★ it'll
cost a lot in ~ to send it het gaat een hoop kosten om
het te versturen
postage and packing ['pəʊstɪdʒ ən 'pækɪŋ] post znw
verzendkosten
postage meter ['pəʊstɪdʒ 'mi:tə] Am
frankeermachine
postage stamp ['pəʊstɪdʒ stæmp] znw postzegel
postal ['pəʊstl] bn van de post(erijen), post- ★ ~
delivery (post)bestelling
postal order ['pəʊstl 'ɔ:də] znw postwissel
postal vote ['pəʊstl vəʊt] pol znw per post
uitgebrachte stem
postbag ['pəʊstbæg] znw ❶ postzak ❷ ⟨hoeveelheid⟩
post
postbox ['pəʊstbɒks] znw brievenbus
postcard ['pəʊstkɑ:d] znw ❶ ansichtkaart
❷ briefkaart
post-chaise [pəʊst-ʃeɪz] hist znw postkoets
postcode ['pəʊstkəʊd] znw postcode
post-coital [pəʊst-'kəʊɪtəl] bn postcoïtaal, na de
geslachtsgemeenschap
post-date ['pəʊst'deɪt] overg postdateren
post-diluvian [pəʊstdɪ'l(j)u:vɪən] bn postdiluviaans,
(van) na de zondvloed
postdoc [pəʊst'dɒk] inf znw postdoc onderzoek
postdoctoral [pəʊst'dɒktərəl] bn na de promotie
poster ['pəʊstə] znw ❶ aanplakbiljet, affiche, poster
❷ muurkrant ❸ iem. die een poster aanplakt
poster colour ['pəʊstə 'kʌlə] znw → **poster paint**
poste restante ['pəʊst 'rɪstænt] ⟨⟨Fr⟩ znw poste
restante
posterior [pɒ'stɪərɪə] **I** bn ❶ form later, later komend
❷ med & anat achter- **II** znw scherts achterste, billen
posterity [pɒ'sterətɪ] znw nakomelingschap,
nageslacht ★ preserve sth for ~ iets bewaren voor het
nageslacht
postern ['pəʊstən] znw ❶ achterdeur ❷ poortje
poster paint ['pəʊstəpeɪnt], **poster colour** znw
plakkaatverf
post exchange ['pəʊst ɪks'tʃeɪn(d)ʒ], **PX** Am mil znw
winkel voor militairen
postface ['pəʊstfeɪs] znw nawoord
post-feminist [pəʊst-'femɪnɪst] **I** bn postfeministisch
II znw postfeminist(e)
post-free [pəʊst'fri:] bn & bijw franco
postgraduate [pəʊst'grædjʊət] **I** bn na het behalen
v.e. academische graad, postdoctoraal ★ a ~ course
een postdoctorale cursus **II** znw student die een
academische graad heeft behaald
posthaste ['pəʊst'heɪst] bijw in vliegende vaart, in
aller ijl
posthumous ['pɒstjʊməs] bn ❶ nagelaten ❷ na de
dood, postuum ★ he was awarded a ~ medal hij
kreeg postuum een medaille
postilion [pɒ'stɪljən], **postillion** znw voorrijder,
postiljon
post-industrial [pəʊst-ɪn'dʌstrɪəl] bn postindustrieel
posting ['pəʊstɪŋ] znw benoeming ★ he got a ~ to
Tokyo hij is overgeplaatst naar Tokio, benoemd op
een post in Tokio
Post-it® ['pəʊst-ɪt], **Post-it note** znw zelfklevend
notitieblaadje
postman ['pəʊstmən] znw postbesteller,

po

(brieven)besteller, postbode

postmark ['pəʊstmɑːk] **I** *znw* postmerk, (post)stempel **II** *overg* stempelen

postmaster ['pəʊstmɑːstə] *znw* postmeester, postdirecteur

postmaster general ['pəʊstmɑːstə 'dʒenərəl], **PMG** *znw* directeur-generaal van de posterijen

post meridiem ['pəʊst məˈrɪdɪəm], **p.m.**, **pm** *bijw* 's middags, 's avonds, in de namiddag, n.m.

post mistress ['pəʊst mɪstrɪs] *znw* directrice v.e. postkantoor

postmodern [pəʊstˈmɒdn], **post-modern** *bn* postmodern, postmodernistisch

postmodernism [pəʊstˈmɒdənɪzəm], **post-modernism** *znw* postmodernisme

post-mortem [pəʊstˈmɔːtəm], **post-mortem examination** *znw* **❶** lijkschouwing, autopsie, sectie **❷** *inf* nabeschouwingen, nakaarten

post-natal [pəʊstˈneɪtl] *bn* postnataal, na de geboorte

post-natal depression [pəʊstˈneɪtl dɪˈpreʃən] *znw* postnatale depressie

postnuptial [pəʊstˈnʌpʃəl] *bn* na de huwelijksvoltrekking

post office ['pəʊstɒfɪs], **PO** *znw* postkantoor, post(erijen) ★ *a ~ savings bank* een postspaarbank

post office box ['pəʊst ɒfɪs bɒks] *znw* postbus

post-paid ['pəʊst-'peɪd] *bn* franco, gefrankeerd

postpartum [pəʊstˈpɑːtəm], **post-partum** *bn* na de geboorte

postpone [pəʊstˈpəʊn] *overg* uitstellen, verschuiven

postponement [pəʊstˈpəʊnmənt] *znw* **❶** uitstel **❷** achterstelling

postprandial [pəʊstˈprændɪəl] *form of scherts bn* na het middageten

postscript ['pəʊstskrɪpt] *znw* naschrift

postseason [pəʊstˈsiːzən] *bn* in het naseizoen

poststructuralism [pəʊstˈstrʌktʃərəlɪzəm], **post-structualism** *znw* poststructuralisme

poststructuralist [pəʊstˈstrʌktʃərəlɪst] **I** *bn* poststructuralistisch **II** *znw* poststructuralist

post traumatic stress disorder ['pəʊst trɔːˈmætɪk 'stres dɪsˈɔːdə] *med znw* posttraumatisch stresssyndroom

postulant ['pɒstjʊlənt] *znw* **❶** kandidaat in de theologie, proponent **❷** *RK* postulant

postulate *form* **I** *znw* ['pɒstjʊlət] postulaat, grondstelling, hypothese, axioma **II** *overg* ['pɒstjʊleɪt] postuleren, (als bewezen) aannemen

postulation [pɒstjʊˈleɪʃən] *form znw* **❶** vooronderstelling **❷** aan-, verzoek

posture ['pɒstʃə] **I** *znw* **❶** houding, pose ★ *adopt a defensive ~* een verdedigende houding aannemen **❷** staat, stand van zaken **II** *onoverg* zich aanstellen, poseren

posturing ['pɒstʃərɪŋ] *znw* aanmatigende houding, ijdelheid

postviral fatigue syndrome [pəʊstˈvaɪrəl fəˈtiːɡ'sɪndrəʊm] *med znw* postviraal

vermoeidheidssyndroom

post-war [pəʊstˈwɔː] *bn* naoorlogs

posy ['pəʊzɪ] *znw* ruiker, bloemtuil

pot [pɒt] **I** *znw* **❶** pot ★ *a ~ of jam* een pot jam ★ *inf ~s of sth* veel van iets ★ *inf a ~/~s of money* een bom duiten ★ *inf go to ~* op de fles gaan, naar de kelder gaan ★ *keep the ~ boiling* zorgen zijn broodje te verdienen, de boel aan de gang houden ★ *zegsw the ~ calling the kettle black* de pot verwijt de ketel dat hij zwart ziet / is **❷** kan, kroes **❸** bloempot **❹** fuik **❺** *inf* marihuana **❻** → **pot belly II** *overg* **❶** in potten doen / overplanten, potten ★ *~ sth up* iets oppotten **❷** inmaken **❸** pottenbakken **❹** *biljart* stoppen **❺** *sp* schieten ‹bal› ‹voor de pot›, neerschieten **❻** *inf* op het potje zetten

potable ['pəʊtəbl] *bn* drinkbaar

potash ['pɒtæʃ] *znw* kaliumcarbonaat, potas

potassium [pəˈtæsɪəm] *znw* kalium

potation [pəˈteɪʃən] *scherts znw* **❶** drank **❷** drinken **❸** drinkgelag **❹** dronk

potato [pəˈteɪtəʊ] *znw* [*mv*: -es] aardappel ★ *a baked ~* een geroosterde aardappel ★ *a boiled ~* een gekookte aardappel ★ *a hot ~* een heet hangijzer ★ *~es in their jackets* in hun schil gekookte aardappels

potato blight [pəˈteɪtəʊ blaɪt] *znw* aardappelziekte

potato chips [pəˈteɪtəʊ tʃɪps] *Am znw* [*mv*] (potato) chips

potato salad [pəˈteɪtəʊ 'sæləd] *znw* aardappelsalade

pot-bellied stove ['pɒtbelɪd stəʊv] *znw* potkachel

pot belly [pɒt 'belɪ], *inf* **pot** *znw* dikke buik

potboiler ['pɒtbɔɪlə] *inf znw* artikel (boek &) om den brode gemaakt (geschreven)

pot-bound [pɒt-baʊnd] *bn* waarvan de wortels de hele pot hebben gevuld ‹v. plant›

potency ['pəʊtənsɪ] *znw* **❶** invloed op geest of lichaam **❷** verdunning ‹v.e, homeopathische oplossing› **❸** **potence** macht, kracht, vermogen **❹** **potence** potentie, seksueel vermogen

potent ['pəʊtnt] *bn* **❶** machtig, krachtig, sterk **❷** potent

potentate ['pəʊtənteɪt] *dicht znw* potentaat, vorst

potential [pəˈtenʃəl] **I** *bn* **❶** potentieel, mogelijk **❷** eventueel **II** *znw* **❶** potentiaal, elektrisch vermogen **❷** potentieel, mogelijkheid, talent, vermogen ★ *a pianist with ~* een pianist met talent ★ *have the ~ for sth / to do sth* de mogelijkheid hebben om iets te doen ★ *fulfil / reach / realise one's ~* zijn potentieel ontplooien, zijn grens bereiken ★ *show ~* een belofte inhouden ★ *unlock the ~ of sth* de latente mogelijkheden van iets de ruimte geven

potentiality [pətenʃɪˈælətɪ] *znw* potentie, mogelijkheid

potentially [pəˈtenʃəlɪ] *bijw* potentieel, eventueel, mogelijkerwijs ★ *a ~ fatal accident* een mogelijkerwijs dodelijk ongeluk

pothead ['pɒthed] *inf znw* drugsgebruiker

pother ['pɒðə] *inf znw* rumoer, herrie, drukte ★ *in a ~*

met een hoop drukte
pot-herb ['pɒthɜ:b] *znw* moeskruid
potholder ['pɒthəʊldə] Am *znw* ovenwant
pothole ['pɒthəʊl] *znw* ❶ gat, kuil ‹in de weg› ❷ grot, spelonk
potholing ['pɒthəʊlɪŋ] *znw* holenonderzoek, speleologie
pothook ['pɒthʊk] *znw* hist hengelhaak ★ gedat ~s hanenpoten ‹bij het schrijven›
pothunter ['pɒthʌntə] *znw* trofeeënjager
potion ['pəʊʃən] *znw* ❶ afkeurend drank ‹medicijn› ❷ magisch drankje, toverdrank ★ *a love ~* een liefdesdrankje
pot luck [pɒt lʌk] *znw* ★ *take ~* eten wat de pot schaft, iets nemen zoals het is
potoroo [pɒtə'ru:] *znw* potoroo ‹Australisch ratachtig buideldier›
pot plant [pɒt plɑ:nt] *znw* potplant
potpourri [pəʊ'pʊərɪ] *znw* ❶ mengsel van droogbloemen en gedroogde kruiden ❷ muz potpourri ❸ mengelmoes
pot roast ['pɒtrəʊst] *znw* gestoofd vlees ‹rund›
potsherd ['pɒtʃɜ:d] *znw* potscherf
potshot ['pɒtʃɒt] *znw* ❶ schot op goed geluk, in het wilde weg ★ *take ~s at sth* in het wilde weg op iets schieten ❷ fig poging op goed geluk (in 't wilde weg)
pottage ['pɒtɪdʒ], **potage**, vero *znw* soep ‹vooral dikke groentesoep› ★ *sell sth for a mess of ~* iets te goedkoop van de hand doen
potted ['pɒtɪd] *bn* ❶ ingemaakt ❷ fig verkort, beknopt ❸ gepot ★ *~ plants* potplanten
potter ['pɒtə] I *znw* pottenbakker II *onoverg*, Am **putter** ❶ rondlummelen, keutelen, hannesen ❷ prutsen, knutselen, liefhebberen III *phras* ★ *~ about / round* rondscharrelen
potter's wheel ['pɒtəz wi:l] *znw* pottenbakkersschijf
pottery ['pɒtərɪ] *znw* ❶ pottenbakkerij ❷ aardewerk, potten en pannen ★ *hand-thrown ~* handgemaakt aardewerk
potting shed ['pɒtɪŋ ʃed] *znw* tuinschuurtje
potty ['pɒtɪ] inf I *bn* gek, maf, krankzinnig II *znw* potje ‹v. kind›
potty-train ['pɒtɪ-treɪn] *overg* zindelijk maken
potty-training ['pɒtɪ-treɪnɪŋ] *znw* het zindelijk maken
pouch [paʊtʃ] *znw* ❶ zak, tas ❷ mil patroontas ❸ buidel ‹v. buideldier› ❹ krop ‹v. vogel›, wangzak ‹v. aap, hamster &›
pouf [pu:f] *znw* ❶ **pouffe** poef ‹zitkussen› ❷ → beledigend **poof**
poult [pəʊlt] *znw* kuiken ‹van kip, fazant &›
poulterer ['pəʊltərə] *znw* poelier
poultice ['pəʊltɪs] I *znw* pap, warme omslag II *overg* pappen
poultry ['pəʊltrɪ] *znw* gevogelte, pluimvee, hoenders ★ *a ~ farm* een pluimveebedrijf, een hoenderpark, een kippenboerderij ★ *~ farming* pluimveefokkerij
pounce [paʊns] I *znw* ❶ het zich plotseling

(neer)storten (op) ★ *make a ~ at sbd / sth* neerschieten op iem. / iets ❷ fig plotselinge aanval II *onoverg* springen, plotseling aanvallen ★ *~ on sbd / sth* zich storten op iem. / iets, af-, neerschieten op iem. / iets, iem. / iets plotseling aanvallen, grijpen, fig (ergens) bovenop springen ‹fout v. anderen &›
pound [paʊnd] I *znw* ❶ pond ‹*16 ounces avoirdupois* = ± 453,6 gram; *12 ounces troy* = ± 373 gram› ★ *demand one's ~ of flesh* het volle pond eisen ❷ ❸ pond sterling ★ valuta *Irish ~* Ierse pond / punt ❹ schuthok ❺ depot ‹voor dieren, weggesleepte auto's &› ❻ harde klap, dreun, stomp II *overg* ❶ (fijn)stampen ‹suiker &› ★ *~ sth out* iets eruit stampen ‹op piano, schrijfmachine &› ❷ aanstampen ‹aarde› ❸ beuken, slaan, schieten, timmeren op ★ *~ the beat* de maat slaan III *onoverg* ❶ stampen, bonken, beuken ★ *~ (away) at sth, ~ on sth* erop los timmeren, beuken, schieten, zitten zwoegen aan iets ❷ schieten
poundage ['paʊndɪdʒ] *znw* ❶ pondgeld, schutgeld ❷ aantal ponden ❸ geheven recht ‹v. postwisselbedragen›, commissieloon per pond sterling, aandeel in de opbrengst
pounder ['paʊndə] *znw* ❶ vijzel, stamper ❷ balans
-pounder ['paʊndə] *achterv* van... pond
pounding ['paʊndɪŋ] *znw* pak slaag ★ *take a ~* een pak slaag krijgen
pour [pɔ:] I *overg* ❶ gieten, uitgieten, (uit)storten, schenken, in-, uitschenken ★ *~ money / one's hopes & into sth* zijn geld / verwachtingen & in iets steken ★ *~ cold water on sth* negatief / denigrerend zijn over iets ★ *~ oil on troubled waters* olie op de golven gieten ★ *~ scorn on sbd / sth* iem. / iets honen, zijn afkeer over iem. / iets uitspreken ❷ in stromen neer doen komen II *onoverg* ❶ gieten, stromen, in stromen neerkomen ❷ stortregenen III *phras* ★ *~ down* in stromen neerkomen ★ dicht *~ forth* doen uitstromen ★ *~ in* binnenstromen ‹v. brieven, klachten &› ★ *~ out* naar buiten stromen ★ zegsw *it never rains but it ~s* een ongeluk komt zelden alleen ★ *~ sth out* iets (uit-, in)schenken, iets uitstorten ‹zijn hart &›
pout [paʊt] I *znw* vooruitsteken van de lippen, gepruil II *onoverg* pruilen
pouter ['paʊtə] *znw* ❶ pruiler ❷ dierk kropduif
poverty ['pɒvətɪ] *znw* ❶ armoe(de), gebrek ★ *live in ~* in armoede leven ❷ behoefte ❸ schraalheid ★ *a ~ of imagination / creativity &* een gebrek aan fantasie / creativiteit &
poverty line ['pɒvətɪ laɪn] *znw* armoedegrens ★ *below / on the ~* onder / op de armoedegrens
poverty-stricken ['pɒvətɪ-strɪkən] *bn* arm(oedig)
poverty trap ['pɒvətɪ træp] *znw* armoedeval ‹het niet makkelijk uit een uitkering kunnen komen door het ontbreken van werkelijk financieel voordeel bij het aanvaarden van werk, nl. door wegval van de uitkering, van subsidie e.d.›
POW *afk* → **prisoner of war**

po

POW camp [piːəʊ'dʌblju: kæmp] *znw* krijgsgevangenenkamp

powder ['paʊdə] **I** *znw* ❶ poeder, poeier ‹stofnaam› ❷ poeder, poeier ‹voorwerpsnaam› ❸ (bus)kruit ★ *keep one's ~ dry* zijn kruit droog houden ▼ Am *inf take a ~* er tussenuit knijpen, wegglippen **II** *overg* ❶ fijnstampen, pulveriseren, tot poeder stampen ❷ poeieren, bestrooien, besprenkelen (met *with*) ★ *~ one's nose* zijn neus poederen, naar de wc gaan ‹eufemisme›

powder blue ['paʊdə blu:] **I** *bn* zacht lichtblauw **II** *znw* blauwsel

powder compact ['paʊdə 'kɒmpækt] *znw* poederdoos

powdered milk ['paʊdəd mɪlk] *znw* melkpoeder

powdered sugar ['paʊdəd 'ʃʊgə] *znw* poedersuiker

powder flask ['paʊdə flɑːsk] *hist znw* kruithoorn

powder keg ['paʊdə keg] *znw* kruitvat

powder magazine ['paʊdə mægə'ziːn] *znw* kruithuis, -magazijn

powder puff ['paʊdə pʌf] *znw* poederkwast, -dons

powder room ['paʊdə ruːm] *euf znw* damestoilet

powder snow ['paʊdə snəʊ] *znw* poedersneeuw

powdery ['paʊdərɪ] *bn* ❶ poederachtig, fijn als poeder ❷ gepoeierd

power ['paʊə] **I** *znw* ❶ kracht, macht, gezag, vermogen, sterkte ★ *judicial ~* rechterlijke macht ★ *~-hungry* hongerig naar macht ★ *the ~ behind the throne* de sterke man op de achtergrond ★ *beyond one's ~* zijn krachten te boven ★ *in ~* aan het bewind, aan de regering, aan het roer, aan de macht ★ *in sbd's ~* in iemands macht ★ *through the ~ of sth* door de kracht van ★ *under one's own ~* op eigen kracht ★ *do anything within one's ~* alles wat mogelijk is doen ★ *inf do sbd a ~ of good* iem. heel veel goed doen ★ Br *more ~ to your elbow!* alle goeds!, veel succes! ❷ energie, elektr stroom, *inf* elektrisch (licht) ❸ bevoegdheid, volmacht (ook: *full ~s*) ❹ mogendheid **II** *overg* energie leveren (aan, voor), aandrijven ★ *~ sth up* iets inschakelen

power-assisted ['paʊər-ə'sɪstɪd] *bn* bekrachtigd ‹stuur &›

power base ['paʊə beɪs] *znw* machtsbasis

power bloc ['paʊə blɒk] *znw* machtsblok

powerboat ['paʊəbəʊt] *znw* motorboot

power brakes ['paʊə breɪks] auto *znw* [mv] rembekrachtiging

power braking ['paʊə breɪkɪŋ] *znw* rembekrachtiging

power breakfast ['paʊə 'brekfəst] *scherts znw* werkontbijt

power broker ['paʊə 'brəʊkə] pol *znw* machthebber ‹achter de schermen›

power cable ['paʊə 'keɪbl] *znw* elektriciteitskabel

power cut ['paʊə kʌt] elektr *znw* stroomonderbreking, stroomloze periode

power dive ['paʊə daɪv] *znw* motorduikvlucht

power dressing ['paʊə 'dresɪŋ] scherts *znw* manier van kleding (vooral in de zakenwereld) waardoor men een professionele, zelfverzekerde indruk maakt

power-driven ['paʊə-drɪvən] *bn* machinaal aangedreven

powered ['paʊəd] *bn* aangedreven ★ *~ bicycle* rijwiel met hulpmotor

power failure ['paʊə 'feɪljə] *znw* stroomstoring

powerful ['paʊəfʊl] *bn* machtig, krachtig, vermogend, invloedrijk, sterk, geweldig, indrukwekkend

powerfully ['paʊəfʊlɪ] *bijw* machtig, krachtig, sterk, geweldig, indrukwekkend

power game ['paʊə geɪm] *znw* machtsspel

powerhouse ['paʊəhaʊs] *znw* ❶ gedat elektrische centrale, krachtcentrale ❷ fig stuwende kracht ❸ dynamisch persoon ❹ krachtmens, krachtfiguur

powerless ['paʊələs] *bn* machteloos ★ *she is ~ to help him* ze is niet bij machte hem te helpen

power line ['paʊə laɪn] *znw* hoogspanningskabel

power lunch ['paʊə lʌntʃ] scherts *znw* zakenlunch

power management ['paʊə 'mænɪdʒmənt] comput *znw* energiebeheer

power of attorney ['paʊərəv ə'tɜːnɪ] jur *znw* volmacht

power plant ['paʊə plɑːnt] *znw* krachtinstallatie

power point ['paʊə pɔɪnt] *znw* stopcontact

power politics ['paʊə 'pɒlɪtɪks] *znw* [mv] machtspolitiek

powers ['paʊəz] *znw* [mv] ❶ goden, bovennatuurlijke wezens ❷ geestesgaven, talent, capaciteiten ❸ macht, machten, krachten ★ scherts *the ~ that be* de overheid ★ *at the peak / zenith of one's ~* op het hoogtepunt / dieptepunt van zijn macht / krachten

power-sharing ['paʊə-ʃeərɪŋ] *znw* ❶ het delen van de macht ❷ coalitieregeringsvorm

powers of darkness ['paʊəz əv 'dɑːknəs] *znw* [mv] ★ *the ~* de macht der duisternis, kwade macht

power source ['paʊə sɔːs] *znw* krachtbron

power station ['paʊə 'steɪʃən] *znw* (elektrische) centrale ★ *a nuclear / an atomic ~* een kerncentrale / atoomcentrale

power steering ['paʊə 'stɪərɪŋwiːl] auto *znw* stuurbekrachtiging

power stroke ['paʊə strəʊk] *znw* werkslag ‹v. viertaktmotor›

power structure ['paʊə 'strʌktʃə] *znw* machtsstructuur

power struggle ['paʊə 'strʌgl] *znw* machtsstrijd

power supply ['paʊə sə'plaɪ] *znw* energievoorziening

power tool ['paʊə tuːl] *znw* elektrisch gereedschap

power user ['paʊə 'juːzə] comput *znw* ervaren computergebruiker die de meest geavanceerde mogelijkheden gebruikt

power vacuum ['paʊə 'vækjʊəm] *znw* machtsvacuüm

power-walking ['paʊə-wɔːkɪŋ] *znw* stevig wandelen als fitnessoefening

power worker ['paʊə 'wɜːkə] *znw* arbeider in een elektriciteitscentrale

powwow ['paʊwaʊ] *inf* **I** *znw* (rumoerige) bijeenkomst, conferentie **II** *onoverg* ❶ overleggen ❷ delibereren

pox [pɒks] *znw* algemene naam voor ziekten met uitslag ★ *inf the ~* syfilis

po

poxy ['pɒksɪ] Br inf *bn* pokken-, klote-
pp, pp. *afk* (pages) bladzijden, pp., blz.
ppm comput *afk* (pages per minute) pagina's per minuut ‹printersnelheid›
PPS *afk* (additional postscript) postpostscriptum, pps
PR *afk* → **public relations**
practicability [præktɪkə'bɪlətɪ] *znw* ❶ uitvoerbaarheid ❷ begaanbaarheid
practicable ['præktɪkəbl] *bn* ❶ doenlijk, uitvoerbaar, haalbaar ❷ bruikbaar
practical ['præktɪkl] *bn* ❶ praktisch, praktijkgericht ❷ praktijk- ❸ feitelijk ❹ handig, bruikbaar, geschikt ❺ haalbaar, uitvoerbaar

> **practical en practicable**
> Practical betekent **bruikbaar, praktisch**, en practicable betekent **haalbaar, uitvoerbaar**.
> *Practical ideas are not always practicable - Bruikbare ideeën zijn niet altijd haalbaar.*

practicality [præktɪ'kælətɪ] *znw* (zin voor) het praktische ★ *the practicalities* de (alledaagse) praktische aspecten
practical joke ['præktɪkl dʒəʊk] *znw* practical joke, poets
practically ['præktɪkəlɪ] *bijw* ❶ praktisch, bijna ★ *the van cost us ~ nothing* het busje heeft ons praktisch niets gekost ★ *he's ~ finished his dinner* hij is bijna klaar met eten ❷ in (de) praktijk ❸ feitelijk
practice ['præktɪs] **I** *znw* ❶ praktijk, be-, uitoefening ★ *in ~* in de praktijk ★ *put sth into ~* iets in praktijk brengen ❷ oefening ★ *piano / violin & ~* oefenen op de piano / viool & ★ *be good ~ for sth* goede oefening zijn voor iets ★ *be out of ~* lang niet meer geoefend hebben, de handigheid kwijt zijn ★ *keep (oneself) in ~* het onderhouden, zich blijven oefenen ★ zegsw *~ makes perfect* oefening baart kunst ❸ gebruik, toepassing, gewoonte ★ *a code of ~* praktijkrichtlijn ★ *make a ~ of doing sth* het een gewoonte maken iets te doen ❹ dokters-, tandartsenpraktijk ★ *be in ~* praktiseren ‹dokter› ★ *retire from ~* de praktijk neerleggen ‹dokter, tandarts &› ★ *run a ~ as a doctor / vet &* een praktijk hebben als dokter / dierenarts & **II** *overg* → **practise**
practician [præk'tɪʃən] *znw* practicus
practise ['præktɪs], Am **practice I** *overg* ❶ uit-, beoefenen, in praktijk / in toepassing brengen, betrachten ❷ oefenen, instuderen ‹muziekstuk›, zich oefenen in / op ❸ gebruiken **II** *onoverg* ❶ (zich) oefenen ★ *he's practising hard for the marathon* hij oefent hard voor de marathon ❷ praktiseren ★ zegsw *~ what you preach* zelf doen wat je anderen aanraadt
practised ['præktɪst], Am **practiced** *bn* bedreven, ervaren
practising ['præktɪsɪŋ] *bn* praktiserend
practitioner [præk'tɪʃənə] *znw* beoefenaar ★ *a legal ~* een advocaat ★ *a medical ~* een praktiserend geneesheer ★ jur *a sole ~* een eenmanspraktijk

praeternatural [pri:tə'nætʃərəl] *bn* → **preternatural**
praeternaturally [pri:tə'nætʃərəlɪ] *bijw* → **preternaturally**
pragmatic [præg'mætɪk], **pragmatical** *bn* pragmatisch ★ *take a ~ approach to sth* iets pragmatisch aanpakken
pragmatics [præg'mætɪks] *znw* [mv] pragmatiek
pragmatism ['prægmətɪzəm] *znw* zakelijkheid, praktische zin
pragmatist ['prægmətɪst] *znw* ❶ pragmaticus ❷ pragmatist
prairie ['preərɪ] *znw* prairie
prairie dog ['preərɪ dɒg] *znw* prairiehond ‹Amerikaans knaagdier›
prairie oyster ['preərɪ 'ɔɪstə] *znw* rauw ei met kruiden, azijn e.d. als opkikkertje
prairie wolf ['preərɪ wʊlf] *znw* prairiewolf, coyote
praise [preɪz] **I** *znw* lof, eer, glorie ★ *in ~ of* tot lof / roem van ★ *be full of ~ for sbd / sth* vol lof zijn voor / over iem. / iets ★ *have nothing but ~ for sbd / sth* niets dan lof hebben voor iem. / iets ★ *sing sbd's ~s* iems. lof verkondigen, de loftrompet steken over ★ *win ~ for sth* eer ontvangen voor iets **II** *overg* ❶ prijzen ❷ loven, roemen
praiseworthy ['preɪzwɜ:ðɪ] *bn* loffelijk, lofwaardig, prijzenswaardig
praline ['prɑ:li:n] *znw* praline
pram I *znw* [præm] kinderwagen **II** *znw* [prɑ:m, præm] scheepv praam
prance [prɑ:ns] *onoverg* ❶ steigeren ❷ trots stappen, pronken ❸ huppelen, dansen
prandial ['prændɪəl] form of scherts *bn* tijdens het avondeten
prang [præŋ] inf **I** *znw* crash, ongeluk ‹v. auto, vliegtuig› **II** *overg* te pletter rijden / vliegen
prank [præŋk] **I** *znw* streek, poets ★ *play a ~ on sbd* iem. een poets bakken / streek leveren **II** *overg* (uit)dossen, (op)tooien (ook: ~ *out, ~ up*) ★ *the hall was all ~ed out with flowers* de zaal was helemaal versierd met bloemen **III** *onoverg* pronken
prankish ['præŋkɪʃ] *bn* ondeugend
prankster ['præŋkstə] *znw* grapjas, potsenmaker
prat [præt] Br inf **I** *znw* idioot, sufferd **II** *phras* ★ *~ about / around* zich dom / onverantwoordelijk gedragen
prate [preɪt] *onoverg* babbelen, wauwelen, snateren ★ *they ~d on endlessly about the renovations* ze babbelden eindeloos door over de verbouwingen
prater ['preɪtə] *znw* babbelaar
prattle ['prætl] **I** *znw* ❶ gebrabbel ❷ geklets, gewauwel **II** *onoverg* ‹kinderlijk› babbelen **III** *phras* ★ *~ on (about sth)* doorbabbelen (over iets)
prattler ['prætlə] *znw* babbelend kind
prawn [prɔ:n] *znw* steurgarnaal
prawn cracker [prɔ:n 'krækə] *znw* kroepoek
praxis ['præksɪs] form *znw* ❶ gewoonte, gebruik ❷ verzameling (taalkundige) oefeningen
pray [preɪ] **I** *overg* bidden, smeken, (beleefd)

pr

verzoeken **II** *onoverg* bidden, smeken (om *for*)
★ *let's ~ for the rain to stop* laten we hopen / bidden
dat de regen gauw ophoudt ★ <u>inf</u> *she's past ~ing for*
ze is een hopeloos geval
prayer ['preə] *znw* ❶ gebed, bede, smeekbede ★ <u>inf</u>
he's / it's the answer to our ~s hij / het is het antwoord
op onze gebeden ★ *answer sbd's ~s* iemands
gebeden verhoren ★ <u>inf</u> *not have a ~* geen schijn
van kans hebben ★ *say one's ~s* bidden ❷ verzoek
❸ <u>jur</u> petitum, conclusum, onderwerp
prayer beads ['preə biːdz] *znw* [mv] gebedskralen,
rozenkrans
prayer book ['preə bʊk] *znw* gebedenboek
prayerful ['preəfʊl] *bn* vroom, devoot
prayer mat ['preə mæt] *znw* bidmatje
prayer meeting [preə 'miːtɪŋ] *znw* godsdienstige
bijeenkomst, bidstond
prayer wheel ['preə wiːl] *znw* gebedsmolen
praying mantis ['preɪŋ 'mæntɪs] *znw* bidsprinkhaan
pre- [priː] *voorv* vooraf, voor-, pre- ★ *a pre-supper drink*
een drankje voor het avondeten
preach [priːtʃ] **I** *overg* prediken, preken ★ *~ a sermon*
een preek houden **II** *onoverg* prediken, preken
★ <u>afkeurend</u> *he's always ~ing about values* hij zit
altijd te preken over waarden ★ *I wish you'd
stop ~ing at me* ik wou dat je eens ophield tegen me
te preken ★ *~ to the converted / the choir* mensen
proberen te overtuigen die al overtuigd zijn
preacher ['priːtʃə] *znw* predikant, prediker
preachify ['priːtʃɪfaɪ] <u>inf</u> *onoverg* zedenpreken houden
preaching ['priːtʃɪŋ] *znw* ❶ prediking ❷ preek,
predicatie ❸ <u>afkeurend</u> gepreek
preachment ['priːtʃmənt] *znw* ❶ <u>afkeurend</u> preek
❷ gepreek
preachy ['priːtʃɪ] <u>inf</u> *bn* prekerig, preek- ★ *you don't
have to take that ~ tone with me* je hoeft niet zo'n
prekerige toon tegen mij aan te slaan
preamble [priː'æmbl] *znw* considerans, inleiding,
inleidende paragraaf, aanhef ★ *without further ~*
zonder verdere omhaal, met de deur in huis vallend
preambulary [priː'æmbjʊlərɪ], **preambulatory**, <u>form</u>
preambular *bn* inleidend
preamplifier [priː'æmplɪfaɪə] *znw* voorversterker
prearrange [priːə'reɪndʒ] *overg* vooraf regelen
prebuilt [priː'bɪlt] <u>Am</u> *bn* geprefabriceerd
precancerous [priː'kænsərəs] *bn* prekanker
precarious [prɪ'keərɪəs] *bn* ❶ onzeker, wisselvallig
❷ hachelijk, precair, gevaarlijk ★ *be in a ~ position*
in een precaire toestand verkeren ❸ dubieus
precariously [prɪ'keərɪəslɪ] *bijw* precair, onzeker,
gevaarlijk ★ *the cat was balanced ~ on the roof* de kat
balanceerde gevaarlijk boven op het dak
precariousness [prɪ'keərɪəsnəs] *znw* gevaarlijke,
onzekere, hachelijke situatie
precast ['priːkɑːst] *bn* vooraf gestort
precaution [prɪ'kɔːʃən] *znw* voorzorg(smaatregel) ★ *I
took the ~ of locking the door* ik heb uit voorzorg de
deur op slot gedaan

precautionary [prɪ'kɔːʃənərɪ] *bn* van voorzorg,
voorzorgs-
precautions [prɪ'kɔːʃənz] *znw* [mv]
voorzorgsmaatregelen, anticonceptie ★ *take ~*
anticonceptie gebruiken
precede [prɪ'siːd] *overg* voorafgaan, gaan vóór, de
voorrang hebben boven ★ *his reputation had ~d him*
zijn reputatie was hem vooruitgesneld ★ *the
earthquake was ~d by tremors* de aardbeving werd
voorafgegaan door aardschokken
precedence ['presɪdns] *znw* voorrang, prioriteit ★ *in
order of ~* in volgorde van belangrijkheid ★ *take ~
over sbd / sth* iem. / iets voorgaan, de voorrang
hebben boven iem. / iets
precedent ['presɪdənt] *znw* precedent ★ *without ~*
zonder voorbeeld, zonder weerga ★ *establish / set a ~*
een precedent scheppen
precedented ['presɪdentɪd] *bn* precedent hebbend,
gesteund door precedent
preceding [prɪ'siːdɪŋ] *bn* voorafgaand ★ *the ~ speaker*
de vorige spreker
precentor [prɪ'sentə] *znw* voorzanger, koorleider
precept ['priːsept] *znw* ❶ voorschrift, stelregel,
principe ★ *this goes against the ~ of free speech* dit
gaat in tegen het principe van vrije meningsuiting
❷ bevel(schrift)
preceptive [prɪ'septɪv] <u>form</u> *bn* ❶ voorschrijvend
❷ lerend, didactisch
preceptor [prɪ'septə] <u>form</u> *znw* (leer)meester
precession [prɪ'seʃən] <u>nat</u> *znw* voorrang
precinct ['priːsɪŋkt] *znw* ❶ wijk, district ❷ gebied ★ *in
the ~s of* in de omgeving van ❸ <u>Am</u> politie-,
kiesdistrict
preciosity [preʃɪ'ɒsətɪ] *znw* gemaaktheid,
precieusheid, overdreven gezochtheid
precious ['preʃəs] **I** *bn* ❶ kostbaar, dierbaar ❷ edel
‹metalen› ❸ <u>afkeurend</u> precieus, overdreven
gezocht, gemaakt ‹manieren &› ❹ <u>inf & iron</u>
kostelijk, mooi, dierbaar ★ *iron you and your ~ chess*
jij en dat kostelijke schaken van je ❺ versterkend
geducht, kolossaal **II** *bijw* <u>versterkend</u> verbazend,
verduiveld & ★ <u>inf</u> *~ little* ontzettend weinig **III** *znw*
★ *my ~!* mijn schat(je)!
precious metal ['preʃəs 'metl] *znw* edelmetaal
precious stone ['preʃəs stəʊn] *znw* edelsteen
precipice ['presɪpɪs] *znw* ❶ steilte, steile rots ❷ <u>fig</u>
afgrond
precipitance [prə'sɪpətəns], **precipitancy** *znw*
overhaasting, overijling
precipitant [prɪ'sɪpɪtnt] **I** *bn* overhaast, ondoordacht,
onbezonnen **II** *znw* ❶ <u>chem</u> reagens dat neerslag
geeft ❷ <u>fig</u> aanleiding
precipitate I *bn* [prɪ'sɪpɪtət] <u>form</u> overhaast, haastig,
overijld, onbezonnen ★ *the police's actions were ~* de
actie van de politie was overhaast **II** *znw* [prɪ'sɪpɪtət]
<u>chem</u> neerslag, precipitaat **III** *overg* [prɪ'sɪpɪteɪt]
❶ (neer)storten, (neer)werpen ❷ bespoedigen
❸ <u>chem</u> (doen) neerslaan, precipiteren ‹in

oplossing› **IV** *onoverg* [prɪˈsɪpɪteɪt] ❶ chem neerslaan, precipiteren ❷ voorover vallen

precipitation [prɪsɪpɪˈteɪʃən] *znw* ❶ overhaasting, haast, overijling ❷ neerslag

precipitous [prɪˈsɪpɪtəs] *bn* ❶ steil ❷ overhaast

précis [ˈpreɪsiː], **precis** (‹Fr›) *znw* overzicht, resumé

precise [prɪˈsaɪs] *bn* nauwkeurig, juist, stipt, nauwgezet, precies, versterkend secuur ★ *to be* ~ om precies te zijn

precision [prɪˈsɪʒən] *znw* nauwkeurigheid, juistheid ★ *with mathematical* ~ met wiskundige nauwkeurigheid

precision instrument [prɪˈsɪʒən ˈɪnstrəmənt], **precision tool** *znw* precisie-instrument

preclude [prɪˈkluːd] *overg* ❶ uitsluiten ❷ de pas afsnijden, voorkomen, verhinderen, beletten

preclusion [prɪˈkluːʒən] *znw* ❶ uitsluiting ❷ het beletten

precocious [prɪˈkəʊʃəs] *bn* vroeg(rijp), voorlijk, vroeg wijs, wijsneuzig

precocity [prɪˈkɒsətɪ] *znw* vroegrijpheid, voorlijkheid

precognition [prɪkəgˈnɪʃən] *znw* voorkennis

preconceived [priːkənˈsiːvd] *bn* vooraf gevormd ★ *a* ~ *opinion* een vooroordeel

preconception [priːkənˈsepʃən] *znw* ❶ vooraf gevormd begrip ❷ vooropgezette mening, vooroordeel

precondition [priːkənˈdɪʃən] *znw* noodzakelijke voorwaarde, sine qua non

pre-cook [priːˈkʊk], **precook** *overg* van tevoren bereiden / (even) koken

pre-cool [priːˈkuːl], **precool** *overg* van tevoren afkoelen

precursor [priːˈkɜːsə] *znw* voorloper, voorbode

precursory [priːˈkɜːsərɪ] *bn* ❶ voorafgaand ❷ inleidend ★ *give sth a* ~ *look* een voorlopige blik op iets werpen

predacious [prɪˈdeɪʃəs] *bn* → **predatory**

predate [ˈpriːdeɪt] **I** *overg* antedateren **II** *onoverg* van een eerdere datum zijn dan, ouder zijn dan

predator [ˈpredətə] *znw* roofdier

predatory [ˈpredətərɪ], **predacious** *bn* ❶ rovend, roofzuchtig, plunderend ❷ rovers-, roof- ★ *a* ~ *bird* roofvogel

predatory pricing [ˈpredətərɪ ˈpraɪsɪŋ] marketing *znw* verkopen onder de inkoopsprijs ‹om anderen uit de markt te prijzen›

predecease [priːdɪˈsiːs] *overg* eerder sterven dan

predecessor [ˈpriːdɪsesə] *znw* (ambts)voorganger

predestination [priːdestɪˈneɪʃən] *znw* voorbestemming, voorbeschikking, predestinatie

predestine [prɪˈdestɪn] *overg* voorbestemmen, voorbeschikken

predetermination [priːdɪtɜːmɪˈneɪʃən] *znw* ❶ bepaling vooraf ❷ voorbeschikking

predetermine [priːdɪˈtɜːmɪn] *overg* ❶ vooraf bepalen, vaststellen ❷ voorbeschikken

predeterminer [priːdɪˈtɜːmɪnə] gramm *znw*

predeterminator

predicable [ˈpredɪkəbl] form bn wat gezegd / verklaard kan worden van iets

predicament [prɪˈdɪkəmənt] *znw* (kritieke) staat / toestand, lastig geval ★ *be in a dire* ~ lelijk in de knoei zitten

predicate I *znw* [ˈpredɪkət] ❶ form (toegekend) predicaat ❷ gramm (grammaticaal) gezegde **II** *overg* [ˈpredɪkeɪt] ❶ form toekennen (aan *of*), aannemen, beweren ❷ form impliceren, wijzen op ❸ form baseren (op *on*)

predication [predɪˈkeɪʃən] form *znw* toekenning, bevestiging, bewering

predicative [prɪˈdɪkətɪv] *bn* ❶ predicatief ❷ bevestigend

predict [prɪˈdɪkt] *overg* voorzeggen, voorspellen

predictable [prɪˈdɪktəbl] *bn* voorspelbaar, te voorspellen

predictably [prɪˈdɪktəblɪ] *bijw* voorspelbaar

prediction [prɪˈdɪkʃən] *znw* voorspelling ★ *her* ~ *about the weather turned out to be right* haar voorspelling over het weer bleek te kloppen

predictive [prɪˈdɪktɪv] *bn* voorspellend

predictor [prɪˈdɪktə] *znw* ❶ voorspeller ❷ luchtv instrument dat de positie van vijandelijke vliegtuigen bepaalt

predigested [priːdaɪˈdʒestɪd] *bn* ❶ voorgekauwd, gemakkelijk verteerbaar gemaakt ❷ toegankelijk gemaakt, in hapklare brokken

predilection [priːdɪˈlekʃən] *znw* voorliefde, voorkeur ★ *he has a* ~ *for blondes* hij heeft een voorliefde voor blondjes

predispose [priːdɪˈspəʊz] *overg* vatbaar / ontvankelijk maken (voor *to*), predisponeren ★ *smoking* ~*s you to lung cancer* roken maakt je vatbaar voor longkanker

predisposed [priːdɪˈspəʊzd] *bn* geneigd, met een aanleg voor, vatbaar

predisposition [priːdɪspəˈzɪʃən] *znw* ❶ neiging, vatbaarheid, ontvankelijkheid ❷ aanleg ‹voor ziekte›

prednisone [ˈprednɪsəʊn] med *znw* prednison ‹middel tegen reuma›

predominance [prɪˈdɒmɪnəns] *znw* overheersing, overhand, overwicht, heerschappij, meerderheid ★ *there is a* ~ *of scientists on the panel* het forum wordt overheerst door wetenschappers

predominant [prɪˈdɒmɪnənt] *bn* overheersend

predominantly [prɪˈdɒmɪnəntlɪ] *bijw* overwegend ★ *a* ~ *Hispanic population* een overwegend Latijns-Amerikaanse bevolking

predominate [prɪˈdɒmɪneɪt] *onoverg* domineren, overheersen, de overhand hebben, sterk vertegenwoordigd zijn ★ *white people* ~ *in the north* blanken hebben de overhand in het noorden

predominately [prɪˈdɒmɪnətlɪ] *bijw* overwegend ★ *a* ~ *Christian community* een overwegend christelijke gemeenschap

predomination [prɪdɒmɪˈneɪʃən] *znw* overheersen,

pr

overheersend karakter, meerderheid ★ *a ~ of women* een meerderheid aan vrouwen

predoom [pri:'du:m] <u>dicht</u> *overg* van tevoren al verdoemen

pre-eclampsia ['pri:-ɪ'klæmpsɪə] <u>med</u> *znw* zwangerschapsvergiftiging

pre-election ['pri:-ɪ'lekʃən] *bn* voor de verkiezingen ★ *~ promises* vóór de verkiezing gedane beloften

preemie ['pri:mɪ], **premmie** <u>inf</u> *znw* te vroeg geboren baby

pre-eminence [pri:-'emɪnəns] *znw* voorrang, superioriteit ★ *the exhibition confirms his ~ among sculptors* de tentoonstelling bewijst nog eens zijn superioriteit onder de beeldhouwers

pre-eminent [pri:-'emɪnənt] *bn* uitmuntend, uitstekend, uitblinkend, voortreffelijk, vooraanstaand

pre-eminently [pri:-'emɪnəntlɪ] *bijw* bij uitstek

pre-empt [pri:-'empt] *overg* ❶ anticiperen op, vóór zijn, vooruitlopen op ❷ bij voorbaat onschadelijk maken ❸ zich toe-eigenen, beslag leggen op

pre-emption [pri:-'em(p)ʃən] *znw* ❶ voorkoop, recht van voorkoop, optie ❷ toe-eigening vooraf ❸ preventieve actie

pre-emptive [pri:-'emptɪv] *bn* preventief ★ *a ~ strike* een preventieve aanval

preen [pri:n] **I** *overg & onoverg* ⟨de veren⟩ gladstrijken **II** *wederk* ★ *~ oneself* zich mooi maken, met zichzelf ingenomen zijn ★ *they're ~ing themselves on having got through to the finals* zij zijn ingenomen met zichzelf omdat ze tot de finale zijn doorgedrongen

pre-engage ['pri:-ɪn'geɪdʒ] *overg* ❶ vooraf verbinden ❷ vooruit bespreken

pre-engagement ['pri:-ɪn'geɪdʒmənt] *znw* vroegere verplichting, voorbespreking

pre-establish ['pri:-ɪs'tæblɪʃ] *overg* vooraf bepalen, vooraf vaststellen, vooruit regelen

pre-existence ['pri:-ɪg'zɪstəns] *znw* ❶ vóórbestaan ❷ vroeger bestaan, vorig leven

pre-existent ['pri:-ɪg'zɪstənt] *bn* eerder bestaand, vroeger bestaand (dan *to*)

pre-existing ['pri:-ɪg'zɪstɪŋ] *bn* vooraf bestaand, vroeger bestaand ★ *a ~ medical condition* een al bestaande medische aandoening

pre-exposure ['pri:-ɪk'spəʊʒə] *znw* blootstelling vooraf

pref. *afk* (preface) voorwoord (prefix) voorvoegsel

prefab ['pri:fæb] <u>inf</u> *znw* geprefabriceerde woning

prefabricate [pri:'fæbrɪkeɪt] *overg* prefabriceren, vooraf in de fabriek de onderdelen vervaardigen van

prefabricated [pri:'fæbrɪkeɪtɪd] *bn* geprefabriceerd ★ *a ~ house* geprefabriceerde woning

prefabrication [pri:fæbrɪ'keɪʃən] *znw* prefabricatie, montagebouw

preface ['prefəs] **I** *znw* voorwoord, voorbericht, inleiding **II** *overg* ❶ van een voorrede of inleiding voorzien ❷ laten voorafgaan (door *with*)

prefatory ['prefətərɪ] <u>form</u> *bn* voorafgaand, inleidend

prefect ['pri:fekt] *znw* ❶ prefect ⟨in Frankrijk⟩ ❷ <u>Br</u> toezicht houdende oudere leerling

prefecture ['pri:fektʃə] *znw* prefectuur

prefer [prɪ'fɜ:] *overg* ❶ verkiezen, liever hebben, de voorkeur geven (boven *to*) ❷ <u>form</u> voordragen, indienen ⟨rekwest, aanklacht⟩

preferable ['prefərəbl] *bn* de voorkeur verdienend, te verkiezen (boven *to*)

preferably ['prefərəblɪ] *bijw* bij voorkeur, liefst ★ *he's looking for a new job, ~ one closer to home* hij is op zoek naar een nieuwe baan, liefst eentje dichter bij huis

preference ['prefərəns] *znw* ❶ voorkeur ★ *a ~ for sth* een voorkeur voor iets ★ *for ~* bij voorkeur ★ *in ~ to sth* liever dan iets ❷ preferentie ⟨bij aandelen &⟩

preference share ['prefərəns ʃeə], **preference stock** <u>eff</u> *znw* preferent aandeel

preferential [prefə'renʃəl] *bn* ❶ voorkeurs- ★ *receive ~ treatment* een voorkeursbehandeling krijgen ❷ preferent

preferment [prɪ'fɜ:mənt] *znw* bevordering ★ *a policy of cultural ~* een beleid van culturele stimulering

prefiguration [pri:fɪgə'reɪʃən] *znw* voorafschaduwing

prefigure [pri:'fɪgə] *overg* voorafschaduwen, aankondigen ★ *his later work ~s romanticism* zijn latere werk is een voorbode van de romantiek

prefix ['pri:fɪks] **I** *znw* ❶ <u>gramm</u> voorvoegsel ❷ titel vóór de naam ❸ netnummer **II** *overg* vóór plaatsen, voorvoegen, vooraf laten gaan (aan *to*)

pregnancy ['pregnənsɪ] *znw* ❶ zwangerschap ★ *a full-term ~* een voldragen zwangerschap ★ *terminate a ~* een zwangerschap beëindigen ❷ <u>form</u> pregnante betekenis, veelzeggend karakter, betekenis

pregnancy test ['pregnənsɪ test] *znw* zwangerschapstest

pregnant ['pregnənt] *bn* ❶ zwanger, in verwachting ★ *three / four & months ~* drie / vier & maanden zwanger ❷ van grote betekenis, veelzeggend, pregnant ★ *a ~ pause* een pregnante stilte ★ <u>dicht</u> *~ with* vol (van), doortrokken van, rijk aan

pregnantly ['pregnəntlɪ] *bijw* pregnant, veelzeggend, veelbetekenend, betekenisvol

preheat [pri:'hi:t] *overg* voorverwarmen

prehensile [prɪ'hensaɪl] <u>dierk</u> *bn* om mee te grijpen ★ *a ~ tail* een grijpstaart

prehension [prɪ'henʃən] *znw* het grijpen

prehistorian ['pri:hɪs'tɔ:rɪən] *znw* prehistoricus

prehistoric [pri:hɪ'stɒrɪk] *bn* prehistorisch, voorhistorisch ⟨ook fig⟩

prehistory [pri:'hɪstərɪ] *znw* prehistorie, voorgeschiedenis, voorhistorische tijd

pre-ignition ['pri:-ɪg'nɪʃən] *znw* voorontsteking

prejudge [pri:'dʒʌdʒ] *overg* vooruit (ver)oordelen, voorbarig oordelen

prejudgement [pri:'dʒʌdʒmənt], **prejudgment** *znw* ❶ vooroordeel ❷ voorbarig oordeel

prejudice ['predʒʊdɪs] I *znw* ❶ vooroordeel, vooringenomenheid ★ *racial* ~ rassenvooroordeel ★ *the book challenges* ~*s about mental illness* het boek vecht vooroordelen over psychische aandoeningen aan ★ *a* ~ *against foreigners* een vooroordeel tegen buitenlanders ★ ~ *towards female managers* vooroordelen over vrouwelijke managers ❷ jur schade, nadeel ★ *without* ~ alle rechten voorbehouden, handel zonder verbinding ★ form of jur *without* ~ *to sth* behoudens iets, onverminderd iets II *overg* ❶ innemen (tegen *against*) ❷ benadelen, schaden

prejudiced ['predʒʊdɪst] *bn* bevooroordeeld

prejudicial [predʒʊ'dɪʃəl] *bn* nadelig, schadelijk ★ ~ *to* nadelig voor

prelacy ['preləsɪ] *znw* ★ *the* ~ prelaatschap

prelate ['prelət] *znw* prelaat, kerkvorst

prelim ['pri:lɪm] inf *znw* ❶ voorwerk, iets wat aan iets anders voorafgaat ❷ tentamen, voorexamen

preliminary [prɪ'lɪmɪnərɪ] I *bn* ❶ inleidend ❷ voorlopig, voor- II *znw* ❶ inleiding, voorbereiding ❷ sp voorronde, selectiewedstrijd ❸ inf **prelim** eerste tentamen of examen ❹ (meestal *mv*) voorbereidingen, eerste stappen

preliminary expenses [prɪ'lɪmɪnərɪ ɪk'spensɪz] boekh *znw* [mv] voorafgaande kosten

preliterate [pri:'lɪtərət] *bn* zonder het schrift

preloaded [pri:'ləʊdɪd] *bn* ❶ vooraf geladen ❷ comput voorgeïnstalleerd ‹software›

pre-loved [pri:-'lʌvt] inf *bn* tweedehands

prelude ['prelju:d] I *znw* ❶ muz voorspel ❷ inleiding ★ *the build-up of troops is seen as a* ~ *to war* de troepenconcentratie wordt gezien als een inleiding tot oorlog II *overg* ❶ form inleiden ❷ form een inleiding vormen tot ❸ form aankondigen

premarital [pri:'mærɪtl] *bn* (van) vóór het huwelijk

premature ['premətjʊə] *bn* voortijdig, ontijdig, te vroeg, prematuur, voorbarig ★ *a* ~ *baby* een te vroeg geboren baby

premature ejaculation ['premətjʊər ɪdʒækjʊ'leɪʃən] *znw* vroegtijdige zaadlozing

prematurely ['premətjʊəlɪ] *bijw* vóór zijn tijd, voorbarig ★ *I hope you haven't spoken* ~ ik hoop dat je niet te voorbarig hebt gesproken

prematurity [premə'tjʊərətɪ] *znw* ❶ ontijdigheid ❷ voorbarigheid ❸ prematuriteit

premeditate [pri:'medɪteɪt] *overg* vooraf bedenken, vooraf overleggen of beramen

premeditated [pri:'medɪteɪtɪd] *bn* met voorbedachten rade

premeditation [pri:medɪ'teɪʃən] *znw* voorafgaand overleg ★ jur *with* ~ met voorbedachten rade

premenstrual [pri:'menstrʊəl] *bn* voor de menstruatie

premenstrual syndrome [pri:'menstrʊəl 'sɪndrəʊm], **PMS** *znw* premenstrueel syndroom

premenstrual tension [pri:'menstrʊəl 'tenʃən], **PMT** *znw* premenstruele spanning

premier ['premɪə] I *bn* eerste, voornaamste II *znw* minister-president, premier

premiere ['premɪeə, 'premɪə] I *znw* (film)première II *overg* in première brengen III *onoverg* in première gaan

premiership ['premɪəʃɪp] *znw* ❶ waardigheid van minister-president, premierschap ❷ kampioenschap ‹vooral bij voetbal en Australisch voetbal› ★ *the Premiership* de hoogste divisie in het Engelse voetbal

premise form I *znw* ['premɪs] → Br **premiss** II *phras* [prɪ'maɪz] ★ ~ *sth* on / upon *sth* iets vooropstellen op grond van iets ★ *the war is* ~*d on a fundamentally American idea* de oorlog is gebaseerd op een in beginsel Amerikaans idee

premises ['premɪsɪz] *znw* [mv] huis en erf, terrein, perceel ★ *the adjacent / adjoining* ~ de belendende percelen ★ *residential* ~ woningen ★ *leave / vacate the* ~ het pand verlaten ★ *live on the* ~ wonen bij de zaak

premiss ['premɪs] form, **premise** *znw* ❶ filos premisse ❷ vooronderstelling

premium ['pri:mɪəm] *znw* ❶ premie ★ *a* ~ *brand* een A-merk ❷ toeslag ❸ prijs, beloning, bonus ★ *set / put a high* ~ *on sth* veel ophebben met iets, weglopen met iets, veel belang hechten aan iets ❹ handel agio, waarde boven pari ★ *at a* ~ handel boven pari, hoog, duur, met winst, fig opgeld doend

premium bond ['pri:mɪəm bɒnd], **premium savings bond** *znw* staatsobligatie zonder rente maar met loterijkansen ‹in Groot-Brittannië›

premmie ['premɪ] Aus inf *znw* → **preemie**

premolar [pri:'məʊlə] *znw* premolaar, voorkies

premonition [premə'nɪʃən] *znw* ❶ (voorafgaande) waarschuwing ❷ voorgevoel

premonitory [prɪ'mɒnətərɪ] form *bn* (vooraf) waarschuwend, waarschuwings- ★ *a* ~ *symptom* een voorteken ‹v. ziekte›

premorbid [pri:'mɔ:bɪd] med & psych *bn* premorbide

prenatal [pri:'neɪtl] *bn* prenataal, (van) vóór de geboorte

prenup [pri:'nʌp] Am inf *znw* → **prenuptial agreement**

prenuptial [pri:'nʌpʃəl] *bn* voorafgaande aan het huwelijk

prenuptial agreement [pri:'nʌpʃəl ə'gri:mənt] Am, inf **prenup** *znw* huwelijksvoorwaarden

preoccupation [pri:ɒkjʊ'peɪʃən] *znw* geheel vervuld zijn (van een gedachte), preoccupatie, afwezigheid, bezorgdheid, zorg ★ *his* ~ *with his work is causing marital stress* zijn preoccupatie met zijn werk veroorzaakt huwelijkse spanningen

preoccupied [pri:'ɒkjʊpaɪd] *bn* ❶ van eigen gedachten vervuld, bezorgd, afwezig ★ *be* ~ *with sth* zich ongerust maken over iets ❷ geobsedeerd, alleen denkend aan

preoccupy [pri:'ɒkjʊpaɪ] *overg* (gedachten) geheel in beslag nemen, preoccuperen

preordain [pri:ɔ:'deɪn] *overg* vooraf of vooruit bepalen, vooraf beschikken

pr

pre-owned [priː-'əʊnd] *bn* tweedehands
prep [prep] *inf onderw* *znw* ❶ huiswerk, nazien of repeteren ‹v. lessen› ❷ (avond)studie
pre-packed ['priː'pækt], **prepacked** *bn* voorverpakt ★ *a ~ lunch* een lunchpakket
prepaid [priː'peɪd] *bn* vooruit betaald, franco
preparation [prepə'reɪʃən] *znw* ❶ voorbereiding ★ *we need some ~ time* we hebben wat voorbereidingstijd nodig ★ *in ~ for* als voorbereiding op ❷ (toe)bereiding, klaarmaken, bereidsel ❸ (microscopisch, cosmetisch, medisch) preparaat ❹ *muz* voorbereiding van dissonant ❺ onderw huiswerk, schoolwerk
preparative [prɪ'pærətɪv] **I** *bn* form voorbereidend ★ *~ to* ter voorbereiding van **II** *znw* voorbereidsel, toebereidsel
preparatory [prɪ'pærətərɪ] *bn* ❶ voorbereidend, voorbereidings- ★ *a ~ meeting* een voorbereidende vergadering ❷ voorafgaand, inleidend ★ form *~ to doing sth* alvorens iets te doen
preparatory school [prɪ'pærətərɪ skuːl], **prep school** *znw* voorbereidingsschool voor Br *public school* of Am college of universiteit
prepare [prɪ'peə] **I** *overg* ❶ (voor)bereiden ★ *be ~d to do sth* erop voorbereid zijn om iets te doen, bereid zijn om iets te doen ★ *I'm ~d to leave it at that* ik ben van plan het daarbij te laten, ik wil het daarbij laten ★ *his parents are ~d to help him financially* zijn ouders zijn bereid om hem financieel te steunen ★ *~ oneself for sth* zich voorbereiden op iets, zich gereedmaken voor iets ❷ bewerken ❸ toebereiden, gereedmaken, klaarmaken, opleiden ‹voor examen› ❹ prepareren, nazien ‹lessen› ❺ muz instuderen **II** *onoverg* zich voorbereiden, zich gereedmaken
preparedness [prɪ'peərɪdnəs] *znw* gereedheid, (voor)bereid zijn, paraatheid ★ *be in a state of ~ for sth* in staat van paraatheid zijn voor iets
preparer [prɪ'peərə] *znw* ❶ voorbereider ❷ (toe)bereider, opmaker
prepay [priː'peɪ] *overg* ❶ vooruit betalen ❷ post frankeren
prepayment [priː'peɪmənt] *znw* ❶ vooruitbetaling ❷ post frankering
pre-planned ['priː-'plænd] *bn* vooraf gepland, uitgestippeld
preponderance [prɪ'pɒndərəns] *znw* overwicht, meerderheid, overmacht ★ *a ~ of older people* een meerderheid aan oudere mensen
preponderant [prɪ'pɒndərənt] *bn* overwegend, van overwegend belang
preponderate [prɪ'pɒndəreɪt] *onoverg* ❶ zwaarder wegen (dan *over*) ❷ (van) overwegend (belang) zijn, het overwicht hebben ★ *girls ~ over boys* meisjes hebben de overhand over jongens
preposition [prepə'zɪʃən] gramm *znw* voorzetsel
prepositional [prepə'zɪʃənəl] gramm *bn* voorzetsel-
prepossessing [priːpə'zesɪŋ] *bn* innemend, attractief, gunstig ‹voorkomen› ★ *the new office doesn't look*

very ~ het nieuwe kantoor ziet er niet erg attractief uit
prepossession [priːpə'zeʃən] *znw* ❶ vooringenomenheid ❷ vooraf gevormde mening ❸ (meestal gunstig) vooroordeel
preposterous [prɪ'pɒstərəs] *bn* onzinnig, mal, absurd ★ *a ~ idea* een absurd idee
prepotent [prɪ'pəʊtənt] *bn* ❶ form overheersend, (over)machtig ❷ biol erfelijk dominant
preppy ['prepɪ], **preppie** Am *inf* **I** *bn* bekakt ★ *~ clothes* bekakte kleren **II** *znw* [*mv*: preppies] ❶ inf (ex)leerling van een dure privéschool ❷ kakker, bal, bekakt meisje, bekakte jongen
preprandial [priː'prændɪəl] form of scherts *bn* voor de maaltijd
pre-press [priː-'pres, 'priː-pres] *bn* prepress ‹het werk dat aan een publicatie wordt gedaan voordat deze gedrukt wordt›
pre-production costs ['priː-prə'dʌkʃən kɒsts] *znw* [*mv*] aanloopkosten
prep school ['prepskuːl] *znw* → **preparatory school**
prep-time ['prep-taɪm] Am *znw* voorbereidingstijd ‹van leraren op school›
prepubescent ['priːpjuː'besnt] *bn* prepuberaal
prepuce ['priːpjuːs] anat *znw* voorhuid
prequel ['priːkwel] *znw* boek, film & waarvan het verhaal voorafgaat aan dat van een reeds bestaand werk
Pre-Raphaelite [priː-'ræfəlaɪt] *bn* prerafaëlitisch
pre-recorded ['priː-rɪ'kɔːdɪd], **prerecorded** RTV *bn* van tevoren opgenomen
pre-release [priː-rɪ'liːs] **I** *bn* in de voorvertoning **II** *znw* voorvertoning
prerequisite [priː'rekwɪzɪt] **I** *bn* form in de eerste plaats vereist, noodzakelijk **II** *znw* eerste vereiste ★ *money is not a ~ for happiness* je hoeft geen geld te hebben om gelukkig te zijn
prerogative [prɪ'rɒgətɪv] *znw* ❶ (voor)recht, privilege ❷ prerogatief ★ *a royal ~* het koninklijk prerogatief ‹het recht van de vorst om onafhankelijk van het parlement op te treden (in Groot-Brittannië)›
presage form **I** *znw* ['presɪdʒ] ❶ voorteken ❷ voorgevoel **II** *overg* ['presɪdʒ, prɪ'seɪdʒ] voorspellen, aankondigen
pre-sales service ['priː-seɪlz 'sɜːvɪs] marketing *znw* pre-sales-service
presbyter ['prezbɪtə] *znw* ❶ presbyter ‹van de eerste christenen›, ouderling ❷ dominee van de presbyteriaanse Kerk
Presbyterian [prezbɪ'tɪərɪən] **I** *bn* presbyteriaans **II** *znw* presbyteriaan
presbytery ['prezbɪtərɪ] *znw* ❶ kerkenraad ❷ priesterkoor ❸ RK pastorie
preschool [priː'skuːl] *bn* peuter- ★ *a ~ playgroup* een peuterspeelzaal
preschooler [priː'skuːlə] *znw* nog niet schoolgaand kind
prescient ['presɪənt] form *bn* ❶ vooraf wetend

❷ vooruitziend ‹in de toekomst› ★ *a ~ warning* een vooruitziende waarschuwing

pre-scientific [ˈpriː-saɪənˈtɪfɪk] *bn* van voor de tijd van de moderne wetenschap

prescribe [prɪˈskraɪb] *overg* voorschrijven ★ *the law ~s that seatbelts must be worn* de wet schrijft voor dat veiligheidsgordels moeten worden gedragen

prescript [ˈpriːskrɪpt] *form znw* voorschrift, bevel

prescription [prɪˈskrɪpʃən] *znw* **❶** voorschrijving, voorschrift, recept ★ *a ~ for antibiotics* een recept voor antibiotica ★ *the cream is only available on ~* de zalf is alleen op recept verkrijgbaar **❷** *jur* verjaring, eigendomsverkrijging door verjaring

prescription drug [prɪˈskrɪpʃən drʌg] *znw* geneesmiddel op recept

prescriptive [prɪˈskrɪptɪv] *bn* **❶** voorschrijvend **❷** op / door lang gebruik of verjaring berustend / verkregen ‹recht›

pre-season [ˈpriː-siːzən], **preseason I** *bn* in het voorseizoen **II** *znw* voorseizoen

presence [ˈprezəns] *znw* **❶** tegenwoordigheid, aanwezigheid, bijzijn, nabijheid ★ *make one's ~ felt* duidelijk laten merken dat je er bent **❷** houding, voorkomen, verschijning ★ *a ghostly ~* een geest(verschijning)

presence of mind [ˈprezəns əv ˈmaɪnd] *znw* tegenwoordigheid van geest

presenile [priːˈsiːnaɪl] *bn* preseniel

present I *bn* [ˈprez(ə)nt] **❶** tegenwoordig, aanwezig, present, onderhavig ★ *~ company excepted* met uitzondering van de hier aanwezigen **❷** hedendaags, huidig ★ *form the ~ writer* schrijver dezes ★ *at the ~ day / time* vandaag, nu, heden **II** *znw* [ˈprez(ə)nt] **❶** tegenwoordige tijd, heden ★ *gramm the ~* de tegenwoordige tijd ★ *at ~* nu, op het ogenblik ★ *for the ~* voor het ogenblik **❷** present, cadeau, geschenk ★ *make sbd a ~ of sth* iem. iets ten geschenke geven, cadeau geven **III** *overg* [prɪˈzent] **❶** presenteren, aanbieden, uitdelen ‹prijzen› ★ *~ sbd with sth* iem. iets aanbieden, iem. met iets begiftigen, iem. iets schenken ★ *mil ~ arms* het geweer presenteren **❷** voorleggen, overleggen, indienen **❸** voorstellen ‹iem.› ★ *~ sbd to sbd* iem. aan iem. voorstellen **❹** vertonen **❺** bieden, geven, opleveren **❻** voordragen ‹voor betrekking› **❼** *mil* aanleggen (op *at*) **IV** *wederk* [prɪˈzent] ★ *~ itself* zich aanbieden, zich voordoen ‹gelegenheid &›, verschijnen, opkomen ‹gedachte› ★ *~ oneself* verschijnen, zich melden

presentable [prɪˈzentəbl] *bn* **❶** presentabel, toonbaar ★ *make oneself ~* zich een beetje opknappen, zich toonbaar maken **❷** goed om aan te bieden

presentation [prezənˈteɪʃən] *znw* **❶** aanbieding, introductie ★ *on ~* bij aanbieding, op vertoon **❷** schenking ★ *a ~ copy* een presentexemplaar **❸** indiening, overlegging ‹v. stukken› **❹** voorstelling, vertoning, opvoering, demonstratie **❺** presentatie ‹v. tv-programma &› **❻** (recht van) voordracht **❼** *med* ligging ‹v. kind in uterus›

present continuous [ˈprez(ə)nt kənˈtɪnjʊəs] *gramm znw* ★ *the ~* de duratieve tegenwoordige tijd ‹werkwoordstijd die aangeeft dat iets aan de gang is›

present-day [ˈprezənt-deɪ] *bn* hedendaags, huidig, tegenwoordig, actueel, modern ★ *by ~ standards* volgens de huidige maatstaven

presentee [prezənˈtiː] *znw* **❶** voorgestelde **❷** voorgedragene **❸** begiftigde

presenteeism [prezənˈtiːɪzəm] *znw* het veel langer op de werkplek aanwezig zijn dan volgens de arbeidsvoorwaarden noodzakelijk is

presenter [prɪˈzentə] *znw* **❶** aanbieder **❷** *RTV* presentator, -trice

presentiment [prɪˈzentɪmənt] *znw* voorgevoel ★ *it was as though she had a ~ of death* het was net alsof ze een voorgevoel had van de dood

presently [ˈprezntlɪ] *bijw* **❶** binnenkort, aanstonds, dadelijk, zó (meteen), weldra **❷** op het ogenblik, nu ★ *there are ~ four elephants in calf* op het ogenblik zijn er vier olifanten drachtig

presentment [prɪˈzentmənt] *jur znw* **❶** formele aanklacht, formele uitbeelding **❷** *Am* aanklacht voor de grand jury

present participle [ˈprez(ə)nt ˈpɑːtɪsɪpl] *gramm znw* ★ *the ~* het tegenwoordig deelwoord

present perfect [ˈprez(ə)nt ˈpɜːfɪkt] *gramm znw* ★ *the ~* de voltooid tegenwoordige tijd

present simple [ˈprez(ə)nt ˈsɪmpl] *gramm znw* ★ *the ~* de onvoltooid tegenwoordige tijd

preservable [prɪˈzɜːvəbl] *bn* houdbaar

preservation [prezəˈveɪʃən] *znw* **❶** bewaring ★ *in a good state of ~* goed geconserveerd **❷** behoud **❸** instandhouding **❹** verduurzaming, inmaak

preservationist [prezəˈveɪʃənɪst] *znw* **❶** milieubeschermer, natuurbeschermer **❷** cultuurbeschermer, voorstander van monumentenzorg

preservation order [prezəˈveɪʃən ˈɔːdə] *znw* classificatie als monument of beschermd gezicht

preservative [prɪˈzɜːvətɪv] **I** *bn* voorbehoedend, bewarend **II** *znw* verduurzamings-, converserings-, conserveermiddel

preserve [prɪˈzɜːv] **I** *znw* **❶** privéjachtgebied of -visgebied, wildpark **❷** *fig* privégebied, speciale rechten ★ *activists claim fox hunting is the ~ of the rich* de activisten zeggen dat de vossenjacht het voorrecht van de rijken is **❸** vruchtengelei, jam, marmelade **II** *overg* **❶** behoeden (voor *from*), bewaren **❷** in stand houden **❸** inmaken, verduurzamen, conserveren, inleggen, konfijten **❹** houden op een gereserveerd terrein ‹v. wild›

preserver [prɪˈzɜːvə] *znw* conserveringsmiddel

pre-service [priː-ˈsɜːvɪs] *onderw bn* voorafgaand aan de stage of het praktische deel van de opleiding

preset [ˈpriːset] *techn overg* vooraf instellen

pr

preshrunk [pri:'ʃrʌŋk] *bn* voorgekrompen
preside [prɪ'zaɪd] *overg* ❶ voorzitten ❷ presideren
(ook: ~ *over* / *at*)
presidency ['prezɪdənsɪ] *znw* presidentschap
president ['prezɪdnt] *znw* president, voorzitter
president-elect ['prezɪdənt-ɪ'lekt] *znw* nieuwgekozen
president ⟨die nog niet is beëdigd⟩
presidential [prezɪ'denʃəl] *bn* ❶ van de (een)
president, presidents-, presidentieel ❷ voorzitters-
presidentship ['prezɪdəntʃɪp] *znw* presidentschap
presiding officer [prɪ'zaɪdɪŋ 'ɒfɪsə] *znw* voorzitter van
het stembureau
presoak [pri:'səʊk] *overg* vóórweken
press [pres] **I** *znw* ❶ pers, drukpers ★ *the daily* ~ de
dagbladpers ★ *a hydraulic* ~ een hydraulische pers
★ *in the* ~ ter perse ★ *hot off the* ~ heet van de pers
★ *go to* ~ ter perse gaan ★ *get a good* / *bad* ~ een
goede / slechte pers hebben ❷ strijken, persen
★ *give sth a* ~ iets persen ⟨broek &⟩ ❸ gedrang,
drang, druk, drukte ❹ (linnen-, kleer)kast **II** *overg*
❶ (uit-, ineen-, op-, samen)persen, drukken (op),
stevig vasthouden ★ ~ *home one's advantage* partij
weten te trekken van ★ Am *inf* ~ *the flesh* handen
schudden van het publiek ⟨van politicus of
beroemdheid⟩ ❷ strijken ⟨kleren &⟩ ❸ dringen,
(aan)drijven, niet loslaten ❹ kracht bijzetten,
aandringen ★ ~ *charges against sbd* een vervolging
instellen tegen iem. ❺ achterheen zitten, bestoken,
in het nauw brengen, druk uitoefenen op ★ ~ *sbd*
hard iem. in het nauw drijven, het vuur na aan de
schenen leggen ★ ~ *sbd for payment* bij iem. op
betaling aandringen ★ *be* ~*ed for funds* / *time &*
slecht bij kas zijn, krap in zijn tijd & zitten ★ fig ~
sbd / *sth into service* iem. in dienst stellen,
inschakelen **III** *onoverg* ❶ drukken, knellen ❷ zich
drukken ❸ dringen, opdringen ⟨menigte⟩ ❹ urgent
zijn, presseren **IV** *phras* ★ ~ **ahead** / **on** opdringen,
voortmaken ★ ~ **down** *(on sth)* drukken (op iets) ★ ~
for *it* er op aandringen ★ ~ *sth* **on** *sbd* iets aan
iemand geven en geen weigering accepteren, iem.
iets opdringen ★ *there's something* ~*ing on his mind*
er is iets wat hem drukt
press agency [pres 'eɪdʒənsɪ] *znw* persbureau,
persagentschap
press agent [pres 'eɪdʒənt] *znw* publiciteitsagent
press baron [pres 'bærən] *znw* krantenmagnaat
press box [pres bɒks] *znw* perstribune ⟨v. sportveld⟩
press card [pres kɑːd] *znw* perskaart
press clipping [pres 'klɪpɪŋ] Am *znw* → **press cutting**
press conference [pres 'kɒnfərəns] *znw*
persconferentie ★ *hold a* ~ een persconferentie
houden
press cutting [pres 'kʌtɪŋ], Am **press clipping** Br *znw*
krantenknipsel
pressed [prest] *bn* onder druk ★ *be* ~ *for time* in
tijdnood zitten
presser ['presə] *znw* ❶ perser ❷ drukker ❸ pers
presser foot ['presə fʊt] *znw* voetje ⟨v. naaimachine⟩

press gallery [pres 'gælərɪ] *znw* perstribune ⟨in het
parlement⟩
press gang [pres gæŋ] hist **I** *znw* ronselaarsbende
II *overg* dwingen (tot *into*)
pressie ['presɪ] *inf znw* → **prezzie**
pressing ['presɪŋ] **I** *bn* ❶ dringend ★ ~ *business*
dringende zaken ❷ drukkend, dreigend **II** *znw*
❶ persing ❷ druk, aandringen
press kit [pres kɪt] *znw* persmap
pressman ['presmən] *znw* persman, journalist
pressmark ['presmɑːk] *znw* bibliotheeknummer ⟨v.
boek⟩
press officer [pres 'ɒfɪsə] *znw* persagent,
publiciteitsagent
press pass [pres pɑːs] *znw* perskaart
press release [pres rɪ'liːs] *znw* persbericht
press room [pres ruːm] *znw* perskamer
press secretary [pres 'sekrətərɪ] *znw* perschef,
persattaché
press stud [pres stʌd] *znw* drukknoopje
press-up ['pres-ʌp] *znw* opdrukoefening
pressure ['preʃə] **I** *znw* ❶ druk, pressie, (aan)drang,
dwang ★ *apply* ~ *to sth* druk op iets uitoefenen ★ *be*
under ~ onder druk staan ★ *put* ~ *on sbd* / *bring* ~ *to*
bear on sbd druk / pressie uitoefenen op iem.
❷ spanning **II** *overg* druk uitoefenen op, onder druk
zetten
pressure cooker ['preʃə 'kʊkə] *znw* snelkookpan
pressure gauge ['preʃə geɪdʒ] *znw* drukmeter,
manometer ⟨v. stoomketel⟩ ★ *an oil* ~ een
oliedrukmeter ★ *a tyre* ~ een bandspanningsmeter
pressure group ['preʃə gruːp] *znw* pressiegroep
pressure point ['preʃə pɔɪnt] *znw* drukpunt
pressurize ['preʃəraɪz], **pressurise** *overg* onder druk
zetten
pressurized ['preʃəraɪzd], **pressurised** *bn* ❶ druk-
★ *a* ~ *cabin* een drukcabine ❷ onder druk staand
prestidigitation ['prestɪdɪdʒɪ'teɪʃən] form *znw*
goochelen, goochelkunst(en)
prestidigitator [prestɪ'dɪdʒɪteɪtə] form *znw*
goochelaar
prestige [pre'stiːʒ] *znw* aanzien, invloed, gewicht,
prestige
prestige pricing [pre'stiːʒ 'praɪsɪŋ] *znw* de prijs van
een product hoog maken om het statuswaarde te
geven
prestigious [pre'stɪdʒəs] *bn* voornaam, belangrijk
presto ['prestəʊ] *bn & bijw* snel, vlug, plots ▾ *hey* ~!
hocus pocus pas!
prestressed [pri:'strest] *bn* voorgespannen ★ ~
concrete voorgespannen beton, spanbeton
presumable [prɪ'zjuːməbl] *bn* vermoedelijk
presumably [prɪ'zjuːməblɪ] *bijw* vermoedelijk,
waarschijnlijk
presume [prɪ'zjuːm] **I** *overg* veronderstellen,
aannemen ★ ~ *sbd dead* vermoeden dat iem. dood is
II *onoverg* ❶ veronderstellen ❷ zich aanmatigen
★ form ~ *on* / *upon sth* al te zeer vertrouwen op iets,

pr

zich laten voorstaan op iets, misbruik maken van iets ★ *I wouldn't ~ to ask* ik zou niet zo brutaal zijn om te vragen

presumed [prɪˈzjuːmd] *bn* ❶ vanzelfsprekend ❷ zogenaamd, verondersteld, vermoedelijk ★ *the ~ thief* de vermoedelijke dief

presumption [prɪˈzʌmpʃən] *znw* ❶ presumptie, vermoeden, veronderstelling ★ <u>jur</u> *~ of guilt* rechtsvermoeden van schuld ❷ arrogantie, verwaandheid

presumptive [prɪˈzʌmptɪv] *bn* <u>form</u> vermoedelijk ★ <u>jur</u> *~ evidence* aanwijzing, voorlopig bewijsmateriaal

presumptuous [prɪˈzʌmptʃʊəs] *bn* ❶ aanmatigend, arrogant, brutaal ❷ ingebeeld, verwaand

presuppose [priːsəˈpəʊz] *overg* vooronderstellen

presupposition [priːsʌpəˈzɪʃən] *znw* vooronderstelling

pretax [priːˈtæks] *bn* vóór aftrek van belastingen ‹van winst, inkomsten›

pretax earnings [priːˈtæks ˈɜːnɪŋz] *znw* [mv] resultaat (winst, inkomsten) vóór belastingen

pretax margin [priːˈtæks ˈmɑːdʒɪn] *znw* winst vóór belastingen, uitgedrukt in een percentage van de omzet

pre-teen [priːˈtiːn] *znw* jonge tiener ‹tussen 10 en 13›

pretence [prɪˈtens], <u>Am</u> **pretense** *znw* ❶ voorwendsel, schijn ★ *by / under false ~* onder valse voorwendsels ★ *under the ~ of* onder het voorwendsel ★ *without even the ~ of* zonder ook maar de schijn van ❷ pretentie, aanspraak ★ *make no ~ to being an expert* niet de pretentie hebben een expert te zijn

pretend [prɪˈtend] **I** *bn* <u>inf</u> namaak-, speelgoed- ★ *a ~ gun* een namaakpistool **II** *overg* voorwenden, voorgeven, (ten onrechte) beweren **III** *onoverg* doen alsof, komediespelen ★ *he couldn't go on ~ing any longer* hij kon niet langer doen alsof ★ *let's stop ~ing* laten we ophouden met te doen alsof

pretended [prɪˈtendɪd] *bn* ❶ voorgewend ❷ vermeend, gewaand ❸ quasi-, schijn-

pretender [prɪˈtendə] *znw* ❶ veinzer ❷ pretendent

pretense [prɪˈtens] <u>Am</u> *znw* → **pretence**

pretension [prɪˈtenʃən] *znw* ❶ (vaak *mv*) pretentie, aanspraak ★ *have ~s to sth* aanspraak maken op iets ❷ aanmatigende houding

pretentious [prɪˈtenʃəs] *bn* ❶ aanmatigend, ingebeeld ❷ vol pretenties, pretentieus

preter- [ˈpriːtə] *voorv* meer dan, boven-, buiten-

preterhuman [priːtəˈhjuːmən] *bn* bovenmenselijk

pretermission [priːtəˈmɪʃən] <u>jur</u> *znw* weglating

pretermit [priːtəˈmɪt] <u>jur</u> *overg* ❶ weglaten ❷ met stilzwijgen voorbijgaan ❸ nalaten

preternatural [priːtəˈnætʃərəl], **praeteratural** <u>form</u> *bn* ❶ onnatuurlijk ❷ bovennatuurlijk ★ *armed with ~ good looks* gewapend met een bovennatuurlijke schoonheid

preternaturally [priːtəˈnætʃərəli], **praeternaturally** *bijw* ❶ onnatuurlijk ❷ bovennatuurlijk

pretest [ˈpriːtest, priːˈtest] *znw* pre-test ‹test om te

onderzoeken of van een bepaald marketinginstrument (bijv. reclame) inderdaad het gewenste effect te verwachten is›

pretext [ˈpriːtekst] *znw* voorwendsel, aanleiding ★ *at / on the slightest ~* bij de minste of geringste aanleiding ★ *on a ~* onder een voorwendsel ★ *under the ~ of* onder het mom van

pretreat [priːˈtriːt] *overg* voorbehandelen

pretrial [ˈpriːtraɪəl] *znw* de periode voorafgaand aan een rechtszaak

prettify [ˈprɪtɪfaɪ] *overg* opsieren, opsmukken

prettily [ˈprɪtəli] *bijw* aardig, leuk, mooi ★ *a ~ decorated Christmas tree* een leuk versierde kerstboom

prettiness [ˈprɪtɪnəs] *znw* leukheid, mooiheid

pretty [ˈprɪti] **I** *bn* ❶ aardig, lief, mooi ‹ook <u>ironisch</u>› ★ *things have come to a ~ pass (when)* het wordt een mooie boel (als) ★ *it cost a ~ penny* het heeft een aardige duit gekost ★ *it wasn't a ~ sight* het was een afschuwelijk gezicht ❷ fraai ❸ <u>inf</u> vrij veel, aanzienlijk ★ *~ please* heel alsjeblieft **II** *bijw* <u>inf</u> redelijk, tamelijk, behoorlijk, vrij, nogal ★ *it's ~ much the same thing* het is vrijwel hetzelfde ★ *~ well everyone was there* zo'n beetje iedereen was er ★ *he ~ nearly died* het scheelde niet veel of hij was doodgegaan ★ *be sitting ~* goed zitten, het aardig voor elkaar hebben

pretty boy [ˈprɪti bɔɪ] <u>inf</u> *znw* verwijfde / aanstellerige man

pretty-pretty [ˈprɪti-prɪti] <u>inf</u> afkeurend *bn* ❶ geaffecteerd ❷ erg zoet ❸ popperig

pretzel [ˈpretsəl] *znw* zoute krakeling

prevail [prɪˈveɪl] <u>form</u> **I** *onoverg* ❶ de overhand hebben (op *over / against*), zegevieren ❷ heersen, algemeen zijn ★ *there's a rumour ~ing (that...)* het gerucht gaat (dat...) **II** *phras* ★ *~ on | upon sbd* iem. overreden / overhalen ★ *he ~ed on / upon me not to go* hij haalde mij over om niet te gaan

prevailing [prɪˈveɪlɪŋ] *bn* heersend ‹ziekten, meningen &›

prevailing wind [prɪˈveɪlɪŋ waɪnd] *znw* meest voorkomende windrichting

prevalence [ˈprevələns] *znw* ❶ heersend zijn, algemeen voorkomen ★ *the ~ of obesity is increasing* overgewicht komt steeds algemener voor ❷ overwicht, (grotere) invloed

prevalent [ˈprevələnt] *bn* heersend, veel voorkomend ★ *leprosy is ~ among the poor* lepra komt veel voor onder de armen

prevaricate [prɪˈværɪkeɪt] *onoverg* (om iets heen) draaien ★ *he ~d when asked about the budget* hij draaide eromheen toen hij ondervraagd werd over de begroting

prevarication [prɪværɪˈkeɪʃən] *znw* ❶ uitvluchten zoeken ❷ ontwijkend antwoord, uitvlucht ★ *the usual bureaucratic ~s* de gewoonlijke bureaucratische uitvluchten

prevaricator [prɪˈværɪkeɪtə] *znw* draaier, iem. die

pr

steeds uitvluchten zoekt

prevent [prɪ'vent] *overg* ❶ voorkomen ❷ afhouden van, beletten, verhoeden, verhinderen ★ *be ~ed* verhinderd zijn

preventable [prɪ'ventəbl] *bn* te voorkomen ★ *poverty is ~* armoede is te voorkomen

preventative [prɪ'ventətɪv] *bn* → **preventive**

prevention [prɪ'venʃən] *znw* voorkoming, verhoeding, verhindering, preventie ★ zegsw *~ is better than cure/*Am *an ounce of ~ is worth a pound of cure* voorkomen is beter dan genezen

preventive [prɪ'ventɪv], **preventative I** *bn* voorkomend, verhinderend, preventief ⟨v. maatregel &⟩ ★ *take ~ measures* preventieve maatregelen treffen **II** *znw* profylactisch geneesmiddel

preventive detention [prɪ'ventɪv dɪ'tenʃən] *znw* voorlopige hechtenis, preventieve hechtenis

preview ['priːvjuː] **I** *znw* ❶ voorvertoning ⟨v. film⟩ ❷ vernissage **II** *overg* ❶ in voorvertoning zien ❷ voorvertonen

previous ['priːvɪəs] *bn* ❶ voorafgaand, vorig, vroeger ★ *~ to this* voordien, hiervoor ❷ inf voorbarig ★ *my reaction may have been a little ~* mijn reactie was misschien een beetje voorbarig

previously ['priːvɪəslɪ] *bijw* (van) tevoren, vroeger (al), voor die tijd, voordien ★ *a ~ unknown self-portrait* een tot die tijd onbekend zelfportret

prevision [priː'vɪʒən] *znw* vooruitzien

pre-vocational ['priː-və'keɪʃənl] *bn* voorafgaand aan het vakonderwijs

pre-war ['priː-'wɔː] *bn* vooroorlogs

pre-wash [priː-'wɒʃ, 'priː-wɒʃ] **I** *znw* voorwas **II** *overg* voorwassen

prey [preɪ] **I** *znw* prooi, buit ★ *a beast of ~* een roofdier ★ *be easy ~* een gemakkelijke prooi zijn ★ *be / fall ~ to sth* ten prooi vallen aan iets ⟨wanhoop &⟩ **II** *phras* ★ *~ on sbd* azen op iemands geld of bezittingen, het gemunt hebben op iemand ★ *~ on/upon sth* azen op iets, iets plunderen ★ *~ on / upon one's mind* constant knagen aan iemands gedachten

prezzie ['prezi], **pressie** inf *znw* cadeautje

priapic [praɪ'æpɪk] *bn* priapisch, fallisch

price [praɪs] **I** *znw* ❶ prijs ★ *the admission ~* de toegangsprijs ★ *an all-round ~* de prijs inclusief alle extra's, de all-in prijs ★ *the asking ~* de vraagprijs ★ *the base ~* de basisprijs ★ *the recommended / suggested (retail) ~* de (consumenten)adviesprijs ★ *at a ~* tegen een behoorlijke prijs, voor veel geld ★ *(not) at any ~* (niet) tot elke prijs ★ *dicht beyond / without ~* onbetaalbaar, onschatbaar ★ *retorisch what ~ freedom / justice / success &?* wat geef je voor vrijheid / gerechtigheid / succes &? ★ *fetch a ~* een prijs opbrengen ★ *pay a heavy ~ (for sth)* een zware prijs betalen (voor iets) ★ *you can't put a ~ on happiness / health &* geluk / gezondheid & is onbetaalbaar ★ *quote a ~* een bedrag noemen ★ *slash ~s* de prijzen drastisch verlagen ❷ handel

koers ★ eff *the after-hours ~* de nabeurskoers ★ eff *the closing ~* de slotkoers, de eindnotering ★ eff *the opening ~* de openingskoers ❸ waarde ❹ kans ⟨bij wedden⟩ **II** *overg* ❶ prijzen, de prijs bepalen of aangeven van ★ *~ oneself out of the market, be ~d out of the market* (zich) uit de markt prijzen ❷ schatten **III** *phras* ★ *~ sth* up / down de prijs van iets verhogen / verlagen

price adjustment [praɪs ə'dʒʌstmənt] eff *znw* koerscorrectie

price bracket [praɪs 'brækɪt], **price class**, **price range** *znw* prijsklasse

price ceiling [praɪs 'siːlɪŋ] *znw* prijsplafond

price class [praɪs klɑːs] *znw* → **price bracket**

price conscious [praɪs 'kɒnʃəs] *bn* prijsbewust

price control [praɪs kən'trəʊl] *znw* prijsbeheersing

price cutting [praɪs 'kʌtɪŋ] *znw* ❶ prijsverlaging ❷ prijsbederf

price difference [praɪs 'dɪfrəns] *znw* ❶ prijsverschil ❷ koersverschil ⟨m.b.t. effecten⟩

price differentiation [praɪs dɪfərenʃɪ'eɪʃən] marketing *znw* prijsdifferentiatie

price discrimination [praɪs dɪskrɪmɪ'neɪʃən] marketing *znw* prijsdiscriminatie ⟨het op verschillende markten tegen verschillende prijzen aanbieden van een product⟩

price-earnings ratio [praɪs-'ɜːnɪŋz 'reɪʃɪəʊ], **price-earnings multiple** koers-winstverhouding

price elasticity [praɪs iːlæ'stɪsətɪ] econ *znw* prijselasticiteit ★ *~ of demand* prijselastische vraag, vraagelasticiteit

price fall [praɪs fɔːl] eff *znw* koersdaling

price fixing [praɪs 'fɪksɪŋz] marketing *znw* ❶ prijsbepaling, prijsstelling ❷ verticale prijsbinding, prijsafspraak

price floor [praɪs flɔː] marketing *znw* minimumprijs, bodemprijs

price fluctuation [praɪs flʌktʃʊ'eɪʃən] eff & fin *znw* koersschommeling, koersfluctuatie, prijsschommeling

price freeze [praɪs friːz] *znw* prijzenstop

price gain [praɪs geɪn] *znw* koerswinst ⟨m.b.t. effecten⟩

price harmonization [praɪs hɑːmənəɪ'zeɪʃən] marketing *znw* prijsharmonisatie

price increase [praɪs ɪn'kriːs, 'ɪnkriːs] *znw* prijsverhoging

price index [praɪs 'ɪndeks] *znw* prijsindex(cijfer)

price label [praɪs 'leɪbl], **price tag** *znw* prijskaartje

price leader [praɪs 'liːdə] marketing *znw* prijsleider ⟨aanbieder wiens prijsbeleid door de concurrentie wordt gevolgd⟩

priceless ['praɪsləs] *bn* ❶ onschatbaar, onbetaalbaar ❷ inf kostelijk, heerlijk

price level [praɪs 'levəl] *znw* ❶ marketing prijsniveau ❷ eff & fin koersniveau

price limit [praɪs 'lɪmɪt] eff & fin *znw* koerslimiet

price lining [praɪs 'laɪnɪŋ] marketing *znw* price lining

⟨verkoop van verwante artikelen tegen verschillende prijzen, afhankelijk van het kwaliteitsniveau⟩

price list [praɪs lɪst] *znw* prijslijst, -courant

price loss [praɪs lɒs] *znw* koersverlies ⟨m.b.t. effecten⟩

price manipulation [praɪs mənɪpjʊ'leɪʃən] *eff & fin znw* koersmanipulatie

price mix [praɪs mɪks] marketing *znw* prijsmix

price-offer campaign ['praɪs-ɒfə kæm'peɪn] marketing *znw* kortingsactie

price perception [praɪs pə'sepʃən] marketing *znw* prijsbeleving

price policy [praɪs 'pɒləsɪ] marketing *znw* prijsbeleid

price rally [praɪs 'rælɪ] *eff znw* koersherstel

price range [praɪs reɪndʒ] *znw* → **price bracket**

price recovery [praɪs rɪ'kʌvərɪ] *eff znw* koersherstel

price regulation [praɪs regjʊ'leɪʃən] *znw* prijsvoorschrift, prijsbeheersing

price risk [praɪs rɪsk] *eff znw* koersrisico

price-sensitive ['praɪs-sensɪtɪv] marketing ❶ prijsgevoelig ❷ *eff* koersgevoelig

price sensitivity [praɪs sensə'tɪvətɪ] *eff znw* koersgevoeligheid

price tag [praɪs tæg] *znw* → **price label**

price war [praɪs wɔː] *znw* prijzenslag, prijzenoorlog

pricey ['praəsɪ] *inf bn* prijzig

pricing ['praɪsɪŋ] *znw* prijsbepaling

prick [prɪk] **I** *znw* ❶ prik, steek, stip, punt ★ *a ~ of conscience* gewetenswroeging ❷ prikkel, stekel ★ bijbel *kick against the ~s* de verzenen tegen de prikkels slaan ❸ spoor ⟨v. haas⟩ ❹ vulg pik, lul **II** *overg* ❶ prikken (in), steken ★ *his conscience was ~ing him* hij had gewetenswroeging ★ *~ up one's ears* zijn oren spitsen ❷ doorprikken, door-, opensteken, een gaatje maken in ★ *~ the bubble (of sth)* de zeepbel (van iets) doorprikken ❸ prikkelen ❹ vero de sporen geven, aansporen **III** *onoverg* prikken, steken (naar *at*)

pricker ['prɪkə] *znw* ❶ priem ❷ prikstok

prickle ['prɪkl] **I** *znw* prikkel, stekel, dorentje **II** *overg* prikk(el)en, steken **III** *onoverg* prikk(el)en

prickly ['prɪklɪ] *bn* ❶ stekelig, kriebelig ❷ netelig ❸ *fig* prikkelbaar

prickly heat ['prɪklɪ hiːt] *znw* warmte-uitslag

prickly pear ['prɪklɪ peə] *znw* ❶ cactusvijg ⟨vrucht⟩ ❷ vijgencactus ⟨plant⟩

prick-tease ['prɪk-tiːz], **prick-teaser** vulg *znw* opgeilster

pride [praɪd] **I** *znw* ❶ fierheid, trots ★ *false ~* ijdelheid ★ *be sbd's ~ and joy* iemands oogappel zijn ★ *take ~ in sbd / sth* trots zijn op iem. / iets ★ *take / hold ~ of place* de eerste plaats innemen, aan de spits staan ★ zegsw *~ feels no pain* wie mooi wil zijn moet pijn lijden ❷ hoogmoed ★ zegsw *~ comes / goes before a fall* hoogmoed komt voor de val ❸ hoogtepunt ❹ troep ⟨leeuwen⟩ **II** *wederk* ★ *~ oneself on sth* trots zijn op iets, zich beroemen op, zich laten voorstaan op, prat gaan op iets

priest [priːst] *znw* ❶ priester ❷ geestelijke (tussen *deacon* en *bishop*) ❸ RK pastoor ★ *an assistant ~* een kapelaan

priestcraft ['priːstkrɑːft] *znw* papenstreek

priestess [priːs'tes] *znw* priesteres

priesthood ['priːsthʊd] *znw* priesterschap

priestly ['priːstlɪ], **priestlike** *bn* priesterlijk, priester-

prig [prɪg] *znw* zedenprediker

priggery ['prɪgərɪ] *znw* zedenprekerij, pedanterie

priggish ['prɪgɪʃ] *bn* zelfvoldaan, prekerig, pedant

prim [prɪm] **I** *bn* stijf, preuts ★ *~ and proper* overdreven netjes **II** *overg* een preutse uitdrukking geven aan ⟨gezicht⟩, tuiten ⟨lippen⟩

primacy ['praɪməsɪ] form *znw* ❶ eerste plaats, voorrang ❷ primaatschap

prima donna ['priːmə'dɒnə] *znw* ❶ prima donna ❷ afkeurend temperamentvol persoon

primaeval [praɪ'miːvəl] *bn* → **primeval**

prima facie ['praɪmə 'feɪʃɪ(ː)] jur of form *bn & bijw* op het eerste gezicht ★ *~ evidence* voorlopig bewijs

primal ['praɪml] *bn* ❶ eerste, oer-, oorspronkelijk ❷ voornaamste, hoofd-, grond-

primal scream ['praɪml skriːm] psych *znw* oerkreet

primarily ['praɪmərəlɪ] *bijw* in de eerste plaats, in hoofdzaak, voornamelijk

primary ['praɪmərɪ] **I** *bn* ❶ primair, oorspronkelijk ❷ eerste, voornaamste, hoofd- ❸ elementair ❹ grond- **II** *znw* Am voorverkiezing

primary care ['praɪmərɪ keə] *znw* eerstelijnsgezondheidszorg

primary colour ['praɪmərɪ 'kʌlə] *znw* primaire kleur

primary education ['praɪmərɪ edjʊ'keɪʃən] *znw* basisonderwijs

primary industry ['praɪmərɪ 'ɪndəstrɪ] *znw* basisindustrie, primaire industrie

primary production ['praɪmərɪ prə'dʌkʃən] *znw* productie van grondstoffen

primary school ['praɪmərɪ skuːl] *znw* basisschool, lagere school

primary sector ['praɪmərɪ 'sektə] *znw* ★ *the ~* de basisindustrieën

primate ['praɪmeɪt] *znw* ❶ primaat ⟨aap, halfaap, mens⟩ ❷ primaat, opperkerkvoogd, aartsbisschop

prime [praɪm] **I** *bn* ❶ eerste, voornaamste ❷ oorspronkelijk ❸ prima, best, uitstekend ★ *a ~ example of sth* een goed voorbeeld van iets **II** *znw* bloei(tijd) ★ *the ~ of life* de bloei der jaren ★ *in one's ~* in de bloei van zijn leven ★ *past one's ~* op (zijn &) retour **III** *overg* ❶ in de grondverf zetten ❷ laden ⟨v. vuurwapen⟩, gereed maken om tot ontploffing te brengen ⟨v. explosief⟩ ❸ ⟨de pomp⟩ voeren, ⟨motor⟩ op gang brengen ❹ fig voorbereiden, prepareren, instrueren, bewerken ★ *~ the pump* stimuleren door er geld in te pompen ❺ kennis inpompen ❻ inf volstoppen, voeren ⟨met eten of drinken⟩

prime cost [praɪm kɒst] *znw* ❶ inkoop(s)prijs ❷ kostprijs

pr

prime meridian [praɪm məˈrɪdɪən] *znw* nulmeridiaan
prime minister [praɪm ˈmɪnɪstə], **PM** *znw* minister-president
prime mover [praɪm ˈmuːvə] *znw* ❶ voornaamste drijfkracht ❷ fig aanstichter
prime number [praɪm ˈnʌmbə] wisk *znw* priemgetal
primer [ˈpraɪmə] *znw* ❶ abc-boek, boek voor beginners, inleiding, eerstebeginselenboekje ❷ grondverf
prime rate [praɪm reɪt] Am bankwezen *znw* basisrentevoet
prime time [praɪm taɪm] *znw* meest bekeken / beluisterde zendtijd op radio of tv
primeval [praɪˈmiːvəl], **primaeval** *bn* ❶ oorspronkelijk, oer- ❷ oeroud
primigravida [priːmɪˈɡrævɪdə, praɪmɪˈɡrævɪdə] med *znw* vrouw die voor het eerst zwanger is
priming [ˈpraɪmɪŋ] *znw* ❶ grondverf(laag) ❷ grondverven
primitive [ˈprɪmɪtɪv] **I** *bn* ❶ oorspronkelijk, oudste, oer- ❷ afkeurend primitief ★ ~ *living conditions* primitieve leefomstandigheden **II** *znw* ❶ oorspronkelijke bewoner, lid van een primitief volk ❷ primitieve schilder of beeldhouwer, naïeve schilder ❸ primitief werk, naïef schilderij ❹ taalk stamwoord
primitiveness [ˈprɪmɪtɪvnəs] *znw* primitiviteit
primogenitor [praɪməʊˈdʒenɪtə] *znw* oervader, stamvader
primogeniture [praɪməʊˈdʒenɪtʃə] *znw* (recht van) eerstgeboorte, eerstgeboorterecht ★ ~ *rule* eerstgeboorterecht, primogenituur
primordial [praɪˈmɔːdɪəl] *bn* eerste, oudste, oorspronkelijk, oer-, fundamenteel
primordial soup [praɪˈmɔːdɪəl suːp] *znw* oersoep
primp [prɪmp], **prink** *overg* (zich) mooi maken, opsmukken
primrose [ˈprɪmrəʊz] *znw* sleutelbloem
primula [ˈprɪmjʊlə] *znw* primula, sleutelbloem
Primus® [ˈpraɪməs], **Primus stove** *znw* primus, soort kooktoestel op vergaste petroleum
prince [prɪns] *znw* vorst, prins
Prince Charming [prɪns ˈtʃɑːmɪŋ] *znw* droomprins
prince consort [prɪns ˈkɒnsɔːt] *znw* prins-gemaal
princedom [ˈprɪnsdəm] *znw* ❶ prinsdom, vorstelijke rang ❷ vorstendom
princelike [ˈprɪnslaɪk] *bn* vorstelijk
princeling [ˈprɪnslɪŋ] *znw* ❶ afkeurend vorst van weinig gezag ❷ prinsje
princely [ˈprɪnslɪ] *bn* prinselijk, vorstelijk
Prince of Darkness [prɪns əv ˈdɑːknəs] dicht *znw* ★ *the* ~ de duivel
Prince of Wales [prɪns əv ˈweɪlz] *znw* ★ *the* ~ de Prins van Wales, de Britse kroonprins
prince royal [prɪns ˈrɔɪəl] *znw* kroonprins
princess [prɪnˈses, ˈprɪnses] *znw* prinses, vorstin
princess royal [prɪnˈses, ˈprɪnses ˈrɔɪəl] *znw* titel verleend aan de oudste dochter van de koning(in)

van Engeland
principal [ˈprɪnsɪpl] **I** *bn* voornaamste, hoofd- **II** *znw* ❶ hoofd, chef, patroon ❷ directeur, rector ⟨v. school⟩ ❸ hoofdsom, kapitaal ❹ hoofdpersoon, lastgever, principaal ❺ hoofdaanlegger, hoofdschuldige, (hoofd)dader ❻ orgelregister

principal en principle
worden vaak met elkaar verward. **A principal** is een **schooldirecteur, rector,** en **a principle** is een **principe.**
The principal of our school betekent *de directeur van onze school* en niet *het principe van onze school.*

principal boy [ˈprɪnsɪpl bɔɪ] *znw* vrouw die in pantomime de mannelijke hoofdrol speelt
principal clause [ˈprɪnsɪpl klɔːz] gramm *znw* hoofdzin
principality [prɪnsɪˈpælətɪ] *znw* prins-, vorstendom
principally [ˈprɪnsɪpəlɪ] *bijw* hoofdzakelijk, voornamelijk, merendeels
principal parts [ˈprɪnsɪpl pɑːts] gramm *znw* [mv] stamtijden
principle [ˈprɪnsɪpl] *znw* ❶ grondbeginsel, principe ★ *a basic* ~ een grondbeginsel, basisprincipe ★ *against one's* ~*s* tegen iemands principes ★ *in* ~ in principe ★ *a matter of* ~ een principiële kwestie ★ *on* ~ uit principe, principieel ❷ (meestal *mv*) moraliteit, zedelijk gedrag
principled [ˈprɪnsɪpld] *bn* principieel, met (nobele) principes
prink [prɪŋk] *overg* → primp
print [prɪnt] **I** *bn* gedrukt ★ *a ~ dress / frock* een katoenen jurkje **II** *znw* ❶ druk, drukwerk, blad, krant, drukletters ★ fig *the fine / small* ~ de kleine lettertjes ⟨in contract⟩ ★ *a three-colour* ~ een driekleurendruk ★ *in* ~ in druk, gedrukt, te krijgen, niet uitverkocht ★ *in bold* ~ vetgedrukt ★ *out of* ~ uitverkocht ★ *get into* ~ gepubliceerd worden ❷ stempel, in-, afdruk ❸ plaat, prent ❹ merk, teken, spoor, voetafdruk ❺ kopie ⟨v. film⟩ ❻ bedrukt katoen **III** *overg* ❶ drukken, bedrukken, af-, indrukken ❷ laten drukken, publiceren ❸ kopiëren ⟨film⟩ ❹ stempelen ❺ met blokletters schrijven ❻ inprenten (in *on*) **IV** *phras* ★ ~ *sth* out iets afdrukken, comput iets uitprinten
printable [ˈprɪntəbl] *bn* geschikt om te drukken ★ *his description of her was hardly* ~ zijn beschrijving van haar was niet helemaal geschikt voor publicatie
printed [ˈprɪntɪd] *bn* gedrukt ★ ~ *matter* drukwerk
printed circuit board [prɪntɪd ˈsɜːkɪt bɔːd], **PCB** elektr *znw* kaart met bedrading erop
printer [ˈprɪntə] *znw* ❶ drukker ★ *a ~'s error* een drukfout ★ *~'s ink* drukinkt ❷ comput printer
printhead [ˈprɪnthed] comput *znw* printkop
printing [ˈprɪntɪŋ] **I** *bn* druk- **II** *znw* ❶ drukken, druk ❷ oplaag ❸ drukkunst
printing error [ˈprɪntɪŋ ˈerə], **printing mistake** *znw* drukfout
printing plate [ˈprɪntɪŋ pleɪt] *znw* drukplaat

pr

printing press ['prɪntɪŋ pres] *znw* drukpers
printmaker ['prɪntmeɪkə] *znw* iem. die afdrukken
maakt
printout ['prɪntaʊt] comput *znw* uitdraai, print
print preview [prɪnt 'priːvjuː] druk & comp *znw*
printvoorbeeld, afdrukvoorbeeld
print run [prɪnt rʌn] druk *znw* oplage
printworks ['prɪntwɜːks] *znw* [mv] (katoen)drukkerij
prion ['priːɒn] microbiol *znw* prion
prior ['praɪə] I *bn & bijw* vroeger, ouder, voorafgaand
★ *a ~ engagement* een eerdere afspraak ★ *~ to*
voor(dat) II *znw* ❶ prior ❷ Am inf eerdere
veroordeling, strafblad
priorate ['praɪərɪt] *znw* prioraat
prioress [praɪə'res] *znw* priores
prioritize [praɪ'ɒrɪtaɪz], **prioritise** *overg* prioriteit
geven aan
priority [praɪ'ɒrɪtɪ] *znw* prioriteit, voorrang ★ *the first
/ top ~* de eerste / hoogste prioriteit ★ *have / take ~
over* de voorrang hebben boven ★ *get / have one's
priorities right / straight* het belangrijkste laten
voorgaan ★ *give ~ to* voorrang geven aan
priorship ['praɪəʃɪp] *znw* priorschap, prioraat
priory ['praɪərɪ] *znw* priorij
prise [praɪz], Am **prize**, Am **pry** *overg* openbreken,
lichten (ook: *~ open, ~ up*)
prism ['prɪzəm] *znw* prisma
prismatic [prɪz'mætɪk] *bn* prismatisch, prisma-
prison ['prɪzən] *znw* gevangenis ★ *in ~* in de
gevangenis ★ *face ~ / a ~ term* moeten zitten, de
gevangenis in moeten
prison camp ['prɪzən kæmp] *znw* interneringskamp,
gevangenkamp
prisoner ['prɪznə] *znw* ❶ gevangene, arrestant ★ *a
long-term ~* een langgestrafte gedetineerde ★ *a
model ~* een voorbeeldige gevangene ★ *a virtual ~* in
feite een gevangene, zo goed als een gevangene
★ *hold sbd ~* iem. gevangen houden ★ *make / take
sbd ~* iem. gevangen nemen ❷ (de) verdachte (ook: *~
at the bar*)
prisoner of conscience ['prɪznərəv 'kɒnʃəns] *znw*
gewetensgevangene
prisoner of state ['prɪznərəv 'steɪt] *znw*
staatsgevangene, politieke gevangene
prisoner of war ['prɪznərəv 'wɔː], **POW** *znw*
krijgsgevangene
prison sentence ['prɪzən 'sentəns] *znw*
gevangenisstraf
prison van ['prɪzən væn] *znw* gevangenwagen
prison warden ['prɪzən 'wɔːdn] *znw* cipier,
gevangenisbewaarder
prissy ['prɪsɪ] inf *bn* nuffig, preuts
pristine ['prɪstiːn] *bn* ❶ smetteloos, ongerept,
onbedorven ❷ oorspronkelijk, eerste ★ *in ~
condition* in oorspronkelijke staat
privacy ['prɪvəsɪ, 'praɪvəsɪ] *znw* ❶ afzondering,
teruggetrokkenheid ★ *in ~* in afzondering ★ *in the ~
of* in de afzondering van ❷ privéleven, privacy ★ *in*

strict ~ strikt vertrouwelijk ★ *an invasion of ~* een
inbreuk op de privacy
private ['praɪvət] I *bn* ❶ privaat, privé, eigen,
particulier, persoonlijk ★ *a ~ affair* een
privéaangelegenheid, feestje in familiekring,
onderonsje ★ *a ~ individual / person* een particulier,
privépersoon, een gesloten iemand ★ *~ property*
particulier bezit, privé-bezit, verboden toegang
❷ onder vier ogen, geheim, heimelijk, vertrouwelijk
★ *keep sth ~* iets geheim houden ❸ teruggetrokken,
op zichzelf, gesloten ❹ onderhands ❺ besloten ‹v.
vergadering &› ★ *the funeral / wedding was strictly ~*
de begrafenis / bruiloft vond in beslotenheid plaats
❻ mil niet gegradueerd, gewoon II *znw* mil
(gewoon) soldaat ★ *in ~* alléén, onder vier ogen,
binnenskamers, in stilte, in het geheim, in het
particuliere leven
private bill ['praɪvət bɪl] *znw* initiatiefwetsontwerp
private company ['praɪvət 'kʌmpənɪ], Am **private
corporation** *znw* besloten vennootschap, bv
private detective ['praɪvət dɪ'tektɪv], **private
investigator**, inf **private eye** *znw* privédetective
private enterprise ['praɪvət 'entəpraɪz] *znw* het
particulier initiatief
privateer [praɪvə'tɪə] I *znw* kaper(schip) II *onoverg* ter
kaap varen
privateering [praɪvə'tɪərɪŋ] *znw* kaapvaart, kaperij
private eye ['praɪvət aɪ] inf *znw* → **private detective**
private first class ['praɪvət fɜːst-klɑːs] *znw* soldaat
eerste klas
private income ['praɪvət 'ɪnkʌm] *znw* privéinkomen
private investigator ['praɪvət ɪn'vestɪgeɪtə] *znw* →
private detective
private key ['praɪvət kiː] comput *znw* alleen bij de
ontvanger bekende sleutel → **public key**
private law ['praɪvət lɔː] *znw* privaatrecht
private life ['praɪvət laɪf] *znw* privéleven
privately ['praɪvətlɪ] *bijw* ❶ privé ❷ in stilte
❸ particulier
private means ['praɪvət miːnz] *znw* [mv] eigen
middelen
private member ['praɪvət 'membə] pol *znw*
parlementslid zonder regeringsfunctie
private parts ['praɪvət pɑːts], **privates** inf *znw* [mv]
schaamdelen
private practice ['praɪvət 'præktɪs] *znw* particuliere
praktijk
private school ['praɪvət skuːl] *znw* particuliere school
private secretary ['praɪvət 'sekrətərɪ] *znw*
privésecretaris
private sector ['praɪvət 'sektə] *znw* ★ *the ~* de
particuliere sector
private treaty ['praɪvət 'triːtɪ] *znw* onderhandse
verkoop
private view ['praɪvət vjuː] *znw* ❶ persoonlijke
mening ❷ **private viewing** bezichtiging voor
genodigden, vernissage
privation [praɪ'veɪʃən] *znw* ontbering, gebrek, gemis

pr

privative ['prɪvətɪv] *bn* ❶ <u>form</u> berovend ❷ <u>gramm</u> privatief, ontkennend

privatization [praɪvətaɪ'zeɪʃən], **privatisation** *znw* privatisering

privatize ['praɪvətaɪz], **privatise** *overg* privatiseren

privet ['prɪvɪt] *znw* liguster ‹struik›

privilege ['prɪvɪlɪdʒ] *znw* ❶ privilege, voorrecht ★ *a dubious ~* een twijfelachtig voorrecht ★ *have the rare ~ of doing sth* het zeldzame voorrecht hebben iets te doen ❷ onschendbaarheid ★ *enjoy diplomatic ~* diplomatieke onschendbaarheid bezitten

privileged ['prɪvɪlɪdʒd] **I** *bn* ❶ bevoorrecht ❷ strikt in vertrouwen ★ *~ information* vertrouwelijke informatie **II** *znw* ★ *the ~* kansrijke groepen

privity ['prɪvɪtɪ] *jur znw* ❶ medeweten ❷ rechtsbetrekking

privy ['prɪvɪ] **I** *bn* ★ <u>form</u> *be ~ to sth* ingewijd in iets, bekend met iets ★ *only his secretary was ~ to the information* alleen zijn secretaris was bekend met de informatie ★ *a ~ purse* een civiele lijst, toelage v.h. staatshoofd ★ *a ~ seal* een geheimzegel ★ *he was ~ to it* hij was er bekend mee, hij was in het geheim **II** *znw* privaat, wc

Privy Council ['prɪvɪ 'kaʊnsəl] *znw* ★ *the ~* de geheime raad ‹adviesraad van de Britse koningin›

privy councillor ['prɪvɪ 'kaʊnsələ], **privy counsellor**, **PC** *znw* lid v.e. *Privy Council*

prize [praɪz] **I** *bn* ❶ bekroond ★ *a ~ bull* een bekroonde stier ❷ prijs- ❸ <u>fig</u> eersteklas, beste, mooiste ★ <u>gedat</u> *a ~ chatterbox* een echte kletskous **II** *znw* ❶ prijs ★ *the ~ went to the last contestant* de prijs ging naar de laatste deelnemer ❷ beloning, buit **III** *overg* ❶ op prijs stellen ❷ → *Am* **prise**

prize court [praɪz kɔːt] *jur znw* prijsgerecht, prijzenhof

prizefight ['praɪzfaɪt] *znw* bokswedstrijd om geldprijs

prizefighter ['praɪzfaɪtə] *znw* (beroeps)bokser

prize-giving ['praɪz-gɪvɪŋ] *znw* prijsuitreiking ‹aan het eind v.h. schooljaar›

prizeman ['praɪzmən] *znw* prijswinnaar ‹vooral van universiteitsprijs›

prizemoney ['praɪzmʌnɪ] *znw* prijzengeld

prize ring [praɪz rɪŋ] *sp znw* ❶ boksring ❷ bokserswereld, bokswereld

prizewinner ['praɪzwɪnə] *znw* winnaar

prize-winning ['praɪz-wɪnɪŋ] *bn* bekroond ★ *a ~ novel* een bekroonde roman

pro [prəʊ] **I** *voorz & bijw* pro, vóór ★ *he's ~ the games going ahead* hij is er voor dat de spelen doorgaan **II** *bn* prof-, professioneel ★ *a ~ footballer* een profvoetballer, een professionele voetballer **III** *znw* ❶ (professional) <u>inf</u> beroepsspeler, prof ❷ (prostitute) <u>inf</u> prostituee ❸ voordeel ★ *the ~s and cons* het vóór en tegen, de voor- en nadelen

pro- [prəʊ] *voorv* pro-, voor ★ *~American* pro-Amerikaans

proa [prə'hʊ] *znw* prauw ‹Indonesische boot›

proactive [prəʊ'æktɪv] *bn* proactief

proactively [prəʊ'æktɪvlɪ] *bijw* proactief

proactivity [prəʊæk'tɪvɪtɪ] *znw* proactiviteit

probability [prɒbə'bɪlətɪ] *znw* waarschijnlijkheid ★ *in all ~* naar alle waarschijnlijkheid ★ *there is no ~ of his coming* hoogstwaarschijnlijk zal hij niet komen

probability theory [prɒbə'bɪlətɪ 'θɪərɪ] <u>wisk</u> *znw* waarschijnlijkheidstheorie

probable ['prɒbəbl] *bn* waarschijnlijk, vermoedelijk, aannemelijk

probably ['prɒbəblɪ] *bijw* waarschijnlijk, vermoedelijk ★ *most ~* hoogstwaarschijnlijk

probate ['prəʊbeɪt] *znw* ❶ gerechtelijke verificatie van een testament ❷ gerechtelijk geverifieerd afschrift van een testament ❸ erfrecht

probation [prə'beɪʃən] *znw* proeftijd, voorwaardelijke veroordeling ★ *on ~* op proef, voorwaardelijk veroordeeld

probationary [prə'beɪʃənərɪ] *bn* op proef, proef-

probationer [prə'beɪʃənə] *znw* ❶ op proef dienende ❷ aspirant ❸ novice of pleegzuster in het proefjaar, leerling-verpleegster ❹ voorwaardelijk veroordeelde ❺ proponent

probation officer [prə'beɪʃən 'ɒfɪsə] *znw* ambtenaar van de reclassering

probe [prəʊb] **I** *znw* ❶ sonde ❷ onderzoek ★ *a ~ into corruption* een onderzoek naar corruptie **II** *overg* ❶ peilen, onderzoeken ❷ doordringen in **III** *onoverg* ❶ peilen, onderzoeken ★ *~ into sth* iets onderzoeken ★ *~ for sth* iets proberen te achterhalen, <u>inf</u> vissen naar iets ❷ doordringen

probity ['prəʊbətɪ] *form znw* eerlijkheid, rechtschapenheid

problem ['prɒbləm] *znw* vraagstuk, probleem ★ *a drug ~* een drugsprobleem ★ *initial ~s* aanloopmoeilijkheden ★ *~-solving* het oplossen van problemen ★ *there was no ~ about getting a refund* geld terugkrijgen leverde geen probleem op ★ *we discussed the ~ of how to raise the money* we bespraken het probleem hoe we het geld bij elkaar moesten krijgen ★ *I don't have a ~ with that* ik heb er geen moeite mee ★ *be beset / fraught with ~s* overladen zijn met moeilijkheden ★ *resolve the ~* het probleem oplossen

problematic [prɒblə'mætɪk], **problematical** *bn* twijfelachtig, problematisch, onzeker

problematize ['prɒbləmətaɪz], **problematise** *overg* problematiseren

problem child ['problemtʃaɪld] *znw* ❶ moeilijk opvoedbaar kind, moeilijk kind, probleemkind ❷ <u>marketing</u> problem child ‹achterblijvend product of bedrijfsonderdeel›

proboscis [prəʊ'bɒsɪs] *znw* [*mv:* -es *of* proboscides] ❶ snuit, slurf ‹van olifanten, tapirs› ❷ zuigorgaan ‹v. insecten› ❸ neus

procedural [prə'siːdʒ(ə)rəl] *bn* van procedure, procedure-

procedure [prə'siːdʒə] *znw* methode, werkwijze, handelwijze, procedure ★ *the correct ~* de correcte werkwijze / methode ★ *a legal* ~ rechtspleging ★ *a minor / major* ~ een kleine / grote ingreep ★ *a safety* ~ een veiligheidsprocedure ★ *the correct* ~ *for disposing of poisons* de correcte methode voor de verwijdering van giftige stoffen

proceed [prə'siːd, prəʊ-] *onoverg* ❶ voortgaan, verder gaan, aan de gang zijn, voortgang hebben, vorderen, verlopen ★ *jur* ~ *against sbd* gerechtelijke stappen nemen tegen iem., procederen tegen iem. ❷ verder praten, vervolgen ★ *he* ~*ed to ask me why I wanted the job* hij vroeg me vervolgens waarom ik de baan wilde ★ ~ *with sth* verder gaan met iets, iets voortzetten ❸ gaan, zich begeven ★ ~ *along / down the street* volg de straat ❹ te werk gaan ★ ~ *to do sth* iets beginnen te doen

proceedings [prə'siːdɪŋz] *znw* [mv] ❶ gebeurtenissen ❷ notulen, handelingen ⟨v. parlement⟩, werkzaamheden ⟨v. vergadering⟩ ❸ *jur* actie, proces ★ *disciplinary* ~ disciplinaire actie ★ *jur institute / take legal* ~ *(against sbd)* een actie / vervolging instellen (tegen iem.), een proces aanspannen (tegen iem.)

proceeds ['prəʊsiːdz] *znw* [mv] opbrengst, provenu ★ *the net* ~ de netto-opbrengst

> **proceeds**
> betekent **opbrengst** en is in het Engels meervoud. Het enkelvoud komt niet voor.
> *All proceeds go to a good cause - De hele opbrengst gaat naar een goed doel.*

process ['prəʊses] **I** *znw* ❶ proces, procedé ★ ~ *control* automatische controle van een industrieel proces d.m.v. een computer ★ *a decision-making* ~ een beleidsproces ★ *a* ~ *of elimination* een eliminatieproces ❷ voortgang, loop, verloop ★ *be in the* ~ *of construction* in aanbouw zijn ★ *in the* ~ daarbij, onder die bedrijven ★ *be in the* ~ *of doing sth* bezig zijn iets te doen ❸ handeling ❹ dagvaarding ❺ *anat* uitsteeksel ⟨aan een bot &⟩ **II** *overg* ❶ machinaal reproduceren ❷ een procedé doen ondergaan, behandelen, bewerken, verwerken ❸ ontwikkelen ⟨foto, film⟩ ❹ verduurzamen ❺ *jur* een actie instellen tegen

process engineer ['prəʊses endʒɪ'nɪə] *znw* procesingenieur

process engineering ['prəʊses endʒɪ'nɪərɪŋ] *znw* procestechniek

procession [prə'seʃən] *znw* ❶ stoet, omgang, optocht ❷ *RK* processie

processional [prə'seʃənl] **I** *bn* als (van) een processie, processie- **II** *znw* ❶ processiegezang ❷ boek met de processiegezangen

processor ['prəʊsesə] *comput znw* processor, verwerkingseenheid

process server ['prəʊsesɜːvə] *znw* deurwaarder

pro-choice [prəʊ-'tʃɔɪs] *bn* voor abortus

proclaim [prə'kleɪm] *overg* ❶ afkondigen, bekendmaken, verkondigen ❷ proclameren, uitroepen tot ⟨koning &⟩ ❸ verklaren tot ⟨verrader⟩ ❹ verklaren ⟨oorlog⟩

proclamation [prɒklə'meɪʃən] *znw* ❶ proclamatie, afkondiging, verkondiging, bekendmaking ❷ verklaring ⟨v. oorlog &⟩ ❸ verbod

proclivity [prə'klɪvətɪ] form *znw* neiging (tot *to*)

procrastinate [prəʊ'kræstɪneɪt] *overg* uitstellen

procrastination [prəkræstɪ'neɪʃən] *znw* uitstel, verschuiving (van dag tot dag) ★ *zegsw* ~ *is the thief of time* van uitstel komt afstel

procreate ['prəʊkrɪeɪt] *overg* voortbrengen, (voort)telen, verwekken, zich voortplanten

procreation [prəʊkrɪ'eɪʃən] *znw* voortbrenging, (voort)teling, verwekking, voortplanting

procreative [prəʊkrɪ'eɪtɪv] *bn* voortbrengend, voorttelend, voortplantings- ★ ~ *power* voortplantingsvermogen, teelkracht

procreator [prəʊkri'eɪtə] *znw* ❶ verwekker, vader ❷ *fig* schepper

proctor ['prɒktə] *znw* ❶ procureur ⟨voor een geestelijke rechtbank⟩ ❷ *onderw* ambtenaar van een universiteit, die met het handhaven van orde en tucht belast is ⟨Cambridge, Oxford⟩

procumbent [prə'kʌmbənt] *bn* ❶ *form* vooroverliggend ❷ *plantk* kruipend

procurable [prɒ'kjʊərəbl] *bn* verkrijgbaar

procuration [prɒkjʊ'reɪʃən] *jur znw* ❶ verschaffing, bezorging ❷ volmacht, procuratie ★ *by* ~ bij volmacht ❸ procura, provisie ⟨geld⟩

procurator ['prɒkjʊreɪtə] *znw* ❶ *jur* gevolmachtigde, zaakbezorger ❷ *hist* procurator ⟨landvoogd⟩

procure [prə'kjʊə] *overg* (zich) verschaffen, bezorgen, (ver)krijgen

procurement [prə'kjʊəmənt] *form znw* verschaffing, verkrijging

procurer [prə'kjʊərə] *znw* souteneur, pooier, koppelaar(ster)

procuress [prə'kjʊəres] *znw* koppelaarster, bordeelhoudster

prod [prɒd] **I** *znw* ❶ prikkel ❷ priem ❸ prik, por **II** *overg* prikken, steken (naar *at*), (aan)porren

prodigal ['prɒdɪgl] *form* **I** *bn* ❶ verkwistend ★ *he's been* ~ *with the firm's money* hij is kwistig geweest met het geld van de zaak ❷ vrijgevig, royaal **II** *znw* verkwister

prodigality [prɒdɪ'gælətɪ] *form znw* ❶ verkwisting ❷ kwistigheid

prodigally ['prɒdɪgəlɪ] *form bijw* ❶ verkwistend ❷ kwistig

prodigal son ['prɒdɪgl sʌn] *znw* verloren zoon

prodigious [prə'dɪdʒəs] *form bn* verbazend, ontzaglijk ★ *Rembrandt produced a* ~ *number of paintings* Rembrandt vervaardigde een verbazend groot aantal schilderijen

prodigy ['prɒdɪdʒɪ] *znw* wonder ★ *a child* ~ een wonderkind

produce I *znw* ['prɒdjuːs] ❶ voortbrengsel, voortbrengselen, product ❷ (landbouw)producten

pr

❸ opbrengst **II** *overg* [prə'dju:s] **❶** voortbrengen, produceren, opbrengen, opleveren, krijgen ‹een baby› **❷** teweegbrengen, maken ‹indruk› **❸** in het licht geven **❹** voor het voetlicht brengen, opvoeren, vertonen **❺** voor de dag komen met **❻** tevoorschijn halen, aanvoeren, bijbrengen, óverleggen, tonen **❼** verlengen ‹een lijn›

producer [prə'dju:sə] *znw* **❶** producent, voortbrenger ★ Aus *a primary* ~ een landbouwer / veehouder **❷** regisseur, filmproducent **❸** techn gasgenerator

producer gas [prə'dju:sə gæs] *znw* generatorgas

producible [prə'dju:səbl] *bn* te produceren, bij te brengen, aan te voeren

product ['prɒdʌkt] *znw* **❶** voortbrengsel, product ★ *a finished* ~ een afgewerkt product ★ *dairy* ~*s* zuivel(producten) ★ marketing *a generic* ~ een merkloos product ★ *waste* ~*s* afvalproducten ★ *launch a* ~ een product lanceren **❷** fig vrucht, resultaat

product awareness ['prɒdʌkt ə'weənəs] marketing *znw* productbekendheid

product differentiation ['prɒdʌkt dɪfərenʃɪ'eɪʃən] marketing *znw* productdifferentiatie

production [prə'dʌkʃən] *znw* **❶** productie, voortbrenging ★ *industrial* ~ industriële productie ★ *be in* ~ in productie zijn **❷** product, voortbrengsel **❸** overlegging ‹stukken› ★ *form on* ~ *of sth* op vertoon van iets ‹toegangsbewijs &› **❹** opvoering, vertoning ‹toneelstuk› ★ inf *make a* ~ *of sth* ophef maken over iets **❺** verlenging ‹lijn›

production chain [prə'dʌkʃən tʃeɪn] marketing *znw* bedrijfskolom

production line [prə'dʌkʃən laɪn] *znw* **❶** lopende band **❷** productielijn

production manager [prə'dʌkʃən 'mænɪdʒə] *znw* productieleider, bedrijfsleider, fabriekschef

production platform [prə'dʌkʃən 'plætfɔ:m] *znw* booreiland

production unit [prə'dʌkʃən 'ju:nɪt] *znw* werkeenheid

productive [prə'dʌktɪv] *bn* **❶** producerend, voortbrengend ★ *a* ~ *capacity* een productievermogen ★ *be* ~ *of sth* iets voortbrengen, opleveren, iets tot stand (teweeg)brengen **❷** productief, vruchtbaar ★ *it was not the most* ~ *of days* het was geen productieve dag

productivity [prɒdʌk'tɪvətɪ] *znw* productiviteit ★ *marginal* ~ grensproductiviteit

product life cycle ['prɒdʌkt laɪf 'saɪkl], **PLC** marketing *znw* productlevenscyclus

product line ['prɒdʌkt laɪn] *znw* productlijn, assortiment

product mix ['prɒdʌkt mɪks] marketing *znw* productmix, assortiment van producten

product placement ['prɒdʌkt 'pleɪsmənt] marketing *znw* product placement ‹vorm van (sluik)reclame waarbij producten tegen betaling duidelijk in beeld komen in films of televisieprogramma's›

proem ['prəʊɪm] form *znw* **❶** voorrede, voorwoord

❷ proloog, voorspel

prof [prɒf] inf *znw* (professor) prof, professor

Prof. *afk* (professor) professor ‹als titel›

pro-family [prəʊ-'fæməlɪ] *bn* gelovend in de familie als hoeksteen van de samenleving

profanation [prɒfə'neɪʃən] *znw* ontwijding, ontheiliging, (heilig)schennis, profanatie

profane [prə'feɪn] **I** *bn* **❶** profaan, on(in)gewijd, werelds ★ *sacred and* ~ *art* religieuze en wereldlijke kunst **❷** oneerbiedig, goddeloos, godslasterlijk ‹taal› **II** *znw* ★ *the* ~ de oningewijden **III** *overg* profaneren, ontwijden, ontheiligen, misbruiken

profanity [prə'fænətɪ] *znw* **❶** heiligschennis, goddeloosheid **❷** vloekwoorden, vloeken

profess [prə'fes] **I** *overg* **❶** betuigen, verklaren, beweren ★ ~ *to be sth* zich uitgeven voor iets ★ *she* ~*ed not to know anything about it* ze beweerde dat ze er niets van afwist **❷** belijden **❸** uit-, beoefenen **❹** RK de kloostergelofte afleggen **II** *wederk* ★ ~ *oneself a Republican* republikein verklaren te zijn

professed [prə'fest] *bn* **❶** verklaard, openlijk, belijdend ★ *a* ~ *atheist* een verklaard atheïst **❷** RK geprofest ‹de (klooster)gelofte afgelegd hebbend› **❸** voorgewend, zogenaamd

professedly [prə'fesɪdlɪ] *bijw* **❶** openlijk, volgens eigen bekentenis **❷** ogenschijnlijk ★ *weapons* ~ *for terrorist use* wapens, waarschijnlijk voor gebruik door terroristen

profession [prə'feʃən] *znw* **❶** beroep, stand ★ *the learned* ~*s* de vrije beroepen ★ *the oldest* ~ het oudste beroep van de wereld, prostituee ★ *the teaching* ~ de leraren ★ *by* ~ van zijn vak, van beroep, beroeps- **❷** (openlijke) belijdenis, betuiging, verklaring ★ *a* ~ *of faith* een geloofsbelijdenis **❸** RK kloostergelofte

professional [prə'feʃənl] **I** *bn* **❶** vak-, beroeps-, ambts- ★ ~ *jealousy* jalousie de métier, broodnijd **❷** van beroep **❸** vakkundig, professioneel ★ euf *get* ~ *help* zich door een psychiater laten behandelen **II** *znw* **❶** vakman, professional ★ *a health / legal &* ~ een medisch / juridisch & deskundige **❷** beroepsspeler & ★ *become / go / turn* ~ beroeps worden

professional foul [prə'feʃənl faʊl] sp *znw* opzettelijke overtreding

professionalism [prə'feʃənəlɪzəm] *znw* **❶** professionalisme **❷** beroepssport

professionalize [prə'feʃənəlaɪz], **professionalise** *onoverg & overg* professionaliseren

professionally [prə'feʃənlɪ] *bijw* professioneel

professor [prə'fesə] *znw* **❶** hoogleraar, professor ★ Am *an assistant* ~ een wetenschappelijk medewerker ★ Am *an associate* ~ een universitair hoofddocent ★ Am *a full* ~ een gewoon hoogleraar **❷** belijder ‹v. godsdienst›

professoriate [prə'fesərɪt], **proffessoriate** *znw* **❶** professoraat **❷** professoren

professorial [prɒfə'sɔ:rɪəl] *bn* professoraal

professoriate [prɒfɪ'sɔ:rɪɪt] *znw* → **professorate**

professorship [prəˈfesəʃɪp] *znw* professoraat, hoogleraarschap, <u>Am</u> ± lectoraat

proffer [ˈprɒfə] **I** *znw* aanbod **II** *overg* toesteken, aanbieden

proficiency [prəˈfɪʃənsɪ] *znw* vaardigheid, bedrevenheid, bekwaamheid ★ *demonstrate one's ~ in sth* zijn bekwaamheid in iets laten zien

proficient [prəˈfɪʃənt] *bn* vaardig, bedreven, bekwaam

profile [ˈprəʊfaɪl] **I** *znw* ❶ profiel, (verticale) doorsnede ★ *in ~* en profil ★ *keep a low ~* proberen om niet (te veel) op te vallen ★ *keep a high ~* veel publiciteit hebben, in de belangstelling staan ❷ portret ⟨in krant, op radio & televisie⟩ **II** *overg* ❶ zich aftekenen, en profil weergeven ❷ een profielschets geven van

profiling [ˈprəʊfaɪlɪŋ] *znw* het opstellen van een karakterschets ⟨om iemands functioneren te kunnen beoordelen⟩

profit [ˈprɒfɪt] **I** *znw* voordeel, winst, nut, profijt, baat ★ *the annual ~* de jaarwinst ★ *a clear ~* een nettowinst, zuivere winst ★ *the gross / net ~* de brutowinst / nettowinst ★ *at a ~* met winst ★ *to one's own ~* ten eigen voordele ★ *make a quick ~* snel winst maken ★ *show a ~* winst maken **II** *overg* voordeel afwerpen voor, goed doen, baten, helpen **III** *onoverg* ❶ profiteren (van *by*) ❷ zich ten nutte maken, zijn voordeel doen (met *by*)

profitable [ˈprɒfɪtəbl] *bn* winstgevend, voordelig, nuttig

profitably [ˈprɒfɪtəblɪ] *bijw* voordelig, nuttig, met voordeel, met winst, met vrucht ★ *money spent on war could be more ~ employed* geld dat wordt uitgegeven aan oorlog zou nuttiger besteed kunnen worden

profit allocation [ˈprɒfɪt æləˈkeɪʃən] *znw* winsttoerekening

profit and loss account [ˈprɒfɪt ən ˈlɒs əˈkaʊnt], **profit and loss statement** *znw* winst- en verliesrekening, resultatenrekening

profit centre [ˈprɒfɪt ˈsentə], **profit center** *znw* winstcentrum ⟨bedrijfsonderdeel dat geacht wordt winstgevend te zijn⟩

profit distribution [ˈprɒfɪt dɪstrɪˈbjuːʃən] *znw* winstverdeling, winstuitkering

profiteer [prɒfɪˈtɪə] **I** *znw* profiteur **II** *onoverg* ongeoorloofde of woekerwinst maken

profitless [ˈprɒfɪtləs] *bn* ❶ onvoordelig ❷ zonder nut

profitmaking [ˈprɒfɪtmeɪkɪŋ] *bn* ❶ met winstoogmerk ❷ winstgevend

profit margin [ˈprɒfɪt ˈmɑːdʒɪn] *znw* winstmarge

profit-sharing [ˈprɒfɪt-ʃeərɪŋ] *znw* winstdeling ★ *a ~ bond* een winstdelende obligatie

profit-taking [ˈprɒfɪt-teɪkɪŋ] *znw* winstneming ⟨na stijging van de koers(en)⟩

profligacy [ˈprɒflɪgəsɪ] <u>form</u> *znw* losbandigheid, zedeloosheid

profligate [ˈprɒflɪgət] <u>form</u> **I** *bn* losbandig, zedeloos **II** *znw* losbol

pro forma [prəʊ ˈfɔːml] ⟨*Lat*⟩ **I** *bn* pro forma ★ *a ~ reply* een pro forma antwoord **II** *bijw* pro forma, voor de vorm ★ *they'll ask ~ about your previous employment* ze zullen je voor de vorm naar je vorige werkkring vragen **III** *znw*, **pro-forma invoice** pro forma factuur

profound [prəˈfaʊnd] *bn* ❶ diep, diepzinnig ❷ diepgaand, grondig, groot

profoundly [prəˈfaʊndlɪ] *bijw* zeer, hoogst, door en door ★ *the economic crisis affected them ~* de economische crisis heeft een grote invloed op hen gehad

profundity [prəˈfʌndətɪ] *znw* ❶ diepte ❷ diepzinnigheid ❸ grondigheid

profuse [prəˈfjuːs] *bn* kwistig, overvloedig ★ *they've offered ~ apologies* ze hebben zich uitgebreid verontschuldigd

profusely [prəˈfjuːslɪ] *bijw* hevig, overvloedig, overdadig, in grote hoeveelheden ★ *he was still bleeding ~* hij bloedde nog steeds hevig

profusion [prəˈfjuːʒən] *znw* overvloed(igheid) ★ *in ~* in overvloed ★ *a ~ of flowers* een overvloed aan bloemen

progenitor [prəʊˈdʒenɪtə] *znw* ❶ voorvader, voorzaat ❷ (geestelijke) vader

progeniture [prəʊˈdʒenɪtjʊə] *znw* ❶ voortplanting, verwekking ❷ nageslacht, afstammelingen

progeny [ˈprɒdʒɪnɪ] *znw* nageslacht, kroost

progesterone [prəʊˈdʒestərəʊn] <u>biochem</u> *znw* progesteron

prognosis [prɒgˈnəʊsɪs] *znw* [*mv*: prognoses] prognose

prognostic [prɒgˈnɒstɪk] *bn* voorspellend ★ *the ~ signs / symptoms* de voortekenen

prognosticate [prɒgˈnɒstɪkeɪt] *overg* voorspellen

prognostication [prɒgnɒstɪˈkeɪʃən] *znw* voorspelling

program disk [ˈprəʊgræm dɪsk], **programme disk** <u>comput</u> *znw* programmaschijf

programmable [prəʊˈgræməbl] *bn* programmeerbaar

program management [ˈprəʊgræm ˈmænɪdʒmənt], **programme management** <u>comput</u> *znw* bestandsbeheer

programmatic [prəʊgrəˈmætɪk] *bn* programmatisch

programme [ˈprəʊgræm], <u>Am</u> **program I** *znw* program(ma) (ook: <u>comput</u>) **II** *overg* programmeren (ook: <u>comput</u>) ★ <u>scherts</u> *the children are ~d to wake up at dawn* de kinderen zijn geprogrammeerd om bij zonsopgang wakker te worden

programmed learning [ˈprəʊgræmd ˈlɜːnɪŋ] *znw* geprogrammeerd onderwijs

programme evaluation and review technique [ˈprəʊgræm ɪvæljuˈeɪʃən ən rɪˈvjuː tekˈniːk] *znw* PERT-methode ⟨netwerkanalysetechniek om de tijdsduur van een proces te berekenen⟩

programme music [ˈprəʊgræm ˈmjuːzɪk], **program music** *znw* programmamuziek

programmer [ˈprəʊgræmə] <u>comput</u> *znw* programmeur

programme trading ['prəʊɡræm 'treɪdɪŋ] *znw* het gebruik v. computerprogramma's om automatisch grote hoeveelheden effecten te kopen of verkopen

programming ['prəʊɡræmɪŋ] *znw* het programmeren

programming language ['prəʊɡræmɪŋ 'læŋɡwɪdʒ] *znw* computerprogrammeertaal, programmeertaal ★ *a high / low level* ~ een hogere / lagere programmeertaal

progress I *znw* ['prəʊɡres] ❶ vordering(en), voortgang, vooruitgang ★ *be subject to satisfactory* ~ op voorwaarde van voldoende vorderingen ★ *make good* ~ *in sth* goede vooruitgang boeken met iets ★ *how much* ~ *have you made on / with the book?* hoeveel verder ben je gekomen met het boek? ★ *monitor sbd's* ~ iemands voortgang volgen ❷ mil opmars ❸ verloop ‹v. ziekte› ❹ loop(baan), levensloop ❺ gang ‹v. zaken› ★ *be in* ~ aan de gang zijn, in bewerking zijn, in voorbereiding zijn, onderhanden zijn, geleidelijk verschijnen ‹boekwerk› **II** *onoverg* [prə'ɡres] ❶ vooruitgaan, -komen, vorderen, vorderingen maken, opschieten ★ *England will not* ~ *to the finals* Engeland zal niet in de finale komen ❷ nog voortduren

progress chaser ['prəʊɡres 'tʃeɪsə] *znw* iemand in een organisatie die ervoor verantwoordelijk is dat er efficiënt en stipt wordt gewerkt

progression [prə'ɡreʃən] *znw* ❶ voortgang, ontwikkeling ★ *he made a natural* ~ *from playing to coaching* hij maakte de normale ontwikkeling door van speler naar trainer ❷ vordering ❸ (opklimmende) reeks, opklimming ★ *a swift* ~ *through the ranks* een snelle opklimming door de rangen

progressive [prə'ɡresɪv] **I** *bn* ❶ voortgaand, (geleidelijk) opklimmend, toenemend ★ *a* ~ *disease* een voortschrijdende ziekte ❷ vooruitgaand ❸ progressief, vooruitstrevend ‹tegenover conservatief› ★ *take a* ~ *approach* een progressieve benadering kiezen **II** *znw* voorstander v. politiek-sociale hervorming ★ *the party* ~*s* de progressieven in de partij

progressivist [prə'ɡresɪvɪst] *znw* voorstander van vooruitstrevende politiek, progressief

progress report ['prəʊɡres rɪ'pɔːt] *znw* voortgangsverslag

prohibit [prə'hɪbɪt] *overg* verbieden ‹vooral door overheid› ★ *sharp objects are* ~*ed from carry-on luggage* scherpe voorwerpen zijn verboden in de handbagage

prohibition [prəʊhɪ'bɪʃən] *znw* verbod, drankverbod ★ Am *the Prohibition* de Drooglegging (1919-1933) ★ *an export / import* ~ een uitvoerverbod / invoerverbod ★ *a complete* ~ *against carrying firearms* een totaalverbod op het dragen van vuurwapens ★ *a* ~ *on smoking* een rookverbod

prohibitionist [prəʊhɪ'bɪʃənɪst] *znw* voorstander van het drankverbod

prohibitive [prəʊ'hɪbɪtɪv] *bn* verbiedend ★ ~ *prices* buitensporige prijzen

prohibitively [prəʊ'hɪbɪtɪvlɪ] *bijw* verbiedend, prohibitief ★ *parking in the centre of the city is* ~ *expensive* parkeren in het centrum van de stad is extreem duur

prohibitory [prə'hɪbɪtərɪ] *bn* verbiedend, verbods-

project I *znw* ['prɒdʒekt] ontwerp, plan, project ★ *the final* ~ de afstudeeropdracht, het afstudeerproject ★ *I'm doing a* ~ *on the environment* ik doe een project over het milieu **II** *overg* [prə'dʒekt] ❶ projecteren, werpen, (weg)slingeren ★ ~ *one's voice* zijn stem richten, duidelijk hoorbaar zijn ★ ~ *sth onto sbd* iets op iemand projecteren ❷ ontwerpen, beramen ❸ schatten, ramen **III** *onoverg* [prə'dʒekt] vooruitsteken, uitsteken, uitspringen ★ *his red hair* ~*ed out from under his cap* zijn rode haar stak onder zijn pet uit

project developer ['prɒdʒekt dɪ'veləpə] *znw* projectontwikkelaar

projected [prə'dʒektɪd] *bn* gepland

projectile [prəʊ'dʒektaɪl] *znw* projectiel, kogel

projection [prə'dʒekʃən] *znw* ❶ raming, prognose ★ *a sales* ~ een verkoopprognose ★ *on current* ~*s* volgens de huidige vooruitzichten ❷ psych projectie, voorstelling ❸ uitstek, uitsteeksel ❹ projectie(tekening), ontwerp ❺ werpen, (weg)slingeren

projectionist [prə'dʒekʃənɪst] *znw* (film)operateur

projective [prə'dʒektɪv] *bn* projectie-, projecterend

projector [prə'dʒektə] *znw* (film)projector, projectietoestel

prolapse med **I** *znw* ['prəʊlæps, prə'læps] prolaps, uit-, verzakking **II** *onoverg* [prəʊ'læps] verzakken

prole [prəʊl] inf afkeurend *znw* proletariër

proletarian [prəʊlɪ'teərɪən] **I** *bn* proletarisch **II** *znw* proletariër

proletariat [prəʊlɪ'teərɪət] *znw* proletariaat

pro-life [prəʊ-'laɪf] *bn* antiabortus

proliferate [prə'lɪfəreɪt] *onoverg* ❶ zich vermenigvuldigen ❷ fig snel talrijker worden, zich verspreiden

proliferation [prəʊlɪfə'reɪʃən] *znw* ❶ proliferatie, vermenigvuldiging ★ *the last years have seen a* ~ *of small businesses* er zijn in de laatste jaren een groot aantal kleine bedrijven bijgekomen ❷ fig verspreiding

proliferous [prə'lɪfərəs] *bn* sterk uitbottend ‹van planten &›

prolific [prə'lɪfɪk] *bn* ❶ vruchtbaar, rijk (aan *in / of*) ❷ fig productief ‹schrijver &›

prolix ['prəʊlɪks] form *bn* wijdlopig, breedsprakig, langdradig

prolixity [prəʊ'lɪksətɪ] form *znw* wijdlopigheid, breedsprakigheid, langdradigheid

prologue ['prəʊlɒɡ] **I** *znw* proloog, voorspel **II** *overg* ❶ van een proloog voorzien ❷ inleiden

prolong [prə'lɒŋ] *overg* verlengen, rekken

prolongation [prəʊlɒŋɡeɪʃən] *znw* verlenging

pr

prolonged [prə'lɒŋd] *bn* langdurig ★ ~ *use may cause cancer* langdurig gebruik kan kanker veroorzaken

prom [prɒm] *znw* ❶ → **promenade** ❷ *inf* boulevard ❸ *Am* schoolbal ❹ → **promenade concert** ★ *the last night of the Proms* het laatste promenadeconcert van het seizoen ‹spectaculair concert in Londen ter afsluiting van de serie›

pro memoria [prəʊ mɪ'mɔːrɪəl] *znw* pro memorie

promenade [prɒmə'nɑːd], *inf* **prom I** *znw* promenade, wandeling **II** *overg* ❶ wandelen door (over, in) ❷ op en neer laten lopen, rondleiden **III** *onoverg* wandelen, kuieren

promenade concert [prɒmɪ'nɑːd 'kɒnsət], *inf* **prom** *znw* promenadeconcert ‹concert in een park, op een plein &›

promenade deck [prɒmə'nɑːd dek] *znw* promenadedek

promenader [prɒmə'nɑːdə] *znw* ❶ wandelaar ❷ bezoeker van een promenade concert

prominence ['prɒmɪnəns] *znw* ❶ uitsteken ❷ uitsteeksel, verhevenheid ❸ op de voorgrond treden ★ *give ~ to sth* iets goed laten uitkomen ❹ uitstekendheid ❺ belangrijkheid, beroemdheid, vooraanstaandheid ★ *come / rise to ~* beroemd worden

prominent ['prɒmɪnənt] *bn* ❶ (voor)uitstekend, in het oog vallend ★ *a ~ chin / nose &* een vooruitstekende kin / neus & ★ *in a ~ position* op een in het oog vallende plek ❷ voornaam, eminent, vooraanstaand, uitstekend, belangrijk, beroemd ★ *make oneself ~* zich onderscheiden, op de voorgrond treden

prominenti [prɒmɪ'nentɪ] *(Ital) znw* [mv] de belangrijke mensen, de prominenten

prominently ['prɒmɪnəntlɪ] *bijw* ❶ vooruitstekend, in het oog vallend ❷ uitstekend, belangrijk, beroemd

promiscuity [prɒmɪs'kjuːətɪ] *znw* promiscuïteit, vrije omgang ‹vooral seksueel›

promiscuous [prə'mɪskjʊəs] *bn* promiscue

promise ['prɒmɪs] **I** *znw* belofte, toezegging ★ *full of ~* veelbelovend ★ *be under a ~ to* zijn woord gegeven hebben aan, beloofd (de belofte afgelegd) hebben om te ★ *break a ~ / go back on a ~* een belofte breken ★ *hold sbd to a ~* eisen dat iem. zich aan zijn belofte houdt ★ *keep a ~* zijn belofte houden ★ *live up to / fulfil one's ~* zijn belofte nakomen **II** *overg* beloven, toezeggen ★ *~ (sbd) the earth / moon* (iem.) alles beloven ★ *as ~d* zoals beloofd **III** *onoverg* beloven ★ *~ well* véél beloven

Promised Land ['prɒmɪst 'lænd] *znw* ★ *the ~* het Beloofde Land

promising ['prɒmɪsɪŋ] *bn* veelbelovend, hoopgevend

promissory ['prɒmɪsərɪ] *jur bn* promissoir

promissory note ['prɒmɪsərɪ nəʊt] *znw* promesse

prommer ['prɒmə] *Br inf znw* bezoeker van een promenadeconcert ‹vooral iem. met een staanplaats›

promo ['prəʊməʊ] *inf znw* promotiefilm, promotievideo

promontory ['prɒməntərɪ] *znw* ❶ *geogr* voorgebergte, kaap ❷ *anat* vooruitstekend deel, uitsteeksel

promote [prə'məʊt] *overg* ❶ bevorderen (tot), werken in het belang van, handel reclame maken voor ★ *he's been ~d to junior manager* hij is gepromoveerd tot assistent bedrijfsleider ❷ aankweken, verwekken ❸ handel oprichten ‹maatschappij›

be promoted
betekent **promotie maken, promoveren**, maar niet *promoveren tot doctor*. **He's been promoted** betekent dat de persoon in kwestie promotie gemaakt heeft en niet dat hij de doctortitel heeft behaald. In het Engels zou dat luiden: *He has obtained his PhD.*

promoter [prə'məʊtə] *znw* ❶ bevorderaar, bewerker, aanstoker ❷ handel & *sp* promotor, oprichter ‹v. maatschappij›

promotion [prə'məʊʃən] *znw* ❶ bevordering, promotie ★ *get a ~* promotie krijgen ★ *recommend sbd for ~* iem. voordragen voor promotie ❷ handel reclame

promotional [prəʊ'məʊʃənəl] *bn* ❶ (het belang) bevorderend ❷ handel promotioneel, reclame-

promotive [prə'məʊtɪv] *bn* bevorderend, bevorderlijk

prompt [prɒmpt] **I** *bn* vaardig, vlug, prompt ★ *~ payment* snelle betaling **II** *bijw* stipt ★ *at eight o'clock ~* stipt om acht uur **III** *znw* comput prompt ‹teken op het scherm dat aangeeft dat het besturingssysteem wacht op invoer› ★ *give sbd a ~* iem. souffleren **IV** *overg* ❶ vóórzeggen, souffleren ❷ ingeven, inblazen, aansporen, (aan)drijven, aanzetten ★ *~ sbd to do sth* iem. aansporen iets te doen ★ *I don't know what ~ed him to say that* ik weet niet wat hem ertoe bracht om dat te zeggen

prompt book [prɒmpt bʊk] *znw* souffleursboek

prompt box [prɒmpt bɒks] *znw* souffleurshok

prompter ['prɒmptə] *znw* souffleur, -euse

prompting ['prɒmptɪŋ] *znw* vóórzeggen, aansporing, herinnering ★ *it took some ~, but he's finally cleaned up his room* er was wat aandringen voor nodig, maar hij heeft eindelijk zijn kamer opgeruimd

promptitude ['prɒmptɪtjuːd] *znw* → **promptness**

promptly ['prɒm(p)tlɪ] *bijw* ❶ direct, meteen ❷ vlug, prompt

promptness ['prɒmptnəs], *form* **promptitude** *znw* ❶ promptheid, stiptheid ❷ vaardigheid, vlugheid, spoed

prompt note [prɒmpt nəʊt] *znw* betalingsherinnering, aanmaning

promulgate ['prɒməlgeɪt] *form overg* ❶ afkondigen, uitvaardigen ❷ verkondigen, openbaar maken

promulgation [prɒməl'geɪʃən] *form znw* ❶ afkondiging, uitvaardiging ❷ verkondiging, openbaarmaking

prone [prəʊn] *bn* ❶ voorovergebogen,

pr

vooroverliggend ❷ vatbaar, geneigd ★ *be ~ to sth*
geneigd zijn tot iets, aanleg hebbend voor iets,
vatbaar zijn voor iets, onderhevig zijn aan iets
-prone [prəʊn] *achterv* vatbaar voor, met een neiging
tot ★ *he's accident~* hij heeft altijd ongelukken
prong [prɒŋ] I *znw* ❶ (hooi-, mest- &) vork ❷ tand van
een vork ❸ punt van een geweitak II *overg* aan de
vork steken
pronominal [prəʊ'nɒmɪnl] gramm *bn*
voornaamwoordelijk, pronominaal
pronoun ['prəʊnaʊn] gramm *znw* voornaamwoord
pronounce [prə'naʊns] I *overg* ❶ uitspreken,
uitbrengen ❷ verklaren, zeggen (dat) II *onoverg*
❶ (zich) uitspreken ★ form ~ *on sth* zijn mening
zeggen over iets ❷ uitspraak doen
pronounceable [prə'naʊnsəbl] *bn* uit te spreken
pronounced [prə'naʊnst] *bn* uitgesproken,
geprononceerd, duidelijk kenbaar, sterk sprekend,
beslist ★ *she walked with a ~ limp* ze liep duidelijk
mank ★ *he has very ~ views* hij heeft heel
uitgesproken meningen
pronouncement [prə'naʊnsmənt] *znw* uitspraak,
verklaring
pronouncing [prə'naʊnsɪŋ] I *bn* uitspraak- ★ *the ~
judge* de rechter die uitspraak doet II *znw*
uitspreken
pronto ['prɒntəʊ] inf *bijw* dadelijk, direct
pronunciation [prənʌnsɪ'eɪʃən] *znw* uitspraak
proof [pru:f] I *bn* ❶ beproefd, bestand (tegen *against*)
★ *this building is ~ against any cyclone* dit gebouw is
bestand tegen elke cycloon ❷ met het standaard
alcoholgehalte II *znw* ❶ bewijs, blijk ★ *the burden
of ~* de bewijslast ★ *the final ~ of sth* het uiteindelijk
bewijs voor iets ★ *living ~ (that)* levend bewijs (voor)
★ form *in ~ of* ten bewijze van ★ *put sbd / sth to the ~*
iem. / iets op de proef stellen ★ zegsw *the ~ of the
pudding is in the eating* de praktijk zal het uitwijzen
❷ proef, drukproef III *overg* ondoordringbaar of
vuurvast, waterdicht & maken
proof positive [pru:f 'pɒzətɪv] *znw* doorslaggevend
bewijs
proofread ['pru:fri:d] *overg* drukproeven corrigeren,
proeflezen
proofreader ['pru:fri:də] *znw* corrector
proof sheet [pru:f ʃi:t] *znw* drukproef, proefvel
proof spirit [pru:f 'spɪrɪt] *znw* standaardpercentage
alcohol
prop [prɒp] I *znw* ❶ stut, steun ❷ steunpilaar, schoor
❸ rekwisiet, toneelbenodigdheid II *overg* ❶ stutten,
steunen, schragen ❷ omhooghouden (ook: ~ *up*)
❸ zetten ⟨ladder tegen muur &⟩ III *phras* ★ *~ sth up*
iets omhoog houden, iets stutten
propaedeutic [prəʊpi:'dju:tɪk] form *bn* propedeutisch,
voorbereidend
propaganda [prɒpə'gændə] *znw* propaganda
propagandist [prɒpə'gændɪst] I *bn* propagandistisch
II *znw* propagandist
propagandize [prɒpə'gændaɪz], **propagandise** *overg*

propaganda maken (voor)
propagate ['prɒpəgeɪt] I *overg* ❶ voortplanten,
verbreiden, verspreiden, propageren ★ *the shrub can
easily be ~d from cuttings* de heester kan gemakkelijk
vermeerderd worden door middel van stekken
❷ kweken, telen II *onoverg* zich voortplanten
propagation [prɒpə'geɪʃən] *znw* voortplanting,
verbreiding, verspreiding
propagative ['prɒpəgeɪtɪv] *bn* voortplantings-
propagator ['prɒpəgeɪtə] *znw* voortplanter,
verspreider
propane ['prəʊpeɪn] *znw* propaangas
propel [prə'pel] *overg* (voort)drijven, voortstuwen,
voortbewegen ★ *the literary award ~led him to fame*
de literaire prijs maakte hem plotseling beroemd
propellant [prə'pelənt] *znw* ❶ stuwstof ⟨v. raket⟩
❷ voortstuwingsmiddel ⟨buskruit⟩
propellent [prə'pelənt] *bn* voortstuwend
propeller [prə'pelə] *znw* propeller, schroef
propeller head [prə'pelə hed] inf *znw* iemand met
buitensporige belangstelling voor computers,
computernerd
propeller shaft [prə'pelə ʃɑ:ft] *znw* ❶ scheepv
schroefas ❷ Am cardanas
propelling pencil [prə'pelɪŋ 'pensɪl] *znw* vulpotlood
propensity [prə'pensətɪ] form *znw* neiging ★ *he has
a ~ to fall asleep / for falling asleep at the wheel* hij
heeft de neiging om achter het stuur in slaap te
vallen
proper ['prɒpə] *bn* ❶ echt, werkelijk, eigenlijk ★ inf
a ~ row een flinke / fikse ruzie / herrie ❷ geschikt,
behoorlijk, juist, goed ❸ fatsoenlijk, betamelijk,
gepast ★ *think (it) ~* goedvinden, goedkeuren
❹ strikt, rechtmatig ❺ eigen
properly ['prɒpəlɪ] *bijw* ❶ eigenlijk (gezegd), terecht
★ *~ speaking* strikt genomen, om precies te zijn
❷ juist, behoorlijk, goed, helemaal
proper name ['prɒpə neɪm], **proper noun** gramm *znw*
eigennaam
propertied ['prɒpətɪd] *bn* bezittend ★ *the ~ classes*
grondbezitters
property ['prɒpətɪ] *znw* ❶ eigendom, bezit,
bezittingen, goed ★ *common ~* gemeenschappelijk
bezit, algemeen bekend feit, gemeengoed
★ *intellectual ~* geestelijk eigendom, intellectueel
eigendom ★ *lost ~* gevonden voorwerpen
★ *personal ~* persoonlijk eigendom ★ *private ~*
particulier bezit, privé-eigendom, privébezit ★ *a
man of ~* een bemiddeld man, grondbezitter
❷ perceel, pand ★ *the adjoining ~* het belendend
perceel ★ *an investment ~* een beleggingspand ★ *an
owner-occupied ~* een koopwoning ★ *~ tax*
onroerendgoedbelasting, grondbelasting,
vermogensbelasting ❸ eigenschap
property developer ['prɒpətɪ dɪ'veləpə] *znw*
projectontwikkelaar
property development ['prɒpətɪ dɪ'veləpmənt] *znw*
projectontwikkeling

property insurance ['prɒpətɪ ɪn'ʃʊərəns] *znw* schadeverzekering ‹verzekering tegen bijv. brand- en stormschade aan het huis of autoschade›

property man ['prɒpətɪ mæn] *znw* rekwisiteur

property mistress ['prɒpətɪ 'mɪstrəs] *znw* requisiteuse

prophecy ['prɒfəsɪ] *znw* voorspelling, profetie ★ *the gift of* ~ profetische / voorspellende gave

prophesy ['prɒfɪsaɪ] *overg* voorspellen, profeteren

prophet ['prɒfɪt] *znw* ❶ profeet ★ *the Prophet* de Profeet (Mohammed) ★ *a* ~ *of doom* een onheilsprofeet ❷ voorstander (van *of*)

prophetess [prɒfɪ'tes] *znw* profetes

prophetic [prə'fetɪk] *bn* profetisch ★ ~ *of sth* iets voorspellend

prophylactic [prɒfɪ'læktɪk] **I** *bn* profylactisch, preventief, beschermend **II** *znw* profylacticum, preventief middel, condoom

prophylaxis [prɒfɪ'læksɪs] *znw* profylaxis, voorkomen van ziekten

propinquity [prə'pɪŋkwətɪ] *znw* ❶ <u>form</u> nabijheid ❷ bloedverwantschap

propitiate [prə'pɪʃɪeɪt] <u>form</u> *overg* verzoenen, gunstig stemmen

propitiation [prəpɪʃɪ'eɪʃən] <u>form</u> *znw* ❶ verzoening ❷ boetedoening

propitiatory [prə'pɪʃɪətərɪ] <u>form</u> *bn* verzoenend, zoen- ★ *make a* ~ *gesture* een verzoenend gebaar maken

propitious [prə'pɪʃəs] <u>form</u> *bn* gunstig

proponent [prə'pəʊnənt] *znw* aanhanger, voorstander ★ *a leading* ~ *of political union* een vooraanstaande pleitbezorger van politieke unie

proportion [prə'pɔːʃən] **I** *znw* ❶ proportie, evenredigheid, verhouding ★ *in a* ~ *of 1 to 20 parts* in de verhouding van 1 staat tot 20 ★ *in* ~ *to* in verhouding tot ★ *out of* ~ niet in verhouding, <u>fig</u> overdreven, onredelijk ★ *blow sth out of (all)* ~ iets buiten alle verhoudingen opblazen ★ *keep sth in* ~ iets binnen de perken houden ★ *express sth as a* ~ *of* iets uitdrukken als een percentage van ❷ deel, gedeelte ★ *as a* ~ *of* als een deel van **II** *overg* proportioneren, in overeenstemming brengen met (naar *to*), afstemmen (op *to*) ★ *well* ~*ed* goed geproportioneerd

proportional [prə'pɔːʃənl] *bn* evenredig (aan *to*), proportioneel

proportionally [prə'pɔːʃənlɪ] *bijw* ❶ evenredig ❷ naar evenredigheid, in verhouding ★ *there are* ~ *more unemployed young men* in verhouding zijn er meer werkloze jongemannen

proportional representation [prə'pɔːʃənl reprɪzen'teɪʃən] <u>pol</u> *znw* evenredige vertegenwoordiging

proportionate [prə'pɔːʃənət], **proportional** *bn* evenredig, geëvenredigd (aan *to*)

proportions [prə'pɔːʃənz] *znw* [mv] afmetingen, vorm ★ *a building of enormous* ~ een gebouw van enorme afmetingen

proposal [prə'pəʊzəl] *znw* ❶ voorstel, aanbod ★ *a* ~ *to reduce taxation* een voorstel tot belastingverlaging ★ *put forward a* ~ een voorstel indienen ❷ (huwelijks)aanzoek ★ *a* ~ *of marriage* een huwelijksaanzoek

propose [prə'pəʊz] **I** *overg* ❶ voorstellen, aanbieden ❷ van plan zijn, zich voornemen ★ *I* ~ *to write a book* ik ben van plan een boek te schrijven ❸ uitbrengen ‹een toost› **II** *onoverg* ❶ een voorstel doen ❷ een aanzoek doen ★ ~ *to sbd* iem. (ten huwelijk) vragen

proposition [prɒpə'zɪʃən] **I** *znw* ❶ voorstel ★ *it's not an economic / a viable* ~ dat is geen nuttig / uitvoerbaar voorstel ★ *put a* ~ *to sbd* iem. een voorstel doen ❷ stelling ❸ probleem, kwestie ❹ <u>inf</u> zaak, zaakje ❺ <u>inf</u> oneerbaar voorstel **II** *overg* <u>inf</u> oneerbare voorstellen doen

propositional [prɒpə'zɪʃənl] *bn* gegrond op een stelling

propound [prə'paʊnd] *overg* voorleggen, voorstellen, opperen

propr. *afk* (proprietor) eigenaar

proprietary [prə'praɪətərɪ] *bn* ❶ eigendoms-, bezit- ❷ bezitterig ★ *he strode through the building with a* ~ *air* hij stapte door het gebouw met een bezittersair

proprietary brand [prə'praɪətərɪ brænd], **proprietary name** *znw* gedeponeerd handelsmerk

proprietary hospital [prə'praɪətərɪ 'hɒspɪtl] <u>Am</u> *znw* privékliniek

proprietary name [prə'praɪətərɪ neɪm] *znw* → **proprietary brand**

proprietary rights [prə'praɪətərɪ raɪts] *znw* [mv] eigendomsrechten

proprieties [prə'praɪətɪz] *znw* [mv] ★ *the* ~ het decorum, de vormen

proprietor [prə'praɪətə] *znw* eigenaar, (grond)bezitter ★ *a newspaper* ~ een krantenmagnaat ★ *the sole* ~ de enig eigenaar ★ ~'*s capital* eigen vermogen ‹van eenmansbedrijf›

proprietorial [prəpraɪə'tɔːrɪəl] *bn* van de eigenaar, eigendoms-, eigenaars- ★ *he looked about the shop in a* ~ *way* hij keek in de winkel rond als een eigenaar

proprietorship [prə'praɪətəʃɪp] *znw* eigenaarschap ★ *a sole* ~ een eenmanszaak

proprietress [prə'praɪətrəs] *znw* eigenares

propriety [prə'praɪətɪ] *znw* ❶ gepastheid ❷ juistheid ❸ fatsoen, welvoeglijkheid

propulsion [prə'pʌlʃən] *znw* voortdrijving, voortstuwing, stuwkracht

propulsive [prə'pʌlsɪv] *bn* voortdrijvend, stuw-

pro rata [prəʊ'reɪtə] *bn & bijw* pro rato, naar rata, naar verhouding ★ *on a* ~ *basis* verhoudingsgewijs ★ ~, *prices rose to new heights* naar verhouding stegen de prijzen tot een nieuwe hoogte

prorogation [prəʊrə'geɪʃən] <u>form</u> *znw* verdaging, sluiting

prorogue [prəʊ'rəʊg] <u>form</u> *overg* verdagen, sluiten ‹vooral parlementszitting›

prosaic [prəʊ'zeɪɪk] *bn* prozaïsch

pr

prosaist ['prəʊzeɪɪst] *znw* ❶ prozaschrijver ❷ prozaïsch mens

proscenium [prə'si:nɪəm] *znw* [*mv:* -s *of* proscenia] proscenium, voortoneel, toneel

prosciutto [prə(ʊ)'ʃuːtəʊ] (*‹Ital*) *znw* prosciutto, rauwe ham

proscribe [prə'skraɪb] *overg* ❶ verbieden, buiten de wet stellen, vogelvrij verklaren, uit-, verbannen ❷ veroordelen, verwerpen

proscription [prəʊ'skrɪpʃən] *znw* ❶ verbod, vogelvrijverklaring, uit-, verbanning ❷ veroordeling, verwerping

prose [prəʊz] **I** *bn* ❶ proza- ❷ prozaïsch **II** *znw* proza ★ *in academic* ~ in academische / wetenschappelijke taal

prosecutable ['prosɪkjuːtəbl] *bn* strafbaar, vervolgbaar

prosecute ['prosɪkjuːt] *jur* **I** *overg* vervolgen (wegens *for*) **II** *onoverg* een gerechtelijke vervolging instellen

prosecution [prosɪ'kjuːʃən] *jur znw* ❶ (gerechtelijke) vervolging ★ *the* ~ de aanklager, eiser ★ *be liable to* ~ vervolgd kunnen worden, strafbaar zijn ❷ voortzetting

prosecutor ['prosɪkjuːtə] *jur znw* eiser, aanklager

prosecutrix ['prosɪkjuːtrɪks] *jur znw* eiseres

proselyte ['prosɪlaɪt] *znw* proseliet, bekeerling

proselytism ['prosɪlɪtɪzm] *znw* bekeringsijver

proselytize ['prosɪlɪtaɪz], **proselytise** *afkeurend overg* proselieten maken, bekeren

proser ['prəʊzə] *znw* ❶ prozaschrijver ❷ langdradig vervelende verhaler of schrijver

prosodic [pro'sodɪk] *bn* prosodisch, volgens de regels v.d. versmaten

prosody ['prosədɪ] *letterk znw* prosodie, leer van de versmaten

prospect I *znw* ['prospekt] ❶ vooruitzicht, verwachting ❷ uitzicht (op *of*), verschiet, vergezicht ❸ potentiële klant, potentiële gegadigde **II** *onoverg* ['prospekt, prəs'pekt] prospecteren, zoeken naar goud of zilver

prospective [prə'spektɪv] *bn* ❶ aanstaand, toekomstig ★ *a* ~ *buyer* een gegadigde, mogelijke koper ❷ vooruitziend ❸ te wachten staand, te verwachten, in het verschiet liggend

prospector [prə'spektə] *znw* prospector, mijnbouwkundig onderzoeker, goudzoeker

prospects ['prospekts] *znw* [*mv*] verwachtingen, vooruitzichten

prospectus [prəs'pektəs] *znw* prospectus

prosper ['prospə] *onoverg* voorspoed hebben, gedijen, bloeien

prosperity [pro'sperətɪ] *znw* voorspoed, welvaart, bloei

prosperous ['prospərəs] *bn* voorspoedig, welvarend, bloeiend

prostate ['prosteɪt], **prostate gland** *anat znw* prostaat

prosthesis ['prosθɪsɪs] *znw* [*mv:* prostheses] ❶ *med* prothese ★ *a dental* ~ een kunstgebit ❷ *gramm* prosthesis

prosthetic [pros'θetɪk] *bn* ❶ *med* prothetisch ❷ *gramm* voorgevoegd

prostitute ['prostɪtjuːt] **I** *znw* prostituee, hoer **II** *wederk* ★ *form afkeurend* ~ *oneself* zich prostitueren, *fig* zich verkopen, zijn talent(en) misbruiken

prostitution [prostɪ'tjuːʃən] *znw* ❶ prostitutie, ontucht ❷ *fig* ontwijding, verlaging

prostrate I *bn* ['prostreɪt] ❶ uitgestrekt voorover liggend, nederig neergebogen ★ *fall* ~ op zijn aangezicht (neer)vallen, een knieval doen (voor *before*) ❷ verootmoedigd, uitgeput ❸ *plantk* kruipend **II** *wederk* [pro'streɪt] ★ ~ *oneself* zich ter aarde werpen, in het stof buigen (voor *before*), zich vernederen, zich onderwerpen

prostration [pros'treɪʃən] *znw* ❶ op zijn aangezicht neervallen ❷ knieval, voetval ❸ neerwerping, omverwerping, diepe vernedering ‹ook van zichzelf› ❹ verslagenheid ❺ grote zwakte, uitputting (door ziekte)

prosy ['prəʊzɪ] *bn* prozaïsch, langdradig, saai

protagonist [prəʊ'tægənɪst] *znw* ❶ hoofdpersoon ❷ voorman, leider ❸ voorvechter

protean ['prəʊtɪən] *dicht bn* proteïsch, veranderlijk, wisselend

protease ['prəʊtɪeɪz] *biochem znw* protease ‹eiwitsplitsend enzym›

protease inhibitor ['prəʊtɪeɪz ɪn'hɪbɪtə] *biochem znw* proteaseremmer

protect [prə'tekt] *overg* beschermen, beschutten, behoeden, beveiligen, vrijwaren (voor *from*/ *against*)

protection [prə'tekʃən] *znw* ❶ bescherming, beschutting (tegen *against* / *from*), protectie ❷ vrijgeleide

protection factor [prə'tekʃən 'fæktə] *znw* beschermingsfactor ‹tegen de zon›

protectionism [prə'tekʃənɪzəm] *znw* protectionisme

protectionist [prə'tekʃənɪst] **I** *bn* protectionistisch **II** *znw* protectionist

protection money [prə'tekʃən 'mʌnɪ] *znw* beschermingsgeld, protectiegeld ‹afgeperst geld›

protective [prə'tektɪv] *bn* beschermend ★ *she feels quite* ~ *towards him* ze voelt zich nogal beschermend ten opzichte van hem

protective clothing [prə'tektɪv 'kləʊðɪŋ] *znw* veiligheidskleding, beschermende kleding

protective colouration [prə'tektɪv kʌlə'reɪʃən], **protective coloration** *znw* schutkleur

protective custody [prə'tektɪv 'kʌstədɪ] *znw* beschermende hechtenis

protector [prə'tektə] *znw* beschermer, protector

protectorate [prə'tektərət] *znw* protectoraat

protectorship [prə'tektəʃɪp] *znw* beschermheerschap, protectoraat

protectress [prə'tektrəs] *znw* beschermster, beschermvrouwe

protégé ['prəʊtɪʒeɪ], **protégée** (*‹Fr*) *znw* protegé(e), beschermeling(e)

protein ['prəʊtiːn] *znw* proteïne, eiwitstof, eiwit
pro tem [prəʊ'tem] *bn & bijw* (pro tempore) tijdelijk, waarnemend ★ *a ~ appointment* een tijdelijke aanstelling ★ *work* ~ tijdelijk werken
protest I *znw* ['prəʊtest] protest ★ *in* ~ als protest ★ *under* ~ onder protest ★ *lodge / register a* ~ protest (verzet) aantekenen, protesteren ★ *stage a* ~ een protestmanifestatie organiseren **II** *overg* [prə'test] ❶ (plechtig) verklaren, betuigen ❷ handel (laten) protesteren **III** *onoverg* [prə'test] protesteren (tegen *against*, bij *to*)
Protestant ['prɒtɪstənt] **I** *bn* protestants **II** *znw* protestant
Protestantism ['prɒtɪstəntɪzəm] *znw* protestantisme
protestation [prɒtɪ'steɪʃən] *znw* ❶ betuiging, verzekering, (plechtige) verklaring ❷ protest
protester [prə'testə] *znw* demonstrant, protesterende
protest march ['prəʊtest mɑːtʃ] *znw* protestmars
protest song ['prəʊtest sɒŋ] *znw* protestlied
proto- [prəʊtəʊ] *voorv* proto-, oer-, eerste
protocol ['prəʊtəkɒl] *znw* protocol ⟨ook op de computer⟩
protohuman [prəʊtəʊ'hjuːmən] *znw* oermens
protolanguage [prəʊtəʊ'læŋgwɪdʒ] *znw* oertaal
proton ['prəʊtɒn] nat *znw* proton
protoplasm ['prəʊtəplæzm] biol *znw* protoplasma
prototype ['prəʊtətaɪp] *znw* model, prototype
protozoa [prəʊtə'zəʊə] *znw* [mv] protozoën, eencellige diertjes
protozoan [prəʊtə'zəʊən] **I** *bn* protozoïsch **II** *znw* protozoön, eencellig diertje
protract [prə'trækt] *overg* verlengen, rekken
protracted [prə'træktɪd] *bn* langdurig ★ *a* ~ *absence* een langdurige afwezigheid
protractile [prə'træktaɪl] *bn* strekbaar, verlengbaar
protraction [prə'trækʃən] *znw* verlenging
protractor [prə'træktə] *znw* gradenboog, hoekmeter
protrude [prə'truːd] **I** *overg* (voor)uitsteken **II** *onoverg* uitsteken, uitpuilen
protrusion [prə'truːʒən] *znw* ❶ (voor)uitsteken, uitpuilen ❷ uitsteeksel
protrusive [prə'truːsɪv] *bn* (voor)uitstekend
protuberance [prə'tjuːbərəns] *znw* uitwas, knobbel, zwelling
protuberant [prə'tjuːbərənt] *bn* uitstekend, uitpuilend, gezwollen ★ ~ *eyes* bolle ogen
proud [praʊd] *bn* ❶ fier, trots (op *of*) ★ *a* ~ *day* een dag om trots op te zijn ★ *do sbd* ~ iem. iets geven om trots op te zijn, iem. verwennen ❷ prachtig
proudly ['praʊdlɪ] *bijw* trots
provable ['pruːvəbl] *bn* bewijsbaar
prove [pruːv] **I** *overg* ❶ bewijzen, aantonen, waarmaken ★ ~ *sbd right / wrong* aantonen dat iem. gelijk / ongelijk heeft ★ inf *I don't have anything to* ~ ik hoef me niet te bewijzen ❷ op de proef stellen, toetsen ❸ verifiëren **II** *onoverg* ❶ blijken (te zijn) ★ *the book* ~*d to be a success* het boek bleek een succes te zijn ❷ rijzen ⟨v. deeg⟩ ★ *leave the dough*

to ~ *for an hour* laat het deeg een uur rijzen
III *wederk* ★ ~ *oneself* zich waarmaken ★ *he has still to* ~ *himself* hij moet nog laten zien wat hij kan, zijn sporen nog verdienen
proven ['pruːvən] **I** *bn* bewezen, aangetoond, getoetst ★ *a* ~ *remedy* een patent middel **II** *ww* [v.d.] → **prove**
provenance ['prɒvɪnəns] *znw* herkomst ★ *the* ~ *of the painting* de herkomst van het schilderij
provender ['prɒvɪndə] gedat *znw* voer
proverb ['prɒvɜːb] *znw* spreekwoord, staande uitdrukking ★ bijbel *Proverbs / Book of Proverbs* (het Boek der) Spreuken, de Spreuken van Salomo
proverbial [prə'vɜːbɪəl] *bn* ❶ spreekwoordelijk ❷ spreekwoorden- ❸ uit het spreekwoord
proverbially [prə'vɜːbɪəlɪ] *bijw* spreekwoordelijk ★ *snails move with a* ~ *slow speed* slakken bewegen zich spreekwoordelijk langzaam
provide [prə'vaɪd] **I** *overg* ❶ zorgen voor, bezorgen, verschaffen ❷ voorzien (van *with*) ❸ voorschrijven, bepalen **II** *onoverg* ★ ~ *against sth* maatregelen treffen tegen iets ★ ~ *for sbd* zorgen voor iem., iem. verzorgen ★ ~ *for sth* de mogelijkheid bieden voor iets, rekening houden met iets
provided [prə'vaɪdɪd] *voegw* ★ ~ *(that)* mits ★ *the meat is safe* ~ *it is cooked carefully* het vlees is veilig als het maar lang genoeg gekookt wordt
providence ['prɒvɪdns] *znw* ❶ voorzienigheid, het lot, de goden ★ *Providence* de Voorzienigheid ❷ vooruitziende blik ❸ plechtig voorzorg
provident ['prɒvɪdnt] form *bn* vooruitziend
provident fund ['prɒvɪdnt fʌnd] *znw* steunfonds
providential [prɒvɪ'denʃəl] form *bn* ❶ door de Voorzienigheid (beschikt), wonderbaarlijk ❷ gunstig, te juister tijd
provident society ['prɒvɪdnt sə'saɪətɪ] *znw* vereniging voor onderlinge steun
provider [prə'vaɪdə] *znw* ❶ econ leverancier ❷ kostwinner ❸ comput provider, internetprovider
providing [prə'vaɪdɪŋ] *voegw* ★ ~ *(that)* mits ★ *you can eat what you like* ~ *that you don't overdo it* je kunt eten wat je wilt als je het maar niet overdrijft
province ['prɒvɪns] *znw* ❶ (win)gewest ❷ provincie ❸ gebied, departement ❹ werkkring, vakgebied ★ form *it is not within our* ~ het ligt buiten ons ressort, buiten onze sfeer, het is niet onze taak
provinces ['prɒvɪnsɪz] *znw* [mv] ★ Br *the* ~ de provincie ⟨het land tegenover de hoofdstad⟩, het platteland
provincial [prə'vɪnʃəl] **I** *bn* ❶ provinciaal, gewestelijk ❷ provincie- **II** *znw* meestal afkeurend provinciaal, buitenman, plattelander
provincialism [prə'vɪnʃəlɪzəm] *znw* ❶ afkeurend provincialisme, kleingeestigheid ❷ plaatselijke uitdrukking of gewoonte
provinciality [prəvɪnʃɪ'ælɪtɪ] *znw* provincialisme, kleinsteedse bekrompenheid
proving ground ['pruːvɪŋ graʊnd] *znw* proefterrein
provision [prə'vɪʒən] **I** *znw* ❶ voorziening,

pr

verschaffing, voorzorg(smaatregel) ★ form make ~ for / against sth zorgen voor iets, voorzien in iets, voorzieningen treffen voor iets ❷ (wets)bepaling, voorwaarde ★ a statutory ~ een wettelijke bepaling ★ form under the ~s of onder de bepalingen van ❸ handel dekking ‹v. wissel› II overg provianderen

provision
betekent **voorziening, voorzorgsmaatregel, bepaling** en niet *provisie.*
The provision of aviation insurance coverage - Het verschaffen van luchtvaartverzekeringsdekking, niet *De provisie van een luchtvaartverzekeringsdekking.*
Ned. *provisie* = **commission.**

provisional [prə'vɪʒənl] I bn, **provisory** voorlopig, tijdelijk, provisioneel, provisorisch II znw ★ Provisional (inf Provo) lid van de extremistische vleugel van het Ierse Republikeinse Leger
provisional licence [prə'vɪʒənl 'laɪsəns] znw ❶ voorlopig rijbewijs ‹te gebruiken voor rijlessen› ❷ voorlopige vergunning
provisions [prə'vɪʒənz] znw [mv] proviand, (mond)voorraad, levensmiddelen, provisie
proviso [prə'vaɪzəʊ] znw beding, voorwaarde, clausule ★ there is a ~ er is een mits / maar bij ★ with the ~ that onder voorbehoud dat
provisory [prə'vaɪzərɪ] bn → **provisional**
Provo ['prəʊvəʊ] inf znw → **provisional**
provocation [prɒvə'keɪʃən] znw ❶ tarting, terging, provocatie, aanleiding ★ at the least / slightest ~ bij de minste / geringste aanleiding ★ he committed the crime under ~ hij werd gedreven tot zijn misdaad ❷ prikkeling, uitdaging
provocative [prə'vɒkətɪv] bn ❶ tergend, tartend, provocerend ❷ prikkelend, uitdagend
provocatively [prə'vɒkətɪvlɪ] bijw ❶ tergend, tartend, provocerend ❷ prikkelend, uitdagend
provoke [prə'vəʊk] overg ❶ (op)wekken, gaande maken, teweegbrengen, uitlokken, veroorzaken ❷ provoceren, tergen, tarten, prikkelen, uitdagen ❸ ergeren, kwaad maken ★ he's easily ~d hij maakt zich gauw kwaad
provoking [prə'vəʊkɪŋ] bn ❶ tergend, tartend, prikkelend ❷ ergerlijk ❸ lam, akelig, vervelend
provost ['prɒvəst] znw ❶ onderw hoofd van een college ❷ Schots burgemeester ❸ mil provoost
provost marshal ['prɒvəst 'mɑːʃəl] mil znw chef van de politietroepen
prow [praʊ] scheepv znw (voor)steven
prowess ['praʊɪs] znw ❶ moed, dapperheid, heldendaad ❷ bekwaamheid, kundigheid ★ boast of one's ~ opscheppen over wat men kan
prowl [praʊl] I znw zwerftocht, rooftocht ★ go on the ~ op roof uitgaan II overg sluipen door, zwerven door III onoverg ❶ rondsluipen, rondzwerven, zoeken naar prooi ❷ loeren op buit
prowl car [praʊl kɑː] Am znw patrouillewagen ‹politie›

prowler ['praʊlə] znw iem. die rondsluipt, ± gluurder
proximate ['prɒksɪmət] bn dichtbij(zijnd) ★ the ~ cause de naaste / onmiddellijke oorzaak
proximity [prɒk'sɪmətɪ] znw ❶ nabijheid ★ in close ~ dichtbij ★ in the ~ of in de buurt van ❷ verwantschap
proxy ['prɒksɪ] znw ❶ volmacht ‹tot het uitbrengen v.e. stem› ★ by ~ bij volmacht ❷ gevolmachtigde, procuratiehouder
proxy vote ['prɒksɪ vəʊt] znw bij volmacht uitgebrachte stem
proxy war ['prɒksɪ wɔː] znw door een grootmacht uitgelokte oorlog waarbij deze grootmacht zelf buiten schot blijft
Prozac® ['prəʊzæk] znw Prozac, merknaam van fluoxetine ‹antidepressivum›
prude [pruːd] znw preuts persoontje
prudence ['pruːdəns] znw voorzichtigheid, omzichtigheid, beleid, verstandigheid
prudent ['pruːdnt] bn voorzichtig, omzichtig, beleidvol, verstandig
prudential [pruː'denʃəl] form bn wijs, voorzichtig ‹vooral in zaken›
prudently ['pruːdntlɪ] bijw voorzichtig, omzichtig, wijselijk, verstandig ★ he ~ delegated the job to somebody else hij was zo verstandig de taak aan iemand anders te delegeren
prudery ['pruːdərɪ], **prudishness** znw preutsheid
prudish ['pruːdɪʃ] bn preuts
prudishly ['pruːdɪʃlɪ] bijw preuts
prudishness ['pruːdɪʃnəʃ] znw → **prudery**
prune [pruːn] I znw ❶ gedroogde pruim, pruimedant ❷ roodpaars II overg snoeien ★ ~ sth away iets wegsnoeien ★ ~ sth back iets terugsnoeien
pruning hook ['pruːnɪŋ hʊk], **pruning knife** znw snoeimes
pruning shears ['pruːnɪŋ ʃɪəz] znw [mv] snoeischaar
prurience ['prʊərɪəns], **pruriency** form afkeurend znw wellust
prurient ['prʊərɪənt] form afkeurend bn wellustig
prurigo [prʊ'raɪgəʊ] med znw jeukende uitslag
pruritus [prʊ'raɪtəs] med znw jeuk
Prussian ['prʌʃən] I bn Pruisisch II znw Pruis, Pruisische
Prussian blue ['prʌʃən bluː] znw Berlijns blauw, Pruisisch blauw
prussic acid ['prʌsɪk 'æsɪd] znw blauwzuur, cyaanzuur
pry [praɪ] I overg → Am prise II onoverg ❶ gluren, snuffelen ★ ~ into sth zijn neus steken in ❷ fig zich bemoeien met andermans zaken
pry bar [praɪ bɑː] znw breekijzer
PS afk (postscriptum) PS
psalm [sɑːm] znw psalm ★ bijbel Psalms Psalmen
psalmist ['sɑːmɪst] znw psalmist
psalmody ['sɑːmədɪ] znw psalmodie, psalmgezang
psalter ['sɔːltə] znw psalmboek
psaltery ['sɔːltərɪ] muz znw psalter ‹historisch muziekinstrument›

psephology [se'fɒlədʒɪ] *znw* studie van kiezersgedrag
pseud [sju:d] *inf znw* dikdoener, blaaskaak
pseudo ['sju:dəʊ] *inf bn* pseudo, vals, onecht
pseudo- ['sju:dəʊ] *voorv* pseudo-
pseudonym ['sju:dənɪm] *znw* pseudoniem
pseudonymous [sjʊ'dɒnɪməs] *bn* onder pseudoniem
pseudoscience ['sju:dəʊsaɪəns] *znw*
  pseudowetenschap
pseudoscientific ['sju:dəʊsaɪən'tɪfɪk] *bn*
  pseudowetenschappelijk
pshaw [pʃɔ:] *gedat of scherts tsw* bah!, foei!
psoriasis [sə'raɪəsɪs] *med znw* psoriasis
psst [pst] *tsw* pst!
psych [saɪk] *inf phras* ★ ~ **out** (geestelijk) instorten ★ ~
  oneself **up** zich geestelijk voorbereiden, zich
  instellen (op *for*)
psyche ['saɪkɪ] *znw* psyche, ziel
psychedelic [saɪkɪ'delɪk] *bn* psychedelisch,
  bewustzijnverruimend
psychiatric [saɪkɪ'ætrɪk] *bn* psychiatrisch
psychiatric hospital [saɪkɪ'ætrɪk 'hɒspɪtl] *znw*
  psychiatrisch ziekenhuis, psychiatrische inrichting
psychiatrist [saɪ'kaɪətrɪst] *znw* psychiater
psychiatry [saɪ'kaɪətrɪ] *znw* psychiatrie
psychic ['saɪkɪk] **I** *bn* ❶ psychisch, ziel- ❷ → **psychical**
  II *znw* paranormaal begaafde, medium
psychical ['saɪkɪkl] *bn* ❶ paragnostisch, paranormaal
  begaafd ★ ~ *research* parapsychologie ❷ spiritistisch
psychics ['saɪkɪks] *znw [mv]* parapsychologie
psycho ['saɪkəʊ] *inf znw* psychopaat
psychoanalyse [saɪkəʊ'ænəlaɪz], *Am* **psychoanalyze**
  overg psychoanalyseren
psychoanalysis [saɪkəʊə'næləsɪs] *znw* psychoanalyse
psychoanalyst [saɪkəʊ'ænəlɪst] *znw* psychoanalyticus
psychoanalytic [saɪkəʊænə'lɪtɪk] *bn* psychoanalytisch
psychobabble ['saɪkəʊbæbl] *inf afkeurend znw*
  psychotherapeutisch jargon
psychodrama ['saɪkəʊdrɑːmə] *znw* ❶ psychodrama
  ❷ psychotherapeutisch rollenspel
psychodynamics ['saɪkəʊdaɪ'næmɪks] *znw [mv]*
  ❶ psychodynamiek ❷ psychodynamisch onderzoek
psychokinesis ['saɪkəʊkɪ'niːsɪs] *znw* psychokinese
psycholinguistics ['saɪkəʊlɪŋ'ɡwɪstɪks] *znw [mv]*
  psycholinguïstiek
psychological [saɪkə'lɒdʒɪkl] *bn* psychologisch
psychological block [saɪkə'lɒdʒɪkl blɒk] *znw*
  psychische blokkade
psychological moment [saɪkə'lɒdʒɪkl 'məʊmənt] *znw*
  psychologisch juiste ogenblik
psychological profile [saɪkə'lɒdʒɪkl 'prəʊfaɪl] *znw*
  psychologisch profiel
psychological warfare [saɪkə'lɒdʒɪkl 'wɔːfeə] *znw*
  psychologische oorlogvoering
psychologism [saɪ'kɒlədʒɪzəm] *filos znw*
  psychologisme
psychologist [saɪ'kɒlədʒɪst] *znw* psycholoog
psychology [saɪ'kɒlədʒɪ] *znw* psychologie
psychopath ['saɪkəpæθ] *znw* psychopaat

psychopathic [saɪkəʊ'pæθɪk] *bn* psychopathisch
psychosis [saɪ'kəʊsɪs] *znw [mv:* psychoses] psychose
psychosomatic [saɪkəʊsə'mætɪk] *bn* psychosomatisch
psychotherapist [saɪkəʊ'θerəpɪst] *znw*
  psychotherapeut
psychotherapy [saɪkəʊ'θerəpɪ] *znw* psychotherapie
psychotic [saɪ'kɒtɪk] **I** *bn* psychotisch **II** *znw*
  psychotisch persoon
Pt *afk* → **pint** → **point** → **port**
PT *afk* (physical training) lichaamstraining
PTA *afk* → **parent-teacher association**
ptarmigan ['tɑːmɪɡən] *znw* sneeuwhoen
PTO [piːtiː'əʊ] *afk* (please turn over) z.o.z.
ptomaine ['təʊmeɪn] *znw* ptomaïne, lijkengif
pub [pʌb] *inf znw* → **public house**
pub crawl [pʌb krɔːl] *inf znw* kroegentocht
puberty ['pjuːbətɪ] *znw* puberteit
pubes ['pjuːbiːz] *znw [mv]* ❶ schaamhaar
  ❷ schaamstreek
pubescence [pjuː'besəns] *znw* ❶ begin v.d. puberteit
  ❷ plantk donshaar
pubescent [pjuː'besnt] *bn* in de puberteit
pubic ['pjuːbɪk] *bn* schaam- ★ ~ *hair* schaamhaar
public ['pʌblɪk] **I** *bn* ❶ algemeen, openbaar, publiek
  ★ *a* ~ *figure* een persoon die een openbaar ambt
  bekleedt of deelneemt aan het openbare leven ★ *in
  the* ~ *eye* de algemene aandacht trekkend ★ *in the* ~
  good voor het algemeen welzijn ★ *go* ~ econ naar de
  beurs gaan, openbaar maken ❷ staats-, rijks-, lands-,
  volks- **II** *znw* ❶ publiek ★ *the reading*
  / *theatre-going* ~ het lezers- / theaterpubliek ★ *be
  open to the* ~ open zijn voor het publiek ❷ het
  openbaar ★ *in* ~ in het openbaar
public act ['pʌblɪk ækt] *znw* algemene wet
public address system ['pʌblɪk ə'dres 'sɪstəm] *znw*
  geluidsinstallatie, intern omroepsysteem,
  luidsprekerinstallatie
public affairs ['pʌblɪk ə'feəz] *znw [mv]* staatszaken
publican ['pʌblɪkən] *znw* ❶ herbergier, caféhouder,
  kroegbaas ❷ bijbel tollenaar
publication [pʌblɪ'keɪʃən] *znw* ❶ openbaarmaking,
  afkondiging, bekendmaking ❷ publicatie, uitgave,
  blad ★ *be scheduled for* ~ gepland staan om
  gepubliceerd te worden
public bar ['pʌblɪk bɑː] *znw* (goedkopere) bar in een
  Brits café
public body ['pʌblɪk 'bɒdɪ] *znw* overheidsorgaan,
  publiekrechtelijk lichaam
public building ['pʌblɪk 'bɪldɪŋ] *znw* openbaar
  gebouw
public company ['pʌblɪk 'kʌmpənɪ], *Am* **public
  corporation** *znw* naamloze vennootschap
public convenience ['pʌblɪk kən'viːnɪəns] *znw*
  openbare wc, urinoir
public corporation ['pʌblɪk kɔːpə'reɪʃən] *Am znw* →
  public company
public domain ['pʌblɪk də'meɪn] *znw* publiek domein
public enemy ['pʌblɪk 'enəmɪ] *znw* staatsvijand,

pu

gevaar voor de gemeenschap

public enterprise ['pʌblɪk 'entəpraɪz] *znw*
overheidsbedrijf

public examination ['pʌblɪk ɪgzæmɪ'neɪʃən] *znw*
staatsexamen

public finance ['pʌblɪk 'faɪnæns] *znw*
overheidsfinanciën

public funds ['pʌblɪk fʌndz] *znw* [mv]
overheidsmiddelen, overheidsgeld(en)

public good ['pʌblɪk gʊd] *znw* (meestal *mv*) publieke
goederen

public health ['pʌblɪk helθ] *znw* volksgezondheid

public hearing ['pʌblɪk 'hɪərɪŋ] *znw* openbare
hoorzitting

public holiday ['pʌblɪk 'hɒlədeɪ] *znw* nationale
feestdag, vrije dag

public house ['pʌblɪk haʊs], inf **pub** *znw* café, bar,
pub

public housing ['pʌblɪk 'haʊzɪŋ] *znw* sociale
woningbouw

public institution ['pʌblɪk ɪnstɪ'tju:ʃən] *znw* openbare
instelling

public interest ['pʌblɪk 'ɪntrəst] *znw* openbaar belang
★ *in the* ~ in het openbaar belang

publicist ['pʌblɪsɪst] *znw* ❶ publicist, journalist
❷ publiciteitsagent ❸ vero deskundige op het
gebied van internationaal recht

publicity [pʌb'lɪsətɪ] *znw* ❶ publiciteit ★ *free* ~ gratis
publiciteit in de media ★ *a* ~ *stunt* een
publiciteitsstunt ❷ reclame ★ *a* ~ *shot* een
publiciteitsfoto, reclamefoto

publicity agent [pʌb'lɪsətɪ 'eɪdʒənt] *znw*
publiciteitsagent, reclameagent

publicity campaign [pʌb'lɪsətɪ kæm'peɪn] *znw*
reclamecampagne

publicity department [pʌb'lɪsətɪ dɪ'pɑ:tmənt] *znw*
reclameafdeling

publicize ['pʌblɪsaɪz], **publicise** *overg* publiciteit geven
aan, reclame maken voor

public key ['pʌblɪk ki:] comput *znw* vrij verkrijgbare,
openbare codeersleutel ‹deze zet een elektronisch
bericht om in code, het gecodeerde bericht kan
weer worden ontcijferd met behulp van een tweede,
alleen bij de ontvanger bekende sleutel, de *private
key*›

public law ['pʌblɪk lɔ:] *znw* ❶ het volkenrecht ❷ het
publiekrecht

public library ['pʌblɪk 'laɪbrərɪ] *znw* openbare
bibliotheek

publicly ['pʌblɪklɪ] *bijw* in het openbaar, in het
publiek, publiekelijk, openlijk

public nuisance ['pʌblɪk 'nju:səns] *znw* ❶ jur
verstoring van de openbare orde ❷ inf vervelend
persoon, oproerkraaier

public opinion ['pʌblɪk ə'pɪnjən] *znw* openbare
mening, publieke opinie ★ *in the* ~ in de publieke
opinie

public ownership ['pʌblɪk 'əʊnəʃɪp] *znw*

staatseigendom

public prosecutor ['pʌblɪk 'prɒsɪkju:tə] Br jur *znw*
officier van justitie, openbare aanklager

public purse ['pʌblɪk pɜ:s] *znw* schatkist

public relations ['pʌblɪk rɪ'leɪʃənz], **PR** *znw*
voorlichting(sdienst), pr-afdeling

public relations officer ['pʌblɪk rɪ'leɪʃənz 'ɒfɪsə] *znw*
voorlichter, perschef, pr-functionaris

public revenue ['pʌblɪk 'revənju:] *znw*
staatsinkomsten, overheidsontvangsten

public school ['pʌblɪk sku:l] *znw* ❶ (particuliere)
opleidingsschool voor de universiteit ‹in Engeland›
❷ openbare (basis- of middelbare) school
‹Schotland, delen van Australië, Amerika›

public sector ['pʌblɪk 'sektə] *znw* ★ *the* ~ de openbare
sector

public servant ['pʌblɪk 'sɜ:vənt] *znw* ambtenaar

public service ['pʌblɪk 'sɜ:vɪs] *znw* ★ *the* ~ de
overheidsdienst

public speaking ['pʌblɪk 'spi:kɪŋ] *znw* (de kunst v.h.)
spreken in het openbaar

public spending ['pʌblɪk 'spendɪŋ] *znw*
overheidsuitgaven

public spirit ['pʌblɪk 'spɪrɪt] *znw* burgerzin

public-spirited ['pʌblɪk-'spɪrɪtɪd] *bn* vol belangstelling
in en bezield met ijver voor het algemeen welzijn

public telephone booth ['pʌblɪk 'telɪfəʊn bu:ð] *znw*
telefooncel

public transport ['pʌblɪk 'træns-, 'trɑːnspɔ:t] *znw*
openbaar vervoer

public utilities ['pʌblɪk ju:'tɪlətɪz] *znw* [mv] openbare
nutsbedrijven

public works ['pʌblɪk wɜ:ks] *znw* [mv] openbare
werken

publish ['pʌblɪʃ] *overg* ❶ openbaar maken, publiek
maken, bekendmaken, afkondigen ‹iets›
❷ publiceren, uitgeven ‹boek›

publishable ['pʌblɪʃəbl] *bn* voor publicatie geschikt

publisher ['pʌblɪʃə] *znw* ❶ uitgever ❷ uitgeverij

publishing ['pʌblɪʃɪŋ] *znw* uitgeversbranche

publishing house ['pʌblɪʃɪŋ haʊs] *znw* uitgeverij

publishing trade ['pʌblɪʃɪŋ treɪd] *znw* ★ *the* ~ de
uitgeversbranche, de uitgeverij als bedrijfstak

publishment ['pʌblɪʃmənt] Am *znw*
huwelijksafkondiging

puce [pju:s] *bn & znw* donker- of purperbruin

puck [pʌk] *znw* ❶ kabouter, kobold ❷ sp schijf ‹v.
ijshockey›

pucker ['pʌkə] **I** *znw* rimpel, plooi, frons **II** *overg*
(doen) rimpelen, (op)plooien, frons(el)en (ook: ~ *up*)
III *onoverg* rimpelen, (zich) plooien, zich fronsen
(ook: ~ *up*)

puckish ['pʌkɪʃ] *bn* snaaks, ondeugend

pudding ['pʊdɪŋ] *znw* ❶ inf **pud** pudding, dessert,
toetje ★ zegsw *the proof of the* ~ *is in the eating* de
praktijk zal het uitwijzen ❷ soort worst

pudding basin ['pʊdɪŋ beɪsn] *znw* ❶ beslagkom
❷ puddingvorm

pudding basin haircut ['pʊdɪŋ beɪsn 'heəkʌt] *znw* bloempotkapsel

pudding cloth ['pʊdɪŋ klɒθ] *znw* puddingzak

pudding face ['pʊdɪŋ feɪs] *inf znw* pafferig, rond gezicht

pudding head ['pʊdɪŋ hed] *inf znw* uilskuiken

puddingy ['pʊdɪŋɪ] *bn* puddingachtig

puddle ['pʌdl] **I** *znw* ❶ (regen)plas, poel ❷ vulklei **II** *overg* ❶ omroeren ❷ *techn* puddelen, frissen ⟨gesmolten ijzer⟩ ❸ met vulklei dichtmaken **III** *onoverg* ploeteren, plassen, knoeien

puddly ['pʌdlɪ] *bn* ❶ vol plasjes ❷ modderig

pudgy ['pʌdʒɪ] *inf bn* dik

puerile ['pjʊəraɪl] *afkeurend bn* kinderachtig

puerility [pjʊə'rɪlətɪ] *znw* kinderachtigheid

puerperal fever [pju:'ɜ:pərəl 'fi:və] *med znw* kraamvrouwenkoorts

Puerto Rican ['pwɜ:təʊ 'ri:kən] **I** *bn* Puerto Ricaans **II** *znw* Puerto Ricaan, Puerto Ricaanse

Puerto Rico ['pjwɜ:təʊ 'ri:kəʊ] *znw* Porto Rico

puff [pʌf] **I** *znw* ❶ windstootje, ademtochtje, zuchtje, (rook-, stoom- &)wolkje ★ *he be out of* ~ geen adem meer hebben, buiten adem zijn ❷ trekje ⟨aan pijp &⟩ ❸ *inf* (opgeklopte) reclame ❹ poederdons ❺ pof ⟨aan japon⟩ ❻ soes ❼ *inf* lovende recensie, loftuiting **II** *overg* ❶ op-, uitblazen ❷ doen opbollen (ook: ~ *sth out*, ~ *sth up*) ❸ reclame maken voor ❹ in de hoogte steken (ook: ~ *up*) **III** *onoverg* ❶ opzwellen (ook: ~ *up*) ★ ~ *up with pride* zich opblazen van trots, verwaand zijn ❷ blazen, hijgen, snuiven, paffen ⟨aan pijp⟩, puffen ⟨locomotief⟩ ★ *huff and* ~ puffen en blazen

puff adder [pʌf 'ædə] *znw* pofadder

puffball ['pʌfbɔ:l] *znw* ❶ stuifzwam ❷ kaars (v. paardenbloem)

puffed [pʌft], **puffed out** *inf bn* buiten adem

puffed sleeves [pʌft sli:vz] *znw* [mv] pofmouwen

puffer ['pʌfə] *znw* ❶ iem. die puft ❷ *inf* stoomlocomotief, stoomboot

puffin ['pʌfɪn] *znw* papegaaiduiker ⟨zeevogel⟩

puff pastry [pʌf 'peɪstrɪ], *Am* **puff paste** *znw* bladerdeeg

puffy ['pʌfɪ] *bn* pafferig, opgeblazen, gezwollen

pug [pʌg] *znw* mopshond

pugilism ['pju:dʒɪlɪzm] *gedat of scherts znw* boksen

pugilist ['pju:dʒɪlɪst] *gedat of scherts znw* bokser

pugilistic [pju:dʒɪ'lɪstɪk] *gedat of scherts bn* vuistvechters-

pug mill [pʌg mɪl] *znw* kleimolen, cementmolen

pugnacious [pʌg'neɪʃəs] *bn* twistziek, strijdlustig

pugnacity [pʌg'næsətɪ] *znw* strijdlust

pug nose [pʌg nəʊz] *znw* mop(s)neus

puissance ['pju:ɪs(ə)ns] *dicht znw* macht, kracht ★ *Puissance* springtest ⟨voor paarden⟩

puissant ['pju:ɪs(ə)nt] *dicht bn* machtig

puke [pju:k] *inf* **I** *znw* braaksel, kots **II** *overg & onoverg* braken, kotsen ★ ~ *(sth) up* iets uitbraken

pukey ['pju:kɪ], **puky** *inf bn* walgelijk

pukka ['pʌkə] *Br inf bn* ❶ echt, authentiek ❷ uitstekend, excellent

puky ['pju:kɪ] *bn* → **pukey**

pulchritude ['pʌlkrɪtju:d] *dicht znw* schoonheid

pule [pju:l] *dicht onoverg* ❶ klaaglijk huilen ❷ zacht wenen

pull [pʊl] **I** *znw* ❶ ruk, trek ★ *downward* ~ neerwaartse trek ❷ handvat, hendel, kruk, koord ❸ teug, slok ❹ trekje ⟨aan pijp, sigaar &⟩ ★ *he took a long* ~ *on his cigarette* hij deed een lange trek aan zijn sigaret ❺ trekkracht, aantrekkingskracht ★ *gravitational* ~ zwaartekracht ★ *magnetic* ~ magnetische aantrekkingskracht ❻ invloed ❼ *sp* naar links afwijkende slag ⟨bij golf⟩, slag naar links achter ⟨cricket⟩ ❽ drukproef **II** *overg* ❶ trekken (aan), rukken, scheuren, plukken (aan) ❷ tappen ⟨bier⟩ ❸ verrekken ⟨spier⟩ ❹ *Br inf* versieren ⟨meisje, jongen &⟩ ❺ inhouden, intomen ⟨v. paard⟩ ❻ overhalen ❼ afdrukken, aftrekken ❽ drukken ⟨drukproef &⟩ ★ ~ *sbd to bits / to pieces* iem. zwaar bekritiseren, geen spaan van iem. heel laten ★ ~ *sth to bits / to pieces* iets uit elkaar (stuk) trekken, *fig* iets afkammen ⟨boek &⟩ ★ ~ *faces / a face* rare gezichten trekken ★ ~ *a gun / knife & on sbd* iem. bedreigen met een pistool / mes ★ ~ *sbd's leg* iem. voor de gek houden, iem. iets wijs maken ★ *Br inf* ~ *the other one (it's got bells on)* ga fietsen, maak dat de kat wijs ★ *inf* ~ *the plug on sth* een einde aan iets maken (door de geldkraan dicht te draaien) ★ *what's he trying to* ~? wat voor spelletje is hij aan het spelen? ★ ~ *one's punches* niet toeslaan, het kalm aan doen, toegeeflijk zijn ★ ~ *no punches* geen blad voor de mond nemen, vrijuit spreken ★ ~ *rank* op zijn strepen staan ★ *fig* ~ *the rug from under sbd's feet* iem. onderuit halen ★ ~ *strings/Am* ~ *wires* gebruik maken van je invloed ⟨meestal achter de schermen⟩ ★ ~ *the strings* de baas zijn ★ ~ *a tooth* een kies / tand trekken ★ ~ *a trick/inf* ~ *a fast one* een grap (met iem.) uithalen ★ ~ *the trigger* de trekker overhalen ★ ~ *one's weight* zich geheel geven, iets presteren **III** *onoverg* ❶ trekken, optrekken ❷ een flinke teug nemen, diep inhalen ❸ zich voortslepen ❹ roeien **IV** *phras* ★ ~ *sth about* iets door elkaar gooien ★ ~ *sbd about* iem. heen en weer trekken, toetakelen ★ ~ *sth apart* iets uit elkaar rukken / halen ★ ~ *sbd apart* iem. sterk bekritiseren, geen spaan heel laten van iem. ★ ~ *at sth* plukken aan iets, trekken aan iets ⟨pijp, kleren⟩ ★ ~ **away** / **ahead** zich in beweging zetten, optrekken, wegrijden, zich terugtrekken, *sp* demarreren, een uitlooppoging doen ★ ~ **away at** *sth* uit alle macht trekken aan iets ★ ~ **back** zich terugtrekken, terugkrabbelen ★ ~ *sth back* iets terugtrekken, *sp* scoren ⟨goals, punten &⟩ ★ ~ *sbd* **back** iem. terugroepen, iem. weerhouden ★ ~ **back from** *sth* afzien van iets ★ ~ *sth* **down** iets neertrekken, omverhalen, neerhalen, afbreken, slopen, *fig* iets (doen) aftakelen, *Am inf* iets binnenhalen ⟨geld⟩ ★ ~

pu

in binnenrijden ★ ~ *sth in* iets intrekken, iets aantrekken, binnenhalen, iets strakker maken ★ ~ *in to the side of the road* naar de kant van de weg rijden en stoppen ★ Aus & NZ *inf* ~ *your head in!* hou je mond! ★ Am *inf* ~ *sbd in* iem. in de kraag grijpen ★ ~ *sth* **off** iets aftrekken, uittrekken ‹schoenen›, iets afnemen, iets winnen, iets klaarspelen ★ ~ *sth* **on** iets aantrekken ‹trui &› ★ ~ **out** vertrekken, weggaan ‹v. trein›, uithalen ‹naar rechts, links› ★ ~ *sth out* iets uittrekken, comput iets selecteren ★ ~ **out of** *sth* iets verlaten, wegtrekken uit iets ‹v. leger &› ★ ~ *out of an agreement* zich onttrekken aan een afspraak ★ ~ *out of the crisis / recession &* de crisis / recessie & te boven komen ★ ~ **over** naar de kant de weg gaan, stoppen ★ ~ *sbd over* iem. stoppen ★ ~ *the wool over sbd's eyes* iem. misleiden / iets voorliegen ★ ~ **through** zich erdoorheen slaan, het erbovenop halen, er bovenop komen (helpen) ★ ~ *sbd through sth* iem. ergens doorheen slepen ★ ~ **together** samenwerken, fig één lijn trekken, weer opknappen ‹een zieke› ★ ~ *sth together* iets bijeen trekken ★ ~ *oneself together* zich vermannen, zich beheersen ★ ~ *sbd* **under** iem. onder water sleuren ‹door stroming, golven &› ★ ~ **up** stilhouden, blijven staan, stoppen ★ *sth up* iets optrekken, omhoogtrekken, ophalen, iets uit de grond trekken, iets bijschuiven ‹stoel› ★ inf ~ *one's socks up* beter zijn best doen ★ ~ *sbd up* iem. tot staan brengen, tegenhouden, iem. op zijn plaats zetten, terechtwijzen, iem. oppakken, voor het gerecht trekken ★ ~ *sbd up short* iem. verrassen

pull date [pʊl deɪt] Am *znw* uiterste verkoopdatum

pull-down menu ['pʊl-daʊn 'menju:] comput *znw* afrolmenu ‹menu dat bovenin het beeldscherm verschijnt en dat voor meer gegevens naar beneden kan worden afgerold›

pullet ['pʊlɪt] *znw* jonge kip

pulley ['pʊlɪ] *znw* ❶ katrol ❷ riemschijf

pull-in ['pʊl-ɪn], **pull-up** Br *inf znw* wegcafé

pulling power ['pʊlɪŋ 'paʊə] *znw* aantrekkingskracht

Pullman ['pʊlmən], **Pullman car** *znw* pullman, pullmanrijtuig

pull-out ['pʊl-aʊt] **I** *bn* uitneembaar **II** *znw* uitneembare pagina, uitneembaar katern enz. ‹in tijdschrift›

pullover ['pʊləʊvə] *znw* pullover ‹trui›

pull-quote ['pʊl-kwəʊt] Am *znw* in het oog springend, veelal in afwijkende typografie weergegeven citaat ‹in een tekst›

pull-tab ['pʊl-tæb] *znw* lipje ‹van blikje›

pullulate ['pʌljʊleɪt] form *onoverg* snel vermenigvuldigen, voortwoekeren

pull-up ['pʊl-ʌp] *znw* ❶ optrekoefening ‹gymnastiek› ❷ → Br inf **pull-in** ❸ **pull-up nappy** instapluier

pulmonary ['pʌlmənərɪ] *bn* long-

pulp [pʌlp] **I** *znw* ❶ weke massa ❷ merg ❸ vlees ‹v. vruchten›, moes, pulp, (papier)brij, -pap ❹ inf goedkoop tijdschrift / roman ★ ~ *fiction/~ novels*

sensatieromans **II** *overg* tot moes of brij maken

pulpit ['pʊlpɪt] *znw* kansel, preekstoel, katheder, spreekgestoelte

pulpwood ['pʌlpwʊd] *znw* pulphout

pulpy ['pʌlpɪ] *bn* ❶ zacht, moesachtig, vlezig ❷ pulp-, sensatie-

pulsar ['pʌlsɑ:] *znw* pulsar, neutronenster

pulsate [pʌl'seɪt] *onoverg* kloppen, slaan, trillen, pulseren

pulsation [pʌl'seɪʃən] *znw* slaan, (hart)slag, geklop ‹van het hart &›, trilling

pulsatory ['pʌlsətərɪ] *bn* kloppend, trillend, vibrerend

pulse [pʌls] **I** *znw* ❶ pols, (pols)slag, geklop, trilling ★ *a ~ rate* een polsslag ★ *he felt his ~ quicken* hij voelde dat zijn polsslag omhoog ging ★ fig *keep one's finger on the ~* de vinger aan de pols houden ★ *take sbd's ~* iem. de pols voelen ❷ elektr (im)puls ❸ ritme ❹ vitaliteit ❺ prikkel, sensatie ❻ peulvrucht(en) **II** *onoverg* kloppen, slaan, pulseren

pulverization [pʌlvəraɪˈzeɪʃən], **pulverisation** *znw* ❶ vermaling tot poeder ❷ verstuiving ❸ verpulvering ❹ fig vermorzeling

pulverize ['pʌlvəraɪz], **pulverise I** *overg* ❶ tot pulver of poeder stoten of wrijven, fijnstampen of -wrijven ❷ doen verstuiven ❸ verpulveren ❹ fig vermorzelen **II** *onoverg* tot poeder of stof worden

pulverizer ['pʌlvəraɪzə], **pulveriser** *znw* pulverisator, verstuiver, verstuivingstoestel

pulverous ['pʌlvərəs] *bn* poederachtig

puma ['pju:mə] *znw* poema

pumice ['pʌmɪs], **pumice stone** *znw* puimsteen

pumiceous [pjʊ'mɪʃəs] *bn* puimsteenachtig

pummel ['pʌml], **pommel** *overg* beuken, (bont en blauw) slaan

pump [pʌmp] **I** *znw* ❶ pomp ❷ lak-, dansschoen, pump **II** *overg* ❶ (uit)pompen ★ ~ *sth full* iets volpompen ★ ~ *sbd's hand* iem. stevig de hand schudden ★ inf ~ *money / one's savings & into sth* zijn geld / spaarcenten & ergens inpompen ❷ inf uithoren ❸ inpompen **III** *onoverg* pompen **IV** *phras* ★ ~ *sth* **out** iets leegpompen, inf iets eruit stampen ‹muziek› ★ ~ *sth* **up** iets oppompen

pump-action ['pʌmp-'ækʃən] *bn* pomp-, met een pompje

pumper ['pʌmpə] *znw* ❶ pomper ❷ Am pompput

pumpernickel ['pʌmpənɪkl] *znw* pompernikkel, roggebrood

pump gun [pʌmp gʌn] *znw* pompgeweer, riot gun

pump handle [pʌmp 'hændl] *znw* pompslinger, pompzwengel

pumpkin ['pʌmpkɪn] *znw* pompoen

pump-priming ['pʌmp-'praɪmɪŋ] *znw* geldinjectie ‹stimuleren met overheidsgeld›

pump room [pʌmp ru:m] *znw* kursaal ‹in badplaats &›

pun [pʌn] **I** *znw* woordspeling ★ *make a ~* een woordspeling maken **II** *onoverg* woordspelingen maken

punch [pʌntʃ] **I** *znw* ❶ stoot, stomp, slag ★ *a ~ to the* *jaw* een kaakslag ★ *pack a ~* een sterk effect hebben ★ *pull ~es / pull a ~* niet met volle kracht slaan, toegeeflijk zijn ★ inf *beat sbd to the ~* iem. de eerste klap geven, iem. voor zijn ❷ durf, fut ❸ kaartjestang, perforator ❹ techn pons, doorslag, drevel ❺ punch ⟨drank⟩ ❻ **Suffolk punch** trekpaardenras II *overg* ❶ techn ponsen, doorslaan, knippen ⟨met een gaatje⟩ ★ Am *~ the clock* afstempelen met de prikklok ❷ stompen, slaan (op) ★ *~ sbd in the stomach* iem. in de maag stompen ★ inf *~ sbd's lights out* iem. in elkaar slaan III *onoverg* ★ inf *~ above one's weight* iets doen dat te hoog gegrepen is

Punch and Judy [ˈpʌntʃ ən ˈdʒuːdɪ] *znw* poppenkast, Jan Klaassen en Katrijn

punchbag [ˈpʌntʃbæg], Am **punching bag** *znw* stootzak ⟨voor boksers⟩

punchball [ˈpʌntʃbɔːl], Am **punching ball** *znw* boksbal

punchbowl [ˈpʌntʃbəʊl] *znw* punch-, bowlkom

punch card [ˈpʌntʃkaːd] *znw* ponskaart

punch-drunk [ˈpʌntʃ-ˈdrʌŋk] *bn* ❶ versuft, duizelig ❷ in de war

puncher [ˈpʌntʃə] *znw* ❶ ponser ❷ Am veedrijver

punching bag [ˈpʌntʃɪŋ bæg] Am *znw* → **punchbag**

punching ball [ˈpʌntʃɪŋ-bɔːl] Am *znw* → **punchball**

punchline [ˈpʌntʃlaɪn], **punch line** *znw* pointe

punch press [ˈpʌntʃ pres] *znw* ponsmachine

punch tape [ˈpʌntʃ teɪp] *znw* ponsband

punch-up [ˈpʌntʃ-ʌp] inf *znw* knokpartij

punchy [ˈpʌntʃɪ] *bn* ❶ pittig, dynamisch ❷ aangeslagen, versuft

punctilio [pʌŋkˈtɪlɪəʊ] *znw* ❶ finesse, klein detail ❷ overdreven nauwgezetheid

punctilious [pʌŋkˈtɪlɪəs] *bn* overdreven nauwgezet, stipt

punctual [ˈpʌŋktjʊəl] *bn* stipt (op tijd), precies, nauwgezet, punctueel

punctuality [pʌŋktjʊˈælɪtɪ] *znw* stiptheid, punctualiteit, preciesheid, nauwgezetheid

punctually [ˈpʌŋktjʊəlɪ] *bijw* stipt, precies, punctueel ★ *he arrived ~ at 10 o'clock* hij kwam stipt om 10 uur aan

punctuate [ˈpʌŋktjʊeɪt] *overg* ❶ leestekens plaatsen ❷ onderbreken (met) ❸ onderstrepen, accentueren ❹ kracht bijzetten aan

punctuation [pʌŋktjʊˈeɪʃən] *znw* punctuatie, interpunctie

punctuation mark [pʌŋktjʊˈeɪʃən maːk] *znw* leesteken

puncture [ˈpʌŋktʃə] I *znw* prik, gaatje, doorboring, lek ⟨in fietsband⟩, bandenpech ★ *get / have a ~* een lekke band krijgen / hebben II *overg* ❶ lek maken, (door)prikken ⟨band &⟩, doorboren ❷ med puncteren III *onoverg* lek worden ⟨band &⟩

pundit [ˈpʌndɪt], **pandit** *znw* ❶ expert, autoriteit ⟨op een bepaald gebied⟩ ❷ geleerde (hindoe), wijze ❸ inf knappe kop

pungency [ˈpʌndʒənsɪ] *znw* scherpheid, bijtend karakter

pungent [ˈpʌndʒənt] *bn* ❶ scherp, bijtend ★ *the ~ odour of garlic* de scherpe geur van knoflook ❷ sarcastisch

punish [ˈpʌnɪʃ] *overg* ❶ straffen, bestraffen, afstraffen ❷ kastijden, toetakelen, op zijn kop geven ❸ inf flink aanspreken ⟨de fles &⟩

punishable [ˈpʌnɪʃəbl] *bn* strafbaar

punishing [ˈpʌnɪʃɪŋ] *bn* zeer zwaar, vermoeiend ★ *we drove there at a ~ pace* we zijn erheen gereden in een moordend tempo

punishment [ˈpʌnɪʃmənt] *znw* straf, bestraffing, afstraffing ★ inf *it can take a lot of ~* het kan heel wat incasseren, het gaat niet gauw stuk

punitive [ˈpjuːnətɪv] *bn* straffend, straf-

Punjabi [pʌnˈdʒɑːbɪ] I *bn* van, uit Punjab II *znw* ❶ Punjabi ⟨taal⟩ ❷ inwoner van Punjab

punk [pʌŋk] I *bn* ❶ punk- ❷ Am inf rot-, shit- ★ *he felt too ~ to come* hij voelde zich te rot om te komen II *znw* ❶ **punk rock** punk(muziek, -beweging) ❷ **punk rocker** aanhanger van de punkbeweging, punk, punker ❸ Am afkeurend waardeloze figuur, crimineel

punnet [ˈpʌnɪt] *znw* spanen (fruit)mandje, doosje

punster [ˈpʌnstə] *znw* maker van woordspelingen

punt [pʌnt] I *znw* ❶ platboomde rivierschuit, punter ❷ rugby & voetbal het trappen van de bal zodra deze losgelaten wordt ▼ Aus & NZ inf *have / take a ~ at sth* iets proberen II *overg* ❶ voortbomen ❷ rugby & voetbal de bal trappen zodra deze losgelaten wordt III *onoverg* ❶ varen met een punter ❷ tegen de bankhouder spelen, wedden, kleine bedragen inzetten ❸ speculeren

punter [ˈpʌntə] *znw* ❶ pointeur, gokker ❷ inf klant

punting pole [ˈpʌntɪŋ pəʊl] *znw* vaarboom

puny [ˈpjuːnɪ] *bn* klein, zwak, nietig ★ *he got a ~ 100 votes* hij kreeg maar een schamele 100 stemmen

pup [pʌp] I *znw* ❶ jonge hond, jonge zeehond ★ *in ~* drachtig, zwanger ⟨v. honden &⟩ ★ Br inf *be sold a ~* een kat in de zak kopen ❷ inf verwaand (jong) broekje II *onoverg* jongen werpen, jongen

pupa [ˈpjuːpə] dierk *znw* [mv: pupae] pop

pupal [ˈpjuːpəl] *bn* pop-

pupate [pjuːˈpeɪt] *onoverg* zich verpoppen

pupation [pjuːˈpeɪʃən] *znw* verpopping

pupil [ˈpjuːpɪl] *znw* ❶ pupil ⟨v. oog⟩ ★ *a dilated / enlarged ~* een vergrote pupil ❷ leerling ★ *a primary school ~* een basisschoolleerling

pupilage [ˈpjuːpɪlɪdʒ], **pupillage** *znw* leertijd

pupillary [ˈpjuːpɪlərɪ] *bn* pupil-

puppet [ˈpʌpɪt] *znw* marionet ★ afkeurend *a ~ ruler* een stroman

puppeteer [pʌpɪˈtɪə] *znw* poppenspeler

puppet government [ˈpʌpɪt ˈgʌvənmənt] pol *znw* marionettenregering, schijnregering

puppet play [ˈpʌpɪtpleɪ] *znw* → **puppet show**

puppetry [ˈpʌpɪtrɪ] *znw* marionetten(spel, -theater)

puppet show [ˈpʌpɪt ʃəʊ], **puppet play** *znw* marionettenspel, -theater, poppenspel, poppenkast

pu

puppet state ['pʌpɪt steɪt] *znw* vazalstaat
puppy ['pʌpɪ] *znw* ❶ jonge hond ❷ verwaande kwast
puppy dog ['pʌpɪ dɒg] kindertaal *znw* hondje
puppy fat ['pʌpɪ fæt] inf *znw* babyvet
puppyish ['pʌpɪɪʃ] *bn* als een jong hondje
puppy love ['pʌpɪ lʌv] *znw* kalverliefde
purblind ['pɜ:blaɪnd] dicht *bn* ❶ bijziend ❷ fig kortzichtig
purchasable [pɜ:tʃɪsəbl] *bn* te koop
purchase ['pɜ:tʃɪs] I *znw* ❶ koop, aanschaf, aankoop, inkoop ★ *a bulk ~* een inkoop in bulk ★ *a private ~* een onderhandse aankoop ★ *make a ~* iets kopen, inkopen doen ❷ jur verwerving ❸ techn aangrijpingspunt ★ *get a ~ on sth* een punt vinden om ergens vat op te krijgen ❹ hefkracht ❺ spil, talie II *overg* (aan)kopen
purchase money ['pɜ:tʃɪs 'mʌnɪ] *znw* aankoopprijs, koopsom
purchase order ['pɜ:tʃɪs 'ɔːdə] *znw* (aan)kooporder
purchase price ['pɜ:tʃɪs praɪs] *znw* (in)koopprijs, (aan)koopprijs, aankoopsom
purchaser ['pɜ:tʃɪsə] *znw* consument, koper, afnemer
purchase tax ['pɜ:tʃɪs tæks] *znw* aankoopbelasting
purchase value ['pɜ:tʃɪs 'vælju:] *znw* aankoopwaarde
purchasing costs ['pɜ:tʃɪsɪŋ kɒsts] *znw* [mv] aanschafkosten
purchasing department ['pɜ:tʃɪsɪŋ dɪ'pɑːtmənt] *znw* inkoopafdeling
purchasing power ['pɜ:tʃɪsɪŋ 'paʊə] *znw* koopkracht
purdah ['pɜ:dɑː, -də] *(Hindi) znw* afzondering en sluiering van vrouwen ‹bij moslims›, purdah
pure [pjɔ:] *bn* ❶ zuiver, rein, kuis ★ *be as ~ as the driven snow* zo onschuldig als een pasgeboren lammetje ❷ puur, onvermengd, onvervalst ★ *the last ten kilometers were ~ torture* de laatste tien kilometer waren een ware marteling ★ *~ and unadulterated nonsense* onvervalste lariekoek / onzin ❸ louter ★ *~ and simple* zuiver, louter, niets anders dan, je reinste
pure bred [pjɔ: bred], **purebred** I *bn* rasecht, ras-, volbloed II *znw* volbloed
pure culture [pjɔ: 'kʌltʃə] microbiol *znw* reincultuur, zuivere kweek
purée ['pjʊəreɪ] *znw* puree
pure line [pjɔ: laɪn] *znw* raszuivere afstamming
purely ['pjʊəlɪ] *bijw* uitsluitend ★ *~ and simply* enkel en alleen ★ *a ~ business proposal* een zuiver zakelijk voorstel
pure mathematics [pjɔ: mæθə'mætɪks] *znw* zuivere wiskunde
pure science [pjɔ: 'saɪəns] *znw* zuivere wetenschap
purgation [pɜ:'geɪʃən] *znw* ❶ form zuivering ❷ med purgatie
purgative ['pɜ:gətɪv] I *bn* ❶ zuiverend ❷ purgerend, laxerend II *znw* purgeermiddel, laxeermiddel
purgatorial [pɜ:ge'tɔ:rɪəl] *bn* van het vagevuur
purgatory ['pɜ:gətərɪ] *znw* ❶ **Purgatory** vagevuur ❷ inf (zware) beproeving

purge [pɜ:dʒ] I *znw* ❶ zuivering, verwijdering ❷ purgeermiddel, laxeermiddel II *overg* ❶ zuiveren ‹politiek &›, verwijderen ★ *the radicals have been ~d from the party* de radicalen zijn uit de partij gezet ❷ reinigen, schoonwassen ★ *~ sbd from / of their sins* iem. schoonwassen van zijn zonden ❸ laten purgeren
purification [pjʊrɪfɪ'keɪʃən] *znw* zuivering, reiniging, loutering
purificatory ['pjʊərɪfɪkeɪtərɪ] *bn* zuiverend, reinigend, louterend
purifier ['pjʊərɪfaɪə] *znw* ❶ zuiveraar, reiniger, louteraar ❷ zuiveringsmiddel, -toestel
purify ['pjʊərɪfaɪ] *overg* ❶ zuiveren, reinigen, louteren ❷ klaren
purism ['pjʊərɪzəm] *znw* purisme
purist ['pjʊərɪst] *znw* purist, taalzuiveraar
puristic [pjʊə'rɪstɪk] *bn* puristisch
puritan ['pjʊərɪtən] I *bn* puriteins II *znw* puriteint ★ hist *Puritan* puriteint
puritanical [pjʊərɪ'tænɪkl] *bn* puriteins ★ *she's very ~ about nudity* ze is erg puriteins wat naaktheid betreft
puritanism ['pjʊərɪtənɪzəm] *znw* puritanisme
purity ['pjʊərətɪ] *znw* zuiverheid, reinheid, kuisheid
purl [pɜ:l] I *znw* ❶ averechtse steek, boordsel ❷ dicht gekabbel II *overg* ❶ averechts breien ★ *knit one, ~ one* een recht een averecht ❷ boorden III *onoverg* dicht kabbelen
purler ['pɜ:lə] Br inf *znw* buiteling voorover ★ *come a ~* een flinke smak maken
purlieus ['pɜ:lju:z] dicht *znw* zoom, omtrek, buurt
purlin ['pɜ:lɪn] bouwk *znw* gording
purloin [pə'bɪn] form of scherts *overg* kapen, stelen ★ *some paper I'd ~ed from work* wat papier dat ik van mijn werk had gestolen
purple ['pɜ:pl] I *bn* ❶ paars, purper(rood) ❷ purperen II *znw* purper
Purple Heart ['pɜ:pl 'hɑ:t] *znw* ❶ Am militaire onderscheiding voor gewonden ❷ inf hartvormig pepmiddel (amfetamine)
purple passage ['pɜ:pl 'pæsɪdʒ, **purple patch** *znw* briljante (vaak bombastische) passage ‹in boek &›
purple patch ['pɜ:pl pætʃ] *znw* → **purple passage**
purplish ['pɜ:plɪʃ] *bn* purperachtig
purport form I *znw* ['pɜ:pɔ:t] ❶ inhoud ❷ zin, betekenis ❸ strekking, bedoeling II *overg* [pə'pɔ:t] ❶ voorgeven, de indruk (moeten) wekken, beweren ★ *the research ~s to be conclusive* het onderzoek zou overtuigend moeten zijn ❷ te kennen geven, inhouden, behelzen ❸ van plan zijn
purported [pə'pɔ:tɪd] *bn* bedoeld
purpose ['pɜ:pəs] I *znw* ❶ doeleinde, doel, oogmerk, bedoeling ★ *the only / sole ~* de enige reden ★ *for all practical ~s* praktisch ★ *for medicinal ~s* voor medicinale doeleinden ★ *for insurance / tax & ~s* voor verzekerings- / belastingdoeleinden & ★ *for no apparent ~* zonder duidelijke reden ★ *for / with the*

express ~ *of* duidelijk met het doel om ★ *for the ~s of argument* als argument ★ *on ~* met opzet ★ *to good ~* met succes ★ *to no ~* zonder resultaat, tevergeefs ★ *serve a ~* een doel dienen ❷ vastberadenheid ★ *a sense of ~* een gevoel van vastberadenheid **II** *overg* form zich voornemen, van plan zijn

purpose-built ['pɜ:pəs-bɪlt] *bn* speciaal ontworpen

purposeful ['pɜ:pəsfʊl] *bn* ❶ met een bedoeling in het leven geroepen, zinvol ❷ doelbewust, recht op het doel afgaand

purposefully ['pɜ:pəsfʊlɪ] *bijw* met een duidelijk doel, doelbewust ★ *he strode ~ into the meeting* hij stapte met een duidelijk doel de vergadering binnen

purposeless ['pɜ:pəsləs] *bn* doelloos

purposely ['pɜ:pəslɪ] *bijw* opzettelijk, met opzet

purposive ['pɜ:pəsɪv] form *bn* met een bepaalde bedoeling, doelbewust

purr [pɜ:] **I** *znw* spinnen ‹v. katten› **II** *onoverg* ❶ snorren ‹motor &› ❷ spinnen ‹v. katten› ❸ knorren ‹v. welbehagen›

purse [pɜ:s] **I** *znw* ❶ beurs, portemonnee, buidel ★ *the public ~* de schatkist ❷ Am handtas ❸ sp geldprijs **II** *overg & onoverg* (zich) samentrekken, (zich) fronsen (ook: ~ *up*), tuiten ‹van lippen›

purser ['pɜ:sə] scheepv *znw* administrateur

purse strings [pɜ:s strɪŋz] *znw* [mv] ★ *hold the ~* het geld beheren, de financiële touwtjes in handen hebben

purslane ['pɜ:slɪn] *znw* postelein ‹plant›

pursuance [pə'sju:əns] form *znw* nastreven ‹van een plan›, voortzetting, uitvoering ★ *in ~ of* overeenkomstig, bij het nastreven / de uitvoering van

pursuant to [pə'sju:ənt tʊ] form *bn* overeenkomstig, ingevolge

pursue [pə'sju:] *overg* ❶ vervolgen, achtervolgen ★ *closely / hotly ~d by* op de voet / fel achternagezeten door ❷ voortzetten, doorgaan op iets ★ *we won't ~ the matter further* we zullen de zaak laten rusten ❸ najagen, nastreven ❹ volgen ‹weg, zekere politiek›, uitoefenen ‹bedrijf›

pursuer [pə'sju:ə] *znw* ❶ vervolger ❷ (achter)volger ❸ najager ❹ voortzetter ❺ ‹in Schotland› jur eiser

pursuit [pə'sju:t] *znw* ❶ vervolgen ❷ achter-, vervolging, najaging ★ *in close / hot ~* in felle achtervolging ★ *give ~* achternazitten ❸ jacht (op *of*), streven (naar *of*) ★ *in ~ of* vervolgend, jacht makend op, nastrevend, uit op ❹ bezigheid, hobby ★ *his favourite ~s are fishing and golf* zijn favoriete bezigheden zijn vissen en golfen

purulent ['pjʊrʊlənt] med *bn* etter(acht)ig, etterend ★ *a ~ discharge* etter, ettering

purvey [pə'veɪ] form *overg* verschaffen, leveren ★ *shops ~ing local goods* winkels die plaatselijke producten leveren

purveyance [pə'veɪəns] form *znw* ❶ voorziening, verschaffing ❷ proviandering, leverantie

purveyor [pə'veɪə] form *znw* verschaffer, leverancier

★ *~ to Their Majesties* hofleverancier

purview ['pɜ:vju:] form *znw* ❶ bepalingen ‹van een wet› ★ *within the ~ of the law* binnen de bepalingen van de wet ❷ gebied, bereik, omvang, gezichtskring

pus [pʌs] *znw* pus, etter

push [pʊʃ] **I** *znw* ❶ stoot, duw, zet, zetje ★ inf *give sbd the ~ / get the ~* de bons geven (krijgen) ❷ druk, drang ★ *at a ~* desnoods, als het echt nodig is ★ *when it came to the ~* toen het erop aankwam ❸ stuwkracht, energie, fut ❹ mil offensief, aanval, energieke poging ★ *make a ~ for home* zo gauw mogelijk thuis zien te komen **II** *overg* ❶ stoten, duwen, dringen, drukken, schuiven, drijven (tot *to*) ★ *~ the button* op de knop drukken ★ inf *he's ~ing forty* hij loopt tegen de veertig ❷ stimuleren, bevorderen, promoten, pushen, pluggen ★ *~ an advantage (home)* een voordeel benutten ★ *~ one's claim* vasthouden aan zijn eis ★ *~ one's luck* te veel op zijn geluk vertrouwen ❸ druk uitoefenen op, lastig vallen ★ inf *don't ~ it* drijf het niet te ver door ★ *~ sbd hard* iem. het vuur na aan de schenen leggen ★ *be ~ed for sth* iets tekort komen ‹geld, tijd &› ★ *be hard ~ed to make ends meets* ternauwernood kunnen overleven ❹ inf handelen in ‹drugs› **III** *onoverg* stoten, duwen, dringen ★ *~ from shore* van wal steken **IV** *phras* ★ inf *~ sbd about / around* iem. commanderen, koeioneren, iem. ruw / slecht behandelen ★ inf *~ ahead* doorgaan, doorzetten ★ inf *~ along* opstappen, vertrekken ★ *~ sth aside* iets terzijde schuiven ★ *~ sbd aside* iem. opzij duwen ★ *~ sbd away* iem. wegduwen ★ *~ sbd back* iem. terugduwen, terugdringen ★ *~ sth down* iets naar beneden duwen ★ *~ sbd down* iem. neerduwen ★ *~ for sth* aandringen op iets ‹antwoord &› ★ *~ for the next village* doorlopen / oprukken / rijden naar het volgende dorp ★ *~ for power* op zoek zijn naar macht ★ *~ forth roots* wortel schieten ★ *~ forward* voortsnellen ★ *~ sth forward* vaart zetten achter iets, mil iets vooruitschuiven ‹troepen› ★ *~ sbd forward* iem. naar voren schuiven ‹als kandidaat &› ★ *~ oneself forward* (zich) naar voren dringen ★ *~ in* voordringen ★ *~ one's way in* zich in-, opdringen ★ *~ off* afzetten, afduwen, inf opstappen, vertrekken ★ *~ on* doorgaan, verder gaan ★ *~ sbd on* iem. voortduwen, iem. voorthelpen, vooruit schoppen, iem. aanzetten (tot *to*) ★ *~ on with sth* opschieten met iets, stug doorgaan met iets ★ *~ sbd out* iem. eruit werken ★ Br inf *~ the boat out* veel geld uitgeven aan een feest ★ *~ out into the sea* in zee steken ★ *~ sbd / sth over* iem. / iets omstoten ★ *~ sth through* iets doorzetten, -drijven, -drukken, klaarspelen ★ *~ one's way through* zich een weg banen, zich pousseren ★ *~ sth up* iets omhoog duwen ★ inf *be ~ing up (the) daisies* dood zijn

pushbike ['pʊʃbaɪk] Br gedat *znw* fiets

push-button ['pʊʃ-'bʌtn] *znw* drukknop ★ *a ~ telephone* een telefoon met druktoetsen

pushcart ['pʊʃkɑ:t] *znw* ❶ kleine kruiwagen

❷ handkar

pushchair [ˈpʊʃtʃeə], **pusher** znw wandelwagentje

pusher [ˈpʊʃə] znw ❶ streber ❷ inf drugshandelaar
❸ → **pushchair**

pushful [ˈpʊʃfʊl] bn → **pushy**

pushing [ˈpʊʃɪŋ] bijw ★ ~ fifty / sixty & bijna vijftig
/ zestig &

pushover [ˈpʊʃəʊvə] inf znw peulenschil, makkie

pushpin [ˈpʊʃpɪn] Am znw punaise

push-pull [pʊʃ-pʊl] elektr bn in balans

push-up [ˈpʊʃ-ʌp] I bn ★ a ~ bra een steunbeha II znw
Am opdrukoefening, push-up

pushy [ˈpʊʃɪ], **pushful** bn ❶ aanmatigend, brutaal
❷ opdringerig ❸ te ambitieus of zelfbewust

pusillanimity [pjuːsɪləˈnɪmətɪ] form znw
kleinmoedigheid, lafheid

pusillanimous [pjuːsɪˈlænɪməs] form bn kleinmoedig,
laf

puss [pʊs] inf znw ❶ kat, poes, poesje ★ Puss in Boots
de Gelaarsde Kat ❷ lekker wijf

pussy [ˈpʊsɪ] inf znw ❶ **pussy cat** poesje ❷ katje
❸ vulg poes ‹vrouwelijk geslachtsdeel›

pussyfoot [ˈpʊsɪfʊt] onoverg ❶ omzichtig te werk
gaan ❷ stiekem doen ❸ ergens omheen draaien
❹ besluiteloos zijn

pussy willow [ˈpʊsɪ ˈwɪləʊ] znw katwilg

pustular [ˈpʌstjʊlə] bn puistig

pustulate [ˈpʌstjʊleɪt] onoverg (tot) puistjes vormen

pustule [ˈpʌstjuːl] znw puistje

put [pʊt] I bn ★ inf stay ~ (op zijn plaats) blijven II znw
❶ sp stoot, worp ❷ → **put option** III overg [put, put]
❶ zetten, stellen, plaatsen, leggen ★ inf ~ the
question een aanzoek doen ★ ~ sth beyond all doubt
alle twijfel over iets opheffen ★ ~ sbd / sth right iem.
/ iets corrigeren ★ ~ sbd straight (on sth) iem. de
juiste informatie geven (over iets) ★ ~ sth straight
iets op een rijtje zetten ★ ~ oneself in sbd's place
/ position / shoes zich verplaatsen in iem. anders ★ ~
sbd to bed iem. in bed leggen, naar bed brengen ★ ~
an end to sth een einde maken aan iets ★ be hard ~
to do sth moeite hebben iets te doen ❷ brengen ‹in
een toestand› ★ ~ sbd at risk iem. in gevaar brengen
★ ~ sbd to expense iem. op kosten jagen ★ ~ sbd to
flight iem. op de vlucht jagen ★ ~ sbd to
inconvenience / trouble & iem. last veroorzaken ★ ~
sbd to work iem. aan het werk zetten ❸ steken,
stoppen, bergen, doen ❹ fig uitdrukken, onder
woorden brengen, zeggen ★ to ~ it another way in
andere woorden ★ to ~ it bluntly / mildly / simply &
om het maar ronduit / voorzichtig / eenvoudig & te
zeggen ❺ voorstellen ‹een zaak› ❻ geven ‹een
zekere uitleg› (aan on) ❼ in stemming brengen
‹motie, voorstel› ❽ sp stoten ‹kogel› ★ ~ the shot
kogelstoten IV phras ★ scheepv ~ **about** wenden
★ Br inf ~ it about/~ oneself about veel seksuele
relaties hebben ★ inf ~ sth about/**around** iets laten
rondgaan, iets rondstrooien ‹praatjes› ★ ~ sth **across**
iets overzetten, iets goed overbrengen, duidelijk

uitleggen ★ ~ oneself across jezelf duidelijk maken
★ ~ sth **aside** iets opzij zetten, iets van de hand
wijzen ★ ~ sbd aside iem. opzij schuiven, iem.
negeren ★ ~ sth **away** iets wegleggen, wegzetten
‹ook van geld›, iets van zich af zetten ‹gedachten›,
inf iets verorberen ★ inf ~ sbd away iem. opbergen
‹in gevangenis &› ★ ~ sth **back** iets weer op zijn
plaats zetten of leggen, iets achteruit-, terugzetten
‹klok›, iets uitstellen, iets vertragen, inf iets
wegwerken ‹voedsel› ★ inf that ~ me back $100/two
days dat heeft me $100/twee dagen gekost ★ ~ sth
before sbd iem. iets voorleggen, iets boven / hoger
stellen dan iem. ★ ~ sbd before sth iem. boven
/ hoger stellen dan iets ★ ~ sth **behind** one iets te
boven komen, achter zich laten, iets terzijde leggen
‹rekwest &› ★ ~ sth **by** iets opzij leggen ‹geld›, iets
ter zijde leggen ★ ~ sth **down** iets neerleggen
/ neerzetten, iets opschrijven / noteren ‹op een lijst›,
iets onderdrukken, bedwingen ‹opstand &›, iets
afmaken, doden, iets laten inslapen ‹dier› ★ ~ sbd
down iem. neerleggen / neerzetten, iem.
vernederen, iem een toontje lager doen zingen, tot
zwijgen brengen ★ ~ sbd **down as** sth iem. voor iem
houden ‹een dwaas &› ★ ~ sbd **down for** sth iem.
noteren voor iets ‹contributie / lidmaatschap &› ★ ~
sth **down to** sth iets toeschrijven aan iets ★ form ~
sth **forth** iets uitvaardigen ‹edict›, iets opperen
‹mening›, iets verkondigen ★ ~ forth leaves in het
blad schieten ★ ~ sth **forward** iets vooruit zetten,
vervroegen, iets te berde / ter tafel brengen,
verkondigen, opperen ★ ~ sbd forward iem. naar
voren schuiven ★ ~ oneself forward zich op de
voorgrond plaatsen ★ ~ sth **in** iets invoegen
/ inlassen, iets plaatsen / installeren, zetten in iets,
iets inzetten, steken in iets, iets (laten) aanleggen
‹elektrisch licht &›, iets aanspannen ‹paarden›, iets
planten / poten / zaaien, iets verzetten ‹veel werk›,
werken ‹zoveel uren›, iets indienen ‹eis &› ★ ~ one's
faith in sth zijn vertrouwen plaatsen in iem. ★ ~ in
an appearance zich (even) vertonen, acte de
présence geven ★ ~ in a word een woordje
meespreken, ook een duit in het zakje doen ★ ~ in a
(good) word for sbd een goed woordje doen voor iem.
★ ~ sbd in iem. aanstellen, in dienst nemen ★ ~ **in at**
stoppen bij, even aangaan bij, een haven aandoen
/ binnenlopen ‹v. schip› ★ ~ **in for** sth solliciteren
naar iets, zich opgeven voor iets ★ ~ sth **into** words
iets onder woorden brengen, verwoorden ★ ~ sth
into Dutch / English & iets zeggen / vertalen in het
Nederlands / Engels & ★ ~ one's back into sth ergens
de schouder onder zetten ★ ~ **off** van wal steken ★ ~
sth off iets uitstellen, iets afzeggen, afschrijven
★ zegsw never ~ off until tomorrow what you can do
today stel niet uit tot morgen wat je vandaag kunt
doen ★ ~ sbd off iem. afkerig maken, doen walgen,
iem. afschrikken, iem. onthutsen, iem. van de wijs
brengen, iem. afzetten ‹passagier› ★ ~ sbd off their
food iem. afkerig maken van zijn eten, iem. doen

pu

walgen ★ ~ *sbd off their stride* iem. uit zijn gewone doen brengen, iem. ontregelen ★ ~ *sth* **on** iets opzetten, aandoen, aantrekken ⟨kleren⟩, iets opleggen ⟨handen⟩, iets aanzetten, iets aanhaken ⟨spoorwegrijtuig⟩, iets extra laten lopen ⟨trein⟩, iets in de vaart brengen ⟨schip⟩, iets aannemen ⟨houding⟩, iets zetten ⟨een gezicht⟩, iets op touw zetten, iets organiseren, iets laten spelen ⟨toneelstuk⟩, opvoeren ★ ~ *on speed* vaart zetten ★ ~ *on steam* stoom maken, fig er vaart achter zetten ★ ~ *on weight* aankomen ★ ~ *money on a horse* op een paard wedden ★ ~ *the blame on sbd* iem. de schuld geven ★ inf ~ *the squeeze on sbd/*Am inf ~ *the bite on sbd* iem. onder druk zetten ★ ~ *sbd on* inf iem. voor de gek houden, iem. verbinden (met iem.) ⟨per telefoon⟩ ★ ~ *sbd on sth* iem. stellen op iets, iem. iets voorschrijven ⟨dieet &⟩ ★ ~ *sbd* **onto** *sth* iem. met iets laten kennismaken ★ Am inf ~ **out** met iedereen naar bed gaan ★ ~ *out to sea* in zee steken, uitvaren ★ ~ *sth* **out** iets uitleggen, (er) uitzetten, uitsteken, uitplanten, iets uitdoen, (uit)blussen, uitdoven, iets uitstrooien ⟨gerucht⟩, RTV iets uitzenden, iets uitgeven, publiceren, iets uitbesteden ⟨werk⟩, med iets ontwrichten ★ *I've ~ my shoulder out* mijn arm is uit de kom geschoten ★ ~ *buds / leaves out* knoppen / bladeren krijgen ★ ~ *the washing out* de was ophangen ★ ~ *sbd's plans out* iemands plannen verijdelen ★ *be ~ out* van zijn stuk gebracht, boos zijn, blijven steken ★ ~ *sth out to contract* iets aanbesteden ★ ~ *sbd out* iem. van zijn stuk brengen, in de war maken, iem. hinderen, sp iem. uitbowlen, iem. verdoven ★ ~ *sbd out of his / her misery* iem. uit zijn lijden verlossen ★ ~ *oneself out to do sth* zich uitsloven om iets te doen ★ ~ *sth* **over** iets ingang doen vinden, populair maken, iets goed uitdrukken, communiceren ★ ~ *sth over sbd/*inf ~ *one over sbd* iem. bij de neus nemen, iem. beduvelen ★ inf *I wouldn't ~ it past him* ik zie hem er wel voor aan, hij is er niet te goed voor ★ ~ *sth* **through** iets uit-, doorvoeren, iets erdoor krijgen ⟨wetsvoorstel &⟩ ★ ~ *a bullet through sbd's head* iem. een kogel door het hoofd schieten ★ ~ *sbd through* iem. (telefonisch) doorverbinden ★ ~ *sbd through sth* iem. onderwerpen aan iets, iem. iets laten doorlopen ⟨school⟩ ★ ~ *sth* **to** *sbd* iem. iets suggereren ★ *I ~ it to you* dat vraag ik u, zegt u het nu zelf ★ ~ *sth* **together** iets samenvoegen, samenstellen, in elkaar zetten, iets bijeenpakken, verzamelen ★ ~ *two and two together* het een met het ander in verband brengen, zijn conclusies trekken ★ inf *not be able to ~ two words together* geen twee woorden achter elkaar kunnen krijgen ★ ~ *sth* **towards** *sth* iets bijdragen aan iets ★ ~ **up** zijn intrek nemen (in *at*) ★ inf ~ *up or shut up* bewijs leveren of je mond houden ★ ~ *sbd up* iem. onderdak verlenen ★ ~ *sth up* iets opstellen, ophangen, aanbrengen, iets opsteken ⟨haar, sabel, paraplu⟩, iets opslaan, verhogen ⟨prijs⟩, iets

indienen ⟨resolutie⟩, iets optrekken, bouwen ⟨huizen &⟩ ★ ~ *up a defence* zich verdedigen ★ ~ *up some resistance* enig verzet leveren ★ ~ *£1 million up* een miljoen pond verschaffen ★ inf ~ *one's feet up* naar bed gaan, wat uitrusten ★ ~ *sth up for sale* iets aanslaan, in veiling brengen, te koop aanbieden ★ ~ *sbd up* iem. huisvesten, onder dak brengen ★ ~ *sbd* **up to** *sth* iem. aanzetten tot iets ★ ~ **up with** *sth* iets tolereren / verdragen, iets pikken / accepteren ★ *be* ~ **upon** het hard te verduren hebben

putative [ˈpjuːtətɪv] form bn verondersteld, vermeend ★ *the* ~ *rebel leader* de vermoedelijke rebellenleider

put-down [ˈpʊt-daʊn] inf znw ❶ vernietigende opmerking ❷ vernedering

put-on [ˈpʊt-ˈɒn] Am inf znw komedie, bedrog, verlakkerij

put option [pʊt ˈɒpʃən], **put** eff znw putoptie, verkoopoptie

putrefaction [pjuːtrɪˈfækʃən] znw (ver)rotting, rotheid

putrefactive [pjuːtrɪˈfæktɪv] form bn de rotting bevorderend, (ver)rottend

putrefy [ˈpjuːtrɪfaɪ] I overg ❶ doen verrotten ❷ verpesten ⟨de lucht⟩ II onoverg (ver)rotten

putrescence [pjuːˈtresns] form znw (ver)rotting, bederf

putrescent [pjuːˈtresənt] form bn ❶ rottend ❷ rottings- ❸ rot-

putrid [ˈpjuːtrɪd] bn ❶ rottend, (ver)rot, bedorven ❷ inf walgelijk

putridity [pjuːˈtrɪdətɪ] form znw verrotting, rotheid

putsch [pʊtʃ] znw staatsgreep

putt [pʌt] golf I znw slag met een *putter* II overg & onoverg slaan met een *putter*

puttee [ˈpʌtɪ] znw ❶ beenwindsel ❷ leren beenkap

putter [ˈpʌtə] I znw korte golfstok II onoverg ❶ tuffen ⟨auto⟩ ❷ → Am **potter**

putting green [ˈpʌtɪŋ griːn] znw gemaaid grasveldje om een hole ⟨golf⟩

putty [ˈpʌtɪ] I znw stopverf II overg met stopverf vastzetten of dichtmaken

putty knife [ˈpʌtɪ naɪf] znw stopmes, plamuurmes

put-up [ˈpʊt-ʌp] inf bn ★ *a* ~ *job* een doorgestoken kaart

put-upon [ˈpʊt-ə-ˈpɒn] bn misbruikt

putz [pʌts] inf znw ❶ waardeloze figuur, schoft ❷ vulg penis

puy lentils [pwiː ˈlentɪlz] znw puy linzen ⟨soort groene linzen⟩

puzzle [ˈpʌzəl] I znw ❶ niet op te lossen moeilijkheid, vraag of kwestie ★ *be in a* ~ *about sth* met de handen in het haar zitten ❷ verlegenheid ❸ raadsel ❹ legkaart, geduldspel, puzzel II overg verlegen maken, verbijsteren, vastzetten ★ *be* ~*d about / at / over sth* niet weten hoe men het heeft, voor een raadsel staan, er niets op weten ★ *don't* ~ *your head about it* daar moet je je hoofd niet over breken ★ ~ *sth out* iets uitpuzzelen, uitpiekeren III onoverg piekeren, zich het hoofd breken (over *about / over*)

puzzled [ˈpʌzəld] bn niet wetend hoe men het heeft of

pu

wat te doen, verbaasd, beteuterd ★ *with a ~ look*
met een niet-begrijpende blik

puzzlement ['pʌzəlmənt] *znw* verwarring,
verbijstering

puzzler ['pʌzlə] *znw* ❶ niet op te lossen moeilijkheid,
vraag of kwestie ❷ raadsel

puzzling ['pʌzlɪŋ] *bn* onbegrijpelijk, raadselachtig

PVC *afk* (polyvinyl chloride) pvc ‹bep. kunststof›

PWA *afk* (person with Aids) persoon met aids

PX *afk* → **post exchange**

pyelitis [paɪə'laɪtəs] med *znw* nierbekkenontsteking

pygmaean [pɪg'mi:ən], **pygmean** *bn* dwergachtig,
dwerg-

pygmy ['pɪgmɪ], **pigmy I** *bn* dwergachtig, dwerg-
★ *Pygmy* Pygmee **II** *znw* beledigend dwerg, kleine,
onbeduidende persoon ★ *a Pygmy* een Pygmee

pyjama bottoms [pə'dʒɑːmə 'bɒtəmz], **pyjama
trousers** *znw* [mv] pyjamabroek

pyjamas [pɪ'dʒɑːməz], Am **pajamas** *znw* [mv] pyjama

pyjama top [pə'dʒɑːmə tɒp] *znw* pyjamatop,
pyjamajasje

pylon ['paɪlən] *znw* ❶ pyloon, Egyptische tempelzuil
❷ mast ‹v. hoogspanningskabels›

PYO *afk* → **pick-your-own**

pyramid ['pɪrəmɪd] *znw* piramide

pyramidal [pɪ'ræmɪdl] *bn* ❶ piramidaal ❷ Am handel
versterkend kolossaal ‹winst &›

pyramid scheme ['pɪrəmɪd ski:m] *znw*
piramidesysteem

pyramid selling ['pɪrəmɪd 'selɪŋ] *znw*
piramideverkoop

pyre ['paɪə] *znw* brandstapel

pyretic [paɪ'retɪk] *bn* koorts-, koortsverwekkend

Pyrex® ['paɪreks] *znw* vuurvast glas ‹voor ovenschalen
&›

pyrites [paɪ'raɪtiːz] *znw* [mv] pyriet, zwavelijzer,
zwavelkies

pyromania [paɪərəʊ'meɪnɪə] *znw* pyromanie

pyromaniac [paɪərəʊ'meɪnɪæk] *znw* pyromaan

pyrometer [paɪ'rɒmɪtə] *znw* pyrometer ‹meter van
hoge temperaturen›

pyrotechnic [paɪərəʊ'teknɪk] *bn* ❶ vuurwerk-
❷ briljant, sensationeel

pyrotechnics [paɪərəʊ'teknɪks] *znw* [mv]
❶ vuurwerkkunst, vuurwerk ❷ briljant optreden,
spectaculaire prestatie

pyrotechnist [paɪərəʊ'teknɪst] *znw* vuurwerkmaker

pyrrhic victory ['pɪrɪk 'vɪktərɪ] *znw*
pyrrusoverwinning, schijnsucces

python ['paɪθ(ə)n] *znw* python

pzazz [pə'zæz] inf *znw* → **pizzazz**

Q

q [kju:] *znw* (de letter) q

Q and A ['kju: ən 'eɪ] *afk* (question and answer) vraag
en antwoord ★ *a Q-and-A session* een vraaggesprek

Qatar [kæ'tɑː] *znw* Qatar

QC jur *afk* → **Queen's Counsel**

Q-car ['kju:kɑː] *znw* ❶ gewone auto als politieauto
gebruikt ❷ auto die eruitziet als een gewone
personenwagen, maar veel meer vermogen & heeft

QED *afk* → **quod erat demonstrandum**

qt *afk* → **quart**

q.t. ['kju:'ti:] *znw* (quiet) ★ inf *on the ~* in het geheim

Q-tip® ['kju:-tɪp] Am *znw* wattenstaafje

qua [kweɪ] form *voorz* qua, als, wat betreft ★ *its army
is far superior ~ manpower* het leger is ver superieur
in mankracht

quack [kwæk] **I** *bn* kwakzalvers- ★ *a ~ doctor* een
kwakzalver **II** *znw* ❶ gekwaak, kwak ❷ kwakzalver,
charlatan **III** *onoverg* kwaken

quackery ['kwækərɪ] *znw* kwakzalverij

quad [kwɒd] inf *znw* ❶ → **quadrangle** ❷ →
quadruplet

quad bike [kwɒd baɪk] *znw* quad ‹recreatie- en
racemotorfiets met vier wielen, twee voor en twee
achter›

quadrangle ['kwɒdræŋgl], **quad** *znw* ❶ vierkant,
vierhoek ❷ binnenplaats ‹v. school &›

quadrangular [kwɒ'dræŋgjʊlə] *bn* vierkant, vierhoekig

quadrant ['kwɒdrənt] *znw* kwadrant

quadraphonic [kwɒdrə'fɒnɪk], **quadrophonic** *bn*
quadrafonisch

quadrat ['kwɒdrət] *znw* ❶ kwadraat ❷ milieu
proefvak ‹van 1 vierkante meter›

quadrate [kwɒ'dreɪt] **I** *bn* vierkant, rechthoekig **II** *znw*
❶ vierkant, kubus ❷ anat kwadraatbeen

quadratic [kwɒ'drætɪk] **I** *bn* vierkant, vierkants- **II** *znw*
→ **quadratic equation**

quadratic equation [kwɒ'drætɪk ɪ'kweɪʒən], **quadratic**
wisk *znw* vierkantsvergelijking

quadrature ['kwɒdrətʃə] *znw* kwadratuur ‹v. cirkel &›

quadrennial [kwɒ'drenɪəl] *bn* ❶ vierjarig
❷ vierjaarlijks

quadrilateral [kwɒdrɪ'lætərəl] **I** *bn* vierzijdig **II** *znw*
vierhoek

quadrille [kwə'drɪl] *znw* ❶ quadrille ‹dans en
kaartspel› ★ *set of ~s* quadrille ‹dans›
❷ lijnenpatroon op ruitjespapier

quadrillion [kwɒ'drɪljən] *znw* ❶ Br quadriljoen ‹10^{24}›
❷ Am biljard, miljoen miljard ‹10^{15}›

quadripartite [kwɒdrɪ'pɑ:taɪt] *bn* ❶ vierdelig ❷ tussen
vier partijen

quadrophonic [kwɒdrə'fɒnɪk] *bn* → **quadraphonic**

quadruped ['kwɒdrʊped] **I** *bn* viervoetig **II** *znw*
viervoetig dier

quadruple ['kwɒdrʊpl] **I** *bn* viervoudig ★ muz *~ time* vierkwartsmaat **II** *znw* viervoud, het vierdubbele **III** *overg* verviervoudigen **IV** *onoverg* verviervoudigd worden ★ *prices ~d in the last quarter* de prijzen zijn in het laatste kwartaal verviervoudigd

quadruplet ['kwɒdrʊplɪt], inf **quad** *znw* een van een vierling

quadruplicate I *bn* [kwɒ'dru:plɪkət] viervoudig **II** *znw* [kwɒ'dru:plɪkət] viervoudig afschrift **III** *overg* [kwɒ'dru:plɪkeɪt] verviervoudigen

quadruplication [kwɒdru:plɪ'keɪʃən] *znw* verviervoudiging

quaff [kwɒf] *overg* veel drinken, snel drinken, zwelgen

quaffable ['kwɒfəbl] *bn* heel drinkbaar

quag [kwæg], **quagmire** *znw* moeras, modderpoel

quaggy ['kwægɪ] *bn* moerassig

quail [kweɪl] **I** *znw* [*mv*: ~ *of* -s] dierk kwartel **II** *onoverg* de moed verliezen, bang worden, versagen ★ *she ~ed at the amount of work on her desk* ze schrok terug voor de hoeveelheid werk op haar bureau

quaint [kweɪnt] *bn* vreemd, eigenaardig, bijzonder, grappig, ouderwets

quaintly ['kweɪntlɪ] *bijw* vreemd, eigenaardig, bijzonder, grappig, ouderwets

quaintness ['kweɪntnəs] *znw* vreemdheid, eigenaardigheid, ouderwetsheid

quake [kweɪk] **I** *znw* ❶ beving, siddering, trilling ❷ inf aardbeving **II** *onoverg* beven, sidderen, trillen, schudden

Quaker ['kweɪkə] *znw* quaker

quaking bog ['kweɪkɪŋ 'bɒg] *znw* trilveen

quaky ['kweɪkɪ] *bn* bevend, beverig

qualification [kwɒlɪfɪ'keɪʃən] *znw* ❶ bevoegdheid, diploma ★ *no formal ~s* geen officiële bevoegdheden ★ *a recognised ~* een geaccepteerde bevoegdheid ★ *a ~ in bookkeeping* een boekhouddiploma ❷ bekwaamheid, geschiktheid, (vereiste) eigenschap ❸ kwalificatie, nadere aanduiding ❹ beperking, wijziging, restrictie ★ *with the ~ that* met de beperking dat ★ *without ~* zonder meer

qualificatory ['kwɒlɪfɪkeɪtərɪ] *bn* ❶ nader bepalend ❷ de bevoegdheid verlenend

qualified ['kwɒlɪfaɪd] *bn* ❶ gerechtigd, gediplomeerd, bevoegd, bekwaam, geschikt ★ *~ to vote* stemgerechtigd ❷ beperkt, voorwaardelijk

qualifier ['kwɒlɪfaɪə] *znw* ❶ gramm bepalend woord ❷ sp geplaatste (deelnemer)

qualify ['kwɒlɪfaɪ] **I** *overg* ❶ bevoegd, bekwaam maken (voor, tot *for*) ❷ kwalificeren, aanduiden ❸ (nader) bepalen ❹ wijzigen ❺ matigen, verzachten, verzwakken, beperken **II** *onoverg* ❶ zich bekwamen of de bevoegdheid verwerven (voor een ambt &), examen doen ❷ in aanmerking komen ❸ sp geplaatst worden

qualifying ['kwɒlɪfaɪɪŋ] *bn* kwalificerend, kwalificatie- ★ *a ~ examination* vergelijkend examen ★ *the ~ round* voorronde

qualitative ['kwɒlɪtətɪv] *bn* kwalitatief

qualitative analysis ['kwɒlɪtətɪv ə'næləsɪs] *znw* kwalitatieve analyse

quality ['kwɒlətɪ] **I** *bn* kwaliteits- ★ *a ~ newspaper* een kwaliteitskrant **II** *znw* ❶ kwaliteit, (goede) hoedanigheid ★ *first ~* prima kwaliteit ★ *the ~ of life* leefbaarheid, kwaliteit van het bestaan ❷ eigenschap ❸ deugd ❹ hoge maatschappelijke stand ★ Br gedat *the ~* de mensen van stand, de grote lui

quality assessment ['kwɒlətɪ ə'sesmənt] *znw* kwaliteitsbeoordeling

quality assurance ['kwɒlətɪ ə'ʃɔ:rəns] *znw* kwaliteitswaarborg

quality check ['kwɒlətɪ tʃek] *znw* kwaliteitscontrole

quality circle ['kwɒlətɪ 'sɜ:kl] *znw* kwaliteitskring

quality control ['kwɒlətɪ kən'trəʊl] *znw* kwaliteitscontrole, kwaliteitsbewaking

quality paper ['kwɒlətɪ 'peɪpə] *znw* kwaliteitskrant

quality standard ['kwɒlətɪ 'stændəd] *znw* kwaliteitsnorm, kwaliteitseis

quality time ['kwɒlətɪ taɪm] *znw* tijd die drukbezette ouders vrijmaken om intensief met hun kinderen bezig te zijn ‹ook gebruikt voor andere dan ouder-kind relaties›

qualm [kwɑ:m] *znw* gewetensbezwaar, scrupule, gevoel van onzekerheid ★ *have no ~s about sth* geen moeite met iets hebben

qualmish ['kwɑ:mɪʃ, 'kwɔ:mɪʃ] *bn* misselijk, wee

quandary ['kwɒndərɪ] *znw* dilemma, moeilijk parket ★ *be in a ~* in tweestrijd staan

quango ['kwæŋəʊ] afkeurend afk (quasi-autonomous non-governmental organisation) semioverheidsinstelling

quant [kwɒnt] *znw* (schippers)boom

quantifiability ['kwɒntɪfaɪə'bɪlətɪ] *znw* kwantificeerbaarheid

quantifiable ['kwɒntɪfaɪəbl] *bn* kwantificeerbaar

quantification [kwɒntɪfɪ'keɪʃn] *znw* kwantificering

quantify ['kwɒntɪfaɪ] *overg* de hoeveelheid meten of bepalen

quantitate ['kwɒntɪteɪt] med & biol *overg* ❶ de mate of hoeveelheid bepalen van ❷ kwantificeren

quantitative ['kwɒntɪtətɪv] *bn* kwantitatief

quantity ['kwɒntətɪ] *znw* ❶ kwantiteit, hoeveelheid ★ *a negligible ~* onbelangrijke persoon of zaak ★ *a ~ discount* kwantumkorting, korting bij afname van grote hoeveelheden ★ *a ~ of* een hoeveelheid ❷ grootheid ★ *an unknown ~* een onbekende grootheid ❸ menigte ★ *in ~* in groten getale, in grote hoeveelheden ❹ (klinker)lengte

quantity surveyor ['kwɒntətɪ sə'veɪə] *znw* kostendeskundige, bouwkundige die bestek maakt

quantity theory ['kwɒntətɪ 'θɪərɪ] econ *znw* ★ *the ~* de kwantiteitstheorie

quantum ['kwɒntəm] *znw* [*mv*: quanta] ❶ kwantum ❷ benodigde hoeveelheid ‹geld &› ❸ aandeel, quotum

quantum leap ['kwɒntəm li:p] *znw* een spectaculaire

stap vooruit, een grote sprong voorwaarts

quantum mechanics ['kwɒntəm mɪ'kænɪks] *znw* [mv] kwantummechanica

quantum physics ['kwɒntəm 'fɪzɪks] *znw* [mv] kwantumfysica

quantum theory ['kwɒntəm 'θɪərɪ] *znw* kwantumtheorie

quarantine ['kwɒrəntiːn] **I** *znw* quarantaine **II** *overg* in quarantaine plaatsen

quark [kwaːk] *znw* ❶ natuurk quark ❷ kwark

quarrel ['kwɒrəl] **I** *znw* ruzie, twist ★ *a ~ about money* een onenigheid over geld ★ *a ~ between the neighbours* een burenruzie ★ *have no ~ with sbd* geen reden tot klagen over iem. hebben ★ *have no ~ with sth* ergens niets tegen hebben, ergens niets op aan te merken hebben **II** *onoverg* ❶ ruziemaken, twisten, krakelen ★ *~ with sbd* ruziemaken met iem., aanmerkingen maken op iem. ❷ kijven (over *about / over*)

quarreller ['kwɒrələ], Am **quarreler** *znw* twister, ruziezoeker

quarrelsome ['kwɒrəlsəm] *bn* twistziek

quarry ['kwɒrɪ] **I** *znw* ❶ opgejaagd wild, prooi (ook fig) ❷ steengroeve **II** *overg* (uit)graven, opdelven **III** *onoverg* graven

quarryman ['kwɒrɪmən] *znw* arbeider in een steengroeve

quart ['kwɔːt] *znw* een kwart **gallon** ‹1,136 liter› ★ *he likes his ~ every evening* hij heeft elke avond graag zijn pintje / potje bier

quartan ['kwɔːtən] med *znw* derdendaagse koorts

quarter ['kwɔːtə] **I** *znw* ❶ vierde (deel), vierendeel, vierde part(je), kwart ★ *divide / fold & sth into ~s* iets in vieren verdelen / vouwen & ❷ Am munt van 25 dollarcent ❸ kwartaal, trimester ❹ kwartier ★ *a ~ of an hour* een kwartier ❺ sp kwart speeltijd ‹in basketbal, Amerikaans en Australisch voetbal› ❻ Br gewicht 12,7 kg, Am gewicht 11,34 kg, 2,908 hl ‹Britse inhoudsmaat voor graan &›, kwart fathom, kwart Engelse mijl ‹wedren› ❼ buurt, (stads)wijk ❽ windstreek ❾ fig hoek, kant, richting ❿ scheepv achterwerk ⓫ genade **II** *overg* ❶ in vieren (ver)delen ❷ vierendelen ❸ mil inkwartieren (bij *at*) ❹ afzoeken ‹jacht›

quarterback ['kwɔːtəbæk] Am voetbal *znw* kwartback

quarter day ['kwɔːtə deɪ] *znw* kwartaaldag, betaaldag

quarterdeck ['kwɔːtədek] scheepv *znw* achterdek, officiersdek

quarterfinal [kwɔːtə'faɪnl] sp *znw* kwartfinale

quartering ['kwɔːtərɪŋ] *znw* ❶ verdeling in vieren ❷ vierendeling ❸ mil inkwartiering ❹ herald kwartier

quarterly ['kwɔːtəlɪ] **I** *bn* driemaandelijks, kwartaal- **II** *bijw* per drie maanden **III** *znw* driemaandelijks tijdschrift

quartermaster ['kwɔːtəmɑːstə] *znw* ❶ mil kwartiermeester ❷ scheepv stuurman

quartermaster general ['kwɔːtəmɑːstə 'dʒenərəl] mil

znw kwartiermeester-generaal

quartermaster sergeant ['kwɔːtəmɑːstə 'sɑːdʒənt] mil *znw* foerier

quarter note ['kwɔːtə nəʊt] muz *znw* kwartnoot

quarter pounder ['kwɔːtə 'paʊndə] *znw* hamburger van een kwart pond

quarters ['kwɔːtəz] *znw* [mv] ❶ kwartier, kwartieren, verblijven, kamer(s), vertrek, vertrekken, huisvesting, plaats ★ *at close ~* (van) dichtbij ★ *from all ~* van alle kanten ★ *in high ~* in regeringskringen ★ *be confined to ~* huisarrest hebben ★ *come to close ~* handgemeen worden ★ *live at / in close ~* kleinbehuisd zijn ❷ dierk achterste, achterhand ‹v. paard›

quarter sessions ['kwɔːtə 'seʃənz] hist *znw* [mv] driemaandelijkse zittingen van de vrederechters

quarter-tone ['kwɔːtə-təʊn] muz *znw* kwarttoon

quartet [kwɔː'tet], **quartette** *znw* ❶ muz kwartet ❷ viertal

quartile ['kwɔːtaɪl] *znw* kwartiel

quarto ['kwɔːtəʊ] *znw* ❶ kwartijn ❷ kwarto

quartz [kwɔːts] *znw* kwarts

quartz clock [kwɔːts klɒk] *znw* kwartsklok

quartz watch [kwɔːts wɒtʃ] *znw* kwartshorloge

quasar ['kweɪzɑː] astron *znw* quasar

quash [kwɒʃ] *overg* ❶ onderdrukken, verijdelen, de kop indrukken ❷ jur vernietigen, casseren

quasi- ['kwɑːzɪ, 'kweɪzaɪ] *voorv* quasi-

quaternary [kwə'tɜːnərɪ] *bn* vierdelig, viertallig ★ *~ number* vier

quaternion [kwə'tɜːnɪən] wisk *znw* viertal

quatrain ['kwɒtreɪn] *znw* kwatrijn, vierregelig vers

quaver ['kweɪvə] **I** *znw* ❶ trilling ❷ muz triller ❸ muz achtste noot **II** *overg* trillend of met bevende stem uitbrengen (ook: *~ out*) **III** *onoverg* ❶ trillen ❷ muz vibreren

quavery ['kweɪvərɪ] *bn* beverig

quay [kiː] *znw* kaai, kade

queasy ['kwiːzɪ] *bn* ❶ misselijk, zwak ‹v. maag› ❷ walgelijk ‹v. voedsel› ❸ kieskeurig, teergevoelig

Quebec [kwɪ'bek, kə'bek, ke'bek] *znw* de letter Q ‹in het internationaal alfabet›

queen [kwiːn] **I** *znw* ❶ koningin ❷ kaartsp vrouw, dame, schaken dame ★ *the ~ of hearts* de hartenvrouw ❸ beledigend flikker, nicht **II** *overg* promoveren tot dame ‹bij schaken› ▼ *inf ~ it over sbd* de baas spelen over iem.

Queen Ann's lace [kwiːn ænz 'leɪs] *znw* wilde peen ‹schermbloemige plant›

queen bee [kwiːn biː] *znw* bijenkoningin

queen consort [kwiːn 'kɒnsɔːt] *znw* gemalin ‹v.d. koning›

queen dowager [kwiːn 'daʊədʒə] *znw* koningin-weduwe

queenlike ['kwiːnlɪk], **queenly** *bn* als (van) een koningin

Queen Mother [kwiːn 'mʌðə] *znw* koningin-moeder

Queen's Counsel [kwiːnz 'kaʊnsəl], **QC** *znw* Queen's

Counsel ⟨ererang voor advocaten⟩

Queen's evidence [kwi:nz 'evɪdns] Br jur znw getuigenis door een misdadiger tegen een medeplichtige

queenside ['kwi:nsaɪd] schaken znw damevleugel ⟨de koninginnenkant van het schaakbord⟩

queen-size ['kwi:n-saɪz], **queen-sized** bn queensize ⟨groter dan normaal, maar kleiner dan kingsize⟩

queer [kwɪə] **I** bn ❶ wonderlijk, zonderling, vreemd, gek, raar ❷ verdacht ❸ inf homo-, flikker- ❹ inf getikt ▾ inf in / on ~ street in moeilijkheden **II** znw beledigend homo, flikker **III** overg ★ Br ~ sbd's pitch het voor een ander bederven

---

queer

in de betekenis **homo, flikker** wordt als beledigend gezien wanneer het door niet-homoseksuelen wordt gebruikt. Door homoseksuelen onderling wordt de term ook gebruikt, maar zonder die negatieve bijklank.
Vergelijk het Nederlandse woord *flikker*.

---

queer bashing [kwɪə 'bæʃɪŋ] znw inf potenrammen

queerish ['kwɪərɪʃ] bn enigszins vreemd

quell [kwel] overg onderdrukken, bedwingen, dempen

quench [kwentʃ] overg ❶ blussen, uitdoven, dempen, lessen ★ ~ one's thirst zijn dorst lessen ❷ afkoelen, doen bekoelen

quenchless ['kwentʃləs] dicht bn onuitblusbaar, onlesbaar

quenelle [kə'nel] znw klein gekruid gehakt- of visballetje

quern [kwɜ:n] znw handmolen

querulous ['kwerʊləs] bn klagend, kribbig

querulously ['kwerʊləslɪ] bijw klagerig, verongelijkt

query ['kwɪərɪ] **I** znw ❶ vraag, twijfel, tegenwerping ❷ vraagteken ❸ comput query ⟨opdracht om gegevens in een database op te zoeken⟩ **II** overg ❶ vragen ❷ een vraagteken zetten bij ❸ betwijfelen **III** onoverg vragen

query language ['kwɪərɪ 'læŋgwɪdʒ] comput znw zoektaal

quest [kwest] **I** znw ❶ onderzoek, onderzoeking, zoeken ★ in ~ of sth zoekende naar iets ❷ speurtocht, naspeuring ★ abandon the ~ de zoektocht stopzetten ★ embark on a ~ op zoektocht gaan **II** overg & onoverg dicht zoeken ★ ~ after sth op zoektocht gaan naar iets

question ['kwestʃən] **I** znw ❶ vraag, kwestie ★ a leading ~ een suggestieve vraag ★ beside the ~ niet aan de orde, daar gaat het niet om ★ the matter in ~ de zaak in kwestie, de zaak waar het om gaat ★ the person in ~ de persoon in kwestie, de bewuste persoon ★ no ~ of sth geen sprake van iets ★ out of the ~ geen sprake van, geen kwestie van, uitgesloten ★ be a ~ of doing sth nodig zijn ★ beg the ~ iets als waar aannemen ⟨wat niet bewezen is⟩ ★ come into ~ onderwerp voor discussie worden ★ pose a ~ een vraag stellen ★ put the ~ tot stemming overgaan

❷ vraagstuk ❸ interpellatie ★ ~s without notice ⟨bij vergaderingen⟩ rondvraag ❹ twijfel ★ no ~ about it geen twijfel aan ★ beyond ~ zonder twijfel, ongetwijfeld, buiten kijf ★ open to ~ twijfelachtig ★ past ~ zonder twijfel, buiten kijf ★ without ~ zonder de minste bedenking, grif, ongetwijfeld, onbetwistbaar ★ bring / call sth into ~ iets in twijfel trekken, iets aanvechten, in discussie brengen **II** overg ❶ vragen, ondervragen, uitvragen ❷ onderzoeken ⟨feiten, verschijnselen⟩ ❸ in twijfel trekken, betwijfelen ❹ betwisten, aanvechten, in discussie brengen

questionable ['kwestʃənəbl] bn ❶ twijfelachtig, aanvechtbaar ❷ onzeker, verdacht ❸ bedenkelijk

questionary ['kwestʃənərɪ] znw vragenlijst ⟨vooral medisch⟩

questioner ['kwestʃənə] znw ❶ vrager, vraagsteller ❷ interpellant ❸ ondervrager, examinator

questioning ['kwestʃənɪŋ] bn vragend ★ a ~ look een vragende blik

question mark ['kwestʃən mɑ:k] znw ❶ vraagteken ❷ mysterie, onzekerheid ★ a ~ hangs over the project er is onzekerheid omtrent het project

question master ['kwestʃən 'mɑ:stə] znw ❶ discussieleider ❷ quizmaster

questionnaire [kwestʃə'neə] znw vragenlijst

question tag ['kwestʃən tæg] gramm znw afsluitende vraagconstructie ⟨aan het eind van de zin⟩

question time ['kwestʃən taɪm] znw vragenuurtje in Parlement

queue [kju:] **I** znw ❶ queue, file, rij ❷ fig & comput wachtlijst, wachtrij ❸ hist (mannen)haarvlecht, staartje **II** onoverg in de rij staan ★ ~ up in de rij gaan staan

queue jumper [kju: 'dʒʌmpə] afkeurend znw iem. die vóórdringt ⟨voor zijn beurt gaat⟩

queue jumping [kju: 'dʒʌmpɪŋ] afkeurend znw het voordringen

queue time [kju: taɪm] znw wachttijd

quibble ['kwɪbl] **I** znw ❶ spitsvondigheid, chicane ❷ geharrewar, gehakketak **II** onoverg ❶ spitsvondigheden gebruiken, chicaneren ❷ harrewarren, hakketakken

quibbler ['kwɪblə] znw chicaneur

quiche [ki:ʃ] znw quiche ⟨hartige taart⟩

quick [kwɪk] **I** tsw vlug wat!, haast je! **II** bn ❶ vlug, snel, gezwind, gauw ★ ~ as a flash bliksemsnel ★ ~ at doing sth ergens snel mee zijn ★ in ~ succession vlug achter elkaar ★ ~ off the mark er snel bij ★ ~ on the draw snel reagerend ★ ~ to learn vlug in het leren ★ be ~ about it er vlug mee zijn, ermee voortmaken, opschieten ❷ levendig ❸ vlug van begrip ❹ scherp ⟨oor &⟩ ❺ vero levend ★ the ~ and the dead de levenden en de doden **III** bijw inf vlug, gauw, snel **IV** znw levend vlees ★ to the ~ tot op het leven, tot in de ziel ★ cut sbd to the ~ iem. diep krenken

quick-and-dirty [kwɪk-ən-'dɜ:tɪ] bn & bijw Am inf

qu

geïmproviseerd, slordig, afgeraffeld

quicken ['kwɪkən] **I** *overg* ❶ verlevendigen ❷ aanmoedigen, aanzetten ❸ bespoedigen ★ ~ *one's pace* zijn pas versnellen ❹ vero (weer) levend maken **II** *onoverg* ❶ opleven ❷ sneller worden ★ *his pulse* ~*ed* zijn hartslag werd sneller

quick-fire ['kwɪk-faɪə], **quickfire** *bn* snel achterelkaar

quick fix [kwɪk fɪks] inf *znw* lapmiddel

quick-freeze ['kwɪk-fri:z] *overg* in-, diepvriezen

quickie ['kwɪkɪ] inf *znw* vluggertje

quicklime ['kwɪklaɪm] *znw* ongebluste kalk

quick-lunch bar [kwɪk-'lʌntʃ bɑ:] *znw* snelbuffet

quick march [kwɪk mɑ:tʃ] **I** *tsw* voorwaarts mars! **II** *znw* mil gewone marspas

quickness ['kwɪknəs] *znw* levendigheid, vlugheid, snelheid, gauw(ig)heid ★ ~ *of temper* opvliegendheid

quick one [kwɪk wʌn] inf *znw* ❶ gauw een borrel ❷ een vluggertje, een snelle wip

quick-release ['kwɪk-rɪ'li:s] *bn* snel afneembaar, snel uitneembaar, snel loslatend

quicksand ['kwɪksænd] *znw* drijfzand

quickset hedge ['kwɪkset hedʒ] *znw* levende haag

quicksilver ['kwɪksɪlvə] gedat *znw* kwik(zilver)

quickstep ['kwɪkstep] *znw* quickstep ⟨dans⟩

quick-tempered ['kwɪk-'tempəd] *bn* opvliegend

quick-witted [kwɪk-'wɪtɪd] *bn* vlug (van begrip), gevat, slagvaardig

quid [kwɪd] *znw* ❶ inf pond (sterling) ❷ pruim (tabak)

quiddity ['kwɪdətɪ] filos *znw* ❶ wezenlijkheid ❷ spitsvondigheid

quid pro quo ['kwɪd prəʊ 'kwəʊ] ⟨*Lat*⟩ *znw* ❶ vergoeding, tegenprestatie ❷ leer om leer

quiescence [kwaɪ'esəns, kwɪ'esəns] dicht *znw* rust, kalmte

quiescent [kwaɪ'esənt, kwɪ'esənt] dicht *bn* rustig, vredig, stil

quiet ['kwaɪət] **I** *tsw* ❶ koest! ❷ stil!, zwijg! **II** *bn* ❶ rustig, stil, bedaard, kalm, vreedzaam ⟨lam⟩, mak ⟨paard⟩ ★ *keep / be* ~! stil!, zwijg! ★ *as* ~ *as the grave* doodstil ★ *as* ~ *as a mouse / lamb* muisstil ★ *on the* ~ in het geheim, stilletjes, stiekem ★ *do anything for a* ~ *life* problemen vermijden ★ *fall* ~ opeens stil worden ★ *grow* ~ stil worden ★ *keep sth* ~ iets geheim houden, iets stil houden, niet praten over iets ❷ niet opzichtig, stemmig ⟨japon⟩ ❸ monotoon **III** *znw* ❶ rust, stilte, vrede ★ *call for* ~ om stilte vragen ❷ bedaardheid, kalmte **IV** *overg* doen bedaren, kalmeren, stillen **V** *onoverg* bedaren, kalmeren (meestal: ~ *down*)

quieten ['kwaɪətən] **I** *overg* kalmeren (ook: ~ *down*), tot bedaren brengen **II** *onoverg* kalmeren (ook: ~ *down*), stil worden, bedaren

quietism ['kwaɪətɪzm] *znw* quiëtisme ⟨mystieke beweging binnen het christendom⟩

quietness ['kwaɪətnəs] *znw* rust, rustigheid, stilte, kalmte

quietude ['kwaɪɪtju:d] form *znw* rust, vrede

quietus [kwaɪ'i:təs] dicht *znw* ★ *get one's* ~ de

doodsteek / genadeslag krijgen

quiff [kwɪf] *znw* ❶ lok over het voorhoofd ❷ vetkuif

quill [kwɪl] *znw* ❶ schacht ❷ (veren)pen ❸ stekel ⟨v. stekelvarken⟩

quill feather [kwɪl 'feðə] *znw* slagpen

quilt [kwɪlt] **I** *znw* ❶ gewatteerde of gestikte deken of sprei ❷ dekbed **II** *overg* stikken, watteren

quilted ['kwɪltɪd] *bn* gewatteerd

quin [kwɪn] inf *znw* → quintuplet

quinary ['kwaɪnərɪ] *bn* vijfdelig, vijftallig

quince [kwɪns] *znw* kwee(peer)

quinella [kwɪ'nelə] *znw* weddenschap waarin de eerste twee worden voorspeld ⟨hoeft niet op volgorde⟩

quinine ['kwɪni:n] *znw* kinine

quinoa [kwɪ'nəʊə, 'ki:nəʊə] *znw* quinoa ⟨aan spinazie verwant gewas uit Zuid-Amerika⟩

quinquennial [kwɪŋ'kwenɪəl] *bn* ❶ vijfjarig ❷ vijfjaarlijks

quinquennium [kwɪŋ'kwenɪəm] *znw* [*mv*: -s of quinquennia] vijfjarige periode

quinsy ['kwɪnzɪ] *znw* keelontsteking, angina

quintal ['kwɪntl] *znw* Engels gewicht ⟨100 Engelse ponden of 100 kilo⟩, centenaar, kwintaal

quintessence [kwɪn'tesəns] *znw* kwintessens, kern, essentie, toppunt ★ *the* ~ *of political correctness* het toppunt van politieke correctheid

quintessential [kwɪntɪ'senʃəl] *bn* wezenlijk, zuiver(st) ★ *the* ~ *dumb blonde* het ultieme domme blondje

quintet [kwɪn'tet], **quintette** *znw* ❶ muz kwintet ❷ vijftal

quintuple ['kwɪntjʊpl] **I** *bn* vijfvoudig **II** *znw* vijfvoud **III** *overg* vervijfvoudigen

quintuplet ['kwɪntjʊplɪt], inf **quin** *znw* vijfling

quip [kwɪp] **I** *znw* ❶ geestige opmerking ❷ schimpscheut ❸ kwinkslag, spitsvondigheid **II** *onoverg* schertsen

quire ['kwaɪə] *znw* katern, boek ⟨24 vel⟩ ★ *in* ~*s* in losse vellen ⟨v. boek⟩

quirk [kwɜ:k] *znw* ❶ hebbelijkheid, eigenaardigheid, gril ★ *a* ~ *of fate* een speling van het lot ❷ truc, list

quirky ['kwɜ:kɪ] *bn* eigenaardig, grillig

quirt [kwɜ:t] *znw* korte rijzweep

quisling ['kwɪzlɪŋ] *znw* quisling, landverrader, collaborateur

quit [kwɪt] Am **I** *bn* vrij, verlost ★ *be* ~ *of sth* verlost zijn van iets, iets kwijt zijn **II** *overg* [quitted/quit, quitted/quit] ❶ verlaten ❷ laten varen, loslaten ❸ overlaten ❹ inf ophouden (uitscheiden) met ❺ comput beëindigen ⟨van een programma enz.⟩ **III** *onoverg* [quitted/quit, quitted/quit] ❶ de woning ontruimen ★ *give / serve notice to* ~ een ontruimingsbevel geven ❷ heen-, weggaan, er vandoor gaan ❸ inf (het) opgeven, ophouden, uitscheiden ★ *she's* ~ *as instructor* ze is opgehouden met lesgeven

quite [kwaɪt] **I** *tsw*, **quite so** precies, absoluut **II** *bijw* ❶ geheel (en al), heel, helemaal, volkomen,

absoluut ★ ~ *frankly* / *honestly* om eerlijk te zijn ★ ~ *the best* / *nicest* / *worst* & verreweg het beste / leukste / ergste & ★ ~ *some* nogal wat ★ inf ~ *something* heel wat ❷ zeer ❸ wel, best, heel goed ‹mogelijk &› ❹ bepaald ★ *it's not* ~ *the thing* het is niet zoals het hoort ❺ nog maar

quits [kwɪts] *bn* quitte ★ *be* ~ *with sbd* iem. betaald zetten ★ *call it* ~ het erbij laten

quittance [ˈkwɪtns] dicht *znw* ❶ vrijstelling ❷ kwijting ❸ beloning, vergelding ❹ kwitantie ▼ *get one's* ~ de deur gewezen worden

quitter [ˈkwɪtə] *znw* wie je in de steek laat, wie (het) opgeeft, deserteur, lafaard

quiver [ˈkwɪvə] **I** *znw* ❶ pijlkoker ★ *still have an arrow* / *a shaft left in one's* ~ nog niet al zijn pijlen verschoten hebben ❷ trilling, beving, siddering **II** *overg* doen trillen, doen beven, doen sidderen **III** *onoverg* trillen, beven, sidderen ★ ~ *with fear* sidderen van angst

qui vive [kiːˈviːv] *(‹Fr)* *znw* ★ *on the* ~ op zijn hoede

quixotic [kwɪkˈsɒtɪk] dicht *bn* donquichotterig

quixotically [kwɪkˈsɒtɪklɪ] dicht *bijw* donquichotterig

quixotism [ˈkwɪksətɪzm], **quixotry** *znw* donquichotterie

quiz [kwɪz] **I** *znw* [*mv*: quizzes] ❶ ondervraging, vraag(spel), quiz ❷ Am inf tentamen **II** *overg* ondervragen, aan de tand voelen

quizmaster [ˈkwɪzmɑːstə] *znw* quizmaster

quizzical [ˈkwɪzɪkl] *bn* ❶ spottend ❷ snaaks ❸ komisch

quod [kwɒd] Br gedat *znw* nor, doos, gevang

quod erat demonstrandum [ˈkwɒd ˈeræt demənˈstrændʊm] *(‹Lat)*, **QED** *znw* wat bewezen moet worden

quoin [kɔɪn] *znw* ❶ hoek, hoeksteen ❷ wig

quoit [kɔɪt] *znw* werpring

quoits [kɔɪts] *znw* [*mv*] ringwerpen

quokka [ˈkwɒkə] *znw* quokka ‹kleine kangoeroe›

Quonset hut® [ˈkwɒnsɪt hʌt] *znw* nissenhut, quonsethut ‹barak met rond dak van golfplaten›

quorate [ˈkwɔːrɪt] *onoverg* quorum hebben ‹bij vergadering›

Quorn® [kwɔːn] *znw* quorn ‹vleesvervanger›

quorum [ˈkwɔːrəm] *znw* quorum ‹voldoende aantal leden om een wettig besluit te nemen›

quota [ˈkwəʊtə] *znw* ❶ (evenredig) deel, aandeel, contingent ❷ quota ★ *a fishing* / *milk* & ~ een visquota / melkquota & ★ *exceed one's* ~ zijn quota overschrijden ★ *impose a* ~ een quota instellen ❸ kiesdeler

> **quota**
> is in het Engels enkelvoud. Het meervoud is **quotas**.

quotable [ˈkwəʊtəbl] *bn* aangehaald kunnende worden, geschikt om te citeren

quota system [ˈkwəʊtə ˈsɪstəm] *znw* contingentering

quotation [kwəʊˈteɪʃən] *znw* ❶ aanhaling, citaat ★ *a* ~ *from the Bible* een citaat uit de Bijbel ❷ handel notering, koers, prijs ❸ prijsopgave, offerte ★ *get* / *give a* ~ een offerte uitbrengen, een prijs noemen

quotation marks [kwəʊˈteɪʃən ˈmɑːksmən], **quotes** *znw* [*mv*] aanhalingstekens ★ *put sth in* ~ iets tussen aanhalingstekens zetten

quote [kwəʊt] **I** *znw* aanhaling, citaat ★ ~*unquote* met beide handen gemaakt gebaar in de lucht om aan te geven dat het gesprokene tussen aanhalingstekens moet worden gedacht (omdat het een citaat is, omdat het ironiserend bedoeld is enz.) **II** *overg* ❶ aanhalen, citeren ❷ handel opgeven, noteren (prijzen)

quoth [kwəʊθ] vero of scherts *overg* zei (ik, hij of zij)

quotidian [kwɒˈtɪdɪən] form *bn* ❶ dagelijks ❷ alledaags

quotient [ˈkwəʊʃənt] wisk *znw* quotiënt

Quran [kʊˈrɑːn, kʊˈræn] *znw* Koran

R

R & B [ɑːr ən(d) biː] *afk* → **rhythm and blues**

R & D [ɑːr ən(d) diː] *afk* (research & development) onderzoek & ontwikkeling

r [ɑː(r)] *znw* (de letter) r ★ *the three Rs* ‹reading, (w)riting, (a)rithmetic› lezen, schrijven en rekenen ‹als minimum van onderwijs›

rabbi ['ræbaɪ] *znw* rabbi, rabbijn

rabbinic [rə'bɪnɪk], **rabbinical** *bn* rabbijns

rabbit ['ræbɪt] **I** *znw* ❶ konijn ★ *inf breed like ~s* fokken als konijnen ★ *pull a ~ out of the hat* een konijn uit de hoed toveren ❷ *Am* haas ❸ *inf* slecht speler, kruk **II** *onoverg* op konijnen jagen ▼ *~ on about sth* ergens over doorzeuren

rabbit food ['ræbɪt fuːd] scherts *znw* konijnenvoer, groente, sla,

rabbit hutch ['ræbɪt hʌtʃ] *znw* konijnenhok

rabbit punch ['ræbɪt pʌntʃ] *znw* nekslag

rabbit warren ['ræbɪt 'wɒrən] *znw* ❶ konijnenberg ❷ *fig* huurkazerne ❸ doolhof ‹v. straten en huizen &›

rabble ['ræbl] *znw* grauw, gepeupel, gespuis

rabble-rouser ['ræbl-raʊzə] *znw* demagoog, volksmenner, agitator

rabble-rousing ['ræbl-raʊzɪŋ] **I** *bn* demagogisch, opruiend **II** *znw* demagogie, volksmennerij

rabid ['ræbɪd] *bn* ❶ dol ❷ razend, woest, rabiaat

rabies ['reɪbiːz] *znw* hondsdolheid

RAC *afk* (Royal Automobile Club) Britse tegenhanger van de ANWB

raccoon [rə'kuːn] *znw* → **racoon**

race [reɪs] **I** *znw* ❶ wedloop, wedren, wedstrijd, race ★ *~ against time / the clock* race tegen de klok ★ *Aus & NZ inf not be in the ~* geen kans hebben, kansloos zijn ★ *inf throw the ~* een wedstrijd opzettelijk verliezen ❷ loop ‹v. maan, zon, leven &› ❸ ras, geslacht, afkomst ★ *the human ~* het mensdom ★ *bureaucrats are a ~ apart* bureaucraten zijn een apart slag ★ *discrimination on the grounds of ~* rassendiscriminatie ★ Br afkeurend *play the ~ card* op een racistische manier campagne voeren **II** *overg* ❶ laten lopen ‹in wedren› ❷ racen met ❸ snel laten gaan ★ *~ a bill through parliament* een wetsontwerp er door jagen **III** *onoverg* ❶ racen, rennen, snellen, jagen, vliegen, wedlopen, harddraven ★ *her thoughts were racing* er ging van alles door haar hoofd ❷ techn doorslaan ‹machine›

racecard ['reɪskɑːd] *znw* wedrenprogram, wedstrijdboekje

racecourse ['reɪskɔːs] *znw* renbaan

racegoer ['reɪsgəʊə] *znw* iemand die regelmatig naar het paardenrennen gaat

racehorse ['reɪshɔːs] *znw* renpaard

raceme [rə'siːm] plantk *znw* tros ‹bloeiwijze›

race meeting ['reɪsmiːtɪŋ] *znw* wedren(nen)

racer ['reɪsə] *znw* ❶ hardloper, renner ❷ harddraver ❸ racefiets, raceauto, wedstrijdjacht &

race relations [reɪs rɪ'leɪʃənz] *znw* [mv] rassenverhoudingen

race riot [reɪs 'raɪət] *znw* rassenrel

races ['reɪsɪz] *znw* ★ *the ~* paardenrennen

racetrack ['reɪstræk] *znw* renbaan

rachitis [ræ'kaɪtɪs] gedat *znw* rachitis, Engelse ziekte

Rachmanism ['rækmənɪzm] Br *znw* systematische intimidatie v. huurders

racial ['reɪʃəl] *bn* rassen-, ras-

racialism ['reɪʃəlɪzəm] *znw* → **racism**

racialist ['reɪʃəlɪst] **I** *bn* racistisch **II** *znw* racist

racing car ['reɪsɪŋ kɑː] *znw* raceauto

racing driver ['reɪsɪŋ 'draɪvə] *znw* autocoureur, wedstrijdrijder

racing pigeon ['reɪsɪŋ 'pɪdʒɪn] *znw* postduif, wedstrijdduif

racing stable ['reɪsɪŋsteɪbl] *znw* renstal

racing start ['reɪsɪŋ stɑːt] *znw* startvoorsprong

racism ['reɪsɪzəm], **racialism** *znw* racisme

racist ['reɪsɪst] **I** *bn* racistisch **II** *znw* racist

rack [ræk] **I** *znw* ❶ rek, kapstok, rooster ★ *a drying ~* een droogrek ★ *off-the-~ clothing* confectiekleren ❷ bagagerek, bagagenet ❸ ruif ❹ techn heugel, tandreep ❺ pijnbank ★ *be on the ~* op de pijnbank liggen, gepijnigd worden, zich inspannen ★ *go to ~ and ruin* geheel te gronde gaan ❻ rack ‹driehoek met biljartballen in pool en snooker› ❼ *Am* gewei ❽ muz mengpaneel ‹om verschillende klankkleuren te verkrijgen› ❾ rendraf, gebroken telgang ❿ ribstuk ‹v. lam› **II** *overg* ❶ op de pijnbank leggen ❷ fig pijnigen, folteren, afpersen, uitmergelen ★ *~ one's brains (about sth)* zich het hoofd breken (over iets) ❸ overhevelen ‹v. wijn en bier zodat alleen het bezinksel achterblijft› **III** *phras* ★ Aus inf *~ off* ophoepelen ★ *~ sth* **up** iets vullen ‹ruif &›, iets presteren, iets halen ‹hoge score›

rack-and-pinion [ræk-ən-'pɪnjən] techn *bn* heugel en rondsel

racket ['rækɪt] **I** *znw* ❶ **racquet** sp racket ❷ **racquet** sp sneeuwschoen ❸ leven, kabaal, herrie, drukte ★ *he had to shout to be heard above the ~* hij moest schreeuwen om boven het lawaai uit te komen ❹ gezwier ❺ zwendel, georganiseerde afpersing, (afpersings)truc ★ Br inf *what's your ~?* wat doe je voor de kost? ★ Br inf *he's in on the ~* hij weet ervan, hij hoort ook bij de club **II** *onoverg* ❶ herrie, kabaal & maken ❷ aan de zwier zijn (~ *about*)

racketeer [rækə'tɪə] **I** *znw* inf (geld)afperser ‹door bedreiging met geweld› **II** *onoverg* afpersen, chanteren

racketeering [rækə'tɪərɪŋ] *znw* gangsterpraktijken ‹afpersing, chantage, omkoperij›

rackety ['rækətɪ] *bn* lawaaierig

racking ['rækɪŋ] *bn* pijnlijk ★ *a ~ cough* een pijnlijke hoest

rack railway ['rækreɪlweɪ] *znw* tandradbaan
rack rent [ræk rent] *znw* exorbitant hoge pacht of huur
rack-rent ['ræk-rent] gedat *overg* exorbitante pacht of huur eisen van (voor)
raconteur [rækɒn'tɜ:] *‹Fr› znw* (goede) verteller
racoon [rə'ku:n], **raccoon** *znw* gewone wasbeer
racquet ['rækɪt] *znw* → **racket**
racy ['reɪsɪ] *bn* ❶ gewaagd, pikant ❷ pittig, geurig ‹v. wijn &› ❸ levendig, krachtig, snel, sportief
rad [ræd] inf *bn* (radical) geweldig, tof, heftig
radar ['reɪ:da:] *znw* radar
radar gun ['reɪ:da: gʌn] *znw* radarpistool
radar trap ['reɪ:da: træp] *znw* snelheidscontrole d.m.v. radar, radarcontrole
raddle ['rædl], **reddle** *znw* roodaarde, rode oker
raddled ['rædld] *bn* ❶ zwaar opgemaakt ‹gezicht› ❷ verward ❸ vervallen, ingevallen ‹gezicht›
radial ['reɪdɪəl] I *bn* ❶ straalsgewijze geplaatst, gestraald, stralen-, straal- ❷ spaakbeen- ❸ radium- II *znw* ❶ **radial engine** stermotor ❷ **radial ply** gordel-, radiaalband
radiance ['reɪdɪəns] *znw* ❶ (uit)straling, glans ❷ schittering, luister
radiant ['reɪdɪənt] I *bn* ❶ uitstralend ❷ schitterend, stralend (van *with*) II *znw* uitstralingspunt, stralingsbron, warmtebron
radiate ['reɪdɪeɪt] I *overg* uitstralen ‹licht, warmte, geluid, liefde &› II *onoverg* stralen, straling uitzenden ★ *confidence ~s from him* hij straalt zelfvertrouwen uit
radiation [reɪdɪ'eɪʃən] *znw* (af-, uit-, be)straling ★ *nuclear ~* radioactieve straling
radiation belt [reɪdɪ'eɪʃən belt] *znw* stralingsgordel ‹rondom een planeet›
radiation sickness [reɪdɪ'eɪʃən 'sɪknəs] *znw* stralingsziekte
radiator ['reɪdɪeɪtə] *znw* radiator ★ *bleed the ~ de* radiator ontluchten
radical ['rædɪkl] I *tsw* Am inf prima!, uitstekend! II *bn* ❶ radicaal, grondig, ingrijpend, drastisch ★ *~ surgery* radicale chirurgie ❷ grond-, wortel-, stam- ❸ fundamenteel, wezenlijk ★ *a ~ difference* een fundamenteel verschil III *znw* ❶ grondwoord, stam, stamletter ❷ wisk wortel(teken) ❸ pol & scheik radicaal
radical chic ['rædɪkl ʃi:k] *znw* salonradicalisme
radicalism ['rædɪkəlɪzəm] *znw* radicalisme
radicalize ['rædɪkəlaɪze], **radicalise** *overg* radicaal maken
radically ['rædɪklɪ] *bijw* ❶ radicaal, in de grond ❷ totaal
radical sign ['rædɪkl saɪn] wisk *znw* wortelteken
radicchio [ræ'di:tʃɪəʊ] *znw* radicchio
radicle ['rædɪkl] plantk *znw* wortelkiem, worteltje
radii ['reɪdɪaɪ] *znw* [mv] → **radius**
radio ['reɪdɪəʊ] I *znw* radio ★ *on the ~* voor de radio (optredend, sprekend, uitzendend of uitgezonden),

voor de microfoon, in de ether ★ *over the ~* door (over, via) de radio, door de ether II *overg & onoverg* seinen, uitzenden per radio
radioactive [reɪdɪəʊ'æktɪv] *bn* radioactief
radioactivity [reɪdɪəʊæk'tɪvɪtɪ] *znw* radioactiviteit
radio alarm ['reɪdɪəʊ ə'la:m], **radio alarm clock** *znw* wekkerradio
radio car ['reɪdɪəʊ ka:] *znw* mobilofoonwagen, politieauto
radiocarbon [reɪdɪəʊ'ka:bən] scheik *znw* radioactieve koolstof
radiochemistry [reɪdɪəʊ'kemɪstrɪ] *znw* radiochemie
radio-controlled ['reɪdɪəʊ-kən'trəʊld] *bn* met radiobesturing, op afstand bestuurd
radio frequency ['reɪdɪəʊ 'fri:kwənsɪ] *znw* radiofrequentie
radiogram ['reɪdɪəʊgræm] *znw* ❶ radio(tele)gram ❷ radiogrammofoon
radiograph ['reɪdɪəʊgra:f] I *znw* röntgenfoto II *overg* radiograferen, doorlichten
radiographer [reɪdɪ'ɒgrəfə] *znw* röntgenoloog
radiography [reɪdɪ'ɒgrəfɪ] *znw* radiografie
radioisotope [reɪdɪəʊ'aɪsətəʊp] *znw* radio-isotoop
radiologist [reɪdɪ'ɒlədʒɪst] *znw* radioloog
radiology [reɪdɪ'ɒlədʒɪ] *znw* radiologie
radio play ['reɪdɪəʊ pleɪ] *znw* hoorspel
radio set ['reɪdɪəʊ set] *znw* radio(toestel)
radio telephone ['reɪdɪəʊ 'telɪfəʊn] *znw* mobilofoon
radio telescope ['reɪdɪəʊ 'telɪskəʊp] *znw* radiotelescoop
radiotherapy [reɪdɪəʊ'θerəpɪ] *znw* radiotherapie, röntgen(stralen)therapie, bestraling
radish ['rædɪʃ] *znw* radijs
radium ['reɪdɪəm] *znw* radium
radius ['reɪdɪəs] *znw* [mv: -es of radii] ❶ straal, radius ★ *the ~ of action* de actieradius, luchtv het vliegbereik ❷ spaak ❸ inf omtrek, omgeving ❹ spaakbeen
radix ['reɪdɪks] *znw* [mv: radices] ❶ wortel, oorsprong, bron ❷ rekenk grondtal
RAF *afk* (Royal Air Force) Britse Koninklijke Luchtmacht
Rafferty's rules ['ræfətɪz 'ru:lz] Aus & NZ inf *znw* [mv] geen regels
raffia ['ræfɪə] *znw* raffia
raffish ['ræfɪʃ] *bn* liederlijk, gemeen, losbandig ★ *it's a wine with a ~ charm* het is een wijn met een soort wilde charme
raffle ['ræfəl] I *znw* loterij, verloting II *overg* verloten
raft [ra:ft] I *znw* vlot, houtvlot II *onoverg* vlotvaren, wildwatervaren, raften
rafter ['ra:ftə] bouwk *znw* (dak)spar
rafting ['ra:ftɪŋ] *znw* raften, wildwatervaren ‹in een rubberboot een snelstromende, woeste rivier afzakken›
raftsman ['ra:ftsmən] *znw* vlotter
rag [ræg] I *znw* ❶ vod, lomp, lor, lap, lapje ★ inf *glad ~s* mooie kleren ★ *(from) ~s to riches* van

ra

armoede naar rijkdom ★ *in* ~*s* in lompen gehuld, aan flarden (hangend) ★ Am inf *be on the* ~ ongesteld zijn ❷ inf krant ★ *the local* ~ het plaatselijke krantje ❸ ragtimemuziek ▾ Br inf *chew the* ~ eindeloos zeuren ▾ inf *lose one's* ~ kwaad worden **II** *overg* pesten, ertussen nemen ★ *she's always being ~ged about her accent* ze wordt altijd gepest vanwege haar accent **III** *onoverg* ★ Am inf ~ *on* doorzeuren, doorzaniken

ragamuffin ['rægəmʌfɪn], **raggamuffin** *znw* schooiertje, boefje

rag-and-bone man [rægən'bəʊnmæn], Am **ragman** *znw* voddenman, lompenkoopman

ragbag ['rægbæg] *znw* ❶ zak voor lappen & ❷ fig allegaartje

rag book [ræg bʊk] *znw* linnen prentenboek

rag doll [ræg 'dɒl] *znw* lappenpop

rage [reɪdʒ] **I** *znw* ❶ woede, woedeaanval, razernij, plotselinge uitbarsting van agressie ★ *she killed him in a* ~ *of despair* ze heeft hem in een aanval van wanhoop gedood ★ *fly / get into a* ~ een woedeaanval krijgen ★ *tremble with* ~ trillen van woede ❷ inf rage, manie ★ *be (all) the* ~ een rage zijn ❸ Aus & NZ inf levendig feestje **II** *onoverg* woeden, razen, tekeergaan ★ ~ *and rave* razen en tieren

ragga ['rægə] *znw* raggamuziek ⟨snelle reggae met elementen uit hiphop en techno, waarbij een dj teksten improviseert⟩

raggamuffin ['rægəmʌfɪn] *znw* → **ragamuffin**

ragged ['rægɪd] *bn* ❶ voddig, gescheurd, in gescheurde kleren, haveloos, slordig ❷ onsamenhangend ❸ ruw, ongelijk, getand ▾ *run sbd* ~ iem. uitputten

ragged robin ['rægɪd 'rɒbɪn] *znw* koekoeksbloem

raging ['reɪdʒɪŋ] *bn* woedend, razend

raglan ['ræglən] *znw & bn* raglan ⟨(kledingstuk met) speciale mouwinzet⟩

ragman ['rægmən] *znw* → **rag-and-bone man**

ragout ['rægu:] *znw* ragout ⟨stoofpot⟩

ragpicker ['rægpɪkə] *znw* voddenraper

rag rug [ræg rʌg] *znw* lappenkleed

ragtag ['rægtæg] **I** *bn* slordig, ongeorganiseerd, rommelig **II** *znw*, **ragtag and bobtail** ★ *the* ~ het gepeupel, Jan Rap en zijn maat

ragtime ['rægtaɪm] muz *znw* ragtime ⟨dansmuziek in gesyncopeerde maat⟩

rag trade [ræg treɪd] inf *znw* ❶ de haute couture ❷ de confectie-industrie

ragwort ['rægwɜ:t] *znw* kruiskruid, jakobskruiskruid

raid [reɪd] **I** *znw* ❶ (vijandelijke) inval, aanval ⟨met vliegtuig⟩ ❷ rooftocht, razzia, overval **II** *overg* ❶ een inval doen in, een razzia houden in, overvallen ❷ een aanval doen op ❸ beroven, plunderen ★ inf ~ *the fridge / pantry* de koelkast / voorraadkast plunderen

raider ['reɪdə] *znw* ❶ overvaller ❷ deelnemer aan een inval ❸ vliegtuig dat een *raid* uitvoert

rail [reɪl] **I** *znw* ❶ rail, spoorstaaf, spoorwegen ★ *by* ~ met het (per) spoor ★ inf *be back on the* ~*s* weer op de goede weg zijn ★ inf *go / get off the* ~*s* ontsporen ❷ leuning, rasterwerk, slagboom, hek, scheepv reling (ook: ~*s*) ❸ staaf, stang, lat, dwarsbalk ❹ ral ⟨vogel⟩ **II** *overg* met hekwerk omgeven, omrasteren (ook: ~ *in*) ★ ~ *sth off* iets afrasteren **III** *onoverg* schelden, schimpen, smalen (op *at / against*), uitvaren (tegen *at / against*)

railcard ['reɪlkɑ:d] *znw* treinabonnement, kortingskaart

rail fence [reɪl fens] *znw* houten omheining

railhead ['reɪlhed] *znw* eind van de spoorbaan

railing ['reɪlɪŋ] *znw* ❶ reling, leuning ❷ (meestal *mv*) rastering, staketsel, hek

raillery ['reɪlərɪ] *znw* gekheid, scherts

railroad ['reɪlrəʊd] Am **I** *znw* spoorweg, spoor **II** *overg* ❶ per spoor verzenden of vervoeren ❷ (erdoor) jagen, haasten ★ ~ *a bill* een wetsvoorstel erdóór drukken ★ ~ *sbd into doing sth* iem. overhalen tot iets wat hij eigenlijk niet wil

railroad car ['reɪlrəʊd kɑ:] Am *znw* spoorwagon

railway ['reɪlweɪ] *znw* spoorweg, spoor

railway carriage ['reɪlweɪ 'kærɪdʒ] *znw* spoorwagon

railway embankment ['reɪlweɪ ɪm'bæŋkmənt] *znw* spoordijk

railway guard ['reɪlweɪ gɑ:d] *znw* conducteur

railway guide ['reɪlweɪ gaɪd] *znw* spoorboekje

railway line ['reɪlweɪ laɪn] *znw* spoorlijn

railwayman ['reɪlweɪmən] *znw* spoorwegbeambte

railway porter ['reɪlweɪ 'pɔ:tə] *znw* stationskruier

railway sleeper ['reɪlweɪ 'sli:pə] *znw* biels

railway yard ['reɪlweɪ jɑ:d] *znw* emplacement

raiment ['reɪmənt] dicht *znw* kleding, kleed, gewaad

rain [reɪn] **I** *znw* regen ★ inf *be right as* ~ helemaal in orde zijn ★ *(come)* ~ *or shine* weer of geen weer, onder alle omstandigheden ★ *it looks like* ~ het lijkt te gaan regenen **II** *overg* doen / laten regenen, doen neerdalen / neerkomen ★ inf ~ *cats and dogs/*~ *buckets* pijpenstelen regenen **III** *onoverg* regenen ★ *it hasn't stopped* ~*ing for days* het heeft al dagen aan één stuk geregend ★ zegsw *it never* ~*s but it pours* een ongeluk komt zelden alleen **IV** *phras* ★ ~ *down* neerregenen, neerkomen ★ ~ *sth down* iets doen neerkomen ★ *be* ~*ed* off*/* Am ~*ed out* verregenen, in het water vallen ⟨tuinfeest &⟩

rainbow ['reɪnbəʊ] *znw* regenboog

raincheck ['reɪntʃek] inf *znw* ★ *take a* ~ *on sth* graag iets tegoed houden

raincoat ['reɪnkəʊt] *znw* regenjas

raindrop ['reɪndrɒp] *znw* regendruppel

rainfall ['reɪnfɔ:l] *znw* regenval, neerslag

rainforest ['reɪnfɒrɪst] *znw* regenwoud

rain gauge [reɪn geɪdʒ] *znw* regenmeter

rainless ['reɪnləs] *bn* zonder regen

rainproof ['reɪnpru:f] *bn* regendicht, waterdicht

rains [reɪnz] *znw* [*mv*] ★ *the* ~ de regentijd ⟨in de tropen⟩, de westmoesson, de regenstreek van de

Atlantische Oceaan

rainstorm ['reɪnstɔ:m] *znw* stortbui, wolkbreuk

raintight ['reɪntaɪt] *bn* bestand tegen regen, waterdicht

rainwater ['reɪnwɔ:tə] *znw* regenwater

rainwear ['reɪnweə] *znw* regenkleding

rainy ['reɪnɪ] *bn* regenachtig, regen- ★ *put sth away for a ~ day* een appeltje voor de dorst bewaren

raise [reɪz] **I** *znw* Am (salaris)verhoging, opslag **II** *overg* ❶ opsteken, opheffen, optillen, oprichten, planten ‹de vlag›, opslaan ‹de ogen›, rechtop zetten, overeind zetten / helpen, doen opstijgen ‹stofwolk &›, doen rijzen ‹deeg›, lichten ‹gezonken schip›, bouwen, stichten, optrekken ★ *~ one's eyebrows* zijn wenkbrauwen optrekken, vreemd opkijken, zijn bedenkingen hebben ★ *~ one's glass* het glas heffen ★ *~ one's hand (to sbd)* zijn hand opsteken (naar iem.) ★ *~ one's hat (to sbd)* zijn hoed afnemen (voor iem.) ★ inf *~ the roof* een hels kabaal maken ❷ verhogen ‹v. loon, bod, inzet &›, verheffen ‹stem›, aanheffen ‹kreet›, heffen ‹belasting, contributie &›, bevorderen, promoveren ★ *~ a loan* een lening uitschrijven ★ *~ money / cash &* geld bijeenbrengen, geld inzamelen, zich geld verschaffen, geld loskrijgen ❸ inbrengen, opwerpen, opperen, maken ‹bezwaren›, slaan ‹alarm› ★ *~ a point / question* een punt, kwestie te berde (ter sprake) brengen of doen opkomen ★ *~ a laugh* de lachlust opwekken, anderen laten lachen ❹ grootbrengen, opvoeden, verbouwen, telen, fokken, kweken ❺ doen opstaan, uit zijn bed halen, opwekken ‹uit de dood›, opjagen ‹dier›, oproepen ‹geesten›, op de been brengen, werven ‹leger &› ★ inf *~ Cain / the devil / hell* spektakel maken ❻ opbreken ‹beleg›, opheffen ‹blokkade› ❼ contact krijgen met ‹aan de telefoon &› ❽ techn stoken ‹stoom›

raised [reɪzd] *bn* ❶ verhoogd ★ *in a ~ voice* met verheffing van stem ❷ (en) reliëf

raiser ['reɪzə] *znw* ❶ kweker ❷ fokker

raisin ['reɪzən] *znw* rozijn

raison d'être [reɪzɔ̃ 'detrə] ‹Fr› *znw* bestaansreden

Raj [rɑ:dʒ] hist *znw* ★ *the ~* (het tijdperk van) de Britse overheersing in India

rake [reɪk] **I** *znw* ❶ hark, riek, krabber ★ *as thin as a ~* zo mager als een lat ❷ schuinte ❸ gedat lichtmis, losbol, schuinsmarcheerder **II** *overg* harken, rakelen, (bijeen)schrapen, verzamelen **III** *onoverg* schuin staan, aflopen **IV** *phras* ★ *~ around / through sth* iets af-, doorzoeken, -snuffelen, mil enfileren, bestrijken, overzien, de blik laten gaan over ★ *~ sth in* iets opstrijken ‹geld› ★ *~ sth up* bijeenharken, -schrapen, verzamelen ★ *~ sbd up* iem. ertoe brengen mee te doen ★ *~ over sth* iets oprakelen, herkauwen ★ fig *~ over the ashes / the (old) coals* oude koeien uit de sloot halen

rake-off ['reɪkɔ:f] inf *znw* deel van de winst, provisie ‹vooral van duistere zaakjes›

rakish ['reɪkɪʃ] *bn* ❶ losbandig ❷ zwierig ★ *she set her beret at a ~ angle* ze zette haar baret sportief schuin op haar hoofd ❸ schuin aflopend, achteroverhellend

rallentando [rælen'tændəʊ] muz *bn & bijw* rallentando, langzamer

rally ['rælɪ] **I** *znw* ❶ hereniging, verzameling, bijeenkomst, reünie, toogdag ❷ autosport & tennis rally ❸ mil (signaal tot) 'verzamelen' ❹ weer bijkomen, herstel ‹v. krachten, prijzen› **II** *overg* ❶ verzamelen, herenigen, verenigen ❷ weer op krachten brengen, nieuw leven inblazen **III** *onoverg* ❶ zich (weer) verzamelen, zich verenigen ★ *~ round / around sbd* zich scharen om iem., fig iem. in groten getale te hulp schieten ★ *~ to sbd / sth* zich aansluiten bij iem. / iets ★ *~ to sbd's defence* iem. te hulp snellen ❷ zich herstellen, weer op krachten komen, er weer bovenop komen

rallying-point ['rælɪɪŋpɔɪnt] *znw* ❶ verzamelpunt ❷ fig bindend element, gemeenschappelijk streven

ram [ræm] **I** *znw* ❶ dierk ram ❷ mil stormram ❸ techn heiblok ❹ techn hydraulische ram, plunjer ‹v. hydraulische pomp› **II** *overg* ❶ heien, aan-, in-, vaststampen ★ inf *~ sth into sbd's head* iem. iets instampen, inpompen ★ inf *~ sth down sbd's throat* iem. iets door de strot duwen, iem. voortdurend aan zijn kop zeuren over iets ❷ (vol)stoppen, -proppen ❸ stoten (met) ❹ scheepv rammen

ramble ['ræmbl] **I** *znw* zwerftocht, wandeling, uitstapje **II** *onoverg* ❶ voor z'n plezier (rond-, om)zwerven, dwalen ❷ afdwalen ‹v. onderwerp›, van de hak op de tak springen ★ *~ on about sth* doorratelen over iets ❸ raaskallen, ijlen ❹ woekeren, wild groeien, klimmen ‹v. plant›

rambler ['ræmblə] *znw* ❶ zwerver ❷ plantk klimroos

rambling ['ræmblɪŋ] **I** *bn* ❶ zwervend, dwalend ❷ plantk slingerend, klimmend, wild groeiend ❸ verward, onsamenhangend ❹ onregelmatig gebouwd, zonder plan neergezet **II** *znw* rondzwerven, zwerftocht ▼ *his ~s were hard to follow* zijn wartaal was moeilijk te volgen

Rambo ['ræmbəʊ] *znw* [mv: -s] Rambo ‹gewelddadige agressieve man›

rambunctious [ræm'bʌŋkʃəs] Am inf *bn* → **rumbustious**

rambutan [ræm'bu:tn] *znw* ramboetan ‹oosterse vrucht›

ramekin ['ræmɪkɪn] *znw* ❶ eenpersoons ovenschaal ❷ eenpersoons ovenschotel ‹meestal met kaas, eieren en broodkruim›

ramen ['rɑ:men] *znw* [mv] soort noedels

ramification [ræmɪfɪ'keɪʃən] *znw* ❶ (meestal *mv*) vertakking ❷ (meestal *mv*) indirect gevolg, complicatie

ramify ['ræmɪfaɪ] **I** *overg* ❶ doen vertakken ★ *the implications will be ramified later* de gevolgen worden later uitgesplitst ❷ onderdelen **II** *onoverg* techn in takken uitschieten, zich vertakken

ramjet ['ræmdʒet] *znw* stuwstraalmotor

rammer ['ræmə] *znw* ❶ (straat)stamper ❷ laadstok ‹v. kanon› ❸ heiblok

ramp [ræmp] **I** *znw* ❶ glooiing, helling, talud ❷ verkeersdrempel ❸ oprit, afrit, hellingbaan ❹ vliegtuigtrap ❺ Br *inf* zwendel, afzetterij **II** *phras* ★ ~ *sth* **up** iets vergroten / verhogen

rampage I *znw* [ræm'peɪdʒ, 'ræmpeɪdʒ] ★ *go on the* ~ als een razende tekeergaan **II** *onoverg* [ræm'peɪdʒ] als gek rondspringen, als een dolle tekeergaan

rampageous [ræm'peɪdʒəs] *bn* dol, uitgelaten ★ *he took the art world by storm with his* ~ *one-man show* hij veroverde de kunstwereld stormenderhand met zijn dolle onemanshow

rampancy ['ræmpənsɪ] *znw* voortwoekering

rampant ['ræmpənt] *bn* ❶ op de achterpoten staande ❷ (dansend en) springend, uitgelaten, dartel ❸ plantk weelderig, welig tierend ❹ (hand over hand) toenemend, buitensporig, teugelloos ★ *inflation is* ~ de inflatie neemt hand over hand toe ❺ heersend, algemeen ‹ziekten›

rampart ['ræmpɑːt] *znw* (meestal *mv*) wal, bolwerk

ram raid [ræm reɪd] Br *znw* ramkraak, inbraak waarbij met een motorvoertuig door een ruit of buitenmuur wordt geramd

ramrod ['ræmrɒd] **I** *znw* ❶ laadstok ★ *as stiff / straight as a* ~ kaarsrecht ❷ fig bullebak **II** *overg* ★ Am ~ *sth through* iets erdoor drukken

ramshackle ['ræmʃækl] *bn* ❶ bouwvallig, vervallen, gammel ❷ waggelend, rammelend

ran [ræn] *ww* [v.t.] → **run**

ranch [rɑːntʃ] **I** *znw* Am veefokkerij, boerderij **II** *onoverg* werkzaam zijn als paarden- en veefokker

rancher ['rɑːntʃə] Am paarden- en veefokker

ranch house [rɑːn(t)ʃ, ræn(t)ʃ haʊs], **ranch-style house** *znw* bungalow

rancid ['rænsɪd] *bn* ranzig

rancidity [ræn'sɪdɪtɪ] *znw* ranzigheid

rancor ['ræŋkə] Am *znw* → **rancour**

rancorous ['ræŋkərəs] *bn* haatdragend, wrokkend

rancour ['ræŋkə], Am **rancor** *znw* rancune, wrok, ingekankerde haat ★ *I bear no* ~ *towards him* ik koester geen wrok tegen hem

rand [rænd] *znw* ❶ dun stukje leer tussen zool en hak v. schoen ❷ rand (Zuid-Afrikaanse munteenheid)

random ['rændəm] *bn* ❶ lukraak, in het wilde (afgeschoten, gegooid &), willekeurig ★ *at* ~ willekeurig ❷ toevallig

random-access memory ['rændəm-'ækses 'memərɪ] comput *znw* direct toegankelijk geheugen, intern geheugen, RAM

random breath test ['rændəm 'breθ test] *znw* blaastest steekproef

random error ['rændəm 'erə] statistiek *znw* willekeurige afwijking, toevalsafwijking

random sample ['rændəm 'sɑːmpl] *znw* steekproef

random selection ['rændəm sɪ'lekʃən] *znw*

willekeurige keuze, steekproef

randy ['rændɪ] *inf bn* wulps, geil

rang [ræŋ] *ww* [v.t.] → **ring**

range [reɪndʒ] **I** *znw* ❶ rij, reeks, keten, richting ❷ sortering, collectie ★ *carry / have a wide / limited* ~ een ruime / beperkte sortering hebben ★ *bottom / top of the* ~ de goedkoopste / duurste in zijn soort ❸ draagwijdte, reikwijdte, bereik ‹ook v. stem› ★ *at close / short* ~ op korte afstand ★ *at point-blank* ~ van korte afstand, van vlakbij ★ *be out of* ~ buiten schot zijn ★ *be within* ~ onder schot zijn ❹ bergketen, heuvelrug ❺ prairie, grote grasvlakte, woeste weidegrond, jachtgrond ❻ schietbaan, -terrein ❼ verspreidingsareaal ★ *in the* ~ *of* in de orde van grootte van ❽ (keuken)fornuis ❾ fig gebied, terrein ★ *have free* ~ vrij spel hebben **II** *overg* ❶ rangschikken, (in rijen) plaatsen, ordenen, (op)stellen, scharen ★ ~ *oneself on the side of sbd/~ oneself with sbd* zich scharen aan de zijde van iem. ❷ gaan door, varen over, doorlopen, zwerven door ❸ mil bestrijken **III** *onoverg* ❶ zich uitstrekken, reiken, dragen ‹v. vuurwapen› ★ *the talks ~d over a number of matters* de besprekingen omvatten een aantal onderwerpen ★ ~ *with / among sbd / sth* op één lijn staan met iem. / iets ❷ varen, lopen, gaan, zwerven ★ *his eyes ~d over her* zijn ogen tastten haar af ❸ verschillen, variëren ★ *their ages* ~ *between 15 and 19/from 15 to 19* hun leeftijden variëren tussen 15 en 19 ❹ mil zich inschieten

range finder ['reɪndʒ faɪndə] *znw* afstandsmeter

range hood ['reɪndʒ hʊd] *znw* afzuigkap

rangeland ['reɪndʒlænd], **rangelands** *znw* open weideland

ranger ['reɪndʒə] *znw* ❶ Am bereden politieagent, commando ❷ boswachter, parkopzichter ❸ voortrekster ‹bij scouting›

rangy ['reɪndʒɪ] *bn* rank, slank

rank [ræŋk] **I** *bn* ❶ weelderig, te welig ‹groei› ❷ grof, vuil ❸ te sterk smakend of riekend ★ *the bedding is* ~ *with sweat* het beddengoed stinkt naar zweet ❹ schandelijk ❺ onmiskenbaar, absoluut, echt, puur ★ ~ *nonsense* klinkklare onzin, je reinste onzin **II** *znw* ❶ rang, graad ★ *pull* ~ op zijn strepen staan ❷ rij, gelid ★ *fall in* ~ zijn plaats in de gelederen innemen ★ *keep* ~ in het gelid blijven ❸ (maatschappelijke) stand ❹ standplaats ‹voor taxi's &› **III** *overg* (in het gelid) plaatsen, (op)stellen, een plaats geven ★ *she's ~ed number two* ze is als tweede geplaatst ★ *how do you* ~ *his chances?* hoe schat je zijn kansen in? ★ ~ *sbd with sbd / sth* iem. op één lijn stellen met iem. / iets **IV** *onoverg* een rang hebben, een plaats innemen ★ ~ *alongside / among sth* behoren tot iets, rekenen tot iets ★ ~ *as sth* gelden als (voor) iets, houden voor iets ★ ~ *with sbd* dezelfde rang hebben als iem., op één lijn staan met iem.

rank and file ['ræŋk ən faɪl] *znw* ★ *the* ~ mil de minderen, Jan Soldaat, fig de grote hoop, de

ra

gewone man, de achterban ⟨v.e. partij⟩

ranker ['ræŋkə] *znw* ❶ wie uit de gelederen officier geworden is ❷ gewoon soldaat

ranking ['ræŋkɪŋ] **I** *bn* (hoog) in rang ★ Am *the ~ officer* de officier met de hoogste rang ★ *a high~ officer* een hoge officier **II** *znw* ❶ klassement, ranglijst ❷ klassering, plaats op de ranglijst

rankle ['ræŋkl] *overg & onoverg* woede / irritatie opwekken, verbitteren, knagen ★ *It's still rankling (him) that he didn't get the job* het zit hem nog steeds dwars dat hij de baan niet heeft gekregen

rankness ['ræŋknəs] *znw* ❶ weelderigheid ❷ ranzigheid

rank outsider [ræŋk aʊt'saɪdə] *znw* complete buitenstaander

ranks [ræŋks] *znw* [mv] ★ *the ~* de gelederen, de grote hoop ★ *break ~* de gelederen verbreken, in de war raken ★ *close ~* de gelederen sluiten ★ *mil reduce sbd to the ~* iem. degraderen ★ *rise from / through the ~* uit de gelederen voortkomen ⟨officier⟩, zich opwerken

ransack ['rænsæk] *overg* ❶ af-, doorzoeken, doorsnuffelen ❷ plunderen ⟨een stad⟩

ransom ['rænsəm] **I** *znw* ❶ losgeld ★ *a king's ~* een heel vermogen, een kapitaal ★ *hold sbd to ~* een losgeld eisen voor iem., iem. geld afpersen, iem. chanteren, het mes op de keel zetten ❷ afkoopsom **II** *overg* ❶ vrijkopen, af-, loskopen ❷ vrijlaten, verlossen ❸ geld afpersen

rant [rænt] **I** *znw* bombast, hoogdravende taal **II** *onoverg* ❶ hoogdravende taal uitslaan, bombastisch oreren ❷ fulmineren, uitvaren (tegen *against, at*) ★ *~ and rave* razen en tieren

ranter ['ræntə] *znw* schreeuwer, opschepper

ranting ['ræntɪŋ] *znw* (meestal *mv*) tirade, geraas ★ *don't dismiss them as the ~s of an old man* je moet het niet afdoen als een tirade van een oude man

ranunculus [rə'nʌnkjʊləs] *znw* [*mv*: -es *of* ranunculi] ranonkel

rap [ræp] **I** *znw* ❶ slag, tik, geklop ❷ standje, reprimande, beschuldiging ★ *Am inf a bum ~* een valse beschuldiging ★ *Am inf beat the ~* zijn straf ontlopen ★ *inf take the ~* ervoor opdraaien, de schuld krijgen ❸ *Am inf* praatje, gesprek ❹ rap(muziek), rapsong **II** *overg* slaan, kloppen, tikken (op) ★ *~ sth out* iets door kloppen te kennen geven ⟨v. geesten⟩, *fig* iets eruit gooien, kortaf spreken ★ *~ sbd over the knuckles* iem. op de vingers tikken **III** *onoverg* ❶ kloppen, (aan)tikken ❷ *Am inf* babbelen, kletsen ❸ rappen, rapmuziek maken

rapacious [rə'peɪʃəs] *bn* roofzuchtig

rapacity [rə'pæsətɪ] *znw* roofzucht

rape [reɪp] **I** *znw* ❶ verkrachting, ontering ❷ *hist* (gewelddadige) ontvoering ★ *the Rape of the Sabine Women* de roof van de Sabijnse vrouwen ❸ dicht roof ❹ verwoesting ❺ plantk raap-, koolzaad **II** *overg* ❶ verkrachten, onteren ❷ arch (gewelddadig) ontvoeren ❸ roven, verwoesten

rapeseed ['reɪpsiːd] *znw* kool-, raapzaad

rapid ['ræpɪd] *bn* snel, vlug

rapid-fire ['ræpɪd-faɪə] *bn* snelvuur-, snel vurend, snel opeenvolgend ★ *~ jokes* een barrage van grappen

rapidity [rə'pɪdətɪ] *znw* snelheid, vlugheid

rapidly ['ræpɪdlɪ] *bijw* snel ★ *my patience is ~ diminishing* mijn geduld raakt op

rapids ['ræpɪdz] *znw* [mv] stroomversnellingen ★ *shoot the ~* over een stroomversnelling heenschieten

rapid transit ['ræpɪd 'trænzɪt] *znw* snelverkeer

rapier ['reɪpɪə] **I** *bn* scherp ★ *he's known for his ~ wit* hij staat bekend om zijn bijtende humor **II** *znw* rapier, degen

rapine ['ræpaɪn] dicht *znw* roverij, roof

rapist ['reɪpɪst] *znw* verkrachter

rappel [ræ'pel] *znw & onoverg* abseilen

rapper ['ræpə] *znw* rapper, rapmuzikant

rapport [ræ'pɔː] *znw* (goede) verstandhouding ★ *he has a good ~ with his students* hij heeft een goede verstandhouding met zijn studenten

rapprochement [ræ'prɒʃmɑː(ŋ)] ⟨*Fr*⟩ *znw* toenadering ★ *there have been signs of a ~ between the two factions* er zijn tekenen van toenadering geweest tussen de twee kampen

rapscallion [ræps'kæljən] scherts *znw* schurk, schelm

rap sheet [ræp ʃiːt] Am inf *znw* strafblad

rapt [ræpt] *bn* weggerukt, meegesleept, opgetogen, verrukt ★ *~ in thought* in gedachten verdiept ★ *~ with joy* opgetogen van vreugde

raptor ['ræptə] *znw* ❶ roofvogel ❷ (velociraptor) kleine soort vleesetende dinosaurus

rapture ['ræptʃə] *znw* vervoering, verrukking ★ *go into ~s* in extase raken ★ *they are in ~s about the news* ze zijn verrukt over het nieuws ★ *her arrival threw them into ~s* haar komst bracht hen in verrukking

rapturous ['ræptʃərəs] *bn* in verrukking, extatisch, opgetogen, verrukt ★ *she was greeted with ~ applause* ze werd met opgetogen applaus begroet

rare [reə] *bn* ❶ zeldzaam, ongewoon ★ *a ~ gift* een bijzondere gave ❷ dun, ijl ❸ inf buitengewoon (mooi), bijzonder ❹ niet doorbraden ⟨vlees⟩

rarebit ['reəbɪt] *znw* → **Welsh rarebit**

rarefaction [reərɪ'fækʃən], **rarification** *znw* ❶ verdunning ⟨v. lucht of gas⟩ ❷ verlies van botdichtheid

rarefied ['reərɪfaɪd] *bn* ❶ verheven, geëxalteerd, exclusief, esoterisch, select ❷ ijl ★ *~ air* ijle lucht

rarefy ['reərɪfaɪ] **I** *overg* verdunnen, verfijnen **II** *onoverg* zich verdunnen, ijler worden

rarely ['reəlɪ] *bijw* zelden

rarification [reərɪfɪ'keɪʃən] *znw* → **rarefaction**

raring ['reərɪŋ] inf *bn* ★ *be ~ to go* staan te trappelen van ongeduld

rarity ['reərətɪ] *znw* ❶ zeldzaamheid, rariteit ★ *fresh vegetables were quite a ~* verse groenten waren nogal zeldzaam ❷ dunheid, ijlheid

rascal ['rɑːskl] *znw* ❶ schelm, schurk, boef ❷ deugniet, rakker

ra

rascality [rɑːsˈkælɪtɪ] *znw* ❶ schelmerij, schurkachtigheid ❷ schurkenstreek

rascally [ˈrɑːskəlɪ] *bn* schurkachtig, gemeen

rase [reɪz] *overg* → **raze**

rash [ræʃ] I *bn* ❶ overijld, overhaastig ❷ lichtvaardig, roekeloos, onbezonnen II *znw* ❶ (huid)uitslag ★ *come out in a* ~ huiduitslag krijgen ❷ fig stroom ★ *a ~ of injuries* een stroom van verwondingen / blessures

rasher [ˈræʃə] *znw* plakje spek of ham

rasp [rɑːsp] I *znw* ❶ rasp ❷ gekras II *overg* raspen III *onoverg* krassen, knarsen

raspberry [ˈrɑːzbərɪ] *znw* ❶ framboos ❷ inf afkeurend of minachtend geluid: pfff, tsss & ★ *blow a* ~ uitfluiten, uitjoelen

Rasta [ˈræstə] *znw* rasta(fari)

Rastafarian [ræstəˈfeərɪən] *znw* rastafari

raster [ˈræstə] RTV *znw* raster

rasterize [ˈræstəraɪz], **rasterise** comput *overg* rasteren, omzetten van een afbeelding in puntjes op een raster

rat [ræt] I *tsw* verdorie! II *znw* ❶ rat ★ fig *smell a* ~ achterdochtig zijn, het zaakje niet vertrouwen ❷ fig overloper, onderkruiper III *phras* ★ inf ~ *on sbd/* Am ~ *sbd* **out** iem. laten vallen, in de steek laten, iem. verlinken, de belofte aan iem. verbreken

ratable [ˈreɪtəbl], **rateable** *bn* schatbaar, belastbaar, belastingplichtig

ratable value [ˈreɪtəbl ˈvæljuː] Br *znw* huurwaardeforfait ⟨voor de gemeentebelasting⟩

rat-arsed [ˈræt-ɑːst] inf *bn* straalbezopen, stomdronken

rat-a-tat [ˈræt-ə-ˈtæt], **rat-tat** *znw* toktok, geklop

rat catcher [ræt ˈkætʃə], **ratcatcher** *znw* rattenvanger

ratchet [ˈrætʃɪt] I *znw*, techn **ratch** pal, ratel II *phras* ★ ~ *sth* **up** / **down** iets een onmeekerbare stap omhoog / omlaag laten doen ★ *credit card abuse has ~ed up consumer debt* misbruik van de creditcard heeft het consumentenkrediet omhoog gedreven

rate [reɪt] I *znw* ❶ tarief, prijs, koers ★ *the tax* ~ het belastingtarief ★ eff *the closing* ~ / *opening* ~ de eindnotering, de slotkoers / openingskoers ★ eff *the current* ~ de koers van de dag, dagkoers ★ *a fixed* ~ een vaste koers ❷ cijfer, verhouding, percentage ★ *HIV is spreading at the* ~ *of 40 cases a day* Hiv breidt zich uit met 40 gevallen per dag ★ *the* ~ *of return* het rendementspercentage ❸ snelheid, vaart, tempo ★ *one's heart* ~ zijn hartslag ★ *at a* ~ *of knots* erg snel ★ *at this / that* ~ als het zo doorgaat ★ *at the* ~ *of* met een snelheid van, ten getale van, tegen, op de voet van ⟨x%⟩, à raison van, per ❹ standaard, maatstaf ★ *at any* ~ in ieder geval, tenminste ❺ graad, rang, klasse II *overg* ❶ aanslaan, (be)rekenen, taxeren, bepalen ❷ schatten, waarderen ❸ Am verdienen, waard zijn, behalen ★ ~ *a mention* vermeld worden III *onoverg* geschat worden, gerekend worden, de rang hebben (van *as*) ★ *this ~s as being one of the worst holidays I've had* dit is voor mij een van de

slechtste vakanties die ik ooit heb gehad

rateable [ˈreɪtəbl] *bn* → **ratable**

rate-cap [ˈreɪt-kæp] *znw* maximum aan gemeentebelasting

rate-capping [ˈreɪt-kæpɪŋ] *znw* een maximum stellen aan gemeentebelasting

rate collector [ˈreɪt kəˈlektə] *znw* gemeenteontvanger

rate of exchange [reɪt əv ɪksˈtʃeɪndʒ] *znw* (wissel)koers

rate of pay [reɪt əv ˈpeɪ] *znw* loonstandaard

ratepayer [ˈreɪtpeɪə] *znw* belastingbetaler, belastingschuldige

rates [reɪts] *znw* [mv] (gemeente)belasting

rates and taxes [reɪts ən ˈtæksɪz] *znw* gemeente- en rijksbelastingen

rather [ˈrɑːðə] I *tsw* inf (nou) en of! II *bijw* ❶ eer(der), liever, veeleer ★ *he's a friend, or* ~, *a friend of the family* hij is een vriend, of beter gezegd, een huisvriend ★ *I'm not hot*: ~ *the opposite, in fact* ik heb het niet warm, eerder het tegendeel ★ *would you* ~ *go earlier?* wil je liever eerder weg? ❷ meer, heel wat ❸ nogal, vrij, enigszins, tamelijk, wel ★ *business is* ~ *slow* de markt is tamelijk flauw ★ *we've got* ~ *a lot of time left* we hebben nogal wat tijd over

ratification [rætɪfɪˈkeɪʃən] *znw* ratificatie, bekrachtiging

ratify [ˈrætɪfaɪ] *overg* ratificeren, bekrachtigen

rating [ˈreɪtɪŋ] *znw* ❶ waardering, waarderingscijfer ★ *an approval* ~ een waarderingscijfer ★ *a credit* ~ een kredietwaardigheid ❷ gehalte ❸ scheepv graad, klasse

rating agency [ˈreɪtɪŋ ˈeɪdʒənsɪ] Am *znw* rating agency ⟨bureau dat bedrijven beoordeelt op hun kredietwaardigheid⟩

ratings [ˈreɪtɪŋz] *znw* [mv] ❶ kijkcijfers ★ *audience* ~ kijk- en luistercijfers ❷ scheepv het personeel, de manschappen ★ *ranks and* ~ officieren en manschappen

ratio [ˈreɪʃɪəʊ] *znw* verhouding ★ *the pupil / teacher* ~ de leerling / leraar verhouding ★ *the* ~ *of cars to people* het aantal auto's in verhouding tot het aantal personen

ratiocinate [rætɪˈɒsɪneɪt] form *onoverg* redeneren

ratiocination [rætɪɒsɪˈneɪʃən] form *znw* redenering, logische gevolgtrekking

ration [ˈræʃən] I *znw* rantsoen, portie ★ *a* ~ *book* een bonboekje, bonkaart ★ *he's had more than his* ~ *of suffering* hij heeft meer dan zijn portie ellende meegemaakt II *overg* ❶ rantsoeneren, op rantsoen stellen ❷ (ook: ~ **out**) distribueren ⟨in oorlogstijd &⟩ ❸ zijn (hun) rantsoen geven

rational [ˈræʃənl] *bn* redelijk, verstandig, rationeel ★ *don't discuss it until he's more* ~ je moet er niet over praten totdat hij wat redelijker is geworden

rationale [ræʃəˈnɑːl] *znw* ❶ beredeneerde uiteenzetting ❷ basis, grond ★ *the* ~ *behind the move is hard to understand* de reden voor de maatregel is moeilijk te begrijpen

rationalism [ˈræʃənəlɪzəm] *znw* ❶ rationalisme ❷ leer,

geloof van de rede

rationalist ['ræʃ(ə)nəlɪst] I *bn* rationalistisch II *znw* rationalist

rationalistic [ræʃənə'lɪstɪk] *bn* rationalistisch

rationality ['ræʃənælɪtɪ] *znw* ❶ rede, verstand ❷ redelijkheid, rationaliteit

rationalization [ræʃənəlaɪ'zeɪʃən], **rationalisation** *znw* ❶ rationalisatie ❷ reorganisatie ‹v. bedrijf›

rationalize ['ræʃənəlaɪz], **rationalise** I *overg* ❶ rationaliseren ❷ in overeenstemming brengen met de redelijkheid ❸ verstandelijk verklaren ❹ reorganiseren ‹v. bedrijf› II *onoverg* reorganiseren ★ *the firm will have to ~ to survive* de firma moet reorganiseren om te overleven

rationing ['ræʃənɪŋ] *znw* ❶ rantsoenering ❷ distributie

rat race ['rætreɪs] *znw* zinloze jacht naar meer, genadeloze concurrentiestrijd, moordende competitie ★ *he got out of the ~ and moved to the country* hij liet de moordende concurrentiestrijd achter zich en vertrok naar het platteland

rat run [ræt rʌn] Br inf *znw* sluipweg

rattan [rə'tæn] *znw* rotan, rotting

rat-tat [ræt'tæt] *znw* → **rat-a-tat**

ratted ['rætɪd] Br inf *bn* straalbezopen

ratter ['rætə] *znw* rattenvanger ‹vooral hond of kat›

rattle ['rætl] I *znw* ❶ ratel, rammelaar ❷ geratel, gerammel ❸ reutelen II *overg* ❶ doen rammelen, doen ratelen ❷ rammelen met, ratelen met ❸ inf zenuwachtig, in de war maken III *onoverg* ❶ ratelen, rammelen, kletteren ❷ reutelen IV *phras* ★ *~ away / on* maar doorratelen / kletsen ★ *~ sth off* iets afraffelen, iets opdreunen ‹iets dat uit het hoofd is geleerd› ★ inf *~ through sth* ergens doorheen vliegen

rattlebox ['rætlbɒks], **rattletrap** inf *znw* rammelkast, oude brik

rattlebrain ['rætlbreɪn] inf *znw* leeghoofd

rattle-brained ['rætl-breɪnd], **rattle-headed** inf *bn* onbezonnen, dom

rattler ['rætlə] *znw* ❶ iets dat ratelt of rammelt ❷ inf ratelslang

rattlesnake ['rætlsneɪk] *znw* ratelslang

rattletrap ['rætltræp] *znw* → **rattlebox**

rattling ['rætlɪŋ] *bn* ❶ ratelend, rammelend ❷ inf verduiveld (goed &)

rat trap [ræt træp] *znw* rattenval

ratty ['rætɪ] inf *bn* uit zijn hum(eur)

raucous ['rɔːkəs] *bn* schor, rauw ★ *~ children* lawaaierig krijsende kinderen ★ *a ~ laugh* een schorre lach

raunchy ['rɔːntʃɪ] inf *bn* ❶ slonzig ❷ geil

ravage ['rævɪdʒ] I *znw* ❶ verwoesting, teistering ★ *the fortress has withstood the ~s of time* het fort heeft de tand des tijds doorstaan ❷ plundering II *overg* ❶ verwoesten, teisteren ★ *the country has been ~d by war* het land is geteisterd door oorlog ❷ plunderen

rave [reɪv] I *bn* ❶ enthousiast, zeer positief ★ *a ~*

review razend enthousiaste recensie ❷ disco-, house-, techno- ★ *~ music* housemuziek, technomuziek II *znw* ❶ inf manie, rage, gedweep ❷ inf wild feest ❸ inf groot dansfeest met snelle elektronische muziek, houseparty ❹ jubelende recensie, positieve kritiek III *onoverg* ❶ ijlen, raaskallen ❷ razen (en tieren) ❸ enthousiast zijn ★ *~ (on) about / over sbd / sth* dwepen met iem. / iets

ravel ['rævəl] I *znw* wirwar II *overg* ❶ in de war maken, verwarren ❷ ontwarren (ook: *~ out*)

raven ['reɪvn] I *bn* ravenzwart II *znw* raaf

ravening ['ræv(ə)nɪŋ] *bn* roofzuchtig

ravenous ['rævənəs] *bn* ❶ uitgehongerd ❷ enorm ‹v. honger› ★ *a ~ appetite* een razende honger

raver ['reɪvə] inf *znw* fuifnummer, uitgaanstype

rave-up ['reɪvʌp] inf *znw* knalfuif, wild / ruig feest

ravine [rə'viːn] *znw* ravijn, gleuf, kloof

raving [reɪvɪŋ] I *bn* ❶ ijlend, malend ❷ inf buitengewoon, enorm ★ *a ~ success* een enorm succes II *bijw* ★ inf *(stark) ~ mad* stapelgek III *znw* ❶ (meestal *mv*) ijlen, wartaal, geraaskal ★ *the ~s of a madman* het geraaskal van een gek ❷ dweperij, gedweep

ravish ['rævɪʃ] *overg* ❶ meeslepen ❷ dicht verrukken ★ *her beauty ~ed him* haar schoonheid betoverde hem ❸ arch verkrachten, onteren, teisteren, ruïneren

ravishing ['rævɪʃɪŋ] *bn* verrukkelijk, betoverend ★ *a ~ beauty* een adembenemende schoonheid

ravishment ['rævɪʃmənt] *znw* ❶ verrukking ❷ arch roof, ontvoering

raw [rɔː] I *bn* ❶ rauw, ongekookt ★ *Aus* inf *don't come the ~ prawn with me* probeer me maar niet te belazeren (je weet heel goed waar ik het over heb) ❷ ruw, onbewerkt, grof, niet afgewerkt ❸ ongecorrigeerd ‹data› ❹ gevoelig, pijnlijk, ontveld, geschaafd ‹knie &› ★ *touch sbd on a ~ spot* iem. op een zere / gevoelige plek raken ❺ onverbloemd, openhartig, realistisch, ruw ‹taal› ❻ groen, onervaren, ongeoefend ❼ guur, ruw ‹v. weer› ❽ gemeen, onbillijk ‹behandeling› ★ *the elderly get a ~ deal nowadays* ouderen worden slecht behandeld tegenwoordig II *znw* rauwe plek ★ *in the ~* onbewerkt, ongeraffineerd, ruw, inf naakt

raw-boned ['rɔː-'bəʊnd] *bn* mager (als een lat)

rawhide ['rɔːhaɪd] *znw* zweep (van ongelooide huid)

raw material [rɔː mə'tɪərɪəl] *znw* grondstof

ray [reɪ] *znw* ❶ dierk rog ❷ straal ★ inf *a ~ of sunshine* een zonnestraal ❸ fig sprankje ❹ → **re**

ray gun [reɪ gʌn] *znw* straalpistool, stralingswapen

rayon ['reɪɒn] *znw* rayon ‹kunstzijde›

raze [reɪz], **rase** *overg* (ook: *~ to the ground*) met de grond gelijk maken, slechten

razor ['reɪzə] *znw* scheermes ★ *an electric ~* een elektrisch scheerapparaat ★ *as sharp as a ~* vlijmscherp

razorback ['reɪzəbæk] *znw* dier met een kam op de rug

ra

razor-backed ['reɪzə-bækt] *bn* met kam op de rug
razorbill ['reɪzəbɪl] *znw* alk ⟨watervogel⟩
razor blade ['reɪzə bleɪd] *znw* scheermesje
razor cut ['reɪzə kʌt] *znw* kapsel gedaan met een scheermes
razor edge ['reɪzər edʒ], **razor's edge** *znw* ❶ scherpe kant ❷ scherpe bergrug ❸ scherpe scheidslijn ❹ kritieke situatie ★ *on the ~'s edge* heel kritiek
razor-sharp [reɪzə-'ʃɑːp] *bn* vlijmscherp
razor strop ['reɪzə strɒp] *znw* aanzetriem
razor wire ['reɪzə 'waɪə] *znw* prikkeldraad met scheermesjes
razz [ræz] *Am inf overg* stangen, plagen
razzia ['ræzɪə] *znw* razzia, inval, strooptocht
razzle ['ræzl] *Br inf znw* ★ *be on the ~* aan de zwier zijn
razzmatazz ['ræzmə'tæz], **razzamatazz**, **razzle-dazzle** *znw* ❶ opzichtigheid, goedkoop effect ❷ misleidende praatjes
Rd *afk* (Road) straat, str.
RDS *afk* (radio data system) RDS, radio data systeem
re [riː, reɪ] **I** *voorz* inzake ★ *form* ~ *your invoice dated 10 Sept* met betrekking tot uw rekening, gedateerd op 10 september **II** *znw*, **ray** muz re
re- [riː] *voorv* her-, weer-, opnieuw-, terug-
reach [riːtʃ] **I** *znw* ❶ bereik ★ *a house like that is above / beyond my* ~ zo'n huis is voor mij niet weggelegd ★ *keep out of the* ~ *of children* buiten bereik van kinderen houden ★ *within easy* ~ *of the town / transport &* gemakkelijk te bereiken vanaf de stad / het openbaar vervoer & ❷ omvang, uitgestrektheid ❸ (vaak *mv*) tak ⟨rivier⟩ ★ *the higher / upper ~es of the Nile* de bovenloop van de Nijl ★ *the higher / upper ~es of government / society &* de bovenste regionen van de regering / maatschappij & **II** *overg* ❶ bereiken ★ ~ *adulthood* volwassen worden ★ ~ *one's audience* overkomen bij zijn publiek ★ *the shorts* ~ *his knees* de korte broek reikt tot zijn knieën ❷ komen tot ⟨gevolgtrekking &⟩ ★ ~ *a compromise / decision &* een compromis / beslissing & bereiken ❸ aanreiken, overhandigen ❹ toesteken, uitstrekken **III** *onoverg* reiken, zich uitstrekken ★ *she ~ed into her bag* ze deed een greep in haar tas **IV** *phras* ★ ~ **down** / **up** zich (uit)strekken naar beneden / boven ★ ~ *sth down / up* van boven / naar boven aanreiken ★ ~ **for** *sth* iets pakken ★ ~ *for the stars* naar de sterren reiken, ambitieus zijn ★ ~ **out** zich openstellen, zich open opstellen ★ ~ *sth out* iets uitstrekken / uitsteken ⟨hand &⟩ ★ ~ **out to** *sbd* met iem. in contact proberen te komen, iem. de helpende hand bieden
react [rɪ'ækt] **I** *onoverg* ❶ reageren ★ *he ~ed angrily to the suggestion* hij reageerde boos op het voorstel ★ *sodium ~s with water to form sodium hydroxide* natrium reageert met water waarbij natriumhydroxide ontstaat ❷ terugwerken ★ *she ~ed badly to the vaccination* de inenting had een slechte uitwerking op haar **II** *phras* ★ ~ **against** *sth* zich afzetten tegen iets

reaction [rɪ'ækʃən] *znw* reactie, terugwerking ★ *an allergic* ~ een allergische reactie ★ *a nervous* ~ een zenuwreactie ★ *there was a prompt* ~ *to the letter* er werd meteen gereageerd op de brief
reactionary [rɪ'ækʃənərɪ] *bn & znw* reactionair
reactivate [rɪ'æktɪveɪt] *overg* reactiveren, weer actief maken
reactive [rɪ'æktɪv] *bn* reagerend, reactie tonend, reactief
reactor [rɪ'æktə] *znw* reactor
read [riːd] **I** *znw* ❶ leesstof, leesmateriaal ❷ het lezen ★ *the book is an interesting* ~ het boek is interessant om te lezen ★ *I had a good* ~ *of the paper* ik heb lekker de krant zitten lezen **II** *overg* [read, read] ❶ lezen (in), af-, op-, voorlezen ★ *take sth as* ~ iets als een vanzelfsprekendheid beschouwen ★ ~ *sbd's handwriting* iemands handschrift lezen ★ *Am inf* ~ *my lips* luister goed naar wat ik zeg ★ ~ *the meter* de meter opnemen ★ ~ *music* noten lezen ★ ~ *sbd's mind / thoughts* iemands gedachten lezen ★ ~ *sbd's palm* iemands hand lezen ★ *the thermometer's ~ing 30* de thermometer wijst 30 aan ★ ~ *sbd like a book* iem. helemaal doorhebben ★ ~ *the riot act to sbd* iem. de wacht aanzeggen, ernstig waarschuwen ❷ ontcijferen, oplossen ⟨raadsel⟩ ❸ uitleggen ⟨droom⟩, opvatten, begrijpen, doorzien ⟨iem.⟩ ★ *if I* ~ *this rightly* als ik dit goed begrijp ❹ studeren, colleges volgen in ★ ~ *history / law &* geschiedenis / rechten & studeren **III** *onoverg* [read, read] ❶ lezen ★ ~ *between the lines* tussen de regels door lezen ★ ~ *to sbd* iem. voorlezen ❷ studeren ❸ een lezing houden ❹ zich laten lezen ❺ klinken, luiden **IV** *phras* ★ ~ *about* *sth* over iets lezen ★ *Aus & NZ inf you wouldn't* ~ *about it!* niet te geloven! ★ ~ *sth* **into** *sth* iets opmaken uit iets ★ ~ *sth into sbd's words* iets opmaken uit iems. woorden ★ ~ *over sth* iets doornemen ★ ~ *sth* **out** *(aloud)* iets hardop lezen / oplezen / voorlezen ★ ~ **up on** *sth* zich op de hoogte stellen van iets, zich inlezen in een onderwerp, blokken op iets, zich inwerken in iets ⟨een onderwerp⟩
readability [riːdə'bɪlətɪ] *znw* leesbaarheid
readable ['riːdəbl] *bn* lezenswaardig, leesbaar
readdress [riːə'dres] *overg* doorsturen
reader ['riːdə] *znw* ❶ lezer, lezeres, voorlezer ★ *Reader* lector, onderprofessor ★ *a meter* ~ een meteropnemer ❷ adviseur ⟨v. uitgever⟩ ❸ corrector ❹ leesboek ❺ techn lezer ⟨v. computer⟩
readership ['riːdəʃɪp] *znw* ❶ aantal lezers, lezerskring ★ *the paper has a* ~ *of 20,000* de krant heeft 20.000 lezers ❷ lectoraat ★ *Readership* lectoraat
readies ['redɪz] *inf znw* contanten ★ *the* ~ contant geld
readily ['redəlɪ] *bijw* dadelijk, gaarne, grif, gemakkelijk ★ *drugs are* ~ *available* drugs zijn gemakkelijk te krijgen ★ *he's not a good organizer, as he will* ~ *admit* zoals hij zelf grif zal toegeven kan hij niet goed organiseren ★ *it should sell* ~ het vindt

vast gretig aftrek

readiness ['redɪnəs] *znw* ❶ gereedheid, bereidheid, bereidwilligheid ★ *in* ~ gereed, klaar ★ *he has declared his* ~ *to go to court* hij heeft gezegd dat hij bereid is om naar de rechter te stappen ❷ paraatheid, (slag)vaardigheid ❸ vlugheid

reading ['ri:dɪŋ] **I** *bn* lezend, van lezen houdend **II** *znw* ❶ (voor)lezen, lectuur ★ *the book is compelling* ~ het boek is fascinerende lectuur ★ ~ *material / matter* lectuur, leesstof ❷ lezing, aflezing ★ *a poetry* ~ een poëzievoordracht ❸ opneming ⟨v. gasmeter &⟩ ❹ belezenheid ❺ studie ❻ opvatting ★ *a postmodernist* ~ *of Freud* een postmodernistische benadering van Freud ❼ stand ⟨v. barometer &⟩

reading age ['ri:dɪŋ eɪdʒ] *znw* leesniveau, leesvaardigheidsniveau

reading desk ['ri:dɪŋ desk] *znw* lessenaar

reading glasses ['ri:dɪŋ 'glɑːsɪz] *znw* [mv] leesbril

reading knowledge ['ri:dɪŋ 'nɒlɪdʒ] *znw* leesvaardigheid ★ *I have a* ~ *of Spanish* ik kan Spaans lezen ⟨maar niet spreken⟩

reading lamp ['ri:dɪŋ læmp] *znw* ❶ leeslamp ❷ studeerlamp

reading list ['ri:dɪŋ lɪst] *znw* leeslijst

reading room ['ri:dɪŋ ru:m] *znw* leeszaal, -kamer

readjourn [ri:ə'dʒɜ:n] *overg* nogmaals uitstellen ⟨v. vergadering⟩

readjust [ri:ə'dʒʌst] **I** *overg* weer regelen, in orde brengen of schikken **II** *onoverg* zich weer aanpassen ★ ~*ing to life after divorce is never easy* het leven weer oppakken na een scheiding is nooit gemakkelijk

readjustment [ri:ə'dʒʌstmənt] *znw* opnieuw regelen, in orde brengen of schikken, weer aanpassen

readmission [ri:əd'mɪʃən] *znw* wedertoelating

readmit [ri:əd'mɪt] *overg* weer toelaten

readmittance [ri:əd'mɪtns] *znw* wedertoelating

read-only ['ri:d-'əʊnlɪ] comput *bn* alleen lezen ⟨v. bestanden⟩

read-only memory ['ri:d-'əʊnlɪ 'memərɪ] comput *znw* leesgeheugen, ROM ⟨geheugen dat niet beschreven of gewijzigd kan worden⟩

read-out ['ri:d-aʊt], **readout** *znw* uitdraai, uitlezing ⟨de output van een computer in leesbare vorm⟩

ready ['redɪ] **I** *bn* ❶ bereid, gereed, klaar, paraat ★ ~ *and waiting* gereed en paraat ★ ~*, steady, go!* klaar? af! ★ *at the* ~ in de aanslag, paraat ★ *be* ~ *for sth* klaar zijn voor iets ★ *be* ~ *for battle* gevechtsklaar zijn ★ *are you* ~ *for a drink?* ben je al aan iets te drinken toe? ★ *be* ~ *to do sth* klaar zijn voor iets ★ *get* ~ (zich) klaarmaken ★ *make* ~ *for sth* klaarmaken voor iets, voorbereiden voor iets ❷ bereidwillig ❸ vaardig ❹ gemakkelijk ★ *be* ~ *to hand* dicht bij de hand zijn ❺ snel, vlug, bij de hand, gevat **II** *overg* (zich) klaarmaken, (zich) voorbereiden

ready cash ['redɪ kæʃ], **ready money** *znw* contant geld

ready-made ['redɪ'meɪd] **I** *bn* ❶ confectie-, (kant-en-)klaar ★ *a* ~ *meal* kant-en-klaarmaaltijd

❷ fig stereotiep, voorgekauwd ★ *a* ~ *answer* een cliché **II** *znw* (meestal *mv*) kant-en-klare artikelen

ready-mix ['redɪ-'mɪks] *znw* kant-en-klaar cement

ready money ['redɪ 'mʌnɪ] *znw* → **ready cash**

ready reckoner ['redɪ 'rekənə] *znw* (boek met) herleidingstabellen

ready-to-eat [redɪ-tʊ-'i:t] *bn* hapklaar

ready-to-wear [redɪtə'weə] *bn* confectie-

ready wit ['redɪ wɪt] *znw* gevatheid, slagvaardigheid

ready-witted ['redɪ-'wɪtɪd] *bn* intelligent, slagvaardig

reaffirm [ri:ə'fɜ:m] *overg* opnieuw bevestigen

reafforest [ri:ə'fɒrɪst] *overg* herbebossen

reafforestation [ri:əfɒrɪ'steɪʃən] *znw* herbebossing

reagent [ri:'eɪdʒənt] *znw* reagens

real I *znw* [reɪ'ɑ:l] reaal ⟨munt⟩ **II** *bn* [rɪ:l] ❶ echt, werkelijk, wezenlijk, waar, eigenlijk, reëel ★ ~ *money* klinkende munt ★ *the* ~ *thing / the* ~ *McCoy* het echte, het ware ★ *inf for* ~ echt, om 't echie ★ *in* ~ *terms* in concrete termen, in de praktijk ★ *inf get* ~! wees een beetje realistisch! ❷ zakelijk ⟨recht⟩

real estate ['ri:l ɪ'steɪt] *znw* onroerend goed, onroerende goederen

real estate agent ['ri:l ɪ'steɪt 'eɪdʒənt], **real estate broker** *znw* vastgoedmakelaar, makelaar in onroerend goed

real estate market ['ri:l ɪ'steɪt 'mɑːkɪt] *znw* onroerendgoedmarkt

realism ['rɪəlɪzəm] *znw* realisme, werkelijkheidszin

realist ['rɪəlɪst] **I** *bn* realistisch **II** *znw* realist

realistic [rɪə'lɪstɪk] *bn* ❶ realistisch ❷ werkelijkheidsgetrouw

reality [rɪ'ælətɪ] *znw* ❶ realiteit ❷ wezenlijkheid, werkelijkheid

reality check [rɪ'ælətɪ tʃek] *znw* iets dat je weer met beide benen op de grond zet

realizable [rɪə'laɪzəbl], **realisable** *bn* realiseerbaar, haalbaar

realization [rɪəlaɪ'zeɪʃən], **realisation** *znw* ❶ verwezenlijking ❷ besef ★ *the* ~ *has dawned on him (that)* hij begint te beseffen (dat) ❸ handel realisatie, tegeldemaking

realize ['rɪəlaɪz], **realise** *overg* ❶ verwezenlijken ❷ realiseren, te gelde maken ❸ zich voorstellen, beseffen, zich realiseren, zich rekenschap geven van, inzien ❹ handel opbrengen ⟨v. prijzen⟩, maken ⟨winst⟩

real life [rɪ:l laɪf] *znw* ★ *in* ~ in de werkelijkheid, in de praktijk

reallocate [ri:'æləkeɪt] *overg* herverkavelen, herverdelen

reallocation [ri:ælə'keɪʃən] *znw* herverkaveling, herverdeling

really ['rɪəlɪ] **I** *tsw* o ja?, is het heus? **II** *bijw* ❶ werkelijk, waarlijk, inderdaad, in werkelijkheid, eigenlijk ❷ echt, bepaald, beslist, heus, toch ❸ erg, heel

realm [relm] *znw* ❶ koninkrijk, rijk ❷ fig gebied ★ *within the* ~*s of possibility* binnen de

re

mogelijkheden

realpolitik ['reɪ'ɑːlpɒlɪtiːk] *znw* pragmatische politiek

real time ['riːl taɪm] *znw* ❶ echte tijd ❷ comput real time, direct ‹snel genoeg om de invoer bij te houden›

realtor ['rɪəltə, -tɔː] Am *znw* makelaar in onroerend goed

realty ['riːəltɪ] *znw* ❶ vast of onroerend goed ❷ bepaalde rechten op onroerende zaken

real world [riːl wɜːld] *znw* ★ *the* ~ het echte leven, de werkelijkheid

ream [riːm] I *znw* ❶ riem ‹papier› ❷ *fig* (meestal *mv*) grote hoeveelheid II *overg* ❶ vergroten, opruimen ‹een gat› ❷ Am *vulg* anale seks hebben met ▼ Am *inf* ~ *sbd* out iem. flink op zijn falie geven ‹verbaal›

reamer ['riːmə] *techn znw* ± boor, frees

reanimate [riː'ænɪmeɪt] *overg* ❶ doen herleven, reanimeren ❷ weer bezielen of doen opleven

reanimation [riːænɪ'meɪʃən] *znw* ❶ reanimatie, herleving ❷ wederbezieling

reap [riːp] *overg* maaien, inoogsten, oogsten ★ ~ *the fruits of sth* de vruchten plukken van iets ★ zegsw *you* ~ *what you sow* wat men zaait zal men oogsten

reaper ['riːpə] *znw* ❶ maaier, oogster ❷ maaimachine

reappear [riːə'pɪə] *onoverg* weer verschijnen, (opnieuw) opduiken

reappearance [riːə'pɪərəns] *znw* het opnieuw verschijnen, het zich opnieuw vertonen

reapply [riːə'plaɪ] *onoverg* ❶ opnieuw indienen ❷ opnieuw aanbrengen

reappoint [riːə'pɔɪnt] *overg* heraanwijzen, opnieuw aanstellen

reappointment [riːə'pɔɪntmənt] *znw* heraanwijzing

reapportion [riːə'pɔːʃən] *overg* opnieuw toebedelen

reappraisal [riːə'preɪzəl] *znw* herwaardering

reappraise ['riːə'preɪz] *overg* herwaarderen

rear [rɪə] I *bn* achter-, achterste II *znw* ❶ achterhoede ★ *bring up the* ~ de achterhoede vormen, achteraan komen ❷ achterkant ★ *at the* ~ achter ★ *in the* ~ achteraan, van achteren ★ *attack from the* ~ van achteren aanvallen ❸ etappe, etappegebied ❹ *inf* achterste III *overg* ❶ oprichten, opheffen, bouwen ★ *the horse* ~*ed its head* het paard richtte zijn hoofd op ★ *famine is* ~*ing its ugly head again* honger steekt weer de kop op ❷ opbrengen, (op)kweken, grootbrengen, fokken ❸ verbouwen IV *onoverg* ★ ~ *(up)* steigeren ★ *the peak* ~*s above the mountain range* de piek steekt boven de bergketen uit

rear admiral [rɪər 'ædmərəl] *znw* schout-bij-nacht

rear door [rɪə dɔː] *znw* achterdeur

rearguard ['rɪəgɑːd] *mil znw* achterhoede

rearguard action ['rɪəgɑːd 'ækʃən] *znw* achterhoedegevecht

rear light [rɪə laɪt] *znw* achterlicht

rearm [riː'ɑːm] *overg & onoverg* (zich) herbewapenen

rearmament [riː'ɑːməmənt] *znw* herbewapening

rearmost ['rɪəməʊst] *bn* achterste, laatste

rearrange [riːə'reɪndʒ] *overg* opnieuw schikken,

opnieuw ordenen, herinrichten

rearrangement [riːə'reɪndʒmənt] *znw* herschikking, herinrichting

rear-view mirror ['rɪəvjuː'mɪrə] *znw* achteruitkijkspiegel

rearward ['rɪəwəd] I *bn* ❶ achterwaarts ❷ achterste, achter- II *bijw*, **rearwards** achterwaarts

rear wheel [rɪə wiːl] *znw* achterwiel

rear-wheel drive [rɪə-wiːl draɪv] *znw* achterwielaandrijving

reason ['riːzən] I *znw* ❶ reden, oorzaak, grond ★ *all the more* ~ een reden te meer ★ form *by* ~ *of* op grond van, ten gevolge van, vanwege, wegens ★ *for* ~*s of security* om veiligheidsredenen ★ *for some* ~ *(or other)* om de een of andere reden ★ *for* ~*s best known to himself* hij zal zelf misschien wel weten waarom ‹maar niemand anders snapt het› ★ *for whatever* ~ om welke reden dan ook ★ *without* ~ zonder reden ★ *jur see* ~ *to* reden hebben om ❷ rede, redelijkheid, verstand ★ *within* ~ alles wat redelijk is ★ *listen to* ~ naar rede luisteren ★ *lose one's* ~ het verstand verliezen ★ *it stands to* ~ het spreekt vanzelf ★ *see* ~ tot rede komen ★ *inf talk some* ~ *into sbd* iem. tot rede brengen ❸ recht, billijkheid ★ *with* ~ met recht, terecht ❹ motivering ‹v. e. rechterlijke uitspraak› II *overg* ❶ beredeneren, redeneren over ★ ~ *sth away* wegredeneren ★ ~ *sth out* iets beredeneren ❷ bespreken III *onoverg* redeneren ★ ~ *with sbd* iem. bepraten, iem. overreden, met iem. spreken, praten, een (goed) gesprek voeren ★ *there's no* ~*ing with him* met hem valt niet te praten

reasonable ['riːzənəbl] *bn* ❶ redelijk, verstandig ★ *they stand a* ~ *chance* ze maken een redelijke kans ★ *it's a* ~ *enough request* het verzoek is redelijk genoeg ❷ billijk, schappelijk ★ *a very* ~ *price for such quality* een heel schappelijke prijs voor zo'n kwaliteit

reasonably ['riːzənəblɪ] *bijw* ❶ redelijk, billijk ★ *they've started talking* ~ *about things* ze zijn begonnen redelijk over dingen te praten ❷ tamelijk ★ *she seems* ~ *happy now* ze schijnt nu redelijk gelukkig te zijn ❸ redelijkerwijs, met reden, terecht

reasoned ['riːzənd] *bn* beredeneerd

reasoning ['riːzənɪŋ] *znw* redenering ★ *I don't follow your* ~ ik kan je redenering niet volgen

reassemble [riːə'sembl] I *overg* ❶ opnieuw verzamelen ❷ weer in elkaar zetten ‹machine &› II *onoverg* weer bijeenkomen

reassert [riːə'sɜːt] *overg* ❶ opnieuw beweren, bevestigen ❷ weer laten gelden

reassertion [riːə'sɜːʃən] *znw* herhaalde bewering

reassess [riːə'ses] *overg* opnieuw onderzoeken, herwaarderen, opnieuw taxeren

reassessment [riːə'sesmənt] *znw* herwaardering, nieuwe taxatie

reassign [riːə'saɪn] *znw* opnieuw toe-, aanwijzen ‹m.b.t. taak, functie›

re

reassurance [riːəˈʃɔːrəns] *znw* geruststelling ★ *the results offer some* ~ de resultaten zijn enigszins bemoedigend / geruststellend

reassure [riːəˈʃɔː] *overg* geruststellen

reassuring [riːəˈʃɔːrɪŋ] *bn* geruststellend

reassuringly [riːəˈʃɔːrɪŋlɪ] *bijw* geruststellend

reattach [riːəˈtætʃ] *overg* weer vastmaken

reattempt [riːəˈtempt] *overg* opnieuw proberen

reawaken [riːəˈweɪkən] **I** *overg* weer wakker maken, doen herleven **II** *onoverg* herleven, (weer) wakker worden

rebaptism [ˈriːˈbæptɪzm] *znw* wederdoop

rebaptize [ˈriːˈbæpˈtaɪz, ˈriːˈbæp-], **rebaptise** *overg* opnieuw dopen

rebate [ˈriːbeɪt] handel *znw* korting, rabat, aftrek

rebel I *bn* [ˈrebəl] oproerig, opstandig, muitend **II** *znw* [ˈrebəl] ❶ oproerstoker, opstandeling, muiter ❷ rebel **III** *onoverg* [rɪˈbel] oproer maken, muiten, opstaan, in opstand komen, rebelleren

rebellion [rɪˈbeljən] *znw* oproer, opstand

rebellious [rɪˈbeljəs] *bn* oproerig, rebels, weerspannig

rebid [riːˈbɪd] **I** *znw* nog een bod **II** *onoverg* opnieuw bieden

rebind [riːˈbaɪnd] *overg* opnieuw (in)binden

rebirth [riːˈbɜːθ] *znw* wedergeboorte

rebirthing [riːˈbɜːθɪŋ] *znw* rebirthing, bepaalde ademhalingstherapie

rebook [riːˈbʊk] *overg* opnieuw reserveren

reboot [riːˈbuːt] **I** *znw* het opnieuw opstarten ‹van een computer› **II** *overg* opnieuw opstarten ‹een computer›

reborn [riːˈbɔːn] *bn* herboren, wedergeboren

rebound I *znw* [ˈriːbaʊnd] ❶ terugspringen, terugstoot, afstuiting ★ *on the* ~ als reactie daarop, van de weeromstuit ❷ terugkaatsing ❸ rebound **II** *onoverg* [rɪˈbaʊnd] ❶ terugspringen, terug-, afstuiten ❷ terugkaatsen **III** *ww* [riːˈbaʊnd] [v.t. & v.d.] → **rebind**

rebuff [rɪˈbʌf] **I** *znw* botte weigering, afwijzing ★ *her request met with a* ~ haar verzoek werd bot afgewezen **II** *overg* weigeren, afwijzen, afstoten, afpoeieren, afschepen

rebuild [riːˈbɪld] **I** *overg* ❶ herbouwen, weer opbouwen ❷ ombouwen **II** *onoverg* weer opbouwen ★ *the community is* ~*ing after a devastating cyclone* de gemeenschap is met de wederopbouw bezig na een verwoestende cycloon

rebuilt [riːˈbɪlt] *ww* [V.T & V.D] → **rebuild**

rebuke [rɪˈbjuːk] **I** *znw* berisping **II** *overg* berispen, afkeuren ★ *he has been ~d for his handling of the matter* hij is berispt voor de manier waarop hij de zaak heeft behandeld

rebus [ˈriːbəs] *znw* rebus

rebut [rɪˈbʌt] *overg* ❶ weerleggen ❷ terug-, afwijzen

rebuttal [rɪˈbʌtl] *znw* weerlegging

recalcitrance [rɪˈkælsɪtrəns] form *znw* weerspannigheid

recalcitrant [rɪˈkælsɪtrənt] form *bn* tegenstribbelend, weerspannig, recalcitrant

recall [rɪˈkɔːl] **I** *znw* ❶ terugroeping, rappel ❷ herroeping ★ *beyond* ~ onherroepelijk, reddeloos (verloren) ❸ herinnering ★ *total* ~ absoluut geheugen ❹ bis ‹in schouwburg› **II** *overg* ❶ terugroepen ❷ herroepen, intrekken ❸ weer in het geheugen roepen, memoreren, herinneren aan ❹ zich herinneren ★ *I can't* ~ *my exact words* ik kan me niet precies herinneren wat ik gezegd heb ❺ handel opzeggen ‹een kapitaal› **III** *onoverg* zich herinneren ★ *if I* ~ *correctly, he died in 1995* als ik me goed herinner is hij in 1995 overleden

recant [rɪˈkænt] form **I** *overg* herroepen, terugnemen **II** *onoverg* zijn woorden terugnemen, zijn dwaling openlijk erkennen

recantation [riːkænˈteɪʃən] form *znw* herroeping, afzwering van een dwaling

recap [ˈriːkæp] inf **I** *znw* korte opsomming, samenvatting **II** *overg* ❶ kort samenvatten, recapituleren ❷ vulkaniseren ‹autoband›

recapitalization [riːkəpɪtʊleɪˈzeɪʃn], **recapitalisation** *znw* herkapitalisatie

recapitulate [riːkəˈpɪtjʊleɪt] **I** *overg* recapituleren, in het kort herhalen, samenvatten, resumeren **II** *onoverg* recapituleren, kort samenvatten ★ *to* ~, *the results demonstrate that* kort samengevat / kortom: de resultaten laten zien dat

recapitulation [riːkəpɪtjʊˈleɪʃən] form *znw* recapitulatie, korte herhaling of samenvatting

recapture [riːˈkæptʃə] **I** *znw* herovering **II** *overg* ❶ heroveren ❷ fig terugroepen, weer voor de geest halen ★ *the book ~s the atmosphere of the 20s* het boek geeft de sfeer van de jaren 20 weer

recast [riːˈkɑːst] **I** *znw* ❶ omgieten ❷ fig omwerking **II** *overg* ❶ opnieuw gieten, omgieten, opnieuw vormen ❷ opnieuw berekenen ❸ fig opnieuw bewerken, omwerken ‹een boek &› ❹ de rollen opnieuw verdelen van ‹een toneelstuk, film›

recd afk (received) ontvangen

recede [rɪˈsiːd] *onoverg* ❶ teruggaan, -wijken, (zich) terugtrekken ★ ~ *from view* uit het gezicht verdwijnen ❷ handel teruglopen ‹koers› ❸ zich verwijderen ‹v.d. kust &› ❹ aflopen ‹getij›

receding hairline [rɪˈsiːdɪŋ ˈheəlaɪn] *znw* terugwijkende haargrens

receipt [rɪˈsiːt] **I** *znw* ❶ ontvangst ★ *on* ~ *of payment* / *the order &* na ontvangst van betaling / de bestelling & ❷ bewijs van ontvangst, kwitantie, reçu ❸ recept **II** *overg* kwiteren

receipt book [rɪˈsiːt bʊk] *znw* kwitantieboekje

receipts [rɪˈsiːts] *znw* [mv] recette, inkomsten ★ *net* ~ netto-ontvangsten

receivable [rɪˈsiːvəbl] *bn* ❶ geldig, aannemelijk ❷ nog te ontvangen of te innen

receivables [rɪˈsiːvəblz] *znw* [mv] ★ *the* ~ te ontvangen posten, vorderingen, debiteuren

receive [rɪˈsiːv] **I** *overg* ❶ ontvangen, aannemen, in ontvangst nemen, krijgen ★ ~ *communion* de communie ontvangen ★ ~ *a phone call* een telefoontje krijgen ★ ~ *a shock* een schok krijgen ★ *be ~d coldly / warmly* koel / warm worden ontvangen ★ *I'm receiving you loud and clear* ik ontvang je luid en duidelijk, het is me precies duidelijk wat je bedoelt ★ ~ *a visit from sbd* bezoek van iem. krijgen ❷ opvangen ❸ opnemen, toelaten ★ *be ~d into the church* als kerkenlid worden opgenomen ❹ jur helen **II** *onoverg* ❶ ontvangen ❷ jur helen

received [rɪ'siːvd] *bn* algemeen aanvaard, standaard-, overgeleverd

received pronunciation [rɪ'siːvd prənʌnsɪ'eɪʃən] Br *znw* algemeen beschaafd Engels, standaarduitspraak

receiver [rɪ'siːvə] *znw* ❶ ontvanger ❷ heler ❸ jur curator ‹v. failliete boedel› ❹ recipiënt, klok ‹v. luchtpomp› ❺ reservoir ❻ telefoonhoorn ★ *could you pick up the ~?* pak je de telefoon even op? ❼ radio ontvangtoestel ❽ sp degene die de opslag ontvangt ❾ speler die speciaal is getraind op het vangen van passes ‹bij American football›

receivership [rɪ'siːvəʃɪp] *znw* curatorschap ★ *go into ~* onder het beheer komen van een curator

receiving [rɪ'siːvɪŋ] *bn* ★ *be on the ~ end (of the stick)* aan het eind zijn waar de klappen vallen

receiving line [rɪ'siːvɪŋ laɪn] *znw* rij mensen die de gasten ontvangt bij een receptie &

receiving order [rɪ'siːvɪŋ 'ɔːdə] *znw* aanstelling tot curator ‹bij faillissement›

recency ['riːsənsɪ] *znw* het recente, nieuwheid, actualiteit ★ *in view of the ~ of sth* gezien de nieuwheid van iets

recension [rɪ'senʃən] *znw* ❶ herziening ❷ herziene uitgaaf

recent ['riːsənt] *bn* ❶ recent, van recente datum, onlangs plaats gehad hebbend ★ *a ~ photo* een recente foto ❷ van de nieuwere tijd ❸ nieuw, fris ★ *a comparatively ~ development* een relatief nieuwe ontwikkeling ❹ laatst, jongst ★ *the most ~ harvest* de laatste oogst

recently ['riːsəntlɪ] *bijw* onlangs, kort geleden, in de laatste tijd, recentelijk ★ *as ~ as 1990* in 1990 nog ★ *till ~* tot voor kort

receptacle [rɪ'septəkl] *znw* vergaarbak, -plaats

reception [rɪ'sepʃən] *znw* ❶ ontvangst, onthaal, opname ❷ opneming ❸ receptie ★ *I'll leave my bags at ~* ik zal mijn koffers bij de receptie achterlaten

reception centre [rɪ'sepʃən 'sentə], Am **reception center** *znw* opvangcentrum

receptionist [rɪ'sepʃ(ə)nɪst] *znw* ❶ chef de réception, degene die ontvangsten organiseert ❷ receptionist(e) ‹bij hotel, dokter, advocaat &›

reception room [rɪ'sepʃən ruːm] *znw* ❶ ontvangkamer, receptieruimte ❷ woonvertrek

receptive [rɪ'septɪv] *bn* receptief, kunnende opnemen, ontvankelijk ★ *she's quite ~ to the idea* ze staat behoorlijk open voor het idee

receptive faculties [rɪ'septɪv 'fækəltɪz] *znw* [mv] opnamevermogen

receptiveness [rɪ'septɪvnəs], **receptivity** *znw* receptiviteit, opnamevermogen, ontvankelijkheid

receptor [rɪ'septə] *znw* receptor ‹voelorgaantje›

recess [rɪ'ses] **I** *znw* ❶ terugwijking ‹v. gevel› ❷ inham, (schuil)hoek, nis, alkoof ❸ opschorting ‹v. zaken› ❹ reces ★ *in ~* op reces ★ *go into ~* op reces gaan ❺ Am vakantie **II** *onoverg* ❶ laten inspringen, in een nis zetten, verzinken ❷ verdagen **III** *onoverg* op reces gaan

recession [rɪ'seʃən] *znw* ❶ wijken ❷ terugtreding ❸ handel recessie ★ *go into / come out of ~* in een recessie terechtkomen / uit een recessie komen ★ *ride out the ~* de recessie heelhuids doorkomen

recessional [rɪ'seʃənl] **I** *bn* slot-, eind-, reces- **II** *znw* slotzang ‹gezang terwijl de geestelijken zich na afloop van de dienst terugtrekken›

recessionary [rɪ'seʃənrɪ] *bn* door recessie gekenmerkt

recessive [rɪ'sesɪv] *bn* terugwijkend

recessive gene [rɪ'sesɪv dʒiːn] *znw* recessief gen

recharge [riː'tʃɑːdʒ] *overg* ❶ opnieuw vullen, opnieuw laden ‹accu, geweer &› ★ fig ~ *one's batteries* zichzelf weer opladen ❷ handel doorberekenen, in rekening brengen

rechargeable [rɪ'tʃɑːdʒəbl] *bn* oplaadbaar

recheck [riː'tʃek] *overg* herverifiëren

recherché [rə'ʃeəʃeɪ] *(Fr)* form *bn* bijzonder ★ *Tolkien was a specialist in a ~ field* Tolkien was een specialist op een bijzonder gebied

rechristen [riː'krɪsən] *overg* omdopen, herdopen

recidivism [rɪ'sɪdɪvɪzəm] *znw* recidive, herhaling van misdrijf

recidivist [rɪ'sɪdɪvɪst] *znw* recidivist

recipe ['resɪpɪ] *znw* recept

recipient [rɪ'sɪpɪənt] **I** *bn* ontvangend, opnemend **II** *znw* ontvanger

reciprocal [rɪ'sɪprəkl] **I** *bn* ❶ wederzijds, wederkerig ★ *a ~ arrangement* een wederzijdse afspraak ❷ omgekeerd ‹evenredig› **II** *znw* gramm wederkerig voornaamwoord

reciprocate [rɪ'sɪprəkeɪt] **I** *overg* vergelden, beantwoorden, (uit)wisselen ★ *his feelings were not ~d* zijn gevoelens werden niet beantwoord **II** *onoverg* ❶ techn heen en weer gaan ❷ reciproceren, iets terug doen ❸ bewezen gunsten beantwoorden

reciprocation [rɪsɪprə'keɪʃən] *znw* ❶ (uit)wisseling ❷ beantwoording, vergelding

reciprocity [resɪ'prɒsətɪ] *znw* ❶ wederkerigheid ❷ wisselwerking

recital [rɪ'saɪtl] *znw* ❶ opsomming (van de feiten), omstandig verslag ❷ verhaal ❸ voordracht ❹ recital ‹concert door één solist›

recitation [resɪ'teɪʃən] *znw* ❶ opzeggen, voordracht ❷ declamatie

recitative [resɪtə'tiːv] *znw* recitatief

recite [rɪ'saɪt] **I** *overg* ❶ opsommen ❷ reciteren,

voordragen, declameren, opzeggen **II** *onoverg* een voordracht geven

reciter [rɪˈsaɪtə] *znw* declamator

reckless [ˈrekləs] *bn* ❶ zorgeloos, roekeloos, onbesuisd ★ *he has a ~ streak* er zit een roekeloos trekje in hem ★ *she's been charged with ~ driving* ze is aangeklaagd wegens roekeloos rijgedrag ❷ vermetel

reckon [ˈrekən] **I** *overg* ❶ (be)rekenen, tellen ❷ achten, houden voor, aannemen, denken ❸ inf denken **II** *onoverg* rekenen **III** *phras* ★ *~ sbd / sth* **among** *sth* iem. / iets rekenen of tellen onder iets ★ *~ sth* **in** iets meerekenen, -tellen ★ *~ on sth* rekenen op iets ★ *~ sth* **up** iets optellen, uitrekenen, samenvatten ★ *~ with sbd / sth* rekening houden met iem / iets, afrekenen met iem. / iets ★ *a man to be ~ed with* een man om rekening mee te houden ★ *~ without sth* geen rekening houden met iets

reckoner [ˈrekənə] *znw* ❶ rekenaar ❷ tabellenboek ‹om te rekenen›

reckoning [ˈrekənɪŋ] *znw* ❶ rekening, afrekening ★ *the day of ~* dag van de vergelding ❷ berekening ★ *by my ~, we'll be there in 2 hours* volgens mijn berekening zijn we er over twee uur ★ *our team's in the ~ for a medal* ons team maakt een goede kans op een medaille ★ *be out in one's ~* zich misrekend hebben, zich vergissen

reclaim [rɪˈkleɪm] **I** *znw* ★ *beyond / past ~* onherroepelijk (verloren), onverbeterlijk **II** *overg* ❶ terugvorderen ❷ terugwinnen, terugeisen ❸ in cultuur brengen, ontginnen, droogleggen ❹ recyclen

reclamation [rekləˈmeɪʃən] *znw* ❶ terugvordering, eis ❷ terugwinning ❸ (land)aanwinning, ontginning, drooglegging

reclassification [riːklæsɪfɪˈkeɪʃən] *znw* herindeling

reclassify [riːˈklæsɪfaɪ] *overg* herindelen, herrubriceren

recline [rɪˈklaɪn] **I** *overg* (doen) leunen, laten rusten ★ *she ~d her head against his shoulder* ze leunde haar hoofd tegen zijn schouder **II** *onoverg* achteroverleunen, rusten ★ *~ on sth* steunen op iets

recliner [rɪˈklaɪnə] *znw* ligstoel ‹met verstelbare rugleuning en voetenbankje›

reclining bike [rɪˈklaɪnɪŋ baɪk] *znw* ligfiets

reclining seat [rɪˈklaɪnɪŋ siːt] *znw* stoel met verstelbare rugleuning

reclothe [riːˈkləʊð] *overg* opnieuw aankleden

recluse [rɪˈkluːs] *znw* kluizenaar

reclusive [rɪˈkluːsɪv] *bn* ❶ teruggetrokken, kluizenaars- ❷ afgelegen

recode [riːˈkəʊd] *overg* hercoderen

recognition [rekəgˈnɪʃən] *znw* ❶ herkenning ★ *face ~* gezichtsherkenning ★ *beyond / out of (all) ~* onherkenbaar geworden ★ *there was no ~ in her eyes* haar ogen gaven geen blijk van herkenning ❷ erkenning ★ *diplomatic ~* diplomatieke erkenning ❸ erkentenis ★ *in ~ of* ter erkenning van, uit erkentelijkheid voor

recognizable [rekəgˈnaɪzəbl], **recognisable** *bn* ❶ te

herkennen, (her)kenbaar ★ *he was barely ~ as the man she once knew* hij leek nauwelijks meer op de man die ze vroeger gekend had ❷ kennelijk

recognizance [rɪˈkɒgnɪzəns], **recognisance** jur *znw* ❶ gelofte, schriftelijke verplichting om iets te doen ❷ borgtocht

recognize [ˈrekəgnaɪz], **recognise** *overg* ❶ herkennen (aan *by*) ★ *she ~d him as one of the hijackers* ze herkende hem als een van de kapers ❷ erkennen ❸ inzien

recoil [rɪˈkɔɪl] **I** *znw* ❶ terugspringen ❷ terugslag ❸ mil terugloop ‹v. kanon›, terugstoot ‹v. geweer› **II** *onoverg* ❶ terugspringen, terugdeinzen (voor *from*) ★ *she ~ed in horror at the sight* het schouwspel deed haar terugdeinzen van afschuw ❷ mil teruglopen ‹kanon›, (terug)stoten ‹geweer›

recollect [rekəˈlekt] **I** *overg* zich herinneren ★ *I can't quite ~ her* ik kan me haar niet echt herinneren ★ *can you ~ where you saw him?* kun je je herinneren waar je hem hebt gezien? **II** *onoverg* het zich herinneren

recollection [rekəˈlekʃən] *znw* herinnering ★ *to the best of my ~* voorzover ik mij herinner

recolonize [riːˈkɒlənaɪz], **recolonise** *overg* herkoloniseren

recommence [riːkəˈmens] *overg & onoverg* weer beginnen, hervatten

recommencement [riːkəˈmensmənt] *znw* hervatting

recommend [rekəˈmend] *overg* ❶ aanbevelen, aanprijzen, recommanderen ★ *the film doesn't have much to ~ it* de film heeft haast niets om het aan te bevelen ❷ aanraden, adviseren

recommendable [rekəˈmendəbl] form *bn* aan te bevelen, aanbevelenswaardig

recommendation [rekəmenˈdeɪʃən] *znw* ❶ recommandatie, aanbeveling, aanprijzing ★ *a letter of ~* een aanbevelingsbrief ❷ advies

recommendatory [rekəmenˈdeɪtərɪ] form *bn* aanbevelend, aanbevelings-

recommended daily allowance [rekəˈmendɪd ˈdeɪlɪ əˈlaʊəns] *znw* aanbevolen dagelijkse hoeveelheid ‹vitaminen &›

recommended dosage [rekəˈmendɪd ˈdəʊsɪdʒ] *znw* aanbevolen dosering

recommended price [rekəˈmendɪd praɪs] *znw* adviesprijs

recompense [ˈrekəmpens] **I** *znw* beloning, vergelding, vergoeding, loon, schadeloosstelling ★ *in ~ for* als beloning voor **II** *overg* ❶ (be)lonen ❷ vergelden, vergoeden, schadeloosstellen (voor *for*)

recompose [riːkəmˈpəʊz] *overg* ❶ weer samenstellen ❷ (weer) kalmeren

reconcilable [ˈrekənsaɪləbl] *bn* verzoenbaar, verenigbaar, bestaanbaar (met *with, to*)

reconcile [ˈrekənsaɪl] **I** *overg* verzoenen ★ *~ one's differences* de onderlinge geschillen bijleggen ★ *the claims are hard to ~ with the facts* de beweringen laten zich niet met de feiten verenigen **II** *wederk* ★ *~*

re

oneself to sth zich ergens mee verzoenen, zich ergens in schikken

reconciliation [rekənsɪlɪ'eɪʃən], **reconciliation** *znw* verzoening

recondite ['rekəndaɪt] <u>form</u> *bn* ❶ onbekend, verborgen ❷ diepzinnig, duister

recondition [ri:kən'dɪʃən] *overg* ❶ weer opknappen ‹gereedschap, motor &› ❷ opnieuw uitrusten ‹schip &›

reconfigure [ri:kən'fɪgə] *overg* aanpassen

reconfirm [ri:kən'fɜ:m] *overg* herbevestigen ‹vliegreis &›

reconnaissance [rɪ'kɒnɪsəns] *znw* verkenning ★ *a ~ mission* een verkenningsvlucht

reconnoitre [rekə'nɔɪtə], <u>Am</u> **reconnoiter I** *overg* verkennen **II** *onoverg* het terrein verkennen

reconquer [ri:'kɒŋkə] *overg* heroveren

reconsider [ri:kən'sɪdə] *overg & onoverg* ❶ opnieuw overwegen ❷ herzien ‹vonnis› ❸ terugkomen op ‹een beslissing›

reconsideration [ri:kənsɪdə'reɪʃən] *znw* heroverweging

reconstitute ['ri:'kɒnstɪtju:t] *overg* opnieuw samenstellen, reconstrueren ★ *~ the dried mushrooms by soaking them in warm water* breng de gedroogde paddenstoelen terug in hun oorspronkelijke staat door ze te weken in warm water

reconstruct [ri:kən'strʌkt] *overg* ❶ weer (op)bouwen ❷ opnieuw samenstellen, reconstrueren

reconstruction [ri:kən'strʌkʃən] *znw* ❶ nieuwe samenstelling, reconstructie ❷ wederopbouw

reconstructive [ri:kən'strʌktɪv] *bn* herstel-, herstellings-

record I *bn* ['rekɔ:d] record- ★ *a ~ vintage* een recordwijnoogst ★ *in ~ time* in een recordtijd **II** *znw* ['rekɔ:d] ❶ aan-, optekening, verslag, rapport, notulen ★ *keep to the ~* voet bij stuk houden ★ *place / put sth on ~* iets vastleggen, boekstaven, iets verklaren ★ *put / set the ~ straight* de zaken rechtzetten ★ *be on ~ (as)* opgetekend zijn (als), te boek staan (als), (algemeen) bekend zijn (als) ★ *for the ~* officieel, voor de goede orde ★ *off the ~* niet officieel, niet voor publicatie (geschikt), geheim, vertrouwelijk ★ *go on ~ as* verklaren (te zijn) ★ *have a good attendance ~* regelmatig aanwezig geweest zijn ★ *keep ~ (of sth)* aantekening houden (van iets) ❷ gedenkschrift, (historisch) document, officieel afschrift, annalen ★ *the ~s* archief, archieven ★ *the greatest on ~* de grootste in de geschiedenis ❸ gedenkteken, getuigenis ‹van het verleden› ❹ staat van dienst, verleden, strafblad ★ *a criminal / police ~* een strafregister / strafblad ★ *a medical / dental ~* een dokters / tandartsrapport ★ *have a clean ~* een blanco strafregister hebben ★ *on past ~s* gezien de prestaties tot nu toe ★ *our ~ speaks for itself* onze staat van dienst spreekt voor zich ❺ record ★ *beat the ~* het record breken ★ *a national ~* een landelijk record, nationaal record

❻ (grammofoon)plaat, opname ❼ <u>comput</u> record ‹in een database› **III** *overg* [rɪ'kɔ:d] ❶ aan-, optekenen, aangeven, registreren ❷ opnemen ‹op grammofoonplaat› ❸ vastleggen, boekstaven, melding maken van, vermelden, verhalen ❹ uitbrengen ‹zijn stem›

record-breaker ['rekɔ:d-'breɪkə] *znw* iem. die een record verbetert

record-breaking ['rekɔ:d-'breɪkɪŋ] *bn* die / dat een record breekt, record- ★ *a ~ heatwave* een recordhittegolf

record changer ['rekɔ:d 'tʃeɪndʒə] *znw* platenwisselaar

recorded delivery [rɪ'kɔ:dɪd dɪ'lɪvərɪ] <u>post</u> *znw* aangetekende bestelling

recorder [rɪ'kɔ:də] *znw* ❶ griffier ❷ archivaris ❸ rechter ❹ <u>muz</u> blokfluit ❺ registreertoestel ❻ recorder, opnemer, opneemtoestel

recording [rɪ'kɔ:dɪŋ] *znw* opname ★ *a live ~* een live opname ★ *a ~ contract* een platencontract

recording studio [rɪ'kɔ:dɪŋ 'stju:dɪəʊ] *znw* opnamestudio

record label ['rekɔ:d 'leɪbl] *znw* platenlabel

record library ['rekɔ:d 'laɪbrərɪ] *znw* bibliotheek voor platen en cd's

record office ['rekɔ:d 'ɒfɪs] *znw* (rijks)archief

record player ['rekɔ:d 'pleɪə] *znw* platenspeler

record token ['rekɔ:d 'təʊkn] *znw* platenbon

recork [ri:'kɔ:k] *overg* de kurk weer op de fles doen

recount I *znw* ['ri:kaʊnt] nieuwe telling **II** *overg* [rɪ'kaʊnt] verhalen, opsommen **III** *overg*, **re-count** [ri:'kaʊnt] opnieuw tellen

recoup [rɪ'ku:p] **I** *overg* ❶ schadeloosstellen (voor), (weer) goedmaken, vergoeden ★ *~ one's losses* zijn verliezen goedmaken ❷ terugwinnen, terugverdienen ❸ verhalen (op *from*) **II** *onoverg* herstellen ‹v.e. ziekte›

recourse [rɪ'kɔ:s] *znw* ❶ <u>form</u> toevlucht ★ *have ~ to sth* zijn toevlucht nemen tot iets, iets hebben om op terug te vallen ❷ <u>handel</u> regres ★ *right of ~* regresrecht

recover [rɪ'kʌvə] **I** *overg* ❶ terug-, herkrijgen, terugvinden, herwinnen, heroveren, terugwinnen ★ *~ one's breath* weer op adem komen ❷ bergen ‹v. lijken, ruimtecapsule› ❸ goedmaken ‹fout›, inhalen ‹verloren tijd› ❹ innen ‹schulden› ❺ erbovenop halen ‹zieke›, bevrijden, redden ❻ weer bereiken ❼ <u>jur</u> zich toegewezen zien ‹schadevergoeding› ★ *~ one's damages* schadevergoeding krijgen **II** *overg* [ri:'kʌvə], **re-cover** weer bedekken, opnieuw bekleden **III** *onoverg* [rɪ'kʌvə] ❶ herstellen, erbovenop komen, beter worden, genezen ❷ weer bijkomen ‹uit narcose of flauwte› ❸ zich herstellen van ‹slag› ❹ schadevergoeding krijgen ❺ <u>jur</u> zijn eis toegewezen krijgen **IV** *wederk* [rɪ'kʌvə] ★ *~ oneself* zijn kalmte herkrijgen

recoverable [rɪ'kʌvərəbl] *bn* ❶ terug te krijgen ❷ <u>jur</u> verhaalbaar

recovery [rɪ'kʌvərɪ] *znw* ❶ terugkrijgen, herwinnen

❷ berging ❸ herstel ⟨van gezondheid, economie⟩ ★ *beyond / past* ~ onherstelbaar, ongeneeslijk ★ *on the road to* ~ op weg naar herstel

recovery room [rɪˈkʌvərɪ ruːm] *znw* verkoeverkamer, recovery

recovery time [rɪˈkʌvərɪ taɪm] *znw* hersteltijd

recreant [ˈrekrɪənt] arch *znw* ❶ lafaard ❷ afvallige

recreate [ˈriːkrɪeɪt] *overg* herscheppen

recreation I *znw* [rekrɪˈeɪʃən] ont-, uitspanning, recreatie, speeltijd II *znw* [riːkrɪˈeɪʃən] herschepping

recreational [rekrɪˈeɪʃənəl] *bn* recreatief ★ ~ *facilities* recreatieve voorzieningen

recreational drug [rekrɪˈeɪʃənəl drʌg] *znw* partydrug, recreatieve drug ⟨middel dat af en toe wordt gebruikt maar waaraan men niet verslaafd is⟩

recreational vehicle [rekrɪˈeɪʃənəl ˈviːɪkl] Am *znw* kampeerwagen

recreation centre [rekrɪˈeɪʃən ˈsentə] *znw* recreatiecentrum

recreation ground [rekrɪˈeɪʃəngraʊnd] *znw* speelplaats, speelterrein, speeltuin

recrimination [rekrɪmɪˈneɪʃən] *znw* (meestal *mv*) tegenbeschuldiging, (tegen)verwijt ★ *they threw ~s at each other* ze bestookten elkaar over en weer met verwijten

recriminatory [rɪˈkrɪmɪnət(ə)rɪ, -neɪtrɪ] *bn* (wederzijds) beschuldigend ★ *take* ~ *action* (tegen)beschuldigingen inbrengen

recross [riːˈkrɒs] *overg* opnieuw oversteken

recrudesce [riːkruːˈdes] form *onoverg* ❶ opnieuw uitbreken, oplaaien ❷ verergeren

recrudescence [riːkruːˈdesəns] form *znw* ❶ opnieuw uitbreken ⟨v. ziekte⟩ ❷ opleving, oplaaiing ⟨van hartstocht &⟩ ❸ verergering

recrudescent [riːkruːˈdesənt] form *bn* weer uitbrekend

recruit [rɪˈkruːt] I *znw* ❶ rekruut ❷ nieuweling II *overg* (aan)werven, rekruteren

recruitment [rɪˈkruːtmənt] *znw* (aan)werving, rekrutering

rectal [ˈrektəl] *bn* rectaal, endeldarm- ★ ~ *cancer* endeldarmkanker

rectangle [ˈrektæŋgl] *znw* rechthoek

rectangular [rekˈtæŋgʊlə] *bn* rechthoekig

rectification [rektɪfɪˈkeɪʃən] *znw* rectificatie, verbetering, herstel, rechtzetting

rectifier [ˈrektɪfaɪə] elektr *znw* gelijkrichter

rectify [ˈrektɪfaɪ] *overg* ❶ rectificeren, verbeteren, herstellen, rechtzetten ❷ elektr gelijkrichten

rectilinear [rektɪˈlɪnɪə] *bn* rechtlijnig

rectitude [ˈrektɪtjuːd] form *znw* ❶ oprechtheid, rechtschapenheid ❷ correctheid

rector [ˈrektə] *znw* ❶ predikant, dominee ❷ onderw rector

rectorial [rekˈtɔːrəl] *bn* rectoraal, rectoraats-

rectorship [ˈrektəʃɪp] *znw* rectoraat

rectory [ˈrektərɪ] *znw* ❶ predikantsplaats ❷ pastorie ❸ rectorswoning

rectum [ˈrektəm] anat *znw* [*mv*: -s of recta] endeldarm

recumbency [rɪˈkʌmbənsɪ] form *znw* ❶ (achterover)liggende (leunende) houding ❷ rust

recumbent [rɪˈkʌmbənt] form *bn* ❶ (achterover)liggend, (-)leunend ❷ rustend

recuperate [rɪˈkuːpəreɪt] I *overg* beter maken, er weer bovenop helpen II *onoverg* herstellen, weer op krachten komen, opknappen ★ *we're still recuperating after / from our holiday* we zijn nog aan het herstellen van onze vakantie

recuperation [rɪkuːpəˈreɪʃən] *znw* herstel

recuperative [rɪˈkuːpərətɪv] *bn* ❶ herstellend, versterkend ★ *there's nothing more* ~ *than a good sleep* er is niets dat beter is voor herstel dan lekker slapen ❷ herstellings-

recur [rɪˈkɜː] *onoverg* terugkeren, terugkomen, zich herhalen ★ *the theme of family breakdown ~s throughout the novel* het thema van het uiteenvallen van het gezin komt door de hele roman heen terug

recurrence [rɪˈkʌrens] *znw* terugkeer, herhaling ★ *a* ~ *of the symptoms* terugkeer van de symptomen

recurrent [rɪˈkʌrənt], **recurring** *bn* (periodiek) terugkerend, periodiek

recurring costs [rɪˈkʌrɪŋ kɒsts] boekh *znw* [mv] doorlopende kosten, terugkerende kosten

recurring decimal [rɪˈkʌrɪŋˈdesɪml] *znw* repeterende breuk

recurring number [rɪˈkʌrɪŋˈnʌmbə] *znw* repeterend getal

recusant [ˈrekjʊzənt] form I *bn* weerspannig II *znw* weerspannige

recycle [riːˈsaɪkl] *overg* recyclen, hergebruiken

recycling [riːˈsaɪklɪŋ] *znw* recycling, hergebruik

red [red] I *bn* ❶ rood ★ ~ *hot* roodgloeiend, fig enthousiast, woedend, inf actueel, sensationeel ★ *like a* ~ *rag to a bull* als een rode lap op een stier ★ Am inf *not a* ~ *cent* geen rooie cent ★ inf *see* ~ blinde woede ontsteken, buiten zichzelf zijn van woede ★ *turn (bright)* ~ blozen ❷ bloedig ❸ links, revolutionair II *znw* ❶ rood ★ inf *out of / in the* ~ uit / in de rode cijfers, zonder / met een tekort, credit / debet staand ❷ rode ⟨socialist &⟩ ★ meestal afkeurend *a Red* een socialist / communist ❸ biljart rode bal

redaction [rɪˈdækʃən] *znw* ❶ redactie, redigeren, bewerking ❷ nieuwe uitgave

red alert [red əˈlɜːt] *znw* groot alarm

Red Army [red ˈɑːmɪ] hist *znw* ★ *the* ~ het Rode Leger ⟨het leger van de Sovjet-Unie⟩

redback [ˈredbæk], **redback spider** Aus *znw* roodrugspin ⟨giftige spin uit Australië⟩

red blood cell [red blʌd sel] *znw* rood bloedlichaampje

red-blooded [ˈredˈblʌdɪd] *bn* levenslustig, energiek

redbreast [ˈredbrest] *znw* roodborstje

red-brick [ˈred-brɪk] *bn* van rode baksteen ★ *a* ~ *university* een Britse universiteit uit het eind van de 19e en begin van de 20e eeuw

redcap [ˈredkæp] *znw* ❶ inf iemand van de militaire

re

politie ➋ <u>Am inf</u> kruier, witkiel ➌ distelvink, putter
‹zangvogeltje›

red card [red kɑ:d] *znw* rode kaart ‹bij voetbal &›

red carpet [red 'kɑ:pɪt] *znw* rode loper ★ *give sbd the ~
treatment* de rode loper voor iem. uitrollen

redcoat ['redkəʊt] <u>hist</u> *znw* roodrok ‹Engelse soldaat›

Red Crescent [red 'krezənt] *znw* Rode Halve Maan
‹equivalent v. Rode Kruis in moslimlanden›

Red Cross [red krɒs] *znw* Rode Kruis

redcurrant ['red'kʌrənt] *znw* aalbes, rode bes

red deer [red drə] *znw* edelhert

redden ['redn] **I** *overg* ➊ rood kleuren, rood maken
➋ doen blozen **II** *onoverg* rood worden, een kleur
krijgen, blozen

reddish ['redɪʃ] *bn* roodachtig, rossig

reddle ['redl] *znw & overg* → **raddle**

redecorate [ri:'dekəreɪt] *overg & onoverg* opknappen,
opnieuw schilderen, behangen &

redeem [rɪ'di:m] *overg* ➊ (weer) goedmaken (ook: ~
oneself), herstellen, vergoeden ➋ verlossen,
bevrijden, redden ➌ terugkopen, loskopen, af-,
vrijkopen ➍ in-, aflossen, inwisselen, te gelde maken
➎ terugwinnen ➏ vervullen, gestand doen,
nakomen, inlossen ‹belofte›

redeemable [rɪ'di:məbl] *bn* ➊ aflosbaar, afkoopbaar
➋ verlost kunnende worden ➌ uitlootbaar

redeemer [rɪ'di:mə] *znw* verlosser ★ *the Redeemer* de
Verlosser

redeeming [rɪ'di:mɪŋ] *bn* verlossend ★ *the one ~
feature* het enige lichtpunt, het enige wat in zijn
voordeel te zeggen valt

redemption [rɪ'dempʃən] *znw* loskoping, verlossing,
terugkoop, af-, inlossing ★ *the date of ~* de
aflossingsdatum, de vervaldag ★ *beyond / past ~*
reddeloos verloren

redemption date [rɪ'dempʃən deɪt] *znw*
aflossingsdatum

redemptive [rɪ'demptɪv] *bn* reddend

redeploy [ri:dɪ'plɔɪ] *overg* ➊ hergroeperen ➋ een
andere taak / plaats geven

redeployment [ri:dɪ'plɔɪmənt] *znw* ➊ <u>mil</u>
verschuiving, heropstelling van troepen ➋ op een
andere plaats inzetten ‹middelen, personeel &›

redevelop [ri:dɪ'veləp] *overg* ➊ renoveren, saneren
➋ opnieuw ontwikkelen

redevelopment ['ri:dɪ'veləpmənt] *znw* wederopbouw,
sanering

red-eye ['red-aɪ] *znw* ➊ rooie oogjes ‹foto's› ➋ <u>Am inf</u>
goedkope whisky ➌ naam van een aantal vissen

red-eye gravy ['red-aɪ 'greɪvɪ] *znw* jus gemaakt van
het vet van gebakken ham

red-faced [red-'feɪst] *bn* ➊ met een hoogrode kleur
➋ <u>fig</u> beschaamd, verlegen

red fox [red fɒks] *znw* (gewone) vos

red-handed [red'hændɪd] *bn* ★ *be caught ~* op
heterdaad betrapt worden

red hat [red hæt] <u>RK</u> *znw* kardinaalshoed

redhead ['redhed] *znw* roodharige

red heat [red hi:t] *znw* rode gloeihitte

red herring [red 'herɪŋ] *znw* ➊ gerookte bokking
➋ dwaalspoor, ontoepasselijk argument, niet
relevante opmerking / bewering

red-hot [red'hɒt] *bn* ➊ roodgloeiend, gloeiend
➋ vurig, dol

red-hot poker [red'hɒt 'pəʊkə] *znw* vuurpijl ‹plant›

redial [ri:'daɪəl] **I** *znw* het opnieuw kiezen **II** *overg*
opnieuw kiezen

rediffusion [ri:dɪ'fju:ʒən] *znw* radio / tv-distributie

Red Indian [red 'ɪndɪən] <u>gedat</u> *znw* indiaan, roodhuid

redingote ['redɪŋgəʊt] *znw* overjas, mantel

redirect [ri:daɪ'rekt] *overg* ➊ nazenden, opnieuw
adresseren ➋ omleiden ‹v. verkeer› ➌ een andere
richting geven

rediscover [ri:dɪ'skʌvə] *overg* herontdekken

rediscovery [ri:dɪ'skʌvərɪ] *znw* herontdekking

redistribute [ri:dɪ'strɪbju:t] *overg* opnieuw ver-, uit- of
indelen, anders schikken

redistribution [ri:dɪstrɪ'bju:ʃən] *znw* nieuwe verdeling,
uit-, indeling, herverdeling

red lead ['red'led] *znw* menie

red-letter day [red-'letə deɪ] *znw* feestdag,
gedenkwaardige dag

red light [red laɪt] *znw* rood licht ★ *see the ~* het
gevaar beseffen, op zijn hoede zijn

red-light district [red-'laɪt 'dɪstrɪkt] *znw* rosse buurt

redline ['redlaɪn] <u>Am inf</u> **I** *znw* maximum toerental
II *overg* ➊ boven het maximum toerental uitkomen
➋ een lening of hypotheek weigeren ‹omdat de
ontvanger in een risicowijk woont›

red meat [red mi:t] *znw* rood vlees ‹rundvlees,
lamsvlees &›

red mullet [red 'mʌlɪt] *znw* mul ‹soort vis›

redneck ['rednek] *znw* (blanke, conservatieve)
arbeider, ultraconservatieve onbeschofte
plattelander

redo [ri:'du:] *overg* ➊ opnieuw doen, overdoen
➋ opknappen, schilderen

redolence ['redələns] <u>dicht</u> *znw* geurigheid, geur

redolent ['redələnt] <u>dicht</u> *bn* ➊ geurig ➋ ruikend
naar, herinnerend aan ★ *a perfume ~ of warm
summer nights* een parfum dat doet denken aan
warme zomernachten

redouble [ri:'dʌbl] **I** *overg* ➊ verdubbelen ★ *they
have ~d their efforts to save them* ze hebben zich twee
keer zo sterk ingespannen om hen te redden
➋ <u>kaartsp</u> redoubleren **II** *onoverg* zich verdubbelen,
toenemen, aanwassen

redoubt [rɪ'daʊt] <u>mil</u> *znw* redoute ‹tijdelijke schans›

redoubtable [rɪ'daʊtəbl] <u>dicht of scherts</u> *bn* te
duchten, geducht

redound [rɪ'daʊnd] <u>form</u> *onoverg* bijdragen (tot *to*)
★ *it ~s to his credit / honour* het strekt hem tot eer

red pepper [red 'pepə] *znw* ➊ rode paprika ➋ rood
pepertje

redraft [ri:'drɑ:ft] **I** *znw* ➊ nieuw ontwerp ➋ <u>handel</u>
retourwissel, herwissel **II** *overg* opnieuw ontwerpen

redraw [riːˈdrɔː] *overg* ❶ opnieuw tekenen ❷ opnieuw trekken

redress [rɪˈdres] form **I** *znw* herstel, redres, aanspraak in rechte, herstel van grieven, genoegdoening ★ *seek* ~ genoegdoening zoeken **II** *overg* herstellen, verhelpen, goedmaken, (weer) in orde brengen, redresseren ★ ~ *the balance* het evenwicht herstellen

re-dress [riː-ˈdres] *overg & onoverg* opnieuw (aan)kleden

red setter [red ˈsetə] *znw* Ierse setter ‹hondenras›

redshank [ˈredʃæŋk] *znw* tureluur ‹vogel›

redskin [ˈredskɪn] gedat of beledigend *znw* roodhuid, indiaan

red snapper [red ˈsnæpə] *znw* red snapper ‹eetbare zeevis›

red squirrel [red ˈskwɪrəl] *znw* eekhoorn

redstart [ˈredstɑːt] *znw* roodstaartje ‹zangvogel›

red tape [red teɪp] *znw* bureaucratie

red tide [red taɪd] *znw* rood getij, rode vloed ‹rode bloei van zeewater, veroorzaakt door algensoort dinoflagellaten›

reduce [rɪˈdjuːs] **I** *overg* ❶ (terug)brengen, herleiden ★ ~ *sth to a minimum* iets tot een minimum terugbrengen ❷ in een staat brengen ★ *be ~d to doing sth* gedwongen worden iets tegen zijn zin te doen ★ ~ *sbd to tears* iem. aan het huilen brengen ❸ verkleinen, verlagen, verkorten, verminderen, verdunnen, fijnmaken ★ ~ *sth to ashes* iets in de as leggen ★ ~ *sth to powder* fijnmalen, fijnwrijven ❹ inkoken ‹saus› ❺ techn verlopen, nauwer worden ❻ chem reduceren ❼ med zetten ‹bij botbreuk›, weer in de kom zetten ❽ verzwakken, verlagen, degraderen ★ ~ *sbd to the ranks* iem. degraderen tot gewoon soldaat **II** *onoverg* ❶ minder / kleiner worden ❷ afslanken

reduced circumstances [rɪˈdjuːst ˈsɜːkəmstənsɪz] *znw* [mv] behoeftige omstandigheden

reduced sentence [rɪˈdjuːst ˈsentəns] *znw* strafvermindering

reduced time [rɪˈdjuːst taɪm] *znw* korte tijd

reducer [rɪˈdjuːsə] techn *znw* verloopstuk

reducible [rɪˈdjuːsəbl] *bn* herleidbaar, terug·te brengen a

reduction [rɪˈdʌkʃən] *znw* ❶ verkorting, beperking, vermindering, verkleining ★ *at a* ~ tegen verlaagde prijs ❷ terugbrenging, herleiding, reductie ❸ verlaging, mil degradatie ❹ onderwerping ❺ zetting ‹v. een lid›

reductive [rɪˈdʌktɪv] *bn* verminderend, vereenvoudigend, reducerend

redundancy [rɪˈdʌndənsɪ] *znw* ❶ overtolligheid, overvloed(igheid) ❷ werkloosheid ❸ ontslag (wegens beperking v.h. personeel) ★ *700 redundancies have been announced* er is bekend gemaakt dat er 700 arbeidsplaatsen zullen verdwijnen

redundancy payment [rɪˈdʌndənsɪ ˈpeɪmənt] *znw* afvloeiingspremie

redundancy plan [rɪˈdʌndənsɪ plæn], **redundancy scheme** *znw* afvloeiingsregeling

redundant [rɪˈdʌndənt] *bn* ❶ overtollig, overvloedig ❷ overbodig (en werkloos) geworden ‹arbeider› ★ *be made* ~ / *become* ~ afvloeien (wegens beperking v.h. personeel)

reduplicate [rɪˈdjuːplɪkeɪt] *overg* verdubbelen, herhalen

reduplication [rɪdjuːplɪˈkeɪʃən] *znw* verdubbeling, herhaling

reduplicative [rɪˈdjuːplɪkətɪv] *bn* ❶ herhalend ❷ verdubbelend

redwing [ˈredwɪŋ] *znw* koperwiek ‹soort lijster›

redwood [ˈredwʊd] *znw* roodhout, braziëlhout

re-echo [riːˈekəʊ] **I** *overg* weerkaatsen, herhalen **II** *onoverg* weerklinken, weergalmen

reed [riːd] *znw* ❶ plantk riet ★ fig *a broken* ~ iem. op wie men niet rekenen kan ❷ muz rietje ‹in mondstuk v. klarinet &›, tong ‹in orgelpijp› ❸ dicht herdersfluit, rietfluitje

reed bunting [riːd ˈbʌntɪŋ] *znw* rietmus, rietgors

reed instrument [riːd ˈɪnstrəmənt] *znw* houten blaasinstrument

re-edit [riːˈedɪt] *overg* opnieuw uitgeven ‹v. boeken›

reed mace [riːd meɪs] *znw* lisdodde ‹oeverplant›

reeds [riːdz] *znw* [mv] ★ muz *the* ~ de houten blaasinstrumenten

re-educate [riːˈedjʊkeɪt] *overg* heropvoeden

re-education [ˈriːedjʊˈkeɪʃən] *znw* heropvoeding

reed warbler [riːd ˈwɔːblə] *znw* rietzanger, karekiet ‹zangvogel›

reedy [ˈriːdɪ] *bn* ❶ vol riet, rieten, riet- ❷ pieperig ‹v. stem›

reef [riːf] **I** *znw* ❶ rif, klip ❷ ertsader ❸ scheepv reef, rif **II** *overg* scheepv reven

reefer [ˈriːfə] *znw* ❶ reefer jacket jekker ❷ inf dunne hasjsigaret, stickie

reef knot [riːf nɒt] scheepv *znw* platte knoop

reek [riːk] **I** *znw* ❶ stank ❷ damp, rook **II** *onoverg* ❶ stinken, rieken (naar *of*) ❷ dampen, roken

reeky [ˈriːkɪ] *bn* ❶ rokerig, berookt, zwart ❷ stinkend, (kwalijk) riekend

reel [riːl] **I** *znw* ❶ haspel, klos, rol, spoel ★ *off the* ~ zonder haperen, vlot achter elkaar ❷ film, filmstrook ❸ reel ‹Schotse dans› ❹ waggelende gang **II** *overg* haspelen, opwinden **III** *onoverg* ❶ waggelen ‹als een dronkaard›, wankelen ★ *my brain's ~ing* het duizelt mij ❷ de reel dansen **IV** *phras* ★ ~ *sth* in iets in-, ophalen ★ ~ *sth* off iets afhaspelen, afwinden, fig iets afratelen, afdraaien ‹les› ★ ~ *sth* out iets afrollen / uitrollen

re-elect [riːɪˈlekt] *overg* herkiezen

re-election [riːɪˈlekʃən] *znw* herkiezing

re-eligibility [riː-elɪdʒəˈbɪlɪtɪ] *znw* herkiesbaarheid

re-eligible [riːˈelɪdʒəbl] *bn* herkiesbaar

re-embark [riːɪmˈbɑːk] *onoverg* weer aan boord gaan

re-embarkation [riːembɑːˈkeɪʃən] *znw* het opnieuw inschepen

re

re-emerge [riːɪˈmɜːdʒ] *onoverg* opnieuw verschijnen

re-enact [riːɪˈnækt] *overg* ❶ reconstrueren, in scène zetten (onder dezelfde omstandigheden) ❷ jur weer van kracht worden

re-enactment [riːɪˈnæktmənt] *znw* ❶ opnieuw invoeren, weer opvoeren ❷ vernieuwing van wet

re-enforce [riːɪnˈfɔːs] *overg* versterken

re-engage [ˈriːɪnˈgeɪdʒ] *overg* ❶ opnieuw in dienst nemen ❷ weer inschakelen, weer in de versnelling zetten

re-engineer [riː-endʒɪˈnɪə] *overg* opnieuw ontwerpen ‹van machine &›

re-engineering [riː-endʒɪˈnɪərɪŋ] *znw* herstructurering, reorganisatie ‹v.e. bedrijf, om de productie efficiënter te laten verlopen›

re-enter [riːˈentə] **I** *overg* weer betreden **II** *onoverg* ❶ weer in zijn rechten treden ❷ weer binnenkomen

re-entrance [riːˈentrəns] *znw* herintreding

re-entry [riːˈentrɪ] *znw* terugkeer

re-establish [riːɪˈstæblɪʃ] *overg* (weer) herstellen, wederoprichten

re-establishment [riːɪˈstæblɪʃmənt] *znw* ❶ nieuwe vestiging ❷ het herstellen

reeve [riːv] **I** *znw* ❶ vrouwtjeskemphaan ‹weidevogel› ❷ hist baljuw **II** *overg* ❶ scheepv inscheren ‹touw› ❷ een weg banen ‹door ijsschotsen of zandbanken›

re-examination [riːɪgzæmɪˈneɪʃən] *znw* ❶ nieuw onderzoek ❷ jur tweede getuigenverhoor

re-examine [riːɪgˈzæmɪn] *overg* weer onderzoeken

re-export [riːɪkˈspɔːt] **I** *znw* wederuitvoer **II** *overg* weer uitvoeren

ref [ref] inf *znw* → **referee**

ref. *afk* → **reference**

reface [riːˈfeɪs] *overg* van een nieuwe buitenlaag voorzien

refashion [riːˈfæʃən] *overg* opnieuw vormen, vervormen, omwerken

refection [rɪˈfekʃən] dicht *znw* lichte maaltijd, versnapering

refectory [rɪˈfektərɪ] *znw* refectorium, refter ‹eetzaal in klooster(school)›

refer [rɪˈfɜː] **I** *overg* afwijzen, laten zakken ‹examenkandidaat› **II** *phras* ★ ~ to *sth* iets raadplegen, iets (er op) naslaan, ergens naar verwijzen, zich ergens op beroepen, betrekking hebben op iets, ergens op zinspelen, iets op het oog hebben, ergens op doelen, ergens melding van maken, iets noemen, iets ter sprake brengen ★ ~ to *sbd* zich wenden tot iem., verwijzen naar iem., zich beroepen op iem., betrekking hebben op iem. ★ ~ *sth to sbd / sth* iets doorzenden naar iem. / iets, iets in handen stellen van iem., iets voorleggen aan iem. ★ ~ *sbd to sbd / sth* iem. verwijzen naar iem. / iets

referable [rɪˈfɜːrəbl] *bn* toe te schrijven (aan *to*)

referee [refəˈriː] **I** *znw* ❶ inf ref scheidsrechter ❷ referent, deskundige ❸ referentie ‹persoon› **II** *overg & onoverg* als scheidsrechter optreden bij

reference [ˈrefərəns] *znw* ❶ getuigschrift, referentie ❷ verwijzing, bewijsplaats, vermelding, informatie ★ *for future* ~ om later te gebruiken, om later naar te verwijzen ★ *for* ~ *purposes* om naar te verwijzen ❸ zinspeling, toespeling ★ *make* ~ *to* zinspelen op, vermelden ❹ betrekking, verband ★ *with* ~ *to* ten aanzien van, met betrekking tot, aangaande, met / onder verwijzing naar ★ *a frame of* ~ een referentiekader ★ *a point of* ~ een referentiepunt, oriënteringspunt ❺ raadplegen, naslaan ★ *without* ~ *to* zonder rekening te houden met, met voorbijgaan van ❻ handel referte

reference book [ˈrefərəns bʊk], **reference work** *znw* naslagwerk

reference library [ˈrefərəns ˈlaɪbrərɪ] *znw* naslagbibliotheek ‹geen uitleen›

reference mark [ˈrefərəns mɑːk] *znw* verwijzingsteken

reference point [ˈrefərəns pɔɪnt] *znw* referentiepunt, (beoordelings)criterium

referendum [refəˈrendəm] *znw* [*mv*: -s of referenda] referendum

referral [rɪˈfɜːrəl] *znw* (door)verwijzing ★ *he asked for a* ~ *to a specialist* hij vroeg om doorverwezen te worden naar een specialist

refill I *znw* [ˈriːfɪl] nieuwe vulling ‹voor ballpoint, pijp &›, reservepotloodje, -potloodjes, reserveblad, -bladen ★ *would you like a* ~? zal ik nog eens bijschenken?, wilt u nog een glas? **II** *overg* [riːˈfɪl] opnieuw vullen, weer aanvullen

refillable [riːˈfɪləbl] *bn* navulbaar ★ *a* ~ *container* een navulverpakking

refinance [riːˈfaɪnæns] *overg* herfinancieren

refinancing [riːˈfaɪnænsɪŋ] *znw* herfinanciering

refine [rɪˈfaɪn] *overg* ❶ raffineren, zuiveren, louteren, veredelen ❷ verfijnen, beschaven

refined [rɪˈfaɪnd] *bn* ❶ gezuiverd, gelouterd, verfijnd ❷ beschaafd ★ ~ *manners* beschaafde manieren ❸ geraffineerd

refinement [rɪˈfaɪnmənt] *znw* ❶ raffinage, zuivering, loutering, verfijning, veredeling, beschaving ★ *a veneer of* ~ een dun laagje beschaving ❷ raffinement ❸ spitsvondigheid ❹ finesse

refiner [rɪˈfaɪnə] *znw* ❶ raffinadeur ❷ zuiveraar ❸ fig verfijner ‹v. de smaak› ❹ muggenzifter, haarklover

refinery [rɪˈfaɪnərɪ] *znw* raffinaderij

refit I *znw* [ˈriːfɪt] ❶ herstel, reparatie ❷ nieuwe uitrusting **II** *overg* [riːˈfɪt] ❶ herstellen ❷ repareren ❸ opnieuw uitrusten

reflate [riːˈfleɪt] *overg* reflatie veroorzaken ‹door monetaire maatregelen door de regering de inflatie terugdringen›

reflation [riːˈfleɪʃən] *znw* reflatie, terugdringing van inflatie

reflationary [riːˈfleɪʃənrɪ] *bn* reflationair, betreffende de reflatie

reflect [rɪˈflekt] **I** *overg* terugwerpen, terugkaatsen, weerkaatsen, weerspiegelen, afspiegelen **II** *onoverg* ❶ nadenken ★ *time to* ~ tijd voor bezinning ❷ bedenken (dat *that*) **III** *phras* ★ ~ *on sbd* aanmerking(en) maken op iem., zich ongunstig uitlaten over iem., een blaam werpen op iem., nadenken over iem. ★ ~ *on sth* nadenken over iets, iets overwegen, iets gedenken, aanmerking(en) maken op iets, zich ongunstig uitlaten over iets ★ *this ~s badly on the company* dit stelt de firma in een slecht daglicht

reflection [rɪˈflekʃən] *znw* ❶ terugkaatsing, weerkaatsing, weerschijn, weerspiegeling, afspiegeling, (spiegel)beeld ★ *she caught sight of her ~ in the window* ze zag haar spiegelbeeld in het raam ❷ nadenken, overdenking, overweging, gedachte ★ *on ~* bij nadere overweging, bij nader inzien ❸ inbreuk, aantasting ★ *a sad ~ on society* een blamage voor de gemeenschap

reflective [rɪˈflektɪv] *bn* ❶ weerkaatsend ❷ (na)denkend

reflector [rɪˈflektə] *znw* reflector

reflex [ˈriːfleks] **I** *bn* onwillekeurig, reflex- **II** *znw* reflex(beweging)

reflexive [rɪˈfleksɪv] **I** *bn* ❶ <u>gramm</u> wederkerend ❷ reflectorisch, reflex- **II** *znw* <u>gramm</u> wederkerend werkwoord, wederkerend voornaamwoord

reflexology [riːflekˈsɒlədʒɪ] *znw* reflexologie

refloat [riːˈfləʊt] *overg* weer vlot krijgen / trekken

reflux [ˈriːflʌks] *znw* terugvloeiing, eb ★ <u>med</u> *gastric ~* brandend maagzuur

reforest [ˈriːˈfɒrɪst] *overg* herbebossen

reforestation [ˈriːfɒrɪsˈteɪʃən] *znw* herbebossing

reform [rɪˈfɔːm] **I** *znw* ❶ hervorming ★ *economic ~s* economische hervormingen ★ *educational ~* onderwijsvernieuwing ❷ (zedelijke) verbetering **II** *overg* ❶ opnieuw vormen, maken ❷ hervormen ❸ bekeren, (zedelijk) verbeteren ❹ <u>mil</u> hergroeperen, opnieuw opstellen **III** *onoverg* ❶ zich beteren, zich bekeren ❷ weer bij elkaar komen

reformation I *znw* [refəˈmeɪʃən] ❶ hervorming, verbetering ❷ reformatie ★ *the Reformation* de reformatie, de Kerkhervorming **II** *znw* [rɪˈfɔːmeɪʃən], **re-formation** <u>mil</u> hergroepering, opnieuw opstellen

reformative [rɪˈfɔːmətɪv] *bn* ❶ hervormend ❷ verbeterend

reformatory [rɪˈfɔːmətərɪ] <u>gedat of Am</u> *znw* tuchtschool, verbeteringsgesticht

reformed character [rɪˈfɔːmd ˈkærəktə] *znw* ander persoon ⟨iem. die zijn leven gebeterd heeft⟩

Reformed Church [rɪˈfɔːmd tʃɜːtʃ] *znw* ★ *the ~* de Hervormde Kerk, de Gereformeerde Kerk

reformer [rɪˈfɔːmə] *znw* hervormer

reformist [rɪˈfɔːmɪst] **I** *bn* hervormingsgezind, reformistisch **II** *znw* hervormingsgezinde, reformist

reform-minded [rɪˈfɔːmˈmaɪndɪd] *bn* hervormingsgezind ⟨vooral politiek⟩

reform school [rɪˈfɔːm skuːl] <u>hist</u> *znw* tuchtschool, verbeteringsgesticht

refract [rɪˈfrækt] *overg* breken ⟨de lichtstralen⟩

refraction [rɪˈfrækʃən] *znw* straalbreking ★ *the angle of ~* de brekingshoek

refractive [rɪˈfræktɪv] *bn* ❶ (straal)brekend ❷ brekings-

refractor [rɪˈfræktə] *znw* ❶ brekende stof ❷ lens, kijker

refractory [rɪˈfræktərɪ] **I** *bn* ❶ weerspannig, weerbarstig, hardnekkig ❷ moeilijk smeltbaar, vuurvast **II** *znw* materiaal dat bestand is tegen hitte, corrosie &

refrain [rɪˈfreɪn] **I** *znw* refrein ★ *as the ~ goes* volgens het refrein ★ *to the ~ of* onder de tonen van **II** *onoverg* refrein, zich weerhouden, zich weerhouden ★ *~ from sth* zich onthouden van iets, afzien van iets ★ *please ~ from smoking* niet roken s.v.p.⟨tekst op bordje⟩

refrangible [rɪˈfrændʒəbl] *bn* breekbaar ⟨v. stralen⟩

refresh [rɪˈfreʃ] *overg* ververrsen, op-, verfrissen, verkwikken, laven ★ *~ sbd's memory* iems. geheugen opfrissen

refresher [rɪˈfreʃə] <u>inf</u> *znw* ❶ verfrissing, koel drankje ❷ extra honorarium voor advocaat

refresher course [rɪˈfreʃə kɔːs] *znw* herhalingscursus

refreshing [rɪˈfreʃɪŋ] *bn* verfrissend, aangenaam, verrassend

refreshment [rɪˈfreʃmənt] *znw* ❶ verversing, op-, verfrissing, verkwikking, laving ❷ (meestal *mv*) snacks, lichte maaltijd ★ *light ~s will be available* er is een hapje en een drankje ★ *take some ~* iets gebruiken ⟨in café &⟩

refreshment room [rɪˈfreʃmənt ruːm] <u>gedat</u> *znw* restauratie(zaal), koffiekamer

refried beans [riːˈfraɪd biːnz] *znw* gekookte en gebakken pintobonen

refrigerant [rɪˈfrɪdʒərənt] **I** *bn* verkoelend **II** *znw* ❶ koelmiddel ❷ <u>med</u> verkoelend, koortsverlagend middel

refrigerate [rɪˈfrɪdʒəreɪt] *overg* koel maken, (ver)koelen, koud maken

refrigerated [rɪˈfrɪdʒəreɪtɪd] *bn* gekoeld

refrigeration [rɪfrɪdʒəˈreɪʃən] *znw* ❶ (ver)koeling ❷ afkoeling, bevriezing

refrigerator [rɪˈfrɪdʒəreɪtə] *znw* ❶ koelkast, koeling, ijskast ❷ vrieskamer

refrigerator-freezer [rɪˈfrɪdʒəreɪtə-ˈfriːzə] *znw* koelkast met diepvriesvak

refrigerator truck [rɪˈfrɪdʒəreɪtə trʌk], **refrigerator van** *znw* koelwagen

refrigeratory [rɪˈfrɪdʒərətərɪ] *bn* verkoelend

refuel [riːˈfjuːəl] **I** *overg* ❶ opnieuw van brandstof voorzien ❷ <u>fig</u> opnieuw doen oplaaien **II** *onoverg* bijtanken

refuge [ˈrefjuːdʒ] *znw* ❶ toevlucht, toevluchtsoord, wijk-, schuilplaats ★ *a ~ from the storm / sun &* beschutting tegen de storm / zon & ★ *find / take ~ with sbd* zijn toevlucht zoeken bij iem. ★ *take / seek ~ in sth* zijn toevlucht nemen tot iets, de wijk nemen naar iets ❷ asiel ❸ vluchtheuvel

refugee [refjuˈdʒiː] *znw* vluchteling, uitgewekene

refugee camp [refjuˈdʒiː kæmp] *znw* vluchtelingenkamp

re

refugee status [refjʊˈdʒiː ˈsteɪtəs] *znw* vluchtelingenstatus

refuge lane [ˈrefjuːdʒ leɪn] *znw* vluchtstrook

refulgence [rɪˈfʌldʒəns] <u>dicht</u> *znw* glans, luister

refulgent [rɪˈfʌldʒənt] <u>dicht</u> *bn* stralend, schitterend

refund I *znw* [ˈriːfʌnd] terugbetaling, teruggave ★ *a ~ in full* een volledige terugbetaling ★ *ask for a ~* geld terug vragen **II** *overg* [rɪˈfʌnd] teruggeven, terugbetalen

refurbish [riːˈfɜːbɪʃ] *overg* ❶ weer opknappen, weer oppoetsen ❷ renoveren en herinrichten ‹een gebouw›

refurnish [riːˈfɜːnɪʃ] *overg* opnieuw meubileren

refusal [rɪˈfjuːzəl] *znw* weigering ★ *have first ~ of sth* een optie hebben op iets ‹een huis &› ★ *meet with a ~* nul op het rekest krijgen, afgeslagen worden ★ *take no ~* van geen weigering willen weten

refuse I *znw* [ˈrefjuːs] uitschot, afval, vuilnis, vuil **II** *overg* [rɪˈfjuːz] afwijzen, afslaan, weigeren, niet willen ‹doen›, het vertikken (te *to*) ★ *~ oneself sth* zich iets ontzeggen ★ *inf the car's refusing to start* de auto wil niet starten **III** *onoverg* [rɪˈfjuːz] weigeren

refuse collection [ˈrefjuːs kəˈlekʃən] *znw* vuilophaling

refuse collector [ˈrefjuːs kəˈlektə] *znw* vuilnisman

refuse dump [ˈrefjuːs dʌmp] *znw* vuilnisbelt

refuse lorry [ˈrefjuːs ˈlɒrɪ] *znw* → **refuse truck**

refusenik [rɪˈfjuːznɪk] *znw* ❶ <u>hist</u> refusenik ‹(joods) Sovjetburger aan wie een uitreisvisum werd geweigerd› ❷ iem. die uit protest weigert iets te doen

refuser [rɪˈfjuːzə] *znw* weigeraar

refuse truck [ˈrefjuːs trʌk], **refuse lorry** *znw* vuilniswagen

refutable [ˈrɪfjuːtəbl] <u>form</u> *bn* weerlegbaar

refutation [refjʊˈteɪʃən] <u>form</u> *znw* weerlegging

refute [rɪˈfjuːt] *overg* weerleggen

regain [rɪˈɡeɪn] *overg* herwinnen, herkrijgen, weer bereiken ★ *~ one's feet / footing* weer op de been komen, zijn evenwicht herstellen

regal [ˈriːɡl] *bn* koninklijk, konings-

regale [rɪˈɡeɪl] *phras* ★ *~ sbd with sth* iem. trakteren op iets

regalia [rɪˈɡeɪlɪə] *znw* [mv] ❶ regalia, kroonsieraden ❷ insignes

regality [rɪˈɡælɪtɪ] *znw* koninklijke waardigheid

regard [rɪˈɡɑːd] **I** *znw* ❶ blik ❷ aanzien, achting, eerbied, egards ★ *have the greatest ~ for sbd / hold sbd in high ~* iem. zeer respecteren, iem. hoogachten ★ *have little / no ~ for sbd / sth* weinig / geen waardering voor iem. / iets hebben ❸ aandacht, zorg ★ *pay ~ to sth* acht slaan op iets, rekening houden met iets ★ *without ~ for / to* zonder zich te bekommeren om, geen rekening houdend met ★ <u>jur</u> *have a ~ to* meenemen in het oordeel ❹ betrekking, verband, opzicht ★ *in this ~* in dit opzicht ★ *in ~ to / with ~ to* ten aanzien van, in verband met **II** *overg* ❶ aanzien, beschouwen ❷ achten, hoogachten ❸ acht slaan op ❹ betreffen,

aangaan ★ <u>form</u> *as ~s the arrangements* wat de afspraken betreft

regardful [rɪˈɡɑːdfʊl] <u>form</u> *bn* ★ *be ~ of sth* letten op iets, zich bekommeren om iets

regarding [rɪˈɡɑːdɪŋ] *voorz* betreffende, met betrekking tot ★ *~ your letter / proposal &* met betrekking tot uw brief / voorstel &

regardless [rɪˈɡɑːdləs] **I** *bn* ★ *~ of* niet lettend op, zich niet bekommerend om, onverschillig voor **II** *bijw* hoe dan ook, desondanks, sowieso ★ *they carried on ~* ze gingen desondanks door

regards [rɪˈɡɑːdz] *znw* [mv] groeten, complimenten ★ *kind ~* met beste groeten ★ *give / send ones ~ to sbd* de groeten doen aan iem.

regatta [rɪˈɡætə] *znw* regatta: roei-, zeilwedstrijd

regd *afk* (registered) geregistreerd

regency [ˈriːdʒənsɪ] *znw* regentschap

regenerate I *bn* [rɪˈdʒenərət] ❶ hernieuwd ❷ herboren **II** *overg* [rɪˈdʒenəreɪt] weer opwekken, tot nieuw leven brengen, herscheppen, doen herleven, verjongen, regenereren **III** *onoverg* [rɪˈdʒenəreɪt] herboren worden, zich hernieuwen

regeneration [rɪdʒenəˈreɪʃən] *znw* (zedelijke) wedergeboorte, herschepping, hernieuwd leven, vernieuwing, verjonging, regeneratie ★ *urban ~* stadsvernieuwing

regenerative [rɪˈdʒenərətɪv] *bn* vernieuwend

regenerator [rɪˈdʒenəreɪtə] <u>techn</u> *znw* ❶ wederopwekker ❷ regenerator

regent [ˈriːdʒənt] *znw* regent, regentes

regentship [ˈriːdʒəntʃɪp] *znw* regentschap

reggae [ˈreɡeɪ] *znw* reggae

regicide [ˈredʒɪsaɪd] *znw* ❶ koningsmoordenaar ❷ koningsmoord

regime [reɪˈʒiːm] *znw* ❶ regime, (staats)bestel ❷ regime, leefregels, dieet ★ *a no alcohol ~* een dieet zonder alcohol

regimen [ˈredʒɪmen] <u>med</u> *znw* leefregel, dieet ★ *a strict dietary ~* een streng dieet

regiment [ˈredʒɪmənt] *znw* regiment

regimental [redʒɪˈmentl] *bn* regiments-

regimental band [redʒɪˈmentl bænd] *znw* stafmuziek

regimental colour [redʒɪˈmentl ˈkʌlə] *znw* regimentskleuren, regimentsvaandel

regimentals [redʒɪˈmentlz] *znw* [mv] uniform

regimentation [redʒɪmenˈteɪʃən] *znw* discipline, tucht

regimented [redʒɪˈmentɪd] *bn* strak, streng ‹school &›, kort gehouden, onderworpen aan een streng regime ★ *they lead a fairly ~ lifestyle* ze hebben een nogal strenge leefwijze

Regina [rɪˈdʒaɪnə] *znw* ❶ Regina ❷ regerende vorstin ❸ <u>jur</u> de Kroon ‹als partij in een rechtszaak›

region [ˈriːdʒən] *znw* ❶ streek, landstreek, gewest, regio ★ *the lower ~s* de onderwereld, <u>scherts</u> het onderlichaam ★ *the upper ~s* de hogere sferen ❷ <u>fig</u> gebied ★ *in the ~ of 60* om en nabij de 60

regional [ˈriːdʒnl] *bn* regionaal, gewestelijk

regionalism [ˈriːdʒənəlɪzəm] *znw* regionalisme

re

register ['redʒɪstə] **I** *znw* ❶ register ★ *sign the ~* het huwelijksregister tekenen ❷ lijst ★ *strike sbd off the ~* iem. van de lijst schrappen, royeren ❸ muz (orgel)register **II** *overg* ❶ (laten) inschrijven, (laten) aantekenen, registreren ★ *~ one's name / oneself* zich laten inschrijven ❷ aanwijzen, staan op ‹thermometer› ❸ ‹v. gezicht› uitdrukken, tonen, blijk geven van ❹ aangetekend versturen ‹post› **III** *onoverg* ❶ zich laten inschrijven ❷ inslaan, indruk maken ★ *~ with sbd* tot iem. doordringen

registered ['redʒɪstəd] *bn* geregistreerd, erkend, aangetekend ★ *~ offices* zetel ‹v. maatschappij› ★ *~ trade mark* gedeponeerd handelsmerk

registered nurse ['redʒɪstəd nɜːs] *znw* gediplomeerd verpleegkundige / verpleger / verpleegster

registered post ['redʒɪstəd pəʊst], *Am* **registered mail** *znw* aangetekende post

register office ['redʒɪstər 'ɒfɪs] *znw* → **registry office**

registrar ['redʒɪs'trɑː] *znw* ❶ griffier ❷ ambtenaar van de burgerlijke stand ❸ onderw administrateur ‹v. universiteit› ❹ med chef de clinique

registration [redʒɪ'streɪʃən] *znw* ❶ registratie, inschrijving ❷ kentekenbewijs ❸ post aantekening ‹v. brief›

registration fee [redʒɪ'streɪʃən fiː] *znw* inschrijfgeld, inschrijfkosten

registration form [redʒɪ'streɪʃən fɔːm] *znw* aanmeldingsformulier, inschrijvingsformulier, aangifteformulier ‹van geboorte, overlijden›

registration number [redʒɪ'streɪʃən 'nʌmbə] *znw* kenteken

registration plate [redʒɪ'streɪʃən pleɪt] *znw* kentekenplaat

registry ['redʒɪstrɪ] *znw* ❶ inschrijving ❷ register, lijst ❸ → **registry office**

registry office ['redʒɪstrɪ 'ɒfɪs], **register office**, **registry** *znw* bureau van de burgerlijke stand, registratiebureau

regnant ['regnənt] form *bn* ❶ regerend ❷ heersend

rego ['redʒəʊ] Aus & NZ inf *znw* registratie, kentekenbewijs

regress I *znw* ['riːgres] ❶ form achterwaartse beweging ❷ teruggang **II** *onoverg* [rɪ'gres] achteruit-, teruggaan ★ *he has ~ed to a mental age of four* hij is teruggegaan naar het geestelijk niveau van een vierjarige

regression [rɪ'greʃən] *znw* ❶ achterwaartse beweging, terugkeer, -gaan ❷ achteruitgang, regressie

regressive [rɪ'gresɪv] *bn* ❶ terugkerend, -gaand ❷ regressief

regret [rɪ'gret] **I** *znw* spijt, leedwezen, betreuren ★ *much to his / their & ~* tot zijn / hun & grote spijt ★ *he has expressed a deep ~ for his deed* hij heeft grote spijt betuigd voor zijn daad ★ *send one's ~s* zich laten verontschuldigen **II** *overg* betreuren, berouw hebben over, spijt hebben van ★ *she lived to ~ her decision* ze kreeg nog spijt van haar besluit

regretful [rɪ'gretʊl] *bn* ❶ vol spijt ❷ treurig

regretfully [rɪ'gretʊlɪ] *bijw* met spijt / leedwezen

regrettable [rɪ'gretəbl] *bn* betreurenswaardig

regrettably [rɪ'gretəblɪ] *bijw* jammer genoeg, helaas ★ *~ few people understand the real problems* jammer genoeg zijn er maar weinig mensen die echt begrijpen wat de problemen zijn

regroup [riː'gruːp] *overg & onoverg* (zich) hergroeperen

regrouping [riː'gruːpɪŋ] *znw* hergroepering

regrowth [riː'grəʊθ] *znw* nieuwe groei

regular ['regjʊlə] **I** *bn* ❶ regelmatig, geregeld ★ *a ~ heartbeat* een regelmatige hartslag ★ *at ~ intervals* met regelmatige tussenpozen ★ *on a ~ basis* op een reguliere basis, regelmatig ❷ regulier, gewoon, standaard ❸ gediplomeerd ❹ vast ★ *the ~ customers* de vaste klanten / bezoekers ★ *a ~ job* een vaste baan ❺ beroeps- ★ *a ~ army* een beroepsleger ★ *a ~ soldier* een beroepssoldaat ❻ Am inf best, goed, prima ❼ inf echt, behoorlijk ★ *a ~ little devil* een echt duiveltje **II** *znw* ❶ vaste klant, stamgast ★ *pub ~s* stamgasten in de kroeg ❷ vast werkman ❸ regulier, kloosterling

regularity [regjʊ'lærətɪ] *znw* regelmatigheid, regelmaat, geregeldheid

regularization [regjʊləraɪ'zeɪʃən], **regularisation** *znw* regularisatie

regularize ['regjʊləraɪz], **regularise** *overg* regulariseren

regulate ['regjʊleɪt] *overg* ❶ reglementeren ❷ reguleren, ordenen, regelen, schikken ❸ bepalen

regulation [regjʊ'leɪʃən] **I** *bn* reglementair, voorgeschreven, mil model- **II** *znw* ❶ regeling, schikking, ordening, reglementering ❷ regel, voorschrift, bepaling, reglement, verordening ★ *the rules and ~s* regels en voorschriften ★ *against the ~s* tegen de regels, niet volgens de regels ★ *in accordance with the ~s* volgens de regels

regulation standard [regjʊ'leɪʃən 'stændəd] *znw* normering

regulative ['regjʊlətɪv] *bn* regelend

regulator ['regjʊleɪtə] *znw* ❶ regelaar ❷ regulateur

regulo® ['regjʊləʊ] *znw* stand ‹van de temperatuurknop op een gasoven›

regurgitate [rɪ'gɜːdʒɪteɪt] **I** *overg* ❶ terugwerpen, -geven ❷ uitbraken ‹voedsel› ❸ ophoesten, mechanisch reproduceren ‹informatie› **II** *onoverg* terugvloeien

regurgitation [rɪgɜːdʒɪ'teɪʃən] *znw* ❶ terugwerping, het uitbraken ‹v. voedsel› ❷ ophoesten, mechanisch reproduceren ‹feiten &› ❸ terugvloeiing

rehab ['riːhæb] inf **I** *znw* (het) afkicken ★ *in ~* aan het afkicken **II** *overg* → Am **rehabilitate**

rehabilitate [riːhə'bɪlɪteɪt], Am inf **rehab** *overg* ❶ rehabiliteren, herstellen ‹in eer, ambt &› ❷ revalideren

rehabilitation [riːhəbɪlɪ'teɪʃən] *znw* ❶ herstel, eerherstel, rehabilitatie ❷ revalidatie

rehandle [riː'hændl] *overg* ❶ opnieuw bewerken ❷ omwerken

rehang [riː'hæŋ] *znw* opnieuw / anders ophangen

re

rehash I *znw* ['riːhæʃ] ❶ opgewarmde kost ❷ fig opwarming ★ *a ~ of the same thing* een herhaling van hetzelfde, ouwe kost II *overg* [riːˈhæʃ] fig (weer) opwarmen, opnieuw opdissen

rehearsal [rɪˈhɜːsəl] *znw* ❶ repetitie, oefening ★ *in ~* aan het repeteren ❷ herhaling ❸ relaas

rehearse [rɪˈhɜːs] I *overg* ❶ repeteren ❷ herhalen, opzeggen ❸ verhalen, opsommen II *onoverg* repetitie houden

reheat [riːˈhiːt] I *znw* ❶ naverbranding ‹in straalmotoren› ❷ na(ver)brander II *overg* opwarmen, opnieuw warm maken ‹vooral van gekookt voedsel›

reheel [riːˈhiːl] *overg* nieuwe hak onder een schoen zetten

rehouse [riːˈhaʊz] *overg* herhuisvesten, zorgen voor vervangende woonruimte

rehydrate [riːˈhaɪdreɪt] *overg* weer vocht opnemen

reign [reɪn] I *znw* ❶ regering, bewind ★ *in / under the ~ of* onder de regering van, tijdens het bewind van ❷ rijk II *onoverg* regeren, heersen

reign of terror [reɪn əv ˈterə] *znw* schrikbewind

reimburse [riːɪmˈbɜːs] *overg* vergoeden, terugbetalen

reimbursement [riːɪmˈbɜːsmənt] *znw* vergoeding, terugbetaling

reimport [riːɪmˈpɔːt] I *znw* wederinvoer II *overg* weer invoeren

reimpose [riːɪmˈpəʊz] *overg* opnieuw invoeren, opnieuw opleggen

rein [reɪn] I *znw* teugel, leidsel ★ *give (a) free ~ to sth* iets de vrije loop laten ‹gevoelens &› ★ *hold the ~s (of government)* de teugels van het bewind voeren ★ *keep a tight ~ on sth / sbd* iets / iem. stevig in toom houden II *phras* ★ *~ sbd / sth in* iem. / iets inhouden, intomen, beteugelen, breidelen

reincarnate [riːɪnˈkɑːneɪt] I *overg* doen reïncarneren II *onoverg* reïncarneren

reincarnation [ˈriːɪnkɑːˈneɪʃn] *znw* reïncarnatie

reindeer [ˈreɪndɪə] *znw* rendier, rendieren

reinfect [riːɪnˈfekt] *overg* herinfecteren

reinforce [riːɪnˈfɔːs] *overg* versterken

reinforced concrete [riːɪnˈfɔːst ˈkɒnkriːt] *znw* gewapend beton

reinforcement [ˈriːɪnˈfɔːsmənt] *znw* versterking ★ *call for ~s* versterkingen oproepen

reinsert [riːɪnˈsɜːt] *overg* opnieuw tussenvoegen

reinstall [ˈriːɪnˈstɔːl] *overg* weer aanstellen, herbenoemen

reinstate [riːɪnˈsteɪt] *overg* opnieuw in bezit stellen van, weer (in ere) herstellen, weer aannemen in zijn vorige betrekking ★ *he has been ~d as King* hij is weer als koning geïnstalleerd

reinstatement [riːɪnˈsteɪtmənt] *znw* het opnieuw benoemen (van iem.) in zijn vroegere functie, herstel in de vroegere functie

reinsurance [ˈriːɪnˈʃʊərəns] *znw* herverzekering

reinsure [riːɪnˈʃʊə] *overg* herverzekeren

reintegrate [riːˈɪntɪgreɪt] *overg & onoverg* ❶ (zich) herintegreren, re-integreren, gere-integreerd worden ❷ herenigen, herstellen, weer tot een geheel maken

reinter [riːɪnˈtɜː] *overg* opnieuw begraven

reinterment [riːɪnˈtɜːmənt] *znw* herbegrafenis

reinterpret [riːɪnˈtɜːprɪt] *znw* ❶ herinterpreteren ❷ opnieuw verklaren ❸ hervertalen

reinterpretation [riːɪntɜːprəˈteɪʃən] *znw* herinterpretatie

reintroduce [riːɪntrəˈdjuːs] *overg* herinvoeren, opnieuw instellen

reintroduction [riːɪntrəˈdʌkʃən] *znw* herinvoering

reinvent [riːɪnˈvent] *overg* opnieuw uitvinden ★ *~ the wheel* het wiel opnieuw uitvinden

reinvest [riːɪnˈvest] handel *overg* opnieuw beleggen of (geld) steken (in *in*)

reinvestment [riːɪnˈvestmənt] *znw* ❶ herinvestering ❷ herbelegging

reinvigorate [riːɪnˈvɪgəreɪt] *overg* opnieuw (ver)sterken

reissue [riːˈɪʃuː] I *znw* ❶ heruitgave ❷ nieuwe uitgifte II *overg* opnieuw uitgeven

reiterate [riːˈɪtəreɪt] *overg* herhalen

reiteration [riːɪtəˈreɪʃən] *znw* herhaling

reiterative [riːˈɪtərətɪv] *bn* herhalend

reject I *znw* [ˈriːdʒekt] ❶ afgekeurd product, exemplaar & ❷ afgekeurde (soldaat &) II *overg* [rɪˈdʒekt] ❶ verwerpen, afwijzen, van de hand wijzen, weigeren ★ *~ sth out of hand* iets meteen verwerpen ‹zonder erover na te denken› ❷ afkeuren ❸ braken, uitwerpen ❹ med afstoten ‹bij transplantatie›

rejection [rɪˈdʒekʃən] *znw* ❶ verwerping, afwijzing, afkeuring ❷ uitwerping ❸ med afstoting ‹bij transplantatie› ❹ jur beëindiging van een overeenkomst

reject shop [rɪˈdʒekt ʃɒp] *znw* winkel met tweedekeus goederen

rejig [riːˈdʒɪg], Am **rejigger** *overg* iets anders / beter organiseren

rejoice [rɪˈdʒɔɪs] *onoverg* form zich verheugen (over *at / over*) ★ ironisch of scherts *he ~s in the name of* hij luistert naar de naam

rejoicing [rɪˈdʒɔɪsɪŋ] dicht *znw* vreugde

rejoin I *overg* [riːˈdʒɔɪn] ❶ weer verenigen ❷ weer lid worden van, zich opnieuw voegen, aansluiten bij II *overg* [rɪˈdʒɔɪn] antwoorden, repliek geven ★ *'not if I can help it', he ~ed quickly* 'niet als ik er iets aan kan doen', antwoordde hij snel

rejoinder [rɪˈdʒɔɪndə] *znw* antwoord (op een antwoord), repliek

rejuvenate [rɪˈdʒuːvɪneɪt] *overg & onoverg* verjongen

rejuvenation [rɪdʒuːvɪˈneɪʃən] *znw* verjonging

rejuvenescence [rɪdʒuːvɪˈnesns] *znw* verjonging

rejuvenescent [rɪdʒuːvɪˈnesnt] *bn* verjongend

rekindle [riːˈkɪndl] *overg* weer aansteken, opnieuw ontsteken of (doen) opvlammen

relabel [riːˈleɪbl] *overg* opnieuw etiketteren

relapse [rɪˈlæps] I *znw* ❶ (weder)instorting ❷ recidive, terugval **II** *onoverg* ❶ weer vervallen, terugvallen (in, tot *into*) ❷ (weer) instorten ‹v. zieke›

relate [rɪˈleɪt] **I** *overg* verhalen **II** *phras* ★ ~ to *sth* zich ergens in kunnen vinden ‹ideeën &›, in verband staan met iets, verband houden met iets, ergens betrekking op hebben ★ ~ *sth to sth* iets in verband brengen met iets ★ ~ *to sbd* (goed) omgaan met iem., kunnen opschieten met iem., familie zijn van iem.

related [rɪˈleɪtɪd] *bn* verwant (aan, met *to*) ★ *closely* ~ nauw verwant ★ *genetically* ~ genetisch verwant ★ ~ *by marriage* aangetrouwd

relation [rɪˈleɪʃən] *znw* ❶ betrekking, verhouding, relatie, verband ★ *in* ~ *to* met betrekking tot ★ *bear no* ~ *to sth* geen betrekking hebben op iets, in geen verhouding staan tot iets, buiten alle verhouding zijn tot iets ❷ verwantschap, bloedverwant, familie(lid) ❸ verhaal, relaas

relational [rɪˈleɪʃənl] *bn* verwant ★ ~ *problems* problemen in de relatiesfeer

relational database [rɪˈleɪʃənl ˈdeɪtəbeɪs] *comput znw* relationele database

relations [rɪˈleɪʃənz] *znw* [mv] betrekkingen ★ *diplomatic* ~ diplomatieke betrekkingen ★ *human* ~ (inter)menselijke betrekkingen ★ *break off / sever* ~ de betrekkingen verbreken ★ *have (sexual)* ~ *with sbd* seks hebben met iem.

relationship [rɪˈleɪʃənʃɪp] *znw* ❶ verwantschap ❷ betrekking, verhouding, verband ★ *there's no* ~ *between us* we hebben niets met elkaar ★ *smoking and its* ~ *to cancer* het verband van roken met kanker ★ *what's your* ~ *to her?* in welke verhouding sta je tot haar? wat zijn jullie van elkaar?

relative [ˈrelətɪv] **I** *bn* betrekkelijk, relatief ★ ~ *to* betrekking hebbend op, in verhouding staand tot, met betrekking tot, betreffend **II** *znw* (bloed)verwant ★ *friends and* ~s familie en vrienden ★ *a* ~ *by marriage* een aangetrouwd familielid

relative clause [ˈrelətɪv klɔːz] *znw* gramm betrekkelijke bijzin

relative density [ˈrelətɪv ˈdensətɪ] *znw* relatieve dichtheid

relative humidity [ˈrelətɪv hjuːˈmɪdətɪ] *znw* relatieve vochtigheid

relatively [ˈrelətɪvlɪ] *bijw* betrekkelijk, relatief ★ ~ *speaking* verhoudingsgewijs

relative pronoun [ˈrelətɪv ˈprəʊnaʊn] gramm *znw* betrekkelijk voornaamwoord

relativity [reləˈtɪvətɪ] *znw* relativiteit, betrekkelijkheid

relax [rɪˈlæks] **I** *overg* ❶ ontspannen ❷ verslappen, verzachten ★ ~ *one's grip / hold on sth* zijn greep op iets laten verslappen **II** *onoverg* ❶ verslappen, afnemen ❷ zich ontspannen, ontspanning nemen, relaxen

relaxation [riːlækˈseɪʃən] *znw* ❶ verzachting ‹v. wet› ❷ verslapping, ontspanning, relaxatie

relay I *znw* [ˈriːleɪ] ❶ verse paarden, jachthonden of dragers, (verse) ploeg (arbeiders) ★ *work in* ~s in ploegen(dienst) werken ❷ wissel-, pleisterplaats ❸ elektr relais ❹ radio heruitzending ❺ **relay race** sp estafette **II** *overg* [ˈriːleɪ, rɪˈleɪ] radio relayeren, heruitzenden, doorgeven **III** *overg* [riːˈleɪ] opnieuw leggen ‹v. tapijt &›

release [rɪˈliːs] **I** *znw* ❶ bevrijding, vrijlating, loslating ★ *a conditional* ~ een voorwaardelijke vrijlating ❷ ontheffing, ontslag ❸ nieuwe film, nieuwe cd ❹ uitbrengen ‹v. film &›, uitzending ★ *on general* ~ in alle theaters / bioscopen te zien ❺ document ter publicatie, communiqué ❻ techn & fotogr ontspanner **II** *overg* ❶ loslaten, vrijlaten, vrijmaken, vrijgeven ★ ~ *sbd on bail* iem. op borgtocht vrijlaten ❷ verlossen, bevrijden, losmaken ★ ~ *sbd from sth* iem. ontslaan van of uit iets, ontheffen van iets ‹ambt &› ❸ uitbrengen ‹film, cd &›, publiceren ❹ overdragen ‹recht, schuld› ❺ mil naar huis zenden

relegate [ˈrelɪgeɪt] *overg* ❶ verbannen, degraderen, overplaatsen ‹naar minder belangrijke positie of plaats› ❷ verwijzen, overlaten

relegation [relɪˈgeɪʃən] *znw* ❶ verbanning, overplaatsing, degradatie ❷ verwijzing

relent [rɪˈlent] *onoverg* zich laten vermurwen, medelijden krijgen, toegeven

relentless [rɪˈlentləs] *bn* ❶ meedogenloos ❷ onvermurwbaar, onophoudelijk ★ *the* ~ *pursuit of happiness* de onophoudelijke zoektocht naar het geluk

relet [ˈriːˈlet] *overg* ❶ weer verhuren ❷ onderverhuren

relevance [ˈrelɪvəns], **relevancy** *znw* relevantie, toepasselijkheid, betrekking, betekenis ★ *the* ~ *of his comment was not clear* de toepasselijkheid / relevantie van zijn opmerking was niet duidelijk ★ *of particular* ~ / *no particular* ~ van (geen) bijzondere betekenis

relevant [ˈrelɪvənt] *bn* ter zake (doend), van belang (voor *to*), relevant (voor *to*), toepasselijk (op *to*) ★ *all facts* ~ *to the matter* alle feiten die op de zaak betrekking hebben

reliability [rɪlaɪəˈbɪlətɪ] *znw* betrouwbaarheid

reliable [rɪˈlaɪəbl] *bn* te vertrouwen, betrouwbaar ★ ~ *sources* betrouwbare bronnen

reliably [rɪˈlaɪəblɪ] *bijw* betrouwbaar ★ *I am* ~ *informed that* uit betrouwbare bron heb ik vernomen dat

reliance [rɪˈlaɪəns] *znw* ❶ vertrouwen ❷ afhankelijkheid

reliant [rɪˈlaɪənt] *bn* ❶ vertrouwend ❷ afhankelijk ★ *the elderly are often* ~ *on public transport* ouderen zijn vaak afhankelijk van openbaar vervoer

relic [ˈrelɪk] *znw* ❶ relikwie, reliek ❷ overblijfsel ★ *a* ~ *of the past* een overblijfsel uit het verleden ❸ aandenken, souvenir

relief [rɪˈliːf] *znw* ❶ verlichting, leniging, opluchting, ontlasting, verademing ★ *a sigh of* ~ een zucht van verlichting ★ *to my / his &* ~ tot mijn / zijn & opluchting ★ *tax* ~ belastingfaciliteit ❷ bijstand, ondersteuning, uitkering, steun, hulp, voorziening

★ *humanitarian* ~ humanitaire steun / hulp
❸ aflossing, versterking, extra ‹bus, trein & tijdens drukke periode› ❹ ontzet ‹v. belegerde stad›
❺ afwisseling, onderbreking ★ *comic* ~ komische noot ★ *light* ~ een beetje afwisseling ❻ aanspraak in rechte, herstel van grieven, genoegdoening ❼ reliëf
★ *high / low* ~ haut- (bas-)reliëf ★ *bring / throw sth into* ~ iets (duidelijk) doen uitkomen ★ *stand out in* ~ (duidelijk) uitkomen, zich scherp aftekenen

relief map [rɪ'li:f mæp] *znw* reliëfkaart

relief organization [rɪ'li:f ɔ:gənaɪ'zeɪʃən], **relief organisation** *znw* hulporganisatie

relief work [rɪ'li:f wɜːk] *znw* hulpverlening

relieve [rɪ'li:v] **I** *overg* ❶ verlichten, lenigen, ontlasten, opluchten, opbeuren ★ ~ *one's feelings* zijn gemoed lucht geven ❷ ontheffen, ontslaan, aflossen ★ ~ *sbd of sth* iets van iem. overnemen ❸ ondersteunen, helpen ❹ ontzetten, bevrijden ❺ afwisselen, afwisseling brengen in, opvrolijken, onderbreken ❻ (sterker) doen uitkomen **II** *wederk* ★ ~ *oneself* zijn behoefte doen

religion [rɪ'lɪdʒən] *znw* ❶ godsdienst, religie ★ inf *get* ~ religieus worden ❷ godsvrucht ❸ fig erezaak, heilig principe

religionist [rɪ'lɪdʒənɪst] *znw* ❶ streng godsdienstig persoon, piëtist, ijveraar ❷ dweper

religiosity [rɪlɪdʒɪ'ɒsɪtɪ] *znw* (overdreven) godsdienstigheid

religious [rɪ'lɪdʒəs] **I** *bn* ❶ godsdienstig, godsdienst-, geestelijk ❷ kerkelijk, vroom, religieus ❸ fig nauwgezet ★ *with* ~ *care* met de meest stipte zorg **II** *znw* monnik(en), religieuze(n)

religious education [rɪ'lɪdʒəs edjʊ'keɪʃən] *znw* godsdienst(onderwijs)

religiously [rɪ'lɪdʒəslɪ] *bijw* ❶ godsdienstig ❷ gewetensvol, nauwgezet ★ *she rings her mother once a week* ~ ze belt haar moeder stipt elke week

reline [ri:'laɪn] *overg* van een nieuwe voering voorzien

relinquish [rɪ'lɪŋkwɪʃ] *overg* ❶ laten varen, opgeven ❷ loslaten, afslaan, afstand doen van

relinquishment [rɪ'lɪŋkwɪʃmənt] *znw* laten varen, opgeven, afstand, loslating

reliquary ['relɪkwərɪ] *znw* reliekschrijn, relikwieënkastje

relish ['relɪʃ] **I** *znw* ❶ smaak, scheutje, tikje ❷ aantrekkelijkheid, genoegen ★ *the job has lost its* ~ het baantje heeft zijn aantrekkelijkheid verloren ★ *she did the job with* ~ ze deed het werk met veel plezier ❸ chutney, pikante saus, tafelzuur **II** *overg* genieten van, smaak vinden in ★ *he did not* ~ *the idea* het idee trok hem niet aan

relive [ri:'lɪv] *overg* opnieuw door-, beleven

rellie ['relɪ], **rello** Aus inf *znw* familie(lid)

reload [ri:'ləʊd] *overg* opnieuw laden

relocate [ri:ləʊ'keɪt] *overg* verhuizen, verplaatsen

relocation [ri:ləʊ'keɪʃən] *znw* verplaatsing, verhuizing, vestiging elders

reluctance [rɪ'lʌktns] *znw* ❶ tegenzin, onwilligheid

❷ elektr magnetische weerstand

reluctant [rɪ'lʌktnt] *bn* weerstrevend, onwillig ★ *she gave her* ~ *consent* ze gaf haar toestemming, maar niet van harte ★ *he is* ~ *to leave her alone* hij laat haar niet graag alleen

reluctantly [rɪ'lʌktntlɪ] *bijw* met tegenzin, schoorvoetend, node

rely [rɪ'laɪ] *onoverg* ★ ~ *on sbd / sth* rekenen op iem. / iets, vertrouwen op iem. / iets

remade [ri:'meɪd] *ww* [v.t. en v.d.] → remake

remain [rɪ'meɪn] *onoverg* ❶ blijven, verblijven ★ *the fact* ~s het blijft een feit dat ★ *that* ~s *to be seen* dat staat nog te bezien, dat moet je nog afwachten ❷ overblijven, resten, resteren, (er op) overschieten ★ ~ *behind* achterblijven

remainder [rɪ'meɪndə] **I** *znw* ❶ rest, overschot, restant, overblijfsel ❷ jur restant aan (toekomstige) tijd ❸ jur opvolgingsrecht, gesubstitueerde nalatenschap ❹ rest(term) ‹bij deling› **II** *overg* uitverkopen ‹v. restant boeken›

remains [rɪ'meɪnz] *znw* [mv] ❶ overblijfsel, overblijfselen, overschot ★ *human* ~ menselijke resten ❷ ruïne(s)

remake I *znw* ['ri:meɪk] remake, nieuwe versie van film **II** *overg* [ri:'meɪk] opnieuw maken, overmaken, omwerken

remand [rɪ'mɑ:nd] **I** *znw* terugzending in voorarrest ★ *on* ~ in voorarrest **II** *overg* terugzenden in voorarrest (ook: ~ *in custody*) ★ ~ *sbd on bail* iem. onder borgstelling voorlopig vrijlaten

remand centre [rɪ'mɑ:nd 'sentə], Am **remand center**, **remand home** *znw* huis van bewaring

remark [rɪ'mɑ:k] **I** *znw* opmerking ★ *make a passing* ~ een terloopse opmerking maken ★ *pass a* ~ een opmerking maken **II** *overg* opmerken, bemerken **III** *onoverg* ★ ~ *on sth* opmerkingen maken over iets

re-mark [ri:-'mɑ:k] *overg* herexamineren, opnieuw een cijfer geven ‹examen›

remarkable [rɪ'mɑ:kəbl] *bn* opmerkelijk, merkwaardig

remarkably [rɪ'mɑ:kəblɪ] *bijw* merkwaardig, opmerkelijk

remarriage [ri:'mærɪdʒ] *znw* hertrouw, nieuw huwelijk

remarry [ri:'mærɪ] **I** *overg* opnieuw trouwen met **II** *onoverg* hertrouwen

remaster [ri:'mɑ:stə] *overg* remasteren

remediable [rɪ'mi:dɪəbl] *bn* herstelbaar, te verhelpen

remedial [rɪ'mi:dɪəl] *bn* ❶ genezend, verbeterend, herstellend ★ *a* ~ *course* een inhaalcursus ❷ heil-

remedy ['remɪdɪ] **I** *znw* ❶ (genees)middel, remedie, hulpmiddel, herstel ★ *a folk* ~ een huismiddeltje ★ *beyond / past* ~ ongeneeslijk, onherstelbaar ❷ jur rechtsmiddel, vordering, aanspraak in rechte, herstel van grieven, verhaal **II** *overg* ❶ verhelpen, herstellen ❷ genezen

remember [rɪ'membə] *overg* ❶ zich herinneren, onthouden, denken aan, gedenken ★ *we've been there before: you* ~, *it was two years ago* we zijn hier

re

al eens eerder geweest: weet je nog, twee jaar geleden ★ *he ~ed her as a quiet child* in zijn herinnering was ze een rustig kind ★ *he is best ~ed for his poetry* hij is het vooral bekend om zijn gedichten ❷ bedenken, een fooitje geven ★ *~ sbd in one's will* iem. iets in zijn testament nalaten ★ *~ me to him* doe hem de groeten van mij

remembrance [rɪˈmembrəns] *znw* herinnering, aandenken ★ *in ~ of* ter nagedachtenis aan

Remembrance Day [rɪˈmembrəns deɪ] *znw* de dag ter herdenking van de gesneuvelden in de twee wereldoorlogen

remind [rɪˈmaɪnd] *overg* doen denken, doen herinneren (aan *of*) ★ *that ~s me* à propos, nu we het erover hebben, dat is ook zo

reminder [rɪˈmaɪndə] *znw* ❶ herinnering ❷ aanmaning, waarschuwing

remindful [rɪˈmaɪndfʊl] *bn* indachtig ★ *~ of* herinnerend aan

reminisce [remɪˈnɪs] *onoverg* herinneringen ophalen, zich in herinneringen verdiepen ★ *she likes to ~ about the past* ze houdt ervan herinneringen uit het verleden op te halen

reminiscence [remɪˈnɪsəns] *znw* herinnering, reminiscentie

reminiscences [remɪˈnɪsənsɪz] *znw* [mv] memoires

reminiscent [remɪˈnɪsənt] *bn* herinnerend ★ *be ~ of* herinneren aan, doen denken aan

remiss [rɪˈmɪs] *bn* nalatig, tekortschietend ★ *we have been ~ in not writing to thank you* we zijn nalatig geweest door u geen bedankbrief te schrijven ★ *it was ~ of me to forget to ring* het was een tekortkoming van mij om niet te bellen

remissible [rɪˈmɪsɪbl] form *bn* vergeeflijk

remission [rɪˈmɪʃən] *znw* ❶ (gedeeltelijke) kwijtschelding, vergiffenis ⟨van zonden⟩ ❷ strafvermindering, (onvoorwaardelijke) vervroegde invrijheidstelling ❸ vermindering, remissie ⟨v. ziekte⟩ ★ *his disease is in ~* zijn ziekte is in remissie

remit [rɪˈmɪt] **I** *znw* competentie, bevoegdheid ★ *within his ~* binnen zijn bevoegdheid **II** *overg* ❶ verzachten, verminderen, temperen, doen afnemen / verflauwen ❷ overmaken, remitteren ⟨geld⟩ ❸ jur verwijzen

remittal [rɪˈmɪtl] *znw* verwijzing naar andere rechtbank

remittance [rɪˈmɪtns] *znw* overmaking, overgemaakt bedrag, remise

remittent [rɪˈmɪtnt] *bn* op-en-afgaand ⟨koorts⟩

remnant [ˈremnənt] *znw* ❶ overblijfsel, overschot, restant ★ *a ~ of / from the past* een overblijfsel uit het verleden ❷ coupon, lap

remodel [riːˈmɒdl] *overg* ❶ opnieuw modelleren ❷ om-, vervormen, omwerken

remonstrance [rɪˈmɒnstrəns] form *znw* vertoog, vermaning, protest

remonstrant [rɪˈmɒnstrənt] form *bn* vertogend

remonstrate [ˈremənstreɪt] **I** *overg* tegenwerpen, aanvoeren **II** *phras* ★ *~ with sbd* iem. onderhouden, de les lezen

remorse [rɪˈmɔːs] *znw* wroeging, berouw ★ *tears of ~* tranen van berouw

remorseful [rɪˈmɔːsfʊl] *bn* berouwvol

remorseless [rɪˈmɔːsləs] *bn* onbarmhartig, meedogenloos, harteloos

remortgage [riːˈmɔːɡɪdʒ] *overg* een tweede hypotheek opnemen

remote [rɪˈməʊt] *bn* ❶ afgelegen, ver, verwijderd ★ *she has become ~ from her parents* tussen haar en haar ouders is een verwijdering ontstaan ★ *make a ~ allusion to sth* in de verte zinspelen op iets ❷ verderaf liggend, afgezonderd ❸ gering ⟨kans⟩, onwaarschijnlijk ★ *I don't have the ~st idea* ik heb er niet het flauwste idee (benul) van

remote control [rɪˈməʊt kənˈtrəʊl] *znw* afstandsbediening

remote-controlled [rɪˈməʊt-kənˈtrəʊld] *bn* op afstand bediend / bestuurd

remotely [rɪˈməʊtlɪ] *bijw* ❶ ver(af), indirect, in de verte ★ *my work can now be done ~* mijn werk kan nu op afstand worden gedaan ❷ enigszins ★ *he isn't ~ interested in her* hij is niet in het minst geïnteresseerd in haar

remoteness [rɪˈməʊtnəs] *znw* afgelegenheid, verheid, veraf zijn, afstand

remould I *znw* [ˈriːməʊld] vernieuwde band ⟨v. auto⟩ **II** *overg* [riːˈməʊld] ❶ opnieuw gieten ❷ vernieuwen ⟨autoband⟩ ❸ fig opnieuw vormen, omwerken

remount I *znw* [ˈriːmaʊnt] remonte, nieuw paard **II** *overg* [riːˈmaʊnt] ❶ weer bestijgen ❷ remonteren ❸ opnieuw inlijsten **III** *onoverg* [riːˈmaʊnt] weer te paard stijgen

removable [rɪˈmuːvəbl] *bn* ❶ afneembaar, weg te nemen, verplaatsbaar ❷ afzetbaar

removal [rɪˈmuːvəl] *znw* ❶ verwijdering, verlegging, verplaatsing ★ *forcible ~* gedwongen verwijdering, verwijdering met geweld ❷ verhuizing ❸ wegneming, op-, wegruiming ❹ opheffing ❺ afzetting

removal firm [rɪˈmuːvəl fɜːm] *znw* verhuisbedrijf

removal man [rɪˈmuːvəl mæn] *znw* verhuizer

removal van [rɪˈmuːvəl væn] *znw* verhuiswagen

remove [rɪˈmuːv] **I** *znw* ❶ form graad ⟨v. bloedverwantschap⟩ ❷ afstand ★ *at a ~ from* op een afstand van **II** *overg* ❶ verplaatsen, verleggen, verzetten, verschuiven ★ *the house is somewhat ~d from the road* het huis staat een beetje achteraf van de weg ❷ doen overgaan ⟨in een hogere klas(se)⟩ ❸ verwijderen, afvoeren ⟨v. lijst⟩, wegbrengen, wegzenden, ontslaan, afzetten ⟨hoed, ambtenaar⟩, uittrekken ★ *~ sth at a stroke* iets met een pennenstreek verwijderen ★ *~ sbd from office* iem. ontslaan, ontheffen van zijn ambt ❹ uit de weg ruimen ❺ verdrijven, wegnemen ★ *~ sbd from school* iem. van school (af)nemen ❻ opheffen

re

❼ wegmaken, uitwissen **III** *onoverg* verhuizen

removed [rɪˈmuːvd] *bn* verwijderd, afgelegen, ver(af) ★ *a cousin once / twice &* ~ een neef / nicht in de 2de/3de & graad ★ *be far* ~ *from sth* ver verwijderd zijn van iets

remover [rɪˈmuːvə] *znw* ❶ verhuizer & ❷ remover ‹v. nagellak &›

REM sleep [ɑːriːˈem sliːp] *znw* remslaap

remunerate [rɪˈmjuːnəreɪt] *overg* ❶ (be)lonen ❷ vergoeden, schadeloosstellen

remuneration [rɪmjuːnəˈreɪʃən] *znw* (geldelijke) beloning, vergoeding ★ *one's annual* ~ zijn jaarwedde / jaarsalaris

remunerative [rɪˈmjuːnərətɪv] *bn* (be)lonend, voordeel afwerpend, voordelig, rendabel

renaissance [rɪˈneɪsəns] form **renascence** *znw* wederopleving, herleving ★ *the Renaissance* de renaissance ★ *calligraphy is enjoying a* ~ kalligrafie maakt een opleving door

renal [ˈriːnl] med *bn* nier-

rename [riːˈneɪm] *overg* her-, omdopen, een andere naam geven

renascence [rɪˈnæsəns] form *znw* → **renaissance**

renascent [rɪˈnæsənt] form *bn* weer opkomend, weer oplevend, herlevend

rend [rend] *overg* [rent, rent] ❶ form (vaneen)scheuren, verscheuren, (door)klieven, splijten ★ dicht ~ *the air* de lucht doorklieven ★ dicht ~ *one's garments / hair* zich de kleren scheuren / zich de haren uitrukken ❷ dicht emotioneel pijn doen

render [ˈrendə] *overg* ❶ (over)geven, opgeven ★ form ~ *help* hulp verlenen ★ form ~ *judgment* een oordeel uitspreken ★ form ~ *sbd a service* een dienst (diensten) bewijzen ★ dicht ~ *sth up* teruggeven, uitleveren ❷ weergeven, vertolken, spelen ★ plechtig ~ *thanks* (zijn) dank betuigen, (be)danken ❸ vertalen (in *into*) ❹ uitsmelten ‹vet› ★ ~ *sth down* iets uitsmelten ❺ bepleisteren ❻ maken, veranderen in, doen worden

rendering [ˈrendərɪŋ] *znw* ❶ versie, weergave ❷ vertaling, vertolking ❸ bouwk eerste pleisterlaag

rendezvous [ˈrɒndɪvuː, ˈrɒndeɪvuː] **I** *znw* [*mv:* ~] ❶ rendez-vous, afspraak(je) ❷ verzamelplaats, (plaats van) samenkomst **II** *onoverg* [rendezvoused, rendezvoused] samenkomen, afspreken ★ *they'll* ~ *with us in New York* ze zullen ons in New York treffen

rendition [renˈdɪʃən] *znw* ❶ weergave ‹v. muziekstuk› ❷ vertolking, wijze van voordracht

renegade [ˈrenɪgeɪd] *znw* ❶ renegaat, afvallige ❷ deserteur

renege [rɪˈniːg] *onoverg* ❶ form (zijn) belofte niet nakomen ★ ~ *on sth* iets niet nakomen, terugkomen op iets ‹belofte, afspraak› ❷ kaartsp verzaken

renew [rɪˈnjuː] *overg* ❶ her-, vernieuwen, verversen ❷ doen herleven ❸ hervatten ❹ verlengen, prolongeren ‹wissel›

renewable [rɪˈnjuːəbl] *bn* her-, vernieuwbaar, verlengbaar

renewable energy [rɪˈnjuːəbl ˈenədʒɪ] *znw* duurzame energie

renewable resources [rɪˈnjuːəbl rɪˈzɔːsɪz] *znw* [mv] duurzame grondstoffen

renewal [rɪˈnjuːəl] *znw* her-, vernieuwing

renewed [rɪˈnjuːd] *bn* nieuw ★ *with* ~ *vigour* met hernieuwde kracht

rennet [ˈrenɪt] *znw* kaasstremsel, leb

renounce [rɪˈnaʊns] **I** *overg* ❶ afstand doen van, afzien van ❷ opgeven, vaarwel zeggen, laten varen ★ ~ *the world* de wereld vaarwel zeggen ❸ verloochenen, verwerpen, verzaken **II** *onoverg* kaartsp niet bekennen

renouncement [rɪˈnaʊnsmənt] *znw* → **renunciation**

renovate [ˈrenəveɪt] **I** *overg* vernieuwen, restaureren, opknappen **II** *onoverg* restaureren, met opknapwerkzaamheden bezig zijn

renovation [renəˈveɪʃən] *znw* vernieuwing, restauratie

renovator [ˈrenəʊveɪtə] *znw* vernieuwer, restaurateur

renown [rɪˈnaʊn] *znw* vermaardheid, faam, beroemdheid ★ *of* ~ vermaard

renowned [rɪˈnaʊnd] *bn* vermaard, beroemd

rent [rent] **I** *znw* ❶ huur, pacht ★ *outstanding* ~ achterstallige huur ★ *fall behind in the* ~ achteropraken met de huur ★ *for* ~ te huur ❷ scheur, spleet ❸ scheuring **II** *overg* ❶ huren, pachten ❷ verhuren (ook: ~ *out*) **III** *ww* [v.t. & v.d.] → **rend**

rent-a [rent-ə] *voorz* verhuur ★ ~*bike* fietsverhuur, huurfiets

rentable [ˈrentəbl] *bn* te huur, (ver)huurbaar

rental [ˈrentl] *znw* ❶ huur, pacht, pachtgeld ❷ verhuur

rental agreement [ˈrentl əˈgriːmənt] *znw* huurovereenkomst

rental conditions [ˈrentl kənˈdɪʃənz] *znw* [mv] huurvoorwaarden

rent arrears [rent əˈrɪəs] *znw* [mv] huurachterstand

rent boy [rent bɔɪ] *znw* schandknaap, mannelijke prostitué

rented [ˈrentɪd] *bn* gehuurd, huur- ★ *a* ~ *apartment* een huurappartement

renter [ˈrentə] *znw* huurder, pachter

rent-free [rent-ˈfriː] *bn* vrij van pacht of huur ★ *live* ~ vrij wonen hebben

rentier [ˈrãntɪeɪ] *znw* rentenier

rent roll [rent rəʊl] *znw* pachtboek

rent strike [rent straɪk] *znw* huurstaking

renumber [riːˈnʌmbə] *overg* anders nummeren, omnummeren

renunciation [rɪnʌnsɪˈeɪʃən], **renouncement** *znw* ❶ verzaking ❷ (zelf)verloochening ❸ afstand

reoccupation [riːɒkjʊˈpeɪʃən] *znw* herbezetting

reoccupy [riːˈɒkjʊpaɪ] *overg* weer bezetten of innemen

reoccur [riːəˈkɜː] *onoverg* weer voorvallen, opnieuw voorkomen

reopen [riːˈəʊpən] **I** *overg* ❶ heropenen ❷ opnieuw in behandeling nemen ❸ weer te berde brengen **II** *onoverg* ❶ zich weer openen, weer opengaan ❷ weer beginnen ‹v. scholen &›

reopening [riːˈəʊpənɪŋ] *znw* heropening

reorder [riːˈɔːdə] **I** *znw* nabestelling **II** *overg* ❶ nabestellen ❷ weer op orde brengen

reorganization [riːɔːɡənaɪˈzeɪʃən], **reorganisation** *znw* ❶ reorganisatie ❷ sanering

reorganize [riːˈɔːɡənaɪz], **reorganise** *overg* ❶ reorganiseren ❷ saneren

reorient [riːˈɔːrɪənt], **reorientate** *overg* ❶ heroriënteren ❷ de visie wijzigen

rep [rep] *znw* ❶ rips, geribbelde stof ❷ (representative) inf vertegenwoordiger, afgevaardigde ❸ (republican) inf republikein ❹ (repetition) inf herhaling, repetitie ❺ (reputation) Am inf reputatie

Rep. Am *afk* → representative → republican

repack [riːˈpæk] *overg* opnieuw inpakken

repackage [riːˈpækɪdʒ] **I** *znw* herverpakking **II** *overg* het opnieuw verpakken

repaint [riːˈpeɪnt] *overg* overschilderen

repair [rɪˈpeə] **I** *znw* ❶ herstel, reparatie ★ *beyond* ~ niet meer te herstellen, onherstelbaar ★ *closed for* ~s gesloten wegens herstelwerkzaamheden ★ *under* ~ in reparatie, in de maak ❷ onderhoud ★ *running* ~s onderhoud aan een object terwijl het in bedrijf is ★ *in bad / good* ~ slecht (goed) onderhouden ★ *keep sth in (good)* ~ iets onderhouden **II** *overg* ❶ herstellen, weer goedmaken ❷ verstellen, repareren **III** *onoverg* ★ scherts *it was time to* ~ *to the pub* het werd tijd om ons naar de kroeg te begeven

repairable [rɪˈpeərəbl] *bn* herstelbaar

repairer [rɪˈpeərə] *znw* hersteller, reparateur

repairman [rɪˈpeəmən] *znw* (onderhouds)monteur

repair shop [rɪˈpeə ʃɒp] *znw* herstellingswerkplaats, reparatiewerkplaats

repair work [rɪˈpeə wɜːk] *znw* onderhoudswerkzaamheden

repaper [riːˈpeɪpə] *overg* opnieuw behangen

reparable [ˈrepərəbl] *bn* herstelbaar

reparation [repəˈreɪʃən] *znw* ❶ herstel, reparatie ❷ genoegdoening ❸ schadeloosstelling ★ *make* ~ *to sbd* iem. schadeloosstellen

reparations [repəˈreɪʃənz] *znw* [mv] herstelbetalingen ‹voor oorlogsschade door het verslagen land›

repartee [repɑːˈtiː] *znw* ❶ gevatheid ❷ gevat antwoord ★ *he's known for his quick* ~ hij staat bekend om zijn gevatte antwoorden

repartition [ˈriːpɑːˈtɪʃən] *znw* (her)verdeling

repast [rɪˈpɑːst] form *znw* maal, maaltijd

repatriate [riːˈpætrɪeɪt] **I** *znw* gerepatrieerde **II** *overg &* *onoverg* repatriëren

repatriation [ˈriːpætrɪˈeɪʃən] *znw* repatriëring

repay [riːˈpeɪ] *overg* ❶ terugbetalen, aflossen ❷ betaald zetten, vergelden, vergoeden, (be)lonen

repayable [riːˈpeɪəbl] *bn* aflosbaar, terug te betalen

repayment [riːˈpeɪmənt] *znw* ❶ terugbetaling, aflossing, vergelding ★ *early / accelerated* ~ vervroegde aflossing ‹v. e. lening› ★ *keep up with the* ~s op tijd aflossen ❷ beantwoording ‹v. bezoek &›

repayment date [riːˈpeɪmənt deɪt] *znw* aflossingsdatum

repayment mortgage [riːˈpeɪmənt ˈmɔːɡɪdʒ] *znw* hypotheek die in termijnen wordt afgelost

repeal [rɪˈpiːl] **I** *znw* herroeping, intrekking, afschaffing ★ *a* ~ *of the death penalty* afschaffing van de doodstraf **II** *overg* herroepen, afschaffen, intrekken ‹wet›

repeat [rɪˈpiːt] **I** *znw* ❶ herhaling ❷ bis ❸ handel nabestelling ★ *a* ~ *order* een nabestelling ❹ muz reprise, herhalingsteken **II** *overg* ❶ herhalen, overdoen ★ *his language doesn't bear* ~*ing* zijn taal laat zich niet herhalen ❷ nadoen, nazeggen ❸ opzeggen ❹ oververtellen, verder vertellen, overbrengen **III** *onoverg* ❶ repeteren ❷ repeterend zijn ‹breuk› ❸ opbreken ‹v. voedsel› ★ ~ *on sbd* iem. oprispingen geven **IV** *wederk* ★ ~ *itself* zich herhalen ★ ~ *oneself* in herhalingen vervallen

repeated [rɪˈpiːtɪd] *bn* herhaald

repeatedly [rɪˈpiːtɪdli] *bijw* herhaaldelijk

repeater [rɪˈpiːtə] *znw* ❶ herhaler ❷ recidivist ❸ opzegger ❹ repetitiehorloge ❺ repeteergeweer of -pistool ❻ repeterende breuk

repeating [rɪˈpiːtɪŋ] *bn* repeterend, repeteer-

repeating decimal [rɪˈpiːtɪŋ ˈdesɪml] wisk *znw* repeterende breuk

repeating rifle [rɪˈpiːtɪŋ ˈraɪfəl] *znw* repeteergeweer

repeat offender [rɪˈpiːt əˈfendə] *znw* recidivist

repeat order [rɪˈpiːt ˈɔːdə] *znw* nabestelling

repeat purchase [rɪˈpiːt ˈpɜːtʃɪs] *znw* herhalingsaankoop

repel [rɪˈpel] **I** *overg* terugdrijven, terugslaan, afslaan, af-, terugstoten, afweren **II** *onoverg* afstoten, tegenstaan, afkeer opwekken

repellent [rɪˈpelənt] **I** *bn* ❶ terugdrijvend ❷ weerzinwekkend, afstotend ★ *I find his attitude* ~ zijn houding staat me tegen ❸ tegenstaand **II** *znw* insectenwerend middel

repent [rɪˈpent] **I** *overg* berouw hebben over, berouwen ★ *he came to* ~ *his crime* hij kreeg berouw over zijn misdaad **II** *onoverg* berouw hebben

repentance [rɪˈpentəns] *znw* berouw ★ *they have not shown any* ~ *for their crime* ze hebben geen enkel berouw getoond over hun misdaad

repentant [riːˈpentənt] *bn* berouwhebbend, berouwvol

repeople [riːˈpiːpl] *overg* weer bevolken

repercussion [riːpəˈkʌʃən] *znw* ❶ (meestal *mv*) weerkaatsing, terugkaatsing ❷ (meestal *mv*) terugslag, repercussie ★ *the cuts are likely to have serious* ~s *on / for the industry* de bezuinigingen hebben waarschijnlijk ernstige repercussies voor de industrie

repertoire [ˈrepətwɑː], **repertory** *znw* repertoire

re

repertory ['repətərı] *znw* ❶ → **repertoire** ❷ toneelgezelschap dat wisselende toneelstukken brengt

repetition [repɪ'tɪʃən] *znw* ❶ herhaling, repetitie ★ *at the risk of* ~ misschien loop ik het gevaar mijzelf te herhalen ‹als inleiding op een verklaring› ❷ kopie

repetitious [repɪ'tɪʃəs], **repetitive** *bn* (zich) herhalend

repetitive strain injury [rɪ'petɪtɪv streɪn 'ɪndʒərɪ] *znw* RSI, overbelastingsletsel ‹muisarm, tenniselleboog &›

rephrase [ri:'freɪz] *overg* herformuleren, met andere woorden zeggen

replace [rɪ'pleɪs] *overg* ❶ terugplaatsen, -leggen, -zetten ❷ ophangen ‹telefoon› ❸ vervangen, in de plaats stellen voor, de plaats vervullen van

replaceable [rɪ'pleɪsəbl] *bn* vervangbaar

replacement [rɪ'pleɪsmənt] *znw* ❶ vervanging ❷ plaatsvervanger, opvolger

replacement therapy [rɪ'pleɪsmənt 'θerəpɪ] *znw* vervangingstherapie, suppletietherapie

replant [ri:'plɑːnt] *overg* weer planten, verplanten

replay I *znw* ['ri:pleɪ] ❶ overgespeelde of tweede wedstrijd ❷ het opnieuw spelen ‹v. film, cd› II *overg* [ri:'pleɪ] ❶ overspelen ‹wedstrijd &› ❷ terugspelen ‹v. tape &›

replenish [rɪ'plenɪʃ] *overg* ❶ weer vullen ❷ bijvullen ❸ (voorraad) aanvullen

replenished [rɪ'plenɪʃt] *bn* verzadigd, vol ★ *a* ~ *feeling* een vol gevoel ★ ~ *glasses* gevulde glazen

replenishment [rɪ'plenɪʃmənt] *znw* ❶ bijvullen ❷ aanvulling

replete [rɪ'pliːt] *bn* vol, verzadigd (van *with*)

repletion [rɪ'pliːʃən] *znw* ❶ verzadigdheid, volheid ❷ overlading

replica ['replɪkə] *overg* ❶ tweede exemplaar ‹v. kunstwerk›, kopie (door kunstenaar zelf) ❷ fig evenbeeld

replicate ['replɪkeɪt] I *overg* ❶ kopiëren ❷ herhalen II *onoverg* zich voortplanten door celdeling

replication [replɪ'keɪʃən] *znw* ❶ jur repliek ❷ kopie, navolging, echo ❸ voortplanting ‹door celdeling›

reply [rɪ'plaɪ] I *znw* (weder)antwoord ★ *a straight* ~ een direct antwoord ★ *in* ~ als antwoord ★ *a right of* ~ recht op repliek ★ *I rang but there was no* ~ ik heb gebeld, maar er werd niet opgenomen / opengedaan ★ *give / make / offer no* ~ geen antwoord geven II *overg* antwoorden III *onoverg* antwoorden, repliceren ★ *she didn't bother to* ~ ze nam niet de moeite om te antwoorden ★ ~ *to sth* iem. beantwoorden ★ ~ *to sth* antwoorden op iets

reply coupon [rɪ'plaɪ 'kuːpɒn] *znw* antwoordkaart, antwoordcoupon

reply envelope [rɪ'plaɪ 'envələʊp] *znw* antwoordenvelop

reply form [rɪ'plaɪ fɔːm] *znw* antwoordformulier

reply-paid [rɪ'plaɪ-peɪd] *bn* met betaald antwoord

repoint [ri:'pɔɪnt] *overg* opnieuw voegen, aansmeren

repolish ['ri:'pɒlɪʃ] *overg* weer opwrijven, opnieuw polijsten, oppoetsen

repopulate [ri:'pɒpjʊleɪt] *overg* opnieuw bevolken

report [rɪ'pɔːt] I *znw* ❶ rapport, verslag, bericht, rapportage ★ *the annual* ~ het jaarverslag ★ *the final* ~ het eindrapport, eindverslag ★ *a progress* ~ een voortgangsverslag ★ *an unconfirmed* ~ een onbevestigd bericht ❷ gerucht, reputatie ❸ knal, schot II *overg* rapporteren, melden, opgeven, verslag geven van, berichten, overbrengen, vertellen ★ *eyewitnesses* ~*ed seeing armed men* ooggetuigen verklaarden gewapende mannen gezien te hebben ★ *be* ~*ed* gerapporteerd worden, verteld worden ★ *forty people are* ~*ed to have died* naar verluidt zijn veertig mensen omgekomen ★ *the affair was widely* ~*ed in the press* de affaire werd breed uitgemeten in de pers ★ ~ *sbd to the police* iem. aangeven bij de politie ★ ~ *sth to the police* van iets aangifte doen bij de politie III *onoverg* ❶ rapport uitbrengen, verslag geven / doen / uitbrengen (over *on*), rapporteren (ook: ~ *back*) ★ ~ *on sth* verslag doen van iets ★ ~ *to sbd* verantwoording moeten afleggen aan iem. ❷ reporterswerk doen ❸ zich melden (bij *to*)

reportage [repɔː'tɑːʒ] *znw* reportage

report card [rɪ'pɔːt kɑːd] onderw *znw* rapport

reportedly [rɪ'pɔːtɪdlɪ] *bijw* naar verluidt

reported speech [rɪ'pɔːtɪd spiːtʃ] taal *znw* indirecte rede

reporter [rɪ'pɔːtə] *znw* ❶ berichtgever, verslaggever ❷ rapporteur

reporting [rɪ'pɔːtɪŋ] *znw* reportage, verslaggeving

reposal [rɪ'pəʊzəl] form *znw* kalmte

repose [rɪ'pəʊz] I *znw* dicht rust, kalmte ★ *in* ~ in rust II *overg* dicht rusten ★ *she* ~*d her head on the cushion* ze rustte haar hoofd op het kussen III *onoverg* ❶ dicht uitrusten, rusten ❷ form zich bevinden ★ *the painting now* ~*s in the Guggenheim* het schilderij bevindt zich nu in het Guggenheim museum

reposition [ri:pə'zɪʃən] *znw* ❶ herpositioneren ❷ op een andere / betere plaats brengen

repository [rɪ'pɒzɪtərɪ] *znw* ❶ bewaarplaats, opslagplaats, depot ❷ schatkamer

repossess [ri:pə'zes] *overg* ❶ weer in bezit nemen ❷ weer in bezit stellen, terugnemen

repossession [ri:pə'zeʃən] *znw* terugneming, het weer in bezit nemen

repot [ri:'pɒt] *overg* verpotten

reprehend [reprɪ'hend] form *overg* berispen

reprehensible [reprɪ'hensɪbl] *bn* berispelijk, laakbaar

reprehension [reprɪ'henʃən] form *znw* berisping, blaam

represent [reprɪ'zent] *overg* ❶ vertegenwoordigen ❷ voorstellen, symboliseren, weergeven, afbeelden ❸ voorhouden, onder het oog brengen, wijzen op

representation [reprɪzen'teɪʃən] *znw* ❶ vertegenwoordiging ❷ voorstelling, afbeelding ★ *make false* ~*s* een valse voorstelling van zaken

re

geven ❸ op-, aanmerking, bedenking, protest ★ *make ~s to sbd* een vertoog richten tot iem., protesteren bij iem. ❹ precontractuele toezegging ❺ plaatsvervulling ‹erfrecht›

representative [reprɪˈzentətɪv] I *bn* representatief, voorstellend, vertegenwoordigend, typisch ★ *be ~ of sth* iets vertegenwoordigen, iets voorstellen, representatief zijn voor iets II *znw* ❶ vertegenwoordiger, handelsreiziger ❷ representant ★ *the House of Representatives* het Huis van Afgevaardigden ‹in de VS›

repress [rɪˈpres] *overg* ❶ onderdrukken ❷ beteugelen, in toom houden, tegengaan, bedwingen ❸ psych verdringen

repressed [rɪˈprest] *bn* onderdrukt, niet geuit, gefrustreerd

repression [rɪˈpreʃən] *znw* ❶ onderdrukking, beteugeling, repressie ❷ psych verdringing

repressive [rɪˈpresɪv] *bn* onderdrukkend, beteugelend, ter beteugeling, repressief

reprieve [rɪˈpriːv] I *znw* uitstel, opschorting, gratie II *overg* uitstel, opschorting of gratie verlenen

reprimand [ˈreprɪmɑːnd] I *znw* (officiële) berisping, reprimande II *overg* berispen

reprint I *znw* [ˈriːprɪnt] herdruk, reprint II *overg* [riːˈprɪnt] herdrukken

reprisal [rɪˈpraɪzəl] *znw* vergelding, represaille ★ *without fear of ~* zonder angst voor represailles / vergelding ★ *take ~s* represaillemaatregelen nemen

reproach [rɪˈprəʊtʃ] I *znw* ❶ verwijt ★ *above / beyond ~* onberispelijk ❷ schande ★ *his desk was a ~ to all* zijn bureau maakte iedereen te schande II *overg* ❶ verwijten ★ *~ sbd with / for sth* iem. iets verwijten ★ *~ oneself with / for sth* zichzelf over iets een verwijt maken ❷ berispen

reproachful [rɪˈprəʊtʃfʊl] *bn* verwijtend ★ *she gave him a ~ look* ze keek hem verwijtend aan

reprobate [ˈreprəbeɪt] I *bn* snood II *znw* snoodaard

reprobation [reprəˈbeɪʃən] *znw* verwerping, afkeuring

reprocess [riːˈprəʊses] *overg* herverwerken, recyclen

reproduce [riːprəˈdjuːs] *overg* ❶ weer voortbrengen ❷ reproduceren, weergeven, namaken ❸ (zich) voortplanten of vermenigvuldigen

reproducible [riːprəˈdjuːsəbl] *bn* reproduceerbaar

reproduction [riːprəˈdʌkʃən] *znw* ❶ reproductie, weergave ★ *an accurate ~* een nauwkeurige weergave ★ *~ prohibited* nadruk verboden ❷ voortplanting, vermenigvuldiging

reproduction furniture [riːprəˈdʌkʃən ˈfɜːnɪtʃə] *znw* imitatiemeubelen

reproductive [riːprəˈdʌktɪv] *bn* voortplantings-

reproof I *znw* [rɪˈpruːf] terechtwijzing, berisping II *overg* [riːˈpruːf] ❶ weer waterdicht maken ❷ opnieuw afdrukken

reprove [rɪˈpruːv] *overg* terechtwijzen, berispen

reproving [rɪˈpruːvɪŋ] *bn* verwijtend, afkeurend, berispend

reptile [ˈreptaɪl] I *bn* kruipend, kruiperig II *znw* ❶ kruipend dier, reptiel ❷ inf kruiper

reptilian [repˈtɪlɪən] dierk *bn* kruipend

republic [rɪˈpʌblɪk] *znw* republiek

republican [rɪˈpʌblɪkən] I *bn* republikeins ★ *Republican* Republikeins ‹van de Republican Party in de VS› II *znw* republikein ★ *a Republican* een Republikein

republicanism [rɪˈpʌblɪkənɪzəm] *znw* republicanisme, republikeinse gezindheid

republication [riːpʌblɪˈkeɪʃən] *znw* vernieuwde uitgaaf, herdruk

republish [riːˈpʌblɪʃ] *overg* opnieuw uitgeven

repudiate [rɪˈpjuːdɪeɪt] *overg* ❶ verwerpen, afwijzen ❷ verloochenen

repudiation [rɪpjuːdɪˈeɪʃən] *znw* ❶ verwerping, afwijzing ❷ verloochening

repugnance [rɪˈpʌgnəns] *znw* ❶ afkeer, tegen-, weerzin ★ *the very thought fills me with ~* de gedachte alleen al vind ik weerzinwekkend ❷ tegenstrijdigheid

repugnant [rɪˈpʌgnənt] *bn* ❶ weerzinwekkend, terugstotend ★ *the idea was quite ~ to them* ze walgden van het idee ❷ form tegenstrijdig (met *to*)

repulse [rɪˈpʌls] I *znw* ❶ af-, terugslaan ★ *meet with a ~* af-, teruggeslagen worden, een weigerend antwoord krijgen ❷ afwijzing II *overg* ❶ terugdrijven, -slaan ❷ afslaan ❸ afwijzen

repulsion [rɪˈpʌlʃən] *znw* ❶ afstoting, afkeer, weerzin, tegenzin ❷ techn terugslag

repulsive [rɪˈpʌlsɪv] *bn* af-, terugstotend, weerzinwekkend

repurchase [riːˈpɜːtʃɪs] I *znw* terugkoop II *overg* terugkopen

repurchase agreement [riːˈpɜːtʃɪs əˈgriːmənt] fin *znw* verkoopovereenkomst met verplichting tot terugkoop

reputable [ˈrepjʊtəbl] *bn* achtenswaardig, fatsoenlijk, geacht

reputation [repjʊˈteɪʃən] *znw* reputatie, (goede) naam, faam, roep ★ *his ~ is at stake* zijn reputatie staat op het spel ★ *by ~* bij gerucht ★ *she has the ~ of being a good cook* ze staat bekend als een goede kokkin

repute [rɪˈpjuːt] I *znw* reputatie, (goede) naam ★ *by ~* bij gerucht ★ *of good / ill ~* goed / slecht bekend staand ★ euf *a house of ill ~* een bordeel II *overg* ★ *he's ~d to be a good public speaker* hij staat bekend als een goede redenaar

reputed [rɪˈpjuːtɪd] *bn* vermeend ★ *his ~ mafia connections* zijn vermeende connecties met de maffia

reputedly [rɪˈpjuːtɪdlɪ] *bijw* naar het heet, naar men zegt

request [rɪˈkwest] I *znw* ❶ verzoek ★ *at sbd's ~* op iemands verzoek ★ *by / on ~* op verzoek ★ *by popular ~* op algemeen verzoek ★ *make a ~* een verzoek doen ❷ (aan)vraag ❸ verzoeknummer, verzoekplaat II *overg* verzoeken (om)

re

request stop [rɪ'kwest stɒp] *znw* halte op verzoek ‹bus›

requiem ['rekwɪem] *znw* ❶ requiem ❷ **requiem mass** requiemmis

require [rɪ'kwaɪə] *overg* ❶ (ver)eisen, vorderen, verlangen ❷ nodig hebben ❸ behoeven ★ *you will be ~d to show your passport* u zult uw paspoort moeten laten zien

required [rɪ'kwaɪəd] *bn* nodig

requirement [rɪ'kwaɪəmənt] *znw* eis, vereiste ★ *surplus to the ~s* meer dan nodig is, overtollig ★ *meet the ~s* aan de vereisten voldoen ★ *relax the ~s* de eisen versoepelen

requisite ['rekwɪzɪt] **I** *bn* ❶ vereist ★ *the ~ number of words / jobs &* het vereiste aantal woorden / banen & ❷ nodig **II** *znw* vereiste ★ *a driver's licence is one of the job's ~s* een rijbewijs is een van de vereisten voor de baan

requisition [rekwɪ'zɪʃən] **I** *znw* ❶ eis ❷ (op)vordering ❸ oproeping ❹ mil rekwisitie **II** *overg* rekwireren, (op)vorderen

requital [rɪ'kwaɪtl] form *znw* ❶ vergoeding, beloning ❷ vergelding, weerwraak ★ *in ~* ter vergelding, in ruil (voor *for*) ❸ beantwoording ‹van liefde›

requite [rɪ'kwaɪt] form *overg* ❶ vergoeden, belonen ❷ vergelden, betaald zetten ❸ beantwoorden ★ *~ sbd's love* iems. liefde beantwoorden

reread [ri:'ri:d] *overg* herlezen, overlezen

re-record [ri:-rɪ'kɔ:d] *overg* opnieuw opnemen

reredos ['rɪədɒs] *znw* retabel, altaarstuk

re-release [ri:-rɪ'li:s] **I** *znw* het opnieuw uitbrengen **II** *overg* opnieuw uitbrengen

re-roof [ri:-'ru:f] *overg* een nieuw dak plaatsen

re-route ['ri:'ru:t] *overg* langs een andere weg sturen, een andere bestemming geven

rerun [ri:'rʌn] **I** *znw* ❶ herhaling ❷ reprise **II** *overg* herhalen

resale [ri:'seɪl] *znw* ❶ wederverkoop ❷ doorverkoop

resale price maintenance [ri:'seɪl praɪs 'meɪntənəns] handel *znw* verticale prijsbinding, prijsafspraak

resale value [ri:'seɪl 'vælju:] *znw* (vastgestelde) verkoopprijs

rescind [rɪ'sɪnd] *overg* ❶ herroepen ❷ vernietigen, tenietdoen ‹een vonnis› ❸ intrekken, afschaffen ‹wet›

rescission [rɪ'sɪʒən] form *znw* ❶ herroeping ❷ vernietiging, tenietdoening ❸ intrekking, afschaffing

rescore [rɪ:'skɔ:] *overg* de partituur herzien

rescript [ri:'skrɪpt] *znw* ❶ rescript ❷ decreet ❸ ‹vorstelijke, pauselijke› beschikking

rescue ['reskju:] **I** *znw* redding, hulp, ontzet, bevrijding (met geweld) ★ *come to the ~* te hulp komen **II** *overg* redden, ontzetten, (met geweld) bevrijden

rescue party ['reskju: 'pɑ:tɪ] *znw* redding(s)brigade

rescuer ['reskju:ə] *znw* redder, reddingswerker, bevrijder

rescue worker ['reskju: 'wɜ:kə] *znw* reddingswerker

reseal [ri:'si:l] *overg* hersluiten, herverzegelen

research [rɪ'sɜ:tʃ] **I** *znw* (wetenschappelijk) onderzoek, onderzoeking, naspeuring ★ *nuclear ~* kernonderzoek ★ *scientific ~* wetenschappelijk onderzoek ★ *do ~ into sth* onderzoek doen naar iets **II** *overg* wetenschappelijk onderzoeken **III** *onoverg* onderzoekingen doen ★ *they are currently ~ing into teaching methods* ze zijn momenteel bezig met een onderzoek naar onderwijsmethodes

research and development [rɪ'sɜ:tʃ ænd dɪ'veləpmənt], **R & D** *znw* onderzoek en ontwikkeling

research assistant [rɪ'sɜ:tʃ ə'sɪstnt] *znw* onderzoeksassistent

research centre [rɪ'sɜ:tʃ 'sentə], Am **research center** *znw* onderzoekscentrum

researcher [rɪ'sɜ:tʃə] *znw* onderzoeker ★ *~s in the field* veldonderzoekers

research institute [rɪ'sɜ:tʃ 'ɪnstɪtju:t] *znw* onderzoeksinstituut

research method [rɪ'sɜ:tʃ 'meθəd] *znw* onderzoeksmethode

research paper [rɪ'sɜ:tʃ 'peɪpə] *znw* onderzoeksartikel, wetenschappelijk artikel

research programme [rɪ'sɜ:tʃ 'prəʊgræm] *znw* onderzoeksprogramma

research results [rɪ'sɜ:tʃ rɪ'zʌlts] *znw* [mv] onderzoeksresultaten

research strategy [rɪ'sɜ:tʃ 'strætədʒɪ] *znw* onderzoekstrategie

research work [rɪ'sɜ:tʃ wɜ:k] *znw* wetenschappelijk onderzoek, speurwerk, researchwerk

reseat [ri:'si:t] *overg* ❶ van plaats veranderen ❷ van een nieuwe zitting voorzien

resell [ri:'sel] *overg* ❶ weer of opnieuw verkopen ❷ doorverkopen

resemblance [rɪ'zembləns] *znw* gelijkenis, overeenkomst (met *to*) ★ *she bears no ~ to her father* ze lijkt helemaal niet op haar vader

resemble [rɪ'zembl] *overg* ❶ gelijken (op) ❷ overeenkomst vertonen (met)

resent [rɪ'zent] *overg* kwalijk nemen, zich beledigd voelen door, gepikeerd / gebelgd zijn over, aanstoot nemen (aan)

resentful [rɪ'zentfʊl] *bn* ❶ boos, gebelgd, wrevelig ❷ haatdragend ★ *he feels ~ of his stepmother* hij is haatdragend jegens zijn stiefmoeder

resentfully [rɪ'zentfʊlɪ] *bijw* boos, haatdragend, rancuneus

resentment [rɪ'zentmənt] *znw* ❶ boosheid, gebelgdheid, wrevel ❷ haat, wrok ★ *harbour ~ against / towards sbd* een wrok koesteren tegen iem.

reservation [rezə'veɪʃən] *znw* ❶ reserveren, reservering, boeking ❷ voorbehoud, reserve, gereserveerdheid ★ *with (some) ~/~s* onder voorbehoud, onder reserve ★ *without ~* zonder voorbehoud ❸ Am reservaat

reserve [rɪ'zɜ:v] **I** *znw* ❶ reserve ★ <u>Am</u> *a contingency* ~ een reserve voor onvoorziene kosten ★ *draw on one's ~s* uit eigen reserves putten ★ *keep sth in* ~ iets achter de hand houden ★ *put sth on* ~ iets achteruitleggen, iets als reserve houden ★ *summon up one's ~s* zijn reservekrachten aanspreken ❷ gereserveerdheid, terughoudendheid ❸ voorbehoud ❹ <u>sp</u> reserve(speler), invaller ❺ <u>mil</u> reserve(troepen) ❻ <u>handel</u> limiet ‹v. prijs› ❼ gereserveerd gebied, reservaat ❽ (meestal *mv*) reserves ‹aan grondstoffen› **II** *overg* ❶ reserveren, bewaren (voor later), in reserve houden, (zich) voorbehouden ★ *the easy life was not ~d for him* een gemakkelijk leven was niet weggelegd voor hem ❷ opschorten ‹oordeel› ❸ openhouden ❹ boeken, bespreken ‹plaatsen›

reserve bank [rɪ'zɜ:v bæŋk] *znw* ❶ Centrale bank ‹in Aus, NZ & ZA› ❷ regionale bank gelieerd aan de Federale bank ‹in de VS›

reserve currency [rɪ'zɜ:v 'kʌrənsɪ] *znw* monetaire reserve

reserved [rɪ'zɜ:vd] *bn* ❶ gereserveerd, terughoudend, omzichtig ‹in woorden› ❷ besproken, gereserveerd

reserve fund [rɪ'zɜ:vfʌnd] *znw* reservefonds

reserve price [rɪ'zɜ:v praɪs] <u>handel</u> *znw* limiet

reservist [rɪ'zɜ:vɪst] *znw* reservist

reservoir ['rezəvwɑ:] *znw* ❶ vergaar-, waterbak, (water)reservoir ❷ bassin, verzamelbekken ❸ <u>fig</u> reservevoorraad

reset [ri:'set] *overg* ❶ opnieuw zetten ‹boek, juweel &› ❷ terugzetten op nul ‹meter, teller &›, gelijkzetten ‹horloge›, instellen ‹wekker› ❸ <u>med</u> zetten ‹v. gebroken been›

resettle [ri:'setl] *overg & onoverg* ❶ (zich) opnieuw vestigen, weer een plaats geven ❷ opnieuw koloniseren

resettlement [ri:'setlmənt] *znw* nieuwe vestiging

reshape [ri:'ʃeɪp] *overg* een nieuwe vorm geven

reship ['ri:'ʃɪp] *overg* weer inschepen, opnieuw verschepen, overladen

reshipment [ri:'ʃɪpmənt] *znw* hernieuwde inscheping

reshoot [ri:'ʃu:t] *overg* opnieuw filmen

reshuffle [ri:'ʃʌfəl] **I** *znw* ❶ opnieuw schudden ‹v.d. kaarten› ❷ wijziging, hergroepering, herverdeling van de portefeuilles ‹van het kabinet› **II** *overg* ❶ opnieuw schudden ‹de kaarten› ❷ wijzigen, herschikken ‹het kabinet›

reside [rɪ'zaɪd] *onoverg* ❶ wonen, verblijf houden, zetelen, resideren ★ *he ~s in Paris* hij woont in Parijs ❷ <u>form</u> berusten, vervat zijn ★ *the meaning ~s in the text itself* de betekenis is vervat in de tekst zelf

residence ['rezɪdns] *znw* ❶ residency woonplaats, verblijfplaats, verblijf ★ *one's place of* ~ zijn woonplaats ★ *one's principal* ~ zijn hoofdverblijfplaats ★ *take up* ~ zich metterwoon vestigen ❷ inwoning, aanwezigheid ★ *a writer in* ~ een gastschrijver ‹schrijver die gastcolleges geeft aan universiteit› ★ *be in* ~ aanwezig zijn ❸ woning, (heren)huis

residence permit ['rezɪdns pə'mɪt] *znw* verblijfsvergunning

residency ['rezɪdnsɪ] *znw* ❶ → residence ❷ <u>Am</u> <u>med</u> klinische opleidingsperiode ❸ residentie ‹Indië›

resident ['rezɪdnt] **I** *bn* ❶ woonachtig ★ *he is now* ~ *in Paris* hij is nu woonachtig in Parijs ❷ inwonend, intern ❸ vast ‹v. inwoners› ❹ <u>comput</u> resident, permanent in het geheugen aanwezig, niet-vluchtig **II** *znw* ❶ (vaste) inwoner, bewoner ❷ <u>Am</u> <u>med</u> specialist in opleiding

residential [rezɪ'denʃəl] *bn* ❶ woon- ★ ~ *accommodation* woonaccommodatie ❷ van een woonwijk

residential area [rezɪ'denʃəl 'eərɪə] *znw* (deftige) woonwijk

residential school [rezɪ'denʃəl sku:l] *znw* kostschool

resident's association ['rezɪdnts əsəʊsɪ'eɪʃən] *znw* bewonersorganisatie

residual [rɪ'zɪdʊəl] **I** *bn* overgebleven, achterblijvend, rest- ★ ~ *income* restinkomen **II** *znw* ❶ residu, overgebleven deel ❷ <u>rekenk</u> rest

residuary [rɪ'zɪdjʊərɪ] <u>techn</u> *bn* overgebleven, overblijvend

residue ['rezɪdju:] *znw* ❶ residu ❷ restant, rest, overschot

residuum [rɪ'zɪdjʊəm] <u>techn</u> *znw* [*mv*: residua] chemisch residu, bezinksel

resign [rɪ'zaɪn] **I** *overg* ❶ afstaan, afstand doen van, overgeven, overlaten ❷ opgeven ❸ neerleggen ‹ambt› **II** *onoverg* ❶ af-, uittreden, ontslag nemen ★ *he has ~ed as president* hij is teruggetreden als president ❷ bedanken ‹voor betrekking› **III** *wederk* ★ ~ *oneself* berusten ★ ~ *oneself to sth* zich onderwerpen aan iets, berusten in iets, zich overgeven aan iets

resignation [rezɪg'neɪʃən] *znw* ❶ berusting, overgave ‹aan Gods wil›, gelatenheid ❷ afstand ❸ aftreden, uittreden, ontslag ★ *call for sbd's* ~ om iemands aftreden roepen ★ *hand in / tender one's* ~ zijn ontslag indienen

resigned [rɪ'zaɪnd] *bn* gelaten

resilience [rɪ'zɪlɪəns], <u>form</u> resiliency *znw* veerkracht, elasticiteit ★ ~ *to stress at work* bestendigheid tegen werkstress

resilient [rɪ'zɪlɪənt] *bn* elastisch, verend, veerkrachtig

resin ['rezɪn] *znw* hars

resiniferous [rezɪ'nɪfərəs] *bn* harshoudend ‹bomen, planten &›

resinous ['rezɪnəs] *bn* harsachtig, harshoudend, hars-

resist [rɪ'zɪst] **I** *overg* ❶ weerstaan, weerstand bieden aan ★ *she couldn't* ~ *the temptation* ze kon de verleiding niet weerstaan ❷ zich verzetten tegen **II** *onoverg* ❶ weer-, tegenstand bieden, zich verzetten ❷ de verleiding weerstaan

resistance [rɪ'zɪstns] *znw* ❶ weerstand, tegenstand ★ *the line / path of least* ~ weg v.d. minste weerstand ★ *make / offer no* ~ geen weerstand bieden, zich niet verzetten ❷ verzet ★ *passive* ~ lijdelijk verzet ★ *meet with* ~ op verzet stuiten ❸ weerstandsvermogen

resistant [rɪ'zɪstnt] *bn* ❶ resistent (tegen *to*) ❷ -werend, -bestendig ‹v. materiaal›

resistibility [rɪzɪstɪ'bɪlɪtɪ] *znw* ❶ weerstaanbaarheid ❷ weerstandsvermogen

resistible [rɪ'zɪstəbl] *bn* te weerstaan

resistor [rɪ'zɪstə] <u>elektr</u> *znw* weerstand

resit ['riːsɪt, 'riːsɪt] **I** *znw* herexamen, herkansing **II** *overg* herhalen, opnieuw afleggen ‹examen›

resite [riː'saɪt] *overg* verplaatsen

resize [riː'saɪz] *overg* het formaat veranderen, de maat veranderen

res judicata ['reɪs dʒuː'dɪ'kɑːtə] *(Lat)* <u>jur</u> *znw* de kracht van het gewijsde

reskill [riː'skɪl] *onoverg* omscholen

reskilling [riː'skɪlɪŋ] *znw* omscholing

re-soluble [riː-'sɒljʊbl] *bn* oplosbaar

resolute ['rezəluːt] *bn* resoluut, vastberaden, beslist, vastbesloten

resolution [rezə'luːʃən] *znw* ❶ besluit, beslissing, resolutie, voornemen ★ *good* ~s goede voornemens ★ *keep one's* ~s zich aan zijn voornemens houden ❷ vastberadenheid ❸ oplossing, ontbinding, ontleding ❹ <u>med</u> verdwijning ‹v. gezwel &› ❺ <u>comput</u> beeldresolutie ‹definitie v. beeld op beeldscherm›

resolvable [rɪ'zɒlvəbl] *bn* oplosbaar ‹v. problemen &›

resolve [rɪ'zɒlv] **I** *znw* ❶ besluit ❷ vastberadenheid ★ *strengthen one's* ~ nog vastberadener worden **II** *overg* ❶ besluiten ❷ doen besluiten ❸ oplossen, ontbinden ❹ <u>med</u> doen slinken, opdrogen ‹v. gezwel› **III** *onoverg* ❶ (zich) oplossen ❷ <u>med</u> slinken, verdwijnen ‹v. gezwel &› ❸ besluiten (tot *to*), een besluit nemen **IV** *wederk* ★ ~ *itself* zich oplossen

resolved [rɪ'zɒlvd] *bn* vastberaden ★ *she is firmly* ~ *to be a doctor* ze is vastbesloten dokter te worden

resolvent [rɪ'zɒlvənt] *znw* oplossend middel

resonance ['rezənəns] *znw* resonantie, weerklank

resonant ['rezənənt] *bn* resonant, weerklinkend

resonate ['rezəneɪt] *onoverg* resoneren, weerklinken ★ *the house* ~*d to the sound of laughter* het geluid van gelach weergalmde door het huis

resonator ['rezəneɪtə] *znw* resonator

resorb [rɪ'sɔːb] *overg* resorberen, weer opslorpen

resorption [riː'sɔːpʃən] *znw* resorptie

resort [rɪ'zɔːt] **I** *znw* ❶ oord, vakantie-, ontspanningsoord ❷ toevlucht, hulp-, redmiddel, ressort, instantie ★ *as a last* ~ in laatste instantie, als laatste redmiddel, in geval van nood **II** *onoverg* ★ ~ *to sth* zijn toevlucht nemen tot iets

re-sort [riː-'sɔːt] *overg* hersorteren, opnieuw rangschikken, ordenen

resound [rɪ'zaʊnd] *onoverg* (doen) weerklinken, weergalmen (van *with*) ★ *the noise* ~*ed through / throughout the building* het geluid galmde door het hele gebouw ★ *the theatre* ~*ed with applause* het theater weergalmde van het applaus

resounding [rɪ'zaʊndɪŋ] *bn* ❶ luid klinkend, galmend, daverend ★ *a* ~ *cheer went up* een daverend gejuich weerklonk ❷ erg groot ★ *they suffered a* ~ *defeat* ze leden een zeer grote nederlaag

resoundingly [rɪ'zaʊndɪŋlɪ] *bijw* zeer groot, onmiskenbaar, klinkend

resource [rɪ'zɔːs] *znw* (meestal *mv*) hulpbron, hulpmiddel, redmiddel, geldmiddelen ★ *financial* ~*s* financieringsmiddelen ★ *inner* ~*s* zelfredzaamheid ★ *natural* ~*s* natuurlijke hulpbronnen / rijkdommen ★ *have no* ~*s* geen middelen hebben ★ *leave sbd to his own* ~*s* iem. aan zijn lot overlaten

resourceful [rɪ'zɔːsfʊl] *bn* vindingrijk, zich goed wetende te redden

resourcefulness [rɪ'zɔːsfʊlnəs] *znw* vindingrijkheid

resourceless [rɪ'zɔːsləs] *bn* zonder (hulp)middelen, hulpeloos

respect [rɪ'spekt] **I** *znw* ❶ aanzien, achting, eerbied, eerbiediging, bewondering ★ *out of* ~ uit respect ★ *with (all due)* ~ met alle respect ★ *command sbd's* ~ iemand respect afdwingen ★ *give / send sbd one's* ~*s* iem. de groeten doen ★ *have a lot of* ~ *for sbd* iem. zeer respecteren ★ *pay one's* ~*s (to sbd)* bij iem. zijn opwachting maken ★ *pay one's last* ~*s* de laatste eer bewijzen ❷ opzicht ★ *in this / every* ~ in dit opzicht / in alle opzichten ★ *in some* ~ enigermate ★ *in some* ~*s* in sommige opzichten ★ *in* ~ *of* ten aanzien van, met betrekking tot, uit het oogpunt van, vanwege ★ *with* ~ *to* ten opzichte (aanzien) van, betreffende ★ *without* ~ *to* zonder te letten op **II** *overg* ❶ respecteren, (hoog)achten, eerbiedigen, ontzien ❷ betrekking hebben op, betreffen ❸ nakomen ‹v. belofte›

respectability [rɪspektə'bɪlətɪ] *znw* ❶ achtenswaardigheid ❷ fatsoenlijkheid, fatsoen ❸ aanzien ❹ <u>handel</u> soliditeit

respectable [rɪ'spektəbl] *bn* ❶ achtbaar, achtenswaardig, respectabel, (vrij) aanzienlijk, fatsoenlijk, net ★ *inf scherts I'd better make myself* ~ ik moet even iets fatsoenlijks aantrekken ❷ <u>handel</u> solide

respecter [rɪ'spektə] *znw* ★ *no* ~ *of persons* iemand die handelt zonder aanzien des persoons

respectful [rɪ'spektfʊl] *bn* eerbiedig, beleefd ★ *a* ~ *reply* een beleefd antwoord

respectfully [rɪ'spektfʊlɪ] *bijw* eerbiedig ★ *yours* ~ hoogachtend

respecting [rɪ'spektɪŋ] <u>form</u> *voorz* ten aanzien van, aangaande, betreffende

respective [rɪ'spektɪv] *bn* respectief ★ *they contributed the* ~ *sums of $300 and $400* zij droegen respectievelijk $300 en $400 bij

respectively [rɪ'spektɪvlɪ] *bijw* respectievelijk

respell [riː'spel] *overg* ❶ herspellen ❷ opnieuw / anders spellen

respiration [respɪ'reɪʃən] *znw* ademhaling ★ *his* ~ *is affected* zijn ademhaling is aangetast

respirator ['respɪreɪtə] *znw* ❶ respirator ★ *on a* ~ aan

re

een ademhalingsapparaat ❷ gasmasker

respiratory ['respɪrətərɪ] *bn* ademhalings- ★ ~ *difficulty / difficulties* ademhalingsmoeilijkheden

respiratory system ['respɪrətərɪ 'sɪstəm] *znw* ademhalingssysteem

respiratory tract ['respɪrətərɪ trækt] *znw* ademhalingskanaal

respire [rɪ'spaɪə] **I** *onoverg* ❶ ademhalen, ademen ❷ weer op adem komen **II** *overg* inademen, ademen, uitademen

respite ['respaɪt] *znw* uitstel, schorsing, respijt, verademing, rust

respite care ['respaɪt keə] *znw* tijdelijke opvang ⟨van zieken of bejaarden om de vaste verzorgers even rust te geven⟩

resplendence [rɪ'splendəns] dicht *znw* glans, luister

resplendent [rɪ'splendənt] dicht *bn* glansrijk, luisterrijk, schitterend (van *with*) ★ *the bride was ~ in a white silk gown* de bruid schitterde in een witte zijden jurk

respond [rɪ'spɒnd] *onoverg* antwoorden (op *to*), gehoor geven (aan *to*), reageren (op *to*)

respondent [rɪ'spɒndənt] **I** *bn* ❶ antwoord gevend, gehoor gevend (aan *to*), reagerend (op *to*) ❷ jur gedaagd **II** *znw* ❶ jur gedaagde ⟨bij echtscheiding⟩, verweerder, gerekwestreerde, geïntimeerde, geappelleerde ❷ respondent, ondervraagde ⟨bij opinieonderzoek &⟩

response [rɪ'spɒns] *znw* ❶ antwoord ❷ responsorie ⟨liturgisch⟩ ❸ reageren, reactie (op *to*), respons, fig weerklank ★ *due to lack of* ~ wegens gebrek aan interesse ★ *in* ~ *to* als antwoord op, gehoor gevend aan, ingevolge

response time [rɪ'spɒns taɪm] *znw* reactietijd, responsietijd ⟨tijd die de computer nodig heeft om te reageren op een commando⟩

responsibility [rɪspɒnsɪ'bɪlətɪ] *znw* ❶ verantwoordelijkheid ★ *the final* ~ eindverantwoordelijkheid ★ *we have a* ~ *to / towards our members* we hebben een verantwoordelijkheid jegens onze leden ★ *assume* ~ *for sbd / sth* verantwoording nemen voor iem. / iets ★ *do sth on one's own* ~ iets op eigen verantwoordelijkheid doen ★ *fail in one's* ~ zijn plicht verzaken ★ *share the* ~ *(for sbd / sth)* de verantwoordelijkheid (voor iem. / iets) delen ★ *shirk one's* ~ zich aan zijn verantwoordelijkheid onttrekken ❷ aansprakelijkheid ★ Br jur *parental* ~ ouderlijk gezag ★ jur *vicarious* ~ indirecte aansprakelijkheid, (risico)aansprakelijkheid voor anderen

responsible [rɪ'spɒnsɪbl] *bn* verantwoordelijk, aansprakelijk ★ *the* ~ *parent* de aansprakelijke ouder ★ *who is* ~ *for this mess?* wie is er verantwoordelijk voor deze rommel? ★ *he is* ~ *to parliament* hij is verantwoording schuldig aan het parlement ★ *a* ~ *firm* een betrouwbare firma ★ *a* ~ *issue* een belangrijke kwestie

responsibly [rɪ'spɒnsɪblɪ] *bijw* betrouwbaar, degelijk,

op een verantwoorde manier ★ *the crew acted very* ~ *in remaining calm* de bemanning handelde op een verantwoorde manier door kalm te blijven

responsive [rɪ'spɒnsɪv] *bn* openstaand, gevoelig, ontvankelijk ★ *a* ~ *audience* een ontvankelijk publiek ★ *be* ~ *to* instemmen met, reageren op, gevoelig zijn voor

responsiveness [rɪ'spɒnsɪvnəs] *znw* ❶ reageren ❷ begrip ❸ ontvankelijkheid

respray [ri:'spreɪ] **I** *znw* overspuitbeurt **II** *overg* overspuiten ⟨auto⟩

res publica [ri:'seɪl 'pʌblɪkən] ⟨*Lat*⟩ form *znw* de staat, het algemeen belang

rest [rest] **I** *znw* ❶ rest, overblijfsel ★ *the* ~ *of us* wij (ons) allen ★ *(as) for the* ~ voor het overige, overigens ❷ handel reservefonds ❸ rust, pauze ★ *a day of* ~ een rustdag ★ *be at* ~ ter ruste zijn, rust hebben, bedaard zijn, in ruste zijn, afgedaan zijn ★ *come to* ~ tot stilstand komen ★ inf *give it a* ~! praat eens over wat anders, hou er even mee op, zo kan ie wel weer ★ *lay / put sth to* ~ iets sussen, bedaren ★ *lay sbd to* ~ iem. te ruste leggen ★ *put / set sth at* ~ iets uit de weg ruimen, wegnemen ⟨v. twijfels, vrees &⟩ ★ *put / set sbd's mind at* ~ iem. geruststellen ★ *take some* ~ uitrusten ❹ rustplaats, tehuis ❺ rustpunt, steun, steuntje ❻ haak ⟨v. telefoon⟩ ❼ bok ⟨bij het biljarten &⟩ ❽ muz rustteken **II** *overg* ❶ laten (doen) rusten, rust geven ★ jur ~ *one's case* zijn pleidooi beëindigen ★ ⟨*God*⟩ ~ *his soul* de Heer hebbe zijn ziel ❷ baseren ❸ steunen, leunen **III** *onoverg* ❶ rusten, uitrusten (van *from*) ⟨Am ook: ~ *up*⟩ ★ *we will not let the matter* ~ *here* we zullen het er niet bij laten ★ ~ *against sth* tegen iets aanleunen ★ ~ *on / upon sbd* op iem. blijven rusten ⟨ogen⟩ ★ ~ *on / upon sth* op iets blijven rusten ⟨ogen⟩, rusten op iets ⟨zorg, verdenking⟩, gebaseerd zijn op iets, steunen op iets, berusten op iets ★ ~ *on one's laurels* op zijn lauweren rusten ❷ rustig blijven ★ ~ *easy* maak je geen zorgen ❸ rust hebben ❹ blijven ★ *there the matter* ~*ed* daar bleef het bij ★ ~ *assured* zeker zijn, erop vertrouwen ★ ~ *with sbd* op iem. vertrouwen ★ *it* ~*s with you / them & (to)* het is aan u / hen & (om)

restamp [ri:'stæmp] *overg* opnieuw stempelen

rest area [rest 'eərɪə] *znw* parkeerplaats langs de snelweg

restart [ri:'stɑ:t] *overg* herstarten, ⟨sport of spel⟩ hervatten

restate [ri:'steɪt] *overg* ❶ opnieuw formuleren, herformuleren ❷ nogmaals uiteenzetten

restatement [ri:'steɪtmənt] *znw* herformulering

restaurant ['restərɒnt] *znw* restaurant

restaurant car ['restərɒnt kɑ:] *znw* restauratiewagen

restaurateur [restɒrə'tɜ:] *znw* restauranthouder

rest cure [rest 'kjʊə] *znw* rustkuur

restful ['restfʊl] *bn* ❶ rustig, stil ★ *a* ~ *weekend at home* een rustig weekend thuis ❷ kalmerend, rustgevend

re

★ *a ~ place to work* een rustgevende werkplek

rest home [rest həʊm] *znw* rusthuis

resting place ['restɪŋ pleɪs] *znw* rustplaats ★ *one's final ~* zijn laatste rustplaats

restitution [restɪ'tjuːʃən] *znw* teruggave, vergoeding, schadeloosstelling, herstel ★ *in ~* als schadeloosstelling ★ *make ~ of sth* iets teruggeven, vergoeden

restive ['restɪv] *bn* ❶ koppig, weerspannig ❷ ongeduldig, prikkelbaar ★ *become ~* ongeduldig worden, onwillig worden ‹ook van dieren›

restless ['restləs] *bn* rusteloos, onrustig, ongedurig, woelig ★ *spend a ~ night* een rusteloze nacht doormaken

restock [riː'stɒk] *overg* opnieuw bevoorraden

restoration [restə'reɪʃən] *znw* ❶ restauratie, herstel ❷ teruggave

restorative [rɪ'stɒrətɪv] **I** *bn* versterkend, herstellend (middel) **II** *znw* versterkend, herstellend middel

restore [rɪ'stɔː] *overg* ❶ restaureren, vernieuwen, herstellen ★ *~ sth to its former glory* iets in zijn vroegere glorie herstellen ★ *~ sbd to health* iem. genezen ★ *~ sbd to life* iem. in het leven terugroepen ❷ teruggeven, terugzetten ‹op zijn plaats›, terugbrengen ★ *~ sth to its rightful owner* iets bij de rechtmatige eigenaar terugbezorgen

restorer [rɪ'stɔːrə] *znw* restaurateur

restrain [rɪ'streɪn] *overg* ❶ bedwingen, in bedwang houden, in toom houden, terug-, tegen-, weerhouden, beteugelen, inhouden ❷ beperken

restrained [rɪ'streɪnd] *bn* beheerst, rustig, kalm

restrainedly [rɪ'streɪnɪdlɪ] *bijw* gematigd, beheerst, kalm, rustig ★ *they acted ~* ze gedroegen zich beheerst

restraining order [rɪ'streɪnɪŋ 'ɔːdə] *jur znw* voorlopig verbod ‹straatverbod, contactverbod, stadionverbod &›

restraint [rɪ'streɪnt] *znw* ❶ dwang, (zelf)bedwang ★ *keep sbd under ~* iem. onder bedwang houden, iem. in een gesloten inrichting opgesloten houden ❷ beheersing ★ *exercise / show some ~* enige zelfbeheersing laten zien ❸ beteugeling, beperking ★ *without ~* geheel vrij, onbeperkt ❹ gereserveerdheid, terughoudendheid ★ *appeal / call for ~* oproepen tot terughoudendheid

restrict [rɪ'strɪkt] *overg* beperken, bepalen ★ *~ oneself to sth* zich tot iets beperken ★ *his diet is ~ed to non-solids* zijn dieet is beperkt tot vloeibaar voedsel

restricted [rɪ'strɪktɪd] *bn* ❶ begrensd, beperkt ❷ vertrouwelijk ‹v. informatie›

restricted access [rɪ'strɪktɪd 'ækses] *znw* beperkte toegang

restricted area [rɪ'strɪktɪd 'eərɪə] *znw* ❶ gebied waar een snelheidsbeperking van kracht is ❷ verboden gebied

restriction [rɪ'strɪkʃən] *znw* ❶ beperking, bepaling, beperkende bepaling ❷ voorbehoud

restrictive [rɪ'strɪktɪv] *bn* beperkend, bepalend

restrictive practice [rɪ'strɪktɪv 'præktɪs] *znw* beperkende praktijk

restrictive trade practice [rɪ'strɪktɪv treɪd 'præktɪs] *znw* beperkende handelspraktijk

restroom ['restruːm] *Am znw* (openbaar) toilet, wc

restructure ['riː'strʌktʃə] *overg* herstructureren

rest stop [rest stɒp] *znw* parkeerplaats langs de snelweg ‹met toiletten, restaurant &›

result [rɪ'zʌlt] **I** *znw* ❶ gevolg ★ *as a ~* dientengevolge ★ *as a ~ of* ten gevolge van, na ❷ afloop, uitslag, uitkomst, slotsom, resultaat ★ *without ~* zonder resultaat, tevergeefs **II** *onoverg* ❶ volgen (uit *from*) ❷ ontstaan, voortvloeien (uit *from*) ❸ uitlopen (op *in*), resulteren (in *in*)

resultant [rɪ'zʌltnt] **I** *bn* form voortvloeiend (uit *from*) **II** *znw* ❶ techn resultante ❷ resultaat

resulting [rɪ'zʌltɪŋ] *bn* daaropvolgend

resume I *znw* ['rezjuːmeɪ] *Am* curriculum vitae, cv **II** *overg* [rɪ'zjuːm] ❶ hernemen, weer opnemen, innemen, opvatten, beginnen of aanknopen ❷ hervatten ❸ herkrijgen ❹ resumeren

résumé ['rezjuːmeɪ] *znw* ❶ samenvatting ❷ curriculum vitae, cv

resumption [rɪ'zʌmpʃən] *znw* ❶ weer opvatten / opnemen, hervatting ❷ terugnemen

resumptive [rɪ'zʌmptɪv] form *bn* weer opvattend, resumerend, hernemend, hervattend

resurface [riː'sɜːfɪs] **I** *overg* van een nieuw wegdek voorzien **II** *onoverg* weer opduiken

resurgence [rɪ'sɜːdʒəns] *znw* ❶ herleving, vernieuwing ❷ wederopstanding, verrijzenis

resurgent [rɪ'sɜːdʒənt] *bn* ❶ weer opstaand ❷ opkomend, herrijzend

resurrect [rezə'rekt] **I** *overg* ❶ doen herleven, doen opstaan uit de dood, doen herrijzen ❷ (weer) opgraven, weer ophalen, weer oprakelen **II** *onoverg* herleven, (uit de dood) herrijzen

resurrection [rezə'rekʃən] *znw* ❶ herleving ❷ opstanding, verrijzing, verrijzenis ★ *the Resurrection* de verrijzenis, de opstanding ‹v. Jezus›

resuscitate [rɪ'sʌsɪteɪt] **I** *overg* ❶ in het leven terugroepen, doen herleven, med reanimeren ❷ weer oprakelen **II** *onoverg* weer tot leven komen, weer bijkomen

resuscitation [rɪsʌsɪ'teɪʃən] *znw* ❶ opwekking, herleving ❷ med reanimatie

ret., retd *afk* (retired) gepensioneerd

retail I *znw* ['riːteɪl] kleinhandel, detailhandel ★ *for ~* te koop **II** *overg* ['riːteɪl, riː'teɪl] ❶ in het klein verkopen, slijten ❷ omstandig verhalen ❸ rondvertellen **III** *onoverg* ['riːteɪl] in het klein verkocht worden ★ *~ at / for* te koop zijn voor

retailer ['riːteɪlə], **retail dealer** *znw* kleinhandelaar, wederverkoper, detailhandelaar

retail formula ['riːteɪl 'fɔːmjʊlə] marketing *znw* winkelformule

retail marketing ['riːteɪl 'mɑːkɪtɪŋ] *znw* detailhandelsmarketing, retailmarketing

retail outlet ['ri:teɪl 'aʊtlet] <u>marketing</u> znw
❶ verkooppunt ❷ afzetgebied

retail park ['ri:teɪl pɑ:k] znw winkelcentrum aan de
rand van de stad

retail price ['ri:teɪl praɪs] <u>marketing</u> znw
kleinhandelsprijs, detailhandelsprijs, winkelprijs
★ recommended ~ adviesprijs

retail price index ['ri:teɪl praɪs 'ɪndeks] znw index van
de detailhandelsprijzen

retail price maintenance ['ri:teɪl praɪs 'meɪntənəns]
znw verticale prijsbinding

retail therapy ['ri:teɪl 'θerəpɪ] <u>scherts</u> znw
winkeltherapie ⟨winkelen om je beter te laten
voelen⟩

retail trade ['ri:teɪl treɪd] znw kleinhandel,
detailhandel

retain [rɪ'teɪn] overg ❶ houden, behouden
❷ tegenhouden, vasthouden ❸ onthouden ❹ (in
dienst) nemen ⟨advocaat⟩ ❺ bespreken

retainer [rɪ'teɪnə] znw ❶ vooruitbetaald honorarium,
voorschot ❷ <u>hist</u> iemand van het gevolg, bediende
❸ <u>jur</u> retentie

retaining fee [rɪ'teɪnɪŋ fi:] znw vooruitbetaald
honorarium, voorschot

retaining wall [rɪ'teɪnɪŋ wɔ:l] znw stutmuur

retake I znw ['ri:teɪk] heropname ⟨film⟩ II overg
[ri:'teɪk] ❶ terugnemen ❷ heroveren ❸ heropnemen
⟨film⟩

retaliate [rɪ'tælɪeɪt] onoverg wraak (represailles)
nemen, terugslaan

retaliation [rɪtælɪ'eɪʃən] znw vergelding, wraak,
wraakneming, represaille(s) ★ in ~ for als vergelding
voor

retaliative [rɪ'tælɪeɪtɪv], **retaliatory** bn vergeldings-

retard ['rɪtɑːd] I znw ❶ vertraging, uitstel
❷ achterstand ❸ <u>beledigend</u> achterlijk persoon,
idioot II overg vertragen, later stellen, uitstellen,
tegenhouden, ophouden

retardant ['rɪtɑːdənt] znw vertragende stof,
brandvertragende stof

retardation [rɪtɑː'deɪʃən], **retardment** znw
❶ vertraging ❷ uitstel ❸ achterblijven, remming in
de ontwikkeling

retarded [rɪ'tɑːdɪd] bn achtergebleven, geestelijk
gehandicapt

retarded ignition [rɪ'tɑːdɪd ɪg'nɪʃən] <u>techn</u> znw
naontsteking

retch [retʃ] onoverg kokhalzen

retell [ri:'tel] overg opnieuw vertellen, oververtellen,
herhalen

retention [rɪ'tenʃən] znw ❶ tegenhouden, vasthouden
❷ inhouden ❸ behoud ❹ onthouden ❺ <u>med</u>
retentie

retentive [rɪ'tentɪv] bn terughoudend, vasthoudend,
behoudend ★ a ~ memory een sterk geheugen

retest [ri:'test] I znw opnieuw testen II overg opnieuw
testen

rethink I znw ['ri:θɪŋk] heroverweging, het opnieuw

overdenken II overg [ri:'θɪŋk] heroverwegen,
opnieuw bezien, nog eens goed overdenken

reticence ['retɪsəns] znw geslotenheid,
stilzwijgendheid, achterhouding, terughouding

reticent ['retɪsnt] bn ❶ niets loslatend, niet erg
spraakzaam ❷ achterhoudend, terughoudend,
gesloten

reticular [rɪ'tɪkjʊlə] bn netvormig

reticule ['retɪkju:l] znw reticule ⟨soort tas⟩

retina ['retɪnə] znw [mv: -s of retinae] netvlies

retinue ['retɪnju:] znw gevolg, (hof)stoet

retire [rɪ'taɪə] I overg ❶ ontslaan ❷ pensioneren
❸ buiten gebruik stellen ❹ intrekken ⟨aandelen⟩
❺ aflossen ⟨v. schulden: vóór de vervaldag⟩
II onoverg ❶ (terug)wijken, zich verwijderen ★ ~ for
the night zich te ruste begeven ❷ (zich)
terugtrekken, (zijn) ontslag nemen, aftreden ★ ~
into oneself teruggetrokken zijn / leven, tot zichzelf
inkeren ★ he has ~d as chairman hij heeft zich
teruggetrokken als voorzitter ❸ zijn pensioen
nemen, met pensioen gaan, uit de zaken gaan, stil
gaan leven ★ he's due to ~ from teaching soon hij
gaat binnenkort ophouden met lesgeven

retired [rɪ'taɪəd] bn ❶ teruggetrokken, stillevend ★ we
lead a fairly ~ lifestyle we hebben een nogal
teruggetrokken manier van leven ❷ rentenierend,
gepensioneerd

retired allowance [rɪ'taɪəd ə'laʊəns] znw pensioen

retiree [rɪtaɪə'ri:] znw gepensioneerde

retirement [rɪ'taɪəmənt] znw ❶ teruggetrokkenheid,
afzondering, eenzaamheid ❷ aftreden, ontslag,
pensionering

retirement benefits [rɪ'taɪəmənt 'benɪfɪts] znw [mv]
→ retirement pension

retirement home [rɪ'taɪəmənt həʊm] znw
bejaardenwoning

retirement pension [rɪ'taɪəmənt 'penʃ(ə)n],
retirement benefits znw ouderdomspensioen, AOW

retiring [rɪ'taɪərɪŋ] bn ❶ terughoudend, bescheiden,
onopvallend ❷ terugtrekkend, aftredend,
teruggetrokken

retiring age [rɪ'taɪərɪŋ eɪdʒ] znw pensioengerechtigde
leeftijd

retold ['ri:təʊld] ww [v.t. & v.d.] → retell

retool [ri:'tu:l] overg van nieuwe werktuigen of
machines voorzien

retort [rɪ'tɔːt] I znw ❶ vinnig antwoord ❷ retort,
distilleerkolf II overg vinnig antwoorden

retouch [ri:'tʌtʃ] I znw retouche, op-, bijwerking
II overg retoucheren, op-, bijwerken

retrace [rɪ'treɪs] overg (weer) nagaan, naspeuren ★ ~
one's steps op zijn schreden terugkeren

retract [rɪ'trækt] overg intrekken, terugtrekken,
herroepen

retractable [rɪ'træktəbl] bn intrekbaar, uitschuifbaar,
inklapbaar, opklapbaar

retractile [rɪ'træktaɪl] bn intrekbaar

retraction [rɪ'trækʃən] znw ❶ intrekking ❷ herroeping

re

retractor [rɪ'træktə] *znw* ❶ terugtrekker ❷ **retractor muscle** <u>med</u> retractor ‹spier›

retrain [ri:'treɪn] *overg* bijscholen, herscholen, omscholen

retraining [ri:'treɪnɪŋ] *znw* bijscholing, herscholing, omscholing

retread I *znw* ['ri:tred] band met nieuw loopvlak II *overg* [ri:'tred] vernieuwen ‹banden›, coveren

retreat [rɪ'tri:t] I *znw* ❶ terug-, aftocht, sein tot de aftocht ★ *one's line of* ~ zijn terugtrekroute ★ *beat a* ~ wegtrekken, de aftocht blazen ★ *make good one's* ~ weten te ontkomen ★ *sound the* ~ de aftocht blazen ❷ terugtreding ❸ <u>mil</u> taptoe ❹ RK retraite, afzondering ★ *hold a* ~ retraite houden ❺ wijkplaats, schuilplaats, rustoord, buitenhuis ❻ asiel II *overg* terugzetten ‹bij schaken› III *onoverg* ❶ (zich) terugtrekken ❷ (terug)wijken

retrench [rɪ'trentʃ] I *overg* ❶ weg-, afsnijden, besnoeien, in-, beperken ❷ ontslaan wegens bezuiniging ❸ <u>mil</u> verschansen II *onoverg* beperken, zich inkrimpen, bezuinigen

retrenchment [rɪ'trentʃmənt] *znw* ❶ weg-, afsnijding, besnoeiing, in-, beperking ❷ bezuiniging ❸ <u>mil</u> verschansing, retranchement

retrial [ri:'traɪəl] *znw* nieuw onderzoek, nieuwe rechtszitting

retribution [retrɪ'bju:ʃən] *znw* vergelding, beloning ★ *in* ~ *for* als straf voor ★ *be out for* ~ uit zijn op vergelding

retributive [rɪ'trɪbjʊtɪv] *bn* vergeldend

retrievable [rɪ'tri:vəbl] *bn* ❶ terug te vinden, opvraagbaar ❷ weer goed te maken, herstelbaar

retrieval [rɪ'tri:vəl] *znw* ❶ het terugvinden ❷ redding, herstel ❸ <u>comput</u> retrieval ‹opzoeken en zichtbaar maken van informatie›

retrieve [rɪ'tri:v] I *znw* herstel ★ *beyond* ~ onherstelbaar II *overg* ❶ terugvinden, herwinnen, redden (uit *from*) ❷ weer goedmaken, herstellen ❸ apporteren ‹v. hond› ❹ <u>comput</u> ophalen, opzoeken (en zichtbaar maken) van informatie

retriever [rɪ'tri:və] *znw* retriever, jachthond

retro ['retrəʊ] I *bn* retro- ‹teruggrijpend op een stijl of mode uit het nabije verleden› II *znw* ❶ retro ‹stijl of mode die teruggrijpt op een stijl of mode uit het nabije verleden› ❷ → **retrospective exhibition**

retro- ['retrəʊ] *voorv* retro-, terug-

retroaction [retrəʊ'ækʃən] *znw* terugwerking

retroactive [retrəʊ'æktɪv] *bn* terugwerkend, met terugwerkende kracht

retroactively [retrəʊ'æktɪvlɪ] *bn* met terugwerkende kracht

retrocession [retrəʊ'seʃən] <u>form</u> *znw* ❶ teruggang ❷ teruggave, wederafstand

retrofit ['retrəʊfɪt] I *znw* het aanbrengen van nieuwe onderdelen II *overg* nieuwe onderdelen aanbrengen ‹in oudere modellen›

retrogradation [retrəʊɡrə'deɪʃən], **retrogression** <u>astron</u> *znw* ❶ teruggang, terugwijking

❷ achteruitgang

retrograde ['retrəɡreɪd] *bn* ❶ <u>astron</u> & <u>astrol</u> achteruitgaand, teruggaand, achterwaarts ★ *a* ~ *step* een stap achteruit ❷ reactionair ❸ retrograde ‹woordenboek &› ★ *in* ~ *order* van achter naar voren

retrogress [retrə'ɡres] <u>form</u> *onoverg* achteruitgaan

retrogression [retrə'ɡreʃən] <u>form</u> *znw* ❶ teruggang, achteruitgang ❷ → <u>astron</u> **retrogradation**

retrogressive [retrəʊ'ɡresɪv] <u>form</u> *bn* teruggaand, achteruitgaand

retrorocket ['retrəʊrɒkɪt] *znw* remraket

retrospect ['retrəspekt] *znw* terugblik, overzicht ★ *in* ~ terugblikkend, achteraf

retrospection [retrə'spektʃən] *znw* terugzien, terugblik ★ *in* ~ terugblikkend

retrospective [retrə'spektɪv] I *bn* ❶ terugziend, retrospectief ★ *a* ~ *view* een terugblik ❷ terugwerkend II *znw* → **retrospective exhibition**

retrospective effect [retrə'spektɪv ɪ'fekt] *znw* terugwerkende kracht

retrospective exhibition [retrə'spektɪv eksɪ'bɪʃən], **retrospective**, <u>inf</u> **retro** *znw* retrospectieve tentoonstelling, retrospectief, overzichtstentoonstelling

retrospectively [retrə'spektɪvlɪ] *bijw* ❶ terugblikkend, achteraf ❷ terugwerkend

retroussé [rə'tru:seɪ] ‹*Fr*› *bn* ★ *a* ~ *nose* een wipneus

retrovirus ['retrəʊvaɪərəs] *znw* retrovirus

retsina [ret'si:nə, 'retsɪnə] *znw* retsina ‹Griekse harswijn›

return [rɪ'tɜ:n] I *bn* ❶ terug- ★ *the* ~ *journey* de terugreis ❷ retour- ★ *the* ~ *address* het retouradres ★ *the* ~ *date* de retourdatum II *znw* ❶ terugkeer, terugkomst, thuiskomst ★ *many happy* ~*s (of the day)* nog vele jaren ★ <u>fig</u> *pass the point of no* ~ niet meer terug kunnen ❷ terugweg, terugreis ❸ terug-, retourzending, teruggave ★ *post by* ~ *(of post)* per omgaande ❹ vergelding, beloning, tegenprestatie ★ *as a* ~ *for* ter vergelding van, tot dank voor ★ *in* ~ *for* in ruil voor, als vergelding voor, voor ❺ opbrengst, winst ❻ antwoord ❼ opgave, aangifte ‹v.d. belasting› ★ *a joint* ~ een belastingaangifte van het gezamenlijke inkomen van een echtpaar ★ <u>belastingen</u> *a provisional* ~ een voorlopige aangifte ❽ verslag, officieel rapport, statistiek & ❾ verkiezing (tot lid van het parlement) ❿ <u>sp</u> return, terugslag ‹tennis› ⓫ return(match) ⓬ return ‹bij tekstverwerking› ⓭ → **return ticket** III *overg* ❶ teruggeven, terugzenden, retourneren, (weer) inleveren, terugbrengen, terugzetten & ★ ~ *a profit* winst opleveren ❷ terugbetalen, betaald zetten, vergelden ★ ~ *like for like* met gelijke munt betalen ❸ beantwoorden ★ ~ *sbd's thanks* zijn dank betuigen, iem. danken ★ ~ *a visit* een bezoek beantwoorden (met een tegenbezoek) ❹ officieel opgeven ❺ afvaardigen, kiezen ‹vertegenwoordigers› ❻ uitbrengen ★ <u>jur</u> ~ *a verdict* een uitspraak doen ❼ geven ‹antwoord›

❽ terugslaan ‹bij tennis› **IV** *onoverg* ❶ terugkomen, terugkeren, teruggaan, wederkeren ❷ antwoorden

returnable [rɪ'tɜːnəbl] *bn* ❶ dat teruggegeven kan worden ❷ in te leveren (aan *to*)

return crease [rɪ'tɜːn kriːs] *cricket znw* zijlijn van het gebied waarbinnen de bowler moet blijven tijdens het bowlen

returnee [rɪ'tɜːniː] *znw* ❶ repatriant ❷ herintreder

return game [rɪ'tɜːn geɪm] *znw* → **return match**

returning officer [rɪ'tɜːnɪŋ 'ɒfɪsə] *znw* voorzitter van het stembureau bij verkiezing

return key [rɪ'tɜːn kiː] *comput znw* returntoets, entertoets ‹op toetsenbord›

return match [rɪ'tɜːn mætʃ], **return game** *znw* revanchepartij, returnwedstrijd

returns [rɪ'tɜːnz] *znw* [mv] ❶ statistiek, cijfers ★ *the annual* ~ de jaarcijfers ❷ omzet ★ *the net* ~ het nettorendement

return ticket [rɪ'tɜːn 'tɪkɪt], **return** *znw* retourkaartje

return visit [rɪ'tɜːn 'vɪzɪt] *znw* tegenbezoek

reunification ['riːjuːnɪfɪ'keɪʃən] *znw* hereniging ‹v. Duitsland &›

reunion [riː'juːnjən] *znw* ❶ hereniging ❷ bijeenkomst, reünie

reunite [riːjuː'naɪt] **I** *overg* opnieuw verenigen, herenigen **II** *onoverg* zich verenigen, weer bijeenkomen

reupholster [riːʌp'həʊlstə] *overg* opnieuw bekleden ‹meubels›

reuse [riː'juːz] *overg* hergebruiken

rev [rev] **I** *znw* inf toer ‹v. motor› **II** *overg* op volle toeren laten komen (~ *up*) **III** *onoverg* op volle toeren komen

Rev., **Revd** *afk* (Reverend) eerwaarde, dominee, ds.

revaccinate ['riː'væksɪneɪt] *overg* herinenten

revaluation [revælju:'eɪʃən] *znw* ❶ herschatting, hertaxering ❷ op-, herwaardering, revaluatie

revalue [riː'vælju:] *overg* ❶ herschatten, opnieuw taxeren ❷ op-, herwaarderen, revalueren

revamp [riː'væmp] *overg* oplappen, opknappen, restaureren, moderniseren, reorganiseren

rev counter [rev 'kaʊntə] *znw* toerenteller

Revd *afk* → **Rev.**

reveal [rɪ'viːl] *overg* openbaren, bekendmaken, onthullen, doen zien, tonen, aan het licht brengen

revealing [rɪ'viːlɪŋ] *bn* ❶ veelzeggend ❷ gewaagd, bloot ‹jurk›

revegetate [riː'vedʒɪteɪt] *overg* herbeplanten, opnieuw inzaaien, opnieuw laten begroeien

reveille [rɪ'vælɪ] *znw* reveille

revel ['revəl] **I** *znw* braspartij, feestelijkheid **II** *onoverg* ❶ brassen, zwelgen ★ ~ *in sth* zwelgen in iets, genieten van iets ❷ zwieren

revelation [revə'leɪʃən] *znw* openbaring, onthulling ★ bijbel *Revelation* Openbaringen

reveller ['revələ], **Am reveler** *znw* brasser, pretmaker

revelry ['revəlrɪ] *znw* ❶ braspartij, brasserij, gezwier ❷ feestvreugde

revenge [rɪ'vendʒ] **I** *znw* ❶ wraak, wraakneming, wraakzucht ★ *in* ~ *for* uit wraak over ★ *zegsw* ~ *is sweet* wraak is zoet ❷ revanche ★ *have (take) one's* ~ revanche nemen **II** *overg* wreken ★ *be* ~*d on sbd* zich wreken of wraak nemen op iem. **III** *wederk* ★ *dicht* ~ *oneself on sbd* zich wreken op iem.

revengeful [rɪ'vendʒfʊl] *bn* wraakzuchtig

revenger [rɪ'vendʒə] *znw* wreker

revenue ['revənjuː] *znw* inkomsten

revenue officer ['revənjuː 'ɒfɪsə] *znw* douanebeambte

revenue tariff ['revənjuː 'tærɪf] *znw* belastingtarief, douanetarief

reverberant [rɪ'vɜːbərənt] *bn* ❶ weerkaatsend ❷ weergalmend

reverberate [rɪ'vɜːbəreɪt] *onoverg* ❶ weerkaatst worden ❷ weergalmen ❸ een doorgaand effect hebben

reverberation [rɪvɜːbə'reɪʃən] *znw* ❶ weer-, terugkaatsing ❷ reverbereren

reverberator [rɪ'vɜːbəreɪtə] *znw* reflector, reverberator

reverberatory [rɪ'vɜːbərətərɪ] *bn* weer-, terugkaatsend

revere [rɪ'vɪə] *overg* eren, vereren, eerbiedig opzien tot ★ *he is* ~*d for his courage* hij wordt geëerd om zijn moed

reverence ['revərəns] *znw* ❶ eerbied, ontzag, verering ★ *hold sbd / sth in* ~ iem. / iets (ver)eren ★ *plechtig of scherts your* ~ eerwaarde ❷ piëteit

reverend ['revərənd] **I** *bn* eerwaarde, eerwaardig **II** *znw* inf dominee

reverent ['revərənt] *bn* eerbiedig, onderdanig

reverential [revə'renʃəl] *bn* eerbiedig

reverie ['revərɪ] *znw* ❶ mijmering ❷ rêverie ‹dromerig muziekstuk›

revers [rɪ'vɪə] *znw* [mv: ~] revers, omslag

reversal [rɪ'vɜːsəl] *znw* ❶ omkering, ommekeer, kentering ★ *a* ~ *of fortunes* een omkering van het lot, het keren van de kansen ❷ techn omzetting ‹v. machine› ❸ jur herroeping, vernietiging, cassatie

reverse [rɪ'vɜːs] **I** *bn* ❶ omgekeerd, tegengesteld ❷ tegen- ★ *the* ~ *side* de keerzijde, achterkant **II** *znw* ❶ omgekeerde, tegengestelde, tegendeel ★ *in* ~ *(order)* in omgekeerde richting / orde ❷ keerzijde, achterkant ❸ tegenslag, tegenspoed ❹ nederlaag ❺ → **reverse gear** ★ *go into* ~ achteruitgaan, in de achteruitversnelling zetten **III** *overg* ❶ omkeren ★ mil ~ *arms* het geweer met de kolf naar boven keren ★ telec ~ *the charges* de opgeroepene de gesprekskosten laten betalen ★ ~ *the car* achteruitrijden ★ ~ *a policy* een heel andere politiek gaan volgen ❷ techn omgooien ‹v. machine›, omzetten, omschakelen ❸ jur vernietigen, casseren ‹vonnis› **IV** *onoverg* achteruitgaan, -rijden

reverse discrimination [rɪ'vɜːs dɪskrɪmɪ'neɪʃən] *znw* positieve discriminatie

reverse engineering [rɪ'vɜːs endʒɪ'nɪərɪŋ] *znw* het namaken van een product op basis van nauwkeurige bestudering van het origineel

reverse gear [rɪ'vɜːs gɪə], **reverse** *auto znw* achteruit

re

‹versnelling›

reversely [rɪˈvɜ:slɪ] *bijw* omgekeerd

reverser [rɪˈvɜ:sə] *znw* stroomwisselaar

reversible [rɪˈvɜ:səbl] *bn* omkeerbaar, omgekeerd & kunnende worden, omkeer-‹film &› ★ *a* ~ *coat* een aan twee kanten draagbare jas

reversing light [rɪˈvɜ:sɪŋ laɪt] *znw* achteruitrijlamp, achteruitrijlicht

reversion [rɪˈvɜ:ʃən] *znw* ❶ terugvalling ‹v. erfgoed› ❷ jur recht van opvolging ❸ terugkeer ❹ atavisme ★ ~ *to type* atavisme

reversionary [rɪˈvɜ:ʃənərɪ] *bn* ❶ terugvallend ❷ atavistisch

revert [rɪˈvɜ:t] *onoverg* terugvallen, terugkeren, terugkomen (op *to*)

revet [rɪˈvet] *overg* bekleden ‹v. muren & ter versterking›

revetment [rɪˈvetmənt] *znw* bekleding(smuur), damwand

review [rɪˈvju:] **I** *znw* ❶ herziening, revisie, beoordeling ★ *the period under* ~ het hier beschouwde tijdperk ★ *get / receive a* ~ beoordeeld worden ❷ terugblik, overzicht ★ *a quarterly* ~ kwartaaloverzicht ❸ mil wapenschouwing, parade, revue, inspectie ★ *pass in* ~ mil parade laten maken, fig de revue laten passeren ❹ recensie, boekbeoordeling, bespreking ★ *a critical* ~ een kritische recensie ★ *a performance* ~ functioneringsbeoordeling ❺ revue, tijdschrift **II** *overg* ❶ overzien ❷ de revue laten passeren ❸ terugzien op, in ogenschouw nemen ❹ bespreken, beoordelen, recenseren ❺ mil inspecteren ❻ herzien

review copy [rɪˈvju: ˈkɒpɪ] *znw* recensie-exemplaar

reviewer [rɪˈvju:ə] *znw* recensent

revile [rɪˈvaɪl] *overg* smaden, beschimpen

revilement [rɪˈvaɪlmənt] *znw* smaad, beschimping

revise [rɪˈvaɪz] **I** *znw* ❶ revisie ‹v. drukproef› ❷ herziening ❸ herziene uitgave **II** *overg* ❶ nazien, corrigeren ❷ herzien ❸ Br studeren ‹voor examen &›

revised edition [rɪˈvaɪzd ɪˈdɪʃən] *znw* herziene uitgave

reviser [rɪˈvaɪzə] *znw* ❶ herziener ❷ corrector

revision [rɪˈvɪʒən] *znw* ❶ herziening, revisie ❷ herziene uitgave

revisionism [rɪˈvɪʒənɪzəm] *znw* revisionisme ‹filosofie die zich richt op herziening, met name binnen het marxisme›

revisionist [rɪˈvɪʒənɪst] **I** *bn* revisionistisch **II** *znw* revisionist

revisit [ˈriːˈvɪzɪt] *overg* weer, opnieuw bezoeken

revitalize [riːˈvaɪtəlaɪz], **revitalise** *overg* revitaliseren, nieuw leven inblazen

revival [rɪˈvaɪvəl] *znw* ❶ herleving, wederopleving ❷ herstel ❸ (godsdienstig) reveil, opwekking(sbeweging) ❹ reprise ‹v. toneelstuk›

revivalism [rɪˈvaɪvəlɪzm] *znw* ❶ (godsdienstige) revivalbeweging ❷ wens tot, actie voor

(godsdienstige) opleving

revive [rɪˈvaɪv] **I** *overg* ❶ doen herleven ❷ weer opwekken, weer doen opleven, aanwakkeren ★ ~ *old differences* oude koeien uit de sloot halen ❸ opkleuren, ophalen ❹ oprakelen ❺ weer opvoeren / vertonen ❻ in ere herstellen ‹gebruik› **II** *onoverg* ❶ herleven, weer opleven, weer bekomen ❷ weer aanwakkeren

reviver [rɪˈvaɪvə] *inf znw* hartversterking

revivification [rɪvɪvɪfɪˈkeɪʃən] *znw* wederopleving, wederopwekking

revivify [rɪˈvɪvɪfaɪ] *overg* weer levend maken, weer doen opleven

revocable [ˈrevəkəbl] *bn* herroepbaar

revocation [revəˈkeɪʃən] *znw* ❶ herroeping ❷ intrekking

revoke [rɪˈvəʊk] **I** *overg* ❶ herroepen ❷ intrekken **II** *onoverg* niet bekennen ‹bij het kaarten›, verzaken, renonceren

revolt [rɪˈvəʊlt] **I** *znw* oproer, opstand ★ *rise in* ~ opstaan, in opstand komen **II** *overg* doen walgen **III** *onoverg* opstaan, in opstand komen (tegen *against / at / from*)

revolter [rɪˈvəʊltə] *znw* oproerling, opstandeling

revolting [rɪˈvəʊltɪŋ] *bn* weerzinwekkend, stuitend, walgelijk, onsmakelijk ★ *spitting is a* ~ *habit* spugen is een onsmakelijke gewoonte

revolution [revəˈlu:ʃən] *znw* ❶ omloop, omwenteling ❷ omwenteling, revolutie ❸ techn toer, slag

revolutionary [revəˈlu:ʃənərɪ] *bn & znw* revolutionair

revolutionize [revəˈlu:ʃənaɪz], **revolutionise** *overg* een omwenteling bewerken, een ommekeer teweegbrengen in, revolutioneren

revolve [rɪˈvɒlv] **I** *overg* ❶ omwentelen, (om)draaien ❷ laten rondgaan, overdenken ★ *he ~d the matter around in his mind* hij liet de kwestie in zijn hoofd rondgaan, hij overdacht de kwestie zorgvuldig **II** *onoverg* (zich) wentelen, draaien ★ ~ *around / round sbd / sth* draaien om iem. / iets ★ *he thinks the whole world ~s around him* hij denkt dat de hele wereld om hem draait

revolver [rɪˈvɒlvə] *znw* revolver

revolving [rɪˈvɒlvɪŋ] *bn* draaiend, draai-

revolving credit [rɪˈvɒlvɪŋ ˈkredɪt] *znw* roulerend krediet

revolving door [rɪˈvɒlvɪŋ dɔ:] *znw* draaideur

revolving stage [rɪˈvɒlvɪŋ steɪdʒ] *znw* draaitoneel

revue [rɪˈvju:] *znw* revue ‹toneel›

revulsion [rɪˈvʌlʃən] *znw* weerzin, walging, afkeer

reward [rɪˈwɔ:d] **I** *znw* ❶ beloning, vergelding ❷ loon **II** *overg* belonen, vergelden

rewarding [rɪˈwɔ:dɪŋ] *bn* (de moeite) lonend, bevredigend, geslaagd

rewind [ri:ˈwaɪnd] *overg* terugspoelen

rewire [ri:ˈwaɪə] *overg* opnieuw bedraden, nieuwe (elektrische) bedrading aanleggen in

reword [ri:ˈwɜ:d] *overg* anders formuleren

rework [ri:ˈwɜ:k] *overg* bewerken (van bv. een

muziekstuk)

rewrite I *znw* ['ri:raɪt] herschrijving, omwerking **II** *overg* [ri:'raɪt] ❶ nog eens schrijven ❷ herschrijven, omwerken

Rex [reks] *znw* ❶ Rex ❷ regerende vorst ❸ <u>jur</u> de Kroon ‹als partij in een rechtzaak›

r.f. *afk* (radio frequency) radiofrequentie

rhapsodic [ræp'sɒdɪk] *bn* ❶ rapsodisch ❷ extatisch

rhapsodize ['ræpsədaɪz], **rhapsodise** *onoverg* ★ ~ *about / over sbd / sth* verrukt zijn van iem. / iets, dwepen met iem. / iets

rhapsody ['ræpsədɪ] *znw* ❶ rapsodie ❷ ± lofzang

Rhenish ['ri:nɪʃ] **I** *bn* Rijns, Rijn- **II** *znw* rijnwijn

rheostat ['rɪəʊstæt] <u>elektr</u> *znw* reostaat, regelbare weerstand

rhesus baby ['ri:səs 'beɪbɪ] *znw* resusbaby

rhesus factor ['ri:səs 'fæktə], **Rh factor** *znw* resusfactor

rhesus monkey ['ri:səs 'mʌŋkɪ] *znw* resusaap

rhesus negative ['ri:səs 'negətɪv] *bn* resusnegatief

rhesus positive ['ri:səs 'pɒzɪtɪv] *bn* resuspositief

rhetoric ['retərɪk] *znw* ❶ retorica, redekunst ❷ afkeurend holle retoriek, (louter) declamatie

rhetorical [rɪ'tɒrɪkl] *bn* ❶ retorisch ❷ effectvol

rhetorical question [rɪ'tɒrɪkl 'kwestʃən] *znw* retorische vraag

rhetorician [retə'rɪʃən] *znw* ❶ redenaar ❷ retor

rheumatic [ru:'mætɪk] **I** *bn* reumatisch **II** *znw* lijder aan reumatiek

rheumatic fever [ru:'mætɪk 'fi:və] <u>med</u> *znw* acute reuma

rheumaticky [ru:'mætɪkɪ] <u>inf</u> *bn* reumatisch

rheumatics [ru:'mætɪks] <u>inf</u> *znw* reumatiek

rheumatism ['ru:mætɪzəm] *znw* reumatiek

rheumatoid ['ru:mətɔɪd] *bn* reumatisch

rheumatoid arthritis ['ru:mətɔɪd ɑ:'θraɪtɪs] <u>med</u> *znw* gewrichtsreumatiek

rheumy ['ru:mɪ] *bn* ❶ vochtig, kil, klam ❷ druipend, leep ‹v. oog›

Rh factor ['ri:nʃ 'fæktə] *znw* → **rhesus factor**

Rhine [raɪn] *znw* (de) Rijn

rhinestone ['raɪnstəʊn] *znw* ❶ soort bergkristal ❷ rijnsteen ‹als sieraad›

rhinoceros [raɪ'nɒsərəs], <u>inf</u> **rhino** *znw* [*mv*: ~ *of* -es] neushoorn

rhizome ['raɪzəʊm] <u>plantk</u> *znw* wortelstok

Rhodesian [rəʊ'di:zɪən] **I** *bn* Rhodesisch **II** *znw* Rhodesiër, Rhodesische

Rhodesian ridgeback [rəʊ'di:zɪən 'rɪdʒbæk] *znw* Rhodesische draadhaar ‹soort hond›

rhododendron [rəʊdə'dendrən] *znw* rododendron

rhombic ['rɒmbɪk] *bn* ❶ <u>meetk</u> ruitvormig ❷ rombisch ‹v. kristallen›

rhomboid ['rɒmbɔɪd] *znw* parallellogram

rhombus ['rɒmbəs] <u>meetk</u> *znw* [*mv*: rhombi *of* -es] ruit

rhubarb ['ru:bɑ:b] *znw* rabarber

rhumb [rʌm], **rhumb line** *znw* ❶ loxodroom ❷ kompasstreek

rhumba ['rʌmbə] *znw* → **rumba**

rhyme [raɪm] **I** *znw* ❶ rijm ★ *without* ~ *or reason* zonder reden ❷ rijmpje, poëzie, verzen ★ *a* ~ *about sheep* een versje over schapen ★ *make up a* ~ een rijmpje verzinnen **II** *overg* (be)rijmen, laten rijmen ★ ~ *sth with sth* iets doen rijmen met iets **III** *onoverg* rijmen (op *with*)

rhymer [raɪmə] *znw* rijmelaar, rijmer

rhyming slang ['raɪmɪn slæŋ] *znw* komisch Engels jargon dat berust op rijm

rhythm ['rɪðəm] *znw* ritme, maat

rhythm and blues ['rɪðəm ən 'blu:z], **R & B** *znw* rhythm and blues, R en B

rhythm guitar ['rɪðəm gɪ'tɑ:] *znw* ritmegitaar

rhythmic ['rɪðmɪk] *bn* ritmisch

rhythm method ['rɪðəm 'meθəd] *znw* periodieke onthouding, kalendermethode ‹contraceptiemethode›

rhythm section ['rɪðəm 'sekʃən] *znw* ritmesectie

rial ['raɪəl], **riyal** *znw* riyal ‹munteenheid van Oman en Iran›

rib [rɪb] **I** *znw* ❶ rib, ribbe, rib(be)stuk ★ *a floating* ~ een zwevende rib ★ *dig / poke sbd in the* ~*s* iem. een por in de ribben geven ❷ ribbel, richel ❸ nerf ❹ balein ‹v. paraplu› **II** *overg* <u>inf</u> plagen ★ *he's often* ~*bed about his height* hij wordt vaak geplaagd met zijn lengte

ribald ['rɪbld] *bn* ❶ vuil ❷ schunnig, schuin ‹mop› ❸ ruw, spottend, oneerbiedig, lasterlijk, schaamteloos

ribaldry ['rɪbəldrɪ] *znw* ❶ vuile taal, vuilbekkerij ❷ schaamteloze spot

ribbed [rɪbd] *bn* geribbeld, geribd, rib-

ribbing ['rɪbɪŋ] *znw* ❶ ribbeling, ribpatroon ❷ plagerij ★ *give sbd a* ~ iem. plagen

ribbon ['rɪbən] *znw* ❶ lint, band, strook ★ *in* ~*s* aan flarden (gescheurd) ★ *cut / tear sbd into / to* ~*s* iem. in de pan hakken ★ *cut / tear sth into / to* ~*s* iets helemaal vernielen

ribbon development ['rɪbən dɪ'veləpmənt] *znw* lintbebouwing

ribcage ['rɪbkeɪdʒ] <u>anat</u> *znw* ribbenkast

riboflavin [raɪbəʊ'fleɪvɪn] *znw* riboflavine

rib-tickling ['rɪb-tɪklɪŋ] <u>inf</u> *bn* erg grappig

rice [raɪs] *znw* rijst

rice bowl [raɪs bəʊl] *znw* ❶ rijstkom ❷ rijstgebied

rice paddy [raɪs 'pædɪ] *znw* rijstveld

rice paper [raɪs 'peɪpə] *znw* ouwel, rijstpapier

rice pudding [raɪs 'pʊdɪŋ] *znw* rijstebrij, rijstpudding

rich [rɪtʃ] *bn* ❶ rijk ★ ~ *in sth* rijk aan iets ‹grondstoffen, mineralen &› ★ *strike it* ~ rijk worden ❷ overvloedig ❸ machtig ‹voedsel› ❹ klankrijk, vol ‹stem› ❺ <u>inf</u> heel amusant, grandioos ★ *that's a bit* ~, *coming from him!* dat moet hij nodig zeggen!

riches ['rɪtʃɪz] *znw* [*mv*] rijkdom ★ *from rags to* ~ van arm rijk ‹geworden›

richly ['rɪtʃlɪ] *bijw* rijk(elijk), ten volle ★ *the praise was* ~ *deserved* de lof was ten volle verdiend

richness ['rɪtʃnəs] *znw* ❶ rijkdom ❷ rijkheid

ri

❸ machtigheid ❹ overvloed
Richter scale ['rɪktəskeɪl] *znw* schaal van Richter
⟨sterkte van aardbevingen⟩
rick [rɪk] **I** *znw* ❶ hooiberg ❷ verrekking, verstuiking
II *overg* ❶ ophopen ❷ verrekken, verdraaien,
verstuiken ⟨v. enkel &⟩
rickets ['rɪkɪts] med *znw* [mv] rachitis, Engelse ziekte
rickety ['rɪkətɪ] *bn* ❶ med rachitisch ❷ waggelend,
wankel, wrak, zwak
rickshaw ['rɪkʃɔ:], **ricksha** *znw* riksja
ricochet ['rɪkəʃeɪ] **I** *znw* ricochetschot, afkaatsing
II *onoverg* ricocheren, opstuiten, afketsen ★ *the
bullet ~ed off the wall* de kogel ketste af van de muur
rid [rɪd] *overg* [rid, rid] bevrijden, ontdoen, verlossen
(van *of*) ★ *~ oneself of sbd / sth, be ~ of sbd / sth* bevrijd
(af) zijn van iem. / iets ★ *get ~ of sbd* zich ontdoen
van iem., iem. lozen, afkomen van iem. ★ *get ~ of
sth* zich ontdoen van iets, iets lozen, kwijtraken,
afkomen van iets
riddance ['rɪdns] inf *znw* ★ *good ~ (to bad rubbish)*
opgeruimd staat netjes
ridden ['rɪdn] *ww* [v.d.] → **ride**
-ridden ['rɪdn] *achterv* vol van, beheerst door,
slachtoffer van ★ *drought~* geplaagd door droogte
★ *guilt~* beheerst door schuldgevoelens
riddle ['rɪdl] **I** *znw* ❶ raadsel ★ *speak in ~s* in raadselen
spreken ❷ grove zeef **II** *overg* ❶ ziften ❷ doorzéven,
doorboren
riddled ['rɪdld] *bn* vol, bezaaid ★ *the bedclothes were ~
with lice* het beddengoed zat vol met luizen
riddling ['rɪdlɪŋ] *bn* raadselachtig
ride [raɪd] **I** *znw* ❶ rit ★ inf afkeurend *be / go along for
the ~* voor de lol meegaan, meeliften ⟨zonder zelf
een bijdrage te leveren⟩ ★ *go for a ~* een ritje gaan
maken ★ inf *take sbd for a ~* iem. voor de gek
houden ❷ zijpad ⟨in bos⟩ **II** *overg* [rode, ridden]
❶ berijden, rijden op ★ *~ the clutch* met de
koppeling ingedrukt rijden ★ Am inf *~ herd on sth*
iets nauwlettend in de gaten houden ★ Can inf *~ the
rods / rails* clandestien meeliften met een
goederentrein ★ Am inf *~ shotgun (over sbd / sth)*
(iem. / iets) bewaken ❷ door-, afrijden ⟨een land⟩
❸ laten rijden ❹ regeren, kwellen **III** *onoverg* [rode,
ridden] ❶ rijden (in *in*) ★ *~ high* succes hebben ★ *~
roughshod over sbd / sth* iem / iets platwalsen, zijn
eigen plannen doordrukken ten koste van iem. / iets
★ inf *~ for a fall* roekeloos doen, zijn ondergang
tegemoet snellen ❷ drijven ★ scheepv *~ at anchor*
voor anker liggen **IV** *phras* ★ *~ sbd* **down** iem.
omverrijden ★ *~* on *sth* afhankelijk zijn van het
succes van iets ★ *~ sth* **out** iets heelhuids
doorkomen, overleven ★ *~* **up** opkruipen ⟨v. jurk⟩
rider ['raɪdə] *znw* ❶ (be)rijder, ruiter ❷ allonge,
toegevoegde clausule, toegevoegd beding,
toegevoegde overweging, toevoeging
ridge [rɪdʒ] **I** *znw* ❶ (berg-, heuvel)rug, kam ❷ nok,
vorst ❸ rand **II** *overg* ribbelen, rimpelen
ridged [rɪdʒd] *bn* ❶ kamvormig ❷ ribbelig

ridge pole [rɪdʒ pəʊl] bouwk *znw* nokbalk
ridgeway ['rɪdʒweɪ] *znw* weg over een heuvelrug
ridgy ['rɪdʒɪ] *bn* ❶ ribbelig ❷ heuvelachtig
ridicule ['rɪdɪkju:l] **I** *znw* spot, bespotting ★ *a object
of ~* het onderwerp van spot ★ *expose sbd to ~* iem.
belachelijk maken, iem. blootstellen aan spot ★ *hold
sbd up to ~* iem. belachelijk maken **II** *overg*
belachelijk maken, bespotten
ridiculous [rɪ'dɪkjʊləs] *bn* belachelijk, bespottelijk
riding ['raɪdɪŋ] *znw* (paard)rijden
riding crop ['raɪdɪŋ krɒp] *znw* rijzweepje
riding habit ['raɪdɪŋ 'hæbɪt] *znw* damesrijkostuum
riding master ['raɪdɪŋ 'mɑ:stə] *znw* pikeur
riding school ['raɪdɪŋ sku:l] *znw* rijschool, manege
rife [raɪf] *bn* algemeen, heersend ⟨van ziekten⟩ ★ *be ~
with sth* wemelen van iets, vol zijn van iets
riffle ['rɪfəl] *overg* snel doorsnuffelen, doorbladeren (~
through)
riff-raff ['rɪfræf] *znw* ❶ uitschot ❷ schorem
rifle ['raɪfəl] **I** *znw* geweer (met getrokken loop), buks
II *overg* ❶ plunderen, leeghalen, wegroven
❷ doorzoeken **III** *onoverg* ★ *~ through sth* iets
doorsnuffelen, doorzoeken
rifleman ['raɪfəlmən] *znw* ❶ scherpschutter ❷ mil
jager
rifle range ['raɪfəl reɪndʒ] *znw* schietbaan
rifle shot ['raɪfəl ʃɒt] *znw* ❶ geweerschot ❷ goede
schutter
rift [rɪft] *znw* ❶ kloof, spleet, scheur ❷ fig tweedracht,
onenigheid ★ *a marital ~* echtelijke tweedracht
rift valley [rɪft 'vælɪ] *znw* slenkvallei
rig [rɪg] **I** *znw* ❶ scheepv tuig, takelage ❷ toestel,
apparaat ❸ boorinstallatie, booreiland ❹ uitrusting,
plunje **II** *overg* ❶ (op)tuigen ❷ inrichten, uitrusten,
in elkaar zetten ❸ knoeien met, sjoemelen met ★ *~
the market* de markt naar zijn hand zetten, de
prijzen kunstmatig opdrijven **III** *phras* ★ *~ sbd* **out**
iem. op een bepaalde manier kleden, iem. uitdossen
★ inf *~ sth* **up** haastig optakelen, in elkaar flansen
rigged [rɪgd] *bn* ❶ opgetuigd ❷ frauduleus
rigging ['rɪgɪŋ] scheepv *znw* uitrusting, want, tuigage,
tuig, plunje
right [raɪt] **I** *bn* ❶ juist, goed, correct ★ *the ~ way
around / round* op de goeie manier, de goeie kant
op ★ *the ~ way up* de goeie kant naar boven ★ inf
too ~! inderdaad! ★ *did I get that ~?* heb ik dat goed
begrepen? ❷ in orde, normaal, gezond ★ Aus & NZ
inf *she'll be ~* het komt wel goed ★ *oh, all ~* vooruit
maar, goed, best, uitstekend ★ inf *as ~ as rain*
helemaal in orde, niets mankeren ★ *not in one's ~
mind* niet goed bij zijn hoofd / verstand ★ *I must get
that ~* ik moet dat in orde brengen ❸ juist, gepast,
geëigend ★ *the ~ stuff* de noodzakelijke kwaliteiten
★ *be on the ~ side of forty* nog geen veertig zijn ★ inf
get on the ~ side of sbd in de gunst komen bij iem.
❹ echt, waar, geschikt ★ *Mr Right* de ware Jakob
/ Jozef ★ Br inf *a ~ one* een grappig / dom persoon
★ Br gedat *the ~ sort* een geschikt / aardig iem. ★ inf

a bit of all ~ iets heel leuks, een lekker stuk
❺ rechtmatig, terecht, rechtvaardig, billijk ★ *you're quite* ~ je hebt helemaal gelijk ★ *you're* ~ *to ask / complain / protest &* je hebt gelijk dat je vraagt / klaagt / protesteert & **❻** rechter, rechts ★ *mil* ~ *turn!* rechtsom! **❼** loodrecht, van 90 graden **II** *bijw* **❶** recht, billijk, behoorlijk, geschikt ★ *do* ~ *by sbd* rechtvaardig handelen, rechtvaardig zijn, iets naar behoren of goed doen **❷** goed, wel, juist, in orde ★ *he'd do* ~ *to* hij doet er goed aan om ★ *put / set sth* ~ iets in orde brengen, herstellen, verbeteren, rechtzetten, gelijkzetten ‹klok› ★ inf ~ *enough* zeker, helemaal **❸** direct, onmiddellijk ★ ~ *away* op staande voet, dadelijk ★ ~ *now* direct ★ inf ~ *off* op staande voet, dadelijk **❹** versterkend juist, precies,vlak, vierkant, helemaal, zeer ★ ~ *against sth* precies tegen iets in ★ ~ *in* regelrecht naar binnen ★ inf ~ *on* absoluut juist, perfect ★ *be* ~ *behind sbd* helemaal achter iem. staan **❺** (naar) rechts **III** *znw* **❶** rechterhand, -kant ★ *on your* ~ aan uw rechterhand, rechts van u ★ *to the* ~ aan de rechterkant, (naar) rechts **❷** rechtervleugel ★ pol *the* ~ */ the Right* rechts, de conservatieven **❸** recht ★ *a vested* ~ een gevestigd recht, een verkregen recht, een onvoorwaardelijk recht ★ *by* ~ */ by* ~*s* eigenlijk ★ *by what* ~*?* met welk recht? ★ form *by* ~ *of* krachtens ★ *in one's own* ~ van zichzelf ★ *in its own* ~ op zichzelf (beschouwd), zonder meer, uiteraard ★ *be in the* ~ het bij het rechte eind hebben, gelijk hebben, het recht aan zijn zijde hebben, in zijn recht zijn ★ *be within one's* ~*s* in zijn recht staan ★ *have every* ~ alle recht hebben ★ *put sbd in the* ~ iem. in het gelijk stellen ▼ *put / set sth to* ~*s* iets in orde brengen (maken), iets verbeteren, herstellen **IV** *overg* **❶** rechtop / overeind zetten ★ ~ *itself* (vanzelf) weer in orde komen, zich oprichten **❷** verbeteren, in orde maken, herstellen **❸** recht doen, recht laten wedervaren ★ ~ *oneself* zich recht verschaffen **❹** scheepv midscheeps leggen ‹het roer›
right about [raɪt ə'baʊt] *bn* ★ ~ *turn / face* rechtsomkeert, ommezwaai ‹in beleid, tactiek &› ★ *execute a* ~ *turn* rechtsomkeert maken
right angle [raɪt 'æŋgl] *znw* rechte hoek
right-angled ['raɪtæŋgld] *bn* rechthoekig, een rechte hoek (90°) vormend
right-angled triangle ['raɪtæŋgld 'traɪæŋgl] *znw* rechthoekige driehoek
right bank [raɪt bæŋk] *znw* rechteroever
right brain [raɪt breɪn] *znw* rechter hersenhelft
righteous ['raɪtʃəs] *bn* rechtvaardig, gerecht, rechtschapen ★ *filled with* ~ *indignation* terecht zeer verontwaardigd
right field [raɪt fi:ld] *znw* rechterveld ‹in cricket›
rightful ['raɪtfʊl] *bn* **❶** rechtvaardig **❷** rechtmatig ★ *the* ~ *owner* de rechtmatige eigenaar
right-hand ['raɪt-hænd] *bn* **❶** aan de rechterhand geplaatst **❷** voor of met de rechterhand **❸** rechts
right-hand drive ['raɪt-hænd draɪv] *znw* met het stuur

aan de rechterkant ‹auto›
right-handed [raɪt'hændɪd] *bn* rechts(handig)
right-hander [raɪt'hændə] *znw* **❶** wie rechts(handig) is **❷** slag met de rechterhand
right-hand man ['raɪt-hænd mæn] *znw* onmisbare assistent, naaste medewerker, rechterhand
rightist ['raɪtɪst] pol **I** *bn* rechts **II** *znw* aanhanger van rechts
rightly ['raɪtlɪ] *bijw* **❶** rechtvaardig **❷** juist, goed ★ *I don't* ~ *know* ik weet het eigenlijk niet **❸** terecht ★ *he was angry, and* ~ *so* hij was boos en met recht
right-minded [raɪt'maɪndɪd], **right-thinking** *bn* weldenkend, rechtgeaard
rightmost ['raɪtməʊst] *bn* verst naar rechts
righto ['raɪtəʊ] inf *tsw* goed zo!
right of abode [raɪt əv ə'bəʊd] *znw* verblijfsrecht
right-of-centre [raɪt-əv-'sentə], Am **right-of-center** pol *bn* rechts van het midden
right of way [raɪt əv 'weɪ] *znw* **❶** voorrang **❷** recht van overpad, recht van doorgang
right on [raɪt ɒn] inf *bn* helemaal goed, perfect
rights [raɪts] *znw* [mv] **❶** rechten, (gerechtelijke) aanspraken ★ *exclusive* ~ exclusieve rechten, alleenrecht ★ jur *parental* ~ ouderlijk gezag ★ *personal* ~ persoonlijke rechten, relatieve rechten ★ *the* ~ *to the novel* de rechten van de roman **❷** handel claimrecht
rights issue [raɪts 'ɪʃu:] eff *znw* claimemissie
rights of man [raɪts əv 'mæn] *znw* [mv] rechten van de mens
right-wing [raɪt-'wɪŋ] **I** *bn* pol rechts, conservatief **II** *znw* sp & pol rechtervleugel
right-winger [raɪt-'wɪŋə] pol *znw* rechtse, lid van de rechtervleugel
rigid ['rɪdʒɪd] *bn* **❶** stijf, strak ★ ~ *with fear* verstijfd van angst **❷** (ge)streng, onbuigzaam, star
rigidity [rɪ'dʒɪdətɪ] *znw* **❶** stijfheid, strakheid **❷** (ge)strengheid, onbuigzaamheid, starheid
rigidly ['rɪdʒɪdlɪ] *bijw* **❶** strikt ★ *adhere* ~ *to sth* strikt vasthouden aan iets **❷** stijfjes ★ *move* ~ zich stijfjes bewegen
rigmarole ['rɪgmərəʊl] *znw* **❶** onzin **❷** lang, verward kletsverhaal **❸** rompslomp
rigor ['rɪgə] *znw* **❶** rilling ‹bij koorts› **❷** stijfheid **❸** → Am **rigour**
rigor mortis ['rɪgə 'mɔ:tɪs] *znw* lijkstijfheid, rigor mortis
rigorous ['rɪgərəs] *bn* streng, hard
rigour ['rɪgə], Am **rigor** *znw* strengheid, hardheid
rigours ['rɪgəz] *znw* [mv] ontberingen, ongemak ★ *he can't stand the* ~ *of ordinary life* hij kan de ongemakken van het dagelijks bestaan niet verdragen
rig-out ['rɪgaʊt], **rig-up** inf *znw* uitrusting, plunje, tuig
rile [raɪl] inf *overg* irriteren, nijdig maken, provoceren
rill [rɪl] *znw* beekje
rim [rɪm] **I** *znw* **❶** kant, boord **❷** rand ‹v. kom &›, velg ‹v. wiel› ★ *reading glasses with red / plastic &* ~*s* een

ri

leesbril met een rood / kunststof & montuur **II** *overg* **❶** velgen **❷** omranden

rim brake [rɪm breɪk] *znw* velgrem

rime [raɪm] **I** *znw* <u>dicht</u> rijp **II** *overg* met rijp bedekken

rimless ['rɪmləs] *bn* randloos ★ ~ *spectacles* bril zonder montuur

rim lock [rɪm lɒk] *znw* opzetslot

rimmed [rɪmd] *achterv* omrand, met een montuur ★ *gold ~ glasses* een bril met een gouden montuur

rimy ['raɪmɪ] <u>dicht</u> *bn* vol rijp, berijpt

rind [raɪnd] *znw* schors, bast, schil, korst, zwoerd

rinderpest ['rɪndəpest] *znw* vee-, runderpest

ring [rɪŋ] **I** *znw* **❶** ring, kring, piste ‹v. circus›, circus, arena, renbaan ★ *run ~s round sbd* vlugger zijn dan iem., ver achter zich laten ★ <u>inf</u> *throw one's hat into the ~* verklaren een deel te nemen aan de strijd ★ *the ~* het boksersstrijdperk, de boksers(gemeenschap) **❷** kringetje, kliek **❸** <u>inf</u> kartel, consortium **❹** klank, geluid, gerinkel, het luiden, klokkenspel ★ <u>telec</u> *give sbd a ~* iem. (op)bellen ★ *give the doorbell a ~* (aan)bellen ★ *have a false ~* vals klinken, niet echt klinken **II** *overg* [ringed, ringed] **❶** een ring (ringen) aandoen **❷** ringen ‹v. bomen, duiven &› **III** *overg* [rang, rung] luiden ★ ~ *the bell* (aan)bellen ★ <u>inf</u> ~ *a bell (with sbd)* iem. vaag bekend voorkomen, iem. ergens aan doen denken / herinneren ★ ~ *the changes on sth* iets anders aanpakken, iets veranderen **IV** *onoverg* [rang, rung] **❶** luiden, klinken, weergalmen ★ <u>fig</u> *warning bells started to ~* er ging een waarschuwingslampje branden ★ ~ *true* aannemelijk klinken **❷** bellen ★ ~ *at the door* aanbellen **V** *phras* ★ <u>telec</u> ~ **around** / **round** rondbellen, de ene na de andere bellen ★ <u>telec</u> ~ **back** terugbellen ★ <u>telec</u> ~ *sbd back* iem. terugbellen ★ ~ **in** (op)bellen ★ ~ *in sick* (zich) (telefonisch) ziek melden ★ <u>telec</u> ~ **off** het gesprek afbreken ★ ~ **out** weerklinken, luid klinken ★ ~ *sth* **out** iets uitluiden ★ <u>telec</u> ~ *(sbd)* **up** (iem.) (op)bellen ★ ~ *sth* **up** iets aanslaan ‹met kasregister› ★ ~ *the curtain up / down* ‹in schouwburg› het sein geven voor het ophalen / laten zakken van het scherm, <u>fig</u> iets beginnen / eindigen

ring-a-ring o' roses [rɪŋ-ɑ-rɪŋ ə 'rəʊzɪz] *znw* kinderspel ‹met een liedje›

ringbark ['rɪŋbɑ:k] *overg* ringen ‹v. bomen›

ring binder [rɪŋ 'baɪndə] *znw* ringband

ringer ['rɪŋə] *znw* (klokke)luider ▼ <u>inf</u> *be a dead ~ for sbd* het evenbeeld zijn van iem.

ring finger [rɪŋ 'fɪŋgə] *znw* ringvinger

ringleader ['rɪŋli:də] *znw* **❶** leider ‹van een groep raddraaiers› **❷** belhamel, raddraaier

ringlet ['rɪŋlɪt] *znw* krul, krulletje

ringmaster ['rɪŋmɑ:stə] *znw* directeur ‹in circus›

ringpull ['rɪŋpʊl] *znw* lipje ‹om iets open te trekken›

ring road [rɪŋ rəʊd] *znw* ringweg, randweg

ringside ['rɪŋsaɪd] *bn* dichtbij de boksring

ringside seat ['rɪŋsaɪd si:t] *znw* plaats op de eerste rij

ring spanner [rɪŋ 'spænə] *znw* ringsleutel

ringtail ['rɪŋteɪl] *znw* **❶** dier met een ringstaart, ringstaartmaki, kleine koeskoes **❷** kiekendief, jonge steenarend **❸** **ringtail possum** buidelrat

ringtone ['rɪŋtəʊn] *znw* ringtoon, beltoon

ring toss [rɪŋ tɒs] *znw* ringwerpspel

ringworm ['rɪŋwɜ:m] *znw* ringworm, dauwworm

rink [rɪŋk] *znw* (kunst)ijsbaan, rolschaatsbaan, baan ‹voor bowls›, team ‹in bowls / curling›

rinky-dink ['rɪŋkɪ-dɪŋk] <u>inf</u> *bn* rommel, troep

rinse [rɪns] **I** *znw* spoeling **II** *overg* spoelen, omspoelen ★ ~ *sth away* / *out* iets weg-, uitspoelen ★ ~ *sth down* iets doorspoelen ‹v. eten›

riot ['raɪət] **I** *znw* **❶** rel, oproer ★ *read sbd the ~ act* iem. flink de les lezen, iem. tot de orde roepen ★ *run ~* uit de band springen, in het wild groeien, woekeren ★ *let one's imagination run ~* zijn fantasie de vrije loop laten ★ *a ~ of colour* een kleurenorgie **❷** <u>inf</u> succes(nummer), giller **II** *onoverg* **❶** herrie maken, oproerig worden **❷** in opstand komen, muiten

rioter ['raɪətə] *znw* oproerling, relletjesmaker, herriemaker

riotous ['raɪətəs] *bn* **❶** ongebonden, bandeloos, <u>bijbel</u> overdadig **❷** (op)roerig **❸** rumoerig

riot police ['raɪət pə'li:s] *znw* oproerpolitie

rip [rɪp] **I** *znw* torn, scheur **II** *overg* openrijten, openscheuren, (los)tornen **III** *onoverg* **❶** tornen, losgaan, scheuren, uit de naad gaan **❷** als de bliksem rijden, gaan & ★ <u>inf</u> *let ~* laten schieten, loslaten, afdrukken ‹de trekker›, plankgas geven, zich laten gaan **IV** *phras* ★ <u>inf</u> ~ **into** *sbd* / *sth* tekeer gaan tegen iem. / iets ★ ~ *sth* **off** iets afrijten, afstropen ‹het vel v. dier›, <u>inf</u> iets stelen ★ <u>inf</u> ~ *sbd* **off** iem. afzetten, iem. beroven, uitkleden ★ ~ *sth* **out** iets uit-, lostornen, iets uitstoten, iets ergens uitbreken / uitscheuren ★ <u>inf</u> ~ **through** *sth* ergens doorheen scheuren, een spoor van vernieling in iets achterlaten, iets snel doorwerken ★ ~ *sth* **up** iets aan stukken scheuren

riparian [raɪ'peərɪən] <u>milieu</u> *bn* oever-

ripcord ['rɪpkɔ:d] *znw* trekkoord ‹v. parachute &›

ripe [raɪp] *bn* **❶** rijp ★ *the ~ old age of 80* de gezegende leeftijd van 80 jaar **❷** gerijpt, belegen ‹v. wijn &›, oud ‹v. kaas &› **❸** <u>inf</u> heel geestig **❹** <u>inf</u> onbehoorlijk

ripen ['raɪpən] **I** *overg* (doen) rijpen, rijp maken **II** *onoverg* rijp worden, rijpen

rip-off ['rɪpɒf] <u>inf</u> *znw* zwendel, oplichting, bedrog ★ *a ~ artist* een oplichter, dief

riposte [rɪ'pɒst] **I** *znw* **❶** riposte, tegenstoot **❷** raak antwoord **II** *onoverg* riposteren

ripper ['rɪpə] *znw* **❶** lostorner, opensnijder **❷** tornmesje **❸** <u>inf</u> prima kerel, fijne meid, bovenste beste ‹v. personen en zaken› ★ <u>inf</u> *a ~ of a day* een fantastische dag ★ <u>inf</u> *what a ~!* fantastisch! geweldig! **❹** moordenaar die een mes gebruikt

ripping ['rɪpɪŋ] *bn* **❶** openrijtend & **❷** <u>inf</u> bovenste beste, fijn, magnifiek, enig, prima

ripple ['rɪpl] **I** *znw* ❶ rimpeling ❷ gekabbel **II** *overg &*
onoverg ❶ rimpelen ❷ kabbelen

ripple effect ['rɪpl ɪ'fekt] *znw* uitdijend effect

ripple marks ['rɪpl 'mɑ:ks] *znw* [mv] ribbels ‹op
strand›

rip-roaring ['rɪp'rɔ:rɪŋ] inf *bn* ❶ uitbundig,
stormachtig ❷ geweldig, reuze

ripsaw ['rɪpsɔ:] *znw* schulpzaag

ripsnorting ['rɪpsnɔ:tɪŋ] inf *bn* heel goed, groot,
energiek, intens &

rip tide [rɪp taɪd] *znw* tijstroom

RISC *afk* (reduced instruction set computer) computer
waarvan de centrale verwerkingseenheid slechts
een beperkt aantal instructies kent en die
razendsnel kan uitvoeren

rise [raɪz] **I** *znw* ❶ opkomst, oorsprong ★ form *give ~*
to sth aanleiding geven tot iets ❷ helling ❸ opgang
‹v. zon› ❹ promotie ❺ stijging ‹prijs›, verheffing,
verhoging ‹prijs of salaris› ★ *be on the ~*
(voortdurend) stijgen ‹prijzen &›, in opkomst zijn
❻ handel hausse ❼ sp beet ‹v. vis› ★ inf *get / take a ~*
out of sbd iem. aan de gang maken, uit zijn slof
doen schieten, iem. er in laten lopen **II** *onoverg*
[rose, risen] ❶ opstijgen, opgaan, de hoogte in gaan,
opvliegen ‹vogels› ★ *his star is rising* hij is bezig
beroemd te worden ★ *~ head and shoulders above sbd*
/ sth hoog uitsteken boven iem. / iets ❷ aanbijten
‹vis› ★ fig *~ to the bait* toehappen, toebijten
❸ bovenkomen ❹ bovendrijven
❺ promotie maken, vooruitkomen ★ *~ to be sth*
opklimmen tot iets, het brengen tot iets
❻ (overeind) gaan staan, het woord nemen ‹in een
vergadering› ❼ (op-, ver)rijzen, opstaan ★ *~ to the*
occasion / challenge zich tegen de moeilijkheden (de
situatie) opgewassen tonen, doen wat er van je
wordt verwacht ❽ in opstand komen (tegen *against*)
❾ ontstaan, ontspringen ‹rivier›, voortspruiten (uit
from) ★ *~ from sth* opstaan uit / van iets, fig
voortspruiten uit iets ❿ opsteken ‹wind›
⓫ oplopen ‹v. grond› ⓬ stijgen, opklimmen,
toenemen, erger worden, luider worden, zich
verheffen ★ *~ to sth* zich verheffen tot iets, stijgen
tot iets ⓭ op reces gaan, uiteengaan **III** *phras* ★ *~*
above *sth* zich verheffen boven iets, verheven zijn
boven iets ★ *~* **up** opstaan ‹uit bed›, in opstand
komen, opkomen, omhoogkomen ★ *~ up in arms* de
wapens opvatten, gewapenderhand in opstand
komen

risen [rɪzn] *ww* [v.d.] → **rise**

riser ['raɪzə] *znw* ❶ die opstaat ★ *be an early ~* vroeg
opstaan, matineus zijn ❷ opstap

risibility ['rɪzəbɪlətɪ] *znw* ❶ lachlust ❷ gevoel voor
humor ❸ hilariteit

risible ['rɪzɪbl] *bn* belachelijk ★ *a ~ habit* een
belachelijke gewoonte

rising ['raɪzɪŋ] **I** *bn* (op)rijzend, opkomend, in opkomst
zijnd ★ *~ sixty* bijna 60 jaar zijnd ★ *a ~ star* een
rijzende ster **II** *znw* ❶ opstaan, stijgen ❷ uiteengaan

‹v. vergadering› ❸ (zons)opgang ❹ (op)stijging
❺ opstand ❻ opstanding ‹uit de dood›

rising damp ['raɪzɪŋ dæmp] *znw* vochtigheid ‹door
opstijgend grondwater›

rising sign ['raɪzɪŋ saɪn] astrol *znw* ascendant

risk [rɪsk] **I** *znw* gevaar, risico ★ *at ~* in gevaar ★ *at*
shipper's ~ voor risico van de afzender ★ *at the ~ of*
offending you / saying the wrong thing op gevaar af
van u te beledigen / iets verkeerds te zeggen ★ *at*
the ~ of his life met levensgevaar ★ *at one's (own) ~*
op eigen risico ★ *run ~s* risico lopen ★ *run / take*
the ~ iets riskeren **II** *overg* riskeren, wagen

risk capital [rɪsk 'kæpɪtl] *znw* risicodragend kapitaal

risk hedging [rɪsk 'hedʒɪŋ] fin *znw* indekken van
risico's

risk-taking ['rɪskteɪkɪŋ] *znw* (het) risico nemen, ±
gevaarlijk leven

risky ['rɪskɪ] *bn* gevaarlijk, gewaagd, riskant

risotto [rɪ'sɒtəʊ] *znw* risotto ‹Italiaans rijstgerecht›

risqué ['rɪskeɪ, rɪs'keɪ] *‹Fr› bn* gewaagd

rissole ['rɪsəʊl] *znw* rissole ‹soort kruidige platte
gehaktbal›

rite [raɪt] *znw* rite, ritus ★ RK *the last ~s* de laatste
sacramenten

rite of passage [raɪt əv 'pæsɪdʒ] *znw* overgangsrite

ritual ['rɪtʃʊəl] **I** *bn* ritueel **II** *znw* ❶ ritueel ❷ rituaal

ritualist ['rɪtʃʊəlɪst] *znw* ritualist ‹iem. die zich streng
houdt aan rituelen›

ritualistic [rɪtʃʊə'lɪstɪk] *bn* ritualistisch

ritzy ['rɪtsɪ] inf *bn* elegant, luxueus

rival ['raɪvəl] **I** *bn* ❶ rivaliserend ❷ concurrerend
II *znw* rivaal, mededinger, concurrent **III** *overg*
wedijveren met, concurreren met

rivalrous ['raɪvəlrəs] *bn* rivaliserend

rivalry ['raɪvəlrɪ] *znw* mededinging, wedijver,
concurrentie, rivaliteit

riven ['rɪvn] dicht *bn* gespleten

river ['rɪvə] *znw* rivier, stroom ★ inf *sell sbd down the ~*
iem. verraden, in de steek laten

river bank ['rɪvə bæŋk] *znw* rivieroever

river basin ['rɪvə 'beɪsən] *znw* stroomgebied

river bed ['rɪvəbed] *znw* rivierbedding

river boat ['rɪvə bəʊt] *znw* rivierboot

riverine ['rɪvəraɪn] techn of dicht *bn* rivier-

riverscape ['rɪvəskeɪp] *znw* riviergezicht

riverside ['rɪvəsaɪd] *znw* rivieroever, waterkant ‹v.
rivier›

rivet ['rɪvɪt] **I** *znw* klinknagel **II** *overg* ❶ met
klinknagels bevestigen, klinken ❷ fig vastklinken,
kluisteren (aan *to*) ★ *be ~ed to the spot* als aan de
grond genageld staan / zijn ❸ boeien ‹de aandacht›
❹ richten ‹de blik›

riveting ['rɪvɪtɪŋ] *bn* betoverend, meeslepend,
fantastisch

rivulet ['rɪvjʊlət] *znw* riviertje, beek

riyal [rɪ'jɑ:l], **rial** *znw* ❶ munteenheid van
Saoedi-Arabië, Qatar en Jemen ❷ munteenheid van
Oman en Iran

ri

RM *afk* (Royal Marines) Corps Mariniers
RN *afk* (Royal Navy) Koninklijke Marine
roach [rəʊtʃ] *znw* ❶ dierk blankvoorn ❷ inf kakkerlak ❸ inf stickie
road [rəʊd] *znw* ❶ weg, rijweg, straat ★ *by* ~ per as, per auto of bus & ★ *one for the* ~ een afzakkertje ★ *on the* ~ op weg ★ *be on the* ~ op reis zijn, reizen en trekken (als handelsreiziger), op tournee zijn ‹popgroep &›, rondreizen ‹circus &› ★ *come to the end of the* ~ zijn einde bereikt hebben, afgelopen zijn ★ inf *get out of the* ~! ga uit de weg! ❷ scheepv rede (ook: ~s)
road accident [rəʊd 'æksɪdnt] *znw* verkeersongeval
road bike [rəʊd baɪk] *znw* ❶ wegfiets ‹in tegenstelling tot een veldfiets, mountainbike &› ❷ motor die aan de voorschriften voldoet
road block ['rəʊd blɒk] *znw* wegversperring
road-going ['rəʊd-gəʊɪŋ] *bn* → **roadworthy**
road hog [rəʊd hɒg] inf wegpiraat, snelheidsmaniak
roadholding ['rəʊdhəʊldɪŋ] *znw* wegligging
roadhouse ['rəʊdhaʊs] *znw* wegrestaurant
roadie ['rəʊdɪ] inf *znw* roadie, materiaalverzorger ‹van een musicus of groep op tournee›
road junction [rəʊd 'dʒʌŋkʃən] *znw* kruising
roadkill ['rəʊdkɪl] Am *znw* doodgereden dier, het doodrijden van een dier
roadman ['rəʊdmæn] *znw* wegwerker, stratenmaker
road manager [rəʊd 'mænɪdʒə] *znw* roadie, materiaalverzorger ‹van een popgroep op tournee›
road map [rəʊd mæp] *znw* wegenkaart
road metal [rəʊd 'metl] *znw* steenslag
road movie ['rəʊd 'muːvɪ] *znw* road movie ‹film waarbij de actie zich onderweg afspeelt›
road pricing ['rəʊd 'praɪsɪŋ] *znw* rekeningrijden
road rage [rəʊd reɪdʒ] *znw* agressief rijgedrag
road roller ['rəʊd 'rəʊlə] *znw* wegwals
road safety [rəʊd 'seɪftɪ] *znw* verkeersveiligheid, veilig verkeer
road sense [rəʊd sens] *znw* gevoel voor veilig verkeer ★ *he has no* ~ hij is een gevaar op de weg, hij kan absoluut niet rijden ★ *teach a child* ~ een kind leren hoe te handelen in het verkeer
road service [rəʊd 'sɜːvɪs] *znw* wegenwacht
road show [rəʊd ʃəʊ] *znw* ❶ band / theatergroep op tournee ❷ radio- / tv-programma op locatie ❸ promotietour
roadside ['rəʊdsaɪd] I *bn* weg- II *znw* kant van de weg
road sign [rəʊd saɪn] *znw* verkeersbord
roadster ['rəʊdstə] *znw* ❶ (stevige) toerfiets ❷ open (tweepersoons) sportauto ❸ zwerver
road surface ['rəʊd sɜːfɪs] *znw* wegdek
road sweeper [rəʊd 'swiːpə] *znw* straatveger
road system [rəʊd 'sɪstəm] *znw* wegennet
road tax [rəʊd tæks] *znw* wegenbelasting, motorrijtuigenbelasting
road test [rəʊd test] *znw* rijexamen
road toll [rəʊd təʊl] *znw* aantal verkeersslachtoffers

road train [rəʊd treɪn] *znw* vrachtwagen met twee of meer aanhangers
road trip [rəʊd trɪp] *znw* tournee ‹vooral van sportploeg›
roadway ['rəʊdweɪ] *znw* ❶ rijweg ❷ brugdek
road works [rəʊd wɜːks] *znw* [mv] wegwerkzaamheden
roadworthy ['rəʊdwɜːðɪ], **road-going** *bn* rijwaardig
roam [rəʊm] I *znw* het ronddwalen II *overg* zwerven door, dwalen door ★ *she's ~ing Europe at the moment* ze zwerft op het ogenblik door Europa III *onoverg* (om)zwerven
roamer ['rəʊmə] *znw* zwerver
roan [rəʊn] *znw* roan ‹paard met verspreide witte haren in een gekleurd haarkleed›
roar [rɔː] I *znw* gebrul, geloei, gehuil, gebulder, gerommel, geraas, gedruis, geschater ★ *an almighty* ~ een ongelofelijk geloei ★ *a* ~ *of applause* een daverend applaus ★ *give / let out a* ~ een gebrul uitstoten II *overg* brullen, bulderen III *onoverg* ❶ brullen, loeien, huilen, bulderen, rommelen, razen ★ ~ *with laughter* brullen van het lachen ❷ snuiven ‹v. dampig paard›
roaring ['rɔːrɪŋ] I *bn* ❶ brullend, loeiend, bulderend ❷ inf kolossaal, flink, erg ★ *a* ~ *success* een daverend succes ★ ~ *drunk* ladderzat, straalbezopen ★ *be in* ~ *health* in blakende welstand ★ *do a* ~ *trade* gouden zaken doen II *znw* gebrul, geloei, gebulder
roaring forties ['rɔːrɪŋ 'fɔːtɪz] *znw* [mv] gordel der westenwinden ‹op ± 40° zuiderbreedte›
roast [rəʊst] I *bn* gebraden II *znw* ❶ gebraad ❷ gebraden vlees III *overg* braden, roost(er)en, branden ‹koffie›, poffen ‹kastanjes› IV *onoverg* braden ★ inf *I'm ~ing* ik heb het bloedheet
roaster ['rəʊstə] *znw* ❶ braadpan, braadrooster ❷ braadoven ❸ koffiebrander ❹ braadkip, braadvarken &
roasting ['rəʊstɪŋ] *znw* ❶ het braden, roosteren ❷ inf uitbrander
rob [rɒb] *overg* bestelen, beroven, plunderen ★ ~ *sbd of sth* iem. iets ontroven (ontstelen), iem. iets ontnemen ★ ~ *Peter to pay Paul* het ene gat met het andere vullen
robber ['rɒbə] *znw* rover, dief ★ *play cops and ~s* diefje spelen, politieagentje spelen
robbery ['rɒbərɪ] *znw* roof, roverij, diefstal ★ ~ *with violence* diefstal met geweld
robe [rəʊb] I *znw* ❶ (dames)robe, (boven)kleed, (doop)jurk ❷ toga, staatsiemantel ★ ~*s of office* ambtsgewaad ❸ Am ochtendjas, peignoir ❹ Am plaid ❺ fig dekmantel II *overg & onoverg* ❶ (zich) kleden, be-, aankleden, in ambtsgewaad steken ❷ fig uitdossen
robin ['rɒbɪn], **robin redbreast** *znw* roodborstje
robing room ['rəʊbɪŋ ruːm, rʊm] *znw* kleedkamer ‹v. gerechtshof, parlement &›
robot ['rəʊbɒt] *znw* robot, mechanische mens, automaat

robotic ['rəʊbɒtɪk] *bn* mechanisch, gerobotiseerd

robotics ['rəʊbɒtɪks] *znw* [mv] robotica, robottechnologie

robust [rəʊ'bʌst] *bn* sterk, flink, fors, robuust ★ *he has a ~ constitution* hij heeft een sterk gestel ★ *a ~ meal* een flinke maaltijd

rock [rɒk] **I** *bn* muz rock- **II** *znw* ❶ rots, klip, gesteente, rotsblok, grote kei, Am steen ★ inf *on the ~s* met ijs, op de klippen gelopen ‹huwelijk› ★ inf *be between a ~ and a hard place* tussen twee kwaden in zitten ★ inf *be on the ~s* aan de grond zitten, aan lagerwal zijn ❷ kandijsuiker, suikerstok ❸ inf edelsteen, vooral diamant ❹ fig toevlucht, vaste grond ❺ schommeling ❻ rock(muziek) ▼ vulg *get one's ~s off* neuken, spuiten ‹ejaculeren› **III** *overg* schommelen, heen en weer schudden, doen schudden, wieg(el)en ★ inf *~ the boat* dwars liggen, de anderen het leven lastig maken ★ *~ oneself* (zitten) schommelen ★ *~ sbd to sleep* iem. in slaap wiegen **IV** *onoverg* schommelen, schudden, wieg(el)en, wankelen

rock and roll [rɒk ən 'rəʊl], **rock 'n roll** *znw* rock-'n-roll

rock-bottom [rɒk'bɒtəm] **I** *bn* ❶ allerlaagst ★ *~ prices* allerlaagste prijzen ❷ fundamenteel **II** *znw* fig het laagste punt ★ *hit ~* het dieptepunt bereiken

rock-bound ['rɒk-baʊnd] *bn* door rotsen ingesloten

rock cake [rɒk keɪk] *znw* op een rotsje gelijkend cakeje met krenten, gekonfijt fruit &

rock candy [rɒk 'kændɪ] *znw* kandij

rock chick [rɒk tʃɪk] *znw* een vrouw die gek is op rockmuziek

rock-climber [rɒk-'klaɪmə] *znw* bergbeklimmer, kletteraar

rock climbing [rɒk 'klaɪmɪŋ] *znw* bergbeklimmen, kletteren

rock crystal [rɒk 'krɪstl] *znw* bergkristal

rocker ['rɒkə] *znw* ❶ gebogen hout onder een wieg & ❷ schommelstoel ❸ hobbelpaard ❹ soort schaats ❺ rocker ▼ inf *off one's ~* gek

rockery ['rɒkərɪ] *znw* rotstuin

rocket ['rɒkɪt] **I** *znw* ❶ vuurpijl, raket ❷ plantk raket, rucola **II** *onoverg* ❶ als een pijl de hoogte in schieten of opvliegen ❷ met sprongen omhooggaan

rocket launcher ['rɒkɪt 'lɔːntʃə] *znw* (raket)lanceerinstallatie

rocketry ['rɒkɪtrɪ] *znw* rakettechniek

rocket scientist ['rɒkɪt 'saɪəntɪst] inf *znw* zeer slim / intelligent persoon

rocket ship ['rɒkɪt ʃɪp] *znw* ruimtevaartuig

rock face [rɒk feɪs] *znw* rotswand

rock garden [rɒk 'gɑːdn] *znw* rotstuin

rocking chair ['rɒkɪŋ tʃeə] *znw* schommelstoel

rocking horse ['rɒkɪŋ hɔːs] *znw* hobbelpaard

rockmelon ['rɒkmelən] Aus *znw* cantaloupe ‹soort meloen›

rock salt [rɒk sɔːlt] *znw* klipzout

rock solid [rɒk 'sɒlɪd] *bn* oersterk, keihard

rock wool [rɒk wʊl] *znw* steenwol

rocky ['rɒkɪ] *bn* ❶ rotsachtig, rots-, vol klippen ❷ steenhard ❸ onvast, wankel

Rocky Mountains ['rɒkɪ 'maʊntɪnz], inf **Rockies** *znw* ★ *the* ~ de Rocky Mountains, het Rotsgebergte

rococo [rə'kəʊkəʊ] **I** *bn* rococo- **II** *znw* rococo

rod [rɒd] **I** *znw* ❶ roede, staf, staaf, vishengel ❷ techn stang ❸ vulg pik **II** *overg* vulg poken, neuken

rode [rəʊd] *ww* [v.t.] → ride

rodent ['rəʊdnt] *znw* knaagdier

rodeo [rə'deɪəʊ] *znw* rodeo ‹bijeendrijven van vee, vertoning van kunststukjes door cowboys, motorrijders &›

rodomontade [rɒdəmɒn'teɪd] *znw* snoeverij, grootspraak

roe [rəʊ] *znw* [*mv*: ~ *of* -s] ❶ dierk ree ❷ viskuit ★ *hard ~* kuit ★ *soft ~* hom

roebuck ['rəʊbʌk] *znw* reebok

roe deer [rəʊ dɪə] *znw* ree

roentgen ['rʌntgən] *znw* röntgen

roger ['rɒdʒə] **I** *tsw* begrepen ‹in mobiele communicatie in vluchtverkeer enz.› **II** *overg* Br vulg neuken

rogue [rəʊg] **I** *bn* ❶ solitair, loslopend ❷ van het goede pad geraakt, louche **II** *znw* ❶ gedat schurk, schelm ❷ snaak, guit ❸ kwaadaardige, alleen rondzwervende olifant, buffel &

roguery ['rəʊgərɪ] gedat *znw* ❶ schurkenstreken, schelmerij, snakerij ❷ guitigheid

rogues' gallery [rəʊgz 'gælərɪ] *znw* boevengalerij, fototheek van delinquenten ‹voor politie›

rogue trader [rəʊg 'treɪdə] *znw* effectenmakelaar die door speculaties veel geld van zijn baas / klanten verliest

roguish ['rəʊgɪʃ] *bn* ❶ schurkachtig, schelmachtig ❷ ondeugend, guitig

roister ['rɔɪstə] *onoverg* lol trappen

roisterer ['rɔɪstərə] *znw* ❶ lawaaischopper ❷ fuifnummer

role [rəʊl] *znw* ❶ rol ‹v. toneelspeler› ★ *the lead* ~ de hoofdrol ★ *a supporting* ~ een bijrol ★ *cast sbd in a* ~ iem. een bepaalde rol geven, iem. typeren als iets ❷ functie

role model [rəʊl 'mɒdl] *znw* rolmodel, voorbeeldfunctie

role play [rəʊl pleɪ] *znw* rollenspel

role reversal [rəʊl rɪ'vɜːsəl] *znw* rolwisseling

roll [rəʊl] **I** *znw* ❶ rol, rolletje, wals, (rond) broodje, bundel bankbiljetten ★ *a cheese / ham &* ~ een broodje kaas / ham & ❷ rollen, gerol, buiteling, duikeling, worp ‹dobbelstenen› ★ inf *a* ~ *in the hay / sack* een vrijpartij, neukpartij ★ inf *be on a* ~ een periode van succes of geluk hebben ❸ scheepv slingeren ‹schip›, deining ‹zee› ❹ luchtv rolvlucht ❺ schommelende beweging, waggelgang, schommelgang ❻ (trom)geroffel, gerommel, gedreun ‹v. donder› ❼ rol, lijst, register, boekrol, wetsrol ★ *the membership* ~ de ledenlijst ★ *be struck*

off the ~ uit het ambt ontzet worden ★ *call the* ~
appel houden ‹namen oplezen om te zien wie
aanwezig is› **II** *overg* ❶ rollen (met), wentelen, op-,
voortrollen ★ *two / three & ~ed into one* twee / drie &
in één gerold / verenigd ❷ walsen, pletten ❸ doen
/ laten rollen ❹ <u>mil</u> roffelen op **III** *onoverg* ❶ rollen,
zich rollen, zich wentelen, draaien ★ <u>inf</u> ~ *with the
punches* moeilijke omstandigheden aankunnen
❷ <u>scheepv</u> slingeren ★ *~ and pitch* slingeren en
stampen ❸ schommelen, buitelen, waggelen,
wiegen ❹ golven, deinen ❺ rijden ❻ roffelen ‹v.
trom›, rommelen ‹v. donder› ❼ zich laten (op)rollen
IV *phras* ★ *~ along* voortrollen, <u>inf</u> stug doorgaan
★ *~ sth* **away** iets weg-, voortrollen ★ *~ sth* **back** iets
terugschroeven / terugdringen ★ *~* **by** voortrollen,
voorbijgaan ‹jaren› ★ *~* **down** afrollen ★ *~* **in**
binnenrollen, binnenstromen ‹geld› ★ *~* **on**
voortrollen ★ *~ on Christmas / the holidays &!* was
het maar Kerstmis / vakantie &! ★ *~ sth* **out** iets uit-,
ontrollen ★ *~* **over** zich omdraaien ★ *~ sth* **over** iets
omrollen, omver tollen, <u>fin</u> iets prolongeren ‹lening
&› ★ *~ sbd* **over** iem. doen rollen, tegen de vlakte
slaan ★ <u>inf</u> *~* **up** (komen) opdagen ★ *~ sth* **up** iets
oprollen, een zaak afwikkelen ★ <u>inf</u> *~ one's sleeves up*
zijn handen uit de mouwen steken
rollator [rəʊ'leɪtə] *znw* rollator
roll bar [rəʊl bɑ:] *znw* rolstang, rolbeugel ‹op auto›
roll call [rəʊl kɔ:l] *znw* appel, afroepen van de namen
★ *do the ~* appel houden
rolled gold [rəʊld gəʊld] *znw* bladgoud
rolled oats [rəʊld əʊts] *znw* [mv] havermout
roller ['rəʊlə] *znw* ❶ rol, inktrol ❷ krulspeld, kruller
❸ wals ❹ rolstok ❺ rolletje, zwachtel ❻ lange golf
roller bearing ['rəʊlə 'beərɪŋ] *znw* rollager
Rollerblade® ['rəʊləbleɪd] **I** *znw* inlineskates
II *onoverg* skaten ‹op inlineskates›
roller blind ['rəʊlə blaɪnd] *znw* rolgordijn
roller coaster ['rəʊlə 'kəʊstə] *znw* achtbaan,
roetsjbaan ★ *be on a ~ to disaster* met een
sneltreinvaart afstevenen op een ramp
roller derby ['rəʊlə 'dɑ:bɪ] *znw* rolschaatswedstrijd
roller skate ['rəʊlə skeɪt] **I** *znw* rolschaats **II** *onoverg*
rolschaatsen
roller towel ['rəʊlə 'taʊəl] *znw* rolhanddoek
rollick ['rɒlɪk] *onoverg* lol trappen, fuiven, pret maken
rollicking ['rɒlɪkɪŋ] *bn* ❶ erg vrolijk, uitgelaten, jolig
❷ leuk, om te gieren, dolletjes
rolling ['rəʊlɪŋ] *bn* ❶ rollend, wentelend ★ *be ~ in
money* in weelde baden, geld als water hebben
★ <u>zegsw</u> *a ~ stone gathers no moss* op een rollende
steen groeit geen mos ‹als je geen vastigheid hebt
in je leven word je niet rijk› ❷ golvend ‹van terrein›
❸ elkaar opvolgend
rolling mill ['rəʊlɪŋ mɪl] *znw* pletmolen, pletterij,
walserij
rolling pin ['rəʊlɪŋ pɪn] *znw* deegroller, rol, rolstok
rolling stock ['rəʊlɪŋ stɒk] *znw* rollend materieel
rolling stone ['rəʊlɪŋ stəʊn] *znw* rusteloos iem.

roll-neck ['rəʊl-nek] *znw* ❶ rolkraag ❷ **roll-neck
sweater** coltrui
roll of honour [rəʊl əv 'ɒnə] *znw* lijst van de
gesneuvelden
roll-on ['rəʊl-ɒn] *znw* ❶ step-in ‹klein elastisch korset›
❷ ‹deodorant &› roller
roll-on roll-off [rəʊl-ɒn rəʊl-'ɒf], *inf* **ro-ro** *bn*
rij-op-rij-af ‹veerboot &›
roll-out ['rəʊl-aʊt] <u>marketing</u> *znw* marktintroductie
rollover ['rəʊləʊvə] *overg* overboeken
roll-top desk ['rəʊl-tɒp 'desk] *znw* cilinderbureau
roll-up ['rəʊl-ʌp] *znw* ❶ <u>Aus</u> opkomst, samenkomst
❷ *inf* sjekkie
roly-poly [rəʊlɪ-'pəʊlɪ] **I** *bn* kort en dik **II** *znw*
❶ opgerolde geleipudding ❷ *inf* dikkerdje
ROM [rɒm] <u>comput</u> *afk* (read-only memory)
leesgeheugen, ROM
romaine [rəʊ'meɪn] *znw* bindsla
Roman ['rəʊmən] **I** *bn* ❶ Romeins ❷ rooms **II** *znw*
Romein, Romeinse ★ <u>hist</u> bijbel *~s* Romeinen
★ *roman* romein, gewone drukletter
Roman alphabet ['rəʊmən ælfə'bet] *znw* Romeins
alfabet ‹het gewone alfabet›
Roman blind ['rəʊmən blaɪnd] *znw* vouwgordijn
Roman candle ['rəʊmən 'kændl] *znw* Romeinse kaars
‹soort vuurwerk›
Roman Catholic ['rəʊmən'kæθəlɪk] *bn & znw*
rooms-katholiek
romance [rəʊ'mæns] **I** *znw* ❶ romance
❷ riddergedicht, verdicht verhaal, (ridder)roman
❸ romantiek ❹ gefabel, verdichtsel, (puur) verzinsel
II *onoverg* ❶ maar wat verzinnen, fantaseren ❷ *inf*
het hof maken
romancer [rəʊ'mænsə] *znw* ❶ romancier,
romandichter, -schrijver ❷ fantast
Romanesque [rəʊmə'nesk] **I** *bn* Romaans
II *znw* Romaanse stijl
Romania [rəʊ'meɪnɪə], **Rumania**, **Roumania** *znw*
Roemenië
Romanian [rəʊ'meɪnɪən], **Rumanian**, **Roumanian** **I** *bn*
Roemeens **II** *znw* ❶ Roemeen, Roemeense
❷ Roemeens ‹de taal›
romanize ['rəʊmənaɪz], **romanise** *overg*
❶ romaniseren ❷ verroomsen
Roman law ['rəʊmən lɔ:] *znw* Romeins recht
Roman nose ['rəʊmən nəʊz] *znw* Romeinse neus,
arendsneus
Roman numeral ['rəʊmən 'nju:mərəl] *znw* Romeins
cijfer
romantic [rəʊ'mæntɪk] **I** *bn* romantisch **II** *znw*
romanticus ★ *a ~ at heart* in zijn hart een
romanticus
romanticism [rəʊ'mæntɪsɪzəm] *znw* romantiek ‹ook
als kunstrichting›
romanticist [rəʊ'mæntɪsɪst] *znw* romanticus
romanticize [rəʊ'mæntɪsaɪz], **romanticise** *overg*
romantiseren
Romany ['rɒmənɪ] *znw* ❶ Romani, zigeunertaal

❷ zigeuner

Rome [rəʊm] *znw* Rome ★ <u>zegsw</u> *when in ~, do as the Romans do* schik u naar de gebruiken van het land, ± 's lands wijs, 's lands eer ★ <u>zegsw</u> *~ was not built in a day* Keulen en Aken zijn niet op één dag gebouwd

Romeo ['rəʊmɪəʊ] *znw* ❶ rokkenjager, donjuan ❷ de letter R ⟨in het internationaal spellingsalfabet⟩

Romish ['rəʊmɪʃ] <u>beledigend</u> *bn* rooms, paaps

romp [rɒmp] **I** *znw* ❶ stoeier, wildebras, wildzang ❷ stoeipartij ★ *a ~ in the hay* een vrijpartij **II** *onoverg* ❶ stoeien, dartelen ★ *the children are ~ing (around) in the garden* de kinderen zijn in de tuin aan het stoeien ❷ *inf* gemakkelijk voor elkaar krijgen ★ *~ home/~ to victory* met gemak winnen **III** *phras* ★ *inf ~ in* met gemak winnen ★ *~ through sth* op zijn sloffen voor iets slagen ⟨een examen &⟩

rompers ['rɒmpəz] *znw* [mv] speelpakje

rompy ['rɒmpɪ] *bn* wild

rondeau ['rɒndəʊ], **rondel** *znw* rondeau, rondeel ⟨dichtvorm⟩

rood [ru:d] *znw* ❶ roede: 1/4 acre (± 10 are) ❷ <u>vero</u> kruis

rood screen [ru:d skri:n] *znw* koorhek

roof [ru:f] **I** *znw* ❶ dak ★ *inf go through the ~* de pan uit vliegen ⟨prijzen &⟩ ★ *inf hit the ~* uit zijn vel springen, ontploffen ★ *inf raise the ~* tekeergaan ❷ gewelf **II** *overg* ❶ van een dak of gewelf voorzien, onder dak brengen (ook: *~ in / over*) ❷ overwelven

roofer ['ru:fə] *znw* dakwerker

roof garden [ru:f 'ɡɑ:dn] *znw* daktuin

roofing ['ru:fɪŋ] *znw* ❶ dakbedekking ❷ dakwerk

roofing tile ['ru:fɪŋ taɪl] *znw* → **roof tile**

roofless ['ru:fləs] *bn* zonder dak, dakloos

roofline [ru:flaɪn] *znw* daklijn ⟨v.e. auto⟩

roof of the mouth [ru:f əv ðə 'maʊθ] *znw* het verhemelte

roof rack [ru:f ræk] *znw* imperiaal

roofscape [ru:fskeɪp] *znw* uitzicht over daken

roof tile [ru:f taɪl], **roofing tile** *znw* dakpan

rooftop ['ru:ftɒp] *znw* dak ★ *shout sth from the ~s* iets van de daken schreeuwen

roof-tree [ru:f-tri:] *znw* nokbalk ⟨v. dak⟩

rook [rʊk] **I** *znw* ❶ roek ⟨vogel⟩ ❷ *inf* afzetter, valse speler ❸ toren ⟨in schaakspel⟩ **II** *overg inf* bedriegen ⟨bij het spel⟩, plukken, afzetten

rookery ['rʊkərɪ] *znw* ❶ roekenkolonie, nesten van roeken ❷ kolonie v. pinguïns of zeehonden ❸ krottenbuurt

rookie ['rʊkɪ] <u>Am</u> *inf znw* rekruut, nieuweling

room [ru:m] **I** *znw* ❶ plaats, ruimte ★ *not enough ~ to swing a cat* je kan er je kont niet keren ★ *make ~ for sth* ruimte maken voor iets ❷ kamer, zaal ★ *Am the ladies' / men's ~* het dames / herentoilet ❸ <u>fig</u> grond, reden, gelegenheid, aanleiding ★ *there is ~ for improvement* het laat te wensen over, het is voor verbetering vatbaar ★ *~ for doubt* aanleiding voor twijfel **II** *onoverg Am* een kamer (kamers) bewonen **III** *phras* ★ *~ in (with)* inwonen (bij)

room and board [ru:m ən 'bɔ:d] *znw* kost en inwoning

-roomed [ru:md] *achterv* met... kamers ★ *a four ~ flat* een vierkamerflat

roomer ['ru:mə] *Am znw* kamerbewoner

roomette [ru:'met] *znw* ❶ eenpersoons slaapcabine ⟨in trein⟩ ❷ kleine huurkamer

roomie ['ru:mɪ] *inf znw* slapie, kamergenoot

rooming house ['ru:mɪŋ 'haʊs] *Am znw* appartementencomplex

room-mate ['ru:m-meɪt], **roommate** *znw* kamergenoot

room service [ru:m 'sɜ:vɪs] *znw* roomservice, bediening op de kamer ⟨in hotel⟩

room temperature [ru:m 'temprɪtʃə] *znw* kamertemperatuur ★ *serve at ~* serveren op kamertemperatuur

roomy ['ru:mɪ] *bn* ❶ ruim (gebouwd) ❷ wijd

roost [ru:st] **I** *znw* rek, roest, (roest)stok, slaapplaats ★ *at ~* op stok ★ *go to ~* op stok gaan, naar kooi gaan ★ *rule the ~* de lakens uitdelen **II** *onoverg* ❶ (op de roest) gaan zitten, rekken, op stok gaan ★ *curses come home / come back to ~* verwensingen komen neer op het hoofd van hem die ze uitspreekt ❷ neerstrijken ❸ de nacht doorbrengen

rooster ['ru:stə] *znw* haan

root [ru:t] **I** *bn* grond-, fundamenteel **II** *znw* ❶ wortel ★ *~ and branch* met wortel en tak, radicaal ★ *put down ~s* zich vestigen, zich thuis gaan voelen ★ *take ~* wortel schieten ❷ basis, kern, grond, oorsprong ★ *at (the) ~* in de grond ★ *be / lie at the ~ of* ten grondslag liggen aan ★ *get at / go to the ~ of the matter* tot de grond (het wezen) van de zaak doordringen ❸ <u>Aus & NZ vulg</u> neukpartij **III** *overg* ❶ wortel doen schieten, planten, vestigen ★ *be ~ed in sth* veroorzaakt worden door iets ❷ loswroeten, ontwortelen, uitgraven, tevoorschijn halen, opscharrelen ❸ <u>Aus & NZ vulg</u> neuken **IV** *onoverg* ❶ inwortelen, wortel schieten, aanslaan ❷ geworteld zijn (in *in*) ❸ wroeten, woelen (ook: *~ about / around*) ❹ scharrelen, rommelen **V** *phras* ★ *~ about / around (somewhere)* ergens in rondneuzen ★ *~ for sbd / sth* iem. / iets toejuichen, aanmoedigen, steunen, ophemelen ★ *~ sth out* iets uitroeien ★ *~ through sth* iets omwroeten, omwoelen, doorzoeken ★ *~ sth up* iets ontwortelen

root beer [ru:t bɪə] *Am znw* bep. limonade op basis van plantenextracten

root-bound ['ru:t-baʊnd] *bn* met verstikte wortels, met onvoldoende wortelruimte

root canal [ru:t kə'næl] *znw* wortelkanaal ⟨v. tand⟩ ★ *inf I need a ~* ik heb een wortelkanaalbehandeling nodig

root cellar [ru:t 'selə] *znw* kelder voor het bewaren van knolgewassen

root crop [ru:t krɒp] *znw* wortelgewas

rooted ['ru:tɪd] *bn* geworteld ★ *deeply ~ in sth* diepgeworteld in iets ★ *stand ~ to the spot* als aan de

ro

grond genageld staan

rootle ['ru:tl] Br inf overg wroeten, woelen

rootless ['ru:tləs] bn wortelloos, zonder wortels, fig ontworteld

rootlet ['ru:tlɪt] znw worteltje

roots [ru:ts] znw familie-, culturele achtergrond, oorsprong

rootstock ['ru:tstɒk] znw wortelstok

root vegetable [ru:t 'vedʒɪtəbl] znw knolgewas

rooves [ru:vz] znw [mv] → roof

rope [rəup] I znw ❶ touw, koord, lasso, strop ★ on the ~s sp in de touwen ‹boksen›, fig uitgeteld, weerloos ★ be at the end of one's ~ aan het einde van zijn Latijn zijn ★ give sbd plenty of ~ iem. alle (voldoende) vrijheid van handelen laten ★ know the ~s het klappen van de zweep kennen, van wanten weten ★ show sbd the ~s iem. op de hoogte brengen, wegwijs maken ★ zegsw it's money for old ~ dat is gauw (snel, gemakkelijk) verdiend ★ zegsw give sbd enough ~ and he'll hang himself als iem. genoeg ruimte krijgt richt hij zichzelf te gronde ❷ rist ‹uien› ❸ snoer ‹parelen› II overg ❶ (vast)binden ❷ vangen ‹met een lasso› III phras ★ ~ sbd in iem. vangen ‹sollicitanten›, iem. ronselen ‹partijgenoten &› ★ ~ sth in iets afzetten, omheinen ‹met een touw› ★ ~ sth off iets afzetten ‹met touwen›

rope bridge [rəup brɪdʒ] znw touwbrug

rope ladder [rəup 'lædə] znw touwladder

ropemanship ['rəupmənʃɪp] znw koorddanskunst, touwklimkunst

ropy ['rəupɪ], **ropey** bn ❶ draderig ❷ inf slecht, beroerd ★ a ~ landing een slechte landing ★ Br inf he's feeling rather ~ this morning hij voelt zich nogal beroerd vanmorgen ❸ Br inf minderwaardig

ro-ro [rəu-rəu] inf afk → roll-on roll-off

rorqual ['rɔ:kwəl] znw vinvis

rort [rɔ:t] Aus & NZ znw frauduleuze handeling, oplichting ★ a tax ~ belastingfraude

rosary ['rəuzərɪ] znw ❶ rozenkrans ❷ rosarium, rozenperk, -tuin

rose [rəuz] I bn roze, rooskleurig ★ look at / see sth through ~coloured/~tinted glasses iets door een roze bril bekijken II znw ❶ roos ★ zegsw life is not a bed of ~s / not all ~s het leven gaat niet over rozen ★ zegsw no ~ without a thorn geen rozen zonder doornen ❷ rozet ❸ rozenkleur, roze ★ put the ~s back in sbd's cheeks iem. er weer gezond laten uitzien ❹ sproeier, broes ‹v. gieter, douche› ▼ under the ~ sub rosa ‹in het geheim› ▼ coming up ~s goed uitpakken, meevallen III ww [v.t.] → rise

roseate ['rəuzɪət] dicht of dierk bn rozig, rooskleurig ★ a ~ flamingo een roze flamingo

rosebed ['rəuzbed] znw rozenperk

rosebud ['rəuzbʌd] znw rozenknop

rose chafer [rəuz 'tʃeɪfə] znw rozenkevertje

rose hip [rəuz hɪp] znw rozenbottel

rosella [rəu'zelə] znw rosella ‹grote Australische parkietensoort›

rosemary ['rəuzmərɪ] znw rozemarijn

roseola [rəu'zi:ələ] med znw uitslag bij mazelen &

rose-pink ['rəuz'pɪŋk] bn roze

rose quartz [rəuz kwɔ:ts] znw rozenkwarts

rosette [rəu'zet] znw rozet

rose water [rəuz 'wɔ:tə] znw rozenwater

rose window [rəuz 'wɪndəu] znw roosvenster

rosewood ['rəuzwʊd] znw rozenhout, palissander

Rosh Hashana ['rɒʃ hə'ʃɑ:nə], **Rosh Hashanah** joods znw Rosj Hasjana ‹joods Nieuwjaar›

Rosicrucian [rəuzɪ'kru:ʃən] znw Rozenkruiser

rosin ['rɒzɪn] I znw (viool)hars II overg met hars bestrijken ‹strijkstok›

roster ['rɒstə] I znw rooster, lijst ★ a duty ~ werkschema II overg inroosteren

rostrum ['rɒstrəm] znw [mv: -s of rostra] spreekgestoelte, tribune, podium

rosy ['rəuzɪ] bn ❶ rooskleurig, optimistisch ★ paint a ~ picture een rooskleurig beeld schetsen ❷ blozend ❸ rozen-

rot [rɒt] I znw ❶ verrotting, rotheid, bederf, rot, vuur ‹in het hout› ★ the ~ set in dat was het begin van het einde, toen ging (het echt) alles mis ★ stop the ~ de zaak (situatie) redden ❷ schapenleverziekte ❸ inf onzin, flauwekul, klets II overg doen rotten III onoverg (ver)rotten ★ ~ away wegrotten

rota ['rəutə] Br znw rooster, (naam)lijst ★ on a ~ basis volgens een werkschema, bij toerbeurt

Rotarian [rəu'teəriən] znw lid v.e. Rotary Club

rotary ['rəutərɪ] I bn rondgaand, draaiend, draai-, rotatie- II znw ❶ rotator, draaiend onderdeel ❷ techn rotatiemachine, rotatiepers

Rotary ['rəutərɪ], **Rotary International** znw Rotary ‹genootschap voor internationaal dienstbetoon›

rotary clothesline ['rəutərɪ 'kləuðzlaɪn] znw droogmolen

rotary engine ['rəutərɪ 'endʒɪn] znw rotatiemotor

rotate [rəu'teɪt] I overg ❶ doen draaien ❷ laten rouleren ❸ afwisselen II onoverg ❶ draaien ★ ~ on an axis draaien om een as ❷ rouleren

rotation [rəu'teɪʃən] znw ❶ draaiing, (om)wenteling ❷ afwisseling, roulatie, toerbeurt ★ in ~ bij toerbeurt ❸ **crop rotation** vruchtwisseling, wisselbouw

rotatory ['rəutətərɪ] bn (rond)draaiend, draai-, rotatie-

rote [rəut] znw ★ by ~ uit het hoofd, van buiten, machinaal

rote learning [rəut 'lɜ:nɪŋ] znw uit het hoofd leren, stampwerk

ROTFL afk (rolling on the floor laughing) erg grappig ‹internetafkorting›

rotgut ['rɒtgʌt] inf znw bocht, slechte drank

rotisserie [rəu'tɪsərɪ] znw ❶ rotisserie ‹grillrestaurant› ❷ roosterspit, roterende grill

rotogravure [rəutəgrə'vjuə] znw koperdiepdruk

rotor ['rəutə] techn znw rotor

rotten ['rɒtn] bn ❶ verrot, rot, bedorven ★ inf spoil

ro

sbd ~ iem. door en door verwennen ❷ inf beroerd, akelig, snert-

rotten apple ['rɒtn 'æpl] *znw* rotte appel ‹letterlijk en figuurlijk›

rotter ['rɒtə] inf gedat *znw* kerel van niks, snertvent

rotund [rəʊ'tʌnd] *bn* ❶ rond ❷ mollig, welgedaan, gezet ❸ sonoor, vol ‹stem›

rotunda [rəʊ'tʌndə] *znw* rotonde

rotundity [rəʊ'tʌndɪtɪ] *znw* ❶ rondheid ❷ welgedaanheid, molligheid ❸ volheid ‹v. stem›

rouble ['ru:bl] valuta *znw* roebel

roué ['ru:eɪ] ‹*Fr*› *znw* losbol

rouge [ru:ʒ] **I** *znw* rouge ‹cosmetica› **II** *overg* met rouge opmaken

rough [rʌf] **I** *bn* ❶ ruw, ruig, oneffen ★ ~ around the edges met een paar onvolkomenheden ★ get the ~ side of sbd's tongue door iem. op zijn nummer gezet worden, sarcastische opmerkingen van iem. krijgen ❷ rauw, grof, onbehouwen, ongemanierd ★ Aus & NZ inf ~ as bags zonder finesse, grof ★ be ~ on sth onvoorzichtig zijn met iets ‹kleren &› ❸ streng, hard(handig), moeilijk ★ ~ justice geen eerlijk proces ★ be ~ on sbd moeilijk / onplezierig zijn voor iem. ★ have a ~ time een moeilijke periode doormaken ❹ onstuimig, wild, woest ★ a ~ passage een zware overtocht ★ sleep ~ op straat slapen, ± zwerver (dakloos) zijn ❺ onguur ‹zootje, element› ❻ onaf, niet uitgewerkt ★ in ~ in het klad ❼ onnauwkeurig, niet precies, bij benadering ★ at a ~ estimate ruw / globaal geschat **II** *znw* ❶ ruwe staat ★ in the ~ in het ruwe, zoals wij zijn, natuurlijk, globaal (genomen) ❷ oneffen terrein ❸ onguur element, ruwe kerel ★ inf a bit of ~ ruige mansfiguur als seksuele partner ❹ tegenslag, moeilijkheid ★ through ~ and smooth in voor- en tegenspoed ★ take the ~ with the smooth tegenslagen voor lief nemen ❺ schets, ruw ontwerp ❻ ijsnagel **III** *overg* ★ ~ it zich er doorheen slaan, zich allerlei ongemakken getroosten, het hard (te verduren) hebben **IV** *phras* ★ ~ sth in iets in grove lijnen schetsen ★ ~ sth out iets in ruwe lijnen ontwerpen ★ ~ it out het uithouden ‹in een storm &› ★ ~ sth up iets ruw maken, iets in de war maken ★ inf ~ sbd up iem. afranselen, afrossen

roughage ['rʌfɪdʒ] *znw* ruwvoer, vezelrijk voedsel

rough-and-ready [rʌfən'redɪ] *bn* ruw, onafgewerkt, primitief maar bruikbaar, geïmproviseerd

rough-and-tumble [rʌfən'tʌmbl] **I** *bn* onordelijk, ongeregeld ★ a ~ debate een woordengevecht **II** *znw* ❶ kloppartij, schermutseling, handgemeen ★ the ~ of politics het handgemeen van de politiek ❷ fig veelbewogen (harde) tijd

roughcast ['rʌfkɑ:st] **I** *bn* ❶ ruw ❷ ruw bepleisterd ★ a ~ wall een ruwbepleisterde muur **II** *znw* ❶ ruwe schets ❷ eerste ontwerp ❸ beraping, ruwe pleisterkalk **III** *overg* ❶ ruw schetsen, in ruwe trekken aangeven ❷ berapen

rough copy [rʌf 'kɒpɪ] *znw* een klad(je)

rough diamond [rʌf 'daɪəmənd] inf *znw* ruwe bolster (blanke pit)

rough draft [rʌf drɑ:ft] *znw* een ruwe schets, een klad, een concept

roughen ['rʌfən] **I** *overg* ruw maken ★ ~ the surface using sandpaper de oppervlakte ruw maken met schuurpapier **II** *onoverg* ruw worden

rough-hewn [rʌf-'hju:n] *bn* ❶ ruw behouwen of bekapt ❷ fig grof, ruw

rough house [rʌf haʊs] *znw* keet, heibel

rough-house ['rʌf-haʊs] **I** *overg* ongenadig op de kop geven **II** *onoverg* keet / heibel maken

roughing ['rʌfɪŋ] sp *znw* ruw of gevaarlijk spel

roughly ['rʌflɪ] *bijw* ❶ ruw, ruig, rauw, grof, onstuimig ★ he took hold of her ~ hij pakte haar ruw beet ❷ in het ruwe, ruwweg, globaal, zowat, ongeveer ★ ~ speaking globaal gesproken

roughneck ['rʌfnek] Am inf *znw* ❶ schoft, vlegel ❷ (een) keiharde jongen

rough paper [rʌf 'peɪpə] *znw* kladpapier, klad

rough-rider ['rʌf-'raɪdə] *znw* ❶ pikeur ❷ hist ruiter van de ongeregelde cavalerie

roughshod ['rʌfʃɒd] *bijw* ★ ride ~ over sbd iem. honds behandelen, ringeloren, zich niet storen aan iem.

rough-spoken [rʌf-'spəʊkən] *bn* ruw in de mond

rough tongue [rʌf tʌŋ] *znw* grove taal

rough trade [rʌf treɪd] inf *znw* potig type, ruwe bonk

rough-up [rʌf-'ʌp] inf *znw* flinke vechtpartij

roulade [ru:'lɑ:d] *znw* ❶ muz roulade ❷ geroffel

rouleau [ru:'ləʊ] *znw* rolletje ‹muntjes›

roulette [ru:'let] *znw* ❶ roulette ★ Russian ~ (op zichzelf) schieten met een revolver waarin maar één kogel zit ★ inf Vatican ~ periodieke onthouding ❷ raadje, wieltje

Roumania [ru:'meɪnɪə] *znw* → **Romania**

Roumanian [ru:'meɪnɪən] *bn & znw* → **Romanian**

round [raʊnd] **I** *voorz*, **around** vooral Br rondom, om, om... heen, rond ★ there's a café just ~ the corner er is een café net om de hoek ★ she went ~ the house ze liep om het huis heen **II** *bn* ❶ rond ★ a ~ window een rond raam ★ a ~ figure / sum & een rond bedrag & ❷ stevig, flink ‹vaartje &› **III** *bijw*, **around** ❶ om, omgekeerd ★ the long way ~ met een omweg ★ the other way ~ andersom ★ the wrong way ~ verkeerd om, achterstevoren, binnenstebuiten, ondersteboven ❷ vooral Br rond, om... heen ★ go ~ and ~ in one's head alsmaar in het hoofd rondgaan ★ all ~ overal, in alle richtingen, naar alle kanten, fig in het algemeen, in alle opzichten, (genoeg) voor allen ★ all the year ~ het hele jaar door ★ inf he's been ~ hij weet wat er in de wereld te koop is ★ there's no way ~ this problem er is geen manier om dit probleem te omzeilen ★ find one's way ~ de weg vinden, zichzelf wegwijs maken ★ get ~ sbd iem. overhalen ★ get ~ sth iets ontwijken ‹moeilijkheden› ❸ in het rond, hier en daar, verspreid, rondom ★ the best chocolate ~ de lekkerste chocolade van de wereld ❹ om en nabij, omstreeks, ongeveer ★ he's ~

(about) fifty hij is om en nabij de vijftig ★ *it was ~* *(about) 2 a.m.* het was ongeveer 2 uur 's nachts ★ *I'll be ~ soon* ik kom er zo aan, ik kom snel eens langs **IV** *znw* ❶ kring, bol, schijf, plak ★ *a ~ of beef* een runderschijf ❷ ommegang, rondreis, rond(t)e ★ *a paper ~* een krantenwijk ★ *in the ~* vrijstaand ⟨v. beeldhouwwerk⟩ ❸ routine, sleur ❹ toer ⟨bij breien⟩ ❺ rondje ❻ *muz* canon ❼ reeks ⟨misdaden⟩ ❽ snee ⟨brood⟩ ❾ *mil* salvo ★ *mil* 100 *~s of ammunition* 100 (stuks) patronen ★ *a ~ of applause* applaus **V** *overg* ❶ rond maken, (af)ronden, omringen ❷ omgaan, omkomen ⟨een hoek⟩ ❸ *scheepv* omzeilen **VI** *onoverg* ★ *~ sth* **down** iets afronden ⟨getal⟩ ★ *~ sth* **off** iets (af)ronden, iets voltooien, afmaken ★ *~* **on** *sbd* zich keren tegen iem., iem. verraden, verklikken ★ *~ sth* **up** iets bijeendrijven ⟨vee⟩, iets omsingelen, iets oppakken, iets afronden ⟨getal⟩

roundabout ['raʊndəbaʊt] **I** *bn* ❶ omlopend, een omweg makend, rond ★ *a ~ way* een omweg ❷ om de zaak heen draaiend, wijdlopig **II** *znw* ❶ draaimolen ❷ verkeersplein, rotonde

round brackets [raʊnd 'brækɪts] *znw* [mv] ronde haakjes ⟨()⟩

rounded ['raʊndɪd] *bn* (af)gerond, rond

roundel ['raʊndl] *znw* ❶ medaillon, schildje ❷ rondedans

rounders ['raʊndəz] *sp znw* [mv] slagbal

round-eyed [raʊnd'aɪd] *bn* met grote ogen

round game ['raʊndgeɪm] *znw* ± gezelschapsspel

round hand [raʊnd hænd] *znw* rondschrift

roundhouse ['raʊndhaʊs] *znw* ❶ *hist* gevangenis ❷ *scheepv* galjoen ⟨v. schip⟩

roundish ['raʊndɪʃ] *bn* rondachtig

roundly ['raʊndlɪ] *bijw* ❶ rond, ongeveer ❷ ronduit, botweg, vierkant, onbewimpeld ★ *the proposal was ~ rejected* het voorstel werd vierkant verworpen ❸ flink

round robin [raʊnd 'rɒbɪn] *znw* ❶ petitie waarbij de ondertekenaars in een cirkel tekenen ❷ *sp* wedstrijd waarbij ieder tegen iedere andere deelnemer uitkomt

rounds [raʊndz] *znw* [mv] ★ *the ~* de ronde ★ *do / make the ~* rondgaan ★ *go the ~* de ronde doen ⟨v. gerucht⟩

round-shouldered [raʊnd-'ʃəʊldəd] *bn* met gebogen rug, krom

roundsman ['raʊndzmən] *znw* bezorger

round-table conference [raʊnd-'teɪbl 'kɒnfərəns] *znw* rondetafelconferentie

round-the-clock [raʊnd-ðə-'klɒk] *bn* onafgebroken (gedurende een etmaal), 24-uur- ⟨dienst &⟩

round trip [raʊnd trɪp] **I** *bn* retour- ★ *a ~ airfare* een vliegretour **II** *znw* ❶ rondreis, reis heen en terug ❷ retour, retourkaartje, retourtje

round-up ['raʊnd-ʌp] *znw* ❶ overzicht ★ *a news ~* een nieuwsoverzicht ❷ bijeendrijven, omsingeling, klopjacht, razzia

roundworm ['raʊndwɜːm] *znw* rondworm

ro

rouse [raʊz] *overg* ❶ (op)wekken, doen ontwaken, wakker schudden, opporren (ook: *~ up*) ★ *~ oneself* wakker worden, zich vermannen ❷ opjagen, opschrikken ❸ prikkelen, ophitsen

rouser ['raʊzə] *inf znw* ❶ iets opzienbarends, sensatie ❷ grove leugen

rousing ['raʊzɪŋ] *bn* ❶ (op)wekkend, bezielend ❷ geestdriftig, enthousiast ★ *we gave him a ~ send-off* we gaven hem een enthousiast vaarwel ❸ *inf* kolossaal

roust [raʊst] *overg* ❶ opwekken ❷ verjagen, verdrijven

roustabout ['raʊstəbaʊt], **rouseabout** *Am znw* havenarbeider

rouster ['raʊstə] *znw* dekknecht, dokwerker

rout [raʊt] **I** *znw* zware nederlaag, algemene vlucht ★ *put to ~* een zware nederlaag toebrengen, op de vlucht drijven **II** *overg* een zware nederlaag toebrengen, op de vlucht drijven ★ *~ sbd out* iem. tevoorschijn laten komen, iem. opscharrelen ★ *~ sth out* iets tevoorschijn halen, opscharrelen

route [ruːt] **I** *znw* route, weg, parcours ★ *en ~ for / to* op weg naar **II** *overg* leiden, zenden

route march [raʊt mɑːtʃ] *mil znw* afstandsmars

route planner [ruːt 'plænə] *znw* routeplanner

router ['raʊtə] *comput znw* routebepaler, router

routine [ruː'tiːn] **I** *bn* routine, dagelijks, gewoon, normaal ★ *a ~ check* een routineonderzoek **II** *znw* ❶ routine, (gebruikelijke) procedure, sleur ❷ *theat* nummer ❸ *comput* routine ❹ *inf* afgezaagd verhaal, oude (bekende) liedje

routing ['raʊtɪŋ] *znw* ❶ bepaling van de route of volgorde ❷ *marketing* volgorde waarin de producten van een assortiment in de winkelschappen worden uitgestald

routinize ['ruːtɪnaɪz], **routinise** *overg* tot routine maken

rove [raʊv] **I** *overg* af-, doorzwerven **II** *onoverg* ❶ (om)zwerven ❷ dwalen ⟨v. ogen &⟩

rover ['raʊvə] *znw* ❶ zwerver, wispelturig iem. ❷ *sp* speler zonder vaste positie op het veld ❸ terreinwagen

roving ['raʊvɪŋ] **I** *bn* ❶ zwervend ★ *a ~ reporter* een reizende reporter ❷ dwalend **II** *znw* zwerven, zwerftocht

roving eye ['raʊvɪŋ 'aɪ] *znw* een oog voor andere vrouwen

row [raʊ] **I** ❶ rij, reeks, huizenrij ★ *in a ~* op een rij ★ *in ~s* op (in, aan) rijen ❷ straat ❸ roeien, roeitochtje ★ *go for a ~* gaan roeien **II** *znw* [raʊ] *inf* kabaal, herrie, ruzie, standje, rel ★ *get into a ~* herrie krijgen ★ *kick up a ~* herrie maken **III** *overg* [raʊ] ❶ roeien ❷ roeien tegen **IV** *onoverg* [raʊ] roeien **V** *onoverg* [raʊ] ❶ herrie maken, een rel schoppen ❷ ruzie maken

rowan ['raʊən, 'rəʊən] *znw* lijsterbes

rowboat ['rəʊbəʊt], **rowing boat** *znw* roeiboot

rowdy ['raʊdɪ] **I** *bn* lawaaierig, rumoerig **II** *znw*

❶ ruwe kerel, rouwdouw(er), herrieschopper ❷ ±
(voetbal)vandaal, hooligan
rowdyism ['raʊdɪɪzəm] *znw* ❶ herrie schoppen,
baldadigheid ❷ (voetbal)vandalisme
rowel ['raʊəl] *znw* spoorradertje, raadje
rower ['rəʊə] *znw* roeier
row house [rəʊ haʊs] *znw* rijtjeshuis
rowing I *bn* & *znw* ['rəʊɪŋ] ❶ roeien ❷ roei- **II** *znw*
['raʊɪŋ] ❶ herrieschoppen, herrie ❷ schrobbering
rowlock ['rɒlək], **oarlock** *znw* roeiklamp, dolklamp,
dol
royal ['rɔɪəl] **I** *bn* koninklijk, vorstelijk, konings- ★ *give
sbd a ~ welcome* iem. vorstelijk welkom heten **II** *znw*
inf lid v.d. koninklijke familie
royal blue ['rɔɪəl blu:] *znw* ❶ koningsblauw,
diepblauw ❷ prachtig
royal flush ['rɔɪəl flʌʃ] *znw* 10 t/m aas in dezelfde kleur
⟨bij poker⟩
royalism ['rɔɪəlɪzəm] *znw* koningsgezindheid
royalist ['rɔɪəlɪst] **I** *bn* koningsgezinde, royalistisch
II *znw* koningsgezind, royalist
royal jelly ['rɔɪəl 'dʒelɪ] *znw* koninginnengelei
royally ['rɔɪəlɪ] *bijw* koninklijk, vorstelijk
royal pardon ['rɔɪəl 'pɑːdn] *znw* koninklijke gratie
royal plural ['rɔɪəl 'plʊərəl] *znw* pluralis majestatis
royal prerogative ['rɔɪəl prɪ'rɒgətɪv] *znw* koninklijk
privilege
royalty ['rɔɪəltɪ] *znw* ❶ koningschap ❷ koninklijk
karakter ❸ (lid of leden van) de koninklijke familie
★ *she's related to ~* ze heeft koninklijk bloed
❹ (meestal *mv*) royalty ⟨aandeel in de opbrengst⟩
rozzer ['rɒzə] Br inf *znw* smeris
RP *afk* (recommended price) adviesprijs
rpm *afk* ❶ (revolutions per minute) omwentelingen
per minuut ❷ (marketing resale price maintenance)
prijsafspraak
RRP *afk* (recommended retail price) adviesprijs
RSI *afk* → **repetitive strain injury**
RSPCA Br *afk* (Royal Society for the Prevention of
Cruelty to Animals) dierenbescherming
RSVP ⟨*Fr*⟩ *afk* (répondez s'il vous plaît) r.s.v.p.,
antwoord alstublieft
rub [rʌb] **I** *znw* ❶ wrijven, wrijving ❷ massage
❸ moeilijkheid ★ *there's the ~* daar zit hem de
moeilijkheid ❹ poetsbeurt **II** *overg* ❶ wrijven,
inwrijven, afwrijven ★ *~ elbows with sbd* omgaan
met iem ★ *~ one's eyes* zich de ogen uitwrijven ★ *~
one's hands* zich (in) de handen wrijven (van
voldoening) ★ *~ noses* de neusgroet brengen ★ inf *~
sbd's nose in sth* iem. iets onder de neus wrijven
★ fig *~ shoulders with sbd* in aanraking komen met
iem., omgaan met iem. ❷ boenen, poetsen
❸ masseren ❹ schuren (over) **III** *onoverg* (zich)
wrijven, schuren **IV** *phras* ★ Br inf *~ along*
voortsukkelen, verder scharrelen ★ *~ away* slijten
★ *~ sth away* iets af-, wegwrijven, doen uitslijten ★ *~
sth* **down** iets af-, wegwrijven, boenen, afschuren,
roskammen ★ *~ sth* **in** iets inwrijven ★ inf *there's no*

need to ~ it in je hoeft er niets steeds op terug te
komen ★ *~* **off** er afgaan, verdwijnen ★ *~ sth off* iets
afwrijven ★ fig *~* **off on** *sbd* overgaan op iem. ★ *~*
out er afgaan ★ *~ sth out* iets uitwissen, uitvegen,
uitgummen ★ inf *~ sbd out* iem. uit de weg ruimen,
doden ★ *~ sth* **up** iets opwrijven, opfrissen, iets weer
ophalen ★ *~ sbd up the wrong way* iem. verkeerd
aanpakken, irriteren
rubber ['rʌbə] *znw* ❶ wrijver, poetser ❷ wrijflap
❸ masseur ❹ rubber ❺ vlakgom, gummetje ❻ inf
condoom, kapotje ❼ serie wedstrijden
rubber band ['rʌbə bænd] *znw* elastiekje
rubber boot ['rʌbə bu:t] *znw* rubberlaars
rubber bullet ['rʌbə 'bʊlɪt] *znw* rubberen kogel
rubber cement ['rʌbə sɪ'ment] *znw* rubber cement,
cement met rubber
rubber cheque ['rʌbə tʃek] *znw* ongedekte cheque
rubber dinghy ['rʌbə 'dɪŋɪ] *znw* rubberbootje
rubberneck ['rʌbənek] Am inf **I** *znw* kijklustig
(nieuwsgierig) iem., gaper, vooral toerist **II** *onoverg*
zich vergapen, nieuwsgierig rondgluren
★ *tourists ~ing at the sights* toeristen die zich
vergapen aan de bezienswaardigheden
rubbernecker ['rʌbənekə] inf *znw* automobilist die
langzaam gaat rijden om naar een ongeluk te
kijken
rubber plant ['rʌbə plɑːnt] *znw* rubberplant, ficus
rubbers ['rʌbəz] Am *znw* [mv] overschoenen
rubber stamp ['rʌbə stæmp] *znw* stempel
rubber-stamp ['rʌbə-'stæmp] *overg* automatisch
/ zonder nadenken goedkeuren
rubber tree ['rʌbə tri:] *znw* rubberboom
rubbery ['rʌbərɪ] *bn* rubberachtig
rubbing ['rʌbɪŋ] *znw* ❶ wrijven, gewrijf ❷ wrijfsel,
rubbing
rubbing alcohol ['rʌbɪŋ 'ælkəhɒl] *znw*
ontsmettingsalcohol
rubbish ['rʌbɪʃ] **I** *bn* waardeloos **II** *znw* ❶ troep, bocht,
rotzooi, prullen, rommel ★ inf *(what) ~!* klets! onzin!
★ *a load of (old) ~* een hoop ouwe troep ❷ uitschot,
afval ❸ puin **III** *overg* inf afbreken, afkammen,
kwaadspreken van, afkraken
rubbish bag ['rʌbɪʃ bæg] *znw* vuilniszak
rubbish bin ['rʌbɪʃ bɪn] *znw* vuilnisbak, vuilcontainer
rubbishy ['rʌbɪʃɪ] inf *bn* ❶ snert-, prullig ❷ belachelijk,
onzinnig
rubble ['rʌbl] *znw* ❶ puin ❷ steenslag ❸ breuksteen,
natuursteen
rub-down ['rʌbdaʊn] *znw* massage
rube [ru:b] Am inf *znw* boerenpummel
rubella [rʊ(ː)'belə] med *znw* rodehond
Rubicon ['ru:bɪkən, -kɒn] *znw* ★ *cross the ~* de
beslissende stap doen
rubicund ['ru:bɪkʌnd] *bn* rood, blozend
rubric ['ru:brɪk] *znw* ❶ rubriek ❷ titel ❸ rubriek
⟨liturgisch voorschrift⟩
ruby ['ru:bɪ] **I** *bn* ❶ robijnen ❷ robijnrood **II** *znw*
robijn

ruby glass ['ru:bɪ glɑ:s] *znw* robijnglas
ruby port ['ru:bɪ pɔ:t] *znw* rode port
ruby wedding ['ru:bɪ 'wedɪŋ], **ruby wedding anniversary** *znw* robijnen bruiloft, veertigjarig huwelijksfeest
ruche [ru:ʃ] *znw* ruche, strookje
ruck [rʌk] **I** *znw* ❶ grote hoop, troep, massa ★ *the ~* de massa, de gewone mensen ❷ kreukel, plooi **II** *overg & onoverg* kreukelen, plooien (ook: *~ up*)
rucksack ['rʌksæk] *znw* rugzak
ruckus ['rʌkəs] *znw* tumult, ordeverstoring
ructions ['rʌkʃnz] *inf znw* [mv] heibel, herrie, ruzie
rudder ['rʌdə] scheepv *znw* ❶ roerblad ❷ roer
rudderless ['rʌdələs] *bn* stuurloos
ruddle ['rʌdl] *znw* roodaarde, roodsel
ruddy ['rʌdɪ] *bn* ❶ (fris) rood, blozend ★ *a ~ complexion* een blozende gelaatskleur ❷ *inf* verdomd ‹vervelend &› ★ Br gedat *you ~ idiot!* verrekte stommeling!
rude [ru:d] *bn* ❶ onbeschaafd, onbeleefd, onheus, onbeschoft ★ *he was very ~ about her* hij was erg beledigend over haar ❷ lomp, primitief ❸ ruw, grof, ruig ❹ hard, streng
rudeness ['ru:dnəs] *znw* onbeschoftheid, lompheid
rudiment ['ru:dɪmənt] *znw* rudiment
rudimentary [ru:dɪ'mentərɪ] *bn* ❶ elementair, aanvangs- ❷ rudimentair
rudiments ['ru:dɪmənts] *znw* [mv] eerste beginselen ★ *I don't even know the ~ of first aid* ik weet helemaal niets van eerste hulp
rue [ru:] **I** *znw* plantk wijnruit **II** *overg* dicht betreuren, berouw hebben over ★ *~ the day* de dag berouwen
rueful ['ru:fʊl] *bn* spijtig, berouwvol, teleurgesteld ★ *she gave a ~ laugh* ze gaf een teleurgesteld lachje
ruff [rʌf] **I** *znw* ❶ (geplooide) kraag ❷ dierk kemphaan ‹mannetje› ❸ (af)troeven **II** *overg & onoverg* (af)troeven
ruffian ['rʌfɪən] *znw* ❶ bandiet, schurk ❷ woesteling
ruffianly ['rʊfɪənlɪ] *bn* ❶ schurkachtig ❷ woest
ruffle ['rʌfəl] **I** *znw* ❶ rimpeling ❷ (geplooide) kraag of boord **II** *overg* ❶ frommelen, plooien, rimpelen, in (door) de war maken ★ *the swan ~d its feathers (up)* de zwaan zette zijn veren op ❷ verstoord maken, verstoren ★ *~ sbd's feathers / temper* iem. irriteren
rug [rʌg] *znw* ❶ reisdeken, plaid ❷ vloerkleed(je) ★ Am inf *cut the / a ~* energiek dansen
rugby ['rʌgbɪ], **rugby football** *znw* rugby
rugby league ['rʌgbɪ li:g] *znw* rugby met 13 spelers per team
rugby union ['rʌgbɪ 'ju:njən] *znw* rugby met 15 spelers per team
rugged ['rʌgɪd] *bn* ❶ ruig, ruw ❷ oneffen, hobbelig ❸ doorgroefd ❹ grof ❺ onbehouwen ❻ hard ❼ inf sterk, krachtig, stoer, robuust
rugger ['rʌgə] Br *inf znw* rugby
ruin ['ru:ɪn] **I** *znw* ❶ ondergang, verderf, vernietiging ★ *be on the edge / brink of ~* op de rand van de

ondergang staan ★ *bring ~ on sbd* iem. te gronde richten, ruïneren ❷ ruïne ★ *fall into ~* in verval raken, instorten, tot een ruïne vervallen ★ *run to ~* in verval geraken ❸ puinhoop, puin (ook: *~s*) ★ *be / lie in ~s* in puin liggen, fig ingestort zijn **II** *overg* ❶ verwoesten, vernielen ❷ ruïneren, bederven, in het verderf storten, te gronde richten ❸ fig verleiden, onteren
ruination [ru:ɪ'neɪʃən] gedat *znw* ondergang, verderf ★ *drugs will be the ~ of him* hij gaat aan de drugs ten onder
ruinous ['ru:ɪnəs] *bn* verderfelijk, ruïneus, rampzalig ★ *a ~ effect on the economy* een rampzalig effect op de economie
rule [ru:l] **I** *znw* ❶ regel, voorschrift, norm, reglement ★ *as a (general) ~* in de regel, doorgaans, gewoonlijk, meestal ★ *bend / stretch the ~s* iets door de vingers zien, de regels vrij interpreteren ★ *make sth a ~* iets tot regel stellen ★ *work to ~* model werken, een modelactie / stiptheidsactie voeren ★ zegsw *~s are made to be broken* regels zijn er om gebroken te worden ★ sp *Australian Rules* Australisch voetbal ❷ levensregel, (vaste) gewoonte, maatstaf ❸ meetlat, liniaal, duimstok ❹ streep, streepje ❺ bewind, regering, bestuur, heerschappij ❻ jur beslissing **II** *overg* ❶ regeren, heersen over, besturen, het bewind voeren over ★ *be ~d by sbd / sth* geregeerd worden door iem. / iets, zich laten leiden door iem. / iets ❷ beheersen ❸ bepalen, beslissen (dat *that*) ❹ liniëren, trekken ‹lijnen› **III** *onoverg* heersen, regeren **IV** *phras* ★ *~ sth off* iets afscheiden door een lijn ★ *~ sth out* iets uitsluiten
rule of law [ru:l əv 'lɔ:] *znw* ★ *the ~* het recht
rule of thumb [ru:l əv 'θʌm] *znw* vuistregel, nattevingerwerk
ruler ['ru:lə] *znw* ❶ bestuurder, regeerder, heerser ❷ liniaal
rulership ['ru:ləʃɪp] *znw* heerschappij
ruling ['ru:lɪŋ] **I** *bn* (over)heersend ★ *the ~ party* de regeringspartij, de heersende partij **II** *znw* ❶ liniëring ❷ (rechterlijke) beslissing, uitspraak ★ *a court ~* een rechterlijke uitspraak ★ *hand down a ~* een uitspraak doen ❸ afspraak vooraf met de belastinginspecteur
ruling class ['ru:lɪŋ klɑ:s] *znw* ★ *the ~* de heersende klasse
rum [rʌm] **I** *bn* inf vreemd, raar ★ *a ~ customer* een rare vogel **II** *znw* rum
Rumania [ru:'meɪnɪə] *znw* → **Romania**
Rumanian [ru:'meɪnɪən] *bn & znw* → **Romanian**
rumba ['rʌmbə], **rhumba** *znw* rumba ‹dans›
rumble ['rʌmbl] **I** *znw* ❶ gerommel, gedreun, gedender ★ *the distant ~ of thunder* het verre gerommel van de donder ❷ kattenbak ‹v. rijtuig› ❸ inf gevecht tussen jeugdbenden **II** *overg* Br inf doorzien, begrijpen ★ *we've ~d his little game* we hebben zijn spelletje door **III** *onoverg* rommelen, dreunen, denderen ★ *~ on* doordenderen

rumbling ['rʌmblɪŋ] *znw* ❶ gemopper ★ *~s of discontent* ontevreden gemopper ❷ gerommel ★ *the ~ of distant thunder* het verre gerommel van de donder

rumbustious [rʌm'bʌstʃəs], <u>Am</u> **rambunctious** inf *bn* lawaai(er)ig

ruminant ['ruːmɪnənt] **I** *bn* herkauwend **II** *znw* herkauwend dier

ruminate ['ruːmɪneɪt] **I** *overg* ❶ herkauwen ❷ <u>form</u> be-, overpeinzen **II** *onoverg* ❶ herkauwen ❷ <u>form</u> peinzen, nadenken ★ *~ about / on / over sth* broeden op iets, denken over iets

rumination [ruːmɪ'neɪʃən] *znw* ❶ herkauwing ❷ <u>form</u> overdenking, gepeins

ruminative ['ruːmɪnətɪv] *bn* ❶ herkauwend ❷ <u>fig</u> nadenkend, peinzend

rummage ['rʌmɪdʒ] **I** *znw* ❶ rommel ❷ gesnuffel, doorzoeking **II** *onoverg* ❶ rommelen, woelen, snuffelen (in *among*) ★ *~ for sth* iets opscharrelen ★ *~ through sth* iets doorzoeken ❷ rommel maken

rummage sale ['rʌmɪdʒ seɪl] <u>Am</u> *znw* ❶ uitverkoop tegen afbraakprijzen ❷ → **jumble sale**

rummer ['rʌmə] *znw* roemer ⟨drinkglas⟩

rummy ['rʌmɪ] <u>kaartsp</u> *znw* rummy

rumour ['ruːmə], <u>Am</u> **rumor** **I** *znw* gerucht ★ *there is no truth in the ~s* de geruchten berusten niet op waarheid ★ *circulate a ~* een gerucht in de wereld brengen ★ *~ has it that* er wordt gezegd dat ★ *quash / scotch this ~* een gerucht de kop in drukken **II** *overg* (bij gerucht) verspreiden, uitstrooien ★ *it is ~ed that* er gaat een gerucht dat

rumour-monger ['ruːmə-mʌŋgə] *znw* roddelaar, kletskous

rump [rʌmp] *znw* ❶ stuitbeen, stuit, stuitstuk ❷ achterste, achterstuk ❸ overschot

rumple ['rʌmpl] **I** *znw* kreukel, verkreukeling, vouw, plooi ★ *a ~ of clothes* een slordige hoop kleren **II** *overg* verkreuk(el)en, kreuken, vouwen, in de war maken, verfrommelen

rump steak [rʌmp steɪk] *znw* biefstuk

rumpus ['rʌmpəs] inf *znw* herrie, heibel, keet

rumpus room ['rʌmpəs ruːm] *znw* speelkelder, hobbykelder

rumrunner ['rʌmrʌnə] <u>hist</u> *znw* ❶ dranksmokkelaar ❷ schip waarmee drank gesmokkeld wordt

run [rʌn] **I** *znw* ❶ loop, aanloop, ren, wedloop ★ *at a ~* op een loopje ★ *make a ~ for it* hard weglopen, er hard vandoor gaan ★ *on the ~* op de vlucht, in de weer, bezig ★ *with a ~* met een vaartje ★ *get / have a good ~ for one's money* waar voor zijn geld krijgen ★ *give sbd a good ~ for their money* iem. het niet gemakkelijk maken ❷ uitstapje, reis, rit, traject ❸ poging, gooi ❹ periode, reeks, serie, opeenvolging ★ *in the long ~* op den duur ★ *in the short ~* op korte termijn ★ *a ~ of luck* voortdurend geluk ★ *throughout its ~* zo lang het duurt ★ *it had a ~ of 300 nights* het werd 300 keer achter elkaar opgevoerd ❺ plotselinge vraag (naar *on*), toeloop,

verloop ⟨v. markt⟩ ❻ slag, soort, type, richting, ontwikkeling ★ *out of the ~* niet gewoon ❼ piste, parcours, spoor, pad v. dieren ❽ kippenren, weide ⟨v. schapen &⟩ ❾ vrije toegang (tot *of*), vrije beschikking (over *of*) ★ *have the ~ of sth* vrije toegang tot iets hebben ❿ run ⟨bij cricket en honkbal⟩ ⓫ ladder ⟨in kous⟩ ⓬ druppel ⟨uitlopen v. verf⟩ ⓭ <u>muz</u> loopje ⓮ trek ⟨v. vissen⟩ ⓯ <u>comput</u> run, doorloop ⟨van een programma⟩ **II** *overg* [ran, run] ❶ laten lopen ⟨treinen &⟩, racen met, laten draven ⟨paard⟩, laten deelnemen ⟨aan (wed)strijd⟩, stellen ⟨een kandidaat⟩ ★ *~ sbd a close second* ± een goede tweede zijn ★ <u>inf</u> *~ sbd ragged* iem. afmatten ★ *~ a fever* koorts hebben ❷ laten gaan ⟨zijn vingers, over of door⟩, strijken met ❸ steken, halen, rijgen ⟨draad, degen⟩ ❹ drijven, besturen, leiden, exploiteren, runnen ⟨zaak, machine &⟩ ★ *~ errands* boodschappen doen ★ <u>inf</u> *~ the show* de lakens uitdelen, de dienst uitmaken ❺ houden ⟨wedren, een auto⟩, geven ⟨cursus, voorstelling⟩ ❻ vervolgen, achtervolgen, nazetten ⟨vos &⟩ ❼ verbreken ⟨blokkade⟩ ❽ smokkelen ⟨geweren &⟩ ❾ <u>comput</u> draaien, starten ⟨van een programma⟩, uitvoeren ⟨van een bewerking⟩ **III** *onoverg* [ran, run] ❶ lopen, (hard)lopen, rennen, hollen, snellen, gaan, rijden ★ *~ on the spot* op de plaats rennen ★ <u>inf</u> *~ a mile* er hard vandoor gaan, onwillig zijn om iets te doen ❷ in actie zijn, aan het werk zijn, werken, bewegen ★ <u>inf</u> *they took my idea and ran with it* ze gaven mijn idee veel publiciteit ❸ worden ★ *~ cold* koud worden ⟨v. warm water⟩ ★ *my blood ran cold* het bloed stolde mij in de aderen ★ *~ dry* ophouden te vloeien ★ *~ high* hoog lopen (gaan), hoog zijn (staan), hooggespannen zijn ⟨verwachtingen⟩ ★ *~ late* vertraging hebben ★ *~ wild* woekeren ❹ in omloop zijn, geldig zijn ★ *~ in the family* in de familie zitten ❺ gaan lopen, deserteren, er vandoor gaan ❻ deelnemen aan de (wed)strijd, kandidaat zijn ❼ lekken, vloeien, stromen, in elkaar lopen ⟨kleuren⟩, smelten, aflopen ⟨kaars⟩ ❽ ladderen ⟨kous⟩ ❾ etteren, pussen, stromen ⟨v. bloed⟩ ❿ luiden ⟨v. tekst⟩ **IV** *phras* ★ *~ about* rondlopen ★ *~ across sth* iets tegen het lijf lopen, iets aantreffen ★ *~ across sbd* iem. toevallig ontmoeten, iem. tegen het lijf lopen, iem. aantreffen ★ <u>inf</u> *~ after sth* iets nalopen, met alle macht proberen iets te krijgen ★ *~ after sbd* iem. nalopen ★ *~ against sbd* tegen iem. aan lopen (met) ⟨het hoofd⟩, iem. tegen het lijf lopen, iemands tegenkandidaat zijn ★ *luck was ~ning against me* het zat me niet mee ★ *public opinion is ~ning against nuclear power* de publieke opinie begint zich tegen kernenergie te keren ★ <u>gedat</u> *~ along* weggaan ★ *~ around* rondrennen, het druk hebben ★ *~ around in circles* in een kringetje rondrennen, druk zijn zonder dat het resultaat oplevert ★ <u>inf</u> *~ around after sbd* dingen voor iem. doen ⟨die ook door de persoon zelf gedaan kunnen worden⟩ ★ *~ around with sbd* vaak

ru

in het gezelschap van iem. verkeren ★ ~ **at** *sbd* / *sth* aan-, losstormen op iem. / iets ★ ~ **away** weglopen, deserteren ★ ~ **away with** *sbd* / *sth* er vandoor gaan met iem. / iets ★ *his horse ran away with him* zijn paard sloeg op hol, hij verloor de controle over zijn paard ★ *my imagination ran away with me* ik liet mij meeslepen door mijn verbeelding ★ ~ *sth* **by** / **past** *sbd* iets aan iem. voorleggen ★ ~ **down** afnemen, minder worden, uitgeput raken, verzwakken, op raken ★ ~ *down the path* / *road &* het pad / de weg & afrennen ★ ~ *sbd* / *sth down* iem. / iets omverlopen, overrijden, iem. / iets opsporen, iem. / iets uitputten, verzwakken, fig iem. / iets afbreken, afgeven op iem. / iets ★ *the mountains* ~ **down to** *the sea* de bergen lopen af naar de zee ★ ~ **for** *sth* kandidaat zijn voor iets ★ inf ~ *for it* het op een lopen zetten ★ ~ **from** *sbd* / *sth* iem. / iets ontlopen, weglopen van iem. / iets ★ ~ *sth* **in** iets inlopen ⟨motor⟩, iets inrijden ⟨auto⟩ ★ inf ~ *sbd in* iem. inrekenen ★ ~ **into** *sth* iets binnenlopen, tegen iets aan botsen / lopen / rijden / varen ★ ~ *into debt* schulden maken ★ ~ *into five editions* vijf oplagen beleven ★ ~ *into six figures* in de honderdduizenden lopen ★ *it* ~*s into a large sum* het loopt in de papieren ★ ~ *into sbd* even aanlopen bij iem., iem. (toevallig) ontmoeten, tegen het lijf lopen ★ ~ **off** weglopen, afdwalen ★ ~ *sth off* iets laten weglopen, iets aframmelen, afraaien / iets, iets afdrukken, afdraaien ⟨met stencilmachine⟩ ★ *be* ~ *off one's feet* het verschrikkelijk druk hebben ★ ~ **off with** *sbd* / *sth* er vandoor gaan met iem. / iets ★ ~ **on** doorlopen, -varen, voorbijgaan, (door)ratelen, doorslaan ★ ~ *on sth* lopen op iets ⟨brandstof⟩ ★ ~ *sth on* iets door laten lopen, iets door laten gaan, iets verbinden ★ ~ **out** ten einde lopen, aflopen ⟨termijn⟩, opraken ⟨voorraad⟩, lekken ★ *time is* ~*ning out* de tijd dringt ★ ~ *sth out* iets afrollen ⟨touw⟩, iets uitsteken, uitbrengen ★ ~ *oneself out* zich buiten adem lopen ★ ~ **out of** *steam* de puf eruit hebben, geen zin of energie hebben om door te gaan ★ inf ~ **out on** *sbd* iem. in de steek laten ★ ~ **over** overlopen ★ ~ *over sth* iets nagaan ⟨in gedachten⟩ ★ ~ *sbd* / *sth over* iem. / iets overrijden ★ ~ **over to** *somewhere* even ergens heen rijden ★ ~ *over to sbd* even naar iem. overwippen ★ ~ **over with** *sth* overvloeien van iets ★ ~ **through** *sth* lopen door iets ⟨v. weg⟩, iets doorlopen ⟨tekst &⟩ ★ ~ *through one's money* zijn geld erdoor jagen ★ ~ *one's pen through sth* de pen halen door iets ★ ~ *sbd through* iem. doorsteken ★ *it will* ~ **to** *eight pages* het zal wel acht bladzijden beslaan / bedragen ★ *the money won't* ~ *to it* zo ver reikt het geld niet ★ *it won't* ~ *to that* zo hoog / duur komt dat niet ★ ~ **up** naderen ★ ~ *sth up* iets laten oplopen, iets optellen, iets snel in elkaar zetten / klaarmaken, iets hijsen ⟨vlag⟩, iets optrekken ⟨muur⟩, iets opstellen ⟨geschut⟩, techn iets op toeren (laten) komen ★ ~ *up a bill* een rekening op laten lopen ★ ~ **up against**

sth komen te staan voor iets ⟨hindernis, moeilijkheid⟩, iets tegen het lijf lopen ★ ~ **with** *sth* druipen van ⟨bloed &⟩

runabout ['rʌnəbaʊt] *znw* ❶ wagentje ❷ bootje

runaround ['rʌnəraʊnd] inf *znw* ★ *the* ~ het afschepen ★ *give sbd the* ~ iem. met een kluitje in het riet sturen

runaway ['rʌnəweɪ] **I** *bn* weggelopen, op hol (geslagen) ★ *a* ~ *cart* een op hol geslagen wagen ★ *a* ~ *victory* / *win* een glansrijke overwinning **II** *znw* ❶ vluchteling ❷ deserteur, gedroste ❸ (van huis) weggelopen kind

run-down ['rʌn-daʊn, rʌn-'daʊn], **rundown I** *bn* ❶ afgelopen ⟨van uurwerk⟩ ❷ vervallen, verlopen ⟨zaak⟩ ❸ moe, op ⟨v. vermoeidheid⟩ ★ *feel* ~ zich op, leeg voelen **II** *znw* ❶ vermindering ❷ overzicht

rune [ruːn] *znw* rune

rung [rʌŋ] **I** *znw* sport ⟨v. ladder of stoel⟩ **II** *ww* [v.d.] → **ring**

runic ['ruːnɪk] *bn* runen-

run-in ['rʌnɪn] *znw* ❶ aanloop ❷ inf vechtpartij, schermutseling, ruzie

runnel ['rʌnl] *znw* ❶ beekje ★ *a* ~ *of sweat* een stroompje zweet ❷ goot

runner ['rʌnə] *znw* ❶ loper ★ inf *do a* ~ er snel vandoor gaan ❷ hardloper, renpaard ❸ schaatsijzer ❹ → **running shoe** ❺ plantk uitloper ❻ → **runner bean** ❼ ⟨in samenstelling⟩ smokkelaar ❽ schuifring

runner bean ['rʌnə biːn], **runner** *znw* klimboon

runner-up [rʌnə-'rʌp] *znw* ❶ mededinger die in wedstrijd als tweede aankomt, nummer twee ❷ opjager ⟨bij verkopingen⟩

running ['rʌnɪŋ] **I** *bn* ❶ lopend, doorlopend, achtereenvolgend ★ *a* ~ *joke* een vaste grap ★ *two times* ~ tweemaal achtereen ❷ strekkend ⟨bij meting⟩ ❸ med etterend ❹ race- ★ ~ *shorts* sportbroekje **II** *znw* ❶ lopen, loop, ren ★ *in the* ~ *(for sth)* kandidaat (voor iets) ★ *out of the* ~ *(for sth)* geen kans maken (op iets) ★ *make the* ~ het tempo aangeven ★ *take up the* ~ het tempo bepalen ❷ smokkelen ❸ bestuur, leiding ★ *the day-to-day* ~ het dagelijks bestuur

running account ['rʌnɪŋ ə'kaʊnt] *znw* rekening-courant ⟨tussen banken⟩

running battle ['rʌnɪŋ 'bætl] *znw* ★ *fight a* ~ een doorlopend gevecht hebben

running-board ['rʌnɪŋ-bɔːd] *znw* ❶ treeplank ❷ loopplank

running commentary ['rʌnɪŋ 'kɒməntəri] *znw* lopend commentaar, direct verslag, ⟨radio⟩ reportage

running costs ['rʌnɪŋ kɒsts] *znw* [mv] bedrijfskosten, exploitatiekosten

running dog ['rʌnɪŋ dɒg] *znw* ❶ inf slaafse volgeling ❷ racehond

running fire ['rʌnɪŋ 'faɪə] mil *znw* onafgebroken vuur

running gear ['rʌnɪŋ gɪə] *znw* bewegende delen van een machine

running head ['rʌnɪŋ hed], **running headline** *znw*

hoofdregel, kopregel

running jump ['rʌnɪŋ dʒʌmp] *znw* sprong met aanloop ★ **inf** *just take a ~ (at yourself)!* hoepel op!

running knot ['rʌnɪŋ nɒt] *znw* schuifknoop

running mate ['rʌnɪŋ meɪt] <u>pol</u> *znw* tweede man ‹bij verkiezingen›

running repairs ['rʌnɪŋ rɪ'peəz] *znw* [mv] klein onderhoud ‹aan machines zonder ze stil te zetten›

running shoe ['rʌnɪŋ ʃu:], **runner** *znw* loopschoen

running speed ['rʌnɪŋ spi:d] *znw* ❶ omloopsnelheid ❷ rijsnelheid

running start ['rʌnɪŋ stɑ:t] <u>sp</u> *znw* vliegende start

running title ['rʌnɪŋ 'taɪtl] *znw* kopregel

running total ['rʌnɪŋ 'təʊtl] *znw* totaalstand ‹die voortdurend wordt aangepast›

running track ['rʌnɪŋ træk] *znw* baan voor hardlopen

running water ['rʌnɪŋ 'wɔ:tə] *znw* stromend water

runny ['rʌnɪ] *bn* ❶ vloeibaar, zacht ❷ lopend ‹neus›, tranend ‹ogen› ★ *a ~ nose* een loopneus

run-off ['rʌnɒf] <u>sp</u> *znw* beslissende race / wedstrijd(en) ‹na gelijke stand›

run-of-the-mill [rʌn-əv-ðə-'mɪl] *bn* gewoon, doorsnee

runs [rʌnz] <u>inf</u> *znw* [mv] ★ *the ~* diarree

runt [rʌnt] *znw* ❶ klein dier, kleinste dier van een worp ❷ klein rund ❸ <u>inf</u> onderdeurtje, onderkruipsel

run-through ['rʌnθru:] *znw* repetitie

run time [rʌn taɪm] <u>comput</u> *znw* doorlooptijd, werkingsduur, runtime

run-up ['rʌnʌp] *znw* voorbereiding(stijd), aanloop ★ *in the ~ to the elections* in de aanloop naar de verkiezingen

runway ['rʌnweɪ] *znw* ❶ loop, pad ❷ sponning ❸ startbaan, landingsbaan

rupee [ru:'pi:] <u>valuta</u> *znw* roepie

rupture ['rʌptʃə] I *znw* ❶ breuk ❷ verbreken ❸ scheuring II *overg* verbreken, breken, scheuren, doen springen ‹aderen &› III *onoverg* breken, springen ‹aderen &›

rural ['rʊərəl] *bn* ❶ landelijk ❷ plattelands-

ruse [ru:z] *znw* krijgslist, list, kunstgreep

rush [rʌʃ] I *bn* haast-, dringend, spoed- II *znw* ❶ vaart, haast ❷ bestorming, stormloop (op *on*) ❸ ren, geren, grote drukte ❹ stroom ‹v. emigranten &›, hoop ‹mensen› ❺ geraas, geruis ❻ aandrang ❼ <u>slang</u> flash ‹na gebruik v. drugs &› ❽ <u>plantk</u> bies ★ *a ~ of blood* bloedaandrang ★ *with a ~* stormenderhand ★ *make a ~ for sth* losstormen op iets, stormlopen om iets III *overg* ❶ aan-, losstormen op, bestormen, stormlopen op, overrompelen ❷ (voort)jagen ❸ in aller ijl zenden, haast maken met ★ *~ matters* overijld te werk gaan ★ *refuse to be ~ed* zich niet laten opjagen ★ *be ~ed for time* in tijdnood zitten IV *onoverg* ❶ zich haasten, (voort)snellen, ijlen, stuiven, schieten, rennen, stormen, jagen ★ *~ to conclusions* voorbarige gevolgtrekkingen maken ❷ zich storten ❸ stromen ❹ ruisen V *phras* ★ *~ at* sth afschieten op iets,

losstormen op iets, iets bestormen ★ *~* **down** afstormen, zich naar beneden storten ★ *~* **in** naar binnen stormen, naar binnen stromen ★ *~* **zegsw** *fools ~ in where angels fear to tread* haastige spoed is zelden goed ★ *~* **into** sth zich hals over kop begeven in iets ★ *~ into extremes* van het ene uiterste in het andere vervallen ★ *~ into print* er op los schrijven (in de krant) ★ *~ sbd into doing sth* iem. iets overhaast laten doen ★ *~* **off** snel weggaan ★ *be ~ed off one's feet* het vreselijk druk hebben, tot over z'n oren in het werk zitten ★ *~* **out** naar buiten snellen ★ *~ sth out* iets snel op de markt brengen ‹een boek &› ★ *~* **past** voorbijsnellen, -rennen, -jagen ★ *~* **through** sth door iets heenvliegen ★ *~ sth through* iets erdoor jagen ‹wetsontwerp›

rushed [rʌʃt] *bn* gehaast ★ *she's too ~ to talk to you now* ze heeft het te druk om nu met je te praten

rusher ['rʌʃə] *znw* ❶ bestormer ❷ <u>inf</u> iem. die weet aan te pakken

rushes ['rʌʃɪz] *znw* [mv] dagproductie ‹v. film›

rush hour [rʌʃ aʊə] *znw* spitsuur ★ *~ traffic* spitsverkeer

rush job ['rʌʃdʒɒb] *znw* haastklus, spoedkarwei

rushlight ['rʌʃlaɪt] <u>hist</u> *znw* nachtpitje

rush order [rʌʃ 'ɔ:də] *znw* spoedbestelling

rushy ['rʌʃɪ] *bn* ❶ vol biezen ❷ biezen-

rusk [rʌsk] *znw* beschuit, beschuitje

russet ['rʌsɪt] I *bn* roodbruin II *znw* ❶ roodbruin ❷ soort winterappel

Russia ['rʌʃə] *znw* Rusland

Russian ['rʌʃən] I *bn* Russisch II *znw* ❶ Rus, Russin ❷ Russisch

Russian roulette ['rʌʃən ru:'let] *znw* Russische roulette

Russian salad ['rʌʃən 'sæləd] *znw* ± huzarensla ‹salade van gemengde gesneden groenten met mayonaise›

russification [rʌsɪfɪ'keɪʃən] *znw* russificatie

russify ['rʌsɪfaɪ] *overg & onoverg* russificeren

rust [rʌst] I *znw* roest II *overg* doen (ver)roesten III *onoverg* ❶ (ver)roesten ❷ <u>fig</u> achteruitgaan (door nietsdoen)

rust bucket [rʌst 'bʌkɪt] *znw* <u>inf</u> roestbak ‹auto, schip›

rustic ['rʌstɪk] I *bn* ❶ landelijk, boers ❷ boeren-, land- ❸ rustiek II *znw* <u>vaak afkeurend</u> plattelandsman, boer

rusticate ['rʌstɪkeɪt] I *overg* ❶ <u>Br onderw</u> tijdelijk verwijderen ‹v.d. universiteit› ❷ <u>bouwk</u> metselen in rustieke stijl II *onoverg* <u>gedat</u> buiten (gaan) wonen

rusticity [rʌs'tɪsɪtɪ] *znw* ❶ landelijk karakter, landelijkheid, landelijke eenvoud ❷ boersheid, onbeschaafdheid

rustle [rʌsl] I *znw* geritsel, geruis II *overg* ❶ doen ritselen, ritselen met ❷ stelen ‹vooral vee› ▾ <u>inf</u> *~ sth up* iets snel verzorgen, iets opscharrelen III *onoverg* ritselen, ruisen

rustler ['rʌslə] *znw* veedief

rustproof ['rʌstpru:f] *bn* roestvrij

rusty ['rʌstɪ] *bn* ❶ roestig, roestkleurig ❷ verschoten ★ *my French is a little ~* mijn Frans is niet meer wat het geweest is

rut [rʌt] **I** *znw* ❶ wagenspoor, spoor, groef ❷ *fig* sleur ❸ bronst(tijd) ★ *an animal in ~* een bronstig dier **II** *overg* sporen maken in **III** *onoverg* bronstig zijn

rutabaga [ru:tə'beɪgə] *znw* Am koolraap

ruthless ['ru:θləs] *bn* meedogenloos, genadeloos, onbarmhartig

ruthlessly ['ru:θləslɪ] *bijw* meedogenloos, genadeloos, onbarmhartig

rutted ['rʌtɪd], **rutty** *bn* ingesleten ‹v. weg›, vol (wagen)sporen en gaten

rutting ['rʌtɪŋ] *znw* bronst ★ *the ~ season* de bronsttijd

ruttish ['rʌtɪʃ] *bn* bronstig

rutty ['rʌtɪ] *bn* → **rutted**

Rwanda [ru:'ændə] *znw* Rwanda

Rwandan [ru:'ændən] **I** *bn* Rwandees **II** *znw* Rwandees, Rwandese

rye [raɪ] *znw* ❶ plantk rogge ❷ Am whisky uit rogge

rye bread [raɪ bred] *znw* roggebrood

rye grass [raɪ grɑ:s] *znw* raaigras ‹bep. grassoort›

S

S&M [es ən(d) em], **SM** *znw* → **sadomasochism**

s I *afk* ★ *S* (south/southern) zuiden / zuidelijk **II** *znw* [es] (de letter) s

sabbatical [sə'bætɪkl] **I** *bn* sabbat(s)- ★ *a ~ year* een sabbat(s)jaar, onderw een verlofjaar **II** *znw* sabbat(s)jaar, onderw verlofjaar ★ *he's away on ~ (leave)* hij heeft sabbatsverlof

saber ['seɪbə] Am *znw* → **sabre**

sable ['seɪbl] **I** *bn* dicht zwart, donker **II** *znw* ❶ dierk sabeldier ❷ sabelbont

sabot ['sabəu,'sæbəu] *znw* klomp

sabotage ['sæbətɑ:ʒ] **I** *znw* sabotage ★ *an act of ~* een sabotageactie **II** *overg* saboteren

saboteur [sæbə'tɜ:] *znw* saboteur

sabre ['seɪbə], Am **saber** *znw* (cavalerie)sabel ★ afkeurend *~ rattling* wapengekletter, militair vertoon

sabretooth ['seɪbətu:θ], **sabretooth tiger** *znw* sabeltandtijger

sac [sæk] *znw* zak ‹in organisme›, buidel, holte

saccharine ['sækəri:n] **I** *bn* ❶ sacharine- ❷ fig zoetsappig ★ afkeurend *~ film music* mierzoete filmmuziek **II** *znw*, **saccharin** sacharine

sacerdotal [sækə'dəutl] form *bn* priesterlijk, priester-

sachet ['sæʃeɪ] *znw* sachet, zakje, builtje

sack [sæk] **I** *znw* ❶ (grote) zak, baal ★ *a ~ of sugar* een baal suiker ❷ *~ dress* hobbezak ‹kledingstuk› ❸ inf zak, ontslag ★ *get the ~* de bons krijgen ★ *give sbd the ~* iem. ontslaan, iem. de bons geven ★ *hundreds of miners face the ~* honderden mijnwerkers worden met ontslag bedreigd ❹ inf nest, bed, koffer ★ *hit the ~* naar bed gaan ★ *how is he in the ~?* hoe is hij in bed? ❺ plundering ❻ vero Spaanse wijn **II** *overg* ❶ in zakken doen ❷ inf de bons geven, ontslaan ❸ plunderen **III** *phras* ★ Am inf *~ out* gaan slapen

sackbut ['sækbʌt] hist *znw* schuiftrompet

sackcloth ['sækklɒθ] *znw* zakkenlinnen ★ inf scherts *I guess I'll have to wear ~ and ashes* ik zal het boetekleed wel moeten aantrekken

sackful ['sækfʊl], **sackload** *znw* [*mv*: sackfuls] zak, zak vol ★ *a ~ of flour* een zak vol meel ★ *a ~ of Oscar awards* een koffer vol Oscars ★ *they're raking in money in ~s / by the ~* ze halen het geld met zakken vol / in enorme hoeveelheden binnen

sacking ['sækɪŋ] *znw* ❶ paklinnen ❷ inf zak, ontslag

sackload ['sækləud] *znw* → **sackful**

sack lunch [sæk lʌntʃ] Am *znw* lunchpakket

sack race ['sækreɪs] *znw* zaklopen

sacral ['seɪkrəl] *bn* ❶ anat sacraal ❷ gewijd, heilig

sacrament ['sækrəmənt] *znw* sacrament

sacramental [sækrə'mentl] *bn* sacramenteel

sacred ['seɪkrɪd] *bn* ❶ heilig, geheiligd, gewijd, geestelijk, kerk- ★ *a ~ service* een godsdienstoefening ★ *the rock is ~ to the Aborigines* de rots is heilig voor de Aborigines ★ ~ *to the memory of John Doe* gewijd aan de herinnering van John Doe ⟨op grafstenen⟩ ❷ plechtig ★ *he swore a ~ oath* hij legde een plechtige eed af ❸ onschendbaar

sacred cow ['seɪkrɪd kaʊ] *znw* heilige koe

sacred music ['seɪkrɪd 'mjuːzɪk] *znw* kerkmuziek

sacrifice ['sækrɪfaɪs] **I** *znw* ❶ offerande, offer ★ *the tribespeople offer animals as a ~ to the gods* de leden van de stam offeren dieren aan de goden ❷ opoffering ★ *make the supreme / ultimate ~* het hoogste offer brengen ⟨sterven voor een zaak⟩ **II** *overg* ❶ ten offer brengen ❷ (op)offeren ★ *~ oneself* zich opofferen (voor anderen) ★ *inf scherts OK, I'll ~ myself and go first* goed, ik offer me wel op door als eerste te gaan ★ *safety is being ~d on the altar of expediency* de veiligheid wordt opgeofferd aan opportunisme

sacrificer ['sækrɪfaɪsə] *znw* offeraar, offerpriester

sacrificial [sækrə'fɪʃəl] *bn* offer-

sacrificial lamb [sækrə'fɪʃəl læm] *znw* offerlam ★ *everyone is wondering which department will be the ~* iedereen vraagt zich af welke afdeling geofferd gaat worden

sacrilege ['sækrɪlɪdʒ] *znw* heiligschennis, kerkroof

sacrilegious [sækrə'lɪdʒəs] *bn* (heilig)schennend

sacring bell ['seɪkrɪŋ bel] *RK znw* misbelletje

sacristan ['seɪkrɪstən] *znw* ❶ koster ❷ sacristein

sacristy ['sækrɪstɪ] *znw* sacristie

sacrosanct ['sækrəʊsæŋkt] *bn* hoogheilig, bijzonder heilig, *fig* onaantastbaar ★ *my evenings are ~* mijn avonden zijn mij heilig

sacrosanctity [sækrəʊ'sæŋktətɪ] *znw* ❶ onschendbaarheid ❷ heiligheid

sacrum ['seɪkrəm] *anat znw* [*mv:* -s *of* sacra] heiligbeen

sad [sæd] *bn* ❶ droevig, bedroefd, verdrietig, treurig, somber, donker ⟨kleur⟩ ★ *inf get a life away from your computer, you ~ man!* ga eens leven en kom bij die computer weg, stakker! ★ *the experience has left us ~der but wiser* door deze onprettige ervaring hadden we wel wat geleerd ★ *inf the garden was looking a bit ~ by the time we got back* de tuin zag er wat treurig uit toen we terugkwamen ❷ betreurenswaardig ★ *the ~ fact is that we can no longer afford it* jammer genoeg kunnen we ons het niet langer veroorloven ★ *~ to say, we never heard from her again* we hebben helaas nooit meer iets van haar gehoord

sadden ['sædn] *overg* bedroeven, somber maken ★ *we were ~ed to hear of your recent loss* toen we van uw verlies hoorden deed het ons veel verdriet ⟨condoleance formule⟩

saddle ['sædl] **I** *znw* ❶ zadel ★ *in the ~* in het zadel, de leiding hebbend ★ *inf put the ~ on the wrong horse* de verkeerde de schuld geven ❷ juk, schraag ❸ rug, lendenstuk **II** *overg* zadelen ★ *be ~d with sbd / sth* opgescheept zitten met iem. / iets ★ *~ oneself with sbd / sth* iem. / iets op zich nemen **III** *onoverg* (op)zadelen (ook: *~ up*)

saddleback ['sædlbæk] *znw* ❶ zadel ⟨v. bergrug⟩ ❷ **saddleback roof** zadeldak ❸ dierk mantelmeeuw

saddlebacked ['sædlbækt] *bn* met een zadeldak

saddlebag ['sædlbæg] *znw* zadeltas, zadelzak

saddlecloth ['sædlklɒθ] *znw* zadelkleed, -dek

saddle horse ['sædl hɔːs] *znw* ❶ rek voor zadels ❷ rijpaard

saddler ['sædlə] *znw* zadelmaker

saddlery ['sædlərɪ] *znw* ❶ zadelmakerij ❷ zadelmakersartikelen

saddle soap ['sædl səʊp] *znw* zadelzeep

saddle-sore ['sædl-sɔː] **I** *bn* doorgereden, met zadelpijn **II** *znw* kneuzing / wond op de rug van een paard ⟨veroorzaakt door een zadel⟩

saddle stitch ['sædl stɪtʃ] *znw* zadelsteek

saddo ['sædəʊ] *inf znw* zielepiet, stumper

sadism ['seɪdɪzəm] *znw* sadisme

sadist ['seɪdɪst] *znw* sadist

sadistic [sə'dɪstɪk] *bn* sadistisch

sadly ['sædlɪ] *bijw* ❶ droevig, bedroefd, treurig ★ *~, nothing came of our plans* jammer genoeg kwam er van onze plannen niets terecht ❷ versterkend bar, zeer, erg, danig, deerlijk

sadness ['sædnəs] *znw* droefheid, treurigheid ★ *it is with a sense of ~ that we farewell him* met een gevoel van droefenis zeggen we hem vaarwel

sadomasochism [seɪdəʊ'mæsəkɪzəm], **SM**, **S&M** *znw* sadomasochisme

sadomasochistic [seɪdəʊmæsə'kɪstɪk] *bn* sadomasochistisch

sae Br *afk* (stamped addressed envelope) gefrankeerde retourenvelop → **stamped addressed envelope**

safari [sə'fɑːrɪ] *znw* safari

safari suit [sə'fɑːrɪ suːt] *znw* safaripak

safe [seɪf] **I** *bn* ❶ veilig, ongedeerd, behouden, gezond en wel (ook: ~ *and sound*) ★ *as ~ as houses* zo veilig als een huis ★ *in ~ hands* in veilige handen ★ *your secret's ~ with me* je geheim is veilig bij mij ★ *keep ~ from children* buiten bereik van kinderen houden ❷ betrouwbaar, vertrouwd, gegarandeerd, handel solide ★ *he's in a ~ seat / electorate* hij kan er zeker van zijn dat hij zijn zetel behoudt ❸ zeker ★ *(just to) be on the ~ side* om het zekere voor het onzekere te nemen ★ *I think I'm ~ in saying that / it is ~ to say that* ik kan gerust zeggen ★ *they left, ~ in the knowledge that the house would be looked after* ze gingen weg met het veilige gevoel dat er op het huis werd gepast ❹ voorzichtig ★ *play it ~* voorzichtig handelen, het voorzichtig aan doen ★ *zegsw better to be ~ than sorry* voorzichtigheid is de moeder van de porseleinkast **II** *znw* brandkast

safe area [seɪf 'eərɪə] *znw* veilig gebied

safe bet [seɪf bet] *znw* een grote kanshebber

safe-breaker ['seɪf-breɪkə], **safe-blower**, **safe-cracker** *znw* brandkastkraker

safe conduct [seɪf 'kɒndʌkt, kən'dʌkt] *znw* vrijgeleide

safe custody [seɪf 'kʌstədɪ] *znw* veilige / verzekerde

bewaring

safe deposit [seɪf dɪ'pɒzɪt] *znw* kluis ⟨v.e. bank⟩ ★ *a ~ box* een safeloket

safeguard ['seɪfgɑːd] **I** *znw* beveiliging, bescherming, vrijwaring, waarborg **II** *overg* beschermen, verzekeren, vrijwaren, waarborgen, beveiligen ★ *this policy will ~ you against loss of income* deze polis beschermt u tegen inkomensverlies

safe haven [seɪf 'heɪvən] *znw* veilige haven, schuilplaats

safe house [seɪf haʊs] *znw* betrouwbaar pand, onderduikadres

safe keeping [seɪf 'kiːpɪŋ] *znw* (veilige) bewaring, hoede, veiligheid ★ *she left it with her mother for ~* ze liet het achter onder de hoede van haar moeder

safely ['seɪflɪ] *bijw* ❶ veilig, ongedeerd, behouden, gezond en wel ❷ goed (en wel) ❸ gerust

safe period [seɪf 'pɪərɪəd] *znw* veilige periode ⟨zonder kans op zwangerschap⟩

safe seat [seɪf siːt] pol *znw* zekere (parlements)zetel

safe sex [seɪf seks] *znw* veilig vrijen, safe seks

safety ['seɪftɪ] *znw* veiligheid, zekerheid ★ *~ first is our motto* voorzichtigheid voor alles is ons motto ★ *we ran for ~* we brachten ons rennend in veiligheid ★ *the pool has been closed on ~ grounds* het zwembad is om veiligheidsredenen gesloten ★ zegsw *there's ~ in numbers* je bent veiliger wanneer je niet alleen bent

safety belt ['seɪftɪ belt] *znw* veiligheidsgordel

safety catch ['seɪftɪ kætʃ] *znw* veiligheidssluiting

safety chain ['seɪftɪ tʃeɪn] *znw* veiligheidsketting

safety curtain ['seɪftɪ 'kɜːtn] *znw* brandscherm

safety glasses ['seɪftɪ 'glɑːsɪz] *znw* [mv] veiligheidsbril

safety lamp ['seɪftɪ læmp] *znw* veiligheidslamp

safety lane ['seɪftɪ leɪn] *znw* vluchtstrook

safety lock ['seɪftɪ lɒk] *znw* veiligheidssluiting

safety match ['seɪftɪ mætʃ] *znw* veiligheidslucifer

safety net ['seɪftɪ net] *znw* vangnet

safety pin ['seɪftɪ pɪn] *znw* veiligheidsspeld

safety rail ['seɪftɪ reɪl] *znw* vangrail

safety razor ['seɪftɪ 'reɪzə] *znw* veiligheidsscheermes

safety switch ['seɪftɪ swɪtʃ] *znw* veiligheidsschakelaar

safety valve ['seɪftɪ vælv] *znw* ❶ veiligheidsklep ❷ fig uitlaatklep

saffron ['sæfrən] **I** *bn* saffraankleurig, -geel **II** *znw* saffraan

sag [sæg] **I** *znw* ❶ door-, verzakking, doorbuiging ❷ handel daling **II** *onoverg* ❶ verzakken, doorbuigen, (door)zakken, inzakken ★ *the shelves have ~ged under the weight of the books* de planken zijn doorgebogen onder het gewicht van de boeken ★ fig *he's ~ging under the pressure of his work* hij gaat gebukt onder de werkdruk ★ *his pants ~ged at the knees* hij had knieën in zijn broek ❷ (slap) hangen (ook: ~ *down*) ❸ teruglopen, dalen ⟨prijzen⟩ ★ *his spirits ~ged* de moed zonk hem in de schoenen

saga ['sɑːgə] *znw* romancyclus ★ *their history is a ~ of persecution* hun geschiedenis is een lang verhaal van

vervolging ★ inf *what happened then is a long ~* wat er daarna gebeurde is een aaneenschakeling van gebeurtenissen

sagacious [sə'geɪʃəs] *bn* scherpzinnig, schrander

sagacity [sə'gæsətɪ] *znw* scherpzinnigheid, schranderheid

sage [seɪdʒ] **I** *bn* dicht wijs **II** *znw* ❶ dicht wijze, wijsgeer ❷ plantk salie

sage green [seɪdʒ griːn] *znw* grijsgroen

Sagittarius [sædʒɪ'teərɪəs] astrol *znw* Boogschutter

sago ['seɪgəʊ] *znw* sagopalm, sago

said [sed] *ww* [v.t. & v.d.] → **say**

sail [seɪl] **I** *znw* ❶ zeil ★ *in full ~* met volle zeilen ★ *under ~* varend, zeilend ★ *set ~* uitzeilen, op reis gaan, de reis beginnen ★ *take in / shorten ~* zeil minderen, inbinden ❷ zeiltocht, zeilen ★ *ten days' ~ from Portsmouth* tien dagen varen van Portsmouth ❸ wiek ⟨v. molen⟩ **II** *overg* ❶ laten zeilen, (be)sturen ❷ bevaren ⟨de zeeën⟩ ❸ doorklieven ⟨het luchtruim⟩ **III** *onoverg* ❶ zeilen, stevenen ❷ uitzeilen, (uit-, af)varen ⟨ook stoom- of motorboot⟩ ❸ zweven ★ *~ close to the wind* scherp bij de wind zeilen, fig bijna, maar net niet illegaal, immoreel of gevaarlijk handelen ★ fig *~ against the wind* vechten tegen de bierkaai **IV** *phras* ★ inf *~ into sth* iets onmiddellijk aanpakken ★ inf *~ into sbd* iem. onder handen nemen / aanvallen ★ fig *~ through sth* iets op zijn sloffen halen ⟨examen &⟩

sailable ['seɪləbl] *bn* bevaarbaar

sailboard ['seɪlbɔːd] *znw* zeilplank

sailboarding ['seɪlbɔːdɪŋ] *znw* plankzeilen

sailboat ['seɪlbəʊt] Am *znw* zeilboot

sailcloth ['seɪlklɒθ] *znw* zeildoek

sailer ['seɪlə] *znw* zeiler, zeilschip

sailing ['seɪlɪŋ] *znw* ❶ zeilen, varen, navigatie ★ *it's plain ~* het gaat van een leien dakje ★ *it's dangerous ~ around these parts* scheepvaart in deze streken is vol gevaar ❷ afvaart ★ *there are frequent ~s to the island* er varen regelmatig boten naar het eiland ❸ zeilsport

sailing boat ['seɪlɪŋ bəʊt] *znw* zeilboot

sailing ship ['seɪlɪŋ ʃɪp] *znw* zeilschip

sailor ['seɪlə] *znw* ❶ matroos, zeeman ★ *a bad / good ~* iem. met veel / weinig last van zeeziekte ❷ matelot ⟨hoed⟩

sailor collar ['seɪlə 'kɒlə] textiel *znw* matrozenkraag

sailorly ['seɪləlɪ] *bn* zoals het een zeeman betaamt, zeemanachtig

sailorman ['seɪləmən] inf *znw* matroos

sailor suit ['seɪlə suːt] *znw* matrozenpak

saint [seɪnt] *znw* heilige ★ *a Latter Day Saint* Heilige der Laatste Dagen, Mormoon ★ inf *have the patience of a ~* engelengeduld hebben ★ *thanks for helping me: you're a ~!* bedankt voor je hulp: je bent een engel! ★ inf *it's enough to try the patience of a ~* het zou een heilige in verzoeking brengen

Saint-Christopher-Nevis [snt'krɪstəfəniːvɪs] *znw* → **Saint-Kitts-Nevis**

sainted ['seɪntɪd] *bn* ❶ heilig, heilig verklaard ❷ in de hemel, zaliger ❸ vroom ★ *inf my ~ aunt!* mijn hemel!

sainthood ['seɪnthʊd] *znw* ❶ heiligheid ❷ heiligen

Saint-Kitts-Nevis [snt'kɪtsniːvɪs], **Saint-Christopher-Nevis** *znw* Saint-Kitts-Nevis, *officieel* Saint-Christopher-Nevis

saintlike ['seɪntlaɪk], **saintly** *bn* ❶ vroom ❷ volmaakt

saint's day ['seɪnts deɪ] *znw* heiligendag, naamdag ★ *sbd's ~* iemands naamdag

sake I *znw*, **saki** ['saːkɪ] sake 〈Japanse rijstwijn〉 **II** *znw* [seɪk] belang, doel ★ *he's doing it for her ~* hij doet het vanwege haar ★ *what are you doing, for God's / goodness / Pete's ~?* wat ben je in godsnaam / hemelsnaam aan het doen? ★ *art for art's ~* l'art pour l'art, kunst omwille van de kunst ★ *for old time's ~* uit oude genegenheid, uit nostalgie, ter herinnering aan vroeger ★ *I'm glad for your ~* ik ben blij voor jou ★ *I'll do anything for the ~ of peace* ik doe alles in het belang van de vrede

salaam [sə'lɑːm] **I** *tsw* goeiedag 〈moslimgroet〉 **II** *znw* ❶ moslimgroet ❷ moslimgroet met diepe buiging **III** *onoverg* eerbiedig groeten

salable ['seɪləbl] Am *bn* → **saleable**

salacious [sə'leɪʃəs] afkeurend *bn* ❶ geil, wellustig ❷ obsceen, gewaagd 〈verhaal〉

salacity [sə'læsətɪ] afkeurend *znw* geilheid, wellustigheid

salad ['sæləd] *znw* salade, sla

salad bar ['sæləd bɑː] *znw* koud buffet met salades

salad days ['sæləd deɪz] *znw* [mv] jeugd en jonge jaren

salad dressing ['sæləd 'dresɪŋ] *znw* slasaus

salad servers ['sæləd 'sɜːvəz] *znw* [mv] slabestek

salamander ['sæləmændə] *znw* salamander

salami [sə'lɑːmɪ] *znw* salami

salami tactics [sə'lɑːmɪ 'tæktɪks] inf *znw* [mv] salamitactiek, kaasschaafmethode

salaried ['sælərɪd] *bn* bezoldigd, gesalarieerd

salary ['sælərɪ] *znw* salaris, bezoldiging, loon ★ *an annual ~* een jaarsalaris ★ *a basic ~* een basissalaris ★ *an initial ~* een beginsalaris, startsalaris

sale [seɪl] *znw* verkoop, verkoping, veiling ★ *a closing-down ~* een opheffingsuitverkoop ★ *by private ~* door onderhandse verkoop ★ *(up) for ~* te koop ★ *on ~* verkrijgbaar, te koop, in de uitverkoop ★ *handel on ~ or return* in commissie

saleable ['seɪləbl], Am **salable** *bn* ❶ verkoopbaar ★ *the ~ value* de verkoopwaarde ❷ gewild

sale agreement ['seɪl ə'griːmənt], **sales agreement** *znw* koopovereenkomst

sale and lease back [seɪl ən liːs bæk] fin *znw* sale and lease back 〈verkoop en huur〉

sale price [seɪl praɪs] *znw* ❶ uitverkoopprijs ❷ veilingprijs

saleroom [seɪlruːm] *znw* verkooplokaal, venduhuis, veilingzaal

sales [seɪlz] *znw* [mv] ❶ verkoop, verkoop cijfers

❷ uitverkoop, opruiming

sales agent ['seɪlz 'eɪdʒənt], **selling agent** *znw* handelsagent

sales agreement ['seɪlz ə'griːmənt] *znw* → **sale agreement**

sales campaign ['seɪlz kæm'peɪn] *znw* verkoopcampagne

sales clerk ['seɪlz klɑːk] Am *znw* winkelbediende, verkoper, verkoopster

sales director ['seɪlz daɪ'rektə] *znw* verkoopleider

sales force [seɪlz fɔːs] *znw* verkoopstaf

salesgirl ['seɪlzgɜːl] *znw* verkoopster

saleslady ['seɪlzleɪdɪ] *znw* verkoopster

salesman ['seɪlzmən] *znw* ❶ verkoper ❷ handelsreiziger, vertegenwoordiger 〈v.e. firma〉

sales manager ['seɪlz 'mænɪdʒə] *znw* verkoopleider

salesmanship ['seɪlzmənʃɪp] *znw* ❶ verkooptechniek, verkoopkunde ❷ handigheid in zaken ❸ overtuigingskracht

salesperson ['seɪlzpɜːsən] *znw* winkelbediende

sales pitch [seɪlz pɪtʃ] *znw* verkooppraatje

sales representative ['seɪlz reprɪ'zentətɪv], inf **sales rep** *znw* handelsagent

sales slip [seɪlz slɪp] *znw* kassabon

sales talk [seɪlz tɔːk] *znw* verkooppraatje

sales tax [seɪlz tæks] *znw* omzetbelasting

sales volume ['seɪlz 'vɒljuːm] *znw* omzet

saleswoman ['seɪlzwʊmən] *znw* ❶ verkoopster, winkelbediende ❷ vertegenwoordigster, agente

salicylic acid [sælɪ'sɪlɪk 'æsɪd] *znw* salicylzuur

salient ['seɪlɪənt] **I** *bn* ❶ (voor)uitspringend, uitstekend ❷ opvallend, markant ★ *the ~ features / points* de saillante, sterk uitkomende punten **II** *znw* vooruitspringende punt 〈v. vestingwerk, front &〉

saline ['seɪlaɪn] **I** *bn* zoutachtig, -houdend, zout, zout- **II** *znw* ❶ saline, zoutpan, zoutbron ❷ zoutoplossing ❸ laxeerzout

salinity [sə'lɪnətɪ] *znw* zout(ig)heid, zoutgehalte

saliva [sə'laɪvə] *znw* speeksel

salivary ['sælɪvərɪ] *bn* speekselachtig, speeksel-

salivate ['sælɪveɪt] *onoverg* kwijlen

sallow ['sæləʊ] **I** *bn* ziekelijk bleek, vuilgeel, vaal ★ *a ~ complexion* een vale gelaatskleur **II** *znw* plantk waterwilg

sallowness ['sæləʊnəs] *znw* vaalheid, bleke kleur

sally ['sælɪ] **I** *znw* ❶ mil uitval ❷ (geestige) inval, kwinkslag, boutade ❸ uitstapje **II** *phras* ★ *scherts ~ forth* eropuit gaan ★ *~ out* een uitval doen

Sally Army ['sælɪ 'ɑːmɪ] inf *znw* Leger des Heils

salmon ['sæmən] **I** *bn* zalmkleurig **II** *znw* ❶ [mv: ~ of -s] dierk zalm ❷ zalmkleur

salmonella [sælmə'nelə] *znw* salmonella

salmon-pink [sæmən-'pɪŋk] *znw* zalmrood, roze

salon ['sælɒn] 〈Fr〉 *znw* ❶ ontvangkamer, salon ❷ kring van kunstenaars

saloon [sə'luːn] *znw* ❶ zaal, salon ❷ grote kajuit ❸ Am tapperij, bar ❹ → **saloon car**

saloon bar [sə'luːn bɑː] *znw* nette, comfortabele bar

in een pub

saloon car [sə'lu:n kɑ:], **saloon** znw ❶ (gesloten) luxewagen ‹auto› ❷ salonwagen ‹v. trein›

saloon keeper [sə'lu:n 'ki:pə] Am znw tapper, herbergier met vergunning, slijter

salsa ['sælsə] znw ❶ salsa ‹dans› ❷ salsa, salsasaus

salsify ['sælsɪfɪ] znw schorseneer

salt [sɔ:lt] I bn zout, zilt, gezouten II znw ❶ zout ★ the ~ of the earth het zout der aarde, voortreffelijke of deugdzame mensen ★ not be worth one's ~ niet deugen, geen knip voor de neus waard zijn ★ rub ~ in the wound zout in de wond strooien, zout in een (open) wond wrijven ★ take sth with a pinch / grain of ~ iets met een korreltje zout nemen ❷ inf zeerob III overg ❶ zouten, met zout besprenkelen ❷ pekelen, inzouten IV phras ★ inf ~ sth away iets oppotten, opzij leggen ‹v. geld› ★ ~ sth out iets uitzouten ‹door zout toe te voegen stoffen uit een oplossing afscheiden›

salt-and-pepper [sɔ:lt-ən-'pepə] bn peper-en-zoutkleurig

saltarello [sæltə'reləu] znw [mv: -s of saltarelli] saltarello ‹soort dans›

saltation [sæl'teɪʃən] znw ❶ geol saltatie, sprongsgewijs meegevoerd worden ‹v. zand door water› ❷ biol plotselinge overgang, mutatie ❸ vero sprong, dansen

saltatory ['sæltətərɪ] bn ❶ springend, dansend ❷ met sprongen

salt cellar [sɔ:lt 'selə] znw zoutvaatje

salted ['sɔ:ltɪd] bn gezouten, zout, ingezouten

salter ['sɔ:ltə] znw ❶ (in)zouter ❷ hist zoutzieder

saltern ['sɔ:ltn] znw zoutziederij, zouttuin, zoutpannen

salt-free ['sɔ:ltfri:] bn zoutloos ‹dieet›

salt glaze [sɔ:lt gleɪz] znw zoutglazuur

saltish ['sɔ:ltɪʃ] bn zoutachtig, zoutig, zilt, brak

saltless ['sɔ:ltləs] bn ongezouten, zouteloos

salt lick [sɔ:lt lɪk] znw plek waar vee aan zout komt likken, liksteen

salt marsh [sɔ:lt mɑ:ʃ] znw zoutmoeras

salt mine [sɔ:lt maɪn] znw zoutmijn

salt pan [sɔ:lt pæn] znw zoutpan

saltpetre [sɒlt'pi:tə], Am **saltpeter** znw salpeter

salt shaker [sɔ:lt 'ʃeɪkə] znw zoutvaatje

salt water [sɔ:lt 'wɔ:tə] bn zoutwater-

saltworks ['sɔ:ltwɜ:ks] znw [mv] zoutkeet, -ziederij

salty ['sɔ:ltɪ] bn ❶ zout(acht)ig, zilt(ig) ❷ fig pittig, pikant, grof

salubrious [sə'lu:brɪəs] bn gezond, heilzaam

salubrity [sə'lu:brɪtɪ] form znw gezondheid, heilzaamheid

salutary ['sæljutərɪ] bn heilzaam, weldadig, zegenrijk

salutation [sælju:'teɪʃən] znw ❶ form groet, begroeting ❷ aanhef ‹in brief›

salute [sə'lu:t] I znw ❶ groet, begroeting ❷ eerbewijs

❸ mil saluut(schot) ★ mil take the ~ het saluut beantwoorden, de parade afnemen II overg ❶ (be)groeten (met with) ❷ mil salueren ❸ eer bewijzen aan III onoverg ❶ groeten ❷ mil het saluut geven, salueren ❸ saluutschoten lossen

salvable ['sælvəbl] bn ❶ te redden ❷ te bergen

Salvadorean [sælvə'dɒrɪən] I bn Salvadoriaans II znw Salvadoriaan, Salvadoraanse

salvage ['sælvɪdʒ] I znw ❶ berging ❷ geborgen goed ❸ afvalstoffen, oude materialen II overg bergen, redden ★ ~ the situation de situatie redden ★ it took 10 years to ~ his reputation het duurde tien jaar voor hij zijn goede naam weer terug had ★ it was furnished with things ~d from the tip het was gemeubileerd met spullen die van de vuilnisbelt waren gehaald

salvage company ['sælvɪdʒ 'kʌmpənɪ] znw bergingsmaatschappij

salvage operation ['sælvɪdʒ ɒpə'reɪʃən] znw bergingsoperatie, reddingsoperatie ★ mount a ~ een bergingsoperatie in gang zetten

salvage vessel ['sælvɪdʒ 'vesəl] znw bergingsvaartuig

salvation [sæl'veɪʃən] znw ❶ redding, heil ★ joining the army proved to be his ~ dienst nemen bij het leger bleek zijn redding te zijn geweest ❷ zaligmaking, zaligheid

Salvation Army [sæl'veɪʃən 'ɑ:mɪ] znw Leger des Heils

salvationist [sæl'veɪʃənɪst] I bn reddings-, verlossings- ★ Salvationist van het Leger des Heils II znw ★ Salvationist heilsoldaat, heilsoldate

salve [sælv] I znw ❶ zalf, balsem ❷ fig zalfje, pleister (op de wonde) II overg sussen, verzachten ★ ~ one's conscience zijn geweten sussen

salver ['sælvə] znw presenteerblad, dienblad

salvo ['sælvəu] znw [mv: -s of -voes] ❶ (lach)salvo, barrage ‹v. vragen› ❷ mil salvo ★ Aus inf Salvo heilsoldaat, heilsoldate

salvor ['sælvə] znw berger, bergingsvaartuig

SAM [sæm] afk → **surface-to-air missile**

Samaritan [sə'mærɪtn] I bn Samaritaans II znw Samaritaan ★ Br the ~s ± SOS telefonische hulpdienst ★ you're a good ~, helping that lady je bent een echte barmhartige Samaritaan, dat je die dame helpt

samba ['sæmbə] znw samba ‹dans & muziek›

same [seɪm] I vnw gelijk, zelfde, genoemde ★ inf ~ again! hetzelfde a.u.b.! ‹in café› ★ inf ~ here ik / wij ook, idem dito ★ all the ~ niettemin, toch, evengoed ★ it's all the ~ to me het is me om het even, het maakt me niets uit ★ one and the ~ één en dezelfde ★ inf ~ to you! van 't zelfde! jij ook! ★ she likes shopping, ~ as me ze houdt van winkelen, net als ik II bn zelfde, hetzelfde, dezelfde, gelijk ★ inf ~ difference wat maakt het uit, wat dondert het ook ★ not in the ~ league niet van hetzelfde kaliber ★ inf it's the ~ old story het is het oude liedje ★ we arrived at the ~ time we kwamen tegelijk aan ★ a dangerous but at the ~ time hopeful situation een gevaarlijke maar tegelijkertijd hoopgevende situatie ★ by the ~

token voor hetzelfde geld ★ *be in the ~ boat* in hetzelfde schuitje zitten

sameness ['seɪmnəs] *znw* ❶ gelijkheid ❷ eentonigheid

same-sex [seɪm-'seks] *bn* tussen mensen van hetzelfde geslacht

samovar ['sæməvɑ:] *znw* samowaar ‹toestel om op Russische wijze thee te zetten›

Samoyed [sə'mɔɪed] *znw* samojeed ‹hond›

sampan ['sæmpæn] *znw* sampan ‹klein oosters kustvaartuig›

sample ['sɑ:mpl] **I** *znw* ❶ staal, monster, proef ❷ steekproef ★ *a random ~* een aselecte steekproef ❸ fig staaltje ❹ muz sample **II** *overg* ❶ handel bemonsteren ❷ monsters nemen van, een steekproef nemen ❸ keuren, proeven ❹ ondervinding opdoen van ❺ muz samplen

sample bag ['sɑ:mpl bæg] *znw* tasje van een beurs ‹met gratis spullen›

sampler ['sɑ:mplə] *znw* ❶ wie monsters neemt ❷ merklap ❸ muz sampler, apparaat om samples te maken

sampling ['sɑ:mplɪŋ] muz *znw* samplen

samurai ['sæm(j)ʊraɪ] *znw* samoerai

sanatorium [sænə'tɔ:rɪəm], **sanitorium**, Am **sanitarium** *znw* [*mv:* -s *of* sanatoria] sanatorium

sanctification [sæŋtɪfɪ'keɪʃən] *znw* heiligmaking, heiliging

sanctify ['sæŋktɪfaɪ] form *overg* ❶ heiligen, heilig maken, wijden ❷ reinigen van zonde

sanctimonious [sæŋktɪ'məʊnɪəs] *bn* schijnheilig

sanctimony ['sæŋktɪmənɪ] *znw* schijnheiligheid

sanction ['sæŋkʃən] **I** *znw* ❶ sanctie, dwangmaatregel ❷ goedkeuring, bekrachtiging, homologatie **II** *overg* wettigen, bekrachtigen, sanctioneren, homologeren

sanctity ['sæŋktətɪ] *znw* heiligheid, onschendbaarheid

sanctuary ['sæŋktʃʊərɪ] *znw* ❶ heiligdom, Allerheiligste ❷ asiel, toevluchtsoord ❸ reservaat ‹voor vogels, wild›

sanctum ['sæŋktəm] *znw* ❶ heiligdom, gewijde plaats ★ bijbel *the ~ sanctorum* het heilige der heiligen ❷ fig privévertrek ★ *the inner ~* het privévertrek

sand [sænd] **I** *znw* ❶ zand, zandbank, zandgrond ❷ zandkleur **II** *overg* ❶ met zand bestrooien, met zand (ver)mengen ❷ schuren, polijsten (ook: ~ *down*)

sandal ['sændl] *znw* ❶ sandaal ❷ **sandlewood** sandelhout

sandbag ['sændbæg] **I** *znw* zandzak **II** *overg* ❶ met zandzakken barricaderen (versterken) ❷ iem. neerslaan ❸ Am onder bedreiging dwingen **III** *onoverg* bewust onderpresteren ‹om voordeel te krijgen›

sandbank ['sændbæŋk] *znw* zandbank

sandbar ['sændbɑ:] *znw* zandplaat

sandblast ['sændblɑ:st] **I** *znw* zandstraal **II** *overg* zandstralen

sandcastle ['sændkɑ:səl] *znw* zandkasteel

sand dune [sænd dju:n] *znw* zandduin

sander ['sændə] *znw* schuurmachine

sandglass ['sændglɑ:s] *znw* zandloper

sandman ['sændmæn] *znw* ★ *the ~* de zandman, Klaas Vaak

sand martin [sænd 'mɑ:tɪn] *znw* oeverzwaluw

sandpaper ['sændpeɪpə] **I** *znw* schuurpapier **II** *overg* schuren, gladschuren

sandpiper ['sændpaɪpə] *znw* oeverloper ‹strandvogel›

sandpit ['sændpɪt] *znw* ❶ zandbak ❷ zandkuil, zandafgraving

sands [sændz] *znw* [*mv*] zand, zandkorrels ★ *the ~ of time* het verloop van de tijd ‹afgeleid van het zand in een zandloper› ★ fig *the ~ are running out for the hostages* de tijd is bijna verstreken voor de gijzelaars

sandshoes ['sændʃu:z] *znw* [*mv*] strandschoenen

sandspout ['sændspaʊt] *znw* zandhoos

sandstone ['sændstəʊn] *znw* zandsteen

sandstorm ['sændstɔ:m] *znw* zandstorm

sandwich ['sænwɪdʒ] **I** *znw* sandwich, belegd boterhammetje **II** *overg* klemmen, leggen, plaatsen / schuiven tussen ★ *he was ~ed between two large women* hij zat ingeklemd tussen twee forse dames

sandwich bar ['sænwɪdʒ bɑ:] *znw* broodjeszaak

sandwich board ['sænwɪdʒ bɔ:d] *znw* reclamebord

sandwich cake ['sænwɪdʒ keɪk] *znw* gelaagde cake

sandwich course ['sænwɪdʒ kɔ:s] *znw* combinatie van werken en leren

sandwich man ['sænwɪdʒ mæn] *znw* sandwichman ‹loper met reclamebord voor en achter›

sandy ['sændɪ] *bn* ❶ zand(er)ig ★ *a ~ road* een zandweg ❷ rossig, blond

sane [seɪn] *bn* ❶ gezond van geest, goed bij zijn verstand ★ *laughter keeps her ~* lachen houdt haar gezond van geest ❷ verstandig, zinnig

sanforize ['sænfəraɪz], **sanforise** *overg* weefsel krimpvrij maken

sang [sæŋ] *ww* [v.t.] → sing

sangfroid ['sɑ:ŋfrwɑ:] ‹(Fr)› *znw* koelbloedigheid

sanguinary ['sæŋgwɪnərɪ] form *bn* ❶ bloeddorstig ❷ bloedig

sanguine ['sæŋgwɪn] *bn* hoopvol, optimistisch

sanguineous [sæŋ'gwɪnɪəs] *bn* ❶ sanguinisch, volbloedig ❷ bloedrood, bloed-

sanitarium [sænɪ'teərɪəm] Am *znw* [*mv:* -s *of* sanitaria] → **sanatorium**

sanitary ['sænɪtərɪ] *bn* sanitair, gezondheids-, hygiënisch ★ *a ~ inspector* een inspecteur van volksgezondheid ★ *a ~ stop* een plaspauze

sanitary fittings ['sænɪtərɪ 'fɪtɪŋz] *znw* [*mv*] sanitair

sanitary napkin ['sænɪtərɪ 'næpkɪn], **sanitary towel** *znw* maandverband

sanitation [sænɪ'teɪʃən] *znw* gezondheidsvoorzieningen, afvalvoorzieningen, riolering ★ *poor ~ led to widespread disease* slechte gezondheidsvoorzieningen veroorzaakten op grote schaal ziektes ★ *~ of the marshes* het drooglegggen van de moerassen

sa

sanitation worker [sænɪ'teɪʃən 'wɜːkə] *znw* vuilnisman
sanitization [sænɪteɪ'zeɪʃn], **sanitisation** *znw* zuivering
sanitorium [ʃænɪ'tɔːrɪəm] *znw* [*mv:* -s *of* sanitoria] → **sanatorium**
sanity ['sænətɪ] *znw* gezondheid, gezonde opvatting, gezond verstand ★ *he was starting to doubt / question his own* ~ hij begon aan zijn eigen verstand te twijfelen
sank [sæŋk] *ww* [v.t.] → **sink**
San Marino [sænmə'riːnəʊ] *znw* San Marino
sans [sænz] *voorz* dicht of scherts zonder ★ scherts *there I was:* ~ *everything* daar stond ik, helemaal zonder iets
sanserif [sæn'serɪf] *typ bn* schreefloos
Sanskrit ['sænskrɪt] *znw* Sanskriet
Santa ['sæntə], **Santa Claus** *znw* het Kerstmannetje ⟨Father Christmas⟩
sap [sæp] **I** *znw* ❶ plantk (planten)sap, vocht ❷ plantk spinthout ❸ Am inf sufferd ❹ mil sappe, sapperen ❺ fig ondermijning **II** *overg* ❶ door middel van sappen benaderen, ondergraven ❷ ondermijnen
sapid ['sæpɪd] *bn* form smakelijk, fig interessant
sapience ['seɪpɪəns] form *znw* (schijn)wijsheid
sapient ['seɪpɪənt] form *bn* ❶ wijs ❷ eigenwijs, wijsneuzig
sapiential [seɪpɪ'enʃəl] form *bn* van de wijsheid, wijsheids-
sapless ['sæpləs] *bn* ❶ saploos, droog ❷ fig futloos, flauw
sapling ['sæplɪŋ] *znw* ❶ jong boompje ❷ fig 'broekje', melkmuil
saponaceous [sæpəʊ'neɪʃəs] *bn* ❶ zeepachtig ❷ fig zalvend, glad
sapper ['sæpə] *znw* sappeur
sapphic ['sæfɪk] dicht *bn* lesbisch
sapphire ['sæfaɪə] **I** *bn* saffieren **II** *znw* saffier
sappy ['sæpɪ] *bn* ❶ sappig, saprijk ❷ inf sentimenteel, zwak, dwaas
sapwood ['sæpwʊd] *znw* spinthout ⟨nieuw, zacht hout onder de bast v.e. boom⟩
saraband ['særəbænd], **sarabande** *znw* sarabande ⟨soort dans⟩
sarcasm ['sɑːkæzəm] *znw* sarcasme ★ *do I detect a note of* ~? bespeur ik enige sarcasme?
sarcastic [sɑː'kæstɪk] *bn* sarcastisch
sarcastically [sɑː'kæstɪklɪ] *bijw* sarcastisch, met sarcasme ★ *'no thanks to you', she said* ~ 'daar hoeven we jou niet voor te danken', zei ze sarcastisch
sarcoma [sɑː'kəʊmə] med *znw* [*mv:* -s *of* sarcomata] sarcoom, kwaadaardig gezwel
sarcophagus [sɑː'kɒfəgəs] *znw* [*mv:* sarcophagi] sarcofaag
sardine [sɑː'diːn] *znw* [*mv:* ~ *of* -s] sardine, sardientje ★ *packed in like* ~s ingepakt als haringen in een ton
Sardinian [sɑː'dɪnjən] **I** *bn* Sardinisch, Sardisch **II** *znw* Sardiniër, Sardinische
sardonic [sɑː'dɒnɪk] *bn* sardonisch, bitter

saree ['sɑːrɪ], **sari** *znw* sari ⟨Hindoestaans vrouwenkleed⟩
sarge [sɑːdʒ] inf *znw* sergeant
sarky ['sɑːkɪ] Br inf *bn* sarcastisch
sarong [sə'rɒŋ] *znw* sarong
SARS [sɑːz] *afk* (severe acute respiratory syndrome) SARS ⟨ernstige virusziekte⟩
sarsaparilla [sɑːs(ə)pə'rɪlə], **sarsparilla** *znw* ❶ sarsaparilla ⟨plant⟩ ❷ sarsaparilla ⟨extract en frisdrank⟩
sartorial [sɑː'tɔːrɪəl] *bn* ❶ kleermakers- ❷ van / in de kleding ★ *he attaches a lot of importance to* ~ *elegance* hij vindt elegante kleding heel belangrijk
SAS *afk* (Special Air Service) commando-eenheid
SASE Am *afk* (self-addressed stamped envelope) gefrankeerde retourenvelop
sash [sæʃ] *znw* ❶ sjerp, ceintuur ❷ raam, schuifraam
sashay ['sæʃeɪ, sæ'ʃeɪ] Am inf **I** *znw* sashay, chassé ⟨een figuur in squaredansen⟩ **II** *onoverg* ❶ parmantig lopen, paraderen ❷ dans de sashay uitvoeren
sash cord [sæʃ kɔːd] *znw* raamkoord
sash window [sæʃ'wɪndəʊ] *znw* schuifraam
Sasquatch ['sæskwɒtʃ, 'sæskwætʃ] *znw* Bigfoot ⟨mythische aapmens in Noord Amerika⟩
sass [sæs] Am inf **I** *znw* grote mond / bek, brutaliteit **II** *overg* een grote mond / bek opzetten tegen
Sassenach ['sæsənæk] Schots **I** *bn* Engels **II** *znw* Engelsman
sassy ['sæsɪ] Am inf *bn* ❶ brutaal ❷ modieus, aantrekkelijk
sat [sæt] *ww* [v.t. & v.d.] → **sit**
Sat. *afk* (Saturday) zaterdag
Satan ['seɪt(ə)n] *znw* Satan
satanic [sə'tænɪk] *bn* satanisch
satanism ['seɪtənɪzm] *znw* satanisme
satanist ['seɪtənɪst] *znw* satanist
satchel ['sætʃəl] *znw* schoudertas, schooltas
sate [seɪt] *overg* → **satiate**
sateen [sæ'tiːn] *znw* satinet ⟨glanzende katoenen stof⟩
satellite ['sætəlaɪt] *znw* ❶ satelliet ❷ → **satellite state**
satellite dish ['sætəlaɪt dɪʃ] *znw* schotelantenne
satellite navigation ['sætəlaɪt nævɪ'geɪʃən] *znw* satelliet navigatie(systeem)
satellite state ['sætəlaɪt steɪt], **satellite** *znw* satellietstaat
satellite television ['sætəlaɪt 'telɪvɪʒən] *znw* satelliettelevisie
satellite town ['sætəlaɪt taʊn] *znw* satellietstad, randgemeente
sati ['sʌtɪ] *znw* → **suttee**
satiate ['seɪʃɪeɪt], **sate** form *overg* verzadigen
satiation [seɪʃɪ'eɪʃən] form *znw* (over)verzadiging
satiety [sə'taɪətɪ] form *znw* (over)verzadigdheid ★ *to* ~ te overvloedig, tot vervelens toe
satin ['sætɪn] **I** *bn* satijnen ★ *a* ~ *finish* een satijnglans ⟨verf⟩ **II** *znw* satijn **III** *overg* satineren
satinette [sætɪ'net] *znw* satinet
satin stitch ['sætɪn stɪtʃ] *znw* satijnsteek

⟨borduursteek⟩

satinwood ['sætɪnwʊd] *znw* satijnhout

satire ['sætaɪə] *znw* satire, hekelschrift, hekeldicht

satirical [sə'tɪrɪkl] *bn* satiriek, satirisch, hekelend

satirist ['sætərɪst] *znw* satiricus, hekeldichter

satirize ['sætɪraɪz], **satirise** *overg* hekelen, een satire maken (op)

satisfaction [sætɪs'fækʃən] *znw* ❶ genoegen, tevredenheid ★ *to sbd's ~* tot tevredenheid van iem. ★ *I hope it meets with your ~* ik hoop dat het uw goedkeuring kan wegdragen ❷ voldoening (over *at / with*), bevrediging ❸ genoegdoening, vergoeding, compensatie ★ *in ~ of* ter voldoening / kwijting van ★ *our client demands ~* onze client eist schadeloosstelling / genoegdoening

satisfactory [sætɪs'fæktərɪ] **I** *bn* voldoening schenkend, bevredigend, voldoend(e) ★ *the scholarship is subject to ~ progress* de studiebeurs is afhankelijk van een bevredigende voortgang ★ *we hope this arrangement is ~ to you* we hopen dat u tevreden bent met deze regeling **II** *znw* onderw voldoende ⟨bij examen⟩

satisfied ['sætɪsfaɪd] *bn* ❶ tevreden, voldaan ★ *they seem ~ enough with the job I'm doing* ze lijken best tevreden met mijn werk ❷ overtuigd

satisfy ['sætɪsfaɪ] **I** *overg* ❶ voldoen (aan), voldoening / genoegen geven, bevredigen, tevredenstellen ★ *candidates who have failed to ~ the examiners may repeat the exam* kandidaten die niet aan de eisen van de examinatoren hebben voldaan mogen het examen overdoen ❷ verzadigen, stillen ❸ geruststellen, overtuigen ★ *his explanation satisfied them* ze waren gerustgesteld door zijn uitleg ★ *the court was satisfied of the seriousness of the matter* het hof was overtuigd van de ernst van de zaak ❹ vereffenen, betalen, vergoeden **II** *wederk* ★ *~ oneself of sth* zich overtuigen van iets

satsuma [sæt'su:mə, 'sætsʊmə] *znw* satuma ⟨soort mandarijn, oorspr. uit Japan⟩ ★ *Satsuma, Satsuma ware* satsoemaporselein ⟨Japans aardewerk⟩

saturable ['sætʃərəbl] scheik *bn* verzadigbaar

saturate ['sætʃəreɪt] **I** *znw* scheik verzadigde verbinding **II** *overg* ❶ verzadigen, doordrenken ★ *the museum is ~d with colour* het museum is volledig gevuld met kleur ❷ mil platbombarderen

saturated fat ['sætʃəreɪtɪd fæt] *znw* verzadigd vet

saturated solution ['sætʃəreɪtɪd sə'lu:ʃən] *znw* verzadigde oplossing

saturation [sætʃə'reɪʃən] *znw* verzadiging

saturation bombing [sætʃə'reɪʃən 'bɒmɪŋ] *znw* platbombarderen

saturation point [sætʃə'reɪʃən pɔɪnt] *znw* verzadigingspunt ★ scherts *no more, thanks: I've reached ~* dank je, ik hoef niet meer, ik zit vol

Saturday ['sætədeɪ] *znw* zaterdag

Saturday night special ['sætədeɪ naɪt 'speʃəl] inf *znw* klein kaliber revolver

Saturn ['sætə(:)n] astron *znw* Saturnus

saturnalia [sætə'neɪlɪə] *znw* [*mv:* ~ *of* -s] zwelgpartij(en), brasserij(en)

saturnine ['sætənaɪn] *bn* somber, zwaarmoedig

satyr ['sætə] *znw* sater

satyric [sə'tɪrɪk] dicht *bn* saters-

sauce [sɔːs] **I** *znw* ❶ saus ★ zegsw *what is ~ for the goose is ~ for the gander* gelijke monniken, gelijke kappen ❷ Br inf brutaliteit ★ Br inf *that's enough of your ~* je moet je brutale mond houden ▼ Br inf *he's on the ~ again* hij is weer aan de zuip **II** *overg* ❶ sauzen, kruiden ❷ interessanter maken, veraangenamen ★ *he ~d up his speech with some anecdotes* hij verlevendigde zijn toespraak met een paar anekdotes ❸ brutaal zijn tegen

sauce boat [sɔːs bəʊt] *znw* sauskom

saucepan ['sɔːspən] *znw* steelpan

saucer ['sɔːsə] *znw* schoteltje, bordje ★ *a ~ of milk* een schoteltje melk

saucy ['sɔːsɪ] inf *bn* ❶ brutaal, tikje gewaagd ❷ chic, elegant

Saudi ['saʊdɪ] *znw* Saoedi, Saoedische

Saudi Arabia [saʊdɪə'reɪbɪə] *znw* Saoedi-Arabië

Saudi Arabian [saʊdɪə'reɪbɪən, -bjən] *bn* Saoedi-Arabisch

sauerkraut ['saʊəkraʊt] *znw* zuurkool

sauna ['sɔːnə] *znw* sauna

saunter ['sɔːntə] **I** *znw* slentergang, rondslenteren **II** *onoverg* slenteren, drentelen, kuieren ★ *he ~ed casually by* hij kwam terloops voorbijgewandeld

saunterer ['sɔːntərə] *znw* slenteraar, drentelaar

saurian ['sɔːrɪən] **I** *bn* hagedisachtig **II** *znw* hagedisachtig dier, sauriër, saurus

sausage ['sɒsɪdʒ] *znw* ❶ saucijs, worst ❷ inf rare ⟨uitdrukking van genegenheid⟩

sausage dog ['sɒsɪdʒ dɒg] scherts *znw* teckel

sausage meat ['sɒsɪdʒ miːt] *znw* worstvlees

sausage roll ['sɒsɪdʒ rəʊl] *znw* saucijzenbroodje

sauté ['saʊteɪ] *overg* sauteren, snel bruin bakken

savage ['sævɪdʒ] **I** *bn* ❶ lomp, ongemanierd, primitief, onbeschaafd ❷ wild, woest, wreed ★ *a ~ attack* een woeste aanval ❸ heftig, fel ❹ inf woedend **II** *znw* wilde(man), woesteling **III** *overg* ❶ aanvallen, toetakelen ❷ afmaken, afkammen, felle kritiek leveren (op)

savagely ['sævɪdʒlɪ] *bijw* woest, wild, wreed

savageness ['sævɪdʒnəs], **savagery** *znw* wildheid, woestheid, wreedheid

savanna [sə'vænə], **savannah** *znw* savanne

savant ['sævənt] *znw* geleerde

save [seɪv] **I** *voorz* behalve, uitgezonderd ★ *they were all there ~ (for) one* ze waren er allemaal op één na **II** *voegw* ❶ behalve ❷ tenzij **III** *znw* sp redding, save ⟨v. keeper⟩ **IV** *overg* ❶ redden, verlossen, bevrijden ★ *~ appearances* de schijn redden ★ inf *~ sbd's bacon / neck* iem. redden uit moeilijkheden ★ *~ the day* de slag winnen, een nederlaag voorkomen ★ inf *~ one's own hide / skin* zijn eigen hachje redden ★ *~ sbd's life* iemands leven redden ★ inf *he can't cook to ~ his life*

hij kan niet koken al hing zijn leven ervan af
❷ behouden, bewaren, behoeden (voor *from*),
voorkomen ★ gedat ~ *us!* God bewaar ons! ★ inf *I
might as well* ~ *my breath* ik kan net zo goed niets
zeggen ‹het heeft toch geen zin› ❸ sparen,
opsparen, besparen ❹ comput opslaan, saven
V *onoverg* sparen **VI** *phras* ★ ~ *on* sth sparen op iets
★ ~ *up* sparen ★ ~ *sth* up iets bewaren / sparen

saveloy ['sævələɪ] *znw* ± knakworst, frankfurter

saver ['seɪvə] *znw* ❶ spaarder ❷ besparing ★ *getting in
a bookkeeper can be a* ~ een boekhouder in de arm
nemen kan een besparing opleveren ❸ inf gedekte
weddenschap

saving ['seɪvɪŋ] **I** *voorz* form behoudens, behalve ★ ~
you, nobody knows I'm here behalve u weet niemand
dat ik hier ben **II** *bn* ❶ reddend, zaligmakend
❷ veel goedmakend ❸ spaarzaam, zuinig (met *of*)
★ *a cost~ invention* een kostenbesparende
uitvinding **III** *znw* ❶ besparing ❷ redding
❸ voorbehoud, uitzondering

saving clause ['seɪvɪŋ klɔːz] *znw* voorbehoud,
uitzonderingsbepaling

saving grace ['seɪvɪŋ greɪs], **saving feature** *znw* enige
lichtpunt ★ *his one* ~ *is his way with children* zijn
enige goede eigenschap is de manier waarop hij
met kinderen omgaat

savings ['seɪvɪŋz] *znw* [mv] ❶ besparing ❷ spaargeld,
spaargelden, spaartegoed ★ *their life* ~ al hun
spaargeld ★ *a* ~ *bond* een spaarbrief

savings account ['seɪvɪŋz ə'kaʊnt] *znw* spaarrekening

savings and loan association ['seɪvɪŋz ən ləʊn
əsəʊsɪ'eɪʃən] Am *znw* hypotheekbank, bouwfonds

savings bank ['seɪvɪŋz bæŋk] *znw* spaarbank

saviour ['seɪvjə] *znw* verlosser

savoir faire [sævwɑː 'feə] ‹*Fr*› *znw* savoir-faire ‹het
weten hoe in verschillende omstandigheden te
handelen›

savor ['seɪvə] Am *znw & overg & onoverg* → **savour**

savory ['seɪvərɪ] Am **I** *bn* → **savoury II** *znw* ❶ plantk
bonenkruid ‹tuinkruid› ❷ → **savoury**

savour ['seɪvə], Am **savor I** *znw* ❶ smaak,
smakelijkheid ❷ aroma, geur **II** *overg* dicht
savoureren, genieten van ★ *I ~ed every mouthful of
the meal* ik heb van elke hap van de maaltijd
genoten **III** *phras* ★ form ~ *of* sth rieken naar iets

savoury ['seɪvərɪ], Am **savory I** *bn* ❶ smakelijk, geurig
❷ hartig, pittig **II** *znw* licht tussengerecht, hapje

savoy [sə'vɔɪ], **savoy cabbage** *znw* savooi(e)kool

savvy ['sævɪ] inf **I** *bn* slim, gewiekst ★ ~ *young business
executives* slimme jonge managers **II** *znw* verstand
★ *she has plenty of business* ~ zij heeft veel zakelijk
inzicht / verstand van zakendoen **III** *overg & onoverg*
snappen

saw [sɔː] **I** *znw* ❶ zaag ❷ gezegde, spreuk **II** *overg*
[sawed, sawn/sawed] zagen, af-, doorzagen
III *onoverg* [sawed, sawn/sawed] [v.t.] zagen,
zaagbaar zijn **IV** *phras* ★ ~ *sth* **down** iets omzagen
★ Can ~ **off** een compromis sluiten ★ ~ *sth off* iets

afzagen ★ ~ *sth* **up** iets in stukken zagen **V** *ww* [v.t.]
→ see

sawbill ['sɔːbɪl] *znw* zaagbek ‹watervogel›

sawdust ['sɔːdʌst] *znw* zaagsel, zaagmeel

sawfish ['sɔːfɪʃ] *znw* zaagvis

sawhorse ['sɔːhɔːs] *znw* zaagbok

sawmill ['sɔːmɪl] *znw* zaagmolen, houtzagerij

sawn [sɔːn] *ww* [v.d.] → **saw**

sawn-off shotgun ['sɔːn-ɒf 'ʃɒtgʌn] *znw* geweer met
afgezaagde loop

sawyer ['sɔːjə] *znw* ❶ zager ❷ boktor ‹schadelijk
insect›

sax [sæks] inf *znw* → **saxophone**

saxhorn ['sækshɔːn] muz *znw* saxhoorn

saxifrage ['sæksɪfrɪdʒ] *znw* steenbreek ‹plant›

Saxon ['sæksən] **I** *bn* ❶ Angelsaksisch ❷ Saksisch
II *znw* ❶ Angelsaks ❷ Saks ❸ Angelsaksisch
❹ Saksisch

Saxony ['sæksənɪ] *znw* Saksen

saxophone ['sæksəfəʊn], inf **sax** *znw* saxofoon

saxophonist [sæk'sɒfənɪst] *znw* saxofonist

say [seɪ] **I** *znw* (mede)zeggenschap, inspraak ★ *have
one's* ~ zeggen wat men op het hart heeft ★ *let him
have his* ~ laat hem uitspreken ★ *have a / some* ~ *in*
sth ook een woordje / iets te zeggen hebben over
iets **II** *overg* [said, said] ❶ zeggen, opzeggen, uiten
★ inf *he wouldn't* ~ *boo* hij durfde nog geen woord
te zeggen ★ inf *that's ~ing a good deal / a lot* dat wil
wat zeggen! ★ inf *never ~ die* geef het nooit op ★ ~
goodbye (to sbd) afscheid nemen (van iem.) ★ inf ~
goodbye to sth iets op je buik schrijven ★ *it ~s a lot
that...* het zegt heel wat dat... ★ inf *I wouldn't* ~ *no*
daar zeg ik geen nee tegen ★ ~ *one's piece* zijn zegje
doen ★ *would you like to* ~ *something?* wilt u iets
/ een paar woorden zeggen? ★ *you only have to* ~
the word je hoeft het alleen maar te zeggen ‹en het
gebeurt› ★ inf *you said it* daar ben ik het mee eens,
je slaat de spijker op de kop ★ *though I* ~ *it / so
myself* al zeg ik het zelf ★ *it just ~s it all* dat maakt
het duidelijk ★ *(when) all (is) said and done* per slot
van rekening ★ *to* ~ *the least* op zijn zachtst
uitgedrukt, op zijn minst ★ *there's little to be said for
it* er zitten weinig voordelen aan ★ inf ~ *no more*
vertel me niets, ik weet er alles van, genoeg gezegd
★ *that's not ~ing much* dat zegt weinig, dat betekent
niet veel ★ *to* ~ *nothing of* nog gezwegen van, nog
daargelaten ★ *what did you ~?* wat zegt u? ★ inf *you
can* ~ *that again!* zeg dat wel! ★ *having said that* dat
gezegd hebbende ★ *they / people* ~ *(that) he's dying
/ it's said that he's dying* er wordt gezegd dat hij
stervende is ★ *this is not to* ~ *that I agree with you* dat
wil nog niet zeggen dat ik het met je eens ben ★ inf
afkeurend *he has little to* ~ / *he doesn't have much
to* ~ *for himself* hij heeft niet veel te vertellen, hij
zegt niet veel ★ inf afkeurend *he's got a lot to* ~ *for
himself* hij heeft een hoop praatjes ★ *have you got
anything to* ~ *for yourself?* kunt u iets ter verdediging
aanvoeren? ★ *there is something / a lot to be said for*

it daar is iets / een hoop te zeggen ★ *it ~s a lot for his character* het spreekt voor zijn karakter ★ inf *what would you ~ to a quick drink?* wat dacht je van een drankje? ❷ bidden ★ *~ grace* bidden voor het eten ★ *~ one's prayers* bidden, zijn gebeden zeggen ❸ aangeven ★ *what does your watch ~?* hoe laat heb jij het? ★ *what does it ~ on the label?* wat staat er op het etiket? ★ *it ~s in the paper that...* er staat in de krant dat... ★ *it ~s here* er staat hier (geschreven) ★ *that's what it ~s* zo staat het er ★ *~ when* zeg maar wanneer het genoeg is ‹bij inschenken› ❹ aannemen, veronderstellen ★ *let's ~ we won the lottery* als we de loterij zouden winnen ★ *it might be, ~, 40 degrees* het zou zo'n 40 graden kunnen zijn ★ *shall we meet at, let's ~, 5?* zullen we afspreken om, laten we zeggen, 5 uur? **III** *onoverg* [said, said] zeggen ★ Br gedat *I say!* zeg hoor eens!, nee maar! ★ inf *I'll ~!* zeg dat wel! ★ *I can't ~* dat kan ik niet zeggen ★ inf *you don't ~!* dat meen je niet! niet te geloven! ★ *who can ~?* wie zal het zeggen? ★ *that is to ~* dat wil zeggen ★ inf *~s you!* dat zeg jij! dat is jouw mening! ★ jur *how ~ you?* wat zegt de jury? ★ *it goes without ~ing* het spreekt vanzelf ★ *needless to ~* het spreekt (haast) vanzelf ★ *it would be unwise, not to ~ downright stupid* het zou niet verstandig zijn, ja zelfs ronduit dom ★ Br inf *you can't ~ fairer than that* dat is heel redelijk ‹v. e. afspraak of aanbod› ★ *it was an accident waiting to happen, so to ~* het was, om het zo maar eens uit te drukken, een ongeluk dat stond te wachten om te gebeuren

saying ['seɪɪŋ] *znw* zeggen, gezegde, zegswijze, spreuk, spreekwoord ★ *as the ~ goes* zoals men zegt, zoals het spreekwoord zegt

say-so ['seɪ-səʊ] inf *znw* ★ *on your ~* omdat jij het zegt ★ *it's his ~* hij beslist, hij moet het (maar) zeggen

S-bend ['es-bend] *znw* S-bocht

scab [skæb] **I** *znw* ❶ roof, korst ‹op wond› ❷ schurft ‹verschillende plantenziektes› ❸ inf onderkruiper ‹bij staking› ★ *~ labour* besmet werk **II** *onoverg* ❶ korsten ‹met een roofje› ❷ inf onderkruipen

scabbard ['skæbəd] *znw* schede ‹v. zwaard &›

scabby ['skæbɪ] *bn* ❶ schurftig ❷ inf armzalig ❸ gemeen

scabies ['skeɪbiːz] med *znw* [mv] schurft

scabious ['skeɪbɪəs] *bn* schurftachtig

scabrous ['skeɪbrəs] *bn* ❶ scabreus, aanstootgevend ❷ onaangenaam, onaantrekkelijk ❸ ruw, oneffen

scaffold ['skæfəʊld] **I** *znw* ❶ steiger, stellage ❷ schavot **II** *overg* van een steiger voorzien, schragen

scaffolding ['skæfəʊldɪŋ] *znw* stellage, steiger

scalawag ['skæləwæg] Am inf *znw* → **scallywag**

scald [skɔːld] **I** *znw* brandwond **II** *overg* ❶ branden ‹door hete vloeistof of stoom› ❷ in kokend water uitkoken, steriliseren, in heet water dompelen ❸ bijna tot kookpunt verhitten ‹melk›

scalding ['skɔːldɪŋ], **scalding hot** *bn* gloeiend heet, heet ‹v. tranen›

scale [skeɪl] **I** *znw* ❶ weegschaal ★ *a pair of ~s / the ~s* een / de weegschaal ★ *tip / turn the ~/~s* de doorslag geven ★ *tip the ~s at two kilos* twee kilo wegen ❷ schaal, maatstaf ★ *the social ~* de maatschappelijke ladder ★ *economies of ~* schaalvoordelen ★ *a ~ of values* een waardeschaal ★ *at the bottom / top end of the ~* onderaan / bovenaan de ladder ★ *to ~* op schaal ★ *draw sth to ~* iets op schaal tekenen ❸ muz (toon)schaal, toonladder ★ *practise / play / sing one's ~s* toonladders studeren ❹ omvang ★ *on a grand ~* op zeer grote schaal ★ *on a large / small ~* op grote (kleine) schaal ★ *on an unprecedented ~* op een ongekend grote schaal ★ *out of all ~* buiten proportie ❺ wisk talstelsel ❻ schilfer, schub ★ *the ~s fell from his eyes* de schellen vielen hem van de ogen ❼ tandsteen, aanslag, ketelsteen **II** *overg* ❶ beklimmen ★ *~ the heights* succes hebben, de top bereiken ❷ op schaal tekenen ❸ afschilferen, schubben, schrappen ‹vis›, pellen **III** *phras* ★ *~ sth down / up* (naar verhouding) verlagen / verhogen, verkleinen / vergroten

scaled [skeɪld] *bn* geschubd, schubbig, schub-

scale insect [skeɪl 'ɪnsekt] *znw* schildluis

scale model [skeɪl 'mɒdl] *znw* schaalmodel, maquette

scalene ['skeɪliːn] *bn* ongelijkzijdig ‹driehoek›

scaling ladder ['skeɪlɪŋ 'lædə] *znw* stormladder

scallion ['skæljən] Am *znw* bosui, sjalot

scallop ['skæləp] **I** *znw* ❶ kamschelp, jakobsschelp ❷ schelpvormige schaal, schelp ❸ schulp, uitschulping, schulprand **II** *overg* ❶ uitschulpen, festonneren ❷ in een schelp bakken

scally ['skælɪ] inf *znw* (scallywag) straatschoffie ‹in het noordwesten v. Engeland›

scallywag ['skæləwæg], Am **scalawag** inf *znw* deugniet, rakker, rekel, schobbejak

scalp [skælp] **I** *znw* schedelhuid, scalp ★ inf *be after / out for sbd's ~* iem. te grazen willen nemen **II** *overg* ❶ scalperen ❷ zwart verkopen ‹vooral kaartjes›

scalpel ['skælpl] *znw* ontleedmes, scalpel

scalper ['skælpə] Am inf *znw* handelaar in zwarte kaartjes

scaly ['skeɪlɪ] *bn* schubbig, schub-, schilferig

scam [skæm] inf **I** *znw* bedrog, zwendel **II** *overg* bedriegen **III** *onoverg* bedrog plegen

scamp [skæmp] inf **I** *znw* schelm, deugniet **II** *overg* gedat afraffelen ‹werk›

scamper ['skæmpə] **I** *znw* drafje, holletje ★ *at a ~* op een holletje **II** *onoverg* ❶ rondhuppelen, -dartelen ❷ hollen, ervandoor gaan

scampi ['skæmpɪ] *znw* scampi ‹kleine kreeftjes›

scan [skæn] **I** *znw* ❶ vluchtige blik ❷ kritische blik, onderzoekende blik ❸ scan **II** *overg* ❶ even doorkijken ❷ met kritische blik beschouwen, onderzoeken ❸ scannen, aftasten ❹ scanderen ‹v. gedicht›

scandal ['skændl] *znw* ❶ schandaal, schande ❷ aanstoot, ergernis ❸ kwaadsprekerij, laster

scandalize ['skændəlaɪz], **scandalise** *overg* ❶ ergernis wekken bij, ergernis geven ★ *be ~d* zich ergeren ❷ aanstoot geven

scandalmonger ['skændlmʌŋgə] *znw* kwaadspreker

scandalous ['skændələs] *bn* ❶ ergernis gevend, ergerlijk, schandelijk ❷ lasterlijk

scandal sheet ['skændl ʃiːt] *inf znw* boulevardblad, roddelblad

Scandinavia [skændɪ'neɪvɪə] *geogr znw* Scandinavië

Scandinavian [skændɪ'neɪvɪən] **I** *bn* Scandinavisch **II** *znw* Scandinaviër, Scandinavische

scanner ['skænə] *znw* scanner

scansion ['skænʃən] *znw* scandering ⟨v. gedicht⟩

scant [skænt] *bn* krap toegemeten, gering ★ *have ~ regard for the truth* weinig rekening houden met de waarheid ★ *pay ~ attention to sbd / sth* nauwelijks aandacht aan iem. / iets besteden

scanties ['skæntɪz] *inf znw* [mv] slipje

scanty ['skæntɪ] *bn* schraal, krap (toegemeten), schriel, karig, dun, schaars, gering, weinig

scapegoat ['skeɪpgəʊt] *znw* zondebok

scapula ['skæpjʊlə] *anat znw* [mv: -s of -lae] schouderblad

scapular ['skæpjʊlə] **I** *bn* van het schouderblad **II** *znw* ❶ RK scapulier ❷ dierk rugveer bij vogel

scapulary ['skæpjʊlərɪ] RK *znw* scapulier

scar [skɑː] **I** *znw* ❶ litteken ❷ steile rots **II** *overg* een litteken geven, met littekens bedekken, littekens achterlaten **III** *onoverg* een littekens vormen / achterlaten ⟨v. wond⟩

scarab ['skærəb] *znw* kever, scarabee

scarce [skeəs] **I** *bn* schaars, zeldzaam ★ *inf make oneself ~* ervandoor gaan, zich uit de voeten maken **II** *bijw* → dicht **scarcely**

scarcely ['skeəslɪ], dicht **scarce** *bijw* nauwelijks, ternauwernood, pas, met moeite ★ *I had ~ started/~ had I started to work when the phone rang* ik was nog maar nauwelijks aan het werk toen de telefoon ging ★ *she had ~ arrived when she was called back* ze was er nog maar net of ze werd al weer teruggeroepen ★ *he ate ~ anything* hij at bijna niets ★ *you can ~ blame him* je kunt het hem haast niet kwalijk nemen

scarcity ['skeəsətɪ], **scarceness** *znw* schaarsheid, schaarste, zeldzaamheid, gebrek (aan *of*)

scare [skeə] **I** *znw* ❶ plotselinge schrik, paniek ❷ bangmakerij **II** *overg* doen schrikken, bang maken, afschrikken, doen terugschrikken (van *from*) ★ *inf ~ the hell / life / living daylights out of sbd, ~ sbd to death, ~ sbd silly, ~ the pants off sbd* iem. de stuipen op het lijf jagen **III** *phras* ★ *~ sbd / sth* away / off iem. / iets wegjagen ★ *~ sbd into doing sth* iem. iets laten doen door hem / haar bang te maken ★ Am *inf ~ sth up* iets bijeenschrapen, iets in elkaar flansen ⟨maaltijd⟩

scarecrow ['skeəkrəʊ] *znw* vogelverschrikker

scared [skeəd] *bn* bang ★ *the child was ~ stiff* het kind was doodsbang ★ vulg *he was ~ shitless* hij deed het bijna in zijn broek van angst

scaredy-cat ['skeədɪ-kæt] kindertaal *znw* bangerik, schijtlijster

scaremonger ['skeəmʌŋgə] *znw* paniekzaaier

scare story [skeə 'stɔːrɪ] *znw* angstaanjagend / alarmerend verhaal

scare tactics [skeə 'tæktɪks] *znw* [mv] angsttactiek, bangmakerij

scarf [skɑːf] *znw* [mv: -s *of* scarves] ❶ sjaal, das ❷ hoofddoek

scarification [skeərɪfɪ'keɪʃən] *znw* ❶ insnijding, kerving ❷ form onbarmhartige hekeling

scarify ['skærɪfaɪ] *overg* ❶ insnijden, kerven ❷ fig onbarmhartig hekelen ❸ verticuteren ⟨gazon⟩

scarlatina [skɑːlə'tiːnə] *znw* → **scarlet fever**

scarlet ['skɑːlət] **I** *bn* ❶ scharlakenrood, scharlakens ❷ vuurrood ⟨v. blos⟩ **II** *znw* scharlaken

scarlet fever ['skɑːlət 'fiːvə], **scarlatina** *znw* roodvonk

scarlet runner ['skɑːlət 'rʌnə] *znw* pronkboon

scarlet woman ['skɑːlət 'wʊmən] *znw* ❶ hoer, lichte vrouw ❷ beledigend rooms-katholieke kerk

scarp [skɑːp] *znw* escarpe, glooiing, steile helling, talud

scarper ['skɑːpə] Br *inf onoverg* 'm smeren

scarred ['skɑːd] *bn* vol littekens ★ *the marriage had left him emotionally ~* aan het huwelijk had hij emotionele littekens overgehouden

scarves [skɑːvz] *znw* [mv] → **scarf**

scary ['skeərɪ] *bn* vreesaanjagend, beangstigend, eng

scat [skæt] **I** *znw* ❶ muz scat ⟨gebruik van klanken i.p.v. woorden in jazzmuziek⟩ ❷ keutels ⟨v. vleesetende dieren⟩ **II** *tsw inf* hoepel op! **III** *onoverg* ❶ inf er vandoor gaan ❷ muz scatten

scatheless ['skeɪðləs] vero *bn* ongedeerd, zonder kleerscheuren

scathing ['skeɪðɪŋ] *bn* vernietigend ⟨kritiek &⟩

scatological [skætə'lɒdʒɪkl] *bn* obsceen, vuil ⟨moppen⟩

scatter ['skætə] **I** *overg* (ver)strooien, uit-, rondstrooien, verspreiden, uiteenjagen, verdrijven ★ dicht *be ~ed to the four winds* uitgestrooid worden naar de vier windstreken **II** *onoverg* zich verspreiden, zich verstrooien, uiteengaan

scatterbrain ['skætəbreɪn] *znw* warhoofd

scatterbrained ['skætəbreɪnd] *bn* warhoofdig

scatter cushion ['skætə 'kʊʃən] *znw* sierkussentje

scattered ['skætəd] *bn* verstrooid, verspreid

scattering ['skætərɪŋ] *znw* verstrooiing, verspreiding ★ *a ~ of houses* enkele verspreide huizen

scatter rug ['skætə rʌg] *znw* kleedje, klein vloerkleed

scatty ['skætɪ] *inf bn* getikt, warhoofdig

scavenge ['skævɪndʒ] **I** *overg* doorzoeken, afschuimen ⟨afval⟩ **II** *onoverg* ❶ afval(bakken) doorzoeken / afschuimen ⟨om iets eetbaars & te vinden⟩ ❷ aaseten ⟨v. dieren⟩ ❸ azen (op *for*), zoeken (naar *for*)

scavenger ['skævɪndʒə] *znw* ❶ morgenster ⟨iem. die vuilnisbakken & doorzoekt op bruikbare spullen &⟩ ❷ aaseter ⟨dier⟩ ❸ aaskever

scenario [sɪ'nɑːrəʊ] *znw* scenario ★ *the worst-case ~* het allerslechtste geval

scenarist ['siːnərɪst] *znw* scenarioschrijver

scene [siːn] *znw* ❶ plaats ⟨van het onheil &⟩, plek, locatie ★ *be on the ~* ter plaatse / ter plekke zijn ★ *he was called to the ~* hij werd opgeroepen ★ *come on the ~* verschijnen ★ *what we need is a complete change of ~* we hebben een volledige verandering van omgeving nodig ❷ scène ⟨in toneelstuk of film⟩ ❸ toneel, tafereel, schouwspel ★ *~ changes* decorwisselingen ★ *behind the ~s* achter de schermen ★ *set the ~ for sth* alles voorbereiden voor iets ❹ scène, ruzie, uitbarsting ★ *make a ~* een scène maken ❺ decor, beeld ❻ wereldje, scène ★ *he's a newcomer to the music ~* hij is nieuw in het muziekwereldje ★ *inf it's not my ~* dat is niets voor mij, daar heb ik geen belang bij

scenery ['siːnərɪ] *znw* ❶ decoratief, decor, decors, toneeldecoraties ❷ (natuur)tonelen, natuurschoon, natuur, landschap ★ *she'd prefer to blend into the ~* ze valt liever niet op, ze blijft liever op de achtergrond

sceneshifter ['siːnʃɪftə] *znw* machinist ⟨in schouwburg⟩

scene stealer ['siːn stiːlə] *znw* iem. die de show steelt

scenic ['siːnɪk] *bn* ❶ toneelmatig, toneel- ❷ van het landschap ❸ vol natuurschoon, schilderachtig ★ *we took the ~ route there* we hebben de toeristische route hierheen genomen

scenic railway ['siːnɪk 'reɪlweɪ] *znw* toeristische spoorweg

scent [sent] **I** *znw* ❶ reuk, geur, parfum ❷ reukzin ❸ lucht ⟨v. wild⟩, spoor ★ *get a ~ of sth* de lucht krijgen van iets ★ *put / throw sbd off the ~ / put sbd on the wrong ~* iem. op het verkeerde spoor zetten ❹ *fig* flair, fijne neus (voor *for*) **II** *overg* ❶ ruiken ⟨het wild⟩, de lucht krijgen van ❷ van geur vervullen, parfumeren **III** *phras* ★ *~ sth out* iets (op de reuk) ontdekken

scent bottle [sent 'bɒtl] *znw* odeurflesje

scented ['sentɪd] *bn* geparfumeerd, geurig

scent gland [sent glænd] *znw* reukklier

scentless ['sentləs] *bn* zonder reuk, reukloos

sceptic ['skeptɪk], Am **skeptic I** *bn* → **sceptical II** *znw* scepticus, twijfelaar

sceptical ['skeptɪkl], **sceptic**, Am **skeptical, skeptic** *bn* twijfelend (aan *of*), sceptisch

scepticism ['skeptɪsɪzəm], Am **skepticism** *znw* scepsis, scepticisme, twijfelzucht

sceptre ['septə], Am **scepter** *znw* scepter, (rijks)staf

schadenfreude ['ʃɑːdnfrɔɪdə] *(Du) znw* leedvermaak

schedule ['ʃedjuːl] **I** *znw* ❶ rooster, programma, schema ★ *ahead of ~* voor zijn tijd, te vroeg ★ *behind ~* over (zijn) tijd, te laat ★ *on ~* (precies) op tijd ★ *(according) to ~* op de in de dienstregeling aangegeven tijd, op het vastgestelde uur ❷ lijst, inventaris, opgaaf, tabel, staat ❸ dienstregeling **II** *overg* ❶ schema (rooster / programma) maken,

plannen ★ *be ~d to arrive* moeten aankomen ❷ op de lijst zetten, inventariseren ❸ (tabellarisch) opgeven, vaststellen

scheduled ['ʃedjuːld] *bn* ❶ gepland, in het rooster opgenomen ❷ lijn- ⟨dienst, vlucht &⟩, volgens dienstregeling

scheduled flight ['ʃedjuːld flaɪt] *znw* lijnvlucht

Scheldt [skelt] *znw* Schelde ⟨rivier⟩

schema ['skiːmə] <u>techn</u> *znw* [*mv*: schemata] schema, diagram

---

schema
wordt in het Engels alleen maar gebruikt in een speciale technische en logische context. Voor het veel algemenere Nederlandse woord **schema** wordt in het Engels het woord **diagram** gebruikt.

---

schematic [skɪ'mætɪk] *bn* schematisch

schematize ['skiːmətaɪz], **schematise** *overg* schematiseren

scheme [skiːm] **I** *znw* ❶ stelsel, systeem ★ *in the ~ of things* in de wereldorde, alles bij elkaar genomen ❷ schema, ontwerp, schets ❸ programma, plan, voornemen ❹ bestel, regeling ⟨pensioen &⟩ ❺ intrige, complot **II** *overg* beramen **III** *onoverg* ❶ plannen maken ❷ intrigeren

schemer ['skiːmə] *znw* ❶ plannenmaker ❷ intrigant

scheming ['skiːmɪŋ] **I** *bn* vol listen, intrigerend, sluw ★ *he has a ~ mind* hij is sluw van aard **II** *znw* intrigeren, plannen maken

scherzo ['skeətsəʊ] <u>muz</u> *znw* [*mv*: -s] scherzo ⟨levendig⟩

schism ['s(k)ɪzəm] *znw* schisma, scheuring

schismatic [s(k)ɪz'mætɪk] **I** *bn* schismatiek **II** *znw* scheurmaker

schizo ['skɪtsəʊ] *inf bn & znw* schizofreen

schizoid ['skɪtsɔɪd] *bn* schizoïde

schizophrenia [skɪtsə'friːnɪə] *znw* schizofrenie

schizophrenic [skɪtsə'frenɪk] *bn & znw* schizofreen

schlep [ʃlep], **schlepp** Am *inf znw* vervelende, lange reis

schlock [ʃlɒk] Am *inf znw* rommel, slecht spul

schmaltz [ʃmɔːlts] <u>inf</u> *znw* zoetelijke sentimentaliteit

schmooze [ʃmuːz] Am *inf znw* geklets, geroddel

schmuck [ʃmʌk] Am *inf znw* schlemiel, mafkees

schnapps [ʃnæps] *znw* schnapps ⟨soort jenever⟩

schnorkel ['ʃnɔːkəl] *znw* → **snorkel**

scholar ['skɒlə] *znw* ❶ geleerde ★ *a visiting ~* een gastdocent ★ *a distinguished ~ of Japanese art* een gerenommeerd wetenschapper op het gebied van de Japanse kunst ★ *he's never been much of a ~* hij is nooit een studiehoofd geweest ❷ bursaal, beursstudent

scholarly ['skɒləli] *bn* van een geleerde, wetenschappelijk, gedegen ★ *a ~ journal* een wetenschappelijk tijdschrift

scholarship ['skɒləʃɪp] *znw* ❶ geleerdheid, wetenschap, kennis ❷ wetenschappelijke degelijkheid, gedegenheid ❸ studiebeurs ★ *he won*

sc

a ~ to Harvard hij heeft een beurs voor Harvard
gekregen

scholastic [skə'læstɪk] **I** *bn* ❶ schools,
schoolmeesterachtig ❷ universitair ❸ school- ★ ~
achievements schoolresultaten ❹ scholastiek **II** *znw*
❶ scholasticus, scholastiek geleerde ❷ scholastiek
⟨jezuïet in opleiding⟩

school [sku:l] **I** *znw* ❶ school, leerschool, schooltijd
★ *an elementary / primary ~* een lagere school ★ *a
secondary ~ / high ~* een middelbare school ★ *the
lower / upper ~* de lagere / hogere klassen ⟨v.e.
school⟩, de onderbouw / bovenbouw ★ *an
independent ~* een onafhankelijke / particuliere
school ★ *stay in after ~* nablijven ★ *at ~* op school
★ *in ~* in de klas ★ *she teaches ~* ze geeft les ★ *he's
from / of the old ~* hij is van de oude stempel ★ *he
went to the ~ of hard knocks* hij heeft het op de harde
manier geleerd ❷ schoolgebouw ❸ Am hogeschool,
universiteit ❹ faculteit, universitair instituut ★ *the ~
of physics* de faculteit der natuurkunde ❺ fig
richting, denkwijze ★ *the deterministic ~* de
deterministische school ❻ school ⟨van vissen &⟩
★ *a ~ of fish* een school vissen **II** *overg*
❶ onderwijzen, oefenen, dresseren ❷ de les lezen,
vermanen **III** *onoverg* scholen vormen ⟨vissen⟩

school age [sku:l eɪdʒ] *znw* leerplichtige leeftijd
school bag [sku:l bæg], **schoolbag** *znw* schooltas
school board [sku:l bɔ:d] Am of hist *znw*
schoolcommissie, schoolbestuur
schoolboy ['sku:lbɔɪ] *znw* scholier, schooljongen
schoolchild ['sku:ltʃaɪld] *znw* scholier, schoolkind
school day [sku:l deɪ] *znw* schooldag
schooldays ['sku:ldeɪz] *znw [mv]* schooltijd,
schooljaren
schoolfellow ['sku:lfeləʊ] *znw* schoolkameraad
schoolfriend ['sku:lfrend] *znw* schoolmakker
schoolgirl ['sku:lgɜ:l] *znw* scholiere, schoolmeisje
schoolhouse ['sku:lhaʊs] *znw* ❶ schoolgebouw
❷ schoolwoning ⟨waar de directeur woont⟩
schooling ['sku:lɪŋ] *znw* ❶ (school)onderwijs,
opleiding ★ *he has had very little formal ~* hij heeft
heel weinig schoolonderwijs gehad ❷ dressuur,
school ⟨in manege⟩
school inspector [sku:l ɪn'spektə] *znw*
schoolinspecteur
school leaver [sku:l 'li:və] *znw* iem. die net van school
af is, schoolverlater
school-leaving age ['sku:l-li:vɪŋz eɪdʒ] *znw* leeftijd
waarop men niet meer leerplichtig is
schoolmaster ['sku:lma:stə] *znw* hoofdonderwijzer,
schoolmeester, onderwijzer, leraar
schoolmate ['sku:lmeɪt] *znw* medescholier,
schoolmakker, schoolkameraad
schoolmistress ['sku:lmɪstrəs] *znw* schooljuffrouw,
(hoofd)onderwijzeres, lerares
school of thought [sku:l əv 'θɔ:t] *znw [mv:* schools of
thought] denkwijze, filosofische school ★ *what ~ do
you subscribe to?* in welke richting denk jij?

school principal [sku:l 'prɪnsɪpl] *znw* schoolhoofd,
rector, directeur
schoolroom ['sku:lru:m] *znw* schoollokaal
school run [sku:l rʌn] *znw* het naar school brengen
van kinderen
school ship [sku:l ʃɪp] *znw* opleidingsschip
schoolteacher ['sku:lti:tʃə] *znw* onderwijzer(es)
schoolteaching ['sku:lti:tʃɪŋ] *znw* onderwijs
school uniform [sku:l 'ju:nɪfɔ:m] *znw* schooluniform
schoolwork ['sku:lwɜ:k] *znw* schoolwerk, huiswerk
schoolyard ['sku:lja:d] *znw* schoolplein
school year [sku:l jɪə] *znw* schooljaar, leerjaar
schooner ['sku:nə] *znw* ❶ scheepv schoener ★ Am inf
a prairie ~ een trekwagen ❷ Am & Aus groot
bierglas ❸ Br groot sherryglas
sciatic [saɪ'ætɪk] anat *bn* van de heup, heup-
sciatica [saɪ'ætɪkə] med *znw* ischias
science ['saɪəns] *znw* ❶ wetenschap, kennis, kunde
★ *his achievements in the world of ~* zijn prestaties op
wetenschappelijk gebied ❷ wis- en natuurkunde,
natuurwetenschap(pen)
science fiction ['saɪəns 'fɪkʃən], *inf* **sci-fi** *znw*
sciencefiction
science park ['saɪəns pa:k] *znw* science park
⟨technologisch industrie- en onderzoeksgebied⟩
scientific [saɪən'tɪfɪk] *bn* ❶ (natuur)wetenschappelijk
★ *we'll have to take a more ~ approach* we moeten
het wetenschappelijker aanpakken ❷ inf vakkundig
★ *his way of doing things is not very ~* de manier
waarop hij dingen doet is niet erg vakkundig
scientist ['saɪəntɪst] *znw* ❶ natuurfilosoof,
natuurkundige ❷ wetenschapsmens,
wetenschapper, geleerde
sci-fi ['saɪfaɪ] *inf znw* → **science fiction**
scimitar ['sɪmɪtə] *znw* kromzwaard
scintilla [sɪn'tɪlə] *znw* greintje, spoor ★ *not a ~ of doubt
/ truth* geen spoor van twijfel / waarheid
scintillate ['sɪntɪleɪt] *onoverg* ❶ fonkelen, flonkeren,
flikkeren, schitteren, tintelen ❷ fig sprankelend
converseren
scintillation [sɪntɪ'leɪʃən] *znw* fonkeling, flonkering,
flikkering, schittering, tinteling
scion ['saɪən] *znw* ❶ ent, spruit, loot ❷ telg,
afstammeling ★ *he is the ~ of a rich American family*
hij is een telg van een rijke Amerikaanse familie
scission ['sɪʒən] *znw* ❶ techn splitsing, deling, scheur
❷ fig scheuring, afscheiding
scissors ['sɪzəz] *znw [mv]* schaar ★ *a pair of ~* een
schaar ★ *a ~ and paste job* knip- en plakwerk
sclera ['sklɪ(ə)rə], **sclerotic** anat *znw* oogwit
sclerosis [sklɪə'rəʊsɪs] med *znw [mv:* scleroses] sclerose
sclerotic [sklɪ(ə)'rɒtɪk] **I** *bn* ❶ hard, niet flexibel
⟨v.bestuur &⟩ ❷ med sclerotisch, verhard **II** *znw* →
sclera
scoff [skɒf] **I** *znw* ❶ spottende opmerking ❷ inf
vreten **II** *overg inf* gulzig schrokken, (op)vreten ★ ~
sth down iets opschrokken **III** *onoverg* spotten (met
at), schimpen (op *at*)

scoffer ['skɒfə] *znw* spotter
scold [skəʊld] *overg* bekijven, een standje geven
★ *she ~ed me for eating with my fingers* ze las me de les omdat ik met mijn vingers at
scolding ['skəʊldɪŋ] *znw* standje, uitbrander
sconce [skɒns] *znw* muurkandelaar, armluchter
scone [skɒn, skəʊn] *znw* scone ‹soort broodje›
scoop [sku:p] **I** *znw* ❶ schop, emmer, hoosvat, schep, lepel ❷ schep, graai, greep, haal ‹met een net›, vangst ★ *he made his fortune in one ~* hij heeft zijn fortuin in één klap gemaakt ❸ primeur, scoop ‹v. krant› **II** *overg* ❶ (uit)scheppen, hozen ❷ uithollen ❸ bijeenschrapen ❹ *inf* voor zijn, de loef afsteken ★ *~ the pool* de meeste prijzen winnen **III** *phras* ★ *~ sth out* iets (uit)scheppen, hozen, iets uithollen ★ *~ sth up* iets opscheppen ‹met een lepel &›, iets oppakken ‹in een vloeiende beweging›
scoopful ['sku:pfʊl] *znw* schep ‹portie›
scoop neck [sku:p-'nek] *znw* diep uitgesneden ronde hals ‹in kledingstuk›
scoot [sku:t] *inf onoverg* 'm smeren, vliegen
scooter ['sku:tə] *znw* ❶ step, autoped ❷ scooter
scooterist ['sku:tərɪst] *znw* scooter(be)rijder
scope [skəʊp] *znw* ❶ (speel)ruimte, vrijheid (van beweging), armslag ★ *the bank has ample ~ to cut rates* de bank heeft speelruimte genoeg om de tarieven te verlagen ❷ gezichtskring, gebied, terrein van werkzaamheid, bereik ★ *a fuller discussion is not within the ~ of this work* een uitgebreidere discussie past niet binnen het bestek van dit werk
scorch [skɔ:tʃ] **I** *znw*, **scorch mark** schroeiplek **II** *overg* (ver)schroeien, (ver)zengen **III** *onoverg* ❶ schroeien ❷ *inf* woest rijden
scorcher ['skɔ:tʃə] *inf znw* ❶ snikhete dag ❷ geweldige uitbrander
scorching ['skɔ:tʃɪŋ] *inf bn* snikheet, bloedheet, gloeiend (heet)
score [skɔ:] **I** *znw* ❶ kerf, keep, insnijding, (dwars)streep, lijn, striem ❷ *sp* score ‹aantal behaalde punten, stand› ❸ *inf* stand van zaken ★ *what's the score?* wat gaat er gebeuren? ★ *know the ~* weten hoe laat het is / hoe de zaken staan ❹ reden, grond ★ *on that ~* dienaangaande, wat dat betreft ★ *on the ~ of* vanwege, wegens, op grond van, op het punt van ❺ succes, rake zet, bof, tref ❻ rekening, gelag, grief ★ *settle a ~* een rekening vereffenen ❼ *muz* partituur ❽ twintig(tal) ★ *vero four ~* tachtig ★ *~s of times* talloze malen ★ *by the ~* tientallen **II** *overg* ❶ *sp* behalen ‹punten›, scoren, maken ★ *~ points off sbd* iem. aftroeven, afrekenen met iem., iem. betaald zetten, iem. te slim af zijn ❷ (in)kerven, (in)kepen, strepen ❸ onderstrepen ‹een woord› ❹ aan-, optekenen, opschrijven ❺ boeken ‹succes› ❻ *muz* op noten zetten, orkestreren **III** *onoverg* ❶ scoren ‹een punt (punten)

maken of behalen› ❷ een voordeel behalen, succes hebben, het winnen (van *over*) ❸ *inf* een punt zetten, neuken **IV** *phras* ★ *~ sth out / through* iets doorhalen ★ *~ sth up* iets opschrijven, op rekening schrijven
scoreboard ['skɔ:bɔ:d] *znw* scorebord
scorecard ['skɔ:kɑ:d] *znw* scorekaart, -lijst, -formulier
scoreline ['skɔ:laɪn] *znw* stand, uitslag
scorer ['skɔ:rə] *znw* ❶ persoon die de score bijhoudt, scorer ❷ doelpuntenmaker
scoria ['skɔ:rɪə] *znw* [*mv*: scoriae] schuim ‹van gesmolten metaal›, slak
scorn [skɔ:n] **I** *znw* verachting, versmading, hoon, (voorwerp van) spot ★ *heap / pour ~ on sbd* iem. verachten **II** *overg* verachten, versmaden, minachten ★ *she ~ed to answer* ze vond het beneden haar waardigheid om te antwoorden **III** *onoverg* smalen
scornful ['skɔ:nfʊl] *bn* minachtend, smalend, honend
Scorpio ['skɔ:pɪəʊ] *astrol znw* Schorpioen
scorpion ['skɔ:pɪən] *znw* schorpioen
scotch [skɒtʃ] **I** *znw* ★ *Scotch* Schotse whisky, de Schotse taal ★ *the Scotch* de Schotten, de Schotse bevolking **II** *overg* onschadelijk maken, de kop indrukken ‹gerucht›, verijdelen
Scotch broth [skɒtʃ brɒθ] *znw* Schotse maaltijdsoep
Scotch egg [skɒtʃ eg] *znw* eierbal ‹gekookt ei in worstvlees›
Scotchgard® [skɒtʃgɑ:d], **Scotchguard I** *znw* middel om textiel water- en vuilafstotend te maken **II** *overg* water- en vuilafstotend maken
Scotchman ['skɒtʃmən] *gedat znw* Schot
Scotch mist [skɒtʃ mɪst] *znw* motregen
Scotch tape® [skɒtʃ teɪp] *znw* doorzichtig plakband
Scotch terrier [skɒtʃ 'terɪə] *znw* Schotse terriër ‹hond›
Scotchwoman ['skɒtʃwʊmən] *gedat znw* Schotse
scot-free [skɒt-'fri:] *bijw* ❶ ongestraft ❷ ongedeerd, zonder letsel, vrij ★ *get off / go ~* er genadig afkomen, er ongedeerd vanaf komen
Scoticism ['skɒtɪsɪzəm] *znw* → **Scotticism**
Scotland [skɒtlənd] *znw* Schotland
Scotland Yard [skɒtlənd jɑ:d] *znw* het hoofdkwartier van de politie (i.h.b. recherche) te Londen
Scots [skɒts] *bn* → **Scottish**
Scotsman ['skɒtsmən] *znw* Schot
Scotswoman ['skɒtswʊmən] *znw* Schotse
Scotticism ['skɒtɪsɪzm], **Scoticism** *znw* Schotse uitdrukking
Scottie ['skɒtɪ] *inf znw* ❶ Schotse terriër ❷ Schot ‹als bijnaam›
Scottish ['skɒtɪʃ], **Scots I** *bn* Schots **II** *znw* ★ *the ~* de Schotten
scoundrel ['skaʊndrəl] *znw* schurk, deugniet
scour ['skaʊə] **I** *znw*, **scours** diarree ‹bij vee› **II** *overg* ❶ schuren, wrijven, schoonmaken, zuiveren, reinigen, schoonvegen ‹de zee› ❷ aflopen, afzoeken, doorkruisen, afschuimen ‹de straten› **III** *onoverg* diarree hebben ‹v. vee› **IV** *phras* ★ *~ sth*

out iets uitschuren

scourer ['skaʊərə] *znw* ❶ pannenspons ❷ schuurmiddel

scourge [skɜːdʒ] **I** *znw* ❶ zweep, roede, gesel ❷ plaag **II** *overg* geselen, kastijden, teisteren

scouring pad ['skaʊərɪŋ pæd] *znw* schuurspons

scouring powder ['skaʊərɪŋ 'paʊdə] *znw* schuurpoeder

Scouse ['skaʊs(ə)] Br *inf bn* van, uit Liverpool

scout [skaʊt] **I** *znw* ❶ mil verkenner ❷ padvinder, scout (ook: *Scout, Boy Scout*) ❸ sp scout ❹ talentenjager **II** *overg* verkennen ⟨v. landstreek &⟩ **III** *onoverg* op verkenning uitgaan (zijn) **IV** *phras* ★ ~ about / around / round rondzwerven ⟨op zoek naar iets of iem.⟩ ★ ~ sth out informatie over iets bijeenzoeken

scout car ['skaʊtkɑː] *znw* ❶ mil verkenningswagen ❷ Am surveillancewagen ⟨v. politie⟩

scouting ['skaʊtɪŋ] *znw* ❶ verkenning ❷ padvinderij, scouting (ook: *Scouting*)

Scoutmaster ['skaʊtmɑːstə] *znw* hopman ⟨v. scouts⟩

scow [skaʊ] scheepv *znw* schouw ⟨boot⟩

scowl [skaʊl] **I** *znw* dreigende blik **II** *onoverg* het voorhoofd fronsen **III** *phras* ★ ~ at *sbd* iem. boos / dreigend aankijken ★ ~ on / upon *sth* iets afkeuren / afwijzen

scrabble ['skræbl] **I** *znw* gekrabbel, gegrabbel ▼ *play Scrabble®* scrabbelen ⟨bordspel⟩ **II** *onoverg* ❶ krabbelen ❷ grabbelen ❸ scharrelen ★ *they're scrabbling around for a replacement part* ze zijn aan het rondscharrelen voor een reserveonderdeel

scrag [skræg] *znw* ❶ scrag-end hals, halsstuk ⟨v. schaap⟩ ❷ scharminkel

scraggy ['skrægɪ] *bn* mager, schriel

scram [skræm] inf *onoverg* wegwezen, 'm smeren, ophoepelen

scramble ['skræmbl] **I** *znw* ❶ geklauter, geklim ❷ gedrang, gevecht, worsteling ❸ start ⟨van gevechtsvliegtuig bij alarm⟩ ❹ gescharrel, gegrabbel ★ *make a ~ for sth* grabbelen naar iets, vechten om iets ❺ Br moto(r)cross **II** *overg* ❶ door elkaar gooien, schudden ❷ bijeengrabbelen, graaien ❸ in de war brengen, vervormen, storen ⟨(radio)telefonisch gesprek⟩ ❹ mil laten opstijgen wegens alarm ⟨v. vliegtuigen⟩ **III** *onoverg* ❶ klauteren, klimmen ★ ~ to one's feet / legs weer opkrabbelen ❷ scharrelen, grabbelen (naar *for*) ❸ zich verdringen, vechten (om *for*) ❹ haastig iets doen ★ *she ~d into her car* ze stapte snel in haar auto ❺ mil opstijgen wegens alarm ⟨v. vliegtuigen⟩ **IV** *phras* ★ ~ *sth* up iets opscharrelen

scrambled eggs ['skræmbld egz] *znw* [mv] roerei ⟨gerecht⟩

scrambler ['skræmblə] *znw* spraakvervormer ⟨als stoorzender⟩

scrap [skræp] **I** *znw* ❶ stukje, snipper, zweem, zier, beetje, brokstuk ★ *not a ~ of evidence* geen greintje bewijs ★ *a ~ of paper* een vodje papier ❷ oud ijzer,

oudroest, schroot ★ *the fence was sold for ~* het hek werd als oud ijzer verkocht ❸ afval ❹ inf ruzie, gevecht, kloppartij **II** *overg* ❶ afdanken, buiten dienst stellen, slopen, vernietigen ❷ laten varen, afschaffen, opheffen, afgelasten ★ *they've ~ped her job* ze hebben haar baan opgeheven **III** *onoverg* inf een robbertje vechten, bakkeleien ★ *they're ~ping for every dollar they can get* ze vechten voor elke dollar die ze kunnen krijgen

scrapbook ['skræpbʊk] *znw* plakboek ★ *she keeps a ~ of newspaper cuttings* ze houdt een plakboek bij van krantenknipsels

scrape [skreɪp] **I** *znw* ❶ gekras, gekrab ❷ kras, schaafwond ❸ inf verlegenheid, moeilijkheid ★ *be in a ~* in de knel zitten ★ *get into a ~* in moeilijkheid komen ★ *get sbd out of a ~* iem. uit een moeilijkheid helpen **II** *overg* ❶ schrappen, (af)krabben ★ ~ *(the bottom of) the barrel* zijn laatste duiten bijeenschrapen, de laatste reserve aanspreken, aan het einde van zijn Latijn zijn ★ ~ *one's feet* met de voeten schuifelen, strijkages maken ❷ beschadigen, schaven, schuren, krassen ▼ ~ *a living* met moeite rondkomen **III** *onoverg* ❶ schrapen, schuren ❷ krassen ⟨op viool &⟩ ❸ zuinig zijn ▼ ~ *home* op het nippertje winnen **IV** *phras* ★ ~ *by / along* rondkomen, zich erdoorheen slaan ★ ~ *in* op het nippertje binnen weten te komen, maar net slagen ★ ~ *sth* off iets afschrapen ★ ~ *sth* out iets uitschrapen, -krabben ★ ~ *through* op het nippertje halen ⟨examen &⟩ ★ ~ *sth* together / up iets bijeenschrapen ★ Aus inf ~ up *well* er ondanks alles in slagen er goed uit te zien

scraper ['skreɪpə] *znw* ❶ schraapijzer, -mes, schrabber, krabber, schraper ❷ krasser

scrap heap ['skræp hiːp] *znw* hoop oudroest, schroothoop, ouwe rommel ★ *throw sbd / sth on the ~* iem. / iets afdanken, aan de dijk zetten

scraping ['skreɪpɪŋ] *znw* ❶ geschraap ❷ schraapsel

scrapings ['skreɪpɪŋz] *znw* [mv] afschraapsel, krullen ⟨van hout⟩, restjes

scrap merchant [skræp 'mɜːtʃənt] *znw* oudijzerhandelaar

scrap metal [skræp 'metl] *znw* oud ijzer, oudroest, schroot

scrap paper [skræp 'peɪpə] *znw* kladpapier

scrappy ['skræpɪ] *bn* ❶ uit stukjes en brokjes bestaand, fragmentarisch, onsamenhangend ❷ Am inf ruziezoekend, vechtlustig

scraps [skræps] *znw* [mv] ❶ kliekjes, etensresten ❷ kaantjes ❸ schroot, oud roest

scrapyard ['skræpjɑːd] *znw* schroothoop

scratch [skrætʃ] **I** *bn* ❶ bijeengeraapt, bijeengescharreld, geïmproviseerd ★ *a ~ team* een bijeengeraapt zootje ❷ sp zonder handicap, zonder voorgift **II** *znw* ❶ schram, schrap, krab(bel), kras ❷ gekras, gekrab ❸ startstreep ★ *from ~* van het begin af aan, overnieuw ❹ Br inf poen ▼ *be up to ~* het vereiste niveau hebben ▼ *bring sth up to ~* iets bijwerken ▼ *come up to* ~ aan de verwachtingen voldoen **III** *overg* ❶ krabben, schrammen ★ *~ one's head* zich het hoofd krabben, zich achter de oren krabben, *fig* met de handen in het haar zitten ★ *his research barely ~es the surface* zijn onderzoek blijft aan de oppervlakte ‹v. boek &› ★ *the car's paintwork was scratched* er zat een kras in de lak van de auto ★ zegsw *you ~ my back and I'll ~ yours* als de ene hand de andere wast worden ze allebei schoon ❷ schrappen, doorhalen, afgelasten **IV** *onoverg* ❶ (zich) krabben, krassen ❷ zich (moeizaam) doorslaan ❸ sp zich terugtrekken ‹uit race› **V** *phras* ★ ~ **about** *for sth* iets bijeen-, opscharrelen ★ ~ *sth* **out / through** iets uitkrabben, iets doorhalen ‹woord of letter› ★ ~ *sth* **together / up** iets bijeenschrapen, -scharrelen

scratch-and-sniff [skrætʃ-ən-ˈsnɪf] *znw* geurplaatje ‹geur komt vrij door krassen›

scratch card [skrætʃ kɑːd] *znw* kraslot, kraskaart

scratcher [ˈskrætʃə] *znw* krabber, krabijzer

scratch pad [skrætʃ pæd] Am *znw* kladblok

scratch video [skrætʃ ˈvɪdɪəʊ] *znw* geremixte videoclips

scratchy [ˈskrætʃɪ] *bn* ❶ krabbelig ‹schrift› ❷ krassend ‹v. pen› ❸ kriebelig, ruw ❹ vol krassen ‹grammofoonplaat›

scrawl [skrɔːl] **I** *znw* ❶ gekrabbel, hanenpoten, krabbel ❷ kattebelletje **II** *overg* krabbelen, haastig schrijven ★ *racist slogans were ~ed over the wall* de muur was bekrabbeld met racistische leuzen **III** *onoverg* krabbelen, haastig schrijven

scrawny [ˈskrɔːnɪ] *bn* (brood)mager

scream [skriːm] **I** *znw* schreeuw, gil ★ inf *the movie was a ~* de film was een giller, was om te gieren **II** *overg* gillen, krijsen, schreeuwen ★ inf *the baby's ~ing his head off* de baby ligt vreselijk te krijsen ★ ~ *oneself hoarse/~ the house down* heel hard schreeuwen / gillen **III** *onoverg* gillen, gieren (van het lachen *with laughter*), krijsen, schreeuwen ★ *can't you see she's ~ing (out) for help?* kun je niet zien dat ze om hulp schreeuwt? ★ *the house is ~ing for a coat of paint* het huis heeft dringend een verfbeurt nodig

screamer [ˈskriːmə] *znw* ❶ schreeuwer ❷ uitroepteken ❸ vette (grote) krantenkop ❹ inf giller, reuzemop

screamingly [ˈskriːmɪŋlɪ] inf *bijw* ★ *it was a ~ funny film* de film was om te gieren

scree [skriː] *znw* [mv: ~] (helling bedekt met) losse brokken steen

screech [skriːtʃ] **I** *znw* schreeuw, gil, krijs **II** *onoverg* schreeuwen, krijsen, gillen

screech owl [skriːtʃ aʊl] *znw* kerkuil

screed [skriːd] *znw* lang verhaal, tirade, afkeurend lang artikel, waslijst

screen [skriːn] *znw* ❶ scherm, schut(sel), afschutting, koorhek, hor ❷ mil beschutting, maskering, dekking ❸ voorruit ‹v. auto› ❹ doek ‹v. bioscoop›, beeldscherm, computerscherm ★ *her play is now showing on the* ~ haar toneelstuk is nu ook in de bioscoop te zien ★ *the film doesn't translate well to the small* ~ de film komt niet goed uit op het televisiescherm ❺ grove zeef, rooster ❻ druk raster **II** *overg* ❶ beschermen, beschutten (voor, tegen *from*) ❷ afschermen, afschutten, maskeren, verbergen, dekken ★ ~ *somebody's calls* zijn telefoongesprekken voorselecteren ‹d.m.v. antwoordapparaat of nummermelder› ❸ ziften, zeven ❹ screenen, aan de tand voelen, testen ❺ vertonen ‹film› verfilmen **III** *phras* ★ ~ *sbd / sth* **off** iem. / iets afschermen ★ ~ *sth* **out** iets uit het zicht houden

screen door [skriːn dɔː] *znw* hordeur

screening [ˈskriːnɪŋ] *znw* ❶ vertoning ‹van film, video, televisieprogramma› ❷ onderzoek ‹naar iem. of iets›, doorlichting, antecedentenonderzoek ❸ afscherming ‹met een scherm &›

screenings [ˈskriːnɪŋz] *znw* [mv] gezeefd grind ‹steenkool &›, ziftsel, gruis

screenplay [ˈskriːnpleɪ] *znw* filmscenario, draaiboek

screen print [skriːn prɪnt] *znw* zeefdruk

screen saver [skriːn ˈseɪvə] comput *znw* screen saver, schermbeveiliger

screen star [ˈskriːnstɑː] *znw* filmster

screen test [ˈskriːntest] *znw* proefopname, screentest

screenwash [ˈskriːnwɒʃ] *znw* ruitenwisservloeistof

screenwriter [ˈskriːnraɪtə] *znw* scenarioschrijver

screw [skruː] **I** *znw* ❶ schroef ★ inf *he has a ~ loose* hij heeft ze niet allemaal op een rijtje ★ inf *put the ~s on sbd* de duimschroeven aanzetten ❷ draai (van een schroef) ❸ vulg neukpartij ❹ inf cipier ❺ gedat loon, salaris **II** *overg* ❶ (aan)schroeven, vastschroeven ★ ~ *the hose onto the tap* de slang aan de kraan vastmaken ❷ vulg neuken, naaien ★ ~ *them!* ze kunnen de pot op! ❸ inf belazeren, afzetten **III** *onoverg* (schroefsgewijs) draaien **IV** *phras* ★ inf ~ **around** met jan en alleman naar bed gaan ★ ~ *sth* **down** iets vast-, dichtschroeven ★ ~ *sth* **out of** *sbd* iem. iets afpersen, iets van iem. loskrijgen ★ ~ *sth* **together** iets in elkaar schroeven ★ inf ~ **up** de boel verprutsen ★ ~ *sth up* iets verfrommelen, inf iets verprutsen, verknoeien ★ inf ~ *sbd* **up** iem. in de war brengen ★ ~ *one's courage up/~ oneself up* zich vermannen ★ ~ *one's eyes up* de ogen samenknijpen

screw auger [skruː ˈɔːgə] *znw* schroefboor

screwball [ˈskruːbɔːl] inf *znw* gek, idioot

screw cap [skruː kæp] *znw* schroefdeksel

screwdriver [ˈskruːdraɪvə] *znw* schroevendraaier

screwed [skruːd] *bn* ❶ met schroefdraad ❷ inf dronken, aangeschoten ❸ inf verpest

screwed-up [skruːd-ˈʌp] *bn* ❶ verfrommeld ❷ inf verpest, verknald ★ *she's the ~ product of an unhappy childhood* ze is het verwrongen resultaat van een ongelukkige jeugd

screw jack [skruː dʒæk] *znw* dommekracht, vijzel, krik

screw propeller [skruː prəˈpelə] *znw* propeller, schroef

sc

⟨v. boot of vliegtuig⟩

screw spanner [skru: 'spænə], **screw wrench** znw Engelse sleutel

screw top [skru: tɒp] znw schroefdeksel

screwy ['skru:ɪ] inf bn getikt

scribble ['skrɪbl] I znw ❶ gekrabbel, krabbelschrift ❷ kattebelletje II overg (be)krabbelen III onoverg krabbelen

scribbler ['skrɪblə] inf znw ❶ krabbelaar ❷ prulschrijver, scribent

scribbling paper ['skrɪblɪŋ'peɪpə] znw kladpapier

scribbly gum ['skrɪblɪ gʌm] znw scribbly gum ⟨eucalyptusboom met kronkellijnen op de stam⟩

scribe [skraɪb] znw ❶ hist schrijver, klerk, secretaris ❷ bijbel Schriftgeleerde ❸ scherts schrijver, journalist

scrimmage ['skrɪmɪdʒ] znw ❶ kloppartij, schermutseling ❷ Am voetbal scrimmage, worsteling (om de bal)

scrimp [skrɪmp] onoverg bezuinigen, beknibbelen, karig zijn ★ they're ~ing and saving to buy a house ze doen zuinig aan en sparen om een huis te kopen

scrip [skrɪp] znw ❶ briefje, bewijs van storting, voorlopige obligatie, tijdelijk certificaat, recepis ❷ aandelen

script [skrɪpt] I znw ❶ schrift, handschrift, schrijfletter(s) ⟨als lettertype⟩ ❷ geschrift, manuscript ⟨v. toneelstuk⟩, draaiboek, scenario ⟨v. film⟩ RTV tekst ★ a shooting ~ een draaiboek ⟨v. film⟩ ❸ onderw ingeleverd examenwerk ❹ doktersrecept II overg ❶ het scenario schrijven van ❷ van tevoren (goed) voorbereiden ⟨van tv-optreden & v. politicus &⟩

scriptural ['skrɪptʃərəl] bn Bijbels, Bijbel-

scripture ['skrɪptʃə] znw de Bijbel, Bijbeltekst, heilig boek ★ Holy Scripture de Bijbel ★ there was a reading from the ~s er was een Bijbellezing

scriptwriter ['skrɪptraɪtə] znw scenarioschrijver ⟨v. film⟩, RTV tekstschrijver

scrivener ['skrɪvənə] hist znw ❶ (openbaar) schrijver ❷ geldmakelaar ❸ notaris, opmaker van contracten

scrofula ['skrɒfjʊlə] vooral hist znw klierziekte, scrofulose

scrofulous ['skrɒfjʊləs] vooral hist bn klierachtig, klier-, scrofuleus

scroggin ['skrɒgən] Aus & NZ znw ± studentenhaver ⟨voedsel voor langeafstandswandelaars⟩

scroll [skrəʊl] I znw ❶ rol, boekrol, perkamentrol ❷ lijst, krul, volute II overg omkrullen III onoverg comput scrollen (ook: ~ up, ~ down)

scroll bar [skrəʊl bɑ:] comput znw schuifbalk

scroll saw [skrəʊl sɔ:] znw figuurzaag, decoupeerzaag

scrotum ['skrəʊtəm] anat znw [mv: -s of scrota] balzak, scrotum

scrounge [skraʊndʒ] inf I znw, **scrounger** kladloper, bietser ★ be on the ~ for sth proberen iets te bietsen / lenen ★ he's always on the ~ hij is een echte klaploper II overg ❶ gappen ❷ schooien, bietsen

III phras ★ ~ around (rond)scharrelen, (rond)snuffelen ★ ~ for sth om iets schooien ★ ~ off sbd bietsen van iem.

scrounger ['skraʊndʒə] inf bn bietser, klaploper

scrub [skrʌb] I znw ❶ struikgewas ❷ inf stumper, stakker, dreumes, in de groei belemmerde plant ❸ → **scrubbing** II overg ❶ schrobben, schuren, (af)boenen ❷ schrapen III onoverg schrobben, boenen IV phras ★ ~ sth away / off / out iets verwijderen ★ ~ up zich schrobben ⟨v. chirurg⟩ ★ inf ~ up well er goed uit zien na de nodige moeite

scrubber ['skrʌbə] znw ❶ **scrubbing brush** boender, schrobber ❷ inf hoer

scrubbing ['skrʌbɪŋ] znw boenbeurt ★ give sth a good ~ iets eens goed afboenen

scrubbing brush ['skrʌbɪŋ brʌʃ] znw → **scrubber**

scrubby ['skrʌbɪ] bn ❶ armzalig, klein, miezerig, dwergachtig ❷ met struikgewas bedekt

scruff [skrʌf] znw ❶ nek ★ take / grab sbd by the ~ of the neck iem. achter bij zijn nek(vel) pakken ❷ Br inf smeerpoets

scruffy ['skrʌfɪ] bn smerig, slordig, sjofel ★ they live in a ~ part of the town ze wonen in een verpauperd deel van de stad ★ they're a ~looking bunch ze zien er verwaarloosd uit

scrum [skrʌm], **scrummage** sp znw scrum ⟨rugby⟩

scrum half [skrʌm hɑ:f], **scrumhalf** znw scrum-half ⟨rugby⟩

scrump [skrʌmp] Br gedat overg jatten ⟨fruit van bomen⟩

scrumptious ['skrʌmpʃəs], **scrummy** inf bn heerlijk, zalig, fijn, lekker

scrumpy ['skrʌmpɪ] Br znw (sterke) cider

scrunch [skrʌntʃ] I znw ❶ knak ❷ geknars II overg ❶ verkreukelen, verfrommelen ★ she ~ed the letter into a ball ze verfrommelde de brief tot een prop ❷ met de handen door het haar gaan ⟨om het natuurlijker te laten lijken⟩ III onoverg ❶ knarsen ★ dry leaves ~ed in the undergrowth droge bladeren ritselden in het struikgewas ❷ kreukelen IV phras ★ ~ up vertrekken ⟨van pijn⟩ ★ ~ sth up iets verkreukelen

scrunchy ['skrʌntʃɪ], **scrunchie** znw elastische haarband met stof eromheen

scruple ['skru:pl] I znw (meestal mv) zwarigheid, (gewetens)bezwaar, scrupule ★ have no ~s about sth / doing sth zich niet bezwaard voelen om iets te doen, geen bezwaar maken om iets te doen II onoverg aarzelen ★ I wouldn't ~ to ask him for a loan ik zou niet aarzelen om hem om een lening te vragen

scrupulous ['skru:pjʊləs] bn nauwgezet, angstvallig, scrupuleus ★ she's not very ~ about cleanliness ze neemt het niet zo nauw wat hygiëne betreft

scrutineer [skru:tɪˈnɪə] znw ❶ onderzoeker, navorser ❷ stemopnemer ⟨bij verkiezingen⟩

scrutinize ['skru:tɪnaɪz], **scrutinise** overg nauwkeurig onderzoeken

scrutiny ['skru:tɪnɪ] *znw* ❶ nauwkeurig onderzoek ★ *hospital practices have come under close ~ recently* ziekenhuis procedures worden sinds kort nauwkeurig gecontroleerd ❷ gecontroleerde stemopneming ‹bij verkiezingen›

scry [skraɪ] *onoverg* de toekomst zien in, waarzeggen uit kristallen bol

SCSI *afk* (small computer system interface) standaard voor speciale poorten voor de aansluiting van randapparatuur

scuba ['sk(j)u:bə] *znw* zuurstofapparaat / -flessen

scuba diving ['sk(j)u:bə 'daɪvɪŋ] *znw* duiken met een zuurstoffles

scud [skʌd] *onoverg* hard lopen, (weg)snellen, (voort)jagen ★ *clouds ~ding across the sky* wolken die door de lucht snellen

scud missile [skʌd 'mɪsaɪl] *znw* scudraket ‹grondraket›

scuff [skʌf] *overg* afslijten ‹schoenen› ★ *stop ~ing your feet* loop niet zo te sloffen

scuffle ['skʌfəl] **I** *znw* vechtpartij, handgemeen **II** *onoverg* ❶ knokken, vechten ★ *he likes to ~ with the press* hij houdt ervan om slaags te raken met de pers ❷ sloffen, schuifelen

scull [skʌl] **I** *znw* wrikriem **II** *overg* wrikken, roeien

sculler ['skʌlə] *znw* ❶ wrikker ❷ sculler, skiffeur

scullery ['skʌlərɪ] *znw* bij-, achterkeuken

sculling ['skʌlɪŋ] *znw* scullen ‹roeien in een *scull*›

sculpt [skʌlpt] *overg & onoverg* beeldhouwen

sculptor ['skʌlptə] *znw* beeldhouwer, beeldhouwster

sculptress ['skʌlptrəs] *znw* beeldhouwster

sculptural ['skʌlptʃərəl] *bn* ❶ (als) gebeeldhouwd ★ *his buildings have a ~ quality* zijn gebouwen geven een gebeeldhouwde indruk ❷ beeldhouwers-

sculpture ['skʌlptʃə] **I** *znw* ❶ beeldhouwen, beeldhouwkunst ❷ beeld(houw)werk **II** *overg* ❶ beeldhouwen ❷ uithouwen, -snijden

scum [skʌm] *znw* ❶ metaalschuim, schuim ❷ fig schorriemorrie, uitschot ★ *the ~ of the earth* het uitschot van de aarde

scumbag ['skʌmbæg] *inf beledigend znw* stuk tuig, schoft, smeerlap

scummy ['skʌmɪ] *bn* met schuim bedekt, schuim-, schuimend

scupper ['skʌpə] **I** *znw* spij-, spuigat **II** *overg* ❶ inf in de pan hakken ❷ in de grond boren ★ *the plans have been ~ed by the government* de plannen zijn door de regering getorpedeerd

scurf [skɜ:f] *znw* roos ‹op het hoofd›, schilfertjes

scurfy ['skɜ:fɪ] *bn* schilferig, schubbig, schurftig

scurrility [skə'rɪlətɪ] *znw* grofheid, gemeenheid, gemene taal

scurrilous ['skʌrɪləs] *bn* grof, gemeen

scurry ['skʌrɪ] **I** *znw* ❶ gedraaf, geloop, gejacht, jacht ❷ loopje, holletje **II** *onoverg*, **scuttle** reppen, haasten, hollen, jachten ★ *a mouse scurried away* een muis rende weg ★ *they scurried for cover as the plane flew over* ze zochten haastig dekking toen het vliegtuig overvloog

scurvy ['skɜ:vɪ] **I** *bn* schunnig, gemeen, min **II** *znw* scheurbuik

scut [skʌt] *znw* staartje ‹v. konijn &›

scutcheon ['skʌtʃən] *znw* ❶ wapenschild, sleutelschildje ❷ naamplaatje

scutter ['skʌtə] *inf onoverg* dartelen, reppen, hollen ★ *ducks ~ing about in the water* eenden dartelend in het water

scuttle ['skʌtl] **I** *znw* ❶ kolenbak, kolenkit ❷ luik, (lucht)gat **II** *overg* ❶ gaten boren ‹een schip om te laten zinken›, opzettelijk tot zinken brengen ★ fig *you don't want to ~ all your boats* je moet niet alle schepen achter je verbranden ❷ → **scurry** **III** *onoverg* → **scurry**

scuttlebutt ['skʌtlbʌt] Am *inf znw* geklets, praatjes

scuzzy ['skʌzɪ] Am *inf znw* smerig, vies, onbetrouwbaar

scythe [saɪð] **I** *znw* zeis **II** *overg* maaien (met de zeis)

SDI *afk* (Strategic Defence Initiative) 'Star wars project' ‹van de VS›

SE *afk* (southeast/southeastern) zuidoost(elijk)

sea [si:] *znw* ❶ zee, zeewater ★ *at ~* ter zee, op zee ★ *by ~* over zee ★ *by the ~* aan zee ★ *by ~ and land* te land en ter zee ★ *on the ~* op zee, aan zee gelegen ★ *on the high ~s* in volle zee ★ *out at ~* op zee ★ *be (all) at ~* het mis hebben, in de war zijn ★ *go to ~* naar zee gaan, zeeman worden ★ *put to ~* in zee steken, uitvaren ❷ golfslag, golfbeweging, stortzee ❸ fig zee, overvloed, menigte ★ *a ~ of faces* een zee van gezichten

sea air ['si: eə] *znw* zeelucht

sea anemone ['si: ə'nemənɪ] *znw* zeeanemoon

sea bass [si: bæs] *znw* zeebaars

seabed ['si:bed] *znw* zeebodem

seabird ['si:bɜ:d] *znw* zeevogel

seaboard ['si:bɔ:d] *znw* (zee)kust

seaborne ['si:bɔ:n] *bn* over zee vervoerd, overzees, zee-

sea breeze [si: bri:z] *znw* zeewind

sea captain ['si: 'kæptɪn] *znw* zeekapitein

sea change [si: tʃeɪndʒ] *znw* aardverschuiving, omwenteling, ommekeer, omslag ★ fig *the results reflect a ~ among the voters* de resultaten laten een landverschuiving zien onder de kiezers

sea chest [si: tʃest] *znw* scheepskist

sea cow [si: kaʊ] *znw* zeekoe, doejong

sea dog [si: dɒg] *znw* ❶ dierk hondshaai ❷ dierk zeehond ❸ inf zeerob

seafarer ['si:feərə] *znw* zeeman, zeevaarder

seafaring ['si:feərɪŋ] **I** *bn* zeevarend ★ *they are a ~ people* het is een volk van zeevaarders **II** *znw* varen

seafood ['si:fu:d] *znw* (gerechten van) zeevis, schaal- en schelpdieren

seafront ['si:frʌnt] *znw* ❶ zeekant ❷ strandboulevard

seagoing ['si:gəʊɪŋ] *bn* zeevarend, zee-

seagrass ['si:grɑ:s] *znw* zeegras, zulte

seagull ['si:gʌl] *znw* zeemeeuw

seahorse ['si:hɔ:s] *znw* zeepaardje

seal [si:l] **I** *znw* ❶ <u>dierk</u> zeehond, rob ❷ robbenvel ❸ zegel, cachet, lak, stempel, bezegeling ★ *under ~* verzegeld, gezegeld ★ *his ~ of approval* zijn goedkeuring ★ *put / set one's ~ on sth* zijn stempel drukken op iets ★ *this set / put the ~ on our friendship* dit bezegelde onze vriendschap ★ *put / set one's ~ to sth* zijn zegel hechten aan iets ❹ <u>techn</u> (af)sluiting **II** *overg* zegelen, lakken, sluiten, verzegelen, stempelen ★ *my lips are ~ed* ik zeg niks, ik mag niks zeggen ★ *by election time his fate had been ~ed* tegen de verkiezingen was zijn lot bezegeld **III** *onoverg* op de robbenvangst gaan (zijn) **IV** *phras* ★ *~ sth in* iets insluiten / vasthouden ‹kwaliteit, smaak› ★ *~ sth off* iets afsluiten, afgrendelen ★ *~ sth up* iets dichtsolderen, dichtplakken

sea lane [si: leɪn] *znw* vaargeul

sealant ['si:lənt] *znw* afdichtkit ‹product om materiaal waterdicht te maken›

sea lawyer ['si: 'lɔːɪə] *inf znw* querulant

sealed [si:ld] *bn* gesloten ★ *a ~ book* een gesloten boek

sealed orders [si:ld 'ɔːdəz] *znw* [mv] verzegelde opdracht

sea legs ['si: legz] *znw* [mv] zeebenen

sealer ['si:lə] *znw* ❶ robbenjager, robbenschip ❷ (ver)zegelaar, ijker

sea level ['si: 'levəl] *znw* zeespiegel, zeeniveau

sealing ['si:lɪŋ] *znw* robbenvangst

sealing wax ['si:lɪŋwæks] *znw* (zegel)lak

sea lion ['si: 'laɪən] *znw* zeeleeuw

seal ring [si:l rɪŋ] *znw* zegelring

sealskin ['si:lskɪn] *znw* ❶ robbenvel ❷ kledingstuk van zeehondenbont

seam [si:m] **I** *znw* ❶ naad ★ *be bursting at the ~s* te klein zijn, overvol zijn ★ *come apart at the ~s* tornen, losgaan, <u>fig</u> mislukken, beginnen uit elkaar te vallen ❷ litteken ‹lang en dun› ❸ mijnader, dunne (kolen)laag **II** *overg* ❶ aaneennaaien ❷ met littekens tekenen

seaman ['si:mən] *znw* zeeman, matroos

seamanlike ['si:mənlaɪk], **seamanly** *bn* als een zeeman

seamanship ['si:mənʃɪp] *znw* bekwaamheid als zeeman, zeevaartkunde

seamark ['si:mɑːk] *znw* zeebaak, zeebaken

seamfree [si:m'fri:] *textiel bn* naadloos, zonder naad

sea mile [si: maɪl] *znw* zeemijl, geografische mijl

seamless ['si:mləs] *bn* ❶ zonder naad, naadloos ★ *~ stockings* naadloze kousen ❷ <u>fig</u> consistent ★ *doctors and nursing staff aim to provide a ~ service* de doktoren en verpleegkundigen streven ernaar een consistente dienst te verlenen

seamstress ['si:mstrɪs] *znw* naaister

seamy ['si:mɪ] *bn* niet zo mooi, onaangenaam ★ *the ~ side* de lelijke / ongunstige kant, de keerzijde van de medaille, de zelfkant ‹v. stad &›

seance ['seɪɑ̃s, 'seɪɑːns], **séance** *znw* seance, (spiritistische) zitting

sea needle ['si: ni:dl] *znw* geep ‹zeevis›

seaplane ['si:pleɪn] *znw* watervliegtuig

seaport ['si:pɔːt] *znw* zeehaven, havenstad

sea power ['si: 'paʊə] *znw* zeemogendheid, zeemacht

SEAQ <u>Br</u> *afk* (Stock Exchange Automated Quotations) computersysteem dat aandelenprijzen en transacties op de beurs van Londen weergeeft

seaquake ['si:kweɪk] *znw* zeebeving

sear [sɪə] *overg* ❶ schroeien, dichtschroeien, uitbranden, verschroeien ★ *~ the meat on both sides* schroei het vlees aan beide kanten dicht ★ *the moment is ~ed into his memory* het ogenblik staat in zijn geheugen gegrift ❷ (doen) verdorren ★ *drought has ~ed the land* de droogte heeft het land verdord

sea ranger ['si: 'reɪndʒə] *znw* zeeverkenner, zeeverkenster, waterscout

search [sɜːtʃ] **I** *znw* ❶ doorzoeking, zoeken, onderzoek, speurtocht, zoekactie ★ *a house ~ / a ~ of the house* een huiszoeking ★ *in ~ of sth* op zoek naar iets ★ *mount a ~* een zoekactie op touw zetten ★ *a ~ party* een reddingsteam ❷ visitatie, fouillering ❸ zoekbewerking, zoekfunctie ‹computer› ★ *do a computer ~* een zoekmachine gebruiken op de computer **II** *overg* ❶ onderzoeken, doorzoeken, afzoeken, visiteren, fouilleren ★ *she ~ed her mind for his name* ze probeerde zich zijn naam te herinneren ▼ *inf ~ me!* ik heb geen idee! **III** *onoverg* zoeken ★ *~ high and low* overal zoeken **IV** *phras* ★ *~ into sth* iets onderzoeken ★ *~ sth out* iets uitvorsen

searchable ['sɜːtʃəbl] *bn* doorzoekbaar ‹v. computerbestanden›

search and destroy [sɜːtʃ ən dɪ'strɔɪ] *bn & znw* opsporing en vernietiging

search and rescue [sɜːtʃ ən 'reskjuː] *bn & znw* opsporing en redding

search command [sɜːtʃ kə'mɑːnd] <u>comput</u> *znw* zoekopdracht

search engine [sɜːtʃ 'endʒɪn] <u>comput</u> *znw* zoekmachine

searcher ['sɜːtʃə] *znw* zoeker, onderzoeker

searching [sɜːtʃɪŋ] **I** *bn* ❶ onderzoekend, doordringend ❷ diepgaand, grondig **II** *znw* onderzoek

searchlight ['sɜːtʃlaɪt] *znw* zoeklicht

search party ['sɜːtʃpɑːtɪ] *znw* op zoek uitgezonden troep of manschappen

search time [sɜːtʃ taɪm] <u>comput</u> *znw* opzoektijd, zoektijd

search warrant [sɜːtʃ 'wɒrənt] *znw* huiszoekingsbevel

searing ['sɪərɪŋ] *bn* ❶ heet, brandend ★ *~ heat* verzengende hitte ❷ intens, grondig ★ *she felt a ~ pain in her shoulder* ze voelde een intense pijn in haar schouder

sea rover ['si: 'rəʊvə] *znw* ❶ iem. die veel zeereizen maakt ❷ zeerover, piratenschip

sea salt [si: sɔːlt] *znw* zeezout

seascape ['si:skeɪp] *znw* zeegezicht, zeestuk

Sea Scout [si: skaʊt] *znw* zeeverkenner, waterscout

seashell ['si:ʃel] *znw* schelp

seashore ['si:ʃɔː] *znw* zeekust

se

seasick ['si:sɪk] *bn* zeeziek
seasickness ['si:sɪknəs] *znw* zeeziekte
seaside ['si:saɪd] **I** *bn* ❶ aan zee (gelegen) ❷ bad-, kust- **II** *znw* kust ★ *go to the* ~ naar een badplaats aan zee gaan
sea snake [si: sneɪk] *znw* zeeslang
season ['si:zən] **I** *znw* seizoen, jaargetijde, tijdperk, tijd, periode ★ *the dry* ~ het droge jaargetijde ★ *the festive* ~ de feestdagen, Kerstmis en Nieuwjaar ★ *the growing* ~ de groeiperiode ★ *the holiday* ~ de vakantieperiode ★ *the mating* ~ de bronsttijd ★ *the monsoon* ~ de moesson ★ *the rainy* ~ / *wet* ~ de regentijd, het regenseizoen ★ *the tourist* ~ het toeristenseizoen ★ *at the height of the* ~ in het hoogseizoen ★ *for all* ~*s* voor goede en kwade tijden, voor alle omstandigheden ★ *the cows are in* ~ de koeien zijn tochtig ★ *peas are in* ~ het is nu de tijd van de erwtjes ★ *broad beans are out of* ~ het is nu geen tijd voor tuinbonen ★ *the* ~ *of good will* de Kersttijd **II** *overg* ❶ toebereiden, kruiden, smakelijk maken ❷ rijp laten worden, (goed) laten drogen ❸ temperen, acclimatiseren, wennen (aan het klimaat *to the climate*) **III** *onoverg* ❶ rijp worden, drogen ❷ acclimatiseren, wennen
seasonable ['si:zənəbl] *bn* geschikt, gelegen, van pas (komend) ★ ~ *weather* weer voor de tijd van het jaar
seasonal ['si:zənl] *bn* van het seizoen, seizoen-
seasonal affective disorder ['si:zənl ə'fektɪv dɪs'ɔ:də] *znw* winterdepressie
seasoned ['si:zənd] *bn* ❶ belegen ⟨wijn &⟩ ❷ gehard, doorkneed, verstokt, doorgewinterd ★ *a* ~ *traveller* een doorgewinterde reiziger ❸ beproefd
seasoning ['si:zənɪŋ] *znw* kruiderij
season's greetings ['si:zənz 'gri:tɪŋz] *znw* kerst- en nieuwjaarsgroeten / -wensen
season ticket ['si:zən 'tɪkɪt] *znw* abonnementskaart, seizoenkaart
seat [si:t] **I** *znw* ❶ zitting, (zit)plaats ★ *have* ~*s for sth* kaartjes hebben voor iets ⟨concert &⟩ ★ *please keep your* ~ blijf alstublieft zitten ★ *would you mind keeping my* ~ *for me?* wilt u even op mijn plaats passen? ★ *take a* ~ gaan zitten, plaats nemen ★ *take a back* ~ op de achtergrond blijven ❷ bank, stoel ★ *is this* ~ *vacant?* is deze stoel nog vrij? ❸ zetel, centrum, haard ★ *a marginal / safe* ~ een marginale / zekere parlementszetel ★ *the* ~ *of government* de zetel van de regering ★ *keep / lose one's* ~ zijn parlementszetel behouden / verliezen ⟨na verkiezingen⟩ ★ *form a* ~ *of learning* een centrum van wetenschap ★ *a* ~ *of war* een oorlogstoneel ❹ **country seat** buitenplaats, buiten ❺ kruis ⟨v. broek⟩, zitvlak ★ *inf by the* ~ *of one's pants* op zijn gevoel, met fingerspitzengefühl, gevoelsmatig ❻ bril ⟨van wc⟩ **II** *overg* ❶ (neer)zetten, doen zitten, laten zitten, plaatsen ★ ~ *oneself (down)* gaan zitten ❷ van zitplaatsen voorzien, (zit)plaats bieden aan ❸ van een zitting (kruis) voorzien ⟨stoel, broek⟩
seat belt ['si:tbelt] *znw* veiligheidsgordel

seated ['si:tɪd] *bn* zittend, gezeten ★ *in a* ~ *position* zittend, in een zittende positie ★ *be* ~ gaat u zitten ★ *please remain* ~ blijft u zitten alstublieft
seating ['si:tɪŋ] *znw* plaatsen ★ *the* ~ *arrangements* de tafelschikking
SEATO *afk* (South East Asia Treaty Organization) Zuidoost-Aziatische Verdragsorganisatie
sea urchin ['si: 'ɜ:tʃɪn] *znw* zee-egel
sea wall [si: wɔ:l] *znw* zeewering
seaward ['si:wəd] **I** *bn* zeewaarts **II** *bijw*, **seawards** zeewaarts
seawater ['si:wɔ:tə] *bn & znw* zeewater ★ *a* ~ *swimming pool* een zoutwaterzwembad ★ ~ *desalination* ontzouting van zeewater
seaway ['si:weɪ] *znw* zeeweg, doorvaart, vaargeul
seaweed ['si:wi:d] *znw* zeegras, zeewier
seaworthy ['si:wɜ:ðɪ] *bn* zeewaardig
sebaceous [sɪ'beɪʃəs] *bn* vetachtig, vet-
sebaceous gland [sɪ'beɪʃəs glænd] anat *znw* talgklier
sebum ['si:bəm] *znw* talg
sec [sek] *afk* (second) seconde ★ *inf just a* ~ een ogenblikje
secant ['si:kənt] wisk **I** *bn* snijdend **II** *znw* snijlijn
secateurs [sekə'tɜ:z] *znw* [mv] snoeischaar
secede [sɪ'si:d] *onoverg* zich afscheiden, afsplitsen (van *from*), zich terugtrekken ⟨uit een bondgenootschap⟩
seceder [sɪ'si:də] *znw* afvallige, afgescheidene
secession [sɪ'seʃən] *znw* afscheiding
secessionist [sɪ'seʃənɪst] *znw* voorstander van afscheiding
seclude [sɪ'klu:d] *overg* ❶ uit-, buitensluiten ❷ afzonderen
secluded [sɪ'klu:dɪd] *bn* afgezonderd
seclusion [sɪ'klu:ʒən] *znw* ❶ uitsluiting ❷ afgesloten ligging ❸ afzondering ★ *women are often kept in* ~ vrouwen worden vaak afgezonderd
second I *telw & bn* ['sekənd] tweede, ander ★ *the* ~ *two* het tweede paar, derde en vierde ★ *a* ~ *time* een tweede maal ★ *the* ~ *biggest / largest* de op een na (de) grootste ★ *every* ~ *day* om de andere dag ★ *for the* ~ *time* nog eens, de tweede keer ★ *be* ~ *to none* voor niemand onderdoen **II** *bijw* ['sekənd] tweede, in de tweede plaats ★ *she came* ~ *in the 400 metres* ze werd tweede op de 400 meter **III** *znw* ['sekənd] ❶ tweede, nummer twee, tweede prijs(winnaar) ❷ muz tweede stem ❸ secondant, getuige, helper ❹ seconde ❺ auto tweede versnelling **IV** *overg* ['sekənd] ❶ bijstaan, helpen, ondersteunen ★ ~ *words with deeds* daden laten volgen op woorden ❷ steunen ⟨motie⟩ ❸ seconderen **V** *overg* [sɪ'kɒnd] tijdelijk overplaatsen (naar *to*), detacheren (bij *to*)
secondary ['sekənd(ə)rɪ] *bn* ondergeschikt, bijkomend, secundair, bij- ★ *a* ~ *infection* een secundaire infectie ★ *be* ~ *to sth* ondergeschikt zijn aan iets
secondary colour ['sekənd(ə)rɪ 'kʌlə] *znw* samengestelde kleur, mengkleur
secondary education ['sekənd(ə)rɪ edjʊ'keɪʃən] *znw*

se

middelbaar onderwijs

secondary industry ['sekənd(ə)rɪ 'ɪndəstrɪ] *znw* secundaire industrie

secondary school ['sekənd(ə)rɪ sku:l] *znw* middelbare school

second best [sekənd'best] **I** *bn* minder van kwaliteit, tweede keus ★ *my* ~ *suit* mijn op een na beste pak **II** *znw* minder volmaakt iets ★ *come off* ~ maar een tweede prijs krijgen, <u>fig</u> aan het kortste eind trekken ★ *we might have to settle for* ~ we moeten misschien met minder genoegen nemen

second childhood ['sekənd 'tʃaɪldhʊd] *znw* tweede jeugd

second class ['sekənd klɑːs] *bn* tweedeklas, tweederangs

Second Coming ['sekənd 'kʌmɪŋ] *znw* wederkomst van Christus

second cousin ['sekənd 'kʌzən] *znw* achterneef, -nicht

second-degree burn [sekənd-dɪgri: 'bɜːn] *znw* tweedegraads brandwond

seconder ['sekəndə] *znw* steuner van een motie

second floor ['sekənd flɔː] *znw* ❶ Br tweede verdieping ❷ Am eerste verdieping

second gear ['sekənd gɪə], **second** <u>auto</u> *znw* tweede versnelling

second generation ['sekənd dʒenə'reɪʃən] *znw* tweede generatie

second-guess ['sekənd'ges] *overg* ❶ voorspellen, anticiperen ★ *it's hard to* ~ *how we'd respond* het is moeilijk om onze reactie van tevoren te weten ❷ <u>vooral Am</u> het achteraf wèl weten, achteraf een oordeel / kritiek hebben

second hand ['sekəndhænd] *znw* secondewijzer

second-hand [sekənd'hænd] **I** *bn* uit de tweede hand, tweedehands, gebruikt, oud ★ *a* ~ *bookseller* een handelaar in oude boeken ★ *a* ~ *car* een occasion **II** *bijw* tweedehands, uit de tweede hand ★ *buy sth* ~ iets tweedehands kopen

second honeymoon ['sekənd 'hʌnɪmuːn] *znw* tweede huwelijksreis

second-in-command ['sekənd-ɪn-kə'mɑːnd] *znw* onderbevelhebber

second language ['sekənd 'læŋgwɪdʒ] *znw* tweede taal

secondly ['sekəndlɪ] *bijw* ten tweede, in de tweede plaats

secondment ['sekəndmənt] *znw* detachering, tijdelijke overplaatsing ★ *on* ~ tijdelijk gedetacheerd

second name ['sekənd neɪm] *znw* achternaam

second nature ['sekənd 'neɪtʃə] *znw* tweede natuur, iets wat haast automatisch gaat

second-rate [sekənd'reɪt] *bn* tweederangs-

seconds ['sekəndz] *znw* [mv] ❶ tweede portie, ‹bij maaltijd› ❷ tweede soort, tweede kwaliteit ★ *a* ~ *shop* een winkel met tweede kwaliteit goederen

second sight ['sekənd'saɪt] *znw* tweede gezicht, helderziendheid

second string ['sekənd strɪŋ] *znw* reserve ★ *have a* ~ *to*

one's bow iets achter de hand hebben

second teeth ['sekənd tiːθ] *znw* [mv] volwassen gebit

second thought ['sekənd θɔːt] *znw* heroverweging, tweede gedachte ★ *on* ~*s, make that a ham sandwich* ik heb me bedacht, maak er maar een broodje ham van ★ *he'd do it without a* ~ hij zou het zonder meer doen ★ *I wouldn't give it a* ~ ik zou me er geen zorgen over maken ★ *you're not having* ~*s, are you?* je begint toch niet te twijfelen?

second wind ['sekənd waɪnd] *znw* nieuwe energie

secrecy ['siːkrəsɪ] *znw* ❶ geheimhouding, stilzwijgen, geheimzinnigheid ★ *sworn to* ~ tot geheimhouding verplicht ★ *surrounded by a veil / blanket / cloak of* ~ omgeven door een waas van geheimzinnigheid ❷ heimelijkheid, verborgenheid ★ *in the* ~ *of her room* in de afzondering van haar kamer ❸ geheim ★ *in* ~ in het geheim

secret ['siːkrɪt] **I** *bn* ❶ geheim ❷ geheimhoudend ❸ heimelijk, verborgen ★ *in his* ~ *heart* in de grond van zijn hart **II** *znw* geheim ★ *in* ~ in het geheim, stilletjes ★ *be in on the* ~ in het geheim ingewijd zijn ★ *keep a* ~ een geheim bewaren ★ *she kept it a* ~ *from him* ze hield het voor hem verborgen ★ *make no* ~ *of sth* ergens geen geheim van maken

secret admirer ['siːkrɪt əd'maɪərə] *znw* stille aanbidder

secret agent ['siːkrɪt 'eɪdʒənt] *znw* spion, geheim agent

secretarial [sekrə'teərɪəl] *bn* ❶ als (van) een secretaris of secretaresse ❷ secretariaats-

secretariat [sekrə'teərɪət] *znw* secretariaat

secretary ['sekrətrɪ] *znw* ❶ secretaris, geheimschrijver ❷ minister ❸ secretaire ★ *the Secretary of State* Br de minister ‹van een belangrijk ministerie›, Am de minister van Buitenlandse Zaken

Secretary-General [sekrətrɪ-'dʒenərəl] *znw* [mv: secretaries-general] secretaris-generaal

secretaryship ['sekrətrɪʃɪp] *znw* secretariaat

secret ballot ['siːkrɪt 'bælət] *znw* geheime stemming

secrete [sɪ'kriːt] *overg* ❶ afscheiden ❷ <u>form</u> verbergen, (ver)helen (voor *from*)

secretion [sɪ'kriːʃən] *znw* afscheiding

secretive ['siːkrətɪv] *bn* ❶ geheimhoudend, geheimzinnig (doend) ★ *why are you being so* ~? waarom doe je zo geheimzinnig? ❷ heimelijk

secretly ['siːkrɪtlɪ] *bijw* ❶ heimelijk, in het geheim, stilletjes ❷ in zijn hart, in stilte

secretory [sɪ'kriːtərɪ] *bn* afscheidend, afscheidings-

secret police ['siːkrɪt pə'liːs] *znw* geheime politie

secret service ['siːkrɪt 'sɜːvɪs] *znw* geheime (inlichtingen)dienst

secret shopper ['siːkrɪt 'ʃɒpə] *znw* winkeltester ‹iem. die winkels toetst door te poseren als klant›

secret society ['siːkrɪt sə'saɪətɪ] *znw* geheim genootschap

secret weapon ['siːkrɪt 'wepən] *znw* geheime wapen

sect [sekt] *znw* sekte, gezindte

sectarian [sek'teərɪən] **I** *bn* ❶ sektarisch, sekte- ❷ <u>fig</u> dogmatisch, kleingeestig **II** *znw* ❶ sektariër,

aanhanger van een sekte ❷ fig fanatiekeling
sectarianism [sek'teərɪənɪzəm] *znw* sektarisme
section ['sekʃən] **I** *znw* ❶ snijding, sectie ★ *by*
Caesarean ~ via de keizersnede ❷ afdeling, groep
★ *the reference / music &* ~ de naslagwerkenafdeling
/ muziekafdeling & ‹in bibliotheek› ★ *the first violin*
/ *horn &* ~ de eerste viool / hoorn & sectie ‹in orkest›
❸ paragraaf, artikel in wet / wetboek ★ *under* ~ *21a*
volgens paragraaf 21a ‹van een wet› ❹ gedeelte,
deel ★ *a* ~ *of the population* een laag van de
bevolking ★ *the novel is divided into two* ~*s* de roman
heeft twee delen ❺ traject, baanvak ❻ (door)snede,
profiel ❼ coupe ‹voor microscopisch onderzoek›
II *overg* ❶ in secties verdelen ❷ ̲B̲r̲ gedwongen
opnemen ‹in een psychiatrisch ziekenhuis› **III** *phras*
★ ~ *sth* off iets afbakenen
sectional ['sekʃənl] *bn* ❶ van een sectie, sectie-,
groeps- ❷ uit afzonderlijke delen bestaand
sectionalism ['sekʃənəlɪzəm] *znw* particularisme
section mark ['sekʃən mɑːk] *znw* paragraafteken, het
teken §
sector ['sektə] *znw* ❶ sector ★ *the private* ~ de
marktsector ★ *the public* ~ de openbare sector, de
overheidssector ❷ hoekmeter
secular ['sekjulə] *bn* ❶ wereldlijk, profaan, seculier
★ *a* ~ *state* een wereldlijke staat ★ ~ *education*
openbaar onderwijs ★ *a* ~ *school* een niet-kerkelijke
school ❷ leken- ★ *a* ~ *order* een lekenorde
secular arm ['sekjulər ɑːm] *znw* de arm der wet
secular humanism ['sekjulə 'hjuːmənɪzəm] *znw*
seculier humanisme
secularism ['sekjulərɪzəm] *znw* secularisatie
secularity [sekju'lærɪtɪ] *znw* ❶ wereldlijk karakter
❷ wereldsgezindheid
secularization [sekjulərar'zeɪʃən], **secularisation** *znw*
secularisatie
secularize ['sekjuləraɪz], **secularise** *overg* seculariseren
secure [sɪ'kjʊə] **I** *bn* ❶ zeker, veilig (voor *against*
/ *from*), geborgen ★ *staking the tree will keep it* ~ *from*
falling over het stutten van de boom beveiligt hem
tegen omvallen ❷ goed vast(gemaakt), stevig
★ *ensure that your luggage is* ~ zorg ervoor dat uw
bagage goed vast zit **II** *overg* ❶ in veiligheid
brengen, (goed) vastmaken, -zetten, -binden,
(op)sluiten ❷ versterken ‹kisten &› ❸ beveiligen,
beschermen (voor *from*), verzekeren, waarborgen
❹ zich verzekeren van, (zich) verschaffen,
(ver)krijgen, de hand leggen op ★ ~ *oneself against*
sth zich verzekeren tegen iets, zich vrijwaren voor
iets ❺ ̲h̲a̲n̲d̲e̲l̲ zekerheid verstrekken, een
onderpand geven
securities account [sɪ'kjʊərətɪ ə'kaʊnt] *znw*
effectenrekening
securitization [sɪkjuːərətaɪ'zeɪʃən], **securitisation** ̲b̲e̲u̲r̲s̲
̲&̲ ̲f̲i̲n̲ *znw* effectisering
securitize [sɪ'kjʊərətaɪz], **securitise** ̲b̲e̲u̲r̲s̲ ̲&̲ ̲f̲i̲n̲ *overg*
effectueren
security [sɪ'kjʊərətɪ] *znw* ❶ veiligheid, geborgenheid,

zekerheid ★ *job* ~ arbeidszekerheid ★ *national*
/ *state* ~ nationale veiligheid ★ *for* ~ *reasons* uit
veiligheidsoverwegingen ★ ̲j̲u̲r̲ ~ *of tenure*
ambtszekerheid ★ *ensure sbd's* ~ iemands veiligheid
garanderen ★ *lull sbd into a false sense of* ~ iem. een
vals gevoel van veiligheid geven ❷ beveiliging
★ *heightened* ~ verhoogde beveiliging ★ *a maximum*
/ *minimum* ~ *prison* een extra beveiligde inrichting
/ een open inrichting ★ *relax* ~ beveiliging
verminderen ★ *tighten* ~ beveiliging opvoeren
❸ garantie, (onder)pand, (waar)borg ❹ (meestal *mv*)
effecten, fondsen
security analyst [sɪ'kjʊərətɪ 'ænəlɪst], **securities**
analyst *znw* beleggingsexpert
security blanket [sɪ'kjʊərətɪ 'blæŋkɪt] *znw*
knuffeldeken
security breach [sɪ'kjʊərətɪ briːtʃ] *znw* schending van
de veiligheidsregels
security clearance [sɪ'kjʊərətɪ 'klɪərəns] *znw*
betrouwbaarheidsverklaring
Security Council [sɪ'kjʊərətɪ 'kaʊnsəl] *znw*
Veiligheidsraad
security guard [sɪ'kjʊərətɪ gɑːd] *znw*
beveiligingsbeambte, beveiligingsfunctionaris
security measures [sɪ'kjʊərətɪ 'meʒəz] *znw* [mv]
veiligheidsmaatregelen
security police [sɪ'kjʊərətɪ pə'liːs] *znw* militaire politie
security risk [sɪ'kjʊərətɪ rɪsk] *znw* ❶ veiligheidsrisico
❷ een (politiek) onbetrouwbaar persoon
security service [sɪ'kjʊərətɪ 'sɜːvɪs] *znw*
beveiligingsdienst
security system [sɪ'kjʊərətɪ 'sɪstəm] *znw*
(inbraak)beveiligingssysteem,
beveiligingsapparatuur
sedan [sɪ'dæn] *znw* ❶ sedan ‹auto› ❷ ̲h̲i̲s̲t̲ **sedan chair**
draagstoel
sedate [sɪ'deɪt] **I** *bn* bezadigd, kalm, rustig ★ *at a* ~
pace in een rustig tempo **II** *overg* kalmerende
middelen geven
sedation [sɪ'deɪʃən] *znw* sedatie, kalmering ★ *be*
under ~ onder verdoving zijn, onder de kalmerende
middelen zitten
sedative ['sedətɪv] **I** *bn* sedatief, kalmerend,
pijnstillend **II** *znw* sedatief, kalmerend middel,
kalmeringsmiddel
sedentary ['sedəntərɪ] *bn* ❶ zittend, op één plaats
blijvend ★ *a* ~ *job* zittend werk ★ *a* ~ *lifestyle*
levensstijl zonder veel beweging ❷ een vaste woon-
/ standplaats hebbend
sedge [sedʒ] *znw* zegge ‹plant›
sediment ['sedɪmənt] *znw* neerslag, bezinksel
sedimentary [sedɪ'məntərɪ] *bn* sedimentair
sedimentation [sedɪmən'teɪʃən] *znw* bezinking
★ *the* ~ *rate* de bezinkingssnelheid
sedition [sɪ'dɪʃən] *znw* opruiing, oproer ★ *incite* ~
aanzetten tot opstand
seditious [sɪ'dɪʃəs] *bn* opruiend, oproerig ★ *he has*
been arrested for committing ~ *acts* hij is gearresteerd

se

wegens gezagsondermijnende activiteiten

seduce [sɪˈdjuːs] *overg* verleiden (tot *into*), fig ook overhalen ★ *she's been ~d by the offer of a better-paying job* ze werd overgehaald door de belofte van een beter betaalde baan

seducer [sɪˈdjuːsə] *znw* verleider

seducible [sɪˈdjuːsɪbl] *bn* te verleiden

seduction [sɪˈdʌkʃən] *znw* ❶ verleiding ❷ verleidelijkheid

seductive [sɪˈdʌktɪv] *bn* verleidelijk

seductress [sɪˈdʌktrəs] *znw* verleidster

sedulity [sɪˈdjuːlɪtɪ] form *znw* ijver, nijverigheid

sedulous [ˈsedjʊləs] form *bn* naarstig, ijverig, nijver, onverdroten

see [siː] **I** *znw* (aarts)bisschopszetel, (aarts)bisdom ★ *the Holy See* Heilige Stoel **II** *overg* [saw, seen] ❶ zien, gaan zien ★ *I can't ~ myself doing this* ik zie me dat nog niet doen, ik kan me niet voorstellen dat ik dat zou moeten doen ★ *~ you later!* tot ziens! ★ *~ the light* het licht zien ★ *it hasn't yet ~n the light of day* het is er nog niet, is nog niet verschenen ★ *can't ~ the wood / forest for the trees* door de bomen het bos niet zien ★ inf *~ things* hallucinaties hebben ★ inf *~ red* erg boos worden ★ *~ things differently* de zaak anders beschouwen, een andere kijk op de zaak hebben ★ *~ eye to eye* het met elkaar eens zijn ★ inf *she hasn't ~n hide nor hair of him since* sindsdien heeft ze geen taal of teken van hem vernomen ★ inf *be happy to ~ the back of sbd* blij / opgelucht zijn dat iem. weggaat ★ *I can't ~ my way clear to do it* ik zie geen kans om het te doen ❷ inzien, begrijpen, snappen ★ *~ the joke* de humor ervan inzien, de grap doorhebben ★ *~ the point of sth* het nut van iets inzien ★ *~ reason / sense* tot rede komen, de redelijkheid van iets inzien ★ *it's difficult to ~ how to get around it* het is moeilijk te zien hoe we dat kunnen vermijden ❸ spreken, raadplegen, be-, opzoeken ★ *~ a doctor* een dokter raadplegen, naar een dokter gaan ★ inf *~ a man about a dog* naar de WC gaan ❹ ontvangen, te woord staan ★ *the president will ~ the press shortly* de president zal de pers zo meteen te woord staan ❺ brengen ⟨iem. naar huis⟩ ★ *~ sbd downstairs* iem. naar beneden brengen ★ *~ sbd to bed* iem. naar bed brengen ★ *~ sbd to the door* uitgeleide doen, uitlaten ❻ beleven, meemaken, ervaren ★ *~ life* zien wat er in de wereld te koop is ★ *have ~n better days* betere dagen gekend hebben ❼ er voor zorgen (dat) ★ *he'll ~ that she's looked after well* hij zorgt er wel voor dat ze goed verzorgd wordt **III** *onoverg* [saw, seen] ❶ zien, kijken ★ *I'll go and ~* ik ga eens kijken ★ *not ~ beyond the end of one's nose* niet verder kijken dan zijn neus lang is ❷ afwachten ★ *just wait and ~* wacht maar af ★ *we'll (have to) ~* we zien het wel ❸ begrijpen ★ *oh, I ~!* ah juist!, jawel!, nu snap ik het! ★ *(you) ~?* begrijp je? **IV** *phras* ★ **~ about** *sth* zorgen dat iets gebeurt, iets uitzoeken ★ *we'll ~ about it / that* we denken er over na, we zien het

nog wel ★ *we'll (soon) ~ about that!* dat zullen we nog weleens zien!, daar komt niets van in! ★ **~ after** *sth* voor iets zorgen ★ *I'll ~ after it* ik zorg er wel voor ★ **~ sbd in** iem. binnenlaten ★ **~ sbd off** iem. uitgeleide doen, wegbrengen, fig iem. de loef afsteken ★ **~ oneself off** weggaan ★ **~ sbd out** iem. uitlaten ★ **~ oneself out** zichzelf uitlaten ★ **~ sbd over** *sth* iem. iets laten zien ⟨huis &⟩ ★ **~ through** *sbd* iem. doorzien ★ **~ sth through** iets doorzetten, tot het eind toe volhouden ★ **~ sbd through** iemand er doorheen helpen ★ **~ to** *sth* voor iets zorgen, zorg dragen voor

seed [siːd] **I** *znw* ❶ zaad, zaadje, pit ⟨v. (sinaas)appel &⟩ ★ *go / run to ~* in het zaad schieten, verwilderen ⟨v. tuin &⟩ ★ inf *he's really going to ~* hij is echt aan het aftakelen ❷ fig kiem, nakomelingschap **II** *overg* ❶ (be)zaaien ❷ het zaad (de pitten) halen uit ❸ sp selecteren, plaatsen ★ *he's been ~ed number two* hij is nummer twee op de ranglijst **III** *onoverg* in het zaad schieten

seedbed [ˈsiːdbed] *znw* ❶ zaaibed, kweekplaats ❷ fig broeinest

seed cake [ˈsiːdkeɪk] *znw* kruidkoek ⟨met karwijzaad⟩

seed corn [siːd kɔːn], **seedcorn** *znw* zaaikoren

seedless [ˈsiːdləs] *bn* zonder pit(ten) ⟨v. vrucht⟩

seedling [ˈsiːdlɪŋ] *znw* zaaiplant, zaailing

seed money [siːd ˈmʌnɪ] *znw* startkapitaal

seed pearl [siːd pɜːl] *znw* zaadparel

seed potato [siːd pəˈteɪtəʊ] *znw* pootaardappel

seedy [ˈsiːdɪ] inf *bn* ❶ sjofel, verlopen, kaal ❷ niet lekker, gammel

seeing [ˈsiːɪŋ] **I** *voegw* aangezien ★ *~ as (how)/~ that he's sick, I doubt he'll be there* aangezien hij ziek is twijfel ik of hij er zal zijn **II** *bn* ziende **III** *znw* zien

seeing-eye dog [ˈsiːɪŋ-ˈaɪ dɒg] *znw* blindengeleidehond

seek [siːk] **I** *overg* [sought, sought] (op)zoeken, trachten (te krijgen), streven naar, vragen (om) ⟨raad &⟩ ★ *~ one's fortune* zijn fortuin zoeken ★ *it was of your own ~ing* je hebt er zelf om gevraagd **II** *onoverg* [sought, sought] zoeken ★ *they never sought to interfere in her life* ze probeerden nooit om zich met haar leven te bemoeien **III** *phras* ★ **~ after / for** *sth* zoeken naar iets ★ *much sought after* (zeer) gezocht, veel gevraagd ★ **~ sbd / sth out** iem. / iem. (op)zoeken, opsporen

seeker [ˈsiːkə] *znw* zoeker ★ *a ~ after truth* een zoeker naar de waarheid

seem [siːm] *onoverg* schijnen, toeschijnen, lijken ★ *it ~s to me that....* mij dunkt dat..., het komt me voor dat... ★ *....or so it ~s to me* ...tenminste, zo denk ik erover ★ *you ~ tired* je ziet er moe uit ★ *I can't ~ to do anything right* ik kan schijnbaar niets goeds doen ★ *he can't ~ to remember what he's done with it* hij lijkt zich niet te kunnen herinneren wat hij ermee gedaan heeft ★ *there ~s to have been a mistake* er lijkt een fout te zijn gemaakt

seeming [ˈsiːmɪŋ] *bn* ogenschijnlijk, schijnbaar

seemingly ['siːmɪŋlɪ] *bijw* ogenschijnlijk, naar het schijn, in schijn, schijnbaar

seemly ['siːmlɪ] gedat *bn* betamelijk, gepast

seen [siːn] *ww* [v.d.] → **see**

seep [siːp] I *znw* plek waar olie of water uit de grond sijpelt II *onoverg* sijpelen

seepage ['siːpɪdʒ] *znw* sijpeling

seer ['sɪə] *znw* ziener, profeet

seeress [sɪə'res] *znw* zieneres

seersucker ['sɪəsʌkə] *znw* seersucker ‹crêpeachtige dunne stof›

seesaw ['siːsɔː], **see-saw** I *bn* ❶ op- en neergaand ❷ fig schommelend ★ *a ~ career* een schommelende carrière II *znw* ❶ wip(plank) ❷ wippen, op- en neergaan ❸ fig schommeling III *onoverg* ❶ wippen ❷ op- en neergaan ❸ fig schommelen ★ *the population has ~ed between growth and decline* de bevolkingsaantallen schommelden tussen toename en afname

seethe [siːð] *onoverg* zieden, koken, in beroering / beweging zijn ★ *inwardly she was seething with anger* van binnen kookte ze van woede

see-through ['siːθruː] *bn* doorzichtig, doorkijk- ‹jurk, blouse &› ★ *~ lingerie* doorzichtige lingerie

segment I *znw* ['segmənt] ❶ segment ❷ partje ‹v. sinaasappel› II *overg & onoverg* ['segmənt, seg'ment] (zich) verdelen in segmenten

segmentation [segmən'teɪʃən] *znw* ❶ segmentatie ❷ celdeling

segregate ['segrɪgeɪt] *overg & onoverg* (zich) afzonderen, afscheiden

segregation [segrɪ'geɪʃən] *znw* afzondering, afscheiding, segregatie ★ *racial ~* rassenscheiding ★ *religious ~* afscheiding op grond van religie

segue ['segweɪ] I *znw* naadloze overgang ‹in film of muziek› II *onoverg* naadloos overgaan ‹in film of muziek›

seismic ['saɪzmɪk] *bn* aardbevings-

seismograph ['saɪzməgrɑːf] *znw* seismograaf

seismology [saɪz'mɒlədʒɪ] *znw* seismologie

seismometer [saɪz'mɒmɪtə] *znw* seismometer

seize [siːz] I *overg* ❶ (aan)grijpen, (beet)pakken, vatten ★ *~ the day* pluk de dag ★ *~ the chance / opportunity (with both hands)* de kans met beide handen aangrijpen ❷ in beslag nemen, beslag leggen op, (in bezit) nemen, bemachtigen, opbrengen ‹schip› ❸ aantasten, bevangen II *onoverg* ❶ techn vastlopen ❷ med verstijven III *phras* ★ *~ on / upon sth* iets (gretig) aangrijpen, zich meester maken van iets ★ inf *~ up* vastlopen

seizure ['siːʒə] *znw* ❶ bezitneming, beslaglegging, arrestatie ★ *search and ~ powers* de bevoegdheid om te zoeken en aan te houden ★ *~ of control* overnemen van controle ★ *~ of power* machtsgreep, grijpen van de macht ★ *~ of property* inbeslagname van goederen ❷ (plotselinge) aanval, overmeestering ❸ beroerte ★ *have a ~* een beroerte hebben

seldom ['seldəm] *bijw* zelden

select [sɪ'lekt] I *bn* ❶ uitgekozen, uitgezocht, uitgelezen ★ *a ~ few have been invited* een selecte kleine groep is uitgenodigd ❷ keurig, fijn, chic, exclusief II *overg* (uit)kiezen, uitzoeken, selecteren

select committee [sɪ'lekt kə'mətɪ] *znw* (bijzondere) parlementaire commissie

selection [sɪ'lekʃən] *znw* keur, keuze, selectie

selection committee [sɪ'lekʃən kə'mətɪ] *znw* benoemingscommissie, sollicitatiecommissie

selective [sɪ'lektɪv] *bn* selectief

selective attention [sɪ'lektɪv ə'tenʃən] *znw* selectieve aandacht

selectively [sɪ'lektɪvlɪ] *bijw* selectief, op een selectieve manier

selective service [sɪ'lektɪv 'sɜːvɪs] Am mil *znw* dienstplicht, loting

selectivity [sɪlek'tɪvətɪ] *znw* selectiviteit

selector [sɪ'lektə] *znw* ❶ (uit)kiezer, sorteerder ❷ sp lid van een keuzecommissie

selenology [selɪ'nɒlədʒɪ] *znw* maankunde

self [self] *znw* [*mv*: selves] ❶ (zijn) eigen persoon ❷ ego, ik(heid), persoonlijkheid ★ *my better ~* mijn beter ik ★ *my former ~* wat ik was, de oude ★ *he's back to his old ~ / he's his old ~ again* hij is weer helemaal de oude ★ *find one's true ~* zijn eigen persoonlijkheid leren kennen ★ *consciousness of ~* zelfbewustzijn ❸ eigenliefde, eigenbelang ★ *love of ~* eigenliefde ★ *with him, it's all about ~* het gaat bij hem allemaal om eigenbelang

self-abasement [self-ə'beɪsmənt] *znw* zelfvernedering

self-absorbed [selfəb'sɔːbd] *bn* egocentrisch

self-abuse [selfə'bjuːs] *znw* ❶ zelfverwijt, zelfbeschuldiging ❷ euf masturbatie

self-addressed [self-ə'drest] *bn* aan zichzelf geadresseerd ★ *please enclose a stamped ~ envelope* sluit s.v.p. een gefrankeerde retourenvelop bij

self-adhesive [self-əd'hiːsɪv] *bn* zelfklevend, zelfplakkend

self-adjusting [self-ə'dʒʌstɪŋ] *bn* zichzelf stellend of regulerend

self-advertise [self-'ædvətaɪz] *onoverg* reclame maken voor eigen zaak

self-appointed [selfə'pɔɪntɪd] *bn* ❶ zich uitgevend voor ‹koning &› ❷ zichzelf gesteld ‹taak›

self-assembly [self-ə'semblɪ] *znw* het zelf monteren

self-assertion [selfə'sɜːʃən] *znw* geldingsdrang, assertiviteit

self-assertive [self-ə'sɜːtɪv] *bn* uiterst zelfverzekerd, aanmatigend

self-assertiveness [self-ə'sɜːtɪvnəs] *znw* assertiviteit

self-assessment [self-ə'sesmənt] *znw* zelfbeoordeling

self-assurance [self-ə'ʃɔːrəns] *znw* zelfverzekerdheid

self-assured [self-ə'ʃɔːd] *bn* zelfverzekerd

self-catering [self-'keɪtərɪŋ] I *bn* met kookgelegenheid ‹accommodatie› II *znw* (hotel)accommodatie met keuken, appartementje

self-censorship [self-'sensəʃɪp] *znw* zelfcensuur

se

self-centred [self-'sentəd] *bn* egocentrisch

self-certification [self-s3:tɪfɪ'keɪʃən] *znw* eigen verklaring

self-collected [self-kə'lektɪd] *bn* bedaard

self-command [selfkə'mɑ:nd] *znw* zelfbeheersing

self-complacency [self-kəm'pleɪsənsɪ] *znw* zelfvoldaanheid

self-complacent [selfkəm'pleɪsənt] *bn* zelfvoldaan

self-conceit [selfkən'si:t] *znw* verwaandheid, eigendunk

self-conceited [self-kən'si:tɪd] *bn* verwaand

self-confessed [self-kən'fest] *bn* openlijk, onverholen

self-confidence [self'kɒnfɪdns] *znw* zelfvertrouwen
★ *he exudes (an air of)* ~ hij straalt zelfvertrouwen uit

self-confident [self-'kɒnfɪdnt] *bn* ❶ op zichzelf vertrouwend, zelfbewust ❷ zeker, overtuigd

self-congratulation [self-kəngrætʃʊ'leɪʃən] *znw* zelfgenoegzaamheid, zelfbehagen

self-congratulatory [self-kəngrætʃʊ'leɪtərɪ] *znw* zelfgenoegzaam, verwaand

self-conscious [self'kɒnʃəs] *bn* ❶ (met zijn figuur) verlegen, schuchter, onzeker ❷ zich van zichzelf bewust

self-contained [selfkən'teɪnd] *bn* ❶ zichzelf genoeg zijnd, eenzelvig, gereserveerd ❷ op zichzelf staand, vrij(staand) ‹huis›, compleet ‹voorzien van al het nodige›

self-contradictory [self-kɒntrə'dɪktərɪ] *bn* tegenstrijdig, zichzelf tegensprekend

self-control [selfkən'trəʊl] *znw* zelfbeheersing ★ *he fears loss of* ~ hij is bang om zijn zelfbeheersing te verliezen

self-controlled [self-kən'trəʊld] *bn* beheerst

self-deception [self-dɪ'sepʃən] *znw* zelfbedrog

self-defeating [selfdɪ'fi:tɪŋ] *bn* averechts, contraproductief

self-defence [selfdɪ'fens], *Am* **self-defense** *znw* zelfverdediging, noodweer ★ *an act of* ~ noodweer ★ *the art of* ~ vechtsport

self-delusion [self-dɪ'lu:ʒən] *znw* zelfmisleiding

self-denial [selfdɪ'naɪəl] *znw* zelfverloochening

self-dependence [selfdɪ'pendəns] *znw* zelfstandigheid

self-deprecating [self-'deprɪkeɪtɪŋ], **self-depreciating** *bn* met zelfverachting, met zelfspot

self-deprecation [self-deprə'keɪʃən], **self-depreciation** *znw* zelfverachting, zelfspot

self-despair [self-dɪ'speə] *znw* wanhoop, zelfvertwijfeling

self-destruct [self-dɪ'strʌkt] *onoverg* zichzelf vernietigen

self-destruction [selfdɪ'strʌkʃən] *znw* zelfvernietiging, zelfmoord

self-determination [self-dɪtɜ:mɪ'neɪʃən] *znw* zelfbeschikking

self-determined [self-dɪ't3:mɪnd] *bn* onafhankelijk

self-directed [self-daɪ'rektɪd] *bn* op zichzelf gericht

self-discipline [self'dɪsɪplɪn] *znw* zelfdiscipline

self-discovery [self-dɪ'skʌvərɪ] *znw* zichzelf leren

kennen ★ *she embarked upon a voyage of* ~ ze begon een ontdekkingstocht naar zichzelf

self-distrust [selfdɪs'trʌst] *znw* gebrek aan zelfvertrouwen

self-doubt [self-'daʊt] *znw* onzekerheid, twijfel aan zichzelf

self-dramatization [self-dræmətaɪ'zeɪʃən], **self-dramatisation** *znw* dramatiseren van de eigen situatie ‹om aandacht, medelijden op te wekken›

self-drive [self'draɪv] *znw* autoverhuur zonder chauffeur

self-educated [self'edju:keɪtɪd] *bn* ★ *a* ~ *man* een autodidact

self-effacement [self-ɪ'feɪsmənt] *znw* bescheidenheid, terughoudendheid

self-effacing [selfɪ'feɪsɪŋ] *bn* bescheiden, terughoudend

self-employed [selfɪm'plɔɪd] **I** *bn* handel zelfstandig **II** *znw* ★ *the* ~ de kleine zelfstandigen

self-enclosed [self-ɪn'kləʊzd] *bn* ❶ bijgesloten ‹door de afzender› ❷ gesloten ‹v. systemen, groeperingen &› ★ *a* ~ *system* een gesloten systeem

self-esteem [selfɪ'sti:m] *znw* gevoel van eigenwaarde, zelfgevoel

self-evident [self'evɪdnt] *bn* duidelijk, vanzelfsprekend

self-examination [self-ɪgzæmɪ'neɪʃən] *znw* ❶ zelfonderzoek ‹op ziekteverschijnselen &› ❷ gewetensonderzoek

self-existent [self-ɪg'zɪstnt] *bn* zelfstandig bestaand

self-explanatory [selfɪk'splænətərɪ] *bn* voor zichzelf sprekend

self-expression [self-ɪk'spreʃən] *znw* zelfuitdrukking, zelfexpressie, zelfontplooiing

self-feeder [self-'fi:də] *znw* ❶ machine met automatische toevoer ❷ automatisch voersysteem

self-feeding [self-'fi:dɪŋ] *bn* met automatische toevoer

self-fertilization [self-f3:tɪlaɪ'zeɪʃən], **self-fertilisation** *znw* zelfbestuiving, zelfbevruchting

self-fertilized [self-'f3:tɪlaɪzd], **self-fertilised** *bn* zelfbestoven

self-financing [self-'faɪnænsɪŋ] **I** *bn* zelffinancierend **II** *znw* zelffinanciering

self-flattery [self-'flætərɪ] *znw* zelfgenoegzaamheid, eigenroem

self-forgetful [selffə'getfʊl] *bn* onzelfzuchtig

self-fulfilled [self-fʊl'fɪld] *bn* zichzelf vervuld, ontplooid

self-fulfilling [selffʊl'fɪlɪŋ] *bn* zichzelf vervullend

self-fulfilling prophecy [selffʊl'fɪlɪŋ 'prɒfəsɪ] *znw* zichzelf vervullende voorspelling

self-fulfilment [self-fʊl'fɪlmənt], *Am* **self-fulfillment** *znw* zelfvervulling, zelfontplooiing

self-governing [self-'gʌvənɪŋ] *bn* autonoom, zichzelf besturend

self-government [self-'gʌvənmənt], **self-rule** *znw* autonomie, zelfbestuur

self-help [self'help] *znw* zelfredzaamheid, het zichzelf helpen

self-image [self-'ɪmɪdʒ] *znw* zelfbeeld ★ *a lowered ~* een laag zelfbeeld

self-importance [selfɪm'pɔːtns] *znw* eigendunk, gewichtigheid, ingebeeldheid ★ *full of ~* vol eigendunk

self-important [self-ɪm'pɔːtnt] *bn* gewichtig (doend), verwaand

self-imposed [selfɪm'pəʊzd] *bn* zichzelf opgelegd

self-improvement [self-ɪm'pruːvmənt] *znw* zelfverbetering

self-incrimination [self-ɪnkrɪmɪ'neɪʃən] *znw* zichzelf incrimineren

self-induced [self-ɪn'djuːst] *bn* zelf toegebracht ★ *~ vomiting* moedwillig overgeven

self-indulgence [self-ɪn'dʌldʒəns] *znw* genotzucht

self-indulgent [selfɪn'dʌldʒənt] *bn* genotzuchtig, gemakzuchtig

self-inflicted [selfɪn'flɪktɪd] *bn* door zichzelf toegebracht / teweeggebracht

self-interest [self'ɪntrəst] *znw* eigenbelang ★ *in your own ~* voor jouw bestwil

self-interested [self-'ɪntərestɪd] *bn* baatzuchtig

self-involved [self-ɪn'vɒlvd] *bn* in zichzelf verdiept

selfish ['selfɪʃ] *bn* zelfzuchtig, baatzuchtig, egoïstisch

selfishness ['selfɪʃnəs] *znw* zelfzucht, baatzucht, egoïsme

self-learning [self-'lɜːnɪŋ] *znw* het autodidactisch leren

selfless ['selfləs] *bn* onbaatzuchtig

self-loading [self-'ləʊdɪŋ] *bn* halfautomatisch ‹v. vuurwapen›

self-love [self-lʌv] *znw* eigenliefde

self-made [self'meɪd] *bn* eigengemaakt, door eigen inspanning

self-made man [self'meɪd mæn] *znw* een selfmade man

self-management [self-'mænɪdʒmənt] *znw* eigen beheer, zelfverantwoordelijkheid

self-mastery [self'mɑːstərɪ] *znw* zelfbeheersing

self-mocking [self-'mɒkɪŋ] *bn* met zelfspot ★ *a ~ smile* een glimlach met zelfspot ★ *~ satire / humour* satire / humor met zelfspot

self-mortification [self-mɔːtɪfɪ'keɪʃən] *znw* zelfkwelling, zelfkastijding, ascese

self-opinion [self-ə'pɪnjən] *znw* ingebeeldheid, eigenwaan

self-opinionated [self-ə'pɪnjəneɪtɪd] *bn* ingebeeld, eigenwijs

self-parody [self-'pærədɪ] *znw* zelfparodie

self-pity [self'pɪtɪ] *znw* zelfbeklag, zelfmedelijden

self-pollination [self-'pɒlɪneɪʃn] *znw* zelfbestuiving

self-portrait [self'pɔːtrɪt] *znw* zelfportret

self-possessed [selfpə'zest] *bn* kalm, beheerst

self-possession [self-pə'zeʃən] *znw* zelfbeheersing

self-praise [self'preɪz] *znw* eigen lof ★ *~ is no recommendation* eigen lof / roem stinkt

self-preservation [selfprezə'veɪʃən] *znw* zelfbehoud

self-propagating [self-'prɒpəgeɪtɪŋ] *bn* zichzelf verspreidend ★ *a ~ myth* een zichzelf verspreidende mythe

self-propagation [self-prɒpə'geɪʃən] *znw* zelfverspreiding ‹v. virussen &›

self-propelled [self-prə'peld] *bn* op eigen kracht voortbewegend

self-protection [self-prə'tekʃən] *znw* zelfverdediging

self-raising flour [self'reɪzɪŋ 'flaʊə], <u>Am</u> **self-rising flour** *znw* zelfrijzend bakmeel

self-realization [self-rɪəlaɪ'zeɪʃən], **self-realisation** *znw* zelfontplooiing

self-referential [self-refə'renʃl] *bn* naar zichzelf verwijzend

self-reflexive [self-rɪ'fleksɪv] *bn* zelfreflectief

self-regard [selfrɪ'gɑːd] *znw* egoïsme, eigenbelang

self-regarding [self-rɪ'gɑːdɪŋ] *bn* egoïstisch

self-registering [self-'redʒɪstərɪŋ] *bn* automatisch registrerend

self-regulating [self-'regjʊleɪtɪŋ], **self-regulatory** *bn* zelfregulerend

self-regulation [self-'regjʊleɪʃən] *znw* zelfregelend, zelfregulerend

self-reliance [selfrɪ'laɪəns] *znw* onafhankelijkheid, zelfvoorziening

self-reliant [self-rɪ'laɪənt] *bn* niet op een ander aangewezen zijnd, onafhankelijk

self-respect [selfrɪ'spekt] *znw* zelfrespect

self-respecting [self-rɪ'spektɪŋ] *bn* zichzelf respecterend

self-restraint [selfrɪ'streɪnt] *znw* zelfbeheersing

self-revealing [self-rɪ'viːlɪŋ] *bn* zelfonthullend

self-righteous [self'raɪtʃəs] *bn* zelfingenomen, vol van eigendunk

self-rule [self'ruːl] *znw* → **self-government**

self-sacrifice [self'sækrɪfaɪs] *znw* zelfopoffering

self-sacrificing [self-'sækrɪfaɪsɪŋ] *bn* zelfopofferend

selfsame ['selfseɪm], **self-same** *bn* dezelfde, identiek ★ *she and her twin died on the ~ day* zij en haar tweelingzus stierven op precies dezelfde dag

self-satisfaction [selfsætɪs'fækʃən] *znw* eigendunk, zelfvoldaanheid

self-satisfied [self-'sætɪsfaɪd] *bn* zelfvoldaan

self-saucing [self-'sɔːsɪŋ] *bn* zijn eigen saus producerend ★ *a chocolate ~ pudding* een chocoladetoetje met eigen saus ‹de saus ontstaat tijdens de bereiding›

self-seeker [self-'siːkə] *znw* egoïst

self-seeking ['selfsiːkɪŋ] **I** *bn* zelfzuchtig **II** *znw* zelfzucht

self-selection [self-sɪ'lekʃən] **I** *bn* zelfbedienings- ★ *a ~ buffet* een lopend buffet **II** *znw* **❶** (zich)zelf kiezen **❷** zelfbediening

self-service [self-'sɜːvɪs] **I** *bn* zelfbedienings- **II** *znw* zelfbediening

self-serving [self-'sɜːvɪŋ] *bn* uit eigenbelang, egoïstisch

self-sow [self-'səʊ] *onoverg* zichzelf uitzaaiend

self-starter [self'stɑ:tə] *znw* ❶ zelfstandige, ambitieuze medewerker ❷ gedat automatische starter, zelfstarter

self-styled ['selfstaɪld] *bn* zich noemend, zogenaamd ★ *the ~ king of pop* de koning van de pop, zoals hij zichzelf noemt

self-sufficiency [self-sə'fɪʃənsɪ] *znw* ❶ zelfstandigheid, onafhankelijkheid ❷ autarkie ❸ zelfgenoegzaamheid

self-sufficient [selfsə'fɪʃənt] *bn* ❶ zelfstandig, onafhankelijk ★ *their goal is to become ~ in petrochemicals* het doel is om op petrochemisch gebied alles zelf in de hand te hebben ❷ autarkisch ❸ zelfgenoegzaam

self-supporting [selfsə'pɔ:tɪŋ] *bn* ❶ zichzelf bedruipend, in eigen behoeften voorziend ❷ bouwk zonder extra ondersteuning

self-tapping [self-'tæpɪŋ] *bn* zelftappend ‹v. schroef›

self-taught [self-'tɔ:t] *bn* ❶ zelf geleerd ❷ autodidactisch ★ *a ~ artist* een autodidactisch kunstenaar

self-timer ['self-taɪmə] *znw* zelfontspanner

self-transcendence [self-træn'sendəns] *znw* het zichzelf ontstijgen

self-understanding [self-ʌndə'stændɪŋ] *znw* zelfbegrip

self-will [self-'wɪl] *znw* eigenzinnig-, koppigheid

self-willed [self'wɪld] *bn* eigenzinnig, koppig

self-worth [self-'wɜ:θ] *znw* eigenwaarde ★ *build ~* het gevoel van eigenwaarde bevorderen

sell [sel] **I** *znw* ❶ inf verkoop ★ *a hard / soft ~* een agressieve / beschaafde verkoopmethode, een agressief / gemoedelijk reclamepraatje ❷ inf teleurstelling, verlakkerij ★ *as a tourist destination, it's a bit of a ~* als een toeristenbestemming is het een teleurstelling **II** *overg* [sold, sold] ❶ verkopen, aan de man brengen, populair maken ★ *~ sbd a bill of goods*/Br *~ sbd a pup* iem. knollen voor citroenen verkopen ★ *~ oneself* zichzelf verkopen, zichzelf aanprijzen ★ *~ oneself short* zich te kort doen ★ *~ one's soul to the devil* zijn ziel aan de duivel verkopen ❷ gedat verraden ★ *she sold the runaway to the authorities* ze verried de vluchteling aan de autoriteiten ★ *~ sbd down the river* iem. als een baksteen laten vallen, iem. een loer draaien **III** *onoverg* [sold, sold] verkopen, verkocht worden ★ *~ like hot cakes* als warme broodjes over de toonbank gaan ★ *~ well* (veel) aftrek vinden ★ *~ by auction* veilen **IV** *phras* ★ *~ sth off* iets (uit)verkopen ★ *~ sth on* iets doorverkopen ★ *~ sbd on sth* iem. ergens enthousiast voor maken ★ *be sold on sth* ingenomen zijn met iets, wild zijn van iets ★ *~ out* verkopen, liquideren ★ *be sold out* uitverkocht zijn ★ *be / have sold out of sth* iets niet meer in voorraad hebben ★ inf *~ out to sbd / sth* gemene zaak maken met iem. / iets ★ *~ up* opheffingsuitverkoop houden, zijn zaak sluiten

sell-by date ['sel-baɪ 'deɪt] *znw* uiterste verkoopdatum

seller ['selə] *znw* verkoper

seller's market ['seləz 'mɑ:kɪt], **sellers' market** handel & marketing *znw* verkopersmarkt, producentenmarkt

selling ['selɪŋ] *znw* verkoop ★ marketing *hard / soft ~* agressieve / niet-agressieve verkoop

selling agent ['selɪŋ 'eɪdʒənt] *znw* → **sales agent**

selling point ['selɪŋ pɔɪnt] *znw* pluspunt, (bijkomend) voordeel

selling price ['selɪŋ praɪs] *znw* verkoopprijs

sell-off ['sel-ɒf] *znw* uitverkoop, goedkoop van de hand doen

Sellotape® ['seləteɪp] **I** *znw* plakband **II** *overg* met plakband bevestigen

sell-out ['sel-aʊt] *znw* ❶ inf verraad ❷ uitverkoop ❸ uitverkochte zaal (voorstelling &), succes(stuk)

seltzer ['seltsə], **seltzer water** gedat *znw* mineraalwater

selvage ['selvɪdʒ], **selvedge** *znw* zelfkant ‹v.e. stof›

selves [selvz] *znw* [mv] → **self**

semantic [sɪ'mæntɪk] *bn* semantisch

semantic field [sɪ'mæntɪk fi:ld] *znw* semantisch veld, woordveld

semantics [sɪ'mæntɪks] *znw* [mv] semantiek

semaphore ['seməfɔ:] *znw* semafoor, seinpaal

semblance ['sembləns] *znw* schijn, gelijkenis, voorkomen ★ *bring a ~ of order to sth* een klein beetje orde in iets aanbrengen ★ *drop all ~ of normality* alle schijn van normaliteit laten varen

semen ['si:mən] *znw* sperma, zaad

semester [sə'mestə] *znw* semester, halfjaar

semi ['semɪ] **I** *bn* min of meer, zo'n beetje **II** *znw* ❶ Am vrachtwagencombinatie ❷ → inf

semi-detached ❸ → inf **semi-final**

semi- ['semɪ] *voorv* half-

semi-annual [semɪ-'ænjʊəl] *bn* halfjaarlijks

semi-automatic [semɪ-ɔ:tə'mætɪk] **I** *bn* halfautomatisch **II** *znw* halfautomatisch vuurwapen

semi-autonomous [semɪ-ɔ:'tɒnəməs] *bn* semiautonoom

semibreve ['semɪbri:v] *muz znw* hele noot

semicircle ['semɪsɜ:kl] *znw* halve cirkel

semicircular [semɪ'sɜ:kjʊlə] *bn* halfrond

semicolon [semɪ'kəʊlən] *znw* puntkomma

semiconductor [semɪkən'dʌktə] *znw* halfgeleider

semi-conscious [semɪ'kɒnʃəs] *bn* halfbewust

semi-darkness [semɪ-'dɑ:knəs] *znw* halfdonker

semi-detached [semɪdɪr'tætʃt] Br **I** *bn* halfvrijstaand, twee-onder-een-kap **II** *znw*, inf **semi** halfvrijstaand huis, twee-onder-een-kapwoning

semi-documentary [semɪ-dɒkjʊ'mentərɪ] *znw* semidocumentaire

semi-final [semɪ'faɪnl], inf **semi** *znw* halve finale

semi-finalist [semɪ-'faɪnəlɪst] *znw* deelnemer aan de halve finale, halvefinalist

semi-finished [semɪ-'fɪnɪʃt] *bn* → **semi-manufactured**

semi-fitted [semɪ-'fɪtɪd] *bn* op maat gemaakt (maar niet nauwsluitend) ‹kleding›

se

semi-invalid [semɪ-'ɪnvəlɪd] *znw* gedeeltelijk gehandicapt, lichtgehandicapt

semi-literate [semɪ-'lɪtərət] *bn* halfanalfabeet

semilunar [semɪ'lu:nə] *bn* halvemaanvormig

semi-manufactured [semɪ-mænju:'fæktʃəd], **semi-finished** *bn* ★ *a* ~ *article* een halffabricaat

seminal ['semɪnl] *bn* ❶ van het zaad ❷ zaad-, kiem-, grond- ❸ form vol mogelijkheden voor de toekomst

seminar ['semɪnɑ:] *znw* ❶ werkcollege, seminar ❷ congres

seminarist ['semɪnərɪst] *znw* seminarist

seminary ['semɪnərɪ] *znw* seminarie, theologische hogeschool ‹ook protestant›

semi-official [semɪə'fɪʃəl] *bn* officieus

semiotics [si:mɪ'ɒtɪks] *znw* [mv] semiotiek, betekenisleer

semi-precious [semɪ-'preʃəs] *bn* ★ *a* ~ *stone* een halfedelsteen

semi-professional [semɪ-prə'feʃənl] **I** *bn* semiprofessioneel **II** *znw* semiprof ‹sportsman of musicus›

semiquaver ['semɪkweɪvə] *muz znw* zestiende noot

semi-skilled [semɪ-'skɪld] *bn* halfgeschoold

semi-skimmed [semɪ-'skɪmd] **I** *bn* halfvol ‹m.b.t. melk(producten)› **II** *znw* halfvolle melk

semisweet chocolate [semɪ'swi:t 'tʃɒkələt] *znw* pure chocolade

Semite ['si:maɪt] *znw* Semiet

Semitic [sɪ'mɪtɪk] *bn* Semitisch

semitone ['semɪtəʊn] *muz znw* halve toon

semi-trailer [semɪ-'treɪlə] *znw* oplegger ‹vrachtauto›

semivowel ['semɪvaʊəl] *fon znw* halfklinker

semolina [semə'li:nə] *znw* griesmeel

Semtex® ['semteks] *znw* semtex ‹springstof›

senate ['senɪt] *znw* senaat, raad

senator ['senətə] *znw* senator, raadsheer

senatorial [senə'tɔ:rɪəl] *bn* senatoriaal, senaats-

send [send] **I** *overg* [sent, sent] ❶ zenden, (uit)sturen, uit-, over-, af-, verzenden ★ ~ *word* een bericht sturen ★ ~ *sbd packing* iem. de laan uit sturen ★ ~ *sbd about his business* iem. wegsturen ★ ~ *sbd to Coventry* iem. negeren ★ ~ *a signal to sbd* iem. waarschuwen ❷ met kracht verplaatsen, jagen, schieten, slaan, gooien, trappen & ★ *the blow sent him flying / reeling* de slag deed hem tuimelen ★ *he sent a bullet through his head* hij joeg hem een kogel door het hoofd ❸ inf teweegbrengen, veroorzaken, in extase brengen, meeslepen ★ inf ~ *sbd crazy / mad / off his head* iem. gek maken ▼ ~ *her victorious* God maak haar overwinnend ‹regel uit het Britse volkslied› **II** *phras* ★ ~ *sth* **around / round** iets laten rondgaan ‹schaal &›, iets (rond)sturen ★ ~ *sbd around / round* iem. laten komen ★ ~ *sbd* **away** iem. wegsturen ★ ~ **away / off for** *sth* iets bestellen ‹per post› ★ ~ *sth* **back** iets terugsturen ★ ~ *sbd back* iem. terugsturen ★ ~ *sth* **down** iets naar beneden doen gaan ‹prijzen, temperatuur› ★ ~ *sbd down* iem. naar beneden sturen, iem. van de universiteit

verwijderen ‹student›, iem. een gevangenisstraf geven ★ ~ **for** *sbd* iem. laten halen / komen, iem. ontbieden ★ ~ *sth* **in** iets inzenden, iets inzetten ‹leger, politie› ★ ~ *sbd* **in** iem. laten binnenkomen, iem. naar binnen sturen ★ ~ *in one's name* zich opgeven ★ ~ *sth* **off** iets wegsturen, iets verzenden ★ ~ *sbd* **off** iem. wegsturen, iem. uitgeleide doen, sp iem. uit het veld sturen ★ ~ *sth* **on** iets doorzenden ★ ~ *sth* **out** iets (uit)zenden, rondzenden, iets uitstralen ★ ~ *out a smell* een geur verspreiden ★ ~ *out leaves / shoots* bladeren krijgen, spruiten ★ ~ *sbd* **out** iem. de klas uit sturen ★ ~ **out for** *sth* iets telefonisch bestellen ★ ~ *sth* **up** iets naar boven zenden, iets lanceren, inf iets parodiëren, persifleren ★ ~ *sbd* **up** iem. naar boven sturen, inf iem. voor de gek houden, parodiëren, persifleren

sender ['sendə] *znw* zender, af-, inzender

send-off ['sendɒf] *znw* attentie / huldiging bij iemands vertrek ★ *give sbd a (warm)* ~ iem. feestelijk uitgeleide doen

send-up ['sendʌp] inf *znw* parodie, persiflage

Senegal [senɪ'gɔ:l] *znw* Senegal

Senegalese [senɪgə'li:z, -gɔ:'li:z] **I** *bn* Senegalees **II** *znw* [*mv:* ~] Senegalees, Senegalese

senescent [sɪ'nesənt] form *bn* oud wordend, vergrijzend

senile ['si:naɪl] *bn* seniel, ouderdoms-

senile dementia ['si:naɪl dɪ'menʃə] *znw* ouderdomsdementie

senility [sə'nɪlətɪ] *znw* seniliteit, ouderdom(szwakte)

senior ['si:nɪə] **I** *bn* ❶ ouder, oudste (in rang), senior ❷ hoog, hoger, hoofd- ‹v. ambtenaren, officieren &› **II** *znw* ❶ oudere (persoon, leerling, officier) ★ *he is my* ~ *(by a year)* hij is (een jaar) ouder dan ik ❷ oudste in rang

senior citizen ['si:nɪə 'sɪtɪzən] *znw* vijfenzestigplusser

seniority [si:nɪ'ɒrətɪ] *znw* ❶ anciënniteit ★ *in order of* ~ naar anciënniteit ❷ status, superioriteit

senior nursing officer ['si:nɪə 'nɜ:sɪŋ 'ɒfɪsə] *znw* hoofdverpleegkundige

senior statesman ['si:nɪə 'steɪtsmən] *znw* ervaren politicus

senior stateswoman ['si:nɪə 'steɪtswʊmən] *znw* ervaren politica

senna ['senə] *znw* cassia, seneplant, senna ★ *a* ~ *pod* een senepeul / sennapeul

sensation [sen'seɪʃən] *znw* ❶ gewaarwording, gevoel, aandoening ❷ opzien, opschudding, sensatie ★ *cause / create a* ~ opzien baren, opschudding teweegbrengen ★ inf *the film's a* ~ de film is een echte sensatie

sensational [sen'seɪʃnl] *bn* ❶ sensationeel, opzienbarend, geweldig, verbluffend ❷ sensatie- ‹krant &› ❸ gewaarwordings-, gevoelend

sensationalism [sen'seɪʃənəlɪzəm] *znw* zucht naar sensatie, sensatie(gedoe)

sensationalist [sen'seɪʃənəlɪst] **I** *bn* sensatie- ‹pers &› **II** *znw* op sensatie belust persoon, sensatiezoeker

se

sense [sens] **I** *znw* ❶ zintuig, gevoel ★ *one's sixth ~* zijn zesde zintuig ★ *an assault on the ~* een aanval op de zintuigen ★ *out of / from a ~ of duty / obligation* uit plichtsbesef, uit plichtsgevoel ★ *a ~ of beauty* zin voor het schone, schoonheidsgevoel ★ *a ~ of direction* een richtingsgevoel ★ *a ~ of foreboding* een akelig voorgevoel ★ *a good / poor ~ of hearing / seeing / touch* een goed / slecht gehoor / gezichtsvermogen, een goede / slechte tastzin ❷ zin, betekenis, bedoeling ★ *in a (certain) ~ / in some ~* in zekere zin ★ *in every ~* in iedere betekenis, in elk opzicht ★ *in the narrow / a limited ~* in engere / beperkte zin ★ *in no ~ (at all)* in het geheel niet ★ *make ~* iets betekenen, zinnig zijn ★ *make ~ of sth* uit iets wijs worden ★ *it all makes perfect ~ to me* het is me helemaal duidelijk ★ *not see the ~ in sth / in doing sth* de zin van iets niet inzien ❸ verstand, besef, begrip ★ *common ~* gezond verstand ★ *have the (good) ~ to do sth* zo verstandig zijn om iets te doen ★ *have more money than ~* meer geld dan verstand hebben ★ *not have an ounce of ~* geen greintje gezond verstand hebben ★ *talk ~* verstandig praten ★ *talk ~ into sbd* iem. tot rede brengen ★ *be out of one's ~s* niet goed (bij zijn zinnen) zijn, buiten zichzelf zijn ★ *bring sbd to his ~s* iem. tot bezinning brengen ★ *come to one's ~s* bijkomen, weer tot bewustzijn komen, fig tot inkeer komen ★ *have you taken leave of your ~s?* ben je niet goed (wijs)? ★ *he hasn't got his ~s about him* hij heeft zijn hoofd er niet bij ★ *nobody in his (right) ~s* niemand, die zijn zinnen goed bij elkaar heeft, geen zinnig mens **II** *overg* ❶ gewaarworden, merken, begrijpen ❷ fig ruiken ‹gevaar, bedrog &›
senseless ['sensləs] *bn* ❶ zinloos ❷ bewusteloos ★ *knock sbd ~* iem. bewusteloos slaan ❸ onverstandig, onzinnig, dwaas
sense organ [sens 'ɔːgən] *znw* zintuig
sensibility [sensə'brlətɪ] *znw* ❶ sensibiliteit, gevoeligheid, gevoel, ontvankelijkheid ❷ lichtgeraaktheid, overgevoeligheid
sensible ['sensɪbl] *bn* ❶ verstandig ★ *he didn't have a ~ word to say* hij kon geen verstandig woord uitbrengen ❷ praktisch ‹kleding &› ❸ form (zich) bewust ★ *while we are ~ of the difficulties...* hoewel wij ons bewust zijn van de moeilijkheden...
sensibly ['sensɪblɪ] *bijw* redelijk, verstandig ★ *she behaves ~ in the traffic* zij gedraagt zich verstandig in het verkeer
sensitive ['sensətɪv] *bn* ❶ gevoelig, teergevoelig, fijngevoelig ★ *he's not ~ to her real needs* hij is niet gevoelig voor wat ze echt nodig heeft ❷ lichtgeraakt, overgevoelig ❸ vertrouwelijk, geheim, gevoelig
sensitiveness ['sensətɪvnəs] *znw* gevoeligheid
sensitive plant ['sensətɪv plɑːnt] *znw* ❶ kruidje-roer-me-niet ‹plant› ❷ inf gevoelig persoon, kruidje-roer-me-niet ★ *Jane is a bit of a ~* Jane is erg gevoelig

sensitive subject ['sensɪtɪv 'sʌbdʒɪkt] *znw* teer (pijnlijk) onderwerp
sensitivity [sensə'tɪvətɪ] *znw* gevoeligheid
sensitization [sensɪtaɪ'zeɪʃən], **sensitisation** *znw* sensibilisatie, gevoelig maken
sensitize ['sensətaɪz], **sensitise** *overg* sensibiliseren, gevoelig maken (voor *to*)
sensor ['sensə] *znw* sensor, aftaster ‹instrument›
sensorial [sen'sɔːrɪəl] *bn* → **sensory**
sensorium [sen'sɔːrɪəm] *znw* [*mv:* -s *of* sensoria] zetel van de gewaarwordingen, bewustzijn
sensory ['sensɔːrɪ], **sensorial** *bn* zintuiglijk
sensory deprivation ['sensɔːrɪ deprɪ'veɪʃən] *znw* sensorische deprivatie ‹bewust onthouden van zintuigprikkels›
sensual ['sensjʊəl] *bn* zinnelijk, sensueel
sensualism ['sensjʊəlɪzəm] *znw* zinnelijkheid, wellust
sensualist ['sensjʊəlɪst] *znw* zinnelijk mens, sensualist
sensuality [sensjʊ'ælətɪ] *znw* zinnelijkheid, sensualiteit
sensuous ['sensjʊəs] *bn* zinnelijk, sensueel
sent [sent] *ww* [v.t. & v.d.] → **send**
sentence ['sentəns] **I** *znw* ❶ vonnis, gerechtelijke beslissing, strafmaat ★ *the death ~* de doodvonnis ★ *under ~ of death* ter dood veroordeeld ★ *pass / pronounce ~* het vonnis uitspreken ❷ (vol)zin **II** *overg* vonnissen, veroordelen ★ *~ sbd to death* iem. ter dood veroordelen
sententious [sen'tenʃəs] *bn* opgeblazen, bombastisch, banaal
sentience ['senʃəns] form *znw* waarnemingsvermogen
sentient ['senʃənt] form *bn* gewaarwordend, gevoelhebbend, (ge)voelend, gevoels- ★ *~ beings* wezens met gevoel
sentiment ['sentɪmənt] *znw* ❶ gevoel, gevoelens, emotie ❷ sentimentaliteit ❸ gevoelen, mening ★ *my ~s exactly* daar ben ik het helemaal mee eens
sentimental [sentɪ'mentl] *bn* ❶ sentimenteel ❷ op gevoelsoverwegingen gegrond, gevoels-
sentimentalism [sentɪ'mentlɪzəm] *znw* sentimentaliteit, sentimenteel gedoe
sentimentalist [sentɪ'mentəlɪst] *znw* sentimenteel iemand
sentimentality [sentɪmen'təlɪtɪ] *znw* overdreven gevoeligheid, sentimentaliteit
sentimentalize [sentɪ'mentələɪz], **sentimentalise** **I** *overg* sentimenteel maken **II** *onoverg* sentimenteel doen
sentinel ['sentɪnəl], **sentry** *znw* schildwacht, wacht
sentry ['sentrɪ] *znw* schildwacht, wachtpost
sentry box ['sentrɪ bɒks] *znw* schilderhuisje, wachthuisje
sepal ['sepəl] plantk *znw* kelkblad
separable ['sepərəbl] *bn* scheidbaar
separate I *bn* ['sep(ə)rət] (af)gescheiden, afzonderlijk, apart ★ *a ~ toilet* een aparte WC ★ *on three ~ occasions* drie verschillende keren ★ *go one's ~ ways* ieder zijn eigen weg gaan ★ *sleep in / have ~*

bedrooms in aparte slaapkamers slapen **II** *overg*
['sepəreɪt] ❶ scheiden, afscheiden, afzonderen
★ inf ~ *the men from the boys* de echte kerels eruit
halen ❷ verdelen ❸ ‹in factoren› ontbinden
III *onoverg* ['sepəreɪt] ❶ scheiden (van *from*), weg-,
heengaan, uiteengaan, elk zijns weegs gaan ❷ zich
afscheiden, loslaten, schiften ‹melk›

separately ['sep(ə)rətlɪ] *bijw* apart, afzonderlijk ★ *each
issue will be dealt with* ~ elk onderwerp wordt
afzonderlijk behandeld

separates ['sep(ə)rəts] *znw* [mv] combineerbare
kledingstukken ‹die tezamen, maar ook apart te
dragen zijn›

separation [sepə'reɪʃən] *znw* afscheiding, scheiding,
afzondering ★ jur *judicial / legal* ~ scheiding van
tafel en bed ★ *a property* ~ een scheiding van
goederen, uitsluiting van de gemeenschap van
goederen ★ *a trial* ~ een proefscheiding ★ ~ *of
powers* scheiding van machten

separation anxiety [sepə'reɪʃən æŋ'zaɪətɪ] *znw*
scheidingsangst

separation order [sepə'reɪʃən 'ɔːdə] jur *znw* vonnis tot
scheiding van tafel en bed

separatism ['sep(ə)rətɪzəm] *znw* separatisme

separatist ['sep(ə)rətɪst] **I** *bn* separatistisch, van de
separatisten **II** *znw* ❶ separatist: voorstander van
afscheiding ❷ afgescheidene

separative ['sep(ə)rətɪv] *bn* scheidend

separator ['sepəreɪtə] *znw* ❶ separator, afscheider
❷ melkcentrifuge

sepia ['siːpɪə] *znw* ❶ sepia, bruinzwarte kleur,
sepiatekening, sepiafoto ❷ inktvis, zeekat

sepsis ['sepsɪs] med *znw* bloedvergiftiging

Sept. *afk* (September) september

septa ['septə] *znw* [mv] → **septum**

September [sep'tembə] *znw* september

septenary [sep'tiːnərɪ] *bn* zeventallig, zevenjarig

septennial [sep'tenɪəl] *bn* ❶ zevenjarig
❷ zevenjaarlijks

septet [sep'tet], **septette** *znw* ❶ septet ‹muziekstuk
voor zeven spelers› ❷ (muziek)groep van zeven
mensen, septet

septic ['septɪk] *bn* septisch, bederf veroorzakend,
rotting bevorderend

septicaemia [septɪ'siːmɪə], Am **septicemia** med *znw*
bloedvergiftiging

septic tank ['septɪk tæŋk] *znw* rottingsput, septic tank

septuagenarian [septjuədʒə'neərɪən] **I** *bn*
zeventigjarig **II** *znw* zeventigjarige

septum ['septəm] anat *znw* [mv: septa] septum,
tussenschot, neustussenschot

septuple ['septjʊpl] **I** *bn* zevenvoudig **II** *znw*
zevenvoud **III** *overg* verzevenvoudigen

sepulchral [sɪ'pʌlkrəl] *bn* ❶ graf- ❷ form begrafenis-
❸ dicht somber

sepulchre ['sepəlkə], Am **sepulcher** vero *znw* graf,
grafkelder

sequacious [sɪ'kweɪʃəs] form *bn* ❶ volgzaam, gedwee
❷ zonder eigen ideeën

sequel ['siːkwəl] *znw* gevolg, resultaat, vervolg, naspel,
nawerking

sequence ['siːkwəns] *znw* ❶ volgorde, op(een)volging,
(volg)reeks ★ *a* ~ *of events* een opeenvolging van
gebeurtenissen ❷ gevolg, (logisch) verband
❸ kaartsp suite, volgkaarten ❹ scène ‹v. film›
❺ muz sequens

sequential [sɪ'kwenʃəl] *bn* ❶ (erop)volgend ❷ als
gevolg, als complicatie

sequester [sɪ'kwestə] *overg* ❶ dicht afzonderen
❷ **sequestrate** jur in bewaarderhand stellen, beslag
leggen op

sequestered [sɪ'kwestəd] dicht *bn* afgelegen,
eenzaam, teruggetrokken

sequestration [siːkwəs'treɪʃən] *znw* ❶ dicht
afscheiding, isolement ❷ jur beslaglegging,
sekwestratie

sequin ['siːkwɪn] *znw* lovertje ‹als versiersel›

sequoia [sɪ'kwɔɪə] *znw* sequoia, reuzenpijnboom,
mammoetboom

sera ['sɪərə] *znw* [mv] → **serum**

seraglio [se'rɑːlɪəʊ] *znw* [mv: -s] serail, harem

serai [se'raɪ] *znw* karavansera(i)

seraph ['serəf] *znw* [mv: -s of seraphim] seraf(ijn)
‹engel›

seraphic [sə'ræfɪk] dicht *bn* serafijns, engelachtig

seraphim ['serəfɪm] *znw* [mv] → **seraph**

Serb [sɜːb] **I** *bn* Servisch **II** *znw* ❶ Serviër, Servische
❷ Servisch

Serbia ['sɜːbɪə] *znw* Servië

Serbian ['sɜːbɪən] **I** *bn* Servisch **II** *znw* ❶ Serviër,
Servische ❷ Servisch

Serbo-Croat [sɜːbəʊ'krəʊæt] **I** *bn* Servo-Kroatisch
II *znw* Servo-Kroatisch

serenade [serə'neɪd] **I** *znw* serenade **II** *overg* een
serenade brengen

serendipitous [serən'dɪpɪtəs] *bn* toevallig waardevolle
ontdekkingen doend ★ *a* ~ *meeting* een
onverwachte maar aangename ontmoeting

serendipity [serən'dɪpɪtɪ] *znw* serendipiteit ‹de gave
onverwachts iets goeds te ontdekken›

serene [sɪ'riːn] *bn* ❶ kalm, onbewogen, vredig, sereen
❷ helder, klaar, onbewolkt ❸ doorluchtig

serenity [sɪ'renɪtɪ] *znw* ❶ helderheid, klaarheid
❷ kalmte, sereniteit ❸ doorluchtigheid

serf [sɜːf] *znw* lijfeigene, horige, slaaf

serfdom [sɜːfdəm] *znw* lijfeigenschap, horigheid,
slavernij

serge [sɜːdʒ] *znw* serge ‹wollen stof›

sergeant ['sɑːdʒənt] *znw* ❶ mil sergeant,
wachtmeester ❷ Am brigadier (van politie)

sergeant-at-arms ['sɑːdʒənt-æt-'ɑːmz],
serjeant-at-arms *znw* intendant van het Hoger- en
Lagerhuis

sergeant-major ['sɑːdʒənt-'meɪdʒə] *znw*
sergeant-majoor, opperwachtmeester

serial ['sɪərɪəl] **I** *bn* ❶ tot een reeks / serie behorende, in afleveringen verschijnend, vervolg-, serie- ★ *a ~ story* een vervolgverhaal, een feuilleton ➋ *muz* serieel **II** *znw* ➊ vervolgverhaal, feuilleton ➋ <u>RTV</u> serie

serialization ['sɪərɪəlaɪzeɪʃən], **serialisation** *znw* uitgave als feuilleton, uitzending als serie

serialize ['sɪərɪəlaɪz], **serialise** *overg* in afleveringen laten verschijnen

serial killer ['sɪərɪəl 'kɪlə] *znw* seriemoordenaar

serially ['sɪərɪəlɪ] *bijw* ➊ in serie ➋ in afleveringen, in vervolgen, als feuilleton

serial monogamy ['sɪərɪəl mə'nɒgəmɪ] *scherts znw* seriële monogamie ‹het wisselen van seksuele partner waarbij men gedurende elke relatie monogaam is›

serial number ['sɪərɪəl 'nʌmbə] *znw* serie-, volgnummer

serial port ['sɪərɪəl pɔ:t] *comput znw* seriële poort ‹insteekbus aan pc›

seriate ['si:rɪeɪt] *techn* **I** *bn* in reeksen / rijen **II** *overg* rangschikken, op volgorde zetten

sericulture ['serɪkʌltʃə] *znw* zijdeteelt

series ['sɪəri:z] *znw* [*mv: ~*] serie, reeks, opeenvolging, rij ★ *a ~ of errors* een reeks fouten

serif ['serɪf] *znw* ➊ op-, neerhaal ‹bij schrijven› ➋ schreef ‹aan drukletter›

serio-comic ['sɪərɪəʊ'komɪk] *bn* ➊ half ernstig, half grappig ➋ quasi-ernstig

serious ['sɪərɪəs] *bn* ➊ ernstig (gemeend), in ernst, vroom ★ *are you ~?* meen je het? ★ *he's the only boyfriend she's been ~ about* hij is het eerste vriendje waarbij het haar ernst is ➋ serieus, belangrijk, gewichtig ➌ degelijk, bedachtzaam ➍ *inf* aanzienlijk, behoorlijk ★ *earn ~ money* een hoop geld verdienen ★ *we did some ~ cycling* we hebben behoorlijk gefietst ➎ bedenkelijk ★ *things are starting to look ~* het begint er bedenkelijk uit te zien

seriously ['sɪərɪəslɪ] *bijw* ➊ ernstig, in (volle) ernst ★ *take sth / sbd ~* iets / iem. ernstig / au sérieux nemen ➋ *inf* aanzienlijk, behoorlijk ★ *a ~ delicious dessert* een heel lekker toetje

serious-minded [sɪərɪəs-'maɪndɪd] *bn* ernstig, serieus ‹v. personen›

seriousness ['sɪərɪəsnəs] *znw* ➊ ernst ★ *in all ~* in alle ernst ★ *treat sth with the utmost ~* iets uiterst serieus behandelen ➋ serieusheid, bedenkelijkheid

sermon ['sɜ:mən] *znw* ➊ preek, sermoen ➋ *inf* vermaning

sermonize ['sɜ:mənaɪz], **sermonise** *onoverg* prediken, preken

Sermon on the Mount ['sɜ:mən ɒn ðə 'maʊnt] *bijbel znw* ★ *the ~* de Bergrede

serotonin [ʃɪərə'təʊnɪn] *znw* serotonine ‹adervernauwende stof›

serous ['sɪərəs] *biol bn* wei-, waterachtig ★ *a ~ membrane* een sereus vlies, een weivlies, een serosa

serpent ['sɜ:pənt] *dicht znw* slang

serpentine ['sɜ:pəntaɪn] **I** *bn* ➊ slangachtig, slangen-

➋ kronkelend ★ *~ windings* kronkelingen, kronkelpaden ‹van de politiek› ➌ *fig* listig, vals **II** *znw* serpentijnsteen

serrated [se'reɪtɪd] *bn* ➊ zaagvormig ★ *a ~ knife* een kartelmes ➋ <u>plantk</u> gezaagd

serried ['serɪd] <u>dicht</u> *bn* (aaneen)gesloten ‹rijen›

serum ['sɪərəm] *znw* [*mv: -s of* sera] serum, entstof, bloedwei

servant ['sɜ:vənt] *znw* ➊ knecht, bediende, dienstbode, meid ★ *the ~s' quarters* de personeelsvertrekken ➋ dienaar, dienares ★ <u>scherts</u> *your humble ~* uw onderdanige dienaar ➌ <u>mil</u> oppasser ➍ beambte, ambtenaar ★ *a civil ~* een ambtenaar

serve [sɜ:v] **I** *znw* ➊ *sp* service ‹tennis &› ➋ portie ‹eten› **II** *overg* ➊ dienen, bedienen, van dienst zijn ★ *he ~d the family for forty years* hij was veertig jaar in dienst van de familie ➋ dienst doen, dienstig zijn, baten, helpen, voldoende zijn voor ★ *~ the purpose* aan het doel beantwoorden ★ *it's ~d its purpose* het heeft zijn dienst gedaan ★ *inf ~ no earthly purpose* nergens toe dienen ★ *~ a need* in een behoefte voorzien ★ *the amounts given will ~ six* de gegeven hoeveelheden zijn voor zes personen ★ *the hospital ~s two counties* het ziekenhuis bedient twee graafschappen ★ *be ~d by bus* bereikbaar per bus zijn ➌ opdienen, opdoen ‹eten›, schenken ‹drank› ➍ behandelen ★ *inf ~ him right!* / *it ~s him right!* net goed!, zijn verdiende loon! ★ *if my memory ~s me right* als mijn geheugen me niet bedriegt ➎ *sp* serveren ‹tennis &› ➏ uitdienen ★ *~ a sentence* een straf uitzitten ★ *~ one's time* zijn tijd uitdienen, zijn straf uitzitten ➐ *jur* dagvaarden ★ *~ a summons / warrant / writ on sbd* iem. dagvaarden **III** *onoverg* ➊ dienen, dienst doen (als, tot *as, for*) ➋ serveren ‹tennis› ➌ dienstig (gunstig) zijn ★ *~ on a committee* in een commissie zitting hebben ★ *~ on a jury* lid zijn van een jury **IV** *phras* ★ *~ sth out* iets uitdelen, iets uitzitten ‹gevangenisstraf› ★ *~ (sth) up* (iets) opdienen

server ['sɜ:və] *znw* ➊ presenteerblad, diencouvert, schep ‹v. taart &› ➋ *sp* serveerder ‹tennis› ➌ *comput* server ➍ (mis)dienaar

servers ['sɜ:vəz] *znw* [*mv*] opdienbestek

service ['sɜ:vɪs] **I** *znw* ➊ dienst, dienstbaarheid, nutsvoorziening, (openbaar) bedrijf ★ *an advisory ~* een adviesdienst ★ *the civil ~* de overheidsdienst, het ambtenarenapparaat ★ *military ~* (militaire) diensttijd ★ *at your ~* tot uw dienst ★ *in ~* bruikbaar, gebruiksklaar, in dienst ‹bij iem.› ★ *out of ~* buiten dienst ★ *be at sbd's ~* ten dienste van iem. staan, in dienst van iem. zijn ★ *be of ~* nuttig zijn, zijn dienst bewijzen ★ *he saw ~ during the war in Vietnam* hij diende tijdens de Vietnamoorlog ➋ onderdeel van de krijgsmacht ➌ kerkdienst, kerkmuziek, (kerk)formulier ➍ verzorging, onderhoud ‹v. auto, radio &› ★ *the car's booked in for a ~* er is een onderhoudsbeurt geregeld voor de auto

❺ bediening, service ❻ sp serveren, beginslag ‹tennis› ❼ jur betekening ❽ servies **II** *overg* ❶ bedienen ❷ verzorgen, nazien, onderhouden ‹auto› ❸ dekken ‹v. dieren› ❹ rente en aflossing op tijd betalen ‹v.e. lening›

serviceable ['sɜ:vɪsəbl] *bn* dienstig, bruikbaar, nuttig, geschikt, praktisch

service agreement ['sɜ:vɪs ə'gri:mənt] marketing *znw* overeenkomst m.b.t. de te verlenen service, servicecontract

service area ['sɜ:vɪs 'eərɪə] *znw* stopplaats ‹aan autoweg›

service book ['sɜ:vɪs bʊk] *znw* ❶ gebeden-, gezangenboek ❷ onderhoudsboek ‹voor auto's &›

service charge ['sɜ:vɪs tʃɑːdʒ] *znw* ❶ bedieningsgeld, -toeslag ❷ servicekosten

service dress ['sɜ:vɪs dres] mil *znw* uniform

service flat ['sɜ:vɪs flæt] *znw* verzorgingsflat

service game ['sɜ:vɪs ɡeɪm] *znw* serveerbeurt ‹tennis &›

service hatch ['sɜ:vɪs hætʃ] *znw* dienluik, doorgeefluik

service industry ['sɜ:vɪs 'ɪndəstrɪ] *znw* dienstverlenend bedrijf

service line ['sɜ:vɪs laɪn] sp *znw* serveerlijn ‹tennis›

serviceman ['sɜ:vɪsmən] *znw* ❶ militair, gemobiliseerde ❷ monteur

service pipe ['sɜ:vɪs paɪp] *znw* gas-, waterleiding

service provider ['sɜ:vɪs prə'vaɪdə] *znw* ❶ dienstverlener ❷ comput provider

service road ['sɜ:vɪs rəʊd] *znw* ventweg

services ['sɜ:vɪsɪz] *znw* [mv] ★ *the* ~ het leger, de vloot, de luchtmacht

service station ['sɜ:vɪs 'steɪʃən] *znw* benzinestation, servicestation

servicewoman ['sɜ:vɪswʊmən] *znw* vrouwelijk lid van de strijdkrachten

servicing ['sɜ:vɪsɪŋ] *znw* regelmatig onderhoud ‹v. auto, machine &› ★ *the car's booked in for a ~ next week* ik heb volgende week een afspraak voor een onderhoudsbeurt aan mijn auto

serviette [sɜ:vɪ'et] *znw* servet

servile ['sɜ:vaɪl] *bn* slaafs, kruiperig, serviel

servility [sɜ:'vɪlətɪ] *znw* slaafsheid, serviliteit

serving ['sɜ:vɪŋ] *znw* ❶ het bedienen, bediening ❷ portie ★ *a large ~ of potatoes* een grote portie aardappels

servitude ['sɜ:vɪtjuːd] *znw* dienstbaarheid, slavernij ★ *a life of* ~ een leven van dienstbaarheid

servomechanism ['sɜ:vəʊ'mekənɪzm] *znw* hulpmechanisme

servomotor ['sɜ:vəʊ'məʊtə] *znw* servomotor

sesame ['sesəmɪ] *znw* sesamkruid, sesamzaad ★ *open ~!* Sesam open u! ★ *a science degree can be an open ~ to almost any job* een graad in de bètawetenschappen kan de deur naar bijna elke baan openen

sesame oil ['sesəmɪ ɔɪl] *znw* sesamolie

sesame seed ['sesəmɪ siːd] *znw* (meestal *mv*)

sesamzaad

sesquipedalian [seskwɪpɪ'deɪlɪən] form *bn* ❶ met veel lettergrepen ❷ lange woorden gebruikend, bombastisch ★ ~ *prose* bombastisch proza

session ['seʃən] *znw* ❶ zitting, zittijd, sessie, vergadering ★ *a closed* ~ een besloten vergadering ★ *an emergency* ~ een spoedvergadering ★ *a photographic* ~ een fotosessie ★ *a plenary* ~ plenaire vergadering ★ *be in* ~ zitting houden ❷ onderw onderwijsperiode, trimester, academiejaar,schooltijd

sessional ['seʃənəl] *bn* zittings-

session musician ['seʃən mju:'zɪʃən] *znw* freelance musicus die voor opnamesessies speelt

set [set] **I** *bn* ❶ gezet, vast, bepaald, voorgeschreven ★ *the* ~ *price* de vastgestelde prijs ★ *the* ~ *books* de verplichte boeken ❷ strak, stijf, onveranderlijk ★ *have* ~ *opinions* vastgeroeste ideeën hebben ★ *be* ~ *in one's ways* vaste gewoontes hebben ❸ klaar, gereed ★ *all* ~ klaar (voor *for,* om *te to*) ★ *be* ~ *to do sth* op het punt staan iets te doen ❹ vastbesloten ★ *be* ~ *on doing sth* vastbesloten zijn iets te doen ★ *be dead* ~ *against sth* vierkant tegen iets zijn **II** *znw* ❶ set, stel, spel, servies, garnituur, span, paar ★ *a* ~ *of teeth* een (kunst)gebit ★ *a spare / second* ~ een reserveset / stel / paar & ★ *part of a* ~ één van een stel / setje ❷ kring, troep, afkeurend kliek, bende, ploeg ★ *among the literary* ~ in literaire kringen ❸ toestel, apparaat ‹tv, radio &› ★ *a TV* ~ een televisietoestel ❹ houding ‹v. hoofd &›, zitten ‹v. kledingstuk›, snit, watergolf ★ *there was something about the* ~ *of his eyes* er was iets met hoe zijn ogen stonden ❺ Aus & NZ inf wrok ★ *he's got a* ~ *on her* hij heeft iets tegen haar ❻ verzakking ‹v. grond›, richting ‹v. getij› ❼ toneelschikking, toneel, decor ‹v. film›, studiohal ★ *on (the)* ~ in de studio ❽ wisk verzameling, reeks ‹pleisterwerk› ❾ afwerklaag ‹pleisterwerk› ❿ set ‹bij tennis›, partij ⓫ permanent ★ *a shampoo and* ~ een wasbeurt en een permanent ⓬ plantk stek, loot, zaailing ⓭ stolling, hard worden, zetten ‹jam› ⓮ → **sett** ▼ inf *make a dead* ~ *at sbd* het gemunt hebben op iem., iem. woedend aanvallen **III** *overg* [set, set] ❶ zetten, plaatsen, stellen, leggen ★ ~ *sth to the lowest / highest level / speed &* iets in de laagste / hoogste stand / versnelling & zetten ★ ~ *one's hand to sth* aan het werk slaan, iets aanpakken ★ ~ *a limit on sth* een beperking op iets leggen ❷ lokaliseren, laten afspelen ‹film, roman &› ★ *the film is* ~ *against a backdrop of racial discord* de film speelt zich af tegen een achtergrond van rassenonlusten ★ *the town is* ~ *among the foothills* de stad ligt tussen de heuvels ★ *the novel is* ~ *in London / the Middle Ages &* de roman speelt in Londen / in de middeleeuwen & ❸ vatten, inzetten ‹edelstenen &› ❹ toonzetten ★ ~ *sth to music* iets toonzetten ❺ brengen ‹in beweging›, richten, schikken, bezetten ★ ~ *sbd going* iem. aan de gang brengen / maken ★ ~ *sth going* iets aan de gang brengen / maken, iets in omloop brengen ‹praatjes› ★ ~ *sth*

se

in motion iets in beweging zetten ★ ~ *sbd thinking*
iem. tot nadenken brengen ★ ~ *sth alight* iets in de
brand steken ★ ~ *sth / sbd free* iets / iem. vrijlaten
★ ~ *oneself to do sth* zichzelf een opdracht geven,
zijn best doen om iets te doen ❻ vaststellen,
bepalen, opstellen, opgeven ‹vraagstuk, werk›
❼ planten, poten ❽ instellen, gelijkzetten ‹klok›,
zetten ‹wekker› ★ ~ *one's watch by the radio &* zijn
horloge gelijkzetten met de radio & ❾ klaarzetten,
dekken ‹tafel› ★ ~ *the table* (de tafel) dekken ❿ op
elkaar klemmen ‹tanden, lippen›, houding
/ uitdrukking aannemen ⓫ vestigen ‹record›
⓬ watergolven ‹het haar› **IV** *onoverg* [set, set]
❶ zich zetten ‹v. vrucht› ❷ stollen, dik, hard, vast
worden ❸ aan elkaar groeien ‹bot› ❹ ondergaan
‹zon› ❺ gaan ‹in zekere richting› ★ ~ *to work*
/ *business* aan het werk gaan / terzake komen
V *phras* ★ ~ *about sth* ergens aan beginnen, iets
aanpakken ★ <u>inf</u> ~ *about sbd* iem. aanvallen ★ ~ *sth*
against *sth* iets afzetten tegen iets ‹verliezen,
nadelen &› ★ ~ *sbd against sbd* iem. opzetten tegen
iem. ★ *she's ~ herself against the move* ze verzet zich
tegen de verhuizing ★ *her selfishness had ~ him
against her* haar egoïsme had hem tegen haar in het
harnas gejaagd ★ ~ *sth* **apart** iets ter zijde zetten
/ leggen, reserveren (voor *for*) ★ ~ *sbd apart* iem.
afzonderen / apart zetten ★ ~ *sth* **aside** iets ter zijde
leggen, opzij zetten, sparen, iets buiten
beschouwing laten, iets reserveren, achteruit laten
leggen, <u>jur</u> iets buiten werking stellen, verwerpen,
vernietigen ★ ~ *sth* **back** iets terugzetten,
achteruitzetten ★ *their house is ~ back from the road*
hun huis staat een beetje achteruit van de weg
★ <u>inf</u> ~ *sbd back* iem. een hoop geld kosten, iem.
vertraging geven ★ <u>Am</u> ~ *sth* **by** iets ter zijde leggen
★ ~ *sth* **down** iets neerzetten, iets opschrijven,
optekenen ★ ~ *sbd down* iem. ergens afzetten ★ ~ *sth*
down as *unnecessary* / *not worth the trouble &* iets
beschouwen als onnodig / de moeite niet waard &
★ ~ *sth* **down to** *nerves* / *to too much work &* iets
toeschrijven aan zenuwen / te veel werk & ★ <u>vero</u> ~
forth ‹on a journey / on our way &› op reis gaan, er
op uittrekken ★ ~ <u>form</u> ~ *sth forth* iets uiteenzetten,
opsommen, vermelden ★ ~ **in** intreden ‹jaargetijd›,
invallen ‹duisternis› ★ ~ *sth* **in** iets inzetten ‹mouw
&› ★ ~ **off** vertrekken ★ ~ *sth* **off** iets doen uitkomen
‹kleur &›, iets doen afgaan ‹alarm, vuurwapen &›,
tot ontploffing brengen, iets uit-, afzetten ‹hoeken›,
iets doen opwegen ★ ~ *sbd off laughing / crying &*
iem. aan het lachen / huilen & maken ★ ~ *sbd* / *sth*
on / **upon** *sbd* / *sth* iem. / iets aanzetten, opzetten,
aanhitsen tegen iem. / iets ★ *be* ~ *on sth* / *doing sth*
verzot zijn op iets, vastbesloten zijn iets te doen ★ ~
out op reis gaan, zich op weg begeven, zich
opmaken, vertrekken ★ ~ *out in business* een zaak
beginnen ★ ~ *out to do sth* zich ten doel stellen iets
te doen, proberen iets te doen ★ ~ *sth* **out** iets
klaarleggen, klaarzetten ‹theegerei &›, iets

uitstallen, iets uiteenzetten ‹redenen &›, opsommen
‹grieven›, iets versieren (met *with*), iets uitzetten
‹een hoek› ★ ~ *sth* **up** iets oprichten, opstellen,
opzetten, vestigen, instellen, iets aanheffen
‹geschreeuw› ★ ~ *up shop* een bedrijf beginnen ★ ~
sbd up iem. aanstellen, benoemen, iem. weer op de
been helpen ‹zieke›, iem. (fysiek) op de been
houden, iem. installeren ‹in zaken›, iem. rijk
maken, <u>inf</u> iem. valselijk beschuldigen ★ ~ *up for
oneself*/~ *up on one's own account* voor zichzelf
beginnen, een eigen zaak beginnen ★ ~ *up in
business* een zaak beginnen ★ ~ *up home in London*
gaan wonen in Londen ★ ~ *oneself* **up as** *sth* zich
uitgeven voor iets, zich voordoen als iets, zich
opwerpen als iets

set-aside ['set-əsaɪd] *znw* ❶ braak liggend
landbouwgrond ‹om oogstoverschotten te
voorkomen› ❷ braakligregeling, braakligpremie

setback ['setbæk] *znw* ❶ teruggang, instorting
❷ tegenslag, <u>fig</u> klap

set-off ['set'ɔːf] *znw* ❶ versiering ❷ tegenhanger,
tegenstelling ❸ compensatie

set phrase [set freɪz] *znw* vaste uitdrukking

set piece [set piːs] *znw* ❶ voorgeschreven oefening
❷ passage dat verloopt volgens een vast patroon ‹in
literatuur, toneel en muziek› ❸ <u>sp</u> ingestudeerd
patroon ‹bij spelhervattingen›

set point [set pɔɪnt] *znw* setpoint, setpunt ‹beslissend
punt voor de set›

set square [set skweə] *znw* tekendriehoek,
geodriehoek

sett [set], **set** *znw* ❶ straatkei ❷ dassenhol,
dassenburcht

settee [se'tiː] *znw* canapé, sofa, bank

setter ['setə] *znw* ❶ setter ‹hond› ★ *an Irish* ~ een
Ierse setter ❷ zetter

setting ['setɪŋ] *znw* ❶ zetten, stolling ❷ montuur,
vatting ❸ <u>muz</u> toonzetting ❹ omgeving,
achtergrond ❺ couvert ❻ stand ‹v. thermostaat &›

setting lotion ['setɪŋ 'ləʊʃən] *znw* haarversteviger

settle ['setl] **I** *znw* zitbank met hoge leuning **II** *overg*
❶ vestigen, installeren ★ ~ *oneself* zich vestigen,
gaan zitten, zich installeren ❷ vaststellen, vastzetten
(op *on*) ❸ tot bedaren brengen, doen bezinken,
klaren ❹ in orde brengen, uitmaken, afdoen,
vereffenen, betalen, schikken, regelen, bijleggen, uit
de wereld helpen, oplossen, beklinken ‹zaak› ★ ~
one's affairs zijn zaken in orde maken ★ ~ *an estate*
een erfenis afwikkelen ★ ~ *an account* iets afrekenen
❺ koloniseren ‹land› **III** *onoverg* ❶ zich vestigen,
zich installeren ❷ zich (neer)zetten, gaan zitten
❸ in-, beklinken ‹metselwerk› ❹ zakken, bezinken
‹oplossingen› ❺ neerdalen ‹stof &› ❻ vast worden
❼ tot bedaren komen, bedaren ❽ besluiten (tot *on*)
❾ afrekenen, betalen ★ ~ *with sbd* met iem.
afrekenen **IV** *phras* ★ ~ **down** zich vestigen, zich
installeren, tot rust komen, bedaren, een geregeld
leven gaan leiden, een brave burger worden ★ ~ *sbd*

down iem. kalmeren, tot bedaren brengen ★ ~ *down to work* zich aan het werk zetten ★ ~ *for sth* genoegen nemen met iets ★ *she wouldn't ~ for less* voor minder wilde ze het niet doen ★ ~ **in** zijn nieuwe woning betrekken, zich installeren, acclimatiseren ★ ~ *sbd in* iem. inrichten, installeren, inwerken ⟨in huis, baan &⟩ ★ ~ **into** *sth* wennen aan iets ⟨een nieuwe omgeving / werk &⟩ ★ ~ *into shape* zich vormen ★ ~ **on** *sth* iets besluiten / overeenkomen ★ jur ~ *sth on sbd* iets aan iem. overdragen ⟨nalatenschap⟩ ★ ~ **up** verrekenen, afrekenen

settled ['setld] *bn* ❶ gevestigd ❷ afgedaan, uitgemaakt, in kannen en kruiken ❸ vast ⟨van overtuigingen &⟩ ❹ geregeld ⟨van levenswijs⟩ ❺ getrouwd ❻ op orde ⟨na verhuizing⟩

settlement ['setləmənt] *znw* ❶ vestiging ❷ regeling, vergelijk, vereffening, afrekening, liquidatie, handel rescontre ★ *the final* ~ de eindafrekening ★ jur *private* ~ onderhands akkoord ★ *in* ~ *of* ter vereffening van ❸ schenking, jaargeld ❹ bezinking, verzakking ❺ kolonisatie, volksplanting, nederzetting, kolonie ❻ (instelling voor) maatschappelijk werk (instelling ook: ~ *house*)

settler ['setlə] *znw* kolonist

settlings ['setlɪŋz] *znw* [mv] bezinksel, neerslag

set-to ['settu:] *inf znw* [mv: set-tos] gevecht, kloppartij, ruzie

set-top box ['set-tɒp 'bɒks] *znw* decoder die digitale omzet naar analoge signalen

set-up ['set-ʌp] *znw* ❶ *inf* regeling ❷ opbouw, bestel, organisatie ❸ situatie ❹ *inf* valse beschuldiging ❺ *inf* doorgestoken kaart

seven ['sevən] *telw* zeven

sevenfold ['sevənfəʊld] *bn* zevenvoudig

seven-league boots ['sevən-li:g 'bu:ts] *znw* [mv] zevenmijlslaarzen

seventeen ['sevən'ti:n] *telw* zeventien

seventeenth ['sevən'ti:nθ] **I** *telw, bn & bijw* zeventiende ★ *he was born on the* ~ *of June* hij is op 17 juni geboren ★ *in* ~ *position* op de zeventiende plaats ★ *he came* ~ hij werd zeventiende **II** *znw* zeventiende deel

seventh ['sevənθ] **I** *telw, bn & bijw* zevende ★ *the* ~ *of July* 7 juli ★ *in* ~ *heaven* in de zevende hemel ★ *she came* ~ ze werd zevende **II** *znw* ❶ zevende (deel) ❷ *muz* septime

Seventh-Day Adventist ['sevənθ-deɪ 'ædventɪst] *znw* zevendedagsadventist

seventieth ['sevəntɪəθ] **I** *telw, bn & bijw* zeventigste **II** *znw* zeventigste deel

seventy ['sevəntɪ] *telw* zeventig ★ *the seventies* de jaren zeventig ★ *in one's seventies* in de zeventig

seven-year itch ['sevən-jɪə 'rɪtʃ] scherts *znw* kriebels ⟨na zeven jaar huwelijk⟩

sever ['sevə] **I** *overg* scheiden, afscheiden, afhouwen, afhakken, afsnijden, afscheuren, verbreken, breken, splitsen, losmaken ★ ~ *one's ties with sbd / sth* de

banden met iem. / iets verbreken ★ ~ *oneself from sth* zich afscheiden van iets **II** *onoverg* breken ⟨touw &⟩

several ['sevrəl] **I** *onbep vnw* verscheidene(n), vele(n), meerdere ★ ~ *are dead and 20 are wounded* er zijn meerdere doden en 20 gewonden **II** *bn* ❶ verscheiden ★ *she has written* ~ *novels* ze heeft verscheiden romans geschreven ❷ form afzonderlijk, respectief, eigen ★ *they went their* ~ *ways* zij gingen elk huns weegs

severally ['sevrəlɪ] *bijw* elk voor zich, ieder afzonderlijk, respectievelijk ★ jur *jointly and* ~ hoofdelijk en gezamenlijk

severance ['sevərəns] *znw* scheiding, af-, verbreking

severance pay ['sevərəns peɪ] *znw* ontslagpremie

severe [sɪ'vɪə] *bn* ❶ streng, hard, strikt ★ *her teacher was* ~ *with her* haar leraar was streng voor haar ❷ zwaar, ernstig, hevig, bar ★ *she is suffering from a* ~ *cold* ze lijdt aan een ernstige verkoudheid ★ ~ *weather conditions* barre weersomstandigheden

severely [sɪ'vɪəlɪ] *bijw* ❶ streng, hard, zwaar ★ *he spoke* ~ *to her* hij sprak haar streng toe ❷ erg, ernstig, hevig ★ *the vines have been* ~ *affected by the frosts* de wijnstokken hebben ernstig te lijden gehad onder de vorst

severity [sɪ'verətɪ] *znw* (ge)strengheid, hardheid, hevigheid

sew [səʊ] **I** *overg & onoverg* [sewed, sewn/sewed] ❶ naaien ❷ brocheren ⟨boek⟩ **II** *phras* ★ ~ *sth* on iets aannaaien ★ ~ *sth* **up** iets naaien, dichtnaaien, *inf* iets met succes afsluiten ★ *inf they've got the match all* ~n *up* ze hebben de overwinning al in hun zak ★ *inf her evidence will* ~ *up the case* haar getuigenis in de zaak zal de doorslag geven

sewage ['su:ɪdʒ] *znw* rioolwater

sewage farm ['su:ɪdʒ fɑ:m] *znw* vloeiveld ⟨v. rioolwaterzuivering⟩

sewer I *znw* ['səʊə] naaier, naaister **II** *znw* ['su:ə] riool

sewerage ['su:ərɪdʒ] *znw* ❶ riolering ❷ rioolwater

sewing ['səʊɪŋ] *znw* naaien, naaigoed, naaiwerk ★ *she takes in* ~ ze doet naaiwerk

sewing basket ['səʊɪŋ 'bɑ:skɪt] *znw* naaimandje

sewing machine ['səʊɪŋ mə'ʃi:n] *znw* naaimachine

sewn [səʊn] *ww* [v.d.] → **sew**

sex [seks] **I** *bn* seksueel, seks- ★ *a same*~ *partner* een seksuele partner van hetzelfde geslacht **II** *znw* ❶ geslacht, sekse, kunne ★ *the opposite* ~ het andere geslacht ★ scherts *the fair / fairer / gentle* ~ vrouwen ❷ seks, geslachtsleven, geslachtsdrift, geslachtsgemeenschap ★ *have* ~ *with sbd, engage in* ~ *with sbd* seks hebben met iem., met iem. neuken / vrijen **III** *overg* seksen ⟨kuikens &⟩ **IV** *phras* ★ *inf* ~ *sbd* **up** iem. seksueel stimuleren / opwinden

sex act [seks ækt] *znw* seksuele handeling, geslachtsgemeenschap

sexagenarian [seksədʒə'neərɪən] **I** *bn* zestigjarig **II** *znw* zestigjarige

sex appeal ['seksə'pi:l] *znw* erotische

se

aantrekkingskracht, sexappeal

sex bomb [seks bɒm] inf znw seksbom

sex change [seks tʃeɪndʒ] znw geslachtsverandering

sex education [seks edjʊ'keɪʃən] znw seksuele voorlichting

sex hormone [seks 'hɔ:məʊn] znw geslachtshormoon

sexism ['seksɪzəm] znw seksisme

sexist ['seksɪst] znw seksist

sex kitten [seks 'kɪtn] inf znw stoeipoes

sexless ['seksləs] bn ❶ geslachtloos ❷ seksloos, frigide ⟨vrouw⟩, impotent ⟨man⟩

sex life [seks laɪf] znw seksleven

sex-linked ['seks-lɪŋkt] bn geslachtsgebonden

sex maniac [seks 'meɪnɪæk] inf znw seksmaniak

sex offence [seks ə'fens] znw zedenmisdrijf

sex offender [seks ə'fendə] znw zedendelinquent

sexologist [sek'sɒlədʒɪst] znw seksuoloog

sexology [sek'sɒlədʒɪ] znw seksuologie

sex organ [seks 'ɔ:gən] znw geslachtsorgaan

sexpot ['sekspɒt] inf znw seksbom

sex shop [seks ʃɒp] znw sekswinkel, seksshop

sex-starved ['seks-sta:vd] bn sterke behoefte hebbend aan seks

sex symbol [seks 'sɪmbl] znw sekssymbool

sextant ['sekstənt] znw sextant

sextet [seks'tet] muz znw ❶ sextet ⟨muziekstuk voor zes spelers⟩ ❷ zestal, sextet ⟨groep van zes musici⟩

sex therapy [seks 'θerəpɪ] znw sekstherapie

sexton ['sekstn] znw koster, klokkenluider, doodgraver

sexton beetle ['sekstn 'bi:tl] znw doodgravertje ⟨kever⟩

sex tourism [seks 'tʊərɪzəm] znw sekstoerisme

sextuple ['sekstju:pl] I bn zesvoudig II overg verzesvoudigen

sexual ['sekʃʊəl] bn ❶ geslachts- ★ a ~ act een geslachtsdaad ❷ geslachtelijk, seksueel

sexual abuse ['sekʃʊəl ə'bju:s] znw seksueel misbruik

sexual harassment ['sekʃʊəl hæ'rasmənt] znw seksuele intimidatie, ongewenste intimiteiten

sexual intercourse ['sekʃʊəl 'ɪntəkɔ:s] znw geslachtsgemeenschap ★ consensual / non-consensual ~ vrijwillige / onvrijwillige seks ★ jur unlawful ~ onwettig seksueel verkeer

sexuality [sekʃʊ'ælətɪ] znw seksualiteit

sexually-transmitted disease ['sekʃʊəlɪ-trænz'mɪtɪd dɪ'zi:z] znw seksueel overdraagbare aandoening

sexual politics ['sekʃʊəl 'pɒlɪtɪks] znw [mv] seksuele politiek

sexual reproduction ['sekʃʊəl ri:prə'dʌkʃən] znw geslachtelijke voortplanting

sexual revolution ['sekʃʊəl revə'lu:ʃən] znw seksuele revolutie

sex worker [seks 'wɜ:kə] znw prostituee

sexy ['seksɪ] bn ❶ sexy, opwindend ❷ inf aantrekkelijk ★ as a career choice, it's not very ~ als carrièrekeuze is het weinig aantrekkelijk

Seychelles ['seɪʃelz] znw [mv] Seychellen

sez [sez] inf ww zeg(t) ★ ~ you / he dat is wat jij / hij zegt

SF afk → **science fiction**

SGML comput afk (Standard Generalized Markup Language) SGML ⟨systeem voor de codering van documenten⟩

Sgt. afk → **sergeant**

sh [ʃ], **ssh**, **shh** tsw sst!

Shabbat [ʃæ'bæt] znw sabbat

shabbily ['ʃæbɪlɪ] bijw ❶ armzalig, sjofel ★ a ~ dressed man een armoedig geklede man ❷ schandelijk, gemeen ★ she'd been treated ~ ze is schandelijk behandeld

shabby ['ʃæbɪ] bn ❶ kaal, haveloos, armzalig, sjofel ★ ~ genteel kaal, maar chic ❷ schandelijk, gemeen, min ★ a ~ trick een gemene truc

shack [ʃæk] I znw hut, blokhut II phras ★ inf ~ up (with sbd) samenwonen / hokken (met iem.)

shackle ['ʃækl] I znw ❶ boei, kluister, keten ★ throw / shake off the ~s de ketenen verbreken ❷ techn beugel, koppeling ❸ harpsluiting, sluitschalm ❹ fig belemmering II overg ❶ boeien, kluisteren ❷ techn koppelen ❸ fig belemmeren ★ lack of training is shackling the country's development gebrek aan training belemmert de ontwikkeling van het land

shad [ʃæd] znw [mv: ~] elft ⟨vis⟩

shaddup [ʃæd'ʌp] inf tsw hou je kop!

shade [ʃeɪd] I znw ❶ schaduw, lommer ★ fig keep in the ~ zich op de achtergrond houden, zich schuilhouden ★ fig put / leave sbd in the ~ iem. in de schaduw stellen ❷ schim ❸ kap, stolp, (Am zonne)scherm ❹ (kleur)schakering, nuance, tint, zweem ★ a pastel ~ een pastelkleur ★ a ~ too light / dark een tikkeltje te licht / donker ★ light and ~ nuances ⟨in kleur, muziek &⟩ ★ he tends to think without any ~s of grey hij heeft de neiging zwart-wit te denken ★ a ~ of green een groene kleur ★ ~s of opinion verschillende opvattingen ★ ~s of meaning betekenisnuances II overg ❶ beschutten, beschermen ❷ afschermen ❸ arceren III phras ★ ~ sth in iets arceren ★ ~ sth off iets beschutten ★ ~ the sun off de zon afschermen ★ ~ (off) into sth geleidelijk overgaan in iets ⟨v. kleuren &⟩

shades [ʃeɪdz] znw [mv] ❶ inf zonnebril ❷ duisternis, schimmen ▼ he's working too much: ~ of his father hij werkt te hard: sprekend zijn vader

shade tree [ʃeɪd tri:] znw schaduwboom

shadiness ['ʃeɪdɪnəs] znw ❶ schaduwrijkheid ❷ inf onbetrouwbaarheid

shading ['ʃeɪdɪŋ] znw ❶ schakering, nuance ★ her paintings have a lot of subtle ~ er zitten veel subtiele nuances in haar schilderijen ❷ arcering

shadow ['ʃædəʊ] I znw ❶ schaduw, (schaduw)beeld ★ she had always lived in his ~ ze had altijd bij hem in de schaduw gestaan ★ be frightened of one's own ~ erg nerveus of schrikachtig zijn ★ his illness cast a ~ over the festivities zijn ziekte wierp een schaduw over de festiviteiten ★ wear oneself to a ~ zich totaal

se

uitputten ‹door werk› ❷ kring ★ *have ~s under one's eyes* donkere kringen onder de ogen hebben ❸ afschaduwing ❹ geest, schim ★ *he's a ~ of his former self* hij is nog maar een schim van wat hij vroeger was ❺ schijn, spoor ★ *without a ~ of doubt* zonder de minste twijfel **II** *overg* ❶ over-, beschaduwen ❷ schaduwen, als een schaduw volgen ★ *he is being ~ed* hij wordt geschaduwd: al zijn gangen worden nagegaan ❸ afschaduwen

shadow-box [ˈʃædəʊ-bɒks] *onoverg* schaduwboksen

shadow cabinet [ˈʃædəʊ ˈkæbɪnət] *znw* schaduwkabinet

shadow economy [ˈʃædəʊ ɪˈkɒnəmɪ] *znw* zwarte economie

shadow minister [ˈʃædəʊ ˈmɪnɪstə] *znw* schaduwminister

shadowy [ˈʃædəʊɪ] *bn* ❶ beschaduwd, schaduwrijk ❷ schimachtig ❸ vaag, onduidelijk, geheimzinnig

shady [ˈʃeɪdɪ] *bn* ❶ schaduwrijk, beschaduwd ❷ inf verdacht, louche, niet zuiver, clandestien ★ *a ~ deal* een louche handeltje ★ *the ~ side of his character* de minder goede kant van zijn karakter

shaft [ʃɑːft] **I** *znw* ❶ schacht ‹v. speer, veer, zuil, &›, steel, stok ❷ pijl, spies, lans ❸ techn (drijf)as, krukas ❹ lamoenboom, disselboom ❺ straal ‹v. licht›, bliksemschicht ★ *a ~ of sunshine* een zonnestraal ★ *a ~ of hope* een straal van hoop ❻ mijnschacht, (lift)koker ❼ vulg penis ▼ Am inf *coal miners are expected to get the ~* mijnwerkers worden waarschijnlijk de dupe **II** *overg* ❶ inf oneerlijk behandelen ★ *the poor in these countries are simply being ~ed* de armen in deze landen worden gewoon niet eerlijk behandeld ❷ vulg neuken **III** *onoverg* schijnen, stralen

shaft drive [ʃɑːft draɪv] *znw* krukasaandrijving

shag [ʃæg] **I** *znw* ❶ ruig haar ❷ aalscholver ‹vogel› ★ Aus & NZ inf *like a ~ on a rock* in een geïsoleerde en onbeschutte positie ❸ vulg wip, nummertje **II** *overg & onoverg* vulg neuken, een wip maken (met)

shagged [ʃægd] *bn* ❶ ruig ❷ **shagged-out** inf doodop

shaggy [ˈʃægɪ] *bn* ruig(harig), borstelig, onverzorgd

shaggy-dog story [ʃægɪ-ˈdɒg ˈstɔːrɪ] *znw* melige grap, mop zonder pointe

shagreen [ʃæˈgriːn] *znw* segrijnleer

shah [ʃɑː] hist *znw* sjah

shake [ʃeɪk] **I** *znw* ❶ het schudden, het strooien ★ inf *in a ~ / in two ~s (of a lamb's tail)* in een wip ★ *she reponded with a ~ of her head* ze antwoordde door haar hoofd te schudden ❷ handdruk ❸ milkshake ❹ schok, beving, aardbeving ❺ trilling ‹v. stem›, muz triller **II** *overg* [shook, shaken] ❶ doen schudden / trillen / beven ★ *the blast shook the building* de ontploffing deed het gebouw schudden ❷ schudden, geven, drukken ‹hand› ★ *~ sbd by the hand* iem. de hand schudden ★ *~ hands with sbd* elkaar de hand geven ★ *~ one's head* het hoofd schudden (over *at, over*) ❸ schokken, indruk maken

op, van streek brengen, fig doen wankelen ★ *her death shook the family* haar dood schokte de familie ❹ uitschudden, uitslaan, heen en weer schudden, zwaaien ★ inf *~ a leg* zich haasten ★ inf *more than you can ~ a stick at* heel erg veel **III** *onoverg* [shook, shaken] ❶ schudden, beven, trillen ★ *~ in one's shoes* staan te trillen in je schoenen ‹van angst› ❷ fig wankelen ❸ inf de hand geven ★ *~!* geef mij de hand! geef me de vijf! **IV** *phras* ★ inf *~ down* gaan slapen ★ Am inf *~ sbd down* iem. geld uit de zak kloppen ★ *~ sbd / sth off* iem. / iets (van zich) afschudden ★ inf *~ on* sth iets met een handdruk bevestigen ★ *~ sth out* iets uitschudden, uitslaan ★ *~ sth up* iets (op)schudden, iets reorganiseren ★ *~ sbd up* iem. (op)schudden, iem. wakker schudden, door elkaar schudden, porren, iem. van streek maken

shakedown [ˈʃeɪkdaʊn] inf *znw* ❶ radicale reorganisatie ❷ grondig onderzoek, uitgebreide fouillering ❸ afpersing ❹ laatste test ‹van product of model›, proefvlucht, proefvaart ❺ kermisbed

shaken [ˈʃeɪkən] *ww* [v.d.] → **shake**

shaken baby syndrome [ʃeɪkən ˈbeɪbɪ ˈsɪndrəʊm] med *znw* shaken-babysyndroom ‹baby's met letsel als gevolg van heftig geschud zijn›

shaker [ˈʃeɪkə] *znw* ❶ schudder ❷ shaker ‹voor cocktails›

shakes [ʃeɪkz] *znw* [mv] ★ *the ~* de bibbers, rillingen ‹v. koorts &›, delirium ★ inf *get the ~* de zenuwen krijgen ★ inf *he's no great ~ as a businessman* hij is geen goede zakenman

shake-up [ˈʃeɪk-ʌp] *znw* opschudding, omwenteling, reorganisatie

shaking [ˈʃeɪkɪŋ] *znw* schudding ★ *give sbd a good ~* iem. eens goed door elkaar schudden

shaky [ˈʃeɪkɪ] *bn* ❶ beverig, onvast, wankel ★ *look ~* er niet best uitzien ❷ fig zwak(staand), onzeker, niet solide, waar men niet op aan kan ★ *be on ~ ground* op wankele bodem rusten / staan

shale [ʃeɪl] *znw* leisteen

shall [ʃæl] *hulpww* [should] ❶ zal, zullen ★ *I ~ always remember your kindness* ik zal uw vriendelijkheid nooit vergeten ★ *I ~ let you know* ik zal het u / je laten weten ★ *~ I do the cooking tonight?* zal ik vanavond koken? ★ *I ~ lose my temper if you do that again* ik ga boos worden als je dat weer doet ❷ moet, moeten ★ *nobody ~ be permitted to enter the restricted area* niemand mag het verboden terrein betreden

shallop [ˈʃæləp] *znw* sloep

shallot [ʃəˈlɒt] *znw* sjalot

shallow [ˈʃæləʊ] **I** *bn* ❶ ondiep, laag ★ *~ waters* ondiep water ❷ fig oppervlakkig ★ *~ arguments* oppervlakkige argumenten ★ *~ breathing* oppervlakkige ademhaling **II** *znw* (meestal *mv*) ondiepte, ondiepe plaats, zandbank **III** *onoverg* ondiep(er) worden ★ *the water ~ed and we ran aground* het water werd ondieper en we liepen aan de grond

sh

shallow-brained [ˈʃæləʊ-breɪnd] *bn* leeghoofdig
shallow-fry [ˈʃæləʊ-fraɪ] *overg* bakken in een dun
laagje olie
shallow-minded [ʃæləʊ-ˈmaɪndɪd] *bn* oppervlakkig,
dom
shallowness [ˈʃæləʊnəs] *znw* ❶ ondiepte ❷ fig
oppervlakkigheid
shalt [ʃælt] arch *hulpww* zult ‹v. zullen› ★ bijbel *thou ~
not steal* gij zult niet stelen
shaly [ˈʃeɪlɪ] *bn* leisteenachtig
sham [ʃæm] I *bn* voorgewend, gefingeerd, nagemaakt,
onecht, vals, schijn- ★ *a ~ door* een blinde deur ★ *~
elections* schijnverkiezingen ★ *a ~ marriage* een
schijnhuwelijk II *znw* ❶ voorwendsel
❷ schijn(vertoning), komedie(spel) ★ *the reforms are
a ~* de hervormingen zijn een schijnvertoning
❸ komediant, simulant ❹ bedrieger III *overg*
veinzen (te hebben), voorwenden ★ *~ death / sleep &*
zich dood / slapend & houden IV *onoverg* simuleren,
doen alsof, zich aanstellen
shamble [ˈʃæmbl] I *znw* sloffende gang II *onoverg*
sloffen, schuifelen
shambles [ˈʃæmblz] *znw* [mv] ravage, ruïne, warboel,
troep ★ *healthcare in this country is a ~*
gezondheidszorg in dit land is een warboel ★ *my
life was in a ~* mijn leven lag in puin
shambling [ˈʃæmblɪŋ] I *bn* sloffend, schuifelend II *znw*
geslof, schuifelende gang
shambolic [ʃæmˈbɒlɪk] Br inf *bn* chaotisch
shame [ʃeɪm] I *znw* ❶ schaamte ★ inf *~ on you! / for ~!*
foei, schaam je! ★ *put sbd to ~* iem. beschamen,
beschaamd maken ❷ schande ★ *to my ~* tot mijn
schande ★ *bring ~ (up)on sth / sbd* iets / iem. te
schande maken ❸ inf pech, zonde ★ inf *what a ~!*
wat erg!, wat jammer! II *overg* ❶ beschamen,
beschaamd maken ★ *~ sbd into / out of sth* iem. door
hem beschaamd te maken iets (niet) laten doen ❷ te
schande maken, schande aandoen
shamefaced [ʃeɪmˈfeɪst] *bn* schaamachtig,
beschaamd, beschroomd, verlegen
shamefacedly [ʃeɪmˈfeɪsɪdlɪ] *bijw* beschaamd
shameful [ˈʃeɪmfʊl] *bn* ❶ beschamend ❷ schandelijk
shameless [ˈʃeɪmləs] *bn* schaamteloos
shammer [ˈʃæmə] *znw* simulant, hypocriet, bedrieger
shammy [ˈʃæmɪ], **shammy leather** *znw* gemsleer,
zeemleer, zeem
shampoo [ʃæmˈpuː] I *znw* shampoo II *overg*
shamponeren, shampooën
shamrock [ˈʃæmrɒk] *znw* klaver, klaverblad
‹zinnebeeld van Ierland›
shandy [ˈʃændɪ] *znw* shandy ‹bier met limonade›
shanghai [ʃæŋˈhaɪ] *overg* ❶ hist dronken maken en
dan als matroos laten aanmonsteren ❷ inf listig
overreden, chanteren ★ *he was ~ed into babysitting*
hij werd op een slinkse manier overgehaald om te
babysitten
shank [ʃæŋk] *znw* ❶ inf (meestal *mv*) been, scheen
★ scherts *on ~'s/~'s mare / pony* met de benenwagen

❷ voorpoot, schenkel ❸ steel, schacht
shan't [ʃɑːnt] *samentr* (shall not) → **shall**
shantung [ʃænˈtʌŋ] *znw* shantoeng
shanty [ˈʃæntɪ] *znw* ❶ hut, keet ❷ **shanty town**
sloppenwijk ❸ matrozenlied
shape [ʃeɪp] I *znw* ❶ vorm, gedaante, gestalte, model
★ *that suit is out of ~* dat pak heeft zijn vorm
verloren ★ *of all ~s and sizes* in alle soorten en
maten ★ *in any ~ or form* iedere vorm van ★ *that's
the ~ of things to come* zo ziet de toekomst er uit
★ *knock / lick / whip sbd / sth into ~* iem. / iets
bijschaven, fatsoeneren ★ *put sbd / sth into ~* iem.
/ iets fatsoeneren ★ *take ~* vaste vorm aannemen
❷ conditie ★ *in bad ~* in slechte conditie ★ *he's
feeling a bit out of ~* hij voelt zich niet helemaal fit
★ *he's in no ~ to drive* hij is in geen conditie om auto
te rijden II *overg* ❶ vormen, maken, modelleren,
fatsoeneren, pasklaar maken ★ *~ the course of events*
de loop van de gebeurtenissen beïnvloeden
❷ regelen, inrichten (naar *to*) ❸ vero scheppen
III *phras* ★ *~ up* inf beter presteren, zich
ontwikkelen / vormen ★ *how are your plans shaping
up?* hoe gaat het met je plannen? ★ *things are
shaping up well* het gaat de goede kant uit ★ inf *~ up
or ship out* als je je niet gedraagt ga je eruit
-shaped [ʃeɪpt] *achterv* -vormig ★ *egg~* eivormig
shapeless [ˈʃeɪpləs] *bn* ❶ vormeloos ❷ wanstaltig
shapelessness [ˈʃeɪpləsnəs] *znw* vormeloosheid
shapely [ˈʃeɪplɪ] *bn* goedgevormd, welgemaakt,
bevallig
shard [ʃɑːd], **sherd** *znw* scherf ‹v. serviesgoed›
share [ʃeə] I *znw* ❶ deel, portie ★ *do one's ~ (of sth)*
zijn deel (van iets) doen ★ *have one's (fair) ~ of sth*
zijn (rechtmatig) deel krijgen ★ *the lion's ~* het
leeuwenaandeel ★ *a proportionate
/ disproportionate ~* een evenredig / onevenredig
aandeel ❷ aandeel ★ *stocks and ~s* aandelen en
effecten ❸ ploegschaar II *overg* ❶ delen (met *with*)
★ zegsw *a problem ~d is a problem halved* gedeelde
smart is halve smart ❷ verdelen ★ *we ~d our lunch
among the others* we hebben onze lunch onder de
anderen verdeeld III *onoverg* delen (in *in*),
deelnemen (in, aan *in*) ★ zegsw *~ and ~ alike* gelijk
op delen IV *phras* ★ *~ sth out* iets uit-, verdelen
share capital [ʃeə ˈkæpɪtl] *znw* aandelenkapitaal
share certificate [ʃeə səˈtɪfɪkɪt] *znw* certificaat van
aandeel
sharecropper [ˈʃeəkrɒpə] *znw* deelpachter
shared care [ʃeəd ˈkeə] *znw* gezamenlijke zorg,
gedeelde zorg ‹meestal een instantie en het gezin›
shared ownership [ʃeəd ˈəʊnəʃɪp] *znw* deeleigendom
‹de bewoner betaalt huur voor een deel van zijn
huis en heeft eigendomsrecht voor het andere deel›
shareholder [ˈʃeəhəʊldə] *znw* aandeelhouder
shareholding [ˈʃeəhəʊldɪŋ] *znw* aandelenbezit
share issue [ʃeər ˈɪʃuː] *znw* aandelenemissie,
aandelenuitgifte
share option [ʃeər ˈɒpʃən] *znw* aandelenoptie*

sh

share-out [ˈʃeə-raʊt] Br znw verdeling, distributie ⟨vooral van geld⟩

share ownership [ʃeər ˈəʊnəʃɪp] znw aandelenbezit

share portfolio [ʃeə pɔːtˈfəʊliəʊ] znw aandelenportfolio, aandelenportefeuille

share price [ʃeə praɪs] znw aandelenkoers, beurskoers

shareware [ˈʃeəweə] comput znw [mv: ~] shareware ⟨software die vrijelijk mag worden gebruikt, maar waarvoor wel een kleine tegemoetkoming wordt gevraagd⟩

sharia [ʃəˈriːə] znw sharia ⟨islamitische wetgeving⟩

shark [ʃɑːk] znw ❶ dierk haai ❷ inf oplichter, gauwdief ★ a loan ~ een woekeraar, uitzuiger, uitbuiter ❸ Am inf uitblinker ⟨op een bepaald gebied⟩

sharp [ʃɑːp] I bn ❶ scherp, spits, puntig ❷ bits, bijtend, vinnig, hevig ❸ scherp(zinnig), slim, gehaaid ★ a ~ mind / intellect een scherpe geest ❹ duidelijk, afgetekend ★ make a ~ distinction een duidelijk onderscheid maken ★ in ~ contrast to sth in schril contrast met iets ❺ abrupt, steil, plotseling ❻ flink, vlug ★ ~ work vlug werk ❼ muz (een halve toon) verhoogd ★ F ~ / C ~ & fis / cis & ★ that note was a little ~ die toon was iets te hoog ❽ inf knap, vlot, net ★ he's a ~ dresser hij kleedt zich piekfijn II bijw ❶ stipt, precies ★ at ten ~ om 10 uur precies ★ ~ to time precies op tijd ❷ scherp ★ turn ~ left ❸ opeens, plotseling ★ the car pulled up ~ de auto kwam plotseling tot stilstand ▼ inf look / be ~ (about it)! schiet op!, maak voort! III znw ❶ muz kruis, noot met een kruis ❷ → inf **sharper**

sharpen [ˈʃɑːpən] I overg ❶ scherpen, scherp(er) maken, (aan)punten ⟨potlood⟩, slijpen ❷ muz een halve toon verhogen of van een kruis voorzien ❸ verscherpen II onoverg scherp(er) worden ★ his voice ~ed zijn stem werd scherper III phras ★ ~ sth up iets scherpen, scherp(er) maken, fig iets verbeteren ★ inf ~ up one's act zijn zaakjes beter organiseren

sharp end [ʃɑːp end] Br inf znw ★ the ~ daar waar het meeste gebeurt, de meeste actie is

sharpener [ˈʃɑːpənə] znw (potlood)slijper

sharper [ˈʃɑːpə] inf, **sharp** znw oplichter, bedrieger, zwendelaar, kaartsp valsspeler

sharp-eyed [ˈʃɑːp-aɪd] bn opmerkzaam, oplettend, waakzaam

sharp practice [ʃɑːp ˈpræktɪs] znw oneerlijke praktijk

sharp-set [ʃɑːp-ˈset] gedat bn rammelend van de honger

sharpshooter [ˈʃɑːpʃuːtə] znw scherpschutter

sharp-sighted [ʃɑːp-ˈsaɪtɪd] bn ❶ scherpziend, scherp van gezicht ❷ scherpzinnig

sharp-witted [ʃɑːpˈwɪtɪd] bn scherpzinnig

shat [ʃæt] ww [v.t. & v.d.] → **shit**

shatter [ˈʃætə] I overg ❶ verbrijzelen, versplinteren ❷ fig vernietigen, de bodem inslaan ⟨verwachtingen⟩ ❸ schokken, in de war brengen, uitputten II onoverg uiteenvallen, stukgaan, in

stukken vliegen, versplinteren ★ ~ into a thousand pieces in duizend stukjes uiteenspatten

shattered [ˈʃætəd] bn ❶ gebroken ⟨v. verdriet⟩, ontredderd, volkomen in de war ★ ~ confidence gebroken vertrouwen ❷ kapot, aan gruzelementen ❸ inf uitgeput

shattering [ˈʃætərɪŋ] bn schokkend ★ ~ news schokkend nieuws ★ a ~ pace een moordend tempo

shatterproof [ˈʃætəpruːf] bn onsplinterbaar ★ ~ glass veiligheidsglas

shave [ʃeɪv] I znw scheren ★ a close / narrow ~ op het kantje af ★ have a ~ zich (laten) scheren II overg ❶ scheren ★ get ~d zich laten scheren ❷ strijken langs ★ the ball ~d the post de bal ging vlak langs de paal ❸ afscheren III onoverg zich scheren IV phras ★ ~ sth off iets afscheren ⟨baard⟩, iets afschaven

shaven [ˈʃeɪvn] bn geschoren

shaver [ˈʃeɪvə] znw ❶ scheerder ❷ scheerapparaat ❸ Br inf jochie ★ watch it, young ~! pas op, jochie!

shaving [ˈʃeɪvɪŋ] znw ❶ scheren ❷ afschaafsel ★ a ~/~s of cheese geraspte kaas ❸ (meestal mv) krul ⟨bij schaven⟩ ★ wood ~s houtkrullen

shaving brush [ˈʃeɪvɪŋ brʌʃ] znw scheerkwast

shaving cream [ˈʃeɪvɪŋ kriːm] znw scheercrème

shaving foam [ˈʃeɪvɪŋ fəʊm] znw scheerschuim

shaving soap [ˈʃeɪvɪŋ səʊp] znw scheerzeep

shaving stick [ˈʃeɪvɪŋ stɪk] znw staaf scheerzeep

shaving tackle [ˈʃeɪvɪŋ ˈtækl] znw scheergerei

shawl [ʃɔːl] znw sjaal, omslagdoek

shawm [ʃɔːm] znw schalmei ⟨soort⟩

she [ʃiː] I pers vnw zij, ze, het ⟨v. schepen &⟩ ★ Aus & NZ inf ~'ll be right het komt wel goed II znw zij, wijfje, vrouw, meisje ★ a ~ ⟨als eerste lid in samenst.⟩ een wijfjes-, vrouwtjes- ★ a ~bear een berin ★ is it a he or a ~? is het een jongetje of een meisje?, is het een mannetje of een vrouwtje?

sheaf [ʃiːf] znw [mv: sheaves] schoof, bundel

shear [ʃɪə] I overg [sheared/Aus & NZ ook shore, sheared/shorn] scheren ⟨dieren, laken⟩ ★ inf ~ sbd of sth iem. van iets beroven, ontdoen II onoverg [sheared/Aus & NZ ook shore, sheared/shorn] ❶ scheren ⟨door de lucht⟩ ❷ afknappen, afbreken III phras ★ ~ away / off afbreken

shearer [ˈʃɪərə] znw scheerder

shears [ʃɪəz] znw [mv] grote schaar

shearwater [ˈʃɪəwɔːtə] znw pijlstormvogel

sheath [ʃiːθ] znw ❶ schede ⟨v. mes &⟩ ❷ plantk bladschede ❸ condoom ❹ nauwsluitende jurk

sheathe [ʃiːð] overg ❶ in de schede steken, opsteken, (in)steken ❷ dicht bekleden ★ the fields were ~d in snow de velden waren bedekt met sneeuw

sheathing [ˈʃiːðɪŋ] znw neusbeslag ⟨v. schip⟩

sheath knife [ˈʃiːθnaɪf] znw dolkmes

sheaves [ʃiːvz] znw [mv] → **sheaf**

shebang [ʃɪˈbaŋ] inf znw ★ the whole ~ de hele zaak, de hele boel

she-cat [ˈʃiːkæt] znw ❶ kat ❷ inf feeks

sh

shed [ʃed] **I** *znw* ❶ schuurtje, keet, afdak, hut ❷ loods, remise ❸ (koe)stal **II** *overg* [shed, shed] ❶ vergieten, storten ⟨bloed⟩, **plechtig** plengen ★ ~ *blood* bloedvergieten ❷ laten vallen, afwerpen ⟨horens &⟩, verliezen ⟨het haar &⟩, wisselen ⟨tanden⟩, ruien ★ *this breed* ~*s its coat twice a year* dit ras ruit tweemaal per jaar ★ ~ *its load* zijn lading verliezen ⟨vrachtwagen⟩ ❸ werpen, verspreiden ⟨v. licht &⟩ ★ ~ *light on sth* licht werpen op iets

she'd [ʃiːd] *samentr* ❶ (she had) → **have** ❷ (she would) → **would**

she-devil [ʃiːˈdevl] *znw* ❶ duivelin ❷ *inf* helleveeg, furie

shedload [ˈʃedləʊd] *Br inf znw* grote hoeveelheid

sheen [ʃiːn] *znw* schittering, glans, luister

sheeny [ˈʃiːnɪ] *bn* glinsterend, glanzend

sheep [ʃiːp] *znw* [*mv*: ~] schaap ★ *the black* ~ *(of the family)* het zwarte schaap (van de familie) ★ *a lost* ~ een zondaar ★ *be like* ~ zich als schapen gedragen ⟨afhankelijk &⟩ ★ *fig separate / sort out the* ~ *from the goats* het kaf van het koren scheiden

sheep cote [ʃiːp kəʊt] *znw* schaapskooi

sheep dip [ʃiːp dɪp] *znw* ❶ ontsmettingsmiddel ⟨waarmee schapen worden gereinigd en ontdaan van ongedierte⟩ ❷ dompelbad ⟨voor schapen⟩

sheepdog [ˈʃiːpdɒg] *znw* herdershond

sheepfold [ˈʃiːpfəʊld] *znw* schaapskooi

sheepish [ˈʃiːpɪʃ] *bn* schaapachtig, bedeesd ★ *look* ~ bedremmeld kijken

sheepskin [ˈʃiːpskɪn] *znw* ❶ schapenvel, schaapsvacht, schapenleer ❷ perkament ⟨van schapenvel gemaakt⟩

sheep station [ʃiːp ˈsteɪʃən] *Aus & NZ znw* schapenfokkerij

sheep walk [ʃiːp wɔːk] *Br znw* schapenwei(de)

sheer [ʃɪə] **I** *bn* ❶ zuiver, rein, puur, louter, enkel, volslagen ★ ~ *impudence* pure onbeschaamdheid / brutaliteit ★ ~ *nonsense* klinkklare onzin ★ *by* ~ *force* met geweld (alléén) ❷ steil, loodrecht ★ *a* ~ *rockface* een steile rotswand ❸ ragfijn, doorschijnend ⟨weefsel⟩ **II** *bijw* steil, loodrecht ★ *the cliffs run* ~ *into the sea* de rotsen gaan loodrecht de zee in **III** *znw* ❶ dunne, transparante stof ❷ zwenking, plotselinge koersafwijking ⟨vooral van een boot⟩ **IV** *overg* laten zwenken, laten uitwijken **V** *onoverg* ❶ zwenken, gieren ⟨v. schip⟩ ❷ (opzij) uitwijken **VI** *phras* ★ ~ **away / off** uitwijken

sheet [ʃiːt] **I** *znw* ❶ laken, beddenlaken ★ *as white as a* ~ lijkbleek ★ *between the* ~*s* onder de wol ❷ gordijn, muur, vlak ★ *a* ~ *of fire* één vuurzee ★ *the rain came down in* ~*s* de regen kwam met bakken uit de hemel ❸ plaat, laag ★ *a* ~ *of ice* een ijsvlakte, ⟨op straat &⟩ een laag ijs, ijzel ❹ vel, blad ⟨papier⟩ ★ *begin / start with a clean* ~ met een schone lei beginnen ❺ *inf* (nieuws)blaadje, sensatiekrant ★ *a free* ~ een huis-aan-huis blad ❻ *techn* plaat ⟨metaal, glas &⟩ ▼ *inf three* ~*s to the wind* stomdronken **II** *overg* ❶ met lakens beleggen ❷ bedekken,

overtrekken, bekleden **III** *onoverg* ★ *the rain* ~*ed down* het regende pijpenstelen

sheet anchor [ʃiːt ˈæŋkə] *znw* plechtanker

sheet ice [ʃiːt aɪs] *znw* ❶ ijslaag ❷ ijzel

sheeting [ˈʃiːtɪŋ] *znw* ❶ linnen voor beddenlakens ★ *waterproof* ~ hospitaallinnen ❷ bekleding

sheet iron [ʃiːt ˈaɪən] *znw* plaatijzer

sheet lightning [ʃiːt ˈlaɪtnɪŋ] *znw* weerlicht

sheet metal [ʃiːt ˈmetl] *znw* plaatijzer

sheet music [ʃiːt ˈmjuːzɪk] *znw* bladmuziek

sheik [ʃeɪk], **sheikh** *znw* sjeik

sheikhdom [ˈʃeɪk-, ˈʃiːkdəm] *znw* sjeikdom

sheila [ˈʃiːlə] *Aus & NZ inf znw* meisje, vrouw

shekel [ˈʃekl] *znw* ❶ sikkel, sjekel ⟨Hebreeuws muntstuk en gewicht⟩ ★ *inf could you spare a* ~? hebt u misschien wat geld voor me? ⟨bedelaarsvraag⟩ ❷ sjekel ⟨Israëlische munt⟩

shekels [ˈʃeklz] *inf znw* [mv] poen, geld

sheldrake [ˈʃeldreɪk] *znw* mannetjesbergeend

shelduck [ˈʃeldʌk] *znw* (vrouwtjes)bergeend

shelf [ʃelf] *znw* [*mv*: shelves] ❶ plank ⟨van rek⟩, boekenplank, vak, schap ★ *off the* ~ uit voorraad (leverbaar) ★ *inf be left on the* ~ overgeschoten zijn ⟨vrouw⟩ ❷ rand, richel ❸ (blinde) klip, zandbank ❹ (erts)laag

shelf company [ʃelf ˈkʌmpənɪ] *znw* brievenbusonderneming, brievenbusfirma

shelf life [ʃelf laɪf] *znw* houdbaarheid(speriode)

shelf paper [ʃelf ˈpeɪpə] *znw* kastpapier

shelf room [ʃelf ruːm], **shelf space** *znw* schapruimte

shelfware [ˈʃelfweə] *comput znw* shelfware ⟨software die niet wordt gebruikt⟩

shell [ʃel] **I** *znw* ❶ schelp ★ *remove the mussels / scallops & from their* ~*s* verwijder de mosselen / kokkels uit hun schelp ❷ schil, schaal, peul, bolster, dop ❸ dekschild ⟨v. kevers &⟩, schild ⟨v.schildpad⟩ ❹ *fig* schulp ★ *go back / retreat / withdraw into one's* ~ in zijn schulp kruipen ★ *come out of one's* ~ loskomen, ontdooien ❺ geraamte, skelet ⟨v. gebouw⟩, casco, chassis ❻ *mil* granaat ⟨ook: granaten⟩, huls ★ *a high explosive* ~ een brisantgranaat ❼ *comput* shell, gebruikersinterface ❽ *nat* elektronenschil ❾ *sp* lichte roeiboot **II** *overg* ❶ schillen, doppen, pellen, ontbolsteren ❷ *mil* beschieten **III** *phras* ★ *inf* ~ **out** dokken, schuiven, schokken ★ *I ended up* ~*ing out for both of them* uiteindelijk betaalde ik voor hen allebei ★ *inf* ~ *sth out* ergens voor dokken

she'll [ʃiːl] *samentr* ❶ (she will) → **will** ❷ (she shall) → **shall**

shellac [ʃəˈlæk] **I** *znw* schellak **II** *overg* met schellak vernissen

shellback [ˈʃelbæk] *inf znw* ouwe zeerob

shell company [ʃel ˈkʌmpənɪ] *znw* lege vennootschap

shell crater [ʃel ˈkreɪtə] *znw* granaattrechter

shellfire [ˈʃelfaɪə] *znw* granaatvuur

shellfish [ˈʃelfɪʃ] *znw* ❶ schelpdier(en) ❷ schaaldier(en)

shellproof [ˈʃelpruːf] *bn* bomvrij

sh

shellshock ['ʃelʃɒk] *znw* shellshock ‹shock ten gevolge van granaatvuur›
shell suit [ʃel su:t] *znw* (nylon) trainingspak
shelter ['ʃeltə] **I** *znw* ❶ beschutting, onderdak, schuilplaats, bescherming ★ *give sbd* ~ iem. beschutten, iem. onderdak geven ★ *provide* ~ beschutting geven ‹een boom &› ★ *refuse sbd* ~ weigeren iem. onderdak te verlenen ★ *seek* ~ beschutting zoeken ★ *take* ~ een schuilplaats zoeken, schuilen ❷ wachthuisje ‹voor bus of tram›, (tram)huisje ❸ asiel, toevluchtsoord, opvanghuis **II** *overg* ❶ beschutten, beschermen (voor *from*) ★ ~ *oneself* schuilen, een schuilplaats zoeken, zich verschuilen ❷ huisvesting verlenen, onderdak verlenen **III** *onoverg* schuilen ★ ~ *from the rain / storm &* schuilen voor de regen / storm
sheltered ['ʃeltəd] *bn* beschermd ★ *lead a* ~ *life* een beschermd leven leiden
sheltered accommodation ['ʃeltəd əkɒmə'deɪʃən] *znw* aanleunwoning(en)
sheltered workshop ['ʃeltəd 'wɜ:kʃɒp] *znw* sociale werkplaats
shelve [ʃelv] **I** *overg* ❶ van planken voorzien ❷ op een plank zetten ❸ op de lange baan schuiven, uitstellen, (voorlopig) laten rusten ❹ ontslaan, uitrangeren **II** *onoverg* (af)hellen, zacht aflopen ★ *white beaches* ~ *off into a turquoise sea* witte stranden lopen af naar een blauwgroene zee
shelves [ʃelvz] *znw* [*mv:* mw] → **shelf**
shelving ['ʃelvɪŋ] *znw* planken
shemozzle [ʃɪ'mɒzl] inf *znw* ❶ herrie, rumoer ❷ onrust, moeilijkheden
shenanigans [ʃɪ'nænɪgənz] inf *znw* [mv] ❶ verlakkerij ❷ uitgelaten, dolzinnig gedoe, keet
shepherd ['ʃepəd] **I** *znw* schaapherder, herder ★ *a* ~ *boy* een herdersjongen **II** *overg* hoeden, (ge)leiden, loodsen
shepherdess [ʃepə'dəs] *znw* herderin
shepherd's pie [ʃepədz 'paɪ] *znw* ovenschotel van lamsgehakt ‹met een korst van aardappelpuree›
shepherd's purse [ʃepədz 'pɜ:s] *znw* herderstasje ‹plant›
sherbet ['ʃɜ:bət] *znw* sorbet
sherd [ʃɜ:d] *znw* → **shard**
sheriff ['ʃerɪf] *znw* ❶ hist schout, drost ❷ Br hoogste bestuursambtenaar ‹in graafschap› ❸ Am sheriff, hoofd van politie v.e. district of county, deurwaarder in een district
sherpa ['ʃɜ:pə] *znw* sherpa
sherry ['ʃerɪ] *znw* sherry ‹wijn›
she's [ʃi:z] *samentr* ❶ (she is) → **be** ❷ (she has) → **have**
shh [ʃ:] *tsw* → **sh**
Shia ['ʃi:ə], **Shiite** *znw* Sjiiet ‹stroming in de islam›
shibboleth ['ʃɪbəleθ] *znw* ❶ sjibbolet ❷ leuze
shield [ʃi:ld] **I** *znw* schild, wapenschild **II** *overg* beschermen (tegen *from*)
shift [ʃɪft] **I** *znw* ❶ verandering, afwisseling, verschuiving ❷ verhuizing ❸ ploeg ‹werklieden› ❹ werktijd ★ *work a double* ~ een dubbele dienst draaien ❺ hemd, jurk ▾ inf *get a* ~ *on* de handen uit de mouwen steken, flink aanpakken ▾ *make* ~ zich behelpen ▾ *make* ~ *without sth* het er maar zonder doen **II** *overg* ❶ verschikken, verleggen, (ver)schuiven, verplaatsen ★ *she ~ed the blame onto me* hij gaf mij de schuld ❷ veranderen, verwisselen, verruilen ★ auto ~ *gears* schakelen ★ ~ *one's ground* zichzelf tegenspreken, een ander standpunt innemen ❸ verwijderen ‹vlekken› ❹ kwijtraken ‹koopwaar, verkoudheid› ❺ omleggen ‹het roer›, verhalen ‹schip› **III** *onoverg* ❶ zich verplaatsen, gaan verzitten, (van plaats) wisselen ★ ~ *(about) in one's chair* zitten draaien in zijn stoel ❷ omlopen ‹v. wind›, draaien, veranderen ❸ werken ‹v. lading› ❹ zich redden ★ *they'll have to* ~ *for themselves* ze moeten zichzelf maar zien te redden **IV** *phras* ★ ~ **away** verhuizen
shifter ['ʃɪftə] *znw* ❶ draaier ❷ toneelknecht
shifting ['ʃɪftɪŋ] **I** *bn* veranderend, zich verplaatsend ★ ~ *sand* drijfzand ★ *the* ~ *moods of fashion / taste &* de veranderingen in mode, smaak & **II** *znw* verandering, verplaatsing, verhuizing
shift key [ʃɪft ki:] comput *znw* shifttoets ‹op toetsenbord›, hoofdlettertoets
shiftless ['ʃɪftləs] *bn* ❶ onbeholpen ❷ onbekwaam
shifty ['ʃɪftɪ] *bn* ❶ sluw, onbetrouwbaar ❷ ontwijkend ‹antwoord›, schichtig ‹blik›
shilling ['ʃɪlɪŋ] hist *znw* shilling
shilly-shally ['ʃɪlɪʃælɪ] inf *onoverg* weifelen, treuzelen, traineren
shimmer ['ʃɪmə] **I** *znw* glinstering, glans **II** *onoverg* glinsteren, zacht glanzen / schijnen
shimmy ['ʃɪmɪ] **I** *znw* ❶ shimmy ‹ragtimedans› ❷ auto abnormale slingering v.d. voorwielen **II** *onoverg* ❶ de shimmy dansen ❷ auto slingeren ‹v.d. (voor)wielen›
shin [ʃɪn] **I** *znw* ❶ scheen ★ *kick sbd in the ~/~s* iem. tegen de schenen schoppen ❷ schenkel ★ *a* ~ *of beef* een runderschenkel, schenkelvlees **II** *onoverg* klauteren, klimmen ★ ~ *down a rope* zich langs een touw naar beneden laten glijden ★ ~ *up a tree* klimmen in, opklimmen tegen een boom
shin bone ['ʃɪnbəʊn] *znw* scheenbeen
shindig ['ʃɪndɪg] inf *znw* ❶ feestje ❷ heibel, tumult, herrie
shindy ['ʃɪndɪ] inf *znw* herrie, relletje, ruzie ★ *kick up a* ~ herrie maken
shine [ʃaɪn] **I** *znw* ❶ zonneschijn ❷ glans ★ *take the* ~ *off sth* de aardigheid van iets wegnemen, iets van zijn glans beroven ★ *the* ~ *began to wear off* het nieuwtje ging er af ❸ schijnsel, licht ▾ inf *take a* ~ *to sbd / sth* iem. / iets meteen leuk vinden **II** *overg* [shone/shined, shone/shined] ❶ laten schijnen ❷ doen glimmen / blinken, blank schuren ❸ poetsen ‹schoenen› **III** *onoverg* [shone/shined, shone/shined] schijnen, glimmen, blinken, stralen, schitteren (van *with*), uitblinken **IV** *phras* ★ ~ **at** *sth*

uitmunten in iets ★ ~ **out** helder uitkomen ★ ~ **through** doorheenschijnen, <u>fig</u> duidelijk zijn

shiner ['ʃaɪnə] <u>inf</u> *znw* blauw oog

shingle ['ʃɪŋgl] **I** *znw* ❶ dakspaan ❷ grind, kiezelsteen ❸ <u>gedat</u> 'jongenskop' ‹haardracht› **II** *overg* ❶ met dakspanen dekken ❷ <u>gedat</u> kort knippen

shingles ['ʃɪŋglz] <u>med</u> *znw* [*mv*] gordelroos

shingly ['ʃɪŋglɪ] *bn* vol kiezel(s)

shin guard [ʃɪn gɑːd] *znw* scheenbeschermer

shining ['ʃaɪnɪŋ] *bn* ❶ schijnend, glanzend ❷ <u>fig</u> schitterend ★ *a ~ example* een lichtend voorbeeld

shin pad [ʃɪn pæd] *znw* scheenbeschermer

shinty ['ʃɪntɪ] <u>Am</u> *znw* shinty ‹soort hockey›, shintystick

shiny ['ʃaɪnɪ] *bn* glimmend, blinkend

ship [ʃɪp] **I** *znw* schip ★ *when one's ~ comes in / home* als het schip met geld binnenkomt ★ *run a tight ~* de touwtjes stevig in handen hebben **II** *overg* ❶ aan boord nemen / hebben ★ ~ *the oars* de riemen inhalen, binnen (ook: buiten) boord leggen ★ ~ *water* een golf water binnenkrijgen ‹v.e. schip› ❷ verschepen, per schip verzenden, transporteren ‹in het algemeen› **III** *onoverg* ❶ per schip reizen, op een schip werken ❷ op de markt komen **IV** *phras* ★ ~ *sth* **off** iets verschepen ★ <u>inf</u> ~ *sbd* **off** iem. ergens heensturen

shipboard ['ʃɪpbɔːd] *znw* ★ **on** ~ aan boord

ship breaker [ʃɪp 'breɪkə], **shipbreaker** *znw* scheepssloper

shipbroker ['ʃɪpbrəʊkə] *znw* ❶ scheepsmakelaar ❷ cargadoor

shipbuilder ['ʃɪpbɪldə] *znw* scheepsbouwer

shipbuilding ['ʃɪpbɪldɪŋ] *znw* scheepsbouw ★ *a ~ yard* een scheepstimmerwerf

ship canal [ʃɪp kə'næl] *znw* scheepvaartkanaal

ship chandler [ʃɪp 'tʃɑːndlə] *znw* scheepsuitruster

shipload ['ʃɪpləʊd] *znw* scheepsvracht, -lading

shipmaster ['ʃɪpmɑːstə] *znw* ❶ kapitein op een koopvaardijschip ❷ reder

shipmate ['ʃɪpmeɪt] *znw* scheepskameraad, medeopvarende

shipment ['ʃɪpmənt] *znw* ❶ verscheping, verzending ❷ zending, lading ★ *a ~ of arms / weapons* een lading wapens

ship of the desert [ʃɪp əv ðə 'dezət] *znw* het schip der woestijn, kameel

ship of the line [ʃɪp əv ðə 'laɪn] <u>hist</u> *znw* linieschip

shipowner ['ʃɪpəʊnə] *znw* reder

shipper ['ʃɪpə] *znw* verscheper, aflader, exporteur

shipping ['ʃɪpɪŋ] *znw* ❶ in-, verscheping ❷ schepen ‹v. land, haven &› ❸ scheepvaart ★ *the* ~ *news* de scheepsberichten, de scheepvaartberichten

shipping agent ['ʃɪpɪŋ 'eɪdʒənt] *znw* expediteur

shipping and handling ['ʃɪpɪŋ ən 'hændlɪŋ] <u>Am</u> *znw* verzending en verpakking ‹kosten›

shipping bill ['ʃɪpɪŋ bɪl] *znw* ladinglijst, laadbrief, carga

shipping charges ['ʃɪpɪŋ 'tʃɑːdʒɪz] *znw* [*mv*] inladingskosten

shipping clerk ['ʃɪpɪŋ klɑːk] *znw* expeditieklerk

shipping department ['ʃɪpɪŋ dɪ'pɑːtmənt] *znw* expeditieafdeling

shipping exchange ['ʃɪpɪŋ ɪks'tʃeɪndʒ] *znw* scheepvaartbeurs

shipping note ['ʃɪpɪŋ nəʊt] *znw* inladingsbewijs

shipping office ['ʃɪpɪŋ 'ɒfɪs] *znw* cargadoorskantoor, bevrachtingskantoor

shipshape ['ʃɪpʃeɪp] *bn* (keurig) in orde, in de puntjes, netjes

shipway ['ʃɪpweɪ] *znw* scheepshelling

shipwreck ['ʃɪprek] **I** *znw* schipbreuk **II** *overg* doen schipbreuk lijden, doen stranden ★ *be ~ed* schipbreuk lijden ★ *the ~ed crew* de schipbreukelingen

shipwright ['ʃɪpraɪt] *znw* scheepsbouwer, scheepstimmerman

shipyard ['ʃɪpjɑːd] *znw* scheepstimmerwerf

shire ['ʃaɪə] *znw* graafschap

shire county ['ʃaɪə 'kaʊntɪ] *znw* plattelandsgraafschap

shire horse ['ʃaɪə hɔːs] *znw* shire ‹Engels trekpaardenras›

shirk [ʃɜːk] **I** *overg* verzuimen, ontduiken, ontwijken, zich onttrekken aan ‹zijn plicht› **II** *onoverg* lijntrekken

shirker ['ʃɜːkə] *znw* lijntrekker

shirr [ʃɜː] **I** *znw* ❶ elastiekdraad, in stof meegeweven, elastisch weefsel, plooisel, rimpeling ‹v. stof› ❷ geluid van een krekel **II** *overg* plooien, rimpelen

shirt [ʃɜːt] *znw* (over)hemd, blouse ★ <u>inf</u> *put one's ~ on sth* er alles onder verwedden ★ <u>inf</u> *lose one's ~* alles kwijt raken ★ *keep your ~ on!* maak je niet dik!

shirt front ['ʃɜːtfrʌnt] *znw* frontje

shirting ['ʃɜːtɪŋ] *znw* shirting, hemdenkatoen

shirtsleeve ['ʃɜːtsliːv] *znw* (meestal *mv*) hemdsmouw(en) ★ *in one's* ~s in hemdsmouwen

shirt sponsoring ['ʃɜːt 'spɒnsərɪŋ] *znw* shirtsponsoring ‹sponsornamen op sportshirts›

shirttail ['ʃɜːteɪl] *znw* slip van hemd ★ *in* ~s in zijn / mijn / ons & hemd

shirtwaist ['ʃɜːtweɪst] <u>Am</u> *znw* overhemdblouse

shirty ['ʃɜːtɪ] <u>inf</u> *bn* nijdig, woest

shish kebab ['ʃɪʃkɪbæb] *znw* sis kebab

shit [ʃɪt] <u>vulg</u> **I** *tsw* shit!, verdomme! **II** *znw* ❶ stront, drol ★ *be in the* ~ in de problemen zitten ★ *be up* ~ *creek (without a paddle, in a barbed-wire canoe)* lelijk in de knel zitten ★ *beat the (living)* ~ *out of sbd* iem. een ongenadig pak op zijn sodemieter geven ★ <u>Aus & NZ</u> *give sbd the* ~s iem. kwaad maken, irriteren ★ *not give a* ~ *about sth* schijt hebben aan iets ★ *when the* ~ *hits the fan* als het bekend / openbaar wordt ‹een schandaal›, als de pleuris uitbreekt ❷ klootzak ❸ bullshit, gelul ★ *no* ~ echt waar ❹ rotzooi, troep, slecht spul ★ *get one's* ~ *together* orde op zaken stellen ❺ cannabis ▼ <u>Am</u> *not know* ~ niks weten **III** *overg* [shitted/shit/shat, shitted/shit/shat] schijten ★ *be* ~*ting bricks* het in zijn broek doen van de zenuwen / van angst ★ ~ *oneself* het in zijn broek doen (van angst) **IV** *onoverg* [shitted/shit/shat, shitted/shit/shat] schijten

shit-faced ['ʃɪt-feɪst] *vulg bn* bezopen, dronken, onder de invloed van drugs

shit hot [ʃɪt hɒt] *vulg bn* fantastisch, beregoed

shithouse ['ʃɪthaʊs] *vulg* **I** *bn* slecht, minderwaardig, van slechte kwaliteit **II** *znw* WC, schijthuis ★ *he's built like a brick* ~ hij is een beer van een vent

shitless ['ʃɪtləs] *vulg bijw* ★ *be bored* ~ zich stierlijk vervelend ★ *be scared* ~ het in zijn broek doen van angst

shitload ['ʃɪtləʊd] *vulg znw* een heleboel

shits [ʃɪts] *vulg znw* [mv] ★ *the* ~ de schijterij, diarree ★ *you give me the* ~ ik word niet goed van je, je hangt me de keel uit

shit stirrer [ʃɪt 'stɜ:rə] *vulg znw* ruziezoeker, onruststoker

shitty ['ʃəti] *vulg bn* ❶ lullig, vervelend ❷ besmeurd met poep

shitwork ['ʃɪtwɜ:k] *vulg znw* vervelend werk

shiver ['ʃɪvə] **I** *znw* ❶ (koude) rilling, siddering, huivering ★ *break into* ~s aan gruzelementen vallen, beginnen te bibberen van angst ★ *inf give sbd the* ~s iem. doen rillen ★ *send* ~s *of fear down sbd's spine* iem. de koude rillingen bezorgen ❷ splinter, scherf, schilfer **II** *overg* versplinteren, verbrijzelen, aan gruzelementen slaan ★ *inf* ~ *my timbers!* duizend bommen en granaten! ‹bastaardvloek toegeschreven aan matrozen› **III** *onoverg* ❶ rillen, sidderen, huiveren ★ ~ *with fear* sidderen van angst ❷ aan gruzelementen vallen, versplinteren

shivery ['ʃɪvərɪ] *bn* rillerig, beverig, huiverig

shoal [ʃəʊl] **I** *znw* ❶ school ‹vissen› ❷ menigte, hoop ★ *fig* ~s *of sth* veel van iets ★ *get into* ~s *of trouble* in grote moeilijkheden verzeild raken ❸ ondiepte, zandbank **II** *onoverg* (samen)scholen

shoaly ['ʃəʊlɪ] *Am of dial bn* ondiep, vol zandplaten

shock [ʃɒk] **I** *znw* ❶ aardschok ❷ schok, schrik, (onaangename) verrassing, slag ★ *inf it's a* ~ *to the system* het is wel even wennen ★ *inf get the* ~ *of one's life* de schok van zijn leven krijgen ❸ *med* shock ❹ flinke / ruige bos haar ★ *a* ~ *of hair* een flinke / ruige bos haar, wilde haardos **II** *overg* ❶ schokken, een schok geven ❷ ontzetten ❸ aanstoot geven, ergeren ★ *be* ~*ed at sbd / sth* aanstoot nemen aan iem. / iets, zich ergeren over iem. / iets

shock absorber ['ʃɒk əb'sɔ:bə] *znw* schokbreker

shocker ['ʃɒkə] *inf znw* ❶ sensatieroman ❷ iets heel ergs, hopeloos geval, onmogelijk iemand

shock-headed [ʃɒk'hedɪd] *bn* met een ruige bos haar

shock-horror [ʃɒk-'hɒrə] *bn* uiterst schokkend

shocking ['ʃɒkɪŋ] *bn* ❶ stuitend, ergerlijk ❷ afgrijselijk, gruwelijk

shockingly ['ʃɒkɪŋlɪ] *bijw* ❶ schandalig, schandelijk ❷ afschuwelijk, vreselijk

shocking pink ['ʃɒkɪŋ pɪŋk] *znw* zuurstokroze

shock jock [ʃɒk dʒɒk] *inf znw* diskjockey die bewust

choqueert ‹door beledigend of provocerend te zijn›

shock-proof ['ʃɒkpru:f] *bn* ❶ schokbestendig, shockproof ❷ *fig* onverstoorbaar

shock tactics [ʃɒk 'tæktɪks] *znw* [mv] overrompelingstactiek

shock therapy [ʃɒk 'θerəpɪ], **shock treatment** *znw* shocktherapie

shock troops [ʃɒk 'tru:pʃɪp] *znw* [mv] stoottroepen

shock wave [ʃɒk weɪv] *znw* schokgolf

shod [ʃɒd] *ww* [v.t. & v.d.] → **shoe**

shoddy ['ʃɒdɪ] *bn* van slechte kwaliteit, flut-, prullig, ondeugdelijk

shoe [ʃu:] **I** *znw* ❶ schoen ★ *inf that's where the* ~ *pinches* daar wringt hem de schoen ★ *I wouldn't be in your* ~s *for anything* ik zou niet graag in uw plaats zijn ★ *put oneself into sbd's shoes* zich in iemands positie verplaatsen ★ *shake in one's* ~s bibberen van angst ★ *step into / fill sbd's* ~s iem. opvolgen ★ *inf that's another pair of* ~s dat is andere koek ★ *Am inf wait for the other* ~ *to drop* de volgende ontwikkeling afwachten ★ *Am zegsw if the* ~ *fits, wear it* als de schoen past trek hem aan ❷ hoefijzer ❸ remschoen ❹ beslag **II** *overg* [shod, shod] ❶ schoeien ❷ beslaan

shoeblack ['ʃu:blæk] *znw* schoenpoetser

shoebox ['ʃu:bɒks] *znw* schoenendoos

shoehorn ['ʃu:hɔ:n] *znw* schoenlepel

shoelace ['ʃu:leɪs] *znw* schoenveter

shoemaker ['ʃu:meɪkə] *znw* schoenmaker

shoe polish [ʃu: 'pɒlɪʃ] *znw* schoensmeer

shoeshine ['ʃu:ʃaɪn] *znw* ❶ poetsbeurt ❷ *Am* schoensmeer

shoestring ['ʃu:strɪŋ] *znw* ❶ schoenveter ❷ *fig* smalle basis, klein budget ★ *a* ~ *budget* een heel klein budget ★ *a* ~ *majority* een krappe meerderheid ★ *on a* ~ met / voor heel weinig geld

shoetree ['ʃu:tri:] *znw* schoenspanner

shone [ʃɒn] *ww* [v.t. & v.d.] → **shine**

shoo [ʃu:] **I** *tsw* sh!, ksh! **II** *overg* wegjagen (ook: ~ *away*)

shoo-in ['ʃu:ɪn] *Am inf znw* gedoodverfde winnaar

shook [ʃʊk] *ww* [v.t.] → **shake**

shoot [ʃu:t] **I** *znw* ❶ schoot, scheut ❷ schietwedstrijd, jacht(partij), schietpartij ❸ fotosessie ★ *a film* ~ een filmsessie ▼ *inf the whole* ~ de hele zooi, de hele rataplan **II** *overg* [shot, shot] ❶ (af)schieten, afvuren ★ *fig* ~ *oneself in the foot* het erger maken voor zichzelf ❷ neerschieten, doodschieten, fusilleren ★ ~ *sbd dead* iem. doodschieten ❸ plotseling verplaatsen, wegschieten ★ ~ *the bolt* de grendel voorschuiven / wegschuiven ★ *fig have shot one's bolt* al zijn kruit verschoten hebben ★ ~ *the lights* door het rode stoplicht rijden ❹ (uit)werpen, uitgooien ★ ~ *a glance at sbd / sth* een vluchtige blik op iem. / iets werpen ★ *Br inf* ~ *a line* opscheppen ❺ (op)nemen, fotograferen ❻ *inf* spuiten, injecteren ‹drugs &› **III** *onoverg* [shot, shot] ❶ schieten ★ ~ *from the hip* vanuit de heup schieten, *fig* reageren zonder na te denken ★ ~ *on sight* schieten zonder waarschuwing ★ ~ *to kill / maim* schieten om te doden / verwonden ★ sp ~ *at goal* op het doel schieten ❷ jagen ❸ scheren ❹ verschieten ‹sterren› ★ ~ *across the sky* langs de hemel schieten ❺ steken ‹v. pijn› ❻ ontspruiten, uitlopen ▼ *inf* ~*!* zeg het maar!, begin maar! **IV** *phras* ★ ~ **ahead** vooruitschieten ★ ~ **ahead of** *sbd / sth* iem. / iets voorbijschieten ★ ~ **along** vooruitschieten ★ Am ~ **at** / **for** *sth* iets proberen te doen ★ ~ **away** er op los schieten, wegschieten, als een speer ervandoor gaan ★ ~ *sth* **back** iets terugschuiven, onmiddellijk iets terugzeggen ★ *inf* ~ *sbd / sth* **down** *(in flames)* iem. / iets neerschieten ★ ~ **off** er vandoor gaan ★ *inf* ~ *one's mouth* **off** kletsen, z'n mond voorbijpraten ★ *inf* ~ **off about** *sth* opscheppen over iets ★ ~ **out** uitsteken ‹rotsen &› ★ ~ *sth* **out** naar buiten schieten, iets uitwerpen, (er) uitgooien ★ *inf* ~ *it out* het uitvechten met de revolver ★ Aus & NZ *inf* ~ **through** er vandoor gaan ★ ~ **up** de hoogte in gaan ‹ook v. prijzen›, de hoogte in schieten ‹bij het groeien›, *inf* spuiten ‹drugs› ★ ~ *sbd / sth* **up** iem. / iets terroriseren (door schietpartijen &), hevig vuren op iem. / iets

shooter ['ʃuːtə] *znw* ❶ schutter ❷ *inf* schietijzer ❸ borrel

shooting ['ʃuːtɪŋ] **I** *bn* ❶ schietend ★ ~ *beams of light* flitsende lichtstralen ❷ jacht ★ *a* ~ *party* een jachtgezelschap **II** *znw* ❶ schieten, schietpartij ❷ jacht ★ *go* ~ op jacht gaan ❸ moord ‹met vuurwapen›, executie ‹met vuurwapen›

shooting box ['ʃuːtɪŋ bɒks] *znw* jachthuis, jachthut

shooting gallery ['ʃuːtɪŋ 'gæləri] *znw* ❶ schiettent, -salon ❷ schietbaan, schietlokaal

shooting iron ['ʃuːtɪŋ 'aɪən] Am *inf znw* vuurwapen

shooting licence ['ʃuːtɪŋ 'laɪsəns], Am **shooting license** *znw* jachtakte

shooting match ['ʃuːtɪŋ mætʃ] *znw* schietwedstrijd, prijsschieten

shooting pains ['ʃuːtɪŋ 'peɪnz] *znw* [mv] pijnscheuten

shooting range ['ʃuːtɪŋ reɪndʒ] *znw* schietbaan

shooting star ['ʃuːtɪŋ stɑː] *znw* verschietende / vallende ster

shooting stick ['ʃuːtɪŋ stɪk] *znw* zitstok

shoot-out ['ʃuːtaʊt] *znw* ❶ vuurgevecht, duel, schietpartij ❷ voetbal strafschoppen ‹beslissing na gelijkspel›

shop [ʃɒp] **I** *tsw* volk! **II** *znw* ❶ winkel ★ *keep* ~ op de winkel passen ★ *shut up* ~ (de winkel) sluiten, fig zijn zaken aan de kant doen ★ *talk* ~ over het vak praten ★ *inf you've come to the wrong* ~ je bent aan het verkeerde adres ❷ werkplaats, atelier ▼ *inf all over the* ~ overal, helemaal in de war, de kluts kwijt **III** *overg* Br *inf* verlinken **IV** *onoverg* winkelen, boodschappen (inkopen) doen **V** *phras* ★ ~ **around** prijsbewust winkelen, prijzen vergelijken, fig zich goed oriënteren (alvorens een beslissing te nemen), rondkijken

shopaholic [ʃɒpə'hɒlɪk] *inf* **I** *bn* koopziek **II** *znw*

koopziek persoon

shop assistant [ʃɒp ə'sɪstnt] *znw* winkelbediende, -juffrouw, verkoper, verkoopster

shop floor [ʃɒp'flɔː] *znw* fabriekshal, werkvloer ★ *on the* ~ op de werkvloer, onder de arbeiders

shopfront ['ʃɒpfrʌnt] *znw* winkelpui

shop-gazing ['ʃɒp-geɪzɪŋ] *onoverg* ★ *go* ~ winkels kijken

shop girl [ʃɒp gɜːl] *znw* winkeljuffrouw

shopkeeper ['ʃɒpkiːpə] *znw* winkelier

shoplifter ['ʃɒplɪftə] *znw* winkeldief

shoplifting ['ʃɒplɪftɪŋ] *znw* winkeldiefstal

shopman ['ʃɒpmən] *znw* ❶ winkelier ❷ winkelbediende ❸ monteur ‹in werkplaats›

shopper ['ʃɒpə] *znw* winkelbezoeker, klant

shopping ['ʃɒpɪŋ] *znw* ❶ winkelen, winkelbezoek ❷ boodschappen ★ *do one's* ~ (gaan) winkelen, boodschappen / inkopen doen

shopping arcade ['ʃɒpɪŋ ɑː'keɪd] *znw* overdekte winkelgalerij

shopping bag ['ʃɒpɪŋ bæg] *znw* boodschappentas

shopping basket ['ʃɒpɪŋ 'bɑːskɪt] *znw* boodschappenmandje

shopping cart ['ʃɒpɪŋ kɑːt], **shopping trolley** *znw* winkelwagentje

shopping centre ['ʃɒpɪŋ 'sentə] *znw* winkelcentrum

shopping list ['ʃɒpɪŋ lɪst] *znw* boodschappenlijstje

shopping spree ['ʃɒpɪŋ spriː] *znw* aanval van koopwoede

shopping trolley ['ʃɒpɪŋ 'trɒli] *znw* → **shopping cart**

shopsoiled ['ʃɒpsɔɪld], **shopworn** *bn* verkleurd, smoezelig ‹door te lang in de winkel liggen›

shop steward [ʃɒp 'stjuːəd] *znw* vakbondsvertegenwoordiger ‹in een bedrijf›

shop talk [ʃɒp tɔːk] *znw* gepraat over het werk, vakjargon

shopwalker ['ʃɒp'wɔːkə] Br *gedat znw* afdelingschef

shop window [ʃɒp 'wɪndəʊ] *znw* etalage(ruit)

shopworn ['ʃɒpwɔːn] *bn* → **shopsoiled**

shore [ʃɔː] **I** *znw* ❶ kust, strand, oever, wal ★ *on* ~ aan land ❷ schoor, stut **II** *phras* ★ ~ *sth* **up** iets stutten, steunen, iets ondersteunen / verbeteren ‹systeem, organisatie› **III** *ww* [v.t.] → **shear**

shore leave [ʃɔ liːv] *znw* verlof om te passagieren

shoreline ['ʃɔːlaɪn] *znw* kust

shoreward ['ʃɔːwəd] **I** *bn* landwaarts **II** *bijw*, **shorewards** landwaarts

shorn [ʃɔːn] *ww* [v.d.] → **shear**

short [ʃɔːt] **I** *bn* ❶ kort, te kort ★ *keep sth* ~ iets kort houden ★ ~ *and sweet* kort maar krachtig ★ *a* ~ *hour* een klein uur, een uurtje ★ *at* ~ *notice* zonder veel voorbereidingstijd ★ Am *in* ~ *order* meteen ★ *in the* ~ *term / run* op korte termijn ★ *inf get the* ~ *end of the stick* tekort gedaan worden ★ *make* ~ *work of sbd / sth* korte metten maken met iem. / iets ❷ kortaf, bits, droog ‹karakter› ★ *be* ~ *with sbd* stroef zijn tegenover iem. ❸ klein ‹gestalte› ❹ bros ‹gebak› ❺ puur ‹dranken›, niet met water aangelengd ❺ beknopt ★ *a ~ version* een ingekorte versie ★ *Bill is ~ for William* Bill is een verkorting van William ❼ krap, karig, te weinig ★ *~ measure* ondergewicht ★ *be in ~ supply* schaars zijn ★ inf *not be ~ of a bob (or two)* goed in de slappe was zitten ★ *be ~ of breath* kortademig zijn ★ *be ~ of money* niet goed bij kas zijn ★ *be ~ of time* tijd te kort komen ★ *be ~ on patience / humour &* weinig geduld / humor hebben ❚❚ *bijw* ❶ te kort, niet genoeg, niet ver genoeg ★ *run ~ of sth* door iets heen raken ⟨tijd, geld, &⟩ ★ *cut sth ~* iets af-, onderbreken, iets bekorten ★ *cut sbd ~* iem. onderbreken ★ *go ~* te kort hebben (aan *of*) ★ *stop ~ of sth* terugdeinzen voor iets ★ *he stopped ~ of calling him a liar* hij noemde hem net geen leugenaar ★ *come / fall ~ of sth* minder zijn dan, tekortschieten in iets ❷ plotseling ★ *be caught / taken ~* in een ongunstige situatie belanden, Br inf nodig naar de WC moeten ★ *bring / pull sbd up ~* iem. in de rede vallen, iem. plotseling tegenhouden ★ *stop ~* plotseling blijven stilstaan, ophouden, blijven steken ▼ *it's nothing ~ of a miracle / of marvellous* het grenst aan het wonderbaarlijke ▼ *~ of going to war, nothing is likely to change the situation* er is niets dat de situatie zal veranderen, behalve misschien een oorlog ❚❚❚ *znw* ❶ kortheid, het korte ★ *for ~* kortheidshalve ★ *in ~* in het kort, kortom ★ inf *get sbd by the ~ and curlies* iemand krijgen waar je hem wilt hebben ❷ alcoholisch aperitief ❸ kortsluiting ❹ korte film, bijfilm

shortage ['ʃɔ:tɪdʒ] *znw* tekort, schaarste, nood
short back and sides ['ʃɔ:t bæk ən 'saɪdz] *znw* van achter en de zijkanten kort ⟨herenkapsel⟩
shortbread ['ʃɔ:tbred] *znw* bros gebak, sprits
shortcake ['ʃɔ:tkeɪk] *znw* gebak met vruchten en room
short-change [ʃɔ:t-'tʃeɪndʒ] *overg* ❶ te weinig geld teruggeven ★ *I was ~d at the grocery store* ik heb te weinig wisselgeld gekregen bij de kruidenier ❷ fig te kort doen, afzetten ★ *the workers are starting to feel ~d by management* de arbeiders krijgen het gevoel dat ze door de directie worden bedonderd
short circuit [ʃɔ:t 'sɜ:kɪt] elektr *znw* kortsluiting
short-circuit [ʃɔ:t-'sɜ:kɪt] ❚ *overg* ❶ kortsluiting veroorzaken in ❷ fig bekorten ❚❚ *onoverg* kortsluiting veroorzaken
short-circuiting [ʃɔ:t-'sɜ:kɪtɪŋ] elektr *znw* kortsluiting
shortcoming ['ʃɔ:tkʌmɪŋ] *znw* (meestal *mv*) tekortkoming
short corner [ʃɔ:t 'kɔ:nə] sp *znw* korte hoekslag ⟨hockey⟩
shortcrust ['ʃɔ:tkrʌst], **shortcrust pastry**, **short pastry** *znw* kruimeldeeg
shortcut ['ʃɔ:tkʌt] *znw* kortere weg, fig eenvoudiger manier ★ *take a ~* een kortere weg nemen, een eenvoudiger manier kiezen om iets te doen
short-dated ['ʃɔ:tdeɪtɪd] handel *bn* kortzicht- ⟨wissel⟩
shorten ['ʃɔ:tn] ❚ *overg* korter maken, (be-, ver)korten, verminderen, beperken ★ *his holidays have been ~ed*

by a week zijn vakantie is een week ingekort ❚❚ *onoverg* kort(er) worden, korten, afnemen
shortening ['ʃɔ:tənɪŋ] *znw* vet voor bros gebak
shortfall ['ʃɔ:tfɔ:l] *znw* tekort, deficit ★ *a budgetary ~* een begrotingstekort
short-fused [ʃɔ:t-'fju:zd] inf *bn* heetgebakerd
shorthand ['ʃɔ:thænd] ❚ *bn* stenografisch ❚❚ *znw* stenografie, kort-, snelschrift ★ *in ~* stenografisch ★ *write ~* stenograferen
short-handed [ʃɔ:t'hændɪd] *bn* met te weinig personeel
shorthand typist ['ʃɔ:thænd 'taɪpɪst] *znw* stenotypist(e)
shorthand writer ['ʃɔ:thænd 'raɪtə] *znw* stenograaf
short haul [ʃɔ:t hɔ:l] *bn* over korte afstand
short head [ʃɔ:t hed] *znw* minder dan een hoofdlengte ⟨de marge waarmee een paardenrace gewonnen kan worden⟩
shortie ['ʃɔ:tɪ] *znw* → **shorty**
shortish ['ʃɔ:tɪʃ] *bn* ietwat kort, krap, klein
shortlist ['ʃɔ:tlɪst] ❚ *znw* voordracht ❚❚ *overg* op de voordracht plaatsen ★ *the book has been ~ed for the Booker Prize* het boek is op de lijst geplaatst voor de Booker prijs
short-lived [ʃɔ:t-'lɪvd] *bn* kortstondig, van korte duur
shortly ['ʃɔ:tlɪ] *bijw* ❶ kort (daarop) ❷ binnenkort, weldra, spoedig ❸ kortaf
shortness ['ʃɔ:tnəs] *znw* ❶ kortheid, tekort ★ *~ of breath* kortademigheid ★ *~ of money* geldgebrek ❷ geringe lichaamslengte
short pastry [ʃɔ:t 'peɪstrɪ] *znw* → **shortcrust**
short-range [ʃɔ:t'reɪndʒ] *bn* korteafstands-
shorts [ʃɔ:ts] *znw* [mv] korte broek
short-set [ʃɔ:t-'set] *bn* gezet, gedrongen
short-sighted [ʃɔ:t'saɪtɪd] *bn* ❶ bijziend ❷ kortzichtig
short-spoken [ʃɔ:t-'spəʊkən] *bn* kortaf, kort van stof, kort aangebonden
short-staffed [ʃɔ:t-'sta:ft] *bn* met te weinig personeel, een personeelstekort hebbend
short story [ʃɔ:t 'stɔ:rɪ] *znw* kort verhaal
short-tempered [ʃɔ:t-'tempəd] *bn* kort aangebonden, driftig, heetgebakerd
short-term [ʃɔ:t'tɜ:m] *bn* ❶ op korte termijn ❷ voor korte tijd
short-term credit [ʃɔ:t'tɜ:m 'kredɪt] *znw* kortlopend krediet
short-termism [ʃɔ:t-'tɜ:mɪzəm] *znw* kortetermijndenken
short-term planning [ʃɔ:t'tɜ:m 'plænɪŋ] *znw* kortetermijnplanning
short time [ʃɔ:t taɪm] Br *znw* werktijdverkorting
short view [ʃɔ:t vju:] *znw* kortetermijnoverzicht
short wave [ʃɔ:t weɪv] *bn* kortegolf-
short-winded [ʃɔ:t'wɪndɪd] *bn* kortademig
shorty ['ʃɔ:tɪ], **shortie** inf *znw* kleintje, onderdeurtje
shot [ʃɒt] ❚ *znw* ❶ schot ★ *take a ~ at sth* op iets schieten ★ *he's a good / bad ~* hij is een goede / slechte schutter ★ inf *a ~ in the dark* een gissing, een gok in het wilde weg ★ *like a ~* als de wind, op

sh

slag, direct ★ fig *the opening ~s have been fired* de eerste aanvallen zijn geopend ‹in debat &› ❷ biljart stoot ❸ slag ‹bij tennis›, worp ‹bij cricket› ★ *good ~!* goed gespeeld!, goed schot! ★ *a winning ~* een winnende slag ★ *he took a ~ at goal* hij schoot op doel ❹ schroot, kogel(s), hagel ❺ (scherp)schutter ❻ gissing, poging ★ *have / make a ~ at sth* het ook eens proberen, er ook een gooi naar doen ★ *I'll give it my best ~* ik zal mijn uiterste best doen ❼ opname, kiekje ❽ inf injectie ‹drugs &›, spuit, shot ★ *a ~ in the arm* een stimulans ❾ inf borrel ★ *a ~ of gin* een glas gin ❿ opmerking ★ *he made a ~ about her always being late* hij maakte er een opmerking over dat ze altijd te laat kwam ▼ Br inf *get ~ of sbd* zich ontdoen van iem., iem. kwijtraken **II** *ww* [v.t. & v.d.] → shoot

shot glass [ʃɒt glɑːs] *znw* borrelglaasje
shotgun [ˈʃɒtɡʌn] *znw* jachtgeweer
shotgun marriage [ˈʃɒtɡʌn ˈmærɪdʒ], **shotgun wedding** scherts *znw* gedwongen huwelijk
shot put [ˈʃɒtpʊt] *znw* kogelstoten
shot putter [ˈʃɒtpʊtə] *znw* kogelstoter
shot silk [ʃɒt sɪlk] *znw* changeantzijde
shot tower [ʃɒt taʊə] hist *znw* toren voor de fabricage van hagel
should [ʃʊd] *ww* [v.t.] ❶ moet(en) ★ *you ~ be ashamed of yourself* je moet je schamen ★ *she should have been more careful* ze had voorzichtiger moeten zijn ❷ mocht(en) ★ *~ you wish to receive a copy...* mocht u een exemplaar willen ontvangen ❸ zou(den), wil(len) ★ *why ~ I?* waarom zou ik? ★ *how ~ I know?* hoe zou ik dat moeten weten? ★ *I ~ like to thank you all* ik wil jullie allemaal bedanken ★ *'does he know anything about it?' 'I ~ think so!'* 'weet hij er iets van?' 'nou en of!' ★ *'go on holidays with your boyfriend?' 'I ~ think not!'* 'op vakantie met je vriendje?' 'geen sprake van!' ▼ *...and who ~ I see but Aunt Emma!* ...en wie dacht je dat ik zag? tante Emma! ▼ *...and what ~ he do but fall in love with her!* ...en laat hij nou verliefd op haar worden!
shoulder [ˈʃəʊldə] **I** *znw* ❶ schouder, schouderstuk ★ *give / show sbd the cold ~* iem. met de nek aanzien, negeren ★ *have broad ~s* een brede rug hebben ★ *put / set one's ~ to the wheel* zijn schouders onder iets zetten, de handen uit de mouwen steken ★ *stand ~ to ~* schouder aan schouder staan ❷ berm **II** *overg* ❶ op de schouders nemen ★ *mil ~ arms!* schouder 't geweer! ❷ op zich nemen ❸ met de schouder duwen, (ver)dringen **III** *onoverg* duwen ★ *he ~ed through the crowd* hij drong zich door de menigte naar voren
shoulder bag [ˈʃəʊldə bæɡ] *znw* schoudertas
shoulder blade [ˈʃəʊldəbleɪd] *znw* schouderblad
shoulder charge [ˈʃəʊldə tʃɑːdʒ] *znw* schouderduw ‹bij voetbal›
shoulder-high [ʃəʊldə-ˈhaɪ] *bn* ★ *carry sbd ~* iem. op de schouders nemen / ronddragen
shoulder holster [ˈʃəʊldə ˈhəʊlstə] *znw*

schouderholster
shoulder-length [ˈʃəʊldə-leŋθ] *bn* schouderlang
shoulder pad [ˈʃəʊldə pæd] *znw* schoudervulling
shoulder season [ˈʃəʊldə ˈsiːzən] *znw* voor- en naseizoen ‹de periodes tussen hoog- en laagseizoen in›
shoulder strap [ˈʃəʊldəstræp] *znw* ❶ mil schouderbedekking ❷ schouderklep ❸ schouderbandje ‹aan hemd› ❹ draagriem
shouldn't [ˈʃʊdnt] *samentr* (should not) → should
should've [ˈʃʊdv] *samentr* (should have) had(den) gemoeten
shout [ʃaʊt] **I** *znw* ❶ geroep, gejuich, schreeuw, kreet ★ *give sbd a ~* (naar) iem. roepen ❷ inf traktatie ★ inf *it's my ~* ik trakteer, ik geef een rondje **II** *overg* uitroepen (ook: *~ out*), hard toeroepen ★ *~ oneself hoarse* zich schor schreeuwen **III** *onoverg* ❶ roepen, juichen ❷ schreeuwen ★ inf *it's nothing to ~ about* het is niets om over naar huis te schrijven ★ inf *this is really something to ~ about* dit is echt iets fantastisch ★ *~ at sbd* schreeuwen tegen iem., iem. naroepen ★ *~ at the top of one's voice* hard schreeuwen ★ *~ for joy* het uitschreeuwen van vreugde ★ *~ with laughter* schaterlachen **IV** *phras* ★ *~ sbd* **down** iem. door schreeuwen beletten verder te spreken, iem. uitjoelen
shouting [ˈʃaʊtɪŋ] *znw* geschreeuw ★ *within ~ distance* binnen gehoorsafstand ★ *it's all over bar / but the ~* het is op een oor na gevild
shouting match [ˈʃaʊtɪŋ mætʃ] *znw* luidruchtige ruzie
shove [ʃʌv] **I** *znw* stoot, duw, duwtje, zet, zetje ★ *give sbd a ~* iem. een duw geven **II** *overg* ❶ stoten, duwen, schuiven ★ *push and ~ one's way through / to sth* met trekken en duwen ergens (doorheen) komen ❷ inf steken, stoppen ★ vulg *~ it!* stop het in je reet! **III** *onoverg* stoten, duwen **IV** *phras* ★ *~ off* van wal steken, afzetten, inf er vandoor gaan, inf ophoepelen ★ *~ sbd* **around** iem. commanderen ★ Br inf *~ up* inschikken
shove-halfpenny [ˈʃʌvˈheɪp(ə)nɪ] *znw* soort sjoelen ‹gespeeld met munten›
shovel [ˈʃʌvəl] **I** *znw* schop **II** *overg* scheppen
shovelful [ˈʃʌvəlfʊl] *znw* schop(vol)
shoveller [ˈʃʌvələ], **shoveler** *znw* slobeend
shovelware [ˈʃʌvəlweə] *znw* shovelware ‹informatie op internet die reeds eerder in gedrukte vorm is verschenen›
show [ʃəʊ] **I** *znw* ❶ vertoon, spektakel, schouwspel ★ *a ~ of force / strength* machtsvertoon ★ *make / put up a good ~* veel vertoon maken, goed uitkomen, heel wat lijken ★ *make / put up a poor ~* een armzalig figuur slaan, helemaal niet uitkomen ❷ vertoning, (toneel)voorstelling, televisieshow ★ *on ~* geëxposeerd, uitgestald, te zien ★ inf *get the ~ on the road* aan de slag gaan ★ zegsw *the ~ must go on* het moet doorgaan ❸ tentoonstelling, beurs ★ *a flower ~* een bloemenbeurs / bloementoonstelling ❹ blijk, teken,

demonstatie ★ *they frown on any ~ of affection* ze keuren elke blijk van genegenheid af ★ *he made no ~ of leaving* hij maakte geen aanstalten om weg te gaan ★ *he makes no ~ of his learning* hij loopt niet met zijn kennis te koop ❺ show, (schone) schijn, uiterlijk ★ *for ~* voor de schijn, voor het oog ★ *he made a ~ of reading it as if for the first time* hij deed voor de schijn alsof hij het voor het eerst las ★ *under a / the ~ of sth* onder het mom van iets ❻ inf onderneming, geschiedenis, zaak, zaakje ★ *run the ~* de dienst uitmaken ★ inf *give away the (whole) ~ / give the (whole) ~ away* de zaak verraden, de boel verklappen ❼ med lichte vaginale bloeding ▼ Br inf gedat *good ~!* bravo! ▼ inf *all over the ~* overal II *overg* [showed, shown] ❶ doen / laten zien, tonen, laten blijken, aan de dag leggen, vertonen, draaien ⟨een film⟩, tentoonstellen ★ *~ one's face* zijn gezicht laten zien, verschijnen ⟨na een misstap⟩ ★ *~ one's cards* open kaart spelen ★ inf *~ a leg* uit (zijn) bed komen ❷ (aan)wijzen, het ⟨iem.⟩ voordoen ★ *~ sbd the door* iem. de deur wijzen ★ *~ the way de weg* wijzen, het voorbeeld geven ❸ aantonen, uit-, bewijzen, betonen ★ jur *~ cause* aantonen, bewijs leveren ★ *~ a desire / willingness to do sth* bereidheid tonen om iets te doen ❹ leiden, brengen ★ *he ~ed her to the door* hij liet haar uit III *onoverg* [showed, shown] ❶ zich (ver)tonen, verschijnen, zichtbaar worden ★ *don't worry, it won't ~* maak je geen zorgen, het zal niet te zien zijn ❷ vertoond worden ★ *now ~ing* nu in de bioscoop, draait nu ❸ komen opdagen ★ *he failed to ~ in court* hij kwam niet opdagen in de rechtszaal ❹ uitkomen ★ *it doesn't ~ well in the photo* het komt niet goed uit in de foto ▼ *he had two silver medals to ~ for his success* zijn succes had hem twee zilveren medailles opgeleverd IV *phras* ★ *~ sbd around / round / over sth* iem. rondleiden, iem. iets laten zien ⟨een gebouw &⟩ ★ *~ sbd in, ~ sbd into the room* iem. binnenlaten ★ *~ off* zich aanstellen, poseren, opscheppen ★ *~ sth off* iets (beter) doen uitkomen, te koop lopen met iets, opscheppen over iets ★ *~ sbd out* iem. uitlaten ★ *~ oneself out* zichzelf uitlaten ★ *~ through* erdoorheen schijnen ★ inf *~ up* zich vertonen, tevoorschijn komen, (goed) uitkomen ★ *~ up badly* een slecht figuur slaan ★ *~ sth up* iets duidelijk doen uitkomen, aan het licht brengen, duidelijk maken ★ inf *~ sbd up* iem. in verlegenheid brengen, iem. ontmaskeren

show-and-tell [ʃəʊ-ən-'tel] onderw znw les waarbij kinderen iets meenemen en erover vertellen

showbill ['ʃəʊbɪl] znw aanplakbiljet, affiche

showbiz ['ʃəʊbɪz] inf znw → **show business**

showboat ['ʃəʊbəʊt] Am znw showboot, drijvend theater

show business ['ʃəʊbɪznɪs], inf **showbiz** znw showbusiness, amusementsbedrijf

showcase ['ʃəʊkeɪs] znw uitstalkast, vitrine ★ *a ~ project* een prestigeproject

showdown ['ʃəʊdaʊn] znw ❶ inf openlijke krachtmeting ❷ beslissende strijd

shower ['ʃaʊə] I znw ❶ (stort)bui, regenbui ❷ douche ❸ fig regen, stortvloed, stroom II *overg* begieten, neer doen komen ★ *~ blessings / praise & upon sbd* overstelpen met zegeningen / lof & ★ *~ sbd with rotten eggs* iem. bestoken met rotte eieren ★ *~ sbd with kisses / gifts &* iem. overladen met kusjes / cadeaus & III *onoverg* ❶ neerstromen, -komen ❷ douchen

shower cabinet ['ʃaʊə 'kæbɪnət] znw douchecel

shower cap ['ʃaʊə kæp] znw douchemuts

shower cubicle ['ʃaʊə 'kju:bɪkl] znw douchecel

shower curtain ['ʃaʊə 'kɜ:tn] znw douchegordijn

shower gel ['ʃaʊə dʒel] znw douchegel

shower head ['ʃaʊə hed] znw douchekop

showerproof ['ʃaʊəpru:f] bn waterafstotend, waterdicht

shower screen ['ʃaʊə skri:n] znw douchescherm

showery ['ʃaʊərɪ] bn regenachtig, buiig

showgirl ['ʃəʊgɜ:l] znw ❶ danseres of zangeres in show of revue ❷ figurante

show house [ʃəʊ haʊs], **show home** znw modelwoning

showily ['ʃəʊɪlɪ] bijw opvallend, opzichtig

showiness ['ʃəʊɪnəs] znw opvallendheid, opzichtigheid

showing ['ʃəʊɪŋ] znw ❶ tonen ❷ vertoning, voorstelling, figuur ★ *put up / give a good / strong ~* een goed figuur slaan ★ *attend a private ~* een besloten voorstelling bijwonen ❸ aanwijzing, bewijs

show jumper [ʃəʊ 'dʒʌmpə] znw springruiter

show jumping [ʃəʊ 'dʒʌmpɪŋ] znw springconcours

showman ['ʃəʊmən] znw ❶ directeur v. circus, revue, variété & ❷ showman

showmanship ['ʃəʊmənʃɪp] znw vertoon, reclame ★ *his ~ is unparalleled* zijn talent is ongeëvenaard

shown [ʃəʊn] ww [v.d.] → **show**

show-off ['ʃəʊɒf] inf znw opschepper

show of hands [ʃəʊ əv 'hændz] znw handopsteken ⟨stemming⟩ ★ *voting was by ~* er werd gestemd bij handopsteken

showpiece ['ʃəʊpi:s] znw ❶ spektakelstuk ❷ pronkstuk

showplace ['ʃəʊpleɪs] znw (toeristische) bezienswaardigheid

show pony [ʃəʊ 'pəʊnɪ] inf znw uitslover

showroom ['ʃəʊru:m] znw modelkamer, toonzaal

show-stopper ['ʃəʊ-stɒpə] inf znw succesnummer

show trial [ʃəʊ 'traɪəl] znw schijnproces, showproces

show window [ʃəʊ 'wɪndəʊ] znw uitstalraam, winkelraam, etalage, vitrine

showy ['ʃəʊɪ] bn ❶ prachtig, opvallend ❷ pronkerig, opzichtig

shrank [ʃræŋk] ww [v.t.] → **shrink**

shrapnel ['ʃræpnl] znw granaatscherven, granaatkartets(en)

shred [ʃred] I znw ❶ lapje, flard, snipper, stukje ★ *in ~s* aan flarden ⟨v. kleren, reputaties &⟩ ★ *tear sbd / sth*

sh

to ~*s* niets heel laten van iem. / iets ❷ fig zweem(pje), zier(tje) ★ *not a ~ of evidence* geen greintje bewijs **II** *overg* [shred/shredded shred/shredded] klein snijden / scheuren, versnipperen

shredder ['ʃredə] *znw* papiervernietiger, shredder, versnipperaar

shrew [ʃru:] *znw* ❶ feeks, helleveeg ❷ dierk spitsmuis

shrewd [ʃru:d] *bn* ❶ schrander ★ *a ~ housekeeper* iem. die slim het huishouden doet ❷ scherp(zinnig) ★ *a ~ judge of character* een goede mensenkenner

shrewish ['ʃru:ɪʃ] *bn* kijfziek

shriek [ʃri:k] **I** *znw* gil **II** *overg* gillen ★ ~ *abuse at sbd* beledigingen naar iem. schreeuwen **III** *onoverg* gillen, gieren ★ ~ *with laughter* gieren (van het lachen)

shrift [ʃrɪft] *znw* ★ *make short ~ of sbd / sth* korte metten maken met iem. / iets

shrike [ʃraɪk] *znw* klauwier ‹vogel›

shrill [ʃrɪl] **I** *bn* schel, schril ★ *in ~ contrast to his brother* in schril contrast met zijn broer ★ *in a ~ voice* met een schelle stem **II** *onoverg* schel klinken

shrilly ['ʃrɪlɪ] *bijw* schel, schril

shrimp [ʃrɪmp] **I** *znw* ❶ [*mv:* ~ *of* -s] garnaal ❷ inf ukkie **II** *onoverg* garnalen vangen

shrimper ['ʃrɪmpə] *znw* ❶ garnalenvisser ❷ garnalenboot

shrine [ʃraɪn] *znw* ❶ schrijn, relikwieënkastje ❷ altaar, heilige plaats, heiligdom

shrink [ʃrɪŋk] **I** *znw* inf psych, zielknijper **II** *overg* [shrank, shrunk] (doen) krimpen **III** *onoverg* [shrank, shrunk] ❶ krimpen, inkrimpen, op-, ineenkrimpen ❷ verschrompelen ❸ slinken **IV** *phras* ★ ~ *back* terugdeinzen ★ ~ *from sbd / sth* huiverig zijn bij (om) iem. / iets, terugdeinzen voor iem. / iets

shrinkage ['ʃrɪŋkɪdʒ] *znw* ❶ (in)krimping ❷ slinking ❸ vermindering ‹v. waarde &›

shrink-fit ['ʃrɪŋk-fɪt] *bn* krimpend op het lichaam ‹spijkerbroek›

shrinking violet [ʃrɪŋkɪŋ 'vaɪələt] inf *znw* uiterst verlegen persoon

shrink-resistant ['ʃrɪŋk-rɪ'zɪstnt] *bn* krimpvrij

shrink-wrap ['ʃrɪŋkræp] **I** *znw* krimpfolie **II** *overg* inpakken in krimpfolie

shrive [ʃraɪv] **I** *overg & onoverg* [shrove, shriven] vero biechten, de biecht afnemen, de absolutie geven **II** *wederk* [shrove, shriven] ★ ~ *oneself* biechten

shrivel ['ʃrɪvəl] *overg & onoverg* (doen) rimpelen, (doen) verschrompelen (ook: ~ *up*)

shriven ['ʃrɪvən] *ww* [v.d.] → shrive

shroud [ʃraʊd] **I** *znw* ❶ (doods)kleed, lijkwade ❷ fig sluier **II** *overg* ❶ in het doodskleed wikkelen ❷ (om)hullen, bedekken, verbergen ★ *be ~ed in mystery / secrecy* gehuld zijn in een waas van geheimzinnigheid

shrove [ʃrəʊv] *ww* [v.t.] → shrive

Shrove Tuesday ['ʃrəʊv'tju:zdɪ, -deɪ] *znw* dinsdag voor de vasten, Vastenavond

shrub [ʃrʌb] *znw* struik, heester

shrubbery ['ʃrʌbərɪ] *znw* ❶ heesterplantsoen ❷ struikgewas

shrubby ['ʃrʌbɪ] *bn* ❶ heesterachtig ❷ vol struiken

shrug [ʃrʌg] **I** *znw* schouderophalen ★ *give a ~* de schouders ophalen **II** *overg* (de schouders) ophalen **III** *onoverg* de schouders ophalen **IV** *phras* ★ ~ *sth off* iets met een schouderophalen afmaken van iets

shrunk ['ʃrʌŋk] *ww* [v.t. & v.d.] → shrink

shrunken ['ʃrʌŋkn] *bn* (ineen)gekrompen, verschrompeld

shuck [ʃʌk] Am **I** *znw* ❶ dop, bolster, schelp ❷ inf waardeloos ding, waardeloze persoon **II** *overg* ❶ doppen ❷ inf voor de gek houden **III** *phras* ★ inf ~ *sth off* zich ontdoen van iets

shucks [ʃʌks] Am inf *tsw* verdorie! verdikkie! wat jammer!‹uitdrukking van teleurstelling, verrassing, spijt &›

shudder ['ʃʌdə] **I** *znw* huivering, griezel, rilling, siddering ★ *give a ~* huiveren, rillen ★ *send ~s / a ~ down one's spine* iem. de koude rillingen geven **II** *onoverg* huiveren, rillen, sidderen ★ *I ~ to think* ik huiver bij de gedachte ★ ~ *at sth* huiveren voor / bij iets ★ ~ *to a halt* plotseling tot stilstand komen ‹v. e. systeem› ★ ~ *with sth* beven van iets ‹woede / verdriet &›

shuddering ['ʃʌdərɪŋ] *bn* ❶ sidderend, huiverend, angstig ❷ hortend en stotend ★ *come to a ~ halt* hortend en stotend tot stilstand komen ★ *draw / take a ~ breath* stokkend ademhalen

shuffle ['ʃʌfl] **I** *znw* ❶ geschuifel, schuifelende (dans)pas ❷ schudden ‹v. kaarten› ❸ verandering van positie, reorganisatie **II** *overg* ❶ (dooreen)schudden, (dooreen)mengen ★ ~ *the cards* de kaarten schudden, fig reorganiseren ❷ schuiven ★ ~ *one's feet* met de voeten schuifelen, sloffen **III** *onoverg* ❶ schuifelen, sloffen ★ ~ *along* aan-, voortschuifelen, voortsjokken ❷ schudden ‹de kaarten› ❸ schuiven ★ ~ *in one's chair / place &* zitten / staan te draaien

shuffling ['ʃʌflɪŋ] **I** *bn* schuifelend, sloffend **II** *znw* ❶ geschuifel ❷ schudden ‹v. kaarten› ❸ fig uitvlucht(en), gedraai

shun [ʃʌn] *overg* schuwen, (ver)mijden, (ont)vlieden

shunt [ʃʌnt] **I** *znw* ❶ rangeren ❷ elektr shunt, parallelschakeling ❸ Br inf kettingbotsing ❹ med bypass **II** *overg* ❶ op een zijspoor brengen, rangeren ‹trein› ❷ elektr shunten ❸ verschuiven, brengen naar ★ *the blame was ~ed onto me* de schuld werd op mij geschoven ❹ een andere wending geven aan ‹gesprek› ❺ afleiden ‹persoon› **III** *onoverg* rangeren

shunter ['ʃʌntə] *znw* rangeerder

shunting ['ʃʌntɪŋ] *znw* ❶ rangeren ‹v. trein› ★ *a ~ engine* een rangeermachine ★ *a ~ yard* een rangeerterrein ❷ elektr shunt

shush [ʃʊʃ] inf **I** *tsw* ssst!, stil! **II** *onoverg* stil zijn, stil worden **III** *phras* ★ ~ *by / past* ruisend / ritselend voorbijkomen ★ ~ *up* stil zijn ★ ~ *sth up* iets stil

laten zijn ★ ~ sbd up iem. het zwijgen opleggen
shut [ʃʌt] **I** bn gesloten, dicht ★ an open and ~ case een
uitgemaakte zaak ★ I slammed the drawer ~ on my
fingers ik smeet de la dicht met mijn vingers
ertussen **II** overg [shut, shut] sluiten, toedoen,
dichtdoen, -maken, -trekken & ★ inf ~ your face! hou
je kop dicht! ★ ~ one's hand / finger & in a door je
hand / vinger tussen de deur klemmen ★ ~ one's
eyes to sth zijn ogen sluiten voor iets, iets niet willen
zien **III** onoverg [shut, shut] (zich) sluiten, dichtgaan
★ the door ~ on them de deur sloot zich achter hen
IV phras ★ ~ sbd / sth **away** iem. / iets opsluiten,
veilig opbergen ★ ~ oneself **away from** sth zich
afzonderen van iets ★ ~ **down** sluiten ‹fabriek›,
comput afsluiten ★ ~ sth down iets dichtdoen,
sluiten, stopzetten ‹fabriek &› ★ ~ sbd / sth **in** iem.
/ iets insluiten ★ he ~ his hand in the car door hij
kwam met zijn hand klem te zitten in het portier
van de auto ★ ~ sth **off** iets afsluiten ‹gas, water &›,
iets af-, stopzetten, iets kappen ‹discussies› ★ ~ sbd
off from the world iem. volledig isoleren ★ ~ sbd / sth
out iem. / iets af-, uitsluiten, buitensluiten (van
from) ★ ~ **up** sluiten ★ inf ~ up! hou je mond! ★ ~ sth
up iets sluiten, iets wegsluiten ★ ~ sbd up iem.
opsluiten ‹in gevangenis›, inf iem. de mond snoeren
shutdown [ˈʃʌtdaʊn] znw sluiting, stopzetting
shut-eye [ˈʃʌt-aɪ] inf znw ★ get a bit of ~ een tukje
doen
shut-out [ˈʃʌt-aʊt] znw uitsluiting ‹v. arbeiders›
shutter [ˈʃʌtə] **I** znw ❶ sluiting, sluiter ‹ook v.
fototoestel› ❷ luik, blind ★ put up the ~s de luiken
voorzetten, fig sluiten, opdoeken **II** overg de luiken
zetten voor
shutter bug [ˈʃʌtə bʌg] Am inf znw fotofanaat,
enthousiast fotograaf
shuttering [ˈʃʌtərɪŋ] znw ❶ luiken ❷ bekisting ‹v.
beton›
shutter release [ˈʃʌtə rɪˈliːs] znw ontspanner ‹van een
fotocamera›
shutter speed [ˈʃʌtə spiːd] znw sluitertijd ‹fotocamera›
shuttle [ˈʃʌtl] **I** znw ❶ schietspoel ❷ pendeldienst ❸ sp
shuttle **II** overg heen en weer laten gaan ★ he was ~d
from one parent to the other hij werd voortdurend
van de ene ouder naar de andere gesleept
III onoverg heen en weer gaan, pendelen ★ ~
backwards and forwards heen en weer pendelen
★ the bus ~s between the airport and the city centre de
bus pendelt tussen het vliegveld en het
stadscentrum
shuttlecock [ˈʃʌtlkɒk] sp znw shuttle
shuttle diplomacy [ˈʃʌtl dɪpˈləʊməsɪ] znw
pendeldiplomatie
shuttle service [ˈʃʌtl ˈsɜːvɪs] znw pendeldienst,
heen-en-weerdienst
shy [ʃaɪ] **I** bn ❶ verlegen, beschroomd ★ she's a bit ~
about meeting strangers ze is een beetje huiverig om
onbekenden te ontmoeten ❷ schichtig, schuw
★ consumers have become ~ of genetically modified

food consumenten zijn wantrouwend geworden
over genetisch gemanipuleerd voedsel **II** znw inf
gooi, worp ★ have a ~ at sth een gooi doen naar iets,
iets proberen te krijgen **III** overg inf smijten, gooien
IV onoverg schichtig worden, plotseling opzij
springen ‹v. paard› ★ the horse shied at the bicycles
het paard werd schichtig van de fietsen **V** phras ★ ~
(away) from sth iets ontwijken, vermijden,
terugschrikken voor iets
shyster [ˈʃaɪstə] inf znw bedrieger
si [siː] muz znw si
Siamese [saɪəˈmiːz] gedat **I** bn Siamees **II** znw [mv: ~]
❶ Siamees ❷ Siamees, Siamese
Siamese cat [saɪəˈmiːz kæt], **Siamese** znw Siamese kat,
Siamees
Siamese twins [saɪəˈmiːz twɪnz] znw [mv] Siamese
tweeling
Siberian [saɪˈbɪərɪən] **I** bn Siberisch **II** znw Siberiër,
Siberische
sibilant [ˈsɪbɪlənt] fon **I** bn sissend **II** znw sisklank
sibilate [ˈsɪbɪleɪt] dicht overg & onoverg met een
sisklank (uit)spreken, iets
sibling [ˈsɪblɪŋ] znw broer, zuster
siblings [ˈsɪblɪŋz] znw [mv] kinderen met hetzelfde
ouderpaar, broer(s) en zuster(s)
sibyl [ˈsɪbɪl] znw sibille, profetes
sibylline [sɪˈbɪlaɪn, ˈsɪbɪlaɪn] bn ❶ sibillijns ❷ dicht
profetisch, cryptisch
sic [sɪk] ‹Lat› form bijw sic, zo staat er woordelijk
siccative [ˈsɪkətɪv] **I** bn opdrogend **II** znw
droogmiddel, siccatief ‹middel›
Sicilian [sɪˈsɪljən] **I** bn Siciliaans **II** znw Siciliaan,
Siciliaanse
sick [sɪk] **I** bn ❶ misselijk, onpasselijk, zeeziek,
misselijk makend ★ be ~ (moeten) overgeven,
braken ★ inf she makes me ~ ik word doodziek van
haar ★ be ~ to the stomach onpasselijk, misselijk zijn,
overstuur, aangedaan zijn ★ a ~ feeling een wee
gevoel ❷ ziek, ziekelijk, geestesziek, gestoord,
pervers ★ a ~ man (woman / person &) een zieke, een
geesteszieke, gestoord persoon ★ be off ~ met
ziekteverlof zijn ★ as ~ as a dog hondsberoerd
★ dicht be ~ at heart verdrietig, treurig zijn ★ inf
be ~ in the head geestelijk gestoord zijn ★ inf be
worried ~ doodsbenauwd zijn ★ fall / get ~ ziek
worden ❸ ongezond ‹organisatie, bedrijf, &› ❹ beu
(van of), het land hebbend, diep teleurgesteld (over
about / at) ★ inf be ~ (and tired) of sbd / sth schoon
genoeg hebben van iem. / iets ★ inf be ~ to the back
teeth of sth strontziek zijn van iets ❺ fig bitter,
wrang ‹spot›, luguber ‹grap› ❻ **II** znw inf braaksel
★ the ~ de zieken **III** overg hitsen, aanhitsen,
ophitsen ★ ~ a dog on sbd een hond tegen iem.
ophitsen ★ ~ him! pak ze! ‹tegen hond› **IV** phras
★ inf ~ up kotsen
sick bag [sɪk bæg] znw overgeefzakje
sickbay [ˈsɪkbeɪ] znw ❶ scheepv ziekenboeg ❷ mil
ziekenverblijf

si

sickbed ['sɪkbed] *znw* ziekbed
sick building syndrome [sɪk 'bɪldɪŋ 'sɪndrəom] *znw* sickbuildingsyndroom ‹gezondheidsklachten in grote gebouwen›
sick call [sɪk kɔ:l] *znw* ❶ ziekenbezoek ❷ ziekterapport
sicken ['sɪkən] **I** *overg* ziek, misselijk, beu maken ★ *be ~ing for something* iets onder de leden hebben **II** *onoverg* ziek, misselijk, beu worden
sickening ['sɪkənɪŋ] *bn* ❶ misselijk(makend), walgelijk, weerzinwekkend ★ *the child hit the ground with a ~ thud* het kind sloeg met een misselijkmakende klap tegen de grond ❷ beklemmend ❸ inf vervelend, klote ★ *just another of his ~ jokes* weer een van zijn misselijke grappen
sick headache [sɪk 'hedek] inf *znw* migraine
sickie ['sɪkɪ] inf *znw* onterecht ziekteverlof ★ *throw / take a ~* een dag met ziekteverlof gaan zonder ziek te zijn, een baaldag nemen
sickish ['sɪkɪʃ] *bn* een beetje ziek
sickle ['sɪkl] *znw* sikkel
sick leave ['sɪkli:v] *znw* ziekteverlof
sickle-cell anaemia ['sɪkl-sel ə'ni:mɪə], **sickle-cell disease** med *znw* sikkelcelanemie, erfelijke bloedarmoede
sick list ['sɪklɪst] *znw* lijst van de zieken ★ *be on the ~* wegens ziekte afwezig zijn
sickly ['sɪklɪ] *bn* ❶ ziekelijk, ongezond ❷ bleek ‹v. maan &› ★ *a ~ smile* een flauw glimlachje ❸ wee ‹v. lucht› ❹ walg(e)lijk
sickness ['sɪknəs] *znw* ❶ ziekte ❷ misselijkheid
sickness benefit ['sɪknəs 'benɪfɪt] *znw* ziekengeld
sick note [sɪk nəʊt] *znw* ziektebriefje
sick pay [sɪk peɪ] *znw* ziekengeld
sickroom ['sɪkru:m] *znw* ziekenkamer
side [saɪd] **I** *znw* ❶ zij(de), (zij)kant, helft, richting ★ *at his ~* aan zijn zijde, naast hem ★ *by his ~* naast hem ★ *~ by ~* zij aan zij, naast elkaar ★ *~ by ~ with* naast ★ *there's another ~ to the picture* de medaille heeft een keerzijde ★ *the other ~* de andere kant,de overzijde, de vijand ★ fig *the other ~ of the coin* de keerzijde van de medaille ★ *the dark ~* de schaduwzijde ★ *the sunny ~ (of the street)* de zonkant (van de straat) ★ *this ~ (of sth)* aan deze kant (van iets) ★ *the wrong ~* de verkeerde kant ★ *the wrong ~ out* binnenstebuiten ★ *from all ~s / from every ~* van alle kanten ★ *from ~ to ~* heen en weer ★ *on both ~s* aan / van weerskanten ★ *on every ~ / on all ~s* aan (van) alle kanten ★ *mind if I change ~s with you?* zouden we van plaats kunnen verwisselen? ★ *on my ~* aan mijn zij, naast mij, op mijn hand, van mijn kant ★ *on one ~* aan één kant, opzij, scheef ★ *on the motivation / performance & ~* wat betreft de motivatie / prestaties & ★ *on the other ~* aan (van) de andere kant, aan gene zijde, aan de overzijde ★ *(on) this ~* aan deze kant ★ *this ~ of Christmas* vóór Kerstmis ★ *be on the safe ~* het zekere voor het onzekere nemen ★ *be on the tall / short & ~* aan de lange / kleine & kant zijn ★ *be on the wrong ~ of*

forty boven de veertig zijn ★ *come down on one ~ of the fence or another* voor het een of voor het ander kiezen ★ *get on the wrong ~ of sbd* iem. tegen je in het harnas jagen ★ *look on the bright ~* positief bekijken ★ *place / put sth on one ~* iets terzijde leggen, iets opzij zetten ★ *split / burst one's ~s (with laughter)* zich te barsten (een ongeluk, krom &) lachen, zijn buik vasthouden van het lachen ★ *take sbd to one ~* iem. even apart nemen ❷ flank, helling ‹v. berg, heuvel› ❸ kantje, bladzijde ❹ partij ‹in een dispuut, conflict &› ★ *pick / choose ~s* partij kiezen ★ *have sbd on one's ~* de steun van iem. hebben ❺ sp ploeg, elftal ‹voetballers› ★ *let the ~ down* het team in de steek laten ‹door slecht te spelen› ❻ fig gezichtspunt ★ *there's a lot to be said on both ~s* er is veel voor en veel tegen te zeggen ★ *the government has changed ~s on the matter* de regering is in deze zaak van mening veranderd ❼ Am bijgerecht ❽ Br inf verbeelding, eigenwaan ❾ → side spin ▾ *earn sth on the ~* iets erbij verdienen ▾ inf *get / have a bit on the ~* een slippertje maken **II** *phras* ★ *~ against / with sbd* partij kiezen tegen / voor iem.
side arms [saɪd ɑ:mz] mil *znw* [mv] opzij gedragen wapen ‹sabel, revolver, bajonet &›
sideboard ['saɪdbɔ:d] *znw* buffet, dressoir
sideburns ['saɪdbɜ:nz], **sideboards** *znw* [mv] bakkebaarden
side business [saɪd 'bɪznɪs] *znw* nevenactiviteit
sidecar ['saɪdkɑ:] *znw* zijspan, zijspanwagen
side chapel [saɪd 'tʃæpl] *znw* zijkapel
side dish ['saɪddɪʃ] *znw* bij-, tussengerecht
side drum [saɪd drʌm] *znw* kleine trom
side effect ['saɪdɪfekt] *znw* bijwerking, bijverschijnsel
side issue ['saɪdɪʃu:] *znw* bijzaak
sidekick ['saɪdkɪk] inf *znw* ondergeschikte, assistent
sidelight ['saɪdlaɪt] *znw* ❶ zijlicht, stadslicht ‹auto›, boordlicht ‹schip› ★ *drive on ~s* met stadslicht(en) rijden ❷ klein raampje ‹naast een deur of groot raam› ❸ fig zijdelingse illustratie, aanvullende informatie
sideline ['saɪdlaɪn] **I** *znw* ❶ zijlijn ★ *wait on the ~s* zich warmlopen, wachten tot men mag meedoen ‹ook figuurlijk› ★ *watch from the ~s* toeschouwer zijn, niet meedoen ❷ bijkomstige bezigheid ❸ nevenbranche, -artikel **II** *overg* uitschakelen ‹door blessure›, op een zijspoor zetten
sidelong ['saɪdlɒŋ] **I** *bn* zijdelings ★ *give sbd a ~ glance* iem. zijdelings aankijken **II** *bijw* zijdelings ★ *I looked ~ at him* ik keek hem zijdelings / van opzij aan
side mirror [saɪd 'mɪrə] *znw* zijspiegel
sidereal [saɪ'dɪərɪəl] *bn* siderisch, sterren-
sidereal time [saɪ'dɪərɪəl taɪm] astron *znw* siderische tijd
side road [saɪd rəʊd] *znw* zijweg, zijstraat
side-saddle ['saɪdsædl] **I** *bijw* ★ *ride ~* paardrijden in amazonezit **II** *znw* dameszadel
sideshow ['saɪdʃəʊ] *znw* nevenattractie

si

side-slip ['saɪdslɪp] <u>auto & lucht</u>tv **I** *znw* slip **II** *onoverg* slippen

sidesman ['saɪdzmən] <u>Br</u> *znw* assistent v.e. kerkenraad, assessor

side spin [saɪd spɪn], **side** *znw* effect ‹biljarten, honkbal &›

side-splitting ['saɪdsplɪtɪŋ] <u>inf</u> *bn* om je krom te lachen

side-step ['saɪd-step] **I** *znw* zijpas, zijstap **II** *overg* opzij-, uit de weg gaan, ontwijken ★ ~ *the issue* de kwestie omzeilen **III** *onoverg* opzijgaan, uit de weg gaan

sidestroke ['saɪdstrəʊk] *znw* ❶ zijslag ‹zwemmen› ❷ zijstoot

sideswipe ['saɪdswaɪp] **I** *znw* ❶ zijslag, schampen ❷ <u>fig</u> steek onder water ★ *he took a ~ at the opposition* hij gaf een steek onder water naar de oppositie **II** *overg* zijdelings raken, schampen langs

sidetrack ['saɪdtræk] **I** *znw* wisselspoor **II** *overg* ❶ op een wisselspoor brengen ❷ <u>inf</u> op een dwaalspoor brengen ❸ afdwalen ‹v. onderwerp›

side view [saɪd vju:] *znw* zijaanzicht, profiel

sidewalk ['saɪdwɔːk] <u>Am</u> *znw* trottoir, stoep

sideways ['saɪdweɪz], <u>Am</u> **sidewise**, **sideward I** *bn* (van) terzijde, zijdelings ★ *she gave me a ~ glance* ze keek me van opzij / zijdelings aan **II** *bijw*, **sideward**, **sidewards** (van) terzijde, zijdelings ★ *he looked ~ at me* hij keek me van opzij / zijdelings aan

side whiskers [saɪd 'wɪskəz] *znw* [mv] bakkebaarden

side wind [saɪd waɪnd] *znw* zijwind

sidewise ['saɪdwaɪz] <u>Am</u> *bijw* → **sideways**

siding ['saɪdɪŋ] *znw* ❶ zij-, wisselspoor ❷ <u>Am</u> buitenmuurbeplating

sidle ['saɪdl] *onoverg* ❶ zijdelings lopen / schuiven ❷ schuifelen, sluipen ★ *a beggar ~d up to me* een bedelaar kwam zijdelings naar mij toe geslopen

SIDS [esaɪdiːˈes] *afk* (sudden infant death syndrome) wiegendood

siege [siːdʒ] *znw* belegering, beleg ★ *in a state of ~* in staat van beleg ★ *under ~* onder belegering / beleg ★ *lay ~ to sth* het beleg slaan voor iets ★ *raise the ~* het beleg opbreken

siege mentality [siːdʒ menˈtælɪtɪ] *znw* paranoia, gevoel van wantrouwen

sienna [sɪˈenə] *znw* oker, siena ‹pigment›

sierra [sɪˈeərə] *znw* siërra ‹bergketen› ★ *Sierra* de letter S ‹in het internationaal alfabet›

Sierra Leone [sɪˈeərəlɪˈəʊn] *znw* Sierra Leone

Sierra Leonean [sɪˈeərəlɪˈəʊnɪən] **I** *bn* Sierra Leoons **II** *znw* Sierra Leoner, Sierra Leoonse

siesta [sɪˈestə] *znw* siësta, middagslaapje, -dutje

sieve [sɪv] **I** *znw* zeef ★ *have a head / memory like a ~* een geheugen hebben als een zeef, erg vergeetachtig zijn **II** *overg* zeven, ziften

sift [sɪft] **I** *overg* ❶ ziften ❷ schiften, uitpluizen ❸ strooien **II** *onoverg* neerdwarrelen **III** *phras* ★ *~ through sth* iets door-, onderzoeken

sifter ['sɪftə] *znw* (suiker-, peper)strooier

siftings ['sɪftɪŋz] *znw* [mv] dat wat ergens uit gezeefd is, ziftsel

sig [sɪg] <u>comput</u> *znw* (signature) bericht van en over de afzender, als afsluiting van een e-mail

sigh [saɪ] **I** *znw* zucht **II** *overg* verzuchten **III** *onoverg* zuchten ★ <u>dicht</u> ~ *for sth* smachten naar iets

sight [saɪt] **I** *znw* ❶ gezichtsvermogen ★ *he lost his ~ in an accident* hij is blind geworden door een ongeluk ❷ (ge)zicht, aanblik, schouwspel, bezienswaardigheid, uitzicht ★ *a marvellous / wonderful ~* een fantastisch gezicht ★ *not a pretty ~* geen aangename aanblik ★ *at first ~* op het eerste gezicht ★ *at the ~ of sth* op (bij) het gezicht van ★ *on ~* op het eerste gezicht ★ *catch ~ of sth / sbd* iem / iets in het oog (te zien) krijgen ★ *hate the ~ of sbd* iem. niet kunnen uitstaan ★ *keep ~ of sbd* iem. in het oog houden ★ *know sbd by ~* iem. van gezicht kennen ★ *lose ~ of sbd / sth* iem. / iets uit het oog verliezen ❸ <u>inf</u> vertoning ★ *what a ~ you are!, you're a ~ to behold!* wat zie jij er uit! ★ *you're a ~ for sore eyes* ik ben heel blij om je te zien, ik ben blij dat je er bent ❹ blikveld, gezichtsveld ★ *in full ~ of the hostages* voor de ogen van de gijzelaars ★ *out of ~* uit het gezicht (oog) verdwenen, verborgen ★ *(get) out of my ~!* (ga) uit mijn ogen! ★ *zegsw out of ~, out of mind* uit het oog, uit het hart ★ *be lost to ~* uit het gezicht verdwenen zijn ★ *be in ~* in zicht, in het gezicht, te zien zijn ★ *be within ~ of sth* iets bijna bereikt hebben ❺ opinie, gezichtspunt ★ *in their ~, he can do no wrong* wat hem betreft kan hij geen kwaad doen ▼ <u>inf</u> *a good ~ better / worse* véél beter / erger ▼ *a ~ smarter / cleverer* beduidend slimmer ▼ <u>inf</u> *be a ~ too full of himself* een beetje te verwaand zij ▼ *take ~* mikken **II** *overg* te zien krijgen, in het oog / gezicht krijgen, waarnemen ★ *land was ~ed* ze kregen land in zicht **III** *onoverg* richten, mikken ★ *he ~ed along an imaginary rifle* hij richtte langs een denkbeeldig geweer

sighted ['saɪtɪd] *bn* ❶ ziende ★ *partially ~* slechtziend ❷ ‹v. geweer› met vizier

sighting ['saɪtɪŋ] *znw* waarneming ★ *there has been no reported ~ of him for two months* er zijn al twee maanden geen meldingen geweest dat hij gezien is

sightless ['saɪtləs] *bn* blind

sight line [saɪt laɪn] *znw* gezichtslijn

sightly ['saɪtlɪ] *bn* fraai, aangenaam voor het oog

sight-read ['saɪt-riːd] *overg & onoverg* van het blad spelen / zingen

sight-reading ['saɪt-riːdɪŋ] *znw* van het blad lezen ‹zingen, spelen›

sights [saɪts] *znw* [mv] ❶ bezienswaardigheden, merkwaardigheden ★ *see the ~* de bezienswaardigheden bekijken ❷ vizier, korrel ‹op een geweer› ★ *have sbd in / within one's ~* iem. in het vizier hebben ★ *set one's ~ higher / lower, raise / lower one's ~* hoger / lager mikken ★ <u>fig</u> *set one's ~ on sbd / sth* iem. / iets op het oog hebben

sightseeing ['saɪtsiːɪŋ] *znw* het bezichtigen van de

si

bezienswaardigheden

sightseer ['saɪtsiːə] *znw* toerist

sight unseen [saɪt ʌn'siːn] *bijw* ongezien ★ *I never buy anything* ~ ik koop niets ongezien

sightworthy ['saɪtwɜːðɪ] *znw* bezienswaardig

sigma ['sɪgmə] *znw* sigma, Griekse s

sign [saɪn] **I** *znw* ❶ teken, symbool, sterrenbeeld ★ *an exit* ~ een uitgangsbord ★ *an illuminated* ~ een lichtreclame ★ *a stop* ~ een stopteken ★ *the thumbs-up* ~ het duim omhoog-teken ★ *the* ~ *of the cross* het kruisteken ★ *a* ~ *of submission* een teken van onderwerping ❷ kenteken, voorteken, symptoom ★ *the first* ~s *of spring* de eerste voortekenen van de lente ★ *the early* ~s *of lung cancer* de eerste symptomen van longkanker ★ *a* ~ *of the times* een teken des tijds ★ *there's no* ~ *of him* hij is nergens te zien ❸ blijk, wenk, signaal ★ *she gave us a* ~ *to enter* ze gaf een teken dat we binnen konden komen ★ *he gave the* ~ *to attack* hij gaf een aanvalssignaal ❹ (uithang)bord ★ *a pedestrian* ~ een voetgangersverkeersbord ❺ sterrebeeld ★ *the* ~ *of Pisces / Capricorn &* het sterrenbeeld Vissen / Steenbok & **II** *overg* ❶ tekenen, ondertekenen, signeren ★ *one's own death warrant* zijn eigen doodvonnis tekenen ❷ RK een kruis maken over, bekruisen **III** *onoverg* ❶ (onder)tekenen ★ inf ~*ed, sealed and delivered* in kannen en kruiken ★ *~ on the dotted line* zijn handtekening (onder iets) zetten, instemmen met iets ❷ een teken geven, door een teken te kennen geven ★ *he* ~*ed to / for her to remove her shoes* hij gaf haar een teken om haar schoenen uit te trekken **IV** *phras* ★ *~ sth away* schriftelijk afstand doen van iets ★ *~ (sbd)* in (iem.) inchecken ★ *~ off* afsluiten ⟨radiouitzending, brief &⟩, inf afnokken, ermee uitscheiden ★ *~ sth off* iets beëindigd ⟨contract, uitzending⟩, ophouden met iets ★ *~ on* zich laten inschrijven, zich opgeven, tekenen, scheepv aanmonsteren, Br zich inschrijven als werkeloos ★ *~ (sbd) out* (iem.) uitchecken ★ *~ sth out* voor iets tekenen ⟨bij uitlenen⟩ ★ *~ sth over (to sbd)* schriftelijk afstand doen van iets (ten gunste van iem.) ★ *~ up* zich laten inschrijven, zich opgeven, tekenen, scheepv aanmonsteren ★ *~ sbd up* iem. engageren ⟨spelers &⟩

signal ['sɪgnl] **I** *bn* form groot, buitengewoon, uitstekend, voortreffelijk ★ *a* ~ *lack of appreciation / interest / respect &* een buitengewoon gebrek aan waardering / interesse / respect & **II** *znw* signaal, teken, sein ★ *a distress* ~ een noodsignaal ★ *an engaged* ~ een ingesprektoon ★ *a* ~ *failure* een seinstoring **III** *overg* ❶ signaleren ❷ aankondigen, melden ❸ seinen, gebaren, een wenk geven om te **IV** *onoverg* seinen, een teken geven

signal box ['sɪgnlbɒks] *znw* seinhuisje

signalize ['sɪgnəlaɪz], **signalise** *overg* ❶ doen uitblinken, onderscheiden, kenmerken ❷ te kennen geven, de aandacht vestigen op

signaller ['sɪgnələ], Am **signaler** *znw* seiner

signally ['sɪgnəlɪ] form *bijw* bijzonder, zeer ★ *fail* ~ een duidelijke nederlaag lijden, het glansrijk afleggen

signalman ['sɪgnlmən] *znw* ❶ seinwachter ❷ seiner

signatory ['sɪgnətərɪ] **I** *bn* ondertekend hebbend ★ *the* ~ *countries* de landen die ondertekend hebben **II** *znw* (mede)ondertekenaar ★ *a* ~ *to the convention* een ondertekenaar van de conventie

signature ['sɪgnətʃə] *znw* ❶ hand-, ondertekening ❷ teken, kenmerk ❸ muz voortekening ❹ signatuur, vergaarblokje ⟨op de rug v.e. katern⟩

signature tune ['sɪgnətʃə tjuːn] RTV *znw* herkenningsmelodie

signboard ['saɪnbɔːd] *znw* uithangbord, (reclame)bord

signer ['saɪnə] *znw* ondertekenaar

signet ['sɪgnɪt] *znw* zegel

signet ring [sɪgnɪtrɪŋ] *znw* zegelring

significance [sɪg'nɪfɪkəns] *znw* betekenis, gewicht ★ *be of no / great* ~ van geen / grote betekenis zijn ★ *be of little* ~ nauwelijks van betekenis zijn ★ *acquire / assume / take on a (new)* ~ een nieuwe betekenis / inhoud krijgen

significant [sɪg'nɪfɪkənt] *bn* belangrijk, · veelbetekenend, veelzeggend, van betekenis ★ *a* ~ *loss to the community* een groot verlies voor de gemeenschap

significantly [sɪg'nɪfɪkəntlɪ] *bijw* beduidend, aanmerkelijk ★ *sea levels have risen* ~ het zeeniveau is aanmerkelijk gestegen ★ *~, the report also reports that...* het is veelbetekenend dat het rapport ook vermeldt dat...

significant other [sɪg'nɪfɪkənt 'ʌðə] inf scherts *znw* iem. met wie men een verhouding heeft

signification [sɪgnɪfɪ'keɪʃən] *znw* ❶ betekenis ❷ aanduiding

significative [sɪg'nɪfɪkətɪv] form *bn* ❶ (veel)betekenend ❷ betekenis- ★ *be* ~ *of sth* iets betekenen, aanduiden

signify ['sɪgnɪfaɪ] *overg* ❶ betekenen, beduiden ❷ aanduiden, te kennen geven

sign language [saɪn 'læŋgwɪdʒ] *znw* gebarentaal

sign-off ['saɪn-ɒf] *znw* afsluiting ⟨v. brief, uitzending &⟩

sign of the Zodiac [saɪn əv ðə 'zəʊdɪæk] *znw* sterrenbeeld

signpost ['saɪnpəʊst] **I** *znw* handwijzer, wegwijzer **II** *overg* (door wegwijzers) aangeven, bewegwijzeren

sign-up ['saɪn-ʌp] *znw* inschrijving

signwriter ['saɪnraɪtə] *znw* reclameschilder

signwriting ['saɪnraɪtɪŋ] *znw* reclameschilderen

Sikh [siːk, sɪk] *znw* sikh

silage ['saɪlɪdʒ], **ensilage** *znw* kuilvoer

silence ['saɪləns] **I** *znw* (stil)zwijgen, stilzwijgendheid, stilte ★ *the mourners filed past in* ~ de rouwstoet ging stilzwijgend voorbij ★ *minutes went by / passed in* ~ de minuten gingen zwijgend voorbij ★ *a conspiracy / wall of* ~ een muur van stilzwijgen ★ *a vow of* ~ een gelofte van stilte / zwijgzaamheid ★ *the right to* ~

si

het zwijgrecht ★ *there was ~/~ fell* het werd stil ★ *reduce sbd to ~* iem. tot zwijgen brengen ★ <u>zegsw</u> *~ is consent* die zwijgt, stemt toe ★ <u>zegsw</u> *~ is golden* zwijgen is goud **II** *overg* doen zwijgen, tot zwijgen brengen ★ *the critics have been ~d* de critici zijn tot zwijgen gebracht

silencer ['saɪlənsə] *znw* geluid-, slagdemper, knalpot

silent ['saɪlənt] *bn* (stil)zwijgend, stil, zwijgzaam ★ *the ~ type* iem. van weinig woorden ★ *the right to remain ~* het zwijgrecht ★ *give sbd the ~ treatment* niet tegen iem. praten ★ *be / fall / keep ~* zwijgen, zich stil houden

silent film ['saɪlənt fɪlm] *znw* stomme film

silent letter ['saɪlənt 'letə] <u>gramm</u> *znw* stomme letter

silently ['saɪləntlɪ] *bijw* stil(letjes), in stilte, geruisloos, (stil)zwijgend

silent majority ['saɪlənt mə'dʒɒrətɪ] *znw* zwijgende meerderheid

silent partner ['saɪlənt 'pɑ:tnə] *znw* stille vennoot

silhouette [sɪlu:'et] **I** *znw* silhouet, schaduwbeeld **II** *overg* ★ *be ~d against the sky* zich aftekenen tegen de lucht

silica ['sɪlɪkə] *znw* kiezelaarde

silicate ['sɪlɪkeɪt] *znw* silicaat

siliceous [sɪ'lɪʃəs] *bn* kiezelachtig, kiezel-

silicon ['sɪlɪkən] *znw* silicium

silicon chip ['sɪlɪkən tʃɪp] <u>comput</u> *znw* siliciumchip

silicone ['sɪlɪkəʊn] **I** *znw* silicone **II** *overg* met siliconen behandelen

silicone implant ['sɪlɪkəʊn ɪm'plɑ:nt] *znw* siliconenimplantaat

silicosis [sɪlɪ'kəʊsɪs] *znw* silicose ‹stoflong›

silk [sɪlk] **I** *bn* zijden ★ <u>zegsw</u> *you can't make a ~ purse out of a sow's ear* men kan geen ijzer met handen breken **II** *znw* **❶** zijde ‹e› <u>inf</u> aanduiding voor *King's / Queen's Counsel*, koninklijk raadgever ★ *take ~* King's / Queen's Counsel worden

silken ['sɪlkən] *bn* zijden, zijdeachtig zacht

silks [sɪlks] *znw* [mv] zijden kleren ‹vooral van jockeys›

silk screen [sɪlk skri:n] *znw* zeefdruk ★ *a ~ print* een zeefdruk

silkworm ['sɪlkwɜ:m] *znw* zijderups

silky ['sɪlkɪ] *bn* **❶** zijden, zijdeachtig zacht **❷** <u>fig</u> poeslief ‹stem›

sill [sɪl] *znw* **❶** drempel, treeplank ‹v. auto &› **❷** vensterbank

silly ['sɪlɪ] **I** *bn* **❶** onnozel, dom, dwaas, kinderachtig, flauw, sullig ★ <u>inf</u> *~ billy!* oen, domkop! ★ *drink oneself ~* zich het lazarus zuipen ★ *bore sbd ~* iem. doodvervelen ★ *laugh oneself ~* zich doodlachen ★ *he stood there looking ~* hij stond heel beteuterd te kijken **❷** <u>sp</u> veldposities dicht bij de batter ‹bij cricket› **II** *znw* <u>inf</u> gekkerd, malloot

silly season ['sɪlɪ 'si:zən] <u>inf</u> *znw* de slappe tijd, komkommertijd

silo ['saɪləʊ] *znw* silo

silt [sɪlt] **I** *znw* slib **II** *overg & onoverg* (doen) dichtslibben, verzanden (ook: *~ up*)

silvan ['sɪlvən] *bn* → **sylvan**

silver ['sɪlvə] **I** *bn* zilveren, zilverachtig **II** *znw* **❶** zilver **❷** zilvergeld **❸** (tafel)zilver **III** *overg* **❶** verzilveren **❷** (zilver)wit maken **IV** *onoverg* (zilver)wit worden

silver birch ['sɪlvə bɜ:tʃ] *znw* witte berk

silverfish ['sɪlvəfɪʃ] *znw* **❶** zilvervisje, suikergast, boekworm ‹insect› **❷** zilvervis ‹vis›

silver jubilee ['sɪlvə 'dʒu:bɪli:] *znw* zilveren jubileum

silver lining ['sɪlvə 'laɪnɪŋ] *znw* de zon achter de wolken, de positieve kant van de zaak ★ *look for the ~* het positieve van iets zien

silver medal ['sɪlvə 'medl] *znw* zilveren medaille

silver nitrate ['sɪlvə 'naɪtreɪt] *znw* zilvernitraat, helse steen

silver paper ['sɪlvə 'peɪpə] *znw* **❶** vloeipapier **❷** zilverpapier

silver plate ['sɪlvə pleɪt] *znw* verzilverd koper

silver-plated [sɪlvə'pleɪtɪd] *bn* verzilverd

silver screen ['sɪlvə skri:n] *znw* bioscoopscherm

silverside ['sɪlvəsaɪd] *znw* biefstuk ‹v. de bil van het rund›

silversmith ['sɪlvəsmɪθ] *znw* zilversmid

silverware ['sɪlvəweə] *znw* zilverwerk, tafelzilver

silver wedding ['sɪlvə 'wedɪŋ], **silver wedding anniversary** *znw* zilveren bruiloft

silvery ['sɪlvərɪ] *bn* zilverachtig, zilveren, zilverwit, (zilver)blank, zilver-

silviculture ['sɪlvɪkʌltʃə] *znw* bosbouw

SIM card ['sɪm kɑ:d] *znw* simkaart ‹v. mobiele telefoon›

simian ['sɪmɪən] **I** *bn* apen- **II** *znw* aap

similar ['sɪmɪlə] *bn* **❶** gelijk, gelijkvormig (aan *to*) **❷** dergelijk, gelijksoortig, overeenkomstig

similarity [sɪmɪ'lærətɪ] *znw* **❶** gelijkheid, gelijkvormigheid **❷** gelijksoortigheid, overeenkomst(igheid) ★ *a point of ~* een punt van overeenkomst ★ *she bore a striking ~ to his wife* ze leek als twee druppels water op zijn vrouw

similarly ['sɪmɪləlɪ] *bijw* op dezelfde wijze, insgelijks, evenzo

simile ['sɪmɪlɪ] *znw* gelijkenis, vergelijking

similitude [sɪ'mɪlɪtju:d] <u>form</u> *znw* **❶** gelijkenis, vergelijking **❷** gelijkheid, overeenkomst **❸** evenbeeld

SIMM [sɪm] <u>comput</u> *afk* (single in-line memory) module kaart met geheugenchips

simmer ['sɪmə] **I** *znw* gesudder, gepruttel ★ *bring the milk to a ~* breng de melk zachtjes aan de kook **II** *overg* zacht laten koken, laten sudderen **III** *onoverg* **❶** eventjes koken, (op het vuur staan) pruttelen, sudderen ★ *allow to ~ for ten minutes* laat het tien minuten zachtjes koken **❷** <u>fig</u> smeulen, zich verbijten ★ *tempers have been ~ing for days* de stemming was al een paar dagen op het punt van uitbarsten **IV** *phras* ★ <u>inf</u> *~ down* kalmeren

Simon Says ['saɪmən sez] *znw* kinderspel waarbij opdrachten moeten worden uitgevoerd mits voorafgegaan door de woorden *Simon says*

simony ['saɪmənɪ] hist *znw* simonie

simoom [sɪ'muːm], **simoon** *znw* samoem, samoen ‹droge woestijnwind›

simp [sɪmp] Am inf *afk* → **simpleton**

simpatico [sɪm'pɑːtɪkəʊ] *bn* ❶ sympathiek ❷ gelijkgestemd

simper ['sɪmpə] I *znw* onnozele lach II *onoverg* onnozel lachen

simple ['sɪmpl] *bn* ❶ eenvoudig, gewoon ★ *the ~ life* de eenvoudige / natuurlijke leefwijze ❷ enkelvoudig ★ *for the ~ reason that* enkel en alleen omdat ❸ simpel, onnozel

simple fracture ['sɪmpl 'fræktʃə] med *znw* enkelvoudige breuk / fractuur

simple-hearted [sɪmpl'hɑːtɪd] *bn* oprecht

simple interest ['sɪmpl 'ɪntrəst] fin *znw* enkelvoudige rente

simple majority ['sɪmpl mə'dʒɒrətɪ] *znw* eenvoudige meerderheid van stemmen

simple-minded [sɪmpl'maɪndɪd] *bn* eenvoudig van geest, naïef, argeloos

simple sentence ['sɪmpl 'sentəns] gramm *znw* enkelvoudige zin

Simple Simon ['sɪmpl 'saɪmən] *znw* onnozel persoon

simpleton ['sɪmpltn], Am inf **simp** *znw* onnozele hals, simpele ziel

simplicity [sɪm'plɪsətɪ] *znw* ❶ eenvoud(igheid), enkelvoudigheid ★ *the recipe is ~ itself* het recept is een fluitje van een cent ★ *for the sake of ~* om het simpel te houden ❷ onnozelheid

simplification [sɪmplɪfɪ'keɪʃən] *znw* vereenvoudiging

simplify ['sɪmplɪfaɪ] *overg* ❶ vereenvoudigen ❷ simplificeren, te eenvoudig voorstellen

simplistic [sɪm'plɪstɪk] *bn* (al te) zeer vereenvoudigd, simplistisch

simply ['sɪmplɪ] *bijw* ❶ eenvoudig ❷ gewoonweg, zonder meer ❸ alleen (maar), enkel, slechts ❹ inf absoluut

simulacrum [sɪmjʊ'leɪkrəm] form *znw* [*mv:* simulacra *of* simulacrums] ❶ beeld, uitbeelding, voorstelling ❷ schijnbeeld

simulate ['sɪmjʊleɪt] *overg* veinzen, voorwenden (te hebben), (moeten) voorstellen, fingeren, (bedrieglijk) nabootsen, simuleren ★ *she ~d a smile* ze glimlachte gespeeld ★ *computer models are used to ~ the prototypes* computermodellen worden gebruikt om de prototypes te simuleren

simulated ['sɪmjʊleɪtɪd] *bn* nagebootst, imitatie ★ *~ wood* imitatiehout

simulation [sɪmjʊ'leɪʃən] *znw* ❶ geveins, simulatie ★ *a ~ of the truth* een valse waarheid ❷ bedrieglijke nabootsing

simulator ['sɪmjʊleɪtə] *znw* ❶ simulant ❷ techn simulator

simultaneity [sɪməltə'neɪətɪ], **simultaneousness** *znw* gelijktijdigheid

simultaneous [sɪməl'teɪnɪəs] *bn* gelijktijdig ★ schaken *a ~ display* simultaanschaken

sin [sɪn] I *znw* zonde, zondigheid ★ *as guilty / miserable / ugly & as ~* zo lelijk als de nacht ★ *a ~ of commission* een zonde van bedrijf ★ *a ~ of omission* een zonde van nalatigheid ★ gedat *live in ~* in concubinaat leven, ongetrouwd samenwonen ★ inf scherts *he's paying for his ~s by doing the washing up* hij doet boete voor zijn zonden door af te wassen II *onoverg* zondigen

sin bin [sɪn bɪn] inf *znw* ❶ sp strafbankje ❷ tuchtschool, opvoedingsgesticht, afkickcentrum

since [sɪns] I *voorz* sedert, sinds, van... af ★ *he has worked here ~ 1995* hij werkt hier al sinds 1995 ★ *it has been five years ~ the end of the war* het is vijf jaar geleden dat de oorlog afgelopen was II *voegw* ❶ sedert, sinds ★ *she's picked up ~ we've been here* ze is opgeknapt sinds we hier zijn ★ *it's been ages ~ I saw you* we hebben elkaar in geen tijden gezien ❷ aangezien, omdat ★ *they walk to school ~ there isn't enough money for the bus* ze lopen naar school omdat er niet genoeg geld is voor de bus III *bijw* ❶ sedert, sinds(dien) ★ *she was employed in 1990 and has been here ever ~* ze is in 1990 aangenomen en sinds die tijd is ze hier ★ *she's been writing music ever ~ she can remember* ze schrijft al muziek zolang als ze zich kan herinneren ★ *I played my first match in 1972 and I've been playing ever ~* ik speelde mijn eerste wedstrijd in 1972 en ben daarna altijd blijven spelen ❷ geleden ★ *a long ~ vanished tribe* een lang verdwenen stam

sincere [sɪn'sɪə] *bn* oprecht, ongeveinsd, onvermengd, zuiver ★ *please accept our ~ sympathy at your loss* van harte gecondoleerd met uw verlies

sincerely [sɪn'sɪəlɪ] *bijw* oprecht ★ *yours ~/~ yours* hoogachtend

sincerity [sɪn'serətɪ] *znw* oprechtheid, eerlijkheid ★ *there was no mistaking / doubting their ~* er bestond geen twijfel aan hun oprechtheid

sinecure ['saɪnɪkjʊə] *znw* sinecure

sine qua non ['saɪnɪ kweɪ 'nɒn] ‹‹Lat›› form *znw* absolute voorwaarde, onontbeerlijk iets ★ *a beautiful dress is the ~ of the perfect wedding* een mooie jurk is onontbeerlijk voor de perfecte bruiloft

sinew ['sɪnjuː] *znw* ❶ pees, zeen ❷ fig samenbindend element, basisstructuur ★ *taxes are the ~s of the state* belastingen zijn de basis voor de structuur van de staat

sinewy ['sɪnjuːɪ] *bn* ❶ zenig ❷ gespierd, sterk, fors

sinful ['sɪnfʊl] *znw* ❶ zondig, verdorven ❷ schandelijk, schandalig ★ *a ~ waste of money* een schandalige geldverspilling ★ scherts *a ~ chocolate cake* een verleidelijke chocoladetaart

sing [sɪŋ] I *overg* [sang, sung] zingen, bezingen ★ *~ sbd to sleep* iem. in slaap zingen ★ *~ the praises of sbd / sth* iem. / iets loven ★ *~ a different song / tune* uit een ander vaatje tappen ★ *~ the new / old year in / out* oud en nieuw vieren [sang, sung] II *onoverg* zingen ★ inf *he's ~ing small now* hij zingt nu een toontje lager ★ *~ for one's supper* niets voor niets krijgen ★ ~ *out of tune* vals zingen ❷ fluiten ‹v. wind›, gonzen ‹bijen en kogels› ❸ tuiten, suizen ‹oren› ❹ inf doorslaan ‹bij verhoor› **III** *phras* ★ ~ **along** meezingen ★ ~ **out** Am luid zingen, inf roepen ★ ~ **out to** *sbd* naar iemand roepen ★ ~ **out for** *sth* hard roepen, brullen om iets ★ Br ~ **up** luid zingen

Singapore [sɪŋə'pɔː] *znw* Singapore

Singaporean [sɪŋə'pɔːrɪən] **I** *bn* Singaporees **II** *znw* Singaporees, Singaporese

Singapore sling [sɪŋə'pɔː slɪŋ] *znw* cocktail van gin en cherrybrandy

singe [sɪndʒ] **I** *znw* ❶ verschroeiing, verzenging ❷ schroeiplek **II** *overg* (ver)zengen, (ver)schroeien ★ ~ *one's wings* zijn vingers branden

singer ['sɪŋə] *znw* zanger, zangvogel

Singhalese [sɪŋə'liːz] **I** *bn* Singalees **II** *znw* Singalees, Singalese

singing ['sɪŋɪŋ] **I** *bn* ❶ zingend ❷ zangerig **II** *znw* ❶ zingen ❷ (oor)suizen ❸ zangkunst

single ['sɪŋl] **I** *bn* ❶ enkel, enkelvoudig, enig ❷ afzonderlijk, individueel ❸ eenpersoons ❹ vrijgezellen-, ongetrouwd, alleenstaand **II** *znw* ❶ kaartje enkele reis ❷ alleenstaande, vrijgezel ❸ sp één run ‹bij cricket›, slag tot eerste honk ‹bij honkbal› **III** *phras* ★ ~ *sbd / sth* **out** iem. / iets uitkiezen, uitpikken, selecteren

single bed ['sɪŋl bed] *znw* eenpersoonsbed

single-breasted [sɪŋgl'brestɪd] *bn* met één rij knopen

single carriage way ['sɪŋgl 'kærɪdʒ weɪ] *znw* weg met één rijstrook in beide richtingen

single combat ['sɪŋgl 'kɒmbæt] *znw* man tegen man gevecht

single cream ['sɪŋgl kriːm] *znw* dunne room

single currency ['sɪŋgl 'kʌrənsɪ] *znw* eenheidsmunt

single-decker [sɪŋgl-'dekə] *znw* gewone bus ‹i.t.t. dubbeldekker›

single-engined [sɪŋgl-'endʒɪnd] *bn* eenmotorig

single entry bookkeeping ['sɪŋgl 'entrɪ 'bʊkkiːpɪŋ] *znw* enkele boekhouding

single file ['sɪŋgl faɪl] *znw* enkele rij ★ *walk in* ~ in ganzenpas lopen

single-handed [sɪŋgl'hændɪd] **I** *bn* alleen, in zijn eentje, eigenhandig ★ *a* ~ *accomplishment* een prestatie door één persoon **II** *bijw* alleen, in zijn eentje, eigenhandig ★ *the first man to sail* ~ *around the world* de eerste man die in zijn eentje rond de wereld is gezeild

single-hearted [sɪŋgl'hɑːtɪd] *bn* oprecht

single-income household [sɪŋgl-'ɪnkʌm 'haʊshəʊld] *znw* huishouden met één kostwinner

single-lens reflex camera [sɪŋgl-'lenz 'riːfleks 'kæmrə] *znw* spiegelreflexcamera

single malt ['sɪŋgl mɔːlt] *znw* whisky van één soort mout

single market ['sɪŋgl 'mɑːkɪt] *znw* gezamenlijke markt

single-minded [sɪŋgl'maɪndɪd] *bn* recht op zijn doel afgaand

single-mindedness [sɪŋgl-'maɪndɪdnəs] *znw* het nastreven van één doel, doelbewustheid

singleness ['sɪŋglnəs] *znw* concentratie ★ ~ *of mind / purpose* doelbewustheid

single parent ['sɪŋgl 'peərənt] *znw* alleenstaande ouder

single room ['sɪŋgl ruːm] *znw* eenpersoonskamer

singles ['sɪŋglz] *znw* [mv] enkelspel ‹tennis &›

singles bar ['sɪŋglz bɑː] *znw* bar voor alleenstaanden

single-seater [sɪŋgl'siːtə] luchtv *znw* eenpersoonstoestel

single-sex [sɪŋgl-'seks] *bn* niet gemengd ‹alleen jongens of alleen meisjes›

singlet ['sɪŋglət] *znw* (onder)hemd

singleton ['sɪŋgltn] kaartsp *znw* singleton ‹enige kaart in bep. kleur›

single-use [sɪŋgl-'juːs] *bn* wegwerp- ★ *a* ~ *camera* een wegwerpcamera

singly ['sɪŋglɪ] *bijw* afzonderlijk, één voor één

singsong ['sɪŋsɒŋ], **sing-song I** *bn* eentonig ‹stem› **II** *znw* ❶ geïmproviseerde samenzang ❷ deun, dreun

singular ['sɪŋgjʊlə] **I** *bn* ❶ enkelvoudig ❷ form bijzonder, zonderling, eigenaardig ★ *an event of* ~ *importance* een buitengewoon belangrijke gebeurtenis ❸ form enig (in zijn soort), zeldzaam **II** *znw* enkelvoud ★ gramm *the* ~ het enkelvoud

singularity [sɪŋgjʊ'lærɪtɪ] *znw* ❶ enkelvoudigheid ❷ zonderlingheid, eigenaardigheid

sinister ['sɪnɪstə] *bn* onheilspellend, sinister, boosaardig

sink [sɪŋk] **I** *znw* gootsteen ★ *a* ~ *plunger* een ontstopper ★ *a blocked* ~ een verstopte afvoer ★ *pour sth down the* ~ iets door de gootsteen spoelen ★ *put the dishes in the* ~ de afwas in de spoelbak zetten **II** *overg* [sank, sunk] ❶ doen zinken, tot zinken brengen ❷ laten (doen) zakken of dalen, neerlaten ❸ laten hangen ‹het hoofd› ❹ graven, boren ‹put› ❺ graveren ‹stempel› **III** *onoverg* [sank, sunk] ❶ zinken, zakken, vallen, dalen ★ ~ *or swim* erop of eronder ❷ fig verflauwen, afnemen, achteruitgaan ❸ neer-, verzinken, bezwijken, te gronde gaan, ondergaan ★ *his heart / spirits sank* de moed begaf hem ★ *we're sunk* we zijn reddeloos verloren **IV** *phras* ★ ~ **back** terugvallen ★ ~ **down** neerzinken, neerzijgen ★ ~ **in** inzinken, inf doordringen ★ *the news hasn't really sunk in yet* het nieuws is nog niet echt doorgedrongen ★ ~ **in/into** *sth* verzinken in iets, neerzinken in iets ★ ~ *sth into sth* iets steken in iets ‹(spaar)geld &›

sinker ['sɪŋkə] *znw* zinklood

sinking ['sɪŋkɪŋ] *bn* ★ *a / that* ~ *feeling* een bang gevoel om het hart

sinking fund ['sɪŋkɪŋ fʌnd] *znw* amortisatiefonds

sink unit [sɪŋk 'juːnɪt] *znw* aanrechtblok

sinless ['sɪnləs] *bn* zondeloos, zonder zonde

sinner ['sɪnə] *znw* zondaar

si

Sinn Fein ['ʃɪn 'feɪn] *znw* Sinn Fein ‹Ierse politieke nationalistische beweging›

Sino- ['saɪnəʊ] *bn* Chinees- ★ *the ~Japanese War* de Chinees-Japanse oorlog

sinologist [saɪ'nɒlədʒɪst, sɪ'nɒlədʒɪst] *znw* sinoloog

sinology [saɪ'nɒlədʒɪ, sɪ'nɒlədʒɪ] *znw* sinologie ‹Chinese studies›

sin tax [sɪn tæks] Am *inf znw* belasting op alcohol en tabak

sinuosity [sɪnjʊ'ɒsətɪ] *znw* ❶ bochtigheid ❷ kronkeling, bocht

sinuous ['sɪnjʊəs] *bn* ❶ bochtig, kronkelig ❷ lenig

sinus ['saɪnəs] anat *znw* ❶ sinus, holte ❷ fistel

sinusitis [saɪnə'saɪtɪs] med *znw* sinusitis

sip [sɪp] **I** *znw* teugje **II** *overg* met kleine teugjes drinken **III** *onoverg* nippen (aan *at*)

siphon ['saɪfən], **syphon I** *znw* hevel, sifon **II** *overg* overhevelen (ook: ~ *off*)

sippet ['sɪpɪt] *znw* soldaatje ‹gebakken stukje brood bij soep›

sir [sɜ:] *znw* heer, mijnheer ★ *Sir John / Henry &* Sir John / Henry & ‹aanspreekvorm van een *baronet* of *knight*› ★ *Dear Sir or Madam* Geachte heer of mevrouw ‹aanhef van een brief› ★ *no, ~!* geen sprake van!, absoluut niet!

sire ['saɪə] **I** *znw* ❶ (stam)vader ‹v. paard, hond› ❷ Sire ‹als aanspreekvorm› ❸ vero (voor)vader **II** *overg* verwekken

siren ['saɪərən] *znw* sirene, verleidster, misthoorn

sirloin ['sɜ:lɔɪn] *znw* (runder)lendenstuk

sirocco [sɪ'rɒkəʊ] *znw* sirocco ‹wind›

sis [sɪs] *znw* (sister) zus

sisal ['saɪs(ə)l] *znw* sisal

siskin ['sɪskɪn] *znw* sijsje ‹zangvogeltje›

sissy ['sɪsɪ], Br **cissy** inf *znw* ❶ doetje, huilebalk, watje ❷ **sissy pants** verwijfd type ❸ homo, nicht

sister ['sɪstə] *znw* ❶ zuster, zus ❷ (hoofd)verpleegster

sister city ['sɪstə 'sɪti:] *znw* zusterstad

sister company ['sɪstə 'kʌmpənɪ] *znw* zusteronderneming

sisterhood ['sɪstəhʊd] *znw* zusterschap

sister-in-law ['sɪstərɪnlɔ:] *znw* [mv: sisters-in-law] schoonzuster

sisterly ['sɪstəlɪ] *bn* zusterlijk, zuster-

sit [sɪt] **I** *znw* zitten, zit **II** *overg* [sat, sat] ❶ neerzetten ★ *she sat the child in its pram* ze zette het kind in de kinderwagen ❷ laten zitten, laten plaatsnemen ★ *the hall will ~ about a hundred people* er zijn ongeveer honderd zitplaatsen in de hal ❸ afleggen ‹examen› ❹ berijden ★ ~ *a horse well* goed te paard zitten, vast in het zadel zitten **III** *onoverg* [sat, sat] ❶ (blijven) zitten, liggen, rusten ★ *the TV was ~ting in a pool of water* de tv stond in een plas water ★ *that meal's ~ting on my stomach* die maaltijd ligt mij zwaar op de maag ★ ~ *still* stil zitten, blijven zitten ★ ~ *tight* zich kalm houden, zich niet roeren in een zaak, zich in zijn positie handhaven, op de uitkijk blijven ★ fig ~ *at the feet of sbd* volgeling

/ leerling van iem. zijn ★ fig ~ *on the fence* geen partij kiezen, geen beslissing nemen ❷ doen, afleggen ★ ~ *for an examination* examen doen ❸ passen, staan ★ *that new suit ~s well on him* dat nieuwe pak staat hem goed ★ *my reply clearly didn't ~ right / well with her* mijn antwoord viel duidelijk niet in goede aarde bij haar ❹ verblijven ★ *she ~s at home with the children while he has a good time* ze zit thuis bij de kinderen terwijl hij het ervan neemt ❺ (zitten te) broeden ❻ zitting houden, zitting hebben ★ ~ *on the jury* zitting hebben in de jury ★ ~ *in judgement on / over sbd* iem. bekritiseren ❼ poseren ‹voor portret› **IV** *phras* ★ ~ **around** lanterfanten, lummelen, rondhangen ★ ~ **back** achterover (gaan) zitten, zijn gemak ervan nemen, fig niet meedoen, zich afzijdig houden, lijdelijk toezien ★ ~ **by** lijdelijk toezien ★ ~ **down** gaan zitten, zich zetten, aanzitten ★ inf ~ *oneself down* gaan zitten ★ ~ *down and take sth* iets slikken, iets op zich laten zitten ‹beschuldiging, belediging &› ★ ~ **in** aan een sit-indemonstratie meedoen ★ ~ **in** *for sbd* iem. tijdelijk vervangen ★ ~ **in on** *sth* meedoen aan iets, aanwezig zijn bij iets ★ inf ~ **on** *sth* iets geheim houden, iets voor zich uitschuiven ★ inf ~ **on** *sbd* iem. op zijn kop geven / zitten ★ ~ *sth* **out** tijdens iets blijven zitten ‹een dans &›, iets uitzitten ★ ~ **through** *sth* iets helemaal uitzien ★ Am ~ **under** *sbd* les krijgen van iem. ★ ~ **up** rechtop (overeind) zitten, opzitten, overeind gaan zitten, opblijven ★ ~ *sbd* **up** iem. rechtop laten zitten, iem. helpen bij het rechtop zitten ‹een zieke in bed› ★ inf *make sbd* ~ **up** iem. vreemd doen opkijken, het iem. eens goed zeggen / laten voelen ★ inf *make sbd* ~ **up** *and take notice* iem. laten opkijken ★ ~ **up** *with a sick person* waken bij een zieke

sitar [sɪ'tɑ:] muz *znw* sitar

sitcom ['sɪtkɒm] inf *znw* → **situation comedy**

sit-down [sɪt'daʊn] **I** *bn* zittend, zit- ★ *a* ~ *meal* een maaltijd waarbij men aan tafel zit ★ *a* ~ *strike* een bezettingsstaking **II** *znw* ★ inf *have a* ~ even gaan zitten, even uitrusten

site [saɪt] **I** *znw* ❶ plaats, locatie, ligging ★ *the crash* ~ de plaats van het ongeluk ★ *a nesting* ~ een nestgebied, broedgebied ★ *a picnic* ~ een picknickplek ★ *a prime* ~ een eersteklas locatie ★ *on* ~ ter plekke ❷ (bouw)terrein ★ *a home* ~ een kavel / bouwterrein voor een huis ❸ comput website, site **II** *overg* terrein(en) verschaffen, plaatsen

site inspection [saɪt ɪn'spekʃən] *znw* opname, inspectie van een nieuwbouwproject ‹door / namens de opdrachtgever›

sit-in ['sɪtɪn] *znw* sit-in ‹zitdemonstratie, -actie›

sitter ['sɪtə] *znw* ❶ zitter ❷ poserende, model ❸ dierk broedende vogel, broedhen ❹ babysit(ter)

sitting ['sɪtɪŋ] **I** *bn* zittend, zitting hebbend **II** *znw* ❶ zitting, sessie ★ *the spring* ~ *of parliament* de voorjaarszitting van het parlement ★ *you managed* *to eat all that in one* ~? kon je dat allemaal in één keer opeten? ❷ poseren ★ *a portrait* ~ *can be tiring* poseren voor een portret kan vermoeiend zijn ❸ terechtzitting

sitting duck ['sɪtɪŋ dʌk] *znw* gemakkelijk doelwit, eenvoudige prooi

sitting member ['sɪtɪŋ 'membə] *znw* zittend lid

sitting room ['sɪtɪŋ ru:m] *znw* huiskamer

sitting tenant ['sɪtɪŋ 'tenənt] *znw* de tegenwoordige huurder

situate ['sɪtʃʊeɪt] *overg* situeren, plaatsen

situated ['sɪtʃʊeɪtɪd] *bn* gelegen, geplaatst ★ *a conveniently* ~ *restaurant* een gunstig gelegen restaurant ★ *her parents are quite comfortably* ~ haar ouders zijn in behoorlijk goeden doen

situation [sɪtʃʊ'eɪʃən] *znw* ❶ ligging, stand, positie ★ *a sunny* ~ een zonnige stand ❷ situatie, toestand ★ *there seemed no way out of the* ~ er leek geen uitweg (uit de situatie) te zijn ★ *take advantage of the* ~ van de situatie gebruik maken ★ *take / lose control of the* ~ de greep op de situatie verliezen ❸ plaats, betrekking

situation comedy [sɪtʃʊ'eɪʃən 'kɒmɪdɪ], **sitcom** *znw* sitcom ‹komische tv-serie›

situations vacant [sɪtʃʊ'eɪʃənz 'veɪkənt] *znw* personeelsadvertenties ‹in krant›

sit-up ['sɪt-ʌp] *znw* sit-up ‹buikspieroefening›

six [sɪks] *telw* zes ★ ~ *of one and half a dozen of the other* lood om oud ijzer, één pot nat ★ *at* ~*es and sevens* overhoop, in de war ★ *inf I wouldn't touch it with a* ~*foot pole* ik wil er absoluut niets mee te maken hebben ▼ *inf hit / knock sbd for* ~ de vloer aanvegen met iem., het glansrijk winnen van iem.

sixfold ['sɪksfəʊld] *bn & bijw* zesvoudig

six-pack ['sɪks-pæk] *znw* zes blikjes bier / frisdrank ‹die door middel van een plastic strip bijeen worden gehouden›

sixpence ['sɪkspəns] hist *znw* muntstuk van zes penny

sixpenny ['sɪkspənɪ] *bn* ❶ hist van zes penny ❷ fig afkeurend dubbeltjes-

six-shooter ['sɪks-ʃu:tə] *znw* revolver ‹met zes kamers›

sixteen [sɪks'ti:n] *telw* zestien

sixteenth [sɪks'ti:nθ] I *telw, bn & bijw* zestiende ★ *he was born on the* ~ *of April* hij is op 16 april geboren ★ *in* ~ *position* op de zestiende plek ★ *she came in* ~ ze werd zestiende II *znw* zestiende deel

sixth [sɪksθ] I *telw, bn & bijw* zesde II *znw* ❶ zesde deel ❷ *muz* sext

sixthly ['sɪksθlɪ] *bijw* ten zesde

sixth sense [sɪksθ sens] *znw* zesde zintuig

sixtieth ['sɪkstɪəθ] I *telw, bn & bijw* zestigste II *znw* zestigste deel

sixty ['sɪkstɪ] *telw* zestig ★ *the sixties* de jaren zestig ★ *in one's sixties* in de zestig ★ *inf* ~*four thousand dollar question* de hamvraag, de grote vraag

sizable ['saɪzəbl], **sizeable** *bn* ❶ tamelijk dik, groot ❷ flink, behoorlijk, van behoorlijke dikte

size [saɪz] I *znw* ❶ grootte, omvang, afmeting,

formaat ★ *actual* ~ ware grootte, op ware grootte ★ *his income is half the* ~ *of hers* zijn inkomen is half zo groot als dat van haar ★ *hailstones the* ~ *of tennis balls* hagelstenen zo groot als tennisballen ★ *inf that's about the* ~ *of it* daar komt het ongeveer op neer ★ *cut sbd down to* ~ iem. op zijn nummer zetten ❷ maat, nummer, kaliber ★ *they're all one* ~ ze zijn allemaal even groot ★ *it's a* ~ *too small* het is een maatje te klein ★ *it comes in three* ~*s* ze zijn er in drie maten ★ *cut sth to* ~ iets op maat snijden ★ *try sth for* ~ kijken, proberen of iets iem. ligt ❸ lijmwater II *overg* ❶ sorteren (naar de grootte), rangschikken ❷ op de juiste maat brengen, van pas maken ❸ lijmen, gladmaken van papier III *phras* ★ ~ *sbd / sth up* iem. / iets taxeren, zich een oordeel vormen over iem. / iets

sizeable ['saɪzəbl] *bn* → **sizable**

sized [saɪzd] *bn* van zekere grootte ★ *the same* ~ *feet* voeten van dezelfde grootte

sizzle ['sɪzəl] I *znw* sissen, gesis, geknetter II *onoverg* sissen, knetteren, geroosterd worden ★ *they must be sizzling out there on centre court* ze moeten het daar gloeiend heet hebben op het centre court

sizzler ['sɪzlə] inf *znw* ❶ sisser ❷ bloedhete dag ❸ lekker stuk ❹ knoert

skate [skeɪt] I *znw* ❶ schaats, rolschaats ★ *Br inf get one's* ~*s on* opschieten, voortmaken ❷ dierk spijkerrog, vleet II *onoverg* (rol)schaatsen (rijden) ★ *fig he's skating on thin ice* hij neemt behoorlijke risico's III *phras* ★ *fig* ~ **around / round / over** *sth* ergens luchtig overheen lopen / praten

skateboard ['skeɪtbɔ:d] *znw* skateboard

skateboarding ['skeɪtbɔ:dɪŋ] *znw* skateboarden

skater ['skeɪtə] *znw* schaatsenrijder, rolschaatser

skating rink ['skeɪtɪŋrɪŋk] *znw* (kunst)ijsbaan, rolschaatsbaan

skedaddle [skɪ'dædl] inf *onoverg* 'm smeren, opkrassen, ervandoor gaan

skeet [ski:t] *znw* (het) kleiduivenschieten

skein [skeɪn] *znw* ❶ streng ★ *a* ~ *of wool* een streng wol ❷ vlucht wilde ganzen

skeletal ['skelɪtəl] *bn* geraamte-, skelet-, skeletachtig ★ ~ *remains* skeletoverblijfselen ★ *a* ~ *storyline* een summier plot, de grote lijnen van een plot ★ *her arms were* ~ haar armen waren vel over been

skeleton ['skelɪtn] I *bn* beperkt, klein ‹v. dienst, personeel &› II *znw* ❶ geraamte, skelet ★ *a human* ~ een menselijk geraamte ★ fig *a* ~ *at the feast* een omstandigheid / persoon die de vreugde bederft ★ fig *a* ~ *in the cupboard* een onaangenaam (familie)geheim ❷ fig schets, schema, raam ★ *a* ~ *of a plot* een raamwerk van een plot

skeleton key ['skelɪtn ki:] *znw* loper ‹sleutel›

skeleton service ['skelɪtn 'sɜ:vɪs] *znw* minimale dienst

skeleton staff ['skelɪtn sta:f] *znw* kern van de staf, minimale staf

skelp [skelp] Br inf *overg* slaan

skep [skep] *znw* bijenkorf ‹van stro of teen›

skeptic ['skeptɪk] Am I bn → **sceptical** II zn → **sceptic**

skerry ['skerɪ] Schots znw klip, rif

sketch [sketʃ] I znw ❶ schets ❷ sketch II overg schetsen III onoverg schetsen IV phras ★ ~ sth in met een paar trekken aangeven ★ ~ sth out iets schetsen

sketchbook ['sketʃbʊk], **sketchpad** znw schetsboek

sketchy ['sketʃɪ] bn ❶ schetsmatig, vluchtig ❷ vaag, oppervlakkig ★ the only information we have is ~ we hebben alleen wat vage informatie

skew [skju:] I znw schuinte ★ on the ~ schuin II overg afbuigen ★ the tax advantages have been ~ed towards the rich de belastingvoordelen zijn scheef in het voordeel van de rijken III onoverg afbuigen, afslaan ★ the car ~ed across to the other side of the road de auto week schuin uit naar de andere kant van de straat

skewbald ['skju:bɔ:ld] bn met witte vlekken ‹een dier›

skewer ['skju:ə] I znw vleespin II overg met vleespinnen vaststeken

skew-eyed [skju:-'aɪd] bn scheel

skew-whiff [skju:'wɪf] inf bn schuin, krom

ski [ski:] I znw ski II onoverg skilopen, skiën

ski boots [ski: bu:ts] znw [mv] skischoenen

skid [skɪd] I znw ❶ remketting, remschoen ❷ techn slof, steun-, glijplank ❸ slip ‹v. auto &› ▼ inf on the ~s bergafwaarts, op weg naar het einde, van kwaad tot erger ▼ inf put the ~s under sbd iem. naar de verdommenis / bliksem helpen II onoverg slippen, glijden

skid lid ['skɪdlɪd] Br inf znw veiligheidshelm

skid marks [skɪd 'mɑ:ksmən] znw [mv] remsporen, slipsporen

skidoo [skɪ'du:] Am inf onoverg sneeuwscooter

skidpan ['skɪdpæn] znw slipschool

skid row [skɪd raʊ] Am inf znw achterbuurt

skier ['ski:ə] znw skiloper, skiër

skiff [skɪf] znw skiff ‹eenpersoons wedstrijdroeiboot›

skiffle ['skɪfl] muz znw skiffle

ski jump [ski: dʒʌmp] znw ❶ skisprong ❷ springschans

ski jumper [ski: 'dʒʌmpə] znw schansspringer

ski jumping [ski: 'dʒʌmpɪŋ] znw (het) ski-, schansspringen

skilful ['skɪlfʊl], Am **skillful** bn bekwaam, handig

ski lift [ski: lɪft] znw skilift

skill [skɪl] znw bekwaamheid, bedrevenheid, vakkundigheid ★ study ~s studievaardigheden ★ the country is facing a shortage of ~s het land heeft te kampen met een tekort aan vakkundigheid ★ the position requires a mastery of language ~s voor de baan is het bezit van taalvaardigheden noodzakelijk

skilled [skɪld] bn bekwaam, bedreven, vakkundig ★ ~ labourers geschoolde arbeiders, vakarbeiders

skillet ['skɪlɪt] znw ❶ pannetje met lange steel ❷ Am koekenpan

skillful ['skɪlfʊl] Am bn → **skilful**

skim [skɪm] overg ❶ afschuimen, afromen, afscheppen (ook: ~ off) ❷ scheren, (heen)glijden (langs, over)

❸ fig vluchtig inkijken / doorlopen ★ the analysis merely ~med the surface de analyse was nogal oppervlakkig

ski mask [ski: mɑ:sk] Am znw bivakmuts

skimmed milk ['skɪmd mɪlk], Am **skim milk** znw magere melk, taptemelk

skimmer ['skɪmə] znw ❶ schuimspaan ❷ draagvleugelboot, hovercraft ❸ inf een nauwsluitende jurk ❹ Am platte strohoed

skimp [skɪmp] I overg schrale maat toedienen, krap bedelen, beknibbelen, zuinig toemeten II onoverg erg zuinig zijn, bezuinigen ★ a restaurant that doesn't ~ on the portions een restaurant dat niet beknibbelt op de hoeveelheden

skimpy ['skɪmpɪ] bn schraal, karig, krap ★ she wore a ~ black dress ze droeg een kort zwart jurkje

skin [skɪn] I znw ❶ huid, vel ★ I don't like wool next to my ~ ik hou niet van wol op mijn huid ★ ~ and bone(s) vel over been ★ inf it's no ~ off my back / nose / teeth daar zit ik niet mee, dat is mijn pakkie-an niet ★ by the ~ of one's teeth net, op het kantje af, met de hakken over de sloot ★ we're all the same under the ~ in wezen zijn we allemaal gelijk ★ be drenched / soaked to the ~ doornat zijn ★ inf get under sbd's ~ iem. vreselijk irriteren ★ have a thick / thin ~ ongevoelig / gevoelig zijn voor kritiek ★ inf jump / leap out of one's ~ een gat in de lucht springen, zich dood schrikken, stomverbaasd zijn ★ save one's ~ zijn hachje bergen ❷ schil, pel ‹v. vruchten›, vlies ❸ leren zak, wijnzak, waterzak ❹ huid ‹v. vliegtuig of schip› II overg (af)stropen, villen, pellen, ontvellen ★ inf scherts ~ sbd alive boos worden op iem., iem. straffen ★ zegsw there's more than one way to ~ a cat er zijn meer manieren om iets te doen III onoverg ▼ inf keep your eyes ~ned hou je ogen open IV phras ★ ~ over genezen, nieuw vel krijgen ★ Br inf ~ up een joint rollen

skin cancer [skɪn 'kænsə] znw huidkanker

skincare ['skɪnkeə] znw huidverzorging

skin colour [skɪn 'kʌlə], Am **skin color** znw huidskleur

skin condition [skɪn kən'dɪʃən] znw huidaandoening

skin cream [skɪn kri:m] znw huidcrème

skin-deep [skɪn'di:p] bn niet dieper dan de huid gaand, niet diep zittend, oppervlakkig ★ zegsw beauty is only ~ echte schoonheid zit van binnen

skin-dive ['skɪndaɪv] onoverg duiken, onder water zwemmen ‹met zuurstofcilinder, maar zonder duikerpak›

skin-diver ['skɪndaɪvə] znw sportduiker (zonder duikerpak)

skin-diving ['skɪn-daɪvɪŋ] znw onderwatersport, duiksport

skin flick [skɪn flɪk] inf znw pornofilm

skinflint ['skɪnflɪnt] inf znw vrek, krent, gierigaard

skinful ['skɪnfʊl] inf znw ★ he's had a ~ hij heeft het nodige op

skin game [skɪn geɪm] Am inf znw oplichterij, afzetterij, zwendel

sk

skin graft [skɪn grɑːft] *znw* huidtransplantatie
skinhead ['skɪnhed] *znw* skinhead
skink [skɪŋk] *znw* skink ‹soort hagedis›
skinny ['skɪnɪ] *bn* ❶ (brood)mager ❷ inf met magere melk gemaakt ★ *a ~ latte* koffie gemaakt met magere melk ❸ nauwsluitend ★ *a ~ dress* een nauwsluitende jurk
skinny-dip ['skɪnɪ-dɪp] inf **I** *znw* naaktzwemmen ★ *go for a ~* gaan naaktzwemmen **II** *onoverg* naaktzwemmen
skinny-dipping ['skɪnɪ-dɪpɪŋ] *znw* naaktzwemmen
skint [skɪnt] inf *bn* platzak
skin-tight [skɪn'taɪt] *bn* zeer nauwsluitend
skip [skɪp] **I** *znw* ❶ (touwtje)springen ❷ sprongetje ❸ afvalcontainer **II** *overg* overslaan ‹bij lezen &› ★ inf *~ it!* hou op! **III** *onoverg* ❶ (touwtje)springen, huppelen ❷ van de hak op de tak springen **IV** *phras* ★ inf *~ off* ervandoor gaan, er uitknijpen ★ *~ over sth* iets overslaan
ski pants [skiː pænts] *znw* [mv] skibroek
ski pole [skiː pəʊl] *znw* → **ski stick**
skipper ['skɪpə] **I** *znw* ❶ (touwtje)springer ❷ dikkopje ‹soort vlinder› ❸ scheepv schipper ‹gezagvoerder› ❹ sp aanvoerder ‹v. elftal› ❺ inf chef, baas ❻ mil kapitein **II** *overg* commanderen ‹een schip›, (be)sturen
skipping rope ['skɪpɪŋrəʊp rəʊp] *znw* springtouw
ski resort [skiː rɪ'zɔːt] *znw* wintersportplaats
skirl [skɜːl] **I** *znw* geluid van een doedelzak, schril geluid **II** *onoverg* schril klinken ‹v. doedelzak›
skirmish ['skɜːmɪʃ] **I** *znw* schermutseling **II** *onoverg* ❶ schermutselen ❷ mil tirailleren
skirmisher ['skɜːmɪʃə] *znw* ❶ schermutseling ❷ mil tirailleur
skirmishing ['skɜːmɪʃɪŋ] *znw* schermutseling
skirt [skɜːt] **I** *znw* ❶ (vrouwen)rok ★ *a divided ~* een broekrok- ❷ Br inf vrouw, meid ★ *his bit of ~* zijn stuk / schatje ❸ rand, zoom ❹ middenrif ‹v.e. dier, als voedsel› ❺ slip, pand **II** *overg* ❶ omboorden, omzomen, begrenzen ❷ langs de rand / kust gaan / varen ❸ fig ontwijken, omzeilen ★ *~ the issue* de kwestie omzeilen **III** *phras* ★ *~ along / around sth* lopen langs iets, grenzen aan iets, iets omzeilen
skirt-chaser ['skɜːt-tʃeɪsə] inf *znw* rokkenjager
skirting ['skɜːtɪŋ], **skirting board** *znw* plint
ski run [skiː rʌn] *znw* skibaan, skiterrein
ski stick [skiː stɪk], **ski pole** *znw* skistok
skit [skɪt] *znw* parodie (op *on*)
skitter ['skɪtə] *onoverg* rennen, snellen ★ *her thoughts kept on ~ing back to last night* haar gedachten vlogen telkens terug naar de vorige avond
skittish ['skɪtɪʃ] *bn* ❶ schichtig ❷ grillig, dartel
skittle ['skɪtl] *znw* kegel ★ *~s* kegelspel ★ zegsw *life's not all beer and ~s* het is niet alle dagen feest
skittle alley ['skɪtl 'ælɪ] *znw* kegelbaan
skive [skaɪv] inf **I** *znw* ★ *be on the ~* lijntrekken **II** *overg* ontduiken ‹van verplichtingen› **III** *onoverg*

lijntrekken **IV** *phras* ★ *~ off* er tussenuit knijpen
skiver ['skaɪvə] inf *znw* lijntrekker
skivvies ['skɪvɪz] Am inf *znw* [mv] mannenondergoed
skivvy ['skɪvɪ] **I** *znw* ❶ Br inf dienstmeisje ❷ Am & Aus katoenen coltrui **II** *onoverg* Br inf huishoudelijk werk doen ★ *~ for sbd* het vuile werk doen voor iem.
skol [skɒl, skəʊl], **skoal** *tsw* proost!
skua ['skjuːə] *znw* jager ‹zeevogel›
skulduggery [skʌl'dʌgərɪ] inf *znw* kwade praktijken, oneerlijkheid, zwendel
skulk [skʌlk] *onoverg* ❶ loeren, sluipen, gluipen ★ *journalists ~ed around* er slopen journalisten rond ❷ zich verschuilen, zich onttrekken (aan)
skulker ['skʌlkə] *znw* ❶ gluiper ❷ lijntrekker
skull [skʌl] **I** *znw* schedel, doodskop ★ *a fractured ~* een schedelfractuur ★ inf *it's hard getting anything into his thick ~* het is moeilijk om iets in zijn hoofd te krijgen ★ inf *out of one's ~* gek, niet goed bij zijn hoofd, stomdronken **II** *overg* inf iem. op zijn hoofd slaan
skull and crossbones [skʌl ən 'krɒsbəʊnz] *znw* zeeroversvlag
skullcap ['skʌlkæp] *znw* kalotje, keppeltje
skunk [skʌŋk] *znw* ❶ dierk skunk, stinkdier ❷ skunk ‹bont› ❸ inf smeerlap ‹scheldwoord›
sky [skaɪ] **I** *znw* ❶ lucht, luchtstreek, hemel, uitspansel ★ *in the ~* aan de hemel, in de lucht ★ *out of the clear blue ~* als een donderslag bij heldere hemel ★ *under the open ~* in de openlucht ★ inf *the ~'s the limit* het kent geen grenzen, het kan niet op ★ *praise sbd to the skies* iem. hemelhoog prijzen ❷ - hemelsblauw **II** *overg* ★ inf *~ sth* ‹een bal› de lucht in gooien (schoppen, slaan), ‹een schilderij› zeer hoog hangen
sky blue [skaɪ bluː] *bn & znw* hemelsblauw
skybox ['skaɪbɒks] *znw* skybox, viploge ‹boven aan stadiontribune›
skydiver ['skaɪdaɪvə] *znw* parachutist die de vrije val beoefent
skydiving ['skaɪdaɪvɪŋ] *znw* vrije-valformatiespringen ‹met parachute›
sky-high [skaɪ-'haɪ] **I** *bn* hemelhoog, heel hoog ★ *~ wage costs* huizenhoge loonkosten **II** *bijw* hemelhoog, heel hoog ★ *racial tensions are soaring ~* spanningen tussen de rassen laaien hoog op
skyjack ['skaɪdʒæk] *overg* kapen ‹van vliegtuig›
skyjacker ['skaɪdʒækə] *znw* vliegtuigkaper
skyjacking ['skaɪdʒækɪŋ] *znw* vliegtuigkaperij
skylab ['skaɪlæb] Am *znw* ruimtestation, -laboratorium
skylark ['skaɪlɑːk] **I** *znw* leeuwerik **II** *onoverg* stoeien, lolletjes uithalen ★ *kids ~ing around* kinderen die kwajongensstreken aan het uithalen zijn
skylight ['skaɪlaɪt] *znw* dakraam, koekoek, vallicht, schijn-, bovenlicht, lantaarn
skyline ['skaɪlaɪn] *znw* horizon, skyline, silhouet
sky pilot [skaɪ 'paɪlət] inf *znw* ❶ geestelijke ❷ (vloot)aalmoezenier
skyrocket ['skaɪrɒkɪt] **I** *znw* vuurpijl **II** *onoverg* snel

stijgen ⟨v. prijzen &⟩

skyscape ['skaɪskreɪp] *znw* luchtgezicht ⟨schilderij⟩

skyscraper ['skaɪskreɪpə] *znw* wolkenkrabber

sky sign [skaɪ saɪn] *znw* lichtreclame ⟨boven op een gebouw⟩

skyward ['skaɪwəd] **I** *bn* hemelwaarts **II** *bijw*, **skywards** hemelwaarts ★ *prices are shooting* ~ de prijzen rijzen de pan uit

skyway ['skaɪweɪ] *znw* ❶ luchtroute ❷ Am verkeersweg op verhoogd niveau ❸ luchtbrug

skywriting ['skaɪraɪtɪŋ] *znw* luchtschrijven, luchtschrift

slab [slæb] *znw* ❶ (marmer)plaat, platte steen, gedenksteen ❷ schaaldeel ❸ plak ⟨kaas &⟩, moot ⟨vis⟩ ★ *a* ~ *of cheese* een plak kaas ❹ inf operatietafel, snijtafel ⟨in mortuarium⟩ ❺ Aus blad met 24 blikjes bier

slack [slæk] **I** *bn* ❶ slap, los ★ ~ *water* doodtij, stil water ❷ laks, loom (makend) ★ *how* ~ *of you!* wat laks van je! ❸ nalatig, traag **II** *znw* ❶ loos ⟨v. touw⟩, fig marge ★ *build in / create some* ~ een marge inbouwen ★ Am inf *cut sbd some* ~ iem. een zekere mate van vrijheid van gedrag toestaan ★ *take up the* ~ aantrekken, strak spannen ⟨v. touw &⟩, fig de teugel(s) kort houden, weer op gang brengen, nieuwe impulsen geven ❷ doodtij, stil water ❸ slappe tijd, komkommertijd, slapte ❹ kolengruis, gruiskolen **III** *onoverg* ❶ verslappen ❷ lanterfanten, lijntrekken, de kantjes eraf lopen (ook: ~ *off*) ❸ afnemen ❹ vaart verminderen

slacken ['slækən] **I** *overg* ❶ (laten) verslappen, (ver)minderen, vertragen ❷ vieren **II** *onoverg* verslappen, slap worden, afnemen, (ver)minderen, vaart verminderen (ook: ~ *off*)

slacker ['slækə] inf *znw* ❶ afkeurend ambitieloos persoon ❷ slabakker, treuzelaar

slack-jawed [slæk-'dʒɔːd] *bn* met open mond ★ *he stared* ~ *at me* hij staarde me aan met open mond

slacks [slæks] *znw* [mv] vrijetijdsbroek

slag [slæg] **I** *znw* ❶ techn slak(ken) ❷ inf slons, slet, sloerie ❸ Aus inf spuug **II** *onoverg* Aus inf spugen **III** *phras* ★ Br inf ~ *sbd* off iem. afkraken, afkammen

slag heap [slæg hi:p], **slagheap** *znw* slakkenberg ⟨bij kolenmijn⟩

slain [sleɪn] *ww* [v.d.] → **slay**

slake [sleɪk] *overg* ❶ lessen ★ *we ~d our thirst with cold beer* we lesten onze dorst met koud bier ❷ blussen ⟨v. kalk⟩

slalom ['slɑːləm] **I** *znw* slalom **II** *onoverg* slalommen

slam [slæm] **I** *znw* ❶ harde slag, bons ❷ kaartsp slem ▼ Am inf *the* ~ de gevangenis **II** *overg* ❶ hard dichtslaan ❷ iets plotseling in werking stellen ★ ~ *on the brakes* op de rem gaan staan ❸ slaan, harde klap met de hand geven ❹ (neer)smijten, kwakken ★ ~ *sth down* iets neersmakken ❺ inf sterk bekritiseren **III** *onoverg* met een klap iets doen ★ *the car ~med into the pole* de auto botste met een klap tegen de paal aan

slam-bang [slæm-bæŋ] inf **I** *bn* energiek, ruw,

gewelddadig ★ *a* ~ *action movie* een gewelddadige actiefilm **II** *bijw* plotseling, pardoes, met een klap ★ *he landed* ~ *in the middle of the roses* hij landde met een klap midden tussen de rozen

slam dancing [slæm 'dɑːnsɪŋ] *znw* ❶ slamdansen ⟨dansstijl waarbij men wild tegen elkaar aanspringt⟩ ❷ pogoën

slam dunk [slæm dʌŋk] basketbal **I** *znw* slamdunk ⟨het met kracht de bal in de basket slaan⟩ **II** *overg* slamdunken

slammer ['slæmə] inf *znw* bajes, bak

slander ['slɑːndə] **I** *znw* laster ★ *sue sbd for* ~ iem. een proces aandoen wegens laster **II** *overg* (be)lasteren

slanderer ['slɑːndərə] *znw* lasteraar

slanderous ['slɑːndərəs] *bn* lasterlijk

slang [slæŋ] **I** *znw* slang, jargon, dieventaal, Bargoens **II** *overg* inf uitschelden

slanging match ['slæŋɪŋ mætʃ] *znw* scheldpartij

slangy ['slæŋɪ] *bn* vol slang, slangachtig, plat ⟨v. taal &⟩

slant [slɑːnt] **I** *bn* schuin ★ *the jacket has* ~ *pockets* het jasje heeft schuine zakken **II** *znw* ❶ helling, schuinte ★ *on the* ~ schuin ★ *he set his cap at a* ~ hij zette zijn pet schuin ❷ inf gezichtspunt, kijk (op de zaak), draai (gegeven aan) ★ *give / put a different* ~ *to sth* een andere draai geven aan iets **III** *overg* ❶ doen hellen, schuin houden / zetten ❷ een draai geven aan, een andere kijk op de zaak geven ⟨vaak partijdig⟩ ★ *the report was ~ed against him* het rapport was partijdig in zijn nadeel **IV** *onoverg* ❶ hellen, zijdelings / schuin (in)vallen / gaan ❷ gekleurd zijn, bevooroordeeld zijn

slant-eyed [slɑːnt-'aɪd] vaak beledigend *bn* scheefogig

slanting ['slɑːntɪŋ] *bn* hellend, schuin ★ *right / left~ handwriting* naar rechts / links overhellend handschrift ★ *right / left~ political views* rechts / links georiënteerde politieke opvattingen

slantwise ['slɑːntwaɪz] *bn* & *bijw* schuin

slap [slæp] **I** *bijw* inf pardoes ★ *we arrived* ~ *in the middle of a hurricane* we kwamen net precies midden in een orkaan aan **II** *znw* klap, mep, fig veeg uit de pan ★ *a* ~ *in the face* een klap in het gezicht ★ *a* ~ *on the wrist* een vermaning, lichte straf **III** *overg* slaan (op), een klap geven, meppen, neersmijten **IV** *phras* ★ inf ~ *sbd* **down** iem. op z'n nummer zetten ★ inf ~ *sth* **on** iets erop kwakken ★ afkeurend inf ~ *a tax on/onto sth* belasting op iets heffen

slap and tickle [slæp ən 'tɪkl] Br inf *znw* geflirt

slap-bang [slæp'bæŋ] inf **I** *bn* pats-boem ★ *a* ~ *action flick* een pats-boem actiefilm **II** *bijw* ❶ direct, precies ★ *it is located* ~ *in the middle of London* het ligt midden in hartje Londen ❷ **slap-bang wallop** pardoes ❸ *she landed* ~ *on top of the flowerbed* ze kwam pardoes op het bloembed terecht ❸ plotseling, holderdebolder, pats, ineens

slapdash ['slæpdæʃ] inf afkeurend *bn* nonchalant, slordig, achteloos

slaphappy ['slæphæpɪ] <u>inf</u> bn ❶ vrolijk, uitbundig, lawaaiig, brooddronken ❷ nonchalant

slaphead ['slæphed] Br inf znw iemand met een kaal(geschoren) hoofd, kaalkop

slapper ['slæpə] Br inf znw slet, del

slapstick ['slæpstɪk] znw slapstick, gooi- en smijtfilm

slap-up ['slæpʌp] Br inf bn patent, eersteklas ★ a ~ job een uitstekend gedane klus ★ a ~ meal een uitgebreide luxueuze maaltijd

slash [slæʃ] I znw ❶ houw, jaap, snee, veeg ❷ split ‹in mouw› ❸ schuin streepje ❹ inf plas ★ go for a / have a ~ gaan plassen II overg ❶ hakken, kappen, houwen ★ they had to ~ their way through the undergrowth zij moesten zich een weg hakken door het kreupelhout ❷ snijden, japen ★ she tried to ~ her wrists ze probeerde haar polsen door te snijden ❸ striemen, ranselen ❹ afkraken, afmaken ‹een schrijver &› ❺ drastisch verlagen ‹prijzen› III onoverg ❶ hakken, kappen, houwen ❷ om zich heen slaan ★ ~ at sbd / sth slaan naar iem. / iets

slash-and-burn [slæʃ-ən-'bɜːn] bn kappen en platbranden ‹ontginningsmethode›

slasher ['slæʃə] znw ❶ inf moordenaar, messentrekker ❷ → **slasher movie** ❸ houwer, hakker, kettingzaag ❹ Aus maaier met roterende messen

slasher movie ['slæʃə 'muːvɪ] inf znw griezel- / geweldfilm

slash fiction [slæʃ 'fɪkʃən] znw genre in populaire lectuur (vooral fanzines), waarin twee samenwerkende mannen (bijv. uit een tv-serie) worden geportretteerd als homoseksueel stel

slashing ['slæʃɪŋ] bn ❶ inf flink, kranig, uitstekend ❷ vernietigend ‹v. kritiek› ★ they launched a ~ attack on the government ze ontketenden een heftige aanval op de regering

slat [slæt] znw lat ‹v. jaloezie›

slate [sleɪt] I bn leien, leikleurig II znw lei ★ inf put it on the ~ schrijf het maar op (de lat) ★ start with a clean ~ met een schone lei beginnen ★ wipe the ~ clean het verleden begraven, oude schulden vereffenen, met een schone lei beginnen III overg ❶ met leien dekken ❷ inf duchtig op zijn kop geven, afmaken, afkraken

slater ['sleɪtə] znw ❶ leidekker ❷ pissebed

slather ['slæðə] I znw Am inf grote hoeveelheid ▼ Aus & NZ open ~ de vrije teugel, ongehinderd zijn gang kunnen gaan II overg dik besmeren met

slating ['sleɪtɪŋ] znw ❶ bedaking, leien dakwerk ❷ afbrekende kritiek ★ give sbd a ~ iem. er duchtig van langs geven, iem. zeer scherp zeggen waar het op staat

slatted ['slætɪd] bn van latwerk, latten-

slattern ['slætn] znw slons, del

slatternly ['slætnlɪ] bn slonzig

slaty ['sleɪtɪ] bn leiachtig, lei-

slaughter ['slɔːtə] I znw ❶ slachten, slachting ❷ bloedbad II overg ❶ slachten, afmaken, vermoorden ❷ inf in de pan hakken ❸ neersabelen, scherp bekritiseren

slaughterer ['slɔːtərə] znw slachter

slaughterhouse ['slɔːtəhaʊs] znw ❶ slachthuis, abattoir ❷ fig slachtbank

Slav [slɑːv], **Slavic** I bn Slavisch II znw Slaaf, Slavische

slave [sleɪv] I znw slaaf, slavin ★ a ~ to fashion / habit & slaaf van de mode / zijn gewoonte & II onoverg slaven, sloven, zwoegen ★ scherts I've been slaving over a hot stove all day ik heb de hele dag aan een heet fornuis staan zwoegen

slave bangle [sleɪv 'bæŋgl], **slave bracelet** znw slavenarmband

slave driver [sleɪv 'draɪvə] znw slavendrijver

slave labour [sleɪv 'leɪbə], Am **slave labor** znw slavenarbeid

slaver ['sleɪvə] I znw ❶ slavenhandelaar ❷ slavenhaler ‹schip› ❸ kwijl, gekwijl, gezever II onoverg kwijlen, fig temen, zeveren ★ the two of them were ~ing over fashion magazines ze waren met z'n beiden aan het zeveren over modetijdschriften

slavery ['sleɪvərɪ] znw slavernij

slave trade [sleɪv treɪd] znw slavenhandel

slave trader [sleɪv 'treɪdə] znw slavenhandelaar

slavey ['sleɪvɪ] Br gedat znw (dienst)meisje

Slavic ['slɑːvɪk] bn & znw → **Slav**

slavish ['sleɪvɪʃ] bn slaafs ★ ~ adherence to the rules slaafse trouw aan regels

Slavonian [slə'vəʊnɪən] I bn Slavonisch II znw Slavoniër, Slavonische

Slavonic [slə'vɒnɪk] bn Slavisch

slaw [slɔː] Am znw koolsla

slay [sleɪ] overg [slew, slain] doodslaan, doden, (neer)vellen, afmaken, slachten

sleaze ['sliːz] znw ❶ vieze kerel, corrupt persoon ❷ smerigheid, goorheid, corruptie

sleazebag ['sliːzbæg], **sleazeball** inf znw enge kerel, viezerik, gluiperd, griezel

sleazoid ['sliːzɔɪd] inf I bn gemeen, onbetrouwbaar, verachtelijk II znw verachtelijk persoon

sleazy ['sliːzɪ] bn ❶ ondeugdelijk, slecht, armzalig ❷ slonzig, gemeen, goor, verlopen, onguur

sled [sled], Br **sledge** Am I znw slede, slee II onoverg sleeën

sledge [sledʒ] I znw ❶ techn voorhamer, moker ❷ → **sled** II onoverg ❶ sp beledigende opmerkingen maken tegen de batter van het andere team om hem uit zijn concentratie te brengen ‹bij cricket› ❷ → **sled**

sledgehammer ['sledʒhæmə] I znw voorhamer, moker ★ a ~ blow een krachtige slag ★ fig a ~ approach de bottebijlmethode II overg met een voorhamer / moker slaan

sleek [sliːk] I bn ❶ glad, gladharig ❷ glanzig, glimmend ‹v. gezondheid› ❸ gestroomlijnd ❹ fig zalvend, liefdoend II overg glad maken / strijken (ook ~ down) ★ he ~ed his hair back hij streek zijn haar glad naar achteren

sleep [sliːp] I znw slaap ★ a fitful ~ een rusteloze slaap

★ *the ~ of the just* de slaap der rechtvaardigen
★ *catch up on some ~* wat slaap inhalen ★ *drift in and
out of ~* dommelen ★ *feign ~* zich slapende houden
★ inf *get a bit of / some ~* een tukje doen ★ *get / have
a good night's ~* een goede nachtrust hebben ★ *go
to ~* in slaap vallen ★ *have a ~* slapen ★ *have a little ~*
een slaapje / dutje doen ★ *lose ~ over sth* ergens
grijze haren van krijgen, ergens wakker van liggen
★ *put sbd to ~* iem. naar bed brengen, iem. in slaap
sussen, iem. in laten slapen, inf iem. buiten westen
slaan ★ euf *put sth to ~* iets afmaken ‹v. huisdieren›
★ *the speech was so boring it nearly sent me to ~* de
toespraak was zo saai dat ik er bijna bij in slaap viel
★ *survive on a few hours' ~* met een paar uur slaap
toe kunnen ★ inf *I could do it in my ~* ik kan dat met
mijn ogen dicht **II** *overg* [slept, slept] ❶ laten slapen
❷ slaapgelegenheid hebben voor ▼ *~ the hours
away* zijn tijd verslapen **III** *onoverg* [slept, slept]
slapen, rusten ★ *~ late* uitslapen ★ *~ rough* onder
ongemakkelijke omstandigheden slapen, in de open
lucht slapen ★ *~ tight* slaap lekker ★ *~ like a baby / a
log* diep slapen ★ *the noise is keeping him from ~ing*
het lawaai houdt hem steeds wakker **IV** *phras*
★ inf *~ around* met Jan en alleman naar bed gaan
★ *~ in* uitslapen, zich verslapen ★ *~ sth off* zijn roes
uitslapen ★ *~ on* dóórslapen ★ *~ on it* er nog eens
een nachtje over slapen ★ *~ out* buitenshuis slapen,
niet intern zijn ★ Am *~ over* een nachtje blijven
slapen ★ *~ together* met elkaar naar bed gaan ★ *~
with sbd* slapen bij iem., naar bed gaan met iem.

sleep in
betekent **(lang) uitslapen** en niet *inslapen*. Ned.
inslapen (in slaap vallen) is **fall asleep** en *de hond
laten inslapen* is **have the dog put to sleep**. *Vredig
inslapen (overlijden)* is **pass away peacefully**.

sleep deprivation [sli:p deprɪ'veɪʃən] *znw* van slaap
beroven
sleep disorder [sli:p dɪs'ɔ:də] *znw* slaapstoornis
sleeper ['sli:pə] *znw* ❶ slaper, slaapkop, -muts
❷ slaapwagen, couchette ❸ dwarsligger, biels ‹v.
spoorweg›
sleep-in ['sli:p-ɪn] *znw* sleep-in ‹nachelijke bezetting
/ demonstratie›
sleeping ['sli:pɪŋ] *bn* slapend ★ *Sleeping Beauty* de
Schone Slaapster, Doornroosje ★ zegsw *let ~ dogs lie*
maak geen slapende honden wakker
sleeping bag ['sli:pɪŋ bæg] *znw* slaapzak
sleeping car ['sli:pɪŋ ka:] *znw* slaapwagen
sleeping compartment ['sli:pɪŋ kəm'pa:tmənt] *znw*
slaapcoupé
sleeping draught ['sli:pɪŋ dra:ft] gedat *znw*
slaapdrank
sleeping partner ['sli:pɪŋ 'pa:tnə] *znw* stille vennoot
sleeping pill ['sli:pɪŋ pɪl] *znw* slaappil
sleeping policeman ['sli:pɪŋ pə'li:smən] Br *znw*
verkeersdrempel
sleeping sickness ['sli:pɪŋ 'sɪknəs] *znw* slaapziekte

sleepless ['sli:pləs] *bn* ❶ slapeloos, rusteloos ❷ fig
waakzaam
sleep mode [sli:p məʊd] *znw* ‹m.b.t. elektrische
apparaten› sluimerstand, slaapstand
sleepout ['sli:paʊt] *znw* ❶ slapen in de buitenlucht
❷ Aus & NZ veranda of tuinhuisje waar geslapen
kan worden
sleepover ['sli:pəʊvə] *znw* nachtje blijven slapen,
logeerpartij
sleepsuit ['sli:psu:t] *znw* hansop, slaappakje
sleepwalk ['sli:pwɔ:k] *onoverg* slaapwandelen
sleepwalker ['sli:pwɔ:kə] *znw* slaapwandelaar
sleepwalking ['sli:pwɔ:kɪŋ] *znw* het slaapwandelen
sleepy ['sli:pɪ] *bn* ❶ slaperig ❷ slaapverwekkend
❸ slaap-
sleepyhead ['sli:pɪhed] inf *znw* slaapkop, -muts
sleet [sli:t] **I** *znw* natte sneeuw, hagel met regen
II *onoverg* sneeuwen met regen ★ *it was ~ing so hard
we couldn't see in front of us* het sneeuwde en
regende zo hard dat we niet vooruit konden kijken
sleeve [sli:v] *znw* ❶ mouw ★ *have sth up one's ~* iets
achter de hand hebben, iets in petto hebben
★ *laugh in one's ~* in zijn vuistje lachen ★ *wear one's
heart on one's ~* het hart op de tong hebben ❷ hoes
‹v. grammofoonplaat› ❸ techn mof, voering ‹v. as›
❹ luchtv windzak
sleeve board [sli:v bɔ:d] *znw* mouwplankje ‹strijken›
sleeveless ['sli:vləs] *bn* zonder mouwen, mouwloos
sleeve notes [sli:v nəʊts] *znw* [mv] hoestekst ‹van een
plaat›
sleigh [sleɪ] **I** *znw* (arre)slede, slee **II** *onoverg* arren
sleigh bell [sleɪ bel] *znw* sleebelletje
sleight [slaɪt] *znw* ❶ handigheidje, gauwigheidje
❷ vaardigheid, behendigheid, kunstgreep
sleight-of-hand [slaɪt-əv-'hænd] *znw* vingervlugheid,
handigheid, truc
slender ['slendə] *bn* ❶ slank, rank ❷ schraal, dun,
mager, gering, karig ★ *~ ability* geringe aanleg
/ begaafdheid ★ *~ means* karige middelen
slept [slept] *ww* [v.t. & v.d.] → **sleep**
sleuth [slu:θ] inf **I** *znw* detective, speurder **II** *overg*
uitzoeken, naspeuren
slew [slu:] **I** *znw*, **slue** ❶ draai, zwenking ❷ Am groot
aantal ★ *a ~ of questions* een groot aantal vragen
II *overg & onoverg*, **slue** omdraaien, zwenken **III** *ww*
[v.t.] → **slay**
slice [slaɪs] **I** *znw* ❶ snee, sneetje, schijf, schijfje, plak
‹vlees &› ★ *a ~ of bread and butter* een (enkele)
boterham ★ *a ~ of territory* een stuk / lap grond
★ *a ~ of life* uit het leven gegrepen, levensecht
❷ (aan)deel ★ inf *get a ~ of the action* deelnemen
aan iets, meedoen met iets ‹een spannende of
winstgevende bezigheid› ❸ visschep, spatel ❹ sp
effectbal ❺ fragment, dwarsdoorsnede **II** *overg* ❶ in
sneetjes, dunne schijven / plakken snijden (ook: ~
up) ❷ snijden ★ *~ sth off* iets afsnijden ❸ sp met
effect slaan ‹tennis›
sliced [slaɪst] *bn* gesneden ★ *~ bread* gesneden brood

★ inf *the best thing since ~ bread* erg goed / uitstekend

slicer ['slaɪsə] *znw* ❶ snijder ❷ snijmachine ❸ schaaf ⟨voor groenten &⟩

slick [slɪk] **I** *bn* ❶ glad, rad, vlug, vlot, handig ❷ oppervlakkig ❸ glanzend **II** *znw* olievlek, -laag ⟨op water, zee⟩ **III** *phras* ★ *~ sth* **down** iets glad kammen, (het haar) met water & tegen het hoofd plakken ★ Am ~ *sbd / sth* **up** iem. / iets opknappen, netjes maken

slicker ['slɪkə] Am *znw* ❶ inf gladjanus, linkmiegel ❷ waterafstotende regenjas, oliejas

slide [slaɪd] **I** *znw* ❶ glijden ❷ glijbaan, hellend vlak ❸ dia, diapositief, lantaarnplaatje ❹ objectglas, voorwerpglaasje ⟨v. microscoop⟩ ❺ schuif, schuifje ❻ haarspeld ❼ aardverschuiving, lawine ❽ achteruitgang, daling **II** *overg* [slid, slid] laten glijden, laten glippen, laten schieten, laten schuiven ★ *~ sth* **open** iets openschuiven **III** *onoverg* [slid, slid] ❶ glijden, glippen, slieren, schuiven ★ fig ~ **over** *sth* losjes over iets heenpraten ❷ afglijden, uitglijden, een misstap doen ❸ langzaam achteruitgaan ★ *let sth ~* iets laten verpieteren, iets verwaarlozen

slide fastener [slaɪd 'fɑːsnə] *znw* ritssluiting

slide frame [slaɪd freɪm] *znw* diaraampje

slide guitar [slaɪd gɪ'tɑː] muz *znw* slidegitaar

slide projector [slaɪd prə'dʒektə] *znw* diaprojector, diascoop

slider ['slaɪdə] *znw* ❶ glijder, schuif ❷ glijbank, glijplank

slide rule [slaɪd ruːl] *znw* rekenliniaal, -lat

slideshow ['slaɪdʃəʊ] *znw* diavertoning

slide valve [slaɪd vælv] techn *znw* schuifklep

sliding ['slaɪdɪŋ] *bn* glijdend, glij-, schuif- ★ *a ~ keel* een middenzwaard ⟨v. boot⟩

sliding scale ['slaɪdɪŋ skeɪl] *znw* ❶ beweeglijke, veranderlijke (loon)schaal ❷ glijdende schaal

sliding seat ['slaɪdɪŋ siːt] *znw* glijbank

sliding valve ['slaɪdɪŋ vælv] *znw* schuifklep

slight [slaɪt] **I** *bn* ❶ licht, tenger ❷ zwak, gering, onbeduidend, vluchtig ★ *not in the ~est* totaal niet ★ *I don't have the ~est idea* ik heb absoluut geen idee **II** *znw* geringschatting, kleinering **III** *overg* ❶ geringschatten, buiten beschouwing laten, minachten ❷ versmaden, opzij zetten, veronachtzamen

slighting ['slaɪtɪŋ] *bn* geringschattend, minachtend

slightly ['slaɪtlɪ] *bijw* ❶ licht, tenger, zwak ★ *she's ~ built* ze is tenger gebouwd ❷ lichtelijk, enigszins, ietwat, iets, een beetje ★ *they were only ~ injured* ze waren alleen maar lichtgewond

slily ['slaɪlɪ] *bijw* → **slyly**

slim [slɪm] **I** *bn* ❶ slank, tenger ★ *he has a ~ build* hij is tenger gebouwd ❷ klein, gering ⟨kans⟩ **II** *overg* een vermageringskuur doen ondergaan, slanker maken **III** *onoverg* afslanken, lijnen **IV** *phras* ★ *~ down* afslanken, inkrimpen ⟨van een bedrijf⟩

slime [slaɪm] *znw* ❶ slib ❷ slijm ⟨v. aal, slak &⟩

slimline ['slɪmlaɪn] *bn* ❶ smal, rank ⟨apparaat &⟩ ❷ afgeslankt ⟨organisatie⟩ ❸ Br met weinig calorieën

slimmer ['slɪmə] *znw* iem. die aan de lijn doet

slimming ['slɪmɪŋ] *znw* ❶ vermageringskuur ❷ afslanken

slimy ['slaɪmɪ] *bn* ❶ slibberig, glibberig ❷ fig slijmerig, kruiperig

sling [slɪŋ] **I** *znw* ❶ slinger, katapult ❷ hanger, strop, lus ❸ verband, mitella, draagband, draagdoek ⟨voor baby⟩ ❹ mil riem ⟨v. geweer &⟩ **II** *overg* [slung, slung] ❶ slingeren, zwaaien met ❷ gooien ★ Am inf *~ beer* achter de bar staan ★ Am inf *~ hash / plates* in een cafetaria werken ❸ (op)hangen, vastsjorren ▼ inf *~ one's hook* er vandoor gaan **III** *phras* [slung, slung] ★ Aus & NZ inf *~ off at sbd / sth* iem. / iets belachelijk maken

sling bag [slɪŋ bæg] *znw* schoudertas

slinger ['slɪŋə] *znw* ❶ slingeraar ❷ kelner, serveerster

slink [slɪŋk] *onoverg* [slunk, slunk] (weg)sluipen ⟨ook: ~ *away / off*⟩

slinky ['slɪŋkɪ] inf *bn* ❶ verleidelijk sluipend ❷ nauwsluitend, slank(makend)

slip [slɪp] **I** *znw* ❶ misstap, uitglijding ★ zegsw *there's many a ~ 'twixt cup and lip* er kan nog van alles misgaan ❷ fig vergissing, abuis ★ *a ~ of the pen* een verschrijving ★ *a ~ of the tongue* een verspreking ★ *make a ~* zich vergissen ❸ aardverschuiving ❹ (kussen)sloop ❺ onderbroek ❻ onderrok, onderjurk ❼ stek ⟨v. plant⟩ ❽ strook papier ★ *a tear-off ~* een afscheurbare coupon ❾ scheepv (scheeps)helling ❿ sp slip ⟨veldpositie in cricket⟩ ⓫ slib, kleisuspensie, engobe ⟨pottenbakkerij⟩ ▼ *a ~ of a girl / boy / youth &* een tenger(e) meisje / jongen / jongeman & ▼ inf *give sbd the ~* ontsnappen, ontglippen aan iem. **II** *overg* ❶ laten glijden, glippen, schieten ❷ laten vallen, loslaten ❸ ontglippen, (vóór-, af)schuiven ★ *~ sbd's memory / mind* vergeten ★ *let sth ~* zich iets laten ontvallen ❹ heimelijk toestoppen **III** *onoverg* ❶ slippen, (uit)glijden, (ont)glippen ❷ verslappen, minder worden ★ *his performance has ~ped* zijn prestaties zijn minder geworden ❸ (weg)sluipen **IV** *phras* ★ *~ across* even overwippen ★ *~ away* uitknijpen, wegsluipen, voorbijvliegen ⟨v. tijd⟩ ★ *~ by* voorbijgaan ★ *~ from sth* iets ontglippen ★ *~ into sth* iets binnensluipen ⟨huis, winkel &⟩, iets aanschieten ⟨kleren⟩ ★ *~ off* stilletjes verdwijnen ★ *~ sth off* iets snel uittrekken ⟨kleren⟩ ★ *~ sth on* iets aanschieten ⟨kleren⟩ ★ *~ out* naar buiten glippen, ongewild naar buiten komen ⟨v. opmerking⟩ ★ *~ out of one's hands* uit iemands handen glippen ★ inf *~ up* zich vergissen, een fout maken

slip

als benaming voor een kledingstuk betekent **onderrok**, **onderjurk** en niet *slipje*.
Ned. *slipje* = **panties, underpants**.

slip casting [slɪp 'kɑːstɪŋ] *znw* slibgieten ⟨pottenbakkerij⟩

slip cover [slɪp 'kʌvə] *znw* hoes

slip knot [slɪp nɒt] *znw* schuifknoop

slip-on ['slɪpɒn] **I** *bn* makkelijk aan te trekken ⟨schoenen, kleding⟩ **II** *znw* kledingstuk dat je makkelijk aan kan trekken

slipover ['slɪpəʊvə] *znw* slip-over, pullover

slipped disc [slɪpt dɪsk] *med znw* hernia

slipper ['slɪpə] **I** *znw* pantoffel, muil, slof **II** *overg* met de slof geven

slippered ['slɪpəd] *bn* met pantoffels / sloffen (aan) ★ ~ *feet* op pantoffels / sloffen

slippery ['slɪpərɪ] *bn* glibberig, glad ★ *a ~ customer* een gladjanus ★ ~ *fingers* gladde vingers ★ *as ~ as an eel* zo glad als een aal, voor geen cent te vertrouwen

slippy ['slɪpɪ] *inf bn* glibberig ▼ Br *be / look ~!* vlug een beetje!

slip road [slɪp rəʊd] *znw* ❶ oprit ❷ afrit ⟨v. autoweg⟩

slipshod ['slɪpʃɒd] *bn* slordig

slipstream ['slɪpstriːm] **I** *znw* ❶ luchtv schroefwind ❷ zuiging ⟨achter een auto &⟩ **II** *onoverg* in de slipstream rijden van ⟨een andere auto⟩

slip-up ['slɪpʌp] *inf znw* fout, vergissing

slipway ['slɪpweɪ] *znw* (sleep)helling

slit [slɪt] **I** *znw* lange snee, spleet, split, spouw, sleuf, gleuf **II** *overg* [slit, slit] (aan repen) snijden, spouwen, splijten ★ ~ *sbd's throat* iem. de keel afsnijden ★ ~ *one's wrists* de polsen doorsnijden ★ ~ *sth open* iets open snijden!

slit-eyed [slɪt-'aɪd] *bn* spleetogig

slither ['slɪðə] *onoverg* glibberen, slieren ★ *the snake ~ed away* de slang kronkelde weg

slithery ['slɪðərɪ] *bn* glibberig

sliver ['slɪvə] **I** *znw* reepje, flenter, splinter **II** *overg* in repen snijden / breken

Sloane [sləʊn], **Sloan Ranger** Br *inf znw* onafhankelijke, welgestelde jonge vrouw ⟨m.n. in Londen⟩

slob [slɒb] **I** *znw* ❶ inf luie stomkop, smeerlap, boerenpummel ❷ Iers modder, slijk **II** *phras* ★ *inf ~ about / around* lanterfanten, rondhangen en niets uitvoeren

slobber ['slɒbə] **I** *znw* kwijl, gekwijl, gezever fig sentimenteel geklets **II** *onoverg* kwijlen **III** *phras* ★ *inf ~ over sth* sentimenteel doen over iets ★ *inf ~ over sbd* iem. natte zoenen geven, door zoenen iem. nat maken

slobbery ['slɒbərɪ] *bn* kwijlend ★ ~ *kisses* natte zoenen

sloe [sləʊ] *znw* slee(doorn), sleepruim

sloe-eyed [sləʊ-'aɪd] *bn* met donkere ogen

sloe gin [sləʊ dʒɪn] *znw* sleepruimenjenever

slog [slɒg] **I** *znw* ❶ harde slag, kloppartij ❷ geploeter,

gezwoeg **II** *overg* hard slaan, beuken **III** *onoverg* ❶ er op losslaan / timmeren ❷ ploeteren, zwoegen ★ *they ~ged on for another half hour* ze ploeterden nog een half uur door **IV** *phras* ★ ~ *sth out* iets uitvechten, hard doorknokken om iets

slogan ['sləʊgən] *znw* strijdkreet, slogan, leus, slagzin, motto

sloganeer [sləʊgə'nɪə] **I** *znw* kretoloog **II** *onoverg* in slagzinnen spreken, veel leuzen gebruiken ⟨vooral in de politiek⟩

sloganeering [ləʊgə'nɪərɪŋ] *znw* kretologie, gebruik van leuzen

slogger ['slɒgə] *znw* ❶ iem. die hard slaat ❷ zwoeger

slo-mo [sləʊ-məʊ] *inf znw* → Am **slow motion**

sloop [sluːp] *znw* sloep

slop [slɒp] **I** *znw* ❶ gemors, plas ❷ sentimenteel gedoe **II** *overg* morsen, (neer)plassen, kwakken **III** *onoverg* gemorst worden **IV** *phras* ★ *inf ~ around* oude, slordige kleren dragen ★ Br ~ *out* toiletemmer / po leegmaken ★ ~ *over* overlopen, overstromen

slop basin [slɒp 'beɪsən] *znw* spoelkom

slop bucket [slɒp 'bʌkɪt], **slop pail** *znw* toiletemmer, emmer voor afvalwater ⟨keuken⟩

slope [sləʊp] **I** *znw* schuinte, glooiing, helling ★ mil *at the* ~ met het geweer aan de schouder **II** *overg* ❶ schuin houden, doen hellen ★ mil ~ *arms!* schouder geweer! ❷ afschuinen, schuin snijden **III** *onoverg* glooien, hellen, schuin aflopen / lopen / vallen ★ *the farm ~s (down) towards a river* de boerderij loopt af naar een rivier toe **IV** *phras* ★ *inf ~ off* 'm smeren, ophoepelen

sloping ['sləʊpɪŋ] *bn* glooiend, hellend, aflopend, schuin, scheef

slop pail [slɒp peɪl] *znw* → **slop bucket**

sloppily ['slɒpɪlɪ] *bijw* slordig, smerig

sloppiness ['slɒpɪnəs] *znw* ❶ waterigheid ❷ slordigheid ❸ sentimentaliteit

sloppy ['slɒpɪ] *bn* ❶ waterig, nat ❷ slodder(acht)ig, slordig ❸ (huilerig) sentimenteel ★ *a ~ movie* een sentimentele film

slops [slɒps] *znw [mv]* ❶ spoel- / waswater, inhoud van toiletemmer ❷ spoeling, dun varkensvoer

slosh [slɒʃ] **I** *znw* ❶ plas, geplas ❷ Br *inf* dreun, harde klap **II** *overg* ❶ knoeien ⟨met water⟩ ❷ laten klotsen ❸ Br *inf* afranselen **III** *onoverg* klotsen, plassen, ploeteren ★ ~ *through the mud* door de modder ploeteren

sloshed [slɒʃt] *inf bn* dronken

slot [slɒt] **I** *znw* ❶ gleuf, sleuf, sponning ❷ ruimte, plaatsje, gaatje ❸ zendtijd **II** *overg* een gleuf of sponning maken in **III** *phras* ★ ~ *sth in* iets inpassen ★ ~ *sbd in* een plaats vinden voor iem ★ ~ **together** in elkaar passen

sloth [sləʊθ] *znw* ❶ luiheid, vadsigheid, traagheid ❷ luiaard ⟨dier⟩

slothful ['sləʊθfʊl] *bn* lui, vadsig, traag

slot machine ['slɒtməʃiːn] *znw* ❶ (verkoop)automaat

❷ Am gokautomaat
slot meter [slɒt 'miːtə] *znw* muntmeter
slotted spoon ['slɒtɪd spuːn] *znw* schuimspaan, schuimlepel
slouch [slaʊtʃ] **I** *znw* ❶ neerhangen, slungelige gang / houding ❷ slappe rand ‹v. e. hoed› ❸ *inf* nietsnut, knoeier, kluns ★ *he's no ~ in the kitchen* hij is bepaald geen slechte kok **II** *overg* neerdrukken, over de ogen trekken ‹hoed› **III** *onoverg* slap (neer)hangen, slungelen ★ *he ~ed against the wall* hij leunde slungelig tegen de muur aan ★ *~ around* rondlummelen, rondhangen
slouch hat [slaʊtʃ hæt] *znw* slappe hoed
slouchy ['slaʊtʃɪ] *bn* slungelig, slordig
slough I *znw* [slaʊ] poel, modderpoel, moeras **II** *znw* [slʌf] ❶ afgeworpen (slangen)vel ❷ korst, roof ‹v. wonden› **III** *phras* [slʌf] ★ *~ sth* **off** iets afwerpen, van zich afschudden
slough of despond [slaʊ əv dɪ'spɒnd] *znw* het moeras der wanhoop, zonde ★ *he'd fallen into such a ~ that it was time to seek help* hij was zo wanhopig geworden, dat het tijd was om hulp in te roepen
sloughy I *bn* ['slaʊɪ] modderig, moerassig **II** *bn* ['slʌfɪ] met een korst bedekt
Slovak ['sləʊvæk] **I** *bn* Slowaaks **II** *znw* ❶ Slowaak, Slowaakse ❷ Slowaaks ‹de taal›
Slovakia [sləʊ'vækɪə] *znw* Slowakije
sloven ['slʌvən] *znw* slons, sloddervos
Slovene ['sləʊviːn] *znw* Sloveen, Sloveense
Slovenia [sləʊ'viːnɪə] *znw* Slovenië
Slovenian [sləʊ'viːnɪən] **I** *bn* Sloveens **II** *znw* ❶ Sloveen, Sloveense ❷ Sloveens ‹de taal›
slovenliness ['slʌvənlɪnəs] *znw* slonzigheid
slovenly ['slʌvənlɪ] *bn* slordig, slonzig
slow [sləʊ] **I** *bn* ❶ langzaam, langzaam werkend, traag, (s)loom ★ *~ off the mark / on the uptake* traag van begrip ★ *he was not ~ to see the problem* hij zag de moeilijkheid gauw genoeg ★ *we're making ~ progress* we schieten niet erg op ★ *the ~ lane* de rijstrook voor het langzame verkeer ★ *a ~ pitch* een trage pitch ★ *a ~ puncture* een band die langzaam leeg loopt ★ geleidelijk, niet gauw, niet vlug ★ *a ~ learner* een trage leerling ★ *she's making ~ but steady progress* ze gaat langzaam maar zeker vooruit ❸ saai, vervelend ‹v. film &› ❹ laat, vertraagd ★ *ten minutes ~* 10 minuten achter ‹v. klok› ★ *the train was ~ to arrive* de trein had vertraging **II** *bijw* langzaam ★ *~-moving traffic* langzaam rijdend verkeer ★ *go ~* achter gaan of lopen ‹v. uurwerk›, het kalmpjes aan doen, een langzaamaantactiek toepassen ‹v. werknemers› **III** *overg* vertragen, de snelheid verminderen van, verlangzamen, langzamer laten lopen, afremmen **IV** *onoverg* vaart (ver)minderen, afremmen ★ *traffic has ~ed to a crawl* het verkeer is tot een slakkengang teruggebracht **V** *phras* ★ *~* **down/up** vaart (ver)minderen, afremmen ★ *~ sbd / sth* **down / up** iem. / iets afremmen

slow burn [sləʊ bɜːn] *znw* ❶ *Br* periode van weinig activiteit ★ *her career is on a ~* er zit niet veel vooruitgang in haar carrière ❷ *Am* langzame kwaadheid ★ *while she exploded quickly, he would do a ~* zij ontplofte maar hij werd langzaam kwaad
slowcoach ['sləʊkəʊtʃ], *Am* **slowpoke** *inf znw* traag persoon, slome, treuzelaar
slowdown ['sləʊdaʊn] *znw* ❶ vertraging ❷ *Am* langzaamaanactie
slow handclap [sləʊ 'hændklæp] *znw* traag handgeklap
slowly ['sləʊlɪ] *bijw* langzaam ★ *~ but surely* langzaam maar zeker
slow motion [sləʊ'məʊʃən], *inf* **slo-mo** *znw* ★ *in ~* vertraagd ‹v. film›
slowness ['sləʊnəs] *znw* traagheid
slow-paced [sləʊ-'peɪst] *bn* langzaam, traag ‹v. gang›
slowpoke ['sləʊpəʊk] *znw* → *Am inf* **slowcoach**
slow-witted [sləʊ-'wɪtɪd] *bn* traag van begrip
slow-worm ['sləʊwɜːm] *znw* hazelworm
SLR *afk* (single-lens) reflex spiegelreflexcamera
sludge [slʌdʒ] *znw* slobber, slik, halfgesmolten sneeuw / ijs
sludgy ['slʌdʒɪ] *bn* slobberig, modderig, slikkerig
slue [sluː], **slew I** *znw* draai **II** *overg & onoverg* (om)draaien
slug [slʌg] **I** *znw* ❶ slak (zonder huisje) ❷ (schroot)kogel ❸ *inf* slok **II** *overg inf* neerslaan, afranselen, bewusteloos slaan **III** *phras* ★ *inf ~ sth* **out** iets uitvechten
sluggard ['slʌgəd] *znw* luiaard, luilak
sluggish ['slʌgɪʃ] *bn* lui, traag
slug pellet [slʌg 'pelɪt] *znw* slakkenkorrel
sluice [sluːs] **I** *znw* ❶ sluis, spuisluis, spui, sluiswater ❷ **sluice gate** sluisdeur **II** *overg* uit-, doorspoelen, (af)spoelen, spuien, doen uitstromen **III** *onoverg* uitstromen, neerstromen **IV** *phras* ★ *~ sth* **down / out** iets uitspoelen, doorspoelen
slum [slʌm] **I** *znw* ❶ slop, achterbuurt, slum ❷ krot **II** *overg* ★ *inf ~ it* onder zijn stand / armoedig leven
slumber ['slʌmbə] **I** *znw* ❶ *dicht* slaap ❷ sluimer(ing) ★ *the measures should shake the industry out of its ~* de maatregelen zullen de industrie wakker schudden **II** *onoverg* sluimeren
slumberous ['slʌmb(ə)rəs], **slumbrous** *dicht bn* ❶ slaperig (makend) ❷ sluimerend
slumber party ['slʌmbə 'pɑːtɪ] *znw* pyjamafeest ‹voor meisjes›
slumber wear ['slʌmbə weə] *znw* nachtkleding
slum clearance ['slʌmklɪərəns] *znw* krotopruiming
slum dweller [slʌm 'dwelə] *znw* krotbewoner
slum dwelling [slʌm 'dwelɪŋ] *znw* krotwoning
slummy ['slʌmɪ] *bn* achterbuurtachtig, sloppen-
slump [slʌmp] **I** *znw* plotselinge / grote prijsdaling, plotselinge vermindering van navraag / belangstelling / populariteit, malaise **II** *onoverg* ❶ plotseling zakken / dalen ‹v. prijzen›, afnemen ‹in populariteit &› ❷ (zich laten) glijden, zakken,

vallen

slumped [slʌmpt] *bn* ineengezakt ★ *he was found ~ across the steering wheel* hij werd ineengezakt achter het stuur gevonden

slung [slʌŋ] *ww* [v.t. & v.d.] → **sling**

slunk [slʌŋk] *ww* [v.t. & v.d.] → **slink**

slur [slɜ:] **I** *znw* ❶ klad, smet, vlek, blaam ★ *cast a ~ on sbd's character / name* iem. verdacht maken ❷ onduidelijke uitspraak, gemompel ★ *he spoke in a ~* hij mompelde ❸ *muz* koppelboog **II** *overg* ❶ laten ineenvloeien, onduidelijk uitspreken ‹v. letters in de uitspraak› ❷ *fig* verdoezelen ❸ *muz* slepen **III** *onoverg* onduidelijk spreken ★ *her speech is starting to ~* ze begint onduidelijk te praten **IV** *phras* ★ *~ over sth* licht / losjes heenlopen over iets

slurp [slɜ:p] **I** *znw* slurp, geslurp **II** *overg* *inf* opslurpen, opslobberen

slurring ['slɜ:rɪŋ], **slurred** *bn* slecht gearticuleerd ★ *a ~ sound* klanken die in elkaar overlopen

slurry ['slʌri] *znw* smurrie, dunne modder

slush [slʌʃ] *znw* ❶ sneeuwslijk, blubber, modder ❷ *inf* klets, overdreven sentimentaliteit

slush funds [slʌʃ fʌndz] *znw* [mv] smeergeld(en)

slushy ['slʌʃɪ] *bn* ❶ modderig, blubberig ❷ slap, waterig ❸ sentimenteel ★ *~ music* zwijmelmuziek

slut [slʌt] *znw* slons, sloerie, morsebel

sluttish ['slʌtɪʃ], **slutty** *bn* slonzig, sloerieachtig

sly [slaɪ] *bn* ❶ sluw, listig, slim ★ *on the ~* stiekem ❷ schalks ★ *she gave a ~ grin* ze grijnsde schalks

slyboots ['slaɪbu:ts] *inf znw* slimme vos, slimmerd

sly grog [slaɪ 'grɒg] *Aus & NZ inf znw* illegaal gestookte sterke drank

slyly ['slaɪlɪ], **slily** *bijw* sluw, gewiekst, geniepig

smack [smæk] **I** *tsw* pats! **II** *bijw* pardoes, vierkant, met een klap ★ *he landed ~ in the middle of the bushes* hij kwam pardoes midden in de bosjes terecht **III** *znw* ❶ smak, pats, klap ★ *a ~ in the eye / face* een klap in het gezicht, een terechtwijzing ❷ smakzoen ❸ knal ‹v. zweep› ❹ tikje, ietsje, tintje ★ *a ~ of vanilla* een vleugje vanille ❺ *inf* heroïne ▼ *inf have a ~ at sth* iets eens proberen **IV** *overg* ❶ smakken met, doen klappen / knallen ★ *~ one's lips* smakken met de lippen, likkebaarden (bij *over*) ❷ met een smak neerzetten ❸ meppen **V** *onoverg* smakken, klappen, knallen **VI** *phras* ★ *~ of sth* rieken naar, iets hebben van

smacker ['smækə] *inf znw* ❶ smakzoen ❷ harde bal ❸ kanjer ❹ *Br* pond, *Am* dollar

small [smɔ:l] **I** *bn* ❶ klein, gering, weinig ★ *be grateful / thankful for ~ mercies* met weinig tevreden zijn ★ *inf his problems are ~ potatoes compared to mine* zijn problemen zijn klein vergeleken met die van mij ★ *~ wonder that she's left him* het is niet verbazend dat ze bij hem weg is gegaan ★ *spend a ~ fortune on sth* een hoop geld / een klein vermogen aan iets uitgeven ★ *zegsw ~ is beautiful* klein maar fijn ❷ min, kleingeestig, -zielig ★ *feel / look ~* zich

vernederd voelen ❸ onbelangrijk, armzalig ★ *these are ~ matters* dit zijn onbeduidende zaken ★ *farming in a ~ way* klein boeren, een kleine boerderij hebben ★ *begin / start out in a ~ way* klein beginnen ★ *your contribution can help, even if it's in a ~ way* uw bijdrage kan helpen, al is het maar klein ❹ zwak ‹stem› **II** *bijw* klein ★ *slice everything up ~* alles kleinsnijden **III** *znw* ★ *the ~ of the back* lendenstreek

small ad [smɔ:l æd] *Br znw* kleine advertentie, rubrieksadvertentie

small arms [smɔ:l ɑ:mz] *znw* [mv] handvuurwapens

small beer [smɔ:l bɪə] *inf znw* niet belangrijk

small change [smɔ:l tʃeɪndʒ] *znw* wisselgeld, kleingeld

small claims court [smɔ:l kleɪmz 'kɔ:t] *znw* kantongerecht

smallest room ['smɔ:lɪst ru:m] *euf znw* wc, toilet, het kleinste kamertje

small fry [smɔ:l fraɪ] *inf znw* ❶ ondermaatse vis ❷ *fig* klein grut, onbelangrijke mensen

small goods [smɔ:l gʊdz] *znw* [mv] fijne vleeswaren, delicatessen

smallholder ['smɔ:lhəʊldə] *znw* kleine boer, keuterboer

smallholding ['smɔ:lhəʊldɪŋ] *znw* keuterboerderijtje

small hours [smɔ:l aʊəz] *znw* [mv] kleine uurtjes ‹12-5 's nachts›

small intestine [smɔ:l ɪn'testɪn] *anat znw* dunne darm

smallish ['smɔ:lɪʃ] *bn* vrij klein

small-minded [smɔ:l'maɪndɪd] *bn* kleinzielig

smallness ['smɔ:lnəs] *znw* ❶ klein formaat ❷ kleingeestigheid

smallpox ['smɔ:lpɒks] *znw* pokken

small print [smɔ:l prɪnt] *znw* kleingedrukte tekst, kleine lettertjes ★ *make sure you read the ~* zorg dat je de kleine lettertjes goed leest

smalls [smɔ:lz] *inf znw* [mv] kleine was, ondergoed

small-scale [smɔ:l-'skeɪl] *bn* kleinschalig, klein

small screen [smɔ:l skri:n] *znw* televisie

small talk [smɔ:l tɔ:k] *znw* gepraat over koetjes en kalfjes, smalltalk

small-time [smɔ:l'taɪm] *bn* op kleine schaal, onbelangrijk, klein, amateuristisch, derderangs

smallwares ['smɔ:lweəz] *znw* [mv] garen en band

smalt [smɔ:lt] *znw* smalt, kobaltglas

smarmy ['smɑ:mɪ] *Br inf bn* flikflooiend

smart [smɑ:t] **I** *bn* ❶ wakker, pienter, flink, ferm, vlug, knap, gevat, snedig, gewiekst, geestig ★ *look ~!* vlug wat! ❷ keurig, elegant, net, chic ★ *she always looks very ~* ze ziet er altijd erg chic uit **II** *onoverg* ❶ zeer / pijn doen ❷ lijden, pijn hebben ★ *the whole industry is ~ing from the export ban* de hele industrie heeft te lijden van het uitvoerverbod

smart alec [smɑ:t 'ælɪk], **smart aleck** *inf znw* wijsneus, slimmerik ★ *you can keep your ~ comments to yourself* je mag je eigenwijze opmerkingen voor je houden

smart arse [smɑ:t-'ɑ:s], *Am* **smart ass** *inf znw* betweter, pedante eikel / lul

smart bomb [smɑːt bɒm] *znw* bom die zijn doel zelf zoekt

smart card [smɑːt kɑːd] *znw* smartcard, chipkaart

smart drug [smɑːt drʌg] *znw* smart drug ‹drug die een effect heeft op de creativiteit / het geheugen &›

smarten ['smɑːtn] **I** *overg* mooi maken, opknappen **II** *phras* ★ ~ **up** beter je best doen, netter / eleganter worden ★ ~ *sth* **up** iets mooi maken, iets opknappen ★ inf ~ **up** *your act!* beter je best doen!

smart money [smɑːt 'mʌnɪ] *znw* ❶ geld ingezet door mensen die goed op de hoogte zijn ★ *the ~ is in low-tech ventures* mensen die er verstand van hebben beleggen in technisch laagwaardige ondernemingen ❷ mensen met verstand van geld ★ *the ~ is buying property* mensen met verstand van geld kopen onroerend goed

smart mouth [smɑːt maʊθ] inf *znw* brutale mond, grote bek

smart-mouthed [smɑːt-'maʊðd] inf *bn* brutaal

smartness ['smɑːtnəs] *znw* ❶ slimheid ❷ elegantie, chic

smartphone ['smɑːtfəʊn] *znw* mobiele telefoon met uitgebreide functionaliteit

smarts [smɑːts] Am inf *znw* [mv] intelligentie, hersens

smart set [smɑːt set] *znw* ★ *the ~* toonaangevende kringen

smarty ['smɑːtɪ], **smarty pants** inf *znw* wijsneus

smash [smæʃ] **I** *bn* inf geweldig, reuze ★ *it was a ~ success with critics* het was een laaiend succes bij de critici **II** *bijw* pardoes, vierkant, met een klap ★ *he landed ~ against the wall* hij landde met een klap tegen de muur **III** *znw* ❶ smak, slag, botsing ❷ sp smash ‹harde slag bij tennis &› ❸ bankroet, krach, debacle ❹ **smash hit** groot succes, reuzesucces **IV** *overg* ❶ (hard) slaan ❷ stukslaan, ingooien, stuk-, kapotsmijten, breken, vernielen ❸ verbrijzelen, vermorzelen, totaal verslaan, vernietigen ❹ sp smashen **V** *onoverg* ❶ breken ❷ stukvallen, verbrijzelen, in stukken breken ❸ failliet gaan, over de kop gaan ❹ vliegen, botsen (tegen *into*) **VI** *phras* ★ ~ *sth* **down** iets intrappen ‹deur› ★ ~ *sth* **in** iets ingooien ‹raam› ★ ~ *sth* **up** iets vernielen ★ ~ **up** *a car* een auto in de prak rijden

smash-and-grab [smæʃ-ən-'græb] *bn* ★ *a ~ raid* een diefstal waarbij etalageruit ingeslagen en leeggeroofd wordt

smashed [smæʃt] inf *bn* ❶ laveloos, stomdronken ❷ onder de drugs

smasher ['smæʃə] inf *znw* ❶ prachtexemplaar, spetter, stuk ❷ iets geweldigs

smashing ['smæʃɪŋ] Br inf *bn* mieters, knal, denderend, luisterrijk ★ *a ~ success* een denderend succes ★ *you look ~ in that outfit* je ziet er fantastisch uit in die kleren

smash-up ['smæʃʌp] *znw* ❶ botsing ❷ verbrijzeling, vernietiging ❸ fig debacle, krach

smattering ['smætərɪŋ] *znw* oppervlakkige kennis ★ *a ~ of Russian* een mondjevol Russisch

smear [smɪə] **I** *znw* ❶ vlek, smet, (vette) veeg ❷ med uitstrijk ❸ laster **II** *overg* ❶ (in)smeren, besmeren, besmeuren, bezoedelen (met *with*) ❷ belasteren ❸ aantasten ‹reputatie›

smear campaign [smɪə kæm'peɪn] *znw* hetze, lastercampagne

smear test [smɪə test] med *znw* uitstrijkje

smear word [smɪə wɜːd] *znw* insinuerende scheldnaam

smeary ['smɪərɪ] *bn* vuil, vettig

smell [smel] **I** *znw* reuk, geur, lucht, luchtje, stank ★ *cooking ~s* kooklucht ★ *the cellar has a musty ~* de kelder ruikt muffig ★ inf *have a ~ of this* ruik hier eens aan **II** *overg* [smelt/smelled, smelt/smelled] ruiken (aan) ★ inf ~ *blood* bloed ruiken ★ inf ~ *a rat/~ something fishy* de zaak niet vertrouwen ★ Am inf ~ *the roses* iets waarderen wat vaak niet gewaardeerd wordt **III** *onoverg* [smelt/smelled, smelt/smelled] ruiken, rieken, stinken ★ *the house ~s (of) damp* het huis ruikt muffig / vochtig ★ *everything ~s of garlic* alles ruikt naar knoflook ★ *this business ~s fishy* er zit een luchtje aan die zaak ★ Aus & NZ inf *they live on the ~ of an oily rag* ze moeten met heel weinig rondkomen **IV** *phras* ★ ~ *sth* **out** iets uitvorsen, achter iets komen, iets opsporen ‹door te ruiken› ★ *their pets are ~ing the house out* het huis stinkt naar hun huisdieren

smelling salts ['smelɪŋsɔːlts] *znw* [mv] reukzout

smelly ['smelɪ] *bn* vies ruikend, stinkend

smelt [smelt] **I** *znw* [mv: ~ of -s] spiering ‹vis› **II** *overg* (uit)smelten ‹erts› **III** *ww* [v.t. & v.d.] → **smell**

smelter ['smeltə] *znw* ❶ smelter ❷ ijzersmelterij

smew [smjuː] *znw* nonnetje, weeuwtje ‹eend›

smidge ['smɪdʒ], **smidgen**, **smidgeon**, **smidgin** inf *znw* kleine hoeveelheid, beetje ★ *just a ~, thanks* alleen een klein beetje, alstublieft

smile [smaɪl] **I** *znw* glimlach ★ *be all ~s* een en al glimlach zijn, stralen ★ *be wreathed in ~s* gehuld zijn in glimlach ★ *give a forced ~* geforceerd glimlachen ★ *wipe the ~ off sbd's face* iem. het lachen doen vergaan **II** *overg* lachen, glimlachend uitdrukken / te kennen geven **III** *onoverg* glimlachen, lachen (tegen, om *at*) ★ ~ *from ear to ear* van oor tot oor glimlachen ★ *fate seems to have ~d on / upon us* het lijkt alsof het geluk ons heeft toegelachen ★ ~ *to oneself* voor zich uit glimlachen

smiley ['smaɪlɪ] *znw* smiley ‹gestileerd rond, lachend gezichtje, ook met behulp van het toetsenbord nagebootst›

smirch [smɜːtʃ] **I** *znw* ❶ (vuile) plek, veeg, klad ❷ fig smet **II** *overg* bevuilen, bekladden, besmeuren, bezoedelen

smirk [smɜːk] **I** *znw* gemaakt lachje, gemene grijns **II** *onoverg* meesmuilen, grijnzen ★ *she sat ~ing at me* ze zat me aan te grijnzen

smite [smaɪt] vero of dicht *overg* [smote, smitten] ❶ slaan, treffen ❷ verslaan

smith [smɪθ] *znw* smid

smithereens [smɪðə'ri:nz] inf znw [mv] diggelen, gruzelementen ★ *blow sbd to* ~ iem. opblazen in kleine stukjes ‹met een bom &›

smithy ['smɪðɪ] znw smederij, smidse

smitten ['smɪtn] **I** bn ★ *she's completely* ~ *with him* ze is helemaal weg van hem **II** ww [v.d.] → **smite**

smock [smɒk] **I** znw ❶ (boeren)kiel, jak ❷ schilderskiel **II** overg met smokwerk versieren

smocking ['smɒkɪŋ] znw smokwerk

smog [smɒg] znw smog

smoke [sməʊk] **I** znw ❶ rook, damp, smook, walm ★ *the air was thick with* ~ de lucht was dik van de rook ★ *go up in* ~ in rook opgaan, op niets uitlopen ★ zegsw *where there's* ~ *there's fire, no* ~ *without fire* geen rook zonder vuur ❷ inf rokertje ‹sigaar, sigaret› ★ *have a* ~ steek eens op **II** overg ❶ roken ❷ beroken ❸ uitroken **III** onoverg ❶ roken, dampen ❷ walmen ‹v. lamp› **IV** phras ★ ~ *sth* out iets uitroken ‹uit hol &›, iets te weten komen ★ ~ *out the truth* achter de waarheid komen ★ ~ *sbd out* iem. door rook verdrijven

smoke and mirrors [sməʊk ən 'mɪrəz] inf znw rookgordijn ‹misleidende informatie teneinde de waarheid te verdoezelen of te verfraaien›

smoke bomb ['sməʊkbɒm] znw rookbom

smoke detector [sməʊk dɪ'tektə] znw rookmelder

smoked glass [sməʊkt glɑ:s] znw rookglas

smoked ham [sməʊkt hæm] znw gerookte ham

smoke-dry ['sməʊk-draɪ] overg droogroken

smokeless ['sməʊkləs] bn rookloos

smoker ['sməʊkə] znw ❶ roker ❷ rookcoupé

smoker's cough ['sməʊkəz kɒf] znw rokershoest

smoke screen [sməʊk skri:n] znw rookgordijn, afleidingsmanoeuvre

smoke signal [sməʊk 'sɪgnl] znw rooksignaal

smokestack ['sməʊkstæk] znw ❶ hoge schoorsteen ❷ pijp ‹v. locomotief, schip &›

smokestack industry ['sməʊkstæk 'ɪndəstrɪ] znw zware industrie

smoking ['sməʊkɪŋ] **I** bn ❶ rokend ★ *a* ~ *fire* een rokend vuur ❷ rook-, rokers- ★ ~*related disease* ziekte die verband houdt met roken **II** znw roken ★ *no* ~ roken verboden

smoking ban ['sməʊkɪŋ bæn] znw rookverbod

smoking carriage ['sməʊkɪŋ 'kærɪdʒ], **smoking compartment** znw rookcoupé

smoking gun ['sməʊkɪŋ gʌn] znw onweerlegbaar bewijs

smoking jacket ['sməʊkɪŋ 'dʒækɪt] znw coin de feu, kamerjasje

smoking room ['sməʊkɪŋ ru:m] znw rookkamer

smoky ['sməʊkɪ] bn ❶ rokerig, walmig, walmend ❷ berookt ❸ rook-

smolt [sməʊlt] znw jonge zalm

smooch [smu:tʃ] inf onoverg zoenen, elkaar betasten, slijpen ‹dansen›

smoochy ['smu:tʃɪ] inf bn klef, knuffelig, aanhalig ★ *a* ~ *song* een klef liedje

smooth [smu:ð] **I** bn ❶ glad, vlak, gelijk, effen, vloeiend ★ *a* ~ *move* een vloeiende beweging ★ inf *a* ~ *operator* een gladde vogel ❷ zacht (smakend) ★ ~ *on the palate* zacht van smaak ★ ~ *as silk / as a baby's bottom* heel zacht ❸ vlot ‹v. reis &› ❹ fig overdreven vriendelijk, slijmerig, glad, vleierig ★ *a* ~ *operator* een gladjanus **II** overg, **smoothe** ❶ glad / vlak / gelijk / effen maken, gladstrijken, gladschaven ★ ~ *the way* de weg effenen ❷ effen ❸ doen bedaren **III** phras ★ ~ *sth* away iets weg-, gladstrijken ★ ~ *sth* down / out iets weg-, gladstrijken, iets effenen ★ ~ *sth* over iets effenen, uit de weg ruimen ‹moeilijkheden›

smooth-bore ['smu:ð-bɔ:] bn & znw gladloops ‹geweer, kanon›

smooth-faced [smu:ð-'feɪst] bn ❶ met een glad(geschoren) gezicht, glad, baardeloos ❷ fig met een uitgestreken gezicht, (poes)lief

smoothie ['smu:ðɪ], **smoothy** znw ❶ dikke, milkshakeachtige drank ❷ inf gladde vent, handige jongen, gladjanus

smoothing iron ['smu:ðɪŋ 'aɪən] hist znw strijkijzer

smoothly ['smu:ðlɪ] bijw ❶ glad, effen ❷ gladjes, gesmeerd, vlot

smoothness ['smu:ðnəs] znw gladheid

smooth-spoken [smu:ð-'spəʊkən], **smooth-tongued** bn glad van tong, lief (pretend), mooipratend

smooth talk [smu:ð tɔ:k] znw vleierij

smooth talker [smu:ð 'tɔ:kə] znw vleier

smote [sməʊt] ww [v.t.] → **smite**

smother ['smʌðə] **I** znw verstikkende damp, rook, smook, walm, dikke stofwolk **II** overg ❶ smoren, doen stikken, verstikken ❷ overdekken ★ *he* ~*ed her in kisses* hij overdekte haar met kussen ❸ dempen ❹ onderdrukken ‹lach› ❺ in de doofpot stoppen ‹schandaal› **III** onoverg smoren, stikken

smothery ['smʌðərɪ] bn broeierig, verstikkend

smoulder ['sməʊldə], Am **smolder** onoverg smeulen

smudge [smʌdʒ] **I** znw ❶ veeg ❷ vlek, smet **II** overg bevlekken, bevuilen, besmeuren **III** onoverg smetten, vlekken, smerig worden

smudgy ['smʌdʒɪ] bn vuil, smerig, smoezelig

smug [smʌg] bn zelfgenoegzaam, zelfvoldaan, (burgerlijk) net, brave hendrikachtig

smuggle ['smʌgl] overg & onoverg smokkelen ★ *they* ~ *for a living* ze zijn smokkelaars van beroep ★ ~ *sbd / sth away* iem. / iets wegmoffelen ★ ~ *sbd / sth in* iem. / iets binnensmokkelen

smuggler ['smʌglə] znw smokkelaar

smuggling ['smʌglɪŋ] znw smokkel, het smokkelen

smugness ['smʌgnəs] znw zelfvoldaanheid, zelfgenoegzaamheid

smut [smʌt] znw ❶ roet, roetvlek, vuiltje ❷ vuiligheid, vuile taal ❸ brand ‹in koren›

smutty ['smʌtɪ] bn ❶ vuil, obsceen ❷ brandig ‹koren›

snack [snæk] **I** znw haastige maaltijd, snack, hapje **II** onoverg tussendoortjes eten

snack bar ['snækbɑ:] znw snackbar

sm

snack food [snæk fu:d] *znw* tussendoortjes, versnaperingen

snaffle ['snæfəl] **I** *znw* trens ‹paardenbit› **II** *overg* inf inpikken, gappen

snafu [snæ'fu:] Am inf (situation normal: all fouled/fucked up) **I** *bn* verward, in chaos **II** *znw* verwarring, chaos, gedonder **III** *overg* chaos aanbrengen, in het honderd jagen

snag [snæg] **I** *znw* **❶** knoest, bult, stomp **❷** ladder ‹in kous›, winkelhaak, haal, scheur ‹in kleding› **❸** fig moeilijkheid, kink in de kabel ★ *our plans have hit a ~* onze plannen stuiten op moeilijkheden **II** *overg* scheuren ‹v. kleding›, een ladder maken in ‹kous› **III** *onoverg* **❶** blijven haken, vast komen te zitten **❷** inf te pakken krijgen

snaggy ['snægı] *bn* knoestig

snail [sneɪl] *znw* huisjesslak ★ *at a ~'s pace* met een slakkengang(etje)

snail mail [sneɪl meɪl] inf *znw* slakkenpost, gewone post ‹ter onderscheiding van e-mail›

snail shell [sneɪl ʃel] *znw* slakkenhuis(je)

snake [sneɪk] **I** *znw* slang ★ *a ~ in the grass* een verrader, een valserik, een zogenaamde vriend **II** *onoverg* schuifelen, kruipen, kronkelen

snakebite ['sneɪkbaɪt] *znw* slangenbeet

snake charmer ['sneɪktʃɑːmə] *znw* slangenbezweerder

snake eyes [sneɪk 'aɪʃɒt] Am inf *znw* [mv] een gooi van dubbel één ‹bij dobbelen›

snake oil [sneɪk ɔɪl] Am inf *znw* **❶** slangenolie ‹wondermiddel dat niet werkt› **❷** nutteloze maatregel, geklets

snake pit ['sneɪkpɪt] *znw* **❶** slangenkuil, gevaarlijke situatie, moordende concurrentie **❷** inf gekkenhuis

snakes and ladders [sneɪks ən 'lædəz] *znw* [mv] ± ganzenbord

snaky ['sneɪkı] *bn* **❶** slangachtig, vol slangen, slangen- **❷** sluw, verraderlijk, vals

snap [snæp] **I** *bn* onverwacht, snel-, bliksem- ★ *they made a ~ decision to stay* ze beslisten op dat moment dat ze zouden blijven **II** *znw* **❶** hap, hapje, beet **❷** knap, knap, klap, knip ‹met de vinger en slot› **❸** knak, knik, breuk, barst **❹** kiekje, foto **❺** korte periode ‹van koud weer› ★ *a cold ~* plotseling invallend vorstweer **III** *overg* **❶** doen (af)knappen, klappen, knallen **❷** knippen ‹met vingers› **❸** dichtklappen ★ *she ~ped the book shut* ze klapte het boek dicht **❹** afdrukken ‹vuurwapen› **❺** inf kieken, een foto maken van **❻** (toe)snauwen **IV** *onoverg* **❶** happen **❷** (af)knappen **❸** klappen, dichtklappen **❹** snauwen ★ *~ shut* dichtklappen ★ *~ at sth* happen naar iets, iets gretig aangrijpen ★ *~ at sbd* happen naar iem. ‹door hond &›, iem. afsnauwen ★ *~ at sbd's heels* proberen in iemands hielen te bijten ‹hond›, fig op het punt staan om iem. in te halen / te overvleugelen **V** *phras* ★ *~ off* afbreken ★ *~ sth off* iets afbreken, iets afbijten ★ inf *~ sbd's head off* snauwen tegen iem. ★ inf *~ out of it* het van zich afschudden, zich eroverheen

zetten, wakker worden ★ inf *~ to it!* schiet op! ★ inf *~ sth up* iets op-, wegvangen, weggrissen, wegkapen (voor iemands neus), weg-, oppikken ‹op uitverkoop &›

snap bean [snæp bi:n] *znw* **❶** prinsessenboon, sperzieboon **❷** Am peultje

snapdragon ['snæpdrægən] *znw* leeuwenbek

snap fastener ['snæpfɑːsnə] *znw* drukknoop

snap-on ['snæp-ɒn] *bn* makkelijk te bevestigen ‹met drukknopen›

snapper ['snæpə] *znw* **❶** snapper‹tropische eetbare zeevis› **❷** inf fotograaf **❸** knalbonbon

snappish ['snæpɪʃ] *bn* snibbig, bits

snappy ['snæpı] inf *bn* **❶** chic **❷** pakkend **❸** → **snappish** ★ *look ~!, make it ~!* vlug een beetje!, opschieten!

snapshot ['snæpʃɒt] *znw* snapshot, momentopname, kiekje

snare [sneə] **I** *znw* **❶** strik **❷** fig valstrik **II** *overg* **❶** strikken ‹vogels› **❷** fig verstrikken ★ *she's just ~d a good job* ze heeft net een goeie baan in de wacht gesleept

snare drum [sneə drʌ] *znw* kleine drum, kleine trom

snarky ['snɑːkı] inf *bn* slecht gehumeurd

snarl [snɑ:l] **I** *znw* **❶** grauw, snauw, grom **❷** warboel, (verkeers)knoop (ook: *~up*) **II** *overg* (toe)snauwen, grommen (ook: *~ out*) **III** *onoverg* grauwen, snauwen, grommen (tegen *at*) **IV** *phras* ★ *~ up* in de war / knoop raken ★ *~ sth up* iets in de war / knoop maken, verwarren ★ *the traffic is all ~ed up* het verkeer zit in de knoop

snarl-up ['snɑː-l-ʌp] Br inf *znw* **❶** verkeerschaos **❷** warboel

snatch [snætʃ] **I** *znw* **❶** ruk, greep, inf roof ★ *make a ~ at sth* grijpen naar iets, een greep doen naar iets **❷** brok, stuk(je), fragment ★ *~es of song / memory &* stukjes melodie / geheugen & ★ *the story is told in ~es* het verhaal wordt in episodes verteld **❸** Am vulg kut **II** *overg* **❶** (weg)pakken, grissen, (weg)rukken, afrukken, (aan)grijpen ★ *~ sbd from the jaws of death* iem. redden uit de klauwen van de dood ★ *~ victory from the jaws of defeat* de overwinning voor de deuren van de hel weghalen **❷** ontvoeren, kidnappen **III** *phras* ★ *~ at sth* grijpen naar iets, iets aangrijpen ★ *~ sbd / sth* **away** iem. / iets wegrukken ★ *~ sth* **off** iets afrukken ★ *~ sbd / sth* **up** iem. / iets grijpen

snatchy ['snætʃı] *bn* **❶** onregelmatig, ongeregeld **❷** bij tussenpozen, te hooi en te gras, zo nu en dan ★ *a ~ conversation* een gesprek met onderbrekingen

snazzy ['snæzı] inf *bn* **❶** opvallend, opzichtig **❷** chic

sneak [sni:k] **I** *bn* **❶** onverwacht **❷** heimelijk, slinks **II** *znw* **❶** gluiper **❷** kruiper **❸** inf klikspaan **III** *overg* [sneaked, sneaked inf snuck, snuck] inf gappen **IV** *onoverg* [sneaked, sneaked inf snuck, snuck] gluipen, sluipen, kruipen **V** *phras* ★ inf *~ on sbd* iem. verklikken / verlinken ★ *~ up* dichterbij sluipen ★ *~ up on sbd* naar iem. toesluipen

sneaker ['sni:kə] *znw* gluiperd, klikspaan

sneakers ['sni:kəz] *znw* [mv] gymschoenen, sneakers ‹soepel schoeisel›

sneaking ['sni:kɪŋ] *bn* ❶ in het geheim gekoesterd, stil ❷ vaag ★ *a ~ suspicion* een vaag vermoeden ❸ gluiperig, kruiperig

sneak peek [sni:k pi:k] *inf znw* stiekeme blik

sneak preview [sni:k 'pri:vju:] *znw* onaangekondigde voorvertoning ‹v. film›

sneak thief [sni:k θi:f] *znw* ❶ zakkenroller ❷ insluiper

sneaky ['sni:kɪ] *inf bn* gluiperig, geniepig

sneer [snɪə] I *znw* ❶ spottende grijns(lach), sarcasme, sneer ❷ minachtende opmerking II *onoverg* grijnzen, spotachtig lachen ★ *~ at sbd / sth* smadelijk lachen om iem. / iets, z'n neus ophalen voor iem. / iets, minachtende opmerkingen maken over iem. / iets

sneerer ['snɪərə] *znw* sarcast

sneering ['snɪərɪŋ] *bn* sarcasme, spotternij

sneeringly ['snɪərɪŋlɪ] *bijw* sarcastisch, spottend

sneeze [sni:z] I *znw* niezen, nies, genies II *onoverg* niezen ★ *inf it's not to be ~d at* het is niet mis

snib [snɪb] I *znw* grendel, knip II *overg* vergrendelen, op de knip doen

snick [snɪk] I *znw* knip, keep II *overg* ❶ knippen, snijden ❷ *sp* (de bal) maar net aanraken ★ *he ~ed the next ball to the wicketkeeper* hij schampte de bal naar de wicketkeeper toe ‹cricket› III *onoverg* een klikkend geluid geven ★ *the lock ~ed* het slot klikte

snicker ['snɪkə] I *znw* ❶ gehinnik ❷ → **snigger** II *onoverg* hinniken

snide [snaɪd] *bn* hatelijk, spottend, sarcastisch

sniff [snɪf] I *znw* snuivend geluid, gesnuif ★ *a ~ of air* een luchtje ★ *a ~ of disapproval* afkeurend gesnuif ★ *inf nobody expected him to get a ~ at a medal* niemand verwacht dat hij ook maar in de buurt komt van een medaille II *overg* ❶ opsnuiven (ook: ~ up) ❷ ruiken aan, besnuffelen ❸ ruiken III *onoverg* ❶ snuiven ❷ snuffelen ★ *she's always ~ing about in other people's business* ze steekt haar neus altijd in andermans zaken IV *phras* ★ *~ at sth* ruiken aan iets, iets besnuffelen, de neus optrekken voor iets ★ *~ sth out* iets opsporen

sniffer dog ['snɪfədog] *znw* speurhond, hasjhond

sniffle ['snɪfəl] I *znw* gesnotter, gegrien, gesnuif ★ *get / have a ~ / the ~s* een verstopte neus krijgen / hebben II *onoverg* snotteren, grienen, snuiven

sniffly ['snɪflɪ] *bn* snotterig, met een verstopte neus

sniffy ['snɪfɪ] *inf bn* ❶ arrogant ❷ snotterig

snifter ['snɪftə] *znw* ❶ Am cognacglas ❷ *inf* borrel

snigger ['snɪgə], **snicker** I *znw* gegrijns, gegrinnik II *onoverg* ginnegappen, grijnzen, proesten, grinniken ★ *people often ~ at him behind his back* mensen lachen hem vaak achter zijn rug uit

snip [snɪp] I *znw* ❶ knip ❷ snipper, stukje ❸ Br *inf* koopje ❹ Am *inf* nietig persoontje II *overg* (af)snijden, (af)knippen III *onoverg* snijden, knippen IV *phras* ★ *~ sth off* iet afknippen ★ *~ sth out* iets uitknippen

snipe [snaɪp] I *znw* [mv: ~ of -s] ❶ snip ‹vogel› ❷ *inf* veeg uit de pan ★ *have a ~ at sbd* iem. op de korrel nemen II *onoverg* ❶ verdekt opgesteld als scherpschutter tirailleren ❷ zware kritiek leveren ★ *his wife is always sniping at him* zijn vrouw bekritiseert hem de hele tijd

sniper ['snaɪpə] *znw* verdekt opgestelde scherp-, sluipschutter

snippet ['snɪpɪt] *znw* snipper, stukje, beetje ★ *pick up a ~ of conversation / information &* een stukje van het gesprek / de informatie & meekrijgen

snipping ['snɪpɪŋ] *znw* ❶ knipsel ❷ fragment

snitch [snɪtʃ] *inf* I *znw* verklikker, verrader II *overg* gappen, achteroverdrukken III *phras* ★ *~ on sbd* iem. verklikken

snivel ['snɪvəl] I *znw* gegrien, gejank II *onoverg* grienen, janken

sniveller ['snɪvələ], Am **sniveler** *znw* griener, janker

snob [snɒb] *znw* snob

snobbery ['snɒbərɪ] *znw* snobisme

snobbish ['snɒbɪʃ], **snobby** *bn* snobistisch

snob value [snɒb 'vælju:] *znw* positieve waarde toegekend door snobs, snobgehalte

snog [snɒg] *inf* I *znw* tongzoen, vrijerij II *overg* zoenen, knuffelen III *onoverg* tongzoenen, vrijen ★ *I saw him ~ging with the girl next door* ik zag hem uitgebreid zoenen met het meisje van hiernaast

snood [snu:d] *znw* ❶ haarnet ❷ Schots haarlint

snook [snu:k] *inf znw* ★ *cock a ~ at sbd / sth* een lange neus maken tegen iem. / iets

snooker ['snu:kə] I *znw* ❶ snooker, obstructiestoot ★ *play ~* snookeren ❷ jonge cadet, groentje II *overg* ❶ snookeren ‹de bal zo neerleggen dat er geen directe legale stoot mogelijk is› ❷ bedriegen, misleiden, voor het blok zetten ★ *~ sbd into doing sth* iem. voor het blok zetten om iets te doen

snoop [snu:p] *inf* I *znw* ❶ rondsnuffelen ★ *he was having a ~ around* hij was aan het rondsnuffelen ❷ snuffelaar, bemoeial II *onoverg* rondneuzen, zijn neus in andermans zaken steken ★ *I don't want anyone ~ing on / in my emails* ik wil niet dat er iemand rondneust in mijn e-mails

snooper ['snu:pə] *inf znw* pottenkijker, bemoeial, dwarskijker

snooty ['snu:tɪ] *inf bn* verwaand, ingebeeld, arrogant

snooze [snu:z] I *znw* dutje ★ *have a little ~* een dutje doen II *onoverg* dutten

snooze button [snu:z 'bʌtn] *znw* sluimerknop ‹op een wekker›

snore [snɔ:] I *znw* gesnurk II *onoverg* snurken, ronken

snorkel ['snɔ:kl], **schnorkel** I *znw* snorkel II *onoverg* snorkelen, met een snorkel zwemmen

snort [snɔ:t] I *znw* ❶ gesnuif ★ *a ~ of derision* spottend gesnuif ★ *a ~ of laughter* uitproesten van het lachen ❷ borreltje, neutje II *overg* ❶ *inf* snuiven ‹drugs &› ❷ uitblazen, uitspuwen ★ *she ~ed (out) her indignation* ze brieste haar verontwaardiging uit

sn

❸ uitproesten **III** *onoverg* snuiven, briesen, proesten, ronken ‹v. machine›

snorter ['snɔːtə] *znw* ❶ snuiver ❷ cocaïnesnuiver ❸ inf kanjer, kokkerd ❹ borrel

snorty ['snɔːtɪ] *bn* snuivend, briesend

snot [snɒt] inf *znw* snot

snot-nosed ['snɒt-'nəʊzd] inf *bn* met een snotneus

snot rag [snɒt ræg] inf *znw* snotlap

snotty ['snɒtɪ] inf *bn* ❶ snotterig ★ *a ~ nose* een snotneus ❷ arrogant, verwaand ★ *a ~ tone* een arrogante toon

snout [snaʊt] *znw* ❶ snoet, snuit ❷ tuit, loop ‹van pistool› ❸ Br inf saffie, sigaret ❹ Br inf informant, verklikker

snow [snəʊ] **I** *znw* ❶ sneeuw ❷ inf cocaïne **II** *overg* besneeuwen, uitstrooien ★ *be ~ed in / up* ingesneeuwd zijn ★ *be ~ed under* onder de sneeuw bedolven raken / zijn, overstelpt worden met ‹werk &› **III** *onoverg* (neer)sneeuwen

snowball ['snəʊbɔːl] **I** *znw* sneeuwbal ★ inf *we stand a ~'s chance in hell of succeeding* we hebben geen schijn van kans om te slagen **II** *overg* met sneeuwballen gooien **III** *onoverg* in steeds sneller tempo aangroeien, toenemen of zich uitbreiden ★ *business is ~ing* de handel groeit ontzettend snel

snow bank [snəʊ bæŋk] Am *znw* sneeuwbank

snow blindness ['snəʊ 'blaɪndnəs] *znw* sneeuwblindheid

snowblower ['snəʊbləʊə] *znw* sneeuwblazer, sneeuwruimer

snowboard ['snəʊbɔːd] **I** *znw* sneeuwsurfplank, snowboard **II** *onoverg* snowboarden

snowboarding ['snəʊbɔːdɪŋ] *znw* snowboarden

snowbound ['snəʊbaʊnd] *bn* ingesneeuwd

snow-capped ['snəʊkæpt] *bn* besneeuwd, met sneeuw op de top ★ *~ mountains* besneeuwde bergtoppen

snow chain [snəʊ tʃeɪn] *znw* (meestal *mv*) sneeuwketting

snow-clad ['snəʊklæd], **snow-covered** *bn* besneeuwd

snowdrift ['snəʊdrɪft] *znw* sneeuwbank

snowdrop ['snəʊdrɒp] *znw* sneeuwklokje

snowfall ['snəʊfɔːl] *znw* sneeuwval

snowfield ['snəʊfiːld] *znw* sneeuwvlakte

snowflake ['snəʊfleɪk] *znw* sneeuwvlok

snow goose [snəʊ ɡuːs] *znw* sneeuwgans

snow job [snəʊ dʒɒb] Am inf *znw* poging om door mooipraterij en vleierij iemand proberen te overtuigen

snow line [snəʊ laɪn] *znw* sneeuwgrens

snowman ['snəʊmæn] *znw* sneeuwman, sneeuwpop ★ *the Abominable Snowman* de verschrikkelijke sneeuwman, de yeti

snowmobile ['snəʊməbiːl] *znw* sneeuwkat, snowmobiel, sneeuwmobiel

snow pea [snəʊ piː] *znw* peultje, suikererwt

snowplough ['snəʊplaʊ], Am **snowplow** *znw* sneeuwruimer, sneeuwploeg

snowscape ['snəʊskeɪp] *znw* sneeuwlandschap, sneeuwgezicht

snowshed ['snəʊʃed] *znw* afdak boven spoorlijn ‹tegen lawines›

snowshoe ['snəʊʃuː] *znw* sneeuwschoen

snowslide ['snəʊslaɪd] *znw* sneeuwlawine

snowstorm ['snəʊstɔːm] *znw* hevige sneeuwbui, sneeuwstorm

snowsuit ['snəʊsuːt] *znw* sneeuwpak ‹voor kinderen›

snow tyre [snəʊ 'taɪə] *znw* sneeuwband

snow-white [snəʊ-'waɪt] *bn* sneeuwwit

snowy [snəʊɪ] *bn* ❶ sneeuwachtig, sneeuwwit ❷ besneeuwd ❸ sneeuw-

Snr *afk* (Senior) Sr., senior

snub [snʌb] **I** *bn* stomp **II** *znw* (hatelijke) terechtwijzing **III** *overg* ❶ iem. op zijn nummer zetten ❷ minachtend afwijzen, verwerpen ‹voorstel›

snub-nosed [snʌb-'nəʊzd] *bn* met een stompe neus

snuff [snʌf] **I** *znw* ❶ snuif, snuifje ❷ snuiftabak ▾ inf *feel up to ~* zich goed voelen ▾ inf *get sth up to ~* iets in orde maken ★ *take ~* tabak snuiven **II** *overg* ❶ snuiven ❷ snuiten ‹kaars› ★ inf *~ it* opkrassen, de pijp uitgaan, doodgaan **III** *phras* ★ *~ sth out* iets snuiten ‹v. kaars›, fig een eind maken aan iets ‹verwachtingen &› ★ inf *~ sbd out* iem. koud maken, ombrengen

snuffbox ['snʌfbɒks] *znw* snuifdoos

snuffer ['snʌfə] *znw* snuiter ‹voor kaars› ★ *a pair of ~s* een snuiter

snuffle ['snʌfəl] **I** *znw* ★ inf *get / have the ~s* een verstopte neus krijgen / hebben **II** *onoverg* ❶ snuiven ❷ door de neus spreken

snuff movie [snʌf 'muːvɪ] inf *znw* pornofilm met echte moord

snug [snʌg] **I** *bn* ❶ gezellig, behaaglijk, lekker (beschut), knus ★ inf *be ~ as a bug (in a rug)* het erg comfortabel hebben ❷ nauwsluitend ★ *a ~ fit* een nauwsluitende pasvorm **II** *znw* ❶ Br knusse bar ❷ klein gezellig vertrek **III** *overg* iets plaatsen zodat het behaaglijk is **IV** *phras* ★ *~ down* zich behaaglijk installeren

snuggery ['snʌgərɪ] Inf *znw* gezellig vertrekje, knus plekje

snuggle ['snʌgl] **I** *overg* knuffelen **II** *onoverg* knus liggen **III** *phras* ★ *~ down* lekker onder de dekens kruipen ★ *~ together* lekker tegen elkaar aan kruipen ★ *~ up to sbd* dicht bij iem. kruipen

snugness ['snʌgnəs] *znw* behaaglijkheid, gezelligheid

so [səʊ] **I** *voegw* ❶ dus, derhalve, daarom ❷ vero zo, als, indien ★ *she wasn't feeling well ~ I rang the doctor* ze voelde zich niet goed dus heb ik de dokter gebeld ★ *that didn't work, ~ we're back where we started* dat werkte niet, dus zijn we terug bij het begin ★ *~, where was I?* nou, waar was ik gebleven? ★ inf *~ I lied: what of it?* dus ik heb gelogen, wat zou dat? ★ *~ that's that* zo, dat is dat ★ *I put them there ~ that I wouldn't forget them* ik heb ze daar neergelegd om ze niet te vergeten ★ *the instructions have to be worded ~ as to be understood* de instructies moeten

SO

zo worden geformuleerd dat ze begrijpelijk zijn ★ *inf ~ there!* nou weet je het!, en daarmee uit! ★ *inf ~ what?* nou en? wat zou dat? **II** *bijw* ❶ zo ❷ zó, (o) zo graag, zodanig ❸ zulks, dat, eveneens ❹ zodat, dus ★ *a dozen or ~* een twaalftal, ongeveer (plusminus) een dozijn ★ *in 2001 or ~* omstreeks 2001 ★ *he walked ~ fast that I couldn't keep up* hij liep zo snel dat ik hem niet kon bijhouden ★ form *would you be ~ kind as to come with us?* zoudt u zo vriendelijk willen zijn om met ons mee te gaan? ★ *you look ~ nice in the dress* je ziet er zo leuk uit in die jurk ★ *things aren't ~ bad after all* zo erg is het nu ook weer niet ★ *inf she is ~ not a snob!* ze is helemaal geen snob! ★ *inf I can't wear that: it's ~ last season* dat kan ik niet aantrekken, dat is echt helemaal vorig jaar ★ *inf I can take only ~ much* ik kan niet meer hebben / verdragen ★ *it's just ~ much nonsense* het is gewoon een hoop onzin ★ *there was not ~ much as a whisper* er werd zelfs niet gefluisterd ★ *~ much for that theory!* dat was dan die theorie, die theorie klopt dus niet ★ *I enjoyed it, ~ much ~ that I'll go next year too* ik vond het zo leuk dat ik volgend jaar weer ga ★ *if ~* zo ja ★ *and ~ on (and ~ forth)* enzovoort ★ *now stretch your right leg ~* nu moet je je been op deze manier strekken ★ inf *it is ~!* het is wèl waar! ★ *why ~?* waarom (dat)? ★ *they were satisfied, and ~ were we* zij waren tevreden en wij ook ★ *I believe / think ~* ik geloof het, ik denk van wel ★ *~ to speak* om zo te zeggen, bij wijze van spreken ★ *or ~ she says* tenminste, dat zegt ze ★ *I told you ~* ik heb het je wel gezegd

soak [səʊk] **I** *znw* ❶ weken ★ *a nice long ~ in the bath* lekker lang in bad liggen weken ❷ inf zuippartij, -lap **II** *overg* ❶ in de week zetten, weken, soppen ★ *~ the figs in brandy* week de vijgen in brandewijn ❷ op-, inzuigen, opslurpen ★ *they ~ed themselves in the local customs* ze dompelden zich onder in de plaatselijke gebruiken ❸ doorweken, doordringen, drenken ★ *be ~ed (through), be ~ed to the skin* doornat zijn **III** *onoverg* in de week staan **IV** *phras* ★ *~ in* doordringen, inwerken, intrekken ★ *~ sth off* iets losweken ★ *~ sth out* iets oplossen ‹vlek› ★ *~ sth up* iets opnemen, iets absorberen, iets in beslag nemen ‹tijd› ★ *the repairs ~ed up all their money* al hun spaarcenten gingen aan de reparaties op ★ *she's ~ing the sun up on a beach somewhere* ze ligt ergens op het strand te zonnebaden ★ *they're ~ing the culture up in Rome* ze zuigen de cultuur op in Rome

soakaway ['səʊkəweɪ] Br *znw* zakput, stapelput
soaker ['səʊkə] inf *znw* stortbui
soaking ['səʊkɪŋ] **I** *bn* doorweekt, kletsnat (makend) ★ *~ wet* doornat **II** *znw* ❶ weken ★ *give the plants a good ~* de planten flink water geven ❷ plasregen ❸ nat pak ★ *we got a thorough ~* we werden door en door nat
so-and-so ['səʊənsəʊ] inf *znw* ❶ dinges, hoe heet-ie (het) ook weer? ❷ euf je-weet-wel ‹i.p.v. een

scheldwoord›
soap [səʊp] **I** *znw* ❶ zeep ★ *a bar of ~* een stuk zeep ★ inf *I wouldn't know him from a bar of ~* ik ken hem helemaal niet ❷ vleierij ★ Am inf *no ~* kan niet, gaat niet door ❸ → **soap opera II** *overg* (af)zepen, inzepen **III** *phras* ★ *~ sbd* **down** iem. inzepen
soapbox ['səʊpbɒks] *znw* zeepkist ★ *a ~ orator* een straatredenaar ★ inf *she's got on her ~ again* ze is weer op haar stokpaardje beland
soap bubble [səʊp 'bʌbl] *znw* zeepbel
soap dish [səʊp dɪʃ] *znw* zeepbakje
soap flakes [səʊp fleɪks] *znw* [mv] vlokkenzeep
soap opera [səʊp 'ɒprə], **soap** RTV *znw* ❶ soap (opera) ❷ melodrama
soap powder [səʊp 'paʊdə] *znw* zeeppoeder, waspoeder
soapstone ['səʊpstəʊn] *znw* speksteen
soapsuds ['səʊpsʌdz] *znw* [mv] zeepsop
soapy ['səʊpɪ] *bn* ❶ zeepachtig, zeep- ❷ fig flikflooiend, zalvend
soar [sɔː] *onoverg* ❶ hoog vliegen, zweven ❷ omhoogvliegen, de lucht ingaan, zich verheffen
sob [sɒb] **I** *znw* snik **II** *overg* (uit)snikken (ook: *~ out*) ★ *~ one's heart out* hartverscheurend snikken **III** *onoverg* snikken
s.o.b. [es əʊ 'biː] Am inf *afk* → **son of a bitch**
sober ['səʊbə] **I** *bn* ❶ sober, matig ❷ nuchter, verstandig, bedaard, bezadigd ★ *as ~ as a judge* broodnuchter ❸ stemmig ★ *a ~ outfit* stemmige kleding ❹ bescheiden **II** *overg* (doen) bedaren, ontnuchteren, nuchter maken **III** *onoverg* bedaren (ook: *~ down*), nuchter worden (ook: *~ up*)
soberize ['səʊbəraɪz], **soberise** *onoverg* nuchter worden
sober-minded [səʊbə'maɪndɪd] *bn* bedaard, bezadigd, bezonnen
soberness ['səʊbənɪs] *znw* ❶ nuchterheid ❷ matigheid
sobersides ['səʊbəsaɪdz] inf *znw* ❶ bezadigd mens ❷ saaie piet
sobriety [sə'braɪətɪ] *znw* ❶ soberheid, matigheid ❷ nuchterheid, verstandigheid, bedaardheid, bezadigdheid ❸ stemmigheid ❹ bescheidenheid
sobriquet ['səʊbrɪkeɪ] *znw* scheld-, spotnaam, bijnaam
sob sister [sɒb 'sɪstə] inf *znw* schrijfster van sentimentele artikelen of brievenrubriek ‹in krant›
sob story [sɒb 'stɔːrɪ] inf *znw* huilerig, sentimenteel verhaaltje
sob stuff [sɒb stʌf] inf *znw* ❶ melodramatisch gedoe ❷ sentimenteel geschrijf
socage ['sɒkɪdʒ] hist *znw* landbezit waaraan herendiensten verbonden zijn
so-called [səʊ'kɔːld] *bn* zogenaamd
soccer ['sɒkə] *znw* voetbal
sociability [səʊʃə'bɪlətɪ] *znw* gezelligheid, vriendelijkheid
sociable ['səʊʃəbl] *bn* sociabel, gezellig, vriendelijk
social ['səʊʃəl] **I** *bn* ❶ maatschappelijk, sociaal ★ *drugs*

are a major ~ problem drugs zijn een groot
maatschappelijk probleem ❷ gezellig, groeps- ★ ~
animals in groepsverband levende dieren,
groepsdieren ★ *a ~ call* een beleefdheidsbezoek
★ *they have hardly any ~ life* ze hebben vrijwel geen
sociale contacten **II** *znw* (gezellig) avondje ★ *a
school ~* een schoolavond / schoolfeest
social circle ['səʊʃəl 'sɜːkl] *znw* sociale kring, sociale
contacten
social climber ['səʊʃəl 'klaɪmə] *znw* iem. die er veel
voor over heeft om in hogere kringen door te
dringen, (soms: streber)
Social Democrat ['səʊʃəl 'deməkræt] *znw*
sociaaldemocraat
Social Democratic Party [səʊʃəl 'deməkrætɪk 'pɑːtɪ]
znw Sociaaldemocratische Partij ‹in GB›
social drinker ['səʊʃəl 'drɪŋkə] *znw*
gezelligheidsdrinker, sociale drinker
social history ['səʊʃəl 'hɪstərɪ] *znw* sociale
geschiedenis
social insurance ['səʊʃəl ɪn'ʃʊərəns] *znw* sociale lasten
social intercourse ['səʊʃəl 'ɪntəkɔːs] *znw* sociaal
verkeer
socialism ['səʊʃəlɪzəm] *znw* socialisme
socialist ['səʊʃəlɪst] **I** *bn* socialistisch **II** *znw* socialist
socialistic [səʊʃə'lɪstɪk] *bn* socialistisch
socialist realism ['səʊʃəlɪst 'riːəlɪzəm] *znw* socialistisch
realisme
socialite ['səʊʃəlaɪt] *znw* lid van de beau monde
sociality [səʊʃɪ'ælətɪ] *znw* gezelligheid
socialization [səʊʃəlaɪ'zeɪʃən], **socialisation** *znw*
socialisatie
socialize ['səʊʃəlaɪz], **socialise I** *overg* socialiseren
II *onoverg* gezellig omgaan (met), zich sociabel
gedragen
socialized medicine ['səʊʃəlaɪzd 'medsən] *znw*
openbare gezondheidszorg
social ladder ['səʊʃəl 'lædə] *znw* de maatschappelijke
ladder
social market economy ['səʊʃəl 'mɑːkɪt ɪ'kɒnəmɪ],
social market *znw* sociale markteconomie
social partner ['səʊʃəl 'pɑːtnə] *znw* sociale partner
social science ['səʊʃəl 'saɪəns] *znw* sociale wetenschap
social security ['səʊʃəl sɪ'kjʊərətɪ] *znw* ❶ sociale
zekerheid ❷ uitkering
social services ['səʊʃəl 'sɜːvɪsɪz] *znw* [mv] sociale
voorzieningen
social standing ['səʊʃəl 'stændɪŋ] *znw*
maatschappelijke positie
social studies ['səʊʃəl 'stʌdɪz] onderw *znw* [mv]
maatschappijleer
social unit ['səʊʃəl 'juːnɪt] *znw* sociale eenheid
social work ['səʊʃəl wɜːk] *znw* maatschappelijk werk
social worker ['səʊʃəl 'wɜːkə] *znw* maatschappelijk
werker
societal marketing [sə'saɪətl 'mɑːkɪtɪŋ] *znw*
maatschappelijk verantwoorde marketing
society [sə'saɪətɪ] **I** *bn* uit (van) de grote wereld,

society-, mondain **II** *znw* ❶ maatschappij, de
samenleving ★ ~ *at large* de maatschappij in het
algemeen ★ *the fabric of ~* de manier waarop de
maatschappij in elkaar steekt ★ *a member of ~* lid
van de maatschappij ❷ vereniging, genootschap
❸ de (grote) wereld, de society, de beau monde
★ *high ~* hoge kringen ★ *in polite ~* in gezelschap,
onder mensen die netjes zijn opgevoed ❹ ‹iems.›
gezelschap
Society of Jesus [sə'saɪətɪ əv 'dʒiːzəs] RK *znw* ★ *the ~*
de Sociëteit van Jezus, de jezuïetenorde
society pages [sə'saɪətɪ 'peɪdʒɪz] *znw* [mv]
societynieuws, nieuwsrubriek over beroemdheden
socio- ['səʊʃɪəʊ] *voorz* sociaal-
socio-economic ['səʊsɪəʊɪkə'nɒmɪk] *bn*
sociaaleconomisch
sociolinguistics [səʊʃɪəʊlɪŋ'gwɪstɪks] *znw* [mv]
sociolinguïstiek
sociological [səʊʃɪə'lɒdʒɪkəl] *bn* sociologisch
sociologist [səʊʃɪ'ɒlədʒɪst] *znw* socioloog
sociology [səʊʃɪ'ɒlədʒɪ] *znw* sociologie
sock [sɒk] **I** *znw* ❶ sok ★ *pull one's ~s up* de handen
uit de mouwen steken ★ *inf put a ~ in it!* hou op!,
kop dicht! ❷ losse binnenzool ❸ mep, klap **II** *overg*
inf slaan, meppen, smijten ★ *get ~ed with sth* iets
onplezierigs ontvangen ‹hoge rekening &› **III** *phras*
★ *~ sth away* iets sparen ‹geld›
sockdologer [sɒk'dɒlədʒə], **sockdolager** Am inf *znw*
laatste klap / slag, genadeslag
socket ['sɒkɪt] *znw* ❶ kas, holte ‹van oog, tand›
❷ techn sok, mof ❸ elektr stopcontact, contactdoos
❹ fitting, (lamp)houder, pijp ‹van kandelaar›
socket joint ['sɒkɪt dʒɔɪnt], **ball-and-socket joint** *znw*
kogelgewricht
socket set ['sɒkɪt set] *znw* dopsleutelset
socket spanner ['sɒkɪt 'spænə] *znw* dopsleutel,
pijpsleutel
socket wrench ['sɒkɪt rentʃ] *znw* dopsleutel
socle ['sɒkl] bouwk *znw* sokkel
sod [sɒd] **I** *znw* ❶ zode ★ *cut the first ~* de eerste spade
in de grond steken ❷ inf klootzak, smeerlap,
sodemieter ★ *he's a real ~* hij is een ongelofelijke
klootzak ★ *poor little ~* arme kleine sodemieter
II *overg* ★ *inf ~ it!* wel (god)verdomme! ★ *inf ~ the
expense* dondert niet wat het kost **III** *onoverg* ★ *inf ~
off!* opsodemieteren!
soda ['səʊdə] *znw* ❶ soda ❷ → **soda water** ❸ Am
frisdrank, priklimonade
soda fountain ['səʊdə 'faʊntɪn] *znw*
❶ sodawaterinstallatie ❷ bar waar frisdranken
worden geschonken
sodality [səʊ'dælətɪ] *znw* ❶ broederschap ❷ RK
congregatie
sod all [sɒd ɔːl] inf *znw* helemaal niets
soda pop ['səʊdə pɒp] Am *znw* frisdrank,
priklimonade
soda siphon ['səʊdə 'saɪfən] *znw* spuitwaterfles
soda water ['səʊdə 'wɔːtə], **soda** *znw* soda-,

spuitwater

sodden ['sɒdn] *bn* ❶ doorweekt, doortrokken
❷ pafferig ❸ pafferig ‹v. gezicht door drank›

sodding ['sɒdɪŋ] Br inf *bn* verdomd

sodium ['səʊdɪəm] *znw* natrium

sodium bicarbonate ['səʊdɪəm baɪ'kɑːbənɪt] *znw* natriumbicarbonaat, zuiveringszout

sodium chloride ['səʊdɪəm 'klɔːraɪd] *znw* natrium chloride, keukenzout

sodomite ['sɒdəmaɪt] *znw* sodomiet, homoseksueel

sodomize ['sɒdəmaɪz], **sodomise** *overg* sodomie bedrijven met

sodomy ['sɒdəmɪ] *znw* sodomie

Sod's Law ['sɒdz lɔ:] Br inf *znw* de wet van Murphy ‹alles wat fout kan gaan, gaat fout›

soever [səʊ'evə] dicht *bijw* ★ *how* ~ hoe ook

sofa ['səʊfə] *znw* sofa, canapé, bank

sofa bed ['səʊfə bed] *znw* slaapbank

soft [sɒft] **I** *bn* ❶ zacht, teder, vriendelijk ❷ week, slap ‹v. boord› ❸ zwak ‹v. markt, valuta› ★ inf *have a ~ spot for sth / sbd* een zwak voor iets / iem. hebben ❹ niet alcoholisch ‹dranken›, niet verslavend ‹drugs› ❺ inf makkelijk, lui ‹baantje› ❻ inf sentimenteel, sullig, onnozel (ook: *soft in the head*) ❼ inf verliefd (op *on*) **II** *bijw* ❶ zacht(jes) ★ *go ~ on sbd* iem. voorzichtig behandelen ❷ inf slap, zwak ★ *stop acting ~* wees niet zo zwak / dom

softback ['sɒftbæk] *bn & znw* paperback, slappe kaft

softball ['sɒftbɔ:l] *znw* softbal

soft-boiled [sɒft-'bɔɪld] *bn* zachtgekookt

soft-centred [sɒft-'sentəd] *bn* met een zachte vulling ‹bonbon›

soft drink [sɒft drɪŋk] *znw* niet-alcoholische drank, frisdrank

soft drug [sɒft drʌg] *znw* softdrugs

soften ['sɒfən] **I** *overg* ❶ zacht maken, ontharden, verzachten, verminderen, lenigen, temperen, matigen ★ ~ *the blow* de klap verzachten ❷ fig verwekelijken ❸ vertederen, vermurwen (ook: ~ *down*) **II** *onoverg* zacht, week worden, milder gestemd, vertederd worden (ook: ~ *down*) **III** *phras* ★ inf ~ *sbd up* iem. gunstig stemmen

softener ['sɒfnə] *znw* wasverzachter, waterverzachter

softening ['sɒfnɪŋ] **I** *bn* verzachtend **II** *znw* verzachting, verweking, leniging, tempering

soft focus [sɒft 'fəʊkəs] *znw* zachte focus, onscherpte

soft-focus [sɒft-'fəʊkəs] *bn* enigszins onscherp, vervloeiend

soft fruit [sɒft fru:t] *znw* [*mv*: ~] zacht fruit ‹bessen, aardbeien, druiven &›

soft furnishings [sɒft 'fɜ:nɪʃɪŋz] *znw* [*mv*] woningtextiel

soft goods [sɒft gʊdz] *znw* [*mv*] manufacturen

softhead ['sɒfthed] inf *znw* onnozele hals

soft-headed [sɒft-'hedɪd] inf *bn* onnozel

soft-hearted [sɒft-'hɑ:tɪd] *bn* weekhartig

softie ['sɒftɪ], **softy** inf *znw* watje, doetje, sukkel, softie

softish ['sɒftɪʃ] *bn* ietwat zacht, weekachtig

soft landing [sɒft 'lændɪŋ] *znw* zachte landing

soft lighting [sɒft 'laɪtɪŋ] *znw* gedempt licht

softly-softly [sɒftlɪ-'sɒftlɪ] Br *bn* (uiterst) omzichtig, voorzichtig ★ *the government is employing* ~ *tactics* de regering opereert uitermate voorzichtig

softness ['sɒftnɪs] *znw* zachtheid

soft option [sɒft 'ɒpʃən] *znw* gemakkelijkste oplossing

soft palate [sɒft 'pælət] anat *znw* zachte verhemelte

soft pedal [sɒft 'pedl] *overg & onoverg* ❶ met de zachte pedaal spelen ‹piano› ❷ inf matigen, temperen, verdoezelen

soft porn [sɒft pɔ:'nɒgrəfɪ] *znw* softporno

soft return [sɒft rɪ'tɜ:n] comput *znw* zachte return

soft sell [sɒft sel] *znw* vriendelijke (niet-agressieve) verkoopmethode

soft soap [sɒft səʊp] **I** *znw* ❶ groene zeep ❷ fig vleierij **II** *overg* inf vleien, slijmen ★ *she's trying to ~ her father into buying her a car* ze probeert door geslijm haar vader over te halen haar een auto te kopen

soft-spoken [sɒft-'spəʊkən] *bn* met zachte (vriendelijke) stem

soft top [sɒft tɒp] *znw* cabriolet, vouwdak

soft touch [sɒft tʌtʃ] inf *znw* ❶ iem. bij wie gemakkelijk geld los te praten is ❷ iem. die gemakkelijk om te praten is

soft toy [sɒft tɔɪ] *znw* knuffelbeest, pluche beest

software ['sɒftweə] comput *znw* software, programmatuur

software company ['sɒftweə 'kʌmpənɪ] *znw* softwarebedrijf

software package ['sɒftweə 'pækɪdʒ] *znw* softwarepakket

software piracy ['sɒftweə 'paɪrəsɪ] *znw* softwarepiraterij

soft wheat [sɒft wi:t] *znw* zachte tarwe

softwood ['sɒftwʊd] *znw* ❶ zacht hout ❷ plantk naaldhout, naaldboom

soggy ['sɒgɪ] *bn* ❶ vochtig, drassig ❷ doorweekt

SOHO ['səʊhəʊ] afk (small office, home office) SoHo ‹de markt van kleine en eenmansbedrijfjes, als doelgroep voor computerproducenten›

soil [sɔɪl] **I** *znw* ❶ grond, teelaarde ❷ bodem, (vader)land ★ ~ *erosion* bodemerosie ★ ~ *contamination* bodemverontreiniging, bodemvervuiling ★ ~ *decontamination* bodemsanering, bodemreiniging ❸ smet, vlek ❹ vuil, uitwerpselen, afvalwater **II** *overg* bezoedelen, besmetten, bevlekken, bevuilen ★ *they do work that others wouldn't ~ their hands with* ze doen werk waar anderen hun handen niet aan willen vuilmaken

soil mechanics [sɔɪl mɪ'kænɪks] *znw* [*mv*] grondmechanica

soil science [sɔɪl 'saɪəns] *znw* bodemkunde

soil scientist [sɔɪl 'saɪəntɪst] *znw* bodemkundige

soiree [swɑː'reɪ] ‹*Fr*› *znw* soiree ★ *a musical ~* een muziekavond

sojourn ['sɒdʒən] dicht **I** *znw* (tijdelijk) verblijf

SO

II *onoverg* (tijdelijk) verblijven, zich ophouden, vertoeven
sojourner ['sɒdʒənə] <u>dicht</u> *znw* gast
solace ['sɒləs] <u>dicht</u> **I** *znw* troost, verlichting ★ *seek ~ in sth* ergens troost in zoeken ★ *turn to sth for ~* ergens troost bij zoeken, zich voor troost tot iets wenden **II** *overg* (ver)troosten, verlichten, lenigen
solar ['səʊlə] *bn* van de zon, zonne-
solar eclipse ['səʊlər ɪ'klɪps] *znw* zonsverduistering
solar energy ['səʊlər 'enədʒɪ] *znw* zonne-energie
solarium ['səʊleərɪəm] *znw* [*mv:* ~ *of* solaria] solarium
solar panel ['səʊlə 'pænl] *znw* zonnepaneel
solar plexus ['səʊlə 'pleksəs] <u>anat</u> *znw* solar plexus, zonnevlecht, maag
solar system ['səʊlə 'sɪstəm] *znw* zonnestelsel
solar year ['səʊlə jɪə] *znw* zonnejaar
sold [səʊld] *ww* [v.t. & v.d.] → **sell**
solder ['səʊldə] **I** *znw* soldeersel **II** *overg* solderen
soldering iron ['səʊldərɪŋ 'aɪən] *znw* soldeerbout
soldier ['səʊldʒə] **I** *znw* soldaat, militair, krijgsman ★ *an old ~* een oudgediende **II** *onoverg* (als soldaat) dienen **III** *phras* ★ *~ on* doorzetten
soldierlike ['səʊldʒəlaɪk], **soldierly** *bn* krijgshaftig, soldatesk
soldier of fortune ['səʊldʒər əv 'fɔːtʃən] *znw* huurling, avonturier
sole [səʊl] **I** *bn* ❶ enig ★ *the ~ surviver* de enige overlevende ❷ exclusief ★ *he has ~ responsibility* hij is in zijn eentje verantwoordelijk **II** *znw* ❶ zool ★ *the ~s of his feet* zijn voetzolen ❷ tong ‹vis› **III** *overg* zolen ‹v. schoenen›
solecism ['sɒlɪsɪzəm] <u>form</u> *znw* (taal)fout, flater
solely ['səʊllɪ] *bijw* alleen, enkel, uitsluitend
solemn ['sɒləm] *bn* ❶ plechtig ★ *make a ~ promise / commitment* een plechtige belofte doen ❷ ernstig
solemnity [sə'lemnətɪ] *znw* plechtigheid, deftigheid
solemnization [sɒləmnaɪ'zeɪʃən], **solemnisation** *znw* (plechtige) viering, voltrekking
solemnize ['sɒləmnaɪz], **solemnise** *overg* (plechtig) vieren, voltrekken
solenoid ['səʊlɪnɔɪd] <u>elektr</u> *znw* solenoïde, cilinderspoel
solicit [sə'lɪsɪt] *overg & onoverg* ❶ <u>form</u> vragen, verzoeken om, dingen naar ❷ tippelen, aanspreken ‹voor prostitutie›

---

solicit
betekent **een verzoek indienen** of **tippelen** en niet *solliciteren.*
She was soliciting betekent *ze was aan het tippelen* en niet *ze was aan het solliciteren.*
Ned. *solliciteren* = **apply for a job.**

---

solicitation [səlɪsɪ'teɪʃən] <u>form</u> *znw* aanzoek, verzoek
soliciting [sə'lɪsɪtɪŋ] *znw* tippelen, klanten aanspreken ‹door prostituee›
solicitor [sə'lɪsɪtə] *znw* ❶ advocaat, rechtskundig adviseur, procureur ❷ notaris
Solicitor-General [səlɪsɪtə'dʒenrəl] *znw* ±

advocaat-generaal
solicitous [sə'lɪsɪtəs] *bn* bekommerd, bezorgd (over *about, concerning, for*) ★ *they are making ~ enquiries into his background* uit bezorgdheid doen ze navraag naar zijn achtergrond
solicitude [sə'lɪsɪtjuːd] <u>form</u> *znw* bekommernis, bezorgdheid, zorg, angst, kommer
solid ['sɒlɪd] **I** *bn* ❶ vast, stevig, hecht, sterk, flink, solide ★ *be on ~ ground* vaste grond onder de voeten hebben, <u>fig</u> zeker van zijn zaak zijn ❷ betrouwbaar, gezond, degelijk ★ *~ evidence* betrouwbaar bewijs ❸ Am inf solidair ★ *I thought we were in ~ with them* ik dacht dat we bij hem in een goed blaadje stonden ❹ massief, dicht ★ *a ~ object* een massief voorwerp ★ *the room was packed ~* de kamer was stampvol ❺ uniform ‹v. kleur› ❻ kubiek, stereometrisch ❼ ononderbroken ★ *we had to wait for two hours ~* we moesten twee volle uren wachten ★ *a ~ line of traffic* een onafgebroken stroom van verkeer **II** *znw* (vast) lichaam
solid angle ['sɒlɪd 'æŋgl] <u>meetk</u> *znw* lichaamshoek, drievlakshoek
solidarity [sɒlɪ'dærətɪ] *znw* solidariteit, saamhorigheid
solid fuel ['sɒlɪd 'fjuːəl] *bn & znw* vaste brandstof ★ *a ~ heater* een allesbrander
solidification [səlɪdɪfɪ'keɪʃən] *znw* vast maken / worden
solidify [sə'lɪdɪfaɪ] **I** *overg* vast / hechter maken **II** *onoverg* vast / hechter worden
solidity [sə'lɪdətɪ], **solidness** *znw* vastheid, hardheid, stevigheid
solidly ['sɒlɪdlɪ] *bijw* ❶ solide, stevig ★ *a ~ built house* een stevig gebouwd huis ★ *he's fairly ~ built* hij is nogal stevig gebouwd ❷ eenstemmig ★ *be ~ against / for sbd / sth* eenstemmig tegen / voor iem. / iets zijn ❸ aan een stuk door
solids ['sɒlɪdz] *znw* [*mv*] vast voedsel ★ *she's not allowed to eat ~ yet* ze mag nog geen vast voedsel
solid state ['sɒlɪd steɪt] *znw* ❶ <u>elektr</u> halfgeleider ❷ vaste vorm ‹niet vloeibaar›
solid-state ['sɒlɪd-'steɪt] *bn* halfgeleider-, getransistoriseerd ★ *~ physics* vaste stof fysica
soliloquize [sə'lɪləkwaɪz], **soliloquise** *onoverg* een alleenspraak / monoloog houden
soliloquy [sə'lɪləkwɪ] *znw* [*mv:* soliloquies] alleenspraak, monoloog
solipsism ['sɒlɪpsɪzəm] *znw* solipsisme, egocentrisme
solitaire ['sɒlɪteə] *znw* ❶ enkel gezette diamant / steen ❷ solitairspel, patience
solitary ['sɒlɪtərɪ] **I** *bn* ❶ eenzaam, verlaten, afgelegen, afgezonderd ❷ op zichzelf staand, alleenlevend ★ *lead / live a ~ life* een teruggetrokken leven leiden ❸ enkel ★ *not a ~ shred of evidence* geen greintje bewijs ❹ eenzelvig **II** *znw*, <u>inf</u> **solitary confinement** afzonderlijke opsluiting
solitude ['sɒlɪtjuːd] *znw* eenzaamheid ★ *he prefers to work in ~* hij werkt het liefst in zijn eentje ★ *she retired to the ~ of her bedroom* ze trok zich terug in

de eenzaamheid van haar slaapkamer

solo [ˈsəʊləʊ] **I** *bn* solo ★ *a ~ performance* een solo-optreden **II** *bijw* solo ★ *she flew ~* ze vloog in haar eentje **III** *znw* ❶ [*mv:* -s] solo ‹kaartspel› ❷ [*mv:* -s of soli] <u>muz</u> solo

soloist [ˈsəʊləʊɪst] *znw* solist

Solomon Islands [ˈsɒləmənaɪləndz] *znw* [mv] Salomonseilanden

solstice [ˈsɒlstɪs] *znw* zonnestilstand, zonnewende, solstitium

solubility [sɒljʊˈbɪlətɪ] *znw* oplosbaarheid

soluble [ˈsɒljʊbl] *bn* oplosbaar

solution [səˈluːʃən] *znw* ❶ oplossing ★ *there are two possible ~s to this problem* er zijn twee oplossingen mogelijk voor dit probleem ❷ solutie

solvability [sɒlvəˈbɪlətɪ] *znw* ❶ oplosbaarheid ❷ <u>fin</u> solvabiliteit

solvable [ˈsɒlvəbl] *bn* ❶ oplosbaar ‹v. een probleem› ❷ verklaarbaar

solve [sɒlv] *overg* oplossen ★ *it's a mystery that has never been ~d* het is een mysterie dat nog nooit is opgelost ★ *shouting isn't going to ~ anything* schreeuwen lost niets op

solvency [ˈsɒlvənsɪ] *znw* vermogen om te betalen, <u>handel</u> soliditeit, kredietwaardigheid

solvent [ˈsɒlvənt] **I** *bn* ❶ oplossend ❷ <u>handel</u> solvent, solvabel, solide **II** *znw* oplosmiddel

solvent abuse [ˈsɒlvənt əˈbjuːs] *znw* ± lijmsnuiven

Somali [səʊˈmɑːlɪ] **I** *bn* Somalisch **II** *znw* ❶ Somali, Somaliër, Somalische ❷ Somali ‹de taal›

Somalia [səʊˈmɑːlɪə] *znw* Somalië

somatic [səˈmætɪk] *bn* somatisch, lichamelijk

sombre [ˈsɒmbə], <u>Am</u> **somber** *bn* somber, donker, zwaarmoedig, droevig

sombreness [ˈsɒmbənəs] *znw* somberheid, zwaarmoedigheid

sombrero [sɒmˈbreərəʊ] *znw* sombrero ‹breedgerande Mexicaanse hoed›

some [sʌm] **I** *telw* ❶ enig(e) ★ *could you give me ~ idea of when it'll be ready?* kunt u me enig idee geven wanneer het klaar is? ❷ de een of der ander, een, een zeker(e) ★ *she's found work in ~ hotel or other* ze heeft werk gevonden in een of ander hotel ★ *she's in ~ kind of danger* ze is op de een of andere manier in gevaar ★ *there must be ~ mistake* er moet een vergissing in het spel zijn ❸ ettelijke, wat, een beetje ★ *I'm having ~ problems with it* ik heb er wat problemen mee ★ *they've gone to quite ~ trouble* ze hebben behoorlijk wat moeite gedaan ★ *inf there's enough for four people and then ~* er is genoeg voor minstens vier personen ❹ zowat, ongeveer, circa ★ *~ 400 people marched in the demonstration* er liepen zo'n 400 mensen mee in de demonstratie ❺ *inf* geweldig ‹vaak ironisch› ★ *that was ~ game!* dat was me een wedstrijd! ★ *win the lottery? ~ chance!* de loterij winnen? geen schijn van kans! **II** *onbep vnw* enige, wat, iets, sommige(n) ★ *~ prefer their steaks slightly underdone, ~ not* sommigen

hebben hun biefstuk graag een beetje bloederig, maar anderen niet ★ *if I find ~* als ik er vind ★ *please take ~* neem er maar een paar ★ *there are ~ who say this can't be done* er zijn er die zeggen dat het niet kan **III** *bijw* ❶ Am *inf* iets, een beetje ★ *she needs looking after ~* er moet een beetje voor haar gezorgd worden ❷ niet gering ook, niet mis

somebody [ˈsʌmbədɪ], **someone I** *onbep vnw* ❶ iemand ❷ (een) zeker iemand **II** *znw* belangrijk persoon, iemand van betekenis ★ *it's a film about how a nobody becomes a ~* de film gaat over hoe een onbeduidend figuur een belangrijk persoon wordt

some day [sʌm deɪ], **someday** *bijw* ooit, eenmaal, eens ★ *she'll be famous ~* eens zal ze beroemd worden

somehow [ˈsʌmhaʊ] *bijw* op de een of andere manier, hoe dan ook, ergens, toch (ook: ~ *or other*) ★ *she looks ~ different* ze ziet er op de een of andere manier anders uit

someone [ˈsʌmwʌn] *onbep vnw & znw* → **somebody**

someplace [ˈsʌmpleɪs] <u>Am</u> *inf bijw* ergens ★ *let's go ~ smart for a change* laten we voor de verandering naar iets chics gaan

somersault [ˈsʌməsɒlt] **I** *znw* salto, buiteling, duikeling ★ *turn a ~* een salto, radslag & maken **II** *onoverg* een salto, radslag & maken

something [ˈsʌmθɪŋ] **I** *onbep vnw* ❶ iets, wat ★ *I think there's ~ wrong* ik denk dat er iets mis is ★ *inf I'm not sure what he does: it's ~ to do with computers* ik weet niet precies wat hij doet, het is iets met computers ★ *there's ~ funny about her* er is iets vreemds aan haar ★ *I'm sceptical, but there might be ~ in it* ik ben sceptisch, maar misschien zit er wel iets in ★ *she's got ~ on her mind* ze zit ergens mee ★ *inf why don't we invite him to dinner or ~?* waarom nodigen we hem niet uit om te komen eten of zoiets? ★ *she's married and thirty ~* ze is getrouwd en in de dertig ★ *~ like 90% disagree* ongeveer 90% is het er niet mee eens ★ *inf I'm sure he's got ~ going with her* ik weet zeker dat hij iets met haar heeft ❷ enigszins ‹+ of› ★ *she's ~ of a perfectionist* ze is een beetje een perfectioniste ❸ *inf* iets geweldigs ★ *their new house is really ~* hun nieuwe huis is echt iets geweldigs **II** *bijw* ❶ enigszins, iets, ietwat ❷ *inf* erg ★ *inf my head hurts ~ awful* mijn hoofd doet heel erg pijn **III** *znw* ❶ iets, wat ★ *I've brought you a little ~* ik heb een kleinigheid voor je meegebracht ❷ (het) een of ander

sometime [ˈsʌmtaɪm] **I** *bn* vroeger, voormalig, ex- ★ *a ~ president of the union* een voormalige voorzitter van de vakbond **II** *bijw* ❶ enige tijd ★ *they left ~ after 11* ze vertrokken ergens na elven ❷ eens ❸ soms

sometimes [ˈsʌmtaɪmz] *bijw* soms

someway [ˈsʌmweɪ], **someways** <u>Am</u> *inf bijw* ❶ op de een of andere manier ❷ om de een of andere reden

somewhat [ˈsʌmwɒt] *bijw* enigszins, ietwat

somewhere [ˈsʌmweə] *bijw* ergens

somnambulism [sɒm'næmbjʊlɪzm] *znw* somnambulisme, slaapwandelen

somnambulist [sɒm'næmbjʊlɪst] *znw* slaapwandelaar, somnambule

somnolence ['sɒmnələns] *znw* slaperigheid

somnolent ['sɒmnələnt] *bn* slaperig, slaapverwekkend

son [sʌn] *znw* ❶ zoon ★ *the Son* de Zoon ⟨Jezus⟩ ★ *he is one of the city's best-known ~s* hij is een van de beroemdste zonen van de stad ❷ jongen, jongeman ⟨als aanspreekvorm⟩ ★ *no, we don't want to buy a newspaper, ~* nee jongeman, wij willen geen krant

sonar ['səʊnə] *znw* sonar, echopeiling

sonata [sə'nɑːtə] *muz znw* sonate

sonatina [sɒnə'tiːnə] *muz znw* sonatine

song [sɒŋ] *znw* ❶ zang, lied, gezang ★ *break / burst into ~* in gezang uitbarsten ★ *inf get sth for a ~* iets voor een appel en een ei krijgen ★ *inf make a ~ and dance about sth* veel ophef / drukte maken over iets ❷ gedicht

songbird ['sɒŋbɜːd] *znw* zangvogel

songbook ['sɒŋbʊk] *znw* zangbundel, liederenbundel

songful ['sɒŋfʊl] *bn* ❶ melodieus ❷ graag zingend, van zingen houdend

Song of Solomon [sɒŋ əv 'sɒləmən], **Song of Songs** bijbel *znw* het Hooglied

songster ['sɒŋstə] *znw* zanger

songstress ['sɒŋstrəs] *znw* zangeres

song thrush [sɒŋ θrʌʃ] *znw* zanglijster

songwriter ['sɒŋraɪtə] *znw* tekstdichter en componist

sonic ['sɒnɪk] *bn* sonisch, geluids-

sonic boom ['sɒnɪk buːm] *znw* supersonische knal, knal bij het doorbreken van de geluidsbarrière

son-in-law ['sʌnɪnlɔː] *znw* [mv: sons-in-law] schoonzoon

sonnet ['sɒnɪt] *znw* sonnet, klinkdicht

sonneteer [sɒnɪ'tɪə] *znw* sonnettendichter

sonny ['sʌnɪ] *inf znw* jochie, ventje

son of a bitch ['sʌn əv ə 'bɪtʃ], **sonofabitch** Am *inf znw* klootzak

son of a gun ['sʌn əv ə 'gʌn] *inf* I *tsw* hé, fijne gozer! II *znw* ❶ stoere vent ❷ lammeling, beroerling

sonogram ['sɒnəgræm] *znw* sonogram, echoscopieafdruk

sonority [sə'nɒrətɪ] *znw* sonoriteit, klankrijkheid

sonorous ['sɒnərəs] *bn* sonoor, (helder) klinkend, klankrijk

sook [sʊk] Can, Aus & NZ *inf znw* ❶ bangerik, watje ❷ flessenkalf, met de hand grootgebracht kalf

soon [suːn] *bijw* ❶ spoedig, weldra, gauw ★ *I came as ~ as I heard the news* ik kwam meteen toen ik het nieuws gehoord had ❷ vroeg ★ *it's a pity you have to go so ~* het is jammer dat je al zo vroeg weg moet ▼ *I'd just as ~ stay at home as go out* Ik zou net zo lief thuis willen blijven als uitgaan

sooner ['suːnə] *bijw* ❶ eerder ★ *the ~ the better* hoe eerder hoe beter ★ *no ~ said than done* zo gezegd zo gedaan ★ *~ or later* vroeg of laat ★ *no ~ had had he finished speaking than the telephone rang* hij was nog maar nauwelijks uitgesproken of de telefoon ging ❷ liever ★ *she'd ~ die than marry him* ze zou nog liever doodgaan dan met hem trouwen

soot [sʊt] I *znw* roet II *overg* met roet bedekken

soothe [suːð] *overg* verzachten, kalmeren, sussen, stillen, bevredigen

soothing ['suːðɪŋ] *bn* verzachtend, kalmerend, sussend

soothsayer ['suːθseɪə] *znw* waarzegger

sooty ['sʊtɪ] *bn* roetachtig, roet(er)ig, roet-

sop [sɒp] I *znw* ❶ omkoopmiddel, voorlopige concessie, zoethoudertje ★ *the move is seen as a ~ to employers* de zet wordt gezien als een zoethoudertje voor de werkgevers ❷ in vloeistof geweekt brood & II *overg* soppen, (in)dopen, (door)weken III *phras* ★ *~ sth up* iets (in zich) opnemen

sophism ['sɒfɪzəm] *znw* sofisme, drogreden

sophist ['sɒfɪst] *znw* sofist, drogredenaar

sophistic [sə'fɪstɪk], **sophistical** *bn* sofistisch

sophisticate [sə'fɪstɪkeɪt] *znw* wereldwijs mens

sophisticated [sə'fɪstɪkeɪtɪd] *bn* ❶ ingewikkeld, geperfectioneerd ⟨v. techniek⟩, uitgekiend, hypermodern, geavanceerd ❷ wereldwijs, geraffineerd, sophisticated, gedistingeerd

sophistication [səfɪstɪ'keɪʃən] *znw* ❶ wereldwijsheid, geraffineerdheid, subtiliteit ★ *the town has an air of ~ to it* de stad ademt een mondaine sfeer ★ *she has acquired a veneer of ~* ze heeft een laagje raffinement ontwikkeld ❷ ingewikkeldheid

sophistry ['sɒfɪstrɪ] *znw* sofisterij, sofisme, spitsvondigheid

sophomore ['sɒfəmɔː] Am *znw* tweedejaarsstudent

soporific [sɒpə'rɪfɪk] I *bn* slaapverwekkend ★ *the ~ effect of wine* de slaperig makende effect van wijn II *znw* slaapverwekkend middel

sopping ['sɒpɪŋ] *bn* ★ *~ (wet)* drijfnat

soppy ['sɒpɪ] *inf bn* flauw, sentimenteel

soprano [sə'prɑːnəʊ] *muz bn & znw* sopraan

sorbet ['sɔːbeɪ] *znw* sorbet

sorcerer ['sɔːsərə] *znw* tovenaar

sorceress ['sɔːsərɪs] *znw* tovenares, heks

sorcery ['sɔːsərɪ] *znw* toverij, hekserij

sordid ['sɔːdɪd] *bn* ❶ smerig, vuil ★ *I'd prefer not to hear all the ~ details* ik wil de smerige details liever niet horen ❷ laag, gemeen ❸ inhalig, gierig

sordidness ['sɔːdɪdnəs] *znw* gemeenheid

sordino [sɔː'diːnəʊ] *muz znw* [mv: sordini] geluiddemper

sore [sɔː] I *bn* ❶ pijnlijk, gevoelig, zeer ★ *my feet are ~ from walking all day* mijn voeten doen zeer omdat ik de hele dag gelopen heb ★ *have a ~ throat* keelpijn hebben ★ *inf stick out like a ~ thumb* uit de toon vallen, in de kijker lopen ❷ hevig ★ *they're in ~ need of blood supplies* ze hebben dringend een voorraad bloed nodig ❸ *inf* het land hebbend (over *about*), kwaad, boos, nijdig (op *at*) II *bijw* bijbel erg, zeer ★ *they were ~ afraid* zij waren zeer bevreesd III *znw* rauwe plek, pijnlijke plek, zweer, zeer ★ fig *old ~s* oud zeer

sorehead ['sɔːhed] _inf_ _znw_ nors, afgunstig mens

sore loser [sɔː 'luːzə] _inf_ _znw_ slechte verliezer

sorely ['sɔːlɪ] _versterkend_ _bijw_ zeer, erg, hard ★ _I'm ~ tempted to buy it_ ik ben sterk geneigd om het te kopen

soreness ['sɔːnəs] _znw_ ❶ pijnlijkheid, pijn ❷ ontstemming

sore point [sɔː pɔɪnt] _znw_ een teer punt / onderwerp ★ _my messy study is a ~ with her_ mijn rommelige studeerkamer is een gevoelig onderwerp bij haar

sorority [sə'rɒrətɪ] _Am_ _znw_ meisjesstudentenvereniging

sorrel ['sɒrəl] **I** _bn_ rosachtig, roodbruin **II** _znw_ ❶ roodbruin ❷ _dierk_ vos ‹paard› ❸ _plantk_ zuring

sorrow ['sɒrəu] **I** _znw_ droefheid, smart, leed(wezen), leed, verdriet, rouw ★ _inf drown one's ~s_ zijn zorgen verdrinken **II** _onoverg_ treuren, bedroefd zijn (over _at_ / _for_ / _over_)

sorrowful ['sɒrəufʊl] _bn_ bedroefd, treurig

sorrow-stricken [sɒrəu-'strɪkən] _dicht_ _bn_ onder smart gebukt

sorry ['sɒrɪ] _bn_ ❶ bedroefd ★ _I'm ~ to hear that_ ik vind het jammer dat te horen ❷ berouwvol ★ _(I'm) (so) ~!_ neem mij niet kwalijk, sorry!, pardon! ★ _you'll be ~ for this_ daar krijg je nog spijt van ❸ medelijdend ★ _be / feel ~ for sbd_ medelijden hebben met iem. ❹ bedroevend, ellendig, armzalig, miserabel ★ _be in a ~ state_ in een ellendige toestand verkeren ★ _he's a ~ excuse for a brother_ hij is een waardeloos voorbeeld van een broer

sort [sɔːt] **I** _znw_ ❶ soort, slag ★ _after a ~_ in zekere zin, op zijn (haar) manier ★ _I'd have thought tennis was more your ~ of thing_ ik had gedacht dat tennis meer iets voor jou was ★ _it's this / that ~ of thing that really annoys me_ dergelijke dingen erger ik me juist heel erg aan ★ _she's a good-hearted person in a ~ of way_ ze is een goedhartig mens op haar eigen manier ★ _nothing of the ~_ niets van dien aard, niets daarvan! ★ _the curtains are (a) ~ of green_ de gordijnen zijn groenig ★ _the house has a bathroom of ~s / of a ~_ het huis heeft een badkamer of wat daarvoor door moet gaan ★ _we came up with all ~s of things_ we kwamen met van alles en nog wat op de proppen ★ _all ~s of people have donated their time_ allerlei mensen hebben hun tijd ter beschikking gesteld ★ _zegsw it takes all ~s (to make a world)_ ± Onze-Lieve-Heer heeft (nu eenmaal) rare kostgangers, zulke mensen moeten er ook zijn ▼ _inf 'understand?' '~ of'_ 'begrepen?' 'een beetje' ▼ _be out of ~s_ zich niet erg lekker voelen, uit zijn humeur zijn ❷ ★ _inf persoon, type_ ★ _he's not a bad ~_ hij is geen kwaaie vent **II** _overg_ sorteren, rangschikken, plaatsen ★ _they ~ the good from the bad_ ze scheiden de goeden van de kwaden **III** _phras_ ★ _~ through sth_ iets sorteren ★ _~ sth out_ iets regelen, een oplossing vinden voor iets ★ _inf ~ sbd out_ iem. eens goed aanpakken, eens goed de

waarheid vertellen, eens goed onder handen nemen

sorted ['sɔːtɪd] _Br_ _inf_ _bn_ ❶ in orde, geregeld, gesorteerd ★ _he's been trying to get things ~_ hij heeft geprobeerd om alles in orde te krijgen ★ _I've got her ~_ ik heb haar helemaal door ❷ evenwichtig, zelfbewust ‹m.b.t. personen› ❸ in het bezit van drugs

sorter ['sɔːtə] _znw_ sorteerder, sorteermachine

sortie ['sɔːtɪ] _znw_ ❶ _mil_ uitval, vlucht van één vliegtuig naar vijandelijk gebied ❷ uitstapje, uitje ★ _scherts she's gone on a ~ to the sales_ ze is op strooptocht naar de uitverkoop

sorting office ['sɔːtɪŋɒfɪs] _znw_ sorteerafdeling ‹v. postkantoor›

sort-out ['sɔːtaut] _znw_ ★ _have a ~_ sorteren, ordenen, opruimen, uitzoeken

SOS ['esəu'es] _znw_ ❶ radiografisch noodsein, SOS(-bericht, -sein) ❷ _fig_ noodkreet ★ _send out an ~_ een SOS-bericht uitzenden

so-so ['səu-səu] _bn_ _inf_ zozo, niet bijzonder ★ _'how is he feeling?' 'just ~'_ 'hoe voelt hij zich?' 'niet zo bijzonder'

sot [sɒt] _znw_ zuiplap, nathals

sottish ['sɒtɪʃ] _bn_ bezopen, dronken

sotto voce [sɒtəu'vəutʃɪ] _bijw_ met gedempte stem

souffle ['suːfəl] _med_ _znw_ hartruis

soufflé ['suːfleɪ] ‹Fr› _znw_ soufflé

sough [sau] **I** _znw_ suizend geluid, gesuis, suizen, zucht **II** _onoverg_ suizen, zuchten

sought [sɔːt] _ww_ [v.t. & v.d.] → **seek**

sought-after ['sɔːt-ɑːftə] _bn_ gewild, gezocht, in trek

soul [səul] _znw_ ❶ ziel ★ _not a ~_ geen levende ziel ★ _inf poor old ~_ arme stumper ★ _the ~ of discretion_ de tact zelve ❷ _muz_ soul

soul-destroying [səul-dɪ'strɔɪɪŋ] _bn_ geestdodend, afstompend

soulful ['səulfʊl] _bn_ gevoelvol, zielroerend, zielverheffend

soulless ['səuləs] _bn_ zielloos

soul mate [səul meɪt] _znw_ boezemvriend(in)

soul music [səul 'mjuːzɪk] _znw_ soul(muziek)

soul-searching ['səul-sɜːtʃɪŋ] _znw_ zelfonderzoek

sound [saund] **I** _bn_ ❶ gezond, gaaf, flink, vast, krachtig, sterk, grondig ★ _inf what he wants is a ~ thrashing_ wat hij nodig heeft is een goed pak slaag ★ _safe and ~_ gezond en wel ★ _of ~ mind_ gezond van geest ❷ betrouwbaar, solide, degelijk, deugdelijk, goed ‹v. raad &› ★ _a ~ basis_ een solide basis ★ _structurally ~_ structureel degelijk **II** _bijw_ ★ _he fell asleep_ hij viel vast in slaap **III** _znw_ ❶ geluid, klank, toon ★ _they entered to the ~/~s of the wedding march_ ze kwamen binnen op de klanken van de bruiloftsmars ★ _by / from the ~ of it_ zo te horen ★ _he doesn't like the ~ of it_ dat lijkt hem maar niets ❷ sonde ❸ zee-engte **IV** _overg_ ❶ doen (weer)klinken, laten klinken, laten horen ★ _~ the alarm_ alarm blazen / slaan ★ _~ one's / the horn_ op zijn / de hoorn blazen, toeteren, claxonneren ‹v.

automobilist› ❷ uitspreken, uitbazuinen ❸ kloppen op, ausculteren ❹ peilen, loden **V** *onoverg* ❶ klinken, luiden, weerklinken, galmen ★ *she ~ed angry / depressed / pleased &* ze klonk boos / depressief / blij & ★ *that ~ed rude* dat klonk onbeleefd ❷ lijken ★ *it ~s like a good idea* het lijkt een goed idee ★ *you ~ just like my mother* je klinkt net als mijn moeder ❸ naar beneden duiken ‹v. walvis› **VI** *phras* ★ inf ~ **off** *(about / on sth)* zijn mening zeggen (over iets) ★ ~ *sbd* **out** *(about sth)* iem. polsen / uithoren (over iets)

soundalike ['saʊndəlaɪk] *znw* iemand met dezelfde stem

sound barrier ['saʊndbærɪə] *znw* geluidsbarrière

sound bite ['saʊndbaɪt], **soundbite** *znw* ‹in een nieuwsuitzending gebruikte› korte, opmerkelijke uitspraak van iem. over een bep. onderwerp

soundboard ['saʊndbɔːd], **sounding board** *znw* klankbord, klankbodem

sound card [saʊnd kɑːd] comput *znw* geluidskaart

sound check [saʊnd tʃek] *znw* geluidstest

sound effects [saʊnd ɪ'fekts] *znw* [mv] geluidseffecten

sound engineer [saʊnd endʒɪ'nɪə] *znw* geluidstechnicus

sounder ['saʊndə] *znw* ❶ telecom sounder ❷ dieplood

sounding ['saʊndɪŋ] *znw* ❶ het peilen, het loden ★ *make / take ~s* loden, fig poolshoogte nemen, zijn omgeving polsen ❷ scheepv peiling

sounding board ['saʊndɪŋbɔːd] *znw* → **soundboard**

sounding lead ['saʊndɪŋ led] *znw* (diep)lood

sounding line ['saʊndɪŋ laɪn] scheepv *znw* loodlijn

soundless ['saʊndləs] *bn* ❶ geluidloos ❷ onpeilbaar

soundly ['saʊndlɪ] *bijw* ❶ flink, terdege, geducht ★ *the motion was ~ defeated* de motie werd met grote meerderheid verworpen ❷ vast ‹in slaap› ❸ gezond

sound mixer ['saʊndmɪksə] *znw* geluidstechnicus

soundness ['saʊndnɪs] *znw* deugdelijkheid, correctheid

sound post [saʊnd pəʊst] *znw* stapel ‹v. snaarinstrument›

soundproof ['saʊndpruːf] **I** *bn* geluiddicht **II** *overg* geluiddicht maken

soundproofing ['saʊndpruːfɪŋ] *znw* geluiddemping

sound quality [saʊnd 'kwɒlətɪ] *znw* geluidskwaliteit

sound system [saʊnd 'sɪstəm] *znw* geluidsinstallatie, muziekinstallatie

soundtrack ['saʊndtræk] *znw* geluidsspoor, geluidsband, geluid ‹v. film›, soundtrack

sound wave [saʊnd weɪv] *znw* geluidsgolf

soup [suːp] **I** *znw* soep ★ inf *be in the ~* in de puree zitten **II** *phras* ★ inf ~ *sth* **up** iets opvoeren ‹motor›

souped-up [suːpt-'ʌp] inf *bn* opgevoerd

soup kitchen ['suːpkɪtʃɪn] *znw* gaarkeuken ‹voor armen, daklozen &›

soup plate [suːp pleɪt] *znw* soepbord, diep bord

soup spoon [suːp spuːn] *znw* eetlepel, soeplepel

soupy ['suːpɪ] *bn* ❶ soepachtig, soeperig ❷ inf

sentimenteel

sour ['saʊə] **I** *bn* ❶ zuur ★ *their relationship has turned ~* hun verhouding is verzuurd ❷ gemelijk, nors ❸ naar ‹weer› **II** *overg* ❶ zuur maken, verzuren ❷ verbitteren ★ *the incident has ~ed relations* het incident heeft de verhouding verslechterd **III** *onoverg* zuur worden, verzuren

source [sɔːs] **I** *znw* bron, fig oorsprong ★ *well-informed / reliable ~s* welingelichte / betrouwbare bronnen **II** *overg* ❶ verkrijgen ‹uit bepaalde bron› ❷ uitzoeken waar iets te verkrijgen is

sourcing ['sɔːsɪŋ] handel *znw* sourcing ‹het zoeken naar geschikte toeleveranciers›

sour cream ['saʊə kriːm] *znw* zure room

sourdough ['saʊədəʊ] *znw* zuurdesem

sour grapes ['saʊə greɪps] *znw* [mv] jaloezie, de kift

sourish ['saʊərɪʃ] *bn* zuurachtig, rins, zuur

sourpuss ['saʊəpʊs] inf *znw* nijdas, zuurpruim

sousaphone ['suːzəfəʊn] *znw* sousafoon ‹blaasinstrument›

souse [saʊs] **I** *znw* ❶ pekel(saus), oren en poten van varkens in pekel ❷ onderdompeling, plons, geplons ❸ inf zuiplap **II** *overg* ❶ marineren, pekelen ❷ in-, onderdompelen, (over)gieten

soused [saʊst] *bn* ❶ gepekeld ❷ inf stomdronken

soutane [suː'tɑːn] *znw* soutane, priestertoog

souteneur [suːtə'nə] *znw* souteneur, pooier

south [saʊθ] **I** *bn* zuidelijk, zuid(er)-, zuiden- **II** *bijw* zuidelijk, zuidwaarts, naar het zuiden ★ *Australia lies ~ of the equator* Australië ligt ten zuiden van de evenaar **III** *znw* zuiden ★ *the Deep South* het diepe zuiden (van de VS)

South Africa [saʊθ 'æfrɪkə] *znw* Zuid-Afrika

South African [saʊθ 'æfrɪkən] **I** *bn* Zuid-Afrikaans **II** *znw* Zuid-Afrikaan, Zuid-Afrikaanse

southbound ['saʊθbaʊnd] *bn* naar het zuiden, in zuidelijke richting ★ ~ *traffic* verkeer in zuidelijke richting

south-east [saʊθ-'iːst], **southeast I** *bn & bijw* zuidoost **II** *znw* ★ *the ~* zuidoosten

south-easterly [saʊθ-'iːstəlɪ], **southeasterly I** *bn & bijw* zuidoostelijk **II** *znw*, **southeaster** zuidoostenwind

south-eastern [saʊθ-'iːstn], **southeastern** *bn* zuidoostelijk

southerly ['sʌðəlɪ] **I** *bn & bijw* zuidelijk, naar het zuiden, uit het zuiden **II** *znw* zuidenwind

southern ['sʌðn] *bn* zuidelijk, zuider-

Southern Cross [sʌðn 'krɒs] *znw* ★ *the ~* het Zuiderkruis

southerner ['sʌðənə] *znw* zuiderling ‹van Zuid-Engeland, het Zuiden van de Verenigde Staten &›

southern-fried ['sʌðn-fraɪd] *bn* gepaneerd en gefrituurd

southern hemisphere ['sʌðn 'hemɪsfɪə] *znw* zuidelijk halfrond

southernmost ['sʌðnməʊst] *bn* zuidelijkst

SO

South Korea [saʊθ kəˈriːən] *znw* Zuid-Korea
South Korean [saʊθ kəˈriːən] **I** *bn* Zuid-Koreaans
  II *znw* Zuid-Koreaan, Zuid-Koreaanse
southpaw [ˈsaʊθpɔ:] *znw* ❶ linkerhand ❷ sp
  linkshandige werper, bokser &
South Pole [saʊθ pəʊl] *znw* ★ *the* ~ Zuidpool
southward [ˈsaʊθwəd] **I** *bn* in / naar het zuiden,
  zuidwaarts **II** *bijw*, **southwards** in / naar het zuiden,
  zuidwaarts ★ *we drove* ~ we reden in zuidelijke
  richting
south-west [saʊθˈwest], **southwest I** *bn & bijw*
  zuidwest **II** *znw* ★ *the* ~ het zuidwesten
south-westerly [saʊθˈwestəlɪ], **southwesterly I** *bn &*
  bijw zuidwestelijk **II** *znw*, **southwester**
  zuidwestenwind
south-western [saʊθˈwestən], **southwestern** *bn*
  zuidwestelijk
souvenir [su:vəˈnɪə] *znw* souvenir, aandenken
sou'wester [ˈsaʊˈwestə] *znw* zuidwester
sovereign [ˈsɒvrɪn] **I** *bn* ❶ soeverein, oppermachtig,
  opperst, hoogst, opper- ❷ gedat probaat ‹v. middel›
  II *znw* ❶ (opper)heer, vorst, vorstin, soeverein
  ❷ soeverein ‹geldstuk van 1 pond›
sovereignty [ˈsɒvrəntɪ] *znw* soevereiniteit,
  opperheerschappij, oppergezag, oppermacht ★ *a*
  declaration of ~ een soevereiniteitsverklaring
soviet [ˈsəʊvɪət] *znw* sovjet ‹bestuursraad in de
  voormalige USSR› ★ *Soviet* burger van de
  voormalige USSR
sow I *znw* [saʊ] zeug **II** *overg* [səʊ] [sowed
  sown/sowed] zaaien, (uit)strooien, uit-, in-, bezaaien,
  bestrooien (met *with*) ★ ~ *the seeds of dissension*
  / *friendship* tweedracht / vriendschap zaaien
sow bug [saʊ bʌg] Am *znw* keldermot, pissebed
sower [ˈsəʊə] *znw* ❶ zaaier ❷ zaaimachine
sowing machine [ˈsəʊɪŋ məˈʃi:n] *znw* zaaimachine
sown [səʊn] *ww* → **sow**
soy [sɔɪ] *znw* soja
soya bean [ˈsɔɪə bi:n], **soy bean** *znw* sojaboon
soya milk [ˈsɔɪə mɪlk], **soy milk** *znw* sojamelk
soya sauce [ˈsɔɪə sɔ:s], **soy sauce** *znw* sojasaus
sozzled [ˈsɒzəld] inf *bn* dronken
spa [spɑ:] *znw* ❶ minerale bron ❷ badplaats ❸ **spa**
  bath, spa pool bubbelbad, jacuzzi
space [speɪs] **I** *znw* ❶ ruimte, wijdte, afstand
  ★ *advertising* ~ advertentieruimte ★ *commercial* ~
  bedrijfsruimte ★ *crowds jostled for* ~ *in front of the*
  town hall de menigte stond voor het stadhuis te
  dringen ★ *the first man in* ~ de eerste mens in de
  ruimte ★ *he stared into* ~ hij zat voor zich uit te
  staren ★ *they vanished into* ~ ze verdwenen in het
  niets ❷ plaats, gebied ★ *clear a* ~ *for sbd / sth* ruimte
  maken voor iem. / iets ❸ spatie, interlinie
  ❹ tijdruimte, tijd, tijdje ★ *breathing* ~ adempauze,
  rustperiode ★ *a* ~ *of three years* een periode van drie
  jaar ★ *we'll try it out for a* ~ *of three months* we gaan
  het drie maanden lang uitproberen ★ *she rang twice*
  in / within a ~ *of two minutes* ze belde twee keer

binnen twee minuten ★ *a lot has changed in a*
short ~ *of time* er is veel veranderd in een korte
periode / een kort tijdsbestek **II** *overg* (meer) ruimte
laten tussen, spatiëren (ook: ~ *out*) ★ ~ *the holes at*
regular intervals plaats de gaten op een regelmatige
afstand van elkaar ★ ~ *the payments out* de
betalingen spreiden
space age [speɪs eɪdʒ] *znw* ruimtevaarttijdperk
space-age [ˈspeɪs-eɪdʒ] *bn* zeer geavanceerd,
  futuristisch
space bar [speɪs bɑ:] *znw* spatiebalk ‹v.
  schrijfmachine / toetsenbord›
space blanket [speɪs ˈblæŋkɪt] *znw* aluminium deken
space cadet [speɪs kəˈdet] inf *znw* wereldvreemd
  persoon
space cake [speɪs keɪk] inf *znw* cannabiscake
space capsule [speɪs ˈkæpsju:l] *znw* ruimtecapsule
spacecraft [ˈspeɪskrɑːft] *znw* ruimtevaartuig,
  ruimtevaartuigen
spaced out [speɪst ˈaʊt] inf *bn* high, stoned, versuft
space exploration [speɪs ekspləˈreɪʃən] *znw*
  ruimteonderzoek, verkenning van de ruimte
space flight [speɪs flaɪt] *znw* ruimtevlucht
space food [speɪs fu:d] *znw* ruimtevaartvoedsel
space heater [speɪs ˈhi:tə] *znw* kachel ‹verwarming
  voor één vertrek›
spaceman [ˈspeɪsmæn] *znw* ruimtevaarder
space opera [speɪs ˈɒprə] inf *znw* roman(s), film(s) &
  over ruimtevaartavonturen
space probe [speɪs prəʊb] *znw* ruimtesonde
space race [speɪs reɪs] *znw* ruimtevaartwedloop
space rocket [speɪs ˈrɒkɪt] *znw* ruimteraket
space-saving [ˈspeɪs-seɪvɪŋ] *bn* ruimte-,
  plaatsbesparend
spaceship [ˈspeɪsʃɪp] *znw* ruimtevaartuig
spaceship earth [ˈspeɪsʃɪp ɜ:θ] *znw* ruimteschip aarde
space shuttle [speɪs ˈʃʌtl] *znw* ruimteveer,
  spaceshuttle
space station [speɪs ˈsteɪʃən] *znw* ruimtestation
spacesuit [ˈspeɪssu:t] *znw* ruimtepak
space travel [speɪs ˈtrævəl] *znw* ❶ ruimtereis ❷ reizen
  door de ruimte
spacing [ˈspeɪsɪŋ] *znw* ❶ spatiëring ❷ tussenruimte
  ★ *the* ~ *between them should be at least two metres* de
  onderlinge afstand moet minstens twee meter zijn
spacious [ˈspeɪʃəs] *bn* wijd, ruim, groot ★ *the living*
  area is deceptively ~ het woongedeelte is groter dan
  het lijkt ‹makelaarstaal›
spade [speɪd] *znw* ❶ spade, schop ★ inf *call a* ~ *a* ~ het
  beestje bij zijn naam noemen ❷ kaartsp schoppen
  ❸ beledigend nikker
spadework [ˈspeɪdwɜ:k] *znw* voorbereidend werk,
  pionierswerk
spaghetti [spəˈgetɪ] *znw* spaghetti
spaghetti squash [spəˈgetɪ skwɒʃ] *znw* → **vegetable**
  spaghetti
spaghetti western [spəˈgetɪ ˈwestn] inf *znw*
  spaghettiwestern, Italiaanse western

Spain [speɪn] *znw* Spanje
spake [speɪk] <u>vero of dicht</u> *ww* [V.T] → **speak**
spam [spæm] *znw* ongevraagde e-mail
span [spæn] **I** *znw* ❶ breedte, wijdte, overspanning, spanwijdte ❷ tijdspanne, tijdsbestek, tijdruimte ★ *he has a poor concentration ~* hij kan zich moeilijk concentreren ★ *the research focusses on memory ~* het onderzoek richt zich op geheugenbereik ★ *the book covers the entire ~ of the war* het boek beslaat de hele oorlogsperiode ❸ team, juk, span ‹trekdieren› **II** *overg* ❶ spannen, om-, over-, afspannen ❷ overbruggen
spandex® ['spændeks] *znw* spandex ‹synthetisch weefsel›
spang [spæŋ] Am *inf bijw* direct, precies, helemaal ★ *he looked me ~ in the eye* hij keek me direct in het gezicht
spangle ['spæŋgl] **I** *znw* lovertje **II** *overg* met lovertjes versieren ★ *~d with stars* bezaaid met sterren
Spanglish ['spæŋglɪʃ] *znw* Engels / Spaans ‹hybride taal›
Spaniard ['spænjəd] *znw* Spanjaard, Spaanse
spaniel ['spænjəl] *znw* ❶ spaniël ‹hond› ❷ <u>inf</u> onderdanig persoon, hielenlikker
Spanish ['spænɪʃ] **I** *bn* Spaans **II** *znw* Spaans ‹de taal› ★ *the ~* de inwoners van Spanje
Spanish-American ['spænɪʃ-ə'merɪkən] **I** *bn* Spaans-Amerikaans **II** *znw* Spaans-Amerikaan, Spaans-Amerikaanse
Spanish fly ['spænɪʃ flaɪ] *znw* Spaanse vlieg ‹middel dat de geslachtsdrift stimuleert›
Spanish onion ['spænɪʃ 'ʌnjən] *znw* Spaanse ui ‹grote zachte ui›
spank [spæŋk] **I** *znw* pak voor de broek **II** *overg* (een pak) voor de broek geven **III** *phras* ★ *~ along* fiks draven, flink doorstappen
spanker ['spæŋkə] *znw* ❶ <u>inf</u> kanjer, prachtexemplaar ❷ hardloper ❸ <u>scheepv</u> (grote) bezaan
spanking ['spæŋkɪŋ] **I** *bn* <u>inf</u> groot, stevig, flink, fiks ★ *at a ~ pace* in een stevig tempo ★ *have a ~ good time* zich prima vermaken **II** *znw* ❶ pak voor de broek ★ *give sbd a good ~* iem. een flink pak voor de broek geven ❷ aframmeling
spanner ['spænə] *znw* schroefsleutel, moersleutel ★ *an adjustable ~* een Engelse sleutel ★ <u>inf</u> *put / throw a ~ in the works* iets dwarsbomen, saboteren
spar [spɑː] **I** *znw* ❶ spar, spier, rondhout ❷ spaat ‹mineraal› **II** *onoverg* ❶ boksen ‹zonder dóór te stoten› ❷ redetwisten, bekvechten
spare [speə] **I** *bn* ❶ extra-, reserve- ★ *a ~ (bed)room* een logeerkamer ★ *~ cash / money* geld over ★ *~ time* vrije tijd ★ *have you got a ~ moment?* heb je een ogenblikje? ❷ schraal, mager ❸ <u>Br</u> *inf* dol, uitzinnig, gek, razend ★ *go ~* woedend worden **II** *znw* → **spare part III** *overg* ❶ sparen, bezuinigen op ★ *~ no expense* kosten noch moeite sparen, flink uitpakken ❷ besparen ★ *I'll ~ myself the trouble and go by train instead* ik zal me de moeite besparen en

met de trein gaan ❸ zuinig zijn met, ontzien, verschonen van ★ *~ oneself* zich ontzien ★ <u>zegsw</u> *~ the rod and spoil the child* wie de roede spaart, bederft zijn kind, wie zijn kind liefheeft kastijdt hem ❹ missen, ‹iem. iets› geven, afstaan, gunnen ★ *can you ~ some money for the homeless?* kunt u misschien iets missen voor de daklozen? ★ *can you ~ me a moment?* heb je een ogenblik voor me? ★ *~ a thought for sbd* aan iem. denken ★ *we'll get there with time to ~* we komen ruimschoots op tijd ★ *have enough and (some) to ~* meer dan genoeg (volop) hebben
sparely ['speəlɪ] *bijw* schraaltjes, mager, dun ★ *~ arranged paintings* in klein aantal opgehangen schilderijen
spare part [speə pɑːt], **spare** *znw* reserveonderdeel ‹v. auto›
spare-part surgery [speə-'pɑːt 'sɜːdʒərɪ] <u>Br</u> *znw* transplantatiechirurgie
spare rib [speə rɪb] *znw* (meestal *mv*) krabbetje, sparerib
spare tyre [speə 'taɪə] *znw* ❶ reserveband ❷ <u>inf</u> zwembandje ‹vetophoping rond het middel›
spare wheel [speə wiːl] *znw* reservewiel
sparing ['speərɪŋ] *bn* spaarzaam, zuinig, karig, matig ★ *he's usually ~ with his praise* hij is gewoonlijk nogal zuinig met zijn lof
spark [spɑːk] **I** *znw* vonk, vonkje, sprankje, sprankel, greintje ★ *a ~ of hope / life / originality &* een sprankje hoop / leven / originaliteit & ★ *a ~ of light* een vonkje licht ★ *a shower of ~s* een vonkenregen ★ <u>inf</u> *a bright ~* een slimme vent, een groot licht ★ *when they're together, the ~s really fly* als ze bij elkaar zijn gaat het behoorlijk tekeer ★ *put some ~ in your life / marriage &* breng wat vuur in je leven / huwelijk & ★ <u>inf</u> *strike ~s off each other* elkaar in de haren vliegen, ruzie maken **II** *overg* plotseling doen ontstaan / veroorzaken (ook: *~ off*) **III** *onoverg* ❶ vonken, vonken spatten ❷ <u>techn</u> starten
sparking ['spɑːkɪŋ] <u>elektr</u> *znw* vonkontsteking
sparking plug ['spɑːkɪŋ plʌg] *znw* → **spark plug**
sparkle ['spɑːkl] **I** *znw* ❶ sprankje, vonk, vonkje, gefonkel, schittering, glans ★ *the performance lacked ~* de opvoering miste levendigheid ❷ het mousseren ‹van wijn› **II** *onoverg* ❶ sprankelen, vonken schieten, fonkelen, schitteren ❷ parelen, mousseren ‹v. wijn›
sparkler ['spɑːklə] *znw* ❶ sterretje ‹vuurwerk› ❷ <u>inf</u> glimmer ‹juweel, briljant›
sparkling ['spɑːklɪŋ] *bn* ❶ fonkelend, sprankelend ★ *a ~ performance* een sprankelende uitvoering ❷ geestig, intelligent ❸ bruisend, prik-, soda-, koolzuurhoudend
spark out [spɑːk aʊt] <u>Br</u> *inf bijw* ★ *knock sbd ~* iem. bewusteloos slaan
spark plug [spɑːk plʌg], **sparking plug** *znw* (ontstekings)bougie ★ *a ~ spanner* een bougiesleutel
sparky ['spɑːkɪ] **I** *bn* levendig, energiek, sprankelend

sp

II *znw* <u>inf</u> elektricien
sparring match ['spɑ:rɪŋ mætʃ] *znw* (vriendschappelijke oefen)bokspartij
sparring partner ['spɑ:rɪŋ 'pɑ:tnə] *znw* sparringpartner
sparrow ['spærəʊ] *znw* mus
sparrowhawk ['spærəʊhɔ:k] *znw* sperwer
sparse [spɑ:s] *bn* ❶ dun (gezaaid), verspreid ❷ schaars
sparseness ['spɑ:snəs], **sparsity** *znw* schaarsheid
spartan ['spɑ:tn] *bn* spartaans
spasm ['spæzəm] *znw* ❶ kramp, (krampachtige) trekking ★ *a muscular ~* spierkramp, spierspasme ★ *my leg went into ~s* ik kreeg stuiptrekkingen in mijn been ❷ <u>fig</u> vlaag, aanval ★ *a ~ of coughing / pain* een hoest / pijnaanval
spasmodic [spæz'mɒdɪk] *bn* ❶ krampachtig ❷ <u>fig</u> bij vlagen, onregelmatig
spastic ['spæstɪk] I *bn* ❶ spastisch ❷ <u>inf</u> beledigend stom, idioot II *znw* ❶ spastisch patiënt ❷ <u>inf</u> beledigend stommerik, idioot
spat [spæt] I *znw* <u>inf</u> ruzie ❶ zaad, broed van oesters ❷ beschermhoes voor vliegtuigwielen II *ww* [v.t. & v.d.] → **spit**
spatchcock ['spætʃkɒk] I *znw* geslachte en snel gebraden haan II *overg* <u>inf</u> inlassen, toevoegen aan ‹woorden &› ★ *a housing estate ~ed among 14th century houses* een nieuwbouwwijk tussen 14e-eeuwse huizen gepropt
spate [speɪt] *znw* ❶ stroom, stortvloed ★ *a ~ of burglaries / incidents &* een stroom van inbraken / incidenten & ❷ rivieroverstroming, bandjir, hoogwater ★ *a river in ~* een onstuimig wassende rivier
spathe [speɪð] <u>plantk</u> *znw* bloeischede
spatial ['speɪʃəl] *bn* ruimte-, ruimtelijk
spats [spæts] *znw* [mv] slobkousen
spatter ['spætə] I *znw* ❶ (be)spatten ❷ spat ★ *a ~ of paint / rain &* verf-, regenspetters II *overg* ❶ doen spatten, bespatten ❷ bekladden III *onoverg* spatten ★ *the rain ~ed down* de regen spatte omlaag
spatula ['spætjʊlə] *znw* spatel
spatulate ['spætjʊlɪt] *bn* spatelvormig
spawn [spɔ:n] I *znw* ❶ kuit, broed, kikkerrit ❷ <u>afkeurend</u> gebroed, product II *overg* ❶ (eieren) leggen ❷ <u>vaak afkeurend</u> produceren, de wereld inschoppen ★ *the invention of the chip ~ed the modern computer* de uitvinding van de chip heeft de moderne computer voortgebracht III *onoverg* eieren leggen, kuitschieten
spawning season ['spɔ:nɪŋ 'si:zən] *znw* rijtijd ‹paartijd v. vissen›
spay [speɪ] *overg* steriliseren ‹v. vrouwelijke dieren›
spaz out ['spæz aʊt], **spazz out** <u>inf</u> *onoverg* overmand raken, buiten zichzelf raken, gek worden, flippen
speak [spi:k] I *overg* [spoke, spoken] ❶ spreken ★ *~ volumes* boekdelen spreken ❷ uitspreken, uitdrukken, spreken van ❸ zeggen ★ *~ one's mind* zijn mening zeggen II *onoverg* [spoke, spoken]

❶ spreken, praten ★ *Peter ~ing* (u spreekt) met Peter ★ *broadly / generally ~ing* in het algemeen gesproken ★ *historically ~ing* uit historisch oogpunt ★ *so to ~* bij wijze van spreken ★ *~ too soon* te voorbarig zijn ‹iets zeggen wat meteen niet waar blijkt te zijn› ★ *~ing as a parent / committee member &* sprekend in de hoedanigheid van ouder / commissielid ★ *I'll come but I can't ~ for my husband* ik kom, maar ik kan niet voor / namens mijn man spreken ★ *~ inf for yourself!* dat is jouw mening! ‹ik denk er anders over› ★ *~ in tongues* in tongen spreken, <u>scherts</u> onbegrijpelijke taal spreken ★ *~ in a whisper* fluisteren ★ *he spoke of her many achievements* hij wees op haar vele prestaties ★ *~ing of whom, does anyone know what he's doing now?* nu we het over hem hebben, weet iemand wat hij tegenwoordig doet? ★ *none / nothing to ~ of* niets van betekenis, niets noemenswaardigs ❷ in het openbaar spreken, een rede houden ★ *the next to ~ will be Professor Evans* de volgende spreker is professor Evans ❸ tegen / met elkaar spreken ★ *know sbd to ~ to* iem. genoeg kennen om hem aan te spreken ★ *fig ~ to sbd* iem. een standje maken ❹ aanspreken ‹v. instrument &› ★ *his performance spoke to the audience* zijn vertolking sprak het publiek aan ❺ getuigen ★ *I'll ~ for his good character* ik sta in voor zijn goede karakter ★ *the figures ~ for themselves* de cijfers liegen er niet om ★ *it ~s well for him* het pleit voor hem ★ *the garden ~s of years of neglect* de tuin getuigt van jarenlange verwaarlozing ★ *I can ~ to his having been there* ik kan getuigen dat hij er geweest is ❻ zich laten horen ★ *he hasn't spoken to his family for years* hij heeft al jaren geen contact meer met zijn familie III *phras* ★ *~ out* hardop (uit)spreken, zeggen waar het op staat, vrijuit spreken ★ *~ out against sth* zich tegenstander verklaren van iets, zich uitspreken tegen iets ★ *~ up* hardop spreken, beginnen te spreken, vrijuit spreken ★ *~ up for sbd* het voor iem. opnemen
speakeasy ['spi:ki:zɪ] <u>Am hist</u> *znw* clandestiene kroeg
speaker ['spi:kə] *znw* ❶ spreker, redenaar ★ *the Speaker* de voorzitter van het Lagerhuis ★ *an after-dinner ~* een tafelredenaar ★ *a guest / visiting ~* een gastspreker ★ *he's a good public ~* hij kan goed in het openbaar spreken ❷ luidspreker, box
speakerphone ['spi:kəfəʊn] *znw* luidsprekertelefoon
Speakers' Corner ['spi:kəz kɔ:nə] *znw* Speakers' Corner ‹plek in Hyde Park in Londen waar mensen hun opvattingen verkondigen in het openbaar›
speakership ['spi:kəʃɪp] *znw* voorzitterschap
speaking ['spi:kɪŋ] I *bn* ❶ sprekend & ‹portret› ★ *a ~ likeness* een sprekende gelijkenis ❷ spreek- ★ *a ~ acquaintance* iem. die men voldoende kent om aan te spreken ★ *English~* Engelssprekend, Engelstalig ★ *be on ~ terms (with sbd)* zo vertrouwd met iem. zijn, dat men hem kan aanspreken ★ *not be on ~ terms (with sbd)* niet meer met iem. praten II *znw*

spreken ★ *plain* ~ openhartigheid, duidelijke taal

speaking trumpet ['spiːkɪŋ 'trʌmpɪt] *znw* scheepsroeper, spreektrompet, megafoon

speaking tube ['spiːkɪŋ tjuːb] scheepv *znw* spreekbuis

spear ['spɪə] I *znw* ❶ speer, lans, spiets ❷ <u>plantk</u> scheut II *overg* met een speer doorsteken, spietsen

spear carrier ['spɪə 'kærɪə] *znw* figurantenrol, onbelangrijke medewerker

spearhead ['spɪəhed] I *znw* ❶ speerpunt ❷ <u>fig</u> spits, leider ❸ campagneleider II *overg* ❶ de voorhoede, spits zijn van, leiden, aanvoeren ❷ het voortouw nemen bij

spearman ['spɪəmən] *znw* speerdrager, -ruiter

spearmint ['spɪəmɪnt] *znw* pepermunt

spec [spek] I *znw* bestek, technische beschrijving / gegevens ▼ <u>inf</u> *on* ~ op goed geluk II *overg* specificeren

spec builder [spek 'bɪldə] *znw* bouwondernemer ‹die zonder opdracht huizen bouwt voor de verkoop›

special ['speʃəl] I *bn* bijzonder, speciaal, extra- ★ *a* ~ *delivery* per expresse, een spoedbestelling ★ *a* ~ *edition* een extra editie II *znw* ❶ <u>RTV</u> speciale uitzending, tv-special ❷ dagschotel, specialiteit v.h. huis ‹in restaurant› ❸ Am speciale aanbieding ❹ extratrein, extra-editie ‹v. dagblad›, extraprijs &

Special Branch ['speʃəl brɑːntʃ] <u>Br</u> *znw* ± binnenlandse veiligheidsdienst

special interest group ['speʃəl 'ɪntrəst gruːp] *znw* belangengroep, belangengroepering

specialism ['speʃəlɪzəm], **speciality**, Am **specialty** *znw* specialisme

specialist ['speʃəlɪst] *znw* specialist ‹in vak &›

speciality [speʃɪ'ælətɪ], Am **specialty** *znw* ❶ specialiteit ★ *the local* ~ *is shellfish* de plaatselijke specialiteit zijn schelpdieren ❷ bijzonderheid, bijzonder geval ❸ → **specialism**

specialization [speʃəlaɪ'zeɪʃən], **specialisation** *znw* specialisering, specialisatie

specialize ['speʃəlaɪz], **specialise** *onoverg* zich speciaal toeleggen (op *in*), zich specialiseren (in *in*)

specialized ['speʃəlaɪzd], **specialised** *bn* gespecialiseerd, specialistisch ★ ~ *care* gespecialiseerde hulp, hulp van specialisten ★ *his work is very* ~ zijn werk is erg specialistisch

specially ['speʃəlɪ] *bijw* speciaal, (in het) bijzonder

special needs ['speʃəl niːdz] *znw* [mv] speciale behoeften ★ *a* ~ *pupil* een achterstandsleerling

Special Olympics ['speʃəl ə'lɪmpɪks] *znw* Olympische Spelen voor geestelijk gehandicapten

special pleading ['speʃəl 'pliːdɪŋ] *znw* argumenteren vanuit een bevooroordeeld standpunt

special school ['speʃəl skuːl] *znw* school voor speciaal onderwijs ‹voor kinderen met lichamelijke of leerproblemen›

specialty ['speʃəltɪ] Am & med *znw* → **speciality**

specialty goods ['speʃəltɪ gʊdz] *znw* [mv] speciale producten ‹waarvoor consumenten zich een grote koopinspanning willen getroosten›

species ['spiːʃɪz] *znw* [mv: ~] soort, geslacht ★ *the human* ~ de mens, het mensdom ★ *an endangered / a threatened* ~ een bedreigde soort ★ <u>scherts</u> *Dave is a fine member of the* ~ Dave is een mooi exemplaar van het menselijk geslacht

specific [spə'sɪfɪk] *bn* ❶ soortelijk, specifiek, soort- ★ *a disease* ~ *to certain animals* een ziekte die alleen voorkomt bij bepaalde dieren ❷ speciaal, bepaald, nauwkeurig, uitdrukkelijk ★ *elderly people have* ~ *needs* ouderen hebben speciale behoeften ❸ duidelijk, gedetailleerd ★ *can you be a bit more* ~? kun je een beetje duidelijker zijn?

specifically [spə'sɪfɪkəlɪ] *bijw* ❶ specifiek, uitdrukkelijk, bepaald, duidelijk ★ *the law* ~ *prohibits such behaviour* de wet verbiedt duidelijk dit soort gedrag ❷ met name ★ *I* ~ *said not to do that* ik heb uitdrukkelijk verboden dat te doen ★ *it's about oil, or more* ~, *about control of the oil fields* het gaat over olie, om precies te zijn, over de controle over de olievelden

specification [spesɪfɪ'keɪʃən] *znw* specificatie, gedetailleerde opgave, nauwkeurige vermelding ★ *draw up a* ~ een gedetailleerde beschrijving opstellen

specifications [spesɪfɪ'keɪʃənz], Am **specs** *znw* [mv] bestek, technische beschrijving / gegevens

specific gravity [spə'sɪfɪk 'grævɪtɪ] *znw* soortelijk gewicht

specificity [spesə'fɪsɪtɪ] *znw* het specifiek zijn, specifieke eigenschap

specifics [spə'sɪfɪks] *znw* [mv] details ★ *the* ~ *still have to be worked out* de details moeten nog worden uitgewerkt

specify ['spesəfaɪ] *overg* specificeren, gedetailleerd opgeven, in bijzonderheden aangeven ★ *the details have not yet been specified* de details moeten nog worden aangegeven

specimen ['spesəmɪn] *znw* ❶ specimen, proef, staaltje, voorbeeld ❷ exemplaar, type ★ *a prize* ~ een prijswinnend exemplaar ★ <u>scherts</u> *a fine* ~ *of a man* een prachtig voorbeeld van een man ❸ urinemonster

specimen plant ['spesəmɪn plɑːnt] *znw* beeldbepalende plant ‹in een tuin›

specious ['spiːʃəs] <u>form</u> *bn* schoonschijnend

speck [spek] I *znw* smetje, spatje, vlekje, spikkel, stofje II *overg* spikkelen, vlekken

speckle ['spekl] I *znw* spikkel(ing) II *overg* (be)spikkelen

speckless ['spekləs] *bn* smetteloos

specs [speks] *znw* [mv] ❶ → <u>inf</u> **spectacles** ❷ → Am **specifications**

spectacle ['spektəkl] *znw* schouwspel, vertoning, toneel(tje) ★ *make a* ~ *of oneself* zich belachelijk maken

spectacled ['spektəkld] *bn* gebrild, bril-

spectacles ['spektəklz], <u>inf</u> **specs** *znw* [mv] bril

spectacular [spek'tækjʊlə] I *bn* op (toneel)effect

sp

berekend, opvallend, spectaculair, grandioos **II** *znw*
spectaculaire show

spectator [spek'teɪtə] *znw* toeschouwer

spectator sport [spek'teɪtə spɔ:t] *znw* kijksport

spectra ['spektrə] *znw* [mv] → **spectrum**

spectral ['spektrəl] *bn* ❶ spookachtig, spook-
❷ spectraal, van het spectrum

spectre ['spektə], _Am_ **specter** *znw* ❶ spook, geest
❷ bang voorgevoel, schrikbeeld

spectrum ['spektrəm] *znw* [mv: -tra] ❶ spectrum ❷ fig
reeks, gamma, scala ★ *a wide ~ of opinions have been
expressed* er werd een breed scala aan opvattingen
naar voren gebracht

speculate ['spekjʊleɪt] *onoverg* ❶ peinzen,
bespiegelingen houden ★ *speculating about what
might have happened is pointless* het heeft geen zin te
filosoferen over wat er had kunnen gebeuren
❷ handel speculeren

speculation [spekjʊ'leɪʃən] *znw* ❶ bespiegeling,
beschouwing ★ *a matter for / a subject of ~* iets om
over te theoretiseren / filosoferen ❷ handel
speculatie

speculative ['spekjʊlətɪv] *bn* speculatief, bespiegelend,
beschouwend, zuiver theoretisch ★ *the claims have
been dismissed as highly ~* de beweringen zijn van de
hand gewezen omdat ze erg speculatief waren

speculator ['spekjʊleɪtə] *znw* speculant

speculum ['spekjʊləm] med *znw* [mv: -s of specula]
speculum, spiegel

sped [sped] *ww* [v.t. & v.d.] → **speed**

speech [spi:tʃ] *znw* ❶ spraak(vermogen), taal ★ *lose the
power of ~* het spraakvermogen verliezen ★ *suffer a
loss of ~* lijden aan spraakverlies ★ *free ~ / freedom
of ~* vrijheid van meningsuiting, van spreken
❷ rede(voering), toespraak ★ *deliver a ~* een
redevoering houden

speech bubble [spi:tʃ 'bʌbl] *znw* spreekballon ‹in
strip›

speech day [spi:tʃ deɪ] _Br_ *znw* prijsuitreiking ‹op
school›

speechify ['spi:tʃɪfaɪ] inf *onoverg* oreren, speechen

speech impediment [spi:tʃ ɪm'pedɪmənt] *znw*
spraakgebrek

speechless ['spi:tʃləs] *bn* sprakeloos, stom (van *with*)
★ *her comment left us ~* van haar opmerking werden
we sprakeloos

speech-reading ['spi:tʃ-ri:dɪŋ] *znw* liplezen

speech recognition [spi:tʃ rekəg'nɪʃən] comput *znw*
spraakherkenning

speech therapist [spi:tʃ 'θerəpɪst] *znw* logopedist(e)

speech therapy [spi:tʃ 'θerəpɪ] *znw* logopedie

speech trainer [spi:tʃ 'treɪnə] *znw* logopedist

speech training [spi:tʃ 'treɪnɪŋ] *znw* logopedie
‹onderricht in het spreken›

speech writer [spi:tʃ 'raɪtə] *znw* tekstschrijver ‹v.
toespraken›

speed [spi:d] **I** *znw* ❶ spoed, snelheid, vaart, haast
★ *at breakneck ~* in razende vaart ★ *(at) full ~* met

volle kracht, in volle vaart, spoorslags ★ *full ~ ahead!*
volle kracht vooruit! ★ *the ~ of light / sound* de
snelheid van het licht / geluid ★ inf *bring sbd up to ~
with sth* iem. op de hoogte brengen van iets ★ *get
up to ~* snelheid maken ❷ versnelling
❸ (sluiter)snelheid ‹v. camera› ★ *the shutter ~* de
sluitertijd ❹ inf speed ‹amfetamine› **II** *overg* [sped,
sped] ❶ bespoedigen, bevorderen, versnellen
❷ doen snellen, doen vliegen **III** *onoverg* [sped,
sped] ❶ zich spoeden, voortmaken, snellen, vliegen
❷ (te) hard rijden, een snelheidslimiet overschrijden
IV *phras* ★ *~ up* er vaart achter zetten ★ *~ sth up* iets
bespoedigen, versnellen

speedboat ['spi:dbəʊt] *znw* raceboot

speed bump [spi:d bʌmp] *znw* verkeersdrempel

speed camera [spi:d 'kæmrə] *znw* snelheidscamera

speed cop [spi:d kɒp] inf *znw* motoragent

speed dating [spi:d 'deɪtɪŋ] _Am_ inf *znw* speeddaten

speed dial [spi:d 'daɪəl] *znw* snelkeuzetoets

speeder ['spi:də] *znw* ❶ snelheidsregelaar
❷ snelheidsovertreder

speeding ['spi:dɪŋ] *znw* te hard rijden,
snelheidsovertreding ★ *he was picked up for ~* hij
werd opgepakt voor te snel rijden

speed limit [spi:d 'lɪmɪt] *znw* (voorgeschreven)
maximumsnelheid ★ *break the ~* de
maximumsnelheid overtreden ★ *he exceeded the ~ by
20 kph* hij overschreed de maximumsnelheid met 20
km / u

speed merchant [spi:d 'mɜ:tʃənt] inf *znw*
snelheidsmaniak

speedo ['spi:dəʊ] inf *znw* snelheidsmeter

speedometer [spi:'dɒmɪtə] *znw* snelheidsmeter

speed skating [spi:d 'skeɪtɪŋrɪŋk] *znw* hardrijden op
de schaats

speedster ['spi:dstə] inf *znw* ❶ snelle wagen, boot &
❷ snelheidsmaniak

speed trap [spi:d træp] *znw* autoval, snelheidscontrole

speed-up ['spi:d-ʌp] *znw* ❶ versnelling
❷ productieverhoging

speedway ['spi:dweɪ] *znw* ❶ _Am_ (auto)snelweg ❷ sp
speedway ‹sintelbaan voor motorrenners›

speedwell ['spi:dwel] *znw* ereprijs

speedy ['spi:dɪ] *bn* spoedig, snel, vlug ★ *a ~ end to the
crisis* een snel einde aan de crisis ★ *doctors expect a ~
recovery* de doktoren verwachten een spoedig
herstel

speleologist [spi:lɪ'ɒlədʒɪst] *znw* speleoloog

speleology [spi:lɪ'ɒlədʒɪ] *znw* speleologie,
grottenkunde, holenkunde

spell [spel] **I** *znw* ❶ toverformule, tovermacht, -kracht,
ban, betovering, bekoring ★ *be under a ~* onder de
bekoring zijn (van), gefascineerd zijn (door),
gebiologeerd zijn (door) ★ *be under sbd's ~* onder de
bekoring zijn van iem. ★ *cast a ~ on sbd* iem.
betoveren, fascineren ❷ tijdje, poos, periode ★ *a
dry ~* een droogteperiode ★ *a hot ~* een hittegolf
❸ werktijd, beurt ★ *do sth in one ~* iets in één ruk

doen ★ *have a ~ at doing sth* een tijdje ergens mee bezig zijn **II** *overg* [spelt/spelled, spelt/spelled] **❶** spellen **❷** betekenen **III** *onoverg* [spelt/spelled, spelt/spelled] spellen ★ inf *she can't ~ for nuts* ze kan absoluut niet spellen **IV** *phras* ★ *~ sth out* iets spellen, iets precies uitleggen

spellbinder ['spelbaɪndə] *znw* **❶** iets dat de aandacht vasthoudt ‹film, optreden, wedstrijd &› **❷** boeiend spreker

spellbinding ['spelbaɪndɪŋ] *bn* boeiend, fascinerend

spellbound ['spelbaʊnd] *bn* als betoverd, gefascineerd, gebiologeerd, geboeid

spell check [spel tʃek] comput **I** *znw*, **spellchecker**, **spell-checker** spellingchecker, spellingcontroleprogramma **II** *overg* spellingcontrole uitvoeren

speller ['spelə] *znw* **❶** speller / spellster ★ *he's a hopeless ~* zijn spelling is hopeloos **❷** leerboek over spelling

spelling ['spelɪŋ] *znw* spelling

spelling bee ['spelɪŋ biː] *znw* spellingswedstrijd

spelling book ['spelɪŋ bʊk] *znw* leerboek over spelling

spelt [spelt] **I** *znw* spelt ‹soort tarwe› **II** *ww* [v.t. & v.d.] → **spell**

spelunking [spəˈlʌŋkɪŋ] Am *znw* speleologie, grotonderzoek

spencer ['spensə] *znw* **❶** kort wollen jasje, jumper **❷** onderhemd ‹van zijde, katoen of wol›

spend [spend] **I** *znw* inf uitgave ★ *the average ~ is € 10* de gemiddelde uitgave is € 10 **II** *overg* [spent, spent] **❶** uitgeven, besteden (aan *on*) ★ Br inf *~ a penny* naar de WC gaan **❷** doorbrengen ‹tijd› **❸** verbruiken, verteren, verkwisten ★ *~ oneself* zich uitputten, afmatten ★ *the storm had spent itself* de storm was uitgeraasd **III** *onoverg* [spent, spent] uitgeven, uitgaven doen ★ *~ lavishly* kwistig zijn ★ *~ wisely* zijn geld goed besteden

spendable ['spendəbl] *bn* te besteden

spend-all ['spend-ɔːl] *bn & znw* → **spendthrift**

spender ['spendə] *znw* **❶** wie geld uitgeeft **❷** verkwister

spending ['spendɪŋ] *znw* uitgaven ★ *consumer ~* consumentenuitgaven ★ *public ~* overheidsuitgaven ★ *a ~ spree* een vlaag van koopwoede ★ *go on a ~ spree* veel geld gaan uitgeven ‹aan inkopen›

spending cut ['spendɪŋ kʌt] *znw* bezuiniging

spending money ['spendɪŋ 'mʌni] *znw* zakgeld

spending power ['spendɪŋ 'paʊə] *znw* koopkracht

spendthrift ['spendθrɪft], **spend-all I** *bn* verkwistend **II** *znw* verkwister, verspiller

spent [spent] **I** *bn* verbruikt, uitgeput, op, mat ‹kogel›, leeg ‹huls› **II** *ww* [v.t. & v.d.] → **spend**

sperm [spɜːm] *znw* **❶** sperma, zaad, zaadcel **❷** → **sperm whale ❸** spermaceet, walschot, witte amber

spermaceti [spɜːməˈseti] *znw* walschot ‹v. potvis›

spermatic [spəˈmætɪk] *bn* sperma-, zaad-

spermatozoon [spɜːmətəʊˈzəʊɒn] biol *znw* [mv: spermatozoa] spermatozoön, zaadcel

sperm bank [spɜːm bæŋk] *znw* spermabank

sperm count [spɜːm kaʊnt] *znw* zaadtelling

spermicidal [spɜːmɪˈsaɪdl] *bn* zaaddodend

spermicide ['spɜːmɪsaɪd] *znw* zaaddodend middel

sperm oil [spɜːm ɔɪl] *znw* spermacetiolie, spermolie

sperm whale ['spɜːmweɪl], **sperm** *znw* potvis, cachelot

spew [spjuː] **I** *znw* inf braaksel, kots **II** *overg* (uit)spuwen **III** *onoverg* **❶** spuwen **❷** inf braken, kotsen, overgeven **IV** *phras* ★ *~ sth out* iets uitspuwen ★ *~ up* spuwen, inf overgeven

SPF *afk* (sun protection factor) zonbeschermingsfactor

sphere [sfɪə] *znw* **❶** sfeer, bol, globe, hemelbol **❷** dicht hemel(gewelf) **❸** fig (werk)kring, arbeidsveld, omvang, gebied ★ *a ~ of activity* een activiteitengebied, werkgebied ★ *a ~ of influence* een invloedssfeer

> **sphere**
> als abstract woord betekent **kring, arbeidsveld**. Het kan ook **sfeer** betekenen maar alleen in de betekenis **actieradius** en niet in de betekenis **stemming, gezelligheid**. Voor die betekenis gebruikt het Engels **atmosphere**.
> Vergelijk sphere of influence - invloedssfeer met work atmosphere - werksfeer.

spherical ['sferɪkl] *bn* sferisch, bolrond, bol-

spheroid ['sfɪərɔɪd] *znw* sferoïde

sphincter ['sfɪŋktə] anat *znw* sluitspier

sphinx [sfɪŋks] *znw* [mv: -es of sphinges] sfinx

sphinx-like ['sfɪŋks-laɪk] *bn* sfinxachtig

sphygmomanometer [sfɪgməʊməˈnɒmɪtə] *znw* bloeddrukmeter

spic [spɪk], **spick, spik** Am beledigend *znw* Spaans sprekende ‹uit Midden- of Zuid-Amerika›

spic and span [spɪk ən 'spæn] *bn* → **spick and span**

spice [spaɪs] **I** *znw* **❶** specerij(en), kruiderij(en) ★ *herbs and ~s* kruiden en specerijen ★ *a perfume with a touch of ~ to it* een parfum met een vleugje kruiden **❷** fig het pikante ★ *the deception added ~ to her life* het bedrog voegde iets pikants aan haar leven toe **II** *overg* kruiden **III** *phras* ★ *~ sth up* iets interessanter maken dan het is ‹verhaal, verslag &›

spicily ['spaɪsɪli] *bijw* **❶** gekruid ★ *a ~ flavoured dish* een sterk gekruid gerecht **❷** fig pikant ★ *she writes quite ~ about his private life* ze schrijft op een pikante manier over zijn privéleven

spiciness ['spaɪsɪnəs] *znw* **❶** gekruidheid **❷** fig pikanterie

spick and span [spɪk ən 'spæn], **spic and span** *bn* brandschoon, piekfijn, keurig

spicy ['spaɪsɪ] *bn* **❶** kruidig, gekruid, kruiden-, specerij- **❷** geurig, aromatisch **❸** pikant, pittig ★ *the ~ details* de pikante details ★ *a ~ film* een erotische film

spider ['spaɪdə] *znw* spin, spinnenkop

spider monkey ['spaɪdə 'mʌŋki] *znw* slingeraap

spider plant ['spaɪdə plɑːnt] *znw* graslelie ‹kamerplant›

sp

spider's web ['spaɪdəz web], Am **spiderweb** znw spinnenweb

spidery ['spaɪdərɪ] bn ❶ spinachtig, vol met spinnen ❷ spichtig

spiel [ʃpiːl, spiːl] inf **I** znw geklets, verhaal, verkooppraatje **II** onoverg kletsen, ratelen

spieler ['spiːlə] inf znw ❶ kletsmajoor ❷ Aus & NZ valsspeler, gokker

spiffing ['spɪfɪŋ] Br inf gedat bn fijn, uitstekend, knap

spifflicate ['spɪflɪkeɪt] inf scherts overg vernietigen, vermorzelen, van kant maken

spigot ['spɪgət] znw ❶ spon, stop, deuvik ❷ tap, tapkraan ❸ spie-eind ‹v. buis›

spike [spaɪk] **I** znw ❶ punt, spijl ‹v. hek &› ❷ pen, lange spijker ❸ tand ‹v. kam› ❹ aar **II** overg ❶ (vast)spijkeren ❷ (door)prikken ❸ van punten voorzien ❹ iets toevoegen aan ‹meestal aan een drankje› ▼ inf ~ sbd's guns iem. buiten gevecht stellen

spiked [spaɪkt] bn ❶ met stekels ❷ met scherpe punten ❸ opgepept ★ ~ with humour gelardeerd met humor ★ a ~ drink een drankje met een scheut alcohol, een drankje waarin drugs zijn gedaan

spike heel [spaɪk hiːl] znw naaldhak

spikes [spaɪks] znw [mv] ❶ atletiekschoenen ‹met metalen punten› ❷ metalen punten ‹op sneeuwbanden› ❸ Am spijkerbroek

spiky ['spaɪkɪ] bn ❶ puntig, stekelig ❷ inf gauw op z'n teentjes getrapt

spill [spɪl] **I** znw ❶ gemorste vloeistof, verspilling ★ an oil ~ een olielekkage, gemorste olie ❷ val, tuimeling ★ have a ~ een smak maken, omvallen ❸ fidibus ‹opgerold papiertje om sigaar & mee aan te steken› **II** overg [spilt/spilled spilt/spilled] morsen ‹melk›, storten, vergieten ‹bloed›, omgooien ★ inf ~ the beans een geheim verraden ★ ~ (sbd's) blood iemands bloed vergieten ★ inf ~ one's guts to sbd iem. alles vertellen wat men weet **III** onoverg [spilt/spilled spilt/spilled] gemorst worden, overlopen **IV** phras ★ ~ out ergens uitvallen ★ ~ sth out de vrije loop geven aan iets ‹emoties› ★ ~ over langer duren dan gedacht, een invloed hebben op iets anders

spillage ['spɪlɪdʒ] znw ❶ morsen ❷ gemorste

spillway ['spɪlweɪ] Am znw overlaat

spilt [spɪlt] ww [v.t. & v.d.] → spill

spin [spɪn] **I** znw ❶ spinnen, draaien ★ inf go into a (flat) ~ in paniek raken ❷ luchtv schroefduik, vrille ❸ effect ‹aan bal› ❹ inf (rij)toertje, tochtje ★ go for a ~ een toertje gaan maken **II** overg [spun, spun] ❶ spinnen ❷ fabriceren ★ ~ sbd a story iem. een verhaal vertellen / iem. iets voorliegen ★ ~ a yarn een verhaal ophangen ❸ uitspinnen, laten / doen draaien, centrifugeren ‹wasgoed› ❹ snel laten ronddraaien, opzetten ‹een tol› ★ Am inf ~ one's wheels tijd en energie verspillen **III** onoverg [spun, spun] ❶ spinnen ❷ (in de rondte) draaien ★ I sent him ~ning ik deed hem achteruit tollen ★ she spun on her heel ze draaide zich op haar hielen om ★ ~

out of control onbeheersbaar worden ❸ luchtv in schroefduik dalen **IV** phras ★ ~ around / round ronddraaien, zich omdraaien ★ ~ sbd around / round iem. vlug omdraaien ★ ~ sth off een (winstgevend) nevenproduct produceren ‹vaak onverwacht›, van een nevenvestiging een zelfstandig bedrijf maken ★ ~ sth out iets rekken

spina bifida ['spaɪnə 'bɪfɪdə] med znw open rug

spinach ['spɪnɪdʒ] znw spinazie

spinal ['spaɪnl] bn ruggengraats-

spinal column ['spaɪnl 'kɒləm] anat znw ruggengraat

spinal cord ['spaɪnl kɔːd] anat znw ruggenmerg

spin bowler [spɪn 'bəʊlə] znw bowler die effectballen gooit ‹cricket›

spin cycle [spɪn 'saɪkl] znw centrifugeercyclus ‹v. wasmachine›

spindle ['spɪndl] znw ❶ spil, as ❷ spoel, klos ❸ spijl, stang, pin

spindle-legged [spɪndl-'legd] bn met spillebenen

spindly ['spɪndlɪ] bn spichtig

spin doctor [spɪn 'dɒktə] inf znw mannetjesmaker, pr-man ‹woordvoerder die aan de media een voorstelling van zaken geeft die gunstig is voor de politicus of de partij die hij vertegenwoordigt›

spin-drier [spɪn'draɪə], **spin dryer** znw centrifuge

spin-dry [spɪn-'draɪ] overg drogen in een centrifuge‹wasgoed›

spin dryer [spɪn 'draɪə] znw → **spin-drier**

spine [spaɪn] znw ❶ doorn, stekel ❷ ruggengraat, rug ★ the movie sent shivers down my ~ de film gaf mij de koude rillingen ❸ → **pay spine**

spine-chilling [spaɪn'tʃɪlɪŋ] bn huiveringwekkend, bloedstollend

spineless ['spaɪnləs] bn ❶ zonder ruggengraat ❷ afkeurend slap, futloos

spinet [spɪ'net] znw spinet

spine-tingling [spaɪn-'tɪŋglɪŋ] bn opwindend

spinifex ['spɪnɪfeks] znw spinifexgras ‹Australisch gras›

spinnaker ['spɪnəkə] znw ballonfok ‹zeil›

spinner ['spɪnə] znw ❶ spinner ❷ spinmachine ❸ effectbal

spinneret ['spɪnəret] dierk znw spinklier, spinorgaan

spinney ['spɪnɪ] znw bosje, struikgewas

spinning jenny ['spɪnɪŋ 'dʒenɪ] hist znw spinmachine

spinning mill ['spɪnɪŋ mɪl] znw spinnerij

spinning top ['spɪnɪŋ tɒp] znw draaitol

spinning wheel ['spɪnɪŋ wiːl] znw spinnewiel

spin-off ['spɪnɒf] znw winst opleverend bijproduct, spin-off

spin-stabilized [spɪn-'steɪbəlaɪzd] bn door draaien stabiliseren ‹ruimtevaartuig of satelliet›

spinster ['spɪnstə] znw ❶ gedat jongedochter, oude vrijster ❷ jur ongehuwde vrouw

spiny ['spaɪnɪ] bn doornig, stekelig

spiny anteater ['spaɪnɪ 'æntiːtə] znw mierenegel ‹Australische miereneter›

spiracle ['spaɪərəkl] dierk znw luchtgat,

ademhalingsopening
spiral ['spaɪərəl] **I** bn ❶ spiraalvormig, schroefvormig
❷ kronkelend **II** znw spiraal **III** overg spiraalvormig
maken **IV** onoverg ❶ zich spiraalsgewijs bewegen
★ ~ down / downwards in een spiraal omlaag gaan
❷ snel stijgen / dalen ★ inflation continues to ~ de
inflatie blijft stijgen ★ ~ out of control de pan uit
rijzen, onbeheersbaar worden ⟨prijzen &⟩
spiral-bound ['spaɪərəl-baʊnd] bn met een spiraalrug
spirally ['spaɪərəlɪ] bijw spiraalsgewijs
spiral staircase ['spaɪərəl 'steəkeɪs] znw wenteltrap
spirant ['spaɪərənt] fon znw spirant, schuringsgeluid
spire ['spaɪə] znw ❶ punt, (toren)spits ❷ (gras)spriet
★ ~s of foxgloves bloemaren van vingerhoedskruid
❸ spiraalwinding, kronkeling
spired ['spaɪəd] bn ❶ spits (toelopend) ❷ van
torenspitsen voorzien
spirit ['spɪrɪt] **I** znw ❶ geest, spook, ziel ★ the Holy
Spirit de Heilige Geest ★ the poor in ~ de armen van
geest ★ the ~ of the law de geest van de wet ★ the ~
of the age / times de tijdgeest ★ be present in ~ in
gedachten aanwezig zijn ★ scherts he can be
amusing when the ~ moves him hij kan grappig zijn
als hij er zin in heeft ★ zegsw the ~ is willing but the
flesh is weak de geest is gewillig maar het vlees is
zwak ❷ zin, betekenis, aard, karakter ★ enter into
the ~ of sth enthousiast meedoen ★ take sth in the
wrong ~ iets verkeerd opnemen ★ a ~ of fun
/ mischief & iets doen uit de lol / baldadigheid &
❸ (geest)kracht, moed, durf, wil ★ that's the ~! goed
zo! ★ break sbd's ~ iemands wil breken ❹ bezieling,
vuur, fut ★ do sth with (plenty of) ~ iets met (veel)
animo / met vuur doen ❺ spiritus, sterke drank
II phras ★ ~ sbd / sth away iem. / iets wegmoffelen,
-goochelen, -toveren, doen verdwijnen
spirited ['spɪrɪtɪd] bn ❶ bezield, geanimeerd,
levendig, vurig ❷ moedig ❸ energiek, pittig
spiritism ['spɪrɪtɪzəm] znw spiritisme
spirit lamp ['spɪrɪt læmp] znw spirituslamp
spiritless ['spɪrɪtləs] bn levenloos, moedeloos, futloos,
duf
spirit level ['spɪrɪt 'levəl] znw waterpas
spirits ['spɪrɪts] znw [mv] ❶ gedistilleerde dranken,
sterke drank ❷ gemoedsstemming ★ in high ~
opgeruimd, opgewekt ★ in low ~ neerslachtig ★ out
of ~ neerslachtig ★ dash sbd's ~ iemand
demoraliseren
spirit stove ['spɪrɪt stəʊv] znw spiritustoestel
spiritual ['spɪrɪtʃʊəl] **I** bn geestelijk **II** znw
(negro)spiritual ⟨godsdienstig lied⟩
spiritual home ['spɪrɪtʃʊəl həʊm] znw plaats waar je je
thuis voelt
spiritualism ['spɪrɪtʃʊəlɪzəm] znw ❶ spiritualistisch
karakter ❷ spiritualisme ⟨tegenover materialisme⟩
❸ spiritisme
spiritualist ['spɪrɪtʃʊəlɪst] **I** bn, **spiritualistic**
❶ spiritualistisch ❷ spiritistisch **II** znw ❶ spiritualist
❷ spiritist

spirituality [spɪrɪtʃʊˈælətɪ] znw ❶ spiritualiteit
❷ geestelijkheid, onstoffelijkheid
spiritualize ['spɪrɪtʃʊəlaɪz], **spiritualise** overg
❶ vergeestelijken ❷ in geestelijke zin verklaren
spiritually ['spɪrɪtʃʊəlɪ] bijw geestelijk
spit [spɪt] **I** znw ❶ (braad)spit ❷ landtong ❸ spit
⟨steek met de spade⟩ ❹ spuug, speeksel ▼ inf he's
the (dead) ~ of his father hij lijkt als twee druppels
water op zijn vader **II** overg [spitted, spitted] ❶ aan
het spit steken ❷ (door)steken **III** overg [spit/spat,
spit/spat] spuwen, spugen ★ ~ abuse at sbd iem.
scheldwoorden naar het hoofd slingeren ★ inf ~
blood, Aus ~ chips, Am ~ nails woedend zijn
IV onoverg [spit/spat, spit/spat] ❶ spuwen, spugen
★ inf ~ in / into the wind vergeefse moeite doen
❷ blazen ⟨van kat⟩ ❸ spetteren, motregenen
V phras ★ ~ sth out iets uitspuwen, -spugen, fig iets
eruit gooien ★ inf ~ it out! voor de dag er mee!
spit and polish [spɪt ən 'pɒlɪʃ] znw het poetsen en
boenen ★ all it needs is a bit of ~ het hoeft alleen
maar een beetje gepoetst te worden
spite [spaɪt] **I** znw boosaardigheid, wrok, wrevel ★ out
of ~ uit wrok ▼ in ~ of ten spijt van, in weerwil van,
trots, ondanks, niettegenstaande ▼ in ~ of oneself
tegen zijn wil **II** overg ergeren, dwarsbomen, pesten
spiteful ['spaɪtfʊl] bn nijdig, boosaardig, hatelijk
spitfire ['spɪtfaɪə] inf znw driftkop
spitting ['spɪtɪŋ] inf bn ★ within ~ distance heel
dichtbij
spitting image ['spɪtɪŋ 'ɪmɪdʒ] znw evenbeeld
spittle ['spɪtl] znw speeksel, spuug
spittoon [spɪ'tu:n] znw kwispedoor, spuwbak
spitz [spɪts] znw keeshond, spitshond
spiv [spɪv] Br inf znw knoeier, zwendelaar,
parasiterende leegloper, nietsnut
splash [splæʃ] **I** znw ❶ gekletter, geplons, plons
❷ plek, klad, klets, kwak ⟨verf &⟩ ★ a ~ of colour een
kleurrijk accent ❸ inf opzienbarend nieuws ★ make
a ~ opzien baren **II** overg ❶ bespatten, bemodderen
❷ doen spatten ❸ inf met vette koppen drukken
III onoverg spatten, plassen, klateren, kletsen,
plonzen, ploeteren, plompen **IV** phras ★ ~ down op
het water landen ★ inf ~ out (on sth) met geld
smijten, royaal geld uitgeven (aan iets)
splashboard ['splæʃbɔ:d] znw spatbord
splashdown ['splæʃdaʊn] znw landing in zee ⟨v.
ruimtecapsule⟩
splasher ['splæʃə] znw spatbord, -plaat, -zeiltje
splashy ['splæʃɪ] bn ❶ spetterend, klaterend ❷ inf
opzichtig
splatter ['splætə] **I** znw spetter, spat, klodder **II** overg
❶ sputteren ❷ bespatten, doen spatten,
besprenkelen **III** onoverg ❶ plassen ❷ spatten
splatter movie ['splætə 'mu:vɪ] inf znw bloederige
film
splay [spleɪ] **I** overg ❶ afschuinen, (binnenwaarts)
schuin verwijden, doen inspringen ❷ (uit)spreiden
II onoverg zich spreiden, wijder worden ★ the

sp

pleats ~ *from the waistband* de plooien worden wijder vanaf de rokband

spleen [spli:n] *znw* ❶ milt ❷ fig slecht humeur, wrevel, zwaarmoedigheid ★ *vent one's* ~ *on sbd* zijn slecht humeur afreageren op iem.

splendid ['splendɪd] *bn* prachtig, luisterrijk, schitterend, heerlijk, prima ★ ~ *weather* schitterend weer ★ *the castle stands in* ~ *isolation* het kasteel staat prachtig op een eenzame plek

splendidly ['splendɪdlɪ] *bijw* prachtig, schitterend

splendiferous [splen'dɪfərəs] inf scherts *bn* prachtig, schitterend

splendour ['splendə], Am **splendor** *znw* pracht, luister, schittering, glans, praal, heerlijkheid ★ *the palace has been restored to its former* ~ het paleis is in zijn oude luister hersteld

splenetic [splɪ'netɪk] *bn* slecht gehumeurd, geïrriteerd

splenic ['splenɪk] *bn* van de milt, milt-

splice [splaɪs] **I** *znw* ❶ splitsing ❷ verbinding, las ‹v. film› **II** *overg* splitsen ‹twee einden touw samenvlechten›, verbinden, lassen ‹film› ★ inf gedat *get* ~*d* trouwen

splicer ['splaɪsə] *znw* plakapparaat ‹voor beeld- / geluidsband›

spliff [splɪf] inf *znw* joint

spline [splaɪn] *znw* ❶ lat ❷ splitpen, spie

splint [splɪnt] **I** *znw* ❶ spalk ❷ spaan, splinter **II** *overg* spalken

splint bone [splɪnt bəʊn] *znw* kuitbeen

splinter ['splɪntə] **I** *znw* splinter, scherf **II** *overg* versplinteren **III** *onoverg* splinteren

splinter bar ['splɪntə bɑ:] *znw* disselboom

splinter group ['splɪntə gru:p] *znw* splintergroep(ering)

splinterproof ['splɪntəpru:f] *bn* scherfvrij

splintery ['splɪntərɪ] *bn* splinterig

split [splɪt] **I** *bn* gespleten, gesplitst **II** *znw* spleet, scheur(ing), splitsing, tweespalt, onenigheid, breuk **III** *overg* [split, split] ❶ splijten, splitsen ★ inf ~ *one's sides (laughing)*/Am ~ *a gut* barsten van het lachen ★ ~ *hairs* haarkloven ❷ samen delen, onder elkaar verdelen ★ ~ *the difference* het verschil delen ★ Am ~ *the ticket* stemmen op kandidaten van meer dan één partij **IV** *onoverg* [split, split] ❶ splijten, barsten, scheuren ❷ zich splitsen, uiteengaan, uit elkaar gaan ❸ inf 'm smeren ❹ inf verklikken, verraden ‹geheim› **V** *phras* ★ ~ *across*, ~ *sth down the middle* iets in twee gelijke stukken / groepen verdelen ★ inf ~ *on sbd* iem. verlinken ★ ~ *off* afsplitsen ★ ~ *up* uit elkaar gaan ★ *she* ~ *up with her boyfriend* zij en haar vriendje zijn uit elkaar ★ ~ *sth up* iets verdelen

split decision [splɪt dɪ'sɪʒən] *znw* meerderheidsbesluit, meerderheidsbeslissing

split end [splɪt end] *znw* (meestal *mv*) gespleten haar, dood punt

split infinitive [splɪt ɪn'fɪnɪtɪv] *znw* gespleten infinitief ‹met een woord tussen *to* en de infinitief in›

split-level [splɪt-'levəl] *bn* op verschillende niveaus, split level ‹m.b.t. huisindeling›

split peas [splɪt 'pezənt] *znw* [mv] spliterwten

split personality [splɪt pɜ:sə'nælətɪ] *znw* gespleten persoonlijkheid

splits [splɪts] *znw* ★ *the* ~ spagaat

split screen [splɪt skri:n] comput *znw* gesplitst scherm, splitscreen

split second [splɪt 'sekənd] *znw* een fractie van een seconde, een onderdeel van een seconde

splitting ['splɪtɪŋ] *bn* ★ *a* ~ *headache* barstende hoofdpijn

split-up ['splɪt-ʌp] *znw* ❶ inf verbreking v.d. relatie, scheiding, breuk ❷ opsplitsing ‹bijv. v. aandelen›

splodge [splɒdʒ], **splotch** **I** *znw* plek, vlek, smet, klad, klodder **II** *overg* volsmeren, bekladden, bevlekken (ook ~ *up*)

splosh [splɒʃ] *znw* ❶ inf plons ❷ gedat geld, pingping

splurge [splɜ:dʒ] inf **I** *znw* uitspatting, geldsmijterij, vertoon **II** *overg* verspillen, verkwisten **III** *onoverg* ❶ met geld smijten ★ ~ *on sth* veel geld uitgeven aan iets ❷ verkwisten

splutter ['splʌtə] **I** *znw* ❶ geknetter, gesputter ❷ gestotter **II** *onoverg* ❶ knetteren, sputteren ❷ stotteren, hakkelen ❸ spatten ‹v. pen›

spoil [spɔɪl] **I** *overg* [spoilt/spoiled, spoilt/spoiled] ❶ bederven, verknoeien ❷ verwennen **II** *onoverg* [spoilt/spoiled, spoilt/spoiled] bederven ▼ *he's* ~*ing for a fight* hij hunkert er naar / hij brandt van verlangen om te vechten

spoiled [spɔɪld], **spoilt** *bn* ❶ verwend ★ *a* ~ *brat* een verwend kreng ❷ bedorven

spoiler ['spɔɪlə] auto *znw* spoiler

spoils [spɔɪlz] *znw* [mv] ★ *the* ~ opbrengst, buit

spoilsport ['spɔɪlspɔ:t] inf *znw* spelbederver, feestverstoorder

spoilt [spɔɪlt] **I** *bn* verwend ★ *be* ~ *for choice* te veel keuze hebben **II** *ww* [v.t. & v.d.] → **spoil**

spoke [spəʊk] **I** *znw* spaak, sport ★ Br inf *put a* ~ *in sbd's wheel* iem. een spaak in het wiel steken **II** *ww* [v.t.] → **speak**

spoken ['spəʊkən] **I** *bn* ❶ gesproken ★ *the* ~ *word* het gesproken woord ❷ wat spraak betreft ▼ *a coarse*~ *person* iemand die grof in de mond is **II** *ww* [v.d.] → **speak**

spoken for ['spəʊkən fə] *bn* ❶ bezet, gereserveerd ❷ niet meer vrij, al een partner hebbend

spokesman ['spəʊksmən] *znw* woordvoerder

spokesperson ['spəʊkspɜ:sən] *znw* woordvoerder, woordvoerster

spokeswoman ['spəʊkswʊmən] *znw* woordvoerster

spoliation [spəʊlɪ'eɪʃən] form *znw* beroving, plundering

spondulicks [spɒn'dju:lɪks] Br inf *znw* [mv] duiten

sponge [spʌndʒ] **I** *znw* ❶ spons ★ *throw in the* ~ zich gewonnen geven ❷ sponsbad ★ *give sbd a* ~ *over/*~ *down* iem. afsponsen ❸ → **sponge cake** ❹ inf dronkenlap, klaploper **II** *overg* ❶ (af)sponsen (ook: ~

down) ❷ weg-, uit-, afwissen, wissen **III** *onoverg* <u>fig</u> klaplopen **IV** *phras* ★ <u>inf</u> ~ **off** / **on** *sbd* op iem. parasiteren ★ ~ *sth* **up** iets opnemen met de spons, iets op-, inzuigen

sponge bag [spʌndʒ bæg] *znw* toilettasje

sponge bath [spʌndʒ bɑːθ] *znw* het afsponsen, sponsbad

sponge cake [spʌndʒ keɪk], **sponge** *znw* Moskovisch gebak

sponge cloth [spʌndʒ klɒθ] *znw* badstof, frotté

sponge finger [spʌndʒ 'fɪŋgə] *znw* lange vinger ‹biscuit›

sponger ['spʌndʒə] *znw* klaploper

sponge rubber [spʌndʒ 'rʌbə] *znw* sponsrubber

spongey ['spʌndʒɪ], **spongy** *bn* sponsachtig

sponsor ['spɒnsə] **I** *znw* ❶ sponsor, geldschieter ★ *stand* ~ sponsor worden ❷ borg ❸ begunstiger ❹ peetvader, peetoom, doopmoeder, peettante **II** *overg* ❶ instaan voor, borg zijn voor ❷ steunen, sponsoren ❸ peet zijn over, ten doop houden

sponsorship ['spɒnsəʃɪp] *znw* ❶ sponsorschap, sponsoring ❷ peetschap ❸ <u>fig</u> steun

spontaneity [spɒntə'neɪətɪ] *znw* spontaniteit

spontaneous [spɒn'teɪnɪəs] *bn* ❶ spontaan, ongedwongen ★ ~ *applause* spontaan applaus ★ *a ~ reaction* een spontane reactie ❷ in het wild groeiend, natuurlijk ❸ zelf-

spontaneous combustion [spɒn'teɪnɪəs kəm'bʌstʃən] *znw* zelfontbranding

spoof [spuːf] **I** *znw* ❶ poets, bedrog ❷ parodie ★ *a ~ on British bureaucracy* een parodie op Britse bureaucratie **II** *overg* Am *inf* foppen, voor de gek houden, een poets bakken

spook [spuːk] <u>inf</u> **I** *znw* spook, geest **II** *overg* schrik aanjagen, bang maken

spooky ['spuːkɪ] <u>inf</u> *bn* ❶ spookachtig ❷ spook-

spool [spuːl] **I** *znw* spoel, klos **II** *overg* spoelen

spoon [spuːn] **I** *znw* lepel ★ *be born with a silver ~ in one's mouth* van rijke familie zijn, een zondagskind zijn **II** *overg* lepelen, opscheppen **III** *onoverg* <u>inf</u> <u>gedat</u> flirten, vrijen

spoonbill ['spuːnbɪl] *znw* lepelaar ‹vogel›

spoon bread [spuːn bred] Am *znw* zacht maïsbrood

spoonerism ['spuːnərɪzm] *znw* spoonerisme ‹grappige verwisseling van letters›

spoon-fed ['spuːn-fed] *bn* met de lepel gevoerd ★ *we are a ~ generation* we zijn een verwende generatie

spoon-feed ['spuːnfiːd] *overg* ❶ met de lepel voeren of ingeven ❷ <u>fig</u> voorkauwen

spoonful ['spuːnfʊl] *znw* (volle) lepel

spoor [spʊə] *znw* spoor ‹van wild beest›

sporadic [spə'rædɪk] *bn* sporadisch, hier en daar voorkomend, verspreid

sporadically [spə'rædɪklɪ] *bijw* sporadisch

spore [spɔː] <u>plantk</u> *znw* ❶ spoor ❷ kiem

sporran ['spɒrən] Schots *znw* tas van de Hooglanders

sport [spɔːt] **I** *znw* ❶ sport, spel, vermaak, tijdverdrijf ★ *play* ~ sporten ❷ jacht, vissen ❸ <u>biol</u> speling (der natuur), mutatie ❹ *inf* sportieve / goeie kerel (meid) ★ <u>scherts</u> *old* ~*!* ouwe jongen! ❺ Aus *inf* meid, kerel ‹aanspreekvorm› ❻ speelbal, scherts, lol ★ *in* ~ voor de grap ★ <u>gedat</u> *make* ~ *of sbd* iem. belachelijk maken, iem. voor de gek houden **II** *overg* ❶ ten toon spreiden / stellen, vertonen, pronken met ❷ er op na houden, zich uitdossen in (met) ★ *he used to* ~ *a ponytail* hij had vroeger een paardenstaart **III** *onoverg* zich ontspannen, zich verlustigen, spelen, dartelen, schertsen ★ *dolphins* ~*ing in the waves* dolfijnen die dartelen in de golven

sporting ['spɔːtɪŋ] *bn* ❶ spelend, dartelend ❷ jacht-, jagers-, sport- ❸ sportief

sporting chance ['spɔːtɪŋ tʃɑːns] *znw* een eerlijke kans, een redelijke kans

sportingly ['spɔːtɪŋlɪ] *bijw* schertsend

sportive ['spɔːtɪv] *bn* speels, gekscherend, voor de aardigheid, spelenderwijs

sports ['spɔːts] *znw* [mv] ❶ takken v. sport ❷ sportwedstrijden ★ *athletic* ~ atletiek(wedstrijden)

sports bar ['spɔːts bɑː] *znw* sportcafé, café met voortdurend sport op de televisie

sports car ['spɔːts kɑː] *znw* sportwagen

sportscast ['spɔːtskɑːst] *znw* sportuitzending, sportnieuws

sportscaster ['spɔːtskɑːstə] *znw* sportverslaggever

sports day ['spɔːts deɪ] *znw* sportdag

sportsjacket ['spɔːtsdʒækɪt] *znw* sportcolbert

sportsman ['spɔːtsmən] *znw* ❶ sportief iemand, sportman, sportieveling ❷ sportliefhebber

sportsmanlike ['spɔːtsmənlaɪk] *bn* sportief

sportsmanship ['spɔːtsmənʃɪp] *znw* sportiviteit

sportswear ['spɔːtsweə] *znw* sportkleding

sportswoman ['spɔːtswʊmən] *znw* sportvrouw

sporty ['spɔːtɪ] <u>inf</u> *bn* ❶ sportief, sport- ❷ sportief en stijlvol, opvallend, apart ‹kleding›

spot [spɒt] **I** *znw* ❶ stip, ronde vlek, spikkel, oog ‹dobbelsteen›, acquit ‹biljart› ❷ vlek, smet, spat, pukkel ❸ plek, plaats ★ *an accident black* ~ een gevaarlijk verkeerspunt ★ *a blind* ~ een blinde vlek, blinde hoek, <u>fig</u> een zwakke plek ★ *a trouble* ~ een probleemplek ★ *on the* ~ ter plaatse, ter plekke, op de plaats (zelf wonend), direct, meteen ‹zonder te kunnen nadenken &›, op staande voet ★ <u>inf</u> *that hit the* ~ dat was net wat ik nodig had ★ *be in a tight* ~ in het nauw zitten ★ *put sbd on the* ~ iem. in het nauw brengen, onder druk zetten ❹ *inf* druppel, klein beetje, wat, iets ★ *a* ~ *of rain* een spatje regen ★ *be in a* ~ *(of bother)* in de knel zitten ❺ RTV (reclame)spot, nummer, optreden **II** *overg* ❶ plekken, vlekken, bevlekken, bezoedelen, een smet werpen op ❷ ontdekken, ‹iets› snappen, ‹iem.› in het oog krijgen, opmerken, waarnemen ★ *she* ~*ted immediately that he wasn't English* ze merkte meteen dat hij geen Engelsman was ❸ verkennen, lokaliseren **III** *onoverg* ❶ plekken, vlekken ❷ spetteren, sputteren ▼ *well* ~*ted!* goed gezien!

spot advertising [spɒt 'ædvətaɪzɪŋ] marketing *znw* televisiespotjes

spot ball [spɒt bɔːl] *znw* stipbal ⟨biljart⟩

spot business [spɒt 'bɪznɪs] handel *znw* locohandel, handel in loco-goederen

spot cash [spɒt kæʃ] handel *znw* contante betaling

spot check [spɒt tʃek] *znw* steekproef

spot fine [spɒt faɪn] *znw* bekeuring ter plekke

spot goods [spɒt gʊdz] handel *znw* [mv] loco-goederen ⟨goederen die onmiddellijk geleverd kunnen worden⟩

spotless ['spɒtləs] *bn* smetteloos, vlekkeloos ★ *a ~ alibi* een brandschoon alibi

spotlight ['spɒtlaɪt] **I** *znw* ❶ zoeklicht, schijnwerper, spotlicht ❷ bermlamp **II** *overg* het zoeklicht richten op

spot market [spɒt 'mɑːkɪt] handel *znw* locomarkt ⟨markt waar transacties tegen directe levering en contante betaling plaatsvinden⟩

spot-on [spɒt-'ɒn] *inf bn* heel precies, haarscherp, onberispelijk

spot price [spɒt praɪs] handel *znw* locoprijs

spot rate [spɒt reɪt] handel *znw* locoprijs, prijs voor loco-goederen

spotted ['spɒtɪd] *bn* ❶ gevlekt, bont ❷ *fig* bezoedeld

spotted dick ['spɒtɪd dɪk] *znw* rozijnenpudding

spotted fever ['spɒtɪd 'fiːvə] *znw* tyfus, nekkramp ⟨ook andere ziektes die gepaard gaan met koorts en vlekken⟩

spotted gum ['spɒtɪd gʌm] *znw* citroeneucalyptus ⟨Australische boom⟩

spotter ['spɒtə] *znw* ❶ speurder ❷ verkenningsvliegtuig, -vlieger ❸ herkenner van vliegtuigen &, spotter

spotting ['spɒtɪŋ] *znw* ❶ vlekken ❷ licht bloedverlies tussen de menstruaties

spot trading [spɒt 'treɪdɪŋ] handel *znw* locohandel, handel in loco-goederen

spot transaction [spɒt træn'zækʃən] handel *znw* locoaffaire ⟨transactie m.b.t. goederen die direct geleverd en contant betaald worden⟩

spotty ['spɒtɪ] *bn* ❶ gevlekt, gespikkeld, vlekkig ❷ ongelijk(matig)

spot welding [spɒt 'weldɪŋ] *znw* puntlassen

spouse [spaʊz] *znw* eega, echtgenoot, -genote ★ jur *the surviving ~* de langstlevende echtgenoot

spout [spaʊt] **I** *znw* ❶ spuit, pijp, (dak)goot ❷ tuit ❸ straal stoom ⟨v. walvis⟩ ❹ straal ⟨op / uitspuitende vloeistof⟩ ▼ inf *be up the ~* in moeilijkheden, in de penarie zitten, met de gebakken peren zitten, zwanger zijn **II** *overg* ❶ spuiten, gutsen ❷ inf declameren, uitvoerig spreken, oreren **III** *onoverg* (uit)spuiten, opspuiten

sprag [spræg] *znw* ❶ remblok ❷ stuthout

sprain [spreɪn] **I** *znw* verrekking, verstuiking, verzwikking **II** *overg* verrekken, verstuiken, verzwikken

sprang [spræŋ] *ww* [v.t.] → **spring**

sprat [spræt] *znw* sprot ★ Br *a ~ to catch a mackerel* een spiering om een kabeljauw te vangen

sprawl [sprɔːl] **I** *znw* ❶ nonchalante houding ❷ verspreide uitgestrektheid ★ *the suburban ~* de zich uitdijende buitenwijken **II** *onoverg* ❶ nonchalant, lomp (gaan) liggen ★ *send sbd ~ing* iem. tegen de grond slaan ❷ verspreid liggen, zich onregelmatig verspreiden ❸ wijd uit elkaar lopen ⟨v. schrift⟩

spray [spreɪ] **I** *znw* ❶ takje, rijsje, boeketje ★ *a ~ of diamonds* een diamanten aigrette ❷ fijne druppeltjes, stofregen, nevel ★ *a ~ of salt water* fijne druppels zeewater ❸ sproeimiddel, sproeier, vaporisator **II** *overg* ❶ besproeien, bespuiten ❷ afspuiten ❸ sproeien, spuiten ❹ verstuiven

spray can [spreɪ kæn] *znw* spuitbus

sprayer ['spreɪə] *znw* sproeier, vaporisator, verstuiver

spray gun [spreɪ gʌn] *znw* spuit(pistool), verfspuit

spray-paint ['spreɪ-peɪnt] *overg* met verf spuiten

spread [spred] **I** *znw* ❶ verbreiding, verspreiding, uitgestrektheid, omvang ★ inf *middle-age(d) ~* een buikje op middelbare leeftijd ❷ spanning, vlucht ⟨van vogel⟩ ❸ sprei, beddensprei, tafelkleed ❹ smeersel ⟨voor de boterham⟩ ★ *cheese ~* smeerkaas ❺ inf feestmaal, onthaal ❻ dubbele pagina ★ *a centre ~* een publicatie over middenpagina's **II** *overg* [spread, spread] ❶ (uit)spreiden, verspreiden, uitbreiden, verbreiden, uitstrooien ★ inf *~ oneself too thin* te veel dingen tegelijk willen doen ❷ spannen ⟨zeil⟩, uitslaan ⟨de vleugels⟩, ontplooien ⟨vlag⟩ ★ *the peacock ~ its tail* de pauw pronkt met zijn staart ❸ klaarzetten, dekken ⟨tafel⟩ ❹ beleggen, (be)smeren ⟨brood⟩ ★ inf *~ it on thick* overdrijven, vleien **III** *onoverg* [spread, spread] zich uitspreiden / verspreiden, zich uitbreiden / verbreiden, zich uitstrekken ★ *~ like wildfire* zich als een lopend vuurtje verspreiden **IV** *phras* ★ *~ out* zich uitstrekken ★ *~ sth out* iets uitspreiden ⟨armen⟩, iets verdelen / uitsmeren ★ *payments are ~ (out)* over *5 years* de betalingen worden over 5 jaren verdeeld / uitgesmeerd

spread-eagled ['spred'iːgl] *bn* met armen en benen uitgestrekt

spreader ['spredə] *znw* verspreider, uitstrooier, sproeier

spreadsheet ['spredʃiːt] comput *znw* spreadsheet ⟨rekenprogramma dat werkt met rijen en kolommen⟩

spree [spriː] *znw* fuif, pretje, lolletje ★ *a buying / shopping ~* aanval v. koopwoede ★ *a spending ~* geldsmijterij ★ *go on a drinking ~* aan de zuip gaan ★ *go on a killing ~* op moordtocht gaan

spree killer [spriː 'kɪlə] *znw* impulsmoordenaar ⟨persoon die zonder aanleiding in een impuls een of meer mensen vermoord⟩

sprig [sprɪg] *znw* takje, twijgje

sprigged [sprɪgd] *bn* met takjes ★ *a ~ dress* een bloemetjesjurk

spriggy ['sprɪgɪ] *bn* vol takjes
spright [spraɪt] *znw* → **sprite**
sprightly ['spraɪtlɪ] *bn* levendig, kwiek, opgewekt, vrolijk
spring [sprɪŋ] **I** *znw* ❶ sprong ❷ lente, voorjaar ❸ bron, oorsprong ❹ veerkracht, energie ❺ veer ‹van horloge &› ❻ drijfveer **II** *overg* [sprang, sprung] ❶ doen (op)springen, opjagen ‹wild› ❷ springen over ❸ verend maken, van veren voorzien ❹ doen dichtslaan ‹val› ❺ inf plotseling aankomen met ‹eisen, theorieën &› ★ ~ *a surprise on sbd* iem. met een verrassing op het lijf vallen ▼ ~ *a leak* een lek krijgen **III** *onoverg* [sprang, sprung] springen, stukgaan, op-, ontspringen ★ ~ *into / to life* plotseling levend worden, opduiken ★ ~ *to attention* in de houding springen **IV** *phras* ★ Am inf ~ *for sth* betalen voor iets ★ ~ *from sth* ontspringen aan iets, voortkomen / voortspruiten uit iets, afstammen van iets ★ inf *where did you ~ from?* waar kom jij zo opeens vandaan? ★ ~ *up* opkomen, opduiken, opschieten, verrijzen, ontstaan, zich verheffen ★ ~ *sth on / upon sbd* iem. met iets overvallen, iem. onverwacht met iets confronteren
spring balance [sprɪŋ 'bæləns] *znw* veerbalans
springboard ['sprɪŋbɔːd] *znw* springplank ★ *a ~ for / to success* een springplank naar succes
springboard job ['sprɪŋbɔːd dʒɒb] *znw* opstapbaan
springbok ['sprɪŋbɒk] *znw* springbok
spring chicken [sprɪŋ 'tʃɪkɪn] inf *znw* piepkuiken ★ *she's no ~* zij is niet zo piep meer
spring clean [sprɪŋ 'kliːn] *znw* voorjaarsschoonmaak, grote schoonmaak
spring-clean [sprɪŋ-'kliːn] *onoverg* voorjaarsschoonmaak houden
springer ['sprɪŋə] *znw* kleine patrijshond
spring fever ['sprɪŋ'fiːvə] *znw* voorjaarsmoeheid
spring greens [sprɪŋ 'griːnsɪknəs] *znw* [mv] snijkool, bladkool
spring-like [sprɪŋlaɪk] *bn* voorjaarsachtig, lente-
spring-loaded [sprɪŋ-'ləʊdɪd] *bn* met een veer
spring lock [sprɪŋ lɒk] *znw* veerslot
spring mattress [sprɪŋ 'mætrəs], **sprung mattress** *znw* binnenveringsmatras
spring onion [sprɪŋ 'ʌnjən] Br *znw* bosuitje
spring roll [sprɪŋ rəʊl] *znw* loempia
spring tide [sprɪŋ taɪd] *znw* ❶ springtij ❷ dicht lente(tijd)
springtime ['sprɪŋtaɪm] *znw* lente
spring water ['sprɪŋwɔːtə] *znw* bron-, welwater
springy ['sprɪŋɪ] *bn* veerkrachtig, elastisch
sprinkle ['sprɪŋkl] **I** *znw* → **sprinkling II** *overg* (be)sprenkelen, sprengen, (be)strooien
sprinkler ['sprɪŋklə] *znw* ❶ sproeier, sproeiwagen ❷ sprinklerinstallatie
sprinkles ['sprɪŋkəlz] *znw* [mv] gekleurd suikerstrooisel ‹als gebakgarnering›
sprinkling ['sprɪŋklɪŋ], **sprinkle** *znw* ❶ (be)sprenkeling ❷ klein aantal, kleine hoeveelheid, beetje ★ *a ~ of*

freckles een paar zomersproeten
sprint [sprɪnt] **I** *znw* sprint **II** *onoverg* sprinten
sprinter ['sprɪntə] *znw* sprinter
sprit [sprɪt] scheepv *znw* spriet
sprite [spraɪt], **spright** *znw* fee, kabouter, elfje
spritz [sprɪts] *znw* spuitje uit een verstuiver of spuitbus ‹parfum, haarlak &›
spritzer ['sprɪtsə] *znw* wijn verdund met sodawater
sprocket ['sprɒkɪt] *znw* ❶ tand ‹v. tandrad› ❷ **sprocket wheel** kettingwiel
sprog [sprɒg] inf *znw* ❶ kind ❷ rekruut, broekie, groentje
sprout [spraʊt] **I** *znw* spruitje, scheut **II** *overg* doen uitspruiten, doen opschieten **III** *onoverg* (uit)spruiten, ontspruiten, uitlopen, opschieten (ook: ~ *up*) ★ ~ *(up) like mushrooms* als paddenstoelen uit de grond schieten
sprouts [spraʊts] *znw* [mv] taugé, alfalfascheuten &
spruce [spruːs] **I** *bn* net gekleed, knap, zwierig, opgedirkt **II** *znw* sparrenboom, spar **III** *phras* ★ ~ *sth up* iets netjes opknappen ★ ~ *oneself up* zich opdirken, zich mooi maken
spruik ['spruːɪk] Aus inf *overg* in het openbaar aanbevelen
spruiker ['spruːɪkə] Aus inf *znw* iem. die voor een nachtclub of restaurant staat en mensen uitnodigt binnen te komen
sprung [sprʌŋ] *ww* [v.d.] → **spring**
sprung mattress [sprʌŋ 'mætrəs] *znw* → **spring mattress**
spry [spraɪ] *bn* ❶ kwiek, wakker, monter ❷ bijdehand, gewiekst
spud [spʌd] *znw* ❶ inf pieper, aardappel ❷ schoffel
spume [spjuːm] dicht **I** *znw* schuim ‹vooral v. golven› **II** *onoverg* schuimen
spumy ['spjuːmɪ] dicht *bn* schuimend, schuimachtig
spun [spʌn] *ww* [v.t. & v.d.] → **spin**
spunk [spʌŋk] *znw* ❶ inf fut, lef, pit ❷ vulg kwakje, geil ‹sperma› ❸ Aus inf sexy man, stuk
spunky ['spʌŋkɪ] inf *bn* ❶ pittig, moedig, flink ❷ Aus aantrekkelijk, sexy ‹man›
spun sugar [spʌn 'ʃʊgə] *znw* gesponnen suiker, suikerspin
spur [spɜː] **I** *znw* ❶ spoor ‹v. ruiter, haan, bloemblad &› ★ *win / gain one's ~s* zijn sporen verdienen ❷ spoorslag, prikkel ❸ uitloper, tak ‹v. gebergte› ❹ hoofdwortel ‹v. boom› ❺ zijlijn ‹v. spoorweg› ▼ *on the ~ of the moment* op het ogenblik (zelf), op staande voet, dadelijk, zonder overleg, spontaan **II** *overg* ❶ sporen, de sporen geven ‹een paard› ❷ aansporen (ook: ~ *on*) ❸ van sporen voorzien
spurge [spɜːdʒ] *znw* wolfsmelk ‹plant›
spurious ['spjʊərɪəs] *bn* ❶ onecht, nagemaakt, vals ★ ~ *claims* valse aanspraken ❷ onlogisch ★ ~ *arguments* onlogische / niet steekhoudende argumenten
spurn [spɜːn] *overg* versmaden, met verachting afwijzen ★ *he ~ed the company of women* hij wees

sp

vrouwelijk gezelschap af

spurt [spɜ:t] **I** *znw* ❶ gulp, ‹plotselinge, krachtige› straal ❷ uitbarsting, vlaag ★ *a growth* ~ plotselinge snelle groei ★ *a* ~ *of energy* een uitbarsting van energie ★ *he tends to work in* ~*s* hij heeft de neiging om in vlagen te werken ❸ sp spurt, sprint ★ *she put on a* ~ *and overtook the leader* ze trok een sprintje en haalde de leider in **II** *overg* spuiten **III** *onoverg* ❶ spurten, sprinten ❷ fig alle krachten bijzetten ❸ spuiten, spatten ‹v. pen›

sputter [ˈspʌtə] **I** *znw* geknetter **II** *overg* brabbelen, stamelen, hakkelen **III** *onoverg* ❶ knetteren, sputteren ★ *the car* ~*ed into life* de auto sputterde tot leven ❷ brabbelen ‹in een taal›, hakkelen, zenuwachtig / opgewonden spreken

sputum [ˈspjuːtəm] *znw* sputum, speeksel

spy [spaɪ] **I** *znw* bespieder, spion ★ *a network of spies* een spionnennetwerk **II** *overg* ❶ in het oog krijgen, ontdekken ❷ bespieden, verspieden **III** *onoverg* ❶ spioneren ❷ zitten gluren **IV** *phras* ★ ~ *into sth* iets stiekem te weten proberen te komen ★ ~ *on sbd* iem. bespioneren, begluren ★ ~ *sth out* iets uitvorsen ★ ~ *out the land* het terrein verkennen

spyglass [ˈspaɪglɑːs] *znw* verrekijker, kleine telescoop

spyhole [ˈspaɪhəʊl] *znw* kijkgat

spying [ˈspaɪɪŋ] *znw* ❶ bespieden ❷ spionage

spy ring [spaɪ rɪŋ] *znw* spionagenet

spyware [ˈspaɪweə] comput *znw* spyware ‹virusachtig computerprogramma›

sq. *afk* → **square**

SQL comput *afk* (Structured Query Language) gestructureerde zoektaal voor de formulering van zoekvragen aan relationele databases

squab [skwɒb] *znw* ❶ jonge duif ❷ gevuld kussen

squabble [ˈskwɒbl] **I** *znw* gekibbel, geharrewar, krakeel, ruzie **II** *onoverg* kibbelen, krakelen ★ *the council is still squabbling over funding* de raad is nog steeds aan het ruziën over de financiering

squabbler [ˈskwɒblə] *znw* kibbelaar, krakeler, ruziemaker

squad [skwɒd] *znw* ❶ sectie, afdeling, groep, ploeg ★ *the bomb* ~ de explosieven opruimingsdienst ❷ mil escouade, rot

squad car [skwɒd kɑː] Am *znw* politieauto, patrouillewagen

squadron [ˈskwɒdrən] *znw* ❶ mil eskadron, smaldeel, eskader, luchtv squadron ❷ inf georganiseerde groep

squadron leader [ˈskwɒdrən ˈliːdə] luchtv *znw* majoor

squalid [ˈskwɒlɪd] *bn* ❶ vuil, goor, armoedig ❷ smerig, laag, immoreel

squall [skwɔːl] **I** *znw* ❶ harde gil, rauwe kreet, schreeuw ❷ windvlaag, bui **II** *onoverg* gillen, schreeuwen

squally [ˈskwɔːlɪ] *bn* buiig, stormachtig

squalor [ˈskwɒlə] *znw* ❶ vuil, vuilheid, smerigheid ❷ gore armoede

squama [ˈskweɪmə] *znw* [*mv*: squamae] schub

squamous [ˈskweɪməs] anat of dierk *bn* schubbig, geschubd

squander [ˈskwɒndə] *overg* verspillen, verkwisten, opmaken

squanderer [ˈskwɒndərə] *znw* verspiller, verkwister

square [skweə] **I** *bn* ❶ vierkant, vierkant uitgesneden, in het vierkant, recht(hoekig) ★ ~ *to sth* rechthoekig op iets ❷ duidelijk, rechtuit, eerlijk, fair ★ *a* ~ *deal* een eerlijke overeenkomst ★ inf *get things* ~ de zaak in orde brengen, orde op zaken stellen ❸ sp quitte ★ *all* ~ gelijkspel ★ inf *get* ~ *with sbd* afrekenen met, quitte worden met iem. ❹ inf ouderwets, conventioneel, square **II** *bijw* ❶ vierkant, recht(hoekig) ★ *she looked him* ~ *in the face* ze keek hem recht in het gezicht ❷ inf eerlijk ★ *he acted* ~ *with me* hij heeft me eerlijk behandeld **III** *znw* ❶ vierkant, kwadraat ‹ook: getal› ★ *out of* ~ niet haaks ★ fig *back to* ~ *one* terug naar (op) het uitgangspunt ❷ plein, exercitie-, kazerneplein ❸ blok (huizen) ❹ veld ‹op dam- of schaakbord &›, vak, veld, hokje ❺ vierkante sjaal, doek, luier ★ *a carpet* ~ / *a* ~ *of carpet* een afgepast (vloer)kleed, een karpet ❻ mil carré ❼ techn winkelhaak, tekenhaak ❽ inf ouderwets, conventioneel iemand **IV** *overg* ❶ vierkant maken, kanten ❷ in het kwadraat verheffen ★ ~ *the circle* de kwadratuur van de cirkel zoeken, fig het onmogelijke proberen ❸ scheepv vierkant brassen ❹ boekh vereffenen ★ ~ *the books* / *accounts* rekeningen vereffenen ★ ~ *accounts with sbd* afrekenen met iem. ❺ in het reine / in orde brengen ★ ~ *practice with principles* / *theory* de praktijk in overeenstemming brengen met de theorie ❻ inf ‹iem.› overhalen, omkopen **V** *phras* ★ Am ~ *off* een gevechtshouding aannemen ★ ~ *up* een gevechtshouding aannemen, inf kloppen, inf afrekenen ★ ~ *sth up* iets in het reine / in orde brengen ★ ~ *up to sth* iets onder ogen zien ★ ~ *up to sbd* iem. trotseren ★ ~ *with sth* stroken / overeenkomen met iets

square bracket [skweə ˈbrækɪt] *znw* vierkant haakje

square-built [skweəˈbɪlt] *bn* vierkant, breed

square dance [skweə dɑːns] *znw* squaredance

square-eyed [skweəˈraɪd] scherts *bn* televisieverslaafd, met vierkante ogen

square leg [skweə leg] cricket *znw* square leg ‹veldpositie op dezelfde hoogte als de batsman›

squarely [ˈskweəlɪ] *bijw* ❶ vierkant ★ *stand* ~ *on one's feet* recht op zijn benen staan ★ *be* ~ *behind sbd* vierkant achter iem. staan ❷ duidelijk, onomwonden, eerlijk ★ *face things* ~ iets eerlijk onder ogen zien

square meal [skweə miːl] *znw* een flink maal, stevige maaltijd

square measure [skweə ˈmeʒə] *znw* oppervlaktemaat

square-rigged [skweəˈrɪgd] scheepv *bn* met razeilen

square root [skweə ruːt] *znw* vierkantswortel

square sail [skweə seɪl] scheepv *znw* razeil

square-shouldered [skweəˈʃəʊldəd] *bn* met vierkante

sp

schouders

square-toed [skweə'təʊd] *bn* met vierkante, brede neus ‹schoeisel›

square-toes ['skweə-təʊz] *inf znw* preuts persoon

squark [skwɑːk] <u>nat</u> *znw* supersymmetrische tegenhanger van de quark

squash [skwɒʃ] **I** *znw* ❶ kneuzing, vermorzeling ❷ gedrang ★ *there's room in the back but it might be a bit of a ~* achterin is nog ruimte, maar het wordt misschien wel een beetje dringen ❸ vruchtendrank ❹ pompoen ❺ <u>sp</u> squash **II** *overg* ❶ kneuzen, tot moes maken ❷ platdrukken, verpletteren ❸ <u>inf</u> de mond snoeren ❹ smoren, vernietigen ❺ proppen ★ *we ~ed everything into the suitcase* we propten alles in de koffer **III** *onoverg* dringen (v. menigte) **IV** *phras* ★ *~ in* zich ergens in wringen ★ *the bus was full and we had trouble ~ing in* de bus was vol en we konden ons maar met moeite naar binnen wringen ★ *~ up* dicht opeen schuiven / gaan staan

squashy ['skwɒʃɪ] *bn* zacht week, pulpachtig

squat [skwɒt] **I** *bn* ❶ gehurkt ❷ plomp, gedrongen, kort en dik ★ Am *inf it isn't worth ~* het is niets waard **II** *znw* ❶ hurkende houding ❷ kraakpand **III** *onoverg* ❶ hurken, op de hurken gaan zitten, (gaan) zitten (ook: *~ down*) ❷ zich vestigen (zonder vergunning), (huizen) kraken

squatter ['skwɒtə] *znw* ❶ squatter, illegaal landbezetter ❷ kraker ‹van huizen› ❸ Aus & NZ grote schapen- of veeboer

squat-thrust ['skwɒt-θrʌst] *znw* oefening waarbij met de handen op de grond de benen vanuit een gehurkte positie naar achteren worden gestrekt

squattocracy [skwɒ'tɒkrəsɪ] Aus *inf znw* de grote landeigenaren

squaw [skwɔː] *znw* squaw, indiaanse vrouw

squawk [skwɔːk] **I** *znw* gil, schreeuw, gekrijs **II** *onoverg* krijsen, schreeuwen

squeak [skwiːk] **I** *znw* piep, gilletje, gepiep ★ *inf I haven't heard a ~ out of them* ze hebben geen kik gegeven ▼ *it was a narrow / close ~* het was net op het kantje **II** *onoverg* piepen **III** *phras* ★ *inf ~ through sth* iets maar net halen ‹een examen &›

squeaker ['skwiːkə] *znw* ❶ pieper ❷ piepertje ‹bijv. in een speelgoed pop› ❸ jonge duif & ❹ Am *inf* een op het nippertje gewonnen wedstrijd of verkiezing

squeaky ['skwiːkɪ] *bn* ❶ piepend, pieperig, piep- ❷ krakend ‹schoenen›

squeaky clean ['skwiːkɪ kliːn] *inf bn* brandschoon, zeer zuiver, uiterst clean ‹imago &›

squeal [skwiːl] **I** *znw* (ge)schreeuw, (ge)krijs, gil, gepiep **II** *overg* (uit)gillen **III** *onoverg* ❶ gillen, janken, krijsen ❷ *inf* klikken, de boel verraden ★ *~ on sbd* iem. verklikken

squealer ['skwiːlə] *inf znw* verklikker

squeamish ['skwiːmɪʃ] *bn* ❶ gauw misselijk ★ *he's ~ about changing nappies* hij is er vies van om luiers te verschonen ❷ overdreven kieskeurig, angstvallig nauwgezet

squeegee ['skwiːdʒiː] *znw* ❶ trekker ‹voor raam, vloer &› ❷ *inf* iem. die tegen vergoeding voorruiten wast bij drukke verkeerspunten

squeeze [skwiːz] **I** *znw* ❶ (hand)druk, persing ❷ klein beetje ‹v. sap› ★ *a ~ of lemon juice* een beetje citroensap ❸ pakkerd ❹ druk, afpersing ★ *inf put the ~ on sbd* iem. onder druk zetten ❺ (bestedings-, krediet)beperking ★ *a financial ~* financiële druk ❻ <u>kaartsp</u> dwangpositie ❼ gedrang, samenpersing ★ *a tight ~* een heel gedrang ❽ Am *inf* vriend, vriendin, minnaar, minnares ★ *meet Julie, my number one ~* dit is Julie, mijn beste maatje **II** *overg* ❶ drukken, druk uitoefenen op ❷ (samen)persen, af-, uitpersen, (fijn-, uit)knijpen ★ *~ sbd's hand* in iemands hand knijpen ❸ knellen ‹vinger› ❹ kussen, omhelzen ❺ dringen, duwen (in *into*) ★ *~ one's way through sth* zich een weg banen door iets **III** *onoverg* drukken, dringen, duwen, wurmen ★ *she managed to ~ into the dress* ze wist zich in de jurk te wurmen **IV** *phras* ★ *~ in* zich naar binnen wringen ★ *~ sth in* iets er tussendoor doen ★ *~ sbd in* een plaatsje voor iem. vinden ‹voor afspraak› ★ *~ sth off* iets overhalen ‹de trekker›, (een foto) maken ★ *~ sbd out* iem. ergens uitwerken ★ *~ sth out of sbd* iem. iets afpersen ‹geld› ★ *~ through* zich ergens doorheen wurmen ★ *~ up* opschuiven

squeeze box [skwiːz bɒks] *inf znw* trekharmonica, accordeon

squeezer ['skwiːzə] *znw* ❶ drukker ❷ pers ‹voor citroenen›

squelch [skweltʃ] **I** *znw* ❶ verplettering ❷ plassend / zompend geluid **II** *overg* ❶ *inf* verpletteren ❷ smoren ‹opstand› **III** *onoverg* een zuigend geluid maken, zompen, ploeteren

squib [skwɪb] *znw* ❶ voetzoeker, blindganger ★ *fig a damp ~* een misser ❷ satirisch geschrift / artikel ❸ *inf* zwak persoon, onderdeurtje, lafaard

squid [skwɪd] *znw* [*mv*: *~ of* -s] pijlinktvis

squiffy ['skwɪfɪ] *inf bn* ❶ aangeschoten ❷ scheef, verbogen

squiggle ['skwɪgl] **I** *znw* kronkel, haal **II** *overg* uit een tube persen **III** *onoverg* kronkelen, wriemelen

squill [skwɪl] *znw* zeeajuin, zeelook

squinch [skwɪntʃ] Am *overg* vertrekken ‹gezicht›

squint [skwɪnt] **I** *znw* ❶ scheelzien, loensen, schele blik ★ *he has a bad ~* hij loenst verschrikkelijk, hij kijkt verschrikkelijk scheel ❷ *inf* (schuin) oogje, zijdelingse blik ★ *have / take a ~ at* een blik in / op iets werpen **II** *onoverg* scheel zijn / zien, loensen ★ *~ at sbd / sth* turen naar iem. / iets

squint-eyed [skwɪnt'aɪd] *bn* scheel, loens

squire ['skwaɪə] **I** *znw* ❶ landedelman, (land)jonker ❷ <u>hist</u> schildknaap ❸ Br *inf* meneer ‹schertsende aanspreekvorm› **II** *overg* begeleiden, chaperonneren

squirm [skwɜːm] *onoverg* ❶ zich kronkelen (als een worm), zich in allerlei bochten wringen ❷ zitten draaien, liggen krimpen ★ *he ~ed uneasily in his chair* hij zat ongemakkelijk in zijn stoel te draaien

sq

❸ **fig** ± zich niet op zijn gemak voelen, zich geen raad weten

squirrel ['skwɪrəl] I *znw* eekhoorn II *phras* ★ ~ *sth away* iets hamsteren

squirt [skwɜ:t] I *znw* ❶ spuit, spuitje, straal ❷ **inf** praatjesmaker, branie ❸ **inf** klein opdondertje II *overg* (uit)spuiten, uitspuwen ★ ~ *sbd with water* iem. nat spuiten met water III *onoverg* spuiten

squirt gun [skwɜ:t gʌn] **Am** *znw* waterpistool

squish [skwɪʃ] I *znw* ❶ gesop, geplas ❷ blubber II *overg* **inf** tot moes maken III *onoverg* soppen, plassen

squit [skwɪt] **inf** *znw* onbenul, onbelangrijk iemand

squits [skwɪts] **inf** *znw* [mv] ★ *the* ~ diarree

Sr. *afk* → **senior**

Sri Lanka [sri:'læŋkə] *znw* Sri Lanka

Sri Lankan [sri:'læŋkən] I *bn* Sri Lankaans II *znw* Sri Lankaan, Sri Lankaanse

SRN *afk* (State Registered Nurse) verpleegkundige

SS *afk* (Steamship) stoomschip

SSE *afk* (south southeast) zuidzuidoost

SSW *afk* (south southwest) zuidzuidwest

st *afk* (stone) stone ‹gewicht: 6,35 kg› ★ *St* (Saint) Sint ★ *St* (Street) straat, str.

stab [stæb] I *znw* (dolk)steek ★ **inf** *have / make a ~ at sth* er een gooi naar doen, een poging wagen II *overg* (door)steken ★ ~ *sbd in the back* iem. een steek in de rug toebrengen ★ ~ *sbd to death* iem. doodsteken III *onoverg* steken (naar *at*)

stabber ['stæbə] *znw* ❶ messensteker, moordenaar ❷ dolk

stabbing ['stæbɪŋ] I *bn* stekend ★ *a ~ pain* een stekende pijn II *znw* steekpartij

stability [stə'bɪlɪtɪ], **stableness** *znw* ❶ stabiliteit, vastheid, duurzaamheid ❷ standvastigheid

stabilization [steɪbəlaɪ'zeɪʃən], **stabilisation** *znw* stabilisering

stabilize ['steɪbəlaɪz], **stabilise** *overg & onoverg* ❶ (zich) stabiliseren ❷ stabiel worden, in evenwicht brengen / blijven

stabilizer ['steɪbəlaɪzə], **stabiliser** *znw* stabilisator

stable ['steɪbl] I *bn* ❶ stabiel, vast, duurzaam ★ *be in a ~ condition* in een stabiele toestand verkeren ‹v. zieke› ❷ standvastig II *znw* stal III *overg* stallen

stable boy ['steɪblbɔɪ] *znw* staljongen

stable door ['steɪbl dɔ:] *znw* staldeur ★ *zegsw bolt / lock the ~ after the horse has bolted* de put dempen als het kalf verdronken is

stableman ['steɪblmæn] *znw* stalknecht

stableness ['steɪblnəs] *znw* → **stability**

stabling ['steɪblɪŋ] *znw* ❶ stallen ❷ stalling

stab wound [stæb waʊnd] *znw* steekwond

staccato [stə'ka:təʊ] I *bn* ❶ **muz** staccato ❷ onsamenhangend ★ *the story is told as a series of ~ events* het verhaal wordt verteld in een aantal onderling niet samenhangende gebeurtenissen II *bijw* **muz** staccato

stack [stæk] I *znw* ❶ hoop, stapel ❷ (hooi)mijt

❸ schoorsteen(pijp) ❹ boekenstelling, stapelkast ❺ **mil** rot ‹geweren› ❻ **comput** stapelgeheugen ❼ **inf** hopen, massa's ★ *a ~ of sth/~s of sth* ergens een hoop van ❽ **luchtv** rondcirkelende vliegtuigen ‹wachtend op toestemming om te landen› ❾ →

stack-up II *overg* ❶ opstapelen ❷ aan mijten zetten ❸ **luchtv** op een bepaalde hoogte laten vliegen in afwachting van landing ★ ~ *the cards / the deck* **kaartsp** de kaarten steken, **fig** de zaak bekonkelen ★ *have the cards / odds ~ed against oneself* tot mislukken gedoemd zijn, alles tegen (zich) hebben ★ *the odds are ~ed in favour of / against the England team* de kansen liggen bij / tegen het Engelse team III *onoverg* ❶ stapelbaar zijn ❷ **luchtv** rondvliegen in afwachting van landing IV *phras* ★ **Am inf** ~ *up* de vergelijking doorstaan, kloppen, zich opstapelen ★ *a row of cars ~ed up behind the truck* er vormde zich een file van auto's achter de vrachtwagen ★ **Am inf** *the benefits just don't ~ up against the disadvantages* de voordelen wegen niet op tegen de nadelen ★ ~ *sth up* iets opstapelen

stacked [stækt] *bn* ❶ opgestapeld, gelaagd ❷ **inf** welgevormd, met grote borsten

stack hat [stæk hæt] *znw* veiligheidshelm

stacks [stæks] *znw* [mv] ★ *the* ~ het magazijn, het depot ‹in bibliotheek›

stack system [stæk 'sɪstəm] *znw* stapelsysteem

stack-up ['stæk-ʌp], **stack Aus inf** *znw* botsing, auto-, fietsongeluk ★ **Aus inf** *have a ~* een botsing hebben

stackyard ['stækja:d] *znw* erf waar hooimijten staan

stadium ['steɪdɪəm] *znw* [*mv*: stadiums *of* stadia] stadion

staff [sta:f] I *znw* ❶ staf, personeel, korps, militaire staf ★ ~ *cuts* personeelsinkrimping ★ ~ *levels* personeelsbezetting ★ *on the ~* tot het personeel behorend, **mil** bij (van) de staf ❷ kromstaf, (vlaggen)stok ★ **dicht** *the ~ of life* ons dagelijks brood ❸ [*mv*: *-s of* staves] notenbalk II *overg* van personeel & voorzien, bemannen ★ *the organisation is ~ed by volunteers* de organisatie wordt bemand door vrijwilligers

staff college [sta:f 'kɒlɪdʒ] *znw* hogere krijgsschool

staff nurse [sta:f nɜ:s] *znw* verpleegster ‹in rang beneden *sister*›

staff officer [sta:f 'ɒfɪsə] *znw* stafofficier

staffroom ['sta:fru:m] *znw* docentenkamer

stag [stæg] *znw* ❶ (mannetjes)hert ❷ **eff** speculant, premiejager ❸ **Am inf** man die zonder vrouw naar feestjes gaat

stag beetle [stæg 'bi:tl] *znw* vliegend hert ‹insect›

stage [steɪdʒ] I *znw* ❶ fase, stadium ★ *an advanced ~* een vergevorderd stadium ★ *the terminal ~* het eindstadium ★ *treatment is not necessary at this ~* behandeling is niet nodig in dit stadium ★ *we're waiting for news at this ~* op dit ogenblik zitten we nog op nieuws te wachten ★ *a ~ of development* een ontwikkelingsfase ★ *don't worry: it's just a ~ he's going through* maak je geen zorgen, hij maakt alleen

maar een fase door ❷ stellage, steiger, toneel
★ *there are two characters on* ~ er staan twee figuren
op het toneel ★ *go on the* ~ bij het toneel gaan ★ *boo
sbd off the* ~ iem. van het toneel af joelen ★ *hold
the* ~ de zaak domineren ★ fig *set the* ~ *for sth* de
weg bereiden voor iets ★ *take centre* ~ het
middelpunt van de belangstelling zijn
❸ verdieping, etage ❹ objecttafel ‹v. microscoop›
❺ station, pleisterplaats ❻ etappe, traject ★ *in* ~*s* in
etappes ★ *the process is then taken one* ~ *further* het
proces wordt dan één stap verder gevoerd ❼ fig
trap ‹ook v. raket› ❽ diligence, postkoets **II** *overg*
❶ ten tonele voeren, opvoeren ❷ ensceneren,
monteren, in elkaar / op touw zetten, organiseren
stagecoach ['steɪdʒkəʊtʃ] *znw* diligence, postkoets
stagecraft ['steɪdʒkrɑ:ft] *znw* toneelkunst
stage direction [steɪdʒ daɪ'rekʃən] *znw*
toneelaanwijzing
stage dive [steɪdʒ daɪv] *onoverg* stagediven
stage-diving ['steɪdʒ-daɪvɪŋ] *znw* stagediven
stage door [steɪdʒ dɔ:] *znw* artiesteningang
stage fright [steɪdʒ fraɪt] *znw* plankenkoorts
stagehand ['steɪdʒhænd] *znw* toneelknecht
stage left [steɪdʒ left] *bijw & znw* de linkerkant van
het podium ‹van de artiest uit bezien› ★ *exit* ~ gaat
links het podium af
stage-manage ['steɪdʒ-mænɪdʒ] *overg* ensceneren, in
elkaar / op touw zetten
stage management [steɪdʒ 'mænɪdʒmənt] *znw* regie
stage manager [steɪdʒ'mænɪdʒə] *znw* regisseur
stage name [steɪdʒ neɪm] *znw* toneelnaam
stage play [steɪdʒ pleɪ] *znw* toneelspel, -stuk
stage presence [steɪdʒ 'prezəns] *znw*
toneelpersoonlijkheid
stage-struck ['steɪdʒ-strʌk] *bn* met toneelambities
(behept), toneelziek
stage version [steɪdʒ 'vɜ:ʃən] *znw* toneelbewerking
stage whisper [steɪdʒ 'wɪspə] *znw* hoorbaar gefluister
‹voor het publiek bestemd›
stagey ['steɪdʒɪ] *bn* theatraal
stagflation [stæg'fleɪʃn] econ *znw* stagflatie ‹inflatie
met economische stagnatie›
stagger ['stægə] **I** *znw* wankeling ★ *walk with a* ~
lopen met onvaste tred **II** *overg* ❶ onthutsen,
verbijsteren ❷ zigzag / trapsgewijze plaatsen ❸ op
verschillende tijden doen vallen, spreiden ‹vakantie
&› **III** *onoverg* waggelen, wankelen, suizebollen
★ *he* ~*ed to his feet* hij kwam moeizaam in de benen
staggered junction ['stægəd 'dʒʌŋkʃən] Br *znw*
verspringende kruising ‹v. wegen›
staggerer ['stægərə] *znw* ❶ wat je versteld doet staan
❷ inf puzzel, vraag waarop men niet weet te
antwoorden
staggering ['stægərɪŋ] *bn* ❶ waggelend ❷ waarvan je
versteld staat, schrikbarend ★ *a* ~ *one million are
now without work* het ontstellende aantal van één
miljoen is nu werkeloos
staggers ['stægəz] *znw* [mv], **blind** ~ ★ *the* ~

duizeligheid, kolder ‹bij paarden›, draaiziekte ‹bij
schapen›
staging ['steɪdʒɪŋ] *znw* ❶ stellage, steiger
❷ enscenering ‹v. toneelstuk›, mise-en-scène
staging area ['steɪdʒɪŋ 'eərɪə] *znw* verzamelplaats
onderweg
staging post ['steɪdʒɪŋ pəʊst] luchtv *znw*
tussenlandingsplaats
stagnancy ['stægnənsɪ] *znw* → **stagnation**
stagnant ['stægnənt] *bn* ❶ stilstaand, stil
❷ stagnerend
stagnate [stæg'neɪt] *onoverg* stilstaan, stagneren
stagnation ['stægneɪʃən], **stagnancy** *znw* stilstand,
stagnatie
stag night [stæg naɪt], **stag party** *znw* ❶ Br
vrijgezellenavond voor mannen ‹voorafgaande aan
de huwelijksdag› ❷ Am hengstenbal, bokkenfuif
stagy ['steɪdʒɪ] *bn* theatraal
staid [steɪd] *bn* bezadigd, ernstig, nogal ouderwets
★ *she wore a* ~ *dress* ze had een saaie jurk aan
stain [steɪn] **I** *znw* ❶ vlek, smet, schandvlek, schande
★ *a stubborn* ~ een hardnekkige vlek ★ *the affair left
a* ~ *on his career* de zaak liet een smet op zijn
carrière achter ❷ verf(stof), kleurstof, beits **II** *overg*
❶ (be)vlekken, bezoedelen, onteren ❷ (bont)
kleuren, (be)drukken, beitsen, verven,
(be)schilderen, branden ‹glas› **III** *onoverg* vlekken,
smetten, afgeven
stained glass [steɪnd glɑ:s] *znw* gebrandschilderd glas
stainless ['steɪnləs] *bn* vlekkeloos, smetteloos,
onbesmet
stainless steel ['steɪnləs sti:l] *znw* roestvrij staal
stain remover [steɪn rɪ'mu:və] *znw* vlekkenwater,
vlekverwijderaar
stair [steə] *znw* trede, trap
stair carpet [steə 'kɑ:pɪt] *znw* traploper
staircase ['steəkeɪs] *znw* trap ‹met leuning en spijlen›
★ *an open* ~ een open trap
stair rod [steə rod] *znw* traproede
stairs [steəz] *znw* [mv] trap ★ *at the foot / top of the* ~
onder- (boven)aan de trap ★ *below* ~ beneden, bij de
bedienden
stairway ['steəweɪ] *znw* trap ★ *the* ~ *to happiness
/ health / stardom &* de weg naar het geluk / de
gezondheid / de roem &
stairwell ['steəwel] *znw* trappenhuis
stake [steɪk] **I** *znw* ❶ staak, paal ★ *at the* ~ op de
brandstapel ❷ aandeel ★ *a controlling / minority* ~
een meerderheidsaandeel / minderheidsaandeel
❸ inzet, belang, interesse ▼ *be at* ~ op het spel staan
II *overg* ❶ stutten, aan een staak binden
❷ (in)zetten, op het spel zetten, in de waagschaal
stellen, wedden, verwedden ★ *they have* ~*d their
reputation on their service* ze hebben hun reputatie
aan hun dienstverlening verbonden ❸ Am inf
(financieel) ondersteunen ★ Am *his parents have* ~*d
him to a university education* zijn ouders hebben een
universitaire opleiding voor hem betaald **III** *phras*

st

★ ~ *sth* off iets afbakenen, iets afzetten ‹met paaltjes› ★ ~ *sth* out iets afbakenen, iets afzetten ‹met paaltjes›, inf iets in het oog houden, onder surveillance plaatsen ‹door politie› ★ *experts have ~d out opposite positions on the matter* deskundigen hebben de tegenovergestelde meningen over deze zaak in kaart gebracht

stake holder [steɪk 'həʊldə] *znw* ❶ houder van de inzet ‹bij gokspelen› ❷ belanghebbende

stake-out ['steɪk-aʊt] inf *znw* surveillance

stakes [steɪks] *znw* [mv] ❶ hele inzet ★ *raise the ~* de inzet hoger maken ★ *play for high ~* grote risico's nemen ❷ wedren ‹om een prijs› ❸ prijzengeld ❹ competitie ★ *the popularity ~* de strijd om de populairste te zijn

stalactite ['stæləktaɪt] *znw* stalactiet

stalagmite ['stæləgmaɪt] *znw* stalagmiet

stale [steɪl] **I** *bn* ❶ oudbakken, verschaald, muf, oud, afgezaagd ‹moppen &› ★ *this bread's going ~* dit brood begint muf te worden ❷ saai, ongeïnteresseerd ★ *their marriage had gone ~* hun huwelijk was kleurloos geworden ★ *developers have gone ~ on the project* de ontwikkelaars hebben geen belangstelling meer voor het project ❸ op, overwerkt, kapot ❹ niet in conditie **II** *onoverg* verschalen, zijn kracht verliezen, verflauwen, uitgeput raken

stalemate ['steɪlmeɪt] **I** *znw* ❶ pat ‹schaakspel› ❷ fig dood punt, impasse ★ *the employers and the unions are locked in a ~* de werkgevers en de vakbonden zitten in een impasse **II** *overg* ❶ pat zetten ❷ fig vastzetten

stalk [stɔ:k] **I** *znw* ❶ steel, stengel, stronk ‹v. kool› ★ inf *our eyes were on ~s for the entire trip* onze ogen stonden de hele reis op steeltjes ❷ schacht **II** *overg* ❶ besluipen ‹hert &› ❷ stalken, iem. voortdurend achtervolgen en lastigvallen **III** *onoverg* ❶ statig stappen, schrijden ❷ sluipen

stalker ['stɔ:kə] *znw* ❶ sluipjager ❷ stalker

stalking horse ['stɔ:kɪŋ hɔ:s] *znw* ❶ (nagebootst) paard waarachter de jager zich verschuilt ❷ fig voorwendsel, dekmantel, masker

stall [stɔ:l] **I** *znw* ❶ kraam, stalletje ★ *a cake ~* een taartstalletje ★ *set up ~* een kraam inrichten ★ Br inf *set out one's ~* laten zien wat je capaciteiten zijn ❷ stal, box, hok ❸ koorbank ❹ stallesplaats ★ *seats in the ~* stallesplaatsen ❺ douchecel, kleedhokje ❻ afslaan ‹v. motor› **II** *overg* ❶ stallen ❷ vastzetten, doen vastlopen ❸ luchtv overtrekken, laten afglijden ❹ van zich afschuiven, afschepen **III** *onoverg* ❶ vastzitten, blijven steken ‹in modder›, vastlopen, afslaan ‹v. motor› ★ *economic recovery has ~ed* het economisch herstel is vastgelopen ❷ luchtv in overtrokken toestand geraken, afglijden ❸ weifelen, dralen, (eromheen) draaien ★ *they seem to be ~ing for time* het lijkt dat ze proberen tijd te rekken

stall-fed ['stɔ:lfed] *bn* vetgemest

stallholder ['stɔ:lhəʊldə] *znw* houder van een kraampje

stallion ['stæljən] *znw* (dek)hengst

stalls [stɔ:lz] *znw* [mv] stalles

stalwart ['stɔ:lwət] **I** *bn* ❶ flink, stoer, kloek, fors ❷ standvastig, trouw **II** *znw* trouwe volgeling

stamen ['steɪmən] plantk *znw* meeldraad

stamina ['stæmɪnə] *znw* weerstandsvermogen, uithoudingsvermogen

stammer ['stæmə] **I** *znw* gestotter, gestamel **II** *overg* stotteren, stamelen **III** *onoverg* stotteren, stamelen **IV** *phras* ★ ~ *sth* out iets stamelen

stammerer ['stæmərə] *znw* stotteraar

stammering ['stæmərɪŋ] *bn* stotterend

stamp [stæmp] **I** *znw* ❶ stamp, stampen ❷ stempel, stempelafdruk, merk, zegel ❸ postzegel, sluitzegel ❹ fig kenmerk, indruk ★ *the city still bears the ~ of its Roman origins* de stad heeft nog steeds de kenmerken van haar Romeinse oorsprong **II** *overg* ❶ stampen (met, op) ★ ~ *one's foot* stampvoeten ★ *any show of defiance will be ~ed on* elk teken van verzet wordt de grond ingestampt ❷ stempelen (tot as) ★ *the date is ~ed permanently on her mind / memory* de datum staat voor altijd in haar geheugen gegrift ❸ zegelen, frankeren **III** *onoverg* stampen **IV** *phras* ★ ~ off boos wegstampen ★ ~ on *sth* iets met kracht verhinderen ★ ~ *sth* out iets uitroeien, de kop indrukken ‹misbruiken &›, iets dempen, neerslaan ‹opstand›, techn iets uitstampen, iets uittrappen ‹sigaret›

stamp collecting ['stæmp kə'lektɪŋ] *znw* postzegels verzamelen

stamp collector ['stæmpkəlektə] *znw* postzegelverzamelaar

stamp duty [stæmp 'dju:tɪ] *znw* ❶ zegelrecht ❷ overdrachtsbelasting ‹m.b.t. effecten›

stamped addressed envelope [stæmpt ə'drest 'envələʊp] *znw* gefrankeerde retourenvelop

stampede [stæm'pi:d] **I** *znw* ❶ stampede, massaal op hol slaan van vee ❷ wanordelijke aftocht ❸ grote toeloop **II** *onoverg* massaal op hol slaan

stamper ['stæmpə] *znw* ❶ stamper ‹waarmee gestampt wordt› ❷ stempel ❸ stempelaar

stamping ground ['stæmpɪŋ graʊnd], Am **stomping ground** *znw* geliefde verblijfplaats

stance [sta:ns] *znw* ❶ stand, houding ❷ fig standpunt, houding ★ *the EU's ~ on the issue has changed* het standpunt van de EU in deze kwestie is gewijzigd

stanchion ['sta:nʃən] **I** *znw* stut **II** *overg* stutten

stand [stænd] **I** *znw* ❶ stand, stilstand, halt ❷ (stand)plaats, positie, stelling, standpunt ★ *he took a ~ by the door* hij vatte post bij de deur, hij ging bij de deur staan ❸ standaard, statief, rek(je), lessenaar ❹ tribune, podium, platform, Am getuigenbankje ★ *take the witness ~* plaatsnemen in de getuigenbank ❺ stalletje, kraampje ❻ optreden ‹v. toneelgezelschap &› ❼ tegenstand, weerstand ★ *we were outnumbered: this wasn't the time to make a ~*

we waren in de minderheid: dit was geen tijd om tegenstand te bieden ★ *a small community taking a ~ against globalization* een kleine gemeenschap die zich verzet tegen globalisering ★ *we are making a ~ for what we believe* we komen op voor onze principes **II** *overg* [stood, stood] ❶ doen staan, (neer)zetten, plaatsen, opstellen ★ *~ sth on its head* iets op zijn kop zetten ❷ doorstaan, uithouden ★ *~ the test of time* de tand des tijds doorstaan ★ *the bumper couldn't ~ the impact* de bumper kon de botsing niet doorstaan ❸ uitstaan, verdragen, dulden ★ *I can't ~ the sight of him* ik kan hem niet uitstaan ❹ weerstaan ★ *he couldn't ~ the temptation* hij kon de verleiding niet weerstaan ❺ volhouden ★ *~ one's ground* je positie volhouden ★ *~ one's ground* je positie volhouden ❻ trakteren (op) ★ *~ sbd a beer* iem. op een biertje trakteren ❼ hebben ★ *~ a chance* kans hebben **III** *onoverg* [stood, stood] ❶ staan, gaan staan ★ *they stood for the national anthem* ze stonden op voor het volkslied ★ *~ for sbd* voor iem. gaan staan ‹in bus &› ★ *mil ~ at ease!/~ easy!* (op de plaats) rust! ★ *~ on one's own (two) feet* op eigen benen staan ★ *inf I can do it ~ing on my head* voor mij is dat een eitje / een fluitje van een cent ❷ zich bevinden, zijn ★ *as it ~s / as things ~* zoals het er nu bij staat ★ *he wants to know where he ~s* hij wil weten waar hij aan toe is / wat zijn positie is ★ *the score ~s at two all* de stand is twee-twee ★ *~ aloof* zich op een afstand (afzijdig) houden, *fig* een positie innemen ★ *~ convinced / prepared &* overtuigd / voorbereid & zijn ★ *~ corrected* zijn woorden terugnemen ★ *it ~s to reason* het spreekt vanzelf ❸ van kracht blijven, doorgaan ★ *the sentence still ~s* het vonnis blijft nog steeds van kracht ❹ overeind (blijven) staan ★ *her hair stood on end when she heard the noise* haar haren gingen overeind staan toen ze het geluid hoorde ❺ stilstaan, halt houden ★ *~ and deliver!* je geld of je leven! ★ *~ at nothing* voor niets terugdeinzen, zich door niets laten weerhouden ❻ standhouden ★ *~ fast / firm* standhouden, niet wijken ★ *it's my opinion and I'll ~ to it* zo denk ik erover en daar blijf ik bij ❼ *scheepv* koersen ❽ kandidaat zijn ★ *~ for election / parliament &* kandidaat zijn voor de verkiezingen / het parlement & ★ *he ~s to win* hij heeft alle kans om te winnen ❾ op prijs stellen, staan op ★ *~ on ceremony* (erg) op de vormen staan / zijn ★ *~ on one's dignity* met respect behandeld willen worden **IV** *phras* ★ *~ around / about* rondhangen, niets staan te doen ★ *~ against sbd* tegenkandidaat zijn van iem. ★ *~ aside* opzij gaan (staan), *fig* zich afzijdig houden ★ *~ away / back* opzij gaan (staan) ★ *~ by* er (als werkeloos toeschouwer) bijstaan, zich gereedhouden (ter assistentie) ★ *~ by sth* vasthouden aan iets ‹belofte, overtuiging &› ★ *~ by sbd* naast iem. (gaan) staan, iem. niet in de steek laten, het opnemen voor iem. ★ *~ clear* opzij gaan ★ *~ down* naar zijn plaats gaan ‹v. getuige›, zich terugtrekken,

aftreden ★ *~ sbd down* iem. ontslaan ★ *~ for sth* staan voor iets, iets betekenen, iets vertegenwoordigen, iets symboliseren ★ *inf I wouldn't ~ for it* ik zou het niet nemen, ik zou er niet van gediend zijn ★ *zegsw if you ~ for nothing you'll fall for anything* als je geen standpunt hebt, kunnen ze je gauw iets wijsmaken ★ *~ in for sbd* iem. vervangen, waarnemen voor iem., invallen voor iem. ★ *~ off* opzij gaan, zich op een afstand houden, *scheepv* afhouden ‹van schip› ★ *~ sbd off* iem. op een afstand houden, *Br* iem. tijdelijk ontslaan, op non-actief stellen ★ *~ out* uitstaan, naar buiten steken, volhouden, blijven ontkennen, duidelijk zichtbaar zijn, duidelijk uitkomen, zich afzijdig houden, zich terugtrekken, niet meedoen, zich onderscheiden (van *from*), uitsteken (boven *above / from*), afsteken, zich aftekenen (tegen *against*) ★ *inf ~ out a mile* overduidelijk zijn ★ *inf ~ out like a sore thumb* op een negatieve manier opvallen ★ *~ out against sth* zich verzetten tegen iets ‹eis &› ★ *~ over* blijven liggen, blijven staan, wachten ‹tot een later tijdstip› ★ *~ over sbd* over iem. heenstaan ‹om te kijken hoe ze iets doen› ★ *~ sth over* iets uitstellen ‹tot de volgende vergadering› ★ *mil ~ to* paraat zijn ★ *~ together* schouder aan schouder staan ★ *~ up* overeind staan, rechtop staan, gaan staan, opstaan, *fig* standhouden, overeind blijven ★ *inf scherts will the real John Smith please ~ up?* wil de echte John Smith nu opstaan? ★ *~ up and be counted* kom voor je mening uit ★ *it wouldn't ~ up in a court of law* dat zou geen stand houden in de rechtszaal ★ *inf ~ sbd up* iemand laten zitten ‹niet op een afspraak komen› ★ *~ up against sth* tegen iets aan staan ‹de muur &›, *fig* standhouden tegen iets, iets weerstaan ★ *~ up for sbd* het voor iem. opnemen ★ *~ up for one's rights* voor zijn rechten opkomen ★ *~ up to sth* zich verzetten tegen iets, iets kunnen weerstaan, tegen iets kunnen ★ *~ up to sbd* zich verzetten tegen iem. ★ *~ with sbd* naast / bij iem. staan, *fig* aan iemands kant staan

stand-alone ['stænd-ələʊn] *bn* standalone, onafhankelijk werkend ‹m.b.t. computers en programma's›

standard ['stændəd] **I** *bn* ❶ standaard, normaal, gebruikelijk ❷ staand ❸ plantk hoogstammig **II** *znw* ❶ standaard, vlag, vaandel, vaan ★ *raise one's ~ against sbd / sth* het opnemen tegen iem. / iets, ten strijde trekken tegen iem. / iets ❷ maatstaf, norm, graadmeter, peil, gehalte ★ *by modern ~s* volgens moderne maatstaven ★ *by any standard* naar elke norm / maatstaf ❸ stander, stijl, paal, (licht)mast

Standard American ['stændəd ə'merɪkən] *znw* Standaard-Amerikaans-Engels

standard-bearer ['stændədbeərə] *znw* vaandeldrager

standard deviation ['stændəd di:vɪ'eɪʃən] statistiek *znw* standaardafwijking

standard error ['stændəd 'erə] statistiek *znw* standaardfout

st

standard gauge ['stændəd geɪdʒ] *znw* normaalspoor

standardization [stændədaɪ'zeɪʃən], **standardisation** *znw* standaardisatie, normalisering

standardize ['stændədaɪz], **standardise I** *overg* standaardiseren, normaliseren **II** *phras* ★ ~ *on sth* iets als standaard aannemen

standard lamp ['stændəd læmp] *znw* staande lamp

standard lens ['stændəd lenz] *znw* standaardlens ‹camera›

standard of living ['stændəd əv 'lɪvɪŋ] *znw* levensstandaard

standard operating procedure ['stændəd 'ɒpəreɪtɪŋ prə'si:dʒə] *znw* standaardprocedure

standard rate ['stændəd reɪt] *znw* basistarief

standard size ['stændəd saɪz] *znw* normaalformaat

standard time ['stændəd taɪm] *znw* standaardtijd

standard weight ['stændəd weɪt] *znw* normaalgewicht

standby ['stændbaɪ] **I** *bn* ❶ hulp-, nood-, reserve- ❷ stand-by ★ *on* ~ paraat, gereed voor actie **II** *znw* ❶ steun, hulp, uitkomst ❷ reserve

standby mode ['stændbaɪ məʊd] *znw* slaapstand ‹v. elektrische apparaten›

stand-in ['stændɪn] *znw* vervanger ‹film, toneel &›, stand-in

standing ['stændɪŋ] **I** *bn* ❶ staand ★ *a* ~ *jump* een sprong zonder aanloop ❷ stilstaand ❸ blijvend, vast, permanent ❹ te velde staand ❺ stereotiep **II** *znw* ❶ staan ❷ staanplaats ❸ positie, stand, rang ❹ reputatie ★ *of considerable / good &* ~ met een behoorlijke / goede reputatie ★ *of international* ~ met internationaal aanzien ❺ duur, anciënniteit ★ *of long* ~ al van oude datum, (al)oud

standing committee ['stændɪŋ kə'mətɪ] *znw* vaste commissie

standing count ['stændɪŋ kaʊnt] boksen *znw* acht tellen zonder neergegaan te zijn

standing joke ['stændɪŋ dʒəʊk] *znw* vaste grap

standing order ['stændɪŋ 'ɔ:də] *znw* ❶ Br staande opdracht, automatische overschrijving ❷ Br doorlopende order ❸ reglement van orde, statuten

standing ovation ['stændɪŋ əʊ'veɪʃən] *znw* staande ovatie

standing room ['stændɪŋ ru:m] *znw* staanplaat(sen)

standoff ['stændɒf] *znw* ❶ remise, gelijkspel ❷ impasse ★ *talks to end the* ~ *have failed* besprekingen om de impasse te doorbreken zijn mislukt

standoffish [stænd'ɒfɪʃ] *bn* afstandelijk, op een afstand, uit de hoogte, stijf

standpipe ['stændpaɪp] *znw* standpijp

standpoint ['stændpɔɪnt] *znw* standpunt ★ *delegates were urged to adopt a different* ~ de gedelegeerden werd aangeraden een ander standpunt in te nemen ★ *from the* ~ *of safety* uit het oogpunt van veiligheid

standstill ['stændstɪl] *znw* stilstand, (stil)staan ★ *come to a* ~ tot een stilstand / halt komen

stand-to ['stændtu:] mil *znw* appèl

stand-up ['stændʌp] *bn* staand ‹v. boord &›

stand-up comedian ['stændʌp kə'mi:dɪən] *znw* ± solo-entertainer, stand-upcomedian

stand-up fight ['stændʌp faɪt] *znw* ❶ een geregeld gevecht ❷ een eerlijk gevecht

stand-up row ['stændʌp raʊ] *znw* slaande ruzie

stank [stæŋk] *ww* [v.t.] → **stink**

Stanley knife® ['stænlɪ naɪf] *znw* stanleymes

stannic ['stænɪk] *bn* tin-

stanniferous [stæ'nɪfərəs] *bn* tinhoudend

stanza ['stænzə] *znw* stanza, couplet

staple ['steɪpl] **I** *bn* ❶ voornaamste, hoofd- ❷ stapel- **II** *znw* ❶ basisvoedsel, hoofdproduct, hoofdbestanddeel ❷ ruwe, onbewerkte (grond)stof ❸ vezel, draad ‹v. wol› ❹ kram, nietje **III** *overg* krammen, nieten

staple diet ['steɪpl 'daɪət] *znw* hoofdvoedsel

staple gun ['steɪpl gʌn] *znw* nietpistool

stapler ['steɪplə] *znw* nietmachine

stapling machine ['steɪplɪŋməʃi:n] *znw* nietmachine

star [stɑ:] **I** *bn* prima, eersterangs ★ *the city's* ~ *attraction* de hoofdattractie van de stad ★ *the* ~ *performer* de sterartiest ★ *the* ~ *witness* de kroongetuige **II** *znw* ster ‹ook fig›, gesternte, sterretje ★ *a literary* ~ een ster aan de letterkundige hemel ★ *reach for the* ~s grote ambities hebben ★ inf *you can thank your lucky* ~s je mag nog van geluk spreken ★ inf *be born under an unlucky* ~ onder een ongelukkig gesternte geboren zijn ★ *have* ~s *in one's eyes* idealistisch zijn ★ inf *see* ~s sterretjes zien, bewusteloos geslagen worden **III** *overg* ❶ met sterren tooien ❷ met een sterretje aanduiden ❸ als ster laten optreden ★ *a film* ~*ring a couple of big-name actors* een film met in de hoofdrol een paar beroemde filmsterren **IV** *onoverg* als ster optreden

starboard ['stɑ:bəd] scheepsv *znw* stuurboord

starch [stɑ:tʃ] **I** *znw* ❶ zetmeel ❷ stijfsel, appret ❸ fig stijfheid **II** *overg* stijven

starched ['stɑ:tʃt] *bn* gesteven, stijf ★ inf *he's such a* ~ *shirt* hij is zo'n stijve hark

starch-reduced [stɑ:tʃ-rɪ'dju:st] *bn* met weinig zetmeel

starchy ['stɑ:tʃɪ] *bn* ❶ zetmeelachtig ❷ vol stijfsel, gesteven ❸ stijf

star-crossed ['stɑ:krɔ:st] *bn* rampzalig, ongelukkig ★ ~ *lovers* geliefden met een noodlottige liefde

stardom ['stɑ:dəm] *znw* status van ster

stardust ['stɑ:dʌst] *znw* ❶ kosmische stof, sterrenhoop ★ *have* ~ *in one's eyes* tot over zijn oren verliefd zijn ❷ magisch / romantisch gevoel

stare [steə] **I** *znw* starende / starre blik ★ *he gave me a long* ~ hij keek mij lang strak aan **II** *overg* staren naar, aanstaren ★ ~ *sbd in the face* iem. aanstaren / aangrijnzen ★ inf *it's staring you in the face* het ligt voor je neus, het is zo duidelijk als wat **III** *onoverg* grote ogen opzetten, staren **IV** *phras* ★ ~ *at sbd / sth* iem. / iets aanstaren ★ ~ *sbd* **down** / **out** iem. zolang aankijken dat hij / zij de ogen neerslaat ★ *defeat was staring at them* een nederlaag leek onvermijdelijk

starfish ['stɑːfɪʃ] *znw* zeester

stargazer ['stɑːgeɪzə] inf *znw* ❶ sterrenkijker ❷ dromer

stargazing ['stɑːgeɪzɪŋ] inf *znw* ❶ sterrenkijkerij ❷ gedroom

staring ['steərɪŋ] **I** *bijw* inf volledig ★ *stark ~ mad* stapelgek **II** *znw* gestaar ★ *a ~ competition* wedstrijd wie het eerst met de ogen knippert

stark [stɑːk] **I** *bn* ❶ stijf, strak ★ *~ lines* strakke lijnen ❷ grimmig, bar ★ *the ~ reality* de harde realiteit ❸ compleet ★ *in ~ contrast to* in regelrecht contrast met ❹ spiernaakt **II** *bijw* absoluut, gans, geheel en al ★ *~ naked* spiernaakt, poedelnaakt ★ inf *~ raving mad* knettergek, volslagen krankzinnig

starkers ['stɑːkəz] inf *bn* spiernaakt, poedelnaakt

starless ['stɑːlɪs] *bn* zonder sterren

starlet ['stɑːlət] *znw* sterretje

starlight ['stɑːlaɪt] *znw* sterrenlicht

starling ['stɑːlɪŋ] *znw* spreeuw

starlit ['stɑːlɪt] *bn* door de sterren verlicht, vol sterren, sterren-

star of Bethlehem [stɑːrəv 'beθlɪhem, -lɪəm] *znw* vogelmelk ⟨plant⟩

Star of David [stɑːrəv 'deɪvɪd] *znw* davidster

starred [stɑːd] *bn* ❶ met sterren bezaaid ❷ sterren- ❸ met een sterretje gemarkeerd ★ *a ~ review* een boekbespreking met 1-5 sterren ⟨al naar gelang de waardering van de recensent⟩

starry ['stɑːrɪ] *bn* ❶ met sterren bezaaid ❷ sterren-

starry-eyed ['stɑːrɪ'aɪd] *bn* ❶ met stralende ogen ❷ inf zwijmelend, verheerlijkt

stars [stɑːz] *znw* [mv] ★ *the ~* de sterren, de horoscoop

Stars and Stripes [stɑːz ən 'straɪps] *znw* ★ *the ~* de Amerikaanse vlag

star shell [stɑː ʃel] *znw* lichtkogel

star sign [stɑː saɪn] *znw* sterrenbeeld ⟨in dierenriem⟩

star-spangled ['stɑːspæŋgld] *bn* met sterren bezaaid ★ *the Star-spangled Banner* het Amerikaanse volkslied

star-studded ['stɑː-stʌdɪd] *bn* ❶ bezaaid met sterren ❷ fig met een sterrenbezetting ⟨toneel, film⟩

start [stɑːt] **I** *znw* ❶ start, begin, aanzet, muz inzet ★ *a false ~* sp een valse start, fig een verkeerd begin ★ *at the ~* in het begin, bij het vertrek ★ *for a ~* om te beginnen, vooreerst ★ *from ~ to finish* van het begin tot het einde, van a tot z ★ *get a good ~ in life* stevig in het zadel geholpen worden ★ *get off to a good / bad ~* goed / slecht beginnen ★ *give sb a ~ to sth* iets aan de gang helpen ★ *make a ~ on sth* ergens mee beginnen ★ *make an early ~* vroeg beginnen ❷ startsein ❸ vertrekpunt ❹ voorsprong, voordeel ★ *have a ~ on sbd* iem. vóór zijn ❺ opspringen, sprong, sprongetje, plotselinge beweging ⟨van schrik &⟩ schok ★ *give a ~* opspringen, opschrikken ★ *wake up with a ~* met een schok wakker worden **II** *overg* ❶ techn aanzetten, aan de gang maken / helpen, in beweging brengen ❷ laten vertrekken,

starten ❸ beginnen, beginnen met / aan / over, oprichten ★ *~ a family* een gezin stichten ★ *he ~ed life as a mechanic / teacher &* hij begon zijn loopbaan als monteur / leraar & ❹ veroorzaken, doen ontstaan ⟨brand⟩ ★ *who ~ed the gossip?* wie heeft de roddel de wereld ingeholpen? ❺ aanzetten ⟨motor⟩ **III** *onoverg* ❶ beginnen, starten, van start gaan, in beweging komen ★ *to ~ with* om te beginnen ★ *to ~ from the 21st of July* met ingang van 21 juli ★ *~ from an assumption* uitgaan van een vooronderstelling ★ inf *don't ~ / don't you ~* je moet niet gaan katten / zeuren ❷ vertrekken ★ *~ for Paris* (op reis) gaan naar Parijs, vertrekken naar Parijs ★ *~ from Paris* vertrekken vanuit Parijs ❸ ontstaan ⟨v. brand⟩ ❹ techn aanslaan ⟨v. motor⟩ ❺ (op)springen, (op)schrikken (ook: *~ up*) ★ *he ~ed out of his reverie* hij schrok wakker uit zijn gemijmer **IV** *phras* ★ *~ back* achteruit springen, terugdeinzen, de terugreis aanvaarden ★ *~ off* vertrekken, beginnen ★ *~ sth off* iets in gang zetten ★ *~ sbd off* iem. op weg helpen met iets ★ *~ sbd off crying / laughing* iem. aan het huilen / lachen maken ★ *the doctor ~ed him off on a small dose* de dokter liet hem met een kleine dosis beginnen ★ *~ on sth* ergens mee beginnen ★ *this ~ed him on another subject* dit bracht hem op een ander onderwerp ★ *~ out* vertrekken, beginnen ★ *it ~ed out as a joke* het begon als een grapje ★ *~ over (again)* overnieuw beginnen ★ *~ up* opspringen (van uit zijn stoel), zich (plotseling) voordoen, aanslaan ⟨v. motor⟩ ★ *~ sth up* techn iets aanzetten, (aan) iets beginnen, iets aanmaken ⟨vuur⟩

starter ['stɑːtə] *znw* ❶ starter ⟨persoon die bij wedrennen het teken geeft voor de start⟩ ★ sport *under ~'s orders* startklaar ❷ beginner ★ *he was a slow ~* hij kwam langzaam op gang ❸ afrijdend paard ❹ techn aanzetter ❺ voorgerecht, voorafje ★ *for ~s* als voorafje, inf om te beginnen

starter button ['stɑːtə 'bʌtn] *znw* startknop

starter motor ['stɑːtə 'məʊtə] *znw* startmotor

starting block ['stɑːtɪŋ blɒk] *znw* startblok

starting date ['stɑːtɪŋ deɪt] *znw* begindatum, ingangsdatum

starting gate ['stɑːtɪŋ geɪt] sp *znw* starthek

starting gun ['stɑːtɪŋ gʌn], **starting pistol** sp *znw* startpistool ★ *fire the ~* het startschot lossen

starting point ['stɑːtɪŋ pɔɪnt] *znw* punt van uitgang, uitgangspunt, beginpunt

starting post ['stɑːtɪŋ pəʊst] sp *znw* startlijn

starting salary ['stɑːtɪŋ 'sæləɪ] *znw* aanvangssalaris, beginsalaris

starting time ['stɑːtɪŋ taɪm] *znw* aanvangstijd, begintijd

startle ['stɑːtl] **I** *znw* schrik, schok ★ *she awoke with a ~* met een schok wakker worden ★ *give a ~* schrikken **II** *overg* ❶ doen schrikken, alarmeren ❷ schokken

startling ['stɑːtlɪŋ] *bn* verrassend, opzienbarend,

verbluffend, ontstellend

start-up costs ['stɑːt-ʌp kɒsts] *znw* [mv] aanloopkosten

start-up loss ['stɑːt-ʌp lɒs] *znw* aanloopverlies

start-up period ['stɑːt-ʌp 'pɪərɪəd] *znw* aanloopperiode

star turn ['stɑː tɜːn] *znw* ❶ bravourenummer ❷ gastrol

starvation [stɑːˈveɪʃən] **I** *bn* honger- **II** *znw* uithongering, hongerdood, verhongering, hongerlijden, gebrek

starvation diet [stɑːˈveɪʃən ˈdaɪət] *znw* hongerdieet

starvation wage [stɑːˈveɪʃən weɪdʒ] *znw* hongerloon

starve [stɑːv] **I** *overg* ❶ honger laten lijden, laten verhongeren, uithongeren ★ ~ *sbd into surrender* / *submission* & door honger dwingen tot overgave & ★ ~ *sbd to death* iem. van honger laten sterven ❷ gebrek laten lijden, doen kwijnen ★ *be* ~*d of* / *for affection* / *funds* / *sleep* & liefde / kapitaal / slaap & ontberen **II** *onoverg* ❶ honger lijden, hongeren, verhongeren, van honger sterven ★ *inf I'm starving* ik rammel van de honger ★ ~ *to death* omkomen van de honger ❷ gebrek lijden, kwijnen **III** *phras* ★ ~ *sbd out* iem. uithongeren

Star Wars [stɑː wɔːz] *znw* Amerikaans ruimteschild ‹officieel: Strategic Defence Initiative›

stash [stæʃ] *inf* **I** *znw* ❶ geheime voorraad ❷ voorraad drugs **II** *overg* verbergen, hamsteren (ook: ~ *away*)

state [steɪt] **I** *bn* ❶ staats- ★ *a* ~ *funeral* een staatsbegrafenis ❷ staatsie-, parade-, gala-, officieel, plechtig **II** *znw* ❶ staat, toestand ★ *one's* ~ *of health* zijn gezondheidstoestand ★ *the* ~ *of play* de score, de stand ★ *the* ~ *of repair* de staat van onderhoud ★ *what a* ~ *you're in!* wat zie jij er uit! ★ *not be in a fit* ~ *to drive* / *work* & niet in staat zijn om te rijden / werken & ★ *he was in quite a* ~ hij was in alle staten, helemaal van streek ★ *be in a* ~ *of confusion* in een staat van verwarring zijn ★ *be in a* ~ *of flux* in beweging zijn ★ *be in a* ~ *of shock* in een schoktoestand verkeren ❷ staat, rijk ★ *inf the States* de Verenigde Staten ★ *the member* ~*s* de lidstaten ★ *affairs* / *matters of* ~ staatsaangelegenheden ★ *a head of* ~ een staatshoofd ❸ staatsie, praal, luister ★ *in* ~ in staatsie, in gala, officieel, in plechtige optocht ★ *lie in* ~ opgebaard liggen **III** *overg* ❶ aan-, opgeven, mededelen, (ver)melden ★ *as* ~*d above* / *below* zie boven / beneden ★ *unless* ~*d otherwise* / *otherwise* ~*d* tenzij het tegendeel is bedongen ❷ uiteenzetten, verklaren ‹standpunt›, stellen, constateren ★ ~ *the obvious* het voor de hand liggende beweren, een waarheid als een koe verkondigen

state aid [steɪt eɪd] *znw* rijkssubsidie, overheidssubsidie

state ball [steɪt bɔːl] *znw* hofbal, galabal

stated ['steɪtɪd] *bn* vast, vastgesteld, bepaald, afgesproken ★ *at* ~ *intervals* op regelmatige afstand, met regelmatige tussenpozen ★ *at* ~ *times* op vaste

(bepaalde, afgesproken) tijden

State Department ['steɪtdɪpɑːtmənt] *Am znw* departement van Buitenlandse Zaken

state dinner [steɪt 'dɪnə] *znw* galadiner

state education [steɪt edjʊˈkeɪʃən] *znw* openbaar onderwijs

state funding [steɪt 'fʌndɪŋ] *znw* overheidssteun

state intervention [steɪt ɪntəˈvenʃən] *znw* overheidsbemoeienis

stateless ['steɪtləs] *bn* staatloos, stateloos

stateless person ['steɪtləs 'pɜːsən] *znw* staatloze, apatride

state line [steɪt laɪn] *znw* staatsgrens ‹tussen deelstaten in de VS, Australië &›

stately ['steɪtlɪ] *bn* statig, deftig, groots

stately house ['steɪtlɪ haʊs], **stately home** *znw* groot buitenhuis

statement ['steɪtmənt] **I** *znw* ❶ mededeling, opgaaf, vermelding, verklaring, bewering, uiteenzetting ★ *a* ~ *of fact* een feitelijke verklaring ★ *make a* ~ een verklaring afleggen ❷ staat, afschrift, uittreksel ‹v.e. rekening› ★ *a bank* ~ een bankafschrift ★ *a financial* ~ een financieel overzicht ★ *Am the financial* ~*s* de jaarrekening ★ *a monthly* ~ een maandrekening, maandstaat **II** *overg* *in* Groot-Brittannië officieel verklaren dat een kind een aangepast leerprogramma nodig heeft

state occasion [steɪt əˈkeɪʒən] *znw* staatsgebeurtenis

state of affairs [steɪt əv əˈfeəz] *znw* stand van zaken

state of emergency [steɪt əv ɪˈmɜːdʒənsɪ] *znw* noodtoestand

state of mind [steɪt əv 'maɪnd] *znw* ❶ geestesgesteldheid, gemoedstoestand, stemming ❷ mentaliteit

state-of-the-art [steɪt-əv-ðɪ-ˈɑːt] *bn* actueel, volgens de huidige stand van zaken, ultramodern ★ ~ *technology* geavanceerde technologie

State of the Union [steɪt əv ðɪ ˈjuːnjən] *znw* jaarlijkse rede van de president van de VS ‹± troonrede›

state-owned ['steɪt-əʊnd] *bn* staats-, overheids-, genationaliseerd

state premier [steɪt 'premɪə] *Aus znw* premier van een deelstaat

stateroom ['steɪtruːm] *znw* ❶ praalkamer, staatsiezaal, mooie kamer ❷ scheepv luxehut

state-run ['steɪt-rʌn] *bn* onder staatsbeheer

state school [steɪt skuːl] *znw* openbare school

state's evidence [steɪts 'evɪdns] *znw* getuigenis door medeplichtige

States General [steɪts 'dʒenərəl] *znw* [mv] de Staten-Generaal ‹in Nederland›

statesman ['steɪtsmən] *znw* staatsman

statesmanlike ['steɪtsmənlaɪk], **statesmanly** *bn* als (van) een goed staatsman

statesmanship ['steɪtsmənʃɪp] *znw* (staatkundig) (goed) staatsmanschap

state support [steɪt səˈpɔːt] *znw* overheidssteun

state visit [steɪt 'vɪzɪt] *znw* staatsbezoek

static ['stætɪk] **I** *bn* statisch, gelijkblijvend, in rust, van het evenwicht **II** *znw* ❶ radio atmosferische storing ❷ **static electricity** statische elektriciteit

station ['steɪʃən] **I** *znw* ❶ station ⟨spoorweg, radio, tv &⟩ ❷ (stand)plaats, post, basis, (politie)bureau ❸ (vlieg-, militaire, marine)basis, garnizoen ❹ RK statie ⟨v. kruisweg⟩ ❺ Aus grote schapenboerderij / rundveeboerderij ❻ positie, rang, stand **II** *overg* stationeren, plaatsen

stationary ['steɪʃənərɪ] *bn* stationair, stilstaand, vast

stationary en stationery
worden soms met elkaar verward. **Stationary** betekent **stationair** en **stationery** betekent **kantoorbenodigdheden**. A **stationery shop** betekent niet *een stationaire winkel*, maar **een winkel in kantoorbenodigdheden.**

station break ['steɪʃən breɪk] *znw* pauze in uitzending ⟨met vermelding van radio- of tv-station⟩

stationer ['steɪʃənə], **stationer's** *znw* kantoorboekhandel

stationery ['steɪʃənərɪ] *znw* schrijfbehoeften ★ *office* ~ kantoorbenodigdheden ★ *wedding* ~ trouwkaarten ★ *a* ~ *supplier* een kantoorboekhandel

Stationery Office ['steɪʃənərɪ 'ɒfɪs] *znw* staatsdrukkerij en - uitgeverij ⟨in Groot-Brittannië⟩

station house ['steɪʃən haʊs] Am *znw* politiepost

stationmaster ['steɪʃənmɑːstə] *znw* stationschef

station wagon ['steɪʃənwægən] Am *znw* stationcar

statism ['steɪtɪzm] *znw* planeconomie, geleide economie

statist ['steɪtɪst] *znw* voorstander van een planeconomie

statistical [stə'tɪstɪkl] *bn* statistisch

statistician [stætɪ'stɪʃən] *znw* statisticus

statistics [stə'tɪstɪks] *znw* [mv] (wetenschap v.d.) statistiek ★ *vital* ~ bevolkingsstatistiek, inf vitale maten ⟨v.e. vrouw⟩

statuary ['stætʃʊərɪ] **I** *bn* beeldhouw(ers)- **II** *znw* ❶ beeldhouwerskunst ❷ beeld(houw)werk

statue ['stætʃuː] *znw* standbeeld, beeld

Statue of Liberty ['stætʃuː əv 'lɪbətɪ] *znw* ★ *the* ~ het Vrijheidsbeeld

statuesque [stætʃʊ'esk] *bn* ❶ als (van) een standbeeld, statig, majestueus ❷ plastisch

statuette [stætʃʊ'et] *znw* (stand)beeldje

stature ['stætʃə] *znw* gestalte, grootte, formaat ★ *he was small in* ~ hij was klein van stuk ★ *a reputation of world* ~ een reputatie van wereldformaat

status ['steɪtəs] *znw* staat ⟨van zaken⟩, status, positie, rang, stand ★ *celebrity* ~ sterrenstatus ★ *equal* ~ gelijke rechtspositie ★ *marital* ~ huwelijkse staat ★ *refugee* ~ vluchtelingenstatus ★ *the wealth and* ~ *of the Kennedy family* de rijkdom en het aanzien / prestige van de Kennedy familie

status bar ['steɪtəs bɑː] comput *znw* statusbalk

status quo ['steɪtəs'kwəʊ] *znw* status-quo

status symbol ['steɪtəssɪmbəl] *znw* statussymbool

statutable ['stætjʊtəbl] *bn* wettig, volgens de wet

statute ['stætʃuːt] *znw* wet, statuut, verordening

statute book ['stætʃuːtbʊk] *znw* ❶ de geschreven wetten ❷ staatsblad ⟨indien het een specifieke publicatie betreft⟩

statute law ['stætʃuːt lɔː] *znw* geschreven wet, geschreven recht

statute of limitations ['stætʃuːt əv lɪmɪ'teɪʃənz] jur *znw* verjaringswet

statutory ['stætʃʊtɔrɪ] *bn* ❶ wets-, wettelijk (voorgeschreven), wettig, volgens de wet ★ ~ *obligations* wettelijke plichten ❷ publiekrechtelijk

statutory capital ['stætʃʊtɔrɪ 'kæpɪtl] boekh *znw* maatschappelijk kapitaal

statutory declaration ['stætʃʊtɔrɪ deklə'reɪʃən] *znw* beëdigde verklaring, attest

statutory order ['stætʃʊtɔrɪ 'ɔːdə] *znw* Algemene Maatregel van Bestuur

statutory rape ['stætʃʊtɔrɪ reɪp] jur *znw* ontucht met een minderjarige

staunch [stɔːntʃ] **I** *bn* ❶ sterk, hecht ❷ trouw, verknocht, betrouwbaar **II** *overg* stelpen

stave [steɪv] **I** *znw* ❶ duig ❷ sport ❸ muz notenbalk ❹ strofe, vers **II** *phras* ★ ~ *sth in* iets inslaan, indrukken ★ ~ *sbd / sth off* iem. / iets afwenden, opschorten, van zich afzetten

staves [steɪvz] *znw* [mv] ❶ → **staff** ⟨alleen in de betekenis 'notenbalk'⟩ ❷ → **stave**

stay [steɪ] **I** *znw* ❶ verblijf, stilstand, oponthoud ★ *a hospital* ~ een verblijf in het ziekenhuis ★ *prolong one's* ~ wat langer blijven ❷ belemmering, fig rem, opschorting, uitstel (van executie) ❸ steun ❹ scheepv stag **II** *overg* ❶ tegenhouden, indammen, afremmen, een halt toeroepen, stuiten ⟨in zijn vaart⟩ ★ ~ *sbd's hand* iem. nog weerhouden ❷ opschorten ❸ stillen, bevredigen ★ *an apple* ~*ed his hunger pangs* een appel stilde zijn hongergevoel ❹ uithouden ★ ~ *the course / the distance* het uit-, volhouden ❺ blijven ★ ~ *the night,* ~ *overnight* een nacht blijven slapen, een nacht logeren **III** *onoverg* ❶ blijven, wachten ★ *like it or not, the euro is here to* ~ of we het nu leuk vinden of niet, de euro blijft ★ ~ *for / to dinner* blijven eten ★ inf ~ *put* blijven zitten waar je zit ★ ~ *on the sidelines* zich afzijdig houden ❷ verblijven, wonen ❸ logeren (bij *with*) ❹ sp het uit-, volhouden **IV** *phras* ★ ~ *behind* achterblijven ★ ~ *in* binnen-, thuisblijven, nablijven, schoolblijven ★ ~ *on* (aan)blijven, doordienen ⟨v. ambtenaar⟩ ★ ~ *out* uitblijven ★ ~ *out of sth* zich ergens buiten houden ★ ~ *up* opblijven ('s nachts)

stay-at-home ['steɪəθəʊm] inf **I** *bn* altijd thuiszittend, huiselijk **II** *znw* fig huismus

stayer ['steɪə] *znw* ❶ inf blijver ❷ uit-, volhouder ⟨atleet & die het lang kan volhouden⟩

staying power ['steɪɪŋpaʊə] inf *znw* uithoudingsvermogen, stamina

stay-in strike ['steɪ-ɪn straɪk] *znw* sitdownstaking

stays [steɪz] gedat *znw* [mv] korset

st

staysail ['steɪseɪl] <u>scheepv</u> *znw* stagzeil
STD *afk* ❶ (subscriber trunk dialling) automatisch interlokaal telefoneren ❷ (sexually transmitted disease) soa, seksueel overdraagbare aandoening, geslachtsziekte
STD code [esti:'di: kəʊd] *znw* netnummer
stead [sted] *znw* ★ *in sbd's* ~ in plaats van iem. ★ *stand sbd in good* ~ iem. van pas komen
steadfast ['stedfɑːst] *bn* standvastig, onwrikbaar, trouw, vast
steady ['stedɪ] **I** *tsw* rustig!, kalm aan! ★ Br ~ *on!* kalm aan!, langzaam! ★ ~ *as she goes!* zo houden! **II** *bn* ❶ bestendig, vast, gestadig, constant ★ inf *go* ~ vaste verkering hebben ❷ geregeld, gelijkmatig ❸ standvastig ❹ oppassend, solide, kalm **III** *znw* inf iem. waarmee men vaste verkering heeft **IV** *overg* ❶ vastheid geven aan, vast, geregeld / bestendig maken ★ *he gripped the rail to* ~ *himself* hij hield zich vast aan de reling om op de been te blijven ❷ kalmeren, tot bedaren brengen ★ *she lit a cigarette to* ~ *herself / to* ~ *her nerves* ze stak een sigaret op om te kalmeren **V** *onoverg* tot rust komen (ook: ~ *up*)
steady-going [stedɪ-'gəʊɪŋ] *bn* bedaard, bezadigd
steak [steɪk] *znw* ❶ biefstuk, steak ❷ plak, lap vlees ‹v. ander vlees› ❸ (vis)moot
steak house [steɪk haʊs] *znw* steakhouse, steak restaurant
steak knife [steɪk naɪf] *znw* steakmes
steal [stiːl] **I** *znw* ❶ inf koopje ❷ gestolen iets ‹voorwerp of idee›, fraude, plagiaat **II** *overg* [stole, stolen] ❶ stelen, stilletjes wegnemen (ook: ~ *away*) ★ ~ *the show* met het succes gaan strijken, het glansrijk winnen ★ ~ *sbd's thunder* iem. de wind uit de zeilen nemen, iems. idee stilletjes overnemen ❷ stilletjes iets doen ★ ~ *a glance at sth / sbd* steelsgewijs kijken naar iets / iem. ★ ~ *one's way into sth* iets binnensluipen **III** *onoverg* [stole, stolen] ❶ stelen ❷ sluipen **IV** *phras* ★ ~ *away / off* wegsluipen ★ ~ *over sbd* iem. bekruipen ★ ~ *up* behoedzaam naderen ★ ~ *up on sbd* iem. besluipen, iem. bekruipen ‹v. een gevoel›
stealth [stelθ] *znw* sluipende manier ★ *by* ~ tersluiks, steelsgewijze, heimelijk, stilletjes
stealth bomber [stelθ 'bɒmə] *znw* stealthbommenwerper ‹moeilijk te ontdekken met radar›
stealthy ['stelθɪ] *bn* ❶ sluipend ❷ heimelijk
steam [stiːm] **I** *znw* stoom, damp ★ ~ *(at) full* ~ met volle stoom ★ *under one's own* ~ op eigen kracht, op eigen gelegenheid ★ *get up / pick up* ~ stoom maken, inf krachten verzamelen ★ inf *have steam coming out of one's ears* erg boos zijn ★ inf *let off / blow off* ~ stoom afblazen ★ inf *run out of* ~ buiten adem raken ‹spreker›, aan kracht verliezen ‹pol. beweging &› **II** *overg* stomen, bewasemen ★ ~ *the vegetables* stoom de groente gaar **III** *onoverg* ❶ wasemen, dampen ❷ stomen ★ *the train ~ed into*

the station de trein stoomde het station binnen **IV** *phras* ★ Br inf ~ *in* een gevecht beginnen, aan een gevecht meedoen ★ ~ *up* beslaan ‹met wasem› ★ *the windows have ~ed up* de vensters zijn beslagen ★ ~ *sth up* iets doen beslaan ★ inf ~ *sbd up* iem. boos maken / opwinden ★ inf *be / get ~ed up* zich opwinden, zich dik maken
steam bath [stiːm bɑːθ] *znw* stoombad
steamboat ['stiːmbəʊt] *znw* stoomboot
steam boiler [stiːm 'bɔɪlə] *znw* stoomketel
steam-clean [stiːm-'kliːn] **I** *znw* stoomreiniging ‹kleding› **II** *overg* stomen ‹v. kleding›
steam engine [stiːm 'endʒɪn] *znw* stoommachine
steamer ['stiːmə] *znw* ❶ stoomboot ❷ stoomkoker, stoomketel ❸ stoominzet
steam gauge [stiːm geɪdʒ] *znw* manometer
steam iron [stiːm 'aɪən] *znw* stoomstrijkijzer
steamroller ['stiːmrəʊlə] **I** *znw* stoomwals **II** *overg* fig platwalsen ‹tegenstanders› ★ ~ *a bill through parliament* een wetsvoorstel door het parlement loodsen, zonder met de oppositie rekening te houden
steamship ['stiːmʃɪp] *znw* stoomschip
steam shovel [stiːm 'ʃʌvəl] *znw* graafmachine
steamy ['stiːmɪ] *bn* ❶ vol stoom, stomend, dampend, dampig, beslagen ‹v. ruiten› ❷ inf hartstochtelijk, erotisch, zwoel
steatite ['stɪətaɪt] *znw* speksteen
steed [stiːd] dicht *znw* (strijd)ros
steel [stiːl] **I** *bn* stalen, van staal, staal- **II** *znw* ❶ staal ★ *cold* ~ het staal ‹het zwaard, de bajonet, de dolk› ★ *nerves of* ~ stalen zenuwen ❷ fig hardheid, kracht ❸ wetstaal **III** *overg* stalen, verstalen, hard maken, verharden, ongevoelig maken, wapenen, pantseren (tegen *against*) ★ ~ *oneself to do sth* de moed bijeen rapen om iets te doen
steel band [stiːl bænd] muz *znw* steelband
steel-clad ['stiːlklæd] *bn* → **steel-plated**
steel drum [stiːl drʌm] *znw* steeldrum
steel mill [stiːl mɪl] *znw* staalfabriek
steel-plated [stiːl'pleɪtɪd], **steel-clad** *bn* gepantserd
steel wool [stiːl wʊl] *znw* staalwol
steel worker ['stiːl 'wɜːkə] *znw* staalarbeider
steelworks ['stiːlwɜːks] *znw* [mv] staalfabriek
steely ['stiːlɪ] *bn* staalachtig, staalhard, stalen, staal- ★ ~ *determination* ijzeren vastberadenheid
steelyard ['stiːljɑːd] *znw* unster ‹weegtoestel›
steep [stiːp] **I** *bn* ❶ steil ❷ inf hoog ‹van prijs› ★ inf *the food was good but the bill was a bit* ~ het eten was goed, maar de rekening was wat aan de hoge kant ❸ inf kras, ongelooflijk **II** *znw* steilte, helling **III** *overg* (onder)dompelen, indopen, laten doortrekken, laten doordringen (van *in*), drenken ★ *its history is ~ed in blood* de geschiedenis ervan is doordrenkt met bloed ★ *a country ~ed in tradition* een land vol van tradities **IV** *onoverg* weken
steepen ['stiːpən] *onoverg* steil(er) worden
steeple ['stiːpl] *znw* (spitse) toren

st

steeplechase ['sti:pltʃeɪs] *znw* steeplechase ‹wedren of -loop met hindernissen›

steeplejack ['sti:pldʒæk] *znw* hoogtewerker ‹arbeider die reparaties verricht aan torens en hoge schoorstenen›

steer [stɪə] **I** *znw* **❶** stierkalf, var **❷** Am stier, os **II** *overg* sturen, richten ★ *he ~ed her to their table* hij leidde haar naar hun tafel ★ *he ~ed the ship to safety* hij loodste het schip in veiligheid ★ *they are trying to ~ a course / path between the two sides* ze proberen te laveren tussen de twee standpunten **III** *onoverg* **❶** sturen, koers zetten ★ *~ for sth* koersen naar iets ★ *~ between sth* doorzeilen tussen iets ★ *~ clear of sbd / sth, ~ away from sbd / sth* iem. / iets omzeilen, vermijden **❷** naar het roer luisteren, zich laten sturen ★ *the car ~s well* de auto stuurt goed

steerage ['stɪərɪdʒ] *znw* tussendek

steering ['stɪərɪŋ] *znw* **❶** stuursysteem **❷** het sturen

steering column ['stɪərɪŋwi:l 'kɒləm] auto *znw* stuurkolom

steering committee ['stɪərɪŋwi:l kə'mɪtɪ] *znw* stuurgroep

steering lock ['stɪərɪŋwi:l lɒk] *znw* stuurslot

steering wheel ['stɪərɪŋwi:l] auto *znw* stuurrad, stuurwiel, stuur

steersman ['stɪəzmən] *znw* **❶** scheepv roerganger, stuurman **❷** fig bestuurder

stein [staɪn] *znw* bierkan, bierkroes

stele [sti:l] *znw* (graf)zerk, grafzuil

stellar ['stelə] *bn* van de sterren, sterren-

stem [stem] **I** *znw* **❶** stam, stengel, steel ‹v. bloem, pijp, glas› **❷** schacht ‹v. pijl, veer &› **❸** gramm (woord)stam **❹** scheepv boeg, voorsteven ★ *from ~ to stern* van voor tot achter **II** *overg* **❶** stuiten, (in de loop) tegenhouden, ingaan tegen ★ *~ the tide* de stroom indammen ‹van vluchtelingen &› **❷** dempen, stelpen **III** *phras* ★ *~ from sth* afstammen van iets, voortkomen uit iets

stem cell [stem sel] *znw* stamcel

stench [stentʃ] *znw* stank

stencil ['stensɪl] **I** *znw* stencil, sjabloon, mal **II** *overg* stencilen

Sten gun ['sten gʌn] *znw* stengun

stenographer [stə'nɒgrəfə] *znw* stenograaf

stenographic [stenə'græfɪk] *bn* stenografisch

stenography [stə'nɒgrəfɪ] *znw* stenografie

stentorian [sten'tɔ:rɪən] *bn* stentor-

step [step] **I** *znw* **❶** stap, pas, tred, voetstap ★ *the bus stop is just a couple of ~s from my front door* het is maar een paar stappen van mijn voordeur naar de bushalte ★ *in ~* in de pas ★ *out of ~* uit de pas ★ *be in ~ / out of ~ with sth* (niet) in overeenstemming (harmonie) met iets zijn ★ *break ~* uit de pas raken / lopen ★ *do sth ~ by ~* iets stap voor stap doen ★ *fall into ~* in de pas gaan lopen ★ *~s* de voetstappen drukken van ★ *keep ~ with sbd* iem. bijhouden, gelijke tred houden met iem. ★ *mind / watch your ~!* kijk uit waar je loopt!, pas op wat je

doet! **❷** maatregel, daad ★ *the ~ was not taken lightly* de maatregel was weloverwogen genomen **❸** trede, sport, trap, stoepje, afstapje ★ *mind the ~* let op het afstapje **❹** muz interval, toon **❺** rang, niveau ★ *progression to the next ~ on the scale* een stijging naar de volgende rang van de ladder **II** *overg* **❶** trapsgewijs plaatsen **❷** scheepv inzetten ‹mast› **III** *onoverg* stappen, treden, trappen, gaan ★ *~ this way, please* komt u maar deze kant op, alstublieft ★ *~ out of line* zich niet gedragen ★ *~ into the breach* te hulp komen ★ *inf ~ on it / on the gas* flink gas geven **IV** *phras* ★ *~ aside* ter zijde treden, fig zich terugtrekken ★ *~ back* achteruitstappen, een stapje terug doen ★ *~ back in time* in het verleden teruggaan ★ *~ down* terugtreden, aftreden ★ *~ sth down* iets geleidelijk reduceren / verminderen ★ *~ in* binnentreden, (er) instappen, fig tussenbeide komen, zich in de zaak mengen, ingrijpen, optreden ★ *~ off* uitstappen ‹bus, trein &› ★ *~ off with the left foot* wegmarcheren met het linkerbeen eerst ★ *inf ~ on sbd* iem. onheus behandelen ★ *~ out* naar buiten gaan, (er) uitstappen, flink aanstappen, inf veel uitgaan, aan de zwier zijn, fuiven, mil de pas verlengen ★ *~ up* naar voren komen ★ *~ up to sbd* naar iem. toegaan ★ *~ sth up* iets opvoeren, versnellen ‹productie &›, elektr optransformeren

step aerobics [step eə'rəʊbɪks] *znw* [mv] steps ‹vorm van aerobics met als belangrijke oefening het op- en afstappen van een verhoging›

stepbrother ['stepbrʌðə] *znw* stiefbroer

stepchild ['steptʃaɪld] *znw* stiefkind

stepdad ['stepdæd] inf *znw* stiefvader

step dance [step dɑ:ns] *znw* stepdans

stepdaughter ['stepdɔ:tə] *znw* stiefdochter

stepfather ['stepfɑ:ðə] *znw* stiefvader

stepladder ['steplædə] *znw* trap(ladder)

stepmother ['stepmʌðə] *znw* stiefmoeder

stepmum ['stepmʌm], Am **stepmom** inf *znw* stiefmoeder

step-parent ['step-peərənt] *znw* stiefouder

steppe [step] *znw* steppe

stepped [stept] *bn* **❶** trapvormig, met trappen ★ *a ~ gable* een trapgevel **❷** in etappes, in stages

stepped-up [stept-'ʌp] *bn* opgevoerd

stepping stone ['stepɪŋstəʊn] *znw* **❶** stapsteen, steen in beek / moeras om over te steken **❷** fig middel om vooruit te komen of een doel te bereiken, brug, springplank ★ *he saw the job as just a ~ to something better* hij bekeek de baan alleen als een opstapje naar iets beters

steps [steps] *znw* [mv] stoep, trapje ★ *a flight of ~* een trap, een stoep, een bordes

stepsister ['stepsɪstə] *znw* stiefzuster

stepson ['stepsʌn] *znw* stiefzoon

stepwise ['stepwaɪz] *bn & bijw* stapsgewijs

stereo ['sterɪəʊ, 'stɪərɪəʊ] *znw* stereo, stereo-installatie

stereogram ['sterɪəgræm, 'stɪərɪəgræm] *znw*

st

stereogram ‹driedimensionale afbeelding, driedimensionaal diagram›

stereophonic [sterɪə'fɒnɪk, stɪərɪə'fɒnɪk] *bn* stereofonisch

stereophony [sterɪ'ɒfənɪ, stɪərɪ'ɒfənɪ] *znw* stereofonie

stereoscope ['sterɪəskəʊp, 'stɪərɪəskəʊp] *znw* stereoscoop

stereoscopic [sterɪə'skɒpɪk, stɪərɪə'skɒpɪk] *bn* stereoscopisch

stereotype ['sterɪəʊtaɪp, 'stɪərɪəʊtaɪp] **I** *znw* ❶ stereotype ★ *he doesn't conform to / doesn't fit the popular ~ of the racist* hij voldoet niet aan het gewone stereotype van een racist ❷ stereotypeplaat **II** *overg* stereotyperen

stereotypical [sterɪə'tɪpɪkl, stɪərɪə'tɪpɪkl], **stereotypic**, **stereotyped** *bn* stereotiep ★ *she's the ~ modern careerwoman* ze is het stereotype van de moderne carrièrevrouw

sterile ['steraɪl] *bn* steriel, onvruchtbaar

sterility [stə'rɪlətɪ] *znw* steriliteit, onvruchtbaarheid

sterilization [sterəlaɪ'zeɪʃən], **sterilisation** *znw* sterilisatie

sterilize ['sterɪlaɪz], **sterilise** *overg* ❶ steriliseren ‹melk &› ❷ onvruchtbaar maken, uitputten ‹land›

sterilizer ['sterɪlaɪzə], **steriliser** *znw* sterilisator

sterling ['stɜːlɪŋ] **I** *bn* ❶ echt, zuiver ★ *~ silver* zuiver zilver ‹92,5%› ❷ degelijk, voortreffelijk, uitstekend ★ *he's doing a ~ job* hij doet zijn werk voortreffelijk **II** *znw* (pond) sterling ★ *the ~ area* het sterlinggebied ★ *pay in ~* in ponden betalen

stern [stɜːn] **I** *bn* streng, bars, hard ★ *they were given a ~ reprimand* ze kregen een stevige berisping ★ *he was made of ~er stuff* hij was voor geen kleintje vervaard **II** *znw* ❶ scheepv achtersteven, spiegel, hek ❷ achterste

sternmost ['stɜːnməʊst] scheepv *bn* achterst

sternum ['stɜːnəm] anat *znw* [*mv:* -s *of* sterna] borstbeen

steroid ['stɪə-, 'stɪ-, 'sterɔɪd] *znw* steroïde ★ *he's on ~s* hij gebruikt steroïden

stertorous ['stɜːtərəs] *bn* snurkend, reutelend

stet [stet] *tsw* wijziging negeren, blijft! ‹zettersaanwijzing›

stethoscope ['steθəskəʊp] *znw* stethoscoop

Stetson® ['stetsn] *znw* stetson ‹hoed met brede rand›

stevedore ['stiːvədɔː] *znw* ❶ sjouwerman ❷ stuwadoor

stew [stjuː] **I** *znw* gestoofd vlees ★ *Irish ~* Ierse stoofpot ‹met lamsvlees› ★ inf *be in a ~* in de rats zitten **II** *overg* stoven, smoren **III** *onoverg* stoven, smoren ★ inf *let him ~ in his own juice* laat hem in zijn eigen sop gaar koken

steward ['stjuːəd] *znw* ❶ rentmeester, administrateur, beheerder ❷ baancommissaris, wedstrijdcommissaris ❸ scheepv hofmeester, bottelier, kelner ❹ luchtv steward

stewardess [stjuːə'des] *znw* ❶ scheepv hofmeesteres ❷ luchtv stewardess

stewardship ['stjuːədʃɪp] *znw* ❶ rentmeesterschap ❷ beheer

stewed [stjuːd] *bn* ❶ gestoofd, gesmoord ❷ te sterk ‹thee› ❸ inf dronken

stewing steak ['stjuːɪŋ steɪk] *znw* sudderlapjes, stoofvlees

stg *afk* → **sterling**

stick [stɪk] **I** *znw* ❶ stok, stokje, rijsje, wandelstok, staf ★ *take a ~ to sbd* iem. met een stok slaan ★ fig *a ~ to beat sbd with* een stok om een hond mee te slaan, een excuus om iem. te bekritiseren ★ *gather some ~s* hout sprokkelen ★ Br inf *up ~s* ergens anders gaan wonen ★ zegsw *~s and stones will break my bones (but names / words will never hurt me)* schelden doet niet zeer ❷ staaf, pijp ‹drop, lak &›, stengel, steel ‹v. asperge &› ❸ inf stickie, joint ❹ muz maatstokje ❺ inf (onvriendelijke) kritiek ★ *give sbd ~* iem. op zijn donder geven ❻ inf bonenstaak, mager persoon ★ *a dry old ~* een saaie piet ▼ *not a ~ of furniture* geen stuk meubilair ▼ Br inf *be up the ~* zwanger zijn **II** *overg* [stuck, stuck] ❶ steken, vaststeken, doorsteken ★ *~ pigs* varkens de keel afsteken ❷ besteken (met *with*) ❸ (op-, aan-, vast)plakken ❹ inf vastzetten ❺ inf zetten, stoppen, plaatsen, steken ★ *~ one's nose in / into sth* zijn neus ergens in steken, zich ergens mee bemoeien ★ *you can ~ your job (where it fits)* je kunt de pot op met je baan ★ *just ~ that folder on my desk* leg die map maar op mijn bureau ❻ inf slikken, accepteren ★ *they won't ~ that* dat zullen ze niet slikken **III** *onoverg* [stuck, stuck] ❶ blijven steken, (vast)kleven, blijven hangen / kleven, fig beklijven, blijven zitten, (vast)plakken, inf blijven ★ fig *~ like a leech* aan iem. klitten ★ *the name has stuck to this day* die naam is tot op heden bijgebleven ★ *the price stuck at $70 for years* de prijs zat jarenlang vastgepend op $70 ★ *~ in one's head / memory / mind* in het geheugen gegrift zijn ★ inf *~ in one's throat / craw* in je keel blijven steken ❷ niet verder kunnen, vastzitten ★ *they're stuck in traffic* ze zitten in een file ❸ klemmen ‹v. deur &› ❹ inf waarmaken ★ *they won't make the charges* ze kunnen de beschuldigingen niet waarmaken **IV** *phras* ★ inf *~ around* in de buurt blijven ★ inf *~ at sth* doorzetten ★ inf *~ at nothing* voor niets terugdeinzen ★ inf *~ at it!* hou vol!, laat de moed niet zakken! ★ *~ by sbd / sth* iem. / iets trouw blijven. | *~ sth* **down** iets dichtplakken, inf iets neerzetten ★ inf *~ in* thuis blijven (hokken) ★ *~ sth in* iets inplakken, iets (hier en daar) plaatsen ‹een woordje &› ★ inf *~ sth on sbd* iem. de schuld ergens van geven ★ *~ out* uit-, vooruitsteken, naar buiten staan, in het oog springen ★ inf *~ out a mile* erg voor de hand liggen ★ inf *~ out like a sore thumb* op een negatieve manier opvallen ★ vulg *~ out like a dog's balls* erg opvallen ★ *~ sth out* iets uitsteken, naar buiten steken ★ inf *~ it out* het uithouden, volhouden, stijfkoppig op zijn stuk blijven staan ★ *~ to sth* trouw blijven aan iets, kleven / plakken aan iets, zich houden aan iets ‹instructies &› ★ ~ *to the bottom / to the pan* aanzetten ★ *inf* ~ *to one's guns* voet bij stuk houden ★ *inf you need something to* ~ *to your ribs* je hebt stevig voedsel nodig ★ ~ *to one's story* bij zijn verhaal blijven ★ ~ *to the subject* niet (van het onderwerp) afdwalen ★ ~ *to the truth* de waarheid vertellen ★ ~ *to one's word* (zijn) woord houden ★ ~ *to sbd* trouw blijven aan iem., kleven / plakken aan iem., blijven bij iem. ★ *inf* ~ **together** aaneenplakken, eendrachtig blijven ★ ~ **up** omhoogsteken ★ ~ *sth up* iets opplakken, opprikken ‹affiche, mededeling›, *inf* iets overvallen ‹bank &› ★ *inf* ~ *'em up!* handen omhoog! ★ *inf* ~ *sbd up* iem. aanhouden ★ *inf* ~ **up for** *sbd* voor iem. opkomen ★ ~ **with** *sbd / sth* trouw blijven aan iem. / iets ★ *inf* ~ *with it* doorzetten

sticker ['stɪkə] *znw* ❶ (aan)plakker, gegomd biljet, sticker, plakkertje, zelfklever ❷ *inf* doorzetter, aanhouder

stick figure [stɪk 'fɪgə] *znw* ❶ getekend poppetje ‹met eenvoudige lijnen› ❷ stereotiep figuur ★ *the main character is just a* ~ de hoofdfiguur is alleen maar een cliché

sticking plaster ['stɪkɪŋ 'plɑːstə] *znw* hechtpleister

sticking point ['stɪkɪŋ pɔɪnt] *znw* geschilpunt

stick insect [stɪk ɪn'sektɪsaɪd] *znw* wandelende tak

stick-in-the-mud ['stɪkɪnðəmʌd] *inf* I *bn* star, conservatief II *znw* conservatieveling

stickleback ['stɪklbæk] *znw* stekelbaars

stickler ['stɪklə] *znw* ★ *be a* ~ *for sth* erg gesteld zijn op iets, een voorstander zijn van iets

stick-on ['stɪkɒn] *bn* zelfklevend, plak-, hecht-, kleef-

stickpin ['stɪkpɪn] *Am znw* dasspeld

sticks [stɪks] *inf znw* [mv] ★ *the* ~ het platteland, buiten

stick shift [stɪk ʃɪft] *znw* handschakeling, versnellingspook, handgeschakelde auto

stick-to-it-iveness [stɪk-'tuː-ɪt-ɪvnəs] *Am inf znw* doorzettingsvermogen

stick-up ['stɪkʌp] *inf znw* (roof)overval

sticky ['stɪkɪ] *bn* ❶ kleverig, plakkerig, klef, taai ★ *his fingers were* ~ *with blood* zijn vingers waren plakkerig van het bloed ❷ *inf* moeilijk, beroerd ★ *he came to a* ~ *end* het liep slecht met hem af

stickybeak ['stɪkɪbiːk] *Aus & NZ inf znw* nieuwsgierig persoon

sticky-fingered ['stɪkɪ-'fɪŋgəd] *bn* lange vingers hebben, het verschil tussen mijn en dijn niet weten

sticky tape ['stɪkɪ teɪp] *znw* plakband

sticky wicket ['stɪkɪ 'wɪkɪt] *inf znw* lastige positie

stiff [stɪf] I *tsw inf* pech gehad! II *bn* ❶ stijf, stevig, straf ‹borrel›, strak, stram, stroef, onbuigzaam, stug ★ *inf* ~ *as a board* zo stijf als een plank ❷ verstijfd ★ *he was* ~ *with the cold* hij was verstijfd van de kou ❸ *fig* moeilijk ‹v. examens &› ❹ streng ‹v. wet &› ❺ taai, hevig ‹v. tegenstand› ❻ *handel* vast ‹v. markt› ❼ *inf* overdreven, onredelijk ★ *that's a bit* ~,

isn't it? dat is een beetje kras, vind je ook niet? ▼ Aus *vulg* ~ *shit!* eigen schuld! ▼ *inf the place was* ~ *with Russian spies* het wemelde van de Russische spionnen III *bijw inf* heel erg, ontzettend ★ *bored* ~ dodelijk verveeld ★ *scared* ~ doodsbenauwd ★ *worried* ~ doodongerust IV *znw inf* lijk ★ *Am a big* ~ een grote sufferd

stiffen ['stɪfən] I *overg* ❶ stijven ❷ (doen) verstijven, stijf maken ❸ *fig* moed inspreken ❹ strenger maken ‹wetten› II *onoverg* ❶ stijf worden, verstijven ❷ *handel* vaster worden ‹v. markt› ★ ~*ing competition* toenemende competitie

stiffener ['stɪfənə] *znw* ❶ *inf* hartversterkertje, borrel ❷ **stiffening** versteviger ‹gebruikt in textiel›, vlieseline

stiff-necked [stɪf'nekt] *bn* koppig

stiff upper lip [stɪf 'ʌpə lɪp] *znw* stoïcisme, zich flink houden

stifle ['staɪfəl] I *znw* kniegewricht ‹v.e. dier› II *overg* verstikken, doen stikken, smoren, onderdrukken ★ *she* ~*d a scream* ze onderdrukte een kreet III *onoverg* stikken, smoren

stifling ['staɪflɪŋ] *bn* verstikkend, smoor-

stigma ['stɪgmə] *znw* [*mv:* -s of stigmata] ❶ brandmerk ❷ *plantk* stempel ‹v. stamper› ❸ *dierk* stigma ❹ *RK* (vooral *mv*) stigma, stigmata ❺ *fig* (schand)vlek

stigmata ['stɪgmətə], **stigma** *RK znw* [mv] stigma

stigmatic [stɪg'mætɪk] *bn* gestigmatiseerd

stigmatize ['stɪgmətaɪz], **stigmatise** *overg* ❶ stigmatiseren ❷ brandmerken

stile [staɪl] *znw* ❶ tourniquet ❷ overstap ‹voor hek›

stiletto [stɪ'letəʊ] *znw* ❶ stilet ‹korte dolk› ❷ (schoen met) naaldhak

stiletto heel [stɪ'letəʊ hiːl] *znw* naaldhak

still [stɪl] I *bn* ❶ stil, bewegingloos ❷ kalm, rustig ❸ niet mousserend ‹v. dranken› II *bijw* ❶ nog altijd, nog, altijd, steeds ★ *she's* ~ *living at home* ze woont nog steeds thuis ★ *he could* ~ *win* hij kan nog altijd winnen ❷ (maar) toch ★ ~, *we weren't very happy* toch waren we niet erg blij III *znw* ❶ stilte ❷ stilstaand beeld ‹v. film›, foto ❸ distilleerketel IV *overg* ❶ stillen, (doen) bedaren ★ ~ *sbd's fears* iemands angsten doen bedaren ❷ tot bedaren brengen, kalmeren

stillbirth ['stɪlbɜːθ] *znw* geboorte van een dode baby

stillborn ['stɪlbɔːn] *bn* doodgeboren

still-hunt ['stɪlhʌnt] *Am znw* sluipjacht

still life [stɪl laɪf] *znw* stilleven

stillness ['stɪlnɪs] *znw* stilte

still room [stɪl ruːm] *znw* ❶ distilleerruimte ❷ provisiekamer

Stillson ['stɪlsn], **Stillson wrench** *znw* pijptang

stilly ['stɪlɪ] *dicht* I *bn* stil II *bijw* stil(letjes)

stilt [stɪlt] *znw* ❶ stelt ★ *on* ~*s* op stelten ❷ steltkluut ‹vogel›

stilted ['stɪltɪd] *bn* hoogdravend, gekunsteld, stijf

Stilton® ['stɪltən] *znw* stiltonkaas ‹pittige blauwaderkaas›

st

stimulant ['stɪmjʊlənt] **I** *bn* prikkelend, opwekkend **II** *znw* ❶ stimulans, prikkel ❷ stimulerend middel ‹koffie, alcohol &›

stimulate ['stɪmjʊleɪt] *overg* stimuleren, prikkelen, aansporen, aanzetten, aanwakkeren

stimulation [stɪmjʊ'leɪʃən] *znw* prikkel(ing) ★ *he's suffering from a lack of ~ at work* hij wordt te weinig gestimuleerd op zijn werk

stimulative ['stɪmjʊlətɪv] *bn* prikkelend, opwekkend

stimulus ['stɪmjʊləs] *znw* [*mv:* stimuli] prikkel, aansporing

sting [stɪŋ] **I** *znw* ❶ angel, stekel, brandhaar ‹v. netel›, prikkel ★ *there's a ~ in the tail* het venijn zit in de staart ❷ steek, (gewetens)knaging, pijn ★ *the hot ~ of tears* het branden van tranen ★ fig *take the ~ out of sth* de scherpe kantjes van iets afhalen **II** *overg* [stung, stung] ❶ steken ❷ prikkelen, aansporen ★ *~ sbd into doing sth* iem. prikkelen om iets te doen ❸ prikken, bijten ‹op de tong›, branden ‹v. netels› ❹ pijn doen, kwellen ❺ fig (pijnlijk) treffen ❻ inf ‹geld› afzetten ★ *how much did they ~ you for the car?* wat heb je voor de auto moeten betalen? **III** *onoverg* pijn doen, branden ‹ogen›

stinger ['stɪŋə] inf *znw* ❶ klap die aankomt of pijn doet ❷ vinnig antwoord

stinging ['stɪŋɪŋ] *bn* ❶ stekend, bijtend ★ *a ~ blow* een gevoelige slag ❷ grievend ★ *a ~ retort* een scherp antwoord

stinging nettle ['stɪŋɪŋ 'netl] *znw* brandnetel

stingless ['stɪŋləs] *bn* zonder angel

stingray ['stɪŋreɪ] *znw* pijlstaartrog

stingy ['stɪndʒɪ] inf *bn* vrekkig, zuinig

stink [stɪŋk] **I** *znw* ❶ stank ❷ inf herrie ★ *kick up / raise a ~* herrie schoppen ★ *cause / create a ~ (about sth)* luidkeels protesteren (over iets), een rel schoppen (over iets) ★ inf *like ~* heel hard, bliksems **II** *overg* **III** *onoverg* [stank, stunk] ❶ stinken (naar *of*) ★ inf *~ to high heaven* een uur in de wind stinken ❷ inf gemeen, slecht zijn **IV** *phras* ★ *~ sth out* iets vullen met stank ‹kamer &› ★ *~ sbd out* iem. door stank verdrijven

stink bomb [stɪŋk bɒm] *znw* stinkbom

stinker ['stɪŋkə] inf *znw* ❶ stinkerd ❷ smeerlap, schoft ❸ moeilijke opgave (probleem) ❹ Aus hete dag

stinking ['stɪŋkɪŋ] **I** *bn* ❶ stinkend ❷ inf naar, stomvervelend ★ *a ~ headache* een vervelende hoofdpijn **II** *bijw* inf heel erg, stinkend ★ *~ rich* stinkend rijk

stinkpot ['stɪŋkpɒt] inf *znw* stinkerd

stint [stɪnt] **I** *znw* ❶ toebedeelde portie, werk, taak, periode dat men ergens werkte ★ *his career included a ~ as war correspondent* in zijn carrière is hij ook een poosje oorlogscorrespondent geweest ❷ dierk kleine strandloper ▼ *without ~* royaal **II** *overg* beperken, karig toemeten, beknibbelen, karig zijn met ★ *~ oneself* zich beperkingen opleggen ★ *~ sbd of sth* iem. iets ontzeggen **III** *onoverg* zich beperkingen opleggen, zuinig zijn (met *on*)

stipend ['staɪpend] *znw* wedde, bezoldiging (*vooral* v. geestelijken)

stipendiary [staɪ'pendjərɪ] **I** *bn* bezoldigd **II** *znw* (bezoldigd) ambtenaar, (bezoldigd) politierechter

stipple ['stɪpl] *overg* puntéren, stippelen

stipulate ['stɪpjʊleɪt] *overg* als voorwaarde stellen, stipuleren, bedingen, overeenkomen, bepalen

stipulation [stɪpjʊ'leɪʃən] *znw* ❶ bedinging, overeenkomst ❷ bepaling, beding, voorwaarde ★ *on the ~ that* onder de voorwaarde dat, op voorwaarde dat

stir [stɜː] **I** *znw* ❶ beweging, geanimeerdheid ❷ drukte, opschudding, beroering ★ *cause / make a ~* opschudding veroorzaken, opzien baren, (heel wat) sensatie maken ❸ het roeren ★ *give the mixture a ~* roer het mengsel om **II** *overg* ❶ bewegen, in beweging brengen, verroeren ★ inf *~ one's stumps* opschieten ★ *~ oneself* in gang komen ❷ (om)roeren, roeren in, porren in, oppoken ‹het vuur› ★ *~ sbd's blood* iems. bloed sneller doen stromen, iem. wakker maken, in vuur doen geraken ❸ fig aanporren ‹iem.›, aanzetten ★ *sbd to a frenzy* iem. razend maken **III** *onoverg* ❶ (zich) bewegen, zich (ver)roeren ★ *he didn't ~* hij bewoog zich niet, hij verroerde geen vin, hij gaf geen kik ❷ in beweging komen / zijn, opstaan ('s morgens) ★ *nobody is ~ring yet* iedereen slaapt nog **IV** *phras* ★ *~ sth in* iets al roerende toevoegen ★ *~ sth up* iets omroeren, roeren in iets, iets veroorzaken ‹moeilijkheden &› ★ *~ sbd up* iem. in beroering brengen, iem. porren, aanzetten

stir-crazy ['stɜː-kreɪzɪ] inf *bn* gek, gestoord ‹door opsluiting›

stir-fry ['stɜː-fraɪ] *overg* roerbakken

stirrer ['stɜːrə] *znw* ❶ roertoestel, iets dat roert ❷ Br inf onruststoker ❸ iem. die al wakker is ★ *an early ~* iem. die altijd vroeg op is

stirring ['stɜːrɪŋ] **I** *bn* ❶ bewegend, roerend, opwekkend ‹toespraak &› ❷ in beweging, actief ❸ roerig, veelbewogen ‹tijden›, sensationeel ‹v. gebeurtenissen› **II** *znw* ❶ bewegen ❷ beweging

stirringly ['stɜːrɪŋlɪ] *bijw* opwekkend, stimulerend

stirrup ['stɪrəp] *znw* ❶ stijgbeugel ❷ anat gehoorbeentje

stitch [stɪtʃ] **I** *znw* ❶ steek, naad ★ zegsw *a ~ in time saves nine* voorzorg bespaart veel nazorg ❷ steek in de zij ★ inf *be in ~es* dubbel liggen van het lachen ❸ med hechting, (hecht)draad ❹ inf stukje kleding ★ *without a ~ on* spiernaakt ★ *we didn't have a dry ~ on us* wij hadden geen droge draad aan ons lijf **II** *overg* ❶ stikken ❷ hechten ❸ brocheren, (in)naaien **III** *phras* ★ *~ sth together* iets aan elkaar naaien, inf iets in elkaar flansen ★ *~ sth up* iets dichtnaaien, hechten ‹een wond›, inf iets tot stand brengen ‹overeenkomst &› ★ *~ sbd up* iem. dichtnaaien, Br inf erin luizen

stitching ['stɪtʃɪŋ] *znw* borduursel, naaisel, stiksel

stiver ['staɪvə] hist *znw* stuiver ★ inf *they didn't care*

a ~ het kon hun geen ene moer schelen
stoat [stəʊt] *znw* hermelijn ‹dier›
stock [stɒk] **I** *bn* ❶ gewoon, standaard ❷ stereotiep,
vast ‹v. aardigheden, gezegden &› **II** *znw*
❶ (voorhanden) goederen, voorraad, inventaris
★ *the closing* ~ de eindvoorraad ★ *out of* ~ niet
(meer) voorradig ★ *have / keep sth in* ~ iets in
voorraad hebben ★ *lay in a* ~ *of sth* een voorraad
van iets opdoen, zich voorzien van iets ★ *take* ~ de
inventaris opmaken, fig de toestand (situatie)
opnemen ★ *take* ~ *of sth* de balans van iets
opmaken, iets beoordelen ★ *take* ~ *of sbd* iem. (van
top tot teen) opnemen ❷ stok, stam, wortelstok ★ *be*
/ *come of good* ~ van goede familie zijn ❸ geslacht,
familie ❹ fonds, kapitaal ❺ (meestal *mv*) effecten,
aandelen, papieren ★ fig *put* ~ *in sth* veel waarde
hechten aan iets ❻ veestapel, vee, schapen
❼ afkooksel, aftreksel, bouillon ❽ violier ‹plant›
❾ blok, (geweer)lade, ankerstok **III** *overg* ❶ opdoen,
inslaan ‹voorraad› ❷ (in voorraad) hebben ❸ (van
voorraad of van het nodige) voorzien **IV** *phras* ★ ~
up on / **with** *sth* een voorraad van iets inslaan
stockade [stɒ'keɪd] **I** *znw* palissade **II** *overg*
palissaderen
stock book [stɒk bʊk] handel *znw* magazijnboek
stockbreeder ['stɒkbriːdə] *znw* (vee)fokker
stockbroker ['stɒkbrəʊkə] *znw* commissionair,
makelaar in effecten
stockbroker belt ['stɒkbrəʊkə belt] Br *znw* villawijk
‹waar de nieuwe rijken wonen›
stockbroking ['stɒkbrəʊkɪŋ] *znw* effectenhandel
stock car ['stɒkkɑː] *znw* stockcar ‹verstevigde oude
auto voor races met veel botsingen›
stock certificate [stɒk sə'tɪfɪkɪt] Am *znw* certificaat
van aandeel
stock company ['stɒkkʌmpənɪ] *znw* toneelgezelschap
met een repertoire
stock cube ['stɒkkjuːb] *znw* bouillonblokje
stock dividend [stɒk 'dɪvɪdend] Am *znw* dividend in
aandelen
stock dove [stɒk dʌv] *znw* kleine houtduif
stock exchange ['stɒkɪkstʃeɪn(d)ʒ] *znw* (effecten)beurs
★ *the American Stock Exchange* de beurs van New
York
stockfeed ['stɒkfiːd] *znw* veevoer
stockfish ['stɒkfɪʃ] *znw* stokvis
stockholder ['stɒkhəʊldə] *znw* effectenbezitter,
aandeelhouder
stockinet ['stɒkɪnet] *znw* tricotstof
stocking ['stɒkɪŋ] *znw* kous
stocking cap ['stɒkɪŋ kæp] Am *znw* lange gebreide
muts
stockinged ['stɒkɪŋd] *bn* ★ *in* ~ *feet* op zijn kousen
stocking filler ['stɒkɪŋ 'fɪlə] *znw* kerstcadeautje, ± iets
voor in de schoen
stocking mask ['stɒkɪŋ mɑːsk] *znw* over het hoofd
getrokken nylonkous ‹gebruikt door overvallers &›
stock-in-trade [stɒkɪn'treɪd] *znw*

❶ (goederen)voorraad, inventaris ❷ (geestelijk)
kapitaal ❸ gereedschap ‹van werklieden› ❹ fig
(onderdeel van het) standaardrepertoire
stockist ['stɒkɪst] *znw* depothouder
stockjobber ['stɒkdʒɒbə] *znw* handelaar in effecten,
hoekman
stockjobbing ['stɒkdʒɒbɪŋ] *znw* effectenhandel,
beursspeculatie
stocklist ['stɒklɪst] *znw* beursnotering
stockman ['stɒkmən] *znw* veeboer, veeknecht
stock market [stɒk 'mɑːkɪt] *znw* effecten-,
fondsenmarkt
stock option [stɒk 'ɒpʃən] *znw* aandelenoptie
stockpile ['stɒkpaɪl] **I** *znw* ❶ gevormde / te vormen
voorraad ❷ reservevoorraad **II** *overg & onoverg* een
reservevoorraad vormen (van)
stockpot ['stɒkpɒt] *znw* soeppot
stockrider ['stɒkraɪdə] Aus *znw* veehouder te paard,
cowboy
stock room ['stɒkruːm] *znw* magazijn
stocks [stɒks] *znw* [mv] ❶ effecten ❷ stapel ‹v. schip
in aanbouw› ❸ blok ‹historisch strafwerktuig›
stock-still [stɒk'stɪl] *bn* stok-, doodstil
stocktake sale ['stɒkteɪk seɪl] *znw* uitverkoop
‹vanwege inventarisatie›
stocktaking ['stɒkteɪkɪŋ] *znw* ❶ inventarisatie ❷ fig
taxatie, beoordeling
stock whip [stɒk wɪp] *znw* zweep ‹om rundvee voort
te drijven›
stocky ['stɒkɪ] *bn* gezet, dik, stevig
stockyard ['stɒkjɑːd] *znw* omheinde ruimte voor vee,
veebewaarplaats
stodge [stɒdʒ] inf *znw* (onverteerbare) kost
stodgy ['stɒdʒɪ] *bn* ❶ dik ❷ zwaar op de maag
liggend ❸ fig zwaar, onverteerbaar, saai
stoic ['stəʊɪk] **I** *bn*, **stoical** stoïcijns **II** *znw* stoïcijn
stoicism ['stəʊɪsɪzəm] *znw* stoïcisme
stoke [stəʊk] **I** *overg* stoken ‹v. machine› **II** *phras* ★ ~
up (op)stoken, inf schransen ★ ~ *sth up* iets opstoken
‹vuur, barbecue &›, fig iets aanwakkeren
stokehole ['stəʊkhəʊl] *znw* stookgat, stookplaats
stoker ['stəʊkə] *znw* stoker ‹v. machine›
stole [stəʊl] **I** *znw* stola **II** *ww* [v.t.] → **steal**
stolen ['stəʊlən] *ww* [v.d.] → **steal**
stolid ['stɒlɪd] *bn* flegmatiek, onaandoenlijk, bot,
ongevoelig, onbewogen
stolidity [stə'lɪdətɪ] *znw* flegma, onaandoenlijkheid,
botheid, ongevoeligheid, onbewogenheid
stomach ['stʌmək] **I** *znw* ❶ maag ★ *on a full / empty* ~
op een volle / lege (nuchtere) maag ★ *have a*
strong ~ een sterke maag hebben ‹onplezierige
dingen kunnen doen zonder onpasselijk te worden›
★ *not have the* ~ *for sth* geen zin hebben in iets
❷ buik ★ *hold in / pull in one's* ~ zijn buik intrekken
II *overg* (kunnen) verdragen / zetten, slikken,
verkroppen ‹beledigingen &›
stomach ache ['stʌmək eɪk] *znw* maagpijn, buikpijn
stomach muscles ['stʌmək 'mʌsəlz] *znw* [mv]

buikspieren

stomach pump ['stʌmək pʌmp] *znw* maagpomp

stomach ulcer ['stʌmək 'ʌlsə] *znw* maagzweer

stomp [stɒmp] **I** *znw* ❶ gestamp ❷ Am *inf* hospartij, gehos ❸ stomp ‹soort jazzdans› **II** *overg* ❶ stampen ‹voeten› ❷ vertrappen ★ *~ on sth* op iets stampen, iets vertrappen ★ *~ on sbd* iem. slecht behandelen, iem. verslaan **III** *onoverg* stampen, hossen, de stomp dansen

stomping ground ['stɒmpɪŋ graʊnd] Am *znw* → **stamping ground**

stone [stəʊn] **I** *bn* van steen, stenen **II** *znw* ❶ steen, pit ‹v. vrucht› ★ *a ~'s throw (from sth)* op een steenworp afstand (van iets) ★ *cast / throw the first ~* de eerste steen werpen ★ *throw ~s at sth* met stenen gooien, *fig* bekladden ★ *nothing is set in ~* niets ligt absoluut vast ★ zegsw *leave no ~ unturned* niets (geen middel) onbeproefd laten, hemel en aarde bewegen ❷ stone ‹gewicht: 6,35 kg› **III** *overg* ❶ met stenen gooien (naar), stenigen ★ *inf ~ me/~ me down!/~ the crows!* wat krijgen we nou! asjemenou! ‹uitroep van verbazing› ❷ van stenen / pitten ontdoen

Stone Age [stəʊn eɪdʒ] *znw* steentijd ‹ook figuurlijk› ★ *the ~* het stenen tijdperk

stone circle [stəʊn 'sɜːkl] *znw* steencirkel ‹megalithisch monument›

stone-cold [stəʊn-'kəʊld] *bn* steenkoud

stone-cold sober [stəʊn-'kəʊld 'səʊbə] *inf znw* hartstikke nuchter

stoned [stəʊnd] *bn* ❶ ontpit, zonder pit ❷ *inf* stomdronken, onder de (invloed van) drugs

stone-dead [stəʊn'ded] *bn* morsdood

stone-deaf [stəʊn'def] *bn* pot-, stokdoof

stone fruit [stəʊn fruːt] *znw* steenvrucht

stoneground ['stəʊngraʊnd] *bn* met molenstenen gemalen ‹v. graan›

stoneless ['stəʊnləs] *bn* zonder pit

stonemason ['stəʊnmeɪsən] *znw* steenhouwer

stonewall [stəʊn'wɔːl] **I** *overg* tegenwerken, saboteren **II** *onoverg* ❶ *sp* verdedigend spelen ❷ *fig* obstructie voeren

stonewalling [stəʊn'wɔːlɪŋ] *znw* ❶ niet actief genoeg batten ‹cricket› ❷ obstructiepolitiek

stoneware ['stəʊnweə] *znw* steengoed

stonewashed ['stəʊnwɒʃt] *bn* stonewashed ‹spijkerbroek›

stonework ['stəʊnwɜːk] *znw* steen-, metselwerk

stoney ['stəʊnɪ] *bn* → **stony**

stonkered ['stɒŋkəd] Aus & NZ *inf znw* ❶ afgepeigerd, uitgeput ❷ dronken

stonking ['stɒŋkɪŋ] Br *inf bn & bijw* tof, gaaf, beregoed, ijzersterk

stony ['stəʊnɪ], **stoney** *bn* ❶ steenachtig, stenig, stenen, steen- ❷ *fig* onbewogen, ijskoud, hard, wreed, meedogenloos

stony broke ['stəʊnɪ brəʊk] *inf bn* blut

stony-faced [stəʊnɪ-'feɪst] *bn* uiterlijk onbewogen,

zonder een spier te vertrekken

stood [stʊd] *ww* [v.t. & v.d.] → **stand**

stooge [stuːdʒ] *znw* ❶ *inf* mikpunt van spot ❷ theat aangever ‹v. conferencier› ❸ *inf* handlanger, helper, werktuig, stroman

stook [stʊk] **I** *znw* hok schoven **II** *overg* in hokken zetten ‹korenschoven›

stool [stuːl] *znw* ❶ (kantoor)kruk, stoeltje (zonder leuning), (voeten)bankje, taboeretje, knielbankje ★ *fall between two ~s* tussen de wal en het schip vallen ❷ stoelgang, ontlasting ❸ Am lokduif

stool pigeon ['stuːlpɪdʒən] *inf znw* ❶ lokvogel, lokvink ❷ stille verklikker

stoop [stuːp] **I** *znw* ❶ vooroverbuigen, gebukte houding ★ *she walks with a ~* ze loopt met een ronde rug ❷ Am veranda, portiek, portaal **II** *overg* (voorover)buigen **III** *onoverg* ❶ bukken, zich bukken, vooroverlopen, krom (gebogen) lopen, gebukt lopen ❷ *fig* zich vernederen, zich verwaardigen, zich verlagen (tot *to*) ❸ neerschieten op prooi ‹v. havik›

stooping ['stuːpɪŋ], **stooped** *bn* voorovergebogen

stop [stɒp] **I** *znw* ❶ halt, pauzering, pauze, onderbreking, oponthoud, einde ★ *without a ~* zonder ophouden, zonder te stoppen ‹v. trein› ★ *be at a ~* stilstaan, niet verder kunnen ★ *make a ~* halt houden, ophouden, pauzeren ★ *put a ~ to sth* een eind maken aan iets ★ *bring sth to a ~* iets tot staan brengen ★ *come to a ~* blijven (stil)staan, blijven steken, ophouden, een eind nemen ❷ halte, tussenstop, luchtv tussenlanding(splaats) ★ *an overnight ~* een overnachting ★ *a toilet ~* een sanitaire stop ❸ techn pal, pen, pin ❹ muz register, klep, gat ★ *fig pull out all the ~s* alle registers opentrekken, alles uit de kast halen ❺ diafragma ‹v. lens› ❻ fon explosief, plofklank ‹zoals *k, t, p*› **II** *overg* ❶ stoppen ‹een gat, lek &›, afsluiten, dichtmaken, dichtstoppen, op-, verstoppen, stelpen ‹het bloeden›, vullen, plomberen ‹tand› ★ *~ one's ears* de oren dichtstoppen ❷ stilzetten, tot staan brengen, tegenhouden, aanhouden ‹iem.› ★ *~ thief!* houdt de dief! ❸ versperren, blokkeren ‹cheque &›, beletten, verhinderen, weerhouden, inhouden ‹loon &› ★ *~ a blow* een slag pareren ❹ stopzetten, staken, pauzeren, ophouden met, niet voortzetten, beëindigen ★ *~ payment* niet verder betalen, handel zijn betalingen staken ★ *~ the show* veel bijval (succes) oogsten ‹onder de voorstelling of uitvoering› **III** *onoverg* ❶ pauzeren, stoppen ‹trein›, stilhouden, halt houden, blijven (stil)staan ‹horloge› ★ *~ at nothing* voor niets staan / terugdeinzen ❷ ophouden, uitscheiden ★ *the matter won't ~ here* hier zal het niet bij blijven ❸ logeren, overblijven, blijven ★ *~ at home* thuis blijven ★ *~ in bed* (in zijn bed) blijven liggen ★ *~ (dead) in one's tracks* plotseling stil blijven staan ★ *~ with friends* bij familie (kennissen) logeren **IV** *phras* ★ *~ by* even aanwippen ★ fotogr *~ sth* **down** iets diafragmeren

★ <u>inf</u> ~ **in** thuisblijven, aanwippen ★ <u>inf</u> ~ **in at** *sth* aangaan bij iets ★ ~ **off / over** de reis onderbreken ‹en overblijven› ★ ~ **out** *all night* uitblijven ★ ~ *sth out* iets afdekken ‹zodat het niet geëtst of gedrukt wordt› ★ ~ **up** opblijven

stopcock ['stɒpkɒk] *znw* (afsluit)kraan

stopgap ['stɒpgæp] **I** *bn* interim, tijdelijk vervangend, bij wijze van noodhulp ★ *a ~ measure* een noodoplossing, een tijdelijke oplossing **II** *znw* ❶ noodoplossing ❷ invaller, noodhulp

stop-go [stɒp-'gəʊ] *znw* ❶ stoppen en starten ❷ <u>econ</u> hollen-of-stilstaan-beleid

stop light [stɒp laɪt] *znw* (rood) stoplicht

stopover ['stɒpəʊvə] *znw* onderbreking van de reis, kort verblijf, tussenlanding met verblijf

stoppage ['stɒpɪdʒ] *znw* ❶ stoppen, stopzetting, staking, ophouding, oponthoud, stilstand ★ *a power ~* stroomstoring ❷ op-, verstopping ❸ inhouding ‹v. loon›

stoppage time ['stɒpɪdʒ taɪm] <u>sp</u> *znw* extra tijd, blessuretijd

stopper ['stɒpə] **I** *znw* ❶ stopper ❷ stop, plug, kurk ★ <u>inf</u> *put the ~ on sbd / sth* iem. / iets onderdrukken, tegenhouden **II** *overg* een stop doen op

stopping place ['stɒpɪŋ pleɪs] *znw* halte

stop press [stɒp'pres] *bn & znw* laatste nieuws, nagekomen berichten ★ ~ *news* laatste nieuws

stop sign [stɒp saɪn] *znw* stopteken, stopbord

stop train [stɒp treɪn] *znw* stoptrein

stopwatch ['stɒpwɒtʃ] *znw* stopwatch

storage ['stɔːrɪdʒ] *znw* ❶ (op)berging, opslag ★ ~ *charges* opslagkosten ★ ~ *space* opslagruimte ★ *they put their furniture in ~* ze hebben hun meubels opgeslagen ❷ pakhuisruimte, bergruimte ❸ <u>comput</u> opslag, geheugen

storage accommodation ['stɔːrɪdʒ əkɒmə'deɪʃən] *znw* opslagruimte

storage area ['stɔːrɪdʒ 'eərɪə] *znw* opslagruimte, magazijn

storage battery ['stɔːrɪdʒ 'bætərɪ], **storage cell** *znw* accu(mulator)

storage capacity ['stɔːrɪdʒ kə'pæsətɪ] *znw* opslagcapaciteit, geheugencapaciteit

storage cell ['stɔːrɪdʒ sel] *znw* → **storage battery**

storage device ['stɔːrɪdʒ dɪ'vaɪs] <u>comput</u> *znw* geheugen

storage heater ['stɔːrɪdʒ 'hiːtə] *znw* warmteaccumulator

storage space ['stɔːrɪdʒ speɪs] *znw* opslagruimte

storage tank ['stɔːrɪdʒ tæŋk] *znw* opslagtank

storage yard ['stɔːrɪdʒ jɑːd] *znw* opslagterrein

store [stɔː] **I** *znw* ❶ (grote) voorraad ★ *in ~* in voorraad, in bewaring, opgeborgen, in petto ★ *be / lie in ~ for sbd* iem. te wachten staan ★ *have something in ~* iets in voorraad hebben, iets nog te wachten of te goed hebben, iets in petto houden ★ *set (great / little) ~ by sth* (veel / weinig) waarde hechten aan iets, (veel / weinig) prijs stellen op iets

❷ opslagplaats, meubelbewaarplaats, magazijn ❸ winkel, warenhuis **II** *overg* ❶ inslaan, opdoen, binnenhalen ❷ opslaan ‹van goederen, van gegevens in een computer› ❸ voorzien (van *with*) ❹ opbergen ‹meubels› **III** *phras* ★ ~ *sth away* iets opbergen ★ ~ *sth* **up** iets verzamelen, iets bewaren ★ *you're just storing up trouble for yourself* je maakt alleen maar meer moeilijkheden voor jezelf

store-bought ['stɔː-bɔːt] *bn* in de winkel gekocht

store brand [stɔː brænd] *znw* huismerk

store card [stɔː kɑːd] *znw* winkelpasje

store detective [stɔː dɪ'tektɪv] *znw* winkeldetective

storefront ['stɔː-frʌnt] *znw* winkelpui

storehouse ['stɔːhaʊs] *znw* ❶ voorraadschuur, pakhuis, magazijn ❷ <u>fig</u> schatkamer

storekeeper ['stɔːkiːpə] *znw* ❶ magazijnmeester, pakhuismeester ❷ <u>scheepv</u> proviandmeester ❸ <u>Am</u> winkelier

storeroom ['stɔːruːm] *znw* ❶ bergplaats, -ruimte ❷ provisiekamer

stores [stɔːz] *znw* [mv] ❶ de bazaar, het warenhuis ❷ winkelcentrum ❸ proviand, <u>mil</u> ammunitie, uitrusting

storey ['stɔːrɪ], <u>Am</u> **story** *znw* verdieping, woonlaag ★ *a four~ house* een huis met vier verdiepingen

storeyed ['stɔːrɪd], <u>Am</u> **storied** *bn* met verdiepingen

storied ['stɔːrɪd] *bn* ❶ in de geschiedenis vermeld, vermaard ❷ met taferelen uit de geschiedenis versierd ❸ → **storeyed**

stork [stɔːk] *znw* ooievaar

storm [stɔːm] **I** *znw* ❶ storm, onweersbui, onweer, regenbui ★ *the calm / lull before the ~* de stilte voor de storm ★ *a ~ in a teacup* een storm in een glas water ★ <u>inf</u> *cook / play & up a ~* koken / spelen & van je welste ★ <u>inf</u> *go down a ~* enthousiast ontvangen worden ❷ uitbarsting ★ *kick up a ~* een opschudding veroorzaken ❸ <u>mil</u> bestorming ★ *take sth by ~* iets stormenderhand veroveren **II** *overg* <u>mil</u> aan-, losstormen op, bestormen **III** *onoverg* ❶ stormen, bulderen, razen, woeden ★ ~ *at sbd* uitvaren tegen iem. ❷ <u>mil</u> stormlopen **IV** *phras* ★ ~ *off* wegstormen ★ ~ *out* naar buiten stormen

stormbound ['stɔːmbaʊnd] *znw* door storm / noodweer opgehouden

storm cloud [stɔːm klaʊd] *znw* ❶ donkere wolk ❷ naderend onheil

storm drain [stɔːm dreɪn] *znw* stormwater afvoer

storm-stricken ['stɔːm-strɪkən] *bn* door natuurramp / noodweer / storm getroffen

storm-tossed ['stɔːmtɒst] <u>dicht</u> *bn* door de storm(en) geslingerd ‹ook fig›

storm trooper [stɔːm 'truːpə] *znw* ❶ lid van de SA ‹in de nazitijd› ❷ lid van een stoottroep

storm troops [stɔːm 'truːpɪp] *znw* [mv] stormtroepen

stormy ['stɔːmɪ] *bn* stormachtig, storm-

stormy petrel ['stɔːmɪ 'petrəl] *znw* ❶ stormvogeltje ❷ <u>fig</u> voorbode van de storm, onrustzaaier

story ['stɔːrɪ] **I** *znw* ❶ geschiedenis, vertelling,

st

verhaal, legende ★ *a hard-luck* ~ een zielig verhaal ⟨om medelijden op te wekken⟩ ★ *a short* ~ een kort verhaal ★ *a tall* ~ een sterk verhaal ★ inf *it's the same old* ~ het is het oude liedje ★ inf *end of* ~ einde verhaal ★ scherts *it's / that's the* ~ *of my life* dat heb ik nu altijd ★ *the* ~ *goes (that)* men zegt (dat) ★ *to cut a long* ~ *short* om kort te gaan ★ *change one's* ~ iets anders beweren als eerst ❷ (kranten)artikel ★ inf leugentje ★ *tell stories* jokken ❹ → **storey** II *overg* afschilderen ★ *she has storied herself as a victim of life* ze schildert zichzelf af als een slachtoffer van het leven

storyboard ['stɔːrɪbɔːd] *znw* storyboard ⟨film⟩

storybook ['stɔːrɪbʊk] I *bn* sprookjesachtig, fabelachtig, sprookjes- II *znw* verhalenboek

story line ['stɔːrɪ laɪn] *znw* plot, intrige ⟨v. film &⟩

storyteller ['stɔːrɪtelə] *znw* ❶ verhaler, verteller ❷ inf jokkebrok

stoup [stuːp] *znw* wijwaterbak

stout [staʊt] I *bn* (zwaar)lijvig, corpulent, gezet, zwaar, dik, sterk, stevig, krachtig, kloek, dapper, flink II *znw* stout ⟨donker bier⟩

---

stout
betekent **dik, gezet** en niet *stout.*
Our dog is rather stout betekent *onze hond is nogal dik* en niet *onze hond is nogal ondeugend.*
Ned. *stout* = **naughty.**

---

stout-hearted [staʊt'hɑːtɪd], **stouthearted** dicht *bn* kloekmoedig

stoutness ['staʊtnəs] *znw* corpulentie, gezetheid

stove [stəʊv] I *znw* ❶ kachel, fornuis, (toe)stel ⟨om op te koken &⟩ ❷ stoof ❸ droogoven II *ww* [v.t. & v.d.] → **stave**

stovepipe ['stəʊvpaɪp] *znw* kachelpijp

stovetop ['stəʊvtɒp] *znw* kookplaat

stow [stəʊ] I *overg* stuwen, stouwen, leggen, opbergen, (vol)pakken ▼ inf ~ *it!* kop dicht!, schei uit! II *phras* ★ ~ *away* als verstekeling(en) meereizen ★ ~ *sth away* iets wegleggen, (op)bergen, inf iets verorberen ⟨v. eten⟩

stowage ['stəʊɪdʒ] *znw* ❶ stuwage, berging ❷ bergruimte, bergplaats ❸ stuwagegeld

stowaway ['stəʊəweɪ] *znw* blinde passagier, verstekeling

str. *afk* (strait) (zee)straat

straddle ['strædl] *overg* ❶ schrijlings zitten op ❷ wijdbeens staan boven ❸ aan weerskanten liggen van ★ *the village* ~*s the border* de grens loopt dwars door het dorp ★ ~ *the issue* de kwestie omzeilen

strafe [strɑːf] *overg* zwaar bombarderen, beschieten

straggle ['strægl] *onoverg* ❶ (af)dwalen, zwerven, achterblijven ❷ verstrooid staan, verspreid liggen

straggler ['stræglə] *znw* ❶ achterblijver, afgedwaalde ❷ wilde loot ⟨plant⟩

straggling ['stræglɪŋ] *bn* ❶ verstrooid, verspreid ❷ onregelmatig, schots en scheef

straggly ['stræglɪ] *bn* ❶ verwilderd ⟨haar⟩ ❷ plantk

---

wild opgeschoten ❸ onregelmatig, schots en scheef

straight [streɪt] I *bn* ❶ recht ⟨niet krom⟩, glad ⟨niet krullend⟩ ★ *as* ~ *as an arrow* kaarsrecht ★ *as* ~ *as a die* kaarsrecht, volstrekt eerlijk ❷ eerlijk, fatsoenlijk, betrouwbaar, openhartig ★ *she gave him a* ~ *answer* ze gaf hem een eerlijk antwoord ★ *we had a* ~ *talk* we hadden een openhartig gesprek ❸ strak, correct, in de plooi, in orde ★ *keep a* ~ *face* het gezicht in de plooi houden, niet lachen ★ *let's get the facts* ~ laten we de feiten op een rijtje zetten ★ inf *get sth* ~ iets goed begrijpen ★ inf *go* ~ oppassen, zich goed gedragen ★ *put / set sth* ~ iets herstellen, iets opruimen, iets weer in orde brengen ★ *put / set the record* ~ de zaken goed op een rijtje zetten, alle misverstanden uit de weg ruimen ❹ puur ⟨v. drank⟩ ❺ serieus ⟨niet komisch⟩ ❻ inf hetero(seksueel) ❼ opeenvolgend ★ *they had six* ~ *losses / wins* ze hadden zes nederlagen / overwinningen achter elkaar ▼ Br *a* ~ *fight* een gevecht tussen twee personen ⟨met name in een verkiezing⟩ II *bijw* ❶ recht(op), rechtuit, regelrecht, rechtstreeks, direct ★ ~ *on* rechtuit, rechtdoor ★ ~ *out* ronduit ★ inf *I gave it (to) him* ~ *(out)* ik zei het hem ronduit ★ ~ *from the horse's mouth* uit de eerste hand ★ inf *put / set sbd* ~ iem. goed / beter informeren ❷ eerlijk ★ *she told me* ~ *what she thought* ze vertelde me eerlijk wat ze dacht ❸ helder ★ *I can't think* ~ ik kan niet helder denken III *znw* rechte eind ⟨v. renbaan⟩ ★ *the finishing* ~ het laatste rechte stuk tot de finish ★ *keep to / follow the* ~ *and narrow* op het rechte pad blijven

straight angle [streɪt 'æŋgl] *znw* gestrekte hoek

straightaway ['streɪtəweɪ], **straight away** *bijw* ❶ meteen ❷ zonder omhaal

straighten ['streɪtn] I *overg* ❶ recht maken, in orde brengen ❷ ontkroezen ⟨haar⟩ II *onoverg* recht worden III *phras* ★ inf ~ *sbd out* iemands gedrag verbeteren, iemand op het rechte pad zetten ★ ~ *sth out* iets recht maken, iets recht trekken, weer in orde brengen ★ ~ *up* zich oprichten, overeind gaan staan, zich beter gedragen ★ ~ *sth up* iets opredderen, wat opknappen

straight-faced [streɪt-'feɪst] *bn* met een stalen gezicht ★ *a* ~ *lie* een klinkklare leugen

straightforward [streɪt'fɔːwəd] *bn* ❶ recht door zee gaand, oprecht, rond(uit), eerlijk ❷ zakelijk ⟨v. stijl, verhaal &⟩, ongecompliceerd, (dood)eenvoudig, (dood)gewoon

straightness ['streɪtnəs] *znw* directheid, rechtstreeksheid

strain [streɪn] I *znw* ❶ spanning, trek, druk ★ *put a* ~ *on sbd / sth* iem. / iets onder druk plaatsen ❷ inspanning, streven ★ *mental* ~ geestelijke spanning / inspanning ❸ overspanning, overbelasting ★ *put too great a* ~ *on oneself* zich te veel inspannen ★ *take the* ~ *off sbd* iem. ontlasten ★ *take the* ~ *out of sth* iets gemakkelijker maken ❹ verdraaiing, verrekking ❺ geest, toon ❻ neiging, karakter, element, tikje ‹van iets› **❼** ras, geslacht, variëteit, variant, stam ‹bacterie &› **❽** (vooral *mv*) wijs, melodie **II** *overg* **❶** spannen, (uit)rekken ★ ~ *one's ears* zijn oren spitsen **❷** (te veel) inspannen, overbelasten, verrekken, forceren ‹stem› ★ ~ *every nerve* zich tot het uiterste inspannen ★ *be ~ed to the limit* maximaal belast zijn **❸** geweld aandoen, verdraaien ‹feiten &› **❹** (ook: ~ off / out) laten uitlekken ‹in zeef, vergiet›, afgieten **III** *onoverg* **❶** zich inspannen ★ ~ *after sth* streven naar iets, jacht maken op iets **❷** trekken, rukken (aan *at*) **❸** doorzijgen, uitlekken

strained [streɪnd] *bn* **❶** gespannen ‹van verhoudingen› **❷** gedwongen, gemaakt, geforceerd ★ *she managed a ~ smile* ze perste er een geforceerd lachje uit **❸** verdraaid, verwrongen

strainer [ˈstreɪnə] *znw* **❶** filterdoek **❷** vergiet, zeef **❸** **strainer post** omheiningspaal

strait [streɪt] *znw* engte, zeestraat ★ *the ~s* (zee-)engte, (zee)straat ★ *the Straits of Dover* het Nauw van Calais ★ *the Strait of Gibraltar* de Straat van Gibraltar

straitened [ˈstreɪtnd] *bn* ★ *be in ~ circumstances* het (financieel) niet breed hebben

straitjacket [ˈstreɪtdʒækɪt] *znw* dwangbuis, ook *fig* keurslijf

strait-laced [streɪtˈleɪst] *bn* preuts, puriteins streng

straits [streɪts] *znw* [mv] moeilijke omstandigheden ★ *be in desperate / dire ~* in een hopeloze situatie verkeren ★ *be in financial ~* geldproblemen hebben

strand [strænd] **I** *znw* **❶** streng ‹v. wol, touw› **❷** (haar)lok **❸** <u>dicht</u> strand, kust, oever **II** *overg* doen stranden, op het strand zetten **III** *onoverg* stranden, vast komen te zitten

stranded [ˈstrændɪd] *bn* **❶** getwijnd ★ *hair ~ with grey* haar met grijs erdoor **❷** vastgelopen, gestrand ★ *be ~* stranden, schipbreuk lijden, <u>fig</u> blijven zitten (steken), niet verder kunnen ★ *the strike has left thousands ~* door de staking zijn duizenden mensen gestrand ★ *he's ~ in heavy traffic* hij zit vast in een file ★ *rescuers are keeping the ~ whales wet* reddingswerkers houden de aangespoelde walvissen nat

strange [streɪndʒ] *bn* **❶** vreemd, onbekend ★ ~ *to say* vreemd genoeg **❷** vreemdsoortig, ongewoon, zonderling, raar ★ *it's a new job and some things are still ~ to her* het is een nieuwe baan en sommige dingen zijn nog ongewoon voor haar

stranger [ˈstreɪndʒə] *znw* **❶** vreemdeling, vreemde, onbekende ★ *I'm a ~ here* ik ben hier vreemd, ik ben hier niet bekend ★ *he is no ~ to media exposure* hij is wel gewend aan publiciteit in de media **❷** <u>jur</u> derde

strangle [ˈstræŋgl] *overg* **❶** wurgen, worgen, smoren **❷** <u>fig</u> onderdrukken ★ *all resistance was ~d* elk verzet werd onderdrukt

stranglehold [ˈstræŋglhəʊld] *znw* wurggreep, worgende greep ★ *famine has a ~ on the entire region* de hongersnood heeft een verstikkende greep op het hele gebied

strangler [ˈstræŋglə] *znw* worger, wurger, wurgmoordenaar

strangles [ˈstræŋglz] *znw* [mv] goedaardige droes ‹paardenziekte›

strangulate [ˈstræŋgjʊleɪt] *overg* **❶** <u>med</u> beknellen, afklemmen **❷** <u>inf</u> wurgen

strangulated [ˈstræŋgjʊleɪtɪd] *bn* **❶** <u>inf</u> dichtgesnoerd, ingesnoerd **❷** <u>med</u> beklemd ★ *a ~ hernia* een beklemde breuk

strangulation [stræŋgjʊˈleɪʃən] *znw* **❶** (ver)wurging **❷** <u>med</u> beklemming ‹v. breuk›

strap [stræp] **I** *znw* **❶** riem, riempje, schouderbandje ‹v. beha &› **❷** aandrijfriem **❸** lus ‹in tram, bus› **❹** aanzetriem ‹scheermes› **❺** <u>techn</u> beugel **II** *overg* **❶** (met een riem) vastmaken **❷** (met een riem) slaan **❸** (op een riem) aanzetten ‹scheermes› **III** *phras* ★ ~ *sbd* in iem. ingespen ★ ~ *sth* **up** iets vastsjorren

straphanger [ˈstræphæŋgə] *znw* staande passagier

strapless [ˈstræpləs] *bn* zonder schouderbandjes

strapped [stræpt] <u>inf</u> *bn* platzak ★ *be ~ for cash* krap bij kas zitten

strapper [ˈstræpə] *znw* **❶** struise kerel / vrouw **❷** <u>Aus</u> iem. die renpaarden verzorgt

strapping [ˈstræpɪŋ] **I** *bn* groot en sterk, stevig, potig ★ *two ~ lads came to my aid* twee potige kerels kwamen me helpen **II** *znw* **❶** riemen, tuig **❷** afranseling ‹met riem›

strata [ˈstreɪtə] *znw* [mv] → **stratum**

stratagem [ˈstrætədʒəm] *znw* krijgslist, list

strategic [strəˈtiːdʒɪk] *bn* strategisch

strategic missile [strəˈtiːdʒɪk ˈmɪsaɪl] *znw* strategische raket

strategics [strəˈtiːdʒɪks] *znw* [mv] strategie, strategische aspecten ★ *a focus on the ~ of the game* nadruk op de strategie van het spel

strategist [ˈstrætədʒɪst] *znw* strateeg

strategy [ˈstrætədʒɪ] *znw* strategie ★ *they are pursuing a ~ of non-intervention* ze volgen een non-interventie strategie

stratification [strætɪfɪˈkeɪʃən] *znw* gelaagdheid, stratificatie

stratified [ˈstrætɪfaɪd] *bn* gelaagd ★ ~ *rock* gelaagde rotsen ★ *a highly ~ society* een sterk gelaagde maatschappij

stratify [ˈstrætɪfaɪ] *overg* in lagen leggen, tot lagen vormen

stratosphere [ˈstrætəsfɪə] *znw* stratosfeer

stratum [ˈstrɑːtəm] *znw* [mv: strata] (gesteente)laag

stratus [ˈstreɪtəs] *znw* [mv: strati] laagwolk

straw [strɔː] **I** *bn* van stro, strooien, stro- ★ *a ~ hat* een strohoed **II** *znw* **❶** stro **❷** strohalm, strootje ★ *catch / clutch / grasp at a ~ / at ~s* zich aan een strohalm vastklampen ★ *draw ~s* strootje trekken ★ *that's the last ~, that's the ~ that broke the camel's back* dat is de druppel die de emmer doet overlopen, dat is het toppunt ★ <u>Br</u> *a ~ in the wind* kleinigheid die doet vermoeden wat er komen gaat ★ *not worth a ~* geen lor waard **❸** rietje **❹** strohoed

strawberry ['strɔːbərɪ] *znw* aardbei
strawberry blonde ['strɔːbərɪ blɒnd] **I** *bn* rossig **II** *znw* iem. met rossig haar
strawberry mark ['strɔːbərɪ mɑːk] *znw* wijnvlek ‹in de huid›
strawboard ['strɔːbɔːd] *znw* strokarton
straw-coloured ['strɔː-kʌləd] *bn* strokleurig
straw man [strɔː mæn] *znw* **❶** stropop, namaak **❷** verkeerde voorstelling van zaken
straw mushroom [strɔː 'mʌʃrʊm] *znw* rijststropaddenstoel
straw poll [strɔː pəʊl], **straw vote** *znw* onofficiële stemming, proefstemming
strawy ['strɔːɪ] *bn* **❶** stroachtig **❷** van stro
stray [streɪ] **I** *bn* **❶** afgedwaald, verdwaald ★ *a ~ bullet* een afgedwaalde kogel ★ *a ~ cat* zwerfkat **❷** sporadisch voorkomend, verspreid ★ *a ~ case / instance* een enkel voorbeeld of geval ★ *~ notes* losse aantekeningen **II** *znw* afgedwaald / verdwaald dier **III** *onoverg* (rond)zwerven, (rond)dwalen, verdwalen, afdwalen ★ *~ from the truth* de waarheid uit het oog verliezen ★ *the cattle had ~ed into the garden* de koeien waren onze tuin binnengekomen ★ *the aircraft was intercepted after ~ing into Russian airspace* het vliegtuig werd onderschept toen het in het Russische luchtruim was terechtgekomen
strays [streɪz] *znw* [mv] atmosferische storingen
streak [striːk] **I** *znw* **❶** streep ★ *~s of dirt* vuile strepen **❷** flits ★ *a ~ of lightning* een bliksemflits ★ *she was off like a ~* ze was weg in een flits **❸** reeks ★ *a winning ~* een reeks successen ★ *have a ~ of luck* steeds geluk hebben **❹** ader, laag **❺** trek, karaktertrek ★ *a stubborn ~* een koppige karaktertrek **II** *overg* strepen ★ *his hair is now ~ed with grey* zijn haar heeft nu grijze strepen **III** *onoverg* **❶** voorbijschieten, flitsen ★ *~ ahead* naar voren flitsen **❷** *inf* streaken, naakthollen
streaker ['striːkə] *inf znw* streaker, naaktholler ‹in het openbaar›
streaking ['striːkɪŋ] *inf znw* streaken, naakthollen in het openbaar
streaky ['striːkɪ] *bn* **❶** doorregen ‹v. spek› **❷** gestreept, geaderd
stream [striːm] **I** *znw* **❶** stroom ★ *a ~ of abuse* een stortvloed van verwensingen ★ *a ~ of people* een stroom mensen ★ *go against / with the ~* tegen de stroom in / met de stroom meegaan **❷** *fig* stroming ★ *a literary ~* een literaire stroming **❸** Br onderw afdeling, richting ★ *the technical ~ focusses on science subjects* de technische richting legt de nadruk op betavakken ▼ *on ~* in gebruik, beschikbaar **II** *overg* onderw groeperen, indelen ‹naar capaciteiten› **III** *onoverg* **❶** stromen **❷** wapperen
streamer ['striːmə] *znw* **❶** wimpel, spandoek, serpentine, lang lint / veer **❷** paginabrede kop ‹in een krant &› **❸** streamer ‹korte reclametekst op een envelop, boek &›
streamlet ['striːmlət] *znw* stroompje

streamline ['striːmlaɪn] *overg* **❶** stroomlijnen **❷** efficiënter maken ‹bedrijf &›
streamlined ['striːmlaɪnd] *bn* gestroomlijnd
stream of consciousness [striːm əv 'kɒnʃəsnəs] letterk *znw* interne monoloog
street [striːt] *znw* straat ★ *live on the ~s/Am on the ~* op straat zwerven, dakloos zijn ★ *take to the ~s* de straat opgaan, protesteren ★ *walk the ~s* op straat rondlopen / rondzwerven, tippelen ★ *the man in the ~* Jan met de pet, de gewone man ★ *inf it's right up your ~* het is net iets voor jou ★ *inf be ~s ahead of sbd / sth* veel beter zijn dan iem. / iets ★ *inf not be in the same ~ as sbd / sth* niet kunnen tippen aan iem. / iets
streetcar ['striːtkɑː] Am *znw* tram
street cred ['striːt kred], **street credibility** *inf znw* geloofwaardigheid bij de jeugd, vertrouwdheid met de jeugdcultuur
street lamp [striːt læmp], **street light** *znw* straatlantaarn
street-legal ['striːt-liːgl] *bn* goedgekeurd voor het verkeer ‹± apk gekeurd›
street light [striːt laɪt] *znw* → **street lamp**
streetlighting ['striːtlaɪtɪŋ] *znw* straatverlichting
street map [striːt mæp] *znw* stratenplan, plattegrond
street market [striːt 'mɑːkɪt] *znw* **❶** straatmarkt **❷** eff nabeurs
street people [striːt 'piːpl] *znw* [mv] daklozen, zwervers
street price [striːt praɪs] eff *znw* nabeurskoers
streetscape ['striːtskeɪp] *znw* straatbeeld
streetsmart ['striːtsmɑːt] *bn* → **streetwise**
street style [striːt staɪl] *znw* (kleding)stijl geïnspireerd op moderne stedelijke subculturen
street sweeper [striːt 'swiːpə] *znw* **❶** veegmachine **❷** straatveger
street trader [striːt 'treɪdə] *znw* venter, straathandelaar
street value [striːt 'væljuː] *znw* straatwaarde
streetwalker ['striːtwɔːkə] *znw* prostituee, prostitué
streetwise ['striːtwaɪz], **streetsmart** *bn* bekend met het straatleven, door de wol geverfd
strength [streŋθ] *znw* (getal)sterkte, kracht, macht ★ *the police arrived in ~* de politie arriveerde in groten getale, met veel manschappen ★ *on the ~ of sth* op grond van iets, naar aanleiding van iets ★ *go from ~ to ~* gestadig vooruit gaan, steeds beter worden ★ *inf give me ~!* in hemelsnaam! ‹uitroep van frustratie of ergernis›
strengthen ['streŋθən] **I** *overg* versterken, sterken ★ *~ sbd's hand* iem. sterker maken **II** *onoverg* sterk(er) worden
strenuous ['strenjʊəs] *bn* **❶** krachtig, energiek, ijverig **❷** inspannend, moeilijk
strep throat ['strepθrəʊt] *znw* keelontsteking, zere keel
streptococcal [streptəʊ'kɒkl] *znw* streptokokken-
streptococcus [streptəʊ'kɒkəs] *znw* streptokok

stress [stres] **I** znw ❶ nadruk, klem(toon), accent ★ the ~ is on the first syllable de klemtoon valt op de eerste lettergreep ❷ spanning, med stress ★ he's under a lot of ~ hij staat onder een hoop spanning ❸ techn spanning, druk ❹ kracht, gewicht ★ the company lays particular ~ on customer relations de firma hecht veel gewicht aan betrekkingen met klanten ★ under the ~ of circumstances daartoe gedwongen door de omstandigheden **II** overg ❶ de nadruk leggen op ★ they ~ed the need for patience ze benadrukten dat er geduld nodig was ❷ onder druk zetten **III** onoverg inf zich druk maken ★ don't ~: we'll be on time maak je geen zorgen: we komen wel op tijd **IV** phras ★ inf ~ out gestresst raken ★ inf ~ sbd out iem. stressen / gespannen maken

stressed [strest] bn ❶ beklemtoond ❷ inf **stressed out** gestrest, gespannen ❸ techn onder druk, belast uitgeput als gevolg van stress

stressful ['stresfʊl] bn met veel spanning, vol beslommeringen, vol stress

stress mark [stres mɑ:k] znw klemtoonteken, accentteken

stretch [stretʃ] **I** bn elastisch, rekbaar, stretch- ★ a ~ fabric een elastische stof **II** znw ❶ uit(st)rekking, spanning ★ at full ~ helemaal gestrekt, gespannen tot het uiterste ❷ inspanning ★ by no ~ / not by any ~ of the imagination met de beste wil van de wereld niet ★ at a ~ he could come tomorrow zo nodig / desnoods kan hij morgen komen ❸ uitgestrektheid ❹ (recht) eind, stuk ⟨v. weg &⟩ ★ the home ~ het laatste rechte stuk van een renbaan, de laatste loodjes ★ a 10-kilometre ~ of road een stuk weg van 10 kilometer ❺ tijd, tijdje, periode ★ at a ~ achtereen, aan één stuk door ❻ inf (één jaar) gevangenisstraf ★ do a ~ (achter de tralies) zitten **III** overg ❶ rekken, oprekken, uitrekken ❷ uitstrekken, uitsteken, uitspreiden, (uit)spannen ★ ~ oneself (out) zich uitrekken ⟨na slaap &⟩, zich uitstrekken ★ ~ one's legs de benen strekken, zich vertreden ★ ~ one's wings zijn vleugels uitslaan ❸ ruim interpreteren, het niet zo nauw nemen, geweld aandoen, inf overdrijven ★ ~ a point niet al te nauw kijken ★ ~ the truth het niet zo nauw nemen met de waarheid ★ inf isn't that ~ing it a bit? is dat niet een beetje overdreven? ❹ prikkelen, uitdagen ★ students need activities that ~ their imagination studenten hebben activiteiten nodig die hun fantasie prikkelen ⟨spier⟩ ❺ verrekken ⟨spier⟩ **IV** onoverg ❶ zich uitstrekken, zich uitrekken ★ the steppes ~ away to the horizon de steppen strekken zich uit tot de horizon ★ his garden ~es down to the river zijn tuin loopt af tot aan de rivier ★ they're ~ed out in front of the TV ze liggen lang uitgestrekt voor de tv ★ his memories ~ back to the civil war zijn herinneringen gaan terug tot de burgeroorlog ★ the talks have ~ed to a second day de besprekingen zijn de tweede dag ingegaan ⟨wat niet verwacht was⟩ ❷ rekken ★ denim doesn't ~ jeansstof rekt niet

★ food supplies won't ~ further than a week de voedselvoorraden reiken niet verder dan een week

stretched [stretʃt] bn uitgerekt, uitgestrekt ★ our budget is fully ~ we kunnen ons niets meer veroorloven ★ the cutbacks come at a time when we are already ~ de bezuinigingen komen op een tijdstip dat we geen reserves meer hebben

stretcher ['stretʃə] **I** znw ❶ rekker, spanraam ❷ bouwk strekse steen ❸ draagbaar, brancard ❹ spoorstok ⟨in roeiboot⟩ **II** overg afvoeren op een brancard ★ one player had to be ~ed off één speler moest van het veld worden gedragen

stretcher-bearer ['stretʃə-beərə] znw ziekendrager, brancardier

stretch limousine [stretʃ 'lɪməzi:n] znw verlengde limousine

stretch marks [stretʃ 'mɑ:ksmən] znw [mv] zwangerschapsstrepen

stretchy ['stretʃɪ] bn rekbaar, elastisch

strew [stru:] overg [strewed, strewn/strewed] (uit)strooien, bestrooien, bezaaien (met with)

strewn [stru:n] ww [v.d.] → **strew**

strewth [stru:θ] inf tsw warempel

stricken ['strɪkən] bn ❶ geslagen, getroffen, zwaar beproefd ★ drought ~ farmers door de droogte getroffen boeren ★ ~ with the flu door koorts aangetast ❷ diepbedroefd

strict [strɪkt] bn ❶ stipt, strikt (genomen), nauwkeurig, nauwgezet, precies ★ a ~ vegetarian een strenge vegetariër ★ in the ~ sense in de strikte betekenis ★ in the ~est confidence uiterst vertrouwelijk ❷ streng ★ they were ~ with their children ze waren streng voor hun kinderen

strictly ['strɪktlɪ] bijw strikt ★ ~ speaking strikt genomen

stricture ['strɪktʃə] znw ❶ form (kritische) aanmerking (op on) ❷ med vernauwing

stride [straɪd] **I** znw schrede, (grote) stap ★ at a / at one ~ met één stap ★ he acknowledged the cheers without breaking his ~ hij nam de toejuichingen in ontvangst zonder zijn pas te veranderen ★ get into one's ~ op dreef komen ★ make great ~s grote vorderingen maken ★ match sbd ~ for ~ gelijke tred houden met iem. ⟨een concurrent⟩ ★ when she interrupts she puts me off my ~ als ze me in de rede valt raak ik de draad kwijt ★ take sth in one's ~/Am in ~ iets en passant doen, tussen de bedrijven door afhandelen, niet gehinderd worden door iets **II** overg [strode, stridden] betreden ★ ~ the streets de straten bewandelen **III** onoverg [strode, stridden] schrijden, met grote stappen lopen ★ ~ off wegstappen

stridency ['straɪdnsɪ] znw schelheid

strident ['straɪdnt] bn ❶ krassend, schril, schel ❷ scherp

strides [straɪdz] inf znw [mv] broek

strife [straɪf] znw strijd, twist, tweedracht

strike [straɪk] **I** znw ❶ slag ❷ mil (lucht)aanval

❸ (werk)staking ★ *those on ~* de stakers ★ *go (out) on ~* in staking gaan ❹ vondst ⟨v. goud⟩ **II** *overg* [struck, struck] ❶ slaan, slaan op (met, tegen, in) ★ ~ *sbd blind / dumb* iem. met blindheid / stomheid slaan ★ ~ *sbd a blow* iem. een slag toebrengen ★ ~ *a blow for sbd / sth* voor iem. / iets in de bres springen ★ ~ *sbd dead* iem. doodslaan ★ <u>inf</u> ~ *me dead (if...)* ik mag doodvallen (als...) ★ ~ *home* raak slaan, <u>fig</u> in de roos schieten ★ ~ *fear / terror & into sbd / into sbd's heart* iem. met schrik vervullen, iem. de stuipen op het lijf jagen ❷ aanslaan ⟨een toon &⟩, aannemen ⟨houding⟩ ❸ aanvallen, opkomen bij ⟨idee &⟩ ❹ stoten (met, op, tegen), aanslaan tegen ★ ~ *a rock* op een rots stoten / lopen ❺ komen aan / op, aantreffen, vinden ★ ~ *a happy medium* de gulden middenweg vinden ★ ~ *oil* petroleum aanboren, <u>fig</u> fortuin maken ❻ bereiken, sluiten, halen ★ ~ *a bargain* een koop sluiten, een overeenkomst sluiten ★ ~ *a balance* <u>fig</u> een evenwicht vinden ❼ treffen, opvallen, voorkomen, lijken ★ *she struck me as being shy* ze maakte een verlegen indruk op mij ★ *it ~s me as ridiculous / a waste of time &* het lijkt mij belachelijk / tijdverspilling ★ *what ~s you about this photo?* wat valt je op aan deze foto? ❽ strijken ⟨vlag⟩, afbreken ⟨tent⟩, opbreken ⟨kamp⟩ ❾ afstrijken ⟨lucifer &⟩ **III** *onoverg* [struck, struck] ❶ slaan, toeslaan, raken, <u>mil</u> aanvallen ★ ~ *at sbd* naar iem. slaan. slaan ★ ~ *at the heart / root of sth* een vernietigende aanval doen op iets ★ <u>zegsw</u> ~ *while the iron is hot* het ijzer smeden als het heet is ❷ inslaan ⟨v. bliksem, projectiel⟩ ❸ aangaan, vuur vatten ⟨v. lucifer⟩ ❹ wortel schieten ❺ (het werk) staken ★ *the right to ~* stakingsrecht **IV** *phras* ★ ~ *back* terugslaan ★ ~ *sbd* **down** iem. neerslaan ★ ~ **off** op pad gaan ★ ~ *sbd* **off** iem. schrappen ⟨v.e. lijst⟩ ★ ~ **on / upon** *sth* ergens op komen ⟨idee &⟩, iets ontdekken ★ <u>Br inf</u> *be struck on sbd* verliefd zijn op iemand ★ ~ **out** op weg gaan, van zich afslaan ⟨bij boksen⟩, de armen uitslaan ⟨bij zwemmen⟩, <u>fig</u> zijn eigen weg gaan ★ ~ **out at** *sbd* iem. slaan, uithalen naar iem. ★ ~ *sth* **through** iets doorstrepen ⟨een woord⟩ ★ ~ **up** <u>muz</u> beginnen te spelen, aanheffen, inzetten ★ ~ *sth up* iets aangaan, iets sluiten ⟨verbond &⟩ ★ ~ *up an acquaintance with sbd* met iem. kennismaken ★ ~ *up the band!* laat de muziek beginnen! ★ ~ *up a conversation with sbd* een gesprek beginnen met iem.

strike-bound ['straɪk-baʊnd] *bn* door staking lamgelegd ⟨industrie⟩

strike-breaker ['straɪkbreɪkə] *znw* stakingbreker

strike force [straɪk fɔ:s] *znw* aanvalsmacht

strike fund [straɪk fʌnd] *znw* stakingskas

strike pay [straɪk peɪ] *znw* stakingsuitkering

strike picket [straɪk 'pɪkɪt] *znw* stakingspost

striker ['straɪkə] *znw* (werk)staker

strike rate [straɪk reɪt] *znw* succesratio ⟨v. e. sportteam⟩

striking ['straɪkɪŋ] *bn* ❶ treffend, frappant, opvallend, merkwaardig, sensationeel ★ *she bears a ~ resemblance to her mother* ze lijkt opvallend veel op haar moeder ❷ <u>mil</u> aanvals- ★ *within ~ distance (of sth)* in de buurt (van iets) ❸ slaand ★ *the ~ mechanism* het slagwerk ⟨in klok⟩

string [strɪŋ] **I** *znw* ❶ touw, touwtje, bindgaren, band, koord, veter ★ *a bit / piece of ~* een touwtje ★ *inf pull the ~s* aan de touwtjes trekken (achter de schermen) ★ <u>inf</u> *pull some ~s for sbd* invloed uitoefenen ten bate van iem. ★ *have sbd on a ~* iem. aan het lijntje hebben ★ *come with ~s attached / no ~s attached* met / zonder voorwaarden ❷ snoer, snaar ★ *a ~ of pearls* een parelsnoer ★ *have another / more than one ~ to one's bow* nog andere pijlen op zijn boog hebben, niet voor één gat te vangen zijn ❸ pees, vezel, draad ❹ sliert, reeks, rij ★ *a ~ of events* een reeks gebeurtenissen **II** *overg* [strung, strung] ❶ rijgen (aan *on*) ⟨snoer &⟩, snoeren ❷ besnaren, (met snaren) bespannen ❸ spannen ⟨de zenuwen, de boog⟩ ❹ (af)risten, afhalen ⟨bonen &⟩ **III** *phras* ★ <u>inf</u> ~ *sbd* **along** iem. aan het lijntje houden ★ <u>inf</u> ~ **along with** *sbd / sth* meegaan met iem. / iets, meewerken met iem. / iets ★ ~ **out** in een rij staan, lopen & ★ ~ *sth* **out** in een rij naast elkaar plaatsen, iets uitsmeren over een periode ★ ~ *sbd* **out** iem. slopen / gespannen maken ★ ~ *sth* **together** iets aaneenrijgen ★ <u>inf</u> *she can't ~ two words together* ze kan geen twee woorden aan elkaar rijgen ★ ~ *sth* **up** iets opknopen, iets ophangen ★ <u>inf</u> ~ *sbd up* iem. ophangen

string bag [strɪŋ bæg] *znw* boodschappennet

string band [strɪŋ bænd] *znw* strijkje

string bean [strɪŋ bi:n] *znw* ❶ (snij)boon ❷ <u>fig</u> bonenstaak, lange slungel

stringed [strɪŋd] *bn* ❶ besnaard ❷ snaar-, strijk- ★ *two~* tweesnarig

stringed instrument [strɪŋd 'ɪnstrəmənt] *znw* → **string instrument**

stringency ['strɪndʒənsɪ] *znw* ❶ bindende kracht, strengheid ⟨v. wetten of bepalingen⟩ ❷ klemmend karakter ⟨v. betoog⟩ ❸ nijpende schaarste ⟨v. geldmarkt⟩

stringent ['strɪndʒənt] *bn* ❶ bindend, streng ❷ klemmend ❸ <u>handel</u> schaars, krap

stringer ['strɪŋə] *znw* ❶ <u>inf</u> correspondent ⟨van krant⟩ ❷ verbindingsbalk

string instrument [strɪŋ 'ɪnstrəmənt], **stringed instrument** *znw* snaarinstrument, strijkinstrument

string line [strɪŋ laɪn] *znw* ❶ kaderlijn ⟨biljart⟩ ❷ metseldraad

string orchestra ['strɪŋɔ:kɪstrə] *znw* strijkorkest

string player [strɪŋ 'pleɪə] *znw* strijker

string quartet [strɪŋ kwɔ:'tet] *znw* strijkkwartet

strings [strɪŋz] *znw* [mv] ★ *the ~* de strijkers ⟨van orkest⟩

string theory [strɪŋ 'θɪərɪ] *znw* snarentheorie, stringtheorie ⟨natuurkunde⟩

stringy ['strɪŋɪ] *bn* vezelig, draderig, zenig
strip [strɪp] **I** *znw* ❶ strook, reep ★ *a ~ of material* een strook stof ★ inf *tear ~s / a ~ off sbd* iem. op zijn lazer geven ❷ **strip cartoon** stripverhaal **II** *overg* ❶ (af)stropen, aftrekken, afhalen ⟨bedden⟩ ❷ (naakt) uitkleden ★ *~ sth bare* iets uitkleden, tot het minimum terugbrengen ❸ leeghalen ❹ uitmelken ⟨koe⟩ ❺ ontmantelen ❻ scheepv onttakelen **III** *onoverg* ❶ zich uitkleden ★ *~ to the waist* het bovenlichaam ontkleden ★ *~ bare / naked / to the skin* zich poedelnaakt ontkleden ❷ zich laten afstropen, afristen & **IV** *phras* ★ *~ sth away* iets afstropen, afrissen ★ *~ down to sth* zich uitkleden tot aan iets ⟨slipje &⟩ ★ *~ sbd of sth* iem. beroven van iets, ontdoen van iets ★ *~ off* zich uitkleden ★ *~ sth off* iets uittrekken, afrukken, iets afstropen
strip club [strɪp klʌb] *znw* stripteasetent
stripe [straɪp] *znw* ❶ streep, mil chevron ★ *the skunk has a ~ down its back* het stinkdier heeft een streep op zijn rug ❷ (zweep)slag
striped [straɪpt] *bn* gestreept, streepjes-
stripey ['straɪpɪ] *znw* → **stripy**
strip lighting [strɪp 'laɪtɪŋ] *znw* tl-verlichting
stripling ['strɪplɪŋ] scherts *znw* jongeling
strip mining [strɪp 'maɪnɪŋ] *znw* dagbouw
stripper ['strɪpə] *znw* ❶ afstroper, afbijtmiddel ❷ stripper, stripteasedanser(es)
strippergram ['strɪpəgræm] *znw* felicitatie die wordt overgebracht door een stripper
strip poker [strɪp 'pəʊkə] *znw* strippoker
strip-search ['strɪp-sɜːtʃ] **I** *znw* visitatie, fouillering **II** *overg* visiteren, fouilleren
striptease ['strɪptiːz] *znw* striptease
stripteaser ['strɪptiːzə] *znw* stripteasedanser(es)
stripy ['straɪpɪ], **stripey** *bn* gestreept, streepjes-
strive [straɪv] *onoverg* [strove, striven] ❶ hard zijn best doen, zich inspannen (om *to*) ❷ streven (naar *after / for*) ❸ worstelen, strijden (tegen *with / against*)
striven ['strɪvən] *ww* [v.d.] → **strive**
strobe light ['strəʊblaɪt] *znw* stroboscooplamp
stroboscopic [strəʊbəʊ'skɒpɪk] *bn* stroboscopisch
strode [strəʊd] *ww* [v.t.] → **stride**
stroke [strəʊk] **I** *znw* ❶ slag, stoot ★ *at a / at one ~* met één slag ★ *at / on the ~ of five* op slag van vijven ★ *a ~ of lightning* bliksemslag ★ *a ~ of genius* een geniaal idee ★ *a ~ of (good) luck* een buitenkansje ❷ trek, haal, streep, schuine streep ⟨/⟩, streek, schrap ❸ aanval ⟨v. beroerte⟩, beroerte ★ sp slag(roeier) ★ *off one's ~* van slag zijn ⟨v. roeier⟩, inf de kluts kwijt (in de war) zijn ❺ streling, aai ▼ inf *not a ~ of work was done* er was geen greintje werk gedaan **II** *overg* strelen, (glad)strijken, aaien
stroll [strəʊl] **I** *znw* toertje, wandeling ★ *go for a ~* een wandeling maken **II** *onoverg* (rond)slenteren, kuieren, ronddwalen
stroller ['strəʊlə] *znw* ❶ slenteraar, wandelaar ❷ Am wandelwagen, buggy
strolling ['strəʊlɪŋ] *bn* rondtrekkend ★ *~ players*

reizend / rondtrekkend toneelspelers
strong [strɒŋ] **I** *bn* ❶ sterk, kras, krachtig, vurig ★ *~ nerves* stalen zenuwen ★ *a ~ wind* een hevige / stevige wind ★ *she holds ~ views* ze heeft een uitgesproken mening ❷ vast ⟨v. markt⟩ ❸ zwaar ⟨drank of tabak⟩ ❹ ranzig ⟨kaas &⟩ ❺ goed ⟨geheugen⟩ ★ *be ~ on / in sth* ergens goed in zijn ❻ sterk ⟨van aantallen⟩ ★ *twenty ~* twintig man sterk, met zijn twintigen **II** *bijw* inf sterk ★ *come on ~* overdrijven, flirten, hitsig worden ★ *still going ~* nog prima in vorm zijn, het nog goed doen ⟨auto &⟩
strong-arm ['strɒŋ-ɑːm] *bn* hardhandig
strongbox ['strɒŋbɒks] *znw* brandkast, geldkist
strong drink [strɒŋ drɪŋk] *znw* sterkedrank
strongheaded [strɒŋ'hedɪd] *bn* koppig
stronghold ['strɒŋhəʊld] *znw* sterkte, burcht, bolwerk ★ *a labour ~* een bolwerk van de socialisten
strongish ['strɒŋɪʃ] *bn* tamelijk sterk
strong language [strɒŋ 'læŋgwɪdʒ] *znw* ❶ krasse taal ❷ grofheden
strongman ['strɒŋmæn] *znw* sterke man, leider
strong-minded [strɒŋ'maɪndɪd] *bn* ❶ van krachtige geest ❷ energiek
strong point [strɒŋ pɔɪnt] *znw* sterke kant ★ *maths is not his ~* wiskunde is niet zijn sterkste punt
strongroom ['strɒŋruːm] *znw* (brand- en inbraakvrije) kluis
strong-willed [strɒŋ-'wɪld] *bn* ❶ gedecideerd, wilskrachtig ❷ koppig
strontium ['strɒnʃɪəm] *znw* strontium
strop [strɒp] **I** *znw* ❶ aanzetriem, scheerriem ❷ scheepv strop ❸ Br inf slecht humeur **II** *overg* aanzetten, scherp maken
strophe ['strəʊfɪ] *znw* strofe, vers
stroppy ['strɒpɪ] inf *bn* lastig, dwars, in de contramine, onaangenaam ★ *be / get in a ~ mood* een slecht humeur hebben / krijgen
strove [strəʊv] *ww* → **strive**
struck [strʌk] *ww* [v.t. & v.d.] → **strike**
structural ['strʌktʃərəl] *bn* van de bouw, bouw-, structuur-, structureel ★ *~ alterations* verbouwing
structural engineering ['strʌktʃərəl endʒɪ'nɪərɪŋ] *znw* bouwkunde
structuralism ['strʌktʃərəlɪzəm] *znw* structuralisme
structuralist ['strʌktʃərəlɪst] **I** *bn* structuralistisch **II** *znw* structuralist
structurally ['strʌktʃərəlɪ] *bijw* van structuur ★ *the building was ~ sound* de constructie van het gebouw was in orde
structural unemployment ['strʌktʃərəl ʌnɪm'plɔɪmənt] *znw* structurele werkloosheid
structure ['strʌktʃə] **I** *znw* ❶ structuur, bouw ★ *the plot is fairly simple in ~* het plot is vrij simpel van opbouw ★ *the film suffers from a lack of ~* het ontbreekt de film aan structuur ❷ gebouw, bouwsel **II** *overg* structureren ★ *the lessons are ~d around the students' interests* de lessen zijn gestructureerd rondom de interesses van de student

st

strudel ['struːdl] *znw* strudel ‹rolletje van bladerdeeg met fruitvulling›

struggle ['strʌgl] **I** *znw* ❶ worsteling, (worstel)strijd ★ *the ~ for life* de strijd om het bestaan ❷ pogingen ❸ probleem, problematisch geval ★ *it was a ~ to make herself heard* ze had grote moeite om zich verstaanbaar te maken **II** *onoverg* (tegen)spartelen, worstelen (tegen *against, with*), kampen (met *with*), strijden, iets met moeite doen / proberen ★ *he's struggling at school* hij heeft het moeilijk op school, hij kan de school haast niet aan ★ *she ~d into / out of her dress* ze kwam met moeite in (uit) haar japon ★ *he ~d through the crowd* hij baande zich met moeite een weg door de menigte ★ *they ~d through the meal* ze worstelden zich door de maaltijd heen ★ *she's struggling with her feelings for him* ze heeft het moeilijk met haar gevoelens voor hem **III** *phras* ★ *~ on* met moeite vooruitkomen

struggling ['strʌglɪŋ] *bn* worstelend, met moeite het hoofd boven water houdend ★ *a ~ community* een gemeenschap die vecht tegen de armoede ★ *eke out a ~ existence* met moeite zijn kostje bij elkaar scharrelen

strum [strʌm] **I** *znw* getjingel, getokkel **II** *overg & onoverg* tjingelen, tokkelen ‹op snaarinstrument›

struma ['struːmə] *znw* [*mv:* strumae] kropgezwel, struma

strumpet ['strʌmpɪt] scherts *znw* slet, hoer

strung [strʌŋ] *ww* [v.t. & v.d.] → **string**

strung out [strʌŋ aʊt] inf *bn* ❶ verslaafd ❷ overspannen, in de war ❸ verliefd

strung up [strʌŋ ʌp] inf *bn* gespannen

strut [strʌt] **I** *znw* ❶ deftige, trotse stap ❷ stut **II** *overg* stutten ▼ inf *~ one's stuff* zich zelfverzekerd gedragen **III** *onoverg* deftig, trots stappen

strychnine ['strɪkniːn] *znw* strychnine

stub [stʌb] **I** *znw* ❶ stomp, stompje ‹potlood›, peuk, peukje ‹sigaar› ❷ Am souche ‹v. cheque› ❸ stronk ‹v. boom› **II** *overg* stoten ‹zijn teen &› **III** *phras* ★ *~ sth out* iets uitdrukken ‹sigaret›

stubble ['stʌbl] *znw* stoppel(s)

stubbly ['stʌblɪ] *bn* stoppelig, stoppel-

stubborn ['stʌbən] *bn* ❶ koppig, halsstarrig, onverzettelijk, weerspannig ★ *as ~ as a mule* zo koppig als een ezel ❷ hardnekkig ★ *a ~ stain* een hardnekkige vlek

stubby ['stʌbɪ] **I** *bn* kort en dik, kort en stevig **II** *znw* Aus pijpje bier

stucco ['stʌkəʊ] **I** *znw* pleisterkalk, pleisterwerk **II** *overg* stukadoren, pleisteren

stuck [stʌk] **I** *bn* ❶ gestoken ★ *bleed / squeal like a ~ pig* bloeden / gillen als een slachtvarken ❷ vast, vastgekleefd, vastgeplakt ★ *be ~* vastzitten, niet verder kunnen ★ inf *be ~ with sth* opgescheept zitten met iets ❸ ten einde raad ★ *be ~ for words* met de mond vol tanden staan ▼ inf *get ~ in / into sth* hard aan de slag gaan **II** *ww* [v.t. & v.d.] → **stick**

stuck-up [stʌk-'ʌp] inf *bn* verwaand, pedant

stud [stʌd] **I** *znw* ❶ knop, knopje, spijker ❷ overhemdsknoopje ❸ → **stud wall** ❹ stoeterij, (ren)stal ❺ dekhengst ❻ inf seksueel actieve man **II** *overg* ❶ het knoopje steken in / door ❷ (met knopjes) beslaan / bezetten / versieren ★ *a gown ~ded with beads* een jurk bezaaid met kraaltjes ★ *the report is ~ded with inaccuracies* het rapport zit vol onnauwkeurigheden

stud book [stʌd bʊk] *znw* (paarden-, honden- &) stamboek

studding ['stʌdɪŋ] *znw* pleisterbeschot

student ['stjuːdnt] *znw* ❶ student, scholier, leerling, beursaal ❷ beoefenaar

student adviser ['stjuːdnt əd'vaɪzə] *znw* mentor, studiebegeleider

student card ['stjuːdnt kɑːd] *znw* collegekaart

student counsellor ['stjuːdnt 'kaʊnsələ] *znw* decaan

student loan ['stjuːdnt ləʊn] *znw* studielening

studentship ['stjuːdntʃɪp] *znw* ❶ studentschap ❷ studiebeurs

student teacher ['stjuːdnt 'tiːtʃə] *znw* (leraar-)stagiair(e), hospitant(e)

student union ['stjuːdnt 'juːnjən] *znw* studentenvakbond

stud farm [stʌd fɑːm] *znw* stoeterij

stud horse [stʌd hɔːs] *znw* (dek)hengst

studied ['stʌdɪd] *bn* ❶ gestudeerd ❷ weldoordacht ❸ bestudeerd, gewild, gemaakt, opzettelijk ★ *his proposition met with ~ indifference* zijn voorstel werd ontvangen met gemaakte onverschilligheid

studio ['stjuːdɪəʊ] *znw* ❶ (film)studio ❷ atelier ‹v. kunstenaar› ❸ → **studio apartment**

studio apartment ['stjuːdɪəʊ ə'pɑːtmənt], **studio flat**, **studio** *znw* eenkamerwoning, studio

studio portrait ['stjuːdɪəʊ 'pɔːtrɪt] *znw* studioportret

studious ['stjuːdɪəs] *bn* ❶ ijverig, vlijtig, leerzaam, leergierig ❷ nauwgezet, precies ❸ bestudeerd, opzettelijk

stud wall [stʌd wɔːl], **stud** *znw* houtskeletwand

study ['stʌdɪ] **I** *znw* ❶ studie(vak) ★ *what's his area / field of ~?* wat is zijn studierichting / studiegebied? ❷ bestudering ★ *subject to a ~ of the matter* afhankelijk van bestudering van de kwestie ❸ studie, thesis, werk, onderzoek ❹ toonbeeld ★ *his face was a ~ of concentration* zijn gezicht was één en al concentratie ❺ muz etude ❻ studeerkamer ▼ *in a brown ~* in gedachten verzonken **II** *overg* ❶ (be)studeren ❷ studeren in **III** *onoverg* studeren

study group ['stʌdɪ gruːp] *znw* studiegroep, studiekring

stuff [stʌf] **I** *znw* ❶ spul, materiaal, goed, goedje ★ inf *hot ~* prima spul, gestolen goederen, iets opwindends of pornografisch ★ inf *hot ~!* uitstekend! ★ inf *that's the ~!* goed zo!, zo mag ik het horen! ❷ rommel, troep ★ *there was a lot of ~ lying about* het was erg rommelig ❸ essentie, eigenschappen ★ *debate is the ~ of democracy* het debat vormt de basis van de democratie ★ *he has* *the* ~ *of a good leader* hij heeft de kwaliteiten van een goede leider ★ *be made of sterner* ~ uit het goede hout gesneden zijn ❹ inf drug(s), narcotica ▼ inf *do one's* ~ zijn werk doen, zich weren ▼ inf *know one's* ~ zijn weetje weten ▼ inf *not give a* ~ het geen zier kunnen schelen **II** *overg* ❶ volstoppen, volproppen (met *with*), schransen ★ inf ~ *one's face / oneself* zich volproppen ❷ slang inmaken, compleet verslaan ❸ (op)vullen, farceren ❹ opzetten ⟨dieren⟩ ❺ stoppen (in *into*) ❻ (dicht)stoppen (ook: ~ *up*) ❼ vulg neuken ★ *get* ~*ed!* flikker op! ★ ~ *it / you / them &!* het / jij / zij kan / kunt / kunnen de pot op!

stuffed [stʌft] *bn* ❶ gevuld ❷ inf volgestopt, volgevreten ★ *a* ~ *nose* verstopte neus ★ *no dessert, thanks: I'm* ~! geen toetje dank je, ik zit helemaal vol! ❸ opgezet ⟨dieren⟩ ❹ vulg in de problemen, de lul

stuffed animal [stʌft 'ænɪml] *znw* opgezet dier

stuffed shirt [stʌft ʃɜ:t] inf *znw* conservatief dikdoenerig persoon

stuffed-up [stʌft-'ʌp] *bn* verstopt

stuffing ['stʌfɪŋ] *znw* vulsel, opvulsel, farce ★ inf *knock / take the* ~ *out of sbd* iem. buiten gevecht stellen, iem. knock-out slaan

stuffy ['stʌfɪ] *bn* ❶ benauwd, dompig, bedompt, duf ⟨v. ruimte⟩ ❷ inf bekrompen, conventioneel, saai ⟨v. persoon⟩

stultification [stʌltɪfɪ'keɪʃən] *znw* afstomping ★ *a culture which has led to a* ~ *of creativity* een cultuur die geleid heeft tot het afstompen van creativiteit

stultify ['stʌltɪfaɪ] *overg* afstompen ★ *all their efforts are being stultified by petty bureaucrats* al hun pogingen worden gefrustreerd door bekrompen bureaucraten

stultifying ['stʌltɪfaɪɪŋ] *bn* afstompend

stumble ['stʌmbl] **I** *znw* struikeling, misstap **II** *onoverg* ❶ struikelen ❷ strompelen ❸ haperen ★ ~ *for words* zoeken naar zijn woorden **III** *phras* ★ ~ **across** / **on** / **upon** *sbd / sth* iem. / iets tegen het lijf lopen, iem. / iets toevallig aantreffen / vinden ★ ~ **through** *(sth)* moeizaam door iets heen komen

stumbling block ['stʌmblɪŋ blɒk] *znw* ❶ struikelblok, hinderpaal ❷ steen des aanstoots

stump [stʌmp] **I** *znw* ❶ stomp, stompje ❷ stronk ★ Am inf *up a* ~ in een moeilijk parket ❸ stump, paaltje ⟨v. wicket⟩ **II** *overg* ❶ sp stumpen ⟨bij cricket⟩ ❷ inf in verlegenheid brengen, voor een raadsel stellen ★ *police are* ~*ed for a motive* de politie tast in het duister naar het motief / heeft geen idee wat het motief is **III** *onoverg* ❶ stommelen, strompelen ❷ Am verkiezingsredevoeringen houden **IV** *phras* ★ Br inf ~ **up** dokken ⟨geld⟩ ★ Br inf ~ *sth up* betalen, ophoesten

stumper ['stʌmpə] inf *znw* lastig probleem, moeilijke taak

stumps [stʌmps] *znw* [mv] ❶ inf benen ★ *stir one's* ~ opschieten ❷ cricket wicketpaaltjes, wicket ★ *draw* ~ de wedstrijd beëindigen ★ *at* ~ aan het eind van een

cricketmatch, aan het eind van een speeldag ⟨bij een meerdaagse match⟩

stumpy ['stʌmpɪ] *bn* kort en dik, gezet

stun [stʌn] *overg* ❶ bewusteloos slaan, bedwelmen, verdoven ❷ overweldigen, verbluffen ❸ schokken ★ *the tragedy has* ~*ned the village* de tragedie heeft het dorp diep geschokt

stung [stʌŋ] *ww* [v.t. & v.d.] → **sting**

stun gun [stʌn gʌn] *znw* verdovingsgeweer

stunk [stʌŋk] *ww* [v.d.] → **stink**

stunner ['stʌnə] inf *znw* prachtkerel, -meid, schoonheid ★ *their newest model is a* ~ hun nieuwste model is een prachtexemplaar

stunning ['stʌnɪŋ] *bn* ❶ bewusteloos makend, verdovend, bedwelmend ❷ verbluffend, overweldigend ❸ inf fantastisch, te gek

stunt [stʌnt] **I** *znw* ❶ toer, kunst, truc, foefje, kunstje, stunt ★ *pull a* ~ een stunt uithalen ❷ nummer ⟨v. vertoning⟩ ❸ luchtv kunstvlucht **II** *overg* in de groei belemmeren **III** *onoverg* ❶ toeren doen, zijn kunsten vertonen ❷ luchtv kunstvliegen

stunt double [stʌnt 'dʌbl] *znw* stuntman, stuntvrouw

stunted ['stʌntɪd] *bn* in de groei blijven steken, dwerg-

stunt man [stʌnt mæn] *znw* stuntman

stunt woman [stʌnt 'wʊmən] *znw* stuntvrouw

stupefaction ['stju:pɪfækʃən] *znw* ❶ bedwelming, verdoving ❷ (stomme) verbazing

stupefy ['stju:pɪfaɪ] *overg* ❶ verdoven, bedwelmen ❷ afstompen ❸ verbluffen ★ *his sudden resignation stupefied them* zijn plotselinge aftreden had hen verstomd doen staan

stupendous [stju:'pendəs] *bn* verbazend, verbazingwekkend, kolossaal

stupid ['stju:pɪd] **I** *bn* ❶ dom, stom, onnozel ★ inf *I told him I didn't want his* ~ *help* ik zei tegen hem dat ik zijn stomme hulp niet nodig had ❷ (ver)suf(t) **II** *znw* inf stommerik

stupidity [stju:'pɪdətɪ] *znw* domheid, stomheid, stommiteit

stupor ['stju:pə] *znw* ❶ verdoving, bedwelming, gevoelloosheid ★ *he was in a drunken* ~ hij verkeerde in een stomdronken toestand ❷ stomme verbazing

sturdy ['stɜ:dɪ] *bn* sterk, stoer, stevig

sturgeon ['stɜ:dʒən] *znw* steur ⟨vis⟩

stutter ['stʌtə] **I** *znw* gestotter, gehakkel ★ *she's got a bit of a* ~ zij stottert een beetje **II** *overg & onoverg* stotteren, hakkelen

stutterer ['stʌtərə] *znw* stotteraar(ster)

sty [staɪ] *znw* ❶ varkenshok, kot ❷ stye strontje ⟨op het oog⟩

Stygian ['stɪdʒɪən] dicht *bn* duister, donker ⟨als de mythologische rivier Styx⟩

style [staɪl] **I** *znw* ❶ stijl, wijze, manier, (schrijf)trant ★ *he writes in a conversational* ~ hij schrijft in spreekstijl ★ *I like her new hair* ~ ik vind haar nieuwe haarstijl leuk ★ inf *cramp sbd's* ~ iem. in zijn doen en laten / ontplooiing belemmeren ★ *we're*

st

getting married in ~ we gaan in stijl trouwen
★ *whatever she does she does with* ~ alles wat ze doet
doet ze stijlvol ❷ soort, genre, model, vorm, type
❸ plantk stijl ‹v. stamper› **II** *overg* ❶ noemen,
betitelen ❷ ontwerpen, vormgeven ‹auto, japon &›
style sheet [staɪl ʃiːt] comput *znw* style sheet,
opmaakspecificatie
styling ['staɪlɪŋ] *znw* vormgeving, modellering, styling
stylise ['staɪlaɪz] *overg* → **stylize**
stylish ['staɪlɪʃ] *bn* naar de (laatste) mode, stijlvol,
elegant, fijn, chic, zwierig
stylist ['staɪlɪst] *znw* stilist(e)
stylistic [staɪ'lɪstɪk] *bn* stilistisch, stijl-
stylistics [staɪ'lɪstɪks] *znw* stijlleer
stylize ['staɪlaɪz], **stylise** *overg* stileren
stylized ['staɪlaɪzd], **stylised** *bn* gestileerd
stylus ['staɪləs] *znw* [*mv:* styluses *of* styli] ❶ naald (v.
pick-up) ❷ comput invoerapparaat in de vorm van
een pen ❸ etsnaald, graveernaald
stymie ['staɪmɪ] *overg* ❶ verijdelen ‹plan›,
verhinderen ❷ hinderen ‹bij golfsport›
styptic ['stɪptɪk] **I** *bn* bloedstelpend **II** *znw*
bloedstelpend middel
styrofoam ['staɪrəfəʊm] *znw* piepschuim, polystyreen
Styx [stɪks] *znw* Styx ‹mythologische doodsrivier›
★ dicht *cross the* ~ doodgaan, sterven
suasion ['sweɪʒən] form *znw* morele druk
suave [swɑːv] *bn* elegant, minzaam, voorkomend,
zacht
suavity ['swɑːvɪtɪ, 'sweɪvɪtɪ, 'swævɪtɪ], **suaveness** *znw*
elegantie, minzaamheid, voorkomendheid
sub [sʌb] inf **I** *znw* ❶ → **subeditor** ❷ → **sub lieutenant**
❸ → **submarine** ❹ → **submarine sandwich** ❺ →
subscription ❻ → **substitute** ❼ Br voorschot **II** *overg*
❶ vervangen ❷ voorschieten **III** *onoverg* invallen
(voor *for*)
sub- [sʌb] *voorv* onder, bijna, bij, naar, lager, kleiner,
ongeveer
subalpine [sʌb'ælpaɪn] *bn* subalpien ‹in bergland het
gebied onder de boomgrens›
subaltern ['sʌbəltn] **I** *bn* ❶ subaltern, ondergeschikt
❷ lager **II** *znw* ❶ onderambtenaar ❷ mil officier
beneden de rang van kapitein, jong luitenantje
subaqua [sʌb'ækwə] *bn* onderwater-
subaquatic [sʌbə'kwætɪk] *bn* onderwater-
subatomic ['sʌbə'tɒmɪk] *bn* subatomair
subatomic particle ['sʌbə'tɒmɪk 'pɑːtɪkl] *znw*
subatomair deeltje
subaudition [sʌbɔː'dɪʃən] *znw* stilzwijgend begrijpen
van betekenis (bedoeling), tussen de regels kunnen
doorlezen
subcategory ['sʌbkætɪgərɪ] *znw* subcategorie
subclass ['sʌbklɑːs] *znw* onderklasse
subcommittee ['sʌbkəmɪtɪ] *znw* subcommissie
subcompact ['səbkəmpækt] *znw* ❶ kleine
tweepersoonsauto ❷ klein handvuurwapen
subconscious [sʌb'kɒnʃəs] **I** *bn* onderbewust **II** *znw*
onderbewuste, onderbewustzijn

subconsciously [sʌb'kɒnʃəslɪ] *bijw* in het
onderbewustzijn ★ *she knew ~ that the relationship
had no future* diep in haar hart wist ze dat de relatie
geen toekomst had
subcontinent ['sʌb'kɒntɪnənt] *znw* subcontinent ★ *the
Indian* ~ het Indiase subcontinent
subcontract I *znw* [sʌb'kɒntrækt] toeleveringscontract
II *overg & onoverg* [sʌbkən'trækt] een
toeleveringscontract sluiten
subcontractor [sʌbkɒn'træktə] *znw* ❶ onderaannemer
❷ toeleveringsbedrijf
subculture ['sʌbkʌltʃə] *znw* subcultuur
subcutaneous [sʌbkjʊ'teɪnɪəs] *bn* onderhuids
subdeacon ['sʌb'diːkən] *znw* subdiaken, onderdiaken
subdirectory ['sʌbdaɪ'rektərɪ] comput *znw*
subdirectory
subdivide ['sʌbdɪvaɪd] **I** *overg* in onderafdelingen
verdelen, onderverdelen, verkavelen ★ *the farm is
being ~d into lots* de boerderij wordt in kavels
onderverdeeld **II** *onoverg* in onderafdelingen
gesplitst worden, zich weer (laten) verdelen
subdivision ['sʌbdɪvɪʒən] *znw* ❶ onderafdeling
❷ onderverdeling, verkaveling
subdominant [sʌb'dɒmɪnənt] muz *znw*
onderdominant
subdue [səb'djuː] *overg* ❶ onderwerpen, klein krijgen
❷ beheersen ‹hartstochten›, bedwingen ★ *it took
some hours to ~ the blaze* er was een paar uur nodig
om het vuur onder bedwang te krijgen ❸ temperen
‹v. licht &›
subdued [səb'djuːd] *bn* gedempt, gedekt, stil, zacht,
zichzelf meester, ingehouden ★ *she could hear ~
laughter* ze kon onderdrukt gelach horen
subedit [sʌb'edɪt] *overg* persklaar maken, redigeren
subeditor [sʌb'edɪtə], inf **sub** *znw* adjunct
hoofdredacteur, editor
subfusc ['sʌbfʌsk] dicht *bn* donker van kleur ‹kleding›
subgroup ['sʌbgruːp] *znw* subgroep
subheading ['sʌbhedɪŋ] *znw* onderkop, subkop,
ondertitel ‹in een geschrift›
subhuman [sʌb'hjuːmən] *bn* minder dan menselijk
subjacent [sʌb'dʒeɪsənt] *bn* lager gelegen
subject I *bn* ['sʌbdʒɪkt] onderworpen, onderhevig,
afhankelijk ★ *international trade is* ~ *to strict
regulations* de internationale handel is onderworpen
aan strenge regels ★ *the patient is* ~ *to migraine
attacks* de patiënt is onderhevig aan
migraineaanvallen, vatbaar voor migraineaanvallen
★ *she's* ~ *to dizzy spells* zij heeft last van duizelingen
II *bijw* afhankelijk van ★ ~ *to work availability*
afhankelijk van de beschikbaarheid van werk ★ ~ *to
the approval of council* behoudens de goedkeuring
van de raad ★ ~ *to the following conditions* onder de
volgende voorwaarden **III** *znw* ['sʌbdʒɪkt]
❶ onderwerp ★ *a report on the* ~ *of domestic violence*
een rapport over (het onderwerp) huiselijk geweld
★ *bring up / broach the* ~ het onderwerp aansnijden
★ *change the* ~ van onderwerp veranderen, over iets

anders gaan praten ★ *throw / shed some light on the* ~ licht op de zaak werpen ❷ <u>muz</u> thema ❸ proefpersoon, -dier, kadaver ‹voor de snijkamer› ❹ (leer)vak ❺ onderdaan, ondergeschikte ❻ persoon, individu ❼ aanleiding, motief ★ *the issue of euthanasia remains a* ~ *for debate* de euthanasiekwestie blijft een aanleiding voor debat ❽ subject ‹de ego in de filosofie› **IV** *overg* [səb'dʒekt] onderwerpen, blootstellen (aan *to*) ★ *the city was* ~*ed to massive bombings* de stad werd blootgesteld aan zware bombardementen

subject catalogue ['sʌbdʒɪkt 'kætəlɒg] *znw* systematische catalogus ‹in bibliotheek &›

subject index ['sʌbdʒɪkt 'ɪndeks] *znw* zaakregister

subjection [səb'dʒekʃən] *znw* ❶ onderwerping, onderworpenheid ❷ afhankelijkheid

subjective [səb'dʒektɪv] **I** *bn* subjectief ★ *make a* ~ *judgement* een subjectief oordeel vellen ★ *take a* ~ *approach* een subjectieve aanpak kiezen **II** *znw* ★ gramm *the* ~ eerste naamval, nominatief

subjectively [səb'dʒektɪvlɪ] *bijw* subjectief, op een subjectieve manier ★ *the guidelines are being interpreted* ~ de richtlijnen worden op een subjectieve manier geïnterpreteerd

subjectivity [səbdʒek'tɪvətɪ] *znw* subjectiviteit

subject matter ['sʌbdʒektmætə] *znw* stof, onderwerp ‹behandeld in een boek›

sub judice [sʌb 'dʒuːdɪsɪ] <u>jur</u> *bn* nog niet door een rechter beslist, nog onder de rechter

subjugate ['sʌbdʒʊgeɪt] *overg* onderwerpen, onder het juk brengen ★ *public health has been* ~*d to political whim* volksgezondheid wordt gedomineerd door politieke willekeur

subjugation [sʌbdʒʊ'geɪʃən] *znw* onderwerping

subjunctive [səb'dʒʌŋktɪv] gramm **I** *bn* conjunctief, aanvoegend ★ *the* ~ *mood* de conjunctief, de aanvoegende wijs **II** *znw* conjunctief, aanvoegende wijs

sublanguage ['sʌblæŋgwɪdʒ] *znw* subtaal, vaktaal, groepstaal, jargon

sublease [sʌb'liːs] **I** *znw* ❶ ondercontract ❷ onderverhuring, -verpachting **II** *overg* onderverpachten, -verhuren

sublessee ['sʌble'siː] *znw* onderhuurder, -pachter

sublessor ['sʌble'sɔː] *znw* onderverhuurder, -verpachter

sublet [sʌb'let] *overg* ❶ onderverhuren ❷ onderaanbesteden

sub lieutenant [sʌb lə'tenənt], <u>inf</u> **sub** *znw* luitenant ter zee 3de klasse

sublimate ['sʌblɪmeɪt] *overg* ❶ sublimeren ★ *aggression* ~*d into energetic action* agressie gesublimeerd tot energiek handelen ❷ veredelen, zuiveren

sublimation [sʌblɪ'meɪʃən] *znw* ❶ sublimering, sublimatie ❷ verheffing, veredeling

sublime [sə'blaɪm] **I** *bn* ❶ subliem, verheven, hoog ❷ voortreffelijk, indrukwekkend, majestueus **II** *znw*

verhevene ★ *go from the* ~ *to the ridiculous* ± van het ene in het andere uiterste vallen

sublimely [sə'blaɪmlɪ] *bijw* ❶ subliem ❷ <u>inf</u> uiterst ★ *a* ~ *stupid question* een bijzonder stomme vraag

subliminal [səb'lɪmɪnl] *bn* subliminaal, onderbewust

sublimity [sʌ'blɪmətɪ] *znw* sublimiteit, verhevenheid, hoogheid

sublunary [səblu:nərɪ] *bn* aards, ondermaans, van deze wereld

sub-machine gun ['sʌbmə'ʃiːngʌn], **submachine gun** *znw* handmitrailleur, machinepistool

submarine [sʌbmə'riːn], <u>inf</u> **sub I** *bn* onderzees **II** *znw* onderzeeboot, onderzeeër, duikboot

submarine sandwich [sʌbmə'riːn 'sænwɪdʒ], Am inf **sub** *znw* belegd stuk stokbrood

submerge [səb'mɜːdʒ] **I** *overg* onderdompelen, onder water zetten, overstromen fig bedelven ★ *she* ~*d her identity in the cause* ze maakte haar persoonlijkheid helemaal ondergeschikt aan het ideaal **II** *onoverg* ❶ (onder)duiken ❷ (weg)zinken

submergence [səb'mɜːdʒəns] *znw* ❶ onderdompeling ❷ overstroming

submersible [səb'mɜːsɪbl] **I** *bn* onder water gezet (gelaten) kunnende worden **II** *znw* duikboot

submersion [səb'mɜːʃn] *znw* ❶ onderdompeling ❷ overstroming

submission [səb'mɪʃən] *znw* ❶ onderwerping, onderworpenheid, onderdanigheid, nederigheid ★ *they have been beaten into* ~ zij zijn met kracht tot overgave gedwongen ❷ voorstel, voordracht ❸ jur mening

submissive [səb'mɪsɪv] *bn* onderdanig, nederig, onderworpen, ootmoedig, gedwee

submit [səb'mɪt] **I** *overg* ❶ onderwerpen ★ ~ *oneself to sth* zich onderwerpen aan iets ❷ voorleggen (ter beoordeling), overleggen ❸ menen, de opmerking maken (dat *that*) **II** *onoverg* ❶ zich onderwerpen (aan *to*) ❷ zich overgeven, zich gewonnen geven

submultiple [sʌb'mʌltɪpl] *znw* factor, deelgetal

subnormal [sʌb'nɔːml] *bn* beneden het normale

suborder ['sʌbɔːdə] *znw* onderorde, suborde

subordinate I *bn* [sə'bɔːdɪnɪt] ondergeschikt, <u>mil</u> onderhebbend ★ *women are no longer* ~ *to men* vrouwen zijn niet meer ondergeschikt aan mannen **II** *znw* [sə'bɔːdɪnɪt] ondergeschikte, <u>mil</u> onderhebbende **III** *overg* [sə'bɔːdɪneɪt] ondergeschikt maken, achterstellen (bij *to*) ★ *the law must not be* ~*d to political expediency* de wet moet niet ondergeschikt worden gemaakt aan politiek opportunisme

subordinate clause [sə'bɔːdɪnɪt klɔːz] gramm *znw* bijzin, ondergeschikte zin

subordinating conjunction [sə'bɔːdɪneɪtɪŋ kən'dʒʌŋkʃən] gramm *bn* onderschikkend voegwoord

subordination [səbɔːdɪ'neɪʃən] *znw* ❶ subordinatie, ondergeschiktheid, ondergeschiktmaking ❷ gramm onderschikking ❸ onderworpenheid,

su

minderwaardigheid

suborn [sʌ'bɔ:n, sə'bɔ:n] *overg* omkopen ★ *they are accused of conspiring to ~ the key witness* zij worden beschuldigd van een poging tot omkoping van de hoofdgetuige

subornation [sʌbɔ:'neɪʃən] *znw* omkoping, aanzetting ⟨tot meineed⟩

subplot ['sʌbplɒt] *znw* ondergeschikt plot ⟨in roman, film &⟩

subpoena [səb'pi:nə] I *znw* dagvaarding II *overg* dagvaarden ★ *he has been ~ed to testify at the hearing* hij is gedagvaard om te getuigen op de hoorzitting

sub rosa [sʌb 'rəʊzə] form *bn & bijw* onder geheimhouding

subroutine ['sʌbru:ti:n] *znw* subroutine ⟨in een computerprogramma⟩

subsample ['sʌbsɑ:mpl] *znw* deelmonster

subscribe [səb'skraɪb] I *overg* deelnemen in, inschrijven voor, bijeenbrengen ⟨geld⟩ ★ *they ~d $100 each* ze schreven zich elk in voor $100 II *onoverg* ❶ (onder)tekenen, intekenen (op *for / to*), contribueren, zich abonneren ★ *~ to a newspaper* zich op een krant abonneren ❷ steunen ★ *I don't ~ to that idea* ik deel die mening niet

subscriber [səb'skraɪbə] *znw* ❶ ondertekenaar ❷ intekenaar, abonnee

subscript ['sʌbskrɪpt] *znw* ❶ onderschrift, -titeling ❷ typ subscript

subscription [səb'skrɪpʃən], inf **sub** *znw* ❶ onderschrift, ondertekening ❷ inschrijving, intekening ❸ abonnement ★ *a ~ to a scientific journal* een abonnement op een wetenschappelijk tijdschrift ❹ contributie ⟨als lid⟩, bijdrage ⟨voor goed doel⟩

subscription concert [səb'skrɪpʃən 'kɒnsət] *znw* abonnementsconcert

subsection ['sʌbsekʃən] *znw* ❶ onderafdeling ❷ (sub)paragraaf

subsequent ['sʌbsɪkwənt] *bn* (later) volgend, later ★ *~ to* volgend op, komend na, later dan

subsequently ['sʌbsɪkwəntlɪ] *bijw* vervolgens, naderhand, daarna, later

subserve [səb'sɜ:v] form *overg* bevorderen, gunstig zijn voor ★ *~ the common good* het algemeen welzijn bevorderen

subservience [səb'sɜ:vɪəns] *znw* ❶ dienstbaarheid, ondergeschiktheid ❷ kruiperige onderdanigheid

subservient [səb'sɜ:vɪənt] *bn* ❶ dienstbaar, ondergeschikt ★ *people must not be made ~ to technology* mensen moeten niet ondergeschikt worden gemaakt aan technologie ★ *he made all his efforts ~ to this goal* hij stelde al zijn inspanningen in dienst van zijn doel ❷ kruiperig onderdanig ❸ bevorderlijk, gunstig (voor *to*)

subset ['sʌbset] *znw* deelgroep, deelverzameling

subside [səb'saɪd] *onoverg* ❶ zinken, zakken, verzakken ❷ afnemen, tot bedaren komen, bedaren, gaan liggen ⟨v. wind &⟩, luwen ❸ zich

neerlaten of neervlijen ⟨in armstoel &⟩

subsidence ['sʌbsɪdəns] *znw* ❶ zinken, zakken, inzinking ⟨bodem⟩, verzakking ⟨gebouw⟩ ❷ gaan liggen ⟨wind⟩

subsidiarity [səbsɪdɪ'ærɪtɪ] pol *znw* subsidiariteit(sprincipe)

subsidiary [səb'sɪdɪərɪ] I *bn* neven-, ondergeschikt ★ *he played a ~ role* hij speelde een ondergeschikte rol ★ *a ~ company* een dochtermaatschappij II *znw* dochtermaatschappij ★ *a wholly-owned ~* een volle dochtermaatschappij, een volle dochter ⟨bij een belang in een onderneming van 100%⟩

subsidization [sʌbsɪdaɪ'zeɪʃən], **subsidisation** *znw* subsidiëring

subsidize ['sʌbsɪdaɪz], **subsidise** *overg* subsidiëren, subsidie verlenen aan, geldelijk steunen

subsidy ['sʌbsɪdɪ] *znw* subsidie

subsist [səb'sɪst] *onoverg* ❶ bestaan, leven (van *on*) ❷ blijven bestaan

subsistence [səb'sɪstns] *znw* ❶ (middel van) bestaan ❷ (levens)onderhoud, leeftocht

subsistence allowance [səb'sɪstns ə'laʊəns] *znw* voorschot ⟨op loon of soldij⟩, onderhoudstoelage

subsistence farming [səb'sɪstns 'fɑ:mɪŋ] *znw* landbouw / veeteelt voor eigen gebruik

subsistence level [səb'sɪstns 'levəl] *znw* bestaansminimum

subsistence wage [səb'sɪstns weɪdʒ] *znw* minimumloon

subsoil ['sʌbsɔɪl] *znw* ondergrond

subsonic [sʌb'sɒnɪk] *bn* lager dan de snelheid van het geluid

subspecies ['sʌbspi:ʃi:z] biol *znw* [mv: ~] ondersoort

substance ['sʌbstns] *znw* ❶ substantie, stof, materie ❷ wezen, essentie, wezenlijkheid, hoofdzaak, kern, voornaamste, inhoud ★ *in ~* in hoofdzaak, in wezen ★ *there was little ~ to their claims* hun aanspraken hadden weinig inhoud ❸ degelijkheid, belangrijkheid, belang ★ *they will discuss a matter of some ~* ze zullen en zaak van enig belang bespreken ❹ vermogen, bezit ★ *a man of ~* een vermogend man

substance abuse ['sʌbstəns ə'bju:s] *znw* drugsgebruik, -misbruik

substandard [sʌb'stændəd] *bn* onder de norm ★ *a ~ building* een gebouw dat niet aan de eisen voldoet

substantial [səb'stænʃəl] *bn* ❶ aanzienlijk, flink, degelijk, stevig, solide ★ *they have incurred ~ losses recently* ze hebben de laatste tijd aanzienlijke verliezen geleden ❷ bestaand, wezenlijk, stoffelijk, werkelijk ★ *there is ~ agreement on the main issues* er is in grote lijnen overeenstemming over de hoofdpunten ❸ welgesteld

substantiality [səbstænʃɪ'ælɪtɪ] *znw* stoffelijkheid, wezenlijkheid, degelijkheid

substantially [səb'stænʃəlɪ] *bijw* ❶ in hoofdzaak, hoofdzakelijk ❷ in wezen, wezenlijk ★ *~ higher insurance premiums* wezenlijk hogere

su

verzekeringspremies

substantials [səb'stænʃəlz] *znw* [mv] het wezenlijke, de hoofdzaken

substantiate [səb'stænʃɪeɪt] *overg* met bewijzen staven, aannemelijk maken, verwezenlijken ★ *his allegations could not be ~d* zijn beschuldigingen konden niet aannemelijk worden gemaakt

substantiation [səbstænʃɪ'eɪʃən] *znw* ❶ staving ‹met bewijzen›, bewijs ❷ verwezenlijking

substantive ['sʌbstəntɪv] **I** *bn* ❶ form zelfstandig, onafhankelijk ❷ wezenlijk, feitelijk **II** *znw* gramm substantief, zelfstandig naamwoord

substation ['sʌbsteɪʃn] elektr *znw* onderstation

substitute ['sʌbstɪtjuːt] **I** *znw* ❶ (plaats)vervanger, substituut, vervanging ★ *there is no ~ for quality* er bestaat geen substituut voor kwaliteit ★ *there is no ~ for fresh air and a healthy diet* is er niets beter dan verse lucht en een gezond dieet ❷ inf **sub** sp invaller, wisselspeler ❸ **II** *overg* vervangen, de plaats vervullen van, in de plaats stellen ★ *cumin may be ~d for saffron* in plaats van saffraan kan komijn worden gebruikt

substitution [sʌbstɪ'tjuːʃən] *znw* substitutie, (plaats)vervanging

substratum ['sʌbstrɑːtəm, sʌb'streɪtəm] *znw* [mv: -ta] substraat, onderlaag, ondergrond

substructure ['sʌbstrʌktʃə] *znw* onderbouw, grondslag

subsume [səb'sjuːm] form *overg* onderbrengen, rangschikken, indelen ‹in categorie› ★ *the various tasks can be ~d under three categories* de verschillende taken kunnen worden onderverdeeld in drie categorieën

subsurface [sʌb'sɜːfɪs] *znw* de laag onder de oppervlakte

subtenancy [sʌb'tenənsɪ] *znw* onderhuur

subtenant ['sʌbtenənt] *znw* onderhuurder

subtend [sʌb'tend] *overg* tegenover liggen ‹v. zijde, hoek, in meetkunde›

subterfuge ['sʌbtəfjuːdʒ] *znw* vals voorwendsel, uitvlucht ★ *by ~* onder valse voorwendsel

subterranean [sʌbtə'reɪnɪən] *bn* ❶ ondergronds, onderaards ❷ fig heimelijk ★ *the ~ world of espionage* de geheime wereld van de spionage

subtext ['sʌbtekst] *znw* onderliggende tekst, dieptestructuur

subtitle ['sʌbtaɪtl] **I** *znw* ondertitel ‹v. boek, geschrift, film› ★ *a German film with English ~s* een Duitse film met Engelse ondertiteling **II** *overg* ondertitelen, van ondertitels / een ondertitel voorzien

subtle ['sʌtl] *bn* ❶ subtiel, fijn ❷ ijl ❸ spitsvondig, listig ★ *a ~ hint* een subtiele aanwijzing

subtlety ['sʌtəltɪ] *znw* ❶ subtiliteit, fijnheid, finesse ❷ ijlheid ❸ fig spitsvondigheid, list(igheid)

subtonic [sʌb'tɒnɪk] muz *znw* zevende toon

subtopia [sʌb'təʊpɪə] inf *znw* saaie, onaantrekkelijke woonwijk(en)

subtract [səb'trækt] *overg* aftrekken ★ *~ 27 from 49* 27 aftrekken van 49, 49 min 27

subtraction [səb'trækʃən] *znw* aftrekking, vermindering

subtrahend ['sʌbtrəhend] wisk *znw* aftrekker

subtropical [sʌb'trɒpɪkl] *bn* subtropisch

subtropics [sʌb'trɒpɪks] *znw* [mv] subtropen

suburb ['sʌbɜːb] *znw* voorstad, buitenwijk

suburban [sə'bɜːbən] *bn* ❶ voorstedelijk ❷ fig kleinburgerlijk

suburbanite [sə'bɜːbənaɪt] *znw* bewoner van voorstad / buitenwijk

suburbia [sə'bɜːbɪə] afkeurend *znw* ❶ voorsteden ★ *they live in the heart of ~* ze wonen midden in een voorstad ❷ levensstijl in voorsteden

subversion [səb'vɜːʃən] *znw* omverwerping, ondermijning ★ *the three were found guilty of ~* de drie werden schuldig bevonden aan subversieve activiteiten

subversive [səb'vɜːsɪv] *bn* revolutionair, subversief, ondermijnend

subvert [səb'vɜːt] *overg* omverwerpen, ondermijnen ★ *~ the course of justice* de rechtsgang ondermijnen

subway ['sʌbweɪ] *znw* ❶ (voetgangers)tunnel ❷ Am metro

subway station ['sʌbweɪ 'steɪʃən] Am *znw* metrostation

subway ticket ['sʌbweɪ 'tɪkɪt] Am *znw* metrokaartje

subzero [sʌb'zɪərəʊ] *bn* onder nul

succeed [sək'siːd] **I** *overg* volgen op, komen na, opvolgen **II** *onoverg* ❶ opvolgen, volgen (op *to*) ★ *his deputy ~ed to the post* zijn vervanger is hem in de positie opgevolgd ❷ succes hebben, goed uitvallen, (ge)lukken, slagen ★ *he has ~ed in uniting the country* hij is erin geslaagd om het land te verenigen

success [sək'ses] *znw* succes, welslagen, goed gevolg, gunstige afloop / uitslag ★ *we wish him every ~* we wensen hem veel succes ★ *he led the party to ~* hij leidde de partij naar een goede uitslag ★ *make a ~ of sth* iets er goed afbrengen ★ *meet with ~* succes boeken ★ inf zegsw *nothing succeeds like ~* van succes komt succes

successful [sək'sesfʊl] *bn* ❶ succesvol, geslaagd, succes- ★ *he has been ~ in uniting the party* hij is erin geslaagd on eenheid binnen de partij te brengen ❷ voorspoedig, gelukkig

successfully [sək'sesfʊlɪ] *bijw* met succes, succesvol ★ *he completed the year ~* hij heeft het jaar succesvol afgesloten

succession [sək'seʃən] *znw* ❶ opeenvolging, volgorde, reeks ★ *he has won for the second year in ~* hij heeft voor het tweede jaar achtereen gewonnen ★ *the births of three children followed in rapid ~* de geboortes van drie kinderen volgden vlot op elkaar ❷ successie, opvolging, erf-, troonopvolging

successive [sək'sesɪv] *bn* (opeen)volgend, achtereenvolgend ★ *for three ~ days* drie dagen achtereen

successively [sək'sesɪvlɪ] *bijw* achtereenvolgens, successievelijk ★ *since 1999, she has ~ won every*

su

major award sinds 1999 heeft ze alle belangrijke prijzen op een rij gewonnen

successor [sək'sesə] *znw* (troon)opvolger, erfopvolger ★ *his son is tipped to be his* ~ er wordt verwacht dat zijn zoon zijn opvolger zal zijn

success story [sək'ses 'stɔːrɪ] *inf znw* succesverhaal

succinct [sək'sɪŋkt] *bn* beknopt, bondig, kort

succinctly [sək'sɪŋktlɪ] *bijw* beknopt, bondig, kort ★ *he expressed his feelings* ~ hij gaf zijn gevoelens in een paar woorden weer

succor ['sʌkə] Am dicht *znw & overg* → **succour**

succory ['sʌkərɪ] *znw* cichorei

succour ['sʌkə], Am **succor** dicht I *znw* bijstand, steun, hulp II *overg* bijstaan, te hulp komen, helpen

succulence ['sʌkjʊləns] *znw* sappigheid

succulent ['sʌkjʊlənt] I *bn* sappig II *znw* vetplant, succulent

succumb [sə'kʌm] *onoverg* bezwijken (voor, aan *to*) ★ ~ *to temptation* bezwijken voor de verleiding

such [sʌtʃ] *aanw vnw* ❶ zulk, zo'n ★ *have you ever heard of* ~ *a thing?* heb je ooit van zoiets / iets dergelijks gehoord? ★ *there's no* ~ *thing / person* zoiets / zo iemand bestaat niet ❷ van dien aard, dergelijk, zodanig ★ *arrange the chairs in* ~ *a way that you can see everybody* de stoelen zo plaatsen dat je iedereen kunt zien ★ *there are no exams as* ~ er zijn geen examens als zodanig ★ *we are determined to prevent all* ~ *acts* we zijn vastbesloten dergelijke handelingen tegen te gaan ★ zegsw ~ *is life* zo is het leven nu eenmaal ❸ zo, wat, zulks ★ *it's* ~ *a long way* het is zo ver weg ★ ~ *and* ~ die en die, dit of dat ★ *herbs* ~ *as basil or marjoram* tuinkruiden zoals basilicum of marjolein ★ *an event* ~ *as we have just witnessed* een gebeurtenis zoals we er net een hebben gezien ★ *you're welcome to stay for lunch,* ~ *as it is* je mag meelunchen, maar het is niet veel bijzonders

suchlike ['sʌtʃlaɪk] *vnw* dergelijk(e)

suck [sʌk] I *znw* ❶ zuigen, zuiging ★ *give* ~ zogen ❷ inf slokje, teug ★ *here, have a* ~ hier, neem een slok II *overg* zuigen (op, aan), in-, op-, uitzuigen ★ ~ *sbd dry* iem. uitzuigen ★ Br inf ~ *it and see* probeer het maar uit ★ zegsw *you can't teach your grandmother to* ~ *eggs* het ei wil wijzer zijn dan de hen III *onoverg* ❶ zuigen ❷ lens zijn ⟨v. pomp⟩ ❸ inf waardeloos zijn ★ *this business* ~*s* dit zaakje is klote IV *phras* ★ inf ~ *sbd in* iem. bedotten, bedriegen, erin laten lopen, iem. boeien, fascineren ★ inf ~ *sbd into sth* iem. tegen hun wil ergens bij betrekken ★ vulg ~ *sbd off* iem. beffen / pijpen ★ Am inf ~ *it up* tegenslag accepteren ★ inf ~ *up to sbd* iem. vleien

sucker ['sʌkə] I *znw* ❶ zuiger, zuigleer, zuigbuis ❷ dierk zuignap ❸ zuigvis ❹ jonge walvis ❺ speenvarken ❻ plantk uitloper ❼ inf sukkel II *overg* ❶ van uitlopers ontdoen ❷ Am inf erin laten lopen ★ *we were* ~*ed into buying the car* we werden erin geluisd om de auto te kopen

suckle ['sʌkl] *overg* ❶ zogen ❷ fig grootbrengen

suckling ['sʌklɪŋ] *znw* zuigeling, nog zuigend dier ★ *roast* ~ *pig* geroosterd speenvarken

sucrose ['suːkrəʊz, 'suːkrəʊs] *znw* sucrose, rietsuiker

suction ['sʌkʃən] *znw* het (in)zuigen, zuiging

suction cup ['sʌkʃən kʌp], **suction cap** *znw* zuignap

suction dredge ['sʌkʃən dredʒ], **suction dredger** *znw* zuigbaggermachine, zandzuiger

suction pump ['sʌkʃənpʌmp] *znw* zuigpomp

Sudan [suː'dɑːn] *znw* Soedan

Sudanese [suːdə'niːz] I *bn* Soedanees II *znw* [*mv:* ~] Soedanees, Soedanese

sudarium [sju'deərɪəm] *znw* zweetdoek (met afbeelding v. het gelaat v. Christus)

sudden ['sʌdn] *bn* plotseling, onverhoeds ★ *all of a* ~ plotseling, eensklaps, onverhoeds

sudden death ['sʌdn deθ] *inf znw* ★ *a* ~ *play-off* een sudden death verlenging, beslissende verlenging ⟨winnaar is wie het eerste punt scoort⟩

sudden infant death syndrome ['sʌdn 'ɪnfənt deθ 'sɪndrəʊm] med *znw* wiegendood

suddenly ['sʌdnlɪ] *bijw* plotseling, eensklaps

suds [sʌdz] *znw* [*mv*] (zeep)sop, zeepschuim

sue [suː] I *overg* ❶ in rechten aanspreken, vervolgen ★ ~ *sbd for negligence* iem. wegens nalatigheid laten vervolgen ❷ verzoeken (om *for*) II *onoverg* verzoeken ★ ~ *for damages* een eis tot schadevergoeding instellen

suede [sweɪd] *znw* suède

suet ['suːɪt] *znw* niervet

suffer ['sʌfə] I *overg* ❶ lijden, te lijden hebben, de dupe zijn van ★ ~ *the consequences* lijden onder de gevolgen ❷ ondergaan, dulden, uithouden, (ver)dragen, uitstaan ★ *not* ~ *fools gladly* dwazen slecht kunnen verdragen II *onoverg* ❶ lijden, er onder lijden ★ *he's* ~*ing from cancer* hij lijdt aan kanker ★ *she* ~*s from headaches* ze heeft vaak last van hoofdpijn ★ *business is* ~*ing from high taxes* het zakenleven lijdt onder hoge belastingen ❷ de dupe zijn ★ *children* ~ *most from divorce* de kinderen zijn het meest de dupe van een scheiding ❸ boeten ★ *you'll* ~ *for this!* hier zul je voor boeten!, je zult het (moeten) ontgelden!

sufferance ['sʌfərəns] *znw* ★ *be somewhere on* ~ ergens geduld worden

sufferer ['sʌfərə] *znw* ❶ lijder, patiënt ★ *he was a lifelong* ~ *from asthma* hij heeft zijn leven lang aan astma geleden ❷ slachtoffer

suffering ['sʌfərɪŋ] I *bn* lijdend II *znw* lijden, nood, ellende

suffice [sə'faɪs] I *overg* voldoende zijn voor ★ ~ *it to say that...* we kunnen volstaan met te zeggen dat... II *onoverg* genoeg zijn, voldoende zijn, toereikend zijn

sufficiency [sə'fɪʃənsɪ] *znw* voldoende hoeveelheid / voorraad / aantal ★ *no more, thanks: I've had a* ~ dank u, niet meer: ik heb genoeg gehad

sufficient [sə'fɪʃənt] *bn* genoeg, voldoende, toereikend (voor *for* / *to*) ★ bijbel ~ *unto the day is the evil thereof* elke dag heeft genoeg aan zijn eigen kwaad, geen zorgen voor de dag van morgen

suffix ['sʌfɪks] I *znw* gramm achtervoegsel II *overg* achtervoegen

suffocate ['sʌfəkeɪt] I *overg* verstikken, smoren, doen stikken II *onoverg* stikken, smoren

suffocation [sʌfə'keɪʃən] *znw* stikken, verstikking

suffrage ['sʌfrɪdʒ] *znw* kies-, stemrecht ★ *universal* ~ algemeen kiesrecht

suffragette [sʌfrə'dʒet] *znw* suffragette

suffuse [sə'fju:z] dicht *overg* ❶ vloeien over ⟨v. licht, kleur, vocht⟩ ❷ stromen langs ⟨v. tranen⟩ ❸ overgieten, overspreiden, overdekken (met *with*)

suffusion [sə'fju:ʒən] *znw* ❶ dicht overgieting, overdekking ❷ blos, bloeduitstorting (onder de huid) ❸ waas, sluier

sugar ['ʃʊgə] I *tsw* mijn hemel! II *znw* suiker III *overg* suikeren, suiker doen in of bij ★ ~ *the pill* de pil vergulden

sugar basin ['ʃʊgə 'beɪsən] *znw* suikerpot

sugar beet ['ʃʊgə bi:t] *znw* suikerbiet

sugar bowl ['ʃʊgə bəʊl] *znw* suikerpot

sugar candy ['ʃʊgə 'kændɪ] *znw* kandijsuiker

sugar cane ['ʃʊgəkeɪn] *znw* suikerriet

sugar-coat [ʃʊgə-'kəʊt] *overg* ❶ met een suikerlaagje bedekken ❷ fig versuikeren, aangenamer maken ★ *the government is trying to* ~ *the conclusions* de regering probeert de conclusies aangenamer te maken

sugar cube ['ʃʊgə kju:b] *znw* suikerklontje

sugar daddy ['ʃʊgə 'dædɪ] inf *znw* suikeroompje ⟨rijke oudere minnaar⟩

sugared ['ʃʊgəd] *bn* gesuikerd ★ ~ *almonds* gesuikerde amandelen ★ ~ *words* suikerzoete woordjes

sugar-free [ʃʊgə-'fri:] *znw* suikervrij

sugar gum ['ʃʊgə gʌm] *znw* eucalyptus ⟨met zoete bladeren waar vee dol op is⟩

sugarloaf ['ʃʊgələʊf] *znw* suikerbrood

sugar lump ['ʃʊgə lʌmp] *znw* suikerklontje

sugar pea ['ʃʊgə pi:], **sugar snap** *znw* peultje, suikererwt

sugary ['ʃʊgərɪ] *bn* suiker(acht)ig, suikerzoet, suiker-

suggest [sə'dʒest] *overg* ❶ aan de hand doen, opperen, voorstellen, in overweging geven, aanraden ★ *I* ~ *that you go now* ik raad je aan om nu weg te gaan ★ *may I* ~ *the fish?* mag ik de vis bij u aanbevelen? ❷ suggereren, doen denken aan, doen vermoeden ★ *recent excavations have* ~*ed an earlier origin* recente opgravingen doen een eerder ontstaan vermoeden ★ *with those curtains, blue* ~*s itself as the best colour* met die gordijnen komt blauw als de beste kleur in aanmerking ❸ ingeven, influisteren ★ ~ *itself* zich vanzelf opdringen, vanzelf opkomen ⟨v. gedachte⟩, invallen ★ *the thought* ~*ed itself that...* de gedachte kwam op dat...

suggestible [sə'dʒestɪbl] *bn* ❶ suggestibel, beïnvloedbaar ★ *children are highly* ~ kinderen zijn erg voor suggestie vatbaar ❷ gesuggereerd / kunnende worden

suggestion [sə'dʒestʃən] *znw* ❶ voorstel, aanraden, idee, aanduiding ★ *at my* ~ op mijn voorstel, na mijn uiteenzetting ★ *on the* ~ of op voorstel van ❷ vermoeden ★ *any* ~ *of physical abuse should be reported* elk vermoeden van mishandeling moet worden gerapporteerd ❸ suggestie, ingeving, influistering ★ *the power of* ~ de macht van de suggestie ❹ wenk ★ *thanks for the* ~ bedankt voor de wenk ❺ zweem, tikje, glimp ★ *a* ~ *of a smile in her eyes* een glimp van een glimlach in haar ogen

suggestion box [sə'dʒestʃən bɒks] *znw* ideeënbus

suggestive [sə'dʒestɪv] *bn* ❶ suggestief, een aanwijzing bevattend, te denken / vermoeden / raden gevend ★ *a theme that is* ~ *of rippling water* een thema dat doet denken aan kabbelend water ❷ veelbetekenend, dubbelzinnig ⟨opmerking⟩ ❸ (nieuwe) gedachten wekkend, nieuwe gezichtspunten openend ⟨v. boek &⟩

suicidal [su:ɪ'saɪdl] *bn* zelfmoord(enaars)- ★ ~ *tendencies* zelfmoordneigingen ★ *calling an election now would be* ~ nu een verkiezing uitschrijven zou zelfmoord zijn

suicide ['su:ɪsaɪd] *znw* zelfmoord(enaar)

suicide bomber ['su:ɪsaɪd 'bɒmə] *znw* pleger van een zelfmoordaanslag

suicide mission ['su:ɪsaɪd 'mɪʃən] *znw* zelfmoordmissie

suicide pact ['su:ɪsaɪd pækt] *znw* zelfmoordpact

suit [su:t] I *znw* ❶ verzoek(schrift), aanzoek ❷ rechtsgeding, proces ★ *bring* / *file a* ~ *against sbd* een aanklacht indienen tegen iem. ❸ kaartsp kleur ★ *follow* ~ kleur bekennen, fig het voorbeeld volgen ❹ kostuum, pak (kleren), (mantel)pakje, stel ★ *a* ~ *of clothes* een pak / kostuum ★ *a* ~ *of armour* een wapenrusting, harnas ❺ inf hogere ambtenaar II *overg* ❶ passen, voegen, geschikt zijn voor, gelegen komen, schikken ★ *it* ~*ed my purpose* het kwam net goed uit, het kwam in mijn kraam te pas ★ *the part does not* ~ *her voice* de rol past niet bij haar stem ★ *they're not* ~*ed to each other* ze passen niet bij elkaar ★ *he's not* ~*ed to be a lawyer* hij deugt niet voor advocaat ★ *red doesn't* ~ *me* rood staat mij niet ★ ~ *oneself* naar eigen goeddunken handelen ★ inf ~ *yourself!* ga je gang maar!, doe maar wat je wilt! ⟨het zal mij een zorg zijn⟩ ★ inf ~ *sbd right down to the ground* precies in iemands straatje passen ❷ aanpassen (aan *to*) ★ zegsw ~ *the action to the word* de daad bij het woord voegen III *onoverg* ❶ gelegen komen, schikken ★ *that date doesn't* ~ die datum komt niet gelegen ❷ tevreden stellen, bevredigen ★ *he is hard to* ~ hij is moeilijk tevreden te stellen ❸ bijeenkomen, passen bij ★ *how does it* ~ *with the other things?* hoe sluit het aan bij de andere zaken?

suitability [su:tə'bɪlətɪ] *znw* geschiktheid, gepastheid

suitable ['su:təbl] *bn* ❶ gepast, voegzaam, passend

su

❷ geschikt
suitably ['suːtəblɪ] *bijw* passend, gepast
suitcase ['suːtkeɪs] *znw* koffer
suite [swiːt] *znw* suite ‹v. kamers & muziek› ★ *a ~ of furniture* een ameublement
suited ['suːtɪd] *bn* geschikt (voor *for / to*) ★ *a dark~ man* een man met een donker pak aan ★ *he's not really ~ for / to marriage* hij is niet echt geschikt voor het huwelijk
suiting ['suːtɪŋ] *znw* kostuumstof
suitor ['suːtə] *znw* ❶ vrijer, minnaar, pretendent ❷ <u>jur</u> eiser
sulfa drugs ['sʌlfə drʌgz], **sulpha drugs** *znw* sulfapreparaten
sulk [sʌlk] **I** *znw* ❶ gepruil, gemok ❷ landerigheid, chagrijnige bui ★ *be in / have the ~s* chagrijnig zijn, (zitten) pruilen **II** *onoverg* ❶ pruilen, mokken ❷ het land hebben, chagrijnig zijn
sulky ['sʌlkɪ] **I** *bn* pruilend, gemelijk, bokkig, landerig **II** *znw* sulky ‹karretje voor harddraverijen›
sullen ['sʌlən] *bn* ❶ nors, bokkig, korzelig, knorrig ❷ somber
sullens ['sʌlənz] <u>inf</u> *znw* [mv] ★ *have the ~* een boze bui hebben, in een slecht humeur zijn
sully ['sʌlɪ] <u>dicht of scherts</u> *overg* besmeuren, bevlekken, bezoedelen ★ *her name / reputation has been sullied* haar goede naam / reputatie is bezoedeld ★ <u>scherts</u> *her hands have never been sullied by housework* ze heeft haar handen nooit bezoedeld met huishoudelijk werk
sulpha drugs ['sʌlfə drʌgz] *znw* [mv] → **sulfa drugs**
sulphate ['sʌlfeɪt] *znw* sulfaat
sulphide ['sʌlfaɪd], **sulfide** *znw* sulfide
sulphite ['sʌlfaɪt] *znw* sulfiet
sulphur ['sʌlfə], <u>Am</u> **sulfur** *znw* zwavel
sulphurated ['sʌlfjʊəreɪtɪd] *bn* gezwaveld
sulphur dioxide ['sʌlfə daɪ'ɒksaɪd] *znw* zwaveldioxide
sulphureous [sʌl'fjʊərɪəs], <u>Am</u> **sulfureous**, **sulphurous** *bn* ❶ zwavelig, zwavelachtig, zwavelhoudend, zwavel- ❷ zwavelkleurig
sulphuric [sʌl'fjʊərɪk] *bn* zwavelig, zwavelhoudend
sulphuric acid [sʌl'fjʊərɪk 'æsɪd] *znw* zwavelzuur
sulphurous ['sʌlfərəs] *bn* → **sulphureous**
sultan ['sʌltn] *znw* sultan
sultana [sʌl'tɑːnə] *znw* ❶ sultane ❷ sultanarozijn
sultry ['sʌltrɪ] *bn* ❶ zwoel ★ *she gave him a ~ look* ze wierp hem een zwoele blik toe ❷ drukkend (heet)
sum [sʌm] **I** *znw* ❶ som ★ *do ~s* sommen maken ★ *have / get one's ~s wrong* iets verkeerd berekenen ★ *he is good at ~s* hij is vlug in het rekenen ❷ <u>handel</u> somma ❸ bedrag ❹ samenvatting ★ *in ~* om kort te gaan, kort samengevat **II** *overg* samen-, optellen **III** *onoverg* oplopen tot, bedragen **IV** *phras* ★ *~ up* samenvatten ★ *to ~ up* om kort te gaan, kort samengevat ★ *~ sth up* iets samenvatten, iets doorzien, iets beoordelen ★ *~ sbd up* zich een opinie vormen over iem., iem. beoordelen
summarily ['sʌmərəlɪ] *bijw* summier(lijk), in het kort,

beknopt
summarize ['sʌməraɪz], **summarise** *overg* kort samenvatten
summary ['sʌmərɪ] **I** *bn* beknopt, kort, summier, snel **II** *znw* (korte) samenvatting, resumé, kort begrip, kort overzicht ★ *a financial ~* een financieel overzicht ★ *a news ~* een nieuwsoverzicht
summary justice ['sʌmərɪ 'dʒʌstɪs] *znw* korte rechtspleging
summary offence ['sʌmərɪ ə'fens] <u>jur</u> *znw* kleine overtreding
summary proceedings ['sʌmərɪ prə'siːdɪŋz] <u>jur</u> *znw* [mv] kort geding, verkorte procedure, korte rechtspleging
summation [sə'meɪʃən] *znw* ❶ optelling, som ❷ samenvatting, slotpleidooi
summer ['sʌmə] **I** *znw* ❶ zomer ❷ <u>dicht</u> jaar **II** *onoverg* de zomer doorbrengen
summer holiday ['sʌmə 'hɒlədeɪ] *znw* zomervakantie
summerhouse ['sʌməhaʊs], **summer house** *znw* ❶ tuinhuis, prieel ❷ <u>Am</u> vakantiehuisje aan het strand / in de bergen
summer lightning ['sʌmə 'laɪtnɪŋ] *znw* weerlicht
summer pudding ['sʌmə 'pʊdɪŋ] *znw* vruchtentaart, vruchtencake
summer school ['sʌmə skuːl] *znw* zomercursus, vakantiecursus
summer solstice ['sʌmə 'sɒlstɪs] *znw* zomerzonnewende
summertime ['sʌmətaɪm] *znw* zomerseizoen, zomertijd
summer time ['sʌmə taɪm] <u>meteor</u> *znw* zomertijd
summery ['sʌmərɪ] *bn* zomers, zomer-
summing-up [sʌmɪŋ'ʌp] *znw* samenvatting, resumé ‹vooral v. rechter›
summit ['sʌmɪt] *znw* ❶ top, kruin, toppunt ❷ maximum ❸ **summit meeting, summit talks** topconferentie
summon ['sʌmən] *overg* ❶ sommeren, dagvaarden, aanmanen ❷ verzamelen, (op)roepen, bijeenroepen ‹vergadering› ★ *~ (up) one's courage* zijn moed verzamelen, zich vermannen
summoner ['sʌmənə] *znw* deurwaarder
summons ['sʌmənz] **I** *znw* ❶ sommatie, dagvaarding, oproep ★ *a ~ to appear (in court)* een oproep om voor de rechtbank te verschijnen ❷ bekeuring **II** *overg* ❶ dagvaarden ❷ proces-verbaal opmaken tegen
sumo wrestling ['suːməʊ 'reslɪŋ] *znw* sumoworstelen
sump [sʌmp] *znw* ❶ vergaarbak, put ❷ <u>techn</u> oliereservoir ‹v. motor›
sumptuous ['sʌmptʃʊəs] *bn* kostbaar, prachtig, rijk, weelderig
sum total [sʌm 'təʊtl] *znw* totaal, resultaat, eindbedrag ★ *we are the ~ of our experiences* we zijn het resultaat van al onze ervaringen
sun [sʌn] **I** *znw* zon, zonneschijn ★ *~ glare* verblindend zonlicht ★ *the ~'s rays / the rays of the ~* de

zonnestralen ★ *against the* ~ tegen de zon in
★ *they've earned their place in the* ~ ze hebben hun
gunstige positie verdiend ★ *with the* ~ in de richting
van de zon ★ *we talked about everything under the* ~
we hebben over van alles en nog wat zitten praten
★ Br vulg *she thinks the* ~ *shines out of his arse*
/ *backside* ze is helemaal weg van hem ⟨denkt dat hij
geen slechte eigenschappen heeft⟩ ★ zegsw *make
hay while the* ~ *shines* men moet het ijzer smeden als
het heet is **II** *wederk* ★ ~ *oneself* zonnen, zich
koesteren in de zon

Sun. *afk* (Sunday) zondag
sunbake ['sʌnbeɪk] *onoverg* zonnebaden
sun-baked ['sʌnbeɪkt] *bn* ❶ zonovergoten
❷ uitgedroogd
sunbath ['sʌnbɑ:θ] *znw* zonnebad
sunbathe ['sʌnbeɪð] *onoverg* zonnebaden
sunbather ['sʌnbeɪðə] *znw* zonnebader, -baadster
sunbathing ['sʌnbeɪðɪŋ] *znw* zonnebaden
sunbeam ['sʌnbi:m] *znw* zonnestraal
sunbelt ['sʌnbelt] *znw* gebied met veel zon ⟨met name
de zuidelijke staten van de VS⟩
sunblind ['sʌnblaɪnd] *znw* zonnescherm, markies
sunblock ['sʌnblɒk] *znw* zonnecrème,
zonnebrandmiddel
sunburn ['sʌnbɜ:n] *znw* verbrandheid door de zon,
zonnebrand
sunburnt ['sʌnbɜ:nd] *bn* (door de zon) verbrand,
gebruind, getaand
sundae ['sʌndeɪ] *znw* ijscoupé ⟨toetje van vruchtenijs⟩
Sunday ['sʌndeɪ] *znw* zondag ★ Br inf *the* ~*s* de
zondagsbladen
Sunday best ['sʌndeɪ best] *znw* zondagse kleren
Sunday driver ['sʌndeɪ 'draɪvə] inf *znw* zondagsrijder
Sunday paper ['sʌndeɪ 'peɪpə] *znw* zondagskrant
Sunday school ['sʌndeɪ sku:l] *znw* zondagsschool
sundeck ['sʌndek] *znw* zonneterras, boven-
/ zonnedek
sunder ['sʌndə] dicht *overg* (vaneen)scheiden,
vaneenscheuren
sundew ['sʌndju:] *znw* zonnedauw ⟨plant⟩
sundial ['sʌndaɪəl] *znw* zonnewijzer
sundown ['sʌndaʊn] *znw* zonsondergang
sundowner [sʌndaʊnə] *znw* ❶ inf borrel of drankje,
genuttigd bij zonsondergang ❷ Aus & NZ inf
zwerver
sun-drenched ['sʌndrenʃt] dicht *bn* zonovergoten
sundress ['sʌndres] *znw* zonnejurk
sundried ['sʌndraɪd] *bn* in de zon gedroogd
sundries ['sʌndrɪz] *znw* [mv] diversen, allerlei,
allerhande zaken
sundry ['sʌndrɪ] *bn* diverse, allerlei ★ *all and* ~ allen
zonder onderscheid
sunfast ['sʌnfɑ:st] *bn* → **sunproof**
sunfish ['sʌnfɪʃ] *znw* koningsvis
sunflower ['sʌnflaʊə] *znw* zonnebloem
sung [sʌŋ] *ww* [v.d.] → **sing**
sunglasses ['sʌnglɑ:sɪz] *znw* [mv] zonnebril

sun god [sʌn gɒd] *znw* zonnegod
sun hat [sʌn hæt] *znw* zonnehoed
sun helmet [sʌn 'helmɪt] *znw* tropenhelm
sunk [sʌŋk] *ww* [v.d.] → **sink**
sunken ['sʌŋkən] *bn* ❶ gezonken, onder water ★ ~
treasure gezonken schat ❷ (in)gezonken, ingevallen
⟨v. wangen⟩, diepliggend ⟨v. ogen⟩ ❸ hol ⟨v. weg⟩
sun-kissed ['sʌn-kɪst] scherts *bn* verwarmd door de
zon ⟨vooral badplaats &⟩
sunlamp ['sʌnlæmp] *znw* hoogtezon(apparaat),
zonlichtlamp
sunless ['sʌnləs] *bn* zonder zon, somber
sunlight ['sʌnlaɪt] *znw* zonlicht, zonneschijn
sunlit ['sʌnlɪt] *bn* door de zon verlicht, zonnig
sun lounge [sʌn laʊndʒ] *znw* → **sunroom**
sunlounger ['sʌnlaʊndʒə] *znw* ligstoel ⟨om in te
zonnen⟩
sunnies ['sʌnɪz] inf *znw* [mv] zonnebril
sunny ['sʌnɪ] *bn* zonnig ★ *a* ~ *disposition* een zonnig
karakter ★ Am *eggs* ~*side up* spiegeleieren
sunproof ['sʌnpru:f], **sunfast** *bn* lichtecht
sun protection factor ['sʌn prə'tekʃən fæktə] *znw*
zonbeschermingsfactor
sunray ['sʌnreɪz] *znw* zonnestraal
sunrise ['sʌnraɪz] *znw* zonsopgang
sunrise industry ['sʌnraɪz 'ɪndəstrɪ] *znw*
hightechindustrie, speerpuntindustrie
sunroof ['sʌnru:f] auto *znw* schuifdak
sunroom ['sʌnru:m], **sun lounge** *znw* serre, glazen
veranda
sunscreen ['sʌnskri:n] *znw* ❶ zonnescherm
❷ zonnefilter ⟨in zonnebrandcrème &⟩
sunset ['sʌnset] *znw* zonsondergang
sunshade ['sʌnʃeɪd] *znw* ❶ parasol, zonnescherm
❷ zonneklep
sunshine ['sʌnʃaɪn] *znw* zonneschijn, zonnetje
sunshiny ['sʌnʃaɪnɪ] *bn* zonnig
sun shower [sʌn 'ʃaʊə] *znw* tegelijkertijd regen en
zonneschijn
sun sign [sʌn saɪn] astrol *znw* sterrenbeeld
sunspot ['sʌnspɒt] astron *znw* zonnevlek
sunstroke ['sʌnstrəʊk] *znw* zonnesteek
suntan ['sʌntæn] *znw* zonnebruin ★ *get a* ~ bruin
worden
suntan lotion ['sʌntæn 'ləʊʃən] *znw* zonnebrandolie
suntanned ['sʌntænd] *bn* bruin, door de zon gebruind
suntrap ['sʌntræp] *znw* beschut zonnig hoekje
sun-up ['sʌn-ʌp] Am *znw* zonsopgang
sun visor [sʌn 'vaɪzə] *znw* zonneklep ⟨in auto⟩
sunwise ['sʌnwaɪz] *bijw* met de zon mee, met de klok
mee
sun worship [sʌn 'wɜ:ʃɪp] *znw* zonnedienst,
zonaanbidding
sup [sʌp] Br gedat **I** *znw* slokje, teugje **II** *overg* met
kleine teugjes drinken, slurpen **III** *onoverg*
❶ nippen, lepelen ❷ het avondmaal gebruiken,
's avonds eten, souperen
super ['su:pə] inf **I** *bn* super, reuze, buitengewoon

su

   II *znw* ❶ (supernumerary) figurant
   ❷ (superintendent) ± commissaris (van politie)
super- ['su:pə] *voorv* super-, over-
superable ['su:pərəbl] <u>form</u> *bn* overkomelijk
superabundance [su:pərə'bʌndəns] *znw* overvloed
superabundant [su:pərə'bʌndənt] *bn* overvloedig
superaddition [su:pərə'dɪʃən] <u>form</u> *znw* bijvoeging
superannuate [su:pər'ænjʊeɪt] *overg* ontslaan wegens
   gevorderde leeftijd, pensioneren
superannuated [su:pər'ænjʊeɪtɪd] *bn* ❶ op stal gezet,
   afgedankt, gepensioneerd ❷ verouderd,
   onbruikbaar (geworden)
superannuation [su:pərænjʊ'eɪʃən] *znw*
   ❶ pensionering ❷ pensioen
superb [su:'pɜ:b] *bn* prachtig, groots, magnifiek,
   voortreffelijk
Super Bowl ['su:pə bəʊl] *znw*
   kampioenschapswedstrijd in het Amerikaans
   voetbal
superbug ['su:pəbʌg] *znw* ❶ voor een bepaald doel
   genetisch gemodificeerde bacterie ❷ resistente
   bacterie
supercargo ['su:pəka:gəʊ] *znw* [*mv:* -gos *of* -oes]
   supercarga ⟨opzichter (bij verkoop) van een lading⟩
supercharge ['su:pətʃa:dʒ] *overg* aanjagen ⟨motor⟩
supercharged ['su:pətʃa:dʒd] *bn* ❶ aangejaagd
   ❷ energiek
supercharger ['su:pətʃa:dʒə] *znw* aanjager ⟨v. motor⟩
supercilious [su:pə'sɪlɪəs] *bn* trots, verwaand,
   laatdunkend
super-duper [su:pə'du:pə] <u>inf scherts</u> *bn* geweldig,
   buitengewoon
superego [su:pə'ri:gəʊ] <u>psych</u> *znw* superego
supereminently [su:pər'emɪnəntlɪ] *bijw* ❶ <u>form</u>
   uitmuntend ❷ <u>versterkend</u> ongemeen
superficial [su:pə'fɪʃəl] *bn* ❶ aan de oppervlakte,
   oppervlakkig ❷ vlakte-
superficiality [su:pəfɪʃɪ'ælətɪ] *znw* oppervlakkigheid
superfine ['su:pəfaɪn] *bn* uiterst verfijnd, extra fijn,
   prima
superfluity [su:pə'flu:ətɪ] <u>form</u> *znw* ❶ overtolligheid,
   overbodigheid ❷ overvloed(igheid)
superfluous [su:'pɜ:flʊəs] *bn* ❶ overtollig, overbodig
   ❷ overvloedig
superglue® ['su:pəglu:] *znw* superlijm, secondelijm
supergrass ['su:pəgra:s] <u>Br inf</u> *znw* verrader,
   verklikker
superheat [su:pə'hi:t] *overg* oververhitten
superhighway ['su:pə'haɪweɪ] *znw* ❶ <u>Am</u> autosnelweg
   ❷ <u>comput</u> digitale snelweg, elektronische snelweg
superhuman [su:pə'hju:mən] *bn* bovenmenselijk
superimpose [su:pərɪm'pəʊz] *overg* erbovenop
   plaatsen ★ *a yellow star ~d on a blue cross* een gele
   ster over een blauw kruis heen
superincumbent [su:pərɪn'kʌmbənt] <u>dicht</u> *bn*
   bovenopliggend, -drukkend ★ *a ~ mass of earth and*
   stone een van bovenaf druk uitoefenende massa van
   aarde en stenen

superinduce [su:pərɪn'dju:s] <u>form</u> *overg* toe-,
   bijvoegen
superinduction [su:pərɪn'dʌkʃən] <u>form</u> *znw* toe-,
   bijvoeging
superintend [su:pərɪn'tend] **I** *overg* het toezicht
   hebben over, beheren, controleren **II** *onoverg*
   surveilleren, toezicht houden
superintendence [su:pərɪn'tendəns] *znw*
   (opper)toezicht
superintendent [su:pərɪn'tendənt] *znw* ❶ opziener,
   opzichter, inspecteur ❷ <u>Am</u> hoofdinspecteur (van
   politie) ❸ <u>Br</u> ± commissaris (van politie) ❹ directeur,
   administrateur
superior [su:'prərɪə] **I** *bn* ❶ superieur, voortreffelijk
   ★ *this model is ~ to last year's* dit model is beter dan
   dat van vorig jaar ❷ opper-, boven-, hoofd-, hoger,
   beter, groter ★ *~ in numbers* met een numerieke
   meerderheid, met een overmacht ❸ arrogant,
   verwaand ★ *a ~ manner* een arrogante houding
   ★ *she feels ~ to us* ze voelt zich boven ons verheven
   II *znw* superieur, meerdere ★ *Father Superior*
   vader-overste, kloostervader ★ *Mother Superior*
   moeder-overste, kloostermoeder ★ *he has no ~*
   niemand is hem de baas, niemand overtreft hem
   ★ *this canoe has no ~* deze kano is de beste die er is
superiority [su:prərɪ'ɒrətɪ] *znw* ❶ superioriteit,
   grotere bekwaamheid, hogere kwaliteit
   ❷ meerderheid, groter aantal ❸ overmacht,
   voorrang, hoger gezag ★ *the matador has to*
   demonstrate his ~ over the bull de matador moet zijn
   overmacht over de stier bewijzen
superiority complex [su:prərɪ'ɒrətɪ 'kɒmpleks] *znw*
   meerderwaardigheidscomplex
superjacent [su:pə'dʒeɪsənt] <u>techn</u> *bn* erop / erboven
   liggend
superlative [su:'pɜ:lətɪv] **I** *bn* alles overtreffend, van de
   beste soort, hoogste **II** *znw* superlatief ⟨woord dat
   zeer grote waardering uitdrukt⟩ ★ *by the dessert, we*
   were running out of ~s bij het toetje kwamen we
   lofprijzingen tekort ★ <u>gramm</u> *the ~* de overtreffende
   trap
superlatively [su:'pɜ:lətɪvlɪ] *bijw* ❶ in de hoogste
   graad ❷ <u>versterkend</u> bovenmate, buitengemeen
superman ['su:pəmæn] *znw* superman, übermensch
supermarket ['su:pəma:kɪt] *znw* supermarkt
supermarket cart ['su:pəma:kɪt ka:t] *znw* →
   supermarket trolley
supermarket tabloid ['su:pəma:kɪt 'tæblɔɪd] *znw*
   roddelblad
supermarket trolley ['su:pəma:kɪt 'trɒlɪ],
   supermarket cart *znw* winkelwagentje
supermodel ['su:pəmɒdl] *znw* supermodel
supernatural [su:pə'nætʃərəl] *bn* bovennatuurlijk
supernova [su:pə'nəʊvə] <u>astron</u> *znw* [*mv:* -s *of* -e]
   supernova
supernumerary [su:pə'nju:mərərɪ] <u>form</u> **I** *bn* ❶ boven
   het bepaalde getal, extra- ❷ overbodig **II** *znw*
   ❶ overtollige persoon / zaak ❷ figurant

superphosphate [suːpəˈfɒsfeɪt] *znw* superfosfaat
superpose [suːpəˈpəʊz] form *overg* erbovenop plaatsen, op elkaar plaatsen, plaatsen (op *on* / *upon*)
superposition [suːpəpəˈzɪʃən] form *znw* superpositie
superpower [ˈsuːpəpaʊə] *znw* supermacht
supersaturate [ˈsuːpəˈsætʃəreɪt] scheik *overg* oververzadigen
supersaturation [suːpəsætʃəˈreɪʃən] scheik *znw* oververzadiging
superscalar [suːpəˈskeɪlə] comput *bn* superscalair
superscribe [ˈsuːpəˈskraɪb] *overg* ❶ het opschrift schrijven bij (op) ❷ adresseren
superscript [ˈsuːpəskrɪpt] typ **I** *bn* superscript **II** *znw* superscript
superscription [suːpəˈskrɪpʃən] *znw* ❶ opschrift ❷ adres ⟨v. brief⟩
supersede [suːpəˈsiːd] *overg* ❶ in de plaats treden van, vervangen, verdringen ★ *model X has been ~d by model X1* model X is vervangen door model X1 ❷ buiten werking stellen, afschaffen
supersensible [suːpəˈsensbl] filos *bn* bovenzinnelijk
supersensitive [suːpəˈsensɪtɪv] inf *bn* overgevoelig
supersession [suːpəˈseʃən] form *znw* vervanging
supersize [ˈsuːpəsaɪz] *znw* grootste portie ⟨maaltijd / drank in fastfoodrestaurant⟩
supersonic [suːpəˈsɒnɪk] *bn* supersonisch
supersonic bang [suːpəˈsɒnɪk bæŋ] *znw* klap bij het doorbreken van de geluidsbarrière
supersonics [suːpəˈsɒnɪks] *znw* [mv] (studie van de) hoogfrequente geluidsgolven
superstar [ˈsuːpəstɑː] *znw* superster ⟨zanger, acteur &⟩
superstition [suːpəˈstɪʃən] *znw* bijgeloof
superstitious [suːpəˈstɪʃəs] *bn* bijgelovig
superstore [ˈsuːpəstɔː] *znw* grote supermarkt, weilandwinkel
superstructure [ˈsuːpəstrʌktʃə] *znw* bovenbouw
supertanker [ˈsuːpətæŋkə] *znw* supertanker
supertax [ˈsuːpətæks] *znw* extra belasting
supertitle [ˈsuːpətaɪtl] *znw* boventiteling
superunleaded [suːpərʌnˈledɪd] **I** *bn* superloodvrij **II** *znw* superloodvrije benzine
supervene [suːpəˈviːn] form *onoverg* ertussen komen, erbij komen, zich onverwacht voordoen
supervention [suːpəˈvenʃən] form *znw* tussenkomst
supervise [ˈsuːpəvaɪz] **I** *overg* ❶ het toezicht hebben over, toezicht houden op ❷ leiden ⟨project⟩ **II** *onoverg* toezicht houden, surveilleren
supervision [suːpəˈvɪʒən] *znw* opzicht, toezicht, surveillance, controle ★ *children must be kept under the ~ of their parents* ouders moeten toezicht houden op hun kinderen
supervisor [ˈsuːpəvaɪzə] *znw* ❶ opziener, opzichter, gecommitteerde, inspecteur ❷ onderw studiebegeleider, promotor
supervisory [suːpəˈvaɪzərɪ] *bn* van toezicht, toezicht uitoefenend
supervisory board [suːpəˈvaɪzərɪ bɔːd] *znw* college van toezicht

supervisory body [suːpəˈvaɪzərɪ ˈbɒdɪ] *znw* toezichthoudend orgaan
supervisory director [suːpəˈvaɪzərɪ daɪˈrektə] *znw* commissaris ⟨van een onderneming⟩
superwoman [ˈsuːpəwʊmən] *znw* supervrouw
supine [ˈsuːpaɪn] *bn* ❶ achterover(liggend) ★ *he was ~ on the bed* hij lag op zijn rug op het bed ❷ form nalatig, laks, slap ★ *the country has been ~ in the face of terrorism* het land is laks geweest tegen het terrorisme
supper [ˈsʌpə] *znw* avondeten, avondmaal, souper ★ *a bit / bite of ~* een hapje (avond)eten ★ *have ~* het avondmaal gebruiken, souperen
suppertime [ˈsʌpətaɪm] *znw* etenstijd ⟨'s avonds⟩
supplant [səˈplɑːnt] *overg* verdringen
supple [ˈsʌpl] *bn* ❶ buigzaam, lenig, slap, soepel ❷ fig plooibaar, flexibel
supplement I *znw* [ˈsʌplɪmənt] supplement, aanvulling, bijvoegsel ★ *the colour ~* het kleurenbijvoegsel ⟨v.e. krant⟩ ★ *vitamin ~s* vitaminesupplementen ★ *a ~ to the second edition* een supplement bij de tweede druk **II** *overg* [ˈsʌplɪmənt, sʌplɪˈment] aanvullen ★ *she's ~ing her allowance with weekend work* ze vult haar zakgeld aan met een weekendbaantje
supplemental [sʌplɪˈmentl], **supplementary** *bn* aanvullend, suppletoir ★ *this policy is ~ to your existing policy* dit beleid is een aanvulling op uw huidige beleid
supplementary number [sʌplɪˈmentərɪ ˈnʌmbə] *znw* bonusnummer, extra nummer ⟨bij loterijen⟩
suppleness [ˈsʌplnəs] *znw* gratie, soepelheid, souplesse
suppliant [ˈsʌplɪənt], **supplicant I** *bn* smekend **II** *znw* smekeling
supplicate [ˈsʌplɪkeɪt] form **I** *overg* afsmeken, smeken (om) **II** *onoverg* smeken (om *for*)
supplication [sʌplɪˈkeɪʃən] *znw* smeking, bede ★ *they knelt in ~* ze knielden neer in gebed
supplicatory [ˈsʌplɪkətərɪ] form *bn* smekend, smeek-
supplier [səˈplaɪə] *znw* leverancier
supplies [səˈplaɪz] *znw* [mv] ❶ voorraden ❷ gevoteerde gelden, budget
supply [səˈplaɪ] **I** *bn* plaatsvervangend ★ *~ staff* invalkrachten **II** *znw* ❶ voorraad ★ *in short ~* in beperkte mate beschikbaar ★ *lay in a ~ of sth* een voorraad aanleggen van iets ❷ levering, leverantie, verschaffing, verstrekking, bevoorrading, ravitaillering, voorziening, aanvoer ★ *a fall in ~* een verminderde aanvoer ❸ econ kredieten ⟨op begroting⟩, budget ❹ (plaats)vervanger **III** *overg* ❶ leveren, aanvoeren, verstrekken, verschaffen, bevoorraden, ravitailleren, voorzien (van *with*) ❷ aanvullen
supply and demand [səˈplaɪ ən dɪˈmɑːnd] econ *znw* vraag en aanbod
supply chain [səˈplaɪ tʃeɪn] marketing *znw* bedrijfskolom

su

supply curve [sə'plaɪ kɜ:v] <u>econ</u> *znw* aanbodcurve

supply function [sə'plaɪ 'fʌŋkʃən] <u>econ</u> *znw* aanbodfunctie

supply pipe [sə'plaɪ paɪp] *znw* aanvoerbuis

supply-side [səplaɪ-'saɪd] <u>econ</u> *bn* op de aanbodzijde georiënteerd ★ ~ *economics* aanbodeconomie

supply surplus [sə'plaɪ 'sɜ:pləs] <u>econ</u> *znw* aanbodoverschot

supply teacher [sə'plaɪ 'ti:tʃə] *znw* tijdelijke leerkracht, vervanger

support [sə'pɔ:t] **I** *znw* **❶** ondersteuning, onderstand, steun, hulp **❷** (levens)onderhoud, bestaan, broodwinning **❸** stut, steunsel, onderstel, statief **❹** <u>mil</u> steuntroepen (*troops in ~*) ★ *means of ~* bron van inkomsten ★ *there is little public ~ for the measures* er is weinig draagvlak voor de maatregelen ★ *she held on to him for ~* ze hield hem vast als steun ★ *a petition in ~ of smoke-free offices* een petitie voor rookvrije kantoren ★ *they have promised to give their ~ to the campaign* ze hebben beloofd om de campagne te steunen **II** *overg* **❶** (onder)steunen <u>fig</u> staan achter, supporter zijn van **❷** stutten, ophouden, staande / drijvende houden ★ *she ~ed herself on my shoulder* ze steunde op mijn schouder **❸** onderhouden ★ *she has no means to ~ herself* ze kan zichzelf niet onderhouden **❹** uithouden, (ver)dragen, dulden **❺** staven ‹theorie &› **❻** volhouden ‹bewering &›

supportable [sə'pɔ:təbl] *bn* draaglijk

supporter [sə'pɔ:tə] *znw* **❶** steun, verdediger, voorstander, aanhanger, medestander **❷** <u>sp</u> supporter

support group [sə'pɔ:t gru:p] *znw* **❶** praatgroep **❷** steungroep

supporting actor [sə'pɔ:tɪŋ 'æktə] *znw* vertolker van een bijrol

supporting cast [sə'pɔ:tɪŋ kɑ:st] *znw* bezetting van de bijrollen

supporting film [sə'pɔ:tɪŋ fɪlm] *znw* voorfilm

supporting role [sə'pɔ:tɪŋ rəʊl] *znw* bijrol

supportive [sə'pɔ:tɪv] *bn* (onder)steunend, hulpvaardig

supposal [sə'pəʊzl] *znw* → **supposition**

suppose [sə'pəʊz] *overg* **❶** (ver)onderstellen, aannemen ★ *there is no reason to ~ that* er is geen reden om dat te veronderstellen ★ *a teacher is generally ~d to know a lot* over het algemeen wordt er van een leraar verwacht dat hij veel weet ★ *supposing we went for a walk?* laten we een eindje gaan wandelen ★ *~ it snows?* en als het gaat sneeuwen? **❷** vermoeden, menen, geloven, denken ★ *I ~ you think that's funny?* jij vindt het zeker grappig? ★ *we're ~d to be there at 4 o'clock* we moeten daar om 4 uur zijn ★ *they're not ~d to be there* ze mogen daar eigenlijk niet zijn ★ *how am I ~d to do it by then?* hoe kan ik het ooit tegen die tijd klaar krijgen

supposed [sə'pəʊzd] *bn* vermeend ★ *their ~ friend*

hun vermeende vriend

supposedly [sə'pəʊzɪdlɪ] *bijw* vermoedelijk, naar men veronderstelt / eronderstelde

supposition [sʌpə'zɪʃən], **supposal** *znw* (ver)onderstelling, vermoeden ★ *the research was based on pure ~* het onderzoek was alleen maar gebaseerd op gissingen

suppositional [sʌpə'zɪʃənəl] *bn* verondersteld, hypothetisch

supposititious [səpɒzɪ'tɪʃəs] <u>form</u> *bn* **❶** hypothetisch, berustend op veronderstellingen ★ *this etymology has been described as ~* deze etymologie wordt omschreven als op veronderstellingen berustend **❷** onecht, vals

suppository [sə'pɒzɪtərɪ] *znw* suppositorium, zetpil

suppress [sə'pres] *overg* **❶** onderdrukken, bedwingen ★ *she could barely ~ her anger* ze kon haar woede maar ternauwernood onderdrukken **❷** achterhouden, weglaten, verzwijgen **❸** verbieden ‹een krant &›

suppression [sə'preʃən] *znw* **❶** onderdrukking **❷** achterhouding, weglating **❸** verbieden

suppressive [sə'presɪv] *bn* onderdrukkend

suppressor [sə'presə] *znw* **❶** onderdrukker **❷** <u>RTV</u> ontstoringsapparaat

suppurate ['sʌpʊəreɪt] *onoverg* etteren

suppuration [supʊə'reɪʃən] *znw* ettering

supra ['su:prə] <u>form</u> *bijw* (hier)boven

supra- ['su:prə] *voorv* **❶** voor- **❷** boven-

supranational [su:prə'næʃənl] *bn* supranationaal

supremacy [su:'preməsɪ] *znw* suprematie, oppermacht, oppergezag, opperheerschappij ★ *air / naval ~* overmacht in de lucht / op zee

supreme [su:'pri:m] *bn* **❶** hoogst, allerhoogst, opper(st) ★ *~ folly* het toppunt van dwaasheid ★ *the ~ sacrifice* het allerhoogste offer ‹offeren van het leven› **❷** oppermachtig ★ *rule / reign ~* oppermachtig zijn

Supreme Being [su:'pri:m 'bi:ɪŋ] *znw* ★ *the ~* het Opperwezen

supreme court [su:'pri:m kɔ:t] *znw* hooggerechtshof

supremely [su:'pri:mlɪ] *bijw* in de hoogste graad, versterkend hoogst, uiterst ★ *she is ~ confident of winning* ze is er helemaal van overtuigd dat ze gaat winnen

Supreme Soviet [su:'pri:m 'səʊvɪət, sʊ'vjet] <u>hist</u> *znw* ★ *the ~* de Opperste Sovjet

supremo [su:'pri:məʊ] <u>Br inf</u> *znw* leider, hoogste figuur, bevelhebber

Supt *afk* (superintendent) hoofdinspecteur van politie, <u>Am</u> commissaris van politie

surcharge [sɜ:tʃɑ:dʒ] **I** *znw* **❶** overlading, overbelasting **❷** extra betaling, extra belasting **❸** toeslag, <u>post</u> strafport, (postzegel met) opdruk **II** *overg* **❶** overladen, overbelasten **❷** extra laten betalen

surcingle ['sɜ:sɪŋgl] *znw* buikriem ‹v.e. paard›

surcoat ['sɜ:kəʊt] <u>hist</u> *znw* **❶** opperkleed ‹over de wapenrusting〉 ❷ overmantel 〈van dure stof〉

surd [sɜːd] **I** *bn* ❶ <u>rekenk</u> onmeetbaar 〈getal〉 ❷ <u>fon</u> stemloos 〈medeklinkers〉 **II** *znw* <u>rekenk</u> onmeetbare grootheid ❷ <u>fon</u> stemloze medeklinker

sure [ʃɔː] **I** *bn* ❶ zeker, waar, onbetwistbaar ★ *I don't know for* ~ ik weet het niet zeker ★ *(are you)* ~? ben je er zeker van?, weet je het zeker? ★ *one thing is* ~ één ding staat vast ★ <u>inf</u> *to be* ~ (wel) zeker, zeer zeker, waarachtig! ★ *I'm ~ I don't know* ik weet het echt niet ★ *be ~ to come* zorg dat je komt ★ *make ~ (that) it's all right* er voor zorgen dat het goed komt ★ *it's ~ to turn out well* het zal stellig slagen ★ *you can be ~ of a good reception* je kunt er zeker van zijn dat je goed wordt ontvangen ❷ veilig, betrouwbaar, onfeilbaar ★ *a ~ thing* een zekerheid ★ *~ thing!* natuurlijk! ❸ verzekerd (van *of, as to*), overtuigd ★ *he seems very ~ of himself* hij maakt een zelfverzekerde indruk ★ *he is ~ that he will win* hij is ervan overtuigd dat hij gaat winnen **II** *bijw* ❶ (ja, wel) zeker ★ *he said she'd come, and ~ enough, she did* hij zei dat ze zou komen en ja hoor, ze kwam ★ *as ~ as eggs is eggs / as ~ as fate/*<u>inf</u> *as ~ as hell* zo zeker als twee keer twee vier is ❷ <u>inf</u> natuurlijk, jawel ★ <u>Am</u> *I ~ don't want you to get upset* ik wil je zeker niet overstuur maken

sure-fire [ˈʃɔː-faɪə] <u>inf</u> *bn* onfeilbaar, met gegarandeerd succes ★ *a ~ remedy for the blues* een onfeilbaar middel tegen de blues / zwaarmoedigheid

sure-footed [ʃɔːˈfʊtɪd] *bn* ❶ vast op zijn voeten ❷ <u>fig</u> betrouwbaar, solide

surely [ˈʃɔːlɪ] *bijw* ❶ zeker, jazeker, met zekerheid ★ *if they don't receive help they'll* ~ *die* als ze geen hulp krijgen zullen ze zeker omkomen ★ *slowly but* ~ langzaam maar zeker ❷ toch (wel) ★ *~ you don't expect me to believe that?* je verwacht toch niet dat ik dat geloof? ❸ <u>Am</u> <u>inf</u> zeker, natuurlijk ★ *'can you spare a moment?' '~'* 'heb je een ogenblik?' 'natuurlijk'

surety [ˈʃɔːrətɪ] *znw* borg, borgtocht, borgstelling, (onder)pand ★ *stand ~ for sbd* borg staan voor iem.

surf [sɜːf] **I** *znw* branding 〈van de zee〉 **II** *overg & onoverg* ❶ <u>sp</u> surfen 〈op plank zonder zeil over branding〉 ❷ <u>comput</u> surfen 〈op het internet〉 ❸ zappen 〈langs tv-kanalen〉

surface [ˈsɜːfɪs] **I** *bn* ❶ oppervlakkig, ogenschijnlijk ❷ bovengronds ❸ <u>scheepv</u> oppervlakte-, bovenzees **II** *znw* ❶ oppervlakte, vlak, buitenkant ★ *on the* ~ aan de oppervlakte, op het eerste gezicht ★ *all her frustration suddenly rose to the* ~ al haar frustratie kwam plotseling naar boven ★ *remove the scum as it comes / rises to the* ~ verwijder het schuim als het boven komt ★ *so far my research has only scratched / skimmed / touched the* ~ tot nu toe ben ik in mijn onderzoek alleen nog maar aan de oppervlakte gebleven ❷ (weg)dek **III** *overg* ❶ naar de oppervlakte brengen ❷ van een wegdek voorzien **IV** *onoverg* opduiken

surface mail [ˈsɜːfɪs meɪl] *znw* post via land of zee 〈niet-luchtpost〉

surface mining [ˈsɜːfɪs ˈmaɪnɪŋ] *znw* dagbouw

surface noise [ˈsɜːfɪs nɔɪz] *znw* oppervlaktegeruis 〈v. grammofoonplaat〉

surface tension [ˈsɜːfɪs ˈtenʃən] *znw* oppervlaktespanning

surface-to-air missile [ˈsɜːfɪs-tʊ-ˈeə ˈmɪsaɪl] *znw* grondluchtraket

surface-to-surface [ˈsɜːfɪs-tə-ˈsɜːfɪs] *bn* grondgrond- 〈wapens〉

surface water [ˈsɜːfɪs ˈwɔːtə] *znw* ❶ oppervlaktewater ❷ bovenwater

surfboard [ˈsɜːfbɔːd] *znw* surfplank

surfeit [ˈsɜːfɪt] *znw* ❶ overlading 〈van de maag〉 ❷ oververzadiging

surfer [ˈsɜːfə], **surfboarder**, **surfrider** *znw* surfer

surfing [ˈsɜːfɪŋ], **surfboarding**, **surfriding** *znw* surfen 〈op plank zonder zeil over branding〉

surge [sɜːdʒ] **I** *znw* ❶ golf, golven ❷ plotselinge toename ★ *an electricity* ~ een stroompiek ★ *a ~ of anger* een opwelling van woede **II** *onoverg* ❶ golven, stromen, deinen ❷ toenemen **III** *phras* ★ *~ by* voorbijrollen, voorbijstromen ★ *~ forward* vooruitstuwen ★ *~ up* opwellen

surgeon [ˈsɜːdʒən] *znw* ❶ chirurg ❷ <u>mil</u> officier van gezondheid ❸ <u>scheepv</u> scheepsdokter

surgeon general [ˈsɜːdʒən ˈdʒenərəl] *vooral* Am *znw* ❶ het hoofd van de nationale gezondheidsdienst ❷ het hoofd van de gezondheidsdienst van het leger / de luchtmacht / de marine

surgery [ˈsɜːdʒərɪ] *znw* ❶ chirurgie, heelkunde ❷ spreekkamer 〈v. dokter〉 ★ *~ hours* spreekuur ★ *morning ~* ochtendspreekuur ❸ operatie, ingreep ★ *emergency ~* een spoedoperatie ★ *invasive / radical ~* een operatie waarbij ziek weefsel wordt verwijderd ★ *have / undergo ~* geopereerd worden

surgical [ˈsɜːdʒɪkl] *bn* chirurgisch, heelkundig

surgical spirit [ˈsɜːdʒɪkl ˈspɪrɪt] *znw* ontsmettingsalcohol

Surinam [sʊrɪˈnæm] *znw* Suriname

Surinamer [sʊrɪˈnæmə] *znw* Surinamer, Surinaamse

Surinamese [sʊrɪnæˈmiːz] **I** *bn* Surinaams **II** *znw* [*mv:* ~] Surinamer, Surinaamse

surly [ˈsɜːlɪ] *bn* nors, bokkig, stuurs ★ *she always has a ~ look on her face* ze kijkt altijd nors

surmise [səˈmaɪz] **I** *znw* vermoeden, gissing **II** *overg* vermoeden, bevroeden, gissen

surmount [səˈmaʊnt] *overg* ❶ <u>form</u> te boven komen, overwinnen ★ *all opposition has been ~ed* alle tegenstand is overwonnen ❷ bedekken, overdekken ★ *the column is ~ed by a bust* boven op de pilaar staat een buste

surmountable [səˈmaʊntəbl] *bn* overkomelijk

surname [ˈsɜːneɪm] **I** *znw* ❶ achternaam, familienaam ❷ bijnaam **II** *overg* een (bij)naam geven ★ *a plumber appropriately ~d 'Drain'* een loodgieter met de toepasselijke achternaam 'Buis'

su

surpass [sə'pɑːs] *overg* overtreffen, te boven gaan

surpassing [sə'pɑːsɪŋ] dicht *bn* weergaloos ★ ~ *fair* weergaloos mooi

surplice ['sɜːplɪs] *znw* superplie, koorhemd

surplus ['sɜːpləs] I *bn* overtollig ★ ~ *population* overbevolking, bevolkingsoverschot ★ ~ *to requirements / needs* overtollig II *zn* surplus, overschot ★ *a food / trade* ~ een voedseloverschot / handelsoverschot ★ *an operating* ~ bedrijfswinst

surplus capacity ['sɜːpləs kə'pæsətɪ] *znw* overcapaciteit

surplus labour ['sɜːpləs 'leɪbə] *znw* arbeidsreserve

surplus profit ['sɜːpləs 'prɒfɪt] *znw* overwinst

surplus value ['sɜːpləs 'væljuː] *znw* meerwaarde, overwaarde

surprise [sə'praɪz] I *znw* verrassing, overrompeling, verwondering, verbazing ★ *a* ~ *attack* een verrassingsaanval ★ *a* ~ *visit* een onverwacht bezoek ★ *catch / take sbd / sth by* ~ iem. / iets verrassen, overrompelen ★ *come as a* ~ een verrassing zijn II *overg* ❶ verrassen, overrompelen, betrappen ❷ verwonderen, verbazen ★ *I'm ~d at you* dat verbaast mij van je ‹als verwijt›

surprised [sə'praɪzd] *bn* verbaasd, verrast ★ *we were agreeably* ~ *by the price* we waren aangenaam verrast door de prijs

surprising [sə'praɪzɪŋ] *bn* verbazingwekkend, verwonderlijk

surprisingly [sə'praɪzɪŋlɪ] *bijw* op verrassende wijze, verwonderlijk, verbazend

surreal [sə'rəl], **surrealistic** *bn* surrealistisch ★ *there was a* ~ *air to the scene* er hing een surrealistische sfeer

surrealism [sə'rɪəlɪzəm] *znw* surrealisme

surrealist [sə'riːəlɪst] I *bn* surrealistisch II *znw* surrealist

surrealistic [sərɪə'lɪstɪk] *bn* → **surreal**

surrender [sə'rendə] I *znw* overgeven, overgave, capitulatie, uit-, inlevering, afstand II *overg* overgeven, uit-, inleveren, afstand doen van, opgeven III *onoverg* zich overgeven, capituleren

surrender value [sə'rendə 'væljuː] *znw* afkoopwaarde ‹v. polis›

surreptitious [sʌrəp'tɪʃəs] *bn* heimelijk, clandestien, op slinkse wijze (verkregen) ★ *he took a* ~ *peep at the clock* hij wierp een stiekeme blik op de klok

surrogacy ['sʌrəgəsɪ] *znw* draagmoederschap

surrogate ['sʌrəgət] I *bn* surrogaat-, vervangend II *znw* plaatsvervanger

surrogate mother ['sʌrəgət 'mʌðə] *znw* draagmoeder

surround [sə'raʊnd] I *znw* (meestal *mv*) omgeving ★ *the immediate ~s* de onmiddellijke omgeving II *overg* omringen, omsingelen, omgeven, insluiten

surrounding [sə'raʊndɪŋ] *bn* omliggend, omgelegen ‹land›

surroundings [sə'raʊndɪŋz] *znw* [*mv*] omgeving, entourage, milieu ★ *birds which blend in with their* ~ vogels die een geheel vormen met hun omgeving

> **surroundings**
>
> betekent **omgeving** en is in het Engels meervoud. Het enkelvoud komt niet voor.
> *These are beautiful surroundings - Dit is een mooie omgeving.*

surround sound [sə'raʊnd saʊnd] *znw* quadrafonie

surtax ['sɜːtæks] I *znw* extra belasting, toeslag II *overg* extra belasten

surtitle ['sɜːtaɪtl] *znw* boventiteling ‹bij opera›

surveillance [sɜː'veɪləns] *znw* toezicht, bewaking ★ *keep sbd / sth under* ~ iem. / iets onder toezicht houden, toezicht houden op iem. / iets

survey I *znw* ['sɜːveɪ] ❶ overzicht, samenvatting ❷ onderzoek, enquête ★ *a telephone* ~ een telefonische enquête ★ *the product is under* ~ het product wordt onderzocht ❸ inspectie, taxatie ❹ opneming, opmeting, (lucht)kartering II *overg* [sə'veɪ] ❶ overzien ❷ onderzoeken ❸ in ogenschouw nemen, inspecteren ★ *master / mistress of all he / she / they &~ed* eigen baas ❹ opnemen, opmeten, karteren ‹vooral uit de lucht› ❺ samenvatten

surveying [sə'veɪɪŋ] *znw* ❶ landmeten ❷ overzien

surveyor [sə'veɪə] *znw* ❶ opzichter, inspecteur ❷ opnemer, landmeter ❸ taxateur

survival [sə'vaɪvəl] *znw* ❶ overleving, voortbestaan ★ *they have no chance of* ~ ze hebben geen kans om te overleven ❷ laatst overgeblevene, overblijfsel, relict

survival course [sə'vaɪvəl kɔːs] *znw* hindernisbaan

survival kit [sə'vaɪvəl kɪt] *znw* overlevingsuitrusting, nooduitrusting

survival of the fittest [sə'vaɪvəl əv ðə 'fɪtɪst] *znw* natuurlijke selectie, overleven van de sterkste

survival training [sə'vaɪvəl 'treɪnɪŋ] *znw* survival training

survival value [sə'vaɪvəl 'væljuː] *znw* overlevingswaarde

survive [sə'vaɪv] I *overg* overleven II *onoverg* ❶ nog in leven zijn, nog (voort)leven, nog bestaan, voortbestaan ❷ in leven blijven, het er levend afbrengen, overleven ★ *life is often a struggle to* ~ het leven is vaak een strijd om te overleven

surviving [sə'vaɪvɪŋ] *bn* overlevend, nog in leven zijnd ★ *her only* ~ *child* haar enige nog levende kind

survivor [sə'vaɪvə] *znw* ❶ overlevende, geredde ‹na ramp› ❷ *jur* langstlevende

susceptibility [səseptə'bɪlətɪ] *znw* ontvankelijkheid, vatbaarheid ★ *older people have increased* ~ *to the common cold* ouderen zijn vatbaarder voor verkoudheid

susceptible [sə'septɪbl] *bn* ontvankelijk, vatbaar, gevoelig (voor *to*)

sushi ['suːʃi] *znw* sushi ‹Japanse snack›

suspect I *bn* ['sʌspekt] verdacht II *znw* ['sʌspekt] verdachte ‹persoon› ★ *the key* ~ de hoofdverdachte

III *overg* [sə'spekt] ❶ vermoeden, wantrouwen, verdenken ★ *they ~ him of forgery* ze verdenken hem van vervalsing ❷ in twijfel trekken

suspend [sə'spend] *overg* ❶ ophangen (aan *from*) ★ *~ed in a solution* zwevend in vloeistof ❷ tijdelijk buiten werking stellen, intrekken, onderbreken, opschorten, schorsen, suspenderen ‹geestelijke›, op non-actief stellen, staken ‹betalingen &›

suspended animation [sə'spendɪd ænɪ'meɪʃən] *znw* schijndood

suspended ceiling [sə'spendɪd 'si:lɪŋ] *znw* verlaagd plafond

suspended sentence [sə'spendɪd 'sentəns] *jur znw* voorwaardelijke veroordeling

suspender [sə'spendə] *znw* (sok)ophouder, jarretel

suspender belt [sə'spendə belt] *znw* jarretelgordel

suspenders [sə'spendəz] *Am znw* [mv] bretels ★ *a pair of ~* bretels

suspense [sə'spens] *znw* onzekerheid, spanning ★ *keep sbd in ~* iem. in het onzekere / in spanning houden ★ *inf the ~ is killing me* ik sta stijf van de spanning

suspenseful [sə'spensfʊl] *bn* spannend

suspension [sə'spenʃən] *znw* ❶ vering, ophanging ‹v. auto› ★ *the rear ~* de achtervering ❷ onderbreking, opschorting ★ *~ of payment* staking van betaling, surseance van betaling ❸ scheik suspensie ★ *be in ~* zweven ‹in vloeistof›

suspension bridge [sə'spenʃən brɪdʒ] *znw* hangbrug, kettingbrug

suspension cable [sə'spenʃən 'keɪbl] *znw* ophangkabel

suspension file [sə'spenʃən faɪl] *znw* hangmap

suspensory [sə'spensərɪ] *bn* ❶ dragend, steunend ‹verband &› ❷ form **suspensive** opschortend

suspicion [sə'spɪʃən] *znw* ❶ achterdocht, wantrouwen, argwaan, (kwaad) vermoeden, verdenking ★ *above / beyond ~* boven alle verdenking verheven ★ *be under a cloud of ~* zwaar onder verdenking staan ★ *harbour a ~* achterdochtig / wantrouwend zijn ★ *have a nagging / sneaking ~ (that)* een donkerbruin vermoeden hebben (dat) ★ *have reasonable grounds for ~* goede gronden hebben voor twijfel / wantrouwen ❷ zweempje ★ *a ~ of a smile* een zweempje van een glimlach ★ *deer will run away at the slightest ~ of a sound* herten vluchten bij het minste vermoeden van een geluid

suspicious [sə'spɪʃəs] *bn* ❶ argwanend, achterdochtig, wantrouwig ❷ verdacht

suspiciously [sə'spɪʃəslɪ] *bijw* ❶ argwanend, achterdochtig ❷ verdacht

suss [sʌs] *inf* **I** *bn* ❶ verdacht ❷ gewiekst **II** *znw* speciale kennis **III** *overg* ontdekken, erachter komen ★ *he's ~ed it* hij is erachter **IV** *phras* ★ *~ sth out* iets ontdekken ★ *~ sbd out* iem. in de peiling krijgen

sussed [sʌst] *Br inf bn* goed op de hoogte, goed geïnformeerd ‹van personen›

sustain [sə'steɪn] *overg* ❶ (onder)steunen, dragen, schragen ❷ aanhouden ‹een toon›, volhouden ‹beweging &› ❸ kracht geven, staande houden, ophouden, gaande houden ‹belangstelling› ❹ hoog houden ‹gezag› ❺ doorstaan, verdragen, uithouden ‹honger &› ❻ krijgen, oplopen, lijden ‹schade &›

sustainability [səsteɪnə'bɪlətɪ] *znw* ❶ houdbaarheid ❷ duurzaamheid ‹v. economie›

sustainable [sə'steɪnəbl] *bn* ❶ houdbaar, verdedigbaar ❷ duurzaam ‹m.b.t. het milieu›

sustained [sə'steɪnd] *bn* ❶ samenhangend ❷ ononderbroken, goed onderhouden ‹geweervuur›, aanhoudend ❸ volgehouden, onafgebroken

sustainer [sə'steɪnə] *znw* ❶ ondersteuner ❷ steun

sustaining [sə'steɪnɪŋ] *bn* krachtig, krachtgevend, versterkend ‹v. voedsel› ★ *a healthy and ~ meal* een gezonde, versterkende maaltijd

sustenance ['sʌstɪnəns] *znw* ❶ steun ★ *she finds ~ in her belief* ze vindt steun in haar geloof ❷ (levens)onderhoud, voeding, voedsel

suttee ['sʌtɪ, sʌ'tɪ], **sati** *znw* suttee ‹hindoeweduwe die samen met haar man wordt verbrand›

suture ['su:tʃə] **I** *znw* ❶ hechting ‹van wond› ❷ schedelnaad **II** *overg* hechten

SUV *afk* (sports utility vehicle) auto met vierwielaandrijving, terreinwagen

suzerainty ['su:zərəntɪ] *znw* suzereiniteit, opperleenheerschap, opperheerschappij

svelte [svelt] *bn* slank en sierlijk

SW *afk* (southwest/southwestern) zuidwest(elijk)

swab [swɒb] **I** *znw* ❶ zwabber, mop, wis(ser) ❷ med prop watten, wattenstaafje, tampon ❸ med uitstrijkje **II** *overg* (op)zwabberen, wissen **III** *phras* ★ *~ sth down* iets dweilen / zwabberen ★ *~ sth up* iets opnemen ‹vocht›

swaddle ['swɒdl] *overg* inwikkelen, omzwachtelen

swaddling clothes ['swɒdlɪŋ kləʊðz] *znw* [mv] windsels, luiers

swag [swæg] *znw* ❶ inf roof, buit ❷ Aus pak, bundel

swagger ['swægə] **I** *bn* ❶ los, ruim ‹v. jas› ❷ Br inf gedat chic **II** *znw* ❶ branie, lef ❷ stoere manier van lopen, zwierige gang **III** *onoverg* ❶ braniën, snoeven ❷ zwierig stappen ★ *young men ~ing about with bottles of beer* jonge mannen die stoer rondlopen met flesjes bier

swaggerer ['swægərə] *znw* opschepper, branie

swaggering ['swægərɪŋ] *bn* opschepperig, branieachtig

swain [sweɪn] *dicht znw* vrijer, minnaar

swallow ['swɒləʊ] **I** *znw* ❶ zwaluw ★ *zegsw one ~ doesn't make a summer* één zwaluw maakt nog geen zomer ❷ slik, slok **II** *overg* ❶ slikken ‹ook van beledigingen, nieuwtjes &›, inslikken, doorslikken ★ *~ sth whole* iets heel doorslikken ★ *~ sth the wrong way* zich verslikken ★ *~ the bait* toehappen, erin lopen ★ *~ one's pride* zijn trots opzij zetten ★ *~ one's words* iets terugnemen ★ *he ~s his words* hij praat binnensmonds ❷ verzwelgen, opslokken (ook: ~ *down*), verslinden (ook: ~ *up*) ★ *he was ~ed up in the crowd* hij verdween in de menigte ★ *debts ~ed (up) most of the money* schulden slokten het grootste deel van het geld op **III** *onoverg* slikken ★ *she ~ed hard and took a deep breath* ze slikte en ademde diep in

swallow dive ['swɒləʊdaɪv] *znw* zweefsprong ‹bij zwemmen›

swallowtail ['swɒləʊteɪl] *znw* ❶ zwaluwstaart ❷ rok(jas)

swallow-tailed ['swɒləʊ-teɪld] *bn* met een zwaluwstaart, gevorkt

swam [swæm] *ww* [v.t.] → **swim**

swamp [swɒmp] **I** *znw* moeras, drasland **II** *overg* ❶ vol water doen / laten lopen ❷ overstromen, overstelpen (met *with*)

swampland ['swɒmplænd] *znw* moerasland

swampy ['swɒmpɪ] *bn* moerassig, drassig, dras-

swan [swɒn] **I** *znw* zwaan **II** *phras* ★ inf ~ *about / around* rondtrekken, rondzwalken ★ *they ~ about / around like royalty* ze trekken rond alsof ze de koningin zelf zijn ★ inf ~ *in* een grote entree maken

swank [swæŋk] inf **I** *bn* ❶ **swanky** branieachtig, blufferig ❷ chic **II** *znw* ❶ branie, bluf ❷ branieschopper, bluffer **III** *onoverg* geuren, bluffen

swansdown ['swɒnzdaʊn] *znw* zwanendons, molton

swansong ['swɒnsɒŋ] *znw* zwanenzang

swap [swɒp], **swop I** *znw* ❶ ruil ★ *do a* ~ ruilen ❷ fin swap, swaptransactie **II** *overg* ❶ ruilen, omwisselen ❷ uitwisselen ★ ~ *experiences / stories &* ervaringen / verhalen & uitwisselen **III** *onoverg* ruilen, uitwisselen **IV** *phras* ★ ~ *around / round / over* van plaats wisselen ★ ~ *sth around / round / over* iets van plaats (laten) verwisselen

swapfile ['swɒpfaɪl] comput *znw* wisselbestand

swap meet [swɒp miːt] *znw* ❶ ruilbeurs ❷ rommelmarkt

swaption ['swɒpʃn] fin *znw* optie die het recht (maar niet de verplichting) geeft om deel te nemen aan een swaptransactie

sward [swɔːd] dicht *znw* grasveld, grasmat

swarm [swɔːm] **I** *znw* zwerm ★ *a* ~ *of bees* bijenzwerm **II** *onoverg* ❶ zwermen, krioelen, wemelen (van *with*) ❷ klauteren (in / op *up*)

swarthy ['swɔːðɪ] *bn* donker, getaand, gebruind

swash [swɒʃ] **I** *znw* klets, plas, geklets, geplas **II** *overg* (neer)kwakken, -kletsen, -plonzen **III** *onoverg* kletsen, plassen, plonzen ‹v. water›

swashbuckler ['swɒʃbʌklə] *znw* ijzervreter, snoever

swashbuckling ['swɒʃbʌklɪŋ] *bn* ❶ stoerdoenerig, opschepperig, snoeverig ❷ avonturen- ‹film, roman›

swastika ['swɒstɪkə] *znw* swastika, hakenkruis

swat [swɒt] **I** *znw* mep, klap **II** *overg* slaan, meppen ‹vlieg›

swathe [sweɪð], Am **swath I** *znw* ❶ zwachtel, omhulsel ❷ gemaaide strook, zwad **II** *overg* ❶ (om-, in)zwachtelen, (om)hullen ★ *the bride was ~d in lace*

de bruid was gehuld in kant ❷ bakeren

swatter ['swɒtə] *znw* vliegenmepper, vliegenklapper

sway [sweɪ] **I** *znw* ❶ zwaai ❷ heerschappij, macht, overwicht, invloed ★ *hold* ~ *over sbd / sth* de scepter zwaaien, regeren, heersen over iem. / iets **II** *overg* ❶ doen zwaaien (slingeren, wiegen, overhellen) ❷ beïnvloeden **III** *onoverg* zwaaien, slingeren, wiegen ★ ~ *from side to side* heen en weer slingeren

Swazi ['swɑːzɪ] *znw* Swazi

Swaziland ['swɑːzɪlænd] *znw* Swaziland

swear [sweə] **I** *overg* [swore, sworn] zweren, bezweren, onder ede beloven, een eed doen op ★ ~ *sbd to secrecy* iem. een eed van geheimhouding opleggen **II** *onoverg* [swore, sworn] ❶ zweren, de eed doen (afleggen) ★ ~ *to sth* zweren op iets ★ inf ~ *blind / Am ~ up and down* bij hoog en bij laag beweren ❷ vloeken ★ ~ *at sbd / sth* vloeken op iem. / iets, iem. / iets uitvloeken **III** *phras* ★ ~ *by sbd / sth* zweren bij iem. / iets ‹merk &› ★ ~ *sbd* in iem. beëdigen, de eed afnemen ★ ~ *off sth* iets afzweren ‹de drank &›

swear word ['sweəwɜːd] *znw* vloek

sweat [swet] **I** *znw* ❶ zweet, het zweten ★ *a cold* ~ angstzweet ★ *in a* ~ door en door bezweet, zwetend ★ *break out in a (cold)* ~ in het klamme zweet uitbreken ★ *get into a* ~ gespannen, overstuur raken, zich opwinden ❷ inf hard werk ★ *the last stage of the research was a real* ~ het laatste stadium van het onderzoek was een heel gezwoeg ★ inf *no* ~! geen probleem! **II** *overg* [sweat/sweated, sweat/sweated] ❶ doen zweten ❷ (uit)zweten ★ Am inf ~ *bullets* peentjes zweten ❸ fig uitzuigen ‹arbeiders› **III** *onoverg* [sweat/sweated, sweat/sweated] ❶ zweten ❷ zitten zweten ❸ inf zwoegen ★ *she's been ~ing over that report for days* ze zit al dagen op dat rapport te zwoegen **IV** *phras* ★ inf ~ *it out* doorzetten ★ *they left him to* ~ *it out alone* ze lieten hem gewoon stikken

sweat band [swet bænd] *znw* zweetband

sweated ['swetɪd] *bn* voor een hongerloon aangesteld, uitgebuit, onderbetaald ★ ~ *labour* arbeidskrachten die worden uitgebuit

sweater ['swetə] *znw* sweater, trui

sweat gland [swet glænd] anat *znw* zweetklier

sweatshirt ['swetʃɜːt] *znw* sweatshirt

sweatshop ['swetʃɒp] *znw* slavenhok, sweatshop ‹fabriek & waar de arbeiders worden uitgebuit›

sweatsuit ['swetsuːt] *znw* trainingspak

sweaty ['swetɪ] *bn* zweterig, bezweet, zweet-

swede [swiːd] *znw* knolraap, koolraap ★ *a Swede* een Zweed, een Zweedse

Sweden ['swiːdn] *znw* Zweden

Swedish ['swiːdɪʃ] **I** *bn* Zweeds **II** *znw* Zweeds ‹de taal›

sweep [swiːp] **I** *znw* ❶ schoonmaakbeurt ★ *make a clean* ~ alle prijzen in de wacht slepen ❷ schoorsteenveger ❸ veeg, zwenking, zwaai, draai, bocht, golvende lijn ❹ reikwijdte, bereik, uitgestrektheid, gebied ❺ lange roeiriem ❻ → inf

sweepstake II *overg* ❶ (aan)vegen, weg-, op-, schoonvegen ★ fig ~ *sth under the carpet / rug* iets verdoezelen ❷ wegmaaien, wegsleuren, wegvoeren, wegvagen ★ *be swept off the face of the earth* van de aardbodem weggevaagd worden ★ ~ *sbd off their feet* iem. overrompelen, iem. hals over kop verliefd laten worden, iem. onder de voet lopen ❸ afvissen, afjagen, afzoeken, (af)dreggen ‹rivier &› ★ *his eyes swept the horizon* zijn ogen zochten de horizon af ❹ strijken / slepen over ★ *she swept her hand across the material* ze streek met haar hand over de stof ❺ bestrijken ★ *machine guns swept the enemy position* machinegeweren bestreken de vijandelijke posities ❻ opstrijken ‹winst› ★ ~ *the board* met de hele winst / de hele inzet gaan strijken ❼ (mee)sleuren, meeslepen ★ *the tide swept them out to sea* het tij sleurde hen mee naar volle zee zee ★ *be swept overboard* overboord slaan ❽ teisteren, razen over ★ *the country was swept by war* het land werd geteisterd door oorlog ❾ snel bewegen ★ *the election swept them into power / office* de verkiezingen brachten hen met overmacht aan het bewind **III** *onoverg* ❶ vegen ❷ zich snel (voort)bewegen, spoeden, vliegen ★ *his eyes swept over the scene* zijn ogen namen het hele schouwspel in zich op ★ ~ *out of / from the room* de kamer uit zwieren ❸ in een ruime bocht liggen, zich uitstrekken ★ *the plains ~ away to the sea* de vlakte strekt zich uit tot de zee ★ *the mountains ~ down to the sea* de bergen strekken zich uit tot aan de zee **IV** *phras* ★ ~ **along** voortstuiven ★ ~ *sbd along* iem. meesleuren, meeslepen ★ ~ *sth* **aside** met een zwaai opzij schuiven, fig naast zich neerleggen ★ *swept sth* **away** iets wegvagen, wegspoelen ★ ~ **past** voorbij stuiven, voorbij zwieren ★ ~ **through** zich snel verspreiden ‹vuur›, epidemische proporties aannemen, met gemak slagen ‹examens› ★ ~ *sth* **up** iets aan-, bij-, opvegen

sweeper ['swi:pə] *znw* veger, straat-, baanveger

sweeping ['swi:pɪŋ] *bn* ❶ vegend ❷ fig veelomvattend, algemeen ★ *a ~ generalization* (te) algemene generalisatie ❸ overweldigend, radicaal, ingrijpend ★ *a ~ measure* radicale maatregel ★ *a ~ victory* een complete overwinning ★ *a ~ majority* een verpletterende meerderheid ★ *~ reductions* tegen zeer gereduceerde prijzen

sweepings ['swi:pɪŋz] *znw* [mv] ❶ opveegsels ❷ fig gepeupel, schuim, schorriemorrie

sweepstake ['swi:psteɪk], **sweepstakes**, **sweep** *znw* wedren (wedstrijd, loterij &) met inleggelden die in hun geheel aan de winnaars uitbetaald moeten worden

sweet [swi:t] **I** *bn* ❶ zoet, aangenaam, lieflijk, lief, lieftallig, bevallig, aardig ★ *how ~ of you to think of me* aardig van je om aan me te denken ★ ~ *sixteen* fris en jong ★ inf *be ~ on sbd* verliefd zijn op iem. ★ *keep sbd ~* iem. te vriend houden ★ *go one's own ~ way* precies doen waar je zelf zin in hebt ★ ~ *Fanny*

Adams, vulg ~ *fuck all,* ~ *FA* geen ene moer, absoluut niets ★ ~ *Jesus!* mijn hemel! ‹uitdrukking van schrik of irritatie› ❷ geurig, lekker ❸ melodieus ❹ zacht ‹beweging› ❺ vers, fris ‹lucht, eieren &› **II** *znw* ❶ zoetheid, zoetigheid ★ *first the bitter, now the ~* na het zuur komt het zoet ★ *enjoy the ~s of office* van de zaligheden van het ambt genieten ❷ zoete bonbon, lekkers, snoep ★ *she doesn't allow them to eat ~s* ze mogen van haar geen snoep eten ❸ toetje ❹ liefje ‹als aanspreekvorm› ★ *hello, my ~* dag, liefje / schat

sweet-and-sour [swi:t-ə̆n-'sauə] *bn* zoetzuur

sweetbread ['swi:tbred] *znw* zwezerik ‹als gerecht›

sweet brier [swi:t 'braɪə] *znw* egelantier

sweet chestnut [swi:t 'tʃesnʌt] *znw* (tamme) kastanje

sweetcorn ['swi:tkɔ:n] *znw* maïs

sweeten ['swi:tn] **I** *overg* ❶ zoet maken, zoeten, verzachten, veraangenamen ❷ verversen ‹lucht›, luchten ‹de kamer› ❸ inf aantrekkelijk(er) maken ‹aanbod›, omkopen ★ inf ~ *sbd up* iem. gunstig stemmen **II** *onoverg* zoet(er) worden

sweetener ['swi:tənə] *znw* ❶ zoetstof, zoetje ❷ inf steekpenning, smeergeld

sweetening ['swi:tnɪŋ] *znw* ❶ suiker ❷ zoetstof

sweetheart ['swi:thɑ:t] **I** *tsw* lieveling! **II** *znw* geliefde, liefje, meisje, vrijer

sweetheart deal [swi:thɑ:t di:l] *znw* overeenkomst buiten de vakbond of de cao om

sweetie ['swi:tɪ] *znw* → **sweety**

sweetish ['swi:tɪʃ] *bn* zoetachtig, zoetig

sweetly ['swi:tlɪ] *bijw* zoet, lief, charmant

sweetmeat ['swi:tmi:t] gedat *znw* bonbon, suikergoed, lekkers

sweet-natured [swi:t-'neɪtʃəd] *bn* zacht, goedaardig, lief

sweetness ['swi:tnəs] *znw* zoetheid ★ *all ~ and light* alles koek en ei, een en al vriendelijkheid

sweet nothings [swi:t 'nʌθɪŋz] *znw* [mv] lieve woordjes ★ *whisper ~ in sbd's ear* lieve woordjes in iemands oor fluisteren

sweet pea [swi:t pi:] *znw* lathyrus

sweet pepper [swi:t 'pepə] *znw* paprika

sweet potato [swi:t pə'teɪtəʊ] *znw* zoete aardappel, bataat ‹knolgewas›

sweetroot ['swi:tru:t] *znw* zoethout

sweet-scented [swi:t'sentɪd], **sweet-smelling** *bn* welriekend, geurig

sweet shop ['swi:tʃɒp] *znw* snoepwinkel ‹vaak ook met kranten, tabaksartikelen &›

sweet-tempered [swi:t'tempəd] *bn* zacht, lief

sweet tooth [swi:t tu:θ] *znw* ★ *have a ~* een zoetekauw zijn

sweet william [swi:t 'wɪljəm] *znw* duizendschoon ‹bloem›

sweety ['swi:tɪ], **sweetie** inf *znw* ❶ koekje, snoepje, bonbon ❷ **sweetie-pie** liefje

swell [swel] **I** *bn* ❶ gedat inf chic ❷ Am inf te gek, hartstikke goed, prima **II** *bijw* Am inf uitstekend, geweldig ★ *everything's going ~* alles gaat prima

sw

III *znw* ❶ zwellen, zwelling ❷ deining ❸ *inf* chique grote meneer, hoge piet **IV** *overg* [swelled, swollen/swelled] ❶ doen zwellen ❷ *fig* opblazen, hovaardig maken ❸ doen aangroeien of toenemen, verhogen, doen aan-, opzwellen, vergroten **V** *onoverg* [swelled, swollen/swelled] ❶ zwellen, aan-, opzwellen, uitzetten, uitdijen ❷ *fig* aangroeien, toenemen ❸ zich opblazen ★ ~ *with pride* zwellen / zich opblazen van trots

swell box [swelbɒks] *znw* zwelkast ‹v. orgel›

swelled head [sweld hed] *znw* → **swollen head**

swelling ['sweliŋ] **I** *bn* zwellend **II** *znw* ❶ aan-, opzwellen ❷ zwelling, gezwel, buil ★ *the ~ is starting to go down* de zwelling wordt minder

swelter ['sweltə] *onoverg* puffen, smoren, stikken van de hitte

sweltering ['sweltəriŋ] *bn* broeiend, smoor-, snikheet, broei-

swept [swept] *ww* [v.t. & v.d.] → **sweep**

swept-back ['swept-bæk] *bn* ★ ~ *hair* naar achteren gekamd / geborsteld haar ★ *a ~ wing* een terugwijkende / pijlvormige vleugel ‹v. vliegtuig›

swerve [swɜːv] **I** *znw* plotselinge afwijking, zwenking, zwaai, afdwaling **II** *overg & onoverg* plotseling (doen) afwijken, plotseling (doen) opzijgaan, een schuiver (laten) maken ‹auto›, (doen) afdwalen

swift [swift] **I** *bn* snel, vlug, er vlug bij (om *to*), gauw ★ ~ *action* snel handelen ★ ~ *justice* snelrecht ★ *be ~ to anger* gauw kwaad worden **II** *znw* gierzwaluw

swift-footed [swift'futid] *dicht bn* snelvoetig, rap

swiftly ['swiftli] *bijw* snel, vlug, rap

swiftness ['swiftnəs] *znw* snelheid, vlugheid

swig [swig] **I** *znw* grote slok, teug **II** *overg* met grote teugen (leeg)drinken, zuipen **III** *onoverg* met grote teugen drinken, zuipen ★ *he ~ged at his beer* hij nam grote teugen van zijn bier ★ ~ *from the bottle* uit de fles drinken

swill [swil] **I** *znw* spoelsel, spoeling, varkensdraf **II** *overg* ❶ (af-, door-)spoelen ❷ met grote teugen drinken, inzwelgen ★ ~ *sth down* iets snel opdrinken

swiller ['swilə] *inf znw* zuiplap

swim [swim] **I** *znw* zwemmen ★ *go for a ~* / *have a ~* (gaan) zwemmen ★ *inf be in the ~* op de hoogte zijn, meedoen (met de grote wereld) **II** *overg* [swam, swum] zwemmen, af-, overzwemmen **III** *onoverg* [swam, swum] ❶ zwemmen, drijven ★ ~ *against / with the tide / stream* tegen de stroom in / met de stroom meegaan ★ *the bathroom was ~ming* de badkamer stond blank ★ *her eyes were ~ming (with tears)* haar ogen stonden vol tranen ❷ draaien (voor iems. ogen), duizelen

swimmer ['swimə] *znw* zwemmer

swimmers ['swiməz] *Aus znw* [mv] zwemkleding

swimming ['swimiŋ] *znw* ❶ zwemmen ❷ duizeling

swimming baths ['swimiŋ bɑːθs] *znw* (overdekt) zwembad

swimming costume ['swimiŋ 'kɒstjuːm] *znw* badpak

swimming hole ['swimiŋ həʊl] *znw* zwemplek ‹in beek of rivier›

swimmingly ['swimiŋli] *bijw* ★ *things are going ~* alles gaat van een leien dakje

swimming pool ['swimiŋ puːl] *znw* zwembad, zwembassin

swimming trunks ['swimiŋ trʌŋks] *znw* [mv] zwembroek

swimsuit ['swimsuːt] *znw* zwempak

swimwear ['swimweə] *znw* zwemkleding

swindle ['swindl] **I** *znw* zwendel(arij), oplichterij **II** *overg* oplichten ★ ~ *sbd out of money* iem. geld afzetten

swindler ['swindlə] *znw* zwendelaar, oplichter

swine [swain] *znw* [mv: ~] ❶ varken, zwijn ❷ *inf* smeerlap

swine fever [swain 'fiːvə] *znw* varkenskoorts, varkenspest

swineherd ['swainhɜːd] *hist znw* zwijnenhoeder

swing [swiŋ] **I** *znw* ❶ schommel ★ *zegsw what you lose on the ~s you gain on the roundabout* het moet uit de lengte of uit de breedte komen ❷ schommeling, zwenking, zwaai, slinger ★ *a ~ to the right* een ruk naar rechts ‹politiek› ★ *his ~ was wide of the mark* zijn zwaai miste het doel ‹golf› ❸ actie, vaart, gang ★ *in full ~* in volle gang ★ *inf get (back) into the ~ of things* (weer) op dreef komen ★ *Br inf go with a ~* swingen ‹feest &› ❹ ritme, 'Schwung' ❺ swing, swingmuziek **II** *overg* [swung, swung] ❶ doen / laten schommelen, doen / laten zwenken, draaien ★ *inf not enough room to ~ a cat* je kunt je er niet wenden of keren ★ ~ *the balance* de doorslag geven ❷ slingeren met, schommelen, zwaaien met ❸ beïnvloeden, manipuleren ★ *environmental issues swung the vote to the Greens* milieukwesties beïnvloedden de stemming ten gunste van de Groenen ★ *Br inf ~ the lead* lijntrekken ★ *inf ~ it* iets klaarspelen **III** *onoverg* [swung, swung] ❶ schommelen, zwaaien, slingeren, bengelen, draaien, zwenken ❷ hangen ❸ *inf* het (goed) doen, hip zijn, in zijn ❹ *muz* swingen, swing spelen ★ ~ *into action* in actie komen **IV** *phras* ★ ~ *around* / *round* zich omdraaien, draaien ★ ~ *sbd / sth around / round* iem. / iets omdraaien ★ ~ *at sbd* naar iem. slaan ★ *inf ~ by* onderweg bij iem. langsgaan ★ ~ *to* dichtslaan ‹deur›

swingboat ['swiŋbəʊt] *znw* luchtschommel

swing bridge [swiŋ brɪdʒ] *znw* draaibrug

swing door [swiŋ'dɔː] *znw* tochtdeur, klapdeur

swingeing ['swindʒiŋ] *Br bn* kolossaal ★ ~ *tax increases* enorme belastingtoenames

swinger ['swiŋə] *inf znw* ❶ snelle jongen, fuifnummer ❷ iem. met veel losse sekscontacten

swinging ['swiŋiŋ] *inf bn* ❶ swingend, levendig, pittig ❷ hip, onconventioneel

swing loan [swiŋ ləʊn] *Am znw* overbruggingskrediet

swinish ['swainiʃ] *gedat inf bn* beestachtig

swipe [swaip] **I** *znw* ❶ harde slag ‹cricket› ❷ veeg (uit de pan) ★ *take a ~ at sbd* uithalen naar iem. ‹met vuist of woorden⟩ **II** *overg* ❶ hard slaan ❷ inf gappen, weggrissen ❸ door een afleesapparaat halen ⟨een magneetkaart⟩ **III** *onoverg* slaan, uithalen ★ *she ~d at him with her handbag* ze haalde naar hem uit met haar handtasje

swipe card [swaɪp kɑːd] *znw* magneetkaart

swirl [swɜːl] **I** *znw* warreling, gewarrel, draaikolk ★ *a ~ of dust* stofhoos ★ *she entered in a ~ of taffeta* ze kwam binnen in een werveling van zijde **II** *overg & onoverg* (doen) warrelen, (doen) draaien, kolken

swish [swɪʃ] **I** *bn* inf chic **II** *znw* ❶ zwiepend geluid, geruis ⟨v. zijde &⟩ ★ *the ~ of the curtains* het geruis van de gordijnen ❷ Am inf verwijfd manspersoon, homo **III** *overg* ❶ zwiepen met ❷ inf afranselen, met het rietje (de roe) geven **IV** *onoverg* ❶ zwiepen ★ *~ open / close* openzwiepen / dichtslaan ❷ ruisen ⟨v. zijde &⟩

swishy ['swɪʃɪ] *bn* ❶ zoevend, ruisend, zwiepend ❷ inf verwijfd

Swiss [swɪs] **I** *bn* Zwitsers ★ *valuta* ~ *franc* Zwitserse frank ★ *~ French* Zwitsers-Frans ★ *~ German* Zwitser-Duits **II** *znw* [mv: ~] Zwitser, Zwitserse

Swiss army knife [swɪs 'ɑːmɪ naɪf] *znw* padvindersmes, Zwitsers zakmes

Swiss cheese [swɪs tʃiːz] *znw* Zwitserse kaas

Swiss roll [swɪs rəʊl] *znw* koninginnenrol ⟨cakerol met jam⟩

switch [swɪtʃ] **I** *znw* ❶ elektr schakelaar, knop ★ *at the flick of a ~* met een druk op de knop ❷ wissel ⟨v. spoorweg⟩ ❸ plotselinge verandering ❹ twijg, roede ❺ haarstukje **II** *overg* ❶ (plotseling) draaien, wenden, richten ❷ op een ander spoor brengen, rangeren ❸ (ver)wisselen ★ *~ allegiance* overlopen naar het andere kamp ★ *~ channels* van zender wisselen ⟨tv⟩ ❹ elektr omschakelen **III** *onoverg* omschakelen, overschakelen ★ *she ~ed to politics* ze ging op de politiek over ★ *we've ~ed to another brand of coffee* we zijn op een ander merk koffie overgestapt ★ *the car ~ed to the other lane* de auto veranderde van rijbaan **IV** *phras* ★ *~ over* wisselen ★ *~ over to sth* overschakelen op iets ★ *~ inf ~ off* de aandacht verliezen ★ *~ sth off* iets uitdraaien, uitknippen ⟨licht⟩, iets uitschakelen, afzetten ★ *~ sth on* iets aandraaien, aanknippen ⟨licht⟩, iets inschakelen, aanzetten

switchback ['swɪtʃbæk] *znw* ❶ roetsjbaan ❷ berg(spoor)weg met veel bochten

switchblade ['swɪtʃbleɪd] *znw* stiletto

switchboard ['swɪtʃbɔːd] *znw* schakelbord

switchboard operator ['swɪtʃbɔːd 'ɒpəreɪtə] *znw* telefonist(e)

switched on [swɪtʃt 'ɒn] inf *bn* ❶ hip, modieus, goed op de hoogte ❷ zelfverzekerd, wetend wat men wil

switchman ['swɪtʃmən] *znw* wisselwachter

Switzerland ['swɪtsələnd] *znw* Zwitserland

swivel ['swɪvəl] **I** *znw* spil **II** *overg* (laten) draaien **III** *onoverg* (zich) draaien, ronddraaien ★ *he ~led in his chair* hij draaide rond in zijn stoel ★ *she ~led on*

her heel and walked out ze draaide zich op haar hakken om en liep naar buiten

swivel chair ['swɪvəl tʃeə] *znw* draaibare (bureau)stoel

swivel-eyed [swɪvəl-'aɪd] inf *bn* scheel

swizz [swɪz], **swiz**, **swizzle** inf *znw* ❶ zwendel ❷ teleurstelling

swizzle ['swɪzəl] *znw* ❶ cocktail ❷ → swizz ❸ → **swizzle stick**

swizzle stick ['swɪzəlstɪk], **swizzle** *znw* roerstaafje voor cocktail

swob [swɒb] *znw & onoverg* → swab

swollen ['swəʊlən] *ww* [v.d.] → swell

swollen head ['swəʊlən hed], **swelled head** *znw* arrogantie, eigendunk

swollen-headed [swəʊlən'hedɪd] *bn* verwaand, opgeblazen

swoon [swuːn] dicht **I** *znw* flauwte **II** *onoverg* bezwijmen, in zwijm vallen, flauwvallen

swoop [swuːp] **I** *znw* ❶ plotselinge duik ❷ haal, veeg ★ *at / in one fell ~* met één slag ❸ razzia, inval **II** *onoverg* een inval doen ★ *the police ~ed at dawn* de politie deed vroeg in de ochtend een inval **III** *phras* ★ *~ (down) on / upon sbd / sth* neerduiken op iem. / iets, afschieten op iem. / iets ★ *~ sbd / sth up* iem. / iets oppakken / inrekenen

swoosh [swʊʃ, swuːʃ] **I** *znw* geruis, gesuis **II** *onoverg* ruisen, suizen ★ *~ past* voorbij suizen

swop [swɒp] *znw, overg & onoverg* → swap

sword [sɔːd] *znw* ❶ zwaard, degen, sabel ★ *the ~ of justice* het zwaard der gerechtigheid ★ fig *cross ~s with sbd* de degen kruisen met iem., op vijandige voet staan met iem. ★ *put sbd to the ~* iem. over de kling jagen ★ zegsw *turn ~s into ploughshares* zwaarden tot ploegscharen smeden ★ zegsw *he who lives by the ~ dies by the ~* wie het zwaard opneemt zal door het zwaard vergaan ❷ dicht militaire macht, oorlog ★ *thousands perished by the ~* duizenden vielen onder het zwaard

sword-bearer ['sɔːd-beərə] *znw* zwaarddrager ⟨bij officiële ceremoniën⟩

swordbill ['sɔːdbɪl] *znw* zwaardkolibrie ⟨Zuid-Amerikaans vogeltje⟩

swordblade ['sɔːdbleɪd] *znw* degenkling

swordcane ['sɔːdkeɪn] *znw* degenstok

sword dance [sɔːd dɑːns] *znw* zwaarddans

swordfight ['sɔːdfaɪt] *znw* zwaardgevecht

swordfish ['sɔːdfɪʃ] *znw* zwaardvis

swordgrass ['sɔːdgrɑːs] *znw* rietgras

sword knot [sɔːd nɒt] *znw* degenkwast

swordplay ['sɔːdpleɪ] *znw* schermen, gescherm

swordsman ['sɔːdzmən] *znw* geoefend schermer

swordsmanship ['sɔːdzmənʃɪp] *znw* schermkunst

swordstick ['sɔːdstɪk] *znw* degenstok

sword-swallower ['sɔːd-swɒləʊə] *znw* degenslikker

swore [swɔː] *ww* [v.t.] → swear

sworn [swɔːn] **I** *bn* ❶ gezworen ★ *~ enemies* gezworen vijanden ★ *~ friends* dikke vrienden ❷ beëdigd ★ *a ~ statement* een beëdigde verklaring **II** *ww* [v.d.] →

swear

swot [swɒt] Br inf **I** znw blokker, boekenwurm **II** overg & onoverg blokken, vossen **III** phras ★ ~ sth up op iets blokken, iets erin krammen ‹examenstof &› ★ ~ up on sth iets gehaast bestuderen, op iets blokken

SWOT analysis [swɒt ə'næləsɪs] marketing znw (Strengths, Weaknesses, Opportunities, Threats) SWOT-analyse ‹analyse van de sterke en zwakke punten, de mogelijkheden en de bedreigingen van een onderneming›

swum [swʌm] ww [v.d.] → swim

swung [swʌŋ] ww [v.t. & v.d.] → swing

swung dash [swʌŋ dæʃ] typ znw een streepje in de vorm van een tilde

sybarite ['sɪbərart] form znw genotzuchtige, wellusteling

sybaritic [sɪbə'rɪtɪk] form bn genotzuchtig

sycamore ['sɪkəmɔ:] znw ❶ wilde vijgenboom ❷ ahornboom, esdoorn ❸ Am plataan

sycophancy ['sɪkəfənsɪ] form znw pluimstrijkerij, hielenlikkerij

sycophant ['sɪkəfənt] form znw pluimstrijker, hielenlikker

sycophantic [sɪkə'fæntɪk] form bn pluimstrijkend

syllabic [sɪ'læbɪk] bn syllabisch, lettergreep-

syllable ['sɪləbl] znw lettergreep ★ say it in words of one ~ het klip en klaar stellen, het helder en duidelijk zeggen

syllabus ['sɪləbəs] znw [mv: -es of syllabi] syllabus, cursusprogramma, leerplan ★ ~ design leerplanontwikkeling

syllogism ['sɪlədʒɪzəm] znw syllogisme, sluitrede

syllogistic [sɪlə'dʒɪstɪk] bn syllogistisch, in de vorm van een sluitrede

sylph [sɪlf] znw ❶ sylfe, sylfide ‹luchtgeest› ❷ dicht tenger meisje

sylphlike ['sɪlflaɪk] dicht bn bevallig, sierlijk

sylvan ['sɪlvən], **silvan** dicht bn ❶ bosachtig, bosrijk, bos- ❷ landelijk

symbiosis [sɪmbɪ'əʊsɪs] znw symbiose

symbiotic [sɪmbɪ'ɒtɪk] bn symbiotisch

symbol ['sɪmbl] znw symbool, zinnebeeld, teken ★ the ~ of peace het vredesteken, het vredesembleem

symbolic [sɪm'bɒlɪk], **symbolical** bn symbolisch, zinnebeeldig

symbolism ['sɪmbəlɪzəm] znw ❶ symboliek ❷ symbolisme ‹richting in de kunst en letterkunde›

symbolist ['sɪmbəlɪst] znw symbolistisch

symbolization [sɪmbəlaɪ'zeɪʃən], **symbolisation** znw symbolisering, zinnebeeldige voorstelling

symbolize ['sɪmbəlaɪz], **symbolise** overg symboliseren, zinnebeeldig voorstellen

symmetric [sɪ'metrɪk], **symmetrical** bn symmetrisch

symmetry ['sɪmətrɪ] znw symmetrie

sympathetic [sɪmpə'θetɪk] bn ❶ meevoelend, deelnemend, goedgezind, welwillend (tegenover to) ★ lend a ~ ear met meegevoel naar iem. luisteren ❷ sympathiek ❸ sympathisch ‹zenuwstelsel› ★ ~

sw

pain weerpijn

sympathize ['sɪmpəθaɪz], **sympathise** onoverg ❶ sympathiseren (met with) ❷ meevoelen (met with), zijn deelneming betuigen, condoleren (iem. with sbd)

sympathizer ['sɪmpəθaɪzə], **sympathiser** znw meevoelende vriend(in), sympathisant

sympathy ['sɪmpəθɪ] znw ❶ sympathie ❷ medegevoel, deelneming ★ a ~ strike een solidariteitsstaking ★ come out in ~ with sbd in solidariteitsstaking gaan ❸ overeenstemming, welwillendheid ★ management is in ~ with the proposal het bestuur staat welwillend tegenover het voorstel ❹ condoleantie ★ extend one's ~ to sbd iem. condoleren

sympathy vote ['sɪmpəθɪ vəʊt] znw stem uit medelijden

symphonic [sɪm'fɒnɪk] bn symfonisch

symphony ['sɪmfənɪ] znw symfonie

symphony orchestra ['sɪmfənɪ 'ɔ:kɪstrə] znw symfonieorkest

symposium [sɪm'pəʊzɪəm] znw [mv: symposia of symposiums] ❶ symposium ‹wetenschappelijke bijeenkomst› ★ a ~ on child abuse een symposium over kindermishandeling ❷ artikelenreeks over hetzelfde onderwerp door verschillende schrijvers

symptom ['sɪmptəm] znw symptoom, (ziekte)verschijnsel, (ken)teken

symptomatic [sɪmptə'mætɪk] bn symptomatisch ★ his problems are ~ of poor self-esteem zijn problemen wijzen op een laag gevoel van eigenwaarde

synagogue ['sɪnəgɒg] znw synagoge

synapse ['saɪnæps] znw paring, synapsis ‹v. chromosomen›

synaptic [saɪ'næptɪk] bn synaptisch

sync [sɪŋk], **synch** inf **I** znw synchronisatie ★ in ~ op dezelfde golflengte ★ be in / out of ~ (with sbd / sth) (niet) gelijk / synchroon lopen (met iets / iem.) **II** overg synchroniseren

synchromesh ['sɪŋkrəʊmeʃ] auto znw systeem van versnelling, synchromesh

synchronic [sɪŋ'krɒnɪk] bn gelijktijdig, synchroon

synchronism ['sɪŋkrənɪzəm] znw gelijktijdigheid

synchronization [sɪŋkrənaɪ'zeɪʃən], **synchronisation** znw ❶ gelijktijdigheid ❷ gelijk zetten ‹v. horloges› ❸ synchronisatie ❹ fig gelijkschakeling

synchronize ['sɪŋkrənaɪz], **synchronise I** overg ❶ synchronistisch rangschikken ‹gebeurtenissen› ❷ gelijkzetten ‹klokken› ❸ synchroniseren ❹ fig gelijkschakelen **II** onoverg in tijd overeenstemmen, gelijktijdig zijn

synchronized swimming ['sɪŋkrənaɪzd 'swɪmɪŋ] znw synchroon zwemmen, kunstzwemmen

synchronizer ['sɪŋkrənaɪzə], **synchoniser** znw flitscontact ‹aan camera›

synchronous ['sɪŋkrənəs] bn gelijktijdig

synchrotron ['sɪŋkrətrɒn] scheik znw synchrotron, lineaire deeltjesversneller

syncom ['sɪnkɒm] *znw* communicatiesatelliet
syncopate ['sɪŋkəpeɪt] *overg* syncoperen
syncopated ['sɪŋkəpeɪtɪd] *bn* syncopisch
syncopation [sɪnkə'peɪʃən] *znw* syncopering
syncope ['sɪŋkəpɪ] *znw* ❶ gramm syncope, weglating v. letter of lettergreep ❷ med syncope, bewusteloosheid
syndic ['sɪndɪk] *znw* bestuurder, gezagsdrager
syndicate I *znw* ['sɪndɪkɪt] syndicaat, belangengroepering **II** *overg* ['sɪndɪkeɪt] ❶ tot een syndicaat of consortium verenigen ❷ door een (pers)syndicaat laten publiceren
syndrome ['sɪndrəʊm] *znw* syndroom
synergy ['sɪnədʒɪ] *znw* synergie
synod ['sɪnəd] *znw* synode, kerkvergadering
synonym ['sɪnənɪm] *znw* synoniem
synonymous [sɪ'nɒnɪməs] *bn* synoniem, gelijkbetekenend, zinverwant
synopsis [sɪ'nɒpsɪs] *znw* [mv: -ses] overzicht, kort begrip, synopsis ‹ook v. film›
synoptic [sɪ'nɒptɪk] *bn* synoptisch, verkort, een overzicht gevende ★ *the Synoptic Gospels* de evangeliën van Mattheus, Marcus en Lucas
synovitis [saɪnəʊ'vaɪtɪs] med *znw* synovitis, gewrichtsvliesontsteking
syntactic [sɪn'tætɪk] *bn* syntactisch
syntax ['sɪntæks] *znw* syntaxis, zinsbouw
synthesis ['sɪnθəsɪs] *znw* [mv: -ses] synthese, samenvoeging
synthesize ['sɪnθəsaɪz], **synthesise, synthetize** *overg* ❶ samenvoegen, samenstellen ❷ synthetisch bereiden
synthesizer ['sɪnθəsaɪzə], **synthesiser** *znw* synthesizer
synthetic [sɪn'θetɪk] **I** *bn* ❶ synthetisch ❷ onecht, namaak **II** *znw* kunststof
synthetic resin [sɪn'θetɪk 'rezɪn] *znw* kunsthars
synthetize ['sɪnθetaɪz] *overg* → **synthesize**
syphilis ['sɪfəlɪs] *znw* syfilis
syphilitic [sɪfə'lɪtɪk] **I** *bn* syfilitisch **II** *znw* syfilislijder
syphon ['saɪfən] *znw* → **siphon**
Syria ['sɪrɪə] *znw* Syrië
Syriac ['sɪrɪæk] *bn & znw* Aramees, Oud-Syrisch
Syrian ['sɪrɪən] **I** *bn* Syrisch **II** *znw* Syriër, Syrische
syringa [sɪ'rɪŋgə] *znw* ❶ (boeren)jasmijn ❷ sering
syringe [sɪ'rɪndʒ] **I** *znw* (injectie)spuit, spuitje **II** *overg* spuiten, be-, in-, uitspuiten
syrup ['sɪrəp] *znw* ❶ siroop, stroopje ❷ stroop ★ *golden* ~ lichtgekleurde stroop
syrupy ['sɪrəpɪ] *bn* ❶ siroopachtig, stroperig ❷ fig zoetsappig
sysop ['sɪsɒp] comput *afk* (system operator) systeembeheerder
system ['sɪstəm] *znw* ❶ systeem, stelsel, inrichting ★ *the educational* ~ het onderwijssysteem, het onderwijsstelsel ★ *the judicial* ~ het rechtssysteem ❷ net ‹v. spoorweg, verkeer &› ❸ constitutie, lichaamsgesteldheid, gestel ★ *get sth out of one's* ~ stoom afblazen, zijn gal spuwen over iets ❹ politiek

stelsel, gevestigde orde ★ *beat the* ~ het systeem omzeilen ★ *buck the* ~ zich verzetten tegen de gevestigde orde
systematic [sɪstɪ'mætɪk] *bn* systematisch, stelselmatig
systematization [sɪstəmətaɪ'zeɪʃən], **systematisation** *znw* systematische inrichting, organisatie
systematize ['sɪstəmətaɪz], **systematise** *overg* systematiseren
system crash ['sɪstəm kræʃ] *znw* systeemcrash, het plotseling uitvallen van een computersysteem
system design ['sɪstəm dɪ'zaɪn] comput *znw* systeemontwerp
system error ['sɪstəm 'erə] comput *znw* systeemfout
system failure ['sɪstəm 'feɪljə] comput *znw* systeemstoring
systemic [sɪ'stemɪk] *bn* het (hele) gestel / lichaam betreffende
system manager ['sɪstəm 'mænɪdʒə] comput *znw* systeembeheerder
systems administration ['sɪstəmz ədmɪnɪ'streɪʃən] comput *znw* systeembeheer
systems analysis ['sɪstəmz ə'næləsɪs] comput *znw* systeemanalyse
systems analyst ['sɪstəmz 'ænəlɪst] *znw* systeemanalist
systems management ['sɪstəmz 'mænɪdʒmənt] comput *znw* systeembeheer
systems software ['sɪstəmz 'sɒftweə] comput *znw* systeemprogrammatuur
system tray ['sɪstəm treɪ] comput *znw* ‹in Windows› system tray ‹verzameling pictogrammen die snelle toegang verschaffen tot veelgebruikte functies›
syzygy ['sɪzɪdʒɪ] astron *znw* syzygie, samenstand ‹van hemellichamen›

sy

T

t [ti:] *znw* (de letter) t ★ fig *cross one's* ~*s* de puntjes op de i zetten ★ *to a* ~ net, precies, op een haar ★ *done to a* ~ perfect klaargemaakt

ta [tɑː] inf *tsw* dank je!

tab [tæb] **I** *znw* ❶ leertje aan een schoen, lus ❷ tongetje, lipje ❸ label, ruitertje, tab ⟨bij kaartsysteem⟩ ★ inf *keep* ~*s on sbd / sth* iem / iets in de gaten houden ❹ kraaginsigne ⟨v. uniform⟩ ❺ inf rekening ★ *pick up the* ~ de rekening betalen **II** *overg* ❶ van labels / tabs voorzien ❷ als geschikt aanmerken

tabard ['tæbəd] *znw* tabberd

tabasco® [tə'bæskəʊ], **tabasco sauce** *znw* tabascosaus

tabby ['tæbɪ], **tabby cat** *znw* cyperse kat ⟨gestreepte kat⟩

tabernacle ['tæbənækl] *znw* ❶ tabernakel ❷ hist loofhut, tent ❸ bedehuis ⟨van Mormonen, Methodisten &⟩

tab key [tæb kiː] comput *znw* tabulatortoets

table ['teɪbl] **I** *znw* ❶ tafel ★ *set / lay the* ~ de tafel dekken ★ *dinner is on the* ~ het eten is opgediend ★ *put / lay sth on the* ~ iets ter tafel brengen ★ *offer sbd sth under the* ~ iem. iets onder de toonbank aanbieden ★ inf *most of the guests were under the* ~ de meeste gasten waren dronken ★ *turn the* ~*s (on sbd)* de rollen omdraaien (ten opzichte van iem.) ❷ dis, maaltijd, kost ❸ tabel, lijst, register, index, catalogus ★ *the* ~ *of contents* de inhoud(sopgave) ❹ tafel van vermenigvuldiging ❺ (gedenk)plaat ❻ plateau, tafelland **II** *overg* ❶ ter tafel brengen, indienen ⟨een motie⟩ ❷ Am voor kennisgeving aannemen

tableau ['tæbləʊ] *znw* tableau

tablecloth ['teɪblklɒθ] *znw* tafellaken, tafelkleed

table lamp ['teɪbl læmp] *znw* tafellamp

tableland ['teɪbllænd] *znw* tafelland, plateau

table linen ['teɪbl 'lɪnɪn] *znw* tafellinnen

table manners ['teɪbl 'mænəz] *znw* [mv] tafelmanieren

table mat ['teɪblmæt] *znw* onderzetter

table service ['teɪbl 'sɜːvɪs] *znw* ❶ eetservies ❷ bediening aan tafel

tablespoon ['teɪblspuːn] *znw* eetlepel

tablespoonful ['teɪblspuːnfʊl] *znw* eetlepel ⟨maat⟩

tablet ['tæblət] *znw* ❶ tablet, dragee, pastille, plak ⟨chocola⟩, stuk ⟨zeep⟩ ★ *in* ~ *form* als tablet ❷ (gedenk)tafel, -plaat

table talk ['teɪbl tɔːk] *znw* informele tafelgesprekken

table tennis ['teɪbl tenɪs] *znw* tafeltennis

tabletop ['teɪbltɒp] *znw* tafelblad

table-turning ['teɪbl-tɜːnɪŋ] *znw* tafeldans ⟨bij spiritistische seances⟩

tableware ['teɪblweə] *znw* tafelgerei

table wine ['teɪbl waɪn] *znw* tafelwijn

tabloid ['tæblɔɪd], **tabloid paper** *znw* sensatiedagblad ⟨op A3-formaat⟩

taboo [tə'buː, tæ'buː], **tabu I** *bn* verboden, taboe, onaantastbaar, **II** *znw* [mv: taboos *of* tabus] taboe, ban, verbod **III** *overg* taboe verklaren, verbannen ⟨uit het gesprek⟩, verbieden

tab stop [tæb stɒp] comput *znw* tabstop

tabular ['tæbjʊlə] *bn* ❶ tabellarisch ❷ tabel- ❸ tafelvormig, als een tafel

tabula rasa ['tæbjʊlə 'rɑːsə] ⟨*Lat*⟩ *znw* tabula rasa, onbeschreven blad, schone lei

tabulate ['tæbjʊleɪt] *overg* ❶ tabellarisch groeperen, tabellen maken van ❷ tafelvormig effenen

tabulator ['tæbjə'leɪtə] *znw* tabulator

tachograph ['tækəgrɑːf] *znw* tachograaf

tachometer [tæ'kɒmɪtə] *znw* snelheidsmeter

tacit ['tæsɪt] *bn* stilzwijgend

taciturn ['tæsɪtɜːn] *bn* zwijgzaam, stil, zwijgend

taciturnity [tæsɪ'tɜːnətɪ] *znw* zwijgzaamheid, stilzwijgendheid

tack [tæk] **I** *znw* ❶ kopspijkertje ★ *get down to brass/Aus to tin* ~*s* spijkers met koppen slaan ❷ rijgsteek ❸ aanhangsel ❹ scheepv hals ⟨v. zeil⟩ ❺ koers, gang ⟨v. schip⟩, richting, spoor ★ *change one's* ~ / *take a different* ~ / *try another* ~ het over een andere boeg gooien **II** *overg* ❶ vastspijkeren (ook: ~ *down*), vastmaken (aan *on / on to*), (aan)hechten ❷ rijgen **III** *onoverg* scheepv overstag gaan, laveren **IV** *phras* ★ ~ *about* overstag gaan, fig het over een andere boeg gooien ★ inf ~ *sth* on iets toevoegen

tacking ['tækɪŋ] *znw* ❶ rijgen ★ ~ *thread* rijggaren ❷ rijgsel

tackle ['tækl] **I** *znw* ❶ tuig, gerei ❷ takel, talie ❸ sp tackle ★ *a flying* ~ een vliegende tackle **II** *overg* ❶ (vast)grijpen ❷ fig (flink) aanpakken ★ ~ *sbd about sth* een hartig woordje met iem. spreken over iets, iem. aanspreken over iets

tackle block ['tækl blɒk] *znw* takelblok, hijsblok

tacky ['tækɪ] *bn* ❶ inf slonzig, sjofel ❷ inf smakeloos, ordinair ❸ plakkerig, niet helemaal droog ⟨v. verf, lijm &⟩

tact [tækt] *znw* tact

tactful ['tæktfʊl] *bn* tactvol, discreet

tactfully ['tæktfʊlɪ] *bijw* tactvol, discreet

tactic ['tæktɪk] *znw* tactiek, tactische zet

tactical ['tæktɪkl] *bn* tactisch

tactical voting ['tæktɪkl 'vəʊtɪŋ] *znw* strategisch stemgedrag

tactician [tæk'tɪʃən] *znw* tacticus

tactics ['tæktɪks] *znw* [mv] tactiek, strategie ★ *employ smear* ~ een lastercampagne voeren

t

tactics
(tactiek) is eigenlijk meervoud, maar wordt als enkelvoud behandeld als het **tactische studies** betekent.
Military tactics has always been a progressive science - Militaire tactiek is altijd al een vooruitstrevende wetenschap geweest.
Specialised tactics exist for many situations - Er zijn speciale tactieken voor verschillende omstandigheden.

tactile ['tæktaɪl] *bn* ❶ voelbaar, tastbaar ❷ gevoels-
tactless ['tæktləs] *bn* tactloos
tactual ['tæktʃʊəl] *bn* ❶ tast- ❷ tastbaar
tadpole ['tædpəʊl] *znw* kikkervisje
taffeta ['tæfɪtə] *znw* tafzijde, taffetas ★ *a ~ dress* een jurk van tafzijde
Taffy ['tæfɪ], **Taff** *znw* bijnaam voor iem. uit Wales ⟨vaak beledigend⟩
tag [tæg] **I** *znw* ❶ etiket, label ★ *a gift ~* een cadeaukaartje ★ *a name ~* een naamplaatje ★ *the car carries a price ~ of a million dollars* aan de auto hangt een prijskaartje van een miljoen dollar ❷ lus ⟨aan laars⟩ ❸ aanhangsel ❹ citaat, leus, stereotiep gezegde, refrein ❺ *gramm* korte vraag ⟨aan het eind van een zin⟩ ❻ *sp* krijgertje ❼ *comput* tag, label ⟨een of meer tekens die ter identificatie aan een gegeven of record zijn toegevoegd⟩ ❽ *Am* nummerplaat ⟨v. motorvoertuig⟩ **II** *overg* ❶ aanhechten, aanhangen, vastknopen, vastbinden (aan *to*, *on to*) ❷ etiketteren ❸ *comput* van *tags* voorzien **III** *phras* ★ *~ after sbd* iem. achternalopen ★ *~ along* meelopen, volgen ★ *~ around with sbd* altijd optrekken met iem. ★ *~ sth on / onto sth* iets toevoegen aan iets ★ *two weeks have been ~ged onto the football season* het voetbalseizoen is met twee weken verlengd
tag end [tæg end] *Am znw* restje, laatste stukje ★ *the ~ of the day* het einde van de dag
tag line [tæg laɪn] *Am znw* reclamekreet, slogan
tag question [tæg 'kwestʃən] *gramm znw* vraagconstructie ⟨aan het eind van een zin⟩
Tagus ['teɪgəs] *znw* Taag ⟨rivier in Portugal⟩
t'ai chi [taɪ tʃiː] *znw* tai chi ⟨Chinese vertraagde bewegingsleer⟩
taiga ['taɪgə] *znw* taiga
tail [teɪl] **I** *znw* ❶ staart, vlecht ★ *inf with one's ~ between one's legs* met de staart tussen de benen, met hangende pootjes ★ *inf with one's ~ up* opgewekt, vol vertrouwen ★ *the dog wagged its ~* de hond kwispelde met zijn staart ★ *zegsw it's the ~ wagging the dog* het minst belangrijke maakt de dienst uit ★ *inf chase one's (own) ~* rondrennen zonder iets gedaan te krijgen ★ *turn ~ and run* er vandoor gaan ★ *be on sbd's ~* iem. achternazitten ❷ achterste (laatste) gedeelte, (uit)einde ★ *the traffic was nose to ~* het verkeer was bumper aan bumper ★ *at the ~ of sth* (onmiddellijk) achter iets, achter iets aan ❸ nasleep, gevolg ★ *in the ~ of the cyclone* in de

nasleep van de cycloon ❹ pand, slip ⟨v. jas⟩ ❺ *inf* volger ⟨schaduwend rechercheur⟩ ❻ *inf* achterwerk, kont ❼ *vulg* kut, vrouw ⟨als seksobject⟩ **II** *overg* ❶ de staart couperen ❷ *inf* volgen, schaduwen ❸ met het uiteinde in de muur bevestigen ★ *the beam was ~ed into the wall* de balk was met het uiteinde in de muur bevestigd **III** *phras* ★ *~ after sbd* iem. op de hielen volgen ★ *~ away / off* een voor een afdruipen, minder worden, eindigen, uitlopen (in *into*) ★ *~ back* een rij / file vormen
tailback ['teɪlbæk] *Br znw* file, verkeersopstopping
tailboard ['teɪlbɔːd] *znw* krat ⟨v. wagen⟩, laadklep ⟨v. vrachtauto⟩
tail bone [teɪl bəʊn] *anat znw* staartbeentje
tailcoat ['teɪlkəʊt] *znw* ❶ slip-, pandjesjas ❷ rok
tailed [teɪld] *bn* gestaart, staart-
tail end [teɪl'end] *znw* (uit)einde, achterstuk, staartje ★ *at the ~ of the queue* achteraan in de rij
tail fin [teɪl fɪn] *znw* staartvin
tailgate ['teɪlgeɪt] **I** *znw* vijfde deur v.e. auto **II** *overg inf* bumperkleven
tailgater ['teɪlgeɪtə] *inf znw* bumperklever
tailings ['teɪlɪŋz] *znw* [mv] uitschot, afval
tail lamp ['teɪllæmp], **tail light** *znw* achterlicht
tailless ['teɪlləs] *bn* staartloos, zonder staart
tail light [teɪl laɪt] *znw* → **tail lamp**
tail-off ['teɪl-ɒf] *znw* achteruitgang, vermindering ★ *a ~ in demand* vraagvermindering
tailor ['teɪlə] **I** *znw* kleermaker **II** *overg* ❶ maken ⟨kleren⟩ ❷ *fig* aanpassen ★ *we can ~ the arrangements to suit your needs* we kunnen de regelingen aan uw behoeften aanpassen
tailored ['teɪləd] *bn* getailleerd, nauwsluitend ★ *an expensively ~ suit* een duur maatpak
tailoring ['teɪlərɪŋ] *znw* ❶ kleermakersbedrijf ❷ kleermakerswerk
tailor-made [teɪlə-'meɪd] *bn* ❶ door een kleermaker gemaakt ❷ *fig* aangepast, geknipt ⟨voor een taak⟩ ★ *a ~ solution* een pasklare oplossing ★ *a ~ suit* maatkostuum ★ *be ~ for sth* geknipt zijn voor iets
tailor's chalk ['teɪləz tʃɔːk] *znw* kleermakerskrijt
tailpiece ['teɪlpiːs] *znw* ❶ staartstuk ⟨v. viool⟩ ❷ naschrift, slotopmerking
tailpipe ['teɪlpaɪp] *Am znw* uitlaat
tails [teɪlz] *znw* [mv] ❶ *inf* jacquet, rok ❷ muntzijde
tail skid ['teɪlskɪd] *znw* staartsteun ⟨v. vliegtuig⟩
tailspin ['teɪlspɪn] *znw* ❶ staartspin ⟨v. vliegtuig⟩ ❷ tolvlucht, vrille ⟨v. vliegtuig⟩ ❸ *fig* paniek ★ *go into a ~* in paniek raken
tailwind ['teɪlwɪnd] *znw* rugwind ★ *have a ~* de wind in de rug hebben
tailwise ['teɪlwaɪz] *bijw* ❶ achteruit ❷ van achteren ❸ wat de staart betreft
taint [teɪnt] **I** *znw* ❶ vlek ❷ *fig* besmetting, bederf, smet **II** *overg* besmetten, bederven, aansteken, bezoedelen
tainted ['teɪntɪd] *bn* ❶ besmet ⟨reputatie⟩ ❷ bedorven
taintless ['teɪntləs] dicht *bn* vlekkeloos, onbesmet,

ta

smetteloos, zuiver

taipan ['taɪpæn] *znw* ❶ taipan ‹soort gifslang›
❷ taipan ‹buitenlander die aan het hoofd staat van
een handelsonderneming in China›

Taiwan [taɪ'wɑːn] *znw* Taiwan

Taiwanese [taɪwə'niːz] **I** *bn* Taiwanees **II** *znw* [*mv:* ~]
Taiwanees, Taiwanese

Tajikistan [tɑː'dʒɪkɪstɑːn] *znw* Tadzjikistan

take [teɪk] **I** *znw* ❶ vangst ❷ opbrengst, ontvangst,
recette ‹van schouwburg &› ★ <u>inf</u> *be on the* ~
omkoopbaar zijn, steekpenningen aannemen
❸ opname ‹v. film &› **II** *overg* [took, taken]
❶ nemen, pakken ★ ~ *part (in sth)* deelnemen aan
iets ❷ veroveren, slaan ‹schaken, dammen &›
❸ stelen, meenemen, wegnemen, afpakken
❹ benemen, beroven van ‹het leven› ❺ bezetten
‹stoel› ★ *is this place* ~*n?* is deze plaats bezet?
❻ maken, doen ★ ~ *a drive / ride / walk* een tochtje
/ ritje / wandeling & maken ★ ~ *a good photo* goede
foto's maken, fotogeniek zijn ❼ opnemen
‹meterstand, bloeddruk &›, noteren, opschrijven,
overnemen ★ ~ *sbd's name* iems. naam opschrijven,
iem. bekeuren ★ ~ *sbd into partnership* iem. in de
zaak opnemen ❽ fotograferen, nemen ‹foto› ❾ <u>inf</u>
seks hebben met ❿ begrijpen, snappen, opvatten,
beschouwen (als *as*), houden (voor *for*) ★ *if you* ~ *my
meaning* als je begrijpt wat ik bedoel ⓫ brengen,
meebrengen, voeren, leiden, meenemen ★ *she took
them a cake* ze bracht een taart voor hen mee ★ ~
the service de dienst leiden ★ ~ *the audience with one*
zijn publiek meeslepen ★ *that bus will* ~ *you there
directly* die bus brengt u er rechtstreeks ⓬ inslaan
‹weg› ⓭ aanvaarden, aannemen, ontvangen,
accepteren ★ *he won't* ~ *no for an answer* hij
accepteert geen nee ★ *I* ~ *it that you've heard the
news?* ik neem aan dat je het nieuws hebt gehoord?
★ *inf I can* ~ *it* ik kan er tegen, ik kan het verdragen
★ *inf he can't* ~ *it any more* hij kan er niet meer
tegen ★ ~ *it or leave it* graag of niet ⓮ opvolgen
‹advies›, inwinnen ‹inlichtingen›, waarnemen, te
baat nemen ‹gelegenheid› ⓯ krijgen, halen,
behalen ★ ~ *sth into one's head* iets in z'n hoofd
krijgen ★ *he took a dislike to it* hij kreeg er een hekel
aan ★ *she took first prize* ze behaalde de eerste prijs
★ *he took a deep breath* hij haalde diep adem
⓰ vangen, grijpen, beetpakken ★ *he took her by the
arm* hij pakte haar bij de arm ⓱ treffen, raken ★ ~
sbd by surprise / unawares iem. overrompelen
★ *be* ~*n by sth* iets mooi / leuk vinden ★ *be* ~*n with
sbd* ingenomen zijn met iem., veel ophebben met
iem. ★ *be* ~*n with sth* overvallen zijn door iets, iets te
pakken hebben ‹ziekte› ⓲ <u>inf</u> incasseren ‹slagen,
opmerkingen &› ★ *their ship took a beating* hun
schip had het hard te verduren ★ ~ *that!* hier! pak
aan! ‹gezegd wanneer je iemand slaat›
⓳ gebruiken, drinken, innemen ★ *she* ~*s sugar in
her tea* ze gebruikt suiker in de thee ★ <u>bijbel</u> ~ *God's
name in vain* Gods naam ijdellijk gebruiken

⓴ volgen ‹een cursus›, geven ‹een cursus› ㉑ in
beslag nemen ‹tijd›, er over doen ‹lang &› ★ *these
things* ~ *time* daar is veel tijd mee gemoeid ★ ~ *one's
time* zich niet haasten ★ *I'll do it if it* ~*s all day
/ summer / week &* ik zal het dan al duurt het de
hele dag / zomer / week & ★ *it* ~*s me about an hour
to drive there* ik rijd er ongeveer een uur over om er
te komen ㉒ vergen, vereisen, ervoor nodig zijn
★ *it* ~*s little to upset him* er is weinig voor nodig om
hem van zijn stuk te brengen ★ *it* ~*s a sensitive
musician to play this* er is een goede musicus voor
nodig om dit te spelen ★ *it* ~*s a lot of courage to ride
a horse* je moet een hoop lef hebben om paard te
rijden ★ *have what it* ~*s* alles hebben (om te *to*), er
mogen wezen ㉓ in behandeling nemen ★ *he took
her as his patient* hij nam haar aan als patiënt
㉔ hebben ★ ~ *size 9* maat 9 hebben **III** *onoverg*
[took, taken] ❶ pakken ❷ succes hebben, aan-,
inslaan ‹v. stuk› ❸ aanbijten ‹vis› ❹ aanslaan
❺ worden ★ ~ *ill / sick* ziek worden **IV** *phras* ★ ~ *sbd*
aback iem. verrassen, verbluffen ★ ~ *sbd / sth* **across**
iem. / iets overzetten, overbrengen ★ ~ *after sbd* op
iem. lijken ★ ~ *sth* **apart** iets uit elkaar nemen, iets
demonteren ★ *inf* ~ *sbd apart* iem. overtuigend
verslaan ‹in sport› ★ ~ *sth* **around / round** iets
(mee)brengen ★ ~ *sbd around / round* iem.
rondleiden ★ ~ *sth* **away** iets af-, wegnemen, iets
be-, ontnemen, iets mee (naar huis) nemen ★ ~
away from *sth* afbreuk doen aan iets ★ ~ *sth* **back**
iets terugnemen ‹woorden›, iets terugbrengen
★ <u>fig</u> ~ *sbd back (to sth)* iem. doen denken aan iets
uit het verleden ★ ~ *sth* **down** iets afnemen, naar
beneden halen, van de muur halen, iets uit elkaar
nemen, afbreken ‹huis›, iets optekenen, opschrijven,
noteren, opnemen ★ ~ *sbd* **for** *sth* iem. aanzien voor
iets ★ <u>wisk</u> ~ *sth* **from** *sth* iets aftrekken van iets ★ ~
sth from sbd iem. iets af-, ontnemen ★ ~ *it from me*
wat ik je zeg, eerlijk (waar), neem het maar van mij
aan ★ ~ *sth* **in** iets innemen ‹japon, zeilen›, iets
opnemen, iets begrijpen, beseffen, iets er bij nemen,
iets omvatten ★ *inf* ~ *in a movie* een bioscoopje
pikken ★ ~ *in ironing / sewing &* thuis strijkwerk
/ naaiwerk & aannemen ★ ~ *in the washing* de was
binnenhalen ★ ~ *sbd* **in** iem. binnenbrengen,
binnenleiden, naar de tafel geleiden ‹dame›, iem. in
huis nemen, kamers verhuren aan iem., iem.
beetnemen, iem. meenemen ★ ~ **off** beginnen ‹te
lopen &›, van de grond komen, succes hebben, <u>sp</u>
zich afzetten ‹bij springen›, wegvliegen <u>luchtv</u>
opstijgen, starten, weggaan, 'm smeren ★ ~ *sth* **off**
iets af-, wegnemen, afdoen, afleggen, uittrekken
‹kleren›, iets afzetten ‹hoofddeksel›, iets wegvoeren,
wegbrengen, ontlasten van iets, iets verlagen ‹v.
prijs› ★ ~ *time* **off** zich even vrijmaken ★ ~ *one's
name off sth* zich laten uitschrijven uit iets ★ ~ *sbd
off* iem. nadoen, kopiëren, iem. parodiëren, iem.
wegbrengen, wegvoeren ★ ~ *oneself off* weggaan,
zich uit de voeten maken ★ ~ *sth* **on** iets aan boord

nemen, iets aannemen, iets voor zijn rekening nemen, iets op zich nemen ‹verantwoordelijkheid &› ★ ~ *sbd on* iem. aannemen ‹werkkrachten &›, het opnemen tegen iem., vechten tegen iem., inf tegen iem. tekeergaan ★ ~ *sth* **out** iets nemen ‹patent &›, iets nemen / halen uit, iets tevoorschijn halen, iets buiten zetten ‹vuilnisvat›, iets verwijderen ‹tand, vlek &›, iets inlossen ‹pand›, iets afsluiten ‹verzekering› ★ ~ *sbd* **out** iem. mee uit nemen, iem. ten dans leiden, inf iem. ombrengen ★ ~ *sbd* **out of** *himself* iem. afleiding bezorgen, de zinnen verzetten ★ inf *my work really ~s it out of me* ik word erg moe van mijn werk ★ inf ~ *sth* **out on** *sbd* iets op iem. afreageren ★ ~ **over** het overnemen ‹het initiatief, de leiding &›, de wacht aflossen ★ ~ *sth* **over** iets overnemen ‹een zaak &› ★ ~ *over charge* de dienst overnemen, zijn dienst aanvaarden ★ ~ *sbd* **over** een fusie aangaan met iem. ★ ~ *sbd* **over** *the premises / the house &* iem. het gebouw / het huis & rondleiden ★ RTV *we now ~ you over to our correspondent in Paris* we schakelen nu over naar onze correspondent in Parijs ★ ~ **over from** *sbd* het roer van iem. overnemen, iem. opvolgen ★ ~ *sbd* **through** *sth* iem. iets uitleggen ★ ~ **to** *sth* beginnen iets regelmatig te doen ★ *he took to the drink* hij raakte aan de drank ★ ~ *to one's bed* gaan liggen ‹v. zieke› ★ ~ *to the streets* de straat opgaan, protesteren ★ ~ *to the idea / notion / concept &* sympathie krijgen voor het idee / plan & ★ *he doesn't ~ kindly to it* hij moet er niet veel van hebben ★ ~ *to sbd* iem. aardig vinden ★ *I took to her from the moment I met her* ik mocht haar vanaf het eerste moment ★ ~ *sth* **up** iets opnemen, opvatten, optillen, oppakken, iets naar boven brengen, iets aannemen ‹een houding›, iets innemen ‹plaats›, betrekken ‹kwartieren›, iets aanvaarden ‹betrekking›, iets ter hand nemen, beginnen aan iets ‹een hobby, roken›, iets in beslag nemen ‹tijd & plaats›, beslaan ‹ruimte›, iets overnemen ‹refrein &›, inhaken op iets ‹wat gezegd is› ★ ~ *sbd* **up on** *sth* iemands aanbod van iets aannemen ★ afkeuren ~ **up with** *sbd* omgaan met iem., intiem(er) worden met iem., het aanleggen met iem., zich inlaten met iem. ★ ~ *sth* **up with** *sbd* werk maken van iets bij iem. ‹de politie›, iets aanhangig maken bij iem.‹de regering›, iets bespreken met iem. ★ *be ~n up with sth* in beslag genomen door iets, vol belangstelling voor iets ★ ~ *sth* **upon** *oneself* iets op zich nemen

takeaway ['teɪkəweɪ] **I** bn afhaal-, meeneem- **II** znw ❶ **takeaway meal** afhaalmaaltijd ❷ afhaalrestaurant

take-home pay ['teɪk-həʊm peɪ] znw nettoloon

taken ['teɪkən] ww [v.d.] → **take**

take-off ['teɪk-ɒf] znw ❶ springplaats ❷ afzet ‹bij het springen› ❸ opstijging, (plaats van) vertrek, start ❹ inf karikatuur

takeout ['teɪkaʊt] Am znw afhaalmaaltijd, meeneemmaaltijd

takeover ['teɪkəʊvə] znw overname, fusie (door overneming van aandelen) ★ *a friendly / welcome ~* een vriendelijke overname ★ *a hostile / an unfriendly / an unwelcome ~* een vijandige overname ★ *a ~ bid / offer* een overnamebod

taker ['teɪkə] znw ❶ (drug)gebruiker ❷ afnemer ★ *any ~s for a piece of cake?* wil er iemand een stuk cake / taart?

take-up ['teɪk-ʌp] znw ❶ aanvaarding ❷ benutting

taking ['teɪkɪŋ] **I** bn gedat innemend, aanlokkelijk, aantrekkelijk **II** znw ❶ inname ❷ afname ★ *it's there for the ~* het staat er voor, tast toe

takings ['teɪkɪŋz] znw [mv] ★ *the ~* verdiensten, recette, ontvangsten

talc [tælk] znw ❶ talk ‹delfstof› ❷ mica

talcum ['tælkəm], **talcum powder** znw talkpoeder

tale [teɪl] znw ❶ verhaal, vertelsel ★ *a ~ of woe* een zielig verhaal ★ *old wives' ~s* oudewijvenpraatjes, bakerpraatjes ★ *all her music has a ~ to tell* al haar muziek vertelt een verhaal ★ *live to tell the ~* het kunnen navertellen, het overleven ★ *tell ~s out of school* klikken, uit de school klappen ❷ fabel, sprookje ❸ leugen ★ *tell ~s* liegen ❹ gerucht, relaas

talebearer ['teɪl-beərə] znw verklikker

talent ['tælənt] znw ❶ talent, gave, begaafdheid ★ *a man / woman of many ~s* een man / vrouw met veel talenten ★ *a wealth of ~* een hoop talent ❷ inf knappe jongens, mooie meiden ★ *what's the ~ like?* zijn er ook knappe meiden / jongens?

talent contest ['tælənt 'kɒntest] znw talentenjacht

talented ['tæləntɪd] bn talentvol, getalenteerd

talentless ['tæləntləs] bn talentloos

talent scout ['tælənt skaʊt], **talent spotter** znw talentenjager

talipes ['tælɪpiːz] med znw horrelvoet, klompvoet

talisman ['tælɪzmən] znw talisman

talk [tɔːk] **I** znw ❶ gepraat, praat(s), praatje ★ *idle ~* kletspraat ★ *straight ~* klare taal ★ *he's all ~ and no action* hij heeft veel praatjes maar presteert niets ❷ gerucht, speculatie ★ *there is (some) ~ of a sequel* er wordt gezegd dat er een vervolg komt ❸ bespreking, discussie, lezing, toespraak, causerie ★ *give a ~* een praatje / toespraak houden ★ *she's the ~ of the town* iedereen heeft het over haar, zij gaat geweldig over de tong ❹ gesprek, onderhoud, conversatie ★ *I think we need to have a ~* ik geloof dat we even met elkaar moeten praten ★ *the ~ turned to deals / sex &* het gespreksonderwerp ging over op zaakjes / seks & **II** overg ❶ praten, spreken ★ ~ *oneself hoarse* zich hees praten ★ inf ~ *sbd's head off* iem. de oren van het hoofd kletsen ★ ~ *nonsense / rubbish* onzin (kletspraat) verkopen, bazelen, kletsen ★ ~ *sense* verstandig praten ★ ~ *Dutch* Nederlands spreken ★ inf ~ *a blue streak*, ~ *the hind leg off a donkey* aan een stuk door kletsen ★ inf ~ *turkey* geen blad voor de mond nemen, duidelijke taal spreken ❷ spreken over, het hebben over ★ ~ *money / business / politics &* over geld / zaken / politiek & praten ★ ~ *shop* over het werk praten

★ *inf* ~ *the* ~ vlot en overtuigend over iets praten **III** *onoverg* praten, spreken ★ *inf now you're ~ing!* dat is tenminste verstandige taal, zo mag ik het horen! ★ *inf you can ~! / look who's ~ing! / you should ~!* hoor wie het zegt! dat moet jij nodig zeggen! ★ *inf* ~ *big / tall* grootspreken, opscheppen, opsnijden ★ *inf* ~ *dirty* vieze praatjes verkopen ★ *inf* ~ *through one's hat/*vulg *one's arse* uit zijn nek zitten kletsen, doorslaan ★ ~ *to sbd* praten tegen iem., spreken met iem., iem. aanspreken, iem. onder handen nemen, een strafpreek houden ★ ~ *to oneself* in zichzelf praten **IV** *phras* ★ ~ **about** *sth* praten over iets, iets bepraten ★ ~ *about sbd* praten over iem. ★ *he knows what he's ~ing about* hij weet waar hij het over heeft ★ *inf did you see that film? ~ about boring!* heb je die film gezien? stierlijk vervelend, hè? ★ ~ **around / round** *sth* ergens omheen draaien ★ ~ **at** *sbd* tegen iem. praten ★ ~ **away** er op los praten ★ ~ *sth away* iets wegnemen door erover te praten ★ ~ *away the evening* de avond verpraten ★ ~ **back** (brutaal) antwoorden ★ ~ *sth down* iets bagatelliseren ★ ~ *sbd* **down** iem. omverpraten, iem. tot zwijgen brengen ‹in debat› ★ ~ **down to** *sbd* neerbuigend tegen iem. praten ‹vooral tegen kinderen› ★ ~ *sbd* **into** *sth* iem. bepraten / overhalen om iets te doen ★ ~ **of** *sbd / sth* praten over iem. / iets, spreken van iem. / iets ★ ~*ing of food, who's hungry?* nu we het over eten hebben, wie heeft er honger? ★ ~*ing of which, isn't it time we got back to work?* nu we het er toch over hebben, wordt het geen tijd om weer aan het werk te gaan? ★ ~*ing of whom, what happened to Janet?* nu we het toch over haar hebben, hoe is het met Janet gegaan? ★ ~ *sth* **out** iets doorpraten, uitpraten ★ ~ *sbd* **out of** *sth* iem. iets uit het hoofd praten, afbrengen van iets ★ ~ *sth* **over** iets bespreken, iets bepraten ★ ~ *sbd over* iem. overhalen, overreden ★ ~ *sth* **through** iets doorpraten / doornemen ★ ~ *sbd / sth* **up** iem. / iets aanprijzen, in de hoogte steken, ophemelen

talkative ['tɔːkətɪv] *bn* ❶ spraakzaam ❷ praatziek

talkback ['tɔːkbæk] *znw* tweezijdige radioverbinding

talker ['tɔːkə] *znw* ❶ prater ❷ kletskous ❸ spreker, redenaar

talkie ['tɔːkɪ] *inf znw* sprekende film

talking ['tɔːkɪŋ] **I** *bn* ❶ pratend ❷ sprekend ★ *a* ~ *part* een sprekende rol ‹in film, toneelstuk› **II** *znw* praat, gepraat, praten ★ *do most of the* ~ het hoogste / grootste woord voeren / hebben

talking book ['tɔːkɪŋ bʊk] *znw* gesproken boek ‹voor blinden›

talking point ['tɔːkɪŋ pɔɪnt] *znw* ❶ discussiepunt ❷ (goed) argument ❸ onderwerp van gesprek (van de dag)

talking-to ['tɔːkɪŋtuː] *inf znw* vermaning ★ *give sbd a good* ~ iemand flink de waarheid zeggen

talk show [tɔːk ʃəʊ] *znw* talkshow, praatprogramma

tall [tɔːl] *bn* ❶ hoog ❷ lang ❸ groot ‹v. personen›

❹ kras, sterk ‹verhaal› ★ ~ *talk* opschepperij

tallboy ['tɔːlbɔɪ] *znw* hoge commode

tallish ['tɔːlɪʃ] *bn* vrij lang, groot

tall order [tɔːl 'ɔːdə] *znw* onredelijke / moeilijke eis

tallow ['tæləʊ] *znw* talk, kaarsvet

tallowy ['tæləʊɪ] *bn* talkachtig, talk-

tall ship [tɔːl ʃɪp] *znw* groot zeilschip

tall story [tɔːl 'stɔːrɪ] *znw* een sterk verhaal

tally ['tælɪ] **I** *znw* ❶ rekening ❷ score ★ *today's* ~ *is nine deaths* de score van vandaag is negen doden ★ *keep a* ~ *of sth* iets tellen, bijhouden ‹score &› **II** *overg* tellen, berekenen **III** *onoverg* kloppen, overeenstemmen **IV** *phras* ★ ~ **up** kloppen ★ ~ *sth* up iets optellen ★ ~ **with** *sth* passen bij iets, overeenkomen / kloppen met iets

tally-ho ['tælɪ'həʊ] *tsw* roep van jagers bij vossenjacht

tallyman ['tælɪmæn] *znw* ❶ verkoper in / eigenaar van een afbetalingsmagazijn ❷ iemand die de score of stand bijhoudt ‹van wedstrijd, gedaan werk (bij stukwerk) &›

tally room ['tælɪruːm] *znw* ruimte waar stemmen worden geteld

Talmud ['tælmʊd] *joods znw* ★ *the* ~ de Talmoed

talon ['tælən] *znw* klauw

talus ['teɪləs] *znw* ❶ talud, helling ❷ → **talus bone**

talus bone ['teɪləs bəʊn], **talus** anat *znw* enkelbot

TAM *afk* (television audience measurement) kijkcijfers

tamable ['teɪməbl], **tameable** *bn* te temmen

tamarind ['tæmərɪnd] *znw* ❶ tamarindeboom ❷ tamarindevrucht

tambour ['tæmbʊə] *znw* ❶ hist trom(mel) ❷ tamboereerraam, borduurraam

tambourine [tæmbə'riːn] *znw* tamboerijn

tame [teɪm] **I** *bn* ❶ getemd, tam, mak, gedwee ❷ slap, flauw, saai, vervelend, kleurloos ★ afkeurend *after London, a country town is pretty ~ stuff* na Londen is het platteland nogal een saaie bedoening **II** *overg* ❶ temmen, tam maken (ook: ~ *down*) ❷ kleinkrijgen

tameable ['teɪməbl] *bn* → **tamable**

tamer ['teɪmə] *znw* (dieren)temmer

Tamil Tigers ['tæmɪl 'taɪgəz] *znw* Tamil Tijgers ‹verzetsgroep op Sri Lanka›

taming ['teɪmɪŋ] *znw* temmen

tam-o-shanter [tæm-ə-'ʃæntə] *znw* Schotse baret

tamp [tæmp] *overg* aanstampen (ook: ~ *down*)

tamper ['tæmpə] *phras* ★ ~ **with** *sth* knoeien aan / met iets, ergens aanzitten, ergens aan peuteren ★ ~ *with sbd* iem. bewerken ‹getuigen &›, iem. aanranden

tamper-proof ['tæmpəpruːf] *bn* bestand tegen geknoei

tampon ['tæmpɒn] *znw* tampon

tan [tæn] **I** *bn* taankleurig, geelbruin **II** *znw* ❶ gebruinde huidskleur ★ *get a* ~ bruin worden ❷ run, gemalen eikenschors ❸ geelbruin, taan ‹kleur› **III** *overg* looien, tanen ★ *inf* ~ *sbd's hide/*~ *the hide off sbd* iem. een flink pak slaag geven **IV** *onoverg* ❶ tanen ❷ bruinen, bruin worden ‹door

ta

de zon›

tandem [ˈtændəm] *znw* tandem ★ *do sth in ~ (with sbd)* iets samen (met iem.) doen, iets tegelijkertijd (met iem.) doen, iets doen in combinatie (met iem.)

tandoori [tænˈdʊərɪ] *znw* tandoori ‹gekookt in een Indiase kleioven›

tang [tæŋ] *znw* ❶ doorn ‹v. mes› ❷ bijsmaak, (na)smaak, smaakje ❸ scherpe lucht / geur ★ *the ~ of the salt air* de karakteristieke geur van zeelucht

tangent [ˈtændʒənt] *znw* tangens ★ *fly / go off at a ~/Am on a ~* plotseling een andere richting inslaan, van koers veranderen ‹ook fig›

tangential [tænˈdʒenʃəl] *bn* ❶ tangentieel ❷ fig oppervlakkig

tangerine [ˈtændʒəriːn] *znw* mandarijntje

tangibility [tændʒəˈbɪlətɪ] *znw* tastbaarheid

tangible [ˈtændʒɪbl] *bn* tastbaar, voelbaar, concreet

tangle [ˈtæŋgl] **I** *znw* ❶ warhoop, wirwar, verwarring ❷ warboel, klit, knoop ★ *be in a ~* in de war zijn **II** *overg* ❶ in de war maken, verwikkelen, verwarren ❷ verstrikken (ook: ~ *up*) **III** *onoverg* in de war raken ★ *inf ~ with sbd* overhoop liggen met iem.

tangly [ˈtæŋlɪ] *bn* verward, verwikkeld

tango [ˈtæŋgəʊ] **I** *znw* tango ★ *Tango* de letter T ‹in het internationaal alfabet› **II** *onoverg* de tango dansen

tangy [ˈtæŋɪ] *bn* scherp, pittig

tank [tæŋk] **I** *znw* ❶ waterbak, reservoir ❷ benzinetank ★ *a full ~ of petrol* een volle benzinetank ❸ mil tank **II** *onoverg* tanken (ook: ~ *up*)

tankage [ˈtæŋkɪdʒ] *znw* ❶ tankinhoud ❷ tankgeld

tankard [ˈtæŋkəd] *znw* drinkkan, flapkan

tanked [tæŋkt], **tanked up** inf *bn* ladderzat, lazarus

tank engine [tæŋk ˈendʒɪn] *znw* tenderlocomotief

tanker [ˈtæŋkə] *znw* ❶ tanker, tankschip ❷ tankwagen

tank-farming [ˈtæŋk-fɑːmɪŋ] *znw* water-, hydrocultuur

tankini [tænˈkiːnɪ] *znw* tankini ‹topje en broekje›

tank top [tæŋk tɒp] *znw* (mouwloos) T-shirt, topje

tannage [ˈtænɪdʒ] *znw* looien

tanner [ˈtænə] *znw* looier

tannery [ˈtænərɪ] *znw* looierij

tannic [ˈtænɪk] *bn* met tannine ★ *a wine with a slightly ~ finish* een wijn met een beetje tannine in de afdronk

tannin [ˈtænɪn], **tannic acid** *znw* tannine, looizuur

tanning [ˈtænɪŋ] inf *znw* pak slaag

tanning lotion [ˈtænɪŋ ˈləʊʃən] *znw* bruiningscrème, zelfbruinende crème

tanning lounge [ˈtænɪŋ laʊndʒ] *znw* bruiningssalon

tannoy® [ˈtænɔɪ] **I** *znw* intercom, omroepinstallatie, luidsprekerinstallatie ‹op sportveld &› **II** *overg* omroepen via de intercom

tansy [ˈtænzɪ] *znw* boerenwormkruid

tantalization [tæntəlaɪˈzeɪʃən], **tantalisation** *znw* tantaluskwelling

tantalize [ˈtæntəlaɪz], **tantalise** *overg* ❶ tantaliseren,

doen watertanden ❷ kwellen ‹door valse verwachtingen te wekken›

tantalizing [ˈtæntəlaɪzɪŋ], **tantalising** *bn* ❶ uitdagend, verleidelijk ❷ tergend

tantamount [ˈtæntəmaʊnt] *bn* gelijkwaardig (aan *to*) ★ *they say that abortion is ~ to murder* ze zeggen dat abortus gelijkstaat aan moord

tantrum [ˈtæntrəm], **temper tantrum** *znw* woedeaanval ★ *throw a ~* een woedeaanval krijgen

Tanzania [tænzəˈnɪə] *znw* Tanzania

Tanzanian [tænzəˈnɪən] **I** *bn* Tanzaniaans **II** *znw* Tanzaniaan, Tanzaniaanse

Taoiseach [ˈtiːʃəx] ‹‹Iers› *znw* taoiseach ‹titel van de minister-president van Ierland›

Taoism [ˈtaʊɪzm] *znw* taoïsme

tap [tæp] **I** *znw* ❶ kraan, spon, tap ★ *on ~* op de tap, aangestoken ‹v. vat›, inf altijd beschikbaar, ter beschikking ❷ elektr aftakking ❸ tikje, klop ‹op deur› ★ *there was a ~ at the door* er werd geklopt ❹ afluisterapparatuur ❺ med punctie ★ *a spinal ~* een lumbaalpunctie / ruggenprik **II** *overg* ❶ een kraan slaan in ‹vat bier› ❷ aanboren, exploiteren, aanspreken ‹voorraad› ❸ aftappen, afluisteren ❹ elektr aftakken ❺ tappen ❻ tikken, kloppen tegen / op / met **III** *onoverg* tikken, kloppen **IV** *phras* ★ *inf ~ sbd for sth* proberen iets van iem. los te krijgen ‹geld, informatie &› ★ *~ into sth* gebruik maken van iets, iets aanboren ★ *developers are ~ping into the market* ontwikkelaars profiteren van de markt ★ *Br inf ~ off with sbd* seks hebben met iem. ★ *~ sth out* de maat van iets tikken met de voet ★ *Br inf ~ sbd up* iem. ‹een voetballer› in het geheim benaderen om hem van team te laten veranderen

tap dance [tæp dɑːns] **I** *znw* tapdans **II** *onoverg* een tapdans uitvoeren

tap dancer [tæp ˈdɑːnsə] *znw* tapdanser

tape [teɪp] **I** *znw* ❶ lint, band ★ sp *break / breast the ~* (als eerste) over de finish gaan ❷ plakband ❸ geluidsband, cassette(band) ❹ strook papier ‹in de telegrafie› ❺ inf telegrafisch koersbericht ❻ meetband, meetlint, centimeter **II** *overg* ❶ met een lint / band vastmaken ❷ opnemen ‹op de band› ▼ inf *have sbd / sth ~d* iem. / iets doorhebben **III** *phras* ★ *~ sth off* iets afplakken

tape deck [teɪp dek] *znw* tapedeck

tape machine [teɪp məˈʃiːn] *znw* telexapparaat

tape measure [teɪp ˈmeʒə] *znw* meetband, meetlint, centimeter

taper [ˈteɪpə] **I** *znw* ❶ waspit ❷ kaars ❸ toorts, licht(je) **II** *overg* spits (taps) doen toelopen, (toe)spitsen ★ *~ into / to a point* spits (taps) toelopen **III** *phras* ★ *~ off* geleidelijk verminderen

tape-record [ˈteɪp-rɪˈkɔːd] *overg* opnemen op de band

tape recorder [teɪp rɪˈkɔːdə] *znw* bandrecorder

tape recording [teɪp rɪˈkɔːdɪŋ] *znw* bandopname

tape streamer [teɪp ˈstriːmə] comput *znw* tapestreamer ‹apparaat voor het kopiëren van gegevensbestanden op een magneetbandcassette›

ta

tapestry ['tæpɪstrɪ] *znw* ❶ gobelin, wandtapijt ❷ geweven behangsel, tapisserie ‹v. stoel &› ★ *life's rich* ~ de rijke schakeringen van het leven

tapeworm ['teɪpwɜːm] *znw* lintworm

tapioca [tæpɪ'əʊkə] *znw* tapioca ‹zetmeelkorrels›

tapir ['teɪpə] *znw* tapir ‹Zuid-Amerikaans zoogdier›

tappet ['tæpɪt] *znw* klepstoter

tapping ['tæpɪŋ] *znw* aftakking ‹v. elektriciteit›

tapping key ['tæpɪŋ kiː] *znw* seinsleutel

tap room [tæp ruːm] *znw* gelagkamer

tap root [tæp ruːt] *znw* penwortel, hoofdwortel

tap water ['tæpwɔːtə] *znw* leidingwater

taqueria [tɑːkə'riːə] *Am znw* Mexicaans restaurant gespecialiseerd in taco's

tar [tɑː] **I** *znw* ❶ teer ★ *Am inf beat / whale the* ~ *out of sbd* iem. een flink pak slaag geven ❷ gedat *inf* pikbroek, matroos **II** *overg* (be)teren ★ ~ *and feather sbd* iem. met pek bestrijken en dan door veren rollen ‹als straf› ★ *fig be* ~*red with the same brush* met hetzelfde sop overgoten zijn

ta-ra [tæ-rɑː] Br *inf tsw* doei, doeg

taradiddle ['tærədɪdl] Br *inf znw* leugentje

tarantella [tærən'telə] *znw* tarantella ‹muziekstuk, dans›

tarantula [tə'ræntjʊlə] *znw* tarantula ‹spin›

tar baby [tɑː 'beɪbɪ] *inf znw* moeilijk probleem dat alleen maar erger wordt als je het probeert op te lossen

tarboosh [tɑː'buːʃ] *znw* fez ‹met kwastje›

tar brush [tɑː brʌʃ] *znw* teerkwast

tardy ['tɑːdɪ] *bn* ❶ traag, langzaam, dralend ❷ laat ★ *he put in a* ~ *appearance* hij kwam aan het eind nog even langs

tare [teə] *znw* ❶ handel tarra ❷ voederwikke ‹plant›

target ['tɑːgɪt] **I** *znw* ❶ (schiet)schijf, mikpunt ❷ (gestelde, beoogde) doel / tijd ★ *off* ~ het doel niet bereikend, mis ★ *on* ~ op schema, volgens planning ❸ **target figure** streefcijfer **II** *overg* richten, mikken op ★ *cigarette advertising* ~*s young people* sigarettenreclame is gericht op jongeren

target area ['tɑːgɪt 'eərɪə] *znw* doelgebied

target date ['tɑːgɪt deɪt] *znw* streefdatum

targeting ['tɑːgɪtɪŋ] *znw* doelgroepbepaling

target language ['tɑːgɪt 'læŋgwɪdʒ] *znw* doeltaal

target practice ['tɑːgɪt 'præktɪs] *znw* schijfschieten

tariff ['tærɪf] *znw* tarief, toltarief ★ *an import* ~ invoerrechten ★ *postal tariffs* posttarieven ★ ~*s and excise taxes* tarieven en accijnzen

tariff union ['tærɪf 'juːnjən] *znw* tariefunie, tolverbond

tariff war ['tærɪf wɔː] *znw* tarievenoorlog

tarlatan ['tɑːlətən] *znw* tarlatan ‹fijne katoenen stof›

tarmac ['tɑːmæk] **I** *znw* ❶ teermacadam ❷ landingsbaan, platform ‹v. vliegveld› **II** *overg* macadamiseren

tarn [tɑːn] *znw* bergmeertje

tarnish ['tɑːnɪʃ] **I** *znw* ❶ ontluistering ❷ dofheid ❸ bezoedeling, smet **II** *overg* ❶ laten aanlopen ‹metalen› ❷ dof / mat maken, ontluisteren, doen

tanen ❸ fig bezoedelen ★ *the allegations could* ~ *his reputation* de beschuldigingen kunnen een smet werpen op zijn reputatie **III** *onoverg* aanlopen ‹metalen›, dof /mat worden, tanen

taro ['tɑːrəʊ] *znw* taro ‹knolgewas›

tarot ['tærəʊ] *znw* tarot

tarpaulin [tɑː'pɔːlɪn] *znw* ❶ teerkleed, (dek)zeil ‹voor wagen› ❷ scheepv presenning

tarragon ['tærəgən] *znw* dragon

tarry I *bn* ['tɑːrɪ] teerachtig, geteerd **II** *onoverg* ['tærɪ] dicht toeven, blijven, dralen

tarsal ['tɑːsl], **tarsal bone** anat *znw* voetwortelbeentje

tarsier ['tɑːsɪə] *znw* spookdier ‹nachtaapje›

tarsus ['tɑːsəs] anat *znw* [*mv:* tarsi] voetwortel

tart [tɑːt] **I** *bn* ❶ wrang, zuur ❷ fig scherp, bits **II** *znw* ❶ (vruchten)taart, taartje ❷ inf hoer, slet **III** *phras* ★ ~ *inf* ~ *about* / *around* zich uitdagend en opzichtig gedragen ★ *inf* ~ *sth* up iets opknappen ★ *inf* ~ *oneself up* zich opdirken, zich opsmukken

tartan ['tɑːtn] **I** *bn* van tartan **II** *znw* Schots geruit goed, Schotse plaid

tartar ['tɑːtə] *znw* ❶ driftkop, lastig persoon, kenau ❷ wijnsteen ❸ tandsteen

tartaric acid [tɑː'tærɪk 'æsɪd] *znw* wijnsteenzuur

tartar sauce ['tɑːtə sɔːs], **tartare sauce** *znw* tartaarsaus

tartlet ['tɑːtlɪt] *znw* taartje

task [tɑːsk] **I** *znw* taak, opdracht, karwei ★ *the* ~ *in hand* de taak waar men mee bezig is ★ *the* ~ *fell to me* ik kreeg de taak ▼ *take sbd to* ~ iem. de les lezen, onder handen nemen **II** *overg* op de proef stellen, vergen ★ *the troops have been* ~*ed with seizing the bridge* de troepen kregen de opdracht de brug in te nemen

task bar [tɑːsk bɑː] comput *znw* taakbalk

task force [tɑːsk fɔːs] mil *znw* speciale eenheid

taskmaster ['tɑːskmɑːstə] *znw* ★ *a hard* ~ een harde leermeester

taskwork ['tɑːskwɜːk] *znw* ❶ aangenomen werk ❷ stukwerk

Tasmanian devil [tæz'mənɪən 'devəl] *znw* Tasmaanse duivel ‹buidelroofdier›

tassel ['tæsl] *znw* kwast, kwastje

tasselled ['tæsəld] *bn* met kwasten versierd

taste [teɪst] **I** *znw* ❶ smaak ★ *in bad* ~ smakeloos ★ *in good* ~ zoals het hoort, met tact, smaakvol ★ *in the best / worst possible* ~ uiterst smaakvol / smakeloos ★ *it has a funny* ~ het heeft een bijsmaak ★ *fig leave a nasty* ~ *in one's mouth* een nare / vieze smaak achterlaten ★ *bitter / sour & to the* ~ *taste* / zuur van smaak ★ *add salt to* ~ zout naar smaak toevoegen ❷ voorkeur, zin ★ *wild parties are not to his* ~ hij houdt niet van wilde feestjes ★ *is it to your* ~? is het naar uw zin? ★ *every man to his* ~ ieder zijn meug ★ *appeal to all* ~*s* naar ieders smaak zijn ★ *there's no accounting for* ~ over smaak valt niet te twisten ❸ (voor)proefje ★ *he's getting his first* ~ *of life at university* hij krijgt zijn eerste ervaring met het universiteitsleven ★ *a* ~ *of things to come* een voorbode van de dingen die komen gaan ❹ hapje, slokje, beetje ★ *have a ~ of this* proef dit eens ❺ neiging, liefhebberij ★ *a man with a ~ for fine things* een man die van de fijne dingen des levens houdt **II** *overg* ❶ proeven ❷ smaken, ondervinden **III** *onoverg* ❶ proeven ❷ smaken ★ *it ~s funny* het heeft een rare smaak / een bijsmaak ★ *it ~s of apples* het smaakt naar appels ★ *it ~s of nothing* het smaakt nergens naar

taste bud [teɪst bʌd] *znw* (meestal *mv*) smaakpapil
tasteful ['teɪstfʊl] *bn* smaakvol
tastefully ['teɪstfʊlɪ] *bijw* smaakvol ★ *a ~ decorated apartment* een smaakvol ingericht appartement
tasteless ['teɪstləs] *bn* ❶ smaakloos, zonder smaak ❷ smakeloos, van slechte smaak getuigend
tastemaker ['teɪstmeɪkə] *znw* smaakmaker
taster ['teɪstə] *znw* ❶ proever ‹van wijn, thee &› ❷ <u>fig</u> voorproefje
tasty ['teɪstɪ] *bn* ❶ smakelijk ❷ <u>inf</u> sexy
tat [tæt] **I** *znw* ❶ vodden ❷ prullaria **II** *overg &* *onoverg* frivolité maken ‹bep. haak / knoopwerk›
ta-ta ['tæ-'tɑː] <u>inf</u> *tsw* daag!
tater ['teɪtə] <u>inf</u> *znw* aardappel
tatter ['tætə] *znw* lap, lomp, vod, flard ★ *in ~s* aan flarden
tattered ['tætəd] *bn* ❶ haveloos, aan flarden ❷ gehavend
tatting ['tætɪŋ] *znw* frivolité
tattle ['tætl], **tittle-tattle I** *znw* ❶ geklets, gebabbel ❷ borrelpraat **II** *onoverg* ❶ kletsen, babbelen ❷ (uit de school) klappen
tattler ['tætlə] *znw* kletskous, babbelaar
tattletale ['tætlteɪl] <u>Am</u> <u>inf</u> *znw* klikspaan, babbelaar
tattoo [tə'tuː] **I** *znw* ❶ <u>mil</u> taptoe ❷ (trom)geroffel, roffel ❸ tatoeëring, tatoeage **II** *overg* tatoeëren
tattooer [tə'tuːə], **tattooist** *znw* tatoeëerder
tatty ['tætɪ] *bn* voddig, sjofel, afgeleefd
taught [tɔːt] *ww* [v.t. & v.d.] → **teach**
taunt [tɔːnt] **I** *znw* schimp(scheut), hoon, smaad, spot ★ *she ignored his ~s* ze negeerde zijn spottende opmerkingen ★ *the demonstrators shouted ~s at the police* de betogers schreeuwden honende kreten naar de politie **II** *overg* beschimpen, honen, smaden, tergen, hekelen ★ *~ sbd with sth* iem. iets smadelijk verwijten, iem. iets voor de voeten werpen
Taurus ['tɔːrəs] <u>astrol</u> *znw* Stier
taut [tɔːt] *bn* strak, gespannen ‹v. touw, spier &›
tauten ['tɔːtn] **I** *overg* ❶ (strak) aanhalen ❷ spannen **II** *onoverg* zich spannen
tautological [tɔːtə'lɒdʒɪkl] *bn* tautologisch
tautology [tɔː'tɒlədʒɪ] *znw* tautologie
tavern ['tævən] *znw* kroeg, herberg
taw [tɔː] **I** *znw* ❶ knikker ❷ knikkerspel **II** *overg* ❶ witlooien ❷ touwen ‹zeem›
tawdry ['tɔːdrɪ] *bn* smakeloos, opzichtig, opgedirkt, bont ★ *the ~ world of politics* de perfide wereld van de politiek
tawny ['tɔːnɪ] *bn* ❶ taankleurig, tanig, getaand

❷ geelbruin
tawny owl ['tɔːnɪ aʊl] *znw* bosuil
tax [tæks] **I** *znw* ❶ (rijks)belasting ★ *turnover ~* omzetbelasting ★ *before / after ~* bruto / netto ‹v. loon› ★ *for ~ purposes* voor de belasting, voor belastingdoeleinden ★ *collect ~es* belasting innen ★ *write sth off against one's ~* iets van de belasting aftrekken ❷ last, (zware) proef ★ *be a ~ on sbd / sth* veel vergen van iem. / iets **II** *overg* ❶ belasten, schatting opleggen ★ *~ sbd at the top / lowest rate* iem. belasten met het hoogste / laagste tarief ❷ veel vergen van, op een zware proef stellen ★ *his conscience is ~ing him* zijn geweten stelt hem op de proef ❸ beschuldigen (van *with*)
taxability [tæksə'bɪlɪtɪ] *znw* belastbaarheid
taxable ['tæksəbl] *bn* belastbaar ★ *fully ~* geheel belastbaar
taxable income ['tæksəbl 'ɪnkʌm] *znw* belastbaar inkomen
tax advice [tæks əd'vaɪs] *znw* belastingadvies
tax allowance [tæks ə'laʊəns] *znw* belastingvrije voet, belastingvrije som, belastinglatentie
tax arrears [tæks ə'rɪəs] *znw* [mv] belastingschuld(en)
tax assessment [tæks ə'sesmənt] *znw* belastingaanslag
taxation [tæk'seɪʃən] *znw* ❶ belasting ❷ belastingheffing
tax authorities [tæks ɔː'θɒrəti:z] *znw* [mv] ★ *the ~* de belastingdienst
tax avoidance [tæks ə'vɔɪdəns] *znw* belastingontwijking, -vermijding, -besparing
tax bracket [tæks 'brækɪt] *znw* belastingschijf, tariefschijf
tax break [tæks breɪk] *znw* tijdelijke belastingvrijdom
tax burden [tæks 'bɜːdn] *znw* belastingdruk
tax charge [tæks tʃɑːdʒ] *znw* belastingdruk
tax collector [tæks kə'lektə] *znw* ontvanger der belastingen
tax consultant [tæks kən'sʌltnt] *znw* belastingconsulent, belastingadviseur
tax credit [tæks 'kredɪt] *znw* belastingvermindering, belastingfaciliteit
tax cut [tæks kʌt] *znw* belastingverlaging, lastenverlichting
tax-deductible [tæks-dɪ'dʌktɪbl] *bn* aftrekbaar (voor de belasting)
tax deduction [tæks dɪ'dʌkʃən] *znw* belastingaftrek
tax department [tæks dɪ'pɑːtmənt] *znw* belastingdienst, fiscus
tax disc [tæks dɪsk] *znw* belastingsticker ‹op voorruit van een auto ten teken dat wegenbelasting betaald is›
tax dodger [tæks 'dɒdʒə] <u>inf</u> *znw* belastingontduiker
tax dodging [tæks 'dɒdʒɪŋ] *znw* belastingontduiking
tax evader [tæks ɪ'veɪdə] *znw* belastingontduiker
tax evasion [tæks ɪ'veɪʒən] *znw* ❶ belastingontduiking ❷ fiscale fraude
tax-exempt [tæks-ɪg'zempt] *bn* vrijgesteld van

ta

belasting

tax exemption [tæks ɪg'zempʃən] *znw* vrijstelling van belasting

tax exile [tæks 'eksaɪl] *znw* iem. die zich om fiscale redenen in het buitenland heeft gevestigd ★ *a haven for ~s* een belastingparadijs

tax form [tæks fɔ:m] *znw* belastingformulier, belastingaangiftebiljet

tax fraud [tæks frɔ:d] *znw* belastingfraude

tax-free [tæks-'fri:] *bn* vrij van belasting, taxfree

tax haven [tæks 'heɪvən] *znw* belastingparadijs

tax holiday [tæks 'hɒlədeɪ] *inf znw* tijdelijke belastingvrijdom

taxi ['tæksɪ] **I** *znw* taxi **II** *onoverg* ❶ in een taxi rijden ❷ taxiën, rijden ⟨v. vliegtuig⟩ ★ *~ to a halt / stop* tot stilstand komen ⟨v.e. vliegtuig⟩

taxicab ['tæksɪkæb] *znw* taxi

taxidermist ['tæksɪdɜ:mɪst] *znw* dierenopzetter

taxidermy ['tæksɪdɜ:mɪ] *znw* de kunst van het opzetten van dieren

taxi driver ['tæksɪ 'draɪvə] *znw* taxichauffeur

taximeter ['tæksɪmi:tə] *znw* taximeter

tax increase [tæks 'ɪnkri:s] *znw* belastingverhoging

taxing ['tæksɪŋ] *bn* ❶ belastend, inspannend, zwaar ⟨werk⟩ ★ *there was nothing particularly ~ about her job* haar werk was niet bijzonder inspannend ❷ moeilijk ⟨probleem⟩

tax inspector [tæks ɪn'spektə] *znw* belastinginspecteur

taxi rank ['tæksɪ ræŋk], *Am* **taxi stand** *znw* taxistandplaats

taxiway ['tæksɪweɪ] *znw* taxibaan ⟨voor vliegtuigen⟩

tax law [tæks lɔ:] *znw* belastingwet, belastingrecht

tax lawyer [tæks 'lɔɪə] *Am znw* fiscaal jurist

taxman ['tæksmæn] *znw* belastingontvanger ★ *inf the ~* de belasting

tax office [tæks 'ɒfɪs] *znw* belastingkantoor

taxonomy [tæk'sɒnəmɪ] *znw* taxonomie

taxpayer ['tækspeɪə] *znw* belastingbetaler, belastingplichtige

tax rate [tæks reɪt] *znw* belastingtarief ★ *the effective ~* de effectieve belasting

tax rebate ['tæksri:beɪt] *znw* belastingteruggave

tax records [tæks 'rekɔ:dz] *znw* [mv] belastingadministratie

tax refund [tæks ri:'fʌnd] *znw* belastingrestitutie, belastingteruggave

tax relief [tæks rɪ'li:f] *znw* belastingverlaging, -vermindering

tax return [tæks rɪ'tɜ:n] *znw* (formulier voor) belastingaangifte

tax revenue [tæks 'revənju:] *znw* belastingopbrengst

tax shelter [tæks 'ʃeltə] *znw* belastingschuilplaats ⟨financiële constructie om belasting te vermijden⟩

tax system [tæks 'sɪstəm] *znw* belastingsysteem

tax year [tæks jɪə] *znw* belastingjaar, begrotingsjaar

tayberry ['teɪbərɪ] *znw* taybes ⟨kruising tussen een framboos en een braam⟩

TB *afk* → **tuberculosis**

T-bone ['ti:-bəʊn], **T-bone steak** *znw* T-bonesteak ⟨biefstuk van de rib⟩

tbsp, **tbs** *afk* (tablespoonful) eetlepel

TCP computerafk (Transmission Control Protocol) transmissieprotocol, TCP

tea [ti:] *znw* ❶ thee ★ *have people to ~* mensen op de thee hebben ★ *~-making facilities* faciliteiten om thee te zetten ★ *not for all the ~ in China* voor geen goud ❷ avondeten ❸ lichte middagmaaltijd met thee, koekjes en sandwiches ★ *Br high ~* maaltijd aan het eind van de middag

teabag ['ti:bæg] *znw* theezakje, theebuiltje

tea ball [ti: bɔ:l] *znw* thee-ei

tea break [ti: breɪk] *znw* theepauze

tea caddy [ti: 'kædɪ] *znw* theebusje

teacake ['ti:keɪk] *znw* zoet bolletje met rozijnen

tea ceremony [ti: 'serɪmənɪ] *znw* theeceremonie

teach [ti:tʃ] **I** *overg* [taught, taught] onderwijzen, leren, les geven (in), doceren ★ *~ sbd a lesson* iem. een lesje leren ★ *~ sbd manners* iem. mores leren ★ *~ sbd (how) to do sth* iem. iets leren doen ★ *that'll ~ you!* dat zal je leren! **II** *onoverg* lesgeven ★ *he taught at a private school* hij gaf les aan een particuliere school

teachability [ti:tʃə'bɪlətɪ] *znw* leervermogen

teachable ['ti:tʃəbl] *bn* te onderwijzen, onderwezen kunnende worden ★ *even the most difficult children are ~* zelfs de moeilijkste kinderen kan men iets leren

teacher ['ti:tʃə] *znw* onderwijzer(es), leraar, lerares, leerkracht, docent(e), leermeester(es)

teacher's pet ['ti:tʃəz pet] *inf afkeurend znw* het lievelingetje van de leraar / lerares

teacher-training college ['ti:tʃə-'treɪnɪŋ 'kɒlɪdʒ] *znw* instituut voor lerarenopleiding

tea chest [ti: tʃest] *znw* theekist

teach-in ['ti:tʃ-ɪn] *inf znw* teach-in, open forum ⟨vooral voor (de) universiteit⟩

teaching ['ti:tʃɪŋ] **I** *bn* onderwijzend **II** *znw* ❶ onderwijs, lesgeven ★ *a ~ hospital* een academisch ziekenhuis ★ *a ~ post* een betrekking bij het onderwijs ★ *~ practice* onderwijzersstage, hospiteren ❷ **teachings** leer

tea cloth [ti: klɒθ] *znw* theedoek

tea cosy [ti: 'kəʊzɪ] *znw* theemuts

teacup ['ti:kʌp] *znw* theekopje

tea garden [ti: 'gɑ:dn] *znw* theetuin, theeschenkerij

tea house [ti: 'haʊs] *znw* theehuis

teak [ti:k] *znw* ❶ teakboom, djatiboom ❷ teak(hout), djati(hout)

tea kettle [ti: 'ketl], **teakettle** *znw* theeketel, waterkoker

teal [ti:l] *znw* taling(en) ⟨kleine eend⟩

tea lady [ti: 'leɪdɪ] *znw* theejuffrouw

tea leaf ['ti: li:f] *znw* [mv: tea leaves] theeblaadje ⟨v. theestruik⟩ ★ *read the tea leaves* de toekomst voorspellen ⟨op grond van de theeblaadjes in het kopje⟩

team [ti:m] **I** *znw* ❶ span ⟨paarden &⟩ ❷ ploeg

‹werklui, spelers›, elftal ‹voetballers›, groep ‹geleerden &›, team ★ *the away* ~ de uitspelende team ★ *the visiting* ~ de bezoekersteam ★ *be in the* ~ opgesteld zijn ★ *make the* ~ in het team opgenomen worden **II** *overg* combineren **III** *phras* ★ ~ *up* samenwerken

teammate ['ti:mmeɪt] *znw* ploeggenoot, teamgenoot

team spirit ['ti:m spɪrɪt] *znw* ploeggeest, geest van samenwerking

teamster ['ti:mstə] *Am znw* wegvervoerder

team-teaching ['ti:m-ti:tʃɪŋ] *znw* onderwijs door een lerarenteam

teamwork ['ti:mwɜ:k] *znw* teamwork, samenwerking

tea party [ti: 'pɑ:tɪ] *znw* theevisite, theepartij

teapot ['ti:pɒt] *znw* theepot

tear I *znw* [tɪə] traan ★ *in* ~*s* in tranen ★ *her eyes were blurred with* ~*s* haar ogen waren troebel van tranen ★ *his words reduced her to* ~*s* zijn woorden maakten haar aan het huilen ★ *inf be bored to* ~*s* zich te pletter vervelen ★ *be close to* ~*s, be on the verge of* ~*s* de tranen nabij zijn ★ *be in floods of* ~*s* tranen met tuiten huilen ★ *bring* ~*s to one's eyes* er tranen in de ogen van krijgen ★ *burst into* ~*s* in tranen uitbarsten **II** *znw* [teə] scheur **III** *overg* [teə] [tore, torn] **❶** scheuren, stuk-, verscheuren ★ ~ *sbd from limb to limb* iem. aan stukken scheuren ★ ~ *sth to pieces* iets in stukken scheuren ★ *inf* ~ *sbd to shreds* niets heel laten van iem. ★ *she was torn between the two* ze kon niet kiezen tussen de twee ★ *inf that's torn it! / that* ~*s it!* nu is alles bedorven! **❷** (weg)rukken ★ *he tore the suitcase from her grasp* hij rukte de koffer uit haar handen **IV** *onoverg* [teə] [tore, torn] **❶** scheuren **❷** stormen, vliegen, razen, tieren ★ *we tore along the road* we vlogen de weg langs ★ ~ *up / down the stairs* de trap opvliegen / afrennen ★ ~ *free / loose* los rukken **V** *phras* ★ ~ *sth across* iets door-, verscheuren ★ ~ *sth apart* iets kapot scheuren ★ ~ *sbd apart* iem. bekritiseren, zich vernietigend over iem. uitlaten, de vloer aanvegen met iem., iem. overstuur maken ★ ~ *at sth* rukken / trekken aan iets ★ *both sides tore at each other* beide kanten vochten met elkaar ★ ~ *away* wegscheuren ‹auto›, zich losmaken ★ ~ *sbd away* iem. wegsleuren ★ ~ *oneself away* zich (van de plaats) losrukken ★ ~ *sth* down iets afscheuren, afrukken, afbreken ★ ~ *into sbd* tekeergaan tegen iem. ★ ~ *off* er snel vandoor gaan ★ ~ *sth off* iets afscheuren, -rukken ★ *inf* ~ *a strip off sbd* iem. een standje geven ★ ~ *sth out* iets uitscheuren ★ *inf* ~ *one's hair out* zich de haren uitrukken ‹v. woede, verdriet› ★ ~ *sth up* iets door-, ver-, stukscheuren, iets opbreken ‹weg &› ★ ~ *sth up by the roots* iets ontwortelen

tearaway ['teərəweɪ] *Br inf znw* wildebras

teardrop ['tɪədrɒp] *znw* ‹een› enkele traan

tearful ['tɪəfʊl] *bn* **❶** vol tranen **❷** huilerig ★ *become* ~ de tranen nabij zijn

tear gas [tɪə gæs] *znw* traangas

tearing ['teərɪŋ] **I** *bn* **❶** scheurend **❷** *inf* heftig, razend ★ *be in a* ~ *hurry* verschrikkelijke haast hebben **II** *znw* scheuren ★ *a sound of* ~ een scheurend geluid

tear-jerker ['tɪə-dʒɜ:kə] *inf znw* smartlap, melodramatisch verhaal

tearless ['tɪələs] *bn* zonder tranen

tear-off ['teər-ɒf] *bn* afscheurbaar ★ *a* ~ *calender* een scheurkalender

tea room [ti: ru:m] *znw* lunchroom, theesalon

tear-stained ['tɪə-steɪnd] *bn* beschreid, betraand

tease [ti:z] **I** *znw* **❶** plaaggeest **❷** geplaag, geflirt **II** *overg* **❶** plagen, kwellen, sarren, treiteren, pesten, judassen, jennen **❷** kaarden **❸** tegenkammen ‹v. haar› **III** *onoverg* plagen, pesten ★ *just teasing!* geintje! **IV** *phras* ★ ~ *sth* out iets ontwarren, iets ontfutselen

teaser ['ti:zə] *znw* **❶** plager, plaaggeest, kweller, treiteraar **❷** lokkertje, lokmiddel **❸** puzzel, moeilijk probleem, iets lastigs **❹** kaarder

tea service ['ti:sɜ:vɪs], **tea set** *znw* theeservies

tea shop [ti: ʃɒp] *znw* theesalon

teaspoon ['ti:spu:n] *znw* theelepeltje

teaspoonful ['ti:spu:nfʊl] *znw* theelepel ★ *two* ~*s of vinegar* twee theelepels azijn

tea strainer [ti: 'streɪnə] *znw* theezeefje

teat [ti:t] *znw* tepel, speen

tea table [ti: teɪbl] *znw* theetafel

tea towel [ti: 'taʊəl] *znw* theedoek, (af)droogdoek

tea tray [ti: treɪ] *znw* theeblad

tea tree [ti: tri:], **ti tree** *znw* tea tree ‹Australische boom / struik›

tea trolley [ti: 'trɒlɪ] *znw* theewagen

tea urn [ti: ɜ:n] *znw* apparaat om thee te zetten, samowaar

tec [tek] *inf gedat znw* detective

tech [tek] *inf znw* → **technical college**

techie ['tekɪ] *inf znw* techneut, vooral computertechneut

technical ['teknɪkl] *bn* **❶** technisch **❷** vak-

technical college ['teknɪkl 'kɒlɪdʒ] *znw* hogere technische school

technicality [teknɪ'kælətɪ] *znw* **❶** technisch karakter **❷** technisch detail **❸** technische term **❹** technisch probleem **❺** *jur* vormfout

technically ['teknɪklɪ] *bijw* technisch ★ *there's nothing* ~ *wrong with it* technisch mankeert er niets aan

technicals ['teknɪkəlz] *znw* [mv] ★ *the* ~ de technische details

technical school ['teknɪkl sku:l] *znw* lagere technische school

technical support ['teknɪkl sə'pɔ:t] *znw* technische ondersteuning

technician [tek'nɪʃən] *znw* technicus

Technicolor® ['teknɪkʌlə] *znw* technicolor, met felle kleuren ★ *inf a technicolo(u)r bruise* een veelkleurige blauwe plek ★ *vulg a technicolo(u)r yawn* kots, overgeefsel

te

technicoloured ['teknɪkʌləd] *bn* ❶ met felle kleuren ❷ inf overdreven

technics ['teknɪks] *znw* [mv] techniek

technique [tek'ni:k] *znw* techniek

techno ['teknəʊ] *znw* techno ⟨snelle, sterk elektronische housemuziek⟩

techno- ['teknəʊ] *voorv* techno-, technologie betreffend

technocracy [tek'nɒkrəsɪ] *znw* technocratie

technocrat ['teknəkræt] *znw* technocraat

technological [teknə'lɒdʒɪkl] *bn* technologisch

technologist [tek'nɒlədʒɪst] *znw* technoloog

technology [tek'nɒlədʒɪ] *znw* technologie

technology park [tek'nɒlədʒɪ pɑ:k] *znw* researchpark

technology transfer [tek'nɒlədʒɪ 'træns-, 'trɑ:nsfɜ:] *znw* overdracht van nieuwe technologische kennis

tectonic [tek'tɒnɪk] *bn* tektonisch

tectonics [tek'tɒnɪks] *znw* [mv] ❶ tektoniek ❷ leer van de architecturale vormgeving

ted [ted] *overg* uitspreiden en keren ⟨gras⟩

teddy ['tedɪ] *znw* ❶ **teddy bear** teddybeer ❷ Am teddy ⟨hemd en broekje aaneen als damesondergoed⟩

teddy boy ['tedɪ bɔɪ] inf *znw* teddyboy, nozem ⟨rock-'n-rolljongere in de jaren 50⟩

tedious ['ti:dɪəs] *bn* vervelend, saai

tedium ['ti:dɪəm] *znw* verveling, saaiheid

tee [ti:] **I** *znw* sp tee, afslag ⟨aardhoopje & vanwaar de bal wordt weggeslagen bij golf⟩ **II** *phras* ★ ~ **off** beginnen te spelen, inf van start gaan, beginnen ★ Am inf ~ sbd off iem. kwaad maken, irriteren ★ ~ (sth) **up** ⟨de bal⟩ op de tee plaatsen

teem [ti:m] *onoverg* ❶ vol zijn, krioelen, wemelen, overvloeien ★ the streets were ~ing with tourists de straten wemelden van de toeristen ❷ gieten, stortregenen ★ it was ~ing (with rain), the rain was ~ing down het stortregende

teeming ['ti:mɪŋ] *bn* ❶ wemelend, overvol, boordevol ❷ vruchtbaar ⟨brein &⟩

teenage ['ti:neɪdʒ] *bn* van, voor tieners, tiener- ★ a ~ magazine een tienertijdschrift ★ a ~ boy / girl een tiener

teenager ['ti:neɪdʒə] *znw* tiener

teens [ti:nz] *znw* [mv] jaren tussen het twaalfde en het twintigste ★ when I saw her last she was in her ~ toen ik haar voor het laatst zag was ze nog een tiener

teeny ['ti:nɪ] inf *bn* (heel) klein

teeny-bopper ['ti:nɪ-bɒpə] inf *znw* aankomende tiener

teeny-weeny ['ti:nɪ-'wi:nɪ] inf *bn* piepklein

teepee ['ti:pi:] *znw* → **tepee**

tee-shirt ['ti:-ʃət] *znw* T-shirt

teeter ['ti:tə] *onoverg* wankelen, balanceren ★ ~ on the brink / edge erg dicht bij een gevaarlijke situatie zijn, op de rand van de afgrond balanceren ★ ~ between two options weifelen tussen twee alternatieven

teeth [ti:θ] *znw* [mv] → **tooth**

teethe [ti:ð] *onoverg* tanden krijgen

teething ['ti:ðɪŋ] *znw* het tanden krijgen

teething ring ['ti:ðɪŋ rɪŋ] *znw* bijtring

teething troubles ['ti:ðɪŋ 'trʌblʃu:tə] *znw* [mv] kinderziekten ⟨bij nieuwe projecten &⟩

teetotal [ti:'təʊtl] *bn* geheelonthouders-, antialcohol-

teetotalism [ti:'təʊtəlɪzəm] *znw* geheelonthouding

teetotaller [ti:'təʊtələ], Am **teetotaler** *znw* geheelonthouder

TEFL ['tefl] *afk* (teaching English as a foreign language) lesgeven in het Engels als tweede taal

tegument ['tegjʊmənt] *znw* ❶ plantk vlies, zaadvlies ❷ dierk huid, bedekking

tel. *afk* (telephone) telefoon / telefoneren

tele- ['telɪ] *voorv* tele-, ver-, afstand-

telebanking ['telɪbæŋkɪŋ] *znw* telebankieren

telecamera ['telɪkæmrə] *znw* televisiecamera

telecast ['telɪkɑ:st] **I** *znw* televisie-uitzending **II** *overg & onoverg* [telecast, telecast] per televisie uitzenden

telecommunication ['telɪkəmju:nɪ'keɪʃən] *znw* telecommunicatie

telecommunications [telɪkəmju:nɪ'keɪʃənz], inf **telecoms** *znw* [mv] telecommunicatie

telecommuting [telɪkə'mju:tɪŋ] *znw* het telewerken

telecoms ['telɪkɒmz] inf *afk* (**telecommunications**)

teleconference [telɪ'kɒnfərəns] *znw* telefonische vergadering

teleconferencing [telɪ'kɒnfərənsɪŋ] *znw* telefonisch vergaderen

telecottage ['telɪkɒtɪdʒ] comput *znw* telecottage ⟨ruimte met computerapparatuur waar de plaatselijke bevolking gebruik van mag maken, vooral in landelijke gebieden⟩

telecottaging ['telɪkɒtɪdʒɪŋ] *znw* een telecottage gebruiken

telegenic [telɪ'dʒenɪk] *bn* telegeniek

telegram ['telɪgræm] *znw* telegram

telegraph ['telɪgrɑ:f] **I** *znw* telegraaf **II** *overg & onoverg* ❶ telegraferen ❷ fig seinen

telegrapher [tə'legrəfə] *znw* telegrafist

telegraphese [telɪgrə'fi:z] *znw* telegramstijl

telegraphic [telɪ'græfɪk] *bn* telegrafisch

telegraphist [tɪ'legrəfɪst] *znw* telegrafist(e)

telegraph pole ['telɪgrɑ:f pəʊl] *znw* telegraafpaal

telegraphy [tɪ'legrəfɪ] *znw* telegrafie

telekinesis [telɪkɪ'ni:sɪs] *znw* telekinese ⟨beweging of verplaatsing van voorwerpen zonder aantoonbare oorzaak⟩

telemarketeer ['telɪmɑ:kə'tɪə] *znw* telemarketeer

telemarketing ['telɪmɑ:kətɪŋ] *znw* telemarketing, telefonische marktbewerking

telemessage ['telɪmesɪdʒ] *znw* teleboodschap ⟨telefonisch of telexbericht in geschreven vorm⟩

telemeter ['telɪmi:tə] *znw* telemeter ⟨toestel waarmee op afstand metingen worden gedaan⟩

telemetry [tɪ'lemɪtrɪ, -mətrɪ] *znw* telemetrie ⟨het verrichten van metingen op afstand⟩

telepathic [telɪ'pæθɪk] *bn* telepathisch

telepathist [tɪ'lepəθɪst] *znw* telepaat**

telepathy [tɪˈlepəθɪ] *znw* telepathie
telephone [ˈtelɪfəʊn] **I** *znw* telefoon ★ *a pay* ~ een munttelefoon ★ *they're not on the* ~ ze hebben geen telefoonaansluiting ★ *Frank, you're wanted on the* ~ Frank, er is telefoon voor je ★ *the* ~ *rang* de telefoon ging ★ *call sbd to the* ~ iem. aan de telefoon roepen **II** *overg & onoverg* telefoneren
telephone banking [ˈtelɪfəʊn ˈbæŋkɪŋ] *znw* telebankieren
telephone book [ˈtelɪfəʊn bʊk], **telephone directory** *znw* telefoonboek
telephone booth [ˈtelɪfəʊn buːð], **telephone box**, **telephone kiosk** *znw* telefooncel
telephone call [ˈtelɪfəʊn kɔːl] *znw* telefoongesprek
telephone directory [ˈtelɪfəʊn daɪˈrektərɪ] *znw* → **telephone book**
telephone exchange [ˈtelɪfəʊn ɪksˈtʃeɪndʒ] *znw* telefooncentrale
telephone kiosk [ˈtelɪfəʊn ˈkiːɒsk] Br *znw* → **telephone booth**
telephone number [ˈtelɪfəʊn ˈnʌmbə] *znw* telefoonnummer
telephone selling [ˈtelɪfəʊn ˈselɪŋ] *znw* telefonische verkoop
telephone transfer [ˈtelɪfəʊn ˈtræns-, ˈtrɑːnsfɜː] bankwezen *znw* telefonische overboeking
telephonic [telɪˈfɒnɪk] *bn* telefonisch, telefoon-
telephonist [tɪˈlefənɪst] *znw* telefonist(e)
telephony [tɪˈlefənɪ] *znw* telefonie
telephoto [ˈtelɪfəʊtəʊ], **telephoto lens** *znw* telelens
teleport [ˈtelɪpɔːt] **I** *znw* teleport ‹telecommunicatiecentrum› **II** *overg* sci-fi teleporteren, telekinetisch verplaatsen
teleprinter [ˈtelɪprɪntə] *znw* telex
teleprompter [ˈtelɪprɒm(p)tə] *znw* ‹door tv-omroepers gebruikte› monitor waarvan de tekst wordt afgelezen, autocue
telerecording [ˈtelɪrɪkɔːdɪŋ] *znw* opname van een live televisie-uitzending
telesales [ˈtelɪseɪlz] *znw* [mv] telefonische verkoop
telescope [ˈtelɪskəʊp] **I** *znw* verrekijker, telescoop **II** *overg & onoverg* **❶** ineenschuiven **❷** zich in elkaar schuiven ‹spoorwagens bij een ongeluk &› **❸** fig samenvatten ‹boek &›
telescopic [telɪˈskɒpɪk] *bn* **❶** telescopisch **❷** ineenschuifbaar
teleshopping [ˈtelɪʃɒpɪŋ] *znw* thuiswinkelen, teleshopping ‹het vanuit huis aanschaffen van producten via pc, telefoon e.d.›
telethon [ˈtelɪθɒn] *znw* tv-marathon
teletype® [ˈtelɪtaɪp] **I** *znw* teletype **II** *overg* teletypen
teletypewriter [telɪˈtaɪpraɪtə] *znw* telex
televangelism [telɪˈvændʒəlɪzəm] *znw* tv-evangelisatie
televise [ˈtelɪvaɪz] *overg* per televisie uitzenden
television [ˈtelɪvɪʒən], inf **telly** *znw* televisie ★ *what's on* ~? wat is er op de tv?
television network [ˈtelɪvɪʒən ˈnetwɜːk] *znw* televisiestation, zendgemachtigde

television set [ˈtelɪvɪʒən set] *znw* televisietoestel
teleworking [ˈtelɪwɜːkɪŋ] *znw* het telewerken
telex [ˈteleks] **I** *znw* telex(dienst) **II** *overg* telexen
tell [tel] **I** *overg* [told, told] **❶** vertellen, zeggen, mededelen, (ver)melden, onderrichten ★ ~ *sbd's fortune/*~ *fortunes* waarzeggen ★ inf *you're* ~*ing me!* nou en of!, zeg dat wel! ★ inf *you* ~ *me!* wat zeg je me nou?, daar weet ik niets van! ★ ~ *the truth* de waarheid vertellen ★ *to* ~ *you the truth* om je de waarheid te vertellen ★ inf *I told you so!* dat heb ik je wel gezegd! ★ inf *I'll* ~ *you what* ik doe je een voorstel ★ inf ~ *it like it is* zeggen waar het op staat **❷** verhalen, verklikken, onthullen ★ inf ~ *me another!/*~ *another one!* maak dat de kat wijs! ★ ~ *lies,* inf ~ *stories / tales* leugens vertellen ★ ~ *a story* een verhaal doen, afkeurend een leugen vertellen ★ ironisch ~ *me about it* je hoeft me niets te vertellen ‹gezegd wanneer iemand klaagt of zielig doet› ★ inf ~ *that to the marines* maak dat je grootje wijs **❸** bevelen, gelasten ★ inf ~ *sbd what to do with sth* iem. zeggen dat hij ergens mee kan barsten ★ inf ~ *sbd where to get off / to go / to put it* iem. zeggen dat hij de pot op kan **❹** onderscheiden, (her)kennen, zien (aan *by*) ★ *she can't* ~ *the difference* ze kan het verschil niet zien ★ ~ *the time,* Am ~ *time* op de klok (kunnen) kijken ★ ~ *one from the other* ze van elkaar onderscheiden ★ inf ~ *sth a mile off* iets overduidelijk herkennen ▼ *all told* alles bij elkaar, in het geheel **II** *onoverg* [told, told] **❶** (het) zeggen / weten, fig getuigen, pleiten ★ ~ *in his favour* voor hem pleiten ★ *the ruins told of a rich past* de ruïnes getuigden van een rijk verleden ★ *as far as one can* ~ voor zover het te bekijken is ★ *you never can* ~ je kunt het nooit weten ★ *who can* ~? wie weet? **❷** klikken, het oververtellen **❸** effect hebben, uitwerking hebben, indruk maken, pakken, aanpakken ★ *every shot / word & told* elk schot / woord & had effect / was raak **III** *phras* ★ ~ **against** *sbd* pleiten tegen iem. ★ ~ *sbd / sth* **apart** iem. / iets uit elkaar houden ★ *not even their father can* ~ *the twins apart* zelfs hun vader kan de tweeling niet uit elkaar houden ★ ~ *sbd* **off** iem. berispen, iem. op zijn nummer zetten ★ inf ~ **on** *sbd* iem. verklikken, iem. verraden, een nadelig effect op iem. hebben ★ *the strain began to* ~ *on him* de druk begon een effect op hem te krijgen
teller [ˈtelə] *znw* **❶** verteller **❷** teller **❸** kassier
teller machine [ˈtelə məˈʃiːn] Am *znw* geldautomaat
telling [ˈtelɪŋ] **I** *bn* **❶** veelzeggend, onthullend **❷** pakkend, krachtig, raak **II** *znw* **❶** verhaal, vertelling **❷** vertellen ★ *there's no* ~ *when / why &* niemand weet wanneer / waarom &
telling-off [telɪŋˈɒf] inf *znw* standje, uitbrander ★ *give sbd a good* ~ iem. een fikse uitbrander geven
telltale [ˈtelteɪl] **I** *bn* onthullend, veelzeggend, kenmerkend **II** *znw* **❶** aanbrenger, klikspaan **❷** verklikker ‹apparaat›
tellurian [teˈljʊərɪən] form **I** *bn* van de aarde **II** *znw*

te

aardbewoner

telluric [te'ljʊərɪk] form bn aards

telly ['telɪ] inf znw televisie

telnet ['telnet] znw telnet ⟨protocol om een pc in verbinding te brengen met een andere pc op hetzelfde netwerk⟩

telpher ['telfə] znw wagentje van een kabelbaan

telpherage ['telfərɪdʒ] znw kabelbaan

temerity [tɪ'merətɪ] znw vermetelheid, roekeloosheid, lef

temp [temp] inf **I** znw ❶ (temporary employee) uitzendkracht ❷ (temperature) temperatuur **II** onoverg werken als uitzendkracht

temper ['tempə] **I** znw ❶ temperament, gemoedstoestand, geaardheid ★ ~s were getting frayed de gemoederen begonnen geprikkeld te raken ❷ stemming, (goed) humeur, gemoedsrust ★ she wasn't in the best of ~s ze was in een niet al te best humeur ★ have a quick ~ gauw kwaad worden, niets kunnen velen ★ keep one's ~ (in check) niet uit zijn humeur raken, bedaard blijven ★ lose one's ~ z'n kalmte verliezen, ongeduldig / kwaad / driftig worden ❸ slecht humeur, boze bui ★ be in a ~ uit zijn humeur zijn ★ fly into a ~ een driftbui krijgen ★ do sth in a fit of ~ iets doen uit woede ❹ (graad van) harding, vastheid ⟨van staal⟩ **II** overg ❶ temperen, matigen, verzachten, doen bedaren ★ ~ justice with mercy genade voor recht laten gelden ❷ temperen, harden ⟨ijzer⟩, blauw laten aanlopen ⟨staal⟩ ❸ laten beslaan ⟨kalk⟩ ❹ mengen, aanmaken ⟨klei, cement⟩

tempera ['tempərə] znw tempera ⟨techniek en verf⟩

temperament ['temprəmənt] znw temperament ★ a fiery ~ een opvliegend temperament

temperamental [temprə'mentl] bn ❶ van het temperament ❷ van nature, aangeboren ❸ met veel temperament, grillig, onevenwichtig ❹ scherts met kuren ⟨auto &⟩

temperamentally [temprə'mentəlɪ] bijw qua temperament ★ he is ~ unsuited to the job hij is helemaal ongeschikt voor de baan qua temperament

temperance ['tempərəns] znw ❶ gematigdheid ❷ matigheid, onthouding ⟨van sterke dranken⟩

temperate ['tempərət] bn ❶ gematigd ❷ matig

temperate zone ['tempərət zəʊn] znw gematigde zone

temperature ['temprɪtʃə] znw temperatuur ★ body ~ lichaamstemperatuur ★ have / run a ~ verhoging hebben

temperature chart ['temprɪtʃə tʃɑːt] znw temperatuurlijst

tempered ['tempəd] bn getemperd, gehard ⟨van metalen⟩

-tempered ['tempəd] achterv van aard, gehumeurd ★ ill~ / foul~ slechtgehumeurd

temper tantrum ['tempə 'tæntrəm] znw → **tantrum**

tempest ['tempɪst] dicht znw (hevige) storm

tempestuous [tem'pestjʊəs] bn stormachtig, onstuimig

tempi ['tempiː] znw [mv] → **tempo**

Templar ['templə], **Knight Templar** hist znw tempelridder, tempelier

template ['templət], **templet** znw ❶ ⟨houten of metalen⟩ mal ❷ comput sjabloon

temple ['templ] znw ❶ tempel ❷ slaap ⟨aan het hoofd⟩ ★ she's starting to go grey at the ~s ze begint aan de slapen grijs te worden

templet ['templɪt] znw → **template**

tempo ['tempəʊ] znw [mv: -s of tempi] ❶ tempo, maat ❷ snelheid

temporal ['tempərəl] bn ❶ tijdelijk, tijds- ❷ form wereldlijk ❸ anat slaap-

temporal bone ['tempərəl bəʊn] anat znw slaapbeen

temporality [tempə'rælətɪ] znw tijdelijkheid

temporal lobe ['tempərəl ləʊb] anat znw slaapkwab

temporary ['tempərərɪ] bn ❶ tijdelijk, voorlopig ★ a ~ solution een voorlopige oplossing ★ ~ staff tijdelijke werknemers ❷ niet vast, niet blijvend, nood-

temporization [tempərar'zeɪʃən], **temporisation** znw ❶ uitstel, gedraal ❷ geschipper

temporize ['tempəraɪz], **temporise** onoverg ❶ tijd proberen te winnen, dralen ❷ proberen tot een compromis te komen, schipperen

temporizer ['tempəraɪzə], **temporiser** znw ❶ tijdrekker ❷ opportunist

tempt [tempt] overg ❶ verleiden, (ver)lokken, in verzoeking brengen ★ be ~ed in de verleiding komen ★ she was half / sorely ~ed to resign ze was haast / sterk geneigd ontslag te nemen ❷ tarten ★ ~ fate / providence het noodlot tarten

temptation [temp'teɪʃən] znw verlokking, verleiding, verzoeking, bekoring ★ don't put ~ in my way breng me niet in de verleiding ★ succumb to ~ bezwijken voor de verleiding

tempter ['temptə] znw verleider

tempting ['temptɪŋ] bn verleidelijk

temptress ['temptrəs] scherts of dicht znw verleidster

tempura ['tempuːrɑː, tem'pʊərə] znw tempoera ⟨Japans gefrituurd gerecht⟩

ten [ten] telw tien ★ inf he's ~ times richer / more successful & hij is tien keer zo rijk / succesvol & ★ ~ to one tien tegen een ★ hang ~ surfen met alle tien tenen op de neus van de surfplank

tenable ['tenəbl] bn ❶ houdbaar, verdedigbaar ⟨argument, stelling &⟩ ❷ geldend ★ the post is ~ for 5 years de betrekking geldt voor 5 jaar

tenacious [tɪ'neɪʃəs] bn ❶ vasthoudend ❷ kleverig, taai ❸ sterk ⟨v. geheugen⟩ ❹ hardnekkig ★ it is one of the most ~ of diseases het is een van de hardnekkigste ziektes

tenacity [tɪ'næsətɪ] znw ❶ vasthoudendheid, kleverigheid, taaiheid ★ he showed plenty of ~ against the champion hij toonde een grote vasthoudendheid tegenover de kampioen ❷ sterkte ⟨v. geheugen⟩ ❸ hardnekkigheid

tenancy ['tenənsɪ] *znw* ❶ huur, pacht ★ *a ~ agreement* een huurovereenkomst ❷ huur-, pachttermijn ★ *a three-year ~* een huurcontract van drie jaar

tenant ['tenənt] *znw* ❶ huurder, pachter, leenman ❷ bewoner

tenantable ['tenəntəbl] *bn* bewoonbaar

tenant at will ['tenənt æt 'wɪl] jur *znw* huurder zonder huurcontract

tenant farmer ['tenənt 'fɑːmə] *znw* pachter

tenantless ['tenəntləs] *bn* ❶ niet verhuurd ❷ niet bewoond

tenantry ['tenəntrɪ] *znw* gezamenlijke pachters, huurders

tenants' association ['tenənts əsəʊsɪ'eɪʃən] *znw* huurdersvereniging, bewonersvereniging

tench [tenʃ] *znw* zeelt ⟨vis⟩

Ten Commandments [ten kə'mɑːndmənts] *znw* ★ *the ~* de Tien Geboden

tend [tend] **I** *overg* ❶ passen op ⟨winkel⟩ ❷ zorgen voor, oppassen ⟨zieken⟩ ❸ hoeden ⟨vee⟩, weiden ⟨lammeren⟩ ❹ verzorgen ⟨tuin⟩ **II** *onoverg* ❶ gaan / wijzen in zekere richting ★ *voters are ~ing to the right* de kiezers beginnen meer naar rechts te gaan ❷ een neiging hebben in zekere richting ★ *it ~s to be very hot in August* het is vaak heel heet in Augustus ★ *I ~ to think he's telling the truth* ik geloof haast dat hij de waarheid vertelt ★ *smoking ~s to make people look older than they are* roken laat mensen er vaak ouder uitzien dan ze zijn ❸ gericht zijn, ten doel hebben, aandacht besteden aan ★ *she has to ~ to the children first* ze moet zich eerst met de kinderen bezig houden

tendency ['tendənsɪ] *znw* ❶ neiging ★ *he has a ~ to take big risks* hij heeft de neiging om grote risico's te nemen ❷ aanleg ⟨voor ziekte⟩ ★ *those with a ~ to asthma should avoid smoky places* mensen met een aanleg voor astma moeten rokerige gelegenheden vermijden ❸ tendens, trend ★ *there is a marked ~ towards delaying marriage* er is een duidelijke trend om het huwelijk uit te stellen

tendentious [ten'denʃəs] *bn* tendentieus

tender ['tendə] **I** *bn* ❶ te(d)er, zacht, mals ❷ pijnlijk, (teer)gevoelig ❸ liefhebbend ❹ pril ★ *she started playing the violin at the ~ age of 3* ze begon viool te spelen op de prille leeftijd van 3 jaar **II** *znw* ❶ aanbieding, offerte, tender ★ *a private / closed ~* een onderhandse inschrijving / aanbesteding ★ *by ~* bij inschrijving ★ *invite / receive ~s* offertes vragen / ontvangen ★ *lodge a ~* een offerte indienen ★ *put sth out to ~* iets aanbesteden voor inschrijving ❷ scheepv tender, bootje voor vervoer tussen (groter) schip en wal, voorraadschip ❸ tender, kolenwagen ⟨v. locomotief⟩ ▼ *legal ~* wettig betaalmiddel **III** *overg* ❶ aanbieden ❷ indienen ❸ betuigen ⟨dank⟩ **IV** *phras* ★ *~ for sth* inschrijven op iets ★ *~ sth out* iets aanbesteden voor inschrijving

tenderer ['tendərə] *znw* inschrijver ⟨op een *tender*⟩

tenderfoot ['tendəfʊt] Am inf *znw* nieuweling

tender-hearted [tendə'hɑːtɪd] *bn* teerhartig

tendering stage ['tendərɪŋ steɪdʒ] *znw* aanbestedingsfase

tenderize ['tendəraɪz], **tenderise** *overg* mals maken ⟨vlees⟩

tenderloin ['tendəlɔɪn] *znw* ❶ filet ❷ Am inf rosse buurt

tender offer ['tendə ˈɒfə] *znw* aanbod v.e. buitenstaander tot overname van aandelen v.e. vennootschap

tendon ['tendən] *znw* pees

tendril ['tendrɪl] *znw* ❶ plantk hechtrank ❷ streng, sliert, tentakel

Tenebrae ['tenɪbriː] RK *znw* [mv] donkere metten

tenebrous ['tenɪbrəs] dicht *bn* donker, duister

tenement ['tenɪmənt] *znw* ❶ woning, huis ❷ huurkazerne

tenement house ['tenɪmənt haʊs] *znw* huurkazerne

tenet ['tenɪt] *znw* ❶ grondstelling ❷ leerstuk, leer ❸ form mening

tenfold ['tenfəʊld] *bn & bijw* tienvoudig

ten-gallon hat [ten- ˈgælən ˈhæt] *znw* cowboyhoed met brede rand

tenner ['tenə] inf *znw* biljet van 10 pond / dollar

tennis [tenɪs] *znw* tennis

tennis ball [tenɪs bɔːl] *znw* tennisbal

tennis court [tenɪs kɔːt] *znw* tennisbaan

tennis elbow [tenɪs ˈelbəʊ] *znw* tennisarm

tennis racket [tenɪs ˈrækɪt], **tennis racquet** *znw* tennisracket

tennis shoe [tenɪs ʃuː] *znw* tennisschoen

tenon ['tenən] **I** *znw* pin, pen, tap **II** *overg* verbinden met een tap / pen

tenon saw ['tenən sɔː] *znw* tapzaag, verstekzaag

tenor ['tenə] *znw* ❶ geest, zin, inhoud, strekking, teneur ★ *the general ~ of the interview was positive* de algemene strekking van het interview was positief ❷ gang, loop, richting, verloop ★ *the even ~ of their lives* de gelijkmatige gang van hun leven ❸ muz tenorstem, tenor ❹ altviool

tenor clef ['tenə klef] muz *znw* tenorsleutel

tenor saxophone ['tenə ˈsæksəfəʊn] *znw* tenorsaxofoon

tenosynovitis [tenəʊsaɪnəʊ'vaɪtɪs] med *znw* peesschedeontsteking

tenpin bowling ['tenpɪn ˈbəʊlɪŋ], Am **tenpins** *znw* bowlen (met tien kegels)

tense [tens] **I** *bn* ❶ strak, gespannen ❷ (hyper)nerveus, geladen ⟨moment⟩ **II** *znw* gramm tijd ★ *the past ~* de verleden tijd **III** *overg* spannen **IV** *onoverg* (ook: ~ up) gespannen worden, nerveus worden

tenseness ['tensnəs] *znw* spanning

tensible ['tensəbl] *bn* rekbaar

tensile ['tensaɪl] *bn* ❶ rekbaar ❷ span-, trek-

tensile strength ['tensaɪl strenθ] *znw* treksterkte

tension ['tenʃən] *znw* ❶ gespannen toestand

te

❷ spanning ❸ inspanning ❹ spankracht
tension-proof ['tenʃən-pruːf] *bn* trekvast
tensity ['tensətɪ] *znw* spanning
tensive ['tensɪv] *bn* van spanning, span-
tensor ['tensə] *znw* ❶ <u>anat</u> strekker ‹spier› ❷ <u>wisk</u> tensor
tent [tent] **I** *znw* ❶ tent, zuurstoftent ❷ <u>med</u> wiek, prop watten **II** *overg* (met een wiek) openhouden ‹wond› **III** *onoverg* (in tent) kamperen
tentacle ['tentəkl] *znw* ❶ tastorgaan ❷ vangarm, grijparm ❸ <u>fig</u> tentakel
tentative ['tentətɪv] *bn* ❶ bij wijze van proef, experimenteel ❷ voorzichtig, aarzelend ❸ tentatief, voorlopig ‹v. conclusie, cijfers &›
tenterhooks ['tentəhʊkz] *znw* ★ *be on* ~ ongerust, nerveus zijn
tenth [tenθ] **I** *telw, bn & bijw* tiende **II** *znw* ❶ tiende deel ❷ tiend ❸ <u>muz</u> decime
tenthly ['tenθlɪ] *bijw* ten tiende
tenth-rate [tenθ-'reɪt] <u>inf</u> *bn* tienderangs, inferieur
tent peg [tent peg] *znw* haring ‹v. tent›
tenuity [tɪ'njuːətɪ] <u>form</u> *znw* ❶ slankheid ❷ fijnheid, dunheid, ijlheid, eenvoud ‹v. stijl›
tenuous ['tenjʊəs] *bn* ❶ zwak, vaag, onbeduidend ‹onderscheid› ★ *his hold on power is only* ~ zijn greep op de macht is zwak ★ *there is only a* ~ *connection between the book and the film* er is maar een vage overeenkomst tussen het boek en de film ❷ karig ‹bewijs› ❸ mager ‹plot› ❹ fijn, teer ‹web›
tenure ['tenjə] *znw* ❶ greep, houvast ❷ eigendomsrecht, bezit ❸ pachtregeling, pachtvoorwaarden ❹ vaste aanstelling ‹vooral aan universiteit› ★ *security of* ~ vaste aanstelling (voor het leven) ❺ ambtstermijn, ambtsperiode ★ *he achieved a lot during his* ~ hij heeft een hoop gedaan in de tijd dat hij het ambt bekleedde
tenure track ['tenjə træk] *znw* tenure track ‹voorlopige aanstelling met toetsing na een aantal jaren›
tepee ['tiːpiː], **teepee** *znw* tipi, indianentent
tepid ['tepɪd] *bn* lauw
tepidity [te'pɪdətɪ] *znw* lauwheid
tequila [tɪ'kiːlə] *znw* tequila ‹Mexicaanse sterke drank›
-
tequila slammer [tɪ'kiːlə 'slæmə] *znw* een cocktail van tequila en champagne
teraflop ['terəflɒp] <u>comput</u> *znw* één biljoen of tien tot de twaalfde macht drijvende-kommaberekeningen per seconde ‹maat voor de computersnelheid›
terce [tɜːs] *znw* → **tierce**
tercentenary [tɜːsen'tiːnərɪ], **tricentenary I** *bn* driehonderdjarig **II** *znw* driehonderdjarige gedenkdag
term [tɜːm] **I** *znw* ❶ term, uitdrukking ★ *a* ~ *of abuse* een scheldwoord ★ *a* ~ *of endearment* een uitdrukking van genegenheid, een koosnaampje ❷ termijn, periode ★ *in the short/medium / long)* ~ op korte / middellange / lange termijn ★ *the* ~ *of*

payment de betalingstermijn ★ *a* ~ *of office* een ambtsperiode ★ *a* ~ *of imprisonment* een gevangenisstraf ❸ <u>jur</u> zittingstijd ❹ <u>onderw</u> collegetijd, trimester, kwartaal ❺ afloopdatum, <u>med</u> einde van de zwangerschapsperiode ★ *as the investigation drew near its* ~... terwijl het onderzoek ten einde liep... ★ *she's nearly at (full)* ~ ze is bijna uitgeteld **II** *overg* noemen ★ *her condition could more accurately be* ~*ed 'boredom'* haar toestand is beter te beschrijven als 'verveling'
termagant ['tɜːməgənt] *znw* bazige vrouw, ruziezoekster, feeks, lastig mens
term debt [tɜːm det] *znw* langetermijnfinanciering
terminable ['tɜːmɪnəbl] *bn* ❶ begrensbaar ❷ te beëindigen ❸ aflopend, opzegbaar
terminal ['tɜːmɪnl] **I** *bn* terminaal, dodelijk ‹ziekte› ★ *she's suffering from* ~ *cancer* ze lijdt aan terminale kanker **II** *znw* ❶ eindpunt, einde, uiterste, eindstation ❷ stationsgebouw ❸ <u>comput</u> terminal ❹ <u>elektr</u> (pool)klem ★ *the international* ~ de internationale aankomst / vertrekhal ‹in luchthaven, spoorwegstation &› ★ *a point-of-pay* ~ een betaalautomaat, een pinautomaat
terminate [tɜːmɪneɪt] **I** *overg* ❶ eindigen, beëindigen, een eind maken aan ❷ laten aflopen ‹contract› **II** *onoverg* ❶ eindigen, ophouden ❷ aflopen ‹contract› ❸ eindigen (in *in*), uitlopen (op *in*) ❹ als eindstation hebben ‹bus, trein› ★ *gramm* ~ *in sth* eindigen met iets, uitgaan op iets‹klinker &›
termination [tɜːmɪ'neɪʃən] *znw* ❶ afloop, beëindiging, besluit, slot, einde ❷ <u>gramm</u> uitgang ❸ abortus ★ *a pregnancy* ~ het beëindigen van een zwangerschap, abortus
terminative ['tɜːmɪnətɪv] *bn* ❶ eind- ❷ afdoende
terminological [tɜːmɪnə'lɒdʒɪkl] *bn* terminologisch
terminology [tɜːmɪ'nɒlədʒɪ] *znw* terminologie
term insurance [tɜːm ɪn'ʃʊərəns] *znw* risicoverzekering gedurende een bep. periode
terminus ['tɜːmɪnəs] *znw* [mv: -es *of* termini] eindstation
termite ['tɜːmaɪt] *znw* termiet, witte mier
term paper [tɜːm 'peɪpə] *znw* scriptie
terms [tɜːmz] *znw* [mv] ❶ voorwaarden, condities ❷ termen, taal, bewoordingen ❸ verstandhouding, voet ‹waarop men omgaat met iem.› ★ ~ *and conditions* betalingsvoorwaarden, algemene voorwaarden ★ *he spoke about her in flattering* ~ hij sprak over haar in vleiende bewoordingen ★ *in plain* ~ / *in no uncertain* ~ duidelijk, ondubbelzinnig ★ *the country is lagging behind in economic* ~ het land blijft achter wat economische groei betreft ★ *I'm thinking in* ~ *of leaving* ik overweeg te vertrekken ★ *on easy* ~ op gemakkelijke betalingsvoorwaarden ★ *on equal* ~ op voet van gelijkheid ★ <u>handel</u> *on the usual* ~ tegen de gewone betalingsvoorwaarden ★ *under the* ~ *of the agreement* onder de voorwaarden van de overeenkomst ★ *the* ~ *of delivery* de

leveringsvoorwaarden ★ *be on amicable / good* ~ *with sbd* op goede voet staan met iem. ★ *be on bad* ~ *with sbd* op bad staan met iem. ★ *be on familiar / first-name* ~ *(with sbd)* elkaar bij de voornaam noemen ★ *the* ~ *of payment* de betalingsvoorwaarden ★ *the* ~ *of reference* het kader, het raam ‹v. onderzoek›, de taakomschrijving ★ *he's not on speaking* ~ *with his brother* hij en zijn broer praten niet tegen elkaar ★ *come to* ~ *with sth* iets accepteren, leren leven met iets ★ *keep on good* ~ *(with sbd)* op goede voet blijven (met iem.)

tern [tɜːn] *znw* ❶ visdiefje ‹vogel› ❷ drie(tal), trio

ternary ['tɜːnərɪ] *bn* drietallig, -delig, -voudig

terrace ['terəs] **I** *znw* ❶ terras ❷ (straat met) rij huizen ‹in uniforme stijl› ❸ (meestal *mv*) tribune ‹in stadion› **II** *overg* van terrassen voorzien

terraced ['terəst] *bn* ❶ terrasvormig ❷ met een terras ❸ rijtjes- ‹v. huizen›

terrace house ['terɪs haʊs], **terraced house** *znw* rijtjeshuis, eengezinswoning

terracotta ['terə'kɒtə] **I** *bn* terra(cotta) ‹roodbruin› **II** *znw* terracotta

terra firma [terə'fɜːmə] ‹(Lat) vaak scherts *znw* vaste grond, veilige bodem ★ *we were finally back on* ~ eindelijk waren we terug op vaste grond

terrain [te'reɪn] *znw* terrein

terrapin ['terəpɪn] *znw* zoetwaterschildpad

terrarium [te'reərɪəm] *znw* [*mv*: -s *of* terraria] terrarium

terrestrial [tə'restrɪəl] *bn* ❶ aards ❷ aard-, land-

terrestrial globe [tə'restrɪəl gləʊb] *znw* aardbol, (aard)globe

terrible ['terɪbl] *bn* verschrikkelijk, vreselijk, ontzettend ★ *inf a* ~ *waste of time* een ontzettende tijdverspilling ★ *she's sick? I hope it isn't anything* ~ is ze ziek? ik hoop dat het niets ernstigs is

terrible twins ['terɪbl twɪnz] *Br inf znw* [mv] een tweetal dat kattenkwaad uithaalt

terribly ['terɪblɪ] *bijw* ❶ vreselijk, verschrikkelijk, erg ❷ geweldig ★ *he can swear* ~ hij kan ontzettend vloeken

terrier ['terɪə] *znw* terriër ‹soort hond›

terrific [tə'rɪfɪk] *bn* ❶ geweldig ★ *there was a* ~ *explosion* er was een geweldige explosie ❷ *inf* fantastisch ★ *you've done a* ~ *job* je hebt het fantastisch gedaan

terrifically [tə'rɪfɪklɪ] *bijw* verschrikkelijk, vreselijk ★ *it's not a* ~ *interesting topic* het is geen vreselijk interessant onderwerp

terrified ['terɪfaɪd] *bn* doodsbang ★ *she's* ~ *of spiders* ze is doodsbang voor spinnen ★ *she's* ~ *at the thought of having to go back* ze is doodsbang bij de gedachte dat ze terug moet

terrify ['terɪfaɪ] *overg* ❶ angst aanjagen ❷ laten schrikken, met schrik vervullen

terrifying ['terɪfaɪɪŋ] *bn* schrikwekkend, verschrikkelijk

terrine [te'riːn] *znw* terrine

territorial [terɪ'tɔːrɪəl] **I** *bn* territoriaal, van een grondgebied, land-, grond- **II** *znw* ★ *a Territorial* een soldaat van het territoriale leger

territorialism [terɪ'tɔːrɪəlɪzəm] *jur znw* territorialiteitsbeginsel

territorial waters [terɪ'tɔːrɪəl 'wɔːtəz] *znw* [mv] territoriale wateren

territory ['terɪtərɪ] *znw* ❶ grondgebied, gebied ‹nationaal› territoir, territorium ★ *hostile* ~ vijandig gebied ★ *overseas territories* overzeese gebiedsdelen ❷ rayon ‹v. handelsreiziger›

terror ['terə] *znw* ❶ schrik, angst ★ *a reign of* ~ een schrikbewind ★ *be in* ~ *of sbd / sth* doodsbang zijn voor iem. / iets ★ *flee in* ~ vluchten in paniek ★ *snakes hold no* ~*s for me* ik ben niet bang voor slangen ★ *his words struck* ~ *in my heart* zijn woorden joegen mij vrees aan ❷ verschrikking ★ *the dog was the* ~ *of the neighbourhood* de hond was de schrik van de buurt ❸ schrikbeeld ❹ **holy terror** *inf* plaaggeest, plaagkop ★ *you are such a* ~*!* je bent toch verschrikkelijk!

terrorism ['terərɪzəm] *znw* schrikbewind, terreur, terrorisme ★ *an act of* ~ een terroristische aanslag

terrorist ['terərɪst] **I** *bn* terreur-, terroristisch ★ ~ *threats have escalated globally* de dreiging van terrorisme is wereldwijd groter geworden **II** *znw* terrorist

terrorization [terəraɪ'zeɪʃən], **terrorisation** *znw* terroriseren

terrorize ['terəraɪz], **terrorise** *overg* terroriseren, voortdurend schrik aanjagen, een schrikbewind uitoefenen over ★ *bandits have been terrorizing the countryside* bandieten hebben het platteland geterroriseerd

terror-stricken ['terə-strɪkən], **terror-struck** *bn* verstijfd van angst, verbijsterd van schrik

terry ['terɪ], **terry cloth** *znw* badstof

terse [tɜːs] *bn* kort (en bondig), beknopt, kortaf, gedrongen

tertian ['tɜːʃən] *med bn & znw* anderdaags(e koorts)

tertiary ['tɜːʃərɪ] *bn* ❶ tertiair ★ *geol the Tertiary* het tertiair, de tertiaire formatie ❷ van de derde rang, van de derde orde

tertiary education ['tɜːʃərɪ edjuː'keɪʃən] *znw* tertiair / hoger / universitair onderwijs

terylene® ['terəliːn] *znw* synthetische textielvezel

TESL ['tesl] *afk* (teaching English as a second language) onderwijs in het Engels als tweede taal

TESOL ['tiːsɒl] *afk* (teaching English to speakers of other languages) onderwijs in het Engels aan anderstaligen

tessellate ['tesəleɪt] *overg* met mozaïek versieren

tessellated ['tesəleɪtɪd] *bn* ingelegd ‹plaveisel›, mozaïek- ‹vloer›

tessellation [tesə'leɪʃən] *znw* ❶ mozaïekwerk ❷ samenhangend inlegpatroon ‹het hele oppervlak bedekkend›

test [test] **I** *znw* ❶ proef, beproeving, toets(steen),

te

keuring, test ★ *the acid ~* de vuurproef ★ *put sbd / sth to the ~* iem. | iets op de proef stellen ★ *stand the ~* de proef doorstaan ★ *stand the ~ of time* de tand des tijds doorstaan ★ *run a ~ on sth* iets toetsen / testen ❷ chem reagens ❸ criterium ❹ onderw proefwerk, toets ★ *mark a ~* een toets / proefwerk nakijken ★ *pass / fail a ~* een voldoende / onvoldoende halen voor een toets / proefwerk ★ *sit a ~* een toets / proefwerk maken ★ *set a ~* een toets / proefwerk opgeven ▼ cricket *the first Test* de eerste testmatch **II** *overg* ❶ toetsen (aan *by*) ❷ op de proef stellen, beproeven, keuren, controleren ★ *~ sbd to the limit* iem. zwaar op de proef stellen ❸ chem onderzoeken, testen (op *for*) **III** *onoverg* ❶ onderzoek doen ★ *they ~ for various diseases* ze testen op verschillende ziektes ❷ een testresultaat hebben, scoren ★ *~ positive / negative for sth* een positief / negatief testresultaat hebben voor iets **IV** *phras* ★ *~ sth* out iets uittesten, iets in de praktijk brengen ‹theorie› ★ *~ sbd out* iem. uitproberen

testacy ['testəsɪ] jur *znw* erfstelling, testamentaire erfopvolging

testament ['testəmənt] *znw* testament ★ *last will and ~* uiterste wilsbeschikking

testamentary [testə'mentərɪ] jur *bn* testamentair ★ *a ~ trust* een bij testament ingestelde trust

testate ['testɪt] jur **I** *bn* een testament nalatend ★ *he died ~* hij liet een testament na **II** *znw* iem. die een testament nalaat

testator [te'stertə] jur *znw* testateur, erflater

testatrix [te'stertrɪks] jur *znw* testatrice, erflaatster

test ban [test bæn], **test-ban treaty** *znw* kernstopverdrag, verdrag over het stoppen met nucleaire proeven

test card [test kɑːd], **test pattern** *znw* testbeeld ‹op tv›

test case ['testkeɪs] *znw* ❶ jur proefproces ❷ toets(steen)

test drive [test draɪv] *znw* proefrit ★ *go for a ~* een proefrit maken

test-drive ['test-draɪv] *overg* een proefrit maken

tester ['testə] *znw* ❶ keurder ❷ proefmiddel ❸ baldakijn, hemelbed

test flight [test flaɪt] *znw* proefvlucht

test-fly ['test-flaɪ] *overg* proefvlucht maken, invliegen v. vliegtuig

test glass [test glɑːs] *znw* reageerbuisje

testicle ['testɪkl] *znw* testikel, (teel)bal

testify ['testɪfaɪ] **I** *overg* ❶ betuigen ❷ getuigenis afleggen van, bevestigen ★ *witnesses testified that the cyclist was hit by a truck* getuigen verklaarden dat de fietser door een vrachtauto was aangereden **II** *onoverg* ❶ getuigen ★ *the collection testifies to their love of art* de verzameling getuigt van hun liefde voor de kunst ❷ getuigenis afleggen (van *to*) ❸ betuigen

testimonial [testɪ'məʊnɪəl] *znw* ❶ testimonium, getuigschrift ❷ verklaring, attestatie ❸ huldeblijk

testimonial match [testɪ'məʊnɪəl mætʃ] *znw* benefietwedstrijd

testimony ['testɪmənɪ] *znw* getuigenis, getuigenverklaring ★ *the performance was (a) ~ to his musicality* de uitvoering getuigde van zijn muzikaliteit ★ *hear sbd's ~* iemands getuigenverklaring aanhoren

test match [test mætʃ] *znw* testmatch ‹cricket›

testosterone [te'stɒstərəʊn] *znw* testosteron

test paper [test 'peɪpə] *znw* ❶ onderw proefwerk ❷ chem reageerpapier

test pattern [test 'pætn] *znw* → **test card**

test pilot [test 'paɪlət] *znw* testpiloot, invlieger

test tube [test tjuːb] *znw* reageerbuis

test tube baby [test tjuːb 'beɪbɪ] *znw* reageerbuisbaby

testy ['testɪ] *bn* kribbig, wrevelig, prikkelbaar

tetanus ['tetənəs] *znw* tetanus, stijfkramp

tetchiness ['tetʃɪnəs] *znw* prikkelbaarheid, gepikeerdheid

tetchy ['tetʃɪ] *bn* gemelijk, prikkelbaar, lichtgeraakt ★ *he's in a rather ~ mood today* hij is nogal prikkelbaar vandaag

tête-à-tête [tert-ə-'tert] *(Fr)* **I** *bn* vertrouwelijk, onder vier ogen **II** *bijw* vertrouwelijk, onder vier ogen ★ *we spoke ~* we hadden een gesprek onder vier ogen **III** *znw* vertrouwelijk gesprek, onderhoud onder vier ogen

tether ['teðə] **I** *znw* tuier ‹om grazend dier aan vast te maken› ★ *be at the end of one's ~* uitgepraat zijn, niet meer kunnen **II** *overg* tuieren, (vast)binden

tetrad ['tetræd] *znw* vier(tal)

tetragon ['tetrəgən] *znw* vierhoek

tetragonal [te'trægənəl] *bn* vierhoekig

tetrahedron [tetrə'hiːdrən] *znw* viervlak

tetralogy [te'trælədʒɪ] *znw* tetralogie

tetrarch ['tetrɑːk] *znw* onderkoning, tetrarch

tetrasyllabic [tetrəsɪ'læbɪk] *bn* vierlettergrepig

tetrasyllable [tetrə'sɪləbl] *znw* vierlettergrepig woord

Teuton ['tjuːtn] *znw* ❶ Teutoon ❷ Germaan

Teutonic [tjuː'tɒnɪk] *bn* ❶ Teutoons ❷ Germaans ★ afkeurend *he does everything with ~ precision* hij doet alles met typisch Duitse degelijkheid

Tex-Mex [teks-'meks] **I** *bn* Mexicaans-Texaans ‹culinair, muziek› **II** *znw* ❶ tex-mex ❷ Mexicaans-Texaans dialect

text [tekst] **I** *znw* ❶ tekst ❷ onderwerp ❸ verplichte literatuur ‹voor examen› ❹ grootschrift ❺ leerboek ★ *a set ~* een verplichte tekst / verplicht boek **II** *overg* sms'en ★ *~ a message* sms'en

textbook ['tekstbʊk] **I** *bn* volgens het boekje ★ *a ~ case of mass hysteria* een typisch / klassiek voorbeeld van massahysterie **II** *znw* leerboek, studieboek, handboek

text editor [tekst 'edɪtə] comput *znw* teksteditor

textile ['tekstaɪl] **I** *bn* ❶ geweven ❷ weef- ❸ textiel **II** *znw* geweven stof

textiles ['tekstaɪlz] *znw* [mv] textiel(goederen)

text macro [tekst mækrəʊ] comput *znw* tekstmacro

text message [tekst 'mesɪdʒ] *znw* tekstbericht, sms

★ *send a* ~ een sms'je versturen

text messaging [tekst ˈmesɪdʒɪŋ] *znw* sms

textual [ˈtekstʃʊəl] *bn* ❶ woordelijk, letterlijk ❷ tekst-

texture [ˈtekstʃə] *znw* ❶ weefsel, structuur, bouw ★ *the cloth is coarse in* ~ de stof heeft een grove structuur ❷ substantie ★ *the gel adds* ~ *to hair* de gel geeft het haar substantie

TFT comput *afk* (thin film transistor) tft(-scherm), type scherm van flat panels

Thai [taɪ] **I** *bn* Thais **II** *znw* ❶ Thai, Thaise, Thailander, Thailandse ❷ Thais ‹de taal›

Thailand [ˈtaɪlænd] *znw* Thailand

thalidomide [θəˈlɪdəmaɪd] *znw* softenon ★ *a* ~ *baby* een softenonbaby

Thames [temz] *znw* Theems ‹Engelse rivier› ★ *he'll never set the* ~ *on fire* men moet geen hoge verwachtingen van hem hebben, hij is geen licht, hij heeft het buskruit niet uitgevonden

than [ðən] *voegw & voorz* ❶ dan ‹na vergrotende trap› ★ *it cost more* ~ *I had expected* het was duurder dan ik had verwacht ❷ of ★ *no sooner had he arrived* ~ *he started to complain* hij was nog niet binnen of hij begon te klagen ▼ *nobody other* ~ *his wife knew of his whereabouts* niemand behalve zijn vrouw wist waar hij was

thane [θeɪn] hist *znw* leenman

thank [θæŋk] *overg* ❶ (be)danken, dankzeggen (voor for) ★ ~ *God / goodness / heavens!* goddank! ★ ~ *you* dank u, alstublieft, graag ★ *no*, ~ *you* (nee) dank u ‹bij weigering› ★ form *I'll* ~ *you to mind your own business* ik vraag u vriendelijk om u met uw eigen zaken te bemoeien ★ *he won't* ~ *you for that* dat zal hij je niet in dank afnemen ❷ (ver)wijten, verantwoordelijk stellen ★ ironisch *you've only got yourself to* ~ *(for that)* dat heb je alleen aan jezelf te wijten ★ ironisch *you can* ~ *him for that, you have him to* ~ *for that* daar is hij verantwoordelijk voor, dat heb je aan hem te danken

thankful [ˈθæŋkfʊl] *bn* dankbaar ★ gedat *be* ~ *for small mercies* gauw tevreden zijn

thankfully [ˈθæŋkfʊlɪ] *bijw* gelukkig

thankless [ˈθæŋkləs] *bn* ondankbaar

thanklessly [ˈθæŋkləslɪ] *bijw* ondankbaar

thank-offering [ˈθæŋk-ɒfərɪŋ] *znw* dankoffer

thanks [θæŋks] **I** *tsw* inf (wel) bedankt! ★ ~ *a million!*, ~ *awfully!* heel erg bedankt! ★ ~ *for nothing*, ~ *a bunch* nee hoor, dank je lekker **II** *znw* [mv] dank, dankzegging ★ ~ *to sbd / sth* dankzij iem. / iets ★ *no* ~ *to sbd / sth* ondanks iem. / iets ★ *accept sth with* ~ iets dankbaar aannemen ★ *give* ~ zijn dank betuigen, bedanken, danken ‹na de maaltijd› ★ *propose a vote of* ~ *to sbd* het publiek vragen iem. te bedanken ‹met applaus› ★ *received with* ~ in dank ontvangen

thanksgiving [ˈθæŋksgɪvɪŋ] *znw* dankzegging

Thanksgiving Day [ˈθæŋksgɪvɪŋ deɪ] *znw* Thanksgiving Day ‹feestdag in USA en Canada›

thank you [θæŋk juː] *znw* bedankje ★ *I'd like to say a*

big ~ *to everyone here* ik wil iedereen hier hartelijk dank zeggen

thank-you speech [θæŋk-ju: spi:tʃ] *znw* dankwoord

that [ðæt] **I** *voegw* ❶ dat ★ *he said* ~ *she wasn't in* hij zei dat ze niet thuis was ❷ om, doordat ★ *she's like her mother in* ~ *she's a good cook* ze lijkt op haar moeder doordat ze goed kan koken ❸ opdat, zodat ★ *she spoke* ~ *all could hear* ze sprak zodat iedereen het kon horen **II** *aanw vnw* dat, die ★ *I'll have this one – no*, ~ *one* ik neem deze, nee, die ★ *at* ~ *point* op dat moment, toen ★ *is* ~ *his wife?* is dat zijn vrouw? ★ ~*'s all* ~*'s left* dat is alles wat er over is ★ *(so)* ~*'s* (zo,) dat is in orde / klaar & ★ *inf* ~*'s it for the day* dat is genoeg voor vandaag ★ inf *they like eating out, buying nice clothes and all* ~ ze houden ervan uit te gaan eten, mooie kleren kopen en dergelijke dingen meer ★ *he expected a reprimand and he got just* ~ hij verwachtte een standje en dat was precies wat hij kreeg ★ *you don't do it like* ~ zo doe je dat niet ★ ~ *is (to say)* dus, dat wil zeggen, met andere woorden ★ ~ *will do* dat is genoeg ★ *with* ~, *he sat down* daarna ging hij zitten ★ zegsw ~*'s life* zo is het leven **III** *betr vnw* dat, die, welke, wat ★ *has the book* ~ *I ordered last week arrived?* is het boek dat ik vorige week heb besteld aangekomen? **IV** *bijw* zó ★ *I wouldn't go* ~ *far* zo ver zou ik niet willen gaan ★ inf *I was* ~ *hurt by what she said* ik was zo gekwetst door wat ze zei

thataway [ˈðætəweɪ] inf *bijw* daarheen, die kant op

thatch [θætʃ] **I** *znw* ❶ dakstro, dakriet ❷ rieten dak, strodak ❸ dik hoofdhaar **II** *overg* met riet dekken

thatched [θætʃt] *bn* met riet / stro bedekt ★ *a* ~ *cottage* een landhuisje met een rieten dak ★ *a* ~ *roof* een rieten dak

thatcher [ˈθætʃə] *znw* rietdekker

thatching [ˈθætʃɪŋ] *znw* dekriet, het rietdekken

thaumaturge [ˈθɔːmətɜːdʒ] form *znw* ❶ wonderdoener ❷ goochelaar

thaumaturgy [ˈθɔːmətɜːdʒɪ] form *znw* wonderdoenerij, goochelarij

thaw [θɔː] **I** *znw* dooi ★ *the* ~ *set in early* het begon vroeg te dooien **II** *overg* (doen) ontdooien **III** *onoverg* ❶ dooien ❷ fig loskomen **IV** *phras* ★ ~ *(sth) out* (iets) ontdooien

the [ðə, ð, ðiː] *lidw* de, het ★ ~ *Smiths are having a baby* de familie Smith krijgt een baby ★ ~ *seventies were turbulent years* de jaren zeventig waren turbulente jaren ★ *George Harrison? You mean* ~ *George Harrison?* George Harrison? Bedoel je dé George Harrison? ★ *he is* ~ *mayor of a country town* hij is burgemeester van een plattelandsstadje ★ *she is a member of* ~ *council* zij is raadslid ★ *he's learning to play* ~ *piano* hij leert pianospelen ★ *it's a project for* ~ *unemployed* het is een project voor werklozen ★ ~ *rhinoceros is under threat* neushoorns worden bedreigd ★ *under* ~ *circumstances* onder deze omstandigheden ★ ~ *more people* ~ *better* hoe meer mensen hoe beter ★ ~ *more so because* temeer nog omdat ★ *she's none ~ worse for it* ze is er niet minder om, ze heeft er geen nadeel van gehad

theatre ['θɪətə], Am **theater** *znw* ❶ theater, schouwburg ★ *we were at the ~ last night* we zijn gisteravond naar de schouwburg geweest ❷ toneel ★ *he writes for the ~* hij schrijft toneelstukken ★ *she decided to go into the ~* ze besloot toneelspeelster te worden ❸ med operatiezaal ❹ gehoorzaal ‹v. universiteit &› ❺ strijdtoneel, -gebied ★ *Sudan is a ~ of war* Soedan is een oorlogsgebied

theatregoer ['θɪətəgəʊə] *znw* schouwburgbezoeker

theatre-going ['θɪətə-gəʊɪŋ] *bn* (vaak) naar de schouwburg gaand

theatre in the round ['θɪətə ɪn ðə 'raʊnd] *znw* arenatheater, arenatoneel

theatre seat ['θɪətə siːt] *znw* ❶ klapstoel ❷ stoel, plaats ‹in schouwburg, theater of bioscoop› ★ *his films continue to fill ~s* zijn films blijven volle zalen trekken

theatrical [θɪˈætrɪkl] *bn* ❶ theatraal, van het toneel ❷ toneelmatig ❸ toneel-

theatricality [θɪætrɪˈkælɪti] *znw* theatraliteit, vertoon

theatricals [θɪˈætrɪklz] *znw* [mv] ❶ toneel(zaken) ★ *amateur ~* amateurtoneel ❷ vertoning, aanstellerij ★ *her ~ are driving them crazy* hij wordt gek van haar aanstellerij

thee [ðiː] *plechtig of dicht pers vnw* u, ge ‹voorwerpsvorm van *thou*›

theft [θeft] *znw* diefstal ★ *he's been charged with attempted ~* hij is aangeklaagd wegens poging tot diefstal

theft insurance [θeft ɪnˈʃʊərəns] *znw* ❶ inbraakverzekering ❷ diefstalverzekering

their [ðeə] *bez vnw* ❶ hun, haar ★ *~ children are noisy* hun kinderen zijn rumoerig ★ *someone left ~ bag behind* iemand heeft zijn tas achtergelaten ★ *the crowd is waiting for Their Majesties to arrive* het publiek wacht tot hunne majesteiten arriveren ❷ het feit dat ze ★ *there are drawbacks to ~ being so rich* het feit dat ze zo rijk zijn heeft ook zijn nadelen

theirs [ðeəz] *bez vnw* de / het hunne, van hen ★ *it's one of ~, not one of ours* het is een van hen, niet een van de onze

theism ['θiːɪzm] *znw* theïsme ‹geloof aan het bestaan van één God›

theist ['θiːɪst] *znw* iem. die aan één God gelooft

theistic [θiːˈɪstɪk] *bn* theïstisch

them [ðəm] *pers vnw* hen, hun, ze ★ *is it ~ already?* zijn ze dat al? zijn ze er al? ★ *it's ~ and us, I'm afraid* het gaat tussen hen en ons ben ik bang ★ inf of dial *~ kids are teasing her again* die rotkinderen plagen haar weer ★ *as each visitor comes in we give ~ a brochure* iedere bezoeker die binnenkomt geven we een brochure

thematic [θɪˈmætɪk] *bn* thematisch

theme [θiːm] *znw* ❶ thema ★ *variations on a ~ by Corelli* variaties op een thema van Corelli ❷ onderwerp ★ *he gave a talk on the ~ of cultural differences* hij hield een lezing over culturele verschillen ❸ Am onderw opstel

theme park [θiːm pɑːk] *znw* amusementspark ‹rond één thema›

theme song [θiːm sɒŋ] *znw* titellied ‹v.e. film &›, herkenningsmelodie

themselves [ðəmˈselvz] *wederk vnw* ❶ zich, zichzelf ★ *they keep to ~ quite a lot* ze zijn nogal erg op zichzelf ★ *they've only got ~ to blame* het is hun eigen schuld ❷ zelf, zij zelf, henzelf ★ *they ~ are to blame* ze hebben zelf schuld

then [ðen] **I** *bn* toenmalig, van dat ogenblik ★ *my ~ husband* mijn toenmalige echtgenoot **II** *bijw* ❶ toen, op dat moment, in die tijd, toenmaals ★ *before ~* voordien ★ *by ~* dan, tegen die tijd, toen ★ *from ~ on / onwards* van toen af ★ *till ~* tot dan, tot die tijd ★ *not till / until ~ was I aware of the problem* het was pas toen dat ik me van het probleem bewust werd ★ *~ and there* op staande voet ❷ daarna ★ *she went home and ~ to bed* ze ging naar huis en daarna naar bed ❸ dan, in dat geval ★ *~ why go?* waarom ga je dan? ★ *but ~, it's not up to me* maar dan, het is niet mijn pakkie-an / verantwoordelijkheid ★ *well, that's OK, ~* o, dan is het goed ★ *see you next week, ~* dus ik zie je volgende week ★ *so you're still not ready, ~* ik zie dat je nog steeds niet klaar bent ★ *~ again, you've got nothing to lose either* maar aan de andere kant heb je ook niets te verliezen ❹ bovendien ★ *there's his job and ~ there's his volunteer work* hij heeft zijn baan en bovendien zijn vrijwilligerswerk

thence [ðens] form *bijw* vandaar, daaruit, daardoor

thenceforth [ðensˈfɔːθ], **thenceforward** form of dicht *bijw* van die tijd af

theocracy [θɪˈɒkrəsi] *znw* theocratie

theocratic [θiːəˈkrætɪk] *bn* theocratisch

theodolite [θɪˈɒdəlaɪt] *znw* theodoliet

theologian [θiːəˈləʊdʒɪən] *znw* theoloog, godgeleerde

theological [θɪəˈlɒdʒɪkl] *bn* theologisch, godgeleerd

theology [θɪˈɒlədʒi] *znw* theologie, godgeleerdheid

theorem ['θɪərəm] *znw* theorema, stelling

theoretical [θɪəˈretɪkl], **theoretic** *bn* ❶ theoretisch ❷ hypothetisch, fictief ★ *the distinction is purely ~* het onderscheid is puur hypothetisch

theoretically [θɪəˈretɪkli] *bijw* ❶ theoretisch ❷ hypothetisch, in theorie

theoretical possibility [θɪəˈretɪkl pɒsɪˈbɪlɪti] *znw* theoretische mogelijkheid

theoretician [θɪərəˈtɪʃən] *znw* theoreticus

theoretics [θɪəˈretɪks] *znw* [mv] theorie

theorist ['θɪərɪst] *znw* theoreticus

theorize ['θɪəraɪz], **theorise** *onoverg* theoretiseren (over *about*)

theory ['θɪəri] *znw* ❶ theorie, veronderstelling ★ *police are working on the ~ that it was an accident* de politie gaat ervan uit dat het een ongeluk was ❷ idee, principe ★ *the ~ of cause and effect* het principe van oorzaak en gevolg ★ *in ~* in theorie, op papier ★ *my ~ would be that...* naar mijn idee,...

th

theosophic [θɪəˈsɒfɪk], **theosophical** bn theosofisch
theosophist [θɪˈɒsəfɪst] znw theosoof
theosophy [θɪˈɒsəfɪ] znw theosofie
therapeutic [θerəˈpjuːtɪk] bn ❶ therapeutisch, genezend ❷ geneeskundig
therapeutics [θerəˈpjuːtɪks] znw [mv] therapie
therapeutist [θerəˈpjuːtɪst], **therapist** znw therapeut
therapy [ˈθerəpɪ] znw therapie, behandeling, geneesmethode ★ he went into ~ hij ging in therapie
there [ðeə] I tsw ★ ~, ~!, ~ now! kom! kom! ★ so ~! o zo!, punt uit! ★ ~, I told you it wouldn't work daar heb je het al, ik zei immers al dat het niet zou werken ★ but ~, you know what I mean (maar) enfin, je weet wat ik bedoel ★ ~ you are! ziedaar!, daar heb je / daar hebben we het! ★ ~'s a good boy! dat is nog eens een brave jongen!, nu / dan ben je een brave jongen! II bijw ❶ daar, aldaar, er, ginds, op dat punt ★ from here to ~ van hier naar daar, van A naar B ★ inf we've been ~ before dat kennen we, dat is oude koek ★ ~ and then, then and ~ onmiddellijk, op staande voet ★ inf he's all ~ hij is goed bij (zijn verstand), hij is wakker, pienter ★ inf not all ~ niet goed snik ❷ daarheen, er naar toe ★ ~ and back heen en terug ❸ er ★ ~ once was a shoemaker er was eens een schoenmakertje ▼ but ~ you are / but ~ it is maar wat doe je eraan? ▼ but ~ again maar (aan de andere kant) ▼ ~'s progress for you! dat is nog eens vooruitgang! ▼ ~ you go again! nou doe je het weer! ▼ ~ you are/~ you go alsjeblieft
thereabout [ðeərəˈbaʊt], **thereabouts** bijw daar in de buurt, daaromtrent ★ I'd say he was 30 or ~ ik zou zeggen dat hij ergens in de buurt van de 30 was
thereafter [ðeərˈɑːftə] form bijw daarna
thereat [ðeərˈæt] form bijw ❶ daarop, daarover ❷ daarbij, bovendien
thereby [ðeəˈbaɪ] form bijw ❶ daarbij ★ ~ hangs a tale daar zit een verhaal aan vast ❷ daardoor ★ he sat still and ~ escaped detection hij zat stil en daardoor werd hij niet opgemerkt
therefore [ˈðeəfɔː] bijw daarom, dus, derhalve
therefrom [ðeəˈfrɒm] form bijw daarvan, daaruit
therein [ðeərˈɪn] form bijw daarin, hierin ★ ~ lies a tale daar steekt een verhaal achter
thereinafter [ðeərɪnˈɑːftə] form bijw verderop, hierna ⟨vermeld⟩
thereof [ðeərˈɒv] form bijw hiervan, daarvan
thereon [ðeərˈɒn] form bijw daarop, daarna
there's [ðeəz] samentr (there is) er is
thereto [ðeəˈtuː] form bijw daartoe
thereupon [ðeərəˈpɒn] form bijw daarop, daarna
therewith [ðeəˈwɪð, ðeəˈwɪθ] form bijw daarmede, daarop, meteen
therm [θɜːm] znw warmte-eenheid
thermal [ˈθɜːml] I bn ❶ hitte-, warmte- ❷ warm ❸ thermaal ⟨bron, bad⟩ II znw thermiek
thermal imaging [ˈθɜːml ˈɪmɪdʒɪŋ] znw warmtebeeldtechniek
thermals [ˈθɜːmlz] inf znw [mv] → **thermal underwear**

thermal shock [ˈθɜːml ʃɒk] znw warmteschok, temperatuurschok
thermal underwear [ˈθɜːml ˈʌndəweə], inf **thermals** znw thermisch ondergoed
thermic [ˈθɜːmɪk] bn warmte-
thermionic [θɜːmɪˈɒnɪk] bn thermionisch ★ a ~ valve een radiolamp
thermo- [ˈθɜːməʊ] voorv thermo-, warmte-
thermodynamics [θɜːməʊdaɪˈnæmɪks] znw [mv] thermodynamica
thermoelectric [θɜːməʊɪˈlektrɪk] bn thermo-elektrisch
thermoelectricity [θɜːməʊɪlekˈtrɪsətɪ] znw thermo-elektriciteit
thermometer [θəˈmɒmɪtə] znw thermometer
thermometric [θɜːməʊˈmetrɪk], **thermometrical** bn thermometrisch
thermonuclear [θɜːməʊˈnjuːklɪə] bn thermonucleair
thermoplastic [θɜːməʊˈplæstɪk] bn thermoplast(isch)
Thermos® [ˈθɜːməs], **Thermos flask** znw thermosfles
thermostat [ˈθɜːməstæt] znw thermostaat
thermostatic [θɜːməˈstætɪk] bn thermostatisch ★ ~ control (regeling met een) thermostaat
thesaurus [θɪˈsɔːrəs] znw [mv: -es of thesauri] ❶ thesaurus ⟨woordenboek van synoniemen en verwante concepten⟩ ❷ systematisch ingericht lexicon, vaktaalverzameling
these [ðiːz] aanw vnw [mv] deze ★ (take) ~ ones, for example (neem) deze bijvoorbeeld ★ ~ days tegenwoordig ★ ~ last three weeks de laatste drie weken
thesis [ˈθiːsɪs] znw [mv: -ses] ❶ stelling, hypothese ★ the results support the ~ de resultaten bevestigen de hypothese ❷ scriptie, proefschrift, dissertatie ★ he's doing a ~ on the origins of opera hij schrijft een scriptie over de oorsprong van opera
thespian [ˈθespɪən] I bn dramatisch, toneel- ★ the ~ art de dramatische kunst II znw scherts acteur
thews [θjuːz] dicht znw [mv] ❶ spieren ❷ (spier)kracht
thewy [ˈθjuːɪ] dicht bn gespierd
they [ðeɪ] pers vnw ❶ zij ⟨meervoud⟩ ❷ ze, men ★ ~ say ze zeggen, men zegt ★ 'there's someone at the door for you'. 'What do ~ want?' 'er is iemand aan de deur voor je'. 'Wat wil ie?'
they'd [ðeɪd] samentr ❶ (they had) → **have** ❷ (they would) → **would**
they're [ˈðeɪə, ˈðeə] samentr (they are) → **be**
they've [ðeɪv] samentr (they have) → **have**
thiamine [ˈθaɪəmiːn] znw thiamine, vitamine B1
thick [θɪk] I bn ❶ dik, dicht, dicht op elkaar staand, dicht bezet, vol ★ the snow was ~ on the ground er lag een dik pak sneeuw op de grond ★ women pilots are not exactly ~ on the ground vrouwelijke piloten zijn niet echt dik gezaaid ❷ opgezwollen ⟨lichaamsdeel⟩ ❸ mistig, nevelig, troebel ★ the air was ~ with smoke de lucht zag zwart van de rook ❹ inf hardleers, dom ★ as ~ as a brick, as ~ as two short planks zo stom als het achtereind van een varken ❺ hees, onduidelijk, verstikt ⟨stem⟩ ❻ dikke

maatjes ★ *be as ~ as thieves* dikke vrienden zijn ❷ inf kras, overdreven ★ *that's a bit ~* dat is nogal kras **II** *bijw* dik, dicht ★ *come ~ and fast / fast and ~* elkaar snel opvolgen ‹slagen &› ★ inf *lay it on ~* overdrijven, het er dik opleggen **III** *znw* ❶ dikke gedeelte, dikte ❷ dikste / dichtste gedeelte ★ *through ~ and thin* door dik en dun ❸ hevigst ★ *in the ~ of it / of the fight* middenin, in het heetst van de strijd

thicken ['θɪkən] **I** *overg* ❶ verdikken, dik maken ❷ binden ‹saus &› ★ *~ the sauce by reducing it* bind de saus door hem in te koken ❸ zich samenpakken, zich ophopen ❹ op-, aanvullen **II** *onoverg* ❶ dik(ker) worden ❷ zich op-, samenhopen ❸ ingewikkeld(er) worden ★ *the plot ~s* het begint erom te spannen

thickener ['θɪkənə] *znw* ❶ bindmiddel ❷ <u>chem</u> bezinkinstallatie

thicket ['θɪkɪt] *znw* kreupelbosje, struikgewas

thick-faced [θɪk'feɪst] *znw* vette letter ‹type›

thickhead ['θɪkhed] inf *znw* stommeling, oen, rund

thickheaded [θɪk'hedɪd] inf *bn* dom, stom

thick-lipped [θɪk-'lɪpt] *bn* diklippig

thickly ['θɪklɪ] *bijw* ❶ dik, dicht ★ *the snow lay ~ on the ground* er lag een dikke laag sneeuw op de grond ❷ zwaar ★ *he spoke ~* hij sprak met een zware tong

thickness ['θɪknəs] *znw* ❶ dikte ❷ laag

thicko ['θɪkəʊ] inf *znw* [*mv:* thickos] stommeling, sufferd, oen

thickset [θɪk'set] *bn* ❶ vierkant, gedrongen ❷ sterk gebouwd

thick-skinned [θɪk-'skɪnd] *bn* dikhuidig

thick-witted [θɪk-'wɪtɪd], **thick-skulled** *bn* bot, stom

thief [θi:f] *znw* [*mv:* thieves] dief ★ *like a ~ in the night* als een dief in de nacht ★ zegsw *set a / it takes a ~ to catch a ~* met dieven moet men dieven vangen

thief-proof ['θi:f-pru:f] *bn* inbraakvrij

thieve [θi:v] **I** *overg* stelen **II** *onoverg* een dief zijn ★ *he's been thieving again* hij is weer op het dievenpad geweest

thievery ['θi:vərɪ] *znw* dieverij, diefstal

thieves' Latin [θi:vz 'lætɪn] *znw* dieventaal, Bargoens

thieving ['θi:vɪŋ] **I** *bn* ❶ **thievish** diefachtig ★ *some ~ swine's taken our luggage!* een of andere vuile dief heeft onze bagage gestolen! ❷ stelend **II** *znw* stelen, dieverij

thigh [θaɪ] *znw* dij(been)

thigh bone [θaɪ bəʊn] anat *znw* dijbeen

thigh boot [θaɪ bu:t] *znw* lieslaars

thigh-high [θaɪ-'haɪ] *bn & bijw* tot op dijhoogte

thigh-slapper ['θaɪ-slæpə] inf *znw* dijenkletser

thimble ['θɪmbl] *znw* vingerhoed

thimbleful ['θɪmblfʊl] *znw* ❶ (een) vingerhoed (vol) ❷ fig een heel klein beetje

thimblerig ['θɪmblrɪg] *znw* balletje-balletje ‹gokspel›

thin [θɪn] **I** *bn* ❶ dun, smal, mager, schraal ★ *his excuses are wearing ~* zijn smoesjes beginnen mager te worden ❷ dun gezaaid, dun bezet, dunnetjes, schaars ★ <u>fig</u> *be ~ on the ground* dun gezaaid zijn

★ inf *be getting ~ on top* kaal worden ❸ zwak ‹stem› ❹ slap, waterig ❺ ijl, doorzichtig ★ *disappear / vanish into ~ air* in het niets verdwijnen ★ inf *where do you expect me to get it? out of ~ air?* waar moet ik het volgens jou vandaan halen? zomaar uit de lucht plukken? **II** *overg* dun(ner) maken, (ver)dunnen **III** *onoverg* ❶ dun(ner) & worden ❷ uit elkaar gaan ★ *the crowd started to ~* de menigte begon uit elkaar te gaan **IV** *phras* ★ inf *~ down* vermageren ★ *~ sth down* iets dun(ner) maken, (ver)dunnen ★ *~ out* zich langzaam verspreiden ‹menigte›, geleidelijk afnemen ‹mist &› ★ *~ sth out* iets uitdunnen ‹plantjes›

thine [ðaɪn] <u>plechtig</u> *bez vnw* ❶ uw ❷ de / het uwe

thing [θɪŋ] *znw* ❶ ‹concreet› ding, voorwerp, exemplaar, snufje ★ *what's that ~ called again?* hoe heet dat ding ook alweer? ★ *it's a ~ for peeling asparagus* het is een apparaatje om asperges te schillen ★ *just the ~ I need* net wat ik nodig heb ★ *I've got just the ~* ik heb precies wat je zoekt ★ *the latest ~ (in sth)* het nieuwste snufje (op modegebied) ★ *avoid hard to digest ~s* mijd moeilijk te verteren voedsel ★ *sweet ~s are bad for the teeth* zoetigheid is slecht voor de tanden ★ *I don't have a ~ to wear* ik heb niets om aan te trekken ★ *have better ~s to do* wel wat beters te doen hebben ★ *I must be hearing / seeing ~s* het moet mijn verbeelding zijn ★ scherts *~s that go bump in the night* geluiden in het donker, spoken ❷ ‹abstract› ding, zaak, geval, toestand, kwestie, probleem, punt, ★ *it's a ~ of the past* het is iets uit het verleden / iets dat voorbij is ★ inf *it's a loyaly ~* het is een kwestie van loyaliteit ★ *that's the ~* dat is 't hem juist, dat is het punt juist ★ inf *the ~ is* het punt / probleem is ‹gezegd bij wijze van inleiding› ★ *the ~ is to* de hoofdzaak is, het is zaak te ★ *another ~* iets anders, nog iets ‹voor wij eindigen› ★ *and for another ~* en daar komt nog bij dat ★ *that was a close ~* dat scheelde maar weinig ★ *the first ~ that came into her head was...* het eerste dat bij haar opkwam was... ★ *first ~ in the morning* als allereerste morgenochtend ★ *he doesn't know the first ~ about it* hij weet er geen snars van ★ *first ~s first* wat het zwaarst is, moet het zwaarst wegen ★ *make a big ~ of / about sbd / sth* zich druk maken over iem. / iets ★ *a good ~* een goed / voordelig zaakje ★ *and a good ~ too!* en dat is maar gelukkig (goed) ook! ★ *too much of a good ~* te veel van het goede ★ *he's on to a good ~* hij heeft het goed voor elkaar ★ *the important ~* de hoofdzaak, waar het op aankomt ★ inf *the last ~ you want / need &* wel het laatste waar je op zit te wachten ★ *one ~ at a time* geen twee dingen tegelijk ★ *one ~ led to another* (en) van 't een kwam 't ander ★ inf *what with one ~ and another* en van lieverlee, alles bij elkaar genomen ★ *there's only one ~ for it* er is maar één oplossing ★ *for one ~..., for another...* ten eerste..., ten tweede... ★ *if it's not one ~ it's another* er is altijd wel wat ★ inf *the real ~* de / het echte, je ware ★ *the same old ~* het oude liedje ★ *that's not the same* ~ dat is niet hetzelfde ★ *the whole* ~ het hele zaakje ★ *call the whole* ~ *off* de hele zaak afblazen ★ inf *know a* ~ *or two* zijn weetje weten ★ inf *teach sbd a* ~ *or two* iem. de les lezen, iem. mores leren ★ *above / before all* ~*s* bovenal ★ *all* ~*s considered* al met al ★ *all* ~*s being equal* als er verder niets verandert ★ *of all* ~*s* uitgerekend, nota bene ★ *be all* ~*s to all people* iedereen te vriend houden ★ *amongst other* ~*s* onder andere ❸ mens, wezen ★ inf *a dear old* ~ een lief mens, een goeie ziel ★ *(you) poor (old)* ~ och arme, wat zielig!, (arme) stakker!, zielenpoot! ★ *you lucky* ~*!* geluksvogel! ❹ inf iets dat gepast is ★ *it's not quite the* ~ *to ignore an invitation* het is niet bepaald netjes om een uitnodiging te negeren ★ *the done* ~ zoals het hoort ★ *do the right* ~ zich correct gedragen ★ inf *do the right* ~ *by sbd* iem. eerlijk behandelen / belonen ❺ inf favoriete bezigheid ★ *do one's (own)* ~ zijn eigen gang gaan ❻ inf voorliefde, obsessie ★ *have a* ~ *about sbd / sth* 'iets' hebben met iem. / iets ❼ inf dingetje, zaakje ‹penis›

things [θɪŋz] *znw* [mv] ❶ (allerlei) dingen, (de) zaken, algemene toestand ★ inf *how are* ~ *(with you)?* hoe gaat het met jou? ★ ~ *couldn't be better* het kan niet beter ★ ~ *didn't go according to plan* de zaak ging niet helemaal zoals gepland ★ *as* ~ *are, the way* ~ *are, as* ~ *stand* zoals de zaken nu staan ★ *you're imagining* ~ je verbeeldt je wat ★ ~ *looked grim* het zag er somber uit ❷ kleren, goed, gerei, spullen, boeltje ★ *don't touch my* ~ kom niet aan mijn spullen ▼ inf *she's getting interested in boys and* ~ ze begint zich te interesseren in jongens en zo (meer) ▼ inf *it doesn't do* ~ *to me* het zegt me niets

thingumabob [ˈθɪŋəməbɔb], **thingummy**, **thingy** inf *znw* dinges, hoe-heet-ie-ook-weer

think [θɪŋk] **I** *znw* inf gedachte ★ *have a* ~ denk er eens over ★ *have another* ~ *coming* het lelijk mis hebben **II** *overg* [thought, thought] ❶ denken, geloven, menen, achten, houden voor, vinden ★ *she* ~*s nothing of it* ze vindt het niet belangrijk, ze is er niet te beroerd voor ★ ~ *nothing of it!* graag gedaan! ★ ~ *the world of/*~ *no small beer of sbd* een hoge dunk hebben van iem. ❷ zich denken, zich voorstellen ★ *just* ~ *what might happen!* stel je voor wat er kan gebeuren! ❸ overwegen, van plan zijn ★ *we* ~ *we'll sell the boat* we overwegen de boot te verkopen ★ *OK, it's time to* ~ *business* ok, tijd om ons met zaken bezig te houden ❹ denken aan, zich herinneren ★ *did you* ~ *to switch off the iron?* heb je eraan gedacht om het strijkijzer uit te doen? ★ *I can't* ~ *what she was called* ik kan me niet herinneren hoe ze heette ❺ vermoeden ★ *two are thought to have died* er wordt vermoed dat er twee zijn omgekomen ❻ verwachten ★ *they* ~ *there'll be trouble* ze verwachten problemen **III** *onoverg* [thought, thought] ❶ denken, geloven ★ *I* ~ *not* dat dacht ik niet, daar ben ik het niet mee eens ★ *I* ~ *so* dat denk ik wel ★ *do you* ~ *so?* vindt u? ★ *I rather* ~ *so* dat zou

ik menen ★ ~ *alike* dezelfde gedachte(n) hebben, sympathiseren ★ ~ *aloud* hardop denken ★ ~ *big* groots denken, grote plannen maken ★ ~ *differently* er anders over denken ★ ~ *not* ~ *straight* niet helder denken ★ ~ *on one's feet* alert reageren ★ ~ *to oneself* bij zichzelf denken ❷ nadenken ★ ~ *again* nog eens nadenken, van gedachten veranderen ★ ~ *long and hard (about sth)* stevig nadenken (over iets) ❸ zich bedenken ★ ~ *(twice) before...* zich wel bedenken alvorens te... ❹ het vermoeden ★ *I thought as much, I thought so* dat was te verwachten, ik vermoedde al zoiets ★ *I thought so!* dat dacht ik al! ❺ zich voorstellen ★ *just* ~*!* stel je voor! ▼ inf *I don't* ~*!* kan je (niet) begrijpen!, dat maak je mij niet wijs! **IV** *phras* ★ ~ *back (to sth)* terugdenken (aan iets) ★ ~ *of sth* denken aan iets, rekening houden met iets, zich iets voorstellen, zich iets herinneren, op iets komen, iets bedenken, iets vinden, iets verzinnen, iets overwegen, iets van plan zijn ★ *I'm* ~*ing of coming tomorrow* ik ben van plan om morgen langs te komen ★ *to* ~ *of his not knowing that!* verbeeld je dat hij dat niet eens wist! ★ *just* ~ *of it / that!* denk je eens in! ★ ~ *of sbd* denken aan iem. ★ ~ *a lot of sbd,* ~ *highly / well of sbd* iem. hoogachten, veel met iem. ophebben ★ *not* ~ *much of sbd / sth,* ~ *little of sbd / sth* geen erg hoge dunk hebben van iem. / iets ★ ~ *little / nothing of sth* iets heel gewoon vinden, er geen been in zien / niets in zien om iets te doen ★ ~ *little of sbd* geen hoge dunk hebben van iem. ★ ~ *better of sbd* een betere dunk krijgen van iem. ★ *he thought (the) better of it* hij bedacht zich, hij zag ervan af ★ ~ *sth* **out** / **through** iets uitdenken, iets overdenken, overwegen, iets doordenken, goed denken over iets ★ ~ *sth* **over** nadenken over iets, iets overwegen, iets in beraad houden ★ ~ *sth* **up** iets uitdenken, iets verzinnen

thinkable [ˈθɪŋkəbl] *bn* denkbaar

thinker [ˈθɪŋkə] *znw* denker

thinking [ˈθɪŋkɪŋ] **I** *bn* (na)denkend, bedachtzaam ★ *one's* ~ *faculty* zijn denkvermogen ★ scherts *the* ~ *man's / woman's crumpet* iem. die tegelijkertijd slim en aantrekkelijk is ★ *put one's* ~ *cap on* diep nadenken **II** *znw* ❶ het denken ★ *a shift in* ~ een gedachtesprong ★ *do some fresh* ~ zich nog eens bezinnen ❷ denkwijze ★ *a way of* ~ een denkwijze ❸ gedachte, mening, idee ★ *to my way of* ~ naar mijn (bescheiden) mening

think tank [θɪŋk tæŋk] *znw* denktank

thinner [ˈθɪnə] *znw* (verf)verdunner

thinning [ˈθɪnɪŋ] *znw* ❶ verdunning ❷ (uit)dunsel

thin-skinned [θɪn-ˈskɪnd] *bn* ❶ dun van vel ❷ fig lichtgeraakt, gauw op zijn teentjes getrapt

third [θɜːd] **I** *telw, bn & bijw* derde ★ *she was born on the* ~ *of March* ze is op 3 maart geboren ★ *in* ~ *place* op de derde plaats ★ *he came* ~ hij werd derde **II** *znw* ❶ derde deel ★ *divide sth into* ~*s* iets in drieën verdelen ❷ derde man ❸ muz terts ❹ auto derde versnelling

third age [θɜːd eɪdʒ] *znw* derde leeftijd, tijd van pensionering

third-class [θɜːd-klɑːs] *bn* ❶ derdeklas- ❷ derderangs-, minderwaardig

third cousin [θɜːd 'kʌzən] *znw* achterachterneef, achterachternicht

third-degree ['θɜːd-dɪ'griː] I *bn* derdegraads ⟨verbranding⟩ II *znw* ★ *give sbd the* ~ iem. aan een derdegraadsverhoor onderwerpen

third-degree burn [θɜːd-dɪgri: 'bɜːn] *znw* derdegraads brandwond

third generation [θɜːd dʒenə'reɪʃən] *znw* ❶ derde generatie ❷ derde generatie technologie ⟨video- en mobiele telecommunicatietechnologie⟩

thirdly ['θɜːdlɪ] *bijw* ten derde

third man [θɜːd mæn] *znw* veldpositie in cricket

third-party ['θɜːd-'pɑːtɪ] jur *bn* tegenover derden ★ ~ *action / proceedings* vrijwaringsprocedure

third-party insurance [θɜːd-pɑːtɪ ɪn'ʃʊərəns] *znw* WA-verzekering

third person [θɜːd 'pɜːsən] *znw* derde persoon, het hij / zij-perspectief

third-rate [θɜːd-'reɪt] *bn* derderangs, minderwaardig

Third Reich [θɜːd raɪk, raɪx] *znw* ★ *the* ~ het Derde Rijk ⟨nazi-Duitsland⟩

Third Way [θɜːd weɪ] *znw* ★ *the* ~ de derde weg ⟨politieke stroming van het midden⟩

Third World [θɜːd wɜːld] *znw* ★ *the* ~ de derde wereld ⟨de ontwikkelingslanden⟩

thirst [θɜːst] I *znw* ❶ dorst (naar *for / after*) ★ *a raging* ~ een brandende dorst ❷ verlangen ★ *a* ~ *for knowledge* een dorst naar kennis II *phras* ★ dicht ~ *after / for sth* dorsten / verlangen naar iets

thirst-quencher ['θɜːst-kwentʃə] *znw* dorstlesser

thirst-quenching ['θɜːst-kwentʃɪŋ] *znw* dorstlessen

thirsty ['θɜːstɪ] *bn* ❶ dorstig, dorstend ★ *be* ~ dorst hebben ❷ fig verlangend ★ dicht *be* ~ *for sth* dorsten naar iets

thirsty work ['θɜːstɪ wɜːk] inf *znw* werk waar je dorst van krijgt

thirteen [θɜː'tiːn] *telw* dertien

thirteenth [θɜː'tiːnθ] I *telw, bn & bijw* dertiende ★ *she died on the* ~ *of March* ze is op 13 maart overleden ★ *in* ~ *place* op de dertiende plek ★ *he came* ~ hij werd dertiende II *znw* dertiende deel

thirtieth ['θɜːtɪəθ] I *telw, bn & bijw* dertigste ★ *he was born on the* ~ *of June* hij is op 30 juni geboren ★ *in* ~ *place* op de dertigste plaats ★ *he came* ~ hij werd dertigste II *znw* dertigste deel

thirty ['θɜːtɪ] *telw* dertig ★ *the thirties* de jaren dertig ★ *be in the / in one's thirties* in de dertig zijn ★ *the temperature is in the thirties* de temperatuur is boven de dertig

this [ðɪs] I *aanw vnw* ❶ dit, deze ★ *can I start* ~ *week?* kan ik deze week beginnen? ★ *see you sometime* ~ *month* ik zie je nog wel deze maand ★ ~ *evening* vanavond ★ plechtig of jur *on* ~ *day* heden, vandaag ★ *to* ~ *day, nothing has been seen of them* tot op

heden is er niets van hem vernomen ★ ~ *country needs it* ons land heeft het nodig ★ ~ *is where she lives* ze woont hier ★ *all* ~ dit alles ★ *what's all* ~? wat is hier aan de hand?, wat heeft dit te betekenen? ★ ~, *that and the other* van alles en nog wat ★ *he went to* ~ *and that specialist* hij liep van de ene specialist naar de andere ★ *put* ~ *and that together* het ene met het andere in verband brengen ★ *before* ~ voor dezen, al eerder ★ *who's* ~ *coming?* wie komt daar aan? ❷ zo ★ *right,* ~ *is it!* zo is het genoeg! ★ *do you like it like* ~? vind je dit leuk zo? ★ *do it like* ~ doe het zo II *bijw* inf zo ★ *I don't usually see* ~ *much of you* ik zie je gewoonlijk niet zo vaak ★ *I knew him when he was* ~ *high* ik kende hem al toen hij zo groot was

thisaway ['ðɪsəweɪ] inf *bijw* hierheen, deze kant op

thistle ['θɪsəl] *znw* distel

thistledown ['θɪsəldaʊn] *znw* distelpluis

thistly ['θɪslɪ] *bn* distelig, vol distels

thither ['ðɪðə] dicht *bijw* daarheen

thitherward ['ðɪðəwəd], **thitherwards** dicht *bijw* derwaarts

tho' [ðəʊ] *voorv & bijw* hoewel, maar, toch ⟨onofficiële spelling van *though*⟩

thong [θɒŋ] *znw* (leren) riem

thoracic [θɔː'ræsɪk] anat of dierk *bn* thorax-, borst-

thorax ['θɔːræks] *znw* ❶ anat thorax ⟨borst(kas)⟩ ❷ dierk borststuk

thorn [θɔːn] *znw* doorn, stekel ★ fig *a* ~ *in one's flesh / side* een doorn in het vlees, een luis in de pels

thorny ['θɔːnɪ] *bn* ❶ doornig, doornachtig, stekelig ❷ met doornen bezaaid ❸ fig lastig, netelig

thorough ['θʌrə] *bn* ❶ volmaakt, volledig, volkomen ❷ ingrijpend, doortastend, grondig ❸ flink, degelijk ❹ echt, doortrapt

thorough bass ['θʌrə beɪs] muz *znw* generale bas

thoroughbred ['θʌrəbred] I *bn* ❶ volbloed ⟨paard &⟩, raszuiver, rasecht ❷ welopgevoed ⟨persoon⟩ II *znw* ❶ volbloed, raspaard ❷ inf eersteklas voorwerp ❸ inf vooraanstaand persoon

thoroughfare ['θʌrəfeə] *znw* ❶ doorgang ★ *no* ~ afgesloten rijweg ⟨als opschrift⟩ ❷ hoofdverkeersweg, hoofdstraat

thoroughgoing ['θʌrəgəʊɪŋ] *bn* doortastend, radicaal

thoroughly ['θʌrəlɪ] *bijw* ❶ door en door, grondig ❷ helemaal, geheel ❸ degelijk, terdege ❹ zeer, alleszins ❺ echt

those [ðəʊz] *aanw vnw* [mv] die, diegenen ★ ~ *who have tickets can go straight in* diegenen die kaartjes hebben kunnen zo doorlopen

thou [ðaʊ] plechtig of dicht *pers vnw* gij

though [ðəʊ] I *voegw*, **although** (al)hoewel, ofschoon, al ★ ~ *only a teenager, he is already a fine pianist* hoewel hij nog maar een tiener is, is hij al een uitstekende pianist ★ *even* ~ (zelfs) als ★ dicht ~ *the way be long* al is de weg lang, wat zou dat dan nog? II *bijw* echter, evenwel, maar, toch ★ *thank you* ~ *for the invitation* maar toch bedankt voor je uitnodiging

th

★ *'I hope you didn't buy it!' 'I did ~'* 'ik hoop dat je hem niet gekocht hebt!' 'Maar dat heb ik wel' ▼ *you look as ~ you've been busy* je ziet eruit alsof je het druk hebt gehad ▼ inf *'is he bringing a girl?' 'As ~!'* 'brengt hij een meisje mee?' 'lijkt me niet!'

although en though

kunnen vaak door elkaar worden gebruikt, maar niet in het bijwoordelijk gebruik. In de zinnen: *his arguments are persuasive, though* (zijn argumenten zijn wel overtuigend), en *as though he cares!* (alsof het hem wat kan schelen!) kan **though** niet worden vervangen door **although**.

thought [θɔːt] **I** *znw* ❶ gedachte(n), gepeins ★ *a kind ~* een vriendelijke gedachte ★ *a sobering ~* een ontnuchterende gedachte ★ *the book's occupying all his waking ~s* het boek neemt al zijn gedachten in beslag, hij kan alleen maar aan het boek denken ★ *after a moment's ~* na even te hebben nagedacht ★ *nothing could be further from my ~s* daar denk ik niet over ★ *with no ~ for oneself* zonder aan zichzelf te denken ★ *spare a ~ for sbd* aan iem. denken ❷ het denken, nadenken, overleg ★ *give sth a / some ~* ergens over denken ★ *the matter needs some ~* er moet over de zaak worden nagedacht ★ *without a second ~* meteen, zonder verder nadenken ★ *have second ~s* zich nog eens bedenken ★ *on second ~s* bij nader inzien, bij nadere overweging ❸ opinie, idee, inval, ideetje ★ *a nice ~* een leuk idee ★ *the ~ struck me that....* het idee kwam bij mij op dat... ★ *the ~ hadn't crossed my mind / hadn't occurred to me* die gedachte was nog niet bij mij opgekomen ❹ hoop, verwachting ★ *give up all ~ of doing sth* alle hoop opgeven op iets, helemaal niet meer van plan zijn om iets te doen **II** *ww* [v.t. & v.d.] → **think**

thought control [θɔːt kən'trəʊl] *znw* gedachtecontrole, censuur

thoughtful ['θɔːtfʊl] *bn* ❶ (na)denkend, peinzend, bedachtzaam, bezonnen ❷ te denken gevend ❸ attent, vriendelijk ★ *be ~ of others* attent voor anderen zijn

thoughtfully ['θɔːtfʊlɪ] *bijw* ❶ nadenkend, peinzend ❷ bedachtzaam ❸ attent

thoughtless ['θɔːtləs] *bn* ❶ gedachteloos ❷ onnadenkend, onbedachtzaam, onbezonnen ❸ onattent

thought-out [θɔːt-'aʊt] *bn* doordacht, doorwrocht

thought pattern [θɔːt 'pætn] *znw* gedachtepatroon

thought police [θɔːt pə'liːs] *scherts znw* gedachtepolitie

thought-provoking [θɔːt-prə'vəʊkɪŋ] *bn* gedachten stimulerend, tot nadenken stemmend

thought-reader ['θɔːt-riːdə] *znw* gedachtelezer

thought transference [θɔːt 'trænsf(ə)rens] *znw* gedachteoverbrenging, telepathie

thought wave [θɔːt weɪv] *znw* telepathische gedachtegolf

thousand ['θaʊzənd] *telw* duizend ★ *a ~ thanks*

duizendmaal dank ★ *one in a ~* één uit duizend

thousandfold ['θaʊzəndfəʊld] *bn & bijw* duizendvoudig

thousandth ['θaʊzənθ] **I** *telw, bn & bijw* duizendste **II** *znw* duizendste deel

thraldom ['θrɔːldəm] dicht *znw* slavernij

thrall [θrɔːl] hist of dicht *znw* ❶ slaaf, horige, lijfeigene ❷ slavernij ★ *scherts I'm in ~ to my employers* ik ben een slaaf van mijn werkgevers

thrash [θræʃ] **I** *overg* ❶ slaan, afrossen, afranselen ❷ vernietigend verslaan, afdrogen, vegen ★ inf *the visiting team was soundly ~ed* het bezoekende team werd vernietigend verslagen **II** *onoverg* ❶ beuken, slaan ★ *he ~ed at the animal* hij sloeg naar het dier ❷ ⟨v. schip⟩ op de golven beuken, tegen de wind optornen **III** *phras* ★ *~ about* wild om zich heen maaien, spartelen ★ *~ along / on* vooruit banjeren ★ *~ around* wild om zich heen maaien, spartelen, . fig ploeteren, zich het hoofd breken ★ *~ sth out* iets uitvorsen

thrashing ['θræʃɪŋ] *znw* pak ransel, pak slaag ★ *take a ~* een flinke nederlaag lijden

thread [θred] **I** *znw* ❶ draad ⟨ook v. schroef⟩ ★ *hang by a ~* aan een (zijden) draadje hangen ★ *lose the ~* de draad kwijtraken ★ *take up the ~* de draad weer oppakken ★ *all my clothes are in ~s* mijn kleren zijn allemaal versleten ❷ garen ❸ comput serie aaneengeschakelde internetboodschappen **II** *overg* ❶ de draad ⟨door een naald⟩ steken ❷ (aan)rijgen ⟨kralen⟩ ❸ zich een weg banen door ★ *~ one's way through / between sth* manoeuvreren door iets ⟨een menigte &⟩

threadbare ['θredbeə] *bn* ❶ kaal, versleten, rafelig ★ *the carpets are starting to wear a bit ~* de tapijten beginnen een beetje kaal te worden ❷ afgezaagd ★ *his excuses are getting a bit ~* zijn uitvluchten beginnen een beetje afgezaagd te worden

threads [θredz] inf *znw* [mv] kleren, kloffie

thready ['θredɪ] *bn* dradig, dun als een draad

threat [θret] *znw* (be)dreiging, dreigement ★ *a death ~* een bedreiging met de dood ★ *the ~ of violence* de dreiging van geweld ★ *the species is under ~ of extinction* het soort wordt met uitsterven bedreigd

threaten ['θretn] **I** *overg* ❶ dreigen (met) ❷ bedreigen ★ *the village is being ~ed* het dorp loopt gevaar **II** *onoverg* dreigen ★ *the young birds call out if danger ~s* de jonge vogels roepen als er gevaar dreigt

threatened ['θretnd] *bn* ❶ bedreigd ❷ dreigend

threatener ['θretnə] *znw* bedreiger

threatening ['θretnɪŋ] *bn* (be)dreigend ★ *~ clouds* dreigende wolken ★ *a ~ letter* een dreigbrief

threateningly ['θretnɪŋlɪ] *bijw* dreigend

three [θriː] *telw* drie ★ *~ cheers (for sbd)!* drie hoeraatjes (voor iem.)! ★ *the ~ Rs* ⟨reading, (w)riting, (a)rithmetic⟩ lezen, schrijven en rekenen (als minimum van onderwijs) ★ *hey, you ~!* hé, jullie met zijn drieën! ★ *zegsw two's company, ~'s a crowd* drie is te veel

three-cornered [θri:-'kɔ:nəd] *bn* ❶ driekant, driehoekig ❷ waarin / waarbij drie personen betrokken zijn ★ *a ~ contest / fight &* een driehoeksverkiezing / -gevecht &

three-decker [θri:-'dekə] *znw* ❶ scheepv driedekker ❷ driedubbele sandwich

three-dimensional [θri:-daɪ'menʃənl], **3-D** *bn* ❶ driedimensionaal ❷ stereoscopisch ❸ fig realistisch

threefold ['θri:fəʊld] *bn & bijw* drievoudig

three-handed [θri:-'hændɪd] *bn* ❶ met drie handen ❷ door drie personen gespeeld ‹spel &›

three-headed [θri:-'hedɪd] *bn* driehoofdig

three-legged race [θri:-'legɪd reɪs] *znw* driebeensrace ‹hardloopwedstrijd waarbij de deelnemers met één been aan dat van een ander vastgebonden zijn›

three-line whip [θri:-laɪn 'wɪp] Br *znw* dringende oproep aan parlementariërs ‹vooral om een stemming bij te wonen›

three-peat ['θri:-pi:t] Am *inf* **I** *znw* het drie keer (achtereen) behalen van een kampioenschap **II** *onoverg* drie keer (achtereen) een kampioenschap behalen

threepence ['θrepəns] *znw* (muntstuk van) drie penny's, een bedrag van 3 penny's ‹predecimaal stelsel›

threepenny ['θrepənɪ] *bn* van drie penny's ‹pre-decimaal stelsel›

threepenny bit ['θrepənɪ bɪt] hist *znw* driepennymuntje

three-phase ['θri:-feɪz] *bn* ❶ elektr draaistroom- ❷ driefase-

three-piece suit [θri:-pi:s 'su:t] *znw* driedelig pak

three-piece suite [θri:-pi:s 'swi:t] *znw* bankstel

three-ply ['θri:-plaɪ] **I** *bn* ❶ van triplex ❷ driedraads **II** *znw* ❶ triplex ❷ driedraads garen

three-point landing [θri:-pɔɪnt 'lændɪŋ] *znw* driepuntslanding

three-point turn [θri:-pɔɪnt 'tɜ:n] *znw* keren op de weg ‹door een paar keer vooruit en achteruit te gaan›

three-quarter [θri:-'kwɔ:tə] **I** *bn* ❶ driekwart ❷ halflang ‹jas &› **II** *znw* driekwart ‹veldpositie in rugby›

three quarters [θri: 'kwɔ:təz] *telw* driekwart, drievierde deel

threescore ['θri:skɔ:] dicht *znw* zestig (jaar)

threesome ['θri:səm] *inf znw* ❶ drietal ‹mensen› ❷ activiteit voor drie personen

three-star [θri:-'stɑ:] *bn* met drie sterren ‹v. hotel, restaurant &›

three strikes [θri: straɪks] Am *znw* three strikes ‹bepaling dat het voor de derde keer begaan van een misdrijf kan worden bestraft met levenslange gevangenisstraf›

three-way ['θri:-weɪ] *bn* ❶ met drie deelnemers ★ *a ~ race* een race tussen drie deelnemers ❷ met / in drie richtingen

three-wheeler [θri:-'wi:lə] *znw* auto met drie wielen, driewieler

Three Wise Men [θri: waɪz men] *znw* de Wijzen uit het Oosten, de Drie Koningen

threnody ['θrenədɪ] muz *znw* klaaglied, lijkzang

thresh [θreʃ] **I** *overg* dorsen **II** *phras* ★ *~ sth over* iets onderzoeken, analyseren ‹een probleem &›

thresher ['θreʃə] *znw* ❶ dorser ❷ dorsmachine

threshing ['θreʃɪŋ] *znw* dorsen

threshing floor ['θreʃɪŋ flɔ:] *znw* dorsvloer

threshold ['θreʃəʊld] *znw* drempel ★ *scientists are on the ~ of a major discovery* wetenschappers staan aan het begin van een belangrijke ontdekking

threw [θru:] *ww* [v.t.] → **throw**

thrice [θraɪs] *bijw* dicht driemaal, driewerf ★ *~-blessed* driemaal gezegend ★ *~ daily* driemaal daags

thrift [θrɪft] *znw* ❶ zuinigheid, spaarzaamheid ❷ Am spaarinstelling ‹in het algemeen›

thriftless ['θrɪftləs] *bn* niet zuinig, verkwistend

thrift shop [θrɪft ʃɒp], Am **thrift store** *znw* uitdragerij, tweedehandswinkel

thrifty ['θrɪftɪ] *bn* zuinig, spaarzaam

thrill [θrɪl] **I** *znw* (t)rilling, sensatie, huivering, schok ★ *~s and spills* spanning en sensatie ★ *the ~ of the chase* de opwinding van het jagen ★ *a ~ of excitement* een beving van opwinding **II** *overg* ❶ in opwinding brengen, ontroeren, aangrijpen ❷ doen huiveren, doen (t)rillen (van *with*) **III** *onoverg* trillen, rillen, tintelen, huiveren ★ *~ to the beauty of nature* geniet van de schoonheid van de natuur

thrilled [θrɪld] *bn* gelukkig, bewogen ★ *~ to bits* verrukt ★ *she was ~ that we came to the party* ze was heel blij dat we naar het feestje kwamen

thriller ['θrɪlə] *znw* thriller, spannend boek, spannende film

thrilling ['θrɪlɪŋ] *bn* aangrijpend, spannend, interessant

thrive [θraɪv] *onoverg* [throve/thrived, thriven/thrived] ❶ goed groeien, gedijen, floreren, bloeien, vooruitkomen ★ *doctors are concerned about her failure to ~* de doktoren maken zich zorgen omdat ze niet goed groeit ❷ (welig) tieren ★ *he ~s on excitement* opwinding doet hem goed

thriving ['θraɪvɪŋ] *bn* voorspoedig, florerend, bloeiend

thro' [θru:] dicht of inf *voorz, bn & bijw* → **through**

throat [θrəʊt] *znw* ❶ keel, strot ❷ ingang, monding ★ *the words stuck in my ~* de woorden bleven mij in de keel steken ★ *grab / take sbd by the ~* iem. bij de keel grijpen, fig de volledige aandacht van iem. opeisen ★ *grab / take sth by the ~* de controle over iets grijpen ★ *fig be at each other's ~s* elkaar (steeds) in de haren vliegen ★ *fig cut one another's ~* elkaar naar het leven staan ★ *fig cut one's own ~* zichzelf ruïneren ★ *fig force / ram / shove sth down sbd's ~* iem. iets opdringen ★ *losing the contract is sticking in his ~* het contract verliezen is iets dat hij maar niet verkroppen

-throated [θrəʊtɪd] *achterv* gekeeld ★ *a full~ soprano* een sopraan met een volle stem ★ *a red~ bird* een vogel met een rode keel

throaty ['θrəʊtɪ] *bn* ❶ schor ‹lach› ❷ uit de keel komend, gutturaal, keel-

throb [θrɒb] **I** *znw* klop, geklop, gebons, trilling ★ *a ~ of pain* een kloppende pijn **II** *onoverg* kloppen ‹van het hart, de aderen &›, bonzen, trillen ★ *~ with life / energy &* bruisend van leven / energie &

throbbing ['θrɒbɪŋ] *bn* bonzend, kloppend

throes [θrəʊz] *znw* [mv] hevige pijn ★ *death ~* doodsstrijd ★ *the ~ of childbirth* (barens)weeën ★ *be in the ~ of sth* worstelen met iets, midden in iets zitten

thrombosis [θrɒm'bəʊsɪs] <u>med</u> *znw* trombose

thrombus ['θrɒmbəs] <u>med</u> *znw* [mv: thrombi] bloedprop

throne [θrəʊn] *znw* troon ★ *succession to the ~* troonopvolging

throng [θrɒŋ] **I** *znw* gedrang, drom, menigte **II** *overg* zich verdringen in (bij, om &) ★ *the streets were ~ed with tourists* de straten waren overstroomd met toeristen **III** *onoverg* ❶ opdringen, elkaar verdringen ★ *a crowd ~ed around him* de menigte verdrong zich om hem heen ❷ toe-, samenstromen ★ *the whole family ~ed to meet him* de hele familie stroomde toe om hem te begroeten

throttle ['θrɒtl] **I** *znw* <u>techn</u> smoorklep ★ *at full ~* vol gas ★ *we're all working at full ~* we werken allemaal zo hard als we kunnen **II** *overg* de keel dichtknijpen, doen stikken, verstikken, wurgen, smoren **III** *onoverg* (ook: *~ back / down*) gas verminderen ‹v. auto &›

throttle valve ['θrɒtl vælv] *znw* smoorklep

through [θru:], Am inf **thru**, <u>dicht of inf</u> **thro'** **I** *voorz* ❶ door ★ *all ~ his life* zijn hele leven door, gedurende zijn hele leven ★ *after what I've been ~* na wat ik heb meegemaakt ★ *the baby slept ~ the whole thing* de baby sliep door alles heen ❷ wegens, uit ★ *it happened ~ no fault of mine* het is niet door mijn schuld gebeurd ❸ via, door middel van ★ *she spoke ~ an interpreter* ze sprak via een tolk ❹ Am tot en met ★ *Monday ~ Friday* maandag tot en met vrijdag **II** *bn* ❶ doorgaand ‹treinen &› ★ *no ~ road* doodlopende weg ‹op bord› ❷ *inf* klaar ★ *be ~ with sbd / sth* klaar zijn met iem. / iets, genoeg hebben van iem. / iets, beu zijn van iem. / iets **III** *bijw* (er) door, uit, tot het einde toe ★ *the sun came streaming ~* de zon kwam erdoorheen stralen ★ *he read the letter ~ one more time* hij las de brief nog een keer door ★ *~ and ~* door en door, van a tot z, nog eens en nog eens ★ *get ~ to sbd* iem. bereiken, begrepen worden door iem.

throughflow ['θru:fləʊ] *znw* doorstroming

throughout [θru:'aʊt] **I** *voorz* door heel ★ *~ the country* het hele land door (af), in / over het hele land **II** *bijw* ❶ overal, (in zijn) geheel, van boven tot onder, door en door, in alle opzichten ❷ aldoor, van

het begin tot het einde

throughput ['θru:pʊt] *znw* ❶ verwerkte hoeveelheid materiaal ❷ <u>comput</u> verwerkingscapaciteit, doorvoercapaciteit

through ticket [θru: 'tɪkɪt] *znw* doorgaand biljet

through traffic [θru: 'træfɪk] *znw* doorgaand verkeer

through train [θru: treɪn] *znw* doorgaande trein

throughway ['θru:weɪ], <u>Am inf</u> **thruway** *znw* snelweg

throve [θrəʊv] *ww* [v.t.] → **thrive**

throw [θrəʊ] **I** *znw* worp, gooi ★ *it all depends on the ~ of the dice* het hangt af van hoe de dobbelstenen rollen **II** *overg* [threw, thrown] ❶ werpen, gooien, smijten (met) ★ *~ good money after bad* met goed geld naar kwaad geld gooien ★ *~ oneself into sth* zich met hart en ziel wijden aan iets ★ *~ one's soul into sth* zijn ziel leggen in iets ★ *~ one's arms around sbd* de armen om iem. heen slaan ★ *fig ~ oneself on sbd* een beroep doen op iem. ★ *~ oneself on sbd's mercy* een beroep doen op iemands goedheid ❷ toewerpen, uitwerpen, afwerpen ★ *his horse threw him* zijn paard wierp hem af ★ *~ a glance / look at sbd* iem. een blik toewerpen ★ *~ oneself at sbd* zich aan iem. opdringen, iemand nalopen ★ *~ one's voice* buikspreken ★ <u>fig</u> *~ the book at sbd* iem. de maximum straf geven ★ *the crowd threw abuse at him as he arrived* de menigte bedolf hem onder verwensingen ❸ brengen, zetten, maken ★ *~ sbd off balance* uit zijn evenwicht brengen ★ *~ sbd off the scent* iem. van het spoor brengen, iem. op een dwaalspoor brengen ★ *~ sbd out of employment / work* iem. werkloos maken ★ *be ~n on / upon one's own resources* op zichzelf aangewezen zijn ★ *he threw the lever to the right* hij verzette de hendel naar rechts ★ *~ sth into / out of gear* iets inschakelen / afkoppelen ❹ omver doen vallen, doen vallen ‹kabinet› ❺ <u>sp</u> leggen ‹bij worstelen› ❻ werpen, baren, jongen krijgen ❼ draaien, (op de schijf) vormen ‹bij pottenbakkers› ❽ *inf* geven ‹een feestje› ❾ *inf* verwarren ★ *it was your new haircut that threw me* het was je nieuwe kapsel dat me in de war bracht ★ *~ sbd / sth into confusion / disorder* iem. / iets in verwarring / in de war brengen ❿ *inf* krijgen ‹een flauwte, woedeaanval &› ⓫ *inf* opzettelijk verliezen **III** *onoverg* [threw, thrown] werpen, gooien **IV** *phras* ★ *~ sth* **about** / **around** iets rondsmijten ★ *inf ~ (one's) money about / around* met geld smijten ★ *~ one's weight around* zich laten gelden, gewichtig doen ★ *~ sbd / sth* **aside** iem. / iets terzijde werpen ★ *~ sth* **away** *(on sth)* weggooien, verknoeien (aan iets) ★ *~ oneself away* zich vergooien ★ *~ sth* **back** iets achterover gooien ‹het hoofd›, iets terugwerpen, teruggooien, iets terugkaatsen, iets terugslaan, openslaan ★ *~ sth back in sbd's face* iem. iets voor de voeten werpen ★ *~ sbd / sth* **down** iem. / iets neerwerpen, -gooien, omgooien, tegen de grond gooien ★ *~ sth* **in** iets ertussen gooien ‹een woordje &›, iets op de koop toe geven ★ *~ in one's hand* het opgeven ★ *~ in one's*

th

lot with sbd het lot delen (willen) van iem., zich aan de zijde scharen van iem. ★ ~ in the sponge / towel het opgeven ★ ~ sth off iets afwerpen, wegwerpen, zich bevrijden van iets, iets losgooien, iets uitgooien ‹kledingstuk›, iets opleveren, iets opzij zetten ‹schaamtegevoel &›, iets kwijtraken ‹ziekte› ★ ~ sbd off iem. in de war brengen ★ ~ sth on iets aanschieten ‹kledingstuk› ★ ~ sth open iets openwerpen, openzetten ‹deur›, iets openstellen (voor to) ★ ~ sth out iets eruit gooien ‹bij sorteren›, iets uitschieten, iets uitslaan ‹benen›, iets verwerpen ‹wetsvoorstel› ★ ~ one's chest out een hoge borst zetten ★ ~ sbd out iem. eruit gooien, iem. in de war brengen ‹acteur &› ★ ~ sbd over iem. de bons geven ★ ~ sth together iets bijeengooien, iets in elkaar flansen ‹maaltijd› ★ be ~n together bij elkaar gebracht zijn ‹personen› ★ inf ~ up overgeven, braken ★ ~ sth up iets opwerpen ‹barricade &›, iets ten hemel slaan ‹ogen›, iets in de hoogte steken ‹de armen &›, iets laten varen ‹plan›, iets er aan geven ‹betrekking›, iets uitbraken, iets opleveren ‹ideeën›
throwaway ['θrəʊəweɪ] **I** bn ❶ terloops, nonchalant ‹gezegd› ★ a ~ line een loze opmerking ❷ wegwerp- **II** znw strooibiljet
throwback ['θrəʊbæk] znw ❶ atavistische terugkeer, atavistisch product, atavisme ❷ terugkeer ★ this season's fashions are a ~ to the 60s de mode van dit seizoen is een terugkeer naar de zestiger jaren ❸ achteruitzetting
thrower ['θrəʊə] znw ❶ werper ❷ twijnder ❸ vormer ‹pottenbakker›
throw-in ['θrəʊ-ɪn] sp znw inworp
thrown [θrəʊn] ww [v.t.] → **throw**
throw-off ['θrəʊ-ɒf] znw begin, start ‹v. de jacht›
throw-out ['θrəʊ-aʊt] sp znw uitgooi
throw-over ['θrəʊ-əʊvə] bn overgooi, bedekkend ‹v. kleed over meubels›
throw rug [θrəʊ rʌg] znw kleedje
thru [θruː] Am inf voorz & bn & bijw → **through**
thrum [θrʌm] **I** znw getrommel, getokkel, gepingel **II** overg & onoverg trommelen (op) ‹piano, tafel &›, tokkelen (op), pingelen (op)
thrush [θrʌʃ] znw ❶ lijster ❷ med spruw ❸ rotstraal ‹paardenziekte›
thrust [θrʌst] **I** znw ❶ stoot, steek, duw ❷ uitval ★ troops made a deep ~ into enemy territory de troepen deden een verre inval in vijandelijk gebied ❸ druk, drijfkracht, techn stuwdruk, voortstuwingskracht, bouwk horizontale druk ❹ beweging, streven, tendens, richting ★ the main ~ of the policy de belangrijkste tendens van het beleid ★ the play's dramatic ~ centres on one character de dramatische kracht van het toneelstuk concentreert zich in één figuur **II** overg [thrust, thrust] ❶ stoten, duwen, dringen ★ ~ oneself forward zich naar voren dringen ★ he ~ his company on / upon her hij drong zich aan haar op ★ ~ oneself on / upon sbd zich (aan iem.) opdringen ★ ~ one's way through sth zich

ergens doorheen dringen ‹een menigte &› ❷ steken ❸ werpen **III** onoverg [thrust, thrust] ❶ dringen ★ the army ~ into occupied territory het leger drong door in bezet gebied ❷ uitvallen, toestoten ★ ~ at sbd with a knife naar iem. steken met een mes
thruster ['θrʌstə] znw ❶ streber ❷ naar voren dringend jager
thrusting ['θrʌstɪŋ] bn ❶ aanmatigend, agressief, meedogenloos ❷ uitstekend ‹kaak &›
thruway ['θruːweɪ] Am inf znw → **throughway**
thud [θʌd] **I** znw ❶ bons, plof, doffe slag ❷ gebons ★ his heart gave a ~ zijn hart bonsde **II** onoverg bonzen, ploffen
thug [θʌg] znw bandiet, vandaal, woesteling
thuggery ['θʌgərɪ] znw banditisme, moordgeweld
thuggish ['θʌgɪʃ] inf bn gewelddadig
thumb [θʌm] **I** znw duim ★ inf ~s up! prima! zet 'm op!, toitoitoi! ★ be all ~s twee linkerhanden hebben ★ have sbd under the ~ iem. onder de duim hebben **II** overg ❶ beduimelen ❷ liften ★ ~ a lift / ride liften ▼ ~ one's nose at sbd een lange neus maken naar iem. **III** phras ★ ~ through sth iets doorbladeren
thumb-fingered [θʌm-'fɪŋgəd] znw onhandig
thumb index [θʌm 'ɪndeks] znw duimindex, duimgrepen
thumbnail ['θʌmneɪl] znw ❶ nagel van een duim ❷ comput thumbnail, verkleinde afbeelding
thumbnail sketch ['θʌmneɪl sketʃ] znw (miniatuur)krabbel
thumbnut ['θʌmnʌt] znw vleugelmoer
thumbscrew ['θʌmskruː] znw ❶ techn vleugelschroef ❷ hist duimschroef ★ put the ~s on sbd iem. de duimschroeven aandraaien
thumbs-down [θʌmz-'daʊn] znw afwijzing, afkeuring, veroordeling ★ give sth the ~ iets afkeuren, verwerpen
thumbs-up [θʌmz-'ʌp] znw ❶ goedkeuring, instemming ❷ fig groen licht ★ give sth the ~ iets goedkeuren ★ he made the ~ sign hij stak zijn duim omhoog
thumbtack ['θʌmtæk] Am znw punaise
thump [θʌmp] **I** znw ❶ stomp, slag ❷ plof, bons, gebonk **II** overg ❶ stompen, bonzen, bonken op, slaan (op) ★ ~ out a tune luid en enthousiast op de piano een melodie spelen ❷ fig op zijn kop geven **III** onoverg bonzen, bonken (op against / at / on), ploffen, slaan
thumper ['θʌmpə] inf znw iets ontzaglijks ‹vooral een leugen›
thumping ['θʌmpɪŋ] inf bn kolossaal
thunder ['θʌndə] **I** znw ❶ donder, donderslag ★ there's ~ in the air er zit onweer in de lucht ★ steal sbd's ~ iem. het gras voor de voeten wegmaaien ❷ donderend geweld, gedonder **II** overg met donderend geweld doen weerklinken, er uit slingeren (ook: ~ out) **III** onoverg ❶ donderen ❷ fulmineren
thunderbolt ['θʌndəbəʊlt] znw bliksemstraal,

donderkeil, bliksem, donderslag ★ *drop a* ~ een verrassende mededeling doen ‹meestal een onprettige›

thunderclap [ˈθʌndəklæp] *znw* donderslag

thundercloud [ˈθʌndəklaʊd] *znw* onweerswolk

thunderer [ˈθʌndərə] *znw* donderaar, dondergod

thunderflash [ˈθʌndəflæʃ] *znw* rotje ‹vuurwerk›

thundering [ˈθʌndərɪŋ] *bn* ❶ donderend ❷ inf & versterkend donders, vreselijk ★ *a* ~ *nuisance* ontzettend vervelend

thunderous [ˈθʌndərəs] *bn* ❶ donderend ❷ oorverdovend ★ *she was greeted with* ~ *applause* ze werd begroet met een daverend applaus

thunderstorm [ˈθʌndəstɔːm] *znw* onweer, onweersbui

thunderstruck [ˈθʌndəstrʌk] *bn* als door de bliksem getroffen, verbaasd, verbijsterd

thundery [ˈθʌndərɪ] *bn* onweerachtig

Thur., Thurs. *afk* (Thursday) donderdag

thurible [ˈθjʊərɪbl] *znw* wierookvat

Thurs. *afk* → **Thur.**

Thursday [ˈθɜːzdeɪ] *znw* donderdag ★ *Holy* ~ / *Maundy* ~ Witte Donderdag

thus [ðʌs] *bijw* dus, op die manier, aldus, zo ★ ~ *far* tot zover, tot dusverre

thwack [θwæk] *overg* ranselen ‹met stok &›

thwart [θwɔːt] *overg* dwarsbomen, tegenwerken

thy [ðaɪ] plechtig of dicht *bez vnw* uw

thyme [taɪm] *znw* tijm

thyroid [ˈθaɪrɔɪd] *znw* ❶ **thyroid gland** schildklier ❷ **thryroid cartilage** adamsappel

thyself [ðaɪˈself] plechtig of dicht *wederk vnw* u(zelf)

tiara [tɪˈɑːrə] *znw* tiara

Tibet [tɪˈbet] *znw* Tibet

Tibetan [tɪˈbetən] **I** *bn* Tibetaans **II** *znw* ❶ Tibetaan, Tibetaanse ❷ Tibetaans ‹de taal›

tibia [ˈtɪbɪə] *anat znw* [*mv:* -s of tibiae] scheenbeen

tic [tɪk] *znw* zenuwtrek, tic ‹vooral in het gezicht›

tick [tɪk] **I** *znw* ❶ tik, tikje, getik ❷ streepje, merktekentje, vinkje ★ *put a* ~ *against my name* u kunt mij afvinken ❸ inf ogenblik(je) ★ *I'll be there in two* ~*s* ik kom er zo aan ★ *hang on a* ~ even wachten ❹ dierk teek ❺ inf krediet ★ *buy sth on* ~ iets op de pof kopen **II** *overg* ❶ tikken ❷ aanstrepen **III** *onoverg* ❶ tikken ❷ inf bezielen ★ *research into what makes serial murderers* ~ onderzoek naar wat massamoordenaars bezielt ★ *what makes Bill Gates* ~*?* wat is het geheim van Bill Gates? **IV** *phras* ★ ~ **away** / **by** wegtikken, voorbijgaan ★ ~ *sth* **off** iets aanstrepen, afvinken ★ inf ~ *sbd off* Br iem. een uitbrander geven, Am iem. boos maken, irriteren ★ ~ **over** auto stationair draaien, fig op een laag pitje staan, zijn gangetje gaan, fig doordraaien

ticker [ˈtɪkə] *znw* ❶ wie / wat tikt ❷ tikker ‹ook: automatische beurstelegraaf› ❸ inf horloge ❹ inf hart

ticker tape [ˈtɪkə teɪp] *znw* ❶ papierstrook, -stroken v. telegraaf, serpentine ❷ **ticker-tape parade** serpentineoptocht, tickertapeparade ‹in de VS,

vooral New York›

ticket [ˈtɪkɪt] **I** *znw* ❶ biljet, kaart, kaartje, plaatsbewijs, toegangsbewijs, reçu, bonnetje, loterijbriefje, lot ❷ bon, bekeuring ❸ prijsje, etiket ❹ Am kandidatenlijst ‹bij verkiezing› ❺ pol programma ★ *the democratic / liberal &* ~ het democratisch / liberaal & partijprogramma ▼ inf *that's the* ~*!* goed zo! ▼ ZA inf *if he doesn't deliver, it's* ~*s for him* als hij niet over de brug komt is het einde verhaal voor hem ▼ inf *this show is just the* ~ *for a fun night out* deze show is precies geschikt voor een leuk avondje uit ▼ Aus & NZ inf *have* ~*s on oneself* naast zijn schoenen lopen ★ Am inf *write one's own* ~ zijn eigen voorwaarden kunnen stellen **II** *overg* ❶ een (parkeer)bon geven ❷ van een etiketje of kaartje voorzien ❸ prijzen ❹ Am inf bestemd zijn ★ *he's* ~*ed for rapid promotion* hij is bestemd voor een snelle promotie

ticket collector [ˈtɪkɪt kəˈlektə] *znw* controleur ‹die de kaartjes inneemt›

ticket holder [ˈtɪkɪt ˈhəʊldə] *znw* kaarthouder, abonnementshouder, houder v. biljet

ticket machine [ˈtɪkɪt məˈʃiːn] *znw* kaart(jes)automaat

ticket office [ˈtɪkɪt ˈɒfɪs] *znw* plaatskaartenbureau, loket

ticket of leave [ˈtɪkɪt əv ˈliːv] Br hist *znw* bewijs van voorwaardelijke invrijheidstelling

ticket punch [ˈtɪkɪt pʌntʃ] *znw* controletang

ticket sales [ˈtɪkɪt seɪlz] *znw* [*mv*] kaartverkoop

ticket window [ˈtɪkɪt ˈwɪndəʊ] *znw* kaartjesloket

ticking [ˈtɪkɪŋ] *znw* ❶ (bedden)tijk ❷ tikken

ticking-off [ˈtɪkɪŋ-ˈɒ(ː)f], **ticking off** inf *znw* standje, uitbrander ★ *give sbd a* ~ iem. een standje geven

tickle [ˈtɪkl] **I** *znw* ❶ kitteling ❷ gekietel, gekriebel **II** *overg* kietelen, kittelen, prikkelen, strelen ★ ~ *one's fancy* iemands interesse prikkelen ★ *it really* ~*d him that we remembered his birthday* het streelde hem dat we aan zijn verjaardag hadden gedacht ★ inf *be* ~*d pink* in zijn sas zijn, in de wolken zijn, dolblij zijn **III** *onoverg* kietelen, kriebelen

tickler [ˈtɪklə] inf *znw* netelige / moeilijk te beantwoorden vraag, lastig geval

ticklish [ˈtɪklɪʃ] *bn* ❶ kietelig ★ *he's* ~ hij kan niet tegen kietelen ❷ delicaat, netelig, kies, lastig ❸ gauw op de tenen getrapt

tick-tack [ˈtɪktæk], Am **tick-tock I** *znw* tiktak ‹v. klok &› **II** *onoverg* tikken ‹v. klok›

tic-tac-toe [tɪk-tæk-ˈtəʊ], **tick-tack-toe** Am *znw* boter, kaas en eieren ‹spel›

tidal [ˈtaɪdl] *bn* ❶ het getij betreffende ❷ getij- ★ *a* ~ *dock* een getijdok ★ *a* ~ *harbour* een getijhaven

tidal basin [ˈtaɪdl ˈbeɪsɪn] *znw* getijdenbassin

tidal wave [ˈtaɪdl weɪv] *znw* vloedgolf

tidbit [ˈtɪdbɪt] Am *znw* → **titbit**

tiddler [ˈtɪdlə] *znw* klein visje ‹vooral stekelbaarsje›

tiddly [ˈtɪdlɪ] inf *bn* ❶ aangeschoten ❷ petieterig, klein, nietig

tiddlywinks [ˈtɪdlɪwɪŋks] *znw* vlooienspel

ti

tide [taɪd] **I** *znw* (ge)tij, vloed, stroom ★ *full ~ / high ~* hoog tij, hoogwater, vloed ★ *low ~* laag tij, eb ★ *the turn of the ~* de kentering ★ *go / swim with the ~* met de stroom mee ★ *go against the ~* tegen de stroom in gaan ★ zegsw *time and ~ wait for no man* men moet zijn tijd weten waar te nemen **II** *phras* ★ *~ sbd* **over** iem. erdoor helpen
tide gate [taɪd geɪt] *znw* getijsluis
tideline ['taɪdlaɪn] *znw* hoogwaterlijn
tidemark ['taɪdmɑːk] *znw* ❶ hoogwaterteken ❷ inf waterlijn, vuile streep ⟨in badkuip⟩
tide table [taɪd 'teɪbl] *znw* getijtafel ⟨overzicht van tijden van eb en vloed⟩
tidewater ['taɪdwɔːtə] *znw* ❶ vloedwater ❷ kuststrook
tideway ['taɪdweɪ] *znw* getijrivier ⟨stuk van een rivier waar het verschil tussen eb en vloed goed merkbaar is⟩
tidings ['taɪdɪŋz] *znw* [mv] tijding, bericht, berichten, nieuws ★ *the bearer of glad ~* de brenger van goed nieuws
tidy ['taɪdɪ] **I** *bn* ❶ net(jes), zindelijk, proper ★ *neat and ~* netjes en opgeruimd ★ *put things ~* de boel aan kant doen ❷ inf aardig, flink ★ *they made a ~ two million dollars* ze verdienden een leuke twee miljoen dollar **II** *znw* opbergmandje **III** *overg* opruimen, opknappen **IV** *phras* ★ *~ sth* **away** iets opruimen ★ *~ sth* **up** iets opruimen, opknappen
tie [taɪ] **I** *znw* ❶ band, koord ❷ das, stropdas, strik ❸ iets wat bindt, verbinding, binding ❹ handenbinder ❺ bouwk verbindingsbalk ❻ muz boog ❼ sport gelijkspel, onbesliste wedstrijd **II** *overg* ❶ binden, verbinden ★ *~d hand and foot* aan handen ~ en voeten gebonden ❷ knopen, strikken, vastbinden, -knopen, -maken ★ *~ a knot* een knoop leggen ★ inf *~ the knot* trouwen ❸ verankeren ⟨muur⟩ ❹ sport gelijkspel **III** *onoverg* ❶ binden, zich laten binden ❷ kamp zijn, gelijk staan **IV** *phras* ★ *~ sth* **down** iets (vast)binden ★ *~ sbd* **down** iem. de handen binden ★ *~* **in with** *sth* aansluiten bij iets, kloppen met iets ★ Am inf *~* **one** **on** dronken worden ★ *~* **up** aanleggen, gemeerd worden ⟨v. schip &⟩ ★ *~ sth* **up** iets opbinden ⟨planten &⟩, iets (vast)binden, vastmaken, -leggen, iets dichtbinden, iets af-, onderbinden ⟨ader⟩, iets verbinden ⟨wonden &⟩, iets bijeenbinden ⟨papieren &⟩, iets vastzetten ⟨geld⟩, iets stilleggen ⟨door staking &⟩ ★ *~ sbd* **up** iem. bezig houden, iem. ophouden ★ *~ sbd* **up in** *knots* iem. van de kook brengen, iem. versteld laten staan ★ *~* **in / up with** *sth* aansluiten bij iets, verband houden met iets
tie beam [taɪ biːm] bouwk *znw* bint
tiebreak ['taɪbreɪk], **tiebreaker** *znw* ❶ tennis tiebreak ⟨beslissende game na gelijk geëindigde set⟩ ❷ ⟨bij quiz⟩ extra vraag (die de beslissing moet brengen)
tied house [taɪd haʊs] *znw* ❶ café dat verplicht is bier van een bepaalde brouwerij te betrekken ❷ **tied cottage** huis dat eigendom is van de werkgever en dat bewoond mag worden zolang men voor die werkgever werkt

tie-dye ['taɪ-daɪ] *znw* knoopverven ⟨bep. weeftechniek⟩
tie-on ['taɪ-ɒn] *bn* ★ *a ~ label / tag* een aanhangetiket
tiepin ['taɪpɪn] *znw* dasspeld
tier [tɪə] **I** *znw* reeks, rij, rang ⟨v. stoelen of zitplaatsen⟩ **II** *overg* in rijen opeenstapelen of schikken
tierce [tɪəs], **terce** *znw* ❶ terts ❷ driekaart ❸ derde positie bij schermen
tie-up ['taɪ-ʌp] *znw* ❶ verbinding, band ❷ associatie ❸ stillegging ⟨door staking⟩ ❹ (verkeers)opstopping
tiff [tɪf] inf *znw* ruzietje
tiffany ['tɪfənɪ] *znw* zijden floers
tiffin ['tɪfɪn] *znw* ❶ tiffin ⟨lichte Indiase maaltijd⟩ ❷ Indiase rijsttafel
tig [tɪg] *znw* krijgertje, tikkertje
tiger ['taɪgə] *znw* tijger ★ Aus inf *he's a ~ for work* hij kan heel wat werk verzetten ★ *have a ~ by the tail / be riding a ~* in een netelige situatie zitten waar men niet gemakkelijk uit komt
tiger economy ['taɪgər ɪ'kɒnəmɪ] *znw* tijgereconomie, snelgroeiende Aziatische economie
tiger eye ['taɪgər aɪ], **tiger's eye** *znw* tijgeroog ⟨halfedelsteen⟩
tigerish ['taɪgərɪʃ] *bn* tijgerachtig
tiger prawn ['taɪgə prɔːn] *znw* tijgergarnaal
tiger snake ['taɪgə sneɪk] *znw* tijgerslang ⟨Australische gifslang⟩
tight [taɪt] **I** *bn* ❶ strak, nauw(sluitend), krap, gespannen ❷ benauwd ⟨op de borst⟩ ❸ (water)dicht ❹ vast, stevig ❺ straf, streng, scherp ❻ vasthoudend, niets loslatend ❼ → inf **tight-fisted** ❽ handel schaars ⟨geld⟩ ❾ welgevormd, knap ❿ inf dronken **II** *bijw* strak & ★ *hold ~* (zich goed) vasthouden ★ *hold sbd ~* iem. kort houden ★ *sit ~* een afwachtende houding aannemen, blijven zitten ★ *sleep ~!* welterusten!
tight-ass ['taɪt-æs] Am inf *znw* stijf, benepen persoon
tighten ['taɪtn] **I** *overg* ❶ aanhalen, spannen ★ *~ one's belt* de broekriem aanhalen ★ *~ seatbelts* de veiligheidsriemen vastmaken ❷ aandraaien ⟨schroef⟩, vaster omklemmen ❸ samentrekken ★ *~ the net* het net sluiten ⟨om iemand⟩ ❹ verscherpen **II** *onoverg* ❶ (zich) spannen ❷ strak(ker) worden **III** *phras* ★ *~* **up** verscherpt worden ⟨wet &⟩ ★ *they are ~ing up on tax evaders* ze gaan strenger toezien op belastingontduikers ★ *~ sth* **up** vaster maken, vaster aandraaien ⟨schroef⟩, iets aanscherpen ⟨wet &⟩
tightener ['taɪtnə] *znw* spanner
tight-fisted [taɪt-'fɪstɪd], **tight** inf *bn* vasthoudend, gierig, krenterig
tight-fitting [taɪt-'fɪtɪŋ] *bn* nauwsluitend
tightknit [taɪt'nɪt] *bn* hecht verweven ★ *a ~ community* een hechte gemeenschap
tight-lipped [taɪt-'lɪpt] *bn* ❶ met op elkaar geklemde lippen ❷ fig gesloten

tightness ['taɪtnəs] *znw* ❶ gevoel v. beklemming, benauwdheid ❷ strakheid, stevigheid

tightrope ['taɪtrəup] *znw* gespannen koord ★ *walk a ~* uiterst omzichtig te werk moeten gaan, op eieren lopen

tights [taɪts] *znw* [mv] ❶ maillot, panty ❷ tricot ‹v. acrobaten &›

tight turn [taɪt tɜ:n], **tight bend** *znw* krappe bocht, scherpe bocht

tightwad ['taɪtwəd] *inf znw* vrek

tigress ['taɪgrəs] *znw* tijgerin

tike [taɪk], **tyke** *znw* ❶ hond, straathond ❷ vlegel, lummel ❸ bijnaam voor iem. uit Yorkshire

tilbury ['tɪlbərɪ] *znw* tilbury ‹sjees›

tilde ['tɪldə] *znw* tilde ‹het teken ~ boven een letter›

tile [taɪl] **I** *znw* ❶ (dak)pan ★ *inf have a ~ loose* niet goed snik zijn ❷ tegel ★ *Br inf be / go out on the ~s* aan de zwier zijn / gaan **II** *overg* ❶ met pannen dekken ❷ betegelen ❸ comput zodanig op het scherm plaatsen dat ze elkaar niet overlappen ‹bij twee of meer vensters›

tiler ['taɪlə] *znw* pannendekker

tiling ['taɪlɪŋ] *znw* ❶ dekken ‹met pannen› ❷ (pannen)dak ❸ betegeling

till [tɪl] **I** *voorz & voegw* tot, tot aan ★ *~ now* tot heden, tot nog toe, tot dusverre ★ *not ~ the last century* pas in de vorige eeuw **II** *znw* geldlade ‹v. toonbank›, kassa **III** *overg* bebouwen, (be)ploegen

tillage ['tɪlɪdʒ] *znw* ❶ beploeging, bewerking van de grond, akkerbouw ❷ ploegland ★ *200 hectares under ~* 200 hectare bouwgrond

tiller ['tɪlə] *znw* ❶ ploeg, cultivator ❷ scheepv roerpen, helmstok

till money [tɪl 'mʌnɪ] *znw* kasgeld

till roll [tɪl rəul] *znw* kassarol

tilt [tɪlt] **I** *znw* ❶ overhelling, schuine stand ★ *he wore his cap at a jaunty ~* hij had zijn pet schalks schuin op zijn hoofd ★ *the current ~ towards support for the US* de huidige voorkeur voor steun aan de VS ❷ steekspel, toernooi ★ *(at) full ~* in volle ren ★ *have a ~ at sbd / sth* een aanval doen op iem. / iets **II** *overg* doen (over)hellen, schuin zetten, op zijn kant zetten, kantelen, kippen, wippen **III** *onoverg* ❶ (over)hellen, schuin staan, wippen, kantelen ★ *~ over* hellen, schuin staan, omslaan ❷ met de lans stoten, een lans breken, toernooien ★ *~ at sth* steken naar iets, fig iets aanvallen ★ *~ at windmills* tegen windmolens vechten

tilth [tɪlθ] *znw* in cultuur gebracht land

tilt yard [tɪlt jɑ:d] *hist znw* toernooiveld

timber ['tɪmbə] *znw* ❶ timmerhout, (ruw) hout ❷ bomen, bos ❸ stam, balk ★ *a large hall with exposed ~s* een grote hal met de balken in het gezicht ❹ scheepv spant ❺ Am *inf* materiaal ★ *he's got the right ~ to go far* hij is uit het juiste hout gesneden om het ver te schoppen

timbered ['tɪmbəd] *bn* ❶ houten ❷ met hout begroeid

timbering ['tɪmbərɪŋ] *znw* beschoeiing

timberline ['tɪmbəlaɪn] Am *znw* boomgrens

timber merchant ['tɪmbə 'mɜ:tʃənt] *znw* houtkoper

timber trade ['tɪmbə treɪd] *znw* houthandel

timber yard ['tɪmbə jɑ:d] *znw* houtopslagplaats

timbre [tæmbə] *znw* timbre, klankkleur ★ *each instrument has a slightly different ~* elk instrument heeft een enigszins andere klankkleur

timbrel ['tɪmbrəl] *znw* tamboerijn

time [taɪm] **I** *znw* ❶ tijd ★ *those were the ~s!* dat was een andere tijd, dat waren nog eens tijden! ★ *the good old ~s* de goede oude tijd ★ *my ~ is my own* ik heb de tijd aan mijzelf ★ *this ~ tomorrow* morgen om deze tijd ★ *what ~?* wanneer?, (om) hoe laat? ★ *what ~ is it?, what's the ~?* hoe laat is het? ★ *~ was when...* er was een tijd dat... ★ *about ~, high ~* het is zowat tijd, het wordt tijd ★ *about ~ too* eindelijk, dat werd tijd ★ *all the ~* de hele tijd, aldoor ★ *he was a teacher at one ~* hij is vroeger leraar geweest ★ *at one ~ this would have annoyed me* er is een tijd geweest dat ik me eraan zou hebben geërgerd ★ *at some ~ or other* te eniger tijd ★ *at a ~ when* in een tijd dat ★ *at all ~s* te allen tijde ★ *at no ~* nooit ★ *(at) any (old) ~* te allen tijde, wanneer ook (maar), te eniger tijd, ieder ogenblik ★ *at the ~* toen(tertijd), destijds ★ *at the ~ of* ten tijde van ★ *at the same ~* terzelfder tijd, tegelijk, tevens, toch, niettemin ★ *at my ~ of life* op mijn leeftijd ★ *at this ~ of day* nu (nog) ★ *at this ~ of (the) year* in deze tijd van het jaar ★ *at ~s* soms, nu en dan, wel eens ★ *before ~* vóór de tijd, te vroeg ★ *not before ~* eindelijk, dat werd tijd ★ *before my ~* voor mijn tijd ★ *behind ~* over zijn tijd, te laat ★ *behind the ~s* ouderwets, verouderd ★ *by the ~ that...* tegen de tijd dat... ★ *we should be there by that ~* dan moeten we er wel al zijn ★ *by this ~* nu ★ *for a ~* een tijdje, een tijdlang ★ *for all ~* voor altijd ★ *for the ~ being* voor het ogenblik, voorlopig ★ *for a length of ~* voor enige tijd, een tijdlang ★ *from ~ to ~* van tijd tot tijd ★ *from ~ immemorial* sedert onheuglijke tijden ★ *in ~* op tijd, bijtijds, mettertijd, na verloop van tijd ★ *in the ~ of* ten tijde van ★ *in ~(s) to come* in de toekomst ★ *in good ~* op tijd, bijtijds, op zijn tijd, te zijner tijd ★ *in my own good ~* als ik eraan toe ben ★ *in (less than / next to) no ~* in minder dan geen tijd ★ *dicht in the fullness of ~, at the right and proper ~* te rechter tijd, te zijner tijd ★ *in a week's ~* (vandaag) over een week ★ *of all ~* van alle tijden ★ *the scientists of the ~* de wetenschappers van die tijd ★ *on ~* op tijd ★ *from ~ out of mind* sedert onheuglijke tijden ★ *~'s up!* de tijd / het uur is om!, (het is) tijd! ★ *I got there with ~ to spare* ik kwam er vroeg genoeg aan ★ *be ahead of one's ~(s)* zijn tijd vooruit zijn ★ *be pressed for ~* tijd tekort komen ★ *give / pass the ~ of day* goedendag zeggen ★ *give sbd a hard ~* iem. het leven zuur maken ★ *have the ~ of one's life* zich kostelijk amuseren, veel plezier hebben ★ *have a good ~* het leuk hebben, plezier hebben ★ *have a lively ~ of it* het druk hebben ★ *have all the ~ in the world* alle tijd van de wereld hebben ★ *have a lot of ~ for sbd* iem. erg waarderen ★ *have no ~ for sbd* een hekel hebben aan iem. ★ *have ~ to kill* tijd over hebben ★ *have ~ on one's hands* niets te doen hebben ★ *move with the ~s* met zijn tijd meegaan ★ *lose no ~ about doing sth* iets meteen gaan doen ★ *make good ~* een vlugge reis hebben ‹v. boot &› ★ *ride / run against ~* de kortst mogelijke tijd zien te maken ‹bij wedloop›, rijden (lopen) wat men kan ★ *take ~* tijd kosten, lang duren ★ *take one's ~* rustig aan doen, de tijd nemen ★ *tell the ~* klokkijken ★ *~ will tell* de tijd zal het leren ★ *work against ~* werken dat de stukken er afvliegen ★ <u>zegsw</u> *~s are changing* tijden veranderen ★ <u>zegsw</u> *~ is of the essence* tijd is van kritiek belang ★ <u>zegsw</u> *~'s a great healer* de tijd heelt alle wonden ★ <u>zegsw</u> *there's no ~ like the present* stel niet uit tot morgen wat je nu kunt doen ❷ keer, maal ★ *the first ~* (voor) de eerste keer ★ *~ after ~* keer op keer ★ *~ and (~) again* telkens en telkens weer, herhaaldelijk ★ *at ~s* zo nu en dan, soms ★ *for months at a ~* maanden achtereen ★ *two at a ~* twee tegelijk ★ *not all at one ~* niet tegelijk, niet in één keer ❸ <u>muz</u> maat, tempo ★ *in ~* in de maat ★ *in ~ to the music* op de maat van de muziek ★ *out of ~* uit de maat ★ *beat ~* de maat slaan ★ *keep ~* <u>muz</u> de maat houden, <u>mil</u> in de pas blijven ★ *keep good ~* goed (gelijk) lopen ‹uurwerk› ❹ <u>inf</u> gevangenisstraf ★ *do ~* zitten ‹in de gevangenis› **II** *overg* ❶ (naar de tijd) regelen / betrekken, het (juiste) ogenblik kiezen voor, timen ★ *the remark was not well ~d* de opmerking kwam niet op het geschikte ogenblik ❷ de duur / tijd bepalen van ❸ <u>sp</u> de tijd opnemen ❹ dateren ❺ <u>muz</u> de maat slaan / aangeven bij

time and a half [taɪm ən ə 'hɑːf] *znw* anderhalve keer salaris ‹voor overwerk, zondagsdienst &›

time-and-motion study [taɪm-ən-'məʊʃən 'stʌdɪ] *znw* arbeidsanalyse

time bomb [taɪm bɒm] *znw* tijdbom

time capsule [taɪm 'kæpsjuːl] *znw* tijdcapsule

timecard ['taɪmkɑːd] *znw* (werk)rooster, kaart voor de prikklok

time clock [taɪm klɒk] *znw* controleklok, prikklok

time-consuming ['taɪm-kənsjuːmɪŋ] *bn* tijdrovend

time deposit [taɪm dɪ'pɒzɪt] *znw* termijndeposito

time exposure [taɪm ɪk'spəʊʒə] <u>fotogr</u> *znw* tijdopname

time frame [taɪm freɪm] *znw* tijd, tijdsbestek

time fuse [taɪm fjuːz] *znw* tijdontsteker

time-honoured ['taɪmɒnəd] *bn* traditioneel, aloud, eerbiedwaardig

timekeeper ['taɪmkiːpə] *znw* ❶ tijdmeter, chronometer ❷ uurwerk ★ *my watch is a good ~* mijn horloge loopt goed ❸ <u>muz</u> metronoom ❹ <u>sp</u> tijdopnemer ❺ tijdschrijver ‹in fabriek› ❻ stipt persoon ★ *he is a good ~* hij is altijd op tijd

time lag ['taɪmlæg] *znw* ❶ tijdsverloop ★ *there is a ~ of*

about a month between the exam and the results er zit ongeveer een maand tussen het examen en de uitslagen ❷ vertraging

time-lapse ['taɪm-læps] *znw* tijdsverloop ★ *a ~ sequence* een reeks foto's met gelijke tussenpozen achter elkaar genomen

timeless ['taɪmləs] *bn* tijdloos ★ *a ~ look* tijdloze mode

time limit [taɪm 'lɪmɪt] *znw* ❶ tijdslimiet ❷ verjaringstermijn

timeline ['taɪmlaɪn] *znw* tijdlijn, tijdbalk

time lock [taɪm lɒk] *znw* tijdslot

timely ['taɪmlɪ] *bn* ❶ tijdig, op de juiste tijd / op het geschikte ogenblik komend, van pas ★ *thanks for the ~ warning* bedankt voor de tijdige waarschuwing ❷ actueel

time off [taɪm ɒf] *znw* vrije tijd ★ *have / take ~* vrij nemen ★ *I'll do it in my ~* ik doe het in mijn vrije tijd

time out [taɪm aʊt] *znw* ❶ <u>Am</u> onderbreking van de normale routine, rustpauze ❷ <u>onderwijs</u> time out ‹het een poosje apart zetten van een probleemkind› ❸ <u>sp</u> **timeout** time-out ❹ <u>comput</u> **timeout** time-out

time payment [taɪm 'peɪmənt] *znw* betaling in termijnen

timepiece ['taɪmpiːs] *znw* ❶ uurwerk, pendule, klok ❷ <u>gedat</u> horloge

timer ['taɪmə] *znw* ❶ timer ‹instelklok› ❷ <u>sp</u> tijdopnemer

time-release ['taɪm-rɪliːs] *bn* gefaseerd vrijkomen van de bestanddelen van een medicijn

times [taɪmz] *inf* *overg* vermenigvuldigen ★ *~ed by two* vermenigvuldigd met twee

time-saving ['taɪm-seɪvɪŋ] *bn* tijdbesparend

timescale ['taɪmskeɪl] *znw* tijdschaal

time-server ['taɪmsɜːvə], **timeserver** *znw* opportunist, weerhaan

time-serving ['taɪm-sɜːvɪŋ] **I** *bn* opportunistisch **II** *znw* opportunisme, weerhanerij

time-sharing ['taɪm-ʃeərɪŋ] *znw* ❶ <u>comput</u> timesharing ‹het gelijktijdig gebruik van een computer door meer gebruikers› ❷ ‹m.b.t. vakantiehuizen en -appartementen› het voor een bepaalde periode van het jaar eigenaar zijn

time sheet [taɪm ʃiːt] *znw* rooster, werklijst

time signal [taɪm 'sɪgnl] *znw* tijdsein ‹v. radiostation &›

time signature [taɪm 'sɪgnətʃə] <u>muz</u> *znw* maatteken

time switch [taɪm swɪtʃ] *znw* tijdschakelaar

timetable ['taɪmteɪbl] **I** *znw* ❶ dienstregeling, spoorwegboekje ❷ (les)rooster, dagindeling, tijdschema **II** *overg* ± plannen, vaststellen ‹v. tijdstip› ★ *the meeting has been ~d for Wednesday* de vergadering staat gepland voor woensdag

time-tested ['taɪm-testɪd] *bn* beproefd

time travel [taɪm 'trævəl] *znw* tijdreizen

time warp [taɪm wɔːp] *inf* *znw* vervorming van de tijd ★ *she's living in a ~* ze leeft in een andere tijd

timeworn ['taɪmwɔːn] *bn* ❶ aloud, (oud en) versleten ❷ <u>fig</u> afgezaagd

time zone [taɪm zəʊn] *znw* tijdzone

timid ['tɪmɪd] *bn* beschroomd, bang, bedeesd, schuchter, verlegen, timide

timidity [tɪ'mɪdətɪ] *znw* beschroomdheid, schroom, bangheid, bedeesdheid, schuchterheid, verlegenheid, timiditeit

timidly ['tɪmɪdlɪ] *bijw* bedeesd, timide

timing ['taɪmɪŋ] *znw* ❶ timing ❷ het regelen

timorous ['tɪmrəs] *bn* angstvallig, schroomvallig, bang, beschroomd, vreesachtig

timpani ['tɪmpənɪ], **tympani** *znw* pauk(en) ★ *the* ~ de pauken

timpanist ['tɪmpənɪst] *znw* paukenist

tin [tɪn] **I** *bn* ❶ tinnen, vertind ★ *a* ~ *tack* een vertind spijkertje ★ inf *get down to* ~ *tacks* ter zake komen ❷ blikken ★ inf *a* ~ *hat / lid* een stalen soldatenhelm ★ inf *put the* ~ *lid on sth* het einde betekenen van iets, een eind maken aan iets **II** *znw* ❶ tin ❷ blik ❸ blikje, bus, trommel ❹ mil eetketeltje **III** *overg* ❶ vertinnen ❷ inblikken

tin can [tɪn kæn] *znw* blikje

tinctorial [tɪŋk'tɔ:rɪəl] *bn* kleur-, verf-

tincture ['tɪŋktʃə] **I** *znw* ❶ tinctuur ❷ kleur, tint ❸ fig tintje, tikje, zweempje **II** *overg* een beetje kleuren, tinten

tinder ['tɪndə] *znw* tondel

tinderbox ['tɪndəbɒks] *znw* tondeldoos

tinder-dry ['tɪndə-draɪ] *bn* kurkdroog en brandbaar

tinderstick ['tɪndəstɪk] *znw* zwavelstokje

tine [taɪn] *znw* ❶ tand ⟨v. vork &⟩ ❷ tak ⟨v. gewei⟩

tinfoil ['tɪnfɔɪl] *znw* ❶ bladtin, stanniool ❷ folie, zilverpapier

ting [tɪŋ] **I** *znw* gerinkel, tingeling ⟨van een bel⟩ **II** *overg* doen tingelen, rinkelen **III** *onoverg* tingelen, rinkelen

ting-a-ling ['tɪŋ-ə-'lɪŋ] *tsw* tingeling

tinge [tɪndʒ] **I** *znw* ❶ kleur, tint, tintje ★ *a slightly reddish* ~ een licht roodachtige tint ❷ zweem, tikje, bijsmaakje ★ *there was a* ~ *of regret in her voice* er zat een beetje teleurstelling in haar stem **II** *overg* kleuren, tinten ★ *her hair was now* ~*d with grey* er zat nu een tintje grijs door haar haar

tin glaze [tɪn gleɪz] *znw* tinglazuur

tingle ['tɪŋgl] **I** *znw* tinteling, prikkeling ★ *the prospect sent* ~*s down my spine* het vooruitzicht gaf me rillingen langs mijn rug **II** *onoverg* tintelen, prikkelen ★ *she* ~*d with excitement* ze stond te tintelen van opwinding

tin god [tɪn gɒd] *znw* godje (in eigen oog)

tinhorn ['tɪnhɔ:n] Am *inf* **I** *bn* ordinair, opschepperig **II** *znw* opschepper

tinker ['tɪŋkə] **I** *znw* ❶ ketellapper ★ inf *not give a* ~*'s curse / cuss / damn* het niets kunnen schelen, er geen moer om geven ❷ knoeier, prutser **II** *onoverg* prutsen, frutselen (aan *at / with*), sleutelen ★ ~ *about* aanrommelen ★ ~ *with an idea* spelen met een idee

tinkerer ['tɪŋkərə] *znw* knoeier

tinkering ['tɪŋkərɪŋ] **I** *bn* ❶ prutsend, lap- ❷ rinkelend

❸ knutselend ⟨met metaal⟩ ★ *he has the* ~ *skills you need for this job* hij heeft alle knutselhandigheid die je voor deze klus nodig hebt **II** *znw* ❶ gepruts, prutsen ❷ sleutelen, knutselen met metaal

tinkle ['tɪŋkl] **I** *znw* ❶ gerinkel, getingel, getjingel ❷ Br *inf* belletje, telefoontje ★ *give sbd a* ~ iem. even (op)bellen ❸ Br *inf* plasje ⟨urine⟩ **II** *overg* ❶ doen / laten rinkelen & ❷ tokkelen (op) ❸ rammelen op ⟨een piano⟩ **III** *onoverg* ❶ rinkelen, klinken, tingelen, tjingelen ❷ Br *inf* een plasje doen

tinkling ['tɪŋklɪŋ] *znw* getjingel, rinkeling

tinned [tɪnd] *bn* ingeblikt ★ ~ *meat* vlees uit / in blik

tinnitus [tɪ'naɪtəs] med *znw* oorsuizing

tinny ['tɪnɪ] **I** *bn* ❶ blikachtig, blikkerig, blik- ❷ inf goedkoop, prullerig ❸ schraal ⟨v. geluid⟩ **II** *znw* ❶ Aus & NZ *inf* blikje bier ❷ inf kleine boot van aluminium

tin opener [tɪn 'əʊpənə] *znw* blikopener

tin ore [tɪn ɔ:] *znw* tinerts

Tin Pan Alley [tɪn pæn 'ælɪ] *znw* de wereld van (de schrijvers en uitgevers) van de populaire muziek

tinplate ['tɪnpleɪt] *znw* blik

tinpot ['tɪnpɒt] inf *bn* armoedig, prullerig, nietig, armzalig ★ *a* ~ *tyrant* een armzalige tiran

tinsel ['tɪnsəl] *znw* klatergoud ★ *all* ~ *and glitter* allemaal glitter en klatergoud

tinsmith ['tɪnsmɪθ] *znw* blikslager

tinsnips ['tɪnsnɪps] *znw* [mv] blikschaar

tin soldier [tɪn 'səʊldʒə] *znw* tinnen soldaatje

tint [tɪnt] **I** *znw* ❶ tint ❷ ondertoon **II** *overg* tinten, kleuren

tinted ['tɪntɪd] *bn* getint, gekleurd

T-intersection ['ti:-ɪntə'sekʃən], **T-junction** *znw* ❶ T-stuk ❷ T-kruising

tintinnabulation ['tɪntɪnæbju'leɪʃən] *znw* gerinkel ⟨van bellen⟩, getjingel

tinware ['tɪnweə] *znw* ❶ tinnegoed ❷ blikwerk

tiny ['taɪnɪ] *bn* ❶ (heel) klein ★ *we were a* ~ *bit late* we waren een klein beetje te laat ❷ miniem

tip [tɪp] **I** *znw* ❶ tip, tipje, top, topje, (vleugel)spits, puntje ★ *the* ~ *of the iceberg* het topje van de ijsberg ★ *on the* ~ *of one's tongue* op het puntje van zijn tong, op zijn lippen ★ *stand on the* ~*s of one's toes* op zijn tenen staan ★ *an artist / a businessman & to the* ~*s of his fingers* op-en-top een artiest / zakenman & ❷ duw(tje) ★ *give sth a* ~ iem. een duwtje geven ❸ mondstuk ⟨v. sigaret⟩, beslag, dopje, biljart pomerans ❹ vuilnisbelt, stortplaats, steenberg, stort ⟨v. kolenmijn⟩ ❺ fooi ★ *give sbd a* ~ iem. een fooi geven ❻ wenk, inlichting, tip ★ *a hot* ~ een inlichting uit de beste bron ⟨vooral een goktip⟩ ★ *give sbd a* ~ iem. een suggestie doen, iem. zeggen waar hij op moet wedden **II** *overg* ❶ schuin zetten / houden, doen kantelen, wippen ★ ~ *the balance* de doorslag geven ★ ~ *one's hat* zijn hoed aanraken bij wijze van groet ★ ~ *the scales at* wegen ❷ gooien, gieten ❸ (aan)tikken ❹ een fooi geven ❺ tippen, een tip geven ★ inf ~ *sbd the wink* iem. een wenk geven (om hem te waarschuwen) ★ *he is ~ped to get the job* er wordt gezegd dat hij de baan krijgt ❻ beslaan (met metaal), aan de punt voorzien (van *with*), omranden **III** *onoverg* ❶ kiepen, kantelen ❷ een fooi geven **IV** *phras* ★ inf ~ *sbd* off iem. waarschuwen ★ ~ *(sth)* **over** (iets) omkiepen ★ ~ **up** opwippen ★ ~ *sth up* iets schuin zetten

tip-and-run [tɪp-ən-'rʌn] *znw* bepaalde vorm v. cricket ★ *a* ~ *raid* een pijlsnelle luchtaanval

tip-off ['tɪp-ɒf] inf *znw* wenk, inlichting, tip

tipper ['tɪpə] *znw* ❶ → **tipper truck** ❷ fooiengever ❸ storter van afval

tipper truck ['tɪpə trʌk], **tipper, tip truck** *znw* kiepauto, kipper

tipple ['tɪpl] inf **I** *znw* (sterke) drank **II** *onoverg* pimpelen

tippler ['tɪplə] *znw* pimpelaar, drinkebroer

tippy-toe ['tɪpɪ-təʊ] inf *znw & onoverg* → **tiptoe**

tipster ['tɪpstə] *znw* verstrekker van tips 〈waarop te wedden bij races〉

tipsy ['tɪpsɪ] inf *bn* aangeschoten, beschonken

tipsy cake ['tɪpsɪ keɪk] inf *znw* sponzige cake met custardvla

tiptoe ['tɪptəʊ], inf **tippy-toe I** *znw* ★ *on ~(s)* op de tenen **II** *onoverg* op zijn / de tenen lopen

tip-top ['tɪp'tɒp] inf *bn* prima, bovenste beste, eersteklas

tip truck [tɪp trʌk] *znw* → **tipper**

TIR *afk* (Transport International Routier) internationaal wegtransport

tirade [taɪ'reɪd] *znw* tirade, stortvloed van woorden

tiramisu [tɪrəmɪ'su:] *znw* tiramisu 〈Italiaans toetje〉

tire ['taɪə] **I** *znw* → **tyre II** *overg* ❶ vermoeien, moe maken ❷ vervelen **III** *onoverg* moe worden **IV** *phras* ★ ~ **of** *sth* moe worden van iets, iets beu worden ★ ~ *sbd* **out** iem. afmatten

tired ['taɪəd] *bn* ❶ vermoeid, moe ★ *be sick and ~ of sth* doodziek zijn van iets ★ *a vase of ~ flowers* een vaas met verpieterde bloemen ❷ afgezaagd ★ *the same old ~ stories* dezelfde oude afgezaagde verhalen

tireless ['taɪələs] *bn* onvermoeibaar

tirelessly ['taɪələslɪ] *bijw* onvermoeibaar

tiresome ['taɪəsəm] *bn* vermoeiend, vervelend

tiring ['taɪərɪŋ] *bn* vermoeiend

tiro ['taɪrəʊ] *znw* → **tyro**

'tis [tɪz] dicht *samentr* (it is) het is

tisane [tɪ'zæn] 〈*Fr*〉 *znw* kruidenthee

tissue ['tɪʃuː] *znw* ❶ weefsel ★ *a ~ of lies* een aaneenschakeling / web van leugens ❷ zijdepapier ❸ doekje ❹ papieren (zak)doekje, tissue

tissue paper ['tɪʃuː 'peɪpə] *znw* zijdepapier

tissue type ['tɪʃuː taɪp] *znw* weefseltype

tissue-type ['tɪʃuː-taɪp] *overg* het weefseltype vaststellen van

tissue-typing ['tɪʃuː-taɪpɪŋ] *znw* weefseltypering

tit [tɪt] *znw* ❶ mees 〈zangvogeltje〉 ❷ vulg borst ❸ tepel ❹ Br inf slappe vent ▼ ~ *for tat* leer om leer, lik op stuk

titan ['taɪtn] dicht *znw* reus, superman ★ *a literary* ~ een literaire reus

titanic [taɪ'tænɪk] *bn* titanisch, reusachtig, enorm

titanium [taɪ'teɪnjəm] *znw* titanium, titaan

titbit ['tɪtbɪt], Am **tidbit** *znw* ❶ lekker hapje, versnapering ❷ fig interessant nieuwtje

titchy ['tɪtʃɪ] inf *bn* minuscuul, pietepeuterig

tithe [taɪð] **I** *znw* ❶ tiende (deel) ❷ tiend 〈belasting〉 **II** *overg* vertienden, tienden heffen op **III** *onoverg* tienden betalen 〈als religieuze plicht〉

tithing ['taɪðɪŋ] hist *znw* het opbrengen van tienden 〈belasting over opbrengsten van gepacht land〉

titillate ['tɪtɪleɪt] *overg* strelen, prikkelen, kittelen, seksueel opwinden

titillating ['tɪtɪleɪtɪŋ] *znw* amusant, prikkelend, seksueel opwindend

titillation [tɪtɪ'leɪʃən] *znw* streling, prikkeling, kitteling, seksuele opwinding

titivate ['tɪtɪveɪt] inf *overg* opschikken, opdirken

titlark ['tɪtlɑːk] *znw* graspieper 〈zangvogeltje〉

title ['taɪtl] **I** *znw* ❶ titel ❷ (eigendoms)recht, eigendomsbewijs ❸ jur aanspraak (op *to*) **II** *overg* ❶ een titel verlenen (aan) ❷ (be)titelen

title bar ['taɪtl bɑː] comput *znw* titelbalk

titled ['taɪtld] *bn* getiteld, met titel, adellijke

title deed ['taɪtldiːd] *znw* eigendomsbewijs

titleholder ['taɪtlhəʊldə] *znw* titelhouder

title page ['taɪtl peɪdʒ] *znw* titelblad, titelpagina

title role ['taɪtl rəʊl] *znw* titelrol, hoofdrol

titmouse ['tɪtmaʊs] *znw* mees 〈zangvogeltje〉

titrate ['taɪtreɪt] scheik *overg* titreren

titre ['taɪtə, 'tiːtə], Am **titer** scheik *znw* titer

ti tree [tɪ'ɑːrə triː] *znw* → **tea tree**

titter ['tɪtə] **I** *znw* gegiechel **II** *onoverg* giechelen

tittle ['tɪtl] *znw* tittel, jota ★ *there's not a ~ of truth in it* er zit totaal geen waarheid in

tittle-tattle ['tɪtltætl] **I** *znw* geklets, geklep, geroddel **II** *onoverg* kletsen, kleppen

tittup ['tɪtəp] Br **I** *znw* bokkensprong, gehuppel **II** *onoverg* huppelen, allerlei bokkensprongen maken

titular ['tɪtjʊlə] *bn* ❶ titulair, titel- ❷ in naam ★ *the queen is ~ head of the church* de koningin is in naam hoofd van de Kerk ❸ aan de titel verbonden

tizzy ['tɪzɪ] inf *znw* ★ *in a ~* van de kook, in alle staten

T-junction ['tiː-'dʒʌŋkʃən] *znw* → **T-intersection**

tn *afk* → **ton** → **town**

TNT *afk* (trinitrotoluene) TNT, trinitrotoluol

to [tuː, tʊ, tə] **I** *voorz* ❶ te, om te 〈+ werkwoord〉 ★ *the first crocus ~ appear* de eerste krokus die tevoorschijn komt ★ *~ recall those days made her sad* het denken aan die dagen maakte haar bedroefd ★ *there are no chairs ~ sit on* er zijn geen stoelen om op te zitten ★ *we're about ~ leave* we staan op het punt om weg te gaan ★ *there is a lot ~ do* er is veel te doen ★ *sorry, I don't want ~* sorry, maar ik wil het niet ❷ tot, aan, met ★ *the water only comes ~ your waist* het water komt maar tot je middel ★ *the car came ~ a halt* de auto stopte ★~ *her amazement, he remembered* tot haar verbazing kon hij het zich herinneren ★ *I'm married ~ him* ik ben met hem getrouwd ★ *suppliers ~ the queen* hofleveranciers ★ *but ~ our story* maar om op ons verhaal terug te komen ★ *there's more ~ it* er steekt meer achter, het gaat hierbij om meer ❸ tot op, op, te, ter, ten ★ *one kilometre ~ the south of the town* één kilometer ten zuiden van de stad ★ *from 1999 ~ the present day* vanaf 1999 tot vandaag ★ *she was close ~ tears* ze was de tranen nabij ★ *we make ~ order* we maken op maat ❹ naar, tegen, jegens ★ *~ her he bore no resentment* jegens haar koesterde hij geen wrok ❺ voor ★ *ten minutes ~ twelve* tien minuten voor twaalf ❻ bij, in vergelijking met, volgens ★ *my car can do 20 kilometres ~ the litre* mijn auto haalt 20 kilometer per liter ★ *~ his mind, it was nonsense* volgens hem was het onzin ❼ onder ★ *relax to ~ the sounds of nature* zich ontspannen onder de geluiden van de natuur **II** *bijw* heen, tegen, eraan, toe ★ *he pushed the door ~* hij duwde de deur dicht

toad [təʊd] *znw* ❶ pad ‹dier› ❷ inf klier, kwal, kreng
toad-in-the-hole [təʊd-ɪn-ðə-'həʊl] *znw* in pannenkoekbeslag gebakken worstjes
toadstool ['təʊdstuːl] *znw* paddenstoel ‹niet-eetbare›
toady ['təʊdɪ] **I** *znw* pluimstrijker, vleier **II** *overg* pluimstrijken, vleien **III** *onoverg* ★~ *to sbd* iem. vleien
to and fro [tu: ən 'frəʊ] *bijw* heen en weer
toast [təʊst] **I** *znw* ❶ geroosterd brood ★ *eggs on ~* toast met eieren ❷ toast, (heil)dronk ★ *drink a ~ to sbd* op iemands gezondheid drinken ★ *propose a ~* een toost uitbrengen ❸ op wie getoast wordt, ster, beroemdheid ★ *the ~ of the town* de beroemdheid van de stad **II** *overg* ❶ roosteren ❷ warmen ‹voor het vuur› ❸ een toost uitbrengen op **III** *onoverg* toosten
toaster ['təʊstə] *znw* (brood)rooster
toasting fork ['təʊstɪŋ fɔːk] *znw* roostervork
toastmaster ['təʊstmɑːstə] *znw* tafelceremoniemeester bij grote diners
toast rack [təʊst ræk] *znw* rekje voor geroosterd brood
tobacco [tə'bækəʊ] *znw* [*mv:* -s] tabak
tobacconist [tə'bækənɪst] *znw* tabaksverkoper, sigarenhandelaar
toboggan [tə'bɒgən] **I** *znw* tobogan **II** *onoverg* met de tobogan sleeën, rodelen
toby jug ['təʊbɪ dʒʌg] *znw* bierpot in de vorm v. oude man met steek op
tod [tɒd] Br inf *znw* ★ *on one's ~* alleen
today [tə'deɪ] *bijw & znw* ❶ vandaag, heden ★ *it's in ~'s paper* het staat vandaag in de krant ❷ vandaag de dag, tegenwoordig
toddle ['tɒdl] **I** *znw* kuier, waggelende gang **II** *onoverg* waggelend gaan, dribbelen **III** *phras* ★~ *around* aanwippen ★~ *off* opstappen
toddler ['tɒdlə] *znw* peuter, hummel, dreumes
toddy ['tɒdɪ] *znw* ❶ grog ❷ palmwijn

to-do [tə'duː] inf *znw* opschudding, verwarde situatie, drukte
toe [təʊ] **I** *znw* ❶ teen ★ *the big ~* de grote teen ★ *on one's ~s* op zijn tenen ★ *keep sbd on his ~s* iem. achter de vodden zitten, ± iem. bij de les houden ★ *make one's ~s curl* kromme tenen bezorgen ★ *step / tread on sbd's ~s* iem. op de tenen trappen ★ inf *turn up one's ~s* het hoekje omgaan, doodgaan ❷ punt, neus ‹v. schoen› **II** *overg* ❶ met de tenen aanraken ★~ *the line* zich onderwerpen, gehoorzamen ★ *make sbd ~ the line* iem. laten gehoorzamen ❷ een teen aanzetten ‹kous› ❸ inf een schop geven
toecap ['təʊkæp] *znw* neus ‹v. schoen›
toe-curling ['təʊ-kɜːlɪŋ] inf *bn* tenenkrommend
TOEFL ['təʊfl] *afk* (test of English as a foreign language) Engels examen voor buitenlanders
toehold ['təʊhəʊld] *znw* ❶ steun voor de teen ❷ inf precaire positie, vooruitgeschoven stelling ❸ inf steunpuntje, opstapje, houvast ★ *getting a ~ in the acting business can be difficult* een ingang vinden in de toneelwereld kan moeilijk zijn
toenail ['təʊneɪl] *znw* teennagel
toerag ['təʊræg] inf *znw* schooier, zwerver
toey ['təʊɪ] Aus & NZ inf *bn* gespannen, zenuwachtig
toff [tɒf] inf **I** *znw* dandy, rijk / chic persoon **II** *phras* ★ *get all ~ed up* zich helemaal opdirken
toffee [tɒfɪ] *znw* toffee
toffee apple [tɒfɪ 'æpl] *znw* in karamel gedoopte appel op een stokje ‹als snoepgoed verkocht op kermissen e.d.›
toffee-nosed ['tɒfɪ-nəʊzd] inf *bn* bekakt, snobistisch, verwaand
toffy ['tɒfɪ] inf *bn* piekfijn
tofu ['təʊfuː] *znw* tofoe, tahoe
toga ['təʊgə] *znw* toga
together [tə'geðə] **I** *bn* inf met zelfvertrouwen, competent **II** *bijw* ❶ samen, tezamen, (te)gelijk ★ *he came in ~ with his lawyer* hij kwam binnen met zijn advocaat ❷ bij / met / tegen / voor elkaar ★ *we should get ~ sometime* we moeten elkaar weer eens opzoeken ★ *he's starting to get his life ~ now* hij begint zijn leven een beetje voor elkaar te krijgen ❸ aan elkaar, aaneen, achtereen ★ *tie the ropes ~* de touwen aan elkaar knopen
togetherness [tə'geðənəs] *znw* saamhorigheid
togged out [tɒgd 'aʊt], **togged up** inf *bn* uitgedost ★ *all ~ in our best gear* helemaal uitgedost in onze beste kleren
toggery ['tɒgərɪ] *znw* ❶ inf scherts plunje ❷ tuig ‹v. paard›
toggle ['tɒgl] **I** *znw* ❶ scheepv knevel ❷ dwarspen **II** *overg* comput ‹m.b.t. programmaopties› aan- / uitzetten, in- / uitschakelen
toggle coat ['tɒgl kəʊt] *znw* houtje-touwtjejas
toggle switch ['tɒgl swɪtʃ] *znw* kip- / tuimelschakelaar
Togo ['təʊgəʊ] *znw* Togo
Togolese [təʊgəʊ'liːz] **I** *bn* Togolees, Togoos **II** *znw* [*mv:* ~] Togolees, Togolese

to

togs [tɒgz] *znw* [mv] ❶ inf plunje, kleren, nette pak ❷ Aus, NZ & Iers inf zwemkleren

toil [tɔɪl] **I** *znw* hard werk(en), gezwoeg ★ *blood, sweat and* ~ bloed, zweet en hard werken **II** *onoverg* hard werken, zwoegen, ploeteren ★ ~ *and moil* werken en zwoegen, zich afbeulen **III** *phras* ★ ~ *away* hard doorwerken ★ ~ **through** doorworstelen

toiler [ˈtɔɪlə] *znw* zwoeger

toilet [ˈtɔɪlət] **I** *znw* toilet ★ *I'm desperate for a* ~ ik moet hoognodig **II** *overg* iem. naar de WC helpen ‹kinderen, invaliden›

toilet bag [ˈtɔɪlət bæg] *znw* toilettas

toilet bowl [ˈtɔɪlət bəʊl] *znw* toiletpot

toilet brush [ˈtɔɪlət brʌʃ] *znw* toiletborstel

toilet paper [ˈtɔɪlət ˈpeɪpə] *znw* toilet-, wc-papier

toiletries [ˈtɔɪlətrɪz] *znw* [mv] toiletartikelen

toilet roll [ˈtɔɪlət rəʊl] *znw* closetrol

toilet set [ˈtɔɪlət set] *znw* toiletgarnituur

toilet soap [ˈtɔɪlət səʊp] *znw* toiletzeep

toilet tissue [ˈtɔɪlət ˈtɪʃuː] *znw* toiletpapier

toilet-train [ˈtɔɪlət-treɪn] *overg* zindelijk maken ‹baby›

toilet-trained [ˈtɔɪlət-treɪnd] *bn* zindelijk

toilet water [ˈtɔɪlət ˈwɔːtə] *znw* eau de toilette

toilsome [ˈtɔɪlsəm] dicht *bn* moeilijk, zwaar

toilworn [ˈtɔɪlwɔːn] dicht *bn* afgewerkt

to-ing and fro-ing [ˈtuː-ɪŋ ən ˈfrəʊ-ɪŋ] *znw* komen en gaan, heen-en-weergeloop, -gereis &

token [ˈtəʊkən] **I** *bn* symbolisch **II** *znw* ❶ teken, blijk ★ *as a* ~ *of* ten teken van, als blijk van ★ *by the same* ~ om welke reden, waarom, daarenboven, evenzeer ❷ aandenken ❸ bewijs, bon ❹ munt ‹voor apparaten &›

token gesture [ˈtəʊkən ˈdʒestʃə] *znw* symbolisch gebaar

token money [ˈtəʊkən ˈmʌnɪ], **token coin** *znw* tekenmunt, penning, fiche

token payment [ˈtəʊkən ˈpeɪmənt] *znw* symbolische betaling

tolbooth [ˈtəʊlbuːð] *znw* → **tollbooth**

told [təʊld] *ww* [v.t. & v.d.] → **tell**

tolerable [ˈtɒlərəbl] *bn* te verdragen, duldbaar, draaglijk

tolerably [ˈtɒlərəblɪ] *bijw* draaglijk, tamelijk, redelijk, vrij

tolerance [ˈtɒlərəns] *znw* ❶ verdraagzaamheid, tolerantie ❷ techn speling

tolerant [ˈtɒlərənt] *bn* verdraagzaam, tolerant ★ *he is not very* ~ *of others* hij is niet erg verdraagzaam ten opzichte van anderen

tolerate [ˈtɒləreɪt] *overg* tolereren, verdragen, lijden, toelaten, dulden, gedogen

toleration [tɒləˈreɪʃən] *znw* ❶ toelating, dulding ❷ verdraagzaamheid, tolerantie

toll [təʊl] **I** *znw* ❶ tol, tolgeld, staan-, weg-, bruggeld maalloon ★ *years of hard work have taken their* ~ / *a heavy* ~ het jarenlange harde werken heeft zijn tol geëist ❷ cijfer ★ *the death* ~ het dodencijfer, het aantal slachtoffers ★ *the road* ~ de slachtoffers (van

to ‹het verkeer› ❸ geklep, (klok)slag **II** *overg & onoverg* luiden, kleppen

tollbooth [ˈtəʊlbuːð], **tolbooth** *znw* tolhuis

toll bridge [təʊl brɪdʒ] *znw* tolbrug

toll-free [təʊl-ˈfriː] *bn* gratis, zonder kosten

tollhouse [ˈtəʊlhaʊs] *znw* tolhuis

toll money [ˈtəʊl ˈmʌnɪ] *znw* tolgeld

tollway [ˈtəʊlweɪ] *znw* tolweg

tom [tɒm] *znw* mannetje ‹v. sommige dieren›, kater ▼ *Tom, Dick and Harry* Jan, Piet en Klaas ▼ *Tom Thumb* Kleinduimpje ▼ *a peeping Tom* een gluurder, voyeur

tomahawk [ˈtɒməhɔːk] *znw* tomahawk ‹strijdbijl v. indiaan›

tomato [təˈmɑːtəʊ] *znw* [mv: -toes] tomaat

tomb [tuːm] *znw* ❶ graf, (graf)tombe ❷ fig (de) dood

tombola [tɒmˈbəʊlə] *znw* tombola

tomboy [ˈtɒmbɔɪ] *znw* meisje dat zich jongensachtig gedraagt, robbedoes

tombstone [ˈtuːmstəʊn] *znw* ❶ grafsteen, zerk ❷ **tombstone advertisement** tombstoneadvertentie ‹advertentie met daarin een lijst van deelnemers, bijv. alle betrokkenen bij een nieuwe aandelenuitgifte›

tomcat [ˈtɒmkæt] *znw* kater

tome [təʊm] *znw* ❶ (dik) boekdeel ❷ inf dikke pil

tomfool [tɒmˈfuːl] *bn* absurd, krankzinnig, idioot

tomfoolery [tɒmˈfuːlərɪ] *znw* ❶ gekheid, dwaze streken, zotternij, onzin ❷ flauwekul

Tommy [ˈtɒmɪ] inf *znw* [mv: Tommies] de Engelse soldaat

tommy gun [ˈtɒmɪgʌn] mil *znw* type pistoolmitrailleur

tommyrot [ˈtɒmɪrɒt] inf *znw* klets, larie, onzin

tomorrow [təˈmɒrəʊ] *bijw & znw* ❶ morgen ❷ de dag van morgen

tomtit [ˈtɒmˈtɪt] *znw* meesje, pimpelmees ‹zangvogeltje›

tom-tom [ˈtɒmtɒm] *znw* ❶ tamtam ‹handtrom› ❷ tomtom ‹v. drumstel›

ton I *znw* [tʌn] ❶ ton (2240 Eng. ponden, ± 1016 kilo, scheepv 100 kub. voet, 954 liter) ★ inf *weigh a* ~ loodzwaar zijn ★ inf *come down on sbd like a* ~ *of bricks* iem. er ongenadig van langs geven ❷ → **metric ton** ❸ inf 100 in aantal, score van 100, 100 mijl per uur, £100 ❹ inf (grote) hoop ★ inf ~*s of* / *a* ~ *of money* / *people* / *times &* heel veel geld / mensen / keren **II** *znw* [tɒn] ‹Fr› bon ton ❷ mode

tonal [ˈtəʊnl] *bn* tonaal, toon- ★ *a nice performance, despite several* ~ *lapses* een mooie uitvoering ondanks een paar verkeerde noten

tonality [təˈnælətɪ] *znw* tonaliteit, toonaard

tone [təʊn] **I** *znw* ❶ toon, klank, stem(buiging) ★ *the engaged* ~ de bezettoon ★ *in a low* ~ op zachte toon ★ *I didn't like his* ~ *of voice* zijn toon stond mij niet aan ★ *don't take that* ~ *with me* zo'n toon moet je tegen mij niet aanslaan ❷ schakering, tint ❸ tonus, spanning ★ *muscle* ~ spierspanning ❹ stemming

★ *his presence lowered the ~ a bit* zijn aanwezigheid haalde het niveau wat naar beneden ★ *this set the ~ for the whole evening* dit gaf de toon aan voor de hele avond **II** *overg* ❶ stemmen ❷ tinten ❸ kleuren **III** *onoverg* harmoniëren **IV** *phras* ★ *~ down* afzwakken ★ *~ sth down* iets temperen, iets verzachten, iets afzwakken ★ *~ in with sth* goed passen bij iets ★ *~ sth up* iets versterken, iets opkikkeren

tone control [təʊn kən'trəʊl] *znw* toonregeling ‹bij opname›

tone-deaf [təʊn-'def] *bn* amuzikaal

tone dialling ['təʊn 'daɪəlɪŋ], Am **tone dialing** *znw* telefoonsysteem waarbij elk cijfer wordt weergegeven door een eigen toon

tone language [təʊn 'læŋgwɪdʒ] *znw* toontaal

toneless ['təʊnlɪs] *bn* ❶ toonloos, klankloos, kleurloos ❷ krachteloos, slap, zwak ❸ onmuzikaal

tone-on-tone [təʊn-ɒn-'təʊn] *bn* gekleurd met nuances van dezelfde kleur, ton-sur-ton

toner ['təʊnə] *znw* toner ‹voor printers›

toner cartridge ['təʊnə 'kɑ:trɪdʒ] *znw* tonercassette, toner cartridge ‹voor printers›

Tonga ['tɒŋ(g)ə] *znw* Tonga

Tongan ['tɒŋ(g)ən] **I** *bn* Tongaans **II** *znw* Tongaan, Tongaanse

tongs [tɒŋz] *znw* [mv] tang ★ *a pair of ~* een tang

tongue [tʌŋ] *znw* ❶ tong ★ *stick / put out one's ~* zijn tong uitsteken ★ *find one's ~* de spraak terugkrijgen, beginnen te praten ★ *get one's ~ around / round a word* erin slagen een (moeilijk) woord uit te spreken ★ *hold one's ~* zijn (de) mond houden ★ *a drink will loosen his ~* een drankje krijgt hem wel aan het praten ★ *he let his ~ run away with him* hij kon zijn tong niet in toom houden, hij heeft zijn mond voorbijgepraat ★ *set / start ~s wagging* de tongen in beweging brengen ❷ taal, spraak ★ *speak in ~s* in tongen spreken ❸ landtong ❹ tongetje ‹v. balans, gesp &› ❺ klepel ‹v. klok› ❻ lip ‹v. schoen›

tongue and groove [tʌŋ ən 'gru:v] *znw* messing en groef

tongue-in-cheek ['tʌŋ ɪn 'tʃi:k] *bn* ironisch, spotachtig, ongelovig, meesmuilend, doodleuk ★ *a ~ look at the British* een ironische kijk op de Britten

tongue-lashing ['tʌŋ-læʃɪŋ] *znw* zware berisping ★ *give sbd a ~* iem. flink op zijn falie geven

tongue-tied ['tʌŋtaɪd] *bn* ❶ niet kunnende / niet mogende spreken ❷ met zijn mond vol tanden, stom, sprakeloos

tongue-twister ['tʌŋ-twɪstə] *znw* moeilijk uit te spreken woord / zin

tongue-wagging ['tʌŋ-wægɪŋ] *znw* gekwebbel

tonic ['tɒnɪk] **I** *bn* ❶ tonisch, opwekkend, versterkend ❷ muz toon- ★ *a ~ accent* een klemtoon **II** *znw* ❶ tonicum, versterkend (genees)middel ❷ **tonic water** tonic ❸ muz tonica, grondtoon

tonic sol-fa ['tɒnɪk 'sɒlfɑ:] *znw* muz Eng.

zangmethode aan namen (niet aan noten) ontleend

tonight [tə'naɪt] *bijw & znw* ❶ deze avond, hedenavond, vanavond ★ *~'s performance has been cancelled* de uitvoering van vanavond is afgelast ❷ deze nacht

tonnage ['tʌnɪdʒ] *znw* ❶ tonnenmaat, scheepsruimte, laadruimte ❷ tonnengeld

tonne [tʌn], **metric tonne** *znw* [mv: ~ of tonnes] metrieke ton ‹1000 kg›

tonometer [tə'nɒmɪtə] *znw* stemvork

tonsil ['tɒnsəl] *znw* [meestal mv] (keel)amandel

tonsillitis [tɒnsɪ'laɪtɪs] med *znw* amandelontsteking

tonsure ['tɒnʃə] **I** *znw* tonsuur, kruinschering **II** *overg* de kruin scheren (van)

Tony ['təʊnɪ] Am *znw* [mv: Tonys] theaterprijs

too [tu:] *bijw* ❶ ook ★ *her mother came ~* haar moeder kwam ook mee ★ *...and a big one, ~!* ...en ook nog eens een grote! ❷ te, al te ★ *it's all ~ much* het is allemaal te veel ★ *the time approached all ~ quickly* de tijd kwam veel te snel naderbij ★ *they're none ~ particular in their tastes* zij zijn niet al te kieskeurig in hun smaak ★ *I'd be only ~ happy to do so* ik ben maar al te blij om dat te doen, ik doe dat heel graag ★ inf *that's ~ bad* dat is jammer ★ inf *we're in ~ deep to stop now* we zitten er te diep in om nu op te kunnen houden ★ *it's ~ good to miss* het is te goed om te missen ★ *~ little ~ late* te weinig en te laat ★ *~ much of a good thing* te veel van het goeie ★ inf *~ right I do* jazeker!, wel terdege!

took [tʊk] *ww* [v.t. & v.d.] → **take**

tool [tu:l] **I** *znw* ❶ gereedschap, werktuig ★ *he's busy learning the ~s of the trade* hij is druk bezig de kneepjes van het vak te leren ❷ vulg penis **II** *overg* ❶ bewerken ❷ outilleren, uitrusten ‹met machines› ★ *be ~ed* met machines uitrusten ‹fabriek› **III** *phras* ★ Am inf *~ along* rondrijden ★ Br inf *~ up* van wapens voorzien ‹criminelen› ★ Br inf *be ~ed up* van wapens voorzien ‹criminelen›

toolbar ['tu:lbɑ:] comput *znw* werkbalk

toolbox ['tu:lbɒks] *znw* ❶ gereedschapskist ❷ comput toolbox ‹set software instrumenten›

tooler ['tu:lə] *znw* soort beitel

tooling ['tu:lɪŋ] *znw* sierdruk ‹op boekband›

tool kit [tu:l kɪt] *znw* gereedschapskist

toolmaker ['tu:lmeɪkə] *znw* instrumentenmaker

tool shed [tu:l ʃed] *znw* schuurtje met gereedschap

toot [tu:t] **I** *znw* getoeter **II** *overg & onoverg* toet(er)en, blazen (op)

tooter ['tu:tə] *znw* toeter

tooth [tu:θ] *znw* [mv: teeth] ❶ tand, kies ★ *a bit long in the ~* niet de jongste meer ★ *armed to the ~* tot de tanden gewapend ★ *fight ~ and nail* uit alle macht vechten, zich met hand en tand verdedigen ★ *get one's teeth into sth* ergens zijn tanden in zetten ★ inf *lie through one's teeth* liegen dat het gedrukt staat ★ *fling / throw sth in sbd's teeth* iem. iets voor de voeten werpen, iem. iets verwijten ★ *set sbd's teeth on edge* iem. door merg en been gaan, iem. irriteren

to

❷ smaak, voorkeur ★ *he has a* ~ *for fine wine* hij heeft een smaak voor goede wijn ★ *in the teeth of the gale / wind &* vlak tegen de storm / wind & in ▼ *in the teeth of strong opposition* ondanks de sterke tegenstand

toothache ['tu:θeɪk] *znw* kies-, tandpijn

toothbrush ['tu:θbrʌʃ] *znw* tandenborstel

toothcomb ['tu:θkəʊm] *znw* fijne kam, stofkam ★ *go through sth with a (fine)* ~ ergens met een fijne kam doorheengaan

toothed [tu:θt] *bn* getand ★ *gears consist of* ~ *wheels* versnellingen bestaan uit tandraderen

-toothed [tu:θt] *achterv* getand ★ *saw~* met zaagtanden ★ *he beamed at me with a two~ grin* hij keek mij stralend aan met een tweetandige grijns

tooth fairy [tu:θ 'feərɪ] *znw* tandenfee ⟨fantasiefiguur die geld geeft voor elke verloren melktand⟩

toothful ['tu:θfʊl] *inf znw* scheutje, klein beetje

tooth glass [tu:θ glɑ:s] *znw* glas voor tandenborstel / kunstgebit

toothless ['tʊθləs] *bn* tandeloos

toothpaste ['tu:θpeɪst] *znw* tandpasta

toothpick ['tu:θpɪk] *znw* tandenstoker

tooth powder [tu:θ 'paʊdə] *znw* tandpoeder

toothsome ['tu:θsəm] *bn* smakelijk, lekker

toothy ['tu:θɪ] *bn* ❶ met vooruitstekende tanden ❷ met veel (vertoon van) tanden

tootle ['tu:tl] *inf* **I** *znw* getoeter **II** *overg* blazen op, toeteren **III** *onoverg* ❶ zacht en aanhoudend toeteren ❷ rondtoeren

tootsy ['tu:tsɪ] *inf znw* ❶ pootje, voetje ❷ lieveling, schatje

top [tɒp] **I** *bn* ❶ bovenste, hoogste, eerste ★ *muz a ~ G* een hoge g ★ *the ~ ten* de bovenste tien ★ *on / in ~ form* in topvorm ★ *Am inf pay ~ dollars for sth* een hoge prijs voor iets betalen ❷ prima **II** *znw* ❶ top, kruin, spits, bovenkant, piek ★ *from ~ to bottom* van boven tot onder ★ *from ~ to toe* van top tot teen ★ *inf off the ~ of one's head* onvoorbereid, voor de vuist weg ★ *on ~* bovenaan, bovenop, daarbij ★ *on (the) ~ of sth* (boven) op iets, over iets heen, extra ★ *come out on* ~ overwinnaar zijn, het winnen ★ *inf go over the ~* overdrijven ★ *on ~ of the parking fine I was booked for speeding* behalve de parkeerbon werd ik ook nog eens bekeurd voor te hard rijden ❷ deksel, kap, dak, blad ⟨v. tafel⟩ ❸ bovenste, bovenstuk, topje ⟨kledingstuk⟩ ❹ oppervlakte ❺ dop ⟨v. vulpen⟩, kroonkurk ❻ bovenste plek, boveneinde, hoofd ⟨v. tafel⟩, andere eind ⟨v.d.straat⟩ ★ *at the* ~ bovenaan ★ *she must be (feeling) on ~ of the world* ze moet zich heel gelukkig voelen, ze moet dolblij zijn ★ *be on the ~ of the agenda* bovenaan de agenda staan ❼ scheepv mars ❽ auto hoogste versnelling ❾ fig toppunt, de (het) hoogste / eerste / beste ★ *at the ~ of one's voice* uit alle macht, zo hard mogelijk ★ *be at the ~ of one's class* nummer één (van de klas) zijn ★ *inf be at the ~ of the tree* op de hoogste sport staan, de man zijn ★ *inf be*

on ~ of sth iets beheersen, in de hand hebben ⟨v. probleem &⟩ ★ *inf be over the* ~ zijn beste tijd gehad hebben ★ *come ~ of sth* de beste zijn van iets ❿ tol ⟨speelgoed⟩ ⓫ groen, loof ▼ *sleep like a* ~ slapen als een roos **III** *overg* ❶ bedekken ❷ beklimmen ⟨tot de top⟩ ❸ hoger opschieten, langer zijn dan ❹ fig overtreffen, uitmunten, zich verheffen boven ★ ~ *the list* bovenaan staan ★ ~ *the poll* de meeste stemmen hebben ★ *inf to* ~ *it all* om de kroon op het werk te zetten, tot overmaat van ramp ❺ toppen ★ ~ *and tail* afhalen, schoonmaken ⟨bonen⟩ ▼ *inf* ~ *oneself* zelfmoord plegen **IV** *onoverg* zich verheffen **V** *phras* ★ ~ *sth* off ergens een eind aan maken, besluiten, iets eindigen met ★ ~ *out* een hoogtepunt bereiken ★ ~ *sth up* bijvullen, aanvullen ⟨met geld &⟩ ★ *inf* ~ *sbd up* iemands glas bijvullen

topaz ['təʊpæz] *znw* topaas

top boots [tɒp bu:ts] *znw* [mv] kaplaarzen

top brass ['tɒp brɑ:s] *inf znw* hoge omes

topcoat ['tɒpkəʊt] *znw* ❶ overjas ❷ deklaag ⟨v. verf⟩

top dog [tɒp dɒg] *inf znw* nummer één, de baas

top-down [tɒp-'daʊn] *bn* top-down, van bovenaf ⟨vooral v. bedrijfsstructuur⟩

top drawer [tɒp 'drɔ:ə] *znw* ❶ bovenste la ❷ *inf* hoge sociale klasse / positie

top-drawer [tɒp-'drɔ:ə] *inf bn* uit de beste kringen, van goede komaf ★ *a ~ performance* een eersteklas voorstelling

top dressing [tɒp 'dresɪŋ] *znw* bovenbemesting

topee ['təʊpi:] *znw* helmhoed

top-end ['tɒp-end] *bn* eersterangs, van eerste kwaliteit

top flight [tɒp flaɪt] **I** *bn* eersterangs, best, van de bovenste plank **II** *znw* ★ *the* ~ de top, de hoogste sociale regionen

top floor [tɒp flɔ:] *znw* bovenverdieping

top hat [tɒp hæt] *znw* hoge hoed

top-heavy [tɒp'hevɪ] *bn* topzwaar

topi ['təʊpɪ] *znw* tropenhelm

topiary ['təʊpɪərɪ] *znw* vormsnoei ⟨snoeien van bomen, heggen & in decoratieve vormen⟩

topic ['tɒpɪk] *znw* onderwerp ⟨van gesprek &⟩

topical ['tɒpɪkl] *bn* ❶ actueel ⟨wat betreft onderwerp⟩ ★ *a ~ issue* een actuele kwestie ❷ thematisch, thematisch gerangschikt ❸ plaatselijk, lokaal ❹ med plaatselijk

topicality [tɒpɪ'kælətɪ] *znw* actualiteit

topic sentence ['tɒpɪk 'sentəns] *znw* kernzin, hoofdgedachte

topknot ['tɒpnɒt] *znw* ❶ kuif ⟨v. vogel⟩ ❷ (haar)knotje ❸ haarstrik

topless ['tɒpləs] *bn* topless, zonder bovenstukje

top-level ['tɒplevl] *bn* op het hoogste niveau

top-line ['tɒp-laɪn] *bn* van de hoogste kwaliteit

topman ['tɒpmən] *znw* ❶ hoge piet ❷ scheepv marsgast

topmast ['tɒpmɑ:st] *scheepv znw* (mars)steng

topmost ['tɒpməʊst] *bn* bovenste, hoogste

topnotch [tɒp'nɒtʃ] <u>inf</u> *bn* eersterangs, best, van de bovenste plank

topographer [tə'pɒgrəfə] *znw* topograaf

topographical [tɒpə'græfɪkl] *bn* topografisch, plaatsbeschrijvend

topography [tə'pɒgrəfɪ] *znw* ❶ topografie, plaatsbeschrijving ❷ topografische situatie

topper ['tɒpə] *znw* ❶ <u>inf</u> hoge hoed ❷ topper, beste in zijn soort

topping ['tɒpɪŋ] I *bn* <u>inf gedat</u> prima, uitstekend, prachtig, heerlijk II *znw* bovenste laagje, sierlaagje, topping

topple ['tɒpl] *overg & onoverg* (doen) tuimelen (ook: *down / over*), (doen) omvallen, omverwerpen

top-ranking ['tɒp-ræŋkɪŋ] *bn* (zeer) hooggeplaatst ‹persoon›

tops [tɒps] I *tsw* Br prima, eersterangs II *bijw* <u>inf</u> op zijn hoogst, maximaal ★ *he earns £20,000* ~ hij verdient maximaal £20.000

topsail ['tɒpseɪl, 'tɒpsl] <u>scheepv</u> *znw* marszeil

top secret [tɒp 'siːkrɪt] *bn* hoogst geheim

top-security [tɒp-sɪ'kjʊərətɪ] *bn* extrabeveiligd ‹v. gevangenis›

topside ['tɒpsaɪd] I *bijw* bovenop II *znw* ❶ bovenste, bovenkant ❷ (runder)schenkel ❸ <u>scheepv</u> (meestal *mv*) bovenschip

topsoil ['tɒpsɔɪl] *znw* bovengrond, teelaarde

top speed ['tɒp'spiːd] *znw* topsnelheid ★ *at* ~ in volle vaart, met volle kracht, zo hard mogelijk

topspin ['tɒpspɪn] *znw* topspin ‹effect door de bal boven het midden te raken›

topstitch ['tɒpstɪtʃ] I *znw* stiksteek II *overg* stikken ‹handwerken›

topsy-turvy [tɒpsɪ-'tɜːvɪ] I *bn* ❶ op zijn kop staand ★ *the* ~ *world of mental illness* de chaotische wereld van geesteszieke ❷ <u>fig</u> averechts II *bijw* ondersteboven, op zijn kop

top ten [tɒp ten] *znw* toptien ‹tien best verkochte platen / CD's / films &›

top-up ['tɒp-ʌp] <u>inf</u> *znw* aanvulling, aanzuivering

top-up card ['tɒp-ʌp kɑːd] *znw* prepaidkaart

toque [təʊk] *znw* dameshoed, dopje

tor [tɔː] *znw* rotspiek

torch [tɔːtʃ] I *znw* ❶ toorts, fakkel ★ <u>inf</u> *carry a ~ for sbd* verliefd zijn op iem. ❷ zaklantaarn, lamp ‹v. huisschilder, loodgieter› II *overg* in brand steken

torch-bearer ['tɔːtʃ-beərə] *znw* fakkeldrager, toortsdrager

torchlight ['tɔːtʃlaɪt] *znw* fakkellicht, licht van een zaklantaarn ★ *a* ~ *procession* een fakkel(op)tocht

tore [tɔː] *ww* [v.t.] → **tear**

toreador ['tɒrɪədɔː] *znw* toreador ‹stierenvechter te paard›

torero [tɒ'reərəʊ] *znw* torero, stierenvechter

torment I *znw* ['tɔːment] foltering, kwelling, marteling, plaag ★ *she spent the night in* ~, *wondering what to do* ze werd de hele nacht gekweld door de vraag wat ze moest doen ★ *a soul in* ~ een gekwelde ziel II *overg* [tɔː'ment] folteren, kwellen, martelen, plagen

tormentor [tɔː'mentə] *znw* kwelgeest, folteraar, pijniger, beul

torn [tɔːn] *ww* [v.d.] → **tear**

tornado [tɔː'neɪdəʊ] *znw* [*mv*: -does] tornado, wervelstorm

torpedo [tɔː'piːdəʊ] I *znw* [*mv*: -does] ❶ **torpedo ray** sidderrog ‹vis› ❷ <u>mil</u> torpedo II *overg* torpederen ★ *the project has been* ~*ed* het project is getorpedeerd

torpedo boat [tɔː'piːdəʊ bəʊt] *znw* torpedoboot

torpedo tube [tɔː'piːdəʊ tjuːb] *znw* torpedolanceerbuis

torpid ['tɔːpɪd] *bn* ❶ in een staat van verdoving ❷ loom, traag

torpidity [tɔː'pɪdətɪ], **torpidness**, **torpor** *znw* ❶ verdoving ❷ loomheid, traagheid

torque [tɔːk] <u>techn</u> I *znw* torsie, koppel II *overg* wringen, torsie toepassen

torrent ['tɒrənt] *znw* (berg)stroom, (stort)vloed ★ *in* ~*s* in / bij stromen

torrential [tə'renʃəl] *bn* in stromen neerkomend ★ ~ *rains* stortregens

torrid ['tɒrɪd] *bn* ❶ brandend, verzengend, heet ❷ hartstochtelijk, intens, gepassioneerd ★ *a* ~ *friendship* een hartstochtelijke vriendschap ❸ moeilijk ★ *she's going through a fairly* ~ *time* ze maakt een nogal moeilijke periode door

torsion ['tɔːʃən] <u>techn</u> *znw* (ver)draaiing, wringing

torsional ['tɔːʃənl] <u>techn</u> *bn* gedraaid

torsion balance ['tɔːʃən 'bæləns] <u>techn</u> *znw* torsiebalans

torso ['tɔːsəʊ] *znw* torso, romp ‹v. standbeeld›

tort [tɔːt] <u>jur</u> *znw* tort, ± onrechtmatige daad

tortilla [tɔː'tiːjə] *znw* maïspannenkoek

tortoise ['tɔːtəs] *znw* (land)schildpad

tortoiseshell ['tɔːtəʃel] I *bn* schildpadden II *znw* ❶ schildpad ‹stofnaam› ❷ **tortoiseshell cat** geel en bruin gestreepte kat ❸ → **tortoiseshell butterfly**

tortoiseshell butterfly ['tɔːtəʃel 'bʌtəflaɪ] *znw* schoenlapper, vos ‹vlinder›

tortuosity [tɔːtjʊ'ɒsɪtɪ] *znw* ❶ bochtigheid, kronkeling, bocht, kromming ❷ <u>fig</u> draaierij

tortuous ['tɔːtʃʊəs] *bn* ❶ bochtig, gekronkeld, kronkelig, gedraaid ★ *a* ~ *route* een route met veel bochten ❷ <u>fig</u> niet recht door zee, omslachtig ★ ~ *logic* misleidende logica

torture ['tɔːtʃə] I *znw* marteling, foltering, pijniging, kwelling II *overg* martelen, folteren, pijnigen, kwellen

torturer ['tɔːtʃərə] *znw* ❶ folteraar, pijniger ❷ beul

Tory ['tɔːrɪ] *znw* Tory, conservatief ‹in de politiek›

Toryism ['tɔːrɪɪzəm] *znw* politiek conservatisme

tosh [tɒʃ] Br <u>inf</u> *znw* klets, gezwam, onzin

toss [tɒs] I *znw* ❶ **toss-up** opgooi, toss ❷ worp ‹met dobbelstenen of munt› ★ *argue the* ~ een onherroepelijk besluit aanvechten ❸ beweging, slinger(ing), zwaai ★ *with a* ~ *of the head* het hoofd in de nek werpend ▼ *inf I don't give a ~* het kan me geen ene moer schelen **II** *overg* ❶ omhoog-, opgooien, (toe)gooien, -werpen ★ *~ one's head* het hoofd in de nek werpen ❷ husselen, door elkaar mengen ❸ keren ‹hooi, pannenkoek &› ❹ Am *inf* doorzoeken ▼ Am *inf ~ one's cookies* overgeven **III** *onoverg* ❶ heen en weer rollen, woelen ‹in bed› ★ *~ and turn* liggen te woelen ❷ slingeren, heen en weer schudden / zwaaien / waaien ❸ opgooien (om iets) ★ *~ for sth* ergens om loten / tossen **IV** *phras* ★ *~ about / around* woelen ★ *~ sth about / around* iets heen en weer slingeren, iets lichtvaardig ter sprake brengen ★ *~ sth aside* iets opzij gooien ★ *~ sth away* iets weggooien ★ *~ sth off* iets naar binnen slaan ‹borrel›, iets in het voorbijgaan doen, laten vallen ‹opmerking› ★ Br *vulg ~ oneself / sbd off* (iem.) afrukken, aftrekken, masturberen ★ *~ sth up* iets opgooien ‹geldstuk›, iets de lucht in gooien

tosser ['tɒsə] *znw* ❶ opgooier, werper ❷ Br *vulg* etterbak, klootzak

toss-up ['tɒs-ʌp], **toss** *znw* ❶ toss, opgooi ❷ *inf* onbesliste zaak, gok ★ *it's a ~ between Spain or France for our holidays* het gaat tussen Spanje en Frankrijk wat onze vakantie betreft

tot [tɒt] **I** *znw* ❶ peuter ❷ borreltje, neutje ❸ optelling, (optel)som **II** *overg* optellen (ook: *~ up*)

total ['təʊtl] **I** *bn* (ge)heel, volslagen, totaal, gezamenlijk ★ *the car was a ~ loss* de auto was total loss **II** *znw* totaal, geheel, gezamenlijk bedrag ★ *a ~ of € 100* een totaal van € 100 ★ *25 out of a ~ of 30* 25 van de 300 ★ *in ~, he earned $1,000* alles bij elkaar heeft hij $1000 verdiend ★ *ironisch he received the grand ~ of $5 for his efforts* hij ontving het gigantische bedrag van $5 voor zijn inspanningen ★ *the sum ~ did not amount to much* het totaalbedrag was niet veel ★ *this amount brought the ~ to £1,000* dit bedrag bracht het totaal op £1000 ★ *we bring to our clients the ~ of our experience* al onze ervaring stellen wij in dienst van onze cliënten **III** *overg* ❶ optellen (ook: *~ up*) ★ *we ~led (up) our earnings* we telden onze verdiensten bij elkaar op ❷ een totaal vormen van ★ *the visitors ~led 1200* het aantal bezoekers bedroeg 1200 ❸ Am *inf* total loss rijden

total allergy syndrome [təʊtl 'ælədʒi 'sɪndrəʊm] *znw* totale allergie syndroom ‹allergische reactie op stoffen uit de omgeving›

total eclipse ['təʊtl ɪ'klɪps] *znw* totale verduistering ‹van zon of maan›

totalitarian [təʊtælɪ'teəriən] *bn* totalitair

totalitarianism [təʊtælɪ'teəriənɪzəm] *znw* totalitarisme

totality [təʊ'tælətɪ] *znw* totaal, geheel, totaliteit ★ *in its ~* in zijn geheel / totaliteit

totalizator ['təʊtəlaɪzeɪtə], **totalisator** *znw* totalisator

totalize ['təʊtəlaɪz], **totalise** *overg* op-, samentellen

totalizer ['təʊtəlaɪzə], **totaliser** *znw* totalisator

totally ['təʊtəlɪ] *bijw* ❶ totaal, helemaal ★ *the hotel was ~ destroyed by fire* het hotel werd totaal verwoest door de brand ★ *I agree ~ with you* ik ben het helemaal met je eens ❷ versterkend zeer ★ *the twins are ~ different* de tweelingen zijn heel verschillend

Total Quality Management [təʊtl 'kwɒlətɪ 'mænɪdʒmənt] *znw* totaal kwaliteitsbeheer ‹managementsysteem met hoge eisen voor elke werknemer›

tote [təʊt] *inf* **I** *znw* ★ *the ~* de totalisator **II** *overg* ❶ dragen ❷ vervoeren

tote bag [təʊt bæg] *znw* grote (boodschappen)tas

totem ['təʊtəm] *znw* totem, indiaans stamteken

totem pole ['təʊtəmpəʊl] *znw* totempaal

t'other ['tʌðə] *inf afk* (the other) de ander(e)

totter ['tɒtə] **I** *znw* gewankel, onvaste tred ★ *despite her age, she walks with not a hint of a ~* ondanks haar leeftijd loopt ze nog zonder een zweem van onvastigheid **II** *onoverg* waggelen, wankelen ★ *she ~ed down the path* ze waggelde het pad af

tottering ['tɒtərɪŋ] *bn* wankelend

tottery ['tɒtərɪ] *bn* waggelend, wankel

toucan ['tuːkæn] *znw* toekan ‹tropische vogel›

touch [tʌtʃ] **I** *znw* ❶ aanraking, voeling, contact ★ *she trembled at his ~* ze beefde toen hij haar aanraakte ★ *at a ~ of a button* met het aanraken van een knop ★ *I'll be in ~* ik zal me (met jou) in verbinding stellen, ik neem contact met je op, je hoort nog van me ★ *it is soft to the ~* het voelt zacht aan ★ *be out of ~ with sth / sbd* geen voeling / contact meer hebben met iets / iem. ★ *lose ~ with sbd* iem. uit het oog verliezen ★ *keep in ~ with sbd* contact hebben / onderhouden met iem. ★ *the finishing ~* de laatste hand ‹aan een karwei &› ❷ tastzin, gevoel ❸ muz aanslag ❹ streek ‹met penseel› ❺ tikje, zweempje, tikkeltje, pietsje, beetje, tikkeltje aanval ‹v. ziekte› ★ *a ~ of sadness* een tikkeltje weemoed ★ *a ~ of the sun* een zonnesteek ★ *a ~ expensive* behoorlijk duur ❻ (karakter)trek, trekje, cachet **II** *overg* ❶ aanraken, aanroeren, een tikje geven ★ *he ~ed her gently on the shoulder* hij raakte zachtjes haar schouder aan ★ *~ one's cap / hat* tikken aan de hoed / pet bij wijze van groet, salueren, groeten ❷ raken ‹ook v. lijnen› ★ *~ a raw nerve* een zenuw / gevoelige plek raken ★ *~ base* zich op de hoogte stellen ★ *~ bottom* grond voelen, het laagste punt bereiken ★ *~ wood* eventjes afkloppen ❸ aangaan, betreffen ★ *the matter ~es us all* de kwestie gaat ons allemaal aan ❹ ontroeren ★ *her story really ~ed me* haar verhaal heeft me echt geraakt ★ *she was ~ed that I remembered her birthday* ze was geroerd omdat ik aan haar verjaardag gedacht had ❺ aankomen, komen aan ★ *nobody ~ my stuff, OK?* er komt niemand aan mijn spullen, afgesproken? ❻ benaderen, evenaren ★ *nobody can ~ him as a journalist* niemand haalt het bij hem als journalist ❼ deren, aantasten, uitwerking hebben op ★ *airlines have been ~ed by rising fuel prices* luchtvaartmaatschappijen hebben te lijden van de stijgende olieprijzen ❽ muz aanslaan, spelen

to

(op) ❾ aandoen ‹ook v. schepen›, roeren, treffen
❿ inf toucheren ‹geld &›, in de wacht slepen
III *onoverg* elkaar aanraken / raken ★ scheepv ~ *at a
port* een haven aandoen **IV** *phras* ~ **down** de bal
tegen de grond drukken ‹rugby, Amerikaans
football›, luchtv landen ★ ~ *sth* **in** iets bijwerken,
bijschilderen ★ ~ *sth* **off** iets doen afgaan
‹explosieven›, iets doen losbarsten, ontketenen ★ ~
on / **upon** *sth* iets aanroeren ★ ~ *sth* **up** iets
opknappen, bijwerken, iets retoucheren ★ inf ~ *sbd
up* handtastelijk zijn
touchable ['tʌtʃəbl] *bn* ❶ aan te raken & ❷ voelbaar,
tastbaar, voor aandoening vatbaar
touch-and-go [tʌtʃ-ən-'gəʊ] **I** *bn* precair, kantje boord
★ *a* ~ *situation* een precaire situatie **II** *znw* ❶ kantje
boord, precaire situatie ★ *for a moment it was* ~ het
was eventjes op het nippertje, het scheelde eventjes
maar een haartje ❷ doorstartlanding
touchdown ['tʌtʃdəʊn] *znw* ❶ tegen de grond
drukken v.d. bal ‹rugby, Amerikaans football›
❷ luchtv landing
touché [tu:'ʃeɪ] *‹(Fr) tsw* die zit!, raak!, juist!
touched [tʌtʃt] *bn* ❶ aangedaan, ontroerd ★ *we were
deeply* ~ *by everybody's concern* we waren diep
geroerd door de bezorgdheid van iedereen ❷ inf
(van lotje) getikt
toucher ['tʌtʃə] *znw* treffer ★ *it was a near* ~ het was
op het nippertje
touch football [tʌtʃ 'fʊtbɔːl] *znw* touch football
‹Amerikaans voetbal waarbij een speler wordt
aangeraakt in plaats van getackeld›
touch-hole ['tʌtʃ-həʊl] hist *znw* zundgat
touching ['tʌtʃɪŋ] *bn* roerend, aandoenlijk
touch-judge ['tʌtʃdʒʌdʒ] rugby *znw* grensrechter
touchline ['tʌtʃlaɪn] sp *znw* zijlijn
touch-me-not ['tʌtʃ-mi:-nɒt] *znw* springzaad,
springbalsemien
touch pad [tʌtʃ pæd] *znw* ❶ comput touchpad,
aanraakscherm ❷ zwemmen aftikplaat
touchpaper ['tʌtʃpeɪpə] *znw* salpeterpapier
touch screen [tʌtʃ skri:n] comput *znw* touch screen,
aanraakscherm
touchstone ['tʌtʃstəʊn] *znw* toetssteen, criterium,
maatstaf ★ *information is the* ~ *of business success*
informatie is het criterium voor zakelijk succes
touch-type ['tʌtʃ-taɪp] *onoverg* blind typen
touch-up ['tʌtʃ-ʌp] *znw* verbetering, opknapbeurt,
opfrissing ‹v. geheugen› ★ *give sth a* ~ iets wat
bijschaven, retoucheren, opknappen
touchy ['tʌtʃɪ] *bn* lichtgeraakt, kittelorig, gauw op zijn
teentjes getrapt, teergevoelig
touchy-feely [tʌtʃɪ-'fi:lɪ] inf *bn* aanrakerig, klef ★ ~
topics like emotional values kleffe onderwerpen zoals
emotionele waarden
tough [tʌf] **I** *bn* ❶ taai, stevig, hard, ongevoelig, ruw
★ *as* ~ *as old boots* vreselijk taai ‹vlees &›, sterk en
niet gauw uit het veld geslagen ★ inf *a* ~ *guy* een
keiharde ★ inf *get* ~ *with sbd* hard optreden tegen

iem. ★ *take a* ~ *line* een harde aanpak kiezen
★ vulg ~ *shit / titty* jammer dan! ❷ moeilijk, zwaar,
lastig ★ *teaching is a* ~ *job* lesgeven is een moeilijke
baan ★ scherts *it's* ~ *at the top, isn't it?* het is hard
aan de top nietwaar? ‹gezegd wanneer de
voordelen van een belangrijke positie / veel geld &
aan de orde komen› ❸ inf tegenvallend ★ ~ *luck*
reuze pech ❹ misdadig, onguur, schurkachtig
★ *Dave comes from a* ~ *area of London* Dave komt uit
het ruige deel van Londen **II** *znw* inf woesteling,
harde kerel, zware jongen **III** *phras* ★ inf ~ *sth* **out**
stug doorgaan met iets, doorbijten
toughen ['tʌfən] **I** *overg* taai(er) maken, hard(er)
maken ★ *we'll have to* ~ *(up) our approach* we
moeten de zaak harder benaderen **II** *onoverg*
taai(er) worden, hard(er) worden
toughish ['tʌfɪʃ] *bn* een beetje taai
tough love [tʌf lʌv] *znw* strenge liefde ‹op zorg en
liefde gebaseerde strenge aanpak van
probleemkinderen, verslaafden, criminelen enz.›
tough-minded [tʌf-'maɪndɪd] *bn* nuchter, praktisch,
realistisch
toupee ['tu:peɪ] *znw* haarstukje, toupet
tour [tʊə] **I** *znw* ❶ (rond)reis, toer, tochtje ★ *a
sightseeing* ~ bezienswaardigheden bekijken ★ *do the
grand* ~ een reis door Europa maken ‹als afsluiting
van de opvoeding› ❷ tournee ★ *on* ~ op tournee
❸ rondgang ★ *a* ~ *of inspection* een inspectieronde
II *overg & onoverg* ❶ een (rond)reis maken (door)
❷ afreizen ❸ op tournee gaan / zijn (met)
tour de force [tʊə də 'fɔːs] *‹(Fr) znw* krachttoer,
schitterende prestatie
tourer ['tʊərə], **touring car** *znw* toerauto, reisauto
Tourette's syndrome [tʊə'rets 'sɪndrəʊm] med *znw*
het syndroom van (Gilles de la) Tourette
touring car ['tʊərɪŋkɑː: kɑ:] *znw* → **tourer**
tourism ['tʊərɪzəm] *znw* toerisme
tourist ['tʊərɪst] **I** *bn* toeristisch ★ *a* ~ *attraction* een
toeristische attractie ★ *a* ~ *destination* een
toeristische bestemming ★ *the* ~ *dollar* de dollars die
het toerisme binnenbrengt ★ *the* ~ *season* het
toeristenseizoen **II** *znw* toerist
tourist agency ['tʊərɪst 'eɪdʒənsɪ] *znw* reisbureau
tourist class ['tʊərɪst klɑ:s] *znw* toeristenklasse
tourist industry ['tʊərɪst 'ɪndəstrɪ] *znw* toerisme
tourist traffic ['tʊərɪst 'træfɪk] *znw*
vreemdelingenverkeer
tourist trap ['tʊərɪst træp] *znw* toeristenval ‹plaats of
gelegenheid waar toeristen afgezet worden›
touristy ['tʊərɪstɪ] inf *bn* ❶ toeristisch ❷ te toeristisch,
door toerisme bedorven
Tournai ['tu:neɪ] *znw* Doornik ‹plaats in België›
tournament ['tʊənəmənt] *znw* ❶ toernooi ❷ **tourney**
hist steekspel, toernooi
tourniquet ['tʊənɪkeɪ] med *znw* tourniquet,
knevelverband
tour operator [tʊə 'ɒpəreɪtə] *znw* reisorganisator
tousle ['taʊzəl] *overg* ❶ in wanorde brengen,

to

verfomfaaien ❷ verfrommelen ❸ stoeien met ★ *the two boys ~d on the ground* de twee jongens waren op de grond aan het stoeien

tousled ['taʊzəld] *bn* verward

tout [taʊt] **I** *znw* ❶ **ticket tout** handelaar in zwarte kaartjes ❷ klantenlokker, runner ‹v. hotel &› ❸ tipgever ‹die wedreninformatie geeft voor een aandeel in de winst› **II** *overg* ❶ verhandelen, op de zwarte markt verkopen ❷ werven ‹v. klanten› ❸ aanprijzen, tippen ★ *he is widely ~ed to become the next ambassador* hij wordt door velen getipt als de volgende ambassadeur **III** *onoverg* klanten lokken ‹voornamelijk voor hotels› ★ *~ for business / customers & orders* / klanten & werven / zien te krijgen

tow [taʊ] **I** *znw* ❶ werk ‹van touw› ❷ sleep, sleper ★ *on ~* op sleeptouw ★ *take sth in ~* iets op sleeptouw nemen ❸ het slepen **II** *overg* slepen **III** *phras* ★ *~ sth* away iets wegslepen

towage ['taʊɪdʒ] *znw* ❶ slepen ★ *coastal ~* kustsleepvaart ❷ sleeploon

towards [tə'wɔ:dz, tɔ:dʒ], **toward** *voorz* ❶ naar... toe ★ *he walked ~ her* hij liep naar haar toe ★ *she felt drawn ~ teaching* ze voelde zich aangetrokken tot lesgeven ★ *there is a trend ~ urbanization* er is een trend van verstedelijking ❷ tegen, tegenover, jegens ★ *our attitude ~ homosexuality is changing* onze houding ten opzichte van homoseksualiteit is aan het veranderen ❸ voor, met het oog op ★ *they're saving ~ a holiday in Spain* ze sparen voor een vakantie in Spanje ❹ omstreeks, tegen ★ *the accident happened ~ midnight* het ongeluk gebeurde tegen middernacht

tow area [təʊ 'eərɪə] *znw* wegsleepzone

tow-away ['təʊ-əweɪ] **I** *bn* wegsleep- ★ *a ~ area* een wegsleepzone **II** *znw* het wegslepen, wegsleepauto

tow bar [təʊ bɑ:] *znw* trekhaak

tow car [təʊ kɑ:] *znw* sleepwagen

towel ['taʊəl] **I** *znw* handdoek ★ *throw in the ~* de handdoek in de ring gooien, zich gewonnen geven **II** *overg* afdrogen ‹met handdoek› (ook: *~ down*)

towelette [taʊə'let] *znw* towelette ‹vochtig papieren doekje om handen en / of gezicht te reinigen›

towel horse ['taʊəl hɔ:s] *znw* handdoekrekje ‹vrijstaand›

towelling ['taʊəlɪŋ], **Am toweling** *znw* badstof, handdoekenstof

towel rail ['taʊəl reɪl], **towel rack** *znw* handdoek(en)rekje

towel roller ['taʊəl 'rəʊlə] *znw* handdoek op rol

tower ['taʊə] **I** *znw* ❶ toren ★ *live in an ivory ~* leven in een ivoren toren ★ *a ~ of strength* een toeverlaat, een rots in de branding ❷ torengebouw **II** *onoverg* hoog opvliegen **III** *phras* ★ *~ above / over sth* zich verheffen, torenen, (hoog) uitsteken boven iets

tower block [taʊə blɒk] *znw* torenflat, hoog flatgebouw

towered [taʊəd] *bn* van torens voorzien

towering ['taʊərɪŋ] *bn* ❶ torenhoog ❷ geweldig ★ *in a ~ rage* geweldig boos

tower wagon [taʊə 'wægən], **tower waggon** *znw* ❶ elektr montagewagen, plateauwagen ❷ hoogwerker

tow-headed ['təʊ-hedɪd] *bn* met strokleurig haar

tow line [təʊ laɪn], **towing line** *znw* → **tow rope**

town [taʊn] *znw* ❶ stad ★ *a provincial ~* een provinciestad ★ *a seaside ~* een badplaats ★ *a twin ~* een zusterstad ★ inf *a night on the ~* een avondje stappen ★ *go to ~* naar de stad gaan, inf de bloemetjes buiten zetten, het geld laten rollen ★ inf *go to ~ on sth* iets grondig aanpakken ★ *she's out of ~ until next week* ze is tot volgende week de stad uit ★ *they're going into ~ to see a movie* ze gaan de stad in om een film te zien ❷ verstedelijkt gebied ❸ Am gemeente

town clerk [taʊn klɑ:k] *znw* gemeentesecretaris

town council [taʊn 'kaʊnsəl] *znw* gemeenteraad

town councillor [taʊn 'kaʊnsələ] *znw* gemeenteraadslid

town crier [taʊn 'kraɪə] *znw* stadsomroeper

townee [taʊ'ni:] *znw* → **townie**

town hall ['taʊn'hɔ:l] *znw* stad-, raadhuis

town house [taʊn haʊs] *znw* huis in de stad ‹tegenover buiten›, ± herenhuis

townie [taʊ'ni:], **townee** *znw* ❶ afkeurend stadsmens ❷ Br niet-student ‹in een universiteitsstad›

townish ['taʊnɪʃ] *bn* stads, steeds

town planner [taʊn 'plænə] *znw* stedenbouwkundige

town planning [taʊn 'plænɪŋ] **I** *bn* stedenbouwkundig **II** *znw* ❶ stedenbouw ❷ stadsplanning

townscape ['taʊnskeɪp] *znw* stadsgezicht

townsfolk ['taʊnzfəʊk] inf *znw* stedelingen

township ['taʊnʃɪp] *znw* ❶ stadsgebied ❷ gemeente ★ *the ~ of Norwich* de gemeente Norwich ❸ zwart woonoord, township ‹in Zuid-Afrika›

townsman ['taʊnzmən] *znw* ❶ stedeling ❷ stadgenoot

townspeople ['taʊnzpi:pl] *znw* [mv] ❶ mensen van de / onze stad ❷ stedelingen

town twinning [taʊn 'twɪnɪŋ] *znw* jumelage ‹vriendschapsband tussen steden›

towpath ['taʊpɑ:θ] *znw* jaagpad

tow rope [təʊ rəʊp], **towing rope**, **tow line** *znw* sleeptouw, -tros

tow truck [təʊ trʌk] *znw* kraanwagen, takelwagen

toxaemia [tɒk'si:mɪə], **Am toxemia** med *znw* bloedvergiftiging, toxemie

toxic ['tɒksɪk] *bn* ❶ toxisch, giftig ❷ vergiftigings- ❸ vergif-

toxicity [tɒk'sɪsəti] *znw* giftigheid, toxiciteit

toxicologist [tɒksɪ'kɒlədʒɪst] *znw* toxicoloog, deskundige op het gebied van gifstoffen

toxicology [tɒksɪ'kɒlədʒɪ] *znw* toxicologie, vergiftenleer

toxic shock syndrome [tɒksɪk 'ʃɒk 'sɪndrəʊm] med *znw* toxisch shock syndroom, tamponziekte

to

toxin ['tɒksɪn] *znw* toxine, gifstof

toy [tɔɪ] **I** *znw* ❶ (stuk) speelgoed ❷ <u>fig</u> speelbal **II** *phras* ★ ~ **at** *sth* met de gedachte spelen iets te doen ★ ~ **over** / **with** *sth* spelen met iets ‹een idee / gedachte &› ★ ~ **with** *sbd* een spelletje spelen met iem.

toy boy [tɔɪ bɔɪ], **toyboy** <u>inf</u> *znw* minnaar die veel jonger is dan zijn partner

toy dog [tɔɪ dɒg] *znw* ❶ schoothondje ❷ speelgoedhondje

toy poodle [tɔɪ 'puːdl] *znw* dwergpoedel

toyshop ['tɔɪʃɒp] *znw* speelgoedwinkel

trace [treɪs] **I** *znw* ❶ spoor, voetspoor ❷ overblijfsel ★ *vanish* / *disappear without a* ~ spoorloos verdwijnen ★ *he doesn't have a* ~ *of an accent* hij heeft geen spoortje van een accent ❸ tuig, streng ‹v. paard› ★ *kick over the* ~s uit de band springen **II** *overg* ❶ naspeuren, opsporen, volgen, nagaan ★ *he has* ~*d his ancestors back to 1700* hij heeft zijn voorouders nagetrokken tot 1700 ★ *attempts to* ~ *his whereabouts have failed* pogingen om achter zijn verblijfplaats te komen zijn mislukt ★ *the source of the rumours has been* ~*d to a journalist* een journalist is achterhaald als zijnde de bron van de geruchten ❷ overtrekken ❸ traceren, schetsen, (af)tekenen ❹ afbakenen ‹weg›, aangeven ‹gedragslijn› **III** *phras* ★ ~ *sth* **out** iets opsporen, natrekken, iets uitstippelen, afbakenen

traceable ['treɪsəbl] *bn* na te gaan, naspeurbaar

trace element ['treɪselɪmənt] *znw* spoorelement

tracer ['treɪsə] *znw* ❶ naspeurder ❷ **tracer bullet**, **tracer shell** <u>mil</u> lichtspoorkogel, -granaat ❸ tracer ‹radioactieve isotoop›

tracery ['treɪsəri] *znw* ❶ <u>bouwk</u> tracering, maaswerk ❷ netwerk ‹op vleugel van insect &›

trachea [trə'kiːə] *znw* [*mv*: tracheae] ❶ <u>dierk</u> luchtbuis ‹v. insect› ❷ <u>anat</u> luchtpijp ‹v. mens›

tracheal [trə'kiːəl] <u>anat</u> *bn* van de luchtpijp

tracing ['treɪsɪŋ] *znw* ❶ naspeuren, opsporen, nagaan ❷ overgetrokken tekening, doordruk ❸ tracering ‹als bouwk. versiering›

tracing paper ['treɪsɪŋpeɪpə] *znw* calqueerpapier, overtrekpapier

track [træk] **I** *znw* ❶ voetspoor, wagenspoor, spoor, baan, pad, weg ★ *off the* ~ het spoor bijster, de plank mis ★ *off the beaten* ~ ongebaande wegen bewandelen ‹letterlijk en figuurlijk› ★ *be on sbd's* ~ iem. op het spoor zijn ★ *be on the right* / *wrong* ~ op het goede / verkeerde spoor zijn ★ <u>inf</u> *be born on the wrong side of the* ~s in een achterbuurt / armoedige buurt geboren zijn ★ *cover (up) one's* ~s zijn spoor uitwissen ★ *follow in sbd's* ~ iems. spoor volgen ★ *keep* ~ *of sbd* / *sth* iem. / iets volgen, nagaan, in het oog houden ★ *lose* ~ *of sbd* / *sth* iem. / iets uit het oog verliezen ★ <u>inf</u> *make* ~s 'm smeren, maken dat je weg komt ★ <u>inf</u> *make* ~s *for sth* afstevenen op iets, iets nazetten ★ *stop in one's* ~s plotseling stil blijven staan ❷ spoorlijn ★ *run off the* ~ derailleren,

ontsporen ‹letterlijk en figuurlijk› ❸ rupsband ‹v. tractor› ❹ nummer ‹op cd› ❺ <u>comput</u> spoor, track ‹op geheugendrager› **II** *overg* ❶ nasporen, opsporen ❷ (het spoor) volgen ❸ <u>scheepv</u> slepen **III** *phras* ★ ~ *sbd* / *sth* **down** iem. / iets opsporen ★ ~ *sth* **in** vieze sporen van iets achterlaten, iets naar binnen lopen

track and field [træk ən 'fiːld] *znw* atletiek

trackball ['trækbɔːl] <u>comput</u> *znw* trackball, balvormige muis

tracked [trækt] *bn* met rupsbanden ‹voertuig›

tracker ['trækə] *znw* ❶ naspeurder, spoorzoeker, vervolger ❷ **tracker dog** speurhond

track events [træk ɪ'vents] <u>atletiek</u> *znw* [*mv*] baannummers, loopnummers

tracking signal ['trækɪŋ 'sɪgnl] *znw* volgsignaal

tracking station ['trækɪŋ 'steɪʃən] *znw* volgstation ‹bij ruimtevaart›

trackless ['trækləs] *bn* ❶ spoorloos ❷ ongebaand, onbetreden

track meet [træk miːt] <u>Am</u> *znw* atletiekwedstrijd

track record [træk 'rekɔːd] *znw* conduitestaat, staat van dienst ★ *what with his* ~, *would you vote for him?* zou je op hem stemmen, met zo'n staat van dienst?

tracksuit ['træksuːt] *znw* trainingspak

trackway ['trækweɪ] *znw* ❶ gebaande weg ❷ jaagpad

tract [trækt] *znw* ❶ uitgestrektheid, streek ❷ kanaal ‹spijsverterings- &›, wegen ‹urine- &› ❸ traktaatje, verhandeling

tractability [træktə'bɪlətɪ] *znw* handelbaarheid

tractable ['træktəbl] *bn* handelbaar, volgzaam, meegaand, gezeglijk

tractate ['trækteɪt] *znw* verhandeling

tract house [trækt haʊs], <u>Am</u> **tract home** *znw* huis in nieuwbouwwijk ‹één van een groot aantal soortgelijke huizen›

traction ['trækʃən] *znw* tractie, (voort)trekken, trekkracht ★ *her leg is in* ~ haar been is in tractie

tractional ['trækʃənl] <u>techn</u> *bn* trek-

traction engine ['trækʃən 'endʒɪn] *znw* tractor

tractive ['træktɪv] <u>techn</u> *bn* ❶ trekkend ❷ trek-

tractor ['træktə] *znw* tractor

tractor-trailer [træktə-'treɪlə] <u>Am</u> *znw* truck met oplegger

trad [træd] **I** *bn* → **traditional** ★ <u>inf</u> ~ *jazz* traditionele jazz **II** *znw* traditionele jazz

trade [treɪd] **I** *znw* ❶ (koop)handel ★ *active* ~ levendige handel ★ *shops are doing a brisk* ~ *in* umbrellas de winkels doen goede zaken in paraplu's ❷ ambacht, beroep, vak, bedrijf ★ *by* ~ van beroep **II** *overg* verhandelen, (ver)ruilen (ook: ~ *away*, ~ *off*) **III** *onoverg* handel drijven (in *in*) ★ ~ *under the name of* handelen / zaken doen onder de naam van **IV** *phras* ★ ~ **down** / **up** goedkoper (duurder) gaan inkopen ★ ~ *sth* **in** iets inruilen voor nieuw ★ ~ **on** *sth* iets uitbuiten, speculeren op iets

trade agreement [treɪd ə'griːmənt] *znw* handelsovereenkomst, handelsakkoord

trade association [treɪd əsəʊsɪ'eɪʃən] *znw*

beroepsvereniging, handelsvereniging

trade balance [treɪd 'bæləns] *znw* handelsbalans

trade barrier [treɪd 'bærɪə] *znw* handelsbarrière

trade boycott [treɪd 'bɔɪkɒt] *znw* handelsboycot

trade centre [treɪd 'sentə], Am **trade center** *znw* handelscentrum

trade commissioner [treɪd kə'mɪʃənə] *znw* handelsattaché

trade council [treɪd 'kaʊnsəl] *znw* handelsraad

trade cycle [treɪd 'saɪkl] econ *znw* conjunctuur

trade deficit [treɪd 'defɪsɪt] econ *znw* handelstekort

trade discount [treɪd 'dɪskaʊnt] *znw* rabat / korting aan wederverkopers

trade dispute [treɪd dɪ'spju:t] *znw* arbeidsgeschil

trade embargo [treɪd em'bɑ:gəʊ] *znw* handelsembargo, handelsverbod

trade fair [treɪd feə] *znw* jaarbeurs

trade figures ['treɪd 'fɪgəz] *znw* [mv] handelscijfers

trade gap [treɪd gæp] *znw* tekort op de handelsbalans

trade-in [treɪd-'ɪn] *znw* ❶ inruil ★ *a ~ bonus* een inruilpremie ❷ voorwerp ‹auto &› dat is ingeruild

trade list [treɪd lɪst] *znw* prijscourant

trademark ['treɪdmɑ:k] *znw* handelsmerk

trade mission [treɪd 'mɪʃən] *znw* handelsmissie

trade monopoly [treɪd mə'nɒpəlɪ] *znw* handelsmonopolie

trade name [treɪd neɪm] *znw* ❶ handelsnaam ❷ handelsmerknaam ❸ naam van de firma

trade-off ['treɪd-ɒf] *znw* ruil

trade policy [treɪd 'pɒləsɪ] *znw* handelspolitiek

trade price [treɪd praɪs] *znw* grossiersprijs

trader ['treɪdə] *znw* ❶ koopman, handelaar ❷ grossier, groothandelaar ❸ jobber ❹ scheepv koopvaardijschip

trade rebate [treɪd 'ri:beɪt] *znw* handelskorting

trade register [treɪd 'redʒɪstə] *znw* handelsregister

trade review [treɪd rɪ'vju:] *znw* handelsoverzicht

trade route [treɪd raʊt] *znw* handelsroute

trade school [treɪd sku:l] *znw* vakschool

trade secret [treɪd 'si:krɪt] *znw* ❶ beroepsgeheim ❷ fabrieksgeheim

tradesfolk ['treɪdzfəʊk] inf *znw* winkeliers

tradesman ['treɪdzmən] *znw* [mv: -men] ❶ winkelier ❷ leverancier ★ *the ~'s entrance* de leveranciersingang

tradespeople ['treɪdzpi:pl] *znw* [mv] winkeliers

Trades Union Congress [treɪdz 'ju:njən 'kɒŋgres], **TUC** Br *znw* Verbond van Vakverenigingen

trade surplus [treɪd 'sɜ:pləs] *znw* handelsoverschot

trade treaty [treɪd 'tri:tɪ] *znw* handelsverdrag, handelsovereenkomst

trade union [treɪd 'ju:njən] *znw* vakbond, vakvereniging ★ *belong to a ~* lid zijn van een vakbond

trade unionism [treɪd 'ju:njənɪzəm] *znw* vakverenigingswezen, vakbeweging

trade unionist [treɪd 'ju:njənɪst] *znw* vakbondslid

trade war [treɪd wɔ:] *znw* handelsoorlog

trade wind [treɪd wɪnd] *znw* passaat(wind)

trading ['treɪdɪŋ] **I** *bn* handeldrijvend, handels- ★ *a ~ association* een handelsvereniging ★ *~ capital* bedrijfskapitaal ★ *a ~ company* een handelsmaatschappij ★ *~ figures* handelsinformatie ‹m.b.t. een bedrijf› ★ *a ~ loss* een negatief bedrijfsresultaat ★ *a ~ nation* een handelsnatie ★ *a ~ partner* een handelspartner ★ *a ~ post* een handelsnederzetting, hist factorij ★ *~ stock* handelsvoorraad ★ *a ~ vessel* een handelsschip, koopvaardijschip **II** *znw* nering, handel, omzet ★ *after-hours ~* nabeurshandel ‹de niet-officiële handel in effecten na sluiting van de beurs› ★ *Sunday ~* zondagsopening ‹van winkels›

trading account ['treɪdɪŋ ə'kaʊnt] *znw* bedrijfsresultatenrekening

trading estate ['treɪdɪŋ ɪ'steɪt] Br *znw* handels- en industrieterrein

trading floor ['treɪdɪŋ flɔ:] *znw* beursvloer

trading hours ['treɪdɪŋ aʊəz] *znw* [mv] openingstijden ‹m.b.t. bedrijven›

trading stamp ['treɪdɪŋ stæmp] *znw* spaarzegel, waardezegel ‹v. winkel›

tradition [trə'dɪʃən] *znw* overlevering, traditie, gewoonte ★ *according to ~* volgens de overlevering, volgens traditie ★ *by ~* volgens gewoonte ★ *in a departure from ~, the bride wore a purple jumpsuit* in tegenstelling tot de traditie droeg de bruid een paarse overall ★ *in the (best) ~ of* volgens de (beste) traditie van ★ *~ has it that...* volgens de overlevering...

traditional [trə'dɪʃənl] *bn* ❶ traditioneel, overgeleverd ❷ de traditie volgend, traditiegetrouw

traditionalism [trə'dɪʃənəlɪzm] *znw* traditionalisme

traditionalist [trə'dɪʃənəlɪst] **I** *bn* traditionalistisch **II** *znw* traditionalist

traditionally [trə'dɪʃənlɪ] *bijw* ❶ traditioneel, volgens de overlevering, traditiegetrouw ❷ vanouds

traduce [trə'dju:s] form *overg* (be)lasteren

traducer [trə'dju:sə] form *znw* lasteraar

traffic ['træfɪk] **I** *znw* ❶ verkeer ★ *financial ~* betalingsverkeer ★ *local ~* buurtverkeer, bestemmingsverkeer ★ *rush-hour ~* spitsuur verkeer ❷ (koop)handel ★ *~ in stolen cars has increased* de handel in gestolen auto's is gegroeid **II** *overg* ❶ verhandelen ❷ versjacheren **III** *onoverg* ❶ handel drijven (in *in*) ❷ vooral fig sjacheren (in *in*)

traffic artery ['træfɪk 'ɑ:tərɪ] *znw* verkeersader, drukke verkeersweg

trafficator ['træfɪkeɪtə] *znw* richtingaanwijzer

traffic calming ['træfɪk kɑ:mɪŋ] *znw* snelheidsbeperking ‹door middel van verkeersdrempels e.d.›

traffic circle ['træfɪk 'sɜ:kl] Am *znw* rotonde, circuit

traffic cone ['træfɪk kəʊn] *znw* pylon, verkeerskegel

traffic congestion ['træfɪk kən'dʒestʃən] *znw* verkeersopstopping

traffic control ['træfɪk kən'trəʊl] *znw* verkeersregeling

traffic cop ['træfɪk kɒp] Am inf znw verkeersagent
traffic island ['træfɪk 'aɪlənd] znw vluchtheuvel
traffic jam ['træfɪk dʒæm] znw verkeersopstopping, file ★ *get stuck in a* ~ in een file vast komen te zitten
trafficker ['træfɪkə] znw handelaar ‹in verdovende middelen e.d.›
trafficking ['træfɪkɪŋ] afkeurend znw handel
traffic lights ['træfɪk 'laɪtsəm] znw [mv] verkeerslichten ★ *jump the* ~ door het rode licht rijden ★ *the* ~ *turned red as we drove through* het licht werd rood toen we voorbij reden
traffic pattern ['træfɪk 'pætn] znw landingspatroon ‹van vliegveld›
traffic sign ['træfɪk saɪn] znw verkeersbord
traffic signal ['træfɪk 'sɪgnl] znw verkeerslicht
traffic warden ['træfɪk 'wɔːdn] znw parkeerwacht
tragedian [trə'dʒiːdɪən] znw ❶ treurspelschrijver ❷ treurspelspeler
tragedienne [trədʒiːdɪ'en] znw ❶ treurspelschrijfster ❷ treurspelspeelster
tragedy ['trædʒədɪ] znw ❶ tragedie, treurspel ❷ tragiek ★ *the day ended in* ~ de dag eindigde tragisch
tragic ['trædʒɪk] bn ❶ tragisch ❷ treurspel-
tragical ['trædʒɪkl] bn tragisch
tragically ['trædʒɪklɪ] bijw tragisch, droevig ★ *she died* ~ *young* ze stierf jammer genoeg op jonge leeftijd
tragicomedy [trædʒɪ'kɒmɪdɪ] znw tragikomedie
tragicomic [trædʒɪ'kɒmɪk] bn tragikomisch
trail [treɪl] I znw ❶ spoor, pad ★ *be off the* ~ het spoor bijster zijn ★ *be on the* ~ op het spoor zijn ❷ sleep, sliert ❸ staart ‹v. komeet &› ❹ nasleep II overg ❶ (achter zich aan) slepen ❷ zich voortslepen ❸ (het spoor) volgen III onoverg ❶ slepen ❷ kruipen ‹van planten› ❸ (ook: ~ *behind*) achterliggen, achterstaan ‹wedstrijd, verkiezing &› IV phras ★ ~ **along / on** zich voortslepen ★ ~ **away / off** vervagen, wegsterven
trail bike [treɪl baɪk] znw ❶ crossfiets, mountainbike ❷ crossmotor
trailblazer ['treɪlbleɪzə] znw wegbereider, iem. die een pad baant
trailblazing ['treɪlbleɪzɪŋ] znw het doen van pionierswerk, een pad banen
trailer ['treɪlə] znw ❶ aanhangwagen, oplegger ❷ caravan ❸ trailer ‹film› ❹ bodembedekkende plant
trailer park ['treɪlə pɑːk] Am znw camper- / caravanterrein
trailer trash ['treɪlə træʃ] Am inf beledigend znw woonwagenvolk, mensen die in een caravan wonen
trailer truck ['treɪlə trʌk] Am znw vrachtwagencombinatie
trailing ['treɪlɪŋ] bn ❶ slepend, sleep- ❷ kruipend, kruip- ‹v. plant›
trailing edge ['treɪlɪŋ edʒ] luchtv znw achterrand ‹v. vleugel›

trailing wheel ['treɪlɪŋ wiːl] luchtv znw achterwiel
trail mix [treɪl mɪks] znw studentenhaver, gedroogde vruchten en noten ‹als voedsel voor wandelaars›
train [treɪn] I znw ❶ (spoor)trein ★ *the overnight* ~ de nachttrein ★ *by* ~ per spoor ❷ sleep, stoet ★ *a camel / mule* ~ een kameelkaravaan / muilezelkaravaan ❸ nasleep, gevolg ★ *bring in its* ~ met zich meebrengen, als nasleep hebben ❹ aaneenschakeling, reeks, rij, gang ★ *a* ~ *of events* een reeks gebeurtenissen ★ *a* ~ *of thought* een gedachtegang ★ *put / set sth in* ~ iets in gang zetten II overg ❶ opleiden, scholen ❷ oefenen, drillen, africhten, dresseren, trainen ❸ leiden ‹bomen› ❹ richten ‹geschut› III onoverg ❶ (zich) oefenen, (zich) trainen ❷ een opleiding volgen, studeren ★ *he's* ~*ing to be a teacher* hij volgt de lerarenopleiding, hij studeert voor leraar
train-bearer ['treɪn-beərə] znw sleepdrager
trained ['treɪnd] bn getraind, gedresseerd, geoefend, geschoold ★ *a* ~ *nurse* een (gediplomeerd) verpleegster
trainee [treɪ'niː] znw iem. die in opleiding is, leerling, stagiair(e)
traineeship [treɪ'niːʃɪp] znw stage
trainer ['treɪnə] znw ❶ trainer, oefenmeester, dresseur, africhter, drilmeester ❷ luchtv lestoestel
trainers ['treɪnəz] Br znw [mv] sportschoenen
training ['treɪnɪŋ] znw trainen &, opleiding, scholing, dressuur, oefening, africhting ★ *professional* ~ beroepsopleiding ★ *be in* ~ *for sth* trainen voor iets, de opleiding volgen voor iets ★ *be good* ~ *for sth* goeie oefening zijn voor iets
training camp ['treɪnɪŋ kæmp] znw oefenkamp
training centre ['treɪnɪŋ 'sentə], Am **training center** znw opleidingscentrum
training college ['treɪnɪŋkɒlɪdʒ] znw kweekschool, pedagogische academie
training facility ['treɪnɪŋ fə'sɪlətɪ] znw trainingsfaciliteiten
training school ['treɪnɪŋ skuːl] znw opleidingsschool
training ship ['treɪnɪŋ ʃɪp] znw opleidingsschip
training wheels ['treɪnɪŋ wiːlz] znw [mv] zijwieltjes ‹aan een kinderfietsje›
trainload ['treɪnləʊd] znw treinlading
train set [treɪn set] znw speelgoedtreinset
trainspotter ['treɪnspɒtə] znw ❶ treinspotter, iem. die als hobby treinnummers verzameld ❷ minachtend sukkel, droogkloot
trainspotting ['treɪnspɒtɪŋ] znw treinspotten
train surfing [treɪn 'sɜːfɪŋ] znw treinsurfen ‹het met een trein meerijden, op het dak of hangend aan de zijkant›
traipse [treɪps] onoverg rondjouwen, -slenteren
trait [treɪ(t)] znw (karakter)trek, kenmerk, eigenschap
traitor ['treɪtə] znw verrader ★ *a* ~ *to the cause* iemand die het principe verloochent
traitorous ['treɪtərəs] bn ❶ verraderlijk ❷ trouweloos
traitress ['treɪtrəs] znw verraadster

tr

trajectory [trəˈdʒektərɪ] *znw* baan ‹van projectiel›, kogelbaan

tram [træm] *znw* ❶ tram ★ *by* ~ met de tram ❷ kolenwagen ‹in mijn›

tram car [træm kɑ:] *znw* tramwagen

tramline [ˈtræmlaɪn] *znw* ❶ tramrail(s) ❷ tramlijn

tramlines [ˈtræmlaɪnz] sp *znw* [mv] dubbele zijlijnen ‹van een tennis of badmintoncourt›

trammel [ˈtræml] *overg* kluisteren, (in zijn bewegingen) hinderen, belemmeren

trammels [ˈtræmlz] *znw* [mv] kluister, keten, dicht boei, belemmering ★ *the* ~ *of materialism* de belemmeringen van het materialisme

tramp [træmp] **I** *znw* ❶ zware tred, gestamp ❷ voetreis, zwerftocht ❸ vagebond, zwerver, landloper ❹ inf slet, scharrel, lichtekooi ❺ **tramp steamer** scheepv wilde boot, vrachtzoeker **II** *overg* ❶ trappen op ❷ aflopen, zwerven door, aftippelen ★ ~ *the streets* langs de straat zwerven **III** *onoverg* ❶ trappen, stampen ❷ sjouwen ❸ rondtrekken, rondzwerven

trample [ˈtræmpl] **I** *znw* gestap, getrappel **II** *overg* ❶ met voeten treden ❷ vertrappen, onder de voet lopen ★ ~ *sth underfoot/~ sth down* trappen op iets, iets vertreden, iets vertrappen ★ *be* ~*d to death* doodgetrapt worden **III** *onoverg* trappelen ★ ~ *on / upon / over sth* iets met voeten treden

trampoline [træmpəli:n] *znw* trampoline

tramway [ˈtræmweɪ] *znw* tram(weg)

trance [trɑːns] *znw* ❶ verrukking, geestvervoering, trance ★ *put sbd in / into a* ~ iem. in trance brengen ❷ muz trance ‹elektronische dansmuziek met hypnotiserende werking›

tranny [ˈtrænɪ] inf *znw* ❶ draagbare transistorradio ❷ transseksueel

tranquil [ˈtræŋkwɪl] *bn* rustig, kalm

tranquillity [trænˈkwɪlətɪ], Am **tranquility** *znw* rust, kalmte

tranquillize [ˈtræŋkwɪlaɪz], **tranquillise**, Am **tranquilize** *overg* tot bedaren brengen, kalmeren

tranquillizer [ˈtræŋkwɪlaɪzə], **tranquilliser**, Am **tranquilizer** *znw* rustgevend middel, kalmerend middel ★ *he was on* ~*s for a time* hij heeft een tijdlang kalmerende middelen gebruikt

trans- [træns] *voorv* trans-, over-

transact [trænˈzækt] *overg* verrichten, (af)doen ‹zaken›

transaction [trænˈzækʃən] *znw* ❶ verrichting, afdoening, (handels)zaak ❷ transactie, handeling

transalpine [ˈtræn-, ˈtrɑːnˈzælpaɪn] *bn* aan gene zijde van de Alpen ‹meestal aan de noordzijde›

transatlantic [trænzətˈlæntɪk] *bn* trans-Atlantisch

transcend [trænˈsend] *overg* te boven gaan, overtreffen

transcendence [trænˈsendəns], **transcendency** *znw* ❶ transcendentie ❷ form voortreffelijkheid

transcendent [trænˈsendənt] *bn* ❶ transcendentaal ❷ form alles overtreffend, voortreffelijk

transcendental [trænsenˈdentl] *bn* transcendentaal,

bovenzinnelijk

transcendental meditation [trænsenˈdentl medɪˈteɪʃən] *znw* transcendente meditatie

transcontinental [trænzkɒntɪˈnentl] *znw* transcontinentaal

transcribe [trænˈskraɪb] *overg* ❶ transcriberen, overschrijven, afschrijven, uitwerken, overbrengen ‹steno› ❷ muz een transcriptie maken van

transcript [ˈtrænskrɪpt] *znw* afschrift, kopie

transcription [trænsˈkrɪpʃən] *znw* transcriptie ‹ook muziek›, overschrijving, afschrift

transdermal [trænzˈdɜːməl] anat *bn* transdermaal, transcutaan, door de huid heen toegediend ‹van medicijnen, bijv. via een pleister›

transect [træn-, trɑːnˈsekt] *overg* dwars doorsnijden

transection [trænˈsekʃən] *znw* dwarsdoorsnede

transept [ˈtræn-, ˈtrɑːnsept] *znw* dwarsschip, dwarsbeuk ‹v. kerk›

transexual [trænzˈsekʃʊəl] *znw* → **transsexual**

transfer I *znw* [ˈtrænsfɜː, ˈtrɑːnsfɜː] ❶ overdracht, overbrenging, overheveling ❷ overschrijving ‹v. eigendom›, overboeking, overmaking, remise ❸ overplaatsing, transfer ❹ overgeplaatste militair, student, leerling & ❺ overstapkaartje ❻ overdrukplaatje **II** *overg* [trænsˈfɜː, trɑːnsˈfɜː] ❶ overdragen, overbrengen, overhevelen ❷ handel overmaken, overschrijven, overboeken, gireren ★ *please* ~ *the amount to my other account* schrijf het bedrag alstublieft over op mijn andere rekening ❸ ver-, overplaatsen, overdrukken, calqueren **III** *onoverg* [trænsˈfɜː, trɑːnsˈfɜː] ❶ overgaan ❷ overstappen (in *to*)

transferability [trænsfɜːrəˈbɪlətɪ] *znw* overdraagbaarheid

transferable [trænsˈfɜːrəbl] *bn* overdraagbaar ★ *this ticket is not* ~ dit kaartje is strikt persoonlijk

transferal [trænsˈfɜːrəl], **transferral** *znw* overdracht

transferee [trænsfəˈriː] *znw* ❶ persoon aan wie iets overgedragen wordt ❷ concessionaris

transference [ˈtrænsf(ə)rens] *znw* overdracht, overbrenging

transfer fee [ˈtræns-, ˈtrɑːnsfɜː fi:] sp *znw* transferbedrag

transfer form [ˈtræns-, ˈtrɑːnsfɜː fɔːm] bankwezen *znw* overschrijvingsformulier

transfer income [ˈtræns-, ˈtrɑːnsfɜː ˈɪnkʌm, ˈɪnkəm] *znw* overdrachtsinkomsten

transfer list [ˈtræns-, ˈtrɑːnsfɜː lɪst] *znw* transferlijst

transferor [trænsˈfɜːrə] *znw* overdrager

transfer order [ˈtræns-, ˈtrɑːnsfɜː ˈɔːdə] bankwezen *znw* overboekingsopdracht

transfer payment [ˈtræns-, ˈtrɑːnsfɜː ˈpeɪmənt] econ *znw* overdrachtsbetaling

transfer price [ˈtræns-, ˈtrɑːnsfɜː praɪs] *znw* overdrachtsprijs

transfer tax [ˈtræns-, ˈtrɑːnsfɜː tæks] Am *znw* overdrachtsbelasting

transfer value [ˈtræns-, ˈtrɑːnsfɜː ˈvælju:] *znw*

overdrachtswaarde

transfiguration [trænsfɪgjʊ'reɪʃən] *znw*
❶ herschepping, gedaanteverandering
❷ transfiguratie, verheerlijking ★ *the Transfiguration* de Verheerlijking (van Christus)

transfigure [træns'fɪgə] *overg* ❶ van gedaante doen veranderen, herscheppen ★ *her face was ~d with joy* haar gezicht straalde van vreugde ❷ verheerlijken

transfix [træns'fɪks] *overg* doorboren, doorsteken ★ *they stood ~ed at the sight* ze stonden als aan de grond genageld toen ze het zagen

transform [træns'fɔ:m] *overg* ❶ om-, vervormen, van gedaante / vorm veranderen, (doen) veranderen ★ *the town has been ~ed into a city* het stadje is in een grote stad veranderd ❷ transformeren

transformable [træns'fɔ:məbl] *bn* te veranderen (in *into*), vervormbaar ★ *the sofa is ~ into a bed* de sofa kan in een bed worden veranderd

transformation [trænsfə'meɪʃən] *znw* ❶ om-, vervorming, (vorm)verandering, gedaanteverwisseling ❷ transformatie

transformational grammar [trænsfə'meɪʃənl 'græmə] *znw* transformationele grammatica

transformer [træns'fɔ:mə] *znw* ❶ vervormer ❷ elektr transformator

transfuse [træns'fju:z] *overg* ❶ over-, ingieten, overbrengen ‹bloed door transfusie› ❷ doordringen, inprenten, overdragen

transfusion [træns'fju:ʒən] *znw* ❶ overgieting ❷ (bloed)transfusie

transgenic [trænz'dʒenɪk] *znw* transgeen

transglobal [trænz'gləʊbl] *bn* wereldwijd

transgress [trænz'gres] I *overg* overtreden, zondigen tegen, schenden, te buiten gaan, overschrijden II *onoverg* zondigen

transgression [trænz'greʃən] *znw* ❶ overtreding, misdaad ❷ zonde

transgressor [trænz'gresə] *znw* ❶ overtreder ❷ zondaar

tranship [træn'ʃɪp], **transship** *overg* overschepen, overladen, overslaan

transhipment [træn'ʃɪpmənt], **transshipment** *znw* overscheping, overlading, overslag

transience ['trænzɪəns] *znw* korte duur, vergankelijkheid

transient ['trænzɪənt] I *bn* voorbijgaand, van korte duur, kortstondig, vergankelijk II *znw* Am tijdelijk aanwezig persoon, tijdelijke werkkracht, passant

transillumination [trænzɪlu:mɪ'neɪʃən] med *znw* doorlichting

transistor [træn'zɪstə] *znw* ❶ transistor ❷ transistorradio

transit ['trænzɪt] *znw* ❶ doorgang, doortocht, doorreis ❷ doorvoer, transito, vervoer ★ *in ~* gedurende het vervoer, onderweg ‹van goederen› ❸ astron overgang, passage

transit camp ['trænzɪt kæmp] *znw* doorgangskamp

transit duty ['trænzɪt 'dju:tɪ] *znw* doorvoerrechten

transition [træn'zɪʃən] I *bn* overgangs- II *znw* overgang(speriode) ★ *he's in ~ from welfare to work* hij zit in de overgangsperiode tussen uitkering en werk

transitional [træn'zɪʃnəl] *bn* overgangs-

transition point [træn'zɪʃən pɔɪnt] scheik *znw* overgangspunt

transitive ['trænsətɪv] gramm *bn* transitief, overgankelijk

transit lounge ['trænzɪt laʊndʒ] *znw* hal / lounge voor doorgaande reizigers ‹op vliegveld›

transitory ['trænsətərɪ] *bn* van voorbijgaande aard, kortstondig, vergankelijk, vluchtig

transit port ['trænzɪt pɔ:t] *znw* doorvoerhaven

transit trade ['trænzɪt treɪd] *znw* doorvoerhandel

transit visa ['trænzɪt 'vi:zə] *znw* transitvisum, doorreisvisum

translatable [træns'leɪtəbl] *bn* vertaalbaar ★ *the word is not ~ into English* het woord is niet te vertalen in het Engels

translate [træn'sleɪt] I *overg* ❶ vertalen, overzetten ❷ interpreteren ★ *I ~d his nod as agreement* ik interpreteerde zijn knik als instemming ❸ omzetten ‹in de daad› II *onoverg* ❶ vertalen ❷ zich laten vertalen

translation [træns'leɪʃən] *znw* ❶ vertaling, overzetting, overbrenging ★ *a certified ~* een vertaling door een beëdigd vertaler ★ *the book loses something in ~* in de vertaling van dit boek gaat iets verloren ❷ omzetting ‹in de daad› ❸ overplaatsing ‹v. bisschop &›

translator [træns'leɪtə] *znw* vertaler ★ *a sworn ~* een beëdigd vertaler

transliterate [træns'lɪtəreɪt] *overg* transcriberen ‹overbrengen in andere schrifttekens›

transliteration [trænz-, trɑ:nzlɪtə'reɪʃən] *znw* transcriptie

translucence [træns'lu:səns], **translucency** *znw* doorschijnendheid, helderheid

translucent [træns'lu:sənt] *bn* doorschijnend, helder ★ *there is a ~ quality to his writing* zijn geschriften hebben een heldere kwaliteit

transmigrate [trænzmaɪ'greɪt] *onoverg* overgaan in een ander lichaam

transmigration [trænzmaɪ'greɪʃən] *znw* ❶ zielsverhuizing, overgang ❷ (land-, volks)verhuizing

transmissible [trænz'mɪsəbl] *bn* ❶ over te brengen, overdraagbaar, overleverbaar ★ *BSE is not a ~ disease* BSE is geen besmettelijke ziekte ❷ overerfelijk

transmission [trænz'mɪʃən] *znw* ❶ RTV uitzending ❷ auto versnellingsbak ❸ → **transmittal**

transmission line [trænz'mɪʃən laɪn] *znw* transmissielijn, hoogspanningslijn

transmit [trænz'mɪt] *overg* ❶ overbrengen, door-, overzenden, overdragen (op *to*) ★ *the virus can be ~ted via e-mails* het virus kan via e-mails worden overgedragen ❷ overleveren (aan *to*), doorgeven

❸ RTV uitzenden ❹ doorlaten ⟨v. licht &⟩, voortplanten ⟨v. geluid &⟩

transmittal [trænz'mɪtl], **transmission** *znw*
❶ transmissie, overbrenging ⟨v. kracht⟩
❷ overbrenging, besmetting ⟨ziekte⟩ ❸ overdracht ⟨v. bezit⟩ ❹ doorgeven, overlevering ⟨v. tradities⟩
❺ doorlating ⟨v. licht⟩, voortplanting ⟨v. geluid⟩

transmitter [træns'mɪtə] *znw* ❶ overbrenger
❷ overleveraar ❸ microfoon ⟨v. telefoon⟩ ❹ RTV zender

transmitting station [træns'mɪtɪŋ 'steɪʃən] RTV *znw* zendstation

transmogrification [trænz-, trɑːnzmɒɡrɪfɪ'keɪʃən] *vaak scherts znw* metamorfose, gedaanteverandering

transmogrify [trænz-, trɑːnz'mɒɡrɪfaɪ] *vaak scherts overg* metamorfoseren ★ *the hungry caterpillar is transmogrified into a butterfly* de hongerige rups wordt omgetoverd in een vlinder

transmural [trænz'mjʊərəl] med *bn* transmuraal

transmutable [trænz'mjuːtəbl] *bn* veranderbaar, verwisselbaar

transmutation [trænzmjuː'teɪʃən] *znw* transmutatie, (vorm)verandering

transmute [trænz'mjuːt] *overg* transmuteren, veranderen (in *into*)

transnational [trænz'næʃənl] *bn* transnationaal, grensoverschrijdend

transoceanic [trænzəʊʃɪ'ænɪk] *bn* overzees

transom ['trænsəm] *znw* dwarsbalk, bovendorpel

transom window ['trænsəm 'wɪndəʊ] *znw* ventilatievenster boven een deur, bovenlicht

transonic [træn-, trɑːn'sɒnɪk] *bn* → **transsonic**

transparency [træn'spærənsɪ] *znw* ❶ doorzichtigheid
❷ transparant ❸ dia, diapositief

transparent [træn'spærənt] *bn* ❶ doorzichtig, transparant ❷ fig helder, duidelijk

transpiration [trænspɪ'reɪʃən] plantk *znw* uitwaseming

transpire [træn'spaɪə] *onoverg* ❶ gebeuren
❷ uitlekken, ruchtbaar worden, bekend worden
★ *it ~d that he had been spying for the Russians* het werd bekend dat hij voor de Russen had gespioneerd ❸ blijken ★ *as it ~d, I had met him years ago* het bleek dat ik hem jaren geleden had ontmoet ❹ plantk uitwasemen, doorzweten

---

> **transpire**
> betekent **gebeuren, bekend worden** en niet *transpireren*. De enige betekenis die een beetje met **transpireren** overeenkomt heeft met planten te maken:
> *All plants transpire excess water* - Alle planten wasemen hun overtollig water uit.
> Ned. *transpireren* = **perspire, sweat**.

---

transplant I *znw* ['trænsplɑːnt, 'trɑːnsplɑːnt]
❶ transplantatie ★ *a ~ donor* een transplantatiedonor ★ *a ~ recipient* een transplantatieontvanger ❷ transplantaat ⟨orgaan⟩
II *overg* [træns'plɑːnt, trɑːns'plɑːnt] ❶ overplanten,

verplanten, overbrengen ❷ med transplanteren
★ *the kidney has been ~ed into a young man* de nier is in een jonge man getransplanteerd

transplantation [trænsplɑːn'teɪʃən, trɑː-] *znw* ❶ over-, verplanting, overbrenging ❷ med transplantatie

transponder [træn'spɒndə, trɑː-] *znw* transponder, antwoordzender

transport I *znw* ['trænspɔːt, 'trɑːnspɔːt] ❶ transport, overbrenging, vervoer ★ *applicants must have their own ~* sollicitanten dienen over eigen vervoer te beschikken ❷ transportschip, transportvliegtuig
❸ vervoering, verrukking, vlaag ⟨v. woede &⟩ ★ *his performance sent us into ~s of laughter* zijn opvoering bracht ons onbedaarlijk aan het lachen **II** *overg* [træns'pɔːt, trɑːns'pɔːt] ❶ transporteren, overbrengen, verplaatsen, vervoeren ★ *the furniture will be ~ed by rail* het meubilair wordt per spoor vervoerd ★ *the audience was ~ed back to the 1930s* het publiek werd teruggevoerd naar de jaren 1930
❷ hist deporteren ❸ in vervoering brengen ★ *she was ~ed with joy* ze was verrukt van vreugde

transportable [træns'pɔːtəbl] *bn* ❶ vervoerbaar ❷ hist met deportatie strafbaar

transportation [trænspɔː'teɪʃən] *znw* ❶ transport, vervoer, overbrenging ❷ transportwezen ❸ hist deportatie

transport cafe ['træns-, 'trɑːnspɔːt 'kæfeɪ] *znw* chauffeurscafé

transporter [træns'pɔːtə] *znw* ❶ vervoerder, transporteur ❷ techn loopkraan ❸ transportband

transport ship ['træns-, 'trɑːnspɔːt ʃɪp] *znw* transportschip

transposal [træns'pəʊzəl] *znw* ❶ verplaatsing
❷ omzetting

transpose [træns'pəʊz] *overg* ❶ verplaatsen, verschikken, omzetten, verwisselen ❷ transponeren ⟨muziek⟩, overbrengen

transposition [trænspə'zɪʃən] *znw* ❶ verplaatsing, verschikking, omzetting, verwisseling ❷ transpositie ⟨muziek⟩, overbrenging

transsexual [trænz'seksʊəl], **transexual I** *bn* transseksueel **II** *znw* transseksueel

transship [trænz'ʃɪp] *overg* → **tranship**

transshipment ['trænʃɪpmənt, 'trɑːnʃɪpmənt] *znw* → **transhipment**

transsonic [træns-, trɑːns'sɒnɪk], **transonic** *bn* voorbij de geluidsbarrière ⟨v. vliegsnelheid⟩

transubstantiation ['træn-, 'trɑːnsəbstænʃɪ'eɪʃən] *znw* ❶ wezensverandering ❷ theol transsubstantiatie

transversal [trænz'vɜːsəl] techn **I** *bn* dwars **II** *znw* dwarslijn, transversaal

transverse ['trænzvɜːs] *bn* (over)dwars

transverse flute ['trænzvɜːs fluːt] *znw* dwarsfluit

transversely [trænz'vɜːslɪ] *bn* ❶ (over)dwars ❷ dwars

transvestism [trænz-, trɑːnz'vestɪzm], **transvestitism** *znw* travestie

transvestite [trænz'vestaɪt] *znw* travestiet

transvestitism [trænz'vestaɪtɪzəm] *znw* →

transvestism

trap [træp] **I** *znw* **❶** val, strik, voetangel, klem, fuik ★ *a poverty ~* een armoedeval ★ *fall into the ~* in de val lopen ★ *lay / set a ~ for sbd* voor iem. strikken spannen, een val zetten voor iem. **❷** strikvraag, valstrik **❸** valdeur, luik, klep ⟨v. duivenslag⟩ **❹** afvoerfilter, vetvanger, zandzeef **❺** techn stankafsluiter, sifon **❻** tweewielig rijtuigje **❼** werpmachine ⟨kleiduivenschieten⟩ **❽** inf smoel, bek ★ *shut your ~!* hou je bek! **II** *overg* **❶** in de val laten lopen, vangen, (ver)strikken ★ *be ~ped* in de val zitten ★ *the fire had us ~ped* het vuur had ons ingesloten ★ *be ~ped into doing sth* op een slinkse manier overgehaald worden om iets te doen **❷** opvangen ⟨v. water &⟩

trapdoor ['træpdɔ:] *znw* luik, valdeur

trapdoor spider ['træpdɔ: 'spaɪdə] *znw* valdeurspin

trapeze [trə'pi:z] *znw* trapeze, zweefrek

trapeze artist [trə'pi:z 'ɑ:tɪst] *znw* trapezeartiest

trapezium [trə'pi:zɪəm] *znw* [*mv:* -s *of* trapezia] **❶** meetk trapezium **❷** anat **os trapezium** handwortelbeentje

trapper ['træpə] *znw* **❶** strikkenspanner **❷** beverjager, pelsjager, trapper

trappings ['træpɪŋz] *znw* [*mv*] **❶** uiterlijk vertoon ★ *he enjoys all the ~ of success* het uiterlijk vertoon van succes is belangrijk voor hem **❷** kenmerken ★ *his death had all the ~ of a Hollywood spy movie* zijn dood had alle kenmerken van een spionnenfilm uit Hollywood

trappy ['træpɪ] inf *bn* verraderlijk

traps [træps] inf *znw* [*mv*] spullen, boeltje ★ *it was time to pack my ~ and leave* het was tijd om mijn boeltje bij elkaar te pakken en te vertrekken

trapse [treɪps] *onoverg* → **traipse**

trash [træʃ] *znw* **❶** uitschot, afval **❷** fig prul, prullen, troep, rotzooi, voddengoed, bocht **❸** inf onzin, klets ★ *talk ~* onzin verkopen **❹** inf tuig, schorem **II** *overg* **❶** vernielen, verwoesten, weggooien **❷** afgeven op

trash and treasure [træʃ ən 'treʒə] *znw* rommelmarkt

trash bag [træʃ bæg] Am *znw* vuilniszak

trash can [træʃ kæn] Am *znw* vuilnisbak

trash can liner ['træʃ kæn 'laɪnə] Am *znw* vuilnisemmerzak

trashy ['træʃɪ] *bn* prullig, lorrig, voddig

trauma ['trɔ:mə] *znw* [*mv:* -s *of* traumata] **❶** psych trauma **❷** med wond, verwonding

traumatic [trɔ:'mætɪk] *bn* traumatisch, wond-

traumatism ['trɔ:mətɪzm] *znw* **❶** traumatische toestand, traumatisch effect **❷** trauma, verwonding

traumatize ['trɔ:mətaɪz], **traumatise** *overg* traumatiseren

travail ['træveɪl] dicht *znw* zware arbeid, zielsinspanning

travel ['trævəl] **I** *znw* **❶** reizen ★ *the job involves frequent ~* de baan brengt met zich mee dat er veel gereisd moet worden **❷** reis ⟨vooral naar het buitenland⟩ **❸** techn slag ⟨v. zuiger &⟩ **II** *overg*

❶ afreizen, doortrekken, bereizen **❷** afleggen ⟨afstand⟩ **III** *onoverg* **❶** reizen ★ *~ light* reizen met weinig bagage **❷** op en neer, heen en weer gaan **❸** zich verplaatsen, zich bewegen, gaan, lopen, rijden **❹** zich voortplanten ⟨licht, geluid &⟩

travel agency ['trævəl 'eɪdʒənsɪ] *znw* reisbureau

travel agent ['trævəl 'eɪdʒənt] *znw* reisagent

travelator ['trævəleɪtə] *znw* rollend trottoir, rolband ⟨op vliegveld⟩

travel card ['trævəl kɑ:d] *znw* openbaarvervoerkaartje ⟨voor een of meer dagen geldig⟩

travel guide ['trævəl gaɪd] *znw* reisgids

travel insurance ['trævəl ɪn'ʃʊərəns] *znw* reisverzekering

travelled ['trævəld], Am **traveled** *bn* bereisd ★ *a much ~ route* een druk bereisde route ★ *they are widely ~* ze hebben veel gereisd

traveller ['trævələ], Am **traveler** *znw* reiziger

traveller's cheque ['trævələz tʃek] *znw* reischeque, traveller's cheque

travelling ['trævəlɪŋ], Am **traveling I** *bn* reizend, reis- **II** *znw* reizen, reis

travelling allowance ['trævəlɪŋ ə'laʊəns] *znw* reistoelage

travelling bag ['trævəlɪŋ bæg] *znw* reistas

travelling companion ['trævəlɪŋ kəm'pænjən] *znw* reisgenoot

travelling crane ['trævəlɪŋ kreɪn] *znw* verrijdbare kraan

travelling expenses ['trævəlɪŋ ɪk'spensɪz] *znw* [*mv*] reiskosten

travelling platform ['trævəlɪŋ 'plætfɔ:m], **traverser** *znw* overlader ⟨spoorwegen⟩

travelling salesman ['trævəlɪŋ 'seɪlzmən] *znw* handelsreiziger

travelling scholarship ['trævəlɪŋ 'skɒləʃɪp] *znw* beurs om in het buitenland te studeren

travelogue ['trævəlɒg], Am **travelog** *znw* reisverslag ⟨met illustraties, dia's &⟩, reisfilm

travels ['trævəlz] *znw* [*mv*] **❶** (het) reizen ★ *he met her during his ~* hij ontmoette haar op een van zijn reizen **❷** reisverhaal ★ *Gulliver's Travels* Gullivers reizen

travel sick ['trævəl sɪk] *bn* reisziek ⟨wagenziek, zeeziek, luchtziek⟩

travel sickness ['trævəl 'sɪknəs] *znw* reisziekte, wagenziekte

travelstained ['trævəlsteɪnd] *bn* vuil van de reis, verreisd

traverse I *bn* ['trævəs] dwars- **II** *znw* ['trævəs] **❶** dwarsbalk, dwarslat, -stuk **❷** dwarsgang **❸** transversaal **❹** scheepv koppelkoers **III** *overg* [trə'vɜ:s, 'trævəs] **❶** dwars overgaan, oversteken, doortrekken, (door)kruisen, doorsnijden, doorgaan ★ *they ~d the country from north to south* ze doorkruisten het land van het noorden naar het zuiden ★ *the country is ~d by a large mountain range* het land wordt doorsneden door een grote bergrug

tr

❷ fig ‹iets zorgvuldig› doornemen

traverser [trə'vɜːsə] *znw* → **travelling platform**

travesty ['trævəstɪ] **I** *znw* travestie, parodie, bespotting **II** *overg* travesteren, parodiëren

trawl [trɔːl] **I** *znw* treil, sleepnet **II** *overg & onoverg* **❶** treilen, met het sleepnet vissen **❷** fig afstropen, doorzoeken

trawler ['trɔːlə] *znw* **❶** treiler **❷** schrobnetvisser, trawlvisser

tray [treɪ] *znw* **❶** (schenk-, presenteer)blaadje, -blad ★ *a supper* ~ een blad met eten **❷** bak ‹in koffer &› **❸** bakje ‹v. penhouders &›

treacherous ['tretʃərəs] *bn* verraderlijk ★ *we were walking on* ~ *ground* de grond waarop we liepen was verraderlijk, fig we begaven ons op gevaarlijk terrein

treachery ['tretʃərɪ] *znw* **❶** verraad ★ *he suddenly smelt* ~ plotseling rook hij onraad **❷** ontrouw

treacle ['triːkl] *znw* stroop

treacly ['triːklɪ] *bn* **❶** stroopachtig **❷** fig stroperig

tread [tred] **I** *znw* **❶** tred, schrede, stap ★ *the* ~ *of feet* voetstappen **❷** trede **❸** zool, profiel ‹v. band› **II** *overg* [trod, trodden] **❶** betreden, bewandelen ★ ~ *a dangerous path* een gevaarlijk pad bewandelen **❷** trappen ★ ~ *water* watertrappen, fig pas op de plaats maken ★ ~ *sth underfoot* iets met voeten treden, iets vertrappen **❸** lopen over ★ scherts ~ *the boards / stage* op de planken staan, bij het toneel zijn **❹** (uit)treden ‹druiven› **III** *onoverg* [trod, trodden] treden, trappen, lopen ★ ~ *carefully / gently / lightly* omzichtig (voorzichtig) te werk gaan ★ ~ *on sbd's toes* iem. op zijn tenen trappen ★ ~ *on sbd's heels* iem. op de hielen gaan staan, fig iem. op de hielen volgen **IV** *phras* ★ ~ *sth* **down** iets vasttrappen ‹aarde›, iets vertrappen ★ ~ *sth* **in** iets in de grond stampen ★ ~ *sth* **out** iets uittrappen ‹vuur &›

treadle ['tredl] *znw* **❶** trapper ‹van fiets of naaimachine› **❷** muz voetklavier van het orgel, pedaal

treadmill ['tredmɪl] *znw* tredmolen

treason ['triːzən] *znw* verraad, hoogverraad, landverraad

treasonable ['triːzənəbl] *bn* (hoog-, land)verraderlijk

treasure ['treʒə] **I** *znw* schat(ten) ★ *buried* ~ begraven schatten **II** *overg* **❶** waarderen, op prijs stellen **❷** koesteren, als een schat bewaren

treasure chest ['treʒə tʃest] *znw* schatkist, schatkamer

treasure house ['treʒə haʊs] hist *znw* schatkamer

treasure hunt ['treʒə hʌnt] *znw* schatgraverij, vossenjacht ‹spel›

treasurer ['treʒərə] *znw* **❶** thesaurier **❷** penningmeester

treasure trove ['treʒətrəʊv], **trove** *znw* **❶** gevonden schat **❷** schat, rijke bron

treasury ['treʒərɪ] *znw* schatkamer, schatkist ★ *the Treasury* het ministerie van Financiën

treasury bill ['treʒərɪ bɪl] *znw* kortlopende schatkistpromesse

treasury bond ['treʒərɪ bɒnd] *znw* schatkistobligatie

treasury note ['treʒərɪ nəʊt] *znw* **❶** Am schatkistbiljet ‹met een looptijd van 1-10 jaar› **❷** Br muntbiljet

treat [triːt] **I** *znw* onthaal, traktatie, (een waar) feest ★ *(it's) my* ~ ik trakteer ★ inf *we're in for a* ~ / *we have a* ~ *in store* er staat ons een traktatie te wachten ★ inf *dinner went down like a* het diner was een groot succes ▼ inf *it goes / works & a* ~ het doet het fantastisch ▼ inf *she looks a* ~ ze ziet er heel goed uit **II** *overg* **❶** behandelen, bejegenen ★ inf ~ *sbd like dirt* iem. als oud vuil behandelen ★ ~ *sbd like royalty* iem. koninklijk behandelen **❷** onthalen, vergasten, trakteren (op *to*) ★ ~ *oneself to sth* zich ergens op trakteren **III** *onoverg* **❶** trakteren **❷** onderhandelen ★ *he refused to* ~ *with the enemy* hij weigerde met de vijand te onderhandelen

treatise ['triːtɪs] *znw* verhandeling (over *on*)

treatment ['triːtmənt] *znw* behandeling, bejegening, verzorging ★ *emergency* ~ eerste hulp ★ *preferential* ~ voorkeursbehandeling ★ *she's receiving* ~ *for burns* ze wordt behandeld voor brandwonden ★ *he's in* ~ *for his addiction* hij is onder behandeling voor zijn verslaving ★ *he is responding well to* ~ hij reageert goed op de behandeling

treaty ['triːtɪ] *znw* (vredes)verdrag, traktaat, overeenkomst, contract ★ *by private* ~ onderhands

treble ['trebl] **I** *bn + bijw* **❶** drievoudig **❷** driedubbel ★ *she earns at least* ~ *my wage* ze verdient minstens driemaal zo veel als ik **II** *znw* **❶** hoge tonen bereik ‹v. e. versterker &› **❷** muz bovenstem, sopraan **III** *overg* verdrievoudigen **IV** *onoverg* zich verdrievoudigen

treble clef ['trebl klef] muz *znw* solsleutel, g-sleutel

trebly ['treblɪ] *bijw* **❶** driedubbel, -voudig **❷** driewerf

tree [triː] **I** *znw* boom ★ inf *be out of one's* ~ ontzettend dom zijn ★ Am inf *be up a* ~ in de knel zitten **II** *overg* **❶** in een boom jagen ‹dier &› **❷** inf in het nauw brengen

treecreeper ['triːkriːpə] *znw* boomkruiper ‹vogel›

tree fern [triː fɜːn] *znw* boomvaren

tree house [triː haʊs] *znw* boomhut

tree hugger [triː 'hʌgəmʌgə] inf afkeurend *znw* milieuactivist

treeless ['triːləs] *bn* boomloos, zonder bomen, ontbost

treeline ['triːlaɪn] *znw* boomgrens

tree-lined ['triː-laɪnd] *bn* omzoomd door bomen

tree of knowledge [triː əv 'nɒlɪdʒ] bijbel *znw* de boom der kennis

tree of life [triː əv 'laɪf] bijbel *znw* de boom des levens

tree structure [triː 'strʌktʃə] comput *znw* boomstructuur, boomdiagram

tree surgeon [triː 'sɜːdʒən] *znw* boomchirurg

treetop ['triːtɒp] **I** *bn* boomtop ★ *a* ~ *walkway* een hoog tussen de bomen aangelegd wandelpad **II** *znw* (meestal *mv*) boomtop

tree trunk [triː trʌŋk] *znw* boomstam

trefoil ['trefɔɪl] *znw* **❶** klaver **❷** klaverblad

trek [trek] **I** *znw* (lange, moeizame) tocht **II** *onoverg* trekken, reizen

trellis ['trelɪs] **I** *znw* traliewerk, latwerk, leilatten **II** *overg* **❶** van traliewerk / leilatten voorzien **❷** op latwerk leiden ‹bomen›

trelliswork ['trelɪswɜːk] *znw* latwerk

tremble ['trembl] **I** *znw* beving, siddering, trilling ‹v. stem› ★ inf *all of a* ~ bevend over het hele lichaam ‹van opwinding, angst &› **II** *onoverg* **❶** beven, sidderen (van *with*) ★ ~ *at sth* beven bij iets ‹een gedachte› **❷** huiveren ★ *I* ~ *to think what might have happened* Ik huiver bij de gedachte aan wat er had kunnen gebeuren **❸** trillen ‹v. geluiden›

trembler ['tremblə] *znw* **❶** inf sidderaal **❷** techn onderbreker

trembles ['tremblz] *znw* [mv] ★ inf *the* ~ rillingen, bibberatie

tremendous [trɪ'mendəs] *bn* geweldig, geducht, vervaarlijk, kolossaal, enorm

tremendously [trɪ'mendəslɪ] *bijw* geweldig, geducht, vervaarlijk, kolossaal, enorm

tremolo ['tremə ləʊ] *muz znw* tremolo

tremor ['tremə] *znw* siddering, beving, huivering, trilling, rilling

tremulous ['tremjʊləs] *bn* **❶** sidderend, bevend, huiverend, trillend **❷** beschroomd

trench [trentʃ] **I** *znw* **❶** greppel, sloot **❷** mil loopgraaf ★ *the* ~*es* het front, de loopgraven **❸** groef **II** *overg* **❶** geulen graven in **❷** diep omspitten

trenchancy ['trentʃənsɪ] *znw* (pedante) beslistheid

trenchant ['trentʃənt] *bn* **❶** snijdend, scherp, bijtend ★ ~ *criticism was levelled at the plan* er werd bijtende kritiek geuit op het plan **❷** beslist, krachtig

trench coat [trentʃ kəʊt] *znw* trenchcoat ‹(militaire) regenjas›

trencher ['trentʃə] *znw* brood-, vleesplank, hist (houten) bord, schotel

trencherman ['trentʃəmən] scherts *znw* grote eter

trench warfare ['trenʃwɔːfeə] *znw* loopgravenoorlog

trend [trend] **I** *znw* **❶** neiging, stroming, trend, tendens ★ *a* ~ *away from sth* een stroming die zich afkeert van iets ★ *a* ~ *towards sth* een tendens in de richting van iets ★ *start a* ~ een trend beginnen **❷** loop, gang, richting ★ *if I follow your* ~ *of thought, you believe that....* als ik je gedachtengang zo volg, geloof je dat... **❸** mode, toon ★ *set the* ~ de toon aangeven **II** *onoverg* **❶** lopen, neigen, gaan / wijzen in zekere richting ★ *sales are* ~*ing upward* er is een neiging tot stijging van de verkoopcijfers **❷** zich uitstrekken (naar *towards*)

trendiness ['trendɪnəs] *znw* modieusheid

trendsetter ['trendsetə] *znw* trendsetter, toonaangevend iem. ‹in mode &›

trendspotter ['trendspɒtə] *znw* trendspotter ‹iem. die nieuwe trends in de gaten houdt en erover bericht›

trendy ['trendɪ] inf **I** *bn* trendy, modieus, in **II** *znw* modieus persoon

trepan [trɪ'pæn] **I** *znw* trepaan ‹schedelboor› **II** *overg* trepaneren

trepidation [trepɪ'deɪʃən] *znw* zenuwachtige angst, opwinding ★ *in fear and* ~ met angst en beven

trespass ['trespəs] **I** *znw* **❶** jur schending, overtreding, inbreuk ‹op de persoonlijke integriteit / bezittingen› **❷** vero zonde, schuld **II** *onoverg* over een verboden terrein gaan **III** *phras* ★ ~ *against sbd / sth* zondigen tegen iem. / iets, een overtreding begaan tegen iem. / iets ★ form ~ *on* / *upon sth* iets wederrechtelijk betreden ‹terrein› ★ scherts *we'd better not* ~ *on* / *upon your hospitality* we kunnen maar beter niet zondigen tegen jouw gastvrijheid

trespasser ['trespəsə] *znw* overtreder ★ ~*s will be prosecuted* verboden toegang ‹op waarschuwingsbord›

tress [tres] *znw* **❶** lok, krul ★ ~*es* haar (lange) lokken, haar weelderig haar **❷** vlecht ★ *his hair was tied in a* ~ zijn haar was in een vlecht gebonden

trestle ['tresəl] *znw* schraag, bok

trestle table ['tresəl 'teɪbl] *znw* tafel op schragen

trevally [trɪ'vælɪ] *znw* trevally ‹eetbare vis uit de Stille en Indische Oceaan›

trews [truːz] Br *znw* [mv] Schots geruite broek

trey [treɪ] kaartsp *znw* drie

tri- [traɪ] *voorv* drie-, tri-

triable ['traɪəbl] *bn* **❶** te proberen **❷** jur te berechten

triad ['traɪæd] *znw* **❶** drietal **❷** muz drieklank **❸** chem driewaardig element

trial ['traɪəl] *znw* **❶** proef, proeftocht, proefrit ★ *on* ~ op proef ★ *give sth a* ~ er de proef mee nemen, het eens proberen ★ *put* / *subject sth to further* ~ er verder proeven mee nemen, het verder proberen **❷** jur berechting, openbare behandeling, onderzoek, proces ★ ~ *by ordeal* godsgericht, godsoordeel ★ *be on* ~ terechtstaan, op proef zijn ★ *come to* ~ voorkomen ★ *commit sbd to* ~ iem. terecht laten staan ★ *put on* ~ / *bring to* ~ voor (de rechtbank) doen komen ★ *stand* ~ terechtstaan (wegens *for*) **❸** beproeving, bezoeking ★ *the* ~*s of being a parent* de beproevingen van het ouderschap ★ *she's a* ~ *to her parents* ze is een probleemkind **II** *overg* testen

trial and error ['traɪəl ən 'erə] *znw* proefondervindelijk, met vallen en opstaan

trial heat ['traɪəl hiːt] *znw* voorronde, halve finale

trial lawyer ['traɪəl 'lɔːjə] *znw* advocaat

trial package ['traɪəl 'pækɪdʒ] marketing *znw* monsterzending, proefzending, proefpakket

trial period ['traɪəl 'pɪərɪəd] *znw* proefperiode

trial run ['traɪəl rʌn] *znw* proeftocht, proefrit

triangle ['traɪæŋgl] *znw* **❶** driehoek **❷** muz triangel

triangular [traɪ'æŋgjʊlə] *bn* **❶** driehoekig **❷** waarbij drie partijen betrokken zijn ★ *a* ~ *relationship* een driehoeksverhouding

triangulate [traɪ'æŋgjʊleɪt] *overg* **❶** trianguleren ‹opmeten van terrein d.m.v. driehoeksmeting› **❷** goniometrisch berekenen **❸** verifiëren ‹v. wetenschappelijke bevindingen›

tr

triaxial [traɪˈæksɪəl] *bn* met drie assen
tribal [ˈtraɪbl] *bn* stam-, tribaal
tribalism [ˈtraɪbəlɪzəm] *znw* tribalisme, stamverband, stamgevoel
tribe [traɪb] *znw* ❶ (volks)stam ❷ biol onderorde ❸ inf troep, horde ★ *the whole ~ descended on us* we kregen de hele troep op ons dak
tribe mentality [traɪb menˈtælətɪ] *znw* groepsmentaliteit
tribesman [ˈtraɪbzmən] *znw* lid van een stam, stamgenoot
tribulation [trɪbjʊˈleɪʃən] *znw* (meestal *mv*) bekommernis, tegenspoed, kwelling, leed ★ *trials and ~s* zorgen en problemen
tribunal [traɪˈbjuːnl] *znw* ❶ rechtbank, gerecht, tribunaal ★ *a disciplinary ~* een tuchtcollege ❷ raad ★ *an administrative ~* een raad van beroep ❸ rechterstoel
tribune [ˈtrɪbjuːn] *znw* ❶ (volks)tribune ❷ tribune, spreekgestoelte
tributary [ˈtrɪbjʊtərɪ] *znw* zijrivier
tribute [ˈtrɪbjuːt] *znw* ❶ hist schatting, cijns ❷ fig tol, bijdrage ❸ hulde(betuiging) ★ *she is a ~ to them* zij doet hun eer aan ★ *pay ~ to sbd* iem. een welverdiende hulde brengen
tribute band [ˈtrɪbjuːt bænd] *znw* band die als eerbetoon nummers van een bepaalde artiest of band speelt
trice [traɪs] *znw* ★ *in a ~* in een ommezien
tricentenary [traɪsenˈtiːnərɪ] *bn & znw* → **tercentenary**
triceps [ˈtraɪseps] anat *znw* driehoofdige armspier, triceps
trichina [trɪˈkaɪnə] *znw* [*mv:* trichinae] trichine, haarworm
trichinosis [trɪkɪˈnəʊsɪs] med *znw* trichinose ⟨ziekte veroorzaakt door een haarworm⟩
trichotomy [trɪˈkɒtəmɪ] *znw* driedeling
trick [trɪk] **I** *znw* ❶ kunstje, streek, poets, grap, list, foefje, truc ★ inf *a dirty ~* een gemene streek ★ inf *he never misses a ~* niets ontgaat hem, hij is niet op zijn achterhoofd gevallen ★ inf *be up to one's old ~s* weer op de oude manier bezig zijn ★ *play ~s* streken uithalen ★ *play a ~ on sbd* iem. een poets bakken, iem. parten spelen ★ *try every ~ in the book* al het mogelijke proberen ❷ handigheid, kunstgreep, kneep ★ *the ~s of the trade* de kneepjes / geheimen van het vak ★ *have got the ~* er de slag van te pakken hebben ★ inf *that did the ~* dat deed het hem ★ *there's no ~ to it* daar is helemaal geen kunst aan ❸ bedrog, illusie ★ *a ~ of the light* optisch bedrog ★ *a ~ of perspective* gezichtsbedrog ❹ hebbelijkheid, aanwensel, maniertje ❺ kaartsp trek, slag ▼ inf *how's ~s?* gaat het een beetje?, hoe staat het leven? **II** *overg* ❶ bedriegen, bedotten ❷ een koopje leveren, verrassen **III** *phras* ★ *~ sbd into sth* iem. weten te verlokken tot iets ★ inf *be ~ed out / up* uitgedost zijn, versierd zijn ★ *~ sbd out of sth* iem. iets afhandig maken op een slinkse manier

trick cyclist [trɪk ˈsaɪklɪst] *znw* ❶ acrobatische wielrijder ❷ inf scherts zielknijper, psychiater
tricker [ˈtrɪkə] *znw* ❶ bedrieger ❷ grappenmaker
trickery [ˈtrɪkərɪ] *znw* bedrog, bedotterij
trickle [ˈtrɪkl] **I** *znw* ❶ druppelen ❷ stroompje, straaltje ★ *the flow has dwindled to a ~* de stroom is een straaltje geworden **II** *overg* doen druppelen & **III** *onoverg* druppelen, sijpelen, ⟨langzaam⟩ vloeien, biggelen ★ *water ~d down the walls* het water sijpelde langs de muren **IV** *phras* ★ *~ down* naar beneden sijpelen ★ *the benefits have not ~d down to the poor* de voordelen zijn niet naar de armen doorgesijpeld ★ *~ in* binnendruppelen ★ *~ out* uitlekken
trickle-down [ˈtrɪkl-daʊn] *znw* trickle-down theorie ⟨economische theorie dat geld dat naar grote bedrijven gaat ook het grote publiek te goede zal komen⟩
trickle irrigation [ˈtrɪkl ɪrɪˈgeɪʃən] *znw* druppelbevloeiing
trick or treat [trɪk ɔ: ˈtriːt] *znw* verkleed bij de deuren langs gaan op Halloween ⟨en om snoep vragen met de woorden 'trick or treat'⟩
trick question [trɪk ˈkwestʃən] *znw* strikvraag
trickster [ˈtrɪkstə] *znw* bedrieger, bedotter
tricksy [ˈtrɪksɪ] inf *bn* vol streken ★ *a ~ little gadget* een lastig dingetje
tricky [ˈtrɪkɪ] *bn* ❶ veel handigheid vereisend, ingewikkeld, lastig, netelig ★ *it's a ~ little thing to operate* het is een ingewikkeld apparaatje om mee te werken ❷ bedrieglijk ❸ listig, vol streken, verraderlijk
tricolour [ˈtraɪkʌlə, ˈtrɪkələ], Am **tricolor I** *bn*, **tricoloured**, Am **tricolored** driekleurig **II** *znw* driekleurige (Franse) vlag, driekleur
tricuspid [traɪˈkʌspɪd] *bn* ❶ driepuntig ⟨tand⟩ ❷ driedelig ⟨hartklep⟩
tricycle [ˈtraɪsɪkl] *znw* ❶ driewieler ❷ motorfiets op drie wielen ⟨een van voren en twee van achteren⟩
tricyclist [ˈtraɪsɪklɪst] *znw* berijder van een driewielige motorfiets (*tricycle*)
trident [ˈtraɪdnt] *znw* drietand
tried [traɪd] *bn* beproefd
tried and true [traɪd ən ˈtruː], **tried and tested** *bn* beproefd, betrouwbaar ★ *my mother's ~ fig jam recipe* mijn moeders beproefde recept voor vijgenjam
triennial [traɪˈenɪəl] **I** *bn* ❶ driejarig ❷ driejaarlijks **II** *znw* driejarige plant &
trier [ˈtraɪə] *znw* doorzetter, volhouder, doorbijter
trifecta [traɪˈfektə] Aus & NZ *znw* weddenschap waarin op de eerste drie in een paarden- of hondenrace wordt gewed
trifle [ˈtraɪfəl] **I** *bijw* beetje ★ *a ~ angry* een beetje boos **II** *znw* ❶ beuzeling, beuzelarij ❷ kleinigheid, fooitje, aalmoes, bagatel ❸ dessert ⟨van cake met vruchtendrank, room of vla⟩ **III** *phras* ★ *~ sth away* iets verspillen, verbeuzelen ★ *~ with sth* ergens mee

spelen / spotten ★ ~ *with sbd* iem. niet serieus nemen

trifler ['traɪflə] *znw* beuzelaar

trifling ['traɪflɪŋ] *bn* beuzelachtig, onbeduidend, onbetekenend, onbelangrijk

triforium [traɪ'fɔːrɪəm] archit *znw* [*mv:* triforia] triforium

trig [trɪg] **I** *bn* Am inf keurig, netjes **II** *znw* → **trigonometry**

trigger ['trɪgə] **I** *znw* trekker ‹v.e. vuurwapen› ★ *quick on the* ~ met een snelle reactie ★ *pull the* ~ de trekker overhalen **II** *overg* **❶** tevoorschijn roepen, teweegbrengen (ook: ~ *off*) **❷** techn in werking zetten

trigger finger ['trɪgəfɪŋgə] *znw* rechterwijsvinger

trigger guard ['trɪgə gɑːd] *znw* beugel ‹v. geweer›

trigger-happy ['trɪgə-hæpɪ] *bn* **❶** schietgraag **❷** agressief, oorlogszuchtig

trigonometric [trɪgənə'metrɪk], **trigonometrical** *bn* trigonometrisch

trigonometry [trɪgə'nɒmətrɪ], inf **trig** *znw* trigonometrie, driehoeksmeting

trig point [trɪg pɔɪnt] *znw* triangulatiepunt ‹meetpunt voor een driehoeksmeting›

trike [traɪk] inf **I** *znw* → **tricycle II** *onoverg* rijden op een driewieler

trilateral [traɪ'lætərəl] *bn* driezijdig

trilby ['trɪlbɪ], **trilby hat** *znw* deukhoed

trilingual [traɪ'lɪŋgwəl] *bn* drietalig

trill [trɪl] **I** *znw* **❶** trilling ‹v.d. stem› **❷** muz triller **❸** trilklank, gerolde r **II** *overg* trillend zingen / uitspreken ‹van de r› **III** *onoverg* **❶** met trillende stem zingen, spreken **❷** trillers maken

trillion ['trɪljən] *znw* **❶** triljoen **❷** Am biljoen

trilogy ['trɪlədʒɪ] *znw* trilogie

trim [trɪm] **I** *bn* **❶** net(jes), keurig, (keurig) in orde, goed passend / zittend ‹kleren› **❷** in vorm, slank **II** *znw* **❶** versiering, opschik, sierstrip **❷** bijknippen ‹v. haar› ★ *get a* ~ geknipt worden **❸** goede staat / toestand ★ *in* ~ in orde, in perfecte conditie, topfit ★ *in fighting* ~ klaar voor het gevecht, in gevechtsuitrusting, fig strijdvaardig **❹** stabiliteit, evenwicht ‹vliegtuig, boot› **III** *overg* **❶** in orde maken, gelijk-, bijknippen, bijsnoeien, bijschaven, opknappen ★ ~ *sth off* iets wegsnoeien **❷ ❸** opmaken, garneren **❹** opsmukken, mooi maken **❺** scheepv de lading verdelen van ‹schip›, stuwen ‹lading› **❻** (op)zetten ‹zeilen› **IV** *phras* ★ ~ **down** afslanken

trimaran ['traɪməræn] *znw* trimaran ‹catamaran met drie rompen›

trimester [traɪ'mestə] *znw* **❶** onderw trimester **❷** periode van drie maanden, kwartaal

trimeter ['trɪmɪtə] *znw* drievoetige versregel

trimmer ['trɪmə] *znw* **❶** snoeimes, tremmer **❷** fig weerhaan, opportunist

trimming ['trɪmɪŋ] *znw* garneersel, oplegsel

trimmings ['trɪmɪŋz] *znw* [mv] **❶** snoeisel

❷ versierselen **❸** toebehoren ★ *with all the* ~ met alles erop en eraan

trine [traɪn] *bn* drievoudig

Trinidad and Tobago ['trɪnɪdædəntəʊ'beɪgəʊ] *znw* Trinidad en Tobago

Trinidadian [trɪnɪ'dædɪən, trɪnɪ'deɪdɪən] **I** *bn* Trinidads **II** *znw* Trinidadder, Trinidadse

Trinitarian [trɪnɪ'teərɪən] **I** *bn* betreffende de leer van de Drie-eenheid **II** *znw* belijder v. de leer van de Drie-eenheid

trinity ['trɪnɪtɪ] *znw* **❶** drietal, trio **❷** drie-eenheid ★ *the Holy Trinity* de Heilige Drie-eenheid, de Heilige Drievuldigheid

trinket ['trɪŋkɪt] *znw* **❶** snuisterij **❷** (goedkoop) sierraad

trinomial [traɪ'nəʊmjəl] *bn* **❶** drienamig **❷** drieledig ‹in de algebra›

trio ['triːəʊ] *znw* trio

trio sonata ['triːəʊ sə'nɑːtə] muz *znw* triosonate

trip [trɪp] **I** *znw* **❶** uitstapje, tochtje, reis, reisje, trip ‹ook als visionaire ervaring door middel van drugs› ★ inf *have a bad* ~ flippen ‹door drugs› **❷** struikeling **❸** trippelpas **❹** misstap, fout **II** *overg* **❶** doen struikelen, beentje lichten, de voet lichten **❷** losgooien, losstoten, overhalen ‹v. pal &› **❸** scheepv lichten ‹anker› **III** *onoverg* **❶** struikelen, een misstap doen **❷** trippelen, huppelen ★ *it's a name that just ~s off the tongue* het is een naam die licht van de tong rolt **❸** inf trippen, high zijn **IV** *phras* ★ ~ **over** struikelen ★ ~ **up** struikelen, een fout maken ★ ~ *sbd up* iem. doen struikelen, iem. betrappen ‹op een fout of tegenstrijdigheid›

tripartite [traɪ'pɑːtaɪt] *bn* tussen drie partijen

tripe [traɪp] *znw* **❶** darmen, pens **❷** inf prul, rommel **❸** inf klets, onzin

trip hop [trɪp hɒp] *znw* trip hop ‹langzame, soms instrumentale, filmische dansmuziek met elementen uit hiphop, jazz en reggae›

triplane ['traɪpleɪn] luchtv *znw* driedekker

triple ['trɪpl] **I** *bn* **❶** drievoudig **❷** driedubbel **❸** driedelig **II** *overg & onoverg* verdrievoudigen

triple jump ['trɪpl dʒʌmp] *znw* hink-stap-sprong

triplet ['trɪplət] *znw* **❶** drietal, trio **❷** één van een drieling **❸** drieregelig versje **❹** muz triool

triple time ['trɪpl taɪm] muz *znw* driedelige maat

triple tonguing ['trɪpl 'tʌŋɪŋ] muz *znw* staccatotechniek op een blaasinstrument

triplex ['trɪpleks] **I** *bn* drievoudig **II** *znw* Am gebouw met drie appartementen ★ *Triplex*® triplexglas

triplicate ['trɪplɪkət] **I** *bn* **❶** drievoudig **❷** in triplo uitgegeven, opgemaakt & **II** *znw* triplicaat ★ *in* ~ in drievoud **III** *overg* ['trɪplɪkeɪt] verdrievoudigen

triplication [trɪplɪ'keɪʃən] *znw* verdrievoudiging

tripod ['traɪpɒd] *znw* **❶** drievoet **❷** statief ‹v. fototoestel›

tripper ['trɪpə] inf *znw* plezierreiziger, toerist

triptych ['trɪptɪk] *znw* triptiek, drieluik

tripwire ['trɪpwaɪə] *znw* struikeldraad

tr

trisect [traɪ'sekt] *overg* in drie gelijke delen verdelen ‹v. hoeken &›

trisection [traɪ'sekʃən] *znw* verdeling in drie gelijke delen ‹v. hoeken &›

trisyllabic [traɪsɪ'læbɪk] *bn* drielettergrepig

trisyllable [traɪ'sɪləbl] *znw* drielettergrepig woord

trite [traɪt] *bn* versleten, afgezaagd, alledaags, banaal, triviaal ★ *a ~ excuse* een zwak excuus

triticale [trɪtɪ'kɑːlɪ] *znw* triticale ‹graansoort, kruising tussen tarwe en rogge›

triton ['traɪtn] *znw* ❶ tritonshoorn ❷ watersalamander

tritone ['traɪtəʊn] *muz znw* overmatige kwart

triumph ['traɪəmf] I *znw* triomf, zegepraal, zege, overwinning ★ *they returned in ~* ze kwamen in triomf terug ★ *a smile of ~* een triomfantelijk lachje II *onoverg* ❶ zegepralen, zegevieren, triomferen ❷ victorie kraaien

triumphal [traɪ'ʌmfəl] *bn* triomferend, triomf-, zege-

triumphal arch [traɪ'ʌmfəl ɑːtʃ] *znw* triomfboog, ereboog, -poort

triumphant [traɪ'ʌmfənt] *bn* triomferend, triomfantelijk, zegevierend, zegepralend

triumvir [traɪ'ʌmvə] *hist znw* drieman, triumvir

triumvirate [traɪ'ʌmvɪrɪt] *znw* driemanschap, triumviraat

trivet ['trɪvɪt] *znw* treeft, drievoet

trivia ['trɪvɪə] *znw* [mv] onbelangrijke zaken

trivial ['trɪvɪəl] *bn* ❶ onbeduidend ❷ alledaags, oppervlakkig ‹mens›

triviality [trɪvɪ'ælətɪ] *znw* ❶ onbeduidendheid ❷ alledaagsheid

trivialize ['trɪvɪəlaɪz], **trivialise** *overg* bagatelliseren, als onbelangrijk afdoen / voorstellen

triweekly [traɪ'wiːklɪ] *bn* 3 maal per week / om de 3 weken verschijnend

trod [trɒd] *ww* [v.t. & v.d.] → **tread**

trodden ['trɒdn] I *bn* platgetreden II *ww* [v.d.] → **tread**

troglodyte ['trɒglədaɪt] *znw* ❶ holbewoner, kluizenaar ❷ primitieveling

troika ['trɔɪkə] *znw* trojka

Trojan ['trəʊdʒən] I *bn* Trojaans II *znw* ❶ Trojaan ❷ fig onvermoeibare, harde werker ★ *work like a ~* werken als een paard

Trojan horse ['trəʊdʒən hɔːs] *znw* ❶ paard van Troje ❷ iem. die probeert een organisatie van binnenuit aan te vallen ❸ bepaald type computervirus

troll [trəʊl] I *znw* ❶ trol, kobold ❷ inf comput provocerende e-mail II *overg & onoverg* ❶ vissen met gesleept aas ❷ achter elkaar invallend zingen ❸ galmen

trolley ['trɒlɪ] *znw* ❶ rolwagentje ❷ winkelwagentje ❸ lorrie ❹ dienwagen, serveerboy ★ *a dessert ~* een dienwagen met dessert ❺ contactrol

trolleybus ['trɒlɪbʌs] *znw* trolleybus

trolley car ['trɒlɪ kɑː] *Am znw* tram

trollop ['trɒləp] *gedat of scherts znw* slet, sloerie

trombone [trɒm'bəʊn] *znw* trombone, schuiftrompet

trombonist [trɒm'bəʊnɪst] *znw* trombonist

trompe l'œil [trɒmp 'lɔɪ] ‹*Fr*› *znw* gezichtsbedrog, optisch bedrog

troop [truːp] I *znw* ❶ troep, hoop, drom ★ *a ~ of musicians* een groep muzikanten ❷ mil half eskadron II *overg* ★ mil *~ the colour(s)* vaandelparade houden III *onoverg* ❶ als groep gaan ❷ marcheren IV *phras* ★ *~ about* in troepen rondzwerven ★ *~ away / off* troepsgewijs wegtrekken ★ *~ in* in troepen / drommen binnenkomen

troop carrier ['truːpkæriə] *znw* troepentransportvliegtuig

trooper ['truːpə] *znw* ❶ mil cavalerist ★ inf *swear like a ~* vloeken als een dragonder ❷ hist marechaussee te paard ‹in Australië› ❸ Am politieagent te paard, motoragent ❹ cavaleriepaard ❺ → **troopship**

troops [truːps] *znw* [mv] troepen ★ *3000 ~* een strijdmacht van 3000 man ★ *call in the ~* het leger inzetten

troopship ['truːpʃɪp], **trooper** *znw* (troepen)transportschip

trope [trəʊp] *znw* troop, figuurlijke uitdrukking

trophy ['trəʊfɪ] *znw* trofee, zegeteken

trophy wife ['trəʊfɪ waɪf] *inf afkeurend znw* jonge, aantrekkelijke echtgenote ‹als statussymbool voor een oudere man›

tropic ['trɒpɪk] I *bn* tropisch, tropen- II *znw* keerkring ★ *the ~s* de tropen

tropical ['trɒpɪkl] *bn* ❶ tropisch, van de keerkringen, keerkrings-, tropen- ❷ snikheet

tropical storm ['trɒpɪkl stɔːm] *znw* cycloon

Tropic of Cancer [trɒpɪk əv 'kænsə] *znw* ★ *the ~* de Kreeftskeerkring

Tropic of Capricorn [trɒpɪk əv 'kæprɪkɔːn] *znw* ★ *the ~* de steenbokskeerkring

tropology [trɒ'pɒlədʒɪ] *znw* ❶ beeldend taalgebruik ❷ metaforische Bijbeluitlegging

troposphere ['trɒpəsfɪə] *znw* troposfeer

troppo ['trɒpəʊ] *bn* ❶ muz troppo ‹te veel, te sterk› ❷ Aus & NZ inf gek, geschift

trot [trɒt] I *znw* draf, drafje, loopje ★ *at a ~* in draf, op een drafje ★ *on the ~* op (een) rij, achter elkaar ★ *break into a ~* het op een draf zetten ★ *have a quick ~ through sth* het hele onderwerp kort doornemen ★ inf *keep sbd on the ~* iem. maar heen en weer laten draven, geen rust laten II *overg* ❶ in (de) draf brengen ❷ laten draven III *onoverg* ❶ draven, op een drafje lopen, in draf rijden ❷ inf lopen IV *phras* ★ *~ sth out* (weer) op de proppen komen met iets, (weer) komen aanzetten met iets ★ *~ sbd out* iem. doen optreden, zijn kunsten laten tonen

troth [trəʊθ] *dicht znw* ★ *pledge / plight one's ~* trouw beloven, een trouwbelofte doen, zich verloven

trots [trɒts] *znw* [mv] ★ *the ~* inf diarree, Aus & NZ inf harddraverijen

tr

trotter ['trɒtə] *znw* ❶ (hard)draver ❷ loper ❸ schapenpoot, varkenspoot

troubadour ['tru:bədʊə] *znw* troubadour

trouble ['trʌbl] **I** *znw* ❶ last, moeilijkheden, narigheid, ruzie ★ *the ~ started when* de moeilijkheden begonnen toen ★ inf *ask for* ~ om moeilijkheden vragen ★ *be in* ~ in verlegenheid zijn, in de zorg zitten, in moeilijkheden verkeren, moeilijkheden hebben (met *with*) ★ *create / make / stir up* ~ moeite veroorzaken, onrust verwekken, herrie maken ★ *get into* ~ in moeilijkheden raken / brengen, zich moeilijkheden op de hals halen ★ *get into* ~ *with sbd* het aan de stok krijgen met iem. ★ gedat *get sbd into* ~ iem. zwanger maken ★ *give sbd* ~ iem. last/moeite veroorzaken, moeite kosten ★ *keep out of* ~ op het rechte pad blijven ★ inf *look for* ~ ruzie zoeken ★ *put sbd to* ~ iem. last bezorgen ★ *it's more* ~ *than it's worth / it's not worth the* ~ het is niet de moeite waard ❷ moeite, inspanning ★ *no* ~ *(at all)!* tot uw dienst!, geen dank! ★ *go to the / take the* ~ *to do sth* de moeite nemen om iets te doen ❸ ongemak, overlast ★ *their neighbours are causing* ~ de buren veroorzaken overlast ★ *she suffers from back* ~ ze lijdt aan rugklachten ❹ leed, verdriet, zorg, verwarring, onrust, onlust ★ *in times of* ~ in angstige tijden ★ zegsw *a* ~ *shared is a* ~ *halved* gedeelde smart is halve smart ❺ probleem ★ *what's the* ~? wat scheelt er aan? ★ *the* ~ *is that* het vervelende is, dat ★ *the* ~ *with this is that* het probleem hierbij is dat ❻ techn storing, mankement, defect, pech ▼ Br inf ~ *and strife* vrouw, echtgenote ⟨rijmend slang voor 'wife'⟩ **II** *overg* ❶ last/moeite veroorzaken, lastig vallen, storen ★ form *may I* ~ *you for the mustard?* kunt u de mosterd misschien aangeven? ❷ verstoren, vertroebelen ❸ verontrusten ★ *don't* ~ *yourself about me* maak je over mij geen zorgen ❹ verdriet / leed doen, kwellen ★ *she's* ~*d with insomnia* ze lijdt aan slapeloosheid **III** *onoverg* ❶ moeite doen ★ *I didn't* ~ *to answer* het was me de moeite niet eens waard om er op te antwoorden ❷ zich druk maken, zich het hoofd breken (over *about*)

troubled ['trʌbld] *bn* ❶ gestoord, verontrust ★ ~ *waters* troebel water, onstuimige golven ❷ gekweld ❸ ongerust, angstig, onrustig ❹ veelbewogen ⟨leven⟩

trouble-free [trʌbl-'fri:] *bn* probleemloos, zorgeloos ⟨vakantie &⟩ ★ *a* ~ *car* een auto die je nooit in de steek laat

troublemaker ['trʌblmeɪkə] *znw* onruststoker

troubleshooter ['trʌblʃu:tə] *znw* troubleshooter, probleemoplosser, iem. voor lastige karweitjes

troublesome ['trʌblsəm] *bn* ❶ moeilijk ❷ lastig, vervelend

trouble spot ['trʌbl spɒt] *znw* haard van onrust

troublous ['trʌbləs] dicht *bn* veelbewogen, onrustig ★ *they were* ~ *years* het waren veelbewogen jaren

trough [trɒf] *znw* ❶ trog, bak ❷ dieptepunt ★ *hit a* ~ een dieptepunt bereiken

trounce [traʊns] *overg* ❶ afrossen ❷ afstraffen ❸ sp inmaken, een behoorlijk pak slaag geven

trouncing ['traʊnsɪŋ] **I** *bn* overweldigend **II** *znw* afstraffing, pak slaag ★ *give sbd a* ~ iem. een afstraffing geven

troupe [tru:p] *znw* troep ⟨acteurs, acrobaten⟩, (toneel)gezelschap

trouper ['tru:pə] *znw* ❶ lid van een troep ⟨toneelgezelschap⟩ ❷ inf een betrouwbaar persoon ⟨die niet klaagt⟩

trouser clip ['traʊzə klɪp] *znw* broekveer

trousered ['traʊzəd] *bn* met broek aan

trouser leg ['traʊzə leg] *znw* broekspijp

trouser press ['traʊzə pres] *znw* broekpers

trousers ['traʊzəs] *znw* [mv] lange broek ★ *a pair of* ~ een lange broek ★ inf *wear the* ~ de broek aanhebben ⟨v. echtgenote⟩

trouser suit ['traʊzə su:t] *znw* broekpak

trousseau ['tru:səʊ] *znw* uitzet ⟨v. bruid⟩

trout [traʊt] *znw* [mv: ~ *of* ~ -s] ❶ forel ❷ inf lelijke oude heks

trove [trəʊv] *znw* → **treasure trove**

trowel ['traʊəl] **I** *znw* troffel, schopje ⟨voor planten⟩ ★ inf *lay sth on with a* ~ het er dik opleggen, overdrijven **II** *overg* aanbrengen ⟨met een troffel⟩ ★ *she likes to* ~ *her toast with butter* ze belegt haar toast graag dik met boter

troy [trɔɪ], **troy weight** *znw* gewicht voor goud, zilver en juwelen

truancy ['tru:ənsɪ] *znw* spijbelen

truant ['tru:ənt] **I** *bn* ❶ spijbelend ❷ nietsdoend, rondhangend **II** *znw* spijbelaar ★ *play* ~ spijbelen

truce [tru:s] *znw* tijdelijke opschorting ⟨van vijandelijkheden⟩, wapenstilstand, bestand ★ *call a* ~ een wapenstilstand uitroepen

truck [trʌk] **I** *znw* ❶ vrachtauto ❷ onderstel ⟨v. wagen⟩ ❸ steekwagentje, lorrie, bagage-, goederenwagen ❹ (vee)wagen ⟨bij trein⟩, open wagen ❺ ruil, uitwisseling, transacties ❻ Am tuinbouwproducten ▼ *have no* ~ *with sth* niets te maken willen hebben met iets **II** *overg* ❶ per truck vervoeren ❷ ruilen (tegen *against / for*) **III** *onoverg* in een vrachtauto rijden

trucker ['trʌkə] Am *znw* vrachtwagenchauffeur

truck farm [trʌk fɑ:m] Am *znw* groentekwekerij

truck farmer [trʌk 'fɑ:mə] Am *znw* groentekweker

trucking ['trʌkɪŋ] *znw* transportbedrijf, vrachtwagenbedrijf

truckle ['trʌkl] **I** *znw* soort kaas **II** *onoverg* zich kruiperig onderwerpen, kruipen (voor *to*)

truckle bed ['trʌkl bed], Am **trundle bed** *znw* laag onderschuifbed op wieltjes

truckload ['trʌkləʊd] *znw* (vracht)wagenlading ★ inf *a* ~ *of sth*, ~*s of sth* heel veel van iets

truck stop [trʌk stɒp] *znw* chauffeurscafé

truculence ['trʌkjʊləns] *znw* woestheid, grimmigheid, agressiviteit

truculent ['trʌkjʊlənt] *bn* woest, grimmig, agressief

trudge [trʌdʒ] **I** *znw* moeizame tocht, wandeling **II** *overg* afsjouwen ‹een weg› **III** *onoverg* zich met moeite voortslepen, voortsjouwen, sjokken, ploeteren ★ ~ *after sbd* achter iem. aansjokken

true [tru:] **I** *bn* ❶ waar, echt, juist ★ *a ~ copy* een eensluidend afschrift ★ *come ~* in vervulling gaan, uitkomen ★ *it is also ~ of...* het geldt ook voor... ★ *~, he could be more polite* toegegeven, hij kon wel wat beleefder zijn ★ *zegsw many a ~ word is spoken in jest* de waarheid zit soms in een grap verpakt ❷ oprecht ★ *ring ~* oprecht klinken ❸ recht ‹lijn› ★ *out of ~* niet in de juiste positie ❹ (ge)trouw (aan *to*), loyaal ★ *~ to type / form* precies zoals je ervan zou verwachten ★ *be ~ to oneself* jezelf zijn, doen wat je zelf denkt dat goed is ★ *remain / stay ~ to sth* trouw blijven aan iets **II** *bijw* ❶ vooral dicht waarachtig ★ *this man speaks ~* deze man spreekt de waarheid ❷ zuiver ★ *the bells no longer ring ~* de klokken klinken niet zuiver meer **III** *overg* in de juiste stand / vorm brengen

true-blue [tru:'blu:] **I** *bn* echt, wasecht, onvervalst, aarts-, oprecht **II** *znw* ❶ loyaal persoon ❷ Br aartsconservatief

true-born [tru:'bɔ:n] *bn* (ras)echt

true-bred ['tru:bred] *bn* rasecht

true-hearted [tru:-'hɑ:tɪd] *bn* trouwhartig

true-life story ['tru:-laɪf 'stɔ:rɪ] *znw* waar gebeurd verhaal

true love [tru: lʌv] *znw* beminde, geliefde, enige (ware) liefde

true north [tru: nɔ:θ] *znw* geografische noorden

true rib [tru: rɪb] anat *znw* ware rib

true-to-life ['tru:-tə-'laɪf] *bn* waarheidsgetrouw

truffle ['trʌfəl] *znw* truffel ‹paddenstoel en chocoladebonbon›

truffled ['trʌfld] *bn* getruffeerd

truism ['tru:ɪzəm] *znw* ❶ stelling die geen betoog behoeft ❷ waarheid als een koe ❸ banaliteit

truly ['tru:lɪ] *bijw* ❶ waarlijk, werkelijk ★ *it ~ happened* het is werkelijk gebeurd ❷ waar, trouw, oprecht ★ *she's ~ sorry* het spijt haar oprecht ★ *yours ~ / faithfully / sincerely* hoogachtend, geheel de uwe ‹afsluiting van een formele of zakenbrief› ❸ terecht ★ *he ~ deserved it* hij heeft het echt verdiend

trump [trʌmp] **I** *znw* ❶ → **trump card** ❷ inf bovenste beste ❸ arch trompet **II** *overg* (af)troeven, overtroeven **III** *onoverg* troeven, troef spelen **IV** *phras* ★ *~ sth* up iets verzinnen, opdissen

trump card [trʌmp kɑ:d], **trump** *znw* troefkaart ★ fig *play one's ~* zijn troef uitspelen

trumpet ['trʌmpɪt] **I** *znw* ❶ trompet, scheepsroeper, bijbel bazuin ★ *blow one's own ~* zijn eigen loftrompet blazen ❷ trompetgeschal, getrompet **II** *overg* met trompetgeschal aankondigen, trompetten, uitbazuinen ★ *~ sbd's praise forth* iems. lof trompetten (uitbazuinen) **III** *onoverg* op de trompet blazen, trompetten

trumpet call ['trʌmpɪt kɔ:l] *znw* trompetsignaal

trumpeter ['trʌmpɪtə] *znw* ❶ mil trompetter, muz trompettist ❷ trompetvogel ‹Zuid-Amerikaanse hoenderachtige›

trumpet major ['trʌmpɪt 'meɪdʒə] *znw* trompetter-majoor

trumpet player ['trʌmpɪt 'pleɪə] *znw* trompettist

trumps [trʌmps] *znw* [mv] troef ★ inf *come / turn up ~* boffen, meevallen, beter presteren dan verwacht

truncal ['trʌŋkl] med *znw* ❶ stam- ❷ romp-

truncate ['trʌŋkeɪt] **I** *bn* plantk & dierk afgeknot **II** *overg* ❶ beknotten, inkorten, besnoeien ❷ afknotten, aftoppen

truncated ['trʌŋkeɪtɪd] *bn* geknot

truncation [trʌŋ'keɪʃən] *znw* ❶ (af)knotting ❷ verminking

truncheon ['trʌntʃən] *znw* gummistok, knuppel

trundle ['trʌndl] **I** *overg* langzaam voortrollen ★ *she ~d her bicycle along the street* ze reed langzaam op haar fiets door de straat **II** *phras* ★ *~ along / on* langzaam voortbewegen ★ *~ past* langzaam voorbij rijden ★ *~ sth out* iets met moeite tevoorschijn halen, inf iets herkauwen ‹op een saaie manier›

trundle bed ['trʌndl bed] Am *znw* → **truckle bed**

trunk [trʌŋk] *znw* ❶ stam ‹v. boom› ❷ romp ‹v. lichaam› ❸ schacht ‹v. zuil› ❹ grote koffer ❺ Am bagageruimte, kofferbak ‹v. auto› ❻ slurf, snuit ‹v. olifant›

trunk call [trʌŋk kɔ:l] *znw* interlokaal gesprek

trunk line [trʌŋk laɪn] *znw* hoofdlijn

trunk road [trʌŋk rəʊd] Br *znw* hoofdweg

trunks [trʌŋks] *znw* [mv] ❶ sportbroek ❷ **swimming trunks** zwembroek

truss [trʌs] **I** *znw* ❶ bint, hangwerk, dakstoel ❷ spant, ligger, console ❸ breukband ❹ bundel, bos, voer ‹van 56 pond hooi of 36 pond stro› ❺ tros ‹bloemen, vruchten› ❻ scheepv rak **II** *overg* ❶ (op)binden ❷ bouwk verankeren **III** *phras* ★ *~ sth* up iets vastbinden, de vleugels en poten van iets opbinden alvorens het te roosteren ‹gevogelte›

trust [trʌst] **I** *znw* ❶ (goed) vertrouwen, geloof ★ *a breach of ~* een schending van het vertrouwen ★ *be in a position of ~* een vertrouwenspositie innemen ★ *put / place one's ~ in sbd / sth* vertrouwen stellen in iem. / iets ★ *take sth on ~* iets op goed vertrouwen aannemen ❷ stichting, vereniging ‹belast met de zorg voor monumenten &› ❸ handel krediet ★ *on ~* op krediet ❹ jur trust, machtiging ★ *hold sth in ~* iets in bewaring hebben **II** *overg* vertrouwen (op), hopen (dat) ★ inf *I wouldn't ~ him as far as I could throw / kick him* ik vertrouw hem voor geen cent ★ *I ~ everything is all right?* ik hoop dat alles goed is? ★ *~ sbd to do sth* erop vertrouwen dat iem. iets doet ★ *~ John to make a mess of things!* typisch voor John om er een puinhoop van te maken **III** *onoverg* vertrouwen ★ *~ to luck* op zijn geluk vertrouwen **IV** *phras* ★ *~ in sbd / sth* vertrouwen op iem. / iets ★ *~ sth to sbd* iets toevertrouwen aan iem. ★ *~ sbd*

tr

with *sth* iem. iets toevertrouwen, iem. iets laten gebruiken

trust company [trʌst 'kʌmpənɪ] *znw* trustmaatschappij

trustee [trʌs'tiː] *znw* ❶ beheerder, gevolmachtigde, commissaris, curator ❷ regent ‹v. weeshuis &›

trusteeship [trʌs'tiːʃɪp] *znw* ❶ beheerschap ❷ voogdij ‹over een gebied›

trustful ['trʌstfʊl], **trusting** *bn* goed van vertrouwen, vol vertrouwen, vertrouwend

trust fund [trʌst fʌnd] *znw* door gevolmachtigden beheerd kapitaal

trusting ['trʌstɪŋ], **trustful** *bn* → **trustful**

trust money [trʌst 'mʌnɪ] *znw* fiduciair geld

trust territory [trʌst 'terɪtərɪ] *znw* trustgebied, mandaatgebied

trustworthy ['trʌstwɜː'ðɪ] *bn* te vertrouwen, betrouwbaar

trusty ['trʌstɪ] *bn* ❶ (ge)trouw, vertrouwd ❷ betrouwbaar, beproefd

truth [truːθ] *znw* ❶ waarheid, oprechtheid ★ *the plain ~* de ongezouten waarheid ★ *it's time for a few home ~s* het wordt tijd om eens flink de waarheid te zeggen ★ *the ~, the whole ~, and nothing but the ~* de waarheid, de hele waarheid en niets dan de waarheid ‹eed in gerechtshof› ★ *nothing could be further from the ~* niets is minder waar ★ *if ~ be told, to tell the ~, ~ to tell* om de waarheid te zeggen ★ *in ~* in waarheid, inderdaad ★ *be economical with the ~* zuinig zijn met de waarheid ★ *face up to the ~* de waarheid onder ogen zien ★ zegsw ~ *is stranger than fiction* de werkelijkheid is vaak vreemder dan de verbeelding ★ zegsw ~ *will out* de waarheid komt altijd aan het licht ❷ echtheid, juistheid ★ *the ~ of the matter is that...* het is feitelijk zo dat... ★ *they doubt the ~ of his allegations* ze trekken de juistheid van zijn aantijgingen in twijfel

truthful ['truːθfʊl] *bn* ❶ eerlijk ★ *to be quite ~* om de waarheid te zeggen ★ *are you being ~ with me?* vertel je me wel de waarheid? sta je niet te liegen? ❷ waar ❸ getrouw ‹beeld›

truthfully ['truːθfʊlɪ] *bijw* naar waarheid ★ *I can ~ say that I knew nothing about it* ik kan naar waarheid zeggen dat ik er niets van wist

truthfulness ['truːθfʊlnəs] *znw* ❶ realisme ❷ waarheid ❸ getrouwheid

try [traɪ] **I** *znw* ❶ poging ★ *it's worth a ~* het is de moeite van het proberen waard ★ *have a ~ (at sth)* (iets) proberen, een poging doen (om iets te doen) ❷ sp try ‹recht om goal te maken, bij rugby› **II** *overg* ❶ proberen, trachten, beproeven, het proberen met, de proef nemen met, op de proef stellen ★ ~ *one's best* zijn uiterste best doen ★ ~ *one's hand at sth.* iets proberen ★ ~ *one's luck* zijn geluk beproeven ★ *I'll / he'll ~ anything once* ik / hij wil alles wel eens een keer proberen ★ ~ *sth for size* iets aanpassen ‹kleren› ❷ veel vergen van, vermoeien ‹de ogen› ★ zegsw *it would ~ the patience of a saint* het zou het geduld van een heilige op de proef stellen ❸ jur

onderzoeken, berechten ★ *be tried* terechtstaan (wegens *for, on a charge of*) **III** *onoverg* (het) proberen ★ ~ *and do sth* iets proberen te doen **IV** *phras* ★ Am ~ **back** opnieuw proberen te bellen ★ ~ **for** *sth* streven naar iets, iets proberen te bereiken ★ *I've tried hard for it* ik heb er erg (hard) mijn best voor gedaan ★ ~ *sth* **on** iets (aan)passen ★ inf ~ *it* **on** with *sbd* proberen iem. te bedriegen / versieren ★ inf *no use ~ing it on with me* dat (die kunsten) hoef je met mij niet te proberen ★ ~ *sth* **out** iets proberen, de proef (proeven) nemen met iets ★ ~ *sbd* **out** iem. uitproberen, iem. op de proef stellen ★ ~ **out for** *sth* iets proberen te bereiken, solliciteren naar iets, auditie doen voor iets

trying ['traɪɪŋ] *bn* vermoeiend, moeilijk, lastig

try-on ['traɪ-ɒn] inf *znw* ❶ poging iem. in de maling te nemen ❷ proefballonnetje

try-out ['traɪ-aʊt] inf *znw* test, proef, proefopvoering ★ *have a ~ first* eerst proefdraaien

trysail ['traɪs(eɪ)l] scheepv *znw* gaffelzeil

tryst [trɪst] vero of scherts *znw* (plaats van) samenkomst, afspraak, rendez-vous

try-your-strength machine [traɪ-jə-'strenθ məʃiːn] *znw* krachtmeter, ± kop van Jut

tsar [zɑː], **czar**, **tzar** *znw* tsaar

tsarina [zɑː'riːnə], **tzarina**, **czarina** *znw* tsarina

tsetse ['t(s)etsɪ], **tsetse fly**, **tzetze fly** *znw* tseetseevlieg

T-shirt ['tiː-ʃət], **tee-shirt** *znw* T-shirt

tsk tsk [təsk təsk] **I** *tsw* nou nou, ts ts ‹afkeurend geluid› **II** *onoverg* afkeurende geluiden maken

tsp afk [*mv:* ~ *of tsps*] (teaspoonful) theelepel

T-square ['tiː-skweə] *znw* tekenhaak

tsunami [tsuː'naːmi] *znw* tsunami, vloedgolf

TT afk (Tourist Trophy) snelheidswedstrijd voor motoren, TT

TU afk (trade union) vakbond

tub [tʌb] *znw* ❶ tobbe, ton, vat ❷ bad, (bad)kuip ❸ inf schuit, schip

tuba ['tjuːbə] *znw* tuba

tubal ligation ['tjuːbl laɪ'geɪʃn] *znw* ligatuur van de eileiders ‹sterilisatiemethode›

tubby ['tʌbɪ] inf *bn* tonrond, buikig ★ *a ~ fellow* een dikkerdje

tub chair [tʌb tʃeə] *znw* crapaud, kuipstoel

tube [tjuːb] *znw* ❶ buis, pijp, koker ★ inf *go down the ~* naar de knoppen gaan ❷ (verf)tube ❸ (gummi)slang ❹ **inner tube** binnenband ❺ (elektronen-, radio-, beeld)buis ★ Am inf *the ~* de buis, de televisie ▼ *the Tube* de ondergrondse, metro

tubeless ['tjuːbləs] *bn* ★ *a ~ tyre* een velgband

tuber ['tjuːbə] plantk *znw* knol

tubercle ['tjuːbəkl] *znw* ❶ tuberkel, knobbeltje ❷ knolletje ❸ gezwel

tubercular [tjuː'bɜːkjʊlə], **tuberculous** *bn* ❶ plantk & med knobbelachtig ❷ med tuberculeus

tuberculosis [tjuːbɜːkjʊ'ləʊsɪs] med *znw* tuberculose

tuberculous [tjuː'bɜːkjʊləs] *bn* → **tubercular**

tuberose ['tjuːbərəʊz] **I** *bn* → **tuberous** **II** *znw*

tu

tuberoos ⟨plant⟩
tuberosity [tjuːbəˈrɒsɪtɪ] *znw* knobbel, uitwas, knobbeligheid, zwelling
tuberous [ˈtjuːbərəs], **tuberose** *bn* ❶ knobbelig ❷ plantk knolvormig, knoldragend ★ *a ~ plant* een knolgewas ❸ knolachtig
tubes [ˈtjuːbz] *inf znw* [mv] eileiders ★ *get / have one's ~ tied* zich laten steriliseren ⟨vrouw⟩
tube skirt [tjuːb skɜːt] *znw* kokerrok
tube top [tjuːb tɒp] *znw* strapless topje
tubing [ˈtjuːbɪŋ] *znw* ❶ buiswerk, stuk buis, buizen ❷ (gummi)slang
tub-thumper [ˈtʌb-θʌmpə] *inf znw* schetterend (kansel)redenaar, demagoog
tub-thumping [ˈtʌb-θʌmpɪŋ] *inf znw* bombast, demagogie
tubular [ˈtjuːbjʊlə] *bn* tubulair, buisvormig, pijp-, koker-
tubular bells [ˈtjuːbjʊlə belz] *znw* buisklokken
tubular boiler [ˈtjuːbjʊlə ˈbɔɪlə] *znw* vlampijpketel
tubular bridge [ˈtjuːbjʊlə brɪdʒ] *znw* kokerbrug
tubule [ˈtjuːbjuːl] *znw* buisje ⟨vooral anatomisch⟩
TUC *afk* → **Trades Union Congress**
tuck [tʌk] **I** *znw* ❶ plooi, opnaaisel, omslag ⟨aan broek⟩ ❷ *inf* snoep, lekkers ⟨door kinderen op school als tussendoortje gegeten⟩ ❸ *inf* operatie om overtollig vet te verwijderen **II** *overg* omslaan, vouwen, plooien **III** *phras* ★ *~ sbd / sth away* iem. / iets verstoppen, wegstoppen ★ *~ in, ~ into sth* zich te goed doen aan iets ★ *~ in!* laat het je smaken! ★ *~ sth in* iets instoppen, iets innemen ⟨japon⟩ ★ *~ sbd in* iem. lekker instoppen ★ *~ sth up* iets opschorten, iets opstropen, iets instoppen
tucker [ˈtʌkə] *znw* ❶ Aus & NZ *inf* eten, kost ❷ *hist* chemisette, borstdoekje
tuck-in [ˈtʌk-ˈɪn] *inf znw* goed, stevig maal, smulpartij ★ *have a ~* zich flink te goed doen
tuck shop [tʌk ʃɒp] *znw* snoep en snackwinkeltje op school
Tue., Tues. *afk* (Tuesday) dinsdag
Tuesday [ˈtjuːzdeɪ] *znw* dinsdag
tufa [ˈtjuːfə], **tuff** *znw* tuf, tufsteen
tuffet [ˈtʌfɪt] *znw* ❶ dik zitkussen ❷ grasheuveltje
tuft [tʌft] **I** *znw* ❶ bosje, kwastje ★ *a ~ of grass* een bosje gras ❷ kuif, sik **II** *overg* met een bosje, kwastje of kuif versieren
tug [tʌg] **I** *znw* ❶ ruk ★ *give sth a ~* een ruk geven aan iets ❷ conflict ★ *a ~ of loyalties* een loyaliteitsconflict ❸ sleepboot **II** *overg* ❶ trekken aan ❷ (voort)slepen **III** *onoverg* trekken, rukken (aan *at*)
tugboat [ˈtʌgbəʊt] *znw* sleepboot
tug of love [tʌg əv ˈlʌv] *inf znw* getouwtrek om de kinderen ⟨na een scheiding⟩
tug of war [tʌg əv ˈwɔː] *znw* ❶ touwtrekken *fig* touwtrekkerij ❷ hevige / beslissende strijd, beslissend moment
tuition [tjuːˈɪʃən] *znw* ❶ onderwijs, onderricht ★ *he did well under her ~* hij presteerde goed met haar als

docente ★ *she is having / receiving ~ from a musician* ze krijgt les van een musicus ❷ lesgeld
tuition fee [tjuːˈɪʃən fiː] *znw* collegegeld, inschrijvingsgeld
tuk-tuk [ˈtʊk-tʊk] *znw* tuk tuk ⟨driewielige brommer, in gebruik als taxi in Thailand⟩
tulip [ˈtjuːlɪp] *znw* tulp
tulle [t(j)uːl] **I** *bn* tulen **II** *znw* tule
tumble [ˈtʌmbl] **I** *znw* ❶ buiteling, tuimeling ★ *come a ~* een buiteling maken, tuimelen, een val maken ★ *take a ~* snel in prijs zakken ⟨aandelen⟩ ❷ warboel ★ *be in a ~* in / door de war zitten **II** *overg* ❶ omgooien, ondersteboven gooien ❷ in de war maken, verfomfaaien ❸ doen tuimelen, neerschieten **III** *onoverg* ❶ vallen, buitelen, duikelen, rollen, tuimelen ❷ zakken, kelderen **IV** *phras* ★ *~ about* tuimelen, buitelen, rollen, woelen ★ *~ down* omtuimelen, aftuimelen ⟨v. hoogte⟩ ★ *~ sth down* iets ondersteboven gooien ★ *~ in* (komen) binnentuimelen, *inf* naar bed gaan ★ *~ out* eruit rollen, naar buiten tuimelen ★ *~ over* omvertuimelen, omrollen ★ *~ inf ~ to sth* iets snappen, begrijpen, doorkrijgen
tumbledown [ˈtʌmbldaʊn] *bn* bouwvallig, vervallen
tumble dryer [ˈtʌmbl ˈdraɪə], **tumble drier** *znw* droogtrommel
tumbler [ˈtʌmblə] *znw* ❶ buitelaar, duikelaartje ❷ acrobaat ❸ beker ❹ tuimelaar ⟨soort duif⟩ ❺ droogtrommel
tumbleweed [ˈtʌmblwiːd] *znw* amarant ⟨woestijnplant⟩
tumbrel [ˈtʌmbrəl], **tumbril** *znw* ❶ *hist* stortkar, mestkar, gevangenenkar ⟨tijdens de Franse revolutie⟩ ❷ *mil* kruitwagen
tumefaction [tjuːmɪˈfækʃən] *znw* opzwelling
tumefy [ˈtjuːmɪfaɪ] *overg & onoverg* (doen) zwellen ⟨vooral v. lichaamsdelen⟩
tumescence [tjuːˈmesns] *znw* (op)zwelling, gezwollenheid
tumescent [tjuːˈmesnt] *bn* (op)zwellend, gezwollen
tumid [ˈtjuːmɪd] *bn* gezwollen
tumidity [tjuːˈmɪdɪtɪ] *znw* gezwollenheid
tummy [ˈtʌmɪ] *inf znw* maag, buik, buikje ★ *a pain in the ~* buikpijn ★ *I've got an upset ~* mijn maag is van streek
tummy button [ˈtʌmɪ ˈbʌtn] *kindertaal znw* navel
tumour [ˈtjuːmə], **Am tumor** *znw* tumor, gezwel
tump [ˈtʌmp] *vooral dial znw* heuvel
tumuli [ˈtjuːmjʊlaɪ] *znw* [mv] → **tumulus**
tumult [ˈtjuːmʌlt] *znw* tumult, rumoer, lawaai, oproer ★ *the meeting was in a ~* de vergadering kwam in oproer
tumultuous [tjʊˈmʌltʃʊəs] *bn* (op)roerig, onstuimig, woelig, rumoerig, verward, tumultueus ★ *she entered to ~ applause* ze kwam binnen onder daverend applaus
tumulus [ˈtjuːmjʊləs] *znw* [mv: tumuli] grafheuvel
tun [tʌn] *znw* ton, vat

tuna ['tju:nə] *znw* [*mv:* ~ *of* -s] tonijn
tunable ['tju:nəbl] *bn* te stemmen
tundra ['tʌndrə] *znw* toendra
tune [tju:n] **I** *znw* ❶ wijs, wijsje, melodie, lied, liedje, deuntje ★ *to the* ~ *of* op de wijs van, inf ten bedrage van (de kolossale som van) ★ zegsw *there's many a good* ~ *played on an old fiddle* wat iemand kan presteren hangt niet van de leeftijd af ❷ toon ★ *call the* ~ de toon aangeven, de lakens uitdelen ★ *change one's* ~ een andere toon aanslaan ❸ stemming ★ *in* ~ zuiver / goed gestemd ★ *play / sing in* ~ zuiver spelen / zingen ★ *out of* ~ vals, ontstemd, inf niet in goede conditie ★ *he's out of* ~ *with his times* hij is niet met zijn tijd meegegaan **II** *overg* ❶ stemmen ⟨piano⟩ ❷ afstemmen ❸ in overeenstemming brengen, doen harmoniëren (met *to*) ❹ techn (af)stellen ⟨machine⟩, in orde brengen **III** *onoverg* samenstemmen, harmoniëren **IV** *phras* ★ RTV ~ **in** kijken / luisteren ★ *be* ~*d* **into** / **to** *sth* afgestemd zijn op iets ★ *the school is quite* ~*d* **into** / **to** *the child's needs* de school is erg ontvankelijk voor wat een kind nodig heeft ★ ~ **up** muz (beginnen te) stemmen, in topconditie brengen ★ ~ *sth* **up** muz iets stemmen, techn iets stellen, in orde (in conditie) brengen ★ inf ~ **out** afhaken, niet meer luisteren ★ inf ~ *sbd / sth* **out** niet luisteren naar iem. / iets
tuneful ['tju:nfʊl] *bn* melodieus, welluidend
tuneless ['tju:nləs] *bn* ❶ zonder melodie ❷ onwelluidend
tuner ['tju:nə] *znw* ❶ muz stemmer ❷ elektr afstemknop ❸ radio-ontvanger, tuner
tune-up ['tju:n-ʌp] techn *znw* afstelling ★ *give a car a* ~ een auto (opnieuw) afstellen
tuney ['tju:nɪ] inf *bn* welluidend
tungsten ['tʌŋstn] *znw* wolfraam
tunic ['tju:nɪk] *znw* ❶ tunica, Romeins onderkleed ❷ tuniek ❸ mil uniformjas
tunicle ['tju:nɪkl] RK *znw* tunica, Romeins onderkleed
tuning ['tju:nɪŋ] *znw* ❶ stemmen, gestemd zijn ❷ aanpassing ❸ afstemming ⟨v. radio, tv &⟩
tuning fork ['tju:nɪŋfɔ:k] *znw* stemvork
tuning knob ['tju:nɪŋ nɒb] *znw* afstemknop
tuning peg ['tju:nɪŋ peg], **tuning pin** *znw* stemschroef ⟨v. piano⟩
Tunisia [tju:'nɪsɪə] *znw* Tunesië
Tunisian [tjʊ'nɪzɪən] **I** *bn* Tunesisch **II** *znw* Tunesiër, Tunesische
tunnel ['tʌnl] **I** *znw* tunnel, gang **II** *overg* tunnelvormig uithollen, een tunnel maken door of onder, (door)boren ★ ~ *one's way* zich een doorgang graven **III** *onoverg* een tunnel graven ★ ~ *under sth* een tunnel graven onder iets door
tunnel kiln ['tʌnl kɪln] *znw* tunneloven
tunnel of love ['tʌnl əv 'lʌv] *znw* liefdestunnel ⟨kermisattractie⟩
tunnel vision ['tʌnl 'vɪʒən] *znw* ❶ med tunnelvisie ❷ fig tunnelvisie, blikvernauwing
tunny ['tʌnɪ], **tunny fish** *znw* tonijn

tup [tʌp] **I** *znw* ram ⟨dier⟩ **II** *overg* ❶ Br dekken ⟨door een ram⟩ ❷ vulg neuken ⟨door een man⟩
tuppence ['tʌpəns] *znw* → **twopence**
tuppenny ['tʌpənɪ] *bn* → **twopenny**
tuque [tu:k] Can *znw* wollen puntmuts
turban ['tɜ:bən] *znw* tulband
turbaned ['tɜ:bənd] *bn* met tulband
turbid ['tɜ:bɪd] *bn* ❶ drabbig, troebel ❷ vaag, verward ★ *a* ~ *piece of prose* een warrig stukje proza
turbidity [tɜ:'bɪdətɪ] *znw* ❶ drabbigheid ❷ troebelheid ❸ verwardheid
turbine ['tɜ:baɪn] *znw* turbine
turbo- ['tɜ:bəʊ] *voorv* turbo-
turbocharged ['tɜ:bəʊtʃɑ:dʒd] *bn* ★ *a* ~ *engine* een turbomotor
turbofan ['tɜ:bəʊfæn] *znw* turbofan, omloopmotor
turbojet ['tɜ:bəʊ'dʒet] *znw* ❶ turbinestraalbuis ❷ **turbojet aircraft** turbinestraalvliegtuig ❸ **turbojet engine** turbinestraalmotor
turboprop ['tɜ:bəʊprɒp] *znw* ❶ turbineschroef ❷ **turboprop aircraft** schroefturbinevliegtuig ❸ **turboprop engine** schroefturbine
turbot ['tɜ:bət] *znw* tarbot ⟨soort platvis⟩
turbulence ['tɜ:bjʊləns] *znw* woeligheid, onstuimigheid, woeling, turbulentie ★ *the country faces renewed political* ~ het land wordt geconfronteerd met hernieuwde politieke onlusten
turbulent ['tɜ:bjʊlənt] *bn* woelig, onstuimig, roerig, turbulent
turd [tɜ:d] *znw* ❶ vulg drol, keutel ❷ scheldwoord klootzak, lul
tureen [tjʊə'ri:n] *znw* (soep)terrine
turf [tɜ:f] **I** *znw* [*mv:* -s *of* turves] ❶ zode, plag ❷ gras, grasmat ★ *artificial* ~ kunstgras ❸ renbaan, wedrennen, renpaardensport ❹ turf ⟨in Ierland⟩ ❺ inf als persoonlijk territorium beschouwd gebied **II** *overg* met zoden bekleden **III** *phras* ★ inf ~ *sbd / sth* **out** iem. / iets eruit gooien
turf accountant [tɜ:f ə'kaʊntənt] *znw* bookmaker
turfman ['tɜ:fmən] Am *znw* iemand die aan rensport doet
turf war [tɜ:f wɔ:] inf *znw* bendestrijd om een bepaald territorium ⟨vooral in de VS⟩
turfy ['tɜ:fɪ] *bn* ❶ begraasd ❷ met zoden bedekt ❸ turfachtig
turgescence [tɜ:'dʒesəns] *znw* ❶ opzwelling, gezwollenheid ❷ fig opgeblazenheid
turgescent [tɜ:'dʒesənt] *bn* (op)zwellend, gezwollen
turgid ['tɜ:dʒɪd] *bn* ❶ opgezwollen, gezwollen ❷ fig opgeblazen, bombastisch
turgidity [tɜ:'dʒɪdətɪ] *znw* gezwollenheid
Turk [tɜ:k] *znw* Turk, Turkse ★ *a young* ~ een revolutionaire jongere, jonge radicaal
turkey ['tɜ:kɪ] *znw* ❶ kalkoen ❷ Am inf mislukkeling, flop ▼ Am *talk* ~ ernstig spreken, over zaken spreken, spijkers met koppen slaan
turkeycock ['tɜ:kɪkɒk] *znw* kalkoense haan, kalkoen
turkey shoot ['tɜ:kɪ ʃu:t] Am inf *znw* kalkoenenjacht

tu

Turkish ['tɜːkɪʃ] *znw* Turks
Turkish bath ['tɜːkɪʃ bɑːθ] *znw* Turks bad
Turkish coffee ['tɜːkɪʃ 'kɒfɪ] *znw* Turkse koffie
Turkish delight ['tɜːkɪʃ dɪ'laɪt] *znw* Turks fruit ⟨lekkernij⟩
Turkish slipper ['tɜːkɪʃ 'slɪpə] *znw* Turkse pantoffel
Turkish towel ['tɜːkɪʃ 'taʊəl] *znw* grove badhanddoek
Turkmenistan [tɜːk'menɪstɑːn] *znw* Turkmenistan
turmeric ['tɜːmərɪk] *znw* kurkuma, geelwortel, koenjit ⟨specerij⟩
turmoil ['tɜːmɔɪl] *znw* beroering, onrust, opschudding, verwarring ★ *his death has plunged the country into* ~ zijn dood heeft het land in grote onrust gebracht
turn [tɜːn] **I** *znw* ❶ draaiing, toer, omwenteling ★ *the* ~ *of the key in the lock* het draaien van de sleutel in het slot ❷ kromming, bocht, draai ★ *a left / right-hand* ~ een bocht naar links / rechts ❸ winding, slag ⟨v. touw of spiraal⟩ ❹ wending, zwenking, keer, afslag ★ *take a* ~ *to the left* links afslaan / afbuigen ❺ omkering, ommekeer, wisseling, keerpunt, kentering, doorslag ⟨balans⟩ ★ *be on the* ~ op het punt staan van te kenteren, op een keerpunt gekomen zijn ★ *take a* ~ *for the better* een gunstige wending nemen ❻ beurt ★ Br ~ *and* ~ *about* om de beurt ★ *at every* ~ telkens (weer), bij elke (nieuwe) gelegenheid ★ *in* ~ / *by* ~*s* om de beurt, beurtelings, achtereenvolgens ★ *have a* ~ een beurt krijgen ★ *miss one's* ~ een beurt overslaan ★ *take a* ~ even proberen ★ *take one's* ~ op zijn beurt invallen ★ *take* ~*s* om de beurt de dienst waarnemen, elkaar afwisselen of aflossen ★ *speak / talk out of* ~ zijn mond voorbij praten, voor zijn beurt spreken ★ *wait one's* ~ zijn beurt afwachten ❼ dienst ★ *do sbd a bad / good* ~ iem. een slechte / goede dienst bewijzen ★ zegsw *one good* ~ *deserves another* de ene dienst is de andere waard ❽ poos, tijd ★ *he did a* ~ *in the navy* hij is een tijd bij de marine geweest ❾ nummer ⟨op programma⟩, artiest ❿ (geestes)richting, aanleg, aard, slag ★ *a* ~ *of phrase* een eigenaardige zinswending / zegswijze ⓫ toertje, wandelingetje, ritje ★ *take a* ~ *in the garden* wat in de tuin lopen ⓬ schok, schrik ★ inf *it gave me such a* ~ ik schrok me dood, het joeg me de stuipen op het lijf, ik werd er zo naar van, het gaf me zo'n schok ⓭ aanval, vlaag ⓮ verschil tussen in- en verkoop, winst ⓯ muz dubbelslag ▼ *done to a* ~ precies gaar, precies zoals het moet **II** *overg* ❶ draaien, doen draaien, draaien aan, om-, open-, ronddraaien, doen wentelen ★ ~ *one's stomach* iem. doen walgen ❷ (om)keren, doen (om)keren, (weg)sturen, op de vlucht drijven ★ ~ *a deaf ear to sth* doof blijven voor iets ★ inf ~ *tail (and run)* rechtsomkeert maken, er vandoor gaan ❸ (om)wenden, een zekere / andere wending / richting geven, afwenden ⟨slag⟩, richten (op *to*) ★ ~ *sbd's head* iem. het hoofd op hol brengen ★ ~ *one's hand to sth* iets beginnen, iets ondernemen ❹ veranderen, omslaan ⟨blad⟩, om-, verzetten,

verleggen ★ *not* ~ *a hair* geen spier vertrekken ❺ omgaan, omzeilen, omtrekken ★ ~ *the corner* de hoek omgaan / omkomen, fig de crisis te boven komen ❻ mil omtrekken ❼ doen worden, maken, worden ★ *she's* ~*ed thirty* ze is dertig geworden ★ ~ *sbd adrift* iem. aan zijn lot overlaten ★ ~ *sth to advantage / profit* partij trekken van iets, (weten te) profiteren van iets ❽ doen schiften, zuur doen worden, doen gisten, bederven ❾ omwoelen ❿ overzetten, vertalen ▼ *inf* ~ *an honest penny* een cent / een eerlijk stuk brood verdienen **III** *onoverg* ❶ draaien, zich omdraaien, zich omkeren, zich keren ❷ afslaan ⟨links, rechts⟩ ★ ~ *down / into the side road* de zijweg inslaan ❸ zich richten ❹ een keer nemen, keren, kenteren ❺ (van kleur) veranderen ❻ schiften, zuur worden, gisten, bederven ❼ worden **IV** *phras* ★ ~ *about* zich omkeren ★ *about* ~*!* rechtsom keert! ★ ~ **against** *sbd / sth* zich keren tegen iem. / iets ★ ~ *sbd against sbd / sth* iem. tegen iem. / iets opzetten ★ ~ **around / round** draaien, (zich) omdraaien, van mening / gedragslijn veranderen ★ ~ *sth around / round* iets omkeren, iets (ten goede) keren ★ ~ **aside** zich afwenden, iets verleggen ★ ~ **away** zich afwenden, zich afkeren, weggaan ★ ~ *sbd / sth away* iem. / iets afwijzen, wegsturen, wegjagen ★ ~ **back** terugkeren ★ ~ *sth back* iets terugdraaien, iets omslaan ⟨kraag &⟩ ★ ~ *sbd back* iem. doen omkeren, iem. terugsturen ★ ~ *sth* **down** iets lager draaien ⟨gas⟩, iets zachter zetten ⟨radio⟩, iets omvouwen ⟨blad &⟩, iets omslaan ⟨kraag⟩ ★ ~ *sbd down* iem. afwijzen ⟨kandidaat &⟩ ★ ~ **from** *sth* zich afwenden van iets ★ ~ **in** binnenlopen, inf naar bed gaan, naar binnen staan ⟨v. voeten⟩ ★ ~ *sth in* iets inleveren, iets bereiken, iets behalen ★ ~ *sbd in* iem. verklikken, iem. aangeven, iem. overleveren ★ ~ **into** *sth* veranderen in iets, iets worden ★ ~ *sbd into sth* iem. veranderen in iets ★ ~ **off** (zijwaarts) afslaan ★ ~ *sth off* iets af-, dicht-, uitdraaien, afsluiten ⟨gas &⟩, afzetten ⟨de radio⟩ ★ inf ~ *sbd off* iem. doen afknappen, weerzin opwekken bij iem. ★ ~ **on** *sth* draaien om iets, afhangen van iets, lopen over ⟨v. gesprek⟩, zich keren tegen iets, zich richten op iets ★ ~ *on one's heel* zich omdraaien ★ ~ *on sbd* zich keren tegen iem., iem. opeens aanvallen ★ ~ *sth on* iets opendraaien, openzetten, aanzetten ⟨de radio⟩ ★ inf ~ *on the waterworks* beginnen te huilen ★ inf ~ *sbd on* iem. inspireren, iem. seksueel opwinden, iem. opgeilen, iem. high laten worden ★ *be* ~*ed on* euforisch worden ⟨door psychedelica⟩, geïnspireerd raken ★ ~ *one's back on sbd* iem. de rug toekeren, -draaien ★ ~ **out** blijken te zijn, worden, gebeuren, naar buiten staan ⟨v. voeten⟩, tevoorschijn komen, uit de veren komen, uitlopen ⟨v. stad⟩, opkomen, uitrukken ⟨v. brandweer⟩, mil in het geweer (doen) komen ★ *he* ~*ed out badly* er is weinig van hem terechtgekomen ★ *it* ~*ed out well* het liep goed af, het viel goed uit ★ *it* ~*ed out to be true* het bleek waar te zijn ★ ~ *sth out* iets uitdoen, uitdraaien, iets maken, produceren, iets leegmaken, opruimen ★ ~ *out one's pockets* zijn zakken binnenstebuiten keren ★ ~ *sbd out* iem. eruit zetten, eruit gooien ★ *be neatly ~ed out* netjes gekleed zijn ★ ~ **over** zich (nog eens) omkeren ⟨in bed⟩, overschakelen (op), omslaan, kantelen, aanslaan, starten ⟨v. motor⟩ ★ ~ *sth over* iets omkeren, omdraaien, omslaan, omgooien, iets starten ⟨auto, motor⟩ ★ ~ *over a new leaf* met een schone lei beginnen ★ *inf ~ sbd over* iem. overvallen, uitschudden, iem. overdragen, uitleveren, overleveren ★ ~ **to** *sth* zich (gaan) verdiepen in iets, zijn aandacht richten op iets, zich toeleggen op iets, zich gaan bezighouden met iets, zijn toevlucht nemen tot iets ⟨drugs &⟩, iets ter sprake brengen, komen te spreken over iets ★ ~ *to sbd* zich wenden / keren tot iem., zich richten op iem., zijn aandacht richten op iem. ★ ~ **up** tevoorschijn komen, (voor de dag) komen, (komen) opdagen, verschijnen, zich vertonen, zich opdoen, zich voordoen ⟨gelegenheid, betrekking &⟩ ★ ~ *up like a bad penny* ongelegen komen ★ ~ *sth up* iets opdraaien ⟨lamp⟩, iets keren ⟨kaart⟩ opzetten ⟨kraag⟩, iets opslaan ⟨bladzijde⟩, iets omslaan ⟨broekspijpen⟩, iets omploegen, iets opgraven, iets harder zetten ⟨radio &⟩ ★ plechtig ~ *up one's eyes* de ogen ten hemel slaan ★ ~ **upon** *sbd* zich keren tegen iem., iem. opeens aanvallen

turnabout [ˈtɜːnəbaʊt] *znw* totale ommekeer, radicale ommezwaai

turnaround [ˈtɜːnəraʊnd], Br **turnround** *znw* ❶ lostijd ❷ ommekeer ⟨ten goede⟩ ❸ tijd nodig om een taak uit te voeren

turnback [ˈtɜːnbæk] I *bn* omgeslagen, omgevouwen II *znw* omgeslagen rand, omgeslagen mouw

turncoat [ˈtɜːnkəʊt] *znw* overloper, afvallige, renegaat

turndown [ˈtɜːndaʊn] *bn* ★ *a ~ collar* een omgeslagen, liggende boord

turned [tɜːnd] *bn* gevormd ★ *a finely ~ phrase* een elegante uitdrukking

turned-up [tɜːnd-ˈʌp] *bn* ★ *a ~ nose* een wipneus

turner [ˈtɜːnə] *znw* (kunst)draaier ⟨op de draaibank⟩

turnery [ˈtɜːnərɪ] *znw* ❶ (kunst)draaien ❷ (kunst)draaierij ❸ draaiwerk ⟨op de draaibank⟩

turning [ˈtɜːnɪŋ] *znw* ❶ draaien ❷ draai, bocht, kronkeling ❸ kentering, keerpunt ❹ zijstraat, afslag ★ *take the ~ on the left* links afslaan

turning bay [ˈtɜːnɪŋ beɪ] *znw* afslagvak ⟨op de weg⟩

turning circle [ˈtɜːnɪŋ ˈsɜːkl] *znw* draaicirkel

turning point [ˈtɜːnɪŋ pɔɪnt] *znw* keerpunt

turnip [ˈtɜːnɪp] *znw* raap, knol

turnip tops [ˈtɜːnɪp ˈtɒpsaɪd], Am **turnip greens** *znw* [mv] raapstelen

turnkey [ˈtɜːnkiː] I *bn* kant-en-klaar, volledig gebruiksklaar ⟨m.b.t. producten, diensten⟩ ★ *a ~ delivery* een kant-en-klare oplevering ⟨van onroerend goed⟩ II *znw* vero cipier

turnkey system [ˈtɜːnkiː ˈsɪstəm] *znw* turnkey-systeem,

klaar voor gebruik computersysteem

turn of events [tɜːn əv ɪˈvents] *znw* loop der gebeurtenissen

turn-off [ˈtɜːn-ɒf] *znw* ❶ afslag ❷ inf weerzinwekkend iets / iemand, afknapper

turn of mind [tɜːn əv ˈmaɪnd] *znw* manier van denken

turn of phrase [tɜːn əv ˈfreɪz] *znw* stijl, manier van uitdrukken

turn-on [ˈtɜːn-ɒn] inf *znw* opwindend iets / iemand

turnout [ˈtɜːnaʊt] *znw* ❶ uitrukken, in het geweer komen ⟨v. wacht &⟩ ❷ opkomst ⟨v. vergadering &⟩ ❸ uitrusting, uitdossing, kleding ⟨v. persoon⟩ ❹ groep, nummer ⟨van vertoning of van optocht⟩ ❺ wisselspoor ❻ productie

turnover [ˈtɜːnəʊvə] *znw* ❶ omkanteling, omkering, ommekeer, kentering ❷ handel omzet ★ *annual ~* jaaromzet ★ *daily ~* dagomzet ★ *expected ~* omzetverwachting ★ *net ~* netto-omzet ★ *~ rate* omzetsnelheid ❸ verloop ⟨onder het personeel⟩, mutatie(s), wisseling, aflossing ❹ (kranten)artikel dat overloopt op volgende pagina ❺ omslag ⟨v. kledingstuk⟩ ❻ (appel)flap ★ *an apple ~* een appelflap

turnover tax [ˈtɜːnəvə tæks] *znw* omzetbelasting

turnpike [ˈtɜːnpaɪk] *znw* ❶ hist tolhek, slagboom ❷ **turnpike road** tolweg, Am hoofdweg, snelverkeersweg

turnround [ˈtɜːnraʊnd] Br *znw* → **turnaround**

turn signal [tɜːn ˈsɪgnl] Am *znw* richtingaanwijzer

turnstile [ˈtɜːnstaɪl] *znw* draaiboom, tourniquet

turntable [ˈtɜːnteɪbl] *znw* ❶ draaischijf ❷ draaitafel ⟨v. platenspeler⟩

turn-up [ˈtɜːn-ʌp] I *bn* ❶ opstaand ⟨kraag⟩ ❷ omgeslagen ⟨broekspijp⟩ II *znw* ❶ (meestal *mv*) omslag ⟨aan broekspijp⟩ ❷ meevaller, verrassing

turpentine [ˈtɜːpəntaɪn], inf **turps** *znw* terpentijn

turpitude [ˈtɜːpɪtjuːd] form *znw* laagheid, verdorvenheid

turps [tɜːps] inf *znw* → **turpentine**

turquoise [tɜːkwɔːz] I *bn* turkooizen II *znw* turkoois

turret [ˈtʌrɪt] *znw* ❶ torentje ❷ geschuttoren, -koepel

turreted [ˈtʌrɪtɪd] *bn* ❶ voorzien v. torentjes ❷ torenvormig ❸ spits ⟨van schelp⟩

turtle [ˈtɜːtl] *znw* zeeschildpad ★ *turn ~* omslaan, omkantelen ⟨v. boot⟩

turtle dove [ˈtɜːtldʌv] *znw* tortelduif

turtleneck [ˈtɜːtlnek] *znw* ❶ col ❷ coltrui

turtleshell [ˈtɜːtlʃel] I *bn* schildpadden II *znw* schildpad ⟨stofnaam⟩

turves [tɜːvz] *znw* [mv] → **turf**

Tuscan [ˈtʌskən] I *bn* Toscaans II *znw* Toscaan, Toscaanse

Tuscany [ˈtʌskənɪ] *znw* Toscane

tush [tʌʃ] scherts *tsw* st!, pst!, stil!, bah!, och kom!

tusk [tʌsk] *znw* ❶ slagtand ❷ tand ⟨v. eg &⟩

tusked [tʌskt] *znw* met slagtanden

tusker [ˈtʌskə] *znw* ❶ (volwassen) olifant ❷ groot wild zwijn

tu

tussle ['tʌsəl] **I** *znw* worsteling, vechtpartij, strijd **II** *onoverg* vechten (om *for*), bakkeleien

tussock ['tʌsək] *znw* bosje (gras), pol

tut [tʌt], **tut tut I** *tsw* ❶ foei!, bah! ❷ kom, kom! **II** *onoverg* foei roepen, z'n afkeuring laten blijken

tutelage ['tjuːtɪlɪdʒ] *znw* ❶ voogdij, voogdijschap ❷ onderricht, onderwijs ★ *she's doing well under his* ~ ze doet het goed met hem als leraar

tutelar ['tjuːtɪlə], **tutelary** <u>form</u> *bn* beschermend ★ *a* ~ *angel* een beschermengel

tutor ['tjuːtə] **I** *znw* ❶ leermeester, huisonderwijzer, gouverneur ❷ assistent docent, studiebegeleider ⟨aan universiteit of college⟩ **II** *overg* onderwijzen **III** *onoverg* ❶ als huisonderwijzer werkzaam zijn ❷ assistent docent, studiebegeleider zijn

tutorial [tjuːˈtɔːrɪəl] *znw* (les) van een tutor, werkcollege ★ *I've got a* ~ *on Kant* ik heb een werkcollege over Kant

tutti ['tʊtɪ] <u>muz</u> *bn & bijw* alles tegelijk

tutti-frutti ['tuːtɪ-'fruːtɪ] *znw* [*mv:* tutti-fruttis] tuttifrutti

tutu ['tʊtʊ] *znw* tutu, balletrokje

Tuvalu [tuːvəˈluː] *znw* Tuvalu

tu-whit tu-whoo [tə-ˈwɪt tə-ˈwuː] *znw* oehoe(geroep) ⟨v. uil⟩

tuxedo [tʌkˈsiːdəʊ] *Am*, *inf* **tux** *znw* [*mv:* -s *of* -does] smoking

TV *afk* → **television**

TV dinner [tiːviː ˈdɪnə] *znw* diepvriesmaaltijd

TVP *afk* (textured vegetable protein) vleesvervanger

twaddle ['twɒdl] <u>inf</u> **I** *znw* gewauwel, gebazel, klets **II** *onoverg* wauwelen, leuteren, kletsen

twaddler ['twɒdlə] *znw* wauwelaar, kletsmajoor

twain [tweɪn] <u>dicht</u> *znw* twee, tweetal ★ *never the* ~ *shall meet* de twee zullen nooit samenkomen

twang [twæŋ] **I** *znw* ❶ getokkel, scherp geluid ❷ neusklank ❸ accent ★ *she spoke with a slight American* ~ ze sprak met een licht Amerikaans accent **II** *overg* ❶ doen klinken / trillen ❷ tokkelen (op) **III** *onoverg* ❶ tinkelen, tjingelen, snorren, trillen ⟨v. een snaar⟩ ❷ tokkelen (op *on*)

twangy ['twæŋɪ] *bn* tjingelend

'twas [twɒz] <u>dicht</u> *samentr* (it was) het was

twat [twɒt] **I** *znw* ❶ <u>inf</u> kutwijf, (kloot)zak ❷ <u>vulg</u> kut, doos **II** *overg* <u>Br</u> <u>inf</u> slaan, stompen

tweak [twiːk] **I** *znw* kneep **II** *overg* ❶ knijpen (in) ★ *she ~ed the child's cheek* ze kneep het kind in de wangen ❷ rukken, trekken (aan) ⟨oor⟩

twee [twiː] *bn* sentimenteel, popperig

tweed [twiːd] *znw* tweed ⟨soort gekeperde wollen stof⟩

Tweedledum and Tweedledee [twiːdlˈdʌm ən twiːdlˈdiː] *znw* één pot nat, lood om oud ijzer

tweeds [twiːdz] *znw* [*mv*] tweedpak, -kostuum

tweedy ['twiːdɪ] *bn* gekleed in tweed

tweely ['twiːlɪ] *bijw* sentimenteel, popperig

'tween [twiːn] <u>dicht</u> *afk* (between) tussen

tweenager ['twiːneɪdʒə], **tween** <u>inf</u> *znw* kind tussen 10 en 14 jaar

'tween-decks ['twiːn-deks] *bn* tussendeks

tweener ['twiːnə] <u>inf</u> *znw* persoon / ding dat tussen twee categorieën in valt

tweeness ['twiːnəs] *znw* sentimentaliteit, popperigheid

tweet [twiːt] **I** *znw* getjilp **II** *onoverg* tjilpen

tweeter ['twiːtə] *znw* tweeter, luidspreker voor hoge tonen

tweezers ['twiːzəz] *znw* [*mv*] pincet, epileertangetje

twelfth [twelfθ] **I** *telw*, *bn & bijw* twaalfde ★ *my daughter was born on the* ~ *of March* mijn dochter is op twaalf maart geboren ★ *in* ~ *place* op de twaalfde plaats ★ *she came* ~ ze werd twaalfde **II** *znw* twaalfde deel

twelfth man [twelfθ mæn] <u>cricket</u> *znw* reservespeler

Twelfth Night [twelfθ naɪt] *znw* driekoningenavond

twelve [twelv] *telw* ❶ twaalf ❷ maat 12 ❸ <u>Br</u> film voor 12 jaar en ouder

twelvefold ['twelvfəʊld] *bn & bijw* twaalfvoudig

twelve-note ['twelv-nəʊt], **twelve-tone** *bn* twaalftoon-, dodecafonisch

twentieth ['twentɪəθ] **I** *telw*, *bn & bijw* twintigste ★ *she died on the* ~ *of May* ze is op 20 mei overleden ★ *in* ~ *place* op de twintigste plaats ★ *he came* ~ hij werd twintigste **II** *znw* twintigste deel

twenty ['twentɪ] *telw* twintig ★ *the twenties* de jaren twintig ★ *be in the / in one's twenties* in de twintig zijn

twenty-first ['twentɪ-fɜːst] **I** *telw* eenentwintigste **II** *znw*, **twenty-first birthday** eenentwintigste verjaardag(sfeest)

twentyfold ['twentɪfəʊld] *bn & bijw* twintigvoudig

twenty-four-hour clock ['twentɪ-fɔː-'aʊə 'klɒk], **24-hour clock** *znw* klok die 24 uur aangeeft, i.p.v. 12

twenty-one ['twentɪ-wʌn] *znw* eenentwintigen ⟨kaartspel⟩

twenty-twenty ['twentɪ-'twentɪ] *bn* normaal ⟨v. gezichtsvermogen⟩

twerp [twɜːp], **twirp** <u>inf</u> *znw* ❶ sukkel, stommeling ❷ vervelende klier, zeiker(d)

twice [twaɪs] *bijw* twee keer, tweemaal, dubbel ★ ~ *over* twee keer ★ *she's* ~ *his age* ze is twee keer zo oud als hij ★ *zegsw* think ~ *before you act* denk tweemaal na voor je iets doet ★ *zegsw* once bitten ~ *shy* door schade en schande wijs geworden

twiddle ['twɪdl] **I** *overg* draaien (met) ★ ~ *one's thumbs* duimen draaien, met de handen in de schoot zitten, tijd verknoeien **II** *onoverg* draaien, spelen

twig [twɪg] **I** *znw* takje, twijg **II** *onoverg* <u>inf</u> begrijpen, snappen ★ *it took a while before I ~ged to what she meant* het duurde even voor ik doorhad wat ze bedoelde

twiggy ['twɪgɪ] *bn* ❶ vol takjes ❷ als een takje

twilight ['twaɪlaɪt] **I** *bn* schemerig, schemerend, schemer- ★ *the* ~ *years* de laatste jaren van het leven, ouderdomsjaren **II** *znw* ❶ schemering ★ *at* ~ in de schemering ❷ schemeravond ❸ schemerlicht, schemer(donker)

twilight zone ['twaɪlaɪt zəʊn] *znw* grensgebied

twill [twɪl] *znw* keper(stof)

'twill [twɪl] *dicht samentr* (it will) het zal

twill weave [twɪl wiːv] *textiel znw* keperbinding

twin [twɪn] **I** *bn* tweeling-, paarsgewijs voorkomend, dubbel ★ ~ *sons* tweelingzoons **II** *znw* ❶ een van een tweeling ★ *a pair of identical* ~*s* identieke tweelingen ★ *astrol the Twins* Tweelingen ❷ andere (exemplaar &), tegenhanger **III** *overg* ★ *be* ~*ned with* gepaard zijn aan, een jumelage aangegaan zijn met

twin beds [twɪn 'bedz] *znw* [mv] lits-jumeaux

twin brother [twɪn 'brʌðə] *znw* tweelingbroer

twin-cam ['twɪn-kæm] *bn* motor met twee krukassen

twine [twaɪn] **I** *znw* twijndraad, bindgaren, bindtouw **II** *overg* ❶ twijnen, tweernen ❷ strengelen, vlechten **III** *onoverg* zich kronkelen **IV** *phras* ★ ~ *around sth* zich slingeren / kronkelen om iets ★ ~ *sth around* / *round* iets omwinden, omstrengelen

twin-engined [twɪn-'endʒɪnd] *bn* tweemotorig

twinge [twɪndʒ] *znw* ❶ steek, korte hevige pijn, scheut ‹v. pijn› ❷ kwelling, wroeging ★ *she felt a* ~ *of guilt* ze kreeg een gevoel van schuld

twinkle ['twɪŋkl] **I** *znw* ❶ tinteling, fonkeling, flikkering ★ *scherts when she was just a* ~ *in her father's eye* toen ze nog maar een schittering in haar vaders ogen was, lang voor haar tijd ❷ knipoog ★ *in a* ~ in een oogwenk **II** *onoverg* ❶ tintelen, schitteren, fonkelen, flonkeren, flikkeren, blinken ❷ kijken met stralende ogen

twinkle-toed ['twɪŋkl-'təʊd] *inf bn* lichtvoetig

twinkling ['twɪŋklɪŋ] **I** *bn* tintelend, flonkerend, flikkerend **II** *znw* tinteling, flonkering, flikkering ★ *in the* ~ *of an eye* in een oogwenk, in een wip

twinset ['twɪnset] *znw* trui met vest ‹dameskleding›

twin sister [twɪn 'sɪstə] *znw* tweelingzus(ter)

twin town [twɪn taʊn] *znw* zusterstad, stad waarmee een jumelage is aangegaan

twin tub [twɪn tʌb] *znw* wasmachine met twee trommels ‹een voor wassen en een voor centrifugeren›

twirl [twɜːl] **I** *znw* draai(ing) **II** *overg* ❶ ronddraaien, doen draaien ❷ draaien aan ‹snor &› **III** *onoverg* (rond)draaien (ook: ~ *around*)

twirler ['twɜːlə] *Am znw* majorette

twirp [twɜːp] *inf znw* → **twerp**

twist [twɪst] **I** *znw* ❶ draai, draaiing, verdraaiing ★ *the affair has taken a new* ~ de zaak heeft een nieuwe draai gekregen ★ *give sth a* ~ ergens een draai / kronkel / krul aan maken, iets verdraaien ❷ verrekking, vertrekking ❸ strengel, kronkel(ing), kromming ★ ~*s and turns* bochten en kronkelingen ❹ afwijking, kronkel in de hersens ❺ kink ‹in kabel› ❻ wrong, wringing, *biljart* effect ❼ (onverwachte) wending ‹in verhaal &› ★ *a* ~ *of fate* een speling van het lot ❽ twist ‹dans› ▾ *inf around* / *round the* ~ gek **II** *overg* ❶ (ineen)draaien, winden, verdraaien

★ ~ *sbd's arm* iemands arm omdraaien, *fig* iem. het mes op de keel zetten, dwingen ★ ~ *sbd around one's little finger* iem. om je vinger winden ★ *she* ~*ed her ring off* ze draaide haar ring van haar vinger ★ *he* ~*ed himself free from the car* hij wrong zich vrij uit de auto ❷ verrekken, vertrekken ❸ vlechten, twijnen, strengelen ❹ wringen ★ ~ *sth out of shape* iets verwringen ❺ *biljart* effect geven **III** *onoverg* ❶ draaien, zich winden, kronkelen, slingeren ❷ zich laten winden & ❸ twisten ‹dansen›

twisted ['twɪstɪd] *bn* verwrongen, getikt ★ *a* ~ *mind* een verknipte geest

twister ['twɪstə] *znw* ❶ *inf* bedrieger, draaier ❷ *biljart* trekbal ❸ *Am* tornado, wervelwind

twist-tie ['twɪst-taɪ] *znw* sluitstrip ‹v. plastic zak›

twisty ['twɪstɪ] *bn* ❶ draaiend, kronkelend ★ *a* ~ *path* een kronkelpad ❷ *inf* oneerlijk

twit [twɪt] *inf* **I** *znw* malloot, sufferd, gek **II** *overg* bespotten, berispen (om, wegens *with*), verwijten

twitch [twɪtʃ] **I** *znw* ❶ rukje ❷ zenuwtrekking ★ *a* ~ *in the eye* een zenuwtrekje in het oog ❸ kramp **II** *overg* rukken, trekken (aan, met) **III** *onoverg* zenuwachtig trekken ★ ~*ing in agony* krimpend van de pijn

twitchy ['twɪtʃɪ] *inf bn* zenuwachtig, geagiteerd, prikkelbaar

twitter ['twɪtə] **I** *znw* ❶ gekwetter, getjilp ❷ gegiechel ❸ trilling ‹v. zenuwachtigheid› ★ *inf be all of a* ~ erg geagiteerd zijn **II** *onoverg* ❶ kwetteren, tjilpen ❷ trillen ‹v. zenuwachtigheid›

'twixt [twɪkst] *dicht afk* → **betwixt** ★ *zegsw there's many a slip* ~ *the cup and the lip* tussen lepel en mond valt veel op de grond

two [tuː] *telw* twee, tweetal ★ *cut & in* ~ in tweeën snijden & ★ *one or* ~ een paar ★ *there are no* ~ *ways about it* er is geen twijfel over mogelijk ★ *be in* ~ *minds (about sth)* twijfelen (over iets) ★ *be* ~ *of a kind* twee handen op een buik ★ *inf get one's* ~ *cents worth* zijn oordeel over iets geven ★ *inf that makes* ~ *of us* zo gaat het mij ook ★ ~ *can play (at) that game* dat spelletje ken ik ook, ik pak je wel op dezelfde manier terug ★ *inf put* ~ *and* ~ *together* het een met het ander in verband brengen, zijn conclusie(s) trekken ★ *inf it takes* ~ *to tango* jullie zijn allebei verantwoordelijk / hebben allebei schuld

two-bit ['tuː-bɪt] *Am inf bn* goedkoop, waardeloos

two-bits ['tuː-bɪts] *Am inf znw* 25 dollarcent

two-by-four ['tuː-baɪ-'fɔː] **I** *bn inf* klein, onbeduidend ‹meestal een gebouw› ★ *they're living in some* ~ *flat* ze wonen in een goedkoop klein flatje **II** *znw* een lat van 2 inch dik en 4 inch breed, panlat

twoc [twɒk] *Br inf overg* (taken without owner's consent) een auto stelen

two-dimensional [tuː-daɪ'menʃənl] *bn* ❶ tweedimensionaal ❷ *fig* oppervlakkig

two-edged ['tuː-'edʒd] *bn* tweesnijdend ★ *a* ~ *comment* een opmerking die voor tweeërlei uitleg vatbaar is

two-faced [tuː-'feɪst] *bn* dubbelhartig, onoprecht

two-fisted [tu:-'fɪstɪd] inf bn ❶ onhandig ❷ krachtig

twofold ['tu:fəʊld] bn & bijw tweevoudig, tweeledig, dubbel ★ his objections are ~ hij maakt bezwaar op twee gronden

two-handed [tu:-'hændɪd] bn ❶ tweehandig ❷ voor twee handen ❸ voor twee personen

two-hander [tu:-'hændə] znw toneelstuk voor twee personen

two-horse ['tu:-hɔ:s] bn voor twee paarden ★ fig a ~ race een competitie met maar twee kandidaten voor de winst

two-horse town ['tu:-hɔ:s 'taʊn] znw gat, plaats van niks

two-party system ['tu:-pɑ:tɪ 'sɪstəm] pol znw tweepartijenstelsel

twopence ['tʌpəns], **tuppence** znw twee penny

twopenny ['tʌpənɪ], **tuppenny** bn ❶ van twee penny's ❷ fig van weinig waarde of betekenis

twopenny-halfpenny ['tʌpənɪ-'heɪpnɪ] Br inf bn onbelangrijk, van weinig waarde ★ a ~ little man een onbeduidend mannetje

two-piece ['tu:pi:s] I bn tweedelig II znw deux-pièces

two-ply ['tu:plaɪ] bn ❶ tweedraads ‹touw, draad› ❷ tweelagig ‹hout›

two-seater [tu:-'si:tə] znw tweepersoonswagen

twosome ['tu:səm] I bn door twee personen uitgevoerd / gespeeld II znw paar, tweespan

two-star [tu:-'stɑ:] bn met twee sterren ‹v. hotel, restaurant &›

two-step ['tu:-step] znw twostep ‹dans›

two-stroke ['tu:-strəʊk] bn tweetakt-

two-time ['tu:-taɪm] inf onoverg & overg ontrouw zijn, bedriegen

two-timer ['tu:-taɪmə] inf znw bedrieger, ontrouwe minnaar

two-tone ['tu:-təʊn] bn ❶ tweekleurig ❷ tweetonig

two-up [tu:-'ʌp] Aus znw gokspelletje met munten

two-up, two-down [tu:-'ʌp tu:-'daʊn] Br inf znw huis met twee kamers beneden en twee slaapkamers boven

two-way [tu:wei] bn ❶ techn tweeweg- ❷ in twee richtingen ❸ wederkerig, bilateraal ‹v. handel &›

two-way mirror [tu:wei 'mɪrə] znw doorkijkspiegel

two-way radio [tu:wei 'reɪdɪəʊ] znw zender en ontvanger

two-way switch [tu:wei swɪtʃ] znw hotelschakelaar

tycoon [taɪ'ku:n] znw magnaat

tyke [taɪk] znw → **tike**

tympani ['tɪmpənɪ] znw → **timpani**

tympanitis [tɪmpə'naɪtɪs] med znw ontsteking van het trommelvlies

tympanum ['tɪmpənəm] znw [mv: -s of tympana] ❶ anat trommelvlies ❷ bouwk timpaan

type [taɪp] I znw ❶ type, toonbeeld, voorbeeld, zinnebeeld ★ she's the artistic ~ ze is het artistieke type ★ what's her personality ~? wat is haar persoonlijkheidstype? ★ not my / her & ~ niet mijn / haar & type ❷ soort, slag ❸ letter(type), lettersoort, drukletter ❹ zetsel II overg ❶ typen, tikken ‹met schrijfmachine› ❷ med het type vaststellen van ‹voor transfusie, transplantatie› III onoverg typen, tikken IV phras ★ ~ sth out / up iets uittypen, uittikken

typecast ['taɪpkɑ:st] overg (steeds weer) een zelfde soort rol geven ★ he's always ~ as the villain hij krijgt altijd de schurkenrol

typeface ['taɪpfeɪs] znw lettertype

type metal [taɪp 'metl] znw lettermetaal, -specie

type page [taɪp peɪdʒ] typ znw bladspiegel

typescript ['taɪpskrɪpt] znw ❶ machineschrift ❷ typeschrift, getypt manuscript, getypt exemplaar

typeset ['taɪpset] druk overg zetten

typesetter ['taɪpsetə] znw ❶ letterzetter, typograaf ❷ zetmachine

typesetting ['taɪpsetɪŋ] znw letterzetten, typografie

typewrite ['taɪpraɪt] overg & onoverg (op de schrijfmachine) tikken, typen

typewriter ['taɪpraɪtə] znw schrijfmachine

typewritten ['taɪprɪtn] bn getypt, getikt

typhoid ['taɪfɔɪd], **typhoid fever** znw tyfeuze koorts, buiktyfus

typhoon [taɪ'fu:n] znw tyfoon, taifoen

typhous ['taɪfəs] bn tyfeus

typhus ['taɪfəs] znw vlektyfus

typical ['tɪpɪkl] bn ❶ typisch ❷ typerend (voor of)

typification [tɪpɪfɪ'keɪʃən] znw typering

typify ['tɪpɪfaɪ] overg typeren, (iemand) tekenen

typing ['taɪpɪŋ] znw ❶ typen, tikken ❷ typewerk

typing pool ['taɪpɪŋ pu:l] znw typekamer, alle typisten v.e. bedrijf

typist ['taɪpɪst] znw typist(e)

typo ['taɪpəʊ] inf znw ❶ typefout ❷ drukker

typographer [taɪ'pɒgrəfə] znw typograaf

typographic [taɪpə'græfɪk], **typographical** bn typografisch

typography [taɪ'pɒgrəfɪ] znw ❶ typografie, boekdrukkunst ❷ druk

typology [taɪ'pɒlədʒɪ] znw ❶ typologie, (leer van de) indeling naar typen ❷ typologie, studie van typen en symbolen ‹met name in de Bijbel›

tyrannical [tɪ'rænɪkl] bn tiranniek

tyrannicide [tɪ'rænɪsaɪd] znw ❶ tirannenmoord ❷ tirannenmoordenaar

tyrannize ['tɪrənaɪz], **tyrannise** I overg tiranniseren II onoverg als tiran heersen, de dwingeland spelen ★ he ~s over her hij tiranniseert haar

tyrannosaurus [tɪrænə'sɔ:rəs] znw tyrannosaurus

tyrannous ['tɪrənəs] bn tiranniek

tyranny ['tɪrənɪ] znw tirannie, dwingelandij

tyrant ['taɪərənt] znw tiran, dwingeland, geweldenaar

tyre ['taɪə], Am tire znw (fiets-, auto-)band

tyre chain ['taɪə tʃeɪn] znw sneeuwketting

tyred [taɪəd] bn voorzien v. band(en)

tyre gauge ['taɪəgeɪdʒ] znw spanningsmeter ‹v. band›

tyre lever ['taɪəli:və] znw bandenlichter, bandafnemer

tyre pressure ['taɪə 'preʃə] znw bandenspanning

tw

tyre tread ['taɪə tred] *znw* bandprofiel
tyro ['taɪərəʊ], **tiro** *znw* [*mv:* -s] aankomeling,
  nieuweling, beginneling, beginner, leerling ★ *the
  team's young ~ saved the day* de jonge beginneling in
  het team redde de dag
Tyrolean [tɪ'rəʊlɪən] **I** *bn* Tirools, Tiroler **II** *znw* Tiroler,
  Tiroolse
Tyrrhenian [tɪ'ri:nɪən] *bn* Tyrrheens
tzar [zɑ:] *znw* → **tsar**
tzarina [zɑ:'ri:nə] *znw* **tsarina**
tzetze fly ['t(s)etsɪ flaɪ] *znw* → **tsetse**

U

u [ju:] *znw* (de letter) u
UAE *afk* → **United Arab Emirates**
U-bend ['ju:-bend] *znw* U-bocht, U-buis ‹buis in de
  vorm van een U gebogen›
ubiquitous [ju:'bɪkwɪtəs] *bn* alomtegenwoordig
  ★ *the ~ spread of fast-food restaurants* de zich overal
  sterk uitbreidende fastfoodrestaurants
ubiquity [jʊ'bɪkwətɪ] *znw* alomtegenwoordigheid
U-boat ['ju:bəʊt] *znw* (Duitse) onderzeeboot
udder ['ʌdə] *znw* uier
udon ['u:dɒn] *znw* udon ‹Japanse pasta›
UEFA [ju:'i:fə, ju:'erfə] *afk* (Union of European Football
  Associations) UEFA ‹Europese Voetbal Unie›
UFO ['ju:fəʊ], **ufo** *afk* → **unidentified flying object**
Uganda [ju:'gændə] *znw* Oeganda
Ugandan [ju:'gændən] **I** *bn* Oegandees **II** *znw*
  Oegandees, Oegandese
ugh [əx] *tsw* bah!, foei!
uglification [ʌglɪfɪ'keɪʃən] *znw* het lelijker maken
uglify ['ʌglɪfaɪ] *overg* lelijk maken, verlelijken
ugliness ['ʌglɪnəs] *znw* lelijkheid
ugly ['ʌglɪ] *bn* ❶ lelijk, afschuwelijk, afgrijselijk ★ inf
  as ~ as sin zo lelijk als de nacht ❷ bedenkelijk,
  kwalijk ❸ vervelend ❹ kwaadaardig, dreigend,
  gevaarlijk
ugly duckling ['ʌglɪ 'dʌklɪŋ] *znw* lelijk eendje
uh [ə] *tsw* eh ‹weergave van het geluid dat bij
  nadenken wordt gemaakt›
UHF [ju:eɪtʃ'ef] *afk* (ultrahigh frequency) UHF,
  ultrahoge frequentie ‹radiogolven›
uh-huh [ʌ'hʌ, 'ʌhʌ] *tsw* ja ja ‹geeft bevestiging aan›
uh-oh [ʌ-'əʊ] *tsw* oeps ‹geluid dat je maakt als je een
  fout begaat›
UHT [ju:eɪtʃ'ti:] *afk* (ultra heat treated) UHT
  ‹sterilisatiemethode voor melk &, d.m.v. hoge
  temperatuur›
uh-uh ['ʌ-ʌ] *tsw* hm ‹geluid dat ontkenning aangeeft›
U-ie ['ju:wi:] inf *znw* → **U-turn**
UK [ju:'keɪ] *afk* → **United Kingdom**
ukelele [ju:kə'leɪlɪ], **ukulele** *znw* ukelele
Ukraine [ju:'kreɪn] *znw* Oekraïne
Ukrainian [ju:'kreɪnɪən] **I** *bn* Oekraïens **II** *znw*
  ❶ Oekraïens ‹de taal› ❷ Oekraïner, Oekraïense
ulcer ['ʌlsə] *znw* zweer ★ *fig the city is an ~ on the face
  of the earth* de stad is een rotte plek in de wereld
ulcerate ['ʌlsəreɪt] *onoverg* zweren, verzweren
ulceration [ʌlsə'reɪʃən] *znw* zwering, verzwering,
  zweer
ulcered ['ʌlsəd] *bn* tot een zweer geworden, zwerend,
  etterend
ulcerous ['ʌlsərəʃ] *bn* ❶ vol zweren ❷ fig verpestend,
  corrupt
ulna ['ʌlnə] anat *znw* [*mv:* -s *of* ulnae] ellepijp
ulnar ['ʌlnə] anat *bn* van de ellepijp

ul

ulster [ˈʌlstə] *znw* ulster(jas)
ulterior [ʌlˈtɪərɪə] *bn* geheim, achterliggend, verborgen, heimelijk
ulterior motive [ʌlˈtɪərɪə ˈməʊtɪv] *znw* een bijbedoeling, iets in het achterhoofd
ultimate [ˈʌltɪmət] **I** *bn* ❶ (aller)laatste, uiterste ❷ hoogste, grootste, opperste ❸ eind-, uiteindelijk ❹ ultiem ★ *the ~ wedding dress* de ultieme trouwjurk **II** *znw* toppunt, summum ★ *the ~ in luxury* het toppunt van luxe
ultimately [ˈʌltɪmətlɪ] *bijw* uiteindelijk, tenslotte
ultimatum [ʌltɪˈmeɪtəm] *znw* [*mv:* -s *of* ultimata] ultimatum ★ *issue an ~* een ultimatum uitvaardigen
ultra [ˈʌltrə] *inf znw* extremist
ultra- [ˈʌltrə] *voorv* extreem, ultra-, hyper-, oer-
ultraist [ˈʌltrəɪst] *znw* iem. met radicale opvattingen, extremist
ultralight [ʌltrəˈlaɪt] **I** *bn* ultralicht **II** *znw* ultralicht vliegtuigje
ultramarine [ʌltrəməˈriːn] **I** *bn* ultramarijn, hemelsblauw **II** *znw* ultramarijn ‹kleurstof›
ultramodern [ʌltrəˈmɒdən] *bn* hypermodern
ultramundane [ʌltrəˈmʌndeɪn] dicht *bn* buitenwerelds, buiten het zonnestelsel
ultrasonic [ʌltrəˈsɒnɪk] *bn* ultrasoon
ultrasound [ˈʌltrəsaʊnd] *znw* ❶ ultrageluid ❷ med **ultrasound scan** echoscopie
ultraviolet [ʌltrəˈvaɪələt] *znw* ultraviolet
ultra vires [ˈʌltrə ˈvaɪriːs] *(Lat)* jur overg bevoegdheidsoverschrijding, doeloverschrijding
ululate [ˈjuːlʊleɪt] *onoverg* huilen, jammeren
ululation [juːljʊˈleɪʃən] *znw* geweeklaag, geschreeuw
umbel [ˈʌmbl] plantk *znw* (bloem)scherm ‹bep. bloeiwijze›
umbellate [ˈʌmbɪlɪt, -leɪt] plantk *bn* schermbloemig
umbellifer [ˈʌmbelɪfə] plantk *znw* schermbloem, schermbloemige
umbelliferous [ʌmbəˈlɪfərəs] plantk *bn* schermdragend
umber [ˈʌmbə] *znw* omber, bergbruin
umbilical [ʌmˈbɪlɪkl] *bn* ❶ navel- ❷ fig centraal ★ *the government's ~ link with the unions* het nauwe verband van de regering met de vakbonden
umbilical cord [ʌmˈbɪlɪkl kɔːd] *znw* navelstreng
umbilicus [ʌmˈbɪlɪkəs] *znw* [*mv:* -es *of* umbilici] navel
umbra [ˈʌmbrə] *znw* [*mv:* -s *of* umbrae] slag-, kernschaduw
umbrage [ˈʌmbrɪdʒ] *znw* aanstoot, ergernis ★ *take ~ at sth* aanstoot nemen aan iets, zich ergeren aan iets
umbrella [ʌmˈbrelə] *znw* ❶ paraplu, (strand-, tuin)parasol (*beach ~)* ❷ fig bescherming ★ *under the ~ of* onder auspiciën van
umbrella fund [ʌmˈbrelə fʌnd] *znw* paraplufonds, overkoepelend fonds ‹overkoepeling van subfondsen›
umbrella organisation [ʌmˈbrelə ɔːgənaɪˈzeɪʃən] *znw* overkoepelende organisatie
umbrella stand [ʌmˈbrelə stænd] *znw*

paraplustandaard
umbrella term [ʌmˈbrelə tɜːm] *znw* verzamelnaam
umph [ʌmf] *tsw* hm! ‹uitdrukking van verontwaardiging›
umpire [ˈʌmpaɪə] **I** *znw* scheidsrechter, arbiter **II** *overg* arbitreren bij **III** *onoverg* scheidsrechter zijn, arbitreren
umpteen [ˈʌm(p)ˈtiːn] *inf bn* een hoop, een heleboel, een massa
umpteenth [ˈʌm(p)ˈtiːnθ] *inf bn* zoveelste
un- [ʌn] *voorv* on-, niet
UN [juːˈen] *afk* → **United Nations**
unabashed [ʌnəˈbæʃt] *bn* onbeschaamd, niet verlegen, niet uit het veld geslagen
unabated [ʌnəˈbeɪtɪd] *bn* onverminderd, onverflauwd, onverzwakt
unabbreviated [ʌnəˈbriːvɪeɪtɪd] *bn* onverkort
unable [ʌnˈeɪbl] *bn* onbekwaam, niet in staat, niet kunnende ★ *be ~ to do sth* iets niet kunnen doen
unabridged [ʌnəˈbrɪdʒd] *bn* onverkort
unacademic [ʌnækəˈdemɪk] *bn* non-academisch, onacademisch
unaccented [ʌnækˈsentɪd] *bn* ❶ zonder toonteken ❷ onbeklemtoond, zonder klemtoon
unacceptable [ʌnəkˈseptəbl] *bn* ❶ onaanvaardbaar, onaannemelijk ★ *their policies were deemed ~* hun beleid werd als onaanvaardbaar beschouwd ❷ onaangenaam, onwelkom ★ *the ~ face of capitalism* het onaangename gezicht van het kapitalisme
unacceptably [ʌnəkˈseptəblɪ] *bijw* onaanvaardbaar, onwelkom
unaccommodating [ʌnəˈkɒmədeɪtɪŋ] *bn* niet inschikkelijk
unaccompanied [ʌnəˈkʌmpənɪd] *bn* ❶ onvergezeld ❷ muz zonder begeleiding ★ *an ~ choir* een a-capellakoor
unaccomplished [ʌnəˈkʌmplɪʃt] *bn* ❶ onvoltooid ❷ onbeschaafd ❸ onbegaafd
unaccountable [ʌnəˈkaʊntəbl] *bn* ❶ onverklaarbaar ❷ geen verantwoording schuldig ★ *he regards himself as ~ to anyone* hij vindt dat hij aan niemand verantwoording hoeft af te leggen
unaccounted [ʌnəˈkaʊntɪd] *bn* ★ *~ for* onverklaard, onverantwoord ★ *five of the crew are ~ for* vijf bemanningsleden worden nog vermist
unaccustomed [ʌnəˈkʌstəmd] *bn* ongewoon, ongebruikelijk ★ scherts *~ as I am to public speaking* hoewel ik niet gewend ben om in het openbaar te spreken
unacknowledged [ʌnəkˈnɒlɪdʒd] *bn* ❶ niet erkend, overgenomen zonder te bedanken / zonder bronvermelding ❷ niet bekend ‹v. misdaad›
unacquainted [ʌnəˈkweɪntɪd] *bn* ❶ onbekend ‹met *with*› ★ *I am ~ with his wife* ik ken zijn vrouw niet ❷ onwetend ‹van *with*› ★ *he was ~ with the facts* hij kende de feiten niet
unadaptable [ʌnəˈdæptəbl] *bn* niet aan te passen, niet

pasklaar te maken, niet geschikt om te bewerken ‹roman &›

unaddressed [ʌnə'drest] *bn* ongeadresseerd ‹post›

unadorned [ʌnə'dɔːnd] *bn* onversierd, onopgesmukt

unadulterated [ʌnə'dʌltəreɪtɪd] *bn* onvervalst, zuiver, echt ★ ~ *misery* pure ellende ★ ~ *nonsense* absolute onzin

unadvised [ʌnəd'vaɪzd] *bn* onbedachtzaam, onberaden, onvoorzichtig

unadvisedly [ʌnəd'vaɪzɪdlɪ] *bijw* ❶ ondoordacht, onverstandig ❷ niet bijgestaan

unaffected [ʌnə'fektɪd] *bn* ❶ ongedwongen, ongekunsteld, niet geaffecteerd, natuurlijk ❷ niet beïnvloed, onaangetast, onaangedaan, ongeroerd ★ *some areas were comparatively* ~ *by the earthquake* sommige gebieden hadden relatief weinig te lijden gehad van de aardbeving

unaffordable [ʌnə'fɔːdəbl] *bn* onbetaalbaar

unafraid [ʌnə'freɪd] *bn* onbevreesd (voor *of*), niet bang

unaided [ʌn'eɪdɪd] *bn & bijw* ❶ niet geholpen ❷ zonder hulp (uitgevoerd) ❸ bloot ‹v. oog›

unalarmed [ʌnə'lɑːmd] *bn* ❶ onbevreesd, niet ongerust ❷ onbeveiligd ‹zonder alarm›

unalienable [ʌn'eɪlɪənəbl] *bn* → **inalienable**

unalive [ʌnə'laɪv] *bn* zonder leven ★ ~ *to sth* ongevoelig voor iets

unallied [ʌnə'laɪd] *bn* ❶ niet verwant ❷ zonder bondgenoten

unalloyed [ʌnə'lɔɪd] dicht *bn* onvermengd, puur ★ *the film is two hours of* ~ *horror* de film bestaat uit twee uur onvervalst gegriezel

unalterable [ʌn'ɔːltərəbl] *bn* onveranderlijk

unaltered [ʌn'ɔːltəd] *bn* onveranderd

unambiguous [ʌnæm'bɪɡjʊəs] *bn* ondubbelzinnig

unambitious [ʌnæm'bɪʃəs] *bn* niet eerzuchtig, pretentieloos, bescheiden

unamenable [ʌnə'miːnəbl] *bn* ❶ onhandelbaar ❷ onverantwoordelijk ❸ niet vatbaar ★ ~ *to criticism* niet vatbaar voor kritiek

un-American [ʌn-ə'merɪkən] afkeurend *bn* on-Amerikaans ‹wanneer gebruikt voor Amerikanen: schuldig aan landverraad›

unamiable [ʌn'eɪmjəbl] *bn* onbeminnelijk, onaangenaam ‹mens›

unamused [ʌnə'mjuːzd] *bn* niet geamuseerd

unanimated [ʌn'ænɪmeɪtɪd] *bn* onbezield

unanimity [juːnə'nɪmətɪ] *znw* unanimiteit, eenstemmigheid, eensgezindheid

unanimous [juː'nænɪməs] *bn* unaniem, eenstemmig, eensgezind ★ *the teachers were* ~ *in their rejection of the proposals* de leraren verwierpen de voorstellen unaniem

unannounced [ʌnə'naʊnst] *bn* onaangekondigd, onaangediend, onaangemeld

unanswerable [ʌn'ɑːnsərəbl] *bn* ❶ niet te beantwoorden ❷ onweerlegbaar ★ *the* ~ *fact of his negligence* het onweerlegbare feit van zijn onachtzaamheid

unanswered [ʌn'ɑːnsəd] *bn* onbeantwoord

unapologetic [ʌnəpɒlə'dʒetɪk] *bn* zonder verontschuldigingen ★ *he remains* ~ *about his role in the affair* hij verontschuldigt zich nog steeds niet voor zijn rol in de zaak

unappealable [ʌnə'piːləbl] jur *bn* zonder de mogelijkheid van hoger beroep

unappealing [ʌnə'piːlɪŋ] *bn* onaantrekkelijk

unappeased [ʌnə'piːzd] *bn* niet bevredigd

unappetizing [ʌn'æpətaɪzɪŋ], **unappetising** *bn* onappetijtelijk

unappreciated [ʌnə'priːʃɪeɪtɪd] *bn* weinig / niet gewaardeerd

unappreciative [ʌnə'priːʃətɪv] *bn* zonder waardering

unapproachable [ʌnə'prəʊtʃəbl] *bn* ❶ ontoegankelijk, ongenaakbaar ❷ onvergelijkelijk

unapt [ʌn'æpt] *bn* ❶ ongeschikt, onbekwaam ★ *it's not an* ~ *description* het is geen slechte beschrijving ❷ ongepast

unarguable [ʌn'ɑːɡjʊəbl], **inarguable** *bn* ontegenzeglijk

unarguably [ʌn'ɑːɡjʊəblɪ], **inarguably** *bijw* ontegenzeggelijk

unarmed [ʌn'ɑːmd] *bn* ongewapend, ontwapend, niet scherpgesteld ‹v. atoombom›

unarmed combat [ʌn'ɑːmd 'kɒmbæt] *znw* ongewapende strijd

unarticulated [ʌnɑː'tɪkjʊleɪtɪd] *bn* onduidelijk uitgedrukt, onuitgesproken ★ ~ *anger* opgekropte woede

unascertainable [ʌnæsə'teɪnəbl] *bn* niet uit te maken / na te gaan

unashamed [ʌnə'ʃeɪmd] *bn* zonder zich te schamen, onbeschaamd, brutaal

unasked [ʌn'ɑːskt] *bn* ongevraagd, ongenood

unaspiring [ʌnə'spaɪərɪŋ] *bn* oneerzuchtig, zonder pretentie

unassailable [ʌnə'seɪləbl] *bn* ❶ onaantastbaar ‹positie› ★ *he now has what seems to be an* ~ *lead* de voorsprong die hij heeft lijkt niet in te halen ❷ onneembaar ‹vesting› ❸ onweerlegbaar ‹argument›

unassertive [ʌnə'sɜːtɪv] *bn* bescheiden

unassignable [ʌnə'saɪnəbl] *bn* onoverdraagbaar ‹m.b.t. schulden &›

unassimilated [ʌnə'sɪmɪleɪtɪd] *bn* onaangepast, niet geassimileerd

unassisted [ʌnə'sɪstɪd] *bn* niet geholpen, zonder hulp

unassuming [ʌnə'sjuːmɪŋ] *bn* niet aanmatigend, zonder pretentie(s), pretentieloos, bescheiden

unattached [ʌnə'tætʃt] *bn* ❶ los(lopend), niet gebonden, niet verbonden ❷ niet verloofd / getrouwd, alleenstaand, single

unattainable [ʌnə'teɪnəbl] *bn* onbereikbaar

unattended [ʌnə'tendɪd] *bn* zonder toezicht, onbeheerd

unattractive [ʌnə'træktɪv] *bn* onaantrekkelijk

unauthorized [ʌn'ɔːθəraɪzd], **unauthorised** *bn* niet

un

geautoriseerd, onwettig, onbevoegd ★ ~ *persons* onbevoegden

unavailable [ʌnə'veɪləbl] *bn* niet ter beschikking staand, niet beschikbaar, onbereikbaar

unavailing [ʌnə'veɪlɪŋ] *bn* vergeefs ★ *their efforts have so far proved* ~ hun pogingen hebben tot nu toe niets uitgehaald

unavenged [ʌnə'vendʒd] *bn* ongewroken

unavoidable [ʌnə'vɔɪdəbl] *bn* onvermijdelijk

unavowed [ʌnə'vaʊd] *bn* niet openlijk, verhuld

unawakened [ʌnə'weɪkənd] *bn* niet wakker gemaakt ⟨gevoelens &⟩

unaware [ʌnə'weə] *bn* niet wetend, het zich niet bewust zijnd ★ *they were blissfully* ~ *of what was happening* zij hadden absoluut niet door wat er gebeurde

unawares [ʌnə'weəz] *bijw* ❶ zonder het te merken ❷ onvoorziens, onverwachts, onverhoeds ★ *catch / take sbd* ~ iem. overvallen, overrompelen

unbacked [ʌn'bækt] *bn* ❶ ongedresseerd, onbereden ⟨paard⟩ ❷ ongevoerd ⟨kleding &⟩ ❸ waarop niet gewed is ⟨paard⟩ ❹ niet gesteund ⟨voorstel &⟩

unbalance [ʌn'bæləns] *overg* uit het / zijn evenwicht brengen

unbalanced [ʌn'bælənst] *bn* ❶ niet in evenwicht, onevenwichtig ❷ in de war, getroebleerd ❸ niet sluitend ⟨v. begroting⟩

unbar [ʌn'bɑ:] *overg* ontgrendelen, ontsluiten

unbearable [ʌn'beərəbl] *bn* ❶ ondraaglijk ❷ onuitstaanbaar

unbeatable [ʌn'bi:təbl] *bn* niet te overtreffen, onoverwinnelijk, onverslaanbaar

unbeaten [ʌn'bi:tn] *bn* ❶ niet verslagen, ongeslagen ❷ onbetreden ⟨weg⟩, ongebaand

unbecoming [ʌnbɪ'kʌmɪŋ] *bn* ❶ niet goed staand, niet mooi ❷ geen pas gevend, onbetamelijk, ongepast (voor *to*)

unbefitting [ʌnbɪ'fɪtɪŋ] *bn* ongepast, onbetamelijk ★ *conduct* ~ *a teacher* onbetamelijk gedrag voor een leraar

unbegotten [ʌnbɪ'gɒtn] arch *bn* ongeboren

unbeknown [ʌnbɪ'nəʊn], **unbeknownst** *bijw* ★ ~ *to me* zonder dat ik er (iets) van wist, zonder mijn voorkennis

unbelief [ʌnbɪ'li:f] *znw* ongeloof

unbelievable [ʌnbɪ'li:vəbl] *bn* ongelooflijk

unbeliever [ʌnbɪ'li:və] *znw* ongelovige

unbelieving [ʌnbɪ'li:vɪŋ] *bn* ongelovig

unbeloved [ʌnbɪ'lʌvd] *bn* onbemind

unbelt [ʌn'belt] *overg & onoverg* de riem losdoen (van), de ceintuur losmaken (van)

unbend [ʌn'bend] **I** *overg* [unbent, unbent] ontspannen, losmaken, fig uit de plooi doen komen **II** *onoverg* [unbent, unbent] losser worden, zich ontspannen, fig minder stijf worden, uit de plooi komen

unbending [ʌn'bendɪŋ] *bn* onbuigzaam, niet toegevend, nooit uit de plooi komend

unbeseeming [ʌnbɪ'si:mɪŋ] *bn* ongepast

unbiased [ʌn'baɪəst] *bn* onpartijdig, onbevooroordeeld

unbidden [ʌn'bɪdn] dicht *bn* ❶ vanzelf ❷ ongenood, ongevraagd

unbind [ʌn'baɪnd] *overg* ontbinden, losbinden, losmaken

unbirthday [ʌn'bɜ:θdeɪ] scherts *znw* een dag die geen verjaardag is

unbleached [ʌn'bli:tʃt] *bn* ongebleekt

unblemished [ʌn'blemɪʃt] *bn* onbevlekt, onbezoedeld, vlekkeloos, smetteloos

unblenched [ʌn'blentʃt] *bn* onverschrokken, niet wijkend

unblenching [ʌn'blentʃɪŋ] *bn* onversaagd

unblinking [ʌn'blɪŋkɪŋ] *bn* zonder met de ogen te knipperen, onverstoorbaar, ijzig (kalm), zonder aarzelen ★ *he looked at me with* ~ *eyes* hij keek me aan zonder een spier te vertrekken

unblock [ʌn'blɒk] *overg* ❶ ontstoppen ❷ handel deblokkeren

unblushing [ʌn'blʌʃɪŋ] *bn* schaamteloos, zonder blikken of blozen

unblushingly [ʌn'blʌʃɪŋlɪ] *bijw* schaamteloos, zonder blikken of blozen

unbolt [ʌn'bəʊlt] *overg* ontgrendelen

unborn [ʌn'bɔ:n] *bn* ongeboren

unbosom [ʌn'bʊzəm] dicht *wederk* ★ ~ *oneself* zijn hart uitstorten

unbothered [ʌn'bɒðəd] *bn* geen last hebbend van ★ *she was* ~ *by the hubbub around her* ze had geen last van het geroezemoes om haar heen

unbottle [ʌn'bɒtl] *overg* ❶ uitgieten ❷ fig de vrije loop laten ★ ~ *one's feelings* uiting geven aan z'n gevoelens

unbound [ʌn'baʊnd] *bn* ❶ ongebonden ❷ niet opgebonden ⟨haar⟩, loshangend ❸ ontketend ⟨hond &⟩

unbounded [ʌn'baʊndɪd] *bn* onbegrensd ★ *her* ~ *enthusiasm is contagious* haar grenzeloos enthousiasme is aanstekelijk

unbowed [ʌn'baʊd] *bn* niet onderworpen, ongebogen, ongebroken

unbrace [ʌn'breɪs] *overg* ❶ losmaken, losgespen ❷ fig ontspannen

unbreakable [ʌn'breɪkəbl] *bn* ❶ onbreekbaar ❷ fig heilig ⟨belofte &⟩

unbridle [ʌn'braɪdl] *overg* ❶ aftomen ❷ de teugel vieren

unbridled [ʌn'braɪdld] *bn* ongebreideld, tomeloos, onbeteugeld, teugelloos

unbroken [ʌn'brəʊkən] *bn* ❶ ongebroken, niet verbroken ❷ onaangebroken ❸ onafgebroken ❹ onafgericht

unbrotherly [ʌn'brʌðəlɪ] *bn* niet als een broer, niet broederlijk

unbuckle [ʌn'bʌkl] *overg & onoverg* losgespen

unbuilt [ʌn'bɪlt] *bn* ❶ ongebouwd ❷ onbebouwd

unburden [ʌn'bɜːdn] *overg* ontlasten, verlichten ★ ~ *oneself* zeggen wat men op het hart heeft, zijn hart uitstorten

unbusinesslike [ʌn'bɪznɪslaɪk] *bn* onzakelijk, onpraktisch

unbutton [ʌn'bʌtn] *overg* ❶ losknopen ❷ *fig* loskomen, ontdooien

uncalled [ʌn'kɔːld] *bn* ❶ ongevraagd, onuitgenodigd ❷ ongestort ‹m.b.t. kapitaal›

uncalled for [ʌn'kɔːld fə] *bn* ❶ zonder aanleiding, ongerechtvaardigd, ongemotiveerd ❷ ongewenst, niet vereist ❸ onnodig, ongepast

uncannily [ʌn'kænɪlɪ] *bijw* mysterieus, griezelig ★ ~ *accurate predictions* griezelig nauwkeurige voorspellingen

uncanny [ʌn'kænɪ] *bn* griezelig, eng, mysterieus, buitengewoon, bovennatuurlijk ★ *these bears have an ~ sense of direction* deze beren hebben een buitengewoon goed richtingsgevoel ★ *she bears an ~ resemblance to my sister* zij lijkt frappant veel op mijn zus

uncap [ʌn'kæp] *overg* ❶ de dop (deksel) afhalen van ❷ hoed (muts, pet &) afnemen

uncared for ['ʌn'keəd fɔ:] *bn* verwaarloosd, onverzorgd

uncaring [ʌn'keərɪŋ] *bn* ongevoelig, hard(vochtig)

uncashed [ʌn'kæʃt] *bn* onverzilverd

unceasing [ʌn'siːsɪŋ] *bn* onophoudelijk, zonder ophouden, voortdurend

uncensored [ʌn'sensəd] *bn* ongecensureerd, integraal

unceremonious [ʌnserɪ'məʊnɪəs] *bn* zonder plichtplegingen, zonder complimenten, familiaar, ongegeneerd

uncertain [ʌn'sɜːtn] *bn* onzeker, ongewis, onvast, onbestendig, veranderlijk, vaag

uncertainly [ʌn'sɜːtnlɪ] *bijw* onzeker

uncertainty [ʌn'sɜːtəntɪ] *znw* onzekerheid ★ *there is considerable ~ as to whether the climate is changing* er is behoorlijk wat onzekerheid over of het klimaat aan het veranderen is

unchain [ʌn'tʃeɪn] *overg* ontketenen, loslaten

unchallengeable [ʌn'tʃælɪndʒəbl] *bn* onwraakbaar, onaantastbaar, onomstotelijk

unchallenged [ʌn'tʃælɪndʒd] *bn* ❶ onaangevochten, onbetwist ❷ *mil* niet aangeroepen

unchangeable [ʌn'tʃeɪndʒəbl] *bn* niet te veranderen, onveranderlijk

unchanged [ʌn'tʃeɪndʒd] *bn* onveranderd

unchanging [ʌn'tʃeɪndʒɪŋ] *bn* onveranderlijk

unchaperoned [ʌn'ʃæpərəʊnd] *bn* zonder begeleiding, zonder toezicht

uncharacteristic [ʌnkærɪktə'rɪstɪk] *bn* ongewoon, opmerkelijk ★ *there was an ~ abruptness to her manner* ze was ongewoon abrupt in haar manier van doen

uncharged [ʌn'tʃɑːdʒd] *bn* ❶ ongeladen ❷ *jur* niet formeel in staat van beschuldiging gesteld

uncharismatic [ʌnkærɪz'mætɪk] *bn* zonder charisma, oncharismatisch

uncharitable [ʌn'tʃærɪtəbl] *bn* ❶ liefdeloos, onbarmhartig ★ *she made an ~ comment about his writings* ze maakte een hatelijke opmerking over zijn schrijverij ❷ zelfzuchtig, gierig

uncharted [ʌn'tʃɑːtɪd] *bn* niet in kaart gebracht, *fig* onbekend ★ *the film takes you into the ~ waters of love* de film voert u naar de onbekende wateren der liefde

unchaste [ʌn'tʃeɪst] *bn* onkuis, wulps

unchastened [ʌn'tʃeɪsənd] *bn* niet getemperd ★ *he was ~ by her reproaches* hij was niet onder de indruk van haar verwijten

unchastity [ʌn'tʃæstɪtɪ] *znw* onkuisheid

unchecked [ʌn'tʃekt] *bn* onbeteugeld, ongebreideld, onbelemmerd, ongecontroleerd ★ *unless measures are taken, the disease will continue ~* tenzij er maatregelen worden getroffen zal de ziekte ongehinderd doorwoekeren

unchristian [ʌn'krɪstjən] *bn* onchristelijk ★ *inf an ~ hour* onchristelijk vroeg

unchronicled [ʌn'krɒnɪkld] *dicht bn* onvermeld

uncircumcised [ʌn'sɜːkəmsaɪzd] *bn* onbesneden

uncivic [ʌn'sɪvɪk] *znw* getuigend v. weinig burgerzin

uncivil [ʌn'sɪvɪl] *bn* onbeleefd

uncivilized [ʌn'sɪvəlaɪzd], **uncivilised** *bn* onbeschaafd, barbaars ★ *inf he rang at an ~ hour* hij belde op een onchristelijk tijdstip ‹heel vroeg of heel laat›

unclaimed [ʌn'kleɪmd] *bn* niet opgeëist, niet afgehaald ‹v. bagage &›

unclasp [ʌn'klɑːsp] *overg* loshaken, losmaken, openmaken, openen

unclassifiable [ʌn'klæsɪfaɪəbl] *bn* onclassificeerbaar, niet in te delen ★ *her paintings are unique and quite ~* haar schilderijen zijn uniek en niet in een hokje te plaatsen

unclassified [ʌn'klæsɪfaɪd] *bn* ❶ ongeclassificeerd, ongerubriceerd ❷ niet geheim ‹informatie›

uncle ['ʌŋkl] *znw* ❶ oom ★ *a maternal / paternal ~* een oom van moeders / vaders kant ★ *a Dutch ~* iemand die ongevraagd kritiek levert en advies geeft ★ *inf...and Bob's your ~!* ...en klaar is Kees! ★ *Br inf and Uncle Tom Cobley / Cobleigh and all* een lange lijst mensen ❷ *inf* ome Jan, de lommerd

unclean [ʌn'kliːn] *bn* onrein, vuil

uncleanliness [ʌn'klenlɪnəs] *znw* vuilheid ★ *they were horrified by the general ~ of the area* ze waren ontsteld door hoe smerig het terrein over het algemeen was

uncleanly [ʌn'kliːnlɪ] *bijw* vuil, smerig, op een vuile manier ★ *the system shut down ~* het systeem was niet op de goede manier afgesloten ‹computer›

unclear [ʌn'klɪə] *bn* ❶ onduidelijk ❷ twijfelend, onzeker

unclench [ʌn'klenʃ] **I** *overg* ontsluiten, openen ‹vuist› **II** *onoverg* zich ontsluiten, zich openen

Uncle Sam [ʌŋkl 'sæm] *znw* Uncle Sam ‹verpersoonlijking van de Verenigde Staten›

un

Uncle Tom [ˌʌŋkl ˈtɒm] beledigend *znw* onderdanige neger ‹naar de hoofdpersoon in de roman van Beecher Stowe›

unclimbed [ʌnˈklaɪmd] *bn* onbeklommen

unclip [ʌnˈklɪp] *overg* losklikken, losmaken ‹v. iets dat met een clip vastzit›

uncloak [ʌnˈkləʊk] *overg* ❶ van een mantel ontdoen ❷ fig ontmaskeren

unclog [ʌnˈklɒg] *overg* ontstoppen, vrijmaken

unclosed [ʌnˈkləʊzd] *bn* opengelaten

uncloth [ʌnˈkləʊð] *overg* ontkleden

unclothed [ʌnˈkləʊðd] *bn* naakt, ongekleed

unclouded [ʌnˈklaʊdɪd] *bn* ❶ onbewolkt ❷ fig helder, zonnig ‹toekomst› ❸ fig onbesmeurd ‹verleden›

uncluttered [ʌnˈklʌtəd] *bn* overzichtelijk, sober

unco [ˈʌŋkəʊ] Schots *bn* ❶ Schots uiterst, hoogst ❷ Aus inf geflipt, doorgedraaid ★ *Mum'll go ~ when she hears I've crashed the car* ma draait helemaal door als ze hoort dat ik de auto in puin heb gereden

uncoil [ʌnˈkɔɪl] **I** *overg* afrollen, ontrollen **II** *onoverg* zich ontrollen

uncollected [ʌnkəˈlektɪd] *bn* ❶ niet verzameld, niet geïnd ❷ niet tot bedaren / bezinning gekomen

uncoloured [ʌnˈkʌləd] *bn* ❶ ongekleurd ❷ zwart-wit ❸ fig onpartijdig, objectief

uncombed [ʌnˈkəʊmd] *bn* ongekamd

uncome-at-able [ʌnkʌmˈætəbl] inf *bn* ongenaakbaar, onbereikbaar

uncomely [ʌnˈkʌmlɪ] scherts *bn* niet knap, onbevallig, minder welvoeglijk ★ *she's not ~ by any means* ze is zeker niet onknap

uncomfortable [ʌnˈkʌmftəbl] *bn* ❶ ongemakkelijk ❷ niet op zijn gemak, verlegen ❸ onbehaaglijk, onaangenaam, pijnlijk ‹stilte, situatie›

uncomfy [ʌnˈkʌmfɪ] inf *bn* oncomfortabel

uncommercial [ʌnkəˈmɜːʃəl] *bn* ❶ niet commercieel, niet handeldrijvend ❷ tegen de handelsgewoonten ❸ zonder winstbejag

uncommitted [ʌnkəˈmɪtɪd] *bn* ❶ niet gebonden, vrij ❷ niet commissoriaal gemaakt ❸ niet verpand

uncommon [ʌnˈkɒmən] *bn* ❶ ongewoon, zeldzaam ❷ ongemeen, bijzonder

uncommunicative [ʌnkəˈmjuːnɪkətɪv] *bn* niet (bijzonder) mededeelzaam, gesloten

uncompetitive [ʌnkəmˈpetɪtɪv] *bn* niet concurrerend

uncomplaining [ʌnkəmˈpleɪnɪŋ] *bn* gelaten

uncomplementary [ʌnkɒmplɪˈmentərɪ] *bn* niet complimenteus, beledigend

uncomplicated [ʌnˈkɒmplɪkeɪtɪd] *bn* eenvoudig

uncompounded [ʌnkəmˈpaʊndɪd] *bn* niet samengesteld, enkelvoudig

uncomprehending [ʌnkɒmprɪˈhendɪŋ] *bn* niet begrijpend

uncompromising [ʌnˈkɒmprəmaɪzɪŋ] *bn* onbuigzaam, star, compromisloos

unconcealed [ʌnkənˈsiːld] *bn* niet verborgen, onverholen

unconcern [ʌnkənˈsɜːn] *znw* onbekommerdheid,

onverschilligheid, kalmte

unconcerned [ʌnkənˈsɜːnd] *bn* ❶ zich niets aantrekkend (van *at*) ❷ onbekommerd (over *about* / *as to* / *for* / *with*) ❸ kalm, onverschillig

unconcernedly [ʌnkənˈsɜːndlɪ] *bijw* onbekommerd, kalm, onbezorgd ★ *even in such heat, the residents go about their business* ~ zelfs in deze hitte gaan de inwoners rustig door met hun zaken

unconditional [ʌnkənˈdɪʃənl] *bn* onvoorwaardelijk

unconditioned [ʌnkənˈdɪʃənd] *bn* ❶ psych natuurlijk, niet geconditioneerd ‹reflexen› ❷ zonder voorwaarden ❸ onbehandeld ★ ~ *waste* onbehandeld nucleair afval

unconfessed [ʌnkənˈfest] *bn* ❶ onbeleden ❷ RK niet gebiecht hebbend

unconfined [ʌnkənˈfaɪnd] *bn* ❶ onbegrensd ❷ vrij rondlopend ‹dier›

unconfirmed [ʌnkənˈfɜːmd] *bn* ❶ onbevestigd ❷ niet kerkelijk aangenomen

unconformable [ʌnkənˈfɔːməbl] *bn* ❶ niet overeenkomstig ❷ zich niet schikkend

uncongenial [ʌnkənˈdʒiːnɪəl] *bn* niet sympathiek, onaangenaam

unconnected [ʌnkəˈnektɪd] *bn* niet met elkaar in betrekking (staand), onsamenhangend

unconquerable [ʌnˈkɒŋkərəbl] *bn* onoverwinnelijk, onoverwinbaar

unconquered [ʌnˈkɒŋkəd] *bn* niet veroverd, onoverwonnen

unconscionable [ʌnˈkɒnʃənəbl] form *bn* ❶ onredelijk, onbillijk ❷ buitensporig, onmogelijk

unconscionably [ʌnˈkɒnʃənəblɪ] form *bijw* ❶ onredelijk, onbillijk ★ *an* ~ *long time* een ongepermitteerd lange tijd ❷ buitensporig, onmogelijk

unconscious [ʌnˈkɒnʃəs] **I** *bn* ❶ onbewust, onkundig ★ *she was* ~ *of the damage she had done* ze was zich niet bewust van de schade die ze had aangericht ❷ bewusteloos ★ *he was knocked* ~ hij werd bewusteloos geslagen **II** *znw* ★ psych *the* ~ het onderbewuste

unconsciously [ʌnˈkɒnʃəslɪ] *bijw* ❶ onbewust, onkundig ❷ bewusteloos

unconsciousness [ʌnˈkɒnʃəsnəs] *znw* ❶ onbewustheid ❷ bewusteloosheid

unconsidered [ʌnkənˈsɪdəd] *bn* ondoordacht, overijld

unconstitutional [ʌnkɒnstɪˈtjuːʃənəl] *bn* niet constitutioneel, ongrondwettig

unconstitutionality [ʌnkɒnstɪtjuːʃəˈnælɪtɪ] *znw* ★ *a declaration of* ~ een ongrondwettigverklaring

unconstrained [ʌnkənˈstreɪnd] *bn* ongedwongen

unconstraint [ʌnkənˈstreɪnt] *znw* ongedwongenheid

uncontested [ʌnkənˈtestɪd] *bn* onbetwist

uncontrollable [ʌnkənˈtrəʊləbl] *bn* ❶ niet te beheersen, onbedwingbaar, onbedaarlijk, onbestuurbaar, onhandelbaar ❷ waarover men geen macht heeft, niet te controleren

uncontrolled [ʌnkənˈtrəʊld] *bn* onbedwongen,

onbeteugeld
unconventional [ʌnkən'venʃənl] *bn* onconventioneel, niet gehecht (gebonden) aan vormen, vrij
unconventionality [ʌnkənvenʃə'næləti] *znw* ongedwongenheid
unconvinced [ʌnkən'vɪnst] *bn* niet overtuigd, sceptisch ★ *I'm still* ~ ik heb mijn twijfels nog
unconvincing [ʌnkən'vɪnsɪŋ] *bn* niet overtuigend
uncooked [ʌn'kʊkt] *bn* ongekookt, rauw
uncooperative [ʌnkəʊ'ɒpərətɪv] *bn* niet meewerkend, onwillig
uncoordinated [ʌnkəʊ'ɔːdɪneɪtɪd] *bn* ❶ onhandig ‹bewegingen› ❷ chaotisch, niet gecoördineerd ‹actie›
uncork [ʌn'kɔːk] *overg* ontkurken, opentrekken
uncorroborated [ʌnkə'rɒbəreɪtɪd] *bn* niet (nader) bevestigd ★ ~ *reports describe the situation as critical* onbevestigde berichten beschrijven de situatie als kritisch
uncountable [ʌn'kaʊntəbl] *bn* ❶ ontelbaar ❷ gramm niet-telbaar
uncountable noun [ʌn'kaʊntəbl naʊn] gramm *znw* niet telbaar zelfstandig naamwoord
uncounted [ʌn'kaʊntɪd] *bn* ongeteld, talloos
uncouple [ʌn'kʌpl] *overg* afkoppelen, loskoppelen
uncourteous [ʌn'kɜːtjəs] *bn* onbeleefd, onhoffelijk, onheus
uncourtly [ʌn'kɔːtlɪ] *bn* ongemanierd, lomp
uncouth [ʌn'kuːθ] *bn* onhandig, lomp, ongemanierd
uncover [ʌn'kʌvə] *overg* het deksel (de schaal &) afnemen van, ontbloten, blootleggen
uncovered [ʌn'kʌvəd] *bn* ❶ onbedekt ❷ ongedekt ❸ onoverdekt
uncrated [ʌn'kreɪtɪd] transport *bn* onverpakt
uncreditable [ʌn'kredɪtəbl] *znw* ❶ oneervol ❷ ongeloofwaardig
uncritical [ʌn'krɪtɪkl] *bn* onkritisch, kritiekloos
uncrossed [ʌn'krɒst] *bn* ❶ zonder kruis(je) ★ *an* ~ *cheque* een ongekruiste cheque, een verhandelbare cheque ❷ niet kruisgewijs over elkaar ❸ niet gedwarsboomd
uncrowded [ʌn'kraʊdɪd] *bn* zonder veel mensen, niet dichtbevolkt
uncrowned [ʌn'kraʊnd] *bn* ongekroond
uncrushable [ʌn'krʌʃəbl] *bn* ❶ kreukvrij, vormvast ❷ niet kapot te krijgen ★ *his spirits were* ~ zijn humeur was niet kapot te krijgen
UNCTAD ['ʌŋktæd] *afk* (United Nations Conference on Trade and Development) Unctad ‹handelsorganisatie van de VN›
unction ['ʌŋkʃən] *znw* zalving ★ RK *Extreme Unction* het laatste oliesel
unctuous ['ʌŋktʃʊəs] afkeurend *bn* zalvend, stichtelijk
uncultivable [ʌn'kʌltɪvəbl] *bn* ❶ onbebouwbaar ‹niet geschikt voor landbouw› ❷ onkweekbaar ‹bacteriën› ❸ niet te beschaven
uncultivated [ʌn'kʌltɪveɪtɪd] *bn* ❶ onbebouwd, onontgonnen ❷ onontwikkeld ‹v.d. geest›

❸ onbeschaafd
uncultured [ʌn'kʌltʃəd] *bn* onbeschaafd
uncurbed [ʌn'kɜːbd] *bn* ongebreideld, ongetemd
uncured [ʌn'kjʊəd] *bn* ❶ niet genezen ❷ niet geconserveerd ‹door zouten, roken, looien &›
uncurl [ʌn'kɜːl] **I** *overg* ontrollen, recht maken, ontkrullen **II** *onoverg* (zich) ontrollen, recht worden
uncut [ʌn'kʌt] *bn* ❶ ongesneden, ongeknipt, onaangesneden ❷ ongekuist, ongecensureerd ❸ onbehouwen ❹ ongeslepen ‹glas›
undamaged [ʌn'dæmɪdʒd] *bn* intact, in goede staat, ongeschonden ‹ook fig›
undated [ʌn'deɪtɪd] *bn* niet gedateerd
undaunted [ʌn'dɔːntɪd] *bn* onversaagd, onverschrokken, niet afgeschrikt (door *by*)
undead [ʌn'ded] sci-fi **I** *bn* ondood **II** *znw* ondode
undeceive [ʌndɪ'siːv] *overg* de ogen openen, beter inlichten
undecided [ʌndɪ'saɪdɪd] *bn* ❶ onbeslist ❷ besluiteloos, weifelend ★ *they are* ~ *about whether they should buy the car* ze zijn er niet uit of ze de auto zouden kopen of niet
undecipherable [ʌndɪ'saɪfərəbl] *bn* niet te ontcijferen
undeclared [ʌndɪ'kleəd] *bn* ❶ niet bekend gemaakt, geheim gehouden ❷ niet aangegeven ‹bij douane›
undeclinable [ʌndɪ'klaɪnəbl] gramm *bn* onverbuigbaar
undeclined [ʌndɪ'klaɪnd] gramm *bn* onverbogen
undecorated [ʌn'dekəreɪtɪd] *bn* onversierd
undefeated [ʌndɪ'fiːtɪd] *bn* ongeslagen, niet verslagen
undefended [ʌndɪ'fendɪd] *bn* onverdedigd, onbeschermd
undefiled [ʌndɪ'faɪld] dicht *bn* onbesmet, onbevlekt
undefinable [ʌndɪ'faɪnəbl] *bn* niet (nader) te definiëren, ondefinieerbaar, onomschrijfbaar
undefined [ʌndɪ'faɪnd] *bn* onbepaald, onbestemd
undeliverable [ʌndɪ'lɪvərəbl] post *bn* onbestelbaar
undelivered [ʌndɪ'lɪvəd] *bn* niet bezorgd ‹brieven &›
undemanding [ʌndɪ'mɑːndɪŋ] *bn* bescheiden
undemocratic [ʌndemə'krætɪk] *bn* ondemocratisch
undemonstrative [ʌndɪ'mɒnstrətɪv] *bn* gereserveerd, gesloten, terughoudend
undeniable [ʌndɪ'naɪəbl] *bn* niet te ontkennen, ontegenzeglijk, onmiskenbaar
undenominational [ʌndɪnɒmɪ'neɪʃənl] *bn* openbaar, niet confessioneel ‹v. scholen &›
under ['ʌndə] **I** *voorz* ❶ onder ★ *she found it* ~ *the carpet* ze vond het onder het tapijt ★ *he's* ~ *her influence / spell* hij staat onder haar invloed ❷ minder dan, beneden ★ ~ *or over?* iets meer of iets minder? ‹vraag in winkel› ★ *she's* ~ *her usual weight* ze zit onder haar normale gewicht ★ *they have three children* ~ *five years of age* ze hebben drie kinderen onder de vijf ❸ in de rubriek ★ *you'll probably find him* ~ *Specialists* hij staat waarschijnlijk onder de rubriek Specialisten ❹ in (een toestand van) ★ ~ *consideration* in beraad ★ ~ *construction* in aanbouw ★ *be* ~ *the impression / belief* in de

un

veronderstelling zijn ❺ tijdens ★ ~ *George the Fifth* tijdens koning George de Vijfde ❻ volgens, krachtens, in het kader van ★ ~ *the terms of the agreements* volgens de bepalingen van de overeenkomst ★ *he's* ~ *doctor's orders to lose weight* hij moet afvallen van de dokter ❼ bebouwd met ★ ~ *wheat* bebouwd / ingezaaid met tarwe II *bijw* ❶ (er) onder, onderaan, beneden ★ *see* ~ *for more information* zie hier beneden voor meer informatie ★ *the wave came over her and she went* ~ de golf kwam over haar heen en ze ging kopje onder ★ inf *the business went* ~ de zaak ging failliet ★ *down* ~ aan de andere kant van de wereld ‹Australië & Nieuw-Zeeland› ❷ in bedwang / controle ★ *it took three policemen to get the man* ~ er waren drie agenten voor nodig om de man in bedwang te krijgen ❸ bewusteloos ★ *she's been* ~ *for two hours now* ze is nu al twee uur onder narcose

under- ['ʌndə] *voorv* onder-
underachieve [ʌndərə'tʃi:v] *onoverg* onvoldoende presteren, tot meer in staat zijn, beter kunnen
underact [ʌndər'ækt] *onoverg* ❶ ingehouden spelen ‹toneel› ❷ zwak spelen
under-age [ʌndər'eɪdʒ], **underage** *bn* jong, minderjarig
underarm ['ʌndərɑ:m] sp *bn & bijw* onderhands ‹serveren &›
underbelly ['ʌndəbelɪ] *znw* ❶ buik ‹van een dier› ❷ fig zwakke plek
underbid [ʌndə'bɪd] I *overg* minder bieden dan, een lager bod doen dan II *onoverg* te weinig bieden
underbidder [ʌndə'bɪdə] *znw* op één na hoogste bieder
underbite ['ʌndəbaɪt] *znw* onderbeet ‹ondertanden verder naar voren dan de boventanden›
underbrush ['ʌndəbrʌʃ] *znw* kreupelhout, ondergroei
undercapitalization [ʌndəkæpɪtəlaɪ'zeɪʃən], **undercapitalisation** *znw* onderkapitalisatie
undercapitalize [ʌndə'kæpɪtəlaɪz], **undercapitalise** *onoverg* onderkapitaliseren
undercarriage ['ʌndəkærɪdʒ] *znw* ❶ onderstel, chassis ‹wagen› ❷ landingsgestel ‹vliegtuig›
undercharge [ʌndə'tʃɑ:dʒ] *onoverg* te weinig berekenen
underclass ['ʌndəklɑ:s] *znw* laagste klasse ‹sociaal en economisch›
underclothes ['ʌndəkləʊðz] *znw* [mv], **underclothing** *znw* onderkleren, onderkleding
undercoat ['ʌndəkəʊt] I *znw* ❶ grondverflaag, onderlaag ❷ Am roestwerend middel ❸ onderhaar ‹in dierenvacht› II *overg* in de grondverf zetten
underconsumption ['ʌndəkənsʌmpʃən] *znw* onderconsumptie
undercook [ʌndə'kʊk] *overg* onvoldoende gaar laten worden
undercooked [ʌndə'kʊkt] *bn* ❶ niet helemaal gaar, niet doorbakken ❷ onvoldoende gekookt
undercooled [ʌndə'kʊld] *bn* onderkoeld ‹vloeistoffen›

undercount [ʌndə'kaʊnt] I *znw* te lage telling ‹bij een volkstelling› II *overg* niet alles meetellen
undercover [ʌndə'kʌvə] *bn* geheim, heimelijk, verborgen ★ *an* ~ *agent* een spion
undercurrent ['ʌndəkʌrənt], **underflow** *znw* onderstroom
undercut I *znw* ['ʌndəkʌt] filet ‹v. vlees› II *overg* [ʌndə'kʌt] [undercut, undercut] ❶ goedkoper zijn dan, minder geld vragen dan ❷ ondergraven
underdeveloped [ʌndədɪ'veləpt] *bn* onderontwikkeld, achtergebleven ‹gebieden›
underdo [ʌndə'du:] *overg* ❶ te kort / niet gaar koken ❷ niet voldoende doen, niet lang genoeg doen
underdog ['ʌndədɒg] *znw* underdog, gedoodverfde verliezer, verdrukte
underdone [ʌndə'dʌn] *bn* niet (zo) gaar
underdress [ʌndə'dres] *overg & onoverg* (zich) te eenvoudig kleden
undereducated [ʌndə'edjʊkeɪtɪd] *bn* slecht opgeleid
underemployed [ʌndərɪm'plɔɪd] *bn* ❶ zonder een volledige baan ❷ met een baan die onder het niveau ligt
underemployment [ʌndərɪm'plɔɪmənt] *znw* onvolledige werkgelegenheid
underestimate I *znw* [ʌndər'estɪmət] onderschatting, te lage schatting II *overg* [ʌndər'estɪmeɪt] onderschatten, te laag aanslaan
underexpose [ʌndərɪk'spəʊz] *overg* onderbelichten ‹m.b.t. foto's›
underexposed [ʌndərɪk'spəʊzd] fotogr *bn* onderbelicht
underexposure [ʌndərɪk'spəʊʒə] fotogr *znw* onderbelichting
underfed [ʌndə'fed] *bn* ondervoed
underfeed [ʌndə'fi:d] *overg* te weinig eten geven
underfloor ['ʌndəflɔ:] *bn* onder de vloer ★ ~ *heating* vloerverwarming
underflow ['ʌndəfləʊ] *znw* → **undercurrent**
underfoot [ʌndə'fʊt] *bn & bijw* onder de voet(en) ★ *many were trampled* ~ veel mensen werden onder de voet gelopen ★ *conditions* ~ *may be wet* het zou nat kunnen zijn aan de voeten
underfunded [ʌndə'fʌndɪd] *bn* ★ *be* ~ over onvoldoende fondsen beschikken ★ *schools are chronically* ~ scholen kampen voortdurend met geldtekort
undergarment ['ʌndəgɑ:mənt] *znw* stuk ondergoed
underglaze ['ʌndəgleɪz] I *bn* onder de glazuur II *znw* onderglazuur
undergo [ʌndə'gəʊ] *overg* [underwent, undergone] ondergaan, lijden
undergraduate [ʌndə'grædʒʊət], inf **undergrad** I *bn* studenten- ▼ *an* ~ *degree* een eerste academische graad ‹gewoonlijk een Bachelorsgraad› II *znw* eerstefasestudent
underground I *bn* ['ʌndəgraʊnd] ❶ onderaards, ondergronds ❷ fig onderhands, geheim ‹intriges &› II *bijw* [ʌndə'graʊnd] onder de aarde, onder de

un

grond ★ *go* ~ ondergronds gaan werken ‹v. organisatie›, onderduiken **III** *znw* ['ʌndəgraʊnd] ★ *the* ~ de metro, de ondergrondse (beweging), de underground ‹jongerenbeweging tegen de traditionele stijl van de bestaande maatschappij› **IV** *overg* ['ʌndəgraʊnd] onder de grond leggen ‹buizen, kabels &›

underground walkway ['ʌndəgraʊnd 'wɔ:kweɪ] <u>Am</u> *znw* ondergrondse passage

undergrown [ʌndə'grəʊn, 'ʌndəgrəʊn] *bn* niet volgroeid

undergrowth ['ʌndəgrəʊθ] *znw* struikgewas, kreupelhout, ondergroei

underhand [ʌndə'hænd] *bn* ❶ → **underhanded** ❷ → <u>sp</u> **underarm**

underhanded [ʌndə'hændɪd] *bn* ❶ onderbezet, met te weinig personeel ❷ **underhand** clandestien, onderhands ‹intriges›, slinks, achterbaks

underinsurance [ʌndərɪn'ʃʊərəns] *znw* onderverzekering

underinsure [ʌndərɪn'ʃʊə] *overg* onderverzekeren

underlay I *znw* ['ʌndəleɪ] onderlegger **II** *ww* [ʌndə'leɪ] [v.t.] → **underlie**

underlease ['ʌndəli:s] *overg* onderverpachten, onderverhuren

underlet [ʌndə'let] *overg* ❶ onderverhuren ❷ onder de waarde verhuren

underlie [ʌndə'laɪ] *overg* [underlay, underlain] ten grondslag liggen aan

underline [ʌndə'laɪn] *overg* onderstrepen, <u>fig</u> ook benadrukken, aandikken ★ *this* ~*s the fact that the situation is serious* dit onderstreept nog eens het feit dat de situatie ernstig is

underlinen ['ʌndəlɪnɪn] *znw* ondergoed

underling ['ʌndəlɪŋ] <u>vooral afkeurend</u> *znw* ❶ ondergeschikte ❷ (min) sujet ❸ handlanger

underlying [ʌndə'laɪŋ] *bn* onderliggend ★ *the* ~ *value* de onderliggende waarde ‹effecten› ★ *the* ~ *cause* de grondoorzaak

undermanned [ʌndə'mænd] *bn* onvoldoende bemand, met te weinig personeel, onderbezet

undermentioned [ʌndə'menʃənd] <u>form</u> *bn* onderstaand, hieropvolgend

undermine [ʌndə'maɪn] *overg* ondermijnen

undermost ['ʌndəməʊst] *bn & bijw* (aller)onderste, laagste

underneath [ʌndə'ni:θ] **I** *voorz* onder, beneden **II** *bijw* hieronder, beneden, van onderen **III** *znw* onderkant

undernourished [ʌndə'nʌrɪʃt] *bn* ondervoed

undernourishment [ʌndə'nʌrɪʃmənt] *znw* ondervoeding

underpaid [ʌndə'peɪd] *bn* onderbetaald

underpants ['ʌndəpænts] *znw* [mv] onderbroek

underpass ['ʌndəpɑ:s] *znw* tunnel ‹voor verkeer›, onderdoorgang

underpay [ʌndə'peɪ] *overg* [underpaid, underpaid] onderbetalen

underpayment [ʌndə'peɪmənt] *znw* onderbetaling

underpin [ʌndə'pɪn] *overg* ❶ (onder)stutten ❷ <u>fig</u> (onder)steunen

underpinning [ʌndə'pɪnɪŋ] *znw* ❶ fundering ❷ <u>fig</u> ondersteuning

underplay [ʌndə'pleɪ] *overg* ❶ bagatelliseren, als onbelangrijk voorstellen ❷ <u>theat</u> ingehouden acteren

underplot ['ʌndəplɒt] *znw* nevenintrige ‹in toneelstuk &›

underpopulated [ʌndə'pɒpjʊ'leɪtɪd] *bn* onderbevolkt

underprivileged [ʌndə'prɪvəlɪdʒd] *bn* sociaal zwak, kansarm

underproduction [ʌndəprə'dʌkʃən] *znw* te geringe productie, onderproductie

underprop [ʌndə'prɒp] *overg* stutten, schragen

underquote [ʌndə'kwəʊt] *overg* ❶ te weinig bieden ❷ minder vragen ‹dan een ander›

underrate [ʌndə'reɪt] *overg* onderschatten

under-represented [ʌndə-reprɪ'zentɪd] *bn* ondervertegenwoordigd

underscore I *znw* ['ʌndəskɔ:] <u>comput</u> lage streep, underscore ‹het teken _› **II** *overg* [ʌndə'skɔ:] onderstrepen

undersea ['ʌndəsi:] *bn* onderzees, onderzee-

under secretary ['ʌndə 'sekrətərɪ], **undersecretary** *znw* ondersecretaris ★ *an* ~ *of state* een onderminister

undersell [ʌndə'sel] *overg* ❶ onder de prijs verkopen ❷ voor minder verkopen dan

underset ['ʌndəset] **I** *znw* onderstroom **II** *overg* [underset, underset] stutten, ondersteunen

undersexed [ʌndə'sekst] *bn* niet erg geïnteresseerd in seks

undershirt ['ʌndəʃɜ:t] <u>Am</u> *znw* (onder)hemd

undershot ['ʌndəʃɒt] *bn* ❶ <u>techn</u> onderslag ‹watermolen› ❷ vooruitstekend ‹kaak›

underside ['ʌndəsaɪd] *znw* onderkant

undersign [ʌndə'saɪn] *overg* (onder)tekenen

undersigned ['ʌndəsaɪnd] *znw* ★ *I / we, the* ~ ik (wij) ondergetekende(n)

undersize [ʌndə'saɪz], **undersized** *bn* ondermaats, te klein

underskirt ['ʌndəskɜ:t] *znw* onderrok, petticoat

underslung [ʌndə'slʌŋ] <u>auto</u> *bn* van onderen aan de assen bevestigd ‹chassis›

understaff [ʌndə'stɑ:f] *overg* onderbezetten

understaffed [ʌndə'stɑ:ft] *bn* met te weinig personeel, onderbezet

understaffing [ʌndə'stɑ:fɪŋ] *znw* onderbezetting ‹m.b.t. personeel›

understand [ʌndə'stænd] **I** *overg* [understood, understood] ❶ verstaan, begrijpen ★ *we* ~ *each other* we begrijpen elkaar ★ *I couldn't* ~ *a word she was saying* ik kon geen woord horen van wat ze zei ★ *I can't make myself* ~ ik kan me niet verstaanbaar maken ★ *(that's) understood!* vanzelfsprekend! ❷ aannemen, (er uit) opmaken, vernemen, horen ★ *they are understood to have resources, it is*

un

understood that they have resources naar men aanneemt beschikken zij over middelen ★ *I understood him to mean today* ik had aangenomen dat hij vandaag bedoelde ★ *what do you ~ by that?* wat verstaat u daaronder? ★ *am I to ~ that...?* moet ik daaruit opmaken dat...? ★ *I was given to ~ that she would be there too* men gaf mij te verstaan dat zij er ook zou zijn ★ *she understood your remark to mean that you disapproved* ze begreep uit jouw opmerking dat je het er niet mee eens was ★ *did I ~ you to say that you don't know either?* heb ik goed begrepen dat u zegt dat u het ook niet weet? ★ *he can't have understood you correctly* hij moet je niet goed gehoord hebben ❸ opvatten ★ *as the term is usually understood* in de gebruikelijke betekenis van het woord ❹ gevoel / verstand voor hebben ★ *Van Gogh understood colour* Van Gogh had gevoel voor kleur ★ *I don't ~ physics* ik heb geen verstand van natuurkunde ❺ begrip hebben voor ★ *I ~ how you feel* ik begrijp hoe je je voelt **II** *onoverg* begrijpen, snappen ★ *she just doesn't ~* ze snapt het gewoon niet **III** *phras* ★ *~ about sth* verstand hebben van iets ★ *what do you ~ about child development?* wat weet u van de ontwikkeling van het kind?
understandable [ʌndə'stændəbl] *bn* begrijpelijk, gemakkelijk verstaanbaar
understandably [ʌndə'stændəblɪ] *bijw* begrijpelijkerwijs
understanding [ʌndə'stændɪŋ] **I** *bn* ❶ verstandig ❷ begripvol **II** *znw* ❶ verstand, begrip, inzicht, kennis ❷ verstandhouding ★ *she and I have an ~* zij en ik hebben een (stilzwijgende) afspraak ❸ afspraak, schikking ★ *on the ~ that...* op voorwaarde dat... ★ *come to an ~ with sbd* tot overeenstemming / een schikking komen met iem. ❹ beoordeling, interpretatie, opvatting ★ *my ~ of the matter is that...* zoals ik de zaak interpreteer is het zo dat... ❺ veronderstelling ★ *I cancelled the tickets on the ~ that you were too sick to attend* ik heb de kaartjes geannuleerd in de veronderstelling dat je te ziek was om erheen te gaan
understandingly [ʌndə'stændɪŋlɪ] *bijw* begripvol
understate [ʌndə'steɪt] *overg* ❶ te laag aan-, opgeven ❷ zich ingehouden of zeer gematigd uitdrukken
understatement [ʌndə'steɪtmənt] *znw* ❶ te lage opgave ❷ zeer gematigde, (nog) beneden de waarheid blijvende bewering, understatement ★ *to say that she's pleased is a bit of / something of an ~* te zeggen dat ze blij was is te zwak uitgedrukt ★ *that must be the ~ of the year* dat moet zo'n beetje het understatement van het jaar zijn
understood [ʌndə'stʊd] **I** *bn* vanzelfsprekend ★ *an ~ thing* iets vanzelfsprekends **II** *ww* [v.t. & v.d.] → **understand**
understudy ['ʌndəstʌdɪ] **I** *znw* doublure ⟨van acteur of actrice⟩ **II** *overg* ❶ ⟨een rol⟩ instuderen om als vervanger van een van de spelers te kunnen optreden / invallen ❷ vervangen ⟨een acteur of

actrice⟩
undertake [ʌndə'teɪk] *overg* [undertook, undertaken] ❶ ondernemen, op zich nemen, zich belasten met ❷ zich verbinden, ervoor instaan, beloven ❸ ⟨een werk⟩ aannemen, onder handen nemen
undertaken [ʌndə'teɪkn] *ww* [v.d.] → **undertake**
undertaker I *znw* ['ʌndəteɪkə] begrafenisondernemer **II** *znw* [ʌndə'teɪkə] iem. die iets onderneemt
undertaking [ʌndə'teɪkɪŋ] *znw* ❶ onderneming ❷ verbintenis ❸ plechtige belofte
undertenant ['ʌndətenənt] *znw* onderpachter, onderhuurder
underthings ['ʌndəθɪŋz] *znw* [mv] ondergoed
undertone ['ʌndətəʊn] *znw* gedempte toon ⟨ook v. kleuren⟩, ondertoon ★ *in an ~* met gedempte stem, zacht
undertook [ʌndə'tʊk] *ww* [v.t.] → **undertake**
undertow ['ʌndətəʊ] *znw* onderstroom
underuse [ʌndə'ju:z] *overg* te weinig gebruiken
underused [ʌndə'ju:zd] *bn* te weinig gebruikt
undervalue [ʌndə'vælju:] *overg* ❶ onderwaarderen ❷ onderschatten
underwater [ʌndə'wɔ:tə] *bn* onderwater-, onder water
underway [ʌndə'weɪ], **under way** *bn & bijw* ❶ onderweg ⟨v. schip⟩ ❷ aan de gang, op streek
underwear ['ʌndəweə] *znw* ondergoed
underweight [ʌndə'weɪt] **I** *bn* ❶ te licht ❷ ondervertegenwoordigd ⟨m.b.t. investeringen in een bep. sector of gebied⟩ **II** *znw* ❶ lichtgewicht, (te) licht persoon ❷ transport onderwicht, manco
underwent [ʌndə'went] *ww* [v.t.] → **undergo**
underwhelmed [ʌndə'welmd] scherts *bn* bepaald niet opgewonden, teleurgesteld
underwood ['ʌndəwʊd] *znw* kreupelhout
underwork [ʌndə'wɜ:k] **I** *overg* te weinig laten werken **II** *onoverg* te weinig werken
underworld ['ʌndəwɜ:ld] *znw* ★ *the ~* de onderwereld
underwrite [ʌndə'raɪt] *overg* ❶ assureren, verzekeren ❷ garanderen ⟨emissie⟩
underwriter ['ʌndəraɪtə] *znw* ❶ assuradeur ❷ garant ⟨v. emissie⟩
underwriting ['ʌndəraɪtɪŋ] *znw* ❶ assurantie(zaken) ❷ garantie ⟨v. emissie⟩
undeserved [ʌndɪ'zɜ:vd] *bn* onverdiend
undesigned [ʌndɪ'zaɪnd] *bn* onopzettelijk
undesignedly [ʌndɪ'zaɪnɪdlɪ] *bijw* onopzettelijk
undesigning [ʌndɪ'zaɪnɪŋ] *bn* argeloos, oprecht
undesirability [ʌndɪzaɪərə'bɪlətɪ] *znw* ongewenstheid
undesirable [ʌndɪ'zaɪərəbl] **I** *bn* ongewenst, niet wenselijk **II** *znw* vaak scherts ongewenst individu
undesired [ʌndɪ'zaɪəd] *bn* ongewenst
undesiring [ʌndɪ'zaɪərɪŋ], **undesirous** *bn* geen wensen koesterend, niet verlangend (naar *of*)
undetected [ʌndɪ'tektɪd] *bn* onontdekt
undetermined [ʌndɪ'tɜ:mɪnd] *bn* ❶ onbeslist, onbepaald ❷ niet besloten, onzeker
undeterred [ʌndɪ'tɜ:d] *bn* onverschrokken
undeveloped [ʌndɪ'veləpt] *bn* ❶ onontwikkeld

un

❷ onontgonnen

undeviating [ʌnˈdiːvɪeɪtɪŋ] *bn* niet afwijkend, onwankelbaar

undid [ʌnˈdɪd] *ww* [v.t.] → **undo**

undies [ˈʌndɪz] *inf znw* [mv] (dames)ondergoed

undifferentiated [ʌndɪfəˈrenʃɪeɪtɪd] *bn* ongedifferentieerd, homogeen

undig [ʌnˈdɪg] *overg* ❶ opgraven ❷ openen ‹v. graf›

undigested [ʌndɪˈdʒestɪd] *bn* ❶ onverteerd ❷ fig onverwerkt ‹v. het geleerde›

undignified [ʌnˈdɪgnɪfaɪd] *bn* niet in overeenstemming met zijn waardigheid, onwaardig ‹v. vertoning›

undiluted [ʌndaɪˈljuːtɪd] *bn* ❶ onverdund ❷ fig onvervalst, zuiver, puur

undiminished [ʌndɪˈmɪnɪʃt] *bn* onverminderd

undiplomatic [ʌndɪpləˈmætɪk] *bn* ondiplomatiek, ontactisch, ongevoelig

undiscernible [ʌndɪˈsɜːnɪbl] *bn* onmerkbaar

undiscerning [ʌndɪˈsɜːnɪŋ] *bn* niet scherp onderscheidend, scherpziend, kortzichtig

undischarged [ʌndɪsˈtʃɑːdʒd] *bn* ❶ niet afgedaan, onbetaald ‹schuld› ❷ handel niet gerehabiliteerd ❸ mil niet afgeschoten ‹vuurwapen›

undisciplined [ʌnˈdɪsəplɪnd] *bn* ongedisciplineerd, tuchteloos

undisclosed [ʌndɪsˈkləʊzd] *bn* verborgen, geheim (gehouden), onbekend (gebleven)

undiscovered [ʌndɪsˈkʌvəd] *bn* onontdekt

undisguised [ʌndɪsˈgaɪzd] *bn* onverbloemd, onverholen

undismayed [ʌndɪsˈmeɪd] *bn* onverschrokken

undisputed [ʌndɪˈspjuːtɪd] *bn* onbetwist

undissolved [ʌndɪˈzɒlvd] *bn* niet opgelost, onopgelost, niet ontbonden

undistinguished [ʌndɪˈstɪŋgwɪʃt] *bn* zich niet onderscheiden hebbend, onbekend, gewoon(tjes)

undisturbed [ʌndɪˈstɜːbd] *bn* ongestoord, onverstoord ★ *the house has been left ~ for 400 years* dit huis ziet er nog exact hetzelfde uit als 400 jaar geleden

undivided [ʌndɪˈvaɪdɪd] *bn* onverdeeld ★ *give sbd one's ~ attention* iem. zijn algehele aandacht geven

undivulged [ʌndaɪˈvʌldʒd] *bn* geheim gehouden

undo [ʌnˈduː] *overg* [undid, undone] ❶ losmaken, losbinden, losrijgen, -knopen, -tornen & ❷ openmaken ‹een pakje› ❸ ongedaan maken, ongeldig maken, tenietdoen ❹ te gronde richten, in het verderf storten, vernietigen ‹hoop &›

undocumented [ʌnˈdɒkjʊməntɪd] *bn* ongedocumenteerd

undoing [ʌnˈduːɪŋ] *znw* verderf, ongeluk, ondergang ‹van een persoon› ★ *her diary proved to be her ~* haar dagboek bleek haar ondergang te worden

undone [ʌnˈdʌn] **I** *bn* ❶ ongedaan ❷ losgeraakt ❸ verwaarloosd ❹ te gronde gericht, vernietigd **II** *ww* [v.d.] → **undo**

undoubtably [ʌnˈdaʊtəblɪ] *bijw* zonder twijfel

undoubted [ʌnˈdaʊtɪd] *bn* ❶ ongetwijfeld

❷ on(be)twijfelbaar

undoubtedly [ʌnˈdaʊtɪdlɪ] *bijw* ongetwijfeld

undrained [ʌnˈdreɪnd] *bn* niet gedraineerd

undraped [ʌnˈdreɪpt] *bn* onbekleed, naakt

undrawn [ʌnˈdrɔːn] *bn* ❶ niet getekend ❷ niet getapt ‹van bier› ❸ niet dichtgedaan ‹gordijnen› ❹ niet opgenomen ‹geld›

undreamed of [ʌnˈdriːmd, ʌnˈdrempt əv], **undreamt of** *bn* ★ *~ wealth* onverwachte rijkdom

undress [ʌnˈdres] **I** *znw* mil klein tenue ▼ scherts of form *in a state of ~* half aangekleed, in zijn ondergoed **II** *overg* ont-, uitkleden **III** *onoverg* zich ont-, uitkleden

undressed [ʌnˈdrest] *bn* ❶ ongekleed, uitgekleed ❷ niet behandeld (verbonden) ‹wond› ❸ onbereid, onaangemaakt ‹van sla &› ❹ niet geplukt ‹gevogelte› ❺ onbehouwen ‹v. steen›

undrinkable [ʌnˈdrɪŋkəbl] *bn* ondrinkbaar

undue [ʌnˈdjuː] *bn* ❶ onredelijk, onbehoorlijk, ongepast ❷ bovenmatig, overdreven

undue influence [ʌnˈdjuː ˈɪnflʊəns] *jur znw* bovenmatige invloed, buitensporige invloed

undulate [ˈʌndjəleɪt] *onoverg & overg* (doen) golven

undulating [ˈʌndjəleɪtɪŋ] *bn* golvend

undulation [ʌndjʊˈleɪʃən] *znw* golving, golfbeweging

undulatory [ˈʌndjʊlətərɪ] *bn* golvend, golf-

unduly [ʌnˈdjuːlɪ] *bijw* onredelijk, onbehoorlijk, meer dan nodig was, al te (veel)

undutiful [ʌnˈdjuːtɪfl] *bn* respectloos, ongehoorzaam

undyed [ʌnˈdaɪd] *bn* ongeverfd ‹textiel, haar, &›

undying [ʌnˈdaɪɪŋ] dicht *bn* onsterfelijk, onvergankelijk, eeuwig

unearned [ʌnˈɜːnd] *bn* ❶ onverdiend ❷ arbeidsloos ‹v. inkomen› ❸ toevallig ‹v. waardevermeerdering›

unearned income [ʌnˈɜːnd ˈɪnkʌm] *znw* inkomen uit vermogen

unearth [ʌnˈɜːθ] *overg* ❶ opgraven ❷ rooien ❸ aan het licht brengen, opdiepen

unearthly [ʌnˈɜːθlɪ] *bn* ❶ niet aards, bovenaards, spookachtig ❷ eng, angstaanjagend ❸ inf onmogelijk ★ *at an ~ hour* op een onmogelijk (vroeg) uur

uneasiness [ʌnˈiːzɪnəs], **unease** *znw* ❶ onbehaaglijkheid ❷ gedwongenheid, gegeneerdheid ❸ ongerustheid, onrust, bezorgdheid, angst (over *about, as to, over*) ★ *a sense / feeling of ~* een gevoel van onrust

uneasy [ʌnˈiːzɪ] *bn* ❶ onbehaaglijk, niet op zijn gemak, gedwongen, gegeneerd ❷ ongerust, bezorgd (over *about*), onrustig

uneatable [ʌnˈiːtəbl] *bn* oneetbaar

uneaten [ʌnˈiːtn] *bn* (nog) niet opgegeten, ongegeten

uneconomic [ʌniːkəˈnɒmɪk], **uneconomical** *bn* oneconomisch, onvoordelig, niet zuinig

unedifying [ʌnˈedɪfaɪɪŋ] *bn* onstichtelijk

unedited [ʌnˈedɪtɪd] *bn* niet geredigeerd

uneducated [ʌnˈedjʊkeɪtɪd] *bn* onontwikkeld, onbeschaafd

un

unembarrassed [ʌnɪmˈbærəst] *bn* ongedwongen, vrijmoedig

unemotional [ʌnɪˈməʊʃənl] *bn* onaandoenlijk, kalm, niet emotioneel

unemphatic [ʌnɪmˈfætɪk] *bn* zonder nadruk

unemployable [ʌnɪmˈplɔɪəbl] *bn* ongeschikt als arbeidskracht, niet inzetbaar

unemployed [ʌnɪmˈplɔɪd] **I** *bn* ❶ ongebruikt ❷ werkloos, zonder werk **II** *znw* ★ *the* ~ de werklozen

unemployment [ʌnɪmˈplɔɪmənt] *znw* werkloosheid ★ econ *cyclical* ~ conjunctuurwerkloosheid ★ econ *seasonal* ~ seizoenwerkloosheid ★ *a fall / drop in* ~ een vermindering van de werkloosheid

unemployment benefit [ʌnɪmˈplɔɪmənt ˈbenɪfɪt], **unemployment benefits** *znw* werkloosheidsuitkering

unemployment insurance [ʌnɪmˈplɔɪmənt ɪnˈʃʊərəns] *znw* werkloosheidsverzekering

unencumbered [ʌnɪnˈkʌmbəd] *bn* onbelast, onbezwaard ‹v. eigendom›

unending [ʌnˈendɪŋ] *bn* eindeloos

unendurable [ʌnɪnˈdjʊərəbl] *bn* ondraaglijk

unengaged [ʌnɪnˈɡeɪdʒd] *bn* niet bezet, vrij, niet gebonden

unenlightened [ʌnɪnˈlaɪtnd] *bn* ongeïnformeerd, niet verlicht ‹geestelijk›

unenterprising [ʌnˈentəpraɪzɪŋ] *bn* niet ondernemend, zonder initiatief

unenviable [ʌnˈenvɪəbl] *bn* niet te benijden, ellendig

unequal [ʌnˈiːkwəl] *bn* ❶ ongelijk ❷ ongelijkmatig, oneven ▼ *be* ~ *to the task* niet opgewassen zijn tegen / niet berekend zijn voor de taak

unequalled [ʌnˈiːkwəld], Am **unequaled** *bn* ongeëvenaard

unequally [ʌnˈiːkwəlɪ] *bijw* ongelijk, oneven

unequals [ʌnˈiːkwəlz] *znw* [mv] personen / dingen van ongelijke stand / aard

unequivocal [ʌnɪˈkwɪvəkl] *bn* ondubbelzinnig, duidelijk

unerring [ʌnˈɜːrɪŋ] *bn* nooit falend, nooit missend, onfeilbaar ★ scherts *an* ~ *talent for missing the train* een feilloos talent om de trein te missen

unescapable [ʌnɪˈskeɪpəbl] *bn* onontkoombaar, onvermijdelijk

UNESCO [juːˈneskəʊ], **Unesco** *afk* (United Nations Educational, Scientific and Cultural Organization) Unesco ‹organisatie van de VN voor onderwijs, wetenschap en cultuur›

unessential [ʌnɪˈsenʃəl] *bn & znw* → **inessential**

unethical [ʌnˈeθɪkəl] *bn* niet ethisch, immoreel

uneven [ʌnˈiːvən] *bn* ❶ oneven ‹getal› ❷ ongelijk, oneffen, ongelijkmatig

uneventful [ʌnɪˈventfʊl] *bn* arm aan gebeurtenissen, kalm (verlopend), rustig

unexampled [ʌnɪɡˈzɑːmpld] form *bn* weergaloos, ongeëvenaard

unexceptionable [ʌnɪkˈsepʃənəbl] *bn* waar niets tegen

in te brengen valt, onaanvechtbaar, onberispelijk

unexceptional [ʌnɪkˈsepʃənl] *bn* gewoon, normaal

unexciting [ʌnɪkˈsaɪtɪŋ] *bn* saai, oninteressant

unexecuted [ʌnˈeksɪkjuːtɪd] *bn* onuitgevoerd

unexpected [ʌnɪkˈspektɪd] *bn* onverwacht, onvoorzien

unexpectedly [ʌnɪkˈspektɪdlɪ] *bijw* onverwachts

unexplained [ʌnɪkˈspleɪnd] *bn* onverklaard

unexploded [ʌnɪkˈspləʊdɪd] *bn* onontploft

unexploited [ʌnɪksˈplɔɪtɪd] *bn* onontgonnen ‹gasreserves &›

unexplored [ʌnɪkˈsplɔːd] *bn* onverkend

unexposed [ʌnɪkˈspəʊzd] *bn* ❶ niet blootgesteld ❷ niet belicht ‹film› ❸ niet openbaar gemaakt

unexpressed [ʌnɪkˈsprest] *bn* onuitgedrukt, onuitgesproken

unexpurgated [ʌnˈekspɜːɡeɪtɪd] *bn* ongecensureerd, ongekuist ‹uitgave›

unfading [ʌnˈfeɪdɪŋ] *bn* ❶ blijvend, vast ‹kleuren› ❷ dicht eeuwig, onvergankelijk ‹liefde &›

unfailing [ʌnˈfeɪlɪŋ] *bn* ❶ nooit falend, onfeilbaar, zeker ❷ onuitputtelijk, eindeloos

unfair [ʌnˈfeə] *bn* onbillijk, oneerlijk

unfaithful [ʌnˈfeɪθfʊl] *bn* ontrouw, trouweloos, overspelig ★ *be* ~ *to sbd* iem. bedriegen ‹v. echtgenoten›

unfaltering [ʌnˈfɔːltərɪŋ] *bn* onwankelbaar, zonder haperen / weifelen

unfamiliar [ʌnfəˈmɪljə] *bn* ❶ onbekend, vreemd ❷ niet vertrouwd / bekend (met *with*)

unfamiliarity [ʌnfəmɪlɪˈærətɪ] *znw* ❶ ongewoonheid ❷ onbekendheid

unfashionable [ʌnˈfæʃənəbl] *bn* niet in / naar de mode, ouderwets, niet chic, uit de tijd

unfashioned [ʌnˈfæʃənd] dicht *bn* vormeloos, ongefatsoeneerd

unfasten [ʌnˈfɑːsən] *overg* losmaken, openmaken

unfathomable [ʌnˈfæðəməbl] *bn* onpeilbaar, grondeloos, ondoorgrondelijk

unfathomed [ʌnˈfæðəmd] *bn* ❶ ongepeild, ondoorgrond ❷ van onbekende diepte ‹water›

unfavourable [ʌnˈfeɪvərəbl], Am **unfavorable** *bn* ongunstig

unfazed [ʌnˈfeɪzd] *bn* niet verontrust

unfeasible [ʌnˈfiːzəbl], Am **infeasible** *bn* onhaalbaar, onuitvoerbaar, ondoenlijk

unfeeling [ʌnˈfiːlɪŋ] *bn* ongevoelig, gevoelloos, wreed, hard(vochtig)

unfeigned [ʌnˈfeɪnd] *bn* ongeveinsd, oprecht

unfeminine [ʌnˈfemɪnɪn] *bn* onvrouwelijk

unfetter [ʌnˈfetə] dicht *overg* ontketenen, bevrijden

unfettered [ʌnˈfetəd] dicht *bn* onbelemmerd, vrij

unfilled [ʌnˈfɪld] *bn* ongevuld, leeg

unfinished [ʌnˈfɪnɪʃt] *bn* onafgemaakt, onafgewerkt, onvoltooid ★ *she still has some* ~ *business with him* ze heeft nog iets met hem te vereffenen

unfit [ʌnˈfɪt] *bn* ❶ ongeschikt, onbekwaam, ongepast (voor *for*) ❷ niet gezond

unfitted [ʌnˈfɪtɪd] *bn* ❶ ongeschikt ❷ niet

un

aangebracht, niet ingericht

unfitting [ʌnˈfɪtɪŋ] *bn* ❶ niet (bij elkaar) passend ❷ onbetamelijk, ongepast, niet geschikt

unfix [ʌnˈfɪks] *overg* losmaken

unfixed [ʌnˈfɪkst] *bn* niet vastgemaakt ★ ~ *notions* vage ideeën

unflagging [ʌnˈflægɪŋ] *bn* onverslapt, onverflauwd ★ ~ *zeal* onverdroten ijver

unflappable [ʌnˈflæpəbl] *inf bn* onverstoorbaar

unflattering [ʌnˈflæterɪŋ] *bn* weinig vleiend, allesbehalve vleiend, ongeflatteerd

unflavoured [ʌnˈfleɪvəd], Am **unflavored** *bn* zonder extra smaakstof

unfledged [ʌnˈfledʒd] *bn* groen, onervaren

unflinching [ʌnˈflɪntʃɪŋ] *bn* onwankelbaar, onwrikbaar, onversaagd

unfold [ʌnˈfəʊld] **I** *overg* ❶ ontvouwen, ontplooien, uitspreiden, openvouwen, openen ❷ onthullen, openbaren **II** *onoverg* zich ontplooien, zich uitspreiden, opengaan

unforced [ʌnˈfɔːst] *bn* ❶ ongedwongen ❷ niet gedwongen, zonder dwang

unfordable [ʌnˈfɔːdəbl] *bn* ondoorwaadbaar

unforeseeable [ʌnfɔːˈsiːəbl] *bn* onvoorspelbaar

unforeseen [ʌnfɔːˈsiːn] *bn* onvoorzien

unforetold [ʌnfɔːˈtəʊld] *dicht bn* niet voorspeld

unforgettable [ʌnfəˈgetəbl] *bn* onvergetelijk

unforgivable [ʌnfəˈgɪvəbl] *bn* onvergeeflijk

unforgiving [ʌnfəˈgɪvɪŋ] *bn* niets vergevend, onverzoenlijk

unformed [ʌnˈfɔːmd] *bn* ❶ nog ongevormd, onontwikkeld ❷ vaag, vormeloos

unformulated [ʌnˈfɔːmjʊleɪtɪd] *bn* niet geformuleerd, ongeschreven

unfortunate [ʌnˈfɔːtʃənət] **I** *bn* ❶ ongelukkig, niet gelukkig ❷ zonder succes **II** *znw* form of scherts ongelukkige

unfortunately [ʌnˈfɔːtʃənətlɪ] *bijw* ongelukkigerwijze, helaas, jammer (genoeg), ongelukkig

unfounded [ʌnˈfaʊndɪd] *bn* ongegrond

unfree [ʌnˈfriː] *bn* onvrij

unfreeze [ʌnˈfriːz] *overg* ❶ ontdooien ❷ handel deblokkeren ★ ~ *wages* de loonstop opheffen

unfrequented [ʌnfrɪˈkwentɪd] *bn* ❶ niet / zelden bezocht ❷ eenzaam

unfrequently [ʌnˈfriːkwəntlɪ] *bijw* zelden ★ *not* ~ nog al eens

unfriendly [ʌnˈfrendlɪ] *bn* onvriendschappelijk, onvriendelijk, onaardig (voor *to*)

unfrock [ʌnˈfrɒk] *overg* uit het ambt ontzetten ⟨vooral priester / dominee⟩

unfrozen [ʌnˈfrəʊzn] *bn* onbevroren, ontdooid

unfruitful [ʌnˈfruːtfʊl] *bn* ❶ onvruchtbaar ❷ fig niets opleverend, niet winstgevend

unfulfilled [ʌnfʊlˈfɪld] *bn* niet ingelost ⟨belofte⟩, onvervuld ⟨verlangen⟩, niet gerealiseerd ⟨verwachtingen / ambities⟩

unfunny [ʌnˈfʌnɪ] *bn* flauw, zouteloos ⟨grap,

opmerking⟩

unfurl [ʌnˈfɜːl] **I** *overg* uitspreiden, ontplooien, ontrollen **II** *onoverg* zich ontplooien

unfurnished [ʌnˈfɜːnɪʃt] *bn* ongemeubileerd

ungainly [ʌnˈgeɪnlɪ] *bn* onbevallig, lomp

ungear [ʌnˈgɪə] techn *overg* af-, ontkoppelen

ungenerous [ʌnˈdʒenərəs] *bn* onedelmoedig, zelfzuchtig, niet royaal

ungenial [ʌnˈdʒiːnɪəl] dicht *bn* ❶ onvriendelijk, onaangenaam ❷ guur ⟨v. weer⟩

ungentle [ʌnˈdʒentl] *bn* niet zachtaardig, ruw

ungentlemanly [ʌnˈdʒentlmənlɪ] *bn* onsportief ⟨niet zoals het een gentleman betaamt⟩

unget-at-able [ʌnget-ˈæt-əbl] *inf bn* niet te bereiken

ungird [ʌnˈgɜːd] dicht *overg* losgorden

ungiving [ʌnˈgɪvɪŋ] *bn* niet meegevend

unglazed [ʌnˈgleɪzd] *bn* ongeglazuurd

ungloved [ʌnˈglʌvd] *bn* zonder handschoen(en) aan

unglue [ʌnˈgluː] *overg* losmaken, -weken

unglued [ʌnˈgluːd] *bn* niet (meer) vastgelijmd ★ inf *my plans were coming* ~ mijn plannen gingen de mist in

ungodly [ʌnˈgɒdlɪ] *bn* ❶ goddeloos, zondig, verdorven ❷ inf onmenselijk, ergerlijk

ungovernable [ʌnˈgʌvənəbl] *bn* niet te regeren, onbestuurbaar, ontembaar, tomeloos, wild

ungraceful [ʌnˈgreɪsfʊl] *bn* ongracieus, onbevallig, onsierlijk, plomp, lomp

ungracious [ʌnˈgreɪʃəs] *bn* ❶ onheus, onvriendelijk ❷ onaangenaam

ungrammatical [ʌngrəˈmætɪkl] *bn* ongrammaticaal, ontaalkundig

ungrateful [ʌnˈgreɪtfʊl] *bn* ❶ ondankbaar ⟨ook v. zaken⟩ ❷ onaangenaam ⟨v. zaken⟩

ungratified [ʌnˈgrætɪfaɪd] *bn* onbevredigd

ungrounded [ʌnˈgraʊndɪd] *bn* ongegrond

ungrudging [ʌnˈgrʌdʒɪŋ] *bn* van harte komend, gaarne gegund, royaal

ungrudgingly [ʌnˈgrʌdʒɪŋlɪ] *bn* gul ★ *he gave it* ~ hij gaf het zonder mopperen

ungual [ˈʌŋgwəl] *bn* nagel-, klauw-

unguarded [ʌnˈgɑːdɪd] *bn* ❶ onbewaakt ❷ onvoorzichtig

unguent [ˈʌŋgwənt] *znw* zalf, smeersel

unguided [ʌnˈgaɪdɪd] *bn* zonder gids / geleide

ungulate [ˈʌŋgjʊlət] **I** *bn* hoef- **II** *znw* hoefdier

unhallowed [ʌnˈhæləʊd] *bn* ❶ ongewijd ❷ goddeloos

unhampered [ʌnˈhæmpəd] *bn* onbelemmerd, ongehinderd

unhand [ʌnˈhænd] scherts *overg* loslaten

unhandled [ʌnˈhændld] *bn* ❶ niet behandeld ❷ onaangeraakt

unhandy [ʌnˈhændɪ] *inf bn* onhandig

unhappy [ʌnˈhæpɪ] *bn* ongelukkig, verdrietig, ontevreden

unharmed [ʌnˈhɑːmd] *bn* onbeschadigd, ongekwetst, ongedeerd

unharmonious [ʌnhɑːˈməʊnjəs] *bn* onwelluidend, niet harmonisch

un

unharness [ʌn'hɑ:nɪs] *overg* aftuigen, uitspannen ‹een paard›

unhatched [ʌn'hætʃt] *bn* onuitgebroed

UNHCR *afk* (United Nations High Commission for Refugees) Hoge Commissariaat voor de vluchtelingen van de VN

unhealthy [ʌn'helθɪ] *bn* ❶ ongezond ❷ inf link, niet pluis

unheard [ʌn'hɜ:d] *bn* ❶ niet gehoord, ongehoord ❷ niet aangehoord ❸ jur onverhoord

unheard of [ʌn'hɜ:d əv] *bn* ongehoord, ongekend, buitengewoon

unheeded [ʌn'hi:dɪd] *bn* ❶ on(op)gemerkt ❷ veronachtzaamd, miskend ❸ in de wind geslagen ‹v. waarschuwing &›

unheeding [ʌn'hi:dɪŋ] *bn* onachtzaam, achteloos, zorgeloos ★ ~ of niet lettend op

unhelpful [ʌn'helpfʊl] *bn* ❶ onhulpvaardig, onbehulpzaam ❷ nutteloos, ondienstig

unhesitating [ʌn'hezɪteɪtɪŋ] *bn* zonder aarzelen, niet aarzelend, vastberaden

unhindered [ʌn'hɪndəd] *bn* ongehinderd

unhinge [ʌn'hɪndʒ] *overg* ❶ uit zijn gewone doen brengen, overstuur maken, gek maken ❷ uit de hengsels lichten

unhinged [ʌn'hɪndʒd] vooral scherts *bn* niet goed bij zijn hoofd, geschift

unhitch [ʌn'hɪtʃ] *overg* ❶ los-, afhaken ❷ af-, uitspannen ‹de paarden›

unholy [ʌn'həʊlɪ] *bn* ❶ onheilig, onzalig, goddeloos ❷ inf vreselijk ★ at an ~ hour op een onmogelijk (vroeg) uur

unhonoured [ʌn'ɒnəd] *bn* ongeëerd

unhook [ʌn'hʊk] *overg* af-, loshaken

unhoped for [ʌn'həʊpt fə] *bn* niet verwacht, onverhoopt

unhorse [ʌn'hɔ:s] *overg* van het paard werpen

unhurried [ʌn'hʌrɪd] *bn* rustig, niet gehaast

unhurt [ʌn'hɜ:t] *bn* onbezeerd, ongedeerd

unhusk [ʌn'hʌsk] *overg* doppen, pellen

unhygienic [ʌnhaɪ'dʒi:nɪk] *bn* onhygiënisch

unhyphenated [ʌn'haɪfəneɪtɪd] *bn* zonder streepje

uni- ['ju:nɪ] *voorv* één-

uniaxial [ju:nɪ'æksɪəl] *bn* eenassig

unicameral [ju:nɪ'kæmrəl] *bn* met één Kamer ‹parlement›

UNICEF ['ju:nɪsef] *afk* (United Nations International Children's Emergency Fund) Unicef ‹kinderfonds van de VN›

unicellular [ju:nɪ'seljʊlə] *bn* eencellig

unicolour [ju:nɪ'kʌlə], **unicoloured** *bn* eenkleurig, egaal

unicorn ['ju:nɪkɔ:n] *znw* eenhoorn

unicuspid [ju:nɪ'kʌspɪd] *bn* met één punt

unicycle ['ju:nɪsaɪkl] *znw* eenwieler

unidentified [ʌnaɪ'dentɪfaɪd] *bn* niet geïdentificeerd

unidentified flying object [ʌnaɪ'dentɪfaɪd 'flaɪɪŋ 'ɒbdʒekt], **UFO** *znw* ufo, vliegende schotel

unification [ju:nɪfɪ'keɪʃən] *znw* unificatie, eenmaking

uniform ['ju:nɪfɔ:m] **I** *bn* ❶ uniform, een-, gelijkvormig ❷ gelijkmatig, (steeds) gelijk, onveranderlijk ❸ eensluidend ‹afschrift› ❹ eenparig ‹v. beweging› **II** *znw* ❶ uniform ★ *in full* ~ in groot tenue ★ *Uniform* de letter U ‹in het internationaal alfabet› ❷ inf politie ‹in uniform›

uniform dress ['ju:nɪfɔ:m dres] *znw* uniform

uniformed ['ju:nɪfɔ:md] *bn* in uniform, geüniformeerd

uniformity [ju:nɪ'fɔ:mətɪ] *znw* uniformiteit, gelijkheid, gelijkvormigheid

uniformly ['ju:nɪfɔ:mlɪ] *bijw* ❶ uniform, onveranderlijk, steeds op dezelfde manier ❷ zonder uitzondering ★ *the people portrayed are* ~ *stupid* de mensen die worden beschreven zijn allemaal dom

unify ['ju:nɪfaɪ] *overg* ❶ één maken, verenigen ❷ eenheid brengen in, uniform maken

unilateral [ju:nɪ'lætərəl] *bn* eenzijdig, slechts eenzijdig bindend ‹v. contract›

unilateralism [ju:nɪ'lætərəlɪzəm] *znw* eenzijdigheid ‹als politiek principe›

unimaginable [ʌnɪ'mædʒɪnəbl] *bn* ondenkbaar, onvoorstelbaar, onbegrijpelijk

unimaginative [ʌnɪ'mædʒɪnətɪv] *bn* fantasieloos

unimagined [ʌnɪ'mædʒɪnd] *bn* ongedacht

unimpaired [ʌnɪm'peəd] *bn* ongeschonden, onverzwakt

unimpassioned [ʌnɪm'pæʃənd] *bn* bedaard

unimpeachable [ʌnɪm'pi:tʃəbl] *bn* ❶ onberispelijk ❷ onaantastbaar, onbetwistbaar, onwraakbaar

unimpeded [ʌnɪm'pi:dɪd] *bn* onbelemmerd, onverlet, ongehinderd

unimportance [ʌnɪm'pɔ:təns] *znw* onbelangrijkheid

unimportant [ʌnɪm'pɔ:tnt] *bn* onbelangrijk

unimpressed [ʌnɪm'prest] *bn* niet onder de indruk, niet overtuigd

unimpressive [ʌnɪm'presɪv] *bn* weinig indruk makend

unimprovable [ʌnɪm'pru:vəbl] *bn* onverbeterlijk

unimproved [ʌnɪm'pru:vd] *bn* ❶ onverbeterd ❷ onbewerkt, onbebouwd ‹van land›

uninflected [ʌnɪn'flektɪd] *bn* ❶ gramm zonder verbuigingen ❷ monotoon, zonder variaties in toonhoogte ‹v. stem›

uninfluenced [ʌn'ɪnflʊənst] *bn* niet beïnvloed

uninfluential [ʌnɪnflʊ'enʃəl] *bn* weinig / geen invloed hebbend, zonder invloed

uninformed [ʌnɪn'fɔ:md] *bn* niet op de hoogte (gebracht), onwetend

uninforming [ʌnɪn'fɔ:mɪŋ], **uninformative** *bn* weinigzeggend, niets verklarend

uninhabitable [ʌnɪn'hæbɪtəbl] *bn* onbewoonbaar

uninhabited [ʌnɪn'hæbɪtɪd] *bn* onbewoond

uninhibited [ʌnɪn'hɪbɪtɪd] *bn* ❶ ongeremd, ongedwongen ❷ tomeloos

uninitiated [ʌnɪ'nɪʃɪeɪtɪd] vooral scherts **I** *bn* oningewijd **II** *znw* [mv] oningewijden ★ *for the* ~ simpel gezegd

uninjured [ʌnˈɪndʒəd] *bn* niet gewond, ongeschonden, onbeschadigd, ongedeerd

uninspired [ʌnɪnˈspaɪəd] *bn* onbezield, geesteloos, ongeïnspireerd

uninspiring [ʌnɪnˈspaɪərɪŋ] *bn* waar geen bezielende invloed van uitgaat, niet levendig, saai, tam, zwak

uninstall [ʌnɪnˈstɔːl] comput *overg* de-installeren

uninsurable [ʌnɪnˈʃʊərəbl] *bn* onverzekerbaar

uninsured [ʌnɪnˈʃʊəd] *bn* onverzekerd

unintelligent [ʌnɪnˈtelɪdʒənt] *bn* niet intelligent, weinig schrander, dom

unintelligible [ʌnɪnˈtelɪdʒəbl] *bn* onverstaanbaar, onbegrijpelijk

unintelligibly [ʌnɪnˈtelɪdʒəblɪ] *bijw* onverstaanbaar

unintended [ʌnɪnˈtendɪd] *bn* onopzettelijk, onbedoeld

unintentional [ʌnɪnˈtenʃənl] *bn* onopzettelijk

unintentionally [ʌnɪnˈtenʃənlɪ] *bijw* onopzettelijk

uninterested [ʌnˈɪntrəstɪd] *bn* niet geïnteresseerd, zonder belangstelling, onverschillig

---

uninterested en disinterested
Uninterested betekent **ongeïnteresseerd**, en disinterested betekent **onpartijdig**.
We want a disinterested umpire betekent *we willen een onpartijdige scheidsrechter* en (natuurlijk) niet *we willen een ongeïnteresseerde scheidsrechter.*

---

uninteresting [ʌnˈɪntrəstɪŋ] *bn* oninteressant

uninterrupted [ʌnɪntəˈrʌptɪd] *bn* onafgebroken, zonder onderbreking

uninterruptible [ʌnɪntəˈrʌptəbl] *bn* ononderbreekbaar ★ comput *an ~ power supply* een netspanningsbeveiligingssysteem

uninvited [ʌnɪnˈvaɪtɪd] *bn* niet uitgenodigd, ongenood, ongevraagd

uninviting [ʌnɪnˈvaɪtɪŋ] *bn* weinig aanlokkelijk / aantrekkelijk, weerzinwekkend

union [ˈjuːnjən] *znw* ❶ verbinding, verbintenis ‹ook huwelijk› ❷ verbond, unie, vereniging, sociëteit ★ *a students' ~* een studentensociëteit ❸ harmonie, eendracht ★ *~ is strength* eendracht maakt macht ❹ vakvereniging, vakbond ★ *an industrial ~* een vakbond binnen één bedrijfstak ❺ techn tussenstuk

unionism [ˈjuːnjənɪzəm] *znw* ❶ vakbondswezen ❷ unionistische gezindheid

unionist [ˈjuːnjənɪst] **I** *bn* unionistisch **II** *znw* vakbondslid ★ *Unionist* aanhanger van de Ulster Union ‹een militante protestante organisatie in Noord-Ierland›, aanhanger van de Noordelijken in de Amerikaanse Burgeroorlog

unionize [ˈjuːnjənaɪz], **unionise** *overg* in een vakbond samenbrengen, onder vakbondsinvloed brengen

Union Jack [juːnjən ˈdʒæk] *znw* Engelse vlag

union shop [ˈjuːnjən ʃɒp] *znw* vakbondsbedrijf ‹waar alleen vakbondsleden (mogen) werken›

uniparous [juːˈnɪpərəs] *bn* maar één jong tegelijk barend

unipartite [juːnɪˈpɑːtaɪt] *bn* niet verdeeld

unique [jʊˈniːk] *bn* ❶ enig (in zijn soort), uniek,

ongeëvenaard ❷ inf buitengewoon, zeldzaam

uniquely [jʊˈniːklɪ] *bijw* ❶ enkel ❷ uniek ❸ op zichzelf

unisex [ˈjuːnɪseks] *bn* uniseks

unison [ˈjuːnɪsən] *znw* ★ *in ~* muz unisono, fig gelijkgestemd, eenstemmig, eensgezind

unissued [ʌnˈɪʃuːd] eff *bn* ongeplaatst

unit [ˈjuːnɪt] *znw* ❶ eenheid ❷ onderdeel, afdeling ‹v. leger, vloot &›, troep ★ *the intelligence ~* de inlichtingendienst ‹van leger, marine &› ★ *the psychiatric ~* de psychiatrische afdeling ★ *a research ~* een onderzoeksteam ❸ toestel, apparaat, (keuken)blok, module ★ *a power ~* een aggregaat ★ *a shower ~* een douchecabine ❹ appartement ❺ afdeling in ziekenhuis ❻ eenheid ‹getal voor de komma› ❼ handel aandeel

Unitarian [juːnɪˈteərɪən] godsd **I** *bn* unitaristisch **II** *znw* unitariër

unitary [ˈjuːnɪtərɪ] *bn* unitarisch, eenheids-

unit cargo [ˈjuːnɪt ˈkɑːgəʊ] *znw* eenheidslading

unite [jʊˈnaɪt] **I** *overg* aaneenvoegen, verbinden, verenigen, bijeenvoegen **II** *onoverg* zich verenigen, zich verbinden (met *with*)

united [jʊˈnaɪtɪd] *bn* ❶ verenigd, vereend, bijeen, eendrachtig ★ *they were ~ in their aims* ze hadden samen één doel ❷ gezamenlijk ★ *form a ~ front* één lijn trekken

United Arab Emirates [jʊnaɪtɪd ærəb ˈemərəts], **UAE** *znw* Verenigde Arabische Emiraten

United Kingdom [jʊnaɪtɪd ˈkɪŋdəm], **UK** *znw* ★ *the ~* het Verenigd Koninkrijk: Engeland, Wales, Schotland en Noord-Ierland

United Nations [jʊnaɪtɪd ˈneɪʃənz], **UN** *znw* ★ *the ~* de Verenigde Naties

United States [jʊnaɪtɪd ˈsteɪts] *znw* ★ *the ~* de Verenigde Staten (van Amerika)

unitive [ˈjuːnɪtɪv] *bn* verenigend, bindend

unit of currency [ˈjuːnɪt əv ˈkʌrənsɪ] *znw* munteenheid

unit of measure [ˈjuːnɪt əv ˈmeʒə] *znw* maateenheid

unit trust [ˈjuːnɪt ˈtrʌst] *znw* beleggingsmaatschappij

unity [ˈjuːnɪtɪ] *znw* eenheid, eendracht(igheid), overeenstemming

universal [juːnɪˈvɜːsəl] *bn* ❶ algemeen, universeel ❷ wereld-

universal donor [juːnɪˈvɜːsəl ˈdəʊnə] *znw* universele donor ‹bloeddonor met bloedgroep O›

universality [juːnɪvɜːˈsælətɪ] *znw* ❶ universaliteit, algemeenheid ❷ veelzijdigheid

universalize [juːnɪˈvɜːsəlaɪz], **universalise** *overg* algemeen maken

universal joint [juːnɪˈvɜːsəl dʒɔɪnt] techn *znw* cardankoppeling

universal product code [juːnɪˈvɜːsəl ˈprɒdʌkt kəʊd] *znw* streepjescode

universal recipient [juːnɪˈvɜːsəl rɪˈsɪpɪənt] *znw* universele ontvanger ‹iemand met bloedgroep AB›

universal suffrage [juːnɪˈvɜːsəl ˈsʌfrɪdʒ] *znw* algemeen kiesrecht

universe [ˈjuːnɪvɜːs] *znw* heelal, wereld, universum

un

university [juːnɪˈvɜːsətɪ] **I** bn universiteits-, universitair, academisch **II** znw hogeschool, academie, universiteit ★ a ~ graduate een afgestudeerde ★ a ~ place een plek aan de universiteit ‹om te mogen studeren› ★ a ~ town een universiteitsstad ★ inf the ~ of life de hogeschool van het leven

University of the Third Age [juːnɪˈvɜːsətɪ əv ðə θɜːd ˈeɪdʒ] znw organisatie die cursussen aanbiedt voor gepensioneerden

university student [juːnɪˈvɜːsətɪ ˈstjuːdnt] znw student

univocal [ˈjuːnɪˈvəʊkl] bn eenduidig, met slechts één betekenis

unjointed [ʌnˈdʒɔɪntɪd] znw ❶ zonder geledingen ❷ ontwricht

unjust [ʌnˈdʒʌst] bn onrechtvaardig, onbillijk

unjustifiable [ʌnˈdʒʌstɪfaɪəbl] bn niet te rechtvaardigen, niet te verdedigen, onverantwoordelijk

unjustified [ʌnˈdʒʌstɪfaɪd] bn ongerechtvaardigd

unjustly [ʌnˈdʒʌstlɪ] bijw ❶ onrechtvaardig, onbillijk ❷ ten onrechte

unkempt [ʌnˈkempt] bn ongekamd, slordig, onverzorgd, niet onderhouden

unkept [ʌnˈkept] bn ❶ niet bewaard ❷ niet onderhouden, veronachtzaamd ❸ niet nagekomen ‹van belofte› ❹ niet gevierd ‹van feest›

unkillable [ʌnˈkɪləbl] bn niet te doden

unkind [ʌnˈkaɪnd] bn onvriendelijk

unkindly [ʌnˈkaɪndlɪ] bijw onvriendelijk

unknit [ʌnˈnɪt] overg lostrekken, losmaken

unknot [ʌnˈnɒt] overg losknopen, losmaken

unknowable [ʌnˈnəʊəbl] znw onkenbaar

unknowing [ʌnˈnəʊɪŋ] bn niet kennend, onwetend, onkundig

unknowingly [ʌnˈnəʊɪŋlɪ] bijw zonder het (zelf) te weten, zich niet daarvan bewust

unknown [ʌnˈnəʊn] **I** bn ❶ niet bekend, onbekend ★ ~ to me buiten mijn (mede)weten ★ their whereabouts remains ~ het blijft onbekend waar ze zich ophouden ❷ ongekend **II** znw onbekende ★ adventures into the ~ avonturen in het onbekend gebied ★ he's a complete ~ hij is totaal onbekend ★ wisk an equation involving one ~ een vergelijking met één onbekende

unknown quantity [ʌnˈnəʊn ˈkwɒntətɪ] znw onbekende grootheid ‹ook: een persoon die men nog niet goed in de peiling heeft›

Unknown Soldier [ʌnˈnəʊn ˈsəʊldʒə] znw ★ the ~ de onbekende soldaat

unlabelled [ʌnˈleɪbld] bn zonder etiket

unlace [ʌnˈleɪs] overg losrijgen

unladylike [ʌnˈleɪdɪlaɪk] bn weinig damesachtig

unlaid [ʌnˈleɪd] bn ❶ niet gelegd, niet gedekt ‹van tafel› ❷ rondwarend ‹van spook›

unlash [ʌnˈlæʃ] overg lossjorren, losmaken

unlatch [ʌnˈlætʃ] overg van de klink doen, openen

unlawful [ʌnˈlɔːfʊl] bn onwettig, onrechtmatig, ongeoorloofd

unleaded [ʌnˈledɪd] bn ❶ loodvrij ‹benzine› ❷ zonder lood ‹niet verzwaard› ❸ druk kompres gezet

unlearn [ʌnˈlɜːn] overg verleren, afleren

unlearned I bn [ʌnˈlɜːnɪd] onwetend **II** bn [ʌnˈlɜːnd], **unlearnt** ❶ niet geleerd ‹lessen› ❷ niet door studie verkregen

unleash [ʌnˈliːʃ] overg ❶ loslaten ‹honden› ❷ ontketenen, de vrije loop laten

unleavened [ʌnˈlevənd] bn ongezuurd, niet gegist ‹brood›

unless [ʌnˈles] voegw tenzij, zonder dat, behalve

unlettered [ʌnˈletəd] bn ongeletterd ‹persoon›

unlicensed [ʌnˈlaɪsənst], **unlicenced** bn zonder verlof of vergunning, zonder patent, onbevoegd

unlicked [ʌnˈlɪkt] inf bn ❶ ongemanierd ❷ onovertroffen

unlike [ʌnˈlaɪk] **I** voorz verschillend van, anders dan ★ ~ you, I enjoy my holidays in tegenstelling tot jou geniet ik van mijn vakanties **II** bn & bijw ❶ niet gelijkend (op) ★ the twins are quite ~ de tweelingen lijken totaal niet op elkaar ❷ ongelijk ❸ niet typisch voor ★ it's ~ him to... het is niets voor hem om te.. ★ that is so ~ him zo is hij anders nooit

unlikelihood [ʌnˈlaɪklɪhʊd], **unlikeliness** znw onwaarschijnlijkheid

unlikely [ʌnˈlaɪklɪ] bn onwaarschijnlijk ★ he's not ~ to arrive later than we expected het is niet onwaarschijnlijk dat hij later aankomt dan we dachten ★ he's an ~ candidate for the presidency hij heeft weinig kans president te worden

unlimited [ʌnˈlɪmɪtɪd] bn onbegrensd, onbepaald, onbeperkt, vrij, ongelimiteerd

unlined [ʌnˈlaɪnd] bn ❶ ongelinieerd ‹papier› ❷ zonder rimpels, rimpelloos ❸ ongevoerd ‹kleding›

unlink [ʌnˈlɪŋk] overg ontkoppelen, losmaken

unlisted [ʌnˈlɪstɪd] bn ❶ niet in de lijst(en) voorkomend ❷ incourant ‹fondsen›

unlit [ʌnˈlɪt] bn onverlicht

unlive [ʌnˈlɪv] overg ongedaan maken ★ he tried to ~ his past hij trachtte zijn verleden ongedaan te maken

unlived [ʌnˈlɪvd] bn niet geleefd, niet doorleefd ★ the house is ~ in het huis is onbewoond ★ a house with an ~ in feel een huis dat ongezellig aanvoelt

unload [ʌnˈləʊd] **I** overg ❶ ontlasten, ontladen, lossen ❷ inf spuien, luchten ‹gemoed› **II** onoverg afladen, lossen

unloader [ʌnˈləʊdə] znw losser

unlock [ʌnˈlɒk] overg ontsluiten, openmaken ★ art is a process of ~ing the imagination kunst is een proces van het bevrijden van de fantasie ★ this may prove to be the key to ~ing the mystery dit kon wel eens de sleutel zijn om het mysterie te ontsluieren

unlocked [ʌnˈlɒkt] bn niet afgesloten, niet op slot

unlooked for [ʌnˈlʊkt fɔː] bn onverwacht ★ an ~ bonus een onverwachte meevaller

unloose [ʌnˈluːs], **unloosen** overg losmaken, vrijlaten

unlovable [ʌnˈlʌvəbl] *bn* niet beminnelijk, onaantrekkelijk

unloved [ʌnˈlʌvd] *bn* onbemind, niet geliefd

unlovely [ʌnˈlʌvlɪ] *bn* onaangenaam, onaantrekkelijk

unlucky [ʌnˈlʌkɪ] *bn* ongelukkig, onfortuinlijk ★ *we were ~ enough to arrive during a general strike* we hadden de pech dat we aankwamen tijdens een algemene staking

unmade [ʌnˈmeɪd] **I** *bn* ❶ onopgemaakt ‹bed› ❷ onverhard ‹weg› **II** *ww* [v.t. & v.d.] → **unmake**

unmake [ʌnˈmeɪk] *overg* [unmade, unmade] ❶ tenietdoen, vernietigen, ruïneren ❷ terugdraaien ‹wetten›

unman [ʌnˈmæn] <u>dicht</u> *overg* ontmoedigen

unmanageable [ʌnˈmænɪdʒəbl] *bn* ❶ niet te regeren, onhandelbaar, onhanteerbaar ❷ <u>scheepv</u> onbestuurbaar ❸ lastig, onhandig ‹formaat &›

unmanly [ʌnˈmænlɪ] *bn* ❶ onmannelijk, laf ❷ verwijfd

unmanned [ʌnˈmænd] *bn* onbemand, onbeheerd, onbewaakt ‹spoorwegovergang &›

unmannered [ʌnˈmænəd], **unmannerly** *bn* ongemanierd, onhebbelijk, minder netjes

unmarked [ʌnˈmɑːkt] *bn* ❶ ongemerkt, zonder merk ★ *their work had not gone ~* hun werk was niet onopgemerkt gebleven ❷ ongemarkeerd, neutraal ‹stijl› ❸ onopgemerkt

unmarketability [ʌnmɑːkɪtəˈbɪlətɪ] *znw* onverkoopbaarheid

unmarketable [ʌnˈmɑːkɪtəbl] *bn* onverkoopbaar, incourant

unmarried [ʌnˈmærɪd] *bn* ongehuwd

unmask [ʌnˈmɑːsk] **I** *overg* het masker afrukken, ontmaskeren **II** *onoverg* het masker afzetten / laten vallen

unmasked [ʌnˈmɑːskt] *bn* ❶ ontmaskerd ❷ ongemaskerd

unmasking [ʌnˈmɑːskɪŋ] *znw* demasqué, ontmaskering

unmastered [ʌnˈmɑːstəd] *bn* ❶ niet gemasterd ‹bandopname, CD &› ❷ niet beheerst

unmatchable [ʌnˈmætʃəbl] *bn* niet te evenaren

unmatched [ʌnˈmætʃt] *bn* ❶ waarvan geen tweede is ❷ ongeëvenaard, weergaloos, enig ★ *his work is of a standard ~ by any* zijn werk is van zo'n niveau dat niemand eraan kan tippen

unmatured [ʌnməˈtjʊəd] *bn* ongerijpt, niet gerijpt

unmeaning [ʌnˈmiːnɪŋ] *bn* nietsbetekenend, onbeduidend, nietszeggend

unmeant [ʌnˈment] *bn* ❶ niet (kwaad) gemeend ❷ onopzettelijk

unmeasurable [ʌnˈmeʒərəbl] *bn* onmetelijk

unmeasured [ʌnˈmeʒəd] *bn* ❶ niet gemeten ❷ onmetelijk, onmeetbaar ❸ onmatig, onbeteugeld

unmeditated [ʌnˈmedɪteɪtɪd] *bn* onoverdacht, niet vooraf bedacht of beraamd

unmentionable [ʌnˈmenʃənəbl] *bn* ❶ onnoembaar, taboe ❷ onbeschrijfelijk, te erg / afschuwelijk / eng om over te spreken

unmentioned [ʌnˈmenʃənd] *bn* onvermeld

unmerchantable [ʌnˈmɜːtʃəntəbl] *bn* onverkoopbaar

unmerciful [ʌnˈmɜːsɪfʊl] *bn* meedogenloos, onbarmhartig (jegens *to*)

unmerited [ʌnˈmerɪtɪd] *bn* onverdiend

unmet [ʌnˈmet] *bn* ❶ onvervuld, niet bevredigd ★ *~ needs* onbevredigde behoeften ❷ niet afgehaald, niet ontmoet ★ *an ~ aircraft* een vliegtuig dat op een vliegveld aankomt zonder daar grondpersoneel te hebben

unmetalled [ʌnˈmetld] *bn* onverhard ‹weg›

unmindful [ʌnˈmaɪndfʊl] *bn* onoplettend, zorgeloos ★ *~ of sbd / sth* zonder acht te slaan op iem. / iets, niets gevend om iem. / iets

unmistakable [ʌnmɪˈsteɪkəbl] *bn* onmiskenbaar, niet mis te verstaan

unmitigated [ʌnˈmɪtɪgeɪtɪd] *bn* ❶ onverzacht, onverminderd ❷ onvervalst, absoluut, door en door ★ *the entire business was an ~ disaster* de hele zaak was een complete ramp ★ *~ rubbish / nonsense* je reinste kletspraat

unmixed [ʌnˈmɪkst, ˈʌnmɪkst] *bn* puur, onvermengd

unmixed blessing [ʌnˈmɪkst, ˈʌnmɪkst ˈblesɪŋ] *znw* pure zegen ‹gewoonlijk negatief gebruikt› ★ *having children is not an ~* het hebben van kinderen is geen onverdeeld genoegen

unmodified [ʌnˈmɒdɪfaɪd] *bn* ongewijzigd

unmolested [ʌnməˈlestɪd] *bn* niet gemolesteerd, ongehinderd, ongestoord

unmoor [ʌnˈmʊə] *overg* losmaken, losgooien ‹schip, boot›

unmoral [ʌnˈmɒrəl] *bn* amoreel, niet moreel

unmortgaged [ʌnˈmɔːgɪdʒd] *bn* vrij van hypotheek

unmothered [ʌnˈmʌðəd] *bn* zonder moeder, zonder moederliefde

unmotherly [ʌnˈmʌðəlɪ] *bn* niet moederlijk

unmotivated [ʌnˈməʊtɪveɪtɪd] *bn* ongemotiveerd, zonder reden

unmount [ʌnˈmaʊnt] **I** *overg* demonteren **II** *onoverg* afstijgen ‹paard›

unmounted [ʌnˈmaʊntɪd] *bn* ❶ <u>mil</u> onbereden ❷ (nog) niet gemonteerd

unmourned [ʌnˈmɔːnd] *bn* onbetreurd, onbeweend

unmoved [ʌnˈmuːvd] *bn* ❶ onbewogen, ongeroerd ❷ onbeweeglijk ❸ kalm, standvastig

unmoving [ʌnˈmuːvɪŋ] *bn* ❶ geen indruk makend ❷ bewegingloos

unmusical [ʌnˈmjuːzɪkl] *bn* ❶ onwelluidend ❷ niet muzikaal

unnameable [ʌnˈneɪməbl] *bn* onnoembaar, onzegbaar, onuitsprekelijk

unnamed [ʌnˈneɪmd] *bn* ❶ ongenoemd ❷ naamloos, zonder naam

unnatural [ʌnˈnætʃərəl] *bn* ❶ onnatuurlijk, gekunsteld ❷ ontaard, pervers, tegennatuurlijk

unnaturally [ʌnˈnætʃərəlɪ] *bn* onnatuurlijk ★ *not ~* vanzelfsprekend, uit de aard der zaak

unnavigable [ʌnˈnævɪgəbl] *bn* onbevaarbaar

un

unnecessarily [ʌn'nesəsərɪlɪ] *bijw* onnodig

unnecessary [ʌn'nesəsərɪ] *bn* niet noodzakelijk, onnodig, nodeloos, overbodig ★ *I don't want to put you to ~ trouble* ik wil je geen onnodige moeite bezorgen

unneighbourly [ʌn'neɪbəlɪ] *bn* als een slechte buur, niet zoals het goede buren betaamt

unnerve [ʌn'nɜːv] *overg* demoraliseren, zijn zelfvertrouwen doen verliezen, van streek brengen

unnerving [ʌn'nɜːvɪŋ] *bn* enerverend, ontmoedigend

unnoted [ʌn'nəʊtɪd] *bn* ❶ ongemerkt, onopgemerkt ❷ onbekend

unnoticeable [ʌn'nəʊtɪsəbl] *bn* onmerkbaar

unnoticed [ʌn'nəʊtɪst] *bn* onopgemerkt

unnumbered [ʌn'nʌmbəd] *bn* ❶ ongeteld, talloos ❷ ongenummerd

UNO [' juːnəʊ] *afk* (United Nations Organisation) Verenigde Naties

unobjectionable [ʌnəb'dʒekʃənəbl] *bn* acceptabel, plausibel

unobservable [ʌnəb'zɜːvəbl] *bn* niet waarneembaar, onzichtbaar

unobservant [ʌnəb'zɜːvənt] *bn* onoplettend, onopmerkzaam

unobserved [ʌnəb'zɜːvd] *bn* onopgemerkt

unobserving [ʌnəb'zɜːvɪŋ] *bn* onoplettend

unobstructed [ʌnəb'strʌktɪd] *bn* onbelemmerd

unobtainable [ʌnəb'teɪnəbl] *bn* niet te (ver)krijgen

unobtrusive [ʌnəb'truːsɪv] *bn* ❶ niet in het oog vallend, onopvallend ❷ niet indringerig, bescheiden

unoccupied [ʌn'ɒkjʊpaɪd] *bn* ❶ niets om handen hebbend, niet bezig ❷ vrij, onbezet, leegstaand, onbewoond

unoffending [ʌnə'fendɪŋ] *bn* ❶ niet aanstootgevend ❷ onschuldig

unofficial [ʌnə'fɪʃəl] *bn* inofficieel, informeel ★ *an ~ strike* een wilde staking

unoften [ʌn'ɔːfən] *bijw* niet vaak ‹meestal voorafgegaan door een ontkenning› ★ *not ~* niet zelden

unopened [ʌn'əʊpənd] *bn* ongeopend, onopengesneden

unopposed [ʌnə'pəʊzd] *bn* ❶ ongehinderd ❷ zonder verzet, zonder oppositie ❸ zonder tegenkandidaat ★ *he was elected ~* hij werd gekozen zonder dat er een tegenkandidaat was

unordered [ʌn'ɔːdəd] *bn* ❶ ongeordend ❷ niet besteld

unorganized [ʌn'ɔːgənaɪzd], **unorganised** *bn* ❶ ongeorganiseerd ❷ slecht georganiseerd, wanordelijk ❸ chaotisch ‹persoon› ❹ niet aangesloten bij een vakbond

unoriginal [ʌnə'rɪdʒɪnl] *bn* niet origineel, niet oorspronkelijk

unornamented [ʌn'ɔːnəməntɪd] *bn* onbewerkt, ongedecoreerd

unorthodox [ʌn'ɔːθədɒks] *bn* ❶ onorthodox, ongewoon, ongebruikelijk ❷ onrechtzinnig, ketters

unostentatious [ʌnɒsten'teɪʃəs] *bn* zonder uiterlijk vertoon / kouwe drukte, eenvoudig, onopvallend, bescheiden

unowned [ʌn'əʊnd] *bn* zonder eigenaar

unpack [ʌn'pæk] *overg* uitpakken, afladen

unpackaged [ʌn'pækɪdʒd] *bn* onverpakt

unpacked [ʌn'pækt] *bn* onverpakt, los

unpaged [ʌn'peɪdʒd] *bn* ongepagineerd

unpaid [ʌn'peɪd] *bn* ❶ onbetaald ★ *~ for* onbetaald ❷ onbezoldigd ❸ post ongefrankeerd

unpalatable [ʌn'pælətəbl] *bn* onsmakelijk, minder aangenaam ‹waarheden›, onverkwikkelijk ‹debat› ★ *the ~ truth of the matter* de onaangename waarheid

unparalleled [ʌn'pærəleld] *bn* weergaloos, ongeëvenaard

unpardonable [ʌn'pɑːdənəbl] *bn* onvergeeflijk

unpardoning [ʌn'pɑːdənɪŋ] *bn* niet vergevend

unparliamentary [ʌnpɑːlə'mentərɪ] *bn* onparlementair, onbeschaafd ‹vooral taalgebruik›

unpassable [ʌn'pɑːsəbl] *bn* ❶ onovertrefbaar ❷ onbegaanbaar

unpasteurised [ʌn'pɑːstjəraɪzd] *bn* ongepasteuriseerd

unpatriotic [ʌnpætrɪ'ɒtɪk] *bn* onvaderlandslievend

unpaved [ʌn'peɪvd, 'ʌnpeɪvd] *bn* onbestraat, ongeplaveid

unpeg [ʌn'peg] *overg* ❶ losmaken ❷ econ vrijlaten ‹prijzen› ★ *the peso was ~ged from the dollar* de vaste wisselkoers tussen de peso en de dollar werd opgeheven

unpeopled [ʌn'piːpld] *bn* onbevolkt, ontvolkt

unperceived [ʌnpə'siːvd] *bn* onbemerkt, ongezien

unperformed [ʌnpə'fɔːmd] *bn* ❶ niet uitgevoerd ❷ ongedaan, onverricht

unpersuadable [ʌnpə'sweɪdəbl] *bn* niet over te halen, niet te overreden / te overtuigen

unperturbed [ʌnpə'tɜːbd] *bn* onverstoord

unpick [ʌn'pɪk] *overg* ❶ lostornen ‹naad› ❷ ongedaan maken ❸ uiteenrafelen ‹vooral redeneringen, argumenten &›

unpicked [ʌn'pɪkt] *bn* ❶ niet uitgezocht, ongesorteerd ❷ ongeplukt ‹bloemen›

unpicker [ʌn'pɪkə] *znw* tornmesje

unpin [ʌn'pɪn] *overg* losspelden

unpitied [ʌn'pɪtɪd] *bn* onbeklaagd

unpitying [ʌn'pɪtɪɪŋ] *bn* zonder medelijden

unplaceable [ʌn'pleɪsəbl] *bn* onplaatsbaar

unplaced [ʌn'pleɪst] *sp* *bn* ongeplaatst

unplait [ʌn'plæt] *overg* ontvlechten, losmaken ‹haar›

unplanned [ʌn'plænd] *bn* ❶ ongepland, niet vooruit bedacht ❷ toevallig ❸ op goed geluk

unpleasant [ʌn'plezənt] *bn* onplezierig, onaangenaam, onbehaaglijk ★ *be ~ to sbd* zich onaangenaam gedragen tegenover iem.

unpleasantness [ʌn'plezəntnəs] *znw* ❶ onaangenaamheid, onplezierigheid ❷ onenigheid, ruzie

unpleasing [ʌn'pliːzɪŋ] *bn* onbehaaglijk,

un

onaangenaam

unplug [ʌnˈplʌg] *overg* de stekker uit het stopcontact trekken

unplugged [ʌnˈplʌgd] *bn* akoestisch, zonder versterking ‹muziek›

unplumbed [ʌnˈplʌmd] *bn* ❶ <u>dicht</u> ongepeild ❷ zonder stromend water ‹gebouw›

unpolished [ʌnˈpɒlɪʃt] *bn* ❶ ongepolijst ❷ <u>fig</u> onbeschaafd, ruw

unpolluted [ʌnpəˈluːtɪd] *bn* onbezoedeld, onbesmet

unpopular [ʌnˈpɒpjʊlə] *bn* impopulair

unpopulated [ʌnˈpɒpjʊleɪtɪd] *bn* onbevolkt, onbewoond

unposed [ʌnˈpəʊzd] *bn* ❶ niet geposeerd ❷ niet gesteld ‹vraag›

unpowered [ʌnˈpaʊəd] *bn* zonder motor ‹of andere krachtbron›

unpracticable [ʌnˈpræktɪkəbl] *bn* onuitvoerbaar

unpractical [ʌnˈpræktɪkl] *bn* onpraktisch

unpractised [ʌnˈpræktɪst], <u>Am</u> **unpracticed** *bn* ongeoefend, onervaren, onbedreven

unprecedented [ʌnˈpresɪdentɪd] *bn* ❶ zonder precedent ❷ zonder voorbeeld, ongekend, ongehoord, zoals nog nooit vertoond / voorgekomen ★ *on an ~ scale* op een ongekende schaal

unpredictable [ʌnprɪˈdɪktəbl] *bn* ❶ onvoorspelbaar, niet te voorspellen ❷ onberekenbaar

unprejudiced [ʌnˈpredʒʊdɪst] *bn* onbevooroordeeld, onpartijdig

unpremeditated [ʌnprɪˈmedɪteɪtɪd] *bn* niet vooraf bedacht / beraamd, onopzettelijk

unprepared [ʌnprɪˈpeəd] *bn* onvoorbereid

unprepossessing [ʌnpriːpəˈzesɪŋ] *bn* niet / weinig innemend, onaantrekkelijk, ongunstig ‹uiterlijk &›

unpresentable [ʌnprɪˈzentəbl] *bn* niet te tonen, ontoonbaar

unpressed [ʌnˈprest] *bn* niet geperst

unpresuming [ʌnprɪˈzjuːmɪŋ] *bn* bescheiden

unpretentious [ʌnprɪˈtenʃəs] *bn* zonder pretentie, pretentieloos, bescheiden

unprevailing [ʌnprɪˈveɪlɪŋ] *bn* niets batend, zonder succes, nutteloos

unpriced [ʌnˈpraɪst] *bn* niet geprijsd

unprincipled [ʌnˈprɪnsɪpld] *bn* ❶ zonder beginselen, beginselloos ❷ gewetenloos

unprintable [ʌnˈprɪntəbl] *bn* ❶ niet geschikt voor publicatie, (te) obsceen (om te publiceren) ❷ <u>fig</u> niet voor herhaling vatbaar ‹woorden›

unprinted [ʌnˈprɪntɪd] *bn* ❶ niet gedrukt, ongepubliceerd ❷ onbedrukt

unprocessed [ʌnˈprəʊsest] *bn* onbewerkt

unproductive [ʌnprəˈdʌktɪv] *bn* improductief, weinig opleverend

unprofessional [ʌnprəˈfeʃənl] *bn* ❶ niet professioneel, amateuristisch ❷ onprofessioneel, in strijd met de beroepseer ‹gedrag›

unprofitable [ʌnˈprɒfɪtəbl] *bn* ❶ onvoordelig

❷ nutteloos, waar men niets aan heeft

unpromising [ʌnˈprɒmɪsɪŋ] *bn* weinig belovend

unprompted [ʌnˈprɒmptɪd] *bn* spontaan

unpronounceable [ʌnprəˈnaʊnsəbl] *bn* niet uit te spreken

unprotected [ʌnprəˈtektɪd] *bn* onbeschermd ★ *~ sex* seks zonder condoom

unprotesting [ʌnprəˈtestɪŋ] *bn* zonder protest

unprovable [ʌnˈpruːvəbl] *bn* onbewijsbaar

unproved [ʌnˈpruːvd], **unproven** *bn* onbewezen

unprovided for [ʌnprəˈvaɪdɪd fɔː] *bn* onverzorgd, zonder bestaansmiddelen

unprovoked [ʌnprəˈvəʊkt] *bn* zonder aanleiding, niet uitgelokt

unpublished [ʌnˈpʌblɪʃt] *bn* ❶ onuitgegeven ❷ niet bekendgemaakt

unpunctuated [ʌnˈpʌŋktʃʊeɪtɪd] *bn* ❶ zonder leestekens ❷ zonder interrupties ★ *a few days ~ by the demands of work* een paar ongestoorde dagen zonder werkverplichtingen

unpunished [ʌnˈpʌnɪʃt] *bn* ongestraft ★ *go ~* vrijuit gaan

unputdownable [ʌnpʊtˈdaʊnəbl] *inf bn* boeiend, meeslepend, om in één adem uit te lezen ‹boek›

unqualified [ʌnˈkwɒlɪfaɪd] *bn* ❶ onbevoegd, ongeschikt ❷ onverdeeld, absoluut ★ *the dessert was an ~ success* het toetje was een daverend succes

unquenchable [ʌnˈkwenʃəbl] *bn* onuitblusbaar, onlesbaar ★ *an ~ thirst for knowledge* een niet te stuiten zucht naar kennis

unquestionable [ʌnˈkwestʃənəbl] *bn* onbetwistbaar, ontwijfelbaar

unquestionably [ʌnˈkwestʃənəblɪ] *bijw* ontwijfelbaar, ontegenzeglijk

unquestioned [ʌnˈkwestʃənd] *bn* ❶ ontwijfelbaar, onbetwist ❷ vanzelfsprekend ❸ niet ondervraagd

unquestioning [ʌnˈkwestʃənɪŋ] *bn* ❶ onvoorwaardelijk, blind ‹vertrouwen› ❷ geen vragen stellend

unquiet [ʌnˈkwaɪət] <u>dicht</u> *bn* onrustig, rusteloos

unquote [ʌnˈkwəʊt] *bijw* einde citaat, aanhalingstekens sluiten

unquoted [ʌnˈkwəʊtɪd] *eff bn* niet-(beurs)genoteerd

unravel [ʌnˈrævəl] **I** *overg* ❶ (uit)rafelen ❷ <u>fig</u> ontwarren, ontraadselen, ontknopen, oplossen **II** *onoverg* ❶ (uit)rafelen ❷ zich ontwarren, zich ontwikkelen

unreachable [ʌnˈriːtʃəbl] *bn* onbereikbaar

unread [ʌnˈred] *bn* ❶ ongelezen ❷ <u>gedat</u> onbelezen

unreadable [ʌnˈriːdəbl] *bn* onleesbaar, niet te lezen

unreadiness [ʌnˈredɪnɪs] *bn* ❶ ongereedheid ❷ onbereidwilligheid, onwilligheid

unready [ʌnˈredɪ] *bn* niet gereed, niet klaar

unreal [ʌnˈrɪəl] *bn* onwezenlijk, onwerkelijk, irreëel

unrealistic [ʌnrɪəˈlɪstɪk] *bn* onrealistisch

unreality [ʌnrɪˈæləti] *znw* onwerkelijkheid ★ *there was an air of ~ about the place* er hing een sfeer van onwerkelijkheid op die plek

un

unrealizable [ʌnrɪə'laɪzəbl], **unrealisable** *bn* onbereikbaar, onuitvoerbaar

unrealized [ʌn'rɪəlaɪzd], **unrealised** *bn* ongerealiseerd

unreason [ʌn'riːzn] *bn* dwaasheid, onverstandigheid

unreasonable [ʌn'riːzənəbl] *bn* onredelijk

unreasoned [ʌn'riːznd] *bn* onberedeneerd

unreasoning [ʌn'riːzənɪŋ] form *bn* niet beredeneerd, irrationeel

unreclaimed [ʌnrɪ'kleɪmd] *bn* onontgonnen

unrecognizable [ʌn'rekəgnaɪzəbl], **unrecognisable** *bn* onherkenbaar

unrecognized [ʌn'rekəgnaɪzd], **unrecognised** *bn* ❶ niet herkend ❷ miskend ❸ niet erkend

unreconciled [ʌn'rekənsaɪld] *bn* onverzoend

unreconstructed [ʌnriːkən'strʌktɪd] *bn* ❶ niet met de tijd meegegaan, orthodox ★ *a restaurant serving ~ traditional French food* een restaurant dat ouderwetse traditioneel Franse gerechten serveert ❷ niet gereconstrueerd, niet herbouwd

unrecorded [ʌnrɪ'kɔːdɪd] *bn* onvermeld, niet opgetekend

unredeemable [ʌnrɪ'diːməbl] *bn* onaflosbaar

unredeemed [ʌnrɪ'diːmd] *bn* ❶ niet vrijgekocht, niet af- of ingelost ⟨panden⟩ ❷ niet nagekomen

unreel [ʌn'riːl] *overg* afhaspelen, afrollen

unrefined [ʌnrɪ'faɪnd] *bn* ❶ niet geraffineerd, ongezuiverd, ongelouterd ★ *~ sugar* ongeraffineerde suiker ❷ onbeschaafd

unreflecting [ʌnrɪ'flektɪŋ] *bn* ❶ niet reflecterend ❷ onnadenkend

unreformed [ʌnrɪ'fɔːmd] *bn* onverbeterd, niet hervormd

unregarded [ʌnrɪ'gɑːdɪd] *bn* onopgemerkt, niet gerespecteerd ★ *her comment went ~* haar opmerking werd genegeerd

unregenerate [ʌnrɪ'dʒenərɪt] form *bn* ❶ niet herboren, zondig, verdorven ❷ koppig, obstinaat

unregistered [ʌn'redʒɪstəd] *bn* ❶ niet geregistreerd, oningeschreven ❷ post onaangetekend

unregulated [ʌn'regjʊleɪtɪd] *bn* niet gereguleerd ★ *an ~ market* een vrije markt

unrehearsed [ʌnrɪ'hɜːst] *bn* spontaan, geïmproviseerd, onvoorbereid

unrelated [ʌnrɪ'leɪtɪd] *bn* niet verwant

unrelenting [ʌnrɪ'lentɪŋ] *bn* ❶ onverminderd ❷ onverbiddelijk, meedogenloos, onbarmhartig ★ *the ~ glare of the sun* het constante felle licht van de zon ★ *~ opponents* tegenstanders die niet opgeven

unreliable [ʌnrɪ'laɪəbl] *bn* onbetrouwbaar

unrelieved [ʌnrɪ'liːvd] *bn* onafgebroken, voortdurend ⟨pijn &⟩ ★ *~ joy* louter vreugde

unremarkable [ʌnrɪ'mɑːkəbl] *bn* middelmatig, onopvallend, gewoon ★ *her adolescent years were ~* haar tienerjaren waren heel gewoon

unremarked [ʌnrɪ'mɑːkt] *bn* onopgemerkt ★ *the observation went ~* de waarneming kreeg geen aandacht

unremembered [ʌnrɪ'membəd] *bn* vergeten

unremitting [ʌnrɪ'mɪtɪŋ] *bn* zonder ophouden, aanhoudend, gestadig

unremorseful [ʌnrɪ'mɔːsfʊl] *bn* zonder spijt

unremovable [ʌnrɪ'muːvəbl] *bn* niet te verwijderen, onverplaatsbaar

unremunerative [ʌnrɪ'mjuːnərətɪv] *bn* niet lonend

unrepentant [ʌnrɪ'pentənt] *bn* geen berouw hebbend, onboetvaardig, verstokt

unreported [ʌnrɪ'pɔːtɪd] *bn* niet vermeld, niet gerapporteerd

unrepresentative [ʌnreprɪ'zentətɪv] *bn* niet representatief (voor *of*)

unrepresented [ʌnreprɪ'zentɪd] *bn* niet vertegenwoordigd

unrequited [ʌnrɪ'kwaɪtɪd] vaak scherts *bn* onbeantwoord ⟨liefde⟩

unreserved [ʌnrɪ'zɜːvd] *bn* ❶ niet gereserveerd ⟨plaatsen &⟩ ❷ zonder voorbehoud gegeven / gezegd & ★ *his parents gave their ~ support* zijn ouders gaven volmondig hun steun ❸ vrijmoedig, openhartig

unreservedly [ʌnrɪ'zɜːvɪdlɪ] *bijw* zonder voorbehoud

unresisting [ʌnrɪ'zɪstɪŋ] *bn* geen weerstand biedend

unresolvable [ʌnrɪ'zɒlvəbl] *bn* onoplosbaar

unresolved [ʌnrɪ'zɒlvd] *bn* ❶ onopgelost ❷ (nog) niet besloten ❸ besluiteloos

unresponsive [ʌnrɪ'spɒnsɪv] *bn* ❶ niet reagerend ❷ onverschillig

unrest [ʌn'rest] *znw* onrust ★ *industrial ~* arbeidsonrust ★ *civil ~* burgeropstand, ongeregeldheden ★ *the measures have sparked widespread ~* de maatregelen hebben algemene beroering veroorzaakt

unrestful [ʌn'restfʊl] *bn* onrustig

unresting [ʌn'restɪŋ] dicht *bn* niet rustend

unrestored [ʌnrɪ'stɔːd] *bn* niet gerestaureerd, onopgeknapt, onverbouwd

unrestrained [ʌnrɪ'streɪnd] *bn* ❶ oningehouden, ongedwongen, spontaan ❷ teugelloos, wild

unrestricted [ʌnrɪ'strɪktɪd] *bn* onbeperkt, vrij

unrewarded [ʌnrɪ'wɔːdɪd] *bn* niet beloond ⟨inspanning⟩, niet succesvol

unrewarding [ʌnrɪ'wɔːdɪŋ] *bn* niet (de moeite) lonend, onbevredigend, niet geslaagd

unrideable [ʌn'raɪdəbl], **unridable** *bn* onberijdbaar

unrig [ʌn'rɪg] scheepv *overg* onttakelen, aftakelen

unrighteous [ʌn'raɪtʃəs] plechtig *bn* ❶ onrechtvaardig ❷ zondig, slecht

unrip [ʌn'rɪp] *overg* openscheuren, lostornen

unripe [ʌn'raɪp] *bn* onrijp

unrivalled [ʌn'raɪvəld] *bn* ❶ zonder mededinger ❷ weergaloos, ongeëvenaard

unroadworthy [ʌn'rəʊdwɜːðɪ] *bn* niet toegestaan op de weg, niet verkeersveilig ⟨auto, &⟩

unrobe [ʌn'rəʊb] **I** *overg* uitkleden **II** *onoverg* zijn (ambts)gewaad afleggen

unroll [ʌn'rəʊl] **I** *overg* ontrollen, afrollen **II** *onoverg* afrollen, zich ontrollen

unroofed [ʌn'ru:ft] *bn* zonder dak, dakloos

unroot [ʌn'ru:t] *overg* ❶ ontwortelen ❷ vernietigen

unruffled [ʌn'rʌfəld] *bn* ❶ ongerimpeld, glad ❷ fig onbewogen, onverstoord, onverstoorbaar (kalm), kalm, bedaard

unruled [ʌn'ru:ld] *bn* ❶ niet geregeerd ❷ ongelinieerd

unruly [ʌn'ru:lɪ] *bn* ongezeglijk, onhandelbaar, lastig, weerspannig ★ *an ~ mop of hair* een wilde haardos

unsaddle [ʌn'sædl] *overg* ❶ afzadelen ❷ uit het zadel werpen

unsafe [ʌn'seɪf] *bn* ❶ onveilig, onbetrouwbaar, niet solide ❷ jur onvoldoende gefundeerd ⟨van een uitspraak: kans op rechterlijke dwaling⟩

unsafe sex [ʌn'seɪf seks] *znw* onveilige seks, onveilig vrijen

unsaid [ʌn'sed] *bn* ongezegd ★ *some things are better left ~* sommige dingen kun je beter niet zeggen

unsalaried [ʌn'sælərɪd] *bn* onbezoldigd

unsaleability [ʌnseɪlə'bɪlətɪ], **unsalability** *znw* onverkoopbaarheid

unsaleable [ʌn'seɪləbl], **unsalable** *bn* onverkoopbaar

unsalted [ʌn'sɔ:ltɪd] *bn* ongezouten

unsanctified [ʌn'sæŋktɪfaɪd] *bn* ❶ ongeheiligd, ongewijd ❷ fig slecht

unsanctioned [ʌn'sæŋkʃənd] *bn* niet gesanctioneerd, onbekrachtigd, ongeoorloofd

unsanitary [ʌn'sænɪtərɪ], **insanitary** *bn* ongezond, onhygiënisch

unsated [ʌn'seɪtɪd] *bn* onverzadigd

unsatisfactory [ʌnsætɪs'fæktərɪ] *bn* onbevredigend, onvoldoende

unsatisfied [ʌn'sætɪsfaɪd] *bn* onvoldaan, onbevredigd, ontevreden

unsatisfying [ʌn'sætɪsfaɪɪŋ] *bn* niet bevredigend

unsaturated [ʌn'sætʃəreɪtɪd] *bn* onverzadigd scheik

unsavoury [ʌn'seɪvərɪ] *bn* onsmakelijk, onaangenaam, onverkwikkelijk

unsay [ʌn'seɪ] *overg* herroepen

unsayable [ʌn'seɪəbl] *bn* onzegbaar

unscaleable [ʌn'skeɪləbl], **unscalable** *bn* onbeklimbaar

unscaled [ʌn'skeɪld] *bn* niet beklommen

unscarred [ʌn'skɑ:d] *bn* ongehavend, zonder littekens

unscathed [ʌn'skeɪðd] *bn* ongedeerd, onbeschadigd

unscheduled [ʌn'ʃedju:ld] *bn* ongepland, niet volgens het dienstrooster

unscientific [ʌnsaɪən'tɪfɪk] *bn* onwetenschappelijk

unscramble [ʌn'skræmbl] *overg* ❶ ontwarren ❷ ontcijferen

unscreened [ʌn'skri:nd] *bn* ❶ niet gezeefd ❷ onbeschermd, onbeschut ❸ niet doorgelicht, niet onderzocht

unscrew [ʌn'skru:] **I** *overg* losschroeven, losdraaien **II** *onoverg* losgeschroefd / losgedraaid worden

unscripted [ʌn'skrɪptɪd] *bn* voor de vuist weg, onvoorbereid

unscriptural [ʌn'skrɪptʃərəl] *bn* on-Bijbels, niet volgens de Bijbel

unscrupulous [ʌn'skru:pjʊləs] *bn* zonder scrupules, gewetenloos

unseal [ʌn'si:l] *overg* ontzegelen, openen

unsealed [ʌn'si:ld] *bn* ❶ ongezegeld ❷ ontzegeld, open ⟨enveloppe⟩ ❸ onverhard ⟨weg⟩

unseam [ʌn'si:m] *overg* (de naden) lostornen

unseasonable [ʌn'si:zənəbl] *bn* ❶ ontijdig, ongelegen (komend) ❷ misplaatst

unseasonal [ʌn'si:zənl] *bn* abnormaal voor de tijd van het jaar ⟨weer⟩, buiten het seizoen ⟨groente &⟩

unseasoned [ʌn'si:zənd] *bn* ❶ ongekruid, niet gezouten / gepeperd ❷ niet belegen ⟨hout⟩ ❸ onervaren

unseat [ʌn'si:t] *overg* ❶ uit het zadel werpen ❷ van zijn zetel beroven

unseated [ʌn'si:tɪd] *bn* ❶ niet gezeten, niet zittend ❷ uit het zadel geworpen ❸ gewipt, weggewerkt ⟨vooral in de politiek⟩

unseaworthy [ʌn'si:wɜ:ðɪ] *bn* onzeewaardig

unsecured [ʌnsɪ'kjʊəd] *bn* ongedekt, onbeveiligd

unseeded [ʌn'si:dɪd] sp *bn* niet geplaatst ⟨speler⟩

unseeing [ʌn'si:ɪŋ] *bn* dicht niet(s) ziend, onopmerkzaam, blind

unseemly [ʌn'si:mlɪ] *bn* onbetamelijk, ongepast

unseen [ʌn'si:n] **I** *bn* ongezien **II** *znw* ongeziene tekst ⟨vertaling⟩

unselfish [ʌn'selfɪʃ] *bn* onzelfzuchtig, niet egoïstisch, onbaatzuchtig

unselfishness [ʌn'selfɪʃnəs] *znw* onzelfzuchtigheid, onbaatzuchtigheid

unsent [ʌn'sent] *bn* niet gezonden, niet verzonden

unserviceable [ʌn'sɜ:vɪsəbl] *bn* ondienstig, onbruikbaar

unsettle [ʌn'setl] *overg* ❶ van streek maken, onzeker maken, uit zijn doen brengen, verwarren ❷ op losse schroeven zetten, in de war sturen ⟨plannen⟩

unsettled [ʌn'setld] *bn* ❶ weifelend, overstuur, verward, ontsteld ❷ onbestendig, wisselvallig ⟨weer⟩ ❸ niet vastgesteld, niet tot rust gekomen ❹ onbetaald ⟨rekening⟩

unsettling [ʌn'setlɪŋ] *bn* verwarrend, verontrustend

unsex [ʌn'seks] *overg* ❶ van geslachtseigenschappen beroven ❷ van seksualiteit beroven

unsexed [ʌn'sekst] *bn* geslachtloos

unshackle [ʌn'ʃækl] *overg* ❶ vrijmaken, losmaken ❷ dicht bevrijden, emanciperen

unshaded [ʌn'ʃeɪdɪd] *bn* ❶ onbeschaduwd ❷ zonder scherm

unshakeable [ʌn'ʃeɪkəbl], **unshakable** *bn* onwankelbaar, onwrikbaar

unshaken [ʌn'ʃeɪkən] *bn* ❶ ongeschokt ❷ onwrikbaar

unshapely [ʌn'ʃeɪplɪ] *bn* vormeloos, slecht gevormd

unshaven [ʌn'ʃeɪvn] *bn* ongeschoren

unsheathe [ʌn'ʃi:ð] *overg* (uit de schede) trekken ⟨zwaard, degen &⟩

unshelled [ʌn'ʃeld] *bn* ongepeld

unsheltered [ʌn'ʃeltəd] *bn* onbeschut

unshielded [ʌn'ʃi:ldɪd] *bn* niet verdedigd,

un

onbeschermd, onbeschut

unship [ʌnˈʃɪp] scheepv overg ontschepen, lossen

unshipped [ʌnˈʃɪpt] bn niet verscheept

unshod [ʌnˈʃɒd] bn ❶ ongeschoeid ‹persoon›
❷ onbeslagen ‹een paard›

unshorn [ʌnˈʃɔːn] bn ongeschoren, ongeknipt ‹vee, heg &›

unshrinkable [ʌnˈʃrɪŋkəbl] bn krimpvrij

unshrinking [ʌnˈʃrɪŋkɪŋ] bn onversaagd

unsighted [ʌnˈsaɪtɪd] bn ❶ niet in zicht ❷ ongezien

unsightly [ʌnˈsaɪtlɪ] bn onooglijk, minder mooi, niet sierlijk, lelijk (staand)

unsigned [ʌnˈsaɪnd] bn ❶ niet ondertekend
❷ anoniem

unsinkable [ʌnˈsɪŋkəbl] bn niet tot zinken te brengen

unsisterly [ʌnˈsɪstəlɪ] bn niet zusterlijk

unsized [ʌnˈsaɪzd] bn ❶ niet op maat, niet op grootte
❷ ongelijmd ‹behang &›

unskilful [ʌnˈskɪlfʊl] bn onbedreven, onbekwaam, onervaren

unskilled [ʌnˈskɪld] bn ongeschoold, onbedreven ★ ~ labour ongeschoolde arbeidskrachten, werk dat geen vakkennis vereist

unslaked [ʌnˈsleɪkt] bn ongelest, ongeblust

unsleeping [ʌnˈsliːpɪŋ] dicht bn altijd waakzaam

unslept in [ʌnˈslept ɪn] bn onbeslapen

unsliced [ʌnˈslaɪst] bn niet gesneden ‹brood›

unsling [ʌnˈslɪŋ] overg losgooien, losmaken

unsmiling [ʌnˈsmaɪlɪŋ] bn strak, met een strak gezicht

unsociability [ʌnsəʊʃəˈbɪlətɪ] znw ongezelligheid

unsociable [ʌnˈsəʊʃəbl] bn ongezellig, teruggetrokken

unsocial [ʌnˈsəʊʃəl] bn ❶ asociaal, onmaatschappelijk
❷ sociale contacten mijdend ❸ op ongebruikelijke tijden ★ work ~ hours buiten de normale werktijden werken ‹en daardoor geen normaal sociaal leven hebben›

unsoiled [ʌnˈsɔɪld] bn onbezoedeld, onbevlekt

unsold [ʌnˈsəʊld] bn onverkocht

unsoldierly [ʌnˈsəʊldʒəlɪ] bn niet krijgshaftig, niet zoals het de soldaat betaamt

unsolicited [ʌnsəˈlɪsɪtɪd] bn ongevraagd

unsolvable [ʌnˈsɒlvəbl] bn onoplosbaar

unsolved [ʌnˈsɒlvd] bn onopgelost

unsophisticated [ʌnsəˈfɪstɪkeɪtɪd] bn onervaren, ongekunsteld, eenvoudig, pretentieloos

unsorted [ʌnˈsɔːtɪd] bn ongesorteerd

unsought [ʌnˈsɔːt] bn, **unsought for** bn niet gezocht, ongevraagd

unsound [ʌnˈsaʊnd] bn ❶ ongezond, wrak, zwak
★ of ~ mind geestelijk gestoord ❷ niet gaaf, aangestoken, bedorven ❸ ondeugdelijk, niet solide, niet sterk ★ structurally ~ structureel niet degelijk
★ environmentally ~ slecht voor het milieu ❹ onjuist, onbetrouwbaar ‹advies &›

unsown [ʌnˈsəʊn] bn ❶ ongezaaid ❷ onbezaaid, oningezaaid

unsparing [ʌnˈspeərɪŋ] bn ❶ niets ontziend, meedogenloos ❷ niet op een cent kijkend, niet

karig, gul ★ he was ~ in his praise of her abilities hij was vol lof over haar capaciteiten

unspeak [ʌnˈspiːk] overg herroepen

unspeakable [ʌnˈspiːkəbl] bn ❶ onuitsprekelijk, onbeschrijfelijk ❷ afschuwelijk

unspecified [ʌnˈspesɪfaɪd] bn ongespecificeerd, niet verder omschreven

unspent [ʌnˈspent, ˈʌnspent] bn niet verbruikt, niet gebruikt, niet uitgegeven, onverteerd, onuitgeput

unspoiled [ʌnˈspɔɪld], **unspoilt** bn onbedorven

unspoken [ʌnˈspəʊkən] bn niet uitgesproken / gesproken, onvermeld

unsporting [ʌnˈspɔːtɪŋ] bn onsportief

unsportsmanlike [ʌnˈspɔːtsmənlaɪk] bn onsportief

unspotted [ʌnˈspɒtɪd] bn ongevlekt, vlekkeloos

unsprayed [ʌnˈspreɪd] bn onbespoten

unstable [ʌnˈsteɪbl] bn ❶ onvast, onbestendig, instabiel ❷ labiel

unstained [ʌnˈsteɪnd] bn onbesmet, vlekkeloos

unstamped [ʌnˈstæmpt] bn ❶ ongestempeld
❷ ongezegeld, ongefrankeerd

unstarched [ʌnˈstɑːtʃt] bn ongesteven

unstated [ʌnˈsteɪtɪd] bn niet uitgedrukt, niet geuit

unsteady [ʌnˈstedɪ] bn wankel, onzeker, onvast ★ she's still a bit ~ on her feet ze staat nog een beetje wankel op haar benen

unstick [ʌnˈstɪk] overg losweken ‹van iets dat gelijmd is›

unstinted [ʌnˈstɪntɪd], **unstinting** bn onbekrompen, kwistig, onbeperkt

unstitch [ʌnˈstɪtʃ] overg lostornen

unstocked [ʌnˈstɒkt] bn ❶ zonder voorraad
❷ leeggehaald

unstop [ʌnˈstɒp] overg ❶ openen, ontkurken
❷ ontstoppen

unstoppable [ʌnˈstɒpəbl] bn onstuitbaar, niet te stoppen

unstopper [ʌnˈstɒpə] overg openmaken, ontkurken

unstrained [ʌnˈstreɪnd] bn ❶ ongedwongen, niet geforceerd ❷ ongezeefd

unstrap [ʌnˈstræp] overg losgespen, losmaken

unstreamed [ʌnˈstriːmd] onderw bn niet onderverdeeld in onderwijsstromen

unstressed [ʌnˈstrest] bn ❶ toonloos, zonder klemtoon ❷ niet benadrukt ❸ ontspannen

unstring [ʌnˈstrɪŋ] overg [unstrung, unstrung] ❶ een snaar (snaren) afhalen van, een snaar (snaren) losser spannen ❷ afrijgen ‹kralen› ❸ van streek brengen

unstructured [ʌnˈstrʌktʃəd] bn ❶ ongestructureerd, onsystematisch ❷ zonder voering ‹van kledingstuk›
★ an ~ jacket een loshangend jasje

unstrung [ʌnˈstrʌŋ] I bn ❶ ontspannen, verslapt ❷ van streek, overstuur II ww [v.t. & v.d.] → **unstring**

unstuck [ʌnˈstʌk] bn los ★ come ~ losgaan, loslaten, fig spaak lopen

unstudied [ʌnˈstʌdɪd] bn spontaan

unsubdued [ʌnsəbˈdjuːd] bn ongetemd

unsubstantial [ʌnsəbˈstænʃəl] bn ❶ niet solide, niet

un

degelijk, ongefundeerd ❷ onstoffelijk, onwezenlijk, onwerkelijk ❸ zonder veel voedingsstoffen ★ *a tasty but ~ meal* smakelijke maar lichte kost

unsubstantiated [ˌʌnsəbˈstænʃɪeɪtɪd] *bn* niet bewezen, onbevestigd, ongefundeerd

unsuccessful [ˌʌnsəkˈsesfʊl] *bn* geen succes hebbend, zonder succes, niet geslaagd, niet gelukt, mislukt ★ *be ~* niet slagen ★ *return ~* onverrichter zake terugkeren

unsuitability [ˌʌnsuːtəˈbɪlətɪ] *znw* ongeschiktheid, ongepastheid

unsuitable [ʌnˈsuːtəbl] *bn* ongepast, ongeschikt ★ *manifestly ~* duidelijk ongeschikt

unsuited [ʌnˈsuːtɪd] *bn* ongeschikt (voor *for*), niet passend (bij *to*)

unsullied [ʌnˈsʌlɪd] dicht *bn* onbezoedeld, onbevlekt

unsung [ʌnˈsʌŋ] *bn* ❶ ongezongen ❷ fig miskend ★ *an ~ hero* een miskende held

unsupervised [ʌnˈsuːpəvaɪzd] *bn* onbeheerd, zonder toezicht

unsupported [ˌʌnsəˈpɔːtɪd] *bn* ❶ niet ondersteund ❷ niet gesteund, zonder hulp ❸ niet gestaafd, onbevestigd

unsure [ʌnˈʃʊə] *bn* ❶ onzeker, onvast ❷ onbetrouwbaar, wisselvallig ❸ twijfelachtig

unsurfaced [ʌnˈsɜːfɪst] *bn* onverhard, ongeplaveid

unsurpassable [ˌʌnsəˈpɑːsəbl] *bn* onovertrefbaar

unsurpassed [ˌʌnsəˈpɑːst] *bn* onovertroffen

unsurprising [ˌʌnsəˈpraɪzɪŋ] *bn* niet verrassend

unsurprisingly [ˌʌnsəˈpraɪzɪŋlɪ] *bijw* niet verrassend

unsusceptible [ˌʌnsəˈseptɪbl] *bn* onvatbaar

unsuspected [ˌʌnsəˈspektɪd] *bn* ❶ onverdacht ❷ onvermoed

unsuspecting [ˌʌnsəˈspektɪŋ] *bn* geen kwaad vermoedend, argeloos

unsuspicious [ˌʌnsəˈspɪʃəs] *bn* niet achterdochtig, argeloos

unsustainable [ˌʌnsəˈsteɪnəbl] *bn* ❶ onhoudbaar, niet vol te houden ❷ niet duurzaam ❸ onverdedigbaar

unsustained [ˌʌnsəˈsteɪnd] *bn* niet volgehouden

unswathe [ʌnˈsweɪð] dicht *overg* ontzwachtelen

unswayed [ʌnˈsweɪd] *bn* ❶ onbeïnvloed ❷ onbevooroordeeld

unsweetened [ʌnˈswiːtənd] *bn* ongezoet

unswept [ʌnˈswept] *bn* on(aan)geveegd

unswerving [ʌnˈswɜːvɪŋ] *bn* ❶ niet afwijkend ❷ onwankelbaar

unsworn [ʌnˈswɔːn] *bn* onbeëdigd

unsympathetic [ˌʌnsɪmpəˈθetɪk] *bn* ❶ onwelwillend, onverschillig ❷ geen blijk gevend van medelijden ❸ onsympathiek

unsystematic [ˌʌnsɪstɪˈmætɪk] *bn* onsystematisch, zonder systeem

untackle [ʌnˈtækl] *overg* uitspannen ⟨van paard⟩

untainted [ʌnˈteɪntɪd] *bn* ❶ onaangestoken, onbedorven ❷ onbesmet, smetteloos, vlekkeloos

untalented [ʌnˈtæləntɪd] *bn* ongetalenteerd

untameable [ʌnˈteɪməbl], **untamable** *bn* ontembaar

untamed [ʌnˈteɪmd] *bn* ongetemd

untangle [ʌnˈtæŋgl] *overg* ❶ ontwarren ❷ oplossen, vereenvoudigen

untanned [ʌnˈtænd] *bn* ❶ ongelooid ⟨leer⟩ ❷ niet gebruind ⟨huid⟩

untapped [ʌnˈtæpt] *bn* nog niet aangeboord, fig onontgonnen

untarnished [ʌnˈtɑːnɪʃt] *bn* ongevlekt, onbevlekt, onbesmet, smetteloos

untasted [ʌnˈteɪstɪd] *bn* niet geproefd, onaangeroerd ⟨spijzen⟩ ★ *the food was left ~* het eten was onaangeroerd

untaught [ʌnˈtɔːt] *bn* ❶ onwetend ❷ spontaan, aangeboren

untaxed [ʌnˈtækst] *bn* onbelast, van belasting vrijgesteld

unteach [ʌnˈtiːtʃ] *overg* afleren

unteachable [ʌnˈtiːtʃəbl] *bn* ❶ hardleers ❷ niet te leren

untempered [ʌnˈtempəd] *bn* ❶ ongetemperd, niet ingetoomd ❷ niet getemperd, ongehard ⟨staal &⟩

untenable [ʌnˈtenəbl] *bn* onhoudbaar, onverdedigbaar

untenanted [ʌnˈtenəntɪd] *bn* ❶ onverhuurd ❷ onbewoond, onbezet, leeg

untended [ʌnˈtendɪd] *bn* onverzorgd, verwaarloosd

untested [ʌnˈtestɪd] *bn* onbeproefd, niet getest

unthankful [ʌnˈθæŋkfʊl] *bn* ondankbaar

unthaw [ʌnˈθɔː] *overg & onoverg* ontdooien

unthawed [ʌnˈθɔːd] *bn* niet ontdooid

unthinkable [ʌnˈθɪŋkəbl] **I** *bn* ondenkbaar **II** *znw* ★ *the ~* het ondenkbare

unthinking [ʌnˈθɪŋkɪŋ] *bn* niet (na)denkend, onbezonnen, onbedachtzaam

unthinkingly [ʌnˈθɪŋkɪŋlɪ] *bijw* onbezonnen, zonder na te denken

unthought of [ʌnˈθɔːt əv] *bn* onvermoed, onverwacht

unthrifty [ʌnˈθrɪftɪ] *bn* ❶ niet spaarzaam, verkwistend ❷ onvoordelig, onvoorspoedig

untidy [ʌnˈtaɪdɪ] *bn* onordelijk, slordig

untie [ʌnˈtaɪ] **I** *overg* losmaken, losbinden, losknopen **II** *onoverg* loskomen, losgaan

until [ənˈtɪl] *voorz* tot, totdat, tot aan ★ *not ~ 1900* pas in 1900

untilled [ʌnˈtɪld] *bn* ongecultiveerd, onbebouwd, braak ⟨landbouwgrond⟩

untimely [ʌnˈtaɪmlɪ] *bn & bijw* ❶ ontijdig, voortijdig ★ *her ~ death* haar te vroege overlijden ❷ ongelegen

untinged [ʌnˈtɪndʒd] *bn* ❶ ongetint ❷ ongerept, vrij (van *with* / *by*)

untiring [ʌnˈtaɪərɪŋ] *bn* onvermoeibaar

untitled [ʌnˈtaɪtld] *bn* ongetiteld

unto [ˈʌntʊ] plechtig *voorz* tot, aan, voor, naar, tot aan

untold [ʌnˈtəʊld] *bn* ❶ ongeteld, talloos, ontelbaar veel ★ *cause ~ damage* ongekende schade veroorzaken ❷ onverteld

untouchable [ʌnˈtʌtʃəbl] **I** *bn* onaanraakbaar **II** *znw* (hindoe)paria

un

untouched [ʌn'tʌtʃt] *bn* ❶ onaangeraakt, ongerept ❷ ongevoelig (voor *by*)

untoward [ʌntə'wɔ:d] *bn* ❶ lastig, ongelegen, ongelukkig, onaangenaam ★ *I hope that nothing ~ has happened* ik hoop dat er niets vervelends is gebeurd ❷ ongepast

untraceable [ʌn'treɪsəbl] *bn* niet na te gaan

untraced [ʌn'treɪst] *bn* niet op-, nagespoord

untrained [ʌn'treɪnd] *bn* ongetraind, ongeoefend, ongeschoold ★ *to the ~ eye, they looked identical* voor het ongeoefende oog waren ze identiek ★ *to the ~ ear, modern music is sometimes just noise* voor een ongeschoold oor is moderne muziek soms alleen maar lawaai

untrammelled [ʌn'træmld], Am **untrammeled** *bn* onbelemmerd, ongehinderd

untranslatable [ʌntræns'leɪtəbl] *bn* onvertaalbaar

untransportable [ʌntræns'pɔ:təbl] *bn* onvervoerbaar

untravelled [ʌn'trævəld], Am **untraveled** *bn* ❶ onbereisd ‹persoon› ❷ rustig, stil ‹weg›

untread [ʌn'tred] *overg* op zijn schreden terugkeren ★ *~ one's steps / path* op zijn schreden terugkeren

untreated [ʌn'tri:tɪd] *bn* ❶ onbehandeld ‹patiënt› ❷ ongezuiverd ‹rioolwater›

untried [ʌn'traɪd] *bn* ❶ onbeproefd, niet geprobeerd ❷ *jur* (nog) niet verhoord, (nog) niet behandeld, (nog) niet voorgeleid

untrodden [ʌn'trɒdn] *bn* onbetreden

untroubled [ʌn'trʌbld] *bn* ongestoord, onbewogen, kalm, niet verontrust

untrue [ʌn'tru:] *bn* ❶ onwaar, onwaarachtig ❷ ontrouw (aan *to*)

untruss [ʌn'trʌs] *overg* losmaken

untrustworthy [ʌn'trʌstwɜ:ðɪ] *bn* onbetrouwbaar

untruth [ʌn'tru:θ] *znw* onwaarheid

untruthful [ʌn'tru:θfʊl] *bn* leugenachtig

untune [ʌn'tju:n] *overg* ontstemmen

untuned [ʌn'tju:nd] *bn* ❶ ongestemd, ontstemd ❷ niet goed afgesteld ❸ niet in harmonie

untuneful [ʌn'tju:nfʊl] *bn* onwelluidend

unturned [ʌn'tɜ:nd] *bn* ongekeerd, niet omgedraaid ★ *leave no stone ~* al het mogelijke proberen

untutored [ʌn'tju:təd] *bn* ❶ ongeschoold, niet onderwezen ★ *to the / my & ~ eye* voor een / mijn & ongeschoold oog ❷ onbeschaafd

untwine [ʌn'twaɪn] I *overg* ontstrengelen, losdraaien II *onoverg* losraken, loskomen

untwist [ʌn'twɪst] I *overg* loswinden, losdraaien, ontwarren II *onoverg* losraken, loskomen

unusable [ʌn'ju:zəbl] *bn* onbruikbaar

unused *bn* [ʌn'ju:zd] ongebruikt, onbenut

unused to *bn* [ʌn'ju:st tʊ] niet gewend aan

unusual [ʌn'ju:ʒʊəl] *bn* ❶ ongewoon, ongebruikelijk ★ *it was ~ for him to be late* het was ongebruikelijk voor hem om te laat te komen ❷ uitzonderlijk, buitengewoon ★ *a man with an ~ talent for music* een man met een uitzonderlijk muzikaal talent

unusually [ʌn'ju:ʒʊəlɪ] *bijw* ongebruikelijk, ongewoon

unutterable [ʌn'ʌtərəbl] *bn* onuitsprekelijk, onzegbaar, onbeschrijflijk

unuttered [ʌn'ʌtəd] *bn* onuitgesproken

unvalued [ʌn'vælju:d] *bn* ❶ ongewaardeerd ❷ ongeschat, ongetaxeerd

unvanquished [ʌn'væŋkwɪʃt] dicht *bn* onverslagen, onoverwonnen

unvaried [ʌn'veərɪd] *bn* onveranderd, ongevarieerd, eentonig

unvarnished [ʌn'vɑ:nɪʃt] *bn* ❶ niet gevernist ❷ rechtstreeks, direct, onopgesmukt ‹verhaal›, onverbloemd ‹waarheid›

unvarying [ʌn'veərɪŋ] *bn* onveranderlijk, constant

unveil [ʌn'veɪl] *overg* ontsluieren, onthullen

unvented [ʌn'ventɪd] *bn* zonder luchttoevoer, zonder uitlaat

unventilated [ʌn'ventɪleɪtɪd] *bn* ongeventileerd

unverifiable [ʌn'verɪfaɪəbl] *bn* onverifieerbaar, oncontroleerbaar

unversed [ʌn'vɜ:st] *bn* onervaren, onbedreven ★ *they are ~ in the ways of the big city* ze kennen de manieren van de grote stad niet

unvoiced [ʌn'vɔɪst] *bn* ❶ niet uitgesproken ❷ *fon* stemloos ‹medeklinkers›

unwaged [ʌn'weɪdʒd] I *bn* werkloos, onbetaald, zonder inkomen II *znw* ★ *the ~* degenen die geen loon ontvangen ‹werklozen, studenten en gepensioneerden›

unwanted [ʌn'wɒntɪd] *bn* niet verlangd / gevraagd / nodig, ongewenst

unwarlike [ʌn'wɔ:laɪk] *bn* onkrijgshaftig, vredelievend

unwarrantable [ʌn'wɒrəntəbl] *bn* ongeoorloofd, niet goed te keuren

unwarranted [ʌn'wɒrəntɪd] *bn* ❶ ongerechtvaardigd, ongemotiveerd, niet verantwoord, ongeoorloofd ❷ ongegrond, onterecht ★ *his fears are probably ~* zijn vrees is waarschijnlijk onterecht

unwary [ʌn'weərɪ] I *bn* onvoorzichtig, niet waakzaam, niet op zijn hoede II *znw* ★ *the ~* onvoorzichtige mensen ★ *the new regulations are a trap for the ~* de nieuwe regels zijn een valkuil voor mensen die niet goed opletten

unwashed [ʌn'wɒʃt] I *bn* ongewassen II *znw* ★ *the (great) ~* afkeurend het (ongewassen) gewone volk

unwatered [ʌn'wɔ:təd] *bn* ❶ onbesproeid, onbegoten ❷ niet met water aangelengd

unwavering [ʌn'weɪvərɪŋ] *bn* niet wankelend, niet aarzelend, onwrikbaar, standvastig

unwearable [ʌn'weərəbl] *bn* ondraagbaar ‹kleding›

unwearied [ʌn'wɪərɪd], **unwearying** *bn* onvermoeid, onvermoeibaar, volhardend, aanhoudend

unwed [ʌn'wed], **unwedded** *bn* ongehuwd

unwelcome [ʌn'welkəm] *bn* ❶ onwelkom ❷ onaangenaam

unwelcoming [ʌn'welkəmɪŋ] *bn* ❶ koel, afstandelijk, ongastvrij ❷ onherbergzaam

unwell [ʌn'wel] *bn* onwel, onpasselijk, ziek

unwept [ʌn'wept] dicht *bn* onbeweend

unwholesome [ʌn'həʊlsəm] *bn* ❶ ongezond
❷ verderfelijk
unwieldy [ʌn'wiːldɪ] *bn* log, zwaar, lomp,
onbehouwen, moeilijk te hanteren
unwifely [ʌn'waɪflɪ] *bn* zoals men v. een echtgenote
niet verwacht
unwilling [ʌn'wɪlɪŋ] *bn* onwillig, ongewillig ★ *be
/ feel ~ to do sth* geen zin hebben om iets te doen,
iets niet willen doen
unwillingly [ʌn'wɪlɪŋlɪ] *bijw* onwillig, met tegenzin
unwind [ʌn'waɪnd] **I** *overg* [unwound, unwound]
loswinden, loswikkelen, ontrollen **II** *onoverg*
[unwound, unwound] ❶ zich loswikkelen, zich
ontrollen ❷ zich ontspannen ⟨na inspanning⟩
unwinking [ʌn'wɪŋkɪŋ] *bn* strak, star ⟨blik⟩
unwisdom [ʌn'wɪzdəm] *znw* onverstandigheid,
dwaasheid
unwise [ʌn'waɪz] *bn* onwijs, onverstandig
unwished [ʌn'wɪʃt] *bn* ongewenst
unwitnessed [ʌn'wɪtnɪst] *bn* ongezien, niet door
getuigen bijgewoond / bevestigd
unwitting [ʌn'wɪtɪŋ] *bn* onwetend, van niets wetend,
onbewust
unwittingly [ʌn'wɪtɪŋlɪ] *bn* per ongeluk, onopzettelijk
unwomanly [ʌn'wʊmənlɪ] *bn* onvrouwelijk
unwonted [ʌn'wəʊntɪd] *bn* ongewoon, niet gewend
unwooded [ʌn'wʊdɪd] *bn* ❶ zonder hout ⟨wijn⟩
❷ zonder bomen, onbebost
unworkable [ʌn'wɜːkəbl] *bn* ❶ onuitvoerbaar,
onpraktisch ❷ niet te bewerken
unworked [ʌn'wɜːkt] *bn* ❶ onbewerkt, ruw
❷ onontgonnen
unworldly [ʌn'wɜːldlɪ] *bn* ❶ wereldvreemd ❷ onaards,
onwerelds
unworn [ʌn'wɔːn] *bn* ongedragen
unworried [ʌn'wʌrɪd] *bn* onbezorgd, onbekommerd
unworthy [ʌn'wɜːðɪ] *bn* ❶ onwaardig ❷ waardeloos
unwound [ʌn'waʊnd] *ww* [v.t. & v.d.] → **unwind**
unwounded [ʌn'wuːndɪd] *bn* niet gewond,
ongeschonden, heelhuids
unwrap [ʌn'ræp] *overg* loswikkelen, openmaken,
uitpakken
unwrinkle [ʌn'rɪŋkl] *overg* ontrimpelen, gladstrijken
unwrinkled [ʌn'rɪŋkld] *bn* ongerimpeld, zonder
rimpels, glad
unwritten [ʌn'rɪtn] *bn* ongeschreven
unyielding [ʌn'jiːldɪŋ] *bn* ❶ niet meegevend
❷ onbuigzaam, onverzettelijk
unyoke [ʌn'jəʊk] *overg* het juk afnemen, uitspannen,
bevrijden ⟨van het juk⟩
unzip [ʌn'zɪp] *overg* ❶ opentrekken ⟨rits⟩, openritsen
❷ comput decomprimeren, uitpakken, unzippen
⟨bestanden⟩

up [ʌp] **I** *tsw* ★ ~ *the rebels!* leve de rebellen! ★ ~ *with
socialism!* leve het socialisme!, hoera voor het
socialisme **II** *voorz* ❶ op ★ ~ *the stairs* de trap op ★ ~
a hill een heuvel op ★ ~ *hill and down dale* over heg
en steg ❷ in, langs ★ ~ *a tree* (boven) in een boom

★ ~ *the road / street* verder de straat in / langs ★ inf
that's really ~ my street dat komt goed in mijn kraam
te pas ▼ inf *not have much ~ top* niet erg slim zijn
III *bn* ❶ (om)hoog, naar boven ★ *the ~ escalator* de
roltrap naar boven ★ *the ~ country* de hooglanden,
bergstreken ❷ om, voorbij ★ *time's ~* de tijd is om
★ *it's all ~!* er is geen hoop meer! ★ *my contract will
be ~ next month* mijn contract is volgende maand
afgelopen ❸ inf opgewekt ★ *she's in an ~ mood* ze is
in een opgewekt humeur ❹ wakker, uit bed ★ *Tom
isn't ~ yet* Tom is nog niet wakker ★ *be ~ and about
/ around* uit de veren zijn, al in de weer zijn ★ *be ~
and doing* druk bezig zijn, aan het werk zijn ❺ in
orde / gebruik ★ *my system is finally ~* mijn systeem
is eindelijk in orde ★ *be ~ and running* klaar zijn om
te gebruiken ❻ opgebroken ★ *the street is ~* de straat
is opgebroken ❼ met reces ★ *the House is ~* de
Kamer is met reces ❽ duurder, gestegen
★ *unemployment is ~* de werkloosheid is gestegen
❾ met voorsprong ★ *Ajax was one ~ at half time* bij
de rust stond Ajax voor ★ *that's one ~ for / to them*
één / een punt / een succes voor hen ★ ~ *inf be one ~
on sbd* iem. een slag voor zijn ❿ verkiesbaar ★ *put
oneself ~ for election* zich kandidaat stellen ⓫ op de
hoogte ★ *he is well ~ in that subject* hij is heel goed
thuis in dat vak ⓬ inf klaar ★ *dinner's ~!* het eten
staat op tafel! ▼ inf *what's ~?* wat is er aan de
hand? **IV** *bijw* ❶ op, de hoogte in, in de hoogte,
omhoog, boven, naar boven ★ *they lifted her ~* ze
tilden haar op ★ *she went ~ to her bedroom* ze ging
naar boven naar haar kamer ★ *the curtain went ~*
het gordijn ging omhoog ★ *he lives four floors ~* hij
woont vier hoog ★ *it's ~ there* het is daar(ginds)
/ daarboven ★ *he vomited everything ~* hij braakte
alles weer op ★ *he is high ~ in the organisation* hij
heeft een hoge positie in de organisatie ★ ~ *from 5
pounds ~* vanaf 5 pond ❷ overeind ★ *he stood ~* hij
ging staan ❸ over, overal, door ★ *he travels ~ and
down the country* hij reist het hele land door ★ *look ~
and down* overal kijken ★ *look sbd ~ and down* iem.
van het hoofd tot de voeten opnemen ❹ naar ★ Br
go ~ to town naar de stad (toe) gaan ★ *I'm going ~ to
the shops* ik ga naar de winkels ★ *he crept ~ behind
her* hij kroop achter haar rug naderbij ❺ harder,
sterker, meer, hoger ★ *he turned the volume ~* hij
draaide het geluid harder ★ *sales are going ~* de
verkoopcijfers gaan omhoog ❻ tot, hoogstens ★ ~ *to
now* tot nu (nog) toe, tot op heden, tot dusver ★ ~ *to
then* tot dan toe ★ *she comes ~ to my shoulder* ze
komt tot aan mijn schouder ★ ~ *to 7 days' leave*
hoogstens 7 dagen verlof ▼ inf *be ~ against it* in een
moeilijke situatie verkeren ▼ *be ~ against a
formidable task* voor een geweldige taak staan ▼ inf
what are you ~ to? wat voer jij nu uit?, wat moet
dat nou? ▼ inf *he's ~ to no good* hij voert niets
goeds in zijn schild ▼ *he's ~ to some joke* hij heeft
de een of andere grap in de zin ★ *I don't feel ~ to it*
ik voel me er niet sterk / flink genoeg voor ▼ *not*

up

be ~ *to* much niet veel voorstellen, onbeduidend zijn ▼ *he's not* ~ *to the task* hij is niet op de taak berekend ▼ *inf be* ~ *to a trick or two* van wanten weten ▼ *the decision is* ~ *to him* het is aan hem (om te beslissen), hij mag kiezen ▼ *inf I'm* ~ *to what you mean* ik begrijp / snap wel wat je bedoelt **V** *znw inf* goede periode ★ *be on the* ~ *and* ~ vooruitgaan, verbeteren **VI** *overg* ❶ verhogen ‹lonen, prijzen &› ★ *prices will be* ~*ped by 10%* de prijzen zullen met 10% worden verhoogd ❷ heffen ★ ~ *your glasses, ladies and gentlemen* heft uw glazen, dames en heren **VII** *onoverg* ❶ *inf* opstaan ★ *she* ~*ped and left* ze stond op en ging weg ❷ *Am inf* proosten, een toost uitbrengen ★ *they* ~*ped with their glasses* ze brachten een toost uit

up- [ʌp] *voorv* op-, naar

up-and-at-'em [ʌp-ən-'æt-əm] *inf tsw* geef ze van katoen!

up-and-coming [ʌpən'kʌmɪŋ] *bn* ambitieus, veelbelovend

up-and-down [ʌp-ən-'daʊn] *bn* ❶ van boven naar beneden, op- en neergaand ❷ wisselvallig ‹weer, humeur›

up-and-over door [ʌp-ən-'əʊvə 'dɔ:] *znw* kanteldeur ‹garage &›

upbeat ['ʌpbi:t] **I** *bn* ❶ snel ❷ ritmisch, vrolijk ‹muziek› ❸ *inf* optimistisch, levendig, vrolijk **II** *znw* muz opmaat

upbraid [ʌp'breɪd] *overg* verwijten doen, een verwijt maken ★ *she* ~*ed him for arriving late* ze maakte hem verwijten omdat hij te laat was

upbringing ['ʌpbrɪŋɪŋ] *znw* opvoeding

upcast I *bn* ['ʌpkɑ:st] ❶ naar boven gericht ★ ~ *light* naar boven schijnend licht ❷ naar boven geworpen ★ *with* ~ *eyes* met ten hemel geslagen ogen **II** *znw* ['ʌpkɑ:st] ❶ geol opwaartse verschuiving ❷ ventilatieschacht ‹in mijn› ❸ worp omhoog **III** *overg* [ʌp'kɑ:st] omhoog werpen

upcoming ['ʌpkʌmɪŋ] *bn* aanstaande, verwacht

upcountry [ʌp'kʌntri] *bn & bijw* in, van, naar het binnenland, plattelands-

update [ʌp'deɪt] *overg* bijwerken ‹een uitgave›, bij de tijd brengen, moderniseren

upend [ʌp'end] *overg* overeind zetten, ondersteboven keren

upfront [ʌp'frʌnt] *bn* ❶ *inf* open, eerlijk ❷ vooruit, van tevoren ‹betaling›

upgradability [ʌp'greɪdəbɪlətɪ] *znw* de mogelijkheid tot verbetering ‹computers en computerprogramma's &›

upgradable [ʌp'greɪdəbl] *bn* met de mogelijkheid tot verbetering, opwaardeerbaar ‹computers &›

upgrade I *znw* ['ʌpgreɪd] ❶ opwaartse helling ★ *be on the* ~ stijgen ‹prijzen›, vooruitgaan, aan de beterende hand zijn ‹zieke› ❷ verbeterde versie **II** *overg* [ʌp'greɪd] ❶ verhogen (in rang &) ❷ upgraden, verbeteren, opwaarderen

upheaval [ʌp'hi:vəl] *znw* omwenteling, ontreddering, opschudding

upheave [ʌp'hi:v] *dicht overg* opheffen, omhoog werpen

upheld [ʌp'held] *ww* [v.t. & v.d.] → **uphold**

uphill ['ʌphɪl] **I** *bn* ❶ bergop ❷ *fig* moeilijk, zwaar ‹werk &› ★ *they now face an* ~ *battle / fight to maintain their position* ze worden nu geconfronteerd met de haast onmogelijke taak om hun positie te handhaven **II** *bijw* [ʌp'hɪl] bergop(waarts), naar boven

uphold [ʌp'həʊld] *overg* [upheld, upheld] ❶ handhaven ‹wet› ❷ bevestigen ‹vonnis› ❸ (onder)steunen, verdedigen ‹waarden, gewoontes›

upholder [ʌp'həʊldə] *znw* ondersteuner, steun, handhaver, verdediger

upholster [ʌp'həʊlstə] *overg* stofferen, bekleden

upholsterer [ʌp'həʊlstərə] *znw* stoffeerder

upholstery [ʌp'həʊlstərɪ] *znw* ❶ stoffering, bekleding ❷ stoffeerderij

upkeep ['ʌpki:p] *znw* (kosten van) onderhoud, instandhouding

upland ['ʌplənd] **I** *bn* hooglands, bovenlands **II** *znw*, **uplands** hoogland, heuvelland

uplift I *znw* ['ʌplɪft] ❶ opwekking, verheffing ‹de ziel &› ❷ bodemverheffing ❸ omhoogbrengen **II** *overg* [ʌp'lɪft] ❶ optillen, verheffen ❷ ten hemel heffen ‹de handen›, ten hemel slaan ‹de ogen›

uplift bra ['ʌplɪft brɑ:] *znw* ondersteunende beha

uplifting [ʌp'lɪftɪŋ] *bn* verheffend, inspirerend

upload ['ʌpləʊd] comput *overg* uploaden ‹van een klein naar een groot systeem overbrengen›

upmarket [ʌp'mɑ:kɪt], **Am upscale** *bn* van betere / duurdere kwaliteit, kwaliteits-, voor de hogere inkomens, exclusief

upmost ['ʌpməʊst] *bn* → **uppermost**

upon [ə'pɒn] *voorz* op, bij, aan ★ *thousands* ~ *thousands arrived* duizenden mensen kwamen ★ *kilometre* ~ *kilometre* kilometer na kilometer, kilometers ★ *scherts Christmas is nearly* ~ *us* het kerstfeest nadert

upper ['ʌpə] **I** *bn* opper, hoger, bovenste, boven- **II** *znw* (ook: *mv*) bovenleer ‹schoen› ★ *inf be on one's* ~*s* straatarm zijn

upper case ['ʌpə 'keɪs] druk *znw* hoofdletter(s), bovenkast

upper-case letter ['ʌpə-keɪs 'letə] *znw* hoofdletter, kapitaal

upper circle ['ʌpə 'sɜ:kl] *znw* tweede balkon ‹schouwburg›

upper class ['ʌpə 'klɑ:s] **I** *bn* van de hogere kringen **II** *znw* ★ *the* ~ de hogere kringen, de aristocratie

uppercrust ['ʌpə'krʌst] *inf* **I** *bn* aristocratisch, elite- **II** *znw* ★ *the* ~ de elite, de aristocratie

uppercut ['ʌpəkʌt] *znw* opstoot ‹bij boksen›

upper hand ['ʌpə hænd] *znw* over-, bovenhand ★ *gain / get / take the* ~ de bovenhand verkrijgen

upper house ['ʌpə haʊs] *znw* Hogerhuis, senaat ‹in

parlementair stelsel met twee Kamers› ★ Br *the Upper House* het House of Lords, het Hogerhuis

upper lip [ˈʌpə lɪp] *znw* bovenlip ★ *keep a stiff ~* zich flink houden

upper middle class [ˈʌpə mɪdl ˈklɑːs] *znw* gegoede burgerstand

uppermost [ˈʌpəməʊst], **upmost I** *bn* bovenst, hoogst ★ *survival was now ~ on my mind* overleven was nu mijn eerste prioriteit **II** *bijw* op de eerste plaats, bovenaan ★ *the item was put ~ on the agenda* het onderwerp werd bovenaan de agenda geplaatst

upper school [ˈʌpə skuːl] *znw* bovenbouw ‹van de middelbare school›

upper storey [ˈʌpə ˈstɔːrɪ] *znw* bovenverdieping

upper ten [ʌpəˈten], **upper ten thousand** inf *znw* de hoogste kringen van de maatschappij

uppish [ˈʌpɪʃ] inf *bn* verwaand, arrogant, uit de hoogte

uppity [ˈʌpətɪ] inf *bn* veel praats hebbend, brutaal, verwaand, arrogant

upraise [ʌpˈreɪz] form *overg* opheffen, ten hemel heffen, oprichten, verheffen

upraised [ʌpˈreɪzd] *bn* opgestoken, opgeheven

upright [ˈʌpraɪt] **I** *bn* ❶ rechtopstaand, overeind staand, (kaars)recht, rechtstandig ❷ fig rechtschapen, oprecht **II** *bijw* rechtop, overeind **III** *znw* ❶ staande balk, stijl ❷ verticale stand ❸ → **upright piano**

uprightness [ˈʌpraɪtnəs] *znw* ❶ opstaande stand ❷ rechtschapenheid

upright piano [ˈʌpraɪt pɪˈænəʊ], **upright** *znw* gewone piano, pianino

uprise [ʌpˈraɪz] dicht *onoverg* [uprose, uprisen] opstaan, (op)rijzen ★ *the sun uprose* de zon kwam op

uprising [ˈʌpraɪzɪŋ] *znw* opstand, oproer

upriver [ʌpˈrɪvə] *bn & bijw* stroomopwaarts ★ *an ~ dam* een stroomopwaartse (stuw)dam ★ *the fish head ~ in spring* de vissen trekken in het voorjaar de rivier op

uproar [ˈʌprɔː] *znw* ❶ tumult, consternatie, commotie ❷ hevig protest ★ *there was an ~ over the proposals* er stak een storm van protest op naar aanleiding van de voorstellen

uproarious [ʌpˈrɔːrɪəs] *znw* ❶ lawaaierig, rumoerig, luidruchtig ❷ hilarisch ❸ bulderend ‹gelach›

uproot [ʌpˈruːt] *overg* ❶ ontwortelen ❷ uitroeien

uprush [ˈʌprʌʃ] *znw* ❶ sterk opwaartse stroom / beweging ❷ opwelling

UPS *afk* (uninterruptable power supply) netspanningsbeveiligingssysteem

ups-a-daisy [ˈʌpsədeɪzɪ] *tsw* → **upsy-daisy**

ups and downs [ˈʌps ən ˈdaʊnz] *znw* [mv] ❶ terreingolvingen ❷ inf voor- en tegenspoed, wisselvalligheden

upscale [ˈʌpskeɪl] Am *bn* → **upmarket**

upset I *bn* [ˈʌpset] ❶ overstuur, van streek, in de war ‹ook: maag &› ❷ verstoord ❸ omgekanteld ★ *she found all the furniture ~* ze trof alle meubels

ondersteboven aan **II** *znw* [ˈʌpset] ❶ omkanteling ❷ omverwerping ‹van gezag› ❸ verwarring, ontsteltenis ❹ ruzie ❺ inf stoornis ‹v.h.gestel› **III** *overg* [ʌpˈset] ❶ omgooien, -smijten, omverwerpen ❷ in de war sturen, verijdelen ‹plannen› ★ inf *~ the applecart* iets opzettelijk / per ongeluk in de war brengen ❸ van streek maken, ziek maken ★ *these scenes may ~ the stomach* van deze taferelen zou je misselijk kunnen worden ❹ verstoren ★ *try not to ~ the balance* probeer het evenwicht niet te verstoren

upset price [ˈʌpset praɪs] *znw* limietprijs, ophoudprijs ‹veilingen›

upshot [ˈʌpʃɒt] *znw* uitkomst, resultaat, einde ★ *the ~ of the matter was that they divorced soon after* het resultaat van de kwestie was dat ze spoedig daarna gingen scheiden

upside [ˈʌpsaɪd] *znw* ❶ bovenzijde ❷ voordeel, goede kant

upside down [ˈʌpsaɪd daʊn] *bn & bijw* ❶ ondersteboven ❷ compleet in de war ★ *turn everything ~* alles ondersteboven keren, overhoop halen

upstage [ʌpˈsteɪdʒ] **I** *bn* ❶ theat achter op het toneel ❷ inf verwaand, hooghartig **II** *overg* overschaduwen

upstairs I *bn* [ˈʌpsteəz] ★ *an ~ room* een bovenkamer **II** *bijw* [ʌpˈsteəz] de trap op, naar boven, boven **III** *znw* [ʌpˈsteəz] ★ *the ~* de bovenverdieping

upstanding [ʌpˈstændɪŋ] *bn* ❶ rechtop ★ plechtig *gentlemen, please be ~ for our guest* mijne heren, wilt u opstaan om onze gast te verwelkomen ❷ flink uit de kluiten gewassen, goed gebouwd ❸ eerlijk, rechtuit

upstart [ˈʌpstɑːt] **I** *bn* parvenuachtig, omhooggevallen **II** *znw* parvenu, arrogante nieuwkomer

upstream [ˈʌpstriːm] **I** *bn* ❶ tegen de stroom op ❷ bovenstrooms gelegen **II** *bijw* stroomopwaarts

upstroke [ˈʌpstrəʊk] *znw* ophaal ‹bij het schrijven›

upsurge [ˈʌpsɜːdʒ] *znw* ❶ opleving, (hoge) vlucht ❷ opwelling, bevlieging

upswept [ˈʌpˈswept] *bn* omhooggebogen, omhooggeborsteld ‹haar›

upswing [ˈʌpswɪŋ] *znw* ❶ opwaartse beweging ❷ fig opbloei

upsy-daisy [ˈʌpsɪdeɪzɪ], **ups-a-daisy**, **oops-a-daisy** inf *tsw* hupsakee!, hoepla! ‹tegen gevallen kind›

uptake [ˈʌpteɪk] *znw* opname ▼ inf *quick / slow on the ~* vlug / traag (van begrip)

upthrow [ˈʌpθrəʊ] geol *znw* opwaartse aardverschuiving

upthrust [ˈʌpθrʌst] *znw* ❶ techn opwaartse druk ❷ geol uitbarsting

uptick [ˈʌptɪk] Am *znw* kleine koersstijging ‹bijv. van aandelen›

uptight [ʌpˈtaɪt] inf *bn* hypernerveus

up-to-date [ʌp tə ˈdeɪt] *bn* op de hoogte, 'bij', bijdetijds, modern

up-to-the-minute [ʌp tə ðə ˈmɪnɪt] *bn* allernieuwst,

up

allerlaatst, zeer recent

uptown [ʌp'taʊn] Am I *bn* in / van de buitenwijken II *bijw* naar (in) de buitenwijken

uptrend ['ʌptrend] *znw* opleving, opwaartse trend

upturn ['ʌptɜ:n, ʌp'tɜ:n] I *znw* opleving II *overg* omkeren, ondersteboven zetten

upturned [ʌp'tɜ:nd] *bn* ❶ ondersteboven ❷ ten hemel geslagen ⟨ogen⟩ ★ *an* ~ *nose* een wipneus

upward ['ʌpwəd] I *bn* opwaarts, stijgend II *bijw*, **upwards** opwaarts, naar boven ★ ~ *of* boven de, meer dan ★ *50 dollars and* ~ 50 dollar en hoger / meer / daarboven

upwelling ['ʌpwelɪŋ] *znw* opborreling

upwind ['ʌpwɪnd] *bijw* tegen de wind in

uranium [jʊə'reɪnɪəm] *znw* uranium

Uranus ['jʊərənəs, jʊ'reɪnəs] <u>astron</u> *znw* Uranus

urban ['ɜːbən] *bn* van de stad, stedelijk, stads-

urbane [ɜː'beɪn] *bn* urbaan, welgemanierd, hoffelijk, wellevend, beschaafd

urbanite ['ɜːbənaɪt] *znw* stedeling

urbanity [ɜː'bænɪtɪ] *znw* urbaniteit, hoffelijke welgemanierdheid, wellevendheid

urbanization [ɜːbənaɪ'zeɪʃən], **urbanisation** *znw* urbanisatie, verstedelijking

urbanize ['ɜːbənaɪz], **urbanise** *overg* verstedelijken

urban myth ['ɜːbən mɪθ], **urban legend** *znw* broodje aap, onwaarschijnlijk verhaal

urban renewal ['ɜːbən rɪ'njuːəl] *znw* stadsvernieuwing

urchin ['ɜːtʃɪn] *znw* ❶ schooiertje, straatjochie, schelm, rakker ❷ **sea urchin** zee-egel

Urdu ['ʊduː, 'ɜːduː] *znw* Urdu ⟨taal v. Pakistan⟩

urea ['jʊərɪə, jʊ'riːə] *znw* ureum

ureter ['jʊərɪtə, jʊ'riːtə] <u>anat</u> *znw* urineleider

urethra [jʊ'riːθrə] <u>anat</u> *znw* urinekanaal, urinebuis

urge [ɜːdʒ] I *znw* (aan)drang, drift, aandrift ★ *she felt the* ~ *to laugh* ze voelde de neiging om te lachen II *overg* ❶ dringend verzoeken, dringend aanbevelen, aanmanen tot, aandringen op ★ *'do try to remember', she* ~*d* 'probeer het je te herinneren', drong ze aan ★ ~ *it upon sbd* het iem. op het hart drukken ★ ~ *sbd to action* iem. aanzetten tot handelen ❷ aan-, voortdrijven ★ *they* ~*d the cattle into the water* ze dreven het vee het water in III *phras* ★ ~ *sbd on* iem. aansporen ★ *she* ~*d her horse on* ze gaf haar paard de sporen

urgency ['ɜːdʒənsɪ] *znw* ❶ dringende noodzaak, urgentie ★ *there was a note of* ~ *in her voice* er zat iets dringends in haar stem ★ *this issue must be addressed as a matter of* ~ deze zaak moet onmiddellijk ter hand worden genomen ★ *there is no* ~ *about it* er is geen haast bij ❷ (aan)drang

urgent ['ɜːdʒənt] *bn* dringend, dringend noodzakelijk, spoedeisend, urgent, ernstig ★ *he was* ~ *about the need for action* hij drong aan op snelle actie

uric acid ['jʊərɪk 'æsɪd] *znw* urinezuur

urinal [jʊə'raɪnl, 'jʊərɪnəl] *znw* ❶ urinaal ⟨urineglas⟩ ❷ urinoir, pisbak

urinary ['jʊərɪnərɪ] *bn* urine-

urinary tract ['jʊərɪnərɪ trækt] <u>anat</u> *znw* urinekanaal

urinate ['jʊərɪneɪt] *onoverg* urineren, wateren, plassen

urine ['jʊərɪn] *znw* urine, plas

URL [juːɑːr'el] <u>internet</u> *afk* (Uniform/Universal Resource Locator) internetadres, URL

urn [ɜːn] *znw* ❶ koffieketel, theeketel ❷ urn

urogenital [jʊərəʊ'dʒenɪtl] <u>anat</u> *bn* urogenitaal

urology [jʊ'rɒlədʒi] *znw* urologie

Ursa Major ['ɜːsə 'meɪdʒə] <u>astron</u> *znw* Grote Beer ⟨sterrenbeeld⟩

Ursa Minor ['ɜːsə 'maɪnə] <u>astron</u> *znw* Kleine Beer ⟨sterrenbeeld⟩

ursine ['ɜːsaɪn] *bn* van / als een beer

Uruguay ['jʊːrʊgwaɪ] *znw* Uruguay

Uruguayan ['jʊːrʊgwaɪən] I *bn* Uruguayaans II *znw* Uruguayaan, Uruguayaanse

us [ʌs] *pers vnw* ❶ (aan) ons ★ *she gave the bill to* ~ ze gaf ons de rekening ★ <u>inf</u> *we made* ~ *a cup of tea* we hebben een kop thee voor onszelf gezet ❷ <u>inf</u> mij ★ *give* ~ *a kiss* geef me eens een kus ❸ wij ★ *all of* ~ wij allemaal ★ <u>inf</u> ~ *girls* wij meiden

USA [juː'eseɪ] *afk* → **United States** of America

usability [juːzə'bɪlətɪ] *znw* ❶ bruikbaarheid ❷ <u>comput</u> gebruiksgemak ⟨van software⟩

usable ['juːzəbl] *bn* bruikbaar

USAF [juː'eseref] *afk* (United States Air Force) luchtmacht van de Verenigde Staten

usage ['juːsɪdʒ] *znw* ❶ gebruik, gewoonte ❷ taalgebruik ★ *colloquial* ~ spreektaal ❸ gebruik, behandeling ★ *with normal* ~ *it should last ten years* bij normaal gebruik moet het tien jaar meegaan

usance ['juːzəns] <u>handel</u> *znw* uso, gebruikelijke betalingstermijn

USB [juːes'biː] <u>comput</u> *afk* (Universal Serial Bus) verbeterde seriële poort, USB

USB attachment [juːes'biː ə'tætʃmənt] <u>comput</u> *znw* USB-aansluiting

USB port [juːes'biː pɔːt] <u>comput</u> *znw* USB-poort

use I *znw* [juːs] ❶ gebruik ★ *ready for* ~ gebruiksklaar ★ *for* ~ *as* te gebruiken als ★ *for the* ~ *of* ten gebruike van ★ *in* ~ in gebruik ★ *put sth into* ~ iets in gebruik nemen, in dienst stellen ★ *be out of* ~ in onbruik (geraakt) zijn ★ *have the* ~ *of sth* beschikken over iets ★ *I have no* ~ *for it* ik kan het niet gebruiken, <u>inf</u> ik moet er niets van hebben ★ *make good* ~ *of sth / put sth to good* ~ iets goed besteden, een goed / nuttig gebruik maken van iets ❷ nut, zin ★ *be of (great / some)* ~ van (veel / enig) nut zijn, nuttig zijn ★ *it's no* ~ het heeft geen zin, het lukt (toch) niet ★ *there's no* ~ *for you to go* het heeft geen zin voor je om te gaan ★ *what's the* ~ *(of it)?* wat is de zin ervan? ★ *it's not much* ~ het haalt niet veel uit ★ *they're not much* ~ *as parents* ze deugen niet erg als ouders, het zijn nogal slechte ouders ★ <u>zegsw</u> *it's no* ~ *crying over spilt milk* gedane zaken nemen geen keer II *overg* [juːz] ❶ gebruiken, bezigen, gebruik (ook: misbruik) maken van, ten nutte maken, aanwenden ★ ~ *your head*, <u>inf</u> ~ *your loaf* je moet je

hersens / kop gebruiken ★ ~ *sth freely* veel (druk)
gebruik maken van iets ❷ behandelen ★ ~ *sbd
roughly* iem. ruw behandelen / aanpakken **III** *phras*
★ ~ *sth* up iets verbruiken, (op)gebruiken, opmaken
use-by date ['ju:zbaɪ deɪt] *znw* houdbaarheidsdatum,
uiterste verkoopdatum
used *bn* [ju:zd] gebruikt, tweedehands ★ ~ *banknotes*
gebruikte bankbiljetten ★ ~ *cars* tweedehands auto's
used to I *bn* [ju:st tʊ] gewend ★ *be* ~ *sth* gewend zijn
aan ★ *get* ~ *sth* wennen aan iets **II** *hulpww* [ju:st tʊ]
❶ was / waren vroeger ★ *he's not what he* ~ *to be* hij
is niet meer wat hij vroeger was ★ *there* ~ *to be a
mill there* daar stond vroeger een molen ★ *didn't
there use to be a monument here?* stond hier vroeger
geen standbeeld? ❷ deed / deden vroeger ★ *she* ~
work on Mondays ze werkte altijd op maandag
★ *we* ~ *eat potatoes every day* we aten vroeger elke
dag aardappels
useful ['ju:sfʊl] *bn* ❶ nuttig, dienstig, bruikbaar ★ *this
will come in* ~ dit kunnen we goed gebruiken
★ *make yourself* ~ maak je nuttig ‹door iets te doen›
❷ *inf* bedreven, knap ★ *sp a* ~ *batter* een knappe
slagman
useless ['ju:sləs] *bn* nutteloos, onbruikbaar, niets
waard, van slechte kwaliteit
Usenet ['ju:znet] *znw* Usenet ‹netwerk van
nieuwsgroepen binnen internet›
user ['ju:zə] *znw* gebruiker, verbruiker ★ *a heroin* ~
een heroïnegebruiker ★ *a wheelchair* ~ een
rolstoelgebruiker ★ *a car* ~ een automobilist ★ *a
first-time user* een beginneling
user-friendly [ju:zə-'frendlɪ] *bn* gebruikersvriendelijk
user identification ['ju:zər aɪdentɪfɪ'keɪʃən], **user ID**
comput *znw* gebruikersidentificatie
user interface ['ju:zər 'ɪntəfeɪs] comput *znw*
gebruikersinterface
username ['ju:zəneɪm], **user name** comput *znw*
gebruikersnaam
user support ['ju:zə sə'pɔ:t] comput *znw*
gebruikersondersteuning
usher ['ʌʃə] **I** *znw* ❶ portier, suppoost ❷ ouvreuse,
plaatsaanwijzer ‹in bioscoop› ❸ gerechtsdienaar,
bode, ordebewaarder in rechtszaal **II** *overg*
❶ binnenleiden ★ *he* ~*ed them inside* hij leidde ze
naar binnen ❷ begeleiden, brengen ★ ~ *sbd to his
seat* iem. zijn plaats wijzen ‹in theater &› **III** *phras*
★ ~ *sth* in iets inluiden ★ *fireworks* ~ *in the new year*
vuurwerk luidt het nieuwe jaar in
usherette [ʌʃə'ret] *znw* ouvreuse
USSR [ju:eses'ɑ:r] *afk* (Union of Soviet Socialist
Republics) Unie van Socialistische Sovjetrepublieken
‹de voormalige Sovjet-Unie›
usual ['ju:ʒʊəl] **I** *bn* gebruikelijk, gewoon ★ *as* ~,
scherts *as per* ~ als gewoonlijk / gewoon ★ *it's
business as* ~ de zaken gaan gewoon door ★ *it is* ~ *to
tip* het is de gewoonte om een fooi te geven ★ *far
from* ~ zeer ongebruikelijk ★ *in the* ~ *way* op de
gebruikelijke manier **II** *znw* ★ inf *the* ~ de gewone

(vaste) borrel, het lijfdrankje
usually ['ju:ʒʊəlɪ] *bijw* gewoonlijk, doorgaans, meestal
usufruct ['ju:zju:frʌkt] jur *znw* (recht van)
vruchtgebruik
usufructuary [ju:sjʊ'frʌktʃʊərɪ] jur *znw*
vruchtgebruiker, usufructuaris
usurer ['ju:ʒərə] *znw* woekeraar
usurious [jʊ'ʒʊərɪəs] *bn* woeker-
usurp [jʊ'zɜ:p] *overg* usurperen, wederrechtelijk in
bezit nemen, overweldigen
usurpation [ju:zɜ:'peɪʃən] *znw* usurpatie,
wederrechtelijke toe-eigening, overweldiging
usurper [jʊ'zɜ:pə] *znw* usurpator, overweldiger
usury ['ju:ʒərɪ] *znw* woeker(rente)
ut [ʌt, u:t] muz *znw* ut, do, c
ute [ju:t] Aus & NZ *znw* → **utility vehicle**
utensil [ju:'tensəl] *znw* gereedschap, werktuig
★ *kitchen* ~s keukengerei
uterine ['ju:təraɪn] anat *bn* van (in) de baarmoeder,
baarmoederlijk
uterus ['ju:tərəs] *znw* [*mv*: uteri] baarmoeder
utilitarian [jʊtɪlɪ'teərɪən] **I** *bn* nuttigheids-,
utilitaristisch **II** *znw* utilitarist
utilitarianism [jʊtɪlɪ'teərɪənɪzəm] *znw* utilitarisme,
nuttigheidsleer
utility [ju:'tɪlətɪ] **I** *bn* standaard- ‹kleding, meubelen &›
★ ~ *goods* gebruiksgoederen **II** *znw* ❶ nuttigheid,
nut, bruikbaarheid, utiliteit ❷ voorziening ★ *a
public* ~ een openbaar nutsbedrijf ❸ → comput
utility program ❹ → Aus & NZ **utility vehicle**
utility clothing [ju:'tɪlətɪ 'kləʊðɪŋ] *znw*
standaardkleding
utility company [ju:'tɪlətɪ 'kʌmpənɪ] *znw* nutsbedrijf
utility program [ju:'tɪlətɪ 'prəʊgræm], **utility routine**
informatica *znw* computerhulpprogramma,
utiliteitsprogramma
utility room [ju:'tɪlətɪ ru:m] *znw* bijkeuken
utility vehicle [ju:'tɪlətɪ 'vi:ɪkl], **utility truck**, **utility**, Aus
& NZ *inf* **ute** *znw* open bestelwagen, pick-up
utilizable ['ju:tɪlaɪzəbl], **utilisable** *bn* bruikbaar
utilization [ju:tɪlaɪ'zeɪʃən], **utilisation** *znw* benutting,
nuttig gebruik, nuttige aanwending
utilize ['ju:tɪlaɪz], **utilise** *overg* benutten, nuttig
besteden, goed gebruiken
utmost ['ʌtməʊst], **uttermost** *bn & znw* uiterste,
verste, hoogste ★ *do one's* ~ zijn uiterste best doen,
alles op haren en snaren zetten
utopia [ju:'təʊpɪə] *znw* utopie
utopian [ju:'təʊpɪən] *bn* utopisch, utopistisch
utter ['ʌtə] **I** *bn* volslagen, algeheel, uiterst, baarlijk
‹nonsens› **II** *overg* ❶ uiten, uitbrengen, uitspreken,
uitdrukken ❷ jur uitgeven, in omloop brengen ‹vals
geld›
utterance ['ʌtərəns] *znw* ❶ uiting, uitspraak, uitlating
❷ dictie, spreektrant, voordracht
utterly ['ʌtəlɪ] *bijw* volkomen, volslagen, ten
enenmale
uttermost ['ʌtəməʊst] *bn & znw* → **utmost**

ut

U-turn ['juːtɜːn], _inf_ **U-ie** _znw_ ❶ draai van 180° ★ _no ~_ verboden te keren ❷ _fig_ totale ommezwaai ★ _they are accused of doing a complete ~ on the decision_ ze worden ervan beschuldigd volkomen op het besluit teruggekomen te zijn

uvula ['juːvjʊlə] _anat_ _znw_ [_mv:_ -s _of_ uvulae] huig

uvular ['juːvjʊlə] _taalk_ _bn_ van de huig, huig- ★ _an ~ r_ een huig-r, brouw-r

uxorious [ʌk'sɔːrɪəs] _form_ _bn_ overdreven aan zijn vrouw gehecht / onderworpen

Uzbek ['ʊz-, ʌzbek] **I** _bn_ Oezbeeks **II** _znw_ Oezbeek, Oezbeekse ⟨inwoner van Oezbekistan⟩

Uzbekistan [ʊz-, ʌzbeki:'stɑːn] _znw_ Oezbekistan

V

v I _afk_ → **versus II** _znw_ [viː] de letter v ▼ _V_ 5 ⟨Romeins cijfer⟩

vac [væk] _inf afk_ ❶ → **vacation** ❷ → **vacuum cleaner**

vacancy ['veɪkənsɪ] _znw_ ❶ kamer te huur ⟨in hotel & pension⟩ ★ _no vacancies_ vol ❷ vacature, vacante betrekking ★ _a staff ~_ een (personeels)vacature ❸ ledigheid, wezenloosheid

vacant ['veɪkənt] _bn_ ❶ ledig, leeg(staand), open, onbezet, vrij, vacant ★ _fall ~_ openvallen ⟨betrekking⟩ ★ _~ possession_ ontruimd / leeg te aanvaarden ⟨onroerend goed⟩ ❷ nietszeggend ❸ gedachteloos, wezenloos ★ _a ~ look_ een wezenloze blik

vacantly ['veɪkəntlɪ] _bijw_ wezenloos ★ _stare ~ into space_ wezenloos voor zich uit staren

vacate [və'keɪt, ver'keɪt] _overg_ ❶ ontruimen ⟨huis⟩ ❷ neerleggen ⟨betrekking⟩, zich terugtrekken uit ⟨ambt⟩, afstand doen van ⟨troon⟩ ❸ _jur_ vernietigen

vacation [və'keɪʃən] _znw_ ❶ _inf_ **vac** vakantie ❷ _jur_ vernietiging

vaccinate ['væksɪneɪt] _overg_ inenten, vaccineren

vaccination [væksɪ'neɪʃən] _znw_ vaccinatie, inenting

vaccinator ['væksɪneɪtə] _znw_ inenter, inentster

vaccine ['væksiːn] _znw_ vaccin, entstof

vacillate ['væsɪleɪt] _onoverg_ ❶ weifelen, aarzelen ❷ schommelen

vacillation [væsɪ'leɪʃən] _znw_ ❶ weifeling, aarzeling ❷ schommeling

vacillator ['væsɪleɪtə] _znw_ weifelaar

vacuity [væ'kjʊətɪ] _znw_ wezenloosheid, dwaasheid ★ _their conversations are full of vacuities_ hun gesprekken zitten vol met dwaasheid

vacuous ['vækjʊəs] _bn_ leeg, wezenloos, dom

vacuum ['vækjʊəm] **I** _znw_ [_mv:_ -s _of_ vacua] ❶ vacuüm, (lucht)ledige ruimte ❷ → _inf_ **vacuum cleaner** **II** _overg & onoverg_ stofzuigen

vacuum bottle ['vækjʊəm 'bɒtl] _Am_ _znw_ → **vacuum flask**

vacuum brake ['vækjʊəm breɪk] _znw_ vacuümrem

vacuum cleaner ['vækjʊəm 'kliːnə], _inf_ **vacuum**, _inf_ **vac** _znw_ stofzuiger

vacuum extractor ['vækjʊəm ɪk'stræktə] _znw_ vacuümpomp ⟨bij bevalling⟩

vacuum flask ['vækjʊəm flɑːsk], _Am_ **vacuum bottle** _znw_ thermosfles, vacuümfles

vacuum-packed [vækjʊəm-'pækt] _bn_ vacuümverpakt

vacuum valve ['vækjʊəm vælv] _techn_ _znw_ ❶ luchtklep ❷ elektronenbuis

vade mecum ['veɪdɪ 'miːkəm, 'vɑːdɪ 'meɪkəm] _znw_ vademecum, handleiding

vagabond ['vægəbɒnd] _dicht_ **I** _bn_ (rond)zwervend **II** _znw_ zwerver, vagebond

vagary ['veɪgərɪ] _znw_ (meestal _mv_) gril, kuur, nuk

vagina [və'dʒaɪnə] _znw_ [_mv:_ -s _of_ vaginae] ❶ _anat_

vagina, schede ❷ <u>biol</u> bladschede
vaginal [vəˈdʒaɪnl] *bn* vaginaal, schede-
vagrancy [ˈveɪɡrənsɪ] *znw* zwervend leven, gezwerf, landloperij
vagrant [ˈveɪɡrənt] **I** *bn* ❶ (rond)zwervend, rondtrekkend, vagebonderend ❷ afgedwaald ‹vogel› **II** *znw* ❶ zwerver, landloper ❷ dwaalgast ‹vogel›
vague [veɪɡ] *bn* vaag, onbepaald, onbestemd, flauw
vain [veɪn] *bn* ❶ ijdel ★ *take God's name in* ~ Gods naam ijdel gebruiken ❷ nutteloos, vergeefs, zinloos ★ *their efforts were in* ~ hun pogingen waren tevergeefs
vainglorious [veɪnˈɡlɔːrɪəs] <u>dicht</u> *bn* snoeverig, grootsprakig, bluffend
vainglory [veɪnˈɡlɔːrɪ] <u>dicht</u> *znw* snoeverij, grootspraak, pocherij, gebluf
vainly [ˈveɪnlɪ] *bijw* (te)vergeefs
valance [ˈvæləns] *znw* valletje ‹aan beddensprei of boven raam›
vale [veɪl] <u>dicht</u> *znw* dal, vallei
valediction [vælɪˈdɪkʃən] *znw* vaarwel, afscheid, afscheidsgroet
valedictorian [vælɪdɪkˈtɔːrɪən] <u>Am</u> *znw* student die z'n afscheidsrede houdt
valedictory [vælɪˈdɪktərɪ] **I** *bn* afscheids- **II** *znw* <u>Am</u> afscheidsrede ‹v. afgestudeerde student›
valence [ˈveɪləns], **valency** <u>scheik</u> *znw* valentie
valentine [ˈvæləntaɪn] *znw* ❶ op Valentijnsdag (14 februari) verzonden kaart of geschenk ❷ op deze dag gekozen geliefde
Valentine's Day [ˈvæləntaɪnz deɪ] *znw* Valentijnsdag ‹14 februari›
valerian [vəˈlɪərɪən] *znw* valeriaan(wortel)
valet [ˈvælɪt] *znw* ❶ hotelbediende ❷ kamerdienaar ❸ lijfknecht, bediende
valet parking [ˈvælɪt ˈpɑːkɪŋ] *znw* valet parking ‹het parkeren van auto's van gasten door een medewerker van een hotel &›
valet service [ˈvælɪt ˈsɜːvɪs] *znw* wassen en strijken van de kleren van gasten ‹hotel›
valetudinarian [vælɪtjuːdɪˈneərɪən] <u>form</u> **I** *bn* ziekelijk, sukkelend, zwak **II** *znw* hypochonder, (ingebeelde) zieke, sukkelaar
valiant [ˈvæljənt] *bn* dapper, kloekmoedig ★ *she made a* ~ *attempt to rescue it* ze deed een dappere poging om het te redden ★ *thanks for your* ~ *efforts* we danken u voor uw waardevolle inspanningen
valid [ˈvælɪd] *bn* ❶ deugdelijk ‹argument› ❷ <u>jur</u> geldig, van kracht ★ ~ *in law* rechtsgeldig ★ *make sth* ~ iets legaliseren
validate [ˈvælɪdeɪt] *overg* ❶ bevestigen ❷ valideren, legaliseren, geldig maken / verklaren, bekrachtigen
validation [vælɪˈdeɪʃən] *znw* ❶ bevestiging ❷ geldigverklaring, bekrachtiging
validity [vəˈlɪdətɪ] *znw* ❶ validiteit, redelijkheid, deugdelijkheid ‹v. argument› ❷ (rechts)geldigheid
valise [vəˈliːz] *znw* ❶ reistas ❷ <u>Am</u> koffertje ❸ <u>mil</u>

musette, ransel
Valium® [ˈvælɪəm] *znw* valium, kalmerend middel
valley [ˈvælɪ] *znw* dal, vallei
valor [ˈvælə] <u>Am</u> *znw* → **valour**
valorous [ˈvælərəs] <u>dicht</u> *bn* dapper, kloekmoedig
valour [ˈvælə], <u>Am</u> **valor** *znw* dapperheid, kloekmoedigheid, moed
valuable [ˈvæljʊbl] *bn* ❶ kostbaar, waardevol, van waarde ❷ waardeerbaar, te waarderen

---

valuable
valuable (waardevol) en **invaluable** (onbetaalbaar, van onschatbare waarde) betekenen allebei ongeveer hetzelfde. **Valuable** wordt meer voor concrete dingen gebruikt en **invaluable** meer voor personen en abstracte zaken.
A valuable diamond - Een waardevolle diamant.
Parental support is invaluable to teachers - De steun van de ouders is voor leraren van onschatbare waarde.
Ned. *niet waardevol, waardeloos* is **valueless, worthless**.

---

valuables [ˈvæljʊblz] *znw* [mv] waardevolle bezittingen, kostbaarheden
valuation [væljʊˈeɪʃən] *znw* taxatie, schatting, waardering ★ *he set too high a* ~ *on it* hij taxeerde het te hoog
value [ˈvæljuː] **I** *znw* waarde, prijs ★ <u>wisk</u> *an absolute* ~ een absolute waarde ★ <u>marketing</u> *the current* ~ de actuele waarde, de dagwaarde ★ *the exchange* ~ de ruilwaarde ★ *sentimental* ~ sentimentele waarde, gevoelswaarde, <u>verz</u> immateriële waarde, affectiewaarde ★ *of* ~ van waarde, waardevol, kostbaar ★ *to the* ~ *of* ter waarde van ★ *get (good)* ~ *for money* waar voor zijn geld krijgen ★ *place / put / set a high* ~ *on sth* waarde hechten aan iets, prijs stellen op iets, iets waarderen **II** *overg* ❶ taxeren (op *at*), waarderen, schatten, (waard) achten ❷ prijs stellen op ★ *we* ~ *your custom* we zijn blij met uw klandizie
value added tax [ˈvæljuː ˈædɪd tæks] *znw* belasting (op de) toegevoegde waarde, btw
valued [ˈvæljuːd] *bn* ❶ geschat ★ *their house is* ~ *at two million dollars* hun huis wordt geschat op twee miljoen dollar ❷ gewaardeerd
value-free [væljuːˈfriː] *bn* waardevrij
value judgement [ˈvæljuː ˈdʒʌdʒmənt] *znw* waardeoordeel
valueless [ˈvæljʊləs] *bn* waardeloos
valuer [ˈvæljʊə] *znw* taxateur, schatter ★ *a sworn* ~ een beëdigd taxateur
values [ˈvæljuːz] *znw* [mv] ‹ethische› waarden en normen ★ *shared* ~ gemeenschappelijke waarden ★ *a* ~ *system* een waardesysteem
valuta [vəˈluːtə] <u>handel</u> *znw* ❶ valuta ❷ koers(waarde)
valve [vælv] *znw* ❶ klep, ventiel ❷ <u>biol</u> schaal ‹schelp›, schelp ❸ <u>radio</u> elektronenbuis, radiobuis, lamp
valved [vælvd] *bn* voorzien van klep(pen)

va

valvular ['vælvjʊlə] *bn* klep-
valvule ['vælvju:l] *znw* klepje
vamoose [və'mu:s] *inf onoverg* er vandoor gaan
vamp [væmp] **I** *znw* geraffineerde vrouw, femme fatale **II** *overg* ❶ *inf* oplappen (ook: ~ *up*) ❷ *muz* improviseren ❸ verleiden **III** *onoverg* ❶ de geraffineerde (vrouw) spelen ❷ *muz* improviserend begeleiden
vampire ['væmpaɪə] *znw* ❶ vampier ❷ *fig* afperser, bloedzuiger
vampire bat ['væmpaɪə bæt] *znw* vampier ‹soort vleermuis›
vampirism ['væmpaɪərɪzəm] *znw* ❶ vampirisme ❷ geloof aan vampiers ❸ *inf* uitbuiting, chantage
van [væn] *znw* ❶ bestelwagen, busje, verhuiswagen ❷ goederenwagon ‹van trein› ❸ voorhoede, spits, voormannen ★ *be in the ~ of sth* in de voorhoede van iets zijn, voorop lopen bij iets
vandal ['vændl] *znw* vandaal
vandalism ['vændəlɪzəm] *znw* vandalisme
vandalize ['vændəlaɪz], **vandalise** *overg* vernielen, verwoesten
Vandyke beard [væn'daɪk bɪəd] *znw* puntbaardje
Vandyke collar [væn'daɪk 'kɒlə] *znw* puntkraag
vane [veɪn] *znw* ❶ vaantje, weerhaan ❷ schoep, blad ‹v. scheepsschroef, propeller &› ❸ vlag ‹v. veer›
vanguard ['vænga:d] *znw* ❶ voorhoede ❷ *fig* spits
vanilla [və'nɪlə] **I** *bn inf* gewoon, doorsnee, standaard ★ *a plain ~ computer* een gewone computer, een doorsneecomputer **II** *znw* vanille
vanish ['vænɪʃ] **I** *overg* doen verdwijnen **II** *onoverg* ❶ wegsterven ❷ verdwijnen ★ *~ into thin air* in rook opgaan
vanishing point ['vænɪʃɪŋ pɔɪnt] *znw* verdwijnpunt
vanity ['vænətɪ] *znw* ijdelheid
vanity bag ['vænətɪ bæg], **vanity case** *znw* beautycase, toilettas
Vanity Fair ['vænətɪ feə] *dicht znw* Kermis der IJdelheid
vanity plates ['vænətɪ pleɪts] *znw* [mv] persoonlijke nummerborden ‹met zelfgekozen letters en nummers›
vanity press ['vænətɪ pres] *znw* uitgeverij waar de auteurs betalen om hun boeken uitgegeven te krijgen
vanity unit ['vænətɪ 'ju:nɪt] *znw* ingebouwde wastafel
vanquish ['væŋkwɪʃ] *dicht overg* overwinnen
vanquisher ['væŋkwɪʃə] *dicht znw* overwinnaar
vantage ground ['va:ntɪdʒ graʊnd], **vantage point**, **vantage** *znw* geschikt punt, gunstige, strategische positie
Vanuatu [vænwɑ:'tu:] *znw* Vanuatu
vapid ['væpɪd] *bn* ❶ verschaald ❷ flauw, geesteloos
vapidity [væ'pɪdətɪ] *znw* ❶ verschaaldheid ❷ flauwheid, geesteloosheid
vapor ['veɪpə] *Am znw* → **vapour**
vaporization [veɪpəraɪ'zeɪʃən], **vaporisation** *znw* verdamping, verstuiving

vaporize ['veɪpəraɪz], **vaporise** *overg & onoverg* (doen) verdampen, verstuiven
vaporizer ['veɪpəraɪzər], **vaporiser** *znw* vaporisator, verstuiver
vaporous ['veɪpərəs] *bn* ❶ dampig, nevelig ❷ vol damp ❸ damp-
vapour ['veɪpə], *Am* **vapor** *znw* damp, nevel, wasem
vapour bath ['veɪpə bɑ:θ], *Am* **vapor bath** *znw* stoombad
vapour trail ['veɪpə treɪl], *Am* **vapor trail** *znw* condensstreep
vapourware ['veɪpəweə], *Am* **vaporware** *znw* product (vooral software) dat is aangekondigd, maar dat wellicht nooit daadwerkelijk op de markt zal verschijnen
VAR [vɑ:] *handel afk* (value-added reseller) bedrijf dat extra's toevoegt aan producten alvorens ze door te verkopen
variability [veərɪə'bɪlətɪ] *znw* veranderlijkheid, variabiliteit
variable ['veərɪəbl] **I** *bn* veranderlijk, onbestendig, ongedurig ★ *~ westerly winds* veranderlijke wind uit het westen **II** *znw* ❶ veranderlijke grootheid ❷ variabele ★ *statistiek a dependent / discrete ~* een afhankelijke / discrete variabele
variable cost ['veərɪəbl kɒst] *znw* variabele kosten
variable rate ['veərɪəbl reɪt] *znw* variabele rente
variables ['veərɪəblz] *znw* [mv] veranderlijke winden
variably ['veərɪəblɪ] *bijw* afwisselend, met afwisselend geluk
variance ['veərɪəns] *znw* verschil (van mening), geschil, onenigheid, tegenstrijdigheid ★ *be at ~ with sbd* het oneens met iem. zijn ★ *be at ~ with sth* in strijd met iets zijn
variant ['veərɪənt] **I** *bn* ❶ afwijkend ❷ veranderlijk **II** *znw* variant
variation [veərɪ'eɪʃən] *znw* ❶ variatie, verschil, afwijking ★ *~s on a theme* variaties op hetzelfde thema ★ *an annual ~ of two to three degrees* een afwijking van twee of drie graden per jaar ★ *little seasonal ~* weinig seizoensverschil ❷ verandering, afwisseling ★ *there is little ~ in their diet* er zit weinig afwisseling in hun dieet ❸ variëteit ‹van planten &› ★ *there is a range of ~ among buzzards* er bestaat een heel scala van variaties in buizerds
varicoloured ['veərɪkʌləd], *Am* **varicolored** *bn* ❶ veelkleurig, bont ❷ *fig* veelsoortig
varicose veins ['værɪkəʊs veɪnz] *znw* [mv] spataderen
varied ['veərɪd] *bn* ❶ gevarieerd, afwisselend, vol afwisseling / verscheidenheid ❷ verschillend ★ *the possibilities are many and ~* er zijn veel verschillende mogelijkheden ❸ veelzijdig
variegated ['veərɪəgeɪtɪd] *bn* ❶ bont, veelkleurig ❷ veelzijdig
variegation [veərɪə'geɪʃən] *znw* bonte schakering
variety [və'raɪətɪ] **I** *bn* variété- ‹artiest, theater &› **II** *znw* ❶ gevarieerdheid, bonte mengeling, verscheidenheid ★ *a ~ of crimes* tal van misdaden

★ *a ~ of reasons* allerlei redenen ❷ verandering, afwisseling ★ zegsw *~ is the spice of life* verandering van spijs doet eten ❸ soort, variëteit ★ *a common-or-garden ~* een doodgewone soort ★ *an old / new variety* een oud / nieuw type ❹ variété(theater)

variety show [vəˈraɪətɪ ʃəʊ] *znw* variétévoorstelling

variety store [vəˈraɪətɪ stɔ:], **variety shop** Am *znw* bazaar ‹winkel›

variform [ˈveərɪfɔ:m] *bn* met verschillende vormen, veelvormig

variola [vəˈraɪələ] med *znw* pokken

various [ˈveərɪəs] *bn* ❶ onderscheiden, afwisselend, verschillend, divers ‹soorten› ❷ verscheiden, verschillende, veel ‹aantal›

varlet [ˈvɑ:lət] *znw* ❶ hist page, bediende ❷ vero schelm

varmint [ˈvɑ:mɪnt] Am inf *znw* deugniet, rakker

varnish [ˈvɑ:nɪʃ] **I** *znw* ❶ vernis, lak, glazuur ❷ fig vernisje, bedrieglijke schijn **II** *overg* ❶ vernissen, (ver)lakken, glazuren, verglazen ❷ fig verdoezelen ★ *~ the truth* de waarheid verdoezelen

varsity [ˈvɑ:sətɪ] Am *bn* van de universiteit ‹sport team›

vary [ˈveərɪ] **I** *overg* variëren, afwisseling brengen in, afwisselen, verscheidenheid geven aan, veranderen, verandering brengen in **II** *onoverg* ❶ variëren, afwisselen, veranderen ❷ afwijken, verschillen (van *from*)

vascular [ˈvæskjʊlə] *bn* vaat-, vaatvormig

vase [vɑ:z] *znw* vaas

vasectomy [vəˈsektəmɪ] med *znw* vasectomie ‹sterilisatiemethode voor mannen›

vaseline® [ˈvæsɪli:n] *znw* vaseline

vasomotor [ˈveɪzəʊˈməʊtə] *bn* vasomotorisch

vassal [ˈvæsəl] **I** *bn* vazal(len)- **II** *znw* ❶ hist leenman, leenhouder, vazal ❷ fig knecht, ondergeschikte

vast [vɑ:st] *bn* ontzaglijk, groot, uitgestrekt, onmetelijk, omvangrijk, kolossaal

vastly [ˈvɑ:stlɪ] *bijw* kolossaal, enorm, heel veel

vat [væt] *znw* vat, kuip

VATable [ˈvætəbl] *bn* met btw, btw-plichtig

Vatican [ˈvætɪkən] **I** *bn* Vaticaans **II** *znw* ★ *the ~* het Vaticaan

Vatican City [ˈvætɪkən ˈsɪtɪ] *znw* Vaticaanstad

vaticination [vətɪsɪˈneɪʃən] form *znw* voorspelling, profetie

VATman [væt mæn] inf *znw* btw-ontvanger

VAT number [væt ˈnʌmbə] *znw* btw-nummer

vaudeville [ˈvəʊdəvɪl] *znw* vaudeville

vault [vɔ:lt] **I** *znw* ❶ gewelf, boog, verwelf ★ dicht *the ~ of heaven* het hemelgewelf ❷ kluis ‹bank› ❸ grafkelder, kelder ★ *the family ~* het familiegraf ❹ sprong ★ *the pole ~* het polsstokhoogspringen **II** *overg* ❶ (o)verwelven ❷ springen over **III** *onoverg* springen ‹steunend op hand of met polsstok›

vaulted [ˈvɔ:ltɪd] *bn* gewelfd

vaulter [ˈvɔ:ltə] *znw* ❶ springer, polsstokhoogspringer

❷ kunstrijder, kunstrijdster ‹op paard›

vaulting [ˈvɔ:ltɪŋ] *znw* gewelf

vaulting ambition [ˈvɔ:ltɪŋ æmˈbɪʃən] *znw* niets of niemand ontziende ambitie

vaulting horse [ˈvɔ:ltɪŋ hɔ:s] *znw* springpaard ‹in de gymnastiek›

vaunt [vɔ:nt] *overg & onoverg* opscheppen (over), pochen (op), zich beroemen (op)

vaunter [ˈvɔ:ntə] *znw* opschepper, pocher, snoever

VC afk (Victoria Cross) Victoriakruis ‹hoogste Britse onderscheiding› (Vice Chairman) vice-voorzitter (Vice Chancellor) vice-kanselier, rector magnificus (Vice Consul) vice-consul

V-chip [ˈvi:-tʃɪp] *znw* (violence-chip) chip die ongewenste programma's weert van tv-toestellen

VCR afk (video cassette recorder) videorecorder

VD afk (venereal disease) geslachtsziekte

VDT comput afk (video display terminal) soort beeldscherm

VDU afk → **visual display unit**

veal [vi:l] *znw* kalfsvlees

veal crate [vi:l kreɪt] *znw* kist ‹voor kistkalf›

vector [ˈvektə] *znw* ❶ wisk vector ❷ luchtv koers

vector graphics [ˈvektə ˈgræfɪks] comput *znw* [mv] vectorgrafiek

VE Day [vi:ˈi: deɪ] *znw* (Victory in Europe Day) dag van de overwinning in Europa, 8 mei 1945

veejay [ˈvi:dʒeɪ] inf *znw* (video jockey) veejay, presentator van videoclips

veep [vi:p] Am inf *znw* vice-president

veer [vɪə] **I** *znw* wending, draai **II** *overg* ❶ doen draaien, wenden ‹schip› ❷ vieren ‹kabel› (ook: ~ *away, ~ out*) **III** *onoverg* ❶ van richting veranderen ‹wind, voertuig› ★ *~ off course* plotseling van koers raken ★ *~ to the left* afbuigen naar links ★ *the bus ~ed off the road* de bus raakte van de weg af ❷ fig omslaan, veranderen ★ *the plot ~s from tragedy to melodrama* het plot verandert van een tragedie in een melodrama ★ *he ~s between depression and violence* het ene moment is hij depressief dan weer gewelddadig **IV** *phras* ★ *~ around / round* omlopen ‹wind›, (bij)draaien, zwenken, fig een keer nemen, veranderen ★ *~ away* afdwalen

veg [vedʒ] inf **I** *znw* (vegetable) groente **II** *onoverg* vegeteren, niets uitvoeren (ook: ~ *out*)

vegan [ˈvi:gən] *znw* veganist

vegetable [ˈvedʒɪtəbl] **I** *bn* ❶ plantaardig, planten- ★ *a ~ diet* plantaardig voedsel, een plantaardig dieet ❷ groente- ★ *a ~ patch / plot* een groentetuintje **II** *znw* ❶ plant ★ *~, animal or mineral?* plantaardig, dierlijk of mineraal? ❷ groente ★ *leafy ~s* bladgroente ★ *root ~s* wortelgewas ❸ inf vegeterend mens

vegetable kingdom [ˈvedʒɪtəbl ˈkɪŋdəm] *znw* ★ *the ~* het plantenrijk

vegetable oil [ˈvedʒɪtəbl ɔɪl] *znw* plantaardige olie

vegetable spaghetti [ˈvedʒɪtəbl spəˈgetɪ], **spaghetti squash** *znw* pompoen met spaghetti-achtig

ve

vruchtvlees

vegetal ['vedʒɪtl] *bn* ❶ vegetatief, groei- ❷ plantaardig, planten-

vegetarian [vedʒə'teərɪən] I *bn* vegetarisch II *znw* vegetariër

vegetarianism [vedʒə'teərɪənɪzəm] *znw* vegetarisme

vegetate ['vedʒɪteɪt] *onoverg* vegeteren, een plantenleven leiden

vegetation [vedʒɪ'teɪʃən] *znw* ❶ plantengroei, plantenwereld, vegetatie ❷ vegeteren, plantenleven

vegetative ['vedʒɪtətɪv] *bn* ❶ vegetatief, van de (planten)groei, groei-, groeiend ❷ vegeterend

veggie ['vedʒi] *inf znw* ❶ vegetariër ❷ groente

veggie burger® ['vedʒi 'bɜːgə], **vegeburger** *znw* vegetarische burger, groenteburger

vehemence ['viːəməns] *znw* hevigheid, heftigheid, onstuimigheid, geweld

vehement ['viːəmənt] *bn* hevig, heftig, onstuimig, geweldig

vehemently ['viːəməntlɪ] *bijw* heftig, hevig

vehicle ['viːɪkl] *znw* ❶ voertuig, (vervoer)middel, vehikel ❷ drager, geleider

vehicle train ['viːɪkl treɪn] *znw* autotrein

vehicular [vɪ'hɪkjʊlə] *bn* tot voertuig dienend, vervoer- ★ ~ *traffic* verkeer van rij- en voertuigen

veil [veɪl] I *znw* ❶ sluier, voile ⟨v. dame⟩ ★ RK *take the ~* de sluier aannemen, non worden ❷ bijbel voorhang, voorhangsel ❸ fig dekmantel ★ *beyond the ~* aan gene zijde van het graf ★ *under the ~ of...* onder de schijn / het mom van... ★ *draw a ~ over sth* verder maar zwijgen over iets, met de mantel der liefde bedekken II *overg* ❶ met een sluier bedekken ❷ fig (om)sluieren, bemantelen

veiled [veɪld] *bn* ❶ gesluierd, met een voile voor ❷ gesluierd ⟨stem⟩ ❸ fig bedekt, verkapt, verbloemd, verhuld ★ *a ~ threat* een bedekt dreigement ★ *be ~ in mystery* in een waas van geheimzinnigheid gehuld zijn

vein [veɪn] *znw* ❶ ader ❷ nerf ❸ stemming, stijl, trant ★ *in a lighter / more serious ~* in een lichtere / serieuzere stemming ★ *in a similar ~* in een vergelijkbare trant ★ *in the ~ of the detective novel* in de trant van een detective roman ★ *he has a ~ of madness* er zit een steekje los bij hem

veined [veɪnd] *bn* ❶ dooraderd, (rijk) geaderd, aderrijk ❷ gemarmerd

velar ['viːlə] fon I *bn* velair, van het zachte verhemelte II *znw* velaire klank

Velcro® [velkrəʊ] I *znw* klittenband II *overg* met klittenband bevestigen

veld [velt], **veldt** ZA *znw* grasvlakte

velleity [ve'liːɪtɪ] form *znw* zwakke wil / wens, neiging

vellum ['veləm] *znw* velijn, kalfsperkament

velociraptor [vɪlɒsɪ'ræptə] *znw* velociraptor ⟨kleine soort vleesetende dinosaurus⟩

velocity [vɪ'lɒsətɪ] *znw* snelheid ★ *light travels at a constant ~* het licht plant zich voort met een constante snelheid

velodrome ['velədrəʊm] *znw* wielerbaan

velour [və'lʊə], **velours** *znw* velours, fluweel

velum ['viːləm] anat *znw* [mv: vela] zacht verhemelte

velvet ['velvɪt] I *bn* fluwelen II *znw* fluweel ★ inf *be on ~* op fluweel zitten

velveteen [velvə'tiːn] *znw* katoenfluweel

velvet-like ['velvɪt-laɪk] *bn* fluweelachtig

velvet revolution ['velvɪt revə'luːʃən] *znw* fluwelen revolutie ⟨revolutie die zonder bloedvergieten verloopt⟩

velvety ['velvətɪ] *bn* fluweelachtig

venal ['viːnl] form *bn* te koop, omkoopbaar, veil

venality [viː'nælətɪ] form *znw* te koop zijn, omkoopbaarheid, veilheid

venation [vɪ'neɪʃən] *znw* nervatuur ⟨blad &⟩

vend [vend] *overg* verkopen, venten

vendee [ven'diː] *znw* koper

vender ['vendə] Am *znw* verkoper, venter

vendetta [ven'detə] *znw* ❶ bloedwraak ❷ vete

vendible ['vendɪbl] *bn* verkoopbaar

vending machine ['vendɪŋməˈʃiːn] *znw* verkoopautomaat

vendor ['vendə] *znw* ❶ verkoper ❷ straatventer

veneer [vɪ'nɪə] I *znw* ❶ fineer ❷ fig vernisje ★ *it was extortion under a ~ of respectability* het was afpersing met de schijn van fatsoen II *overg* fineren, met fineer beleggen

venerable ['venərəbl] *bn* ❶ eerbiedwaardig, eerwaardig ❷ scherts oud, antiek

venerate ['venəreɪt] *overg* (hoog) vereren, adoreren

veneration [venə'reɪʃən] *znw* (grote) verering ★ *hold sbd / sth in ~* iem. / iets hoog vereren

venereal [vɪ'nɪərɪəl] *bn* venerisch

venereal disease [vɪ'nɪərɪəl dɪ'ziːz], **VD** *znw* geslachtsziekte

Venetian [vɪ'niːʃən] *bn* Venetiaans

Venetian blind [vɪ'niːʃən blaɪnd] *znw* jaloezie ⟨zonnescherm⟩

Venezuela [vene'zweɪlə] *znw* Venezuela

Venezuelan [vene'zweɪlən] I *bn* Venezolaans II *znw* Venezolaan, Venezolaanse

vengeance ['vendʒəns] *znw* wraak ★ *they swore ~ on him* ze zwoeren zich op hem te wreken ▼ *with a ~* en niet zuinig ook, dat het een aard heeft / had, vanjewelste

vengeful ['vendʒfʊl] *bn* wraakgierig, wraakzuchtig

venial ['viːnɪəl] theol *bn* vergeeflijk ★ *a ~ sin* een dagelijkse zonde ⟨geen doodzonde⟩

veniality [viːnɪ'ælətɪ] theol *znw* vergeeflijkheid

Venice ['venɪs] *znw* Venetië

venison ['venɪsən] *znw* hertenvlees

venom ['venəm] *znw* venijn, vergif, gif

venomous ['venəməs] *bn* venijnig, (ver)giftig

venous ['viːnəs] *bn* aderlijk ⟨bloed⟩

vent [vent] I *znw* ❶ opening, luchtgat, uitlaat ★ *give ~ to sth* uiting, lucht geven aan iets, iets de vrije loop laten ❷ schoorsteenkanaal, krateropening vulkaan ❸ zundgat ⟨geweer⟩ ❹ uitweg ❺ split ⟨v. jas⟩

ve

II *overg* lucht, uiting geven aan, uiten, luchten
★ *there's no need to* ~ *your feelings on me* je hoeft je
gevoelens niet op mij af te reageren
ventil ['ventɪl] muz *znw* ventiel, klep
ventilate ['ventɪleɪt] *overg* ❶ ventileren, lucht geven,
luchten ❷ fig kenbaar maken, naar voren brengen
ventilation [ventɪ'leɪʃən] *znw* ventilatie,
luchtverversing, luchten
ventilator ['ventɪleɪtə] *znw* ventilator
Ventolin® ['ventəlɪn] *znw* medicijn tegen astma,
bronchitis &
ventral ['ventrəl] anat *bn* buik-
ventral fin ['ventrəl fɪn] dierk *znw* buikvin
ventricle ['ventrɪkl] anat *znw* ❶ ventrikel, holte
❷ hartkamer ★ *the left / right* ~ *of the heart* de linker
/ rechter hartkamer
ventriloquism [ven'trɪləkwɪzəm] *znw* (kunst van het)
buikspreken
ventriloquist [ven'trɪləkwɪst] *znw* buikspreker
ventriloquy [ven'trɪləkwɪ] *znw* het buikspreken
venture ['ventʃə] **I** *znw* waag(stuk), risico,
(avontuurlijke) onderneming, speculatie ★ *a joint
/ collaborative / cooperative* ~ een gezamenlijke
/ coöperatieve onderneming **II** *overg* wagen, op het
spel zetten, aandurven ★ *nothing* ~*d, nothing gained*
wie niet waagt, die niet wint **III** *onoverg* ❶ zich
wagen ★ *she rarely* ~*s away from home* ze waagt zich
zelden buitenshuis ★ *her horse refuses to* ~ *beyond the
gate* haar paard weigert buiten het hek te gaan
❷ het (er op) wagen ★ *may I* ~ *to differ?* zou ik zo
vrij mogen zijn van mening te verschillen? **IV** *phras*
★ ~ **forth** er op uit trekken ⟨het gevaar tegemoet⟩
★ *from now on it was venturing forth into the
unknown* van nu af aan was het onbekend gebied
betreden ★ ~ **on** / **upon** *sth* iets aandurven / wagen
★ *it is a hazardous scheme they are venturing upon*
het is een gevaarlijk plan waar ze mee aan de gang
gaan ★ *towards the end of his speech he* ~*d upon other
topics* aan het eind van zijn toespraak pakte hij
andere onderwerpen aan
venture capital ['ventʃə 'kæpɪtl] *znw* risicokapitaal
venture fund ['ventʃə fʌnd] *znw* beleggingsfonds dat
investeert in risicovolle ondernemingen
venturer ['ventʃərə] *znw* waaghals, avonturier
venturesome ['ventʃəsəm] *bn* vermetel, gewaagd
venue ['venju:] *znw* plaats (van bijeenkomst), locatie
Venus ['vi:nəs] astron *znw* Venus
Venus flytrap ['vi:nəs 'flaɪtræp] *znw*
venusvliegenvanger ⟨insectenetende plant⟩
veracious [və'reɪʃəs] *bn* waarheidlievend, waarachtig,
waar
veracity [və'ræsɪtɪ] *znw* waarheidsliefde, waarheid,
geloofwaardigheid
veranda [və'rændə], **verandah** *znw* veranda
verb [vɜ:b] *znw* werkwoord
verbal ['vɜ:bl] *bn* ❶ mondeling ❷ woordelijk, letterlijk
❸ in woord(en), van woorden, woord(en)-, verbaal
❹ werkwoordelijk

verbal diarrhoea ['vɜ:bl daɪə'rɪə] inf *znw* omhaal van
woorden, geleuter, spraakwaterval
verbalism ['vɜ:bəlɪzəm] *znw* ❶ uitdrukking
❷ woordelijk beschouwen ⟨niet inhoudelijk⟩
verbalist ['vɜ:bəlɪst] *znw* iem. die alles naar de letter
neemt
verbalize ['vɜ:bəlaɪz], **verbalise I** *overg* ❶ verwoorden
★ *it's hard for him to* ~ *his feelings* hij kan zijn
gevoelens moeilijk onder woorden brengen
❷ gramm als werkwoord gebruiken, tot werkwoord
maken **II** *onoverg* breedsprakig zijn
verbal noun ['vɜ:bl naʊn] gramm *znw*
gesubstantiveerd werkwoord ⟨infinitief, gerundium
&⟩
verbatim [vɜ:'beɪtɪm] *bn & bijw* woord voor woord,
woordelijk
verbiage ['vɜ:bɪɪdʒ] *znw* omhaal van woorden,
woordenvloed, breedsprakigheid
verbose [vɜ:'bəʊs] *bn* breedsprakig, woordenrijk,
wijdlopig
verbosity [vɜ:'bɒsɪtɪ] *znw* breedsprakigheid,
woordenrijkheid, wijdlopigheid
verb phrase [vɜ:b freɪz] gramm *znw* ❶ werkwoordelijk
gezegde ❷ woordgroep die als werkwoord fungeert
verdant ['vɜ:dnt] dicht *bn* groen
verdict ['vɜ:dɪkt] *znw* ❶ uitspraak van de jury ★ *a
majority* ~ een (jury)uitspraak met meerderheid van
stemmen ★ *give a* ~ uitspraak doen ★ *the jury
returned an open* ~ de jury kon niet tot een besluit
komen ★ *the popular* ~ de algemene opvatting
❷ vonnis, beslissing, oordeel ★ *I'll reserve my* ~ *until
I try the car out* ik wacht met mijn oordeel totdat ik
de auto heb uitgeprobeerd
verdigris ['vɜ:dɪgrɪs] *znw* kopergroen
verdure ['vɜ:dʒə] dicht *znw* groen, groenheid, lover,
bladerpracht
verge [vɜ:dʒ] **I** *znw* ❶ rand, zoom, grens ★ *on the* ~ *of
sth* op de rand van iets, op het punt om iets te doen,
heel dicht bij iets ❷ berm, grasrand **II** *phras* ★ ~ **on**
sth neigen naar iets, grenzen aan iets ★ *fear verging
on panic* angst, paniek bijna
verger ['vɜ:dʒə] *znw* koster
verifiable ['verɪfaɪəbl] *bn* te verifiëren, te controleren
verification [verɪfɪ'keɪʃən] *znw* ❶ verificatie, proef (op
de som) ❷ bekrachtiging, bewijs
verifier ['verɪfaɪə] *znw* verificateur
verify ['verɪfaɪ] *overg* ❶ verifiëren, onderzoeken,
nazien, nagaan ❷ waarmaken, bevestigen (in),
bekrachtigen ❸ jur legaliseren, waarmerken
verily ['verɪlɪ] bijbel *bijw* voorwaar
verisimilar [verɪ'sɪmɪlə] form *bn* ogenschijnlijk waar,
waarschijnlijk
verisimilitude [verɪsɪ'mɪlɪtju:d] form *znw*
schijnwaarheid, waarschijnlijkheid ★ *this gives the
plot the* ~ *of reality* dit geeft het plot de indruk waar
te zijn
veritable ['verɪtəbl] *bn* waar(achtig), echt
verity ['verətɪ] form *znw* waarheid

ve

verjuice ['vɜːdʒuːs] *znw* zuur sap van onrijpe vruchten
vermicelli [vɜːmɪ'selɪ] *znw* vermicelli
vermicide ['vɜːmɪsaɪd] *znw* middel tegen wormen, vermicide
vermicular [vɜː'mɪkjʊlə], **vermiculate** *bn* wormvormig, wormachtig, wormstrepig
vermiculate [vɜː'mɪkjʊleɪt] *bn* ❶ wormstekig ❷ → **vermicular**
vermiculation [vɜːmɪkjʊ'leɪʃən] *znw* ❶ wormachtige (peristaltische) beweging ❷ wormstekigheid
vermiform ['vɜːmɪfɔːm] *bn* wormvormig
vermifuge ['vɜːmɪfjuːdʒ] *znw* middel tegen wormen
vermilion [və'mɪljən] I *bn* vermiljoen(rood) II *znw* vermiljoen
vermin ['vɜːmɪn] *znw* ❶ ongedierte ❷ *fig* tuig, geteisem
verminous ['vɜːmɪnəs] *bn* ❶ vol ongedierte ❷ van ongedierte
vermouth ['vɜːməθ] *znw* vermout
vernacular [və'nækjʊlə] I *bn* ❶ inheems, streekeigen, volks ★ *most of the houses are in the ~ style* de meeste huizen zijn in de lokale stijl gebouwd ❷ moedertaal-, dialect- II *znw* ❶ spreektaal, landstaal, moedertaal, volkstaal, dialect ★ *masses are now held in the ~* missen worden tegenwoordig in de landstaal gehouden ❷ vakjargon, vaktaal, groepstaal
vernal ['vɜːnl] *dicht bn* van de lente, lente-, voorjaars-
vernal equinox ['vɜːnl 'iːkwɪnɒks] *znw* voorjaarsequinox, lentenachtevening
vernier ['vɜːnɪə] *znw* vernier, hulpschaalverdeling
veronica [və'rɒnɪkə] *znw* ereprijs ‹plant›
verruca [və'ruːkə] *znw* [*mv:* -s *of* verrucae] wrat ‹meestal onder de voetzool›
versatile ['vɜːsətaɪl] *bn* ❶ veelzijdig ‹persoon› ❷ flexibel ‹geest› ❸ op vele manieren te gebruiken ‹apparaat &›
versatility [vɜːsə'tɪlətɪ] *znw* ❶ veelzijdigheid ❷ flexibiliteit
verse [vɜːs] *znw* ❶ vers, versregel, strofe, couplet ❷ poëzie ★ *in ~* in dichtvorm
versed [vɜːst] *bn* ervaren, doorkneed, bedreven (in *in*), op de hoogte (van *in*) ★ *city people are rarely ~ in country habits* stadsmensen zijn zelden op de hoogte van plattelandsgebruiken
verset ['vɜːsɪt] *muz znw* kort voor- / tussenspel voor orgel
versifier ['vɜːsɪfaɪə] *znw* rijmelaar
versify ['vɜːsɪfaɪ] I *overg* berijmen, op rijm brengen II *onoverg* verzen maken
version ['vɜːʃən] *znw* ❶ versie, lezing, variant ★ *his ~ of what happened is completely different to hers* zijn lezing van wat er gebeurd is wijkt totaal af van die van haar ❷ vertaling, bewerking ‹voor de film› ★ *the film is a watered-down ~ of the novel* de film is een slap afreksel van de roman
verso ['vɜːsəʊ] *znw* keer-, ommezijde, achterkant
versus ['vɜːsəs] ‹*Lat*›, **v**, **vs** jur *of* sp *voorz* tegen, contra

vertebra ['vɜːtɪbrə] *anat znw* [*mv:* -s *of* vertebrae] wervel
vertebral ['vɜːtɪbrəl] *anat bn* wervel-
vertebral column ['vɜːtɪbrəl 'kɒləm] *anat znw* wervelkolom
vertebrate ['vɜːtɪbrət] I *bn* gewerveld II *znw* gewerveld dier
vertex ['vɜːteks] *znw* [*mv:* -es *of* vertices] ❶ top(punt), hoogste punt ❷ *anat* kruin
vertical ['vɜːtɪkl] I *bn* ❶ verticaal, rechtstandig, staand, loodrecht, ❷ opwaarts ‹druk› ❸ door de rangen heen ‹organisatie›, door verschillende stages heen ‹proces› II *znw* ❶ loodlijn ★ *out of the ~* niet loodrecht ❷ verticaal vlak
vertical angles ['vɜːtɪkl 'æŋglz] wisk *znw* [*mv:* mv] tegenoverstaande hoeken
vertical drop ['vɜːtɪkl drɒp] *znw* steile afgrond
vertical integration ['vɜːtɪkl ɪntɪ'greɪʃən] *znw* verticale integratie ‹op elkaar afstemmen van de fasen van een proces›
vertically ['vɜːtɪklɪ] *bijw* verticaal, loodrecht, opwaarts
vertical take-off ['vɜːtɪkl 'teɪk-ɒf] *znw* verticale start ‹vliegtuig›
vertical thinking ['vɜːtɪkl 'θɪŋkɪŋ] *znw* verticaal denken, logisch / analytisch denken
vertiginous [və'tɪdʒɪnəs] *bn* duizelingwekkend
vertigo ['vɜːtɪgəʊ] *znw* ❶ duizeling, duizeligheid ❷ hoogtevrees
verve [vɜːv] *znw* verve, gloed, geestdrift, bezieling, (kunstenaars)vuur
very ['verɪ] I *bn* ❶ waar, werkelijk, echt ★ *these were her ~ words* dat was letterlijk wat ze zei ★ *his ~ thoughts* zijn intiemste gedachten ❷ precies, net, juist ★ *the ~ one I was looking for* precies die waar ik naar op zoek was ★ *it's the ~ thing* het is precies / net wat wij hebben moeten, het is je ware ★ *the ~ word I was looking for* precies het woord dat ik zocht ★ *for that ~ reason* juist daarom ★ *that ~ day* diezelfde dag ★ *this ~ day* vandaag nog, nog deze dag ★ *the ~ air you breathe* zelfs de lucht die men inademt ★ *before our ~ eyes* vlak voor onze ogen ❸ enkel, alleen ★ *its ~ mention* het vermelden ervan alleen al ★ *the ~ idea!* het idee alleen al! II *bijw* ❶ zeer, heel, erg ★ *~ much* erg veel, erg, zeer ★ Br gedat *~ good, sir* ja meneer ‹tegen iemand die hoger op de sociale ladder staat› ★ *that's all ~ good and well* dat mag dan wel zo zijn ★ *form ~ well* dat is goed, dat mag ‹in antwoord op een verzoek› ❷ aller- ★ *the ~ best / last* de (het) allerbeste / allerlaatste ★ *at the ~ earliest* op zijn allervroegst ❸ precies ★ *the ~ same* precies dezelfde / hetzelfde
Very Reverend ['verɪ 'revərənd] *znw* titel van kerkelijke hoogwaardigheidsbekleders
vesical ['vesɪkl] *anat bn* blaas-
vesicle ['vesɪkl] *anat znw* blaasje, blaar
vesicular [vɪ'sɪkjʊlə] *anat bn* blaasachtig, blaasvormig, blaas-
vespers ['vespəz] *znw* [*mv*] vesper

vessel ['vesəl] *znw* ❶ vat ❷ bloedvat ❸ vaartuig, schip ★ *a coasting ~* een kustvaarder

vest [vest] **I** *znw* ❶ Br onderhemd, hemd ❷ Am vest ★ *a bullet-proof ~* een kogelvrij vest **II** *overg* form bekleden (met *with*), begiftigen **III** *phras* ★ *be ~ed in iets* berusten bij iets ‹macht› ★ *be ~ed in sbd* bekleed worden door iem. ‹ambt &›

vesta ['vestə] hist *znw* lucifer

vestal ['vestl] *bn* Vestaals ★ *Vestal Virgin* Vestaalse maagd

vested interest ['vestɪd 'ɪntrəst] *znw* persoonlijk belang

vested interests ['vestɪd 'ɪntrəsts] *znw* [mv] gevestigde belangen

vestiary ['vestɪərɪ] *znw* kleedkamer, garderobe

vestibule ['vestɪbjuːl] *znw* vestibule, (voor)portaal, voorhof ‹ook v. oor›

vestige ['vestɪdʒ] *znw* spoor, overblijfsel

vestigial [ve'stɪdʒɪəl] *bn* ❶ rudimentair ‹v. orgaan› ❷ form vervaagd

vestment ['vestmənt] *znw* liturgisch gewaad, ambtsgewaad

vest-pocket ['vest'pɒkɪt] Am *bn* klein, (in) zakformaat

vestry ['vestrɪ] *znw* ❶ sacristie, consistoriekamer ❷ parochievergadering, kerkenraad

vestryman ['vestrɪmən] *znw* lid van de kerkenraad

vesture ['vestʃə] dicht **I** *znw* (be)kleding, kledingstuk, kleed, gewaad **II** *overg* (be)kleden

vet [vet] **I** *znw* ❶ Am inf veteraan ❷ → **veterinary surgeon II** *overg* behandelen, keuren, onderzoeken, nazien, natrekken, screenen

vetch [vetʃ] *znw* wikke ‹plant›

veteran ['vetərən] **I** *bn* oud, beproefd, ervaren **II** *znw* oudgediende, veteraan, oud-strijder

veteran car ['vetərən kɑː] *znw* oldtimer, oude auto ‹gewoonlijk van vóór 1918›

Veteran's Day ['vetərənz deɪ] Am *znw* 11 november ‹herdenkt de wapenstilstand in 1918›

veterinarian [vetərɪ'neərɪən] Am *znw* → **veterinary surgeon**

veterinary ['vetərɪnərɪ] *bn* veeartsenijkundig ★ *a ~ school* een veeartsenijschool

veterinary hospital ['vetərɪnərɪ 'hɒspɪtl] *znw* dierenziekenhuis

veterinary surgeon ['vetərɪnərɪ 'sɜːdʒən], Am form **veterinarian**, **vet** *znw* veearts, dierenarts

veto ['viːtəʊ] **I** *znw* [mv: -toes] ❶ (recht van) veto ★ *Spain used its ~ to block the resolution* Spanje heeft zijn veto gebruikt om de resolutie te blokkeren ★ *impose a ~ on sth* zijn veto uitspreken over ❷ verbod, afkeurende uitspraak **II** *overg* zijn veto uitspreken over, verbieden, verwerpen ★ *they have the power / right to ~ it* ze hebben het recht het te verwerpen

vex [veks] *overg* plagen, kwellen, irriteren, ergeren ★ *the issue continues to ~ the government* de kwestie blijft de regering achtervolgen

vexation [vek'seɪʃən] *znw* kwelling, plaag, ergernis,

pesterij ★ *he bit his lip in ~* hij beet zich op de lippen van ergernis

vexatious [vek'seɪʃəs] *bn* irriterend, hinderlijk, ergerlijk

vexed [vekst] *bn* ❶ geërgerd (over *at*), onrustig, bewogen ❷ problematisch, netelig ★ *a ~ question* een veelomstreden vraagstuk

vexing ['veksɪŋ] *bn* irriterend, plagend, ergerlijk, irritant

VGA [viːdʒiː'eɪ] comput *afk* (video graphics array) standaard voor grafische kaarten

VHF [viːeɪtʃ'ef] *afk* (very high frequency) VHF, FM

via [vaɪə] *voorz* via, over

viability [vaɪə'bɪlətɪ] *znw* ❶ levensvatbaarheid ❷ (financiële) haalbaarheid

viable ['vaɪəbl] *bn* ❶ levensvatbaar ❷ (financieel) haalbaar

viaduct ['vaɪədʌkt] *znw* viaduct

vial ['vaɪəl] *znw* flesje, ampul

viands [vaɪəndz] *znw* [mv] etenswaren, levensmiddelen

vibes [vaɪbz] inf *znw* [mv] ❶ vibraties ❷ uitstraling ‹v. artiest &› ★ *I'm getting good ~ from her / him* het klikt tussen ons

vibrancy ['vaɪbrənsɪ] *znw* levendigheid

vibrant ['vaɪbrənt] *bn* ❶ vibrerend, trillend ❷ levendig, enthousiast ❸ helder ‹kleur›, sonoor ‹stem›

vibraphone ['vaɪbrəfəʊn] *znw* vibrafoon

vibrate [vaɪ'breɪt] *overg & onoverg* (doen) vibreren, trillen

vibration [vaɪ'breɪʃən] *znw* vibratie, trilling

vibrato [vɪ'brɑːtəʊ] *‹Ital› muz znw* vibrato

vibrator [vaɪ'breɪtə] *znw* vibrator

vibratory ['vaɪbrətərɪ] *bn* trillend, trillings-

vicar ['vɪkə] *znw* predikant, dominee

vicarage ['vɪkərɪdʒ] *znw* ❶ pastorie ❷ predikantsplaats

vicarious [vɪ'keərɪəs] *bn* ❶ plaatsvervangend, indirect ‹in de plaats van of voor een ander gedaan / geleden &› ★ *he derives a ~ pleasure from the suffering he inflicts* hij krijgt indirect plezier van het lijden dat hij veroorzaakt ❷ gedelegeerd, overgedragen

Vicar of Christ ['vɪkərəv 'kraɪst] *znw* Plaatsvervanger van Christus ‹titel van de paus›

vice [vaɪs] *znw* ❶ ondeugd ontucht, onzedelijkheid, verdorvenheid gebrek, fout ❷ → inf **vice president** ❸ Am **vise** techn bankschroef ★ *the story grips you in its ~ right from the start* het verhaal houdt je vanaf het begin in een ijzeren greep

vice- [vaɪs] *voorv* vice-, onder-, plaatsvervangend

vice admiral [vaɪs 'ædmərəl] *znw* vice-admiraal

vice chair [vaɪs tʃeə] *znw* vice-presidentschap

vice chairman [vaɪs 'tʃeəmən] *znw* vice-voorzitter

vice chancellor [vaɪs 'tʃɑːnsələ] *znw* ❶ vice-kanselier ❷ rector magnificus

vice consul [vaɪs 'kɒns(ə)l] *znw* vice-consul

vicegerency ['vaɪs'dʒerənsɪ] *znw* post van een plaatsvervanger

vicegerent [vaɪs'dʒerənt] **I** *bn* plaatsvervangend **II** *znw* plaatsvervanger, substituut

vice-like ['vaɪs-laɪk], Am **vise-like** *bn* als in een bankschroef ★ *he had her arm in a ~ grip* hij had haar arm in een ijzeren greep

vicennial [vaɪ'senɪəl] *bn* ❶ twintigjarig, gedurende 20 jaar ❷ elke 20 jaar

vice president [vaɪs 'prezɪdnt], *inf* **vice**, *inf* **VP** *znw* vice-president

viceregal [vaɪs'riːgl] *bn* van de onderkoning

vice ring [vaɪs rɪŋ] *znw* criminele organisatie die actief is in de prostitutie

viceroy ['vaɪsrɔɪ] *znw* onderkoning

viceroyalty [vaɪs'rɔɪəltɪ] *znw* onderkoningschap

vice squad ['vaɪskɒd] *znw* zedenpolitie

vice versa ['vaɪsɪ'vɜːsə] *bijw* vice versa, omgekeerd

vicinity [vɪ'sɪnətɪ] *znw* nabijheid, buurt ★ *he is believed to earn in the ~ of half a million* men denkt dat hij omstreeks een half miljoen verdient

vicious ['vɪʃəs] *bn* ❶ slecht, gemeen, verdorven ❷ wreed ❸ vals ⟨v. dieren⟩ ❹ boosaardig, venijnig ⟨kritiek⟩

vicious circle ['vɪʃəs 'sɜːkl] *znw* vicieuze cirkel

vicissitudes [vɪ'sɪsɪtjuːd] *form znw* [mv] lotgevallen, wederwaardigheden

vicissitudinous [vɪsɪsɪ'tjuːdɪnəs] *form bn* wisselvallig

victim ['vɪktɪm] *znw* slachtoffer *fig* dupe, offerdier ★ *fall (a) ~ to sth* ergens het slachtoffer van worden, ten prooi vallen aan iets

victimization [vɪktəmaɪ'zeɪʃən], **victimisation** *znw* ❶ slachtoffer(s) maken ❷ rancunemaatregelen, broodroof ⟨na staking &⟩

victimize ['vɪktɪmaɪz], **victimise** *overg* ❶ tot slachtoffer maken ❷ onverdiend straffen

victim support ['vɪktɪm sə'pɔːt] *znw* slachtofferhulp

victor ['vɪktə] *znw* overwinnaar ★ *Victor* de letter V ⟨in het internationaal alfabet⟩

Victoria Cross [vɪk'tɔːrɪə krɒs], **VC** *znw* Victoria kruis ⟨hoogste Britse onderscheiding⟩

Victorian [vɪk'tɔːrɪən] **I** *bn* ❶ victoriaans, van (Koningin) Victoria, uit de tijd van Koningin Victoria ❷ uit Victoria **II** *znw* victoriaan, victoriaanse ⟨iem. uit de tijd van of met de opvattingen van koningin Victoria⟩

Victoriana [vɪk'tɔːrɪɑːnə, -rɪænə] *znw* [mv] antiquiteiten uit de tijd van Koningin Victoria (1837-1901)

victorious [vɪk'tɔːrɪəs] *bn* overwinnend, zegevierend ★ *be ~ (over) sbd / sth* zegevieren (over iem. / iets), het winnen (van iem. / iets)

victoriously [vɪk'tɔːrɪəslɪ] *bijw* overwinnend, zegevierend, als overwinnaar(s)

victory ['vɪktərɪ] *znw* overwinning (op *over*), zege, victorie ★ *Labour swept to ~* Labour haalde een overtuigende overwinning ★ *snatch ~ from the jaws of defeat* op het nippertje de overwinning halen

victory bond ['vɪktərɪ bɒnd] *znw* obligatie, uitgegeven door een regering na afloop van een oorlog

victory sign ['vɪktərɪ saɪn] *znw* V-teken, overwinningsteken

victual ['vɪtl] *onoverg* proviand innemen / inslaan

victualler ['vɪtlə], Am **victualer** *znw* ❶ slijter, iemand met vergunning om alcohol te verkopen ★ *a licensed ~* een tapper met vergunning ❷ gedat leverancier van levensmiddelen

victuals ['vɪtlz] *gedat znw* [mv] levensmiddelen

vide ['vaɪdɪ] *(Lat) overg* zie ⟨als verwijzing in een geschrift⟩

video ['vɪdɪəʊ] **I** *znw* ❶ video, videorecorder ❷ videoclip, video-opname, videofilm **II** *overg* op video opnemen

video amplifier ['vɪdɪəʊ 'æmplɪfaɪə] *znw* videoversterker

video arcade ['vɪdɪəʊ ɑː'keɪd] *znw* automatenhal, amusementshal

video camera ['vɪdɪəʊ 'kæmrə] *znw* videocamera

video card ['vɪdɪəʊ kɑːd] comput *znw* videokaart

videoconference [vɪdɪəʊ'kɒnfərəns] *znw* videoconferentie, videovergadering ⟨vergadering via beeldscherm⟩

video display terminal ['vɪdɪəʊ 'dɪspleɪ 'tɜːmɪnl], **VDT** comput *znw* beeldschermterminal

video game ['vɪdɪəʊ geɪm] *znw* videospelletje

video jockey ['vɪdɪəʊ 'dʒɒkɪ] TV *znw* videojockey, VJ ⟨presentator / presentatrice van videoclips⟩

video monitor ['vɪdɪəʊ 'mɒnɪtə] *znw* videoscherm

video nasty ['vɪdɪəʊ 'nɑːstɪ] *inf znw* videofilm met harde porno of extreem geweld

videophone ['vɪdɪəʊfəʊn] *znw* beeldtelefoon

video piracy ['vɪdɪəʊ 'paɪrəsɪ] *znw* illegaal kopiëren van video's

video recorder ['vɪdɪəʊ rɪ'kɔːdə] *znw* videorecorder

video shop ['vɪdɪəʊ ʃɒp] *znw* videotheek

videotape ['vɪdɪəʊteɪp] **I** *znw* videoband **II** *overg* op video opnemen

vie [vaɪ] *onoverg* wedijveren (met *with*, om *for*) ★ *both are vying for a place in the team* ze strijden met elkaar om een plaats in het team ★ *there are at least two vying for her favour* er zijn er minstens twee die meedingen om haar gunst

Vienna [vɪ'enə] **I** *bn* Wener, Weens **II** *znw* Wenen

Viennese [vɪə'niːz] **I** *bn* Wener, Weens **II** *znw* [*mv: ~*] ❶ Wener, Weense ❷ Weens dialect

Vietnam [vjet'næm] *znw* Vietnam

Vietnamese [vjetnə'miːz] *znw* ❶ [*mv: ~*] Vietnamees, Vietnamese ⟨inwoner⟩ ❷ Vietnamees ⟨taal⟩

view [vjuː] *znw* ❶ zicht, gezicht, uitzicht, aanblik ★ *come into ~* in zicht komen ★ *in ~* in zicht, te zien, in het vooruitzicht ★ *in full ~ of* ten aanschouwen van ❷ beschouwing, bezichtiging ★ *be on ~* te bezichtigen zijn, ter inzage liggen, poseren ❸ kijk ⟨op een zaak⟩, mening, opvatting, inzicht, overzicht ★ *in his ~* in zijn ogen, naar zijn opinie, naar zijn inzicht ★ *an exchange of ~s* een uitwisseling van ideeën ★ *a point of* ~ een oogpunt ★ *take the* ~ *that* van mening zijn dat, zich op het standpunt stellen dat ★ *take a different* ~ *of the matter* de zaak anders beschouwen (zien), inzien, opvatten ★ inf *take a dim / poor* ~ *of sth* niet veel ophebben met iets, iets afkeuren ★ *take a long / short* ~ op lange / korte termijn beschouwen ❹ oogmerk, bedoeling ★ *with a* ~ *to* met het oog op, teneinde, om ★ *have sth in* ~ iets op het oog hebben, iets beogen ★ *keep sth in* ~ iets in het oog houden ★ *in* ~ *of* met het oog op, gezien, gelet op **II** *overg* ❶ (be)zien, beschouwen, bekijken, in ogenschouw nemen ❷ bezichtigen, kijken ‹tv› ★ *the film is now ~ing at the cinema* de film draait nu in de bioscoop **III** *onoverg* kijken

viewer ['vju:ə] *znw* ❶ (be)schouwer ❷ opzichter, inspecteur, inspectrice ❸ kijker, kijkster ‹tv› ❹ viewer ‹film, dia› ❺ zoeker ‹v. camera›

viewfinder ['vju:faɪndə] techn *znw* zoeker

viewing deck ['vju:ɪŋ dek] *znw* observatiedek

viewing figures ['vju:ɪŋ 'fɪgəz] TV *znw* [mv] kijkdichtheid, kijkcijfers

viewless ['vju:ləs] *bn* ❶ zonder uitzicht ❷ zonder mening

viewpoint ['vju:pɔɪnt] *znw* ❶ gezichtspunt, standpunt ❷ uitzichtpunt

vigil ['vɪdʒɪl] *znw* nachtwake ★ *keep* ~ waken

vigilance ['vɪdʒɪləns] *znw* waakzaamheid

vigilant ['vɪdʒɪlənt] *bn* waakzaam

vigilante [vɪdʒɪ'læntɪ] Am *znw* lid van een burgerwacht, lid van een groep die het recht in eigen hand neemt

vignette [vɪ'njet] *znw* ❶ vignet ❷ fig schets ❸ tafereeltje

vigor ['vɪgə] Am *znw* → **vigour**

vigorous ['vɪgərəs] *bn* ❶ krachtig, sterk, fors, flink, energiek ❷ fig gespierd ‹v. stijl›

vigorously ['vɪgərəslɪ] *bijw* krachtig, sterk, energiek ★ *he denied it* ~ hij ontkende het met alle macht

vigour ['vɪgə], Am **vigor** *znw* ❶ kracht, sterkte ❷ energie, forsheid ❸ fig gespierdheid ‹v. stijl›

Viking ['vaɪkɪŋ] *znw* Viking

vile [vaɪl] *bn* slecht, gemeen, verachtelijk, laag ★ ~ *motives* lage drijfveren ★ inf *he's in a* ~ *mood* hij heeft een heel slecht humeur

vilification [vɪlɪfɪ'keɪʃən] *znw* belastering, zwartmaking

vilifier ['vɪlɪfaɪə] *znw* lasteraar

vilify ['vɪlɪfaɪ] *overg* (be)lasteren, zwartmaken

villa ['vɪlə] *znw* ❶ villa, eengezinshuis ❷ landhuis, buitenplaats ‹vooral in Italië en Z.-Frankrijk›

village ['vɪlɪdʒ] **I** *bn* dorps- **II** *znw* dorp

village green ['vɪlɪdʒ gri:n] *znw* dorpsplein, brink

village hall ['vɪlɪdʒ hɔ:l] *znw* dorpshuis, dorpscentrum

village idiot ['vɪlɪdʒ 'ɪdɪət] *znw* dorpsgek

villager ['vɪlɪdʒə] *znw* dorpeling, dorpsbewoner

villain ['vɪlən] *znw* schurk, schelm, snoodaard, slechterik, verrader ★ inf *alcohol is the worst* ~ alcohol is de ergste boosdoener ★ inf *the* ~ *of the*

piece de schurk in het stuk

villainous ['vɪlənəs] *bn* ❶ laag, snood, gemeen ❷ inf slecht, afschuwelijk

villainy ['vɪlənɪ] *znw* laagheid, schurkachtigheid, schurkerij, schurkenstreek

villein ['vɪlɪn] hist *znw* lijfeigene, horige

vim [vɪm] inf *znw* kracht, energie, vuur, fut ★ *he's full of* ~ *and vigour* hij zit barstensvol energie

vinaigrette [vɪneɪ'gret] *znw* vinaigrette

vindicate ['vɪndɪkeɪt] *overg* ❶ bewijzen ★ *the new study ~s the report* de nieuwe studie bewijst de juistheid van het rapport ❷ rechtvaardigen ★ *this information ~s the course that was taken* deze informatie rechtvaardigt de koers die gevolgd is ❸ (van blaam) zuiveren, rehabiliteren ★ *she welcomed the trial as a chance to* ~ *herself* ze juichte het proces toe als een kans om zich van alle blaam te zuiveren

vindication [vɪndɪ'keɪʃən] *znw* ❶ rechtvaardiging ❷ zuivering

vindicator ['vɪndɪkeɪtə] *znw* ❶ verdediger ❷ rechtvaardiger

vindicatory ['vɪndɪkeɪtərɪ] *bn* ❶ verdedigend, rechtvaardigend ❷ wrekend, straffend, wraak-

vindictive [vɪn'dɪktɪv] *bn* wraakgierig, -zuchtig, rancuneus

vindictively [vɪn'dɪktɪvlɪ] *bijw* wraakzuchtig, rancuneus

vine [vaɪn] *znw* ❶ wijnstok, wingerd ❷ klimplant ❸ rank

vinegar ['vɪnɪgə] *znw* azijn

vinegary ['vɪnɪgərɪ] *bn* azijnachtig, azijn-, zuur

vine leaf [vaɪn li:f] *znw* druivenblad

vinery ['vaɪnərɪ] *znw* druivenkas

vineyard ['vɪnjɑ:d] *znw* wijngaard

viniculture ['vɪnɪkʌltʃə] *znw* wijnbouw

vinous ['vaɪnəs] *bn* wijnachtig, wijn-

vintage ['vɪntɪdʒ] **I** *bn* ❶ van een hoog gehalte, op zijn best, uitstekend ★ ~ *Fawlty Towers* Fawlty Towers op zijn best ❷ oud, antiek **II** *znw* ❶ wijnoogst ❷ jaargang ‹van wijn› ❸ fig merk, gehalte, kwaliteit, soort ★ *a meat pie of dubious* ~ een vleespastei van een twijfelachtige kwaliteit

vintage car ['vɪntɪdʒ kɑ:] *znw* auto uit de periode 1918-1930

vintage year ['vɪntɪdʒ jɪə] *znw* ❶ goed wijnjaar ❷ fig goed jaar, bijzonder jaar

vintner ['vɪntnə] *znw* wijnkoper

vinyl ['vaɪnəl] *znw* vinyl

viol ['vaɪəl] *znw* ❶ viola ‹strijkinstrument met 6 snaren› ❷ viola da gamba

viola [vɪ'əʊlə] *znw* ❶ muz altviool ❷ plantk viool

violable ['vaɪələbl] *bn* schendbaar

viola da gamba [vɪ'əʊlə də 'gæmbə] *znw* viola da gamba

violate ['vaɪəleɪt] *overg* ❶ geweld aandoen, schenden, verkrachten, onteren ❷ verstoren

violation [vaɪə'leɪʃən] *znw* ❶ schending, verkrachting,

vi

schennis, ontering ❷ inbreuk, overtreding ★ *in ~ of the rules* tegen de regels, in overtreding van de regels ❸ verstoring

violator ['vaɪəleɪtə] *znw* schender

violence ['vaɪələns] *znw* ❶ geweld, gewelddadigheid, geweldpleging ★ *domestic ~* huiselijk geweld ★ *robbery with ~* diefstal met geweldpleging ★ *do ~ to sth* iets geweld aandoen ★ *use ~ against / towards sbd* iem. geweld aandoen, zich vergrijpen aan iem. ❷ hevigheid, heftigheid

violent ['vaɪələnt] *bn* ❶ hevig, heftig, geweldig ❷ hel, fel ⟨kleur⟩ ❸ gewelddadig

violently ['vaɪələntlɪ] *bijw* ❶ hevig, heftig ❷ gewelddadig

violet ['vaɪələt] I *bn* violet(kleurig), paars II *znw* ❶ plantk viooltje ★ *an African ~* een Kaaps viooltje ★ *a shrinking ~* een (over)gevoelig en verlegen persoon ❷ violet

violin [vaɪə'lɪn] *znw* viool

violinist [vaɪə'lɪnɪst] *znw* violist

violist ['vaɪəlɪst] *znw* altviolist

violoncellist [vaɪələn'tʃelɪst] *znw* cellist

violoncello [vaɪələn'tʃeləʊ] *znw* violoncel, cello

VIP [viːaɪ'piː] *afk* (very important person) vip, gewichtig persoon, hoge piet

viper ['vaɪpə] *znw* ❶ adder ❷ fig slang, serpent

viperish ['vaɪpərɪʃ] *bn* ❶ adderachtig ❷ fig boosaardig, vals

VIP lounge [viːaɪ'piː laʊndʒ] *znw* viproom

virago [vɪ'rɑːgəʊ] gedat *znw* [*mv:* -s of -es] helleveeg, feeks, manwijf

virgin ['vɜːdʒɪn] I *bn* ❶ maagdelijk, onbevlekt, ongerept, rein, zuiver ❷ vierge, van de eerste persing ⟨olijfolie⟩, gedegen ⟨metaal⟩ II *znw* maagd ★ RK *the (Blessed) Virgin* de Heilige Maagd

virginal ['vɜːdʒɪnl] I *bn* ❶ maagdelijk ❷ fig rein, onbevlekt II *znw* (meestal *mv*) virginaal ⟨soort klavecimbel⟩

virgin birth ['vɜːdʒɪn bɜːθ] *znw* ❶ maagdelijke geboorte ❷ parthenogenese ⟨voortplanting zonder bevruchting⟩

virginhood ['vɜːdʒɪnhʊd] gedat *znw* maagdelijkheid, kuisheid

Virginia [və'dʒɪnɪə] *znw* virginiatabak

Virginia creeper [və'dʒɪnɪə 'kriːpə] *znw* wilde wingerd

virginity [vɜː'dʒɪnɪtɪ] *znw* maagdelijke staat, maagdelijkheid

Virgo ['vɜːgəʊ] *znw* Maagd ⟨sterrenbeeld⟩

virgule ['vɜːgjuːl] *znw* schuine streep, slash ⟨/⟩

viridescent [vɪrɪ'desənt] *bn* groenachtig

viridity [vɪ'rɪdɪtɪ] dicht *znw* groenheid

virile ['vɪraɪl] *bn* mannelijk, viriel, krachtig

virility [vɪ'rɪlətɪ] *znw* ❶ mannelijkheid, viriliteit, voortplantingsvermogen ❷ potentie

virologist [vaɪ'rɒlədʒɪst] *znw* viroloog

virology [vaɪ'rɒlədʒɪ] *znw* virologie, leer van de virussen

virtu [vɜː'tuː] *znw* ❶ liefde voor de schone kunsten

❷ curiosa, antiquiteiten ★ *articles of ~* curiosa, antiquiteiten ❸ dicht goede eigenschappen

virtual ['vɜːtʃʊəl] *bn* ❶ feitelijk ⟨hoewel niet in naam⟩, eigenlijk ❷ virtueel

virtuality [vɜːtʃʊ'ælətɪ] *znw* ❶ wezen, essentie ❷ latent vermogen

virtually ['vɜːtʃʊəlɪ] *bijw* ❶ in de praktijk, praktisch, feitelijk, vrijwel, zo goed als ❷ virtueel

virtual memory ['vɜːtʃʊəl 'meməri] *znw* virtueel geheugen

virtual reality ['vɜːtʃʊəl rɪ'ælətɪ] *znw* virtuele werkelijkheid

virtue ['vɜːtʃuː] *znw* ❶ deugd, deugdzaamheid ★ *a paragon of ~* een toonbeeld van deugd ★ *make a ~ of necessity* van de nood een deugd maken ★ *a woman of easy ~* een vrouw van lichte zeden ❷ verdienste ▼ form *by ~ of* krachtens

virtuosity [vɜːtʃʊ'ɒsətɪ] *znw* virtuositeit

virtuoso [vɜːtʃʊ'əʊsəʊ] *znw* [*mv:* -s of virtuosi] virtuoos

virtuous ['vɜːtʃʊəs] *bn* deugdzaam, braaf

virulence ['vɪrʊləns] *znw* ❶ kwaadaardigheid ⟨v. ziekte⟩, venijnigheid ❷ giftigheid

virulent ['vɪrʊlənt] *bn* ❶ kwaadaardig ⟨v. ziekte⟩ ❷ venijnig, giftig

virus ['vaɪərəs] *znw* ❶ virus ⟨ook m.b.t. computers⟩, smetstof ❷ fig venijn, gif

virus check ['vaɪərəs tʃek] comput *znw* viruscontrole

virus hoax ['vaɪərəs həʊks] comput *znw* nepvirus

virus scanner ['vaɪərəs 'skænə] comput *znw* virusscanner, antivirusprogramma

visa ['viːzə] *znw* visum

---

visa
betekent visum en is in het Engels enkelvoud. Het meervoud is **visas.**

---

visage ['vɪzɪdʒ] dicht *znw* gelaat, gezicht

vis-à-vis ['viːzə'viː] *⟨Fr⟩* I *voorz* tegenover, ten opzichte van II *znw* ❶ tegenhanger, pendant ❷ gesprek onder vier ogen

viscera ['vɪsərə] *znw* [*mv*] inwendige organen, ingewanden

visceral ['vɪsərəl] *bn* ❶ visceraal, van de ingewanden ❷ fig diep (verankerd), instinctief

viscid ['vɪsɪd] *bn* kleverig

viscose ['vɪskəʊz] *znw* viscose

viscosity [vɪ'skɒsətɪ] *znw* kleverigheid, taaiheid, viscositeit

viscount ['vaɪkaʊnt] *znw* burggraaf ⟨adellijke titel tussen *baron* en *earl*⟩

viscountess [vaɪkaʊn'tɪs] *znw* burggravin

viscounty ['vaɪkaʊntɪ] *znw* burggraafschap

viscous ['vɪskəs] *bn* kleverig, taai, viskeus

vise [vaɪs] Am *znw* → **vice**

visibility [vɪzə'bɪlətɪ] *znw* zichtbaarheid, zicht

visible ['vɪzɪbl] *bn* zichtbaar, (duidelijk) merkbaar of te zien

visibly ['vɪzɪblɪ] *bijw* zichtbaar, merkbaar, zienderogen

vision ['vɪʒən] *znw* ❶ zien, gezicht ❷ visie ❸ verschijning, droomgezicht, droom(beeld), visioen

visional ['vɪʒənəl] *bn* visionair, ingebeeld

visionary ['vɪʒənərɪ] I *bn* ❶ visionair ❷ dromerig, droom-, ingebeeld, fantastisch II *znw* ❶ ziener ❷ dromer, fantast

visit ['vɪzɪt] I *znw* ❶ bezoek, visite ★ *an exchange ~* een tegenbezoek ★ *pay a ~* een bezoek afleggen, eufemistisch naar het toilet gaan ★ *pay a flying ~* een bliksembezoek brengen ★ *prolong one's ~* langer blijven (logeren) ❷ inspectie, visitatie II *overg* ❶ bezoeken ❷ bezichtigen, visiteren III *onoverg* visites maken, bezoeken afleggen ★ *I'm ~ing* ik ben op bezoek IV *phras* ★ *~ sth* **upon** *sbd* form iets doen neerkomen op iem., bijbel iets wreken op iem. ★ Am *~* **with** *sbd* logeren bij iem., op bezoek zijn bij iem. ★ form *~ sbd / sth* **with** *sth* iem. / iets lastig vallen met iets, iem. / iets kwellen met iets

visitant ['vɪzɪtnt] *znw* ❶ dicht geest(verschijning) ❷ trekvogel, winter / zomergast

visitation [vɪzɪ'teɪʃən] *znw* ❶ officieel bezoek ‹door hoogwaardigheidsbekleder›, verschijning ★ *the Visitation of the Virgin Mary* Onze-Lieve-Vrouwevisitatie ‹2 juli› ❷ bezoeking, inf onplezierige visite / logeerpartij

visiting ['vɪzɪtɪŋ] *bn* bezoek-, gast-

visiting card ['vɪzɪtɪŋ kɑːd] *znw* visitekaartje

visiting hours ['vɪzɪtɪŋ aʊəz] *znw* [mv] bezoekuur, bezoektijd ‹in ziekenhuis›

visiting professor ['vɪzɪtɪŋ prə'fesə] *znw* gasthoogleraar

visitor ['vɪzɪtə] *znw* ❶ bezoeker, bezoek, logé ❷ doortrekkende vreemdeling, toerist ❸ trekvogel, winter / zomergast ❹ inspecteur

visitor's book ['vɪzɪtəz bʊk] *znw* gastenboek, naamboek ‹v. museum &›

visor ['vaɪzə] *znw* vizier ‹v. helm›, klep ‹van pet›, zonneklep ‹in auto›

vista ['vɪstə] *znw* ❶ dicht vergezicht ❷ fig perspectief

visual ['vɪʒʊəl] *bn* gezichts-, visueel

visual aid ['vɪʒʊəl eɪd] onderw *znw* visueel hulpmiddel

visual arts ['vɪʒʊəl ɑːts] *znw* [mv] beeldende kunsten

visual display unit ['vɪʒʊəl dɪ'spleɪ 'juːnɪt], **VDU** *znw* beeldscherm

visualization [vɪʒʊəlaɪ'zeɪʃən], **visualisation** *znw* visualisatie

visualize ['vɪʒʊəlaɪz], **visualise** *overg* ❶ zich voorstellen, zich een beeld vormen van, (zich) aanschouwelijk voorstellen ❷ zichtbaar maken, visualiseren

vital ['vaɪtl] *bn* ❶ vitaal, levens- ★ *of ~ importance* van levensbelang ❷ essentieel, noodzakelijk, onontbeerlijk ★ *a protein ~ to life* een essentiële proteïne voor leven ★ inf scherts *he was hit in his ~ parts* hij werd in zijn edele delen geraakt

vital force ['vaɪtl fɔːs] *znw* levenskracht

vitality [vaɪ'tælətɪ] *znw* ❶ vitaliteit, levenskracht, leven ★ *full of ~* vol levenskracht ❷ levensvatbaarheid

vitalize ['vaɪtəlaɪz], **vitalise** *overg* leven geven, bezielen ★ *a therapy that will ~ your mind and body* een therapie die je geest en lichaam nieuw leven in zal blazen

vitally ['vaɪtəlɪ] *bijw* in hoge mate ★ *~ important* van vitaal belang

vitals ['vaɪtəlz] inf *znw* [mv] ❶ het essentiële ❷ edele delen

vital signs ['vaɪtl saɪnz] *znw* [mv] essentiële lichaamsfuncties ‹hartslag, ademhaling, bloeddruk &›

vital statistics ['vaɪtl stə'tɪstɪks] *znw* [mv] ❶ belangrijke gegevens, bevolkingsstatistiek ❷ inf scherts vrouwelijke maten

vitamin ['vɪtəmɪn] *znw* vitamine

vitaminize ['vɪtəmɪnaɪz], **vitaminise** *overg* vitaminiseren

vitiate ['vɪʃɪeɪt] form *overg* ❶ bederven, besmetten, verontreinigen, schenden, onteren ❷ ongeldig maken ‹contract›

vitiation [vɪʃɪ'eɪʃən] form *znw* ❶ bederf ❷ ongeldigmaking

viticulture ['vɪtɪkʌltʃə] *znw* wijnbouw

vitreous ['vɪtrɪəs] *bn* glazen, glasachtig, glas- ★ *~ china* glasporselein

vitreous humour ['vɪtrɪəs 'hjuːmə] anat *znw* glasachtig lichaam ‹in oog›

vitrification [vɪtrɪfɪ'keɪʃən] *znw* ❶ verglazing ❷ verglaasd voorwerp

vitrify ['vɪtrɪfaɪ] I *overg* tot glas maken, verglazen II *onoverg* glasachtig worden

vitriol ['vɪtrɪəl] *znw* ❶ vitriool, zwavelzuur, sulfaat ★ *blue ~* kopervitriool, kopersulfaat ★ *green ~* ijzervitriool, ijzersulfaat ❷ fig bijtend sarcasme

vitriolic [vɪtrɪ'ɒlɪk] *bn* ❶ vitrioolachtig, vitriool- ❷ fig bijtend, giftig, venijnig, scherp

vitro ['viːtrəʊ] *znw* ★ *in ~* in een reageerbuis of laboratoriumglas ‹v. biologische processen›

vituperation [vaɪtjuːpər'eɪʃən] form *znw* ❶ gescheld, het uitschelden ❷ scheldwoorden

vituperative [vɪ'tjuːpərətɪv] form *bn* (uit)scheldend, schimpend, scheld-, schimp-

vituperator [vɪ'tjuːpəreɪtə] form *znw* beschimper

viva ['vaɪvə] I *tsw* lang leve...! II *bn & bijw* → **viva voce** III *znw* ❶ → viva voce ❷ kreten van 'lang leve'

vivacious [vɪ'veɪʃəs] *bn* levendig, opgewekt

vivacity [vɪ'væsətɪ] *znw* levendigheid, opgewektheid

vivarium [vaɪ'veərəm] *znw* [mv: vivaria] aquarium, terrarium

viva voce [vaɪvə 'vəʊtʃɪ], **viva** Br onderw I *bn & bijw* mondeling II *znw* mondeling examen

vivid ['vɪvɪd] *bn* ❶ helder ‹kleur› ❷ levendig ‹herinnering &›

vividly ['vɪvɪdlɪ] *bijw* levendig

vivify ['vɪvɪfaɪ] *overg* weer levend maken, verlevendigen, bezielen

vi

viviparous [vɪ'vɪpərəs] *bn* levendbarend
vivisect [vɪvɪ'sekt] *overg* vivisectie toepassen op
vivisection [vɪvɪ'sekʃən] *znw* vivisectie
vivisectionist [vɪvɪ'sekʃənɪst] *znw* **❶** iem. die proeven neemt met levende dieren, vivisector **❷** voorstander van vivisectie
vixen ['vɪksən] *znw* **❶** dierk moervos, wijfjesvos **❷** fig feeks, helleveeg
vixenish ['vɪksənɪʃ] *bn* feeksachtig
viz [vɪz] *bijw* namelijk, te weten, d.w.z.
vizier [vɪ'zɪə] *znw* vizier
VJ ['vi:dʒeɪ] TV *znw* (video jockey) veejay, presentator / presentatrice van videoclips op tv
V-neck ['vi:-nek] *znw* V-hals
V-necked ['vi:-nekt] *bn* met (een) V-hals
vocable ['vəʊkəbl] *znw* woord ‹bezien als vormeenheid›
vocabulary [və'kæbjʊlərɪ] *znw* **❶** vocabulaire **❷** woordenlijst **❸** woordenschat, -voorraad ★ scherts *'please'? the word's not in his* ~ 'alsjeblieft'? dat woord kent hij niet
vocal ['vəʊkl] **I** *bn* **❶** van de stem, stem-, mondeling, (uit)gesproken, vocaal **❷** luid(ruchtig), weerklinkend (van *with*) **❸** zang-, met zang ★ *a ~ performer* een zanger, zangeres **II** *znw* (meestal *mv*) zang(partij)
vocal cords ['vəʊkl kɔ:dz] *znw* [mv] stembanden
vocalic [və'kælɪk] fon *bn* klinker-
vocalist ['vəʊkəlɪst] *znw* zanger, zangeres
vocality [vəʊ'kælətɪ] fon *znw* het stemhebbend zijn
vocalize ['vəʊkəlaɪz], **vocalise** *overg* **❶** laten horen, uitspreken, zingen **❷** fon stemhebbend maken **❸** vocaaltekens aanbrengen ‹bijv. in het Hebreeuws›
vocal music ['vəʊkl 'mju:zɪk] *znw* zangmuziek
vocation [və'keɪʃən] *znw* **❶** roeping ★ *a journalist by ~* een journalist uit roeping ★ *he's missed his ~* hij heeft zijn roeping gemist ★ *she thinks she's finally found her ~* ze denkt eindelijk haar levensdoel te hebben gevonden **❷** beroep, betrekking
vocational [və'keɪʃnl] *bn* beroeps-, vak- ★ onderw ~ *guidance* voorlichting bij beroepskeuze
vocational education [və'keɪʃnl edjʊ'keɪʃən], **vocational training** *znw* beroepsgericht onderwijs, beroepsopleiding
vocative ['vɒkətɪv] gramm *bn* vocatief
vociferate [və'sɪfəreɪt] form *onoverg & overg* razen, tieren, schreeuwen, krijsen
vociferation [vəʊsɪfə'reɪʃən] form *znw* geschreeuw, razen en tieren, gekrijs
vociferous [və'sɪfərəs] form *bn* schreeuwend, razend en tierend, krijsend, luidruchtig ★ ~ *applause* uitbundige toejuichingen
vodka ['vɒdkə] *znw* wodka
vogue [vəʊg] *znw* mode, trek, populariteit ★ *be in ~, be the ~* in zwang zijn, (in de) mode zijn, bijzonder in trek zijn
voice [vɔɪs] **I** *znw* **❶** stem, geluid, spraak ★ *be in ~* (goed) bij stem zijn ★ *find (one's) ~* zich (durven)

uiten ★ *give ~ to sth* uitdrukking geven aan iets, iets uiten, vertolken ★ *give sbd a ~* iem. medezeggenschap geven ★ *have no / a ~ in the matter* er (n)iets in te zeggen hebben ★ *keep one's ~ down* op gedempte toon spreken ★ *at the top of one's ~* luidkeels ★ *in a loud ~* met luide stem, hard(op) ★ *in a low ~* zachtjes ★ *with one ~* eenstemmig ★ *one's inner ~* het geweten **❷** gramm vorm ★ *the active / passive ~* de bedrijvende / lijdende vorm **II** *overg* **❶** uiting geven aan, uiten, vertolken, verkondigen ★ ~ *itself* zich uiten **❷** muz stemmen **❸** taalk stemhebbend maken
voice activation [vɔɪs æktɪ'veɪʃən] *znw* spraaksturing ‹computers &›
voice box [vɔɪs bɒks] *znw* strottenhoofd
voiced [vɔɪst] *bn* **❶** met stem **❷** fon stemhebbend
voiceless ['vɔɪsləs] *bn* **❶** stemloos **❷** stil, zwijgend
voicemail ['vɔɪsmeɪl] *znw* voicemail
voice-over ['vɔɪs-əʊvə] *znw* commentaarstem, voice-over
voiceprint ['vɔɪsprɪnt] *znw* stemafdruk ‹weergave van de frequentie, duur & van klanken op papier›
voice production [vɔɪs prə'dʌkʃən] *znw* stemvorming
voice recognition [vɔɪs rekəg'nɪʃən] *znw* spraakherkenning
voice vote [vɔɪs vəʊt] Am *znw* hoofdelijke stemming
void [vɔɪd] **I** *bn* **❶** ledig, leeg ★ ~ *of all humour* geheel en al zonder humor **❷** vacant, onbezet ★ *fall ~* vacant komen **❸** jur nietig, ongeldig ★ *null and ~* ongeldig, van nul en generlei waarde **II** *znw* **❶** (lege) ruimte **❷** leegte ★ *nothing could fill the ~ left by his death* niets kon de leegte na zijn overlijden vullen **❸** (kosmische) ruimte **III** *overg* **❶** ledigen, (ont)ruimen **❷** lozen, ontlasten **❸** jur vernietigen, ongeldig maken
voidable ['vɔɪdəbl] jur *bn* vernietigbaar
voile [vɔɪl] *znw* voile ‹dunne stof›
vol. *afk* (volume) (boek)deel
volatile ['vɒlətaɪl] *bn* **❶** vluchtig, (snel) vervliegend ‹vloeistoffen› **❷** wispelturig, veranderlijk, onbestendig, opvliegend **❸** kortstondig, snel voorbijgaand, vluchtig ‹van computergeheugen: alleen bewaard zolang er stroom is›
volatility [vɒlə'tɪlɪtɪ] *znw* **❶** vluchtigheid **❷** levendigheid **❸** wispelturigheid, onbestendigheid, veranderlijkheid
volatilization [vɒlætɪlaɪ'zeɪʃən], **volatilisation** *znw* vervluchtiging
volatilize [vɒ'lætɪlaɪz], **volatilise I** *overg* vluchtig maken, vervluchtigen, verdampen **II** *onoverg* vluchtig worden, vervluchtigen, vervliegen, verdampen
vol-au-vent ['vɒləʊvã:] ‹‹Fr› *znw* vol-au-vent ‹pasteitje›
volcanic [vɒl'kænɪk] *bn* vulkanisch
volcano [vɒl'keɪnəʊ] *znw* [mv: -noes] vulkaan
volcanology [vɒlkə'nɒlədʒɪ] *znw* vulkanologie
vole [vəʊl] *znw* woelmuis
volition [və'lɪʃən] *znw* het willen, wilsuiting,

vi

wil(skracht) ★ *of one's own* ~ uit eigen wil

volitional [vəˈlɪʃənəl] *bn* van de wil, wils-

volitive [ˈvɒlɪtəv] form *bn* willend, een wil uitdrukkend ★ *one's* ~ *faculty* zijn wilsvermogen

volley [ˈvɒlɪ] **I** *znw* ❶ salvo ❷ fig hagelbui, regen, stroom ‹v. scheldwoorden &› ❸ sp volley ‹terugslag van bal die nog niet op de grond is geweest› **II** *overg* ❶ in salvo's afschieten, lossen ❷ fig uitstoten ‹gilletjes, vloeken &› ❸ sp terugslaan ‹v. bal die nog niet op de grond is geweest› **III** *onoverg* ❶ salvovuur afgeven ❷ losbarsten, uitbarsten (in)

volleyball [ˈvɒlɪbɔːl] *znw* ❶ volleybal ‹spel› ❷ volleybal ‹voorwerpsnaam›

volplane [ˈvɒlpleɪn] luchtv **I** *znw* glijvlucht **II** *onoverg* glijden, een glijvlucht maken

volt [vəʊlt] elektr *znw* volt

voltage [ˈvəʊltɪdʒ] elektr *znw* voltage, spanning ★ *high* ~ hoogspanning, met hoge spanning

volte-face [vɒltˈfɑːs] *znw* volledige ommekeer, plotselinge verandering ‹in houding, mening &›

voltmeter [ˈvəʊltmiːtə] *znw* voltmeter

volubility [vɒljʊˈbɪlətɪ] *znw* welbespraaktheid

voluble [ˈvɒljʊbl] *bn* spraakzaam, rad van tong, woordenrijk

volume [ˈvɒljuːm] *znw* ❶ volume, (geluids)sterkte ❷ massa, omvang ‹ook: v. stem› ★ ~*s of smoke / water* rookmassa's, watermassa's ❸ boekdeel, jaargang ‹tijdschrift›, bundel ‹gedichten› ★ *speak* ~*s* boekdelen spreken

volume control [ˈvɒljuːm kənˈtrəʊl] *znw* volumeregelaar, -knop

volume discount [ˈvɒljʊm ˈdɪskaʊnt] handel *znw* kwantumkorting

voluminous [vəˈljuːmɪnəs] *bn* ❶ omvangrijk, groot, kolossaal, uitgebreid ★ *a* ~ *writer* een schrijver van vele werken / die veel geschreven heeft ❷ volumineus, lijvig, uit vele boekdelen bestaande

voluntarily [ˈvɒləntərɪlɪ] *bijw* vrijwillig, spontaan

voluntarism [ˈvɒləntərɪzəm] *znw* principe dat bep. sociale taken door vrijwilligers worden uitgevoerd

voluntary [ˈvɒləntərɪ] **I** *bn* ❶ vrijwillig, opzettelijk ★ ~ *work* vrijwilligerswerk, onbezoldigd werk ❷ willekeurig ‹beweging› **II** *znw* muz fantasie, geïmproviseerd voor- of tussenspel ‹in kerkdienst›

voluntary simplicity [ˈvɒləntərɪ sɪmˈplɪsətɪ] *znw* filosofie van milieubewustzijn en beperkte consumptie

volunteer [vɒlənˈtɪə] **I** *bn* vrijwillig, vrijwilligers- **II** *znw* vrijwilliger **III** *overg* ❶ (uit vrije beweging) aanbieden, vrijwillig op zich nemen ❷ opperen, geven, maken ‹opmerking &› **IV** *onoverg* ❶ zich aanbieden ❷ mil vrijwillig dienst nemen

volunteerism [vɒlənˈtɪərɪzəm] *znw* het gebruik van vrijwilligerswerk

volunteer work [vɒlənˈtɪə wɜːk] *znw* vrijwilligerswerk

voluptuary [vəˈlʌptʃʊərɪ] *znw* wellusteling

voluptuous [vəˈlʌptʃʊəs] *bn* wellustig, wulps, weelderig

volute [vəˈljuːt] *znw* ❶ krul, kronkel(ing) ❷ bouw voluut, volute ❸ rolschelp ‹soort schelp›

voluted [vəˈluːtɪd] *bn* ❶ met krullen versierd ❷ spiraalvormig

vomit [ˈvɒmɪt] **I** *znw* (uit)braaksel **II** *overg* uitspuwen, uitbraken (ook: ~ *forth* / *up* / *out*) **III** *onoverg* braken, overgeven

vomitive [ˈvɒmɪtɪv] **I** *bn* braak- **II** *znw* braakmiddel

vomitus [ˈvɒmɪtəs] *znw* braaksel

voodoo [ˈvuːduː] *znw* ❶ voodoo, toverij, cultus van magisch-religieuze riten ❷ beoefenaar van voodoo

voracious [vəˈreɪʃəs] *bn* gulzig, vraatzuchtig ★ *he has a* ~ *appetite* hij is erg vraatzuchtig ★ *a* ~ *reader* een boekenverslinder

voracity [vəˈræsɪtɪ] *znw* gulzigheid, vraatzucht

vortex [ˈvɔːteks] *znw* [*mv:* -es *of* vortices] ❶ werveling, wervel-, dwarrelwind ❷ draaikolk, maalstroom ❸ fig vicieuze cirkel

Vosges [vəʊʒ] geogr *znw* ★ *the* ~ de Vogezen

votary [ˈvəʊtərɪ] *znw* ❶ aanhanger, volgeling ❷ liefhebber, aanbidder, vereerder (van *of*)

vote [vəʊt] **I** *znw* ❶ stem, votum ❷ stemming ‹bij verkiezing› ★ *on a* ~ bij stemming ★ *come to a / the* ~ in stemming komen, tot stemming overgaan ★ *put sth to the* ~ iets in stemming brengen ★ *take a* ~ tot stemming overgaan, laten stemmen ❸ stemrecht ❹ stembriefje **II** *overg* ❶ bij stemming verkiezen (tot), bij stemming aannemen (toestaan, aanwijzen), voteren ❷ stemmen op / voor ❸ inf voorstellen **III** *onoverg* stemmen (tegen *against*, op, voor *for*) ★ ~ *with one's feet* met de voeten stemmen, de straat opgaan, betogen **IV** *phras* ★ ~ *sth* **down** iets overstemmen, iets afstemmen ‹voorstel› ★ ~ *sbd* **down** iem. overstemmen ★ ~ *sth / sbd* **in** iets / iem. verkiezen ★ ~ *sth / sbd* **out** iets / iem. wegstemmen ★ ~ *sth* **through** iets met meerderheid van stemmen goedkeuren

vote-getter [ˈvəʊt-getə] *znw* stemmentrekker

vote of confidence [vəʊt əv ˈkɒnfɪdns] *znw* motie van vertrouwen

vote of no-confidence [vəʊt əv nəʊ-ˈkɒnfɪdns] *znw* motie van wantrouwen

vote of thanks [vəʊt əv ˈθæŋks] *znw* officiële uiting van dank ★ *pass a* ~ een dankrede houden (namens de rest van de aanwezigen)

voter [ˈvəʊtə] *znw* stemmer, kiezer

voting [ˈvəʊtɪŋ] *znw* stemmen ★ *compulsory* ~ stemplicht

voting age [ˈvəʊtɪŋ eɪdʒ] *znw* stemgerechtigde leeftijd

voting booth [ˈvəʊtɪŋ buːð] *znw* stemhokje

voting machine [ˈvəʊtɪŋ məˈʃiːn] *znw* stemmachine, stemcomputer

voting paper [ˈvəʊtɪŋ ˈpeɪpə] *znw* stembiljet

voting right [ˈvəʊtɪŋ raɪt] *znw* stemrecht

voting share [ˈvəʊtɪŋ ʃeə] *znw* aandeel met stemrecht

votive [ˈvəʊtɪv] *bn* votief, gedaan (geschonken) volgens een gelofte, wij-

vouch [vaʊtʃ] *phras* ★ ~ **for** *sbd / sth* instaan voor iem.

VO

/ iets

voucher ['vaʊtʃə] *znw* ❶ bon, cadeaubon, consumptiebon, knipkaart, voucher ❷ bonnetje, reçu, declaratie

vouchsafe [vaʊtʃ'seɪf] *overg* ❶ zich verwaardigen, (genadiglijk) vergunnen, verlenen, toestaan ★ *he ~d the information that he was acting on behalf of the government* hij gaf te kennen dat hij optrad namens de regering ❷ verzekeren, garanderen

vow [vaʊ] **I** *znw* gelofte, eed ★ <u>RK</u> *take ~s* de geloften afleggen **II** *overg* ❶ beloven, zweren, verzekeren ❷ (toe)wijden

vowel ['vaʊəl] <u>fon</u> *znw* klinker

vowel shift ['vaʊəl ʃɪft] <u>taalk</u> *znw* klinkerverandering

vox humana [vɒks hju:'mɑːnə] <u>muz</u> *znw* vox humana ⟨orgelregister⟩

voyage ['vɔɪɪdʒ] <u>dicht</u> **I** *znw* (zee)reis **II** *overg* bereizen, bevaren **III** *onoverg* reizen

voyager ['vɔɪɪdʒə] *znw* (zee-, lucht-, ruimte)reiziger

voyeur [vwɑ:'jɜː] ⟨*Fr*⟩ *znw* voyeur, gluurder

VP *afk* → **vice president**

vs *afk* → **versus**

V-shaped ['vi:-ʃeɪpt] *bn* V-vormig ★ *a ~ neckline* een V-hals

V-sign ['vi:-saɪn] *znw* ❶ V-teken, overwinningsteken ❷ gebaar om minachting uit te drukken, 'fuck-off'-gebaar ⟨middelvinger omhoog⟩ ★ *when he tooted she gave him the ~* toen hij toeterde stak ze haar middelvinger omhoog

vulcanite ['vʌlkənaɪt] *znw* eboniet

vulcanize ['vʌlkənaɪz], **vulcanise** *overg* vulkaniseren

vulgar ['vʌlgə] *bn* vulgair, ordinair, gemeen, plat, grof

vulgar fraction ['vʌlgə 'frækʃən] <u>wisk</u> *znw* gewone breuk

vulgarian [vʌl'geərɪən] *znw* ordinaire vent, proleet

vulgarism ['vʌlgərɪzəm] *znw* ❶ platte uitdrukking, platte spreekwijze ❷ platheid, vulgariteit

vulgarity [vʌl'gærətɪ] *znw* vulgariteit, ordinaire uitdrukking, platheid, grofheid

vulgarization [vʌlgəraɪ'zeɪʃən], **vulgarisation** *znw* vulgarisatie, popularisatie, ordinair maken

vulgarize ['vʌlgəraɪz], **vulgarise** *overg* vulgariseren, populariseren, vergroven

vulgate ['vʌlgeɪt] *znw* omgangstaal ★ *the Vulgate* de Vulgaat ⟨Latijnse Bijbelvertaling⟩

vulnerability [vʌlnərə'bɪlətɪ] *znw* kwetsbaarheid

vulnerable ['vʌlnərəbl] *bn* kwetsbaar ★ *a waterlogged plant is ~ to disease* een plant die te veel water krijgt is vatbaar voor ziektes

vulpine ['vʌlpaɪn] *bn* ❶ vosachtig ❷ slim als een vos, listig, sluw

vulture ['vʌltʃə] *znw* gier, aasgier ⟨ook figuurlijk⟩

vulturine ['vʌltʃəraɪn], **vulturous** *bn* ❶ van een gier, gier(en)- ❷ roofzuchtig

vulva ['vʌlvə] <u>anat</u> *znw* [*mv*: *-s of* vulvae] vulva ⟨uitwendige, zichtbare gedeelte van de vrouwelijke geslachtsdelen⟩

vying ['vaɪɪŋ] *bn* (met elkaar) wedijverend

W

w I *afk* ★ *W* (west/western) westen, westelijk **II** *znw* ['dʌblju:] (de letter) w

WAAC, **Waac** *afk* (Women's Army Auxiliary Corps) ± Milva in Nederland, vrouwenonderdeel van het leger

wack [wæk] <u>Am</u> *inf bn* slecht, niet hip, gestoord

wacked [wækt] *bn* → **whacked**

wacko ['wækəʊ] *inf tsw, bn & znw* → **whacko**

wacky ['wækɪ] *inf bn* → **whacky**

wad [wɒd] **I** *znw* ❶ prop ⟨watten, papier &⟩, vulsel ❷ pak ⟨papier &⟩, rolletje ⟨bankbiljetten⟩ ❸ <u>inf</u> poen, (bom) duiten ❹ pruim tabak **II** *overg* met watten voeren, watteren, (op)vullen

wadding ['wɒdɪŋ] *znw* watten, vulsel, prop

waddle ['wɒdl] **I** *znw* waggelende (schommelende) gang **II** *onoverg* waggelen, schommelend lopen, schommelen

wade [weɪd] **I** *overg* doorwaden **II** *onoverg* waden **III** *phras* ★ *inf ~ in* tussenbeide komen, zich mengen in ★ *~ into sth* zich ergens in mengen, iets aanpakken ★ *inf ~ into sbd* iem. aanvallen ★ *~ through sth* door iets heen waden, baggeren, <u>fig</u> iets doorworstelen ⟨boek⟩

wader ['weɪdə] *znw* waadvogel

waders ['weɪdəz] *znw* [*mv*] baggerlaarzen, lieslaarzen

wading bird ['weɪdɪŋ bɜːd] *znw* waadvogel

wafer ['weɪfə] *znw* ❶ wafel, oblie ❷ ouwel ❸ hostie

wafer-thin [weɪfə-'θɪn] *bn & bijw* (zeer) dun, flinterdun

waffle ['wɒfəl] **I** *znw* ❶ wafel ❷ <u>inf</u> gedaas, gezwam **II** *onoverg* <u>inf</u> dazen, zwammen **III** *phras* ★ *inf ~ on* doorwauwelen

waffle iron ['wɒfəl 'aɪən] *znw* wafelijzer

waft [wɒft, wɑːft] **I** *znw* ademtocht, zucht, vleugje **II** *overg* dragen, voeren, brengen, doen drijven ⟨op de wind⟩ **III** *onoverg* drijven, zweven ⟨op de wind⟩ ★ *come ~ing along* komen aanzweven, aandrijven ⟨ook in de lucht⟩

wag [wæg] **I** *znw* ❶ <u>gedat</u> grappenmaker, schalk ❷ schudding, kwispeling **II** *overg* ❶ kwispelen met ⟨staart⟩ ★ *the dog ~ged its tail* de hond kwispelstaartte ★ <u>zegsw</u> *the tail ~s the dog* een kleine groep bepaalt wat er gebeurt, het minder belangrijke krijgt de overhand ❷ bewegen, schudden ★ *~ one's finger* dreigend met de vinger heen en weer bewegen ★ *~ one's head* het hoofd schudden ❸ <u>Aus & NZ</u> spijbelen ★ *~ school* spijbelen **III** *onoverg* ❶ zich bewegen, in beweging zijn ★ *set tongues ~ging* de tongen in beweging brengen ❷ heen en weer gaan, schudden

wage [weɪdʒ] **I** *znw* (arbeids)loon, salaris **II** *overg* voeren ⟨oorlog, campagne⟩

wage bill [weɪdʒ bɪl] *znw* loonstaat, loonlijst, loonkosten

wage claim [weɪdʒ kleɪm] *znw* looneis

wage cut [weɪdʒ kʌt] *znw* loonsverlaging

wage earner [ˈweɪdʒ ˈɜːnə], **wageworker**, **wage worker** *znw* loontrekker

wage freeze [weɪdʒ friːz] *znw* loonstop

wage increase [weɪdʒ ˈɪnkriːs], **wage rise** *znw* loonstijging

wage packet [weɪdʒ ˈpækɪt] *znw* loonzakje

wage-price spiral [weɪdʒ-praɪs ˈspaɪərəl] *znw* loon- en prijsspiraal

wager [ˈweɪdʒə] **I** *znw* weddenschap ★ *make a* ~ een weddenschap aangaan, wedden **II** *overg* ❶ verwedden, wedden om ❷ op het spel zetten

wage rate [weɪdʒ reɪt] *znw* loonstandaard

wage restraint [weɪdʒ rɪˈstreɪnt] *znw* loonmatiging

wage rise [weɪdʒ raɪz] *znw* → **wage increase**

wages accounts [ˈweɪdʒɪz əˈkaʊnts] *znw* [mv] loonadministratie, salarisadministratie

wage scale [weɪdʒ skeɪl] *znw* loonschaal, salarisschaal

wage structure [weɪdʒ ˈstrʌktʃə] fin *znw* loonstelsel

wageworker [ˈweɪdʒwɜːkə], **wage worker** *znw* → **wage earner**

waggery [ˈwægərɪ] gedat *znw* grapjes, grap, ondeugende streek

waggish [ˈwægɪʃ] gedat *bn* schalks, snaaks, wel van een grapje houdend

waggle [ˈwægl] **I** *znw* ❶ wiebelende beweging, schommeling ❷ proefzwaai ‹golf› **II** *overg & onoverg* wiebelen, schudden, heen en weer bewegen

waggon [ˈwægən], **wagon** *znw* ❶ wagen, vrachtwagen, bestelwagen ★ *a covered* ~ een huifkar ★ *a horse-drawn* ~ een paard en wagen ❷ goederenwagen, (spoor)wagon ★ *a dinner* ~ een dienwagentje ▼ inf *be on the* ~ geheelonthouder zijn ▼ inf *fall off the* ~ weer aan de drank gaan

waggoner [ˈwægənə], **wagoner** *znw* ❶ voerman ★ astron *the Waggoner* de Voerman, de Wagenmenner ‹sterrenbeeld› ❷ vrachtrijder

waggonette [wægəˈnet], **wagonette** *znw* brik ‹rijtuigje›

wagon-lit [vægɒnˈliː] *(Fr) znw* slaapwagen, wagon-lit

wagtail [ˈwægteɪl] *znw* kwikstaartje ‹vogel›

waif [weɪf] *znw* ❶ verlaten / dakloos / verwaarloosd kind ❷ zwerfdier ❸ dakloze, zwerver ★ ~*s and strays* jonge zwervertjes

wail [weɪl] **I** *znw* (wee)klacht, jammerklacht, gehuil, geloei **II** *onoverg & overg* (wee)klagen, jammeren (over, om), huilen, loeien, op een jammertoon uiten / zingen

wailing [ˈweɪlɪŋ] *znw* weeklacht, gejammer

Wailing Wall [ˈweɪlɪŋ wɔːl] *znw* ★ *the* ~ de Klaagmuur ‹in Jeruzalem›

wainscot [ˈweɪnskət], **wainscoting** *znw* beschot, lambrisering

wainwright [ˈweɪnraɪt] hist *znw* wagenmaker

waist [weɪst] *znw* ❶ middel, taille, leest ❷ smalste gedeelte ❸ Am lijfje, blouse

waistband [ˈweɪstbænd] *znw* broekband, rokband, gordel, ceintuur

waistcoat [ˈweɪskəʊt] *znw* vest

waist-deep [weɪstˈdiːp], **waist-high** *bn* tot aan het middel

waisted [ˈweɪstɪd] *bn* getailleerd

waist-high [weɪstˈhaɪ] *bn* → **waist-deep**

waistline [ˈweɪstlaɪn] *znw* taille

wait [weɪt] **I** *znw* ❶ wachten ★ *it was worth the* ~ het was de moeite van het wachten waard ★ *lie in* ~ *(for sbd)* op de loer liggen (voor iem.), loeren (op iem.) ❷ wachttijd, oponthoud, pauze **II** *overg* wachten op, afwachten, wachten met ★ Am inf *don't* ~ *dinner for me* wacht niet op mij met het eten ★ ~ *a minute: isn't that him now?* wacht eens even, komt hij er nu aan? ★ ~ *your turn* wacht op je beurt, kalm aan een beetje **III** *onoverg* ❶ wachten, afwachten, staan te wachten ★ *keep sbd* ~*ing* iem. laten wachten ★ inf *you just* ~*!* wacht maar! ‹dreiging› ★ ~ *and see* (kalm) afwachten, de zaken eerst eens aanzien ★ ~ *until he finds out!* wacht maar tot hij erachter komt! ❷ (be)dienen (aan tafel *at table*) **IV** *phras* ★ ~ *about / around* staan te wachten, rondhangen ★ ~ *behind* even blijven, nog even blijven plakken ★ ~ *for sbd / sth* op iem. / iets wachten ★ *there's a parcel* ~*ing for you* er is een pakje voor je ★ inf ~ *for it!* even wachten!, en nu komt het! ★ inf *I hadn't seen him since (*~ *for it) 1970!* ik had hem niet gezien sinds - raad eens - 1970! ★ inf ~ *on* even wachten ★ ~ *on: isn't that him?* wacht eens, is dat hem niet? ★ ~ *on sth* op iets wachten ★ ~ *on sbd* iem. bedienen ★ ~ *on sbd hand and foot* iem. op zijn wenken bedienen, iem. slaafs dienen ★ ~ *sth out* wachten tot iets onplezierigs is afgelopen ★ ~ *up* opblijven

waiter [ˈweɪtə] *znw* kelner, ober

waiter's friend [ˈweɪtəz frend] *znw* opvouwbare kurkentrekker

waiting [ˈweɪtɪŋ] **I** *bn* ❶ (af)wachtend ❷ bedienend **II** *znw* ❶ wachten ❷ bediening, dienst ★ *in* ~ dienstdoend ‹kamerheren &›

waiting game [ˈweɪtɪŋ geɪm] *znw* afwachtende houding ★ *play a* ~ een afwachtende houding aannemen, de kat uit de boom kijken

waiting list [ˈweɪtɪŋ lɪst] *znw* wachtlijst

waiting room [ˈweɪtɪŋ ruːm] *znw* wachtkamer

waitress [ˈweɪtrəs] *znw* serveerster, serveuse, dienster, (buffet)juffrouw, kelnerin

waitron [ˈweɪtrən] Am *znw* iem. die serveert ‹in een eetgelegenheid, sekseneutrale aanduiding›

waive [weɪv] *overg* ❶ afzien van, afstand doen van ❷ opzij zetten, laten varen, ter zijde stellen

waiver [ˈweɪvə] *znw* (schriftelijke verklaring van) afstand ‹v.e. recht›

wake [weɪk] **I** *znw* ❶ scheepv kielwater, (kiel)zog, bellenbaan ‹v. torpedo› ❷ spoor, nasleep ★ *she always leaves chaos in her* ~ ze laat altijd een chaos achter ★ *in the* ~ *of sth* (onmiddellijk) volgend op iets ★ *follow in the* ~ *of sbd* iem. (op de voet) volgen ❸ Iers nachtwake ‹bij lijk›, waken **II** *overg* [woke,

wa

woken], **waken** wakker maken, fig wakker schudden, wekken, opwekken ‹uit de dood› [waked, waked] <u>Iers</u> een wake houden bij **III** *onoverg* [woke/waked, woken/waked], **waken ❶** ontwaken, wakker worden **❷** opstaan ‹uit de dood›, bijkomen ‹uit narcose› **IV** *phras* ★ ~ **up** wakker worden, inf opletten ★ *inf ~ up and smell the coffee* zie de zaak onder ogen ★ ~ *sbd* **up** iem. wakker maken / schudden ★ ~ **up to** *sth* iets gaan inzien, zich bewust worden van iets

wakeboard ['weɪkbɔːd] *znw* klein type surfplank ‹gebruikt om te waterskiën›

wakeboarding ['weɪkbɔːdɪŋ] *znw* wakeboarden ‹spectaculaire vorm van waterskiën op één korte, brede plank›

wakeful ['weɪkfʊl] *bn* waakzaam, wakend, wakker ★ ~ *nights* slapeloze nachten

waken ['weɪkən] *overg & onoverg* → **wake**

wake-up ['weɪk-ʌp] *znw* ★ Aus & NZ inf *I'm a ~ to you, pal* ik heb je door, vriend!

wake-up call ['weɪk-ʌp kɔːl] *znw* **❶** wektelefoontje **❷** waarschuwing ★ *the heart attack was a ~ for him to change his life* de hartaanval was een waarschuwing voor hem om zijn leven te veranderen

wakey-wakey [weɪkɪ-'weɪkɪ] inf *tsw* wakker worden!

waking ['weɪkɪŋ] **I** *bn* wakend ★ *one's ~ hours* de uren dat men wakker is **II** *znw* waken

walk [wɔːk] **I** *znw* **❶** wandeling ★ *go for a ~, take a ~* een wandelingetje gaan maken ★ Am inf *take a ~!* lazer op!, donder op!, bekijk het maar! **❷** wandelweg, -plaats, (voet)pad **❸** gang, loop, loopje, lopen **❹** stapvoets rijden / gaan, stap **❺** fig levenswandel ★ *one's ~ of life* zijn werkkring, zijn stand, positie **II** *overg* **❶** lopen, lopend afleggen **❷** doen / laten lopen, stapvoets laten lopen, wandelen met, geleiden ★ ~ *the dog* de hond uitlaten ★ ~ *sbd home* iem. naar huis brengen **❸** lopen in / over, op- en aflopen in / op, betreden, bewandelen ★ ~ *the earth* op aarde rondwandelen ★ ~ *the streets* op straat rondlopen (rondzwerven), tippelen, zich prostitueren **III** *onoverg* **❶** wandelen, lopen, gaan, stapvoets gaan, stappen ★ ~ *in one's sleep* slaapwandelen ★ ~ *on air* in de zevende hemel zijn ★ ~ *on eggshells* behoedzaam manoeuvreren **❷** rondwaren, spoken **❸** inf gestolen worden **❹** inf weggaan **IV** *phras* ★ ~ **about** rondwandelen, rondlopen, omlopen, rondgaan, rondkuieren, rondwaren ★ ~ **away** weggaan, wegkuieren ★ ~ **away from** *sth* iets gemakkelijk achter zich laten ★ ~ **away with** *sth* iets in de wacht slepen, gemakkelijk winnen ★ ~ **in on** *sbd* onverwachts bij iem. binnenkomen ★ ~ **into** *sth* tegen iets oplopen, ergens inrollen ‹een baan›, ergens intrappen ‹een val &› ★ ~ **off** weggaan ★ ~ *sth* **off** wandelen om iets kwijt te raken ‹slecht humeur, volle maag &› ★ inf *he ~ed me off my feet* hij liet mij de benen uit mijn lijf lopen ★ ~ **off with** *sth* weggaan met iets, iets

stelen, iets in de wacht slepen ★ ~ **on** doorlopen, verder gaan, als figurant(e) optreden ★ ~ **out** het werk neerleggen, staken, weglopen ‹uit een vergadering› ★ ~ **out of** *sth* iets verlaten (bij wijze van protest) ★ ~ **out on** *sbd* iem. in de steek laten ★ Br gedat *be' ~ing* **out with** *sbd* verkering hebben met iem., gaan met iem. ★ ~ *(all)* **over** *sbd* met iem. doen wat men wil, met overmacht winnen van iem., de voer aanvegen met iem. ★ ~ *sbd* **through** *sth* iets met iem. doornemen ★ ~ **up,** *ladies!* komt u maar kijken, dames! ★ ~ **up to** *sbd* naar iem. toe lopen, op iem. afgaan

walkable ['wɔːkəbl] *bn* **❶** begaanbaar **❷** af te leggen

walkabout ['wɔːkəbaʊt] *znw* **❶** wandeling onder het publiek ‹v. president &› **❷** Aus korte, periodieke zwerftocht door de woestijn ‹v. Aboriginals› ★ *go ~* de woestijn ingaan ‹om een poos op de traditionele manier te leven›

walkathon ['wɔːkəθən] *znw* sponsorloop ‹langeafstandsvoettocht om geld in te zamelen voor een goed doel›

walker ['wɔːkə] *znw* **❶** voetganger, wandelaar, loper ★ *I'm not much of a ~* ik loop niet veel **❷** loopvogel

walkie-talkie [wɔːkɪ'tɔːkɪ] *znw* walkietalkie

walk-in ['wɔːk-ɪn] *bn* inloop-

walking ['wɔːkɪŋ] **I** *bn* lopend, wandelend, wandel- ★ *a ~ encyclopedia* een wandelende encyclopedie, een veelweter ★ *a ~ disaster* een brokkenpiloot **II** *znw* lopen, (snel)wandelen

walking frame ['wɔːkɪŋ freɪm] *znw* looprek

walking pace ['wɔːkɪŋ peɪs] *znw* ★ *at a ~* stapvoets

walking papers ['wɔːkɪŋ 'peɪpəz] inf *znw* [mv] ★ *give sbd his ~* iem. ontslaan

walking race ['wɔːkɪŋ reɪs] *znw* snelwandelen

walking shoe ['wɔːkɪŋ ʃuː] *znw* wandelschoen

walking stick ['wɔːkɪŋ stɪk] *znw* wandelstok

walking tour ['wɔːkɪŋ tʊə] *znw* wandeltocht, trektocht

Walkman® ['wɔːkmən] *znw* walkman

walk-on ['wɔːk-ɒn] *bn* ★ *a ~ part* een figurantenrol

walkout ['wɔːkaʊt] *znw* **❶** staking, werkonderbreking **❷** weglopen, verlaten, heengaan ‹uit de vergadering &› ★ *stage a ~* demonstratief weggaan

walkover ['wɔːkəʊvə] *znw* gemakkelijke overwinning

walk-through ['wɔːk-θruː] **I** *bn* doorloop- **II** *znw* oppervlakkig doornemen ★ *have a ~ of the play* het toneelstuk vluchtig doornemen

walk-up ['wɔːk-ʌp] Am *znw* flatgebouw zonder lift

walkway ['wɔːkweɪ] *znw* **❶** loopbrug, luchtbrug ‹tussen twee gebouwen› **❷** breed wandelpad

wall [wɔːl] **I** *znw* muur, wand ★ *bang / knock one's head against a (brick) ~* met zijn kop tegen de muur lopen ★ *come up against a brick ~* op een muur (van onbegrip) stuiten ★ *have one's back to the ~* met de rug tegen de muur staan ★ *drive / push sbd to the ~* iem. in het nauw brengen ★ inf *drive sbd up the ~* iem. gek maken ★ *go to the ~* het onderspit delven, het loodje leggen ★ Am inf *off the ~* ongewoon, raar **II** *overg* ommuren **III** *phras* ★ ~ *sth / sbd* **in** iets / iem.

ommuren ★ ~ *sth* **up** iets dichtmetselen, inmetselen

wallaby ['wɒləbɪ] *znw* wallaby ‹kleine kangoeroe›

wallah ['wɒlə], **walla** ‹*Hindi*› *inf, vaak scherts znw*
❶ iemand met een bepaalde taak ★ *we demanded to see the manager* ~ we eisten meneer de directeur te spreken ❷ knaap, kerel

wall bars ['wɔːl'bɑːz] *sp znw* [*mv*] wandrek

wallchart ['wɔːltʃɑːt] *znw* wandkaart

wallet ['wɒlɪt] *znw* portefeuille ‹voor bankbiljetten &›

wall eye [wɔːl aɪ] *znw* ❶ glasoog ‹v. paard› ❷ med divergent, scheel oog

wallflower ['wɔːlflaʊə] *znw* muurbloem

wall hanging [wɔːl 'hæŋɪŋ] *znw* wandkleed

wall-mounted [wɔːl-'maʊntɪd] *bn* aan de muur

Walloon [wɒ'luːn] **I** *bn* Waals **II** *znw* Waal, Waalse

wallop ['wɒləp] *inf* **I** *znw* ❶ opstopper, dreun ❷ kracht ❸ (vat) bier ❹ vulg wip, neukpartij **II** *overg* afrossen, inmaken

walloping ['wɒləpɪŋ] *inf* **I** *bn* kolossaal, reuzen- **II** *znw* aframmeling

wallow ['wɒləʊ] **I** *znw* ❶ wenteling, rollende beweging ❷ modderpoel ‹voor dieren› **II** *onoverg* ❶ zich (rond)wentelen ❷ fig zwelgen (in *in*), zich baden (in *in*) ★ ~ *in money* in het geld zwemmen ★ ~ *in self-pity* zwelgen in zelfmedelijden ★ ~ *in vice* z'n lusten botvieren

wall paint [wɔːl peɪnt] *znw* muurverf

wall painting ['wɔːlpeɪntɪŋ] *znw* muurschildering, fresco

wallpaper ['wɔːlpeɪpə] **I** *znw* behang, behangsel(papier) **II** *overg* behangen

wallpaper music ['wɔːlpeɪpə 'mjuːzɪk] *Br inf znw* muzikaal behang, achtergrondmuziek

wall plug [wɔːl plʌg] *znw* ❶ elektrische stekker ❷ muurplug

wall socket [wɔːl 'sɒkɪt] *znw* stopcontact

Wall Street ['wɔːlstriːt] *znw* ❶ Wall Street ‹effectenbeurs in New York› ❷ fig de Amerikaanse geldmarkt

wall-to-wall ['wɔːltəwɔːl] *bn* ❶ kamerbreed, vast ‹tapijt› ❷ fig uitgebreid, talrijk ★ *the game was ~ action* de wedstrijd was een en al actie

wally ['wɒlɪ] *Br inf znw* stommeling, idioot

walnut ['wɔːlnʌt] *znw* ❶ (wal)noot ❷ notenhout

walrus [wɔːlrəs] *znw* walrus

walrus moustache [wɔːlrəs məˈstɑːʃ] *znw* hangsnor, walrussnor

waltz [wɔːls] **I** *znw* wals **II** *onoverg* walsen, ronddansen **III** *phras* ★ ~ **in** gemakkelijk winnen, op een irritante manier binnenkomen ★ *he ~ed into the job* hij kreeg de baan heel gemakkelijk ★ *you can't just ~ in and take over* je kunt hier niet zomaar binnenkomen en de boel overnemen

wan [wɒn] *bn* bleek, flets, pips, zwak, flauw

WAN *afk* = **wide-area network**

wand [wɒnd] *znw* toverstaf ★ *she waved her magic ~* ze zwaaide met haar toverstokje

wander ['wɒndə] **I** *znw* zwerftocht ★ *go for a ~* gaan zwerven, doelloos rondlopen **II** *overg* doorheen zwerven, doorkruisen, bereizen **III** *onoverg* ❶ (rond)zwerven, (rond)dolen, dwalen ★ *his mind is starting to ~* zijn geest begint te dolen, hij begint zijn verstand te verliezen ❷ afdwalen (van *from*) ★ ~ *from the point* van het onderwerp afdwalen ❸ kronkelen ❹ raaskallen, ijlen **IV** *phras* ★ ~ *off* weglopen, niet op één plek blijven

wanderer ['wɒndərə] *znw* ❶ dwaler ❷ zwerver, zwerveling

wandering ['wɒndərɪŋ] *bn* zwervend, (af)dwalend, dolend ★ ~ *thoughts* afdwalende gedachten

wanderings ['wɒndərɪŋz] *znw* [*mv*] ❶ omzwervingen ❷ afdwaling, dwaling ‹v.d. geest›

wanderlust ['wɒndəlʌst] *znw* reislust, zwerflust

wane [weɪn] **I** *znw* het afnemen ★ *on the ~* aan het afnemen / tanen **II** *onoverg* ❶ afnemen ‹v.d. maan› ❷ tanen, verminderen

wangle ['wæŋgl] *inf* **I** *znw* streek, truc, foefje **II** *overg* ❶ loskrijgen, z'n slag slaan, klaarspelen, voor elkaar krijgen, zich eruit draaien ❷ vervalsen, knoeien met

wank [wæŋk] *vulg* **I** *znw* aftrekken, rukken **II** *overg* (ook: ~ *off*) (zich) aftrekken, (zich) afrukken

wanker ['wæŋkə] *vulg znw* rukker, flapdrol, klojo

wanna ['wɒnə] *inf samentr* (want to) → **want**

wannabe ['wɒnəbiː] *inf afkeurend znw* ❶ iemand die graag (uiterlijk) op zijn idool wil lijken ❷ iemand die grote moeite doet om ergens bij te horen

want [wɒnt] **I** *znw* ❶ nood, behoefte, armoede ★ *live in ~* in armoede leven ❷ gebrek, gemis ★ *for ~ of sth* bij gebrek aan iets ★ *be in ~ of sth* iets nodig hebben **II** *overg* ❶ nodig hebben, behoeven, moeten ★ *all it ~s is a coat of paint* het heeft alleen een verfbeurt nodig ❷ willen, wensen, verlangen ★ *I don't ~ to be disturbed* ik wil niet gestoord worden ★ *I ~ nothing better* ik verlang niets beters, ik wil niets liever ★ *all I ~ is a holiday* ik ben nodig aan vakantie toe ❸ te kort komen, mankeren **III** *onoverg* gebrek lijden ★ *she ~s for nothing* het ontbreekt haar aan niets ★ Am *inf the dog ~s in* de hond wil erin ★ Am *inf ~ out* eruit willen, willen nokken

want ad [wɒnt æd] *Am znw* gevraagd advertentie

wanted ['wɒntɪd] *bn* ❶ gevraagd ‹in advertentie› ❷ gezocht, opsporing verzocht ‹door de politie› ★ *he's a ~ man* hij wordt gezocht door de politie ❸ benodigd, waaraan behoefte is

wanting ['wɒntɪŋ] **I** *voorz* zonder, op... na ★ ~ *one* op één na **II** *bn* ontbrekend ★ *she's not ~ for anything* het ontbreekt haar aan niets ★ *inf he's a bit ~* hij is niet al te snugger ★ *be found ~* te licht bevonden worden ★ *be ~ in sth* tekortschieten in iets ★ *texts books are ~ in most schools* de meeste scholen hebben een tekort aan tekstboeken

wanton ['wɒntən] *bn* ❶ uitgelaten, wild, onhandelbaar, onbeheerst, grillig, dartel ❷ form baldadig, moedwillig, zonder aanleiding ❸ scherts wellustig

WAP [wæp] comput *afk* (Wireless Application

wa

Protocol) wap ‹een systeem dat het mogelijk maakt om via een mobiele telefoon te internetten›

war [wɔ:] **I** *znw* oorlog ★ *a ~ of nerves* een zenuwenoorlog ★ *a ~ of words* een woordenstrijd ★ *a theatre of ~* een oorlogsgebied ★ *a ~ to end all ~s* de oorlog om aan alle oorlogen een einde te maken ‹de eerste wereldoorlog› ★ *be at ~* in oorlog zijn (met *with*) ★ *go to ~* ten oorlog / strijde trekken ★ inf *you look as if you've been in the ~s* je ziet er behoorlijk toegetakeld uit **II** *onoverg* oorlog voeren (tegen *against / on*)

war baby [wɔ: 'beɪbɪ] *znw* oorlogskindje

warble ['wɔ:bl] **I** *znw* gekweel, gekwinkeleer, gezang, slag **II** *onoverg & overg* kwelen, kwinkeleren, zingen, slaan

warbler ['wɔ:blə] *znw* zanger ‹naam van verschillende zangvogeltjes›

war bride [wɔ: braɪd] *znw* oorlogsbruid

war crime [wɔ: kraɪm] *znw* oorlogsmisdaad

war cry [wɔ: kraɪ] *znw* oorlogskreet, wapenkreet, strijdkreet, strijdleus

ward [wɔ:d] **I** *znw* **❶** pupil ‹onder voogdij› (ook: ~ *of court*) **❷** zaal, afdeling ‹in ziekenhuis› ★ *a public ~* een kamer met meerdere bedden ‹in ziekenhuis› ★ *a private ~* een privékamer ‹in ziekenhuis› **❸** (stads)wijk **❹** pareren ‹schermen› **II** *phras* ★ *~ sbd / sth* off iem. / iets afwenden, afslaan, pareren

war dance [wɔ: dɑ:ns] *znw* krijgsdans

warden ['wɔ:dn] *znw* **❶** bewaarder, opziener, hoofd ‹v. instituut, *college*› ★ *a traffic ~* een parkeerwacht **❷** jeugdherbergvader, -moeder **❸** Am directeur ‹v. gevangenis›

warder ['wɔ:də] *znw* cipier

wardress ['wɔ:drəs] *znw* vrouwelijke cipier

wardrobe ['wɔ:drəʊb] *znw* **❶** klerenkast **❷** garderobe, kleren

wardrobe mistress ['wɔ:drəʊb 'mɪstrəs] *znw* costumière, kostuumnaaister ‹theater›

wardrobe trunk ['wɔ:drəʊb trʌŋk] *znw* kastkoffer

wardroom ['wɔ:dru:m] scheepv *znw* longroom, officiersmess

ward round [wɔ:d raʊnd] *znw* zaalronde ‹in ziekenhuis›

war drum [wɔ: drʌm] *znw* oorlogstrom

wardship ['wɔ:dʃɪp] *znw* voogdij

ware [weə] *znw* **❶** waar, (steen)goed, plateelwerk, aardewerk **❷** waren, koopwaar

warehouse ['weəhaʊs] **I** *znw* pakhuis, magazijn, distributiecentrum ★ *~ charges* opslagkosten, opslaggelden, magazijnhuur **II** *overg* opslaan ‹in het magazijn›

warehouse
warehouse betekent **pakhuis, magazijn, distributiecentrum** en niet *warenhuis*.
Ned. *warenhuis* = **department store**.

warehouse clearance ['weəhaʊs 'klɪərəns] *znw* opruiming

warehouse club ['weəhaʊs klʌb] *znw* groothandel die goederen tegen verlaagde prijzen verkoopt aan bedrijven en particulieren die als lid zijn ingeschreven

warehouseman ['weəhaʊsmən] *znw* pakhuisknecht, magazijnbediende

warehouse party ['weəhaʊs 'pɑ:tɪ] *znw* houseparty

warehousing ['weəhaʊsɪŋ] *znw* opslag

wares [weəz] *znw* [mv] waren, koopwaar ‹vnl op de markt›

warfare ['wɔ:feə] *znw* **❶** oorlog(voering), strijd ★ *guerrilla ~* guerrillaoorlog **❷** fig strijd, conflict

warfarin ['wɔ:fərɪn] med *znw* warfarine ‹antibloedstollend middel, ook rattengif›

war game [wɔ: geɪm] **I** *znw* **❶** oorlogsspel **❷** militaire oefening **II** *overg* Am iets doen alsof het een oorlogsspel is

war grave [wɔ: greɪv] *znw* oorlogsgraf

warhead ['wɔ:hed] *znw* (lading)kop ★ *a nuclear ~* een atoomkop, kernkop

warhorse ['wɔ:hɔ:s] *znw* **❶** hist strijdros **❷** inf oorlogsveteraan, oude vechtjas

warlike ['wɔ:laɪk] *bn* **❶** krijgshaftig, oorlogszuchtig ★ *put on a ~ face* een krijgshaftig gezicht opzetten ★ *a ~ nation* een oorlogszuchtig land **❷** oorlogs-

warlock ['wɔ:lɒk] *znw* tovenaar

warlord ['wɔ:lɔ:d] *znw* krijgsheer

warm [wɔ:m] **I** *bn* **❶** warm, heet, verhit ★ *~ shades / colours* warme tinten / kleuren ★ *~ as toast* lekker warm ★ *~ with wine* verhit door de wijn ★ *make things / it ~ for sbd* iem. het vuur na aan de schenen leggen, iem. in een lastig parket brengen **❷** hartelijk, sympathiek, enthousiast, vurig ▼ inf *you're getting ~!* je bent warm ‹bij spelletjes› **II** *znw* warmte, opwarming **III** *overg* (ver)warmen, warm maken ★ fig *she really ~ed their hearts* ze gaf ze allemaal een warm gevoel van binnen ★ inf *watch out or I'll ~ your bottom!* pas op, anders krijg je wat voor je broek **IV** *onoverg* warm worden **V** *phras* ★ *~ to sth* meer enthousiast raken in iets, de smaak te pakken krijgen van iets ★ *he started to ~ to the subject* hij raakte meer en meer geïnteresseerd in het onderwerp ★ *~ to sbd* iem. beginnen te waarderen ★ *~ up* warm worden ‹kamer›, warmer worden ‹voor een zaak›, warmer gaan voelen (voor *towards*), sp de spieren losmaken ★ *~ sth up* iets opwarmen

war machine [wɔ: mə'ʃi:n] *znw* oorlogsmachine

warm-blooded [wɔ:m'blʌdɪd] *bn* warmbloedig

warm boot [wɔ:m bu:t], **warm start** comput *znw* warme start ‹het opnieuw starten van een computer die reeds aan staat›

war memorial [wɔ: mɪ'mɔ:rɪəl] *znw* oorlogsmonument

warm front [wɔ:m frʌnt] *znw* warmtefront

warm-hearted [wɔ:m'hɑ:tɪd] *bn* warm, hartelijk ★ *she was given a ~ welcome* ze kreeg een hartelijk welkom

warming pan ['wɔ:mɪŋ pæn] *znw* beddenpan

wa

warmly ['wɔ:mlɪ] *bijw* ❶ warm ❷ fig hartelijk, met warmte, met vuur

warmonger ['wɔ:mʌŋgə] *znw* oorlogsophitser

warmongering ['wɔ:mʌŋgərɪŋ] *znw* oorlogspropaganda ★ *he was accused of* ~ hij werd beschuldigd van oorlogszuchtige taal

warm start [wɔ:m stɑ:t] *znw* → **warm boot**

warmth [wɔ:mθ] *znw* ❶ warmte ❷ hartelijkheid, enthousiasme, opgewondenheid, heftigheid

warm-up ['wɔ:mʌp] sp *znw* warming-up

warm work [wɔ:m wɜ:k] *znw* werk waar je warm van wordt

warn [wɔ:n] **I** *overg* ❶ waarschuwen ❷ verwittigen, inlichten, aanzeggen **II** *onoverg* waarschuwen **III** *phras* ★ ~ *sbd* off iem. de toegang ontzeggen, iem. wegjagen, iem. iets ontzeggen

warner ['wɔ:nə] *znw* waarschuwer

warning ['wɔ:nɪŋ] **I** *bn* waarschuwend, waarschuwing(s)- ★ *fire* ~ *shots* waarschuwingsschoten lossen ★ ~ *bells start to ring, hear* ~ *bells* waarschuwingstekens zien ★ *the* ~ *signs are headaches and a fever* de eerste symptomen zijn hoofdpijn en koorts **II** *znw* ❶ waarschuwing, aanzegging ★ *a word of* ~ een waarschuwing ❷ opzegging ‹v. dienst› ★ *give sbd a month's* ~ iem. met een maand opzeggen ❸ verwittiging, aankondiging

warning device ['wɔ:nɪŋ dɪ'vaɪs] *znw* waarschuwingsapparaat

warning notice ['wɔ:nɪŋ 'nəʊtɪs] *znw* aanmaning

warning signal ['wɔ:nɪŋ 'sɪgnl] *znw* waarschuwingssignaal

war office [wɔ: 'ɒfɪs] *znw* ministerie van Oorlog

warp [wɔ:p] **I** *znw* ❶ kromtrekking, vervorming ‹v. geluid &› ❷ fig (geestelijke) afwijking ❸ schering ‹weefgetouw› ★ ~ *and weft,* ~ *and woof* schering en inslag **II** *overg* doen kromtrekken, doen vervormen, verdraaien, fig een verkeerde richting geven aan **III** *onoverg* kromtrekken, vervormen

war paint [wɔ: peɪnt] *znw* ❶ oorlogsbeschildering ‹v. indianen› ❷ inf scherts make-up

war path [wɔ: pɑ:θ] *znw* oorlogspad ★ *be / go on the* ~ ten strijde trekken, vechtlustig zijn

war plane [wɔ: pleɪn] *znw* oorlogsvliegtuig

warrant ['wɒrənt] **I** *znw* ❶ rechtvaardiging, grond, recht ❷ volmacht, machtiging, mandaat (tot betaling), garantie, waarborg ★ *a* ~ *of attorney* een procuratie, een notariële volmacht ❸ bevelschrift, bevel tot inhechtenisneming, ceel ★ *a* ~ *of arrest* een bevel(schrift) tot aanhouding ★ *a* ~ *is out against him* er is een bevelschrift tot aanhouding tegen hem uitgevaardigd ❹ militaire aanstelling **II** *overg* ❶ rechtvaardigen, machtigen ❷ garanderen, waarborgen, instaan voor ❸ inf gedat verzekeren ★ *I* ~ *he's in a bit of bother* ik kan je verzekeren dat hij in de problemen zit

warrantable ['wɒrəntəbl] *bn* gewettigd, verdedigbaar, te rechtvaardigen

warrantee [wɒrən'ti:] *znw* aan wie iets gewaarborgd wordt

warranter ['wɒrəntə], **warrantor** *znw* volmachtgever, waarborger

warrant officer ['wɒrəntɒfɪsə] *znw* ❶ mil bij *warrant* aangestelde *non-commissioned* officier, onderofficier van de hoogste rang, onderluitenant ❷ scheepv dekofficier

warrantor ['wɒrəntɔ:] *znw* → **warranter**

warranty ['wɒrəntɪ] *znw* garantieverplichting, waarborg, garantie

war-ravaged [wɔ:-'rævɪdʒd] *bn* → **war-torn**

warren ['wɒrən] *znw* ❶ konijnenberg, -park ❷ fig overbevolkte sloppenbuurt, huurkazerne ❸ warnet ‹v. gangen›

warring ['wɔ:rɪŋ] *bn* strijdend, vijandig

warrior ['wɒrɪə] *znw* krijgsman, krijger, soldaat

Warsaw ['wɔ:sɔ:] *znw* Warschau ★ *the* ~ *Pact* het Warschaupact

warship ['wɔ:ʃɪp] *znw* oorlogsschip

wart [wɔ:t] *znw* wrat ★ inf ~*s and all* met al zijn gebreken

warthog ['wɔ:thɒg] *znw* wrattenzwijn

wartime ['wɔ:taɪm] *znw* oorlog(stijd)

war-torn ['wɔ:-tɔ:n], **war-ravaged** *bn* door oorlog verscheurd / verwoest

warty ['wɔ:tɪ] *bn* wrattig, vol wratten

war-weary ['wɔ:wɪərɪ] *bn* strijdensmoe

war widow ['wɔ:wɪdəʊ] *znw* oorlogsweduwe

wary ['weərɪ] *bn* omzichtig, behoedzaam, voorzichtig, op zijn hoede (voor *of*), wantrouwend ★ *the dog is* ~ *of strangers* de hond is op zijn hoede voor vreemden ★ *be* ~ *of him* pas op voor hem ★ *keep a* ~ *eye on sbd / sth* iem. / iets goed in de gaten houden

was [wɒz,wəz] *ww* [v.t.] → **be**

wash [wɒʃ] **I** *znw* ❶ was, wassing, wasbeurt, spoeling, spoelsel, spoelwater ★ *have a* ~ zijn handen / zich wassen, zich wat opfrissen ★ inf *come out in the* ~ wel loslopen, wel in orde komen ❷ waterverf, kleurtje, vernisje, gewassen tekening ❸ saus ‹voor muren› ❹ kielwater, golfslag ❺ aanspoeling, aanspoelsel **II** *overg* ❶ wassen ‹ook erts›, af-, uit-, schoonwassen ★ ~ *one's dirty linen in public* de vuile was buiten hangen, onaangename zaken in het openbaar behandelen ❷ spoelen ‹dek &›, af-, om-, uitspoelen, bespoelen, besproeien ❸ zuiveren ★ ~ *one's hands of sbd / sth* zich niet meer (willen) bemoeien met iem. / iets ❹ aan-, bestrijken, vernissen, sausen **III** *onoverg* ❶ wassen, zich wassen ❷ zich laten wassen ‹stoffen›, wasecht zijn ❸ breken ‹van golf›, spoelen ★ ~ *ashore* aan land spoelen ★ ~ *overboard* overboord spoelen ★ *a wave of sympathy* ~*ed over him* en golf van medelijden overspoelde hem ❹ geloofwaardig zijn ★ inf *that won't* ~ dat houdt geen steek, die vlieger gaat niet op **IV** *phras* ★ ~ *away* wegspoelen, wegslaan ★ ~ *sth away* iets afwassen, uitwissen ★ ~ *sth* **down** iets (af)wassen, (schoon)spoelen, iets naar binnen

wa

spoelen ★ ~ **off** er met wassen uitgaan, schoon worden ★ ~ *sth off* iets afwassen ★ ~ **out** er met wassen uitgaan ★ ~ *be / get ~ed out* niet door kunnen gaan door de regen ★ ~ *sth out* iets uitwassen ★ Am ~ *sbd out* iem. niet toelaten omdat niet aan de eisen is voldaan ★ ~ **up** afwassen, de vaat doen, aanspoelen, Am zich (zijn handen) wassen, zich wat opfrissen ★ ~ *sth up* iets afwassen

washable ['wɒʃəbl] *bn* (af)wasbaar, wasecht

wash-and-wear [wɒʃ-ən-'weə] *bn* zelfstrijkend, kreukherstellend

washbasin ['wɒʃbeɪsən], **wash-hand basin** *znw* wasbak, vaste wastafel

washboard ['wɒʃbɔ:d] *znw* ❶ wasbord ❷ scheepv wasboord, zetboord

washbowl ['wɒʃbəʊl] Am *znw* wastafel

washcloth ['wɒʃklɒθ] Am *znw* washandje

washday ['wɒʃdeɪ] *znw* wasdag

washed out [wɒʃt 'aʊt] *bn* ❶ flets, afgetakeld ❷ verbleekt ‹van kleuren›

washed up [wɒʃt 'ʌp] *inf bn* (dood)op, kapot, naar de bliksem

washer ['wɒʃə] *znw* ❶ wasser ❷ wasmachine ❸ techn sluitring, leertje ‹v. kraan› ❹ washandje

washer-dryer [wɒʃə-'draɪə] *znw* wasmachine en droger

washer-up [wɒʃər-'ʌp] *znw* [*mv:* washers up] bordenwasser, afwasser

washerwoman ['wɒʃəwʊmən] *znw* wasvrouw

wash-hand basin ['wɒʃhænd 'beɪsən] *znw* → **washbasin**

wash-hand stand ['wɒʃhænd 'stænd] *znw* → **washstand**

wash house [wɒʃ haʊs] *znw* washuis, washok

washing ['wɒʃɪŋ] *znw* wassen, wassing, was(goed)

washing instructions ['wɒʃɪŋ ɪn'strʌkʃənz] *znw* [mv] wasvoorschrift

washing line ['wɒʃɪŋ laɪn] *znw* waslijn, drooglijn

washing liquid ['wɒʃɪŋ 'lɪkwɪd] *znw* wasmiddel

washing machine ['wɒʃɪŋ mə'ʃi:n] *znw* wasmachine ★ *an automatic ~* een wasautomaat

washing powder ['wɒʃɪŋ 'paʊdə] *znw* waspoeder, wasmiddel

washing-up [wɒʃɪŋ-'ʌp] *znw* afwas

washing-up liquid [wɒʃɪŋ'ʌp 'lɪkwɪd] *znw* afwasmiddel

washland ['wɒʃlænd] *znw* uiterwaard, vlietland

washout ['wɒʃaʊt] *znw* ❶ *inf* mislukking, fiasco, sof ❷ *inf* vent van niks, prul ❸ een evenement dat wegens regen wordt afgelast

washrag ['wɒʃræg] *inf znw* washandje

washroom ['wɒʃru:m] Am *znw* toilet, wc

washstand ['wɒʃstænd], **wash-hand stand** gedat *znw* wastafel ‹met schaal en lampetkan›

washtub ['wɒʃtʌb] *znw* wastobbe

washy ['wɒʃɪ] *bn* ❶ waterig, slap ❷ flets

wasn't ['wɒzənt] *samentr* → **be**

wasp [wɒsp] *znw* wesp ★ *a ~'s nest* een wespennest

waspish ['wɒspɪʃ] *fig bn* opvliegend, bits

wassail ['wɒseɪl, 'wæsl] arch **I** *znw* ❶ drinkgelag ❷ gekruid bier **II** *onoverg* pimpelen, brassen

wassailer ['wɒseɪlə] arch *znw* pimpelaar, drinkebroer

wast [wɒst] arch *ww* [2de pers. enk. v.t. van be] waart

wastage ['weɪstɪdʒ] *znw* ❶ verspilling, verkwisting ❷ verlies door verbruik, slijtage ❸ afval ❹ verloop ‹v. personeel &›

waste [weɪst] **I** *bn* ❶ woest, onbebouwd, ongebruikt ★ *lay sth ~* iets verwoesten ★ *lie ~* braak liggen ❷ overtollig, afval- **II** *znw* ❶ onbebouwd land, wildernis, woestijn, woestenij ❷ verwoesting ❸ verspilling, verkwisting ★ *a ~ of space* verspilling van ruimte, een nutteloos persoon ★ *a ~ of time* tijdverspilling ❹ vermindering, slijtage, verbruik, verlies ❺ afval, afvalstoffen ★ *household ~* huishoudelijk afval ★ *go to ~* verloren gaan, verwilderen ★ *it would be a shame to let that piece of cake go to waste* het zou zonde zijn om dat laatste stukje taart weg te gooien ❻ poetskatoen ❼ techn afvoerpijp **III** *overg* ❶ verspillen, verkwisten, weggooien, verknoeien ★ *she doesn't ~ words* ze zegt geen woord te veel ★ *inf it's ~d on him* het is aan hem niet besteed ★ *I wouldn't ~ my breath on him* ik zou geen woorden aan hem vuilmaken ★ *we haven't got any time to ~* er is geen tijd te verliezen ★ *zegsw ~ not, want not* wie wat spaart, heeft wat ❷ verwoesten ❸ verteren, doen uitteren, verslijten, verbruiken ❹ jur verwaarlozen, laten vervallen ‹eigendom› ❺ *inf* koud maken, om zeep helpen, mollen ▼ *get ~d* zich lam zuipen **IV** *onoverg* ❶ afnemen ‹door het gebruik›, opraken, slijten ❷ verspillen, verloren gaan **V** *phras* ★ *~ away* (weg)kwijnen, ver-, uitteren

wastebasket ['weɪstbɑ:skɪt] *znw* prullenmand

wastebin ['weɪstbɪn] *znw* afvalbak, vuilnisbak ‹in keuken›

waste disposal [weɪst dɪ'spəʊzəl] *znw* afvalverwerking

waste disposal unit [weɪst dɪ'spəʊzəl 'ju:nɪt] *znw* afvalvernietiger

wasteful ['weɪstfʊl] *bn* verkwistend, niet zuinig, spilziek

wasteland ['weɪstlænd] *znw* ❶ braakliggend terrein, verlaten / saai gebied ❷ industriële woestenij ❸ fig kleurloze periode

waste paper [weɪst 'peɪpə] *znw* scheurpapier, oud papier

waste-paper basket [weɪst'peɪpəbɑ:skɪt], **wastepaper basket** *znw* prullenmand, papiermand

wastepipe ['weɪstpaɪp] *znw* afvoerpijp

waste product [weɪst 'prɒdʌkt] *znw* afvalproduct

waster ['weɪstə] *znw* ❶ nietsnut ❷ verspiller

wasting disease ['weɪstɪŋ dɪ'zi:z] *znw* kwijnende ziekte

wastrel ['weɪstrəl] dicht *znw* nietsnut, mislukkeling

watch [wɒtʃ] **I** *znw* ❶ wacht, waken, dicht wake ★ *be on ~* op wacht staan, de wacht hebben ★ *keep (a) ~*

de wacht houden ★ *keep ~ over sbd* iem. bewaken ★ *keep (a) ~ on sbd / sth* een oogje houden op, letten op iem. / iets ★ *set a ~ over sbd* iem. permanent in de gaten laten houden ★ *stand ~* op wacht staan, de wacht houden ★ dicht *in the ~es of the night* in de slapeloze uren van de nacht ❷ waakzaamheid, uitkijk ★ *be on the ~ for sth* uitkijken naar iets, loeren op iets ★ *keep a ~ out for* oppassen voor, uitkijken voor ❸ horloge II *overg* ❶ kijken naar, gadeslaan ★ inf *~ this space* nadere informatie volgt ❷ letten op, in het oog houden, bewaken, hoeden ★ *~ one's back* oppassen voor de mensen om je heen ★ *~ one's mouth* op je woorden passen ★ *~ the pennies* op de centen letten ★ *~ your step!, ~ it!* pas op! ★ *~ the time* de tijd in de gaten houden III *onoverg* ❶ kijken, toekijken ❷ uitkijken, waken, waakzaam zijn, wacht houden ❸ afwachten IV *phras* ★ *~ for sth* uitkijken naar iets, een oog open houden voor ★ *~ out* uitkijken, op zijn hoede zijn, oppassen ★ *~ over sbd / sth* waken over iem. / iets, iem. / iets bewaken
watchband ['wɒtʃbænd] *znw* horlogebandje
watch case ['wɒtʃkeɪs] *znw* horlogekast
watch chain ['wɒtʃtʃeɪn] *znw* horlogeketting
watchdog ['wɒtʃdɒg] *znw* waakhond
watcher ['wɒtʃə] *znw* bespieder, waarnemer
watchful ['wɒtʃful] *bn* oplettend, waakzaam, waaks ★ *be ~ of sth / sbd* oppassen voor iets / iem. ★ *keep a ~ eye on sbd / sth* iem. / iets goed in de gaten houden
watch glass ['wɒtʃglɑːs] *znw* horlogeglas
watchmaker ['wɒtʃmeɪkə] *znw* horlogemaker
watchman ['wɒtʃmən] *znw* (nacht)waker, bijbel wachter
watch spring [wɒtʃ sprɪŋ] *znw* horlogeveer
watchstrap ['wɒtʃstræp] *znw* horlogebandje
watchtower ['wɒtʃtauə] *znw* wachttoren
watchword ['wɒtʃwɜːd] *znw* wachtwoord
water ['wɔːtə] I *znw* ❶ water ★ *running ~* stromend water ★ *spring ~* bronwater ★ *the ~'s edge* de waterkant, de oever ★ *by ~* te water, over zee, per schip ★ *of the first ~* van het zuiverste water ★ inf *~ on the brain* een waterhoofd ★ fig *be in deep ~* in grote moeilijkheden verkeren ★ fig *be in hot ~* in de knoei zitten ★ fig *get into hot ~* in moeilijkheden geraken, het aan de stok krijgen (met *with*) ★ *be in low ~* aan lagerwal zijn ★ fig *we're in smooth ~ now* we zijn nu boven Jan ★ *be like a fish out of ~* zich voelen als een vis op het droge ★ *it brings the ~ to your mouth* het doet je watertanden ★ *come hell or high ~* wat er ook mag gebeuren ★ scheepv *draw ~* een diepgang hebben ★ *hold ~* water bevatten, (water)dicht zijn, fig steekhoudend zijn ★ fig *keep one's head above ~* het hoofd boven water houden ★ scheepv *make ~* water maken, water inkrijgen, lek zijn ★ fig *pour / throw cold ~ on sth* een domper zetten op iets ★ *run like ~ off a duck's back* niet het minste effect hebben ★ *spend money like ~* handenvol geld uitgeven ★ *test the ~/~s* een

proefballonnetje oplaten ★ zegsw *a lot of ~ has passed under the bridge since then* er is heel wat water door de Rijn gestroomd sinds die tijd ❷ urine ★ *make / pass ~* urineren ❸ vruchtwater (ook: ~s) II *overg* ❶ van water voorzien, water geven, drenken ⟨paarden &⟩ ❷ begieten, bewateren, besproeien ⟨v. rivier⟩, bespoelen ★ *~ the garden* de tuin sproeien III *onoverg* ❶ wateren, tranen, lopen ❷ watertanden ★ *make one's mouth ~* doen watertanden IV *phras* ★ *~ sth* **down** iets aanlengen met water, iets verwateren, verdunnen, verzachten
water bailiff ['wɔːtə 'beɪlɪf] *znw* ❶ havendouanebeambte, visserijopzichter ❷ Aus opzichter van het waterschap
water-based ['wɔːtə-beɪst] *bn* op waterbasis
waterbed ['wɔːtəbed] *znw* waterbed
water bird ['wɔːtə bɜːd] *znw* watervogel
water birth ['wɔːtə bɜːθ] *znw* geboorte onder water ⟨in een speciaal bad⟩
water biscuit ['wɔːtə 'bɪskɪt] *znw* cracker
water bloom ['wɔːtə bluːm] *znw* blauwalg
water bomb ['wɔːtə bɒm] *znw* waterbom ⟨ballon & gevuld met water om mee te gooien⟩
water bomber ['wɔːtə 'bɒmə] *znw* blusvliegtuig
water-borne ['wɔːtə-bɔːn] *bn* ❶ vlot, drijvend, te water vervoerd, zee- ❷ door water verspreid, door water overgebracht ⟨ziekte &⟩
water bottle ['wɔːtəbɒtl] *znw* ❶ karaf ❷ mil veldfles ❸ sp bidon
water buffalo ['wɔːtə 'bʌfələu] *znw* waterbuffel, karbouw, Indische buffel, Aziatische buffel
water butt ['wɔːtə bʌt] *znw* regenton
water cannon ['wɔːtə 'kænən] *znw* waterkanon
water carrier ['wɔːtə 'kærɪə] *znw* waterdrager
water cart ['wɔːtə kɑːt] *znw* sproeiwagen
water chestnut ['wɔːtə 'tʃesnʌt] *znw* waternoot, waterkastanje ⟨gebruikt in Chinese maaltijden⟩
water chute ['wɔːtə ʃuːt] *znw* waterglijbaan
water closet ['wɔːtə 'klɒzɪt] *znw* wc
watercolour ['wɔːtəkʌlə], Am **watercolor** *znw* waterverf(schilderij)
water-cooled ['wɔːtə-kuːld] *bn* watergekoeld
water cooler ['wɔːtə 'kuːlə] *znw* waterkoeler
watercourse ['wɔːtəkɔːs] *znw* waterloop, geul, bedding
watercress ['wɔːtəkres] *znw* waterkers
water cycle ['wɔːtə 'saɪkl] *znw* watercyclus ⟨cyclus van verdamping en neerslag⟩
water diviner ['wɔːtə dɪ'vaɪnə] *znw* roedeloper
watered ['wɔːtəd] *bn* ❶ als water, verwaterd ❷ moiré ⟨van zijde⟩
water engineering ['wɔːtə endʒɪ'nɪərɪŋ] *znw* waterbouwkunde
waterfall ['wɔːtəfɔːl] *znw* waterval
water feature ['wɔːtə 'fiːtʃə] *znw* vijver / fontein in een tuin
water filter ['wɔːtə 'fɪltə] *znw* waterfilter
water fountain ['wɔːtə 'fauntɪn] *znw* drinkfonteintje

wa

waterfowl ['wɔːtəfaʊl] *znw* watervogel(s)

waterfront ['wɔːtəfrʌnt] *znw* ❶ waterkant ❷ havenkwartier ❸ Am stadsdeel / landstrook aan zee of meer

watergate ['wɔːtəgeɪt] *znw* ❶ waterpoort ❷ vloeddeur ⟨v. sluis⟩

water gauge ['wɔːtə geɪdʒ] *znw* peilglas

water heater ['wɔːtə 'hiːtə] *znw* boiler

waterhen ['wɔːtəhen] *znw* waterhoen

waterhole ['wɔːtəhəʊl] *znw* waterpoel, drinkplaats

watering can ['wɔːtərɪŋ kæn] *znw* gieter

watering hole ['wɔːtərɪŋ həʊl] *znw* waterplaats, drinkplaats

watering place ['wɔːtərɪŋ pleɪs] *znw* ❶ waterplaats, drinkplaats ❷ badplaats

watering trough ['wɔːtərɪŋ trɒf] *znw* drinkbak

waterish ['wɔːtərɪʃ] *bn* waterachtig, waterig

water jump ['wɔːtə dʒʌmp] *znw* (spring)sloot ⟨als hindernis bij paardensport⟩

waterless ['wɔːtəles] *bn* zonder water, droog

water level ['wɔːtələvəl] *znw* ❶ waterstand, waterspiegel ❷ waterpas

water lily ['wɔːtə 'lɪlɪ] *znw* waterlelie

waterline ['wɔːtəlaɪn] *znw* waterlijn

waterlogged ['wɔːtəlɒgd] *bn* volgelopen met water, vol water, met water doortrokken

Waterloo [wɔːtə'luː] *znw* fig beslissende nederlaag ★ *meet one's Waterloo* (ergens) zijn waterloo vinden

water main ['wɔːtə meɪn] *znw* hoofdbuis ⟨v. waterleiding⟩

waterman ['wɔːtəmən] *znw* schuitenvoerder, veerman

watermark ['wɔːtəmɑːk] I *znw* ❶ watermerk ❷ scheepv waterpeil ❸ waterlijn II *overg* van een watermerk voorzien

water meadow ['wɔːtəmedəʊ] *znw* overloopgebied, uiterwaard

watermelon ['wɔːtəmelən] *znw* watermeloen

watermill ['wɔːtəmɪl] *znw* watermolen

water pipe ['wɔːtə paɪp] *znw* waterleidingbuis

water pistol ['wɔːtə 'pɪstl] *znw* waterpistool

water plane ['wɔːtə pleɪn] *znw* watervliegtuig

water police ['wɔːtə pə'liːs] *znw* politie te water

water polo ['wɔːtə 'pəʊləʊ] *znw* waterpolo

water power ['wɔːtə 'paʊə] *znw* waterkracht

waterproof ['wɔːtəpruːf] I *bn* waterdicht, waterproef II *znw* waterdichte jas / mantel III *overg* waterdicht maken

water rat ['wɔːtə ræt] *znw* waterrat

water rate ['wɔːtə reɪt] *znw* (meestal *mv*) kosten van waterverbruik

water-repellent ['wɔːtə-rɪpelənt] *bn* waterafstotend

water-resistant ['wɔːtə-rɪzɪstnt] *bn* ❶ watervast ⟨inkt⟩ ❷ waterafstotend ⟨jas &⟩

waters ['wɔːtəz] *znw* [*mv*] ❶ wateren, zee, oceaan ★ *coastal* ~ kustwateren ★ *fish in troubled* ~ in troebel water vissen ★ *pour oil on troubled* ~ olie op de golven gooien, de boel sussen ★ fig *venture into unknown* ~ onbekende paden inslaan ★ zegsw *still* ~

run deep stille waters hebben diepe gronden ❷ vruchtwater ❸ mineraalwater ★ gedat *take the* ~ een waterkuur doen in een spa ⟨drinken en baden⟩

watershed ['wɔːtəʃed] *znw* ❶ waterscheiding ❷ stroomgebied ❸ fig scheidingslijn, tweesprong

waterside ['wɔːtəsaɪd] *znw* waterkant

waterski ['wɔːtəskiː] I *znw* waterski II *onoverg* waterskiën

waterskier ['wɔːtəskiːə] *znw* waterskiër

waterskin ['wɔːtəskɪn] *znw* leren waterzak

water slide ['wɔːtə slaɪd] *znw* waterglijbaan

water softener ['wɔːtə 'sɒfnə] *znw* waterontharder

water-soluble ['wɔːtə-sɒljʊbl] *bn* oplosbaar in water

waterspout ['wɔːtəspaʊt] *znw* ❶ waterspuwer, afvoerbuis ❷ waterhoos

water sprite ['wɔːtə spraɪt] *znw* watergeest

water supply ['wɔːtəsəplaɪ] *znw* wateraanvoer, watervoorziening, watervoorraad

water table ['wɔːtəteɪbl] *znw* grondwaterspiegel

water tank ['wɔːtə tæŋk] *znw* waterbak, reservoir

water taxi ['wɔːtə 'tæksɪ] *znw* watertaxi

watertight ['wɔːtətaɪt] *bn* ❶ waterdicht ❷ fig onaanvechtbaar

water tower ['wɔːtə taʊə] *znw* watertoren

water vole ['wɔːtə vəʊl] *znw* waterrat

water waggon ['wɔːtə 'wægən], **water wagon** *znw* sproeiwagen ★ inf *be on the* ~ geheelonthouder zijn

waterway ['wɔːtəweɪ] *znw* ❶ waterweg ❷ scheepv goot, watergang

waterweed ['wɔːtəwiːd] *znw* waterpest

waterwheel ['wɔːtəwiːl] *znw* waterrad, scheprad

water wings ['wɔːtə wɪŋz] *znw* zwemvleugels

waterworks ['wɔːtəwɜːks] *znw* [*mv*] ❶ waterleiding ❷ waterwerken ❸ inf blaas ★ *have sth wrong with one's* ~ iets aan zijn blaas hebben ❹ inf tranen ★ *turn on the* ~ gaan huilen

watery ['wɔːtərɪ] *bn* ❶ waterig, waterachtig, water- ★ *find / go to a* ~ *grave* een / zijn graf in de golven vinden ★ *a* ~ *eye* een tranend oog, een traanoog ❷ regenachtig, regen- ❸ fig bleek, verschoten

watt [wɒt] elektr *znw* watt

wattage ['wɒtɪdʒ] *znw* wattage, elektrisch vermogen

wattle ['wɒtl] *znw* ❶ teenwerk, vlechtwerk van takken ⟨voor afrasteringen⟩ ❷ dierk lel ⟨v. kalkoen⟩, baard ⟨v. vis⟩ ❸ plantk Australische acacia

wattle and daub [wɒtl ən 'dɔːb] *znw* tenen en leem, vitselwerk

wattled ['wɒtld] *bn* ❶ gevlochten ❷ met lellen

waul [wɔːl] *onoverg* krollen, luid miauwen ⟨v. krolse kat⟩

wave [weɪv] I *znw* ❶ golf ★ *a* ~ *of crime* een vloedgolf van misdaden ★ *be on a / be riding on the crest of a* ~ op een hoogtepunt zijn ⟨carrière &⟩ ★ *make* ~*s* indruk maken ❷ wuivende handbeweging, gewuif II *overg* ❶ (doen) golven, onduleren ⟨haar⟩ ❷ wateren ⟨stoffen⟩ ❸ zwaaien met, wuiven met, toewuiven ★ ~ *sbd goodbye*, ~ *goodbye to sbd* iem. uitwuiven III *onoverg* ❶ wapperen ❷ wuiven

❸ golven **IV** *phras* ★ ~ *sth* **aside** iets wegwuiven, iets afwijzen, zich met een breed gebaar afmaken van iets ★ ~ *sbd aside* iem. gebaren om opzij / weg te gaan, iem. wegwuiven, iem. afwijzen, zich met een breed gebaar afmaken van iem. ★ ~ *sbd* **away** iem. gebaren om opzij / weg te gaan ★ ~ *sth / sbd* **back** iets / iem. terugwenken ★ ~ *sbd* **down** iem. gebaren te stoppen ‹een automobilist› ★ ~ *sbd* **off** wuivend afscheid nemen van iem. ★ ~ *sbd* **on** iem. gebaren om door te rijden

waveband ['weɪvbænd] <u>radio</u> *znw* (golf)band
wave equation [weɪv ɪ'kweɪʒən] *znw* golfvergelijking
wavelength [weɪvleŋθ] <u>radio</u> *znw* golflengte ★ *be on the same* ~ op dezelfde golflengte zitten
wavelet ['weɪvlɪt] *znw* golfje
wave machine [weɪv mə'ʃiːn] *znw* golfmachine ‹in zwembad›
waver ['weɪvə] *onoverg* ❶ onvast zijn, waggelen, wankelen, schommelen ❷ weifelen, aarzelen ❸ haperen, beven ‹v. stem›, flakkeren ‹v. licht›
waverer ['weɪvərə] *znw* weifelaar
wavering ['weɪvərɪŋ] **I** *bn* ❶ wankel(baar), wankelend, wankelmoedig ❷ weifelend **II** *znw* gewankel, geweifel, weifeling
wavy ['weɪvɪ] *bn* golvend, gegolfd
wax [wæks] **I** *bn* wassen **II** *znw* ❶ oorsmeer ❷ was, lak **III** *overg* ❶ met was bestrijken, in de was zetten, wassen ❷ harsen ‹benen› ★ ~ *one's legs* de benen harsen **IV** *onoverg* ❶ wassen, toenemen ★ ~ *and wane* wassen en afnemen ‹van de maan› ❷ <u>vero</u> worden
waxed paper [wækst 'peɪpə] *znw* waspapier
waxen ['wæksən] *bn* ❶ van was, wassen, was- ❷ wasgeel ❸ zo bleek als was
wax light [wæks laɪt] *znw* waslicht, waskaars
wax modelling [wæks 'mɒdlɪŋ] *znw* boetseren met was
wax paper [wæks 'peɪpə] *znw* waspapier
wax resist [wæks rɪ'zɪst] *znw* glazuren bij pottenbakken
waxwing ['wækswɪŋ] *znw* pestvogel
waxwork ['wæksw3ːk] *znw* in was uitgevoerd boetseerwerk
waxworks ['wæksw3ːks] *znw* [mv] wassenbeeldenmuseum
waxy ['wæksɪ] *bn* ❶ wasachtig ❷ <u>gedat</u> woedend
way [weɪ] **I** *znw* ❶ manier, wijze, trant, handelwijze ★ *either* ~ in beide gevallen, hoe dan ook ★ *in every* ~ in alle opzichten ★ *no* ~! uitgesloten!, daar komt niets van in!, in geen geval! ★ *no* ~ *inferior to* geheel niet minder dan ★ *one* ~ *or another* op de een of andere manier ★ *he said nothing one* ~ *or another / the other* hij zei helemaal niets ★ *one* ~ *or the other it has helped* in ieder geval heeft het geholpen ★ *the same* ~ op dezelfde manier, hetzelfde ‹v. zieke› ★ *some* ~ *or other* op de een of andere manier ★ *in some* ~*s* in enkele (bepaalde) opzichten ★ ~*s and means* (de) geldmiddelen, de

middelen en de manier waarop ★ *a* ~ *of life* manier van leven, levensstijl ★ *by* ~ *of* bij wijze van, via, over ★ *by* ~ *of apology* ter verontschuldiging ★ *by* ~ *of a joke* voor de grap ★ *he's by* ~ *of being an artist* hij is zo half en half artiest ★ *by* ~ *of having something to do* om iets te doen te hebben ★ *in a* ~ / *in one* ~ in zekere zin / in zeker (één) opzicht ★ *in a general* ~ in het algemeen ★ *in a big* ~ in het groot, op grote schaal ★ *in a small* ~ in het klein, op kleine schaal ★ *not in any* ~ / *(in) no* ~ geenszins, hoegenaamd (helemaal) niet ★ *in a* ~ *of speaking* bij wijze van spreken, in zekere zin ★ *be in a bad* ~ er slecht aan toe zijn ‹v. patiënt›, slecht staan ‹v. zaken› ★ *call in the* ~ *of business* een zakenbezoek afleggen ★ *devise / find* ~*s and means* raad schaffen, oplossingen zoeken ★ *he'll do it his own* ~ hij doet het op zijn eigen manier, hij gaat zijn eigen gang ★ *the* ~ *you do it* (op) de manier waarop je het doet ★ *have a* ~ *with one* aardig omgaan (met), innemend zijn ★ *you can't have it both* ~*s* je kunt niet allebei hebben ★ *live in a small* ~ klein leven ★ *see one's* ~ *clear to do sth* zijn kans schoon zien om iets te doen ★ *see the error of one's* ~*s* zijn dwaling inzien ❷ gebruik, gewoonte, hebbelijkheid, zin ★ *it's just his* ~ zo is hij nu eenmaal ★ *it's the* ~ *of the world* zo gaat het in de wereld ★ *get / have one's (own)* ~ zijn zin krijgen ★ *have a (little)* ~ *of doing sth* de hebbelijkheid hebben om iets te doen ★ *let him have his own* ~ laat hem zijn eigen gang (maar) gaan, geef hem zijn zin maar ★ <u>gedat</u> *have one's* ~ *with sbd* met iem. neuken ★ *he wants his own* ~ hij wil altijd zijn zin hebben ❸ weg, pad, baan, route ★ <u>RK</u> *the* ~ *of the Cross* de kruisweg ★ *across the* ~ aan de overkant, hiertegenover ★ *along the* ~ op weg, langs de weg, onderweg ★ *by the* ~ onderweg, en passant, overigens, wat ik zeggen wil(de), tussen twee haakjes ★ *the* ~ *in* de ingang ★ *well on the / one's* ~ *(to)* aardig op weg (om) ★ *drunk, or on the* ~ *to it* dronken of aardig op weg om het te worden ★ *on their* ~ *to* onderweg naar, op (hun) weg naar ★ *the* ~ *out* de uitgang, <u>fig</u> de uitweg ★ *out of the* ~ uit de weg, uit de voeten, klaar, weg, afwezig, afgelegen, niet ter zake dienend, vergezocht ★ *it's rather out of my* ~ het is nogal om voor mij, dat ligt niet zo op mijn weg ★ *over the* ~ aan de overkant, hiertegenover ★ *under* ~ in beweging, aan de gang, begonnen, <u>scheepv</u> onder zeil ★ *be in the* ~ (de mensen) in de weg staan ★ *be on the* ~ op komst zijn, in aantocht zijn ★ *be on the* ~ *out* eruit gaan, een aflopende zaak zijn ★ *be on one's* ~ *out* op weg naar buiten zijn ★ *find a* ~ een uitweg vinden, er raad op weten ★ *find one's* ~ zijn weg vinden ★ *the sand found its* ~ *into our food* het zand was in ons eten terechtgekomen ★ *she found her* ~ *into my heart* ze heeft de weg naar mijn hart gevonden ★ *I found my* ~ *to the hotel* ik slaagde er in naar het hotel te komen ★ *find one's* ~ *into sth* ergens binnendringen, thuis raken in iets ★ *get in the* ~ in de weg lopen, hinderen ★ *get in the ~ of* verhinderen ★ *get under ~* in beweging komen, gang, vaart krijgen, beginnen, scheepv het anker lichten ★ *give ~* opzij gaan, wijken, zwichten, plaats maken (voor *to*), bezwijken (onder *under*), voorrang verlenen ★ *her voice gave ~* haar stem liet haar in de steek ★ *give ~ to fear* zich door vrees laten overmannen ★ *go one's ~(s)* op weg gaan, zich op weg begeven, heengaan ★ *go one's own ~* zijn (eigen) gang gaan, zijn eigen weg gaan ★ bijbel *go the ~ of all flesh / nature* sterven ★ *go out of one's ~* van zijn weg afwijken ★ *go out of one's ~ to do sth* de moeite nemen om iets te doen, zich uitsloven om iets te doen ★ *keep out of sbd's ~* iem. mijden ★ *know one's ~ there* er bekend zijn ★ *lose one's ~* verdwalen ★ *make ~* plaats maken (voor *for*) ★ *make one's ~* gaan, zich begeven, zich een weg banen, zijn weg (wel) vinden ‹in de wereld› ★ *put sbd in the ~ of a job* iem. aan een baan helpen ★ *put sbd out of the ~* iem. uit de weg ruimen ★ *put things out of the ~* de boel aan kant doen, opruimen ★ *take the easy ~ out* de weg van de minste weerstand kiezen ❹ eind, afstand ★ *some ~* een eindje ★ *it's a long ~ around / round* het is een heel eind om ★ *by a long ~* verreweg ★ *not by a long ~* lang niet, op geen stukken na ★ inf *go all the ~* echt neuken ★ *go all the ~ there* (langs) de hele weg, (over) de hele afstand, dat hele eind, helemaal ‹van A naar B› ★ fig *go back a long ~* al heel lang zo zijn ★ *go a long ~* ver reiken, veel bijdragen (tot *towards*) ★ *a little goes a long ~ with me* met een beetje kan ik lang toekomen ❺ richting, kant ★ *a decision one ~ or the other* een beslissing voor of tegen ★ *our ~* onze kant uit, in ons voordeel ★ *that ~* die kant uit, daar(heen) ★ *this ~* deze kant uit, hier(heen) ★ *this ~ and that* alle kanten op ★ *it's the other ~ about / around* het is (net) andersom ★ *what they want in the ~ of clothes* wat ze aan kleren nodig hebben ★ *it cuts both ~s* het mes snijdt aan twee kanten ★ *everything is going my ~* alles gaat naar mijn zin, alles zit me mee ★ *have it (all) one's own ~* vrij spel hebben, kunnen doen en laten wat men wil ★ *not know which ~ to turn* (zich) geen raad weten ★ *look the other ~* de andere kant uitkijken II *bijw* inf een stuk, een eind, ver ‹vooruit &› ★ *~ behind* ver achter ★ *~ in front* ver vooruit ★ inf *~ back in A.* daarginds in A. ★ inf *~ back in 1910* al in 1910

waybill ['weɪbɪl] *znw* vrachtbrief
wayfarer ['weɪfeərə] dicht *znw* (voet)reiziger
wayfaring ['weɪfeərɪŋ] *bn & znw* reizend, trekkend ‹vooral te voet›
waylay [weɪ'leɪ] *overg* opwachten ‹om te overvallen›
wayless ['weɪlɪs] dicht *bn* zonder weg(en), ongebaand
way-off [weɪ-'ɒf] *bn & bijw* afgelegen, ver weg ‹tijd en afstand›
way-out [weɪ'aʊt] *bn* ❶ buitennissig, zeer apart ❷ inf te gek, fantastisch, gaaf
ways [weɪz] *znw* [mv] ❶ wegen ❷ manieren, gewoonten, hebbelijkheden

wayside ['weɪsaɪd] I *bn* aan de kant van de weg (gelegen) II *znw* kant van de weg ★ *by the ~* aan de weg ★ fig *fall by the ~* afvallen, voortijdig met studie & ophouden, (iets) niet kunnen bijbenen
way station [weɪ 'steɪʃən] *znw* ❶ stopplaats onderweg ❷ klein spoorwegstation
wayward ['weɪwəd] *bn* grillig, eigenzinnig, dwars, verkeerd, in de contramine
waywardness ['weɪwədnəs] *znw* eigenzinnigheid, grilligheid
wazzock ['wæzək] Br inf *znw* irritant persoon, eikel
we [wi:] *pers vnw* wij, we ★ plechtig *~, King of France* wij, Koning van Frankrijk ★ inf *how are ~ feeling today?* hoe voelen wij ons vandaag? ‹tegen patiënt›
weak [wi:k] *bn* zwak, slap ★ *his ~ point / side* zijn zwakke zijde ★ gedat *the ~er sex* het zwakke geslacht ★ inf *when she sees him she goes ~ at the knees* als ze hem ziet krijgt ze slappe knieën ★ *~ eyes* slechte ogen
weaken ['wi:kən] I *overg* verzwakken, slapper maken, verdunnen II *onoverg* ❶ zwak(ker) worden ❷ zwichten, toegeven
weakening ['wi:kənɪŋ] *znw* verzwakking
weakish ['wi:kɪʃ] *bn* nogal zwak, zwakjes
weak-kneed [wi:k'ni:d] *bn* ❶ zwak in de knieën ❷ fig slap, niet flink
weakling ['wi:klɪŋ] *znw* zwakkeling, slappeling
weak link [wi:k lɪŋk] *znw* zwakke schakel
weakly ['wi:klɪ] I *bn* zwak, ziekelijk II *bijw* zwak, slap, flauw, uit zwakte
weak-minded [wi:k'maɪndɪd] *bn* zwakhoofdig, zwakzinnig
weakness ['wi:knəs] *znw* ❶ zwakheid, zwakke plaats ❷ zwakte, zwak ★ *he has a ~ for fast cars* hij heeft een zwak voor snelle auto's
weak spot [wi:k spɒt] *znw* zwakke plek
weak-willed [wi:k-'wɪld] *bn* zonder doorzettingsvermogen
weal [wi:l] *znw* ❶ form welzijn, geluk ❷ streep, striem
weald [wi:ld] *znw* ❶ beboste streek ❷ open land
wealth [welθ] *znw* rijkdom, weelde, pracht, schat, overvloed ★ *a man of ~* een gefortuneerd man, een rijk man
wealth tax [welθ tæks] *znw* vermogensbelasting
wealthy ['welθɪ] *bn* rijk
wean [wi:n] I *overg* spenen II *phras* ★ *~ sbd from sth* iem. spenen van iets, iem. af-, ontwennen, vervreemden van iets, iem. iets ontnemen ★ *~ sbd off sth* iem. iets ontwennen ‹verslavend middel &› ★ *~ sbd on sth* iem. iets met de paplepel ingieten
weanling ['wi:nlɪŋ] I *bn* pas gespeend ‹jong dier› II *znw* gespeend dier
weapon ['wepən] *znw* wapen
weapon of mass destruction ['wepən əv mæs dɪ'strʌkʃən] *znw* massavernietigingswapen
weaponry ['wepənrɪ] *znw* bewapening, wapens
wear [weə] I *znw* ❶ dragen, gebruik ★ *for everyday ~* voor dagelijks gebruik ‹kledingstukken› ❷ dracht,

kleding, kleren, goed ★ *summer* ~ zomerkleren
❸ degelijkheid, houdbaarheid, sterkte ★ *there's quite*
a lot of ~ *left in it* je kunt er nog lang mee doen
❹ slijtage ★ *the worse for* ~ erg versleten, afgeleefd,
afgepeigerd II *overg* [wore, worn] ❶ dragen ‹aan het
lijf›, (aan)hebben, vertonen ★ zegsw ~ *one's heart on*
one's sleeve het hart op de tong dragen ★ *she wore*
black zij was in het zwart ★ inf ~ *the trousers / pants*
de baas zijn ❷ (ver)slijten, af-, uitslijten ❸ inf
accepteren, pikken ★ *she's not ~ing it* ze pikt het niet
III *onoverg* [wore, worn] ❶ (ver)slijten, vermoeien,
afmatten ★ ~ *thin* slijten, dun worden, fig opraken
‹v. geduld› ❷ zich laten dragen ❸ zich (goed)
houden ‹in het gebruik› ★ ~ *well* zich goed houden
IV *phras* ★ ~ *away* weg-, ver-, uit-, afslijten, slijten
‹tijd &›, (langzaam) voorbijgaan ‹tijd›, omkruipen
★ ~ *sth away* iets verslijten, doen verdwijnen ‹door
erosie›, iets verdrijven ‹tijd›, iets geleidelijk
overwinnen ‹tegenstand› ★ ~ **down** afslijten,
eroderen ★ ~ *sth down* iets afslijten, iets geleidelijk
overwinnen ‹tegenstand› ★ ~ *sbd down* iem.
afmatten, uitputten ★ ~ *off* af-, wegslijten, uit-,
verslijten, er afgaan, verdwijnen ★ ~ **on** (langzaam)
voorbijgaan ‹tijd› ★ ~ **out** afgemat / uitgeput
/ uitgemergeld raken, slijten ‹levensdagen› ★ ~ *sth*
/ *sbd out* iets / iem. uitputten, vermoeien ★ ~
through een gat maken in ‹kleren›
wearable ['weərəbl] *bn* draagbaar ‹kleding›
wear and tear [weə rən 'teə] *znw* slijtage ★ *the ~ of*
time de tand des tijds
wearied ['wɪərɪd] *bn* vermoeid, moe(de)
wearily ['wɪərɪlɪ] *bijw* vermoeid
weariness ['wɪərɪnəs] *znw* ❶ vermoeidheid, moeheid
❷ verveling
wearing ['weərɪŋ] *bn* moeizaam, vermoeiend
wearisome ['wɪərɪsəm] *bn* ❶ vermoeiend, lastig,
moeizaam ❷ afmattend, vervelend
weary ['wɪərɪ] I *bn* ❶ vermoeid, moe ★ ~ *of life*
levensmoe ❷ vermoeiend, moeizaam ❸ vervelend
II *overg* ❶ vermoeien, afmatten ❷ vervelen
III *onoverg* moe worden ★ *he'll soon* ~ *of it* het zal
hem gauw vervelen
weasel ['wi:zəl] I *znw* ❶ dierk wezel ❷ rat ‹oneerlijk,
geniepig persoon› II *overg* inf iets op een geniepige
manier bereiken ★ *she tried to* ~ *her way into his*
affections ze probeerde hem op een geniepige
manier voor zich te winnen III *phras* ★ inf ~ *out of*
sth zich aan iets onttrekken
weasel words ['wi:zəl wɜ:dz] *znw* [mv] misleidend
taalgebruik
weather ['weðə] I *bn* ★ *keep a* ~ *eye on sth* iem. nauw
in de gaten houden II *znw* weer ★ *in all* ~*s* bij elke
weersgesteldheid, weer of geen weer ★ *make bad*
/ *good* ~ slecht (goed) weer treffen ‹op zeereis›,
slecht (goed) vooruitkomen ‹schip› ★ *make heavy* ~
of sth veel moeite hebben met iets, zich druk maken
over iets ★ inf *be / feel under the* ~ zich niet lekker
voelen, in de put zitten ★ inf *be a bit under the* ~

aangeschoten zijn III *overg* ❶ aan de lucht
blootstellen ❷ doorstaan ‹storm &›, te boven komen
★ ~ *(out) the gale* de storm doorstaan ❸ scheepv te
boven zeilen, de loef afsteken IV *onoverg* verweren
V *phras* ★ ~ *away* verweren
weather balloon ['weðə bə'lu:n] *znw* weerballon
weather-beaten ['weðəbi:tn] *bn* door het weer
/ stormen geteisterd, verweerd
weatherboard ['weðəbɔ:d] *znw* overnaadse plank
‹tegen inregenen›, lekdorpel ‹v. raam of deur›
weatherbound ['weðəbaʊnd] *bn* door het slechte
weer opgehouden
weather bureau ['weðə 'bjʊərəʊ] *znw* meteorologisch
instituut
weathercock ['weðəkɒk] *znw* weerhaan
weather conditions ['weðə kən'dɪʃənz] *znw* [mv]
weersgesteldheid
weathered ['weðəd] *bn* verweerd
weather forecast ['weðə 'fɔ:kɑ:st] *znw*
weersvoorspelling, weersverwachting
weather forecaster ['weðə 'fɔ:kɑ:stə] *znw*
weervoorspeller, weerman, weervrouw
weather house ['weðə haʊs] *znw* weerhuisje
weathering ['weðərɪŋ] *znw* ❶ waterslag, lekdorpel
❷ verwering
weather man ['weðə mæn], **weatherman** *znw*
weerkundige, weerman
weather map ['weðə mæp] *znw* weerkaart
weatherproof ['weðəpru:f] *bn* tegen het weer
bestand II *overg* waterdicht maken
weather station ['weðə 'steɪʃən] *znw* meteorologische
post, weerstation
weatherstrip ['weðəstrɪp] *znw* tochtstrip, tochtlat
weathertight ['weðətaɪt] *bn* weerbestendig
weather vane ['weðəveɪn], **weathervane** *znw*
windwijzer
weather-wise [weðə-'waɪz] I *bn* ❶ weerkundig
❷ ingewijd II *bijw* wat het weer betreft ★ ~, *a fine*
day is expected qua weer wordt er een mooie dag
verwacht
weatherworn ['weðəwɔ:n] *bn* verweerd
weave [wi:v] I *znw* weefsel, patroon II *overg* [wove,
woven/weaved, weaved] ❶ weven, vlechten
★ *historical facts are woven into the story* historische
feiten zijn in het verhaal verweven ❷ zigzaggen,
(zich) slingeren ★ *he tried to* ~ *his way through the*
crowd hij probeerde door de menigte heen te
zigzaggen III *onoverg* [wove, woven/weaved,
weaved] ❶ weven ❷ zwenken, zich heen en weer
bewegen, zigzaggen ▼ Br inf *let's get weaving!* kom
op, aan de slag!
weaver ['wi:və] *znw* wever
weaving ['wi:vɪŋ] *znw* weven, weverij
weaving loom ['wi:vɪŋ lu:m] *znw* weefgetouw
weaving mill ['wi:vɪŋ mɪl] *znw* weverij
web [web] *znw* ❶ web, spinnenweb, fig val ❷ weefsel,
netwerk ★ *a* ~ *of lies* een netwerk van leugens
❸ (zwem)vlies ❹ comput web, www, world wide

we

web

web address [web ə'dres] <u>internet</u> *znw* webadres

web-based ['web-beɪst] *bn* op het internet ★ *a* ~ *training system* een trainingssysteem op het internet

webbed [webd] *bn* met (zwem)vliezen

webbing ['webɪŋ] *znw* ❶ weefsel ❷ singelband

webcam ['webkæm], **web cam** <u>comput</u> *znw* webcam

webcast ['webkɑːst] <u>comput</u> *znw* live uitzending via het internet

webcrawler ['webkrɔːlə], **web crawler** <u>comput</u> *znw* webcrawler ‹automatisch zoekprogramma›

web designer [web dɪ'zaɪnə] <u>comput</u> *znw* website ontwerper

web-footed [web-'fʊtɪd], **web-toed** *bn* met zwempoten

weblog ['weblɒg] <u>comput</u> *znw* weblog ‹dagboek op internet›

webmaster ['webmɑːstə] <u>comput</u> *znw* webmaster ‹persoon die verantwoordelijk is voor een bepaalde server›

web page [web peɪdʒ] <u>comput</u> *znw* internetpagina, webpagina

web portal [web 'pɔːtl] <u>comput</u> *znw* portal, startpagina ‹website bedoeld als startpunt bij het surfen op internet›

webserver ['websɜːvə] <u>comput</u> *znw* internetserver, webserver

web site [web saɪt], **website** <u>comput</u> *znw* website, weblocatie

web-toed [web-'təʊd] *bn* **web-footed**

web wheel [web wiːl] *znw* dicht wiel

wed [wed] *overg* ❶ trouwen (met), huwen (met) ❷ in de echt verbinden

we'd [wiːd] *samentr* ❶ (we had) → **have** ❷ (we would) → **would** ❸ (we should) → **should**

Wed., Wed *afk* (Wednesday) woensdag

wedded ['wedɪd] *bn* ❶ getrouwd ★ ~ *bliss* huwelijksgeluk ★ ~ *life* huwelijksleven ❷ verknocht, zeer gehecht ★ *our economic future is* ~ *to technology* onze economische toekomst is nauw verbonden met technologie

wedding ['wedɪŋ] *znw* huwelijk, bruiloft

wedding anniversary ['wedɪŋ ænɪ'vɜːsərɪ] *znw* trouwdag ‹als gedenkdag›

wedding band ['wedɪŋ bænd] Am *znw* trouwring

wedding bells ['wedɪŋ belz] *znw* klokgelui ‹bij een bruiloft›

wedding breakfast ['wedɪŋ 'brekfəst] *znw* maaltijd na de trouwplechtigheid, huwelijksmaal

wedding cake ['wedɪŋ keɪk] *znw* bruiloftstaart

wedding day ['wedɪŋ deɪ] *znw* (verjaardag van de) trouwdag

wedding dress ['wedɪŋ dres] *znw* trouwjurk, bruidsjapon

wedding march ['wedɪŋ mɑːtʃ] *znw* bruiloftsmars

wedding night ['wedɪŋ naɪt] *znw* huwelijksnacht

wedding party ['wedɪŋ 'pɑːtɪ] *znw* ❶ trouwfeest ❷ bruiloftsgezelschap ‹bestaande uit bruidspaar,

naaste familieleden, getuigen &›

wedding reception ['wedɪŋ rɪ'sepʃən] *znw* trouwreceptie

wedding ring ['wedɪŋ rɪŋ] *znw* trouwring

wedge [wedʒ] **I** *znw* ❶ wig, ke ★ *drive a* ~ *between* tweedracht zaaien tussen, een wig drijven tussen ★ *fig the thin end of the* ~ de eerste stap, het eerste begin, iets onbelangrijks dat grote gevolgen kan hebben ❷ punt ‹v. taart &› ★ *a* ~ *of cheese* een puntje kaas **II** *overg* ❶ vastklemmen ‹met wiggen›, vastzetten ★ ~*d (in) between* ingeklemd, beklemd tussen ❷ een wig slaan in, keggen ★ ~ *sth into place / position* iets met een wig op zijn plaats houden ★ ~ *sth open / shut* iets open / dicht houden met een wig ★ ~ *sth in* iets ergens inproppen, indrukken

wedge-shaped [wedʒ'ʃeipt] *bn* wigvormig

Wedgwood ['wedʒwʊd] *znw* ★ ~ *(ware)* aardewerk van Wedgwood ★ ~ *blue* grijsblauw

wedlock ['wedlɒk] *znw* huwelijk ★ <u>gedat</u> *born in* ~ / *out of* ~ echt / onecht ‹v.e. kind›

Wednesday ['wenzdeɪ] *znw* woensdag

wee [wiː] *inf* **I** *bn* klein ★ *the* ~ *hours* de kleine uurtjes **II** *znw*, **wee-wee** <u>kindertaal</u> pies, plasje **III** *onoverg* <u>kindertaal</u> piesen, een plasje doen

weed [wiːd] **I** *znw* ❶ onkruid ❷ *inf* tabak, sigaret, marihuana, stickie ★ *he's addicted to the* ~ hij is verslaafd aan tabak / marihuana ❸ *inf* lange (magere) slapjanus **II** *overg* wieden, uitroeien, zuiveren (van *of*) ★ ~ *the flowers* de bloemen wieden **III** *phras* ★ ~ *sth* out iets uitroeien, verwijderen

weeder ['wiːdə] *znw* ❶ wieder, wiedster ❷ schoffel

weedkiller ['wiːdkɪlə] *znw* onkruidverdelger, herbicide

weed whacker [wiːd 'wækə] Am *znw* maaier met ronddraaiend nylondraad

weedy ['wiːdɪ] *bn* ❶ vol onkruid ❷ als (van) onkruid ★ *a* ~ *species of plant* een onkruidachtige plantensoort ❸ <u>fig</u> opgeschoten, slungelig, zwak

week [wiːk] *znw* week, werkweek ★ *today* ~ vandaag over een week ★ *the working* ~ de werkweek ★ *a subscription costs $3 a* ~ een abonnement kost $3 per week ★ ~ *after* ~/~ *in,* ~ *out* week in, week uit ★ *a* ~ *ago today* vandaag een week geleden ★ ~ *by* ~ van week tot week ★ *we pay by the* ~ we betalen per week ★ *which day of the* ~ *is it?* welke dag hebben we vandaag?

weekday ['wiːkdeɪ] *znw* weekdag, doordeweekse dag, werkdag ★ *she never goes on* ~s door de week gaat ze nooit ★ *what's your* ~ *like?* hoe ziet jouw werkdag er uit?

weekend [wiːk'end] **I** *znw* weekend ★ *a* ~ *away* een weekend weg **II** *onoverg* weekenden

weekender [wiːk'endə] *znw* ❶ iemand die een weekend uitgaat ❷ <u>Aus</u> weekendhuisje

weekly ['wiːklɪ] **I** *bn* wekelijks, week- ★ *the house is cleaned on a* ~ *basis* het huis wordt wekelijks schoongemaakt **II** *bijw* wekelijks, iedere week **III** *znw* weekblad

ween [wi:n] <u>dicht</u> *onoverg* menen, denken

weeny ['wi:nɪ] <u>inf</u> *bn* (heel) klein

weep [wi:p] **I** *znw* ★ *have a bit of a ~* een deuntje schreien **II** *overg* [wept, wept] bewenen, betreuren, huilen ★ *~ tears of joy* vreugdetranen storten **III** *onoverg* [wept, wept] ❶ huilen, wenen, schreien ★ *I could have wept for joy* ik kon wel huilen van vreugde ❷ vocht afscheiden, druppelen, tranen

weeper ['wi:pə] *znw* ❶ huiler, klager ❷ <u>hist</u> klaagvrouw ‹bij begrafenis›

weeping ['wi:pɪŋ] *bn* ❶ wenend, huilend ❷ treurend, treur-

weeping willow ['wi:pɪŋ 'wɪləʊ] *znw* treurwilg

weepy ['wi:pɪ] **I** *bn* sentimenteel, huilerig **II** *znw* <u>inf</u> sentimentele film (boek, toneelstuk)

weever ['wi:və] *znw* pieterman ‹vis›

weevil ['wi:vɪl] *znw* langsnuitkever

weevilled ['wi:vɪəd], **weevily**, **weevilly** *bn* aangetast door korenworm

wee-wee ['wi:wi:] <u>kindertaal</u> *znw & onoverg* → **wee**

weft [weft] *znw* ❶ inslag(garen) ❷ weefsel

weigh [weɪ] **I** *overg* ❶ wegen, af-, overwegen ★ *~ a ton* een ton wegen ★ *~ one argument against another* zien welk argument het zwaarst weegt ❷ <u>scheepv</u> lichten ‹anker› **II** *onoverg* ❶ wegen, gewicht in de schaal leggen ★ *the incident still ~s heavily on / upon her mind* het incident ligt haar nog zwaar op de maag ★ *the only consideration that ~s with him is the price* de enige overweging die bij hem telt is de prijs ❷ <u>scheepv</u> het anker lichten **III** *phras* ★ *~ against sbd* tegen iem. spreken ★ *~ sth* **down** iets zwaar beladen ★ *~ sbd down* iem. zwaar beladen, iem. deprimeren ★ *my bagage is ~ing me down* mijn bagage is erg zwaar voor me ★ *this business is ~ing her down* deze zaak bedrukt haar ★ *~* **in** zich laten wegen ★ <u>sp</u> *he ~ed in at 50 kilos* hij woog voor de wedstrijd 50 kilo ★ *~ in* iets laten wegen ‹bagage voor vliegreis &› ★ *~* **in with** *sth* komen aanzetten met iets ★ *the trainer ~ed in with strong criticism* de trainer kwam met sterke kritiek naar voren ★ <u>inf</u> *~* **into** *sth* enthousiast / fel meedoen met iets, zich mengen in iets, iets aanvallen ★ <u>inf</u> *~* **into** *sbd* iem. aanvallen ‹met woorden of daden› ★ *~ sth* **out** afwegen ★ *~ sth* **up** iets taxeren, schatten ★ *~ sbd up* zich een mening vormen over iem.

weighage ['weɪɪdʒ] *znw* weegloon

weighbeam ['weɪbi:m] *znw* unster ‹balans met ongelijke armen›

weighbridge ['weɪbrɪdʒ] *znw* weegbrug

weigher ['weɪə] *znw* weger

weighhouse ['weɪhaʊs], **weighing house** *znw* waag

weigh-in ['weɪ-ɪn] <u>sp</u> *znw* weging, gewichtscontrole

weighing machine ['weɪɪŋ mə'ʃi:n] *znw* weegtoestel, bascule

weight [weɪt] **I** *znw* ❶ gewicht, zwaarte ★ *surplus ~* overgewicht ★ *target ~* streefgewicht ★ *collapse under the ~* bezwijken onder het gewicht ★ <u>zegsw</u> *worth one's ~ in gold* zijn gewicht in goud waard zijn

★ *he looks as though he carries the ~ of the world* het lijkt alsof hij de last van de hele wereld te dragen heeft ★ *pull one's ~* zich geheel geven, zijn steentje bijdragen ★ *put on ~* zwaarder worden, aankomen ★ *shift / transfer one's ~ to the other foot* het gewicht naar het andere been verplaatsen ★ *take one's ~ off one's feet* gaan zitten ★ *they were defeated by sheer ~ of numbers* ze werden verslagen doordat hun tegenstanders met veel meer waren ❷ gewicht ‹voorwerp›, contragewicht ★ *~s and measures* maten en gewichten ★ *exercise with ~s* met gewichten trainen ❸ <u>fig</u> belasting, last, druk ★ *that's a ~ off my mind* dat is een pak van mijn hart ❹ <u>fig</u> belang, belangrijkheid, waarde, invloed ★ *a man of some ~* een belangrijk persoon ★ *they attach too much ~ to it* ze hechten er teveel waarde aan ★ *his words carry some ~* zijn woorden hebben gewicht ★ *his presence will lend ~ to the cause* zijn aanwezigheid zal de zaak aanzien geven ★ *he pulls some political ~* hij legt politiek gewicht in de schaal ★ *throw one's ~ behind sth* zich persoonlijk honderd procent achter iets stellen ★ *throw one's ~ about* gewichtig doen, veel drukte maken **II** *overg* bezwaren, belasten, zwaarder maken ★ *the system is ~ed in favour of / against the rich* het systeem bevoordeelt / benadeelt de rijken **III** *phras* ★ *~ sth* **down** een gewicht op iets plaatsen ★ *~ sbd down* iem. beladen ★ *she was ~ed down by her luggage* haar bagage was erg zwaar voor haar

weight belt [weɪt belt] *znw* loodgordel ‹voor duiken›

weighted average ['weɪtɪd 'ævərɪdʒ] *znw* gewogen gemiddelde

weighting ['weɪtɪŋ] *znw* ❶ standplaatstoelage ‹extra toelage i.v.m. hoge kosten van levensonderhoud in de standplaats› ❷ nadruk, prioriteit

weightless ['weɪtləs] *bn* gewichtloos

weightlessness ['weɪtləsnəs] *znw* gewichtloosheid

weightlifter ['weɪtlɪftə] *znw* gewichtheffer

weightlifting ['weɪtlɪftɪŋ] <u>sp</u> *znw* gewichtheffen

weight training [weɪt 'treɪnɪŋ] *znw* het trainen met gewichten

weight-watcher ['weɪt-wɒtʃə] *znw* iemand die aan de lijn doet

weight-watching ['weɪt-wɒtʃɪŋ] *znw* lijnen

weighty ['weɪtɪ] *bn* ❶ zwaarwegend ❷ zwaar, gewichtig, van gewicht

weir [wɪə] *znw* ❶ waterkering, stuwdam ❷ visweer ‹constructie in een water om vis te vangen›

weird [wɪəd] *bn* ❶ spookachtig, griezelig, geheimzinnig ❷ <u>inf</u> getikt, gek, vreemd, zonderling ★ *we wore ~ and wonderful things* we droegen allerlei bizarre kleren

weirdie ['wɪədɪ], **weirdo** <u>inf</u> *afkeurend znw* bijzonder vreemde snuiter

weird sisters [wɪəd 'sɪstəz] *znw* [mv] de schikgodinnen

welch [weltʃ] *onoverg* → **welsh**

welcome ['welkəm] **I** *tsw* welkom ★ *~ to Amsterdam!* welkom in Amsterdam! **II** *bn* ❶ welkom ★ *make*

sbd ~ iem. welkom heten ❷ verheugend ❸ vrij
★ *you're* ~ *to do it* het staat je vrij het te doen
★ *you're* ~ *to it!* het is je gegund! ▼ *you're* ~ tot uw
dienst **III** *znw* ❶ welkom, welkomst, verwelkoming
★ *bid sbd* ~ iem. welkom heten ★ *extend a* ~, *extend
words of* ~ *to sbd* iem. welkom heten ❷ ontvangst
★ *give sbd a hearty* ~ iem. hartelijk ontvangen ‹ook
ironisch› ▼ *overstay one's* ~ langer blijven dan
gewenst is **IV** *overg* ❶ verwelkomen, welkom heten,
vriendelijk ontvangen ★ *we* ~ *your visit* we zijn blij
met uw bezoek ★ ~ *sbd with open arms* iem. met
open armen verwelkomen ❷ toejuichen ‹besluit &›
weld [weld] **I** *znw* welnaad, las **II** *overg* lassen, wellen,
aaneensmeden
weldable ['weldəbl] *bn* lasbaar
welder ['weldə] *znw* ❶ lasser ❷ lasapparaat
weldless ['weldləs] *bn* ❶ zonder las ❷ zonder naad
welfare ['welfeə] *znw* ❶ welzijn ★ *we have your* ~ *at
heart* uw welzijn gaat ons ter harte
❷ maatschappelijk werk, welzijnszorg, bijstand
★ *child* ~, *infant* ~ kinderzorg, zuigelingenzorg ★ *an
infant* ~ *centre* een consultatiebureau ★ *the family is
on* ~ het gezin leeft van de bijstand
welfare state ['welfeə steıt] *znw* verzorgingsstaat
welfare work ['welfeə wɜːk] *znw* maatschappelijk
werk, welzijnszorg
well [wel] **I** *tsw* ❶ nou, nou ja, ach ja, wel!, goed!,
(wel)nu! ★ ~, *I never!* wel heb je nu ooit! ❷ en, wel,
nu ★ ~? *did you get the job?* en? heb je de baan
gekregen? **II** *bn* wel, gezond, goed ★ *all* ~ *and good,
all very* ~ alles goed en wel **III** *bijw* ❶ wel, goed, op
de goede manier ★ ~ *and truly* wel terdege ★ *just
as* ~ *you've come* maar goed dat je gekomen bent
★ *he cooks (just) as* ~ *as she does* hij kan net zo goed
koken als zij ★ *be* ~ *in with sbd* goed zijn met iem.
★ *doing* ~ aan de beterende hand zijn, goed boeren,
het goed doen / maken ★ ~ *done!* goed zo!
❷ grondig, door en door ★ *the trip had been
planned* ~ de reis was grondig voorbereid ★ *add the
eggs and mix* ~ voeg de eieren toe en meng het
geheel door en door ❸ intiem, heel goed ★ *they
knew each other* ~ ze kenden elkaar heel goed ❹ in
alle waarschijnlijkheid ★ *this could* ~ *be the worst
storm in years* dit zou best eens de ergste storm in
jaren kunnen zijn ❺ ver, ruim, lang, flink ★ *he's* ~
over eighty hij is ruim boven de tachtig ★ *it was
still* ~ *before daylight* het was nog lang voor het dag
werd ★ *stand* ~ *back* op een flinke afstand staan
★ *they can* ~ *afford it* ze kunnen het zich ruim
veroorloven ❻ *Br inf he's* ~ *away* hij is flink
aangeschoten ❼ verstandig, met reden ★ *she'd do* ~
to leave him ze zou er verstandig aan doen om bij
hem weg te gaan ★ ~ *might you ask* dat mag je wel
vragen ▼ *let / leave* ~ *(enough) alone* niet (meer)
mee bemoeien ▼ *I'd like some as* ~ ik wil ook graag
een paar ▼ *he smokes as* ~ hij rookt ook nog
/ bovendien **IV** *znw* ❶ put, wel, bron, bronader
❷ bouwk schacht, trappenhuis, (lift)koker

❸ (inkt)pot **V** *onoverg* (op)wellen, ontspringen (ook:
forth, up, out)
we'll [wiːl] *samentr* ❶ (we will) → **will** ❷ (we shall) →
shall
well adjusted [wel ə'dʒʌstɪd] *bn* ❶ (geestelijk)
evenwichtig ❷ goed aangepast ❸ goed geregeld
well advised [wel əd'vaɪzd] *bn* verstandig ★ *you would
be* ~ *to seek legal advice* je zou er goed aan doen om
juridisch advies te vragen
well aimed [wel 'eɪmd] *bn* goedgemikt ★ *that remark
was* ~ dat was een pertinente opmerking
well appointed [wel ə'pɔɪntɪd] *bn* goed ingericht
‹kamer›
well argued [wel 'ɑːgjuːd] *bn* goed beargumenteerd
well attended [wel ə'tendɪd] *bn* druk bezocht
well balanced [wel 'bælənst] *bn* precies in evenwicht,
evenwichtig, uitgebalanceerd
well behaved [wel bɪ'heɪvd] *bn* zich goed gedragend,
oppassend
well being ['wel 'biːɪŋ] *znw* welzijn ★ *you know I have
your* ~ *at heart* je weet dat ik het beste met je voor
heb
well beloved [wel bɪ'lʌvɪd] <u>dicht</u> **I** *bn* (teer)bemind,
geliefd, dierbaar **II** *znw* (teer)beminde, geliefde
well born [wel 'bɔːn] *bn* van goede afkomst
well bred [wel 'bred] *bn* welopgevoed, beschaafd
well brought up [wel brɔːt 'ʌp] *bn* welopgevoed,
beschaafd
well built [wel 'bɪlt] *bn* goedgebouwd
well chosen [wel 'tʃəʊzən] *bn* goedgekozen, treffend
‹woorden›
well conducted [wel kən'dʌktɪd] *bn* ❶ goed geleid,
bestuurd of beheerd ❷ zich goed gedragend,
oppassend
well connected [wel kə'nektɪd] *bn* ❶ van goede
familie ❷ met goede relaties
well defined [wel dɪ'faɪnd] *bn* duidelijk omschreven,
scherp afgebakend
well developed [wel dɪ'veləpt] *bn* goed ontwikkeld
well disposed [wel dɪ'spəʊzd] *bn* welgezind
well documented [wel 'dɒkjʊməntɪd] *bn* goed
gedocumenteerd
well done [wel 'dʌn] *bn* ❶ goed gedaan ★ *a job* ~ een
goed uitgevoerde taak ❷ (goed) doorbraden, gaar
★ *a well-done steak* een doorbraden biefstuk
well dressed [wel 'drest] *bn* goed gekleed
well earned [wel 'ɜːnd] *bn* welverdiend
well educated [wel 'edjʊkeɪtɪd] *bn* ❶ beschaafd
❷ goed opgeleid
well endowed [wel ɪn'daʊd] *bn* ❶ goed voorzien, rijk,
getalenteerd ❷ <u>scherts</u> met een grote penis, met
grote borsten
well established [wel ɪ'stæblɪʃt] *bn* ❶ lang bestaand,
lang gevestigd ❷ solide
well favoured [wel 'feɪvəd] *bn* er knap uitziend
well fed [wel 'fed] *bn* goed gevoed, doorvoed
well founded [wel 'faʊndɪd] *bn* gegrond
well groomed [wel 'gruːmd] *bn* verzorgd, gesoigneerd

well grounded [wel 'graʊndɪd] bn gefundeerd, gegrond, terecht

well head ['wel hed] znw bron

well heeled [wel 'hiːld] inf bn rijk, gefortuneerd, goed bij kas

well hole ['wel həʊl] znw schacht

wellies ['weliz] inf znw [mv] → **wellingtons**

well informed [wel ɪn'fɔːmd] bn ❶ goed ingelicht, goed op de hoogte ★ *well-informed sources* welingelichte bronnen ❷ gedocumenteerd ⟨betoog⟩, knap

wellingtons ['welɪŋtənz], inf **wellies** znw [mv] hoge rubber laarzen ⟨tot aan de knieën⟩

well intentioned [wel ɪn'tenʃənd] bn ❶ goed bedoeld, welgemeend ❷ welmenend, goedgezind

well judged [wel 'dʒʌdʒd] bn verstandig, tactisch

well kept [wel 'kept] bn ❶ goed onderhouden, verzorgd, netjes ❷ goed bewaard ⟨geheim⟩

well knit [wel 'nɪt] bn stevig gebouwd

well known [wel 'nəʊn] bn bekend

well lined [wel 'laɪnd] bn goed gevuld ⟨beurs⟩

well made [wel 'meɪd] bn ❶ goed gebouwd, goed gevormd ⟨persoon⟩ ❷ goed gemaakt

well mannered [wel 'mænəd] bn welgemanierd

well marked [wel 'mɑːkt] bn duidelijk

well matched [wel 'mætʃt] bn ❶ aan elkaar gewaagd ❷ goed bij elkaar passend

well meaning [wel 'miːnɪŋ] bn met de beste bedoelingen, goed bedoeld

well meant [wel 'ment] bn goed bedoeld

well-nigh [wel 'naɪ] bijw bijna, nagenoeg, vrijwel

well off [wel 'ɒf] bn rijk, welgesteld

well oiled [wel 'ɔɪld] bn ❶ gesmeerd, goed geolied ★ *a well-oiled political machine* een goed geolied politiek apparaat ❷ inf dronken

well padded [wel 'pædɪd] bn ❶ goed gestoffeerd ❷ scherts mollig

well paid [wel 'peɪd] bn goed betaald ⟨baan, werknemer⟩

well pleased [wel 'pliːzd] bn in zijn schik

well preserved [wel prɪ'zɜːvd] bn goed geconserveerd ⟨persoon, gebouw⟩

well proportioned [wel prə'pɔːʃənd] bn goed gebouwd, goed geproportioneerd

well read [wel 'red] bn belezen

well rounded [wel 'raʊndɪd] bn ❶ elegant, sierlijk ⟨v. stijl⟩ ❷ mollig

well set [wel 'set] bn stevig gebouwd

well spent [wel 'spent] bn goed besteed

well spoken [wel 'spəʊkən] bn ❶ beschaafd (aangenaam) sprekend, welbespraakt ❷ treffend gezegd

wellspring ['welsprɪŋ] znw natuurlijke waterbron

well stocked [wel 'stɒkt] bn goed voorzien

well thought of [wel 'θɔːt ɒv] bn geacht, gerespecteerd

well thought out [wel θɔːt 'aʊt] bn goed doordacht, weloverwogen, doorwrocht

well thumbed [wel 'θʌmd] bn beduimeld

well timed [wel 'taɪmd] bn juist op tijd komend, opportuun

well-to-do [weltə'duː] bn welgesteld

well trained [wel 'treɪnd] bn gedisciplineerd, goed getraind

well travelled [wel 'trævəld] bn bereisd

well tried [wel 'traɪd] bn beproefd

well trodden [wel 'trɒdn] bn veel betreden

well turned [wel 'tɜːnd] bn ❶ welgevormd ❷ welgekozen ⟨van bewoordingen⟩ ❶

well upholstered [wel ʌp'həʊlstəd] bn ❶ goed gestoffeerd ⟨meubels⟩ ❷ scherts gezet, dik, mollig

well versed [wel 'vɜːst] bn op de hoogte, ervaren ★ *she's ~ in the ways of the world* ze weet hoe de wereld in elkaar steekt

well-wisher ['welwɪʃə] znw ❶ iemand die gelukwenst ❷ begunstiger, vriend

well worn [wel 'wɔːn] bn ❶ veel gedragen ❷ versleten, afgezaagd

welsh [welʃ] I bn ★ *Welsh* uit / van Wales II znw ★ *Welsh* Welsh, de taal van Wales ★ *the Welsh* de inwoners van Wales III phras, welch ★ inf ~ on sbd er vandoor gaan met iems. geld ⟨bij wedrennen⟩, iem. belazeren ⟨belofte niet nakomen⟩

Welshman ['welʃmən] znw iem. uit Wales

Welsh rarebit [welʃ 'reəbɪt], **Welsh rabbit**, **rarebit** znw toast met gesmolten kaas

Welshwoman ['welʃwʊmən] znw inwoonster van Wales, Welshe

welt [welt] znw ❶ omboordsel, rand ⟨aan het bovenschoenleer⟩ ❷ striem

welter ['weltə] dicht I znw ❶ mengelmoes, groot aantal, enorme hoeveelheid ★ *in a ~ of blood* badend in het bloed ❷ chaos II onoverg zich wentelen, rollen ⟨golven⟩

welter race ['weltə reɪs] sp znw wedren met zware belasting

welterweight ['weltəweɪt] sp znw weltergewicht, bokser tussen licht en middelzwaar gewicht

wench [wentʃ] scherts znw meisje, meid, deern

wend [wend] onoverg ★ ~ *one's way* voortschrijden ★ ~ *one's way homeward* zich naar huis begeven

Wendy house ['wendi haʊs] Br znw speelhuisje ⟨voor kinderen⟩

went [went] ww [v.t.] → **go**

wept [wept] ww [v.t. & v.d.] → **weep**

were [wə] ww [v.t. & aanvoegende wijs] → **be**

we're [wɪə] samentr (we are) → **be**

weren't [wɜːnt] samentr (were not) → **be**

werewolf ['weə-, 'wɪəwʊlf] znw weerwolf

Wesleyan ['wezlɪən] theol I bn van Wesley, de methodistische kerk betreffend II znw wesleyaan, methodist

west [west] I bn westelijk, westen-, wester-, west- ★ *the ~ coast* de westkust II bijw westelijk, naar het westen, ten westen ★ *the caves are ~ of the city* de grotten bevinden zich ten westen van de stad ★ *go* *due* ~ in westelijke richting gaan ★ inf *go* ~ aan z'n eind komen, sterven III *znw* westen ★ *the West* het Westen ‹Europa en Noord-Amerika›

westbound ['westbaʊnd] *bn* naar het westen, in westelijke richting ★ ~ *traffic* verkeer in westelijke richting

westerly ['westəlɪ] I *bn & bijw* westelijk, westen- ★ *a* ~ *wind* een westenwind II *znw* westenwind

western ['westn] I *bn* ❶ westelijk, westers ❷ westen-, west- II *znw* wildwestfilm, wildwestverhaal

westerner ['westənə] *znw* westerling, iem. uit het westen

westernize ['westənaɪz], **westernise** *overg* verwestersen

westernmost ['westənməʊst] *bn* meest westelijk

Western Samoa ['westənsə'məʊə] *znw* West-Samoa ‹sinds 1997: Samoa›

Western Samoan ['westənsə'məʊən] I *bn* (West-)Samoaans II *znw* (West-)Samoaan, (West-)Samoaanse

West Indian ['westɪndɪən, -jən, 'west'ɪndɪən, -jən] I *bn* West-Indisch II *znw* West-Indiër, West-Indische

West Indies [west 'ɪndɪz] *znw* [*mv*] ★ *the* ~ West-Indië

westward ['westwəd] I *bn* westwaarts, in of naar het westen II *bijw*, **westwards** in of naar het westen, westwaarts ★ *we drove* ~ wij reden in westelijke richting

wet [wet] I *bn* ❶ nat, vochtig, regenachtig ★ ~ *to the skin/~ through* doornat, kletsnat ★ ~ *with dew* nat van de dauw ★ ~ *behind the ears* nog niet droog achter de oren ★ ~ *paint* (pas) geverfd ‹op bordje› ❷ niet 'drooggelegd' ‹alcoholgebruik› ❸ inf saai, sullig, slap ❹ afkeurend gematigd (conservatief) ▼ Am inf *all* ~ helemaal verkeerd II *znw* ❶ nat, nattigheid, vocht, vochtigheid, neerslag, regen ★ ~ *or fine* (bij) regen of zonneschijn ❷ inf saai iem., sentimenteel iem. ❸ gematigd conservatief III *overg* nat maken, bevochtigen ★ ~ *one's bed* bedplassen ★ ~ *oneself* in zijn broek plassen ★ inf ~ *the baby's head* een geboorte vieren met drank ★ inf ~ *one's whistle* de keel eens smeren

wet bar [wet bɑ:] *znw* bar ‹in huis›

wet blanket [wet 'blæŋkɪt] inf *znw* ❶ spelbederver, feestverstoorder ❷ domper

wet dock [wet dɒk] *znw* dok

wet dream [wet dri:m] *znw* natte droom

wether ['weðə] *znw* hamel ‹gecastreerde ram›

wetland ['wetlænd, -lənd] *znw* (ook: ~s) nat natuurgebied, drassig land, moerasland, veengebied

wet look [wet lʊk] *znw* wet look ‹iets dat de indruk geeft alsof het nat is: haar, stof &›

wetness ['wetnəs] *znw* ❶ vochtigheid ❷ versheid

wet nurse [wet nɜ:s] I *znw* min II *overg* ❶ zogen ‹als min› ❷ fig verwennen, vertroetelen

wetsuit ['wetsu:t] *znw* wetsuit ‹voor duikers, surfers›

wetting ['wetɪŋ] *znw* het nat worden, bevochtiging ★ *get a* ~ een nat pak halen

wetting agent ['wetɪŋ 'eɪdʒənt] *znw* bevochtigingsmiddel

wettish ['wetɪʃ] *bn* nattig, vochtig

wet weekend [wet wi:k'end] inf *znw* ❶ teleurstellende ervaring ❷ saai persoon

we've [wi:v] *samentr* (we have) → **have**

whack [wæk] inf I *znw* ❶ mep, lel, (harde) slag ❷ poging ★ *have / take a* ~ *at sth* iets proberen, een slag slaan naar iets ❸ (aan)deel ▼ *out of* ~ kapot, defect, niet goed II *overg* (af)ranselen, (ver)slaan III *phras* ★ vulg ~ off masturberen

whacked [(h)wækt], **wacked** inf *bn* ❶ zeer moe, afgepeigerd, doodop ❷ Am stoned ★ *she was* ~ *(out) on drugs* ze was onder de invloed van drugs

whacker ['wækə] inf *znw* ❶ kokkerd, kanjer, knaap ❷ kolossale leugen

whacking ['wækɪŋ] inf I *bn* flink, kolossaal, reuzen- II *bijw* versterkend kolossaal, verduiveld, donders ★ *a* ~ *great headache* een gigantische hoofdpijn III *znw* rammeling, pak slaag

whacko ['wækəʊ], **wacko** inf I *tsw* geweldig!, te gek! II *bn* gek, idioot, gestoord III *znw* gestoorde, idioot, gek

whacky ['wækɪ], **wacky** inf *bn* gek, dwaas, dol

whale [weɪl] I *znw* walvis ▼ inf *she's been doing a* ~ *of a job* ze heeft ontzettend goed werk gedaan ▼ inf *have a* ~ *of a time* zich geweldig / fantastisch vermaken II *onoverg* op walvisvangst zijn / gaan

whaleboat ['weɪlbəʊt] *znw* walvisvaarder

whalebone ['weɪlbəʊn] *znw* balein ‹in walvisbek›

whaleman ['weɪlmən] *znw* walvisvaarder

whale oil [weɪl ɔɪl] *znw* walvistraan

whaler ['weɪlə] *znw* walvisvaarder

whale shark [weɪl ʃɑ:k] *znw* walvishaai

whaling ['weɪlɪŋ] *znw* walvisvangst

whaling gun ['weɪlɪŋ gʌn] *znw* harpoenkanon

wham [wæm] inf I *tsw* boem, pats II *znw* klap, dreun III *onoverg* ❶ knallen ★ *the truck ~med into the building* de vrachtauto knalde tegen het gebouw aan ❷ dreunen

wham-bam [wæm-bæm] inf *bn* snel en gewelddadig ★ *a* ~ *end to the film* een spectaculair gewelddadig einde van de film ★ *a ~thank-you-ma'm* vluchtige oppervlakkige seks

whammy ['wæmɪ] inf *znw* ❶ onplezierige gebeurtenis ★ *after missing the flight, losing their luggage was a double* ~ na he missen van hun vlucht was het verlies van de bagage dubbel onplezierig ❷ vooral Am vervloeking, vloek

whang [wæŋ] inf I *znw* slag, dreun II *overg* slaan, beuken

wharf [wɔ:f] I *znw* [*mv*: -s *of* wharves] aanlegplaats, steiger, kade II *overg* aan de kaai meren / lossen

wharfage ['wɔ:fɪdʒ] *znw* ❶ kaaigeld, liggeld ❷ kaairuimte, kadecomplex

wharfinger ['wɔ:fɪndʒə] *znw* kademeester

what [wɒt] I *vr vnw* wat, wat voor (een), welk(e) ★ inf ~*'s yours?* wat zal het zijn?, wat gebruik (neem) je? ★ ~ *a sight / view!* wat een uitzicht! ★ ~ *crisis?*

welke crisis? hoezo crisis? ★ *~ day of the month is today?* de hoeveelste hebben we (vandaag)? ★ *~'s the hurry?* waarom zo'n haast? ★ *~'s your name?* hoe is uw naam?, hoe heet je? ★ *~ about him?* en hij dan? ★ *~ about a cup of coffee?* wat zou je denken van een kopje koffie? ★ *~'s all this?* wat is hier aan de hand? ★ inf *and / or ~ have you* en noem maar op ★ inf *~ for?* waarvoor?, waarom? ★ inf *get ~ for* er van langs krijgen ★ *~ if we were to lose?* en (wat gebeurt er) als we verliezen? ★ inf *well, ~ of it?* en wat zou dat? **II** *betr vnw* ❶ wat, dat wat, hetgeen ★ *oh yes, that's ~ it is* ja natuurlijk, dát is het, dat is het hem ★ *~ we need is a map* wat we nodig hebben is een kaart ★ *I'll do ~ I can* ik zal alles doen wat ik kan ★ inf *and ~ not* en wat al niet, en zo (meer), enzovoort ❷ al wat, al dat **III** *onbep vnw* wat ★ *~'s more* bovendien ★ *~ with the trouble we've been having* als je kijkt naar alle problemen die we gehad hebben ★ inf *I'll give her ~'s ~!* ik zal haar eens flink de waarheid vertellen! ★ *I'll tell you ~* ik zal je eens wat zeggen

what-do-you-call-'em ['wɒdʒʊkɔːləm] inf *znw* hoe heten ze ook weer, dinges

what-d'you-call-it ['wɒd-ʒə-kɔː-lət] inf *znw* hoe heet het ook weer, dinges

whatever [wɒt'evə] **I** *tsw* mij een zorg, zal wel ‹uitdrukking van onverschilligheid› ★ *'~,' he shrugged* hij haalde zijn schouders op: 'bekijk het maar' **II** *vr vnw*, **whatsoever** wat ★ *~ do you mean?* wat bedoel je in hemelsnaam? **III** *onbep vnw*, **whatsoever** wat (dan) ook, al wat ★ inf *or ~ of* zoiets, of iets dergelijks ★ *...or ~ it's called* ...of hoe het ook maar mag heten ★ *~ you decide is fine by me* alles wat je besluit vind ik prima ★ *take ~ you need* neem (alles) wat je nodig hebt **IV** *bijw* + *vnw*, **whatsoever** wat dan ook ★ *there is nothing ~ to be gained* daar is absoluut niets mee te bereiken ★ *there is no doubt ~* er bestaat geen enkele twijfel ★ *no one ~ has noticed* het is helemaal niemand opgevallen

whatnot ['wɒtnɒt] *znw* etagère

what's-her-name ['wɒts-ə-neɪm], **whatsername** inf *znw* hoe heet ze ook al weer, dinges

what's-his-name ['wɒts-ɪz-neɪm], **whatsisname** inf *znw* hoe heet hij ook al weer, dinges

whatsit ['wɒtsɪt] inf *znw* hoe heet het ook al weer, dinges

what's-its name ['wɒts-ɪtz-neɪm], inf *znw* hoe heet het ook weer, dinges

whatsoever ['wɒtsəʊ'evə] *vnw & bijw* → **whatever**

what-you-see-is-what-you-get [wɒdʒə'siː-əzwɒdʒə'get] *bn* ❶ rechttoe, rechtaan ❷ comput **WYSIWYG**

wheat [wiːt] *znw* tarwe

wheatear ['wiːtɪə] *znw* tapuit ‹vogel›

wheaten ['wiːtn] *bn* van tarwe, tarwe-

wheatgerm ['wiːtdʒɜːm] *znw* tarwekiem

wheatmeal ['wiːtmiːl] *znw* tarwemeel

wheedle ['wiːdl] *overg* vleien, slijmen ★ *she ~d her way inside* door te slijmen wist ze binnen te komen ★ *~ sbd into doing sth* iem. door lief praten ertoe brengen iets te doen ★ *~ sth out of sbd* iem. iets aftroggelen

wheedler ['wiːdlə] *znw* vleier, slijmjurk

wheedling ['wiːdlɪŋ] **I** *bn* vleiend, vleierig **II** *znw* vleierij, geslijm

wheel [wiːl] **I** *znw* ❶ wiel, rad, stuurrad, stuur ★ *on ~s* op wielen ‹per fiets, auto &›, gesmeerd, op rolletjes ★ fig *there are ~s within ~s* het gaat over veel schijven, het is erg gecompliceerd ★ *be at / behind the ~* achter het stuur zitten ★ *the potter's ~* de pottenbakkersschijf ❷ fig raderwerk, systeem ★ *the ~s of justice* de gerechtelijke molens ❸ zwenking, draai ★ *the truck made a ~ to the right* de vrachtauto zwenkte naar rechts **II** *overg* ❶ per as vervoeren, kruien, (voort)rollen, rijden ★ *~ one's bicycle* naast zijn fiets lopen ★ *she was ~ed into the hospital* ze werd het ziekenhuis binnengereden ‹op een brancard / rolstoel› ❷ laten zwenken (ook: ~ *about, round / around*) **III** *onoverg* ❶ plotseling draaien (ook: ~ *about, round / around*), zwenken ★ *the car ~ed to the left* de auto zwenkte naar links ❷ cirkelen ‹van vogels› ▼ ~ *and deal* ritselen, sjoemelen **IV** *phras* ★ ~ *sth* out iets naar buiten rollen, oude koeien uit de sloot halen

wheel and axle [wiːl ən 'æksl] *znw* windas

wheel arch [wiːl ɑːtʃ] *znw* wielkast ‹van voertuig›

wheelbarrow ['wiːlbærəʊ] *znw* kruiwagen

wheelbase ['wiːlbeɪs] *znw* wielbasis, radstand

wheel brace [wiːl breɪs] *znw* wielmoersleutel

wheelchair ['wiːltʃeə] *znw* rolstoel, invalidenwagen

wheelchair access ['wiːltʃeər 'ækses] *znw* toegang voor rolstoelgebruikers

wheel clamp [wiːl klæmp] *znw* wielklem

wheeled [wiːld] *bn* met / op wielen ★ *a three~ vehicle* een driewieler

wheeler-dealer [wiːlə-'diːlə], **wheeler and dealer** *znw* gladjanus, doortrapte zakenman, ritselaar

wheeler-dealing [wiːlə-'diːlɪŋ] *znw* → **wheeling and dealing**

wheel horse [wiːl hɔːs] *znw* ❶ achterpaard ‹achterste paard van een span› ❷ fig werkpaard

wheelhouse ['wiːlhaʊs] scheepv *znw* stuurhuis, stuurhut

wheelie ['wiːlɪ] inf *znw* wheelie ‹met motor op het achterste wiel rijden›

wheelie bin ['wiːlɪ bɪn], **wheely bin** *znw* minicontainer, vuilnisbak

wheeling and dealing [wiːlɪŋ ən 'diːlɪŋ], **wheeler dealing** *znw* louche handel(spraktijken), geritsel, gesjoemel

wheels [wiːlz] inf *znw* [mv] autos ★ *he's got his ~* hij heeft een auto gekocht

wheelspin ['wiːlspɪn] *znw* snel draaien van de wielen

wheel tread [wiːl tred] *znw* loopvlak

wheelwright ['wiːlraɪt] *znw* wagenmaker

wh

wheely bin ['wi:lɪ bɪn] *znw* → **wheelie bin**

wheeze [wi:z] **I** *znw* **❶** gehijg, moeilijke ademhaling **❷** Br inf plan, truc, idee ★ *a new ~ to help the unemployed get back to work* een nieuw idee om werklozen weer aan een baan te helpen **II** *onoverg* piepend / moeilijk ademen, hijgen

wheezy ['wi:zɪ] *bn* kortademig, hijgend

whelk [welk] *znw* wulk, kinkhoorntje ‹schelp›

whelp [welp] **I** *znw* **❶** welp **❷** jonge hond **❸** kwajongen **II** *onoverg* jongen

when [wen] **I** *voegw* **❶** wanneer, als, toen ★ *how can you know what it's like ~ you haven't even been there?* hoe kun je weten hoe het is als je er nooit geweest bent? **❷** en toen, waarop ★ *he had just fallen asleep ~ the alarm went off* hij was net in slaap gevallen toen de wekker afliep **❸** terwijl ‹bij tegenstelling›, ondanks het feit dat ★ *she said she was home ~ in fact she was at the party* ze zei dat ze thuis was terwijl ze in werkelijkheid op het feestje was **II** *bijw* wanneer ★ *since ~?* sinds wanneer? ★ *~ there, you'll be told what to do* als je daar komt, krijg je te horen wat je moet doen ★ *he retired in 2002, since ~ he has written several books* hij ging met pensioen in 2002 en sindsdien heeft hij verschillende boeken geschreven ★ *if you fail to make the payment ~ due* als je niet betaalt voor de vervaldatum **III** *znw* ★ *the ~ and where* plaats en tijd

whence [wens] *plechtig of form bijw* vanwaar, waaruit ★ *from ~ he went to Geneva* vanwaar hij naar Genève ging ★ *bijbel from ~ cometh our help* vanwaar onze hulp komt

whencesoever [wenssəʊ'evə] *plechtig voegw & bijw* waar ook vandaan, vanwaar ook

whenever [wen'evə], *dicht* **whensoever**, *dicht* **whene'er** *voegw & bijw* **❶** telkens wanneer, telkens als ★ *~ the phone rings she leaps up to answer it* telkens als de telefoon gaat springt ze op om op te nemen **❷** wanneer ook ★ *'when would you like dinner?' '~'* 'wanneer wil je eten? 'maakt niet uit'

where [weə] **I** *voegw* **❶** waar ★ *he's kept going ~ others would have given up* hij heeft doorgezet waar anderen zouden hebben opgegeven **❷** terwijl ★ *~ he liked football, she liked dancing* terwijl hij van voetbal hield, hield zij van dansen **II** *bijw* **❶** waar ★ *inf low fat diets is ~ it's at* vetarme diëten zijn populair momenteel ★ *~ from?* waarvandaan? ★ *~ to?* waarheen? ★ *to ~* naar een plaats waar ★ *inf I know ~ you're coming from* ik begrijp hoe je tot die opvatting komt **❷** waarheen **❸** waarin

whereabouts ['weərəbaʊts] **I** *bijw* waaromtrent, waar ★ *~ did you find him?* waar heb je hem (ongeveer) gevonden? **II** *znw* [mv] plaats waar men zich bevindt, verblijfplaats

whereafter ['weərɑ:ftə] *form bijw* waarna

whereas [weər'æz] *voegw* **❶** terwijl (daarentegen) **❷** ook jur aangezien

whereat [weər'æt] *form voegw & bijw* waarop, waarover

whereby [weə'baɪ] *bijw & betr vnw* waarbij, waardoor

where'er *dicht bijw & voegw* waar ook, overal waar ★ *I'll remember you ~ you be* waar je ook bent, ik zal aan je denken

wherefore ['weəfɔ:] **I** *bijw & vnw* *plechtig* waarom, waarvoor **II** *znw* ★ *inf the whys and ~s* het waarom en waartoe, de reden(en), het hoe en waarom

wherein [weər'ɪn] *form vnw & bijw* waarin

whereof [weər'ɒv] *form vnw & bijw* waarvan

whereon [weər'ɒn] *plechtig vnw & bijw* waarop

wheresoever ['weərsəʊ'evə] *bijw & voegw form* waar ook, overal waar

whereto [weə'tu:], **whereunto** *plechtig vnw & bijw* waartoe, waar naar toe

whereupon [weərə'pɒn] *voegw & bijw* waarop, waarna

wherever [weər'evə] *voegw & bijw* waar ook, overal waar ★ *~ you go, be careful* overal waar je heen gaat moet je voorzichtig zijn ★ *I'll catch him ~ he is* ik zal hem te pakken krijgen, waar hij ook mag zijn ★ *~ have you been?* waar ben je toch geweest?

wherewith [weə'wɪð, -'wɪθ] *plechtig vnw & bijw* waarmee

wherewithal ['weəwɪðɔ:l] *znw* ★ *the ~* (geld)middelen

wherry ['werɪ] *znw* **❶** wherry ‹lichte roeiboot› **❷** praam ‹plat vaartuig›

whet [wet] *overg* **❶** wetten, slijpen, scherpen **❷** fig prikkelen ‹eetlust›

whether ['weðə] *voegw* of ★ *~ you like it or not* of je het nu leuk vindt of niet ★ *~ or no* hoe het ook zij, in alle geval

whetstone ['wetstəʊn] *znw* wet-, slijpsteen

whew [hwju:] *tsw* oef!, pff!, tjee!

whey [weɪ] *znw* hui, wei ‹v. melk›

which [wɪtʃ] **I** *vr vnw* welke, welk, wie ★ *~ car did you want to buy?* welke auto wilde je kopen? ★ *~ of you is responsible?* wie van jullie is verantwoordelijk? **II** *betr vnw* die, dat, wat ★ *you can't tell ~ is ~* ze zijn niet uit elkaar te houden ★ *the house, ~ is old, may need to be renovated* het huis, dat oud is, moet misschien worden gerenoveerd ★ *the house in ~ I was born* het huis waar ik geboren ben **III** *onbep vnw* welke dan ook ★ *take ~ you like* neem die welke je leuk vind

whichever [wɪtʃ'evə] *onbep vnw* welke (wie, welk, wat) ook, die(gene) ★ *~ road you take will get you there* welke weg je ook neemt, brengt je daar ★ *take ~ you like* neem die maar die je leuk vind

whiff [wɪf] *znw* **❶** zuchtje, vleugje, wolkje ‹adem of rook›, zweem ★ *he caught a ~ of perfume* hij rook een vleugje parfum ★ *there had been a ~ of scandal* er was een vaag vermoeden van een schandaal geweest **❷** ademtocht, teug ★ *he went out to get a ~ of air* hij ging naar buiten voor een beetje frisse lucht ★ *she took a deep ~* ze ademde diep in

whiffet ['wɪfɪt] *Am znw* **❶** klein zuchtje, pufje **❷** onbetekenend persoon **❸** kleine hond

whiffle [wɪfl] **I** *znw* zuchtje ‹wind› **II** *onoverg* licht bewegen ⟨als door een beetje wind⟩, flakkeren ⟨kaars⟩

whiffy ['wɪfɪ] inf bn onfris ruikend

Whig [wɪg] pol znw Whig, liberaal

while [waɪl] I voegw ❶ terwijl, zo lang (als) ❷ hoewel II znw wijl, poos, tijd, tijdje ★ all the ~ al die tijd ★ for a ~ (voor) een poosje, een tijdje ★ not for a long ~ (in) lang niet ★ in a little ~ binnenkort, weldra ★ it's not worth my ~ het is voor mij de moeite niet waard III phras ★ ~ sth **away** ⟨de tijd⟩ aangenaam doorbrengen

while-you-wait [waɪl-jʊ-'weɪt] bn waarop gewacht kan worden

whilst [waɪlst] voegw ❶ terwijl ❷ zolang

whim [wɪm] znw gril, kuur, inval, opwelling

whimper ['wɪmpə] I znw gedrens, gedrein, zacht gejank ⟨v. hond⟩ II onoverg drenzen, dreinen, grienen ⟨van kinderen⟩, zachtjes janken ⟨v. hond⟩, jammeren

whimsey ['wɪmzɪ] znw → **whimsy**

whimsical ['wɪmzɪkl] bn grillig, speels, vreemd

whimsicality [wɪmzɪ'kælətɪ] znw grilligheid, speelsheid(je), eigenaardigheid

whimsy ['wɪmzɪ], **whimsey** znw ❶ gril, kuur ❷ grilligheid, vreemdheid ❸ dwaze inval

whin [wɪn] znw ❶ gaspeldoorn ⟨stekelige struik⟩ ❷ basalt(steen)

whinchat ['wɪntʃæt] znw paapje ⟨vogel⟩

whine [waɪn] I znw gejank, gejengel II onoverg janken, jengelen, jammeren

whiner ['waɪnə] znw zeurpiet

whinge [wɪndʒ] I znw gezeur ★ have a ~ zeuren II onoverg zeuren, zaniken

whinny ['wɪnɪ] I znw gehinnik II onoverg hinniken

whip [wɪp] I znw ❶ zweep ❷ zweepslag, striem ❸ geklopte room, eieren & ❹ whip ⟨parlementslid verantwoordelijk voor discipline binnen de fractie⟩ II overg ❶ zwepen, met de zweep geven, er van langs geven, slaan ★ ~ a crowd into a frenzy een menigte opzwepen tot waanzinnig enthousiasme ★ ~ sth into shape iets snel fatsoeneren ❷ verslaan, het winnen van ❸ kloppen ⟨eieren⟩ ❹ overhands naaien ❺ Br inf gappen, jatten III phras ★ ~ **around** zich snel omdraaien, aanwippen ★ ~ away / off / out wegwippen, wegglippen ★ ~ **in** binnenwippen ★ ~ **off** ervandoor gaan ★ ~ sth off iets weggrissen ★ ~ sth **on** met de zweep slaan om harder te lopen ⟨paarden⟩, iets vlug aantrekken, aanschieten ⟨kleren⟩ ★ ~ sbd on iem. opjagen ★ ~ sth **out** iets plotseling tevoorschijn halen, iets eruit flappen ★ ~ **through** sth ergens snel doorheen gaan, iets snel doen ⟨afwas &⟩, iets snel doornemen ⟨boek &⟩ ★ ~ **up** plotseling komen opzetten ★ ~ sth up iets doen opwippen, gooien, iets opkloppen, inf iets in elkaar flansen ⟨maal⟩, iets kloppen ⟨v. eieren⟩ ★ ~ sbd up iem. opzwepen, aanzetten

whipcord ['wɪpkɔ:d] znw ❶ zweepkoord ❷ whipcord ⟨soort kamgaren⟩

whip hand [wɪp hænd] znw ★ have the ~ over sbd de macht hebben over iem.

whiplash ['wɪplæʃ] znw ❶ zweepslag, -koord ❷ whiplash ★ a ~ injury whiplash ⟨beschadiging van de nek⟩

whipped cream [wɪpt kri:m] znw slagroom

whipper ['wɪpə] znw geselaar

whippersnapper ['wɪpəsnæpə], **whipster** znw snotaap, wijsneus

whipper-snipper ['wɪpə-snɪpə] znw maaier met ronddraaiend nylondraad

whippet ['wɪpɪt] znw whippet ⟨soort windhond⟩

whipping ['wɪpɪŋ] znw ❶ zwepen ❷ pak slaag, pak ⟨voor de broek⟩

whipping boy ['wɪpɪŋ bɔɪ] znw zondebok

whipping cream ['wɪpɪŋ kri:m] znw slagroom ⟨vóór het kloppen⟩

whipping post ['wɪpɪŋ pəʊst] znw geselpaal

whippy ['wɪpɪ] bn buigzaam, soepel

whip-round [wɪp'raʊnd] inf znw collecte in eigen kring

whipsaw ['wɪpsɔ:] znw trekzaag

whipster ['wɪpstə] znw → **whippersnapper**

whipstock ['wɪpstɒk] znw zweepstok

whir [wɜ:] onoverg → **whirr**

whirl [wɜ:l] I znw ❶ (d)warreling, ge(d)warrel ❷ fig maalstroom, verwarring, drukte ★ my head is in a ~ alles draait mij voor de ogen, mijn hoofd loopt om ❸ inf poging, beurt ★ give sth a ~ iets eens proberen II overg snel ronddraaien, doen draaien, doen snorren, doen (d)warrelen III onoverg ❶ snel (rond)draaien, tollen, snorren, (d)warrelen, wervelen, haasten, vliegen, stuiven ❷ duizelen

whirligig ['wɜ:lɪgɪg] znw ❶ draaitol ❷ draaimolen ★ the ~ of time de cirkelgang van de tijd, het rad van avontuur ❸ draaikever, schrijvertje

whirlpool ['wɜ:lpu:l] znw draaikolk, maalstroom

whirlwind ['wɜ:lwɪnd] I bnw bliksemsnel, bliksem- II znw wervelwind, windhoos, dwarrelwind ★ zegsw sow the wind and reap the ~ wie wind zaait zal storm oogsten

whirlybird ['wɜ:lɪbɜ:d] inf znw helikopter

whirr [wɜ:], **whir** onoverg snorren, gonzen

whisk [wɪsk] I znw ❶ veeg, slag ❷ (eier)klopper ❸ borstel, stoffer, kleine bezem II overg ❶ snel bewegen, met een vaartje vervoeren ❷ kloppen ❸ vegen, afborstelen, stoffen ❹ zwiepen, slaan ⟨met staart &⟩ III onoverg zich snel bewegen, met een vaartje rijden, suizen, stuiven ★ ~ into its hole zijn hol inschieten IV phras ★ ~ **away** / off wegstuiven, wegschieten ★ ~ sth away / off iets wegslaan, iets wegwissen, iets wegrukken

whisker ['wɪskə] znw snor ⟨bij dieren⟩

whiskers ['wɪskəz] znw [mv] ❶ snor ❷ bakkebaarden

whisky ['wɪskɪ], Am & Ier **whiskey** znw whisky ★ Whisky de letter W ⟨in het internationaal alfabet⟩ ★ ~ and soda whisky-soda

whisky-peg ['wɪskɪ-peg], **whiskey-peg** znw

wh

whisky-soda

whisper ['wɪspə] **I** znw ❶ gefluister, fluistering ★ in a ~, in ~s fluisterend ★ she's not showing a ~ of interest ze toont geen greintje interesse ❷ gesmoes, gerucht **II** overg fluisteren, in-, toefluisteren ★ it is ~ed that he will resign soon het gerucht gaat dat hij binnenkort aftreedt **III** onoverg ❶ fluisteren ❷ smoezen, praatjes rondstrooien

whisperer ['wɪspərə] znw fluisteraar

whispering ['wɪspərɪŋ] **I** bn fluisterend ★ in a ~ voice op fluistertoon **II** znw gefluister

whispering campaign ['wɪspərɪŋ kæm'peɪn] znw fluistercampagne

whist [wɪst] znw whist ‹kaartspel›

whist drive [wɪst draɪv] Br kaartsp znw whistdrive ‹met wisselende partners›

whistle ['wɪsəl] **I** znw ❶ het fluiten, gefluit ★ give a ~ fluiten ★ inf if you need help, just give a ~ als je hulp nodig hebt moet je het even zeggen ❷ fluit, fluitje ★ clean as a ~ brandschoon ★ inf blow the ~ on sbd iem. verlinken **II** overg fluiten ★ she ~d a tune ze floot een deuntje ★ ~ sth down the wind iets laten varen, iets opgeven **III** onoverg fluiten ★ ~ for sth fluiten om iets ★ inf you can ~ for it je kunt er naar fluiten **IV** phras ★ ~ sth off door fluiten het sein tot vertrek geven voor, iets wegsturen ★ ~ sbd / sth up iem. / iets fluiten om te (laten) komen

whistle-blower ['wɪsəl-bləʊə] znw klokkenluider, iemand die misstanden openbaar maakt

whistler ['wɪslə] znw ❶ fluiter, iem. die fluit ❷ radio fluittoon

whistle-stop ['wɪsəl-stɒp] znw ❶ Am inf kleine plaats aan een spoorlijn, onbelangrijke halte ❷ bliksembezoek ‹bij een verkiezingstournee›

whistle-stop tour ['wɪsəl-stɒp tʊə] znw rondreis waarbij in korte tijd een groot aantal plaatsen wordt aangedaan

whistling ['wɪslɪŋ] **I** bn fluitend **II** znw het fluiten, gefluit

whistling kettle ['wɪslɪŋ 'ketl] znw fluitketel

whit [wɪt] znw ★ no ~ / not a ~ / never a ~ geen ziertje ★ I don't give a ~ het kan me niet schelen

white [waɪt] **I** bn ❶ wit, blank ★ a ~ man een blanke ❷ spierwit, (doods)bleek ❸ grijs ‹v. haar› ❹ fig onbezoedeld, rein, zuiver ▼ bleed sbd ~ iem. uitzuigen, iem. alles aftroggelen **II** znw ❶ wit, witte, witheid ★ dressed in ~ in het wit gekleed ❷ eiwit ❸ blanke ❹ witje ‹vlinder› **III** overg gedat wit maken, witten **IV** phras ★ ~ sth out iets wegwitten ‹tekst›

white ant [waɪt ænt] znw termiet, witte mier

whitebait ['waɪtbeɪt] znw kleine witte visjes ‹doorgaans gefrituurd gegeten›

white blood cell [waɪt blʌd sel] znw wit bloedlichaampje

whiteboard ['waɪtbɔːd] znw ❶ witbord ‹gebruikt bij onderwijs, presentaties enz.› ❷ comput voor verschillende gebruikers toegankelijk gebied op het beeldscherm waar informatie kan worden uitgewisseld

white book [waɪt bʊk] znw witboek, boek met reglementen, officieel regeringsrapport ‹meestal ingebonden in wit›

white-bread ['waɪt-bred] Am inf bn ❶ behorend tot of representatief voor de blanke Amerikaanse middenklasse ❷ bourgeois, heel gewoon, doorsnee

whitecap ['waɪtkæp] znw schuimkop ‹v. golf›

white clover [waɪt 'kləʊvə] znw witte klaver

white-collar [waɪt-'kɒlə] bn witteboorden-

white-collar crime [waɪt-'kɒlə kraɪm] znw witteboordencriminaliteit

white-collar job [waɪt-'kɒlə dʒɒb] znw kantoorbaan

white-collar worker [waɪt-'kɒlə 'wɜːkə] znw ambtenaar, kantooremployé, kantooremployee

white elephant [waɪt 'elɪfənt] znw groot, duur of nutteloos voorwerp

whitefish ['waɪtfɪʃ] znw houting ‹vis›

white fish [waɪt fɪʃ] znw witvis ‹vis met wit vlees zoals kabeljauw, schol &›

white flour [waɪt 'flaʊə] znw witte bloem, wit meel

white frost [waɪt frɒst] znw rijp ‹witte ijsaanslag op bomen, gras &›

white gold [waɪt gəʊld] znw witgoud

white goods [waɪt gʊdz] znw [mv] witgoed ‹verzamelnaam voor koel-, ijskasten, afwasmachines &›

white-haired [waɪt-'heəd] bn wit(harig), grijs(harig)

Whitehall ['waɪthɔːl] znw ❶ Whitehall ❷ fig de (Britse) regering

white-handed [waɪt-'hændɪd] bn met blanke (reine) handen

whitehead ['waɪthed] znw mee-eter, puistje

white heat [waɪt hiːt] znw ❶ witte gloeihitte ❷ fig ziedende woede

white hope [waɪt həʊp] znw persoon van wie men veel verwacht

white horses [waɪt 'hɔːsɪz] znw [mv] golven met witte toppen

white hot [waɪt hɒt] bn witgloeiend

White House ['waɪt haʊs] znw ★ the ~ het Witte Huis ‹ambtswoning van de president van de VS›, fig de Amerikaanse president

white information [waɪt ɪnfə'meɪʃən] znw bij een bank of een andere financiële instelling berustende informatie dat iemand kredietwaardig is

white knight [waɪt naɪt] znw ridder op het witte paard, redder in nood

white-knuckle [waɪt-'nʌkl], **white-knuckled** bn bloedstollend ‹vooral van kermisattracties, achtbaan &›

white lead [waɪt led] znw loodwit

white lie [waɪt 'laɪ] znw een leugentje om bestwil

white-livered [waɪt-'lɪvəd] bn laf

white magic [waɪt 'mædʒɪk] znw witte magie

white matter [waɪt 'mætə] znw witte stof ‹hersenen›

white meat [waɪt miːt] znw wit vlees ‹kip, konijn,

kalfsvlees &⟩

whiten ['waɪtn] **I** *overg* wit maken, bleken **II** *onoverg* wit worden, bleek worden

whitener ['waɪtnə] *znw* bleekmiddel

white night [waɪt naɪt] *znw* ❶ slapeloze nacht ❷ zomernacht, waarin het niet echt donker wordt ⟨op hogere breedtes⟩

white noise [waɪt nɔɪz] *znw* witte ruis ⟨geluid met een groot aantal frequenties⟩

white oil [waɪt ɔɪl] *znw* paraffineolie

white-out ['waɪt-aʊt] *znw* ❶ white-out ⟨in de poolgebieden, slecht zicht als gevolg van een combinatie van sneeuw en mist⟩ ❷ correctievloeistof ⟨om tekst weg te witten⟩

white paper [waɪt 'peɪpə] *znw* regeringsrapport, witboek

white pointer [waɪt 'pɔɪntə] *znw* witte haai

whites [waɪts] *znw* [mv] ❶ witte sportkleren ❷ wit ⟨van de ogen⟩ ❸ witte goederen

white sale [waɪt seɪl] *znw* 'witte week', speciale verkoop van linnengoed

white sauce [waɪt sɔ:s] *znw* blanke roux, botersaus

white slave [waɪt sleɪv] *znw* blanke slavin

white spirit [waɪt 'spɪrɪt] *znw* terpentine

white supremacy [waɪt su:'preməsɪ] *znw* blank racisme

whitethroat ['waɪtθrəʊt] *znw* grasmus ⟨vogel⟩

white tie [waɪt taɪ] *znw* avondkleding ⟨kledingvoorschrift⟩

white trash [waɪt træʃ] Am beledigend *znw* arme blanken ⟨vooral uit de zuidelijke staten van de VS⟩

whitewash ['waɪtwɒʃ] **I** *znw* ❶ witkalk, witsel ❷ fig verschoning, vergoelijking **II** *overg* ❶ witten ❷ fig schoonwassen, van blaam zuiveren, goedpraten, vergoelijken

whitewasher ['waɪtwɒʃə] *znw* ❶ witter ❷ fig schoonwasser

white water [waɪt 'wɔ:tə] *znw* snelstromend ondiep water

white wedding [waɪt 'wedɪŋ] *znw* traditionele bruiloft

whitey ['waɪtɪ] scheldwoord *znw* bleekscheet

whither ['wɪðə] dicht *bijw* waar(heen)

whiting ['waɪtɪŋ] *znw* ❶ wijting ⟨vis⟩ ❷ wit krijt

whitish ['waɪtɪʃ] *bn* witachtig

Whitsun ['wɪtsən] **I** *bn* pinkster- **II** *znw* → **Whitsuntide**

Whitsunday [wɪt'sʌndeɪ] *znw* pinksterzondag

Whitsuntide ['wɪtsəntaɪd], **Whitsun** *znw* Pinksteren

whittle ['wɪtl] **I** *overg* ❶ snijden ❷ besnoeien **II** *phras* ★ ~ *sth* away iets wegsnijden, fig iets doen afnemen, reduceren, versnipperen ★ ~ *away at sth* stukjes van iets afsnijden, fig iets langzaam doen afnemen / reduceren ★ ~ *sth* down iets reduceren, iets terugbrengen (tot), iets besnoeien ⟨vrijheid &⟩

Whit Tuesday [wɪt 'tju:zdeɪ] *znw* dinsdag na Pinksteren, pinksterdrie

whiz [wɪz], **whizz I** *znw* ❶ gesuis, gesnor, gefluit ❷ inf slimmerik, genie **II** *onoverg* zoeven, suizen, snorren, fluiten

whiz-bang ['wɪz-bæŋ], **whizz-bang** inf *znw* ❶ supersnelle granaat ⟨van klein kaliber⟩ ❷ vuurwerk

whiz-kid ['wɪz-kɪd], **whizz-kid** *znw* briljante jonge computergebruiker, whizzkid

who [hu:] **I** *vr vnw* wie ★ ~ *goes there?* wie daar? ★ ~ *but he?* wie anders dan hij? ★ ~ *am I to disagree?* wie ben ik om daar tegenin te gaan? **II** *betr vnw* die ★ *my sister,* ~ *is a teacher, says so too* mijn zus, die lerares is, zegt het ook

whoa [wəʊ], **wo** *tsw* ho!, hu! ⟨tegen paard⟩

who'd [hu:d] *samentr* ❶ (who would) → **would** ❷ (who had) → **have**

whodunnit [hu:'dʌnɪt] inf *znw* detective(roman, -film)

whoever [hu:'evə] **I** *onbep vnw* wie (dan) ook, al wie ★ ~ *you are, come here* kom hier, wie je ook bent **II** *vr vnw* wie ★ ~ *could have thought that?* wie had dat nou kunnen denken?

whole [həʊl] **I** *bn* ❶ (ge)heel, volledig ★ inf go the ~ hog iets grondig doen ★ swallow it ~ het in zijn geheel inslikken, fig het zonder meer slikken ❷ gaaf, ongeschonden, ongedeerd **II** *bijw* heel, totaal **III** *znw* geheel ★ the ~ het geheel, (dat) alles ★ the ~ of the town de hele stad ★ the ~ of us wij allen ★ as a ~ in zijn geheel (genomen) ★ taking the country as a ~ als we het land als geheel bekijken ★ in ~ or in part geheel of gedeeltelijk ★ on the ~ over het geheel (genomen), in het algemeen

wholefood ['həʊlfu:d] *znw* natuurvoeding, volwaardig voedsel

wholefood shop ['həʊlfu:d ʃɒp] *znw* natuurvoedingswinkel

wholegrain ['həʊlgreɪn] *bn* volkoren

wholehearted [həʊl'hɑ:tɪd] *bn* hartelijk, van ganser harte, met hart en ziel, oprecht, onverdeeld ⟨sympathie &⟩

whole-hogger [həʊl-'hɒgə] inf *znw* iem. die de dingen grondig doet, door dik en dun meegaand partijgenoot

whole-length [həʊl-'leŋθ] *bn* ten voeten uit ⟨portret, standbeeld⟩

whole-life insurance [həʊl-'laɪf ɪn'ʃʊərəns] Br *znw* levensverzekering

wholemeal ['həʊlmi:l] *bn* volkoren ★ ~ *bread* volkorenbrood

whole milk [həʊl mɪlk] *znw* volle melk

wholeness ['həʊlnəs] *znw* ❶ heelheid, volledigheid ❷ gaafheid

whole note [həʊl nəʊt] muz *znw* hele noot

whole number [həʊl 'nʌmbə] *znw* heel getal

wholesale ['həʊlseɪl] **I** *bn* ❶ in het groot, en gros ★ *a* ~ *cooperative* een coöperatieve groothandelsvereniging ★ *a* ~ *dealer* een groothandelaar, grossier ❷ fig op grote schaal ★ *the* ~ *slaughter of whales* het op grote schaal afslachten van walvissen ★ *in a* ~ *manner* in het groot, op grote schaal **II** *bijw* ❶ handel in het groot ❷ op grote schaal **III** *znw* groothandel

wh

wholesale price ['həʊlseɪl praɪs] *znw* groothandelsprijs

wholesaler ['həʊlseɪlə] *znw* groothandelaar, grossier

wholesome ['həʊlsəm] *bn* gezond, heilzaam

wholewheat ['həʊlwi:t] *bn* volkoren ★ ~ *bread* volkorenbrood

who'll [hu:l] *samentr* (who will) → **will**

wholly ['həʊlli] *bijw* geheel, totaal, alleszins, volstrekt, volkomen

whom [hu:m] *vr vnw & betr vnw* [lijd. vw. of meew. vw.] wie, die

whomever [hu:'mevə], **whomsoever** *form onbep vnw* (aan) wie ook ★ *pass it on to* ~ *you please* het mag doorgegeven worden aan wie u ook maar wilt

whoop [wu:p, hu:p] **I** *znw* ❶ schreeuw, kreet ⟨v. opwinding &⟩ ★ *a* ~ *of joy* een kreet van vreugde ❷ kuil in een crosscircuit ❸ slijmerige inademing ⟨bij kinkhoest⟩ **II** *onoverg* ❶ roepen, schreeuwen ❷ rauw hoesten ⟨bij kinkhoest⟩

whoopee ['wu:pi:] *inf* **I** *tsw* hoera!, fijn! **II** *znw* pret, lol ★ *make* ~ pret maken, de bloemetjes buiten zetten, *euf* vrijen, seks hebben

whooping cough ['hu:pɪŋkɔf] *znw* kinkhoest

whoops ['wʊps] *inf tsw* ❶ oei ⟨uitroep wanneer iets mis dreigt te gaan⟩ ❷ hupsakee, hoepla

whoosh [wʊʃ] **I** *znw* geruis, gesuis **II** *onoverg* suizen, ruisen, zoeven

whop [wɒp] *inf* **I** *znw* harde klap **II** *overg* (af)ranselen, verslaan

whopper ['wɒpə] *inf znw* ❶ kanjer, knaap, baas ❷ leugen van je welste

whopping ['wɒpɪŋ] *inf* **I** *bn* gigantisch, kolossaal, reuzen- ★ *a* ~ *30% rise in costs* een gigantische kostenstijging van 30% **II** *znw* pak rammel

whore [hɔ:] **I** *znw* hoer **II** *onoverg* hoereren

whorehouse ['hɔ:haʊs] *inf znw* hoerenkast

whoremonger ['hɔ:mʌŋgə] *znw* hoerenloper

whorl [wɔ:l] *znw* ❶ spiraalwinding ⟨schelp⟩ ❷ plantk krans ⟨bladeren⟩ ❸ cirkel in een vingerafdruk

who's [hu:z] *samentr* ❶ (who is) → **be** ❷ (who has) → **have**

whose [hu:z] **I** *vr vnw* wiens, van wie, waarvan ★ ~ *coat is this?* wiens jas is dit? ★ ~ *is this book?* van wie is dit boek? **II** *betr vnw* waarvan, van wie, wiens, wier ★ *a house* ~ *windows are broken* een huis waarvan de ramen zijn gebroken

whosoever [hu:səʊ'evə] *form of plechtig* **I** *onbep vnw* wie dan ook **II** *vr vnw* wie (toch)

who's who [hu:z hu:] *znw* wie is wie, lijst van personen ★ *the* ~ *of the film world were all there* iedereen die iemand is in de filmwereld was er ★ *inf let him know* ~ laat hem zien wie de baas is

wh-word ['dʌblju:-eɪtʃ-wɜ:d] *gramm znw* vraagwoord

why [waɪ] **I** *tsw* ❶ wel!, wel verdraaid! ★ ~, *if it isn't Bruce!* als dat Bruce niet is! ❷ natuurlijk ★ ~, *yes* ja, natuurlijk **II** *bijw* waarom ★ ~ *so?* waarom? ★ *that's* ~ daarom **III** *znw inf* waarom, reden ★ *the* ~*s and wherefores* het hoe en waarom

wick [wɪk] *znw* wiek, pit ⟨van een lamp⟩ ▼ Br *inf it's getting on my* ~ het werkt op mijn zenuwen

wicked ['wɪkɪd] **I** *bn* ❶ zondig, goddeloos, verdorven, slecht ❷ *inf* ondeugend, snaaks ❸ *inf* gaaf, snel, te gek, steengoed & **II** *znw* slecht mens ★ *zegsw no rest for the* ~ een slecht mens heeft nooit rust

wickedness ['wɪkɪdnəs] *znw* slechtheid, zonde, verdorvenheid

wicker ['wɪkə] **I** *bn* van tenen, gevlochten, manden-, rieten ★ *a* ~ *basket* een tenen mand **II** *znw* teen, rijs, wilgentakje

wickerwork ['wɪkəwɜ:k] *znw* vlechtwerk

wicket ['wɪkɪt] *znw* ❶ *sp* wicket ⟨bij cricket⟩ ★ *a sticky* ~ een cricket pitch die nog een beetje vochtig is ⟨en daardoor het batten moeilijk maakt⟩, *inf* een moeilijk parket, een vervelende situatie ❷ *Am* loket ❸ **wicket gate** poortje, tuinhekje

wicket keeper ['wɪkɪt 'ki:pə], **wicketkeeper** *sp znw* wicketkeeper ⟨cricket⟩

wide [waɪd] **I** *bn* ❶ wijd, wijd open, ruim, breed, uitgebreid, uitgestrekt, groot ★ *give sbd / sth a* ~ *berth* met een grote boog om iem. / iets heengaan ❷ ernaast, (de plank) mis ★ ~ *of the mark* er ruimschoots naast, niet relevant **II** *bijw* ver, wijd, wijd en zijd, wijd uiteen, wijdbeens ★ *open* ~ wijdopen ★ *their worlds are* ~ *apart* hun werelden liggen ver uit elkaar ★ *the goals are spaced* ~ *apart* de doelen staan ver uiteen

wide-angle ['waɪd-æŋgl] *fotogr bn* groothoek-

wide-area network ['waɪd-'eərɪə 'netwɜ:k], **WAN** *comput znw* netwerk dat een relatief groot gebied omspant

wide awake [waɪd ə'weɪk] *bn* ❶ klaarwakker ❷ uitgeslapen ❸ *inf* wakker, pienter

wideband ['waɪdbænd] *comput znw* breedband

wide boy [waɪd bɔɪ] Br *inf znw* gladjanus, gladde jongen

wide-eyed ['waɪd-aɪd] *bn* ❶ naïef ★ *she has a certain* ~ *charm* ze heeft een zekere naïeve charme ❷ verbaasd, met grote ogen ⟨v. verbazing⟩ ★ *don't look so* ~ *and innocent: I know you did it!* je hoeft niet zo onschuldig te kijken, ik weet dat je het hebt gedaan!

widely ['waɪdlɪ] *bijw* ❶ breed, alom, op veel gebieden ★ ~ *read* veelgelezen, belezen ❷ op grote schaal, overal ★ ~ *known* wijd en zijd bekend ★ *solar technology is now* ~ *accepted* zonnetechnologie wordt nu algemeen geaccepteerd ❸ wijd, wijd open, ruim ❹ sterk, zeer, erg ★ *approaches differ* ~ de benadering kan heel erg verschillen

widen ['waɪdn] **I** *overg* verwijden, verbreden, verruimen **II** *onoverg* wijder / breder / groter worden, zich verwijden ★ *the river* ~*s into a lake at that point* de rivier verbreedt zich tot een meer op die plek ★ *the deficit has* ~*ed to* € *2 billion* het tekort is opgelopen tot € 2 miljard

widening ['waɪdnɪŋ] **I** *bn* (steeds) wijder wordend, zich verbredend **II** *znw* verbreding

wide-ranging [waɪd-'reɪndʒɪŋ] *bn* ❶ breed opgezet, veelomvattend ❷ verregaand ‹gevolgen›

widescreen ['waɪdskri:n] *bn* op een breed scherm ‹filmprojectie›

widespread ['waɪdspred] *bn* ❶ uitgestrekt, wijd uitgespreid, uitgebreid ❷ algemeen verspreid, zeer verbreid

widgeon ['wɪdʒən] *znw* fluiteend, smient ‹vogel›

widow ['wɪdəʊ] *znw* weduwe ★ scherts *a football ~* vrouw waarvan de man erg veel aan voetbal doet

widowed ['wɪdəʊd] *bn* weduwe / weduwnaar geworden

widower ['wɪdəʊə] *znw* weduwnaar

widowerhood ['wɪdəʊəhʊd] *znw* weduwnaarschap

widowhood ['wɪdəʊhʊd] *znw* weduwschap

widow-maker ['wɪdəʊ-meɪkə] inf *znw* gevaarlijke machine, gevaarlijk gereedschap

widow's peak ['wɪdəʊz pi:k] *znw* V-vormige haargroei midden boven het voorhoofd

width [wɪdθ] *znw* ❶ wijdte, breedte ❷ baan ‹v. stuk goed›

widthways ['wɪdθweɪz], **widthwise** *bijw* in de breedte, overdwars

wield [wi:ld] *overg* ❶ zwaaien, voeren ★ *~ the sceptre* de scepter zwaaien ❷ hanteren ❸ uitoefenen ‹heerschappij›

wife [waɪf] *znw* [*mv:* wives] (huis)vrouw, echtgenote, gade ★ inf *the ~* mijn vrouw ★ *let me introduce you to my ~* mag ik u aan mijn vrouw voorstellen ★ gedat *take sbd to be one's ~* iem. tot vrouw nemen, trouwen

wifely ['waɪflɪ] gedat *bn* vrouwelijk, echtelijk

wife-swapping ['waɪf-swɒpɪŋ] *znw* partnerruil

wig [wɪg] **I** *znw* pruik **II** *phras* ★ Am inf *~ out* reuze enthousiast worden, uit zijn bol gaan

wigged ['wɪgd] *bn* gepruikt

wigging ['wɪgɪŋ] Br inf *znw* uitbrander, standje

wiggle ['wɪgl] **I** *znw* gewiebel **II** *onoverg* wiebelen, kronkelen, heen en weer bewegen **III** *phras* ★ inf *~ out of sth* ergens onderuit komen

wigwam ['wɪgwæm] *znw* wigwam

wild [waɪld] **I** *bn* ❶ wild, ongetemd, in het wild levend, verwilderd ★ *grow ~* in het wild groeien of opschieten ★ *run ~* in wilde staat rondlopen of leven, plantk verwilderen ★ zegsw *~ horses wouldn't drag me away* ik zou het voor geen goud willen missen ★ zegsw *~ horses wouldn't drag me there* ze krijgen mij er met geen stok heen ❷ woest ★ inf *be ~ with sbd* woest zijn op iem. ★ inf *be ~ about sth* woest zijn over iets ❸ stormachtig, heftig ❹ barbaars, primitief ★ inf *~ and woolly* slordig en onverzorgd ❺ dol, gek, uitgelaten, enthousiast, uitbundig, roekeloos ★ inf *be ~ about sbd* gek zijn op iem. ★ inf *be ~ about sth* dol zijn op / met iets ★ *~ with sth* dol van iets ‹opwinding &› ❻ fantastisch ★ *not in our ~est dreams* nog niet in onze stoutste dromen ❼ gewaagd, roekeloos, overdreven, buitensporig, ongegrond ‹beschuldiging› ★ *a ~*

guess een woeste gok **II** *bijw* in het wild **III** *znw* woestenij ★ *in the ~* in het wild ★ *a voice in the ~* een stem in de wildernis

wild boar [waɪld bɔ:] *znw* wild zwijn, everzwijn

wild card [waɪld ka:d] *znw* ❶ kaartsp joker ❷ comput wildcard, joker ❸ sp wildcard ‹toestemming om aan een toernooi deel te nemen zonder kwalificatiewedstrijden te hoeven spelen›

wildcat ['waɪldkæt] *znw* ❶ dierk wilde kat ❷ fig heethoofd

wildcat scheme ['waɪldkæt ski:m] *znw* onbesuisd plan

wildcat strike ['waɪldkæt straɪk] *znw* wilde staking

wildebeest ['wɪldəbi:st] *znw* gnoe

wilderness ['wɪldənəs] *znw* woestijn, wildernis

wildfire ['waɪldfaɪə] *znw* lopend vuurtje, bosbrand ★ *spread like ~* zich als een lopend vuurtje verspreiden, zich razendsnel uitbreiden

wild flower [waɪld 'flaʊə], **wildflower** *znw* in het wild groeiende bloem, veldbloem

wildfowl ['waɪldfaʊl] *znw* [*mv*] wild gevogelte

wild goose chase [waɪld 'gu:s tʃeɪs] *znw* dolle, dwaze, vruchteloze onderneming

wilding ['waɪldɪŋ] *znw* ❶ in het wild groeiende plant ❷ wilde appel(boom), wildeling

wildlife ['waɪldlaɪf] *znw* [*mv*] de wilde dieren, de levende natuur

wildly ['waɪldlɪ] *bijw* ❶ wild, woest, uitgelaten, enthousiast ❷ overdreven, buitensporig, ongegrond ❸ versterkend zeer ★ *she's ~ in love* ze is smoorverliefd

wildness ['waɪldnəs] *znw* wildheid

wild rice [waɪld raɪs] *znw* wilde rijst

wilds [waɪldz] *znw* [*mv*] ★ *the ~* de woestenij, de wildernis ★ *the ~ of Alaska* de woeste gebieden van Alaska

wild silk [waɪld sɪlk] *znw* wilde zijde ‹van een ander insect dan de zijderups›

wild water [waɪld 'wɔ:tə] *znw* wildwater

wile [waɪl] *overg* ★ *~ the time away* de tijd verdrijven

wiles [waɪlz] *znw* [*mv*] (slinkse) streken

wilful ['wɪlfʊl] *bn* ❶ eigenzinnig, halsstarrig ❷ moedwillig, met voorbedachten rade

wiliness ['waɪlɪnəs] *znw* listigheid, gehaaidheid, sluwheid

will [wɪl] **I** *znw* ❶ wil, wens ★ *an act of ~* een wilsdaad ★ *against one's ~* tegen wil en dank ★ *of one's own free ~* uit vrije wil ★ *an effort of ~* een wilsinspanning ★ *a battle / clash of ~s* hard tegen hard ★ *with the best ~ in the world* met de beste wil van de wereld ★ *have a ~ of one's own* een eigen wil hebben ★ *do sth at ~* iets naar eigen goeddunken doen ★ *at one's own sweet ~* naar eigen goeddunken ★ *do sth with a ~* iets met lust, uit alle macht, van je welste doen ★ zegsw *where there's a ~ there's a way* waar een wil is, is een weg ❷ laatste wil, testament ★ *a living ~* een levenstestament ★ *his last ~ and testament* zijn uiterste wilsbeschikking, zijn testament ★ *remember sbd in one's ~* iem. iets nalaten ★ *revoke a ~* een

testament herroepen **II** *hulpww* [would] [v.t.] zullen
★ *I will* / *I'll help you* ik zal je wel helpen ★ *~ that be
all?* anders nog iets? ‹in winkel› ★ *~ do!* doen we!
★ *zegsw boys ~ be boys* jongens zijn nu eenmaal
jongens **III** *overg* [willed, willed] ❶ willen (dat),
wensen ★ *as you ~* zoals je wilt ★ *if you ~* als je dat
wilt ★ *call it what you ~* noem het wat je wilt ❷ door
zijn wil oproepen, dwingen ★ *unable to speak,
she ~ed him to run away* hoewel ze niet kon spreken
wist ze hem door haar wilskracht weg te laten
rennen ★ *he had to ~ himself to open the letter* hij
moest zich dwingen om de brief open te maken
❸ bij testament vermaken ★ *~ sth to sbd* iem. iets bij
testament nalaten **IV** *phras* ★ *~ sth* **away** iets
vermaken ‹bij testament›

willie ['wɪlɪ], **willy** *inf znw* piemel, plasser

willies ['wɪlɪz] *inf znw* [mv] kriebels ★ *give sbd the ~*
iem. op de zenuwen werken

willie wagtail ['wɪlɪ 'wægteɪl], **willy wagtail** *znw*
Australische kwikstaart ‹vogel›

willing ['wɪlɪŋ] *bn* gewillig, bereidwillig, bereid ★ *~
and able* bereid en in staat ★ *only too ~* al te zeer
bereid ★ *I'm quite ~* ik wil wel (graag)

willingly ['wɪlɪŋlɪ] *bijw* gewillig, vrijwillig,
bereidwillig, gaarne

willingness ['wɪlɪŋnəs] *znw* gewilligheid,
bereidwilligheid

will-o-the-wisp [wɪl-ə-ðə-'wɪsp] *znw* ❶ dwaallichtje
❷ *fig* ongrijpbare figuur, vage persoon

willow ['wɪləʊ] *znw* wilg

willowy ['wɪləʊɪ] *bn* ❶ wilgachtig, wilgen- ❷ met
wilgen begroeid ❸ *fig* slank als een wilg

willpower ['wɪlpaʊə] *znw* wilskracht

willy ['wɪlɪ] *znw* → **willie**

willy-nilly [wɪlɪ'nɪlɪ] *bijw* ★ ❶ of hij / zij wil of niet,
goedschiks of kwaadschiks ❷ ongecoördineerd, op
goed geluk, lukraak

willy wagtail ['wɪlɪ 'wægteɪl] *znw* → **willie wagtail**

willy-willy ['wɪlɪ-wɪlɪ] *Aus znw* windhoos, zandstorm

wilt [wɪlt] **I** *overg* doen verwelken of kwijnen,
verslappen, slap maken **II** *onoverg* verwelken,
kwijnen, kwijnend neerhangen, verslappen, slap
worden **III** *ww arch* [2e pers. enk.] → **will**

wily ['waɪlɪ] *bn* listig, slim, doortrapt

wimp [wɪmp] *inf* **I** *znw* sukkel, slapjanus, lulletje
rozenwater **II** *phras* ★ *~ out* iets niet doen ‹door
angst of onzekerheid›

wimple ['wɪmpl] *znw* kap ‹v. nonnen›

win [wɪn] **I** *znw* overwinning, succes **II** *overg* [won,
won] ❶ winnen ❷ voor zich winnen, verkrijgen,
verwerven, verdienen, behalen ★ *~ the day* de
overwinning halen ★ *~ one's way to* / *into sth* met
moeite iets bereiken ★ *inf zegsw you can't ~ them
all, ~ some, lose some* je kunt niet altijd winnen, het is
niet altijd rozengeur en maneschijn **III** *onoverg*
[won, won] winnen, zegevieren ★ *~ (sth) hands down*
(iets) overtuigend winnen, op z'n sloffen winnen
★ *inf (okay) you ~* ik geef me gewonnen ★ *inf you (I

/ *he &) can't ~* alles zit je (mij, hem &) tegen **IV** *phras*
★ *~ sbd* **around** iem. overhalen ★ *~ sbd* / *sth* **back**
iem. / iets terugwinnen, herwinnen ★ *~ sbd* **over**
iem. overhalen ★ *~ sbd* **over to** *one's side* iem. weten
te winnen (voor zijn zaak), iem. op zijn hand (weten
te) krijgen ★ *~* **through** / **out** er (door)komen ★ *~
through all difficulties* alle moeilijkheden te boven
komen

wince [wɪns] **I** *znw* ineenkrimping, huivering, rilling
II *onoverg* ❶ ineenkrimpen ‹van pijn› ★ *she didn't
even ~ as the needle went in* ze gaf geen kik toen ze
de injectie kreeg ★ *he underwent the tests without
wincing* hij onderging de testen zonder een spier te
vertrekken ❷ huiveren, een schok / huivering door
zich heen voelen gaan ★ *her French makes me ~* van
dat Frans van haar krijg ik kromme tenen

winch [wɪntʃ] **I** *znw* ❶ *techn* winch, windas, lier
❷ kruk, handvat **II** *overg* opwinden met een lier &

wind I *znw* [wɪnd] ❶ wind, tocht ★ *against* / *into the ~*
tegen de wind in ★ *scheepv before the ~* vóór de
wind ★ *inf find out which way the ~ is blowing* kijken
uit welke hoek de wind waait ★ *take the ~ out of
sbd's sails* iem. de wind uit de zeilen nemen ★ *go like
the ~* zo snel mogelijk gaan ★ *be near* / *close to the ~*
op het kantje af zijn ★ *sail close to the ~* scheepv
scherp bij de wind zeilen, *fig* bijna te ver gaan
★ *throw caution to the ~s* alle voorzichtigheid laten
varen ★ *zegsw sow the ~ and reap the whirlwind*
/ *storm* wie wind zaait zal storm oogsten ★ *zegsw it's
an ill ~ that blows nobody any good* er is altijd wel
iemand die er profijt van heeft ❷ adem ★ *get one's
second ~* weer op adem komen ❸ lucht, reuk
‹waargenomen door een dier› ★ *get ~ of sth* de lucht
krijgen van iets ❹ darmgassen ★ *break ~* een wind
laten ▼ *inf get the ~ up* in de rats zitten, 'm knijpen
▼ *inf put the ~ up sbd* iem. angst aanjagen **II** *overg*
[wɪnd] ❶ buiten adem brengen ❷ afdraven ‹paard›
❸ op adem laten komen ❹ boertje laten doen
‹baby, door op het rugje te kloppen› **III** *overg*
[waɪnd] [wound, wound] ❶ kronkelen ★ *~ one's way*
zich kronkelend een weg banen ❷ (op)winden
❸ (om)wikkelen ❹ sluiten ‹in de armen› **IV** *onoverg*
[waɪnd] [wound, wound] ❶ wenden, wenden en
keren, draaien, (zich) kronkelen (om *round*) ❷ zich
slingeren **V** *phras* [waɪnd] ★ *~ sth* **around** / **round**
iets winden om, omstrengelen ★ *~* **down** steeds
langzamer gaan lopen, relaxen, zich ontspannen
★ *~ sth* **down** iets omlaag draaien ‹raampje›,
verminderen, inkrimpen ‹v. personeel &› ★ *~ sth* **off**
iets afwinden, iets opsommen ★ *~* **up** zich laten
opwinden, concluderen, eindigen (met *with, by
saying*), handel liquideren ★ *take that road and
you'll ~ up close to home* als je die weg neemt zul je
dicht bij huis uitkomen ★ *inf I don't want to ~ up like
him* ik wil niet worden zoals hij ★ *~ sth* **up** iets
opwinden ‹garen, klok &›, iets ophalen, iets
afwikkelen, liquideren, iets beëindigen ‹rede &›
★ *inf ~ sbd up* iem. tergen, irriteren

windbag ['wɪndbæg] inf znw dikdoener, kletsmeier

wind band [wɪnd bænd] znw ❶ blaasorkest
❷ blazerssectie

windbound ['wɪndbaʊnd] scheepv bn door tegenwind opgehouden

windbreak ['wɪndbreɪk] znw windscherm, windkering

windbreaker ['wɪndbreɪkə] Am znw windjak

windcheater ['wɪndtʃi:tə] znw windjack

wind chill ['wɪnd tʃɪl] znw gevoelstemperatuur

wind chill factor ['wɪnd tʃɪl 'fæktə] znw berekening van de gevoelstemperatuur, verkillingsfactor

wind chimes ['wɪnd tʃaɪmz] znw [mv] windmobiel die geluid maakt

winded ['wɪndɪd] bn buiten adem

winder ['waɪndə] znw ❶ winder ❷ elektr wikkelaar

windfall ['wɪndfɔ:l] znw ❶ afgewaaid fruit ❷ fig meevallertje, buitenkansje ‹vooral erfenis›

windfall tax ['wɪndfɔ:l tæks] belastingrecht znw belasting die geheven wordt op een onverwachte, grote, vaak onheus verkregen winst

wind farm [wɪnd fɑ:m] znw windmolenpark

windflower ['wɪndflaʊə] znw anemoon

wind gauge [wɪnd geɪdʒ] znw windmeter

windhover ['wɪndhɒvə] znw torenvalk

winding ['waɪndɪŋ] I bn kronkelend, bochtig, kronkel-, draai-, wentel- II znw ❶ kronkeling, bocht, draai, winding ❷ elektr wikkeling

winding sheet ['waɪndɪŋ ʃi:t] znw doodskleed

winding staircase ['waɪndɪŋ 'steəkeɪs] znw wenteltrap

winding stairs ['waɪndɪŋ steəz] znw [mv] wenteltrap

winding-up ['waɪndɪŋ-'ʌp] znw liquidatie

wind instrument [wɪnd 'ɪnstrəmənt] znw blaasinstrument

windjammer ['wɪndʒæmə] znw groot zeilschip

windlass ['wɪndləs] znw windas

windless ['wɪndləs] bn zonder wind, windstil

windmill ['wɪndmɪl] znw windmolen ★ tilt at / fight ~s tegen windmolens vechten

window ['wɪndəʊ] znw ❶ venster, raam ★ the driver's ~ het raampje aan de bestuurders kant ★ the rear ~ de achterruit ★ a shuttered ~ een venster met gesloten luiken ★ a ~ of opportunity een kans, mogelijkheid ★ dicht the ~s of the soul de ogen ★ inf be out (of) the ~ afgedaan, niet meer meetellen ★ inf go out (of) the ~ totaal verdwenen ❷ loket ❸ comput venster

window box ['wɪndəʊbɒks] znw bloembak ‹voor vensterbank›

window cleaner ['wɪndəʊ 'kli:nə] znw glazenwasser

window display ['wɪndəʊ dɪ'spleɪ] znw etalage

window dresser ['wɪndəʊdresə] znw etaleur

window dressing ['wɪndəʊ 'dresɪŋ] znw
❶ etalage-inrichting, etaleren ❷ fig misleidende gunstige voorstelling, geflatteerde cijfers

window envelope ['wɪndəʊ 'envələʊp] znw vensterenvelop

window frame ['wɪndəʊfreɪm] znw raamkozijn

window ledge ['wɪndəʊledʒ] znw vensterbank

windowpane ['wɪndəʊpeɪn] znw (venster)ruit

window sash ['wɪndəʊ sæʃ] znw raamkozijn

window seat ['wɪndəʊ si:t] znw bank onder een raam, plaats bij het raam ★ fig have the ~ alles goed kunnen zien

window shade ['wɪndəʊ ʃeɪd] znw gordijn, rolgordijn

window-shop ['wɪndəʊ-ʃɒp] onoverg etalages kijken

window-shopping ['wɪndəʊʃɒpɪŋ] znw etalages kijken

window shutter ['wɪndəʊ 'ʃʌtə] znw vensterluik

window sill ['wɪndəʊsɪl] znw vensterbank

windpipe ['wɪndpaɪp] znw luchtpijp

wind power [wɪnd 'paʊə] znw windenergie

windproof ['wɪndpru:f] bn winddicht ★ a ~ jacket een windjack

winds [wɪndz] znw [mv] ★ the ~ de blaasinstrumenten, de blazers ‹v. orkest›

windscreen ['wɪndskri:n], **windshield** znw voorruit ‹v. auto›

windscreen washer ['wɪndskri:n 'wɒʃə] znw ruitensproeier

windscreen wiper ['wɪndskri:n 'waɪpə] znw ruitenwisser

windshield ['wɪndʃi:ld] znw → **windscreen**

windsleeve ['wɪndsli:v], **windsock** luchtv znw windzak

windstorm ['wɪndstɔ:m] znw storm ‹zonder neerslag›

windsurf ['wɪndsɜ:f] onoverg plankzeilen, windsurfen

windsurfer ['wɪndsɜ:fə] znw ❶ zeilplank ❷ windsurfer

windswept ['wɪndswept] bn ❶ door de wind gestriemd, winderig ❷ verwaaid

wind tunnel [wɪnd 'tʌnl] znw windtunnel

wind turbine [wɪnd 'tɜ:baɪn] znw windturbine

wind-up ['waɪnd'ʌp] I bn ❶ opwindbaar ★ a ~ toy een stuk opwindspeelgoed ❷ eind-, slot- ★ the ~ party het eindfeest II znw ❶ slot, besluit ❷ inf poging iem. te irriteren

windward ['wɪndwəd] I bn naar de wind gekeerd, bovenwinds II znw scheepv loef(zijde) ★ to ~ bovenwinds, te loever

Windward Islands ['wɪndwəd 'aɪləndz] znw [mv] ★ the ~ de Bovenwindse Eilanden

windy ['wɪndɪ] bn ❶ winderig ❷ fig opschepperig, zwetserig ❸ Br inf bang, angstig

wine [waɪn] I znw wijn II overg & onoverg ★ ~ and dine (sbd) (iem. trakteren op) lekker eten en drinken

wine bar [waɪn bɑ:] znw wijnlokaal, bodega

wine barrel [waɪn 'bærəl] znw wijnvat

wine bottle [waɪn 'bɒtl] znw wijnfles

wine cask [waɪn kɑ:sk] znw wijnvat

wine cellar [waɪn 'selə] znw wijnkelder

wineglass ['waɪnglɑ:s] znw wijnglas

winegrower ['waɪngrəʊə] znw wijnbouwer, -boer

wine list [waɪn lɪst] znw wijnkaart

winemaker ['waɪnmeɪkə] znw wijnmaker

winemaking ['waɪnmeɪkɪŋ] znw wijn maken, wijnproductie

wine merchant [waɪn 'mɜ:tʃənt] znw wijnkoper

wine press ['waɪnpres] znw wijnpers

wi

wine rack [waɪn ræk] *znw* wijnrek
winery ['waɪnərɪ] *znw* wijnmakerij, wijnzaak
wineskin ['waɪnskɪn] *znw* wijnzak
wine tasting [waɪn 'teɪstɪŋ] *znw* wijnproeverij, wijnproeven
wine vinegar [waɪn 'vɪnɪgə] *znw* wijnazijn
wine waiter [waɪn 'weɪtə] *znw* wijnkelner
wing [wɪŋ] **I** *znw* ❶ vleugel, vlerk ★ *on the* ~ vliegend, in de vlucht ★ *under sbd's* ~ onder de vleugels van iem. ★ *clip sbd's* ~*s* iem. kortwieken, vleugellam maken ★ *spread one's* ~*s* de vleugels uitslaan, op eigen benen gaan staan ★ *take* ~ wegvliegen, op de vlucht gaan ❷ wiek ‹v. molen› ❸ spatbord ‹v. auto› **II** *overg* ❶ vleugellam maken, licht verwonden ❷ vliegen ★ ~ *one's way home* naar huis vliegen ❸ snel (ver)zenden ▼ *the air* de lucht doorklieven ‹vogel› ▼ *inf* ~ *it* onvoorbereid spreken / handelen **III** *onoverg* vliegen
wingbeat ['wɪŋbi:t] *znw* vleugelslag
wing chair [wɪŋ tʃeə] *znw* oorfauteuil
wing collar [wɪŋ 'kɒlə] *znw* puntboord
wing commander [wɪŋ kə'mɑːndə] luchtv *znw* commandant v.e. groep, luitenant-kolonel
winged [wɪŋd] *bn* gevleugeld
winger ['wɪŋə] *sp znw* vleugelspeler
wingless ['wɪŋləs] *bn* ongevleugeld
wing mirror [wɪŋ 'mɪrə] *znw* buiten- / zijspiegel
wing nut [wɪŋ nʌt] *znw* vleugelmoer
wings [wɪŋz] *znw* [mv] ❶ luchtv vliegersinsigne ★ *get one's* ~ het vliegbrevet krijgen ❷ coulissen ★ *in the* ~ achter de coulissen, fig achter de schermen
wingspan ['wɪŋspæn], **wingspread** *znw* ❶ vleugelwijdte, -spanning ❷ vlucht ‹v. vogels›
wing tip [wɪŋ tɪp] luchtv *znw* vleugeltip
wink [wɪŋk] **I** *znw* ❶ knipoogje, oogwenk, wenk (van verstandhouding) ★ *inf have forty* ~*s* een dutje doen ❷ ogenblik ★ *I didn't get a* ~ *of sleep / I didn't sleep a* ~ ik heb geen oog dicht kunnen doen **II** *onoverg* ❶ knippen ‹met de ogen›, knipogen ★ ~ *at sbd* iem. een knipoogje geven ★ ~ *at sth* iets door de vingers zien ❷ flikkeren
winker ['wɪŋkə] *inf znw* knipperlicht
winkers ['wɪŋkəz] *inf znw* [mv] oogkleppen
winking ['wɪŋkɪŋ] *znw* knipogen ★ *inf as easy as* ~ doodgemakkelijk
winkle ['wɪŋkl] **I** *znw* alikruik **II** *phras* ★ Br *inf* ~ *sth* **out** iets tevoorschijn halen / brengen, iets ergens uitpeuteren ★ Br *inf* ~ *sbd* **out** iem. met moeite zien te vinden
Winnebago® [wɪnɪ'beɪgəʊ] *znw* kampeerbus, camper
winner ['wɪnə] *znw* ❶ winnaar, winnende partij, winnend punt, winnend nummer ‹v. loterij› ❷ *inf* succes
winning ['wɪnɪŋ] **I** *bn* ❶ winnend, bekroond ‹met medaille, prijs› ★ *the* ~ *entry* de winnende inzending ❷ fig innemend ‹glimlach› **II** *znw* winnen
winning post ['wɪnɪŋ pəʊst] *sp znw* eindpaal
winnings ['wɪnɪŋz] *znw* [mv] winst

winnow ['wɪnəʊ] **I** *overg* wannen, ziften, schiften **II** *onoverg* graan wannen **III** *phras* ★ ~ *sth* **out** iets uitsorteren, het kaf van het koren scheiden, iets nuttigs te weten komen ‹uit een massa gegevens›
winnower ['wɪnəʊə] *znw* ❶ wanner ❷ wanmolen
wino ['waɪnəʊ] *inf znw* [mv: -s] zuiplap
winsome ['wɪnsəm] dicht *bn* innemend, bekoorlijk
winter ['wɪntə] **I** *znw* winter **II** *overg* in de winter stallen ‹vee› **III** *onoverg* overwinteren
winter solstice ['wɪntə 'sɒlstɪs] *znw* winterzonnestilstand
winter sports ['wɪntəspɔːts] *znw* [mv] wintersport
wintertime ['wɪntətaɪm] *znw* winter(seizoen)
wintery ['wɪntrɪ], **wintry** *bn* ❶ winterachtig, winters, winter- ❷ fig koud, triest ★ *she got a* ~ *reception* ze werd erg koel ontvangen
win-win [wɪn-'wɪn] *bn* win-win, met alleen maar voordelen
winy ['waɪnɪ] *bn* wijnachtig, wijn-
wipe [waɪp] **I** *znw* ❶ veeg ★ *give sbd a* ~ iem. een aframmeling geven, iem. afdrogen met een doek ★ *give sth a* ~ iets afvegen, afnemen met een doekje ❷ (vochtig) doekje **II** *overg* ❶ vegen, schoonvegen, wegvegen, afvegen ★ ~ *sth clean* iets schoonvegen ★ fig ~ *the slate clean* met een schone lei beginnen ★ inf ~ *the floor with sbd* de vloer met iem. aanvegen ❷ afwissen, uitwissen, afnemen, afdrogen **III** *phras* ★ ~ *sth* **down** iets afnemen met een doekje ★ ~ *sth* **off** iets weg-, afvegen, afwissen, iets uitwissen ★ ~ *off a score / an account* een rekening vereffenen, een schuld afbetalen ★ ~ *sth off the map / off the face of the earth* iets van de kaart vegen, van de aardbodem doen verdwijnen ★ ~ *the grin / smile off sbd's face* ± iem. een koude douche bezorgen, iem. een onaangename verrassing bezorgen ★ Am *inf* ~ **out** de macht over het stuur verliezen ★ *inf be* ~*d out* totaal uitgeput zijn, stomdronken zijn ★ ~ *sth out* iets uitvegen, uitwissen, iets wegvagen, iets in de pan hakken, vernietigen ★ ~ **up** afdrogen ‹de vaat› ★ ~ *sth* **up** iets opvegen, opnemen, iets afdrogen
wiper ['waɪpə] *znw* ❶ veger, wisser ❷ (afneem)doek, vaatdoek
wire ['waɪə] **I** *znw* ❶ draad ‹v. metaal› staal-, ijzerdraad ★ *a live* ~ een draad onder stroom, fig een energiek iem. ★ *down to the* ~ tot het laatste moment ★ Am *inf* ~ *to* ~ van het begin tot het eind ★ *get one's* ~*s crossed* een misverstand hebben, elkaar verkeerd begrijpen ★ *pull the* ~*s* achter de schermen aan de touwtjes trekken ❷ Am telegram ★ *by* ~ telegrafisch **II** *overg* ❶ met (ijzer)draad omvlechten of afsluiten, met ijzerdraad vastmaken, aan de draad rijgen, op (ijzer)draad monteren ❷ de (telegraaf- of telefoon)draden leggen in, bedraden ❸ telegraferen, seinen **III** *onoverg* telegraferen, seinen **IV** *phras* ★ ~ *sth* **off** iets afrasteren ★ ~ *sth* **up** iets aansluiten op het lichtnet
wire bridge ['waɪə brɪdʒ] *znw* hangbrug

wire brush ['waɪə brʌʃ] *znw* staalborstel
wire-cutter ['waɪə-kʌtə] *znw* (meestal *mv*) draadschaar
wired ['waɪəd] *bn* ❶ comput gebruikmakend van de mogelijkheid tot informatieoverdracht via computers, vooral via internet ❷ inf ‹m.b.t. personen› gespannen, nerveus
wire fence ['waɪə fens] *znw* draadomheining
wire gauze ['waɪə gɔːz] *znw* fijn ijzergaas
wire-haired [waɪə'heəd] *bn* draad-, ruwharig
wireless ['waɪələs] gedat *znw* radio ★ on the ~ op de radio
wireless operator ['waɪələs 'ɒpəreɪtə] *znw* marconist, radiotelegrafist
wireless set ['waɪələs set] *znw* radiotoestel
wire netting ['waɪə 'netɪŋ] *znw* kippengaas
wirepuller ['waɪəpʊlə] *znw* manipulator, (politieke) intrigant
wirepulling ['waɪəpʊlɪŋ] *znw* (politieke) intriges achter de schermen, manipulatie
wire rope ['waɪə rəʊp] *znw* staaldraadtouw, -kabel
wiretap ['waɪətæp], **wire-tap** *onoverg* afluisteren ‹v. telefoon›
wiretapping ['waɪətæpɪŋ], **wire-tapping** *znw* afluisteren van privételefoongesprekken
wire wool ['waɪə wʊl] *znw* staalwol, pannenspons
wiring ['waɪərɪŋ] *znw* ❶ elektrische bedrading ❷ draadvlechtwerk ❸ (hoeveelheid) draad, draden
wiry ['waɪərɪ] *bn* ❶ draadachtig ❷ van (ijzer)draad, draad- ❸ fig mager en gespierd, taai, pezig ❹ springerig ‹van haar›
wisdom ['wɪzdəm] *znw* wijsheid, verstandigheid ★ in his / her / their ~ in zijn / haar / hun wijsheid ★ words of ~ wijze woorden ★ a font / source of ~ een bron van wijsheid
wisdom tooth ['wɪzdəm tuːθ] *znw* verstandskies
wise [waɪz] I *bn* wijs, verstandig ★ no one will be the ~r niemand zal er iets van merken, daar kraait geen haan naar ★ I'm none the / not any the ~r (for it) nu ben ik nog niets wijzer ★ be ~ after the event achteraf weten hoe het had gemoeten ★ inf get ~ to sth achter iets komen, in de gaten krijgen ★ inf put sbd ~ het iem. aan het verstand brengen, iem. op de hoogte brengen II *phras* ★ Am inf ~ up (to sth) (iets) in de smiezen krijgen, (iets) door krijgen
wiseacre ['waɪzeɪkə] *znw* betweter, weetal, wijsneus
wisecrack ['waɪzkræk] inf I *znw* geestigheid, wisecrack, gevatte opmerking II *onoverg* grappen maken
wisecracker ['waɪzkrækə] inf *znw* grapjas
wise guy [waɪz gaɪ] inf *znw* betweter, wijsneus, weetal
wisely ['waɪzlɪ] *bijw* wijselijk
wish [wɪʃ] I *znw* wens, verlangen ★ one's last / dying ~ zijn laatste wens ★ at sbd's ~ overeenkomstig de wens van iem. ★ grant sbd's ~ iemands wens in vervulling doen gaan ★ get / have one's ~ krijgen wat men verlangt, zijn wens vervuld zien ★ zegsw if ~es were horses, beggars might ride van wensen alléén

wordt niemand rijk ★ zegsw the ~ is father to the thought de wens is de vader van de gedachte II *overg* wensen, verlangen ★ ~ sbd dead iemand dood wensen / verwensen ★ ~ sbd well iem. alle goeds wensen, goed gezind zijn ★ ~ sth on sbd iem. iets toewensen ★ I wouldn't ~ it on my worst enemy ik zou het mijn ergste vijand nog niet toewensen ★ I ~ (that) I could do it ik wou dat ik het kon doen III *onoverg* wensen, verlangen (naar for) ★ if you ~ als je het graag wilt ★ he's got nothing left to ~ for hij heeft alles wat zijn hartje begeert ★ inf I ~ to heaven you hadn't done that ik wou maar dat je (het) niet had gedaan
wishbone ['wɪʃbəʊn] *znw* vorkbeen ‹van vogel›
wishful ['wɪʃfʊl] *bn* wensend, verlangend
wish fulfilment [wɪʃ fʊl'fɪlmənt] *znw* wensvervulling
wishful thinking ['wɪʃfʊl 'θɪŋkɪŋ] *znw* ijdele hoop
wish-wash ['wɪʃwɒʃ] inf *znw* ❶ slootwater ‹waterige drank› ❷ kletspraat, geleuter
wishy-washy ['wɪʃɪwɒʃɪ] *bn* slap, flauw, karakterloos
wisp [wɪsp] *znw* wis, bundel, bosje, sliert, piek ‹haar› ★ a ~ of a girl een tenger / sprietig meisje ★ a ~ of smoke een pluimpje / kringeltje rook
wispy ['wɪspɪ] *bn* in slierten, piekerig, sprietig
wistaria [wɪs'teərɪə], **wisteria** *znw* blauwe regen ‹plant›
wistful ['wɪstfʊl] *bn* peinzend, weemoedig, droefgeestig, dromerig
wistfulness ['wɪstfʊlnəs] *znw* weemoedigheid, melancholie
wit [wɪt] I *znw* ❶ geestigheid, gevatheid, humor ★ he has a dry ~ hij heeft een droge humor ❷ geestig man ❸ verstand, vernuft ★ scherts it's not beyond the ~ of man het gaat het menselijk verstand niet te boven II *onoverg* ★ form to ~ te weten, namelijk, dat wil zeggen
witch [wɪtʃ] *znw* (tover)heks, feeks
witchcraft ['wɪtʃkrɑːft] *znw* toverij, hekserij
witchdoctor ['wɪtʃdɒktə], **witch doctor** *znw* medicijnman
witch elm [wɪtʃ elm] *znw* → **wych elm**
witchery ['wɪtʃərɪ] *znw* hekserij, toverij, betovering, tovermacht
witch hazel ['wɪtʃ heɪzəl], **wych hazel** *znw* toverhazelaar ‹struik›
witch-hunt ['wɪtʃ-hʌnt], **witch-hunting** *znw* heksenjacht
witching hour ['wɪtʃɪŋ aʊə] *znw* ★ the ~ middernacht, het spookuur
with [wɪð] *voorz* ❶ met ★ we ordered chicken ~ lemon tart to follow we bestelden kip met citroentaart na ★ ~ that, he turned and left hiermee / daarmee / hierop / daarna draaide hij zich om en liep weg ★ inf in ~ you! naar binnen (jullie)! ❷ met...mee ★ I had the wind ~ me ik had de wind mee ★ I'm ~ you dat ben ik met je eens, ik sta achter je ★ inf are you ~ me? snap je wat ik bedoel? ❸ bij ★ ~ her, anything's possible bij haar is alles mogelijk ★ have

you got it ~ *you?* heb je het bij je? heb je het meegebracht? ★ *what's up* ~ *you?* wat heb je?, wat is er loos met je? ★ *that's all right* ~ *me* ik vind het goed ★ inf *I'm quite in* ~ *her* ik heb een wit voetje bij haar ★ inf *be* ~ *it* in zijn, hip zijn ❹ van ★ *they're trembling* ~ *the cold* ze bibberen van de kou ❺ ondanks, niettegenstaande ★ ~ *all her flaws, she's still popular* ondanks al haar gebreken is ze nog steeds populair

withdraw [wɪð'drɔ:] **I** *overg* [withdrew, withdrawn] ❶ terugtrekken ❷ weghalen, (ergens) uithalen ❸ van de rekening halen, onttrekken ❹ afnemen ‹v. school› ❺ intrekken ‹voorstel &›, terugnemen ‹geld, wissels, woorden &› **II** *onoverg* [withdrew, withdrawn] zich terugtrekken, zich verwijderen, heengaan ★ ~ *into oneself* zich in zichzelf terugtrekken

withdrawal [wɪð'drɔ:əl] *znw* ❶ terugtrekken ❷ geldopname

withdrawal symptom [wɪð'drɔ:əl 'sɪmptəm] *znw* (meestal *mv*) onthoudings-, abstinentieverschijnsel ‹bij verslaafden›

withdrawn [wɪð'drɔ:n] **I** *bn* teruggetrokken, afgezonderd **II** *ww* [v.d.] → **withdraw**

wither ['wɪðə] **I** *overg* ❶ doen verwelken, kwijnen of verdorren, doen vergaan ❷ vernederen, vernietigen ★ ~ *sbd with a look* iem. vernietigend aankijken **II** *onoverg* ❶ verwelken, wegkwijnen, verdorren, verschrompelen (ook: ~ *away/up*) ★ *the nerve cells die or* ~ de zenuwcellen sterven af of verschrompelen ★ dicht ~ *on the vine* in de kiem gesmoord worden ❷ vergaan, verdwijnen (ook: ~ *away*) ★ *hope* ~*ed (away) as the war intensified* de hoop verdween naarmate de oorlog heviger werd ★ *even his strongest supporters have* ~*ed away* zelfs zijn grootste aanhangers hebben zich van hem afgekeerd

withered ['wɪðəd] *bn* ❶ verwelkt, verdord, uitgedroogd, vermagerd ❷ verdwenen, vervlogen

withering ['wɪðərɪŋ] *bn* ❶ verpletterend, vernietigend ★ *give sbd a* ~ *look* iem. een vernietigende blik toewerpen ❷ vernielend

withers ['wɪðəz] *znw* [mv] schoft ‹v. paard›

withhold [wɪð'həʊld] *overg* [withheld, withheld] ❶ terughouden ❷ onthouden, onttrekken ❸ achterhouden ★ *police have withheld the victim's name* de politie heeft de naam van het slachtoffer niet vrijgegeven

withholding tax [wɪð'həʊldɪŋ tæks] belasting *znw* voorheffing

within [wɪ'ðɪn] **I** *voorz* binnen, (binnen) in, tot in ★ ~ *limits* binnen zekere grenzen, tot op zekere hoogte ★ ~ *oneself* in / bij zichzelf ★ *the organisation will have to change from* ~ de organisatie zal van binnen uit moeten veranderen ★ jur ~ *the meaning of the Act* in de door deze wet daaraan toegekende betekenis van het woord ★ *we were* ~ *a few miles of the town* we waren minder dan een paar mijl van de stad verwijderd ★ *he came to* ~ *a few paces of her* hij

kwam tot op een paar passen van haar vandaan ★ *be* ~ *(easy) reach* binnen handbereik ★ *be* ~ *one's powers* binnen iemands mogelijkheden liggen ★ *keep sth* ~ *bounds* iets binnen de perken houden ★ *live* ~ *one's income (means)* zijn inkomen niet overschrijden **II** *bijw* van binnen, binnen ★ *we're renovating* ~ *and without* we renoveren het huis van binnen en van buiten

without [wɪ'ðaʊt] **I** *voorz & bijw* ❶ zonder ★ *she'd be better off* ~ *him* ze zou beter af zijn zonder hem ★ ~ *so much as a backward glance* zonder ook maar achterom te kijken ★ ~ *so much as a thank-you* zonder ook maar dankjewel te zeggen ★ *is he still* ~ *work?* heeft hij nog steeds geen werk? ★ *that goes* ~ *saying* dat spreekt vanzelf ★ *she's not* ~ *her good points* ze heeft wel een paar goede eigenschappen ❷ buiten, aan de buitenkant van ★ *within and* ~ van binnen en van buiten **II** *voegw* dial als niet, tenzij ★ *he wouldn't have come* ~ *she invited him* hij zou niet gekomen zijn als ze hem niet had uitgenodigd

withstand [wɪð'stænd] *overg* [withstood, withstood] weerstaan ★ ~ *the test of time* de tand des tijds weerstaan

witless ['wɪtləs] *bn* onnozel, mal, gek ★ *frighten sbd* ~ iem. de stuipen op het lijf jagen

witness ['wɪtnəs] **I** *znw* ❶ getuige ★ jur *an expert* ~ een getuige-deskundige ★ jur *a hostile* ~ een onwillige getuige ★ jur *a material* ~ een doorslaggevende getuige ★ jur *a* ~ *for the defence* een getuige à decharge ★ jur *a* ~ *for the prosecution* een getuige à charge ★ *as God is my* ~ God is mijn getuige ❷ getuigenis ★ *bear* ~ *(to sth)* getuigenis afleggen, getuigen (van iets) ★ vero *call sbd to* ~ iem. tot getuige roepen **II** *overg* ❶ getuigen (van) ❷ getuige zijn van, bijwonen ❸ (als getuige) tekenen **III** *onoverg* form getuigen (van *to*)

witness box ['wɪtnəsbɒks] *znw* getuigenbank ★ *he was asked to take the* ~ hij werd gevraagd in de getuigenbank plaats te nemen

wits [wɪts] *znw* [mv] verstand, schranderheid ★ *be at one's* ~' *end* ten einde raad zijn ★ *be out of one's* ~ niet goed bij zijn zinnen zijn ★ *frighten sbd out of his* ~ iem. een doodsschrik op het lijf jagen ★ *have one's* ~ *about one* zijn hoofd er goed bij hebben ★ *live by / on one's* ~ aan de kost trachten te komen zonder te hoeven werken ‹vaak op een oneerlijke manier›

witter ['wɪtə] Br inf *phras* ★ ~ *(on) about sth* (door)zeuren over iets

witticism ['wɪtɪsɪzəm] *znw* kwinkslag, aardigheid, boutade, geestigheid

wittiness ['wɪtɪnəs] *znw* geestigheid

wittingly ['wɪtɪŋlɪ] *bijw* met voorbedachten rade, bewust ★ ~ *and wilfully* willens en wetens

witty ['wɪtɪ] *bn* geestig ★ ~ *things* geestigheden

wivern ['waɪvn] *znw* → **wyvern**

wives [waɪvz] *znw* [mv] → **wife**

wizard ['wɪzəd] **I** *bn* gedat inf mieters, jofel **II** *znw*

❶ tovenaar ❷ genie ★ *be a ~ at sth* ergens briljant in zijn ❸ comput wizard ‹helpfunctie in softwareprogramma's›

wizardry ['wɪzədrɪ] *znw* ❶ tovenarij ❷ grote bekwaamheid / vaardigheid

wizened ['wɪznd] *bn* verschrompeld, dor, droog

wo [wəʊ], **whoa** *tsw* ho!

woad [wəʊd] *znw* ❶ plantk wede ❷ wedeblauw ‹verfstof waarmee de oude Britten zich beschilderden›

wobble ['wɒbl] **I** *znw* ❶ het waggelen ❷ weifeling **II** *onoverg* ❶ waggelen, wiebelen, schommelen ❷ weifelen

wobbly ['wɒblɪ] **I** *bn* ❶ waggelend, wiebelend, wankel, onvast ❷ weifelend **II** *znw* inf driftbui, paniekaanval ★ *throw a ~* een driftbui krijgen

wodge [wɒdʒ] Br inf *znw* brok, homp

woe [wəʊ] *znw* wee, smart ★ *scherts ~ is me* wee mij ★ *~ betide you* wee u! ★ *a tale of ~* een smartelijk verhaal, litanie ★ *a prophet of ~* een onheilsprofeet ★ *the strike is adding to the company's ~s* de staking verergert de problemen van de firma ★ *to add to his ~s, he got a parking ticket* bovenop al zijn problemen kreeg hij ook nog een parkeerbon ★ *he's not boring you with his ~s, is he?* hij valt je toch niet lastig met zijn ellende?

woebegone ['wəʊbɪgɒn] dicht *bn* in ellende gedompeld, ongelukkig, treurig

woeful ['wəʊfʊl] *bn* ❶ kommer-, zorgvol ❷ treurig, ongelukkig, droevig, ellendig, jammerlijk ★ *he has displayed a ~ ignorance of the rules* hij heeft een jammerlijk gebrek aan kennis van de regels laten zien

woefully ['wəʊfʊlɪ] *bijw* ellendig, jammerlijk, treurig

wog [wɒg] beledigend *znw* roetmop, kleurling, zwarte

wok [wɒk] *znw* wadjan, wok

woke [wəʊk] *ww* [v.t.] → **wake**

woken ['wəʊkən] *ww* [v.d.] → **wake**

wolf [wʊlf] **I** *znw* [mv: wolves] ❶ wolf ★ *a ~ in sheep's clothing* een wolf in schaapskleren ★ *a lone ~* een eenzelvig mens ★ *cry ~* nodeloos alarm maken ★ *keep the ~ from the door* zorgen dat men te eten heeft ★ *throw sbd to the wolves* iem. voor de leeuwen gooien ❷ inf vrouwenjager **II** *overg* naar binnen schrokken (ook: ~ *down*), verslinden

wolf cub [wʊlf kʌb] *znw* jonge wolf, welp

wolf fish [wʊlf fɪʃ] *znw* zeewolf ‹vis›

wolfhound ['wʊlfhaʊnd] *znw* wolfshond

wolfish ['wʊlfɪʃ] *bn* ❶ wolfachtig, wolven- ❷ fig vraatzuchtig, roofzuchtig

wolfram ['wʊlfrəm] *znw* wolfraam ‹metaal›

wolfsbane ['wʊlfsbeɪn] *znw* monnikskap ‹bloem›

wolf spider [wʊlf 'spaɪdə] *znw* tarantula

wolf whistle ['wʊlf wɪsəl] *znw* nafluiten van vrouwelijk schoon

wolf-whistle ['wʊlf wɪsəl] *overg & onoverg* nafluiten

wolverene [wʊlvə'riːn] *znw* veelvraat ‹groot marterachtig dier›

wolves [wʊlvz] *znw* [mv] → **wolf**

woman ['wʊmən] *znw* [mv: women] ❶ vrouw ❷ afkeurend wijf, mens, schepsel

woman-hater ['wʊmənheɪtə] *znw* vrouwenhater

womanhood ['wʊmənhʊd] *znw* ❶ vrouwelijke staat, vrouwelijkheid ❷ vrouwen

womanish ['wʊmənɪʃ] *bn* vrouwachtig, verwijfd

womanize ['wʊmənaɪz], **womanise** *onoverg* achter de vrouwen aan zitten

womanizer ['wʊmənaɪzə], **womaniser** *znw* rokkenjager, donjuan, charmeur

womankind ['wʊmənkaɪnd], **womenkind** *znw* het vrouwelijk geslacht, de vrouwen

womanlike ['wʊmənlaɪk] *bn* vrouwelijk

womanly ['wʊmənlɪ] *bn* vrouwelijk

womb [wuːm] *znw* baarmoeder, (moeder)schoot

wombat ['wɒmbət, 'wɒmbæt] *znw* wombat ‹Australisch buideldier›

women ['wɪmɪn] *znw* [mv] → **woman**

womenfolk ['wɪmɪnfəʊk] *znw* vrouwen, vrouwvolk

womenkind ['wɪmɪnkaɪnd] *znw* → **womankind**

women's lib ['wɪmɪnz lɪb] *znw* vrouwenbeweging, vrouwenemancipatiebeweging

women's libber ['wɪmɪn 'lɪbə] *znw* lid van de vrouwenbeweging, feministe, dolle mina

women's magazine ['wɪmɪnz mægə'ziːn] *znw* damesblad

women's movement ['wɪmɪnz 'muːvmənt] *znw* vrouwenbeweging

women's refuge ['wɪmɪnz 'refjuːdʒ] *znw* blijf-van-mijn-lijfhuis

women's rights ['wɪmɪnz raɪts] *znw* [mv] vrouwenrechten

women's studies ['wɪmɪnz 'stʌdɪz] *znw* [mv] vrouwenstudies

women's suffrage ['wɪmɪnz 'sʌfrɪdʒ] *znw* vrouwenkiesrecht

womenswear ['wɪmɪnzweə] *znw* dameskleding

women's work ['wɪmɪnz wɜːk] *znw* vrouwenwerk

won [wʌn] *ww* [V.T & v.d.] → **win**

wonder ['wʌndə] **I** *znw* ❶ wonder, mirakel ★ *a nine-day ~* een eendagsvlieg ‹iets dat snel populair wordt en net zo snel weer verdwijnt› ★ *no / little / small ~ (that)* geen wonder (dat) ★ *~ of ~s* wonder boven wonder, zowaar ★ *~s will never cease* de wonderen zijn de wereld nog niet uit ★ inf *it'll do / work ~s (for sbd)* het doet wonderen (voor iem.) ★ *promise ~s* gouden bergen beloven ❷ verwondering, verbazing **II** *overg* nieuwsgierig zijn naar, benieuwd zijn naar, wel eens willen weten, zich afvragen ★ *I ~ how she's going?* ik vraag me af hoe het met haar gaat ★ *I couldn't help ~ing what was going on* ik zat me af te vragen wat er aan de hand was ★ *it made me ~ whether he was right after all* ik begon me af te vragen of hij misschien toch gelijk had ★ *I ~ if you could pass me the sugar?* zou u me de suiker aan willen geven? **III** *onoverg* zich verbazen, verbaasd zijn, zich verwonderen

wo

(over *at*) ★ *is he at the pub? I shouldn't ~!* of hij in de kroeg zit? dat zou me niets verbazen! **IV** *phras* ★ *~ at sth* zich verwonderen over iets ★ *~ about sth* zich iets afvragen, ergens over twijfelen ★ *he's been ~ing about joining the army* hij heeft eraan zitten denken om het leger in te gaan ★ *~ about sbd* inf zich zorgen maken over iem.

wonder boy ['wʌndə bɔɪ] inf *znw* ❶ wonderkind ❷ dol type

wonder drug ['wʌndə drʌg] inf *znw* wondermiddel

wonderful ['wʌndəfʊl] *bn* ❶ verwonderlijk, wonder(baar)lijk ★ *weird and ~ things* vreemde en wonderbaarlijke zaken ❷ prachtig, verrukkelijk, geweldig, fantastisch

wondering ['wʌndərɪŋ] *bn* verwonderd, verbaasd, vol verbazing

wonderingly ['wʌndərɪŋlɪ] *bijw* verbaasd

wonderland ['wʌndəlænd] *znw* wonderland, sprookjesland

wonderment ['wʌndəmənt] *znw* verwondering, verbazing

wonder-struck ['wʌndə-strʌk] *bn* verbaasd

wonder-worker ['wʌndəwɜːkə] *znw* ❶ wonderdoener ❷ iets wat (middel dat) wonderen doet

wondrous ['wʌndrəs] dicht *bn* verwonderlijk, wonder-

wonga ['wɒŋə] Br inf *znw* geld, poen

wonky ['wɒŋkɪ] inf *bn* wankel, zwak

wont [wəʊnt] **I** *bn* gewend, gewoon (aan, om *to*) ★ *be ~ to do sth* gewend zijn om iets te doen **II** *znw* gewoonte ★ *as is their ~* zoals ze gewoon te doen

won't [wəʊnt] *samentr* (will not) → **will**

wonted ['wəʊntɪd] dicht *bn* gewoonlijk, gebruikelijk ★ *the river has assumed its ~ calm* de rivier is tot haar gewone kalmte weergekeerd

woo [wuː] *overg* vrijen (om, naar), het hof maken, dingen naar, trachten te winnen (over te halen)

wood [wʊd] *znw* ❶ hout ★ *knock on / touch ~* even afkloppen ❷ bos ★ inf *out of the ~/~s* uit de problemen, buiten gevaar ★ *not see the ~ for the trees* door de bomen het bos niet zien

woodbine ['wʊdbaɪn] *znw* wilde kamperfoelie

wood carving [wʊd 'kɑːvɪŋ] *znw* houtsnijwerk

woodcock ['wʊdkɒk] *znw* houtsnip ‹vogel›

woodcraft ['wʊdkrɑːft] *znw* kennis v.h. leven / de jacht in bossen

woodcut ['wʊdkʌt] *znw* houtsnede

woodcutter ['wʊdkʌtə] *znw* houthakker

wooded ['wʊdɪd] *bn* bebost, houtrijk, bosrijk

wooden ['wʊdn] *bn* ❶ houten, van hout ❷ fig houterig, stijf, stom, suf, onaandoenlijk

wood engraving [wʊd ɪn'greɪvɪŋ] *znw* houtgraveerkunst, houtgravure

wooden-head ['wʊdn-hed] inf *znw* stomkop

wooden-headed [wʊdn-'hedɪd] *bn* dom, stom

wooden spoon ['wʊdn spuːn] *znw* houten pollepel ★ *get the ~* de poedelprijs krijgen

woodfibre ['wʊdfaɪbə] *znw* houtvezel

woodland ['wʊdlənd] **I** *bn* bos- **II** *znw* bosland, bosgrond, bos

woodlouse ['wʊdlaʊs] *znw* keldermot, pissebed

woodman ['wʊdmən] *znw* ❶ houthakker ❷ boswachter

woodpecker ['wʊdpekə] *znw* specht

woodpie ['wʊdpaɪ] *znw* bonte specht

wood pigeon [wʊd 'pɪdʒɪn] *znw* houtduif

woodpile ['wʊdpaɪl] *znw* houtmijt, stapel brandhout

wood pulp [wʊd pʌlp] *znw* houtpulp

woodruff ['wʊdrʌf] *znw* lievevrouwebedstro ‹plant›

woods [wʊdz] muz *znw* [mv] ★ *the ~* de houten blaasinstrumenten ‹van orkest›

wood screw [wʊd skruː] *znw* houtschroef

woodshed ['wʊdʃed] *znw* houtloods ★ inf *something nasty in the ~* een gruwelijk geheim

woodsman ['wʊdzmən] *znw* ❶ bosbewoner ❷ houthakker ❸ woudloper

wood sorrel [wʊd 'sɒrəl] *znw* klaverzuring ‹plant›

woodwinds ['wʊdwɪndz] muz *znw* [mv] houten blaasinstrumenten ‹van orkest›

woodwork ['wʊdwɜːk] *znw* ❶ houtwerk ★ fig *come / crawl out of the ~* weer boven water komen ❷ houtbewerking

woodworker ['wʊdwɜːkə] *znw* houtbewerker

woodworking ['wʊdwɜːkɪŋ] *znw* houtbewerking

woodworm ['wʊdwɜːm] *znw* houtworm

woody ['wʊdɪ] *bn* ❶ houtachtig, hout- ❷ bosachtig, bos- ★ *a ~ wine* een wijn met (te) veel hout

wood yard [wʊd jɑːd] *znw* houttuin, houtopslagplaats

wooer ['wuːə] *znw* vrijer

woof [wʊf] **I** *znw* ❶ inslag, weefsel ❷ woef(geluid), geblaf **II** *onoverg* blaffen

woofer ['wuːfə, 'wʊfə] *znw* woofer, luidspreker voor lage tonen

wooing ['wuːɪŋ] *znw* vrijen, vrijage

wool [wʊl] *znw* wol, wollen draad, wollen stof ★ *dyed in the ~* door de wol geverfd, fig doortrapt ★ *pull the ~ over sbd's eyes* iem. zand in de ogen strooien

woolen ['wʊlən] Am *bn* → **woollen**

wool-gathering ['wʊlgæðərɪŋ] inf *znw* verstrooidheid

wool growing [wʊl 'grəʊɪŋ] **I** *bn* wolproducerend **II** *znw* wolproductie

woollen ['wʊlən], Am **woolen** *bn* wollen, van wol

woollens ['wʊlənz], Am **woolens**, inf **woollies** *znw* [mv] wollen goederen

woolly ['wʊlɪ], Am **wooly** **I** *bn* ❶ wollig, wolachtig, wol- ❷ plantk voos ‹radijzen &›, melig ‹peren› ❸ fig dof ‹stem› ❹ afkeurend vaag, wazig **II** *znw* inf wollen trui

woolly-headed [wʊlɪ-'hedɪd], **woolly-minded** *bn* verward, vaag, onduidelijk, warrig

woolpack ['wʊlpæk] *znw* ❶ baal wol ❷ stapelwolk

wooly ['wʊlɪ] Am *bn* → **woolly**

woozy ['wuːzɪ] inf *bn* ❶ wazig, duizelig ❷ beneveld, aangeschoten

wop [wɒp] *znw* spaghettivreter

Worcester sauce ['wʊstə sɔːs] *znw* Worcestersaus

word [wɜ:d] **I** znw ❶ woord, <u>mil</u> wachtwoord, parool ★ in a ~ in één woord, om kort te gaan ★ in other ~s met andere woorden ★ (to put it) in so many ~s ronduit gezegd ★ ~ of honour erewoord ★ ~ of mouth mond op mond reclame ★ a ~ to the wise een opmerking voor de goede verstaander ★ a ~ with you een woordje, alstublieft ★ eat one's ~s zijn woorden terugnemen ★ ~s fail me woorden schieten mij tekort ★ have a ~ to say iets te zeggen hebben ★ he hasn't a good ~ to say for anybody hij heeft op iedereen wat aan te merken ★ put in a (good) ~ for sbd, say a good ~ for sbd een goed woordje voor iem. doen ★ have the last ~ het laatste woord hebben ★ have a ~ in sbd's ear iem. discreet iets vertellen, waarschuwen ★ big ~s grootspraak ★ the last ~ (in sth) het nieuwste (modesnufje) op het gebied van iets ★ from the ~ go meteen van het begin ★ at these ~s bij deze woorden ★ beyond ~s meer dan woorden kunnen zeggen ★ by ~ of mouth mondeling ★ too bad for ~s onuitsprekelijk slecht, niet te zeggen hoe slecht ★ (not) in so many ~s (niet) met zoveel woorden ★ mark my ~s! let op mijn woorden! ★ pass from ~s to deeds van woorden tot daden komen ★ put ~s into sbd's mouth iem. (bepaalde) woorden in de mond leggen ★ take the ~s out of sbd's mouth iem. de woorden uit de mond halen ★ my ~! hemeltje(lief)! ❷ belofte, (ere)woord ★ on / upon my ~ op mijn erewoord ★ he's as good as his ~ hij houdt altijd (zijn) woord ★ he was better than his ~ hij deed meer dan hij beloofd had ★ give / pledge one's ~ zijn woord geven ★ take sbd's ~ (for it) iem. op zijn woord geloven ★ take my ~ (for it) neem dat van mij aan ★ I'll take you at your ~ ik houd u aan uw woord ★ upon my ~ op mijn erewoord ❸ bericht, nieuws ★ have they had ~ of his whereabouts? hebben ze bericht gehad waar hij is? ★ leave ~ een boodschap achterlaten (bij with) ★ send ~ een boodschap sturen (zenden), laten weten ❹ gerucht ★ ~ has it that... het gerucht gaat dat... ❺ bevel, commando (ook: ~ of command) ★ give the ~ to attack bevel geven om aan te vallen ★ say the ~ het bevel geven **II** overg onder woorden brengen, formuleren, stellen, inkleden **III** phras ★ <u>inf</u> ~ sbd **up** iem. advies / informatie geven

word association [wɜ:d əsəusɪ'eɪʃən] znw woordassociatie

word blind [wɜ:d blaɪnd] bn woordblind

wordbook ['wɜ:dbʊk] znw woordenboek

wordiness ['wɜ:dɪnəs] znw langdradigheid

wording ['wɜ:dɪŋ] znw formulering, bewoording(en), inkleding

wordless ['wɜ:dləs] bn ❶ sprakeloos, stom ❷ woord(en)loos, zonder woorden

word-perfect [wɜ:d'pɜ:fɪkt] bn ❶ rolvast ❷ foutloos uit het hoofd geleerd

wordplay ['wɜ:dpleɪ] znw ❶ woordenspel ❷ woordspeling, gevat antwoord

word processing [wɜ:d 'prəusesɪŋ] <u>comput</u> znw tekstverwerking

word processor [wɜ:d 'prəusesə] <u>comput</u> znw tekstverwerker

words [wɜ:dz] znw [mv] ❶ ruzie, woordenwisseling ★ have ~ with sbd woorden / ruzie hebben met iem. ❷ tekst ‹v. muziek›

word-splitting ['wɜ:dsplɪtɪŋ] znw woordenzifterij

word wrap [wɜ:d ræp] <u>comput</u> znw woordoverloop

wordy ['wɜ:dɪ] bn woordenrijk, langdradig

wore [wɔ:] ww [v.t.] → **wear**

work [wɜ:k] **I** znw ❶ werk, arbeid, bezigheid ★ intellectual ~ geestelijke arbeid ★ ~ in progress werk in uitvoering ★ be at ~ aan het werk zijn ★ be in ~ werk hebben ★ be out of ~ zonder werk zijn, werkloos zijn ★ get / set to ~ aan het werk gaan ★ go to ~ naar zijn werk gaan ★ have one's ~ cut out (for one) zijn handen vol hebben ★ make short ~ of sth korte metten maken met iets ★ put / set sbd to ~ iem. aan het werk zetten ★ <u>zegsw</u> all ~ and no play makes Jack a dull boy leren en spelen moeten elkaar afwisselen ❷ borduur-, handwerk ★ she put down her ~ ze legde haar borduurwerk neer ❸ kunstwerk ★ a ~ of art een kunstwerk **II** overg ❶ bewerken, bereiden, kneden ‹boter›, maken, verwerken (tot into) ★ ~ sth loose iets loswerken, losdraaien, lospeuteren ★ ~ one's audience into a frenzy zijn publiek tot geestdrift brengen ★ ~ oneself into a rage zich woedend maken ★ ~ one's way to sth zich een weg banen naar iets ❷ werken aan / in / met, al werkend iets doen ★ <u>scheepv</u> ~ one's passage zijn overtocht met werken vergoeden ★ ~ one's way through college werkstudent zijn ★ ~ one's way up (the ladder, to the top &) zich omhoog werken ★ ~ one's way up from the ranks zich vanuit de geleideren opwerken ❸ bewerken, aanrichten, doen, verrichten ❹ uitwerken, uitrekenen ❺ laten werken, laten gisten, exploiteren ‹mijn &› ❻ hanteren, manoeuvreren, werken met, bedienen ‹geschut› ★ ~ oneself into sbd's favour in de gunst zien te komen bij iem. ❼ borduren **III** onoverg ❶ werken ★ ~ to rule een stiptheidsactie voeren ★ ~ with sbd met iem. samenwerken, voor iem. werken ★ he is hard to ~ with men kan moeilijk met hem werken / opschieten ❷ gisten ❸ in beweging zijn ❹ functioneren, effect hebben, praktisch zijn, deugen, gaan ★ ~ loose zich loswerken, losgaan ‹v. schroef, touw &› ❺ zich laten bewerken **IV** phras ★ ~ against sth iets tegenwerken ★ ~ against sbd in iemands nadeel werken / zijn ★ ~ around / round draaien ‹v. wind› ★ things will ~ around / round het zal wel weer in orde komen ★ ~ at sth werken aan, bezig zijn met iets ★ ~ away (at sth) flink (dóór)werken (aan iets) ★ ~ down naar beneden gaan ‹koersen›, afzakken ‹kousen &› ★ ~ for sbd voor iem. werken, bij iem. in dienst zijn, in iemands voordeel werken / zijn ★ <u>inf</u> it ~s for me (him &) bij mij (hem &) werkt dat goed ★ ~ sth in iets ertussen werken, iets te pas brengen ‹citaat &›, iets voorzichtig in werking stellen ‹machine &› ★ ~ *sbd* **in**, ~ *sbd* **into** *the job* iem. inwerken ★ ~ **in with** *sth* passen bij, samengaan met, te gebruiken zijn voor iets, in elkaar grijpen ★ ~ *sth* **off** iets door werken verdrijven ‹hoofdpijn &›, iets door werken aflossen ‹schuld›, iets zien kwijt te raken, iets afreageren ‹ergernis &› (op *on*) ★ ~ **on** dóórwerken, verder werken ★ ~ *on sth* bezig zijn met iets ★ ~ *on sbd* inwerken op iem., iem. beïnvloeden ★ ~ **off** zich loswerken, losgaan ★ ~ **out** zich ontwikkelen, uitpakken, uitvallen ‹omstandigheden &›, oefeningen doen, trainen, zich naar buiten werken, uitkomen ‹som›, zijn verloop hebben ‹plan &›, aan de dag treden ‹invloeden &› ★ ~ *out the same* op hetzelfde neerkomen ★ *sth* **out** iets uitwerken, opstellen, verwezenlijken ‹plan &›, iets uitrekenen, berekenen, nagaan, uitzoeken, iets oplossen ‹probleem &›, iets doorzien, doorgronden, iets uitdienen ‹v. arbeidscontract &›, iets uitputten ‹een mijn› ★ ~ *sbd out* iem. doorzien / doorgronden, iem. eruit werken ★ ~ **out at** *sth* uit komen op iets ‹bedrag› ★ *inf* ~ *sbd* **over** iem. afranselen, een pak slaag geven ★ ~ **through** *sth* ‹programma› afwerken ★ ~ **together** samenwerken ★ ~ **towards** *sth* bevorderlijk zijn voor iets ★ ~ *sth* **up** iets langzamerhand brengen (tot *to*), iets opwerken, retoucheren, iets erbovenop brengen ‹zaak›, iets verwerken ‹grondstoffen›, iets dooreenmengen, kneden, iets opgebruiken, verbruiken, iets bijwerken ‹achterstand› ★ ~ *sbd* **up** iemand ophitsen / opwinden ★ ~ *oneself* **up** zich omhoogwerken / opwerken ★ *get* ~*ed up about sth* zich druk maken over iets, in de rats zitten over iets ★ ~ **up to** *sth* toewerken naar iets

workable ['wɜːkəbl] *bn* ❶ te gebruiken, bruikbaar ❷ exploitabel ‹v. mijn &›

workaday ['wɜːkədeɪ] *bn* daags, werk-, alledaags

workaholic [wɜːkə'hɒlɪk] *inf* *znw* werkverslaafde, werkzuchtige, workaholic

work basket [wɜːk 'bɑːskɪt] *znw* werkmandje, naaimandje

workbench ['wɜːkbentʃ] *znw* werkbank

workbook ['wɜːkbʊk] *znw* ❶ opgavenboek, werkboek ❷ handleiding ❸ aantekeningenboek ❹ *comput* werkboek

workbox ['wɜːkbɒks] *znw* naaidoos

work camp [wɜːk kæmp] *znw* werkkamp ‹vooral v. vrijwilligers›

workday ['wɜːkdeɪ] *znw* werkdag

work dispute [wɜːk dɪ'spjuːt] *znw* arbeidsgeschil ‹tussen werkgevers en werknemers over arbeidsvoorwaarden›

worker ['wɜːkə] *znw* ❶ werker, bewerker ★ *a* ~ *of miracles* een wonderdoener ❷ werkman, arbeider ★ *a salaried* ~ een gesalarieerde ★ *a temporary* ~ een tijdelijke kracht ★ ~*'s compensation (insurance)* werknemersverzekering ★ ~ *participation* medezeggenschap (van werknemers) ❸ werkbij,

werkmier (~ *bee*, ~ *ant*)

worker priest ['wɜːkə priːst] *znw* priester-arbeider

work ethic [wɜːk 'eθɪk] *znw* arbeidsethos

work experience [wɜːk ɪk'spɪərɪəns] *znw* werkervaring, stage ★ *he's doing his* ~ *at a bank* hij loopt stage bij een bank

work file [wɜːk faɪl] *comput* *znw* werkbestand

workforce ['wəːkfɔːs] *znw* ❶ aantal arbeidskrachten, personeelsbestand ❷ arbeidspotentieel

work group [wɜːk gruːp] *znw* ❶ groep samenwerkende mensen ❷ *comput* groep mensen die gegevens op een lokaal computernetwerk delen

workhorse ['wɜːkhɔːs] *znw* ❶ werkpaard ❷ *fig* werkezel

workhouse ['wɜːkhaʊs] *hist* *znw* armenhuis

work-in ['wɜːk-ɪn] *znw* bedrijfsbezetting

working ['wɜːkɪŋ] **I** *bn* ❶ werkend ❷ werk-, arbeids-, bedrijfs- ★ *be in* ~ *order* klaar zijn om in gebruik genomen te worden, bedrijfsklaar ‹v. machine› ★ *a* ~ *plant* een bedrijfsinstallatie ❸ werkzaam ❹ praktisch, bruikbaar **II** *znw* ❶ werken ❷ werking ❸ bedrijf, exploitatie ❹ bewerking

working capital ['wɜːkɪŋ 'kæpɪtl] *znw* bedrijfskapitaal

working class ['wɜːkɪŋ klɑːs] *znw* arbeidersklasse

working conditions ['wɜːkɪŋ kən'dɪʃənz] *znw* [mv] ❶ arbeidsvoorwaarden ❷ arbeidsomstandigheden

working day ['wɜːkɪŋ deɪ] *znw* werkdag

working drawing ['wɜːkɪŋ 'drɔːɪŋ] *znw* constructie-, werktekening

working expenses ['wɜːkɪŋ ɪk'spensɪz] *znw* [mv] bedrijfskosten, exploitatiekosten

working girl ['wɜːkɪŋ gɜːl] *inf* *znw* ❶ werkende vrouw ❷ *euf* prostituee

working hours ['wɜːkɪŋ aʊəz] *znw* [mv] arbeidsuren, kantooruren

working knowledge ['wɜːkɪŋ 'nɒlɪdʒ] *znw* ❶ praktijkkennis ❷ enige beheersing ‹v. taal &, genoeg om je mee te redden›

working life ['wɜːkɪŋ laɪf] *znw* ❶ tijd / periode dat iem. werken kan ‹van een persoon› ❷ levensduur ‹van een ding›

working lunch ['wɜːkɪŋ lʌntʃ] *znw* werklunch

working majority ['wɜːkɪŋ mə'dʒɒrətɪ] *znw* werkbare meerderheid

working man ['wɜːkɪŋ mæn] *znw* arbeider, werkman

working manager ['wɜːkɪŋ 'mænɪdʒə] *znw* bedrijfsleider

working memory ['wɜːkɪŋ 'memərɪ] *comput* *znw* werkgeheugen

working paper ['wɜːkɪŋ 'peɪpə] *znw* discussiestuk

working parent ['wɜːkɪŋ 'peərənt] *znw* werkende ouder

working party ['wɜːkɪŋ 'pɑːtɪ] *znw* ❶ werkploeg ❷ studiecommissie ‹v. bedrijf› ❸ werkgroep

working population ['wɜːkɪŋ pɒpjʊ'leɪʃən] *znw* beroepsbevolking

workings ['wɜːkɪŋz] *znw* [mv] ❶ mijn, groeve, afgraving ★ *disused* ~ een verlaten mijn

❷ werkwijze, functioneren ★ *the ~ of government are often secretive* de manier waarop een regering werkt is vaak geheimzinnig ★ <u>dicht</u> *the ~ of the heart* de roerselen des harten ❸ berekeningen ★ *show your ~* je berekeningen laten zien

working week ['wɜːkɪŋ wiːk] *znw* werkweek

workless ['wɜːkləs] *bn* werkloos, zonder werk

workload ['wɜːkləʊd] *znw* werkbelasting, omvang v.d. werkzaamheden

workman ['wɜːkmən] *znw* ❶ werkman, arbeider ❷ vakman

workmanlike ['wɜːkmənlaɪk] *bn* ❶ zoals het een (goed) werkman betaamt ❷ degelijk (afgewerkt), goed (uitgevoerd), bekwaam

workmanship ['wɜːkmənʃɪp] *znw* ❶ af-, bewerking, uitvoering ❷ techniek, bekwaamheid, vakmanschap ★ *of good ~* degelijk afgewerkt ❸ werk

workmate ['wɜːkmeɪt] *znw* maat, collega

work of art [wɜːk əv 'ɑːt] *znw* kunstwerk

workout ['wɜːkaʊt] *znw* ❶ oefenpartij, -rit, -wedloop ❷ conditietraining, aerobics, fitness

workpeople ['wɜːkpiːpl] Br *znw* [mv] werkvolk

work permit [wɜːk pə'mɪt] *znw* werkvergunning

work placement [wɜːk 'pleɪsmənt] *znw* stage

work release [wɜːk rɪ'liːs] arbeidsverlof ‹van gedetineerden›

workroom ['wɜːkruːm] *znw* werkruimte

works [wɜːks] *znw* [mv] ❶ werkplaats, fabriek, bedrijf ❷ nutsbedrijf ★ *public ~* openbare werken ❸ drijfwerk, raderwerk ‹v. horloge› ❹ <u>mil</u> vestingwerken ▼ <u>inf</u> *the (whole) ~* alles, de hele santenkraam ▼ <u>inf</u> *give him the ~* geef 'm de volle laag

works council [wɜːks 'kaʊnsəl] *znw* personeelsraad

worksheet ['wɜːkʃiːt] *znw* ❶ opdrachtenpapier voor studenten ❷ werkformulier ‹waar het voltooide werk op wordt ingevuld›

workshop ['wɜːkʃɒp] **I** *znw* ❶ werkplaats ❷ discussiebijeenkomst, workshop **II** *onoverg* een workshop houden

work-shy ['wɜːk-ʃaɪ] *bn* werkschuw

worksite ['wɜːksaɪt] *znw* bouwterrein, industriegebied

works manager [wɜːks 'mænɪdʒə] *znw* bedrijfsleider

workstation ['wɜːksteɪʃən] <u>comput</u> *znw* werkstation

work surface [wɜːk 'sɜːfɪs] *znw* werkblad, aanrechtblad

worktop ['wɜːktɒp] *znw* werkblad ‹in de keuken›

work-to-rule [wɜːktə'ruːl] *znw* stiptheidsactie, langzaamaanactie, modelactie

world [wɜːld] *znw* ❶ wereld, aarde, heelal ★ *the best of both ~s* twee goede zaken tegelijk ★ *the next ~, the other ~, the ~ to come* de andere wereld, het hiernamaals ★ *feel on top of the ~* zich heel gelukkig voelen ★ <u>inf</u> *out of this ~* buitengewoon, zeldzaam (mooi &) ★ *all over the ~, the ~ over* de hele wereld door, over de hele wereld ★ *~ without end* tot in der eeuwigheid amen ★ *what in the ~?* wat ter wereld?, wat in 's hemelsnaam?, wat in godsnaam? ★ *bring a*

child into the ~ een kind ter wereld brengen ★ <u>inf</u> *be dead to the ~* ± slapen als een os ★ *come into the ~* geboren worden, ter wereld komen ★ *have the ~ at one's feet* de wereld aan zijn voeten hebben liggen ★ *live in a ~ of one's own* in zijn eigen wereldje leven ★ *see the ~* wat van de wereld zien ★ *not for the ~* voor geen geld van de wereld ★ <u>zegsw</u> *love / money makes the ~ go around / round* alles draait om liefde / geld ❷ mensheid, de mensen ★ *he feels that the whole ~ hates him* hij heeft het idee dat iedereen een hekel aan hem heeft ★ *all the ~ knows that* iedereen weet dat ★ *all the ~ and his wife* iedereen, Jan, Piet en Klaas ★ *he has a lot to learn about the ways of the ~* hij moet nog veel leren over hoe de wereld in elkaar steekt ★ *be at one with the ~* tevreden zijn ★ *come / go up in the ~* vooruitkomen in de wereld ❸ <u>fig</u> hoop, boel ★ *a ~ of good* heel veel / een hoop goeds ★ *give the ~ (for sbd / to do sth)* alles ter wereld willen geven (voor iem. / om iets te doen) ★ *think the ~ of sbd* een ontzettend hoge dunk hebben van iem. ★ *mean the ~ to sbd, be all the ~ to sbd* alles betekenen voor iem. ★ *for all the ~ like sth* precies (net) als iets ★ *a ~ of difference* een wereld van verschil ★ *~s apart* (een) verschil van dag en nacht

world affairs [wɜːld ə'feəz] *znw* [mv] internationale kwesties, internationale zaken

world champion [wɜːld 'tʃæmpɪən] *znw* wereldkampioen

world-class [wɜːld-'klɑːs] *bn* van wereldklasse

world economy [wɜːld ɪ'kɒnəmɪ] *znw* wereldeconomie

world English [wɜːld 'ɪŋglɪʃ] *znw* Engels als wereldtaal

world fair [wɜːld feə] *znw* wereldtentoonstelling

world-famous [wɜːld-'feɪməs] *bn* wereldberoemd

world language [wɜːld 'læŋgwɪdʒ] *znw* wereldtaal

worldliness ['wɜːldɪnəs] *znw* wereldsheid

worldling ['wɜːldlɪŋ] *znw* niet-kerkelijk iemand

worldly ['wɜːldlɪ] *bn* ❶ werelds, aards ❷ wereldwijs

worldly-minded [wɜːldlɪ-'maɪndɪd] *bn* werelds, aards

worldly-wise [wɜːldlɪ-'waɪz] *bn* wereldwijs

world music [wɜːld 'mjuːzɪk] *znw* wereldmuziek

world order [wɜːld 'ɔːdə] *znw* wereldorde

world population [wɜːld pɒpjʊ'leɪʃən] *znw* wereldbevolking

world power [wɜːld 'paʊə] *znw* grootmacht

world-ranking [wɜːld-'ræŋkɪŋ] *bn* van wereldklasse

world record [wɜːld 'rekɔːd] *znw* wereldrecord

world-shaking ['wɜːldʃeɪkɪŋ] *bn* wereldschokkend

world trade [wɜːld treɪd] *znw* wereldhandel

World Trade Organization [wɜːld treɪd ɔːgənaɪ'zeɪʃən] , **WTO** *znw* Wereldhandelsorganisatie

world view [wɜːld vjuː] *znw* wereldbeeld

world war [wɜːld wɔː] *znw* wereldoorlog

World War One [wɜːld wɔː 'wʌn], **WWI** *znw* Eerste Wereldoorlog

World War Two [wɜːld wɔː 'tuː], **WWII** *znw* Tweede Wereldoorlog

world-weary [wɜːld'wɪərɪ] *bn* levensmoe, der dagen

wo

zat

worldwide ['wɜːld'waɪd] *bn* over de hele wereld (verspreid), wereldomvattend, mondiaal, wereld-

World Wide Web [wɜːld waɪd 'web] *znw* wereldwijd netwerksysteem om informatie op internet te ontsluiten, www

worm [wɜːm] **I** *znw* ❶ worm, aardworm, pier ★ fig *the ~ in the apple* het addertje onder het gras ★ zegsw *(even) a ~ will turn* de kruik gaat zo lang te water tot zij barst ❷ *inf* verachtelijk figuur ❸ techn schroefdraad **II** *overg* ❶ ontwormen ❷ wurmen, wriemelen ★ *~ one's way into sth* ergens weten binnen te dringen ★ *~ oneself into sbd's confidence* op een slinkse manier iems. vertrouwen weten te winnen ★ *~ oneself into sbd's favour* geleidelijk in iemands gunst doordringen **III** *onoverg* kruipen ⟨langzaam gaan⟩ **IV** *phras* ★ *~ out of sth* ergens onderuit komen ⟨op een slinkse manier⟩ ★ *~ sth out of sbd* iets al vissend uit iem. krijgen

wormcast ['wɜːmkɑːst] *znw* door een regenworm opgeworpen hoopje aarde, wormhoopje

worm-eaten ['wɜːmiːtn] *bn* wormstekig

worm gear [wɜːm gɪə] techn *znw* wormoverbrenging

wormhole ['wɜːmhəʊl] *znw* wormgat

wormwood ['wɜːmwʊd] *znw* alsem ⟨plant⟩

wormy ['wɜːmɪ] *bn* ❶ wormachtig ❷ wormig, wormstekig ❸ vol wormen

worn [wɔːn] **I** *bn* ❶ versleten ★ *~ with age* afgeleefd ❷ afgezaagd **II** *ww* [v.d.] → **wear**

worn out [wɔːn aʊt] *bn* ❶ versleten ❷ vermoeid, doodop, uitgeput ❸ afgezaagd, verouderd

worried ['wʌrɪd] **I** *bn* ❶ ongerust ❷ tobberig, zorgelijk **II** *ww* [v.t. & v.d.] → **worry**

worrier ['wʌrɪə] *inf znw* tobber, zorgelijk mens

worriment ['wʌrɪmənt] vooral scherts *znw* zorg, bezorgdheid

worrisome ['wʌrɪsəm] vooral Am *bn* verontrustend, zorgwekkend

worry ['wʌrɪ] **I** *znw* ❶ ongerustheid, bezorgdheid, zorg ★ *no worries!* geen probleem! ❷ bron van ongerustheid, zorgenkind ❸ gedoe, soesa (meestal *worries*) **II** *overg* het lastig maken, geen rust laten, plagen, kwellen, ongerust maken ★ *inf don't ~ your head about it* heb daar maar geen zorgen over ★ *inf don't you ~ yourself* je moet je niet ongerust maken, je moet je geen zorgen maken **III** *onoverg* zich zorgen maken, zich bezorgd maken, zich druk maken ★ *inf not to ~!* maak je geen zorgen! **IV** *phras* ★ *~ about / over sth* kniezen / tobben / piekeren over iets ★ *~ along / through* zich er doorheen slaan ★ *~ at sth* met de tanden trekken aan iets ⟨door dier⟩, friemelen aan iets ★ *~ sth out* iets uitknobbelen, iets met moeite oplossen

worry beads ['wʌrɪ biːdz] *znw* kralensnoer om door de vingers te laten glijden

worryguts ['wʌrɪɡʌts] *inf znw* tobber, zwartkijker

worrying ['wʌrɪɪŋ] *bn* zorgwekkend, zorgelijk

worrywart ['wʌrɪwɔːt] Am *inf znw* tobber, zwartkijker

worse [wɜːs] **I** *bn* ❶ erger, slechter, minder ★ *I have to go now, ~ luck* ik moet nu gaan, jammer genoeg / helaas ★ *be the ~ for drink* in kennelijke staat (van dronkenschap) zijn ★ inf *be the ~ for wear* in slechte staat ⟨versleten, beschadigd, &⟩, aangeschoten, dronken ★ *she was none the ~ for her experience* ze ondervond geen nadelige gevolgen van haar ervaring ★ *go from bad to ~* van kwaad tot erger vervallen ★ *to make matters / things ~* tot overmaat van ramp ❷ misdadiger, snoder ❸ minder, lager ⟨koers⟩ **II** *bijw* slechter, erger ★ *the towns were affected ~ than the countryside* de steden waren erger getroffen dan het platteland ★ *be ~ off* slechter af zijn (dan), het slechter hebben ★ *you could do a lot ~ than getting a job there* je kunt het wel minder treffen dan daar een baan te krijgen **III** *znw* het ergere, het mindere, het kwade ★ *so much the ~ for him (them &)* eigen schuld, dikke bult ★ *a change for the ~* een verandering ten kwade, een verslechtering ★ *~ follows / remains* maar het ergste komt nog

worsen ['wɜːsən] **I** *overg* erger, slechter maken, verslechteren **II** *onoverg* erger, slechter worden, verslechteren

worsening ['wɜːsənɪŋ] *znw* verslechtering

worship ['wɜːʃɪp] **I** *znw* ❶ verering ❷ aanbidding ❸ godsdienstoefening, eredienst (ook *public ~*) ★ *a place of ~* een bedehuis ▼ *your Worship* Edelachtbare (Lord) **II** *overg* aanbidden, vereren **III** *onoverg* bidden, de godsdienstoefening bijwonen, ter kerke gaan

worshipful ['wɜːʃɪpfʊl] *bn* eerbiedig

worshipper ['wɜːʃɪpə] *znw* ❶ vereerder, aanbidder ★ *Wordsworth is a ~ of nature* Wordsworth is een natuuraanbidder ❷ biddende ★ *the ~s* de kerkgangers

worst [wɜːst] **I** *bn* slechtst(e), ergst(e), snoodst(e) ★ *be one' own ~ enemy* altijd zijn eigen ruiten ingooien **II** *bijw* het slechtst, ergst ★ *come off ~* aan het kortste eind trekken **III** *znw* slechtst, ergst ★ *the ~* het ergste ★ *at (the) ~* in het allerergste geval ★ *I'm at my ~ in the morning* ik ben 's morgens op mijn slechtst ★ *be one's own ~ enemy* je eigen grootste vijand zijn ★ *if (the) ~ comes to the ~* in het ergste geval ★ *let him do his ~* hij mag het ergste doen wat hij bedenken kan ★ *fear the ~* het ergste vrezen ★ *get the ~ of it* het onderspit delven, het afleggen ★ *this has shown them at their ~* dit heeft ze in het slechtste daglicht geplaatst

worst-case ['wɜːstkeɪs] *bn* meest ongunstig ★ *the ~ scenario* het allerslechtste scenario

worsted [wʊstɪd] **I** *bn* kamgaren, sajetten **II** *znw* kamgaren, sajet

worst-ever [wɜːst-'evə] *bn* slechtste ooit ★ *Britain's ~ train disaster* het allerergste treinongeluk in Groot-Brittannië

worth [wɜːθ] **I** *bn* waard ★ *for what it's ~* voor wat het waard is ★ inf scherts *what's it ~ (to you)?* wat heb je er voor over? ★ *he's being sued for all he is ~* hij wordt voor het gerecht gedaagd voor zijn hele vermogen ★ *inf she played for all she was ~* zij speelde zo goed als ze maar kon ★ *inf he's ~ $80,000 a year* hij heeft een inkomen van $80.000 per jaar ★ *it's (well) ~ having* het is het bezit wel waard ★ *it's not ~ it* het is de moeite niet waard, het loont de moeite niet ★ *~ knowing* wetenswaardig ★ *it's ~ looking into* het is de moeite van het uitzoeken waard ★ *not ~ mentioning* niet noemenswaard(ig) ★ *not ~ the paper it is written / printed on* waardeloos ★ *he's not ~ his salt* hij is het zout in de pap niet waard ★ *it's ~ the trouble / it's ~ our / your & while* het is de moeite waard, het loont de moeite ★ *I'll make it ~ your while* ik zal zorgen dat je er geen spijt van zal hebben ★ *be ~ one's / its weight in gold* zijn gewicht in goud waard zijn ★ *the things ~ seeing* de bezienswaardigheden **II** *znw* ❶ waarde ★ *it's proved its ~* het heeft zijn waarde bewezen ★ *a dollar's ~ of meat* voor een dollar vlees ★ *get one's money's ~* waar voor zijn geld krijgen ❷ innerlijke waarde, deugdelijkheid

worthless ['wɜːθləs] *bn* waardeloos, van geen waarde, nietswaardig, verachtelijk

worthwhile ['wɜːθwaɪl] *bn* de moeite waard, waar men wat aan heeft, goed

worthy ['wɜːðɪ] **I** *bn* ❶ waardig, waard ★ *~ of attention / notice* de aandacht waard ★ *not ~ of the name* de naam onwaardig ★ *not ~ to do sth* onwaardig om iets te doen ❷ achtenswaardig, verdienstelijk **II** *znw* vaak scherts of iron achtenswaardig man, notabele, beroemdheid ★ *all the local worthies will be there* alle plaatselijke bobo's zullen er zijn

wot [wɒt] **I** *vnw* Br inf niet standaard spelling van **what II** *onoverg* ★ *God ~* dat weet God, zoals God weet

wotcha ['wɒtʃə] *inf* **I** *tsw*, **wotcher** hallo 〈begroeting〉 **II** *samentr*, **watcha** (what do you want) wat wil je ★ *~ want to do now?* wat wil je nu doen?

would [wʊd] *ww* [v.t.] ❶ wou, wilde, wilden, kon konden ★ *the door ~ not close* de deur wou niet dicht ❷ zou(den) willen 〈wens〉 ★ *she ~ love to get a job* ze zou graag een baan willen ★ *he ~ not hear of her working* hij wou er niet van horen dat ze ging werken ❸ zou(den) 〈voorwaarde〉 ★ *they knew they ~ die if they didn't get help soon* ze wisten dat ze zouden sterven als ze niet spoedig hulp kregen ★ *I ~n't go if I were you* als ik jou was ging ik er niet heen ❹ zou(den) willen 〈beleefd verzoek〉 ★ *~ you pass the salt?* zou je even het zout willen doorgeven? ❺ zou(den) kunnen 〈vermoeden〉 ★ *I ~ imagine that she is feeling very relieved now* ik kan me voorstellen dat ze heel opgelucht is nu ★ *so it ~ appear / seem* (naar) het schijnt ❻ zou(den) kunnen 〈waarschijnlijkheid〉 ★ *I don't know who it ~ be* ik heb geen idee wie het zou kunnen zijn ❼ placht(en) ★ *he ~ sit there for hours* hij zat er vaak urenlang ★ *we ~ throw stones into the river* we gooiden altijd stenen in de rivier ★ *as my father ~ say* zoals mijn

vader placht te zeggen ❽ *form of dicht* ware, was ★ *~ that he were still with us* was hij nog maar in ons midden

would-be ['wʊd-biː] *bn* ❶ zogenaamd ❷ willende doorgaan voor, vermeend ❸ aankomend, potentieel ★ *a ~ writer* een aankomende schrijver

wouldn't ['wʊdnt] *samentr* (would not) → **will**

would've ['wʊdəv] *samentr* (would have) zou(den) hebben ★ *who ~ thought it?* wie had dat ooit kunnen denken?

wound I *znw* [wuːnd] wond(e), verwonding, kwetsuur ★ *open old ~s* oude wonden openrijten **II** *overg* [wuːnd] (ver)wonden, kwetsen **III** *ww* [waʊnd] [v.t. & v.d.] → **wind**

wove [wəʊv] *ww* [v.t. & v.d.] → **weave**

woven ['wəʊvən] *ww* [v.d.] → **weave**

wow [waʊ] *inf* **I** *tsw* ààh!, tjéé! 〈uitroep van bewondering〉 **II** *znw* iets geweldigs, geweldig succes **III** *overg* imponeren, overweldigen

wowser ['waʊzə] Aus *inf znw* ❶ fatsoensrakker, godsdienstfanaat ❷ spelbreker ❸ geheelonthouder

WP *afk* ❶ (word processing) tekstverwerking ❷ (word processor) tekstverwerker

WPC *afk* (woman police constable) agente, vrouwelijke politieagent

wpm *afk* (words per minute) woorden per minuut

wrack [ræk] *znw* aan land gespoeld zeegras, zeewier ▼ *go to ~ and ruin* te gronde gaan

wraith [reɪθ] *znw* geestesverschijning 〈vooral vlak voor of na iems. dood〉 ★ *she looks like a ~ after that diet* ze ziet er uit als een spook na dat dieet

wrangle ['ræŋgl] **I** *znw* gekibbel, gekijf, gekrakeel **II** *onoverg* kibbelen, kijven, krakelen (over *about* / *over*)

wrangler ['ræŋglə] *znw* ❶ ruziemaker ❷ Am cowboy, paardenverzorger

wrap [ræp] **I** *znw* ❶ omhulsel, verpakking, verpakkingsmateriaal ★ *cling ~* vershoudfolie ★ *under ~s* geheim ★ *take the ~s off sth* iets openbaar maken ❷ omslagdoek, sjaal, plaid, deken ❸ wrap 〈gevulde tortilla〉 **II** *overg* wikkelen, omslaan, (om)hullen, inpakken, oprollen ★ *~ a bandage around / round sth* iets omwikkelen met verband ★ *inf ~ sbd (a)round one's little finger* iem. helemaal inpalmen ★ *inf ~ a car around / round a tree* met een auto tegen een boom botsen **III** *onoverg* ❶ automatisch naar de volgende regel gaan 〈tekstverwerken〉 ❷ *inf* stoppen 〈(film)opname〉 **IV** *phras* ★ *~ up* zich inpakken, afronden, eindigen 〈toespraak &〉 ★ *~ sth up* iets verpakken, iets afsluiten, beëindigen ★ *~ sbd up* iem. warme kleren aandoen ★ *~ sbd up in cotton wool* iem. te veel beschermen ★ *be ~ped up in sbd / sth* geheel opgaan in, geheel vervuld zijn van iem. / iets

wraparound ['ræpəraʊnd], **wrapround** *bn* wikkel- ★ *a ~ skirt* een wikkelrok

wrapped [ræpt], **rapt** Aus *inf bn* enthousiast, opgetogen, verrukt

wr

wrapper ['ræpə] *znw* ❶ omslag, kaft, wikkel ‹v boter, krant &› ❷ iem. die inwikkelt, inpakker ❸ Am peignoir ❹ dekblad ‹v. sigaar›

wrapping ['ræpɪŋ] *znw* omhulsel, verpakking, verpakkingsmateriaal

wrapping paper ['ræpɪŋ 'peɪpə] *znw* pakpapier, inpakpapier

wraparound ['ræpraʊnd] *bn* → **wraparound**

wrath [rɒθ] *znw* woede, toorn, gramschap

wrathful ['rɒθfʊl] *bn* toornig, woedend, razend

wreak [ri:k] *overg* ❶ veroorzaken ★ ~ *havoc* vreselijk huishouden, verwoesten ❷ uitstorten over ★ ~ *vengeance on sbd* wraak nemen op iem.

wreath [ri:θ] *znw* ❶ krans, guirlande ❷ kronkel, pluim ‹v. rook›

wreathe [ri:ð] I *overg* ❶ vlechten, strengelen ❷ om-, ineenstrengelen, be-, omkransen ★ *be ~d in smiles* één en al glimlach zijn ❸ plooien II *onoverg* krinkelen ‹v. rook›

wreck [rek] I *znw* ❶ wrak, scheepswrak ❷ verwoesting, vernieling, ondergang ★ *go to ~ and ruin* te gronde gaan ❸ fig ruïne ❹ wrakgoed, op het strand aangespoelde goederen ❺ schipbreuk II *overg* ❶ verwoesten, vernielen, te gronde richten, een puinhoop maken (van), ruïneren ❷ doen verongelukken ‹trein›, schipbreuk doen lijden, vergaan ‹van schip› ❸ fig doen mislukken III *onoverg* schipbreuk lijden

wreckage ['rekɪdʒ] *znw* ❶ wrakhout, wrakgoed ❷ puin, overblijfselen, (brok)stukken, ravage

wrecked [rekt] *bn* ❶ vergaan, verongelukt, gestrand ❷ inf uitgeput ❸ inf dronken

wrecker ['rekə] *znw* ❶ verwoester ❷ sloper ❸ berger ❹ strandjutter ❺ bergingswagen

wrecking ball ['rekɪŋ bɔ:l] *znw* sloopkogel

wren [ren] *znw* winterkoninkje ‹vogel› ★ *Wren* lid v.d. *Women's Royal Naval Service* ± Marva

wrench [rentʃ] I *znw* ❶ ruk, draai ❷ verrekking, verzwikking, verstuiking, verdraaiing ❸ techn (schroef)sleutel ❹ fig pijnlijke scheiding ★ *each parting was a ~* het viel hem / mij / & hard II *overg* ❶ (ver)wringen, (ver)draaien ❷ rukken, verrekken ★ *he was ~ed from the jaws of death* hij werd gered uit de klauwen van de dood ★ *I ~ed her from his arms* ik rukte haar uit zijn armen III *phras* ★ ~ *sth off* iets afdraaien, afrukken ★ ~ *sth open* iets openrukken, -breken

wrest [rest] *phras* ★ ~ *sth from sbd* iem. iets ontrukken, ontwringen, ontworstelen, afdwingen

wrestle ['resəl] I *znw* ❶ worsteling ❷ sp worstelwedstrijd II *overg* sp worstelen met III *onoverg* worstelen (met *with*)

wrestler ['reslə] *znw* worstelaar

wrestling ['reslɪŋ] *znw* worstelen

wrestling match ['reslɪŋ mætʃ] *znw* worstelwedstrijd

wretch [retʃ] *znw* ❶ ongelukkige stakker ❷ ellendeling, schelm, schurk

wretched ['retʃɪd] *bn* diep ongelukkig, ellendig, miserabel, armzalig, treurig

wrick [rɪk], **rick** I *znw* verrekking, verstuiking II *overg* verrekken ‹spier›

wriggle ['rɪgl] I *znw* ❶ kronkelende beweging ❷ gewriemel II *overg* ❶ wrikken ❷ wurmen ★ ~ *one's way through sth* zich door iets heen wurmen III *onoverg* ❶ wriemelen, kronkelen ‹als worm› ❷ (zitten) draaien ‹op stoel› IV *phras* ★ inf ~ *out of sth* zich ergens uit draaien, ergens onderuit (proberen te) komen

wring [rɪŋ] *overg* [wrung, wrung] ❶ wringen (uit *from / out / of*), uitwringen ★ ~ *one's hands* de handen wringen ❷ persen, knellen, drukken ★ ~ *sbd's hand* iem. (hartelijk) de hand drukken ❸ afpersen ★ ~ *money from / out of sbd* iem. geld afpersen (afdwingen) ❹ omdraaien ★ ~ *sbd's neck* iem. de nek omdraaien

wringer ['rɪŋə] *znw* wringer, mangel ★ inf *put sbd through the ~* iem. door de mangel halen, iem. een uitbrander geven

wringing ['rɪŋɪŋ] *bn* ❶ wringend ❷ druipnat (ook: ~ *wet*)

wrinkle ['rɪŋkl] I *znw* ❶ rimpel, plooi, kreuk ❷ inf idee, wenk, truc ❸ inf probleempje ★ *iron out the ~s* de problemen gladstrijken II *overg* rimpelen, plooien III *onoverg* (zich) rimpelen, plooien

wrinkled ['rɪŋkld] *bn* gekreukeld

wrinkly ['rɪŋklɪ] *bn* ❶ rimpelig ❷ kreukelig

wrist [rɪst] *znw* pols ‹handgewricht›

wristband ['rɪstbænd] *znw* ❶ manchet ❷ horlogebandje

wristlet ['rɪstlət] *znw* polsarmband

wristwatch ['rɪstwɒtʃ] *znw* armbandhorloge, polshorloge

wristwork ['rɪstwɜ:k] *znw* polswerk

writ [rɪt] I *znw* schriftelijk bevel, sommatie, dagvaarding ▼ *Holy Writ* de Heilige Schrift II *ww* [v.d.] geschreven ‹archaϊsch v.d. van *write*› ★ *form of dicht ~ large* er dik op liggend, op grote schaal

write [raɪt] I *overg* [wrote, written] schrijven ★ Am *she ~s me every day* ze schrijft me elke dag ★ *it's written in red ink* het is met rode inkt geschreven ★ ~ *a clause into a contract* een clausule opnemen in een contract II *onoverg* [wrote, written] schrijven ★ ~ *home* naar huis schrijven ★ *it's nothing to ~ home about* het is niet veel zaaks ★ *he ~s for the paper* hij schrijft in de krant III *phras* ★ ~ *away for sth* iets schriftelijk aanvragen ‹informatie›, iets over de post bestellen ★ ~ *back* terugschrijven ★ ~ *sth down* iets neer-, opschrijven, optekenen ★ ~ *for sth* schriftelijk om iets vragen ‹geld &›, iets schriftelijk bestellen ★ ~ *in* (aan de redactie) schrijven ★ ~ *sth in* iets invoegen, bijschrijven ★ ~ *sbd in* iem. inschrijven ★ ~ *in for sth* zich inschrijven voor iets ★ ~ *sbd / sth off* iem. / iets afschrijven ★ ~ *off for sth* iets schriftelijk bestellen / aanvragen ★ ~ *sth out* iets uitschrijven, overschrijven, iets voluit schrijven ★ ~

sth **up** iets (neer)schrijven, iets in bijzonderheden beschrijven, uitwerken, iets bijwerken ⟨dagboek, rapport &⟩ ★ ~ *sbd* iem. lovend bespreken, <u>Am</u> iem. boeken / rapporteren ⟨voor een overtreding⟩

write-down ['raɪtdaʊn] *eff znw* afschrijving, waardevermindering

write-off ['raɪtɒf] *znw* ❶ <u>handel</u> (volledige) afschrijving ❷ total loss ★ *the car is a complete* ~ de auto is total loss

writer ['raɪtə] *znw* schrijver, auteur, schrijfster ★ *the (present)* ~ schrijver dezes

writer-in-residence ['raɪtər-ɪn-'rezɪdns] *znw* gastschrijver ⟨aan een universiteit &⟩

writer's block ['raɪtəz blɒk] *znw* writer's block, schrijversblok

writer's cramp ['raɪtəz kræmp] *znw* schrijfkramp

writership ['raɪtəʃɪp] *znw* schrijverschap

write-up ['raɪtʌp] *znw* artikel, krantenbericht, verslag ★ *give sbd a good* ~ iem. een goede recensie geven, lovend over iem. schrijven

writhe [raɪð] *onoverg* zich draaien, wringen, kronkelen, (ineen)krimpen ★ ~ *with embarrassment* zitten te draaien van verlegenheid / onbehagen

writing ['raɪtɪŋ] *znw* ❶ schrijven, geschrift ❷ schrift, handschrift ❸ schriftuur, schrift ★ *in* ~ op schrift, schriftelijk, in geschrifte ★ *put sth in* ~ iets op schrift brengen ❹ het schrijven ★ *the* ~ *on the wall* het / een teken aan de wand ★ *the* ~ *is on the wall for him* zijn dagen zijn geteld

writing case ['raɪtɪŋ keɪs] *znw* schrijfmap

writing desk ['raɪtɪŋ desk] *znw* schrijflessenaar

writing pad ['raɪtɪŋ pæd] *znw* ❶ schrijfblok ❷ onderlegger ⟨op bureau⟩

writing paper ['raɪtɪŋ 'peɪpə] *znw* schrijfpapier, briefpapier

writings ['raɪtɪŋz] *znw* [mv] werk, oeuvre ⟨v. letterkundige⟩

writ of execution [rɪt əv eksɪ'kju:ʃən] <u>jur</u> *znw* deurwaardersexploot, akte van executie

writ of subpoena [rɪt əv səb'pi:nə] <u>jur</u> *znw* dagvaarding (van getuigen)

writ of summons [rɪt əv 'sʌmənz] <u>jur</u> *znw* dagvaarding

written ['rɪtn] **I** *bn* geschreven, schriftelijk ★ ~ *language* schrijftaal **II** *ww* [v.d.] → **write**

written-off ['rɪtn ɒf] *bn* ❶ afgeschreven ★ *the* ~ *value* de afgeschreven waarde ❷ verloren, naar de bliksem ★ *stolen and* ~ *vehicles* gestolen en totalloss voertuigen

wrong [rɒŋ] **I** *bn* verkeerd, niet in de haak, niet in orde, fout, onjuist, mis, slecht ★ *sorry,* ~ *number* verkeerd verbonden ★ *the* ~ *way around / round* verkeerd om ★ *what's* ~? wat scheelt (mankeert) er aan? ★ *be* ~ ongelijk hebben, het mis hebben, verkeerd gaan ⟨v. klok⟩ ★ *you were* ~ *in assuming that I was out* je had het verkeerd toen je dacht dat ik weg was ★ *it was* ~ *of her to say that* het was fout van haar om dat te zeggen ★ *fall / get into the* ~

hands in de verkeerde handen komen ★ *get sth by the* ~ *end of the stick* het bij het verkeerde eind hebben ★ <u>inf</u> *go down the* ~ *way* in het verkeerde keelgat schieten ★ *catch sbd on the* ~ *foot* iem. in een voor hem / haar ongunstige positie tegenkomen ★ <u>inf</u> *on the* ~ *side of forty* over de veertig ★ <u>inf</u> *a* ~ *'un* een oneerlijk mens, een valse munt ★ *something is* ~ *with him* er scheelt hem iets, hij heeft iets ★ *what's* ~ *with Mrs X?* wat scheelt mevr. X?, wat valt er op mevr. X. aan te merken? **II** *bijw* verkeerd, fout, mis, de verkeerde kant uit ★ *do* ~ verkeerd doen, slecht handelen ★ *get it* ~ het verkeerd begrijpen ★ <u>inf</u> *don't get me* ~ begrijp me niet verkeerd ★ *go* ~ een fout maken, defect raken, in het verkeerde keelgat schieten, <u>fig</u> mislopen, verkeerd uitkomen, de verkeerde weg opgaan ★ *prove sbd* ~ aantonen dat iem. fout zit **III** *znw* iets verkeerds, onrecht, wantoestand, kwaad ★ *he had done no* ~ hij had niets verkeerds gedaan ★ *do sbd* ~ iem. onrecht (aan)doen, iem. onbillijk beoordelen ★ *there is a lot of* ~ *in the world* er is veel onrecht in de wereld ★ <u>zegsw</u> *two* ~*s don't make a right* het ene onrecht wist het andere niet uit ▼ *be in the* ~ ongelijk hebben ▼ *put sbd in the* ~ iem. in het ongelijk stellen **IV** *overg* ❶ onrecht aandoen, verongelijken, te kort doen ❷ onbillijk zijn tegenover

wrongdoer ['rɒŋdu:ə] *znw* ❶ overtreder, dader ❷ zondaar

wrongdoing ['rɒŋdu:ɪŋ] *znw* verkeerde handeling(en), zonde, overtreding, onrecht

wrong-foot [rɒŋ-'fʊt] *overg* ❶ <u>sp</u> op het verkeerde been zetten ❷ <u>fig</u> in verwarring, verlegenheid brengen

wrongful ['rɒŋfʊl] *bn* ❶ onrechtvaardig, onterecht ❷ onrechtmatig, verkeerd

wrong-headed [rɒŋ-'hedɪd] *bn* dwars, verkeerd, eigengereid, eigenzinnig

wrongly ['rɒŋlɪ] *bijw* ❶ verkeerd, bij vergissing ❷ onrechtvaardig, ten onrechte

wrote [rəʊt] *ww* [v.t. & <u>inf</u> v.d.] → **write**

wrought [rɔ:t] **I** *bn* bewerkt, geslagen, gesmeed **II** *ww* [v.t.] veroorzaakte ⟨archaϊsche v.t. van *work*⟩ ★ *the army has* ~ *havoc on the countryside* het leger heeft vreselijk huisgehouden op het platteland

wrought iron [rɔ:t 'aɪən] *znw* smeedijzer

wrought up [rɔ:t ʌp] *bn* zenuwachtig, geprikkeld, zeer gespannen

wrung [rʌŋ] *ww* [v.t. & v.d.] → **wring**

wry [raɪ] *bn* ❶ bitter, ironisch ★ ~ *humor* galgenhumor ★ *a* ~ *smile* een ironische glimlach ❷ zuur ★ *with a* ~ *face* een scheef gezicht zettend, met een zuur gezicht

wryly ['raɪlɪ] *bijw* ❶ zuur ❷ ironisch

wryness ['raɪnəs] *znw* ❶ verdraaidheid ❷ zuurheid ❸ ironie

WSW *afk* (west-south-west) westzuidwest

wt *afk* (weight) gewicht

WTO *afk* (World Trade Organization)

wt

wuss [wʊs] *inf* *znw* slapjanus
WWF *afk* (World Wildlife Fund) Wereldnatuurfonds
WWI *afk* → **World War One**
WWII *afk* → **World War Two**
WWW *afk* (World Wide Web) world wide web
⟨wereldwijd netwerksysteem om informatie op
internet te ontsluiten⟩
wych elm ['wɪtʃ elm], **witch elm** *znw* ruwe iep ⟨boom⟩
wych hazel ['wɪtʃ 'heɪzl] *znw* → **witch hazel**
WYSIWYG [wɪzi:'wig] *comput* *afk* (What You See Is
What You Get ⟨de scherminhoud is gelijk aan de
print⟩)
wyvern ['waɪvn], **wivern** herald *znw* gevleugelde
draak

X

x [eks] *znw* (de letter) x ★ *X* 10 ⟨als Romeins cijfer⟩, fig
onbekende grootheid, ⟨v. film⟩ niet voor personen
beneden 16 jaar
X-acto knife® [ɪg'zæktəʊ naɪf] *znw* scherp mesje met
vervangbare mesjes
X-chromosome ['eks-'krəʊmesəʊm] *znw*
X-chromosoom
xd, **xdiv** *afk* (ex dividend) zonder dividend
xenograft ['zenə(ʊ)grɑːft], **xenotransplant** med *znw*
xenotransplantatie ⟨met weefsel van een andere
diersoort⟩
xenomania [zenəʊ'meɪnɪə] *znw* overdreven voorliefde
voor wat uit het buitenland komt
xenon ['zenɑn] *znw* xenon ⟨edelgas⟩
xenophobia [zenə'fəʊbɪə] *znw* vreemdelingenhaat
xenophobic [zenə'fəʊbɪk] *bn* xenofoob, bang voor
/ afkerig van vreemdelingen
xenotransplant ['zenə(ʊ)'trænsplɑːnt] med *znw* →
xenograft
xerography [ze'rɒgrəfɪ] *znw* xerografie
⟨fotokopieerproces⟩
Xerox® ['zɪə-, 'zerɒks] **I** *znw* ❶ fotokopie
❷ fotokopieerapparaat **II** *overg* fotokopiëren
XL *afk* (extra large ⟨kledingmaat⟩)
Xmas ['krɪsməs] *znw* (Christmas) kerst
XML comput *znw* (Extendable Markup Language)
XML, medianeutrale opmaaktaal
X-rated ['eks-'reɪtɪd] *bn* voor boven de 18
⟨filmclassificatie⟩
X-ray ['eks-reɪ] **I** *bn* röntgen-, röntgenologisch **II** *znw*
❶ röntgenstraal ❷ röntgenfoto ❸ de letter X ⟨in het
internationaal alfabet⟩ **III** *overg* een (röntgen)foto
maken, doorlichten
X-ray fish ['eks-reɪ fɪʃ] *znw* pristella ⟨doorzichtig
aquariumvisje⟩
xylene ['zaɪliːn] scheik *znw* xyleen
xylograph ['zaɪləgrɑːf] *znw* houtsnede, houtgravure
xylography [zaɪ'lɒgrəfɪ] *znw* houtsnijkunst
xylophone ['zaɪləfəʊn] *znw* xylofoon

wu

Y

y [waɪ] *znw* (de letter) y
Y2K-problem [waɪtuː'keɪ-'prɒbləm] comput *znw* millenniumprobleem
yabber [jæbə] Aus inf *onoverg* kakelen, brabbelen, wauwelen
yacht [jɒt] *znw* (zeil)jacht
yachter ['jɒtə], **yachtsman**, **yachtswoman** *znw* zeiler
yachting ['jɒtɪŋ] *znw* zeilsport
yack [jæk], **yak** I *znw* ❶ jak ⟨soort buffel⟩ ❷ geleuter, geklets, geouwehoer II *onoverg* leuteren, kletsen, ouwehoeren III *phras* ★ ~ **on** doorkletsen
yada yada yada [jædə jædə 'jædə] Am inf *tsw* blablabla
yah [jɑː] inf *tsw* hè ⟨uitjouwend, honend⟩, ja(wel), kun je begrijpen!, ja!, nou ja!, bah!
yahoo [jə'huː] I inf *tsw* hoera! II *znw* onbeschoft persoon, beestmens, beest
Yahveh ['jɑːweɪ], **Yahweh** *znw* Jahweh ⟨Hebreeuwse naam van God⟩
yak [jæk] I *znw* inf **yack** II *onoverg* inf **yack**
yakka ['jækə], **yakker** Aus inf *znw* werk
Yale® [jeɪl], **Yale lock** *znw* yaleslot, cilinderslot
y'all [jɔːl, jəːl] inf *samentr* (you all) jullie
yam [jæm] *znw* yam, broodwortel
yammer ['jæmə] inf *onoverg* ❶ jammeren, janken, kreunen ❷ wauwelen
yang [jæŋ] *znw* yang ⟨mannelijk principe in Chinese filosofie⟩
yank [jæŋk] inf I *znw* ruk, sjor, por II *overg* rukken (aan), (weg)grissen
Yankee ['jæŋkɪ], **Yank** I *bn* Amerikaans II *znw* ❶ yankee, Amerikaan ❷ de letter Y ⟨in het internationaal alfabet⟩
yap [jæp] I *znw* gekef II *onoverg* ❶ keffen ❷ inf kletsen, kwekken, druk praten
yapper ['jæpə] *znw* ❶ keffer ❷ inf kletskous
yappy ['jæpɪ] inf *bn* ❶ blafferig ❷ kletserig
yard [jɑːd] I *znw* ❶ yard ⟨Engelse el, 0,914 m⟩ ❷ (binnen)plaats, erf ❸ emplacement, terrein ★ *the Yard* **Scotland Yard** II *overg* ❶ bijeendrijven in een omheinde ruimte ⟨vee⟩ ❷ Am hout opslaan op een opslagterrein III *onoverg* bijeenkomen in kuddes voor de winter
yardage ['jɑːdɪdʒ] *znw* ❶ lengte in yards ❷ opslag-/ stallingskosten
yardbird ['jɑːdbɜːd] Am inf *znw* gedetineerde
Yardie ['jɑːdɪ] inf I *bn* Jamaicaans of karakteristiek voor Jamaicanen II *znw* ❶ mede-Jamaicaan ⟨gebruikt onder Jamaicanen⟩ ❷ Br lid van een Jamaicaanse (of West-Indische) drugsbende
yardman ['jɑːdmən], **yardsman** *znw* ❶ rangeerder ⟨bij het spoor⟩ ❷ Am los werkman
yardstick ['jɑːdstɪk] *znw* ❶ meetlat ⟨van 1 yard⟩ ❷ maatstaf

yarmulke ['jɑːmulkə], **yarmulka** *znw* keppeltje
yarn [jɑːn] I *znw* ❶ garen, draad ❷ (lang) verhaal, anekdote ★ *he can spin a good* ~ hij kan goed vertellen ★ Aus & NZ inf *have a* ~ *with sbd* een praatje maken met iem. II *onoverg* ❶ inf verhalen vertellen ❷ Aus & NZ inf een praatje maken
yarrow ['jærəʊ] *znw* duizendblad ⟨plant⟩
yashmak ['jæʃmæk] ⟨*Arab*⟩ *znw* witte vrouwensluier
yaw [jɔː] scheepv *onoverg* gieren
yawl [jɔːl] *znw* ❶ jol ❷ klein zeiljacht
yawn [jɔːn] I *znw* ❶ geeuw, gaap ❷ inf iets saais ★ *the film is a* ~ de film is stomvervelend II *overg* geeuwend zeggen III *onoverg* geeuwen, gapen
yawp [jɔːp] I *znw* ❶ gekrijs, gejank ❷ gezwets II *onoverg* ❶ krijsen, janken ❷ kletsen, zwammen
yaws [jɔːz] *znw* [mv] framboesia ⟨tropische huidziekte⟩
Y-chromosome ['waɪ-'krəʊməsəʊm] *znw* Y-chromosoom
yd *afk* (yard ⟨0,914 m⟩)
ye [jiː] I *lidw* scherts de, het ⟨imitatie Oud-Engels⟩ ★ ~ *old village pub* het oude dorpscafé II *pers vnw* plechtig of dicht gij, gijlieden ▼ inf ~ *gods!* goeie genade! ⟨uitroep van verbazing⟩
yea [jeɪ] I *bijw* plechtig ja, ja zelfs II *znw* stem vóór ★ *a vote of 48* ~*s to 20 nays* 48 stemmen vóór en 20 tegen ★ ~ *or nay* ja of nee
yeah [jeə] inf *tsw* ja
year [jɪə] *znw* jaar ★ *the financial* ~ het boekjaar ★ *the fiscal* ~ het fiscaal jaar, belastingjaar ★ *one's formative* ~*s* zijn vormingsjaren, vormende jaren ★ *in recent* ~*s* (in) de laatste jaren ★ *since the* ~ *dot* sinds het jaar nul ★ *all (the)* ~ *around / round* het hele jaar door ★ ~ *by* ~ jaar op jaar, ieder jaar ★ *from one* ~ *to the next* jaar in, jaar uit ★ *in,* ~ *out* jaar in, jaar uit ★ *in* ~*s* (al) op jaren ★ *put* ~*s on sbd* iem. jaren ouder maken / laten lijken ★ *take* ~*s off sbd* iem. jaren jonger maken / laten lijken ★ *for a man / woman of his / her* ~*s* voor iemand van zijn / haar leeftijd ★ *well on in* ~*s* hoogbejaard
Year 2000 problem [jɪə tuː 'θaʊzənd 'prɒbləm] comput *znw* ★ *the* ~ het millenniumprobleem
yearbook ['jɪəbʊk] *znw* jaarboek
year end [jɪər end] boekh *znw* boekjaar
year-end audit [jɪə-rend 'ɔːdɪt] boekh *znw* jaarrekeningcontrole
yearling ['jɪəlɪŋ] I *bn* ❶ eenjarig, jarig ❷ van één jaar II *znw* eenjarig dier, hokkeling
year-long [jɪə-'lɒŋ] *bn* één jaar durend, één jaar lang
yearly ['jɪəlɪ] I *bn* jaarlijks, jaar- II *bijw* jaarlijks
yearn [jɜːn] I *onoverg* verlangen, ernaar smachten (om to) II *phras* ★ ~ *after / for sbd / sth* smachten naar iem. / iets
yearning ['jɜːnɪŋ] I *bn* verlangend, reikhalzend II *znw* verlangen
year-on-year ['jɪə-rɒn 'jɪə] *bn* jaar-, jaarlijks, van jaar tot jaar ⟨gegevens, prijzen &⟩
year-round ['jɪə'raʊnd] *bn* het hele jaar door

ye

yeast [ji:st] *znw* gist

yeasty ['ji:stɪ] *bn* ❶ gistig, gistend ❷ schuimend, bruisend, turbulent ❸ naar gist smakend

yell [jel] **I** *znw* gil, geschreeuw **II** *overg* (uit)gillen, schreeuwen (ook: ~ *out*) **III** *onoverg* gillen, het uitschreeuwen (van *with*)

yellow ['jeləʊ] **I** *bn* ❶ geel ❷ *inf* laf, gemeen **II** *znw* ❶ geel ❷ eigeel, dooier **III** *overg* geel maken **IV** *onoverg* geel worden

yellow-bellied ['jeləʊ-'belɪd] *bn* ❶ met een gele buik ❷ *inf* laf

yellow-belly ['jeləʊ-'belɪ] *inf znw* ❶ lafaard ❷ dier met gele buik

yellowcake ['jeləʊkeɪk], **yellow cake** *znw* uraniumertsconcentraat

yellow card ['jeləʊ kɑːd] *sp znw* gele kaart

yellow dog ['jeləʊ dɒg] *Am znw* lafaard, verachtelijk persoon

yellow fever ['jeləʊ 'fiːvə] *med znw* gele koorts

yellow flag ['jeləʊ flæg] *znw* ❶ gele vlag, quarantainevlag ❷ gele lis ⟨plant⟩

yellowish ['jeləʊɪʃ] *bn* geelachtig

yellow line ['jeləʊ laɪn] *znw* gele streep ⟨langs de stoep als parkeerverbod⟩

Yellow Pages ['jeləʊ 'peɪdʒɪz] *znw* [mv] ★ *the* ~ gele gids, gouden gids

yellow press ['jeləʊ pres] *znw* sensatiepers

yellowy ['jeləʊɪ] *bn* geelachtig, gelig

yelp [jelp] **I** *znw* ❶ gejank ⟨v. hond⟩ ❷ gil **II** *onoverg* ❶ janken ⟨v. hond⟩ ❷ gillen

Yemen ['jemən] *znw* Jemen

Yemeni ['jemənɪ] **I** *bn* Jemenitisch **II** *znw* Jemeniet, Jemenitische

yen [jen] *znw* ❶ yen ⟨Japanse munteenheid⟩ ❷ hevig verlangen (naar *for*)

yeoman ['jəʊmən] *znw* ❶ *hist* kleine landeigenaar, eigenerfde ❷ *mil* soldaat v.d. *yeomanry* ▼ ~*('s) service* hulp in nood

Yeoman of the Guard ['jəʊmən əv ðə 'gɑːd] *znw* soldaat v.d. lijfwacht van de Engelse koningen, de Koninklijke Garde

yep [jep] *inf tsw* ja

yes [jes] *tsw* ja ★ ~, *madam?* wat blieft u?

yes-man ['jes-mæn] *inf znw* jabroer, jaknikker

yessir ['jesə. je'sɜː] *inf tsw* jazeker, ja meneer

yester- ['jestə] *dicht voorv* gisteren, vorig

yesterday ['jestədeɪ] **I** *bijw* gisteren ★ *the day before* ~ eergisteren **II** *znw* gisteren ★ ~ *was Friday* gisteren was het vrijdag

yesteryear ['jestəjɪə] *dicht bijw* ❶ vorig jaar ❷ het recente verleden

yet [jet] **I** *voegw* maar (toch) ★ *a simple* ~ *effective solution* een eenvoudige maar doeltreffende oplossing **II** *bijw* ❶ nog, tot nog toe ★ *as* ~ tot nog toe, alsnog ★ *never* ~ nog nooit ★ *not* ~ nog niet ❷ nu nog, nog altijd ★ *they have* ~ *to arrive* ze zijn nog niet aangekomen ★ *I haven't finished* ~/~ *finished* ik ben nog niet klaar ❸ toch, toch nog,

(nog) wel ★ *dicht nor* ~ en ook niet ❹ al ⟨in vragende zinnen⟩ ★ *has he rung* ~? heeft hij al gebeld? ★ *isn't he dead* ~? is hij nog niet dood?

yeti ['jetɪ] *znw* yeti, verschrikkelijke sneeuwman

yew [juː] *znw* ❶ taxus, taxusboom ❷ taxushout

Y-fronts® ['waɪ-frʌnts] *znw* [mv] herenonderbroek ⟨met omgekeerde Y-vormige gulp⟩

YHA *afk* (Youth Hostels Association) bond van jeugdherbergen

Yid [jɪd] *beledigend znw* Jood

Yiddish ['jɪdɪʃ] *bn* jiddisch

yield [jiːld] **I** *znw* rendement, opbrengst, productie, oogst ★ *the net* ~ het nettorendement **II** *overg* ❶ opbrengen, opleveren, afwerpen, voortbrengen ❷ geven, verlenen, afstaan ❸ overgeven ⟨stad⟩, prijsgeven **III** *onoverg* ❶ opbrengen, opleveren, geven ★ ~ *poorly* weinig opbrengen ★ ~ *well* een goede oogst opleveren ❷ toegeven, zwichten, onderdoen (voor *to*), zich overgeven **IV** *phras* ★ ~ *sth up* iets opleveren, *form* iets opgeven, afstaan

yielder ['jiːldə] *znw* ❶ iem. die toegeeft, zwicht & ❷ iets dat vrucht afwerpt

yielding ['jiːldɪŋ] *bn* ❶ productief ❷ meegevend, toegeeflijk, meegaand, buigzaam

yikes [jaɪks] *inf tsw* jeetje! ⟨uitroep van verbazing of verrassing⟩

yin [jɪn] *znw* yin ⟨vrouwelijk principe in Chinese filosofie⟩

yippee! [jɪ'piː] *inf tsw* hoera!, jottem!

ylang-ylang [iːlæŋ'iːlæŋ] *znw* ylang-ylang, cananga ⟨tropische boom die etherische olie levert⟩

YMCA [waɪemsiː'eɪ] *afk* (Young Men's Christian Association) welzijnsorganisatie voor jonge mannen

yob [jɒb, 'jɔbəʊ], **yobbo** *inf znw* hufter

yodel ['jəʊdl] **I** *znw* gejodel **II** *overg & onoverg* jodelen

yoga ['jəʊgə] *znw* yoga

yogi ['jəʊgɪ] *znw* [*mv*: -s] yogi

yogurt ['jɒgət, jəʊgərt], **yoghurt** *znw* yoghurt

yo-heave-ho ['jəʊhiːv'həʊ] *scheepv tsw* hup!

yoke [jəʊk] **I** *znw* ❶ juk, span ⟨ossen⟩ ❷ schouderstuk ⟨v. kledingstuk⟩ **II** *overg* ❶ het juk aandoen, aanspannen ❷ onder het / één juk brengen **III** *phras* ★ ~ *sth* **together** iets verenigen, verbinden, koppelen

yokel ['jəʊkl] *znw* boerenlummel, -kinkel

yolk [jəʊk] *znw* (eier)dooier

Yom Kippur [jɒm kɪ'pʊə] *joods znw* Jom Kippoer, Grote Verzoendag

yonder ['jɒndə], **yon** *dicht* **I** *bn* ginds **II** *bijw* ginder, daarginds

yonks [jɒŋks] *inf* ★ *for* ~ eeuwenlang, al een eeuwigheid

yoof [juːf] *inf scherts znw* (niet-standaard spelling van *youth*) jonge mensen als collectief, de jongeren

yore [jɔː] *znw* ★ *of* ~ eertijds, voorheen ★ *in days of* ~ in vroeger dagen

Yorkshire pudding ['jɔːkʃə, -ʃɪə 'pʊdɪŋ] *znw* yorkshire pudding ⟨traditioneel Engels meelgerecht, gegeten bij roast beef›

you [ju:] *pers vnw* ❶ jij, je, gij, u ❷ jullie ❸ men

you'd [ju:d] *samentr* ❶ (you had) → **have** ❷ (you would) → **would**

you'll [ju:l] *samentr* ❶ (you will) → **will** ❷ (you shall) → **shall**

young [jʌŋ] **I** *bn* ❶ jong, jeugdig ★ *a ~ family* een gezin met kleine kinderen ★ *a ~ lady* een jongedame, een (jonge)juffrouw ★ <u>gedat</u> *his ~ lady* zijn meisje ★ <u>gedat</u> *her ~ man* haar vrijer ★ *~ love* prille liefde ★ *a ~ one* een jong ‹v. dier› ★ *the ~ ones* de kleinen, de jongen ★ *inf ~ things* jonge dingen (meisjes) ★ *be ~ at heart* jong van geest zijn ★ *look ~ for one's age* er jong uitzien voor zijn / haar leeftijd ❷ onervaren ★ *she's ~ for her age* ze is onvolwassen voor haar leeftijd ❸ vroeg ★ *the night is yet ~* het is nog vroeg in de nacht **II** *znw* jongen ‹v. dier› ★ *the ~* de jeugd

young adult offender [jʌŋ 'ædʌlt ə'fendə] Br *znw* misdadiger tussen 18 en 20

young blood [jʌŋ blʌd] *znw* nieuw bloed, vers bloed, nieuwe deelnemers

younger ['jʌŋgə] *bn* jonger ★ *George the ~* George junior, de jongere (jongste) George

youngest ['jʌŋgɪst] *bn* jongst(e)

youngish ['jʌŋɪʃ] *bn* jeugdig, tamelijk jong

young man [jʌŋ mæn] *znw* jonge man, jongmens

young offender [jʌŋ ə'fendə] Br *znw* misdadiger tussen 14 en 17 jaar

young offender institution [jʌŋ ə'fendə ɪnstɪ'tju:ʃən] *znw* jeugdgevangenis

young person [jʌŋ 'pɜ:sən] *znw* jeugdig persoon, minderjarige

youngster ['jʌŋstə] <u>inf</u> *znw* jochie ★ *the ~s* de kinderen

your [jɔ:, jʊə, jə] *bez vnw* ❶ uw ❷ je, jouw ★ *~ Joe* je Joe ‹ondertekening van een persoonlijke brief› ❸ <u>inf</u> van jullie ★ *so this is ~ famous bar* dit is dus die beroemde bar van jullie ❹ zo'n ★ *she's one of ~ busybody types* ze is zo'n bemoeizuchtig type

you're [jʊə] *samentr* (you are) → **be**

yours [jɔ:z] *bez vnw* ❶ de / het uwe, de uwen, de / het jouwe ★ *~ is blue, mine is red* de jouwe is blauw, de mijne is rood ★ *van jou, van jou, van jullie* ★ *it's ~* het is van jou, het is voor jou ★ *it's no business of ~* je hebt er niets mee te maken ★ *the choice is ~* de keuze is aan u, jij mag kiezen ★ *~ truly / faithfully / sincerely* hoogachtend, met vriendelijke groet ‹afsluiting van een formele of zakenbrief› ▼ <u>scherts</u> *~ truly* ondergetekende, ik ▼ *~ of the 4th* uw schrijven van de 4de ‹in zakelijke brief› ▼ Br <u>scherts</u> *it is ~ to obey* jij mag alleen maar gehoorzamen ▼ <u>vulg</u> *up ~!* je kunt me de pot op!

yourself [jɔ:'self] *wederk vnw* [mv: yourselves] u, jij, uzelf, jezelf, jullie, jullie zelf, zelf ★ *you're not quite ~ tonight* je bent niet op dreef vanavond ★ *you'll soon be quite ~ again* je zult weer spoedig de oude zijn ★ <u>inf</u> *how are you in ~?* hoe gaat het echt met je? ★ *just be ~* doe maar gewoon zoals altijd ★ <u>inf</u>

how's ~? en (hoe gaat het) met jou? ‹als antwoord› ★ *(all) by ~* helemaal alleen ★ *(all) to ~* het rijk alleen

youse [ju:z] <u>dial</u> *vnw* ❶ jullie ❷ jij

youth [ju:θ] *znw* ❶ jeugd ★ *from his ~* van zijn jeugd af aan ❷ jeugdigheid ★ *she's not in the first flush of ~* ze is niet meer zo piepjong ❸ jongeman, jongen, jongeling ❹ jonge mensen, jongelieden, jongelui ★ *a gang of ~s* een jeugdbende ★ *the ~ of today* de jeugd van tegenwoordig

youth centre [ju:θ 'sentə], Am **youth center** *znw* jeugdcentrum, jeugdclub, jeugdhonk

youth club [ju:θ klʌb] *znw* jeugdvereniging, jongerencentrum

youth court [ju:θ kɔ:t] Br *jur znw* kinderrechter, jeugdrechtbank

youth culture [ju:θ 'kʌltʃə] *znw* jeugdcultuur

youth custody centre [ju:θ 'kʌstədi 'sentə] Br *gedat znw* jeugdgevangenis

youthful ['ju:θfʊl] *bn* jeugdig, jong

youth hostel [ju:θ 'hɒstl] *znw* jeugdherberg

youth hosteller [ju:θ 'hɒstələ], **youth hosteler** *znw* bezoeker, -ster van een jeugdherberg

youth hostelling [ju:θ 'hɒstəlɪŋ], **youth hosteling** *znw* reizen met overnachtingen in jeugdherbergen

youth literature [ju:θ 'lɪtərətʃə] *znw* jeugdliteratuur

youth magazine [ju:θ mægə'zi:n] *znw* jongerenblad, jeugdblad

you've [ju:v] *samentr* (you have) → **have**

yowl [jaʊl] **I** *znw* gehuil, gejank **II** *onoverg* huilen, janken

yo-yo ['jəʊjəʊ] *znw* jojo

yr *afk* ❶ (year, years) jaar ❷ (your) jouw, uw, jullie

yrs *afk* ❶ (years) jaren ❷ (yours) jullie, uw

YTS *afk* (Youth Training Scheme) jeugdwerkplan

yuan ['ju:ɑ:n, 'ju:ən] *znw* yuan ‹munteenheid in de Volksrepubliek China›

yucca ['jʌkə] *znw* yucca ‹plant›

yuck [jʌk], **yuk** <u>inf</u> *tsw* getver!, jasses!, jakkes!

yucky ['jʌkɪ], **yukky** <u>inf</u> *bn* vies, smerig

Yugoslav ['ju:gəslɑ:v], **Yugoslavian I** *bn* Joegoslavisch **II** *znw* Joegoslaaf, Joegoslavische

Yugoslavia ['ju:gə'slɑ:vɪə] *znw* Joegoslavië

Yule [ju:l] *znw* kersttijd

yule log [ju:l lɒg] *znw* houtblok voor het kerstvuur, kerstblok

yule tide [ju:l taɪd] *znw* kersttijd

yummy ['jʌmɪ] <u>inf</u> *bn* heerlijk, lekker ‹eten›

yum yum ['jʌm 'jʌm] <u>inf</u> *tsw* mm, heerlijk, lekker, dat is smullen geblazen

yuppy ['jʌpɪ] <u>inf</u> *afkeurend znw* (young urban professional) yup(pie) ‹jonge, rijke carrièremaker in de stad›

yuppy flu ['jʌpɪ flu:] <u>inf</u> *znw* 'yuppengriep' ‹negatieve benaming van ME, het chronisch vermoeidheidssyndroom›

YWCA [wai'dʌblju:si:'ei] *afk* (Young Women's Christian Association) welzijnsorganisatie voor jonge vrouwen

yw

z

z [zed] *znw* (de letter) z
Zaire [zɑːˈɪə] *znw* Zaïre
Zairean [zɑːˈɪərɪən] I *bn* Zaïrees II *znw* Zaïrees, Zaïrese
Zambia [ˈzæmbɪə] *znw* Zambia
Zambian [ˈzæmbɪən] I *bn* Zambiaans II *znw* Zambiaan, Zambiaanse
zander [ˈzændə] *znw* snoekbaars ‹vis›
zany [ˈzeɪnɪ] I *bn* mesjogge, (knots)gek, absurd II *znw* rare snuiter, grappenmaker
zap [zæp] *inf* I *znw* oppepper, extra dosis ★ *a performance with a lot of ~ in it* een uitvoering met heel veel pep II *overg* ❶ neerknallen, vernietigen, verslaan, overweldigen ❷ snel brengen, snel iets doen ❸ *comput* wissen ‹van gegevens› ❹ meppen ‹bal &› ❺ in de magnetron zetten / koken III *onoverg* ❶ vliegen, zoeven, flitsen ❷ zappen ‹op tv›
zariba [zəˈriːbə], **zareba** *znw* omheining, palissade ‹in Soedan›
zeal [ziːl] *znw* ijver, vuur, enthousiasme
Zealand [ˈziːlənd] *znw* ❶ Seeland ‹in Denemarken› ❷ Zeeland ‹in Nederland›
zealot [ˈzelət] *znw* zeloot, ijveraar, dweper, fanaticus
zealotry [ˈzelətrɪ] *znw* gedweep, fanatisme
zealous [ˈzeləs] *bn* ijverig, vurig
zebra [ˈzebrə, ˈziːbrə] *znw* zebra
zebra crossing [ˈzebrə, ˈziːbrə ˈkrɒsɪŋ] *znw* zebrapad
zebu [ˈziːbuː] *znw* zeboe, bultrund
zed [zed], Am **zee** *znw* de letter z ★ *a ~bar* een Z-vormige stang
Zen [zen] *znw* Zen
zenana [zɪˈnɑːnə] *znw* vrouwenverblijf, harem ‹in India en Iran›
zenith [ˈzenɪθ] *znw* ❶ zenit, toppunt ❷ *fig* hoogtepunt ★ *his career was at its ~ in 1990* zijn carrière was op zijn hoogtepunt in 1990
zephyr [ˈzefə] dicht *znw* zefier, koeltje, windje
zeppelin [ˈzepəlɪn] *znw* zeppelin
zero [ˈzɪərəʊ] I *znw* [*mv:* -s *of* zeroes] ❶ nul, nulpunt ❷ laagste punt ❸ beginpunt II *phras* ★ *~ in on sth* mil zich inschieten op iets, fig zijn aandacht richten op iets
zero-emission [zɪərəʊ-ɪˈmɪʃən] *bn* zonder uitstoot van schadelijke stoffen‹v. voertuigen›
zero gravity [ˈzɪərəʊ ˈɡrævɪtɪ] *znw* gewichtloosheid
zero hour [ˈzɪərəʊ aʊə] *znw* ❶ mil uur nul ❷ kritiek moment, het uur U
zero line [ˈzɪərəʊ laɪn] *znw* nullijn
zero option [ˈzɪərəʊ ˈɒpʃən] *znw* nuloptie
zero-rated [ˈzɪərəʊ-ˈreɪtɪd] *bn* tegen nultarief
zero-sum [zɪərəʊ-ˈsʌm] *bn* nulsom
zero tolerance [ˈzɪərəʊ ˈtɒlərəns] *znw* zero tolerance ‹niet accepteren van onaanvaardbaar gedrag›
zest [zest] *znw* ❶ schilletje ‹v. sinaasappel, citroen›

❷ enthousiasme, lust, animo ★ *~ for life* levenslust ❸ pit, jeu ★ *add / give ~ to sth* jeu geven aan iets
zigzag [ˈzɪɡzæɡ] I *bn* zigzagsgewijs lopend, zigzag- ★ *a ~ pattern* een zigzagpatroon II *bijw* zigzagsgewijs III *znw* zigzag IV *onoverg* zigzagsgewijs lopen, gaan &, zigzaggen
zilch [zɪltʃ] inf *vnw* niks, noppes
zillion [ˈzɪljən] inf *znw* onbepaald groot aantal / getal ★ *~s of sth* ontelbaar veel van iets
Zimbabwe [zɪmˈbɑːbwɪ, -weɪ] *znw* Zimbabwe
Zimbabwean [zɪmˈbɑːbwɪən, -weɪən] I *bn* Zimbabwaans II *znw* Zimbabwaan, Zimbabwaanse
Zimmer frame [ˈzɪmə freɪm] *znw* looprek ‹voor mensen die slecht ter been zijn›
zinc [zɪŋk] *znw* zink
zing [zɪŋ] inf *znw* jeu, pit, kracht, vitaliteit
Zion [ˈzaɪən] *znw* Zion, Jeruzalem
Zionism [ˈzaɪənɪzəm] *znw* zionisme
Zionist [ˈzaɪənɪst] I *bn* zionistisch II *znw* zionist
zip [zɪp] I *vnw*, **zippo** Am inf niks, noppes II *znw* ❶ rits(sluiting) ❷ gefluit ‹van een geweerkogel› ❸ inf fut, pit ★ *full of ~* vol energie III *overg* ❶ ritsen ★ *she ~ped herself into her dress* ze ritste zich in haar jurk ❷ *comput* zippen, een zipbestand maken van, comprimeren ❸ schieten, snel laten bewegen IV *onoverg* langsvliegen, -snellen, -snorren V *phras* ★ *~ around / by* even aanwippen ★ *~ sth up* iets dichtritsen
zip code [zɪp kəʊd] *znw* (zone improvement plan code) Am postcode
zip fastener [zɪp ˈfɑːsnə], **zip fastening** *znw* → **zipper**
zip file [zɪp faɪl] comput *znw* zipbestand, zipfile, gecomprimeerd bestand
zipper [ˈzɪpə], **zip fastener**, **zip fastening** *znw* rits, ritssluiting
zippy [ˈzɪpɪ] inf *bn* pittig, voortvarend, dynamisch, energiek
zip-up [ˈzɪp-ʌp] *bn* met ritssluiting
zither [ˈzɪðə] *znw* citer
zloty [ˈzlɒtɪ] valuta *znw* zloty ‹Poolse munteenheid›
zodiac [ˈzəʊdiæk] *znw* ★ *the ~* zodiak, dierenriem
zodiacal [zəˈdaɪəkl] *bn* zodiakaal, in / van de dierenriem
zombie [ˈzɒmbɪ] *znw* ❶ zombie, (door tovenarij) tot leven gebracht lijk ❷ inf iem. die automatisch handelt, die meer dood dan levend schijnt
zonal [ˈzəʊnl] *bn* zonaal, zone-
zone [zəʊn] I *znw* zone, gebied, luchtstreek, gordel II *overg* ❶ omgorden ❷ verdelen in zones III *phras* ★ Am inf *~ out* in slaap vallen, het bewustzijn verliezen, de aandacht laten verslappen
zoning [ˈzəʊnɪŋ] *znw* ❶ handels- / industriewijken ❷ indeling v. stad in woonwijken
zonk [zɒŋk] inf I *overg* ❶ slaan ❷ afmatten II *phras* ★ *~ out* bewusteloos raken, als een blok in slaap vallen ★ *~ sbd out* iem. afmatten
zonked [zɒŋkt] inf *bn* ❶ ladderzat, stoned ❷ afgepeigerd, uitgeput

zoo [zuː] *znw* dierentuin, diergaarde
zookeeper [ˈzuːkiːpə], **zoo keeper** *znw*
dierenverzorger ‹in dierentuin›
zoological [zəʊəˈlɒdʒɪkl] *bn* zoölogisch, dierkundig
zoological garden [zəʊəˈlɒdʒɪkl ˈgɑːdn] *znw*
dierentuin, diergaarde
zoologist [zəʊˈɒlədʒɪst] *znw* zoöloog, dierkundige
zoology [zəʊˈɒlədʒɪ] *znw* zoölogie, dierkunde
zoom [zuːm] **I** *znw* ❶ <u>luchtv</u> zoemer, zoemvlucht
❷ zoom ‹v. filmcamera› **II** *onoverg* ❶ zoemen,
suizen ❷ plotseling (snel) stijgen ‹prijzen &›
❸ zoomen ‹v. filmcamera› **III** *phras* ★ ~ **in** / **out**
inzoomen / uitzoomen ★ ~ **in on** *sth* inzoomen op
iets
zoom lens [zuːm lenz] *znw* zoomlens
zoomorphic [zəʊəˈmɔːfɪk] *bn* in dierlijke vorm
Zoroastrianism [zɒrəʊˈæstrɪənɪzəm] *znw* leer van
Zarathoestra (Zoroaster)
Zouave [zʊˈɑːv] *znw* zoeaaf
zouk [zuːk] <u>muz</u> *znw* zouk ‹mengeling van
West-Indische en Europese muziek›
zounds [zaʊndz, zuːndz] <u>scherts</u> *tsw* drommels!,
potdorie!
zucchini [zuːˈkiːnɪ] *znw* courgette
Zulu [ˈzuːluː] *znw* ❶ Zoeloe ❷ de letter Z ‹in het
internationaal alfabet›
zygote [ˈzaɪgəʊt] <u>biol</u> *znw* zygoot
zymotic [zaɪˈmɒtɪk] *bn* ❶ gistings- ❷ besmettelijk,
infectie-

PRISMA HANDWOORDENBOEK
NEDERLANDS-ENGELS

A

a *v* ['s] a ★ *wie ~ zegt, moet ook b zeggen* in for a penny, in for a pound ★ *zeg eens ~* open your mouth wide ★ *van ~ tot z* from A to Z, from beginning to end, ‹read a book› from cover to cover ★ *van ~ tot z betrokken* completely / totally involved ★ *van ~ tot z gelogen* a lie from start to finish

à *voorz* at, to, per ★ *tien ~ vijftien* from ten to fifteen ★ *vijf ~ zes* some five or six ★ *over vier ~ vijf weken* in four or five weeks ★ *~ contant* cash ★ *vier kaartjes ~ € 10* 4 tickets @ € 10 each

A4'tje *o* [-s] A4-page, page of A4 ★ *één ~* a single side of A4 ★ *een scriptie van 20 ~s* a paper of 20 A4 pages

aagje *o* [-s] ★ *een nieuwsgierig ~* a nosy parker, *Aus* a stickybeak

aai *m* [-en] stroke, caress, pet

aaien *overg* [aaide, h. geaaid] stroke, caress, pet ★ *iem. over het hoofd ~* pat sbd on the head

aak I *m & v* [aken] <u>scheepv</u> barge **II** *m* [aken] <u>plantk</u> common maple

aal I *m* [alen] *vis* eel ★ *hij is zo glad als een ~* he's as slippery as an eel **II** *v*, **aalt** *mest* liquid manure

aalbes *v* [-sen] (black / red / white) currant

aalglad *bn* (as) slippery as an eel

aalmoes *v* [-moezen] alms, charity ★ *(om) een ~ vragen* ask for charity, ask for alms ★ *iem. aalmoezen geven, iem. een ~ geven* give alms to sbd

aalmoezenier *m* [-s] chaplain, padre, <u>mil</u> army chaplain

aalscholver *m* [-s] *vogel* cormorant

aaltje *o* [-s] *draadworm* eelworm

aambeeld, **aanbeeld** *o* [-en] anvil, <u>anat ook</u> incus ★ *steeds op hetzelfde ~ hameren / slaan* always be harping on one / the same thing

aambeien *zn* [mv] haemorrhoids/<u>Am</u> hemorrhoids, <u>inf</u> piles

aan I *voorz* on, upon, at ★ *~ haar bed* at (by) her bedside ★ *~ boord* on board ★ *~ de deur* at the door ★ *~ de muur* on the wall ★ *vier ~ vier* four by four ★ *bumper ~ bumper* bumper to bumper ★ *voor 500 euro ~ kleding kopen* buy clothes for 500 euros ★ *rijk ~ mineralen* rich in minerals ★ *er is iets stuk ~ de motor* there is something wrong with the engine ★ *zij is ~ het koken* she's cooking ★ *de melk ~ de kook brengen* bring the milk to the boil ★ *~ wie heb je dat gegeven?* who did you give it to? ★ *het is ~ u* ‹beurt› it's your turn, it's for you ‹to play›, ‹taak› it's up to you, it's your duty ‹to› ★ *~ iets toe zijn* be ready for sth ★ *er niet ~ willen* not want to do sth ★ *er iets ~ hebben* be of use to you **II** *bijw* ❶ *v. kleding* on ★ *hij heeft zijn jas ~* he has his coat on ❷ *v. vuur, licht & on* ★ *het licht is ~* the light is on ❸ *v. boot, trein & in* ★ *de boot is nog niet ~* the boat is not in yet ❹ *v. deur, raam & ajar* ★ *de deur staat ~* the door is ajar ❺ *v. bijeenkomsten* on ★ *de school is al ~* school has begun, school's in ❻ *v. bewind* in power ★ *dit*

kabinet blijft niet lang ~ this cabinet will not remain in office for long ❼ *v. liefde, vriendschap* on ★ *het is erg ~ tussen hen* they're very fond of each other, they're as thick as thieves ❽ *in combinatie met er* ★ *er is niets van ~* there is not a word of truth in it ★ *er is niets ~* ‹gemakkelijk› it's easy, ‹saai› it's very dull ▼ *dat is maar net ~!* that will only just do

aanbakken *onoverg* [bakte aan, is aangebakken] burn, stick to the pan

aanbeeld *o* [-en] → **aambeeld**

aanbelanden *onoverg* [belandde aan, is aanbeland] land, end up ★ *ergens ~* end up somewhere ★ *dan zijn we nu aanbeland bij het volgende hoofdstuk* now we're at the next chapter

aanbellen *onoverg* [belde aan, h. aangebeld] ring (the bell)

aanbesteden *overg* [besteedde aan, h. aanbesteed] invite tenders for, put out to contract, put out to tender ★ *een werk ~* put work / a job out to tender

aanbesteding *v* [-en] ❶ <u>fin</u> invitation to tender, call for tenders ❷ *opdracht* tender, contract ★ *bij openbare / onderhandse ~* by public / private tender ★ *~ bij inschrijving* tender by subscription

aanbetalen *overg* [betaalde aan, h. aanbetaald] pay / make a down payment / a deposit

aanbetaling *v* [-en] deposit, down payment, (first) instalment ★ *een ~ doen* make a down payment, pay a deposit

aanbevelen I *overg* [beval aan, h. aanbevolen] recommend, commend ★ *dat is wel aan te bevelen* that is to be recommended **II** *wederk* [beval aan, h. aanbevolen] ★ *zich ~* recommend oneself ★ *wij houden ons aanbevolen voor...* your ‹custom / comments / suggestions› would be greatly appreciated

aanbevelenswaard, **aanbevelenswaardig** *bn* recommendable, advisable

aanbeveling *v* [-en] recommendation ★ *kennis van Frans strekt tot ~* knowledge of French would be an advantage ★ *het verdient ~ om* it is advisable to ★ *op ~ van...* on the recommendation of...

aanbevelingsbrief *m* [-brieven] letter of recommendation, reference

aanbevolen *bn* recommended

aanbidden *overg* [aanbad, h. aanbeden *of* bad aan, h. aangebeden] adore, worship, venerate

aanbidder *m* [-s] ❶ *rel* worshipper ❷ admirer ★ *een stille ~* a secret admirer

aanbidding *v* [-en] adoration, worship ★ *in ~ naar iem. opkijken* look up to sbd in adoration

aanbieden I *overg* [bood aan, h. aangeboden] ❶ *geven* offer, give, tender ★ *zijn excuses ~* offer one's apologies ★ *te koop ~* put up for sale ❷ *schenken* present ★ *iem. een geschenk ~* present a gift to sbd **II** *wederk* [bood aan, h. aangeboden] ★ *zich ~* ‹personen› offer oneself, volunteer, ‹gelegenheid› offer itself, present itself ★ *er boden zich verschillende kandidaten aan* several candidates presented themselves ★ *wij moeten afwachten tot zich een goede gelegenheid aanbiedt* we have to wait for the right moment / opportunity to present itself

aanbieder *m* [-s] ❶ *persoon die aanbiedt* offerer ❷ *leverancier* supplier ❸ *verkoper* seller

aanbieding *v* [-en] ❶ *algemeen* offer, tender ❷ *v. geschenk, wissel* presentation ❸ *reclame* bargain, special offer ★ *in de* ~ on special offer

aanbinden *overg* [bond aan, h. aangebonden] tie (on), fasten on ★ *de schaatsen* ~ put on one's skates ★ *de strijd* ~ *met iem.* enter into battle with sbd

aanblazen *overg* [blies aan, h. aangeblazen] ❶ *v. vuur* blow ❷ *opwekken* arouse, stir up, fan ★ *de hartstochten* ~ arouse one's passions ❸ *v. klanken* aspirate

aanblijven *onoverg* [bleef aan, is aangebleven] ❶ *in betrekking* continue, remain in office, stay on ❷ *v. vuur &* stay on

aanblik *m* sight, look, view, aspect ★ *bij de eerste* ~ at first sight / glance ★ *een keurige* ~ *bieden* look nice / neat

aanbod *o* [aanbiedingen] ❶ offer ★ *een* ~ *doen* make an offer ★ *een* ~ *afslaan* reject an offer ★ *een* ~ *van gerede betaling* a cash payment offer ★ *jur een onherroepelijk* ~ an irrevocable offer ❷ *econ* supply ★ *veel* ~ abundant supply

aanboren *overg* [boorde aan, h. aangeboord] ❶ *een put* bore, sink ❷ *olie &* strike ❸ *een vat* broach ❹ *fig* tap ★ *nieuwe informatiebronnen* ~ tap new sources of information

aanbouw *m* ❶ *teelt* growing, cultivation ❷ *'t bouwen* building, construction ★ *in* ~ under construction ❸ *deel v. gebouw* extension, annex(e)

aanbouwen *overg* [bouwde aan, h. aangebouwd] ❶ *bijbouwen* add, build on ❷ *v. schip* build ❸ *telen* grow ❹ *ontginnen* clear

aanbouwsel *o* [-s] extension, annex(e)

aanbraden *overg* [braadde aan, h. aangebraden] sear

aanbranden *overg en onoverg* [brandde aan, h. en is aangebrand] burn on, be burnt ★ *dat ruikt / smaakt aangebrand* it has a burnt smell / taste ★ *het vlees is aangebrand* the meat is burnt

aanbreken I *overg* [brak aan, h. aangebroken] *voorraden, kapitaal* break into, ‹brood› cut into, ‹vat› broach, ‹fles› open II *onoverg* [brak aan, is aangebroken] ❶ *v. dag* break, dawn ❷ *v. nacht* fall ❸ *v. ogenblik, tijd* come ★ *er breken slechte tijden aan* there are bad times coming III *o* ★ *bij het* ~ *van de dag* at daybreak, at dawn ★ *bij het* ~ *van de nacht* at nightfall

aanbrengen *overg* [bracht aan, h. aangebracht] ❶ *brengen naar* bring, carry ❷ *plaatsen, bevestigen* place, put up, fix (up), fit ❸ *maken* make ❹ *v.e. verandering* introduce ❺ *geven* yield ‹a profit›, bring ‹luck›, bring in ‹capital› ❻ *verklikken* denounce ‹sbd›, inform on ‹sbd› ❼ *werven* introduce ‹new members›, bring in, recruit

aanbrenger *m* [-s] ❶ *iem. die iets aanbrengt* fitter,

installer ❷ *verklikker* informer

aanbrengpremie *v* [-s] reward

aandacht *v* attention ★ *iets onder iems.* ~ *brengen* bring sth to sbd's notice ★ *geen* ~ *schenken aan* pay no attention to... ★ *overdreven* ~ *aan iem. schenken* make a fuss of / over sbd ★ *de* ~ *trekken* attract / catch attention ★ *de* ~ *vestigen op* call / draw attention to..., highlight... ★ *zijn* ~ *vestigen op...* turn one's attention to... ★ ~ *besteden aan* ‹onderzoeken› look at, examine, ‹bezig zijn met› devote one's attention to

aandachtig I *bn* attentive II *bijw* attentively ★ ~ *luisteren* listen carefully / attentively

aandachtsgebied *o* [-en] field of interest

aandachtspunt *o* [-en] point of interest

aandachtsstreep *v* [-strepen] dash

aandachtsveld *o* [-en] area for special attention

aandeel *o* [-delen] ❶ share, portion, part, contribution, Am fin stock, share of the capital stock ★ ~ *hebben in* have a share in, have a part in ★ ~ *hebben aan* have a part in, contribute to ★ *een* ~ *aan toonder* a share to bearer, a bearer share ★ *aandelen op naam* registered shares, shares in the name of the owner, nominative shares ★ *een voorlopig* ~ a scrip (certificate) ★ *een ingekocht / eigen* ~ a treasury stock ❷ *toegewezen deel bij nieuwe uitgifte* allotment, allotted share ❸ *deelname in resultaat van ondernemingen* income from investments in affiliated and associated companies

aandeelhouder *m* [-s] shareholder, Am stockholder, member ★ *de kleine / grote* ~*s* the small / large shareholders

aandeelhoudersvergadering *v* [-en] shareholders' meeting

aandelenbezit *o* shareowning, shareholding, stockholding

aandelenemissie *v* [-s] eff share issue

aandelenfonds *o* [-en] eff equity fund, stock fund

aandelenkapitaal *o* [-talen] share capital, Am capital stock ★ *deelname in* ~ equity participation ★ *winstdelend* ~ participating share capital

aandelenkoers *m* [-en] share price

aandelenmarkt *v* [-en] stock market

aandelenpakket *o* [-ten] block of shares

aandelenportefeuille *m* [-s] eff stock portfolio

aandenken *o* [-s] ❶ memory, remembrance ❷ *voorwerp* memento, souvenir, keepsake

aandienen *overg* [diende aan, h. aangediend] announce ★ *zich laten* ~ have oneself announced ★ *zich* ~ announce oneself ★ ~ *als* present as ★ *er dienen zich nieuwe mogelijkheden aan* new opportunities are presenting themselves

aandikken I *overg* [dikte aan, h. aangedikt] ❶ thicken ‹a line› ❷ *fig* exaggerate, blow up ‹a story›, lay / pile it on thick II *onoverg* [dikte aan, is aangedikt] *dikker worden* put on weight

aandoen *overg* [deed aan, h. aangedaan] ❶ *v. kleren* put on ❷ *aansteken* turn on ★ *de computer* ~ switch on the computer ❸ *veroorzaken* cause ‹trouble›, give ‹pain›, bring ‹shame, disgrace› ★ *dat kun je hem niet* ~ you can't do that to him ❹ *aanpakken* affect ‹the mind›, move ‹the heart› ★ *hij was aangedaan door zoveel hulde* he was moved by all the tribute ★ *zijn longen zijn aangedaan* his lungs are affected ❺ *binnenlopen* call at ‹a port, a station &› ▼ *het doet (ons) vreemd aan* it strikes us as odd ▼ *aangenaam* ~ please ‹the eye› ▼ *onaangenaam* ~ offend ‹the ear &›

aandoening *v* [-en] ❶ *ontroering* emotion, feeling ❷ med disorder, complaint, disease ★ *een lichte* ~ *aan / van het hart* a heart defect / heart disease

aandoenlijk I *bn* ❶ *v. verhaal, toneel* moving, touching, pathetic ❷ *v. gemoed* sensitive, impressionable **II** *bijw* movingly, touchingly, pathetically

aandraaien *overg* [draaide aan, h. aangedraaid] ❶ *v. schroef* screw on, fasten, tighten ❷ *v. licht* switch on

aandragen *overg* [droeg aan, h. aangedragen] bring, carry ★ *komen* ~ *met* come up with / furnish ‹proof› ★ *voorstellen* ~ make proposals

aandrang *m* ❶ *aandrift* impulse, urge ❷ *'t aandringen* pressure ★ *op* ~ *van* at the instigation of ★ *uit eigen* ~ of one's own accord ★ ‹naar de wc moeten› ~ *hebben* need to go ❸ *nadruk* urgency, insistence ★ *met* ~ urgently, strongly ❹ *v. bloed* congestion, rush (to the head) ❺ *toeloop* crush

aandrijfas *v* [-sen] drive shaft

aandrijfketting *m & v* [-en] drive chain

aandrijven I *overg* [dreef aan, h. aangedreven] ❶ *alg.* drive on, prompt, press, press on, urge on ❷ techn drive ‹a machine, nails› **II** *onoverg* [dreef aan, is aangedreven] be washed ashore ★ *komen* ~ drift to the shore

aandrijving *v* [-en] techn drive ★ *met elektrische* ~ electrically driven

aandringen I *onoverg* [drong aan, h. en is aangedrongen] ❶ *aansporen* urge, press ❷ *aandrang uitoefenen* insist (*op* on) ★ *op iets* ~ press the matter, pursue one's point **II** *o* insistence ★ *op* ~ *van* at the insistence of

aandrukken *overg* [drukte aan, h. aangedrukt] press (firmly), push ★ *iem. stevig tegen zich* ~ hug sbd tightly

aanduiden *overg* [duidde aan, h. aangeduid] ❶ *wijzen* indicate, point out, show ★ *nader* ~ specify ★ *terloops* ~ hint at ❷ *aangeven* denote, designate, describe ❸ *betekenen* mean, signify, mark

aanduiding *v* [-en] ❶ *vaag* indication ❷ *aanwijzing* hint, clue ❸ *benaming* designation

aandurven *overg* [durfde aan, h. aangedurfd] ❶ *durven te doen* dare to ★ *iem.* ~ dare to fight sbd, stand up to sbd ★ *een taak* ~ feel up to a task ❷ *riskeren* venture ★ *iets niet* ~ be afraid to do sth, not feel up to sth, stop short of sth, shrink from sth

aanduwen *overg* [duwde aan, h. aangeduwd] push

(on) ★ *een auto* ~ push-start a car

aaneen *bijw* together ★ *dagen* ~ for days on end / at a stretch ★ *zes uren* ~ for six hours on end

aaneengeschakeld *bn* ❶ *alg.* joined (up), as a series ❷ taalk coordinated ❸ wisk linked-up, connected ★ *een ~e reeks* an unbroken series

aaneengesloten *bn* ❶ united, connected ❷ *gelederen* serried ‹ranks›

aaneengroeien *onoverg* [groeide aaneen, is aaneengegroeid] grow together

aaneenschakelen *overg* [schakelde aaneen, h. aaneengeschakeld] join / link together, link up, connect

aaneenschakelend *bn* taalk copulative

aaneenschakeling *v* [-en] chain, succession, sequence ★ *een* ~ *van leugens* a string of lies

aaneensluiten I *overg* [sloot aaneen, h. aaneengesloten] join together, fit together **II** *onoverg* [sloot aaneen, h. aaneengesloten] fit, join **III** *wederk* [sloot aaneen, h. aaneengesloten] ★ *zich* ~ close the ranks, join forces, unite

aanfloepen *onoverg* [floepte aan, is aangefloept] *v. licht* flash on

aanfluiting *v* [-en] mockery, travesty ★ *een* ~ *van het recht* a travesty of justice ★ *tot een* ~ *maken* make a mockery of ★ *dat concert was een* ~ that concert was a farce

aangaan I *onoverg* [ging aan, h. en is aangegaan] ❶ *vuur &* light, catch, strike, catch fire, burn ❷ *licht* come on ❸ *school &* begin ❹ *te keer gaan* take on, carry on ▼ *dat gaat niet aan* that won't do ▼ *bij iem.* ~ call at sbd's house, call on sbd ▼ ~ *op...* go up to..., make for... **II** *overg* [ging aan, is aangegaan] ❶ *sluiten* ‹verdrag› enter into, conclude, ‹huwelijk› contract, ‹lening› negotiate, ‹weddenschap› lay ★ *een weddenschap* ~ lay a wager ❷ *betreffen* concern, regard ★ *dat gaat u niet(s) aan* that's none of your business, that's no business / concern of yours ★ *wat dat aangaat...* as to that, as for that, for that matter ★ *wat mij aangaat* as far as I am concerned, for my part, I for one, as for me ★ *wat gaat mij dat aan?* what has that got to do with me? ★ *allen die het aangaat* all concerned ★ *voor een ieder die het aangaat* to whom it may concern

aangaande *voorz* concerning, as regards..., as to...

aangapen *overg* [gaapte aan, h. aangegaapt] gape at

aangeboren *bn* ❶ *bij geboorte aanwezig* innate, inborn, inbred ❷ *erfelijk* congenital, hereditary ★ *een* ~ *afwijking* a congenital defect

aangebrand *bn* ★ *hij is gauw* ~ he is short-tempered

aangedaan *bn* ❶ *ontroerd* moved, touched ❷ *lichaamsdeel* affected

aangehuwd *bn* → **aangetrouwd**

aangeklaagde *m-v* [-n] ❶ accused ❷ jur ook defendant

aangelegenheid *v* [-heden] matter, concern, affair, business ★ *een binnenlandse* ~ an internal affair

aangenaam I *bn* agreeable, pleasant, pleasing ★ ~

(kennis te maken)! pleased to meet you!, how do you do? ★ *het is mij ~ te horen* I am pleased to hear ★ *het aangename van...* the good thing about... ★ *het nuttige met het aangename verenigen* combine business with pleasure **II** *bijw* agreeably, pleasantly

aangenomen I *bn* ❶ *kind* adoptive, adopted ❷ *naam* assumed ▼ *~ werk* contract work **II** *voegw* supposing ★ *~ dat het waar is* supposing that it is true

aangepast *bn* adapted, adjusted ★ *een ~e woning* a specially adapted house ★ *een ~ programma* a specially adapted programme

aangeschoten *bn* ❶ *geraakt door een schot* wounded, 〈vogel〉 winged ★ *~ wild* fair game ★ *sp ~ handen* unintentional handling ❷ *dronken* under the influence *inf* tipsy, *vulg* pissed

aangeschreven *bn* ★ *goed / slecht ~ staan* be well / not well thought-of ★ *goed ~ staan bij iem.* be in sbd's good books

aangeslagen *bn* *ontmoedigd* dismayed, discouraged, affected

aangesloten *bn* ★ *~ bij* 〈lid van〉 affiliated ★ *een ~ bedrijf* an affiliate

aangestoken *bn* ❶ *v. appels* worm-eaten ❷ *v. fruit* unsound ❸ *v. tanden* carious ❹ *v. vat* broached ❺ *met ziekte* infected

aangetekend *bn* *post* registered ★ *een ~e brief* a registered letter ★ *~ verzenden* send by registered post

aangetrouwd, aangehuwd *bn* related by marriage ★ *een ~e tante* an aunt by marriage

aangeven I *overg* [gaf aan, h. aangegeven] ❶ *aanreiken* give, hand, reach, pass 〈the salt〉 ❷ *aanwijzen* indicate 〈the direction〉, mark 〈sth on a map〉 ❸ *opgeven* state 〈particulars〉, notify 〈a disease〉, 〈v. geboorte〉 give notice ❹ *v. bagage* register ❺ *aan de douane* enter, declare ★ *hebt u niets aan te geven?* anything to declare? ❻ *bij de politie* denounce, report 〈sbd to the police〉 ★ *een misdrijf ~* report a crime **II** *wederk* [gaf aan, h. aangegeven] ★ *zich ~ bij de politie* give oneself up to the police

aangever *m* [-s] ❶ *jur* informant ❷ *theat* stooge

aangewezen *bn* ★ *hij is de ~ man* he is the right person ★ *het ~ middel* the obvious thing ★ *de ~ weg* the proper way 〈to do it〉 ★ *zij zijn op zichzelf ~* they have been left to their own devices ★ *op iem. ~ zijn* depend on, rely on sbd

aangezicht *o* [-en] face ★ *van ~ tot ~* face to face

aangezichtspijn *v* [-en] facial pain, *med* facial neuralgia

aangezien *voegw* seeing that, since, as, in view of the fact that

aangifte *v* [-n] ❶ *v. geboorte & notification, registration ❷ *bij douane, belasting* declaration ★ *~ doen van* 〈geboorte〉 give notice of 〈a birth〉, register, 〈goederen〉 declare, enter 〈goods〉, 〈diefstal〉 report 〈a theft〉, 〈klacht〉 lodge 〈a complaint〉 ❸ *belastingaangifte* tax return ❹ *jur* charge ★ *valse ~*

doen lay a false charge

aangiftebiljet *o* [-ten] tax return, tax form

aangifteformulier *o* [-en] ❶ *voor de belasting* tax form, tax return ❷ *voor de douane* declaration ❸ *bij geboorte, overlijden* registration form ❹ *voor de politie* report form

aangrenzend *bn* adjacent, adjoining, neighbouring ★ *een ~ perceel* an adjoining property, an adjacent lot ★ *in de ~e kamer* in the adjacent room ★ *een ~ land* a neighbouring country

aangrijnzen *overg* [grijnsde aan, h. aangegrijnsd] grin at 〈sbd〉 ★ *de honger grijnst hen aan* starvation is staring them in the face

aangrijpen *overg* [greep aan, h. aangegrepen] ❶ *beetpakken* seize, take / catch hold of, clutch at ❷ *emotioneel* move, make a deep impression on ❸ *aanvallen* attack, strike at the heart of

aangrijpend *bn* ❶ *ontroerend* touching, moving, pathetic ❷ *huiveringwekkend* thrilling

aangroei *m* ❶ *toeneming* increase, growth ❷ *fin* accrual, automatic increase of interest ❸ *aanslag* growth

aanhaken *overg* [haakte aan, h. aangehaakt] hook on, hitch on 〈to〉 ★ *fig ~ bij* follow up on

aanhalen *overg* [haalde aan, h. aangehaald] ❶ *aantrekken* tighten 〈a knot〉 ❷ *citeren* quote / cite 〈sbd〉, instance 〈sth〉 ❸ *liefkozen* fondle, caress ❹ *bij deling* bring down 〈a figure〉 ▼ *je weet niet wat je aanhaalt* you don't know what you're letting yourself in for

aanhalerig, aanhalig I *bn* over-affectionate, caressing, cuddlesome **II** *bijw* over-affectionately

aanhalingsteken *o* [-s] inverted comma, quotation mark, *inf* quote ★ *tussen ~s plaatsen* put / place in inverted commas / quotation marks

aanhang *m* supporters, following, party, followers, adherents, disciples ★ *... met zijn ~ ...* with the wife and kids

aanhangen *overg* [hing aan, h. aangehangen] ❶ *een partij* support, belong to ❷ *een dogma* adhere to ▼ *kook de groente met ~d water* cook the vegetables in just the water adhering to the leaves

aanhanger *m* [-s] ❶ *volgeling* follower, supporter, partisan, adherent ❷ *aanhangwagen* trailer

aanhangig *bn* pending ★ *~ maken jur* lay / put / bring before the court, 〈wetsontwerp〉 bring in, 〈bij een instantie〉 take up 〈with〉

aanhangmotor *m* [-s, -toren] outboard motor

aanhangsel *o* [-s, -en] ❶ *v. boek* appendix ❷ *v. document* annex ❸ *v. testament* codicil ▼ *het wormvormig ~ anat* the appendix

aanhangwagen *m* [-s] trailer

aanhankelijk *bn* affectionate, attached ★ *een ~ kind* an affectionate child

aanhankelijkheid *v* affection, attachment ★ *~ betuigen* show affection

aanharken *overg* [harkte aan, h. aangeharkt] ❶ *met een hark bewerken* rake (over) ❷ *bij elkaar harken* rake (up)

aanhechting v [-en] attachment, fastening

aanhef m ❶ v. brief salutation ❷ v. rede opening words ❸ muz introduction

aanheffen overg [hief aan, h. aangeheven] ❶ psalm intone ❷ lied strike up ★ een lied ~ strike up a song ❸ kreet raise, set up

aanhikken onoverg [hikte aan, h. aangehikt] ★ ~ tegen iets have difficulty in doing sth ★ hij zat erg tegen zijn examen aan te hikken he was dreading his exam

aanhoren overg [hoorde aan, h. aangehoord] listen to ★ het is hem aan te horen you can tell from his speech ★ het is niet om aan te horen it's unbearable to hear ★ ten ~ van in the hearing of

aanhouden I overg [hield aan, h. aangehouden] ❶ blijven doorgaan met hold, sustain, keep on ‹servants &›, keep up ‹a correspondence &› ❷ tegenhouden stop ‹sbd›, hold up ‹a ship› ❸ arresteren apprehend, arrest ‹a thief›, ‹v. goederen› seize, detain ❹ niet uitdoven keep ‹sth› burning ❺ niet behandelen hold over, postpone, reserve, adjourn ‹a trial› II onoverg [hield aan, h. aangehouden] ❶ voortduren hold, last, keep up, continue ❷ volhouden hold on, persevere, persist, pursue one's point ❸ bij een café & stop ★ ~ op scheepv make for ‹the coast›, head for ‹home› ★ rechts ~ keep to the right

aanhoudend bn continual, continuous, incessant, persistent ★ ~ geweld continuing violence

aanhouder m [-s] persevering person, sticker ★ de ~ wint slow and steady wins the race

aanhouding v [-en] ❶ arrestatie arrest, apprehension, detention ★ een voorlopige ~ a provisional arrest ❷ uitstellen adjournment, postponement

aanjagen overg [jaagde én joeg aan, h. aangejaagd] ❶ aansporen drive on, push on ★ tot spoed ~ hurry sbd up ❷ veroorzaken fill with ★ iem. angst ~ frighten sbd

aanjager m [-s] techn supercharger, booster

aankaarten overg [kaartte aan, h. aangekaart] bring up, raise, introduce ★ een zaak ~ bij raise a matter with

aankakken onoverg ★ eindelijk komen ~ turn / show up at last

aankap m ❶ v. bomen felling ❷ v. timmerhout timber reserve, lumber exploitation

aankijken overg [keek aan, h. aangekeken] look at ★ het ~ niet waard not worth looking at ★ iem. niet ~ look away from sbd, not look sbd straight in the face ★ iem. nooit meer ~ never look at sbd again ★ de zaak nog eens ~ wait and see ★ iem. op iets ~ blame sbd for sth ★ met schele ogen ~ view with jealous eyes ★ iem. verwonderd ~ give sbd a surprised look ★ kijk eens aan! look at that now!

aanklacht v [-en] accusation, charge, indictment ★ een ~ indienen tegen lodge a complaint against, bring a charge against ★ zijn ~ intrekken drop one's charge ★ een lasterlijke ~ a defamatory accusation

aanklagen overg [klaagde aan, h. aangeklaagd] accuse, press charges against ★ ~ wegens accuse of, charge with, indict for ★ iem. wegens diefstal ~ charge sbd with theft

aanklager m [-s] ❶ alg. accuser ❷ jur plaintiff ★ de openbare ~ the public prosecutor

aanklampen overg [klampte aan, h. aangeklampt] ❶ scheepv board ‹a vessel› ❷ fig accost, buttonhole ‹sbd›

aankleden I overg [kleedde aan, h. aangekleed] ❶ alg. dress ❷ versieren decorate, furnish ★ een kamer aardig ~ do up a room nicely ❸ mooier maken, bijv. een voorstel dress up ★ een verhaal ~ dress a story up II wederk [kleedde aan, h. aangekleed] ★ zich ~ dress (oneself), get dressed

aankleding v [-en] ❶ versiering furnishing ❷ v. toneel decor, staging ★ de ~ van een toneelstuk the scenery of a play

aankloppen onoverg [klopte aan, h. aangeklopt] knock / rap at the door ★ bij iem. ~ om geld / hulp come / appeal to sbd for money / help

aanknoeien onoverg [knoeide aan, h. aangeknoeid] ★ maar wat ~ (just) fool / mess about

aanknopen I overg [knoopte aan, h. aangeknoopt] enter into, engage in ★ een gesprek ~ met enter / get into conversation with ★ onderhandelingen ~ enter into negotiations, open negotiations ★ weer ~ renew, resume II onoverg [knoopte aan, h. aangeknoopt] tie in with, link up with ★ ~ bij het voorafgaande go on from what was said before

aanknopingspunt o [-en] starting point, point of contact ★ ~en connecting factors ★ een ~ voor een gesprek a starting point for a conversation ★ een goed ~ a good point of departure

aankoeken onoverg [koekte aan, is aangekoekt] ❶ cake, encrust ❷ aan de pan stick

aankomen onoverg [kwam aan, is aangekomen] ❶ arriveren come, arrive, come in ‹of a train &› ★ ~ in Londen arrive in London ★ ~ op de plaats arrive at / on the spot ★ te laat ~ be overdue, arrive / be late ★ ~ bij iem. call at sbd's house, call on sbd ★ je moet eens ~ just come round, just drop in ❷ naderen approach, come up to ★ op iem. ~ come up to a person ★ ik zie ~, dat... I foresee that... ★ ik heb het wel zien ~ I've seen it coming ★ fig ze zien me al ~! I couldn't possibly do that! ❸ komen aanzetten met come (up) with ★ ~ met een voorstel come out with a proposal, put forward a proposal ★ daarmee kan je bij hem niet ~ it's no use proposing that to him ★ daarmee hoef je bij mij niet aan te komen none of that for me / don't tell me! ❹ afhangen van, neerkomen op depend on ★ het komt hier op geld aan it is the money that matters ★ het komt op nauwkeurigheid aan accuracy is the thing ★ op de kosten komt het niet aan the cost is no consideration, money is no object ★ het komt er niet op aan it doesn't matter ★ het zal er op ~ om... what it will boil down to is... ★ nu zal het erop ~ now for it! ★ als het aa

erop aankomt when it comes to the crunch ★ *als het erop aankomt om te betalen...* when it comes to paying... ★ *het laten ~ op een ander* leave things to somebody else ★ *het er maar op laten ~* let things drift, trust to luck, leave it to chance ★ *het laten ~ op het laatste ogenblik* put it off to the last minute ❺ *raak zijn* hit home ★ *de klap kwam hard aan* it was a great blow, it packed a punch ❻ *toenemen in gewicht &* gain, put on weight ❼ *aanraken* touch, hit ★ *niet ~!* don't touch! ★ *tegen de muur ~* strike / hit the wall ▼ *er is geen ~ aan* it's / they're not to be had

aankomend *bn* prospective, future ★ *een ~ manager* a junior manager ★ *een ~ onderwijzer* ‹nog opgeleid wordend› a future teacher, ‹pas beginnend› a young teacher

aankomst *v* arrival ★ *bij (mijn) ~* on (my) arrival

aankomsthal *v* [-len] arrival hall

aankomsttijd *m* [-en] time of arrival, hour of arrival ★ *~ volgens dienstregeling* scheduled arrival time

aankondigen *overg* [kondigde aan, h. aangekondigd] ❶ *alg.* announce ❷ *bij wijze van reclame* advertise ❸ *per aanplakbiljet* bill ‹a play &› ❹ *officieel* notify ❺ *voorspellen* herald, foreshadow ‹a major crisis, grave developments› ❻ *bespreken* give notice of, review ‹a book›

aankondiging *v* [-en] ❶ announcement ❷ *officieel* notification ★ *een ~ van voorgenomen huwelijk* a notice of intended marriage ❸ *bericht* notice ★ *tot nadere ~* until further notice ❹ *advertentiereclame* advertisement ❺ *bespreking* (press) notice, review ‹of a book›

aankoop *m* [-kopen] purchase, acquisition ★ *bij ~ van een fles wijn een glas gratis* a free glass with every bottle of wine ★ *een dure ~* an expensive purchase

aankoopbeleid *o* purchasing policy

aankoopbewijs *o* [-wijzen] receipt

aankooporder *m* [-s] purchase order

aankoopprijs *m* [-prijzen] purchase price

aankoopsom *v* [-men] (purchase) price

aankopen *overg* [kocht aan, h. aangekocht] purchase, buy, acquire

aankrijgen *overg* [kreeg aan, h. aangekregen] ❶ *v. schoenen, kleren* get on, get into ❷ *v. goederen* get in ❸ *v. vuur* get to burn

aankruisen *overg* [kruiste aan, h. aangekruist] tick, mark, cross ★ *~ wat van toepassing is* tick where appropriate

aankunnen *overg* [kon aan, h. aangekund] ❶ *opgewassen zijn tegen* be a match for ‹sbd›, be able to cope with ★ *de ouders konden hun dochter niet meer aan* the parents were unable to control their daughter ❷ *berekend voor* be prepared for, be equal to ★ *hij kan heel wat aan* ‹v. werk› he can cope with a lot of work, ‹eten &› he can manage heaps of food / a lot of drink ▼ *kan men op hem aan?* can he be relied on?

aankweken *overg* [kweekte aan, h. aangekweekt] ❶ grow, cultivate ❷ *fig* generate, foster ‹feelings of...›

aanlandig *bn* onshore ★ *een ~e wind* an onshore wind

aanleg *m* ❶ *constructie* construction, ‹v. weg› building, ‹v. kabel› laying, ‹v. tuin, stad &› layout, ‹v. gas, water &› installation ★ *de ~ van een elektriciteitscentrale* the installation of a power plant ❷ *natuurlijk talent* aptitude, talent ★ *~ hebben voor muziek &* have a talent for music & ❸ *vatbaarheid* tendency, predisposition ★ *ik heb ~ om dik te worden* I have a tendency to get fat ❹ *geneigdheid* disposition, tendency ❺ *jur* instance ★ *in eerste ~* at first instance

aanleggen I *overg* [legde aan, h. aangelegd] ❶ *aanbrengen* apply, place ❷ *tot stand brengen* ‹tuin &› lay out, ‹weg, brug &› construct, build, ‹gas, licht &› install, put in, lay on, ‹een vuur› lay ❸ *maken* make ❹ *met geweer* mil level (op at) ❺ *voorbereiden* commence, start, begin ★ *het / de zaak handig ~* manage things / the matter cleverly ★ *het verkeerd ~* set about it the wrong way ★ *het zó ~ dat...* manage to, contrive to... ★ *het zuinig ~* be economical ★ *het ~ met een getrouwde vrouw* start carrying on with a married woman ★ *hij legt het er op aan om straf te krijgen* he seems bent on getting punished **II** *onoverg* [legde aan, h. aangelegd] ❶ *stilhouden* stop at, call in at ‹a pub› ❷ *mikken* aim, take aim ★ *~ op* aim at, take aim at ★ *mil leg aan!* present!

aanleghaven *v* [-s] port of call

aanlegplaats *v* [-en] landing stage, berth

aanlegsteiger *m* [-s] landing stage, jetty

aanleiding *v* [-en] occasion, reason, cause ★ *~ geven tot* give rise to, lead to, give cause for, occasion ★ *bij de geringste ~* at / on the slightest provocation ★ *naar ~ van* as a result of ★ *naar ~ van uw schrijven* with reference to / in response to your letter ★ *zonder de minste ~* without any reason ★ *een gerede ~* a convenient opportunity

aanlengen *overg* [lengde aan, h. aangelengd] dilute, water down

aanleren *overg* [leerde aan, h. aangeleerd] ❶ *leren* learn, acquire ★ *een taal ~* learn a language ★ *een gewoonte ~* acquire a habit ❷ *onderwijzen* teach, train ★ *iem. iets ~* teach sbd sth

aanleunen *onoverg* [leunde aan, h. aangeleund] lean (against / towards) ★ *~ tegen* lean against ★ *zich iets laten ~* take sth as one's due ★ *zich iets niet laten ~* not put up with sth, not swallow sth, not take sth lying down

aanleunwoning *v* [-en] sheltered accommodation

aanleveren *overg* [leverde aan, h. aangeleverd] *v. lading* deliver (for shipment)

aanliggend *bn* adjacent, adjoining

aanlijnen *overg* [lijnde aan, h. aangelijnd] *v. hond* leash ★ *een hond aangelijnd houden* keep a dog on a lead / leash

aanlokkelijk *bn* alluring, tempting, attractive ★ *een ~*

aanbod an attractive offer

aanlokken *overg* [lokte aan, h. aangelokt] ❶ *verleiden* allure, entice, tempt ❷ *aantrekken* attract, draw ★ *kopers* ~ attract customers ★ *dat lokt mij aan* that appeals to me

aanloop *m* ❶ run-up ★ *een* ~ *nemen* take a run-up ★ *een sprong met / zonder* ~ a running / standing jump ❷ fig preamble, introduction, introductory remarks ★ *in de* ~ *naar het EK* in the build-up to the European Championships ▼ *veel* ~ *hebben* have a lot of callers / visitors

aanloopfase *v* [-s, -n] preparatory phase, start-up phase

aanloophaven *v* [-s] port of call

aanloopkosten *zn* [mv] starting-up costs, initial expenses, running-in expenses

aanloopmoeilijkheden *zn* [mv] initial problems, starting-up problems, teething problems

aanloopperiode *v* [-s, -n], **aanlooptijd** *m* [-en] introductory period

aanloopverlies *o* [-liezen] econ initial loss, start-up loss

aanlopen *onoverg* [liep aan, h. en is aangelopen] ❶ *eens aankomen* call by, drop in ★ ~ *bij iem.* call in on sbd, drop in upon sbd ❷ *lopen* walk / come (towards) ★ ~ *op* walk towards ★ ~ *tegen* run up against ‹sth›, run into ‹sbd› ★ fig *ergens (toevallig) tegen* ~ chance upon ‹sth› ★ *die kat is komen* ~ that cat is a stray ❸ *schuren langs* rub, drag ★ *het wiel van mijn fiets loopt aan* my bicycle wheel is rubbing against the mudguard ▼ *dat zal nog wel even* ~ ‹duren› that will take some time ▼ *hij liep blauw / rood / paars aan* he went purple in the face, his face turned purple

aanmaak *m* manufacture, making, production ★ *de* ~ *van antistoffen in het lichaam* the production of antibodies in the body

aanmaakblokje *o* [-s] firelighter

aanmaakhout *o* kindling ★ *~jes* kindling

aanmaakkosten *zn* [mv] production costs, manufacturing costs

aanmaken *overg* [maakte aan, h. aangemaakt] ❶ *alg.* manufacture, make, produce ❷ *v. vuur* light ❸ *v. salade* dress ❹ *v. kleuren* mix ❺ *v. account/ bestand* create

aanmanen *overg* [maande aan, h. aangemaand] ❶ *aansporen* urge, order, exhort, call upon ❷ *tot betaling* demand ‹payment›

aanmaning *v* [-en] ❶ *herinnering* reminder, exhortation ❷ *v. betaling* reminder, request, krachtiger note of demand, warning notice, final notice ❸ *v. getuige* urge

aanmatigen *wederk* [matigde aan, h. aangematigd] ★ *zich* ~ ‹rechten› arrogate, assume, ‹oordeel› presume ★ *zich een oordeel* ~ take it upon oneself to pass judgement

aanmatigend *bn* arrogant, presumptuous, assuming, high-handed, self-assertive, assumptive, pretentious

aanmelden I *overg* [meldde aan, h. aangemeld] announce, report **II** *wederk* [meldde aan, h. aangemeld] ★ *zich* ~ present oneself, apply ★ *zich* ~ *voor een betrekking* apply for a position

aanmelding *v* [-en] ❶ *bericht* announcement, notice ❷ *voor betrekking* application ❸ *voor wedstrijd &* entry

aanmeldingsformulier *o* [-en] ❶ *voor deelname aan iets* registration form ❷ *voor sollicitatie* application form

aanmeldingstermijn *m* [-en] registration period

aanmeren *overg* [meerde aan, h. aangemeerd] moor, tie up

aanmerkelijk I *bn* considerable, substantial, appreciable **II** *bijw* considerably, substantially, quite a lot, appreciably ★ ~ *duurder* considerably more expensive

aanmerken *overg* [merkte aan, h. aangemerkt] ❶ *beschouwen, rekenen* consider, regard ★ ~ *als* regard as ❷ *opmerkingen maken* comment, criticize, find fault ‹with› ★ *ik heb er niets / weinig op aan te merken* I don't find anything / much wrong with it ★ *ik heb er veel op aan te merken* I think there's a lot wrong with it ★ *iets aan te merken hebben op iem.* find fault with sbd

aanmerking *v* [-en] ❶ *opmerkzaamheid* consideration ★ *in* ~ *komen* be eligible, qualify ★ *niet in* ~ *komen* not be eligible, not qualify, be left out of account / consideration ★ *hij komt niet in* ~ *voor die betrekking* he's not eligible for the job ★ *in* ~ *nemen* take into consideration, consider (that...), take into account, make allowance for ★ *zijn leeftijd in* ~ *genomen...* considering his age, in view of his age ★ *alles in* ~ *genomen...* all things considered ❷ *onaangename opmerking* remark, observation ★ *~en maken op* find fault with, criticize, pick holes in ★ *geen* ~ *te maken hebben* have no fault to find (with it) ❸ *afkeuring* onderw bad mark

aanmeten *overg* [mat aan, h. aangemeten] take one's measurements for ★ *zich een jas laten* ~ be fitted for a coat ★ *een aangemeten jas* a made-to-measure coat ★ *zich een houding* ~ assume an attitude

aanmodderen *onoverg* [modderde aan, h. aangemodderd] stumble, blunder, muddle ★ *maar wat* ~ mess about ★ *iem. maar wat laten* ~ let sbd muddle on on his / her own

aanmoedigen *overg* [moedigde aan, h. aangemoedigd] encourage, stimulate ★ *de sporters werden aangemoedigd* the sportsmen were cheered on ★ *je moet dat gedrag zeker niet* ~ you certainly shouldn't encourage that kind of behaviour

aanmoediging *v* [-en] encouragement

aanmoedigingspremie *v* [-s] incentive bonus

aanmoedigingsprijs *m* [-prijzen] incentive prize

aanmonsteren I *overg* [monsterde aan, h. aangemonsterd] engage **II** *onoverg* [monsterde aan, h. aangemonsterd] sign on ★ *als matroos* ~ sign on as a sailor

aa

aanmunten *overg* [muntte aan, h. aangemunt] coin, mint ★ *goud* ~ coin gold
aannaaien *overg* [naaide aan, h. aangenaaid] sew on
aanname *v* [-n, -s] *veronderstelling* assumption
aannemelijk *bn* ❶ *redelijk* acceptable, reasonable ★ *een* ~ *voorstel* a reasonable proposal ❷ *geloofwaardig* plausible ★ *een* ~ *excuus* a plausible excuse ★ *iets* ~ *maken* make out a reasonable case for sth
aannemen *overg* [nam aan, h. aangenomen] ❶ *alg.* take, accept, receive ★ *boodschappen* ~ take messages ★ *een godsdienst* ~ embrace a religion ★ *de telefoon* ~ answer the telephone ★ *als regel* ~ *om...* make it a rule to... ★ *als kind* ~ adopt as a child ❷ *v. goederen* take delivery of ❸ *opnemen als lid* admit, confirm, receive ❹ *niet weigeren* accept ★ *een uitnodiging* ~ accept an invitation ❺ *niet verwerpen* adopt, carry ⟨a motion⟩, pass ⟨a bill⟩ ★ *aangenomen!* agreed! ❻ *als waar* admit ❼ *veronderstellen* suppose, assume ★ *aangenomen dat...* assuming that..., supposing it to be... ★ *dat neem ik aan, maar...* I take ⟨your point⟩, but... ★ *laten we* ~ *dat...* suppose that... ★ *dat kun je van me* ~ you can take it from me ❽ *in dienst nemen* take on, engage ❾ *v. werk* take in, contract for ❿ *zich geven* adopt, take on, assume ★ *een air* ~ assume an air ★ *een andere naam* ~ take another name ⓫ *kleur, vorm* take on ★ *een andere vorm* ~ take on another form ▼ ~ *om te...* undertake to...
aannemer *m* [-s] contractor, building contractor, (master) builder
aannemersbedrijf *o* [-drijven] firm of contractors, contractor, building contractor
aannemingssom *v* [-men] sum / price contracted for, contract sum
aanpak *m* ❶ *het aanpakken* tackling, proceeding ❷ *benadering* approach, method ★ *bij de* ~ *van dit probleem* in approaching this problem ★ *dat vereist een andere* ~ a different approach is required here
aanpakken *overg* [pakte aan, h. aangepakt] ❶ *vastpakken* take, seize, take / lay hold of ★ *kun je deze tas even* ~*?* could you take this bag? ★ *pak aan!* take that! ❷ *een probleem* tackle ★ *hoe wil je dat* ~*?* how are you going to set about it / to tackle it? ★ *het goed / verkeerd* ~ go about it the right / wrong way ★ *je moet (flink)* ~ you have to put your back into ⟨the job⟩ ★ *van* ~ *weten* be a hard worker ❸ *behandelen* deal with, handle ★ *iem. flink* ~ take a firm line with sbd ★ *iem. ruw / zacht* ~ handle sbd roughly / gently ★ *iem. verkeerd* ~ rub sbd (up) the wrong way ❹ *v. de gezondheid* tell on ⟨sbd⟩ ★ *dat pakt je nogal aan* it really tells on you / takes it out of you
aanpalend *bn* adjacent, adjoining, neighbouring
aanpappen *onoverg* [papte aan, h. aangepapt] ★ *met iem.* ~ strike up an acquaintance with sbd, *inf* chum up with sbd
aanpassen I *overg* [paste aan, h. aangepast]

❶ *v. kleren* try on ❷ *in overeenstemming brengen* adapt, adjust ★ ~ *aan* adapt to, adjust to **II** *wederk* [paste aan, h. aangepast] ★ *zich* ~ *aan* adapt oneself to, adjust oneself to
aanpassing *v* [-en] adaptation, adjustment ★ ~ *aan* adaptation to
aanpassingsmoeilijkheden *zn* [mv] difficulties in adjusting (to), problems adapting
aanpassingsvermogen *o* adaptability
aanplakbiljet *o* [-ten] placard, poster, bill
aanplakbord *o* [-en] billboard, notice board
aanplakken *overg* [plakte aan, h. aangeplakt] placard, post (up), paste (up) ★ *verboden aan te plakken* no billposting here
aanplakzuil *v* [-en] advertising pillar
aanplant *m* ❶ *het planten* planting ❷ *plantage* plantation ❸ *het aangeplante* plantings ★ *jonge* ~ young plantings
aanplanten *overg* [plantte aan, h. aangeplant] plant
aanporren *overg* [porde aan, h. aangepord] rouse, shake up, spur on
aanpoten *onoverg* [pootte aan, h. aangepoot] *voortmaken* work hard, hurry
aanpraten *overg* [praatte aan, h. aangepraat] ★ *iem. iets* ~ talk sbd into doing sth ★ *iem. een kwaal* ~ talk sbd into feeling sick
aanprijzen *overg* [prees aan, h. aangeprezen] recommend, praise
aanraden I *overg* [raadde *of* ried aan, h. aangeraden] advise, recommend, suggest ★ *iem. iets* ~ advise sbd to do sth **II** *o* ★ *op* ~ *van* on the advice of, on the recommendation of
aanrader *m* [-s] *film, boek &* must ★ *die film is een absolute* ~ this film is highly recommended / is a must to see
aanraken *overg* [raakte aan, h. aangeraakt] touch ★ *raak me niet aan!* don't touch me ★ *het precaire onderwerp werd even aangeraakt* the delicate subject was just touched upon
aanraking *v* [-en] touch, contact ★ *in* ~ *brengen met* bring into contact with ★ *in* ~ *komen met* come in touch / contact with ★ *met de politie in* ~ *komen* get in trouble with the police
aanranden *overg* [randde aan, h. aangerand] assail, assault ★ *een meisje* ~ assault a girl sexually ★ ZN *iem. in zijn eer* ~ damage sbd's honour
aanrander *m* [-s] assailant, assaulter
aanranding *v* [-en] assault, indecent assault, sexual assault ★ *jur* ~ *der eerbaarheid* indecent assault ★ *jur* ~ *van goede naam* defamation ★ *wederrechtelijke* ~ unlawful force
aanrecht *o & m* [-en] (kitchen) sink
aanrechtblad *o* [-bladen] work top
aanrechtblok *o* [-ken] kitchen unit
aanrechtkastje *o* [-s] sink cupboard
aanreiken *overg* [reikte aan, h. aangereikt] reach, hand, pass ★ *mogelijke oplossingen voor een probleem* ~ come up with possible solutions to a

problem

aanrekenen I *overg* [rekende aan, h. aangerekend] *verwijten* blame ★ *iem. iets* ~ blame sbd for sth, hold sth against sbd ★ *dat zal hem niet al te zwaar worden aangerekend* he won't be blamed much for that ★ *dat kun je hem niet* ~ you can't blame him for that **II** *wederk* [rekende aan, h. aangerekend] ★ *zich iets als een eer* ~ assume credit for..., consider it an honour

aanrennen *onoverg* run along ★ *komen* ~ come running (up)

aanrichten *overg* [richtte aan, h. aangericht] ❶ *doen* do ★ *onheil* ~ do mischief ❷ *veroorzaken* cause, bring about ★ *verwoestingen* ~ wreak havoc, cause destruction ❸ *bereiden* give ★ *een feest* ~ lay on a party

aanrijden I *overg* [reed aan, h. aangereden] ❶ *botsen tegen* collide with, crash into ★ *iem.* ~ run into sbd, collide with sbd ★ *hij werd aangereden* he was knocked down ‹by a car› ★ ~ *tegen* run into ❷ *rijdend aanvoeren* bring, supply ★ *stenen* ~ truck in stones **II** *onoverg* [reed aan, is aangereden] ★ *komen* ~ come riding / driving up ★ *bij iem.* ~ pull up at sbd's door

aanrijding *v* [-en] collision, crash

aanroepen *overg* [riep aan, h. aangeroepen] ❶ *toeroepen om te laten stoppen* call, hail ‹sbd, a cab, a ship› ❷ call upon ‹sbd for help› ★ *God* ~ invoke God's name, call upon / to God ❸ *mil* challenge ‹sbd›

aanroeren *overg* [roerde aan, h. aangeroerd] *fig* touch on ★ *een onderwerp* ~ touch on a subject

aanrommelen *onoverg* [rommelde aan, h. aangerommeld] mess about, fiddle about ★ *hij rommelt maar wat aan* he's just messing around

aanrukken *onoverg* [rukte aan, is aangerukt] advance, march (on) ★ ~ *op* march / move on / towards ★ *laten* ~ ‹wijn &› order, *mil* move up, call in

aanschaf *m* acquisition, purchase ★ *duur in de* ~ *zijn* be an expensive purchase

aanschaffen I *overg* [schafte aan, h. aangeschaft] purchase, procure, buy **II** *wederk* [schafte aan, h. aangeschaft] ★ *zich* ~ purchase, acquire, buy

aanschafkosten *zn* [mv] purchasing costs, costs of acquisition

aanscherpen *overg* [scherpte aan, h. aangescherpt] ❶ *scherp maken* sharpen ❷ *fig* accentuate, highlight ★ *de probleemstelling moet worden aangescherpt* the problem must be more clearly defined ★ *het contrast werd aangescherpt* the contrast was accentuated

aanschieten *overg* [schoot aan, h. aangeschoten] ❶ approach, come up to ★ *iem.* ~ accost / buttonhole sbd ★ *je kan mij altijd even* ~ *in de sporthal* you can always come up and have a chat to me in the gym ❷ *vogel* hit, wound, wing ❸ *kleren &* slip on ‹one's coat›

aanschijn *o* ❶ *schijn* appearance, presence ❷ *gelaat* face, countenance ★ *in het* ~ *van de dood* in the face

of death

aanschoppen *onoverg* [schopte aan, h. aangeschopt] kick against ★ ~ *tegen eig* kick against, *fig* go on about, storm at

aanschouwelijk *bn* clear, graphic ★ ~ *onderwijs* teaching with visual aids ★ ~ *maken* illustrate

aanschouwen I *overg* [aanschouwde, h. aanschouwd] behold, see ★ *het levenslicht* ~ see the light of day **II** *o* ★ *ten* ~ *van* in the sight of, in the presence of

aanschrijven *overg* [schreef aan, h. aangeschreven] order, summon, instruct ★ *hij zal worden aangeschreven om de schutting te verwijderen* he will be ordered to remove the fence ★ *goed / slecht aangeschreven staan* be in good / bad / ill repute, enjoy a good / bad reputation ★ *ik sta goed / slecht bij hem aangeschreven* I'm in his good / bad books

aanschrijving *v* [-en] order, summons, instruction(s)

aanschroeven *overg* [schroefde aan, h. aangeschroefd] ❶ *schroeven aan* screw down ❷ *vaster schroeven* screw tighter

aanschuiven I *overg* [schoof aan, h. aangeschoven] push on, shove on ★ *een stoel* ~ pull up a chair **II** *onoverg* [schoof aan, is aangeschoven] draw up to the table, sit down at the table

aanslaan I *overg* [sloeg aan, h. aangeslagen] ❶ *vaster inslaan* drive home ❷ *muz* strike ‹a note›, touch ‹a string› ★ *fig een andere toon* ~ strike another note ❸ *schatten* estimate, rate ❹ *v. belasting* assess ★ *te hoog* ~ ‹schatten› overestimate, ‹belasting› assess too high ★ *te laag* ~ ‹schatten› underestimate, ‹belasting› assess too low ★ *voor 300 euro* ~ assess at 300 euros ▾ *een huis* ~ put up a house for sale ▾ *een artikel* ~ ‹op een kassa› ring up an item **II** *onoverg* [sloeg aan, h. aangeslagen] ❶ *blaffen* bark ❷ *mil* salute **III** *onoverg* [sloeg aan, is aangeslagen] ❶ *v. motor techn* start ❷ *door aanslag op ruit &* fog up, mist up, steam up ❸ *v. ketel* become furred ❹ *succes hebben fig* catch on ★ *de film sloeg niet aan bij het publiek* the film wasn't a box office success ❺ *v. wortels* strike root, take ❻ *fig* take ▾ ~ *tegen* strike / beat / dash / flap & against

aanslag *m* [-slagen] ❶ *het aanslaan* striking ❷ *misdrijf* attempt, attack, assault, ‹bomb› outrage ★ *een* ~ *op de gezondheid* an attack on one's health ❸ *v. pianist* touch ★ *deze piano heeft een zware* ~ this piano has a heavy touch ★ *hij tikt met een snelheid van 100* ~*en per minuut* he types at a speed of 100 letters per minute ❹ *op ruit* moisture ❺ *in ketel* deposit, scale, fur ❻ *in belasting* (notice of) assessment ▾ *met het geweer in de* ~ with one's rifle at the ready ▾ *in de* ~ *brengen* cock ‹a rifle &›

aanslagbiljet *o* [-ten] assessment notice, notice of assessment, *Am* tax bill

aanslenteren *onoverg* ★ *komen* ~ stroll along

aanslepen *overg* [sleepte aan, h. aangesleept] drag in ★ *zakken aardappelen* ~ get in sacks of potatoes ★ *de drank was niet aan te slepen* you couldn't keep up with the drinks ★ *die zaak blijft maar* ~ the matter is

aa

dragging along

aanslibben *onoverg* [slibde aan, is aangeslibd] form a deposit, silt up ★ *aangeslibde grond* alluvial land

aanslibbing *v* [-en], **aanslibsel** *o* [-s] alluvial deposit, silty deposit

aanslingeren *overg* [slingerde aan, h. aangeslingerd] *v. auto* crank ★ *een discussie* ~ stir up a discussion

aansloffen *onoverg* ★ *komen* ~ trudge, clump

aansluiten I *onoverg* [sloot aan, h. aangesloten] *verbinden* join, connect ★ ~! close up! ★ *deze treinen sluiten op elkaar aan* these trains connect with each other **II** *overg* [sloot aan, h. aangesloten] ❶ *alg.* connect, link up ★ *aangesloten bij een partij* affiliated with a party ❷ telec link up with the telephone system ★ *een nieuwe abonnee* ~ connect a new subscriber ★ *iem. op het telefoonnet* ~ connect sbd to the telephone system **III** *wederk* [sloot aan, h. aangesloten] ★ *zich* ~ unite, join ★ *zich* ~ *bij* ⟨zich voegen bij⟩ join ⟨sbd⟩, become a member of, join ⟨a party⟩, join ⟨the strikers⟩, ⟨toetreden tot⟩ become affiliated to / with ⟨a society⟩, ⟨instemmen met⟩ concur with ⟨a speaker⟩

aansluitend *bn* in tijd volgend op following (on from), next (to)

aansluiting *v* [-en] ❶ *contact* contact, association ★ ~ *zoeken bij...* try to join..., seek contact with... ❷ telec connection, junction ★ *Ik kreeg geen* ~ *met hem* I wasn't put through to him, I didn't get him on the line ❸ *verbinding* connection ★ ~ *hebben* ⟨van treinen⟩ connect (op with) ★ *de* ~ *missen* miss the connection ▼ *in* ~ *op ons schrijven van...* referring to our letter of...

aansluitingstreffer *m* [-s] sp tying goal

aansluitkosten *zn* [mv] connection charges

aansmeren *overg* [smeerde aan, h. aangesmeerd] *een muur* parge(t), daub ★ *iem. iets* ~ palm sth off on sbd

aansnellen *onoverg* run up, hurry on ★ ~ *op* make a run for ★ *komen* ~, *komen aangesneld* come running

aansnijden *overg* [sneed aan, h. aangesneden] *v. brood* cut into ▼ *een onderwerp* ~ bring up / broach a subject

aanspannen *overg* [spande aan, h. aangespannen] ❶ *v. trekdier* put ⟨the horses⟩ to ❷ *strakker spannen* tighten ❸ jur initiate, institute, instigate ★ *een proces* ~ institute / initiate legal proceedings

aanspelen *overg* [speelde aan, h. aangespeeld] sp pass ★ *iem.* ~ pass (the ball) to sbd

aanspoelen I *overg* [spoelde aan, h. aangespoeld] wash ashore, drift ashore **II** *onoverg* [spoelde aan, is aangespoeld] be washed ashore / up, wash ashore / up

aansporen *overg* [spoorde aan, h. aangespoord] ❶ *paard* spur (on) ❷ *persoon* fig incite, stimulate, urge on ★ *iem. tot daden* ~ prompt sbd to action

aansporing *v* [-en] incitement, stimulus, incentive ★ *op* ~ *van* at the instigation of ★ *dat was een* ~ *om nog harder aan de slag te gaan* that was an incentive to work even harder

aanspraak *v* [-spraken] ❶ *sociaal contact* contacts, company ★ *hij heeft hier weinig* ~ he has few contacts here ★ ~ *hebben* have people to talk to ❷ *claim* claim, title ★ ~ *hebben op* have a claim to, be entitled to, have a right to ★ ~ *maken op* lay claim to, claim

aansprakelijk *bn* answerable, responsible, liable ★ *iem.* ~ *stellen voor* hold sbd responsible for ★ *zich* ~ *stellen voor* accept responsibility for ★ ~ *zijn voor de vernieling* be responsible for the damage / devastation ★ *het* ~ *vermogen* liability capital

aansprakelijkheid *v* [-heden] responsibility, liability ★ ~ *tegenover derden* third-party liability ★ jur *beperkte* ~ limited liability ★ jur *hoofdelijke* ~ joint and several liability ★ *wettelijke* ~ third-party liability

aansprakelijkheidsbeding *o* [-en] jur liability clause, limitation clause, exclusion clause

aansprakelijkheidsverzekering *v* [-en] liability insurance, third-party insurance ★ *een wettelijke* ~ third-party insurance

aanspreekbaar *bn* approachable, get-at-able, communicative ★ *gemakkelijk* ~ easily approachable ★ *niet* ~ *zijn* not be open to conversation ★ ~ *zijn op* be responsible for

aanspreekpunt *o* [-en] *contactpersoon* contact

aanspreektitel *m* [-s] title, term of address

aanspreekvorm *m* [-en] (form of) address

aanspreken *overg* [sprak aan, h. aangesproken] ❶ *toespreken* speak to, address ★ *iem.* ~ *over* talk to sbd about... ★ *iem. op iets* ~ call sbd to account ★ *iem. met 'Sir'* address sbd as 'Sir' ★ jur *iem. in rechte(n)* ~ sue sbd ❷ *beginnen op te maken* draw on, break into ★ *zijn kapitaal* ~ break into one's capital ★ *de fles (geducht)* ~ have a good go at the bottle ❸ *instemming wekken* appeal to ★ *deze schilderijen spreken mij aan / spreken mij weinig aan* these paintings appeal to me / have little appeal for me

aanstaan *onoverg* [stond aan, h. aangestaan] ❶ *bevallen* please ★ *het zal hem niet* ~ he won't be pleased with it, he won't like it ❷ *v. radio &* be on ★ *de radio aan laten staan* leave the radio on ❸ *v. deur* be ajar

aanstaand *bn* next, (forth)coming, approaching ★ ~*e Kerstmis* next Christmas ★ ~*e moeders* expectant mothers ★ ~*e onderwijzers* prospective teachers ★ *zijn* ~*e schoonmoeder* his future mother-in-law, his mother-in-law to be ★ ~*e week* next week ★ ~*e zijn* be at hand

aanstaande *m-v* [-n] ★ *zijn* ~, *haar* ~ his fiancée, her fiancé, his future wife, her future husband

aanstalten *zn* [mv] ★ ~ *maken om* get ready to, prepare to ★ *geen* ~ *maken om* show no sign of ⟨...ing⟩

aanstampen *overg* [stampte aan, h. aangestampt] ram (down / in), tamp

aanstaren *overg* [staarde aan, h. aangestaard] stare at, gaze at, gape at ★ *iem. met grote ogen* ~ gape at sbd

aanstekelijk *bn* infectious, contagious, catching

★ *haar lach werkt* ~ her laughter is contagious

aansteken *overg* [stak aan, h. aangestoken]
❶ *v. lamp & light* ❷ *v. vuur* kindle ❸ *in brand steken* set fire to ❹ *openen v. vat* broach, tap ❺ <u>med</u> infect ▼ *een aangestoken appel* a worm-eaten apple

aansteker *m* [-s] lighter

aanstellen I *overg* [stelde aan, h. aangesteld] appoint, employ ★ ~ *tot* appoint as, appoint to be ★ *iem. op proef* ~ employ sbd on trial / on probation **II** *wederk* [stelde aan, h. aangesteld] ★ *zich* ~ pose, put on airs, show off, ⟨tekeergaan⟩ carry on ★ *zich dwaas / mal* ~ make a fool of oneself, play the fool

aansteller *m* [-s] poser, show-off

aanstellerig *bn* affected

aanstellerij *v* [-en] affectation, pose

aanstelling *v* [-en] appointment ★ *een vaste* ~ *krijgen* obtain a permanent appointment

aansterken *onoverg* [sterkte aan, is aangesterkt] get / grow stronger, recuperate, convalesce ★ *iem. doen* ~ feed sbd up

aanstichten *overg* [stichtte aan, h. aangesticht] ❶ *opstand* instigate ❷ *complot &* hatch

aanstichter *m* [-s] instigator

aanstichting *v* [-en] instigation ★ *op* ~ *van* at the instigation of

aanstippen *overg* [stipte aan, h. aangestipt] ❶ *met een stip merken* tick / check off ⟨items &⟩ ❷ <u>med</u> touch, dab ⟨a sore spot⟩ ❸ *noemen* touch (lightly) on, indicate briefly ⟨a subject⟩

aanstoken *overg* [stookte aan, h. aangestookt] stir up, incite, instigate ★ *de twist* ~ stir up discord ★ *op* ~ *van* at the instigation of ★ *iem.* ~ *tot vernieling* incite sbd to vandalism

aanstoker *m* [-s] instigator, firebrand

aanstonds *bijw* immediately, directly, at once

aanstoot *m* offence, scandal ★ ~ *geven* give offence, create a scandal ★ ~ *nemen aan* take offence at, take exception to, resent

aanstootgevend *bn* offensive, scandalous, objectionable, shocking

aanstormen *onoverg* rush, storm ★ *komen* ~ come rushing along ★ ~ *op* storm up

aanstoten I *overg* [stootte en stiet aan, h. aangestoten] ❶ *iem.* nudge, jog ❷ *toasten* clink **II** *onoverg* [stootte en stiet aan, h. aangestoten] ★ ~ *tegen* bump into, strike against

aanstrepen *overg* [streepte aan, h. aangestreept] ❶ *in boek* mark ⟨a passage⟩ ❷ *op lijst* tick / check off ⟨items⟩

aanstrijken *overg* [streek aan, h. aangestreken] ❶ *met verf* coat, brush (over), ⟨met jodium⟩ paint ❷ *v. muur* plaster ❸ *v. lucifer* strike, light

aanstrompelen *onoverg* ★ *komen* ~ come stumbling along

aansturen I *onoverg* [stuurde aan, h. aangestuurd] head for, aim at ★ ~ *op* ⟨v. schip⟩ make for, head for, <u>fig</u> lead up to, aim at ⟨sth⟩ **II** *onoverg* [stuurde aan, h. aangestuurd] direct ★ *het proces* ~ direct the

process

aantal *o* [-len] number ★ *een groot* ~ *mensen is te dik* a large number of people are overweight ★ *een* ~ *jaren* a number of years ★ *in* ~ *overtreffen* outnumber

aantasten *overg* [tastte aan, h. aangetast] ❶ *aanvallen* <u>vero</u> attack ❷ *beschadigen* <u>fig</u> affect, harm, damage, injure ★ *zijn vermogen* ~ eat into one's capital ★ *iem. in zijn eer* ~ injure sbd's honour / reputation ★ *in de wortel* ~ strike at the roots of ❸ *aanvreten, doen vergaan* corrode, tarnish, decay

aantasting *v* [-en] ❶ *v. gezondheid* adverse / harmful effect (on), impairment (to) ❷ *v. metaal* corrosion ❸ *v. hout* decay ❹ *v.h. milieu* damage (to) ❺ *v. reputatie, eer* slur (on)

aantekenboekje *o* [-s] notebook

aantekenen *overg* [tekende aan, h. aangetekend] ❶ note (down), write down, mark, record ★ *in de kantlijn* ~ write in the margin ★ *ik wil hierbij* ~ *dat ik dit een onzinnig plan vind* I'd like to put on record that I think this plan is absurd ❷ <u>post</u> register ★ *een brief* ~ have a letter registered ★ *aangetekend verzenden* send by registered post ❸ *op stadhuis* give (official) notice of marriage

aantekening *v* [-en] ❶ *notitie* note, annotation ★ *~en maken* take / make notes ★ *van ~en voorzien* provide with notes ▼ *een goede / slechte* ~ <u>onderw</u> a good / bad mark ❷ *het noteren* entry ❸ <u>post</u> registration ❹ *v. huwelijk* registration

aantijging *v* [-en] allegation, imputation, false accusation

aantikken I *overg* [tikte aan, h. aangetikt] ❶ *toetsen* tick, tap ❷ *bij zwemwedstrijd* finish **II** *onoverg* [tikte aan, h. aangetikt] ❶ *aankloppen* tap, knock ❷ *oplopen* mount up, add up ★ *dat tikt lekker aan* that's adding up nicely

aantocht *m* ★ *in* ~ *zijn* be approaching, be on the way, be in the offing, <u>mil</u> be advancing, be marching on

aantonen *overg* [toonde aan, h. aangetoond] ❶ *bewijzen* show, demonstrate, prove ❷ *laten zien* point out, show, indicate ▼ *de ~de wijs* <u>taalk</u> the indicative mood

aantoonbaar I *bn* demonstrable **II** *bijw* demonstrably, manifestly

aantreden *onoverg* [trad aan, is aangetreden] ❶ fall in, fall into line, line up, form up ★ *de wacht laten* ~ <u>mil</u> fall in the guard ❷ take office ★ *sinds het* ~ *van het kabinet* since the cabinet took office

aantreffen *overg* [trof aan, h. aangetroffen] meet (with), find, come across, come upon

aantrekkelijk *bn* attractive, inviting

aantrekken I *overg* [trok aan, h. aangetrokken] ❶ *v. kleding* put on ❷ *naar zich toe trekken* attract, draw ★ *zich aangetrokken voelen tot* feel attracted to(wards), feel drawn to(wards) ❸ *werven* take on, draw, attract ★ *personeel* ~ recruit staff ❹ *vaster trekken* draw tighter, tighten ▼ <u>sp</u> *de sprint* ~ set up the sprint **II** *onoverg* [trok aan, is aangetrokken] *v. prijzen* handel improve, firm up **III** *wederk* [trok aan, h. aangetrokken] ★ *zich iets (erg) ~* take sth (heavily) to heart ★ *zich iems. lot ~* care about sbd's situation ★ *hij zal er zich niets / geen lor / geen moer van ~* he won't care a bit / straw / damn, he won't give a damn ★ *trek je er maar niets van aan!* don't let that worry you!

aantrekking *v* attraction

aantrekkingskracht *v* (force of) attraction ★ *de kleine stad heeft een grote ~ op gepensioneerden* the small city exerts a great attraction on pensioners

aanvaardbaar *bn* acceptable (*voor* to)

aanvaarden *overg* [aanvaardde, h. aanvaard] ❶ *accepteren* accept ★ *in dank ~* accept something with thanks ★ *onrecht is moeilijk te ~* injustice is hard to accept ★ *dat zul je moeten ~* you'll just have to accept that ❷ *v. erfenis &* take possession of ★ *dadelijk / leeg te ~* with immediate / vacant possession ★ *wanneer is het (huis) te ~?* when can I have / take possession? ❸ *op zich nemen* take up / on, commence, assume ★ *een benoeming ~* take up an appointment ★ *zijn taak ~* commence one's duties ★ *de verantwoordelijkheid ~* assume responsibility ❹ *beginnen* set out on ‹one's journey›

aanvaarding *v* [-en] ❶ *alg.* acceptance ❷ *in ontvangst nemen* taking possession ❸ *op zich nemen* assumption, taking on ★ *bij de ~ van mijn ambt* on my entrance into office

aanval *m* [-len] ❶ *mil* attack, assault, charge ★ *een ~ op* an attack on ★ *in de ~ gaan* go on the offensive ★ *ten ~* to the attack ★ *een ~ afslaan* beat off an attack ★ *een ~ openen* launch an attack ★ *~ is de beste verdediging* attack is the best form of defence ❷ *v. ziekte &* attack, fit, bout ★ *een ~ van koorts* a sudden bout of fever ★ *een ~ van woede* a fit of anger

aanvallen I *overg* [viel aan, h. aangevallen] ❶ *alg.* attack, assail, assault ❷ *een vijand* attack, charge ❸ *sp* tackle **II** *onoverg* [viel aan, is aangevallen] ❶ *afstormen* attack, charge ★ *~ op* attack ❷ *maaltijd* hoe into, charge into, attack with gusto ★ *op het eten ~* hoe into the meal

aanvallend I *bn* offensive, aggressive ★ *een ~ verbond* an offensive alliance **II** *bijw* ★ *~ optreden* act aggressively

aanvaller *m* [-s] ❶ *alg.* attacker, assailant, aggressor ❷ *sp* attacker, voetbal ook forward

aanvalsgolf *v* [-golven] wave of attack

aanvalsplan *o* [-nen] plan of attack

aanvalswapen *o* [-s & -en] offensive weapon

aanvang *m* beginning, start, commencement ★ *een ~ nemen* commence, begin ★ *een ~ maken met* commence sth, make a start on sth ★ *bij de ~* at the start / onset ★ *leerlingen moeten aanwezig zijn voor de ~ van de les* students must be present before the lesson starts

aanvangen I *onoverg* [ving aan, is aangevangen]

begin, start, commence **II** *overg* [ving aan, h. aangevangen] do ★ *wat zullen wij ermee ~?* what to do with it?

aanvangssalaris *o* [-sen] starting salary

aanvangssnelheid *v* [-heden] initial velocity

aanvangstijd *m* [-en] starting time ★ *de ~ van de voorstelling is 21.00 uur* curtain (up) at 9.00 p.m., the show starts at 9 p.m.

aanvankelijk I *bn* initial **II** *bijw* in the beginning, at first, initially

aanvaring *v* [-en] collision ★ *in ~ komen met* collide with, run into, fall foul of ★ *een ~ hebben met iem.* clash with sbd

aanvatten *overg* [vatte aan, h. aangevat] catch / take / seize / lay hold of ★ *iets (goed / verkeerd) ~* set about sth (wrongly / correctly)

aanvechtbaar *bn* questionable, debatable, contestable, disputable

aanvechten *overg* [vocht aan, h. aangevochten] ❶ plechtig tempt ★ *aangevochten door twijfel* attacked by doubt ❷ *betwisten* challenge, question, contest ★ *een stelling ~* challenge a contention ★ *een aangevochten theorie* a debated theory

aanvegen *overg* [veegde aan, h. aangeveegd] sweep ‹the floor› ★ *de vloer met iem. ~* wipe the floor with sbd, knock / hit sbd for six

aanverwant I *bn* allied, related (by marriage) ★ *alle ~e artikelen* all such articles ★ *een ~e taal* a cognate language **II** *m-v* [-en] in-law

aanvinken *overg* [vinkte aan, h. aangevinkt] tick, check

aanvliegen I *overg* [vloog aan, h. aangevlogen] ❶ *hulpgoederen &* transport by air, fly in ❷ *vliegend naderen* approach, fly towards ❸ *aanvallen* fly at, attack **II** *onoverg* [vloog aan, is aangevlogen] *vliegend naderen* approach ★ *komen ~* come flying along, ‹v. vliegtuig› approach ★ *het toestel kwam ~ uit het oosten* the plane approached from the east ★ *het vliegtuig vloog tegen berg aan* the plane crashed into the mountain ★ *~ op* fly towards

aanvliegroute *v* [-s & -n] approach route / path

aanvlijen *wederk* [vlijde aan, h. aangevlijd] ★ *zich ~ tegen* nestle against (up / to)

aanvoegend *bn* ★ *taalk de ~e wijs* the subjunctive (mood)

aanvoelen I *overg* [voelde aan, h. aangevoeld] feel, appreciate ★ *de situatie goed ~* have a good appreciation of the situation ★ *zij voelen elkaar goed aan* they speak the same language ★ *hij voelt goed aan welke baan past bij welke kandidaat* he has a good feeling / sense for the job that suits each applicant best **II** *onoverg* [voelde aan, h. aangevoeld] ★ *zacht ~* feel soft, be soft to the touch

aanvoer *m* [-en] ❶ *het aanvoeren* supply, delivery ❷ *het aangevoerde* supply, ‹import› arrival

aanvoerder *m* [-s] ❶ leader ❷ sp captain ❸ *v. complot* ringleader

aanvoeren *overg* [voerde aan, h. aangevoerd] ❶ *leiden*

command, lead ★ *een leger* ~ command an army
❷ *aanbrengen* supply, bring, convey, deliver
★ *voedings- en hulpmiddelen* ~ supply food and
resources ❸ *aanhalen* allege, put forward, advance
⟨arguments⟩, <u>form</u> adduce ⟨a proof⟩, bring forward,
produce ⟨reasons⟩, raise ⟨objections to⟩, cite ⟨a
saying, a case⟩

aanvoering *v* leadership, command ★ *onder* ~ *van X*
under the command of X

aanvraag *v* [-vragen] ❶ *verzoek* request, application
★ *de* ~ *moet worden ingediend bij het hoofdkantoor*
you should submit your application to the main
office ★ *op* ~ *van* at the request of ★ *een* ~ *voor een
vergunning* an application for a permit ★ *op* ~ *te
vertonen* to be shown on demand ❷ *bestelling* order,
demand

aanvraagformulier *o* [-en] application form

aanvraagprocedure *v* [-s] application procedure

aanvragen *overg* [vroeg aan, h. aangevraagd]
❶ *vragen* apply for, request ★ *een uitkering* ~ apply
for benefits ★ *ontslag* ~ submit one's resignation
★ *een gesprek* ~ ask for an interview ★ *een plaatje* ~
request a record ❷ *bestellen* request, order

aanvrager *m* [-s] applicant

aanvreten *overg* [vrat aan, h. aangevreten] ❶ *alg.*
erode, attack ❷ *v. metalen* corrode

aanvullen *overg* [vulde aan, h. aangevuld] ❶ *alg.*
complete, supplement ★ *een verklaring* ~ enlarge on
/ amplify a statement ★ *een zin* ~ complete / finish a
sentence ★ *elkaar* ~ be complementary (to one
another), complement each other ❷ *een tekort* fill
up, supply ❸ *v. voorraad* replenish, stock up

aanvullend *bn* supplementary, complementary ★ ~
recht permissive law

aanvulling *v* [-en] ❶ *alg.* completion, supplement
★ *een* ~ *op het pensioen* a supplementary pension
★ *ter* ~ *van* as an addition, by way of supplement
❷ *v. voorraad* replenishment, replacement ❸ *v.e.
verklaring* amplification

aanvuren *overg* [vuurde aan, h. aangevuurd] ❶ *alg.*
fire, stimulate, inspire ❷ *sp* cheer

aanvuring *v* [-en] stimulation, incitement

aanwaaien *onoverg* [waaide *of* woei aan, is
aangewaaid] ★ *hij is hier komen* ~ *uit Amerika* he's
come over from America ★ *kennis zal niemand* ~
there is no easy road to learning

aanwakkeren I *overg* [wakkerde aan, h.
aangewakkerd] ❶ *ongunstig* stir up, fan ❷ *gunstig*
stimulate **II** *onoverg* [wakkerde aan, is
aangewakkerd] ❶ *v. wind* freshen ❷ *toenemen in
kracht* increase, strengthen, grow stronger

aanwas *m* [-sen] ❶ *alg.* growth, increase ★ *de* ~ *van de
bevolking* population growth ❷ *v. grond* accretion

aanwenden *overg* [wendde aan, h. aangewend] use,
employ, apply, bring to bear ★ *geld ten eigen bate* ~
convert money to one's own use ★ *pogingen* ~ make
attempts ★ *(het)* ~ *van winsten* allocation of profits

aanwennen *wederk* [wende aan, h. aangewend]

★ *zich* ~ take to, acquire the habit of ★ *zich een
gewoonte / iets* ~ make sth a habit, get / fall into the
habit of sth

aanwensel *o* [-s] (bad / ugly) habit, trick

aanwezig *bn* ❶ *v. personen* present ★ *de* ~*en* those
present ❷ *bestaand* existing ★ *de* ~*e voorraad* the
stock on hand, the existing stock

aanwezigheid *v* ❶ *v. personen* presence ★ *in* ~ *van* in
the presence of ★ *uw* ~ *wordt op prijs gesteld* your
presence would be appreciated ❷ *beschikbaarheid*
existence

aanwijsbaar *bn* apparent, demonstrable

aanwijsstok *m* [-ken] pointer

aanwijzen *overg* [wees aan, h. aangewezen] ❶ *alg.*
show, point to / out, indicate ★ *iem. als schuldige* ~
give sbd the blame ★ *de tijd* ~ show the time ★ *de
temperatuur* ~ register / show / indicate / mark the
temperature ★ *de snelheid* ~ register the speed
❷ *toewijzen* assign ❸ *voor bepaald doel* designate,
allocate ★ *extra gelden voor de woningbouw* ~
allocate additional funds to housing construction

aanwijzend *bn* ★ *een* ~ *voornaamwoord* a
demonstrative pronoun

aanwijzing *v* [-en] ❶ *aanduiding* indication,
registration ❷ *inlichting* instruction, hint, direction
★ ~*en voor het gebruik* instructions for use ❸ *vooral
voor de politie* clue (*omtrent* to)

aanwinst *v* [-en] ❶ *winst* gain ❷ *boeken &* acquisition,
accession ❸ *fig* asset ★ *zij is een echte* ~ *voor het team*
she is a real asset to the team

aanwippen *onoverg* [wipte aan, is aangewipt] <u>inf</u> drop
in ⟨on sbd⟩, pop in

aanwrijven *overg* [wreef aan, h. aangewreven] ★ *iem.
iets* ~ impute sth to sbd

aanzeggen *overg* [zegde & zei aan, h. aangezegd]
announce, notify, give notice of, declare

aanzegging *v* [-en] ❶ *officiële bekendmaking*
announcement, notification, notice ❷ *het aanzeggen*
giving notice

aanzet *m* [-ten] ❶ *begin* start, onset, initiative ★ *het
incident vormde de* ~ *tot ernstige rellen* the incident
initiated / instigated serious riots ❷ <u>muz</u>
embouchure

aanzetriem *m* [-en] (razor) strop

aanzetten I *overg* [zette aan, h. aangezet]
❶ *vastmaken* put on to, attach to ❷ *monteren* fit on,
attach to ❸ *v. knoop* sew on ❹ *v. deur* set ajar
❺ *vaster draaien* turn on, tighten ❻ *scherp maken*
whet ⟨a knife⟩, set, strop ⟨a razor⟩ ❼ *in werking
stellen* start, put on, turn on, switch on ❽ *aansporen*
urge on ❾ *ophitsen* incite ⟨to revolt⟩, put sbd up ⟨to
sth⟩ **II** *onoverg* [zette aan, is aangezet] ❶ *aankoeken*
stick to the pan, stick to the bottom ❷ *v. ketel* fur
III *onoverg* [zette aan, h. aangezet] ❶ *dik maken*
make fat, be fattening ❷ *voor de sprint* <u>sp</u> put on a
spurt **IV** *onoverg* ★ *komen* ~ come along ★ *komen* ~
met <u>eig</u> come and bring, <u>fig</u> come out with, bring
forward

aa

aanzeulen I *overg* [zeulde aan, h. aangezeuld] drag up **II** *onoverg* ★ *komen ~* come trailing up

aanzien I *overg* [zag aan, h. aangezien] look at, watch ★ *het niet kunnen ~* be unable to bear the look of it, be unable to stand it ★ *het is niet om aan te zien* it's awful ★ *iem. op iets ~* suspect sbd of sth ★ *iem. / iets ~ voor...* take sbd / sth for... ★ *ten onrechte ~ voor* mistake for ★ *iem. niet voor vol ~* not take sbd seriously ★ *waar zie je mij voor aan?* what / who do you take me for?, who do you think I am? ★ *ik zie ze er wel voor aan* I wouldn't put it past them ★ *men kan het hem ~* he looks it ★ *het laat zich ~ dat...* there is every appearance that... ★ *naar het zich laat ~, zullen wij slecht weer krijgen* to judge from appearances, we're going to have bad weather ★ *wij zullen het nog wat ~* we'll wait and see, we'll take no steps for the present **II** *o* ❶ *uiterlijk* look, aspect ★ *zich het ~ geven van* assume an air of ★ *dat geeft de zaak een ander ~* that puts another complexion on the matter ❷ *achting* consideration, regard, respect, esteem ★ *(zeer) in ~ zijn* be held in (great) respect, in (high) esteem ★ *een man van ~* a man of note / distinction ★ *zonder ~ des persoons* without respect of persons ❸ *prestige* prestige, standing ★ *het ~ van de sport* the sport's standing ▼ *ten ~ van* with respect to, with regard to ▼ *te dien ~* as for that

aanzienlijk I *bn* ❶ *groot* considerable, substantial ★ *een ~ bedrag* a considerable amount ❷ *voornaam* distinguished ⟨people⟩, notable,...of note, of good / high standing ★ *een ~ man* a distinguished man **II** *bijw* versterkend considerably ★ *dit boek is ~ beter dan het vorige* this book is considerably better than the last one

aanzijn *o* existence ★ *het ~ geven* give life (to) ★ *in het ~ roepen* call into being (existence)

aanzitten *onoverg* [zat aan, h. aangezeten] ❶ *aan tafel* sit down (at the table) ★ *de ~den, de aangezetenen* the guests ❷ *aankomen* touch ★ *overal ~* touch everything

aanzoek *o* [-en] ten huwelijk offer (of marriage), proposal ★ *iem. een ~ doen* propose to sbd ★ *een ~ krijgen* receive a proposal ★ *een ~ afwijzen* reject a proposal

aanzuigend *bn* adhering ★ *een ~e werking hebben op bezoekers* attract more visitors

aanzuiveren *overg* [zuiverde aan, h. aangezuiverd] pay, clear off ⟨a debt⟩, settle ⟨an account⟩, rectify ⟨a deficit⟩

aanzwellen *onoverg* [zwol aan, is aangezwollen] swell, rise, build up, snowball ★ *de wind zwol aan tot een storm* the wind increased to a gale / reached gale force

aanzwemmen *onoverg* ★ *komen ~* come swimming along

aanzwengelen *overg* [zwengelde aan, h. aangezwengeld] crank up ⟨the motor⟩ ★ *de discussie ~* stir up the discussion

aap *m* [apen] ❶ monkey ❷ *zonder staart* ape ★ *een ~ van een jongen* a (little) devil ★ inf *in de ~ gelogeerd zijn* be in a fix, be up a tree ★ *daar komt de ~ uit de mouw* there we have it ★ *iem. voor ~ zetten* make a laughing stock of sbd ★ *voor ~ staan* be made a fool of

aapachtig *bn* apish, ape-like, monkey-like

aapmens *m* [-en] apeman

aar *v* [aren] ❶ *v. koren* ear, spike ❷ *bloedvat* vero vein

aard *m* ❶ *gesteldheid* nature, character, disposition ★ *het ligt niet in zijn ~* it's not in his nature, it's not in him ★ *uit de ~ der zaak* in / by / from the nature of the case / of things ★ *...van ~...* by nature ★ *hij heeft een ~je naar zijn vaartje* he is a chip off the old block ❷ *soort* kind, sort ★ *van allerlei ~* of all kinds, of every description ★ *de omstandigheden zijn van die ~, dat...* the circumstances are such that... ★ *niets van die ~* nothing of the kind ▼ *studeren / werken / zingen dat het een ~ heeft* study / work / sing with a will / with a vengeance

aardappel *m* [-s & -en] potato ★ *hij praat met een hete ~ in de keel* he talks with a plum in his mouth

aardappelkroket *v* [-ten] potato croquette

aardappelmeel *o* potato flour

aardappelmesje *o* [-s] potato peeler

aardappelmoeheid *v* potato sickness, potato root eelworm

aardappelpuree *v* mashed potatoes

aardappelschil *v* [-len] potato peel

aardappelziekte *v* [-n, -s] potato blight / disease / rot

aardas *v* axis of the earth, earth's axis

aardbei *v* [-en] strawberry

aardbeientijd *m* strawberry season

aardbeving *v* [-en] earthquake

aardbodem *m* earth ★ *van de ~ verdwenen zijn* disappeared off the face of the earth

aardbol *m* [-len] (terrestrial) globe

aarde *v* ❶ astron earth ★ *hier op ~* here, on earth ❷ *grond* soil, earth ★ *in goede ~ vallen* be well received ★ *boven ~ staan* await burial ★ *ter ~ bestellen* inter, commit to the earth ★ *zich ter ~ werpen* prostrate oneself ❸ *teelaarde* mould ❹ elektr earth connection ★ *~ maken* earth

aardedonker I *bn* pitch dark **II** *o* pitch darkness

aarden I *bn* earthen ★ *een ~ kruik* a stone jar ★ *een ~ pijp* a clay pipe **II** *onoverg* [aardde, h. geaard] *gedijen* thrive, do well ★ *ik kon er niet ~* I didn't feel at home there ▼ *~ naar* take after **III** *overg* [aardde, h. geaard] elektr earth, ground ★ *een stopcontact ~* earth a socket

aardewerk *o* earthenware, crockery, pottery ★ *Delfts ~* delftware, Delft

aardewerken *bn* earthenware ★ *een ~ kruik* an earthenware bottle

aardewerkfabriek *v* [-en] pottery

aardgas *o* natural gas

aardgasbaten *zn* [mv] natural gas revenues

aardgasbel *v* [-len] natural gas reserve / field / deposit

ab

/ pocket
aardgasleiding *v* [-en] natural gas pipe
aardgasreserve *v* [-s] natural gas reserves
aardgeest *m* [-en] gnome
aardig I *bn* ❶ *lief, bevallig* pretty, nice, kind, sweet ★ *dat is ~ van je* that's nice of you ★ *zich ~ voordoen* have a way with one ❷ *een aangename indruk makend* nice, pleasant ❸ *grappig* witty, smart ❹ *tamelijk groot* fair, pretty ★ *een ~ sommetje* a pretty penny, a tidy sum of money ★ *een ~ poosje* quite a while ★ *een ~e portie* a sizeable amount ‹of money›, a large helping ‹of food› **II** *bijw* ❶ *vriendelijk* nicely ❷ *tamelijk goed* nicely, fairly ★ *hij voetbalt wel ~* he's pretty good at football ❸ *versterkend* pretty, rather
aardigheid *v* [-heden] fun, pleasure ★ *er is geen ~ aan* it's not much fun ★ *de ~ is er af* the fun has worn off ★ *~ in iets hebben* take pleasure in sth ★ *~ in iets krijgen* take a fancy to sth ★ *uit ~, voor de ~* for fun, for the fun of the thing ▼ *ik heb een ~je voor je meegebracht* ‹cadeautje› I've brought a little present for you
aarding *v* elektr earthing, Am grounding
aardje *o* → **aard** → **vaartje**
aardkloot *m* terrestrial globe
aardkorst *v* earth's crust
aardlaag *v* [-lagen] layer (of the earth)
aardleiding *v* [-en] elektr earth wire, ground wire
aardlekschakelaar *m* [-s] earth leakage circuit breaker, Am ground leakage circuit breaker
aardnoot *v* [-noten] groundnut, peanut
aardolie *v* [-oliën] petroleum
aardoppervlak *o*, **aardoppervlakte** *v* earth's surface, surface of the earth
aardrijkskunde *v* geography
aardrijkskundig *bn* geographic(al)
aardrijkskundige *m* geographer
aards *bn* earthly, terrestrial, worldly ★ *het ~e slijk* filthy lucre
aardschok *m* [-ken] earthquake, shock
aardstralen *zn* [mv] earth rays
aardverschuiving *v* [-en] landslide ★ *een politieke ~* a political landslide
aardwetenschappen *zn* [mv] earth sciences
aardworm *m* [-en] earthworm
aars *m* [aarzen] anus
aarsvin *v* [-nen] anal fin
aartsbisdom *o* [-men] archbishopric
aartsbisschop *m* [-pen] archbishop
aartsengel *m* [-en] archangel
aartshertog *m* [-togen] archduke
aartslui *bn* bone lazy
aartsvader *m* [-s & -en] patriarch
aartsvijand *m* [-en] arch-enemy
aarzelen *onoverg* [aarzelde, h. geaarzeld] hesitate, waver ★ *zonder ~* without hesitation, readily
aarzeling *v* [-en] hesitation, wavering
aas I *o* ❶ *lokvoer* bait ❷ *dood dier* carrion **II** *m* & *o*

[azen] kaartsp ace
aaseter *m* [-s] scavenging animal, scavenger
aasgier *m* [-en] vulture
AAW *afk* (Algemene Arbeidsongeschiktheidswet) General Disablement Act, General Invalidity Benefits Act
abattoir *o* [-s] abattoir, slaughterhouse
abc *o* ['s] ABC, alphabet
abces *o* [-sen] abscess
ABC-wapens *zn* [mv] (atoom-, bacteriologische en chemische wapens) ABC weapons
abdicatie *v* [-s] abdication
abdiceren *onoverg* [abdiceerde, h. geabdiceerd], **abdiqueren** [abdiqueerde, h. geabdiqueerd] abdicate, renounce, give up ‹the throne›
abdij *v* [-en] abbey
abdis *v* [-sen] abbess
abdomen *o* [-s] abdomen
abeel *m* [abelen] white poplar, abele
abessijn *m* [-en] *kat* Abyssinian cat
Abessijns *bn* Abyssinian
abject *bn* despicable, contemptible
ablatief *m* [-tieven] taalk ablative
ABN *afk* (Algemeen Beschaafd Nederlands) standard Dutch
abnormaal I *bn* abnormal, deviant ★ *abnormale toestanden* abnormal situations ★ *zij is een beetje ~* she is not quite normal **II** *bijw* abnormally
abnormaliteit *v* [-en] abnormality
abominabel *bn* horrible, abominable, scandalous ★ *~e omstandigheden* abominable circumstances
abonnee *m-v* [-s] ❶ *op tijdschrift &* subscriber ❷ *op trein &* season ticket holder
abonneenummer *o* [-s] telec subscriber's number
abonneetelevisie, **abonnee-tv** *v* pay television, pay TV
abonnement *o* [-en] ❶ *alg.* subscription ‹to...› ★ *zijn ~ opzeggen* cancel one's subscription ★ *een ~ nemen op iets* subscribe to sth ❷ *trein &* season ticket
abonnementsgeld *o* [-en] subscription rate
abonnementskaart *v* [-en] season ticket
abonnementsprijs *m* [-prijzen] subscription rate
abonneren *wederk* [abonneerde, h. geabonneerd] ★ *zich ~ op* ‹een krant› subscribe to ★ *ik ben op de Times geabonneerd* I've got a subscription to the *Times*
aborteren *overg* [aborteerde, h. geaborteerd] abort ★ *zich laten ~* have an abortion
abortus *m* [-sen] abortion
abortuskliniek *v* [-en] abortion clinic
abortus provocatus *m* med abortion
à bout portant *bijw* pointblank ★ *iem. ~ neerschieten* shoot sbd just like that ★ *iem. ~ een vraag stellen* ask sbd a question at point-blank
abracadabra *o* abracadabra ★ *dat is ~ voor mij* it's all double Dutch to me
Abraham, **Abram** *m* Abraham ★ Bijbel *in ~s schoot* in Abraham's lap ★ *hij weet waar ~ de mosterd haalt*

ab

he's been around, he's nobody's fool, there are no flies on him ★ ~ *gezien hebben* be 50 years or over

abraham *m* [-s] *speculaaspop* large gingerbread man

abri *m* ['s] (bus) shelter

abrikoos I *v* [-kozen] *vrucht* apricot **II** *m boom* apricot

abrupt *bn* abrupt, sudden ★ *een ~ einde* a sudden end ★ *de onderhandelingen ~ beëindigen* break off (the) negotiations abruptly

ABS *afk* (antiblokkeersysteem) anti-lock braking system

abscis *v* [-sen] wisk abscissa

abseilen *o* abseil

absence *v* [-s] med absence

absent *bn* ❶ *afwezig* absent ❷ *verstrooid* absent-minded

absenteïsme *o* absenteeism

absentie *v* [-s] ❶ *afwezigheid* absence, non-attendance ❷ *verstrooidheid* absence (of mind), absent-mindedness

absentielijst *v* [-en] attendance register

absolutie *v* absolution ★ RK *de ~ geven* absolve ★ *de ~ krijgen* receive absolution

absolutisme *o* absolutism

absolutistisch *bn* absolutist

absoluut I *bn* absolute ★ *~ gehoor* absolute pitch ★ *de absolute drempel* the absolute threshold ★ *absolute cijfers* absolute numbers **II** *bijw* absolutely, utterly ★ *~ niet* not at all, by no means, not by any means ★ *dat kan ik ~ niet toestaan* I definitely can't allow that ★ *~ niets* absolutely nothing

absolveren *overg* [absolveerde, h. geabsolveerd] absolve

absorberen *overg* [absorbeerde, h. geabsorbeerd] absorb

absorptie *v* absorption

abstract *bn* abstract ★ *~e kunst* abstract art ★ *~ schilderen* paint in an abstract manner, paint abstractly

abstractie *v* [-s] abstraction ★ *onder ~ van* abstracting from

abstraheren *overg* [abstraheerde, h. geabstraheerd] abstract (from)

absurd I *bn* absurd, preposterous ★ *~ toneel* theatre of the absurd **II** *bijw* absurdly, ridiculously

absurditeit *v* [-en] absurdity, preposterousness

abt *m* [-en] abbot

abuis *o* [abuizen] mistake, error ★ *per ~* by mistake, erroneously, mistakenly ★ *~ hebben / zijn* be mistaken

abusievelijk *bijw* mistakenly, erroneously, by mistake

acacia *m* ['s] acacia

academicus *m* [-ci] ❶ university graduate ❷ ZN academic

academie *v* [-s & -miën] academy, university, college ★ *een pedagogische ~* a (teachers') training college

academisch *bn* academic ⟨year, title, question⟩ ★ *~ gevormd* university educated ★ *een ~e graad* a university degree ★ *een ~ ziekenhuis* a teaching

hospital ★ *een ~e kwestie* an academic point

acanthus *m* [-sen], **akant** [-en] acanthus

acceleratie *v* [-s] auto acceleration

accelereren *overg en onoverg* [accelereerde, h. en is geaccelereerd] accelerate

accent *o* [-en] ❶ *tongval* accent, stress ★ *hij spreekt met een Frans ~* he speaks with a French accent ❷ *nadruk* fig emphasis ★ *het ~ leggen op* stress, emphasize ❸ *element* touch ★ *lichtgroen met lila ~en* pale green with touches of mauve

accent aigu *o* [accents aigus] acute accent, acute

accent circonflexe *o* [accents circonflexes] circumflex accent, circumflex

accent grave *o* [accents graves] grave accent, grave

accentloos *bn* unaccented ★ *~ spreken* speak without an accent

accentteken *o* [-s] accent (mark), stress mark

accentueren *overg* [accentueerde, h. geaccentueerd] ❶ accent, stress ❷ fig emphasize, accentuate ★ *je figuur ~* accentuate your figure

acceptabel *bn* acceptable

acceptant *m* [-en] ❶ handel acceptor ❷ verz underwriter

acceptatie *v* [-s] ❶ *aanneming* reception, acceptation ❷ *verklaring* handel acceptance, acknowledgement

accepteren *overg* [accepteerde, h. geaccepteerd] accept ★ *een uitnodiging ~* accept an invitation ★ *niet ~* ⟨alg.⟩ refuse (acceptance of), handel dishonour ⟨a bill⟩

acceptgiro *m* ['s], **acceptgirokaart** *v* [-en] giro form, payment slip

accessoires *zn* [mv] accessories

accijns *m* [-cijnzen] excise duty, excise, duty, excise tax

accijnsplichtig *bn* excisable

acclamatie *v* acclamation ★ *bij ~ aannemen* carry by acclamation

acclimatiseren *onoverg* [acclimatiseerde, is geacclimatiseerd] acclimatize ★ *zij is hier helemaal geacclimatiseerd* she's become completely acclimatized here

accolade *v* [-s] ❶ *bij ridderslag* accolade ❷ *accoladeteken* brace, curly bracket ❸ muz accolade

accommodatie *v* [-s] accommodation

accordeon *o & m* [-s] accordion

accordeonist *m* [-en] accordionist

accorderen *overg en onoverg* [accordeerde, h. geaccordeerd] agree, come to terms

account I *o* [-s] *belangrijke klant* account **II** *m* [-s] comput account

accountant *m* [-s] ❶ (chartered) accountant, auditor, Am public accountant ❷ *externe accountant, onafhankelijke accountant, registeraccountant* auditor, external auditor, independent auditor

accountant-administratieconsulent *m* [-en] auditor, ⟨AA⟩ accounting consultant

accountantscontrole *v* audit, accounting audit,

auditing
accountantskantoor *o* [-toren] auditors office
accountantsonderzoek *o* [-en] audit
accountantsrapport *o* [-en] audit report
accountantsverklaring *v* [-en] ❶ *accountantsattest* auditors' report ❷ *verklaring van getrouwheid* audit certificate, auditors' certificate
accountmanager *m* [-s] marketing account manager
accreditatie *v* [-s] acknowledgement
accrediteren *overg* [accrediteerde, h. geaccrediteerd] ❶ *erkennen* acknowledge, recognize ❷ *krediet verlenen* accredit, give credit to ❸ *officieel afvaardigen* accredit ★ *goed geaccrediteerd staan* be held in high esteem ★ *een geaccrediteerd gezant* an accredited envoy
accreditering *v* [-s] *machtiging van een diplomatiek ambtenaar zijn regering in een bepaald land te vertegenwoordigen* accreditation
accreditief *o* [-tieven] letter of credit
accu *m* ['s] battery, accumulator ★ *de ~ is leeg* the battery has run down
accubak *m* [-ken] battery container, accumulator box
accuklem *v* [-men] battery clip
acculader *m* [-s] battery charger
accumulatie *v* [-s] accumulation
accumulator *m* [-s & -toren] accumulator
accumuleren *overg* [accumuleerde, h. geaccumuleerd] accumulate, store up
accuraat *bn* accurate, exact, precise
accuratesse *v* accuracy, precision
accusatief *m* [-tieven] taalk accusative
accuzuur *o* battery acid
ace *m* [-s] tennis ace ★ *een ~ slaan* score an ace
acetaat *o* [-taten] acetate
aceton *o & m* acetone
acetyleen *o* acetylene
ach *tsw* ★ ~! ah!, oh! ★ ~ *en wee roepen* weep and wail
achilleshiel *m* [-en] Achilles heel
achillespees *v* [-pezen] Achilles tendon
acht I *telw* eight ★ *met zijn ~en* eight of them ★ *het is bij ~en* it is on the stroke of eight **II** *v* [-en] ❶ *cijfer, figuur* eight ❷ *roeisport* eight **III** *v aandacht* attention, notice ★ ~ *slaan op* pay attention to ★ *geef...~!* mil attention! ★ *in ~ nemen* ‹regels› observe, comply with ★ *zich in ~ nemen* take care of one's health / of oneself ★ *neem u in ~* be careful!, mind what you do! ★ *zich in ~ nemen voor...* beware of..., be on one's guard against...
achtbaan *v* [-banen] big dipper, roller coaster, switchback
achtbaar *bn* respectable, honourable/Am honorable
achtdaags *bn* week's, eight-day
achtduizend *hoofdtelw* eight thousand
achteloos *bn* careless, negligent
achteloosheid *v* [-heden] carelessness, negligence
achten I *overg* [achtte, h. geacht] ❶ *hoogachten* esteem, respect ★ *ik acht mijn ouders zeer* I respect my parents very much ❷ *denken, vinden* deem,

think, consider, judge, find ★ *het beneden zich ~ om...* think it beneath one to... ★ *ik acht het niet raadzaam* I don't think it advisable ★ *iedereen wordt geacht de wet te kennen* everyone is expected to know the law ★ *ik acht hem schuldig* I find him guilty ❸ *letten op* pay attention to **II** *wederk* [achtte, h. geacht] ★ *zich gelukkig ~* consider oneself fortunate ★ *ik acht mij niet aansprakelijk voor de schade* I don't regard myself as being responsible for the damage
achtenswaard, achtenswaardig *bn* respectable, honourable/Am honorable
achter I *voorz* ❶ *v. plaats* behind, at the back of ★ ~ *de computer zitten* be in front of / at the computer ★ *hij zit ~ zijn bureau* he's at his desk ★ ~ *de piano* at the piano ★ *de mens ~ de politicus* the human being behind the politician ★ ~ *het stuur* behind the wheel ★ fig ~ *iem. staan* support, stand by sbd ★ *meneer X zit er ~* Mister X is behind it ★ *ik ben er ~* ‹nu weet ik het› I've found it out, ‹nu ken ik het› I've got into it, I've got the knack of it ★ *er ~ komen* discover, detect, find out ★ *er toevallig ~ komen* stumble upon ★ ~ *iem / iets heen zitten* keep at sbd / sth ❷ *v. tijd* after **II** *bijw* ❶ *v. plaats* behind, at the back ★ *de bal is ~* the ball is behind ★ *hij is ~* ‹plaats› he's in the backroom ★ *mijn moeder is ~ in de zeventig* my mother is in her late seventies ★ sp *ze stonden in de rust met 2-0* at half-time they were down 2-0 ★ ~ *raken* drop / fall / get behind ★ *van ~* ‹attack› from behind, ‹low› at the back, ‹viewed› from the back ★ *van ~ inrijden op* run into the back of, crash into the rear of ★ *kam het haar van voor naar ~* comb the hair backwards ❷ *v. tijd* behind, slow ★ *mijn horloge loopt ~* my watch is slow ★ *hij is ~* fig ‹op school› he's behind, ‹met betalen› he is in arrear(s) ★ *ten ~* ‹met werk, studie› behind, ‹met betalen› in arrear(s) ★ *ten ~ bij zijn tijd* behind the times
achteraan *bijw* behind, in the rear, at the back ★ *hij loopt ~* he's walking in the rear, he's bringing up the rear ▼ *ergens ~ zitten* be after something
achteraankomen *onoverg* [kwam achteraan, is achteraangekomen] come last, lag behind, bring up the rear
achteraanzicht *o* [-en] rear view
achteraf *bijw* ❶ *verwijderd* in the rear, at the back ★ *zich ~ houden* keep in the background ❷ *afgelegen* out of the way ★ *ze wonen ~* they live in the middle of nowhere ❸ *naderhand* afterwards ★ ~ *bekeken* looking back, in retrospect
achterbak *m* [-ken] Br boot, Am trunk
achterbaks I *bn* sneaky, underhand ★ *hij is ~* he's a sly one ★ ~*e streken* underhand tricks **II** *bijw* sneakily, behind people's backs
achterban *m* ❶ supporters ★ *de ~ raadplegen* check with the party rank and file, consult one's colleagues ❷ *steun v.d. achterban* grassroots support
achterband *m* [-en] back tyre, Am back tire
achterbank *v* [-en] back seat
achterblijven *onoverg* [bleef achter, is

ac

achtergebleven] ❶ *niet meegaan* stay behind, remain behind ★ ~ *bij* fall / come short of ★ *achtergebleven gebieden* backward areas, underdeveloped countries ★ *hij wilde niet ~ bij zijn vrienden* he didn't want to be outdone by his friends ❷ *bij sterfgeval* be left (behind) ❸ *bij wedstrijden & drop back* ❹ onderw be backward, be a slow learner

achterblijver *m* [-s] ❶ *alg.* straggler ❷ *op school* slow developer, slow learner

achterbuurt *v* [-en] backstreet district, slum, ghetto

achterdek *o* [-ken] poop, afterdeck

achterdeur *v* [-en] backdoor ★ *een ~tje openhouden* leave a way out

achterdocht *v* suspicion ★ *~ hebben / koesteren* have suspicions, be suspicious ★ *~ krijgen* become suspicious ★ *~ opwekken* arouse suspicion

achterdochtig *bn* suspicious

achtereen *bijw* in succession, consecutively, at a stretch ★ *viermaal ~* four times running / in succession ★ *vier uur ~* four hours at a stretch / on end ★ *maanden ~* for months at a time

achtereenvolgend *bn* successive, consecutive

achtereenvolgens *bijw* successively, in succession, in turn, consecutively

achtereind, **achtereinde** *o* [-einden] rear end, back part ★ *zo stom als het ~ van een varken* as thick as two planks

achteren *bijw* ★ *naar ~* back, backwards ★ *van ~* from behind ★ inf ⟨naar de wc⟩ *naar ~ gaan* go to the bathroom, spend a penny

achterflap *m* [-pen] back flap

achtergesteld *bn* subordinated ★ *een ~e lening* a subordinated loan ★ *~e schulden* deferred liabilities

achtergevel *m* [-s] back, rear, back elevation, back facade

achtergrond *m* [-en] background ★ *op de ~ zie je het bos* that's the forest you see in the background, the forest is visible in the background ★ *op de ~ raken* fall / recede into the background ★ *op de ~ blijven* keep / remain in the background ★ *zich op de ~ houden* keep in the background ★ *de ~en van een conflict* the background to the conflict ★ *op de ~ speelde een oude vete mee* an old feud played a background part

achtergrondinformatie *v* background (information)

achtergrondmuziek *v* background music, muzak

achterhaald *bn* superseded, out of date ★ *een ~e techniek* an outdated technique

achterhalen *overg* [achterhaalde, h. achterhaald] ❶ *v. misdadiger &* arrest, catch up with, run down ❷ *v. voorwerpen* recover, retrieve ❸ *v. fouten, gegevens* trace, detect

achterhand *v* [-en] ❶ *handwortel* carpus ❷ *v. paard &* hindquarters ▼ kaartsp *op de ~ zitten* have the last move

achterheen *bijw* ★ *ergens / iem. ~ zitten* keep onto sth / sbd ★ *ergens ~ gaan* follow sth up

achterhoede *v* [-n & -s] ❶ mil rear(guard) ★ *de ~*

vormen bring up the rear ❷ sp defence/Am defense

achterhoedegevecht *o* [-en] rearguard action

achterhoedespeler *m* [-s] defender, back

achterhoofd *o* [-en] back of the head, anat occiput ★ *gedachten in zijn ~* thoughts at the back of his mind ★ *hij is niet op zijn ~ gevallen* there are no flies on him

achterhouden *overg* [hield achter, h. achtergehouden] keep back, hold back, withhold ★ *informatie ~* withhold information

achterhuis *o* [-huizen] ❶ *achterste gedeelte* back part of the house ❷ *gebouw* back premises ▼ *het Achterhuis* the Anne Frank house

achterin *bijw* at the back, in the back ★ *~ zitten* sit in the back

achteringang *m* [-en] back entrance

achterkamer *v* [-s] backroom

achterkant *m* [-en] back, reverse (side), rear ★ *op de ~ van het boek* on the back of the book ★ *lees ook de informatie aan de ~* please read the information on the reverse ★ *de parkeerplaatsen bevinden zich aan de ~ van het gebouw* there is room for parking at the rear of the building

achterkant
wordt vertaald als **reverse** of **back**, nooit als **backside**. Backside betekent **achterste**, achterwerk.

achterklap *m* backbiting, scandal, slander(ing)

achterkleindochter *v* [-s] great-granddaughter

achterkleinkind *o* [-eren] great-grandchild ★ *de ~eren* the great-grandchildren

achterkleinzoon *m* [-s & -zonen] great-grandson

achterklep *v* [-pen] ❶ *v. kofferbak* lid of the boot ❷ *5e deur* hatchback, liftback ❸ *v. vrachtauto* tailboard

achterlader *m* [-s] breechloader

achterland *o* [-en] hinterland

achterlangs *bijw* along the back of

achterlaten *overg* [liet achter, h. achtergelaten] ❶ *alg.* leave ★ *littekens ~* leave scars ❷ *bij sterven* leave behind ★ *hij laat een vrouw en twee kinderen achter* he leaves behind a wife and two children

achterlating *v* ★ *met ~ van* leaving behind

achterlicht *o* [-en] rear light, Am taillight, ⟨v. fiets⟩ rear lamp

achterliggen *onoverg* [lag achter, h. achtergelegen] lie behind ★ *~ op, bij* lag behind ⟨sbd⟩

achterlijf *o* [-lijven] rump, abdomen ⟨of insects⟩

achterlijk *bn* ❶ *v. persoon* (mentally) retarded, backward ★ *doe niet zo ~!* don't be such a moron! ❷ *ouderwets* behind the times ★ *een ~e jas* a stupid / dumb coat

achterlijn *v* [-en] sp end line, goal line

achterlopen *onoverg* [liep achter, h. achtergelopen] ❶ *v. uurwerk* be slow ★ *mijn horloge loopt vijf minuten achter* my watch is five minutes slow ❷ fig lag behind, not keep up with the times ★ *~ op* lag behind

achterna *bijw* after, behind ★ ~ *gaan* follow, pursue ★ ~ *lopen / zitten* run after ★ ~ *zetten* chase, pursue

achternaam *m* [-namen] surname, family name

achternagaan *overg* [ging achterna, is achternagegaan] go after, follow behind ★ *zij gaat haar vader achterna* she is following in her father's footsteps

achternalopen *overg* [liep achterna, h. en is achternagelopen] follow, run after ★ *iem.* ~ run after sbd

achternamiddag *m* [-dagen] spare moment ★ *fig op een* ~ at any odd moment

achternarijden *overg* [reed achterna, h. en is achternagereden] drive after, follow

achternazitten *overg* [zat achterna, h. achternagezeten] ★ *iem.* ~ ‹achtervolgen› chase, ‹aan 't werk houden› check up on, keep an eye on

achterneef *m* [-neven] ❶ *jongere generatie* great-nephew ❷ *zelfde generatie* second cousin

achternicht *v* [-en] ❶ *jongere generatie* great-niece ❷ *zelfde generatie* second cousin

achterom I *bijw* round the back ★ ~ *lopen* go round (the back) ★ ~ *kijken* glance backwards II *o* rear entry

achteromkijken *onoverg* [keek achterom, h. achteromgekeken] look back

achterop *bijw* ❶ *aan de achterkant op iets* behind, at the back ★ ~ *zitten* sit on the back ★ *iem.* ~ *nemen* give sbd a ride on the back of the bike/inf dink sbd ★ ~ *raken* ‹met werk, studie &› fall behind, get behind, ‹met betalen› be in arrear(s) ★ *met de huur* ~ *zijn* be behind with the rent ❷ *op de achterkant* on the back of

achteropkomen *overg* [kwam achterop, is achteropgekomen] overtake ‹sbd›, catch up with ★ *iem.* ~ catch up with sbd

achteropkomend *bn* ★ ~ *verkeer* overtaking traffic

achterover *bijw* backwards, on one's back

achteroverdrukken *overg* [drukte achterover, h. achterovergedrukt] *stelen* inf pinch, lift, knock off

achteroverleunen *onoverg* [leunde achterover, h. achterovergeleund] lean back

achteroverslaan I *onoverg* [sloeg achterover, is achterovergeslagen] *vallen* fall down backwards, fall over backwards ★ *(steil)* ~ *van verbazing* be flabbergasted II *overg* [sloeg achterover, h. achterovergeslagen] *drank* toss down

achterovervallen *onoverg* [viel achterover, is achterovergevallen] fall over backwards

achterpand *o* [-en] back

achterpoot *m* [-poten] hind leg

achterruit *v* [-en] rear window

achterruitverwarming *v* rear window demister

achterschip *o* [-schepen] stern ★ *op het* ~ aft, at the stern

achterstaan *onoverg* [stond achter, h. achtergestaan] ❶ be behind, be inferior to ★ ~ *bij* be inferior to ★ *bij niemand* ~ be second to none ❷ *sport* be

behind, be down ★ *Nederland staat met 2-0 achter* the Netherlands are behind / down 2 to nil, the Netherlands are trailing 2 to nil

achterstallig *bn* outstanding, overdue ★ *~e betaling* back payment ★ *~e huur* back rent ★ *~e rente* back interest, interest arrears ★ *~e schuld* arrears ★ ~ *zijn* be in arrear(s) ‹with one's payments›, be behind ‹with the rent› ★ ~ *onderhoud* overdue maintenance

achterstand *m* [-en] ❶ *het achterstallige* arrears ★ ~ *inlopen / inhalen* make up arrears ❷ *het achterop zijn* retardation, stagnation, deprivation, delay ★ *het land heeft een economische* ~ the country is economically retarded ★ *de* ~ *in de bouw* the stagnation in the building industry ★ *de* ~ *in het afwikkelen van...* the delay in þrocessing... ❸ *m.b.t. werk* backlog ★ *een werk* ~ *inhalen* catch up on the backlog of work ❹ *m.b.t. tijd* (time) lag ★ sp *een* ~ *hebben van 5 minuten* be lagging by 5 minutes, be trailing by 5 minutes ★ *de filmploeg heeft een* ~ *van twee dagen* the film crew is behind schedule by two days

achterstandswijk *v* [-en] depressed / disadvantaged district

achterste I *m-v* [-n] back ★ *wij liepen als ~n in de stoet* we were at the back of the procession II *o* [-n] ❶ *achterstuk* back part ★ *het* ~ *voren / voor* back-to-front ❷ *zitvlak* bottom, backside, buttocks ★ *op zijn* ~ *krijgen* have one's bottom tanned

achterstel *o* [-len] rear end, underbody

achterstellen *overg* [stelde achter, h. achtergesteld] ❶ *minder achten* subordinate (to), put behind ★ *hij wordt bij de anderen achtergesteld* he is considered less important than the others ❷ *minder bevoordelen* discriminate (against), neglect, slight ★ *het gebied is achtergesteld bij de rest van Marokko* the area lags behind the rest of Morocco

achtersteven *m* [-s] stern

achterstevoren *bijw* back-to-front ★ *fig alles* ~ *doen* do everything the wrong way round

achtertuin *m* [-en] back garden

achteruit I *bijw* ❶ *alg.* backward(s), back ★ ~ *daar!* stand back! ❷ scheepv astern ★ *volle kracht* ~ full speed astern II *m* auto reverse ★ *een auto in zijn* ~ *zetten* put a car into reverse

achteruitboeren *onoverg* [boerde achteruit, is achteruitgeboerd] go downhill

achteruitdeinzen *onoverg* [deinsde achteruit, is achteruitgedeinsd] start back, recoil

achteruitgaan *onoverg* [ging achteruit, is achteruitgegaan] ❶ *alg.* go (walk) back(wards) ❷ *aftakelen* go back, decline, worsen, go down in the world ★ *zijn gezondheid gaat snel achteruit* his health is failing rapidly ★ *onze financiën gaan achteruit* we're going backwards financially ❸ *minder worden* fall off ❹ *v. barometer* fall ★ fig *hard* ~ sink fast

achter'uitgang[1] *m* decline, decay, deterioration ★ *een economische* ~ an economic downturn

ac

'**achteruitgang**[2] *m* [-en] *deur* rear exit

achteruitkijkspiegel *m* [-s] rear-vision mirror, rear-view mirror, driving mirror

achteruitlopen *onoverg* [liep achteruit, h. en is achteruitgelopen] ❶ walk backwards ❷ fig decline, deteriorate

achteruitrijden I *onoverg* [reed achteruit, h. en is achteruitgereden] ❶ *in trein & ride / sit with one's back to the engine / driver ★ ik rij liever niet achteruit in de trein* I prefer not to sit with my back to the engine ❷ *met auto* back, reverse ★ *we reden achteruit de oprit op* we reversed into the driveway **II** *overg* [reed achteruit, h. achteruitgereden] drive back ★ *zij reed de auto een stukje achteruit* she drove the car back a little *

achteruitrijlamp *v* [-en] auto reversing light

achtervoegsel *o* [-s] taalk suffix

achtervolgen *overg* [achtervolgde, h. achtervolgd] ❶ *achternaagaan* run after, pursue, follow ❷ *vervolgen* persecute ★ *die kwestie blijft mij* ~ that matter is haunting me ★ *die gedachte / herinnering achtervolgt mij* the thought / memory haunts me ★ *door pech achtervolgd* dogged by ill luck, pursued by misfortune

achtervolger *m* [-s] ❶ persecutor ❷ sp pursuer

achtervolging *v* [-en] pursuit, persecution ★ *de ~ inzetten* pursue

achtervolgingswaan *m* persecution complex, paranoia

achtervolgingswedstrijd *m* [-en] pursuit race

achterwege *bijw* ★ ~ *blijven* fail to appear, not take place ★ ~ *laten* omit, drop ★ *een antwoord bleef ~* there was no answer forthcoming

achterwerk *o* [-en] backside, bottom, behind

achterwiel *o* [-en] back / rear wheel

achterwielaandrijving *v* rear-wheel drive ★ *met ~* (with) rear-wheel drive

achterzak *m* [-ken] hip pocket, back pocket

achterzijde *v* [-n] back, rear

achthoek *m* [-en] octagon

achthoekig *bn* octagonal

achthonderd *telw* eight hundred

achting *v* esteem, regard, respect ★ *de ~ genieten van...* be held in esteem by... ★ ~ *hebben voor* hold in esteem ★ *in iems. ~ dalen / stijgen* fall / rise in sbd.'s esteem ★ *met de meeste ~* Yours faithfully

achtste I *rangtelw* eighth ★ *de ~ oktober* the eighth of October ★ *Hendrik de Achtste* Henry the Eighth **II** *o* [-n] eighth (part)

achttal *o* [-len] (number of) eight

achttien *telw* eighteen

achttiende I *rangtelw* eighteenth ★ *Lodewijk de Achttiende* Louis XVIII **II** *o* [-n] eighteenth (part)

achturig *bn* eight-hour ★ *een ~e werkdag* an eight-hour working day

achtuurjournaal *het* [-s] eight o'clock news

acne *v* [-s] acne

acoliet *m* [-en] acolyte

acquireren *overg* [acquireerde, h. geacquireerd] acquire, obtain

acquisiteur *m* [-s] canvasser, salesman

acquisitie *v* [-s] acquisition, canvassing

acquit *o* ❶ *ontvangstbewijs* receipt ❷ bilj spot ★ *van ~ gaan* cue off

acrobaat *m* [-baten] acrobat

acrobatiek *v* acrobatics

acrobatisch *bn* acrobatic ★ *~e toeren* acrobatic feats

acroniem *o* [-s] acronym

acrostichon *o* [-s] acrostic

acryl I *o* ❶ *textielvezel* acrylic (fibre) ❷ *verf* acrylic (paint) **II** *bn* acrylic

act *m* [-s] ❶ *besluit* act ★ jur *Act of God* Act of God ❷ *uitvoering* act ★ *een komische ~* a comic act ★ inf *dat was een fraaie ~* you can be proud of that

acte de présence *v* ★ *~ geven* make an appearance

acteren *onoverg* [acteerde, h. geacteerd] act

acteur *m* [-s] actor, performer

actie *v* [-s] ❶ action ★ *in ~ komen* mil go into action, fig act, take action ★ *tot ~ overgaan* go into action ★ ~ *voeren (voor)* agitate (for) ★ *een film met veel ~* an action-packed film ★ ~ *en re~* action and reaction ★ handel *zonder ~ of ref~* with all faults ❷ jur lawsuit ★ *een ~ instellen tegen* institute legal proceedings against ❸ *campagne* campaign ★ marketing *een commerciële ~* a commercial campaign ❹ *fondswerving* drive

---

actie

Het Engelse woord **action** is niet telbaar en krijgt dus nooit het lidwoord **an**; wanneer we een afzonderlijke actie willen aanduiden moeten we dus een woord gebruiken dat wel telbaar is: bijv. **a demonstration/campaign** etc.

---

actiecomité *o* [-s] campaign committee

actief I *bn* ❶ active, energetic ★ *een ~ mens* an energetic person ★ *een actieve vakantie* active holidays ★ *actieve kool* activated carbon ★ eff *actieve fondsen* active stocks ★ *een actieve holding* Am an operating holding company ★ marketing *actieve verkoop* active selling ★ taalk *een actieve zin* an active sentence ❷ mil with the colours **II** *bijw* actively, energetically ★ *een taal ~ beheersen* have an active command of a language **III** *o* [activa] asset ★ handel *~ en passief* assets and liabilities

actiefoto *m* ['s] action photo(graph), action shot

actiegroep *v* [-en] campaign committee, campaign group

actieplan *o* [-nen] plan of action

actiepunt *o* [-en] point of action

actieradius *m* radius / range of action, range

actievoerder *m* [-s] activist, campaigner

activa *zn* [mv] → **actief**

activeren *overg* [activeerde, h. geactiveerd] activate

activist *m* [-en] activist

activiteit *v* [-en] activity ★ *er waren allerlei leuke ~en georganiseerd* they had organized all kinds of fun

activities
actrice *v* actress
actualiseren *overg* [actualiseerde, h. geactualiseerd]
❶ *aanpassen aan de eigen tijd* bring up to date
❷ *verwerkelijken* actualize, realize
actualiteit *v* [-en] ❶ *het actueel zijn* topicality ★ *de ~ van een kwestie* the topicality of a question ❷ *actueel onderwerp* topical matter / subject, current event ★ *~en* current affairs, news
actualiteitenprogramma *o* ['s] current affairs programme/Am program
actuariaat *o* [-riaten] profession of actuary
actuarieel *bn* actuarial
actuaris *m* [-sen] actuary
actueel *bn* ❶ *alg.* of present interest ❷ *gebeurtenis, kwestie, onderwerp* topical ★ *een actuele kwestie* a topical subject ★ *dat is niet meer ~* that isn't relevant any more ❸ *krantenartikel* timely ▼ *de actuele bezetting* ⟨productie⟩ current capacity utilization ▼ *de actuele vraag* marketing current demand ▼ *de actuele waarde* the current / replacement value
acupressuur *v* acupressure
acupunctuur *v* acupuncture
acuut *bn* acute, critical ★ *acute blindedarmontsteking* acute appendicitis ★ *~ gevaar* acute danger
ad *voorz* ❶ ★ *rente ~ vier procent* an interest rate of 4 per cent, a 4 per cent interest rate ❷ *m.b.t.* with reference to (*kan vaak weggelaten worden*) ★ *~ 3* 3, note to 3

ad
Bij een bespreking van eerder opgesomde punten gebruikt het Nederlands vaak **ad 1, ad 2** enz.. In het Engels kan *ad daar niet worden gebruikt. We kunnen **note to 1, note to 2** enz. gebruiken, de kopjes van het origineel overnemen of alleen het cijfer van het besproken punt vermelden.

adagio I *bn & bijw* adagio II *o* adagio
adamsappel *m* [-s] Adam's apple
adamskostuum *o* ★ *in ~* in the nude
adaptatie *v* [-s] adaptation
adapter *m* [-s] adaptor, adapter
adapteren *overg* [adapteerde, h. geadapteerd] adapt ★ *zich ~* adjust oneself (to)
addendum *o* [addenda] addendum, appendix
adder *v* [-s] viper, adder ★ *een ~ aan zijn borst koesteren* nourish / cherish a viper in one's bosom ★ *er schuilt een ~tje onder het gras* there has to be a snag / catch somewhere ★ *als door een ~ gebeten* as if stung
addergebroed *o* generation of vipers
additief I *bn* additive II *o* [-tieven] additive
additioneel *bn* additional ★ *additionele vraag* additional demand
adel *m* nobility ★ *van ~ zijn* be of noble birth, belong to the nobility
adelaar *m* [-s & -laren] eagle
adelborst *m* [-en] naval cadet, midshipman, inf

middy
adelbrief *m* [-brieven] patent of nobility
adelen *overg* [adelde, h. geadeld] ennoble, raise to the peerage, elevate ★ *arbeid adelt* there is nobility in labour, work elevates
adellijk *bn* ❶ *v. adel* noble ★ *een ~e familie* a noble family ★ *~e kringen* noble circles ❷ *wild* high, gamy
adelstand *m* nobility, peerage ★ *in / tot de ~ verheffen* ennoble, raise to the peerage
adem *m* breath ★ *de ~ inhouden* hold one's breath ★ *~ scheppen* take breath ★ *de laatste ~ uitblazen* breathe one's last ★ *buiten ~* out of breath, breathless ★ *buiten ~ raken* get out of breath ★ *in één ~* in (one and) the same breath ★ *naar ~ happen / snakken* gasp (for air) ★ *op ~ komen* recover one's breath ★ *op ~ laten komen* breathe ★ *van lange ~* ⟨persoon &⟩ long-winded, ⟨werk⟩ requiring time and labour ★ *een lange ~ hebben* be long-winded ★ *een slechte ~ hebben* have bad breath
adembenemend I *bn* breathtaking II *bijw* breathtakingly
ademen *overg en onoverg* [ademde, h. geademd] breathe ★ *piepend ~* wheeze ★ *de plek ademt rust* the spot is pervaded with calm / breathes tranquillity
ademhalen *onoverg* [haalde adem, h. ademgehaald] draw breath, breathe ★ *ruimer ~* breathe more freely/ breathe again ★ *diep ~* take a deep breath
ademhaling *v* [-en] respiration, breathing ★ *kunstmatige ~* artificial respiration
ademhalingsoefening *v* [-en] respiratory exercise, breathing exercise
ademhalingsstoornis *v* [-sen] med respiratory disorder
ademloos I *bn* breathless ★ *een ademloze stilte* a breathless silence II *bijw* breathlessly ★ *~ luisteren* listen breathlessly
ademnood *m* dyspn(o)ea ★ *in ~ verkeren* be gasping for breath
adempauze *v* [-n, -s] breathing space, breather
ademproef *v* [-proeven], **ademtest** *m* [-s] breath test
ademtocht *m* breath ★ *tot de laatste ~* until one's dying breath / day
adept *m* [-en] follower
adequaat *bn* adequate, efficient, effective ★ *een adequate behandeling* an effective treatment ★ *~ reageren* react properly
ader *v* [-s & -en] ❶ *in het lichaam of hout* vein ❷ *v. erts &* vein, lode, seam
aderlaten *overg* [*V.T. ongebruikelijk*, h. adergelaten] bleed
aderlating *v* [-en] bloodletting, bleeding
aderverkalking *v* arteriosclerosis
ad fundum *tsw* bottoms up!
ADHD *afk* (Attention Deficit Hyperactivity Syndrom) ADHD, attention deficit disorder
adhesie *v* adhesion, adherence ★ *zijn ~ betuigen* express one's support ⟨for sth⟩
adhesiebetuiging *v* [-en] declaration of support

ad

ad hoc *bn bijw* ad hoc ★ *een commissie* ~ an ad hoc committee ★ *een ad-hocbeslissing* an ad hoc decision

ad-hocbeleid *o* ad hoc policy

ad-hocoplossing *v* [-en] ad hoc solution

adieu *tsw* goodbye, farewell

ad interim *bn bijw* ad interim ★ *een directeur* ~ an interim manager

adjectief I *o* [-tieven] adjective **II** *bn* adjectival, adjective

adjudant *m* [-en] ❶ mil adjudant ❷ aide-de-camp, A.D.C. ‹to a general›

adjunct *m* [-en] assistant

adjunct-directeur *m* [-en] deputy director, deputy manager, assistant director, assistant manager

administrateur *m* [-s] ❶ *alg.* administrator, manager, trustee ❷ scheepv purser, steward ❸ *v. plantage* estate manager ❹ *boekhouder* bookkeeper, accountant

administratie *v* [-s] ❶ *beheer* administration, management, clerical work, accounting ★ *de* ~ *voeren* do the administrative work ❷ *afdeling* accounts ❸ *boekhouding* records, books

administratief *bn* administrative ★ ~ *werk* clerical work ★ *een* ~ *medewerker* an administrative employee ★ ~ *recht* administrative law

administratiekantoor *o* [-toren] ❶ administrative office ❷ eff trust office

administratiekosten *zn* [mv] administrative cost(s), administrative expenses

administratiesysteem *o* [-systemen] system of administration

administreren *overg* [administreerde, h. geadministreerd] administer, manage

admiraal *m* [-s & -ralen] ❶ scheepv admiral ❷ *vlinder* red admiral

admiraalvlinder *m* [-s] red admiral

admiraliteit *v* [-en] admiralty

adolescent *m* [-en] adolescent

adolescentie *v* adolescence

adonis *m* [-sen] Adonis, Greek god, scherts God's gift to women

adopteren *overg* [adopteerde, h. geadopteerd] adopt ★ *een geadopteerd kind* an adopted child

adoptie *v* [-s] adoption

adoptief *bn* ❶ *v. ouder* adoptive ❷ *v. kind* adopted

adoptiekind, adoptiefkind *o* [-eren] adopted child

adoptieouder, adoptiefouder *m* [-s] adoptive parent

adoptieverzoek *o* [-en] adoption application

adoratie *v* [-s] adoration

adoreren *overg* [adoreerde, h. geadoreerd] worship, adore, venerate

ad rem *bn bijw* to the point ★ *die opmerking was* ~ that remark was straight to the point ★ *zij is zeer* ~ she is quick-witted

adrenaline *v* adrenalin(e), Am epinephrine

adres *o* [-sen] ❶ *op brief* address ★ *dan ben je aan het verkeerde* ~ you've come to the wrong shop ★ *per* ~ care of, c / o ★ *aan jouw* ~ meant for you ★ *ik weet*

een goed ~ *voor lekkere kaas* I know a good cheese shop ❷ *verzoekschrift* memorial, petition ★ *een* ~ *richten tot* address a petition to ❸ comput address ★ *een absoluut* ~ an absolute address

adresboek *o* [-en] directory

adreskaart *v* [-en] *voor postpakket* dispatch note

adressant *m* [-en] petitioner, applicant

adressenbestand *o* [-en] ❶ directory ❷ comput address file

adressenlijst *v* [-en] ❶ list of addresses ❷ marketing mailing list

adresseren *overg* [adresseerde, h. geadresseerd] direct, address ‹a letter›

adressering *v* [-en] *op een brief* address

adresstrook *v* [-stroken] address label

adreswijziging *v* [-en] change of address

Adriatische Zee *v* the Adriatic, Adriatic Sea

ADSL *afk* (Asymmetric Digital Subscriber Line) ADSL

adstructie *v* ❶ *ter toelichting* elucidation, explanation ★ *ter* ~ *van* in elucidation / explanation of, in support of ❷ *ter staving* support, substantiation

adstrueren *overg* [adstrueerde, h. geadstrueerd] ❶ *toelichten* elucidate, explain ❷ *staven* support, substantiate

adv *afk* (arbeidsduurverkorting) ± reduction of working hours, shorter working hours

advent *m* Advent

adverbium *o* [-bia] adverb

adverteerder *m* [-s] advertiser

advertentie *v* [-s] ❶ advertisement ★ *een* ~ *plaatsen* put an advertisement in the paper ❷ inf ad ★ *de kleine* ~*s* the classified ads

advertentieblad *o* [-bladen] advertiser

advertentiebudget *o* marketing advertising budget

advertentiecampagne *v* [-s] advertising campaign

advertentiekosten *zn* [mv] advertising charges

advertentiepagina *v* ['s] page of advertisements

adverteren *overg* [adverteerde, h. geadverteerd] advertise ★ ~ *voor een product* advertise a product

advertorial *m* [-s] advertorial

advies *o* [-viezen] ❶ *alg.* advice, opinion ★ ~ *vragen / geven* ask for / give advice ★ *op* ~ *van* on the advice of ★ jur *een bindend* ~ binding (expert) advice, a binding third-party ruling ★ *in* ~ *houden* reserve judgement ★ *een commissie van* ~ an advisory committee ★ *het verstrekken van* ~ ‹beroepsmatig› run a consultancy firm ❷ *aanbeveling* recommendation ★ ‹m.b.t. vervolgonderwijs› *elke leerling krijgt een* ~ *van de school* teachers recommend a course level for each student

adviesbureau *o* [-s] consultancy

adviescollege *o* [-s] advisory board

adviescommissie *v* [-s] advisory committee

adviesorgaan *o* [-ganen], **adviesraad** *m* [-raden] counselling/Am counseling body, advisory body

adviesprijs *m* [-prijzen] marketing recommended retail price (RRP), recommended price (RP)

adviseren *overg* [adviseerde, h. geadviseerd] advise,

recommend ★ *een ~de stem* a consultative voice

adviseur *m* [-s] adviser/Am advisor, consultant ★ *wiskundig ~* actuary ★ *een juridisch ~* a legal adviser, a legal consultant

advocaat *m* [-caten] ❶ lawyer, counsel, advocate, ‹bij hogere rechtbank› solicitor, Am attorney (at law) ★ *een junior ~* a trainee advocate, an attorney-at-law ★ *een ~ van piket* a duty advocate, a duty attorney-at-law ★ *als ~ toegelaten worden* be admitted to the bar ★ *een ~ van kwade zaken* a shyster, a pettifogger ★ *een ~ van de duivel* the devil's advocate ❷ *drank* advocaat

advocaat-generaal *m* [advocaten-generaal] solicitor general

advocatencollectief *o* [-tieven] law centre, Am legal clinic

advocatenkantoor *o* [-toren] solicitor's office, lawyer's office, Am attorney's office, law firm

advocatenpraktijk *v* [-en] legal practice

advocatuur *v* Bar, legal profession, advocacy ★ *sociale ~* legal aid lawyers

AED *de* [-'s] (Automatische Externe Defibrillator) AED (Automated External Defibrillator)

aerobiccen *onoverg* [aerobicte, h. geaerobict] do aerobics

aerobics *o* aerobics

aerodynamica *v* aerodynamics

aerodynamisch *bn* aerodynamic

aeroob *bn* biol aerobic ★ *aerobe bacteriën* aerobic bacteria

aerosol *o & m* [-s & -solen] aerosol

af *bijw* ❶ *verwijderd van* off ★ *hoeden ~!* take your hats off! ★ *Jan ~* exit John ★ *~ en aan lopen* come and go, go to and fro ★ *~ en toe* off and on, every now and then, now and again, once in a while, occasionally ❷ *naar beneden* down ★ *~!* ‹tegen hond› down! ❸ *uitgangspunt* from ★ *van... ~* from... upwards, from... onwards ★ *van voren ~ aan beginnen* start all over again ❹ *beëindigd* finished, completed ★ *de verloving / het is ~* the engagement is off ★ *het werk is ~* the work is finished ★ ‹bij spel› *hij is ~* he's out ★ *terug bij ~ zijn* be back where one started ★ *goed / slecht ~ zijn* be well / badly off ★ *nu ben je van die... ~* now you are rid of that / those... ★ *ze zijn van elkaar ~* they have separated ★ *je bent nog niet van hem ~* you haven't done with him yet, you haven't heard / seen the last of him yet ★ *hij is minister ~* he is out (of office), he's no longer a minister ★ *daar wil ik ~ zijn* I wouldn't like to say, I'm not quite certain ▼ *op uw plaatsen! klaar? ~!* on your marks! get set! go!, inf ready, steady, go! ▼ *links ~* to the left ▼ *alle prijzen ~ fabriek* handel all prices ex works / mill ▼ *op de minuut & ~* to the minute & ▼ *ik ga er meteen op ~* I'll go there straight away ▼ *op de man ~* point-blank

afasie *v* aphasia

afbakenen *overg* [bakende af, h. afgebakend] ❶ *weg &* trace (out), mark out ★ *duidelijk afgebakend*

clearly defined / marked ★ *een gespreksonderwerp ~* define a subject for discussion ❷ *vaarwater* scheepv beacon

afbeelden *overg* [beeldde af, h. afgebeeld] represent, portray, picture, depict

afbeelding *v* [-en] picture, illustration, representation, portrayal

afbekken *overg* [bekte af, h. afgebekt] snap at, bark at ★ *iem. ~* bite sbd's head off

afbellen *overg* [belde af, h. afgebeld] *afbestellen* cancel by telephone ▼ *de hele stad ~* ring round the whole city

afbestellen *overg* [bestelde af, h. afbesteld] cancel ★ *een order ~* cancel an order

afbestelling *v* [-en] cancellation

afbetalen *overg* [betaalde af, h. afbetaald] ❶ *helemaal betalen* pay off, pay for ❷ *deels betalen* pay on account ★ *in termijnen ~* pay in instalments ★ *25 euro ~* pay 25 euros on account

afbetaling *v* [-en] payment ★ *~ in termijnen* payment by / in instalments ★ *£1,000 op ~* £1000 on account ★ *op ~ kopen* buy on the instalment plan / system, buy on the hire purchase system, inf buy on the never-never ★ *koop op ~* instalment buying, purchase on the instalment plan, purchase on deferred terms

afbetalingsstelsel *o* [-s], **afbetalingssysteem** [-stemen] hire purchase

afbetalingstermijn *m* [-en] term of repayment, instalment

afbeulen **I** *overg* [beulde af, h. afgebeuld] overdrive, fag out ‹sbd› ★ *een paard ~* work a horse to death **II** *wederk* [beulde af, h. afgebeuld] ★ *zich ~* slave, work one's guts out

afbijten *overg* [beet af, h. afgebeten] bite off ★ *een verflaag ~* strip paint ★ *van zich ~* stick up for oneself

afbijtmiddel *o* [-en] paint stripper, paint remover

afbinden *overg* [bond af, h. afgebonden] ❶ *losmaken* untie, undo ❷ med ligature, tie off ★ *een slagader ~* tie off an artery

afbladderen *onoverg* [bladderde af, is afgebladderd] peel off, scale

afblaffen *overg* [blafte af, h. afgeblaft] bark at, snap at ★ *iem. ~* storm at sbd

afblazen *overg* [blies af, h. afgeblazen] ❶ blow off, let off ★ fig *stoom ~* let off steam ❷ sp whistle off, blow the whistle ★ *de scheidsrechter blaast de wedstrijd af* the referee blows the whistle (to end the game) ❸ *geen doorgang doen vinden* call off ★ *de demonstratie is afgeblazen* the demonstration has been cancelled

afblijven *onoverg* [bleef af, is afgebleven] keep / stay away, leave alone ★ *~ van iem.* keep one's hands off sbd ★ *~ van iets* let / leave sth alone ★ *er niet kunnen ~* not be able to leave sth alone ★ *~!* hands off! ★ *blijf van me af!* don't touch me!

afbluffen *overg* [blufte af, h. afgebluft] ★ *iem. ~* outbluff sbd

afboeken overg [boekte af, h. afgeboekt] ❶ afschrijven write off ❷ overboeken transfer ‹from one account to another› ❸ afsluiten close ‹an account›

afborstelen overg [borstelde af, h. afgeborsteld] ❶ v. schoenen & brush ★ iem. ~ brush sbd down ❷ stof brush off

afbouwen overg [bouwde af, h. afgebouwd] ❶ de bouw voltooien finish ❷ verminderen reduce, cut down

afbraak v ❶ het afbreken demolition ★ voor ~ verkopen sell for its materials ★ fig de ~ van het onderwijs the degradation of education ❷ resterend materiaal scrap, rubble ❸ chem breakdown

afbraakpand o [-en] building due for demolition, condemned building

afbraakprijs m [-prijzen] knock-down price ★ tegen afbraakprijzen verkopen sell at knock-down prices

afbraakproduct o [-en] waste product

afbranden I overg [brandde af, h. afgebrand] ❶ door brand vernietigen burn down ❷ v. verf burn off ❸ fig criticize severely, berate ★ een minister ~ tear a minister to pieces **II** onoverg [brandde af, is afgebrand] be burnt down ★ dat gebouw is volledig afgebrand the building has completely burnt down

afbreekbaar bn decomposable, degradable ★ biologisch ~ biodegradable

afbreken I overg [brak af, h. afgebroken] ❶ alg. break off ❷ chem degrade ❸ vernietigen demolish ❹ vóór het einde ophouden break off, interrupt ★ de onderhandelingen ~ break off negotiations ★ hij brak zijn zin plotseling af he stopped in the middle of his sentence ❺ kritiek uiten criticize, destroy, disparage ★ ~de kritiek destructive criticism ★ hij is altijd aan het ~ he is always running down people **II** onoverg [brak af, is afgebroken] ❶ losgaan break (off) ❷ chem decompose **III** o rupture, severance ‹of diplomatic relations›

afbreking v [-en] ❶ losgaan breaking off, rupture ❷ plotseling ophouden interruption ❸ slopen demolition ❹ woordafbreking hyphenation

afbrengen overg [bracht af, h. afgebracht] get off, come off ★ het er goed ~ get through very well, do well ★ er het leven ~ get off / escape with one's life ★ het er slecht ~ come off badly, do badly ★ hij was er niet van af te brengen we couldn't talk / reason him out of it ★ iem. van de goede / rechte weg ~ lead sbd astray, lead sbd away from the straight and narrow

afbreuk v ★ ~ doen aan harm, injure, damage ★ de vijand ~ doen harm the enemy ★ het doet geen ~ aan het feit dat nevertheless, the fact remains that

afbrokkelen I onoverg [brokkelde af, is afgebrokkeld] crumble (off / away) ★ ~de koersen eroding exchange rates **II** overg [brokkelde af, h. afgebrokkeld] crumble off, break fragments off

afbrokkeling v [-en] crumbling, crumbling away ★ de ~ van de maatschappij the fragmentation of society ★ de ~ van de markt market erosion

afdak o [-daken] ❶ vrijstaand dak shelter, canopy ❷ afhellend dak overhang, lean-to

afdalen onoverg [daalde af, is afgedaald] descend, come / go down ★ ~ in bijzonderheden go / enter into detail(s)

afdaling v [-en] ❶ descent ❷ skiën sp downhill

afdammen overg [damde af, h. afgedamd] dam up

afdanken overg [dankte af, h. afgedankt] ❶ ontslaan dismiss, sack, pay off, lay off, ‹v. troepen› disband ★ personeel ~ lay / pay off staff ❷ afwijzen turn down ★ een minnaar ~ drop / ditch a lover ❸ wegdoen discard, scrap ★ een auto ~ get rid of a car

afdankertje o [-s] cast-off ★ zij draagt de ~s van haar zuster she wears her sister's cast-offs

afdekken overg [dekte af, h. afgedekt] ❶ toedekken cover ❷ v. muur cope

afdeling v [-en] ❶ het afdelen division, department ❷ onderdeel division, section, branch ❸ mil detachment, party ❹ compartiment compartment ❺ v. bestuur, winkel & department ★ de speelgoed~ the toy department ❻ in ziekenhuis ward ★ de ~ chirurgie the surgery ward

afdelingschef m [-s] ❶ head of a department ❷ in warenhuis shopwalker, floorwalker

afdelingshoofd o [-en] divisional head

afdelingsvergadering v [-en] departmental meeting

afdelingsvoorzitter m [-s] m.b.t. een parlement chairman of a standing committee

afdichten overg [dichtte af, h. afgedicht] seal

afdichtingstape m sealing tape

afdingen overg [dong af, h. afgedongen] bargain, haggle, bring down ★ ik wil niets ~ op zijn verdiensten I have no wish to detract from his merits ★ daar is / valt niets op af te dingen there's no arguing with that ★ op die prijs valt niets af te dingen the price is not negotiable

afdoen overg [deed af, h. afgedaan] ❶ kledingstukken & take off ★ een schort ~ take off an apron ❷ afmaken finish, dispatch, expedite ★ die zaak is afgedaan that matter is over and done with ★ hij heeft afgedaan he has had his day ★ hij heeft bij mij afgedaan I'm through with him ❸ uitmaken v. kwestie & settle ★ dat doet er niets aan toe of af it doesn't alter the fact, that's neither here nor there ★ dit doet niets af van de waarde this does not detract from the value ★ dit doet niets af aan het feit dat... that does not alter the fact that... ❹ afbetalen pay off, settle ‹a debt› ▼ iets van de prijs ~, er iets ~ knock something off, take something off

afdoend, afdoende bn sufficient, conclusive ★ ~e maatregelen effectual / effective measures ★ dat is ~e that settles the question ★ een ~ argument / bewijs a conclusive argument / proof

afdraaien I overg [draaide af, h. afgedraaid] ❶ uitdraaien turn off ★ het gas ~ turn off the gas ❷ er afdraaien twist off, unscrew ❸ v. film show, ‹v. muziek› play ❹ opdreunen reel off, rattle off, grind out ★ zijn les ~ rattle off one's lesson ❺ kopiëen *maken* run off **II** *onoverg* [draaide af, is afgedraaid] turn off / away ★ *naar rechts* ~ turn off to the right

afdragen *overg* [droeg af, h. afgedragen] ❶ *v. kleren* wear out ❷ *afgeven v. geld* transfer, hand over

afdrijven I *onoverg* [dreef af, is afgedreven] ❶ *wegdrijven* float / drift down ‹the river› ★ *met de stroom* ~ float down the stream, fig go with the stream ❷ *v. schip* drift (off), make leeway ❸ *onweer &* blow over **II** *overg* [dreef af, h. afgedreven] med expel, abort ★ *de vrucht* ~ abort

afdrogen *overg* [droogde af, h. afgedroogd] ❶ *alg.* dry, wipe (off) ★ *afwassen en* ~ wash and dry the dishes ❷ *duidelijk verslaan* sp hammer ❸ *afranselen* beat, thrash ★ *iem.* ~ give sbd a hiding

afdronk *m* aftertaste ★ *de wijn heeft een goede* ~ the wine has a good aftertaste

afdruipen *onoverg* [droop af, is afgedropen] ❶ *vloeistoffen* trickle / drip down, drain ★ fig *de schijnheiligheid droop ervan af* it oozed hypocrisy ❷ *wegsluipen* slink away, slink off ‹with one's tail between one's legs› ★ *met lege handen* ~ slink off empty-handed

afdruiprek *o* [-ken] drainer, plate rack

afdruk *m* [-ken] ❶ *indruk* imprint, print ❷ *v. boek of gravure* impression, copy ❸ *v. foto* print

afdrukken *overg* [drukte af, h. afgedrukt] ❶ *v. boek* print (off) ❷ *in was* impress ❸ fotogr print off ❹ sp clock ★ *de scheidsrechter drukte 15 seconden af* the umpire clocked 15 seconds

afdruksnelheid *v* [-heden] comput print speed

afduwen I *overg* [duwde af, h. afgeduwd] push off **II** *onoverg* [duwde af, h. afgeduwd] push off, shove off

afdwalen *onoverg* [dwaalde af, is afgedwaald] ❶ stray off, stray from the company ❷ fig stray / wander from, travel from ❸ *op verkeerde wegen* go astray

afdwingen *overg* [dwong af, h. afgedwongen] ❶ *door dwang verwerven* extract (from), wring, wrestle, exact from, extort ❷ *inboezemen* compel, command ‹respect &›

affabriekprijs *m* [-prijzen] ex-factory price

affaire *v* [-s] ❶ *zaak* affair, business ★ *de ~Jansen* the Jansen case ★ *hij heeft een* ~ *met haar gehad* he has had an affair with her ❷ handel business ❸ *transactie* transaction, deal

affect *o* [-en] psych affect

affectie *v* [-s] affection

affectief *bn* ❶ affective ★ *een affectieve relatie* an affective relationship ★ *een affectieve stoornis* an affective disorder ❷ *aanhankelijk* affectionate

affiche *o & v* [-s] ❶ poster, placard ❷ *v. theater* playbill

afficheren *overg* [afficheerde, h. geafficheerd] ❶ *alg.* post up, placard ❷ fig show off, parade ★ *zijn verdriet* ~ put one's grief on parade

affiniteit *v* [-en] affinity ★ *hij heeft geen* ~ *met moderne muziek* he has no feeling for modern music

affix *v* [-en] affix

affluiten *overg* [floot af, h. afgefloten] blow the

whistle ★ *de scheidsrechter floot de wedstrijd af* the umpire blew the final whistle ★ *iem.* ~ tell sbd to stop doing sth

affreus *bn* horrid, horrible ★ *affreuze toestanden* terrible conditions

affront *o* [-en] ZN affront

affuit *v & o* [-en] mil (gun) carriage, mount

afgaan I *onoverg* [ging af, is afgegaan] ❶ *trap, heuvel &* go / walk down ★ ~ *op iem.* walk up to sbd, make for sbd, fig rely on sbd ★ *recht op zijn doel* ~ go straight to the point ★ *op praatjes* ~ go by / trust what people say ★ *het gaat hem glad / handig / gemakkelijk af* it comes very easily to him ★ *dat gaat hem goed af* he does it well, he's successful at it ★ *bij de rij* ~ deal with things in order ★ ~ *van* leave ‹school, sbd› ★ *v. wekker, vuurwapen &* go off ❸ *v. getij* recede, ebb ❹ *falen* fail, flop ★ ~ *als een gieter* be a total failure / flop ❺ *voor schut staan* lose face ▼ ‹v. verf &› *er* ~ come off **II** *overg* [ging af, is afgegaan] go along the line ★ *het lijstje* ~ go along the list

afgaand *bn* descending, decreasing ★ *een ~e maan* a waning moon ★ ~ *tij* ebb tide

afgang *m* [-en] ❶ *aansluiting* flop, farce ★ *de wedstrijd was een* ~ the match was a farce ❷ *teleurstelling* letdown, disappointment ★ *een zesje was voor hem een* ~ a six was a letdown / disappointment for him

afgebakend *bn* well defined

afgebroken *bn* broken off, broken, interrupted ★ *een* ~ *partij* schaken, dammen an adjourned game

afgedaan *bn* settled ★ *een afgedane zaak* a closed matter ★ ~ *hebben* be played out

afgeladen *bn* packed, crammed ★ *de treinen waren* ~ *(vol)* the trains were packed, crowded ‹with passengers›

afgelasten *overg* [gelastte af, h. afgelast] cancel, ‹een staking› call off, sp postpone

afgelasting *v* [-en] cancellation

afgeleefd *bn* decrepit, worn with age ★ ~*e gezichten* worn-out faces

afgelegen *bn* distant, remote, outlying, out-of-the-way, sequestered

afgelopen *bn* past, last ★ *het* ~ *jaar* last year ★ *nu is het* ~*!* stop it!

afgemat *bn* worn out, exhausted

afgemeten *bn* measured, formal, stiff ★ *op* ~ *toon* in measured tones, stiffly ★ *met* ~ *passen* with measured steps

afgepast *bn* ❶ *alg.* adjusted, measured ★ ~ *geld* exact money ❷ *van stoffen* ready-made, made-up ❸ *stijf, deftig* formal, stiff

afgepeigerd *bn* inf ready to drop, more dead than alive, exhausted, fagged out

afgerond *bn* rounded (off) ★ *een* ~ *geheel* a self-contained unit ★ *een* ~ *project* a finished project ★ *een* ~ *som* a round sum

afgescheiden *bn* separate ★ *een* ~ *dominee* a dissenting minister ★ ~ *van* apart from

af

afgesloten *bn* closed ★ *een ~ geheel vormen* form a complete whole ★ *~ rijweg!* no thoroughfare!

afgestompt *bn* dull, deadened, impassive

afgetraind *bn* trained ★ *een ~ lichaam* a trained body

afgetrapt *bn* trodden-down, worn-out ★ *met ~e schoenen aan* wearing worn-out / down-at-heel shoes

afgevaardigde *m-v* [-n] delegate, representative ★ *het Huis van Afgevaardigden* the House of Representatives ‹in Australia, USA &›

afgeven I *overg* [gaf af, h. afgegeven] ❶ *overhandigen* hand in, deliver, leave with ‹sbd› ★ *een boodschap ~* deliver a message ★ *de bal ~* pass the ball ❷ *door instantie* issue ‹a declaration, a passport› ❸ *van zich geven* give off, give out ‹heat &›, emit ‹a smell &› II *onoverg* [gaf af, h. afgegeven] *vlekken maken* stain, run ▼ *~ op iem.* / *iets* run sbd / sth down III *wederk* [gaf af, h. afgegeven] ★ *zich ~ met (een meisje)* take up with / get involved with (a girl) ★ *zich ~ met iets* meddle with sth ★ *geef u daar niet mee af* / *geef u met hem niet af* have nothing to do with it / him

afgezaagd *bn* fig trite, stale, hackneyed, well worn ★ *een ~e grap* a stale / worn joke

afgezant *m* [-en] ❶ *alg.* ambassador, envoy ❷ *geheim* emissary

afgezien ★ *~ van* apart from, besides, with the exception of ★ *~ van de twee grootste steden is het land dun bevolkt* apart from / with the exception of the two largest cities, the country is thinly populated ★ *~ van Jan was er niemand* there was nobody there apart from / besides Jan

afgezonderd *bn* secluded, retired, isolated ★ *~ van* separated from ★ *~ wonen* live in isolation

Afghanistan *o* Afghanistan

afgieten *overg* [goot af, h. afgegoten] ❶ *v. kooksel* pour off, strain ❷ *v. gipsbeelden* cast

afgietsel *o* [-s] cast

afgifte *v* delivery ★ *bij ~* on delivery ★ *eenvoudige ~* informal delivery ★ *tegen ~ van* in exchange for ★ *~ tassen en paraplu's verplicht* bags and umbrellas must be checked in

afgod *m* [-goden] idol, false god

afgoderij *v* [-en] idolatry, idol worship

afgodsbeeld *o* [-en] idol

afgooien *overg* [gooide af, h. afgegooid] ❶ *naar beneden gooien* throw down ❷ *v. bommen* drop ❸ *v. kleding* throw off, fling off

afgraven *overg* [groef af, h. afgegraven] dig off, level

afgraving *v* [-en] quarry

afgrendelen *overg* [grendelde af, h. afgegrendeld] <u>mil</u> seal off ‹an area›

afgrijselijk, afgrijslijk I *bn* horrible, horrid, atrocious, ghastly, ‹moord› gruesome II *bijw* horribly, terribly, awfully

afgrijzen *o* horror ★ *met ~ naar iets kijken* look at sth with horror ★ *een ~ hebben van* be horrified by

afgrond *m* [-en] abyss, gulf, chasm ★ *een gapende ~* a yawning chasm ★ <u>fig</u> *iem. in de ~ storten* ruin sbd

afgunst *v* envy, jealousy ★ *~ koesteren (jegens iem.)* feel jealousy (towards sbd)

afgunstig *bn* envious (of), jealous (of)

afhaalrestaurant *o* [-s] takeaway (restaurant), <u>Am</u> takeout (restaurant)

afhaken I *overg* [haakte af, h. afgehaakt] ❶ *alg.* unhook ❷ *v. wagens &* uncouple ❸ *haakwerk* fasten off II *onoverg* [haakte af, h. afgehaakt] *niet langer meedoen* drop out, pull out ★ ‹in brief› *ik moet nu ~* I'd better stop now

afhakken *overg* [hakte af, h. afgehakt] cut off, chop off, lop off

afhalen *overg* [haalde af, h. afgehaald] ❶ *naar beneden halen* fetch down ❷ *ophalen* collect, pick up ‹parcels› ★ *laten ~* send for ★ *niet afgehaalde bagage* left luggage ★ *wordt afgehaald* to be left till called for ❸ *personen* call for ‹sbd› at his / her house, pick up ‹from the station› ▼ *de bedden ~* strip the beds ▼ *bonen ~* string beans

afhameren *overg* [hamerde af, h. afgehamerd] *snel afhandelen* rush through ★ *iem. ~* call sbd to order

afhandelen *overg* [handelde af, h. afgehandeld] settle, conclude, deal with ★ *deze zaak is nog niet afgehandeld* this matter has not yet been settled

afhandeling *v* [-en] settlement, transaction

afhandig *bn* ★ *iem. iets ~ maken* trick sbd out of sth, ‹wegpakken› grab / snatch sth from sbd

afhangen I *onoverg* [hing af, h. afgehangen] ❶ *naar beneden hangen* hang down ❷ *afhankelijk zijn van* depend ★ *~ van* depend on, be dependent on ★ *dat zal er van ~* that depends ★ *het hangt van het weer af* it depends on the weather II *overg* [hing af, h. afgehangen] *v. deur &* hang

afhangend *bn* hanging, drooping ★ *~e oren* drooping ears

afhankelijk *bn* dependent (van on) ★ *hij is helemaal van haar ~* he is completely dependent on her ★ *iets van iem. ~ maken* / *stellen* leave sth up to sbd

afhellen *onoverg* [helde af, h. afgeheld] slope down

afhelpen *overg* [hielp af, h. afgeholpen] ❶ *naar beneden helpen* help off, help down ‹from a horse &› ❷ *bevrijden van* relieve (of), rid (of) ★ <u>scherts</u> *iem. van zijn geld ~* relieve sbd of his money ★ *iem. van de drank ~* help sbd to stay away from alcohol, cure sbd of an alcohol addiction

afhollen I *onoverg* [holde af, is afgehold] rush down ★ *een trap ~* charge down the stairs II *overg* [holde af, is afgehold] ★ *een weg ~* charge along a road

afhouden I *overg* [hield af, h. afgehouden] ❶ *weghouden* keep off / from ★ *iem. van zijn werk ~* keep sbd from his work ★ *hij kon zijn ogen niet van haar ~* he couldn't keep his eyes off her ★ *van zich ~* keep ‹one's enemies› at bay / at a distance ❷ *inhouden* deduct, stop, withhold ❸ <u>sp</u> keep ‹sbd› from the ball II *onoverg* [hield af, h. afgehouden] <u>scheepv</u> bear off, sail further ★ *van land ~* stand from the shore

afhuren *overg* [huurde af, h. afgehuurd] hire

afjakkeren *overg* [jakkerde af, h. afgejakkerd]

uitputten overdrive, fag out, wear out ▼ *werk ~* hurry through the work ▼ *een weg ~* tear along a road

afkalven *onoverg* [kalfde af, is afgekalfd] cave in, crumble away

afkammen *overg* [kamde af, h. afgekamd] run down, pull to pieces, ‹een boek› slash

afkanten *overg* [kantte af, h. afgekant] ❶ *alg.* cant, level, square ❷ *breiwerk* cast off

afkappen *overg* [kapte af, h. afgekapt] ❶ *door kappen afscheiden* cut off, chop off, lop off ❷ *beëindigen* break off, cut short

afkatten *overg* [katte af, h. afgekat] ★ *iem. ~ snap at sbd*

afkeer *m* aversion, dislike ★ *een ~ inboezemen* fill with an aversion ★ *een ~ hebben van* have a dislike of, feel / have an aversion to, dislike ★ *een ~ krijgen van* take a dislike to, take an aversion to

afkeren **I** *overg* [keerde af, h. afgekeerd] ❶ *afwenden* turn away ‹one's eyes› ❷ *afweren* avert ‹a blow› **II** *wederk* [keerde af, h. afgekeerd] ★ *zich ~* turn away

afkerig *bn* averse ★ *~ van* averse to ★ *~ zijn van geweld* have an aversion to violence ★ *~ worden van vergaderingen* take an aversion / a dislike to meetings

afketsen **I** *onoverg* [ketste af, is afgeketst] ❶ *v. kogels* glance off, ricochet ❷ *fig* fall through **II** *overg* [ketste af, h. afgeketst] ‹v. aanbod› reject, ‹v. voorstel› defeat

afkeuren *overg* [keurde af, h. afgekeurd] ❶ *zedelijk* condemn, disapprove (of), rebuke ❷ *niet aannemen* reject, turn down ❸ *buiten dienst stellen* condemn ‹a house›, scrap ‹ships &› ★ *hij is afgekeurd* he has been declared unfit to work ❹ *v. waren* declare unfit for use

afkeurend **I** *bn* disapproving ★ *een ~e blik* a look of disapproval **II** *bijw* disapprovingly ★ *zich ~ uitlaten over iets* express one's disapproval of sth

afkeurenswaardig, **afkeurenswaard** *bn* objectionable, blameworthy

afkeuring *v* [-en] ❶ *alg.* disapproval, condemnation, censure ★ *zijn ~ uitspreken over* express condemnation of ❷ *mil* rejection ‹by the Army doctor›

afkickcentrum *o* [-tra, -s] drug rehabilitation centre/*Am* center

afkicken *onoverg* [kickte af, is afgekickt] *slang* dry out, kick the habit

afkickverschijnselen *zn* [mv] withdrawal symptoms ‹of addiction›

afkijken *overg* [keek af, h. afgekeken] ❶ copy, imitate ★ *iets van iem. ~* learn sth from sbd by watching him, *onderw* copy / crib sth from sbd ❷ look down ★ *de straat ~* look down the street ❸ see out to the end ★ *een tv-programma ~* see a television programme out

afkleden *overg* [kleedde af, h. afgekleed] be slimming

★ *dit kostuum kleedt (slank) af* this suit is slimming

afklemmen *overg* [klemde af, h. afgeklemd] ❶ *alg.* clamp, pinch off ❷ *med* strangulate ❸ *techn* disconnect

afkloppen *overg* [klopte af, h. afgeklopt] ❶ *kleren & dust down* ❷ *uit bijgeloof* touch wood

afkluiven *overg* [kloof af, h. afgekloven] gnaw off, tear off ★ *een been ~* pick a bone

afknappen *onoverg* [knapte af, is afgeknapt] ❶ *eig* snap (off) ❷ *fig* have a breakdown ★ *ergens op ~* get fed up with sth

afknapper *m* [-s] letdown, *inf* bummer

afknijpen *overg* [kneep af, h. afgeknepen] pinch / nip off ▼ *iem. ~* put sbd through the mill

afknippen *overg* [knipte af, h. afgeknipt] ❶ *sigaar & clip* (off) ❷ *v. haren* cut (off), trim ❸ *draad & snip* (off)

afkoelen **I** *overg* [koelde af, h. afgekoeld] cool (down) **II** *onoverg* [koelde af, is afgekoeld] ❶ cool (down) ★ *inf ga jij eens wat ~!* you'd better cool down! ❷ *van het weer* grow cooler

afkoeling *v* [-en] ❶ *het koeler worden* cooling (down) ❷ *v. weer* drop in temperature

afkoelingsperiode *v* [-s & -n] cooling-off period

afkoken *overg* [kookte af, h. afgekookt] boil, boil down

afkomen *onoverg* [kwam af, is afgekomen] ❶ *van iets naar beneden* come down, get off ❷ *aan iets ontsnappen* get off, get out off, be finished with ★ *er goed / goedkoop / slecht ~* get off well / cheaply / badly ★ *er ~ met een boete* get off / be let off with a fine ★ *er met ere ~* come out of it with honour ★ *er met de schrik ~* have a lucky escape ❸ *afkomen op* make for, come towards, approach ★ *ik zag hem op mij ~* I saw him coming towards me, coming up to me ❹ *kwijtraken* get rid of ★ *ik kon niet van hem ~* I couldn't get rid of him / shake him off ★ *ik kon niet van mijn waren ~* I was left with my goods ❺ *afgeleid zijn van* be derived from ★ *dit woord komt van het Latijn af* this word is derived from Latin ❻ *gereed komen* be done / finished ❼ *officieel bekend worden* be published ❽ *met geld inf* cough up

afkomst *v* descent, origin, birth ★ *van Turkse ~* Turkish by birth

afkomstig *bn* ★ *~ uit / van* coming from, a native of ‹Dublin› ★ *hij is uit A.* ~ he is from A. ★ *~ van* originating from ★ *de brief blijkt van hem ~ te zijn* the letter turned out to have come from him

afkondigen *overg* [kondigde af, h. afgekondigd] ❶ *verordening &* proclaim, *form* promulgate, ‹huwelijk› publish ‹the banns›, ‹staking &› declare, call ❷ *RTV* announce

afkondiging *v* [-en] proclamation, notification, *form* ‹regelgeving› promulgation

afkooksel *o* [-s] decoction

afkoopsom *v* [-men] ransom, compensation, redemption money, ‹verzekeringswezen› surrender value

afkopen *overg* [kocht af, h. afgekocht] ❶ *alg.* buy / purchase from ❷ *in verzekeringswezen* buy off, surrender, commute ❸ *loskopen* buy off, ransom, redeem

afkoppelen *overg* [koppelde af, h. afgekoppeld] ❶ *alg.* uncouple ‹wagons› ❷ techn disconnect, throw out of gear

afkorten *overg* [kortte af, h. afgekort] shorten, abbreviate

afkorting *v* [-en] abbreviation ★ *...is een ~ van...* ...is short for...

afkrabben *overg* [krabde af, h. afgekrabd] scrape (off), scratch off

afkraken *overg* [kraakte af, h. afgekraakt] slate, slash ★ *iem. volkomen ~* run sbd into the ground

afkrijgen *overg* [kreeg af, h. afgekregen] ❶ *klaar krijgen* finish / get done ❷ *eraf halen* take (down), get off ★ *ik kon hem niet van zijn plaats / stoel ~* I couldn't get him away from where he was standing / from his chair ★ *ik kon er geen cent ~* I couldn't get one cent off ★ *ik kon de vlek er niet ~* I couldn't get the stain out

afkunnen *overg* [kon af, h. afgekund] be able to get through, manage, cope with ★ *meer dan hij afkan* more than he can manage / handle, more than he can cope with ★ *het alleen niet ~* be unable to manage the thing / things alone, be unable to cope with so much work alone ★ *het wel ~* be able to manage, to cope ▼ *je zult er niet meer ~* you won't be able to back out of it, they won't let you off ▼ *het zal er niet ~* I'm sure we / they & can't afford it ▼ *een reisje kan er niet af* I / we / they & can't afford a trip

aflaat *m* [-laten] RK indulgence ★ *een volle ~* a plenary indulgence ★ *een gedeeltelijke ~* a partial indulgence

aflandig *bn v. wind* off-shore ‹breeze›

aflaten I *overg* [liet af, h. afgelaten] *neerlaten* let down, show down II *onoverg* [liet af, h. afgelaten] *ophouden* cease, desist (from)

aflebberen *overg* [lebberde af, h. afgelebberd] *aflikken* lick off ★ ‹zoenen› *elkaar ~* cover each other with sloppy kisses

afleesfout *v* [-en] reading error

afleggen *overg* [legde af, h. afgelegd] ❶ *neerleggen* lay down, ‹v. kleding› take off ❷ *voorgoed wegleggen* put away, lay aside ❸ *v. afstand* cover ❹ *doen* make ‹a declaration, a statement &› ★ *een eed ~* take an oath ❺ *lijk* lay out ‹a corpse› ❻ *v. plant* layer ❼ *v. student* fail ❽ *sterven* die ▼ *het ~* go to the wall ▼ *het ~ tegen* be unable to hold one's own against, be no match for

afleiden *overg* [leidde af, h. afgeleid] ❶ *naar beneden* lead down ❷ *in andere richting* divert ❸ *verstrooien* distract, take ‹one's mind› off ★ *hij is gauw afgeleid* he is easily distracted ❹ *trekken uit* derive ‹words from Latin &› ★ *een formule ~* derive a formula ❺ *opmaken* deduce, infer, conclude ★ *wat leidt u daaruit af?* what do you conclude from this?

afleiding *v* [-en] ❶ *v. water &* diversion ❷ *ontspanning* distraction, diversion ★ *voor ~ zorgen* provide some relaxation ★ *hij heeft wat ~ nodig* he needs to take his mind off things ❸ *v. woord* derivation ❹ taalk derivative

afleidingsmanoeuvre *v & o* [-s] ❶ *alg.* diversion ❷ fig red herring, smoke screen

afleren *overg* [leerde af, h. en is afgeleerd] ❶ *ontwennen* unlearn ★ *ik heb het lachen afgeleerd* I've forgotten how to laugh ❷ *een ander* break / cure of ‹a habit› ★ *ik zal het je ~ om...* I'll teach you to...

afleveren *overg* [leverde af, h. afgeleverd] ❶ *bezorgen* deliver ★ *we leveren de goederen rechtstreeks aan de klant af* we deliver the goods directly to the customer ❷ *produceren* produce, turn out ★ *de machine kan 100 stuks per uur ~* the machine can produce 100 items per hour

aflevering *v* [-en] ❶ *bezorging* delivery ❷ *v. uitgave* issue, number, part, instalment ★ *in ~en laten verschijnen* publish serially, publish in instalments ❸ *v.e. tv-serie* episode, instalment

afleveringskosten *zn* [mv] delivery costs

afleveringstermijn *m* [-en] delivery date, term of delivery

aflezen *overg* [las af, h. afgelezen] read (out) ★ *de namen ~* call the names ★ *de temperatuur ~* read off the temperature

aflikken *overg* [likte af, h. afgelikt] lick, lick off ★ *zijn vingers ~* lick one's fingers ★ fig *een afgelikte boterham* a slut, a floozie, the town bike

afloop *m* [-lopen] ❶ *einde* end, conclusion ★ *na ~ van het examen* after the examination ★ *de ~ van de film* the film's conclusion ❷ *uitkomst* outcome, result ★ *een ongeluk met dodelijke ~* a fatal accident ❸ *einde v. termijn* expiration ★ *na ~ van deze termijn* on expiry of this term

aflopen I *onoverg* [liep af, is afgelopen] ❶ *naar beneden* run down ❷ *afhellen* slope ❸ *ten einde lopen* run out, expire ‹of a contract› ❹ *eindigen* turn out ‹badly &›, end ★ *het liep goed af* things turned out all right ★ *het verhaal liep goed af* the story had a happy ending ★ *de ruzie liep met een sisser af* the row blew over ★ *het zal niet goed met je ~* you'll come to grief / to a sticky end ❺ *v. uurwerk* run down, ‹v. wekker› go off ❻ *v. schepen* be launched ★ *laten ~* ‹v. schip› launch, ‹v. alarm› let ‹the alarm› run down, ‹beëindigen› terminate ‹a contract› ❼ *zich begeven naar* make (for), go ‹towards / up to› ★ *op iem. ~* go / run up to sbd II *overg* [liep af, h. afgelopen] ❶ *naar beneden* run / walk / go down ❷ *stuklopen* ‹v. schoenen› wear out ‹by walking›, ‹v. hakken› wear down ❸ *doorlopen* beat, scour ★ *alle huizen ~* go from house to house ★ *de stad ~* go through / search the whole town ❹ *school, cursus* fig finish, go through ★ *de universiteit ~* go through university ❺ *plunderen* plunder ‹a vessel›

aflossen *overg* [loste af, h. afgelost] ❶ *iem.* mil relieve ❷ *vervangen* take sbd.'s place ★ *elkaar ~* take turns

af

❸ *afbetalen* redeem, pay off ❹ *rente en aflossing betalen* fin amortize ★ ~ *van hypotheek* pay off a mortgage

aflossing *v* [-en] ❶ *v. wacht & relief* ❷ *afbetaling* instalment ❸ *v. lening &* redemption ❹ *wat in totaal verschuldigd is* amount to be repaid

aflossingstermijn *m* [-en] term of redemption, instalment

aflossingsvrij *bn* interest-only ★ *een ~e hypotheek* an interest-only mortgage

afluisterapparaat *o* [-raten] listening device, detectophone, slang bug

afluisterapparatuur *v* monitoring equipment, inf bugging devices

afluisteren *overg* [luisterde af, h. afgeluisterd] ❶ eavesdrop ‹on sbd› ❷ *vooral v. telefoongesprekken* listen in (on), monitor ❸ *met afluisterapparatuur* tap, inf bug

afmaken I *overg* [maakte af, h. afgemaakt] ❶ *voltooien* finish, complete ★ ~ *met peper en zout* finish with salt and pepper ❷ *beëindigen, uitmaken* settle ❸ *doden* kill, finish off ★ *de kat moest worden afgemaakt* we had to have the cat put down ★ *de thuisploeg werd afgemaakt door de tegenstander* the home team was thrashed by the opponent ❹ *overeenstemming bereiken* agree on ‹a price› **II** *wederk* [maakte af, h. afgemaakt] ★ *zich (met een grapje) van iets ~* pass off the matter (as a joke) ★ *zich met een paar woorden van een kwestie ~* dismiss an issue in a few words

afmarcheren *onoverg* [marcheerde af, is afgemarcheerd] march off

afmatten I *overg* [matte af, h. afgemat] fatigue, wear out, tire out **II** *wederk* [matte af, h. afgemat] ★ *zich ~* exhaust oneself

afmattend *bn* fatiguing, tiring, exhausting

afmelden *overg* [meldde af, h. afgemeld] cancel ★ *zich ~* check out

afmeren *overg* [meerde af, h. afgemeerd] moor ‹a ship›

afmeten *overg* [mat af, h. afgemeten] measure (off) ★ *vijf meter ~* measure off five metres ★ *dat kun je ~ aan...* you can judge this by... ★ *anderen naar zichzelf ~* judge others by oneself

afmeting *v* [-en] ❶ *'t afmeten* measurement, measuring off ❷ *lengtemaat* proportion, size, dimension

afmonsteren I *overg* [monsterde af, h. afgemonsterd] pay off, discharge ‹the crew› **II** *onoverg* [monsterde af, is afgemonsterd] be paid off

afname *v* ❶ *het afnemen* purchase ★ *bij ~ van 100 stuks* by purchase of a hundred lots ❷ *achteruitgang* decline, decrease ★ *de ~ van de bevolking* the population decrease

afnemen I *overg* [nam af, h. afgenomen] ❶ *verwijderen* take away, take off, remove ★ *iem. bloed ~* take blood ❷ *laten afleggen* hold ★ *een examen ~* hold an examination ★ *een verhoor ~* hold

an interrogation, interrogate ❸ *afzetten* take off ❹ *schoonvegen* clean, wipe (down) ❺ *kopen* handel buy ❻ *kaartspel* cut **II** *onoverg* [nam af, is afgenomen] ❶ *minder worden* decrease, decline, diminish ★ *de dagen zijn aan het ~* the days are drawing in ❷ *maan* wane ★ *de maan neemt af* the moon is waning ❸ *v. storm* abate **III** *onoverg* [nam af, h. afgenomen] ❶ *na het eten* clear away, remove the cloth ❷ *bij kaartspel* cut

afnemer *m* [-s] buyer, purchaser, consumer

afnokken *onoverg* [nokte af, is afgenokt] knock off, buzz off

aforisme *o* [-n] aphorism

afpakken *overg* [pakte af, h. afgepakt] snatch (away), take (away), grab ★ *iem. de bal ~* grab / snatch the ball from sbd

afpalen *overg* [paalde af, h. afgepaald] ❶ *omheinen* fence off, enclose ❷ *met palen afbakenen* stake out

afpassen *overg* [paste af, h. afgepast] pace out, measure ★ *geld ~* give the exact sum ★ *met afgepast geld betalen* pay the exact amount

afpeigeren I *overg* [peigerde af, h. afgepeigerd] wear out **II** *wederk* [peigerde af, h. afgepeigerd] ★ *zich ~* wear oneself out

afperken *overg* [perkte af, h. afgeperkt] ❶ *afbakenen* peg out, delimit, define ❷ *inperken* fence in

afpersen *overg* [perste af, h. afgeperst] ❶ *geld &* extort ★ *iem. geld ~* extort money from sbd ❷ *chanteren* blackmail ❸ *belofte &* wring, wrest ★ *iem. een verklaring ~* wring / exact a statement from sbd

afperser *m* [-s] extortioner, ‹chanteur› blackmailer

afpersing *v* [-en] ❶ extortion ❷ *chantage* blackmail

afpijnigen I *overg* [pijnigde af, h. afgepijnigd] torment, torture ★ *zijn hersenen ~* rack one's brains **II** *wederk* [pijnigde af, h. afgepijnigd] ★ *zich ~* struggle with

afplatten *overg* [platte af, h. afgeplat] flatten

afpoeieren *overg* [poeierde af, h. afgepoeierd] brush off, put off ★ *iem. ~* give sbd the brush-off ★ *afgepoeierd worden* be brushed off

afprijzen *overg* [prijsde af, h. afgeprijsd] mark down, reduce

afraden *overg* [raadde en ried af, h. afgeraden] advise against ★ *iem.... ~* advise sbd against..., discourage sbd from...

afraffelen *overg* [raffelde af, h. afgeraffeld] dash off, rush through, rattle off

aframmelen *overg* [rammelde af, h. afgerammeld] ❶ *afranselen* beat up ❷ *vlug opzeggen* rattle off, dash off

aframmeling *v* [-en] beating, hiding

afranselen *overg* [ranselde af, h. afgeranseld] thrash, beat (up), flog

afranseling *v* [-en] beating

afrasteren *overg* [rasterde af, h. afgerasterd] rail off (in), fence off (in)

afrastering *v* [-en] railing, fence

afreageren *overg* [reageerde af, h. afgereageerd]

❶ work off, vent ★ *zijn woede ~ op iem.* take out one's anger on sbd ❷ psych abreact

afreizen I *onoverg* [reisde af, is afgereisd] depart, set out ‹on one's journey›, leave (*naar* for) **II** *overg* [reisde af, h. afgereisd] travel about ★ *het land ~* tour the country

afrekenen I *overg* [rekende af, h. afgerekend] settle, square up, pay ★ *ik heb met hem afgerekend* I've squared accounts with him, I've settled with him ★ *iem. ~ op zijn behaalde resultaten* judge sbd on his results **II** *onoverg* [rekende af, h. afgerekend] pay ★ *ik moet nog ~* I still have to pay

afrekening *v* [-en] ❶ *betaling* settlement ★ *op ~* on settlement ★ *de dag van ~* fig the day of reckoning, eff accounts / settlement day ❷ *bewijs* statement (of account), account

afremmen I *overg* [remde af, h. afgeremd] ❶ slow down ❷ fig put a brake on **II** *onoverg* [remde af, h. afgeremd] ❶ slow down ❷ fig put the brake(s) on

africhten *overg* [richtte af, h. afgericht] ❶ *alg.* train ❷ *paard* break

afrijden I *onoverg* [reed af, is afgereden] *wegrijden* ride / drive off, ride / drive away ❷ *onoverg* [reed af, h. afgereden] *rijexamen doen* take one's driving test **III** *overg* [reed af, h. afgereden] ❶ *naar beneden rijden* ride / drive down ❷ *oefenen* exercise ‹a horse› ▼ *beide benen werden hem afgereden* both his legs were cut off ‹by a train›

Afrika *o* Africa

Afrikaan *m* [-kanen] African

Afrikaander *m* [-s] → **Afrikaner**

Afrikaans I *bn* African **II** *o taal* Afrikaans

Afrikaanse *v* [-n] African ★ *ze is een ~* she's an African, she's from Africa

afrikaantje *o* [-s] African marigold, tagetes

Afrikaner, Afrikaander *m* [-s] ZA Afrikaner

afrit *m* [-ten] ❶ *weg naar omlaag* slope ❷ *van verkeersweg* exit ❸ *vertrek* start

Afro-Aziatisch *bn* Afro-Asian, Afro-Asiatic

afrodisiacum *o* [-ca] aphrodisiac

afroep *m* ★ *levering op ~* delivery at buyer's option ★ *op ~ beschikbaar zijn* be available on demand

afroepcontract *o* [-en] stand-by contract

afroepen *overg* [riep af, h. afgeroepen] ❶ *alg.* call ★ *iets over zichzelf ~* bring sth down on oneself ❷ *namen* call out, call off

afrokapsel *o* [-s] Afro

afrollen I *overg* [rolde af, h. afgerold] unroll, unreel **II** *onoverg* [rolde af, is afgerold] unwind, be unrolled

afromen *overg* [roomde af, h. afgeroomd] cream, skim ‹milk› ★ *de winst ~* cream off / prune away the profits

afronden *overg* [rondde af, h. afgerond] round, round off ★ *~ op* round off to ★ *besprekingen ~* wind up discussions

afronding *v* [-en] ❶ *handeling* rounding off, completion ❷ *vorm* rounding

afrossen *overg* [roste af, h. afgerost] ❶ *roskammen*

groom ❷ *slaan* thrash, beat (up)

afruimen I *overg* [ruimde af, h. afgeruimd] *de tafel* clear ‹the table› **II** *onoverg* [ruimde af, h. afgeruimd] clear away

afrukken I *overg* [rukte af, h. afgerukt] ❶ *lostrekken* tear away / off / down ❷ *met geweld uitdoen* snatch (away), pluck off ❸ *masturberen* vulg jerk off, wank off, jack off ★ *zich ~* vulg jerk off, wank off, jack off **II** *onoverg* [rukte af, is afgerukt] *v. leger* withdraw

afschaffen *overg* [schafte af, h. afgeschaft] ❶ *v. gebruik, gewoonte &* abolish, do away with ❷ *v. wet* repeal, rescind

afschaffing *v* ❶ *v. wet, slavernij &* abolition ❷ *v. auto &* giving up

afschampen *onoverg* [schampte af, is afgeschampt] glance off

afschaven I *overg* [schaafde af, h. afgeschaafd] shave off, plane down **II** *onoverg* [schaafde af, is afgeschaafd] be planed down

afscheid *o* parting, leaving, leave-taking, farewell, adieu(s) ★ *~ nemen* take (one's) leave, say goodbye ★ *~ nemen van* take leave of, say goodbye to, bid farewell to

afscheiden I *overg* [scheidde af, h. afgescheiden] ❶ *los-, vrijmaken* separate, sever, ‹v. ruimte› partition off ❷ *uitscheiden* secrete, exude **II** *wederk* [scheidde af, h. afgescheiden] ★ *zich ~* separate, secede, break away, chem be secreted

afscheiding *v* [-en] ❶ *v. lokaliteit* separation, partition ❷ *v. vocht* secretion ❸ *v. partij* secession, separation, breakaway, ‹in kerk› schism ❹ *tussenschot* fencing

afscheidingsbeweging *v* [-en] separatist movement, secession movement

afscheidsbezoek *o* [-en] farewell visit

afscheidsdiner *o* [-s] farewell dinner

afscheidsfeest *o* [-en] farewell party

afscheidsgroet *m* [-en] farewell, goodbye

afscheidskus *m* [-sen] farewell kiss

afscheidsreceptie *v* [-s] farewell reception

afscheidsrede *v* [-s] valedictory address, farewell speech

afschepen *overg* [scheepte af, h. afgescheept] ❶ *scheepv* ship, dispatch ❷ *fig* send sbd about his business, put sbd off ★ *iem. ~ fob* sbd off ★ *iem. met praatjes ~* fob sbd off with some story or other

afscheppen *overg* [schepte af, h. afgeschept] ❶ *verwijderen* skim off ❷ *melk* skim

afschermen *overg* [schermde af, h. afgeschermd] screen ★ *zich ~ van de buitenwereld* screen oneself off from the outside world ★ *kinderen ~ voor / tegen gevaarlijke indrukken* protect children from harmful influences

afscheuren I *overg* [scheurde af, h. afgescheurd] tear off, tear down **II** *onoverg* [scheurde af, is afgescheurd] tear **III** *wederk* [scheurde af, h. afgescheurd] ★ *zich ~ van* tear oneself away from, break away from

afschieten I *overg* [schoot af, h. afgeschoten]

❶ *vuurwapen* discharge, fire (off), let off ❷ *pijl* shoot, let fly ❸ *wegschieten* shoot off ❹ *raket* launch ❺ *afdelen* partition off ⟨a room⟩ ❻ *met gordijn* curtain off ❼ *met planken* board off ▼ *konijnen ~* shoot rabbits **II** *onoverg* [schoot af, is afgeschoten] ★ *~ op iem.* dash towards sbd ★ *~ van* slip (off) from

afschilderen *overg* [schilderde af, h. afgeschilderd] ❶ paint, depict, portray ★ *iets ~ als* depict / paint sth as ❷ *schilderwerk voltooien* finish painting

afschilferen *overg en onoverg* [schilferde af, h. en is afgeschilferd] scale off, peel / flake off

afschminken I *overg* [schminkte af, h. afgeschminkt] remove make-up **II** *wederk* [schminkte af, h. afgeschminkt] ★ *zich ~* take off one's make-up / one's grease paint

afschrapen *overg* [schraapte af, h. afgeschraapt] scrape off, grate off

afschrift *o* [-en] copy, transcript ★ *een gewaarmerkt ~* a certified / an official copy ★ *een ~ maken van* make a copy of ★ *een ~ afgeven* issue a copy ★ *een authentiek ~* a certified copy ★ *een eensluidend ~* ⟨issued as⟩ a true copy of the original

afschrijven *overg* [schreef af, h. afgeschreven] ❶ *afboeken* debit, deduct ★ *de huur is nog niet (van mijn rekening) afgeschreven* the rent has not yet been debited (to my account) ❷ boekh write down, depreciate ▼ *iets / iem. ~* write sth / sbd off

afschrijving *v* [-en] ❶ *het overschrijven* copying ❷ handel debit ★ *een ~ van de giro* a debit notice from the giro ❸ *materiële activa* boekh depreciation, write-off, writing off ★ *~ voor waardevermindering* depreciation, write-off ★ *~ als gevolg van slijtage* wear and tear depreciation ★ *winst voor ~* profit before depreciation ❹ *immateriële activa* amortization

afschrijvingstermijn *m* [-en] boekh depreciation period

afschrikken *overg* [schrikte af, h. afgeschrikt] ❶ *schrik aanjagen* scare ❷ *door schrik aan te jagen weerhouden* deter, put off, discourage ★ *hij laat zich niet gauw ~* he is not easily daunted ★ *hij liet zich niet ~ door...* he was not to be put off / deterred by...

afschrikking *v* deterrence

afschrikwekkend *bn* frightening ★ *een ~ voorbeeld* a deterrent

afschroeven *overg* [schroefde af, h. afgeschroefd] unscrew

afschudden *overg* [schudde af, h. afgeschud] shake off ★ *een achtervolger van zich ~* shake off a pursuer

afschuifsysteem *o* [-temen] shifting responsibility

afschuimen *overg* [schuimde af, h. afgeschuimd] ❶ *schuim wegnemen* skim off ❷ *afzoeken* scour ★ *we schuimden de markt af op zoek naar plaatselijke kaassoorten* we scoured the market looking for local cheeses

afschuinen *overg* [schuinde af, h. afgeschuind] bevel, chamfer, edge

afschuiven I *overg* [schoof af, h. afgeschoven]

❶ *wegschuiven* push away, move away ★ *de schuld van zich ~* shift the blame on to sbd else ★ *de verantwoordelijkheid op een ander ~* shift responsibility (to another), inf pass the buck ❷ *betalen* inf fork out, cough up **II** *onoverg* [schoof af, is afgeschoven] *wegschuiven* slide off, slide away, move away

afschuren *overg en onoverg* [schuurde af, h. afgeschuurd] ❶ *met schuurpapier &* rub off, rub down ❷ *door de natuur* erode

afschutten *overg* [schutte af, h. afgeschut] ❶ *met een hek &* partition off, screen off, divide off ★ *de achtertuin ~* fence off the back garden ❷ *met sluizen* lock off

afschuw *m* disgust, horror, abhorrence ★ *een ~ hebben van* have a horror of, abhor ★ *van ~ vervuld (over)* appalled (at)

afschuwelijk *bn* horrible, shocking, awful, abominable

afslaan I *overg* [sloeg af, h. afgeslagen] ❶ *door slaan verwijderen* knock / beat / strike off ★ *de vijand ~* beat off / repel the enemy ❷ *de thermometer* shake down ❸ *de prijs* reduce, cut, knock down ❹ *weigeren* refuse, decline, reject ★ *dat kan ik niet ~ / dat sla ik niet af* I won't / can't say no, I can't / won't refuse that, I don't mind if I do ★ *hij slaat niets af dan vliegen* he'll take on everything, he won't say no to anything **II** *onoverg* [sloeg af, is afgeslagen] ❶ *afbuigen* turn (off), branch off ★ ⟨in het verkeer⟩ *links / rechts ~* turn left / right ❷ *v. motor* cut out, stall ❸ *v. prijzen* go down **III** *onoverg* [sloeg af, h. afgeslagen] ★ *(flink) van zich ~* hit out

afslachten *overg* [slachtte af, h. afgeslacht] ❶ kill off, slaughter, massacre ❷ *door criticus* tear to shreds

afslag *m* [-slagen] ❶ *v. autoweg* exit ❷ *kruising* turn ❸ *v. prijs* reduction ❹ *veiling* (sale by) Dutch auction ★ *bij ~ veilen / verkopen* sell by Dutch auction ❺ *erosie* erosion

afslanken *onoverg en overg* [slankte af, is en h. afgeslankt] slim down

afsluiten I *overg* [sloot af, h. afgesloten] ❶ *op slot doen* lock ❷ *door sluiten versperren* lock up, block, close ❸ *insluiten* fence off ❹ *v. toevoer* turn off ⟨the gas⟩, cut off ⟨the supply⟩, disconnect ★ *het licht / de telefoon ~* disconnect the electricity / the telephone ❺ *v. verzekering &* take out ★ *een levensverzekering ~* take out a life insurance policy ❻ *tot stand brengen* conclude, effect ❼ *opmaken* handel balance, close ⟨the books, an account⟩ ❽ *beëindigen* close ⟨a period⟩ ★ *een carrière ~* bring a career to an end **II** *wederk* [sloot af, h. afgesloten] ★ *zich ~* seclude oneself from the world / from society ★ *zich ~ voor iets* shut oneself off from sth

afsluiting *v* [-en] ❶ *alg.* closing off ❷ *v. contract* conclusion ❸ *afsluitmiddel* barrier, partition, fence

afsluitkraan *v* [-kranen] stopcock

afsluitprovisie *v* [-s] commission, ⟨v. makelaar⟩ brokerage

afsnauwen *overg* [snauwde af, h. afgesnauwd] snarl at, snap at, snub ★ *hij werd afgesnauwd* he had his head snapped off

afsnijden *overg* [sneed af, h. afgesneden] ❶ *(met een mes) inkorten* cut (off) ★ *een bocht ~* cut (off) a corner ★ *snij een stukje van de stelen af* cut off the ends of the stalks ❷ *afbreken* interrupt, cut short ★ *hij sneed mij midden in mijn verhaal af* he cut me off in the middle of my speech ❸ *v. keel* slit

afsnoepen *overg* [snoepte af, h. afgesnoept] steal, snatch ★ *iem. iets ~* steal a march on sbd

afspelden *overg* [speldde af, h. afgespeld] pin

afspelen **I** *overg* [speelde af, h. afgespeeld] ❶ *beëindigen* finish, play out ❷ *met geluidsapparatuur* play (back) ❸ *sp* pass **II** *wederk* [speelde af, h. afgespeeld] happen, occur, take place ★ *de gebeurtenissen spelen zich af in Londen* the events take place in London ★ *het drama dat zich daar heeft afgespeeld* the drama that was enacted there ★ *de handeling speelt zich af in Frankrijk* the scene is laid / set in France

afspiegelen **I** *overg* [spiegelde af, h. afgespiegeld] reflect, mirror **II** *wederk* [spiegelde af, h. afgespiegeld] ★ *zich ~* be reflected, be mirrored

afspiegeling *v* [-en] reflection

afsplijten *overg & onoverg* [spleet af, h. en is afgespleten] split off

afsplitsen **I** *overg* [splitste af, h. afgesplitst] split off **II** *wederk* [splitste af, h. afgesplitst] ★ *zich ~* split off, ‹kerk› secede

afsplitsing *v* [-en] splitting, separation

afspoelen **I** *overg* [spoelde af, h. afgespoeld] *wassen* wash, rinse, wash away **II** *onoverg* [spoelde af, is afgespoeld] *meegevoerd worden* be washed away

afspraak *v* [-spraken] agreement, appointment ‹to meet›, engagement, arrangement ★ *een ~ maken om...* make an arrangement to..., agree on...ing ★ *zich houden aan de ~* stand by the agreement, stick to one's word ★ *tegen de ~* contrary to (our) agreement ★ *volgens ~* according to (our) agreement, as agreed, ‹meet› by appointment ★ *een ~ bij de tandarts* a dental appointment ★ *jur een stilzwijgende ~* an implied agreement

afspraakje *o* [-s] date ★ *een ~ maken (met iem.)* date (sbd), make a date (with sbd)

afspreken *overg* [sprak af, h. afgesproken] ❶ *overeenkomen* agree upon, arrange ★ *het was afgesproken voor de gelegenheid* it was got up for the occasion / preconcerted ★ *de afgesproken plaats* the place agreed upon ★ *het was een afgesproken zaak* it was arranged / was a put-up job ★ *afgesproken!* done!, that's a bargain! ❷ *een tijdstip afspreken* make an appointment

afspringen *onoverg* [sprong af, is afgesprongen] ❶ *naar beneden* leap / jump down, leap / jump off ❷ *losgaan* come off, fly off ❸ *onderhandelingen* break down ❹ *koop* come to nothing, fall through ❺ *v. dieren* jump up (at), spring (at), leap (at), pounce

(on) ★ *haar hond sprong opeens op mij af* her dog suddenly leapt at me ★ *de poes sprong op de muizen af* the cat pounced on the mice

afsprong *m* [-en] jump, leap

afstaan **I** *overg* [stond af, h. afgestaan] *weggeven* give up, hand over, relinquish, surrender ★ *zijn plaats aan iem. ~* give up one's place to sbd ★ *zijn rechten ~* surrender / relinquish one's rights **II** *onoverg* [stond af, h. afgestaan] ★ *~ van* stand away / back from ★ *zijn oren staan af* his ears stick / stand out ★ *het huis staat ver van de grote weg af* the house is a long way back from the main road

afstammeling *m* [-en] descendant ★ *een ~ in de rechte lijn* a lineal descendant ★ *een ~ in de zijlinie* a collateral descendant

afstammen *onoverg* [stamde af, is afgestamd] descend (from) ★ *~ van* ‹v. personen› be descended from, spring from, ‹v. woord› be derived from ‹Latin &›

afstamming *v* ❶ descent, extraction, ancestry ❷ taalk derivation

afstammingsleer *v* theory of evolution

afstand *m* [-en] ❶ *lengte* distance ★ *mil ~ nemen* take distance ★ *~ nemen van een uitspraak* distance oneself from a statement ★ *op een ~* at a / some distance ★ *hij is erg op een ~* he is very stand-offish ★ *op een ~ blijven, zich op een ~ houden* keep at a distance, fig keep one's distance, keep aloof ★ *iem. op een ~ houden* keep sbd at a distance, keep sbd at (an) arm's length ★ *van ~ tot ~* at regular distances, at intervals ★ *hij is met ~ de beste schaker* he is by far the best chess player ❷ *'t afstaan, v. troon* abdication ★ *~ doen van de troon* renounce the throne, abdicate ❸ *v. recht* relinquishment, cession ★ *een (schriftelijke verklaring van) ~ van een recht* a waiver ❹ *v. eigendom of recht* surrender, renunciation, cession ★ *~ doen van* ‹een recht› renounce, give up, waive, ‹macht› abdicate, ‹eigendom› cede, part with, ‹voordeel› forgo ★ *jur ~ doen van een kind* consent to adoption

afstandelijk **I** *bn* detached, distant, aloof, inf stand-offish **II** *bijw* distantly, aloofly, stand-offishly

afstandelijkheid *v* distantiation, detachment

afstandsbediening *v* [-en] remote control

afstandsonderwijs *o* correspondence course

afstandsschot *o* [-schoten] sp long shot

afstapje *o* [-s] step ★ *denk om het ~* mind the step

afstappen *onoverg* [stapte af, is afgestapt] ❶ *naar beneden stappen* step down, get off ‹one's bike›, alight ‹from a bus &›, dismount ‹a horse, bike› ❷ *stappen naar/van* come up to, step up / down to ★ *hij kwam op me ~ in de kantine* he came up to to me in the canteen ❸ *ophouden met* change, leave, drop ★ *~ van het onderwerp* change / drop the subject

afsteken **I** *overg* [stak af, h. afgestoken] ❶ *met beitel* chisel off ❷ *met spa* cut ❸ *doen ontbranden* let off ‹fireworks› ❹ *uitspreken* deliver ★ *een speech ~* deliver / make a speech ❺ *afsnijden v. weg* take a shortcut ★ *hij stak een heel stuk van de route af* he took a big shortcut **II** *onoverg* [stak af, is afgestoken] ❶ *zich duidelijk aftekenen* contrast, stand out ★ *gunstig ~ bij* contrast favourably with ★ *~ tegen* contrast with, stand out against, be outlined against ★ *het steekt lelijk af tegen...* it stands out like a sore thumb against... ❷ scheepv push off, sail off

afstel *o* ★ *van uitstel komt dikwijls ~* delays are often dangerous, ± procrastination is the thief of time ★ *uitstel is geen ~* all is not lost that is delayed

afstellen *overg* [stelde af, h. afgesteld] techn adjust

afstemmen *overg* [stemde af, h. afgestemd] ❶ *bij stemming verwerpen* reject, defeat ⟨a motion⟩ ❷ radio tune (in) ★ *~ op* radio tune (in) to, fig tune to, attune to ⟨modern life &⟩ ★ *op elkaar ~* gear to one another

afstemming *v* [-en] ❶ *verwerping* rejection, defeat ❷ *radio* tuning in

afstempelen *overg* [stempelde af, h. afgestempeld] ❶ *een stempel geven* stamp ❷ *v. aandelen* fin stamp, write down

afsterven *onoverg* [stierf af, is afgestorven] die ★ *in oktober beginnen de planten af te sterven* in October the plants start to die back / off

afstevenen *onoverg* [stevende af, is afgestevend] ★ *~ op* make for, bear down upon ★ *op de overwinning ~* head for victory

afstijgen *onoverg* [steeg af, is afgestegen] descend, get off ⟨one's horse⟩, dismount ⟨from horseback⟩

afstoffen *overg* [stofte af, h. afgestoft] dust

afstompen **I** *overg* [stompte af, h. afgestompt] ❶ *minder scherp maken* blunt ❷ *minder gevoelig maken* dull, desensitize **II** *onoverg* [stompte af, is afgestompt] ❶ *minder scherp worden* become blunt / dull ❷ *minder gevoelig worden* become numb, become insensitive (to)

afstomping *v* dullness, numbness

afstoppen *overg* [stopte af, h. afgestopt] sp stop, block

afstotelijk *bn* repulsive, repellent, repelling

afstoten **I** *overg* [stootte of stiet af, h. afgestoten] ❶ eig push down (off), knock off (down), thrust down ❷ *iem.* repel ★ *die kleuren stoten mij af* these colours repel me / put me off ❸ *zich ontdoen van* dispose of, cut ★ *personeel ~* discharge personnel ★ *arbeidsplaatsen ~* cut / reduce the number of jobs ❹ *bij transplantatie* reject **II** *onoverg* [stootte of stiet af, h. afgestoten] repel, be repellent

afstotend *bn* repelling, repellent, repulsive

afstoting *v* ❶ repulsion ❷ med rejection ⟨of the transplant⟩ ❸ handel disposal ⟨of shares &⟩ ❹ *wegdoen* discharge ⟨of personnel⟩

afstraffen *overg* [strafte af, h. afgestraft] ❶ *bestraffen* punish, reprimand ❷ fig trounce, inf give a dressing-down ★ sp *de verdedigingsfout werd direct afgestraft* the slip-up in the defence was immediately taken advantage of

afstraffing *v* [-en] ❶ punishment, correction ❷ fig trouncing, inf dressing-down

afstralen **I** *onoverg* [straalde af, is afgestraald] radiate from ★ *~ op* reflect on **II** *overg* [straalde af, h. afgestraald] radiate ⟨heat, joy &⟩

afstrepen *overg* [streepte af, h. afgestreept] cross off

afstrijken *overg* [streek af, h. afgestreken] *v. lucifer* strike, light ▼ *een afgestreken theelepel* a level teaspoonful

afstropen *overg* [stroopte af, h. afgestroopt] ❶ strip (off), skin ⟨an eel⟩, flay ⟨a fox⟩, strip ⟨a hare⟩ ❷ *v. land* fig ravage, harry

afstruinen *overg* [struinde af, h. afgestruind] comb, scour

afstudeeropdracht *v* [-en] final project

afstudeerproject *o* [-en] final project, thesis

afstudeerrichting *v* [-en] specialization, main subject, Am major

afstudeerscriptie *v* [-s] thesis

afstuderen *onoverg* [studeerde af, h. en is afgestudeerd] finish one's studies, graduate ★ *~ aan de Vrije Universiteit* graduate from the Vrije Universiteit ★ *op een bepaald onderwerp ~* graduate in a certain subject

afstuiten *onoverg* [stuitte af, is afgestuit] rebound ★ *~ op* eig glance off, rebound from, fig be frustrated by, be foiled by, ⟨niet doorgaan wegens⟩ fall through because of

afstuiven *onoverg* [stoof af, is afgestoven] ❶ *v. zaken* fly off, blow off ❷ *v. personen* rush / tear down, scurry away ★ *~ op* make a rush for / at, make a beeline for

aftaaien *onoverg* [taaide af, is afgetaaid] inf beat it, buzz off, split

aftakelen **I** *overg* [takelde af, h. afgetakeld] scheepv unrig, dismantle ⟨a ship⟩ **II** *onoverg* [takelde af, is afgetakeld] run to seed, be on the decline ★ *hij is aan het ~* he's on the decline, he's going off, he's going downhill, ⟨geestelijk⟩ he's starting to lose his facilities ★ *hij ziet er erg afgetakeld uit* he looks rather decrepit, he looks a wreck

aftakeling *v* ❶ scheepv unrigging ❷ fig decay

aftakken *overg* [takte af, is afgetakt] branch, elektr ook tap off

aftakking *v* [-en] ❶ *de tak* branch, elektr ook tap ❷ *het aftakken* branching, elektr ook tapping

aftands *bn* ❶ long in the tooth ❷ *zwak, versleten* past one's prime

aftapkraan *v* [-kranen] drain cock, draw-off tap

aftappen *overg* [tapte af, h. afgetapt] ❶ *alg.* draw (off) ❷ *v. boom* tap ❸ fig tap ★ *elektrische stroom ~* tap electricity ★ *iem. bloed ~* take blood from sbd ❹ *v. vijver &* drain ❺ *bottelen* bottle

aftasten *overg* [tastte af, h. afgetast] ❶ ⟨techn⟩ scan ❷ fig feel, grope, sense ❸ *peilen* put out feelers, feel out

aftekenen *overg* [tekende af, h. afgetekend] ❶ *met tekens aangeven* mark off ❷ *voor gezien* sign ❸ *natekenen* draw, copy **II** *wederk* [tekende af, h. afgetekend] ★ *zich ~* stand out, become visible

★ *zich ~ tegen* stand out against, be outlined against

aftellen *overg* [telde af, h. afgeteld] ❶ *tellen* count (off, out) ❷ *bij spelen* count out ❸ *bij lancering* count down ❹ *aftrekken* deduct

aftermarketing *v* marketing after marketing

aftersalesmailing *m* [-s] after-sales mailing

aftersalesservice *m* after-sales service

aftershave *m* [-s] aftershave

aftersun *m* [-s] after sun lotion

aftikken *overg* [tikte af, h. afgetikt] ❶ sp tag out, touch ❷ muz tap one's baton

aftiteling *v* credits

aftocht *m* [-en] retreat, withdrawal ★ *de ~ dekken* cover sbd's retreat ★ fig *de ~ blazen* beat a retreat

aftoppen *overg* [topte af, h. afgetopt] ❶ *v. bomen* top ❷ *salaris e.d.* cap, level down

aftrainen *onoverg* [trainde af, h. afgetraind] detrain

aftrap *m* [-pen] sp kickoff ★ *de ~ verrichten* kick off

aftrappen I *overg* [trapte af, h. afgetrapt] kick off ★ *iem. van school ~* kick sbd out of school **II** *onoverg* [trapte af, h. en is afgetrapt] *bij voetbal* kick off ▼ *van zich ~* kick right and left

aftreden I *onoverg* [trad af, is afgetreden] *functie neerleggen v. ministers &* resign (one's post), retire (from office), step down **II** *o* ★ *zijn ~* his resignation, his retirement

aftredend *bn* retiring, outgoing

aftrek *m* ❶ *vermindering* deduction ★ *na / onder ~ van...* after deducting ‹expenses›, less ‹10%› ★ *vóór ~ van belasting* before-tax ★ *met ~ van voorlopige hechtenis* less remand in custody ❷ *verkoop* handel sale, demand ★ *goede ~ vinden* find a ready market, sell well ★ *gretig ~ vinden* be in great demand, sell like hot cakes ★ *ze vinden weinig ~* there is little demand for them

aftrekbaar *bn* ❶ deductible ❷ *voor de belasting* tax-deductible

aftrekken I *overg* [trok af, h. afgetrokken] ❶ *neertrekken* draw off / down, pull / tear off ★ *zijn / de handen van iem. ~* wash one's hands of sbd ❷ *v. geld* deduct ❸ rekenk subtract ★ *vijf ~ van tien* take five from ten ❹ *v. vuurwapen* fire (off) ‹a gun›, pull the trigger ❺ *kruiden &* extract **II** *onoverg* [trok af, is afgetrokken] *weggaan* withdraw, march off, mil retreat **III** *wederk* [trok af, h. afgetrokken] *masturberen* ★ *zich ~* jack off, wank off, jerk off

aftrekpost *m* [-en] tax deduction, tax-deductible item, tax shelter

aftreksel *o* [-s] infusion, extract ★ *een slap ~ van* a poor imitation of, a poor excuse / apology for

aftroeven *overg* [troefde af, h. afgetroefd] ❶ kaartsp trump ❷ fig put sbd in his place

aftroggelen *overg* [troggelde af, h. afgetroggeld] wheedle / coax out of, kid out of ★ *iem. geld ~* wheedle money out of sbd

aftuigen *overg* [tuigde af, h. afgetuigd] ❶ *v. paard* unharness ❷ scheepv unrig ❸ *v. kerstboom* undress ❹ *mishandelen* mug, beat (up)

afvaardigen *overg* [vaardigde af, h. afgevaardigd] ❶ *als vertegenwoordiger* delegate, depute ❷ *naar het parlement* return

afvaardiging *v* [-en] delegation, deputation

afvaart *v* [-en] sailing, departure

afval I *m* ❶ *afvalligheid v. geloof* apostasy ❷ *in de politiek* defection **II** *o & m* ❶ alg. waste (matter), refuse, rubbish ❷ *bij het slachten* offal, garbage ❸ *bij het bewerken* clippings, cuttings, parings ❹ *v. eten* leavings, scraps ❺ *afgewaaide vruchten* windfall

afvalbak *m* [-ken] garbage bin, rubbish bin, litterbin, dustbin

afvalemmer *m* [-s] garbage bin, rubbish bin, litterbin, dustbin

afvallen *onoverg* [viel af, is afgevallen] ❶ *naar beneden* fall (off), tumble down ▼ *er zal voor hem wel wat ~* he's sure to get at least something out of it ❷ *mager, slank worden* lose weight ❸ *van geloof* apostatize ❹ *v. zijn partij* desert ★ *iem. ~* abandon sbd, let sbd down ❺ *v. kerk, staat* secede ❻ *bij spelen &* drop out ★ *er zullen veel kandidaten ~* a lot of candidates will drop out / will not make it

afvallig *bn* ❶ *v. kerk* apostate, lapsed ❷ *ontrouw* unfaithful ★ *~ worden* backslide ★ *~ worden van* desert

afvallige *m-v* [-n] ❶ *v. geloof* apostate ❷ *v. partij* renegade, deserter

afvalproduct *o* [-en] waste product

afvalrace *m* [-s] knock-out race

afvalstoffen *zn* [mv] waste, waste products ★ *radioactieve ~* radioactive waste ★ *schadelijke ~* harmful waste

afvalstoffenheffing *v* [-en] waste collection levy

afvalverwerking *v* waste disposal, treatment of waste

afvalverwerkingsbedrijf *o* [-drijven] waste processing company

afvalwater *o* ❶ waste water ❷ *industrie* effluent

afvalwedstrijd *m* [-en] heat, elimination race

afvangen *overg* [ving af, h. afgevangen] catch from, snatch from

afvaren I *onoverg* [voer af, is afgevaren] *wegvaren* sail, depart, start, leave **II** *overg* [voer af, h. afgevaren] *stroomafwaarts varen* sail down ‹the river›

afvegen *overg* [veegde af, h. afgeveegd] wipe (off) ★ *haar handen ~ aan een schort* wipe her hands on an apron

afvinken *overg* [vinkte af, h. afgevinkt] check off, tick off ‹items on a list›

afvlaggen *overg* [vlagde af, h. afgevlagd] flag down ★ *Schumacher werd als derde afgevlagd* Schumacher was flagged down third

afvlakken I *overg* [vlakte af, h. afgevlakt] flatten out **II** *onoverg* [vlakte af, is afgevlakt] become flat ★ *een ~de markt* a slowed-down market

afvloeien *onoverg* [vloeide af, is afgevloeid] ❶ eig flow down, flow off ❷ fig be made redundant

afvloeiing *v* [-en] ❶ eig flowing down, flowing off ❷ fig gradual discharge, release

af

afvloeiingsregeling v [-en] ❶ *individueel* redundancy pay, redundancy scheme, <u>Am</u> severance pay, severance scheme ❷ *collectief* social scheme, compensation plan

afvoer m ❶ *van water &* discharge, drainage ❷ *transport* transport, conveyance, removal ‹of goods› ❸ *afvoerleiding* drainpipe

afvoerbuis v [-buizen] outlet pipe, waste pipe, drainpipe

afvoeren overg [voerde af, h. afgevoerd] ❶ *afleiden* drain off ‹water› ❷ *vervoeren* transport, remove, convey ❸ *schrappen* remove, write off

afvoerkanaal o [-nalen] drainage channel, outlet channel

afvoerpijp v [-en] drainpipe

afvragen I overg [vroeg af, h. afgevraagd] ask (for), demand II wederk [vroeg af, h. afgevraagd] ★ *zich ~* ask oneself, wonder ★ *zij vroegen zich af of...* they wondered whether...

afvuren overg [vuurde af, h. afgevuurd] fire off, fire, discharge ★ *vragen ~ op iem.* fire questions at sbd

afwachten overg [wachtte af, h. afgewacht] *alg.* wait for, await, anticipate ★ *zijn beurt ~* wait one's turn ★ *de gevolgen ~* wait for/<u>form</u> abide the consequences ★ *zijn tijd ~* bide one's time ★ *dat moeten we nog ~* that remains to be seen ★ *een ~de houding aannemen* follow a wait-and-see policy, take a wait-and-see approach

afwachting v expectation ★ *in ~ van de dingen die komen zouden* in (eager) expectation of what was to come ★ *in ~ van een regeling* pending a settlement ★ *in ~ van uw antwoord* we look forward to receiving your reply

afwas m washing-up, dishes ★ *de ~ doen* do the dishes ★ *een berg ~* a load of washing-up

afwasbaar bn washable

afwasbak m [-ken] washing-up bowl

afwasborstel m [-s] dishwashing brush

afwasmachine v [-s] (automatic) dishwasher

afwasmiddel o [-en] detergent, washing-up liquid

afwassen I overg [waste af, h. afgewassen] ❶ *alg.* wash, wash off ❷ *de vaat* wash up, do the dishes II onoverg [waste af, h. afgewassen] wash up

afwaswater o dishwater

afwateren onoverg [waterde af, h. afgewaterd] drain

afwatering v [-en] drainage, drain

afwateringskanaal o [-nalen] drainage canal / channel

afweer m ❶ *verdediging* defence, <u>Am</u> defense ❷ *afweersysteem* immune system

afweergeschut o anti-aircraft guns

afweermechanisme o [-n] defence/<u>Am</u> defense mechanism

afweerstof v [-fen] antibody

afweersysteem o [-temen] ❶ defence/<u>Am</u> defense system ❷ *v. lichaam* immune system

afwegen overg [woog af, h. afgewogen] weigh ★ *200 gram suiker ~* weigh out 200 grams of sugar ★ *tegen elkaar ~* balance out the pros and cons

afweken I overg [weekte af, h. afgeweekt] soak off, steam off II onoverg [weekte af, is afgeweekt] come off

afwenden overg [wendde af, h. afgewend] ❶ *afwenden* turn away ★ *zich ~ van* turn away from ❷ *tegenhouden* avert ★ *gevaar ~* ward off danger

afwentelen overg [wentelde af, h. afgewenteld] shift, transfer ★ *de schuld op iem. anders ~* shift the blame on to sbd else

afweren overg [weerde af, h. afgeweerd] keep off, hold off, fend off ★ *gevaar ~* avert / ward off danger ★ *een aanval ~* fight off / repel an attack ★ *lastige vragen ~* evade tricky questions

afwerken I overg [werkte af, h. afgewerkt] ❶ *beëindigen, voltooien* finish, complete ★ *een klus ~* finish (off) a job, put the finishing touches to a job ❷ *v. naad* overcast II wederk [werkte af, h. afgewerkt] ★ *zich ~* exhaust oneself, work oneself to death

afwerking v finishing (off), finish ★ *de fraaie ~* the fine finish

afwerkplek v [-ken] place for legal sex work

afwerpen overg [wierp af, h. afgeworpen] ❶ *alg.* cast off, throw off, shake off, fling off, throw away, hurl away, ‹slangen› slough off ★ *een slang werpt zijn huid in één stuk af* snakes slough off their skins in one piece ❷ <u>luchtv</u> drop ‹bombs, arms›, throw down ‹arms›, parachute ‹a man, troops› ❸ *fig* yield ★ *vruchten ~* yield fruit

afweten overg [wist af, h. afgeweten] know about ★ *hij weet veel van voetbal af* he knows a lot about football ▼ *het laten ~* ‹niet komen› not show up, ‹het niet doen› fail / refuse to work ▼ *mijn auto liet het ~* my car wouldn't go

afwezig bn ❶ *niet aanwezig* absent, away, gone ★ *de ~e(n)* the absentee(s) ★ *hij is ~* he isn't in ❷ <u>fig</u> absent-minded ★ *~ voor zich uit staren* stare absently in front of one

afwezigheid v ❶ absence, non-attendance ★ *bij ~ van* in the absence of ★ *in iems. ~* in absentia ★ <u>jur</u> *de ~ van schuld* absence of guilt ★ *schitteren door ~* be conspicuous by one's absence ❷ <u>fig</u> absent-mindedness

afwijken onoverg [week af, is afgeweken] ❶ *verschillen* differ, deviate, vary, disagree (with) ★ *dit wijkt af van wat de minister beweert* this is at odds with what the minister claims ❷ *een andere kant opgaan* ‹v. naald› deviate, ‹v. lijn› diverge, ‹v. weg› diverge, deflect ❸ *fig* deviate ★ *van het rechte pad ~* wander from the straight and narrow ★ *van het onderwerp ~* wander / drift away from the subject

afwijkend bn ❶ *alg.* deviating, divergent, aberrant ★ *een ~e mening* a different / dissenting opinion ★ *een ~e uitkomst* an erratic result ❷ <u>psych</u> deviant ‹social behaviour›

afwijking v [-en] ❶ *het niet overeenkomstig zijn* deviation, departure, divergence ★ *in ~ van* contrary

af

to ⟨this rule⟩ ❷ *verschil* variation, difference, anomaly ⟨in a text⟩ ❸ *geestelijk* disturbance, aberration ❹ *lichamelijk* defect, handicap, abnormality

afwijzen *overg* [wees af, h. afgewezen] ❶ *niet toelaten* refuse admittance, turn away, not admit ❷ *weigeren* reject, refuse ★ *sollicitanten* ~ reject applicants ★ *afgewezen worden* ⟨in examen⟩ fail ❸ *afslaan* decline ★ *een aanbod / voorstel* ~ turn down an offer / a proposal ❹ *ontkennen* disclaim ⟨rumours⟩, deny ⟨accusations⟩ ❺ jur dismiss ⟨a claim⟩ ★ *een ~d vonnis* a dismissal

afwijzend *bn bijw* ★ ~ *staan tegenover* be opposed to ★ *er werd* ~ *beschikt op zijn verzoek* his request met with a refusal

afwijzing *v* [-en] refusal, rejection

afwikkelen *overg* [wikkelde af, h. afgewikkeld] ❶ *loswikkelen* unroll, unwind, wind off ❷ fig wind up ⟨a business⟩, settle ⟨affairs⟩, fulfil/Am fulfill ⟨a contract⟩ ★ *een kwestie vlot* ~ settle a question quickly / promptly

afwikkeling *v* [-en] ❶ *het afwinden* unrolling, unwinding ❷ fig winding up, settlement, fulfilment, completion

afwimpelen *overg* [wimpelde af, h. afgewimpeld] not follow up, pass over, refuse ★ *iem.* ~ find an excuse for not accepting sbd's offer / for not complying with sbd's request

afwinden *overg* [wond af, h. afgewonden] wind off, unwind, unreel

afwisselen I *overg* [wisselde af, h. afgewisseld] relieve ⟨sbd⟩, take turns with ⟨sbd⟩, alternate, interchange, vary ★ *afgewisseld door...* relieved by... ★ *werk* ~ *met ontspanning* alternate between work and pleasure ★ *elkaar* ~ ⟨personen⟩ relieve each other, take turns, ⟨zaken⟩ succeed each other, alternate ★ *zij wisselden elkaar af als klassenvertegenwoordigers* they took turns as class captain **II** *onoverg* [wisselde af, is afgewisseld] ❶ *om beurten voorkomen* alternate, take turns ❷ *verschillen* vary

afwisselend I *bn* ❶ *ongelijk* various ❷ *vol afwisseling* varied, variegated ❸ *wisselend* alternate **II** *bijw* alternately, by turns, in turn

afwisseling *v* [-en] ❶ *verandering* change, variation ★ *ter* ~, *voor de* ~ for a change, by way of a change ❷ *verscheidenheid* variety ❸ *opeenvolging* alternation ⟨of day and night⟩, succession ⟨of the seasons⟩

afzadelen *overg* [zadelde af, h. afgezadeld] unsaddle

afzagen *overg* [zaagde af, h. afgezaagd] saw off

afzakken *onoverg* [zakte af, is afgezakt] ❶ *v. kleren* come / slip down ❷ *v. bui* blow / pass over ❸ *minder worden* fall / drop back, tail away, withdraw, drop away ▾ *de koploper is wat afgezakt* the race leader has fallen back a little ▾ *de rivier* ~ sail / float down the stream

afzakkertje *o* [-s] inf one for the road

afzeggen *overg* [zei *of* zegde af, h. afgezegd] cancel ★ *het (laten)* ~ send an excuse ★ *iem.* ~ put sbd off

afzegging *v* [-en] rejection, refusal, cancellation

afzeiken *overg* [zeikte af, h. afgezeikt] ★ *iem.* ~ bully sbd, make sbd look like a fool ★ *zich niet laten* ~ not let oneself be put down

afzenden *overg* [zond af, h. afgezonden] send (off), dispatch, forward, ship

afzender *m* [-s] sender, shipper ★ ~ *X* from X

afzet *m* ❶ handel sale ★ ~ *vinden* have a market ❷ *bij sprong* sp take-off

afzetbalk *m* [-en] sp take-off board

afzetgebied *o* [-en] outlet, market, area of distribution

afzetkanaal *o* [-nalen] marketing distribution channel

afzetkosten *zn* [mv] marketing sales cost

afzetmarkt *v* [-en] market outlet

afzetten I *overg* [zette af, h. afgezet] ❶ *afnemen* take off, take, remove ★ *ik kon het niet van mij* ~ I couldn't dismiss the idea, I couldn't put it out of my head ★ *een stoel van de muur* ~ move away a chair from the wall ★ *een speler van de bal* ~ take possession of the ball ❷ *uit vervoermiddel* put / set down, drop (off) ❸ *doen bezinken* deposit ❹ *v. ledematen* cut off, amputate ❺ *afstoten van de kant &* push off ❻ *afsluiten, stopzetten* switch off, turn off, block, close, stop ❼ *afpalen* peg out, stake out, ⟨in de lengte⟩ line, ⟨met touwen⟩ rope off, ⟨met omheining⟩ fence in, fence off ❽ *omboorden* set off, trim ❾ *ontslaan* depose ⟨a king⟩, dismiss ⟨an official⟩ ❿ *verkopen* sell ⓫ *te veel laten betalen* fleece ★ *iem.* ~ *voor vijf euro* swindle / cheat / do sbd out of five euros **II** *onoverg* [zette af, is afgezet] scheepv push off **III** *wederk* [zette af, h. afgezet] ❶ ★ sp *zich* ~ take off (for a jump) ★ fig *zich* ~ *tegen* dissociate oneself from ❷ *bezinken, neerdalen* be deposited ★ *bij hoog water zet zich hier slib af* at high tide silt is deposited here

afzetter *m* [-s] swindler, cheat

afzetterij *v* [-en] cheat, swindle

afzetting *v* [-en] ❶ *uit ambt* dismissal ⟨of an official⟩, deposition ⟨of a king⟩ ❷ *afsluiting* cordon ❸ *bezinking* deposition ❹ *bezinksel* deposit, sediment ❺ *v. ijs, rijp* formation ❻ med amputation

afzettingsgesteente *o* [-n & -s] sedimentary rocks

afzichtelijk *bn* hideous, horrible, ⟨armoede⟩ abject

afzien I *overg* [zag af, h. afgezien] look down ★ *iets aan iets* ~ tell sth by the look of it ★ *dat kun je er ook niet aan* ~! you can't tell by the look of it! **II** *onoverg* [zag af, h. afgezien] ❶ *lijden* suffer ★ *heel wat moeten* ~ have to go through quite a lot ❷ *(+van) opgeven* relinquish, renounce, waive, forgo, give up, abandon ★ ~ *van rechtsvervolging* decide not to prosecute ★ *er van* ~ decide not to do it ❸ *afkijken* copy from

afzienbaar *bn* ★ *in / binnen afzienbare tijd* in the near future, in / within the foreseeable future, within a short time

afzijdig *bn* ★ *zich* ~ *houden* hold / keep / stand aloof ★ *een ~e houding* a distant attitude

afzinken *overg* [zonk af, h. afgezonken] sink down

afzoeken *overg* [zocht af, h. afgezocht] search, beat ★ *alles* ~ look all over the place ★ *de stad* ~ hunt through the town

afzonderen I *overg* [zonderde af, h. afgezonderd] ❶ *afzonderlijk plaatsen* separate (*van* from), single out ❷ *apart zetten* isolate, segregate, set apart ★ *zieke dieren* ~ isolate sick animals **II** *wederk* [zonderde af, h. afgezonderd] ★ *zich* ~ withdraw / retire ‹from the world› ★ *hij kon zich nergens* ~ he couldn't find any privacy anywhere

afzondering *v* ❶ *het afzonderen* separation, isolation ❷ *eenzaamheid* isolation, seclusion ★ *in* ~ in seclusion ❸ *gevangeniswezen* cell confinement ★ *in* ~ in solitary confinement

afzonderlijk I *bn* separate, private, individual ★ *elk deel* ~ each separate volume ★ ~*e gevallen* individual cases **II** *bijw* separately, individually, apart ★ *iem.* ~ *spreken* speak to sbd privately

afzuigen *overg* [zoog af, h. afgezogen] suck (up), remove ‹by suction›

afzuiginstallatie *v* [-s] exhaust system

afzuigkap *v* [-pen] range hood

afzwaaien *onoverg* [zwaaide af, is afgezwaaid] mil be released, leave the service

afzwaaier *m* [-s] ❶ mil sbd leaving the service ❷ sp hopeless miss

afzwakken I *onoverg* [zwakte af, is afgezwakt] *afnemen* decrease, subside **II** *overg* [zwakte af, h. afgezwakt] *verzachten* tone down, weaken, qualify ‹a statement›

afzwemmen I *onoverg* [zwom af, h. afgezwommen] *voor diploma* take the final swimming test **II** *overg* [zwom af, h. en is afgezwommen] swim down ‹the river›

afzweren I *overg* [zwoer af, h. afgezworen] ❶ *onder ede verwerpen* forswear ❷ *verloochenen* renounce, fall away from ❸ fig swear off **II** *onoverg* [zwoor af en zweerde af, is afgezworen] *door verzwering afvallen* ulcerate away

agaat *m & o* [agaten] agate

agenda *v* ['s] ❶ *lijst v. te bespreken onderwerpen* agenda, order of business ★ *op de* ~ *plaatsen* put on the agenda ★ *een verborgen* ~ a hidden agenda ❷ *boekje* diary

agendapunt *o* [-en] item on the agenda

agent *m* [-en] ❶ *vertegenwoordiger* agent, representative ❷ *politieagent* policeman, constable, officer, inf cop ★ *een* ~ *in burger* a plain-clothes policeman ★ *een geheim* ~ a secret agent

agente *v* policewoman

agent-provocateur *m* [agents-provocateurs] agent provocateur

agentschap *o* [-pen] ❶ *alg.* agency ❷ *v. bank* branch (office)

agentuur *v* [-turen] agency

ageren *onoverg* [ageerde, h. geageerd] ★ ~ *voor* / *tegen* campaign / agitate for / against

agglomeraat *o* [-raten] agglomerate

agglomeratie *v* [-s] agglomeration ★ *een stedelijke* ~ an urban conglomerate

aggregaat I *o* [-gaten] ❶ *alg.* aggregate ❷ techn unit, aggregate ❸ *lesbevoegdheid* ZN teaching certificate **II** *m* [-gaten] *leraar* ZN teacher

aggregatie *v* ❶ *samenvoeging* aggregation ❷ *lesbevoegdheid* ZN teaching certificate

aggregatietoestand *m* [-en] physical condition, physical state

agio *o* premium, share premium, agio, Am additional paid-in capital ★ ~ *doen* be at a premium

agiostockdividend *o* [-en] stock dividend paid out of share premium, scrip dividend paid out of share premium

agitatie *v* [-s] agitation, excitement

agitator *m* [-s & -toren] agitator

agnost *m* [-en], **agnosticus** [-ci] agnostic

agogie *v* ❶ *in vormingswerk* ± behaviour-oriented social work ❷ *in onderwijs* ± change-oriented educational theory ❸ *in organisatie* plan change

agogisch *bn* agogic, social science

agrariër *m* [-s] farmer

agrarisch *bn* agricultural ★ *een* ~*e hervorming* a land reform ★ ~*e producten* agricultural products, farm products ★ *de* ~*e sector* the agricultural sector

agressie *v* [-s] aggression ★ ~ *plegen (jegens)* be aggressive (towards)

agressief *bn* aggressive ★ *een agressieve hond* an aggressive dog ★ *agressieve schoonmaakmiddelen* aggressive / corrosive cleaners

agressiviteit *v* aggressiveness, aggression

agressor *m* [-s] aggressor

agricultuur *v* agriculture

A-griep *v* Asian flu

agro-industrie *v* agricultural industry

agrologie *v* agrology

agronomie *v* agronomy

agronoom *m* [-nomen] agronomist

aha-erlebnis *m* [-sen] 'aha' experience

ahorn *m* [-en, -s] maple (tree)

a.h.w. *afk* (als het ware) as it were

a.i. *afk* ❶ (ad interim) ad interim ❷ (alles inbegrepen) all in, inclusive

aids *m* (Acquired Immune Deficiency Syndrome) AIDS, Aids

aidspatiënt *m* [-en] Aids patient

aidsremmer *m* [-s] Aids inhibitor

aidstest *m* [-s] Aids test

aidsvirus *o* Aids virus, HIV virus

aimabel *bn* amiable, friendly

air *o* air, look, appearance ★ *een* ~ *aannemen, zich* ~*s geven* give oneself airs

airbag *m* [-s] air bag

airbrush *m* airbrush

airbus *m* [-sen] air bus

airco *v* air conditioning

airconditioning *v* air conditioning

AIVD *afk* (Algemene Inlichtingen- en Veiligheidsdienst) Dutch Secret Service

ajakkes, **ajasses** *tsw* ★ ~*!* yuk!

ajour *bn* openwork

ajuin *m* [-en] ZN onion

akela *v* ['s] akela, Am den mother

akelei, **akolei** *v* [-en] columbine

akelig I *bn* dreary, dismal, nasty, unpleasant, horrible, awful ★ *ik ben er nog ~ van* I still feel quite upset ★ *ik word er ~ van* it makes me (feel) sick ★ *wat een ~ goedje!* what awful stuff! ★ *dat ~e mens* that unpleasant woman ★ *die ~e wind* that nasty wind **II** *bijw* versterkend awfully, terribly ★ *~ geleerd &* awfully learned &

Aken *o* Aix-la-Chapelle, Aachen

akkefietje, **akkevietje** *o* [-s] ❶ *vervelend werkje* (bad) job, chore ❷ *kleinigheid* trifle, little job ★ *een ~ met iem. hebben* ⟨ruzie hebben⟩ have an argument with sbd

akker *m* [-s] field

akkerbouw *m* agriculture, farming

akkerbouwbedrijf *o* [-drijven] arable farm

akkerland *o* [-en] arable land

akkevietje *o* → **akkefietje**

akkoord I *o* [-en] ❶ *alg.* agreement, arrangement, settlement ★ *een ~ aangaan / sluiten / treffen* come to an agreement ★ *het op een ~je gooien* compromise, come to terms (with) ❷ *muz* chord **II** *bn* correct, agreed ★ *~ bevinden* find correct ★ *~ gaan met* agree to ⟨sth⟩, agree with ⟨sbd⟩ ★ *de rekening is ~* the bill is correct ★ *~!* agreed!

akkoordverklaring *v* [-en] agreement

akoestiek *v* acoustics

akoestisch *bn* acoustic(al) ★ *een ~e gitaar* an acoustic guitar

akoniet I *v* [-en] plantk aconite **II** *o* vergif aconite

akte *v* [-n & -s] ❶ *alg.* document ❷ *jur* ⟨legal⟩ instrument, deed ★ *een ~ van beschuldiging* an indictment ★ *een ~ van volmacht* power of attorney ★ *~ nemen van* take note of ★ *~ opmaken van* make a record of ★ *waarvan ~!* objection / remark noted! ❸ *v. verkoop* deed of sale, contract ★ *een ~ van overdracht / verkoop / vennootschap &* a deed of conveyance / sale / partnership & ❹ *diploma, vergunning* diploma, certificate, licence/Am license ★ *een ~ van overlijden* a death certificate ★ *een ~ van bekwaamheid* a certificate of competence ❺ RK ⟨van geloof, hoop &⟩ act ❻ toneel act

aktetas *v* [-sen] briefcase

al I *onbep vnw* ❶ *m.b.t. totale hoeveelheid* all ★ *~le drie* all three (of them) ★ *~ het mogelijke* all that is possible ★ *~ het vee* all the cattle ★ *wij / u/zij ~len* all of us / you / them ❷ *alle afzonderlijk* every ★ *~le dagen* every day ★ *er is ~le reden om...* there is every reason to... **II** *o* ⟨gekleed en⟩ ~ dressed as he was ★ *met schil en ~* skin and all ★ *met ~* all in all ★ *het ~* the universe ★ *zij is zijn ~* she is his all **III** *bijw* already, yet ★ *dat is ~ even moeilijk* that is

just as difficult ★ *het wordt ~ groter* it is growing larger and larger ★ *~ (wel) zes maanden geleden* as long as six months ago ★ *dat is ~ zeer ongelukkig* that is very unfortunate indeed ★ *~ de volgende dag* the very next day ★ *~ in de 16de eeuw* as early as / as far back as the 16th century ★ *hoe ver ben je ~?* how far have you got (so far)? ★ *zijn ze ~ getrouwd?* are they married yet? ★ *nu / toen ~* even now / then ★ *geheel en ~* entirely, fully, totally ★ *~ zingende* singing (all the while), as he sang ★ *~ te zwaar* much too heavy ★ *het is maar ~ te waar* it's only too true ★ *niet ~ te best* none too well / good, rather bad(ly) ★ *niet ~ te wijd* not too wide ★ *u kunt het ~ dan niet geloven* whether you believe it or not ★ *ik twijfelde of hij mij ~ dan niet gehoord had* I was in doubt as to whether he had heard me or not **IV** *voegw* though, although, even if, even though ★ *~ is hij nog zo rijk* however rich he may be

à la carte *bijw* à la carte ★ *~ dineren* dine à la carte

alarm *o* ❶ *noodsignaal* alarm ★ *~ blazen* sound the / an alarm ★ *~ slaan* give / raise the alarm ★ *loos ~ slaan* make a false alarm ★ *een stil ~* a silent alarm ❷ *opschudding* commotion, uproar, tumult

alarmbel *v* [-len] alarm bell

alarmcentrale *v* [-s] emergency centre/Am center

alarmeren *overg* [alarmeerde, h. gealarmeerd] alert, warn, call out

alarmerend *bn* alarming

alarminstallatie *v* [-s] alarm (device)

alarmklok *v* [-ken] alarm bell

alarmnummer *o* [-s] emergency number

alarmpistool *o* [-tolen] alarm gun

alarmsignaal *o* [-nalen] alarm (signal)

alarmsysteem *o* [-temen] alarm system

alarmtoestand *m* [-en] alert, state of emergency

Albanees I *m* [-nezen] Albanian **II** *bn* Albanian **III** *o* taal Albanian

Albanese *v* [-n] Albanian ★ *ze is een ~* she's an Albanian, she's from Albania

Albanië *o* Albania

albast *o* alabaster

albasten *bn* alabaster

albatros *m* [-sen] albatross

albino *m-v* ['s] albino

album *o* [-s] album

albumine *m-v* albumin

alchemie, **alchimie** *v* alchemy

alchemist, **alchimist** *m* [-en] alchemist

alcohol *m* [-holen] alcohol

alcoholbasis *v* ★ *op ~* alcohol-based

alcoholcontrole *v* [-s] alcohol testing

alcoholgebruik *o* alcohol consumption

alcoholgehalte *o* alcoholic content

alcoholhoudend *bn* alcoholic

alcoholica *zn* [mv] alcoholic drinks, spirits

alcoholicus *m* [-ci] alcoholic

alcoholisch *bn* alcoholic ★ *~e dranken* alcoholic beverages

alcoholisme *o* alcoholism
alcoholist *m* [-en] alcoholic
alcoholpromillage *o* blood alcohol level
alcoholvergiftiging *v* alcohol poisoning
alcoholvrij *bn* non-alcoholic
aldaar *bijw* there, at that place
aldehyde *o* [-n & -s] aldehyde
aldoor *bijw* all the time, all along
aldus *bijw* thus, so, in this way
alert *bn* alert
alexandrijn *m* [-en] alexandrine
alexie *v* alexia
alfa *v* ['s] alpha ★ *de ~ en de omega* the alpha and omega
alfabet *o* [-ten] alphabet
alfabetisch I *bn* alphabetical ★ *in ~e volgorde* in alphabetical order **II** *bijw* alphabetically, in alphabetical order
alfabetiseren *overg* [alfabetiseerde, h. gealfabetiseerd] ❶ *alfabetisch ordenen* alphabetize ❷ *leren lezen en schrijven* make literate
alfadeeltje *o* [-s] alpha particle
alfanumeriek *bn* ❶ alphanumerical ❷ comput alphanumeric
alfastraling *v* alpha radiation
alfawetenschappen *zn* [mv] humanities, arts subjects

---

alfawetenschappen
Het verschil tussen alfa-, bèta- en gammawetenschappen is typisch Nederlands en het kan nodig zijn om dat in een Engelse tekst uit te leggen.
De **alfawetenschappen** komen ongeveer overeen met **arts subjects** of **the humanities**, de **bètawetenschappen** ongeveer met **science subjects** of **the sciences** en **gammawetenschappen** ongeveer met **the social sciences**.

---

alg *v* [-en] alga
algauw *bijw* soon, before long
algebra *v* algebra
algebraïsch *bn* algebraic
algeheel *bn* complete, entire, total, whole ★ *algehele rouw* general mourning
algemeen I *bn* ❶ *allen of alles omvattend* universal, general ★ *Algemene Maatregel van Bestuur* General Administrative Order ★ *een algemene overeenkomst* a blanket agreement ★ *algemene voorwaarden* general conditions ★ *met algemene stemmen* unanimously ❷ *overal verspreid* general, common ★ *dat is thans erg ~* that is very common now ❸ *openbaar* general, public ❹ *onbepaald* general, vague **II** *bijw* generally, universally ★ *~ in gebruik* in general / common use **III** *o* ★ *in het ~* in general, on the whole ★ *over het ~* generally speaking, on the whole
algemeenheid *v* [-heden] universality, generality ★ *vage algemeenheden* commonplaces, platitudes ★ *in algemeenheden spreken* speak in vague terms

★ *in zijn ~* broadly speaking
Algerije *o* Algeria
algoritme *v & o* [-s, -n] wisk algorithm
alhier *bijw* here, of this town
alhoewel *voegw* (al)though
alias I *bijw* alias, otherwise (known) **II** *m* [-sen] ❶ alias ❷ *pseudoniem* comput alias
alibi *o* ['s] alibi ★ *zijn ~ bewijzen* prove one's alibi
alimentatie *v* Br maintenance (allowance), financial provision, Am alimony
alimentatieplicht *m & v* obligation / duty to pay maintenance/Am alimony
alinea *v* ['s] paragraph ★ *een nieuwe ~ beginnen* typ start a new paragraph
alkali *o* [-liën] alkali
alkaloïde *m-v* [-n] alkaloid
alkoof *v* [-koven] alcove, recess ‹in a wall›
Allah *m* Allah
allang *bijw* for a long time ★ *dat weet ik ~!* I know that perfectly well!
allebei *telw* both (of them)
alledaags *bn* ❶ *dagelijks* daily, everyday, form quotidian ❷ *gewoon* fig common, commonplace, ‹niet bijzonder mooi› ordinary, plain, ‹banaal› stale, trivial, trite
alledag *bijw* everyday ★ *ze loopt op ~* she could have her baby any time now
allee *v* [-leeën] avenue
alleen I *bn* ❶ *eenzaam* lonely, alone ❷ *zonder gezelschap* alone, by oneself ★ *iem. ~ spreken* speak to sbd alone / in private ★ *de gedachte ~ is...* the mere / very thought is... **II** *bijw* ❶ *slechts* only, merely ★ *ik dacht ~ maar dat...* I only / merely thought... ★ *zij is niet ~ mooi maar ook intelligent* not only is she beautiful, she's also intelligent ❷ *zonder anderen* alone, single-handedly ★ *hij reisde ~ de wereld rond* he sailed alone around the world, he sailed around the world single-handedly ❸ *echter* only ★ *hij woont in de buurt, ~ weet ik niet waar* he lives in the area, only I don't know where
alleenheerschappij *v* absolute monarchy / power / rule, autocracy
alleenheerser *m* [-s] absolute ruler / monarch, autocrat
alleenrecht *o* exclusive right(s), monopoly
alleenspraak *v* [-spraken] monologue, soliloquy
alleenstaand *bn* single, isolated, detached ★ *een ~ huis* a free-standing house ★ *een ~ persoon* a single person ★ *een ~ geval* an isolated case
alleenstaande *m-v* [-n] single
alleenverdiener *m* [-s] sole wage earner
allegaartje *o* [-s] hotchpotch, mishmash
allegorie *v* [-ieën] allegory
allegorisch *bn* allegorical
allegro I *bn & bijw* muz allegro **II** *o* ['s] allegro
allemaal *telw* ❶ *allen* all, one and all, everybody ★ *wij ~* all of us ★ *hij houdt van ons ~* he loves us all ❷ *alles* all, the whole lot ★ *het is ~ waar* it is all true

★ *je mag ze ~ hebben* you can take the whole lot
/ take all of them
allemachtig I *tsw* ★ *(wel)* ~*!* well, I'll be! **II** *bijw*
versterkend absolutely, terribly, mighty
alleman *onbep vnw* everybody ★ *Jan en ~* all and
sundry, everybody
allemansvriend *m* [-en] ★ *hij is een ~* he is everybody's
friend
allen *onbep vnw* all (of them) ★*~ waren aanwezig*
everyone was present ★ *met z'n ~* all together ★ *één*
voor ~, ~ voor één all for one and one for all
allengs *bijw* by degrees, gradually
alleraardigst *bn* most charming, most delightful
allerbest I *bn* very best, best of all ★ *~e vriend*
dear(est) friend ★ *het ~e* the very best thing ⟨you can
do / buy / get &⟩ ★ *op zijn ~* ⟨hoogstens⟩ at the most
II *bijw* best (of all)
allereerst I *bn* very first **II** *bijw* first of all
allergeen *o* [-genen] allergen
allergie *v* [-gieën] allergy ★ *hij heeft een ~ voor noten*
he has an allergy to nuts
allergietest *m* [-s] skin test
allergisch *bn* allergic (*voor* to) ★ *een ~e reactie* an
allergic reaction **II** *bijw* allergically
allergoloog *m* [-logen] allergist
allerhande *bn* of all sorts, all sorts / kinds of
Allerheiligen *m* All Saints' Day
allerijl *bijw* ★ *in ~* in great haste, with great speed
allerlaatst I *bn* very last ★ *op het ~e ogenblik* at the
very last moment ★ *op zijn ~* at the very latest **II** *bijw*
last of all
allerlei I *bn* of all sorts, all sorts (kinds) of,
miscellaneous **II** *o* all sorts of things, ⟨in de krant⟩
miscellaneous
allerliefst I *bn* ❶ *heel lief* loved, very dearest ★ *een ~*
kind a very dear child ❷ *aardig* charming, sweet
II *bijw* ❶ *heel lief* most charmingly, sweetly
❷ *grootste voorkeur* more than anything ★ *het ~ hoor*
ik Mozart I like listening to Mozart best of all
allerminst I *bn* (very) least, least possible **II** *bijw* least
of all ★ *~ hoffelijk* not in the least polite
allernieuwst *bn* very newest / latest
allerwegen *bijw* everywhere ★ *van ~* from all sides
Allerzielen *m* All Souls' Day
alles *onbep vnw* all, everything ★ *van ~ en nog wat* the
whole bag of tricks, all kinds of things ★ *~ of niets* all
or nothing ★ *niets van dat ~* nothing of the sort ★ *~*
op zijn tijd there's a time for everything ★ *dat is ook*
niet ~ ⟨geen grapje⟩ it's no joke, ⟨niet naar
verwachting⟩ it's not what it's made out to be ★ *geld*
is niet ~ money is not everything ★ *~ tezamen*
genomen on the whole, taking it all in all ★ *boven ~*
above all ★ *~ op ~ zetten* go all out ★ *van ~*
everything, all sorts of things ★ *van ~ en nog wat*
this that and the other, one thing and another
★ *voor ~* above all ★ *veiligheid voor ~!* safety first!
allesbehalve *bijw* anything but, not at all, far from
★ *hij is ~ dom* he is anything but stupid

alleseter *m* [-s] omnivore
alleskunner *m* [-s] jack-of-all-trades
allesoverheersend *bn* overpowering ★ *een ~e angst*
an overpowering fear
allesreiniger *m* [-s] all-purpose cleaner
alleszins *bijw* in every respect, in every way, in all
respects, fully
alliage *v & o* [-s] alloy
alliantie *v* [-s] alliance ★ *de triple ~* the Triple Alliance
★ hist *de Heilige Alliantie* the Holy Alliance
allicht *bijw* ❶ *waarschijnlijk* (most) probably ★ *~!* of
course! ❷ *tenminste* at least ★ *je kunt het ~ proberen*
no harm in trying
alligator *m* [-s] alligator
all-in *bijw* all-in
all-inprijs *m* [-prijzen] all-in price
alliteratie, allitteratie *v* [-s] alliteration
allitereren, allittereren *onoverg* [allit(t)ereerde, h.
geallit(t)ereerd] alliterate ★ *~d* alliterative ⟨verse⟩
allochtoon I *m* [-tonen] foreigner, alien, immigrant
II *bn* foreign

---

allochtoon
wordt vertaald met **foreign** of **foreigner/alien/**
immigrant. Het woord **allochthonous** bestaat wel
in het Engels, maar wordt alleen gebruikt in een
geologisch verband.

---

allooi *o v. edel metaal* alloy ★ fig *van het laagste ~* of
the lowest kind
allopaat *m* [-paten] allopath
allopathie *v* allopathy
allopathisch *bn* allopathic
allrisk *bijw* ★ *~ verzekerd zijn* be comprehensively
insured
allriskverzekering *v* [-en] comprehensive insurance
allround *bn* all-round
allrounder *m* [-s] all-rounder
allterrainbike *m-v* [-s] all-terrain bike
allure *v* [-s] air, style ★ *een stad met Europese ~s* a city
with a European elegance ★ *met / van (grote) ~*
imposing
alluvium *o* Holocene
almaar *bijw* constantly, all the time
almacht *v* omnipotence
almachtig *bn* almighty, omnipotent, all-powerful ★ *de*
Almachtige the Almighty, the Omnipotent
almanak *m* [-ken] almanac
aloë *v* ['s] aloe ★ *~ vera* aloe vera
alom *bijw* everywhere
alomtegenwoordig *bn* omnipresent, ubiquitous
alomvattend *bn* universal, all-embracing
aloud *bn* ancient, antique
alp *m* [-en] alp
alpaca I *v* ['s] *dier & weefsel* alpaca **II** *o legering* alpaca,
nickel silver **III** *bn* nickel silver
Alpen *zn* [mv] the Alps
alpenbloem *v* [-en] alpine flower
alpenhoorn, alpenhoren *m* [-s] alphorn, alpen horn

alpenweide *v* [-n] alpine meadow
alpien, **alpine** *bn* Alpine ‹race›
alpineskiën *o* alpine skiing
alpinisme *o* alpinism, mountaineering
alpinist *m* [-en] mountaineer, (mountain) climber, alpinist
alpino *m* ['s], **alpinopet** *v* [-ten] beret
als *voegw* ❶ *gelijk* like, as ❷ *zoals: bij opsomming* (such) as ❸ *alsof* as, as if ★ ~ *het ware* as it were ❹ *wanneer* when, whenever ❺ *indien* if, as long as ❻ *in de hoedanigheid* as ★ *hij dient zijn ontslag in* ~ *directeur* he's resigning as head of the school ▼ *rijk* ~ *hij is kan hij dat betalen* being rich he can afford that ▼ *rijk* ~ *hij is zal hij dat niet kunnen betalen* however rich he may be he won't be able to pay for that
alsdan *bijw* then
alsem *m* wormwood
alsjeblieft *tsw* ❶ *overreikend* here you are ★ *nou* ~ well now ❷ *verzoekend* (if you) please ★ *laat mij* ~ *met rust* please leave me alone ❸ *toestemmend* yes, please / yes, thank you
alsmaar *bijw* constantly, continuously
alsmede *voegw* and also, as well as, and... as well, together with
alsnog *bijw* yet, still
alsof *voegw* as if, as though ★ *hij zag er uit* ~ *hij ziek was* he looked as if / though he was ill ★ *doen* ~ pretend, make believe, play-act
alsook *voegw* in addition, as well as
alstublieft *tsw* ❶ *overreikend* here you are ❷ *verzoekend* please ❸ *toestemmend* yes, please / yes, thank you
alt *v* [-en] ❶ *stem* alto, ‹mannelijke ook:› countertenor, ‹vrouwelijke ook:› contralto ❷ *viool* viola
altaar *o & m* [-taren] altar ★ *iem. naar het* ~ *voeren* lead sbd to the altar
altaarstuk *o* [-ken] altarpiece
alter ego *o* alter ego
alternatief I *bn* alternative ★ *een alternatieve straf* an alternative punishment **II** *o* [-tieven] alternative
alterneren *onoverg* [alterneerde, h. gealterneerd] alternate
althans *bijw* at least, at any rate, anyway
altijd *bijw* always, forever ★ ~ *door* all the time ★ ~ *en eeuwig* for ever (and ever) ★ ~ *nog* always ★ *nog* ~ still ★ *nog* ~ *niet* not...yet ★ ~ *weer* always, time and again ★ *voor* ~ forever
altijddurend *bn* everlasting
altruïsme *o* altruism
altruïst *m* [-en] altruist
altruïstisch I *bn* altruistic **II** *bijw* altruistically
altsaxofoon *m* [-s & -fonen] alto saxophone
altsleutel *m* [-s] alto clef
altstem *v* [-men] alto
altviool *v* [-violen] viola
aluin *m* [-en] alum
aluinaarde *v* alumina, alum earth

aluminium I *o* Am aluminum, Br aluminium **II** *bn* aluminium
aluminiumfolie *v & o* tin foil, aluminium foil
alvast *bijw* meanwhile, in the meantime ★ *zo, dat is* ~ *gebeurd* well, that's that ★ *dat is* ~ *verkeerd* that's wrong to begin with
alvleesklier *v* [-en] pancreas
alvorens *voegw* before, previous to
alwaar *bijw* where, wherever
alweer *bijw* again, once again ★ *ga je nu* ~ *uit eten? Dat is al de derde keer deze week* are you eating out again? That's the third time this week ▼ *dat is nu* ~ *twee weken geleden* that's already two weeks ago
alwetend *bn* all-knowing, omniscient
alwetendheid *v* omniscience
Alzheimer *m* ★ *ziekte van* ~ Alzheimer's disease
alziend *bn* all-seeing ★ *het* ~ *oog* the all-seeing Eye
AM *afk* (amplitudemodulatie) AM, amplitude modulation
ama *m-v* ['s] (alleenstaande minderjarige asielzoeker) single underage asylum seeker
amalgaam *o* [-gamen] amalgam
amalgameren *overg* [amalgameerde, h. geamalgameerd] amalgamate
amandel *v* [-en & -s] ❶ *boom & noot* almond ★ *gebrande* ~*en* burnt almonds ❷ *klier* tonsil ★ *med* ~*en knippen* have a tonsillectomy
amandelkoek *m* [-en] almond cake
amandelolie *v* almond oil
amandelontsteking *v* [-en] tonsillitis
amandelspijs *v* almond paste
amanuensis *m* [-sen & -enses] laboratory assistant ‹in physics and chemistry›
amarant I *v* [-en] amaranth **II** *o kleur* amaranthine **III** *bn* amaranthine
amaril *o & v* emery
amaryllis *m-v* [-sen] amaryllis
amateur *m* [-s] amateur
amateurclub *v* [-s] sp amateur club
amateurisme *o* amateurism
amateuristisch *bn* amateurish
amateurtoneel *o* amateur theatre/Am theater
amateurvoetbal *o* amateur soccer
amazone *v* [-s] ❶ *paardrijdster* horsewoman ❷ *kostuum* riding habit
amazonezit *m* sidesaddle (style)
ambacht *o* [-en] trade, (handi)craft ★ *op een* ~ *doen bij* apprentice sbd to ★ *timmerman van zijn* ~ a carpenter by trade ★ *twaalf* ~*en en dertien ongelukken* ‹he is› a Jack-of-all-trades and master of none
ambachtelijk *bn bijw* according to traditional methods ★ *een* ~ *beroep* a craft ★ ~ *vervaardigd* handmade
ambachtsman *m* [-lieden & -lui] artisan, craftsman
ambassade *v* [-s] embassy
ambassadeur *m* [-s] ambassador
ambassadrice *v* [-s] ❶ *vrouwelijke ambassadeur*

am

ambassador ❷ *vrouw v.e. ambassadeur* ambassador's wife
amber *m* amber
ambiance *v* ambiance
ambiëren *overg* [ambieerde, h. geambieerd] aspire to
ambigu *bn* ambiguous, equivocal
ambiguïteit *v* [-en] ambiguity
ambitie *v* [-s] ❶ *eerzucht* ambition ❷ *ijver* zeal, vigour
ambitieus *bn* ❶ *eerzuchtig* ambitious ★ *een ~ plan* an ambitious plan ❷ *ijverig* zealous, ambitious
ambivalent *bn* ambivalent
ambivalentie *v* ambivalence
Ambon *o* Amboina
Ambonees I *m* [-nezen] Amboinese **II** *bn* Amboinese
Ambonese *v* [-n] Amboinese ★ *ze is een ~* she's an Amboinese, she's from Amboina
ambrozijn *o* ambrosia
ambt *o* [-en] ❶ *alg.* office, function, administrative position ❷ *kerkelijk* ministry
ambtelijk *bn* official ★ *~e stijl* official jargon ★ *~e stukken* official documents
ambteloos *bn* out of office, private ★ *een ~ burger* a private citizen
ambtenaar *m* [-s & -naren] official, civil servant, public servant ★ *een ~ van de burgerlijke stand* a civil celebrant ★ *een rechterlijk ~* an officer of the court, a member of the judiciary ★ *een ~ van Staat* a clerk of the court
ambtenarenapparaat *o* civil service
ambtenarenbond *m* [-en] civil servants' union
ambtenarij *v* officialdom, officialism, bureaucracy, inf red tape, bumbledom
ambtgenoot *m* [-noten] colleague
ambtsaanvaarding *v* accession to office
ambtsbelofte *v* [-s, -n] affirmation of office
ambtsbericht *o* [-en] jur official notification, official expert's report
ambtsbroeder *m* [-s] colleague
ambtsdrager *m* [-s] office holder
ambtseed *m* [-eden] oath of office ★ *op ~* under oath of office
ambtsgebied *o* [-en] district, ‹jur› jurisdiction
ambtsgeheim *o* [-en] official secret, professional secret ★ *het ~* official secrecy
ambtsgewaad *o* [-waden] official robes
ambtshalve *bijw* officially, ex officio, of its own motion, by virtue of one's office ★ *aanslag ~ belastingen* official assessment, ex officio assessment
ambtsketen *v* [-s] chain of office
ambtskledij *v* official robes
ambtsmisbruik *o* abuse of office
ambtsmisdrijf *o* [-drijven] abuse of power, misconduct, public office offence
ambtsperiode *v* [-s & -n]**, ambtstermijn** *m* [-en] ❶ term of office ❷ *m.b.t. de ambtstermijn van de president van de Verenigde Staten* administration
ambtsuitoefening *v* discharge of office

ambtswege ★ *van ~* officially, ex officio
ambtswoning *v* [-en] official residence
ambulance *v* [-s, -n] ambulance
ambulancedienst *m* [-en] ambulance service
ambulant *bn v. patiënt* ambulatory ▼ *~e handel* street trading
amechtig *bn* breathless, out of breath
amen *tsw en o* amen ★ *ja en ~ zeggen op iets* bow to sth
amendement *o* [-en] amendment (*op* to) ★ *het recht van ~* the right of amendment ★ *iets bij ~ bepalen* lay down sth by amendment ★ *een ~ op een wetsontwerp indienen* hand in an amendment to a bill
amenderen *overg* [amendeerde, h. geamendeerd] amend
Amerika *o* America
Amerikaan *m* [-kanen] American
Amerikaans I *bn* American ★ valuta *de ~e dollar* the American dollar, the US dollar ★ eff *een ~e optie* an American option, an American-style option **II** *o taal* American English
Amerikaanse *v* [-n] American ★ *ze is een ~* she's an American, she's from America
A-merk *o* [-en] leading brand, premium brand
amethist *m & o* [-en] amethyst
ameublement *o* [-en] suite / set of furniture
amfetamine *v* [-n] amphetamine
amfibie *m* [-bieën] amphibian
amfibievoertuig *o* [-en] amphibious vehicle, amphibian
amfitheater *o* [-s] amphitheatre
amfoor *m-v* [-foren] amphora
amicaal I *bn* friendly **II** *bijw* in a friendly way, amicably
amice *m* (dear) friend
aminozuur *o* [-zuren] amino acid
ammonia *m* ammonia
ammoniak *m* ammonia
ammunitie *v* ammunition
amnesie *v* amnesia
amnestie *v* [-tieën] amnesty ★ *een (algemene) ~* a general pardon ★ *~ verlenen (aan)* grant amnesty (to)
amoebe *v* [-n] amoeba
amok *o* amuck, amok ★ *~ maken* run amuck / amok
amokmaker *m* [-s] troublemaker
amoreel *bn* amoral
amorf *bn* amorphous
amortisatie *v* [-s] ❶ eff invalidation ❷ *v. lening* amortization
amortiseren *overg* [amortiseerde, h. geamortiseerd] amortize, redeem, invalidate
amoureus *bn* amorous, amatory ★ *een amoureuze verhouding* intimate relations
ampel *bn* ample
amper *bijw* hardly, scarcely, barely ★ *ze kon ~ lezen* she could barely read
ampère *m* [-s] ampere ★ *het heeft een stroomsterkte van 6 ~* it has a current of 6 amperes / a 6 ampere

current
ampèremeter *m* [-s] amperemeter
ampère-uur *o* [-uren] ampere hour
ampersand *m* [-s] *&-teken* ampersand
amplitude *v* [-s & -n] amplitude
ampul *v* [-len] ❶ *alg.* ampulla ❷ RK ampulla ❸ *voor injectiestof* ampoule
amputatie *v* [-s] amputation
amputeren *overg* [amputeerde, h. geamputeerd] amputate
Amsterdam *o* Amsterdam
Amsterdammer *m* [-s] citizen of Amsterdam
Amsterdams I *bn* Amsterdam ★ *het ~ Peil* Amsterdam ordnance zero, sea level **II** *o* Amsterdam dialect
Amsterdamse *v* [-n] ★ *ze is een ~* she's from Amsterdam
amulet *v* [-ten] amulet, talisman, charm
amusant *bn* amusing, entertaining
amusement *o* [-en] amusement, entertainment, pastime
amuseren I *overg* [amuseerde, h. geamuseerd] amuse, entertain **II** *wederk* [amuseerde, h. geamuseerd] ★ *zich ~* enjoy / amuse oneself ★ *amuseer je!* I hope you enjoy yourself!, have fun / a good time!
amuzikaal *bn* ❶ unmusical ❷ *zonder muzikaal gehoor* tone-deaf
anaal *bn* anal ★ *het ~ stadium* the anal phase ★ *anale seks* anal sex
anabool *bn* ★ *anabole steroïden* anabolic steroids
anachronisme *o* [-n] anachronism
anachronistisch *bn* anachronistic
anaeroob *bn* anaerobic, Am anerobic ★ *anaerobe bacteriën* anaerobic bacteria
anagram *o* [-men] anagram
analfabeet *m* [-beten] illiterate
analfabetisme *o* illiteracy
analist *m* [-en] (chemical) analyst
analogie *v* [-gieën] analogy ★ *naar ~ van* by analogy with
analoog I *bn* ❶ *overeenkomstig* analogous (*aan* to) ❷ *niet digitaal* comput analogue, Am analog ★ *een ~ scherm* an analogue (Am analog) display ★ *een ~ horloge* an analogue (Am analog) watch **II** *bijw* analogously
analyse *v* [-n & -s] analysis ★ *een chemische ~* a chemical analysis
analyseren *overg* [analyseerde, h. geanalyseerd] analyse
analyticus *m* [-ci] analyst
analytisch I *bn* analytical ‹geometry &›, analytic ★ *haar ~ vermogen is sterk ontwikkeld* she is highly analytical **II** *bijw* analytically
anamnese *v* anamnesis
ananas *m & v* [-sen] pineapple
anarchie *v* anarchy
anarchisme *o* anarchism
anarchist *m* [-en] anarchist
anarchistisch *bn* ❶ pol anarchist ❷ *ordeloos*

anarchic(al)
anathema *o* ['s] anathema
anatomie *v* anatomy
anatomisch *bn* anatomical
anatoom *m* [-tomen] anatomist
anciënniteit *v* seniority ★ *naar ~* by seniority, according to seniority ★ *in volgorde van ~* in order of seniority
andante I *bn & bijw* andante **II** *o* ['s] andante
ander I *bn* ❶ *verschillend* other, another ★ *een ~e dag* another day, some other day ★ *een ~e keer* some other time ★ *~e kleren aantrekken* change one's clothes ★ *hij was een ~ mens* he was a changed man ★ *met ~e woorden* in other words ❷ *nieuw* another ★ *die pen is leeg, pak maar een ~e* that pen is empty: get another one ❸ *resterend* other ★ *de ~e tien kinderen* the other ten children **II** *telw tweede* other, next ★ *om de ~e dag* every other day ★ *de ~e week* next week **III** *onbep vnw* ‹v. personen› a different person / another person / somebody else, ‹v. zaken› a different thing / another thing / something else ★ *een ~* another (person) ★ *~en* others, other people ★ *de een na de* one after the other ★ *een en ~* this and that ★ *als geen ~* more than anybody else ★ *een of ~e kerel* some guy or other ★ *om de ~* by turns, in turn ★ *onder ~e* amongst other things ★ *het ene verlies op het ~e* one loss after the other, loss upon loss
anderhalf *telw* one and a half ★ *~ maal zo lang* one and a half times the length of..., half as long again ★ *~ uur* an hour and a half ★ *anderhalve man (en een paardenkop)* a handful of people
andermaal *bijw* (once) again, once more, a second time ★ *eenmaal, ~!* going, going!
andermans *onbep vnw* another man's, other people's ★ *~ zaken* other people's business
anders I *bn* other, different ★ *het is niet ~* that is how it is ★ *leuk is ~* nice is not what I'd call it ★ *is er iem. ~ aanwezig?* is there anybody / anyone else?, are there others present? ★ *er is iem. ~ bij* there is sbd else present ★ *iets / niets ~* sth / nothing else ★ *als u niets ~ te doen hebt* if you haven't got anything else to do / if you're not otherwise engaged ★ *wat / wie ~?* what / who else? ★ *dat is wat ~* that's another affair / matter ★ *ik heb wel wat ~ te doen* I've other things to do, I've other fish to fry **II** *bijw* ❶ *op andere tijd* at other times ★ *net als ~* just / the same as usual ❷ *op andere manier* otherwise, differently, in other respects ★ *het is niet ~* it can't be helped ★ *het kan niet ~* it can't be done in any other way, there's no help for it ★ *ik kan niet ~* I have no choice ★ *ik kan niet ~ dan erkennen dat...* I must admit that... ❸ *zo niet* otherwise, or else ★ *schiet op, ~ is de bus weg* hurry up or you'll miss the bus ▼ ‹overigens› *het is ~ flink koud vandaag* it's really very cold today ▼ *~ niet(s)?* anything else?, nothing else?, is that all?
andersdenkend *bn* ❶ *alg.* of another opinion ❷ *in*

an

godsdienst dissentient

andersdenkende *m-v* [-n] dissident, dissenter

andersom *bijw* the other way round ★ *het is precies ~* it is quite the reverse ★ *(iets) ~ doen* do sth the other way round

andersoortig *bn* different

anderstalig *bn* non-native, foreign

anderszins *bijw* otherwise

anderzijds *bijw* on the other hand

Andes *m* ★ *de ~* the Andes

andijvie *v* endive

Andorra *o* Andorra

Andorrees I *m* [-rezen] Andorran **II** *bn* Andorran

andragogie *v* adult education

andragologie *v* ± adult education theory

andreaskruis *o* [-en] Saint Andrew's cross

androgyn I *bn* androgynous **II** *m* [-en] androgyne

anekdote *v* [-s & -n] anecdote, *inf* yarn

anekdotisch *bn* anecdotal

anemie *v* anaemia, *Am* anemia

anemisch *bn* anaemic, *Am* anemic

anemoon *v* [-monen] anemone

anesthesie *v* anaesthesia, *Am* anesthesia

anesthesist *m* [-en] anaesthetist, *Am* anesthetist

angel *m* [-s] ❶ *v. insecten* sting ★ *de ~ uit het conflict halen* take the sting out of the conflict ❷ *visserij* (fish)hook

Angelsaksisch *bn & o* Anglo-Saxon ★ *de ~e landen* the Anglo-Saxon countries

angelus *o* angelus

angelusklokje *o* [-s] RK angelus bell

angina *v* med angina ★ *~ pectoris* angina pectoris

angiografie *v* angiography

angiogram *o* [-men] angiogram

anglicaans *bn* Anglican ★ *de Anglicaanse Kerk* the Church of England, the Anglican Church

anglicisme *o* [-n] Anglicism

anglist *m* [-en] English scholar

anglofiel I *m* [-en] Anglophile **II** *bn* Anglophile

Angola *o* Angola

angorakat *v* [-ten] angora cat

angorawol *v* angora wool

angst *m* [-en] ❶ *alg.* fear, terror ★ *uit ~ voor...* for fear of ★ *in ~ zitten* be afraid ★ *in radeloze ~* in a blind panic, *inf* in a blue funk ★ *duizend ~en uitstaan* be in mortal fear ★ *met ~ en beven* with fear and trembling ❷ *sterker geestelijk* anguish, agony ❸ *complex* psych anxiety

angstaanjagend *bn* terrifying, fearsome

angstgegner *m* [-s] sp nemesis

angstgevoel *o* [-ens] feeling of fear

angsthaas *m* [-hazen] *inf* scaredy-cat

angstig I *bn* ❶ bang [fearful, anxious ‹moments›] ❷ bang, *alléén predicatief* afraid ❸ *angst veroorzakend* frightening **II** *bijw* fearfully, anxiously

angstkreet *m* [-kreten] cry of distress

angstneurose *v* [-n & -s] anxiety neurosis

angstpsychose *v* [-n & -s] anxiety psychosis

angstvallig I *bn* ❶ *vreesachtig* anxious, nervous ❷ *pijnlijk nauwkeurig* scrupulous, meticulous **II** *bijw* painstakingly, scrupulously, anxiously ★ *ze probeerde ~ te vermijden dat ze gezien werd* she was anxious to avoid being seen

angstwekkend *bn* alarming, frightening

angstzweet *o* cold perspiration, cold sweat

anijs *m* anise, aniseed

aniline *v* aniline

animatiefilm *m* [-s] (animated) cartoon

animator *m* [-s] inspirer, driving force

animeermeisje *o* [-s] nightclub hostess

animeren *overg* [animeerde, h. geanimeerd] encourage, stimulate

animo *m & o* gusto, zest, spirit ★ *er was weinig ~ voor het plan* the plan was not very well received

animositeit *v* [-en] animosity

anisette *v* anisette

anjer *v* [-s] carnation

anker *o* [-s] ❶ scheepv anchor ★ *het ~ laten vallen* drop anchor ★ *het ~ lichten* weigh anchor ★ *het ~ werpen* cast anchor ★ *voor ~ liggen* be / lie / ride at anchor ★ *ten ~ gaan / komen &* make anchorage, come to anchor ❷ *aan muur* wall tie, cramp iron ❸ *v. magneet* armature ❹ *maat v. wijn* anker ❺ *begin- en eindemarkering van een hypertextlink in HTML* comput anchor

ankerboei *v* [-en] anchor buoy

ankeren I *onoverg* [ankerde, is geankerd] scheepv anchor, cast / drop anchor **II** *overg* [ankerde, h. geankerd] ❶ scheepv anchor ❷ *van muur* cramp

ankerplaats *v* [-en] anchorage berth, anchorage place

ankertouw *o* [-en] cable

annalen *zn* [mv] annals

annex I *bn* adjoining, attached ★ *een fabriek met ~e gebouwen* a factory and associated buildings **II** *voegw* with / and attached ★ *een huis ~ garage* a house with an adjoining garage **III** *zn,* **annexen** [mv] annexes ★ *een akte met ~en* a document with annexes

annexatie *v* [-s] annexation

annexeren *overg* [annexeerde, h. geannexeerd] annex

anno *bn* in the year ★ *~ Domini* in the year of our Lord ★ *~ nu* in this year

annonce *v* [-s] advertisement, *inf* ad

annonceren *overg* [annonceerde, h. geannonceerd] ❶ *bekendmaken* announce, advertise ❷ kaartsp bid, call

annotatie *v* [-s] annotation, note

annoteren *overg* [annoteerde, h. geannoteerd] annotate, comment upon

annuïteit *v* [-en] annuity

annuïteitenhypotheek *v* [-theken] level payment mortgage

annuleren *overg* [annuleerde, h. geannuleerd] cancel, annul ★ *een vlucht ~* cancel a flight

annulering *v* [-en] cancellation, annulment

annuleringsverzekering *v* [-en] cancellation

insurance

annunciatie *v* [-s] <u>RK</u> Annunciation

anode *v* [-n & -s] anode

anoniem *bn* anonymous, nameless, faceless ★ *een ~e brief* an anonymous letter ★ *een ~e gift* an anonymous gift ★ *...die ~ zal blijven* ...who shall remain nameless ★ *de ~e massa* the faceless crowd

anonimiteit *v* anonymity

anonymus *m* [-mi] anonymous writer

anorak *m* [-s] anorak

anorexia nervosa *v* anorexia nervosa

anorganisch *bn* inorganic ★ *~e scheikunde* inorganic chemistry

ansicht, ansichtkaart *v* [-en] picture postcard

ansjovis *m* [-sen] anchovy

antagonisme *o* antagonism

antagonist *m* [-en] antagonist, opponent

Antarctica *o* Antarctica

Antarctisch *bn* Antarctic ★ *de ~e Oceaan* the Antarctic Ocean

antecedent I *o* [-en] ❶ <u>taalk</u> antecedent ❷ *ander geval* antecedent, precedent ★ *iems. ~en natrekken* trace sbd's antecedents, check sbd's record(s) II *bn* antecedent

antecedentenonderzoek *o* [-en] investigation, ± vetting procedures

antedateren *overg* [antedateerde, h. geantedateerd], **antidateren** [antidateerde, h. geantidateerd] antedate, foredate, predate

antenne *v* [-n & -s] ❶ <u>RTV</u> aerial, antenna ★ <u>fig</u> *een ~ hebben voor* have a nose for ❷ <u>biol</u> antenna

antiaanbaklaag *v* [-lagen] non-stick coating, Teflon®

anti-Amerikaans *bn* anti-American

antibioticum *o* [-ca] antibiotic

antiblokkeersysteem *o* [-systemen] <u>auto</u> anti-lock braking system

antichambreren *onoverg* [antichambreerde, h. geantichambreerd] be kept waiting, <u>inf</u> cool one's heels ★ *iem. laten ~* keep sbd waiting

antichrist *m* [-en] Antichrist

anticipatie *v* [-s] anticipation

anticiperen *onoverg* [anticipeerde, h. geanticipeerd] anticipate ★ *~ op iets* anticipate sth

anticlimax *m* [-en] anticlimax

anticonceptie *v* contraception

anticonceptiemiddel *o* [-en] contraceptive

anticonceptiepil *v* [-len] contraceptive pill

anticyclisch *bn* countercyclical ★ *een ~ begrotingsbeleid* a countercyclical budgetary policy

antidateren *overg* [antidateerde, h. geantidateerd] → **antedateren**

antidepressivum *o* [-va] antidepressant

anti-Duits *bn* anti-German

antiek I *bn* ❶ *verouderd* antique, old ❷ *ouderwets* ancient, old-fashioned II *o voorwerpen* antiques III *zn* [mv] ★ *de ~en* ‹Grieken, Romeinen› the classics

antiekbeurs *v* [-beurzen] antique fair

antiekzaak *v* [-zaken] antique shop

antigeen *o* [-genen] antigen

Antigua en Barbuda *o* Antigua and Barbuda

antiheld *m* [-en] antihero

antihistaminicum *o* antihistamine

antilichaam *o* [-chamen] antibody

Antillen *zn* [mv] ★ *de ~* the Antilles ★ *de Grote / Kleine ~* the Greater / Lesser Antilles

Antilliaan *m* [-ianen] Antillean

Antilliaans *bn* Antillean

Antilliaanse *v* [-n] Antillian ★ *ze is een ~* she's an Antillian, she's from the Antilles

antilope *v* [-n] antelope

antimilitarisme *o* antimilitarism

antimoon *o* antimony

antioxidant *m* [-en] antioxidant

antipapisme *o* anti-papism, anti-Catholicism

antipapist *m* [-en] anti-papist, anti-Catholic

antipassaat *m* antitrade (wind)

antipathie *v* [-thieën] antipathy, dislike

antipode *m* [-n] antipode

antiquaar *m* [-s, -quaren] second-hand bookseller, antiquarian bookseller

antiquair *m* [-s] antique dealer

antiquariaat *o* [-riaten] ❶ *het vak* antiquarian bookselling ❷ *de winkel* second-hand bookshop, antiquarian bookshop ★ *een modern ~* a trade in remainders

antiquarisch *bn* second-hand, antiquarian

antiquiteit *v* [-en] antique, antiquity

antireclame *v* negative publicity ★ *het spel was ~ voor het voetbal* the match did the game of football a disservice

antirookcampagne *v* [-s] anti-smoking campaign

antisemiet *m* [-en] anti-Semite

antisemitisch *bn* anti-Semitic

antisemitisme *o* anti-Semitism

antiseptisch *bn* antiseptic

antislip *o v. band* non-skid

antislipcursus *m* [-sen] antiskid course

antistatisch *bn* antistatic

antistof *v* [-fen] <u>med</u> antibody

antiterreureenheid *v* [-heden] anti-terror unit

antithese *v* [-n & -s] antithesis

antivries *o* antifreeze

antraciet I *m & o* anthracite II *bn* anthracite

antrax *m* anthrax

antropologie *v* anthropology ★ *culturele ~* cultural anthropology

antropologisch *bn* anthropological

antropoloog *m* [-logen] anthropologist

antroposofie *v* anthroposophy

antroposofisch *bn* anthroposophic

antroposoof *m* [-sofen] anthroposophist

Antwerpen *o* Antwerp

Antwerpenaar *m* [-s] inhabitant of Antwerp

Antwerps I *bn* Antwerp II *o* Antwerp dialect

Antwerpse *v* [-n] ★ *ze is een ~* she's from Antwerp

antwoord *o* [-en] ❶ *op een brief, vraag &* answer, reply

★ ~ *geven* answer ★ *in ~ op* in reply / answer to ★ *het ~ schuldig blijven* give no reply ★ *een gevat ~* repartee, a ready answer ★ *altijd een ~ klaar hebben* always have a ready answer ❷ *op een antwoord* rejoinder

antwoordapparaat *o* [-raten] answering machine

antwoordcoupon *m* [-s] *voor porto* reply coupon

antwoorden I *overg* [antwoordde, h. geantwoord] answer, reply, respond **II** *onoverg* [antwoordde, h. geantwoord] ❶ answer, reply ★ *~ op* reply to, answer ‹a letter› ❷ *brutaal* talk back

antwoordenvelop *v* [-pen] stamped addressed envelope

antwoordformulier *o* [-en] reply form

antwoordkaart *v* [-en] reply card

antwoordnummer *o* [-s] ± freepost, Am prepaid reply

anus *m* anus

aorta *v* ['s] aorta

AOW *v* (Algemene Ouderdomswet) old age pension

apart I *bn* ❶ *afzonderlijk* apart, separate, distinct ★ *een ~ ras* a race apart ★ *~ berekenen* charge extra for ★ *iets ~ leggen* put sth aside ❷ *buitengewoon* special, exclusive ★ *een ~e jurk* a striking dress **II** *bijw* ❶ *afzonderlijk* separately ❷ *afgezonderd* apart

apartheid *v* apartheid

apathie *v* apathy

apathisch *bn* apathetic

apegapen *o* ★ *op ~ liggen* be at one's last gasp

apenkop *m* [-pen] monkey

apenliefde *v* blind love, motherly love

Apennijnen *zn* [mv] Apennines

apenpak *o* [-ken] rig-out, inf gala uniform

apenstaartje *o* [-s] comput 'at'-sign, ‹in e-mailadressen› at

aperitief *o & m* [-tieven] aperitif

apert *bn* obvious, evident ★ *een ~e leugen* a patent lie

apetrots *bn* proud as a peacock

apezuur *o* ★ *zich het ~ schrikken* be frightened out of one's wits

aphelium *o* aphelion

aplomb *o* aplomb, self-possession ★ *iets met veel ~ zeggen* say sth without hesitation / reservation

apneu *m* [-s] apnoea

Apocalyps *v* Apocalypse

apocalyptisch *bn* apocalyptic

apocrief *bn* apocryphal ★ *de ~e boeken* the Apocrypha ★ *een ~ verhaal* an apocryphal story

apologie *v* [-gieën] apology

apostel *m* [-en & -s] apostle

apostolisch *bn* apostolic

apostrof *v* [-fen & -s] apostrophe

apotheek *v* [-theken] pharmacy, chemist's (shop)/Am drugstore, dispensary

apotheker *m* [-s] pharmacist, (pharmaceutical / dispensing) chemist, Am druggist

apothekersassistent *m* [-en] pharmacist's assistant

apotheose *v* [-n] apotheosis

apparaat *o* [-raten] ❶ *alg.* apparatus, appliance,

device ★ *huishoudelijke apparaten* household appliances ❷ *fig* machinery, machine ★ *het ambtenaren~* the administrative machinery

apparatuur *v* equipment

appartement *o* [-en] apartment

appartementencomplex *o* [-en] block of flats, Am apartment building

'appel¹ *m* [-en & -s] apple ★ *door de zure ~ heen bijten* make the best of a bad job ★ *voor een ~ en een ei* for a (mere) song ★ *de ~ valt niet ver van de boom* it runs in the blood, like father, like son ★ *~s met peren vergelijken* compare apples and oranges ★ *een ~tje met iem. te schillen hebben* have a bone to pick with sbd ★ *een ~tje voor de dorst* a nest egg ★ *een ~tje voor de dorst bewaren* provide for a rainy day

ap'pel² *o* [-s] appeal ★ *op het ~ ontbreken* be absent ★ *op het ~ zijn* be present ★ *jur in ~ gaan* give notice of appeal ★ *jur ~ aantekenen tegen* lodge an appeal against ★ *het hof van ~* the Court of Appeal ★ *op ~ van de grensrechter* at the linesman's appeal ★ *een ~ doen op iem.* appeal to sbd

appelbeignet *m* [-s] apple fritter

appelbol *m* [-len] apple dumpling

appelboom *m* [-bomen] apple tree

appelboor *v* [-boren] apple corer

appelflap *v* [-pen] apple turnover

appelflauwte *v* [-n & -s] swoon, faint ★ *een ~ krijgen* pretend to faint

appellant *m* [-en] ❶ appellant ❷ *zonder procesvertegenwoordiging soms ook:* petitioner

appelleren *onoverg* [appelleerde, h. geappelleerd] jur appeal, lodge an appeal ★ *~ aan* appeal to ‹reason, the sentiments›

appelmoes *o & v* apple sauce

appelrechter *m* [-s] judge of the court of appeal

appelsap *o* apple juice

appelschimmel *m* [-s] dapple-grey (horse)

appelsoort *v* [-en] variety of apple

appelstroop *v* apple spread

appeltaart *v* [-en] apple tart, apple pie

appeltermijn *m* [-en] period for lodging / filing an appeal

appeltje-eitje *het* ★ *dat is ~* that's a cinch / a piece of cake

appelwangen *zn* [mv] rosy cheeks

appelwijn *m* cider

appendicitis *v* appendicitis

appendix *m & o* [-dices] appendix

appetijtelijk *bn* appetizing ★ *er ~ uitzien* look appetizing

applaudisseren *onoverg* [applaudisseerde, h. geapplaudisseerd] applaud, clap, cheer

applaus *o* applause ★ *een daverend ~* thunderous applause

applausmeter *m* [-s] applause meter

applicatie *v* [-s] application

apporteren *overg* [apporteerde, h. geapporteerd] fetch, retrieve

appreciatie *v* [-s] appreciation
appreciëren *overg* [apprecieerde, h. geapprecieerd] appreciate, value
appreteren *overg* [appreteerde, h. geappreteerd] finish
après-ski *m & o* après-ski
april *m* April ★ *de eerste ~, een ~* the first of April ★ *op tien ~* on the tenth of April ★ *begin / midden / eind ~* at the beginning of / in the middle of / at the end of April ★ *één ~* All Fools' Day, April Fool's Day ★ *één ~!* April Fool!
aprilgrap *v* [-pen] April Fool's trick
a priori *bijw* a priori
à propos I *o* ★ *iem. van zijn ~ brengen* throw sbd off balance, disconcert sbd ★ *hij laat zich niet van zijn ~ brengen* nothing disconcerts him ★ *van zijn ~ raken* be disconcerted, become unnerved ★ *om op ons ~ terug te komen...* to return to our subject **II** *tsw overigens* apropos, by the way, incidentally, talking of...
aquaduct *o* [-en] aqueduct
aquajoggen *o* aquajogging
aqualong *v* [-en] aqualung
aquamarijn I *m & o* [-en] aquamarine **II** *bn* aquamarine
aquaplaning *o* aquaplaning
aquarel *v* [-len] aquarelle, water colour/Am color
aquarelleren *onoverg en overg* [aquarelleerde, h. geaquarelleerd] paint in water colours
aquarium *o* [-s & -ria] aquarium
ar I *v* [-ren] sleigh, sledge **II** *bn* ★ *in ~ren moede* at one's wits' end
ara *m* ['s] macaw
arabesk *v* [-en] arabesque
Arabië *o* Arabia
Arabier *m* [-en] Arab
Arabisch I *bn* ❶ Arabian ‹Desert, Sea &›, Arab ‹horse, country, state, League› ❷ *v. taal & getallen* Arabic **II** *o taal* Arabic
Arabische *v* [-n] Arabian ★ *ze is een ~* she's an Arabian, she's from Arabia
arachnofobie *de (v)* arachnophobia
arak *m* arrack, arak
arbeid *m* labour, work ★ *zware ~* toil ★ *aan de ~ gaan* set to work ★ *aan de ~ zijn* be at work ★ *~ adelt* there is nobility in labour / work elevates ★ *ongeschoolde ~* unskilled labour ★ *na gedane ~ is het goed rusten* when work is over rest is sweet
arbeiden *onoverg* [arbeidde, h. gearbeid] labour, work ★ *de ~de klasse* the working class
arbeider *m* [-s] worker, working man, labourer, operative, workman ★ *een geschoolde ~* a skilled worker ★ *een ongeschoolde ~* an unskilled worker
arbeidersbeweging *v* [-en] labour movement
arbeidersbuurt *v* [-en] working-class neighbourhood
arbeidersgezin *o* [-nen] working-class family
arbeidersklasse *v* working class(es)
arbeiderspartij *v* [-en] in Groot-Brittannië Labour Party

arbeiderswijk *v* [-en] working-class area
arbeiderswoning *v* [-en] working-class house
arbeidsbemiddeling *v* ❶ job searching ❷ personeelswerk placement
arbeidsbesparend *bn* labour-saving
arbeidsbureau *o* [-s] employment office, ‹in Groot-Brittannië ook› job centre
arbeidsconflict *o* [-en] labour dispute, industrial dispute, industrial conflict
arbeidscontract *o* [-en] work contract, employment contract, Am service contract
arbeidsduurverkorting, **arbeidstijdverkorting** *v* reduction of working hours, shorter working week
arbeidsgeschil *o* [-len] work dispute, job dispute
arbeidsinspectie *v* [-s] occupational health and safety inspection
arbeidsintensief *bn* labour-intensive
arbeidskracht *v* [-en] worker, hand ★ *de ~en* ‹als collectief› the labour force, work force ★ *goedkope ~en* cheap labour
arbeidsmarkt *v* labour market ★ *een krappe ~* a tight labour market
arbeidsomstandigheden *zn* [mv] working conditions
arbeidsongeschikt *bn* unfit for work, (occupationally) disabled
arbeidsongeschiktheid *v* inability to work, disability ★ *blijvende ~* permanent disability ★ *gedeeltelijke ~* partial disability ★ *volledige ~* total disability
arbeidsongeschiktheidsuitkering *v* [-en] disability pay
arbeidsongeschiktheidsverzekering *v* [-en] disability insurance
arbeidsongeval *o* [-len] industrial accident
arbeidsonrust *v* industrial unrest, labour unrest
arbeidsovereenkomst *v* [-en] labour contract, labour agreement, employment contract ★ *een collectieve ~* a collective labour agreement ★ *het onderhandelen over een collectieve ~* collective bargaining
arbeidsplaats *v* [-en] job
arbeidsproces *o* [-sen] ❶ *arbeid als maatschappelijk proces* employment process, employment ❷ *productieproces* production process
arbeidsproductiviteit *v* productivity
arbeidsrecht *o* labour law, employment law
arbeidsterrein *o* field / sphere of activity, domain
arbeidstherapie *v* occupational therapy
arbeidstijdverkorting *v* → **arbeidsduurverkorting**
arbeidsverleden *o* employment record, employment history
arbeidsvermogen *o* working power, energy ★ *~ van beweging* kinetic energy ★ *~ van plaats* potential energy
arbeidsvoorwaarden *zn* [mv] terms of employment ★ *secundaire ~* fringe benefits
arbeidzaam *bn* industrious, hard-working
arbiter *m* [-s] ❶ *scheidsman* arbiter, arbitrator ❷ sp referee ❸ *bij tennis, honkbal, cricket* umpire

arbitrage v arbitration ★ *een overeenkomst tot ~* an arbitration agreement

arbitragecommissie v [-s] arbitration commission

arbitrair bn ❶ *willekeurig* arbitrary ❷ jur arbitral ★ *een ~e bepaling* an arbitration clause

arbitreren overg en onoverg [arbitreerde, h. gearbitreerd] arbitrate

Arbowet m & v Br Health and Safety at Work Act, Am Labor Law

arcade v [-n, -s] arcade

arcadisch bn Arcadian

arceren overg [arceerde, h. gearceerd] hatch, shade

arcering v [-en] hatching, shading

archaïsch bn archaic

archeologie v archaeology, Am archeology

archeologisch bn archaeological, Am archeological

archeoloog m [-logen] archaeologist, Am archeologist

archetype o [-n] archetype

archief o [-chieven] ❶ *documentenverzameling* archives, records ❷ *verzameling bestanden op een computernetwerk* comput archive ❸ *kantoor* registry office ❹ handel files

archiefkast v [-en] filing cabinet

archipel m [-s] archipelago

architect m [-en] architect

architectenbureau o [-s] architectural firm, architect's firm

architectonisch bn architectonic, architectural

architectuur v architecture

architraaf v [-traven] architrave

archivaris m [-sen] archivist, keeper of the records

archiveren overg [archiveerde, h. gearchiveerd] record, file, file away, register

Ardennen zn [mv] ★ *de ~* the Ardennes

arduin o freestone, bluestone

are v [-n] are ‹100 vierkante meter› ★ *honderd ~* a hectare

areaal o [arealen] area

areligieus bn a-religious, unreligious

arena v ['s] ❶ *alg.* arena ★ *de politieke ~ betreden* enter the political arena ❷ *bij stierengevecht* bullring ❸ *van circus* ring

arend m [-en] eagle

arendsblik m [-ken] ★ *met ~* eagle-eyed

argeloos bn ❶ *onschuldig* innocent, inoffensive, harmless ❷ *nietsvermoedend* unsuspecting

Argentijn m [-en] Argentine

Argentijn(se)
De bewoners van Argentinië geven er de voorkeur aan **Argentine** genoemd te worden i.p.v. **Argentinian. Argentinian** kan wel zonder bezwaar als bijv. naamwoord worden gebruikt.

Argentijns bn Argentine, Argentinian ★ valuta *de ~e peso* the Argentinian peso, peso

Argentijnse v [-n] Argentine ★ *ze is een ~* she's an Argentine, she's from Argentinia

Argentinië o Argentina, the Argentine

argument o [-en] argument, plea, juridisch proof ★ *er zijn daarvoor geen goede ~en* there's not much to be said for that ★ *~en aanvoeren voor / tegen iets* make (out) a case for / against sth / ★ *dat ~ gaat niet op* that argument won't stand up / won't hold

argumentatie v [-s] argumentation, (line of) reasoning, argument

argumenteren onoverg [argumenteerde, h. geargumenteerd] ❶ *met argumenten komen* argue, reason ❷ *redetwisten* dispute, argue

argusogen zn [mv] ★ *met ~* Argus-eyed

argwaan m suspicion, mistrust ★ *~ hebben* entertain / have suspicions, misdoubt ★ *~ krijgen* become suspicious, inf smell a rat

argwanend bn suspicious

aria v ['s] aria

Ariër m [-s] ❶ *Indo-Europeaan* Aryan, Indo-Iranian ❷ ariër nazi Aryan

Arisch bn Aryan ★ *het arische ras* nazi the Aryan race

aristocraat m [-craten] aristocrat

aristocratie v [-tieën] aristocracy

aristocratisch bn aristocratic

ark v [-en] ark ★ *de ~ van Noach* Noah's ark ★ *de ~ des verbonds* the Ark of the Covenant

arm I m [-en] ❶ *ledemaat* arm ★ *~ in ~* arm in arm ★ *met de ~en over elkaar* with folded arms ★ *iem. de ~ bieden* give / offer sbd one's arm ★ *met een meisje aan de ~* with a girl on his arm ★ *ze had een kind op de ~* she was carrying a child (in her arms) ★ *zich in de ~en werpen van* throw oneself into the arms of ★ *met open ~en ontvangen* receive with open arms ★ *iem. in de ~en sluiten* embrace ★ *iem. in de ~ nemen* consult sbd ★ *een slag om de ~ houden* keep one's options open ★ *de sterke ~* the police ★ *de ~ der wet* the strong / long arm of the law ❷ *mouw* sleeve ❸ *dier* paw ❹ *v. rivier* branch ❺ *v. lamp* bracket **II** bn ❶ *behoeftig* poor, poverty stricken, needy, form indigent ★ *zo ~ als Job / als de mieren / als een kerkrat* as poor as Job / as a church mouse ★ *een ~e* a poor person ★ *de ~en* the poor ★ *de ~en van geest* the poor in spirit ★ *~ aan* poor in / lacking ‹minerals› ❷ *meelijwekkend* unfortunate, poor

armatuur v [-turen] ❶ *draagconstructie* fitting ❷ *wapening* armature

armband m [-en] bracelet

Armeens I bn Armenian **II** o taal Armenian

Armeense v [-n] Armenian ★ *ze is een ~* she's an Armenian, she's from Armenia

armeluiskind o [-eren] a child of poor people

Armenië o Armenia

Armeniër m [-s] Armenian

armenzorg v hist poor relief

armetierig bn miserable, pathetic

armlastig bn poverty-stricken, needy

armlengte v [-n] arm's length

armleuning v [-en] arm, armrest

armoe, armoede v poverty, misery ★ *in ~de leven* live in poverty ★ *~ lijden* suffer poverty ★ *stille ~de* silent

poverty ★ *het is daar ~ troef* they are in desperate / dire need, inf they're as poor as church mice ★ *tot ~ geraken / vervallen* be reduced to poverty ★ *uit ~* from poverty

armoedegrens *v* poverty line ★ *onder de ~ leven* live below the poverty line

armoedig I *bn* poor, needy, shabby ★ *een ~ bestaan* a poverty-stricken / poor existence **II** *bijw* poorly, shabbily

armoedigheid *v* poverty, ‹kleren› shabbiness

armoedzaaier *m* [-s] down-and-outer, poor devil

armsgat *o* [-gaten] armhole

armslag *m* elbow room ★ *financiële ~* financial leeway

armzalig *bn* poor, miserable, paltry, inf mingy, ‹pensioen &› meagre

aroma *o* ['s] aroma, flavour

aromatherapie *v* aromatherapy

aromatisch *bn* aromatic ★ *~e verbindingen* chem aromatic compounds

aronskelk *m* [-en] arum (lily)

arrangement *o* [-en] ❶ *regeling* arrangement ❷ *toerisme* package deal ❸ muz arrangement, orchestration

arrangeren *overg* [arrangeerde, h. gearrangeerd] ❶ *alg.* arrange ❷ *schikkingen treffen* organize ❸ muz score, orchestrate

arrangeur *m* [-s] arranger

arrenslee *v* [-sleeën], **arrenslede** [-n] sleigh, sledge

arrest *o* [-en] ❶ *vasthouding* custody, arrest, detention ★ *in ~* under arrest ★ *in ~ nemen* take into custody ★ *onder ~ staan* be under arrest ★ *in ~ stellen* place under arrest ❷ *rechterlijke uitspraak* decree, judgement/Am judgment ★ *onherroepelijk ~* final judgement, irrevocable judgement ❸ *inbeslagname* seizure

arrestant *m* [-en] ❶ *aangehouden persoon* prisoner, person under arrest, detainee ❷ *beslaglegger* creditor, seizor

arrestatie *v* [-s] arrest, apprehension

arrestatiebevel *o* [-velen] warrant of arrest

arrestatieteam *o* [-s] special squad

arresteren *overg* [arresteerde, h. gearresteerd] ❶ *aanhouden* arrest, take into custody, apprehend ❷ *beslag leggen* seize, attach ❸ *v. notulen* confirm

arriveren *onoverg* [arriveerde, is gearriveerd] arrive

arrogant I *bn* arrogant, superior, haughty, inform stuck-up **II** *bijw* arrogantly

arrogantie *v* arrogance

arrondissement *o* [-en] district ‹of a District Court›

arrondissementsrechtbank *v* [-en] county court, district court

arsenaal *o* [-nalen] arsenal ★ *een ~ aan nieuwe ideeën* a repertory of new ideas

arsenicum, arseen *o* arsenic

artdirector *m* [-s] art director

artefact *o* [-en] artefact, Am artifact

arteriosclerose *v* arteriosclerosis

articulatie *v* [-s] articulation

articuleren *overg* [articuleerde, h. gearticuleerd] articulate ★ *de president articuleert slecht* the president doesn't articulate his words properly

artiest *m* [-en] ❶ *alg.* artist ❷ *in circus &* artiste, performer

artiesteningang *v* [-en] stage door

artiestennaam *m* [-namen] stage name

artikel *o* [-en & -s] ❶ *alg.* article ❷ *wetenschappelijk ook:* paper ❸ *afdeling* section ❹ jur ‹in wet› section, article, ‹in wetsvoorstel, contract› clause, article, ‹in testament› clause, item ❺ *in woordenboek* entry ❻ *lidwoord* article ❼ handel article, commodity ★ *~en* goods, items ❽ *bepaald soort* line

artikelnummer *o* [-s] item number

artillerie *v* [-rieën] artillery, ordnance ★ *de rijdende ~* the horse artillery ★ *de lichte / zware ~* the light / heavy artillery

artisjok *v* [-ken] artichoke

artisticiteit *v* artistry

artistiek *bn* artistic ★ *een ~ leider* an artistic leader

artotheek *m* [-theken] art lending institution

artritis *v* arthritis

artrose *v* arthrosis

arts *m* [-en] doctor, physician, general practitioner

arts-assistent *m* [-en] assistant doctor / physician / general practitioner

artsenbezoeker *m* [-s] medical representative, drug salesman

Aruba *o* Aruba

Arubaans *bn* Aruban ★ *valuta de ~e gulden* the Aruban guilder, the guilder

as I *v* [-sen] ❶ *v. voertuigen* axle ★ *vervoer per ~* road and rail transport ❷ *van de aarde &* fig axis ‹mv axes› ❸ techn shaft ❹ *spil* spindle ❺ muz A flat **II** *v* ❶ *verbrandingsresten* ash, ‹v. een overleden persoon ook› ashes ★ *~ is verbrande turf* if ifs and ands were pots and pans, if wishes were horses then beggars would fly, 'if' is a big word ★ *in de ~ leggen* reduce to ashes ★ *uit zijn ~ verrijzen* rise from its ashes ❷ *van kool* embers ❸ *sintel* cinders

a.s. *afk* (aanstaande) next ★ *15 mei ~* 15 May next

asbak *m* [-ken] ❶ *voor rookwaren* ashtray ❷ *vuilnisbak* ashbin

asbest *o* asbestos

asblond *bn* ash blond

asceet *m* [-ceten] ascetic

ascendant *m* [-en] astrol ascendant

ascese *v* ascetism

ascetisch *bn* ascetic

ASCII *m* (American Standard Code for Information Interchange) comput ASCII

ascorbinezuur *o* ascorbic acid

aselect *bn* random ★ *een ~ getal* a random number ★ *een ~e steekproef* a random sample

aseptisch *bn* aseptic

asfalt *o* asphalt, ‹v. wegdek ook:› blacktop

asfalteren *overg* [asfalteerde, h. geasfalteerd] asphalt

asfaltweg *m* [-wegen] asphalt / bituminous road

as

asgrauw *bn* ashen, ash-grey, ashy

asiel *o* [-en] asylum, home, shelter ★ *politiek* ~ political asylum

asielprocedure *v* [-s] asylum procedure

asielrecht *o* right of asylum

asielverlening *v* [-en] granting of asylum

asielverzoek *o* [-en] application for asylum

asielzoeker *m* [-s] asylum seeker

asielzoekerscentrum *o* [-s, -tra] asylum seekers' centre/*Am* center

asjemenou *tsw* ★ ~*!* good heavens!, oh dear!

asociaal I *bn* antisocial, unsocial **II** *m-v* [-cialen] asocial person

aspect *o* [-en] aspect

asperge *v* [-s] asparagus

aspergekop *m* [-pen], **aspergepunt** [-en] asparagus tip

aspic *m* [-s] aspic

aspirant *m* [-en] ❶ applicant, candidate ❷ *sp* junior

aspiratie *v* [-s] ❶ *het streven* aspiration, ambition ★ ~*s hebben* have ambitions ❷ taalk aspiration

aspireren *overg* [aspireerde, h. geaspireerd] ❶ *streven naar* aspire to, aim for ❷ *met hoorbare adem uitspreken* aspirate

aspirientje *o* [-s] aspirin (tablet)

aspirine® *v* [-s] aspirin

asregen *m* [-s] ash rain

assemblage *v* [-s] (car) assembly

assemblagebedrijf *o* [-drijven] assembly plant

assemblagefabriek *v* [-en] assembly plant

assemblee *v* [-s] assembly ‹of the United Nations›

assembleertaal *v* [-talen] comput assembler language

assembleren *overg* [assembleerde, h. geassembleerd] assemble ‹cars›

Assepoester *v* Cinderella

assertief *bn* assertive

assertiviteit *v* assertiveness

assertiviteitstraining *v* [-en] assertiveness training

assimilatie *v* [-s] assimilation

assimileren *overg* [assimileerde, h. geassimileerd] assimilate ★ *zich* ~ *aan* assimilate into / to

assisenhof *o* [-hoven] Belg Assize Court, District Court

Assisi *o* Assisi

assistent *m* [-en] assistant

assistent-arts *m* [-en] assistant physician

assistentie *v* assistance, help ★ *iem.* ~ *verlenen* give assistance to sbd, lend sbd a hand

assisteren *overg & onoverg* [assisteerde, h. geassisteerd] assist ★ *iem. bij iets* ~ assist sbd in / at / with sth

associatie *v* [-s] association

associatief *bn bijw* associative ★ ~ *denken* think by association

associé *m* [-s] handel partner, associate

associëren I *overg* [associeerde, h. geassocieerd] associate ★ *ik associeer Kerstmis met sneeuw* I associate Christmas with snow **II** *wederk* [associeerde, h. geassocieerd] ★ handel *zich* ~ enter into association (*met* with)

assonantie *v* [-s] assonance

assortiment *o* [-en] ❶ *bijeenhorend* selection, range ★ *een breed* ~ *producten* a wide range of products ❷ *gevarieerd* assortment ★ *een* ~ *koekjes* assorted biscuits ★ *een vreemd* ~ *mensen* people of all types / of all shapes and sizes

assortimentsuitbreiding *v* [-en] *uitbreiding van de productlijn* expansion of the range

assumptie *v* [-s] assumption, supposition ▼ *de Assumptie* RK the Assumption

assuradeur *m* [-en & -s] insurer, underwriter

assurantie *v* [-tiën & -s] insurance, assurance

assurantiekantoor *o* [-en] insurance office

Assyrië *o* Assyria

Assyriër *m* [-s] Assyrian

Assyrisch I *bn* Assyrian **II** *o taal* Assyrian

Assyrische *v* [-n] Assyrian

A-status *m* ❶ RTV 'A' status ❷ *vluchtelingenstatus* jur refugee status

aster *v* [-s] aster

asterisk *m* [-en] asterisk

asteroïde *v* [-n] asteroid

astigmatisch *bn* astigmatic

astma *o* asthma

astmaticus *m* [-ci] asthmatic

astmatisch *bn* asthmatic

astraal *bn* astral

astrologie *v* astrology

astrologisch *bn* astrological

astroloog *m* [-logen] astrologer

astronaut *m* [-en] astronaut

astronomie *v* astronomy

astronomisch *bn* astronomical, astronomic ★ *het* ~ *jaar* the solar year ★ *een* ~*e eenheid* an astronomic unit ★ ~*e bedragen* astronomic amounts

astronoom *m* [-nomen] astronomer

Asturië *o* Asturias

asurn *v* [-en] cinerary urn

aswenteling *v* [-en] rotation, revolution

Aswoensdag *m* RK Ash Wednesday

asymmetrisch *bn* asymmetric(al), dissymmetric

asymptoot *m* [-toten] wisk asymptote

asynchroon *bn* asynchronous

at *m*, **at-sign** *o* [-s] comput at-sign

atavisme *o* [-n] atavism, reversion

atavistisch *bn* atavistic

ATB *m* ['s] (allterrainbike) ATB *v* (automatische treinbeïnvloeding) Automatic Train Control

atelier *o* [-s] ❶ *v. kunstenaar* atelier, studio ❷ *v. ambachtsman* workshop

Atheens *bn* Athenian

Atheense *v* [-n] Athenian ★ *ze is een* ~ she's an Athenian, she's from Athens

atheïsme *o* atheism

atheïst *m* [-en] atheist

atheïstisch *bn* atheistic

Athene I *o stad* Athens **II** *v godin* Athene, Athena

Athener *m* [-s] Athenian

atheneum *o* [-s & -nea] Br ± grammar school, Am ± senior high school

> **atheneum**
> kan het best worden vertaald met: **grammar school** of **senior high school**, maar nooit met **athenaeum**.
> Athenaeum is de naam van een aantal wetenschappelijke bibliotheken en studiecentra.

atjar *m* pickles ★ *~ tjampoer* atjar tjampur, mixed pickled vegetables

Atlantisch *bn* ❶ *v.d. Atlantische Oceaan* Atlantic ★ *het ~ pact* the North Atlantic Treaty ❷ *v. Atlantis* Atlantean

Atlantische Oceaan *m* Atlantic Ocean, Atlantic

atlas I *m* [-sen] ❶ *boek* atlas ❷ anat atlas **II** *o zijden stof* satin

atleet *m* [-leten] athlete

atletiek *v* athletics

atletisch I *bn* athletic ★ *een ~ lichaam* an athletic body **II** *bijw* athletically

atmosfeer *v* [-feren] atmosphere ★ *een bedompte ~* a musty atmosphere ★ *een geladen ~* a charged atmosphere

atmosferisch *bn* atmospheric ★ *een ~e storing* static interference, an atmospheric disturbance

atol *o & m* [-len] atoll

atomair, atomisch *bn* atomic

atomiseren *overg* [atomiseerde, h. geatomiseerd] atomize

atonaal *bn* atonal ★ *atonale muziek* atonal music ★ *atonale poëzie* experimental poetry

atoom *o* [atomen] atom

atoombom *v* [-men] atom bomb, atomic bomb, nuclear bomb

atoomenergie *v* atomic / nuclear energy

atoomfysica *v* nuclear physics

atoomfysicus *m* [-ci] nuclear physicist

atoomgeleerde *m-v* [-n] nuclear expert

atoomgewicht *o* [-en] atomic weight

atoomkern *v* [-en] atomic nucleus

atoomnummer *o* [-s] atomic number

atoomproef *v* [-proeven] atomic / nuclear test

atoomtijdperk *o* atomic / nuclear age

atoomwapen *o* [-s] nuclear weapon

atrium *o* [-s, -tria] atrium

atrofie *v* atrophy

atropine *v & o* atropine

attaché *m* [-s] attaché ★ *een militair ~* a military attaché

attachékoffer *m* [-s] attaché case, briefcase

attachment *m & o* [-s] *e-mailbijlage* comput attachment

attaque *m* [-s] ❶ *beroerte* stroke ❷ mil attack

attaqueren *overg* [attaqueerde, h. geattaqueerd] attack

attenderen *overg* [attendeerde, h. geattendeerd] ★ *~ op* draw attention to

attent I *bn* ❶ *oplettend* attentive ★ *iem. ~ maken op iets* draw sbd.'s attention to sth ❷ *vol attenties* considerate (*voor* to / of), thoughtful (*voor* of) ★ *dat was erg ~ van je* that is very considerate / thoughtful of you **II** *bijw* attentively, considerately, thoughtfully

attentie *v* [-s] ❶ *aandacht* attention ★ *wij vragen uw ~ voor het volgende* we request your attention for the following ★ *~!* look out! ★ *ter ~ van* for the attention of ❷ *blijk van vriendelijkheid* attention, courtesy, present ★ *een lieve ~* a nice present

attest *o* [-en] ❶ *alg.* certificate ★ *op ~ van de dokter* with a doctor's certificate ❷ *getuigschrift* testimonial

attestatie *v* [-s] certificate ★ *een ~ de vita* a life certificate, a certificate of existence ★ *een ~ de morte* a death certificate ★ *zijn ~ opvragen* prot ask for one's certificate of membership

attesteren *overg* [attesteerde, h. geattesteerd] attest, certify

attitude *v* [-n, -s] attitude

attractie *v* [-s] attraction

attractief *bn* attractive

attractiepark *o* [-en] amusement park

attractiviteit *v* attractiveness

attributief *bn bijw* attributive

attribuut *o* [-buten] attribute

atv *afk* (arbeidstijdverkorting) ± shorter working hours

atv-dag *m* [-dagen] ★ *een ~ opnemen* take a day off

atypisch *bn* atypical

au *tsw* ★ *~!* ouch!, ow!

a.u.b. *afk* (alstublieft) please

aubade *v* [-s] aubade ★ *iem. een ~ brengen* sing an aubade to sbd

au bain-marie, bain-marie *bijw* in a double saucepan, in a bain-marie, Am in a double boiler

aubergine *v* [-s] aubergine, eggplant

auctie *v* [-s] auction sale

audiëntie *v* [-s] audience ★ *~ aanvragen bij* ask for / request an audience with ★ *~ verlenen* grant an audience ★ *op ~ gaan bij de minister* have an audience with the minister

audioapparatuur *v* audio equipment

audiofoon *m* audiophone

audiorack *o* [-s] music centre/Am center, stereo (system)

audiovisueel *bn* audio-visual ★ *audiovisuele middelen* audio-visual aids

auditeur *m* [-s] Judge Advocate General

auditeur-militair *m* [auditeurs-militair] Judge Advocate

auditie *v* [-s] audition ★ *~ doen* do an audition

auditief *bn* auditive

auditor *m* [-tores, -toren] ❶ auditor ❷ RK auditor

auditoraat *o* [-raten] Belg Court Martial, military tribunal

auditorium *o* [-s & -ria] ❶ *toehoorders* audience ❷ *zaal* auditorium

auerhoen *o* [-ders] capercaillie

au

augurk *v* [-en] gherkin

augustijn *m* [-en] ❶ *monnik* Augustinian, Austin friar ❷ *typ* cicero

augustus *m maand* August ★ *de eerste ~, een ~* the first of August ★ *op tien ~* on the tenth of August ★ *begin / midden / eind ~* at the beginning of / in the middle of / at the end of August

aula *v* ['s] auditorium

au pair I *bijw* au pair **II** *v* [-s] au pair

aura *v* ['s] aura

aureool *v & o* [-reolen] aureole, halo ★ *met een ~ omgeven* surrounded by a saintly halo

ausculteren *overg* [ausculteerde, h. geausculteerd] med auscultate

auspiciën *zn* [mv] ★ *onder ~ van* under the auspices of, sponsored by, under the aegis of

ausputzer *m* [-s] sp sweeper

Australië *o* Australia

Australiër *m* [-s] Australian

Australisch *bn* Australian ★ valuta *de ~e dollar* the Australian dollar, the dollar

Australische *v* [-n] Australian ★ *ze is een ~* she's an Australian, she's from Australia

autarkisch *bn* self-sufficient

auteur *m* [-s] author

auteursrecht *o* copyright

authenticiteit *v* authenticity

authentiek *bn* authentic ★ *een ~ verhaal* an authentic story ★ *een ~e akte* an authentic certificate

autisme *o* autism

autistisch *bn* autistic

auto *m* ['s] car, motorcar

autoaccessoires *zn* [mv] car accessories

autoband *m* [-en] (automobile / car) tyre/Am tire

autobezitter *m* [-s] car owner

autobiograaf *m* [-grafen] autobiographer

autobiografie *v* [-fieën] autobiography

autobiografisch *bn* autobiographical

autobom *v* [-men] car bomb

autobus *m & v* [-sen] bus, coach

autochtoon I *bn* [-tonen] native **II** *bn* native, indigenous ★ *de autochtone bevolking van Australië* Australia's indigenous population

---

autochtoon

wordt vertaald met **native** of **indigenous**. Het woord **autochthonous** bestaat wel in het Engels, maar wordt alleen gebruikt in een geologisch verband.

---

autocoureur *m* [-s] racing car driver

autocraat *m* [-craten] autocrat

autocratie *v* [-tieën] autocracy

autocratisch *bn* autocratic

autodidact *m* [-en] self-educated / self-taught person

autodief *m* [-dieven] car thief

autodiefstal *m* [-en] car theft, vehicle theft

autogordel *m* [-s] seat belt, safety belt

autogram *o* [-men] autograph

auto-immuunziekte *v* [-n, -s] auto-immune disease

auto-industrie *v* car industry

autokerkhof *o* [-hoven] car dump

automaat *m* [-maten] ❶ *machine* automaton, robot ❷ *apparaat waarin munten worden gegooid* slot machine, dispenser, Am vending machine ❸ *voor kaartjes* ticket machine ❹ *auto* automatic (transmission)

automatenhal *v* [-len] amusement arcade

automatiek *v* [-en] automat

automatisch I *bn* automatic, self-regulating ★ *~e handelingen* mechanical / automatic gestures ★ bankw *een ~e overschrijving* a banker's order, a standing order ★ *de ~e piloot* the autopilot ★ *een ~ vuurwapen* an automatic firearm **II** *bijw* automatically ★ *de deuren gaan ~ open en dicht* the doors open and close automatically

automatiseren *overg* [automatiseerde, h. geautomatiseerd] automate, computerize

automatisering *v* automation, computerization

automatiseringsdeskundige *m-v* [-n] automation expert, computerization expert

automatisme *o* [-n] automatism

automobiel *m* [-en] motorcar, Am automobile

automobilist *m* [-en] motorist, driver

automonteur *m* [-s] motor mechanic, car mechanic

autonomie *v* autonomy

autonoom *bn* autonomous, ⟨biol⟩ autonomic ★ *een ~ gebied* a self-governing territory ★ *het autonome zenuwstelsel* the autonomic nervous system

auto-onderdeel *o* [-delen] Am car part

auto-ongeluk *o* [-ken] car crash, road accident

autopapieren *zn* [mv] car registration papers

autopech *m* breakdown, car trouble

autoped *m* [-s] scooter

autopsie *v* [-s] autopsy

autorace *m* [-s] motor race

autoradio *m* ['s] car radio

autorijden *onoverg* [reed auto, h. autogereden] drive ⟨a car⟩, motor

autorijschool *v* [-scholen] driving school

autorisatie *v* [-s] authorization

autoriseren *overg* [autoriseerde, h. geautoriseerd] authorize, empower

autorit *m* [-ten] drive, car trip

autoritair *bn* ❶ *eigenmachtig* authoritative, authoritarian ★ *een ~ persoon* an authoritarian ❷ *niet-democratisch* authoritarian ★ *het ~e gezag* the authorities ★ *een ~ bewind* an authoritarian regime

autoriteit *v* [-en] authority ★ *de plaatselijke ~en* the local government ★ *hij is een ~ op dat gebied* he is an authority in that field

autoslaaptrein *m* [-en] car train, sleeper train

autosloperij *v* [-en] breaker's yard

autosnelweg *m* [-wegen] Br motorway, Am highway, interstate

autosport *v* [-en] motor sport

autostop *m* ZN hitchhiking ★ *~ doen* hitchhike

autotelefoon *m* [-s] car phone
autotentoonstelling *v* [-en] motor show
autotrein *m* [-en] car train
autoverhuur *m* car hire ★ ~ *zonder chauffeur* self-drive (car hire)
autoverhuurbedrijf *o* [-bedrijven] car rental firm
autoverkeer *o* motor traffic
autoverzekering *v* [-en] car insurance
autovrij *bn* pedestrian ‹zone› ★ *een ~e zondag* a carless Sunday
autoweg *m* [-wegen] Br motorway, Am highway
avances *zn* [mv] advances, approaches, overtures ★ ~ *maken* make approaches / overtures
avant-garde I *v* avant-garde **II** *bn* avant-garde
avant-gardistisch *bn* avant-garde
avant la lettre *bijw* before the term existed
Ave Maria *o* ['s] Ave Maria
averechts I *bn* ❶ purl ‹steek› ❷ *fig* misplaced, wrong ★ *een ~e uitwerking hebben* have a contrary effect **II** *bijw* wrongly, the wrong way (round) ★ ~ *breien* purl
averij *v* [-en] damage ★ ~ *krijgen* sustain / suffer damage, break down
aversie *v* aversion
avocado *m* ['s] avocado
avond *m* [-en] evening, night ★ *de ~ tevoren* the evening / night before ★ *de ~ vóór de slag* the eve of the battle ★ *'s ~s* in the evening, at night ★ *bij ~* in the evening, at night ★ *laat op de ~* late in the evening ★ *tegen de ~* towards evening ★ *het wordt ~* night is falling ★ *een bonte ~* an evening of varied entertainment
avondcursus *m* [-sen] evening classes
avonddienst *m* [-en] ❶ *kerk* evening service ❷ *werk* evening shift ★ ~ *hebben* be on the evening shift
avondeten *o* supper, dinner
avondgebed *o* [-beden] evening prayer
avondjurk *v* [-en] evening gown
avondkleding *v* evening dress
avondklok *v* curfew ★ *een ~ instellen* impose a curfew
avondkrant *v* [-en] evening paper
Avondland *o* Occident
avondlucht *v* ❶ *atmosfeer* evening air ❷ *hemel* evening sky
avondmaal *o* dinner, supper, evening meal ★ *het Avondmaal* the Lord's Supper, Holy Communion ★ *het Laatste Avondmaal* the Last Supper
avondmens *m* [-en] night person ★ *er zijn ~en en ochtendmensen* there are night owls and early risers
avondopleiding *v* [-en] evening course, evening classes
avondploeg *v* [-en] evening shift
avondrood *o* evening glow, sunset sky
avondschemering *v*, **avondschemer** *m* evening twilight
avondschool *v* [-scholen] night school, evening school, evening classes
avondspits *m* evening rush-hour

Avondster *v* evening star
avondvierdaagse *m & v* [-n] evening four-day walking tour ★ *de ~ lopen* walk the evening four-day walking tour
avondvoorstelling *v* [-en] evening performance
avondvullend *bn* lasting the whole evening ★ *een ~ programma* a full evening's programme
avondwinkel *m* [-s] late-night shop
avonturenfilm *m* [-s] adventure film
avonturenroman *m* [-s] adventure story
avonturier *m* [-s] adventurer
avontuur *o* [-turen] adventure ★ *op ~ uit zijn* be out for adventure
avontuurlijk I *bn* ❶ adventurous ★ *een ~ leven* a life of adventure ★ *een ~e reis* a trip full of adventure ★ *een ~ mens* an adventurous person ❷ risky ‹plan &› **II** *bijw* adventurously ★ *ze gaan altijd ~ kamperen* they always camp adventurously
avontuurtje *o* [-s] *vluchtige liefdesverhouding* affair, fling
axioma *o* ['s] axiom
ayatollah *m* [-s] ayatollah
azalea *v* ['s] azalea
azen *onoverg* [aasde, h. geaasd] ★ *fig* ~ *op* have an eye on
Azerbeidzjaan *m* [-dzjanen] Azerbaijani
Azerbeidzjaans I *bn* Azerbaijani ★ *valuta ~e manat* Azerbaijani manat, manat **II** *o taal* Azerbaijani
Azerbeidzjan *o* Azerbaijan
Aziaat *m* [Aziaten] Asian
Aziatisch *bn* Asian, Asiatic
Aziatische *v* [-n] Asian ★ *ze is een ~* she's an Asian, she's from Asia
Azië *o* Asia
azijn *m* vinegar ★ *men vangt meer vliegen met een lepel stroop dan met een vat ~* honey catches more flies than vinegar
azijnzuur *o* acetic acid
Azteek *m* [-teken] Aztec
Azteeks *bn* Aztec
Azteken *zn* [mv] Aztecs
azuur *o* azure, sky blue

b

B

b *v* ['s] ❶ *letter* b ❷ *muz* B ★ ~ *grote terts / majeur* B major ★ ~ *kleine terts / mineur* B minor

baai I *v* [-en] *inham* bay **II** *m & o flanel* baize **III** *m tabak* finely cut pipe tobacco

baaierd *m* chaos, mess

baal *v* [balen] ❶ *geperst* bale ⟨of cotton &⟩ ❷ *gestort* bag ⟨of rice &⟩ ❸ *papiermaat* ten reams ▼ *(de) balen van iets hebben* have had enough of sth

baaldag *m* [-dagen] ❶ *slechte dag* off-day ❷ *vrije dag* day off, inf sickie ★ *een ~ hebben* be having an off-day, take a sickie

baan *v* [banen] ❶ *weg* path, way, road ★ *zich ~ breken* make / push / force one's way, <u>fig ook</u> gain ground ★ *ruim ~ maken* clear the way ★ *het gesprek in andere banen leiden* turn the conversation into other channels / in another direction ★ *in goede banen leiden* guide in the right direction ★ *op de lange ~ schuiven* put off (indefinitely), shelve, postpone ★ *dat is nu van de ~* that ⟨issue⟩ has been shelved, that's off now ★ *de ~ op gaan* appear ❷ *renbaan* (race)course, (running) track ❸ *v.e. hemellichaam & orbit* ★ *in een ~ brengen* put into orbit, orbit ⟨an artificial satellite⟩ ★ *in een ~ draaien* orbit ★ *een vlucht in een ~* an orbital flight ❹ *v. projectiel* trajectory ❺ *tennisbaan* court ❻ *v. spoorweg* track ❼ *v. autoweg, v. zwembassin &* lane ★ *vrije ~ maken* clear the way ★ *~tjes trekken* do laps ❽ *ijsbaan* (skating) rink ❾ *bij wedstrijdschaatsen* track ❿ *skibaan* run, piste ⓫ *kegelbaan* alley ⓬ *werkkring* job, post ★ *laagbetaalde banen* low-paid jobs ★ *een vaste ~* permanent employment, a steady job ★ *een volledige ~* a full-time job ★ *banen scheppen / schrappen* create / cut jobs ★ *er een ~ bij nemen* moonlight ★ *zijn ~ opzeggen* hand in one's notice, resign one's job ★ inf *een makkelijk ~tje* a soft job ⓭ *strook* breadth, width ⟨of cloth &⟩ ⓮ *v. vlag* stripe, bar

baanbrekend *bn* pioneering, ground-breaking, innovative ⟨work⟩, epoch-making ⟨discovery⟩ ★ *~ werk verrichten* do pioneering work

baanrecord *o* [-s] track record

baantjesjager *m* [-s] job hunter

baanvak *o* [-ken] section ★ *op het ~ Amsterdam-Utrecht* on the Amsterdam-Utrecht section

baanwachter *m* [-s] railway guard, flagman

baanwedstrijd *m* [-en] track race

baar I *v* [baren] ❶ *lijkbaar* bier ❷ *draagbaar* litter, stretcher ❸ *staaf goud &* bar, ingot ❹ *golf* wave, billow ★ *over de woelige baren* across the wild billows **II** *bn* ★ *~ geld* ready money

baard *m* [-en] ❶ *v. mens, bok & beard* ★ *een ~ van een week* a week-old beard ★ *hij heeft de ~ in de keel* his voice is breaking ★ *zijn ~ laten staan* grow a beard ★ *een mop met een ~* an old joke ★ *om des keizers ~*

spelen play for fun ❷ *v. vis* barb, wattle ❸ *v. walvis* whalebone, baleen ❹ *v. sleutel* bit ❺ *aan metaal* burr

baardaap *m* [-apen] inf beardie

baardgroei *m* beard growth

baardig *bn* bearded

baarlijk *bn* ★ *de ~e duivel* the devil himself ★ *~e nonsens* utter / rank nonsense, gibberish

baarmoeder *v* [-s] uterus, womb

baarmoederhalskanker *m* cervical cancer

baars *m* [baarzen] perch, bass

baas *m* [bazen] ❶ *chef* boss ★ inf *de ~* the old man ⟨at the office &⟩ ★ inf *is de ~ thuis?* is the boss at home?, is your old man in? ★ inf *hij is de ~ (van het spul)* he runs the show, what he says goes ★ *hij is een ~ in...* he is very good at... ★ *zijn vrouw is de ~* the wife wears the pants / is the boss ★ *de ~ blijven* stay in charge, inf remain top dog ★ *iets de ~ kunnen* be in control of sth ★ *iem. de ~ zijn in iets* be better at sth than sbd ★ *de ~ spelen* lord it ⟨over⟩ ★ *om de inflatie de ~ te worden* to get inflation under control ★ *de socialisten zijn de ~ (geworden)* the socialists are in control, have gained control ★ *zij werden ons de ~* they got the better of us ★ *hij is mij de ~* he beats me ⟨in...⟩, he is better than me ⟨at...⟩ ★ *er is altijd ~ boven ~* a man always finds his master ★ *zijn eigen ~ zijn* be one's own boss / master ★ *in de ~ zijn tijd* during the boss's time ★ *het zo druk hebben als een klein ~je* be as busy as a bee ★ inf *meer bazen dan ondergeschikten* more chiefs than Indians ★ *~ in eigen buik* have the right to choose / abortion on demand ★ *de hond en zijn ~* the dog and its master / owner ❷ *man, jongen* chap, fellow, bloke ★ inf *een leuke ~* a funny chap / fellow ★ *een oude ~* an elderly gentleman ★ inf *het is een ~ hoor!* what a whopper! ❸ *ploegbaas in fabriek* foreman ❹ *als aanspreekvorm* mister

baat *v* [baten] ❶ *voordeel* profit, benefit ★ *baten en lasten* ⟨inkomsten en uitgaven⟩ revenue and expenses, income and expenditure, income and expenses, ⟨winsten en verliezen⟩ profits and losses, gains and losses, ⟨ontvangsten en uitgaven⟩ receipts and expenditure ★ *buitengewone baten en lasten* extraordinary income and expenditure, extraordinary profits and losses ★ *een middel te ~ nemen* use / employ means ★ *de gelegenheid te ~ nemen* avail oneself of, take the opportunity ★ *ten bate van* for the benefit of, in behalf of, in aid of ★ *ten eigen bate* for one's own benefit ★ jur *om ~ for* value, for a consideration ★ *de kost gaat voor de ~ uit* nothing ventured, nothing gained ❷ *genezing* relief ★ *~ vinden bij* benefit from ★ *geen ~ hebben bij* get no benefit from

babbel *m* [-s] ❶ *persoon* chatterbox ❷ *praatje* chat ★ *een vlotte ~ hebben* have a way with words ★ *veel ~s hebben* have a big mouth

babbelaar *m* [-s] ❶ *persoon* prattler, chatterbox ❷ *snoep* boiled lolly, butterscotch

babbelbox *m* [-en] *telefoonservice* chat line

babbelen *onoverg* [babbelde, h. gebabbeld] ❶ *gezellig praten* chat ❷ *veel* chatter, gossip

babbelkous *v* [-en] chatterbox, <u>afkeurend</u> windbag / gossip

babbeltje *o* [-s] chat ★ *een ~ maken (met iem.)* have a chat (with sbd)

Babel *o* Babel

baby *m* ['s] baby ★ *een ~ krijgen* have a baby

babyboom *m* baby boom

babyboomer *m* [-s] baby boomer

babyfoon *m* [-s] baby phone, baby intercom

Babylonisch *bn* Babylonian ★ *een ~e spraakverwarring* a tower of Babel ★ *de ~e gevangenschap* the Babylonian captivity ★ *de ~e ballingschap* the Babylonian exile

babyshampoo *m* baby shampoo

babysit *m-v*, **babysitter** *m* [-s] babysitter

babysitten *onoverg* babysit

babyuitzet *m & o* [-ten] baby linen, layette

babyvoeding *v* ❶ *alg.* baby food ❷ *flesvoeding* formula ‹›

babyzalf *m & v* [-zalven] baby ointment

baccalaureaat *o* ❶ *toegangsexamen voor universiteit* baccalaureate ❷ *laagste universitaire graad* bachelor's degree

bacchanaal *o* [-nalen] bacchanal

bacil *m* [-len] bacillus

back *m* [-s] <u>sp</u> back

backgammon *o* backgammon

backhand *m* [-s] <u>sp</u> backhand

backoffice *de* back office

backslash *m* [-es] *schuine streep naar achteren* backslash

backspace *m* [-s] <u>comput</u> back space

back-up *m* [-s] <u>comput</u> backup ★ *een ~ maken* make a backup

baco *de (m)* ['s] rum and coke

bacon *o & m* bacon

bacterie *v* [-riën] bacterium ‹mv bacteria›

bacteriedodend *bn* bactericidal

bacterieel *bn* bacterial ★ *een bacteriële infectie* a bacterial infection

bacteriologie *v* bacteriology

bacteriologisch *bn* bacteriological ★ *~e oorlogvoering* biological warfare

bacterioloog *m* [-logen] bacteriologist

bad *o* [baden] ❶ *badkuip* bath(tub) ★ *een hotelkamer met ~* a hotel room with a bath ❷ *water* bath ★ *een ~ geven* ‹the baby› bath ★ *een ~ nemen* ‹in badkuip› have / take a bath, ‹in zee &› bathe ★ *in ~ gaan* take a bath ❸ *zwembad* pool

badcel *v* [-len] shower cubicle / cabinet

badderen *onoverg* [badderde, h. gebadderd] <u>kindertaal</u> have bathies

baden I *onoverg* [baadde, h. gebaad] bathe ★ *in bloed ~* be bathed / bathing in blood ★ *in tranen ~* be bathed in tears ★ *in weelde ~* be rolling in luxury **II** *overg* [baadde, h. gebaad] bath ‹a child› **III** *wederk*

[baadde, h. gebaad] ★ *zich ~* bathe, take a bath

badgast *m* [-en] ❶ *aan strand* visitor ❷ *in kuuroord* visitor, patient

badge *m* [-s] badge, tag

badgoed *o* swimwear, beachwear

badhanddoek *m* [-en] bath towel

badhuis *o* [-huizen], **badinrichting** *v* [-en] (public) baths

badinerend *bn* bantering ★ *~e opmerkingen maken* make facetious remarks

badjas *m & v* [-sen] bathrobe

badkamer *v* [-s] bathroom

badkuip *v* [-en] bath, bathtub

badlaken *o* [-s] bath towel

badmeester *m* [-s] lifeguard, pool attendant

badminton *o* badminton

badmintonnen *onoverg* [badmintonde, h. gebadmintond] play badminton

badmuts *v* [-en] *hoofddeksel* bathing cap

badpak *o* [-ken] bathing suit, swimming suit, bathers, <u>inf</u> togs

badplaats *v* [-en] ❶ *strandoord aan zee* seaside resort ❷ *kuuroord niet aan zee* spa, health resort

badschuim *o* bath foam, bubble bath

badstof *v* towelling, terry (cloth)

badwater *o* bath water ★ *het kind met het ~ weggooien* throw the baby out with the bath water

badzout *o* [-en] bath salts

bagage *v* ❶ luggage ❷ *ook:* <u>mil & Am</u> baggage ★ *geestelijke ~* intellectual substance

bagageband *m* [-en] carousel

bagagedepot *o & m* [-s] left luggage office

bagagedrager *m* [-s] (luggage) carrier

bagagekluis *v* [-kluizen] luggage locker

bagagerek *o* [-ken] luggage rack

bagageruimte *v* [-n, -s] ❶ *v. auto* boot, luggage space ❷ *v. schip, vliegtuig* hold, cargo space

bagatel *v & o* [-len] trifle, bagatelle

bagatelliseren *overg* [bagatelliseerde, h. gebagatelliseerd] make light of, minimize the importance of, play down

bagel *m* [-s] bagel

bagger *v* *op bodem* mud, slush, silt ★ *~ schijten* <u>vulg</u> ‹bang zijn› shit a brick ★ *het was ~* ‹rotzooi› it was rubbish/<u>vulg</u> crap

baggeren I *overg* [baggerde, h. gebaggerd] dredge **II** *onoverg* [baggerde, h. en is gebaggerd] wade ★ *door de modder ~* wade through the mud

baggermachine *v* [-s] dredging machine, dredge, dredger

baggermolen *m* [-s] dredging machine, dredge, dredger

baggerschuit *v* [-en] dredger, dredge

bah *tsw* ★ *~!* yuck!, ugh! yech!

Bahama's *zn* [mv] ★ *de ~* the Bahamas

Bahamiaan *m* [-mianen] Bahamian

Bahamiaans *bn* Bahamian ★ <u>valuta</u> *de ~e dollar* the Bahamian dollar, the dollar

ba

Bahamiaanse *v* [-n] Bahamian ★ *ze is een* ~ she's a Bahamian, she's from the Bahamas

bahco *m* ['s], **bahcosleutel** [-s] adjustable wrench, adjustable spanner, monkey wrench, shifting spanner

Bahrein *o* Bahrain

bain-marie *o* → **au bain-marie**

baisse *v* econ fall ★ *à la* ~ *speculeren* sell short, bear the market ★ *een periode van* ~ a bear run

bajes *v* slammer, can ★ *in de* ~ in the nick, in the jug

bajesklant *m* [-en] jailbird

bajonet *v* [-ten] bayonet ★ *met gevelde* ~ with fixed bayonets

bajonetsluiting *v* [-en] bayonet catch / joint / fitting / socket

bak *m* [-ken] ❶ *vergaarplaats* bin, ‹reservoir› cistern, tank, ‹trog› trough, ‹v. baggermachine› bucket ★ *een volle* ~ a full house ★ *de regen komt met ~ken uit de hemel* it's raining cats and dogs ❷ *mandje* basket ❸ *kattenbak* tray ❹ *v. rijtuig* body ❺ *gevangenis* inf can, nick ★ *in de* ~ *zitten* serve time ❻ *grap* joke, inf gag ❼ *krat* ZN crate ▼ *aan de* ~ *komen* get a job ▼ *we moeten weer aan de* ~ we have to get to work

bakbeest *o* [-en] colossus ★ *een* ~ *van een...* a monster of a...

bakblik *o* [-ken] baking tin

bakboord *o* port ★ *aan* ~ port side, to port ★ *iem. van* ~ *naar stuurboord zenden* send sbd from pillar to post

bakeliet *o* bakelite

bakelieten *bn* bakelite

baken *o* [-s] beacon ★ *als* ~ *dienen* beacon ★ *de ~s verzetten* change one's policy, change one's tack ★ *de ~s zijn verzet* times have changed

bakermat *v* [-ten] cradle ‹of democracy›

bakerpraatjes *zn* [mv] old wives' tales, idle gossip

bakfiets *m & v* [-en] carrier tricycle, carrier cycle

bakje *o* [-s] ❶ *kleine bak* small box, small tray ❷ *kopje* little cup ★ inf *een* ~ *koffie* a cup of coffee

bakkebaard *m* [-en] sideboards, sideburns

bakkeleien *onoverg* [bakkeleide, h. gebakkeleid] tussle, squabble ★ *aan het* ~ *met...* squabble with...

bakken I *overg* [bakte, h. gebakken] ❶ *in oven* bake ❷ *in pan* fry ★ *iem. een poets* ~ play sbd a trick ★ *er niets van* ~ make a complete mess of it ★ *ze bruin* ~ overdo, lay it on thick ★ *in de zon liggen* ~ bake in the sun **II** *onoverg* [bakte, h. gebakken] bake ‹bread› ★ *aan de pan* ~ stick to the pan **III** *onoverg* [bakte, is gebakken] onderw fail

bakker *m* [-s] baker ★ *een warme* ~ hot bread bakery, bakehouse ★ *dat is voor de* ~ that is settled

bakkerij *v* [-en] ❶ *waar men bakt* bakery, bakehouse ❷ *winkel* baker's shop

bakkes *o* [-en] mug, trap ★ *hou je* ~! shut your face / trap!

bakkie *o* [-s] ❶ *radiozendapparaat* CB, CB set, rig ❷ *aanhangwagen* trailer ★ *een* ~ *koffie* a cup of coffee

bakmeel *o* flour ★ *zelfrijzend* ~ self-raising/Am self-rising flour

bakplaat *v* [-platen] baking sheet ★ *iets op de* ~ *leggen* put sth on the baking sheet

bakpoeder *o & m* baking powder

baksteen I *m* [-stenen] brick ★ *zinken als een* ~ sink like a stone ★ *zakken als een* ~ fail ignominiously ‹in one's exam›, inf flunk (out) ★ *iem. als een* ~ *laten vallen* drop sbd like a hot brick **II** *o* brick ★ *een muur van* ~ *bouwen* build a brick wall

bakstenen *bn* brick

bakvis *v* [-sen] *meisje* teenage girl

bakvorm *m* [-en] baking tin

bakzeil *o* ★ ~ *halen* scheepv back the sails, fig back down, climb down

bal I *m* [-len] ❶ *ook v. voet* ball ★ *de* ~ *van de hand* the ball / heel of the hand ★ *de* ~ *misslaan* miss the ball, fig be wide of the mark ★ sp *aan de* ~ *zijn* play the ball ★ *de* ~ *aan het rollen brengen* get / set the ball rolling ★ *een ~letje opgooien (over iets)* fly a kite, throw out a feeler ★ *wie kaatst, moet de* ~ *verwachten* he / you asked for that one ★ fig *elkaar de* ~ *toewerpen / toespelen* scratch each other's backs ★ inf *er geen* ~ *van weten* not know the first thing about it ★ inf *geen* ~ *geven om* not give a damn / fig ❷ *kegelbal* bowl ❸ *teelbal* testicle, inf ball ★ inf *de ~len!* cheers! ★ *een rechtse* ~ a right-wing student / conservative **II** *o* [-s] ball ★ *een* ~ *masqué* a masked ball

balanceren *overg en onoverg* [balanceerde, h. gebalanceerd] balance, poise ★ *op de rand van de afgrond* ~ balance on the edge of disaster

balans *v* [-en] ❶ *evenwicht* equilibrium, balance ★ *in* ~ *zijn* be in equilibrium ★ *uit* ~ *raken* get out of balance ❷ *weegschaal* set of scales, balance ★ *de* ~ *doen doorslaan* tip the balance ❸ handel balance sheet ★ *de* ~ *afsluiten* balance the books ★ *de* ~ *opmaken* alg. take stock, handel draw up the balance sheet, prepare the accounts, fig strike a balance ★ *de* ~ *verkorten / verlengen* reduce / expand the balance sheet total ★ *een geconsolideerde / tussentijdse* ~ a consolidated / an interim balance sheet ★ *een* ~ *en winst- en verliesrekening* the financial statements ★ *een tussentijdse* ~ *en winst- en verliesrekening* the interim accounts ❹ techn beam

balansdag *de* [-dagen] ★ *als je een dag teveel hebt gegeten neem je de volgende dag een* ~ if you've eaten too much on a certain day, you eat less the next day to compensate

balansopruiming *v* [-en] clearance sale

balanswaarde *v* [-n] book value, balance sheet value ★ *de* ~ *begin / eind van het jaar* the opening / closing balance

balbehandeling *v* sp ball technique

balbezit *o* ★ *in* ~ *zijn* have the ball, be in possession of the ball ★ *op* ~ *spelen* keep possession (of the ball)

baldadig *bn* rowdy, boisterous

baldadigheid *v* [-heden] rowdiness, boisterousness ★ *hij deed het uit louter ~* he did it for the sheer hell of it

baldakijn *o & m* [-s & -en] canopy, baldachin

balein I *v* [-en] ❶ *v. walvis* whalebone ❷ *stang* busk, stay, spoke ★ *de ~en van een paraplu* the umbrella spokes ★ *de ~en van een korset* corset stays **II** *o stof* whalebone, baleen

balen *onoverg* [baalde, h. gebaald] ★ *inf ~ van iets* be fed up with sth, be sick of sth ★ *~ als een stekker* be fed up to the back teeth

Bali *o* Bali

balie *v* [-s] ❶ *alg.* bar ❷ *v. kantoor* counter ★ *achter de ~ staan* be behind the counter ★ *aan de ~ informeren* ask at the counter ❸ *advocaten* bar ★ *tot de ~ toegelaten worden* be called to the bar ❹ *balustrade in rechtbank* bench ★ *voor de ~ moeten verschijnen* have to appear before the bench / in court ❺ *brugleuning* railing, parapet

baliekluiver *m* [-s] bludger, loafer

Balinees I *m* [-nezen] Balinese **II** *bn* Balinese **III** *o taal* Balinese

Balinese *v* [-n] Balinese ★ *ze is een ~* she's a Balinese, she's from Bali

baljurk *v* [-en] ball dress

baljuw *m* [-s] hist bailiff

balk *m* [-en] ❶ *alg.* beam, ⟨stalen balk⟩ girder, ⟨in vloer⟩ joist, ⟨in dak⟩ rafter ★ *het geld over de ~ gooien* spend money like water ★ *het niet over de ~ gooien* be a bit close-fisted ❷ *notenbalk* staff, stave, bar ❸ herald bar

Balkan *m* ❶ *gebergte* Balkan Mountains ❷ *schiereiland* Balkan Peninsula ★ *op de ~* in the Balkans

balkaniseren I *overg* [balkaniseerde, h. gebalkaniseerd] Balkanize **II** *onoverg* [balkaniseerde, is gebalkaniseerd] become Balkanized

Balkanstaten *zn* [mv] Balkan states, Balkans

balken *onoverg* [balkte, h. gebalkt] ❶ *v. ezels* bray ❷ fig bawl, yell

balkenbrij *m* ± scrapple, haggis

balkon *o* [-s] ❶ *aan huis* balcony ★ *op het ~ zitten* sit on the balcony ❷ *v. tram* platform ❸ *in theater* balcony, dress circle

ballade *v* [-s & -n] ballad

ballast *m* ❶ ballast ★ *~ innemen* take on ballast ★ *~ overboord werpen* discharge ballast ★ *in ~ varen* be in ballast ❷ fig lumber

ballen I *overg* [balde, h. gebald] *samenknijpen* clench ★ *de vuist ~* clench one's fist ★ *met gebalde vuist* with clenched fist **II** *onoverg* [balde, h. gebald] *met een bal spelen* play ball ★ *wij hebben vanmiddag gebald* we played ball this afternoon

ballenjongen *m* [-s] ball boy

ballentent *v* [-en] ❶ *uitgaansgelegenheid* posh joint ❷ *kermistent* coconut shy

ballerina *v* ['s] ballerina ★ *een prima ~* a prima ballerina

ballet *o* [-ten] ballet

balletdanser *m* [-s] ballet dancer

balletdanseres *v* [-sen] ballet dancer, ballet girl

balletgezelschap *o* [-pen] ballet company

balletschoen *m* [-en] ballet shoe

balling *m* [-en] exile

ballingschap *v* exile, banishment ★ *in ~ leven / sterven* live / die in exile ★ *iem. tot ~ veroordelen* sentence sbd to exile ★ *een regering in ~* a government in exile

ballingsoord *o* [-en] place of exile

ballistiek *v* ballistics

ballistisch *bn* ballistic ★ *een ~ onderzoek* a ballistic investigation ★ *een ~ projectiel* a ballistic projectile

ballon *m* [-s & -nen] ❶ *luchtbal* balloon ★ fig *een ~netje oplaten* fly a kite, throw out a feeler ❷ *v. lamp* bulb

ballonvaarder *m* [-s] hot air balloonist

ballonvaart *v* [-en] hot air balloon ride

ballonvaren *o* hot air ballooning

ballotage *v* [-s] ballot(ing), election ★ *door de ~ komen* pass the ballot

balloteren *overg* [balloteerde, h. geballoteerd] ballot, hold a ballot

ballpoint *m* [-s] ballpoint, ball pen

ballroomdansen *o* ballroom dancing

bal masqué *o* [-s] masked ball

balneotherapie *v* balneotherapy, mineral salt therapy

balorig *bn* ❶ *onwillig* wayward, unmanageable ❷ *ontevreden* cross, sullen, petulant ★ *ergens ~ van worden* become impatient / cross with sth

balorigheid *v* petulance ★ *uit ~* from petulance

balpen *v* [-nen] ballpoint, ball pen

balsamicoazijn *m* balsamic vinegar

balsem *m* [-s] ointment, balm, balsam ★ fig *~ op de wond doen* apply balm to the wound

balsemen *overg* [balsemde, h. gebalsemd] embalm ★ fig *leed ~* alleviate sorrow

balsemien *v* [-en] balsam

balspel *o* [-spelen] ball game

balsport *v* [-en] ball game

Baltisch *bn* Baltic ★ *de ~e staten* the Baltic states ★ *de ~e Zee* the Baltic

balts *m* dierk display, courtship

baltsen *onoverg* [baltste, h. gebaltst] display

baltstijd *m* mating season

balustrade *v* [-s & -n] ❶ *v. terras &* balustrade, railing ❷ *v. trap* banister

balvast *bn* sp safe catch

balzaal *v* [-zalen] ballroom

balzak *m* [-ken] scrotum

bamboe I *bn* bamboo **II** *m* [-boezen] bamboo

bami *m* chow mein, Chinese noodles

bamzaaien *onoverg* [bamzaaide, h. gebamzaaid] draw straws

ban *m* [-nen] ❶ *uitbanning* excommunication, ban ★ *in de ~ doen* ⟨kerkelijk⟩ excommunicate, fig put / place under a ban, outlaw ❷ *betovering* spell, charm ★ *in de ~ van haar schoonheid* under the spell

ba

of her beauty ★ *de ~ breken* break the spell
banaal *bn* banal, trite, commonplace
banaan *v* [-nanen] ❶ *vrucht* banana ❷ *boom* banana
▼ *gaan met die ~!* fire away!, go ahead!
banaliteit *v* [-en] banality, platitude
bananenrepubliek *v* [-en] banana republic
bananenschil *v* [-len] banana skin / peel
bancair *bn* bank, banking ★ *~ verkeer* banking
transactions ★ *een ~ krediet* a bank loan
band¹ *m* [-s] *muz* band, group
band² **I** *m* [-en] ❶ *verbondenheid* bond, tie ★ *de ~*
tussen ouders en kinderen the bond between parents
and children ★ *iets aan ~en leggen* impose restraints
on ★ *uit de ~ springen* go wild ★ *door de ~ (genomen)*
generally, usually ❷ *transportband* belt ★ *een*
lopende ~ a conveyor belt ★ *aan de lopende ~*
continually ❸ *v. fiets, auto etc.* tyre, Am tire ★ *een*
lekke ~ a flat tyre ❹ *magneetband* tape ★ *opgenomen*
op de band recorded on tape ❺ *bilj* cushion ★ *over*
de ~ spelen bilj play via the cushion, fig work
indirectly **II** *o textiel* band, ribbon
bandage *v* [-s] ❶ *zwachtel* bandage ❷ *breukband* truss
bandageren *overg* [bandageerde, h. gebandageerd]
bandage
bandana *de* ['s] bandanna, bandana
bandbreedte *v* [-n & -s] ❶ telec band width
❷ *schommelingsmarge* fin range, variation
bandeloos *bn* lawless, riotous, undisciplined
bandenlichter *m* [-s] tyre lever, Am tire lever
bandenpech *m* puncture, tyre/Am tire trouble
bandenspanning *v* tyre pressure, Am tire pressure
banderol *v* [-len] ❶ banderole ❷ *om sigaren* revenue
band
bandiet *m* [-en] bandit, ruffian, brigand
bandje *o* [-s] *v. cassetterecorder* tape
bandoneon *m* [-s] bandoneon
bandopname *v* [-n & -s] tape recording
bandplooibroek *v* [-en] pleated trousers
bandrecorder *m* [-s] tape recorder
bandstoten *o* cushion billiards
banen *overg* [baande, h. gebaand] clear, prepare
★ *een weg ~* clear / break a way ★ *nieuwe wegen ~*
break new ground ★ *de weg ~ voor* pave the way for
★ *zich een weg ~ door* make / force / push one's way
through ★ *zich al strijdend een weg ~* fight one's way
banengroei *m* growth in employment, job(s) growth
banenmarkt *v* [-en] job fair, jobs market
banenplan *o* [-nen] job scheme, employment plan
banenpool *m* [-s] work program(me), job pool
bang **I** *bn* ❶ *alg.(predicatief)* afraid ★ *~ voor* afraid of,
in fear of ‹sbd›, ‹bezorgd› afraid for, fearing for
‹one's life› ★ *daar ben ik niet ~ voor* I'm not afraid of
that ★ *~ maken* frighten, make afraid, scare ★ *~ zijn*
be afraid ★ *~ zijn om...* be afraid to... ★ *~ zijn dat* be
afraid that, fear that ❷ *angstwekkend* fearful ★ *een ~*
avontuur a scary adventure ❸ *schuchter* fearful,
timid ★ *zo ~ als een wezel* as timid as a hare
❹ *ongerust* anxious ★ *wees maar niet ~!* don't be

afraid!, no fear! **II** *bijw* fearfully &
bangelijk *bn* timid, fearful
bangerd *m* [-s], **bangerik** [-riken] coward, inf chicken
Bangladesh *o* Bangladesh
bangmakerij *v* intimidation
banier *v* [-en] banner, standard
banjeren *onoverg* [banjerde, h. gebanjerd] ❶ *zwerven*
wander ★ *door de stad ~* roam / wander through the
town ❷ *met grote stappen lopen* march, stride
banjo *m* ['s] banjo
bank *v* [-en] ❶ *zitmeubel* sofa, couch, settee ❷ *van*
hout bench, ‹in de tuin› seat ★ sp *op de ~ zitten* sit
on the bench ❸ *schoolbank* desk ❹ *kerkbank* pew
❺ *mist-, zandbank & bank* ❻ *instelling* bank ★ handel
de centrale ~ the central bank ★ *een coöperatieve ~* a
cooperative bank ★ *de Nederlandsche Bank* the
Netherlands Central Bank ★ *een ~ van lening* a
pawnshop ★ *de ~ houden* keep / hold the bank
★ *de ~ laten springen* break the bank ▼ *door de ~*
(genomen) on the average
bankafschrift *o* [-en] statement of account, bank
statement
bankbediende *m-v* [-n & -s] bank clerk / employee
bankbiljet *o* [-ten] banknote
bankbreuk *v* [-en] bankruptcy ★ *bedrieglijke ~*
fraudulent / culpable bankruptcy ★ *eenvoudige ~*
simple / casual bankruptcy
bankdirecteur *m* [-en] bank manager
banket *o* [-ten] ❶ *gastmaal* banquet ★ *aan een ~*
aanzitten be a guest at a banquet ❷ *gebak* (fancy)
cakes ❸ *met amandelpers* almond pastry
banketbakker *m* [-s] confectioner, pastrycook
banketbakkerij *v* [-en] cake shop, patisserie
banketletter *v* [-s] almond pastry letter
banketstaaf *m* [-staven] almond pastry roll
bankgarantie *v* [-s] bank guarantee
bankgeheim *o* banking secrecy ★ *het ~ bewaren*
observe banking confidentiality
bankier *m* [-s] banker
bankieren *onoverg* [bankierde, h. gebankierd] ❶ *als*
klant bank ★ *elektronisch ~* electronic banking ★ *~*
bij de Postbank bank with the Post Office Bank
❷ *werken bij bank* work as a banker
bankje *o* [-s] ❶ *meubel* small bench, stool ❷ *bankbiljet*
inf banknote
bankoverval *m* [-len] bank raid ★ *een ~ plegen* commit
a bank robbery
bankpas *m* [-sen] banker's card, bank card, cash card
bankrekening *v* [-en] bank account ★ *een ~ openen*
open an account with a bank ★ *ik heb geld van*
mijn ~ gehaald I've withdrawn money from my
account
bankrekeningnummer *o* [-s] bank account number
bankroet **I** *o* [-en] bankruptcy ★ *frauduleus ~*
fraudulent bankruptcy **II** *bn* ★ *~ gaan* become a
bankrupt, go bankrupt ★ *~ zijn* be bankrupt
bankroof *m* [-roven] bank robbery
banksaldo *o* ['s & -di] bank balance

bankschroef *v* [-schroeven] vice

bankstel *o* [-len] lounge suite, three-piece suite

bankwerker *m* [-s] bench fitter, benchman, fitter and turner

bankwezen *o* banking, banking system, banking business

bankzaken *zn* [mv] banking business

banneling *m* [-en] exile

bannen *overg* [bande, h. gebannen] ❶ *verbannen* banish, exile ★ *iem. uit het bestuur* ~ exclude / expel sbd from the committee ❷ *uitdrijven* exorcise ‹evil spirits›

banner *m* [-s] *advertentietekst op website* <u>comput</u> banner

bantamgewicht I *o* <u>sp</u> bantam weight **II** *m* [-en] bantam

Bantoe *m* [-s] Bantu

banvloek *m* [-en] anathema, ban ★ *de* ~ *uitspreken over iem.* fulminate against sbd

baptist *m* [-en] Baptist

bar¹ *m* [baren] *eenheid v. luchtdruk* bar

bar² I *m & v* [-s] ❶ *café, buffet* bar ★ *in een* ~ *lunchen* have lunch in a bar ★ *aan de* ~ *staan* be at the bar ❷ *ballet* barre **II** *bn* ❶ *v. land* barren ❷ *v. 't weer* foul, severe ❸ *v. kou* biting, severe ❹ *grof* rough ★ *het is* ~ it's a bit thick ★ ~ *en boos* really terrible ★ *nu wordt het echt te* ~! now you're going too far! **III** *bijw* <u>versterkend</u> awfully, dreadfully, woefully ★ *een* ~ *slechte uitvoering* a woefully / awfully bad performance, a dreadful performance

barak *v* [-ken] ❶ shed ❷ <u>mil</u> ook hut, barracks

barbaar *m* [-baren] barbarian

barbaars *bn* barbarous, barbaric, barbarian

barbaarsheid *v* [-heden] barbarism, barbarity

Barbados *o* Barbados

barbarij *v* barbarism

barbarisme *o* [-n] barbarism

barbecue *m* [-s] barbecue ★ *op de* ~ *leggen* put on the barbecue ★ *kom je op onze* ~ *vanavond?* are you coming to our barbecue tonight?

barbecueën *onoverg* [barbecuede, h. gebarbecued] barbecue ★ *we gaan vanavond* ~ we're going to have a barbecue tonight

barbeel *m* [-belen] *vis* barbel

barbiepop® *v* [-pen] Barbie® doll

barbier *m* [-s] barber

barbituraat *o* [-raten] barbiturate

Barcelona *o* Barcelona

barcode *m* [-s] *streepjescode* bar code

bard *m* [-en] bard

baren *overg* [baarde, h. gebaard] ❶ *ter wereld brengen* give birth to, bear ★ *een kind* ~ give birth to a child ❷ *veroorzaken* cause, create ★ *opzien* ~ create a sensation ★ *zorgen* ~ cause anxiety, give trouble ★ *oefening baart kunst* practice makes perfect

barensnood *m* labour ★ *in* ~ *verkeren* be in labour

barensweeën *zn* [mv] pains of childbirth, labour pains, contractions

baret *v* [-ten] ❶ *v. advocaat & cap* ❷ *militair* beret

Bargoens I *o* ❶ (thieves') slang, argot ❷ *fig* jargon, gibberish, lingo, <u>inf</u> double Dutch **II** *bn* slangy

bariton *m* [-s] baritone

barium *o* barium

bark *v* [-en] <u>scheepv</u> bark, barque

barkeeper *m* [-s] barman, barkeeper

barkruk *v* [-ken] bar stool

barman *m* [-nen] barman, bartender

barmhartig *bn* merciful, charitable

barmhartigheid *v* [-heden] mercy, mercifulness, charity ★ *uit* ~ out of charity ★ *werken van* ~ works of mercy

barnsteen *o & m* amber

barnstenen *bn* amber

barok *bn & v* baroque

barokstijl *m* [-en] baroque style

barometer *m* [-s] barometer

barometerstand *m* [-en] barometric pressure

baron *m* [-nen, -s] baron

barones, baronesse *v* [-nessen] baroness

barracuda *m* ['s] *vis* barracuda

barrage *v* [-s] ❶ <u>sp</u> decider ❷ <u>paardensport</u> jump-off

barrels *zn* [mv] ★ *aan* ~ *slaan / schoppen* smash to pieces

barrevoets *bijw* barefoot

barricade *v* [-n & -s] barricade ★ *een* ~ *opwerpen* put up / raise a barricade ★ *op de* ~*n gaan* stand on the barricades

barricaderen *overg* [barricadeerde, h. gebarricadeerd] barricade

barrière *v* [-s] barrier

bars *bn* ❶ *alg.* stern, grim ❷ *v. uiterlijk* forbidding ❸ *v. stem, toon* harsh, gruff, rough ★ *met* ~*e stem* with a harsh voice ★ *een* ~ *antwoord* a blunt / an unfriendly answer

barst *m & v* [-en] crack, burst, flaw ▼ *inf dat gaat je geen* ~ *aan* that's none of your business ▼ *inf het kan me geen* ~ *schelen* I don't give a damn

barsten *onoverg* [barstte, is gebarsten] ❶ burst, crack, split ★ *barst!* go to hell! ★ *iem. laten* ~ leave sbd in the lurch ★ *een* ~*de hoofdpijn* a splitting headache ★ ~ *van het lachen / nieuwsgierigheid / woede* burst with laughter / curiosity / anger ★ ~ *van het geld* be loaded with money ★ *het barst er van de muggen* the place is full of mosquitoes ❷ *v. huid* chap

barstensvol *bn en bijw* brimming over (with), crammed ★ *de sloot zit* ~ *(met)* *vis* the ditch is full of fish

barteren *onoverg* [barterde, h. gebarterd] *ruilhandel bedrijven* barter

bas I *m* [-sen] *zanger* bass **II** *v* [-sen] ❶ *contrabas* double bass, contrabass ❷ *basgitaar* bass guitar ❸ *stem* bass

basaal *bn* basic, basal

basalt *o* basalt

bascule *v* [-s], **baskuul** [-kules] ❶ *weegschaal* balance ❷ *weegplatform* platform weighing machine

base *v* [-n] <u>chem</u> base

basejumpen *onoverg* [basejumpte, gebasejumpt] base-jump

baseline *v* [-s] *tennis* base line ★ *vanaf de* ~ from the base line

baseren I *overg* [baseerde, h. gebaseerd] ★ ~ *op* base (on), found (on), go (on) II *wederk* [baseerde, h. gebaseerd] ★ *zich* ~ *op* base one's case on, go on ★ *de verteller geeft ons niets om ons op te* ~ the storyteller gives us nothing to go on

basgitaar *v* [-taren] bass (guitar)

bashing *de* ❶ *zwartmakerij* denigrating ❷ *mishandeling* bashing

basilicum *o* basil

basiliek *v* [-en] basilica

basis *v* [-sen & bases] ❶ *grondslag* basis ★ *op* ~ *van* on the basis of, on the principle that ★ *de* ~ *leggen voor* lay the foundation for ★ *sp in de ~(opstelling) staan* be in the starting line-up ❷ *wisk, mil* base ❸ *legerkamp* base, station

basisaftrek *m* [-en] *bij belastingen* tax-free allowance, basic exemption

basisbeurs *v* [-beurzen] basic grant

basisch *bn* basic ★ ~ *zout* basic salt

basiscursus *m* [-sen] elementary course

basisinkomen *o* [-s] ❶ *zonder toeslagen* basic income ❷ *uitkering v.d. staat* guaranteed minimum income

basiskennis *v* rudiments, basic knowledge

basisloon *o* [-lonen] basic wage

basisonderwijs *o* primary education, elementary education

basisopstelling *v* [-en] *sp* starting line-up ★ *in de* ~ in the starting line-up

basispakket *o* [-ten] standard package

basisproduct *o* [-en] commodity, basic product

basisschool *v* [-scholen] Br primary school, Am elementary school ★ *op de* ~ *zitten* be at primary school

basisspeler *m* [-s] regular player

basisvak *o* [-ken] basic subject

basisvoorzieningen *zn* [mv] basic facilities

basisvorming *v in het onderwijs* basic curriculum, secondary school curriculum

Bask *m* [-en] Basque

Baskenland *o* ❶ Basque Country ❷ *in Spanje* Basque Provinces

basketbal *o* basketball

basketballen *onoverg* [basketbalde, h. gebasketbald] play basketball

Baskisch I *bn* Basque II *o taal* Basque

Baskische *v* [-n] Basque

bas-reliëf *o* [-s] bas-relief, low relief

bassin *o* [-s] ❶ *scheepv* basin, reservoir ❷ *zwembad* pool

bassist *m* [-en] ❶ bass (singer) ❷ *bespeler v. bas* bass player

bassleutel *m* [-s] bass clef, F clef

bast *m* [-en] ❶ *v. boom* bark, rind ❷ *v. peulvruchten* husk, shell ▼ *in z'n blote* ~ inf in his birthday suit,

bare-chested

basta *tsw* ★ *(daarmee)* ~*!* that's enough!

bastaard *m* [-en & -s] ❶ *onecht kind* illegitimate child, afkeurend bastard ❷ *dierk* mongrel ❸ *kruising* hybrid, crossbreed ★ plantk *tot* ~ *maken* hybridize

bastaard
Hoewel **bastaard** en **basterd** allebei in oorsprong **onecht kind** betekenen, heeft het woord in het Engels een zeer negatieve betekenis. Het wordt volop als scheldwoord gebruikt. In een gewone context kan het beter vermeden worden en de term **illegitimate** enz. worden gebruikt.

bastaardwoord *o* [-en] loan word

basterdsuiker, **bastaardsuiker** *m* brown sugar ★ *witte* ~ castor sugar

bastion *o* [-s] bastion

basviool *v* [-violen] violoncello

bat *o* [-s] ❶ *bij cricket* bat ❷ *bij tafeltennis* paddle

bataljon *o* [-s] battalion

Batavier *m* [-en] Batavian

batch *m* comput batch

baten *overg* [baatte, h. gebaat] be of use, be of avail, avail ★ *het mocht niet* ~ it was of no avail ★ *niet(s)* ~ be of no use / avail ★ *wat baat het?* what's the use / good? ★ *daar ben je niet mee gebaat* that's not going to help you, you'll get no benefit from that ★ *gebaat worden door...* profit by ★ *baat het niet, dan schaadt het niet* it doesn't hurt to try

batig *bn* ★ *een* ~ *saldo* a credit balance, a surplus ★ *een* ~ *slot* a surplus

batikken *overg* [batikte, h. gebatikt] batik

batist *o* batiste, lawn, cambric

batterij *v* [-en] ❶ *mil, elektr* battery ❷ *grote hoeveelheid* battery, array ★ *een* ~ *flessen* a battery of bottles ★ *op* ~*en werken* run on batteries

bauxiet *o* bauxite

bavarois *v* bavarois

baviaan *m* [-anen] baboon

baxter *m* [-s] ZN med drip

bazaar *m* [-s] ❶ *oosterse marktplaats* bazaar ❷ *voor liefdadig doel* bazaar, jumble sale, trash and treasure

Bazel *o* Basel, Basle

bazelen *onoverg* [bazelde, h. gebazeld] waffle, drivel

bazig *bn* overbearing, domineering, inf bossy

bazin *v* [-nen] mistress

bazooka *m* ['s] bazooka

bazuin *v* [-en] ❶ muz trombone ★ *de* ~ *steken* blow the trumpet, sing praises ❷ Bijbel trumpet

b.b.h.h. *afk* (bezigheden buitenshuis hebbende) away all day

b.d. *afk* (buiten dienst) retired

beachvolleybal *o* beach volleyball

beademen *overg* [beademde, h. beademd] ❶ *persoon* apply artificial respiration to, med insufflate ❷ *spiegel, ruit &* breathe on

beademing *v* [-en] ★ *kunstmatige* ~ artificial respiration ★ *aan de* ~ *liggen* be given artificial respiration

beambte *m-v* [-n] official, employee

beamen *overg* [beaamde, h. beaamd] endorse, assent to, confirm

beangstigen *overg* [beangstigde, h. beangstigd] alarm

beantwoorden I *overg* [beantwoordde, h. beantwoord] ❶ *brief, vraag &* answer, reply to ❷ *liefde &* return ❸ *groet* acknowledge **II** *onoverg* [beantwoordde, h. beantwoord] come up to, answer, fulfil/Am fulfill, meet ‹requirements› ★ *aan de beschrijving* ~ correspond to / answer (to) the description ★ *aan het doel* ~ answer / serve / fulfil the purpose ★ *aan de vereisten* ~ meet the requirements ★ *aan de verwachtingen* ~ come up to expectations ★ *niet aan de verwachtingen* ~ fall short of expectations

beantwoording *v* answering, replying ★ *ter* ~ *van* in answer / reply to

beargumenteren *overg* [beargumenteerde, h. beargumenteerd] substantiate

bearnaisesaus *v* Béarnaise sauce

beat *m* beat

beautycase *m* [-s] cosmetic case, vanity case

beautyfarm *m* [-s] beauty farm

bebakenen *overg* [bebakende, h. bebakend] beacon

bebloed *bn* blood-stained, blood-covered

beboeten *overg* [beboette, h. beboet] fine, impose a fine on

bebop *m* bebop

bebossen *overg* [beboste, h. bebost] forest, afforest ★ *een bebost gebied* a forested area

bebouwd *bn* ❶ *met gebouwen* built on ★ *buiten de* ~*e kom* outside the built-up area ★ *een* ~ *terrein* a built-on area ❷ landb cultivated, farmed ★ ~ *met graan* under corn

bebouwen *overg* [bebouwde, h. bebouwd] ❶ *met gebouwen* build on, develop ❷ *v. bodem* cultivate, till, farm

bebouwing *v* [-en] ❶ *gebouwen* buildings ★ *vliegen boven stedelijke* ~ fly over urban buildings ❷ *het bouwen* building on ★ *de* ~ *van een terrein* the development of a building site ❸ landb cultivation

bechamelsaus *v* béchamel sauce

becijferen *overg* [becijferde, h. becijferd] calculate, figure out

becijfering *v* [-en] calculation

becommentariëren *overg* [becommentarieerde, h. becommentarieerd] comment on

beconcurreren *overg* [beconcurreerde, h. beconcurreerd] compete with

becquerel *m* becquerel

bed *o* [-den] bed ★ *in (zijn)* ~ in bed ★ *in* ~ *leggen, naar* ~ *brengen* put to bed ★ *naar* ~ *gaan* go to bed, inf hit the hay / sack ★ *op* ~ *liggen* lie on one's bed ★ *het* ~ *houden* stay in bed ★ *met iem. naar* ~ *gaan* sleep with sbd ★ *aan zijn* ~ at his bedside ★ *op zijn* ~ on / in his bed ★ *te* ~ in bed ★ *zijn* ~ *opmaken* make the bed ★ *te* ~ *liggen met reumatiek* be laid up / be

down with rheumatism ★ *iem. van zijn* ~ *lichten* haul sbd out of bed ★ *zijn* ~*je gespreid vinden* have got it made ★ *een scheiding van tafel en* ~ a legal separation ★ *hij staat er mee op en gaat er mee naar* ~ he gets up and goes to bed with it ★ *dat is ver van mijn* ~ that doesn't concern me ★ *een ziekenhuis met 300* ~*den* a 300-bed hospital ★ *een* ~ *aardbeien* a bed of strawberries ★ *het* ~ *van de Regge* the bed of the river Regge

bedaagd *bn* elderly, aged

bedaard *bn* calm, composed, quiet ★ *hou je* ~ keep calm ★ ~ *zijn* be calm

bedacht *bn* ★ ~ *zijn op* be prepared for, think of, be mindful of ★ *niet* ~ *zijn op* have not bargained for, be unprepared for

bedachtzaam I *bn* ❶ *overleggend* thoughtful, deliberate ❷ *omzichtig* cautious **II** *bijw* thoughtfully, carefully, deliberately

bedachtzaamheid *v* ❶ thoughtfulness ❷ caution, deliberation

bedankbrief *m* [-brieven] ❶ *dankbetuiging* letter of thanks ❷ *weigering, opzegging* letter of rejection, letter of refusal

bedanken *overg* [bedankte, h. bedankt] ❶ *dank betuigen* thank ★ iron *je wordt bedankt!* thanks a lot! ❷ *zijn dank uitspreken* express thanks ❸ *niet aannemen* decline ★ ~ *voor een betrekking* decline the offer of a post / position, send in one's papers, resign ★ ~ *voor een uitnodiging* decline an invitation ★ *daar bedank ik voor* I'm afraid I have to decline ‹the invitation› ❹ *aftreden* resign ❺ *voor tijdschrift, lidmaatschap* withdraw one's subscription / membership

bedankje *o* [-s] ❶ *dankbetuiging* acknowledgement, (letter of) thanks ★ *ik heb er niet eens een* ~ *voor gehad* I didn't get so much as a 'thank-you' for it ❷ *afwijzing v. uitnodiging* refusal ❸ *opzegging als lid* resignation

bedankt *tsw* thanks ★ *hartelijk* ~*!, reuze* ~*!* thank you very much!, thanks a lot!

bedaren I *overg* [bedaarde, h. bedaard] ❶ *kalm maken* calm, soothe, quiet, appease ★ *iem. tot* ~ *brengen* calm sbd down ❷ *v. pijn* assuage, allay, still **II** *onoverg* [bedaarde, is bedaard] *kalm worden* calm down, quiet down, compose oneself ★ *bedaar!* calm down! ★ *tot* ~ *komen* calm down ★ *de storm / het tumult is bedaard* the storm / turmoil has blown over / subsided

bedbank *v* [-en] sofa bed

beddengoed *o* bedding, bedclothes

beddenlaken *o* [-s] sheet

bedding *v* [-en] ❶ *v. rivier* bed, channel ❷ *laag* geol layer, stratum ❸ mil platform ‹of a gun›, rest

bede *v* [-n, -s] ❶ *gebed* prayer ❷ *smeekbede* entreaty, supplication, plea

bedeesd *bn* diffident, timid, bashful, shy

bedehuis *o* [-huizen] house / place of worship

bedekken *overg* [bedekte, h. bedekt] cover, cover up

bedekking *v* [-en] cover
bedekt *bn* ❶ covered ‹with straw &› ★ *met ijs ~* covered with ice ★ *de lucht is ~* the sky is overcast ❷ *heimelijk* fig veiled, covert ★ *op ~e wijze* covertly ★ *in ~e termen* in guarded terms
bedektzadigen *zn* [mv] angiosperms
bedelaar *m* [-s] beggar
bedelarij *v* begging
bedelarmband *m* [-en] charm bracelet
bedelbrief *m* [-brieven] begging letter
'bedelen[1] *onoverg* [bedelde, h. gebedeld] beg (for) ★ *er om ~* beg for it
be'delen[2] *overg* [bedeelde, h. bedeeld] endow ★ *bedeeld met* endowed with, blessed with ★ *goed bedeeld zijn* be well off ★ *de minder bedeelden* the financially weak
bedeling *v* [-en] ❶ *armenhulp* charity ★ hist *in de ~ zijn, van de ~ krijgen* be on the parish / on charity ★ *wij leven hier niet van de ~!* we don't live on charity! ❷ *toestand* distribution, dispensation ★ *in deze ~, onder de tegenwoordige ~* in this dispensation, under the present dispensation
bedelmonnik *m* [-niken] mendicant friar
bedelorde *v* [-n & -s] mendicant order
bedelstaf *m* beggar's staff ★ *aan, tot de ~ raken, brengen* be reduced to beggary
bedeltje *o* [-s] *voor armband* charm
bedelven *overg* [bedolf, h. bedolven] ❶ bury ★ *zij lag bedolven onder het puin* she was buried under the rubble ❷ *veel geven* fig inundate, shower ★ *ik word bedolven onder het werk* I'm snowed under with work ★ *iem. ~ onder de complimentjes* shower sbd with compliments ★ *hij bedolf mij met mailtjes* he swamped me with e-mails / emails
bedenkelijk I *bn* ❶ *ongerustheid wekkend* worrying, serious, grave, ‹gevaarlijk› critical, risky ★ *dat ziet er ~ uit* that looks serious ❷ *twijfel wekkend* questionable ★ *van een ~ niveau* of a dubious level ★ *een ~e overeenkomst vertonen met...* look suspiciously like... ❸ *bezorgdheid, twijfel uitdrukkend* doubtful ★ *een ~ gezicht zetten* put on a serious / doubtful face **II** *bijw* ❶ *ongerustheid wekkend* alarmingly ❷ *twijfel wekkend* suspiciously
bedenken I *overg* [bedacht, h. bedacht] ❶ *overwegen* consider, take into consideration, reflect ‹that›, bear in mind ‹that› ★ *je moet wel ~ dat Japan een heel duur land is* you should bear in mind that Japan is a very expensive country ★ *als men bedenkt dat...* considering that... ❷ *uitdenken* think of, think up, devise, invent, contrive, hit on ★ *ik moet nog een leuk cadeau ~ voor hem* I'm still thinking up a nice present for him ❸ *niet vergeten* remember ★ *pas toen bedacht hij dat...* it was only then that he remembered that... ❹ *een geschenk geven aan* remember ‹sbd in sth› ★ *een vriend in zijn testament ~* put a friend in one's will **II** *wederk* [bedacht, h. bedacht] ❶ change one's mind, have second thoughts, think again ★ *zich tweemaal ~*

alvorens te... think twice before...ing ★ *zonder zich te ~* without thinking, without hesitation ❷ *te binnen schieten* occur to ★ *ik bedenk me dat ik nog melk moet kopen* it just occurs to me that I have to buy some milk
bedenking *v* [-en] ❶ *bezwaar* objection ★ *geen ~ hebben tegen* have no objection to... ★ *ik heb mijn ~en* I have my objections ❷ *twijfel* reservation ❸ *overweging, beraad* consideration ★ *iets in ~ houden* take sth into consideration
bedenksel *o* [-s] meestal geringsch fabrication ★ *dat is geen eigen ~* it's not something he's fabricated
bedenktijd *m* ❶ time for reflection ★ *twee minuten ~ krijgen* get two minutes to think it over ★ *extra ~ vragen* ask for extra time for reflection ❷ *bij onderhandeling, conflict* cooling-off period
bederf *o* ❶ *rotting* decay, rot, ‹m.b.t. vlees› taint ★ *aan ~ onderhevige goederen* perishables, perishable goods ❷ *verslechtering* deterioration, ‹zedelijk› depravity ★ *~ der zeden* moral depravity
bederfelijk *bn* perishable ★ *~e waar* perishable goods
bederven I *overg* [bedierf, h. bedorven] ❶ *verknoeien* spoil, ruin, mar ★ *iems. plezier ~* spoil sbd's fun ★ *iems. reputatie ~* ruin sbd's reputation ★ *hier valt niets meer aan te ~* this is fit to be thrown away ❷ *slecht maken* corrupt, deprave ❸ *vuil maken* taint ❹ *verwennen* spoil ‹a child› **II** *onoverg* [bedierf, is bedorven] ❶ *rotten* decay, rot ❷ *niet meer geschikt zijn voor consumptie* go off, go bad ★ *de melk is bedorven* the milk has gone off
bedevaart *v* [-en] pilgrimage ★ *op ~ gaan* go on a pilgrimage
bedevaartganger *m* [-s] pilgrim
bedevaartplaats *v* [-en] place of pilgrimage
bedgeheim *o* [-en] bedroom secrets
bedgenoot *m* [-noten] bedfellow
bediende *m-v* [-n & -s] ❶ *in huis* servant ❷ *kelner* waiter, waitress, attendant ❸ *in winkel* assistant ❹ *op kantoor* employee ★ *de jongste ~* the office junior
bedienen I *overg* [bediende, h. bediend] ❶ *klanten & serve*, attend to ★ *een klant ~* serve a customer ★ *iem. op zijn wenken ~* be at sbd's beck and call ❷ *aan tafel* wait on ❸ techn work, operate, control ▼ RK *een stervende ~* give the last rites to a dying man **II** *wederk* [bediende, h. bediend] ★ *zich ~* help oneself ★ *zich ~ van* ‹aan tafel› help oneself to, fig avail oneself of, use **III** *onoverg* [bediende, h. bediend] *klanten & serve* ❷ *aan tafel* wait
bediening *v* ❶ *in hotel & attendance*, service ★ *de ~ is goed / slecht* the service is good / bad ❷ techn working, operation, control ❸ RK administration of the last sacraments
bedieningsgeld *o* service charge
bedieningsgemak *o* ease of operation
bedieningspaneel *o* [-nelen] control panel, console
bedijken *overg* [bedijkte, h. bedijkt] dam up, dyke in, embank

bedijking v [-en] embankment, dykes
bedilal m [-len] *bemoeial* meddler
bedillerig, **bedilziek** bn censorious, meddling
bedilzucht v meddling, interfering
beding o [-en] *alg.* condition, proviso, stipulation, clause, term, warranty ★ *onder ~ dat* subject to ★ *onder géén ~* under no circumstances ★ *onder één ~* on one condition ★ jur *een arbitraal ~* an arbitration clause ★ jur *een gebruikelijk ~* a convention ★ jur *een ontbindend ~* an avoidance clause
bedingen overg [bedong, h. bedongen] ❶ *prijs* stipulate (that), bargain for ★ *een goede prijs ~* bargain for a good price ❷ *voorwaarden* obtain ❸ *overeenkomen* agree (on) ★ *de bedongen prijs* the agreed price
bediscussiëren overg [bediscussieerde, h. bediscussieerd] discuss
bedisselen overg [bedisselde, h. bedisseld] arrange ‹matters›, fix up
bedlegerig bn bedridden, laid up, ill in bed
bedoeïen m [-en] Bedouin
bedoelen overg [bedoelde, h. bedoeld] ❶ *een bedoeling hebben* mean, intend ★ *het was goed bedoeld* it was meant for the best, I / he & meant it kindly ★ *hij bedoelt het goed met je* he means well by you ★ *een goed bedoelde raad* a well-intentioned piece of advice ★ *ik heb er geen kwaad mee bedoeld!* no offence was meant! ★ *bedoeld zijn voor* be meant / intended for ❷ *willen zeggen* mean (to say) ★ *ik begrijp wat je bedoelt* I see your point ★ *wat bedoelt u daarmee?* what do you mean by it? ★ *ik bedoel maar...* as I said...
bedoeling v [-en] ❶ *voornemen* intention, plan, aim, jur intent ★ *het ligt niet in onze ~ om...* we have no intention of / to... ★ *met de beste ~en* with the best intentions ★ *met een bepaalde ~* purposively ★ *zonder bepaalde ~* unintentionally ★ *zonder kwade ~* no offence being meant, no harm being meant ★ *dat is niet de ~* that's not the intention, that's not what ‹I / we› meant ❷ *betekenis* meaning
bedoening v *drukte* fuss, to-do ★ *het was een hele ~* it was quite a to-do / job ★ *het was een rare ~* it was a strange affair
bedompt bn close, stuffy, musty
bedonderd bn ❶ *gek* crazy ★ *ben je (nou helemaal) ~?* are you crazy / nuts / out of your mind? ❷ *slecht* rotten, beastly ★ *ik voel me ~* I feel rotten / awful
bedonderen overg [bedonderde, h. bedonderd] *bedriegen* cheat, fool, trick
bedorven bn ❶ *niet vers, fris* bad, foul ★ ~ *vis / vlees* fish / meat that is off, tainted fish / meat ★ ~ *fruit* bad fruit ★ ~ *lucht* foul air ★ *een ~ maag* an upset stomach ❷ *verwend* spoilt ★ *een ~ kind* a spoilt child
bedotten overg [bedotte, h. bedot] take in, cheat, fool
bedplassen, **bedwateren** o bed-wetting, med enuresis
bedplasser m [-s] bed-wetter
bedraden overg [bedraadde, h. bedraad] ❶ elektr

wire ❷ plantk wire up ★ *takken van een boom ~* wire up the branches of a tree
bedrading v [-en] elektr wiring
bedrag o [-dragen] amount, sum, figure ★ *een ~ ineens, een eenmalig ~* a lump sum ★ *een fictief ~* a notional amount ★ *een openstaand ~* an outstanding amount ★ *een symbolisch ~* a token figure ★ *het verschuldigd ~* the amount due ★ *ten ~e van* to the amount of ★ *de ~en zijn exclusief btw* the prices do not include VAT
bedragen overg [bedroeg, h. bedragen] amount to ★ *de kosten ~ 350 euro* the expenses amount to 350 euros
bedreigen overg [bedreigde, h. bedreigd] ❶ threaten, menace ★ *het conflict bedreigt de wereldvrede* the conflict is threatening world peace ★ *iem. met de dood ~* threaten sbd with death ★ *bedreigde diersoorten* endangered species ★ *een ~de situatie* a threatening situation ❷ *intimideren* intimidate
bedreiging v [-en] ❶ threat, menace ★ jur ~ *met geweld* threat of violence ★ *een ~ vormen voor* pose a threat to ★ *onder ~ met een mes* under knife threat ❷ *intimidatie* intimidation, duress
bedremmeld bn confused, embarrassed
bedreven bn skilful/Am skillful, skilled, experienced, practised, expert ★ ~ *in* adept at, skilled at, (well) versed in
bedrevenheid v adeptness, proficiency, skill, skilfulness, expertise ★ *zijn ~ in* his proficiency in
bedriegen overg [bedroog, h. bedrogen] ❶ *misleiden* deceive, cheat, take in, impose upon ★ *hij heeft ons voor een grote som bedrogen* he's cheated us out of a large amount ★ *hij kwam bedrogen uit* his hopes were deceived, he was disappointed ★ *schijn bedriegt* appearances are deceptive ❷ *met geld* defraud, swindle ❸ *ontrouw zijn* be unfaithful to, deceive ★ *een bedrogen echtgenoot* a deceived husband / wife
bedrieger m [-s] ❶ *alg.* deceiver, impostor, cheat, fraud ★ *de ~ bedrogen* the biter bitten ❷ *oplichter* swindler ❸ *bij zakelijke transacties* fraud
bedriegertje o [-s] trick fountain ‹in a park that unexpectedly squirts water at visitors›
bedrieglijk bn ❶ *oneerlijk* deceitful ❷ *frauduleus* fraudulent ‹practices› ★ ~e *bankbreuk* fraudulent bankruptcy ❸ *misleidend* deceptive, false, misleading
bedrijf o [-drijven] ❶ *onderneming* business, company, enterprise, concern, undertaking, ‹chemical› works ★ *een eigen ~* one's own business, a business of one's own ★ *een middelgroot ~* a medium-sized business ★ landb *een gemengd ~* a mixed farm ★ *het gas~* the gas service ❷ *handeling* action, deed ★ *buiten ~* out of order, (standing) idle ★ *buiten ~ stellen* close down ★ *in ~* in (full) operation ★ *in ~ stellen* put into operation ★ *in ~ zijn* be operational ★ *in vol ~ zijn* to be working at full capacity ❸ *v. toneelstuk* act ‹of a play› ★ *in vijf bedrijven* in five acts ★ fig *tussen de bedrijven door* in the meantime, meanwhile

be

be

bedrijfsadministratie *v* business administration

bedrijfsarts *m* [-en] company doctor, company medical officer

bedrijfsauto *m* ['s], **bedrijfswagen** [-s] company car, commercial car

bedrijfschap *o* [-pen] <u>jur</u> trade board, industry board

bedrijfscultuur *v* [-turen] corporate culture, company culture

bedrijfseconomie *v* business economics

bedrijfsgeheim *o* [-en] trade secret, industrial secret

bedrijfskapitaal *o* operating capital, trading capital, working capital

bedrijfsklaar *bn* in working order

bedrijfskleding *v* industrial clothing

bedrijfskosten *zn* [mv] working expenses, running costs, operating costs ★ *vaste* ~ overheads, overhead costs ★ *overige* ~ other operating costs

bedrijfskunde *v* business administration

bedrijfsleider *m* [-s] ❶ manager ❷ *m.b.t. de bedrijfsvoering van een fabriek* plant / works manager

bedrijfsleiding *v* ❶ management ❷ *directie* board (of directors)

bedrijfsleven *o* ❶ business, business community, trade and industry, corporate sector ❷ *private sector* private enterprise

bedrijfsongeval *o* [-len] industrial accident

bedrijfsorganisatie *v* [-s] industrial organization ★ *een publiekrechtelijke* ~ a regulatory industrial tribunal / organization

bedrijfsplan *o* [-nen] business plan, industrial plan

bedrijfsrecht *o* business law

bedrijfsresultaat *o* [-taten] ❶ operating results, trading results ❷ *in de boekhouding* result from operations ★ *een positief / negatief* ~ an operating profit / loss, a trading profit / loss

bedrijfsspionage *v* industrial espionage

bedrijfsstak *m* [-ken] (branch of) industry, industry, (line of) business, trade sector

bedrijfsvereniging *v* [-en] industrial insurance board

bedrijfsvoering *v* operational management

bedrijfszeker *bn* <u>techn</u> reliable

bedrijven *overg* [bedreef, h. bedreven] commit, perpetrate ★ *een misdaad* ~ commit a crime ★ *de liefde* ~ make love ★ <u>taalk</u> *de* ~*de vorm* the active voice ★ *politiek* ~ be engaged in politics

bedrijvenpark *o* [-en] business park

bedrijvig I *bn* active, lively, busy, bustling ★ *een* ~*e stad* a bustling town ★ *een* ~ *kind* an active child **II** *bijw* busily, actively

bedrijvigheid *v* activity ★ *economische* ~ economic activity ★ *zij was een en al* ~ she was all activity

bedrinken *wederk* [bedronk, h. bedronken] ★ *zich* ~ get drunk, <u>inf</u> get tight / pissed

bedroefd *bn* ❶ *verdrietig* sad, dejected ★ ~ *zijn over* be sad about ★ ~ *weinig* precious little ❷ *van streek* distressed, upset

bedroeven I *overg* [bedroefde, h. bedroefd] give / cause pain (to), afflict, grieve, distress ★ *het*

bedroeft mij dat... I am grieved / distressed to learn / see that... **II** *wederk* [bedroefde, h. bedroefd] ★ *zich* ~ grieve, be grieved ⟨at it / to see &⟩

bedroevend I *bn* ❶ *droefheid veroorzakend* sad, depressing, distressing ❷ *onbeduidend* pitiful, pathetic **II** *bijw zeer* miserably, extremely ★ ~ *weinig* precious little / few

bedrog *o* ❶ *alg.* deceit, deception, fraud ★ ~ *plegen* cheat ❷ *optisch* illusion ★ *optisch* ~ an optical illusion ❸ *civielrecht* fraudulent misrepresentation, ⟨strafrecht⟩ fraud, obtaining by deception ❹ <u>fin</u> fraud

bedrogen *bn* ★ ~ *uitkomen* be deceived

bedruipen I *overg* [bedroop, h. bedropen] *vlees* baste **II** *wederk* [bedroop, h. bedropen] ★ *zich kunnen* ~ pay one's way, support oneself

bedrukken *overg* [bedrukte, h. bedrukt] ❶ <u>typ</u> print (over) ❷ *kwellen* depress

bedrukt *bn* ❶ *eig* printed ⟨cotton &⟩ ❷ <u>fig</u> depressed, dejected ★ *met een* ~ *gemoed* dejected

bedrust *v* confinement to bed, bed rest ★ *iem.* ~ *voorschrijven* prescribe bed rest

bedscène *v* [-s] bedroom scene

bedstee, bedstede *v* [-steden] <u>hist</u> box bed

bedtijd *m* bedtime

beducht *bn* ★ ~ *zijn voor iem.* be afraid of sbd ★ ~ *zijn voor* ⟨gevaar⟩ apprehensive of, ⟨leven, veiligheid⟩ afraid for

beduiden *overg* [beduidde, h. beduid] ❶ *aanduiden, betekenen* mean, signify ★ *het heeft niets te* ~ it means nothing ❷ *duidelijk maken* signal, indicate ★ *de gastheer beduidde ons te gaan zitten* the host signalled to us to sit down

beduidend I *bn* considerable, significant ★ *een* ~*e verbetering* a considerable improvement **II** *bijw* considerably, significantly ★ *hij doet het* ~ *beter dan ik* he is considerably better than I am

beduimeld *bn* ❶ *eig* thumbed ★ *een* ~ *boek* a well-thumbed book ❷ *vuil* thumb-marked

beduimelen *overg* [beduimelde, h. beduimeld] thumb

beduusd *bn* bewildered, dazed, <u>inf</u> flabbergasted, taken aback

beduveld *bn* ★ *ben je* ~? are you out of your mind?

beduvelen *overg* [beduvelde, h. beduveld] fool, trick, double-cross, hoodwink

bedwang *o* restraint, control ★ *goed in* ~ *hebben* have well in hand ★ *in* ~ *houden* hold / keep in check, keep under control ★ *zich in* ~ *houden* control oneself

bedwelmen *overg* [bedwelmde, h. bedwelmd] stun, stupefy, drug, intoxicate ★ ~*de middelen* drugs ★ ~ *door alcohol* intoxicate

bedwelming *v* [-en] ❶ *alg.* stupefaction, stupor ❷ *roes* intoxication, daze

bedwingen I *overg* [bedwong, h. bedwongen] ❶ *in bedwang houden* suppress, control, subdue, hold in check ★ *zijn tranen* ~ keep back one's tears ★ *zijn toorn* ~ restrain one's anger ❷ *onder controle brengen* suppress, conquer ★ *een oproer* ~ repress / put down / quell a rebellion ★ *een berg* ~ conquer a mountain ❸ *overwinnen* sp beat, get the better of ★ *Feyenoord bedwong Ajax* Feyenoord got the better of Ajax **II** *wederk* [bedwong, h. bedwongen] ★ *zich* ~ contain oneself, restrain oneself

bedzeiltje *o* [-s] rubber sheet

beëdigd *bn* ❶ *v. personen* sworn (in) ★ *een* ~ *accountant* a chartered accountant ❷ *v. verklaring* sworn, on oath ★ *een ~e verklaring* an affidavit ★ *een ~e vertaling* a certified translation

beëdigen *overg* [beëdigde, h. beëdigd] ❶ *iem.* swear in, administer the oath to ‹the witnesses› ★ *een functionaris* ~ swear an official into office ❷ *iets* swear, confirm on oath ★ *een verklaring* ~ swear a statement

beëdiging *v* [-en] ❶ *v. persoon* swearing in, administration of the oath ❷ *v. verklaring* confirmation on oath, swearing

beëindigen *overg* [beëindigde, h. beëindigd] ❶ *alg.* end, finish, conclude ★ *zijn loopbaan* ~ end one's career ❷ *v. contract* terminate ❸ *v. zwangerschap* terminate

beëindiging *v* ❶ *alg.* conclusion, ending ❷ *v. contract* termination ★ jur ~ *met wederzijds goedvinden* termination by mutual consent ★ jur ~ *zonder opzegging en opgaaf van redenen* termination without notice or cause

beek *v* [beken] brook, stream, rivulet

beekje *o* [-s] brooklet

beeld *o* [-en] ❶ *standbeeld* statue ★ *een* ~ *voor iem. oprichten* erect a statue of sbd ❷ *afbeelding* image, picture, portrait ★ *naar Gods* ~ *(en gelijkenis) geschapen* created after / in the image of God ❸ *televisie & picture, image ★ *slecht* ~ *hebben* have a bad picture / reception ★ *die ~en gaan de hele wereld over* these pictures are seen throughout the world ★ *iets in* ~ *brengen* show pictures of sth ★ *in* ~ *zijn* be on the screen ★ *hij is in* ~ *voor die functie* he is in the picture for this position ❹ *geestelijke voorstelling* image, idea, view ★ *zich een* ~ *vormen van* form a notion of, visualize ★ *een verkeerd* ~ *van iem. hebben* have the wrong impression of sth ★ *een vertekend* ~ *van iets hebben* have a distorted view of sth ❺ *zinnebeeld* image, symbol ❻ *redefiguur* figure (of speech), metaphor ❼ *schoonheid* beauty, inf beaut ★ *een* ~ *van een vrouw* a picture of a woman ▼ *hij is een* ~ *van werklust* he's a model of diligence

beeldband *m* [-en] videotape ★ *op* ~ *vastleggen* register on videotape

beeldbuis *v* [-buizen] cathode tube ★ *op de* ~ on small screen, inf on the box

beelddrager *m* [-s] pictorial medium

beeldenaar *m* [-s] effigy, ‹muntstuk› head

beeldend *bn* expressive, plastic ★ *de ~e kunsten* the plastic arts, the visual arts ★ *een* ~ *kunstenaar* a visual artist ★ *~e taal* expressive language ★ *een ~e beschrijving* a visual description

beeldenstorm *m* iconoclasm

beeldenstormer *m* [-s] iconoclast

beeldhouwen *overg* [beeldhouwde, h. gebeeldhouwd] sculpture, sculpt

beeldhouwer *m* [-s] sculptor

beeldhouwkunst *v* sculpture

beeldhouwwerk *o* [-en] sculpture

beeldig *bn* charming, lovely, gorgeous

beeldje *o* [-s] image, figurine, statuette

beeldkwaliteit *v* picture quality

beeldmerk *o* [-en] logo

beeldplaat *v* [-platen] video disc ★ *op* ~ *vastleggen* register on video disc

beeldscherm *o* [-en] screen

beeldschoon *bn* stunningly beautiful, gorgeous

beeldspraak *v* figurative language, metaphor, imagery

beeldtelefoon *m* [-s] videophone

beeldverhaal *o* [-halen] comic strip

beeldvorming *v* representation, image ★ *de* ~ *van gehandicapten* the way we see the disabled

beeltenis *v* [-sen] image, portrait, likeness

Beëlzebub *m* Beelzebub

been I *o* [benen] ❶ *ledemaat* leg ★ *benen maken, de benen nemen* take to one's heels ★ *vlug (wel) ter* ~ *zijn* be a good walker ★ *slecht ter* ~ *zijn* have trouble walking ★ *op de* ~ *blijven, zich op de* ~ *houden* keep (on) one's feet ★ *op de* ~ *brengen* raise ‹an army› ★ *iem. op de* ~ *helpen* set / put sbd on his legs ★ *op de* ~ *houden* keep going ★ *op de* ~ *zijn* eig be on one's feet, ‹op zijn› be stirring, be out of bed, ‹rondlopen› be about, be on the move, ‹na ziekte› be on one's legs, be up and about again ★ *de benen strekken* stretch one's legs ★ *op zijn laatste benen lopen* be on one's last legs ★ *het* ~ *stijf houden* stand firm, dig one's toes in, dig in one's heels ★ *met één* ~ *in het graf staan* have one foot in the grave ★ *met het verkeerde* ~ *uit bed stappen* get out on the wrong side of the bed ★ *op één* ~ *kan men niet lopen* two make a pair ★ *zich de benen uit het lijf lopen* run one's legs off ★ *op zijn achterste benen staan* be up in arms ★ *op eigen benen staan* stand on one's own feet / legs ★ *met beide benen op de grond blijven staan* remain level-headed ★ *geen* ~ *om op te staan* not have a leg to stand on ★ *iem. tegen het zere* ~ *schoppen* touch sbd on a sore spot ★ *het zijn sterke benen die de weelde kunnen dragen* set a beggar on horseback and he'll ride to the devil ❷ *wisk* side, leg **II** *o* [benen, beenderen] ❶ *deel v. geraamte* bone ❷ *stofnaam* bone ★ *er geen* ~ *in zien om...* make no bones about...ing, make nothing of...ing

beenbeschermer *m* [-s] leg guard, pad

beenbreuk *v* [-en] fracture of the leg, bone fracture

beendergestel *o* skeleton, bones

beendermeel *o* bone meal

beenhouwer *m* [-s] ZN butcher

beenhouwerij *v* [-en] ❶ *winkel* ZN butcher's shop ❷ *bedrijf* butcher's trade

beenmerg *o* bone marrow

beenmergtransplantatie *v* [-s] ❶ *het transplanteren* bone marrow transplantation ❷ *het getransplanteerde* bone marrow transplant

beenruimte *v* legroom ★ *een auto met voldoende ~* a car with sufficient legroom

beentje *o* [-s] ❶ *botje* (small) bone ❷ *klein been* (small) leg ★ *iem. ~ lichten* trip sbd up ★ *zijn beste ~ voorzetten* put one's best foot forward

beenvlies *o* [-vliezen] periosteum

beenwarmer *m* [-s] leg warmer

beer *m* [beren] ❶ *roofdier* bear, ⟨vrouwelijk⟩ she-bear ★ *een ongelikte ~* a clodhopper ★ *zo sterk als een ~* as strong as a horse ★ fig *de ~ is los* the fat is in the fire ★ fig *een ~ van een vent* a giant of a fellow ★ *beren op de weg zien* tend to see problems ★ *de huid van de ~ verkopen voor men hem geschoten heeft* count one's chickens before they are hatched ★ astron *de Grote Beer* the Great Bear, Ursa Major ★ astron *de Kleine Beer* the Little Bear, Ursa Minor ❷ *mannetjesvarken* boar ❸ *schoor, stut* buttress

beerput *m* [-ten] cesspool, cesspit ★ fig *ze hebben een ~ geopend* they've opened a can of worms

beërven *overg* [beërfde, h. beërfd] inherit

beest *o* [-en] ❶ *dier alg.* animal ★ fig *'t is bij de ~en af* it's beastly ❷ *wild dier* beast ❸ *ruw persoon* beast, brute ★ *een ~ van een kerel* a brute (of a man) ★ *de ~ uithangen* behave like an animal ★ *als een ~ te keer gaan* carry on like a beast

beestachtig I *bn* bestial, brutal, brutish ★ *op ~e wijze vermoorden* murder in a bestial manner **II** *bijw* ❶ terribly, awfully, dreadfully ★ *~ tekeer gaan* go mad ❷ versterkend horribly, terribly, outrageously ⟨drunk, dull, wet⟩ ★ *een ~ duur jasje* an outrageously expensive jacket

beesten *onoverg* [beestte, h. gebeest] party

beestenboel, **beestenbende** *m* inf pigsty

beestenweer *o* beastly weather

beet *m* [beten] ❶ *handeling* bite, sting ★ *een dodelijke ~ van een slang* a deadly snakebite ❷ *hapje* bite, morsel

beethebben *overg* [had beet, h. beetgehad] ❶ *vast hebben* have a hold of ★ *het flink ~* ⟨verliefdheid, verkoudheid⟩ have caught it ❷ *foppen* fig fool, trick, cheat ❸ *bij het vissen* have a bite

beetje I *o* [-s] *hoeveelheid* (little) bit, little ★ *alle ~s helpen* every little helps ★ *~ bij ~, stukje bij ~* bit by bit, little by little ★ *lekkere ~s* titbits ★ iron *ik ga me daar een ~ dansen!* do you think I'm going to dance just to please you? **II** *bn* little ★ *het ~ geld dat ik heb* the little money I have, what money I have ★ *een ~ musicus* anyone who knows the slightest thing about music

beetkrijgen *overg* [kreeg beet, h. beetgekregen] catch hold of

beetnemen *overg* [nam beet, h. beetgenomen] ❶ *beetpakken* take hold of ❷ *foppen* pull sbd.'s leg, make a fool of, take in, inf take for a ride ★ inf *je*

hebt je laten ~ you've let yourself be taken in ★ inf *Jan is lelijk beetgenomen* John's been had, John's been taken for a ride

beetpakken *overg* [pakte beet, h. beetgepakt] seize, take (get) hold of, grip, grasp

beetwortel *m* [-s & -en] sugar beet, fodder beet

bef *v* [-fen] bands

befaamd *bn* noted, famous, renowned

beffen *overg* [befte, h. gebeft] eat sbd, Am go down on sbd, eat pussy

begaafd *bn* gifted, talented ★ *een ~ schrijver* a talented writer ★ *~ met* endowed with

begaafdheid *v* [-heden] gift, talent ★ *dat getuigt van een enorme ~* that shows a great talent

begaan I *overg* [beging, h. begaan] ❶ *lopen over* walk (on), tread ★ *de begane grond* the ground floor, the ground level Am the first floor ❷ *bedrijven* commit, make, perpetrate ★ *een fout ~* commit an error, make a mistake ★ *een misdaad ~* commit / perpetrate a crime ★ sp *een overtreding ~* commit a foul **II** *onoverg* [beging, h. begaan] ★ *laat hem maar ~!* leave him alone! leave him be! **III** *bn* trodden ⟨path⟩, beaten ⟨track⟩ ▾ *~ zijn met* feel sorry for, pity ▾ *zij is erg ~ met haar medemens* she's very concerned about those around her

begaanbaar *bn* passable, negotiable, practicable

begeerlijk *bn* desirable

begeerte *v* [-n] ❶ *alg.* desire ❷ *seksueel* lust ★ *de ~ naar kennis* the desire for knowledge

begeleiden *overg* [begeleidde, h. begeleid] ❶ *vergezellen* accompany, ⟨v. hooggeplaatst persoon &⟩ attend ★ *een ~d schrijven* a covering letter, an accompanying letter ★ *~de omstandigheden* attendant / surrounding circumstances ❷ mil escort ❸ scheepv convoy ❹ muz accompany, play the accompaniment ★ muz *zichzelf ~ op de gitaar* accompany oneself on the guitar ❺ *met raad* counsel ★ *~ van een scriptie* supervise a thesis

begeleider *m* [-s] ❶ *vergezeller* companion, attendant ❷ muz accompanist ❸ *gids* guide ❹ *studiebegeleider* supervisor / coach

begeleiding *v* [-en] ❶ muz accompaniment ★ muz *met ~ van...* to the accompaniment of... ❷ *het vergezellen* accompaniment, escort ★ *hij arriveerde onder ~ van de politie* he arrived under police escort ❸ *raad* counselling, Am counseling ❹ *ondersteuning* coaching, guidance, supervision, support ★ *ter ~ in* support

begenadigd *bn* inspired, talented, gifted

begenadigen *overg* [begenadigde, h. begenadigd] ❶ *gratie verlenen* pardon, reprieve ❷ *zegenen* bless ★ *zij is begenadigd met drie lieftallige dochters* she is blessed with three lovely daughters

begeren *overg* [begeerde, h. begeerd] desire, wish, want, covet

begerenswaard, **begerenswaardig** *bn* desirable, eligible

begerig I *bn* ❶ *alg.* eager, desirous, covetous ★ ~ *naar* eager for ★ ~ *om te...* eager to... ★ *~e blikken werpen op* cast covetous eyes on ❷ *inhalig* greedy **II** *bijw* eagerly, longingly, covetously, greedily

begeven I *overg* [begaf, h. begeven] break down, fail, collapse ★ *zijn krachten ~ hem* he is losing his strength ★ *zijn benen begaven hem* his legs gave way ★ *zijn moed begaf hem* his heart sank ★ *mijn computer heeft het ~* my computer has given up the ghost ★ *de ketting kan het ~* the chain may break **II** *wederk* [begaf, h. begeven] ★ *zich ~* ‹gaan naar› proceed, make one's way to ★ *zich ~ in gevaar* expose oneself to danger ★ *zich op weg ~* set off for ★ *zich ~ naar* go to, set out / start for ★ *ik zou mij daar niet in ~* I wouldn't get involved in that sort of thing ‹if I were you› ★ *zich ter ruste ~* go to bed

begieten *overg* [begoot, h. begoten] water

begiftigen *overg* [begiftigde, h. begiftigd] endow with, present with ★ *iem. ~ met...* endow sbd with..., confer... on sbd ★ *begiftigd zijn met talent* be talented, endowed with talent / (many) talents

begijn *v* [-en] hist beguine

begijnhof *o* [-hoven] beguinage

begin *o* start, beginning, commencement, outset, opening, inception ★ *een ~ maken* make a beginning / start ★ *een ~ maken met* begin, start ‹work &› ★ *een ~ van brand* an outbreak of fire ★ *het ~ van het einde* the beginning of the end ★ *alle ~ is moeilijk* all beginnings are difficult ★ *een goed ~ is het halve werk* well begun is half done ★ *een verkeerd ~* a bad / false start ★ *bij het ~~nen* begin at the beginning / start ★ *aan / in het ~* at / in the beginning, at first ★ Bijbel *in den ~ne* in the beginning ★ *aan het ~ van volgend jaar* early next year ★ *al in het ~* at the (very) outset, from the outset ★ *(in het) ~(van) januari* at the beginning of January, early in January ★ *van het ~ af aan* from the first, from the beginning ★ *van het ~ tot het eind* from beginning to end, from start to finish, throughout ★ *hij is ~ vijftig* he is in his early fifties ★ jur *een ~ van bewijs* prima facie evidence

beginkapitaal I *o geldbedrag* starting capital **II** *v* [-talen] *hoofdletter* initial capital (letter)

beginletter *v* [-s] initial letter

beginneling *m* [-en] beginner, novice

beginnen I *overg* [begon, is begonnen] begin, commence, start ★ *een bedrijf ~* start a business ★ *voor zichzelf / een eigen bedrijf ~* start one's own business, set up / start for oneself ★ *wat moet ik ~?* what to do? ★ *wat ben ik begonnen!* what have I let myself in for! ★ *om te ~...* to begin with..., to start with..., for a start... ★ *aan / met iets ~* begin (on / with) sth ★ *daar begin ik niet aan* I don't go in for that sort of thing ★ *~ met te zeggen dat...* begin by saying that... ★ *er is niets met hem te ~* he is quite unmanageable ★ *je moet niet met hem ~* don't get entangled with him ★ *er is niets mee te ~* it won't do, it's hopeless, I can make nothing of it ★ *er is geen ~*

aan why even start? ★ *men moet iets hebben om te ~* to start upon ★ ~ *(te praten) over* begin / start on, broach ‹a subject› ★ *van voren af aan ~* begin ‹all› over again, start afresh ★ *met Frans ~* take up French ★ ~ *te drinken* ‹eenmalig› begin to drink, begin drinking, ‹als gewoonte› take to drinking / drink ★ *begin maar!* go ahead! ★ *zij zijn begonnen!* they started it! **II** *onoverg* [begon, is begonnen] ❶ *alg.* begin, start ★ *de wedstrijd begint om 14.00 uur* the match begins at 2 p.m. ★ *die straat begint hier* the road starts here ★ *het begint te waaien* it's starting to blow ★ *het begint er op te lijken* it's beginning to look like it ★ *hij begon in te zien dat hij fout zat* he began to recognize that he was wrong ❷ *intreden* set in ❸ *opkomen* come on

beginner *m* [-s] beginner, novice

beginnersfout *v* [-en] beginner's error ★ *een ~ maken* make a beginner's error

beginperiode *v* [-s] ❶ initial period ★ *in de ~* initially ❷ *m.b.t. het opstarten van een bedrijf* start-up phase

beginpunt *o* [-en] starting point, point of departure

beginrijm *o* [-en] alliteration

beginsel *o* [-en & -s] principle ★ *de (eerste) ~en van wetenschap* the elements / rudiments / ABC of science ★ *in ~* in principle ★ *uit ~* on principle ★ *zonder ~en* without principles ★ *het ~ huldigen dat...* hold the principle that...

beginselloos *bn* ❶ without principle(s) ❷ geringsch unprincipled

beginselvast *bn* firm in his / her & principles, consistent

beginselverklaring *v* [-en] ❶ statement / declaration of principles ★ *een ~ ondertekenen* sign a statement of principles ❷ pol manifesto

beginsignaal *o* [-nalen] ❶ starting signal ❷ sp starting shot

beginsnelheid *v* [-heden] initial velocity

beglazing *v* glazing ★ *dubbele ~* double glazing

begluren *overg* [begluurde, h. begluurd] ❶ spy on, peep at ❷ *v. meisje* ogle

begonia *v* ['s] begonia

begoochelen *overg* [begoochelde, h. begoocheld] beguile, delude

begoocheling *v* [-en] spell, delusion, illusion

begraafplaats *v* [-en] cemetery, churchyard, graveyard, burial ground

begrafenis *v* [-sen] ❶ funeral, burial, interment ★ *bij de ~ van mijn oma* at my grandmother's funeral ★ *een kerkelijke ~* a Christian burial ❷ *lijkstoet* funeral ★ *er kwam een ~ voorbij* a funeral cortège passed by

begrafeniskosten *zn* [mv] funeral expenses

begrafenisondernemer *m* [-s] undertaker, mortician

begrafenisonderneming *v* [-en] undertaker's business

begrafenisstoet *m* [-en] funeral procession, funeral cortège

begraven *overg* [begroef, h. begraven] bury, plechtig inter ★ *iem. levend ~* bury sbd alive ★ *onder het* *werk* ~ *zijn* be buried in one's work, be overloaded with work ★ *fig de strijdbijl* ~ bury the hatchet ★ *laten we die kwestie maar* ~ let's drop the matter

begrensd *bn* limited ★ *zijn mogelijkheden zijn* ~ his possibilities are limited ★ *een* ~ *gebied* a limited area

begrenzen *overg* [begrensde, h. begrensd] ❶ *de grens vormen van* bound, border ★ *begrensd worden door* be bounded by ❷ *beperken* limit

begrenzing *v* [-en] ❶ *grens* boundary ❷ *beperking* limitation

begrijpelijk *bn* understandable, comprehensible, intelligible ★ *in* ~*e taal* in understandable language ★ *iets* ~ *maken* make sth clear ★ *om* ~*e redenen* for obvious reasons

begrijpelijkerwijs, **begrijpelijkerwijze** *bijw* understandably, for obvious reasons

begrijpen *overg* [begreep, h. begrepen] understand, comprehend, grasp ★ *verkeerd* ~ misunderstand ★ *ergens niets van* ~ not understand it at all ★ *we* ~ *uit jouw woorden dat...* we gather from your words that... ★ *dat laat zich* ~ that's pretty obvious ★ <u>inf</u> *dat kun je* ~*!* not likely! ★ *begrepen?* understood? ★ *niemand begrijpt me!* nobody understands me! ★ *het niet op iem. begrepen hebben* ⟨niet goed gezind zijn⟩ have no friendly feelings towards sbd ★ *het op iem. begrepen hebben* ⟨het gemunt hebben op iem.⟩ get at, pick on sbd

begrijpend *bn* understanding ★ *een* ~*e vader* an understanding father ★ ~ *knikken* nod understandingly

begrip *o* ❶ *bevatting* understanding, comprehension, conception ★ *dat gaat mijn* ~ *te boven* it's beyond my comprehension, it's beyond me ★ *traag / snel van* ~ *zijn* be slow / quick on the uptake ❷ *wil te begrijpen* understanding ★ ~ *vragen voor* ask sympathy for ★ *geen enkel* ~ *kunnen opbrengen voor* find sth hard to accept ★ ~ *hebben voor* appreciate, sympathize with, be understanding of ★ *vol* ~ very understanding ❸ *idee* [-pen] idea, notion, conception ★ *zich een* ~ *van iets vormen* form an idea / a notion of sth ★ *volgens mijn* ~*pen* according to my notions of... ★ *geen (flauw)* ~ *van iets hebben* not have the faintest idea of sth ★ *Cruijff is hier een* ~ Cruijff is a legend here ❹ *samenvatting* [-pen] synopsis ★ *een kort* ~ a summary

begripsbepaling *v* [-en] definition

begripsverwarring *v* [-en] confusion of ideas

begroeid *bn* overgrown, grown over (with), covered (with) ★ *de oever is* ~ *met...* the bank is covered with...

begroeiing *v* [-en] overgrowth

begroeten *overg* [begroette, h. begroet] salute, greet ★ *iem. aan de deur* ~ greet sbd at the door ★ *gaan* ~ (go and) pay one's respects to... ★ *met applaus* ~ hail with applause ★ *het voorstel werd met instemming begroet* the proposal was greeted with approval

begroeting *v* [-en] salutation, greeting

begroten *overg* [begrootte, h. begroot] cost, estimate

(op at) ★ *de kosten* ~ *op 1000 euro* estimate the costs at 1,000 euros

begroting *v* [-en] ❶ *v. werk* estimate ★ *een* ~ *indienen* submit an estimate ★ *een* ~ *maken van de uitgaven* draw up an estimate of the expenses ❷ *v. staat & budget* ★ *op de* ~ *zetten* put on the budget ★ *dat staat op de* ~ that is on the budget ★ *een gat in de* ~ a budget shortfall ★ *een (niet-)sluitende* ~ a (non-)balanced budget ❸ *v. land-, zee- en luchtmacht* the Army / Navy / Air estimates ❹ *het begroten* costing

begrotingsjaar *o* [-jaren] budget(ary) year, fiscal year, financial year ★ *in het lopende* ~ in the current financial year

begrotingstekort *o* [-en] budget deficit, budgetary deficit

begunstigde *m-v* [-n] ❶ beneficiary ❷ *van cheque* payee

begunstigen *overg* [begunstigde, h. begunstigd] ❶ *bevoordelen* favour ★ *iem. met iets* ~ favour sbd with sth ❷ *steunen, beschermen* countenance, support, promote ★ *een zaak* ~ promote a matter

begunstiger *m* [-s] ❶ *alg.* patron ❷ *handel* <u>client</u>

beha *m* ['s] bra

behaaglijk *bn* ❶ pleasant, comfortable ❷ <u>inf</u> snug, cosy

behaagziek *bn* coquettish

behaagzucht *v* coquetry

behaard *bn* hairy, hirsute ★ *zwaar* ~ very hairy

behagen **I** *overg* [behaagde, h. behaagd] please ★ *het heeft Hare Majesteit behaagd om...* it has pleased her Her Majesty to... ★ *het behaagt mij...* it pleases me to... **II** *o* pleasure ★ ~ *scheppen in* find pleasure in, take delight / pleasure in

behalen *overg* [behaalde, h. behaald] obtain, gain, win ★ *eer* ~ *aan* gain credit by ★ *zijn diploma / resultaten* ~ obtain one's certificate / achieve results ★ *de overwinning* ~ gain victory ★ *winst* ~ secure a profit ★ <u>sp</u> *voldoende punten* ~ score enough points

behalve *voegw* ❶ *uitgezonderd* except, but, save, apart from ★ *ik kom,* ~ *als het regent* I'll come unless it rains ★ *allen,* ~ *mijn broer* everyone but my brother ❷ *naast* besides, in addition to ★ ~ *een hond had hij nog drie katten* besides a dog he had three cats

behandelen *overg* [behandelde, h. behandeld] ❶ *omgaan met* deal with, handle, treat ★ *een zaak / onderwerp / vraag* ~ deal with a case / subject / question ★ *een kwestie uitvoerig* ~ deal with a matter / question at length ★ *een instrument* ~ handle / manipulate an instrument ★ *leer met vet* ~ treat leather with dubbin ❷ *omgaan met iem.* treat, deal with ★ *iem. als gelijke* ~ treat sbd as an equal ★ *iem. goed / slecht* ~ treat sbd well / badly ★ *iem. als een kind* ~ treat sbd as a child ★ *iem. / iets ruw* ~ handle sbd / sth roughly, knock sbd / sth about ❸ *verzorgen* <u>med</u> attend to, treat ★ *een patiënt* ~ treat a patient ★ *een gekneusde enkel* ~ treat a sprained ankle ★ *zich laten* ~ *door een arts* receive

medical treatment ❹ jur hear ‹civil cases›, try
‹criminal cases› ❺ *uiteenzetten* address
behandeling *v* [-en] ❶ *verzorging* treatment ★ *hij is
onder* ~ he is under medical treatment ★ *zich
onder* ~ *stellen van een arts* call in a doctor ★ *tien ~en
bij de fysiotherapeut* ten physiotherapy treatments
★ *de medische* ~ *was goed* medical treatment was
good ❷ *het omgaan met iets* handling, use ★ *de
verkeerde* ~ the wrong treatment, malpractice ★ *de
Wet Gelijke Behandeling* the Equal Treatment Act
❸ jur discussion ‹of a bill›, hearing ‹of a civil case›,
trial ‹of a criminal case› ★ *de zaak is in* ~ the matter
is being dealt with / is under discussion ★ *wanneer
zal de zaak in* ~ *komen* when will the matter come
up for discussion / be dealt with? ★ *in* ~ *nemen*
consider ★ *een* ~ *ter zitting* a trial in court ★ *een
openbare* ~ a public hearing, a public trial ★ *een
versnelde* ~ an expedited trial
behandelkamer *v* [-s] treatment room, surgery
behandelmethode *v* [-s & -n] method of treatment
behang *o* wallpaper ★ *muzikaal* ~ muzak, wallpaper
music ★ *iem. achter het* ~ *(kunnen) plakken* cheerfully
murder sbd ★ *door het* ~ *gaan* be driven up the wall
behangen *overg* [behing, h. behangen] ❶ *muren
bekleden* paper ❷ *hangen aan* hang ★ *zij is* ~ *met
sieraden* she is covered with jewels from head to foot
behanger *m* [-s] ❶ *alg.* paperhanger ❷ *behanger en
stoffeerder* upholsterer
behappen *onoverg* ★ *iets niet kunnen* ~ not be able to
deal with sth
beharing *v* growth of hair
behartigen *overg* [behartigde, h. behartigd] *zorgen
voor* look after, promote ★ *iems. belangen* ~ look
after someone's interests ★ *wie behartigt die zaak?*
who is handling this matter?
behartiging *v* promotion, management
behaviorisme *o* behaviourism
beheer *o* ❶ management, control, supervision,
administration ★ *in eigen* ~ under direct
management, under one's own management,
internally ★ *iets in eigen* ~ *uitgeven* publish sth
privately ★ *financieel* ~ financial management,
treasury ★ *onder zijn* ~ ‹v. bedrijf &› under his
management, ‹v.e. land› during his administration
★ *onder* ~ *staan van* be under the control of ★ jur
onder ~ *van een curator* in receivership ❷ *bestuurlijke
macht* administrative control
beheerder *m* [-s] *alg.* manager, director,
administrator ★ *een* ~ *van een failliete boedel* a
trustee
beheersbaar *bn* manageable, controllable ★ *een* ~
probleem a manageable problem
beheersbaarheid *v* manageability
beheersen I *overg* [beheerste, h. beheerst]
❶ *gevoelens &* command, master ❷ *personen & zaken*
control, dominate ❸ *land, volk* rule, govern ★ *de
kunst van het zwijgen* ~ have mastered the art of
silence ★ *een onderwerp* ~ have mastery of a subject

★ *een taal / de situatie* ~ be master of a language / of
the situation ★ *zijn driften* ~ control one's anger
★ *zijn stem* ~ control one's voice ★ *de regering moet
de uitgaven zien te* ~ the government has to control
its expenses ★ *een land / volk* ~ govern a country
/ people ★ sp *de thuisploeg beheerst de wedstrijd* the
home team dominates the match **II** *wederk*
[beheerste, h. beheerst] ★ *zich* ~ control oneself
★ *zich niet kunnen* ~ not be able to control oneself
beheersing *v* command, control, domination, check
★ ~ *van een taal* command of a language ★ ~ *van de
uitgaven* control of the expenses
beheerst *bn* ❶ *kalm* self-controlled, composed,
restrained ★ *een* ~ *persoon* a self-controlled person
❷ *gematigd* controlled ★ *een ~e groei* moderate
growth
beheksen *overg* [behekste, h. behekst] bewitch
behelpen *wederk* [behielp, h. beholpen] ★ *zich* ~
make shift, make do, manage to get on ★ *het blijft* ~
we'll just have to do the best we can
behelzen *overg* [behelsde, h. behelsd] contain ★ ~ *de
dat...* to the effect that...
behendig I *bn* clever, dexterous, deft, adroit **II** *bijw*
cleverly, dexterously &
behendigheid *v* [-heden] dexterity, skill, adroitness
behendigheidsspel *o* [-spelen] game of skill
behept *bn* ★ ~ *met* cursed with, troubled with,
affected with
beheren *overg* [beheerde, h. beheerd] manage,
control ‹affairs›, superintend, administer, conduct
‹a business› ★ *een ~d vennoot* a managing / acting
partner ★ *een vermogen* ~ administer a fortune
★ *een stuk land* ~ administer an estate ★ *de kantine* ~
run the canteen
behoeden *overg* [behoedde, h. behoed] protect,
guard, preserve (*voor* from) ★ *iem. voor de
ondergang* ~ keep sbd from ruin ★ *God behoede je!*
may God protect you!
behoedzaam *bn* prudent, cautious, wary ★ ~ *te werk
gaan* proceed carefully
behoefte *v* [-n, -s] want, need ★ *de* ~ *aan geld / rust* the
need for money / quiet ★ ~ *hebben aan* stand in
need of, be in want of, want ★ *de dagelijkse ~n*
essentials, everyday items ★ *zijn* ~ *doen* relieve
oneself, answer nature's call ★ *in een* ~ *voorzien*
meet a need ★ *er is* ~ *aan medici[j]nen* there is a need
for medicines ★ *de* ~ *voelen om* feel the need to
behoeftig *bn* needy, indigent, destitute ★ *in ~e
omstandigheden* in need, in needy circumstances
behoeve ★ *ten* ~ *van* for the benefit of, on behalf of,
in aid of, for the purpose of
behoeven *overg* [behoefde, h. behoefd] want, need,
require ★ *het behoeft geen betoog* it goes without
saying ★ *rust ~d* in need of rest
behoorlijk I *bn* ❶ *zoals het hoort* decent, proper, fit
❷ *redelijk* considerable, fair, reasonable ★ ~*e kennis
van...* fair knowledge of... ❸ *voldoende* adequate,
sufficient **II** *bijw* ❶ properly, decently ★ *zich* ~

be

be

gedragen behave decently ❷ *versterkend* pretty, rather, quite ★ *het is ~ koud vandaag* it's pretty cold today ★ *~ veel verdienden* earn quite a lot of money

behoren I *onoverg* [behoorde, h. behoord] ❶ *deel zijn van* belong to, be part of ★ *~ tot de besten* be among the best ★ *bij elkaar ~* belong together ★ *~ tot die mensen die...* be one of those people who... ★ *~ bij* go with ❷ *toebehoren* belong to ★ *dat boek behoort mij (toe)* that book belongs to me ★ *de Balearen ~ (aan) Spanje* the Balearic Islands are part of Spain ❸ *betamen* be fit / proper ★ *je behoort / behoorde te gehoorzamen* you ought to / should obey ❹ *moeten* should, be supposed to ★ *dat behoor je te weten* you should know that, you're supposed to know that **II** *o* ★ *naar ~* as it should be, duly, properly, fittingly

behoud *o* ❶ *blijven houden* preservation, conservation, maintenance ★ *met ~ van zijn salaris* on full pay, ‹holidays› with pay ❷ *redding* salvation, saving ★ *het ~ van de natuur* nature conservation ★ *het ~ van mensenlevens* the saving of lives ★ *regelmatig onderhoud betekent het ~ van uw auto* regular servicing will ensure that your car has a long life

behouden I *overg* [behield, h. behouden] keep, retain, preserve ★ *Tiger Woods behield de leiding* Tiger Woods maintained the lead ★ *hij wist zijn invloed te ~* he was able to retain his influence ★ *goede spelers kunnen ~* be able to keep good players **II** *bn* safe, safe and sound ★ *een ~ vaart* a safe journey **III** *bijw* safely, safe and sound ★ *~ aankomen* arrive safely

behoudend *bn* conservative ★ *mijn ouders zijn nogal ~ in hun opvattingen* my parents are rather conservative in their views

behoudens *voorz* ❶ *behalve* except for, save, barring ★ *~ enkele kleine veranderingen* except for a few small alterations ❷ *onder voorbehoud van* subject to ★ *~ nadere goedkeuring van...* subject to the approval of... ★ *~ onvoorziene omstandigheden* if no unforeseen circumstances arise ★ *~ zijn recht om...* without prejudice to his right to... ★ *~ vergissingen en weglatingen* subject to errors and omissions

behoudzucht *v* conservatism

behuild *bn* tear-stained ★ *met een ~ gezicht* with a face wet with tears ★ *~e ogen* tear-stained eyes

behuisd *bn* ★ *klein ~ zijn* live in a small house ★ *ruim ~ zijn* have plenty of room

behuizing *v* [-en] ❶ *huisvesting* housing ❷ *huis* house, dwelling

behulp *o* ★ *met ~ van* with the help / assistance of ‹friends›, with the aid of, by means of

behulpzaam *bn* helpful, obliging, cooperative ★ *iem. ~ zijn (bij...)* help / assist sbd (in...) ★ *een behulpzame vrouw* a helpful woman

beiaard *m* [-s & -en] chimes, carillon

beiaardier *m* [-s] carillon player

beide *telw* both ★ *in ~ gevallen* in either case ★ *de ~ broers* the two brothers ★ *van ~ zijden* from both

sides ★ *een van ~(n)* one of the two, either ★ *geen van ~(n)* neither ★ *wij / jullie ~n* both of us / you ★ *met ons ~n* we two, the two of us ★ *met ons ~n kunnen wij dat wel* between us we can do it ★ *wie van ~n* which of the two ★ *ons ~r vriend* our mutual friend

beiden *overg en onoverg* [beidde, h. gebeid] *vero* bide, wait for

beiderlei *bn* both, either ★ *van ~ kunne* of both sexes, of either sex ★ *op ~ wijze* both ways, either way

Beier *m* [-en] Bavarian

Beieren *o* Bavaria

beieren *onoverg (en overg)* [beierde, h. gebeierd] chime / ring (the bells)

Beiers *bn* Bavarian

Beierse *v* [-n] Bavarian ★ *ze is een ~* she's a Bavarian, she's from Bavaria

beige *bn* beige

beignet *m* [-s] fritter

beijveren *wederk* [beijverde, h. beijverd] ★ *zich ~ voor...* do one's utmost to..., try one's hardest to...

beijzeld *bn* ice-covered ★ *~e wegen* icy roads

beïnvloeden *overg* [beïnvloedde, h. beïnvloed] influence, affect ★ *iem. ~* influence sbd ★ *dat beïnvloedt mijn beslissing* that will affect my decision ★ *het nieuws beïnvloedt de beurskoers* the news is having an effect on the stock market quotations

beitel *m* [-s] chisel

beitelen *overg* [beitelde, h. gebeiteld] chisel ‹a block of marble› ★ *zijn naam in een steen ~* chisel one's name in a stone ▼ *gebeiteld zitten* inf be in the bag

beits *m & o* [-en] stain

beitsen *overg* [beitste, h. gebeitst] stain

bejaard *bn* aged, elderly

bejaarde *m-v* senior citizen, elderly lady / gentleman ★ *de ~n* old people, the aged, senior citizens

bejaardentehuis, bejaardenhuis *o* [-huizen] old people's home, home for the elderly

bejaardenverzorger *v* [-s] care worker for the elderly

bejaardenwoning *v* [-en] old people's flat

bejaardenzorg *v* care of the elderly

bejegenen *overg* [bejegende, h. bejegend] treat ★ *iem. vijandig / vriendelijk ~* treat sbd in a hostile / friendly fashion

bejegening *v* [-en] treatment

bejubelen *overg* [bejubelde, h. bejubeld] cheer, applaud ★ *de overwinning werd bejubeld* the victory was celebrated ★ *een beroemdheid ~* cheer a celebrity

bek *m* [-ken] ❶ *techn* mouth ❷ *snavel* beak, bill ❸ *muil* snout, muzzle ❹ *v. mens* mouth, inf trap, gob, ‹gezicht› face, mug ★ *zij heeft een leuk ~je* she has a pretty face ★ *inf hou je ~!* shut up! ★ *een grote ~ hebben* be rude, be impudent ★ *gekke ~ken trekken* make silly faces ★ *breek me de ~ niet open* don't let me get started on that ★ *op zijn ~ gaan* take a nosedive, come a cropper ❺ *van tang* bit ❻ *van bankschroef* jaws

be

bekaaid *bn* ★ *~ afkomen* come off badly, fare badly
bekabelen *overg* [bekabelde, h. bekabeld] *van kabels voorzien* lay a cable in
bekabeling *v* de kabels cables, cable work
bekaf *bn* done in, dead tired
bekakt *bn* haughty, stuck-up, posh, la-di-da ★ *~ praten* talk posh, talk la-di-da
bekeerling *m* [-en] convert, proselyte
bekend *bn* ❶ *alg.* known ★ *~ zijn* be known ★ *als ~ veronderstellen* take for granted ★ *voor zover mij ~* as far as I know, for all I know, to (the best of) my knowledge ★ *~ worden* ⟨v. personen⟩ become known / famous, ⟨v. geheim⟩ become known, get about / abroad ★ *~ zijn om* be known for ★ *het is algemeen ~* it is common knowledge ★ *de naam is algemeen ~* the name is a household word ★ *er zijn gevallen ~ van...* there are cases on record of... ★ *~ zijn / staan als...* be known as... ❷ *welbekend* well known, noted, famous ⟨auteur &⟩, versterkend notorious ⟨misdadiger⟩ ★ *het is ~* it is a well-known fact ★ *~ staan als de bonte hond* have a bad reputation ❸ *niet vreemd* familiar ★ *een ~ gezicht* a familiar face ★ *zij kwam mij ~ voor* she looked familiar to me ★ *ik ben hier (goed) ~* I know the place (well), I know these parts ★ *~ (zijn) in Amsterdam* know one's way round Amsterdam ★ *ik ben hier niet ~* I'm a stranger here / to the place ★ *~ met* acquainted with, familiar with ★ *iem. met iets ~ maken* acquaint / familiarize sb with sth ★ *met iem. ~ raken* become / get acquainted with sbd
bekende *m-v* [-n] acquaintance ★ *hij is een goede ~ van de politie* he's well known to the police
bekendheid *v* ❶ *het bekend zijn* acquaintance, familiarity ★ *~ met...* experience with... ★ *~ geven aan* make public ❷ *faam* name, reputation ★ *grote ~ genieten* be widely known
bekendmaken *overg* [maakte bekend, h. bekendgemaakt] ❶ *wereldkundig maken* announce, make known, publish ★ *de koningin maakte de verloving bekend* the queen announced the engagement ★ *iem. met de computer ~* familiarize sbd with the computer ★ *iem. bij het grote publiek ~* make sbd known to the general public ❷ *onthullen* reveal, disclose ★ *de kok maakte het geheim van zijn saus bekend* the cook revealed the secret of his sauce
bekendmaking *v* [-en] ❶ *aankondiging* announcement, notice ⟨in de krant⟩ ❷ *publicatie* publication ❸ *officieel* proclamation
bekendstaan *onoverg* [stond bekend, h. bekendgestaan] ★ *~ als* be known as...
bekennen I *overg* [bekende, h. bekend] ❶ *toegeven* confess, own, admit ★ *de moord ~* confess to the murder ★ *zijn schuld ~* admit one's guilt ★ *zijn ongelijk ~* admit one is wrong ❷ *zien* see, detect ★ *er was niemand te ~* there wasn't a soul to be seen ★ *hij was nergens te ~* there was no sign of him anywhere ★ *er was geen huis te ~* there was no sign of a house, there was not a house to be seen ❸ kaartsp follow

suit ★ *kleur ~* follow suit, fig take sides **II** *onoverg* [bekende, h. bekend] jur plead guilty
bekentenis *v* [-sen] confession, admission ★ *een volledige ~ afleggen* make a full confession ★ *iem. een ~ doen* admit / confess sth to sbd
beker *m* [-s] ❶ *drinkgerei* beaker, goblet ❷ *als prijs* cup, beaker, trophy ❸ *drinkbeker* mug ❹ *v. dobbelstenen* dice beaker ❺ *ijs* tub
be'keren[1] **I** *overg* [bekeerde, h. bekeerd] ❶ *tot een andere mening brengen* convert, reform ❷ *tot een andere godsdienst brengen* convert **II** *wederk* [bekeerde, h. bekeerd] ★ *zich ~* ⟨tot een godsdienst⟩ be converted, convert, ⟨v. zondaar⟩ reform, repent
'bekeren[2] *onoverg* [bekerde, h. gebekerd] sp play in a cup
bekerfinale *v* [-s] cup final ★ *mijn club stond in de ~* my club was in the cup final
bekering *v* [-en] ❶ *tot een geloof* conversion ★ *~ tot het christendom* conversion to Christianity ❷ *v. zondaar* reform
bekerwedstrijd *m* [-en] sp cup match, cup tie
bekerwinnaar *m* [-s] cup winner
bekeuren *overg* [bekeurde, h. bekeurd] book, fine ★ *iem. ~ voor te hard rijden* fine sbd for speeding
bekeuring *v* [-en] ticket ★ *een ~ wegens rijden zonder licht* a ticket for driving without lights
bekijken *overg* [bekeek, h. bekeken] ❶ *kijken naar* look at, view ★ *een wedstrijd ~* look at / view a match ❷ *onderzoeken* look at, examine ★ *je moet je been laten ~ door een dokter* a doctor should look at your leg ❸ *overdenken* look at, consider, view ★ *de zaak van alle kanten ~* look at the matter from every angle ★ *zo heb ik het nog niet bekeken* I hadn't thought of it that way ★ *achteraf bekeken* in hindsight, in retrospect ★ *alles wel bekeken...* all things considered... ★ *het was snel bekeken* it only took a minute ★ *dat heb je goed bekeken!* well done! ★ *bekijk het maar!* suit yourself!
bekijks *o* ★ *veel ~ hebben* attract a lot of attention
bekisting *v* [-en] *v. beton* shuttering, formwork
bekken *o* [-s] ❶ *bassin* bowl, basin ❷ anat pelvis ❸ muz cymbal ❹ *v. rivier* (catchment) basin
bekkenist *m* [-en], **bekkenslager** [-s] muz cymbalist
beklaagde *m-v* [-n] (the) accused
beklaagdenbank *v* [-en] dock ★ *in het ~je zitten* sit in the dock
bekladden *overg* [bekladde, h. beklad] ❶ *alg.* blot, daub ★ *een muur ~* plaster a wall ❷ fig slander ⟨a person⟩ ★ *iems. goede naam ~* drag sbd's name through the mud, blacken sbd's name
beklag *o* complaint ★ *zijn ~ doen over...* bij complain of... to... ★ *zijn ~ indienen (bij)* lodge a complaint (with) ★ *reden van ~* cause for complaint
beklagen I *overg* [beklaagde, h. beklaagd] ❶ *iets* lament, bemoan ❷ *iem.* pity **II** *wederk* [beklaagde, h. beklaagd] ★ *zich ~* complain ★ *zich ~ over... bij...* complain of... to...
beklagenswaard, **beklagenswaardig** *bn* pitiable,

lamentable ★ *zij is ~* she is much to be pitied

bekleden *overg* [bekleedde, h. bekleed] ❶ *bedekken* cover, ‹met verf› coat ★ *de trap ~* carpet the stairs ★ *de wanden van een schip ~* metal a ship's sides ❷ *vervullen* hold, occupy ★ *een hoge positie ~ bij de VN* hold a high position with the UN ★ *het voorzitterschap ~ van* chair over, be chairman / chairperson of

bekleding *v* [-en] ❶ *bekleedsel* coating, covering &, upholstery ★ *de ~ van de auto is helemaal versleten* the upholstery in the car is completely worn out ❷ *het bekleden* coating, covering, lining, upholstery

beklemd *bn benauwd* oppressed, heavy ★ *met een ~ gemoed* with a heavy heart ★ med *een ~e breuk* a strangulated hernia

beklemmen *overg* [beklemde, h. beklemd] ❶ jam, wedge ★ *tussen de deuren beklemd zitten* get stuck between the doors ❷ fig oppress ★ *een ~d gevoel* an oppressive feeling

beklemming *v* [-en] ❶ *angst* oppression ❷ med strangulation ❸ *op de borst* constriction

beklemtonen *overg* [beklemtoonde, h. beklemtoond] stress, fig emphasize ★ *de beklemtoonde lettergreep* the stressed syllable ★ *de waarde van dit werk ~* emphasize / highlight the value of this work

beklijven *onoverg* [beklijfde, h. en is beklijfd] sink in, take root ★ *deze beelden ~* these images leave a lasting impression ★ *dat zal niet lang ~* that won't sink in

beklimmen *overg* [beklom, h. beklommen] climb, mount, ascend, scale ★ *een berg ~* climb a mountain

beklimming *v* [-en] climbing, ascent ★ *de ~ van de Tourmalet* wielrennen the climbing of the Tourmalet

beklinken *overg* [beklonk, h. beklonken] fig settle ‹an affair›, clinch ‹a deal› ★ *de zaak was spoedig beklonken* the matter was soon settled

bekloppen *overg* [beklopte, h. beklopt] ❶ *alg.* tap ❷ med percuss, sound

beknellen *overg* [beknelde, h. bekneld] ❶ pinch ★ *bekneld raken* get jammed, get wedged ★ *een beknelde zenuw* a clamped nerve ❷ fig oppress, depress

beknibbelen *overg* [beknibbelde, h. beknibbeld] cut back, pinch, skimp, stint ★ *op het eten ~* cut back / stint / skimp on food ★ *op de uitgaven ~* cut back on expenses

beknopt **I** *bn* concise, brief, succinct ★ *een ~ overzicht* a brief outline ★ *een ~e bijzin* a reduced clause **II** *bijw* concisely, succinctly, in brief ★ *iets ~ uitdrukken* express sth succinctly

beknotten *overg* [beknotte, h. beknot] curtail ★ *iem. in zijn vrijheid ~* restrict sbd's freedom

bekocht *bn* cheated, taken in ★ *ik voelde mij ~* I felt taken in ★ *hij is er aan ~* he's paid too dearly for it ★ *u bent er niet aan ~* you've got your money's worth

bekoelen *overg en onoverg* [bekoelde, h. en is bekoeld] cool (off) ★ *hij bekoelde zijn woede op het*

meubilair he vented his fury on the furniture ★ *de betrekkingen zijn bekoeld* relations have deteriorated ★ *onze vriendschap is bekoeld* our friendship has cooled

bekogelen *overg* [bekogelde, h. bekogeld] pelt, bombard ★ *iem. met eieren ~* pelt sbd with eggs

bekokstoven *overg* [bekokstoofde, h. bekokstoofd] plot, scheme, inf cook up

bekomen **I** *overg* [bekwam, h. bekomen] *krijgen* get, receive, obtain ★ *dat is daar te ~* you can get it over there **II** *onoverg* [bekwam, is bekomen] ❶ *v. spijzen* agree with, suit ★ *dat zal je slecht ~* you'll be sorry for it ★ *wel bekome 't u!* enjoy your meal! ❷ *herstellen* recover, get over ★ *van de schrik ~* recover from the shock

bekommerd *bn* concerned, anxious

bekommeren **I** *overg* [bekommerde, h. bekommerd] worry **II** *wederk* [bekommerde, h. bekommerd] ★ *zich ~ om / over* worry about, trouble oneself about, be anxious about ★ *zonder zich te ~ om* heedless of, regardless of

bekomst *v* ★ *zijn ~ hebben* ‹v. eten› have had enough ★ fig *inf zijn ~ hebben (van)* be fed up with

bekonkelen *overg* [bekonkelde, h. bekonkeld] plot, cook up, scheme

bekoorlijk *bn* charming, attractive

bekoorlijkheid *v* [-heden] charm, loveliness

bekopen *overg* [bekocht, h. bekocht] ★ *hij moest het met de dood ~* he had to pay for it with his life ★ *zich aan iets ~* pay too much for sth

bekoren *overg* [bekoorde, h. bekoord] charm, attract, appeal to ★ *dat kan mij niet ~* that doesn't appeal to me ★ *zijn nieuwste boek kan me niet ~* his latest book doesn't appeal to me

bekoring *v* [-en] charm, appeal, temptation ★ *hij stond bloot aan allerlei ~en* he was exposed to all kinds of temptations ★ RK *onder de ~ komen van* fall under the spell of ★ RK *leid ons niet in ~* lead us not into temptation

bekorten *overg* [bekortte, h. bekort] ❶ *een afstand* shorten, cut short ★ *de machine bekortte het werk aanzienlijk* the machine reduced the work time considerably ❷ *een boek* abridge ❸ *een rede* cut short a speech ★ *zich ~* cut oneself short

bekorting *v* [-en] shortening, abridgement ★ *ter ~ van de werktijd* by way of reduction of working hours

bekostigen *overg* [bekostigde, h. bekostigd] bear the cost of, pay the expenses of, fund, endow ★ *dat kan ik niet ~* I can't afford that

bekostiging *v* funding

bekrachtigen *overg* [bekrachtigde, h. bekrachtigd] ❶ *bevestigen* confirm ★ *een verklaring ~* confirm a statement ★ *een vonnis ~* uphold a sentence ❷ *ratificeren* ratify ★ *een verdrag ~* ratify a treaty ❸ *van kracht maken* confirm, pass ★ *een wet ~* pass a law ★ *een benoeming ~* confirm an appointment

bekrachtiging *v* [-en] ❶ *bevestiging* upholding, confirmation ❷ *het ratificeren* ratification ❸ *door* *koning(in)* (royal) assent

bekrassen *overg* [bekraste, h. bekrast] scratch (all) over, scrawl (all) over

bekritiseren *overg* [bekritiseerde, h. bekritiseerd] criticize, censure ★ *de minister werd zwaar bekritiseerd* the minister was criticized sharply

bekrompen *bn* ❶ *kortzichtig* narrow-minded, narrow ★ *een ~ man* a narrow man ★ *~ van geest* narrow-minded ❷ *beginselen* hidebound ❸ *krap* confined ❹ *armoedig* straitened, reduced ★ *hij leeft in ~ omstandigheden* he lives in straitened circumstances

bekrompenheid *v* narrow-mindedness

bekronen *overg* [bekroonde, h. bekroond] ❶ *met prijs* award a (the) prize to ★ *een bekroond boek* a prize-winning book ❷ *mooi beëindigen* crown ★ *die benoeming bekroont haar loopbaan* it is an appointment that crowns her career

bekroning *v* [-en] ❶ *succesvolle afsluiting* pinnacle, crowning, acme ★ *dat is de ~ van een loopbaan* it represents the pinnacle of such a career ❷ *toekenning van een prijs* award, prize

bekruipen *overg* [bekroop, h. bekropen] come over ★ *de lust bekroop hem om...* a desire to... came over him

bekvechten *onoverg* [geen V.T., h. gebekvecht] wrangle, squabble, argue ★ *de zusjes ~ over alles* the sisters squabble about anything

bekwaam *bn* capable, able, competent ★ *zij is een ~ vertaalster* she is a competent translator ★ *~ voor zijn taak* skilled at his work ★ *met bekwame spoed* with all possible speed

bekwaamheid *v* [-heden] ❶ capability, ability, capacity, aptitude, skill, proficiency ★ *kunnen communiceren is een ~ van hoog niveau* the ability to communicate is quite a skill ❷ *jur* competence, authority

bekwamen *wederk* [bekwaamde, h. bekwaamd] qualify, study, train ★ *zij bekwaamt zich in de kunst van het schilderen* she is learning how to paint ★ *zich ~ voor een examen* study / train for an examination

bel *v* [-len] ❶ *v. metaal* bell ★ *de ~ gaat* there goes the bell ★ *de ~ voor de laatste ronde* the bell for the final lap ★ *fig er ging een ~letje rinkelen* bells were ringing, the penny dropped ★ *aan de ~ trekken* ring the bell, *fig* sound the alarm ★ *~letje trekken* ring the bell and run away ★ *iem. een ~letje geven* ‹opbellen› call sbd ❷ *luchtblaasje* bubble ★ *~len blazen* blow bubbles ❸ *gasbel* bubble ❹ *glas* balloon ★ *een ~ whisky* a balloon of whiskey

belabberd *bn bijw* unpleasant, miserable, wretched, inf rotten ★ *ik voel me ~* I feel rotten ★ *het is een ~e zaak* it's a miserable matter

belachelijk I *bn* ridiculous, ludicrous, laughable ★ *~ maken* ridicule ★ *zich ~ maken* make oneself ridiculous, make a fool of oneself II *bijw* ridiculously

beladen I *overg* [belaadde, h. beladen] load, burden

★ *een vrachtwagen ~ met* a truck loaded with ★ *met schuld ~* guilt-ridden II *bn emoties oproepend* emotionally charged ★ *het is een ~ wedstrijd* it is an emotionally charged match ★ *een ~ term* a loaded term

belagen *overg* [belaagde, h. belaagd] besiege, beset, waylay ★ *belaagd worden door...* be cornered by

belager *m* [-s] enemy, attacker

belanden *onoverg* [belandde, is beland] land ★ *hij belandde in de sloot* he landed up in the ditch ★ *ik heb geen idee waar we zullen ~* I have no idea where we will end up ★ *doen ~* land

belang *o* [-en] ❶ *voordeel* interest ★ *~ hebben bij* have an interest in, be interested in ★ *er ~ bij hebben om...* find it in one's interest to... ★ *ik doe het in uw ~* I'm doing it with your own interests in mind ★ *in het ~ van het onderzoek...* for the sake of the research ★ *het is in ons aller ~* it is to the interest of all of us ★ *iems. ~en behartigen* look after sbd's interests ★ fin *een ~ hebben in* have a stake in ★ *~ stellen in* take an interest in, be interested in, interest oneself in ★ *~ gaan stellen in* become interested in ★ fin *een aanmerkelijk ~* a substantial interest / participation / shareholding ★ *gedeelde ~en* shared interests ★ fin *een gezamenlijk ~* a joint interest ★ *het algemeen ~* the public interest ★ *een tegengesteld ~* an opposing interest ★ jur *tegenstrijdige ~en* conflicting interests ★ *een verzekerbaar ~* an insurable interest ★ *een verzekerd ~* an insured interest ★ *een wederzijds ~* a mutual interest ❷ *belangrijkheid* importance ★ *het is van ~* it is important, it is of importance ★ *van groot ~* very important ★ *van het hoogste ~* of the utmost / of vital importance ★ *van geen ~* of no importance ★ *van weinig ~* of little consequence / importance ★ *het was er een drukte van ~* there was a huge crowd

belangeloos *bn* disinterested, unselfish ★ *zij zette zich ~ in voor deze zaak* she dedicated herself unselfishly to this cause

belangenbehartiging *v* fin representation / representing of interests

belangenconflict *o* [-en] clash of interests, conflicting interests, conflict of interest(s)

belangenorganisatie *v* [-s] interest group, lobby

belangenverstrengeling *v* conflict of interest(s)

belanghebbend *bn* jur interested ★ taalk *het ~ voorwerp* the indirect object

belanghebbende *m-v* [-n] ❶ *alg.* party concerned, interested party ★ jur *een derde ~* a third party whose interests are affected, an interested third party ★ *hij is een ~ in dit conflict* he is an interested party in this conflict ❷ *in een onderneming* stakeholder

belangrijk I *bn* ❶ important, significant ★ *een ~ man* a man of importance ★ ‹voor een onderneming› *de ~ste markt* the core market ❷ *hoeveelheid* considerable ❸ *verschil* marked II *bijw* versterkend considerably ‹better &›

be

belangstellen *onoverg* [stelde belang, h. belanggesteld] ★ ~ *in* be interested in

belangstellend I *bn* interested ★ *een* ~ *toehoorder* an interested listener **II** *bijw* with interest ★ ~ *informeren naar* enquire with interest about

belangstellenden *zn* [mv] those interested ★ *er waren veel* ~ there were a lot of interested parties

belangstelling *v* interest (*voor* in) ★ ~ *tonen* take an interest in, show an interest in ★ *bewijzen / blijken van* ~ expressions / signs of sympathy / interest / concern ★ *iems.* ~ *wekken voor* interest sbd in ★ *in de* ~ *staan* attract a lot of interest, be the focus of attention ★ *met* ~ with interest ★ *zij heeft over* ~ *niet te klagen* she can't complain about lack of interest ★ *uit* ~ *voor* out of interest in ★ *wegens gebrek aan* ~ due to a lack of interest

belangwekkend *bn* interesting

belast *bn* responsible for, charged with ★ ~ *en beladen* heavily laden, loaded down ★ *erfelijk* ~ *zijn* have a hereditary defect ★ *een erfelijk* ~ *persoon* a victim of heredity ★ ~ *met* charged with, responsible for, charged with responsibility for, entrusted with ★ *fiscaal* ~ taxable ★ *een* ~*e term* a loaded term

belastbaar *bn* ❶ *inkomen, vermogen &* dutiable, taxable, assessable, rat(e)able ★ ~ *inkomen* taxable income ★ *een belastbare som* a taxable amount, a net taxable income ❷ *te beladen* capable of carrying a load ★ *deze brug is* ~ *tot 5000 kilo* this bridge has a maximum load of 5,000 kilos

belasten I *overg* [belastte, h. belast] ❶ *taak opleggen* burden, charge ★ *iem. met de verkoop* ~ put sbd in charge of sales ★ *belast zijn met (de zorg voor)* be in charge of ★ *iem. met iets* ~ charge sbd with sth ❷ *beladen* load ★ *die auto is te zwaar belast* that car is too heavily loaded ❸ *belasting opleggen* tax, rate, impose a tax on ❹ *handel* debit, charge **II** *wederk* [belastte, h. belast] ★ *zich* ~ *met* undertake to, take upon oneself to

belasteren *overg* [belasterde, h. belasterd] slander, malign, defame

belasting *v* [-en] ❶ *verplichte bijdrage* taxation ★ *directe* ~ direct taxation ★ *indirecte* ~ indirect taxation ★ *progressieve* ~ progressive taxation, income-related tax ★ *in de* ~ *vallen* be liable to taxation ❷ *rijksbelasting* tax(es) ★ ~ *heffen* raise tax(es) ★ ~ *heffen op / over* levy a tax / taxes on ★ ~ *innen* collect taxes ★ ~ *over de toegevoegde waarde (btw)* value-added tax, turnover tax, sales tax (VAT) ★ *gemeentelijke* ~ rates ★ *voor* ~*en* before tax ★ ~ *op bijzondere baten* tax on exceptional gains, inf windfall tax ★ *effectieve* ~ effective tax rate ❸ *op benzine* duty ❹ *de dienst, fiscus* inland revenue ❺ *het belasten* load, stress ❻ *techn* weight, load ★ *met volle* ~ when fully loaded ★ *dat werk is een zware* ~ *voor hem* that work is a heavy load for him

belastingaangifte *v* [-n] tax declaration, (tax) return ★ ~ *doen* file a tax return

belastingaanslag *m* [-slagen] *biljet & bedrag* tax assessment

belastingadviseur *m* [-s] fiscal adviser, tax consultant, tax adviser

belastingaftrek *m* tax deduction, tax relief ★ ~ *van hypotheekrente* mortgage interest relief

belastingbetaler *m* [-s] taxpayer, ratepayer

belastingbiljet *o* [-ten] tax declaration form, tax return

belastingconsulent *m* [-en] tax consultant

belastingdienst *m* [-en] ❶ tax department, tax authorities ❷ Br Inland Revenue, Am Internal Revenue Service (afk.: IRS)

belastingdruk *m* tax burden, burden of taxation

belastingfraude *v* tax fraud ★ ~ *plegen* commit tax fraud

belastinggeld *o* [-en] tax revenue, taxes

belastingheffing *v* taxation, levying of taxes

belastinginspecteur *m* [-s] tax inspector

belastingkantoor *o* [-toren] tax collection office

belastingontduiking *v* tax evasion, tax-dodging

belastingontheffing *v* tax relief, tax exemption

belastingontwijking *de (v)* tax evasion

belastingparadijs *o* [-dijzen] tax haven

belastingplichtig *bn* liable to pay tax, taxable

belastingplichtige *m-v* [-n] taxpayer, ratepayer

belastingschuld *v* [-en] tax liability, tax arrears ★ boekh *een latente* ~ contingent tax liabilities, deferred tax liabilities

belastingstelsel *o* [-s] system of taxation, tax system, fiscal system

belastingteruggaaf, **belastingteruggave** *v* tax rebate

belastingtruc *m* [-s] tax dodge, tax evasion scheme

belastingverhoging *v* [-en] tax increase, tax hike

belastingverlaging *v* [-en] tax reduction, tax cut

belastingvoordeel *o* [-delen] fiscal advantage, tax benefit

belastingvrij *bn* tax-free, duty-free ★ ~*e artikelen* duty-free goods ★ *de* ~*e voet / som* the personal (tax) allowance, the tax(-free) allowance, the tax threshold ★ *een* ~*e winkel* a duty-free shop, a tax-free shop ★ *de* ~*e winst* the tax-free profit, tax-exempt profit

belastingwet *v* [-ten] tax law

belatafeld *bijw* ★ *ben je* ~! you must be out of your mind!

belazerd *bn* ❶ *gek* crazy, out of one's mind ★ *ben je* ~? are you crazy? ❷ *belabberd* awful, rotten, inf lousy ★ *ik voel me* ~ I feel awful

belazeren *overg* [belazerde, h. belazerd] cheat, swindle, defraud ★ *hij belazert je waar je bijstaat* he has no compunction about ripping you off ★ *zij heeft haar man belazerd met een ander* she cheated on her husband ★ *de kluit* ~ take sbd for a ride

belboei *v* [-en] bell buoy

belcanto *o* bel canto

beledigen *overg* [beledigde, h. beledigd] insult, affront, offend, hurt ‹one's feelings›, ‹grof› outrage ★ *ik voel me diep beledigd* I feel deeply offended

be

belediging *v* [-en] insult, affront, jur defamation ★ *hij is een ~ voor de politiek* he is an insult / affront to politics

beleefd I *bn* polite, civil, courteous ★ *een ~ antwoord* a polite answer ★ *een ~ meisje* a well-mannered girl **II** *bijw* politely & ★ *wij verzoeken u ~* we kindly request you ★ *~ maar dringend* urgently

beleefdheid *v* [-heden] politeness, civility, courteousness, courtesy ★ *de burgerlijke ~* common courtesy ★ *beleefdheden* civilities / compliments ★ *dat laat ik aan uw ~ over* I leave it to your discretion

beleefdheidsbezoek *o* [-en] courtesy visit

beleg *o* ❶ mil siege ★ *de staat van ~ afkondigen* declare martial law ★ *het ~ opbreken* raise the siege ★ *het ~ slaan voor* lay siege to ❷ *op brood* filling ★ *een boterham met ~* a sandwich with filling

belegen *bn* matured ★ *~ wijn / sigaren* matured wine / cigars ★ *~ kaas* ripe / matured cheese ★ *~ brood* stale bread

belegeraar *m* [-s] besieger

belegeren *overg* [belegerde, h. belegerd] besiege ★ *een belegerde stad* a city under siege

belegering *v* [-en] siege

beleggen *overg* [belegde, h. belegd] ❶ *bedekken* cover, fill ★ *brood ~ met ham* make a ham sandwich ★ *belegde broodjes* filled rolls ❷ *geld* invest ★ *in aandelen ~* invest in stocks and shares ❸ *bijeenroepen* convene, call ★ *een vergadering ~* call a meeting

belegger *m* [-s] handel investor ★ *een institutionele ~* an institutional investor ★ *een particuliere ~* a private investor

belegging *v* [-en] handel investment ★ *een ~ in aandelen* an equity investment ★ *een ~ in onroerend goed* a property investment ★ *een ~ op lange termijn* a long-term investment

beleggingsfonds *o* [-en] ❶ *maatschappij* investment fund, managed fund, Am mutual fund ★ *dit ~ investeert in Azië* this investment fund invests in Asia ★ *een gemeenschappelijk ~* a joint investment fund ★ *een openeind~* Am a mutual fund, Br a unit trust ❷ *in risicovolle ondernemingen* venture fund ❸ *solide aandeel* ± gilt-edged securities

beleggingsklimaat *o* investment climate ★ *een onzeker / gunstig ~* an uncertain / favourable investment climate

beleggingsmaatschappij *v* [-en] investment company ★ Am *een ~ met vast kapitaal* a closed-end fund

beleggingsobject *o* [-en] investment

beleggingspand *o* [-en] investment property

beleggingsportefeuille *m* [-s] investment portfolio ★ *beheersing van ~* portfolio management

beleid *o* ❶ *wijze van bestuur* policy ★ *~ opstellen* establish a policy ★ pol *een binnenlands / buitenlands ~* a domestic / foreign policy ★ *een ~ uitzetten* formulate a policy ❷ *voorzichtigheid* discretion, tact, prudence ★ *met ~ te werk gaan* proceed tactfully / sensibly / prudently

beleidsfout *v* [-en] policy error

beleidslijn *v* [-en] line of policy

beleidsmaker *m* [-s] policymaker

beleidsnota *v* ['s] policy document, policy paper ★ *een ~ schrijven* write / compile a policy document

beleidsplan *o* [-nen] policy plan

belemmeren *overg* [belemmerde, h. belemmerd] hamper, hinder, impede, obstruct, block ★ *de voortgang ~* impede progress ★ *iem. ~ in zijn ontwikkeling* obstruct sbd's development ★ *in de groei belemmerd* stunted in ⟨its⟩ growth ★ *het verkeer ~* block the traffic ★ *de doorgang ~* obstruct the passage

belemmering *v* [-en] ❶ *middel* hindrance, impediment, obstruction ★ *een wettelijke ~ voor* a legal bar / impediment to ★ *een ~ van het verkeer* a traffic obstruction ❷ *handeling* impeding, interference, obstruction ★ *zijn gedrag vormt een ~ voor onze vriendschap* his behaviour is impeding our friendship

belendend *bn* adjacent, adjoining, neighbouring ★ *het ~ perceel* the adjoining property

belenen *overg* [beleende, h. beleend] ❶ *bij de lommerd* pawn ★ *sieraden ~* pawn jewels ❷ *v. effecten* borrow money on ⟨securities⟩

belerend *bn* pedantic, didactic ★ *iem. ~ toespreken* give sbd a sermon

belet *o* ★ *~ geven aan bezoekers* refuse to see visitors ★ *~ hebben* be engaged ★ *hij heeft ~* he is unable to receive you ★ *~ krijgen* be refused an appointment ★ *~ vragen* ask for an appointment

bel-etage *v* [-s] first floor

beletsel *o* [-s & -en] hindrance, obstacle, impediment ★ *laat dat geen ~ vormen* don't let that stand in the way

beletselteken *o* [-s] interpunctie (...) dot dot dot

beletten *overg* [belette, h. belet] ❶ prevent, block, impede ★ *de voortgang ~* impede progress ★ *iem. de toegang ~* refuse sbd access ❷ *gevolgd door: te + infinitief* hinder (prevent) from, preclude from ★ *zij belette mij te vertrekken* she prevented me from leaving

beleven *overg* [beleefde, h. beleefd] ❶ alg. live to see ★ *dat zal hij niet meer ~* he won't live to see this ★ *zijn tachtigste verjaardag nog ~* live to be eighty ❷ *meemaken* go through ★ *zware tijden ~* live in troubled times ★ *zij beleefde tal van avonturen* she had many adventures ★ *er valt hier niets te ~* there's nothing doing here / nothing going on here ★ *plezier aan iets ~* get enjoyment out of sth ★ *het boek beleefde zijn derde druk* the book went through its third edition

belevenis *v* [-sen] experience ★ *een vakantie vol ~sen* a lively holiday

beleving *v* perception

belevingswereld *v* ★ *in mijn ~* in my experience / perception ★ *de ~ van een kind* the world of a child ★ *het moet aansluiten bij de ~ van de leerlingen* it

be

should be geared to the students' own experiences of the world around them

belezen *bn* well read

belezenheid *v* (range of) reading ★ *zijn grote* ~ his extensive / wide reading

Belg *m* [-en] Belgian

belgicisme *o* [-n] Belgicism

België *o* Belgium

Belgisch *bn* Belgian

Belgische *v* [-n] Belgian ★ *ze is een* ~ she's a Belgian, she's from Belgium

belhamel *m* [-s] *deugniet* rascal

belichamen *overg* [belichaamde, h. belichaamd] embody, personify ★ *hij belichaamt het poldermodel* he is the personification of / personifies the polder model

belichaming *v* [-en] embodiment, personification ★ *hij is de* ~ *van het kwaad* he is the personification of evil

belichten *overg* [belichtte, h. belicht] ❶ *licht doen vallen op* illuminate, light (up) ❷ fotogr expose ★ *een foto te lang / kort* ~ overexpose / underexpose a photo ❸ *nader toelichten* shed light on, elucidate ★ *een probleem van verschillende kanten* ~ discuss various aspects of a problem

belichting *v* [-en] ❶ *uiteenzetting* elucidation, clarification ❷ *het belichten* lighting ❸ fotogr exposure

belichtingstijd *m* [-en] fotogr exposure time

believen I *overg* [beliefde, h. beliefd] ❶ *lusten* like ★ *ik belief geen bananen* I don't like bananas ❷ *plezier doen* please ★ form *het belieft mij op vakantie te gaan* I like to go on holiday ★ *als het u belieft* if you please ★ ‹bij niet verstaan› *wat belieft u?* (I beg your) pardon? **II** *o* *naar* ~ at pleasure, at will, at one's own discretion, as required to taste

belijden *overg* [beleed, h. beleden] ❶ *schuld* confess, admit ★ *iets met de mond* ~ pay lip service to ★ *zijn zonden* ~ confess one's sins ❷ *godsdienst* profess ★ *een* ~*d lid* a practising member

belijdenis *v* [-sen] ❶ confession ‹of faith› ★ ~ *van zonden* confession of sins ❷ *godsdienst* profession, creed, denomination ❸ *aanneming tot lidmaat* confirmation ★ *zijn* ~ *doen* be confirmed

Belize *o* Belize

bellen *onoverg en overg* [belde, h. gebeld] ring ‹the bell› ★ *er wordt gebeld* that's the door ★ ~ *voor de laatste ronde* ring the bell for the final lap ★ *ik zal je* ~ I'll give you a ring ★ ~ *op kosten van degene die gebeld wordt* reverse the charges, Am call collect

bellenblazen *o* blow bubbles

bellettrie *v* belles lettres

belminuut *v* [-minuten] telec call minute

beloega *de* ['s] beluga

belofte *v* [-n of -s] ❶ *alg.* promise, commitment ★ *zijn* ~ *breken* break one's promise ★ *zijn* ~ *houden* keep one's promise ★ *een* ~ *waarmaken* fulfil a promise ★ ~ *maakt schuld* a promise is a promise

★ *die zwemster is een* ~ *voor de toekomst* she is a promising swimmer, she shows future promise ❷ plechtig pledge, undertaking ❸ *in plaats van de eed* jur (solemn) affirmation

beloken *bn* ★ ~ *Pasen* Low Sunday

belonen *overg* [beloonde, h. beloond] reward, pay, remunerate ★ *iem.* ~ *voor zijn inzet* reward sbd for his efforts ★ *zij werd beloond met promotie* she was rewarded with a promotion

beloning *v* [-en] reward, recompense, remuneration ★ *ter* ~ *van* as a reward for, in reward of, in return for ★ *een* ~ *uitloven* offer a reward ★ ~ *in natura* payment in kind ★ *gelijke* ~ equal pay

beloop *o* course, way ★ *het* ~ *van de ziekte* the course of the disease ★ *het* ~ *van de lijn* the course of the line ★ *alles op zijn* ~ *laten* let things take their course, let things drift ▼ *ten belope van* amounting to

belopen *overg* [beliep, h. belopen] ❶ *bedragen* amount to ‹of a sum› ★ *het tekort beloopt in de miljoenen* the deficit amounts to millions ❷ *te voet afleggen* walk ★ *die afstand is in een uur te* ~ you can walk this distance in one hour ★ sp *hij kan het niet* ~ he can't keep pace ★ sp *die bal is niet te* ~ you won't be able to catch that ball

beloven *overg* [beloofde, h. beloofd] ❶ *alg.* promise ★ *iem. gouden bergen* ~ promise sbd the moon ★ *de oogst belooft veel* the crops are very promising ★ *het belooft mooi weer te worden* the weather is expected to be fine ★ *dat belooft wat!* that looks promising! ★ *dat beloof ik je* it's a promise ★ *het Beloofde Land* the Promised Land ❷ plechtig vow

belroos *v* med erysipelas

beltegoed *o* call(ing) credit ★ *mijn* ~ *is op* my call credit has run out

beltoon *m* [-tonen] telec ring tone

beluisteren *overg* [beluisterde, h. beluisterd] ❶ *luisteren naar* overhear, listen to ★ *een gesprek* ~ overhear a conversation ★ *opnamen* ~ listen to recordings ❷ *luisterend waarnemen* catch, hear ★ *beluister ik enige onzekerheid in jouw woorden?* did I detect some doubt in your words? ❸ *afluisteren* listen in to ‹a broadcast› ❹ med auscultate ★ *de borst* ~ auscultate the chest

belust *bn* ★ ~ *zijn op* be eager for, be keen on ★ ~ *op sensatie* sensation-loving

bemachtigen *overg* [bemachtigde, h. bemachtigd] get hold of, secure, seize, take possession of, capture ★ *ik kon nog net een zitplaats* ~ I just managed to get hold of a seat

bemalen *overg* [bemaalde, bemaald] drain ★ *polders* ~ drain polders

bemannen *overg* [bemande, h. bemand] scheepv man ‹a ship› ★ *de sloep was bemand met 10 matrozen* the sloop was manned by 10 sailors ★ *de bemande ruimtevaart* manned space travel

bemanning *v* [-en] crew

bemanningslid *o* [-leden] crew member

bemerken *overg* [bemerkte, h. bemerkt] perceive, notice, observe

bemesten *overg* [bemestte, h. bemest] ❶ *alg.* manure, dress with manure ❷ *door bevloeiing* warp ❸ *met kunstmest* fertilize

bemesting *v* [-en] ❶ *alg.* manuring, dressing ❷ *met kunstmest* fertilization

bemeten *bn* -sized ★ *een ruim ~ woning* a spacious house

bemiddelaar *m* [-s] mediator, intermediary ★ *een ~ in geschillen* an arbitrator

bemiddeld *bn* well-to-do, affluent, well-off

bemiddelen *overg* [bemiddelde, h. bemiddeld] mediate ‹a peace› ★ *~ in een geschil* mediate in a dispute ★ *~ tussen partijen* mediate between parties ★ *~d optreden* act as a mediator, mediate

bemiddeling *v* mediation ★ *door ~ van* through the agency / intermediary / medium of...

bemiddelingsbureau *o* [-s] ❶ *voor relaties* dating service ❷ *voor arbeid* employment agency, job exchange

bemiddelingspoging *v* [-en] mediatory effort

bemiddelingsvoorstel *o* [-len] compromise proposal

bemind *bn* beloved ★ *~e gelovigen* dearly beloved ★ *zich ~ maken bij* make oneself loved bij, popular with, endear oneself to

beminde *m-v* [-n] loved one, beloved, lover, sweetheart

beminnelijk *bn* ❶ *passief* lovable ❷ *actief* engaging

beminnen *overg* [beminde, h. bemind] be fond of, love, cherish ★ *iem. innig / vurig ~* love sbd very dearly / passionately

bemoederen *overg* [bemoederde, h. bemoederd] mother

bemoedigen *overg* [bemoedigde, h. bemoedigd] encourage, cheer up ★ *iem. een ~d knikje geven* give an encouraging nod to sbd

bemoeial *m* [-s & -len] busybody, meddler

bemoeien *wederk* [bemoeide, h. bemoeid] ★ *zich ~ met* meddle in, interfere in ★ *zich met zijn eigen zaken ~* mind one's own business ★ *hij bemoeit zich niet met anderen* he keeps to himself ★ *niet mee ~!* let well alone! ★ *je moet je niet zo met alles ~* you shouldn't stick your nose into everything

bemoeienis *v* [-sen], **bemoeiing** [-en] interference, meddling ★ *ik heb er geen ~ mee* I have nothing to do with it ★ *door zijn ~* through his efforts ★ *dat hoort niet tot zijn ~* he is not responsible for that

bemoeilijken *overg* [bemoeilijkte, h. bemoeilijkt] hamper, hinder, thwart ★ *dat bemoeilijkt de situatie* that makes things more difficult

bemoeiziek *bn* meddlesome, interfering

bemoeizucht *v* meddling, interference

bemost *bn* mossy, moss-grown

ben *v* [-nen] wicker basket ★ *een ~ vis* a creel of fish

benadelen *overg* [benadeelde, h. benadeeld] put to / at a disadvantage, handicap, prejudice ★ *hij voelt zich benadeeld door de jury* he feels prejudiced by the

jury ★ *de benadeelde* the injured party

benaderen *overg* [benaderde, h. benaderd] ❶ *iem., een vraagstuk* approach, tackle ★ *iem. voor een functie ~* approach sbd for a job ★ *moeilijk te ~* unapproachable ★ *hoe zou je die kwestie ~?* how would you tackle this issue? ❷ *nabijkomen* approximate ★ *zij benaderde het wereldrecord tot op één seconde* she approximated to the world record by one second ★ *de waarde van het getal pi ~* calculate the value of the number pi ❸ *schatten* estimate

benadering *v* [-en] ❶ approach ★ *een andere ~ van de probleemstelling* a different approach to the issue ❷ *v. getallen &* approximation ★ *bij ~* approximately

benadrukken *overg* [benadrukte, h. benadrukt] stress, emphasize, underline, highlight ★ *het belang van iets ~* emphasize the importance of sth

benaming *v* [-en] name, appellation ★ *Afrikaanse smaragd is een verkeerde ~ voor groene fluorspar* African emerald is a misnomer for green fluorspar

benard *bn* critical, awkward, dire ★ *in ~e omstandigheden* in dire circumstances, in distress ★ *in deze ~e tijden* in these hard / trying times ★ *in een ~e situatie verkeren* be in a dire situation

benauwd *bn* ❶ *op de borst* short of breath, tight in the chest ★ *het ~ hebben* be short of breath, have a tight feeling in one's chest ★ *het Spaans ~ krijgen* be scared to death ❷ *drukkend, muf* stifling, sultry, oppressive ★ *een ~e atmosfeer* a stifling atmosphere ❸ *bang* afraid, anxious ★ *hij kreeg het ~* he started to become afraid ★ *~e uren* anxious hours ★ *wees maar niet ~!* don't be afraid! ❹ *vertrek* close, stuffy ★ *een ~ kamertje* a poky little room ❺ *nauw* tight ★ *het is hier erg ~* it's very close in here, we're cramped for room

benauwdheid *v* [-heden] ❶ *ademgebrek* shortness of breath, tightness in the chest ★ *ik heb last van ~* I suffer from shortness of breath ❷ *vrees* Bijbel anxiety, fear

benauwen *overg* [benauwde, h. benauwd] oppress ★ *het benauwt mij daarheen te moeten gaan* having to go there is weighing heavily on my mind

benauwend *bn* ❶ oppressive ❷ upsetting

benchmarking *m* management benchmarking

bende *v* [-n & -s] ❶ *grote hoeveelheid* mass ★ *een hele ~ papieren* a heap of papers ❷ *rotzooi* mess ★ *wat een ~!* ‹v. toestand› what a mess!, ‹v. personen› what a (disorderly) mob! ❸ *groep* gang, crew, mob, troop ★ *een hele ~ fouten* a lot of mistakes ★ *een ~ rebellen* a band of rebels ★ *een ~ kinderen* a troop of children ★ *een ~ criminelen* a gang of ruffians / criminals

bendeleider *m* [-s] gang leader

bendeoorlog *m* [-logen] gang war, gang warfare

beneden I *voorz* below, beneath, under ★ *dat is ~ mijn waardigheid* it's beneath me ★ *hij staat ~ mij* he's under me, he's my inferior ★ *~ inkomens ~ 2000 euro* incomes less than 2,000 euros ★ *ver ~...* blijven fall greatly short of... ★ *~ verwachting* not up to

be

be

expectations, below expectations ★ *dat is ~ alle peil* this is disgraceful by any standard ★ *dit is ~ alle kritiek* this isn't even worth a comment, this isn't worth my breath **II** *bijw* ❶ downstairs, down ★ *naar ~* downstairs, downward(s), down on to the ground ★ *wij wonen ~* we live on the ground floor ❷ below, at the bottom of the page ★ *~ (aan de bladzijde)* at the foot / bottom of the page, below ★ *zie ~* see below ★ *vijfde regel van ~* the fifth line from the bottom ★ *fig iets naar ~ halen* run sth down ★ *hier ~ (op aarde)* here below (on earth)

benedenbuur *m* [-buren] downstairs neighbour

benedenhuis *o* [-huizen] ground-floor flat, Am first-floor apartment ★ *in een ~ wonen* live in a ground-floor flat

benedenloop *m* [-lopen] lower reaches

Beneden-Rijn *m* Lower Rhine

benedenverdieping *v* [-en] ground floor

benedenwoning *v* [-en] ground-floor flat, Am first-floor apartment

benedictijn *m* [-en] Benedictine (monk)

benedictine *v* Benedictine

benefiet *o* benefit

benefietconcert *o* [-en] benefit concert

benefietvoorstelling *v* [-en] benefit performance, benefit night

benefietwedstrijd *m* [-en] benefit match

Benelux *m* Benelux

benemen *overg* [benam, h. benomen] take away ★ *iem. de adem ~* take sbd's breath away ★ *het uitzicht ~* obstruct the view ★ *zich het leven ~* take one's life ★ *de moed ~* dishearten ★ *iem. de lust ~ om...* spoil sbd.'s pleasure in...

benen I *bn* bone ★ *een ~ brievenopener* a bone letter opener **II** *onoverg* [beende, h. gebeend] leg it ★ *huiswaarts ~* stride home

benenwagen *m* ★ scherts *met de ~ gaan* travel by shank's pony

benepen *bn* ❶ *kleingeestig* petty, small-minded ★ *uit een ~ milieu* from a narrow-minded environment ❷ *angstig* timid, anxious ★ *met een ~ stemmetje* in a timid voice ★ *een ~ gezicht* a pinched ‹face› ★ *met een ~ hart* with a faint heart ❸ *nauw* narrow

beneveld *bn* *halfdronken* muzzy, fuddled

benevelen *overg* [benevelde, h. beneveld] ❶ *door mist, damp* befog, cover in mist ❷ *door drank* bemuse, fuddle

benevens *voorz* (together) with, besides, in addition to ★ *~ onze kinderen, was er niemand* apart from our children there was nobody there

Bengaal *m* [-galen], **Bengali** ['s], **Bengalees** [-lezen] Bengali

Bengaals I *bn* Bengali ★ *~ vuur* Bengal fire ★ *een ~e tijger* a Bengal tiger **II** *o*, **Bengali** *taal* Bengali

Bengalen *o* Bengal ★ *de Golf van ~* the Bay of Bengal

bengel *m* [-s] ❶ *deugniet* little rascal, inf pickle ❷ *klok* bell ❸ *klepel* clapper

bengelen *onoverg* [bengelde, h. gebengeld] ❶ *klok*

ring ❷ *bungelen* dangle, swing

benieuwd *bn* curious ★ *~ zijn* be curious to know ★ *zeer ~ zijn* be anxious to know ★ *~ zijn naar* be curious about

benieuwen *overg* [benieuwde, h. benieuwd] ★ *het zal mij ~ of hij komt* I wonder if he'll come

benig *bn* bony

benijden *overg* [benijdde, h. benijd] envy, be envious of ★ *ik benijd jou om jouw mooie ogen* I envy you your beautiful eyes ★ *benijd worden* be envied ★ *beter benijd dan beklaagd* better to be envied than pitied

benijdenswaard, **benijdenswaardig** *bn* enviable

Benin *o* Benin

benjamin *m* Benjamin, baby ★ *hij is de ~ van de familie* he is the baby of the family

benodigd *bn* required, necessary, wanted

benodigdheden *zn* [mv] needs, necessities, requisites, requirements

benoemen *overg* [benoemde, h. benoemd] ❶ *tot ambt* appoint, nominate ★ *iem. ~ tot...* appoint sbd (to be)... ❷ *naam geven* name ★ *ik kan dat gevoel niet ~* I can't find words to describe this feeling ★ *een benoemd getal* a concrete number

benoeming *v* [-en] appointment, nomination ★ *zijn ~ tot...* his appointment to be (a)..., as (a)...

benoorden *voorz* (to the) north of

bent *v* set, clique, party

benul *o* notion ★ *ik heb er geen flauw ~ van* I don't have the foggiest / slightest idea

benutten *overg* [benutte, h. benut] utilize, make use of, avail oneself of ★ *ten volle ~* make the most of sth ★ *zijn kans ~* make the most of one's opportunity ★ *sp een strafschop ~* score from a penalty ★ *ik heb die tijd benut om het huis te schilderen* I used the time to paint the house

B en W *afk* (Burgemeester en Wethouders) Mayor and Aldermen, city / town council

benzeen *o* benzene

benzine *v* petrol, Am gasoline ★ *loodvrije ~* in Groot-Brittannië unleaded petrol, in de VS unleaded gas ★ *deze motor loopt op ~* this engine runs on petrol ★ *normale ~* in Groot-Brittannië two-star petrol, in de VS regular gas

benzine

is **petrol (gas** in Amerika) en niet **benzine** of **benzene**. Benzine is **wasbenzine** en **benzene** is **benzeen**.

benzineblik *o* [-ken] petrol can

benzinemeter *m* [-s] petrol gauge

benzinemotor *m* [-s & -toren] petrol engine

benzinepomp *v* [-en] petrol pump

benzinestation *o* [-s] filling station, petrol station, Am gas station

benzinetank *m* [-s] fuel tank ★ *een lege ~* an empty fuel tank

benzineverbruik *o* Br petrol consumption, fuel

consumption, Am gas consumption, gas mileage
beo *m* ['s] myna(h)
beoefenaar *m* [-s & -naren] practitioner, student
★ *een ~ van de wetenschap* a scientist ★ *een ~ van een sport* a sportsman
beoefenen *overg* [beoefende, h. beoefend] practise/Am practice, follow, study ★ *een sport ~* be a sportsman ★ *de deugd ~* cultivate virtue ★ *vreemde talen / muziek ~* study / read foreign languages / music ★ *een wetenschap ~* study science
beoefening *v* study, practice, cultivation ★ *de ~ van de wetenschap* the study of science
beogen *overg* [beoogde, h. beoogd] have in view, aim at, intend ★ *zij was mijn beoogd opvolger* she was my intended successor ★ *wat beoog je daarmee?* what do you have in mind with that? ★ *een bepaald doel ~* have a particular object in view ★ *het had niet de beoogde uitwerking* it failed to work
beoordelaar *m* [-s] critic, reviewer
beoordelen *overg* [beoordeelde, h. beoordeeld] ❶ oordeel vormen judge of ‹sth›, judge ‹sbd›, assess ★ *iem. ~ op zijn uiterlijk* judge sbd on his appearance ★ *iem. ~ naar bepaalde maatstaven* judge sbd by certain standards ★ *een subsidieaanvraag ~* assess an application for subsidy ★ *sp de doelman beoordeelde de voorzet verkeerd* the keeper misjudged the cross ❷ recenseren review, criticize ★ *een boek (als) slecht ~* criticize a book
beoordeling *v* [-en] ❶ alg. judgement/Am judgment, assessment, evaluation ★ *ter ~ van* at the discretion of ★ *zij kreeg een matige ~ van de jury* the jury gave her a moderate rating ❷ v. boek & criticism, review ❸ v. schoolwerk mark
beoordelingsfout *v* [-en] misjudgement, mistake ★ *een ~ maken* make an error of judgement
beoordelingsgesprek *o* [-ken] bij werk assessment interview
bepaald I *bn* ❶ vastgesteld fixed ❷ duidelijk omlijnd definite ‹object›, positive ‹answer›, distinct ‹inclination› ★ *een ~ persoon* a certain person ★ *voor een ~e tijd / periode* for a fixed term / fixed period / definite period ★ *met een ~ doel* for a particular / set purpose ★ *niets ~s* nothing definite ★ *het bij de wet ~e* the provisions laid down / enacted by law ❸ sommige certain, particular ★ *in ~e streken* in certain / some regions ★ *in ~e gevallen* in certain / particular / specific cases ★ *~e strips vind ik leuk* I like some comic strips ❹ vaststaand stated, specified, appointed ★ *voor dat werk staat een ~ aantal uren* a specified number of hours has been allotted to this work ★ *op een vooraf ~ tijdstip* at a predetermined time ★ *daarvoor betaal je een ~ bedrag* you pay a fixed amount for it ❺ taalk definite ★ *het ~ lidwoord* the definite article **II** *bijw* beslist, stellig positively, quite, decidedly ★ *het is ~ onwaar* that is absolutely untrue ★ *u moet ~ gaan* you should go by all means, you should make a point of going ★ *als je nu ~ gaan wilt, dan...* if you're set on going / determined to go,

then... ★ *hij moet daar ~ iets mee op het oog hebben* I am sure he must have a definite object in view ★ *iron hij is nu niet ~ slim* he isn't exactly clever
bepaaldelijk *bijw* particularly, specifically
bepakken *overg* [bepakte, h. bepakt] pack
bepakking *v* [-en] pack ★ *mil met volle ~* in full marching kit
bepakt *bn* ★ *~ en bezakt* (all) packed up and ready (to go)
bepalen I *overg* [bepaalde, h. bepaald] ❶ vaststellen fix ‹a time, price›, appoint ‹an hour for...›, stipulate ‹a condition› ★ *nader te ~* to be fixed / determined later on ★ *tenzij anders bepaald* unless otherwise stipulated ❷ bij besluit provide, lay down, decree, enact ❸ in testament direct ❹ door onderzoek ascertain, determine ‹the weight &› ❺ omschrijven define ‹an idea› ❻ uitmaken decide, determine ‹the success› ❼ taalk modify, qualify **II** *wederk* [bepaalde, h. bepaald] ★ *zich ~ tot, bij* restrict oneself to, confine oneself to
bepalend *bn* defining, determining ★ *de uitslag is ~ voor mijn loopbaan* the result is crucial for / to my career
bepaling *v* [-en] ❶ in contract stipulation, condition, clause, term ❷ v. uur & fixing ❸ v. begrip definition ❹ in wet & provision, regulation ★ *een aanvullende ~* an additional provision ★ *algemene ~en* general provisions ★ *bijzondere ~en* special provisions ★ *dwingende ~en* strictly binding statutory provisions ★ *een wettelijke ~* a legal provision, a statutory provision ❺ voorwaarde a statutory condition ❻ door onderzoek determination ❼ taalk adjunct
beperken I *overg* [beperkte, h. beperkt] ❶ alg. limit, restrict, confine ★ *~de maatregelen* restrictive measures ★ *een speler met beperkte mogelijkheden* a player with limited possibilities ★ *iem in zijn doen en laten ~* limit sbd in his doings ★ *iets tot een minimum ~* restrict sth to a minimum ❷ verminderen cut down, curtail, reduce, decrease ★ *de brand ~* localize the fire ★ *de invoer ~* reduce imports ★ *de uitgaven ~* cut down expenditure ★ *de service ~* cut the service ★ *haar privileges ~* reduce her privileges **II** *wederk* [beperkte, h. beperkt] ★ *zich ~* limit, restrict ★ *zich ~ tot* limit / restrict oneself to
beperkend *bn* restrictive, limiting ★ *met ~e bepalingen* with restrictions
beperking *v* [-en] ❶ grens limitation, restriction, restraint ★ *een vrouw met ~en* a woman with limitations ★ *een ~ opleggen aan het aantal...* impose a restriction on the number... ❷ inkrimping reduction, cutback ★ *een ~ van de productie* a reduction in production, a cutback in production
beperkt *bn* ❶ klein limited ★ *met ~e middelen* with limited means ★ *een ~e oplage* a limited edition ★ *~ tot* limited to, restricted to ★ *de handel was ~* business was slow ★ *~ van geest* with limited understanding ❷ verminderd confined ★ *in een ~e*

be

ruimte in a confined space ❸ *geen volle vrijheid hebben* restricted, limited ★ *~e aansprakelijkheid* limited liability

beperktheid *v* [-heden] limitation, restriction

beplakken *overg* [beplakte, h. beplakt] cover / plaster with ★ *de muur ~ met posters* plaster the wall with posters

beplanten *overg* [beplantte, h. beplant] ❶ plant, sow ★ *de tuin ~ met struiken* plant the garden with shrubs ❷ *met bos* afforest

beplanting *v* [-en] ❶ *het beplanten* planting ❷ *gewassen* plants, crops ❸ *plantage* plantation ❹ *met bos* afforestation

bepleisteren *overg* [bepleisterde, h. bepleisterd] plaster (over), render

bepleistering *v* [-en] plastering, rendering

bepleiten *overg* [bepleitte, h. bepleit] plead, advocate, argue ★ *zijn onschuld ~* plead one's innocence ★ *veranderingen ~* advocate changes

bepraten *overg* [bepraatte, h. bepraat] ❶ *bespreken* talk about, discuss ❷ *overhalen* talk... around, persuade ★ *iem. ~ om* talk sbd into...ing ★ *zich laten ~* allow oneself to be persuaded / to be talked into...ing

beproefd *bn* (tried) and tested, trusty, approved ★ *volgens de ~e methode* according to an approved method ★ *een ~ medicijn* a reliable medicine ★ *~e trouw* proven loyalty ★ *een zwaar ~e vrouw* a sorely tried woman

beproeven *overg* [beproefde, h. beproefd] ❶ *proberen* try, attempt, endeavour ★ *zijn geluk ~* try one's luck ❷ *op de proef stellen* try, test ★ *zwaar beproefd worden* be sorely tried

beproeving *v* [-en] ❶ *tegenspoed, ramp* trial, ordeal, affliction ❷ *proef* testing

beraad *o* deliberation, consideration ★ *iets in ~ houden* think it over, consider it ★ *in ~ nemen* consider ★ *na rijp ~* after careful consideration ★ *jur* ⟨bij nalatenschap⟩ *recht van ~* the right to accept or forgo an inheritance

beraadslagen *onoverg* [beraadslaagde, h. beraadslaagd] deliberate, confer, discuss ★ *~ met iem. over iets* confer with / consult sbd about sth ★ *~ over* deliberate on, discuss

beraadslaging *v* [-en] discussion, deliberation, consultation

beraden I *wederk* [beried of beraadde, h. beraden] ★ *zich ~* think ⟨sth⟩ over, consider ⟨sth⟩ ★ *zich ~ op / over de situatie / zijn toekomst* think about the situation / one's future **II** *bn* weloverwogen well advised, deliberate, sensible

beramen *overg* [beraamde, h. beraamd] ❶ *bedenken* devise, plot, plan ★ *een overval ~* plot an attack ★ *zij beraamde de dood van haar man* she planned the death of her husband ❷ *schatten* estimate, calculate ★ *de kosten op 50 pond ~* estimate the cost at fifty pounds

beraming *v* [-en] ❶ *v. plan* devising, planning

❷ *raming* estimate

Berber I *m* [-s] Berber **II** *o taal* Berber

berber *m* [-s] *kleed* berber

berberis *v* [-sen] barberry

berde *o* ★ *te ~ brengen* put forward, mention, raise

berechten *overg* [berechtte, h. berecht] ❶ *jur* try ★ *iem. ~ voor zijn misdaden* try sbd for his crimes ❷ *in civiele zaken* jur adjudicate ❸ *v. sacramenten* ZN administer ⟨the last sacraments⟩

berechting *v* [-en] ❶ *het rechtspreken* trial ★ *de ~ van de oorlogsmisdadiger* the trial / court-martial of the war criminal ❷ *uitspraak* adjudication

beredderen *overg* [beredderde, h. beredderd] arrange, put in order

bereden *bn* ★ *de ~ politie* the mounted police

beredeneerd *bn* reasoned, well expressed, well thought-out ★ *een ~ overzicht* a well thought-out summary

beredeneren *overg* [beredeneerde, h. beredeneerd] reason (out), discuss, argue ★ *een antwoord ~* give ⟨one's⟩ reasons for an answer

beregoed *bn bijw* fantastic, brilliant

bereid *bn* ready, prepared, willing ★ *zich ~ verklaren* express one's willingness ★ *graag ~ zijn te* be pleased to ★ *~ tot onderhandelen* prepared to negotiate ★ *tot vrede ~* ready for peace

bereiden *overg* [bereidde, h. bereid] ❶ *alg.* prepare ❷ *v. eten* prepare, cook ★ *voor iem. de weg ~* pave the way for sbd ★ *iem. een feest ~* hold a party for sbd ❸ *v. leer* dress

bereidheid *v* readiness, willingness ★ *de ~ hebben om* express one's willingness to ★ *de ~ tot overleg* the readiness to talk

bereiding *v* [-en] ❶ *v. eten & preparation* ★ *de ~ van levensmiddelen* the preparation of food ❷ *v. product* manufacture, production ★ *de ~ van staal* the manufacture of steel

bereidingswijze *v* [-n] ❶ *v. eten* method of preparation ❷ *fabricage* manufacturing process

bereidverklaring *v* [-en] declaration of willingness / intent

bereidwillig *bn* willing, obliging

bereidwilligheid *v* willingness

bereik *o* ❶ reach, range ★ *binnen ieders ~* within everybody's reach ★ *buiten mijn ~* out of / beyond my reach ★ *sp buiten ~ van het peloton blijven* keep ahead of the peloton ★ *mijn mobieltje heeft hier geen ~* my mobile phone is out of reach here ★ *deze zender heeft een ~ van 10 km* this transmitter has a range of 10 km ❷ *dekking* marketing reach, coverage

bereikbaar *bn* attainable, within (easy) reach, accessible ★ *~ met de trein* accessible by train ★ *de binnenstad is moeilijk ~* the town centre is difficult to reach ★ *telec ze is ~ op* she can be reached at ★ *met zo'n salaris wordt een buitenhuis voor mij ~* a country cottage would be within my reach with such a salary

bereikbaarheid v ❶ *toegankelijkheid* accessibility ❷ *betaalbaarheid* affordability

bereiken *overg* [bereikte, h. bereikt] ❶ *op beoogde plaats komen* reach, attain, achieve ★ *het dorp is nauwelijks te ~* the village is barely reachable ★ *het nieuws had hem nog niet bereikt* the news had not yet reached him ❷ *in verbinding komen* reach, contact, get through to ★ *waar bent u te ~?* where can you be contacted / reached? ★ *de grote massa ~* reach the masses ❸ *behalen* reach, attain, achieve ★ *overeenstemming ~* reach agreement ★ sp *de finale ~* get into the finals, reach the finals ★ fig *we ~ er niets mee* it won't get us anywhere, it will get us nowhere ★ *het tegendeel ~ van wat men wil* achieve the opposite of what one wants ★ *een doel ~* attain a goal ★ *een hoge leeftijd ~* live to / reach a great age

bereisd *bn* widely-travelled

bereizen *overg* [bereisde, h. bereisd] travel across, visit, tour

berekend *bn* ★ *~ op* calculated for, designed for, suitable for, meant for ★ *~ voor zijn taak* equal to / up to his task

berekenen *overg* [berekende, h. berekend] ❶ *uitrekenen* calculate, compute ★ *de afstand ~* calculate the distance ❷ *in rekening brengen* charge ★ *te veel ~* overcharge

berekenend *bn* scheming, calculating ‹person›

berekening v [-en] ❶ *uitrekenen* calculation, computation ★ *volgens mijn ~* according to my calculations ★ *een ruwe ~* a rough estimate ❷ *uitdenken* calculation, evaluation ★ *een koele ~* a cool calculation ★ *uit ~ handelen* be cool and calculating

berenjacht v bear hunt

berenklauw m & v [-en] ❶ plantk hogweed ❷ dierk bear's claw

berenkuil m [-en] bear pit

berenmuts v [-en] bearskin (cap)

beresterk *bn* as strong as a lion

berg m [-en] ❶ *verhoging v.h. aardoppervlak* mountain, mount, ‹heuvel› hill ★ *een ~ beklimmen* climb a mountain ★ wielrennen *een ~ van de eerste categorie* a climb of the first category ★ *iem. gouden ~en beloven* promise sbd mountains of gold, promise sbd the moon ★ *over ~ en dal* up hill and down dale ★ *de ~ heeft een muis gebaard* big plans come to nothing ★ *als een ~ tegen iets opzien* not look forward to sth one little bit ★ *als de ~ niet tot Mohammed komt, zal Mohammed tot de ~ gaan* if the mountain will not come to Mohammed, Mohammed will go to the mountain ★ *de haren rijzen mij te ~e* it makes my hair stand on end ❷ *in eigennamen* Mount ‹Everest› ❸ *stapel, hoeveelheid* mount, pile, load ★ *er ligt een hele ~ bladeren op de stoep* there is a heap of leaves on the pavement ★ *~en (werk) verzetten* get through piles of work

bergachtig *bn* mountainous, hilly

bergaf, **bergafwaarts** *bijw* downhill, down the slope ★ *ik fietste ~* I cycled downhill ★ fig *het gaat ~ met mijn gezondheid* my health's going downhill

bergbeklimmen *ww & o* mountain climbing, mountaineering

bergbeklimmer m [-s] mountain climber, mountaineer

bergbewoner m [-s] mountain dweller

bergdorp o [-en] mountain village

bergen I *overg* [borg, h. geborgen] ❶ *opslaan* store ❷ *bevatten* hold, contain, accommodate ★ *de parkeergarage kan 2000 auto's ~* the car park can hold 2000 cars ❸ scheepv salvage ★ *het wrak werd geborgen* the wreck was salvaged ❹ *ruimtecapsule* recover **II** *wederk* [borg, h. geborgen] ★ *zich ~* get out of the way ★ *berg je!* hide yourself! get away! ★ *niet weten zich te ~ van schaamte* not to know where to hide **III** o ❶ alg. storing ❷ scheepv salvage, recovery

bergengte v [-n & -s] defile, narrow passage

berger m [-s] scheepv salvager

bergetappe v [-s & -n] wielrennen mountainous stage

berggeit m [-en] ❶ dierk chamois ❷ fig mountain goat

berggids m [-en] mountain guide

berghelling v [-en] mountain slope

berghok o [-ken] shed

berghut v [-ten] climber's hut, mountain hut, Alpine hut

berging v ❶ *ter opberging* storeroom, shed ❷ *bergruimte* storage ★ *iets in de ~ zetten* put sth in storage ❸ scheepv salvage ★ *de ~ van de Koersk* the salvage of the Koersk ❹ *v. ruimtecapsule* recovery

bergingsoperatie v [-s] salvage operation

bergingswerk o salvage work

bergkam m [-men] mountain ridge

bergkast v [-en] storage cupboard

bergketen v [-s] chain / range of mountains, mountain range / chain

bergklimaat o mountain climate

bergkloof v [-kloven] gorge, ravine, gully

bergkristal o [-len] rock crystal

bergloon o [-lonen] scheepv salvage (money)

berglucht v mountain air

bergmassief o [-sieven] mountain massif

bergmeubel o [-s & -en] storage cabinet

bergop, **bergopwaarts** *bijw* uphill ★ *we gingen de hele dag ~* we went uphill the whole day ★ fig *het gaat ~ met mijn prestaties* my results are getting better

bergpas m [-sen] mountain pass

bergplaats v [-en] depository, shed, storage

Bergrede v Bijbel Sermon on the Mount

bergrug m [-gen] mountain ridge

bergruimte v [-s & -n] storage room, storage space

bergschoen m [-en] mountaineering boot, climbing boot

bergsport v mountaineering

bergstok m [-ken] alpenstock

bergtop m [-pen] mountaintop, peak, pinnacle,

summit
bergweide *v* [-n & -s] mountain meadow
beriberi *m-v* med beriberi
bericht *o* [-en] ❶ *nieuws* news, tidings ★ *dat zijn gunstige ~en* this is good news ★ *geen ~, goed ~* no news is good news ★ *van iem. ~ krijgen* receive / get news from sbd, hear from sbd ❷ *kennisgeving* message, notice, communication, report ★ *een ~ van ontvangst* an acknowledgement of receipt ★ *een ~ van verzending* a notice of dispatch ★ *~ sturen* send word ★ *tot nader ~* until further notice ❸ *in krant* report, notice
berichten *overg* [berichtte, h. bericht] let ⟨us⟩ know, send word ⟨whether...⟩, inform ⟨of your arrival⟩, report ★ *iem. iets ~* inform sbd of sth ★ handel *de ontvangst ~* acknowledge receipt
berichtgeving *v* [-en] coverage, reporting ★ *de ~ over de ramp was summier* the coverage of the disaster was brief
berijden *overg* [bereed, h. bereden] ❶ *rijden op* ride ★ *een paard / fiets ~* ride a horse / bicycle ❷ *rijden over* ride on, drive on ★ *met de auto de snelweg ~* drive on the motorway ★ *te paard de heide ~* ride horseback across the heath
berijder *m* [-s] ❶ *van paard* horseman ❷ *van fiets, motor* rider
berijmen *overg* [berijmde, h. berijmd] rhyme, put into verse ★ Bijbel *berijmde psalmen* rhymed version of the psalms
berijpt *bn* frosted, rimed, covered with hoarfrost
berispen *overg* [berispte, h. berispt] reprimand, censure, reprove, rebuke, admonish, rate
berisping *v* [-en] reprimand, reproof, rebuke ★ *iem. een ~ geven wegens wangedrag* reprimand sbd for misbehaviour
berk *m* [-en], **berkenboom** [-bomen] birch, birch tree
berkenhout *o* birch wood
berkenhouten *bn* birch wood
Berlijn *o* Berlin
Berlijner *m* [-s] Berliner
Berlijns I *bn* Berlin ★ *de val van de ~e Muur* the fall of the Berlin wall ★ *~ blauw* Prussian blue **II** *o* dialect Berlin
berm *m* [-en] ❶ shoulder, (grass) verge ⟨of a road⟩ ★ *een zachte ~* a soft shoulder ★ *in de ~ plassen* pee on the side of the road ❷ *verhoogd* bank
bermlamp *v* [-en] spotlight
bermtoerisme *o* roadside picnicking
Bermuda *o*, **Bermuda-eilanden** *zn* [mv] Bermuda, the Bermudas
bermuda *m* ['s], **bermudashort** [-s] Bermudas, Bermuda shorts
Bermudaans *bn* Bermudan ★ valuta *de ~e dollar* the Bermudan dollar, the dollar
Bern *o* Berne
Berner *bn* Oberland Bernese ★ *de ~ Conventie* the Berne Convention
beroemd *bn* famous, renowned, celebrated ★ inf ~

maken put on the map ★ *Nederland is ~ om zijn kaas* the Netherlands are famous for their cheese
beroemdheid *v* ❶ *roem* fame, renown ❷ *persoon* [-heden] ★ *een ~* a celebrity
beroemen *wederk* [beroemde, h. beroemd] ★ *zich ~* boast, brag ★ *zich ~ op* boast about, pride oneself on, glory in
beroep *o* [-en] ❶ *vak* profession, trade, business, occupation, ⟨predikant⟩ call ★ *hij is tandarts van ~* he is a dentist by profession, by trade ★ *een vrij ~* ⟨arts, advocaat &⟩ a profession ★ *zonder ~* (of) no occupation ★ *ik heb van mijn hobby mijn ~ gemaakt* I've made a trade of my hobby ❷ *verzoek* appeal ★ *een ~ doen op* appeal to ⟨sbd for sth⟩, call on ⟨sbd's help⟩ ❸ jur appeal ★ *het ~ diende voor de rechtbank van Assen* the appeal was made at the court of Assen ★ *hoger ~* appeal ★ *in (hoger) ~ gaan* appeal to a higher court, appeal against a decision ★ *~ aantekenen / instellen (tegen)* appeal, lodge / file an appeal (against) ★ *~ in cassatie* appeal in cassation, appeal to the Supreme Court
beroepen I *overg* [beriep, h. beroepen] *v. geestelijke* call ⟨a clergyman⟩ **II** *wederk* [beriep, h. beroepen] ★ *zich ~ op* refer to ⟨your evidence⟩, plead ⟨ignorance⟩, invoke ⟨Article 34⟩
beroepengids *m* [-en], **beroepenlijst** *v* [-en] professional directory
beroeps *bn* professional ★ *hij is ~* ⟨soldaat⟩ he is a regular
beroepsbevolking *v* working population, labour force
beroepsdeformatie *v* [-s] occupational disability ★ *hij heeft een ernstige ~* he has been completely conditioned by his job
beroepsgeheim *o* [-en] professional secret ★ *het ~* professional secrecy ⟨in journalism &⟩ ★ *zich aan het ~ houden* maintain confidentiality, maintain professional secrecy ★ *zich beroepen op het ~* appeal to professional secrecy, invoke confidentiality
beroepsgroep *m* [-en] professional group
beroepshalve *bijw* by virtue of one's profession, professionally
beroepshof *o* [-hoven] Belg Court of Appeal
beroepskeuze *v* choice of a profession / career ★ *voorlichting bij ~* vocational guidance ★ *een bureau voor ~* a careers office
beroepskleding *v* uniform
beroepsleger *o* [-s] regular / professional army
beroepsmatig *bn* professionally
beroepsmilitair *m* [-en] regular (soldier), professional soldier
beroepsonderwijs *o* vocational training ★ *hoger ~* higher technical education ★ *lager ~* technical training ★ *middelbaar ~* technical and vocational training for 16-18-year-olds
beroepsopleiding *v* [-en] vocational training
beroepsprocedure *v* [-s] jur appellate procedure
beroepsrisico *o* ['s] occupational hazard,

occupational risk
beroepsschool *v* [-scholen] Belg technical school
beroepstermijn *m* [-en] jur period of appeal
beroepsvoetbal *o* professional football
beroepsziekte *v* [-n & -s] occupational disease, occupational illness
beroerd I *bn ellendig* unpleasant, miserable, wretched, inf rotten, lousy ★ *een ~e geschiedenis* an unpleasant affair ★ inf *die ~e vent!* that bastard! ★ *ik speelde een ~e wedstrijd* I played a terrible match ★ *zij is nooit te ~ om te helpen* she's always willing to help ★ *hij is te ~ om een vinger uit te steken* he is too damn lazy to lift a finger ★ *hij is de ~ste niet* he isn't a bad bloke ★ *ik voel me ~* I feel ill / terrible **II** *bijw* versterkend wretchedly, terribly ★ *~ koud* terribly cold
beroeren *overg* [beroerde, h. beroerd] ❶ *aanraken* touch, brush ★ *ze beroerde mijn arm* she touched my arm ❷ *emotioneren* stir, disturb, perturb ★ *het besluit beroerde de bevolking* the decision caused agitation among the population ★ *haar uitspraak beroert de gemoederen* her statement is stirring up feelings
beroering *v* [-en] ❶ *onrust* trouble, commotion, turmoil ★ fig *de gemoederen in ~ brengen* stir up feelings ★ *~ wekken* create a commotion ★ *er is grote ~ ontstaan over zijn uitlatingen* his statements have stirred up great unrest ❷ *beweging* disturbance ★ *water in ~ brengen* agitate water ❸ *aanraking* touch
beroerte *v* [-n & -s] stroke, fit, seizure ★ *een (aanval van) ~ krijgen, door een ~ getroffen worden* have / suffer a stroke
beroet *bn* sooty
berokkenen *overg* [berokkende, h. berokkend] cause ★ *leed ~ aan* bring misery upon ★ *schade ~ aan* do damage to
berooid *bn* penniless, down and out, destitute ★ *in ~e toestand* in a down-and-out situation
berouw *o* remorse, contrition, compunction ★ *~ hebben van / over* feel sorry / remorse / compunction for, repent ★ *~ komt na de zonde* repentance always comes too late ★ RK *akte van ~* Act of Contrition
berouwen *overg* [berouwde, h. berouwd] repent (of), regret ★ *die keus zal je niet ~* you won't regret this choice ★ *het zal u ~* you'll regret it, ‹als dreigement› I'll make you regret it, you'll be sorry you did it ★ *die dag zal u ~* you'll rue the day
berouwvol *bn* repentant, contrite, penitent ★ *een ~ zondaar* a repentant sinner
beroven *overg* [beroofde, h. beroofd] ❶ *bestelen* rob ★ *een reiziger ~* rob a traveller ❷ *ontdoen van* deprive of, strip ★ *iem. van het leven ~* take a person's life ★ *zich van het leven ~* take one's own life ★ *van het verstand beroofd* out of one's mind
beroving *v* [-en] robbery
berrie *v* [-s] ❶ *handkar* (hand)barrow ❷ *voor zieke* stretcher
berucht *bn* infamous, notorious, disreputable, of ill

repute ★ *~ om / wegens* notorious / infamous for ★ *een ~e dief* a notorious thief ★ *een ~e buurt* an area of ill repute, an infamous neighbourhood
berusten *onoverg* [berustte, h. berust] ❶ *gebaseerd zijn* be based / founded on, rest on ★ *~ op* be based / founded on, rest on, ‹gevolg zijn van› be due to ★ *de theorie berust op nieuwe feiten* the theory is based on new facts ★ *het berust op een misverstand* it is due to a misunderstanding ❷ *zich schikken* resign oneself to, acquiesce in ★ *~ in de situatie* resign oneself to the situation ★ *~ in het vonnis* acquiesce in the sentence ★ *in zijn lot ~* resign oneself to one's fate ❸ *bewaard worden* rest at / with ★ *~ bij* rest with, be in the keeping of, be deposited with, be lodged in, be vested in ★ *de macht berust bij hem* the power rests with him ★ *de akte berust bij de notaris* the document is held by the notary
berusting *v* ❶ *gelatenheid* resignation, acquiescence, submission ★ *~ in Gods wil* resignation to God's will ★ *een sfeer van ~* an atmosphere of resignation ❷ *bewaring* possession ★ *onder ~ van* in the hands of ★ *de stukken zijn onder zijn ~* the documents are in his hands / custody
bes I *m-v* ❶ muz B flat ❷ *vrucht alg.* [-sen] berry ★ *een blauwe ~* a bilberry / blueberry ❸ *aalbes* [-sen] currant ★ *een zwarte ~* a black currant ★ *een rode ~* a red currant **II** *v* [-sen] *oude vrouw* old woman
beschaafd *bn* ❶ *niet barbaars* civilized ★ *de ~e wereld* the civilized world ❷ *uiterlijk* well bred, polished, refined, polite ★ *~e vormen* refined manners ❸ *ontwikkeld* cultured, cultivated, educated ★ *een ~ man* an educated man ★ *het algemeen ~ Nederlands* Standard Dutch
beschaamd I *bn* ❶ *vol schaamte* ashamed, shamefaced, abashed ★ *~ zijn over* be ashamed of ★ *iem. ~ maken* make sbd feel ashamed ★ *iem. ~ doen staan* make sbd feel ashamed, put sbd to shame ★ *wij werden in onze verwachtingen niet ~* our hopes / expectations were not in vain ❷ *schuchter* ZN bashful **II** *bijw* ❶ *vol schaamte* shamefacedly ❷ *schuchter* ZN bashfully
beschadigen *overg* [beschadigde, h. beschadigd] damage ★ *zijn gezag was beschadigd* his authority was damaged
beschadiging *v* [-en] ❶ *handeling* damage, injury ❷ *schade* damage
beschamen *overg* [beschaamde, h. beschaamd] ❶ *beschaamd maken* (put to) shame, ‹teleurstellen› disappoint, betray ★ *ik werd in mijn verwachtingen beschaamd* my expectations were betrayed ❷ *v. vertrouwen* betray ★ *iems. vertrouwen ~* betray sbd's confidence
beschamend *bn* humiliating, shameful
beschaven *overg* [beschaafde, h. beschaafd] refine, polish, civilize
beschaving *v* [-en] ❶ *maatschappij* civilization ★ *de westerse ~* Western civilization ★ *op een hoge trap van ~ staan* have a high degree of civilization

be

❷ *welgemanierdheid* culture, refinement ★ *een vrouw van ~* a sophisticated woman ★ *iem. wat ~ bijbrengen* teach sbd some manners

bescheid *o* [-en] ❶ *antwoord* answer ★ *iem. ~ geven* give sbd an answer ❷ *bewijsstuk* record, document ★ *de (officiële) ~en* the (official) papers / documents

bescheiden *bn* ❶ *weinig eisend* unpretending, unassuming, unobtrusive ★ *een ~ kind* an unassuming child ★ *naar mijn ~ mening* in my humble opinion ❷ *gering* modest, moderate ★ *van een ~ omvang* of a moderate size ★ *een ~ inkomen* a modest income ★ *een ~ applaus* faint applause

bescheidenheid *v* modesty ★ *in alle ~* with all due respect ★ *~ siert de mens* modesty is a virtue

beschermeling *m* [-en] protégé

beschermen I *overg* [beschermde, h. beschermd] ❶ *behoeden* protect, screen, shelter ★ *beschermd tegen de wind* sheltered / screened from the wind ★ *~ voor / tegen* protect from / against ★ *zij is zeer beschermd opgevoed* she has had a very sheltered / protected upbringing ★ *de handel ~* protect the trade ★ *een beschermde diersoort* a protected species ★ *een beschermde status* a protected status ❷ *begunstigen* promote, further **II** *wederk* [beschermde, h. beschermd] ★ *zich ~ (tegen)* protect oneself (against)

beschermend *bn* protective ★ *met een ~ laagje* with a protective layer ★ *~e rechten* protective duties ★ *een ~e bril* ⟨tegen scherp licht⟩ protective glasses

beschermengel *m* [-en] guardian angel

beschermer *m* [-s] protector

beschermheer *m* [-heren] patron

beschermheilige *m-v* [-n] patron(ess), patron saint

bescherming *v* [-en] ❶ *beschutting* protection ★ *~ zoeken tegen de regen* seek shelter from the rain ★ *iem. in ~ nemen* take sbd under one's protection ★ *iem. / iets in ~ nemen tegen* shield sbd / sth from ★ *iem. tegen zichzelf in ~ nemen* protect sbd against himself ★ *onder ~ van de nacht* under cover of night / darkness ★ *iem. onder ~ afvoeren* escort sbd off ★ *Bescherming Bevolking* ± Civil Defence ❷ *begunstiging* patronage ★ *deze organisatie staat onder ~ van de koningin* this organization is under the patronage of the queen ❸ *materiaal* protection ★ *sp hij speelde zonder ~* he played without any protection

beschermingsfactor *m* protection factor ★ *een zonnebrandcrème met ~ 20* a protection factor 20 sun cream

beschermingsmaatregel *v* [-en] protective measure

beschermvrouw, **beschermvrouwe** *v* [-vrouwen] patroness

bescheuren *wederk* [bescheurde, h. bescheurd] ★ inf *zich ~ (van het lachen)* split one's sides laughing, laugh fit to burst

beschieten *overg* [beschoot, h. beschoten] ❶ mil fire at (upon), ⟨vooral met granaten⟩ shell ★ *beschoten worden* be fired at ❷ *bekleden* line, wainscot ⟨a wall⟩

beschieting *v* [-en] ❶ firing, ⟨vooral met granaten⟩ shelling ❷ *met hout* wainscoting ❸ *met schotten* panelling

beschijnen *overg* [bescheen, h. beschenen] shine on, light up

beschikbaar *bn* available, at sbd.'s disposal ★ *niet ~* unavailable ★ *geld ~ stellen voor* make money available for ★ *zich ~ stellen* make oneself available

beschikbaarheid *v* availability

beschikken I *overg* [beschikte, h. beschikt] ❶ *beslissen* decide ★ *de rechter beschikte anders* the judge decided otherwise ★ *gunstig / afwijzend ~ op een verzoek* grant / deny a request ★ *bij uiterste wil ~* state in one's last will ❷ *regelen* arrange, see to ★ *de mens wikt, God beschikt* man proposes, God disposes **II** *onoverg* [beschikte, h. beschikt] *gebruik kunnen maken* have the disposal of, have at one's disposal ★ *hij beschikt over voldoende geld* he has sufficient means ★ *~ over iems. tijd* have sbd's time at one's disposal ★ *~ over de meerderheid/50 zetels in het parlement* command a majority/50 seats in Parliament ★ *u kunt over mij ~* I'm at your disposal

beschikking *v* [-en] ❶ disposal ★ *de ~ hebben over...* have the disposal of..., have at one's disposal ★ *het staat tot uw ~* it's at your disposal ★ *ter ~ stellen van* place / put at the disposal of ★ *ter ~ zijn* be available ★ *ter ~ van justitie blijven / houden* remain at the disposal of the judicial authorities ★ jur *ter ~ van de regering* under a restriction order ❷ *ministerieel* order ★ *bij ministeriële ~* by ministerial order, by administrative decision / regulation / decree ★ *bij rechterlijke / gerechtelijke ~* by judicial order ❸ *bestuursrecht* administrative decision, ⟨civielrecht⟩ interlocutory judgement / order / court order, ⟨strafrecht⟩ judgement out of court, ⟨EG⟩ decision, ⟨Hoge Raad⟩ ruling ★ *bij ~ van de president* by order of the president ★ *een ~ inkomstenbelasting* an income tax notification ★ jur *een begunstigende / belastende ~* a favourable / an unfavourable decision

beschilderen *overg* [beschilderde, h. beschilderd] paint, paint over ★ *met de hand beschilderd* hand-painted

beschildering *v* [-en] painting

beschimmeld *bn* mouldy

beschimmelen *onoverg* [beschimmelde, is beschimmeld] get / grow mouldy

beschimpen *overg* [beschimpte, h. beschimpt] taunt, jeer (at)

beschoeien *overg* [beschoeide, h. beschoeid] face, timber ★ *de oever was beschoeid met hout* the river bank was sheet piled with wooden planks

beschoeiing *v* [-en] timbering, sheet piling

beschonken *bn* drunk, intoxicated, tipsy ★ *in ~ toestand* under the influence of alcohol

beschoren *bn* ★ *een kort / lang leven ~ zijn* be granted a short / long life ★ *hem was hetzelfde lot ~* the same fate had befallen him

beschot *o* [-ten] ❶ *bekleedsel* wainscoting
❷ *afscheiding* partition ★ *een houten* ~ panelling
❸ *opbrengst* yield, crop ★ *een goed* ~ *opleveren* yield a
good crop
beschouwelijk *bn* contemplative
beschouwen *overg* [beschouwde, h. beschouwd] look
at, view, contemplate, consider, regard, envisage
★ ~ *als* consider, regard as, look upon as, hold (to
be) ★ *(alles) wel beschouwd* after all, all things
considered ★ *op zichzelf beschouwd* in itself
★ *oppervlakkig beschouwd* on the face of it ★ *als niet
verzonden* ~ disregard ‹a letter› ★ *iem. als een
vriend* ~ regard sbd as a friend ★ *ik beschouw het als
mijn taak om...* I consider it my task to...
beschouwend *bn* contemplative, reflective
beschouwing *v* [-en] ❶ *als handeling* contemplation
★ *bij nadere* ~ on closer examination ❷ *bespiegeling*
speculation, contemplation ❸ *beoordeling, bespreking*
consideration, view, opinion ★ *buiten* ~ *laten* leave
out of consideration, leave out of account / out of
the question, not take into consideration, ignore
★ pol *de algemene* ~*en* general debate
beschrijven *overg* [beschreef, h. beschreven]
❶ *omschrijven* describe ★ *de dader* ~ describe the
offender ★ *een reis* ~ give an account of a trip
★ *een* ~*de grammatica* a descriptive grammar ★ *zijn
gevoelens* ~ describe one's feelings ★ *het is niet te* ~ it
defies description, it's indescribable ❷ *schrijven op*
write on ★ *het schoolbord* ~ write on the blackboard
❸ *trekken* draw, trace ★ *een baan om de aarde* ~
make an orbit around the earth ★ *een cirkel* ~ trace
/ draw a circle ★ ~*de meetkunde* descriptive
geometry
beschrijving *v* [-en] ❶ *omschrijving* description,
depiction, sketch ★ *een* ~ *geven van iets* give a
description of sth ★ *dat gaat alle* ~ *te boven, dat tart
elke* ~ it defies all description, it's indescribable
❷ *opsomming* specification, inventory, account
beschroomd **I** *bn* timid, bashful, diffident, shy **II** *bijw*
timidly
beschuit *v* [-en] cracker toast, rusk ★ *een* ~*je met
muisjes* a cracker toast with aniseed sprinkles
★ *een* ~*je met iem. willen eten* want to get to know
sbd better
beschuldigde *m-v* [-n] accused, defendant
beschuldigen *overg* [beschuldigde, h. beschuldigd]
accuse (of), charge (with), blame (for) ★ *hij wordt
altijd van alles beschuldigd* he's always blamed for
everything ★ *iem. van nalatigheid* ~ accuse sbd of
negligence ★ *iem. vals* ~ accuse sbd falsely
beschuldiging *v* [-en] ❶ *alg.* accusation, imputation
★ *een valse* ~ *van diefstal* a false accusation of theft
❷ *voor de rechtbank* charge, indictment ★ *iem. in
staat van* ~ *stellen* indict sbd ★ *een* ~ *inbrengen tegen
iem.* bring a charge against sbd ★ *een* ~ *richten tot*
level charges at ★ *onder* ~ *van* on a charge of
beschut *bn* sheltered ★ ~ *tegen de regen* sheltered
from the rain ★ ~ *wonen* sheltered housing ★ *een* ~*te*

werkplaats a sheltered workshop
beschutten *overg* [beschutte, h. beschut] shelter,
screen, shield, protect ★ *zich* ~ *tegen de wind* shelter
oneself from the wind ★ *iem.* ~ *voor gevaar* protect
sbd against danger ★ ~ *voor / tegen* shelter from,
protect from / against
beschutting *v* [-en] shelter, protection ★ ~ *geven* offer
shelter ★ ~ *zoeken* seek shelter ★ *onder* ~ *van een
eiland* under the lee of an island
besef *o* ❶ *benul* sense, understanding, idea ★ *geen
flauw* ~ *hebben van* not have the faintest idea of
★ *geen* ~ *van tijd* no sense of time ❷ *inzicht*
realization ★ *tot het* ~ *komen dat* come to realize
that ★ *in het* ~ *dat...* realizing that...
beseffen *overg* [besefte, h. beseft] realize, be aware,
be conscious (of) ★ *wij* ~ *heel goed dat...* we fully
appreciate that... ★ *iets niet* ~ not be aware of sth
beslaan I *overg* [besloeg, h. beslagen] ❶ *innemen* take
up, occupy, fill ★ *veel plaats* ~ take up much room
★ *die zin beslaat een hele bladzijde* this sentence fills a
whole page ❷ *met metaal* mount, shoe ❸ *paard*
shoe ‹a horse› ★ *goed beslagen ten ijs komen* be well
prepared ❹ *deeg* beat up ❺ *vat* techn hoop ❻ *deur*
stud **II** *onoverg* [besloeg, is beslagen] *mistig worden*
fog over, steam up ★ *een beslagen ruit* a fogged-up
window ★ *een beslagen tong* a coated tongue
beslag *o* [-slagen] ❶ *v. deeg* batter, ‹voor brouwsel›
mash ★ ~ *voor pannenkoeken* batter for pancakes
❷ claim, *ook* jur attachment, seizure, embargo ★ ~
leggen op impound, confiscate, seize, scheepv put an
embargo on ★ ~ *leggen op iem. / iems. tijd*
‹v. personen› trespass on sbd / sbd's time, ‹v. zaken›
engross sbd, take up all sbd's time ★ *veel tijd / ruimte
in* ~ *nemen* take up much time / room ★ *iems.
aandacht in* ~ *nemen* engage sbd's attention
★ *goederen in* ~ *nemen* seize goods ★ *de zaak heeft
haar* ~ the matter is settled ★ *zijn* ~ *krijgen* be settled
★ ~ *op loon* garnishment of wages ★ jur
conservatoir ~ seizure before judgement, protective
provisional seizure, garnishment ★ *door* ~ *innen*
collect under a writ of attachment ❸ *als versiering*
techn mounting, ‹aan deur› ironwork, studs, ‹iron
/ brass› fittings, ‹aan heipaal› binding, ‹aan ton›
hoops, bands, ‹aan stok› tip, ferrule, ‹v. paard›
(horse)shoes, ‹op tong› fur
beslaglegging *v* [-en] attachment, seizure
beslapen *overg* [besliep, h. beslapen] ★ *dit bed is al* ~
this bed has been slept in
beslechten *overg* [beslechtte, h. beslecht] ❶ settle,
decide ★ *de strijd in zijn voordeel* ~ settle the quarrel
to one's advantage ★ *het pleit* ~ settle the dispute
❷ *vlak maken* techn level, flatten
beslissen I *overg* [besliste, h. beslist] ❶ *besluiten*
decide ★ *u moet* ~ *wat u met het geld gaat doen* what
you do with the money is up to you ❷ *uitkomst
bepalen* decide, rule ★ ~ *over de toekomst* decide the
future ★ ~ *ten gunste van* decide for (in favour of)
★ ~ *ten nadele van* decide against ★ *dat doelpunt*

besliste de wedstrijd that goal decided the match **II** *onoverg* [besliste, h. beslist] decide ★ *zij kon maar niet* ~ she just couldn't make up her mind

beslissend *bn* decisive, final, conclusive, determinant, critical, casting ★ *het ~e doelpunt* the deciding goal ★ *de ~e factoren* the determinant factors ★ *op het ~e ogenblik* at the critical moment ★ *de ~e stem* the casting vote ★ *die ontmoeting was ~ voor zijn carrière* that meeting determined his career

beslisser *m* [-s] ★ *voor snelle ~s* for people who can decide quickly

beslissing *v* [-en] decision, *jur* ruling ★ *een foutieve ~* a wrong decision ★ *een ~ nemen over deze zaak* make a decision in this matter ★ *een voorlopige ~* a preliminary decision ★ *jur een onherroepelijke ~* an irrevocable decision ★ *hij blijft bij zijn ~* he's sticking / keeping to his decision ★ *hij staat voor een moeilijke ~* he is faced with a difficult decision

beslissingsbevoegd *bn* have the power to make decisions

beslissingsbevoegdheid *v* power of decision, authority (to make decisions), decision-making powers

beslissingswedstrijd *m* [-en] decider, play-off

beslist I *bn* ❶ *onomstotelijk* definite ❷ *v. personen* decisive, resolute, firm ❸ *v. zaken* decided ★ *het is een ~e zaak* it is a decided matter **II** *bijw* certainly, definitely ★ *hij heeft ~ gelijk* he is definitely right ★ *~ weigeren* refuse adamantly

beslommeringen *zn* [mv] worries ★ *zakelijke ~* commercial worries ★ *huiselijke ~* domestic worries ★ *de dagelijkse ~* the day-to-day worries

besloten *bn* ❶ *gesloten* closed, private ★ *in ~ kring* in a private circle ★ *het is een ~ avond* it is a private evening ★ *een ~ vennootschap* in Groot-Brittannië a private company, a limited company (afk.: Ltd.) Am a close corporation, a closed corporation ★ *een ~ jacht* a private shooting party ★ *een ~ terrein* a private property ★ *de ~ tijd* the closed season ★ *een ~ vergadering* a private meeting ★ *~ water* private waters ★ *een ~ uiterste wil* a sealed will ❷ *vast van plan* resolved, determined ★ *~ zijn* be resolved / determined to

beslotenheid *v* privacy, isolation, seclusion ★ *in alle ~* in secrecy ★ *in de ~ van* in the seclusion of

besluipen *overg* [besloop, h. beslopen] ❶ *op jacht* stalk ❷ creep / steal up on ‹sbd› ❸ *fig* come / creep over ‹sbd›

besluit *o* [-en] ❶ *bij zichzelf* resolve, resolution, determination, decision ★ *een kloek ~ nemen* make a bold decision ★ *hij kan nooit tot een ~ komen* he can never make up his mind ★ *het ~ nemen om...* take the decision to... ❷ *v. vergadering & resolution* ★ *een ~ nemen* ‹in vergadering› pass / adopt a resolution, ‹v. persoon› make a decision, make up one's mind ★ *een ~ buiten vergadering* a unanimous consent resolution ❸ *v. overheid* decree, order ★ *een Koninklijk Besluit* an Order in Council, a Royal

Decree ★ *een ~ tot benoeming van een curator* a receiving order ❹ *gevolgtrekking* conclusion ❺ *einde* conclusion, close ★ *tot ~* in conclusion, to conclude ★ *tot een ~ komen* come to a conclusion / decision

besluiteloos *bn* indecisive, irresolute

besluiteloosheid *v* irresolution, indecision

besluiten I *overg* [besloot, h. besloten] ❶ *eindigen* end, conclude ‹a speech› ★ *~ met het volkslied* round off with the national anthem ❷ *gevolgtrekking maken* conclude, infer (*uit* from) ★ *uit zijn woorden ~* conclude from his words ❸ *een besluit nemen* decide, resolve, determine ★ *dat heeft me doen ~ te gaan* that has made me decide to go ❹ *omvatten* comprise, include ★ *alles is daarin besloten* everything is included therein **II** *onoverg* [besloot, h. besloten] decide ★ *ergens toe ~* make up one's mind ★ *hij kan maar tot niets ~* he can't decide on anything

besluitvaardig *bn* resolute, decisive

besluitvaardigheid *v* decision-making capability, decisiveness

besluitvorming *v* decision-making

besmeren *overg* [besmeerde, h. besmeerd] ❶ *bestrijken* spread, ‹met boter› butter, ‹met verf› daub ❷ *vuil maken* smear

besmet *bn* ❶ *met ziektekiemen* contaminated, infected ❷ *bevuild* polluted, contaminated ★ *een ~ woord* a tainted word ❸ *bij werkstaking* tainted ‹goederen› ★ *~ werk* ‹bij staking› blacked work ▼ *een ~te lading* ‹smokkelwaar› black cargo

besmettelijk *bn* ❶ med infectious, contagious ❷ *van kleding* easily soiled ★ *wit is erg ~* white gets dirty very easily

besmetten *overg* [besmette, h. besmet] ❶ *van ziekte* contaminate, infect ❷ *bevuilen* pollute ❸ *vlekken maken* taint, soil

besmetting *v* [-en] ❶ *ziekte* infection, contagion ❷ *bevuiling* contamination, pollution

besmettingsgevaar *o* risk of infection

besmettingshaard *m* [-en] source of the infection

besmeuren *overg* [besmeurde, h. besmeurd] soil, stain, besmear, smirch

besmuikt *bn* sniggering ★ *~ lachen* snigger

besneden *bn* ❶ *bewerkt, gevormd* carved, chiselled ★ *fraai ~ houtwerk* finely carved woodwork ★ *een fijn ~ gezicht* a finely chiselled face ❷ *de besnijdenis ondergaan hebben* circumcised

besneeuwd *bn* covered with snow, snow-covered, snowy ★ *een ~e helling* a snow-covered slope

besnijden *overg* [besneed, h. besneden] ❶ *v. d. voorhuid* circumcise ❷ *andere betekenissen* cut, carve

besnijdenis *v* [-sen] circumcision

besnoeien *overg* [besnoeide, h. besnoeid] ❶ *v. bomen* prune, lop ❷ *inkorten* cut (back, down), trim, curtail ★ *de uitgaven ~* cut expenses ★ *iem in zijn vrijheid ~* curtail sbd's freedom ★ *een boek ~* cut a book

besnuffelen *overg* [besnuffelde, h. besnuffeld] ❶ smell at, sniff at ❷ *doorsnuffelen* nose through

besodemieterd *bijw* ★ *inf ben je ~?* have you gone

mad?

besodemieteren *overg* [besodemieterde, h. besodemieterd] bugger about, Am screw ‹sbd› ★ *de verkoper besodemieterde de klant* the salesman swindled the customer ★ *hij heeft zijn vrouw besodemieterd* he's cheated on his wife

besognes *zn* [mv] affairs ★ *huishoudelijke* ~ domestic activities

bespannen *overg* [bespande, h. bespannen] ❶ *rijtuig* harness ★ *met paarden* ~ horse-drawn ★ *met vier paarden* ~ *wagen* coach-and-four, four-in-hand ❷ *besnaren* string ★ *een viool* ~ string a violin ★ *een tennisracket* ~ string a tennis racket

bespanning *v* [-en] ❶ *alg.* covering ★ *met een zachte* ~ *spelen* <u>tennis</u> play with soft stringing ❷ *v. rijtuig* harnessing, ‹met trekdieren› team ❸ *de trekdieren zelf* team

besparen *overg* [bespaarde, h. bespaard] save, spare ★ *iem. iets* ~ spare sbd sth ★ *dat leed werd haar bespaard* she was spared that grief ★ *zich de moeite* ~ save / spare oneself the trouble / effort ★ *~ op de salariskosten* save on salaries ★ *tijd* ~ save time

besparing *v* [-en] saving, economy ★ *ter* ~ *van kosten* to save expenses ★ *de* ~*en op de gezondheidszorg* the savings on health care

bespatten *overg* [bespatte, h. bespat] splash, splatter

bespelen *overg* [bespeelde, h. bespeeld] ❶ play, play on ‹an instrument, a billiards table &›, play in ‹a theatre› ★ *het orgel* ~ play the organ ★ *de stadsschouwburg* ~ play the theatre ★ *hij bespeelt het publiek* he plays to the gallery ❷ *beïnvloeden* manipulate, play on ★ *zij laat zich door de media* ~ she is being manipulated by the media

bespeuren *overg* [bespeurde, h. bespeurd] perceive, sense ★ *een neiging* ~ feel a craving ★ *onraad* ~ sense danger ★ *er is niets meer van te* ~ nothing can be found of it any more

bespieden *overg* [bespiedde, h. bespied] spy on, watch

bespiegelen *overg* [bespiegelde, h. bespiegeld] reflect on, contemplate

bespiegelend *bn* ★ *een* ~ *leven* a contemplative life ★ ~*e wijsbegeerte* speculative philosophy

bespiegeling *v* [-en] reflection, contemplation ★ ~*en houden over* speculate on

bespioneren *overg* [bespioneerde, h. bespioneerd] spy on

bespoedigen *overg* [bespoedigde, h. bespoedigd] *een beweging* accelerate, ‹een proces &› hasten, speed up, expedite

bespottelijk I *bn* ridiculous, ludicrous ★ *een* ~ *voorstel* an absurd proposal ★ *een* ~*e scène* a ridiculous scene ★ *~ maken* ridicule, deride, hold up to ridicule ★ *zich* ~ *gedragen* make a fool of oneself, lay oneself open to ridicule **II** *bijw* ridiculously

bespotten *overg* [bespotte, h. bespot] mock, deride, ridicule

bespreekbaar *bn* ❶ debatable, open to discussion

★ *in ons land is dit onderwerp* ~ where we come from, this subject is open to discussion ★ *een taboe* ~ *maken* make a taboo the subject of discussion ❷ *bij onderhandelingen* negotiable ★ *de salariseisen zijn* ~ the salary demands are negotiable

bespreken *overg* [besprak, h. besproken] ❶ *praten over* talk about, discuss ★ *deze zaak moeten we* ~ we must discuss this matter ★ *iets onder vier ogen* ~ discuss sth in private ❷ *beoordelen* review ★ *een boek* ~ review a book ❸ *reserveren* book, reserve ★ *een kamer* ~ book a room ★ *plaatsen / kaartjes* ~ reserve seats / tickets

bespreking *v* [-en] ❶ *het bespreken* discussion ❷ *vergadering* talks, conference, meeting ★ *een* ~ *hebben* have a meeting ★ *in* ~ *zijn* be in a conference ❸ *recensie* review, inf write-up ❹ *het reserveren* reservation, booking

besprenkelen *overg* [besprenkelde, h. besprenkeld] sprinkle, dash ★ ~ *met water* sprinkle with water

bespringen *overg* [besprong, h. besprongen] ❶ *onverwacht aanvallen* leap on, spring on, pounce on ★ *de leeuw bespringt de impala* the lion pounces on the impala ★ *de doelpuntenmaker werd besprongen door medespelers* the scorer was jumped on by teammates ❷ *dekken* cover, mount ★ *de hengst besprong de merrie* the stud covered the mare

besproeien *overg* [besproeide, h. besproeid] ❶ *alg.* sprinkle ❷ *planten* water ❸ *land* irrigate

besproeiing *v* ❶ *tuin, straten* sprinkling ❷ *velden* irrigation

bespuiten *overg* [bespoot, h. bespoten] ❶ *alg.* water, spray on ❷ *planten* spray ‹with›

bespuwen *overg* [bespuwde, h. bespuwd] spit at

bessenjenever *m* blackcurrant gin

bessensap *o* currant juice

bessenstruik *m* [-en] currant bush

best I *bn* ❶ *overtreffende trap van 'goed'* best ★ *dat is het* ~*e boek dat ik ooit gelezen heb* this is the best book I've ever read ★ *dat kan de* ~*e gebeuren* it can happen to the best of us ★ *dat de* ~*e mag winnen!* may the best win ★ *de eerste de* ~*e* anyone, anything, any ★ *zij kan zingen als de* ~*e* she's an excellent singer ★ *het* ~*e zal zijn...* the best thing (plan) would be... ★ *het* ~*e ermee!* all the best, good luck (to you)! ★ *het* ~*e met je verkoudheid* I hope your cold will soon be better ★ *er het* ~*e van hopen* hope for the best ★ *er het* ~*e van maken* make the best of it ★ *iem. het* ~*e wensen* wish sbd all the best ❷ *heel goed* very good ★ *mij* ~*!* OK with me! ★ *hij is niet al te* ~ he is none too well ★ ~*e jongen* (my) dear boy ★ *dat zijn* ~*e mensen* they are decent people ★ ~*e aardappelen* prime potatoes ★ *dan ben je een* ~*e!* there's a good boy / a dear ❸ *aanhef* dear ★ ~*e Mary* dear Mary **II** *bijw* ❶ *overtreffende trap van goed* (very) well, (the) best ★ *hij schrijft het* ~ he writes the best ❷ *tamelijk* quite ★ *het is* ~ *mogelijk* it's quite possible ★ *het was* ~ *leuk* it was really nice ★ *ik zou* ~ *met hem willen ruilen* I wouldn't mind swapping with him

be

❸ *waarschijnlijk* highly ★ *het is ~ mogelijk* it's highly possible **III** *o* best ★ *zijn ~ doen* do one's best ★ *zijn uiterste ~ doen* do one's utmost ★ *beter zijn ~ doen* try harder ★ *de schrijver op zijn ~* the writer at his best ★ *vijftig op zijn ~* fifty at the utmost / at most / at best ★ *Sjefke zal iets ten ~e geven* Sjefke is going to oblige the company ★ *alles zal ten ~e keren* everything will turn out for the best

bestaan I *onoverg* [bestond, h. bestaan] ❶ *zijn* be, exist ★ *spoken ~ niet* ghosts don't exist ★ *hoe bestaat 't?* how is it possible? ❷ *blijven bestaan* subsist ❸ *leven* live ★ *~ van* live on ★ *~ voor* live for ▼ *~ in* consist in / of ▼ *~ uit* consist of, be composed of ▼ *hij heeft het ~ om...* he had the nerve to... **II** *o* ❶ *het zijn* being, existence ★ *het ~ van God* the existence of God ★ *het aards ~* the earthly existence ★ *het vijftigjarig ~ herdenken van* commemorate the fiftieth anniversary of ❷ *onderhoud* living, livelihood, subsistence ★ *een aangenaam ~* a pleasant life ★ *een behoorlijk ~* a decent living ★ *middelen van ~ vinden* find a livelihood ★ *de strijd om het ~* the struggle for life ★ *hij heeft een goed ~* he earns a decent wage

bestaansminimum *o* subsistence level ★ *onder / boven het ~* below / above subsistence level

bestaansrecht *o* right to exist ★ *dit bedrijf heeft geen ~* this company has no right to exist / is not viable

bestaansreden *v* [-en] reason for existence

bestand I *o* [-en] ❶ *wapenstilstand* truce, armistice ★ *een ~ sluiten* agree to a truce ❷ comput file ❸ *voorraad* pool, reservoir ❹ *inventaris* stock **II** *bn* ★ *~ zijn tegen* be able to resist, (be able to) withstand ★ *~ tegen het weer* weatherproof ★ *tegen de druk ~ zijn* stand up to the pressure

bestanddeel *o* [-delen] element, component, (constituent) part, ⟨ingrediënt⟩ ingredient

bestandsbeheer *o* comput file management

bestandslijn *v* [-en] demarcation line

bestandsnaam *v* [-namen] comput file name

besteden *overg* [besteedde, h. besteed] spend, devote, pay ★ *aandacht ~ aan* pay attention to ★ *geld ~ aan* spend money on ★ *tijd ~ aan* spend time on ★ *het is aan hem besteed* he can appreciate that ★ *het is aan hem niet besteed* it ⟨the joke, advice &⟩ is wasted / lost on him ★ *goed / nuttig ~* make good use of ★ *slecht ~* make bad use of

besteding *v* [-en] expenditure, spending ★ *consumptieve ~en* consumer expenditure / spending

bestedingspatroon *o* [-tronen] pattern of spending

besteedbaar *bn* ★ *~ inkomen* disposable income, income after tax

bestek *o* [-ken] ❶ *eetgerei* cutlery, ⟨in restaurant, voor één persoon⟩ cover ❷ *bij aanneming* bouwk specification(s) ❸ *plan* scheme, plan ❹ *begrensde ruimte* scope, compass ★ *binnen het ~ van dit werk* within the scope of this work ★ *veel in een klein ~* much in a small compass ★ *in kort ~* in brief, in a

nutshell ❺ *gegist bestek* scheepv (dead) reckoning ★ scheepv *het ~ opmaken* determine the ship's position

bestekbak *m* [-ken] cutlery tray, cutlery drawer, Am silverware tray

bestel *o* ❶ *ordening* order (of things) ★ *binnen het nieuwe / oude / huidige ~* within the new / old / present order (of things) ★ *het (heersende) ~* the establishment ★ *het maatschappelijk ~* the social order ❷ *organisatie v. omroep &* system, set-up

bestelbon *m* [-nen] order form

besteldienst *m* [-en] parcel delivery (service)

bestelen *overg* [bestal, h. bestolen] rob ★ *toeristen ~* rob tourists

bestelformulier *o* [-en] order form

bestelkaart *v* [-en] order form ★ *een ~ voor boeken* a book order

bestellen *overg* [bestelde, h. besteld] ❶ *v. waren* order ⟨goods from⟩ ★ *een rondje ~* order a round of drinks ★ *bij wie bestelt u uw boeken?* who do you order your books from? ❷ *v. mensen* send for ⟨sbd⟩ ★ *de loodgieter ~* send for the plumber ❸ *bezorgen* deliver ★ *brieven ~* deliver letters ▼ *iem. ter aarde ~* commit sbd to the earth

besteller *m* [-s] ❶ post postman, parcels delivery man ❷ *v. waren* deliveryman ★ *iedere tiende ~ krijgt een boek* every tenth customer will receive a book

bestelling *v* [-en] ❶ post delivery ❷ *v. goederen* order ★ handel *~en aannemen / doen / uitvoeren* receive / place / fill orders ★ *~en doen / plaatsen bij* place orders with ★ *een definitieve ~* a firm order ★ *ze zijn in ~* they are on order ★ *op / volgens ~* (made) to order ❸ *het bestelde* order ★ *de ~ aan huis afleveren* deliver the ordered goods to the door

bestelwagen *m* [-s], **bestelauto** ['s] delivery van

bestemmen *overg* [bestemde, h. bestemd] ❶ *voorbestemmen* destine ★ *geld voor iets ~* earmark money for sth ❷ *bedoelen* intend, mean ★ *deze informatie is bestemd voor scholieren* this information is intended for students / this information applies to students ★ *die opmerking is voor jou bestemd* that remark was meant for you

bestemming *v* [-en] ❶ *v. reis* destination ★ *met onbekende ~ vertrekken* go without leaving an address ★ *met ~* (bound / headed) for ⟨Marseille⟩ ★ *de plaats van ~* the destination ★ *op de plaats van ~ arriveren* arrive at one's destination ★ *het geld krijgt een goede ~* the money will be put to good use ❷ *bedoeling* intention, purpose ❸ *levenslot* lot, destiny

bestemmingsplan *o* [-nen] development plan, zoning plan / scheme

bestemmingsverkeer *o* local traffic ★ *verboden toegang, ~ uitgezonderd* for local traffic only

bestempelen *overg* [bestempelde, h. bestempeld] ❶ *met stempel* stamp ❷ *noemen* label, call, brand ★ *hij werd bestempeld als dom* he was labelled stupid

bestendig I *bn* ❶ alg. continual, constant, steady ★ *~*

weer stable / settled weather ❷ *v. vrede, vriendschap & lasting*, enduring ❸ *v. materialen* durable, permanent ❹ *v. bestuurslichamen* ZN permanent **II** *bijw* continually, constantly

bestendigen *overg* [bestendigde, h. bestendigd] continue, make permanent

bestens *bijw* eff at best

bestensorder *v* [-s] eff order at best (price), market order

besterven I *overg* [bestierf, is bestorven] *ontsteld raken die* ★ *hij zal het nog ~* it will be the death of him ★ *zij bestierf het bijna van het lachen / van schrik* she nearly died laughing / of fright ★ *ik besterf het van de kou* I'm dying of cold **II** *onoverg* [bestierf, is bestorven] ❶ *v. woorden die* ★ *het woord bestierf op zijn lippen* the word died on his lips ★ *dat ligt hem in de mond bestorven* it is constantly on his lips ❷ *v. vlees* hang ★ *vlees laten ~* hang meat

bestiaal *bn* bestial

bestialiteit *v* ❶ *dierlijkheid* bestiality [-en] ❷ *seksuele handeling* bestiality

bestiarium *o* [-ria & -s] bestiary

bestieren *overg* [bestierde, h. bestierd] rule, govern ★ *een bedrijf ~* run a company

bestijgen *overg* [besteeg, h. bestegen] ❶ *berg* climb / ascend ❷ *paard* mount, get on to ❸ *troon* ascend

bestoken *overg* [bestookte, h. bestookt] ❶ *beschieten* bombard, shell ★ *een stad ~* bomb a city ★ *met projectielen ~* bombard with missiles ❷ *lastig vallen* harass, bombard ★ *~ met vragen* bombard with questions

bestormen *overg* [bestormde, h. bestormd] ❶ eig storm, assault ★ *de bank werd bestormd* there was a run / rush on the bank ★ *hij werd bestormd door fans* he was stormed by fans ★ *de hitlijsten ~* storm the hit lists ❷ *met vragen* fig assail, bombard ❸ *met verzoeken* fig storm, besiege

bestorming *v* [-en] ❶ *stormaanval* storming, assault ★ *de ~ van de Bastille* the attack on the Bastille ❷ *het bestormd worden* rush, run

bestraffen *overg* [bestrafte, h. bestraft] ❶ alg. punish ★ *het ~ van misdadigers* the punishment of criminals ❷ *berispen* reprove, rebuke, reprimand ★ *~d* reproachful / reproving ⟨look⟩

bestraffing *v* [-en] punishment ★ *ter ~ van* as a punishment for

bestralen *overg* [bestraalde, h. bestraald] ❶ alg. shine on, form irradiate ❷ med radiate ★ *hij wordt twee keer per week bestraald* he has radiation treatment twice a week

bestraling *v* [-en] ❶ alg. irradiation ❷ med radiation treatment

bestraten *overg* [bestraatte, h. bestraat] pave ★ *~ met klinkers* pave with bricks

bestrating *v* [-en] ❶ *de handeling, de stenen* paving ❷ *de stenen* pavement

bestrijden *overg* [bestreed, h. bestreden] ❶ *iem.* fight (against), combat, contend with ★ *elkaar ~* be at one

another's throats ★ *de vijand met zijn eigen wapens ~* give the enemy a taste of his own medicine ❷ *iets* fight (against), combat, control ★ *de misdaad met harde hand ~* take a hard line against crime ★ *vooroordelen ~* break down / combat prejudices ★ *een ziekte ~* fight a disease ★ *insecten ~* control insect pests ❸ *betwisten* dispute, challenge, contest ⟨a point⟩, oppose ★ *iems. woorden ~* challenge sbd's words ★ *een argument ~* challenge an argument ★ *iets niet ~* not dispute something ★ *een testament ~* challenge a will ❹ *betalen* defray ⟨the expenses⟩, meet ⟨the costs⟩ ★ *de kosten ~* meet / cover the costs

bestrijder *m* [-s] fighter, adversary, opponent ★ *een ~ van het onrecht* a fighter against injustice

bestrijding *v* ❶ *strijd* fight, combat, control ★ *~ van insecten* pest control ★ *~ van schoolverzuim* tackling school absenteeism ❷ *betwisting* disputing, challenging ❸ *betaling* covering ★ *ter ~ van de kosten* to meet the costs, for the defrayment of expenses

bestrijdingsmiddel *o* [-en] ❶ *in land- en tuinbouw* herbicide ❷ *v. insecten* pesticide ❸ *v. schimmels* fungicide

bestrijken *overg* [bestreek, h. bestreken] ❶ *strijken op* spread (over), ⟨met verf⟩ coat ★ *het behang ~ met het plaksel* brush the paste onto the wallpaper ❷ mil cover, command, sweep ★ *een groot terrein ~* cover a wide field ★ sp *het gehele speelveld ~* cover the whole field ★ fig *zijn heerschappij bestreek zestig jaar* his rule lasted sixty years

bestrooien *overg* [bestrooide, h. bestrooid] strew, sprinkle, ⟨met poeder⟩ powder, dust ★ *met zand ~* ⟨v. wegen⟩ sand

bestseller *m* [-s] best seller

bestsellerlijst *v* best seller list

bestuderen *overg* [bestudeerde, h. bestudeerd] ❶ *aandachtig bekijken* study ★ *grondig ~* study thoroughly ❷ *onderzoek verrichten naar* explore, research, investigate

bestudering *v* study ★ *een werkgroep ter ~ van overgewicht* a study group for research into obesity / for obesity research

bestuiven *overg* [bestoof, h. bestoven] ❶ *met meel/stof* dust ❷ plantk pollinate

besturen *overg* [bestuurde, h. bestuurd] ❶ *regeren* govern, rule, lead ★ *de partij wordt bestuurd door drie mensen* the party is led by three people ❷ *zaken* manage ❸ *een bedrijf* conduct, run, manage ❹ *huishouding* run ❺ *schip* navigate, steer ❻ *auto* drive ❼ *vliegtuig* navigate, fly ❽ *project* lead ▼ techn *draadloos bestuurd* wireless-controlled, radio-controlled

besturing *v* [-en] ❶ *voertuig* steering, drive ★ auto *linkse / rechtse ~* left-hand / right-hand drive ★ *dubbele ~* dual control ❷ luchtv navigation ★ *de automatische ~* the automatic pilot ❸ techn control ★ *draadloze ~* wireless control

besturingsprogramma *o* ['s] control program

be

besturingssysteem *o* [-temen] <u>comput</u> operating system

bestuur *o* [-sturen] ❶ *landsbestuur* government, rule, administration ★ *het land kwam onder Duits ~* the country came under German rule ❷ *v.instelling of bedrijf* administration, management, direction, control, management board ★ <u>jur</u> *behoorlijk ~* proper administration ★ <u>jur</u> *beginsel van behoorlijk ~* principle of sound administration ★ <u>jur</u> *onbehoorlijk ~* mismanagement ❸ *bestuurslichaam* board, governing body, committee, executive ★ *het plaatselijk ~* ‹concreet› the local authorities, ‹abstract› local government ★ *het dagelijks ~* the executive committee

bestuurder *m* [-s] ❶ *v. land, bedrijf & governor*, (managing) director, administrator ❷ *vervoermiddel* driver ❸ <u>luchtv</u> pilot

bestuurlijk *bn* administrative, governmental ★ *het ~ apparaat* the administrative machinery, the administrative system ★ *het ~ gezag* the administrative / government authority, ± the authorities ★ *een ~e organisatie* an administrative organisation, an administrative body

bestuursambtenaar *m* [-s & -naren] government official, civil servant

bestuursapparaat *o* administrative machinery, machinery of government

bestuurscollege *o* [-s] executive committee, governing body, directorate

bestuurskamer *v* [-s] boardroom ★ *in de ~ bijeenkomen* assemble in the boardroom

bestuurskunde *v* <u>onderw</u> public administration

bestuurslid *o* [-leden] member of the board, committee member

bestuursrecht *o* <u>jur</u> administrative law

bestuursvergadering *v* [-en] committee meeting, meeting of the board, board meeting

bestwil *o* ★ *voor uw eigen ~* for your own good ★ *een leugentje om ~* a white lie

bèta *v* ['s] ❶ *Griekse letter* beta ❷ *school* science, the sciences ★ *veel jongens kiezen ~* boys often choose the sciences ❸ *leerling* science student

betaalautomaat *m* [-maten] *afk.* point-of-sale terminal (afk.: POST, POS terminal), point-of-pay terminal (afk.: POP terminal), ticket machine ★ *geld in de ~ werpen* put money into a ticket machine

betaalbaar *bn* ❶ *niet duur* affordable ★ *die kleding is goed ~* everybody can afford these clothes ❷ *uit te betalen* payable ★ *~ stellen* make payable, domicile ★ *~ aan toonder* payable to bearer

betaald *bn* paid (for) ★ *het iem. ~ zetten* pay sbd out, get even with sbd, take it out of sbd ★ *met ~ antwoord* reply paid ‹telegram› ★ *het ~ voetbal* professional football ★ *~ parkeren* paid parking

betaalkaart *v* [-en] bank card, credit card

betaalmiddel *o* [-en] currency, means of payment ★ *een wettig ~* legal tender, legal currency

betaalpas *m* [-sen] bank card, cash card, cheque card, Am check card

betaaltelevisie *v* pay TV

bètablokker *m* [-s] <u>med</u> beta-blocker

betalen *overg* [betaalde, h. betaald] pay (for) ★ *zij kunnen het (best) ~* they can afford it ★ *wie zal dat ~?* who's going to pay that? ★ *zich goed laten ~* charge heavily ★ *contant ~* pay in cash ★ *achteraf ~* pay in arrear ★ *iets duur ~* pay dearly for sth ★ *~ met ondankbaarheid / goud* pay with ingratitude / pay in gold ★ *het is met geen geld te ~* it is priceless ★ *die auto's zijn niet te ~* those cars are prohibitively expensive ★ *ze ~ slecht* ‹niet op tijd› they don't pay on time, ‹niet genoeg› they underpay ‹their employees &›

betaler *m* [-s] payer

betaling *v* [-en] payment ★ *tegen ~ van...* on payment of ★ *ter ~ van* in payment of ★ *~ bij levering* cash on delivery, C.O.D ★ *~ blijkens rekening* <u>form</u> payment for account rendered ★ *~ in natura* payment in kind ★ *~ ineens* a lump sum payment ★ *achterstallige ~en* (payments in) arrears / overdue payments ★ *blanco ~* clean payment ★ *contante ~* cash payment ★ *gespreide ~* payment in instalments, staggered payment ★ *~ in termijnen* payment in instalments ★ <u>jur</u> *onverschuldigde ~* undue payment ★ *uitgestelde ~* deferred payment ★ *uitstel van ~* postponement of payment

betalingsachterstand *m* [-en] payment arrears

betalingsbalans *v* [-en] balance of payments

betalingsregeling *v* [-en] arrangement ★ *een ~ treffen* come to an insolvency arrangement

betalingstermijn *m* [-en] ❶ *termijn* term (of payment / for the payment of...) ❷ *bedrag* instalment

betalingsverkeer *o* payment transactions, money transfers, flow of payments, financial traffic

betamelijk *bn* decent, becoming, proper, befitting ★ <u>jur</u> *maatschappelijk ~* relating to proper social conduct

betamen *onoverg* [betaamde, h. betaamd] become, befit ★ *het betaamt u niet...* it is not for you to... ★ *zoals het betaamt* as is befitting

betasten *overg* [betastte, h. betast] ❶ handle, feel, finger ★ <u>inf</u> *een vrouw onzedelijk ~* feel up a woman ❷ <u>med</u> palpate

betasting *v* [-en] ❶ *het betasten* fingering, feeling ❷ <u>med</u> palpation

bètastralen *zn* [mv] beta rays

bètawetenschappen *zn* [mv] sciences, science subjects

bètawetenschappen
Het verschil tussen alfa-, bèta- en gammawetenschappen is typisch Nederlands en het kan nodig zijn om dat in een Engelse tekst uit te leggen.
De **alfawetenschappen** komen ongeveer overeen met **arts subjects** of **the humanities**, de **bètawetenschappen** ongeveer met **science subjects** of **the sciences** en **gammawetenschappen** ongeveer met **the social sciences.**

bête *bn* dom, onnozel stupid, inane
betegelen *overg* [betegelde, h. betegeld] tile
betekenen *overg* [betekende, h. betekend] ❶ *willen zeggen* mean, signify, stand for ★ *de naam komt uit het Latijn en betekent 'voedsel'* the name comes from Latin and means 'nourishment' ★ *het woord voor vrouw betekent in Koeweit ook lafaard* in Kuwait, 'woman' is a synonym for 'coward' ★ *3 is een yang nummer en betekent levendigheid* 3 is a yang number and it stands for liveliness ★ *dit signaal betekent 'vertrekken'* this signal means 'departure' ★ *eerlijkheid? hij weet niet eens wat het woord betekent* honesty? he doesn't even know the meaning of the word ★ *wat heeft dat te ~?* afkeurend what's the meaning of this? ★ *wat moet al die herrie ~?* what's all that noise about? ❷ *waarde hebben* mean, be of importance ★ *muziek betekent alles voor hem* music means everything to him ★ *mensen die veel voor de maatschappij ~* people who play a significant role in society ★ *het heeft niet veel te ~* it's nothing much ★ *het heeft niets te ~* it doesn't matter/ it's of no importance ❸ *met zich meebrengen* involve, entail ★ *een file betekenen een fikse vertraging* traffic jams mean long delays ★ *wat betekent de fusie voor ons?* where does the merger leave us? ❹ *voorspellen* signify, portend, spell ★ *dat betekent niet veel goeds* that portends little good ❺ jur serve on sbd ★ *iem. een dagvaarding ~* serve a writ on sbd
betekenis *v* [-sen] ❶ *inhoud, bedoeling* meaning, sense, signification ❷ *belang* significance, importance, consequence ★ *het is van ~* it's significant / it's important ★ *van enige ~* of some significance / consequence ★ *van doorslaggevende ~* of decisive importance ★ *het is van geen ~* it's of no importance / consequence ★ *zonder ~* meaningless ★ *hij heeft de ~ van mijn woorden waarschijnlijk niet begrepen* he must have misinterpreted my words ★ *mannen van ~* men of note ★ *een schrijver van ~* a distinguished writer ★ *een stad van ~* a major town ★ *nieuws van enige ~ ontbrak* there was no news to speak of
betekenisleer *v* semantics, semasiology
betekenisverandering *v* [-en] change of meaning, semantic change
betekenisvol *bn* meaningful
beter I *bn* ❶ *vergrotende trap van 'goed'* better ★ *hij*
is ~ dan zijn broer he is better / a better man than his brother ★ *de ~e kringen* the upper class ★ *het ~ hebben* be better off ★ *het kan nog ~* there's room for improvement ★ *zij hopen het ~ te krijgen* they're hoping for a better life ★ *de volgende keer ~* better luck next time ★ *dat maakt de zaak niet ~* that doesn't improve / help matters ★ *de zaken gaan ~* business is looking up ★ *ik ben er niets ~ van geworden* I didn't get anything out of it / I haven't gained anything from it ★ *ergens ~ van worden* benefit from sth ★ *de ~e boekhandel* the better class of bookshop ❷ *hersteld* better ★ *de patiënt is ~* the patient has improved / is well again / has recovered ★ *~ worden* be on the mend ★ *~ worden na een ziekte* convalesce after an illness ★ *aan de ~e/~ende hand zijn* be getting better **II** *bijw* ★ *des te ~!* so much the better! ★ *hij deed ~ te zwijgen* he had better be silent ★ *~ weten* know better than that ★ *ik weet niet ~ dan dat...* for all I know... ★ *iets altijd ~ willen weten* always know sth best ★ *je had ~ moeten weten* you should have known better **III** *o* ★ *als u niets ~s te doen hebt* if you haven't got anything better to do ★ *bij gebrek aan ~* for want of anything better
beteren I *onoverg* [beterde, is gebeterd] get better, mend, improve, recover **II** *overg* [beterde, h. gebeterd] ★ *zijn leven ~* mend one's ways ★ *God betere het!* it's worse than bad! ★ *zich ~* mend one's ways
beterschap *v* improvement, recovery ★ *~!* get well soon! ★ *~ beloven* promise to mend one's ways
beteugelen *overg* [beteugelde, h. beteugeld] control, curb, check, keep in check, restrain
beteuterd *bn* taken aback, perplexed, puzzled ★ *~ kijken* look dismayed
betichten *overg* [betichtte, h. beticht] ★ *iem. ~ van* accuse sbd of, charge sbd with
betijen *onoverg* ★ *iets laten ~* let sth settle itself, let sth sink in ★ *iem. laten ~* leave sbd alone, leave sbd be
betimmeren *overg* [betimmerde, h. betimmerd] board, panel
betimmering *v* [-en] woodwork ‹of a room›
betitelen *overg* [betitelde, h. betiteld] ❶ *noemen* call, label ★ *de situatie als gevaarlijk ~* describe the situation as dangerous ❷ *een titel geven* entitle, style
betoeterd *bn* ★ *ben je (een haartje) ~?* have you gone out of your mind?
betogen I *overg* [betoogde, h. betoogd] *trachten te bewijzen* argue, contend ★ *~ dat de aarde plat is* argue that the earth is flat **II** *onoverg* [betoogde, h. betoogd] *demonstreren* make a ‹public› demonstration, demonstrate ★ *~ tegen het kabinetsbeleid* march against cabinet policy
betoger *m* [-s] demonstrator
betoging *v* [-en] ‹public› demonstration ★ *een ~ houden voor / tegen de doodstraf* stage a demonstration for / against the death penalty
beton *o* concrete ★ *gewapend ~* reinforced concrete, ferroconcrete ★ *~ storten* pour concrete

betonen I *overg* [betoonde, h. betoond] show, display, manifest ★ *dankbaarheid* ~ express gratitude **II** *wederk* [betoonde, h. betoond] ★ *zich* ~ show oneself, prove oneself

betonijzer *o* reinforcing steel

betonmolen *m* [-s] concrete mixer

betonnen I *bn* concrete **II** *overg* [betonde, h. betond] *bakens plaatsen* buoy

betonrot *m* concrete decay

betonvlechter *m* [-s] steel bender, bar bender

betonwerker *m* [-s] concrete worker, concreter

betoog *o* [-togen] ❶ *argumentatie* argument ★ *dat behoeft geen* ~ it is obvious, that goes without saying ❷ *toespraak* speech ★ *een lang* ~ *houden* hold a long speech ★ *een* ~ *houden over* talk about/afkeurend speechify about

betoogtrant *m* line of argument, argumentation

betoveren *overg* [betoverde, h. betoverd] ❶ *eig* bewitch, cast a spell on ★ *een betoverde prinses* a bewitched princess ❷ *fig* fascinate, charm, enchant ★ *zij kon het publiek* ~ she could fascinate the audience

betoverend *bn* bewitching, enchanting, fascinating, charming ★ *in een* ~*e omgeving* in magical surroundings

betovergrootmoeder *v* [-s] great-great-grandmother

betovergrootvader *m* [-s] great-great-grandfather

betovering *v* [-en] ❶ *beheksing* bewitchment, spell, enchantment ❷ *fascinatie* fascination, charm

betraand *bn* tearful, wet with tears ★ *met een* ~ *gezicht* with a tear-stained face

betrachten *overg* [betrachtte, h. betracht] practise, exercise ★ *zijn plicht* ~ do / observe one's duty ★ *enige zuinigheid* ~ be more careful with money ★ *voorzichtigheid* ~ be careful

betrappen *overg* [betrapte, h.betrapt] catch, detect ★ *iem. op diefstal* ~ catch sbd (in the act of) stealing ★ *iem. op een fout* ~ catch sbd out ★ *op heterdaad* ~ take in the (very) act, catch redhanded ★ *iem. op een leugen* ~ see a lie for what it is

betreden *overg* [betrad, h. betreden] ❶ *stappen op* tread ❷ *binnengaan* enter, set foot in / on ★ *een kamer* ~ enter a room ★ *sp het speelveld* ~ go on to the field ★ *verboden te* ~ no entry ★ *de kansel* ~ mount the pulpit

betreffen *overg* [betrof, h. betroffen] ❶ *betrekking hebben op* concern, relate to, regard, touch, affect ★ *waar het zijn eer betreft* where his honour is concerned ★ *wat uitgaan & betreft* in the way of entertainment & ★ *het betrof een valse melding* it was a false alarm ★ *de* ~*de speler werd geschorst* the player in question was suspended ❷ *aangaan* concern, regard ★ *voor zover het... betreft* so far as... is / are concerned ★ *wat mij betreft* as for me, I for one, personally ★ *wat dat betreft* as to that

betreffende *voorz* concerning, regarding, with respect / regard to, relative to ★ ~ *deze zaak* with regard to this matter

betrekkelijk I *bn* ❶ *relatief* comparative, relative ★ *alles is* ~ all things are relative ★ *in* ~*e armoede leven* live in relative poverty ❷ *taalk* relative ★ *het* ~ *voornaamwoord* the relative pronoun **II** *bijw* relatively, comparatively ★ *zij is* ~ *jong* she is relatively young

betrekkelijkheid *v* relativity ★ *de* ~ *van iets inzien* see the relativity of sth

betrekken I *overg* [betrok, h. betrokken] ❶ *deelachtig maken* involve, include ★ *iem. in iets* ~ involve / implicate sbd in sth, draw sbd into sth ★ *er waren drie auto's bij het ongeluk betrokken* three cars were involved in the accident ★ *alles op zichzelf* ~ relate everything to oneself ❷ *gaan wonen in* move into, occupy ★ *zijn nieuwe woning* ~ move into his new house ★ *de wacht* ~ mount guard ❸ *laten komen* obtain, get, buy ★ *ik betrek mijn goederen bij dit bedrijf* I get my goods from this company **II** *onoverg* [betrok, is betrokken] become overcast, cloud over ★ *zijn gezicht betrok* his face clouded over

betrekking *v* [-en] ❶ *verhouding* relation, relationship ❷ *verband* connection ★ *diplomatieke* ~*en* diplomatic relations ★ *internationale* ~*en* international relations ★ *met* ~ *tot* with regard / respect to, in / with reference to ★ ~ *hebben op* pertain to ★ ~ *hebbend op* pertinent to ★ *dat heeft daar geen* ~ *op* that has no bearing on it ★ *het vraagteken heeft* ~ *op...* the question mark refers to... ★ *in* ~ *staan met* have relations with ★ *in goede* ~ *staan met* be on good terms with ★ ZN *het Ministerie van Buitenlandse Betrekkingen* Br the Ministry of Foreign Affairs, Am the State Department ❸ *baan* post, position, place, job, situation, appointment ★ *een volledige* ~ a fulltime job ★ *in* ~ in employment ★ *zonder* ~ out of employment, unemployed

betreuren *overg* [betreurde, h. betreurd] ❶ *spijt hebben* regret, be sorry for ★ *ik betreur mijn uitspraken* I regret what I said ★ *wij* ~ *haar vertrek* we're sorry she's leaving ★ *er waren drie doden te* ~ three lives were lost ❷ *treuren om* mourn for / over, be sorry for, lament ★ *de betreurde J.F. Kennedy* the late lamented J.F. Kennedy

betreurenswaard, **betreurenswaardig** *bn* regrettable, sad, deplorable, lamentable

betrokken *bn* ❶ *deelachtig* concerned ★ *de* ~ *persoon* the person concerned ★ *de* ~ *autoriteiten* the proper authorities ★ *financieel* ~ *zijn bij* have a financial interest in ★ *bij / in iets* ~ *zijn* be concerned in / with, be a party to, be mixed up with / in, be involved in ★ *bij iets* ~ *raken* get involved in sth ❷ *lucht* cloudy, overcast ★ *het ziet er* ~ *uit* it looks cloudy ❸ *gezicht* clouded, gloomy, sad ★ *met een* ~ *gezicht* with a gloomy face

betrokkene *m-v* [-n] ❶ *persoon* person concerned ★ *de daarbij* ~*n* those concerned / involved ❷ *bij cheque* drawee

betrokkenheid *v* involvement, concern ★ *maatschappelijke* ~ social involvement ★ *alle* ~ *bij* *de aanslag ontkennen* all those involved in the attack plead not guilty

betrouwbaar *bn* reliable, trustworthy, dependable ★ *uit betrouwbare bron* on good authority

betrouwbaarheid *v* reliability, dependability, trustworthiness ★ *politieke* ~ political reliability

betten *overg* [bette, h. gebet] bathe, dab

betuigen *overg* [betuigde, h. betuigd] ❶ *alg.* express, declare ★ *spijt* ~ express one's regret ★ *zijn deelneming* ~ express one's condolences / sympathy ★ *dank* ~ express one's thanks ★ *instemming* ~ *met iems. woorden* express one's approval of sbd's words ❷ *onschuld* protest, proclaim ❸ *vriendschap* profess

betuiging *v* [-en] ❶ *alg.* expression, declaration ★ *een* ~ *van medeleven* an expression of sympathy ❷ *onschuld* protestation ❸ *vriendschap* profession

betuttelen *overg* [betuttelde, h. betutteld] patronize

betweter *m* [-s] wiseguy, *inf* smart arse, smart alec(k), afkeurend nitpicker, back-seat driver

betweterig *bn* smart-alecky, afkeurend nitpicking

betweterij *v* [-en] pedantry

betwijfelen *overg* [betwijfelde, h. betwijfeld] doubt, question ★ *dat waag ik te* ~ I'm doubtful about it

betwistbaar *bn* disputable, contestable, debatable, questionable ★ *een* ~ *punt* a matter of dispute, a moot point ★ *een betwistbare aanspraak* a questionable claim

betwisten *overg* [betwistte, h. betwist] ❶ *iem. iets* dispute, contest, challenge ★ *sp een betwiste strafschop* a disputed penalty ★ *zij betwistten ons de overwinning* they contested our victory ❷ *ontzeggen* deny ❸ *deelnemen aan* ZN contest ‹game›

beu *bn* ★ *ik ben die muziek* ~ I'm tired / sick of that music

beug *v* [-en] longline ‹for fishing›

beugel *m* [-s] ❶ *voor tanden, aan been* braces ❷ *stroomafnemer op tram &* (contact) bow ❸ *v. fles, handtas &* clasp ❹ *voor leidingen* clip, clamp ❺ *aan muren* bracket ❻ *stijgbeugel* stirrup ❼ *v. geweer* (trigger) guard ▼ *dat kan niet door de* ~ ‹kan er niet mee door› that won't do, ‹is ongeoorloofd› this won't be allowed

beugel-bh *m* ['s] underwire bra

beugelfles *v* [-sen] swing-top bottle

beugelsluiting *v* [-en] swing stopper

beuk *m* [-en] ❶ *boom* beech ★ *de rode* ~ the red beech ❷ *deel kerk* nave, ‹zijbeuk› aisle ❸ *stomp* wham, whang, clout ★ *iem. een* ~ *verkopen* give sbd a whang ★ *de* ~ *erin!* go for it, versterkend give them hell

beuken I *bn* beech **II** *overg* [beukte, h. gebeukt] batter, beat ★ *iem. in elkaar* ~ beat sbd up

beukenhout *o* beech wood, beech

beukennoot *v* [-noten] beech nut

beul *m* [-en] ❶ *scherprechter* hangman, executioner ❷ *fig* brute, bully, torturer ★ *hij is een* ~ *voor zijn mensen* he is a slave driver with his staff

beulen *onoverg* [beulde, h. gebeuld] work oneself to death

beulswerk *o* fig labour, toil, grind ★ *(het)* ~ *verrichten* do the hard work

beunhaas *m* [-hazen] ❶ *prutser* bungler ❷ *zwartwerker* moonlighter

beunhazen *onoverg* [beunhaasde, h. gebeunhaasd] ❶ *prutsen* dabble (in) ❷ *zwartwerken* moonlight

beunhazerij *v* [-en] ❶ *gepruts* dabbling, bungling ❷ *zwart werk* moonlighting

beuren *overg* [beurde, h. gebeurd] ❶ *ontvangen* receive ❷ *optillen* lift (up)

beurs I *v* [beurzen] ❶ *portemonnee* purse ★ *in zijn* ~ *tasten* loosen one's purse strings ★ *elkaar met gesloten beurzen betalen* settle on mutual terms ❷ *handel* stock exchange, Bourse ‹on the Continent› ★ *aan de* ~ *genoteerd* listed on the stock market ★ *naar de* ~ *gaan* float the company on the stock market ★ *op de* ~ / *ter beurze* on the stock exchange ❸ *tentoonstelling* fair, exhibition, show ★ *op een* ~ *staan* have a stand at a fair ❹ *studiebeurs* scholarship, bursary, grant ★ *hij studeert van een* ~ he holds a scholarship ★ *een aanvullende* ~ a supplementary grant **II** *bn* overripe, bruised ★ *de appel was* ~ the apple was bruised ★ *ik ben helemaal* ~ *geslagen* I've been beaten black and blue

beursberichten *zn* [mv] stock market news, stock market report

beursfraude *v* stock market fraud

beursgang *m* eff initial public offering, (stock market) flotation / launch

beursgenoteerd *bn* eff listed, quoted on the stock exchange

beursindex *m* [indices & -en] stock market price index, share (price) index

beursklimaat *o* financial climate

beurskoers *v* [-en] quotation, share price

beurskrach *m* [-s] (stock market) crash

beursmakelaar *m* [-s] eff stockbroker

beursnotering *v* [-en] (stock market) quotation, share price

beursstudent *m* [-en] scholar, student on a grant

beurswaarde *v* market value ★ *~n* stocks and shares

beurt *v* [-en] ❶ *alg.* turn ★ *aan de* ~ *komen* come in for one's turn ★ *wie is aan de* ~? whose turn is it?, next please! ★ *om de* ~, *om* ~*en* in turn, alternately ★ *ieder op zijn* ~ everyone in turn ★ *vóór zijn* ~ out of turn ★ *te* ~ *vallen* fall to the share of, fall to ★ *iem. een* ~ *geven* ‹op school› give sbd a turn (to speak), Br hear sbd's work ★ *een goede* ~ *maken* make a good impression, score ❷ *v. auto* service ★ *een grote* ~ a major service, an overhaul ★ *een kleine* ~ a minor service ★ *een kamer een* ~ *geven* turn out / do a room ❸ *neukbeurt* vulg lay ★ *iem. een* ~ *geven* lay sbd

beurtelings *bijw* by turns, in turn, alternately

beurtschipper *m* [-s] captain of a ship with a regular service

beurtvaart *v* [-en] regular barge service, regular line

beurtzang *m* [-en] alternate singing, antiphon(y)

be

beuzelpraat *m* nonsense, twaddle, idle talk
bevaarbaar *bn* navigable
bevaarbaarheid *v* navigableness, navigability
bevallen *onoverg* [beviel, is bevallen] ❶ *aanstaan* please, suit ★ *het zal u wel ~* I'm sure you will be pleased with it, you'll like it ★ *hoe is het u ~?* how did you like it? ★ *dat (zaakje) bevalt mij niet* I don't like it ❷ *v.e. kind* give birth to ★ *zij moet ~* she is going to have a baby ★ *zij is ~ van een zoon* she has given birth to a son ★ *aan het ~ zijn* be in labour ★ *in het ziekenhuis / thuis ~* give birth in hospital / at home
bevallig *bn* graceful
bevalligheid *v* [-heden] grace, gracefulness, charm
bevalling *v* [-en] birth, delivery ★ *een pijnloze ~* painless childbirth ★ *het was een zware ~* it was a difficult delivery / birth, *fig* it was a tough job
bevangen I *overg* [beving, h. bevangen] seize, overcome ★ *hij werd ~ door de kou* the cold seized him ★ *door slaap ~* overcome with / by sleep ★ *door vrees ~* paralysed with fear **II** *bn* tight, constricted
bevaren I *overg* [bevoer, h. bevaren] navigate, sail ‹the seas› **II** *bn* ★ *een ~ matroos* an able / experienced sailor
bevattelijk I *bn* ❶ *vlug v. begrip* bright, intelligent, teachable ★ *een ~ kind* an intelligent child ❷ *begrijpelijk* intelligible, comprehensible, coherent, lucid ★ *een ~ betoog* a lucid / coherent argument ★ *een ~ antwoord* an intelligible / a comprehensible answer **II** *bijw* intelligibly, coherently, lucidly
bevatten *overg* [bevatte, h. bevat] ❶ *inhouden* contain, comprise ★ *deze wijn bevat 12% alcohol* this wine has / contains 12% alcohol ❷ *begrijpen* comprehend, grasp ★ *zij kon de dood van haar vriend nauwelijks ~* she could hardly grasp the fact that her friend had died
bevattingsvermogen *o* comprehension, (mental) grasp
bevechten *overg* [bevocht, h. bevochten] ❶ *vechten tegen* fight (against), combat ❷ *vechten om* fight for ★ *de zege ~* gain the victory, carry the day
beveiligen *overg* [beveiligde, h. beveiligd] secure, protect, safeguard ★ *beveiligd tegen een aanval* secure from / against attack ★ *beveiligd tegen de regen* sheltered from the rain ★ *tegen inbraak ~* secure / safeguard against burglary
beveiliging *v* [-en] protection, safeguarding, security ★ *de ~ liet te wensen over* the security left much to be desired
beveiligingsbeambte *m-v* [-n] security guard
beveiligingsdienst *m* [-en] security service
beveiligingssysteem *o* [-temen] security system
bevel *o* [-velen] ❶ *opdracht* order, command ★ *een ~ geven* give an order ★ *een ~ tot aanhouding* a warrant (of arrest) ★ *een ~ tot bewaring* an order for remand in custody ★ *een ~ tot huiszoeking* a search warrant ★ ‹strafrecht› *een ~ tot verschijning* a summons to appear, an order to attend in person

★ *~ geven om...* give orders to... order sbd to... ★ *op ~* ‹cry, laugh› to order, ‹op hoog bevel› by order ★ *een ambtelijk ~* official order(s), an administrative order ★ *een rechterlijk ~ tot betaling* a judicial order for payment ❷ *gezag* command ★ *het ~ voeren over* be in command / control of, command ★ *onder iems. ~ staan* be under sbd's command ★ *op ~ van* at / by the command of, by order of ★ *het militair ~* the military command
bevelen I *overg* [beval, h. bevolen] ❶ *opdracht geven* order, command, charge ★ *een ~de toon* a commanding tone ❷ *toevertrouwen* commend, entrust ★ *zijn ziel aan God ~* commend one's spirit to God **II** *onoverg* [beval, h. bevolen] give orders
bevelhebber *m* [-s] commander
bevelschrift *o* [-en] injunction, warrant, writ ★ *een ~ tot betaling* a pay warrant
bevelvoerder *m* [-s] commander
bevelvoerend *bn* commanding, in command
beven *onoverg* [beefde, h. gebeefd] ❶ *rillen* shake, tremble, shiver, ‹v. stem› quiver, quaver ★ *~ als een rietje* tremble like a leaf ★ *de grond beeft* the ground is shaking ★ *met ~de stem* in a quivering voice ❷ *van angst* tremble, quake ★ *hij beefde van angst* he trembled with fear
bever I *m* [-s] *dier* beaver **II** *o* *stof* beaver
beverburcht *m-v* [-en] beaver's lodge
beverig *bn* trembling, shaky
bevestigen *overg* [bevestigde, h. bevestigd] ❶ *vastmaken* fix, fasten, attach ★ *iets ~ aan de muur* attach sth to the wall ❷ *van macht, positie* consolidate ❸ *verzekeren* affirm, confirm ★ *ik werd bevestigd in mijn opvatting dat...* this confirmed my opinion that... ★ *iets onder ede ~* confirm sth under oath ❹ *bewijs leveren* corroborate, bear out ❺ *bekrachtigen* uphold, confirm ❻ *van lidmaten* confirm ❼ *als predikant* induct
bevestigend I *bn* affirmative ★ *een ~ antwoord* an affirmative answer **II** *bijw* affirmatively, in the affirmative ★ *~ antwoorden* answer affirmatively / in the affirmative
bevestiging *v* [-en] ❶ *vastmaking* fastening, fixing, attachment ❷ *bekrachtiging* affirmation, confirmation, endorsement ★ *een ~ van reservering* a confirmation of reservation ❸ *van macht, positie* consolidation ❹ *van lidmaten* confirmation ❺ *van predikant* induction
bevestigingsstrip *m* [-s & -pen] fastening strip
bevind *o* ★ *naar ~ (van zaken)* according to circumstances
bevinden I *overg* [bevond, h. bevonden] find ★ *iets goed ~* approve of sth ★ *iem. schuldig ~* find sbd guilty ★ *alles in orde ~* find everything satisfactory **II** *wederk* [bevond, h. bevonden] ★ *zich ~* ‹dingen› be (located / situated), ‹personen› be, find oneself ★ *zich wel ~ bij tropische weersomstandigheden* feel at home in tropical weather conditions ★ *zich ergens ~* find oneself somewhere ★ *zich in gevaar ~* be in

danger

bevinding *v* [-en] finding, result ★ *~en uitwisselen* compare notes ★ *een rapport van ~en* a report on factual findings

beving *v* [-en] ❶ *v. personen* trembling, shiver ❷ *v. aarde* tremor

bevlekken *overg* [bevlekte, h. bevlekt] stain, spot, soil ★ *bevlekt met modder* mudstained ★ *iems. reputatie ~* smear sbd's reputation

bevlieging *v* [-en] caprice, whim, impulse ★ *in een ~* on a whim, on impulse ★ *een ~ van schoonmaakwoede* a cleaning fit / frenzy

bevloeien *overg* [bevloeide, h. bevloeid] irrigate

bevlogen *bn* inspired, enthusiastic

bevochtigen *overg* [bevochtigde, h. bevochtigd] moisten, wet

bevochtiging *v* [-en] moistening, wetting

bevoegd *bn* ❶ *gerechtigd* qualified, authorized, jur competent / proper ★ *de ~e instanties* the competent authorities, the proper authorities ★ *~ om...* qualified to... authorized to... having the power to... ★ *van ~e zijde* from an authoritative source, on good authority ★ *wettelijk ~ tot* legally entitled / authorized to ❷ *bekwaam* qualified, licensed

bevoegdheid *v* [-heden] ❶ *bekwaamheid* competence, competency ❷ *macht, autoriteit* power, authority ★ *wetgevende ~* legislative power ❸ *machtiging* qualification, licence/Am license, authorization ★ *met de ~ om...* qualified to, with power to ❹ *van rechter* jurisdiction ★ *publiekrechtelijke ~* power under public law ★ *rechterlijke ~* jurisdiction

bevoelen *overg* [bevoelde, h. bevoeld] feel, finger, handle

bevolken *overg* [bevolkte, h. bevolkt] people, populate ★ *een school ~* attract students ★ *een dichtbevolkt land* a densely populated country

bevolking *v* [-en] population

bevolkingscijfer *o* [-s] population figure

bevolkingsdichtheid *v* population density ★ *een hoge / lage ~* a high / low population density

bevolkingsexplosie *v* [-s] population explosion

bevolkingsgroei *m* increase in population, population growth

bevolkingsgroep *v* [-en] section of the population / community

bevolkingsonderzoek *o* [-en] med screening

bevolkingsoverschot *o* surplus population

bevolkingspiramide *v* [-s & -n] population pyramid

bevolkingsregister *o* [-s] population register, register ★ *iem. in het ~ inschrijven* enter sbd in the register of births, deaths and marriages

bevolkingstoename *v* population growth

bevolkingsvraagstuk *o* [-ken] population issue

bevoogden *overg* [bevoogdde, h. bevoogd] fig patronize

bevoogding *v* paternalism

bevoordelen *overg* [bevoordeelde, h. bevoordeeld] favour, benefit ★ *het belastingstelsel bevoordeelt de*

rijken the taxation system benefits the rich

bevooroordeeld *bn* prejudiced, bias(s)ed

bevoorraden *overg* [bevoorraadde, h. bevoorraad] supply, provision

bevoorrading *v* [-en] supply, provisioning

bevoorradingsschip *o* [-schepen] ❶ scheepv supply ship ❷ *oliewinning* offshore drilling rig supply vessel

bevoorrecht *bn* privileged ★ *een ~ mens* a privileged / favoured person ★ *een ~e positie innemen* occupy a privileged position ★ *een ~e vordering* a privileged claim

bevoorrechten *overg* [bevoorrechtte, h. bevoorrecht] privilege, favour

bevorderen *overg* [bevorderde, h. bevorderd] ❶ *begunstigen* further, advance ❷ *promoveren* promote, move up ★ *~ tot majoor* promote to (the rank of) major ★ *een leerling ~ naar de volgende klas* move a pupil up to a higher class ❸ *helpen* aid, boost, stimulate, encourage ★ *de bloedsomloop ~* stimulate the blood circulation

bevordering *v* [-en] ❶ alg. advancement, promotion, furtherance ❷ *voetbaldivisie* ZN promotion

bevorderlijk *bn* ★ *~ voor* conducive to, beneficial to, good for ★ *dat is niet ~ voor de gezondheid* it's not beneficial to one's health

bevrachten *overg* [bevrachtte, h. bevracht] ❶ alg. freight, load ❷ scheepv ship, charter

bevrachter *m* [-s] transport charterer

bevrachting *v* [-en] ❶ *het beladen* loading ❷ *overeenkomst tot huur van (deel van) een schip* transport chartering

bevragen *overg* [bevroeg of bevraagde, h. bevraagd] ★ *te ~ bij...* (for particulars) apply to..., information to be had at...'s, inquire at...'s ★ *hier te ~* inquire within

bevredigen I *overg* [bevredigde, h. bevredigd] alg. satisfy, ⟨wens⟩ gratify, ⟨honger⟩ assuage ★ *het bevredigt (je) niet* it gives (you) no satisfaction ★ *haar nieuwsgierigheid ~* satisfy / gratify her curiosity **II** *wederk* [bevredigde, h. bevredigd] ★ *zich ~* ⟨masturberen⟩ masturbate

bevredigend *bn* satisfactory, satisfying

bevrediging *v* [-en] satisfaction, gratification, fulfilment ★ *~ vinden in...* find satisfaction in...

bevreemden *overg* [bevreemdde, h. bevreemd] surprise ★ *het bevreemdt mij, dat hij het niet deed* I'm surprised he didn't do it ★ *het bevreemdde mij* I wondered / was surprised at it

bevreemding *v* surprise

bevreesd *bn* afraid ★ *~ voor* ⟨bang⟩ afraid / apprehensive of, ⟨bezorgd⟩ apprehensive for

bevriend *bn* friendly ★ *een ~ land* a friendly country ★ *~ met* on friendly terms with, a friend of ★ *~ worden met* become friends / friendly with ★ *van ~e zijde* from friends ★ *wisk ~e getallen* amicable numbers

bevriezen I *onoverg* [bevroor, is bevroren] ❶ *water &* freeze (over / up) ★ *laten ~* ⟨v. vlees &⟩ freeze ★ fig *ik bevries* I'm freezing ★ *zijn tenen zijn bevroren* his toes are frostbitten ❷ *doodvriezen* freeze to death ★ fig *je* *bevriest hier* you could freeze to death here **II** *overg* [bevroor, h. bevroren] freeze ★ <u>bankw</u> *tegoeden* ~ freeze assets, block balances ★ *de lonen* ~ freeze wages

bevriezing *v* ❶ *kou* freezing (over, up) ❷ *v. prijzen &* freeze

bevrijden *overg* [bevrijdde, h. bevrijd] ❶ *alg.* free, set free, rescue ★ *iem. uit de lift* ~ rescue sbd from the elevator ★ *bevrijd worden van geluidsoverlast* be rid of the noise nuisance ❷ *v. gevangenen* release, set free ❸ *v. onderdrukte bevolkingsgroep* emancipate, liberate

bevrijder *m* [-s] deliverer, liberator, rescuer

bevrijding *v* [-en] deliverance, liberation, rescue, release, emancipation ★ *het voelde als een* ~ it felt like a relief ★ *sinds de Bevrijding* since the Liberation

bevrijdingsbeweging *v* [-en] liberation movement

Bevrijdingsdag *m* liberation day

bevrijdingsleger *o* [-s] liberation army

bevroeden *overg* [bevroedde, h. bevroed] ❶ *vermoeden* suspect, surmise ★ *niet kunnen* ~ not count on ❷ *begrijpen* realize, understand

bevroren *bn* ❶ *v. vlees, kredieten &* frozen ❷ *v. voeten, terrein &* frostbitten ❸ *v. ruiten* frosted

bevruchten *overg* [bevruchtte, h. bevrucht] ❶ *alg.* impregnate ❷ <u>plantk</u> fertilize

bevruchting *v* [-en] ❶ impregnation ★ *kunstmatige* ~ artificial insemination ❷ <u>plantk</u> fertilization

bevuilen *overg* [bevuilde, h. bevuild] dirty, soil, foul, defile, pollute ★ *zich* ~ soil one's pants

bewaarder *m* [-s] ❶ *alg.* keeper, guardian ❷ *v. gevangenis* warden, prison officer ❸ *v. woning* caretaker

bewaargeving *v* deposit, ± bailment ★ *open* ~ holding under management and supervision

bewaarheid *bn* ★ ~ *worden* come true

bewaarloon *o* storage charges, custody charges

bewaarplaats *v* [-en] depository, repository, storehouse, ⟨voor fietsen⟩ shelter

bewaken *overg* [bewaakte, h. bewaakt] (keep) watch over, guard ★ *laten* ~ set a watch on ★ *een bewaakte fietsenstalling* a guarded bicycle shed ★ *een bewaakte overgang* <u>spoorw</u> a protected level crossing

bewaker *m* [-s] ❶ *alg.* keeper, guard ❷ *in museum* custodian ❸ *v. auto* ⟨car⟩ attendant

bewaking *v* guard, watch(ing), custody ★ *onder* ~ *staan* be kept under guard ★ *onder* ~ *van* in the charge of

bewakingsdienst *m* [-en] security service

bewandelen *overg* [bewandelde, h. bewandeld] walk, tread (on) ★ *de veilige weg* ~ keep on the safe side ★ *de (gulden) middenweg* ~ steer the middle course ★ *de officiële weg* ~ take the official line ★ *de juiste weg* ~ keep to the right track

bewapenen *overg* [bewapende, h. bewapend] arm ★ *zich* ~ arm

bewapening *v* ❶ *het van wapens voorzien* armament, arming ❷ *wapens* arms, weapons ★ *beperking van*

de ~ arms limitation

bewapeningsindustrie *v* [-trieën] arms industry

bewapeningswedloop *m* arms race

bewaren *overg* [bewaarde, h. bewaard] ❶ *opbergen* keep, store, save ❷ *in stand houden* keep, maintain, keep up ★ *een geheim* ~ keep a secret ★ *het evenwicht* ~ maintain one's balance ★ *de lieve vrede* ~ maintain the peace ★ *het stilzwijgen* ~ preserve silence ❸ *conserveren* preserve ❹ *behoeden* save (from), guard (from / against) ★ *God / de hemel bewaar me!* God / heaven forbid!

bewaring *v* ❶ *opbergen* keeping, storage, custody ★ *in* ~ *geven* deposit ⟨luggage, money &⟩ ★ *iem. iets in* ~ *geven* entrust sbd with sth ★ *in* ~ *hebben* have in one's keeping, hold in trust ❷ *opsluiting* custody, detention ★ <u>jur</u> *verzekerde* ~ remand in custody ★ *iem. in verzekerde* ~ *nemen* take sbd into custody ★ *een huis van* ~ a detention centre, a house of detention

beweegbaar *bn* movable

beweeglijk *bn* ❶ *beweegbaar* movable, mobile ❷ *veel bewegend* lively, active, agile ★ *een* ~ *kind* an active child ★ <u>sp</u> *die speler is heel* ~ that player is very mobile ★ *een ~e geest* a nimble mind ★ *een* ~ *gemoed* a soft heart

beweeglijkheid *v* ❶ *beweegbaar* mobility ❷ *levendig* liveliness, agility

beweegreden *v* [-en] motive, grounds

bewegen I *onoverg* [bewoog, h. bewogen] move, stir ★ *hij beweegt nog* he's still moving ★ *niet genoeg* ~ not get enough exercise **II** *overg* [bewoog, h. bewogen] ❶ *eig* move, stir ❷ *ontroeren* move, stir, affect ★ *tot tranen toe bewogen zijn* be moved to tears ❸ *overhalen* move, induce ⟨sbd to do sth⟩ ★ *iem.* ~ *tot het nemen van een besluit* induce sbd to make a decision **III** *wederk* [bewoog, h. bewogen] ★ *zich* ~ move, stir, budge ★ *zich in de hoogste kringen* ~ move in the best society / circles ★ *hij weet zich niet te* ~ he doesn't know how to behave, he has no manners

beweging *v* [-en] ❶ *het bewegen v. iets* motion, <u>inf</u> move ★ *in* ~ *brengen* set (put) in motion, set going, <u>techn</u> start, <u>fig</u> stir ⟨people⟩ ★ *in* ~ *houden* keep going ★ *in* ~ *komen* begin to move, start ★ *in* ~ *krijgen* set / get going ★ *er is geen* ~ *in te krijgen* it won't move ★ *in* ~ *zijn* be moving, be in motion, ⟨v. iem.⟩. be on the move, ⟨v. een stad⟩ be in a commotion ★ *uit eigen* ~ of one's own accord ❷ *movement*, stir(ring) ★ *een politieke* ~ a political movement ❸ *het bewegen met iets* motion, movement, gesture ★ *een* ~ *met de hand* a gesture ❹ *drukte* commotion, agitation, stir, bustle ★ *(veel)* ~ *maken* create a commotion, make a stir ❺ *lichaamsbeweging* exercise ★ *je moet meer* ~ *nemen* you should get more exercise

bewegingloos *bn* motionless

bewegingsapparaat *o* locomotor apparatus

bewegingsvrijheid *v* freedom of movement,

elbowroom ★ *iem. in zijn ~ beperken* restrict sbd's freedom of movement

bewegwijzeren *overg* [bewegwijzerde, h. bewegwijzerd] signpost

bewegwijzering *v* signposting

bewenen *overg* [beweende, h. beweend] weep for, weep, deplore, lament, bewail, mourn, mourn for

beweren *overg* [beweerde, h. beweerd] ❶ *alg.* assert, contend, maintain, claim ★ *er wordt beweerd dat* it is said that, it is alleged that ★ *naar men beweert* by all accounts ★ *hij beweert niets van die inbraak af te weten* he claims that he doesn't know anything about that burglary ★ *hij heeft niet veel te ~* he doesn't have much to say for himself ❷ *wat onbewezen is* allege, claim ★ *zij beweert dat er leven is op Mars* she claims that there is life on Mars ❸ *meestal ten onrechte* pretend

bewering *v* [-en] ❶ assertion, statement, contention ★ *een ~ doen* make a statement ★ *een valse ~* a false / an untrue statement ❷ *onbewezen* claim, allegation

bewerkelijk *bn* laborious, elaborate, time-consuming

bewerken *overg* [bewerkte, h. bewerkt] ❶ *vormgeven* work, dress, fashion, shape, craft ★ *prachtig bewerkte meubels* beautifully crafted furniture ★ *~ tot* work up into ❷ *verwerken* process ❸ *ploegen & till, work ‹the land›* ❹ *omwerken* edit, rewrite, adapt ‹a novel›, ‹muziek› arrange ★ *6de druk bewerkt door...* 6th edition edited / revised by... ❺ *tot stand brengen* effect, bring about ★ *de benoeming van X. ~* bring about X's appointment ❻ *iem.* manipulate, influence, tamper with / prime ‹the witnesses› ▼ *met de vuisten ~* pummel sbd

bewerker *m* [-s] ❶ *veroorzaker* cause, worker ❷ *v. iets bestaands* compiler ‹of a book›, adapter ‹of a novel›, editor ‹of the revised edition›

bewerking *v* [-en] ❶ *handeling* treatment, cultivation ‹of land›, editing ‹of a book›, manufacturing / manufacture ‹of goods›, processing ‹of food› ★ *in ~* in preparation ❷ *resultaat* revision ‹of a book›, version / adaptation / dramatization ‹for stage›, arrangement ‹for orchestra› ★ *een film~* an adaptation for the screen ★ *ze speelden een ~ voor cello en fagot* they played an arrangement for cello and bassoon ❸ *het beïnvloeden* manipulation ❹ wisk operation

bewerkstelligen *overg* [bewerkstelligde, h. bewerkstelligd] bring about, effect

bewieroken *overg* [bewierookte, h. bewierookt] incense ★ *iem. ~* shower praise on sbd, extol sbd

bewijs *o* [-wijzen] ❶ *alg.* proof, evidence, demonstration ★ jur *indirect ~* circumstantial evidence ★ *~ achterhouden* withhold evidence ★ *een ~ overleggen* submit evidence, produce evidence ★ *als ~ aanvoeren* put forward in evidence ★ *als ~ toelaten* admit in evidence ★ *belastende bewijzen* incriminating evidence ★ *bij / wegens gebrek aan ~* for lack of evidence ★ *concreet ~*

material evidence ★ jur *direct ~* direct evidence ★ *doorslaggevend ~* conclusive evidence ★ *ondersteunend ~* circumstantial evidence ★ *onrechtmatig (verkregen) ~* unlawfully / illegally obtained evidence, inadmissible evidence ★ *onweerlegbaar ~* irrefutable evidence ★ *rechtsgeldig ~* legally valid evidence ★ *schriftelijk ~* documentary evidence ★ *aandragen van ~* produce evidence ★ *met bewijzen staven* substantiate ‹a statement› ❷ *bewijsgrond* argument ❸ *bewijsstuk* voucher ★ *een ~ van ontvangst* a receipt ❹ *getuigschrift* certificate ★ *een ~ van goed gedrag* a certificate of good character / conduct ★ *een ~ van herkomst / oorsprong* a certificate of origin ★ *een ~ van lidmaatschap* a certificate of membership ❺ *blijk* mark

bewijsexemplaar *o* [-plaren] ❶ *v. boek* free copy, voucher copy ❷ *v. krant* reference copy

bewijsgrond *m* [-en] argument

bewijskracht *v* evidential force / value, conclusiveness, probative value ★ *~ hebben* have evidential value

bewijslast *m* burden / onus of proof ★ *omgekeerde ~* reversed burden of proof ★ *omkering van ~* reversal of burden of proof

bewijsmateriaal *o* evidence ★ *~ verzamelen* collect evidence

bewijsplaats *v* [-en] reference, authority

bewijsstuk *o* [-ken] ❶ *alg.* evidence, proof ❷ jur exhibit ❸ *van eigendom* title deed

bewijsvoering *v* [-en] argumentation

bewijzen *overg* [bewees, h. bewezen] ❶ *aantonen* prove, demonstrate, establish ★ *zijn onschuld ~* prove one's innocence ★ *een hypothese ~* prove a hypothesis ★ *overtuigend bewezen* conclusively proven ★ *zich willen ~* want to prove oneself ❷ *betonen* show, confer, render ★ *iem. een gunst ~* confer a favour on sbd ★ *voor bewezen diensten* for services rendered ★ *iem. de laatste eer ~* render the last honours to sbd ★ *iem. zijn liefde ~* show sbd one's love

bewind *o* ❶ *uitoefenen van de macht, regering* administration, government, rule ★ *aan het ~ komen* ‹v. een koning› accede to the throne, ‹v. een minister› come into power ★ *aan het ~ zijn* be in power ★ *het ~ voeren* hold the reins of government ★ *het ~ voeren over* rule (over) ★ *onder het ~ van Augustus* under the reign of August ❷ jur supervision of property ★ *een ~ instellen* place property under supervision ★ *een testamentair ~* supervision of property instituted by will

bewindsman *m* [-lieden] minister, member of the government

bewindsvrouw, bewindsvrouwe *v* [-vrouwen] member of the government, minister

bewindvoerder *m* [-s] receiver, trustee, supervisor, administrator ★ jur *een ~ bij afwezigheid* a supervisor (of absentee's property) ★ *een ~ bij surseance* a receiver, a supervisor, an administrator, a moratorium trustee ★ *een gerechtelijk* ~ a receiver appointed by the court

bewogen *bn* ❶ *ontroerd* moved, affected, stirred, touched ★ *diep* ~ *zijn* be deeply moved ❷ *emotioneel* moving, stirring ❸ *met veel voorvallen* eventful, stirring, busy ★ *een* ~ *leven leiden* lead an eventful life ★ *een* ~ *avond* an eventful evening ★ *een* ~ *debat* a heated debate ★ ~ *tijden* stirring times

bewolking *v* cloud(s)

bewolkt *bn* clouded, cloudy, overcast ★ *licht* ~ dull ★ *half* ~ partly cloudy ★ *zwaar* ~ with heavy clouds

bewonderaar *m* [-s] admirer, fan

bewonderen *overg* [bewonderde, h. bewonderd] admire, look up to ★ *iem.* ~ *om zijn lef* admire sbd for his nerve ★ *een schilderij* ~ admire a painting ★ *hij bewonderde mijn auto* he looked admiringly at my car

bewonderenswaard, bewonderenswaardig *bn* admirable

bewondering *v* admiration ★ ~ *hebben voor iets* have admiration for sth

bewonen *overg* [bewoonde, h. bewoond] ❶ *land* inhabit ❷ *woning* occupy, live in, dwell in, reside in

bewoner *m* [-s] ❶ *v. stad, land* inhabitant ❷ *v. woning* tenant, inmate, occupant, occupier ❸ *permanente bewoner v. huis, stad &* resident

bewoning *v* occupation, residence ★ *ongeschikt voor* ~ unfit for (human) habitation

bewoonbaar *bn* (in)habitable ★ *een huis* ~ *maken* make a house liveable

bewoordingen *zn* [mv] wording, terms ★ *in algemene* ~ in general terms ★ *in krachtige* ~ *gesteld* strongly worded ★ *in deze* ~*en* in these terms

bewust I *bn* ❶ *besef hebbend* conscious, aware ★ *ik was het mij niet* ~ I didn't realize it, I was unaware of it ★ *hij was het zich ten volle* ~ he was fully aware of it ★ *zij werd het zich* ~ she became conscious of it ★ *hij was zich van geen kwaad* ~ he was not conscious of having done anything wrong ❷ *weloverwogen* conscious, deliberate ★ *een* ~*e daad* a deliberate action ❸ *bedoeld* in question, concerned ★ *de* ~*e persoon is hier niet geweest* the person concerned / in question hasn't been here **II** *bijw weloverwogen* deliberately ★ ~ *of on*~ wittingly or unwittingly

bewusteloos *bn* unconscious ★ ~ *raken, zijn* pass out ★ ~ *slaan* knock senseless

bewusteloosheid *v* unconsciousness

bewustmaking *v* alerting

bewustwording *v* ❶ awakening, awareness, self-awareness ★ *een belangrijke rol bij de* ~ *van de vrouw* an important role in developing self-awareness among women ❷ *v. persoonlijke, politieke en sociale kwesties* consciousness-raising

bewustzijn *o* ❶ *bij kennis* consciousness, awareness ★ *het* ~ *verliezen* lose consciousness ★ *bij zijn volle* ~ fully conscious ★ *buiten* ~ unconscious ★ *weer tot* ~

komen recover / regain consciousness ❷ *besef van zaken* consciousness ★ *het nationale* ~ national consciousness / awareness ★ *in het volle* ~ *van zijn onschuld* fully conscious of his innocence

bewustzijnsverruimend *bn* psychedelic, consciousness-expanding, mind-expanding, <u>inf</u> mind-blowing

bezaaien *overg* [bezaaide, h. bezaaid] sow, seed ★ ~ *met* sow / seed with, <u>fig</u> strew with ★ *de weg lag bezaaid met kranten* the road was littered with newspapers

bezadigd *bn* sedate, steady, dispassionate ★ *een* ~*e oude dame* a sedate old lady

bezatten *wederk* [bezatte, h. bezat] ★ *zich* ~ get plastered / drunk

bezegelen *overg* [bezegelde, h. bezegeld] <u>fig</u> seal, clinch ★ *een afspraak* ~ *met een handdruk* shake hands on a deal, clinch a deal with a handshake ★ *mijn lot was bezegeld* my fate was sealed ★ *die overwinning bezegelde een mooie loopbaan* that victory sealed a successful career

bezegeling *v* [-en] <u>fig</u> confirmation

bezeilen *overg* [bezeilde, h. bezeild] sail ★ *er is geen land met hem te* ~ he is quite unmanageable

bezem *m* [-s] broom ★ *nieuwe* ~*s vegen schoon* new brooms sweep clean ★ *ergens de* ~ *doorhalen* make a clean sweep of sth

bezemsteel *m* [-stelen] broomstick ★ *een* ~ *ingeslikt hebben* be like a stick

bezemwagen *m* [-s] <u>sp</u> support vehicle, <u>inf</u> sag wagon

bezeren I *overg* [bezeerde, h. bezeerd] hurt, injure **II** *wederk* [bezeerde, h. bezeerd] ★ *zich* ~ hurt oneself

bezet *bn* ❶ *niet vrij* taken, occupied ★ *het toilet is* ~ the toilet is occupied ★ *alles* ~! full up! ★ *is deze plaats* ~? is this seat taken? ★ *al mijn uren zijn* ~ all my hours are taken up ★ *de rollen waren goed* ~ the cast was an excellent one ★ *de zaal was goed* ~ there was a large audience ★ *een sterk* ~ *toernooi* a well-attended tournament ❷ *bezig* engaged, occupied, busy ★ *ik ben zó* ~ *dat...* I'm so busy that... ❸ *ingenomen* occupied ★ *een* ~ *gebied* occupied territory ❹ *versierd* set ★ ~ *met juwelen* set with jewels

bezeten *bn* ❶ *in de macht van boze geest* possessed ★ *van de duivel* ~ *zijn* be possessed by the devil ❷ *verrukt van* obsessed ★ ~ *van* obsessed by ★ *zij is* ~ *van muziek* she's mad about music

bezetene *m-v* [-n] one possessed ★ *als een* ~ like one possessed ★ *als een* ~ *tekeergaan* run amok

bezetenheid *v* ❶ *duivels* possession ❷ *bezieling* obsession

bezetten *overg* [bezette, h. bezet] ❶ *gaan zitten op* take (up), occupy ★ *een rij stoelen* ~ take up a row of seats ❷ *innemen* occupy ★ *een stad, gebouw* ~ occupy a town, building ★ *de tweede plaats* ~ take second place ❸ *bij wedstrijd* <u>sp</u> man ❹ *bekleden* fill ❺ *voorzien van mensen* cast ★ *de rollen* ~ cast the roles ❻ *versieren* set ★ ~ *met diamanten* set with

diamonds
bezetter *m* [-s] ❶ <u>mil</u> the occupying forces
❷ *v. gebouw, bedrijf &* occupier
bezetting *v* [-en] ❶ *het bezet zijn, bezetten* occupation
❷ *v. gebouw* sit-in ❸ *v. toneelstuk* cast ❹ *v. orkest*
strength
bezettingsgraad *m* ❶ *v. kantoorgebouw &* occupancy
❷ *v.e. vliegtuig* seat occupancy
bezettoon *m* <u>telec</u> engaged signal
bezichtigen *overg* [bezichtigde, h. bezichtigd]
❶ *v. kerk, kasteel, stad* visit, see ★ *een tentoonstelling ~*
visit an exhibition ★ *Parijs ~* go sightseeing in Paris
❷ *v. huis* view, inspect ★ *te ~* on view, on show, on
display ❸ *v. fabriek* inspect
bezichtiging *v* [-en] view(ing), inspection ★ *ter ~*
stellen put on view ★ *een ~ van een woning* a house
viewing / inspection
bezield *bn* ❶ *vol vuur* animated, inspired ★ *~ zingen*
sing animatedly ❷ *met een ziel* alive ★ *~ met* alive
with
bezielen *overg* [bezielde, h. bezield] ❶ *leven geven*
animate ❷ *inspireren* inspire, activate ★ *wat bezielt je*
toch? what has come over you?
bezieling *v geestdrift* animation, inspiration ★ *hij*
speelt zonder ~ he plays without inspiration
bezien *overg* [bezag, h. bezien] ❶ *bekijken* look at,
view ❷ *overwegen* consider, see ★ *het staat te ~* it
remains to be seen
bezienswaardig *bn* worth seeing
bezienswaardigheid *v* [-heden] sight, place of
interest ★ *de bezienswaardigheden van een stad* the
city sights
bezig *bn* busy, at work, occupied, engaged,
preoccupied ★ *aan iets ~ zijn* have sth in hand, be
working on sth ★ *hij is er druk aan ~* he is hard at it,
he's working hard on it ★ *~ zijn met...* be busy...ing,
be busy at (on), be working on ★ *zij is nog steeds ~*
met de dood van haar vader she's still preoccupied
with her father's death ★ *hij is altijd ~* he is always
busy ★ *is hij weer ~?* is he at it again?
bezigen *overg* [bezigde, h. gebezigd] use, employ
★ *grove taal ~* use coarse language ★ *alle middelen ~*
employ all means
bezigheid *v* [-heden] occupation, work ★ *lezen is een*
leuke ~ reading is a pleasant activity ★ *bezigheden*
pursuits ★ *huishoudelijke bezigheden* household
duties / chores ★ *bezigheden buitenshuis hebbende*
away all day
bezigheidstherapie *v* occupational therapy
bezighouden I *overg* [hield bezig, h. bezieggehouden]
occupy, engage, keep busy ★ *iem. ~* keep sbd busy
★ *het gezelschap (aangenaam) ~* entertain the
company ★ *de kinderen nuttig ~* keep the children
usefully occupied ★ *deze gedachte houdt mij*
voortdurend bezig this thought haunts me **II** *wederk*
[hield bezig, h. bezieggehouden] ★ *zich ~* occupy
oneself ★ *zich met iets ~* occupy / busy oneself with
sth, engage in sth

be

bezijden I *voorz* beside ★ *het is ~ de waarheid* it is far
from the truth **II** *bijw* ★ *iem. van ~ aankijken* look at
sbd from the side
bezingen *overg* [bezong, h. bezongen] sing (of)
bezinken *onoverg* [bezonk, is bezonken] ❶ <u>eig</u> settle
(down), precipitate ❷ <u>fig</u> sink in ★ *iets laten ~* let sth
sink in
bezinking *v* [-en] sedimentation ★ *~ in het bloed*
erythrocyte sedimentation ★ *~ van slib* sludge
deposit
bezinksel *o* [-s] ❶ deposit, residue ❷ <u>med</u>
sedimentation ❸ *gesteente* sediment ❹ *droesem*
dregs, lees ★ *wijn met veel ~* wine with a lot of lees
bezinnen I *overg* [bezon, h. bezonnen] reflect ★ *bezint*
eer ge begint look before you leap **II** *wederk* [bezon,
h. bezonnen] ★ *zich ~* ‹*nadenken*› contemplate,
reflect, ‹*v. gedachte veranderen*› change one's mind
★ *zich lang ~* think long ★ *zich ~ op de toekomst*
reflect on the future ★ *zich ~ op maatregelen*
consider measures
bezinning *v* ❶ *besef* sense(s), consciousness ★ *weer*
tot ~ komen come to one's senses again ★ *iem. tot ~*
brengen bring sbd to his senses ★ *zijn ~ verliezen* lose
one's senses ❷ *overdenking* reflection,
contemplation ★ *een moment van ~* a moment of
reflection
bezit *o* ❶ *alg.* possession ★ *in ~ hebben* have in one's
possession ★ *in ~ nemen* come into possession ★ *~*
nemen van take possession of ★ *in het ~ zijn van* be
in possession of, be possessed of ★ *wij zijn in het ~*
van uw brief we have your letter ★ *dit woordenboek is*
een mooi ~ this dictionary is nice to own ★ *in het*
volle ~ van zijn geestvermogens in full possession of
his mental faculties ★ <u>sp</u> *in ~ van de bal* in
possession of the ball ★ <u>jur</u> *middellijk ~* mediate
possession ❷ *eigendom* property, ownership
★ *gemeenschappelijk / collectief ~* common
/ collective property / ownership ★ *gezamenlijk ~*
joint ownership, co-ownership ★ *openbaar*
/ particulier ~ public / private property / ownership
★ *persoonlijk ~, privé~* personal property ❸ *tegenover*
schulden assets ❹ <u>fig</u> asset ❺ <u>handel</u> holdings
bezitneming *v* seizure, occupation
bezittelijk *bn* ★ *een ~ voornaamwoord* a possessive
pronoun
bezitten *overg* [bezat, h. bezeten] ❶ *alg.* possess, own,
have ★ *de ~de klassen* the propertied classes
★ *helemaal niets ~* own nothing at all ★ *ze bezit veel*
humor she has a lot of humour ❷ <u>handel</u> hold
‹securities›
bezitter *m* [-s] ❶ *alg.* possessor, owner, proprietor
❷ <u>handel</u> holder ‹of securities›
bezitterig *bn* possessive
bezitting *v* [-en] possession, property ★ *~en* property,
possessions, resources, ‹op grote schaal› assets
★ *persoonlijke ~en* personal belongings, <u>form</u>
personal effects ★ *waardevolle ~en* valuables
bezocht *bn* ❶ *bezoek hebbend* (much) frequented,

be

attended, visited ★ *goed / druk* ~ busy, well attended ★ *door spoken* ~ haunted ❷ *beproefd* afflicted, visited ★ *hij wordt* ~ *met familietragedies* he has been afflicted by tragedies in the family

bezoedelen *overg* [bezoedelde, h. bezoedeld] soil, tarnish, contaminate, stain ★ *iems. goede naam* ~ tarnish sbd's reputation

bezoek *o* [-en] ❶ *bezoek(je)* visit, call ★ *een* ~ *afleggen / brengen* make a call, pay a visit ★ *een* ~ *beantwoorden* return a call ★ *ik was daar op* ~ I was visiting there ❷ *mensen* visitor(s), guests, company ★ *er is* ~, *we hebben* ~ we have visitors ★ *wij ontvangen vandaag geen* ~ we're not at home today ★ *het* ~ *vertrekt* the visitor(s) is / are leaving ❸ *aanwezig zijn* attendance

bezoeken *overg* [bezocht, h. bezocht] ❶ visit, (go / come to) see, call on / at ❷ *kerk, theater &* attend, frequent ★ *dat land wordt bezocht met aardbevingen* that country is afflicted by earthquakes

bezoeker *m* [-s] ❶ visitor, guest ❷ *theater &* frequenter, goer

bezoeking *v* [-en] visitation, affliction, trial

bezoekrecht *o* visiting rights

bezoekregeling *v* [-en] visiting arrangements

bezoekuur *o* [-uren], **bezoektijd** *m* [-en] visiting hour

bezoldigen *overg* [bezoldigde, h. bezoldigd] pay, salary

bezoldiging *v* [-en] pay, salary ★ *de* ~ *vaststellen* set pay levels, <u>form</u> determine the level of remuneration ★ *een* ~ *toekennen* <u>form</u> offer a remuneration

bezondigen *wederk* [bezondigde, h. bezondigd] sin, be guilty of ★ *zich* ~ *aan alcohol* indulge in alcohol

bezonken *bn* fig well considered, mature ★ *een* ~ *oordeel* a mature judgement

bezonnen *bn* level-headed, sober-minded, sensible, steady

bezopen *bn* ❶ *dronken* inf sloshed, dead drunk ❷ *dwaas* cracked, crazy, idiotic ★ *ben je nou helemaal* ~? have you gone completely out of your mind? ★ *een* ~ *idee* a stupid idea ★ *dat maakt een* ~ *indruk* it makes a ludicrous impression

bezorgd *bn* anxious, worried ★ ~ *voor* anxious / uneasy / concerned about, apprehensive about / for ★ *zich* ~ *maken over* worry about ★ ~ *zijn over de toekomst* be worried about one's future ★ *wees maar niet* ~ don't worry

bezorgdheid *v* [-heden] anxiety, concern, apprehension, worry

bezorgdienst *m* [-en] delivery service

bezorgen *overg* [bezorgde, h. bezorgd] ❶ *brengen* deliver ★ *we kunnen het u laten* ~ you can have it delivered to your house ★ *de krant* ~ deliver the paper ★ *aan huis* ~ send to sbd's home ❷ *verschaffen* procure, get, find, provide (with) ★ *iem. een baan* ~ get sbd a job ★ *dat bezorgt haar voldoende inkomsten* it provides her with an adequate income ★ *dat bezorgt hem een slechte reputatie* it's earning him a

bad reputation ★ sp *zijn doelpunt bezorgde ons de zege* his goal gave us the match ★ *iem. nieuwe vrienden* ~ find new friends for sbd ❸ *veroorzaken* give, cause ★ *problemen* ~ cause trouble ★ *vreugde* ~ give pleasure

bezorger *m* [-s] ❶ *alg.* delivery man ❷ *v. brieven* bearer ❸ *v. levensmiddelen* roundsman

bezorging *v* [-en] <u>post</u> delivery ★ ~ *aan huis* home delivery

bezuiden *voorz* (to the) south of ★ ~ *de rivieren* south of the rivers ★ ~ *de evenaar* to the south of the equator

bezuinigen *onoverg* [bezuinigde, h. bezuinigd] economize, save, reduce, cut down ★ ~ *op* economize on, cut back on ★ ~ *op de uitgaven* reduce one's expenses, cut down expenses, reduce expenditure ★ *duizenden euro's* ~ reduce by thousands of euros

bezuiniging *v* [-en] ❶ *handeling* economy, cut, cutback ★ ~*en doorvoeren* cut costs, push through spending cuts ❷ *bedrag* saving ★ *het wegdoen van de auto was een enorme* ~ selling the car saved a lot of money

bezuinigingsmaatregel *m* [-en] ❶ spending cut ❷ *op macro-economisch niveau* austerity measure, economic measure

bezuren *overg* [bezuurde, h. bezuurd] pay for ★ *iets moeten* ~ regret sth, suffer / pay for sth ★ *iets met de dood* ~ pay for sth with one's life

bezwaar *o* [-zwaren] ❶ *bedenking* objection, scruple ★ *bezwaren maken tegen* raise objections, object to, make difficulties, have scruples about doing ★ *een* ~ *indienen tegen* file / lodge an objection against ★ *dat is geen* ~ that's no problem ★ *heeft u er* ~ *tegen...* do you mind... ★ *ernstige bezwaren* grave objections ★ *niet het minste* ~ *hebben tegen* not have the slightest objection to ❷ *nadeel* drawback ★ *de geluidsoverlast vormt een ernstig* ~ *tegen deze locatie* the noise factor is a serious drawback to this location ★ *de bezwaren van de ouderdom* the drawbacks of old age

bezwaard *bn* burdened, conscience-stricken, troubled ★ ~ *met een hypotheek* encumbered (with a mortgage), mortgaged ★ fig *voelt u zich* ~? is there anything on your mind? ★ *zich* ~ *voelen over* have scruples about ★ *met* ~ *gemoed* with a heavy heart

bezwaarlijk I *bn* difficult, troublesome **II** *bijw* with difficulty ★ *ik kan het* ~ *geloven* I can scarcely believe it ★ *dat zal* ~ *gaan* that will hardly be possible ★ *zo'n lange reistijd vind ik* ~ the long travelling time is tedious ★ *kan ik blijven slapen of is dat* ~? would it be inconvenient if I stayed overnight?

bezwaarschrift *o* [-en] ❶ *alg.* (notice of) objection, petition ★ *een* ~ *indienen* lodge a notice of objection ★ *een* ~ *tegen dagvaarding* an objection to the indictment ❷ *tegen belasting* appeal

bezwangerd *bn* ★ *met geuren* ~ laden / heavy with odours

bezwaren *overg* [bezwaarde, h. bezwaard] ❶ *belasten* burden, encumber, weight ★ *met hypotheek ~* mortgage ❷ *de druk voelen* burden, weigh / lie heavy on ★ *dat bezwaart zijn geweten* it's troubling his conscience

bezwarend *bn* burdensome, onerous, aggravating, damaging ‹facts›, incriminating ‹evidence› ★ jur *onredelijk ~* unreasonably burdensome, unreasonably onerous ★ *~e omstandigheden* aggravating circumstances

bezweet *bn* perspiring, sweaty ★ *met een ~ voorhoofd* with a sweaty forehead

bezweren *overg* [bezwoer, h. bezworen] ❶ *met eed* swear (to), make an oath ★ *ik bezweer je dat ik de waarheid vertel* I swear to you that I'm telling the truth ❷ *smeken* implore, adjure ‹sbd not to...› ★ *ik bezwoer haar daar niet heen te gaan* I implored her not to go ❸ *bannen* exorcise, conjure, lay ★ *geesten ~* exorcise / lay spirits ❹ *in zijn macht brengen* charm ★ *slangen ~* charm snakes ❺ *afwenden* avert, ward off, allay ‹a fear› ★ *een gevaar ~* ward off / avert a danger

bezwering *v* [-en] ❶ *v. eed* swearing ❷ *formule* invocation ❸ *v. geesten* exorcism

bezwijken *onoverg* [bezweek, is bezweken] ❶ *toegeven* succumb, yield ❷ *kapotgaan* give way, break down, collapse ★ *aan zijn verwondingen ~* succumb to one's wounds ★ *~ onder de last* collapse under the load ★ *~ voor de verleiding* yield to the temptation

bezwijmen *onoverg* [bezwijmde, is bezwijmd] faint (away), swoon

B-film *m* [-s] B-film, Am B-movie

b.g.g. *afk* (bij geen gehoor) if there is no answer

bh *m* ['s] bra

Bhutan *o* Bhutan

bi *bn* (biseksueel) bisexual

biais *o* bias binding

biatleet *m* [-leten] skisport biathlete

biatlon *m* [-s] skisport biathlon

bibberatie *v* [-s] the shivers

bibberen *onoverg* [bibberde, h. gebibberd] shiver, tremble, shake ★ *~d wakker worden* wake up trembling ★ *~ van de kou* shiver with cold ★ *~ van angst* tremble / quiver with fear

bibliofiel I *m* [-en] bibliophile **II** *bn* bibliophile, bibliophilic

bibliograaf *m* [-grafen] bibliographer

bibliografie *v* [-fieën] bibliography

bibliografisch *bn* bibliographical

bibliothecair *bn* librarian

bibliothecaresse *v* [-n & -s] librarian

bibliothecaris *m* [-sen] librarian

bibliotheek *v* [-theken] library

bicarbonaat *o* [-naten] bicarbonate

biceps *m* [-en] biceps

bidbankje *o* [-s] prayer desk / stool

bidden I *onoverg* [bad, h. gebeden] ❶ pray ‹to God›, say one's prayers ★ *~ om* pray for ★ *~ en smeken* beg

and plead (implore) ❷ *vóór het eten* ask a blessing ❸ *voor/na het eten* say grace ❹ *v. roofvogels* hover **II** *overg* [bad, h. gebeden] ❶ pray ❷ beg, entreat, implore ‹sbd to...› ★ *ik bad hem voorzichtig te zijn* I begged him to be careful

bidet *o & m* [-s] bidet

bidon *m* [-s] water bottle

bidprentje *o* [-s] ❶ *bij overlijden* mortuary card ❷ *van heilige* devotional picture

bidsprinkhaan *m* [-hanen] praying mantis

biecht *v* [-en] confession ★ *iem. de ~ afnemen* RK ‹boeteling› confess sbd, fig cross-examine sbd ★ *de ~ horen* hear confession ★ *te ~ gaan* go to confession ★ *bij de duivel te ~ gaan* consort with the devil

biechten *overg* [biechtte, h. gebiecht] confess ★ *gaan ~* go to confession

biechtgeheim *o* [-en] secret of the confessional

biechtstoel *m* [-en] confessional (box) ★ *in de ~ zitten* be in the confessional

biechtvader *m* [-s] confessor

bieden I *overg* [bood, h. geboden] ❶ *aanbieden* offer, present ★ *500 euro ~ op* offer 500 euros for ★ *veel / niets te ~ hebben* have a lot / nothing to offer ★ *iem. de helpende hand ~* lend sbd a helping hand ★ *verzet ~* put up resistance ★ *de mogelijkheid ~* offer the possibility ❷ *bij verkoping & kaartspelen* bid **II** *onoverg* [bood, h. geboden] bid, make bids ★ *~ op* make a bid for ★ *meer ~ dan een ander* outbid sbd

bieder *m* [-s] bidder ★ *de hoogste ~* the highest bidder

biedermeier *o* Biedermeier

biedkoers *m* [-en] ❶ eff bid price ❷ bankw buying price

biedprijs *m* [-prijzen] offered price

biefstuk *m* [-ken] (rump) steak

biels *m* [bielzen], **biel** [-s] (railway) sleeper

biënnale *v* [-s] biennale

bier *o* [-en] beer, ale ★ *donker / licht ~* dark / light ale ★ *zwaar ~* strong beer ★ *een ~tje drinken* have a beer

bierblikje *o* [-s] beer can

bierbrouwer *m* [-s] beer brewer

bierbrouwerij *v* [-en] brewery

bierbuik *m* [-en] beer belly

bierfles *v* [-sen] beer bottle

bierglas *o* [-glazen] beer glass

bierkaai *v* ★ *het is vechten tegen de ~* it's a losing battle

bierpomp *v* [-en] beer pump

bierviltje *o* [-s] beer mat

bies *v* [biezen] ❶ *alg.* border, edging ❷ *plant* rush ❸ *smalle strook* piping ‹on trousers &› ★ *blauwe kousen met witte ~* blue stockings with white piping ▼ *zijn biezen pakken* clear out

bieslook *o* chives

biest *v* beestings

biet *v* [-en] beet ★ *gekookte ~jes* cooked beets, Br cooked beetroot ★ *rode ~jes* beetroot ★ *een hoofd als een ~* a face as red as a beetroot ★ *inf mij een ~!* so what!, what do I care! ★ *geen ~!* I don't give a damn!

bietsen *overg* [bietste, h. gebietst] inf scrounge, cadge,

Am bum ★ *hij loopt altijd (om) geld te* ~ he is always scrounging money ★ *kan ik een sigaret* ~? can I scrounge a cigarette?

bietser *m* [-s] scrounger, cadger

biezen *bn* rush, rush-bottomed ⟨chair⟩ ★ *een* ~ *mat* a rush mat

bifocaal *bn* bifocal ★ *bril met bifocale glazen* bifocals

big *v* [-gen] ❶ *varkentje* young pig, piglet, piggy ❷ mil idiot, ass

bigamie *v* bigamy ★ *in* ~ *levend* bigamous

bigamist *m* [-en] bigamist

big bang *m* big bang

biggelen *onoverg* [biggelde, h. gebiggeld] trickle ★ *tranen biggelden haar over de wangen* tears trickled down her cheeks

biggen *onoverg* [bigde, h. gebigd] farrow, cast ⟨pigs⟩

bigshot *de* [-s] big shot

bij I *v* [-en] bee **II** *voorz* ❶ *in de omstandigheid van* at, with, on ★ ~ *zijn aankomst* on / at his arrival ★ ~ *avond* in the evening ★ ~ *brand* in case of fire ★ ~ *zijn dood* at / on his death ★ ~ *een glas bier* over a glass of beer ★ ~ *het lezen* when reading ★ ~ *goed weer* if the weather is fine ★ ~ *zijn leven* during his life ★ ~ *het vallen van de avond* at nightfall ★ ~ *deze woorden* at these words ★ ~ *avond* in the evening ❷ *in de kring van, onder* with, in ★ ~ *de artillerie / marine* in the artillery / navy ★ ~ *de oude Grieken* with the ancient Greeks ★ *zijn broer was* ~ *hem* his brother was with him ★ *dat is reeds vermeld* ~ *Europa/* ~ *Fichte* already mentioned under Europe / in Fichte ★ *hij is (iets)* ~ *de spoorwegen* he's (something) with the railways ★ ~ *ons* with us, in this country ❸ *per, maal* by ★ ~ *het dozijn* by the dozen ★ ~ *honderden* by / in hundreds, ⟨they came⟩ in their hundreds ★ *zes* ~ *zes meter* six by six metres ❹ *ondanks* with ★ ~ *al zijn geleerdheid...* with all his learning ❺ *vergeleken met* compared to ★ ~ *die sportman valt hij in het niet* he pales into insignificance when compared to this sportsman ❻ *met* with ★ *ik heb het niet* ~ *me* I haven't got it with me ★ *er werd geen geld* ~ *hem gevonden* no money was found on him, no money was found in his house ❼ *in de buurt van* next to, near, by ★ *er stond een kruisje* ~ *zijn naam* there was a cross against his name ★ ~ *het venster* near / by the window ★ *het is* ~ *vijven* it's going on for five, it's almost five o'clock ★ ~ *de zestig* close on / to sixty ★ ~ *Waterloo* near Waterloo ★ *de slag* ~ *Waterloo* the battle of Waterloo ❽ *in de ogen van* with, by ★ ~ *hem kan ik niks goed doen* I can't do anything right with him ❾ *door, wegens* by ★ ~ *toeval* by chance / accident, accidentally ❿ *aan* ~ *ze nam hem* ~ *de hand* she took him by the hand **III** *bijw* ★ *hij is goed* ~ he has (all) his wits about him, *inf* he is all there ★ *hij begint weer* ~ *te komen* he's starting to regain consciousness ★ *ik ben niet* ~ I've got behind ★ *ik ben nog niet* ~ I haven't caught up yet ★ *het boek is* ~ the book is up to date ★ *er* ~ *zijn*

⟨aanwezig⟩ be there, ⟨betrapt worden⟩ be caught ★ *... is er niet* ~ ... is absent

bijbaantje *o* [-s] sideline ★ *een* ~ *hebben* moonlight ★ *als* ~ as a second job

bijbal *m* [-len] anat epididymis

bijbedoeling *v* [-en] hidden motive, double meaning ★ *zonder* ~ without any ulterior motive

bijbehorend *bn* accessory, accompanying ★ *met* ~*(e)...* with matching...

Bijbel *m* [-s] Bible ★ fig *de* ~ *van de architecten* the architect's bible

Bijbelboek *o* [-en] book of the Bible

Bijbelcitaat *o* [-citaten] Bible quotation

Bijbelkring *m* [-en] Bible group

Bijbelplaats *v* [-en] scriptural passage

Bijbels *bn* biblical, scriptural ★ ~*e geschiedenis* biblical history

Bijbelspreuk *v* [-en] biblical proverb

Bijbeltekst *m* [-en] scriptural passage

Bijbelvast *bn* well read in the Scriptures / Bible ★ *hij is behoorlijk* ~ he knows his Bible

Bijbelvertaling *v* [-en] translation of the Bible ★ *de Engelse* ~ the English version of the Bible, ⟨van 1661⟩ the Authorized Version, ⟨van 1884⟩ the Revised Version, ⟨van 1970⟩ the New English Bible

bijbenen *overg* [beende bij, h. bijgebeend] ❶ *iem. keep pace / step with* ⟨sbd⟩ ★ *iem. niet kunnen* ~ not be able to keep up with sbd ❷ *iets* keep up with ⟨sth⟩, keep abreast of ⟨sth⟩ ★ *ik kan het niet* ~ I can't keep up with it ★ *de vraag naar iets niet kunnen* ~ not be able to keep up with the demand

bijbetalen *overg* [betaalde bij, h. bijbetaald] make an additional payment, pay extra

bijbetaling *v* [-en] additional / extra payment ★ *tegen* ~ *van...* at an additional charge of...

bijbetekenis *v* [-sen] secondary meaning, connotation

bijblijven *onoverg* [bleef bij, is bijgebleven] ❶ *in het geheugen* remain, stick in one's memory ★ *het is mij altijd bijgebleven* it has stuck in my mind ❷ *bij wedstrijd, tocht* keep pace ★ *ik kan niet* ~ I can't keep up (with you) ❸ *met zijn tijd* keep up to date ❹ *aandacht* keep up ★ *je moet er wel* ~! keep your mind on it!

bijbrengen *overg* [bracht bij, h. bijgebracht] ❶ *iem. iets* impart to, instil into sbd.'s mind, teach ❷ *tot bewustzijn brengen* bring round, bring to, restore to consciousness ❸ *iets* bring forward, produce

bijdehand *bn* ❶ *slim* smart, quick-witted, bright ★ *een* ~ *type* a bright person ❷ *vrijpostig* forward

bijdehandje *o* [-s] bright child, smart child

bijdraaien *onoverg* [draaide bij, is bijgedraaid] ❶ scheepv heave to, bring to ❷ fig come round

bijdrage *v* [-n & -s] ❶ contribution ★ *een* ~ *leveren tot* make a contribution to(wards) ★ *een* ~ *aan de winst* a profit contribution ★ verz & med *een eigen* ~ the patient's contribution ❷ *opstel* contribution ★ *een* ~ *in de krant* a contribution to the paper

bijdragen *overg* [droeg bij, h. bijgedragen] contribute

★ *zijn deel / het zijne* ~ play / contribute one's part ★ *een steentje* ~ do one's share ★ *aan / tot iems. dood* ~ contribute to sbd's death ★ *~ aan de feestvreugde* contribute / add to the fun

bijeen *bijw* together

bijeenblijven *onoverg* [bleef bijeen, is bijeengebleven] stay together ★ sp *het peloton is bijeengebleven* the pack has stayed together

bijeenbrengen *overg* [bracht bijeen, h. bijeengebracht] ❶ *mensen* bring together ★ *we moeten hen weer* ~ we must bring them together again ❷ *geld* collect, raise ★ *hij kon het geld niet* ~ he couldn't raise the money

bijeendrijven *overg* [dreef bijeen, h. bijeengedreven] drive / herd together, round up

bijeenhouden *overg* [hield bijeen, h. bijeengehouden] keep together

bijeenkomen *onoverg* [kwam bijeen, is bijeengekomen] ❶ *v. personen* meet, assemble, get together ❷ *v. kleuren* go together, match

bijeenkomst *v* [-en] meeting, gathering, assembly

bijeenrapen *overg* [raapte bijeen, h. bijeengeraapt] collect, pick up ★ *het afval* ~ collect the waste ★ *een bijeengeraapt zootje* a scratch lot ★ *al zijn moed* ~ summon up one's courage

bijeenroepen *overg* [riep bijeen, h. bijeengeroepen] call together, call, convene, convoke, summon

bijeenschrapen *overg* [schraapte bijeen, h. bijeengeschraapt] scrape together, scratch up ‹a living &›

bijeenzijn I *onoverg* [was bijeen, is bijeengeweest] be together **II** *o* gathering

bijeenzoeken *overg* [zocht bijeen, h. bijeengezocht] get together, gather, collect

bijenhouder *m* [-s] beekeeper, beemaster, apiarist

bijenkast *v* [-en] beehive

bijenkoningin *v* [-nen] queen bee

bijenkorf *m* [-korven] beehive

bijensteek *m* [-steken] bee sting

bijenteelt *v* apiculture, bee culture

bijenvolk *o* [-en] hive

bijfiguur *v* [-guren] ❶ *op afbeelding* secondary figure ❷ *in boek, film* minor character

bijgaand *bn* enclosed, attached ★ *~ schrijven* the accompanying letter ★ *~ stuur ik u...* I send you herewith... ★ *het ~e* the enclosure

bijgebouw *o* [-en] outbuilding, outhouse, annex(e)

bijgedachte *v* [-n] ❶ *eig* association ❷ *verborgen bedoeling* ulterior motive

bijgeloof *o* superstition

bijgelovig *bn* superstitious

bijgeluid *o* [-en] accompanying noise, background noise

bijgenaamd *bn* nicknamed, surnamed

bijgerecht *o* [-en] side dish

bijgesloten *bn* enclosed ★ *in de* ~ *brochure* in the brochure enclosed ★ ~ *vindt u...* please find enclosed...

bijgeval I *bijw* by any chance, perhaps ★ *als je* ~... if you happen / chance to... **II** *voegw* if ★ ~ *dit weer gebeurt* if this happens again

bijgevoegd *bn* enclosed

bijgevolg *bijw* as a consequence, consequently

bijholte *v* [-s & -n] anat paranasal sinus

bijholteontsteking *v* [-en] sinusitis

bijhouden *overg* [hield bij, h. bijgehouden] ❶ *iem., iets* keep up with, keep pace with ‹sbd, sth› ★ *ik kan je niet* ~ I can't keep up with you ★ *er is geen* ~ *aan* it's impossible to cope with / to keep up with ❷ *zijn glas &* hold out ★ *houd je bord eens bij* hold out your plate ❸ *de boeken* handel keep up to date ❹ *dagboek &* keep ★ *een dagboek* ~ keep a diary ❺ *zijn talen &* keep up ❻ *oppassen* ZN babysit, look after

bijkans *bijw* almost, nearly

bijkantoor *o* [-toren] ❶ *alg.* branch office ❷ post suboffice

bijkeuken *v* [-s] scullery, laundry

bijknippen *v* [knipte bij, h. bijgeknipt] trim

bijkomen *onoverg* [kwam bij, is bijgekomen] ❶ *toegevoegd worden* be added ★ *er is 100 euro bijgekomen* another 100 euros have been added ★ *dat moest er nog* ~! that would be the last straw! ❷ *na bewusteloosheid* come to (oneself again), come round ★ *niet meer* ~ *van het lachen* be helpless with laughter ❸ *zich herstellen* recover, improve, revive ★ *de handel komt weer bij* business is recovering ❹ *op adem komen* (re)gain (one's) breath, get one's breath back ★ *ik moet eerst even* ~ I have to get my breath back first

bijkomend *bn* additional, form accessory ★ *~e (on)kosten* additional (extra) expenses ★ *~e omstandigheden* incidental circumstances ★ *een* ~ *voordeel* an additional benefit

bijkomstig *bn* ❶ of minor importance, secondary, incidental ❷ form accessory

bijkomstigheid *v* [-heden] extra, inessential, thing of secondary / minor importance ★ *een leuke* ~ a nice coincidence

bijl *v* [-en] axe, ‹klein› hatchet ★ inf *voor de* ~ *gaan* be for it, give in ★ fig *er met de botte* ~ *(op) in hakken* lay into sth ★ *het ~tje erbij neerleggen* give up, throw it in, inf chuck it in ★ *ik heb / hij heeft vaker met dat ~tje gehakt* I'm / he's an old hand at it, afkeurend he's an old stager

bijlage *v* [-n] ❶ *bij boeken* appendix ❷ *bij verslagen, wetsontwerpen &* annexe ❸ *bij tijdschriften &* supplement ❹ *bij brieven* enclosure

bijleggen *overg* [legde bij, h. bijgelegd] ❶ *leggen bij* add, contribute, make up ‹the amount› ★ *ik moet er nog (geld)* ~ I'm losing money on it ❷ *beslechten* make up, settle, accommodate, arrange, compose ★ *een geschil* ~ settle a dispute, reconcile ★ *het weer* ~ make up again ❸ *schip* touch at, berth

bijleren *overg* [leerde bij, h. bijgeleerd] pick up / learn sth new ★ *hij heeft niets bijgeleerd* he's learned nothing new

bijles *v* [-sen] extra lesson, coaching ★ ~ *nemen / hebben* take / have some extra lessons / get some coaching ★ ~ *geven* coach, give some coaching / tutoring

bijlichten *overg* [lichtte bij, h. bijgelicht] light ★ *iem.* ~ give sbd some light

bijltjesdag *m* day of reckoning

bijmaan *v* [-manen] mock moon, moon dog

bijna *bijw* almost, nearly, next to, all but ★ ~ *niet* hardly, scarcely ★ ~ *niets / niemand / nooit* hardly anything / anybody / ever ★ *we zijn er* ~ we're almost there ★ *ik was* ~ *gevallen* I had nearly fallen down ★ *er gaat* ~ *geen week voorbij of...* hardly a week goes by that... ★ *al* ~ *tien jaar komt hij hier* he's been coming here for almost ten years

bijnaam *m* [-namen] ❶ nickname ★ *iem. de* ~ *geven van...* nickname sbd.. ❷ *toegevoegde naam* epithet

bijna-doodervaring *v* [-en] near-death experience

bijnier *v* [-en] adrenal gland

bijnierschors *v* adrenal cortex

bijou *o* [-s] bijou

bijouterie *v* [-ën] ❶ *sieraad* jewellery/Am jewelry, bijouterie ❷ *winkel* jeweller's shop

bijpassen *overg* [paste bij, h. bijgepast] *bijbetalen* make up / pay the difference

bijpassend *bn* matching,...to match,...to go with it / them ★ *een jurk met* ~*e schoenen* a dress and shoes to match

bijpraten I *onoverg* [praatte bij, h. bijgepraat] ★ *we moeten nodig weer eens* ~ we need to catch up (on all the news) sometime, we should have a good long talk soon II *overg* [praatte bij, h. bijgepraat] ★ *iem. over een zaak* ~ fill sbd in on a matter ★ *we hebben heel wat bij te praten* we have a lot to tell each other

bijproduct *o* [-en] by-product, spin-off

bijrijder *m* [-s] driver's mate, co-driver

bijrol *v* [-len] secondary part, supporting role

bijschaven *overg* [schaafde bij, h. bijgeschaafd] *fig* polish, refine

bijschenken *overg* [schonk bij, h. geschonken] fill up

bijscholen *overg* [schoolde bij, h. bijgeschoold] retrain ★ *zich* ~ take a training course, ‹herhalingscursus› take a refresher course

bijscholing *v* ❶ (extra) training, in-service training, staff training ❷ *herhalingscursus* refresher course ❸ *omscholing* retraining

bijscholingscursus *m* [-sen] *hertraining* ± refresher course

bijschrift *o* [-en] caption, legend, margin note

bijschrijven *overg* [schreef bij, h. bijgeschreven] ❶ *noteren* add, include ★ *er wat* ~ add something ‹in writing› ❷ *boeken* handel write up, book ❸ *geld* credit ★ ~ *op rekening* credit / book to an account ★ ~ *van rente* credit interest (to an account)

bijschrijving *v* [-en] handel credit statement, credit entry

bijslaap I *m* cohabitation, intercourse II *m-v* [-slapen]

bedfellow, lover

bijslag *m* [-en] extra allowance

bijsluiter *m* [-s] instructions for use

bijsmaak *m* [-smaken] ❶ eig taste, flavour ★ *die cola heeft een vieze* ~ this coke has a nasty taste to it ❷ fig smack, flavour ★ *een overwinning met een* ~ a sour victory

bijspijkeren *overg* [spijkerde bij, h. bijgespijkerd] ★ *zijn Engels* ~ brush up on one's English ★ *een leerling* ~ bring a pupil up to standard

bijspringen *overg* [sprong bij, h. en is bijgesprongen] ★ *iem. financieel* ~ support sbd financially ★ *iem.* ~ stand by sbd, help sbd out ★ *hij kwam in de keuken* ~ he came to help out in the kitchen

bijstaan *overg* [stond bij, h. bijgestaan] ❶ *helpen* assist, help, aid ★ *iem. met raad en daad* ~ advise and assist sbd ★ *God sta mij bij!* God help me! ❷ *zich herinneren* recollect ★ *het staat mij bij dat hij vandaag komt* I have a vague feeling that he's coming today ★ *er staat me iets van bij* I dimly recollect

bijstand *m* ❶ *hulp* assistance, help, aid, support ★ *iem.* ~ *verlenen* help sbd / give sbd some assistance ★ *juridische* ~, *rechtskundige* ~ legal assistance, legal counsel, in Groot-Brittannië legal aid ❷ *uitkering* social security ★ *van de* ~ *leven* live on social security, live on the dole Am live on welfare ★ *in de* ~ *zitten* be on social security, be on the dole Am be on welfare, on supplementary benefits ★ *de sociale* ~ social security, welfare

bijstandsfraude *v* social security / welfare fraud

bijstandsmoeder *v* [-s] mother on social security, Am welfare mother

bijstandsuitkering *v* [-en] social security benefit (payment), Am welfare (payment)

bijstandswet *v* Br Social Security Act, Am welfare regulations

bijstandtrekker *m* [-s] person on social security

bijstellen *overg* [stelde bij, h. bijgesteld] (re-)adjust ★ *de remmen* ~ adjust the brakes ★ *zijn verwachtingen voor de toekomst* ~ re-adjust his expectations for the future ★ *de tactiek / het beleid* ~ revise tactics / a policy

bijstelling *v* [-en] ❶ *aanpassing* adjustment ★ ~ *van de plannen* adjustment of the plans ❷ taalk apposition

bijster I *bn* ★ *het spoor* ~ *zijn* lose one's way, ‹m.b.t. honden› lose the scent II *bijw* versterkend very, too ★ *hij is niet* ~ *knap* he's not the brightest, he's not particularly clever ★ *het is* ~ *koud* it's extremely cold

bijsturen *overg* [stuurde bij, h. bijgestuurd] ❶ *koers van schip &* correct ❷ *plannen &* adjust ★ *je moet hem geregeld* ~ he needs to be constantly corrected

bijt *v* [-en] hole (made in the ice) ★ *een vreemde eend in de* ~ the odd one out

bijtanken *overg* [tankte bij, h. bijgetankt] refuel ★ *tijdens de vakantie heb ik kunnen* ~ during the holidays I could recharge my battery

bijtekenen *onoverg* [tekende bij, h. bijgetekend]

❶ *dienstverband verlengen* renew / extend a contract ★ *de trainer heeft voor twee jaar bijgetekend* the trainer has signed for two more years ❷ mil re-enlist

bijten I *overg* [beet, h. gebeten] bite ★ *onze ideeën ~ elkaar niet* our ideas are not contradictory **II** *onoverg* [beet, h. gebeten] ❶ *de tanden zetten in* bite ★ *hij wou niet ~* ‹reageren› he didn't bite ★ *zich op de nagels / lippen ~* bite one's nails / lips ★ *in het stof / zand ~* bite the dust, ‹ruiter› be thrown, be unhorsed ★ *van zich af ~* show some fight, not take it lying down ❷ *scherp zijn* be corrosive ★ *dit zuur bijt op de huid* this acid bites into the skin

bijtend *bn* ❶ *v. zuur &* biting, caustic, corrosive ★ *een ~ middel* a caustic substance ★ *een ~ zuur* a mordant acid ❷ *vorst* nipping ‹cold› ❸ fig biting, caustic, cutting, pungent, poignant ★ *~e spot* sarcasm

bijtijds *bijw* early, in time ★ *iem. ~ waarschuwen* warn sbd in advance

bijtmiddel *o* [-en] mordant, caustic

bijtrekken I *overg* [trok bij, h. bijgetrokken] ❶ *dichterbij trekken* draw near, pull up / closer ❷ *ruimte toevoegen* join, add ★ sp *drie minuten ~* add three minutes **II** *onoverg* [trok bij, is bijgetrokken] ★ ‹v. kleur› *het zal wel ~* it will blend in nicely ★ ‹humeur› *hij zal wel ~* he'll come round all right

bijtring *m* [-en] teething ring

bijvak *o* [-ken] extra / additional subject

bijval *m* approval, approbation, applause ★ *stormachtige ~ oogsten* be received with a storm of applause ★ *~ vinden* ‹voorstel› meet with approval, ‹toneelstuk &› gain applause

bijvallen *overg* [viel bij, is bijgevallen] ★ *iem. ~* concur in sbd's opinions / ideas &, agree with sbd

bijverdienen *overg* [verdiende bij, h. bijverdiend] earn some additional income

bijverdienste *v* [-n] extra earnings, additional / secondary / supplementary income ★ *~n belastingen* additional income

bijverschijnsel *o* [-en] side effect

bijverzekeren *overg* [verzekerde bij, h. bijverzekerd] insure additionally ★ *zich ~ voor fysiotherapie* take out an additional physiotherapy cover

bijvoeding *v* supplementary feeding

bijvoegen *overg* [voegde bij, h. bijgevoegd] add, join, subjoin, annex

bijvoeglijk I *bn* adjectival ★ *een ~ naamwoord* an adjective **II** *bijw* attributively

bijvoegsel *o* [-s] addition, supplement, appendix

bijvoorbeeld *bijw* for instance, for example

bijvullen *overg* [vulde bij, h. bijgevuld] replenish, fill up

bijwerken *overg* [werkte bij, h. bijgewerkt] ❶ *opknappen* touch up ★ *een schilderij ~* touch up a picture ❷ *aanvullen, aanpassen* post up, bring up to date ‹a book› ★ handel *de boeken ~* post up the books ★ *bijgewerkt tot 2002* brought up to 2002 ❸ *een leerling* coach ❹ *achterstand* catch up ★ *zijn*

Engels ~ brush up (on) one's English

bijwerking *v* [-en] med side effect(s)

bijwonen *overg* [woonde bij, h. bijgewoond] attend, be present at ★ *de lessen / colleges ~ van* attend the lessons / lectures of ★ *de mis ~* hear / attend mass ★ *de bezoekers woonden een spectaculaire show bij* the guests witnessed a spectacular show

bijwoord *o* [-en] taalk adverb ★ *een ~ van plaats* an adverb of place ★ *een ~ van tijd* an adverb of time

bijwoordelijk *bn* adverbial ★ *een ~e bepaling* an adverbial adjunct

bijzaak *v* [-zaken] side issue, matter of minor / secondary importance / consideration ★ *dat is maar ~* that is irrelevant ★ *geld is ~* money is no object ★ *hoofdzaken en bijzaken onderscheiden* distinguish the essentials from the inessentials

bijzettafeltje *o* [-s] occasional table, side table

bijzetten *overg* [zette bij, h. bijgezet] ❶ *alg.* add ★ *er nog een bord ~* add an extra plate ★ *wielrennen een tandje ~* set an extra cog ★ *kracht ~ aan* emphasize, add / lend force to, press ‹a demand› ★ *iets luister ~* add lustre to sth ❷ *begraven* inter, bury ❸ scheepv *set* ‹a sail› ★ *alle zeilen ~* employ full sail, fig pull out all the stops

bijzetting *v* [-en] *v. dode* interment

bijziend *bn* near-sighted, myopic

bijziendheid *v* near-sightedness, myopia

bijzijn *o* presence ★ *in het ~ van* in the presence of ★ *in mijn ~* in my presence

bijzin *m* [-nen] taalk subordinate clause ★ *een betrekkelijke ~* a relative clause ★ *een bijvoeglijke ~* an attributive clause ★ *een bijwoordelijke ~* an adverbial clause

bijzit *v* [-ten] vero concubine

bijzitter *m* [-s] ❶ onderw second examiner ❷ jur assessor

bijzonder I *bn* ❶ *niet algemeen* particular, special ★ *in het ~* in particular, especially ★ *het ~ onderwijs* private education ★ *iets ~s* something special ★ *niet veel ~s, niets ~s* nothing special ❷ *raar* peculiar, strange ★ *zij heeft een ~ gezicht* she has an unusual face ★ *een ~ geval* a rare / strange case **II** *bijw versterkend* particularly, very, exceptionally, specially ★ *een ~ hoge berg* a very high mountain ★ *dit komt ~ slecht uit* this isn't very convenient

bijzonderheid *v* [-heden] ❶ *detail* detail, particular ★ *nadere bijzonderheden volgen* more details will follow ★ *in bijzonderheden treden* go into detail ❷ *ongewoonheid* peculiarity ★ *zijn ~ is dat hij zo mooi kan schrijven* what sets him apart is that he writes so well ❸ *bezienswaardigheid* curiosity ★ *deze streek kent veel bijzonderheden* this area has many unusual sights

bikini *m* ['s] bikini

bikinilijn *de* bikini line

bikkel *m* [-s] ❶ *knucklebone* ❷ *beentje uit schapenpoot* hucklebone, knucklebone ★ *zo hard als een ~* rock hard ★ fig *hij is een echte ~* he's as hard as nails

bi

bikkelen *onoverg* [bikkelde, h. gebikkeld] ❶ play knucklebones ❷ *hard werken* slave away ❸ *ruw spelen* sp play flat out ★ *de middenvelder liep lekker te ~* the midfield player was playing flat out

bikkelhard *bn* ❶ *erg hard* rock-hard ❷ *hardvochtig* very hard ★ *onze directeur is ~* our manager is as hard as nails

bikken *overg* [bikte, h. gebikt] ❶ *steen* chip ❷ *ketels* scale ❸ *eten* inf eat ★ *niets te ~ hebben* have nothing to eat

bil *v* [-len] ❶ *v. mens* buttock ★ *iem. op / voor zijn ~len geven* smack sbd's bottom ★ *met de ~len bloot moeten* have to come clean ★ *wie zijn ~len brandt, moet op de blaren zitten* as you sow, so shall you reap ★ inf *van ~ gaan* have it off together ❷ *v. rund* rump

bilateraal *bn* bilateral ★ *een bilaterale overeenkomst* a bilateral agreement

biljard *telw & o* [-en] Br thousand billion, Am quadrillion ★ *de VS hebben ~en uitgegeven aan defensie* the US have spent quadrillions on defense

biljart *o* ❶ *het spel* billiards ★ *Amerikaans ~* pool ★ *~ spelen* play billiards ★ *een partij ~* a game of billiards ❷ *de tafel* [-en & -s] billiard table

biljartbal *m* [-len] billiard ball ★ *zo kaal als een ~* as bald as a coot

biljarten *onoverg* [biljartte, h. gebiljart] play billiards

biljarter *m* [-s] billiards player

biljartkeu *v* [-en & -s] billiard cue

biljartlaken *o* baize, billiard cloth

biljet *o* [-ten] ❶ *kaart* ticket ❷ *bankbiljet* (bank) note ★ *een ~ van honderd euro* a 100 euro note ❸ *aanplakbiljet* poster ❹ *strooibiljet* handbill

biljoen *telw & o* [-en] *miljoen x miljoen* trillion

billboard *o* [-s] billboard

billenkoek *m* ★ *~ krijgen / geven* get / give a smacking

billijk *bn* ❶ *redelijk* fair, just, reasonable ★ *het is niet meer dan ~* it's only fair ★ *een ~e wens* a reasonable desire ❷ *goedkoop* moderate ★ *~e prijzen* moderate / reasonable prices

billijken *overg* [billijkte, h. gebillijkt] approve of

bilnaad *m* [-naden] perineum

bilspleet *m* [-spleten] perineum

bilzekruid *o* henbane

binair *bn* binary ★ *een ~ cijfer* a binary digit ★ *het ~ stelsel* the binary number system ★ comput *een ~ bestand* a binary file ★ *~e wapens* binary arms

binden I *overg* [bond, h. gebonden] ❶ *beperken* bind, tie ★ *wij achten ons niet aan dit akkoord gebonden* we don't feel bound by this agreement ★ *proberen klanten aan zich te ~* create customer loyalty ★ *koolmonoxide bindt zuurstof* carbon monoxide forms a compound with oxygen ★ *de kinderen ~ mij aan huis* I'm tied down to my home by the children ★ *iem. iets op het hart ~* enjoin sbd to do sth ❷ *vastmaken* fasten, tie (up), ⟨knopen⟩ knot ★ *~ aan* tie to sth ❸ *v. soep, saus & thicken* ❹ *bezems* make ⟨brooms⟩ **II** *wederk* [bond, h. gebonden] ★ *zich ~* bind oneself, commit oneself ★ *ik wil me nog niet ~ I*

don't want to commit myself yet

bindend *bn* binding ⟨on both parties⟩ ★ *~e afspraken maken* make binding agreements

binding *v* [-en] ❶ chem bond ❷ *band* tie, bond ★ *zij heeft een sterke ~ met haar vader* she has a strong bond with her father ❸ skisport binding ★ *mijn ~en schoten los* my bindings came loose

bindmiddel *o* [-en] ❶ *alg.* binder, binding agent ❷ fig link

bindvlies *o* [-vliezen] conjunctiva

bindweefsel *o* [-s] connective tissue

bindwerk *o v. boekbinder* binding

bingo I *o spel* bingo **II** *tsw uitroep* bingo!

bingoavond *m* [-en] bingo night

bink *m* [-en] inf chap, hunk ★ *een stoere ~* a macho (man)

binnen I *voorz* ❶ *erin* within, inside ★ *~ het bereik van de camera's* within reach of the cameras ★ *~ de landsgrenzen* within the borders ★ *~ handbereik* within reach ❷ *minder dan* within ★ *~ enige dagen* in a few days ★ *~ veertien dagen* within a fortnight ★ *ik ben ~ 20 minuten terug* I'll be back in 20 minutes ★ *ik kan dat ~ een uur repareren* I can fix that in less than an hour **II** *bijw* inside, indoors ★ *~ spelen* play indoors ★ *~!* come in! ★ *wie is er ~?* who is inside? ★ *~ zonder kloppen* walk straight in ★ *dat is alvast ~!* at least we've got that! ★ *hij is ~* eig he is indoors, fig he's got it made ★ *naar ~ gaan* go / walk in ★ *naar ~ gekeerd* turned in ★ *naar ~ zenden* send in ★ *het wilde me niet te ~ schieten* I couldn't remember it / think of it ★ *van ~* ⟨aan de binnenkant⟩ (on the) inside, ⟨van binnen uit⟩ from within ★ *van ~ en van buiten* inside and out ★ *niets ~ kunnen houden* be unable to keep one's food down

binnenbaan *v* [-banen] ❶ *baan bij het midden* inside lane ❷ *overdekt* indoor track

binnenbad *o* [-baden] indoor swimming pool

binnenband *m* [-en] (inner) tube

binnenblijven *onoverg* [bleef binnen, is binnengebleven] remain / keep indoors, stay in

binnenbocht *v* [-en] inside bend

binnenbrand *m* [-en] indoor fire ★ fig *een ~je blussen* put out a small fire

binnenbrengen *overg* [bracht binnen, h. binnengebracht] ❶ *alg.* bring in, take in ❷ scheepv bring ⟨a ship⟩ into port

binnendienst *m* inside staff ★ *medewerker verkoop ~* inside sales staff

binnendoor *bijw* ★ *~ gaan* take a short cut, go through the house

binnendringen I *overg* [drong binnen, is binnengedrongen] penetrate, invade ★ *een huis ~* break into a house **II** *onoverg* [drong binnen, is binnengedrongen] force one's way into

binnendruppelen *onoverg* [druppelde binnen, is binnengedruppeld] fig trickle in ★ *de gasten kwamen ~* the guests came trickling in

binnengaan *onoverg* [ging binnen, is binnengegaan]

enter

binnengaats *bijw* scheepv in port

binnengrens *v* [-grenzen] internal border

binnenhalen *overg* [haalde binnen, h. binnengehaald] bring in, gather in, fetch in ★ *de oogst* ~ bring in the harvest ★ *een order* ~ win / *land an order* ★ *iem. als de verlosser* ~ hail sbd as the saviour

binnenhaven *v* [-s] ❶ *haven* inner harbour ❷ *havenstad* inland port

binnenhouden *overg* [hield binnen, h. binnengehouden] ❶ keep in ★ sp *hij kon de bal niet* ~ he couldn't keep the ball in, he couldn't stop the ball from going out ❷ *voedsel* retain ★ *zijn eten* ~ retain one's food

binnenhuisarchitect *m* [-en] interior decorator

binnenin *bijw* on the inner side, inside

binnenkant *m* [-en] inside ★ *aan de* ~ on the inside

binnenkomen *onoverg* [kwam binnen, is binnengekomen] ❶ *ruimte* come / get in / into, enter ★ *de stad* ~ come into town ❷ *personen, trein, geld &* come in ★ *de bestelling kwam binnen* the order came in ★ *mijn salaris is binnengekomen* my salary has come in ★ *laat haar* ~ show / ask her in ❸ scheepv come into port

binnenkomer *m* [-s] entrant ★ *dat was een goede* ~ that was a good entry

binnenkomst *v* [-en] entrance, entry, coming in

binnenkort *bijw* before long, shortly, soon ★ *zeer* ~ very soon

binnenkrijgen *overg* [kreeg binnen, h. binnengekregen] ❶ *voedsel* get down ★ *zij krijgt onvoldoende vitaminen binnen* she's not getting enough vitamins ❷ *geld* get, receive ▼ *water* ~ ‹v. schip› ship / make water

binnenland *o* [-en] ❶ *eigen land* home ★ *in binnen- en buitenland* at home and abroad ❷ *ver van kust* inland, interior ★ *in de ~en van Afrika* in the inland parts of Africa

binnenlands *bn* home, inland, domestic, native, internal ★ *een* ~ *belastingplichtige* a resident taxpayer ★ *een* ~ *product* agr a homegrown product ★ *de ~e markt* the domestic market, the home market ★ *een ~e vlucht* a domestic flight ★ *~e zaken* home / internal affairs

binnenlaten *overg* [liet binnen, h. binnengelaten] let in, show in, admit

binnenloodsen *overg* [loodste binnen, h. binnengeloodst] ❶ *een schip* pilot into port ❷ fig sneak into ★ *zij loodste haar vriend het stadion binnen* she sneaked her friend into the stadium

binnenlopen *onoverg* [liep binnen, is binnengelopen] ❶ *alg.* run in, walk in ★ *zij kwam ongevraagd* ~ she walked in uninvited ★ *even* ~ drop in for a minute ★ *een huis* ~ walk into a house ❷ *rijk worden* cash in ★ *dankzij die uitvinding is hij helemaal binnengelopen* he struck it rich with that invention ❸ scheepv put into port

binnenmuur *m* [-muren] inner wall

binnenoor *o* [-oren] anat inner ear

binnenplaats *v* [-en] ❶ *v. huis* inner court(yard), inner yard ❷ *v. gevangenis* courtyard ‹of a prison›

binnenpraten *overg* [praatte binnen, h. binnengepraat] *v. vliegtuig* talk down

binnenpretje *o* [-s] private joke ★ *een* ~ *hebben* be secretly amused, laugh inwardly

binnenrijden *onoverg* [reed binnen, is binnengereden] ❶ *v. ruiter* ride in ❷ *v. auto* drive in ❸ *v. trein* draw in, pull in

binnenrijm *o* [-en] letterk internal rhyme

binnenroepen *overg* [riep binnen, h. binnengeroepen] call in

binnenscheepvaart *v* inland navigation

binnenschipper *m* [-s] bargeman, barge master

binnenshuis *bijw* indoors, inside, within doors

binnenskamers *bijw* ❶ eig in the room ❷ fig in private, privately ★ *conflicten* ~ *houden* keep conflicts private

binnensluipen *onoverg* [sloop binnen, is binnengeslopen] steal into ★ *een huis* ~ sneak into a house ★ *een virus dat de computer binnensluipt* a virus that can creep into the computer

binnensmokkelen *overg* [smokkelde binnen, h. binnengesmokkeld] smuggle (in) ★ *wapens de gevangenis* ~ smuggle arms into the prison

binnensmonds *bijw* under one's breath ★ *~ spreken* speak indistinctly, mumble

binnenspiegel *m* [-s] rear view mirror

binnensport *v* [-en] indoor sport

binnenstad *v* [-steden] town / city centre, Am town / city center ★ *in de* ~ downtown

binnenste I *o* inside ★ *het* ~ *der aarde* the bowels of the earth ★ *in zijn* ~ in his heart of hearts, deep down **II** *bn* inmost ★ *de* ~ *spieren* the interior muscles

binnenstebuiten *bijw* inside out ★ *haar trui* ~ *dragen* wear her sweater the wrong side out ★ *iets* ~ *keren* turn sth inside out

binnenstormen *onoverg* [stormde binnen, is binnengestormd] storm into, rush in (to a house)

binnenstromen *onoverg* [stroomde binnen, is binnengestroomd] ❶ *v. vloeistof* stream / flow / pour in(to) ❷ fig stream / flock / flow / pour in(to) ★ *het geld stroomde binnen* the money poured in ★ *de aanmeldingen blijven* ~ applications keep flowing in

binnenvaart *v* inland navigation

binnenvallen *onoverg* [viel binnen, is binnengevallen] ❶ scheepv put into port ❷ *een land* invade ❸ *bij een vriend* drop in

binnenvetter *m* [-s] introvert ★ *zij is een* ~ she keeps her feelings bottled up, she's inclined to mull over things

binnenwaaien *onoverg* [woei of waaide binnen, is binnengewaaid] blow in ★ *ergens komen* ~ turn up out of the blue

binnenwaarts I *bn* inward **II** *bijw* inward(s)

binnenwater *o* [-en] inland waterway ★ *de ~en* the

bi

inland waterways, the internal waters
binnenweg *m* [-wegen] ❶ by-road ❷ *korter* short cut, by-road ❸ *v.h. verkeer* secondary road
binnenwerk *o* ❶ *alg.* inside work ❷ *aanwezig in een gebouw* interior work ★ *ik schilder eerst het ~* I'll paint the inside parts first ❸ *van horloge, klok* works ❹ *v. piano* interior ❺ *v. schoenen, kleding* interior
binnenwippen *onoverg* [wipte binnen, is binnengewipt] drop in, <u>inf</u> blow in ★ *bij iem. ~* drop in on sbd
binnenzak *m* [-ken] inside pocket
binnenzee *v* [-zeeën] inland sea
binnenzijde *v* [-n] inside, inner side
bint *o* [-en] tie beam, joist
bintje *o* [-s] early summer potato
bioafval *o* biological waste
biobak *m* [-ken] compost bin
biobrandstof *de* [-fen] biofuel
biochemie *v* biochemistry
biodiversiteit *v* biodiversity
biodynamisch *bn* biodynamic
bio-energie *v* bioenergy
biofysica *v* biophysics
biogas *o* [-sen] biogas
biograaf *m* [-grafen] biographer
biografie *v* [-fieën] biography
biografisch *bn* biographical
bio-industrie *v* factory farming
biologeren *overg* [biologeerde, h. gebiologeerd] mesmerize, fascinate
biologie *v* biology, natural history
biologisch *bn* biological ★ *~ afbreekbaar* biodegradable ★ *~ afval* organic waste ★ *~e oorlogsvoering* biologic warfare
biologisch-dynamisch *bn* biodynamic
bioloog *m* [-logen] biologist
biomassa *v* biomass
biopsie *v* [-sieën & -s] biopsy
bioritme *o* [-n & -s] biorhythm
bioscoop *m* [-scopen] cinema, <u>Am</u> movie theater ★ *naar de ~ gaan* go to the cinema / pictures, <u>Am</u> go to the movies
biosfeer *v* biosphere
biotechnologie *v* biotechnology
biotoop *m* [-topen] biotope
bips *v* [-en] <u>inf</u> bottom, buttocks, behind ★ *een pak op je ~ krijgen* have your bottom warmed
Birma *o* Burma
bis I *bijw nog eens* encore **II** *m* [-sen] *tweede exemplaar* bis **III** *v* [-sen] <u>muz</u> B sharp
bisamrat *v* [-ten] muskrat, musquash
biscuit *o en m* [-s] *stofnaam en koekje* biscuit
bisdom *o* [-men] diocese, bishopric
biseksualiteit *v* bisexuality
biseksueel *bn* bisexual
Biskaje *o* ★ *de Golf van ~* the Bay of Biscay
bismut *o* bismuth
bisschop *m* [-pen] bishop

bisschoppelijk *bn* episcopal
bisschopswijn *m* bishop
bissectrice *v* [-s] <u>wisk</u> bisector, bisecting line
bistro *m* ['s] bistro
bit I *m* [-s] <u>comput</u> bit **II** *o* [-ten] *v. paard* bit
bits *bn* snappish, snappy, acrimonious, short, sharp
bitter I *bn* ❶ *van smaak* bitter, acid ★ *zo ~ als gal* as bitter as gall ★ *~e chocola* plain chocolate ★ *~ in de mond, maakt het hart gezond* bitter pills may have blessed effects ❷ *hard, smartelijk* <u>fig</u> bitter, severe ★ *~e kou* bitter / severe cold ★ *~e humor* bitter humour ★ *~e tranen schreien* cry bitter tears ★ *een ~e pil* a bitter pill ★ *in ~e armoe leven* live in severe poverty ★ *tot het ~e eind* to the bitter end **II** *bijw* extremely, terribly ★ *zij hebben het ~ arm* they're extremely poor ★ *het is ~ koud* it's dreadfully cold ★ *~ weinig* next to nothing **III** *o & m* [-s] *drank* bitters ★ *een glaasje ~* a (glass of) gin and bitters
bitterbal *m* [-len] cocktail meatball
bittergarnituur *o* [-turen] appetizers
bitterheid *v* [-heden] ❶ *smaak* bitterness ❷ <u>fig</u> bitterness, acerbity, acrimony
bitterkoekje *o* [-s] macaroon
bitterzoet I *o* <u>plantk</u> bittersweet **II** *bn* bittersweet
bitumen *o* [bitumina] bitumen
bivak *o* [-ken] bivouac ★ <u>fig</u> *ergens zijn ~ opslaan* pitch one's tent somewhere
bivakkeren *onoverg* [bivakkeerde, h. gebivakkeerd] bivouac ★ *hij heeft een tijd bij zijn zuster gebivakkeerd* his sister put him up for a while
bivakmuts *v* [-en] balaclava
bizar I *bn* bizarre, grotesque, weird ★ *een ~ einde* a bizarre end **II** *bijw* in a bizarre way, grotesquely
bizon *m* [-s] bison, buffalo
B-kant *m* [-en] B side
blaadje *o* [-s] ❶ <u>plantk</u> small leaf ★ *er hangen nu ~s aan de bomen* the trees are coming into leaf ❷ *papier* sheet ‹of paper› ★ *iets op een ~ schrijven* write sth on a sheet of paper ★ *ik kan het u op een ~ geven dat...* I can assure you that ❸ *tijdschrift* (news) paper, ‹klein› newsletter, <u>inf</u> rag ★ *het ~ van de wijkvereniging* the community association's newsletter ★ *bij iem. in een goed / slecht ~ staan* be in sbd.'s good / bad books ❹ *dienblad* tray
blaag *m-v* [blagen] naughty boy or girl, brat
blaam *v* ❶ *afkeuring* blame, censure ★ *hem treft geen ~* he isn't to blame ❷ *smet* blemish, slur ★ *een ~ werpen op* put / cast a slur on ★ *zich van alle ~ zuiveren* exonerate oneself
blaar *v* [blaren] ❶ *zwelling* blister ❷ *bles* blaze, white spot
blaarkop *m* [-pen] cow with a blaze face
blaas *v* [blazen] ❶ <u>anat</u> bladder ❷ *in glas, metaal* bubble
blaasbalg *m* [-en] bellows ★ *een ~* a pair of bellows
blaasinstrument *o* [-en] wind instrument ★ *een houten / koperen ~* a woodwind / brass instrument
blaasje *o* [-s] ❶ *met vocht gevuld* vesicle, follicle ★ *~s in*

de mond mouth ulcers ❷ *luchtbel* bubble
blaasjeskruid *o* bladderwort
blaaskaak *v* [-kaken] gasbag, bighead
blaaskapel *v* [-len] brass band
blaasmuziek *v* music for wind instruments
blaasontsteking *v* [-en] bladder infection, med cystitis
blaaspijp *v* [-en] ❶ *alg.* blowpipe ❷ *voor alcoholtest* breathalyser
blaasproef *v* [-proeven] breath test
blabla *m onzin* blah, blah-blah-blah
black-out *m* [-s] blackout
blad *o* [*van planten*: bladeren, bladen, *anders*: bladen] ❶ *v. boom, boek* leaf ★ *omdraaien als een ~ aan een boom* turn like a leaf on a tree ❷ *v. papier, metaal* sheet ★ *van het ~ spelen* sight read ★ *geen ~ voor de mond nemen* not mince one's words, not mince matters ★ *zij is een onbeschreven ~* she's young and innocent ❸ *v. gras, zaag* blade ❹ *v. tafel* top, ⟨uittrek- / inlegblad⟩ leaf ❺ *dienblad* tray ❻ *uitgave* (news)paper, magazine, journal
bladderen *onoverg* [bladderde, h. gebladderd] blister, bubble
bladerdak *o* foliage
bladerdeeg *o* puff pastry
bladeren *onoverg* [bladerde, h. gebladerd] thumb, leaf ★ *in een boek ~* thumb through a book
bladgoud *o* gold leaf
bladgroen *o* leaf green, chlorophyll
bladgroente *v* [-n & -s] greens, leafy / green vegetables
bladluis *v* [-luizen] plant louse, greenfly, aphid, aphis
bladmuziek *v* sheet music
bladspiegel *m* [-s] drukw type page
bladvulling *v* [-en] fill-up, filler
bladwijzer *m* [-s] ❶ *inhoudsopgave* table of contents ❷ *boekenlegger* bookmark(er) ❸ *in browser* comput bookmark, favourite/Am favorite
bladzij, bladzijde *v* [-zijden, -zijdes & -zijs] page
blaffen *onoverg* [blafte, h. geblaft] bark (*tegen* at)
blaffer *m* [-s] ❶ *vuurwapen* inf revolver, gun ❷ *hond* barker
blaken *onoverg* [blaakte, h. geblaakt] burn (with) ★ *~ van gezondheid* be in radiant health, glow with health ★ *~ van vaderlandsliefde* burn with patriotism
blakend *bn* ❶ *alg.* burning, ardent ★ *in ~e gezondheid* blooming with health ★ *in ~e welstand* in the pink of health ❷ *zon* blazing, scorching ★ *in de ~e zon* in the blazing sun
blaker *m* [-s] flat candlestick
blakeren *overg* [blakerde, h. geblakerd] burn, scorch ★ *door de zon geblakerd* sun-baked ★ *zwartgeblakerde muren* blackened walls
blamage *v* [-s] disgrace (*voor* to)
blameren **I** *overg* [blameerde, h. geblameerd] blame, discredit ★ *een ~de nederlaag* a shameful defeat **II** *wederk* [blameerde, h. geblameerd] ★ *zich ~* disgrace oneself, discredit oneself, lose face

blancheren *overg* [blancheerde, h. geblancheerd] blanch
blanco *bn* blank ★ *een ~ cheque / wissel* a blank cheque / bill ★ *~ stemmen* abstain (from voting) ★ *tien ~ stemmen* ten abstentions ★ *~ volmacht* blank power of attorney ★ *een ~ strafblad hebben* have a clean record ★ *ergens ~ tegenover staan* have an open mind about sth ★ *in ~ kopen* buy short
blank *bn* ❶ *wit* white, fair ★ *een ~e huid* a fair skin ★ *een ~ geweten* an unspotted / a clear conscience ❷ *onbedekt* naked ⟨sword⟩ ★ *~ schuren* sand clean ★ *~ hout* uncovered wood ❸ *onder water* flooded ★ *de weiden staan ~* the meadows are flooded ▾ *de score is dubbel ~* sp the score is nil-all
blanke *m-v* [-n] white man / woman ★ *de ~n* the whites, the white people
blankvoorn *m* [-s] roach
blasé *bn* blasé, nonchalant
blasfemie *v* [-femieën] blasphemy
blaten *onoverg* [blaatte, h. geblaat] bleat
blauw I *bn* blue ★ *een ~e druif* a black grape ★ *een ~e maandag* a very short time ★ *iem. een ~ oog slaan* give sbd a black eye ★ *een ~e plek* a bruise ★ *een ~e zone* a restricted parking zone ★ *de ~e knoop* the wagon ★ *~ bloed* blue blood **II** *o* blue ★ *Berlijns ~* Prussian blue ★ *Delfts ~* delft blue ★ *er loopt veel ~ op straat* ⟨politie⟩ there are a lot of cops on the street
blauwachtig *bn* bluish
blauwbaard, **Blauwbaard** *m* [-s] Bluebeard
blauwbekken *onoverg* [blauwbekte, h. geblauwbekt] ★ *staan ~* stand in the cold
blauwdruk *m* [-ken] blueprint ★ *in ~ uitgeven* publish in blueprint ★ *een ~ van / voor een nieuw belastingstelsel* a blueprint of / for a new tax system
blauweregen *m* [-s] plantk wisteria, wistaria
blauwhelm *m* [-en] mil blue helmet
blauwkous *v* [-en] bluestocking
blauwsel *o* blue ★ *door het ~ halen* blue
blauwtje *o* [-s] ★ *een ~ lopen* turned down / rejected
blauwtong *de* bluetongue
blauwzuur *o* Prussic acid
blazen I *onoverg* [blies, h. geblazen] ❶ *alg.* blow ★ *beter hard ge~ dan de mond gebrand* better be safe than sorry ❷ *v. dieren* blow, snort, ⟨v. kat⟩ spit, hiss ★ *~ op* blow, sound **II** *overg* [blies, h. geblazen] ❶ *alg.* blow ★ *bellen ~* blow bubbles ❷ *op instrument* blow, play ▾ *het is oppassen geblazen* we need to watch out
blazer[1] *m* [-s] *jasje* blazer
blazer[2] *m* [-s] muz player of a wind instrument
blazoen *o* [-en] herald blazon, coat of arms ★ *een smet op ons ~* a blot on our escutcheon
bleek I *bn* pale, wan **II** *m* ❶ *het bleken* bleaching ❷ *grasveld* bleaching green ❸ *bleekwater* bleach ★ *het linnen staat in de ~* the linen is being bleached
bleekgezicht *o* [-en] paleface
bleekheid *v* paleness, pallor
bleekjes *bn* palish

bl

bleekmiddel *o* [-en] bleach, bleaching agent
bleekneus *m* [-neuzen] pale person
bleekscheet *m* [-scheten] ❶ *bleek persoon* paleface ❷ *scheldnaam v. blanke* whitey, honky
bleekselderij *m* celery
bleekwater *o* liquid bleach
bleekzucht *v* med chlorosis, green sickness
blei *v* [-en] *vis* white bream
bleken I *overg* [bleekte, h. gebleekt] *bleek maken* bleach, blanch **II** *onoverg* [bleekte, is gebleekt] *bleek worden* bleach
blèren *onoverg* [blèrde, h. geblèrd] ❶ *van personen* bawl, squall ❷ *van schapen* bleat
bles I *v* [-sen] *vlek* blaze **II** *m* [-sen] *paard* horse with a blaze
blesseren *overg* [blesseerde, h. geblesseerd] injure, wound, hurt ★ *zich* ~ get hurt / injured
blessure *v* [-n & -s] injury ★ *een* ~ *aan de enkel* an injury to the ankle ★ *een* ~ *oplopen* receive an injury
blessuretijd *m* sp stoppage time, injury time ★ *in* ~ *spelen* play in injury time
bleu *bn* timid, shy, bashful
blij *bn* glad, pleased, happy ★ *hij is er* ~ *mee* he is delighted / happy with it ★ *ik ben er* ~ *om / over* I'm glad of it ★ ~ *toe!* thank heavens! ★ *iem.* ~ *maken* please sbd, make sbd happy ★ ~ *verrast* pleasantly surprised ★ *een* ~ *gezicht* a happy face ★ *de ~de Boodschap* the Glad Tidings
blijdschap *v* gladness, joy, cheerfulness ★ *met* ~ *geven wij kennis van...* we are happy to announce... ★ *de* ~ *over...* the joy at...
blijf-van-mijn-lijfhuis *o* [-huizen] shelter for abused / battered women, women's refuge centre/Am center
blijheid *v* gladness, happiness, joy
blijk *o* [-en] ❶ *teken* token, mark, proof, sign ★ *als* ~ *van dank* as a token of gratitude ★ *een* ~ *van vertrouwen* a token of confidence ❷ *bewijs* proof, evidence ★ ~ *geven van* give evidence / proof of, show
blijkbaar I *bn* evident, obvious **II** *bijw* apparently, evidently, obviously, clearly ★ *het is* ~ *te laat* it is obviously too late ★ *je hebt* ~ *niet je best gedaan* you apparently & didn't do your best / you can't have done your best
blijken *onoverg* [bleek, is gebleken] be evident, appear, be obvious, prove, turn out ★ *het blijkt nu* it is now evident ★ *uit alles blijkt dat...* everything goes to show that... ★ *hij bleek de dief te zijn* he turned out / proved to be the thief ★ *het is nodig gebleken te...* it has been found necessary to... ★ *het zal wel* ~ *uit de stukken* it will appear / be apparent / be evident from the documents ★ *het moet nog* ~ it remains to be seen it is to be proved ★ *doen* ~ *van* give proof of ★ *niet de minste aandoening laten* ~ not betray / show the least emotion ★ *je moet niets laten* ~ you shouldn't let on
blijkens *voorz* as appears from, according to

blijmoedig *bn* cheerful, happy, merry
blijspel *o* [-spelen] comedy
blijven *onoverg* [bleef, is gebleven] ❶ *niet weg- of doorgaan* remain, stay ★ ~ *eten* stay for dinner ★ *hij blijft bij ons* he's going to stay with us ★ *waar blijft hij toch?* where could he be? ★ *waar is het / hij gebleven?* what's happened to it / him? ★ *waar zijn we gebleven?* where did we leave off / stop?, where were we? ★ *waar was ik gebleven?* where had I got to? ★ *waar blijft het eten toch?* where *is* dinner? ★ *blijf je het hele concert?* are you going to sit the whole concert out? ❷ *in een toestand* remain ★ *alles blijft bij het oude* everything has remained / stayed as it was ★ *waar blijft de tijd!* how time flies! ❸ *overblijven* remain, be left ❹ *doodblijven* die, be killed, perish ★ *hij bleef er haast in* ⟨bijna dood⟩ he almost died, ⟨hard lachen⟩ he almost died laughing ❺ *doorgaan met* continue to..., keep...ing ★ ~ *regenen* continue / keep (on) raining ★ ~ *leven* live (on) ★ *goed* ~ keep ⟨of food⟩ ★ *maar daar bleef het niet bij* but that was not all ★ *ik blijf bij wat ik gezegd heb* I stick to what I have said ★ *hij blijft er bij, dat...* he persists in saying that... ★ *het blijft er dus bij dat...* so it is settled that... ★ *daarbij bleef het* there the matter rested, that was that ★ *dat blijft onder ons* this is strictly between ourselves / us ★ *blijf van mij / ervan af!* hands off! ★ *daarmee moet je mij van het lijf* ~*!* none of that for me!
blijvend *bn* lasting, permanent, enduring ★ ~*e herinneringen* lasting memories ★ ~ *letsel overhouden aan een ongeval* suffer permanent injuries as a result of an accident
blijvertje *o* [-s] stayer ★ *dat is geen* ~ that child is not likely to survive, inf it's a goner
blik I *m* [-ken] ❶ *oogopslag, het kijken* glance, look ★ fig *zijn brede* ~ his broad view ★ *een* ~ *slaan / werpen op* cast a glance at ★ *begerige* ~*ken werpen / laten vallen op* cast covetous eyes on ★ *een* ~ *werpen op* take a glance at ★ *iem. geen* ~ *waardig keuren* not deign to glance / look at sbd ★ *(met) de* ~ *op oneindig* unperturbed, not to be sidetracked ★ *zijn* ~ *verruimen* widen one's outlook ★ *bij de eerste* ~ at the first glance ★ *met één* ~ *overzien* take it in at a (single) glance ❷ *uitdrukking* look, expression ★ *zijn heldere* ~ ⟨uitdrukking⟩ his bright look, ⟨visie⟩ his keen insight ★ *een* ~ *van verstandhouding* a knowing look **II** *o* ❶ *metaal* tin, tin plate, white iron ★ *van* ~ *gemaakt* tin ❷ *verpakking* [-ken] tin, can ★ *een* ~ *benzine* a can of petrol ★ *een* ~ *kattenvoer* a tin of cat food ❸ *conserven* [-ken] tin, can ★ *kreeft in* ~ tinned / canned lobster ❹ *veegblik* [-ken] dustpan ★ *stoffer en* ~ brush and dustpan
blikgroenten *zn* [mv] tinned / canned vegetables
blikje *o* [-s] tin, can ★ *een* ~ *bier* a can of beer
blikken I *bn* tin ★ *de* ~ *bruiloft* the iron wedding anniversary **II** *onoverg* [blikte, h. geblikt] look, glance ★ *zonder* ~ *of blozen* without a blush
blikkeren *onoverg* [blikkerde, h. geblikkerd] gleam,

flash

blikopener *m* [-s] tin opener, can opener

blikschaar *v* [-scharen] tin snips

blikschade *v* damage to the bodywork ★ *er was alleen maar ~* the car was only slightly dented

bliksem *m* [-s] lightning ★ *door de ~ getroffen* struck by lightening ★ *als door de ~ getroffen* thunderstruck ★ *inf wat ~!* what the hell! ★ *als de (gesmeerde) ~* (as) quick as lightning, like blazes ★ *naar de ~ gaan* go to the dogs, go to pot ★ *loop naar de ~!* go to blazes! ★ *hete ~* stewed apples with potatoes and meat served hot ★ *arme ~* poor devil ★ *het kan me geen ~ schelen* I don't give a damn

bliksemactie *v* [-s] lightning action

bliksemafleider *m* [-s] lightning conductor

bliksembezoek *o* [-en] flying visit ★ *een ~ brengen aan het buurland* make a flying visit to the neighbouring country

bliksemcarrière *v* [-s] rapid rise, lightning career

bliksemen *onoverg* [bliksemde, h. gebliksemd] ❶ ★ *het bliksemt* there is lightning ❷ *v. de ogen & flash* ★ *~de ogen* flashing eyes

bliksemflits *m* [-en] flash / streak of lightning

blikseminslag *m* [-slagen] stroke of lightning

bliksems I *tsw* dash it! **II** *bn* ★ *die ~e kerel* that confounded / damned fellow **III** *bijw* versterkend deucedly, damned

bliksemschicht *m* [-en] thunderbolt, flash of lightning

bliksemsnel *bn* ❶ quick as lightning, with lightning speed, lightning ★ *een ~le aanval* a lightning attack ❷ inf like greased lightning

bliksemstart *m* [-en] lightening start ★ *een ~ maken / hebben* make / have a lightening start

bliksemstraal *m* [-stralen] flash of lightning ★ *als een ~ uit heldere hemel* like a bolt from the blue

blikvanger *m* [-s] eye-catcher

blikveld *o* field of vision ★ *zijn ~ verruimen* broaden one's horizon ★ *buiten / uit het ~ raken* disappear from view

blikvoer *o* canned food, tinned food

blind I *bn* ❶ *niet kunnende zien* blind ★ *~ als een mol* as blind as a bat ★ *~ aan één oog* blind in one eye ★ *~ voor het feit dat...* blind to the fact that... ★ *~ schaken* play blindfold chess ★ *zich ~ staren op* concentrate too much on sth ★ *zij is ziende ~* there's none so blind as those who will not see ❷ *onvoorwaardelijk* blind, unquestioning ★ *~e gehoorzaamheid* blind obedience ★ *~ geloof / vertrouwen* blind / implicit faith ★ *in den ~e* in the dark ❸ *niet te zien* blind, blank ★ *een ~e klip* a sunken rock ★ *een ~e vlek* a blind spot ★ *een ~e passagier* a stowaway ❹ *dichtgemetseld* blind ★ *een ~e deur* a blind / dead door ★ *een ~e muur* a blank wall ❺ *doodlopend* blind ★ *een ~e steeg* a blind alley ▼ *een ~e kaart* a skeleton map, a blank map **II** *o* [-en] *vensterluik* shutter, blind

blind date *m* [-s] blind date

blinddoek *m* [-en] blindfold, bandage ★ *een ~ voor hebben* be hoodwinked / blindfolded

blinddoeken *overg* [blinddoekte, h. geblinddoekt] blindfold

blinde *m-v* [-n] ❶ *persoon* blind man, blind woman ★ *de ~n* the blind ★ *in het land der ~n is eenoog koning* in the country of the blind, the one-eyed man is king ❷ *kaartsp* dummy ★ *met de ~ spelen* play dummy ▼ *in den ~* at random, blindly

blindedarm *m* [-en] appendix

blindedarmontsteking *v* [-en] appendicitis

blindelings *bijw* blindfold, blindly ★ *iem. ~ volgen* follow sbd blindly ★ *~ gehoorzamen* obey blindly / implicitly

blindemannetje *o* [-s] blindman's buff ★ *~ spelen* play blindman's buff

blindengeleidehond *m* [-en] guide dog / seeing-eye dog

blindenschrift *o* Braille

blindenstok *m* [-ken] white stick

blinderen *overg* [blindeerde, h. geblindeerd] ❶ *kogelvrij maken* armour ★ *geblindeerde auto's* armoured cars ❷ *aan het gezicht onttrekken* face, clad ★ *de ramen ~* shutter the windows

blindganger *m* [-s] mil dud

blindheid *v* blindness ★ *met ~ geslagen* struck blind, fig blinded

blind typen *onoverg* [typte blind, h. blind getypt] touch type

blindvaren *onoverg* [voer blind, h. blindgevaren] ★ *~ op iets / iem.* trust sth / sbd blindly

blingbling *m & bn* opzichtige kledingstijl bling-bling

blinken *onoverg* [blonk, h. geblonken] shine, glitter, glare

blisterverpakking *v* [-en] blister, blister pack

blits I *bn* trendy, hip ★ *zij ziet er ~ uit* she looks trendy **II** *m* ★ *de ~ maken* steal the show

blitskikker *m* [-s] trendy

blocnote *m* [-s] block, (writing) pad

bloed *o* blood ★ *badend in het ~* swimming in one's own blood ★ *~ vergieten* shed blood ★ *kwaad ~ zetten* stir strong feelings, stir up bad blood ★ *zijn ~ kookt* his blood is boiling ★ *~ ruiken* smell / taste blood ★ *~ willen zien* want to see blood ★ *in koelen ~e* in cold blood, cold-blooded ★ *nieuw ~* ‹in een vereniging &› fresh blood ★ *het zit in het ~* it runs in the blood / family ★ *het ~ kruipt waar het niet gaan kan* blood is thicker than water ★ *iem. het ~ onder de nagels vandaan halen* get under sbd's skin ★ *iems. ~ wel kunnen drinken* hate sbd's guts ★ *blauw ~* blue blood ★ *van koninklijken ~e* of royal blood

bloedarmoede *v* anaemia, Am anemia

bloedbaan *v* [-banen] bloodstream

bloedbad *o* [-baden] bloodbath, carnage, massacre, slaughter ★ *een ~ aanrichten onder...* slaughter..., massacre...

bloedbank *v* [-en] blood bank

bloedbeeld *o* [-en] med blood picture

bl

bloedbezinking v [-en] med sedimentation rate

bloedblaar v [-blaren] blood blister

bloedcel v [-len] blood cell, corpuscle ★ een witte ~ a white corpuscle ★ een rode ~ a red corpuscle

bloeddonor m [-s] blood donor

bloeddoorlopen bn bloodshot ★ met ~ ogen with bloodshot eyes

bloeddoping m sp blood doping

bloeddorstig bn bloodthirsty

bloeddruk m blood pressure ★ hoge / lage ~ high / low blood pressure ★ iems. ~ meten take sbd's blood pressure

bloeddrukmeter m [-s] blood pressure gauge, med sphygmomanometer

bloeddrukverlagend bn hypotensive

bloedeigen bn very own ★ het is mijn ~ kind it is my own flesh and blood

bloedeloos bn ❶ zonder bloed bloodless ❷ slap lifeless, burned out ★ de wedstrijd eindigde in een bloedeloze 0-0 the match resulted in a weak 0-0

bloeden onoverg [bloedde, h. gebloed] ❶ bloed laten vloeien bleed ★ uit zijn neus ~ bleed from the nose, have a bloody nose, Am have a nosebleed ★ tot ~s toe until it bleeds ★ dood~ bleed to death ★ ~ als een rund bleed like a pig ★ met ~d hart with a bleeding heart ❷ boeten pay ★ hij zal ervoor moeten ~ they'll make him pay / bleed for it

bloederig bn bloody

bloederziekte v haemophilia, Am hemophilia

bloedgang m ★ met een ~ voorbijrijden pass at a breakneck speed

bloedgeld o ❶ geld voor een misdaad blood money ❷ karig loon starvation wages

bloedgroep v [-en] blood group, blood type

bloedheet bn sizzling hot, boiling hot

bloedhekel m ★ een ~ hebben aan iem. / iets absolutely hate sbd / sth

bloedhond m [-en] ❶ bloodhound ❷ fig bloodhound, brute

bloedig bn ❶ met bloed bloody, sanguinary ★ een ~e strijd a bloody battle ❷ ingespannen bitter, very hard ★ ergens ~ op studeren study hard for sth

bloeding v [-en] bleeding, haemorrhage/Am hemorrhage

bloedje o [-s] ★ ~s van kinderen poor little kids

bloedkoraal o & v [-ralen] red coral

bloedlichaampje o [-s] blood corpuscle ★ een rood ~ a red corpuscle ★ een wit ~ a white corpuscle

bloedlink bn ❶ gevaarlijk incredibly dangerous ❷ woedend hopping mad ★ zij was ~ op mij she was furious at me

bloedmooi bn gorgeous, stunning

bloedneus m [-neuzen] bloody nose ★ iem. een ~ slaan give sbd a bloody nose

bloedonderzoek o [-en] med blood test

bloedplaatje o [-s] blood platelet, thrombocyte

bloedplasma o (blood) plasma

bloedproef v [-proeven] blood test

bloedprop v [-pen] blood clot, thrombus

bloedrood bn blood red, scarlet

bloedschande v incest ★ ~ plegen commit incest

bloedserieus bn dead serious

bloedserum o blood serum

bloedsinaasappel m [-s & -en] blood orange

bloedsomloop m circulation of the blood, blood circulation ★ de kleine ~ the lesser circulation ★ de grote ~ the greater circulation

bloedspiegel m med blood levels, level of sth in the blood

bloedstelpend bn styptic ★ een ~ middel a styptic

bloedstollend bn blood-curdling, horrifying ★ een ~e wedstrijd a hair-raising match

bloedstolling v [-en] coagulation of the blood

bloedstolsel o [-s] blood clot

bloedsuiker m blood sugar

bloedtransfusie v [-s] blood transfusion

bloeduitstorting v [-en] contusion, bruise

bloedvat o [-vaten] blood vessel

bloedvergieten o bloodshed

bloedvergiftiging v blood poisoning, sepsis

bloedverlies o loss of blood

bloedverwant m [-en] (blood) relation, relative, kinsman, kinswoman ★ naaste ~en close relatives, next of kin

bloedverwantschap v [-pen] blood relationship, consanguinity

bloedvlek v [-ken] bloodstain

bloedworst v [-en] black pudding, blood sausage

bloedwraak v vendetta

bloedzuiger m [-s] leech, bloodsucker

bloedzuiverend bn blood-cleansing

bloei m ❶ bloom, flower, flowering ★ in ~ staan be in blossom ★ in volle ~ in full blossom / bloom ❷ fig prosperity, bloom ★ in de ~ van zijn leven in the prime of life ★ fig tot ~ komen thrive, blossom

bloeien onoverg [bloeide, h. gebloeid] ❶ eig bloom, blossom, flower ❷ fig flourish, prosper, thrive ★ een ~de zaak a flourishing business

bloeimaand v May

bloeiperiode v [-s & -n] ❶ v. planten flowering season ❷ fig bloom, hey-day

bloeitijd m [-en] ❶ eig flowering time ❷ fig flourishing period, hey-day ★ de ~ van de barok the golden age of the baroque

bloeiwijze v [-n] inflorescence

bloem v [-en] ❶ plantk flower ★ geen ~en ‹in overlijdensadvertentie› no flowers ★ ~en op de ruiten frost flowers on the windows ★ de ~ der natie the flower of the nation ❷ v. meel flour

bloembak m [-ken] flower box

bloembed o [-den] flowerbed

bloembol m [-len] (flower) bulb

bloembollenteelt v bulb growing

bloembollenveld o [-en] bulb field

bloemencorso m & o ['s] floral procession, flower pageant, flower parade

bl

bloemenstalletje *o* [-s] flower stall
bloementeelt *v* floriculture
bloemenvaas *v* [-vazen] (flower) vase
bloemenwinkel *m* [-s] flower shop, florist's shop
bloemenzee *de* [-zeeën] sea of flowers
bloemetje *o* [-s] ❶ *kleine bloem* little flower ★ *de ~s buiten zetten* go / be on the spree, inf paint the town red, make whoopee ★ *iem. in de ~s zetten* make sbd the centre of attention ★ *de ~s en de bijtjes* the birds and the bees ❷ *bos bloemen* flowers ★ *een ~ voor iem. meenemen* bring sbd flowers
bloemig *bn* ❶ *v. weide &* flowery ❷ *v. aardappelen* mealy, mushy
bloemist *m* [-en] florist, floriculturist
bloemisterij *v* [-en] ❶ *winkel* florist's business / shop ❷ *kwekerij* florist's garden
bloemknop *m* [-pen] bud
bloemkool *v* [-kolen] cauliflower
bloemkweker *m* [-s] flower-grower, florist
bloemkwekerij *v* ❶ *het kweken* [-en] flower-growing industry, floriculture ❷ *het bedrijf* florist's business, nursery
bloemlezing *v* [-en] anthology
bloemperk *o* [-en] flowerbed
bloempot *m* [-ten] flowerpot
bloemrijk *bn* ❶ *eig* flowery, full of flowers ❷ *fig* florid ★ *~ taalgebruik* flowery language
bloemschikken *o* arrange flowers
bloemstuk *o* [-ken] ❶ *v. bloemist* bouquet ❷ *schilderij* floral still life
bloes *v* [bloezen] → **blouse**
bloesem *m* [-s] blossom, bloom, flower
blok I *o* [-ken] ❶ *huizen* block ★ *een ~ huizen* a row of houses ★ *zij loopt een ~je om* she goes for a walk around the block ★ *een ~ zetten* volleybal form a wall ❷ *hout* log, billet, chump ★ *als een ~ in slaap vallen* fall asleep like a log ❸ *bouwsteen* brick ★ *met ~ken spelen* play with building blocks ❹ *van lood* pig, ingot ❺ *van partijen, landen* bloc ★ *een ~ vormen (tegen)* form a bloc (against) ★ *als één ~ achter iem. staan* support sbd wholeheartedly ❻ *struftuig* the stocks ▼ *dat is een ~ aan zijn been* it's a millstone around his neck ▼ *iem. voor het ~ zetten* leave sbd no choice, put a person on the spot **II** *m* [-ken] *studieperiode* ZN unit
blokfluit *v* [-en] recorder
blokhut *v* [-ten] log cabin
blokkade *v* [-s] blockade ★ *de ~ doorbreken* run the blockade ★ *een ~ opheffen* lift a blockade ★ *een ~ opwerpen* blockade
blokken I *onoverg* [blokte, h. geblokt] *studeren (op)* inf cram, swot (at) ★ *ik ben voor mijn examen aan het ~* I'm cramming for my exam **II** *overg* [blokte, h. geblokt] *tegenhouden* block ★ sp *de bal ~* block the ball
blokkendoos *v* [-dozen] box of bricks
blokkeren *overg* [blokkeerde, h. geblokkeerd] ❶ *afsluiten* blockade, block ★ *een haven ~* close a

port off ★ *een kust ~* block a coast ★ *een weg ~* block a road ★ *het verkeer ~* block the traffic ★ *zij blokkeerde helemaal* she had a mental block ★ sp *een tegenstander ~* block an opponent ★ *het stuur blokkeert* the wheel is locked ❷ handel freeze, block ★ *een cheque ~* stop payment of a cheque ★ *een rekening ~* block an account, freeze an account ★ *gelden ~* freeze funds ★ *tegoeden ~* block balances, freeze balances
blokletter *v* [-s] block letter ★ *in ~s schrijven* print
blokschrift *o* block writing, print
blokuur *o* [-uren] onderw double lesson
blokvorming *v* forming of a bloc
blom *v* [-men] lovely girl ★ fig *een jonge ~* a young (and pretty) girl
blond *bn* blonde, blond, fair, golden
blonderen *overg* [blondeerde, h. geblondeerd] bleach, peroxide ★ *hij is geblondeerd* he bleaches his hair
blondine *v* [-s], **blondje** *o* [-s] blonde, fair-haired girl ★ *een dom blondje* a dumb blonde
bloot I *bn* ❶ *ongekleed* naked, bare, nude ★ *open en ~* openly ★ *onder de blote hemel* in the open ★ *op het blote lijf dragen* wear next (to) the skin ❷ *onbedekt latend* bare, open ★ *een blote jurk* a revealing dress ❸ *alleen maar* bald, mere ★ *de blote feiten* the bald facts ★ *een ~ toeval* a complete accident ★ jur *blote eigendom* bare ownership ★ *met het blote oog* with the naked eye ★ *uit het blote hoofd vertellen* recount from memory ★ *met blote handen* with one's bare hands **II** *bijw* barely, merely
blootblad *o* [-en] nude magazine
blootgeven *wederk* [gaf bloot, h. blootgegeven] ★ *zich ~* ‹als teken van zwakte› give oneself away, commit oneself, ‹aan gevaar› expose oneself ★ *zich niet ~* be noncommittal
blootje *o* ★ *in zijn / haar ~* in the nude, in his / her birthday suit, inf in the nuddy
blootleggen *overg* [legde bloot, h. blootgelegd] ❶ *bedekking wegnemen* lay bare, expose, uncover ★ *de fundamenten ~* expose the foundations ❷ fig lay open, uncover, reveal ★ *zijn ziel voor iem. ~* bare one's soul to sbd ★ *de problemen werden blootgelegd* the problems were uncovered
blootliggen *onoverg* [lag bloot, h. blootgelegen] lie bare, lie open
blootshoofds *bijw* bareheaded
blootstaan *onoverg* [stond bloot, h. blootgestaan] ★ *~ aan* be exposed to
blootstellen I *overg* [stelde bloot, h. blootgesteld] expose ★ *iets ~ aan het zonlicht* expose sth to the sunlight **II** *wederk* [stelde bloot, h. blootgesteld] ★ *zich ~ aan het weer* expose oneself to the weather ★ *zich ~ aan kritiek* lay oneself open to criticism
blootsvoets *bijw* barefoot
blos *m* ❶ *gezonde kleur* bloom ❷ *v. verlegenheid, schaamte* blush ❸ *v. opwinding* flush ★ *er kwam een ~ op haar wangen* her cheeks flushed
blotebillengezicht *o* [-en] inf moonface

blouse v [-s], **bloes** [-zen] blouse, shirt
blowen onoverg [blowde, h. geblowd] smoke dope
blozen onoverg [bloosde, h. gebloosd] blush, flush ★ zij bloosde tot achter haar oren she blushed to the roots of her hair ★ iem. doen ~ cause sbd to blush, make sbd blush ★ ~ om / over iets blush at sth ★ ~ van gezondheid bloom with health
blubber m ❶ modder mud, slush ★ zich de ~ werken work oneself to death ❷ walvisspek blubber
blues m blues
bluf m bluff(ing), brag(ging), boast(ing), inf swank ★ dat is pure ~ that is all talk ▼ cul Haagse ~ redcurrant whip
bluffen onoverg [blufte, h. gebluft] ❶ inf bluff, brag, boast, talk big ★ ~ op boast of ❷ kaartsp bluff
bluffer m [-s] bluffer, boaster
blufferig bn bluffing, bragging, boasting
blufpoker o kaartsp brag / bluff poker ★ fig ~ spelen play high
blunder m [-s] blunder, howler, faux pas ★ een ~ maken make a blunder / faux pas
blunderen onoverg [blunderde, h. geblunderd] blunder, make a faux pas
blusapparaat o [-raten] fire extinguisher
blusboot m [-boten] fire-fighting vessel, fire float
blussen overg [bluste, h. geblust] ❶ vuur doven extinguish, put out ❷ v. kalk slack, slake ⟨lime⟩
blusvliegtuig o [-en] fire plane
blut bn ❶ platzak broke, on the rocks ❷ na spel cleaned out ★ inf iem. ~ maken clean sbd out
B-merk o [-en] inferior brand, grade-B product
BMX (bicycle motocross) **I** het sport BMX **II** de ['en] fiets BMX
bnp o (bruto nationaal product) G.N.P., Gross National Product
boa m ['s] slang, bont boa ★ een ~ constrictor a boa constrictor
board o bouwplaat hardboard, fibreboard
bob m [-s] ❶ slee bobsleigh ❷ haarstijl bob ❸ nuchtere bestuurder Sober Bob ★ wie is de ~ vanavond? who's not drinking this evening?
bobbel m [-s] ❶ alg. bubble, bump, hump ★ een weg vol ~s a bumpy road ❷ gezwel lump ★ een rare ~ op mijn arm an unusual lump on my arm
bobbelen onoverg [bobbelde, h. gebobbeld] bubble
bobbelig bn lumpy, bumpy
bobo m ['s] inf big shot
bobslee v [-sleeën] bobsled, bobsleigh ★ een tweepersoons ~ a two-man bob ★ een vierpersoons ~ a four-man bob
bobsleebaan v [-banen] bobsleigh run
bobsleeën onoverg [bobsleede, h. gebobsleed] bob, bobsleigh
bochel m [-s] ❶ bult hump, hunch ❷ persoon humpback, hunchback
bocht I v [-en] ❶ kromming bend, curve ★ een scherpe ~ maken take a sharp bend ★ zich in allerlei ~en wringen tie oneself in knots ★ fig kort

door de ~ impetuous, without thinking about it, black-and-white, oversimplified ★ fig Truus in de ~! Truus at it again! ★ voor iem. in de ~ springen take sbd.'s part ❷ baai bight, bay ★ de Duitse Bocht ⟨bij Helgoland⟩ the Helgoland Bay **II** o & m vieze drank rotgut, rubbish
bochtig bn winding, tortuous, sinuous
bockbier o bock(beer)
bod o ❶ handel offer ❷ op verkoping bid ★ een ~ doen (op) make a bid (for) ★ een hoger ~ doen dan outbid ⟨sbd⟩ ★ jur een openbaar ~ a public bid ★ aan ~ komen get a chance ★ aan ~ zijn be given a chance
bode m [-n & -s] ❶ boodschapper messenger ❷ vrachtrijder carrier ❸ jur usher
bodega m ['s] bodega
bodem m [-s] ❶ gebied, grond ground, soil, territory ★ op vaderlandse ~ on native soil ★ op vreemde ~ on foreign soil ★ van eigen ~ agr homegrown ★ vaste ~ onder de voeten hebben be on firm ground ❷ onderkant bottom ★ op de ~ van de zee at the bottom of the sea ★ de ~ van een vat the bottom of a barrel ★ een koffer met een dubbele ~ a suitcase with a double bottom ★ een verhaal met een dubbele ~ a story with a hidden meaning ★ tot (op) de ~ leegdrinken drain to the dregs ★ tot op de ~ uitzoeken examine down to the last detail ★ tot op de ~ gaan go all out ★ fig alle hoop, verwachtingen de ~ inslaan shatter hopes, dash expectations ❸ boot bottom, ship, vessel
bodemerosie v soil erosion
bodemgesteldheid v composition of the soil, soil conditions
bodemkunde v soil science, pedology
bodemloos bn bottomless ★ het is een bodemloze put it's like pouring money down a drain
bodemmonster o [-s] soil sample ★ een ~ nemen take a soil sample
bodemonderzoek o soil research
bodemprijs m [-prijzen] minimum price ★ tegen bodemprijzen verkopen sell at rock-bottom prices
bodemprocedure v [-s] jur (full-length) civil proceedings on the merits, main proceedings, principal case
bodemsanering v [-en] soil decontamination, soil cleaning, soil sanitation
bodemschatten zn [mv] mineral resources
bodemverontreiniging v soil pollution
bodybuilden onoverg [bodybuildde, h. gebodybuild] bodybuilding
bodybuilder m [-s] bodybuilder
bodybuilding v bodybuilding
bodyguard m [-s] bodyguard
bodylotion v [-s] body lotion
bodypaint m [-s] body paint
bodypainter m [-s] body painter
bodystocking m [-s] body stocking
bodysuit m [-s] bodysuit
bodywarmer m [-s] bodywarmer

boe *tsw* ❶ *uitroep* boo! ★ ~ *roepen* boo, hoot ★ *geen ~ of ba zeggen* not open one's mouth, not say a word ★ *zij durft geen ~ of ba te zeggen* she couldn't say boo to a goose ❷ *geluid van koe* moo

Boedapest *o* Budapest

Boeddha *m* ❶ Buddha ❷ *beeldje* **boeddha** ['s] Buddha

Boeddhabeeld *o* [-en] Buddha

boeddhisme *o* Buddhism

boeddhist *m* [-en] Buddhist

boeddhistisch *bn* Buddhist, Buddhistic ★ *een ~e monnik* a Buddhist monk

boedel *m* [-s] ❶ *inboedel* property, goods and chattels ★ *zijn gehele ~ wordt verkocht* his whole property is being sold ★ *de ~ beschrijven* draw up / make an inventory ★ *een failliete ~* a bankrupt estate ★ *een insolvente ~* an insolvent estate ❷ *erfenis* estate ★ *de ~ aanvaarden* take possession of the estate

boedelbak® *m* [-ken] minitrailer

boedelbeschrijving *v* [-en] inventory ★ *(onder het) voorrecht van ~* (subject to) benefit of inventory

boedelscheiding *v* [-en] ❶ *bij erfenis* division / partition of an estate (by the heirs) ❷ *bij scheiding* division of jointly owned property

boef *m* [boeven] scoundrel, rascal, <u>inf</u> crook

boefje *o* [-s] <u>scherts</u> scamp, rascal, urchin

boeg *m* [-en] <u>scheepv</u> bow(s), prow ★ <u>fig</u> *de ~ wenden* start on another tack ★ *het over een andere ~ gooien* change one's tack, try another tack ★ *veel werk voor de ~ hebben* have to deal with a lot of work ★ *wat wij nog voor de ~ hebben* what lies ahead of us, what is ahead ★ *een schot voor de ~* a warning shot

boegbeeld *o* [-en] ❶ figurehead ❷ <u>fig</u> standard bearer ★ *zij is het ~ van de partij* she epitomizes the party

boegeroep *o* booing

boegseren *overg* [boegseerde, h. geboegseerd] tow ‹a boat›

boegspriet *m* [-en] bowsprit

boei *v* [-en] ❶ *voetboei* shackle, fetter, iron ★ *in ~en* in irons, in chains ★ *iem. in de ~en sluiten* put sbd in irons ❷ *handboei* handcuff ★ *iem. de ~en aandoen* handcuff sbd ❸ <u>scheepv</u> buoy ★ *een ~ ronden* ‹bij zeilen &› round a buoy ★ *met een kop als een ~* as red as a beetroot

boeien *overg* [boeide, h. geboeid] ❶ *met ketens* put in irons, handcuff, chain ★ *een boef geboeid afvoeren* cart a criminal off in handcuffs ❷ *interesseren* captivate, enthral(l), fascinate, grip ‹the audience›, arrest ‹the attention› ★ *dat boeit me niets* it doesn't interest me ★ *de wedstrijd kon me niet ~* the match didn't grab my attention ★ *geboeid zijn door iets* be fascinated by sth

boeiend *bn* captivating, enthralling, fascinating, arresting, absorbing ★ *een ~ schouwspel* a fascinating spectacle

boeienkoning *m* [-en] escapologist, escape artist

boeier *m* [-s] <u>scheepv</u> small yacht, boyer

boek *o* [-en] book ★ *altijd met de neus in de ~en zitten* always have one's nose in a book ★ *als ~ uitgeven / verschijnen* publish / appear as a book / in book form ★ *dat is voor mij een gesloten ~* it's a sealed book to me ★ *zij is voor mij een open ~* to me she's an open book ★ *te ~ staan als...* be reputed to be..., pass for... ★ *te ~ stellen* set down, record ★ *ik zal een ~je over u opendoen* I'll let people know the sort of person you are ★ *buiten zijn ~je gaan* go too far, go beyond one's powers, exceed one's orders ★ *volgens het ~je* by the book

boekanier *m* [-s] buccaneer

Boekarest *o* Bucharest

boekband *m* [-en] binding

boekbespreking *v* [-en] (book) review, criticism

boekbinden *o* bookbinding, bookbinder's trade

boekbinder *m* [-s] bookbinder

boekbinderij *v* ❶ *bezigheid* bookbinding ❷ *zaak* [-en] bookbinder's, bookbindery

boekdeel *o* [-delen] volume ★ *dat spreekt boekdelen* that speaks volumes

boekdrukkunst *v* (art of) printing, typography

boeken *overg* [boekte, h. geboekt] ❶ *inschrijven* book, enter, record ★ *een bedrag ~* enter an amount ★ *rente ~* add interest ★ *uitgaven ~* book expenses ★ *een post ~* make an entry ★ *in iems. credit / debet ~* place ‹a sum› to sbd.'s credit / debit ★ *op een nieuwe rekening ~* carry to new account ❷ *bespreken* book ★ *een reis ~* book a trip ★ *een tafel ~* book a table ❸ *behalen* achieve, reach ★ *succes ~* be successful ★ *een zege ~* achieve victory ★ *vooruitgang ~* make progress

boekenbeurs *v* [-beurzen] book fair

boekenbon *m* [-nen] book token, book voucher

boekenclub *v* [-s] book club

boekenkast *v* [-en] bookcase ★ *in de ~ staan* be in the bookcase

boekenlegger *m* [-s] bookmark(er)

boekenlijst *v* [-en] list of books, reading list ★ *die dichtbundel staat op mijn ~* that collection of poems is on my reading list

boekenplank *v* [-en] bookshelf

boekenstalletje *o* [-s] bookstall

boekensteun *m* [-en] bookend

boekentaal *v* bookish language

boekentas *v* [-sen] briefcase, school bag, satchel

Boekenweek *v* [-weken] book week

boekenwijsheid *v* book learning

boekenworm, boekenwurm *m* [-en] bookworm

boeket *o & m* [-ten] ❶ *bloemen* bouquet, nosegay ★ *een ~ tulpen* a bouquet of tulips ❷ *v. wijn* nose, bouquet

boekhandel *m* ❶ *handel in boeken* bookselling, book trade ❷ *winkel* [-s] bookseller's shop, bookshop ★ *een tweedehands ~* a second-hand bookshop

boekhandelaar *m* [-s & -laren] bookseller

boekhouden I *onoverg* [hield boek, h. boekgehouden] keep the books (accounts) **II** *o* bookkeeping ★ *dubbel / enkel ~* double-entry / single-entry bookkeeping

boekhouder *m* [-s] bookkeeper
boekhouding *v* [-en] ❶ *alg.* bookkeeping, accounting ★ *de ~ voeren* keep the books ★ *dubbele / enkele ~* double-entry / single-entry bookkeeping ❷ *afdeling* accounts / accounting department ★ *op de ~ werken* work in the accounts department
boekhoudkundig *bn* accounting, bookkeeping ★ *een ~ schandaal* an accounting scandal
boeking *v* [-en] ❶ *bij het boekhouden* entry ❷ *reservering* booking, reservation ▼ *een ~ krijgen* sp be booked
boekjaar *o* [-jaren] financial year, fiscal year ★ *afsluitdatum van het ~* accounting reference date ★ *een vennootschappelijk ~* an accounting reference period ★ *het lopende ~* the current financial year ★ *een gebroken ~* a split year, a financial year that does not coincide with the calender year
boekmaag *v* [-magen] dierk third stomach, omasum
boekomslag *m & o* [-slagen] dust jacket
boekstaven *overg* [boekstaafde, h. geboekstaafd] set down, record, chronicle
boekverkoper *m* [-s] bookseller
boekvorm *m* ★ *in ~* in book form
boekwaarde *v* boekh book value, balance sheet value ★ *de ~ verhogen* Am write up
boekweit *v* buckwheat
boekwerk *o* [-en] book, work, volume
boekwinkel *m* [-s] bookshop, bookstore
boekwinst *v* [-en] boekh book profit, profit on paper
boel *m* ❶ *grote hoeveelheid* a lot, lots ★ *een ~ geld* a lot / lots of money ❷ *dingen* things, matters, afkeurend mess ★ *de hele ~* the whole lot, the whole thing, inf the whole show ★ inf *een (hele) ~ beter / meer* a jolly sight better / more ★ *de ~ de ~ laten* leave things as they are ★ *een dolle ~* a mad situation ★ *het was een dooie / saaie ~* it was a dull affair ★ *een mooie ~!* a pretty kettle of fish, a nice mess ★ *het is een vuile ~* it's a mess ★ *het is foute ~* things are going wrong ★ *de ~ laten waaien* let things run ★ *de ~ in het honderd / in de war sturen* make a mess of things ★ *de ~ erbij neergooien* throw it in, inf chuck it
boeltje *o* [-s] inf traps, stuff ★ *zijn ~ pakken* pack up one's traps / stuff
boem *tsw* bang, boom
boeman *m* [-nen] ogre, bogeyman
boemel *m* ❶ ★ *aan de ~* on a spree ❷ *trein* [-s] slow train
boemelen *onoverg* [boemelde, h. geboemeld] ❶ *fuiven* go on a spree, go out boozing ❷ *langzaam reizen* take the slow train ❸ *niets uitvoeren* fool around, hang around
boemeltrein *m* [-en], **boemeltje** *o* [-s] slow train
boemerang *m* [-s] boomerang
boenen *overg* [boende, h. geboend] ❶ ⟨schrobben⟩ scrub ❷ ⟨in de was zetten⟩ polish
boenwas *m & o* beeswax
boer *m* [-en] ❶ *landbouwer* farmer ★ *lachen als een ~ met kiespijn* laugh on the wrong side of one's face

★ *wat de ~ niet kent, dat eet hij niet* some people don't trust anything they don't know ★ *de ~ opgaan* go on the road ▼ *de Boeren* the Boers ❷ *keuterboer* peasant ❸ *buitenman* country dweller, geringsch provincial, country bumpkin ❹ *lomperd* boor, yokel ❺ kaartsp knave, jack ❻ *oprisping* belch, burp ★ inf *een ~ laten* belch, burp
boerderij *v* [-en] ❶ *bedrijf* farm ★ *op een ~ werken* work on a farm ❷ *woning* farmhouse ★ *in een oude ~ wonen* live in an old farmhouse
boeren *onoverg* [boerde, h. geboerd] ❶ *boer zijn* farm, be a farmer, run a farm ★ *goed ~* be a good farmer ★ *hij heeft goed geboerd* he's managed his affairs well ❷ *oprispen* belch, burp
boerenbedrijf *o* [-drijven] ❶ *boerderij* farm ❷ *beroep* farming, agriculture
boerenbedrog *o* humbug, bunk, rubbish
boerenbont *o stof* gingham
boerenbruiloft *v* [-en] country wedding
boerendochter *v* [-s] farmer's daughter
boerenfluitjes *zn* → **janboerenfluitjes**
boerengolf *het* farmer's golf
boerenjongen *m* [-s] country boy ★ ⟨drank⟩ *~s* brandied raisins
boerenkiel *m* [-en] blue cotton jacket
boerenkinkel *m* [-s] boor, country bumpkin, lout
boerenknecht *m* [-en & -s] farm hand
boerenkool *v* [-kolen] (curly) kale
boerenlul *m* [-len] idiot, bonehead, dirty bastard
boerenmeisje *o* [-s] country girl ★ ⟨drank⟩ *~s* brandied apricots
Boerenoorlog *m* [-logen] hist Boer War
boerenpummel *m* [-s] bumpkin, yokel
boerenslimheid *v* foxiness, craftiness
boerenverstand *o* common sense ★ *dat had ik met mijn ~ ook kunnen ontdekken* I could have used my common sense and worked it out
boerenzoon *m* [-s & -zonen] farmer's son
boerenzwaluw *v* [-en] swallow
boerin *v* [-nen] ❶ *plattelandsvrouw* countrywoman ❷ *vrouw van boer* farmer's wife
boerka *m* ['s] burqa
boers *bn* ❶ *als een boer* rustic ❷ *grof* lumpish, coarse
boertig *bn* vero jocular
boete *v* [-s & -n] ❶ *straf* penalty, ⟨geldstraf⟩ fine ★ *~ betalen* pay a fine ★ *50 pond ~ krijgen* be fined 50 pounds ★ *~ opleggen* impose a fine ★ *op ~ van* under / on penalty of ★ *een administratieve ~* an administrative penalty ❷ *boetedoening* penance ★ *~ doen* do penance
boetebeding *o* [-en] penalty clause
boeteclausule *v* [-s] penalty clause
boetedoening *v* [-en] penance, expiation
boetekleed *o* [-kleren] penitential robe, hair shirt ★ *het ~ aantrekken* put on the hair shirt ★ *het ~ aan hebben* stand in a white sheet
boeteling *m* [-en] penitent
boeten *overg* [boette, h. geboet] ❶ *boete doen* suffer

for, atone ‹an offence›, expiate ‹sin› ★ *iets ~ met zijn leven* pay for sth with one's life ★ *~ voor een misdaad* expiate / atone for an offence ★ *hij zal ervoor ~* he'll pay / suffer for it ❷ *herstellen (van visnetten)* mend

boeterente *v* penalty interest

boetiek *v* [-s] boutique

boetseerklei *v* modelling clay

boetseren *overg* [boetseerde, h. geboetseerd] model

boetvaardig *bn* contrite, penitent, repentant

boevenbende *m & v* [-s, -n] pack of thieves

boevenstreek *m & v* [-streken] nasty trick

boeventronie *v* [-s] villain's face

boevenwagen *m* [-s] police van, inf Black Maria, Am paddy wagon

boezem *m* [-s] ❶ *borst* bosom, breast ❷ *ruimte bij borst* bosom, heart ★ *de hand in eigen ~ steken* search one's own heart ❸ *v.h. hart* auricle ❹ *baai* bay ❺ *v. polder* reservoir

boezemfibrilleren *o* med atrial fibrillation

boezemvriend *m* [-en] bosom friend

bof *m* ❶ *ziekte* mumps ★ *de ~ hebben* have the mumps ❷ *geluk* stroke of luck, inf fluke ★ *~ hebben* be lucky

boffen *onoverg* [bofte, h. geboft] be lucky, be in luck ★ *daar bof je bij!* lucky for you! ★ *wij ~ met ons huis* we've been lucky with our house

boffer *m* [-s], **bofkont** [-en] inf lucky dog

bogen *onoverg* [boogde, h. geboogd] ★ *~ op* boast, pride oneself on

Boheems *bn* Bohemian

Bohemen *o* Bohemia

bohemien *m* [-s] Bohemian

boiler *m* [-s] water heater

bok *m* [-ken] ❶ *mannetjesgeit* male goat, billy goat ★ *een oude ~ lust nog wel een groen blaadje* there is life in the old dog yet ★ *als een ~ op de haverkist* as keen as mustard ★ *de ~ken van de schapen scheiden* separate the sheep from the goats ❷ *v. ree &* buck, ‹v. hert, eland› stag ❸ *hijstoestel* derrick ★ *een drijvende ~* a floating sheerlegs crane ❹ *voor gymnastiek* vaulting horse ★ *~ staan* make a back ❺ *v. rijtuig* box ★ *op de ~ zitten* sit on the box ❻ *v. timmerman* ‹sawyer's› jack ★ *fout* blunder, bloomer, howler ★ inf *een ~ schieten* make a blunder

bokaal *m* [-kalen] ❶ *drinkbeker* goblet, beaker ❷ *prijs* cup

bokken *onoverg* [bokte, h. gebokt] ❶ *v. paard* buck, buckjump ❷ fig be sulky, sulk

bokkenpoot *m* [-poten] ❶ *kwast* tarbrush ❷ *koekje* chocolate and hazelnut finger-shaped biscuit

bokkenpruik *v* ★ *de ~ op hebben* be in a bad mood

bokkensprong *m* [-en] caper ★ *~en maken* cut capers

bokkig *bn* surly, sullen

bokking *m* [-en] ❶ *vers* bloater ❷ *gerookt* red herring

boksbal *m* [-len] punchball

boksbeugel *m* [-s] knuckleduster, Am brass knuckles

boksen *onoverg* [bokste, h. gebokst] *vechten* box ★ fig *iets voor elkaar ~* manage sth

bokser *m* [-s] sp boxer, prizefighter

bokshandschoen *m & v* [-en] boxing glove

bokspringen *o* ❶ *gymnastiekoefening* vaulting ❷ *kinderspel* leapfrog

bokswedstrijd *m* [-en] boxing match, prize fight

boktor *m-v* [-ren] longhorn beetle

bol I *m* [-len] ❶ *rond voorwerp* ball ❷ *v. een lamp* a globe / bulb ★ *zij keek in haar kristallen ~* she looked into her crystal ball ❸ *hoofd* head ★ *een knappe ~* a clever fellow, inf a dab (*in* at) ★ *het is hem in de ~ geslagen* he's gone off his head ★ *het hoog in de ~ hebben* be too big for one's boots ★ *een aai over zijn ~ geven* stroke his head ★ *uit zijn ~ gaan* go out of one's mind ❹ wisk sphere ❺ *broodje* round loaf ❻ *bloembol* (flower) bulb ❼ *v. hoed* crown ❽ *kopje zonder oor* ZN bowl **II** *bn* ❶ *dik* round ★ *een ~ gezicht* a round face ★ *~le wangen* chubby cheeks ❷ *met ronding* convex ★ *~le (brillen)glazen* convex glasses ❸ *opgezwollen* swollen, bulging ★ *~le zeilen* bulging sails ★ *~ staan* belly, bulge ❹ *vol* full ★ *de kranten stonden ~ van het schandaal* the newspapers were full of the scandal

bolderkar *v* [-ren], **bolderwagen** *m* [-s] cart

boldriehoek *m* [-en] spherical triangle

boleet *m* [-leten] boletus

bo'lero¹ *m* ['s] *dans* bolero

'bolero² *m* ['s] *jasje* bolero

bolgewas *o* [-sen] bulbous plant

bolhoed *m* [-en] bowler (hat)

bolide *v* ❶ *raceauto* [-s] racing car ❷ *meteoor* [-n] bolide

Bolivia *o* Bolivia

bolknak *m* [-s & -ken] big cigar

bolleboos *m* [-bozen] clever person ★ *hij is een ~ in wiskunde* he's a maths wizard

bollen *onoverg* [bolde, h. gebold] bulge, puff up, swell (fill) out

bollenkweker *m* [-s] bulb grower

bollenstreek *v* bulb-growing area

bollenteelt *v* bulb-growing

bollenveld *o* [-en] bulb field

bolletje *o* [-s] ❶ *kleine bol* (little) ball ❷ *kadetje* bread roll

bolletjesslikker *m* [-s] drug swallower

bolletjestrui *v* [-en] wielrennen spotted jersey

bolrond *bn* convex, spherical

bolsjewiek *m* [-en] Bolshevik, Bolshevist

bolsjewisme *o* Bolshevism

bolsjewistisch *bn* Bolshevik, Bolshevist

bolster *m* [-s] plantk shell, husk, hull ★ *ruwe ~, blanke pit* rough diamond

bolus *m* [-sen] ❶ *gebak* treacle cake ❷ *uitwerpsel* turd ❸ *klei, aarde* bole ❹ *pil* bolus

bolvormig *bn* spherical, globular, bulb-shaped, bulbous

bolwassing *v* [-en] ZN thrashing, dressing down ★ *iem. een ~ geven* thrash sbd

bolwerk *o* [-en] ❶ eig rampart, bastion ❷ fig bulwark, stronghold ★ *een ~ van de vrijheid* a stronghold of freedom

bolwerken *overg* [bolwerkte, h. gebolwerkt] ★ *het ~* manage, pull off, bring off ★ *hij kon het niet ~ he* couldn't take any more

bom *m-v* [-men] ❶ *explosief* bomb ★ *de ~ is gebarsten* the fat is in the fire, the balloon has gone up, the storm has broken ★ *een zure ~* a pickled gherkin ❷ *grote hoeveelheid* load, pile ★ *hij heeft een ~ duiten* he has lots of money ❸ *type schuit* flatboat

bomaanslag *m* [-slagen] bomb attack

bomalarm *o* bomb alarm, bomb alert

bombardement *o* [-en] ❶ *alg.* bombardment ❷ *met granaten* shelling

bombarderen *overg* [bombardeerde, h. gebombardeerd] ❶ *beschieten* bombard ★ *iem. met vragen ~* bombard sbd with questions ★ *een kern met neutronen ~* bombard a nucleus with neutrons ❷ *vooral* luchtv bomb ★ *een stad ~* bomb a city ❸ *vooral met granaten* shell ▼ *iem. ~ tot voorzitter* inf make sbd a chairman on the spur of the moment

bombardon *m* [-s] bombardon

bombarie *v* fuss, tumult ★ *~ maken over iets* make a fuss about sth

bombast *m* high sounding language

bombastisch *bn* bombastic, pompous

bomberjack *o* [-s] bomber jacket

bombrief *m* [-brieven] letter bomb

bomen I *overg* [boomde, h. geboomd] *boot* punt, pole ‹a boat› **II** *onoverg* [boomde, h. geboomd] *praten* yarn, spin a yarn, have an endless discussion

bomexplosie *v* [-s] bomb explosion

bomijs *o* cat ice

bommelding *v* [-en] bomb alert, bomb scare

bommen *onoverg* [bomde, h. gebomd] ★ inf *het kan mij niet ~!* I don't care a rap!, (a) fat lot I care!, I don't give a damn! ★ inf *wat kan mij het ~!* I couldn't care less!

bommentapijt *o* [-en] carpet of bombs ★ *een ~ leggen* carpetbomb

bommenwerper *m* [-s] bomber

bommetje *o* [-s] cannonball ★ *een ~ maken* jump in with a big splash

bommoeder *v* [-s] (bewust ongehuwde moeder) unmarried mother by choice

bomvol *bn* crammed, chock-a-block, chock-full

bomvrij *bn* bombproof, shellproof

bon *m* [-s, -nen] ❶ *alg.* ticket, ‹betalingsbewijs› bill, receipt ★ *een ~ uitschrijven* make out a bill, ‹bekeuring› write out a ticket ★ *iem. op de ~ slingeren* give sbd a ticket ❷ *cadeaubon* voucher, ‹voor boek› token ❸ *waardebon* coupon ★ *op de ~* rationed

bonafide *bn* in good faith, bona fide

Bonaire *o* Bonaire

bonboekje *o* [-s] ❶ *alg.* book of vouchers / coupons ❷ *v. distributie* ration book

bonbon *m* [-s] ❶ *praline* bonbon, chocolate, candy

★ *een doos ~s* a box of chocolates ★ *gevulde ~s* chocolate creams ❷ *snoepje* sweet

bonbonnière *v* [-s] bonbon dish, bonbonnière

bond *m* [-en] alliance, association, league, ‹ook vakvereniging› union / confederation

bondage *v* bondage

bondgenoot *m* [-noten] ally, confederate ★ *in iem. een ~ vinden* find an ally in sbd

bondgenootschap *o* [-pen] alliance, confederacy ★ *tussen verschillende groepen een ~ sluiten* conclude an alliance between several groups

bondig *bn* succinct, concise ★ *kort en ~* to the point, concise

bondscoach *m* [-es] national coach

bondsdag *m* [-dagen] *congres* federal diet ★ *de Bondsdag* ‹Duits parlement› the Bundestag

bondskanselier *m* [-s] Federal Chancellor

bondspresident *m* [-en] President

bondsraad *m* [-raden] Bundesrat

bondsrepubliek *v* [-en] Federal Republic ★ *de Bondsrepubliek Duitsland* the Federal Republic of Germany

bondsstaat *m* [-staten] federal state

bonenkruid *o* savory

bonenstaak *m* [-staken] ❶ *stok* beanpole ❷ *persoon* beanpole, broomstick

bongo *m* ['s] bongo (drum)

bonificatie *v* [-s] ❶ *vergoeding* indemnification ❷ sp time bonus

bonis ★ *hij is een man in ~* he is well off, he is a wealthy man

bonje *v* inf row, ructions ★ *zij hebben ~ met elkaar* they're rowing with each other

bonk *m* [-en] ❶ *groot stuk* lump, chunk ★ *hij is één ~ zenuwen* he's a bundle of nerves ★ *een ~ ellende* sheer misery ❷ *kerel* lump, lout ★ *een ~ van een kerel* a hulking lump of a fellow

bonken *onoverg* [bonkte, h. gebonkt] bash, bang, thump, hammer ★ *op de deur ~* thump (on) the door ★ *met een ~d hart* with a heart pounding

bonkig *bn* bony, scrawny

bon mot *o* [-s] bon mot

bonnefooi *v* ★ *op de ~* on the off-chance, on spec, hit or miss

bons I *m* [bonzen] *plof* thump, bump, thud ★ *met een ~ neerkomen* come down with a bang ★ *de ~ geven* give the sack / boot / push, jilt ★ *de ~ krijgen* get the sack / boot / push, be jilted **II** *tsw* bang ★ *~, daar lag ze* she fell bang onto the ground

bonsai *m* ❶ *kunst* bonsai ❷ *boom* [-s] bonsai

bont I *o* ❶ *pels* fur ❷ *katoen* cotton print **II** *bn* ❶ *veelkleurig* many coloured, varicoloured, varied, variegated ‹flowers› ★ *een ~ hemd* a coloured shirt ★ *een ~ schort* a print apron ★ *de ~e was* the coloured laundry ★ *~ en blauw slaan* beat black and blue ❷ geringsch gaudy, garish ❸ *v. dier* spotted, piebald, pied ❹ *gemengd* colourful, motley ‹crowd› ★ *in ~e rij* in motley rows ★ *een ~ leven* a colourful

life ★ *het te* ~ *maken* go too far
bonten *bn* fur, furry, furred
bontjas *m & v* [-sen], **bontmantel** *m* [-s] fur coat
bontje *o* [-s] fur collar
bontmuts *v* [-en] fur cap
bontwerker *m* [-s] furrier
bonus *m* [-sen] bonus, premium
bonusaandeel *o* [-delen] handel bonus share
bonus-malusregeling *v* verz no-claims bonus system
bon vivant *m* [-s] bon vivant, jovial fellow
bonze *m* [-n] ❶ *boeddhistische priester* bonze
❷ *invloedrijk persoon* boss
bonzen *onoverg* [bonsde, h. gebonsd] throb, thump,
bang ★ ~ *op de deur* bang on the door ★ *tegen iem.*
(aan) ~ bump (up) against sbd ★ *met ~d hart* with a
pounding heart
boobytrap *m* [-s] booby trap
boodschap *v* [-pen] ❶ *bericht* message ★ *een* ~
aannemen take a message ★ *een* ~ *achterlaten (bij)*
leave word (with) ★ *de* ~ *brengen dat...* bring word
that... ★ *stuur hem maar even een* ~ just send him
word / a message ★ *daar heb ik geen* ~ *aan* that's
nothing to do with me ★ *de blijde* ~ the Gospel ★ *een*
blijde ~ good news ❷ *opdracht* errand ★ *iem. een* ~
laten doen send sbd on an errand ★ *je kunt hem wel*
om een ~ *sturen* you can leave things to him ❸ *een*
inkoop purchase ★ ~*pen doen* ‹voor zichzelf› go
shopping, be shopping, ‹voor anderen› run errands
‹for others› ▼ *een grote / kleine* ~ inf number two
/ one
boodschappen *overg* [boodschapte, h. geboodschapt]
bring word, announce
boodschappenjongen *m* [-s] errand-boy ★ *ik ben je* ~
niet! you can't order me around!
boodschappenkarretje *o* [-s] shopping cart
boodschappenlijstje *o* [-s] shopping list
boodschappenmandje *o* [-s] shopping basket
boodschappentas *v* [-sen] shopping bag
boodschapper *m* [-s] messenger
boog *m* [bogen] ❶ *schietwapen* bow ★ *pijl en* ~ bow
and arrow ★ *de* ~ *spannen* draw the bow ★ *de* ~ *kan*
niet altijd gespannen zijn you can't keep the pressure
up all the time ❷ *v. gewelf* arch ❸ *v. brug* span
❹ *v. cirkel* arc ❺ *bocht* curve ★ *we gingen met een*
grote ~ *om Parijs heen* we gave Paris a wide berth, we
went out of our way to avoid Paris ❻ muz tie
boogbal *m* [-len] sp lob
boogbrug *v* [-gen] arch(ed) bridge
booggewelf *o* [-welven] arched vault
boogiewoogie *m* [-s] boogie-woogie
booglamp *v* [-en] arc lamp / light
boograam *o* [-ramen] arched window
Boogschutter *m* astron the Archer, Sagittarius, astrol
Sagittarius
boogschutter *m* [-s] archer, bowman
boogvenster *o* [-s] arched window
bookmaker *m* [-s] bookmaker, inf bookie
bookmark *v* [-s] comput bookmark

boom I *m* [bomen] ❶ *gewas* tree ★ *door de bomen het*
bos niet zien not see the wood for the trees ★ *hoge*
bomen vangen veel wind the man at the top cops the
lot ★ *de bomen groeien niet tot in de hemel* you can't
always get what you want ★ inf *zij kan de* ~ *in!* she
can get lost! ★ Bijbel *de* ~ *der kennis (van goed en*
kwaad) the Tree of Knowledge (of good and evil)
★ *een* ~ *van een kerel* a strapping fellow ★ fig *een* ~
opzetten have a chat, inf spin a yarn ★ sp ~*pje*
(ver)wisselen puss in the corner ❷ *ter afsluiting* bar
‹of a door›, barrier ❸ *spoorboom* barrier, gate
❹ scheepv punting pole ❺ techn beam ❻ *v. wagen*
shaft, pole **II** *m in zaken* boom
boomchirurg *m* [-en] tree surgeon
boomdiagram *o* [-men] taalk, comput tree, tree
diagram
boomgaard, **bogaard** *m* [-en] orchard
boomgrens *v* tree line, timberline
boomklever *m* [-s] *vogel* nuthatch
boomkruiper *m* [-s] *vogel* treecreeper
boomkweker *m* [-s] tree nurseryman
boomkwekerij *v* ❶ *als handeling* cultivation of trees
❷ *kweekplaats* [-en] nursery
boomlang *bn* strapping, very big
boomrijk *bn* woody, wooded
boomschors *v* [-en] bark
boomsoort *v* [-en] tree species
boomstam *m* [-men] (tree) trunk
boomstronk *m* [-en] tree stump
boon *v* [bonen] bean ★ *bruine bonen* kidney beans
★ *witte bonen* haricot beans ★ *een blauwe* ~ a bullet
★ *ik ben een* ~ *als het niet waar is* I'll be damned / I'm
a Dutchman if it isn't true ★ *in de bonen zijn* be at
sea ★ *een heilig* ~*tje* a goody-goody ★ ~*tje komt om*
z'n loontje his chickens have come home to roost
★ *zijn eigen* ~*tjes doppen* manage one's own affairs
boor I *v* [boren] ❶ *elektrisch* drill ★ *een pneumatische* ~
a pneumatic drill ❷ *handboor* brace and bit ❸ *voor*
kaas taster ❹ *voor appel* corer **II** *o borium* boron
boord *o & m* [-en] ❶ *kraag* collar ★ *een dubbele* ~ a
double collar ★ *een omgeslagen* ~ a turndown collar
★ *een staande / stijve* ~ a stand-up / stiff collar ★ *een*
slappe / losse ~ a soft / loose collar ★ fig *witte* ~*en*
white-collar workers ❷ *v. schip, vliegtuig* board
★ *aan* ~ *van het schip* on board the ship ★ *aan* ~
brengen put on board ★ *aan* ~ *gaan* go on board ★ *te*
Genua aan ~ *gaan* embark at Genoa ★ *aan* ~ *hebben*
have on board, carry ★ *aan* ~ *nemen* take on board
★ *man over* ~*!* man overboard! ★ *er is nog geen man*
over ~ it's not the end of the world ★ *over* ~ *gooien*
/ werpen throw overboard, jettison ★ *principes over* ~
gooien fling principles to the winds ★ *over* ~ *slaan* be
swept overboard ★ *van* ~ *gaan* go ashore, disembark
❸ *bovenkant* brim ★ *het kopje zat tot de* ~ *toe vol* the
cup was brimful ❹ *bosrand* edge ❺ *tapijtrand* border
❻ *oever* edge, bank
boordband *o* trimming, edging
boordcomputer *m* [-s] (on)board computer

bo

boordenknoopje *o* [-s] collar stud

boordevol *bn* full, filled to the brim, brimful, inf chock-a-block ★ *fruit zit ~ vitamines* fruit is full of vitamins

boordschutter *m* [-s] luchtv gunner

boordsel *o* [-s] edging, border, trimming

boordwerktuigkundige *m* [-n] flight engineer

booreiland *o* [-en] drilling platform, drilling rig

boorgat *o* [-gaten] borehole

boorkop *m* [-pen] drill head

boormachine *v* [-s] electric drill, drilling machine

boorplatform *o* [-s] drilling platform / rig

boortol *m* [-len] electric hand drill

boortoren *m* [-s] drilling tower, derrick

boorzalf *v* boracic ointment

boorzuur *o* bor(ac)ic acid

boos *bn* ❶ *kwaad* angry, cross, furious ★ *zo ~ als wat* as cross as two sticks ★ *~ worden, zich ~ maken* become angry, lose one's temper (*op* with) ★ *~ zijn om / over* be angry at ★ *~ zijn op* be angry / cross with ★ *iem. ~ maken* make sbd angry, anger sbd ❷ *slecht* bad ★ *een boze droom* a bad dream ★ *~ weer* bad weather ★ *het was bar en ~* it was really terrible ❸ *kwaadaardig* malicious, bad, evil, wicked ★ *er gaat een boze invloed van hem uit* he exerts a bad influence ★ *het boze oog* the evil eye ★ *boze geesten* evil spirits ★ *boze tongen beweren dat...* evil tongues allege that...

boosaardig *bn* malicious, malignant ★ *een ~ mens* a malicious person ★ *een ~ gezwel* a malignant tumour

boosdoener *m* [-s] culprit

boosheid *v* ❶ *woede* anger ❷ *slechtheid* [-heden] wickedness

booswicht *m* [-en] wretch, villain

boot *m & v* [boten] boat, steamer, vessel, ship ★ fig *de ~ afhouden* play for time ★ fig *de ~ missen* miss the bus ★ fig *laat je niet in de ~ nemen* don't let yourself be fooled ★ fig *buiten de ~ vallen* opt out ★ fig *toen was de ~ aan* then the fat was in the fire ★ fig *de ~ in gaan* be in for it

bootcamp *het* ❶ *soort fitness* boot camp ❷ *intensieve cursus* boot camp

booten *overg* [bootte, h. geboot] comput boot

boothals *m* [-halzen] boat neck

boothuis, botenhuis *o* [-huizen] boathouse

bootreis *v* [-reizen] voyage, boat trip

bootschoen *m* [-en] boating shoe

bootshaak *m* [-haken] boathook

bootsman *m* [-lui & -lieden] boatswain

boottocht *m* [-en] boat excursion, boat trip

boottrein *m* [-en] boat train

bootvluchteling *m* [-en] ★ *de ~en* the boat people

bootwerker *m* [-s] docker, dock worker

borax *m* borax

bord *o* [-en] ❶ *eetgerei* plate ★ *op je ~ krijgen* eig get a meal on your plate, fig get on to you ❷ *diep* soup plate ❸ *plat* dinner plate ❹ *houten* trencher

❺ *schoolbord* blackboard ★ *iem. voor het ~ halen* ask sbd to the front of the class ❻ *aanplakbord, dambord &* board ★ *iem. van het ~ spelen* play sbd off the board ❼ *verkeer en uithangbord* sign ★ *de ~jes zijn verhangen* the tables are turned ▼ *hij heeft een ~ voor zijn kop* he is thick-skinned

bordeaux I *m* [-s] ❶ *wijn* Bordeaux (wine) ❷ *rode* vero claret **II** *o kleur* burgundy **III** *bn* burgundy, claret-coloured

bordeauxrood *bn* burgundy

bordeel *o* [-delen] brothel

bordenwasser *m* [-s] dishwasher

border *m* [-s] plantk border

borderel *o* [-len] list, docket, statement, specification

bordes *o* [-sen] (flight of) steps

bordpapier *o* cardboard, pasteboard

bordspel *o* [-spelen] board game

borduren *overg* [borduurde, h. geborduurd] embroider

borduurraam *o* [-ramen] embroidery frame

borduursel *o* [-s], **borduurwerk** [-en] embroidery

boreling *m* [-en] baby, neonate

boren *overg* [boorde, h. geboord] bore, drill, pierce, sink ★ *een gat ~* pierce a hole ★ *een put ~* sink a well ★ *naar olie ~* drill for oil ★ *een schip in de grond ~* sink a ship ★ fig *iem. / een plan de grond in ~* ruin sbd / torpedo a plan

borg *m* [-en] ❶ *persoon* surety, guarantee, guarantor ★ *~ staan voor, zich ~ stellen voor* stand surety (jur go bail) for ‹a friend›, answer for, warrant, guarantee, give security ❷ *onderpand* security, guaranty, collateral ★ *iets als ~ geven* give sth as a security ❸ *v. gevangene* bail

borgen *overg* [borgde, h. geborgd] ❶ *lenen* lend ❷ *vastmaken* secure, lock

borgpen *v* [-nen] locking pin

borgsom *v* [-men] deposit, caution money, security

borgstelling *v* [-en] suretyship ★ *tegen ~* on security

borgtocht *m* [-en] ❶ jur bail, suretyship ★ *op ~ vrijlaten* release on bail ★ *~ stellen* provide security ❷ handel security, surety ★ *persoonlijk/ zakelijke ~* personal / collateral security

boring *v* [-en] ❶ *alg.* boring ★ *~en* borings, drilling operations ❷ *v. cilinder* bore

borium *o* boron

borrel *m* [-s] ❶ *glas sterke drank* dram, nip, peg, inf snorter, snifter ★ fig *dat scheelt een slok op een ~* that makes a world of difference ❷ *bijeenkomst* drink, gathering ★ *een ~ geven* organize a gathering ★ *een aangeklede ~* drinks with snacks

borrelen *onoverg* [borrelde, h. geborreld] ❶ *bellen maken* bubble, burble ❷ *drinken* have drinks

borrelglas *o* [-glazen] shot glass

borrelhapje *o* [-s] snack, appetizer

borrelpraat *m* twaddle, blather

borreltafel *v* [-s] table with drinks and snacks ★ *aan de ~* at the drinks table

borreluur *o* [-uren] cocktail hour

bo

borsalino *m* ['s] trilby
borst I *v* [-en] ❶ *vrouwenborst & v. dieren* breast ★ *een kind de ~ geven* breastfeed / nurse a baby ★ *het kind is aan de ~* the child is breastfeeding ‹baby› ❷ *borstkas* chest ★ *een hoge ~ opzetten* give oneself airs ★ *zich op de ~ slaan / kloppen* congratulate oneself ★ *maak je ~ maar nat* prepare yourself for the worst ★ *het stuit mij tegen de ~* it goes against the grain with me ★ *uit volle ~* at the top of one's voice, lustily ★ *het op de ~ hebben* be chesty ❸ *form* bosom ❹ *v. kleding* front, breast **II** *m* [-en] *jongeman* lad ★ *brave ~* good fellow ★ *een stevige ~* a strapping lad
borstamputatie *v* [-s] mastectomy
borstbeeld *o* [-en] bust
borstbeen *o* [-deren] breastbone, sternum
borstcrawl *m* front crawl, freestyle
borstel *m* [-s] ❶ *voor kleren, haren & brush* ❷ *voor dieren* bristle
borstelen *overg* [borstelde, h. geborsteld] brush ★ *het haar ~* brush one's hair ★ *een hond ~* brush down a dog
borstelig *bn* ❶ *v. beharing* bristly, stubby ❷ *ruig* bristly, brushy ★ *~e wenkbrauwen* bushy eyebrows
borstholte *v* [-n & -s] chest cavity, thoracic cavity
borstkanker *m* breast cancer
borstkas *v* [-sen] chest, anat thorax
borstomvang *m* size of the chest
borstonderzoek *o* [-en] ❶ *van de longen* chest examination ❷ *van de borsten* breast examination
borstplaat *v* *lekkernij* fondant
borstprothese *v* [-s & -n] breast prosthesis
borstslag *m* breast stroke
borststuk *o* [-ken] ❶ *vlees* breast, brisket ❷ *v. kleding* front ❸ *v. insect* thorax, trunk
borstvin *v* [-nen] pectoral fin
borstvlies *o* [-vliezen] pleura
borstvliesontsteking *v* [-en] pleurisy
borstvoeding *v* ❶ *de voeding* breastfeeding ★ *het kind krijgt ~* the child is breastfed ★ *~ geven* breastfeed ❷ *de moedermelk* mother's milk
borstwering *v* [-en] parapet, rampart
borstzak *m* [-ken] breast pocket
bos I *m* [-sen] *bundel* bundle / bunch, tuft ‹of grass, hair› ★ *een ~je bloemen* a bunch of flowers ★ *fig bij ~jes* by the dozen **II** *o* [-sen] *woud* wood, ‹uitgestrekt› forest ★ *iem. het ~ insturen* lead sbd up the garden path
bosachtig *bn* wooded
bosbeheer *o* forest management, forestry
bosbes *v* [-sen] bilberry, whortleberry, blueberry
bosbouw *m* forestry
bosbrand *m* [-en] forest fire, bushfire
bosje *o* [-s] ❶ *struikgewas* bushes, shrubbery, thickets ❷ *klein bos* grove, thicket ★ *in de ~s* in the thickets
Bosjesman *m* [-nen] Bushman, San
bosloop *m* [-lopen] cross-country
bosneger *m* [-s] Maroon

Bosnië *o* Bosnia ★ *~-Herzegovina* Bosnia-Hercegovina
Bosniër *m* [-s] Bosnian
bosnimf *v* [-en] wood nymph
Bosnisch *bn* Bosnian ★ *valuta de ~e dinar* the Bosnian dinar, the B.H. dinar, the dinar
Bosnische *v* [-n] Bosnian ★ *ze is een ~* she's a Bosnian, she's from Bosnia
bospad *o* [-paden] forest path
bospeen *v* [-penen] Dutch carrot
bosrand *m* [-en] edge of the wood
bosrijk *bn* woody, wooded
bosschage *o* [-s] grove, spinney
bosuil *m* [-en] tawny owl
bosviooltje *o* [-s] wood violet
bosvruchten *zn* [mv] forest fruit
boswachter *m* [-s] forester, (forest) ranger
bot I *o* [-ten] *been* bone ★ *tot op het ~ verkleumd zijn* chilled to the bone ★ *iets tot op het ~ uitzoeken* get to the bottom of sth **II** *bn* ❶ *niet scherp* blunt, dull ❷ *traag van begrip fig* dull, obtuse, stupid ★ *hoe haal je het in je ~te kop?* where did you get such a stupid idea? ❸ *onbeleefd, onbehouwen* blunt, curt, flat ‹refusal› ★ *een ~te opmerking* a blunt remark **III** *m* [-ten] *vis* flounder ▼ *fig ~ vangen* draw a blank, be turned down **IV** *v* [-ten] *plantk* bud **V** *de* [-s] *computerprogramma* bot
botanicus *m* [-ci] botanist
botanie *v* botany
botanisch *bn* botanical ★ *een ~e tuin* a botanical garden
botaniseren *onoverg* [botaniseerde, h. gebotaniseerd] botanize
botbreuk *v* [-en] fracture (of a bone)
botenbouwer *m* [-s] boat builder
boter *v* [-s] *eig* butter ★ *~ bij de vis* cash down ★ *hij heeft ~ op zijn hoofd* listen to who's talking, his hands aren't clean either ★ *met zijn neus in de ~ vallen* come at the right moment ★ *het is ~ aan de galg gesmeerd* it's a wasted effort ★ *zo geil als ~* randy / horny as hell
boterberg *m* butter mountain
boterbloem *v* [-en] buttercup
boterbriefje *o* [-s] marriage certificate ★ *zijn ~ gaan halen* tie the knot
boteren *onoverg* [boterde, h. geboterd] work, come off ★ *het wil niet ~* it's not working ★ *het botert niet tussen ons* we don't hit it off together
boterham *m & v* [-men] slice of bread, piece of bread and butter ★ *een ~ met beleg* a sandwich with filling ★ *een dubbele ~* a sandwich ★ *een goede ~ verdienen* make a decent living ★ *er geen ~ minder om eten* not care about sth ★ *fig iets op zijn ~ krijgen* get sth on one's plate, get the blame for sth ★ *fig een afgelikte ~* a slut, a floozie, the town bike
boter-kaas-en-eieren *o* noughts and crosses, Am tic-tac-toe
boterkoek *m* [-en] butter biscuit
boterletter *v* [-s] almond pastry in the form of a letter

bo

botervloot *v* [-vloten] butter dish
boterzacht *bn* as soft as butter
botheid *v* ❶ *stompheid* bluntness, dullness ❷ *grofheid* bluntness, abruptness
botje *o* [-s] ★ ~ *bij* ~ *leggen* pool one's money, club together
botkanker *m* bone cancer
botnet *het* botnet
botontkalking *v* osteoporosis
botsautootje *o* [-s] dodgem car, dodgem ★ *in de ~s gaan* go on the dodgem cars
botsen *onoverg* [botste, h. en is gebotst] collide, run into ★ ~ *tegen* ‹v. voertuigen› collide with, crash into, smash into, ‹anders› bump against, hit against, dash against ★ *op elkaar* ~ ‹ongeluk› crash / smash into each other, ‹v. meningen› conflict, clash ★ *die twee culturen* ~ the two cultures conflict / clash with each other
botsing *v* [-en] ❶ *eig* collision, crash ★ *met de auto een* ~ *veroorzaken* cause a car crash ★ *in* ~ *komen met een bus* collide with a bus ❷ *fig* clash ★ *in* ~ *komen met iem.* clash with sbd
botsproef *v* [-proeven] crash test
Botswana *o* Botswana
bottelen *overg* [bottelde, h. gebotteld] bottle
bottelier *m* [-s] ❶ *keldermeester* cellarman, cellarmaster ❷ scheepv provisioner
bottenkraker *m* [-s] chiropractor, osteopath
botter *m* [-s] fishing boat
botterik *m* [-riken] ❶ *stommeling* dimwit ❷ *ongemanierd persoon* lout, boor
bottleneck *m* [-s] ❶ *hals v. fles* bottleneck ❷ *knelpunt* fig bottleneck, obstruction, impediment, hold up ★ *tekort aan personeel is de* ~ *voor verdere ontwikkeling* the main impediment to further development is the shortage of staff ❸ *bij gitaar* bottleneck
bottom-up I *bn* bottom-up ★ *een* ~ *benadering* a bottom-up approach **II** *bijw* ★ *iets* ~ *aanpakken* take a bottom-up approach to sth
botulisme *o* botulism
botvieren *overg* [vierde bot, h. botgevierd] ★ *zijn hartstochten / lusten* ~ give free rein to one's passions
botweg *bijw* bluntly ★ ~ *weigeren* refuse point-blank / flatly
boud *bn* bold ★ *een ~e bewering* an impudent / bold assertion
boudoir *o* [-s] boudoir
bougie *v* [-s] spark plug, sparking plug
bougiekabel *m* [-s] plug wire
bougiesleutel *m* [-s] spark plug spanner
bouillabaisse *v* ❶ *vissoep* bouillabaisse ❷ *ratjetoe* fig hotchpotch
bouillon *m* ❶ *soep* broth, beef tea, clear soup ❷ *als basis voor een gerecht* stock
bouillonblokje *o* [-s] stock cube, beef cube
boulevard *m* [-s] boulevard
boulevardblad *o* [-bladen] tabloid

boulevardpers *v* yellow press, gutter press
boulimie *v* bulimia (nervosa)
bourgeois *m & bn* bourgeois, middle-class
bourgeoisie *v* bourgeoisie, middle class(es)
bourgogne *m* [-s] *wijn* burgundy
Bourgondië *o* Burgundy
Bourgondiër *m* [-s] ❶ *iem. uit Bourgondië* Burgundian ❷ *levensgenieter* **bourgondiër** bon vivant, gourmet, exuberant person ★ *hij leeft als een echte bourgondiër* he is a real bon vivant

> **Bourgondiër**
> Alleen **iemand uit Bourgondië** is a Burgundian. Een **liefhebber van het goede leven** is a bon vivant of a gourmet.

Bourgondisch I *bn* ❶ *uit Bourgondië* Burgundian ❷ *genietend v.h. leven* **bourgondisch** exuberant, hearty ★ *een bourgondische levensstijl* an exuberant lifestyle **II** *bijw* exuberantly, heartily
bout *m* [-en] ❶ *metalen staaf* bolt ★ *met een ~ bevestigen* fasten with a bolt ❷ *stuk vlees* leg, quarter, ‹v. gevogelte› drumstick ❸ *strijkijzer* iron ❹ *scheet* fart ★ *een* ~ *laten* let off a fart ▼ *je kunt me de ~ hachelen* inf go climb a tree, vulg you can go and get stuffed
boutade *v* [-s] witticism, sally
bouvier *m* [-s] bouvier
bouw *m* ❶ *het bouwen* building, construction, erection ★ *er kan met de* ~ *begonnen worden* building can start ★ *de* ~ *van de flat duurde twee maanden* building the apartment block took two months ❷ *bouwindustrie* building trade, construction industry ★ *in de* ~ *werken* work in the construction industry / building trade ❸ *v. gewassen* cultivation, culture ★ *de* ~ *van aardappelen* potato growing ❹ *opbouw* structure, frame, ‹v. mensen, dieren› build ★ *krachtig van* ~ of powerful build ★ *zij heeft een goede* ~ *om te turnen* she has a good build for gymnastics
bouwafval *o* rubble
bouwbedrijf *o* [-drijven] ❶ *onderneming* construction firm ❷ *werkzaamheden* building trade, construction industry
bouwdoos *v* [-dozen] box of building blocks
bouwen I *overg* [bouwde, h. gebouwd] ❶ *alg.* build, construct, erect ★ *een huis* ~ build a house ★ *een fabriek / vliegtuig* ~ construct a factory / an aircraft ★ *een feestje* ~ throw a party ❷ *telen* cultivate, grow **II** *onoverg* [bouwde, h. gebouwd] [depend/rely on] ★ fig *op iem. / iets* ~ rely on sbd / sth
bouwer *m* [-s] builder, constructor
bouwfonds *o* [-en] building fund
bouwfout *v* [-en] structural defect, structural flaw
bouwgrond *m* [-en] ❶ *bouwterrein* building lot, building land ❷ *v. landbouw* farmland
bouwheer *m* [-heren] client, principal
bouwjaar *o* [-jaren] ❶ *v. gebouw* date of construction ❷ *v. auto, machine &* date / year of manufacture

★ *een auto van ~ 2002* a 2002 model car
bouwkeet *v* [-keten] site hut, portable office
bouwkosten *zn* [mv] building costs
bouwkunde *v* architecture
bouwkundig *bn* architectural, structural ★ *een ~ ingenieur* a structural / civil engineer
bouwkundige *m-v* [-n] architect, structural / construction engineer
bouwkunst *v* architecture
bouwland *o* arable land, farmland
bouwmateriaal *o* [-rialen] building material(s)
bouwnijverheid *v* building trade, construction industry
bouwpakket *o* [-ten] building set, do-it-yourself kit
bouwplaat *v* [-platen] cut-out
bouwplaats *v* [-en] building site, construction site
bouwplan *o* [-nen] ❶ *voor gebouw* building plan ❷ *voor stadswijk enz.* development plan
bouwput *m* [-ten] building excavation
bouwrijp *bn* ready for building ★ *~ maken* prepare for building ★ *het ~ maken van de grond* making the site ready for building
bouwsel *o* [-s] structure
bouwsteen *m* [-stenen] building stone ★ *fig bouwstenen voor een essay* materials for an essay
bouwstijl *m* [-en] architecture, architectural style
bouwstoffen *zn* [mv] materials ★ *de ~ van het lichaam* the body's building blocks ★ *fig de ~ van een boek* the raw materials for a novel / book
bouwstop *m* building freeze
bouwtekening *v* [-en] (floor) plan, drawing, blue print
bouwterrein *o* [-en] building site, building land
bouwvak *o* [-ken] ❶ *vakantie* set holiday period for the building trade ★ *tijdens de ~* during the construction industry holiday ❷ *(hand)werk* building trade
bouwvakker *m* [-s] construction worker
bouwval *m* [-len] ruin, rubble, wreck
bouwvallig *bn* crumbling, tumbled down, dilapidated, ramshackle ★ *dit huis is ~* this house has fallen into ruin
bouwvergunning *v* [-en] building permit, building licence/*Am* license
bouwvoorschriften *zn* [mv] building regulations
bouwwerf *v* [-werven] ZN building site
bouwwerk *o* [-en] building, structure, construction
boven I *voorz* ❶ *hoger dan* above, over ★ *~ het lawaai (uit)* above the tumult / noise ★ *het gaat / stijgt ~ het menselijke uit* it transcends the human ★ *fig hij staat ~ ons* he is our boss ★ *onze club staat ~ Sparta* our club ranks higher than Sparta ★ *~ de deur stond...* above the door were the words... ❷ *aardrijkskundig:* ⟨ten noorden van⟩ north of, ⟨stroomopwaarts⟩ upstream from ★ *Luik ligt ~ Maastricht* Liège is upstream from / of Maastricht ❸ *voorbij* over, upwards of, beyond ★ *hij is ~ de veertig* he's over forty ★ *dit is ~ alle / iedere twijfel verheven* this is beyond all doubt **II** *bijw* ❶ *alg.*

above, up ★ *deze kant ~* this side up ★ *als ~* as above ★ *naar ~* up, upwards ★ *naar ~ kijken* look up(wards) ★ *te ~ gaan* be above ⟨one's strength⟩, surpass ⟨everything⟩, exceed ⟨the amount⟩ ★ *te ~ komen* overcome, surmount ⟨difficulties⟩ ★ *wij zijn het nu te ~* we've got over it now ★ *de zevende regel van ~* the seventh line from the top ★ *spits van ~* pointed at the top ★ *van ~ naar beneden* from the top downward ★ *van ~ tot beneden* from top to bottom ❷ *hogere verdieping* upstairs ★ *hij is ~* he is upstairs ★ *naar ~ brengen* take up ⟨luggage⟩, ⟨van onder de grond⟩ bring up ★ *naar ~ gaan* go upstairs ★ *van ~* from upstairs, ⟨uit hemel⟩ from above, from on high
bovenaan I *bijw* at the upper end, at the top ★ *~ op de lijst staan* be at the top / head of the list, head the list ★ *mijn club staat ~* my club is at the top **II** *voorz* at the top ★ *~ de bladzijde* at the top of the page ★ *~ de trap* at the top of the stairs
bovenaanzicht *o* view from above
bovenaards *bn* ❶ *eig* surface, overground ❷ *hemels* superterrestrial, supernatural ★ *~e fenomenen* supernatural phenomena ❸ *fig* heavenly ★ *~e muziek* heavenly music
bovenaf *bijw* ★ *van ~* from above, from the top
bovenal *bijw* above all (things), especially
bovenarm *m* [-en] upper arm
bovenbeen *o* [-benen] upper (part of the) leg, thigh
bovenbouw *m* ❶ *v. bouwwerk* superstructure ❷ *v. school* last two or three years of secondary school ❸ *in het marxisme* superstructure
bovenbuur *m* [-buren] upstairs neighbour
bovendek *o* [-ken] upper deck
bovendien *bijw* besides, moreover
bovendrijven *onoverg* [dreef boven, h. en is bovengedreven] ❶ *eig* float ❷ *fig* prevail, predominate ★ *kwaliteit komt altijd ~* quality always comes to the surface
bovengemiddeld *bn* above average
bovengenoemd *bn* above-mentioned
bovengrens *v* [-grenzen] upper limit
bovengronds *bn* above-ground, overground, overhead ★ *een ~e trein* an overground train ★ *elektr ~e bekabeling* overhead cables ★ *~e mijnbouw* opencast mining
bovenhands I *bn* overarm **II** *bijw* overarm ★ *sp ~ serveren* serve overarm
bovenhoek *m* [-en] top corner ★ *sp in de linker~ / rechter~ schieten* shoot in the top left-hand / right-hand corner
bovenhuis *o* [-huizen] upstairs flat
bovenin I *bijw* at the top **II** *voorz* at the top
bovenkaak *v* [-kaken] upper jaw
bovenkamer *v* [-s] ❶ upper room, upstairs room ❷ *hoofd* head ★ *inf het scheelt hem in zijn ~* he's funny in the head
bovenkant *m* [-en] top, upper side
bovenkleding *v* outer clothes, outer garments, outerwear

bovenkomen *onoverg* [kwam boven, is bovengekomen] ❶ *uit water* come up, come to the surface, surface ★ *fig het oude verdriet kwam weer boven* the old sorrow resurfaced ❷ *hogere etage* come upstairs ★ *laat hem ~ show* him up(stairs)

bovenlaag *v* [-lagen] upper / top layer

bovenlader *m* [-s] toploader

bovenleiding *v* [-en] *v. trein, tram* overhead wire

bovenlichaam *o* [-lichamen], **bovenlijf** [-lijven] chest, upper part of the body

bovenlicht *o* [-en] ❶ *raampje* transom window, fanlight ❷ *lichtval* top light

bovenlip *v* [-pen] upper lip

bovenloop *m* [-lopen] upper course

bovenmatig **I** *bn* extreme, excessive ★ ~ *drankgebruik* excessive alcohol consumption **II** *bijw* extremely, exceedingly ★ ~ *presteren* overachieve

bovenmenselijk *bn* superhuman ★ *een ~e prestatie* a superhuman achievement ★ ~*e wezens* aliens

bovenmodaal *bn* above-average

bovennatuurlijk *bn* supernatural ★ ~*e krachten* supernatural powers

bovenop *bijw* on (the) top, on top of ★ *een patiënt er (weer) ~ helpen* pull / bring a patient round, get a patient on his legs again ★ *een zakenman er weer ~ helpen* put a business man on his feet again ★ *er weer ~ komen* pull through, pull round ★ *er ~ zijn* be a made man ★ *ergens ~ zitten* be right on the ball ★ *het vakantiegeld komt ~ het salaris* there is additional holiday pay ★ *het er dik ~ leggen* lay it on thick

bovenst *bn* uppermost, upper, topmost, top ★ *op de ~e verdieping* on the top floor ★ *je bent een ~e beste* you're a trump / gem ★ *fig van de ~e plank* first class

bovenstaand *bn* above(-mentioned) ★ *uit het ~ blijkt* as the above shows / demonstrates / makes clear

bovenstuk *o* [-ken] upper part, top ★ *het ~je van een bikini* the top of a bikini

boventallig *bn* ❶ *te veel* surplus, excess, supernumerary, redundant ★ ~*e werknemers ontslaan* lay off surplus staff ❷ *extra* non-budgetary ★ ~*e uren uitbetalen* pay additional hours

boventand *m* [-en] top tooth

boventoon *m* [-tonen] overtone ★ *fig de ~ voeren* (pre)dominate

bovenuit *bijw* above ★ *men hoorde zijn stem er ~ ~* his voice could be heard above the noise / tumult & ★ *ergens (met kop en schouders) ~ steken* *eig* stand out (head and shoulders) above sth, *fig* outshine everything / everyone

bovenverdieping *v* [-en] upper storey, upper floor, top floor

bovenvermeld *bn* above(-mentioned), aforementioned

bovenwoning *v* [-en] upstairs flat

bovenzij, **bovenzijde** *v* [-zijden] top, upper side

bovenzinnelijk *bn* transcendental, supersensory

bowl *m* [-s] ❶ *kom* bowl ❷ *drank* (claret &) cup, punch

bowlen *onoverg* [bowlde, h. gebowld] ❶ *bowling spelen* bowl ❷ *cricket* bowl

bowling **I** *o* bowling **II** *m* [-s] *bowlingcentrum* bowling alley

bowlingbaan *v* [-banen] *baan en gebouw* bowling alley

box *m* [-en] ❶ *v. kind* playpen ❷ *in stal* box ❸ *in garage* lock-up ❹ *berghok* (basement) storeroom ❺ *post* (post office) box ❻ *luidspreker* loudspeaker, speaker ❼ *schouwburgloge* box, loge

boxcalf *o* box calf

boxer *m* [-s] *hond* boxer

boxershort *m* [-s] boxer shorts

boxspring *m* [-s] box spring

boycot *m* [-s] boycott ★ *een ~ van de Olympische Spelen* a boycott of the Olympic Games

boycotten *overg* [boycotte, h. geboycot] boycott

boze *m* sinful person, evil person ★ *de Boze* the Evil One ★ *het is uit den ~* ⟨zondig⟩ it is wrong, ⟨ontoelaatbaar⟩ it is completely unacceptable

braadpan *v* [-nen] Dutch oven, high-sided heavy frying pan

braadslede *v* [-n & -s], **braadslee** [-sleeën] roaster, roasting tin

braadspit *o* [-ten] spit

braadworst *v* [-en] frying sausage

braaf *bn alg.* good, honest, geringsch goody-goody ★ *mijn ouders waren brave lieden* my parents were honest / respectable people ★ *een ~ kind* a good child ★ ⟨tegen hond⟩ ~*!* good dog! ★ *een brave Hendrik* a paragon of virtue ★ iron ⟨suf⟩ *een brave burgerman* a good soul

braafheid *v* honesty

braak **I** *bn* fallow ★ ~ *liggen* lie fallow **II** *v* [braken] *inbraak* breaking, burglary ★ *diefstal met ~* breaking and entering

braakbal *m* [-len] *v. uil & pellet*

braakland *o* fallow land, waste land

braakliggend *bn* ★ ~ *gebied / terrein* eig wasteland, fig undeveloped territory ★ ~*e grond* fallow ground

braakmiddel *o* [-en] emetic

braaksel *o* vomit

braam **I** *v* [bramen] ❶ *vrucht* blackberry ❷ *struik* blackberry bush ❸ *oneffen rand* wire / jagged edge, burr ⟨of a knife⟩ ★ *ik heb een ~ aan mijn schaats* there's a jagged edge on my skate **II** *m* [bramen] *vis* pomfret

Brabander *m* [-s] Brabanter

Brabant *o* Brabant

Brabants *bn* Brabant

brabbelen *overg en onoverg* [brabbelde, h. gebrabbeld] jabber, babble, talk baby-talk ★ *de baby begint te ~* the baby is starting to make a few words ★ *de dronkaard brabbelde alles door elkaar* the drunk was muttering incoherently

brabbeltaal *v* ❶ *v. kinderen* baby-talk ❷ *v. volwassenen* gibberish

braden **I** *overg* [braadde, h. gebraden] ❶ *aan spit* roast, grill ❷ *in pan* fry ❸ *boven vuur, op rooster* grill, Am broil ❹ *in oven* bake **II** *onoverg* [braadde, h. gebraden] roast & ★ ~ *in de zon* roast oneself in the sun

braderie *v* [-rieën] fair

brahmaan *m* [-manen] Brahman, Brahmin

braille, **brailleschrift** *o* Braille ★ *in* ~ in Braille

braindrain *m* brain drain

brainstormen *onoverg* [brainstormde, h. gebrainstormd] do some brainstorming ★ ~ *over onze toekomst* do some brainstorming about our future

brainwave *m* [-s] brain wave ★ *een* ~ *hebben* have a brain wave

brak I *bn ziltig* brackish ★ ~ *water* brackish water ★ *zich* ~ *voelen na een avond stappen* feel lousy after a night on the town **II** *m* [-ken] *hond* beagle

braken *overg* [braakte, h. gebraakt] ❶ *overgeven* vomit, be sick, <u>inf</u> throw up ★ *bloed* ~ vomit blood ❷ *v. vlammen* bring up, belch forth ❸ *vlas* brake

brallen *onoverg* [bralde, h. gebrald] brag, boast ★ ~*de studenten* bragging / boastful students

brancard *m* [-s] stretcher ★ *op een* ~ on a stretcher

branche *v* [-s] *bedrijfstak* branch, line of business, trade ★ *een verwante* ~ a related business, a related industry

brancheorganisatie *v* [-s] trade organisation

brand *m* [-en] ❶ *vuur* fire, ‹grote brand› conflagration ★ ~! fire! ★ *een uitslaande* ~ a blaze, a conflagration ★ *de* ~ *blussen* extinguish the fire ★ *het sein* ~ *meester geven* signal that the fire is under control ★ *er is* ~ there's a fire ★ ~ *stichten* light a fire deliberately, commit arson ★ *de* ~ *is opzettelijk aangestoken* the fire was deliberately started / was started on purpose ★ *in* ~ *steken* set on fire, set fire to, ignite ★ *zich in* ~ *steken* set oneself on fire, immolate oneself ★ *in* ~ *raken* catch / take fire, ignite ★ *in* ~ *staan* be on fire, be burning ★ <u>fig</u> *iem. uit de* ~ *helpen* help sbd out of a scrape / predicament ★ *uit de* ~ *zijn* <u>fig</u> come in from the cold ❷ *uitslag* inflammation, eruption ❸ *in het koren* smut, blight

brandalarm *o* fire alarm, fire call ★ *als het* ~ *afgaat* if the fire alarm goes off

brandbaar *bn* combustible, (in)flammable

brandblaar *v* [-blaren] burn blister

brandblusser *m* [-s], **brandblusapparaat** *o* [-raten] fire extinguisher

brandbom *v* [-men] incendiary bomb, incendiary, fire bomb

brandbrief *m* [-brieven] <u>fig</u> urgent letter

branddeur *v* [-en] emergency door, fire door

branden I *onoverg* [brandde, h. gebrand] burn, be on fire ★ *het huis brandde tot de grond toe af* the house burnt to the ground ★ *de lamp brandt* the light is on ★ ~ *als een lier* burn like a torch ★ *het geheim brandt hem op de tong* he's burning to tell us the secret ★ *zijn naam brandde haar op de lippen* his name was trembling on her lips ★ ~ *van liefde* burn with love

★ ~ *van ongeduld* burn with impatience ★ ~ *van verlangen (om)...* be burning / dying to... ★ *een* ~*de kwestie* a burning issue ★ *de sambal brandt op haar tong* the sambal is burning her tongue ★ *zij was niet naar het museum te* ~ there was no way of getting her to the museum **II** *overg* [brandde, h. gebrand] burn ★ *zijn vingers* ~ burn one's fingers ★ <u>fig</u> *daar brand ik mijn vingers niet aan* I'm not going to burn my fingers on that ★ *een cd* ~ burn a CD ★ *hout, steenkolen* ~ burn wood, charcoal ★ *koffie* ~ roast coffee ★ *aan hete vloeistof* ~ scald with hot liquid ★ *sterke drank* ~ distil spirits ★ <u>med</u> *een wond* ~ cauterize a wound ★ *glas* ~ stain glass **III** *wederk* [brandde, h. gebrand] ★ *zich* ~ burn oneself ★ *zich aan het vuur* ~ burn oneself on the fire ★ *ik heb mij aan de soep gebrand* I scalded myself with the soup

brander *m* [-s] ❶ *apparaat* burner ❷ *stoker* distiller ‹of spirits› ❸ *schip* fire ship

branderig *bn* ❶ *v. gevoel* irritant ★ *ik heb een* ~ *gevoel in mijn ogen* my eyes are burning / smarting / stinging ❷ *aangebrand* burning ★ *een* ~*e lucht / smaak* a burnt smell / taste

brandewijn *m* [-en] brandy

brandgang *m* [-en] ❶ *in gebouw* narrow passage ❷ *in bos* fire lane

brandgevaar *o* fire hazard, fire risk

brandgevaarlijk *bn* flammable, inflammable

---

brandgevaarlijk
Materialen kunnen zowel **flammable** als **inflammable** zijn. Dit is alleen een schijnbare tegenstelling: bij beide woorden kunnen ze (ont)vlammen.

---

brandglas *o* [-glazen] lens ‹for igniting grass / paper &›

brandhaard *m* [-en] seat / source of the fire ★ <u>fig</u> *de Balkan is een* ~ *van geweld* the Balkans is a hotbed of violence

brandhout *o* firewood ★ ‹heel slecht› *het was* ~ it was junk

brandijzer *o* [-s] ❶ *voor wond* cauterizing iron ❷ *voor brandmerk* branding iron

branding *v* breakers, surf

brandkast *v* [-en] safe, strong box

brandkraan *m* [-kranen] fire hydrant, fireplug ★ *de* ~ *opendraaien* turn on the fire hydrant

brandladder *v* [-s] fire ladder, escape ladder

brandlucht *v* smell of burning

brandmelder *m* [-s] fire alarm

brandmerk *o* [-en] ❶ *eig* brandmark ❷ <u>fig</u> brand, mark, stigma ★ *die periode draagt het* ~ *van godsdiensttwisten* this period bears the stigma of religious disputes / is marked by religious disputes

brandmerken *overg* [brandmerkte, h. gebrandmerkt] ❶ *eig* brand ★ *een koe* ~ brand a cow ❷ <u>fig</u> brand, label, stigmatize ★ *activisten* ~ *als criminelen* brand activists as criminals

brandmuur *m* [-muren] fireproof wall

br

brandnetel v [-s] stinging nettle ★ ~s kunnen prikken nettles can sting

brandplek v [-ken] burn

brandpreventie v fire prevention

brandpunt o [-en] ❶ van stralen focus, focal point ❷ middelpunt fig focus, centre/Am center ★ in het ~ van de belangstelling staan be the centre of interest / attention

brandpuntsafstand m [-en] focal distance

brandschade v damage (caused) by fire, fire loss

brandschilderen overg [brandschilderde, h. gebrandschilderd] ❶ v. glas & stain ★ een gebrandschilderd raam a stained-glass window ❷ met email enamel

brandschoon bn ❶ geheel schoon spotless, inf spic-and-span ❷ onschuldig innocent ❸ nuchter sober

brandslang v [-en] fire hose, hose pipe

brandspuit v [-en] fire engine ★ een drijvende ~ a firefloat

brandstapel m [-s] ❶ v. doodstraf stake ★ op de ~ at the stake ★ iem. tot de ~ veroordelen condemn sbd to the stake ❷ v. lijken funeral pile

brandstichter m [-s] arsonist

brandstichting v [-en] arson

brandstof v [-fen] fuel ★ fossiele ~fen fossil fuels

brandstofverbruik o fuel consumption

brandtrap m [-pen] fire escape

brandveilig bn fireproof

brandvertragend bn fire retardant

brandverzekering v [-en] fire insurance ★ een ~ afsluiten take out fire insurance

brandvrij bn fireproof

brandweer v fire brigade, fire department ★ de ~ is uitgerukt the fire brigade has turned out

brandweerauto m ['s] fire engine

brandweerman m [-nen & -lieden] fireman

brandwerend bn fire resistant

brandwond v [-en] ❶ door vuur burn ★ derdegraads ~en third-degree burns ❷ door hete vloeistof scald

brandwondencentrum o [-centra] burns unit

brandzalf v [-zalven] ointment for burns

branie I m ❶ durf daring, pluck ★ een man met ~ a daring man ❷ opschepperij swagger, inf showing off ★ ~ schoppen swagger about, show off II m [-s] ❶ durfal daredevil ❷ opschepper show off ★ de ~ uithangen swagger about

branieschopper m [-s] show-off, hotshot

brasem m [-s] bream

braspartij v [-en] orgy, binge

brassen I onoverg [braste, h. gebrast] eten & drinken feast, binge II overg [braste, h. gebrast] scheepv brace

brasser m [-s] feaster, guzzler

bravo I tsw ❶ tegen toneelspeler & bravo!, well done! ❷ tegen redenaar hear, hear! II o bravo ★ ~ roepen shout bravo

bravoure v bravado ★ een vrouw met ~ a dashing woman ★ met veel ~ ergens aan beginnen get off to a dash with sth

Braziliaan m [-lianen] Brazilian

Braziliaans bn Brazilian ★ ~e koffie Brazilian coffee

Braziliaanse v [-n] Brazilian ★ ze is een ~ she's a Brazilian, she's from Brazil

Brazilië o Brazil

break-evenpunt o break-even point

breakpoint o [-s] tennis break point

breed I bn broad, wide ★ een meter ~ one metre wide ★ een ~ bed a broad / wide bed ★ hij is ~ in de schouders he has broad shoulders ★ ~ in de heupen broad-hipped ★ een brede glimlach a broad smile ★ een brede belangstelling a wide interest ★ brede kennis broad knowledge ★ ~ van opvatting broad-minded ★ ~ van opzet large-scaled II bijw widely ★ een ~ opgezet plan a broadly based plan ★ iets ~ zien take a wide view ★ het niet ~ hebben be in straitened circumstances, not be well off ★ iets ~ uitmeten enlarge on sth, make much of sth ★ sp de bal ~ spelen play the ball wide ★ wie het ~ heeft, laat het ~ hangen he who has plenty of butter can lay it on thick ★ hij was al lang en ~ thuis, toen... he had been home for ages, when...

breedbeeld o widescreen ★ in ~ uitzenden broadcast in widescreen

breedbeeldtelevisie v [-s] widescreen television

breedgeschouderd bn broad-shouldered

breedsprakig bn verbose, wordy, long-winded, form prolix

breedsprakigheid v verbosity, form prolixity

breedte v [-n & -s] ❶ alg. breadth, width ★ in de ~ widthwise / widthways, in breadth, breadthwise / breadthways, broadwise ★ sp de bal in de ~ spelen play the ball across ★ fig het moet uit de lengte of uit de ~ komen it has to come from somewhere ★ iets in de ~ opmeten measure something widthways / in the width ❷ v. stof width ❸ geol latitude

breedtecirkel m [-s] parallel of latitude

breedtegraad m [-graden] degree of latitude

breedtepass m [-es] lateral pass

breedtesport v popular sport

breeduit bijw spread out ★ ~ gaan zitten spread oneself ★ ~ lachen laugh out loud ★ iets ~ vertellen tell sth at length

breedvoerig I bn discussie ample, ‹verslag› circumstantial ★ ~ verslag doen report in detail II bijw amply, at length, in detail

breekbaar bn ❶ alg. breakable, fragile, brittle ★ een glas a breakable / fragile glass ❷ v. personen frail ★ een ~ mannetje a frail man ❸ v. stralen refrangible

breekijzer o [-s] crowbar, crow, jemmy

breekpunt o [-en] ❶ eig breaking point ❷ fig breaking point ★ dat was het ~ in de onderhandelingen that was the point at which the negotiations broke down ❸ tennis break point

breeuwen overg [breeuwde, h. gebreeuwd] caulk/Am

calk

breien overg [breide, h. gebreid] handwerk knit ★ een gebreid vest a knitted cardigan ★ <u>fig</u> alles aan elkaar ~ patch everything together ★ <u>fig</u> iets recht ~ put sth right ★ <u>fig</u> een einde aan iets ~ put an end to sth

brein o hersenen brain, mind ★ een elektronisch ~ an electronic brain ★ <u>fig</u> zij is het ~ achter deze actie she's the mastermind behind this move

breinaald v [-en], **breipen** [-nen] knitting needle

breipatroon o [-tronen] knitting pattern

breipen v [-nen] → **breinaald**

breiwerk o [-en] knitting

brekebeen m-v [-benen] dead loss, dunce, duffer

breken I overg [brak, h. gebroken] ❶ alg. break ★ zijn woord ~ break one's word ★ het verzet ~ break down the resistance ★ een pauze breekt de lange werkdag a break breaks up a long working day ★ zijn been ~ fracture / break one's leg ★ het licht ~ refract the light ❷ stukbreken smash **II** onoverg [brak, is gebroken] break ★ ~ door break through ★ de zon brak door de wolken the sun broke through the clouds ★ met iem. ~ break (up) with sbd ★ met een gewoonte ~ break oneself of a habit, break with an established practice ★ uit de gevangenis ~ break out of prison

breker m [-s] golf breaker

breking v [-en] ❶ alg. breaking ❷ v. licht refraction

brekingshoek m [-en] angle of refraction

brem m struik broom

brengen overg [bracht, h. gebracht] ❶ naar de spreker toe bring ★ wat brengt u hier? what brings you here? ❷ van de spreker af take ★ iem. naar school ~ take sbd to school ❸ v. goederen carry, convey ❹ naar huis brengen ‹sbd home› ❺ in een bep. toestand bring, put ★ naar voren ~ put forward, mention ★ iem. aan het twijfelen ~ make sbd doubt sth ★ iem. op iets ~ get sbd on the subject, lead sbd up to it ★ iem. op een idee ~ suggest an idea to sbd ★ het gesprek ~ op lead the conversation to the subject of ★ het getal ~ op raise the number to ★ te berde ~ put forward, mention ★ zich iets te binnen ~ call sth to mind, recall sth ★ dit brengt ons niets verder this is getting us nowhere ★ iem. er toe ~ te... bring / persuade / get sbd to... ★ hij was er niet toe te ~ he couldn't be made to do it ★ wat brengt hem ertoe te... what makes him... ★ tot een goed einde ~ bring sth to a good end ★ iem. tot wanhoop ~ drive sbd to despair ★ naar bed ~ put to bed ★ iets onder woorden ~ put sth into words ★ iets met iets anders in overeenstemming ~ bring sth in line with sth else ★ iets aan de man ~ sell sth ★ het ver ~ go far ‹in the world›, make one's way ★ het tot generaal ~ rise to be a general ★ het tot niets ~ come to nothing

brenger m [-s] bearer ★ ~ dezes the bearer

bres v [-sen] breach ★ een ~ slaan / schieten in... make a hole in... ★ in de ~ springen voor, op de ~ staan voor step into the breach for

Bretagne o Brittany

bretels zn [mv] braces, suspenders ★ ~ dragen wear braces

Breton m [-s] Breton

Bretons I bn Breton **II** o taal Breton

Bretonse v [-n] Breton ★ ze is een ~ she's a Breton, she's from Brittany

breuk v [-en] ❶ scheur split, crack ★ een ~ in een glas a crack in a glass ★ een ~ in de aardkorst a fault in the earth's crust ❷ het verbreken breach, break, rift, split ★ <u>fig</u> een ~ lijmen heal a breach ★ een ~ met een traditie a break with a tradition ★ een ~ met het verleden a break with the past ★ een ~ tussen vrienden a split between friends ★ het kwam tot een ~ it came to a split ❸ fractuur fracture ❹ v. ader of orgaan rupture ❺ v. ingewanden hernia ★ zich een ~ lachen split one's sides laughing ❻ <u>wisk</u> fraction ★ een gewone ~ a vulgar fraction ★ een repeterende ~ a repeater, a repeating fraction ★ een decimale / tiendelige ~ a decimal fraction ❼ <u>handel</u> breakage

breuklijn v [-en] line of fracture, break

breukvlak o [-ken] ❶ in aardlaag fault (plane) ❷ in gesteente plane of fracture ❸ <u>fig</u> rift ★ op het ~ van twee tijdperken at the point of transition between two eras

brevet o [-ten] licence/<u>Am</u> license, certificate ★ ~ van onvermogen incompetence

brevier o [-en] <u>RK</u> breviary ★ zijn ~ bidden / lezen recite one's breviary

bridge o bridge

bridgedrive m [-s] bridge drive

bridgen onoverg [bridgede, h. gebridged] play bridge

brie m Brie

brief m [brieven] letter, <u>form</u> epistle ★ per ~ by letter ★ een aangetekende ~ a registered letter ★ een ingezonden ~ a letter to the editor ★ <u>inf</u> een ~ op poten a snorter ★ <u>Bijbel</u> de brieven van Paulus the epistles of St Paul ★ een ~ naalden a packet of needles

briefen overg [briefte, h. gebrieft] brief ★ iem. ~ over een reis brief sbd about a trip

briefgeheim o privacy / secrecy of correspondence, confidentiality of the mail

briefhoofd o [-en] letterhead

briefing m [-s] briefing, brief

briefje o [-s] note ★ een ~ van de dokter a note from the doctor ★ dat geef ik u op een ~ you can take it from me ★ <u>mil</u> een ~ van ontslag a discharge note ★ ‹bankbiljet› een ~ van tien a ten-euro note

briefkaart v [-en] postcard ★ een ~ met betaald antwoord a reply postcard

briefopener m [-s] paperknife

briefpapier o writing paper, notepaper

briefvorm m letter form ★ een roman in ~ an epistolary novel

briefwisseling v [-en] correspondence ★ een ~ voeren carry on / keep up a correspondence

br

br

bries *v* breeze ★ *een ~je* a light breeze ★ *een stevige* ~ a stiff breeze

briesen *onoverg* [brieste, h. gebriest] ❶ *v. paard* snort ❷ *v. wild dier* roar ★ *fig* ~ *van woede* roar with anger

brievenbus *v* [-sen] ❶ *aan huis, postkantoor* letterbox, mailbox ❷ *op straat* postbox, mailbox

brievenbusfirma *v* ['s] letterbox company, paper company, buffer company, front company, shell company, brass plate company

brievenhoofd *o* [-en] letterhead

brievenweger *m* [-s] letter balance

brigade *v* [-s & -n] ❶ mil brigade ❷ *groep* squad, team ★ *een vliegende* ~ a flying squad

brigadier *m* [-s] police sergeant

brij *m* [-en] ❶ *voedsel* porridge, pap ❷ *v. sneeuw, modder* slush ❸ *v. papier &* pulp

brik *v* [-ken] ❶ scheepv brig ❷ *rijtuig* break ★ *een ouwe* ~ an old bus

briket *v* [-ten] briquette

bril *m* [-len] ❶ *voor beter zicht* (pair of) spectacles, glasses ★ *een* ~ *dragen* wear glasses ★ *alles door een gekleurde* ~ *zien* have a coloured view of everything ★ *alles door een roze* ~ *bekijken* look at / view things through rose-coloured spectacles ★ *een meisje met een* ~ *op* a girl wearing glasses ❷ *tegen stof, scherp licht &* goggles ❸ *v. wc* seat, toilet seat

brildrager *m* [-s] person wearing glasses

briljant I *m* [-en] brilliant **II** *bn* brilliant ★ *een ~e overwinning* a brilliant victory

briljanten *bn* diamond ★ *de* ~ *bruiloft* the diamond wedding anniversary

brillantine *v* brilliantine

brillenkoker *m* [-s] spectacle case

brilmontuur *o* [-turen] spectacle frames

brilslang *v* [-en] cobra

brink *m* [-en] village green

brisant *bn* highly explosive

brisantbom *v* [-men] high-explosive bomb

Brit *m* [-ten] Briton, *inf* Brit, *geringsch* Britisher ★ *de ~ten* the British

Brits *bn* British ★ valuta *het ~e pond* the British pound, the pound sterling

brits *v* [-en] bed of planks

Britse *v* [-n] Brit ★ *ze is een* ~ she's British, she's a Brit, she's from Britain

broccoli *m* broccoli

broche *v* [-s] brooch

brochure *v* [-s] pamphlet, brochure

broddelwerk *o* ❶ *knoeien* bungling ❷ *resultaat v. knoeien* bungled work, botch job

brodeloos *bn* penniless ★ *iem.* ~ *maken* leave sbd without means of support

broeden *onoverg* [broedde, h. gebroed] brood, sit ★ *op eieren zitten* ~ sit on eggs ★ *op iets zitten* ~ brood on, hatch ‹a plot› ★ *op wraak zitten* ~ plot revenge

broeder *m* [-s & plechtig -en] ❶ *familielid* brother ★ Bijbel *ben ik mijn ~s hoeder?* am I my brother's keeper? ❷ *kameraad* brother ❸ *verpleger* male nurse ❹ *kloosterling* brother, friar ★ *de zwakke ~s* the weaker brethren

broederdienst *m* mil brotherly service ★ *vrijstelling wegens* ~ exemption from military service owing to being the second one in the family to have been called up

broederliefde *v* fraternal / brotherly love

broederlijk *bn* brotherly, fraternal

broedermoord *m* [-en] fratricide

broederschap *v* [-pen] ❶ *eigenschap* fraternity, brotherhood ★ RK ~ *sluiten met* fraternize with ★ ~ *drinken* break the ice over a drink ★ *vrijheid, gelijkheid en* ~ liberty, equality, fraternity ❷ *vereniging* brotherhood, confraternity ★ *een* ~ *van notarissen* a fraternity of solicitors

broedertwist *m* [-en] fratricidal struggle

broedervolk *o* [-en & -eren] sister nation

broedgebied *o* [-en] breeding ground

broedkolonie *v* [-s & -niën] nesting ground

broedmachine *v* [-s] incubator

broedplaats *v* [-en] breeding place

broeds *bn* wanting to brood, broody ★ *een ~e kip* a broody hen

broedseizoen *o* [-en] breeding season

broedsel *o* [-s] ❶ *alg.* brood, hatch ❷ *v. vis* fry

broedtijd *m* [-en] breeding season

broeibak *m* [-ken] hotbed

broeien *onoverg* [broeide, h. gebroeid] ❶ *v. hooi* steam, heat ❷ *v. d. lucht* be sultry ★ *er broeit een onweer* a thunderstorm is brewing ★ *fig er broeit iets* there's something brewing

broeierig *bn* sultry, sweltering ★ ~ *weer* sultry weather

broeikas *v* [-sen] hothouse, greenhouse

broeikaseffect *o* greenhouse effect

broeinest *o* [-en] hotbed ★ *een* ~ *van verzet* a hotbed of resistance

broek I *v* [-en] ❶ *kledingstuk* (pair of) trousers, Am pants ★ *twee ~en* two pairs of trousers / pants ★ *een korte* ~ short trousers ★ *een lange* ~ long trousers ★ *fig een grote* ~ *aantrekken* be insolent ★ *een strakke* ~ *aan hebben* wear tight trousers ★ *fig de vrouw heeft de* ~ *aan* the wife wears the pants ★ *fig iem. achter de* ~ *zitten* keep sbd up to scratch ★ *een proces aan zijn* ~ *krijgen* be taken to court ★ *inf daar zakt mijn* ~ *van af* that's beyond me ★ *het in zijn* ~ *doen* wet / soil one's pants, ‹van angst› wet oneself ★ *het zal ze dun door de* ~ *lopen* they'll be scared out of their pants/vulg scared shitless ★ *een pak voor de* ~ a beating ★ *een kind voor / op de* ~ *geven* spank a child ★ *voor / op de* ~ *krijgen* be spanked ❷ *paardentuig* breech ❸ scheepv breeches buoy **II** *o* *drassig land* marsh, swamp

broekje *o* [-s] ❶ *onderbroek* underpants ❷ *slipje* panties ❸ *korte broek* shorts, short pants, vero breeches ❹ *jongetje* kid, youngster

broekpak *o* [-ken] trouser suit

broekriem *m* [-en] belt ★ ook fig *de ~ aanhalen* tighten one's belt
broekrok *m* [-ken] culottes, divided skirt
broekspijp *v* [-en] trouser leg
broekzak *m* [-ken] trouser pocket ★ *iets / iem. kennen als zijn ~* know sth / sbd inside out
broer *m* [-s] brother ★ *zij leven als ~ en zus* they live together like brother and sister
broertje *o* [-s] little brother, baby brother ★ *ik heb er een ~ aan dood* I hate / detest it ★ *het is ~ en zusje* it's six of one and half a dozen of the other
brok *m & v & o* [-ken] piece, bit, morsel, lump, fragment ★ *een ~ chocola* a piece of chocolate ★ fig *~ken maken* blunder ★ *hij voelde een ~ in de keel* he felt a lump in his throat ★ *aan stukken en ~ken* in bits and pieces ★ *bij stukken en ~ken* in bits and pieces ★ *iem. met de ~ken laten zitten* leave the mess to sbd else ★ *een ~ informatie* a bit of information ★ *één ~ energie* a bundle of energy
brokaat *o* brocade
brokkelen *overg en onoverg* [brokkelde, h. en is gebrokkeld] crumble
brokkelig *bn* crumbly, friable, brittle
brokkenpiloot *m* [-loten] accident-prone person ★ *hij is een ~* he's accident-prone
brokstuk *o* [-ken] fragment, piece, scrap
brombeer *m* [-beren] grumbler
bromelia *v* ['s] bromeliad
bromfiets *m & v* [-en] scooter, moped, Am motorbike
bromfietser *m* [-s] moped rider, Am motorbike rider
bromium *o* bromine
brommen *onoverg* [bromde, h. gebromd] ❶ *v. insecten* drone, hum, buzz ❷ *v. personen* growl, grumble, mutter ★ *mijn vader loopt altijd te ~* my father is always grumbling ★ *wat ik je brom!* I'm telling you! ❸ *in gevangenis* do time ★ *een maand ~* do a month's time ❹ *bromfiets rijden* ride a moped
brommer *m* [-s] ❶ *persoon* grumbler ❷ *bromfiets* scooter, moped, Am motorbike ❸ *bromvlieg* bluebottle
brompot *m* [-ten] grumbler
bromtol *m* [-len] humming top
bromvlieg *v* [-en] bluebottle, blowfly
bron *v* [-nen] source, spring, well, fountainhead, fountain, fig origin ★ *de ~ van de Rijn* the source of the Rhine ★ *een hete ~* a hot spring ★ *iets uit goede (betrouwbare) ~ vernemen* have sth from a reliable source / on good authority ★ *zijn ~nen beschermen* protect one's sources ★ *de ~ van alle ellende* the source of all the trouble ★ *een ~ van bestaan* a means of living, a livelihood ★ *een ~ van inkomsten* a source of income / revenue ★ *internet is een ~ van informatie* the Internet is a storehouse of information
bronchiën *zn* [mv] bronchi, *ev*: bronchea
bronchitis *v* bronchitis
bronchoscopie *v* [-pieën] bronchoscopy
bronnenlijst *v* [-en] list of sources

bronnenonderzoek *o* study of the primary sources
brons *o* bronze ★ *in ~ gieten* cast in bronze ★ sp *zij heeft ~ gewonnen* she has won a bronze medal
bronst *v* ❶ *v. mannetjesdier* rut ★ *in de ~ zijn* be rutting ❷ *v. vrouwtjesdier* heat
bronstig *bn* ❶ *v. mannetjesdier* ruttish ❷ *v. vrouwtjesdier* in heat
bronstijd *m* tijdperk Bronze Age
bronsttijd *m* paartijd rutting / mating season
brontaal *v* [-talen] source language
bronvermelding *v* [-en] acknowledgement of sources, credit(s) ★ *met ~* with acknowledgements ★ *iets zonder ~ publiceren* publish sth without crediting the source
bronwater *o* [-s & -en] ❶ *uit bron* spring water ❷ *mineraalwater* mineral water
brood *o* [broden] bread ★ *een ~* a loaf (of bread) ★ *ons dagelijks ~* our daily bread ★ *wit ~* white bread ★ *bruin ~* brown bread ★ *zelfgebakken ~* home-made bread ★ *oudbakken ~* stale bread ★ *vers ~* fresh bread ★ *zijn ~ verdienen* met earn a living by ★ *wiens ~ men eet, diens woord men spreekt* he who pays the piper calls the tune ★ *iem. het ~ uit de mond stoten* take the bread out of sbd.'s mouth ★ *er moet ~ op de plank komen* we have to be able to make ends meet ★ *geen droog ~ verdienen* not earn a penny ★ *ergens geen ~ in zien* not see the use of sth ★ *daar lusten de honden geen ~ van* that's below all standards ★ *ik krijg het steeds op mijn ~* I get it thrown in my face all the time
broodbeleg *o* sandwich fillings and spreads
broodheer *m* [-heren] employer, boss
broodje *o* [-s] roll, bun ★ *een ~ ham* a ham roll ★ *een ~ gezond* a salad roll ★ 〈ongeloofwaardig verhaal〉 *een ~ aap (verhaal)* an urban myth, a tall story ★ *als warme ~s over de toonbank gaan* sell like hot cakes ★ *zoete ~s bakken* eat humble pie
broodjeszaak *v* [-zaken] sandwich bar
broodkorst *v* [-en] bread crust, crust of bread
broodkruimel *m* [-s] breadcrumb
broodmaaltijd *m* [-en] cold meal, lunch
broodmager *bn* as thin / skinny as a rake
broodmes *o* [-sen] breadknife
broodnijd *m* professional jealousy
broodnodig *bn* highly necessary, much-needed
broodnuchter *bn* ❶ *zonder alcohol* stone sober ❷ *kalm* level-headed, down-to-earth
broodplank *v* [-en] breadboard
broodroof *m* deprivation of income ★ *~ plegen aan iem.* take the bread out of someone's mouth
broodrooster *m & o* [-s] toaster
broodschrijver *m* [-s] hack (writer)
broodtrommel *v* [-s] breadbin
broodwinning *v* [-en] (means of) living, livelihood
broom *o* ❶ *element* bromine ❷ *geneesmiddel* bromide
broos *bn* frail, brittle, fragile ★ *een broze gezondheid* delicate health
bros *bn* crisp, brittle

br

brouwen I *overg* [brouwde, h. gebrouwen] ❶ *bier* brew ❷ fig brew, concoct, plot ★ *ik ben benieuwd wat hij van dat verslag ge~ heeft* I wonder what he has made of this report **II** *onoverg* [brouwde, h. gebrouwd] *de r diep in de keel uitspreken* speak with a burr

brouwer *m* [-s] *v. bier* brewer

brouwerij *v* [-en] brewery ★ *leven in de ~ brengen* get things going, shake things up

brouwsel *o* [-s] ❶ *bier* brewage ❷ *mengsel* brew, concoction

brownie *de* [-s] brownie

browsen *onoverg* [browste, h. gebrowst] comput browse ★ *op internet ~* browse through the Internet

browser *m* [-s] comput browser, web browser, http browser

brug *v* [-gen] ❶ *over water, in gebit, v. bril & bridge* ★ *een ~ slaan over de rivier* bridge the river ★ *een ~ slaan tussen twee partijen* build a bridge between two parties ★ *een hangende ~* a suspension bridge ★ *een vaste ~* a fixed bridge ★ *over de ~ fietsen* cycle across the bridge ★ fig *dat is een ~ te ver* that's going too far ★ ⟨dokken⟩ *over de ~ komen* pay up, inf stump / cough up ★ inf *flink over de ~ komen* come down handsomely ★ *een ~getje maken naar het volgende onderwerp* make a transition to the next subject ★ scheepv *op de ~ staan* be on the bridge ❷ *lichaamshouding* sp bridge ❸ *turnen* (parallel) bars ★ *in de ~ staan* be in the bars ❹ *snipperdag* ZN day off to make a long weekend ★ *de ~ maken* take / get a day off to make a long weekend

brugbalans *v* [-en] platform balance

brugdag *de (m)* [-en] bridging day

bruggeld *o* [-en] (bridge) toll

bruggenhoofd *o* [-en] ❶ *deel v. brug* abutment ❷ mil bridgehead

brugklas *v* [-sen] first year of secondary education, year seven ★ *in de ~ zitten* be in first form / year / class ⟨of secondary school⟩, be in year seven

brugleuning *v* [-en] ❶ *alg.* railing ❷ *v. steen* parapet

Brugman *m* ★ *kunnen praten als ~* have the gift of the gab

brugpensioen *o* [-en] Belg early (reduced) retirement benefit

brugpieper *m-v* [-s] first-former ⟨in secondary school⟩

brugwachter *m* [-s] bridgeman

brui *m* ★ *ik geef er de ~ aan* I'm chucking it in

bruid *v* [-en] bride ★ *de aanstaande ~* the bride-to-be

bruidegom *m* [-s] bridegroom

bruidsboeket *o & m* [-ten] bridal bouquet

bruidsdagen *zn* [mv] pre-wedding period

bruidsjapon *m* [-nen], **bruidjurk** *v* [-en] wedding dress, bridal gown

bruidsjonker *m* [-s] page

bruidsmeisje *o* [-s] bridesmaid, maid of honour

bruidspaar *o* [-paren] ❶ *tijdens huwelijk* bride and bridegroom ❷ *pasgehuwden* newly-married couple

bruidsschat *m* [-ten] dowry

bruidssluier *m* [-s] ❶ *kleding* bridal veil ❷ *tuinplant* plantk baby's breath ❸ *klimplant* plantk Russian vine

bruidssuiker *m* [-s] sugar(ed) almond

bruidstaart *v* [-en] wedding cake

bruikbaar *bn* ❶ *geschikt voor gebruik* serviceable, usable, useful ★ sp *een bruikbare speler* a useful player ❷ *goed functionerend* workable ★ *een ~ compromis* a workable compromise

bruikbaarheid *v* serviceability, usefulness, utility, workability

bruikleen *o & m* (free) loan ★ *in ~* on loan ★ *in ~ geven* lend

bruiloft *v* [-en] wedding, wedding party, plechtig nuptials ★ *~ vieren* celebrate a wedding ★ *~ houden* celebrate one's wedding, have / attend a wedding party ★ *de gouden ~* the golden wedding anniversary ★ *de koperen ~* the wedding anniversary after 12 1/2 years of marriage ★ *de zilveren ~* the silver wedding anniversary

bruiloftsfeest *o* [-en] wedding reception

bruiloftsmaal *o* [-malen] wedding banquet

Bruin *zn* ★ *dat kan ~ niet trekken* that's too expensive for me ★ *~ de Beer* Bruin

bruin I *bn* ❶ *alg.* brown ★ *een ~e beuk* a copper beech ★ *~e suiker* brown sugar ★ *iets ~ bakken / braden* brown sth ★ *ze ~ bakken* overdo it ★ *een ~ café* an old-fashioned pub ★ *het ~e leven* the good life ❷ *door de zon* tanned ⟨by the sun⟩ ★ *~ worden* get a tan, tan ❸ *v. paard* bay **II** *o* ❶ *de kleur* brown ❷ *brood* brown (bread)

bruinachtig *bn* brownish

bruinbrood *o* brown bread

bruinen I *overg* [bruinde, h. gebruind] ❶ *aanbraden* brown ❷ *kleuren door de zon* tan, bronze **II** *onoverg* [bruinde, is gebruind] turn brown, tan, bronze

bruineren *overg* [bruineerde, h. gebruineerd] brown

bruinhemd *m* [-en] *lid van SA, nazi* brownshirt

bruinkool *v* [-kolen] brown coal, lignite

bruinvis *m* [-sen] porpoise

bruisen *onoverg* [bruiste, h. gebruist] ❶ *v. drank* effervesce, fizz ❷ *v. zee* foam ❸ fig bubble ★ *~ van energie* bubble with energy

bruisend *bn* sparkling, dazzling ★ *Londen is een ~e stad* London is a city sparkling with life ★ *~ van energie* brimming with energy

bruistablet *v & o* [-ten] effervescent tablet

brulaap *m* [-apen] ❶ *dier* howling monkey ❷ fig bawler ★ *lelijke ~!* bigmouth!

brulboei *v* [-en] whistling buoy

brullen *onoverg* [brulde, h. gebruld] roar ★ *~ van het lachen* roar with laughter ★ *de kleuter brulde de hele nacht* the toddler screamed the whole night

brunch *m* [-es] brunch

Brunei *o* Brunei

brunette *v* [-s & -n] brunette

Brussel *o* Brussels

Brusselaar *m* [-s] inhabitant of Brussels

Brussels *bn* Brussels ★ ~ *kant* Brussels lace ★ ~ *lof* chicory, Belgian endive, witloof

Brusselse *v* [-n] ★ *ze is een* ~ she's from Brussels

brutaal I *bn* ❶ *zich aan niets storend* bold, shameless ★ *zo* ~ *als de beul* as bold as brass ★ *een* ~ *mens heeft de halve wereld* fortune favours the bold ❷ *al te vrijmoedig* insolent, forward, impudent, impertinent, inf pert, saucy, brash, cheeky ★ ~ *zijn tegen iem.* be cheeky / saucy to sbd, give sbd lip / cheek / sauce ★ *een brutale mond hebben* be cheeky ★ *een brutale vlegel* a brazen / cheeky / insolent brat ★ *zij heeft een paar brutale ogen* she has an imprudent stare ★ ~ *misbruik* ruthless abuse **II** *bijw* boldly, insolently, cheekily, brazenly ★ *het* ~ *volhouden* brazen it out

> **brutaal**
> is bold, shameless, insolent enz. en niet brutal.
> Brutal betekent beestachtig, wreed, meedogenloos.

brutaaltje *o* [-s] cheeky monkey, ⟨meisje ook⟩ hussy

brutaalweg *bijw* coolly, cheekily

brutaliteit *v* [-en] ❶ *vrijpostigheid* forwardness, boldness, cheek ★ *hij had de* ~ *om...* he had the cheek to... ❷ *uiting* impudence, impertinence, insolence, cheek

bruto *bn* gross ★ *ik verdien 2500 euro* ~ I earn 2,500 euros gross ★ *het* ~ *nationaal product* the gross national product ★ *het* ~ *binnenlands product* the gross domestic product ★ ~ *voor netto* gross for net

brutogewicht *o* gross weight

bruto-inkomen *o* [-s] gross income

brutoloon *o* [-lonen] gross wage

brutosalaris *o* [-sen] gross salary, gross wage

bruusk *bn* brusque, abrupt, blunt, off-hand ★ *een* ~ *einde maken aan* put an abrupt end to ★ *een* ~ *optreden* brusque conduct

bruuskeren *overg* [bruuskeerde, h. gebruuskeerd] brush off, snub

bruut I *bn* brutal, brute ★ *een brute kerel* a brutal fellow ★ ~ *geweld / brute kracht* brute force **II** *m* [bruten] brute

bruutheid *v* [-heden] brutality, bruteness

BSE *afk* (boviene spongiforme encefalopathie) BSE

bsn *afk* (burgerservicenummer) citizen service number → **burgerservicenummer**

btw *afk* (belasting over de toegevoegde waarde) VAT, value-added tax, Am turnover tax, sales tax ★ *bedragen zijn exclusief* ~ prices do not include VAT ★ *exclusief / inclusief* ~ excluding / including VAT ★ *het bedrijf is* ~*plichtig* the company is liable to VAT

bubbelbad *o* [-baden] ❶ jacuzzi, whirlpool bath ❷ ⟨schuim⟩ bubble bath

bubbelen *onoverg* [bubbelde, h. gebubbeld] bubble

buddy *m* ['s] ❶ *vriend* buddy ❷ *v. aidspatiënt* buddy

buddyseat *m* [-s] buddy seat

budget *o* [-s & -ten] budget ★ *het* ~ *overschrijden* exceed the budget

budgetbewaking *v* budgetary control

budgettair *bn* budgetary

budgetteren *onoverg* [budgetteerde, h. gebudgetteerd] budget ★ *de lunch heb ik gebudgetteerd op 50 euro* for budgetary purposes, I've estimated lunch at 50 euros

budgettering *v* budgeting

buffel *m* [-s] ❶ *dier* buffalo ❷ *lomperd* boor

buffelen *onoverg* [buffelde, h. gebuffeld] ❶ *schrokken* gobble, wolf down ❷ *hard werken* struggle ★ sp *hij liep de hele wedstrijd te* ~ he was straining himself the whole match

buffer *m* [-s] buffer ★ *een financiële* ~ *opbouwen* build up a financial buffer zone

buffergeheugen *o* comput buffer

bufferstaat *m* [-staten] buffer state

buffervoorraad *m* [-raden] buffer stock, safety stock

bufferzone *v* [-s] buffer zone

buffet *o* [-ten] ❶ *maaltijd* buffet ★ *een koud* ~ a cold buffet ★ *een lopend* ~ a buffet ❷ *tapkast* refreshment bar, buffet ★ *aan het* ~ *staan* be at the bar ❸ *meubel* sideboard, buffet

bug *m* [-s] comput bug

buggy *m* ['s] ❶ *wandelwagen* buggy ❷ *auto* buggy

bühne *v* stage ★ *op de* ~ *staan* be on stage

bui *v* [-en] ❶ *neerslag* shower, ⟨wind met regen of sneeuw⟩ squall ★ *maartse* ~*en* April showers ★ *de* ~ *al zien hangen* see the storm coming ❷ *aanval* fit ❸ *gril* freak, whim ❹ *stemming* mood, temper ★ *in een goede* ~ *zijn* be in a good mood ★ *in een boze / kwade* ~ *zijn* be in a (bad) temper, be out of humour ★ *in een royale* ~ *zijn* be in a generous mood ★ fig *bij* ~*en* by fits and starts

buidel *m* [-s] ❶ *beurs* purse, sack ★ *(diep) in de* ~ *tasten* reach into one's pocket ❷ *dierk* pouch

buideldier *o* [-en] marsupial (animal)

buidelrat *v* [-ten] (o)possum

buigbaar *bn* pliable, flexible, pliant

buigen I *onoverg* [boog, h. en is gebogen] ❶ *een buiging maken* bow, bend ★ *hij boog en vertrok* he made his bow and left ★ ~ *als een knipmes* make a deep bow ★ ~ *voor* bow to, bow before ⟨sbd⟩ ❷ *een kromming maken* curve, bend ★ ~ *of barsten* bend or break ★ *de weg buigt hier naar rechts* the road curves to the right here **II** *overg* [boog, h. gebogen] bend, ⟨het hoofd⟩ bow **III** *wederk* [boog, h. gebogen] ★ *zich* ~ ⟨v. persoon⟩ bend (down), bow (down), stoop, ⟨v. lijn⟩ curve, ⟨v. weg &⟩ deflect, make a bend, trend ★ fig *zich over een probleem* ~ concentrate on / deal with a problem

buiging *v* [-en] ❶ *met lichaam* bow ★ *een diepe* ~ *maken* make a deep bow ❷ *v. vrouwen* curtsy ❸ *bocht* bend, curve ★ *een* ~ *in de weg* a curve / bend in the road ❹ taalk declension ❺ nat diffraction

buigingsuitgang *m* [-en] inflectional / inflexional ending

buigzaam *bn* ❶ *lenig* flexible, supple, pliant ❷ fig

flexible, adaptable

buigzaamheid v ❶ *lenigheid* flexibility, suppleness, pliability ❷ fig flexibility, adaptability

bu

buiig bn ❶ *van weer* showery, gusty, squally ★ ~ *weer* showery weather ❷ *van humeur* temperamental, volatile

buik m [-en] v. *mens, dier, ding* belly, abdomen, stomach, geringsch paunch, gut, inf tummy ★ *op je ~ liggen* lie on your stomach ★ *ik heb pijn in mijn ~* my stomach hurts ★ *zijn ~ vol / rond eten* eat one's fill ★ fig *ik heb er mijn ~ van vol* I'm fed up with it ★ *zijn ~ vasthouden van het lachen* hold one's sides with laughter ★ *twee / vier handen op één ~* hand in glove ★ *dat kun je op je ~ schrijven* forget it

buikdansen o belly dance

buikdanseres v [-sen] belly dancer

buikgriep v intestinal flu, gastroenteritis, inf stomach trouble

buikholte v [-n & -s] abdominal cavity

buikje o [-s] ❶ *fles* flagon ❷ v. *mens* inf tummy ❸ *dik* pot belly, paunch ★ *een ~ krijgen* develop a paunch ❹ scherts corporation

buikkramp v [-en] stomach cramp, the gripes, inf collywobbles

buiklanding v [-en] belly landing

buikloop m diarrhoea, inf the trots

buikpijn v [-en] stomach ache, inf tummy ache

buikriem m [-en] girth, belly-band ★ *de ~ aanhalen* tighten the belt

buikspieroefening v [-en] stomach exercise ★ *~en doen* do stomach exercises

buikspreken o ventriloquism

buikspreker m [-s] ventriloquist

buikvlies o [-vliezen] peritoneum

buikvliesontsteking v [-en] peritonitis

buikwand m [-en] abdominal wall

buil v [-en] ❶ *zwelling* swelling, lump, bump ★ *daar kun je je geen ~ aan vallen* you can't go wrong on that ❷ *buidel* bag, sack

builenpest v bubonic plague

builtje o [-s] *zakje* sachet, ‹tea› bag ★ *een ~ kruiden* a bouquet garni

buis I v [buizen] ❶ tube ook elektr, pipe, conduit, duct ★ *stalen buizen* steel tubes ★ *een loden ~* a lead pipe ❷ tv the box, the telly ★ *een avondje voor de ~* a night watching telly II o [buizen] *kledingstuk* jacket

buiswater o spray, bow wave

buit m booty, spoils, prize, plunder, loot ★ *iets ~ maken* capture sth ★ *een grote ~ binnenhalen* reap a rich reward

buitelen onoverg [buitelde, h. en is gebuiteld] tumble

buiteling v [-en] tumble ★ *een ~ maken* take a tumble

buiten I bijw outside, out, outdoors ★ *~ spelen* play outside ★ *hij is ~* he's outside, he's in the open ★ *hij woont ~* he lives in the country ★ *naar ~!* (go) outside! ★ *naar ~ gaan* go outside, leave the house, go into the country ★ *naar ~ opengaan* open outwards ★ *zijn voeten naar ~ zetten* turn out one's

toes ★ *te ~ gaan* exceed ★ *zich te ~ gaan aan* indulge too freely in, partake too freely of ★ *van ~* ‹aan de buitenkant› on the outside, ‹vanaf de buitenkant› from the outside ★ *een meisje van ~* a girl from the country, a country girl ★ *van ~ gesloten* locked on the outside ★ *van ~ kennen / leren* know / learn (off) by heart ★ *van ~ en van binnen* outside and in II *voorz* ❶ *aan de buitenkant van* outside, out of ★ *~ iets blijven, zich er ~ houden* keep out of sth ★ *iem. er ~ laten* leave sbd out of sth ★ *ergens ~ staan* be (entirely) out of sth ★ *hij was ~ zichzelf (van woede)* he was beside himself (with anger) ❷ *zonder* out of, without, except (for) ★ *hij kon niet ~ haar* he couldn't do without her ★ *~ zijn salaris* except for / besides his salary ★ *~ mij was er niemand* there was no one except / but me ★ *dat is ~ mij om gegaan* I have nothing to do with it ★ *het werd ~ mij om gedaan* it was done without my knowledge/ behind my back ❸ *te ver voor* beyond ★ *~ mijn bereik* beyond my reach ★ *~ verwachting* beyond all expectations III o [-s] country house, country seat IV m platteland ZN country ★ *op de ~ wonen* live in the country V tsw ZN outside ★ *~!* (go) outside!

buitenaards bn extraterrestrial ★ *een ~ wezen* an extraterrestrial, an alien

buitenbaan v [-banen] sp outside lane

buitenbaarmoederlijk bn ★ *een ~e zwangerschap* an ectopic pregnancy

buitenbad o [-baden] open-air pool, outdoor pool

buitenband m [-en] v. *fiets, auto* tyre, Am tire

buitenbeentje o [-s] outsider, maverick

buitenbocht v [-en] outside curve

buitenboordmotor m [-s & -toren] outboard motor

buitendeur v [-en] outside door, front door

buitendienst m fieldwork ★ *in de ~ werken* work outside / outside the office / in the field

buitendijks bn outside the dyke(s)

buitenechtelijk bn ❶ *relatie* extramarital ★ *een ~e relatie* an extramarital relation / affair ❷ *kind* illegitimate, born out of wedlock ★ *een ~ kind* an illegitimate child, form a child born out of wedlock

buitengaats bijw offshore

buitengebeuren o outside events

buitengemeen I bn extraordinary, uncommon, exceptional II bijw versterkend extraordinarily, uncommonly, exceptionally

buitengewoon I bn extraordinary, exceptional ★ *zij heeft buitengewone gaven* she has exceptional talents ★ *een buitengewone prestatie* an extraordinary achievement ★ *het ~ onderwijs* special education ★ *een ~ gezant* an envoy extraordinary ★ *een ~ hoogleraar* an extraordinary professor ★ econ *buitengewone lasten* exceptional expenditure ★ *buitengewone uitgaven* extras ★ *~ verlof* special leave ★ *niets ~s* nothing out of the common II bijw versterkend extraordinarily, uncommonly ★ *~ duur* extremely expensive ★ *zij zingt ~* she sings exceptionally well ★ *zij is ~ aardig* she is very nice

buitengrens m [-grenzen] external border
buitenhuis o [-huizen] countryhouse, cottage
buitenissig bn unusual, strange, eccentric
buitenkansje o [-s] (stroke of) good luck, windfall
buitenkant m [-en] outside, exterior ★ aan de ~ on the outside
buitenkerkelijk bn non-church, non-denominational ★ ik ben ~ I'm not a church-goer, I'm not a member of any church
buitenlamp v [-en] outside lamp
buitenland o foreign country / countries ★ in het ~ abroad ★ naar het ~ abroad ★ uit het ~ from abroad
buitenlander m [-s] foreigner
buitenlands bn ❶ alg. foreign ★ een ~e reis a trip abroad ★ ~e handel foreign trade ★ het Ministerie van Buitenlandse Zaken the Ministry of Foreign Affairs ★ een ~ bedrijf a foreign / offshore company ★ een ~ beleggingsfonds an offshore fund ★ een ~ betalingsplichtige a non-resident taxpayer ★ een ~e vestiging a foreign / overseas branch ★ van ~ fabricaat foreign-made ❷ uitheems exotic ‹fruit›
buitenleven o country life
buitenlucht v ❶ open lucht open air ★ een concert in de ~ an open-air concert ❷ geen stadslucht country air
buitenlui zn [mv] country people ★ burgers en ~ city and country people
buitenmens m-v [-en] outdoors person
buitenmodel bn non-regulation, non-standard
buitenmuur m [-muren] outer wall
buitenom bijw around ★ ga maar ~ go round the back / outside ★ iem. ~ passeren pass sbd on the outside
buitenparlementair bn bijw extraparliamentary ★ de ~e oppositie the extraparliamentary opposition
buitenplaats v [-en] ❶ landgoed country estate ❷ afgelegen plek remote spot ★ noem maar een ~ just to mention any old place
buitenpost m [-en] ❶ mil outpost ❷ niet-militair outstation
buitenshuis bijw out of doors, outdoors, outside ★ ~ eten eat / dine out
buitensluiten overg [sloot buiten, h. buitengesloten] ❶ deur dichtdoen shut out, lock out ★ zij had zichzelf buitengesloten she had locked herself out ❷ niet laten meedoen leave out, exclude ★ iem. ~ exclude sbd
buiten'spel¹ o & bijw sp offside ★ ~ staan sp be offside, fig be shunted off ★ iem. ~ zetten sp ‹door blessure &› sideline sbd, fig put sbd out of action
'buitenspel² o [-spelen] outside / outdoor game
buitenspeler m [-s] sp left / right wing
buitenspelval m sp offside trap ★ de ~ openzetten open up the offside trap ★ in de ~ trappen run into the offside trap
buitenspiegel m [-s] auto outside mirror
buitensporig I bn extravagant, excessive, exorbitant ★ een ~e prijs berekenen charge an excessively high price II bijw extravagantly, excessively, to excess

★ ze had ~ veel schoenen she had an exorbitant number of shoes
buitensport v [-en] outdoor sports
buitenstaander m [-s] outsider
buitenste bn outside, outer(most), exterior
buitenverblijf o [-blijven] ❶ huis countryhouse, countryseat ❷ in dierentuin open-air enclosure
buitenwaarts I bn outward II bijw outward(s)
buitenwacht v outside world ★ ik heb het van de ~ I have it from an outsider
buitenwereld v outer / outside / external world
buitenwijk v [-en] suburb ★ de ~en the suburbs, the outskirts
buitenzij, buitenzijde v [-zijden] outside, exterior
buitmaken overg [maakte buit, h. buitgemaakt] seize, take, capture
buizenpost v pneumatic dispatch
buizenstelsel o [-s] pipe system
buizerd m [-s] buzzard
bukken I onoverg [bukte, h. gebukt] stoop, duck ★ ~ om iets op te rapen bend forward to pick up sth ★ ~ om een klap te ontwijken duck to avoid a blow ★ ~ voor bow to (before), submit to ★ het land gaat gebukt onder een enorme staatsschuld the country is weighed down by an enormous national debt ★ zij ging gebukt onder de gebeurtenissen she was burdened by the events ★ onder een last gebukt gaan carry a burden II wederk [bukte, h. gebukt] ★ zich ~ stoop, lean down
buks I v [-en] wapen rifle II m [-en] boom box (tree)
bul I m [-len] stier bull II v [-len] ❶ onderw degree certificate ❷ v. paus bull ★ de Gouden Bul the Golden Bull
bulderen onoverg [bulderde, h. gebulderd] ❶ v. geschut boom, thunder ❷ v. storm, persoon bluster, roar ★ ~d gelach uproarious laughter ❸ v. persoon bellow ★ de baas buldert tegen zijn personeel the boss bellows at his staff
buldog m [-gen] bulldog
Bulgaar m [-garen] Bulgarian
Bulgaars I bn Bulgarian ★ ~e yoghurt Bulgarian yogurt II o taal Bulgarian
Bulgaarse v [-n] Bulgarian ★ ze is een ~ she's a Bulgarian, she's from Bulgaria
Bulgarije o Bulgaria
bulk m ❶ scheepv bulk ★ in ~ in bulk ❷ fig bulk ★ de ~ van het werk is gedaan most of the work is finished
bulkcarrier m [-s] bulk carrier
bulken onoverg [bulkte, h. gebulkt] ❶ schreeuwen low, bellow, roar ❷ v. dier low ▼ ~ van het geld roll in money
bulkgoederen zn [mv] bulk goods
bulldozer m [-s] bulldozer
bullebak m [-ken] bully, browbeater, bugbear, ogre
bullenbijter m [-s] ❶ hond bulldog ❷ bullebak bully
bullenpees v [-pezen] policeman's rod, whip
bulletin o [-s] ❶ nieuwsbericht bulletin, report ★ het ~

van acht uur the eight o'clock news bulletin ❷ *over ziekte* medical report ❸ *mededeling* bulletin, announcement

bult *m* [-en] ❶ *bochel* hunch, hump ★ *zich een ~ lachen* be in fits of laughter ❷ *v. kameel* hump ❸ *heuvel* bulge, bump ★ *er zitten ~en in het wegdek* the road surface is bumpy ❹ *zwelling* boss, lump ★ *eigen schuld, dikke ~* it's your own fault

bultenaar *m* [-s] hunchback, humpback

bultig *bn* ❶ *v. mens* hunchbacked, humpbacked ❷ *v. ding* lumpy, bulging

bumper *m* [-s] *auto* bumper ★ *~ aan ~* bumper to bumper

bumperkleven *o* tailgate

bumperklever *m* [-s] tailgater

bun *v* [-nen] *viskorf* creel, corf

bundel *m* [-s] ❶ *alg.* bundle ❷ *v. pijlen, papier* sheaf ★ *een ~ gedichten* a volume of verse ❸ *v. licht* beam

bundelen *overg* [bundelde, h. gebundeld] ❶ *in een bundel uitgeven* compile, collect ★ *artikelen (in een boek) ~* publish articles in one volume ❷ *tot samenwerking brengen* fig join, combine ★ *de krachten ~* join forces

bunder *o* [-s] hectare

bungalow *m* [-s] bungalow

bungalowpark *o* [-en] holiday park, Am vacation land

bungalowtent *v* [-en] family tent, frame tent

bungeejumpen *o* bungee jump

bungelen *onoverg* [bungelde, h. gebungeld] dangle, hang ★ *aan een draadje ~* hang by a thread ★ *achteraan ~* tag along

bunker *m* [-s] ❶ mil bunker, blockhouse ❷ golf bunker

bunkeren *onoverg* [bunkerde, h. gebunkerd] ❶ scheepv bunker, refuel ❷ *veel eten* stuff oneself

bunsenbrander *m* [-s] Bunsen burner

bunzing *m* [-s & -en] polecat

bups *m* ★ *de hele ~* the whole caboodle, the whole lot

burcht *m & v* [-en] ❶ *slot* castle, fortress ❷ *beverburcht* lodge ❸ *dassenburcht* sett ❹ *bolwerk* fig stronghold

bureau *o* [-s] ❶ *meubel* desk, bureau ★ *ik zit achter mijn ~* I'm sitting at my desk ❷ *lokaal* bureau, office, station ★ *het ~ van politie* the police station ★ *een dief naar het ~ brengen* run a thief in ❸ *bedrijf* agency ★ *een ~ inhuren* hire an agency ★ *Bureau Krediet Registratie* Credit Registration Office ★ *het ~ voorlichting* the information desk / office ★ *het ~ werving en selectie* the recruitment and selection agency ★ *het Benelux Bureau voor Tekeningen en Modellen* the Benelux Drawings and Designs Office ★ *Bureau voor de Industriële Eigendom* (Netherlands) Patent Office ★ *Bureau voor Muziekauteursrecht* Bureau of Musical Copyright, Copyright Office for Musical Compositions ★ *een ~ voor rechtshulp* a legal aid bureau, a legal aid / advice centre

bureaublad *o* [-bladen] ❶ eig top ❷ comput desktop

bureaucraat *m* [-craten] bureaucrat

bureaucratie *v* bureaucracy, inf red tape

bureaucratisch *bn* bureaucratic

bureaulamp *v* [-en] desk lamp

bureauredacteur *m* [-s & -en] copy editor

bureaustoel *m* [-en] desk chair, office chair

bureel *o* [-relen] office ★ *op de burelen van de krant* at the editorial office ★ *ten burele van* at the office of

burengerucht *o* disturbance ★ *~ maken* cause too much noise, make a disturbance

burenhulp *v* neighbourly help

burenruzie *v* [-s] quarrel between neighbours, neighbourhood quarrel

burgemeester *m* [-s] ❶ mayor ★ *(het college van) ~ en wethouders* the municipal / city council, mayor and aldermen, the municipal executive ❷ *in Schotland* provost

burger *m* [-s] ❶ *inwoner* citizen ★ *dat geeft de ~ moed* that is encouraging ★ *een brave ~ worden* settle down ❷ *tegenover edelman* commoner ❸ *niet militair* civilian ★ *in ~* in plain clothes, inf in civvies ★ *een agent in ~* a plain-clothes policeman ❹ *hamburger* burger

burgerbevolking *v* civilian population

burgerij *v* [-en] ❶ *gezamenlijke inwoners* citizens, citizenry ❷ *als stand* middle classes, commoners ★ *de kleine ~* the lower middle classes

burgerkleding *v* plain / civilian clothes ★ *in ~* in plain clothes, inf in civvies

burgerlijk *bn* ❶ *m.b.t. ambteloze burgers* civil, civilian, ⟨m.b.t. de gemeenschap⟩ civic ★ ZN *een ~e ingenieur* a civil engineer ★ ZN *Burgerlijke Bescherming* civil protection ★ *~e ongehoorzaamheid* civil disobedience ★ *de ~e beleefdheid* common civility ★ *zijn ~e staat* one's marital status ★ *de Burgerlijke Stand* Registry of Births, Deaths and Marriages ★ *het Burgerlijk Wetboek* civil law ❷ *v. de burgerstand* middle-class ❸ *niet fijn of voornaam* middle-class, bourgeois, conventional ★ *doe niet zo ~!* don't be so conventional!

burgerlijkheid *v* bourgeois mentality

burgerluchtvaart *v* civil aviation

burgerman *m* [-lieden & -lui] middle-class man, bourgeois

burgeroorlog *m* [-logen] civil war

burgerplicht *m & v* [-en] civic duty

burgerrecht *o* [-en] civil rights ★ *zijn ~ verliezen* lose one's civil rights ★ *dat woord heeft ~ verkregen* the word has been adopted into the language

burgerservicenummer *het* [-s] citizen service number

burgervader *m* [-s] mayor

burgerwacht *v* [-en] ❶ *tegen criminaliteit* neighbourhood watch ❷ *korps v. gewapende burgers* militia

burgerzaken *zn* [mv] civic affairs, ⟨afdeling⟩ Civic Affairs Department

burgerzin *m* sense of public responsibility

Burkina Faso *o* Burkina Faso

burlesk *bn* burlesque, farcical

burn-out *m* [-s] burn-out

Burundi *o* Burundi

bus I *v* [-sen] ❶ *voor groenten & tin*, can ★ *in de ~ blazen* dip deep in one's purse ★ *dat klopt / sluit als een ~* it's perfectly logical ★ *als winnaar uit de ~ komen* turn out to be the winner ❷ *voor geld, brieven* (money)box, (letter)box ★ *een brief op de ~ doen* post a letter ❸ *voor collecte* poor box, collecting box ❹ techn bush, box ❺ *insteekcontact* comput bus **II** *m & v* [-sen] ❶ *autobus* bus ★ *de ~ missen* eig miss the bus, fig miss an opportunity ❷ *touringcar* coach ❸ wielrennen cycle bus

busbaan *v* [-banen] bus lane

buschauffeur *m* [-s] bus driver

busdienst *m* [-en] bus service

bushalte *v* [-n & -s] bus stop

businessclass *m* business class ★ *in de ~ zitten* be in business class ★ *~ vliegen* fly business class

buskruit *o* gunpowder ★ *hij heeft het ~ niet uitgevonden* he's no great light

buslichting *v* [-en] collection

busstation *o* [-s] bus station

buste *v* [-n & -s] ❶ *borstbeeld & boezem* bust ❷ *v. vrouw* bosom

bustehouder *m* [-s] bra, brassiere

busverbinding *v* [-en] bus connection

butaan *o* butane

butagas *o* butane, Calor gas ★ *op ~ koken* cook with butane

butler *m* [-s] butler

buts *v* [-en] dent

button *m* [-s] button, badge

buur *m* [buren] neighbour ★ *de buren* the next-door neighbours ★ *beter een goede ~ dan een verre vriend* a good neighbour is worth more than a far friend

buurjongen *m* [-s] ❶ *hiernaast* boy next door ❷ *uit de buurt* neighbourhood boy

buurland *o* [-en] neighbouring country

buurman *m* [-nen, -lieden & -lui] neighbour ★ *al te goed is ~s gek* he that makes himself a sheep shall be eaten by the wolf

buurman

Het woord **neighbour** wordt in het Engels niet als aanspreekvorm gebruikt. Bij het aanspreken van de buurman wordt de naam gebruikt: **Bill** of **Mr Smith**.

buurmeisje *o* [-s] ❶ *hiernaast* girl next door ❷ *uit de buurt* neighbourhood girl

buurpraatje *o* [-s] chat with the neighbours, gossip

buurt *v* [-en] ❶ *alg.* neighbourhood, district ❷ *nabijheid* neighbourhood, vicinity ★ *het is in de ~* it's quite near ★ *een winkelier in de ~* a neighbouring shopkeeper ★ *hier in de ~* hereabout(s), near here ★ *(ver) uit de ~* far off, a long way off ★ *blijf uit zijn ~* don't go near him ❸ *wijk* quarter, district, suburb ★ *in een dure ~ wonen* live in an expensive district ❹ *inwoners* neighbourhood ★ *de hele ~ kwam in opstand* the whole neighbourhood revolted

buurtbewoner *m* [-s] local resident

buurtcafé *o* [-s] local pub

buurten *onoverg* [buurtte, h. gebuurt] pay a visit to a neighbour

buurtfeest *o* [-en] local party

buurthuis *o* [-huizen] community centre/Am center

buurtpreventie *v* neighbourhood watch

buurtwinkel *m* [-s] local shop

buurvrouw *v* [-en] neighbour, woman next door

buut *o* home ★ *~ vrij!* ‹bij verstoppertje› home!

buzzer *m* [-s] pager

BV, bv *afk en v* ['s] (besloten vennootschap) Br Ltd., Limited, Am Inc., Incorporated

bv. *afk* (bij voorbeeld) eg / e.g. (*exempli gratia*)

B-weg *m* [-wegen] B-road

bypass *m* [-es] bypass

byte *m* [-s] comput byte

Byzantijn *m* [-en] Byzantine

Byzantijns *bn* Byzantine

Byzantium *o* Byzantium

by

C

C *afk* (Celsius) C, Celsius, Centigrade
c *v* ['s] c
ca. *afk* (circa) approx.
cabaret *o* [-s] cabaret
cabaretier *m* [-s] cabaret performer
cabine *v* [-s] ❶ *alg.* cabin ❷ *v. vrachtauto* cab
❸ *v. bioscoop* projection room ❹ *luistercabine* booth
❺ *v. kabelbaan* cable car
cabinepersoneel *o* transport cabin crew, cabin staff
cabriolet *m* [-ten] ❶ auto convertible ❷ *rijtuig*
cabriolet
cacao *m* cocoa
cacaoboon *v* [-bonen] cocoa bean
cacaoboter *v* cocoa butter
cacaopoeder *o & m* cocoa powder
cachet *o* [-ten] ❶ *zegel* seal, signet ❷ *persoonlijk*
kenteken cachet, stamp ‹of distinction›, hallmark
★ *een zeker ~ hebben* bear a distinctive stamp ★ *~*
aan iets geven lend style to sth
cachot *o* [-ten] cell, lockup, slang clink ★ *vier dagen ~*
four days in the lockup
cactus *m* [-sen] cactus
CAD *afk* ❶ (Computer-Aided Design) comput CAD
❷ (Consultatiebureau voor Alcohol en Drugs) clinic
for alcohol and drug abuse
cadans *v* [-en] cadence
caddie *m* [-s] *bij het golfen* caddie, caddy
cadeau *o* [-s] present, gift ★ *iem. iets ~ geven* give sbd
sth as a present, make sbd a present of sth ★ *iets ~*
krijgen ‹als geschenk› get sth as a present, ‹gratis›
get sth for free ★ *ik zou het niet ~ willen hebben* I
wouldn't have it even if you gave it to me ★ *dat kun*
je van mij ~ krijgen! you can have / keep it! ★ *de*
overwinning ~ krijgen be handed the victory on a
plate
cadeaubon *m* [-nen, -s] gift token, gift voucher
cadeaucard *de (m)* [-s] giftcard
cadeauverpakking *v* packing ★ *in ~* gift-wrapped
cadens *v* [-en] muz cadenza
cadet *m* [-ten] cadet
cadmium *o* ❶ chem cadmium ❷ *cadmiumgeel*
cadmium yellow
café I *o* [-s] ❶ *zonder vergunning* cafe / café, coffee
shop ❷ *met vergunning* pub, bar ★ *een bruin ~* an
old-fahioned pub **II** *m* ★ *~ glacé* iced coffee ★ *~*
complet café complet, coffee with a roll
café chantant *o* [-s] cabaret
caféhouder *m* [-s] ❶ cafe proprietor ❷ cafe
/ coffeeshop owner, ‹met vergunning› ± publican,
proprietor
cafeïne *v* caffeine
cafeïnevrij *bn* decaffeinated, decaf
café-restaurant *o* [-s] restaurant
cafetaria *v* ['s] snack bar

cafetaria
is een snack bar en geen cafeteria. Een cafeteria is
een zelfbedieningsrestaurant of een kantine.

cahier *o* [-s] exercise book
Caïro *o* Cairo
caissière *v* [-s] ❶ cashier ❷ box-office girl
caisson *m* [-s] caisson
caissonziekte *v* decompression sickness, the bends
cake *m* [-s] plain cake
calamares *de (mv)* calamari
calamiteit *v* [-en] calamity, disaster
calcium *o* calcium
calculatie *v* [-s] ❶ *alg.* calculation, estimation,
computation ★ *een verkeerde ~* a wrong / mistaken
calculation ❷ *v. bouwwerk* costing ❸ handel cost
accounting
calculator *m* [-s en -toren] ❶ *persoon* calculator
❷ *apparaat* calculator, calculating machine
calculeren *overg* [calculeerde, h. gecalculeerd] ❶ *alg.*
calculate, estimate, compute ★ *de ~de burger* the
calculating person, the self-interested citizen
❷ handel cost ★ *de kosten ~* cost ‹sth› out
caleidoscoop *m* [-scopen] kaleidoscope
caleidoscopisch *bn* kaleidoscopic
Californië *o* California
callgirl *v* [-s] call girl
calloptie *v* [-s] call option
calorie *v* [-rieën] calorie
caloriearm *bn* low-calorie
calorierijk *bn* high-calorie
calqueren *overg* [calqueerde, h. gecalqueerd] trace,
calk
calvarieberg *m* Mount Calvarie
calvinisme *o* Calvinism
calvinist *m* [-en] Calvinist
calvinistisch *bn* Calvinistic
Cambodja *o* Cambodia
cambrium *o* Cambrian
camcorder *m* [-s] camcorder
camee *v* [-meeën] cameo
camelia *v* ['s] camellia
camembert *m* Camembert
camera *v* ['s] camera ★ *een ~ obscura* a camera
obscura ★ *een digitale ~* a digital camera ★ *een*
verborgen ~ a hidden camera
cameraman *m* [-nen, -lieden] cameraman
cameraploeg *v* [-en] camera crew
camion *m* [-s] lorry, truck
camouflage *v* camouflage
camouflagekleding *v* camouflage battledress
camouflagekleur *v* [-en] camouflage colour/Am color
camoufleren *overg* [camoufleerde, h. gecamoufleerd]
camouflage
campagne *v* [-s] ❶ *publieke actie* campaign ★ *~ voeren*
(voor / tegen) campaign (for / against) ❷ mil
campaign ★ *een plan de ~* a plan of battle ❸ *in*
suikerfabriek & working season ❹ *grootscheepse actie*

⟨export⟩ drive
campagneleider *m* [-s] campaign manager
camper *m* [-s] camper, camper van
camping *m* [-s] ❶ camping / camp site, Am
campground ❷ *met faciliteiten voor caravans*
caravan park, Am trailer park ❸ *voor tenten*
camping ground
campingwinkel *m* [-s] camping shop
campus *m* [-sen] campus
Canada *o* Canada
Canadees I *m* [-dezen] Canadian **II** *bn* Canadian ★ *een*
Canadese kano a Canadian canoe ★ valuta *de*
Canadese dollar the Canadian dollar, the dollar
Canadese *v* [-n] Canadian ★ *ze is een ~* she's a
Canadian, she's from Canada
canaille I *o gespuis* rabble, mob, riff-raff, low life **II** *m*
en v [-s] ❶ *man* bastard ❷ *vrouw* bitch
canapé *m* [-s] ❶ *zitbank* sofa, settee, Am davenport
❷ *hapje* canapé
canard *m* [-s] canard, (newspaper) hoax
Canarische Eilanden *zn* [mv] Canary Islands,
Canaries
cancelen *overg* [cancelde, h. gecanceld] cancel
cannabis *v* cannabis, hemp
canneleren *overg* [canneleerde, h. gecanneleerd]
channel
canon *m* [-s] ❶ *lied* round, canon ❷ *lijst erkende boeken*
canon ❸ *dogma* canon
canoniek *bn* canonical ★ *~ recht* canon law ★ *~e*
boeken canonical books
canoniseren *overg* [canoniseerde, h. gecanoniseerd]
canonize
cantate *v* [-n & -s] cantata
cantharel *m* [-len] chanterelle
cantorij *v* [-en] church choir
canule *v* [-s] cannula
canvas *o* canvas
canyoning *o* canyoning
cao *afk en v* ['s] (collectieve arbeidsovereenkomst)
collective labour agreement
cao-onderhandelingen *zn* [mv] collective bargaining
capabel *bn* ❶ *bekwaam* capable, able, competent ❷ *in*
staat capable (of), able (to) ★ *ze is niet ~ om te rijden*
she's in no state to drive ❸ *bevoegd* qualified ★ *ik*
ben meer dan ~ om die klus te doen I'm more than
qualified to do the job
capaciteit *v* [-en] ❶ *vermogen* capacity, power
★ *onbenutte ~* idle capacity ★ *op volle ~* at full
capacity ★ *een motor met kleine ~* a low-powered
engine ❷ *bekwaamheid* capability, capacity, ability
★ *de ~en voor iets hebben* have the capabilities to do
sth
cape *v* [-s] ❶ *kort* cape ❷ *lang* cloak
capillair I *bn* capillary **II** *o* [-en] capillary
capitonneren *overg* [capitonneerde, h.
gecapitonneerd] pad, stuff
Capitool *o* Capitol
capitulatie *v* [-s] capitulation, surrender (*voor* to)

capituleren *onoverg* [capituleerde, h. gecapituleerd]
capitulate, surrender (*voor* to)
cappuccino *m* ['s] cappuccino
capriool *v* [capriolen] caper, capriole ★ *ze is weer met*
haar capriolen bezig she's up to her antics again
★ *capriolen maken / uithalen* cut capers
capsule *v* [-s] ❶ capsule ❷ *v. fles* bottle top
captain *m* [-s] sp captain ▼ *een ~ of industry* a captain
of industry
capuchon *m* [-s] hood
cara *zn* [mv] (chronische aspecifieke respiratoire
aandoeningen) CORD ⟨chronic obstructive
respiratory disorder⟩ ★ *een patiënt met ~* a patient
with CORD
carambole I *o het spel* bilj cannon **II** *m* [-s] cannon
caramboleren *onoverg* [caramboleerde, h.
gecaramboleerd] ❶ bilj cannon ⟨against, with⟩
❷ *botsen* collide
caravan *m* [-s] caravan
carbidlamp *v* [-en] carbide / acetylene lamp
carbol *o & m* carbolic acid
carburateur *m* [-s], **carburator** [-s & -toren] carburettor
/ carburetter, Am carburetor
carcinoom *o* [-nomen] carcinoma
cardanas *v* [-sen] propeller shaft
cardankoppeling *v* [-en] universal joint, cardan
cardiogram *o* [-men] cardiogram
cardiologie *v* cardiology
cardioloog *m* [-logen] cardiologist
cardiovasculair *bn* cardiovascular ★ med *~e ziekte*
cardiovascular disease
cargadoor *m* [-s] ship broker
cargo *m* ['s] cargo
Cariben *zn* [mv] Caribbean
Caribisch *bn* Caribbean ★ *het ~ gebied* the Caribbean
cariës *v* caries
carillon *o & m* [-s] carillon, chimes
carnaval *o* [-s] carnival
carnavalesk *bn* carnivalesque
carnavalsoptocht *m* [-en] carnival procession
carnet *o* [-s] notebook
carnivoor *m* [-voren] carnivore
carpaccio *m* carpaccio
carpoolen *onoverg* [carpoolde, h. gecarpoold] carpool
carport *m* [-s] carport
carré *o & m* [-s] square
carrière *v* [-s] career ★ *~ maken* make a career for
oneself
carrièrejager *m* [-s] careerist
carrièreplanning *m* career planning
carrosserie *v* [-rieën] bodywork, body
carrousel *m & o* [-s] merry-go-round
carte blanche *v* ★ *iem. ~ geven* give sbd carte blanche
carter *o* [-s] techn crankcase
cartograaf *m* [-grafen] cartographer
cartografie *v* cartography
cartoon *m* [-s] cartoon
cartoonist *m* [-s] cartoonist

ca

cartotheek v [-theken] filing system, index card system, card index

cartridge m & v [-s] computt cartridge

cascade v [-s, -n] cascade

casco o ['s] ❶ *schip* vessel ❷ *romp v. voertuigen, gebouwen &* hull, body

cascoverzekering v [-en] ❶ scheepv hull insurance ❷ *v. auto* fully comprehensive insurance, insurance on bodywork

cash o & *bijw* cash ★ ~ *betalen* pay in cash

cash-and-carrybedrijf o [-drijven] cash-and-carry

cashcow v marketing cash cow

cashewnoot m [-noten] cashew nut

cashflow m *nettocashflow* boekh cash flow, flow of funds

casino o ['s] ❶ casino ❷ *brood* white tin loaf

cassatie v [-s] cassation, appeal ★ ~ *aantekenen* give notice of appeal ★ *in* ~ *gaan* appeal to the court of cassation ★ *een middel van* ~ a proposed ground for cassation

casselerrib v cured side of pork

cassette v [-n & -s] ❶ *geldkist* moneybox ❷ *geluidsbandje* cassette ❸ *v. juwelen* casket ❹ *v. bestek* canteen ❺ *v.e. boek* box ❻ fotogr cassette, cartridge

cassettebandje o [-s] cassette (tape)

cassettedeck o [-s] cassette deck

cassetterecorder m [-s] cassette recorder

cassis v ❶ *vruchtensap* cassis (juice), blackcurrant juice ❷ *met prik* blackcurrant lemonade

cast m [-s] *film, toneel, opera* cast

castagnetten zn [mv] castanets

castraat m [-traten] castrato

castratie v [-s] castration ★ *chemische* ~ chemical castration

castreren overg [castreerde, h. gecastreerd] castrate, emasculate, ⟨v. paarden⟩ geld

casus m [-sen of *mv* idem] ❶ case ★ *een* ~ *belli* a casus belli ❷ taalk case

catacombe v [-n] catacomb ★ ⟨v. stadion⟩ *de* ~*n* the catacombs

Catalaan m [-lanen] Catalan

Catalaans I bn Catalan, Catalonian **II** o *taal* Catalan

Catalaanse v [-n] Catalan ★ *ze is een* ~ she's a Catalan, she's from Catalonia

catalogiseren overg [catalogiseerde, h. gecatalogiseerd] catalogue, Am catalog

catalogus m [-logi & -logussen] catalogue, Am catalog ★ *een systematische* ~ a subject catalogue

catalogusprijs m [-prijzen] list(ed) price

catalpa v ['s] catalpa

catamaran m [-s] catamaran

cataract v [-en] cataract

catastrofaal bn catastrophic, disastrous

catastrofe v [-n & -s] catastrophe, disaster

catcher m [-s] ❶ *worstelaar* pro-wrestler ❷ honkbal catcher

catechisant m [-en] catechumen, person seeking confirmation

catechisatie v [-s] confirmation class(es)

catechiseren overg [catechiseerde, h. gecatechiseerd] catechize

catechismus m [-sen] catechism

categoraal bn categorial ★ *een categorale vakbond* a non-affiliated union

categoriaal bn categorial ★ *een categoriale school* a non-affiliated school

categorie v [-rieën] category

categorisch bn categorical ★ *de* ~*e imperatief* fil the categorial imperative

categoriseren overg [categoriseerde, h. gecategoriseerd] categorize

cateren onoverg [caterde, h. gecaterd] cater (for), do the catering

catering v catering ★ *de* ~ *voor onze receptie werd verzorgd door X* X did the catering for our reception

cateringbedrijf o [-drijven] catering company, caterer

catharsis v catharsis

catwalk m [-s] catwalk

causaal bn causal ★ *een* ~ *verband* a causal connection

causaliteit v causality

causeur m [-s] conversationalist, talker

cautie v [-s] jur security, recognizance, bail

cavalerie v cavalry, horse

cavalerist m [-en] cavalryman, trooper

cavia v ['s] guinea pig

cayennepeper m cayenne pepper

cc *afk e-mailkopie aan derde* (carbon copy) carbon copy, CC

cd m ['s] *compact disc* CD ★ *een* ~ *branden* burn a CD

cd-bon m [-nen, -s] CD voucher, CD token

cd-brander m [-s] computt CD burner

cd-i m ['s] *interactieve compact disk* CD-I, compact disc / disk interactive

cd-rom m ['s] *compact disc read only memory* CD-ROM

cd-romspeler m [-s] CD-ROM drive

cd-speler m [-s] CD player

cd-wisselaar m [-s] CD changer

ceder m [-s] cedar ★ *de* ~ *van de Libanon* the cedar of Lebanon

cederhout o cedar (wood)

cedille v [-s] cedilla

ceel v & o [celen], **cedel** [-s] ❶ *lijst* list ❷ handel (dock) warrant, Am warehouse receipt

ceintuur v [-s & -turen] belt, waistband

cel v [-len] cell ★ *een natte* ~ a wet area ★ *een communistische* ~ a communist cell ★ *in een* ~ *opsluiten* lock up in a cell

celdeling v [-en] cell division

celebreren overg [celebreerde, h. gecelebreerd] celebrate

celgenoot m [-noten] cell mate

celibaat o celibacy ★ *een verplicht* ~ mandatory celibacy

celibatair m [-s] celibate, ⟨vrijgezel⟩ bachelor

celkern v [-en] nucleus

cellist *m* [-en] cellist
cello *m* ['s] cello
cellofaan I *o* cellophane **II** *bn* cellophane
cellulair *bn* cellular ★ *~e opsluiting* solitary confinement ★ *~e pathologie* cellular pathology
cellulitis *v* cellulite
celluloid I *o* celluloid **II** *bn* celluloid
cellulose *v* cellulose
Celsius *m* Celsius ★ *20° ~* 20 degrees centigrade, 20 degrees Celsius
celstof *v* cellulose
celstraf *v* solitary confinement
celvorming *v* cellulation
celweefsel *o* cellular tissue
cement *o & m* ❶ cement, mortar ❷ fig cement
cementen I *bn* cement **II** *overg* [cementte, h. gecement], **cementeren** [cementeerde, h. gecementeerd] cement
cementmolen *m* [-s] cement mixer
censor *m* [-s & -soren] ❶ censor ❷ reviewer / critic ⟨of plays⟩
censureren *overg* [censureerde, h. gecensureerd] censor ⟨letters⟩, black out ⟨news &⟩
censuur *v* ❶ *toezicht op publicaties* censorship ★ *aan de ~ onderwerpen* censor ❷ *veroordeling* censure ★ *onder ~ staan* be censured ★ *onder ~ stellen* impose a censure on
cent *m* [-en, -s] cent ★ inf *~en* money ★ *~en hebben* have plenty of money ★ *ik heb geen (rooie) ~* I haven't got a penny ★ *het is geen ~ waard* it's not worth a red cent ★ *het kan me geen ~ schelen* I couldn't care less, I don't give a damn ★ *tot de laatste ~* to the last penny ★ *op de ~en zijn* be careful with one's money ★ *niet op de ~en kijken* spare no expense ★ *hij deugt voor geen ~* he's no good ★ *geen ~je pijn van iets hebben* have no problem at all with sth ★ *ik vertrouw het voor geen ~* I don't trust it at all
centaur, **kentaur** *m* [-en] centaur
centenaar *m* [-s] hundredweight
centenbak *m* [-ken] ❶ hat, begging bowl ❷ *uitstekende onderlip* scherts Neanderthal jaw
center *m* [-s] sp centre, Am center
centercourt *o* [-s] centre/Am center court
centeren *overg* [centerde, h. gecenterd] sp centre, Am center
centiare *v* [-n & -s] square metre/Am meter
centiliter *m* [-s] centilitre
centimeter *m* [-s] ❶ *maat* centimetre ❷ *meetlint* tape measure
centraal *bn* central ★ *het ~ station* the central station ★ *de centrale bank* the national bank, the central bank, the reserve bank ★ *centrale besturing* central control ★ *met centrale verwarming* centrally heated ★ *~ staan bij* be central to, be at the centre / heart of ★ *deze kwestie staat ~ bij het conflict* the conflict centres on this issue
Centraal-Afrikaanse Republiek *v* Central African Republic
centraalstation *o* [-s] central station
centrale *v* [-s] ❶ elektr power plant, power station, powerhouse ❷ telec exchange ❸ handel head office ❹ *vakbonden* federation
centralisatie *v* centralization
centraliseren *overg* [centraliseerde, h. gecentraliseerd] centralize
centralistisch *bn* centralist, centralistic
centreren *overg* [centreerde, h. gecentreerd] centre
centrifugaal *bn* centrifugal ★ *centrifugale kracht* centrifugal force
centrifugaalpomp *v* [-en] techn centrifugal pump
centrifuge *v* [-s] ❶ *alg.* centrifuge ❷ *v. wasautomaat* spin-drier / spin-dryer
centrifugeren *overg* [centrifugeerde, h. gecentrifugeerd] ❶ *v.d. was* spin-dry ❷ *stoffen scheiden d.m.v. centrifugeren* centrifuge
centripetaal *bn* centripetal ★ *centripetale kracht* centripetal force
centrum *o* [-s & -tra] centre, Am center ★ *in het ~ van de belangstelling staan* be the centre of interest
centrumspits *v* [-en] sp centre forward
ceramiek, **keramiek** *v* ceramics
cerebraal *bn* cerebral
ceremonie *v* [-s & -niën] ceremony
ceremonieel I *bn* ceremonial ★ *een ceremoniële ontvangst* a ceremonial reception **II** *o* [-niëlen] ★ *het ~* the ceremonial ★ *ze hechten aan ~* they stand on ceremony, they make a fuss of it
ceremoniemeester *m* [-s] master of ceremonies, MC
cerise *bn & o* cerise, cherry red
certificaat *o* [-caten] certificate ★ *een ~ aan toonder* a certificate to bearer ★ *een ~ van aandeel* a share certificate, a warrant ★ *een ~ van herkomst / origine* a certificate of origin ★ *een ~ van echtheid* a certificate of authenticity ★ comput *een digitaal ~* ⟨bij netwerken⟩ a digital certificate
certificaathouder *m* [-s] ❶ certificate holder ❷ eff holder of a depositary receipt
certificeren *overg* [certificeerde, h. gecertificeerd] certify
certificering *v* certification
cervelaatworst *v* [-en] smoked and dried sausage
cerviduct *o* [-en] wildlife passage
cesartherapie *de (v)* Caesar therapy
cessie *v* [-s] assignment ★ jur *een akte van ~* a deed of transfer, a deed of assignment ★ jur *een ~ ter incasso* an assignment for debt collection purposes
cesuur *v* [-suren] caesura
cf. *afk* (confer) cf., cf
cfk's *zn* [mv] (chloorfluorkoolwaterstofverbindingen) CFCs, chlorofluorocarbons
chador *m* [-s] chador
chagrijn *o* ❶ chagrin, vexation ❷ *persoon* [-en] ★ *gaat dat (stuk) ~ ook mee naar de film?* is that miserable sod / that sourpuss coming to the film too?
chagrijnig *bn* grouchy, bad-tempered

ch

ch

chalet *m & o* [-s] chalet
chamois *o & bn* chamois
champagne *m* [-s] champagne, *inf* fizz, bubbly
champagneglas *o* [-glazen] champagne glass
champagnekoeler *m* [-s] champagne cooler
champignon *m* [-s] ⟨edible⟩ mushroom, field mushroom
champignonsoep *v* mushroom soup
chanson *o* [-s] song ★ *een ~ de geste* a chanson de geste
chansonnier *m* [-s] cabaret singer
chantage *v* blackmail ★ *~ plegen jegens iem.* blackmail sbd
chanteren *overg* [chanteerde, h. gechanteerd] blackmail ★ *iem. ~* blackmail sbd
chanteur *m* [-s] ❶ *afperser* blackmailer ❷ *muz* singer, vocalist
chaoot *m* [chaoten] scatterbrain, muddlehead
chaos *m* chaos ★ *orde scheppen in de ~* sort out the chaos
chaotisch *bn* chaotic
chaperon *m* [-s] chaperon(e)
chaperonneren *overg* [chaperonneerde, h. gechaperonneerd] chaperon(e)
chapiter *o* [-s] ❶ *hoofdstuk* chapter ❷ *gespreksonderwerp* subject ★ *nu wij toch aan dat ~ bezig zijn* as we're now on the subject ★ *om op ons ~ terug te komen* to return to our subject ★ *dat is een heel ander ~* (but) that's quite something else
charge *v* [-s] charge ★ *een getuige à ~* a witness for the prosecution
chargeren I *onoverg* [chargeerde, h. gechargeerd] mil charge **II** *overg* [chargeerde, h. gechargeerd] *overdrijven* exaggerate, overact, overdo
charisma *o* ['s] charisma
charismatisch *bn* charismatic
charitas *v* charity
charitatief *bn* charitable ★ *een charitatieve instelling* a charitable institution
charlatan *m* [-s] charlatan, quack
charmant *bn* charming
charme *m* [-s] charm, attraction ★ *zij gooide al haar ~s in de strijd* she threw all her charms into the fray ★ *de ~ van het leven in de stad* the attractions of city life
charmeren *overg* [charmeerde, h. gecharmeerd] charm ★ *zij was wel van hem gecharmeerd* she was quite charmed by him
charmeur *m* [-s] charmer
chartaal *bn* cash ★ *~ geld* notes and coins, circulating currency
charter *o* [-s] ❶ *oorkonde* charter ❷ *vliegtuig* chartered plane ❸ *vlucht* charter flight
charteren *overg* [charterde, h. gecharterd] charter ★ *iem. ~* enlist sbd
chartermaatschappij *v* [-en] charter company
charterovereenkomst *v* [-en] transport charter party
chartervliegtuig *o* [-en] charter plane

chartervlucht *v* [-en] charter flight
chassis *o v. auto* chassis
chatbox *m* [-en] comput chat box
chateaubriand *m* [-s] Chateaubriand
chatroom *m* [-s] comput chat room
chatten *onoverg* [chatte, h. gechat] *gesprek op internet* comput chat
chaufferen *onoverg* [chauffeerde, h. gechauffeerd] drive ⟨a car⟩
chauffeur *m* [-s] ❶ *in dienst bij iem.* chauffeur ❷ *bestuurder* driver
chauvinisme *o* chauvinism
chauvinist *m* [-en] chauvinist
chauvinistisch *bn* chauvinistic
checken *overg* [checkte, h. gecheckt] check, examine, verify
checklist *m* [-s] checklist ★ *een ~ doornemen / afwerken* go through a checklist
check-up *m* [-s] check-up
cheeta *m* ['s] cheetah
chef *m* [-s] ❶ *alg.* chief, head ★ *de ~ van het protocol* the head of protocol ★ *een ~-d'oeuvre* a masterpiece ❷ *v. afdeling* manager ★ *de ~ de bureau* the office manager ★ *de ~ de cuisine/~kok* the chef de cuisine ★ *een ~ de clinique* a senior consultant ★ *de ~ de mission* the head of the delegation ★ *de ~ d'équipe* the team manager ★ *een ~ met lijnverantwoordelijkheid* management a line manager ❸ *patroon* employer ❹ *directeur* manager, *inf* boss
chef-kok *m* [-s] chef
chef-staf *m* [-s of chefs van staven] Chief of Staff
chemicaliën *zn* [mv] chemicals
chemicus *m* [-ci] chemist
chemie *v* chemistry ★ *anorganische ~* inorganic chemistry ★ *organische ~* organic chemistry ★ *het was een goede film dankzij de ~ tussen de hoofdrolspelers* it was the chemistry between the leading actors that made it such a good film
chemisch *bn* chemical ★ *~ reinigen* dry-clean ★ *het ~ reinigen* dry-cleaning ★ *een ~e wasserij* a dry-cleaning works ★ *een ~ proces* a chemical process ★ *~e oorlogsvoering* chemical warfare
chemobak *m* [-ken] chemical waste bin
chemokar *v* [-ren] chemical waste collector
chemotherapie *v* chemotherapy
cheque *m* [-s] cheque, Am check ★ *een ~ aan order* an order cheque ★ *een ~ aan toonder* a cheque to bearer ★ *een blanco ~* a blank cheque ★ *een geblokkeerde ~* a stopped cheque ★ *een gedekte ~* a covered cheque ★ *een ongedekte ~* a bad/inf dud / bounced cheque ★ *een gekruiste ~* a crossed cheque ★ *betalen met een ~* pay by cheque
chequeboek *o* [-en] chequebook
cherubijn *m* [-en], **cherub** [-s] cherub
chic I *m* chic, smartness, style **II** *bn* smart, stylish, fashionable ⟨hotel⟩ ★ *een chique vent* a man of fashion **III** *bijw* smartly &

chicane *v* [-s] chicane(ry) ★ *~s maken* quibble
chicaneren *onoverg* [chicaneerde, h. gechicaneerd] quibble
chicaneur *m* [-s] quibbler
chicklit *de* geringsch chick lit
chihuahua *m* ['s] chihuahua
Chileen *m* [-lenen] Chilean
Chileens *bn* Chilean ★ valuta *de ~e peso* the Chilean peso, the peso
Chileense *v* [-n] Chilean ★ *ze is een ~* she's a Chilean, she's from Chile
Chili *o* Chile
chilipeper *m* chilli, hot pepper
chill *bn* chill
chimpansee *m* [-s] chimpanzee
China *o* China
Chinees I *m* [-nezen] Chinese ★ *de Chinezen* the Chinese ★ *eten halen bij de chinees* get some Chinese takeaway ★ inf *een rare ~* a strange bird **II** *bn* Chinese, China ★ *de Chinese Muur* the Great Wall of China ★ *de Chinese Zee* the (South) China Sea ★ *Chinese inkt* Indian ink **III** *o taal* Chinese
Chinese *v* [-n] Chinese ★ *ze is een ~* she's a Chinese, she's from China
chinezen *onoverg* [chineesde, h. gechineesd] ❶ *in een Chinees restaurant eten* eat out at a Chinese restaurant ❷ *heroïne snuiven* chase the dragon
chip *m* [-s] comput chip
chipkaart *v* [-en] cash card, chip card, smart card
chipknip *m* [-s] smart card, chip card ★ *betalen met de ~* pay by chip card
chipolatapudding *m* ± bavarois
chippen I *overg* [chipte, h. gechipt] *een chip aanbrengen in vogels &* chip **II** *onoverg* [chipte, h. gechipt] *betalen* use one's chip card
chips *zn* [mv] *snack* Br (potato) crisps, Am (potato) chips
chiropracticus *m* [-ci], **chiropractor** [-s] chiropractor
chirurg *m* [-en] surgeon
chirurgie *v* surgery
chirurgisch *bn* surgical ★ *~ staal* surgical steel
chlamydia *zn* [mv] chlamydia
chloor *m & o* ❶ chlorine ❷ *bleekwater* bleach
chloorfluorkoolwaterstof *de* chlorofluorocarbon → cfk's
chloorwaterstof *v* hydrochloric acid
chloreren *overg* [chloreerde, h. gechloreerd] chlorinate
chloride *o* [-n] chloride
chloroform *m* chloroform
chlorofyl *o* chlorophyll
chocola, **chocolade** *m* chocolate ★ *een reep ~* a bar of chocolate ★ *een glas ~* a glass of cocoa ★ *ik kan er geen ~ van maken* I can't make head or tail of it
chocolaatje *o* [-s] chocolate, inf choc, choccy
chocoladebonbon *m* [-s] chocolate
chocoladeletter *v* [-s] chocolate letter
chocolademelk *v* chocolate, cocoa, Am chocolate

milk ★ *warme ~* hot chocolate / cocoa
chocoladereep *m* [-repen] bar of chocolate
chocoladevla *v* chocolate pudding
chocolaterie *v* [-rieën] chocolate shop
chocopasta, **chocoladepasta** *m & o* ['s] chocolate spread
choke *m* [-s] auto choke
choken *onoverg* [chookte, h. gechookt] (pull out the) choke
cholera *v* cholera
cholesterol *m* cholesterol
cholesterolgehalte *o* cholesterol level
choqueren *overg* [choqueerde, h. gechoqueerd] shock, offend ★ *hij was gechoqueerd* he was shocked
choquerend *bn* shocking
choreograaf *m* [-grafen] choreographer
choreografie *v* [-fieën] choreography
chorizo *m* ['s] chorizo
christelijk *bn* Christian
christen *m* [-en] Christian
christendemocraat *m* [-craten] Christian Democrat
christendemocratisch *bn* Christian Democratic
christendom *o* Christianity
christenmens *m* [-en] Christian ★ *geen ~* nobody
Christus *m* Christ ★ *in 200 na ~* in AD 200 ★ *in 200 voor ~* in 200 BC
Christusbeeld *o* [-en] figure of Christ
chromatisch *bn* chromatic ★ *een ~e aberratie* a chromatic aberration
chromosoom *o* [-somen] chromosome
chroniqueur *m* [-s] chronicler
chronisch *bn* chronic ★ *een ~e verkoudheid* a chronic cold ★ *~ ziek* chronically ill ★ *een ~ zieke* a chronically ill person ★ *dit bedrijf lijdt ~ verlies* this company is incurring recurrent losses
chronologie *v* [-gieën] chronology
chronologisch *bn* chronological ★ *in ~e volgorde* in chronological order
chronometer *m* [-s] chronometer
chroom *o* chromium
chroomleer *o* chrome leather
chrysant *v* [-en], **chrysanthemum** [-s] chrysanthemum
ciabatta *m* ['s] ciabatta
cichorei *m & v* chicory
cider *m* cider
cijfer *o* [-s] ❶ *alg.* figure, digit ★ *Arabische (Romeinse) ~s* Arabic (Roman) numerals ★ *in de dubbele ~s* in double figures ★ *in de rode ~s zitten / staan* be in the red ★ *in de rode ~s terechtkomen* get into the red ★ *uit de rode ~s komen* get out of the red ★ *in ronde ~s* in round figures ★ *de tussentijdse ~s* the interim figures ★ *de voorlopige ~s* the preliminary figures ❷ cipher ‹in cryptography› ❸ onderw mark, Am grade ★ *goede ~s halen* get good marks
cijferaar *m* [-s] ❶ *berekenend persoon* calculating person, opportunist ❷ *rekenaar, berekenaar* calculator
cijfercode *v* [-s] numeric code

ci

cijferlijst v [-en] onderw list of marks, report
cijfermateriaal o figures
cijfermatig bn in figures, statistical
cijferslot o [-sloten] combination lock
cijns m [cijnzen] levy, tax
cilinder m [-s] cylinder ★ een zes~ auto a six-cylinder car
cilinderinhoud m cylinder capacity, cubic capacity
cilinderkop m [-pen] cylinder head
cilinderslot o [-sloten] cylinder lock
cimbaal v [-balen] cymbal
cimbalist m [-en] cymbalist
cineast m [-en] film maker
cinema, kinema m ['s] cinema, pictures
cinemascope m cinemascope ★ in ~ wide-screen
cipier m [-s] warder, jailer
cipres m [-sen] cypress
circa bijw approximately, about, some ⟨5 millions⟩, circa ★ er waren ~ 2000 toeschouwers there were some 2000 spectators

circa
kan in het Engels ook als **circa** worden vertaald. Het komt alleen voor in geschreven teksten, gewoonlijk voor een jaartal en behoort cursief te zijn (omdat het als een vreemd woord wordt beschouwd).

circuit o [-s] circuit ★ het crimineel ~ the criminal underworld ★ een gesloten tv~ closed-circuit television ★ het informele ~ the informal channels
circulaire v [-s] circular letter, circular
circulatie v circulation ★ in ~ brengen put into circulation ★ uit de ~ nemen take out of / withdraw from circulation
circulatiesysteem o [-temen] circulatory system
circuleren onoverg [circuleerde, h. gecirculeerd] circulate ★ laten ~ circulate, send round ⟨lists &⟩
circus o & m [-sen] circus
circusnummer o [-s] circus act
circustent v [-en] circus tent
cirkel m [-s] circle, ring ★ een ~ van vuur a ring of fire ★ een halve ~ a semicircle ★ de omgeschreven ~ trekken van een vierkant circumscribe a square ★ een aan- / in- / omgeschreven ~ an escribed / inscribed / circumscribed circle ★ een vicieuze ~ a vicious circle
cirkelen onoverg [cirkelde, h. gecirkeld] circle ★ ~ om de aarde circle the earth
cirkelredenering v [-en] circular reasoning
cirkelvormig bn circular
cirkelzaag v [-zagen] circular saw
cirrose v cirrhosis
cis v [-sen] muz C sharp
ciseleren overg [ciseleerde, h. geciseleerd] chase
cisterciënzer m [-s] Cistercian
citaat o [-taten] ❶ letterlijke weergave quotation, quote ★ einde ~ close quotes ❷ aanhaling citation
citadel v [-len & -s] citadel
citer v [-s] zither

citeren overg [citeerde, h. geciteerd] ❶ letterlijk weergeven quote ★ ~ uit de Bijbel quote from the Bible ❷ aanhalen cite ★ een krantenartikel ~ cite a newspaper article ❸ dagvaarden cite, summon
citroen m & v [-en] ❶ lemon ❷ sterke drank lemon gin
citroengeel bn lemon yellow
citroenlimonade v lemonade
citroenmelisse v lemon balm
citroensap o lemon juice
citroenschijfje o [-s] slice of lemon
citroenschil v [-len] lemon peel
citroenvlinder m [-s] brimstone butterfly
citroenzuur o citric acid
citruspers v [-en] lemon squeezer
citrusvrucht v [-en] citrus fruit
cityhopper m [-s] air shuttle
citymarketing v city marketing
civetkat v [-ten] civet, civet cat
civiel bn ❶ burgerlijk civil ★ een ~ proces civil proceedings ★ jur de ~e staat the civil state ★ de ~e dienst the civil service ★ een ~e lijst a civil record ★ in ~ in civilian clothes, inf in civvies ❷ billijk moderate, reasonable ★ een ~e prijs a reasonable price ★ iem. ~ behandelen give sbd fair treatment
civiel ingenieur m [-s] civil engineer
civielrechtelijk bn civil, of civil law ★ een ~e procedure beginnen bring a civil action against ⟨sbd⟩
civilisatie v [-s] civilization
civiliseren overg [civiliseerde, h. geciviliseerd] civilize
ckv afk culture and the arts
claim m [-s] vordering, eis claim ★ een ~ leggen op make demands on ★ een ~ indienen file a claim ★ een ~ afwijzen reject a claim
claimemissie v [-s] rights issue
claimen overg [claimde, h. geclaimd] ❶ eisen claim ★ een vergoeding ~ claim damages ★ aandacht ~ demand attention ★ ~d gedrag demanding behaviour ❷ beweren assert
clair-obscur o chiaroscuro
clan m [-s] clan, family ★ Schotse ~s Scottish clans
clandestien bn clandestine, secret, illicit, illegal ★ een ~e zender a pirate transmitter ★ ~e handel the black market
claque v [-s] claque
classicisme o classicism
classicistisch bn classical
classicus m [-ci] classicist
classificatie v [-s] classification
classificeren overg [classificeerde, h. geclassificeerd] classify, class
claus v [-en & clauzen] ❶ achtereen gesproken passage v. acteur speech, passage ❷ laatste woord van voorganger, waarop andere acteur invalt cue
claustrofobie v claustrophobia
clausule v [-s] clause, proviso, stipulation ★ jur een derogatoire ~ a derogatory clause ★ een ~ opnemen build in / include a clause
claves zn [mv] muz clef

claxon m [-s] horn, hooter
claxonneren onoverg [claxonneerde, h.
  geclaxonneerd] sound the / one's horn, honk, hoot
clean bn ❶ schoon clean ❷ zonder emoties straight,
  clinical, unemotional ❸ vrij van drugs clean
clearing m bankw clearance
clematis v [-sen] clematis
clement bn lenient, clement ★ een ~ oordeel a lenient
  / mild judgement
clementie v clemency, leniency
clerus m clergy
cliché o [-s] ❶ drukplaat plate, block ❷ v. foto negative
  ❸ fig cliché, worn-out phrase, ready-made answer
clichématig bn clichéd, trite, hackneyed,
  commonplace ★ een ~ geschreven verhaal a
  cliché-ridden story
clickfonds o [-en] eff click fund
cliënt m [-en] ❶ client ❷ klant customer
clientèle, cliënteel v clientele, customers, clients
climax m [-en] climax
clinch m [-es] sp clinch ★ fig met iem. in de ~ liggen be
  at loggerheads / on bad terms with sbd ★ fig met
  iem. in de ~ gaan lock horns with sbd
cliniclown m [-s] clown doctor
clip m [-s] ❶ klem ‹klein› paper clip, ‹groot› bulldog
  clip, fastener ❷ muziekfilmpje (video)clip ❸ oorbel
  clip-on earring
clitoris v [-sen] clitoris
clivia v ['s] clivia
clochard m [-s] tramp
closet o [-s] toilet, lavatory, inf loo
closetpapier o toilet paper
closetpot m [-ten] toilet bowl
closetrol v [-len] toilet roll, roll of toilet paper
close-up m [-s] close-up ★ in ~ in close-up
clou m point, essence, punchline
clown m [-s] clown, funny man, buffoon ★ de ~
  uithangen play the clown, clown around
clownesk bn clownish
club I v [-s] ❶ vereniging club, association ❷ groep
  vrienden group, gang ❸ golfstick golf club II m [-s]
  clubfauteuil club chair
clubgenoot m [-noten] fellow club member
clubhuis o [-huizen] ❶ clubgebouw clubhouse
  ❷ jeugdcentrum community centre
clubkaart m [-en] sp membership card
clubverband o ★ in ~ as a club, with the whole club
cluster m [-s] ❶ cluster ★ een ~ van bloemen / atomen
  / sterren & a cluster of fowers / atoms / stars &
  ❷ samenwerkende inrichtingen of personen group,
  department ❸ bijeenliggende gebouwen & complex

cluster
Wanneer met **cluster** in het Nederlands een
verzameling samenwerkende inrichtingen of
personen wordt bedoeld, kan het niet worden
vertaald met **cluster**, maar moet **group**,
department o.i.d. worden gebruikt.

clusterbom m [-men] cluster bomb
clusteren overg [clusterde, h. geclusterd] classify,
  group
cm afk (centimeter) cm, centimetre
cms het [-'en] CMS, content management system
coach m [-es] ❶ coach ❷ personenauto two-door sedan
coachen overg [coachte, h. gecoacht] coach, tutor,
  train
coalitie v [-s] coalition
coalitieafspraak v [-spraken] coalition agreement
coalitiepartner m [-s] coalition partner
coalitieregering v [-en] coalition government
coassistent m [-en] Am intern, Br house officer,
  houseman
coassistentschap o [-pen] Br housemanship, Am
  internship
coaster m [-s] coaster
coaten overg [coatte, h. gecoat] coat
coating m [-s] coating
coaxkabel m [-s] RTV, comput coaxial cable
cobra v ['s] cobra
cocaïne v cocaine
cockerspaniël m [-s] cocker spaniel, cocker
cockpit m [-s] cockpit
cocktail m [-s] cocktail
cocktailbar m & v [-s] cocktail lounge
cocktailparty v ['s] cocktail party
cocon m [-s] cocoon
cocoonen onoverg [cocoonde, h. gecocoond] chill out,
  cocoon
cocooning m cocooning
code m [-s] ❶ code ★ in ~ coded ❷ afspraak, conventie
  code, regulations ★ uw kleding is niet conform de
  binnen dit bedrijf geldende ~ your clothes are not in
  keeping with this company's established norms
  ❸ wetboek code ★ de ~ civil the civil code ★ de ~
  pénal the penal code
codeïne o codeine
codenaam m [-namen] code name
coderen overg [codeerde, h. gecodeerd] ❶ code
  ❷ reclame encode
codering v [-en] (en)coding, code
codewoord o [-en] codeword
codex m [codices] codex
codicil o [-len] codicil
codificatie v [-s] codification
codificeren overg [codificeerde, h. gecodificeerd]
  codify
co-educatie v coeducation
coëfficiënt m [-en] coefficient
co-existentie v coexistence ★ vreedzame ~ peaceful

coexistence

co-existeren *onoverg* [coëxisteerde, h. gecoëxisteerd] coexist

coffeeshop *m* [-s] ❶ *verkoopt koffie & cafe*, coffee bar, Am coffee shop ❷ *verkoopt softdrugs* coffee shop

cognac *m* cognac, brandy

cognitie *v* ❶ <u>psych</u> cognition ❷ <u>jur</u> cognizance

cognitief *bn* cognitive

cognossement *o* [-en] bill of lading, B / L ★ *een ~ op naam* a straight bill of lading

coherent *bn* ❶ *samenhangend* coherent ❷ *logisch samenhangend* consistent

coherentie *v* [-s] ❶ *samenhang* coherence ❷ *logische samenhang* consistency

cohesie *v* cohesion

coiffure *v* [-s] coiffure, hair style, hairdo

coïtus *m* coitus, coition ★ *~ interruptus* coitus interruptus

cokes *v* coke

col *m* [-s] ❶ *bergpas* col ❷ *rolkraag* polo neck

cola *m* ['s] cola, <u>inf</u> coke

cola-tic *m* [-s] gin and coke

colbert *o & m* [-s] ❶ *jasje* jacket ❷ *kostuum* suit jacket

colibacterie *m* [-riën] coli bacillus

collaborateur *m* [-s] collaborator

collaboratie *v* collaboration

collaboreren *onoverg* [collaboreerde, h. gecollaboreerd] ❶ *samenwerken met de vijand* collaborate ★ *met de vijand ~* collaborate with the enemy ❷ *samenwerken* vero collaborate, work as a team, work together

collage *v* [-s] collage

collateraal *bn* collateral ★ *collaterale erfgenamen* collateral heirs

collectant *m* [-en] collector

collect call *m* [-s] collect call

collecte *v* [-s & -n] collection, <u>inf</u> whip-around ★ *een ~ houden* make / take a collection, <u>inf</u> do a whip-around

collectebus *v* [-sen] collection box

collecteren I *overg* [collecteerde, h. gecollecteerd] collect **II** *onoverg* [collecteerde, h. gecollecteerd] make a collection ★ *langs de huizen ~* do a house-to-house collection

collecteschaal *v* [-schalen] collection plate

collectie *v* [-s] collection

collectief I *bn* collective ★ *een collectieve arbeidsovereenkomst* a collective (wage) agreement ★ *de collectieve sector* the public sector ★ <u>jur</u> *collectieve voorzieningen* public services ★ *collectieve lasten* social charges **II** *o* [-tieven] ❶ *groep* collective, cooperative ❷ <u>taalk</u> collective (noun)

collega *m* ['s] colleague, co-worker

college *o* [-s] ❶ *bestuurslichaam* college, board ★ *het ~ van kardinalen* the college of cardinals ★ <u>jur</u> *het ~ van advies* the advisory committee ★ <u>jur</u> *het College van Beroep voor het Bedrijfsleven* the Administrative Tribunal for Trade and Industry, the Regulatory

Industrial Organization Appeals Court ★ *het ~ van bestuur* the governing body, ‹op universiteit› the executive board ★ *het ~ van burgemeester en wethouders / het ~ van B en W* the municipal / city council ★ *een ~ van toezicht* a supervisory board ★ <u>jur</u> *een vast ~ van advies* a standing advisory committee ❷ <u>onderw</u> lecture ★ *~ geven* give a lecture / course of lectures, lecture ‹over on› ★ *~ lopen / volgen* attend lectures

collegebank *v* [-en] lecture seat ★ *terug naar de ~en* back to university

collegedictaat *o* [-taten] <u>onderw</u> lecture notes

collegegeld *o* [-en] <u>onderw</u> tuition fees, tuition

collegekaart *v* [-en] student card

collegezaal *v* [-zalen] lecture room, lecture hall

collegiaal *bn & bijw* comradely ★ *van de medewerker wordt verwacht dat hij zich flexibel en ~ opstelt* the employee must be flexible and have a team mentality ★ *dat is niet erg ~ van je* that's not very comradely, that's a bit unsporting ★ *ze gaan ~ met elkaar om* they get on amicably

collegialiteit *v* collegiality, team spirit

colli *o* ['s] package, bale, bag, barrel

collie *m* [-s] collie

collier *o* [-s] necklace

collo *o* [colli] package

collocatie *v* [-s] collocation

colloquium *o* [-quia] colloquium ★ *een ~ doctum* a special university entrance exam ‹for students who do not have the required entrance standard›

colofon *o & m* [-s] colophon

Colombia *o* Colombia

Colombiaan *m* [-bianen] Colombian

Colombiaans *bn* Colombian ★ <u>valuta</u> *de ~e peso* the Colombian peso, the peso

Colombiaanse *v* [-n] Colombian ★ *ze is een ~* she's a Colombian, she's from Colombia

colonne *v* [-s] column ★ *een auto~* a column of cars ★ *de vijfde ~* the fifth column ★ *een lid van de vijfde ~* a fifth columnist

coloradokever *m* [-s] Colorado beetle

coloratuur *v* [-turen] coloratura

coloriet *o* coloration, colouring

colportage *v* ❶ *werving* canvassing ❷ *verkoop* selling door-to-door, hawking, peddling

colporteren *overg* [colporteerde, h. gecolporteerd] ❶ *werven* canvass ❷ *verkopen* sell door-to-door ❸ *praatjes uitstrooien* peddle, spread

colporteur *m* [-s] ❶ *werver* canvasser ❷ *verkoper* (door-to-door) salesman, hawker, pedlar / peddler

coltrui *v* [-en] polo-neck(ed) sweater, roll-neck sweater

columbarium *o* [-s & -ria] columbarium

column *m* [-s] column

columnist *m* [-en] columnist

coma *o* ['s] <u>med</u> coma ★ *in ~ liggen* be in a coma ★ *in ~ raken* lapse into a coma

comateus *bn* comatose

combi *m* ['s] estate car, station wagen

combikaart *v* [-en] combined ticket
combiketel *m* [-s] combination boiler
combinatie *v* [-s] ❶ *alg.* combination ❷ handel combine, syndicate ❸ *auto* lorry with trailer ❹ *kleding* two-piece / three-piece
combinatieslot *o* [-sloten] combination lock
combinatietang *v* [-en] combination pliers
combine *v* [-s] ❶ landb combine ❷ *sp* combination, combine
combineren I *overg* [combineerde, h. gecombineerd] ❶ *samenvoegen* combine ❷ *associëren* associate **II** *onoverg* [combineerde, is gecombineerd] go together, match ★ *de kleuren waarin ze de kamer heeft geschilderd ~ niet* the colours she's painted the room clash / don't match / don't go together
combo *m & o* ['s] combo
comeback *m* [-s] comeback ★ *een ~ maken* make a comeback
comedy *m* ['s] comedy
comestibles *zn* [mv] delicacies
comfort *o* comfort, convenience
comfortabel I *bn* ❶ *van huizen* comfortable, supplied with all conveniences, with every comfort ❷ *ruim* comfortable ★ *een ~e meerderheid* a comfortable majority **II** *bijw* conveniently, comfortably
comité *o* [-s] committee ★ *een uitvoerend ~* an executive committee ★ *een petit ~* a select committee
commandant *m* [-en] ❶ *mil* commandant, commander, officer in command ❷ *scheepv* captain
commanderen *overg* [commandeerde, h. gecommandeerd] ❶ *het bevel voeren* order, command, be in command of ★ *de ~d officier* the commanding officer ❷ *bevelen* order people about ★ *hij commandeert iedereen maar* he orders people about ★ *zij laten zich niet ~* they won't be dictated to / ordered about ★ *commandeer je hondje en blaf zelf!* don't order me around / about!
commandeur *m* [-s] ❶ *v. ridderorde* commander ❷ scheepv Commodore
commanditair *bn* ★ *een ~ vennoot* a sleeping / silent / dormant / limited partner ★ *een (open) ~e vennootschap* an (open) limited partnership ★ *~ kapitaal* a limited partner's capital contribution
commando I *o* ['s] ❶ *bevel, gezag* (word of) command, order ★ *het ~ voeren over* be in command of ★ *het ~ overgeven* hand over the command ★ *het ~ overnemen* take over command ★ *iets op ~ doen* do sth to order ❷ comput command ❸ *speciale militaire groep* commando **II** *m* ['s] *lid van commando* commando
commandobrug *v* [-gen] scheepv (navigating) bridge
commando-eenheid *v* [-heden] commando unit
commandopost *m* [-en] command post
commandotroepen *zn* [mv] commando troops
commentaar *m & o* [-taren] ❶ *verklaring* commentary, comment(s), remark(s) ★ *~ overbodig* comment is needless, enough said ★ *~ leveren op* comment on ★ *zich van ~ onthouden* give no comment ★ *hij heeft overal ~ op* he has something to say about everything ★ *een begeleidend ~* a running commentary ❷ *kritiek* criticism ★ *zijn opmerkingen hebben een hoop ~ uitgelokt* his comments have attracted a lot of criticism
commentaarstem *v* [-men] voice-over
commentariëren *overg* [commentarieerde, h. gecommentarieerd] commentate on
commentator *m* [-s & -toren] commentator
commercial *m* [-s] commercial
commercialiseren *overg* [commercialiseerde, h. gecommercialiseerd] commercialize ★ *de olympische spelen worden steeds meer gecommercialiseerd* the Olympic Games are increasingly becoming commercialized
commercie *v* commerce, business, trade ★ *de ~* the business world
commercieel *bn* commercial ★ *de ~ directeur* the marketing director ★ *een commerciële organisatie* a profit-orientated organisation ★ *een commerciële omroep* a commercial channel ★ *op niet-commerciële basis* on a non-profit basis
commies *m* [-miezen] ❶ *alg.* (departmental) assistant ❷ *v. douane* customs officer
commissariaat *o* [-aten] ❶ *alg.* commissionership ❷ *politiebureau* police station ★ *het ~ voor de media* the media board, the broadcasting commission
commissaris *m* [-sen] ❶ *alg.* commissioner ★ *de Hoge Commissaris* the High Commissioner ★ *de ~ van de Koningin* the Royal Commissioner, the Queen's commissioner ❷ *v. onderneming* supervisory director, commissioner ★ *een externe ~* an outside director ❸ *v. orde* steward ❹ *v. politie* superintendent of police, chief constable
commissie *v* [-s] ❶ *opdracht* commission, order ★ *in ~ een opdracht uitvoeren* carry out an order on commission ★ *als ik lieg, lieg ik in ~* I am telling the truth as I've been told it ❷ handel commission ★ *in ~* ⟨sell⟩ on commission, ⟨send⟩ on consignment ❸ *groep* committee, board ★ *een ~ van advies* an advisory committee ★ *een ~ van toezicht* a supervisory / watchdog committee, ⟨school⟩ a visiting committee ★ *een ~ van aandeelhouders* a committee of shareholders ★ *een ~ van onderzoek* a fact-finding commission / committee ★ *een ~ benoemen* appoint a committee
commissiebasis *v* ★ handel *werken op ~* work on a commission basis
commissiehandel *m* commission business
commissielid *o* [-leden] committee member
commissionair *m* [-s] ❶ commission agent, broker ❷ *commissionairsbedrijf, commissiehuis* commission broker Am commission business, commission agency ★ *een ~ in effecten* a stockbroker, a brokerage firm, a brokerage house, a stockbroking firm
committeren I *overg* [committeerde, h.

co

gecommitteerd] commission **II** *wederk* [committeerde, h. gecommitteerd] ★ *zich aan iets ~* commit oneself to sth ★ *ik voel mij niet gecommitteerd aan die toezeggingen* I don't feel bound by these promises

commode *v* [-s] chest of drawers

commodityagreement *m* handel commodity agreement

commotie *v* [-s] commotion, fuss ★ *~ veroorzaken* cause / make a commotion, kick up a fuss

communautair *bn* communal, ‹EU› Community

commune *v* [-s] commune

communicant *m* [-en] RK communicant

communicatie *v* [-s] communication

communicatiebedrijf *o* [-drijven] communication company

communicatief *bn* communicative ★ *communicatieve vaardigheden* communication skills

communicatiemiddel *o* [-en] means of communication

communicatiesatelliet *m* [-en] communications satellite

communicatiestoornis *v* [-sen] communication breakdown

communicatiewetenschap *v* [-pen] communication studies

communiceren I *overg* [communiceerde, h. gecommuniceerd] communicate **II** *onoverg* [communiceerde, h. gecommuniceerd] ❶ *mededelen* communicate ★ *~ met iem.* communicate with sbd ★ *~de vaten* communicating vessels ❷ RK receive communion

communie *v* [-s & -niën] communion ★ *de eerste ~* first Communion ★ RK *zijn ~ doen* receive Holy Communion for the first time ★ RK *de ~ ontvangen* take Holy Communion ★ RK *te ~ gaan* go to Communion

communiqué *o* [-s] communiqué

communisme *o* communism

communist *m* [-en] communist

communistisch *bn* communist ‹party, system› ★ *de ~e partij* the Communist Party

Comoren *zn* [mv] ★ *de ~* the Comoro Islands

compact *bn* compact, dense

compact disc *m* [-s] compact disc

compactdiscspeler *m* [-s] compact disc player

compagnie *v* [-s & -nieën] mil, handel company ★ *de Oost-Indische Compagnie* the Dutch East India Company

compagnon *m* [-s] partner

comparatief I *bn* comparative **II** *m* [-tieven] taalk comparative

comparitie *v* [-s & -tiën] ❶ meeting, assembly ❷ *verschijnen in de rechtzaal of voor een notaris* jur appearance in person

compartiment *o* [-en] compartment

compatibel *bn* combineerbaarheid ook comput compatible

compatibiliteit *v* compatibility ★ comput *achterwaartse ~* backward compatibility ★ comput *voorwaartse ~* forward compatibility

compendium *o* [-s & -dia] compendium

compensatie *v* [-s] compensation ★ *ter ~* by way of compensation ★ *ter ~ van* in settlement of ★ boekh *achterwaartse / voorwaartse ~* carry back / forward

compensatieregeling *v* [-en] compensation arrangement

compensatoir *bn* compensatory ★ *~e rente* compensatory interest ★ *~ gedrag* compensatory behaviour

compenseren *overg* [compenseerde, h. gecompenseerd] compensate, counterbalance, make up for ★ *de schade ~* compensate for the damage ★ *iem. ~ voor inkomensderving* compensate sbd for loss of income

competent *bn* competent, able, qualified

competentie *v* [-s] ❶ competence ★ *het behoort niet tot mijn ~* it's out of my domain ❷ jur jurisdiction, competency ★ *een zaak die binnen de ~ van de rechtbank valt* a matter that belongs to the jurisdiction of the court

competentievraag *v* issue of competence

competitie *v* [-s] ❶ *mededinging* competition ❷ sp league

competitief *bn* competitive

competitiewedstrijd *m* [-en] league game, league match

compilatie *v* [-s] ook comput compilation

compiler *m* [-s] comput compiler

compileren *overg* [compileerde, h. gecompileerd] ook comput compile

compleet I *bn* complete **II** *bijw* completely, utterly ★ *zij was de afspraak ~ vergeten* she completely forgot the appointment

complement *o* [-en] complement

complementair *bn* complementary ★ *~e goederen* complementary goods ★ *~e kleuren* complementary colours

completeren *overg* [completeerde, h. gecompleteerd] complete

completering *v* completion

complex I *bn* complex, complicated, intricate ★ *euthanasie is een ~e kwestie* euthanasia is a complex issue **II** *o* [en] complex ★ *hij kreeg er een ~ van* he got a complex about it

complexiteit *v* complexity

complicatie *v* [-s] complication

compliceren *overg* [compliceerde, h. gecompliceerd] complicate ★ *laten we de zaken niet ~* let's not complicate matters

compliment *o* [-en] compliment, regard, respect ★ *de ~en aan allemaal* best regards to all ★ *de ~en van mij en zeg dat...* give him / them & my compliments / respects / regards and say that... ★ *zonder ~* without (standing on) ceremony ★ *zonder veel / verdere ~en* without further ado ★ *de ~en doen*

/ *maken* give / make / pay / send one's compliments ★ *iem. een ~ maken over iets* compliment sbd on sth ★ *hij houdt van ~en maken* he's given to paying compliments ★ *naar een ~je vissen* fish for a compliment

complimenteren *overg* [complimenteerde, h. gecomplimenteerd] ★ *iem. ~* compliment sbd ‹on sth›

complimenteus *bn* complimentary

complot *o* [-ten] plot, intrigue, conspiracy ★ *een ~ smeden* plot, hatch a plot, conspire

complottheorie *v* [-rieën] conspiracy theory

component *m* [-en] component

componentenlijm *m* two component epoxy adhesive

componeren *overg* [componeerde, h. gecomponeerd] compose

componist *m* [-en] composer

composiet I *v* [-en] composite **II** *bn* composite

compositie *v* [-s] composition

compositiefoto *v* ['s] identikit (picture), composition photo

compost *o & m* compost

composteren *overg en onoverg* [composteerde, h. gecomposteerd] compost

compote *m & v* [-s] compote, stewed fruit

compressie *v* [-s] compression

compressor *m* [-s & -soren] techn compressor

comprimeren *overg* [comprimeerde, h. gecomprimeerd] ❶ *samenpersen* compress, condense ❷ *bedwingen* repress, restrain ❸ comput compress, zip

compromis *o* [-sen] ❶ compromise, deed of compromise ★ *een ~ sluiten* compromise, reach a compromise ❷ *bij arbitrage* arbitration agreement

compromitteren I *overg* [compromitteerde, h. gecompromitteerd] compromise **II** *wederk* [compromitteerde, h. gecompromitteerd] ★ *zich ~* compromise oneself

compromitterend *bn* compromising

comptabiliteit *v* ❶ *rekenplichtigheid* accountability ❷ *kantoor* accountancy, audit office

computer *m* [-s] computer

computeranimatie *v* [-s] computer animation

computerbestand *o* [-en] computer file

computerbranche *v* computer industry

computeren *onoverg* [computerde, h. gecomputerd] work at / on the computer, play computer games

computergestuurd *bn* computer-controlled

computerkraker *m* [-s] hacker

computernetwerk *o* [-en] computer network

computerprogramma *o* ['s] computer program

computerspel *o* [-spellen, -spelen] computer game

computerstoring *v* [-en] computer crash

computertaal *v* [-talen] computer language, programming language

computervirus *o* [-sen] computer virus

concaaf *bn* concave ★ *een concave lens* a concave lens

concentraat *o* [-traten] concentrate

concentratie *v* [-s] concentration

concentratiekamp *o* [-en] concentration camp

concentratievermogen *o* power(s) of concentration

concentreren I *overg* [concentreerde, h. geconcentreerd] ❶ *alg.* concentrate ❷ *de aandacht & focus* **II** *wederk* [concentreerde, h. geconcentreerd] ★ *zich ~* concentrate ★ *zich op een probleem ~* concentrate on a problem

concentrisch *bn* concentric ★ *~e cirkels* concentric circles

concept *o* [-en] ❶ *voorlopig ontwerp* (rough) draft, outline ❷ *begrip in de filosofie* concept

> **concept**
> is **draft, (rough) outline** en wordt niet vertaald als concept behalve in een filosofische context.
> Concept betekent **idee, denkbeeld**.

conceptbegroting *v* [-en] draft budget

conceptbrief *m* [-brieven] draft letter

conceptie *v* [-s] conception

conceptovereenkomst *v* [-en] draft agreement

conceptueel *bn* conceptual

concern *o* [-s] concern, group of companies, group of affiliated corporations

concert *o* [-en] ❶ *alg.* concert ★ *een ~ geven* give a concert ❷ *solo* recital ❸ *muziekstuk* concerto

concertbezoek *o* [-en] concert visit

concerteren *onoverg* [concerteerde, h. geconcerteerd] ❶ *een concert geven* perform / give / do a concert ❷ *als solist* give a recital

concertganger *m* [-s] concertgoer

concertgebouw *o* [-en] concert hall

concertmeester *m* [-s] leader, concertmaster

concertvleugel *m* [-s] concert grand

concertzaal *v* [-zalen] concert hall

concessie *v* [-s] ❶ *het toegeven* concession ★ *~s doen* make concessions ❷ *vergunning* licence/Am license, franchise ★ *een ~ aanvragen* apply for a licence ★ *~ verlenen* grant a concession / licence

concessiehouder *m* [-s], **concessionaris** [-sen] concessionaire, franchise holder, grantee

conciërge *m-v* [-s] ❶ *flatgebouwen & caretaker*, doorkeeper, doorman, porter, Am janitor ❷ *school* (school) caretaker

concilie *o* [-s & -liën] council ‹of prelates› ★ *het nationaal ~* the national council

concipiëren *overg en onoverg* [concipieerde, h. geconcipieerd] conceive, draft ‹a plan›

conclaaf *o* [-claven], **conclave** [-s] conclave ★ *in ~ gaan* go into conclave

concluderen I *overg* [concludeerde, h. geconcludeerd] conclude, deduce ★ *wij ~ uit dit onderzoek dat...* from the research we can conclude that... **II** *onoverg* [concludeerde, h. geconcludeerd] apply for, move that / for ★ *tot vrijspraak ~* apply for discharge

conclusie *v* [-s] ❶ conclusion ★ *~s trekken* draw conclusions ★ *tot een ~ komen* reach a conclusion

CO

❷ jur pleading ★ de ~ nemen deliver the statement ★ de ~ van antwoord the statement of defence/Am defense ★ de ~ van eis the statement / particulars of claim, Am the complaint ★ de ~ van repliek the reply

concordaat o [-daten] concordat

concours o & m [-en] competition ★ een ~ hippique a horse show

concreet bn ❶ niet abstract concrete, tangible ★ concrete poëzie concrete poetry ❷ specifiek concrete, definite, specific ★ een ~ geval a specific case

concretiseren I overg [concretiseerde, h. geconcretiseerd] concretize, make concrete ‹plans› II wederk [concretiseerde, h. geconcretiseerd] ★ zich ~ be specific about

concubinaat o concubinage, common-law marriage

concubine v [-s] concubine

concurrent m [-en] ❶ rivaal competitor, rival ❷ schuldeiser creditor

concurrentie v competition, rivalry ★ hevige ~ fierce competition ★ moordende ~ cut-throat competition ★ oneerlijke ~ unfair competition ★ sterke ~ stiff competition ★ volkomen ~ perfect competition ★ vrije ~ free competition

concurrentieanalyse v [-s] marketing competitive analysis

concurrentiebeding o restraint of trade clause, non-competition clause, anti-competition clause

concurrentiepositie v ★ de ~ versterken ‹van een bedrijf› make more competitive

concurrentieslag v commercial battle ★ de ~ winnen win the competition

concurrentiestrijd m competition, competitive struggle

concurrentievervalsing v unfair competition

concurreren onoverg [concurreerde, h. geconcurreerd] compete ‹with...› ★ kunnen ~ met be able to compete with

concurrerend bn ❶ mededingend competing, rival ‹firms› ❷ zodat geconcurreerd kan worden competitive ‹price›

condens m condensation

condensatie v condensation

condensator m [-s & -toren] condenser

condenseren overg en onoverg [condenseerde, h. en is gecondenseerd] condense ★ gecondenseerde melk evaporated milk, ‹met suiker› condensed milk

condensvorming v condensation formation

conditie v ❶ toestand condition, form, shape ★ in goede ~ ‹v. huis &› in good repair, ‹v. persoon› in good form, ‹v. paard &› in good condition ❷ voorwaarde [-s & -tiën] condition, proviso, terms ★ onze ~s zijn... our terms are...

conditietraining v fitness training

conditioneel I bn ❶ voorwaardelijk conditional ❷ de lichamelijke conditie betreffend physical II bijw ❶ conditionally ❷ physically

conditioneren overg [conditioneerde, h.

geconditioneerd] ❶ voorwaarden stellen stipulate ❷ psych condition

condoleance, **condoleantie** v [-s] condolence, sympathy

condoleanceregister, **condoleantieregister** o [-s] condolences book

condoleren overg [condoleerde, h. gecondoleerd] express one's sympathy ★ iem. ~ offer sbd one's condolences / sympathy ★ ik condoleer u van harte please accept my heartfelt sympathy

condoom o [-s] condom, inf rubber

condor m [-s] condor

conducteur m [-s] ❶ v. trein Br guard, Am conductor ❷ v. bus, tram conductor, ticket collector

conductrice v [-s] conductress, ticket collector, Br inf ‹v. bus› clippie

conduitestaat m [-staten] personal record

confectie v ❶ kleding ready-made clothes ❷ het maken manufacture of ready-made clothes

confectiekleding v ready-made clothes, ready-to-wear clothes, off-the-peg clothes

confectiepak o [-ken] ready-made suit

confederatie v [-s] confederation, confederacy

conference v [-s] sketch, act

conferencier m [-s] ❶ entertainer ❷ komiek comedian

conferentie v [-s] conference, discussion ★ in ~ zijn be in conference

conferentieoord o [-en] conference venue

conferentietafel v [-s] conference table

confereren onoverg [confereerde, h. geconfereerd] consult, confer ★ ~ over confer about

confessie v [-s] ❶ bekentenis confession ❷ geloofsbelijdenis confession (of faith) ★ de Augsburgse ~ the Augsburg Confession

confessioneel bn confessional, denominational ★ een confessionele partij a religious party

confetti m confetti

confidentieel bn confidential

configuratie v [-s] configuration

confiscatie v [-s] confiscation, seizure

confisqueren overg [confisqueerde, h. geconfisqueerd] confiscate, seize

confituren zn [mv] conserves

conflict o [-en] conflict ★ in ~ komen met... come into conflict with, conflict / clash with

conflictbeheersing v conflict management

conflicteren onoverg [conflicteerde, h. geconflicteerd] ★ ~ met conflict with

conflictmodel o [-len] strategy of confrontation

conflictsituatie v [-s] conflict situation

conflictstof v grounds of the conflict

conform I voorz in accordance with ★ jur ~ de eis in accordance with the demands ★ ~ de voorschriften in accordance with the regulations II bn correct ★ voor kopie ~ a certified true copy

conformeren I overg [conformeerde, h. geconformeerd] conform (to), comply (with) ★ een wetsontwerp ~ aan de bestaande wetgeving adapt a bill to the existing legislation **II** *wederk* [conformeerde, h. geconformeerd] ★ *zich ~ aan* conform to

conformisme *o* conformism
conformist *m* [-en] conformist
conformistisch *bn* conformist
confrater *m* [-s] colleague
confrontatie *v* [-s] confrontation
confronteren *overg* [confronteerde, h. geconfronteerd] confront (with), face (with) ★ *geconfronteerd met de werkelijkheid* brought face-to-face with reality
confuus *bn* confused, embarrassed, ashamed
congé *o & m* [-s] dismissal ★ <u>inf</u> *iem. zijn ~ geven* give sbd the sack, dismiss sbd ★ <u>inf</u> *hij kreeg zijn ~* he got the sack, he was dismissed
congenitaal *bn* congenital
congestie *v* [-s] congestion
conglomeraat *o* [-raten] conglomerate, conglomeration
Congo-Brazzaville *o* Republic of Congo, *onofficieel* Congo Brazzaville
Congo-Kinshasa *o* Democratic Republic of the Congo, <u>onofficieel</u> Congo Kinshasa
Congolees I *m* [-lezen] Congolese ★ *de Congolezen* the Congolese **II** *bn* Congolese
Congolese *v* [-n] Congolese ★ *ze is een ~* she's a Congolese, she's from Congo
congregatie *v* [-s & -tiën] ❶ *(klooster)orde* congregation, order ❷ *katholieke vereniging van leken* congregation, sodality
congres *o* [-sen] congress, conference
congresgebouw *o* [-en] conference hall
congruent *bn* congruent, corresponding
congruentie *v* [-s] ❶ *overeenstemming* correspondence ❷ <u>wisk</u> congruence
conifeer *m* [-feren] conifer
conisch *bn* conical
conjugatie *v* [-s] conjugation
conjunctie *v* [-s] conjunction
conjunctief *m* [-tieven] subjunctive
conjunctuur *v* [-turen] ❶ <u>handel</u> economic / trade / business conditions ❷ state of the market, state of trade (and industry) ❸ *periode* trade cycle, business cycle ★ *een dalende ~* a downward economic trend ★ *een neergaande ~* a recession ★ *een opgaande ~* an economic recovery
conjunctuurschommelingen *zn* [mv] cyclical fluctuations, economic fluctuations
connaisseur *m* [-s] connoisseur
connectie *v* [-s] connection ★ *goede ~s hebben* have the right connections
connotatie *v* [-s] connotation
conrector *m* [-s & -toren] <u>onderw</u> deputy principal
consacreren *overg* [consacreerde, h. geconsacreerd], **consecreren** [consecreerde, h. geconsecreerd] <u>RK</u> consecrate
consciëntieus *bn* conscientious ★ *een consciëntieuze*

student a conscientious student
consecratie *v* [-s] <u>RK</u> consecration
consecutief *bn* consecutive ★ *een consecutieve zin* a consecutive clause
consensus *m* consensus
consequent I *bn* ❶ *in overeenstemming met het voorafgaande* consistent ★ *~ zijn* be consistent ❷ *logisch voortvloeiend uit* logical **II** *bijw* consistently, scrupulously ★ *de eisen moeten ~ worden toegepast* the demands should be consistently applied ★ *de Europese afspraken moeten ~ worden nageleefd* the European arrangements should be scrupulously adhered to / should be adhered to at all times

> **consequent**
> is **consistent** of **consistently** en niet **consequent** of **consequently**. Consequent, consequently betekent **daaruit voortvloeiend, daaropvolgend**.

consequentie *v* [-s] ❶ *handelen* consistency ❷ *gevolg* consequence ★ *je moet de ~s van je daden accepteren* you must accept the consequences of your actions
conservatief I *bn* conservative ★ *een ~ politicus* a conservative politician **II** *m* [-tieven] conservative, <u>Br pol</u> Tory
conservatisme *o* ❶ conservatism ❷ <u>Br pol</u> Toryism
conservator *m* [-s & -toren] curator ‹of a museum›, custodian ‹of the records &›
conservatorium *o* [-s & -ria] school of music, conservatoire, conservatory, conservatorium
conserven *zn* [mv] preserved foods
conservenblik *o* [-ken] can
conserveren *overg* [conserveerde, h. geconserveerd] preserve, keep ★ *goed geconserveerd* ‹v. oudere personen› well preserved
conservering *v* preservation
conserveringsmiddel *o* [-en] preservative
consideratie *v* [-s] consideration ★ *veel ~ met iem. hebben* make allowances for sbd ★ *iem. met ~ behandelen* treat sbd with consideration ★ *iets in ~ nemen* take sth into account
consignatie *v* [-s] consignment, ‹van gelden› consignation ★ *in ~ zenden* send on consignment, consign
consigne *o* [-s] ❶ *opdracht* orders, instructions ❷ *wachtwoord* password
consigneren *overg* [consigneerde, h. geconsigneerd] ❶ <u>handel</u> consign ‹goods› ❷ <u>mil</u> confine ‹troops› to barracks
consistent *bn* consistent
consistentie *v* consistency
consistorie *o* [-s] consistory
consistoriekamer *v* [-s] vestry, consistory
console *v* [-s] ❶ <u>bouwk</u> console ❷ *tafeltje* console table ❸ <u>comput</u> console
consolidatie *v* ❶ consolidation ❷ <u>bankw & fin</u> funding ❸ <u>boekh</u> consolidation
consolideren *overg* [consolideerde, h. geconsolideerd] consolidate

consonant *v* [-en] consonant

consorten, **konsoorten** *zn* [mv] associates, confederates ★ *X en ~* X and company, inf X and his pals

consortium *o* [-s] consortium, syndicate, ring

con'stant[1] *bn* constant, steady ★ *~e kosten* fixed costs ★ *de ~e waarde* the present value ★ *het weer bleef ~* the weather remained calm

'constant[2] *bijw* constantly ★ *ze zeurde ~ om een ijsje* she kept pestering for an ice cream ★ *ze houden me ~ in de gaten* they're keeping a constant eye on me

constante *v* [-n] constant

constateren *overg* [constateerde, h. geconstateerd] ❶ *alg.* state, ascertain, establish ‹a fact› ❷ med diagnose ★ *er werd geconstateerd dat ze besmet was met malaria* she was found to be / diagnosed as being infected with malaria

constatering *v* [-en] observation, discovery, conclusion, detection ★ *tot de ~ komen dat* come to the conclusion that

constellatie *v* [-s] ❶ *sterrenbeeld* constellation ❷ *situatie* situation, inf line-up

consternatie *v* [-s] consternation, dismay, panic

constipatie *v* [-s] constipation

constituent *m* [-en] constituent

constitueren *overg* [constitueerde, h. geconstitueerd] constitute

constitutie *v* [-s] constitution

constitutioneel *bn* constitutional ★ *een constitutionele monarchie* a constitutional monarchy

constructeur *m* [-s] designer, design engineer

constructie *v* [-s] ❶ *gebouw* construction, structure ❷ *het bouwen* construction

constructief *bn* constructive

constructiefout *v* [-en] design error, ‹in bouwwerk› construction defect

construeren *overg* [construeerde, h. geconstrueerd] construct

consul *m* [-s] consul

consulaat *o* [-laten] consulate

consulaat-generaal *o* [consulaten-generaal] consulate general

consulair *bn* consular ★ *de ~e dienst* the consular service ★ *een ~ agent* a consular agent

consulent *m* [-en] adviser

consul-generaal *m* [consuls-generaal] consul general

consult *o* [-en] consultation ★ *~ houden* hold consultations

consultancy *v* consultancy

consultatie *v* [-s] consultation

consultatiebureau *o* [-s] health centre/Am center, ‹voor zuigelingen› infant welfare centre/Am center

consulteren *overg* [consulteerde, h. geconsulteerd] consult ‹a doctor›, seek professional advice ★ *een ~d geneesheer* a consulting physician

consument *m* [-en] consumer

consumentenbond *m* [-en] consumers' association, consumers' union

consumentengedrag *o* marketing consumer behaviour

consumentenvertrouwen *o* consumer confidence

consumeren *overg* [consumeerde, h. geconsumeerd] consume

consumptie *v* [-s] ❶ *verbruik* consumption ❷ *eet-, drinkwaren* food and drinks ★ *ik kreeg twee ~s aangeboden* I was offered two drinks

consumptieartikel *o* [-en] consumable

consumptiebon *m* [-nen] food / drink voucher

consumptief *bn* consumptive ★ *consumptieve bestedingen* consumer expenditure ★ *consumptieve vraag* consumer demand ★ *~ krediet* consumer credit

consumptiegoederen *zn* [mv] consumer goods ★ *niet-duurzame ~* non durables ★ *duurzame ~* durables

consumptiemaatschappij *v* consumer society

contact *o* [-en] ❶ *verbinding* contact, touch ★ *~ hebben met* be in contact with, be in touch with ★ *~ opnemen / maken met* make contact with, contact ‹sbd› ★ *in ~ brengen met* bring into contact with ★ *in ~ staan met* be in contact with ★ *~ maken* elektr make contact ❷ *persoon* contact, contact person, connection ★ *~en leggen* make contacts ❸ auto contact, switch, ignition

contactadres *o* [-sen] contact address

contactadvertentie *v* [-s] personal ad

contactdoos *v* [-dozen] socket, plug, outlet

contactdraad *m* [-draden] contact wire

contacteren *overg* [contacteerde, h. gecontacteerd] contact, get in touch with

contactgestoord *bn* socially handicapped

contactlens *v* [-lenzen] contact lens

contactpersoon *m* [-sonen] contact

contactsleutel *m* [-s] ignition key

contactueel *bn* contactual ★ *goede contactuele eigenschappen hebben* have good communication skills

container *m* [-s] container

containerhaven *v* [-s] container port

containerschip *o* [-schepen] container ship

containervervoer *o* transport container transport

contaminatie *v* [-s] ❶ *vervuiling* contamination ❷ taalk contamination

contant I *bn* cash ★ *à ~* for cash ★ *een ~e betaling* a cash payment ★ *een ~ dividend* a cash dividend ★ *~ geld* ready money ★ *valuta een ~e markt* a spot currency market, a cash market ★ *de ~e waarde* the present value, the cash value **II** *bijw* ★ *~ betalen* pay in cash, pay cash in hand

contanten *zn* [mv] cash, ready money, cash in hand

contemplatief I *bn* contemplative, meditative ★ *de contemplatieve orden* the contemplative orders **II** *m* [-tieven] contemplative

contemporain I *bn* contemporary **II** *m* [-s] contemporary

'content[1] *m* [-s] *inhoud* comput content
con'tent[2] *bn* content, happy, satisfied
contentmanagementsysteem *het* [-stemen] content management system
context *m* [-en] context
continent *o* [-en] continent
continentaal *bn* continental ★ *een ~ plat* a continental shelf
contingent *o* [-en] ❶ mil contingent ❷ handel quota
continu I *bn* continuous ★ *een ~e variabele* a continuous variable ★ *een ~e stroom van geruchten* a continuous stream of rumours **II** *bijw* continuously
continuarbeid *m* shift work
continubedrijf *o* [-drijven] continuous industry, continuous operation, continuous working plant
continudienst *m* continuous shift
continueren *overg en onoverg* [continueerde, h. gecontinueerd] continue ★ jur *een zaak ~* adjourn a case
continuïteit *v* ❶ *samenhang* continuity ❷ *voortduring* continuation
continuproces *o* continuous process
conto *o* ['s & -ti] bankw account ★ fig *iets op iems. ~ schrijven* hold sbd responsible for sth
contour *m* [-en] contour, outline
contra I *bijw & voorz* contra, versus, against **II** *o* ['s] ★ *het pro en het ~* the pros and cons
contrabas *v* [-sen] double bass
contrabeweging *v* [-en] contra movement
contraceptie *v* contraception
contract *o* [-en] contract, agreement ★ *een ~ voor onbepaalde tijd* arbeid a fixed-term contract, an open-ended contract ★ *een vast ~* a permanent contract ★ *volgens ~* according to contract ★ *een voorlopig ~* a temporary contract ★ *een ~ tekenen* sign an agreement / a contract
contractant *m* [-en] contracting party, contractor
contractbreuk *v* [-en] breach of contract ★ *~ plegen* commit a breach of contract
contractduur *m* term of agreement
contracteren *overg* [contracteerde, h. gecontracteerd] contract (for)
contractie *v* [-s] contraction
contractspeler *m* [-s] contract player
contractueel I *bn* contractual **II** *bijw* contractual, by / under contract ★ *contractuele rechten* contractual rights / rights under contract ★ *contractuele verplichtingen* contractual obligations ★ *~ vastleggen* lay down in a contract ★ *~ verbonden zijn* be bound by contract
contradictie *v* [-s] contradiction
contradictio in terminis *v* contradiction in terms
contradictoir *bn* contradictory, adversarial ★ *een ~ vonnis* a judgement in a defended case
contra-expertise *v* [-s & -n] jur countercheck, second opinion, ‹bij verzekeringen› re-appraisal
contragewicht *o* [-en] counterpoise, counterweight
contra-indicatie *v* [-s] med contraindication

contramine *v* ★ handel *in de ~ zijn* speculate for a fall ★ *hij is altijd in de ~* he's a born pessimist
contraproductief *bn* counterproductive ★ *dat werkt ~* this is counterproductive
contrapunt *o* [-en] muz counterpoint
contraspionage *v* counterespionage
contrast *o* [-en] contrast ★ *in ~ met* in contrast to ★ *een ~ vormen met* contrast with ★ *in schril ~ met* in sharp contrast to ★ *een schilderij met veel ~en* a painting with many contrasts
contrasteren *onoverg* [contrasteerde, h. gecontrasteerd] contrast ★ *~ met* contrast with ★ *~de kleuren* contrasting colours
contrastmiddel *o* [-en] contrast medium
contrastregelaar *m* [-s] contrast control
contrastvloeistof *v* [-fen] contrast fluid
contrastwerking *v* [-en] contrast effect
contreien *zn* [mv] regions, parts ★ *in deze ~* in these parts
contribuant *m* [-en] subscribing member, contributor
contributie *v* [-s] subscription, membership fee
control-alt-delete *zn* control alt delete
controle *v* [-s] ❶ *alg.* check(ing), supervision, control ★ *~ uitoefenen op de...* check the... ★ *iets onder ~ hebben* be in command of something ★ *een tussentijdse ~* an interim audit ★ *een verplichte ~* a statutory audit ❷ *medische controle* checkup, monitoring ★ *hij moet naar het ziekenhuis voor ~* he has to go to the hospital for a checkup
controleadres *o* [-sen] reclame control address
controleerbaar *bn* checkable, verifiable ★ *een controleerbare vastlegging van transacties / boekingen* an audit trail, traceable history of transactions / bookings ★ *de inhoud is niet ~* the contents cannot be verified / checked
controlegroep *v* [-en] control group
controlekamer *v* [-s] control room
controlelampje *o* [-s] warning light
controlepost *m* [-en] checkpoint
controleren *overg* [controleerde, h. gecontroleerd] ❶ *nagaan* check, examine, verify, control ❷ *toetsen* test ❸ *toezicht houden op* supervise, monitor ★ *een ~d geneesheer* a medical officer ★ *het proces ~* monitor the process
controlestrookje *o* [-s] *van cheques, tegoedbonnen enz.* counterfoil
controleur *m* [-s] ❶ *ambtenaar* inspector, controller, checker ❷ *kaartjes* ticket inspector ❸ *boekhouden* auditor
controverse *v* [-n & -s] controversy
controversieel *bn* controversial
convenant *o* [-en] covenant, contract, agreement
conventie *v* [-s] ❶ convention ★ *de ~ van de Democratische Partij* the Democratic Party convention ★ *de ~s overtreden* go against the accepted norm ❷ jur principal action, proceedings on the plaintiff's claim
conventioneel *bn* conventional, traditional

CO

★ *conventionele wapens* conventional weapons

convergent *bn* convergent

convergentie *v het samenkomen* convergence ★ comput *digitale* ~ digital convergence

convergeren *onoverg* [convergeerde, h. geconvergeerd] converge

conversatie *v* [-s] conversation, talk ★ *een levendige ~ met iem. hebben* have a lively talk with sbd

conversatieles *v* [-sen] conversation lesson

converseren *onoverg* [converseerde, h. geconverseerd] converse ★ *hij kan goed ~* he's a good conversationalist

conversie *v* [-s] conversion ★ *~ van rente* ‹omzetten van rente in een ander percentage› an interest rate swap

converteerbaar *bn* convertible ★ *een converteerbare lening* a convertible loan ★ *converteerbare obligaties* convertible bonds

converteren *overg* [converteerde, h. geconverteerd] convert ‹into›

convertibel *bn* handel convertible

convertibiliteit *v* convertibility

convex *bn* convex ★ *~concaaf* convexo-concave

convocaat *o* [-caten] convocation

convocatie *v* [-s] ❶ *bijeenroeping* convocation ❷ *bericht* notice (of a meeting), invitation (to a meeting)

---

convocatie
wordt in formeel Nederlands gebruikt als een uitnodiging voor een vergadering en kan het best worden vertaald als **notice (of a meeting)** of **invitation (to a meeting)**. In het Engels is **convocation** de uitnodiging voor een grote formele vergadering zoals een synode, maar vooral zo'n vergadering zelf.

---

convoceren *overg* [convoceerde, h. geconvoceerd] convene, convoke

coöperatie *v* [-s] ❶ *samenwerking* collaboration ❷ *coöperatieve vereniging* cooperative, cooperative association

---

coöperatie
Woorden als **coöperatie, coördineren** enz. mogen zowel met als zonder streepje worden geschreven in het Engels: **cooperation, coordinate** naast **co-operation** en **co-ordinate**. Er lijkt een voorkeur te bestaan voor de vormen zonder streepje, maar welke vorm je ook kiest, wees er wel consequent in.

---

coöperatief *bn* cooperative / co-operative ★ *zich ~ opstellen* be cooperative ★ *een coöperatieve groothandelsvereniging* a wholesale cooperative ★ *een coöperatieve zuivelfabriek* a cooperative dairy factory

coöptatie *v* [-s] co-optation

coöpteren *overg* [coöpteerde, h. gecoöpteerd] co-opt ★ *zich ~* co-opt oneself

coördinaat *m* [-naten] coordinate, co-ordinate

coördinatenstelsel *o* [-s] coordinate / co-ordinate system

coördinatie *v* [-s] coordination, co-ordination

coördinator *m* [-s, -toren] coordinator, co-ordinator

coördineren *overg* [coördineerde, h. gecoördineerd] coordinate, co-ordinate

co-ouder *m* [-s] co-parent

copieus I *bn* copious, plentiful ★ *een copieuze lunch* a lavish lunch **II** *bijw* ★ *~ dineren* dine lavishly

copiloot *m* [-loten] co-pilot

coproductie *v* [-s] co-production

coprofagie *de (v)* coprophagy

coprolalie *de (v)* coprolalia

copulatie *v* [-s] copulation, ‹v. dieren› mating

copuleren *onoverg* [copuleerde, h. gecopuleerd] copulate, ‹v. dieren› mate

copy-pasten *overg* [copy-pastete, h. gecopy-pastet] copy paste

copyright *o* [-s] copyright

copywriter *m* [-s] *tekstschrijver, reclametekstschrijver* copywriter, advertising copywriter

cordon bleu *m* [-s] ❶ *vleesgerecht* escalope with ham and cheese, Am veal cordon bleu ❷ *bekwame kok* cordon bleu chef

cordon sanitaire *het* [cordons sanitaires] ★ *een ~ aanleggen rond een politieke partij* put a cordon sanitaire around a political party

corduroy I *o* corduroy, cord **II** *bn* corduroy, cord ★ *een ~ broek* corduroy pants, corduroys, cords

coreferent *m* [-en] co-reporter, co-reviewer

cornedbeef *m* corned beef

corner *m* [-s] sp & handel corner

cornervlag *v* [-gen] corner flag

cornflakes *zn* [mv] cornflakes

corona *v* ['s, -nae] corona, aureole

coronair *bn* coronary ‹thrombosis &› ★ *~e vaten* coronary vessels

corporatie *v* [-s] corporate body, corporation

corporatief *bn* corporative ★ *de corporatieve staat* the corporate state

corps I *o* [mv idem] corps, body ★ *het ~ diplomatique* the Diplomatic Corps, the Diplomatic Body **II** *o* [corpora] *studentencorps* student union

corpulent *bn* corpulent, stout

corpulentie *v* corpulence, stoutness

corpus *o* [-sen] body ★ jur *het ~ delicti* the corpus delicti

correct I *bn* ❶ *feitelijk* correct, right, exact ❷ *maatschappelijk* correct, right, proper **II** *bijw* correctly, properly ★ *zich ~ gedragen* behave properly / correctly ★ *~ handelen* act correctly, do the correct / right thing

correctheid *v* correctness

correctie *v* [-s] correction

correctief *o* [-tieven] corrective ★ *een ~ referendum* a corrective referendum ★ med *een correctieve behandeling* corrective treatment

correctiefactor *m* [-toren] correction factor

correctielak *m & o* correction fluid, white-out
correctieteken *o* [-s] correction mark
correctievloeistof *v* correction fluid, white-out
correctiewerk *o* correction
corrector *m* [-s & -toren] proofreader, corrector
correlatie *v* [-s] correlation, interdependence
correlatiecoëfficiënt *m* [-en] correlation coefficient
correleren *overg en onoverg* [correleerde, h. en is gecorreleerd] correlate
correspondent *m* [-en] correspondent ★ *onze ~ in Brussel* our Brussels correspondent
correspondentie *v* [-s] correspondence
correspondentieadres *o* [-sen] postal address, mailing address
correspondentievriend *m* [-en] pen friend, pen pal
corresponderen *onoverg* [correspondeerde, h. gecorrespondeerd] correspond ★ *~ met* ‹schrijven› write to, correspond with, ‹overeenstemmen› correspond to / with ★ *een ~de trein* a connecting train
corridor *m* [-s] corridor
corrigeren *overg* [corrigeerde, h. gecorrigeerd] ❶ *verbeteren* correct ❷ *nakijken* mark, ‹v. drukproeven› read ★ *een drukproef ~* proofread
corroderen *onoverg* [corrodeerde, h. gecorrodeerd] corrode
corrosie *v* [-s] corrosion
corrumperen *overg* [corrumpeerde, h. gecorrumpeerd] corrupt
corrupt *bn* corrupt
corruptie *v* [-s] corruption
corsage *v & o* [-s] corsage
Corsica *o* Corsica
Corsicaan *m* [-canen] Corsican
Corsicaans I *bn* Corsican **II** *o taal* Corsican
Corsicaanse *v* [-n] Corsican ★ *ze is een ~* she's a Corsican, she's from Corsica
corso *m & o* ['s] parade, procession
cortex *m* cortex
corticosteroïden *zn* [mv] corticosteroids
corvee *v* [-s] ❶ *mil* fatigue duty ❷ *huishoudklussen* (household) chores ★ *het is een ~* it's quite a job ★ *~ hebben* do the chores
coryfee *m & v* [-feeën] star, celebrity ★ *een literaire ~* a literary lion
coschap *o* [-pen] internship ★ *~pen lopen* do one's internship
cosinus *m* [-sen] cosine
cosmetica *zn* [mv] cosmetics
cosmetisch *bn* cosmetic
Costa Rica *o* Costa Rica
cotangens *v* [-en, -genten] cotangent
coterie *v* [-s & -rieën] coterie, clique, (exclusive) set
couchette *v* [-s] berth, ‹in trein› couchette
coulant *bn* ❶ *mild* accommodating ❷ *v. voorwaarden* reasonable, fair ❸ *v. betaling* prompt ❹ *v. houding* generous
couleur locale *v* local colour/Am color

coulisse *v* [-n & -s] side wing, coulisse ★ *achter de ~n* behind the scenes, in the wings
counselen *overg* [counselde, h. gecounseld] psych counsel
counter *m* [-s] ❶ *sp* counter, counterattack ★ *op de ~ spelen* try to score through counterattacks ❷ *balie* counter
counteren *onoverg* [counterde, h. gecounterd] sp counter, counterattack
country-and-western *m*, **country**, **countrymuziek** *v* country and western
coup *m* [-s] *staatsgreep* coup ★ *een ~ d'état* a coup d'état ★ *een ~ plegen* stage a coup
coupe *v* [-s] ❶ *v. kleding* cut ❷ *v. haar* style ★ *haar met een ~ soleil* highlights in ‹one's› hair ❸ *glas* cup, bowl
coupé *m* [-s] ❶ *v. trein* compartment ❷ *rijtuig* coupé
couperen *overg* [coupeerde, h. gecoupeerd] ❶ *kaartsp* cut ❷ *film, toneelstuk &* make cuts ❸ *wijn* dilute ❹ *v. staart* dock ★ *een gecoupeerde staart* a bobtail
couperose *v* acne rosacea
coupeur *m* [-s], **coupeuse** *v* [-s] cutter
couplet *o* [-ten] ❶ stanza ❷ *tweeregelig* couplet
coupon *m* [-s] ❶ *eff* coupon ❷ *lap stof* remnant ‹of dress material›, cutting ❸ *toegangsbewijs* ticket ❹ *tegoedbon* voucher
couponboekje *o* [-s] book of coupons, book of tickets
coupure *v* [-s] ❶ *weglating* cut, deletion ❷ *waarde v.e. bankbiljet* denomination ★ *in ~s van £50 en £10* in denominations of £50 and £10
courant I *bn* current, marketable ★ *~e artikelen* stock items ★ *een ~ fonds* a listed security, a quoted security ★ *~e maten* standard sizes ★ *~e schulden* current debts **II** *v* [-en] *krant* newspaper
coureur *m* [-s] ❶ *met auto* racing driver, racing motorist ❷ *met motor* racing motorcyclist ❸ *met fiets* racing cyclist, racer
courgette *v* [-s] courgette, Am zucchini
courtage *v* [-s] *provisie, makelaarsloon* commission, brokerage, ‹onroerend goed› Br estate agent's fee, Am real estate agent's fee
courtisane *v* [-s] courtesan
couscous *m* couscous
couturier *m* [-s] couturier, fashion designer
couvert I *o* [-en] *envelop* cover, envelope ★ *onder ~* under cover **II** *o* [-s] ❶ *eetgerei* cover ❷ *bestek* cutlery
couveuse *v* [-s] ❶ *v. baby's* incubator, Aus / NZ humidicrib ❷ *v. dieren* incubator, hatchery
couveusekind *o* [-eren] premature baby
cover *m* [-s] ❶ *boekomslag* cover, (dust) jacket ❷ *v.e. lied* cover, cover version, remake
coveren *overg* [coverde, h. gecoverd] ❶ *v.e. lied* cover, make a cover version ❷ *v. autoband* retread ❸ *verslag uitbrengen* cover
cowboy *m* [-s] cowboy
cowboyfilm *m* [-s] cowboy film, western
cowboypak *o* [-ken] cowboy suit
c.q. *afk* (casu quo) as the case may be, and / or ★ *naar*

cq

cr

het oordeel van de voorzitter, ~ *de plaatsvervangende voorzitter* in the opinion of the chair, or if absent, the deputy chair

c.q.
moet niet worden vertaald met *casu quo; de eenvoudigste vertaling is waarschijnlijk* **or**.

crack *m* [-s] ❶ *uitblinker* ace, crack ❷ *drug* crack
cracker *m* [-s] cracker
cranberry *m* ['s] cranberry
crank *m* [-s] crank
crapaud *m* [-s] tub chair
craquelé *o* crackleware
crash *m* [-es] crash
crashen *onoverg* [crashte, is gecrasht] crash
crawl *m* crawl
crawlen *onoverg* [crawlde, h. gecrawld] crawl, swim the crawl
creatie *v* [-s] creation
creatief *bn* creative, imaginative, original ★ ~ *boekhouden* creative accounting
creativiteit *v* creativeness
creatuur *o* [-turen] creature
crèche *v* [-s] crèche, day nursery, day care centre
'credit[1] *o* tegoed credit ★ *dat komt in zijn* ~ it will be credited to him
'credit[2] *m & o* [-s] credit ★ *de ~s krijgen voor een behaald succes* get the credit for an achievement
creditcard *m* [-s] credit card
crediteren *overg* [crediteerde, h. gecrediteerd] credit, give credit ★ *iem.* ~ *voor* place ‹a sum› to sbd's credit, credit sbd with ‹a sum›
crediteur *m* [-s & -en] creditor ★ boekh ~*en* accounts payable ★ *een bevoorrechte* ~ a preferential creditor
creditnota *v* ['s] credit note / slip
creditpost *m* [-en] fin credit entry
creditrente *v* interest on credit
creditzijde *v* [-n] credit side, creditor side
credo *o* ['s] ❶ *v. de mis* credo ❷ *v. de apostelen, politiek* creed, conviction ★ *iems. politieke* ~ sbd's political creed / convictions
creëren *overg* [creëerde, h. gecreëerd] create
crematie *v* [-s] cremation
crematorium *o* [-s & -ria] crematorium, crematory
crème I *v* [-s] cream ★ ~ *de la* ~ the crème de la crème **II** *bn* cream, cream-coloured
cremeren *overg* [cremeerde, h. gecremeerd] cremate
creool *m* [-olen] Creole
creools I *bn* creole **II** *o taal* Creole
creoolse *v* [-n] Creole
creosoot *m & o* creosote
crêpe *m* [-s] ❶ *weefsel* crêpe, crepe, crape ❷ *flensje* crêpe
crepeergeval *o* [-len] desperate case
crêpepapier *o* crepe paper
creperen *onoverg* [crepeerde, is gecrepeerd] die, perish ★ *ze crepeert van de pijn* the pain is killing her
crescendo I *bijw* crescendo **II** *o* ['s] crescendo

crew *m* [-s] crew
cricket *o* cricket
cricketen *onoverg* [crickette, h. gecricket] play cricket
crime *m* disaster, horror, nuisance, curse ★ *die nieuwe rotondes zijn een* ~ those new roundabouts are a disaster ★ *een* ~ *passionnel* a crime passionnel, a crime of passion
criminaliseren *overg* [criminaliseerde, h. gecriminaliseerd] make a criminal act, criminalize
criminaliteit *v* ❶ *het misdadige* criminality ❷ *de misdaad collectief* crime ★ *de georganiseerde* ~ organised crime ★ *de kleine* ~ petty crime ★ *het toenemen van de* ~ the increase in crime
criminaliteitspreventie *v* crime prevention
crimineel I *bn* [-nelen] criminal ★ *criminele jeugd* criminal youngsters ★ *de criminele rechtbank* the criminal court **II** *bijw* horribly, terribly, awfully, wickedly ‹cold› ★ ~ *vervelend* horribly boring ★ ~*!* great! **III** *m* [-nelen] criminal
criminologie *v* criminology
criminoloog *m* [-logen] criminologist
crisis *v* [crises, crisissen] ❶ *alg.* crisis, critical stage ★ *tot een* ~ *komen* come to a crisis / a head ★ *een ministeriële* ~ a cabinet crisis ❷ *vooral economisch* depression, slump ❸ *noodtoestand v.d. landbouw &* emergency
crisiscentrum *o* [-s &-tra] crisis centre
crisissituatie *v* [-s] crisis situation
crisisteam *o* [-s] crisis team
crisistijd *m* [-en] time of crisis ★ *de* ~ the depression
criterium *o* ❶ *maatstaf* [-ria] criterion, test ❷ [-ria & -s] sp criterium

criterium
De betekenis **maatstaf** is in het Engels **criterion**. Net als in het Nederlands is het meervoud **criteria**. Door sommige Engelse schrijvers wordt **criteria** als enkelvoud behandeld maar dat is incorrect. **Criterium** als wielerwedstrijd is ook in het Engels **criterium**.

criticaster *m* [-s] hair-splitter, nitpicker
criticus *m* [-ci] critic
croftybom *de* [-men] crofty bomb
croissant *m* [-s] croissant
croque-monsieur *m* [-s] ZN toasted ham and cheese sandwich
croquet *o* sp croquet
cross *m* [-es] sp cross-country
crosscountry *m* ['s] ❶ *atletiek* cross-country run ❷ *paardensport* cross-country riding
crossen *onoverg* [croste, h. gecrost] ❶ sp do cross-country ❷ *wild rijden* tear about, race about
crossfiets *m & v* [-en] ❶ *voor kinderen* BMX bike ❷ *voor veldrijden* cross-country bike / bicycle
crossmotor *m* [-toren & -s] cross-country motorcycle, Am trailbike
croupier *m* [-s] croupier
cru I *bn* crude, blunt ★ *in* ~*e bewoordingen* in blunt

words **II** *m* ['s] vintage, wine, cru
cruciaal *bn* crucial, vital ★ *van ~ belang* of vital importance
crucifix *o* [-en] crucifix
cruijffiaans *bn* Cruyffian
cruise *m* [-s] cruise
cruisen *onoverg* [cruisede, h. en is gecruised] go on a cruise
cruiseschip *o* [-schepen] cruise ship
crux *v* [cruces] crux ★ *daar zit hem de ~* that is the crux of the matter
cryonist *de (m)* [-en] cryonist
crypte *v* [-n], **crypt** [-en] crypt, vault
cryptisch *bn* cryptic ★ *een ~e omschrijving* a cryptic description
cryptogram *o* [-men] ❶ *puzzel* cryptic crossword ❷ *gecodeerde tekst* cryptogram
c-sleutel *m* [-s] C clef
Cuba *o* Cuba
culinair *bn* culinary
culminatie *v* [-s] culmination
culminatiepunt *o* [-en] culminating point
culmineren *onoverg* [culmineerde, h. geculmineerd] culminate
cultfiguur *o & v* [-guren] cult figure
cultfilm *m* [-s] cult film
cultiveren *overg* [cultiveerde, h. gecultiveerd] cultivate ★ *een bepaalde levenshouding ~* cultivate a certain attitude to life
cultureel *bn* cultural ★ *culturele antropologie* cultural anthropology ★ ⟨instelling⟩ *een ~ centrum* an arts centre ★ *culturele vorming* cultural education
cultus *m* [culten] cult
cultuur *v* [-turen] ❶ *beschaving* culture ❷ *teelt* culture, cultivation ★ *land in ~ brengen* bring land under cultivation ❸ *kweek* culture
cultuurbarbaar *m* [-baren] Philistine
cultuurbezit *o* cultural heritage
cultuurdrager *m* [-s] vehicle of culture
cultuurgeschiedenis *v* cultural history
cultuurgewas *o* [-sen] culture, cultivated crop
cultuurgoed *o* [-eren] cultural heritage
cultuurhistoricus *m* [-ci] cultural historian
cultuurhistorisch *bn* cultural-historical
cultuurlandschap *o* [-pen] man-made landscape
cultuurpessimist *m* [-en] cultural pessimist
cultuurschok *m* [-ken] culture shock
cum laude *bijw* with credit / distinction, Am cum laude ★ *~ afstuderen* graduate with credit / distinction
cum suis *bijw* and others, and partners
cumulatief *bn* cumulative ★ *~ bereik* reclame cumulative reach, audience accumulation, cumulative audience
cumuleren *overg* [cumuleerde, h. gecumuleerd] accumulate
cumuluswolk *v* [-en] cumulus (cloud)
cup *m* [-s] cup

cupfinale *v* [-s] cup final
Cupido *m* Cupid
cupidootje *o* [-s] *beeldje* Cupid
cupwedstrijd *m* [-en] cup tie
Curaçao *o* Curaçao
Curaçaoër, Curaçaoënaar *m* [-s] inhabitant of Curaçao
Curaçaos *bn* Curaçao
Curaçaose *v* [-n] ★ *ze is een ~* she's from Curaçao
curandus *m* [-di] jur ward of the court, person under legal restraint, person placed under curatorship / person placed in ward
curatele *v* guardianship, curatorship, legal restraint ★ *onder ~* under curatorship ★ *onder ~ staan* be under guardianship, ⟨bij faillissement⟩ be in receivership ★ *iem. onder ~ stellen* make sbd a ward of court, appoint a guardian for sbd, deprive sbd of the management of his / her affairs
curator *m* [-s & -toren] ❶ *voogd* guardian ❷ *v. museum &* curator, keeper ❸ *v. school* governor ❹ jur trustee, (official) receiver ⟨in bankruptcy⟩, ⟨bij bedrijven⟩ liquidator
curettage *v* med curettage
curetteren *overg* [curetteerde, h. gecuretteerd] curette
'curie[1] *v* RK ⟨Roman⟩ Curia
cu'rie[2] *v* [mv idem] *stralingseenheid* curie
curieus *bn* curious, strange, odd, queer
curiositeit *v* [-en] curiosity ★ *een verzamelaar van ~en* a collector of curiosa
curling *o* curling
curriculum vitae *o* [curricula vitae] curriculum vitae, CV, Am résumé
curry *m* curry (sauce)
cursief I *bn* in italics, italicized **II** *bijw* in italics **III** *o* [-sieven] italic type, italics
cursiefje *o* [-s] (regular) column
cursist *m* [-en] student, participant ⟨in a course⟩
cursiveren *overg* [cursiveerde, h. gecursiveerd] italicize, print in italics ★ *wij ~* the italics are ours, our italics
cursor *m* [-s] comput cursor
cursus *m* [-sen] ❶ course ★ *een ~ voor gevorderden* an advanced course ★ *een ~ volgen* take a course ★ *een schriftelijke ~* a correspondence course ❷ ⟨evening⟩ classes
cursusgeld *o* [-en] course fee(s)
curve *v* [-n] curve
custard *m* custard
cutter *m* [-s] ❶ *v. baggermachine* slicer, cutter ❷ *v. film* cutter
cv *afk* (curriculum vitae) CV, curriculum vitae, Am résumé
cv-ketel *m* [-s] central heating boiler
cyaankali *m & o* cyanide, potassium cyanide
cyanide *o* cyanide
cybercafé *o* [-s] cybercafe, Internet cafe
cybernetica *v* cybernetics
cyberspace *m* comput cyberspace

cyclaam *v* [-clamen], **cyclamen** [-s] cyclamen
Cycladen *zn* [mv] ★ *de* ~ the Cyclades
cyclisch *bn* cyclic(al)
cycloon *m* [-clonen] cyclone
cycloop *m* [-clopen] Cyclops
cyclus *m* [-sen & cycli] cycle ★ *de menstruele* ~ the menstrual cycle
cynicus *m* [-ci] cynic
cynisch *bn* cynical ★ *een ~e opmerking* a cynical remark ★ *~ reageren* react cynically
cynisme *o* cynicism
cypers *bn* ★ *een ~e kat* a tabby cat
Cyprioot *m* [-oten] Cypriot
Cypriotisch *bn* Cypriot ★ <u>valuta</u> *het ~e pond* the Cypriot pound
Cypriotische *v* [-n] Cypriot ★ *ze is een* ~ she's a Cypriot, she's from Cyprus
Cyprus *o* Cyprus
cyrillisch *bn* Cyrillic ★ *~ schrift* Cyrillic script
cyste *v* [-n] cyst

D

d *v* ['s] ❶ *letter* d, D ❷ *muz* D
daad *v* [daden] ❶ *handeling* deed, act, action ★ *jur een rechtmatige* ~ a lawful act ★ *jur een onrechtmatige* ~ an unlawful act, a wrongful act ★ *een man van de* ~ a man of action ★ *de ~ bij het woord voegen* suit the action to the word ★ *een ~ stellen* act out of conviction ★ *geen woorden maar daden* it's time for action, actions speak louder than words ★ *een goede ~ verrichten* do a good deed ❷ *prestatie* feat, achievement ★ *de daden van onze voorouders* our ancestors' achievements
daadkracht *v* decisiveness, energy
daadkrachtig *bn* decisive ★ *een ~ optreden* a decisive measure
daadwerkelijk *bn* ❶ *werkelijk, metterdaad* actual ❷ *krachtig* active ‹support &›
daags I *bn* daily ★ *mijn ~e jas* my everyday / weekday coat II *bijw* a day, per day ★ *~ daarna* the next day ★ *~ tevoren* the day before, the previous day ★ *driemaal* ~ three times a day
daalder *m* [-s] ★ *de eerste klap is een ~ waard* getting started is half the battle ★ *op de markt is je gulden een ~ waard* your money goes further at the market
daar I *bijw* there, ‹ginds› over / right / just there ★ *~!* here you are! ★ *hier en* ~ here and there ★ *~ is hij* there he is ★ *~ ga je!* here you go!, cheers! ★ *ik ben wel aan gewend* I'm used to it ★ *wat vertelt / zegt u me ~?* what are you telling me?, you don't say!, really? ★ *het zijn aardige liedjes, ~ niet van, maar...* the songs are nice enough, but... / admittedly, the songs are nice, but... ★ *dat is nog tot ~ aan toe, maar...* that's one thing, but... / that's not so bad, but... ★ *wie zingt ~?* who's that singing? II *voegw* ‹in vóórzin› as, since, ‹in nazin› because, since ★ *~ je mijn vriend bent en (~) ik het beloofd heb* as you're my friend and (because / since) I promised ★ *~ hij niet zwemmen kon* as he couldn't swim
daaraan *bijw* on it / them &, to it / them & ★ *~ heb ik het te danken* I owe it to that ★ *wat heeft men ~?* what use is that? ★ *hoe komt u ~?* how did you get hold of that?
daarachter *bijw* behind it / that &, at the back of it / that &, beyond it / that &
daarbij *bijw* ❶ *in de buurt* near it / that & ❷ *bovendien* over and above this, besides, moreover, in addition, at that ★ *~ komt dat* another thing is that, besides, what is more ▼ *zij hebben ~ het leven verloren* they lost their lives as a result ▼ *hoe kom je ~?* why on earth do you think that? ▼ *~ zal het blijven* we'll keep it like that
daarbinnen *bijw* within, in there, in it / that &
daarbuiten *bijw* outside (of it / that &) ★ *laat mij ~* leave me out of it
daardoor *bijw* ❶ *plaatselijk* through it / that &

❷ *oorzakelijk* consequently, as a result, therefore, by that, by doing so, by these means, that's why / what ★ ~ *heb ik vergeten dat...* that's what made me forget that...

daarenboven *bijw* moreover, besides

daarentegen *bijw* on the other hand, on the contrary ★ *hij is donker, zijn broer ~ is erg blond* he is dark, whereas / but his brother is very blond, he is dark, his brother, on the other hand, is very blond

daargelaten *bn* leaving aside ★ *dat ~* apart from that ★ *nog ~ dat* let alone that, not to mention that ★ *uitzonderingen ~* on the whole, with the odd exception

daarginds *bijw* over there

daarheen *bijw* (over) there, in that direction

daarin *bijw* ❶ *plaats* in there ★ *leg het boek ~* put the book in there ❷ *in genoemde* in it / this / that & ★ *~ vergist u zich* you're mistaken there

daarlangs *bijw* along that road / path / line & ★ *ik kom dagelijks ~* I come past / along there every day

daarmee *bijw* with that, by that ★ *wat wil je ~ zeggen?* what do you mean by that?

daarna *bijw* after that, afterwards, from then on, in the second place ★ *we gaan eerst winkelen en ~ gaan we iets eten* first we'll go shopping and after that we'll have something to eat ★ *in de jaren ~* ‹toekomst› in the years from then on, in the following years, ‹verleden› in the years after that, in the following years

daarnaast *bijw* beside it / that &, at the side of it / that &, next to it / that &, alongside it / that & ★ *de kamer ~* the room next door

daarnet *bijw* just now ★ *~ was hij er nog* he was here only a minute ago

daarom *bijw* ❶ *v. plaats* around it / that & ❷ *v. reden* consequently, therefore, for that reason, because ★ *~ ga ik er niet heen* that's why I'm not going ★ *'waarom?' vroeg hij,'nou, ~', antwoordde ze* 'why?' he asked, 'well, because I say so', she answered ★ *~ niet!* that's why not!, just because! ★ *ik ben ziek en kan ~ niet komen* I'm sick and therefore can't come

daaromheen *bijw* around (it), about it / that &

daaromtrent *bijw* ❶ *daarover* about that, concerning that ★ *~ mededelingen doen* make announcements about that ❷ *ongeveer* thereabouts ★ *1000 euro of ~* 1,000 euros or thereabouts, roughly / approximately 1,000 euros

daaronder *bijw* ❶ *lager* under it / that &, underneath ★ *iedereen van 20 jaar en ~* everybody 20 years old and younger ❷ *daartussen* among them ★ *de kosten ~ begrepen* including the costs ★ *wat versta je ~?* what do you mean by that?

daarop *bijw* ❶ *daarboven* on it / that &, on top of it / that & ★ *een kast met ~ een vaas* a cupboard with a vase on it / with a vase on top ❷ *daarna* after this, form thereupon ★ *...en ~ verliet hij de zaal* ...and then he left the room ★ *kort ~* shortly afterwards

daaropvolgend *bn* following, next ★ *de maandag ~*

the following Monday

daarover *bijw* ❶ *naar andere zijde* over it / that &, across it / that & ❷ *betreffende dat* about that, on that subject ★ *ik had al zoveel schulden en ~ moest ik nog rente betalen* I had so many debts already, and I had to pay interest on top of that ★ *hoe denk jij ~?* what do you think about that? ★ *genoeg ~* enough of that, enough said

daaroverheen *bijw* over it ★ *ik heb ~ gelezen* I must have overlooked it ★ *een broek met ~ een rok* a pair of trousers with a skirt over it

daarstraks *bijw* just now, just then ★ *~ was hij er nog* he was here only a minute ago

daartegen *bijw* against it / that & ★ *een lantaarnpaal met ~ twee gestalde fietsen* a lamppost with two bicycles parked against it ★ *de partijleden waren daar fel tegen* the members of the party objected strongly to that / were strongly opposed to that

daartegenover *bijw* opposite ★ *de winkel is ~* the shop is opposite it ★ *~ staat dat...* but then (again)..., on the other hand..., however...

daartoe *bijw* for it, for that purpose, to that end ★ *de gelegenheid ~ heeft zich niet voorgedaan* the opportunity to do that has not presented itself ★ *vul ~ onderstaand formulier in* you must fill in the form below ★ *~ is het gekomen* that's what it's come to

daartussen *bijw* between (them), among them ★ *en niets ~* and nothing in between

daaruit *bijw* out (of it), from that / this ★ *wat kun je ~ concluderen?* what can you conclude / deduce from that?

daarvan *bijw* ❶ *behorende tot* of that ❷ *daarvandaan* from that ★ *wat zeg je ~?* what do you think of it? ★ *~ komt niets, daar komt niets van* it won't work ★ *niets ~!* ‹tegensprekend› nothing of the sort!, ‹weigerend› nothing going / doing! ❸ *als grondstof* from that, out of that ★ *~ worden verschillende producten gemaakt* several products are made from it

daarvandaan *bijw* away from there ★ *dat is maar 10 minuten ~* it's only 10 minutes from there

daarvoor *bijw* ❶ *om die reden* for that, for it, for that purpose, that's why ★ *~ komt hij* that's why he has come ★ *uit vrees ~* for fear of it ❷ *v. tijd* before (that), previously ★ *het jaar ~* the previous year ❸ *v. plaats* in front of it / them ★ *~ staat een straatlantaarn* there is a street lamp in front of it

daarzo *bijw* there, over there

daas I *v* [dazen] ❶ *steekvlieg* horsefly ❷ *persoon* nitwit, fool II *bn* ❶ *versuft, gek* dazed, mad ★ *ik word ~ van dat gezeur* all that whining is driving me crazy ❷ *onnozel* foolish ‹plans›

dactylus *m* [-tyli & -tylen] dactyl

dadel I *v* [-s] *boom* date palm II *v* [-s] *vrucht* date

dadelijk I *bn* immediate, direct II *bijw* ❶ *meteen* immediately, at once, right away, instantly ❷ *straks* presently, in a minute / moment ★ *ik kom zo ~* I'll be there in a minute

dadelpalm *m* [-en] date palm

dadendrang *m* drive, dynamism

dader *m* [-s] offender, wrongdoer, <u>form</u> perpetrator, ⟨minder ernstig⟩ culprit ★ *de ~ ligt op het kerkhof* there is no trace of the culprit

dag I *tsw* ❶ *bij begroeting* hello!, hi! ❷ *bij afscheid* goodbye!, bye bye! ★ *zeg maar ~ met je handje* you can wave goodbye to that **II** *m* [dagen] ❶ *geen nacht* day ★ *bij ~* by day ★ *het wordt ~* day is breaking ★ *~ en nacht* night and day, day and night, round the clock ★ *een verschil van ~ en nacht* a world of difference ★ *het is kort ~* time is short ★ *het is morgen vroeg ~* we have to get up early tomorrow ★ *de (ge)hele ~* all day (long) ★ *later op de ~* later in the day(time) ★ *midden op de ~* in the middle of the day, in broad daylight ❷ *dag v.d.week, datum* day, date ★ *welke ~ is het vandaag?* what day of the week is it today?, what's the date today? ★ <u>jur</u> *op de dienende ~* on the date set for the hearing / trial ★ *de ~ daarna* the following day ★ *de ~ tevoren* the day before, the previous day ★ *de ~ des Heren* ⟨zondag⟩ the Lord's Day ★ *de jongste ~* the Day of Judgement ★ *de ~ van morgen* tomorrow ★ *dezer ~en* the other day, lately ★ *één dezer ~en* one of these days, some day soon ★ *ik heb mijn ~ niet* it's just one of those days, it's not my day today ★ *veertien ~en* a fortnight, two weeks ★ *~ aan ~* day by day, day after day ★ *bij de ~ leven* live for the day ★ *(in) de laatste ~en* during the last few days, lately, of late ★ *~ in ~ uit* day in day out ★ *om de andere ~* every other day ★ *op de ~ (af)* to the (very) day ★ *op een (goeie) ~, op zekere ~* one (fine) day ★ *tot op deze ~* to this (very) day ★ *van ~ tot ~* from day to day, day by day ★ *van de ene op de andere ~* from one day to the next ❸ *dageraad* day, daybreak, dawn ★ *voor ~ en dauw opstaan* get up at dawn / before daybreak ❹ *daglicht* day, light, daylight ★ *het aan de ~ brengen* bring it to light ★ *aan de ~ komen* come to light ★ *aan de ~ leggen* display, show ★ *iets voor de ~ halen* produce sth, take it out, bring it out ★ *voor de ~ komen* ⟨v. personen⟩ appear, show oneself, turn up, ⟨v. zaken⟩ become apparent, show ★ *voor de ~ ermee!* out with it! ★ *hij kwam er niet mee voor de ~* ⟨het beloofde⟩ he didn't produce it, ⟨zijn idee, gedachte⟩ he didn't come out with it, he didn't put it forward ❺ *tijdperk (vaak mv)* day, age ★ *de oude ~* old age ★ *betere ~en gekend hebben* have seen better days ★ *in vroeger ~en* in former days, formerly ★ *op zijn oude ~* in his old age ★ *heden ten ~e* nowadays ★ *... van de ~* current ⟨affairs, politics⟩

dagafschrift *o* [-en] statement of daily transactions

dagbehandeling *v* outpatient treatment

dagblad *o* [-bladen] (daily) newspaper, daily paper, daily

dagbladpers *v* daily press

dagboek *o* [-en] ❶ *v. dagelijkse belevenissen* diary ❷ <u>handel</u> day book

dagdeel *o* [-delen] *halve werkdag* half working day, shift

dagdienst *m* [-en] ❶ *dienst overdag* daywork ❷ *bij ploegendienst* day shift ❸ *in dienstregeling* day service

dagdromen *onoverg* [dagdroomde, h. gedagdroomd] daydream

dagelijks I *bn* ❶ *alg.* daily, everyday ⟨clothes, life⟩ ★ *het ~ leven* everyday life ★ *de ~e dingen* ordinary/<u>afkeurend</u> trivial matters ★ *het ~ bestuur* ⟨v. gemeente⟩ the shire / municipal council, ⟨v. onderneming⟩ the executive board, the management board, management, ⟨v. vereniging⟩ the executive (committee) ★ <u>Bijbel</u> *geef ons heden ons ~ brood* give us today our daily bread ❷ *astron* diurnal **II** *bijw* every day, daily ★ *hij gaat ~ naar school* he goes to school every day

dagen I *overg* [daagde, h. gedaagd] summon, summons **II** *onoverg* dawn ★ *het daagt* day is dawning ★ *het begint me te ~* it's starting to dawn on me

dagenlang I *bn* lasting for days **II** *bijw* for days on end ★ *~ zwoegen* slave away for days on end

dageraad *m* daybreak, dawn

daggelder *m* [-s] day labourer

dagindeling *v* [-en] timetable, schedule, plan for the day

dagje *o* [-s] day ★ *het er een ~ van nemen* make a day of it ★ *een ~ uitgaan* have a day out ★ *een ~ ouder worden* be getting on, not be getting any younger

dagjesmensen *zn* [mv] day trippers

dagkaart *v* [-en] day ticket

daglicht *o* daylight ★ *dat kan het ~ niet verdragen* it can't bear the light of day ★ *iem. in een kwaad ~ stellen* show sbd up in a bad light ★ *bij ~* by daylight

dagloner *m* [-s] day labourer

dagloon *o* [-lonen] day's wage(s), daily wage(s), daily earnings ★ *op ~* paid by the day

dagmars *m & v* [-en] day's march

dagmenu *o* ['s] day's menu, specials of the day

dagomzet *m* [-ten] daily turnover, <u>eff</u> daily trading volume

dagopbrengst *v* [-en] day's proceeds

dagorder *v & o* [-s] ❶ <u>mil</u> order of the day ❷ <u>handel</u> overnight order

dagpauwoog *m* [-ogen] peacock butterfly

dagploeg *v* [-en] day shift

dagprijs *m* [-prijzen] current price

dagretour *o* [-s] day return ticket

dagschotel *m & v* [-s] dish of the day

dagtaak *v* [-taken] day's work ★ *een volledige ~ aan iets hebben* have a full-time job doing sth

dagtekening *v* [-en] date

dagtocht *m* [-en], **dagtochtje** *o* [-s] day trip, day out

dagvaarden *overg* [dagvaardde, h. gedagvaard] cite, ⟨van gedaagde⟩ summon, ⟨van getuige⟩ subpoena

dagvaarding *v* [-en] *van procespartij* (writ of) summons, ⟨van verdachte⟩ notice of summons (and accusation), ⟨van getuige burgerlijk proces⟩

subpoena, writ, ⟨van getuige strafproces⟩ witness summons

dagwaarde *v* current value, market value

dagwerk *o* daily work ★ *dan had ik wel ~* there would never be an end to it

dahlia *v* ['s] dahlia

dak *o* [daken] roof ★ *een ~ boven zijn hoofd hebben* have a roof over one's head ★ *onder ~ brengen* give sbd shelter ★ *onder één ~ wonen met* live under the same roof with ★ *ik kon nergens onder ~ komen* nobody could take me in / could put me up ★ fig *onder ~ zijn* be provided for ★ fig *iem. op zijn ~ komen* take sbd to task ★ *dat krijg ik op mijn ~* they'll lay it at my door, they'll blame it on me ★ *iem. iets op zijn ~ schuiven* shove the blame / sth on sbd, saddle sbd with sth ★ *dat kwam me koud op mijn ~ vallen* that caught me by surprise ★ *over de ~en klauteren* scramble over the rooftops ★ *uit zijn ~ gaan* ⟨van woede⟩ go out of one's mind, inf freak out, ⟨van vreugde⟩ be enthusiastic ★ *van de ~en schreeuwen* proclaim from the house tops ★ *hij kan het ~ op!* he can forget it!

dakdekker *m* [-s] roofer, ⟨met riet⟩ thatcher, ⟨met pannen⟩ tiler

dakgoot *v* [-goten] gutter

dakje *o* [-s] ❶ rooflet ★ *dat gaat van een leien ~* it's going smoothly / swimmingly, inf it's a piece of cake ❷ *leesteken* circumflex

dakkapel *v* [-len] dormer window

daklijst *v* [-en] ridge piece

dakloos *bn* homeless, roofless

dakloze *m-v* [-n] homeless person ★ *de ~n* the homeless

daklozenkrant *v* [-en] newspaper sold by the homeless

dakpan *v* [-nen] (roofing) tile

dakraam *o* [-ramen] attic window, skylight

dakterras *o* [-sen] roof garden, terrace

daktuin *m* [-en] roof garden

dakvenster *o* [-s] dormer window

dal *o* [dalen] valley, plechtig vale ★ *hij zit in een ~* he's a bit depressed, inf he's down in the dumps

dalen *onoverg* [daalde, is gedaald] ❶ *naar beneden gaan* sink, drop, ⟨v. vliegtuig⟩ descend, land ★ *de stem laten ~* drop / lower one's voice ❷ *verminderen* go down, fall, decline ★ *de barometer daalt* the barometer is falling ★ *de prijzen / koersen) ~* prices are dropping / falling ★ *een ~de lijn vertonen* show a downward tendency

daling *v* [-en] ❶ *het omlaag gaan* descent ❷ *het aan de grond komen* landing ❸ *van cijfers, aantallen &* fall, drop, decline ★ *een plotselinge ~ vertonen* ⟨v. prijzen⟩ plummet ★ *de ~ van het geboortecijfer* the fall in the birth rate, the decline of the birth rate

dalmatiër, dalmatiner *m* [-s] *hond* Dalmatian

daltononderwijs *o* Dalton (plan) education

daluren *zn* [mv] off-peak (hours)

dalurenkaart *v* [-en] off-peak railcard

dam I *m* [-men] ❶ *waterkering* dam, barrage ★ *een ~ opwerpen tegen* cast / throw up a dam against, dam up, fig stem ⟨the progress of evil⟩ ★ *het hek is van de ~* things are getting out of hand ❷ *in rivier* weir **II** *v* [-men] sp king ★ *~ halen* crown a (draughts)man, go to king ★ *~ spelen* play draughts

damast *o* [-en] damask

dambord *o* [-en] draughtboard

dame *v* [-s] ❶ *alg.* lady ★ *ze gedroeg zich niet als een ~* she didn't behave like a lady ★ *~s!* ladies! ★ *~s en heren* ladies and gentlemen ❷ *bij dansen &* partner ❸ *schaken, kaartspel* queen ★ *een ~ halen* queen a pawn

damesblad *o* [-bladen] women's magazine

damesdubbel, damesdubbelspel *o* sp women's doubles

damesenkel, damesenkelspel *o* sp women's singles

damesenkelspel *het* ladies' singles

damesfiets *m & v* [-en] women's / girl's bicycle / bike

dameskapper *m* [-s] ladies' hairdresser

dameskleding *v* ladies' wear

damesmode *v* ladies' fashion, ladies' wear

damestoilet *o* [-ten] ladies', ladies' lavatory, ladies room, Am restroom

damesverband *o* sanitary towel, sanitary napkin

dameszadel *o & m* [-s] ❶ *v. paard* side-saddle ❷ *v. fiets* ladies' saddle

damhert *o* [-en] fallow deer

dammen *onoverg* [damde, h. gedamd] play draughts, Am play checkers

dammer *m* [-s] draughts player

damp *m* [-en] ❶ *waterdamp* vapour, steam ❷ *nevel* mist ❸ *rook* smoke, ⟨gas⟩ fumes

dampen *onoverg* [dampte, h. gedampt] ❶ *stoom produceren* steam ❷ *rook produceren* smoke ★ *(zitten) ~* sit and smoke, puff away

dampkring *m* [-en] atmosphere

damschijf *v* [-schijven] draughtsman

damspel *o* [-en & -len] ❶ *het spel* draughts, game of draughts ❷ *bord en schijven* draughts set

damsteen *m* [-stenen] draughtsman

dan I *bijw* then ★ *zeg het, ~ ben je een beste vent* say it, there's / that's a good boy ★ *ik had ~ toch maar gelijk* so I was right after all ★ *ga ~ toch* do go ★ *en ik ~?* and what about me? ★ *wat is er ~?* what's the matter? ★ *wat zeur je ~?* why all the fuss? ★ *wat ~ nog?* so what? ★ *ga ~ maar!* you just go! ★ *als je wilt, ~ kun je gaan* you can go if you want to ★ *maar hij heeft ~ ook...* after all he has... ★ *nu eens hier, ~ weer daar* now here, now there ★ *nu en ~* now and then **II** *voegw* than ★ *groter ~* bigger than ★ *ja ~ nee* yes or no ★ *het is anders ~ je denkt* it's not what you think ★ *niets ~ ellende* nothing but trouble

dancing *m* [-s] dance hall

dandy *m* ['s] dandy

danig I *bn* versterkend very great, huge ★ *ik heb een ~e honger* I feel awfully hungry **II** *bijw* enorm very much, greatly, badly, violently, greatly ★ *iem. ~*

da

afranselen give sbd a good beating ★ *iem.* ~ *uitlachen* jeer at sbd

dank *m* thanks, gratitude ★ *geen* ~*!* don't mention it! / you're welcome! ★ *zijn hartelijke* ~ *betuigen* express one's heartfelt thanks ★ *ik ben u veel* ~ *verschuldigd* I owe you many thanks ★ *iets niet in* ~ *afnemen* not thank sbd for sth ★ *iets in* ~ *aanvaarden* accept sth with thanks / gratitude ★ *ik heb er geen* ~ *van gehad* much thanks I have got for it! ★ ~ *weten* thank ★ *God zij* ~ thank God ★ *duizendmaal* ~ thanks a million ★ *in* ~ *aangenomen* gratefully accepted, received with thanks ★ *in* ~ *terug* returned with thanks

dankbaar I *bn* thankful, grateful ★ *iem.* ~ *zijn* be grateful to sbd ★ *een dankbare taak* a thankful task **II** *bijw* gratefully

dankbaarheid *v* thankfulness, gratitude ★ *uit* ~ in gratitude (for)

dankbetuiging *v* [-en] expression of thanks, letter of thanks, word of gratitude ★ *onder* ~ with thanks

danken I *overg* [dankte, h. gedankt] thank ★ *te* ~ *hebben* owe, be indebted for ⟨to sbd⟩ ★ *hij heeft het aan zichzelf te* ~ he has himself to thank for it ★ *waaraan hebben wij dat genoegen te* ~*?* to what do we owe this pleasure? ★ *dank u* ⟨bij weigering⟩ no, thank you, ⟨bij aanneming⟩ thank you ★ *dank u zeer* thank you very much, thanks awfully ★ *niet te* ~*!* don't mention it! ★ *God op zijn blote knieën* ~ thank God on bended knees **II** *onoverg* [dankte, h. gedankt] ❶ *alg.* give thanks ★ *daar dank ik voor* thank you very much ★ *ik zou je* ~*!* not likely!, thanks for nothing! ★ *iron dank je feestelijk!* thanks a lot! ❷ *bidden* say grace ★ *laat ons* ~ let us say grace

dankgebed *o* [-beden] ❶ prayer of thanksgiving ❷ *voor en na het eten* grace

dankwoord *o* [-en] word (vote) of thanks ★ *een* ~ *uitspreken* say a word of thanks, offer a vote of thanks

dankzeggen *onoverg* [zei of zegde dank, h. dankgezegd] give thanks, thank ⟨sbd⟩

dankzegging *v* [-en] ❶ *dankwoord* word of thanks, expression of gratitude ❷ *gebed* thanksgiving

dankzij *voorz* thanks to ★ ~ *zijn hulp* thanks to his help

dans *m* [-en] dance ★ *de* ~ *ontspringen* have a narrow escape, get off scot free ★ *hij zal de* ~ *niet ontspringen* he won't get off scot free/form come away unscathed ★ *iem. ten* ~ *vragen* ask sbd for a dance ★ *mag ik deze* ~ *van u?* may I have this dance?

dansavond *m* [-en] dance evening

dansen *onoverg* [danste, h. gedanst] dance ★ ~ *van vreugde* jump for joy ★ *gaan* ~ go dancing ★ *de letters* ~ *voor mijn ogen* the letters are dancing before my eyes

danser *m* [-s] ❶ *alg.* dancer ❷ *danspartner* partner

dansgelegenheid *v* [-heden] dance hall

dansje *o* [-s] dance, inf hop ★ *een* ~ *maken* do a dance, slang shake a leg

dansleraar *m* [-s & -raren] dancing teacher

dansles *v* [-sen] ❶ dancing lesson ❷ *algemeen* dancing classes

dansmarieke *o* [-s] majorette

dansmuziek *v* dance music

danspas *m* [-sen] dance step, step

dansschool *v* [-scholen] dancing school

dansvloer *m* dance floor

danszaal *v* [-zalen] ballroom, dancing room, dance hall

dapper I *bn* brave, valiant, gallant, courageous ★ *een* ~ *ventje* a plucky little fellow **II** *bijw* bravely & ★ ~ *meedoen* join heartily in the game ★ *er* ~ *op los zingen* sing away ★ *zich* ~ *houden* be brave, inf keep one's pecker up

dapperheid *v* bravery, valour, courage

dar *m* [-ren] drone

darkroom *m* [-s] dark room

darm *m* [-en] intestine, gut ★ ~*en* intestines, bowels ★ *de dikke / dunne* ~ the large / small intestine ★ *de nuchtere* ~ the jejunum ★ *de twaalfvingerige* ~ the duodenum

darmflora *v* intestinal flora

darmkanaal *o* [-nalen] intestinal tube

darmklachten *zn* [mv] intestinal complaints

darmperforatie *v* [-s] intestinal perforation

dartel *bn* frisky, frolicsome, playful, skittish, sportive ★ ~*e veulens* frolicsome foals

dartelen *onoverg* [dartelde, h. gedarteld] frisk, frolic, gambol

darten *onoverg* [dartte, h. gedart] play darts

darts *o* darts

darwinisme *o* Darwinism

darwinist *m* [-en] Darwinist

darwinistisch *bn* Darwinian, Darwinist

das I *m* [-sen] *dier* badger **II** *v* [-sen] ❶ *stropdas* (neck)tie ❷ *tegen kou* scarf ❸ *dik* muffler ▼ fig *iem. de* ~ *omdoen* be sbd's undoing, inf do for sbd ▼ *dat deed me de* ~ *om* that finished me off

dashboard *o* [-s, -en] dashboard

dashboardkastje *o* [-s] glove compartment, glove box

dashond *m* [-en] dachshund

dassenburcht *m* [-en] (badger's) sett

dasspeld *v* [-en] tie pin, scarf pin

dat I *aanw vnw* ⟨enkelvoud⟩ that, ⟨meervoud⟩ those ★ ~ *alles* all that ★ ~ *moest je doen* that's what you ought to do ★ ~ *zijn mijn vrienden* those are my friends ★ *het is nog niet je* ~ it's not quite what it ought to be ★ *wat zijn* ~*?* what are those? ★ *wie zijn* ~*?* who are they? ★ ~ *zijn...* those are..., they are... ★ *ben jij* ~*?* is that you? ★ *wat zou* ~*?* what of it? ★ *wat moet* ~*?* what's all that? ★ *en* ~ *is* ~ so much for that, and that's it ★ ~ *is het nu juist* that's just it ★ *hoe weet je* ~*?* how do you know? **II** *betr vnw* that, which ★ *het meisje* ~ *ik zag* the girl (that) I saw ★ *het verhaal,* ~ *gekozen werd om*~... the story, which was chosen because... **III** *voegw* that ★ *en regenen* ~ *het deed!* how it rained! ★ *ik wou* ~ *je kwam* I wished you were coming ★ *zonder ~ ik het wist* without my knowing it ★ *is er een bakker ~ u weet?* do you know of any bakery around? ★ *niet ~ ik (het) weet* not that I know of ★ *je liegt ~ je barst* you're lying through your teeth

data *zn* [mv] ➊ *v. datum* dates ➋ *gegevens* data

---

data
De betekenis **gegevens** is in het Engels ook **data**, wat zowel als enkelvoud als meervoud wordt beschouwd: **the data is** en **the data are** zijn allebei correct.

---

databank *v* [-en], **database** *m* [-s] <u>comput</u> data bank, data base ★ *een relationele ~* a relational data base
datacommunicatie *v* <u>comput</u> data communication
datatransmissie *v* [-s] data transmission, data exchange, data communication
datatypist *m* [-en] data processor
dateren *overg en onoverg* [dateerde, h. en is gedateerd] date (*uit* from) ★ *een brief ~* date a letter ★ *het schilderij is moeilijk te ~* it is hard to put a date to the painting ★ *het schilderij dateert uit de zestiende eeuw* the painting dates back to the sixteenth century ★ *die popopera is nogal gedateerd* that rock opera is rather dated
datering *v* [-en] ➊ *dagtekening* date ➋ *ouderdomsbepaling* dating
datgene *bepalingaankondigend vnw* what ★ *~ wat* that which ★ *~ wat ze zegt is waar* what she says is true
datief I *m* [-tieven] <u>taalk</u> dative **II** *bn* ★ <u>jur</u> *een datieve voogd* a dative guardian, a court-appointed guardian
dato *bijw* ★ *de ~...* dated... ★ *a ~* at date ★ *twee maanden na ~* two months after date
datrecorder *m* [-s] (Digital Audio Taperecorder) DAT recorder, Digital Audio Tape Recorder
datum *m* [-s, data] date ★ *de ~ van aankoop* the date of purchase ★ *de ~ van afgifte* the date of issue ★ *naar ~ van binnenkomst* in date rotation ★ *van een ~ voorzien* date ★ *een ~ prikken* fix a date
datumgrens *v* dateline, calendar line
datzelfde *aanw vnw* the same ★ *in ~ jaar...* in the same year...
dauw *m* dew
dauwdruppel *m* [-s] dewdrop
dauwtrappen *o* take a dawn stroll / bike ride
dauwworm *m* <u>med</u> milk scab, infantile eczema
daveren *onoverg* [daverde, h. gedaverd] thunder, resound, shake ★ *de zaal daverde van de toejuichingen* the house rang / resounded with cheers ★ *~ van angst* tremble with fear
daverend *bn* ➊ *dreunend* resounding, thunderous ★ *een ~e knal* an enormous bang ➋ *geweldig* tremendous, resounding ★ *een ~ succes* a resounding success ★ <u>sp</u> *een ~e overwinning* a resounding victory
davidster *v* [-ren] Star of David
davit *m* [-s] <u>transport</u> davit
dazen *onoverg* [daasde, h. gedaasd] <u>inf</u> waffle, talk rot,

talk through one's hat
d.d. *afk* ➊ (de dato) dd. ➋ (dienstdoend) on duty
DDR *v* (<u>hist</u> Deutsche Demokratische Republik) German Democratic Republic, GDR
de *bep lidw* the ★ *het is dé oplossing* that's the perfect solution
deadline *m* [-s] deadline ★ *een ~ halen* meet a deadline
deal *m* [-s] deal ★ *een ~ sluiten* close a deal
dealen *overg* [dealde, h. gedeald] deal in, push ★ *cocaïne ~* deal in cocaine, push cocaine
dealer *m* [-s] ➊ *alg.* dealer ➋ *van drugs* dealer, pusher
dealingroom *de (m)* [-s] dealing room
debacle *v & o* [-s] disaster, failure, <u>inf</u> flop
debat *o* [-ten] debate, discussion ★ *een publiek ~* a public debate
debaten *onoverg* [debatete, gedebatet] hold a debate
debater *m* [-s] debater
debatteren *onoverg* [debatteerde, h. gedebatteerd] debate, discuss ★ *~ over* debate, discuss
debet I *o* debit, debt ★ *~ en credit* debit and credit **II** *bn* ★ *~ staan* be overdrawn, be in so.'s debt ★ *u bent mij nog ~* you still owe me something ★ *ook hij is er ~ aan* he too is guilty of it
debetnota *v* ['s] debit note, debit slip
debetrente *v* debit interest
debetzijde *v* [-n] debit side, debtor side
debiel I *bn* mentally deficient / defective, <u>inf</u> idiot ★ *wat een ~e schoenen zijn dat!* what stupid shoes these are! **II** *m-v* [-en] ➊ mental deficient / defective person ➋ *als scheldwoord* imbecile, moron, idiot ★ <u>inf</u> *die ~ heeft mijn fiets gesloopt!* that imbecile has demolished my bicycle
debitant *m* [-en] debitant
debiteren *overg* [debiteerde, h. gedebiteerd] ➊ <u>handel</u> charge, debit ‹sbd with an amount› ★ *iem. ~ voor 100 pond* debit 100 pounds to sbd's account ➋ *verkopen* (sell) retail ➌ *vertellen* dish up ★ *een aardigheid ~* crack a joke
debiteur *m* [-s & -en] debtor ★ *boekh ~en* accounts receivable, receivables ★ <u>jur</u> *een hoofdelijk ~* a solidary debtor, a co-obligor
debiteurenbeheer *o* <u>boekh</u> credit management, credit control
deblokkeren *overg* [deblokkeerde, h. gedeblokkeerd] unblock, unfreeze
debriefing *m* [-s] debriefing
debuggen [debugde, h. gedebugd] *overg bugs uit programma's verwijderen* <u>comput</u> debug
debutant *m* [-en] debutant, beginner
debuteren *onoverg* [debuteerde, h. gedebuteerd] make one's debut
debuut *o* [-buten] debut, first appearance ‹of an actor &› ★ *zijn ~ maken* make one's debut
debuutroman *m* debut novel
decaan *m* [-canen] ➊ *faculteitsvoorzitter* dean ➋ *studentenadviseur* student counsellor/Am counselor

de

decadent I *bn* decadent II *m* [-en] decadent
decadentie *v* decadence
decagram *o* [-men] decagram
decaliter *m* [-s] decalitre
decameter *m* [-s] decametre
decanaat *o* [-naten] deanship, deanery
decanteren *overg* [decanteerde, h. gedecanteerd] decant
decatlon *m & o* [-s] *sp* decathlon
december *m* December ★ *de eerste ~, een ~* the first of December ★ *op tien ~* on the tenth of December ★ *begin / midden / eind ~* at the beginning of / in the middle of / at the end of December
decennium *o* [decenniën & decennia] decennium, decade
decent I *bn* decent, proper ★ *een ~ bloesje* a decent blouse II *bijw* decently, properly ★ *zich ~ kleden* dress decently
decentralisatie *v* [-s] decentralization, devolution
decentraliseren *overg* [decentraliseerde, h. gedecentraliseerd] decentralize
deceptie *v* [-s] disappointment

> **deceptie**
> is **disappointment** en niet **deception. Deception** betekent **bedrog, misleiding.**

decharge *v* discharge ★ *~ verlenen* discharge ★ *een getuige à ~* a witness for the defence
dechargeren *overg* [dechargeerde, h. gedechargeerd] discharge, give ‹sbd› a release, give formal approval of the actions of ‹sbd› ★ *de penningmeester ~* discharge the treasurer
decibel *m* [-s, -len] decibel
decigram *o* [-men] decigram
deciliter *m* [-s] decilitre
decimaal I *bn* decimal ★ *een decimale breuk* a decimal fraction ★ *het decimale stelsel* the decimal system ★ *een decimale classificatie* a decimal classification II *v* [-malen] decimal place ★ *tot in vijf decimalen* to five decimal places
decimeren *overg* [decimeerde, h. gedecimeerd] decimate
decimeter *m* [-s] decimetre
declamatie *v* [-s] declamation, recitation
declameren *overg en onoverg* [declameerde, h. gedeclameerd] declaim, recite
declarabel *bn* declarable ★ *~e uren* declarable hours
declarant *m* [-en] declarant, claimant
declaratie *v* [-s] ❶ *onkostennota* expense account, statement of expenses ❷ *rekening* account, bill ❸ *v. douane* declaration, customs entry
declaratieformulier *o* [-en] statement of expenses
declareren *overg* [declareerde, h. gedeclareerd] ❶ *onkostennota indienen* charge, claim expenses ❷ *aangeven bij de douane* declare
declasseren *overg* [declasseerde, h. gedeclasseerd] *overtroeven* outclass
declinatie *v* [-s] ❶ *v. ster, kompas* declination ❷ taalk

declension
declineren *overg en onoverg* [declineerde, h. gedeclineerd] ❶ *afwijzen* decline ❷ *verbuigen* taalk decline
decoder *m* [-s] telec, comput decoder ★ *dat sportkanaal zit achter de ~* that sports channel is encoded
decoderen *overg* [decodeerde, h. gedecodeerd] ❶ decode, decipher, decrypt ❷ reclame decoding
decolleté *o* [-s] low neckline, decolletage, cleavage ★ *een jurk met een ~* a low-necked dress
decompressie *v* [-s] decompression
deconfiture *v* [-s] jur failure, collapse ★ *de in ~ geraakte maatschappij* the insolvent company
decor *o* [-s] scenery, scene, ‹film› set ★ *de vredesonderhandelingen vonden plaats tegen een ~ van verwoeste gebouwen* the peace negotiations took place against a background of devastated buildings
decoratie *v* [-s] ❶ *versiering* decoration, ornament ❷ *ordeteken* decoration
decoratief I *bn* decorative, ornamental II *o* scenery, settings
decoreren *overg* [decoreerde, h. gedecoreerd] ❶ *versieren* decorate, ornament ★ *een interieur ~* decorate an interior ❷ *ridderen* decorate ★ *hij werd gedecoreerd* he was decorated
decorontwerper *m* [-s] scene (set) designer, stage decorator
decorstuk *o* [-ken] piece of scenery
decorum *o* decorum ★ *het ~* decorum, the proprieties, the decencies ★ *het ~ bewaren* keep up appearances, maintain decorum
decoupeerzaag *v* [-zagen] jigsaw
decreet *o* [-creten] decree
decreteren *overg* [decreteerde, h. gedecreteerd] decree, ordain
decriminaliseren *overg* [decriminaliseerde, h. gedecriminaliseerd] decriminalize ★ *sommigen vinden dat de productie van softdrugs moet worden gedecriminaliseerd* some people think that the production of softdrugs should be decriminalized
dedain *m & o* contempt, disdain ★ *met ~ over iets spreken* speak about something with contempt
de dato *bijw* dated... ★ *uw schrijven ~ 24 augustus 2003* your letter dated 24 August 2003
deduceren *overg* [deduceerde, h. gededuceerd] deduce, infer
deductie *v* [-s] deduction
deductief *bn* deductive
deeg *o* alg. dough ❷ *v. gebak* paste
deegroller *m* [-s] rolling pin
deegwaren *zn* [mv] pasta
deejay *m* [-s] (diskjockey) deejay
deel I *o* [delen] ❶ *gedeelte* alg. part, portion, share ★ *de edele delen* the vital parts ★ *ik heb er geen ~ aan* I'm no party to it ★ *ik heb er geen ~ in* I have no share in it ★ *zijn ~ krijgen* come into one's own, come in for one's share ‹of problems &› ★ *~*

uitmaken van... form part of..., be a member of... ★ *iem. ten ~ vallen* fall to sbd.'s lot / share ★ *ten dele, voor een ~* partly ★ *voor het grootste ~* for the most part ❷ *v.e. boek* volume ★ *een roman in twee delen* a novel in two volumes ❸ *v.e. symfonie* movement **II** *v* [delen] ❶ *plank* board ❷ *van grenen- of vurenhout* deal ❸ *dorsvloer* threshing floor

deelachtig *bn* ★ *iem. iets ~ maken* impart sth to sbd ★ *iem. ~ maken aan iets* let sbd participate in sth ★ *iets ~ worden* obtain sth, ⟨geluk &⟩ be blessed with sth

deelbaar *bn* divisible ⟨number⟩, separable, partible ★ *56 is ~ door 7* 56 is divisible by 7

deelbetaling *v* [-en] instalment

deelcertificaat *o* [-caten] credit

deelgemeente *v* [-s, -n] borough, suburb

deelgenoot *m* [-noten] ❶ sharer (in), partner ★ *iem. ~ maken van een geheim* disclose / confide a secret to sbd ❷ *handel* partner

deellijn *v* [-en] dividing line, <u>wisk</u> bisector

deelname *v* participation

deelnemen *onoverg* [nam deel, h. deelgenomen] ★ *~ aan* participate in, take part in, join in ⟨the conversation &⟩ ★ *~ in* participate in, share in, sympathize with ⟨sbd.'s feelings⟩

deelnemer *m* [-s] ❶ participant, participator, partner ❷ *aan wedstrijd* competitor, entrant, contestant

deelnemersveld *o* entry, number of entrants

deelneming *v* ❶ *medegevoel* sympathy, compassion, commiseration, concern, pity ★ *iem. zijn ~ betuigen* extend one's sympathy to sbd ❷ *het meedoen* participation (aan in) ❸ *bij sportevenement &* entry ★ *bij voldoende ~* if there are enough entries / entrants ❹ [-en] <u>handel</u> participation, participating interest, holding

deelorder *m* [-s] part order

deels *bijw* ★ *~..., ~...* partly..., partly... ★ *~ door..., ~ door...* what with... and... ★ *~ gelijk hebben* be partly right

deelstaat *m* [-staten] federal state

deelstreep *v* [-strepen] ❶ <u>rekenk</u> horizontal line ❷ *op graadmeters* graduation

deeltal *o* [-len] dividend

deelteken *o* [-s] ❶ <u>taalk</u> diaeresis ❷ <u>wisk</u> division sign / mark

deeltijd *m* part-time ★ *in ~ werken* work part-time

deeltijdbaan *v* [-banen] part-time job

deeltijdwerker *m* [-s] part-timer

deeltje *o* [-s] particle

deeltjesversneller *m* [-s] particle accelerator

deelverzameling *v* [-en] <u>wisk</u> subset

deelwoord *o* [-en] <u>taalk</u> participle ★ *een tegenwoordig / voltooid ~* a present / past participle

deemoed *m* humility, meekness

deemoedig *bn* humble, meek, submissive

Deen *m* [Denen] Dane

Deens I *bn* Danish ★ *valuta de ~e kroon* the Danish crown / krone **II** *o taal* Danish

Deense *v* [-n] Dane ★ *ze is een ~* she's a Dane, she's from Denmark

deerlijk I *bn* sad, pitiable, pitiful, miserable **II** *bijw* grievously, pitifully & ★ *~ gewond* badly wounded ★ *zich ~ vergissen* be greatly / profoundly mistaken

deernis *v* pity, commiseration, compassion ★ *~ hebben met* take / have pity on, pity

deerniswekkend *bn* pitiful, miserable

de facto *bijw* de facto

defaitisme *o* defeatism

defaitist *m* [-en] defeatist

defaitistisch *bn* defeatist

defect I *bn* defective, faulty, ⟨opschrift⟩ (machine) out of order ★ *er is iets ~* there's something wrong ⟨with the engine⟩ ★ *~ raken* get out of order, break down, go wrong ★ *~e goederen* faulty / damaged / imperfect goods **II** *o* [-en] ❶ defect, deficiency ❷ <u>techn</u> trouble, failure

defensie *v* defence, <u>Am</u> defense ★ *het Ministerie van Defensie* the Ministry of Defence / Defense

defensief I *bn* defensive ★ *een ~ verbond* a defensive treaty **II** *bijw* defensively ★ *~ optreden* act on the defensive **III** *o* defensive ★ *iem. in het ~ dringen* force sbd onto the defensive

deficit *o* [-s] deficit, shortfall

defilé *o* [-s] *voorbijmarcheren* march-past ★ *een ~ afnemen* take the salute

defileren *onoverg* [defileerde, h. gedefileerd] ★ *~ (voor)* march past

definieerbaar *bn* definable

definiëren *overg* [definieerde, h. gedefinieerd] define

definitie *v* [-s] definition ★ *per ~* by definition

definitief I *bn alg.* definitive, final, definite, permanent ★ *een definitieve regeling treffen* make a permanent arrangement **II** *bijw* definitively, finally, definitely ★ *~ benoemd worden* be permanently appointed

deflatie *v* deflation

deformeren *overg* [deformeerde, h. gedeformeerd] deform

deftig I *bn* ❶ dignified, stately, distinguished ★ *een ~e dame* a genteel lady ❷ *overdreven deftig* <u>inf</u> posh, la-di-da **II** *bijw* decently, properly & ★ *~ doen* assume a solemn and pompous air ★ *~ spreken* talk with an upper-class accent, <u>inf</u> talk posh

degelijk I *bn* ❶ *v. personen* reliable, respectable ❷ *v. zaken* substantial ⟨food⟩, solid ⟨grounds⟩, thorough ⟨work &⟩, sound ⟨education⟩, sterling ⟨qualities⟩, reputable ⟨firm⟩ ★ *een ~e auto* a sturdy / reliable car **II** *bijw* reliably & ★ *ik heb het wel ~ gezien* I did see it ★ *het is wel ~ waar* it is really true

degen *m* [-s] sword ★ *de ~s kruisen* cross swords

degene *bepalingaankondigend vnw* [-n] he, she, the one ★ *~ die* he who, she who, the one who ★ *~n die* those who

degeneratie *v* degeneracy, degeneration

degenereren *onoverg* [degenereerde, is gedegenereerd] degenerate, degrade

de

★ *gedegenereerde cellen* degenerated cells

degenslikker *m* [-s] sword swallower

degradant *m* [-en] sp relegator

degradatie *v* [-s] ❶ *alg.* degradation, demotion ❷ mil relegation to the ranks ❸ scheepv disrating ❹ sp relegation

degradatiewedstrijd *m* [-en] relegation match

degraderen *overg en onoverg* [degradeerde, h. en is gedegradeerd] ❶ degrade, demote, reduce to a lower rank ❷ mil reduce to the ranks ❸ scheepv disrate ❹ sp relegate

dehydratie *v* [-s] dehydration

deinen *onoverg* [deinde, h. gedeind] heave, roll

deining *v* [-en] ❶ *v. water* swell, heave ❷ fig excitement, commotion ★ *~ veroorzaken* cause a stir

déjà vu *o* ['s] déjà vu

dek *o* [-ken] ❶ *bedekking* cover, covering ❷ *op bed* bedclothes ❸ *v. paard* horsecloth ❹ scheepv deck ★ *aan ~* on deck

dekbed *o* [-den] ❶ continental quilt, duvet, Aus doona ❷ *donzen* eiderdown

dekbedovertrek *o & m* [-ken] quilt cover, duvet cover, Aus doona cover

dekblad *o* [-bladen] *van sigaar* wrapper

deken I *m* [-s] ❶ *kerkelijk* dean ❷ *van het Corps Diplomatique* doyen II *v* [-s] *op bed* blanket ★ inf *onder de ~s kruipen* turn in ★ *een elektrische ~* an electric blanket

dekhengst *m* [-en] ❶ *paard* stud horse, stallion, sire ❷ *persoon* inf stud

dekken I *overg* [dekte, h. gedekt] ❶ *bedekken* cover ❷ *dakdekken* ‹met pannen› tile, ‹met lei› slate, ‹met riet› thatch ❸ *beschermen* screen, shield, ‹met verzekering› cover ★ *gedekt zijn* verz be secured against loss, ‹personen› be covered ❹ *bevruchten* service ❺ sp cover ‹a teammate›, mark ‹an opponent› ❻ *v. tafel* lay, set II *wederk* [dekte, h. gedekt] ★ *zich ~* ‹bedekken› cover oneself, verz secure oneself against loss(es), ‹beschermen› shield oneself, screen oneself ‹behind others› III *onoverg* [dekte, h. gedekt] lay the cloth, set the table ★ *~ voor 20 personen* set the table for twenty ★ *de verf dekt goed* the paint coats well

dekking *v* [-en] ❶ eig & mil cover ★ mil *~ zoeken* / take cover (*voor* from) ❷ fig cloak, shield, guard ❸ *door verzekering* cover ❹ *tegen prijsrisico* hedge, hedging ★ *een aanvullende ~* additional security ❺ sp marking

dekkingspercentage *o* [-s] percentage of cover

deklaag *v* [-lagen] top / surface layer, protective coating

dekmantel *m* [-s] cloak, fig veil, cover ★ *onder de ~ van...* under the cloak / cover of...

dekolonisatie *v* decolonization

dekoloniseren *overg* [dekoloniseerde, h. gedekoloniseerd] decolonize

dekschuit *v* [-en] flat boat

deksel *o* [-s] cover, lid ★ *het ~ op zijn neus krijgen* get

the door slammed in one's face ★ *op ieder potje past een* ~ every Jack will find his Jill

deksels I *tsw* ★ *~!* what the devil! II *bn* dratted, damned, confounded ★ *een ~e meid* a dratted girl III *bijw* damn, darn ★ *het was ~ druk* it was as busy as anything

dekzeil *o* [-en] tarpaulin, canvas

del *v* [-len] ❶ *dal* hollow, dip ❷ *slons* slut, slattern ❸ *slet* slut, tramp

delegatie *v* [-s] delegation

delegeren *overg* [delegeerde, h. gedelegeerd] delegate ★ *het ~ van verantwoordelijkheden* delegation of responsibilities

delen I *overg* [deelde, h. gedeeld] ❶ *verdelen* divide ★ *twaalf gedeeld door drie is vier* twelve divided by three is four ❷ *deelnemen* share ❸ *in delen opsplitsen* split ★ *het verschil ~* split the difference II *onoverg* [deelde, h. gedeeld] divide ★ *~ in* participate in, share in, share ‹sbd's. feelings› ★ *~ in iems. droefheid* sympathize with sbd ★ *~ met* share with ★ *samen ~* go halves, go fifty-fifty

deler *m* [-s] ❶ *persoon* divider ❷ *getal* divisor ★ *(grootste) gemene ~* (greatest) common factor / denominator

deleteknop *m* [-pen] delete button

deleten *overg* [deletete, h. gedeletet] delete

delfstof *v* [-fen] mineral

delfts *o* aardewerk delftware, delft

delgen *overg* [delgde, h. gedelgd] pay off, amortize, discharge, redeem ‹a loan› ★ *schuld ~* settle debts

delibereren *onoverg* [delibereerde, h. gedelibereerd] deliberate

delicaat I *bn* delicate, ticklish ★ *een delicate gezondheid* delicate health ★ *een delicate kwestie* a delicate question II *bijw* delicately, considerably

delicatesse *v* [-n] ❶ *lekkernij* delicacy ❷ *tederheid* delicacy, consideration

delicatessenwinkel *m* [-s], **delicatessenzaak** *v* [-zaken] delicatessen

delict *o* [-en] ❶ *strafbaar feit* offence, Am offense ★ *een culpoos ~* a culpable offence ★ *een economisch ~* an economic offence ★ *een eenvoudig ~* a non-aggravated offence ❷ *civiel* unlawful act

deling *v* [-en] ❶ partition ‹of real property› ❷ wisk division

delinquent I *m* [-en] delinquent, offender ★ *een politiek ~* a political offender II *bn* delinquent

delirium *o* delirium, delirium tremens ★ inf *~ hebben* see snakes, have the horrors

delta *v* ['s] delta

deltavliegen *o* hang gliding

deltavliegtuig *o* [-en] hang glider

delven *overg* [delfde, dolf, h. gedolven] dig ★ *een graf ~* dig a grave ★ *kolen ~* mine coal

demagnetiseren *overg* [demagnetiseerde, h. gedemagnetiseerd] ❶ demagnetize ❷ elektr, comput degauss

demagogie *v* demagogy

demagogisch *bn* demagogic
demagoog *m* [-gogen] demagogue
demarcatielijn *v* [-en] line of demarcation, demarcation line, dividing line
demarche *v* [-s] démarche, diplomatic step ★ *~s doen* take diplomatic steps
demarketing *v* demarketing
demarrage *v* [-s] ❶ *het demarreren* breaking away ❷ *uitlooppoging* breakaway ★ *een mislukte ~* an unsuccessful break / breakaway
demarreren *onoverg* [demarreerde, h. & is gedemarreerd] break away
demasqué *o* [-s] unmasking
dement *bn* senile
dementeren I *onoverg* [dementeerde, is gedementeerd] *kinds worden* grow demented **II** *overg* [dementeerde, h. gedementeerd] *ontkennen* deny ‹a fact›, disavow, disclaim
dementie *v* dementia
demi-finale *v* [-s] sp semi-final
demilitariseren *overg* [demilitariseerde, h. gedemilitariseerd] demilitarize
demissionair *bn* outgoing ★ *~ zijn* be under resignation ★ *een ~ kabinet* an outgoing cabinet ★ *het kabinet is ~* the government has resigned
demo *m* ['s], **demobandje** *o* [-s] ook comput demo, demo tape
demobilisatie *v* demobilization
demobiliseren *overg* [demobiliseerde, h. gedemobiliseerd] demobilize
democraat *m* [-craten] democrat
democratie *v* [-tieën] democracy
democratisch *bn* democratic ★ *een ~e partij* a democratic party ★ *een ~ genomen besluit* a democratically taken decision
democratiseren *overg* [democratiseerde, h. gedemocratiseerd] democratize
democratisering *v* democratization
demografie *v* demography
demografisch *bn* demographic
demon *m* [-monen, -s] demon, devil ★ *bezeten door ~en* possessed by evil spirits
demonisch I *bn* demoniac(al) **II** *bijw* demoniacally
demoniseren *overg* [demoniseerde, h. gedemoniseerd] demonize
demonstrant *m* [-en] demonstrator
demonstratie *v* [-s] ❶ *het tonen* demonstration, showing, display ❷ *betoging* demonstration, (protest) march ★ *een ~ houden* organize a demonstration
demonstratief *bn* demonstrative, ostentatious ‹behaviour &› ★ *zij verlieten ~ de zaal* they left the hall as a sign of protest ★ *~ optreden* act demonstratively
demonstratiemodel *o* [-len] demonstration model
demonstratievlucht *v* [-en] demonstration flight
demonstreren I *overg* [demonstreerde, h. gedemonstreerd] *tonen* demonstrate, show, display

II *onoverg* [demonstreerde, h. gedemonstreerd] *betogen* demonstrate, march
demontabel *bn* sectional, detachable
demontage *v* dismantling, disassembling
demonteerbaar *bn* sectional, detachable
demonteren *overg* [demonteerde, h. gedemonteerd] ❶ *alg.* dismount, disassemble ❷ techn dismantle ★ *een machine ~* dismantle a machine ★ *explosieven ~* defuse explosives
demoralisatie *v* demoralization
demoraliseren *overg* [demoraliseerde, h. gedemoraliseerd] demoralize
demotiveren *overg* [demotiveerde, h. gedemotiveerd] demotivate, discourage
dempen *overg* [dempte, h. gedempt] ❶ *een kanaal & fill up* / in ❷ *een opstand* quell, crush, stamp out ❸ *geluid* muffle, deaden ❹ *licht* subdue, dim ❺ muz mute / damp, soft-pedal ‹a piano›
demper *m* [-s] ❶ techn damper ❷ muz mute ❸ *v. uitlaat* muffler, silencer ❹ *v. pistool* silencer
den *m* [-nen] fir, pine tree ★ *een grove ~* a pine ★ *zo slank als een ~* as slim as a willow
denappel *m* [-s] pine cone
denatureren *overg* [denatureerde, h. gedenatureerd] denature ★ *gedenatureerde alcohol* methylated spirit
denderen *onoverg* [denderde, h. gedenderd] rumble ★ *de trein denderde langs* the train thundered past
denderend *bn bijw* tremendous, raging, thunderous ‹applause› ★ *ik vond die film niet zo ~* I didn't think that film was so marvellous
Denemarken *o* Denmark
Den Haag *o* The Hague
denier *m* [-s] denier ★ *een panty van 20 ~* twenty-denier tights
denigrerend *bn* denigratory, degrading ★ *~ over iets spreken* speak belittlingly about sth
denim *o* denim
denkbaar *bn* imaginable, conceivable, thinkable ★ *alle denkbare moeite* all possible trouble ★ *op de gruwelijkst denkbare wijze* in the most horrible way one can imagine
denkbeeld *o* [-en] ❶ *idee* idea, notion ★ *zich een ~ vormen van* form an idea of ❷ *mening* view
denkbeeldig *bn* imaginary ★ *het is niet ~ dat...* it is quite possible that...
denkelijk I *bn* probable, likely **II** *bijw* probably ★ *hij zal ~ niet komen* he isn't likely to come
denken I *overg* [dacht, h. gedacht] think ★ *...denk ik ...*I think, I suppose ★ *...zou ik ~* I should think ★ *...dacht ik bij mijzelf* I thought to myself ★ *ik denk het wel* I think so, I should imagine so ★ *ik denk het niet, ik denk van niet* I think not, I don't suppose so ★ *wat denk je wel?* who do you think you are? ★ *kun je net ~!* what an idea!, not likely! ★ *dat kun je ~!*, inf *dat had je gedacht!* fancy me doing that!, inf not me! ★ *ik denk er heen te gaan* I'm thinking of going (there) ★ *ik denk er het mijne van* I have my own ideas about it ★ *het laat zich ~* it may be imagined

de

de

II *onoverg* [dacht, h. gedacht] ★ ~ *aan iets* think of sth ★ *daar is geen ~ aan* it's out of the question, inf forget it ★ *ik moet er niet aan ~* I can't bear to think of it, it doesn't bear thinking of ★ *denk eraan dat...* mind you..., be sure to..., remember to... ★ *denk eens aan!* imagine, just think of it, fancy that! ★ *ik denk er niet aan!* I'll do nothing of the kind!, absolutely not!, I wouldn't dream of it! ★ *ik denk er niet aan om...* I have no intention of...ing, I don't intend to... ★ *ik dacht er niet aan dat...* I didn't realize that... ★ *nu ik eraan denk* now I come to think of it ★ *doen ~ aan* make sbd think of, remind ⟨them⟩ of ★ *zonder er bij te ~* without thinking, thoughtlessly ★ *om iets ~* think of / remember sth ★ *denk er om!* just you watch your step! ★ *denk om het afstapje!* mind the step! ★ *over iets ~* think about / of sth ★ *ik denk er niet over* I wouldn't even dream of it ★ *hoe denk je erover?* how about it? ★ *zo denk ik erover* that's how I think about it ★ *ik denk van wel* I think so, I should imagine so ★ *ik zal er eens over ~* I'll see about it ★ *ik denk er nu anders over* I feel differently now, I take a different view now ★ *daar kun je verschillend over ~* that's a matter of opinion ★ *stof tot ~ geven* give food for thought ★ *dat geeft te ~* it makes you think / wonder **III** *o* ★ *het ~* thought, thinking

denker *m* [-s] thinker

denkfout *v* [-en] fallacy, logical error, error of reasoning

denkpatroon *o* [-tronen] pattern of thought, way of thinking

denkproces *o* [-sen] mental process, thought process

denksport *v* [-en] ❶ *het oplossen van puzzels &* puzzles, brain teasers, mind games ❷ *schaken, dammen &* mind sports

denktank *m* [-s] think tank

denktrant *m* way of thinking

denkvermogen *o* [-s] faculty of thought, intellectual capacity

denkwereld *v* [-en] mental world, way of thinking

denkwerk *o* brainwork, thinking

denkwijze *v* [-wijzen] mode of thought

dennenappel, **denappel** *m* [-s] pine cone

dennenboom *m* [-bomen] pine tree, fir

dennenhout *o* pinewood, pine

dennennaald *v* [-en] pine needle

dentaal I *bn* dental ★ *taalk een dentale klank* a dental sound **II** *m* [-talen] taalk dental

deodorant *m* [-s, -en] deodorant

departement *o* [-en] department, (government) office, ministry

departementaal *bn* departmental

dependance *v* [-s] ❶ *op hetzelfde terrein* annex(e), outbuilding ❷ *buitenlocatie* branch, outstation

depersonalisatie *v* [-s] depersonalization

deplorabel *bn* deplorable, pitiable ★ *in ~e staat* in an abominable state

deponeren *overg* [deponeerde, h. gedeponeerd] ❶ *neerleggen* place, put down ⟨sth⟩ ❷ *in bewaring*

geven deposit ⟨money⟩ ❸ *plaatsen* file, lodge, deposit ❹ *handelsmerk* register ★ *een wettig gedeponeerd handelsmerk* a registered trademark

deportatie *v* [-s] deportation, transportation

deporteren *overg* [deporteerde, h. gedeporteerd] deport, transport

deposito *o* ['s] deposit ★ *in ~* on deposit

depositorekening *v* [-en] deposit account

depot *o & m* [-s] ❶ mil depot ❷ handel depot, store, warehouse ★ *in ~ geven* deposit (with)

depothouder *m* [-s] depositary, handel (sole) agent

deppen *overg* [depte, h. gedept] dab

depreciatie *v* [-s] depreciation

depreciëren *overg en onoverg* [deprecieerde, h. en is gedeprecieerd] *in waarde (laten) dalen* depreciate

depressie *v* [-s] depression

depressief *bn* depressive, depressed ★ *een depressieve bui* a sombre mood

depri *bn* down, depressed ★ *ik voel me een beetje ~* I feel a bit down

deprimeren *overg* [deprimeerde, h. gedeprimeerd] depress, deject

deputatie *v* [-s] deputation ★ Belg *de Bestendige Deputatie* the provincial council

der *lidw* of the, of ★ *de Commissaris ~ Koningin* the Royal Commissioner

derailleren *onoverg* [derailleerde, is gederailleerd] go / run off the rails

derailleur *m* [-s] derailleur gears

derby *m* ['s] local derby

derde I *rangtelw* third ★ *de ~ man* the third person, sp the third player ★ *de ~ wereld* the Third World ★ *het Derde Rijk* the Third Reich ★ *ten ~* thirdly **II** *m-v* [-n] ❶ third person, third party ★ *aansprakelijkheid jegens ~n* third party risks ❷ sp third player **III** *o* [-n] third (part)

derdegraads *bn* ★ *een ~ verhoor* a third degree interrogation ★ *een ~ leraar* ⟨in Nederland⟩ a secondary school teacher trained at a teacher's college

derdegraadsverbranding *v* [-en] third-degree burn

derdemachtsvergelijking *v* [-en] cubic equation

derdemachtswortel *m* [-s] cube root

derderangs *bn* third-rate

derdewereldland *o* [-en] Third World country

dereguleren *overg* [dereguleerde, h. gedereguleerd] deregulate

deregulering *v* deregulation

deren *overg* [deerde, h. gedeerd] harm, hurt ★ *wat deert het ons?* what do we care? ★ *het deerde hem niet, dat...* it was nothing to him that... ★ *niets kan hem ~* nothing can bother him

dergelijk *aanw vnw* such, suchlike, like, similar ★ *en ~e* and the like ★ *iets ~s* something like it, some such thing, ⟨say⟩ something to that effect / in that strain

derhalve *bijw* therefore, consequently, so

derivaat *o* [-vaten] ook eff derivative, derivative

security

dermate *bijw* in such a manner, to such a degree ★ *hij was ~ verliefd dat hij twee keer per dag langs haar huis liep* he was so much in love that he walked past her house twice a day

dermatologie *v* dermatology

dermatologisch *bn* dermatological ★ *~ getest* dermatologically tested

dermatoloog *m* [-logen] dermatologist

derrie *v* muck

derrière *v* [-s] behind, bottom

dertien *hoofdtelw* thirteen ★ *~ in een dozijn* a dime a dozen

dertiende I *rangtelw* thirteenth ★ *een ~ maand* ⟨m.b.t. salariëring⟩ an annual bonus **II** *o* [-n] thirteenth (part)

dertig *hoofdtelw* thirty ★ *boven de ~ zijn* be in one's thirties

dertiger *m* [-s] person in his / her thirties

dertigste I *rangtelw* thirtieth **II** *o* [-n] thirtieth (part)

derven *overg* [derfde, h. gederfd] be (go) without, be deprived of, forgo ⟨wages⟩ ★ *inkomsten ~* lose income

derving *v* privation, lack, loss ★ *~ van inkomsten* loss of income

des I *lidw* of the, of it, of that **II** *bijw* ★ *~ avonds* in the evening ★ *~ te beter* all the better, so much the better ★ *hoe meer..., ~ te meer...* the more..., the more... **III** *v* [-sen] <u>muz</u> D flat

desalniettemin *bijw* nevertheless, for all that

desastreus *bn* disastrous ★ *met desastreuze gevolgen* with disastrous consequences

desavoueren *overg* [desavoueerde, h. gedesavoueerd] repudiate, disavow ★ *iem. ~* deny

desbetreffend *bn* relating to, concerning, relevant

descendant *m* [-en] <u>astrol</u> descendant

descriptief *bn* descriptive ★ *een descriptieve methode* a descriptive method

desem *m* [-s] sourdough

deserteren *onoverg* [deserteerde, is gedeserteerd] desert

deserteur *m* [-s] deserter

desertie *v* [-s] desertion

desgevraagd *bijw* ★ *~ verklaarde de president...* on being asked the president declared...

desgewenst *bijw* if required, if desired ★ *u kunt ~ gebruik maken van onze sauna* you can use our sauna should you so desire

design *o* [-s] design ★ *een tv met een strak ~* a sleekly designed TV

designen *overg* [designde, h. gedesignd] design

desillusie *v* [-s] disillusionment, disenchantment

desinfecteermiddel *o* [-en] disinfectant

desinfecteren *overg* [desinfecteerde, h. gedesinfecteerd] disinfect

desinformatie *v* disinformation

desintegratie *v* disintegration

desintegreren *onoverg* [desintegreerde, is gedesintegreerd] disintegrate

desinteresse *v* lack of interest ★ *blijk geven van ~* show little interest

desinvestering *v* [-en] disinvestment, ⟨meervoud⟩ disposals

desktop *m* [-s] desktop

desktoppublishing *o* <u>comput</u> desktop publishing

deskundig *bn* expert, professional ★ *~ advies* expert advice

deskundige *m-v* [-n] expert

deskundigheid *v* know-how, expertise

deskundoloog *m* [-logen] self-styled expert

desnoods *bijw* if need be, <u>inf</u> at a pinch ★ *~ vertrekken we een dag eerder* if necessary we'll leave one day earlier

desolaat *bn* ❶ *troosteloos* desolate, dismal, bleak ❷ *verlaten* desolate, forsaken, deserted ★ *een desolate landstreek* a desolate region ❸ *bedroefd* disconsolate, despondent, dejected ★ *hij zat ~ in een hoekje* he was sitting despondently in a corner ❹ *verwaarloosd* dilapidated, abandoned ★ <u>jur</u> *een desolate boedel* an abandoned estate

desondanks *bijw* nevertheless, for all that ★ *het regende hevig, maar ~ gingen we op weg* it was pouring down, but we went out regardless

desoriëntatie *v* disorientation

despoot *m* [-poten] despot

dessert *o* [-en] dessert ★ *bij het ~* at dessert

dessertlepel *m* [-s] dessertspoon

dessertwijn *m* [-en] dessert wine

dessin *o* [-s] design, pattern

destabiliseren I *overg* [destabiliseerde, h. gedestabiliseerd] destabilize **II** *onoverg* [destabiliseerde, is gedestabiliseerd] destabilize

destijds *bijw* at the (that) time

destructie *v* destruction

destructief *bn* destructive

detachement *o* [-en] detachment, draft, crew

detacheren *overg* [detacheerde, h. gedetacheerd] detach, detail, draft (off)

detachering *v* posting, secondment

detail *o* [-s] detail ★ <u>handel</u> *en ~* (by) retail ★ *in ~s* in detail ★ *in ~s treden* enter / go into detail(s)

detailfoto *v* ['s] close-up

detailhandel *m* ❶ *kleinhandel* retail trade ❷ *winkel* retail business

detailleren *overg* [detailleerde, h. gedetailleerd] detail, particularize, specify ★ *een gedetailleerde plattegrond* a detailed map

detaillist *m* [-en] retailer, retail dealer

detecteren *overg* [detecteerde, h. gedetecteerd] detect

detectie *v* detection

detectiepoortje *o* [-s] security gate

detective *m* [-s] detective ★ *een particulier ~* a private detective, <u>inf</u> a private eye ★ *hij leest alleen maar ~s* he only reads crime novels

detectiveroman *m* [-s] detective novel ★ *~s* crime

de

novels, detective fiction
detector *m* [-s, -toren] detector
detentie *v* ❶ *hechtenis* detention, arrest, imprisonment ❷ *burgerlijk recht* safe keeping, bailment, holdership ❸ *het houden* custody
determinant *m* [-en] determinant, decisive element
determineren *overg* [determineerde, h. gedetermineerd] determine
determinisme *o* determinism
detineren *overg* [detineerde, h. gedetineerd] detain ★ *gedetineerd zijn* be remanded, be on remand, be a prisoner, be in prison
detonatie *v* [-s] ❶ <u>muz</u> false note ❷ *ontploffing* detonation, explosion
detoneren *onoverg* [detoneerde, h. gedetoneerd] ❶ *v. geluid* be out of tune ❷ <u>fig</u> strike a false note ❸ *ontploffen* detonate, explode
deuce *o* <u>tennis</u> deuce
deugd *v* [-en] ❶ *eigenschap* virtue, merit ❷ *het zedelijk zijn* virtue, chastity ▼ *lieve ~!* good gracious! ▼ *dat doet me ~* I'm pleased to hear it
deugdelijk I *bn* sound, valid, reliable **II** *bijw* well, thoroughly
deugdzaam *bn* virtuous ★ *een ~ meisje* a virtuous girl ★ *~ leven* lead a virtuous life
deugen *onoverg* [deugde, h. gedeugd] be good, be fit ★ *niet ~* be good for nothing, be no good, not be worth one's salt ★ *dit deugt niet* this isn't any good, this won't do ★ *je werk deugt niet* your work is bad ★ *als onderwijzer deugt hij niet* as a teacher he's inadequate, <u>inf</u> he's no good as a teacher ★ *hij deugt niet voor onderwijzer* he'll never make a good teacher, he'll never do for / as a teacher
deugniet *m* [-en] good-for-nothing, ne'er-do-well, rogue, rascal
deuk *v* [-en] dent ★ *zijn zelfvertrouwen heeft een flinke ~ opgelopen* his self-confidence has taken quite a beating ★ <u>inf</u> *in een ~ gaan / liggen* be in stitches, split one's sides
deuken *overg* [deukte, h. gedeukt] dent, damage
deun *m* [-en] ❶ tune, song, chant ❷ *wijsje* air ★ *een ~tje huilen* have a little cry
deur *v* [-en] door ★ <u>inf</u> *dat doet de ~ dicht* that puts the lid on it, that settles it ★ *bij iem. de ~ platlopen* be either coming or going ★ *ik ga / kom de ~ niet uit* I never go out ★ *iem. de ~ uitzetten,* <u>ZN</u> *aan de ~ zetten* turn sbd out ★ *iem. de ~ wijzen* show sbd the door ★ *een open ~ intrappen* force an open door ★ *aan de ~ at the door* ★ *aan de ~ wordt niet gekocht* no salesmen ★ *achter gesloten ~en* behind closed doors ★ *een stok achter de ~ nodig hebben* need an incentive ★ *bij de ~* near / at the door ★ *buiten de ~* out of doors ★ *buiten de ~ eten* eat out ★ *in de ~* in his door, in the doorway ★ *met open ~en* with open doors ★ <u>jur</u> *een behandeling met gesloten ~en* a trial in camera, a trial in chambers ★ *met de ~ en gooien* slam the doors ★ *met de ~ in huis vallen* go straight to the point ★ *het gevaar staat voor de ~* the danger

is imminent ★ *de winter staat voor de ~* winter is at hand ★ *voor een gesloten ~ staan* find the door locked ★ *dat is niet naast de ~* it isn't on the doorstep ★ *hij is net de ~ uit* he just went out ★ *niet samen door een ~ kunnen* have a quarrel
deurbel *v* [-len] doorbell
deurbeveiliging *v* door protection
deurdranger *m* [-s] door spring
deurklink *v* [-en] door latch, door handle
deurknop *m* [-pen] door handle, doorknob
deurkruk *v* [-ken] door handle
deurmat *v* [-ten] doormat
deuropening *v* [-en] doorway
deurpost, deurstijl *m* [-en] doorpost, doorjamb
deurwaarder *m* [-s] bailiff, <u>Am</u> process server, ‹tijdens zitting› usher
deuvel *m* [-s] dowel pin
deux-pièces *v* two-piece
devaluatie *v* [-s] devaluation, depreciation ‹of the currency›
devalueren I *overg* [devalueren, h. gedevalueerd] devalue **II** *onoverg* [devalueerde, is gedevalueerd] devalue, become devalued
deviatie *v* [-s] deviation
deviëren *overg en onoverg* [devieerde, h. en is gedevieerd] deviate
devies *o* [-viezen] *spreuk* device, motto ★ <u>handel</u> *deviezen* (foreign) exchange, (foreign) currency
deviezenhandel *m* foreign exchange dealings, foreign currency dealings
deviezenreserve *v* [-s] foreign exchange reserves
deviezensmokkel *m* currency smuggling
devoot *bn* devout, pious
devotie *v* [-s] devotion, piety
dextrose *m & v* dextrose
deze *aanw vnw enkelvoud* this, ‹meervoud› these ★ *~ en gene* this one and the other ★ *~ of gene* somebody or other, this or that man ★ *de 10de ~r* the 10th instant ★ *een ~r dagen* one of these days ★ *schrijver ~s* the present writer ★ *bij ~n* herewith, hereby ★ *in ~n* in this matter ★ *na / voor ~n* after / before this (date)
dezelfde *aanw vnw* the same ★ *precies ~* the very same ★ *~ persoon* the same person ★ *dat is ~ van zo-even* that is the same as the one just now
dia *m* ['s] slide, transparency
diabetes *m* diabetes
diabeticus *m* [-ci] diabetic
diabolisch *bn* diabolic(al) ★ *~ lachen* laugh devilishly
diabolo *m* ['s] diabolo
diaconaat *o* diaconate
diacones *v* [-sen] deaconess
diaconie *v* [-nieën] social welfare work
diadeem *m & o* [-demen] diadem
diafragma *o* ['s] ❶ <u>anat</u> diaphragm ❷ <u>fotogr</u> diaphragm, aperture ★ *een klein / groot ~* a small / large aperture
diagnose *v* [-n & -s] diagnosis ★ *de ~ stellen* diagnose

diagnosticeren *overg* [diagnosticeerde, h. gediagnosticeerd] diagnose
diagonaal I *v* [-nalen] diagonal (line) **II** *bn* diagonal
diagram *o* [-men] diagram
diaken *m* [-en & -s] deacon
diakritisch *bn* diacritic ★ ~ *teken* diacritical mark, diacritical sign
dialect *o* [-en] dialect
dialectiek *v* dialectic(s)
dialectisch *bn* ❶ *v. dialect* dialectal ‹word› ❷ *v. dialectiek* dialectical ★ ~ *materialisme* dialectical materialism
dialectologie *v* dialectology
dialectoloog *m* [-logen] dialectologist
dialoog *m* [-logen] dialogue, Am dialog
dialyse *v* dialysis
diamant *m & o* [-en] diamond ★ *een geslepen* ~ a cut diamond ★ *een ongeslepen* ~ a rough diamond
diamantair *m* [-s] diamond dealer, jeweller
diamanten *bn* diamond ★ *de* ~ *bruiloft* the diamond wedding anniversary
diamantslijper *m* [-s] diamond polisher, diamond cutter
diamantslijperij *v* [-en] diamond-polishing factory
diameter *m* [-s] diameter ★ *een cirkel met een* ~ *van 20 cm* a circle with a 20 cm diameter
diametraal *bn* diametrical ★ *zij staan* ~ *tegenover elkaar* they are diametrically opposed to each other
diapositief *o* [-tieven] slide, transparency
diaprojector *m* [-s, -toren] slide projector
diaraampje *o* [-s] slide frame
diarree *v* diarrhoea, *inf* the trots
diastole *m & v* [-n] diastole
dicht I *bn* ❶ *gesloten* closed, shut ★ *de deur was* ~ the door was closed / shut ★ *de gordijnen waren* ~ the curtains were drawn ★ *mijn neus zit* ~ my nose is clogged up ❷ *opeen* dense, thick ‹clouds, fog, forest &› ❸ *zwijgzaam* close ★ *hij is zo* ~ *als een pot* he is very tight-lipped ❹ *niet lek* tight **II** *bijw* ❶ *dicht opeen* closely, tightly, densely ❷ *op geringe afstand* close, near ★ *we zijn* ~ *bij onze bestemming* we're close to our destination / near our destination **III** *o* [-en] poetry ★ ~ *en on*~ poetry and prose
dichtbegroeid *bn* thick, dense, overgrown
dichtbevolkt *bn* densely populated
dichtbij *bn bijw* close by, near by, near ★ *van* ~ at close quarters ★ ~*e geluiden* nearby sounds
dichtbinden *overg* [bond dicht, h. dichtgebonden] tie up
dichtblijven *onoverg* [bleef dicht, is dichtgebleven] keep shut
dichtbundel *m* [-s] volume of verse, collection of poems
dichtdoen *overg* [deed dicht, h. dichtgedaan] shut, close
dichtdraaien *overg* [draaide dicht, h. dichtgedraaid] turn off
dichtdrukken *overg* [drukte dicht, h. dichtgedrukt]

press shut, push shut
dichten I *overg en onoverg* [dichtte, h. gedicht] *verzen* make verses, write poetry **II** *overg en onoverg* [dichtte, h. en is gedicht] *dichtmaken* stop (up), close ‹a dyke›
dichter *m* [-s] poet
dichterbij *bijw* closer, nearer
dichterlijk *bn* poetic(al) ★ ~*e vrijheid* poetic licence
dichtgaan *onoverg* [ging dicht, is dichtgegaan] ❶ *v. deur &* shut, close ❷ *v. wond* heal, close up
dichtgooien *overg* [gooide dicht, h. dichtgegooid] ❶ *deur &* slam, bang ❷ *dempen* fill up, fill in
dichtgroeien *onoverg* [groeide dicht, is dichtgegroeid] ❶ *wond* heal ❷ *bosschage* grow thick ❸ *verstoppen* clog up ❹ *dik worden* <u>scherts</u> swell up
dichtheid *v* density
dichthouden *overg* [hield dicht, h. dichtgehouden] ❶ *alg.* keep closed (shut) ❷ *v. neus* hold ❸ *v. oor* stop
dichtklappen I *overg* [klapte dicht, h. dichtgeklapt] *dichtslaan* snap ‹a book› shut, slam ‹a door› **II** *onoverg* [klapte dicht, is dichtgeklapt] ❶ *dichtgaan* shut to, snap to ❷ *v. personen* clam up
dichtknijpen *overg* [kneep dicht, h. dichtgeknepen] ❶ *vingers* clench ❷ *handen* squeeze ★ *de handen mogen* ~ count oneself lucky ❸ *ogen* shut tightly ★ *half dichtgeknepen ogen* half-closed eyes, slightly narrowed eyes ★ *een oogje* ~ turn a blind eye to sth ▼ *iem. de keel* ~ strangle a person ▼ *met dichtgeknepen keel* ‹v. ontroering› with a lump in one's throat
dichtknopen *overg* [knoopte dicht, h. dichtgeknoopt] button up
dichtkunst *v* (art of) poetry, poetic art
dichtmaken *overg* [maakte dicht, h. dichtgemaakt] ❶ *een gat* close, stop ❷ *een deur &* shut ❸ *rits &* do up, fasten
dichtmetselen *overg* [metselde dicht, h. dichtgemetseld] brick up, wall up
dichtnaaien *overg* [naaide dicht, h. dichtgenaaid] sew up
dichtplakken *overg* [plakte dicht, h. dichtgeplakt] seal (up)
dichtregel *m* [-s & -en] (line of) verse
dichtritsen *overg* [ritste dicht, h. dichtgeritst] zip up
dichtschroeien *overg* [schroeide dicht, h. dichtgeschroeid] ❶ *alg.* sear up ❷ *v. wond* cauterize
dichtschuiven *overg* [schoof dicht, h. dichtgeschoven] shut, push to, draw ‹the curtains›
dichtslaan I *overg* [sloeg dicht, h. dichtgeslagen] slam, bang ★ *de deur* ~ slam the door **II** *onoverg* [sloeg dicht, is dichtgeslagen] ❶ slam shut, bang shut ❷ *van personen* clam up
dichtslibben *onoverg* [slibde dicht, is dichtgeslibd] silt up, become silted up
dichtsmijten *overg* [smeet dicht, h. dichtgesmeten] slam shut
dichtspijkeren *overg* [spijkerde dicht, h. dichtgespijkerd] ❶ *alg.* nail up / down ❷ *een venster*

board up

dichtstbijzijnd *bn* nearest ★ *ik ga altijd naar de ~e supermarkt* I always go to the nearest supermarket

dichtstoppen *overg* [stopte dicht, h. dichtgestopt] fill (up), stop, plug (up)

dichttimmeren *overg* [timmerde dicht, h. dichtgetimmerd] board up, nail up ★ fig *de kist ~* let the matter rest

dichttrekken I *overg* [trok dicht, h. dichtgetrokken] pull ‹the door› to, draw ‹the curtains› **II** *onoverg* [trok dicht, is dichtgetrokken] *lucht* cloud over, ‹mist› grow foggy

dichtvallen *onoverg* [viel dicht, is dichtgevallen] ❶ *deur* click shut ❷ *ogen* close ★ *zijn ogen vielen dicht van vermoeidheid* his eyes closed with fatigue

dichtvorm *m* [-en] poetic form ★ *in ~* in verse

dichtvriezen *onoverg* [vroor dicht, is dichtgevroren] freeze over / up ★ *dichtgevroren zijn* be frozen over

dichtwerk *o* [-en] poetical work, poem

dichtzitten *onoverg* [zat dicht, h. dichtgezeten] ❶ *afgesloten zijn* be closed, be blocked ★ *mijn neus zit dicht* my nose is stuffed up ❷ *ontoegankelijk zijn door sneeuw* be snowbound, ‹door mist› be fogbound, ‹door ijs› be frozen over

dictaat *o* [-taten] ❶ *het dicteren* dictation ❷ *het gedicteerde* notes

dictafoon *m* [-s] Dictaphone

dictator *m* [-s] dictator

dictatoriaal *bn* dictatorial

dictatuur *v* [-turen] dictatorship

dictee *o* [-s] dictation

dicteerapparaat *o* [-raten], **dicteermachine** *v* [-s] dictating machine

dicteersnelheid *v* dictation speed ★ *op ~* at dictation speed

dicteren *overg* [dicteerde, h. gedicteerd] dictate ★ *de gedicteerde vrede* the dictated peace, the peace dictate

dictie *v* diction, utterance

dictionaire *v* [-s] dictionary

didacticus *m* [-ci] educationalist, vaak afkeurend of scherts pedagogue

didactiek *v* pedagogy, educational theory

didactisch *bn* didactic

die I *aanw vnw enkelvoud* that, ‹meervoud› those ★ *~ met de groene jas* the one in the green coat ★ *Meneer ~ en ~* (Mr) So-and-so ★ *in ~ en ~ plaats* in such and such a place ★ *~ is goed, zeg!* I like that! **II** *betr vnw* which, who, that ★ *de stoel ~ daar stond* the chair which / that was there ★ *mensen ~ niet willen schaken kunnen kaarten* people who don't want to play chess can play cards ★ *de kinderen ~ ik les heb gegeven* the children I've taught

dieet *o* [diëten] diet, regimen ★ *op ~ zijn* be on a diet ★ *iem. op (streng) ~ stellen* put sbd on a diet

dieetvoeding *v* special dietary food

dief *m* [dieven] ❶ *iem. die steelt* thief ★ *houd(t) de ~!* stop thief! ★ *wie eens steelt is altijd een ~* once a thief,

always a thief ★ *met dieven moet men dieven vangen* set a thief to catch a thief ★ *als een ~ in de nacht* as / like a thief in the night ★ *hij is een ~ van zijn eigen portemonnee* he is robbing his own purse ❷ *scheut* sucker, shoot

diefjesmaat *m* ~ *dief en ~* two of a kind ★ *het is dief en ~* they are as thick as thieves

diefstal *m* [-len] theft, robbery, jur larceny ★ *~ in vereniging* theft in association with one or more persons ★ *~ met bedreiging of geweld* robbery ★ *~ met braak* burglary ★ *gekwalificeerde ~* aggravated theft

diegene *bepalingaankondigend vnw* he, she ★ *~ die* he / she who ★ *~n die* those who

diehard *m* [-s] die-hard

dienaangaande *bijw* with respect to that, on that subject, as to that, in respect thereof ★ *heeft iem. nog vragen ~?* are there any questions on the subject?

dienaar *m* [-s & -naren] servant ★ *uw onderdanige ~* your obedient servant ★ *een ~ van de wetenschap* a servant of science

dienblad *o* [-en] (serving) tray

diender *m* [-s] policeman ★ *een dooie ~* a dull fellow

dienen I *overg* [diende, h. gediend] serve ★ *dat kan u niet ~* that won't help you ★ *waarmee kan ik u ~?* ‹bij dienstaanbieding› what can I do for you?, ‹in winkel› can I help you? ★ *van zo iets ben ik niet gediend* I won't tolerate anything like that ★ *om u te ~* at your service, right you are! **II** *onoverg* [diende, h. gediend] ❶ *alg.* serve ★ *deze dient om u aan te kondigen, dat...* this is to let you know that... ★ *als verontschuldiging* serve as an excuse ★ *~ bij de artillerie* serve in the artillery ★ *nergens toe ~, tot niets ~* serve no purpose, be no good ★ *waartoe zou het ~?* what's the good? ★ *waartoe dient dit knopje?* what's this switch for? what does this switch do? ★ *~ tot bewijs* serve as proof ★ *iem. van advies ~* advise sbd ★ *iem. van antwoord ~* answer sbd ❷ *werkzaam zijn bij* be in service ‹of› ★ *gaan ~ bij rijke mensen* go into domestic service with rich people ❸ *bedienen* serve ★ *aan tafel ~* wait at table, serve ▼ *het dient te gebeuren* it ought to / must be done ▼ *die zaak dient vandaag voor de rechter* the case comes up in court today

dienovereenkomstig *bijw* accordingly

dienst *m* [-en] ❶ *het dienen, dienstbaar zijn* service, employ ★ *in ~ gaan* go into service, mil enter the service ★ *in ~ hebben* employ ‹600 men and women› ★ *in ~ komen* enter upon one's duties, take up office, mil enter the service ‹the army› ★ *in ~ nemen* take sbd into one's service (employ), take on, engage ‹a servant &› ★ *in ~ stellen van* place ‹television› at the service of ‹propaganda› ★ *zich in ~ stellen van* commit oneself to ★ *in mijn ~* in my employ ★ *zonder ~* out of employment ★ *vaste ~* permanent employment ★ mil *~ nemen* enlist ★ mil *onder ~ gaan* enlist ★ mil *onder ~ zijn* be in the army ❷ *gebruik* use, service, disposal ★ *ten ~e van* for the use of... ★ *tot uw ~!* ‹na: thank you› not at all, don't

mention it! ★ *het is tot uw* ~ it is at your service
/ disposal ❸ *werkzaamheden* service, duty ★ ~ *doen*
perform the duties of one's office, ⟨v. politie &⟩ be
on duty ★ *die jas kan nog* ~ *doen* that coat may still
come in handy ★ ~ *doen als...* serve as, serve for, do
duty as... ★ ~ *hebben* ⟨in functie zijn⟩ be on duty, ⟨bij
rechtbank⟩ be in attendance ★ *geen* ~ *hebben* ⟨vrij
zijn⟩ be off duty, ⟨geen werk hebben⟩ be out of
employment ⟨of servants⟩ ❹ *dienstverband* service
★ *de* ~ *opzeggen* give warning, give notice ★ *in* ~
treden, in ~ *komen, in* ~ *zijn* ⟨dienstverband aangaan⟩
be employed (by), be in service, be serving,
⟨beginnen met dienst⟩ be on duty, <u>mil</u> be in the
army ❺ *functie* service ★ <u>fig</u> *de* ~ *uitmaken* run the
show ★ *de* ~ *weigeren* ⟨v. zaak⟩ refuse to act,
⟨v. persoon⟩ refuse to obey ★ *buiten* ~ ⟨v. persoon⟩
off duty, ⟨met pensioen⟩ retired ⟨colonel &⟩,
⟨v. schip &⟩ taken out of the service, ⟨als opschrift⟩
out of service / order, do not use! ★ *buiten* ~ *stellen*
lay up, scrap ⟨a ship &⟩ ★ *in* ~ *stellen* ⟨v. zaken⟩ put
⟨a steamer⟩ on the service ❻ *behulpzame daad*
(good) service ★ *iem. een* ~ *bewijzen* do / render sbd
a service, do sbd a good deed ★ *goede ~en bewijzen*
do good service ★ *u hebt mij een slechte ~ bewezen*
you've done me a disservice / a bad turn ★ *het zal u
van* ~ *zijn* it will come in handy ★ *waarmee kan ik u
van* ~ *zijn?* what can I do for you? ★ *de ene* ~ *is de
andere waard* one good turn deserves another
❼ *instantie* service, department ★ *de justitiële* ~ the
Criminal Justice Service ★ *de sociale* ~ the municipal
social security department, <u>Am</u> the welfare
department ❽ *lijndienst* service ★ *deze
busmaatschappij onderhoudt een* ~ *tussen Ommen en
Dedemsvaart* this bus company operates a service
between Ommen and Dedemsvaart ★ <u>boekh</u>
opgedragen ~en mandatory services
❾ *godsdienstoefening* service ★ ⟨v. dominee⟩ *de* ~
doen officiate ★ *na de* ~ after (divine) service ★ <u>RK</u>
tot de (heilige) ~ *toegelaten* admitted to holy orders
dienstauto *m* ['s] company car
dienstbaar *bn* ❶ *bruikbaar* useful, serviceable ★ *een* ~
geschenk a useful present ❷ *bevorderlijk voor*
instrumental (in), subservient (to) ❸ *dienend* in
service ★ *de universiteit is er niet voor zich, maar is* ~
the university is at the service of others rather than
itself ★ *(een volk)* ~ *maken* subjugate (a people) ★ ~
maken aan make subservient to
dienstbetrekking *v* [-en] service, employment
dienstbevel *o* [-en] order
dienstbode *v* [-n & -s] (domestic) servant, maid
servant
dienstdoend *bn* ❶ in waiting ⟨at court⟩ ❷ <u>mil</u> on
duty ❸ *waarnemend* acting ★ *de ~e arts* the doctor in
attendance ★ *de ~e beambte* the official in charge
dienstencentrum *o* [-s, -tra] social service centre
dienstensector *m* service industry
dienster *v* [-s] waitress
dienstig *bn* serviceable, useful ★ ~ *voor* of service for,

beneficial to
dienstijver *m* (professional) zeal
dienstjaar *o* [-jaren] ❶ *financieel* financial year, fiscal
year ❷ *v. ambtenaar* year of service ★ *dienstjaren*
years of service, years in office ★ *dienstjaren voor
pensioenberekening* pensionable service years
dienstklopper *m* [-s] stickler for rules, martinet
dienstmededeling *v* [-en] staff announcement
dienstmeisje *o* [-s] maidservant, housemaid
dienstplicht *m & v* compulsory military service
★ *algemene* ~ general conscription ★ *vervangende* ~
alternative national service
dienstplichtig *bn* liable to military service ★ *de ~e
leeftijd* military age
dienstplichtige *m* [-n] conscript
dienstregeling *v* [-en] timetable, <u>luchtv & Am</u>
schedule
dienstreis *v* [-reizen] official journey, business trip
diensttijd *m* ❶ term of office ❷ <u>mil</u> period of service
dienstverband *o* engagement, employment ★ *in* ~
employed ★ *een* ~ *aangaan* accept employment
dienstverlenend *bn* ★ *~e bedrijven* service industries
★ *de ~e sector* the service sector
dienstverlener *m* [-s] service provider
dienstverlening *v* [-en] ❶ service ❷ <u>strafrecht</u>
community service ★ <u>jur</u> *zakelijke* ~ commercial
services
dienstweigeraar *m* [-s] *met gewetensbezwaren*
conscientious objector
dienstweigering *v* refusal to do military service
dienstwoning *v* [-en] official residence
dientengevolge *bijw* in consequence, hence, as a
result
diep I *bn* deep, profound ★ *in ~e gedachten* deep in
thought **II** *bijw* deep, deeply, profoundly ★ ~
gevallen fallen low ★ ~ *in de dertig* well on in the
thirties ★ ~ *in de nacht* very late in the night ★ *tot* ~
in de nacht deep / far into the night ★ ~ *in de
schulden* deeply in debt ★ *in het ~st van zijn hart* in
the depths of his heart, in his heart of hearts **III** *o*
[-en] canal, deep, channel ★ <u>plechtig</u> *het
grondeloze* ~ the unfathomed deep
diepbedroefd *bn* deeply afflicted, heartbroken
diepdruk *m* ❶ photo gravure, engraving ❷ [-ken]
engravings
diepgaand *bn* profound, searching, in-depth ★ *een* ~
onderzoek a searching investigation ★ *een ~e
discussie* an in-depth discussion
diepgang *m* ❶ <u>scheepv</u> draught, <u>Am</u> draft ★ *een* ~
hebben van drie meter draw three meters ❷ <u>fig</u> depth
diepgeworteld *bn* ingrained, entrenched,
deep-seated ★ *een ~e haat* deep-seated hatred
dieplader *m* [-s] low-loader
diepliggend *bn* sunken, deep-set, <u>fig</u> deep-down ★ *~e
ogen* deep-set eyes
dieplood *o* [-loden] sounding lead, plumb line
diepte *v* [-n & -s] ❶ *alg.* depth ★ *op een* ~ *van* at a
depth of ❷ *zee* deep ★ *naar de* ~ *gaan* go to the

di

bottom ❸ *op land* hollow, trough ★ *een dorp dat ligt in de ~ van een dal* a village that lies in the hollow of a valley ❹ *fig* depth(s), profoundness, profundity ★ *de ~ doorgronden* plumb the depths ★ *~ van inzicht* profundity / profoundness of insight

dieptebom *v* [-men] depth charge

diepte-interview *o* [-s] in-depth interview

diepte-investering *v* [-en] capital-intensive investment

dieptepass *m* [-es] *sp* long ball, long pass

dieptepsychologie *v* depth psychology

dieptepunt *o* [-en] low point, the depth(s) ★ *... heeft het ~ bereikt* ... is at its lowest ebb

dieptriest *bn bijw* very distressing / depressing

diepvries *m* ❶ *het diepvriezen* deep freeze ❷ *installatie* deep freeze, freezer ❸ *producten* deep-frozen vegetables / fish &

diepvriesgroente *v* [-n &-s] deep-frozen vegetables

diepvriesmaaltijd *m* [-en] freezer meal, *Am* TV dinner

diepvriesproduct *o* [-en] deep-frozen product

diepvriesvak *o* [-ken] deep-freeze section / compartment

diepvriezen *o* freeze

diepvriezer *m* [-s] freezer

diepzee *v* [-zeeën] deep sea

diepzeeduiken *o* deep-sea diving

diepzeeduiker *m* [-s] deep-sea diver

diepzeeonderzoek *o* deep-sea research

diepzinnig *bn* deep, discerning, profound, *afkeurend* abstruse

dier *o* [-en] animal, creature, beast ★ *een politiek ~* a political animal ★ *lekker / lief ~!* hi sexy!

dierbaar *bn* dear, beloved, much-loved ★ *dierbare herinneringen* cherished memories ★ *mijn ~ste wens* my dearest wish

dierenarts *m* [-en] veterinary surgeon, *inf* vet

dierenasiel *o* [-s & -en] animal shelter, animal home

dierenbescherming *v* ❶ *het beschermen* protection of animals ❷ *vereniging* humane society ★ *de Dierenbescherming* the Society for the Prevention of Cruelty to Animals, the RSPCA

dierenbeul *m* [-en] sbd who is cruel to animals, animal tormentor

dierendag *m* (world) animal day

dierenmishandeling *v* cruelty to animals

dierenriem *m astron* zodiac

dierenrijk *o* animal kingdom

dierentemmer *m* [-s] tamer (of wild animals), animal trainer

dierentuin *m* [-en] zoo, *form* zoological garden(s)

dierenvriend *m* [-en] animal lover

dierenwereld *v* animal world, fauna

dierenwinkel *m* [-s] pet shop

diergeneeskunde *v* veterinary medicine

dierkunde *v* zoology

dierkundig *bn* zoological

dierlijk *bn* ❶ *van dieren* animal ★ *~e vetten* animal fats

★ *het ~e in de mens* the animal in man ❷ *fig* bestial ‹instincts›, brutal, brutish ‹lusts›

dierproef *v* [-proeven] test / experiment on an animal ★ *dierproeven verbieden* ban animal testing

diersoort *v* [-en] species of animals, animal species

diervriendelijk *bn* pro-animal

dies[1] *m* (dies natalis) underw ± foundation day, ‹Oxford University› commemoration day

dies[2] *bijw* wherefore, consequently ★ *en wat ~ meer zij* and so on, and so forth

diesel *m* [-s] diesel

dieselmotor *m* [-s & -toren] diesel engine

dieselolie *v* diesel oil

dieseltrein *m* [-en] diesel train

diëtetiek *v* dietetics

diëtist *m* [-en] dietitian / dietician

diets *bn* Middle Dutch ★ *iem. iets ~ maken* make sbd believe sth

dievegge *v* [-n] (female) thief

dievenklauw *m & v* [-en] ± security lock

dievenpoortje *o* [-s] security label detector

dieventaal *v* ❶ underworld jargon ❷ *vaktaal* jargon

differentiaal *v* [-tialen] *wisk* differential

differentiaalrekening *v wisk* differential calculus

differentiatie *v* [-s] differentiation

differentieel I *bn* differential ★ *~ loon* differential wages ★ *differentiële rechten* differential duties ★ *een ~ voordeel* marketing a differential advantage **II** *o* [-tiëlen] techn differential

differentiëren I *onoverg* [differentieerde, h. gedifferentieerd] ❶ *wisk* differentiate ❷ *onderscheid aanbrengen* distinguish (between), differentiate (between) **II** *wederk* [differentieerde, h. gedifferentieerd] ★ *zich ~* differentiate, specialize

diffusie *v* diffusion

diffuus *bn* diffuse ★ *~ licht* diffuse / scattered light ★ *een ~ betoog* a vague / rambling argument

difterie, difteritis *v* diphtheria

diftong *v* [-en] diphthong

diftongering *v* [-en] diphthongization

digestie *v* digestion

digestief I *bn* digestive **II** *o* [-tieven] digestive

diggel *m* [-en, -s] potsherd ★ *inf aan ~en gooien* smash to smithereens

digibeet *m* [-beten] computer illiterate

DigiD *afk* (Digitale iDentiteit) digital ID

digitaal *bn* ❶ *computer* digital ★ *een ~ scherm* a digital display / screen ❷ *v. vingers en tenen* digital ★ *een ~ onderzoek* a digital examination

digitaliseren *overg* [digitaliseerde, h. gedigitaliseerd] comput digitalize, digitize

dignitaris *m* [-sen] dignitary

dij *v* [-en] thigh

dijbeen *o* [-benen] ❶ thigh ❷ [-deren, -benen] thighbone, anat femur

dijenkletser *m* [-s] thigh-slapper, side-splitter

dijk *m* [-en] dyke, dike, bank, dam ★ *een ~ van een salaris* a massive / huge / substantial salary ★ *iem.*

aan de ~ zetten get rid of sbd ★ *aan de ~ staan* be out of action

dijkbreuk *v* [-en], **dijkdoorbraak** [-braken] bursting of a dyke, breach in a dyke

dijkgraaf *m* [-graven] chairman of the drainage board, chairman of the water control authority

dijklichaam *o* [-lichamen] body of a dyke

dijkwezen *o* construction and maintenance of dykes

dik I *bn* ❶ *niet dun (v. voorwerpen)* thick ★ *een ~ke boomstam* a thick tree trunk ❷ *v. grote omvang* big, bulky ★ *~ke stenen* big stones ❸ *gezet* burly, stout, fat, plump ★ *Karel de Dikke* Charles the Fat ★ *de ~ke dame* the fat lady ★ *~ worden* grow fat, put on flesh, fill out ★ *~ke wangen* plump cheeks ★ *maak je niet ~* don't get excited, inf keep your shirt on ❹ *ruim, volop* thick, ample, good ★ *een ~ke honderd euro* upwards of a hundred euros ★ *een ~ uur* a good hour ★ *~ke vrienden* great / close / fast / firm friends ★ inf *ze zijn ~ke vrienden* they are great / very close friends ❺ *weinig vloeibaar* thick ★ *~ke melk* curdled milk ❻ *opgezwollen* swollen ★ *een ~ke wang* a swollen cheek **II** *bijw* thickly ★ inf *het er ~ opleggen* lay it on thick, pile it on ★ *dat ligt er ~ op* that's quite obvious ★ *~ doen* swagger, boast ★ *er ~ inzitten* ‹veel geld hebben› have plenty of money, ‹waarschijnlijk zijn› be more than likely **III** *o* ❶ thick (part) ★ *door ~ en dun met iem. meegaan* go through thick and thin with sbd ❷ *v. koffie* grounds

dikdoenerij *v* pretentiousness, boasting, bragging

dikhuidig *bn* thick-skinned ★ *~e dieren/~en* thick-skinned quadrupeds, pachyderms

dikkerd *m* [-s] inf roly-poly, fatty

dikkop *m* [-pen] ❶ *persoon* person with a large head ❷ fig pigheaded person

dikkopje *o* [-s] ❶ *kikkervisje* tadpole ❷ *vlinder* skipper

diksap *het* concentrated fruit juice

dikte *v* [-n & -s] ❶ *het dik zijn* fatness, largeness ❷ *dichtheid* thickness, density, consistency, ‹van metalen, glas› gauge ❸ *omvang* girth ❹ med swelling, lump

dikvloeibaar *bn* viscous

dikwijls *bijw* often, frequently ★ *hoe ~ heb ik het u niet gezegd!* how often have I told you this!

dikzak *m* [-ken] big fellow, inf fatty

dildo *m* ['s] dildo

dilemma *o* ['s] dilemma ★ *iem. voor een ~ plaatsen* confront sbd with a dilemma

dilettant *m* [-en] dilettante, amateur

dilettantisme *o* dilettantism, amateurishness

diligence *v* [-s] stagecoach

dille *v* [-n] dill

diluviaal *bn* diluvial

diluvium *o* Diluvium

dimensie *v* [-s] dimension

diminutief *o* [-tieven] diminutive

dimlicht *o* [-en] dipped headlights ★ *met ~ rijden* drive with dipped headlights / on low beam

dimmen *overg* [dimde, h. gedimd] dip ‹the

headlights› ▼ *even ~!* cool it!

dimmer *m* [-s] dimmer switch

diner *o* [-s] dinner, dinner party

dineren *onoverg* [dineerde, h. gedineerd] dine

ding *o* [-en] ❶ *concreet* thing, object, gadget, contraption ★ *de ~en bij hun naam noemen* call a spade a spade ❷ *abstract* thing, matter ★ *een ~ is zeker* one thing is certain / for sure ★ *het is een heel ~* it's not an easy thing ★ *doe je ~* do your thing ❸ *jonge vrouw* thing, chick, cutie ★ *een aardig ~* a bright young thing ‹of a girl› ★ *een jong ~ van 16 jaar* a young girl / a chick of 16 ★ *zij is een lekker ~* she's a real cutie

dingen *onoverg* [dong, h. gedongen] compete (for), bargain, haggle ★ *~ naar* compete for, try to obtain ‹a post &› ★ *naar de hand van een meisje ~* court a girl

dinges *m-v* ★ *mijnheer ~* Mr what's-his-name ★ *hoe heet zo'n ~ ook weer?* what-d'you-call-it?

dinosaurus *m* [-sen], **dinosauriër** [-s] dinosaur

dinsdag *m* [-dagen] Tuesday

dinsdags I *bn* Tuesday **II** *bijw* on Tuesdays

diocees, diocese *o* [-cesen] diocese

diocesaan *bn & m* [-sanen] diocesan

dionysisch *bn* Dionysian

dioxine *o* dioxin

dioxinegehalte *o* [-n] dioxin content

dip *m* [-s] dip ★ *een ~ in de koersontwikkeling* a dip in the price trends ★ *in een ~ zitten* be going through a bad patch

diploma *o* ['s] certificate, diploma ★ *een ~ halen* graduate, qualify

diplomaat *m* [-maten] diplomat

diplomatenkoffertje *o* [-s] attaché case, document case

diplomatie *v* diplomacy

diplomatiek I *bn* diplomatic ★ *langs ~e weg* through diplomatic channels ★ *~e onschendbaarheid* diplomatic immunity **II** *v* diplomatics

dippen *overg* [dipte, h. gedipt] dip

dipsaus *v* [-en, -sauzen] dip

direct I *bn* direct, straight ★ *~e contante betaling* spot cash ★ *~e kostprijsberekening* direct costing, variable costing, marginal costing, Am proportional costing ★ *~e levering* spot delivery ★ taalk *~e rede* direct speech **II** *bijw* ❶ *rechtstreeks* direct ❷ *onmiddellijk* directly, promptly, at once, straightaway ★ handel *~ opvraagbaar* at call, repayable on demand ★ *ik kom ~* I'll be there in a moment / straightaway ★ *per ~* immediately ▼ *hij houdt niet ~ van jazz* he doesn't exactly like jazz

direct advertising *m* marketing direct advertising

directeur *m* [-en & -s] ❶ *van groot bedrijf* (managing) director, Am president, ‹van klein bedrijf› manager ★ *de algemeen ~* the general director / manager, the (general) managing director ★ *de plaatsvervangend ~* the acting director ★ *de adjunct-~* Br the assistant manager, Am the deputy director / manager ★ ‹v.e.

grote organisatie⟩ *de president~* the chairman
/ president of the board ★ *de waarnemend ~* the
acting director / manager ❷ *v. theater* manager
❸ *v. gevangenis* governor ❹ *v. ziekenhuis*
superintendent ★ *de geneesheer~* the medical
superintendent ❺ <u>post</u> postmaster ❻ *v. school*
principal, headmaster ❼ <u>muz</u> (musical) conductor,
choirmaster

directeur-generaal *m* [directeurs-generaal &
directeuren-generaal] director-general ★ *de ~ der
Posterijen* the Postmaster General

directheid *v* directness

directie *v* [-s] ❶ board, management, board of
managing directors ❷ <u>muz</u> conductorship

---

directie
kan onder meer worden vertaald met
management. Management is echter een woord
dat nooit een lidwoord krijgt.
De directie heeft een loonsverhoging
aangekondigd – Management has announced a
pay rise.

---

directielid *o* [-leden] senior executive, member of the
board (of directors)

directiesecretaresse *v* [-n, -s] executive secretary

direct mail *m* <u>marketing</u> direct mail

direct marketing *v* direct marketing

directoraat *o* [-raten] directorate

directory *m* ['s] <u>comput</u> directory

directrice *v* [-s] ❶ *alg.* directress ❷ *v.e. hotel*
manageress ❸ *v.e. school* principal, headmistress
❹ *v.e. ziekenhuis* superintendent, matron

dirigeerstok *m* [-ken] baton

dirigent *m* [-en] ❶ *v. orkest* (musical) conductor
❷ *v. koor* choirmaster

dirigeren *overg* [dirigeerde, h. gedirigeerd] ❶ *v. orkest*
conduct ❷ *v. troepen* direct

dirigisme *o* dirigism(e)

dis¹ *v* [-sen] <u>muz</u> D sharp

dis² *m* [-sen] *maaltijd* <u>plechtig</u> table, board ★ *aan de ~
zitten* sit down at the table

discipel *m* [-en & -s] disciple

disciplinair *bn* disciplinary ★ *een ~ onderzoek* a
disciplinary inquiry ★ *een ~e straf* disciplinary
punishment

discipline *v* [-s] discipline ★ *een ijzeren ~* a tight rein,
iron discipline

discman® *m* [-s] Discman

disco I *m* ['s] *discotheek* disco, discotheque **II** *m muziek*
disco, disco music

discografie *v* [-fieën] discography

disconteren *overg* [disconteerde, h. gedisconteerd]
<u>ook bankw</u> discount

disconto *o* ['s] ❶ (rate of) discount, (bank) rate,
discount rate ❷ *wisseldisconto* discount on a bill of
exchange

discotheek *v* [-theken] ❶ *dansgelegenheid*
discotheque, disco ❷ *platenverzameling* record

library

discountzaak *v* [-zaken] discount shop

discreet *bn* ❶ *niet opvallend* modest, unobtrusive
❷ *behoedzaam* considerate ❸ *met discretie* discreet,
tactful

discrepantie *v* [-s] discrepancy, difference

discretie *v* ❶ *bescheidenheid* modesty, considerateness
❷ *geheimhouding* secrecy ❸ *goedvinden* discretion

discriminatie *v* [-s] discrimination ★ *positieve ~*
positive discrimination

discrimineren *overg* [discrimineerde, h.
gediscrimineerd] discriminate against

---

discrimineren
Het is altijd **discriminate against somebody**, nooit
discriminate somebody.

---

discus *m* [-sen] discus, disc

discussie *v* [-s] discussion, debate, argument ★ *in ~
brengen, ter ~ stellen* bring up for discussion, bring
/ call in(to) question, challenge ★ *in ~ treden* enter
into a discussion

discussieleider *m* [-s] (panel) chairman, discussion
leader

discussiepunt *o* [-en] issue, subject of discussion

discussiëren *onoverg* [discussieerde, h.
gediscussieerd] discuss, debate, argue ★ *over iets ~*
discuss sth

discussiestuk *o* [-ken] discussion paper

discuswerpen *o* discus throwing

discuswerper *m* [-s] discus thrower

discutabel *bn* arguable, debatable, disputable

discuteren *onoverg* [discuteerde, h. gediscuteerd]
discuss, argue ★ *met iem. ~* argue with sbd ★ *over
iets ~* discuss, talk over

disgenoot *m* [-noten] table companion, fellow-guest
★ *de disgenoten* the guests

disharmonie *v* disharmony, discord

diskdrive *m* [-s] <u>comput</u> disc / disk drive

---

diskdrive
Moet je in het Engels **disk** schrijven of **disc**?
Algemeen gesproken is de spelling **disc** Brits en de
spelling **disk** Amerikaans maar er is erg veel
overlapping. Bij termen die te maken hebben met
de computer wordt vrijwel altijd **disk** geschreven.

---

diskette *v* [-s] <u>comput</u> diskette, floppy disc / disk,
floppy

diskjockey *m* [-s] disc jockey

diskrediet *o* discredit ★ *in ~ brengen* bring into
discredit, bring / throw discredit on, discredit ★ *in ~
raken* fall into discredit, become discredited

diskwalificatie *v* [-s] disqualification

diskwalificeren *overg* [diskwalificeerde, h.
gediskwalificeerd] disqualify

dispensatie *v* [-s] dispensation (*van* from) ★ *~ verlenen*
grant dispensation

dispenser *m* [-s] dispenser

dispersie *v* dispersion

display *m* [-s] display
disputeren *onoverg* [disputeerde, h. gedisputeerd] dispute, debate
dispuut *o* [-puten] ❶ *twistgesprek* dispute, debate, argument ❷ *club* debating society
dissel *m* [-s] ❶ *v. wagen* pole ❷ *bijl* adze
disselboom *m* [-bomen] pole
dissertatie *v* [-s] (doctoral) dissertation, doctoral / PhD thesis

> **dissertatie**
> In Amerika spreekt men gewoonlijk van **dissertation** of **PhD thesis**, in Groot-Brittannië gewoonlijk van **doctoral thesis** of **PhD thesis**. Een **dissertation** is in Groot-Brittannië ook het woord voor de afstudeerscriptie of **master's thesis**. Om verwarring te voorkomen is het raadzaam om **doctoral thesis** of **PhD thesis** te gebruiken.

dissident *m* [-en] dissident
dissimilatie *v* [-s] taalk dissimilation
dissociatie *v* dissociation
dissonant I *m* [-en] discord, dissonance ★ *dat was de enige ~* that was the only discordant note **II** *bn* dissonant
distantie *v* [-s] ❶ *eig* distance ❷ *fig* reserve, distance, distantiation ★ *~ bewaren* keep / stand / hold aloof from
distantiëren *wederk* [distantieerde, h. gedistantieerd] ★ *zich ~ van* distance / distantiate oneself from, move away from, dissociate oneself from
distel *m & v* [-s] thistle
distelvink *m & v* [-en] goldfinch
distillaat, **destillaat** *o* [-laten] distillate
distillateur, **destillateur** *m* [-s] distiller
distillatie, **destillatie** *v* [-s] distillation
distilleerderij, **destilleerderij** *v* [-en] distillery
distilleerkolf, **destilleerkolf** *v* [-kolven] distilling flask
distilleertoestel, **destilleertoestel** *o* [-len] distilling apparatus, still
distilleren *overg* [distilleerde, h. gedistilleerd], **destilleren** [destilleerde, h. gedestilleerd] distil
distinctie *v* [-s] refinement, style, distinction
distinctief I *bn* distinctive, characteristic **II** *o* [-tieven] (distinctive) badge, distinction
distribueren *overg* [distribueerde, h. gedistribueerd] ❶ *alg.* distribute ❷ *in tijden van schaarste* ration
distributeur *m* [-s] distributor
distributie *v* [-s] ❶ *alg.* distribution ❷ *in tijden van schaarste* rationing
distributieapparaat *o* distribution system
distributiebedrijf *o* [-drijven] distribution company
distributiecentrum *o* [-s &-tra] distribution centre
distributiekanaal *o* [-nalen] marketing distribution channel ★ *een grijs ~* marketing an unauthorized marketing channel
district *o* [-en] district
districtenstelsel *o* [-s] constituency voting system
districtsbestuur *o* [-sturen] district committee
districtspostkantoor *o* [-toren] district post office
dit *aanw vnw enkelvoud* this, ⟨meervoud⟩ these ★ *~ alles* all this ★ *~ zijn mijn kleren* these are my clothes
ditje *o* [-s] ★ *~s en datjes* odds and ends, bits and pieces, trifles, knick-knacks ★ *wij praatten over ~s en datjes* we talked about this and that, we made small talk
ditmaal *bijw* this time, for once
dito I *bijw bn* ditto, do **II** *o* ['s] ditto
diureticum *o* [-tica] med diuretic
diuretisch *bn* med diuretic
diva *v* ['s] diva, prima donna
divan *m* [-s] couch, divan
divergent *bn* divergent
divergentie *v* divergence
divergeren *onoverg* [divergeerde, h. en is gedivergeerd] diverge ★ *een ~de lens* a divergent lens ★ wisk *een ~de reeks* a divergent series
divers *bn* various, diverse
diversen *zn* [mv] sundries, miscellaneous (articles / items / news &)
diversificatie *v* diversification
diversifiëren *overg* [diversifieerde, h. gediversifieerd] diversify
diversiteit *v* diversity
dividend *o* [-en] dividend ★ *een ~ in aandelen* a stock dividend ★ *een gewoon ~* an ordinary dividend ★ *een ~ in contanten* a cash dividend ★ *het ~ per aandeel* the dividend per share ★ *het ~ rendement* the dividend yield ★ *een achterstallig ~* dividends in arrears ★ *cum ~* cum dividend
dividendbelasting *v* dividend (coupon) tax, tax on dividends
dividenduitkering *v* [-en] ❶ dividend payment, dividend distribution, dividend payout ❷ *in de vorm van aandelen* scrip dividend
divisie *v* [-s] division
dixieland *v* dixieland
dj *m* ['s] DJ
Djibouti *o* Djibouti
dl *afk* (deciliter) dl
dm *afk* (decimeter) dm
d.m.v. *afk* (door middel van) by means of, through
DNA *o* DNA (deoxyribonucleic acid)
DNA-onderzoek *o* [-en] DNA testing, DNA profiling / fingerprinting
DNA-profiel *o* [-en] DNA profile
do *v* ['s] muz do
dobbelbeker *m* [-s] dice cup, dice shaker
dobbelen *onoverg* [dobbelde, h. gedobbeld] dice, play dice, gamble
dobbelsteen *m* [-stenen] ❶ sp dice ★ *(met) een ~ / dobbelstenen gooien* throw the dice ❷ *in vorm van kubus* cube ⟨of bread &⟩ ★ *in ~tjes gesneden spek* diced bacon

do

do

dobbelsteen
Het woord voor **dobbelsteen**, dice, is in feite het meervoud van het woord **die** dat ook **dobbelsteen** betekent, maar alleen nog in vaste uitdrukkingen als the die is cast – de teerling is geworpen voorkomt.

dobber *m* [-s] float ▾ *een harde ~ hebben om...* be hard put to it to ‹do sth›
dobberen *onoverg* [dobberde, h. gedobberd] bob (up and down), float
dobermannpincher *m* [-s] Dobermann (pinscher)
docent *m* [-en] teacher ★ *een ~ aan de universiteit* a university lecturer
docentenkamer *v* [-s] common room, staff room
docentenkorps *o* [-en] teaching staff
doceren *overg* [doceerde, h. gedoceerd] teach
doch *voegw* but, yet, still
dochter *v* [-s] daughter
dochteronderneming *v* [-en] subsidiary company
dociel *bn* docile, submissive
doctor *m* [-s & -toren] doctor ★ *een ~ in de medicijnen / in de letteren* a Doctor of Medicine / of Arts
doctoraal I *bn* postgraduate II *o* [-ralen] final examination for a degree
doctoraat *o* [-raten] doctorate, doctor's degree
doctorandus *m* [-di & -dussen] university graduate
doctrine *v* [-s] doctrine, tenet
docudrama *o* ['s] docudrama
document *o* [-en] document
documentaire *m* [-s] documentary (film), actuality film
documentalist *m* [-en] documentalist
documentatie *v* documentation
documenteren *overg* [documenteerde, h. gedocumenteerd] document
dode *m-v* [-n] dead man, dead woman ★ *de ~* the dead man / woman, the deceased ★ *de ~n* the dead ★ *één ~* one dead, one killed ★ *het aantal ~n* the number of lives lost ‹in an accident›, the casualties ★ *over de ~n niets dan goeds* never speak ill of the dead ★ Bijbel *laat de ~n de ~n begraven* let the dead bury the dead
dodecaëder *m* [-s] dodecahedron
dodelijk I *bn* ❶ *de dood veroorzakend* deadly, mortal, lethal ★ *een ~e klap* a mortal blow ★ *een ~ gif* a lethal / deadly poison ❷ *met de dood gepaard gaand* fatal ★ *een ~ ongeluk* a fatal accident ❸ *hevig, tot de dood toe* deadly ★ *een ~e haat* a deadly hatred ❹ *als van de dood* deadly ★ *een ~e stilte* a deadly silence II *bijw* ❶ mortally, fatally ❷ *hevig, tot de dood toe* deadly ★ *zich ~ vervelen* be bored stiff ★ *~ vermoeid* dead tired
dodemansknop *m* [-pen] dead man's handle / pedal
doden *overg* [doodde, h. gedood] kill, slay, murder ★ *de tijd ~* kill time
dodencel *v* [-len] condemned cell, death cell
dodendans *m* [-en] dance of death, danse macabre

dodenherdenking *v* [-en] Br Remembrance Day, Am Memorial Day
dodenlijst *v* [-en] ❶ *bij ramp &* list of the dead ❷ *lijst met te vermoorden personen* hit list
dodenmasker *o* [-s] death mask
dodenmis *v* [-sen] RK requiem mass
dodenrijk *o* realm of the dead, underworld
dodenrit *m* [-ten] break-neck drive, suicidal drive
dodental *o* death toll, number of deaths / casualties
dodenwake *v* vigil, wake
Dode Zee *v* Dead Sea
doedelzak *m* [-ken] bagpipes
doe-het-zelfzaak *v* [-zaken] DIY shop, do-it-yourself shop
doe-het-zelven *o* do it yourself, DIY
doe-het-zelver *m* [-s] do-it-yourselfer, hobbyist
doei *tsw* bye, cheerio, cheers
doek I *m* [-en] ❶ *stuk stof* cloth ❷ *omslagdoek* shawl ★ *hij had zijn arm in een ~* he carried his arm in a sling ★ *uit de ~en doen* disclose II *o & m* ❶ *geweven stof* cloth, fabric ❷ *scheepv* sail III *o* ❶ *v. schilder* canvas, ‹schilderij› painting ❷ *v. theater* curtain ★ *het ~ is gevallen voor de heer X* the curtain has fallen for Mr. X ❸ *v. bioscoop* screen ★ *het witte ~* the silver screen
doekje *o* [-s] (piece of) cloth, rag ★ *een ~ voor het bloeden* a palliative ★ *er geen ~s om winden* not beat about the bush ★ *een open ~ krijgen* have a curtain call
doekoe *de* moolah, cash, dosh
doel *o* [-en] ❶ *alg.* target, mark ❷ *sp* goal ★ *op ~ staan* be in goal ❸ *fig* mark, aim, goal, purpose, object, design ★ *een goed ~* a good / worthy cause / intention, a charity ★ *het ~ heiligt de middelen* the end justifies the means ★ *recht op zijn ~ afgaan* go / come straight to the point ★ *zijn ~ bereiken* gain / attain / secure / achieve one's objective ★ *zijn ~ missen* miss one's mark ★ *een ~ nastreven* pursue an object / end ★ *zijn ~ treffen* hit the mark ★ *het ~ voorbijschieten* overshoot the mark ★ *met het ~ om...* for the purpose of...ing, with a view to..., with intent to... ‹steal› ★ *ten ~ hebben* be intended to... ★ *zich ten ~ stellen* make it one's object to... ★ *dat was genoeg voor mijn ~* that was enough for my purpose ❹ *v. reis* destination
doelbewust *bn* purposeful, determined
doeleinde *o* [-n] end, purpose ★ *voor meer / velerlei / alle ~n bruikbaar* multi-purpose, all-purpose
doelen *onoverg* [doelde, h. gedoeld] ★ *~ op* drive at, get at, aim at, allude to, mean ★ *dat doelt op mij* that's directed at me ★ *waar doelt hij op?* what's he driving at / getting at?, what does he mean?
doelgebied *o* [-en] sp goal area, box
doelgemiddelde *o* [-n & -s] sp goal average
doelgericht *bn* ❶ *alg.* purposeful ❷ *m.b.t. maatregel* specific ❸ *m.b.t. campagne* targeted, selective ❹ *m.b.t. hulp* well directed
doelgroep *v* [-en] target group

doellijn *v* [-en] sp goal line
doelloos I *bn* aimless, meaningless, pointless **II** *bijw* aimlessly, meaninglessly, pointlessly ★ *~ ronddwalen* wander aimlessly
doelman *m* [-nen] goalkeeper
doelmatig *bn* appropriate (to the purpose), suitable, efficient
doelmatigheid *v* suitability, efficiency
doelmond *m* [-en] sp goal mouth
doelpaal *m* [-palen] sp goal post
doelpunt *o* [-en] sp ★ *een ~ maken* score (a goal) ★ *een eigen ~* an own goal ★ *het winnende ~* the winning goal
doelrijp *bn* ★ *een ~e kans* a sure goal
doelsaldo *o* ['s, -di] goal difference
doelschop *m* [-pen], **doeltrap** [-pen] goal kick
doelstelling *v* [-en] aim, objective
doeltreffend *bn* efficient, effective
doelverdediger *m* [-s] goalkeeper
doelwit *o* [-ten] ❶ *alg.* target, mark ❷ fig target, aim, butt, object, subject ★ *hij is het ~ van hun spot* he is the object of their ridicule / the butt of all their jokes ★ *het bedrijf is ~ van een onderzoek* the business is the subject of investigation
doem *m* doom, curse ★ *er rust een ~ op* there's a curse on it
Doema *m* Duma
doemdenken *o* defeatism, doomsaying
doemdenker *m* [-s] defeatist, doomsayer, doomster
doemen *overg* [doemde, h. gedoemd] condemn, doom ★ *tot mislukking gedoemd* doomed to failure
doemscenario *o* ['s] worst-case scenario
doen I *overg* [deed, h. gedaan] ❶ *in het alg.* do, work ★ *het ~* ‹v. machine› work, go ★ *die vaas doet het* that vase produces the right effect ★ *dat doet het hem* that's what does it, it works ★ *hij kan het (goed) ~* he can (well) afford it, he is comfortably off ★ *daar kan hij het mee ~* that's telling him ★ *hij doet het er om* he does it on purpose ★ *het is hem er om te ~ aan te tonen, dat...* he is concerned to show that... ★ *het is hem alleen om het geld te ~* it is only money that he's after, he's only in it for the money ★ *daarom is het niet te ~* that's not the point ★ *het zijne ~* play one's part ★ *iets ~* do something ★ *ik zal zien of ik er iets aan kan ~* I'll see about it, I'll see if I can do anything about it ★ *ik kan er niets aan ~* ‹geen invloed› I can do nothing about it, ‹geen schuld› I can't help it ★ *er is niets aan te ~* it can't be helped ★ *je moet hem niets ~, hoor!* mind you don't hurt / touch him! ★ *zij hebben veel te ~* ‹alg.› they have a lot of work to do, ‹veel klandizie› they're doing a roaring business ★ *wat doet hij?* what does he do?, what's his business / trade / profession / job? ★ *wij hebben wel wat beters te ~* we have better things to do ❷ *ik heb het weer gedaan* I always get the blame ❷ *vóór infinitief* make ★ *iem. ~ huilen* make sbd cry ❸ *steken, wegbergen* put ★ *zout op het eten ~* put salt on the food ★ *de appels in een zak ~*

put the apples in a bag ❹ *opknappen* do, clean ★ *zijn haar ~* do / comb one's hair ★ *de badkamer ~* clean the bathroom ❺ *geven* give ★ *doe mij maar een pilsje* I'd like a beer, please ❻ *opbrengen, kosten* be worth, cost, fetch ★ *aardbeien ~ momenteel een euro per kilo* strawberries are fetching a euro per kilo at the moment ★ *wat doet dat huis?* what will that house fetch / cost?, what's the rent on the house? ❼ *veroorzaken, berokkenen* do, cause ★ *iem. kwaad ~* do sbd harm ★ *iem. pijn ~* cause sbd pain ❽ *uitspreken* make ‹a promise, vow›, take ‹an oath› ❾ *ter herhaling van het ww* do (of onvertaald) ★ *hij zal je net zo bedriegen als hij het mij heeft gedaan* he'll cheat you, as he has (done) me ★ *haal jij het of zal ik het ~?* will you get it or shall I? ★ *drinken doet hij niet* he doesn't drink ▼ *het doet er niet(s) toe* it doesn't matter, that's neither here nor there, no matter ▼ *wat doet het er toe?* what does it matter?
II *onoverg* [deed, h. gedaan] do ★ *wat is hier te ~?* what's doing here?, what's up?, what's going on here? ★ *~ alsof...* pretend to, make as if, make belief to ★ *je doet maar!* (do) as you please, please yourself ★ *je moet maar ~ alsof je thuis bent* make yourself at home ★ *hij doet maar zo* he's only pretending / shamming ★ *daaraan heeft hij verkeerd / wijs gedaan* he was wrong / wise to... ★ *onverschillig ~* feign indifference ★ *vreemd ~* act / behave strangely ★ *doe wel en zie niet om* do well and shame the devil ★ *doe zoals ik* do as I do ★ *zij ~ niet aan postzegels verzamelen* they don't go in for collecting stamps ★ *zij doet niet meer aan...* she has given up... ★ *zij ~ in wijnen* they deal in wines ★ *daar kun je jaren mee ~* that will last you for years ★ *wij hadden met hem te ~* we pitied him, we were / felt sorry for him ★ *pas op, als je met hem te ~ hebt* be careful when dealing with him ★ *als je..., dan krijg je met mij te ~* if you..., you'll have me to deal with / answer to ★ *met een euro kun je niet veel ~* a euro doesn't go far ★ *hoelang doe je over dat werk?* how long does it take you to do that? ★ *daar is heel wat over te ~ geweest* there has been a lot of talk about it, it has made a great stir **III** *o* doing(s) ★ *hij weet ons ~ en laten* he knows all our comings and goings ★ *het is geen ~* it can't be done ★ *in betere ~* in better circumstances, better situated, better off ★ *in goede(n) ~ zijn* be well-to-do, well off, in easy circumstances ★ *hij is niet in zijn gewone ~* he isn't his usual self ★ *uit zijn gewone ~* out of one's beat, upset ★ *niets van ~ hebben* have nothing to do with ★ *(dat is al heel goed) voor zijn ~* for him (that's pretty good)
doende *bn* doing ★ *~ zijn met* ...be busy...ing ★ *al ~ leert men* practice makes perfect
doener *m* [-s] doer, go-getter
doenlijk *bn* practicable, feasible, do-able ★ *dat is niet ~* it's impracticable
doetje *o* [-s] inf silly, softy
doevakantie *v* [-s] action holiday
doezelaar *m* [-s] *tekeninstrument* stump

doezelen I *onoverg* [doezelde, h. gedoezeld] doze, be drowsy **II** *overg* [doezelde, h. gedoezeld] *bij tekenen* stump

doezelig *bn* dozy, drowsy

dof I *m* [-fen] *stoot* thud, thump **II** *bn* ❶ *alg.* dull ❷ *v. licht* dim ❸ *v. geluid* muffled ❹ *v. glans* dull, lacklustre, lustreless

doffer *m* [-s] cock-pigeon

dofheid *v* dullness, dimness, lack of lustre

doft *v* [-en] thwart, (rower's) bench

dog *m* [-gen] ❶ *hond* mastiff ★ *een Deense* ~ a Great Dane ❷ [-s] marketing dog

doge *m* [-n & -s] doge

dogma *o* ['s & -ta] dogma

dogmaticus *m* [-tici] dogmatist, doctrinarian

dogmatisch *bn* dogmatic

dojo *m* ['s] dojo

dok *o* [-ken] dock ★ *een drijvend* ~ a floating dock

doka *v* ['s] (donkere kamer) darkroom

dokken I *overg* [dokte, h. gedokt] scheepv dock, put into dock **II** *onoverg* [dokte, h. gedokt] ❶ scheepv dock, go into dock ❷ *betalen* inf fork out, cough up

dokter *m* [-s & doktoren] doctor, physician ★ *hij is onder* ~*s handen* he is undergoing medical treatment

dokteren *onoverg* [dokterde, h. gedokterd] ❶ *v. dokter* practise ❷ *v. patiënt* be having medical treatment ▼ ~ *aan* tinker with

doktersadvies *o* [-viezen] ★ *op* ~ on doctor's / medical advice

doktersassistente *v* [-s, -n] receptionist

doktersroman *m* [-s] doctor novel

doktersverklaring *v* [-en] medical certificate, doctor's certificate

dokwerker *m* [-s] dockworker, docker ★ *eten als een* ~ eat like a horse

dol I *bn* ❶ *krankzinnig* crazy, mad ★ *iem.* ~ *maken* drive sbd mad / wild ★ ~ *worden* run mad ★ *het is om* ~ *van te worden* it's enough to drive you mad, it's maddening / infuriating ❷ *onbezonnen, onbesuisd* mad, crazy, wild ★ *is het niet* ~? isn't it ridiculous? ★ ~*le pret* hilarious fun ★ *hij is* ~ *op haar* he is wild / crazy about her ★ *hij is* ~ *op erwtensoep* he is very fond of/inf crazy about pea soup ★ *door het* ~*le heen zijn* be mad / frantic with joy, be wild ★ *een* ~*le boel* a mad affair ❸ *v. honden &* rabid ★ *een* ~*le hond* a rabid dog ❹ *versleten* worn, stripped ★ *een* ~*le schroef* a slipping screw ▼ *een dolle mina* a militant feminist **II** *m* [-len] scheepv thole, rowlock

dolblij *bn* mad with joy, overjoyed

dolboord *o* [-en] gunwale

doldraaien *onoverg* [draaide dol, is dolgedraaid] strip, slip ★ *die schroef is dolgedraaid* the screw is slipping ★ *hij is dolgedraaid* ⟨m.b.t. personen⟩ he's been driven over the edge, he's gone around the bend

doldriest *bn* reckless

dolen *onoverg* [doolde, h. gedoold] ❶ *zwerven* wander (about), roam, rove, ramble ❷ fig err, go astray

dolfijn *m* [-en] dolphin

dolfinarium *m* [-s, -ria] dolphinarium

dolgelukkig *bn* deliriously happy

dolgraag *bijw* ★ *ik zou het* ~ *willen* I'd love to ★ ~! with the greatest pleasure!, very much!

dolk *m* [-en] dagger, stiletto

dolkstoot *m* [-stoten] stab ★ *een* ~ *in de rug* a stab in the back

dollar *m* [-s] dollar

dollarkoers *m* [-en] dollar (exchange) rate

dollarteken *o* [-s] dollar sign ★ *met* ~*s in zijn ogen* with dollar signs dancing in front of his eyes

dollekoeienziekte *v* ZN mad cow disease

dolleman *m* [-nen] madman, idiot

dollemansrit *m* [-ten] crazy ride

dollen I *onoverg* [dolde, h. gedold] lark about, horse around, frolic **II** *overg* [dolde, h. gedold] ★ *(met) iem.* ~ lark about with sbd ★ sp *de tegenstander* ~ play with / tease the opponent

dom I *bn* ❶ *niet slim* stupid, dumb ★ *een* ~*me streek* a stupid / silly / foolish thing ★ *hij is zo* ~ *nog niet (als hij er uitziet)* he's not such a fool as he looks ★ *hij houdt zich van de* ~*me* he feigns ignorance ★ *het geluk is met de* ~*men* fortune favours fools ★ *zo* ~ *als (het achterend van) een varken* as thick as a brick ❷ *puur* sheer, pure ★ *door* ~ *geluk* by sheer luck **II** *bijw* stupidly **III** *m* ❶ *kerk* cathedral (church) ❷ *titel* Dom

domein *o* [-en] domain, crown land ★ *publiek* ~ public property

domeinnaam *m* [-namen] comput domain, domain name

domesticeren *overg* [domesticeerde, h. gedomesticeerd] domesticate

domheid *v* [-heden] stupidity, foolishness ★ *domheden* stupid / silly / foolish things

domicilie *o* [-s & -liën] domicile, jur ⟨legal⟩ (place of) residence ★ ~ *kiezen* be domiciled

dominant I *bn* dominant **II** *v* [-en] dominant

dominee *m* [-s] ❶ *alg.* clergyman ❷ *protestant, niet-anglicaans* minister ❸ *anglicaans* vicar, rector ❹ *luthers* pastor ★ ~ *W. Brown* the Reverend W. Brown ★ ~ *Niemöller* Pastor Niemöller ★ *er gaat een* ~ *voorbij* there is a lull in the conversation ❺ geringsch parson

domineren *overg & onoverg* [domineerde, h. gedomineerd] ❶ *overheersen* dominate (over), lord it over, command ❷ *spel* play dominoes

Dominica *o* Dominica

dominicaan *m* [-canen] *monnik* Dominican

Dominicaanse Republiek *v* ★ *de* ~ the Dominican Republic

domino *o* ['s] sp dominoes ★ ~ *spelen* play dominoes

domino-effect *o* knock-on effect, domino effect

dominosteen *m* [-stenen] domino

domkerk *v* [-en] cathedral (church)

domkop *m* [-pen] blockhead, duffer, dolt, nitwit

dommekracht *v* [-en] ❶ techn jack ❷ fig hulk ★ *hij is een* ~ he's all brawn and no brains

dommelen *onoverg* [dommelde, h. gedommeld] doze, drowse

dommerik *m* [-riken], **domoor** *m-v* [-oren] idiot, fool, nitwit

dompelaar *m* [-s] ❶ *vogelk* diver ❷ *techn* plunger ❸ *elektr* immersion heater

dompelen I *overg* [dompelde, h. gedompeld] plunge, dip, duck, immerse ★ *in rouw* ~ plunge into mourning **II** *wederk* [dompelde, h. gedompeld] ★ *zich* ~ *in* plunge into

domper *m* [-s] extinguisher, damper ★ *een* ~ *zetten op* dampen, cast a damp over, pour / throw cold water on ★ *dat was een flinke* ~ that was a real damper

dompig *bn* close, stuffy

dompteur *m* [-s] (animal) trainer, (animal) tamer

domtoren *m* [-s] cathedral tower

domweg *bijw* ❶ *onnadenkend* stupidly, without thinking ❷ *eenvoudigweg* just, simply

donateur *m* [-s] donor

donatie *v* [-s] donation, gift

Donau *m* Danube

donder *m* [-s] ❶ thunder ★ *als door de* ~ *getroffen* thunderstruck ❷ *v. persoon* devil ★ *arme* ~ poor devil ❸ *lichaam* body, carcass ★ *een mes in zijn* ~ a knife in his carcass ★ *iem. op zijn* ~ *geven* tell sbd off, give sbd a right dressing down ❹ *krachtwoord* damn, hell ★ *het kan me geen* ~ *schelen* I don't care a damn ★ *daar kun je* ~ *op zeggen* you bet, you can bet your life on it ★ *voor de* ~ bloody well, damn it

donderbui *v* [-en] thunderstorm

donderdag *m* [-dagen] Thursday ★ *Witte Donderdag* Maundy Thursday

donderdags I *bn* Thursday **II** *bijw* on Thursdays

donderen I *onoverg* [donderde, h. gedonderd] thunder ★ *hij keek of hij het in Keulen hoorde* ~ he looked completely dumbfounded ★ *dat dondert niet* that doesn't matter **II** *onoverg* [donderde, is gedonderd] *vallen* tumble ★ *van de trap af* ~ tumble down the stairs **III** *overg* [donderde, h. gedonderd] *gooien* throw, fling, *inf* chuck

donderjagen *onoverg* [donderjaagde, h. gedonderjaagd] raise hell, muck about

donderpreek *v* [-preken], **donderspeech** *m* [-es, -en] ❶ fire-and-brimstone sermon ❷ *niet rel* harangue ★ *een* ~ *houden* harangue

donders I *bn* damned, bloody **II** *bijw* versterkend bloody ★ ~ *blij / groot* bloody happy / great ★ *dat weet je* ~ *goed* you know that damn well **III** *tsw* damn it!

donderslag *m* [-slagen] thunderclap, peal of thunder ★ *een* ~ *bij heldere hemel* a bolt from the blue

dondersteen *m* [-stenen] little rascal

donderstraal *m & v* [-stralen] ❶ *bij onweer* streak of lightning ❷ *scheldwoord* rogue, rascal, scoundrel

donderstralen *o* be a pain in the neck

donderwolk *v* [-en] thundercloud

doneren *overg* [doneerde, h. gedoneerd] donate

dong *m* [-s] *munteenheid Vietnam* Dong

dongle *m* *comput* dongle

donjon *m* [-s] *hist* donjon, keep

donjuan *m* Don Juan, lady killer

donker I *bn* ❶ *m.b.t. kleur* dark ★ ~*e kleuren* dark colours ❷ *m.b.t. licht* dim, dusky ❸ *m.b.t. stemming* gloomy, sombre, dismal ★ *hij keek* ~ he looked gloomy ★ *hij ziet alles* ~ *in* he takes a gloomy view of things ❹ *m.b.t. stem* deep-pitched ❺ *m.b.t. seizoen, tijdperk* dark, black ★ *de* ~*e dagen voor kerst* the dark days before Christmas ★ *een* ~*e periode in de geschiedenis* a black period in history ★ *het wordt steeds eerder* ~ the days are growing shorter ▼ *fotogr een* ~*e kamer* a darkroom **II** *bijw* blackly, gloomily **III** *o* ★ *het* ~ the dark ★ *bij* ~ at dark ★ *in het* ~ in the dark ★ *fig in het* ~ *tasten* be in the dark ‹about› ★ *na / vóór* ~ after / before dark ★ *voor het* ~ *thuis zijn* be home before dark

donkerblauw *bn* dark blue, deep blue

donkerblond *bn* dark blonde

donkerrood *bn* dark red, deep red

donor *m* [-s] donor

donorcodicil *o* [-len] donor card

donorhart *o* [-en] donor heart

Don Quichot *m* Don Quichot

dons *o* ❶ *veren* down ❷ *beharing* down, fuzz

donsachtig *bn* downy, fluffy

donut *m* [-s] doughnut

donzen *bn* down ★ *een* ~ *dekbed* a down-filled quilt ★ *een* ~ *deken* a duvet, a continental quilt, Aus a doona

donzig *bn* downy, fluffy

dood I *bn* dead ★ *zo* ~ *als een pier* as dead as a doornail ★ ~ *kapitaal* dead money ★ *een dode taal* an extinct language ★ *ze lieten hem voor* ~ *liggen* they left him for dead ★ *zich* ~ *drinken* drink oneself to death ★ *zich* ~ *houden* sham dead ★ *iem.* ~ *verklaren* send sbd to Coventry ★ *op een* ~ *punt zitten* ‹in een impasse zitten› come to a deadlock, reach a deadlock, be deadlocked ★ *over het dode punt heen helpen* remove the deadlock ★ *op een* ~ *spoor zitten* be at a dead end ★ *een dooie boel* a dull affair **II** *m & v* death ★ ~ *en verderf* death and destruction ★ *het is de* ~ *in de pot* it's as quiet as the grave ★ *de een zijn* ~ *is de ander zijn brood* one man's meat is another man's poison ★ *duizend doden sterven* die a thousand deaths ★ *een gewelddadige* ~ a violent death ★ *jur* ~ *door schuld* death as a result of negligence or carelessness, ± involuntary manslaughter ★ *een natuurlijke* ~ *sterven* die a natural death ★ *de* ~ *vinden* meet one's death ★ *de* ~ *in de golven vinden* find a watery grave ★ *hij is er (zo bang) als de* ~ *voor* he is scared stiff of it ★ *de* ~ *nabij* at death's door ★ *hij heeft het gehaald bij de* ~ *af* he has been at death's door ★ *na de* ~ after death ★ *om de (dooie)* ~ *niet!* not for anything!, not on your life!, by no means, not at all ★ *dat zou ik om de* ~ *niet willen* not for the life of me ★ *hij is ten dode opgeschreven* he is doomed (to death) ★ *ter* ~ *brengen* put to death ★ *ter* ~ *veroordelen* condemn to death ★ *tot in de* ~ *getrouw* faithful unto death ★ *uit de* ~ *opstaan* rise from the dead

doodarm *bn* very poor, as poor as Job, as poor as a church mouse

doodbloeden *onoverg* [bloedde dood, is doodgebloed] ❶ *eig* bleed to death ❷ *fig* fizzle / peter out, die down ★ *dat zaakje zal wel* ~ that business is likely to blow over

dooddoener *m* [-s] clincher, silencer

dooddrukken *overg* [drukte dood, h. doodgedrukt] press / squeeze to death

doodeenvoudig I *bn* very easy, quite simple **II** *bijw* (quite) simply

doodeng *bn* creepy, scary

doodergeren *wederk* [ergerde dood, h. doodgeërgerd] ★ *zich* ~ *(aan)* become exasperated (with)

doodgaan *onoverg* [ging dood, is doodgegaan] die ★ *daar zul je niet van* ~ it won't kill you ★ *iron ik ga liever gewoon dood* I'd rather die in my bed

doodgeboren *bn* ❶ *eig* stillborn ❷ *fig* foredoomed to failure ★ *het boek was een* ~ *kindje* the book was stillborn from the start

doodgemoedereerd *bn* quite cool / calm

doodgewoon I *bn* quite common, quite ordinary, common-or-garden **II** *bijw* quite simply

doodgoed *bn* extremely kind-hearted, good to a fault

doodgooien *overg* [gooide dood, h. doodgegooid] ❶ *eig* stone to death ❷ *overladen* bombard, swamp ★ *iem.* ~ *met geleerde woorden* swamp sbd with big words

doodgraver *m* [-s] ❶ *beroep* gravedigger ❷ *insect* sexton beetle

doodkalm *bn* quite calm, perfectly cool

doodlachen *wederk* [lachte dood, h. doodgelachen] ★ *zich* ~ nearly die laughing, split one's sides with laugher ★ *ik lach me dood!* that's a scream!, that's absolutely killing! ★ *'t is om je dood te lachen* it's too funny for words

doodleuk *bijw* without turning a hair / batting an eye, as cool as as you please

doodlopen I *onoverg* [liep dood, is doodgelopen] come to a dead end ★ *een* ~*de straat* a dead end street, a cul-de-sac, a blind alley ★ ⟨opschrift⟩ ~*de weg* no through road ★ *het offensief liep dood* the offensive came to nothing **II** *wederk* [liep dood, h. doodgelopen] ★ *zich* ~ tire oneself out with walking, walk oneself to death, *fig* run around in circles

doodmaken *overg* [maakte dood, h. doodgemaakt] ❶ *doden* kill ❷ *voetbal* trap, kill

doodmoe *bn* dead tired, dead-beat, tired to death

doodongelukkig *bn* utterly miserable

doodop *bn* worn out, utterly tired, *inf* dead-beat

doodrijden I *overg* [reed dood, h. doodgereden] ❶ *met voertuig* run over ❷ *v. paard* ride to death **II** *wederk* [reed dood, h. doodgereden] ★ *zich* ~ get oneself killed in a crash

doods *bn* deathly, deathlike, dead ★ *een* ~*e stilte* a deadly silence

doodsakte *v* [-n & -s] death certificate

doodsangst *m* [-en] ❶ *dodelijke angst* mortal fear, terror, agony ★ *in* ~ *zitten* be terrified ❷ *angst voor de dood* fear of death

doodsbang *bn* terrified, mortally afraid, *inf* dead scared / scared stiff (*voor* of)

doodsbed *o* [-den] deathbed

doodsbenauwd *bn* terrified ★ ~ *zijn voor iets* be terrified of sth

doodsbleek *bn* deathly pale, as white as a sheet

doodschamen *wederk* [schaamde dood, h. doodgeschaamd] ★ *zich* ~ die of shame

doodschieten *overg* [schoot dood, h. doodgeschoten] shoot (dead)

doodschrikken *wederk* [schrok dood, is doodgeschrokken] ★ *zich* ~ scare oneself to death, give oneself a fright

doodseskader *o* [-s] death squad

doodsgevaar *o* [-varen] deadly peril, danger of death, deadly danger

doodshoofd *o* [-en] death's-head, skull

doodskist, doodkist *v* [-en] coffin

doodskleed *o* [-kleden] ❶ *lijkwade* shroud, winding sheet ❷ *over doodkist* pall

doodsklok *v* [-ken] death bell, funeral bell, knell

doodslaan *overg* [sloeg dood, h. doodgeslagen] ❶ *eig* kill, slay, beat to death ★ *al sla je me dood, ik weet het niet* for the life of me, I just don't know ❷ *fig* silence ⟨sbd in a discussion⟩

doodslag *m* [-slagen] homicide, manslaughter

doodsmak *m* [-ken] fatal crash (fall) ★ *een* ~ *maken* come a cropper

doodsoorzaak *v* [-zaken] cause of death

doodsstrijd *m* death agony, throes of death

doodsteek *m* [-steken] death blow, finishing stroke, stab to the heart ★ *dat gaf hem de* ~ that finished him off

doodsteken *overg* [stak dood, h. doodgestoken] stab (to death)

doodstil *bn* ❶ stock-still, still as death, deathly quiet ★ *hij stond* ~ he stood still as a statue ❷ *zwijgend* dead silent

doodstraf *v* [-fen] capital punishment, death penalty ★ *de* ~ *krijgen* be sentenced to death ★ *op moord staat de* ~ murder is punishable by death

doodsverachting *v* contempt for death ★ *met* ~ with total contempt

doodsvijand *m* [-en] mortal enemy

doodtij *o* ❶ slack water ❷ neap (tide)

doodtrappen *overg* [trapte dood, h. doodgetrapt] kick to death, trample to death

doodvallen *onoverg* [viel dood, is doodgevallen] fall / drop dead ★ *ik mag* ~ strike me dead if... ★ *van mij mag je* ~ you can drop dead as far as I'm concerned ★ ~ *op een cent* be tight-fisted

doodvonnis *o* [-sen] sentence of death, death

sentence ★ *het ~ uitspreken over* pass sentence of death on ★ *zijn eigen ~ tekenen* sign one's own death warrant

doodvriezen *onoverg* [vroor dood, is doodgevroren] freeze to death, be frozen to death

doodwerken *wederk* [werkte dood, h. doodgewerkt] ★ *zich ~* work oneself to death ★ *iem. zich laten ~* slave sbd to death

doodziek *bn* mortally ill ★ fig *~ van iets worden* get sick and tired of sth

doodzonde I *v* [-n] RK mortal sin **II** *bn* ★ *het is ~* it's a great pity, it's a terrible shame

doodzwijgen *overg* [zweeg dood, h. doodgezwegen] not talk about, hush up, keep quiet (about)

doof *bn* deaf ★ *zo ~ als een kwartel* as deaf as a post ★ *Oost-Indisch ~ zijn* sham deafness ★ *~ aan één oor* deaf on / in one ear ★ *aan dat oor was hij ~* he was deaf on that side ★ *~ voor* deaf to ★ *~ blijven voor...* turn a deaf ear to...

doofheid *v* deafness

doofpot *m* [-ten] extinguisher, cover-up ★ *iets in de ~ stoppen* hush / cover sth up, sweep sth under the carpet, whitewash sth

doofstom *bn* profoundly deaf, vero deaf-mute, deaf and dumb

doofstom

Aangezien de oudere aanduidingen **deaf-mute** en **deaf and dumb** een negatieve bijklank hebben gekregen en als beledigend worden beschouwd, is de politiek correcte uitdrukking **profoundly deaf** gecreëerd.

doofstomme *m-v* [-n] profoundly deaf, vero deaf-mute

dooi *m* ❶ thaw ★ *de ~ valt in* it's starting to thaw, the thaw is setting in ❷ fig thaw

dooien *onoverg* [dooide, h. gedooid] thaw ★ *het dooit* it is thawing ★ *het begint te ~* it's starting to thaw, the thaw is setting in

dooier *m* [-s] yolk

doolhof *m* [-hoven] labyrinth, maze

doop *m* baptism, christening ★ *de ~ ontvangen* be baptized, be christened ★ *het kind ten ~ houden* 〈laten dopen〉 have the child baptised, 〈aan het doopvont〉 hold the child while it is being baptised ★ *de ~ van een schip* the inauguration of a ship

doopakte *v* [-n & -s] certificate of baptism

doopceel *v & o* [-celen] certificate of baptism ★ *iems. ~ lichten* lay bare sbd.'s past

doopfeest *o* [-en] christening feast

doopjurk *v* [-en] christening dress

doopnaam *m* [-namen] Christian name

doopplechtigheid *v* [-heden] ❶ christelijk christening ceremony ❷ v. schip & naming ceremony

doopsel *o* [-s] baptism

doopsgezind *bn* Mennonite, Baptist

doopsgezinde *m-v* [-n] Mennonite

doopvont *v* [-en] (baptismal) font

door I *voorz* ❶ *doorheen* through ★ *~ iem. heen kijken* look through sbd ❷ *binnen een bepaalde ruimte* through ★ *ik rende ~ de gang* I ran along the corridor ★ *ik liep ~ de kamer* I walked across the room ★ *~ de stad* through the town ★ *~ heel Europa* throughout Europe, all over Europe ❸ *v. tijd* through, throughout, over ★ *~ de jaren heen* throughout / over the years ★ *~ de eeuwen heen* throughout the ages ★ *~ de week* during the week, on weekdays ❹ *vermenging* through, in(to), to ★ *knoflook ~ het eten doen* add some garlic to the food ★ *meng de kruiden ~ het vlees* mix the spices into the meat ❺ *vanwege* due to, on account of ★ *~ zijn ondeskundigheid* due to his incompetence ★ *rijk worden ~ hard werk* become rich by hard work ❻ *handelende persoon in passieve zinnen* by ★ *geveld ~ de griep* struck down by the flu ★ *~ mij geschreven* written by me **II** *bijw* ❶ *doorheen gaande* through ★ *ik kom dat boek maar niet ~* I just can't get through that book ❷ *aan het eind gekomen* through, out, over ★ *ik ben het boek ~* I've got through the book ★ *ze zijn er ~* they have got through ★ *de overeenkomst is er ~* the deal has come off ❸ *v. tijd* through, throughout, during ★ *de dag / het jaar ~* throughout the day / year ★ *al maar ~* all the time, on and on ★ *iems. hele leven ~* all through a person's life, all his / her life ▼ *~ en ~ eerlijk* thoroughly / completely honest ▼ *iets ~ en ~ kennen* know a thing thoroughly / through and through ▼ *~ en ~ koud* chilled to the marrow / bone ▼ *~ en ~ nat* wet / soaked through, wet to the skin

dooraderd *bn* veined

doorbakken *bn* ❶ *v. vlees* well done ❷ *v. brood* well baked ★ *niet ~* half-baked 〈bread〉

doorbelasten *overg* [belastte door, h. doorbelast] charge on

doorbellen *overg* [belde door, h. doorgebeld] phone through

doorberekenen *overg* [berekende door, h. doorberekend] pass on, charge on ★ *de verhoging ~ in de prijzen* pass on the increase to the customer

doorbetalen *overg* [betaalde door, h. doorbetaald] continue to pay ★ *zijn loon wordt doorbetaald* his wages are being paid

doorbijten I *overg* [beet door, h. doorgebeten] bite through ★ *die hond bijt niet door* the dog doesn't bite hard **II** *onoverg* [beet door, h. doorgebeten] fig keep trying ★ *even ~, we zijn er bijna* just grin and bear it: we're almost there

doorbijter *m* [-s] ★ *hij is een ~* he is a stayer, he doesn't give up

doorbladeren *overg* [bladerde door, h. doorgebladerd of doorbladerde, h. doorbladerd] turn over the leaves of 〈a book〉, leaf / browse (through) 〈a book〉

doorbloed *bn* v. vlees rare, underdone

doorbloeding *v* [-en] circulation, supply of blood

doorborduren *onoverg* [borduurde door, h. doorgeborduurd] ★ *op een onderwerp ~* elaborate

do

do

/ embroider on a subject

doorboren *overg* [doorboorde, h. doorboord] ❶ *met iets puntigs* pierce, perforate ❷ *met een steekwapen* transfix, run through, stab ❸ *met een speer* impale ❹ *met kogels* riddle ❺ *met zijn blikken* transfix sbd ★ *een ~de blik* a piercing look

doorbraak *v* [-braken] ❶ *v. dijk* bursting ❷ *in dijk* breach ❸ mil, fig breakthrough ★ *een ~ van aansprakelijkheid* lifting / piercing the corporate veil

doorbranden I *onoverg* [brandde door, is doorgebrand] ❶ *blijven branden* burn on, burn away ❷ *stuk branden* burn through ★ *de lamp is doorgebrand* the bulb has burnt out ★ *de zekering is doorgebrand* the fuse has blown II *overg* [brandde door, h. doorgebrand] burn through

'doorbreken¹ I *overg* [brak door, h. doorgebroken] *alg.* break ‹a piece of bread &› II *onoverg* [brak door, is doorgebroken] ❶ *v. dijk, abces* burst ❷ mil, fig break through ★ *de zon breekt door* the sun is breaking through ❸ *v. tanden* come through

door'breken² *overg* [doorbrak, h. doorbroken] ❶ break through ★ *de stilte ~* break the silence ❷ *v. blokkade* run

doorbrengen *overg* [bracht door, h. doorgebracht] ❶ *zijn dagen* pass ❷ *dagen, geld* spend ❸ *een fortuin* go through

doorbuigen I *overg* [boog door, h. doorgebogen] bend II *onoverg* [boog door, is doorgebogen] bend, give way, sag ★ *~ onder het gewicht* sag under the weight

doordacht *bn* well considered, well thought-out

doordat *voegw* because, on account of ★ *~ hij niet...* by (his) not having...

'doordenken¹ *onoverg* [dacht door, h. doorgedacht] *verder denken, scherp, helder denken* think things out, reflect, consider

door'denken² *overg* [doordacht, h. doordacht] *diep overdenken* think through ‹an idea›, consider

doordenkertje *o* [-s] ★ *dat is een ~* that's a very cryptic / deep remark, inf that's a deep one

doordeweeks *bn* weekday ★ *een ~e dag* a weekday ★ *mijn ~e kleren* my weekday clothes

doordouwen I *overg* [douwde door, h. doorgedouwd] push through II *onoverg* [douwde door, h. doorgedouwd] ❶ *doorzetten* keep trying ❷ *verkeer* insist on right of way

doordouwer *m* [-s] persevering person, inf stayer, trier

doordraaien I *overg* [draaide door, h. doorgedraaid] ❶ *verder draaien* keep turning ❷ *van groente &* withdraw (from the market) II *onoverg* [draaide door, is doorgedraaid] ❶ *doorgaan met draaien* continue turning ❷ *v. schroef* slip ▼ *hij is doorgedraaid* he is worn out

doordrammen *onoverg* [dramde door, h. doorgedramd] go on ‹about sth›, nag ‹at sbd about sth›

doordraven *onoverg* [draafde door, h. en is

doorgedraafd] ❶ eig trot on ❷ fig rattle on ★ *je bent aan het ~* you're off again

doordrenken *overg* [doordrenkte, h. doordrenkt] soak, saturate

doordrenkt *bn* drenched (with), permeated (with)

doordrijven *overg* [dreef door, h. doorgedreven] force through ‹measures› ★ *zijn wil / zin ~* carry one's point, have one's own way

'doordringen¹ *onoverg* [drong door, h. en is doorgedrongen] penetrate ‹into sth› ★ *het dringt niet tot hem door* he doesn't realize it, he's not taking it in, it doesn't register with him

door'dringen² *overg* [doordrong, h. doordrongen] pierce, penetrate, pervade ★ *hij is doordrongen van de noodzaak ervan* he is convinced of the necessity of it

doordringend *bn* ❶ *geur* penetrating, pungent ❷ *blik* searching, piercing, penetrating ❸ *geluid* strident, penetrating, carrying, piercing ❹ *kou* penetrating, piercing ❺ *licht* permeating

doordrukken I *overg* [drukte door, h. doorgedrukt] ❶ *door iets heen duwen* press through ❷ *doorzetten* push through ‹a plan &› II *onoverg* [drukte door, h. doorgedrukt] ❶ *doorgaan met duwen* continue pressing ❷ *meer drukwerk maken* go on printing

doordrukstrip *m* [-s, -pen] strip

dooreen *bijw* in confusion, in a jumble ★ *~ genomen* on an average

dooreten *onoverg* [at door, h. doorgegeten] go on eating, continue eating ★ *even ~!* eat up now!

doorgaan I *onoverg* [ging door, is doorgegaan] ❶ *verder gaan* go / walk on ★ *ga (nu) door!* keep on going! ★ *~ met iets* go on with sth, continue sth, keep doing sth ★ *op / over iets ~* pursue the subject ★ *~ in de muziek* go on with music ❷ *voortgang hebben* come off, take place ★ *de koop gaat niet door* the deal is off ★ *de wedstrijd gaat toch door* the match will take place after all ❸ *v.e. abces* break ▼ *~ voor* be considered, be thought (to be), pass for ▼ *zij wilden hem laten ~ voor de prins* they wanted to pass him off as the prince II *overg* [ging door, is doorgegaan] ❶ *trekken door* go through, pass through ★ *een poort ~* pass through a gateway ❷ *doorkijken* go through ‹accounts›

doorgaand *bn* ★ *~e reizigers* through passengers ★ *een ~e trein* a through / non-stop train ★ *het ~ verkeer* through traffic

doorgaans *bijw* generally, usually, normally, as a rule

doorgang *m* [-en] passage, way through, thoroughfare ★ *geen ~* no thoroughfare ★ *... zal geen ~ hebben* ...will not take place

doorgangshuis *o* [-huizen] temporary refuge, temporary shelter

doorgangskamp *o* [-en] transit camp

doorgeefluik *o* [-en] service hatch

doorgelegen *bn* ★ *een ~ plek* a bedsore

doorgestoken *bn* pierced ▼ *dat is (een) ~ kaart* it's a put-up job, it's been arranged behind our backs

doorgeven *overg* [gaf door, h. doorgegeven] pass, pass ⟨it⟩ on, hand round, hand on

doorgewinterd *bn* seasoned ⟨soldier &⟩, hard-core ⟨politician⟩

doorgroefd *bn* lined, weatherbeaten, rugged ⟨face⟩

doorgroeien I *onoverg* [groeide door, is doorgegroeid] continue growing **II** *overg & onoverg* [doorgroeide, h. en is doorgroeid] grow, spread

doorgroeimogelijkheid *v* [-heden] career opportunity

doorgronden *overg* [doorgrondde, h. doorgrond] fathom ⟨a mystery⟩, get to the bottom of ⟨sth⟩, look into ⟨the future⟩, see through ⟨sbd⟩

doorhakken *overg* [hakte door, h. doorgehakt] *met bijl &* cut (through), cleave, split ★ *de knoop ~* cut the knot

doorhalen *overg* [haalde door, h. doorgehaald] ❶ *doortrekken* pull through ⟨a cord⟩ ❷ *doorstrepen* strike (cross) out, delete ⟨a word⟩ ★ *~ wat niet van toepassing is* delete where not applicable ▼ *een nacht ~* stay up all night

doorhaling *v* [-en] deletion, cancellation

doorhebben *overg* [had door, h. doorgehad] see through ⟨sbd, sth⟩, get wise ⟨to sth⟩, realize ⟨sth⟩ ★ *ik heb hem door* I've got him taped, I've figured him out, I've tumbled to him ★ *ik heb het door* ⟨begrijpen⟩ I understand it, *inf* I get it, ⟨erachter komen⟩ *inf* I'm onto it, I've tumbled to it

doorheen *bijw* through ★ *er ~ zijn* be through ★ *ik ging er ~* I went through ⟨the ice⟩ ★ *zich ergens ~ slaan* get through sth one way or other ★ *ik zit er ~* I'm at the end of my tether

doorjagen I *overg* [jaagde *of* joeg door, h. doorgejaagd] ★ *er ~* run through ⟨a fortune &⟩ ★ *een wetsvoorstel er ~* rush a bill through **II** *onoverg* [jaagde *of* joeg door, h. doorgejaagd] hurry on, race ahead

doorkiesnummer *o* [-s] direct-dialling number

doorkijk *m* [-en] ❶ vista, view ❷ *opening* spyhole

doorkijkblouse *v* [-s], **doorkijkbloes** [-bloezen] see-through / transparent blouse

doorkijken *overg* [keek door, h. doorgekeken] look over, look / go through ⟨a list⟩, glance through ⟨the newspapers⟩, throw an eye over ⟨a report⟩

doorklieven *overg* [doorkliefde, h. doorkliefd] cleave

doorkneed *bn* ★ *~ in* versed in, well read in, steeped in, seasoned in

doorknippen *overg* [knipte door, h. doorgeknipt] cut through

doorkomen I *onoverg* [kwam door, is doorgekomen] ❶ *door iets heen komen* get through, come through ★ *er was geen ~ aan* you couldn't get through ⟨the crowd⟩ ★ *hij zal er wel ~* he is sure to pass ⟨his exam⟩ ★ *zijn tandjes zullen gauw ~* he'll be cutting his teeth soon ❷ *waarneembaar worden* come through, break through ★ *de zon zal gauw ~* the sun will soon break through ★ *die radiozender komt niet goed door* the radio reception isn't good **II** *overg* [kwam door, is

doorgekomen] pass, get through ★ *de tijd ~* pass the time ★ *moeilijkheden ~* tide / get through difficulties

doorkrijgen *overg* [kreeg door, h. doorgekregen] get through ⟨ *iem.* / *iets ~* see through sbd / sth

'doorkruisen¹ *overg* [kruiste door, h. doorgekruist] cross out

door'kruisen² *overg* [doorkruiste, h. doorkruist] ❶ *rondreizen door* cross, traverse, scour, roam ❷ *doorsnijden* intersect ❸ *fig* thwart ★ *een plan ~* thwart a plan

doorlaatpost *m* [-en] checkpoint

doorladen *overg* [laadde door, h. doorgeladen] ★ *een doorgeladen pistool* a cocked pistol

doorlaten *overg* [liet door, h. doorgelaten] let ⟨sbd / sth⟩ through, pass ⟨a candidate⟩, transmit ⟨the light⟩ ★ *deze stof laat geen water door* this material is waterproof

doorleefd *bn* wrinkled, aged ★ *een ~ gezicht* a face marked by age ★ *een ~e vertolking van een lied* an emotional interpretation / performance of a song

doorlekken *onoverg* [lekte door, h. en is doorgelekt] leak through

doorleren *onoverg* [leerde door, h. doorgeleerd] keep studying, keep on at school

doorleven *overg* [doorleefde, h. doorleefd] live through, go / pass through ⟨moments of..., danger &⟩

'doorlezen¹ I *overg* [las door, h. doorgelezen] ❶ *tot einde toe* read to the end ❷ *lezend doornemen* peruse **II** *onoverg* [las door, h. doorgelezen] *verder* read on, go on reading

door'lezen² *overg* [doorlas, h. doorlezen] *lezende kennis nemen van* study

doorlichten *overg* [lichtte door, h. doorgelicht] ❶ *med* X-ray ❷ *fig* investigate, screen

doorliggen *onoverg* [lag door, is doorgelegen] get bedsores, become bedsore

'doorlopen¹ I *onoverg* [liep door, is doorgelopen] ❶ *alg.* go / walk on ❷ *verder lopen* keep going / walking ★ *~ (mensen)!* pass along!, move on! ★ *inf loop door!* get along (with you)! ★ *loop wat door!* hurry up a bit! ❸ *v. kleuren* run **II** *overg* [liep door, h. doorgelopen] ❶ *door iets lopen* go / walk through ⟨a wood⟩ ❷ *vluchtig doornemen* go through ⟨a piece of music, accounts⟩, run over ⟨the contents⟩ ❸ *kapot lopen* wear out ⟨one's shoes⟩ by walking ★ *doorgelopen voeten* sore feet

door'lopen² *overg* [doorliep, h. doorlopen] ❶ *lopend gaan door* walk through ❷ *volgen* pass through ⟨a school⟩

'doorlopend¹ *bn* continuous, non-stop ⟨performance⟩ ★ *een ~ krediet* standing credit ★ *een ~e controle* a perpetual audit ★ *een ~e order* a standing order ★ *~ genummerd* consecutively numbered ★ *een ~e verzekering* an automatically renewed insurance

door'lopend² *bijw* continuously, constantly ★ *hij is ~ ziek* he is constantly ill

doorloper *m* [-s] ❶ *schaats* safety speed skate ★ *een*

do

Friese ~ a Frisian skate ❷ *puzzel* Mephisto crossword
doorluchtig *bn* illustrious, (most) serene
doormaken *overg* [maakte door, h. doorgemaakt] go
/ pass through ‹a crisis &› ★ *een ontwikkeling* ~
undergo a development ★ *wat ik doorgemaakt heb*
what I've lived through / experienced
doormidden *bijw* in half, in two ★ *iets* ~ *breken* break
sth in two ★ *iets* ~ *scheuren* tear sth apart
doorn *m* [-en & -s], **doren** [-s] thorn, prickle, spine
★ *dat is mij een* ~ *in het oog* ‹vervelend› it's a thorn
in my side / flesh, ‹lelijk om te zien› it's an eyesore
★ *een* ~ *in het vlees* a thorn in the flesh
doornat *bn* wet through, wet to the skin, soaked,
drenched
doornemen *overg* [nam door, h. doorgenomen] go
through, go over ‹a paper, book &›
doornenkroon *v* [-kronen] crown of thorns
doornig *bn* thorny
Doornik *o* Tournai
Doornroosje *o* Sleeping Beauty
doornstruik *m* [-en] thorn bush
doornummeren *overg* [nummerde door, h.
doorgenummerd] number consecutively
doorploegen *overg* [doorploegde, h. doorploegd]
plough, Am plow ★ *de zee* ~ plough the ocean
doorploeteren *onoverg* [ploeterde door, h.
doorgeploeterd] plough/Am plow on, plod on
doorpraten I *onoverg* [praatte door, h. doorgepraat]
go on talking, talk on **II** *overg* [praatte door, h.
doorgepraat] talk over, talk through ★ *een zaak* ~
talk a matter over
doorprikken *overg* [prikte door, h. doorgeprikt] ❶ *met
een prik doen barsten* prick, pierce ★ *fig iem.* ~ *see
through sbd* ❷ *ontzenuwen* burst
doorregen *bn* streaked, streaky ★ ~ *spek* streaky
bacon ★ ~ *vlees* meat marbled with fat
doorreis *v* continue / journey through ★ *op* ~ *zijn* be
passing through ★ *op mijn* ~ *door Woodstock* as I was
passing through Woodstock
'doorreizen[1] *onoverg* [reisde door, h. en is
doorgereisd] continue travelling/Am traveling
★ *vandaag reist ze door naar Parijs* she goes on to
Paris today
door'reizen[2] *overg* [doorreisde, h. doorreisd] travel
through ★ *heel Amerika* ~ travel all through America
doorrijden *onoverg* [reed door, h. en is doorgereden]
❶ *verder rijden* ride / drive on ★ ~ *na ongeval* failure
to stop after a car accident, hit and run ❷ *door iets
heen rijden* ride / drive through ❸ *sneller rijden* ride
/ drive faster
doorrijhoogte *v* headroom, clearance
doorrookt *bn* smoked
doorschakelen *onoverg* [schakelde door, h.
doorgeschakeld] ❶ ★ ~ *naar* ‹telefoon› put through
to, connect to ❷ *auto* change gear ❸ ‹tv› switch
over to
doorschemeren *onoverg* [schemerde door, h. en is
doorgeschemerd] shine / show through ★ *laten* ~

hint, drop a hint, give to understand
'doorscheuren[1] *overg & onoverg* [scheurde door, h.
doorgescheurd] tear (in half)
door'scheuren[2] *overg* [doorscheurde, h. doorscheurd]
tear up
'doorschieten[1] **I** *onoverg* [schoot door, h.
doorgeschoten] *doorgaan met schieten* keep
shooting, fire on **II** *onoverg* [schoot door, is
doorgeschoten] ❶ *verder schieten* shoot through,
overshoot ❷ *verder gaan dan verwacht* overshoot,
overstep the mark ★ *vroeger was zij heel saai, maar
nu is ze naar de andere kant doorgeschoten* she used
to be very boring, but now she's gone to the other
extreme ❸ *v. plant* go to seed ❹ *v. bal* shoot
door'schieten[2] *overg* [doorschoot, h. doorschoten]
❶ *met kogels* riddle ❷ *v. boek* interleave
doorschijnen *onoverg* [scheen door, h.
doorgeschenen] shine / show through
doorschijnend *bn* ❶ translucent, transparent
❷ *v. kleding* see-through
doorschuiven I *overg* [schoof door, h. doorgeschoven]
pass on ★ *iets* ~ *naar een ander* saddle sbd up with
sth **II** *onoverg* [schoof door, is doorgeschoven] move
up, advance
doorseinen *overg* [seinde door, h. doorgeseind] send
/ transmit ‹een bericht›
doorsijpelen *onoverg* [sijpelde door, is doorgesijpeld],
doorzijpelen [zijpelde door, is doorgezijpeld] ❶ seep
through, filter through ❷ *fig* leak out
doorslaan I *onoverg* [sloeg door, is doorgeslagen]
❶ *eig* go on beating / hitting ❷ *v. balans* dip, turn
★ *de balans doen* ~ turn the scales ❸ *v. machine*
brace ❹ *v. zekering* blow (out) ❺ *fig* go on and on
‹talking› ★ *wat ben je aan het* ~! you're talking a lot
of nonsense! ❻ *v. medeplichtige* talk, *inf* squeal
/ blow the gaff ❼ *v. vochtige muur* sweat ❽ *van inkt
op papier* blot **II** *overg* [sloeg door, h. doorgeslagen]
❶ *in twee stukken slaan* sever ‹sth› with a blow
❷ *techn* punch ‹a metal plate› ❸ *elektr* blow ‹a
fuse› **III** *wederk* [sloeg door, h. doorgeslagen] ★ *zich
er* ~ pull through, get through
doorslaand *bn* ★ ~ *bewijs* conclusive proof ★ *een* ~
succes a resounding success
doorslag *m* [-slagen] ❶ *bij 't wegen* dip / turn of the
scale ★ *dat gaf de* ~ that's what turned the scales,
that's what settled the matter, that did it ❷ *drevel*
punch ❸ *kopie* carbon copy, *inf* flimsy
doorslaggevend *bn* decisive, deciding ★ *dat ogenblik
is voor zijn leven* ~ *geweest* that moment was crucial
for his life
doorslagpapier *o* copy(ing) paper
doorslikken *overg* [slikte door, h. doorgeslikt] swallow
(down)
doorsluizen *overg* [sluisde door, h. doorgesluisd]
channel, funnel, divert
doorsmeren *overg* [smeerde door, h. doorgesmeerd]
auto grease, lubricate
doorsnede, doorsnee *v* [-sneden] ❶ *tekening* section,

profile ★ *een dwarse* ~ a transverse section ★ *een ~ overlangs* a longitudinal section ❷ *middellijn* diameter ❸ *gemiddeld* average, mean ★ *in ~* ⟨gemiddeld⟩ on an / the average

doorsneprijs *m* [-prijzen] average price

'doorsnijden¹ *overg* [sneed door, h. doorgesneden] cut (through)

door'snijden² *overg* [doorsneed, h. doorsneden] cut, traverse, intersect, cross ★ *elkaar* ~ intersect

door'snuffelen¹ *overg* [doorsnuffelde, h. doorsnuffeld] nose through, rummage through

'doorsnuffelen² *overg* [snuffelde door, h. doorgesnuffeld] hunt through, rummage through

doorspekken *overg* [doorspekte, h. doorspekt] ❶ lard ❷ *fig* interlard, punctuate, sprinkle (with)

doorspelen I *onoverg* [speelde door, h. doorgespeeld] play on **II** *overg* [speelde door, h. doorgespeeld] ❶ *muz* play over ❷ *de bal doorgeven* sp pass ❸ *fig* pass on ★ *informatie aan iem.* ~ pass on information to sbd

doorspoelen *overg* [spoelde door, h. doorgespoeld] ❶ *reinigen* rinse (through) ❷ *v. afvoerpijp &* flush (out) ❸ *fig* wash down ⟨one's food⟩ ❹ *v. geluidsband &* wind on

doorspreken I *onoverg* [sprak door, h. doorgesproken] speak on, go on speaking **II** *overg* [sprak door, h. doorgesproken] discuss

doorstaan *overg* [doorstond, h. doorstaan] stand ⟨the wear and tear⟩, resist ⟨a siege, hardships⟩, go through ⟨many trials⟩, endure ⟨pain⟩ ★ *de (vuur)proef* ~ stand the test ★ *de toets der kritiek* ~ stand the test of criticism ★ *de vergelijking* ~ bear / sustain comparison ★ *de storm* ~ weather the storm

doorstart *m* restart, new start

'doorsteken¹ *overg* [stak door, h. doorgestoken] pierce ⟨the dykes⟩, prick ⟨a bubble⟩ **II** *onoverg* [stak door, is doorgestoken] *kortere weg nemen* take a short cut, cut through

door'steken² *overg* [doorstak, h. doorstoken] run through, stab, pierce

doorstoten I *overg* [stootte *en* stiet door, h. doorgestoten] thrust / push through **II** *onoverg* [stootte *en* stiet door, h. doorgestoten] *bilj* play a follow shot

doorstrepen *overg* [streepte door, h. doorgestreept] cross out, delete

doorstromen *onoverg* [stroomde door, is doorgestroomd] ❶ *verder stromen* flow, run, stream (on, through) ❷ *m.b.t. huisvesting* move to a larger house ❸ *m.b.t. opleiding* move (on), go (on)

doorstroming *v* ❶ flow, circulation ⟨of the blood⟩ ❷ *onderw* moving up / on

doorstuderen I *onoverg* [studeerde door, h. doorgestudeerd] continue one's studies **II** *overg* [studeerde door, h. doorgestudeerd] study

doortastend I *bn* ❶ energetic, vigorous ★ *een* ~ *man* a man of action ❷ *m.b.t. maatregelen enz.* thorough **II** *bijw* energetically, vigorously

doortimmerd *bn* well built, solid ★ *een goed* ~ *betoog* a soundly constructed argument

doortocht *m* [-en] crossing, passage through, march through ★ *op* ~ passing through ★ *zich een* ~ *banen* force one's way through ★ *iem. de* ~ *beletten* block the way through

doortrapt *bn* sly, cunning, tricky ★ *een* ~*e schurk* a thorough scoundrel

'doortrekken¹ I *overg* [trok door, h. doorgetrokken] ❶ *v. draad &* pull through ⟨a thread in sewing⟩ ❷ *verlengen* continue ⟨a line⟩, extend ⟨a railway⟩ ▼ *de wc* ~ flush the toilet **II** *onoverg* [trok door, is doorgetrokken] *doorreizen* go through, march through ⟨the country, the streets⟩

door'trekken² *overg* [doortrok, h. doortrokken] *geheel doordringen in* permeate, soak

doortrokken *bn* permeated ⟨with a smell⟩, imbued ⟨with a doctrine⟩, steeped ⟨in prejudice⟩, soaked ⟨in / with a liquid⟩ ★ ~ *van* riddled with, permeated by

doorvaart *v* [-en] passage ★ *jur het recht van onschuldige* ~ the right of innocent passage

doorvaarthoogte *v* [-n & -s] clearance, headroom

doorvaren I *onoverg* [voer door, h. en is doorgevaren] ❶ *doorgaan met varen* sail on ❷ *varen door kanaal, onder brug &* pass **II** *overg* [doorvoer, h. doorvaren] pass through ★ *een rilling doorvoer zijn leden* a shiver ran down his limbs

doorverbinden *overg* [verbond door, h. doorverbonden] *telec* connect, put ⟨me⟩ through (met to) ★ *wilt u mij* ~ *met X?* could you put me through to X? ★ *ik verbind u door* I'm putting you through

doorverkopen *overg* [verkocht door, h. doorverkocht] resell

doorvertellen *overg* [vertelde door, h. doorverteld] pass on

doorverwijzen *overg* [verwees door, h. doorverwezen] refer ★ ~ *naar* refer to ⟨a medical specialist, an authority &⟩

doorvoed *bn* well fed

doorvoer *m* [-en] transit

doorvoeren *overg* [voerde door, h. doorgevoerd] ❶ *handel* forward goods in transit ❷ *toepassen* carry through, carry out ⟨a principle⟩, bring into force

doorvoerhandel *m* transit trade

doorvoerhaven *v* [-s] transit port

doorvoerrechten *zn* [mv] transit duties

doorvragen I *onoverg* [vroeg door, h. doorgevraagd] *doorgaan met vragen* go on asking **II** *overg* [vroeg door, h. doorgevraagd] ask questions about

doorwaadbaar *bn* fordable, wad(e)able ★ *een doorwaadbare plaats* a ford

doorweekt *bn* *helemaal nat* soaked, sodden, soggy, wet through

'doorwerken¹ I *onoverg* [werkte door, h. doorgewerkt] ❶ *doorgaan* work on, keep working ❷ *voortgang maken* make headway **II** *overg* [werkte door, h. doorgewerkt] *een boek enz.* work through

do

do

door'werken² *overg* [doorwerkte, h. doorwerkt] work with ★ *met goud* ~ work with gold ▼ *een doorwerkte studie* an elaborate study

doorweven *overg* [doorweefde, h. doorweven] interweave ⟨with...⟩

'doorworstelen¹ *onoverg* [worstelde door, h. doorgeworsteld] keep on wrestling

door'worstelen² *overg* [doorworstelde, h. doorworsteld] struggle through, plough/*Am* plow through

doorwrocht *bn* elaborate, well thought-out

doorzagen I *overg* [zaagde door, h. doorgezaagd] saw through ★ *iem.* ~ pester sbd with questions, *inf* bore sbd stiff **II** *onoverg* [zaagde door, h. doorgezaagd] saw on, go on sawing

doorzakken *onoverg* [zakte door, is doorgezakt] ❶ *eig* sag ★ *een doorgezakte voet* a fallen arch ❷ *veel drinken* go on a spree

doorzetten I *overg* [zette door, h. doorgezet] carry / see ⟨sth⟩ through, see ⟨sth⟩ out, go / press on with ⟨sth⟩ **II** *onoverg* [zette door, h. doorgezet] persevere, carry on, *inf* hang in ★ *even* ~! keep on going!, *inf* hang in there!

doorzetter *m* [-s] go-getter

doorzettingsvermogen *o* perseverance

doorzeven *overg* [doorzeefde, h. doorzeefd] riddle ⟨with bullets⟩

doorzichtig *bn* transparent, *fig* obvious, thin ⟨excuse⟩ ★ *een* ~ *plan* a transparent / obvious plan

'doorzien¹ *overg* [zag door, h. doorgezien] glance through, look through

door'zien² *overg* [doorzag, h. doorzien] see through ★ *iem.* ~ read sbd like a book

door'zoeken¹ *overg* [doorzocht, h. doorzocht] search, go through ⟨a man's pockets⟩, ransack ⟨a house⟩, rummage ⟨a desk⟩

'doorzoeken² *onoverg* [zocht door, h. doorgezocht] *blijven zoeken* keep looking, keep on searching

doorzonwoning *v* [-en] house with a through lounge

doos *v* [dozen] ❶ box, case ★ *de zwarte* ~ the black box ★ ⟨gevangenis⟩ *inf in de* ~ in the slammer ★ *uit de oude* ~ old-fashioned, *afkeurend* antiquated ❷ *wc inf* lav, loo ❸ *vrouwelijk geslachtsdeel inf* box, pussy ❹ *meisje, vrouw inf* broad, doll

doosje *o* [-s] box, carton

dop *m* [-pen] ❶ *v. ei, noten* shell ❷ *v. zaden* husk ❸ *v. erwten* pod ❹ *v. e. eikel* cup ★ *een advocaat in de* ~ a budding lawyer ★ *hij is pas uit de* ~ he's still wet behind the ears ❺ *v. pen, tube &* top, cap ★ *een hoge* ~ a top hat ▼ *goed uit zijn* ~*pen kijken* have all one's eyes about one ▼ *kijk uit je* ~*pen* look where you're going

dopamine *v* [-n] dopamine

dope *m* [-s] ❶ *drugs inf* dope ❷ *sp* dope

dopen *overg* [doopte, h. gedoopt] ❶ baptize, christen, name ★ *zij werd Charlotte gedoopt* she was christened Charlotte ❷ *dompelen* sop ⟨in the tea⟩, dip ⟨in the ink⟩ ❸ *stimulerend middel toedienen sp*

drug, dope

doperwt *v* [-en] green pea

dophei, dopheide *v* heath, bell heather

doping *v* ❶ *de toediening* doping ❷ *de middelen* drug(s)

dopingcontrole *v* [-s] dope test

doppen *overg* [dopte, h. gedopt] ❶ *eieren, erwten &* shell ❷ *graan* husk ❸ *stempelen ZN* be on the dole

dopplereffect *o* Doppler effect

dopsleutel *m* [-s] socket wrench, box wrench

dor *bn* barren, arid, dry ★ ~*re bladeren* withered leaves ★ *een* ~*re feitenkennis* dry factual knowledge

dorheid *v* barrenness, aridity, dryness

Dorisch *bn* Dorian, vooral bouwk Doric ★ *een* ~*e zuil* a Doric column

dorp *o* [-en] village

dorpel *m* [-s] threshold

dorpeling *m* [-en] villager

dorps *bn* countrified, rustic, rural ★ ~*e zeden* village morality

dorpsbewoner *m* [-s] villager

dorpsgek *m* [-ken] village idiot

dorpsgenoot *m* [-genoten] fellow villager

dorpshuis *o* [-huizen] community centre

dorpskern *m* [-en] village centre

dorsen *overg* [dorste, h. gedorst] thresh

dorsmachine *v* [-s] threshing machine

dorst *m* thirst ★ ~ *hebben / krijgen* be / get thirsty ★ *de* ~ *naar roem* the thirst for glory / fame

dorsten *onoverg* [dorstte, h. gedorst] ❶ *eig* be thirsty ❷ *fig* thirst / hunger (*naar* for / after)

dorstig *bn* thirsty

dorsvlegel *m* [-s] flail

dorsvloer *m* [-en] threshing floor

doseren *overg* [doseerde, h. gedoseerd] dose

dosering *v* [-en] dose, dosage

dosis *v* [-sen, doses] dose, measure ★ *een te grote* ~ an overdose ★ *een te kleine* ~ an underdose ★ *een flinke* ~ *zelfvertrouwen* a large dose of self-confidence

dossier *o* [-s] dossier, file, record

dot *m & v* [-ten] ❶ *v. haar, wol &* knot, tuft ❷ *v. gras* tuft ❸ *schat* darling ★ *een* ~ *van een kind / hoed* a dream of a child / hat ★ *wat een* ~! what a sweetie! ❹ *grote hoeveelheid* pile ★ *een* ~ *geld* a bundle

dotcom *m* comput dotcom, dot.com

dotterbloem *v* [-en] marsh marigold

dotteren *overg* [dotterde, h. gedotterd] med perform a balloon angioplasty on ★ *gedotterd worden* have percutaneous angioplasty

douane I *v* [-n] ❶ *dienst* customs ★ *de* ~ (the) customs ★ *door de* ~ *gaan* go through customs ❷ *kantoor* customs house **II** *m* [-n & -s] *beambte* customs officer

douanebeambte *m-v* [-n] customs officer, customs house officer

douanecontrole *v* [-s] customs inspection

douaneformaliteit *v* [-en] customs formality

douanekantoor *o* [-toren] customs house, customs office

douaneverklaring *v* [-en] customs declaration, bill of entry

douanier *m* [-s] customs officer

doublé I *o* gold plate **II** *bn* ★ *een ~ ketting* a gold-plated necklace

doubleren I *overg* [doubleerde, h. gedoubleerd] ❶ *verdubbelen* double ❷ *een rol* double ❸ *een klas* repeat **II** *onoverg* [doubleerde, h. gedoubleerd] kaartsp double

doublure *v* [-s] ❶ *tweemaal voorkomen* duplication ❷ toneel understudy

douceur *v* [-s], **douceurtje** *o* [-s] tip, gratuity

douche *v* [-s] shower ★ *een ~ nemen* take a shower ★ fig *een koude ~* a cold shower

douchecabine *v* [-s], **douchecel** [-len] shower cabinet

douchegordijn *o* [-en] shower curtain

douchekop *m* [-pen] shower head

douchen *onoverg* [douchte, h. gedoucht] take a shower, shower

douchestang *v* [-en] shower bar

douw *m* [-en] *duw* push, shove ★ fig *een ~ krijgen* take a rap

douwen *overg* [douwde, h. gedouwd] *duwen* inf push, shove

dove *m-v* [-n] deaf person

doveman *m* deaf man ★ *aan ~s deur kloppen* fall on deaf ears

dovemansoren *zn* [mv] ★ *dat is niet aan ~ gezegd* it didn't fall on deaf ears ★ *voor ~ spreken* not get any hearing

doven I *overg* [doofde, h. gedoofd] extinguish, put out **II** *onoverg* [doofde, is gedoofd] *uitgaan* die down

dovenetel *v* [-s] dead nettle

dovig *bn* somewhat deaf, a bit deaf

down I ❶ *neerslachtig* down, out of spirits ★ *~ zijn* be down, feel down ❷ comput down ❸ kaartsp down ★ *twee slagen ~ gaan* be down (by) two

downgrading *m* marketing downgrading

downloaden *overg* [downloadde, h. gedownload] comput download

downsizen *overg* [downsizede, h. gedownsized] ★ *een bedrijf ~* to dwnsize a company

dozijn *o* [-en] dozen ★ *per ~* ‹sell them› by the dozen, ‹pack them› in dozens ★ *drie / vier & ~* three / four & dozen ★ *een paar ~* a couple of dozen

draad I *m* [draden] ❶ *v. katoen, schroef & ook* fig thread ★ *een ~ in een naald steken* thread a needle ★ *de (rode) ~ die er doorheen loopt* the main thread of the story ★ *de ~ kwijt zijn* have lost the thread ‹of one's argument &› ★ *er zit een ~je los bij hem* he has a screw loose ★ *geen droge ~ aan het lijf hebben* not have a dry thread / stitch on one ★ *de ~ weer opvatten* take up the thread ‹of one's narrative› ★ *iedere dag een ~je, is een hemdsmouw in het jaar* many a stitch in time ★ *aan een zijden ~(je) hangen* hang by a thread ★ *kralen aan een ~ rijgen* thread beads ★ *met / op de ~* with the grain ★ *tegen de ~* against the grain ★ *versleten tot op de ~* threadbare

★ *voor de ~ komen* speak up ❷ *v. plant of wortel* fibre, filament ❸ *v. peulen* string ❹ *v. hout* grain ❺ *v. metaal* wire ❻ *v. gloeilamp* filament **II** *o & m* ❶ *stofnaam* thread ❷ *v. katoen* thread ❸ *v. metaal* wire

draadglas *o* wire(d) glass

draadloos *bn* wireless ★ *een draadloze telefoon* a mobile phone

draadnagel *m* [-s] wire nail

draadtang *v* [-en] pliers, nippers

draagbaar I *bn* ❶ bearable ❷ *v. lasten* portable ★ *een draagbare radio / tv* a portable radio / TV ★ *een draagbare telefoon* a mobile phone ❸ *v. kleren* wearable **II** *v* [-baren] litter, stretcher

draagbalk *m* [-en] supporting beam, girder

draagconstructie *v* [-s] supporting structure

draagkarton *o* [-s] cardboard carrier

draagkracht *v* ❶ *alg.* ability to bear ❷ *financieel* capacity to pay, financial strength ★ *financiële ~* financial capacity ★ *belasting naar ~* income-related tax ❸ *v. schip &* carrying capacity ❹ *reikwijdte* range

draagkrachtig *bn* well-to-do, prosperous ★ *de minst ~en* the financially weak

draaglijk I *bn* ❶ *te verdragen* tolerable, endurable, bearable ★ *de pijn was niet meer ~* the pain was unbearable ❷ *niet hinderlijk* passable, average, middling **II** *bijw* tolerably

draagmoeder *v* [-s] surrogate mother

draagmuur *m* [-muren] supporting wall

draagraket *v* [-ten] carrier rocket, booster rocket

draagstoel *m* [-en] sedan (chair)

draagtas *v* [-sen] carrier bag

draagtijd *m* gestation (period)

draagvermogen *o* bearing power, carrying capacity

draagvlak *o* [-ken] luchtv plane, bearing surface, aerofoil/Am airfoil ★ ‹voor beleid, plannen &› *een breed ~* a broad foundation / basis, broad-based support

draagvleugelboot *m & v* [-boten] hydrofoil

draagwijdte *v* ❶ mil range ❷ fig bearing, scope, full significance ‹of one's words›

draai *m* [-en] ❶ *alg.* turn, bend, twist ★ *hij nam zijn ~ te kort* he took too short a bend ★ *hij gaf er een ~ aan* he gave it a twist ★ fig *zijn ~ gevonden hebben* have found one's feet ❷ *v. weg* turning, winding ❸ *v. touw* twist ▼ *een ~ om de oren* a box on the ear

draaibaar *bn* revolving ★ *een draaibare (bureau)stoel* a swivel chair

draaibank *v* [-en] lathe

draaiboek *o* [-en] scrip, scenario, play book ★ *het ~ van een feest* the party plan

draaicirkel *m* [-s] turning circle

draaideur *v* [-en] revolving door

draaien I *onoverg* [draaide, h. en is gedraaid] ❶ *een ronddraaiende beweging maken* turn, revolve, rotate ★ *alles draait om dat feit* everything turns / hinges / pivots on that fact ❷ *snel* spin, whirl, ‹in een spiraal› twist, gyrate ❸ *wenden, een bocht maken*

dr

turn, swerve, veer ★ *de wind is naar het oosten gedraaid* the wind has turned / veered toward the east ★ *rondjes* ~ go / drive around in circles ❹ *in allerlei richtingen bewegen* wriggle, fidget ★ *zitten te* ~ fidget / wriggle ‹on a chair› ★ *het / alles draait mij, mijn hoofd draait* my head's swimming ★ *met de kont* ~ wriggle one's bottom ★ *om de zaak heen* ~ beat about the bush ★ *om de hete brij heen* ~ be evasive, prevaricate ❺ *functioneren, werken, lopen* run, go ★ *de fabriek draait (volop / op volle toeren)* the factory is working (to capacity)/ is running (at full capacity) / is in full swing ★ fig *blijven* ~ keep going ▼ *in deze bioscoop draait de film* this cinema is showing the film **II** *overg* [draaide, h. gedraaid] ❶ *ronddraaiende beweging laten maken* turn ★ *iets op slot* ~ lock sth (up) ★ *het gas hoger* ~ turn up the gas ❷ *om spoel* wind ❸ *een andere richting geven* twist, turn ★ *de auto de snelweg op* ~ turn the car onto the highway ★ *hij weet alles zo te* ~ *dat...* he gives things such a twist that... ❹ *draaiend bewerken* turn ★ *een schaakstuk* ~ turn a chess piece ❺ *draaiend vervaardigen* roll ★ *een sjekkie* ~ roll a cigarette ▼ *een film* ~ ‹vertonen› show a film, ‹opnemen› shoot a film ▼ telec *een nummer* ~ dial (a number) ▼ *(grammofoon)platen* ~ play records ▼ comput *een programma* ~ run a program **III** *wederk* [draaide, h. gedraaid] ★ *zich* ~ turn ‹to the right, left›

draaierig *bn* giddy, dizzy

draaihek *o* [-ken] turnstile

draaiing *v* [-en] turn(ing), rotation

draaikolk *m & v* [-en] whirlpool, eddy, vortex

draaikont *m* [-en] ❶ *beweeglijk persoon* fidget ❷ *huichelachtig persoon* timeserver, prevaricator, twister

draaimolen *m* [-s] merry-go-round, whirligig, roundabout

draaiorgel *o* [-s] barrel organ, street organ

draaipunt *o* [-en] turning point, centre of rotation, form fulcrum

draaischijf *v* [-schijven] ❶ *v. pottenbakker* potter's wheel ❷ *v. spoorwagon, v. grammofoon* turntable ❸ telec dial

draaitafel *v* [-s] *v. pick-up* turntable

draaitol *m* [-len] ❶ eig spinning top ❷ fig weathercock

draak *m* [draken] ❶ *mythologie* dragon ★ *de* ~ *steken met een draak* poke fun at ‹sbd›, make fun of ‹the regulations› ❷ *film &* melodrama

drab *v & o* dregs, lees, sediment

dracht *v* [-en] ❶ *last* charge, load ❷ *zwangerschap* gestation, pregnancy ❸ *klederdracht* dress, costume, garb ❹ *draagwijdte* range

drachtig *bn* bearing, with young, in pup

draconisch *bn* draconian ★ *~e maatregelen* draconian measures

draf *m* ❶ *gang* trot ★ *in volle* ~ at full trot ★ *op een* ~ at a trot ❷ *veevoeder* draff, hogwash

drafsport *v* trotting

dragee *v* [-s] ❶ *snoepje* dragée ❷ *pil* coated medicinal tablet

dragen I *overg* [droeg, h. gedragen] ❶ *torsen* carry, bear ★ *ze droeg een kind in haar armen* she carried a child in her arms ★ *de gevolgen van iets* ~ bear the consequences of sth ★ *een zware last* ~ bear a heavy burden ❷ *ondersteunen* support, bear, carry ★ *de muren* ~ *het dak* the walls support / carry the roof ❸ *aan-, ophebben* wear, have (on) ★ *deze zomer wordt veel wit ge~* a lot of white is being worn this summer, white is in fashion this summer ★ *hij droeg een groene regenjas* he was wearing a green raincoat ★ *ik draag al tien jaar een baard* I've had a beard for the last ten years ❹ *bij zich hebben* carry ★ *hij draagt altijd een pistool* he always carries a gun ❺ *voortbrengen* bear, yield ★ *die appelboom draagt veel vrucht* that appletree bears / yields a lot of fruit ★ *rente* ~ carry / bear interest ❻ *zwanger zijn* carry, be pregnant ★ *ze draagt zijn kind* she's carrying his child, she's pregnant with his child ❼ *verduren, uitstaan* bear, endure ▼ *veel leed te* ~ *hebben* suffer a lot of grief ❽ *hebben, koesteren* bear ★ *zorg* ~ *voor* look after, take care of ★ *haat* ~ *jegens iem.* bear / nurture a hatred toward sbd ❾ *op zich nemen* ★ *de kosten* ~ bear the costs **II** *onoverg* [droeg, h. gedragen] ❶ *steun geven* bear, carry, support ★ *het ijs draagt nog niet* the ice won't bear your weight yet ❷ *zwanger zijn* carry, be pregnant ★ *een muis draagt maar drie weken* the gestation period of a mouse is only three weeks ❸ *bereik hebben* carry ★ *zijn stem draagt ver* his voice carries a long way ❹ *afscheiden* discharge

drager *m* [-s] ❶ *persoon* bearer, carrier, porter ★ jur *een* ~ *van rechten en plichten* a bearer of rights and duties ❷ *m.b.t. een voorwerp* wearer

dragline *m* [-s] dragline

dragon *m* ❶ *kruid* tarragon ❷ *kwast* [-s] tassel

dragonder *m* [-s] dragoon ★ *een* ~ *(van een wijf)* a virago

drain *m* [-s] drain

drainage *v* drainage

draineren *overg* [draineerde, h. gedraineerd] drain

dralen *onoverg* [draalde, h. gedraald] linger, tarry, dawdle ★ *zonder* ~ without (further) delay, without hesitation

drama *o* ['s] ❶ *toneelstuk* drama ❷ *ramp* tragedy, disaster

dramatiek *v* drama

dramatisch *bn* dramatic

dramatiseren *overg* [dramatiseerde, h. gedramatiseerd] dramatize, emotionalize

dramaturg *m* [-en] dramatist, dramaturg(e)

dramaturgie *v* dramaturgy

drammen *onoverg* [dramde, h. gedramd] go on ‹about sth›, nag ‹at sbd about sth› ★ *zit niet zo te* ~! do stop nagging!

drammerig *bn* tiresome

drang *m* ❶ *alg.* pressure, urgency, impulse ★ *onder de ~ der omstandigheden* under the pressure of circumstances ❷ *v. impuls, instinct* urge, ⟨sterker⟩ drive
dranger *m* [-s] door-closer
dranghek *o* [-ken] crush barrier
drank *m* [-en] ❶ drink, beverage ★ *sterke ~* strong drink, spirits, liquor ★ *aan de ~ zijn* be given to drink, be addicted to liquor ❷ *medicijn* medicine, mixture, draught/Am draft, ⟨love / magic⟩ potion
drankbestrijding *v* temperance movement
drankenautomaat *m* [-maten] drinks / beverage machine
drankje *o* [-s] ❶ *geneesmiddel* medicine, mixture ❷ *glaasje drinken* drink
drankmisbruik *o* excessive drinking, alcohol abuse
drankorgel *o* [-s] inf sponge, soaker, boozer
drankprobleem *o* alcohol problem
drankverbod *o* prohibition
drankvergunning *v* [-en] liquor licence/Am license
drankzucht *v* alcoholism
draperen *overg* [drapeerde, h. gedrapeerd] drape
draperie *v* [-rieën] drapery, curtain
drassig *bn* marshy, swampy, soggy
drassigheid *v* marshiness
drastisch I *bn* drastic, radical ★ *~e maatregelen* drastic measures **II** *bijw* drastically, radically
draven *onoverg* [draafde, h. en is gedraafd] trot
draver *m* [-s] trotter
draverij *v* [-en] sp trotting race
dreadlocks *zn* [mv] dreadlocks
dreef *v* [dreven] ❶ *laan* alley, lane ❷ *veld* field, region ▼ *iem. op ~ helpen* help sbd on ▼ *op ~ komen* get into one's swing, get into one's stride ▼ *op ~ zijn* be in excellent form
dreg *v* [-gen] drag, grapnel
dreggen *onoverg* [dregde, h. gedregd] drag (*naar* for)
dreigbrief *m* [-brieven] threatening / menacing letter
dreigement *o* [-en] threat, menace
dreigen I *overg* [dreigde, h. gedreigd] threaten, menace ★ *iem. met ontslag ~* threaten to fire sbd ★ *het gebouw dreigt in te storten* the building is threatening to / is about to collapse ★ *hij dreigde in het water te vallen* he was in danger of falling into the water **II** *onoverg* [dreigde, h. gedreigd] threaten ★ *hij begon te ~* he started threatening ★ *het dreigt te regenen* it looks like rain ★ *er dreigt onweer* a storm is threatening / brewing, it looks like thunder ★ *er ~ moeilijkheden* there's trouble brewing ★ *met strenge maatregelen ~* threaten to take severe measures
dreigend I *bn* ❶ *vol dreiging* threatening, menacing ★ *~e wolken* lowering clouds ❷ *naderend* imminent, impending ⟨perils⟩ ★ *de ~e hongersnood / staking &* the threatening / impending famine / strike & ❸ ugly ⟨situation⟩ **II** *bijw* threateningly, menacingly
dreiging *v* [-en] threat, menace ★ *van het kleine waakhondje ging geen ~ uit* the little watchdog didn't pose a threat

dreinen *onoverg* [dreinde, h. gedreind] whine, whimper, snivel
drek *m* ❶ *vuil* dirt, muck ❷ *uitwerpselen* dung, excrement, droppings
drempel *m* [-s] threshold, doorstep ★ fig *op de ~ van* on the threshold of
drempelvrees *v* initial hesitation, inf stage fright
drempelwaarde *v* [-n] threshold value
drenkeling *m* [-en] ❶ *verdrinkend* drowning person ❷ *reeds verdronken* drowned person
drenken *overg* [drenkte, h. gedrenkt] ❶ *doen drinken* water ❷ *bevochtigen* drench ⟨the earth⟩ ★ *~ in* steep / soak in
drenkplaats *v* [-en] watering place
drentelen *onoverg* [drentelde, h. en is gedrenteld] saunter ★ *heen en weer ~* pace up and down
Drenthe *o* Drenthe
drenzen *onoverg* [drensde, h. gedrensd] whine, whimper, snivel
dressboy *m* [-s] clothes stand, dummy
dresscode *de (m)* [-s] dress code
dresseren *overg* [dresseerde, h. gedresseerd] ❶ *v. paard* break (in), train ❷ *v. honden* train ★ *gedresseerde olifanten* performing elephants ❸ *v. personen* drill, train
dressing *m* [-s] dressing
dressman *m* [-men, -mannen] male model
dressoir *o & m* [-s] sideboard
dressuur *v* ❶ sp dressage ❷ *v. honden* training ❸ *v. paarden* training, breaking in
dreumes *m* [-mesen] mite, toddler
dreun *m* [-en] ❶ *v. geluid* drone, rumble, roar(ing), boom ★ *op een ~* in a drone ★ *met een grote ~ viel de doos op de grond* the box fell onto the ground with a loud thump / crash ❷ *bij opzeggen* sing-song, chant ❸ *opstopper* inf biff, pound, sock ★ *iem. een ~ verkopen* punch sbd, inf sock sbd
dreunen *onoverg* [dreunde, h. gedreund] drone, rumble, roar, boom ★ *(doen) ~* rock, shake ⟨the house⟩
drevel *m* [-s] punch, drift pin
dribbel *v* [-s] sp dribble
dribbelaar *m* [-s] sp dribbler
dribbelen *onoverg* [dribbelde, h. en is gedribbeld] ❶ *met kleine snelle pasjes lopen* scurry, scuttle ❷ *v. kind* totter, toddle ❸ sp dribble
drie *hoofdtelw* three ★ *wij ~ën* the three of us ★ *het is bij ~ën* it's going on for three, it's almost three o'clock ★ *in ~ën* delen divide into three parts ★ *alle goede dingen bestaan uit ~ën* third time lucky
driebaansweg *m* [-wegen] three-lane road
driedaags *bn* three-day, three days'...
driedelig *bn* ❶ *v. boek* three-volume ❷ *v. kledingstuk* three-piece
driedeling *v* [-en] tripartition, division into three parts
driedimensionaal *bn* three-dimensional
driedubbel *bn* treble, triple, threefold
drie-eenheid *v* triad, trinity ★ rel *de Heilige*

Drie-eenheid the Holy Trinity

drieërlei *bn* of three sorts

driehoek *m* [-en] ❶ <u>wisk</u> triangle ❷ *tekengereedschap* set square

driehoekig *bn* triangular, three-cornered

driehoeksmeting *v* ❶ *alg.* trigonometry ❷ *v. terrein* triangulation

driehoeksruil *m* [-en] triangular exchange ‹of houses &›

driehoeksverhouding *v* [-en] triangular relationship, eternal triangle

driehonderd *hoofdtelw* three hundred

driejaarlijks *bn* triennial, three-yearly

driekamerflat *m* [-s] three-room flat

drieklank *m* [-en] ❶ <u>muz</u> triad ❷ <u>taalk</u> thriphthong

driekleur *v* [-en] tricolour ★ *de Nederlandse* ~ the Dutch flag

Driekoningen *m* Epiphany

driekoningenfeest *o* feast of the Epiphany

driekwart *o & bn* three quarter(s) ★ *een* ~ *jas* a three-quarter coat ★ ~ *jaar* three quarters of a year

driekwartsmaat *v* [-maten] three-four time

drieledig *bn* threefold, three-part

drieletterwoord *o* [-en] *vies woord* four-letter word

drieling *m* [-en] triplets

drieluik *o* [-en] triptych

driemaal *bijw* three times

driemaandelijks *bn* quarterly, three-monthly ★ *een ~e betaling* quarterly payments ★ *een* ~ *tijdschrift* a quarterly

driemanschap *o* [-pen] triumvirate, trio

driemaster *m* [-s] three-master

driemijlszone *v* three-mile zone

driepoot *m* [-poten] tripod

driepuntsgordel *m* [-s] three-point seatbelt

driespan *o* [-nen] team of three (horses / oxen)

driesprong *m* [-en] three-forked road

driest *bn* audacious, reckless, bold

driestemmig *bn* for three voices, three-part

drietal *o* [-len] (number of) three, trio ★ *een* ~ *opmaken* make a short list ★ *op het* ~ *staan* be on the short list

drietand *m* [-en] trident

drietonner *m* [-s] three-tonner

drietrapsraket *v* [-ten] three-stage rocket

drievoud *o* [-en] treble ★ *in* ~ in triplicate

drievoudig I *bn* triple, threefold **II** *bijw* three times ★ *je krijgt het* ~ *terug* you'll get it back multiplied by three, you'll get back three times more than you put in

Drievuldigheid *v* (Holy) Trinity

driewegstekker *m* [-s] three-way plug

driewieler *m* [-s] tricycle

driezitsbank *v* [-en] three-seat sofa

drift *v* [-en] ❶ *woede* anger, rage, ‹hartstocht› passion ★ *in* ~ *geraken* lose one's temper ★ *in* ~ in a fit of passion, in a rage ❷ *psych* impulse, urge ❸ *kudde, v. ossen* herd, drove, ‹v. schapen› flock ❹ *scheepv* drift ‹of a ship› ★ *scheepv op* ~ adrift

driftbui *v* [-en] fit of anger

driftig I *bn* ❶ *opvliegend* passionate, quick-tempered, fiery, hasty ❷ *woedend* angry ★ ~ *worden, zich* ~ *maken* fly into a passion, lose one's temper ❸ <u>scheepv</u> adrift **II** *bijw* ❶ *opvliegend* passionately ❷ *woedend* angrily

driftkikker *m* [-s], **driftkop** [-pen] hothead, spitfire, tartar

drijfgas *o* [-sen] propellant

drijfhout *o* driftwood

drijfjacht *v* [-en] drive, battue

drijfkracht *v* ❶ <u>techn</u> motive power, driving power ❷ <u>fig</u> driving force, moving power ★ *de voornaamste* ~ the prime mover

drijfnat *bn* soaking wet, sopping wet

drijfnet *o* [-ten] driftnet

drijfriem *m* [-en] driving belt

drijfveer *v* [-veren] ❶ *veer* mainspring ❷ <u>fig</u> motive, incentive, mainspring ★ *wat was zijn* ~ *tot die daad?* what was the motive behind his act?

drijfzand *o* quicksand(s)

drijven I *onoverg* [dreef, h. en is gedreven] ❶ *niet zinken* float, swim ‹on the surface› ★ *het vlot bleef* ~ the raft remained afloat ★ *de onderneming drijft op hem* the business rests on his shoulders ❷ *i.d. lucht zweven* drift, float ★ *de luchtballon is naar het westen gedreven* the balloon drifted westward ❸ *nat zijn* be soaking wet ★ *ze dreef van de regen* she was dripping with rain **II** *overg* [dreef, h. gedreven] ❶ *uitoefenen* run, manage ★ *een zaak* ~ run a business ❷ *voor zich uit jagen* drive, herd, push ★ *koeien* ~ herd / drive cows ★ *iets te ver* ~ carry sth too far ★ *iem. in het nauw* ~ press / drive sbd hard ❸ *aanzetten tot* push, drive, prompt, impel ★ *het tot het uiterste* ~ push things to an extreme ★ *iem. tot het uiterste* ~ drive sbd to extremities / to extremes ★ *iem. tot waanzin* ~ drive sbd to insanity ★ *wat heeft je tot dit besluit gedreven?* what prompted you to make this decision? ★ *door afgunst gedreven* impelled by jealousy ★ *uit elkaar* ~ force apart ❹ *in beweging brengen* drive, propel ★ *door stoom gedreven* driven by steam ★ *de prijzen naar boven / beneden* ~ force prices up / down ❺ *met kracht door iets heen doen dringen* drive ★ *een spijker in het hout* ~ drive a nail into the wood ❻ *(edel)metaal bewerken* <u>techn</u> chase ‹gold, silver› ★ *gedreven zilver* driven / embossed silver

drijver *m* [-s] ❶ *bij jacht* beater ❷ *v. vee* driver, drover ❸ *fanaticus* zealot, fanatic ❹ *techn, luchtv* float

dril I *m* [-len] *boor* drill **II** *v vleesnat* jelly **III** *o weefsel* drill

drilboor *v* [-boren] drill

drillen *overg* [drilde, h. gedrild] ❶ *boren* drill ❷ <u>mil</u> drill ❸ *onderw* cram, drill

dringen I *onoverg* [drong, h. en is gedrongen] ❶ *een weg banen* push, shove ★ *sta niet zo te* ~! don't push! ★ ~ *door* force / push / shove / elbow one's way through ‹the crowd› ★ ~ *in* penetrate into ★ *naar*

voren ~ force one's way forward / to the front ❷ *druk uitoefenen* press ★ *de tijd dringt* time is pressing **II** *overg* [drong, h. gedrongen] ❶ *onder druk van plaats doen veranderen* push, force ★ *ze drongen hem de straat op* they hustled him out into the street ❷ *druk uitoefenen* press, prompt, urge, compel ★ *wanneer het hart (u) tot spreken dringt* when your heart urges / prompts you to speak ★ *wij voelen ons gedrongen te...* we feel compelled to...

dringend I *bn* urgent, pressing ★ *een ~ beroep doen op* make an urgent appeal to **II** *bijw* ❶ *met spoed* urgently, immediately ★ *hij wou mij ~ spreken* he wanted to see me urgently ❷ *met aandrang* insistently, earnestly ★ *~ verzoeken* urgently request

drinkbaar *bn* drinkable

drinkbeker *m* [-s] drinking cup, goblet

drinkebroer *m* [-s] tippler, boozer, booze artist, vulg piss artist

drinken I *overg* [dronk, h. gedronken] drink ★ *een glas wijn met iem. ~* have a glass of wine with sbd **II** *onoverg* [dronk, h. gedronken] drink, ‹met kleine slokjes› sip ★ *op iems. gezondheid ~* drink (to) sbd's health ★ *veel / zwaar ~* drink heavily **III** *o* ❶ *handeling* drinking ❷ *drank* beverage, drink(s)

drinker *m* [-s] (great) drinker, tippler

drinkgelag *o* [-lagen] binge, drinking bout, carousal

drinkgeld *o* [-en] *fooi* ZN gratuity, tip

drinklied *o* [-eren] drinking song

drinkplaats *v* [-en] watering place

drinkwater *o* drinking water

drinkwatervoorziening *v* water supply

drinkyoghurt *m* [-s] drinking yogurt

drive *m* ❶ *tennis* drive ❷ *bridge* drive ❸ *motivatie* drive

drive-inwoning *v* [-en] drive-in home, home with a built-in garage

droef *bn* sad, sorrowful, melancholy ★ *~ te moede* cast down

droefenis *v* sadness, sorrow, grief

droefgeestig *bn* sad, gloomy, melancholy

droefheid *v* sadness, sorrow, grief

droesem *m* [-s] dregs, lees

droevig I *bn* ❶ *bedroefd* sad, miserable ❷ *deprimerend* sad, saddening, sorry ‹sight› ★ *een ~ einde* a sad ending **II** *bijw* ❶ *bedroefd* sadly ❷ *deprimerend* depressingly

drogen I *overg* [droogde, h. gedroogd] dry, wipe **II** *onoverg* [droogde, is gedroogd] dry ★ *laten ~* leave (sth) to dry ★ *te ~ hangen* hang out to dry

droger *m* [-s] *v. wasgoed, haar &* drier / dryer

drogeren *overg* [drogeerde, h. gedrogeerd] dope, drug

drogist *m* [-en] (non-dispensing) chemist, Am druggist

drogisterij *v* [-en] chemist's (shop), Am drugstore

drogreden *v* [-en] fallacy, sophism

drol *m* [-len] turd ★ *een ~ van een vent* a real turd

drom *m* [-men] crowd, throng ★ *in dichte ~men* in droves

dromedaris *m* [-sen] dromedary

dromen *onoverg en overg* [droomde, h. gedroomd] dream ★ *~ van* dream of / about ★ *dat had ik nooit kunnen ~* I would never have imagined this

dromenland *o* dreamland, never-never land ★ *in ~ zijn* be in the land of Nod

dromer *m* [-s] dreamer

dromerig *bn* dreamy

drommel *m* [-s] devil, dickens ★ *een arme ~* a poor devil ★ *wat ~!* what the dickens! ★ *om de ~ niet!* not on your life! ★ *hij is om de ~ niet dom* he's by no means stupid

drommels I *bn* darned, confounded ★ *die ~e jongen* that blasted fellow **II** *bijw* versterkend devilish ★ *~ goed weten* know jolly well **III** *tsw* what the dickens / devil / hell!

drommen *onoverg* [dromde, h. en is gedromd] throng, swarm, crowd ‹around sbd›

dronk *m* [-en] draught/Am draft, drink ‹of water &› ★ *een ~ instellen* propose a toast ★ *een kwade / vrolijke ~ hebben* be a mean / happy drunk

dronkaard *m* [-s] drunkard, inf soak, sponge

dronken *bn* ❶ *predicatief* drunk, tight ★ *~ van vreugde* drunk with joy ★ *~ voeren* ply with liquor ❷ *attributief* drunken, tipsy, cock-eyed

dronkenlap *m* [-pen] drunkard, inf boozer

dronkenmanspraat *m* drunken talk

dronkenschap *v* drunkenness

droog I *bn* ❶ *alg.* dry ★ *het zal wel ~ blijven* the fine (dry) weather will continue ★ *hij is nog niet ~ achter de oren* he's still wet behind the ears ★ *het droge* dry land ❷ *(uit)gedroogd* dry, parched ‹lips›, dried out ★ *geen ~ brood verdienen* not earn enough to make a living ❸ *dor* arid ★ *een droge woestijn* an arid desert ❹ *niet zoet* dry ‹wine› ❺ *geen melk gevend* dry ❻ *fig* dry ★ *droge humor* wry / dry humour ★ *een droge lezing* a dry lecture ▼ *een droge hoest* a dry cough **II** *bijw* drily, dryly

droogautomaat *m* [-maten] drying machine, drier / dryer

droogbloeier *m* [-s] meadow saffron

droogbloemen *zn* [mv] everlastings, dried flowers

droogdoek *m* [-en] tea towel

droogdok *o* [-ken] dry dock, graving dock

droogje *o* ★ *op een ~ zitten* have nothing to drink

droogjes *bijw* dryly

droogkap *v* [-pen] electric hairdryer

droogkloot *m* [-kloten] bloody bore

droogkoken *onoverg* [kookte droog, is drooggekookt] boil dry

droogkomiek I *m* [-en] man of dry humour, dry comic **II** *bn* full of quiet fun / dry humour **III** *bijw* with dry humour, drily, dryly

droogkuis *m* ZN dry cleaner's

droogleggen *overg* [legde droog, h. drooggelegd] ❶ eig drain ‹a marsh›, reclaim ‹a lake› ❷ *alcoholvrij maken* prohibit the sale of alcohol

drooglegging *v* [-en] ❶ eig draining, reclaiming ‹of a

lake⟩ ❷ *het alcoholvrij maken* prohibiting the sale of alcohol

drooglijn *v* [-en] clothes line

droogmachine *v* [-s] drier / dryer, drying machine

droogmaken *overg* [maakte droog, h. drooggemaakt] ❶ *afdrogen* dry (off) ❷ *droogleggen* reclaim

droogmolen *m* [-s] collapsible clothes line

droogpruim *v* [-en] bloody bore

droogrek *o* [-ken] drying rack, clothes horse

droogstaan *onoverg* [stond droog, h. drooggestaan] ❶ *v. planten* be dry ❷ *v. rivieren &* be dry, have run (gone) dry ❸ *v. alcoholisten* be on the wagon, be dry ❹ *bij ontwenningskuur* dry out ❺ *v. koeien* be dry, have gone dry

droogstoppel *m* [-s] dry old stick, dry-as-dust

droogte *v* [-n, -s] ❶ *droogheid* dryness, drought ❷ *ondiepte* shoal, sandbank

droogtrommel *v* [-s] tumble drier / dryer

droogvallen *onoverg* [viel droog, is drooggevallen] fall dry, be uncovered

droogzolder *m* [-s] drying loft

droogzwemmen *o* practise swimming on land

droom *m* [dromen] dream ★ *dromen zijn bedrog* dreams are lies ★ *iem. uit de ~ helpen* set sbd straight ★ *een natte ~* a wet dream

droombeeld *o* [-en] vision, fantasy

droomreis *v* [-reizen] trip of one's dreams

droomuitlegging *v* [-en] dream interpretation, dream reading

droomwereld *v* [-en] dream world

drop I *m* [-pen] ❶ *druppel* drop ❷ *het druppelen* drip(ping) ⟨of water from the roof⟩ **II** *v & o lekkernij* liquorice / licorice ★ *Engelse ~* liquorice all-sorts

dropje *o* [-s] piece of liquorice

drop-out *m* [-s] dropout

droppen I *onoverg* [dropte, h. gedropt] → **druppen** **II** *overg* [dropte, h. gedropt] drop off ★ *kun je mij even bij het station ~?* could you drop me off at the station? ★ *je kunt je bagage hier wel even ~* you can drop your luggage here for a while

dropping *m* [-s] drop

> **dropping**
> wordt vertaald met **drop** en niet met **dropping**. **Droppings** zijn **keutels**.

dropshot *o* [-s] sp drop shot

dropwater *o* liquorice water

drs. *afk voor de naam* (doctorandus) drs, ⟨achter de naam⟩ MA, MSc

drug *m* [-s] drug, narcotic ★ *soft ~s* soft drugs ★ *hard ~s* hard drugs ★ *~s gebruiken* be on drugs, Am inf do drugs

drugsbaron *m* [-nen] drug baron

drugsbeleid *o* drug policy

drugsdealer *m* [-s] drug dealer

drugsgebruik *o* use of drugs, drug abuse

drugsgebruiker *m* [-s] drug user

drugshandel *m* drug traffic(king), dealing

drugshandelaar *m* [-s & -laren] drug trafficker

drugskartel *o* [-s] drug cartel

drugskoerier *m* [-s] drug runner

drugsverslaafde *m-v* [-n] drug addict, junkie

druïde *m* [-n] Druid

druif *v* [druiven] grape ★ *de druiven zijn zuur* the grapes are sour ▼ *een rare ~* a weirdo

druifluis *v* [-luizen] vine pest, phylloxera

druilen *onoverg* [druilde, h. gedruild] mope, pout ★ *'t druilt* it looks like rain

druilerig *bn* ❶ *v. persoon* mopish, listless ❷ *v. weer* drizzling, dull, cloudy

druiloor *m-v* [-oren] mope, moper

druipen *onoverg* [droop, h. en is gedropen] drip ★ *~ van het bloed* drip with blood

druiper *m* [-s] med gonorrhoea, slang clap

druipnat *bn* dripping wet

druipneus *m* [-neuzen] ❶ *neus* runny nose ❷ *persoon* sbd with a runny nose

druipsteen *m & o* [-stenen] ⟨hangende⟩ stalactite, ⟨staande⟩ stalagmite

druipsteengrot *v* [-ten] stalactite cave

druivenoogst *m* [-en] grape harvest, vintage

druivenpers *v* [-en] winepress

druivenplukker *m* [-s] grape picker, vintager

druivensap *o* grape juice

druivensuiker *m* grape sugar, glucose, dextrose

druiventros *m* [-sen] bunch of grapes

druk I *m* [-ken] ❶ *alg.* pressure ★ *~ uitoefenen op* exert pressure on, bring pressure to bear on ⟨sbd⟩ ★ *onder ~ staan* be under pressure ★ *iem. onder ~ zetten* put pressure on sbd ★ *de ~ is van de ketel* the pressure is off ★ *een gebied van hoge / lage ~* a high / low pressure area ★ *een ~ op de knop* a push on the button, a flick of the switch ❷ *v. een last* fig burden ❸ *het boekdrukken* print(ing), ⟨klein⟩ print, type ★ *in ~ verschijnen* appear in print ❹ *oplage* impression, edition ★ *de vijfde ~* the fifth edition **II** *bn* ❶ *bedrijvig, met veel verkeer* busy, crowded, bustling, lively ★ *het is mij hier te ~* it's too busy for me here ★ *~ verkeer* heavy traffic ⟨on the road⟩ ❷ *veel werk met zich meebrengend* busy ★ *een ~ke zaak* a well-patronized business ★ *de ~ke uren* the busy hours, the rush hours ★ *een ~ke handel* a brisk trade ❸ *v. personen* busy, bustling, fussy ★ *hij maakt zich niet ~* he takes things easy ★ *~, ~, ~!* as busy as a bee! ★ *het ~ hebben* be (very) busy ★ *het ontzettend ~ hebben* be rushed ★ *ze hebben het niet ~ in die winkel* there's not much doing in that shop ★ *zich ~ maken* get excited, worry, bother, fuss (*om / over* about) ❹ *levendig* lively, noisy ★ *een ~ gesprek* a lively conversation ❺ *intensief* frequent ★ *een ~ gebruik maken van...* make frequent use of... ❻ *v. versiering* loud ★ *een ~ behang* loud wallpaper **III** *bijw* busily ★ *een ~ bezochte vergadering* a well-attended meeting ★ *een ~ bezochte winkel* a well-patronized shop ★ *hij is ~ bezig* he's up and about ★ *zij hadden het ~ over hem* he was the topic of their conversation

drukfout *v* [-en] misprint, printing error, typographical error

drukinkt *m* printer's / printing ink

drukken I *overg* [drukte, h. gedrukt] ❶ *alg.* press, push ★ *iem. aan zijn borst / het hart* ~ press sbd to one's breast / heart ★ *iem. in zijn armen* ~ clasp sbd in one's arms ★ *iem. iets op het hart* ~ impress sth upon sbd ★ *iem. de hand* ~ shake hands with sbd ★ *een plan erdoor* ~ push a plan through ❷ *bezwaren* weigh (heavily) on, oppress sbd ★ *het geheim drukt hem* the secret is weighing heavily on him ❸ *laag houden, doen dalen* depress ‹prices, the market› ★ *de prijzen* ~ keep the prices down ❹ *afdrukken, bedrukken* print ❺ *poepen inf* do a number two **II** *onoverg* [drukte, h. gedrukt] ❶ *eig* press ★ *op de knop* ~ press / push the button ❷ *fig* weigh (heavily) upon **III** *wederk* [drukte, h. gedrukt] ★ *zich* ~ *voor iets* avoid doing sth, shirk ‹one's duties›

drukkend *bn* ❶ *bezwarend* burdensome, oppressive ‹load› ❷ *benauwd* heavy ‹air›, oppressive ‹heat›, close, stifling ‹atmosphere›, sultry ‹weather› ★ *het is* ~ *heet* it's oppressively hot, it's sweltering

drukker *m* [-s] printer

drukkerij *v* [-en] printing office, printing business

drukknoop *m* [-knopen] press stud

drukknop *m* [-pen] push button

drukkunst *v* (art of) printing, typography

drukletter *v* [-s] ❶ *alg.* type ❷ *tegenover schrijfletter* printed letter

drukmiddel *o* [-len] lever

drukpers *v* [-en] printing press, press

drukproef *v* [-proeven] proof ‹for correction› ★ *een vuile* ~ a galley proof, a foul proof

drukte *v* ❶ *veel werk* pressure, busyness ★ *seizoens*~ seasonal pressure ★ *door de* ~ *zijn we er niet aan toegekomen* we were so busy that we didn't get around to it ❷ *leven, bedrijvigheid* stir, (hustle and) bustle ★ *er was een* ~ *van je welste op straat* it was enormously busy in the street ❸ *ophef* fuss ★ *inf kouwe* ~ swank, la-di-da ★ *veel* ~ *over iets maken* make a noise / a great fuss about sth ★ *wat een* ~ *om niets!* what a fuss about nothing!

druktemaker *m* [-s] *inf* fusspot, show-off

druktoets *m* [-en] push key, push button

drukverband *o* [-en] pressure bandage / dressing

drukwerk *o* [-en] printed matter ★ *post een* ~ a printed paper ★ *als* ~ *verzenden* send as printed matter

drum *m* [-s] ❶ *muz* drum ★ ~*s* drums ❷ *vat* drum

drumband *m* [-s] drum band

drummen *onoverg* [drumde, h. gedrumd] *muz* drum

drummer *m* [-s] drummer

drumstel *o* [-len] drums, set of drums

drumstick *m* [-s] drumstick

drup *m* [-pen] *druppel* drop, drip

druppel *m* [-s] drop, drip, ‹uit kraan &› drip, ‹transpiratie &› bead ★ *het is een* ~ *op een gloeiende plaat* it's a drop in the ocean ★ *de* ~ *die de emmer*

doet overlopen the drop that makes the cup run over, the straw that broke the camel's back ★ *op elkaar lijken als twee* ~*s water* be as like as two peas in a pod ★ *tot de laatste* ~ *uitdrinken* drain to the last drop ★ *het zweet stond in* ~*s op zijn voorhoofd* his forehead was covered with beads of perspiration

druppelen I *onoverg* [druppelde, h. en is gedruppeld] drip ★ *het druppelt* it's drizzling **II** *overg* [druppelde, h. gedruppeld] drip, dribble

druppelflesje *o* eye dropper

druppelsgewijs, **druppelsgewijze** *bijw* in drops, drop by drop

druppen *onoverg* [drupte, h. en is gedrupt], **droppen** [dropte, h. en is gedropt] drip

ds. *afk* (dominus) Rev. ★ ~ *W. Brown* the Reverend W. Brown, the Rev. W. Brown

dtp *afk* ❶ (desktoppublishing) *comput* DTP, desktop publishing ❷ (difterie, tetanus, polio) *med* DTP

D-trein *m* [-en] ± inter-city express ‹with a surcharge›

dualisme *o* dualism

dualistisch *bn* dualistic

dubbel I *bn* double, two-fold, dual, duplicate ★ *een* ~*e bodem* a false bottom, *fig* a hidden meaning ★ *de* ~*e hoeveelheid* double the quantity ★ *een* ~*e naam* a double-barrelled name, a hyphenated name ★ *zijn* ~*e natuur* his dual nature ★ *een* ~*e punt* a colon ★ *een* ~*e schroef* a twin-screw ★ ~*e exemplaren* duplicates, duplicate copies **II** *bijw* double, twice ★ ~ *en dwars verdiend* more than deserved ★ ~ *zo groot / lang & als* twice the size / length & of ★ ~ *liggen van het lachen* double up with laughter **III** *o* [-s] *sp* double ★ *gemengd* ~ mixed doubles **IV** *m* [-en] ★ *een* ~*e* ‹tweede exemplaar› a duplicate, ‹dominosteen› a double

dubbelalbum *o* [-s] double album

dubbel-cd *m* ['s] double CD

dubbeldekker *m* [-s] ❶ *luchtv* biplane ❷ *bus, trein* double-decker

dubbeldeks *bn* double-decked ★ ~*trein* double-deck train

dubbelen *overg en onoverg* [dubbelde, h. gedubbeld] ❶ *bridge* double ❷ *sp* play doubles

dubbelganger *m* [-s] double

dubbelhartig *bn* double-faced, double hearted

dubbelklikken *onoverg* [dubbelklikte, h. gedubbelklikt] *met de muis comput* double-click

dubbelleven *o* ★ *een* ~ *leiden* lead a double life

dubbelloops *bn* double-barrelled

dubbelloopsgeweer *o* [-weren] double-barrelled gun

dubbelop *bn* double ★ *wat zij doen is* ~ what they're doing is superfluous

dubbelparkeren *onoverg en overg* [parkeerde dubbel, h. dubbelgeparkeerd] double-park

dubbelrol *v* [-len] *toneel* double role ★ *een* ~ *spelen* double (as), play a double role

dubbelslaan I *overg* [sloeg dubbel, h. dubbelgeslagen] fold in two **II** *onoverg* [sloeg dubbel, is dubbelgeslagen] double up

du

dubbelspel *o* [-spelen] sp double ‹at tennis› ★ *dames / heren)~* ladies' / men's doubles ★ *gemengd ~* mixed doubles

dubbelspion *m* [-nen] double agent

dubbelspoor *o* [-sporen] double track

dubbeltje *o* [-s] ten-cent piece ★ *het is een ~ op zijn kant* it will be touch and go ★ *ieder ~ tweemaal omkeren* look twice at one's money ★ *voor een ~ op de eerste rij willen zitten* want sth for nothing ★ *zo plat als een ~* as flat as a pancake ★ *wie voor een ~ geboren is wordt nooit een kwartje* born poor, remain poor

dubbelvouwen *overg* [vouwde dubbel, h. dubbelgevouwen] fold in two, double up ‹with laughter›

dubbelzien *o* see double, suffer from diplopia

dubbelzijdig *bn* double-sided, two-sided ★ *~ plakband* double coated tape

dubbelzinnig *bn* ambiguous, equivocal ★ *een ~ antwoord* an ambiguous / evasive answer ★ *een ~ lied* a song with a double meaning ★ *een ~e houding* an ambiguous attitude

dubbelzinnigheid *v* [-heden] ambiguity, double entendre

dubben I *onoverg* [dubde, h. gedubd] be in two minds, waver **II** *overg* [dubde, h. gedubd] copy, dub

dubieus *bn* dubious, doubtful ★ *een dubieuze debiteur* a doubtful debtor ★ *een ~ geval* a doubtful case ★ *de onderzoeksresultaten zijn ~* the research conclusions are questionable

dubio ★ *hij stond in ~* he was in two minds, he was undecided

Dublin *o* Dublin

Dublinner *m* [-s] Dubliner

Dublins *bn* Dublin

Dublinse *v* [-n] ★ *ze is een ~* she's from Dublin

dubloen *m* [-en] doubloon

duchten *overg* [duchtte, h. geducht] fear, dread, apprehend ★ *niets te ~ hebben* have nothing to fear

duchtig I *bn* fearful, strong ★ *een ~ standje* a stern rebuke **II** *bijw* versterkend fearfully, terribly ★ *ze gingen ~ te keer* they really went at it

duel *o* [-s & -len] duel, single combat

duelleren *onoverg* [duelleerde, h. geduelleerd] fight a duel, duel ★ *op de degen ~* duel with swords

duet *o* [-ten] duet

duf *bn* ❶ *bedompt* musty, stuffy, fusty ❷ *saai* stuffy, fusty ❸ *slaperig, suf* dopey, drowsy, sleepy

duffel I *o stof* duffel, pilot cloth **II** *m* [-s] *duffelse jas* duffel coat

dufheid *v* ❶ *benauwdheid* stuffiness ❷ *fig* stuffiness, staleness ❸ *domheid* dullness, dim-wittedness

dug-out *m* [-s] sp dugout

duidelijk I *bn* ❶ *helder* clear ‹sign, description›, plain ‹language›, obvious ‹mistake›, distinct ‹preference›, explicit ‹arrangement› ★ *iets ~ maken* clarify sth ★ *het is ~ dat* it is obvious / evident / self-evident that ❷ *in het oog lopend* marked, distinct ‹improvement,

influence, preference› **II** *bijw* clearly, plainly, obviously & ★ *het is me niet helemaal ~ wat hij bedoelt* it is not quite clear to me what he means ★ *iem. ~ zeggen waar 't op staat* not mince one's words

duidelijkheid *v* clearness, clarity ★ *in termen die aan ~ niets te wensen overlaten* in no uncertain terms

duidelijkheidshalve *bijw* for the sake of clarity

duiden I *onoverg* [duidde, h. geduid] ★ *~ op iets* point to sth **II** *overg* [duidde, h. geduid] interpret ★ *ten kwade ~* take amiss

duif *v* [duiven] pigeon, dove ★ *de gebraden duiven vliegen een mens niet in de mond* don't think the plums will drop into your mouth while you sit still ★ *onder iems. duiven schieten* poach on sbd's domain ★ fig *duiven en haviken* doves and hawks

duig *v* [-en] stave ★ *in ~en vallen* fall through, collapse, miscarry ‹of plans &›

duik *m* [-en] dive ★ *een ~ nemen* take a dip

duikboot *m & v* [-boten] submarine, ‹German› U-boat

duikbril *m* [-len] diving goggles

duikelaar *m* [-s] ★ inf *een slome ~* a slowpoke, a drip

duikelen *onoverg* [duikelde, h. en is geduikeld] ❶ *eig* tumble, fall head over heels ❷ fig fall flat ❸ *v. koersen* plunge downward

duikeling *v* [-en] ❶ *in de lucht* somersault ❷ *val* tumble ★ *een ~ maken* tumble

duiken *onoverg* [dook, h. en is gedoken] dive, plunge, dip ★ *in elkaar gedoken* huddled (up), hunched (up), crouched (down) ★ *in zijn stoel gedoken* hunched up in his chair ★ *in een onderwerp ~* go into a subject ★ *onder de tafel ~* duck under the table

duiker *m* [-s] ❶ *iem. die duikt & vogel* diver ❷ techn culvert

duikerklok *v* [-ken] diving bell

duikerpak *o* [-ken] diving suit, wet suit

duikersziekte *v* decompression sickness, caisson disease

duikplank *v* [-en] diving board

duiksport *v* diving

duikuitrusting *v* [-en] diving equipment

duikvlucht *v* [-en] dive ★ *in ~* in a nosedive

duim *m* [-en] ❶ *lichaamsdeel* thumb ★ *ik heb hem onder de ~* I've got him under my thumb ★ *op zijn ~pje kennen* know off by heart ★ *uit zijn ~ zuigen* make up ★ *~en (zitten te) draaien* twiddle one's thumbs ❷ *maat* inch ❸ techn hook

duimbreed *o* ★ *geen ~* not an inch

duimbreedte *v* [-s &-n] inch width

duimdik *bn* an inch thick

duimen *onoverg* [duimde, h. geduimd] *duimzuigen* suck one's thumb ▾ *ik zal voor je ~* I'll keep my fingers crossed (for you)

duimendik *bijw* ★ *het ligt er ~ bovenop* (it's) as plain as the nose on your face

duimendraaien *o* twiddle / twirl one's thumbs

duimschroef *v* [-schroeven] thumbscrew ★ *(iem.) de duimschroeven aanzetten* put the (thumb)screws on

(sbd)

duimstok *m* [-ken] (folding) rule

duimzuigen *o* thumb sucking

duin *v & o* [-en] (sand) dune ★ *het* ~ the dunes

duindoorn, **duindoren** *m* [-s] sea buckthorn

duingezicht *o* [-en] dune landscape painting

Duinkerken *o* Dunkirk

Duinkerker I *bn* Dunkirk **II** *m* [-s] Dunkirk

duinlandschap *o* [-pen] dune landscape, dune area

duinpan *v* [-nen] dip / hollow in the dunes

duister I *bn* ❶ *onduidelijk* obscure, dim, uncertain ‹future› ❷ *donker* dark, gloomy ❸ *geheimzinnig* mysterious ❹ *louche* shady, dubious ★ *~e bedoelingen* dubious intentions **II** *o* ★ *het* ~ the dark ★ *iem. in het* ~ *laten* keep / leave sbd in the dark ★ *in het* ~ *tasten* be / grope in the dark

duisternis *v* [-sen] darkness, dark

duit *m & v* [-en] *geld* penny, cent ★ *een aardige / flinke* ~ a pretty penny ★ *hij heeft geen (rooie)* ~ he doesn't have a bean ★ *een hele / slordige* ~ *kosten* cost a pretty penny ★ *ook een* ~ *in het zakje doen* have one's say ★ *~en hebben* have plenty of money ★ *op de ~en zijn* be close-fisted

duitendief *m* [-dieven] moneygrubber

Duits I *bn* ❶ German ★ <u>valuta</u> *de ~e mark* the German mark ❷ <u>hist</u> Teutonic ‹Order of Knights› **II** *o taal* German

Duitse *v* [-n] German ★ *ze is een* ~ she's a German, she's from Germany

Duitser *m* [-s] German

Duitsgezind *bn* pro-German

Duitsland *o* Germany ★ *de Bondsrepubliek* ~ the Federal Republic of Germany

Duitstalig *bn* German-speaking

duivel *m* [-en & -s] devil, demon, fiend ★ *een arme* ~ a poor devil ★ *wat* ~ *is dat nou?* what on earth do we have here? ★ *de* ~ *hale me, als...* the devil take me if... ★ *het is of de* ~ *er mee speelt* the devil is in it ★ <u>inf</u> *loop naar de ~!* go to hell! ★ *iem. naar de* ~ *wensen* wish sbd to the devil ★ *als je van de* ~ *spreekt, trap je op zijn staart* talk of the devil and he is sure to appear ★ *des ~s zijn* be furious → **duivel**

duivelin *v* [-nen] she-devil

duivels I *bn* ❶ *(als) van de duivel* devilish, diabolic(al), demonic ★ *die ~e kerel* that confounded fellow ★ *het is een* ~ *werk* it's a devil of a job ❷ *woedend* furious ★ *iem.* ~ *maken* infuriate sbd ★ *het is om* ~ *van te worden* it would try the patience of a saint ★ *het is een ~e kerel* he's a devil of a fellow **II** *bijw* ❶ diabolically ❷ <u>versterkend</u> devilish **III** *tsw* the deuce, the devil!

duivelskunstenaar *m* [-s] magician, sorcerer, wizard

duivenmelker *m* [-s] pigeon fancier

duivensport *v* pigeon racing

duiventil *v* [-len] pigeon house, dovecot(e)

duizelen *onoverg* [duizelde, h. geduizeld] grow dizzy / giddy ★ *ik duizel* I feel dizzy / giddy ★ *het (hoofd) duizelt mij* my head's swimming / whirling / reeling

duizelig *bn* dizzy, giddy ★ *ik word* ~ I'm getting dizzy ★ *ik word er* ~ *van* it makes me feel dizzy

duizeligheid *v* dizziness, giddiness ★ *een aanval van* ~ a giddy attack, an attack of giddiness

duizeling *v* [-en] fit of giddiness / dizziness, dizzy spell, ‹door hoogte› vertigo ★ *een* ~ *overviel hem* he was overwhelmed by dizziness

duizelingwekkend *bn* dizzy, giddy, vertiginous ★ <u>fig</u> *een* ~ *bedrag* a staggering amount

duizend *hoofdtelw* [-en] a (one) thousand ★ *iem. uit ~en* one in a thousand ★ *~-en-een dingen* a thousand and one things ★ ~ *doden sterven* die a thousand deaths, be scared to death

duizendblad *o* milfoil, yarrow

duizendjarig *bn* thousand year old, millennial ★ *het* ~ *rijk* the thousand-year reign

duizendkoppig *bn* huge ★ *een ~e menigte* a crowd of thousands

duizendkunstenaar *m* [-s] magician, sorcerer

duizendpoot *m* [-poten] ❶ *dier* centipede, millipede ❷ *iem. die alles kan* jack-of-all-trades

duizendschoon *v* [-schonen] <u>plantk</u> sweet William

duizendste I *rangtelw* thousandth **II** *o* [-n] thousandth (part)

duizendtal *o* [-len] thousand

duizendvoudig I *bn* thousandfold **II** *bijw* thousand times ★ *je krijgt het* ~ *terug* you'll get it back multiplied by a thousand, you'll get back a thousand times more than you put in

dukaat *m* [-katen] ducat

dukdalf *m* [-dalven] dolphin, mooring post

dulden *overg* [duldde, h. geduld] ❶ *verdragen* bear, suffer, endure ‹pain› ❷ *toelaten* stand, tolerate ‹practices, actions› ★ *iem. / iets niet* ~ not tolerate sbd / sth ★ *zij* ~ *hem daar, hij wordt geduld, mèèr niet* he is there on sufferance

dumdumkogel *m* [-s] dumdum bullet

dummy *m* ['s] ❶ *model* dummy ❷ <u>kaartsp</u> dummy ❸ *pop* dummy ❹ *stroman* figurehead

dump *m* [-s] dump

dumpen I *overg* [dumpte, h.gedumpt] *lozen* dump **II** *onoverg* [dumpte, h.gedumpt] *tegen lage prijs verkopen* dump

dumping *v* dumping

dumpprijs *m* [-prijzen] knockdown price

dun I *bn* ❶ *niet dik* thin, slender ‹tree, waist› ★ ~ *maken / worden* make / become thinner ★ *de ~ne darm* the small intestine ★ ~ *haar* sparse / thin / fine hair ❷ *v. vloeistof* washy, thin, runny ★ <u>fig</u> *het liep me* ~ *door de broek* I was scared out of my pants ❸ *ijl* rare ‹air› **II** *bijw* thinly, sparsely ★ ~ *gezaaid* thinly sown

dunbevolkt *bn* thinly populated

dundoek *o* [-en] bunting, flag

dundrukpapier *o* Bible paper, India paper

Dunglish *het* Dunglish

dunk I *m* opinion ★ *een grote / hoge* ~ *hebben van* have a high opinion of, think much / highly of ★ *geen* *hoge* ~ *hebben van iem.* have a poor opinion of sbd **II** *m* [-s] *basketbal* dunk shot

dunken I *onoverg* [dunkt *of* docht, h. gedunkt *of* gedocht] be of the opinion ★ *mij dunkt* I think, it seems to me, I should say so **II** *overg* [dunkte, h. gedunkt] *basketbal* dunk

dunnetjes I *bijw* thinly ★ *de verf* ~ *aanbrengen* apply the paint lightly ▼ *iets* ~ *overdoen* run over it again **II** *bn* ★ *het is* ~ it isn't up to much

dunschiller *m* [-s] parer, peeler

duo I *o* ['s] ❶ *tweetal* pair, couple ❷ *in cabaret, revue &* duo ❸ *muz* duet **II** *m* ['s] *v. motorfiets* pillion ★ ~ *rijden* ride pillion

duobaan *v* [-banen] shared job ★ *een* ~ *hebben* job-share

duopassagier, duorijder *m* [-s] pillion rider

dupe *m-v* [-s] dupe, victim ★ *ik ben er de* ~ *van* I'm the dupe

duperen *overg* [dupeerde, h. gedupeerd] fail, disappoint, let down

duplicaat *o* [-caten] duplicate

dupliceren I *onoverg* [dupliceerde, h. gedupliceerd] *op repliek antwoorden* rejoin **II** *overg* [dupliceerde, h. gedupliceerd] *een duplicaat maken* duplicate

duplo *bijw* ★ *in* ~ in duplicate ★ *in* ~ *opmaken* draw up in duplicate, duplicate

duren *onoverg* [duurde, h. geduurd] last, take, go on ★ *het duurde uren voor hij...* it was hours before he... ★ *dit kan wel eindeloos* ~ this can go on / continue / take for ever ★ *duurt het lang?* will it take / be long? ★ *het duurde lang voordat hij kwam* he was (pretty) long in coming ★ *het zal lang* ~ *eer / voor...* it will be long before... ★ *het duurt mij te lang* this is taking too long for me ★ *zo lang als het duurde* while / as long as it lasted ★ *de vergadering duurt tot vijf uur* the meeting will go on until five o'clock

durf *m* daring, inf pluck ★ ~ *hebben* show nerve

durfal *m* [-len] daredevil

durfkapitaal *o* venture capital

durfkapitalist *de (m)* [-en] venture capitalist

durven *overg* [durfde *of* dorst, h. gedurfd] dare ★ *dat zou ik niet* ~ *beweren* I wouldn't dare say such a thing ★ *jij durft!* you have a nerve! ★ *mens, durf te leven!* get a life! ★ *dat durf jij niet* you wouldn't dare to do that

dus I *bijw* thus, in such a way ★ *het* ~ *geformuleerde voorstel* the proposal that was formulated in these terms **II** *voegw* consequently, so, therefore, then ★ *we zien* ~, *dat...* so as we see,... / we see then that... ★ *ik heb het beloofd,* ~ *ik zal het doen* I'll stick to my promise

dusdanig I *bn* such **II** *bijw* ❶ *op zo'n manier* in such a way / manner, so ❷ *in zo'n mate* to such an extent, so much ★ *het was* ~ *koud, dat we maar thuis bleven* it was so cold that we stayed at home

duster *m* [-s] housecoat, duster

dusver, dusverre *bijw* ★ *tot* ~ so far, up to the present, up to this time, up to now, until now, to date

dutje *o* [-s] ★ *een* ~ *doen* have a nap

dutten *onoverg* [dutte, h. gedut] doze, snooze, take a nap ★ *zitten* ~ doze

duur I *m* ❶ *alg.* duration, length ★ *op den* ~ in the long run, in the end ★ *van korte* ~ of short duration, short-lived ★ *van lange* ~ of long standing, of long duration, long-lived ★ *het was niet van lange* ~ it was short-lived ★ *voor de* ~ *van* for the duration of ❷ *levensduur v. apparaat &* life **II** *bn* dear, expensive, costly ★ *hoe* ~ *is dat?* how much is it?, what's the price? ★ *een dure eed zweren* swear a solemn oath ★ *het is mijn dure plicht* it is my bounden duty ★ *dure woorden gebruiken* use big words **III** *bijw* dearly, expensively ★ *het zal u* ~ *te staan komen* you'll pay dearly for this ★ ~ *verkopen* handel sell dear, fig sell ⟨one's life⟩ dearly ★ ~ *doen* show off

duurkoop *bn* dear, expensive ★ *goedkoop is* ~ quality pays

duurloop *m* [-lopen] endurance race

duursport *v* [-en] endurance sport

duurte *v* expensiveness, costliness ★ *de* ~ *van* the high cost of

duurzaam *bn* ❶ *alg.* durable ★ *duurzame consumptiegoederen (gebruiksgoederen)* durable consumer goods, consumer durables ★ *duurzame energie* renewable / sustainable energy ★ *duurzame productiegoederen* durable production goods ★ *een* ~ *productiemiddel* a capital good, a capital asset, a fixed asset ★ *duurzame kleuren* colour-fast / permanent colours ★ *een* ~ *gebouw* a permanent building ★ ~ *bouwen* sustainable building, sustainable construction ★ ~ *gescheiden* permanently separated ❷ *vrede, vriendschap &* lasting ★ *duurzame herinneringen* long-lasting memories ❸ *stoffen* hard-wearing, that wear well

duurzaamheid *v* durability, permanence, ⟨v. milieu⟩ sustainability

duvel *m* [-s] → **duivel** ★ *of de* ~ *ermee speelt* (you would think) the devil had had a hand in it ★ *te stom om voor de* ~ *te dansen* too stupid for words ★ *iem. op zijn* ~ *geven* give sbd a good hiding ★ *een* ~*tje uit een doosje* a jack-in-the-box

duvelstoejager *m* [-s] handyman

duw *m* [-en] push, thrust, shove ★ *iem. een* ~ *geven* push / shove / nudge sbd ★ ~*tje* nudge, shove, prod ★ *een* ~*tje in de rug* a boost, a leg-up

duwbak *m* [-ken] tug-pushed dumb barge

duwboot *m-v* [-boten] push tug

duwen *overg en onoverg* [duwde, h. geduwd] push, shove, ⟨in een bepaalde richting⟩ thrust, ⟨in een voertuig, gebouw⟩ hustle ★ *elkaar* ~ push one another ★ *iem. opzij* ~ elbow / shove sbd aside ★ *de mensen opzij* ~ brush / shove the people aside ★ *zijn handen in zijn zakken* ~ thrust one's hands into one's pockets ★ *iem. van de trap* ~ kick sbd downstairs ★ *iem. in een auto* ~ hustle sbd into a car

duwvaart *v* push-towing

dvd *afk* (digital versatile disc) DVD

dw

dvd-speler *m* [-s] DVD player
dwaalleer *v* [-leren] false doctrine, heresy
dwaallicht *o* [-en] ❶ will-o'-the-wisp ❷ fig false guide
dwaalspoor *o* [-sporen] wrong track ★ *iem. op een ~ brengen* lead sbd astray ★ *op een ~ geraken* go astray
dwaas I *bn* foolish, silly, stupid ★ *~ genoeg heb ik...* I was fool enough to... ★ *een ~ plan* a crazy plan ★ *de Dwaze Moeders* the mothers of the Plaza de Mayo ★ *dwaze dromen / hoop* idle dreams / hope **II** *bijw* foolishly, stupidly, in a silly way **III** *m* [dwazen] fool
dwaasheid *v* [-heden] folly, foolishness
dwalen *onoverg* [dwaalde, h. gedwaald] ❶ *zwerven* roam, wander ❷ *zich vergissen* err ★ *~ is menselijk* to err is human
dwaling *v* [-en] error, mistake ★ *een rechterlijke ~* a miscarriage of justice
dwang *m* ❶ *machtsuitoefening* coercion, force, duress ★ *onder ~ legde zij een bekentenis af* she confessed under duress ★ *onder de ~ van de omstandigheden* owing to circumstances ❷ *druk* pressure ★ *~ uitoefenen op iem.* pressurize sbd, put pressure on sbd ❸ *pathologisch verschijnsel* compulsion ★ *de ~ om teveel te eten* the compulsion to overeat
dwangarbeid *m* hard labour
dwangbevel *o* [-velen] ❶ warrant, writ ❷ *voor het niet betalen van belastingen* distress warrant, enforcement order
dwangbuis *o* [-buizen] ook fig straitjacket
dwangmaatregel *m* [-en] coercive measure
dwangmatig *bn* compulsive
dwangmiddel *o* [-en] coercive measure, means of coercion
dwangnagel *m* [-s] hangnail
dwangneurose *v* [-n & -s] obsessive-compulsive neurosis
dwangsom *v* [-men] penal sum, (pecuniary) penalty
dwangverpleging *v* compulsory treatment ★ *hij werd veroordeeld tot tbs met ~* he was sentenced to detention with compulsory psychiatric treatment
dwangvoorstelling *v* [-en] obsession, fixed idea
dwarrelen *onoverg* [dwarrelde, h. en is gedwarreld] whirl ★ *de sneeuw dwarrelde naar beneden* the snow was whirling down
dwarrelwind *m* [-en] whirlwind
dwars I *bn* ❶ transverse, diagonal, cross(-wise) ★ *een ~e doorsnede* a transverse / cross / cross-wise section ❷ *tegen de draad in* fig cross-grained, wrong-headed, contrary ★ *een ~ karakter* an contrary character **II** *bijw* straight, right ★ *zij liep ~ door het veld* she walked straight across the field ★ *hij woont ~ tegenover mij* he lives diagonally opposite me ★ *~ door de ruit gaan* go right through the window ★ *~ over de weg liggen* lie across the road ★ *~ oversteken* cross ‹the street› ★ *iem. de voet ~ zetten, iem. ~ zitten* cross / thwart sbd, inf put sbd's nose out of joint ★ *dat zit hem ~* that's annoying / worrying him
dwarsbalk *m* [-en] crossbeam

dwarsbeuk *m* [-en] transept
dwarsbomen *overg* [dwarsboomde, h. gedwarsboomd] cross, thwart ★ *iem. ~ cross sbd (in)* ★ *een plan ~* foil / frustrate a plan
dwarsdoorsnede, dwarsdoorsnee *v* [-sneden] cross section, transverse section
dwarsfluit *v* [-en] flute
dwarskijker *m* [-s] spy, snooper
dwarskop *m* [-pen] ★ *hij is een ~* he's stubborn, he's pig-headed, he's always against everything
dwarslaesie *v* spinal cord lesion
dwarslat *v* [-ten] ❶ techn cross-lath ❷ sp crossbar
dwarsliggen *onoverg* [lag dwars, h. dwarsgelegen] be obstructive, be a troublemaker
dwarsligger *m* [-s] ❶ *onder rails* sleeper ❷ fig anti, troublemaker
dwarsligging *v* [-en] transverse presentation
dwarsscheeps *bn* abeam ★ *een schip ~ rammen* ram a ship across the beam
dwarsschip *o* [-schepen] *v. kerk* bouwk transept
dwarsstraat *v* [-straten] side-street ★ *ik noem maar een ~* just to give an example
dwarsverband *o* [-en], **dwarsverbinding** *v* [-en] ❶ bracket frame, cross-bracing ❷ fig connection
dwarszitten *overg* [zat dwars, h. dwarsgezeten] ❶ *hinderen, ergeren* bother, annoy ★ *wat zit je dwars?* what's bothering you?, inf what's eating you? ❷ *tegenwerken* thwart, cross, frustrate
dweepziek *bn* ❶ fanatical, ‹overdreven› gushing, gushy ❷ *verzot* infatuated
dweepzucht *v* fanaticism
dweil *m* [-en] ❶ *schoonmaakdoek* floor cloth, mop ★ *eruit zien als een ~* look like a mop ❷ *vrouw* inf slut
dweilen *overg* [dweilde, h. gedweild] ❶ *v. vloeren* mop, wash ★ *het is ~ met de kraan open* it is a waste of time ❷ *boemelen* knock about, hang about
dwepen *onoverg* [dweepte, h, gedweept] be fanatical ★ *~ met* be enthusiastic about ‹poetry›, inf enthuse over ‹music›, gush about ‹professor X›, be a devotee of ‹Jimi Hendrix›, rave about ‹a girl›
dwerg *m* [-en] ❶ *in fabel* dwarf, gnome, elf ❷ *klein mens* dwarf, midget
dwergstaat *m* [-staten] dwarf state
dwergvolk *o* [-en] dwarf people, pygmies
dwergwerpen *o* dwarf throwing, dwarf tossing
dwingeland *m* [-en] tyrant
dwingelandij *v* tyranny
dwingen I *overg* [dwong, h. gedwongen] compel, force, coerce ★ *hij laat zich niet ~* he won't let himself be coerced, dat laat zich niet ~, you can't force it ★ honkbal, softbal *een gedwongen loop* a forced run **II** *onoverg* [dwong, h. gedwongen] whine for, be tyrannically insistent ★ *dat kind kan zo ~* the child always wants to have his / her own way ★ *om iets ~* be insistent on getting sth
dwingend I *bn* compelling, compulsory, imperative, coercive, mandatory ‹measures› ★ *op ~e toon* in an

imperative / a commanding tone ★ *~e redenen* compelling reasons **II** *bijw* authoritatively

d.w.z. *afk* (dat wil zeggen) i.e., that is (to say), namely

dynamica *v* dynamics

dynamiek *v* dynamics

dynamiet *o* dynamite

dynamisch *bn* dynamic ★ *~e elektriciteit* dynamic electricity ★ muz *~e tekens* dynamic marks ★ taalk *een ~ accent* a dynamic accent ★ *een ~ bedrijf* a dynamic company

dynamo *m* ['s] dynamo, generator

dynastie *v* [-tieën] dynasty

dysenterie *v* dysentery

dyslectisch *bn* dyslexic

dyslexie *v* dyslexia

dysmenorroe *de* dysmenorrhoea

dystrofie *v* med dystrophy

dw

E

e *v* ['s] ❶ *letter* e ❷ *muz* E major / minor

e.a. *afk* (en andere(n)) and others, and other things, form et al.

eau de cologne *v* eau de Cologne

eb *v* ❶ *afnemend tij* ebb, ebb tide ★ *~ en vloed* ebb tide and flood tide, ebb and flow ★ *het is ~* the tide is out ❷ *laag tij* low tide

ebbenhout *o* ebony

ebbenhouten *bn* ebony

eboniet *o* ebonite, vulcanite

e-cash *de* e-cash

ecg *o* ['s] (elektrocardiogram) ECG, electrocardiogram

echec *o* [-s] rebuff, failure, fiasco inf flop ★ *~ lijden* ⟨v. persoon⟩ meet with a rebuff, ⟨v. regering &⟩ be defeated, ⟨v. onderneming⟩ fail, inf flop

echelon *m* [-s] ❶ mil echelon ★ *in ~s* in echelons ❷ *niveau* level

echo *m* ['s] echo, reverberation

echoën *onoverg en overg* [echode, h. geëchood] (re-)echo, reverberate

echografie *v* [-fieën] ultrasound scan

echolood *o* echo sounder, depth sounder

echoput *m* [-ten] echoing well

echoscopie *v* [-pieën] ultrasound scan

echt I *bn* ❶ *onvervalst* authentic ⟨letters⟩, real ⟨butter &⟩, genuine ⟨leather, works of art &⟩, true(-born) ⟨Briton⟩, out-and-out ⟨boys⟩ ★ *een ~e vriend* a genuine / real friend ★ *dat is nou eens ~ een man!* now that's what I call a real man! ❷ *wettig* legitimate ❸ inf regular ★ *hij is een ~ duiveltje* he's a regular little devil **II** *bijw* versterkend really ★ *hij was ~ kwaad* he was really angry ★ *het is ~ waar* it's absolutely true ★ *dat is ~ iets voor hem* that's typical of him ★ *een ~ gouden horloge* a watch made of real gold **III** *m huwelijk* marriage, matrimony, wedlock ★ *in de ~ treden* marry ★ *in de ~ verbinden* join / unite in matrimony, marry **IV** *o* reality ★ *het is leuk om de koningin in het ~ te zien* it's nice to see the queen in the flesh

echtbreuk *v* adultery

echtelieden *zn* [mv] married couple

echtelijk *bn* ❶ *rechten* conjugal ❷ *staat* married ❸ *geluk* matrimonial, marital ⟨bliss⟩

echter *bijw* however, nevertheless, but, yet

echtgenoot *m* [-noten] husband, spouse ★ jur *de langstlevende ~* the surviving spouse

echtgenote *v* [-n] wife, spouse

echtheid *v* ❶ *niet vervalst zijn* authenticity ❷ *waarheid* genuineness ❸ *wettigheid* legitimacy

echtpaar *o* [-paren] married couple

echtscheiding *v* [-en] divorce ★ *~ aanvragen* start divorce proceedings, file for divorce

eclatant *bn* striking, brilliant, sensational ⟨success⟩

eclecticus *m* [-ci] eclectic

eclectisch *bn* eclectic
eclips *v* [-en] eclipse
ecologie *v* ecology
ecologisch *bn* ecological ★ *~ verantwoord* environmentally friendly, eco-friendly
e-commerce *m* (electronic commerce) <u>comput</u> e-commerce
econometrie *v* econometrics
economie *v* [-mieën] ❶ *toestand* economy ★ *een geleide ~* a planned economy ★ *de nieuwe ~* the new economy ★ *een vrije ~* a free-market economy ❷ *wetenschap* economics
economisch *bn* ❶ *staathuishoudkundig* economic ★ *een ~e bestelhoeveelheid* an economic order quantity ★ *een ~e eenheid* an economic unit ★ *~e groei* economic growth ★ *~e indicatoren* economic indicators ★ *de ~e levensduur* the useful economic life ★ *~e veroudering* obsolescence, ‹m.b.t. een woning› depreciation ★ *Centraal Economisch Plan* ‹CEP› Central Economic Plan ❷ *zuinig* economical, frugal
economyclass *m* economy class
econoom *m* [-nomen] economist
ecosysteem *o* [-temen] ecosystem
ecotaks *m & v* ecotax, environmental tax
ecru *bn* ecru
ecstasy *m* ecstasy
Ecuador *o* Ecuador
eczeem *o* [-zemen] eczema
e.d. *afk* (en dergelijke) and the like, and suchlike
edammer *m* [-s], **Edammerkaas** [-kazen] Edam (cheese) ★ *een ~* an Edam cheese
ede *m* → **eed**
edel *I bn* ❶ *van adel* aristocratic ❷ *hoogstaand* noble, fine ❸ *edelmoedig* noble, magnanimous ❹ *v. steen & precious* ‹stones› ❺ *v. gas* inert gas ❻ *onmisbaar* vital ‹parts, organs› ★ *de ~e delen* the private parts *II bijw* nobly
edelachtbaar *bn* honourable/Am honorable, worshipful ★ *Edelachtbare* Your Honour, Your Worship
edelen *zn* [mv] the nobility, the aristocracy
edelgas *o* [-sen] rare gas
edelhert *o* [-en] red deer
edelman *m* [-lieden] nobleman, noble
edelmetaal *o* [-talen] precious metal
edelmoedig *bn* generous, noble(-minded)
edelmoedigheid *v* generosity, magnanimity
edelsmid *m* [-smeden] goldsmith, silversmith, one who works with precious metals
edelsteen *m* [-stenen] precious stone, jewel, gem
edelweiss *o* edelweiss
edict *o* [-en] edict, decree
editen *overg en onoverg* [editte, h. geëdit] edit
editie *v* [-s] edition, issue
editor *m* [-s] *tekstverwerker* <u>comput</u> editor
educatie *v* education
educatief *bn* educational

edutainment *het* edutainment
eed, **ede** *m* [eden] oath, vow ★ *een plechtige ~* a solemn vow ★ *de ~ afnemen* administer the oath to, swear in ‹a public servant› ★ *een ~ doen / afleggen* take / swear an oath, be sworn in ★ *een valse ~ doen* make a false oath ★ *een ~ doen om...* swear ‹never› to... ★ *onder ede verklaard* declared on oath ★ *hij staat onder ede* he is under oath
eedaflegging *v* [-en] taking an / the oath
eeg *o* ['s] (elektro-encefalogram) EEG, electroencephalogram
eega *m-v* ['s & eegaas] spouse
eekhoorn, **eekhoren** *m* [-s] squirrel
eekhoorntjesbrood *o* cep, boletus
eelt *o* callus, callosity ★ *~ op zijn ziel hebben* be hardened, thickskinned
eeltknobbel *m* [-s] callus
een¹ I *hoofdtelw* one ★ *~ op ~ mei* on the first of May ★ *het was ~ en al modder* it was all mud / mud all over ★ *~ en al oor* all ears ★ *~ en ander* the things mentioned, one thing and another ★ *het ~ en ander* a few things, a thing or two, one thing and another ★ *de ene na de ander* one thing after another ★ *de echtgenote van ene Jansen* the wife of a certain Jansen ★ *de / het ~ of andere* one or other, some ★ *het ~ of ander* ‹als bn› some, ‹als zn› something or other ★ *de ~ of andere dag* some day, one day ★ *het ~ of het ander* either one thing or another ★ *noch het ~ noch het ander* neither one thing nor the other ★ *in ~ of andere vorm* in one shape or another ★ *die ene dag* (only) that one day, that day of all others ★ *~ twee-drie* in two shakes ★ *op ~ na* all except one, the last but one ★ *ze zijn van ~ grootte / leeftijd* they are both of the same size / age ★ *~ voor ~* one by one, one at a time ★ *~ zijn met* be at one with **II** *m* [enen] *cijfer* one
**een² ** *lidw* a, an ★ *~ vijftig* some fifty ★ *~ week of drie* about three weeks ★ *~ ieder* everyone, everybody ★ *wat ~ mooie schilderijen!* such beautiful paintings! ★ *wat ~ lelijke huizen!* what ugly houses!

een
Het lidwoord **een** is in het Engels **a** of **an**; als het direct daarop volgende woord wordt uitgesproken als beginnend met een klinker wordt het **an**, anders **a**. Het is dus **an apple**, maar **a university** omdat dat woord uitgesproken als beginnend met een j. Bij woorden die met een h of u beginnen let oppassen geblazen: **a house, a hat, a hedge, a uterus**, maar: **an hour, an heir, an ulcer**.

eenakter *m* [-s] one-act play, one-acter
eenarmig *bn* one-armed ★ *een ~e bandiet* a one-armed bandit
eencellig *bn* single celled, unicellular ★ *~e diertjes* protozoa, single-celled organisms
eend *v* [-en] ❶ *dier* duck ★ *gebraden ~* roast duck ★ *een vreemde ~ in de bijt* the odd man out ❷ *domoor* goose, ass ▼ *een (lelijke)* <u>auto</u> a (Citroën®) deux

chevaux

eendagsvlieg *v* [-en] ephemeron, mayfly, inf fly-by-night

eendelig *bn* ❶ *v. kledingstuk* one-piece ‹swimsuit› ❷ *v. boekwerk* one / single volume

eendenbek *de* [-ken] speculum

eendenkooi *v* [-en] duck decoy

eendenkroos *o* duckweed

eender I *bn* equal, the same ★ *het is mij* ~ it's all the same to me **II** *bijw* equally ★ ~ *gekleed* dressed alike

eendracht *v* unity, harmony, concord ★ ~ *maakt macht* unity / union is strength

eendrachtig I *bn* united, harmonious ★ *een* ~*e poging* a concerted attempt **II** *bijw* united, as one man, in unity, in concert, harmoniously ★ ~ *handelen/ werken* act in unity / work together as a team

eenduidig *bn* unambiguous

eeneiig *bn* ❶ uniovular, monozygotic ❷ *v. tweelingen* identical ★ *een* ~*e tweeling* identical twins

eenentwintigen *onoverg* [eenentwintigde, h. geëenentwintigd] play blackjack / pontoon

eengezinswoning *v* [-en] single-family house, one-family house

eenheid *v* [-heden] ❶ *maat* unit ★ *de meter is de* ~ *van lengte* the metre is the unit of length ❷ *onderdeel* unit, entity ❸ *één geheel* unit ★ *een economische* ~ an economic unit ❹ *als eigenschap* unity, oneness, uniformity ‹of purpose› ★ ~ *van taal* uniformity of language ★ *een hechte* ~ *vormen* form a tight-knit unit

eenheidsprijs *m* [-prijzen] ❶ *per eenheid* unit price, price per unit ❷ *gelijke prijs* uniform price, single price

eenheidsworst *v* (boring) sameness / uniformity ★ *die spelletjesprogramma's op de tv zijn toch allemaal* ~ those TV game shows are all the same

eenhoevig *bn* single-hoofed

eenhoevigen *zn* [mv] single-hoofed

eenhoofdig *bn* monocratic, single-headed ★ *een* ~*e regering* a monocracy

eenhoorn, **eenhoren** *m* [-s] unicorn

eenieder *onbep vnw* everyone, everybody

eenjarig *bn* ❶ *één jaar oud* of one year, one-year-old ❷ plantk annual ❸ *dierk* yearling

eenkamerflat *m* [-s], **eenkamerwoning** *v* [-en] studio flat, one-roomed flat

eenkennig *bn* shy, timid

eenling *m* [-en] ❶ *eenzelvige* loner, lone wolf ❷ *enkeling* individual

eenmaal *bijw* ❶ *een keer* once ★ ~, *andermaal, verkocht!* going, going, gone! ★ ~ *is g*~ once is not enough ❷ *eens, een dag* one day ❸ *onveranderlijk* just, simply ★ *zo ben ik nu* ~ that's just the way I am

eenmalig *bn* once-only, single ★ *een* ~*e gebeurtenis* a one-time event ★ *voor* ~ *gebruik* use only once, disposable

eenmanszaak *v* [-zaken] sole proprietor(ship), one-man business, sole trader

eenmotorig *bn* single-engined

eenoudergezin *o* [-nen] single-parent family

eenpansmaaltijd *m* [-en] one-pot meal

eenparig I *bn* ❶ *eenstemmig* unanimous ❷ *gelijkmatig* uniform ★ *een* ~*e beweging* a steady motion **II** *bijw* ❶ *eenstemmig* unanimously, with one accord ❷ *gelijkmatig* uniformly ★ *een* ~ *versnelde beweging* steady acceleration

eenpersoons *bn* ❶ for one person, one-man ‹show &› ❷ *v. kamer, bed &* single ❸ *auto, vliegtuig* single-seater

eenpersoonsbed *o* [-den] single bed

eenpersoonshuishouden *o* [-s] single household

eenpersoonskamer *v* [-s] single room

eenrichtingsverkeer *o* one-way traffic ★ *een straat voor* ~ a one-way street

eens I *bijw* ❶ *éénmaal* once ★ ~ *en voor al(tijd)* once and for all ★ ~ *zoveel* as much / many again ★ *nog* ~ again ❷ *in verleden* once ★ *de* ~ *beroemde schoonheid* the once famous beauty ❸ *in sprookjes* once upon a time ❹ *in de toekomst* one day ★ ~ *zal het gebeuren* one day it will happen ❺ *eens even* just ‹go, fetch, tell me &› ★ *hoor* ~ (just) listen ★ *hij bedankte niet* ~ he didn't so much as thank us, he didn't even thank us ▼ *dat is nog* ~ *zingen* that's what I call singing **II** *bn* ★ *het* ~ *worden* come to an agreement, an understanding ‹about the price &› ★ *het* ~ *zijn (met)* agree (with) ★ *het* ~ *zijn (over)* agree (on) ★ *wij zijn het* ~ *(met elkaar)* we're in agreement, we agree ★ *die twee zijn het* ~ ‹eenmalig› there's an understanding between them, ‹gewoonlijk› they're hand in glove ★ *het niet* ~ *zijn (met)* disagree (with) ★ *het niet* ~ *zijn (over)* disagree (about / on) ★ *ik ben het met mijzelf niet* ~ I'm in two minds about it ★ *daar zijn we het niet over* ~ we don't see eye to eye on that point

eensgezind I *bn* unanimous, of one mind, at one, in harmony **II** *bijw* unanimously, ‹act› in harmony, in concert ★ ~ *handelen* act as one

eensgezindheid *v* unanimousness, unanimity, union, harmony

eensklaps *bijw* all at once, suddenly, all of a sudden

eenslachtig *bn* monosexual, unisexual

eensluidend *bn* of the same tenor ★ *een* ~ *afschrift, een* ~*e kopie* a true copy ★ ~*e verklaringen* identical statements

eenstemmig I *bn* ❶ muz for one voice ★ ~*e liederen* unison songs ❷ fig unanimous **II** *bijw* with one voice, unanimously

eenstemmigheid *v* unanimity, harmony

eentalig *bn* monolingual

eentje *o* one ★ inf *je bent me er* ~! you're a nice one you are! ★ inf *er* ~ *pakken* have one ★ *in / op mijn* ~ by myself

eentonig I *bn* ❶ monotonous ‹song› ❷ fig humdrum, dull ‹life &› **II** *bijw* monotonously

eentonigheid *v* ❶ eig monotony ❷ fig sameness

een-tweetje *o* [-s] sp one-two

eenverdiener *m* [-s] sole wage earner
eenvormig *bn* uniform
eenvoud *m* simplicity, plainness, homeliness ★ *in alle* ~ without ceremony, in all simplicity
eenvoudig I *bn* ❶ *zonder overdaad* simple, plain, homely ★ *een* ~ *maal* a simple meal ★ *een* ~ *man* a simple / unpretentious man ❷ *niet ingewikkeld* simple, uncomplicated ★ *kinderlijk* ~ as simple as can be **II** *bijw* simply, plainly, just ★ *ik vind het* ~ *een schande* I think it's a downright shame
eenvoudigweg *bijw* simply, just
eenwording *v* unification, integration ★ *de Europese* ~ European unification / integration
eenzaam I *bn* ❶ *zonder gezelschap* solitary, lonely, lone, lonesome, desolate ★ *een eenzame* alg. a solitary person, ‹vindt het niet leuk› a lonely person, ‹vindt het best› a loner ★ *het is hier zo* ~ this place is so lonely ❷ *afgelegen* isolated, lonely, afkeurend desolate **II** *bijw* solitarily ★ ~ *leven* lead a solitary / secluded life, live in solitude
eenzaamheid *v* solitariness, loneliness, solitude ★ *in de* ~ in loneliness, alone
eenzelvig I *bn* solitary, keeping to oneself, self-contained **II** *bijw* ★ ~ *leven* lead a solitary / secluded life
eenzijdig *bn* ❶ one-sided, unilateral ★ ~*e ontwapening* unilateral disarmament ❷ *partijdig* one-sided, partial, biased ★ *een* ~ *oordeel* a prejudiced / biased judgement
eer, ere I *v* ❶ honour/Am honor, credit ★ *jur* ~ *en goede naam* honour and reputation ★ *iem. de* ~ *aandoen om...* do sbd the honour of... ★ *op een manier die hun weinig* ~ *aandeed* in a way that did them no credit ★ *een maaltijd* ~ *aandoen* do justice to a meal ★ *iem.* ~ *bewijzen* do honour to sbd ★ *iem. de laatste* ~ *bewijzen* pay sbd one's last respects ★ *ik heb de* ~ *u te berichten...* I have the honour to inform you... ★ *je hebt er alle* ~ *van* you can be proud of what you've done ★ *de* ~ *aan zichzelf houden* save one's honour, put a good face on the matter ★ ~ *inleggen met iets* gain credit by sth ★ *iem. in zijn* ~ *aantasten* hurt sbd's pride ★ *dat kwam / was zijn* ~ *te na* that hurt his pride ★ *er een* ~ *in stellen te...* make it a point of honour to..., be proud to... ★ *ere wie ere toekomt* (give) credit where credit is due ★ *ere zij God!* glory to God! ★ *dat bent u aan uw* ~ *verplicht* you are honour-bound to... ★ *in (alle)* ~ *en deugd* in (all) honour and decency ★ *in ere houden* honour ★ *iems. aandenken in ere houden* honour sbd's memory ★ *met ere* with honour, with credit, honourably, creditably ★ *met militaire* ~ *begraven* bury with military honours ★ *naar* ~ *en geweten* to the best of one's ability ★ *te zijner ere* in / to his honour ★ *ter ere van de dag* in honour of the day ★ *ter ere Gods* to the glory of God ★ *tot zijn* ~ *zij het gezegd* it must be said to his credit ★ *zich iets tot een* ~ *rekenen* consider sth an honour ★ *het zal u tot* ~ *strekken* it will do you credit ❷ *kuisheid* honour,

virtue ★ *ze heeft haar* ~ *verloren* she has lost her virtue / honour **II** *voegw* before, sooner, rather ★ ~ *dat* before ★ *hoe* ~ *hoe beter* the sooner the better
eerbaar *bn* ❶ honourable/Am honorable ★ *eerbare bedoelingen* honourable intentions ❷ *kuis* honourable/Am honorable, virtuous, modest
eerbetoon *o*, **eerbetuiging** *v* [-en], **eerbewijs** *o* [-wijzen] (mark of) honour/Am honor ★ *militaire eerbewijzen* military honours
eerbied *m* ❶ *alg.* respect, esteem, regard ★ ~ *hebben voor* have respect for ★ *iem. zijn* ~ *betuigen* show sbd one's respect ★ *uit* ~ *voor* out of respect for ❷ *diepe eerbied* reverence, veneration, worship
eerbiedig I *bn* respectful, deferential, reverent **II** *bijw* respectfully, deferentially, reverently
eerbiedigen *overg* [eerbiedigde, h. geëerbiedigd] respect ★ *iem. de wet doen* ~ make sbd obey the law
eerbiediging *v* respect, observance
eerbiedwaardig *bn* ❶ respectable, venerable ❷ *door ouderdom* time-honoured
eerdaags *bijw* one of these days, in a few days
eerder *bijw* ❶ *vroeger* in the past, before ★ *nooit* ~ never before ❷ *gauwer* sooner, earlier ★ *hoe* ~ *hoe liever* the sooner the better ❸ *liever* rather ★ ~ *te veel dan te weinig* rather too much than too little ❹ *waarschijnlijker* more probably, more likely ★ *hij is* ~ *geneigd om...* he is more likely to..., he would probably tend to(wards)...
eergevoel *o* sense of honour/Am honor
eergisteren *bijw* the day before yesterday
eerherstel *o* rehabilitation
eerlijk I *bn* ❶ *betrouwbaar, oprecht* honest, sincere ★ *een* ~ *zakenman* an honest businessman ★ ~ *duurt het langst* honesty is the best policy ❷ *zoals het hoort* fair, honest ★ ~ *is* ~ fair is fair ❸ *eerbaar* honourable, Am honorable ★ *met* ~*e bedoelingen* with honourable intentions **II** *bijw* honestly, fair(ly) ★ ~ *delen!* fair shares! ★ ~ *gezegd...* to be honest / honestly... ★ ~ *spelen* play fair ★ ~ *zijn brood verdienen* make an honest living ★ ~ *of on*~ by fair means or foul ★ ~ *waar!* it's the honest truth!, honestly!
eerlijkheid *v* honesty, fairness, sincerity, ‹openheid› frankness / candour
eerlijkheidshalve *bijw* in fairness
eerloos *bn* infamous
eerst I *bn & rangtelw* first ★ *zijn* ~*e reden om mee te gaan* his chief / prime reason for going along ★ *de* ~*e minister* the prime minister ★ *de* ~*e inwoners van Australië* the earliest inhabitants of Australia ★ *de* ~*e de beste* (just) anyone ★ *hij is niet de* ~*e de beste* he's not just anybody, he's not just any old person ★ *bij de* ~*e de beste gelegenheid* at the very first opportunity ★ *in de* ~*e zes maanden niet* not for the first / next six months ★ *in / op de* ~*e plaats* firstly and foremost, first of all ★ *niet in de* ~*e plaats omdat...* not least because... ★ *in de* ~*e tijd was er eten genoeg* initially, there was plenty of food ★ *in de* ~*e*

ee

tijd van het onderzoek in the early stages of the research ★ *op de ~e pagina van de krant* on the front page of the newspaper ★ *op de ~e bladzijde van het boek* on the first page of the book ★ *informatie uit de ~e hand* firsthand information ★ *hij is de ~e van zijn klas* he is at the top of his class ★ *de ~e van de maand* the first of the month ★ *voor de ~e en laatste maal* once and for all ★ *de ~e steen leggen* lay the first / foundation stone ★ *het ~e dat ik hoor* the first thing I hear ★ *de ~e..., de laatste...* the former..., the latter... **II** *bijw* ❶ *vóór het andere* first, at first ★ *voor het ~* for the first time ★ *doe dat het ~* do that first ★ *hij kwam het ~* he was the first to come, he was first ★ *wie het ~ komt, het ~ maalt* first come first served ★ *als ik maar ~ eens weg ben, dan...* as soon as I've gone, then... ★ *ten ~e* first, in the first place, to begin with, firstly ★ *ten ~e..., ten tweede...* in the first place..., in the second place ❷ *vroeger* then, before ★ *beter dan ~* better than before ★ *~ was hij zenuwachtig* at first he was nervous ❸ *pas* only, just ★ *~ gisteren is hij gekomen* he came only yesterday ★ *~ gisteren heb ik hem gezien* I hadn't set eyes on him until yesterday ★ *~ in de laatste tijd* but (only) recently ★ *~ morgen* not before tomorrow ★ *~ nu / nu ~* only now

eerstegraads *bn* ★ *een ~ verbranding* a first-degree burn ★ *een ~ leraar* a teacher qualified to teach upper secondary school levels ★ wisk *een ~ vergelijking* a linear equation

eerstehulppost *m* [-en] first-aid station

eerstejaars *m-v* first-year student

eersteklas *bn* first-class ★ *een ~ leugenaar* a first-class liar / cheat ★ *een ~ bediening* first-class service, excellent service ★ *een ~ patiënt* a private patient

eersteklascoupé *m* [-s] first-class carriage / compartment

eerstelijnsondersteuning *v* comput first tier support, tier 1 support, first level support

eersteling *m* [-en] ❶ *kind* first-born ❷ *dier* firstling ❸ fig first-fruits ★ *het is een ~* it is the first book / picture &

eersterangs *bn* first-rate, first-class

eerstgeboorterecht *o* birthright, (right of) primogeniture

eerstgeboren *bn* first-born

eerstgeborene *m-v* [-n] first-born

eerstkomend, **eerstvolgend** *bn* next, following

eertijds *bijw* formerly, in former times, in the past

eervol I *bn* ❶ *eer brengend* honourable/Am honorable, creditable, glorious ★ *een ~le staat van dienst* a creditable / an honourable record ❷ *met behoud van eer* honourable/Am honorable, with honour/Am honor, without loss of face ★ *een ~ ontslag* an honourable discharge ★ *een ~ verlies lijden* lose with honour **II** *bijw* honourably/Am honorably, creditably

eerwaard *bn* reverend ★ *uw ~e* Your Reverence

eerzaam *bn* respectable

eerzucht *v* ambition

eerzuchtig *bn* ambitious ★ *~ zijn* aim high, be ambitious

eetbaar *bn* edible, fit to eat, eatable

eetcafé *o* [-s] cafe bar, cafe, Am diner

eetgelegenheid *v* [-heden] place to eat, restaurant, cafe

eetgerei *o* cutlery

eetgewoonte *v* [-n, -s] eating habit

eethoek *m* [-en] dinette, dining recess

eethuis *o* [-huizen] eating house

eetkamer *v* [-s] dining room

eetlepel *m* [-s] tablespoon ★ *twee ~s suiker* two tablespoonfuls of sugar

eetlust *m* appetite ★ *dat heeft mij ~ gegeven* that's given me an appetite ★ *de ~ benemen* take away / spoil the appetite

eetstokje *o* [-s] chopstick

eetstoornis *v* [-sen] eating disorder

eettent *v* [-en] snack bar, cafe, inf caff

eetwaar *v* [-waren] eatables, foodstuff, victuals ★ *fijne eetwaren* delicatessen

eetzaal *v* [-zalen] dining room / hall

eeuw *v* [-en] ❶ *100 jaar* century ★ *de twintigste ~* the twentieth century ❷ *lange tijd* age ★ *de gouden ~* the golden age ★ *in geen ~en* not for centuries, not for ages

eeuwenlang I *bn* age-long **II** *bijw* for centuries / ages

eeuwenoud *bn* centuries old ‹trees›, age-old ‹customs›

eeuwfeest *o* [-en] centenary

eeuwig I *bn* eternal, everlasting, perpetual ★ *ten ~en dage, voor ~* for ever **II** *bijw* ❶ for ever ❷ versterkend eternally ★ *het is ~ jammer* it's a crying shame

eeuwigdurend *bn* perpetual, everlasting, endless

eeuwigheid *v* [-heden] eternity ★ *ik heb een ~ gewacht* I've been waiting for ages ★ *nooit in der ~* never ★ *ik heb je in geen ~ gezien* I haven't seen you for ages/inf for yonks ★ *tot in ~* for all eternity ★ *van ~ tot amen* for ever and ever amen

eeuwigheidswaarde *v* lasting value

eeuwwisseling *v* [-en] turn of the century ★ *bij de ~* at the turn of the century

effect *o* [-en] ❶ *uitwerking* effect(s), result, outcome, consequence ★ techn *het nuttig ~* efficiency ★ *het ~ van cafeïne* the effects of caffeine ★ *een goed gesprek heeft altijd ~* a good talk always works ★ *~ hebben / sorteren* be effective, have / produce an effect ❷ *draaiing* sp spin, twist, slice, bilj ook side ★ *een bal ~ geven* sp put spin on a ball, bilj put side on a ball ❸ *fonds* stock ★ *~en* stocks (and shares), securities ★ *zeer betrouwbare en winstgevende ~en* blue chip investments ★ *op de parallelmarkt genoteerde ~en* over-the-counter securities, OTC securities

effectbal *m* [-len] ❶ *voetbal* banana shot, swerve kick, swerver ❷ *cricket, tennis* spinner ★ *een ~ geven* play the ball with spin ❸ *biljarten* side

effectbejag *o* aiming for effect, play to the gallery
effectenbeurs *v* [-beurzen] stock exchange
effectenhandel *m* stock-jobbing, stockbroking, stockbrokerage
effectenhandelaar *m* [-s] ❶ stockbroker ❷ *die geen lid is van de beurs* outside dealer
effectenmakelaar *m* [-s] ❶ stockbroker, broker ❷ *die geen lid is van de beurs* outside broker ❸ *firma* brokerage firm, brokerage house, stockbroking firm
effectenmarkt *v* [-en] stock market
effectief I *bn* ❶ *werkelijk, reëel* actual, real ★ *de effectieve kosten* the actual cost(s) ★ *de effectieve vraag* effective / aggregate / market demand ★ *in effectieve dienst* on active service ▼ ZN *een effectieve straf* an unconditional sentence ▼ ZN *een ~ kandidaat* a proposed candidate ❷ *doeltreffend* effective, form efficacious **II** *o* ❶ mil active service ❷ *personeelsbestand* ZN manpower **III** *m* [-tieven] *Kamerlid* ZN Member of Parliament ▼ ZN sp *de effectieven* the selection, the selected players
effectiviteit *v* effectiveness
effectueren *overg* [effectueerde, h. geëffectueerd] implement, execute
effen *bn* ❶ *v. oppervlak* smooth, even, level ❷ *v. stof* plain, unpatterned ★ *een ~ stof* plain material ❸ *v. gezicht* unruffled, expressionless ★ *een ~ gezicht* a straight face ❹ *v. stem* flat, monotonous
effenen *overg* [effende, h. geëffend] ❶ eig smooth (down / over / out), make level / even ❷ fig smooth ❸ handel even
efficiënt *bn* ❶ *v. personen* efficient ❷ *v. zaken* efficient, form efficacious ‹measures›
efficiëntie *v* efficiency
eg, egge *v* [eggen] harrow
egaal *bn* ❶ *v. voorkomen* uniform, unicoloured, plain ★ *een ~ blauwe lucht* a clear blue sky ❷ *v. oppervlak* smooth, even
egalisatiefonds *o* [-en] equalization fund
egaliseren *overg* [egaliseerde, h. geëgaliseerd] ❶ *effen, vlak maken* level, make even ❷ *uniform maken* equalize
egards *zn* [mv] respect, consideration, regard, attention ★ *iem. zonder veel ~ behandelen* treat sbd with little respect / consideration
Egeïsche Zee *v* Aegean Sea
egel *m* [-s] hedgehog
egelstelling *v* [-en] mil all-round defence/Am defense position
eggen *overg en onoverg* [egde, h. geëgd] harrow
ego *o* ['s] ego
egocentrisch *bn* self-centred, self-absorbed, egocentric
egoïsme *o* egoism, selfishness
egoïst *m* [-en] egoist, selfish person
egoïstisch *bn* selfish, egoistic(al)
egotrip *m* [-s] ego trip
egotrippen *o* ego tripping
egotripper *m* [-s] ego tripper

Egypte *o* Egypt
Egyptenaar *m* [-s & -naren] Egyptian
Egyptisch *bn* Egyptian ★ *een ~e duisternis* a complete darkness ★ *het ~e pond* valuta the Egyptian pound, the pound
Egyptische *v* [-n] Egyptian ★ *ze is een ~* she's an Egyptian, she's from Egypt
egyptologie *v* Egyptology
EHBO *v* (Eerste Hulp bij Ongelukken) first-aid (association) ★ *een ~-afdeling* a casualty department ‹in a hospital› ★ *een ~-post* a first-aid station / post
EHBO-doos *v* first-aid box
ei I *o* [-eren] egg ★ *een gebakken ~* a fried egg ★ *een zacht / hard gekookt ~* a soft- / hard-boiled egg ★ *dat is een (zacht) ~tje* that's a cinch / a piece of cake ★ *een ~ van een vent* a softy, a soft touch ★ *het is het ~ van Columbus* it's just what we've all been waiting for ★ *het ~ wil wijzer zijn dan de hen!* teach your grandmother to suck eggs! ★ *een half ~ is beter dan een lege dop* half a loaf is better than no bread ★ *zij kozen ~eren voor hun geld* they settled for less than they wanted ★ *dat is het hele ~eren eten* that's all there is to it ★ fig *op ~eren lopen* walk on eggs ★ *zijn ~ niet kwijt kunnen* not have a chance to speak, not get a word in edgeways **II** *tsw* ★ *~!* ah!, indeed!
eicel *v* [-len] egg, ovum
eidereend *v* [-en], **eidergans** [-ganzen] eider (duck)
eierdooier *m* [-s] (egg) yolk
eierdop *m* [-pen] eggshell
eierdopje *o* [-s] egg cup
eierkoek *m* [-en] sponge cake
eierschaal *v* [-schalen] eggshell
eiersnijder *m* [-s] egg slicer
eierstok *m* [-ken] ovary
eierwekker *m* [-s] egg timer
Eiffeltoren *m* Eiffel tower
eigeel I *o* [-gelen] egg yolk **II** *bn* buttercup yellow
eigen *bn* ❶ *in iems. bezit* own, of one's own, private, personal ★ *hij is een ~ broer van...* he is a real brother to... ★ *hij heeft een ~ huis* he has a house of his own ★ *in zijn ~ huis* in his own house ★ *zijn ~ naam* his wife's maiden name ★ *het ~ vermogen* private capital, ‹v. handelsonderneming› equity capital, Am stockholders' equity ❷ *kenmerkend* characteristic, typical, proper(to), peculiar (to) ★ *dat is de mens ~* that is a characteristic of all human beings ★ *dat is haar ~* that's typical of her, inf that's her all over / her to a T ★ *met de hem ~ beleefdheid* with his characteristic courtesy ★ *~ zijn aan* be typical of ❸ *intiem* friendly, familiar, intimate ★ *ik ben hier al ~* I'm quite at home here ★ *hij was zeer ~ met ons* he was just like one of the family ★ *zich ~ maken* make something one's own ‹skill›, master ‹a technique, a language›, acquire ‹all the knowledge needed› ❹ *v.e. gebied* own, native, domestic ★ *zijn ~ taal* his own / native language
eigenaar *m* [-s & -naren] owner, proprietor,

proprietary ★ *de rechtmatige / wettige* ~ the rightful / lawful owner ★ *van* ~ *verwisselen* change hands

eigenaardig *bn* ❶ *merkwaardig* curious, strange, singular ❷ *bijzonder* peculiar, odd

eigenaardigheid *v* [-heden] peculiarity

eigenares *v* [-sen], **eigenaresse** [-ses] proprietress, female owner

eigenbaat *v* self-interest, self-seeking

eigenbelang *o* self-interest, personal interest

eigendom *m & o* [-men] ❶ *bezit* property ★ *in* ~ *hebben* be in possession of, own ❷ *jur* ownership, title ★ *een bewijs van* ~ a title (deed), proof of ownership ★ *horizontaal* ~ horizontal ownership

eigendomsbewijs *o* [-wijzen] title deed, proof of ownership, ‹v. auto› registration papers

eigendomsrecht *o* ❶ ownership ❷ *jur* proprietary / proprietory rights, title

eigendunk *m* conceit, self-importance, arrogance

eigengebakken *bn* home-made, home-baked

eigengemaakt *bn* home-made

eigengereid *bn* opinionated, self-willed, stubborn

eigenhandig *bn & bijw* ❶ *gedaan* with one's own hands, by hand ★ ~ *verwijderen* remove personally ❷ *geschreven* in one's own hand ★ ~ *geschreven brieven aan...* letters in ‹his› own handwriting to... ★ *een door de koningin* ~ *geschreven brief* a personally written letter from the queen ★ *een* ~ *geschreven testament* a will written by one's own hand

eigenheimer *m* [-s] ❶ *aardappel* named variety of potato ❷ *eigenzinnig persoon* stubborn / obstinate person

eigenliefde *v* self-love

eigenlijk I *bn* real, actual, true, proper ★ *in* ~*e betekenis* the true / proper meaning **II** *bijw* properly speaking, really, actually ★ *wat betekent dit* ~? just what does this mean? ★ *wat is hij nu* ~? what is he exactly? ★ *wat wil je nu* ~? what are you actually getting at? ★ *wie is die vent* ~? who is this fellow, anyway? ★ ~ *niet* not exactly ★ *kunnen we dat* ~ *wel tolereren?* can we really / actually tolerate this? ★ *daar komt zij* ~ *voor* that's what she's really come for

eigenmachtig I *bn* ❶ *op eigen gezag* high-handed, self-willed, self-opiniated ❷ *ongeautoriseerd* without authority ★ *een* ~ *optreden* ‹arrogant› a high-handed action, ‹ongeautoriseerd› an unauthorised action **II** *bijw* arbitrarily, self-willed, self-opiniated

eigennaam *m* [-namen] proper noun, proper name

eigenrichting *v* taking the law into one's own hands

eigenschap *v* [-pen] ❶ *v. zaken* quality, property ❷ *v. personen* quality, skill ★ *een goede* ~ a good quality, a virtue ★ *een karakteristieke* ~ a characteristic ★ *een waardevolle* ~ an asset

eigentijds *bn* contemporary

eigenwaan *m* conceitedness, self-satisfaction

eigenwaarde *v* ★ *een gevoel van* ~ a sense of one's own worth, self-esteem

eigenwijs *bn* pigheaded, opinionated ★ ~ *zijn* always thinking one knows best, be cocksure

eigenzinnig *bn* self-willed, stubborn, wayward, wilful

eigenzinnigheid *v* wilfulness, obstinacy, *inf* pigheadedness

eik *m* [-en] oak

eikel *m* [-s] ❶ *v. boom* acorn ❷ *v.d. penis* glans ❸ *onnozel persoon* oaf, *vulg* dickhead

eiken *bn* oak, oaken

eikenblad *o* [-bladeren, -bladen & -blaren] oak leaf

eikenboom *m* [-bomen] oak tree

eikenhout *o* oak, oak wood

eikenhouten *bn* oak, oaken

eiland *o* [-en] island, isle ★ *het* ~ *Wight* the Isle of Wight

eilandbewoner *m* [-s] islander

eilandengroep *v* [-en] group of islands, archipelago

eileider *m* [-s] Fallopian tube

eind, einde, end *o* [einden] ❶ *slot, afloop* end, finish, close ★ *zijn* ~*e voelen naderen* feel one's end drawing near ★ *er komt geen* ~ *aan* there's just no end to it ★ *komt er dan geen* ~ *aan?* will we ever see / hear the last of it? ★ *er moet een* ~ *aan komen* it must stop ★ *hij kwam treurig aan zijn* ~ he came to a sad end ★ *aan alles komt een* ~ all (good) things must come to an end ★ *een* ~ *maken aan iets* put an end / stop to sth ★ *tot het* ~ *(toe)* till the end ★ *tot een goed* ~*e brengen* bring the matter to a favourable ending, bring ‹things› to a happy conclusion ★ *zonder* ~ without end, endless(ly) ★ ~ *goed al goed* all's well that ends well ❷ *uitslag, resultaat* upshot, conclusion, result ★ *het* ~ *van het liedje is...* the upshot is...., the end result is... ❸ *laatste gedeelte* close, ending, termination ★ *in / op het* ~ at last, eventually, in the end ★ *het loopt op een* ~ things are coming to an end / are drawing to a close ★ *het loopt op zijn* ~ *met hem* his end is drawing near ★ *tegen het* ~ towards the end ★ *ten* ~*e brengen* bring to an end / a conclusion ★ *ten* ~*e lopen* come to an end, draw to an end / to a close, ‹v. contract› expire ★ *ten* ~*e raad zijn* be at one's wits' / wit's end ★ *het* ~ *zal de last dragen* the sting is in the tail ❹ *doel, oogmerk* end, purpose ★ *te dien* ~*e* to that end, with that end in view, for that purpose ❺ *verste punt, uiteinde* end, extremity ★ *aan het andere* ~ *van de wereld* at the back of beyond, in the middle of nowhere ★ *van alle* ~*en van de wereld* from all corners of the world ★ *aan het kortste / langste* ~ *trekken* come off worst / best, get the worst / best of it ★ *iets bij het rechte* ~ *hebben* have understood sth correctly ★ *het bij het verkeerde* ~ *hebben* be mistaken, be wrong, *inf* have got hold of the wrong end of the stick ❻ *lengte, afstand* distance, way ★ ~ *(weegs)* part of the way ★ *het is een heel* ~ it is a good distance (off) / a long way ★ *maar een klein* ~ only a short distance ★ *een heel* ~ *komen* come a long way, be nearly there ★ *een* ~ *in de 40* well past forty, well over forty years of age ★ *een* ~ *over zessen* well over six ‹o'clock› ❼ *overgebleven stuk, eindje* end, piece

★ *een ~ hout* a piece of wood ★ *een ~ worst* a piece / bit of sausage ▼ *het was het einde!* it was marvellous, super, great!, cool ▼ *ze stelen, daar is het ~ van weg* they steal so much you just wouldn't believe it

eindafrekening *v* [-en] final settlement

eindbedrag *o* [-dragen] total, sum total

eindbestemming *v* [-en] final destination, ultimate destination

eindcijfer *o* [-s] ❶ final figure ❷ onderw final mark ❸ *totaal* grand total

einddiploma *o* ['s] (school) leaving certificate, Br ± General Certificate of Education, G.C.E

einde *o* [-n] → **eind**

eindejaarsuitkering *v* [-en] end of year's dividend, Christmas bonus

eindelijk *bijw* finally, at last, ultimately, in the end, at length

eindeloos I *bn* ❶ *zonder einde* endless, infinite, interminable ❷ *geweldig* marvellous, super, gorgeous, terrific, cool **II** *bijw* infinitely, without end ★ *~ lang wachten* wait interminably

einder *m* [-s] horizon

eindexamen *o* [-s] (school) leaving examination, Am final examination, finals ★ *~ doen* take one's final examinations

eindfase *v* [-n & -s] ❶ final stage ❷ marketing end / decline / decay stage

eindig *bn* finite

eindigen I *onoverg* [eindigde, is geëindigd] end, finish, terminate, conclude ★ *~ in* end in ★ *de wedstrijd eindigde in gelijkspel* the match ended in a draw ★ *~ op een k* end in a k ★ sp *hij eindigde als laatste* he came in last, he finished last **II** *overg* [eindigde, h. geëindigd] end, finish, conclude, terminate ★ *zijn toespraak ~ met te zeggen* end one's speech by saying that...

eindje *o* [-s] ❶ *afstand* distance ★ *een klein ~* a short distance, a short way ★ *een ~ verder* a little (way) further ★ *ga je een ~ mee?* like to come part of the way with me? ❷ *stukje* end, bit, piece ★ *een ~ sigaar* a cigar end, a cigar stub, a cigar butt ★ *de ~s aan elkaar knopen* make (both) ends meet

eindklassement *o* [-en] final classification

eindlijst *v* [-en] final list

eindoordeel *o* [-delen] ❶ final judgement/Am judgment ❷ *van commissie* conclusion(s)

eindproduct *o* [-en] finished product, end product

eindpunt *o* [-en] ❶ terminal point, end ❷ *v. spoorweg &* terminus

eindrangschikking *v* [-en] overall standings

eindredacteur *m* [-en & -s] ± editor-in-chief, senior editor

eindredactie *v* [-s] ❶ *v. tekst* final editing ❷ *afdeling* editorial department

eindrijm *o* [-en] final rhyme

eindronde *v* [-n & -s] last round, final round ★ *zich voor de ~ kwalificeren* qualify for the final round

/ the finals

eindsignaal *o* [-nalen] final whistle ★ *het ~ geven* blow the final whistle

eindspel *o* [-spelen] schaken end game

eindsprint, eindspurt *m* [-en & -s] final sprint

eindstadium *o* [-dia] final stage

eindstand *m* [-en] final score

eindstation *o* [-s] terminal station, terminus

eindstreep *v* [-strepen] finish(ing) line, finish ★ fig *de ~ halen* reach the finish

eindstrijd *m* sp finals, final fight, final struggle, final contest

eindtijd *m* [-en] finishing time, final result

einduitslag *m* [-slagen] (end / final) result

eindverantwoordelijkheid *v* final responsibility

eis *m* [-en] ❶ *wat verlangt wordt* demand, requirement ★ *de gestelde ~en* the requirements ★ *de ~en voor het toelatingsexamen* the requirements of the entrance examination ★ *hogere ~en stellen* make higher demands on ★ *aan de gestelde ~en voldoen* meet the requirements ★ *naar de ~* as required, properly ★ jur *de ~ is vier jaar gevangenisstraf* the demand is four years imprisonment ❷ *rechtsvordering* claim ★ *een ~ indienen* lodge / submit a claim ★ *iems. ~ afwijzen* find against sbd ★ *een ~ instellen* institute proceedings ❸ *vonnis* judgement, Am judgment ★ *iem. de ~ toewijzen* give judgement in sbd's favour

eisen *overg* [eiste, h. geëist] demand, require, claim ★ *te veel ~ van* ask / demand too much from ★ *zij eist te veel van zichzelf* she expects too much of herself ★ *twintig doden / slachtoffers ~* claim twenty casualties

eisenpakket *o* [-ten] list of demands

eiser *m* [-s], **eiseres** *v* [-sen] ❶ demander, claimer ❷ jur Br claimant, Am plaintiff, prosecutor, prosecutrix ★ *de ~ in cassatie* the appellant in cassation proceedings, the cassation appellant

eisprong *m* ovulation

eivol *bn* crammed, chock-full

eivormig *bn* oval-shaped, egg-shaped

eiwit *o* [-ten] ❶ *v. ei* egg white, albumen ❷ chem protein

eiwithoudend *bn* albuminous

ejaculatie *m* [-s] ejaculation

ejaculeren *onoverg* [ejaculeerde, h. geëjaculeerd] ejaculate

EK *o & m* (Europese Kampioenschappen) EC, European Championships

ekster *v* [-s] magpie

eksteroog *o* [-ogen] corn

el *v* [-len] ❶ *oude lengtemaat van 69 cm* ell ★ *een Engelse ~* a yard ❷ Bijbel cubit

elan *o* elan, verve, panache

eland *m* [-en] elk, moose

elandtest *m* [-s] swerve test ‹to check stability of vehicle›

elasticiteit *v* elasticity, springiness

elastiek *o* [-en] ❶ *materiaal* elastic ❷ *band* elastic

el

/ rubber band
elastieken *bn* elastic
elastiekje *o* [-s] rubber band, elastic band
elastisch *bn* elastic, springy
elegant *bijw* elsewhere ★ *naar ~ (vertrekken)* (move)
somewhere else ★ *overal ~* everywhere / anywhere
else
eldorado *o* ['s] El Dorado
electoraal *bn* electoral
electoraat *o* [-raten] electorate
electric boogie *de (m)* electric boogie
elegant *bn* elegant, stylish
elegantie *v* elegance
elegie *v* [-gieën] elegy
elektra *o* ❶ *elektriciteit* inf electricity ❷ *artikelen*
electric appliances
elektricien *m* [-s] electrician
elektriciteit *v* electricity
elektriciteitsbedrijf *o* [-drijven] electricity company
elektriciteitscentrale *v* [-s] power station
elektriciteitsmast *m* [-en] pylon
elektriciteitsnet *o* [-ten] electricity grid
elektriciteitsvoorziening *v* [-en] electricity supply
elektrisch *bn* electric
elektrocardiogram *o* [-men] electrocardiogram
elektrocuteren *overg* [elektrocuteerde, h.
geëlektrocuteerd] electrocute
elektrocutie *v* electrocution
elektrode *v* [-n & -s] electrode
elektro-encefalogram *o* [-men]
electroencephalogram
elektrolyse *v* electrolysis
elektromagneet *m* [-neten] electromagnet
elektromagnetisch *bn* electromagnetic
elektromonteur *m* [-s] electrician
elektromotor *m* [-s & -toren] electric motor,
electromotor
elektron *o* [-tronen] electron
elektronica *v* electronics
elektronisch *bn* electronic ★ *een ~ boek* an electronic
book ★ *de ~e snelweg* the electronic highway
elektroshock *m* [-s] med electroshock (therapy),
electric shock
elektrotechnicus *m* [-ci] electrical engineer
elektrotechniek *v* electrical engineering
element *o* [-en] ❶ *waar men zich thuisvoelt* element
★ *in zijn ~ zijn* be in one's element ★
‹weersomstandigheden› *de ~en* the elements
❷ *bestanddeel* element, component ❸ elektr cell
elementair *bn* elementary
elf I *v* [elfen] *natuurgeest* elf II *hoofdtelw* [elven] eleven
★ *sp de ~ van Oranje* the Dutch (football) team
elfde I *rangtelw* eleventh ★ *de ~ mei* May the 11th II *o*
[-n] eleventh (part)
elfendertigst *rangtelw* ★ *op zijn ~* at a snail's pace
elft *m* [-en] shad
elftal *o* [-len] ❶ (number of) eleven ❷ sp eleven, team,
side ★ *het nationaal ~* the national football team

eliminatie *v* [-s] elimination
elimineren *overg* [elimineerde, h. geëlimineerd]
eliminate
elitair *bn* ❶ *snobistisch* elitist ❷ *van de elite* elite
elite I *v* [-s] elite, pick, flower (of society) II *bn* elitist
elixer, elixir *o* [-s] elixir
elk *onbep vnw* ❶ *v.e. beperkte groep* each ❷ *ieder* every
★ *~ mens* everybody, everyone ❸ *welke dan ook* any
★ *hij kan ~e seconde bellen* he could ring any minute
now ❹ *zelfstandig gebruikt* everyone, every one
elkaar, mekaar *wederk vnw* each other, one another
★ *achter ~* one after another, in succession ★ *uren*
achter ~ for hours (together), for hours on end
★ *achter ~ lopen* file, walk in single / Indian file ★
‹v. geld› *bij ~ is het...* together it makes / comes to...
★ *bij ~ pakken / rapen &* gather up ★ ‹niet
geordend› *door ~* mixed up, jumbled up ★ *door ~*
gebruikt kunnen worden be interchangeable ★ *door ~*
halen ‹met elkaar verwarren› mix up, confuse
★ *door ~ raken* get / become mixed up ★ *door ~*
roeren mix ★ *door ~ (genomen)* on an / the average
★ *door ~ liggen* lie in a heap / mixed up ★ *iem. in ~*
slaan beat sbd up ★ *in ~ vallen / storten* collapse, fall
to pieces ★ *in ~ zakken* collapse, sag ★ *in ~ zetten* put
together, techn assemble ★ *goed in ~ zitten* be well
made / well planned / well organized / well set-up
★ *met ~* together ★ *na ~* the one after the other,
after each other ★ *naast ~* side by side, four, five, six
abreast ★ *onder ~* together, amongst themselves
★ *op ~* one on top of the other, on top of each other
★ *met de benen over ~* (with) legs crossed ★ *uit ~*
houden tell apart ★ *uit ~ vallen* fall to pieces ★ *van ~*
gaan separate, fig drift apart ★ *voor ~ willen ze het*
niet weten they (are)..., but they won't show it ★ *het*
is voor ~ it's settled ★ *iets voor ~ krijgen* manage sth
ellebogenwerk *o* pushiness, ruthlessness
elleboog *m* [-bogen] elbow ★ *het / ze achter de ~*
/ *ellebogen hebben* be a slyboots ★ *de ellebogen vrij*
hebben have enough elbow room ★ *zijn trui is door*
aan de ellebogen his jumper has worn through at the
elbows
ellende *v* misery, miseries, wretchedness, trouble
ellendeling *m* [-en] wretch, scoundrel
ellendig I *bn* miserable, wretched, awful ★ *zich ~*
voelen feel low, feel miserable ★ *een ~e twintig euro*
twenty measly euros II *bijw* awfully, miserably ★ *het*
heeft ~ lang geduurd it went on for an awfully long
time
ellenlang *bn* ❶ eig many yards long ❷ fig drawn-out,
long-winded
ellepijp *v* [-en] ulna
ellips *v* [-en] ❶ ellipse, oval ❷ taalk ellipsis
elliptisch *bn* elliptic(al)
elmsvuur *o* Saint Elmo's Fire
elpee *m* [-s] LP (long-playing record)
els I *m* [elzen] plantk alder II *v* [elzen] *priem* awl,
bradawl
El Salvador *o* (El) Salvador

Elzas *m* Alsace
email *o* enamel
e-mail *m* [-s] e-mail / email
e-mailadres *o* [-sen] e-mail address
e-mailbericht *o* [-en] e-mail message
e-mailen *overg en onoverg* [e-mailde, h. ge-e-maild] e-mail / email
emailleren *overg* [emailleerde, h. geëmailleerd] enamel
emancipatie *v* [-s] emancipation, liberation
emancipatiebeweging *v* [-en] emancipation movement, liberation movement
emanciperen *overg* [emancipeerde, h. geëmancipeerd] emancipate, liberate
emballage *v* packing
emballeren *overg* [emballeerde, h. geëmballeerd] pack (up)
embargo *o* ❶ *handel* embargo, ban ❷ *beslaglegging op schepen* embargo ❸ *publicatieverbod* embargo ★ *een ~ opheffen* lift an embargo / a ban ★ *een ~ opleggen* impose an embargo / a ban ★ *onder ~ leggen* place under embargo, embargo
embleem *o* [-blemen] emblem
embolie *v* embolism
embouchure *v* [-s] ❶ *blaastechniek* embouchure ❷ *mondstuk* mouthpiece
embryo *o* ['s] embryo
embryonaal *bn* embryonic
emeritaat *o* superannuation ★ *met ~ gaan* retire
emeritus *I bn* emeritus, former, retired ★ *een ~ hoogleraar* an emeritus professor **II** *m* [-ti] emeritus
emfatisch *bn* emphatic
emfyseem *o* emphysema
emigrant *m* [-en] emigrant
emigratie *v* [-s] emigration
emigreren *onoverg* [emigreerde, is geëmigreerd] emigrate
eminent *bn* eminent
eminentie *v* [-s] eminence
emir *m* [-s] emir
emiraat *o* [-raten] emirate
emissie *v* [-s] ❶ *v. aandelen* issue ⟨of shares⟩ ★ *een onderhandse / openbare ~* a private / public issue ❷ *uitstoot* <u>nat</u> emission
emissiekoers *m* [-en] issue price
emitteren *overg* [emitteerde, h. geëmitteerd] issue
Emmaüsgangers *zn* [mv] men of Emmaus
emmentaler *m soort kaas* Emmental
emmer *m* [-s] bucket, pail ★ *bij ~s vol* buckets full ★ *het geld komt er met ~s (vol) binnen* the money's rolling / pouring in
emmeren *onoverg* [emmerde, h. geëmmerd] <u>inf</u> yack / yak on
emoe *m* [-s] emu
emolumenten *zn* [mv] emoluments, fringe benefits
emoticon *o* [-s] emoticon
emotie *v* [-s] emotion, feeling, ⟨opwinding⟩ excitement ★ *de ~s liepen hoog op* feelings were

running high ★ *zij werd door haar ~s overmand* her emotions / feelings got the better of her
emotionaliteit *v* sensitivity
emotioneel I *bn* emotional, sensitive **II** *bijw* emotionally ★ *een ~ geladen sfeer* an emotionally charged atmosphere
emotioneren *overg* [emotioneerde, h. geëmotioneerd] move, provoke strong feeling
empathie *v* empathy
empathisch I *bn* empath(et)ic, able to empathize **II** *bijw* empath(et)ically
empirestijl *m* Empire style
empirisch *bn* empirical
empirisme *o* empiricism
empirist *m* [-en] empiricist
emplacement *o* [-en] *spoorwegen* railway yard
emplooi *o* ❶ *werkkring* employ, employment ★ *~ vinden* find employment ❷ *gebruik* employment, use ❸ *theat* part, role
employé *m* [-s], **employee** *v* [-s] employee, staff member
EMU *v* (Europese Monetaire Unie) EMU, European Monetary Union
emulgator *m* [-s] emulsifier
emulgeren *overg* [emulgeerde, h. geëmulgeerd] emulsify
emulsie *v* [-s] emulsion
en *voegw* and ★ *en..., en...* both... and... ★ *... ~ zo* and such, and the like, and all that ★ *~ nu is het genoeg!* now that's enough! ★ *twee ~ twee is vier* two plus two makes four ★ *hij moest afwassen ~ dat wou hij niet* he had to do the dishes but he didn't want to ★ *nou ~?* so what?

en bloc *bijw* ❶ *met zijn allen tegelijk* en bloc, in a body ❷ *in zijn geheel* lock, stock and barrel, in its / their entirety
encadreren *overg* [encadreerde, h. geëncadreerd] ❶ *omlijsten* frame ❷ *insluiten* close in ❸ *mil* set in ranks ⟨a battalion⟩, enroll ⟨recruits⟩
encanailleren *wederk* [encanailleerde, h. geëncanailleerd] ★ *zich ~* keep low company
enclave *v* [-s] enclave
encycliek *v* [-en] encyclical (letter)
encyclopedie *v* [-dieën] encyclop(a)edia
encyclopedisch *bn* encyclop(a)edic
end *o* [-en] → **eind**
endeldarm *m* [-en] rectum
endemie *v* [-mieën] endemic
endemisch *bn* endemic
en détail *bijw* retail ★ *verkoop ~* sale at the retail price
endocrien *bn* endocrine
endocrinologie *v* endocrinology
endocrinoloog *m* [-logen] endocrinologist
endogeen *bn* endogenous, endogenetic
endorfine *v* endorphin
endossement *o* [-en] endorsement, <u>Am</u> indorsement ★ *een ~ in blanco* a blank endorsement, an endorsement in blank

en

endosseren *overg* [endosseerde, h. geëndosseerd] endorse

endurance *de (m)* endurance riding

enenmale *bijw* ★ *ten* ~ entirely, wholly, utterly, totally, completely

energetica *v* in wetenschap energetics

energetisch *bn* energetic

energie *v* [-gieën] ❶ *lichamelijke en geestelijke kracht* energy ★ *zij loopt over van* ~ she's bursting with energy ❷ *uit kolen, water & energy, power*

energiebedrijf *o* [-drijven] electricity company, power company

energiebesparend *bn* energy-saving, low-energy

energiebesparing *v* energy saving

energiebron *v* [-nen] source of power, power source

energiecentrale *v* [-s] power station, power plant, power house

energiek *bn* energetic

energieverbruik *o* energy consumption, energy use, power consumption

enerverend *bn* exciting

enerzijds *bijw* on the one side

en face *bijw* ❶ *v. voren gezien* full face ★ *een portret* ~ a full face portrait ❷ *tegenover* facing, directly opposite

enfant terrible *o* enfant terrible

enfin *tsw* in short... ★ ~! well,... ★ *maar* ~ anyhow, anyway, but there

eng *bn* ❶ *griezelig* creepy, eerie, weird, uncanny ★ *ik word er helemaal* ~ *van* it gives me the creeps / horrors ❷ *nauw* narrow ★ *in* ~*ere zin* in a restricted sense, more specifically ❸ *strak* tight

engagement *o* ❶ *verbintenis* commitment, agreement ❷ *sociaal, politiek* commitment ❸ *verloving* engagement, betrothal

engageren I *overg* [engageerde, h. geëngageerd] *in dienst nemen* engage **II** *wederk* [engageerde, h. geëngageerd] ★ *zich* ~ ‹zich verloven› become engaged, ‹een verbintenis aangaan› take on, ‹sociaal, politiek› contract, take on

engel *m* [-en] angel ★ *mijn reddende* ~ my guardian angel

engelachtig *bn* angelic

Engeland *o* England

engelbewaarder *m* [-s] guardian angel

engelenbak *m* [-ken] gallery

engelengeduld *o* angelic patience

engelenhaar *o voor de kerstboom* angel hair

Engels I *bn* English, ‹in samenst.› Anglo ‹-Dutch trade› ★ *de* ~*e Kerk* the Anglican Church, the Church of England ★ *een* ~*e sleutel* a monkey wrench, an adjustable spanner ★ *de* ~*e ziekte* rachitis, rickets ★ ~ *zout* Epsom salt(s) **II** *o* English ★ *algemeen beschaafd* ~ ‹in Groot-Brittannië› ± Received Pronunciation, Standard English, ‹in de VS› ± Standard American

Engelse *v* [-n] Englishwoman ★ *zij is een* ~ she's an Englishwoman, she's from England, she's English

Engelsgezind *bn* Anglophile

Engelsman *m* [Engelsen] Englishman ★ *de Engelsen* the English

Engelstalig *bn* ❶ *Engels sprekend* English-speaking ‹countries, South Africans› ❷ *in het Engels* English-language ‹churches, press›

engeltje *o* [-s] (little) angel, cherub ★ *het is alsof er een* ~ *op je tong piest* it's divine

engerd *m* [-s] horrible fellow, *inf* creep

en gros *bijw* handel wholesale ★ ~ *verkopen* sell in bulk

en-groshandel *m* [-s] ❶ *koop en verkoop* wholesale, buying and selling ❷ *zaak* wholesale shop / business

engte *v* [-n & -s] ❶ *alg.* narrow passage ❷ *zee-engte* strait ❸ *bergpas* defile ❹ *'t eng zijn* narrowness

enig I *bn* ❶ *waarvan één* only, sole ‹heir›, single ‹instance›, unique ★ *een* ~ *kind* an only child ★ *het is* ~ *in zijn soort* (of its kind) it is unique ★ *de* ~*e die...* the one man who..., the only one to... ★ *het* ~*e dat hij zei* the only thing he said ❷ *kostelijk* great, fantastic, unique, *inf* cool ★ *een* ~*e vent* a great guy, *inf* a cool guy ★ *dat vaasje is* ~! what a fantastic vase! ★ *dat / die is* ~! that's a good one ★ *het was* ~! it was just fantastic! **II** *onbep vnw* ❶ *in bevestigende zinnen* some ★ ~*e bladzijden* a few pages ★ ~*en van hen* some of them ❷ *in ontkenningen of vragen* any ★ *heb je* ~ *idee...* have you any idea? ★ *zonder* ~*e reden* without any reason at all **III** *bijw* simply ★ ~ *en alleen omdat...* purely and simply because

enigerlei *bn* any, of some sort

enigermate *bijw* in a measure, in some degree, to some extent

eniggeboren *bn* only-begotten

enigma *v* [-ta, 's] enigma

enigszins *bijw* somewhat, a little, slightly, rather ★ *als u ook maar* ~ *moe bent* if you are at all tired ★ *indien* ~ *mogelijk* if at all possible ★ *zo gauw ik maar* ~ *kan* as soon as I possibly can ★ *alle* ~ *belangrijke mensen* anybody of any importance

enjambement *o* enjambement

enkel I *m* [-s] *lichaamsdeel* ankle ★ *tot aan de* ~*s* up to the ankles, ankle-deep, ‹van rok e.d.› ankle-length **II** *bn slechts één* single ★ *een kaartje* ~*e reis* a single (ticket), *Am* a one-way ticket **III** *onbep vnw* ❶ *nu en dan voorkomend* occasional ★ *een* ~*e keer* once in a while, occasionally ★ *een* ~*e vergissing* an occasional mistake ★ *een* ~ *woord* just a word, a word or two ❷ *met ontkenning* (not) a single ★ *geen* ~*e kans* not a single chance, no chance at all ★ *geen* ~ *gevaar* not the slightest danger ★ *op geen* ~ *manier* in no way ❸ *enige met mv.* a few ★ *in* ~*e dagen* in a few days ★ ~*e boeken (uren &)* a few books (hours &) **IV** *bijw* only, merely, just ★ *dat is* ~ *verbeelding* that's just imagination

enkelband *m* [-en] anat ankle ligament

enkeling *m* [-en] individual

enkelspel *o* [-spelen] sp single ★ *dames / heren*~ ladies' / men's singles

enkelspoor *o* [-sporen] single track
enkeltje *o* [-s] *enkele reis* single (ticket), Am one-way ticket
enkelvoud *o* [-en] singular (number) ★ *in het ~* in the singular
enkelvoudig *bn* ❶ *alg.* singular ★ jur *een ~e kamer* a single chamber / a judge ❷ taalk simple
en masse *bijw* en masse ★ *ze gingen ~ naar het strand* they went ~ / in their masses to the beach
enorm I *bn* enormous, huge, immense, tremendous **II** *bijw in zeer hevige mate* extremely ★ *we hebben ~ genoten* we enjoyed ourselves enormously
enormiteit *v* [-en] ❶ *'t enorm-zijn, enorm ding* enormity, enormousness ❷ *blunder* huge blunder ★ *~en debiteren* put one's foot in one's mouth ★ *~en verkondigen* make shocking remarks, say the most awful things
en passant *bijw* by the way, in passing
en petit comité *bijw* en petit comité
en plein public *bijw* in public, publicly
en profil *bijw* in profile
enquête *v* [-s] ❶ *ondervraging van groot aantal personen* poll, survey ★ *onder automobilisten een ~ houden naar alcoholgebruik* survey the alcohol consumption of drivers ❷ *door het parlement* inquiry, investigation ★ *een parlementaire ~* a parliamentary inquiry ★ *het recht van ~* the right of inquiry ❸ *gerechtelijk onderzoek* judicial examination, ‹getuigenverhoor in burgerlijke zaken› examination / hearing of witnesses, ‹onderzoek naar beleid van nv› inquiry (into the affairs of a company)
enquêtecommissie *v* [-s] *van het parlement* investigative committee, fact-finding committee, parliamentary committee of inquiry
enquêteren *onoverg* [enquêteerde, h. geënquêteerd] *een groot aantal mensen ondervragen* poll, survey
enquêteur *m* [-s], **enquêtrice** *v* [-s] pollster
ensceneren *overg* [ensceneerde, h. geënsceneerd] stage
enscenering *v* [-en] ❶ *abstract* staging ❷ *concreet* setting
ensemble *o* [-s] ❶ *toneel/muziek gezelschap* ensemble,company ❷ *kostuum* ensemble, outfit
ent *v* [-en] graft (on / into)
entameren *overg* [entameerde, h. geëntameerd] ❶ *aansnijden* broach ‹a subject› ❷ *beginnen* start on, begin, address oneself to ‹a task›
enten *overg* [entte, h. geënt] graft ★ fig *geënt op* based upon, derived from
enteren *overg* [enterde, h. geënterd] board
enterhaak *m* [-haken] grappling iron / hook
entertainen *overg* [entertainde, h. geëntertaind] entertain
entertainer *m* [-s] entertainer
entertainment *o* entertainment
entertoets *v* [-en] *op toetsenbord* enter key, return key

enthousiasme *o* enthusiasm, warmth
enthousiasmeren *overg* [enthousiasmeerde, h. geënthousiasmeerd] enthuse, make enthusiastic
enthousiast I *bn* enthusiastic **II** *m* [-en] enthusiast
enthousiasteling *m* [-en] enthusiast, fanatic, buff
entiteit *v* [-en] entity
entomologie *v* entomology
entourage *v* [-s] entourage, surroundings, environment
entr'acte *v* [-s & -n] entr'acte, interval, interlude
entrecote *v* [-s] entrecôte, Am prime rib
entree *v* [-s] ❶ *ingang* entrance, (entrance) hall ❷ *binnentreden* entrance, ‹ceremonial› entry ★ *zijn ~ maken* make one's entrance, come in ❸ *toelating* entrance, admittance, admission ★ *vrij ~* admission free ❹ *toelatingsprijs* entrance fee ‹to a club›, admission ‹to a theatre›, sp gate money ‹received at football match› ★ *~ betalen* pay for admission ❺ *schotel* entrée
entreegeld *o* [-en], **entreeprijs** *m* [-prijzen] ❶ *te betalen* admission charge / fee ❷ *ontvangen* (box office) takings, ‹van stadion› gate money
entrepot *o* [-s] bonded warehouse, customs warehouse ★ *een fictief ~* an unbonded warehouse ★ *in ~ opslaan* bond ‹goods›, place goods in bond ★ jur *opgeslagen in ~* in bond
entropie *v* entropy
entstof *v* [-fen] vaccine, serum
envelop, enveloppe *v* [-loppen] envelope
enzovoort, enzovoorts *bijw* etcetera, and so on, and so forth
enzym *o* [-en] enzyme
eon *m* [-en] ❶ geol eon ❷ *eeuwigheid* eon
epaulet *v* [-ten] mil epaulet(te)
epicentrum *o* [-tra & -trums] epicentre
epicurist *m* [-en] epicure, epicurean
epidemie *v* [-mieën] epidemic
epidemisch *bn* epidemic ★ *overgewicht neemt ~e vormen aan* obesity is assuming epidemic proportions
epiek *v* epic poetry
epifyse *v* [-n, -s] epiphysis
epigoon *m* [-gonen] epigone
epigram *o* [-men] epigram
epilepsie *v* epilepsy
epilepticus *m* [-ci] epileptic
epileptisch *bn* epileptic
epileren *overg* [epileerde, h. geëpileerd] depilate
epiloog *m* [-logen] epilogue
episch *bn* epic
episcopaal I *bn* episcopal ★ *de Episcopale Kerk* the Church of England, ‹in Schotland en de VS› the Anglican Church **II** *m* [-palen] episcopalian, ‹lid v. kerk› Episcopalian
episcopaat *o* episcopacy
episode *v* [-n & -s] episode ★ *een korte ~* a short period
epistel *o & m* [-s] epistle, missive
epitaaf *m* [-tafen] epitaph

ep

epitheel *o* epithelium
epo *v* EPO (erythropoietin)
eponiem *o* [-en] eponym
epos *o* [epen & epossen] epic, epic poem, epos
EQ *afk* EQ
equator *m* equator
equatoriaal *bn* equatorial
Equatoriaal-Guinee *o* Equatorial Guinea
equipage *v* [-s] ❶ *rijtuig* carriage ❷ *scheepv* crew
equipe *v* [-s] sp team, side
equivalent *o* [-en] equivalent
er *bijw & vnw* there ★ *~ staan veel bomen* there are a lot of trees ★ *~ wordt geklopt* there's someone at the door ★ *ik ben ~ nog niet geweest* I haven't been there yet ★ *we zijn ~* ‹aankomen› here we are, ‹succes hebben› we've made it ★ *~ komt niemand* nobody is coming ★ *~ gebeurt nooit iets* nothing ever happens ★ *wat is ~?* what's the matter?, what is it? ★ *is ~ iets?* what's wrong?, is anything the matter? ★ *~ zijn ~ die nooit...* there are people who never... ★ *hoeveel heb je ~* how many have you got? ★ *ik heb ~ nog twee* I still have two left ★ *ik ken ~ zo'n stuk of tien* I know about ten of them
eraan *bijw vastzittend aan* on (it), attached (to it) ★ *een kapstok met jassen ~* a rack with coats (hanging) on it ▼ *ik kom ~* I'm coming, I'm on my way ▼ *hoe kom je ~?* how did you get (hold of) that? ▼ *wat heb je ~?* what good will it do you? ▼ ‹gaat sterven› *hij gaat ~* he's had it, his time / number is up ▼ *het record gaat ~* the record is about to be broken ▼ *hij moest ~ geloven* he was in for it
erachter *bijw* behind (it / them) ★ *~ komen* ‹ontdekken› find out, ‹beseffen› realize ★ *~ zijn* have got it
eraf *bijw* off ★ *~ halen* take it off ★ *de knoop is ~* the button is missing ★ *de aardigheid is ~* it's no fun any more ★ *het nieuwe is ~* it's old hat
erbarmelijk *bn* pitiful, miserable, wretched
erbarmen **I** *o* compassion, pity, mercy ★ *~ hebben (met)* have pity on, sympathize with **II** *wederk* [erbarmde, h. erbarmd] ★ *zich ~ over* have pity on / mercy on, be sympathetic to
erbij *bijw behorend bij* with (it), included (with it) ★ *een encyclopedie met een atlas ~* an encyclopedia that includes an atlas ★ *hoort dat ~?* is that part of it?, does that belong to it? ▼ ‹aanwezig› *zij is ~* she's present, she's there ▼ ‹zonder aandacht› *hij is er niet bij* he's not listening ‹to what I'm saying›, he is not paying attention ‹to his work› ▼ ‹betrapt› *je bent ~!* now you're in for it!, now you're going to get it!, now I've got you! ▼ *zonder mij was je ~ geweest* without me you'd have been a goner ▼ *hij kan er niet bij* ‹niet kunnen pakken› he can't reach it, ‹niet begrijpen› he doesn't get it ▼ *ik blijf ~ dat...* I (still) maintain that... ▼ *hoe kom je ~?* how on earth did you come up with that?
erboven *bijw boven het genoemde* above, over (it) ★ *een winkel met een woning ~* a shop with living

quarters upstairs ★ *die kritiek hindert hem niet, hij staat ~* the criticism doesn't bother him, he's above all that ★ *haar naam staat ~* her name is at the top
erbovenop *bijw* on top ★ *~ zijn* be on top
erdoor *bijw door het genoemde heen* through (it) ★ *hij zette zijn bril op en bekeek ons ~* he put on his glasses and looked at us ★ ‹geslaagd› *zij is ~* she's passed, she's made it ★ *de wet is ~* the law has been passed / has made it ‹through Parliament›
erdoorheen *bijw* through ★ *zich ~ slaan* get through sth ★ *iem. ~ slepen* pull sbd through
ere *v → eer*
ereambt *o* [-en], **erebaantje** [-s] honorary post (office)
erebegraafplaats *v* [-en] memorial cemetery
ereburger *m* [-s] *in Engeland* freeman ‹of the city›, ‹elders› honorary citizen
erecode *m* [-s] code of honour/Am honor
erectie *v* [-s] erection
eredienst *m* [-en] service ★ *de ~ bijwonen* attend services
eredivisie *v* [-s] sp first division
eredoctoraat *o* [-raten] honorary degree, honorary doctorate
eregast *m* [-en] guest of honour/Am honor
erehaag *v* [-hagen] arch of honour/Am honor, arch of swords
erelid *o* [-leden] honorary member
eremetaal *o* medal of honour/Am honor
eren *overg* [eerde, h. geëerd] honour/Am honor, revere, do credit to, commemorate ‹the dead›
ereplaats *v* [-en] place of honour/Am honor
erepodium *o* [-s & -dia] victory platform, podium
ereprijs *m* [-prijzen] ❶ *onderscheiding* prize ❷ *plantk* speedwell, veronica
ereronde *v* [-n & -s] sp lap of honour/Am honor
ereschuld *v* [-en] debt of honour/Am honor
eretitel *m* [-s] title of honour/Am honor, honorary title
eretribune *v* [-s] seats for honoured guests, VIP places
erevoorzitter *m* [-s] honorary president
erewacht *v* [-en] guard of honour/Am honor
erewoord *o* [-en] word of honour/Am honor ★ *op mijn ~* upon my word, on my word of honour
erf *o* [erven] ❶ *grond* grounds, premises ❷ *v. boerderij* (farm)yard
erfdeel *o* [-delen] portion, heritage ★ *zijn ~ krijgen* come into one's inheritance ★ *het cultureel ~ van de Maori's* the Maori cultural heritage
erfelijk *bn* ❶ *v. goederen* hereditary ❷ biol hereditary, inherited ★ *~e eigenschappen* inherited characteristics / properties ★ *~ belast zijn* have ‹a disease› run in the family, be a victim of an inherited condition, carry a certain gene ★ *een ~e ziekte* a hereditary illness, an illness running in the family ❸ med congenital
erfelijkheid *v* heredity
erfelijkheidsleer *v* genetics
erfenis *v* [-sen] inheritance, heritage, legacy ‹of the

past, of the war›, estate ★ *een ~ krijgen* be left an inheritance / a legacy

erfgenaam *m* [-namen] heir(ess), beneficiary, legatee, successor ★ *de natuurlijke ~* the next in line ★ *een rechtmatige ~* a legitimate heir, a lawful heir ★ *een wettelijk ~* a lawful / legal / rightful heir ★ *een wettig ~* a legal heir ★ *zonder ~* heirless ★ *de ~ van de troon* the next in line to the throne

erfgoed *o* [-eren] ❶ inheritance, estate, legacy, bequest ★ *zijn vaderlijk ~* one's patrimony ❷ *v. natie* heritage ★ *het vaderlijk ~* our national heritage

erflater *m* [-s] testator, deceased, Am jur decedent

erfopvolging *v* [-en] succession ★ *jur ~ bij versterf* intestate succession, intestacy

erfpacht *v* [-en] ❶ *de verbintenis* long-term lease ★ *in ~* on long(-term) lease, leasehold ★ *jur eeuwigdurende ~* a perpetual leasehold ❷ *het geld* ground rent

erfrecht *o* ❶ *wetsbepalingen* law of inheritance / succession ❷ *het recht om te erven* right of inheritance / succession

erfstuk *o* [-ken] (family) heirloom

erfzonde *v* rel original sin, fig family trait, family weakness

erg I *bn* bad ★ *vind je het ~ als ik niet kom?* do you mind if I don't come? ★ *ik vind het helemaal niet ~* it doesn't matter at all, I don't mind at all ★ *zo ~ is het niet* it's not as bad as all that ★ *wat ~ voor je!* I'm really sorry for you! ★ *in het ~ste geval* if the worst comes to the worst ★ *op het ~ste voorbereid* prepared for the worst **II** *bijw* ❶ badly ★ *vind je het ~ als...?* do you mind if...? ❷ versterkend badly, very, very much, sorely ‹needed›, severely ‹felt› ★ *ik heb het ~ nodig* I need it very badly ★ *hij is er ~ op gesteld* he's very fond of it ★ *het te ~ maken* make things worse ★ *ik heb ~ gelachen* I really had to laugh ★ *lekker? niet ~* tasty? not much / very **III** *o* ★ *voor ik er ~ in had* before I was aware of it, before I knew where I was ★ *hij had er geen ~ in* he wasn't aware of any harm ★ *hij deed het zonder ~* he did it quite unintentionally

ergens *bijw* ❶ *plaats* somewhere, anyway ★ *zo ~* if anywhere ❷ *in enig opzicht* somehow, in any way ★ *~ vind ik* I think somehow ★ *~ herinnert het aan...* it's somehow reminiscent of...

erger I *bn* worse ★ *al ~* worse and worse ★ *~ worden* get worse ★ *om ~ te voorkomen* to prevent anything worse from happening ★ *wat ~ is* what's worse **II** *bijw* ★ *~ nog* even worse ★ *des te ~* worse than that

ergeren I *overg* [ergerde, h. geërgerd] ❶ *irriteren* annoy, irritate, inf peeve ★ *het ergert mij* it annoys / bothers me ★ *anderen ~* make a nuisance of oneself ❷ *aanstoot geven* scandalize, Bijbel offend **II** *wederk* [ergerde, h. geërgerd] ★ *zich ~ be* / become annoyed ‹about sth›., take offence ‹at sth›, be indignant ‹with sbd› ★ *zich ~ over / aan iets* be annoyed at / about sth ★ *ik erger mij aan haar* she annoys me ★ *dat is om je dood te ~* it's enough to

drive you mad

ergerlijk *bn* ❶ *irritant* annoying, irritating, inf aggravating ❷ *aanstootgevend* offensive, shocking, scandalous

ergernis *v* [-sen] ❶ *irritatie* annoyance, nuisance, irritation, inf aggravation ★ *tot mijn grote ~* to my great annoyance ★ *hij is een ~* he's a nuisance ❷ *sterker* anger ❸ *aanstoot* offence, scandal

ergonomie *v* ergonomics

ergonomisch *bn* ergonomic

ergotherapeut *m* [-en] occupational therapist

ergotherapie *v* occupational therapy

erheen *bijw* there, to it ★ *~ brengen* bring it there ★ *~ gaan* go there ★ *op de weg ~* on the way there

erin *bijw* in *het genoemde* in, into (it) ★ *een doos met een taart ~* a box with a cake inside / in it ★ *staat het ~?* is it inside? ★ *het zit ~ dat hij...* he'll probably... ★ ‹van het lachen› *~ blijven* die laughing ★ *~ lopen* ‹gefopt worden› walk right into it, fall for it ★ *iem. ~ laten lopen* set sbd up ★ *iem. ~ luizen* take sbd for a ride

Eritrea *o* Eritrea

erkend *bn* recognized, acknowledged ★ *wettelijk ~* recognized by law ★ *een ~ tegenstander* an acknowledged opponent ★ *een ~e handelaar* a recognized dealer ★ *een ~e instelling* an approved institution

erkennen *overg* [erkende, h. erkend] ❶ *jur* acknowledge ‹to be...›, recognize ‹a government› ★ *een kind ~* recognize a child, acknowledge (paternity of) a child ❷ *toegeven* admit, own, confess, avow

erkenning *v* [-en] ❶ *waardering* acknowledg(e)ment, recognition ❷ *inzicht* recognition ❸ *bekentenis* admission

erkentelijk *bn* thankful, grateful

erkentelijkheid *v* thankfulness, gratitude ★ *uit ~ voor* out of gratitude for

erker *m* [-s] ❶ *vierkant* bay window ❷ *rond* bow window ❸ *aan bovenverdieping* attic window, top floor window

erlangs *bijw* past (it), alongside

ermee *bijw* met *het genoemde* with (it) ★ *hij heeft een potlood gekocht en tekent ~* he bought a pencil and is using it to draw / and is drawing with it ★ *dat kan ~ door* that will do, that will be fine ★ *mij kan het niet schelen, je hebt vooral jezelf ~* I don't care, you're the one that will suffer the consequences

erna *bijw* na *het genoemde* after (it), afterwards ★ *de week ~* the week after, the following week

ernaar *bijw* naar *het genoemde* to, towards, at (it) ★ *duizenden mensen keken ~* thousands of people looked at it ▼ ‹uitdagen› *het ~ maken* ask for it

ernaartoe *bijw* towards, to

ernaast *bijw* naast *het genoemde* beside, next to, adjoining (it) ★ *een hoekhuis met een garage ~* a corner house with an adjoining garage ★ ‹abuis zijn› *~ zitten* be wrong, be wide of the mark

ernst *m* earnestness, earnest, seriousness, gravity ★ *zijn ~ bewaren* stay serious ★ *is het u ~?* are you serious? ★ *het wordt nu ~* things are getting serious now ★ *in ~* in earnest, earnestly, seriously ★ *in alle / volle ~* absolutely seriously ★ *de ~ van de toestand* the seriousness of the situation

ernstig I *bn* ❶ *vol ernst* earnest ⟨wish, word⟩, serious ⟨look⟩ ★ *een ~ gezicht* a serious face ★ *een ~ persoon* a serious-minded person ★ *een ~e blik* a pensive / solemn look ★ *een ~ kind* a solemn child ★ *een ~ woord* a serious word ❷ *erg, zwaar* grave ⟨concern, symptom⟩, serious ⟨matter, rival, wound &⟩ ★ *een ~e fout* a grave fault ★ *een ~ ongeluk* a serious accident **II** *bijw* ❶ *vol ernst* earnestly & ★ *iets ~ opvatten* take sth seriously ❷ *in hoge mate* badly ★ *~ gewond / ziek* badly wounded / seriously ill ★ *~ in gevaar brengen* put in serious jeopardy

eroderen I *overg* [erodeerde, h. geërodeerd] erode **II** *onoverg* [erodeerde, is geërodeerd] erode

erogeen *bn* erogenous, ero(to)genic

erom *bijw* ❶ *eromheen* around (it) ★ *een tuin met een muur ~* a garden with a wall around it, a garden enclosed / surrounded by a wall ❷ *om, vanwege het genoemde* because of, about ★ *~ lachen* laugh about it ★ *~ vragen* ask for it ★ *het ~ doen* do it on purpose ★ *het hangt ~* that depends, it could go either way ★ *het gaat ~ dat...* the point is that...

eromheen *bijw* around it ★ *~ draaien* beat about the bush, not come straight to the point

eronder *bijw* *onder het genoemde* under, underneath (it) ★ *de man zat op een bank en zijn hond lag ~* the man sat on a bench and his dog lay under(neath) it ★ *iem. ~ houden* keep sbd down ★ *iem. ~ krijgen* beat sbd ★ *~ lijden* suffer from it

eronderdoor *bijw* *go under* ★ *~ lopen* walk underneath ★ fig *~ gaan* go to pieces, ⟨failliet gaan⟩ go bust

erop *bijw* *op het genoemde* on (it) ★ *ijs met vruchtjes ~* ice cream topped with fruit ★ *haar naam staat ~* it has her name on it ★ *met alles ~ en eraan* with the works, with all the trimmings ▼ *het is ~ of eronder* it's either sink or swim ▼ *~ slaan* ⟨op iets slaan⟩ hit it, ⟨vechten⟩ hit out, use fisticuffs ▼ *~ staan dat...* insist that... ▼ *de week ~* the next / following week ▼ *de vakantie zit ~* the holidays are over

eropaan *bijw* to, towards ★ *~ komen* come to the crunch ★ *~ dringen* insist (up)on it

eropaf *bijw* to it, after it ★ *~ gaan* go after it

eropna *bijw* hold ★ *iets ~ houden* keep / have something ★ *hij houdt er vreemde ideeën op na* he has some strange ideas

eropuit *bijw* out to ★ *~ gaan* go after sth ★ *~ zijn* be after sth ★ *een dagje ~ gaan* go out for the day

erosie *v* erosion

erotiek *v* eroticism

erotisch *bn* erotic

erotiseren *overg* [erotiseerde, h. geërotiseerd] eroticize ★ *macht erotiseert* power is sexy

erover *bijw* over, across (it) ★ *een bed met een sprei ~* a bed with a bedspread on it ★ *zij spraken ~* they talked about it ★ *wij zijn het ~ eens* we agree on that

eroverheen *bijw* over it ★ *~ zijn* be over it, recovered

erratum *o* [-ta] erratum, misprint, printer's error

ertegen *bijw* against it ★ *~ zijn* be against it ★ *~ kunnen* feel up to it, be able to cope with it / to stand it ★ *ik kan er niet meer tegen* I can't take it any more

ertegenin *bijw* against it/ them ★ *~ gaan* go against sth

ertegenop *bijw* up it ▼ *~ kunnen* cope with it ▼ *~ zien* not look forward to sth, be anxious about sth

ertegenover *bijw* opposite, opposing

ertoe *bijw* *tot het genoemde* to (it) ★ *ook deze planten behoren ~* these plants belong to it too ★ *~ komen om...* get round to... ★ *iem. ~ brengen om...* get / persuade sbd to... ★ *wat doet het ~?* what does it matter?

erts *o* [-en] ore

ertussen *bijw* *tussen het genoemde* (in) between (it) ★ *twee sneeën brood met een plak kaas ~* a cheese sandwich ▼ *iem. ~ nemen* pull sbd.'s leg

ertussendoor *bijw* in between

ertussenuit *bijw* out of it ★ *~ gaan, ~ trekken* slip off for a while

erudiet I *bn* erudite **II** *m-v* [-en] erudite

eruditie *v* erudition

eruit *bijw* *uit het genoemde* from, out (of it) ★ *het blik viel om en de olie stroomde ~* the tin fell over and the oil poured out (of it) ★ *vooruit, ~!* okay, get going! ★ ⟨oplossen⟩ *~ komen* work it out ★ *het was moeilijk, maar ik ben ~* it was hard, but I got it in the end ★ ⟨uitgeschakeld zijn⟩ *~ liggen* be eliminated ★ ⟨ontslagen worden⟩ *~ vliegen* get the sack, be out on one's ear ★ *zijn kosten ~ halen* recover the expenses

eruitzien *onoverg* [zag eruit, h. eruitgezien] look like ★ *er goed / slecht uitzien* look good / bad ★ *~ als een prinses* look like a princess ★ *wat ziet het huis eruit!* what a mess this house is in! ★ *het ziet er goed / slecht voor je uit* things are looking up / bad for you

eruptie *v* [-s] eruption

ervan *bijw* of it / them, from it / them ★ *wat hebben we ~ geleerd?* what has it taught us?, what have we learnt from it? ★ *Parijs beschuldigt Londen ~ de regels te overtreden* Paris accuses London of not observing the rules ★ *wat denk je ~ en wat verwacht je ~?* what do you think of it and what do you expect from it? ★ *ICT en de mogelijkheden ~ voor het hoger onderwijs* ICT and its possibilities in higher education ★ *het hele dorp gonst ~* the whole village is buzzing with it ★ *hoeveel heb je ~ nodig?* ⟨meervoud⟩ how many of them do you need?, ⟨enkelvoud⟩ how much of it do you need? ★ *het dubbele ~* twice as much / many ★ *ik ben ~ overtuigd* I'm convinced of it ★ *het is best lekker als je ~ houdt* it tastes quite nice if you like that sort of thing

ervandaan *bijw* from it, away ★ *~ zijn* away from

there (here) ★ ~ *blijven* stay away

ervandoor *bijw* ★ ~ *gaan* bolt, take to one's heels, run away ★ *de paarden gingen* ~ the horses ran away / bolted ★ *ik ga* ~ I'm off ★ *ik moet* ~ I must be off

ervanlangs *bijw* ★ *iem.* ~ *geven* give sbd what for

ervantussen *bijw* be off ★ ~ *gaan* go off

ervaren I *overg* [ervaarde of ervoer, h. ervaren] ❶ *ondervinden* experience ★ *zij heeft het als pijnlijk* ~ she found it a painful experience ❷ *gewaarworden* perceive ❸ *vernemen* learn **II** *bn* experienced, expert, skilled, practised ‹in...› ★ *een* ~ *chauffeur* an experienced chauffeur

ervaring *v* [-en] experience ★ ~ *opdoen* gain experience ★ *opgedane* ~ previous experience ★ *door* ~ *leren* learn by experience ★ *uit eigen* ~ from one's own experience ★ *een* ~ *rijker* an experience gained ★ *de* ~ *leert dat...* experience teaches us that...

ervaringsdeskundige *m-v* [-n] experience expert

erven I *overg* [erfde, h. geërfd] inherit **II** *onoverg* [erfde, h. geërfd] come into money **III** *zn* [mv] heirs ★ *de* ~ *Holley* the Holley heirs

ervoor *bijw* ❶ *zich bevindend voor het genoemde* in front (of it) ★ *een kasteel met een vijver* ~ a castle fronted by a pond ❷ *voorafgaande aan het genoemde* before (it) ★ *dat was jaren* ~ that was years before ❸ *ten behoeve van* for it ★ *wat krijg ik* ~? what can I get for it?, how much is it worth? ★ ‹stemde in› *iedereen was* ~ everyone was in favour of it, they were all for it ★ ~ *zorgen dat...* make sure that..., see to it that...

erwt *v* [-en] pea ★ *groene* ~*en* garden / green peas

erwtensoep *v* (thick) pea soup

es I *v* [-sen] *muz* E flat **II** *m* [-sen] ❶ *boom* ash ❷ *akkerland* arable land, former common land

escalatie *v* escalation

escaleren *overg en onoverg* [escaleerde, h. en is geëscaleerd] escalate

escapade *v* [-s] escapade, adventurous prank

escapetoets *m* [-en] comput escape key

escapisme *o* escapism

escargots *zn* [mv] cul escargots, snails

escort *m-v* [-s] escort

escortboy *m* [-s] male escort

escortbureau *o* [-s] escort bureau

escorte *o* [-s] escort

escorteren *overg* [escorteerde, h. geëscorteerd] escort

escortgirl *v* [-s] female escort

esculaap *m* [-lapen] *symbool* Aesculapian staff, staff of Aesculapius

esdoorn, **esdoren** *m* [-s] maple (tree)

eskader *o* [-s] squadron

eskadron *o* [-s] squadron

Eskimo *m* ['s] Eskimo

esoterisch *bn* esoteric

esp *m* [-en] aspen

Esperanto *o* Esperanto

esplanade *v* [-s] esplanade

espresso *m* ['s] *koffie* espresso, expresso

espressoapparaat *o* [-raten] espresso machine

esprit *m* spirit, mentality ★ ~ *de corps* team spirit, corporate spirit

essay *o* [-s] essay

essayeren *overg* [essayeerde, h. geëssayeerd] assay

essayist *m* [-en] essayist

essence *v* [-s & -n] essence

essenhout *o* ash (wood) ★ *van* ~ (made from) ash

essentie *v* substance, essence

essentieel *bn* essential ★ *het essentiële* what is essential, the quintessence, the gist ‹of the matter›

Est *m* [-en], **Estlander** [-s] Estonian

establishment *m & o* establishment

estafette *v* [-n & -s], **estafetteloop** *m* [-lopen] *wedstrijd* relay race

estafetteploeg *v* [-en] relay team

estheet *m* [-theten] aesthete, Am esthete

esthetica, **esthetiek** *v* aesthetics, Am esthetics

estheticus *m* [-ci] aesthetician, Am esthetician

esthetisch *bn* aesthetic, Am esthetic

Estisch, **Ests**, **Estlands I** *bn* Estonian **II** *o taal* Estonian

Estische, **Estlandse** *v* [-n] Estonian ★ *ze is een* ~ she's an Estonian, she's from Estonia

Estland *o* Estonia

etablissement *o* [-en] establishment

etage *v* [-s] floor, stor(e)y ★ *de eerste* ~ the first floor, Am the second floor ★ *de bovenste* ~ the top floor ★ *de onderste* ~ the ground floor

---

etage

Er is verschil in het benoemen van de verdiepingen tussen Brits en Amerikaans Engels:
de benedenverdieping is **the ground floor** (Brits) of **the first floor** (Amerikaans);
de eerste etage is **the first floor** (Brits) of **the second floor** (Amerikaans).
Australisch Engels volgt het Britse gebruik.

---

etagère *v* [-s] whatnot, bracket

etagewoning *v* [-en] flat

etalage *v* [-s] ❶ *het raam, de ruimte* shop window, show window ★ ~*s kijken* window-shop ❷ *het uitgestalde* display

etalagepop *v* [-pen] (window) dummy

etalageruit *v* [-en] shop window

etaleren *overg* [etaleerde, h. geëtaleerd] display, show off

etaleur *m* [-s] window dresser

etappe *v* [-n en -s] ❶ *traject tussen twee punten* stage, leg ★ *in (korte)* ~*s* by (easy) stages ★ *in twee* ~*s* in two stages ❷ sp stage ❸ mil supply depot

etappezege *v* [-s] stage, victory lap

etc., **et cetera** *bijw* etc., &, and so on

eten I *overg* [at, h. gegeten] eat ★ *ik heb vandaag nog niets geg*~ I haven't eaten today ★ *wat* ~ *we vandaag?* what's for dinner today? ★ *zich ziek* ~ be a glutton **II** *onoverg* [at, h. gegeten] ❶ eat ❷ *een maaltijd gebruiken* have dinner, dine ★ *eet smakelijk* enjoy your meal ★ *lekker geg*~? (did you) enjoy your meal?

★ *blijven* ~ stay for dinner ★ *je moet komen* ~ you must come and eat, you must have dinner with us ★ *kom je bij ons* ~? would you like to have dinner with us? ★ *bij iem.* ~ have dinner at sbd's place ★ *iem. uit* ~ *nemen* take sbd out to dinner **III** *o* ❶ *voedsel* food ★ *hij laat er* ~ *en drinken voor staan* it's meat and drink to him ❷ *maaltijd* dinner ★ *warm* ~ a hot meal, dinner ★ *het* ~ *staat op tafel* dinner is on the table / is served / is ready ★ *voor* / *onder* / *na het* ~ before / during / after dinner ★ *zonder* ~ *naar bed gaan* go to bed without supper ★ *het* ~ *maken* cook dinner ★ *iem. te* ~ *vragen* invite sbd to dinner

etenslucht *v* [-en] smell of food, smell of cooking
etensresten *zn* [mv] leftovers
etenstijd *m* [-en] dinnertime, mealtime
etenswaar *v* [-waren] food, provisions
etentje *o* [-s] dinner, small dinner party
eter *m* [-s] ❶ *die eet* eater ★ *hij is een flinke* ~ he has a big appetite ❷ *die komt eten* diner ★ *we hebben tien* ~*s vandaag* there'll be ten for dinner today
eterniet *o* asbestos cement ★ *van* ~ eternite
ethaan *o* ethane
ethanol *o* ethanol
ether *m* [-s] ❶ *vloeistof & lucht* ether ❷ *RTV* air ★ *door* / *in* / *uit de* ~ over / on / off the air
etherisch *bn* ethereal
etherreclame *v* radio / television commercials
ethica, ethiek *v* ethics
ethicus *m* [-ci] ethicist
Ethiopië *o* Ethiopia
Ethiopiër *m* [-s] Ethiopian
Ethiopisch *bn* Ethiopian
Ethiopische *v* [-n] Ethiopian ★ *ze is een* ~ she's an Ethiopian, she's from Ethiopia
ethisch *bn* ethical
ethologie *v* ethology
ethyl *o* ethyl
etiket *o* [-ten] label ★ *iem. een* ~ *opplakken* stick a label on sbd
etiketteren *overg* [etiketteerde, h. geëtiketteerd] label
etiquette *v* etiquette ★ *volgens de* ~ according to etiquette
etmaal *o* [-malen] 24-hour period
etniciteit *v* ethnicity
etnisch I *bn* ethnic ★ ~*e minderheden* ethnic minorities **II** *bijw* ethnically
etnografie *v* ethnography
etnologie *v* ethnology
ets *v* [-en] etching
etsen *overg* [etste, h. geëtst] etch
ettelijke *telw* a number of, innumerable ★ ~ *malen* many times
etter I *m* pus, matter, purulent discharge **II** *m* [-s], **etterbak** [-ken] *vervelend persoon* inf nuisance, rotter, pain in the neck / arse/Am ass
etterbuil *v* [-en] ❶ abscess ❷ *vervelend persoon* inf creep, nuisance

etteren *onoverg* [etterde, h. geëtterd] ❶ *etter afscheiden* fester, suppurate, ulcerate, run ❷ *vervelend doen* inf be a pain in the neck ❸ *vergeefs zwoegen* inf slave
etude *v* [-s] muz study, etude
etui *o* [-s] case
etymologie *v* [-gieën] etymology
etymologisch *bn* etymological
EU *v* (Europese Unie) EU, European Union
eucalyptus *m* [-sen] eucalyptus, eucalypt
eucharistie *v* RK Eucharist
eucharistieviering *v* [-en] celebration of the Eucharist
eufemisme *o* [-n] euphemism
eufemistisch *bn* euphemistic
euforie *v* euphoria
euforisch *bn* euphoric
eugenese, eugenetica *v* eugenics
EU-ingezetene *m-v* [-n] EU inhabitant
eunuch *m* [-en] eunuch
Euratom *v* (Europese Gemeenschap voor Atoomenergie) Euratom
Eurazië *o* Eurasia
euro *m* ['s] valuta euro, European euro
eurocent *m* [-en] valuta eurocent
euroland *o* [-en] ❶ *met euro* euro country ❷ *eurozone* Euroland
euromarkt *v* Common Market
Europa *o* Europe
Europacup *m* [-s] sp European Cup
Europarlement *o* European Parliament
Europarlementariër *m* [-s] member of the European Parliament, Euro MP
Europeaan *m* [-peanen] European
Europees *bn* European ★ *de* ~ *commissaris* the European Commissioner ★ *het* ~ *Hof van Justitie* the European Court of Justice ★ *(de)* ~ *kampioen* the European Champion ★ *het* ~ *landbouwbeleid* the CAP / Common Agricultural Policy ★ *het* ~ *merkenbureau* the European Trade Mark Office ★ *de Europese Centrale Bank* the European Central Bank ★ *de Europese Commissie* the European Commission ★ *het Europese Gerechtshof* the European Court of Justice ★ *eff een Europese optie* a European option, a European-style option ★ *de Europese Raad* the European Council ★ *de Europese Rekenkamer* the European Court of Auditors ★ *de Europese Unie* the European Union
Europese *v* [-n] European
eustachiusbuis *v* [-buizen] Eustachian tube
euthanasie *v* euthanasia, mercy killing
euvel I *o* [-en &-s] ❶ fault ★ *aan hetzelfde* ~ *mank gaan* suffer from the same defect ❷ evil **II** *bn* ★ ~*e moed* insolence **III** *bijw* ★ ~ *duiden* take amiss, take in bad part ★ *duid het mij niet* ~ don't blame me
evacuatie *v* [-s] evacuation
evacué *m* [-s], **evacuee** *v* [-s] evacuee
evacueren *overg* [evacueerde, h. geëvacueerd] ❶ *ontruimen* evacuate ⟨a place⟩ ❷ *wegzenden* invalid

home, send home ‹wounded soldiers›

evaluatie *v* [-s] evaluation

evalueren *overg* [evalueerde, h. geëvalueerd] evaluate

evangelie *o* [-liën & -s] gospel ★ *het ~ van Johannes* the Gospel according to St John

evangelisatie *v* evangelization, mission work

evangelisch *bn* evangelical

evangeliseren *overg* [evangeliseerde, h. geëvangeliseerd] evangelize

evangelist *m* [-en] evangelist

even I *bn* even ★ *~ of on~* even or uneven ▼ *het is mij om het ~* it is all the same / all one to me ▼ *om het ~ welk* no matter what, whichever ▼ *om het ~ wie* no matter who, whoever **II** *bijw* ❶ *gelijk* equally ★ *~... als...* as... as... ★ *zij is ~ oud als ik* she is the same age as me ★ *overal ~ breed* of uniform breadth ★ *een ~ groot aantal* an equal number ★ *zij zijn ~ groot* they are equally tall, they are the same size ❷ *eventjes* just ★ *~ aangaan bij iem.* just drop in on sbd ★ *wacht ~* wait a minute / bit ★ *haal eens ~...* just go and fetch me... ★ *zet jij het vuilnis ~ buiten?* would you please put the rubbish out? ★ *~ voor achten* just before eight ★ *als het ~ kan* if it's at all possible

, **evenaar** *m* [-s] ❶ *equator* equator ❷ *v. weegschaal* index, tongue

evenals *voegw* (just) as, (just) like

evenaren *overg* [evenaarde, h. geëvenaard] equal, match, be a match for, come up to ★ *iem. in iets ~* be a match for sbd

evenbeeld *o* [-en] image, likeness

eveneens *bijw* also, likewise, as well

evenement *o* [-en] event

evengoed *bijw* ❶ *eveneens* as well ❷ *ook, net zo goed* just as well ★ *men zou ~ goed kunnen zeggen dat...* you could just as well say that... ❸ *niettemin* all the same, nevertheless ★ *~ denk ik dat...* nevertheless I think that...

evenknie *v* [-knieën] equal ★ *iems. ~ zijn* be someone's equal

evenmin *bijw* no more ★ *~ te vertrouwen als...* no more to be trusted than... ★ *en zijn broer ~* nor his brother

evenredig *bn* proportional, in proportion to ★ ‹met / in dezelfde verhouding› *~ aan* proportional to ★ *omgekeerd / recht ~ met* inversely / directly proportional to ★ *~e vertegenwoordiging* proportional representation

evenredigheid *v* [-heden] proportion

eventjes *bijw* just, only just, (just) a minute ★ *wacht ~* hang on for a moment ★ *iron het kostte maar ~* € 25.000 it cost a mere € 25,000

eventualiteit *v* [-en] contingency, possibility ★ *op alle ~en voorbereid zijn* be prepared for every eventuality

eventueel I *bn mogelijk* any ‹expenses›, possible ‹defeat›, potential ‹buyer› ★ *eventuele onkosten worden vergoed* (any / your) expenses will be reimbursed ★ *de eventuele schade wordt vergoed* the

damage, if any, will be reimbursed ★ *de eventuele mogelijkheid van herziening van dat recht* the off chance of that right being revised, in the event of that right being revised **II** *bijw* ❶ *in voorkomend geval* this being the case ★ *mocht hij ~ weigeren...* should he refuse... ❷ *zo nodig* if necessary ★ *~ ben ik wel bereid om...* if necessary I am prepared to...

---

eventueel
wordt niet vertaald als **eventual** of **eventually**. Eventual, eventually betekent **uiteindelijk, tenslotte.**

---

evenveel *onbep telw* as much, as many ★ *~ als* just as many as

evenwel *bijw* nevertheless, however, yet, still

evenwicht *o* balance, equilibrium, (equi)poise ★ *het staatkundig ~* the balance of power ★ *een wankel ~* an uneasy balance ★ *het ~ bewaren* keep one's balance ★ *het ~ herstellen* redress / restore the balance ★ *het ~ verliezen* lose one's balance ★ *het ~ verstoren* upset the balance ★ *in ~* in equilibrium, evenly balanced ★ *in ~ brengen* bring into equilibrium / balance ★ *in ~ houden* keep in equilibrium / balance ★ *uit zijn ~* off-balance

evenwichtig *bn* ❶ well balanced ❷ *fig* level-headed

evenwichtigheid *v* ❶ balance, equilibrium ❷ *v. karakter* composure, balance

evenwichtsbalk *m* [-en] balance beam

evenwichtsleer *v* statics

evenwichtsorgaan *o* [-ganen] organ of balance

evenwichtsstoornis *v* [-sen] vertigo, disturbance of equilibrium, equilibrium disturbance

evenwijdig *bn* parallel ★ *een ~e lijn* a parallel (line) ★ *~ lopen* run parallel

evenzeer *bijw* ❶ *in even hoge mate* as much, as greatly ❷ *eveneens* likewise, also

evenzo *bijw* likewise ★ *~ groot als...* (just) as large as... ★ *zijn broer ~* his brother as well, his brother too

evergreen *m* [-s] ❶ *plant* evergreen ❷ *lied* evergreen

everzwijn *o* [-en] wild boar

evident *bn* obvious, evident, plain, clear

evidentie *v* [-s] obviousness, clarity

evocatie *v* [-s] evocation

evolueren *onoverg* [evolueerde, is geëvolueerd] evolve

evolutie *v* [-s] evolution

evolutieleer, evolutietheorie *v* theory of evolution

ex I *voorz* ex ★ ‹bij aandelenkoers› *~ alle rechten* ex all ★ *~ bonus / dividend* ex bonus / dividend ★ *~ claim* ex rights, ex new, ex claim **II** *m-v* [-en] ex

ex- *voorv* ex, late, past, sometime ‹president &›

exact *bn nauwkeurig* precise, exact ★ *de ~e wetenschappen* the exact sciences

ex aequo *bijw* equal, joint ★ *~ op de derde plaats eindigen* finish joint third

exaltatie *v* [-s] exaltation

examen *o* [-s & -mina] exam, examination ★ *een mondeling / schriftelijk ~* an oral / a written exam ★ *~ afleggen* sit for an exam ★ *~ afnemen* examine ★ *ik* ga ~ *doen* I'm going to sit / do an exam ★ *voor zijn ~ slagen / zakken* pass / fail (one's exam)

examenvak *o* [-ken] examination subject

examenvrees *v* exam nerves, exam jitters

examinator *m* [-s & -toren] examiner

examineren *overg en onoverg* [examineerde, h. geëxamineerd] examine (*in* on)

Exc. *afk* (Excellentie) Excellency

excellent *bn* excellent

excellentie *v* [-s] excellency ★ *ja, Excellentie* yes, Your Excellency

excelleren *onoverg* [excelleerde, h. geëxcelleerd] excel (in / at)

excentriciteit *v* [-en] eccentricity, oddity

excentriek I *bn* eccentric(al) **II** *o* [-en] <u>techn</u> eccentric

excentriekeling *m* [-en] eccentric, <u>inf</u> freak

excentrisch *bn* eccentric

exceptie *v* [-s] ❶ exception ❷ <u>jur</u> objection, exception, preliminary objection, bar

exceptioneel *bn* exceptional, unusual

exces *o* [-sen] excess, ‹v. uitgaven› extravagance

excessief *bn* excessive, extravagant, exorbitant ‹price›

exclusief I *bn* exclusive ★ *een ~ gesprek* an exclusive interview ★ *sieraden van een ~ design* exclusively designed jewellery ★ *de exclusieve rechten* the sole rights **II** *bijw niet inbegrepen* exclusive of..., excluding...,...not included, extra ★ *bedragen zijn ~ btw* prices do not include VAT

exclusiviteit *v* exclusiveness, exclusivity

excommunicatie *v* [-s] excommunication

excommuniceren *overg* [excommuniceerde, h. geëxcommuniceerd] excommunicate

excrement *o* [-en] excrement

excursie *v* [-s] excursion

excuseren I *overg* [excuseerde, h. geëxcuseerd] excuse **II** *wederk* [excuseerde, h. geëxcuseerd] ★ *zich ~* ‹verontschuldigingen maken› excuse oneself, make one's excuses, apologize, ‹afwezigheidsbericht sturen› send an excuse

excuus *o* [-cuses] excuse, apology ★ *excuses aanbieden* apologize, offer one's excuses ★ *hij maakte zijn ~* he apologized ★ *ik vraag u ~* I beg your pardon, please forgive me ★ *dat is geen ~* that's no excuse ★ *een slap ~* a feeble excuse

executeren *overg* [executeerde, h. geëxecuteerd] ❶ *terechtstellen* execute ❷ *uitvoeren* enforce, carry out, to out into effect, foreclose ❸ *(doen) verkopen* sell sbd.'s goods under execution ❹ *v. hypotheek* foreclose

executeur *m* [-s] executor

executeur-testamentair *m* [executeurs-testamentair] executor

executie *v* [-s] ❶ *strafvoltrekking* execution ❷ *inbeslagneming* execution, ‹van hypotheek› foreclosure ★ *bij ~ laten verkopen* sell under execution ★ *~ van vonnis* execution, enforcement ★ *parate ~* foreclosure without recourse to the courts, ± summary execution ★ *een uitstel van ~* ‹ook v. doodstraf› a stay of execution

executieve *v* [-n] *deelregering* <u>ZN</u> Executive Council

executiewaarde *v* ‹onr. goed› value under liquidation

exegeet *m* [-geten] exegete

exegese *v* [-n] exegesis

exemplaar *o* [-plaren] ❶ specimen, example ★ *'t is me een ~!* he's a fine one ❷ *afdruk* copy ‹of a book &›

exemplarisch *bn* exemplary, illustrative, representative

exerceren *onoverg en overg* [exerceerde, h. geëxerceerd] drill, exercise ★ *aan het ~* at drill

exercitie *v* [-s] drill

exercitieterrein *o* [-en] parade ground

exhaleren *overg en onoverg* [exhaleerde, h. geëxhaleerd] exhale, breathe out

exhibitionisme *o* exhibitionism

exhibitionist *m* [-en] exhibitionist

exhibitionistisch *bn* exhibitionist

existentialisme *o* existentialism

existentialist *m* [-en] existentialist

existentialistisch *bn* existentialist

existentie *v* existence

existentieel *bn* existential

ex libris *o* [-sen] ex-libris, bookplate

exodus *m* exodus

exogeen *bn* exogenous

exoot *m* [exoten] *plant of dier* exotic

exorbitant *bn* exorbitant ‹price›, excessive ‹costs›

exorcisme *o* exorcism

exorcist *m* [-en] exorcist

exotisch *bn* exotic

expanderen *onoverg* [expandeerde, h. en is geëxpandeerd] expand

expansie *v* expansion

expansiedrang *m* urge for expansion, expansionism, imperialism

expansiepolitiek *v* policy of expansion, expansionist policy

expansievat *o* [-vaten] expansion tank

expatriate *m-v* [-s] *in het buitenland wonende* expatriate, <u>inf</u> expat

expatriëren *overg en onoverg* [expatrieerde, h. en is geëxpatrieerd] expatriate, deport

expediëren *overg* [expedieerde, h. geëxpedieerd] forward, send, dispatch, ship

expediteur *m* [-s & -en] forwarder, forwarding / shipping agent, haulage / transport contractor

expeditie *v* [-s] ❶ *verzending* forwarding, dispatch, shipping ❷ *tocht* expedition

expeditiekosten *zn* [mv] forwarding charges

experiment *o* [-en] experiment ★ *een ~ uitvoeren* conduct an experiment

experimenteel *bn* experimental

experimenteren *onoverg* [experimenteerde, h. geëxperimenteerd] experiment

expert *m* [-s] ❶ *deskundige* expert

❷ *verzekeringsdeskundige* appraiser, assessor, surveyor

expertise *v* [-s & -n] ❶ *onderzoek* appraisement, survey ★ *een ~ houden* make an (expert) assessment ❷ *rapport* certificate of survey ❸ *deskundigheid* expertise

expertsysteem *o* [-temen] computt expert system

expiratiedatum *m* [-s &-data] *afloopdatum* expiry date, Am date of expiry / expiration, expiration date

expireren *overg* [expireerde, h. geëxpireerd] *uitademen* breathe out **II** *onoverg* [expireerde, is geëxpireerd] ❶ *sterven* expire, die ❷ *aflopen* finish

explicatie *v* [-s] explanation

expliciet *bn* explicit

expliciteren *overg* [expliciteerde, h. geëxpliciteerd] state explicitly

exploderen *onoverg* [explodeerde, is geëxplodeerd] explode

exploitabel *bn* exploitable

exploitant *m* [-en] operator, ‹vergunninghouder› licensee, ‹eigenaar› owner, proprietor

exploitatie *v* [-s] exploitation, working, operation, management, development ★ *in ~ brengen* put into operation ★ *in ~ hebben* operate ★ *in ~ zijn* be operating, be working, be in working order

exploitatiekosten *zn* [mv] working expenses, operating costs, running costs

exploiteren *overg* [exploiteerde, h. geëxploiteerd] ❶ exploit, work, run, operate ★ *een mijn ~* work a mine ★ *een hotel ~* run a hotel ❷ *fig* trade on ‹sbd's credulity or goodwill› ★ *iem. ~* exploit sbd, use sbd

exploot *o* [-ploten] writ ★ *iem. een ~ betekenen* serve a writ upon sbd

exploratie *v* [-s] ❶ exploration ❷ *mijnbouw* prospecting

exploreren *overg* [exploreerde, h. geëxploreerd] ❶ explore ❷ *mijnbouw* explore, prospect

explosie *v* [-s] explosion

explosief I *bn* explosive ★ *explosieve stoffen* explosives ★ *explosieve groei* explosive growth **II** *o* [-sieven] explosives **III** *m* [-sieven] taalk plosive

explosiegevaar *o* risk of explosion

explosiemotor *m* [-toren] internal combustion engine

exponent *m* [-en] exponent

exponentieel I *bn* exponential ★ *exponentiële groei* exponential growth **II** *bijw* exponentially ★ *~ groeien* grow exponentially

export *m* ❶ *het exporteren* exportation, export(ing) ❷ *exportproduct* export (product)

exportartikel *o* [-en & -s] export article

exporteren *overg* [exporteerde, h. geëxporteerd] export

exporteur *m* [-s] exporter

exportoverschot *o* [-ten] export surplus

exportpapieren *zn* [mv] export papers, documents

exportvergunning *v* [-en] export permit, export licence/Am license

exposant *m* [-en] exhibitor

exposé *o* [-s] account ★ *een ~ geven* give a talk

exposeren *overg* [exposeerde, h. geëxposeerd] exhibit, show

expositie *v* [-s] ❶ *tentoonstelling* exhibition, exposition, show ❷ muz & letterk exposition

expositieruimte *v* [-n, -s] exhibition space

exposure *m* [-s] exposure

expres I *bijw* ❶ *met opzet* on purpose, deliberately, intentionally ★ *ik deed het niet ~* I didn't mean to do it, I didn't do it on purpose ❷ *met het doel* expressly, for the purpose of **II** *m* [-sen] *trein* express

expresbrief *m* [-brieven] express letter

expresse I *m* [-n] *bode* courier ★ *per ~ versturen* send by express delivery / mail **II** *v* [-n] *brief* express-delivery letter

expressepost *v* express mail, express post

expressezending *v* [-en] express post

expressie *v* [-s] expression

expressief *bn* expressive

expressionisme *o* expressionism

expressionist *m* [-en] expressionist

expressionistisch *bn* expressionist ‹painter, painting›, expressionistic

expressiviteit *v* expressiveness, expressivity

exprestrein *m* [-en] express (train)

exquis *bn* exquisite

extase *v* ecstasy, rapture ★ *in ~* enraptured, ecstatic ★ *in ~ raken* go into raptures ‹over sth› ★ *in ~ zijn* be ecstatic

extatisch *bn* ecstatic

extensie *v* [-s] extension

extensief *bn* ❶ extensive ❷ jur liberal

extenso *zn* → **in extenso**

exterieur *o* exterior

extern I *bn* ❶ *niet inwonend* non-resident ★ *~e leerlingen* day pupils ❷ *het uitwendige betreffend, van buiten komend* external, outside ★ *een ~e commissaris* an outside director ★ computt *een ~ geheugen* an external memory **II** *zn* [mv] ★ *de ~en* the day pupils

extra I *bn* extra, special, additional ★ *iets ~'s* sth extra **II** *bijw* extra, more ★ *dat kost een euro ~* that will cost one euro extra ★ *~ zijn best doen* do one's very best **III** *o* ['s] extra ★ *~'s* extras

extraatje *o* [-s] ❶ extra ❷ *meevaller* a bonus

extract *o* [-en] ❶ extract ❷ *uittreksel* extract, excerpt

extraheren *overg* [extraheerde, h. geëxtraheerd] extract

extramuraal *bn* extramural

extraneus *m* [-nei] external student

extraordinair *bn* extraordinary

extrapolatie *v* [-s] extrapolation, projection

extrapoleren *overg* [extrapoleerde, h. geëxtrapoleerd] extrapolate

extraterritoriaal *bn* exterritorial, extraterritorial

extravagant *bn* extravagant ‹behaviour›, exorbitant ‹prices›

extravert I *bn* extrovert **II** *m* [-en] extrovert

extreem I *bn* extreme **II** *o* [-tremen] extreme

extreemlinks *bn* pol ultra left-wing, far left
extreemrechts *bn* pol ultra right-wing, far right
extremisme *o* extremism
extremist *m* [-en] extremist
extremistisch *bn* extremist
extremiteit *v* [-en] extremity
exuberant *bn* exuberant
eyeliner *m* [-s] eyeliner
ezel *m* [-s] ❶ *dier* ass, donkey ★ *een ~ stoot zich geen tweemaal aan d~fde steen* once bitten twice shy ❷ *dom mens* ass ❸ *v.e. schilder* easel
ezelen *onoverg* [ezelde, h. geëzeld] snap
ezelsbrug *v* [-gen], **ezelsbruggetje** *o* [-s] memory aid, mnemonic
ezelsoor *o* [-oren] ❶ *v. ezel* ass's ear ❷ *in boek* dog ear ★ *een boek met ezelsoren* a dog-eared book
e-zine *o* [-s] *elektronisch tijdschrift* e-zine

F

f *v* ['s] ❶ *letter* f ❷ muz f, F
fa *v* ['s] muz fa(h), f
fa. *afk* (firma) Messrs ★ *Fa. Sotheby's* Messrs Sotheby's
faalangst *m* fear of failure
faam *v* ❶ *roem* fame ❷ *reputatie* reputation
fabel *v* [-en & -s], **fabeltje** *o* [-s] ❶ *dierenverhaal* fable ❷ *verzinsel* myth, fabrication, fiction
fabelachtig *bn* fabulous
fabricaat *o* [-katen] make ★ *van buitenlands ~* foreign made ★ *van Nederlands ~* Dutch made, made in the Netherlands ★ *een auto van Frans ~* a French car, a French-made car
fabricage, **fabricatie** *v* manufacture
fabriceren *overg* [fabriceerde, h. gefabriceerd] ❶ *in een fabriek* manufacture, produce ❷ *maken, in elkaar zetten* make, construct ❸ *verzinnen* fabricate, invent
fabriek *v* [-en] factory, works, mill, plant
fabrieken *overg* [fabriekte, h. gefabriekt] knock together, run up
fabrieksarbeider *m* [-s] (factory) hand, factory worker
fabrieksfout *v* [-en] manufacturing fault
fabrieksgeheim *o* [-en] trade secret
fabriekshal *v* [-len] ❶ factory (building) ❷ *werkplaats* shop floor
fabrieksmerk *o* [-en] trade mark
fabriekspoort *v* [-en] factory gate
fabrieksprijs *m* [-prijzen] factory price, cost price
fabrieksschoorsteen *m* [-stenen] factory chimney
fabrieksterrein *o* [-en] factory site
fabriekswerk *o* machine-made article(s)
fabrikant *m* [-en] ❶ *producent* manufacturer ❷ *fabriekseigenaar* factory owner, mill owner
fabuleus *bn* fabulous
façade *v* [-s & -n] facade, front ★ *achter een ~ van zelfverzekerdheid* behind the self-confidence
facelift *m* [-s] facelift
facet *o* [-ten] ❶ *geslepen vlak* facet ❷ *aspect* facet, aspect
facetoog *o* [-ogen] compound eye
facie *o & v* [-s] face, inf mug
facilitair *bn* ★ *een ~ bedrijf* a technical service company ★ *~ beheer / management* technical / systems support management
faciliteit *v* [-ten] facility ★ *voorzien van tal van ~en* equipped with all facilities
faciliteitengemeente *v* [-n & -s] Belg Belgian municipality offering special facilities for linguistic minorities
facsimile *o* ['s] facsimile
factie *v* [-s & -tiën] faction
factor I *m* [-toren] ook wisk factor ★ *erfelijke ~en* hereditary factors **II** *m* [-s] handel agent, representative
factoranalyse *v* factor analysis

ex

factorij *v* [-en] <u>hist</u> factory, trading post
factoring *m* *uitbesteden van het incasseren van vorderingen* factoring
factotum *o & m* [-s] factotum
factureren *overg* [factureerde, h. gefactureerd] invoice, bill
facturering *v* billing, invoicing ★ *~ naar gelang voortgang werk* progress-related billing / invoicing
factuur *v* [-turen] <u>handel</u> invoice, bill ★ *een ~ uitschrijven* make out an invoice ★ *een inkomende / uitgaande ~* an incoming / outgoing invoice ★ *een openstaande / uitstaande ~* an outstanding invoice ▼ <u>ZN</u> *zijn facturen presenteren* present the bill
factuurdatum *m* [-s & -data] date of invoice
factuurnummer *o* [-s] invoice number
facultair *bn* relating to a faculty ★ *~e dienstverlening* technical service provision
facultatief *bn* optional, elective
faculteit *v* [-en] faculty ★ *de ~ der letteren* the Faculty of Arts ★ *de medische ~* the Faculty of Medicine ★ *de juridische ~* the Faculty of Law / Law Faculty
fading *m* <u>RTV</u> fading
fagot *m* [-ten] bassoon
Fahrenheit *m* Fahrenheit
failliet I *bn* bankrupt, ‹rechtspersonen› <u>Br</u> insolvent ★ *de ~e boedel / massa* the bankrupt's estate ★ *~ gaan* go / become bankrupt, go out of business, <u>inf</u> go bust ★ *iem. ~ verklaren* declare sbd bankrupt **II** *m* [-en] bankrupt **III** *o* failure, collapse, bankruptcy
faillietverklaring *v* [-en] declaration of bankruptcy, ‹rechtspersonen› <u>Br</u> insolvency order
faillissement *o* [-en] bankruptcy, failure, ‹van bedrijven› <u>Br</u> (compulsory) liquidation / winding up ★ *zijn ~ aanvragen* file a petition for bankruptcy ★ *het ~ beëindigen* terminate the bankruptcy proceedings ★ *in staat van ~ verkeren* be bankrupt, be in a state of bankruptcy ★ *uitspreken van ~* declare bankrupt
faillissementsaanvraag, faillissementsaanvrage *v* [-vragen] bankruptcy petition ★ *een ~ indienen* institute bankruptcy proceedings ★ *een eigen ~* a voluntary bankruptcy petition
faillissementswet *v* [-ten] Bankruptcy Act
fair *bn* fair
fait accompli *o* [faits accomplis] fait accompli
faken *overg* [fakete, h. gefaket] fake
fakir *m* [-s] fakir
fakkel *v* [-s] torch
fakkeldrager *m* [-s] torchbearer
fakkelloop *m* [-lopen] torch race
fakkeloptocht, fakkeltocht *m* [-en] torchlight procession
falafel *m* [-s] falafel
falanx *v* [-en] phalanx
falen *onoverg* [faalde, h. gefaald] ❶ *tekortschieten* fail, make a mistake / an error of judgement/<u>Am</u> judgment, err ❷ *mislukken* fail, miscarry
falie *v* [-s] ★ *iem. op zijn ~ geven* give sbd a good

hiding ★ *op zijn ~ krijgen* get a good hiding
faliekant *bijw* utterly, completely ★ *~ verkeerd* completely / all wrong ★ *~ tegen iets zijn* be absolutely / completely against sth
fallisch *bn* phallic
fall-out *m* fallout
fallus *m* [-sen] phallus
fallussymbool *o* [-bolen] phallic symbol
falset *m & o* [-ten] falsetto
falsetstem *v* [-men] falsetto (voice)
falsificatie *v* [-s] ❶ *vervalsing* forgery ❷ *ontkrachting* refutation
falsificeren *overg* [falsificeerde, h. gefalsificeerd], **falsifiëren** [falsifieerde, h. gefalsifieerd] ❶ *vervalsen* forge ❷ *in de wetenschap* falsify
fameus I *bn* famous, much talked-of ★ *het is ~!* it's remarkable! ★ *een ~ restaurant* a well-known / famous restaurant ★ *een ~ fortuin* a huge fortune **II** *bijw* splendidly, gloriously
familiaal *bn* of the family
familiair *bn* familiar, informal ★ *~ met iem. zijn* be on familiar terms with sbd ★ *al te ~ met iem. omgaan* be too familiar / overly intimate with sbd
familie *v* [-s] family, relations, relatives ★ *de Koninklijke ~* the royal family ★ *de ~ Schippers* the Schippers family ★ *zijn ~* his relations / family ★ *ik ben ~ van hem* I'm related to him ★ *van goede ~* of good family, well connected ★ *~ en vrienden* family and friends ★ *het zit in de ~* it's in the family ★ *dat komt in de beste ~s voor* that happens in the best of families
familieaangelegenheid *v* [-heden] family affair, domestic matter
familieband *m* [-en] family tie
familiebedrijf *o* [-drijven] family business, family firm
familieberichten *zn* [mv] births, marriages and deaths ‹column›
familiebezit *o* family property, estate
familiebezoek *o* [-en] visit to relatives, visit from relatives
familiegraf *o* [-graven] family vault, family grave
familiekring *m* [-en] family circle, domestic circle
familiekwaal *v* [-kwalen] family complaint, hereditary disease
familieleven *o* family life
familielid *o* [-leden] member of the family, relation, relative ★ *familieleden* family members, <u>inf</u> folks
familienaam *m* [-namen] surname, family name
familieomstandigheden *zn* [mv] family circumstances, domestic affairs
familieportret *o* [-ten] family portrait
familiereünie *v* [-s] family reunion
familiestuk *o* [-ken] ❶ *voorwerp* heirloom ❷ *schilderij* family portrait
familietrek *m* [-ken] family trait
familietwist *m* [-en] family quarrel
familiewapen *o* [-s] <u>herald</u> family arms
familieziek *bn* clannish, excessively fond of one's

fa

family

fan I m [-s] ventilator fan, ventilator **II** m-v [-s] liefhebber, bewonderaar fan ★ een film~ a film fan, a film lover

fanaat m [-naten], **fanaticus** [-ci] fanatic, ‹m.b.t. religie, politiek› zealot

fanatiek bn fanatical, ‹m.b.t. religie, politiek› zealous

fanatiekeling m [-en] fanatic

fanatisme o fanaticism

fanclub v [-s] fan club

fancy fair m [-s] bazaar, fête, jumble sale, trash and treasure

fanfare v [-n & -s] ❶ muziekstuk fanfare ❷ korps brass band

fanmail m fan mail

fantaseren I overg [fantaseerde, h. gefantaseerd] ❶ invent, dream up ❷ muz improvise **II** onoverg [fantaseerde, h. gefantaseerd] ❶ imagine things, fantasize (about) ❷ muz improvise

fantasie v [-sieën] ❶ voorstellingsvermogen fantasy, imagination ★ in mijn ~ in my imagination ❷ voorstelling fantasy, fanciful idea, afkeurend fabrication ★ de cijfers zijn louter ~ the figures are pure fiction / have been completely invented

fantasieloos bn unimaginative

fantasievol bn imaginative

fantast m [-en] dreamer, visionary, afkeurend storyteller

fantastisch I bn ❶ ingebeeld imagined ❷ met sterke verbeeldingskracht fanciful ‹project, writer›, visionary ❸ zeer goed great, wonderful, terrific, fantastic ★ dat is ~! that's fantastic! **II** bijw versterkend great ★ ~ (goed / mooi) marvellous, wonderful, terrific, great

fantoom o [-tomen] phantom

fantoompijn v [-en] phantom-limb pain

fanzine het [-s] fanzine

farao m ['s] Pharaoh

farce v [-n & -s] ❶ schijnvertoning farce, mockery ❷ vulling in spijzen stuffing

farceren overg [farceerde, h. gefarceerd] stuff

farizeeër m [-s] ❶ Pharisee ❷ fig ook hypocrite

farizees, farizeïsch bn Pharisaic

farmaceut m [-en] (pharmaceutical) chemist

farmaceutica zn [mv] pharmacy

farmaceutisch bn pharmaceutical

farmacie v pharmacy

farmacologie v pharmacology

fascinatie v fascination

fascineren overg [fascineerde, h. gefascineerd] fascinate, intrigue

fascinerend bn ❶ fascinating ❷ fig fascinating, magnetic, intriguing, engrossing

fascisme o fascism

fascist m [-en] fascist

fascistisch bn fascist

fascistoïde bn fascistic

fase v [-s & -n] phase, stage, period

faseren overg [faseerde, h. gefaseerd] ❶ phase

❷ v. vakanties stagger

fastfood m fast food

fastfoodrestaurant o [-s] fast food restaurant

fat m [-ten] dandy, fop, inf swell

fataal I bn fatal **II** bijw fatally

fatalisme o fatalism

fatalist m [-en] fatalist

fatalistisch bn fatalistic

fataliteit v [-en] fatality

fata morgana v ['s] mirage, alleen dicht Fata Morgana

---

fata morgana
Het gewone Engelse woord is **mirage**. **Fata Morgana** (met hoofdletters) bestaat wel, maar wordt alleen in dichterlijke taal gebruikt.

---

fatsoen o ❶ beleefdheid decorum, decency, (good) manners ★ zijn ~ houden behave (decently) ★ zijn ~ ophouden keep up appearances ★ met (goed) ~ decently ★ erg op zijn ~ zijn be a stickler for good manners ★ uit ~ for form's sake ★ voor zijn ~ for the sake of decency, to keep up appearances ❷ naam respectability

fatsoeneren overg [fatsoeneerde, h. gefatsoeneerd] fashion, shape, (re)model

fatsoenlijk I bn ❶ behoorlijk decent, fair ★ een ~ salaris a decent salary ❷ net decent, respectable ★ de ~e armen the deserving poor ★ ~e armoede shabby gentility ❸ v. buurt reputable **II** bijw ❶ op de juiste manier properly ★ hij kan niet eens ~ een hamer vasthouden he's got two left hands, he doesn't even know how to hold a hammer properly ❷ net respectably, decently ★ zich ~ gedragen behave (oneself)

fatsoenlijkheid v respectability, decency

fatsoenshalve bijw for decency's sake

fatsoensrakker m [-s] stickler for proprieties

fatterig bn foppish, dandified

fatum o [-ta] fate

fatwa m ['s] fatwa

faun m [-en] faun

fauna v fauna

fauteuil m [-s] ❶ stoel armchair, easy chair ❷ rang in theater seat in the stalls

favoriet I bn favourite, Am favorite **II** m [-en] favourite, Am favorite ★ hij is ~ he is the favourite

fax m [-en] apparaat, verzonden bericht fax

faxen overg [faxte, h. gefaxt] fax

faxnummer o [-s] fax number

faxpapier o fax paper

faxrol v [-len] fax roll

fazant m [-en] pheasant

februari m February ★ in ~ in February ★ op tien ~ on the tenth of February ★ begin / midden / eind ~ at the beginning of / in the middle of / at the end of February

fecaliën, feces zn [mv] faeces, Am feces

federaal bn federal

federalisme *o* federalism
federalist *m* [-en] federalist
federatie *v* [-s] federation
federatief *bn* federative
fee *v* [feeën] fairy
feedback *m* feedback
feeëriek *bn* fairy-like
feeks *v* [-en] shrew, vixen
feeling *v* feeling ★ *~ hebben voor* have a feeling for
feest *o* [-en] ❶ *festiviteit* feast, festival, festivity, fête ❷ *feestje, fuif* party ★ *een ~ geven* give / throw a party ❸ *genot* feast ★ *een waar ~* a treat
feestavond *m* [-en] social evening, <u>form</u> gala night
feestcommissie *v* [-s] entertainment committee
feestdag *m* [-dagen] ❶ feast day, festive day, (bank) holiday ★ *op zon- en ~en* on Sundays and public holidays ❷ *kerkelijk* holy day
feestelijk I *bn* festive ★ *alles zag er ~ uit* everything looked very festive **II** *bijw* ★ <u>iron</u> *dank je ~!* thanks a bundle!
feesten *onoverg* [feestte, h. gefeest] celebrate, have a party, <u>inf</u> party
feestganger *m* [-s] partygoer
feestgedruis *o* revelry, party hubbub
feestje *o* [-s] party
feestmaal *o* [-malen], **feestmaaltijd** *m* [-en] ❶ <u>form</u> banquet ❷ *kerstdiner &* dinner
feestneus *m* [-neuzen] ❶ *neus* false nose ❷ *persoon* reveller, buffoon
feestnummer *o* [-s] ❶ *tijdschrift &* anniversary number, special issue ❷ *persoon* reveller, avid partygoer
feeststemming *v* festive mood
feestterrein *o* [-en] festive grounds
feestvarken *o* [-s] ❶ toast of the party ❷ *verjaardag* birthday boy / girl
feestverlichting *v* fairy lights, illuminations, festive lighting
feestversiering *v* [-en] (party) decorations
feestvieren *onoverg* [vierde feest, h. feestgevierd] celebrate, have a party, <u>inf</u> party
feestviering *v* [-en] celebrations
feestvreugde *v* gaiety, fun
feestzaal *v* [-zalen] banqueting hall, reception / party hall
feilbaar *bn* fallible, liable to error
feilen *onoverg* [feilde, h. gefeild] err, make a mistake
feilloos I *bn* unerring ‹ability›, infallible ‹memory›, faultless / flawless ‹technique› **II** *bijw* instinctively, unerringly ★ *iets ~ aanvoelen* feel sth instinctively
feit *o* [-en] fact, ‹gebeurtenis› circumstance / event ★ *in ~e* in fact ★ *het is / blijft een ~ dat* it is / remains a fact that ★ *achter de ~en aanlopen* be behind the times ★ <u>jur</u> *een voldongen ~* an accomplished fact ★ *een strafbaar ~* a punishable offence
feitelijk I *bn* actual, real ★ *de ~e macht* the real power ★ *de ~e gegevens* the factual data **II** *bijw* ❶ *in werkelijkheid* actually, as a matter of fact, in point of

fact, in fact ❷ *in wezen* virtually, de facto
feitenkennis *v* factual knowledge
feitenmateriaal *o* body of facts, factual material, factual evidence
fel I *bn* fierce ★ *~le kleuren* bright colours ★ *de ~le koude* the bitter / freezing cold ★ *het ~le licht* the glaring light ★ *een ~le pijn* intense pain ★ *een ~ protest* a vehement protest ★ *een ~ temperament* a fiery temperament ★ *in de ~le zon* in the burning / blazing sun ★ *zij zijn er ~ op* they are very keen on it / adamant about it ★ *hij is er ~ tegen* he is dead set against it **II** *bijw* fiercely, brightly
felbegeerd *bn* badly wanted, much desired
felgekleurd *bn* brightly coloured, <u>afkeurend</u> gaudy, garish, loud
felgroen *bn* bright green
felheid *v* fierceness
felicitatie *v* [-s] congratulations
feliciteren I *overg* [feliciteerde, h. gefeliciteerd] congratulate (on) ★ *iem. ~ met zijn verjaardag* wish sbd a happy birthday **II** *onoverg* [feliciteerde, h. gefeliciteerd] offer one's congratulations

> **feliciteren**
> Als je iemand feliciteert met zijn verjaardag zeg je **happy birthday** of **many happy returns**; bij andere gelegenheden zeg je **congratulations**.

felrood *bn* bright red, pillar-box red
femelaar *m* [-s], **femelaarster** *v* [-s] canting / sanctimonious hypocrite
femelen *onoverg* [femelde, h. gefemeld] cant
feminisme *o* feminism
feministe *v* [-n], **feminist** *m* [-en] feminist
feministisch *bn bijw* feminist(ic) ★ *de ~e beweging* the feminist movement, Women's Lib(eration)
femme fatale *v* [femmes fatales] femme fatale
feniks *m* [-en] phoenix
fenol *o* phenol
fenomeen *o* [-menen] phenomenon
fenomenaal *bn* phenomenal, exceptional
fentanyl *het* fentanyl
feodaal *bn* feudal
feodalisme *o* feudalism, feudal system
ferm I *bn* ❶ firm, sound ★ *een ~e knaap* a smart / strapping fellow ★ *een ~e klap* a sound / hard smack, a smart blow ❷ *v. karakter* energetic, spirited, resolute **II** *bijw* resolutely ★ *~ optreden* act resolutely / firmly
fermentatie *v* fermentation
fermenteren *onoverg* [fermenteerde, h. gefermenteerd] ferment
feromoon *o* [-monen] pheromone
fervent *bn* fervent, passionate
fes *v* <u>muz</u> flat
festijn *o* [-en] feast, banquet, gala
festival *o* [-s] (musical) festival
festiviteit *v* [-en] festivity ★ *~en* festivities
festoen *o & m* [-en] ❶ *guirlande* festoon

fe

❷ *geborduurde rand* scallop

feston *o & m* [-s] ❶ *ornament* festoon ❷ *geborduurde rand* scallop

festonneren *overg* [festonneerde, h. gefestonneerd] scallop ‹handkerchiefs &›, buttonhole ‹lace›

feta *m* feta (cheese)

fêteren *overg* [fêteerde, h. gefêteerd] fête, celebrate

fetisj *m* [-en] fetish

fetisjisme *o* fetishism

fetisjist *m* [-en] fetishist

feuilletee, feuilleteedeeg *o* puff / flaky pastry

feuilleton *o & m* [-s] serial, soap

feut *m-v* [-en] fresher, freshman

fez *m* [-zen] fez

ff *bijw* just

fiasco *o* ['s] fiasco, flop ★ *een ~ worden* (zijn) be a failure, fall flat, be a fiasco

fiat *o* fiat, authorization, sanction, approval ★ ‹goedkeuren› *zijn ~ verlenen* approve, sanction

fiatteren *overg* [fiatteerde, h. gefiatteerd] ❶ *alg.* give one's fiat to, authorize, inf OK ❷ *drukwerk* pass for press

fiber *o & m* fibre

fiberglas *o* fibreglass

fibrilleren *onoverg* [fibrilleerde, h. gefibrilleerd] *samentrekken* fibrillate

fiche *o & v* [-s] ❶ *penning* counter, chip marker ❷ *v. kaartsysteem* index card, filing card

fictie *v* [-s] fiction

fictief *bn* ❶ fictitious, imaginary ★ *een fictieve naam* a fictitious / assumed name ★ *een ~ persoon* a fictitious person ★ jur *fictieve regels* artificial rules ❷ *geld, belastingen* notional, fictitious ★ *een ~ bedrag* an imaginary amount ★ *een ~ inkomen* a notional income

ficus *m* [-sen] ❶ *het plantengeslacht* ficus ❷ *de sierplant* rubber plant

fideel *bn* ❶ *hartelijk* jolly, jovial ❷ *aardig* decent ★ *dat vind ik heel ~ van je* that's very decent / generous of you

fiduciair *bn* fiduciary ★ jur *~ eigendom* fiduciary ownership ★ fin *~ geld* fiduciary money, trust money ★ fin *een ~e lening* an unsecured loan

fiducie *v* confidence, trust ★ *niet veel ~ hebben in* not have much faith in

fielt *m* [-en] rogue, rascal, scoundrel

fieltenstreek *m & v* [-streken] underhand trick

fielterig *bn* despicable

fier *bn* proud ★ *een ~e houding* a haughty bearing

fiets *m & v* [-en] bicycle, cycle, inf bike ★ *op de ~* on the bike ★ *wat heb ik nou aan mijn ~ hangen?* what's all this? what's going on?

fietsband *m* [-en] bicycle tyre/Am tire, bike tyre/Am tire

fietsbel *v* [-len] bicycle bell

fietsclub *v* [-s] cycling club

fietsen *onoverg* [fietste, h. en is gefietst] cycle, inf bike ★ *wat gaan* ~ go for a bike ride ★ ‹afstand› *twee*

uur ~ two hours away by bike ★ *die weg fietst makkelijk* it's an easy road to cycle on ★ fig *ergens tussendoor* ~ nip through / in between ★ inf *ga* ~*!* on your bike! ★ *hoe heeft hij dat voor elkaar gefietst?* how (on earth) did he wangle that?

fietsendief *m* [-dieven] bicycle thief

fietsenhok *o* [-ken] bicycle shed

fietsenmaker *m* [-s] (bi)cycle repair man, bicycle shop

fietsenrek, fietsrek *o* [-ken] ❶ bicycle stand ❷ *gebit met gaten* gappy teeth

fietsenstalling *v* [-en] bicycle garage

fietser *m* [-s] cyclist

fietsketting *m & v* [-en] bicycle chain

fietslamp *v* [-en] bicycle lamp

fietspad *o* [-paden] cycling track, cycle track, Am bikeway

fietspomp *v* [-en] bicycle pump

fietssleuteltje *o* [-s] bicycle key

fietstas *v* [-sen] bicycle bag

fietstocht *m* [-en] cycling tour, bicycle ride

fietsvakantie *v* [-s] cycling holiday

fiftyfifty *bijw* fifty-fifty ★ ~ *doen* go fifty-fifty ★ *de kansen liggen* ~ the chances are even

figurant *m* [-en] extra, nonentity

figurantenrol *m* [-len] a walk-on part, a non-speaking part

figuratief *bn* figurative

figureren *onoverg* [figureerde, h. gefigureerd] ❶ figure, act ❷ *toneel, film* walk on, have a walk-on part, be an extra

figuur *v & o* [-guren] ❶ *alg.* figure ★ *een goed ~ hebben* have a lovely figure / body ★ *een droevig / goed ~ slaan / maken* cut / make a poor / good figure ★ *zijn ~ redden* save one's face ★ *een leidend ~* a leader, an important person ★ sp *verplichte figuren* compulsory figures ❷ *verhelderende afbeelding* diagram ❸ *personage* character ‹in drama, in history›

figuurlijk *bn* figuratively

figuurzaag *v* [-zagen] fretsaw

figuurzagen I *ww* do fretwork **II** *o* fretwork

Fiji *o* ❶ *land* Fiji ❷ *taal* Fijian

fijn I *bn* ❶ *scherp* fine ★ ~ *goud* fine gold ★ *een ~e kam* a fine tooth(ed) comb ❷ *scherpzinnig* astute, discerning ❸ *v. kwaliteit* choice ‹food, wines›, exquisite ‹taste› ❹ *v. onderscheiding* nice ‹difference›, delicate ‹sense of smell›, subtle ‹distinction›, shrewd ‹remarks› ❺ *v. lichaamsdelen* delicate ❻ *prettig* nice, fine, lovely, great, cool ★ *(dat is)* ~*!* good!, inf great! cool! ★ *een ~e vent* a fine / great chap ★ *iets ~ vinden* like sth, appreciate sth ★ *ik vond het ~ je te zien* it was good to see you ❼ *beschaafd* smart ‹people›, Am inf swell ‹neighbourhood, clothes› ★ ~*e manieren* good manners ❽ *orthodox* strict **II** *o* ★ *het ~e van de zaak* the ins and outs of the matter **III** *bijw* finely

fijnbesnaard *bn* finely strung, delicate, refined

fijngebouwd *bn* slender, small-boned, ‹v. vrouwen›

petite

fijngevoelig *bn* delicate, sensitive

fijnhakken *overg* [hakte fijn, h. fijngehakt] cut / chop small, mince

fijnkauwen *overg* [kauwde fijn, h. fijngekauwd] chew up small

fijnknijpen *overg* [kneep fijn, h. fijngeknepen] squeeze

fijnkorrelig *bn* fine-grained

fijnmaken *overg* [maakte fijn, h. fijngemaakt] pulverize, crush

fijnmalen *overg* [maalde fijn, h. fijngemalen] grind (down), mince

fijnproever *m* [-s] ❶ *v. voedsel* gourmet, epicure, <u>inf</u> foodie ❷ <u>fig</u> connoisseur

fijnschrijver *m* [-s] fineliner

fijnstampen *overg* [stampte fijn, h. fijngestampt] crush, pound, pulverize, ‹aardappels› mash

fijntjes I *bijw* knowingly, smartly, cleverly, shrewdly, <u>afkeurend</u> slyly ★ *~ lachen* smile knowingly ★ *iets ~ opmerken* make a knowing comment ★ *erg ~ gekruid* delicately spiced / flavoured **II** *bn* slight, delicate, dainty

fijnwasmiddel *o* [-en] mild detergent

fijnzinnig *bn* discerning, discriminating, subtle

fijt *v & o* whitlow

fik *m* [-ken] *brand* blaze, fire ★ *in de ~ staan / steken* be / set ablaze ★ *~kie stoken* set on fire

fikken I *zn* [mv] <u>inf</u> paws, mitts ★ *blijf eraf met je ~!* keep your mitts / paws off! **II** *onoverg* [fikte, h. gefikt] *branden* burn

fiks I *bn* good, sound ★ *een ~e klap* a smart / hard blow ★ *een ~ verlies* a hefty loss **II** *bijw* well, soundly, thoroughly

fiksen *overg* [fikste, h. gefikst] *in orde brengen* fix (up)

filantroop *m* [-tropen] philanthropist

filantropie *v* philanthropy

filantropisch *bn* philanthropic

filatelie *v* philately

filatelist *m* [-en] philatelist

filatelistisch *bn* philatelic

file¹ *m* [-s] <u>comput</u> file

file² *v* [-s] row, file, line, queue, traffic jam ★ *in de ~ staan* be in a traffic jam

filen *overg* [filede, h. gefiled] file

filenieuws *o* traffic nieuws

fileparkeren *o* parallel parking

fileren *overg* [fileerde, h. gefileerd] fillet

filerijden *o* drive in line

filet *m & o* [-s] fillet ‹of fish, beef &›, undercut ‹of beef›

filevorming *v* [-en] traffic congestion, build-up of traffic, traffic jam

filharmonisch *bn* philharmonic

filiaal *o* [-ialen] ❶ branch office, branch ❷ *v. grootwinkelbedrijf* chain store

filiaalchef *m* [-s] branch manager

filiaalhouder *m* [-s] branch manager

filigraan, **filigrein** *o* filigree

filippica *v* ['s] philippic

Filippijn *m* [-en] Philippine, Filipino

Filippijnen *zn* [mv] Philippines

Filippijns *bn* Philippine ★ *de ~e peso* <u>valuta</u> the Philippine peso, the peso

Filippijnse *v* [-n] Filipino ★ *ze is een ~* she's a Filipino, she's from the Philippines

Filistijn *m* [-en] Philistine ★ ‹kapot› *naar de filistijnen* go bust, broke

film *m* [-s] ❶ *rolprent* film, (motion) picture, <u>Am</u> movie ★ *bij de ~ zijn* be in the film business/<u>Am</u> movie business ★ *naar de ~ gaan* go to the cinema, <u>Am</u> go to the movies ❷ *rolletje* film ❸ *vlies* film

filmacademie *v* [-s] film academy

filmacteur *m* [-s] film actor, <u>Am</u> movie actor

filmcamera *v* ['s] ❶ *professioneel* film camera, <u>Am</u> movie camera ❷ *voor smalfilm* cinecamera

filmen *overg* [filmde, h. gefilmd] film, <u>inf</u> shoot

filmer *m* [-s] film maker

filmfestival *o* [-s] film festival

filmhuis *o* [-huizen] film house, club cinema

filmindustrie *v* film industry, <u>Am</u> motion picture industry

filmkeuring *v* [-en] ❶ *de praktijk* film censorship ❷ *de commissie* board of film censors, viewing board

filmmaker *m* [-s] film maker

filmmuziek *v* soundtrack, score

filmopname *v* [-n] shoot, take, shot

filmploeg *v* [-en] film crew

filmregisseur *m* [-s] (film) director

filmrol *v* [-len] ❶ *v. acteur* part, role ❷ *opgerolde film* reel of film

filmster *v* [-ren] film star, <u>Am</u> movie star

filmstudio *m* ['s] film studio, <u>Am</u> motion picture studio

filologie *v* philology

filologisch *bn* philological

filoloog *m* [-logen] philologist

filosoferen *onoverg* [filosofeerde, h. gefilosofeerd] philosophize

filosofie *v* [-fieën] philosophy

filosofisch *bn* philosophical

filosoof *m* [-sofen] philosopher

filter *m & o* [-s] ❶ filter, percolator ❷ *v. foto* filter

filteren *onoverg en overg* [filterde, h. gefilterd] ❶ filter ❷ *v. koffie* percolate, filter

filterkoffie *m* percolated coffee, filter coffee

filtersigaret *v* [-ten] filter tip cigarette

filterzakje *o* [-s] filter bag, coffee filter

filtraat *o* [-traten] filtrate

filtratie *v* [-s] filtration

filtreerpapier *o* filter paper

filtreren *overg* [filtreerde, h. gefiltreerd] ❶ filter ❷ *v. koffie* percolate, filter

Fin *m* [-nen] Finn

finaal I *bn* ❶ *uiteindelijk* final ❷ *totaal* complete, total ★ *de finale uitverkoop* the closing-down sale **II** *bijw* completely, quite ★ *~ uitgeput* completely

fi

exhausted, washed out

finale v [-s] ❶ muz finale ❷ sp final ★ *de halve* ~ the semi-final ★ *in de* ~ *komen* reach the finals

finaleplaats v [-en] place in the finals

finalist m [-en] finalist

financieel I bn financial ★ *het financiële hart van Londen* The City ★ *een financiële instelling* a financial institution ★ *een financiële vergoeding* financial restitution / compensation **II** bijw financially ★ *iem.* ~ *steunen* support sbd financially

financieel-economisch bn economic

financiën zn [mv] ❶ *geld* finances ★ *het staat er slecht voor met zijn* ~ his finances are in a bad state ❷ *financiewezen* finance ★ *de afdeling* ~ the finance department ★ *de openbare* ~ public finances

financier m [-s] financier

financieren overg [financierde, h. gefinancierd] finance

financiering v financing, funding ★ *de* ~ *rondkrijgen* arrange the financing

financieringsplan o [-nen] financial plan / scheme

financieringstekort o [-en] (budget) deficit, financing deficit

fineer o veneer

fineliner m [-s] fineliner

fineren overg [fineerde, h. gefineerd] ❶ *v. goud* refine ❷ *v. hout* veneer

finesse v [-s] finesse, nicety ★ ~*s* the fine details, the ins and outs, the niceties ★ *tot in de* ~*s* down to the minutest detail

fingeren overg [fingeerde, h. gefingeerd] feign, simulate ★ *een gefingeerde naam* a fictitious / assumed name

fingerspitzengefühl o ± intuition, sixth sense

finish m finish ★ *als eerste over de* ~ *gaan* be the first past the winning post

finishen onoverg [finishte, h. gefinisht] finish

finishfoto m ['s] photo finish

finishing touch m finishing touch

Finland o Finland

finnjol de [-len] Finn, Finn dinghy

Fins I bn Finnish **II** o *taal* Finnish

Finse v [-n] Finn ★ *ze is een* ~ she's a Finn, she's from Finland

FIOD afk (Fiscale Inlichtingen en Opsporingsdienst) Fiscal Intelligence and Investigation Service

firewall m [-s] *netwerkbeveiliging* firewall

firma v ['s] ❶ *met hoofdelijke aansprakelijkheid* firm ❷ *bedrijf alg.* firm, house, company ★ *de* ~ *Johnson* the firm of Johnson

firmament o firmament, sky

firmant m [-en] partner

fis v [-sen] muz F sharp

fiscaal bn fiscal ★ ~ *aftrekbaar* tax-deductible ★ *een* ~ *jurist* a tax lawyer ★ *het* ~ *recht* tax law, revenue law ★ *een* ~ *toelaatbare afschrijving* a depreciation allowance

fiscalist m [-en] tax consultant

fiscus m ❶ Treasury, Exchequer, Br Inland Revenue, Am Inland Revenue Service, IRS ❷ *belastingdienst* tax authorities, tax department

fisheyelens de [-lenzen] fisheye lens

fistel v [-s] fistula

fit bn fit ★ ~ *blijven* keep fit ★ *niet helemaal* ~ *zijn* be a bit out of condition

fitness m fitness, health ★ *aan* ~ *doen* do physical training, go to a fitness centre

fitnesscentrum o [-s] fitness club, health club

fitting m [-s & -en] ❶ socket ❷ *v. lamp zelf* screw(cap) / bayonet fitting

fixatie v [-s] fixation

fixatief o [-tieven] fixative

fixeerbad o [-baden] fixing bath

fixeermiddel o [-en] fixer

fixeren overg [fixeerde, h. gefixeerd] ❶ *vastleggen, -zetten* fix, affix ❷ *gefascineerd zijn* fixate ★ *zich* ~ *op iets* be stuck on sth, be fascinated by sth ❸ *strak aankijken* fix, stare at ★ *iem.* ~ fix sbd with one's eyes, stare hard at sbd

fjord m [-en] fiord, fjord

flacon m [-s] ❶ *sierlijke fles* flask ❷ *klein flesje* scent bottle

fladderen onoverg [fladderde, h. en is gefladderd] ❶ *v. vleermuizen* flit ❷ *v. vogels* flap about ❸ *v. vlinders & flitter*, flutter

flageolet m [-ten] flageolet

flagrant bn flagrant, glaring ★ *in* ~*e strijd / tegenspraak met* in glaring contradiction with ★ *een* ~*e leugen* a blatant lie

flair m flair

flakkeren onoverg [flakkerde, h. geflakkerd] flicker, waver

flamberen overg [flambeerde, h. geflambeerd] flambé

flambouw v [-en] torch

flamboyant bn flamboyant

flamenco m flamenco

flamingant m [-en] Flemish movement supporter, Flemish militant

flamingo m ['s] flamingo

flanel o [-len] ❶ *stof* flannel ❷ *ondergoed* flannel shirt

flanellen bn flannel

flaneren onoverg [flaneerde, h. geflaneerd] stroll, saunter, parade

flank v [-en] flank, side ★ *in de* ~ *(aan)vallen* attack the enemy's flank

flankaanval m [-len] flank attack

flankeren overg [flankeerde, h. geflankeerd] flank

flansen overg [flanste, h. geflanst] concoct ‹a story›, whip / scramble up ‹a meal›, tear off ‹a letter› ★ *in elkaar* ~ throw / knock together

flap I m [-pen] ❶ *v. boekomslag* flap ❷ *bankbiljet* (bank) note, Am bill ❸ *aan een stuk textiel* flap **II** tsw *klanknabootsing* clap, thud

flapdrol m [-len] drip, idiot Am jerk, geek

flapoor I o [-oren] *bij mens & dier* flap ear ★ *met flaporen* flap-eared ★ *hij heeft flaporen* his ears stick

out **II** *m* [-oren] *persoon* flap-ear
flap-over *m* [-s] flip chart
flappen *onoverg* [flapte, h. geflapt] ★ *alles eruit ~ blurt it all out*
flappentap *m* [-pen] *inf* cash dispenser, ATM, automatic teller machine
flaptekst *m* [-en] blurb
flapuit *m* [-en] blab(ber)
flard *v* [-en] shred, tatter, rag ★ *aan ~en* ‹be› in tatters, in rags, ‹tear› to pieces ★ *een paar ~en van een gesprek opvangen* catch a few snatches of a conversation
flashback *m* [-s] flashback
flashcard *m* [-s] *geheugenkaart* comput flash card, flash memory
flat *m* [-s] ❶ *woning* flat Am apartment ❷ *gebouw* block of flats, Am apartment building
flater *m* [-s] blunder, *inf* howler ★ *een ~ slaan* make a blunder
flatgebouw *o* [-en] block of flats, Am apartment building
flatteren *overg* [flatteerde, h. geflatteerd] flatter ★ *de balans ~* cook the books, doctor the accounts ★ *het flatteert u niet* it doesn't flatter you, it doesn't suit you
flatteus *bn* flattering, becoming
flauw I *bn* ❶ *zwak* weak, faint, feeble ★ *~ van de honger* weak from hunger ❷ *smakeloos* bland ‹food›, insipid ‹writing style› ❸ *vaag* smakeloos bland ‹notion›, dim ‹recollection, light›, faint ‹memory› ★ *hij heeft er geen ~ begrip van* he hasn't got the faintest idea ★ *ik had er een ~ vermoeden van* I had an inkling ❹ *niet grappig* silly ‹behaviour›, insipid ‹joke› ★ *dat is ~ van je* (how) silly! ★ *~ geklets* idle talk, idle gossip ❺ *niet sterk ingebogen* gentle, slight ★ *een ~e helling* a gentle slope, an undulation ❻ *onsportief* unsporting ❼ handel flat, dull, bearish **II** *bijw* faintly, dimly
flauwekul *m* rubbish, fiddlesticks, stuff and nonsense, *inf* bullshit
flauwerd *m* [-s], **flauwerik** [-riken] ❶ *kinderachtig persoon* silly, stupid ❷ *bangerd* chicken, wimp
flauwiteit *v* [-en] silly remark, poor joke, inanity
flauwte *v* [-n & -s] ❶ faint, fainting fit ❷ *windstilte* calm
flauwtjes *bijw* faintly, weakly
flauwvallen *onoverg* [viel flauw, is flauwgevallen] pass out, faint
flebitis *v* med phlebitis
flebologie *v* phlebology
fleece I *m & o stof* fleece **II** *m* [-s] *trui* fleece
flegma *o* ❶ phlegm ❷ *kalmte* composure
flegmaticus *m* [-ci] phlegmatic
flegmatiek, flegmatisch *bn* phlegmatic, afkeurend stolid
flemen *onoverg* [fleemde, h. gefleemd] coax, cajole, persuade
flensje *o* [-s] thin pancake
fles *v* [-sen] ❶ bottle ★ *het kindje de ~ geven* give the

baby a bottle ★ *op de ~ gaan* go broke, go bust, go to pot ★ *op de ~ zijn* be bankrupt ★ *(veel) van de ~ houden* be on the bottle ❷ *in laboratorium* flask
flesopener *m* [-s] bottle opener
flessen *overg* [fleste, h. geflest] swindle, cheat, *inf* diddle
flessenbier *o* bottled beer
flessenhals *m* [-halzen] bottleneck
flessenmelk *v* milk in bottles, bottled milk
flessenpost *v* message in a bottle
flessenrek *o* [-ken] bottle rack
flessentrekker *m* [-s] swindler
flessentrekkerij *v* [-en] swindle, swindling
flesvoeding *v* bottle food, ‹poeder› formula ★ *een baby ~ geven* bottle-feed a baby
flets *bn* pale, faded, washed out ★ *~e kleuren* faded colours ★ *er ~ uitzien* look pale
fleur *m & v* bloom, flower, prime ★ *de ~ is van de zaak af* it's lost its glow
fleurig *bn* vrolijk bright, gay, colourful
Flevoland *o* Flevoland
flex *bn* awsome
flexibel *bn* flexible ★ *~e werkuren* flexible work times, flexitime ★ *een ~e woning* ‹woning die eenvoudig aan te passen is› a house with non-loading-bearing walls
flexibilisering *de (v)* ★ *~ van werktijden* fleximing
flexibiliteit *v* flexibility
flexie *v* [-s] inflection / inflexion
flexwerk *o* flexitime, flexible working times
flexwerker *m* [-s] flexiworker, flexitime worker
flierefluiten *o* loafing
flierefluiter *m* [-s] ❶ *losbol* happy-go-lucky type ❷ *nietsnut* loafer, good-for-nothing
flik *m* [-ken], **flikje** *o* [-s] ❶ *chocolaatje* chocolate drop ❷ *politieagent* *inf* cop
flikflooien *overg en onoverg* [flikflooide, h. geflikflooid] cajole, wheedle, fawn on ‹sbd›
flikken *overg* [flikte, h. geflikt] ❶ *oplappen* patch, cobble ‹shoes› ❷ *doen* *inf* bring / pull off ★ *het 'm ~* pull sth off ★ *iem. iets ~* pull one on sbd
flikker *m* [-s] ❶ *homo* gay, beledigend poof, poofter, fag, faggot ★ *hij is een ~* he's gay ❷ *gemeen iem.* bastard ❸ *zier* damn ★ *het kan me geen ~ schelen* I don't give a damn ★ *hij weet er geen ~ van* he doesn't know a damn thing (about it) ▼ ‹pak slaag› *iem. op zijn ~ slaan* beat sbd up ▼ ‹een uitbrander› *iem. op zijn ~ geven* tell sbd off, give sbd what-for
flikkeren I *onoverg* [flikkerde, h. geflikkerd] *v. licht* flicker, glitter, twinkle **II** *overg* [flikkerde, h. geflikkerd] *smijten* *inf* throw, fling, hurl **III** *onoverg* [flikkerde, is geflikkerd] *vallen* *inf* fall, tumble, drop
flikkering *v* [-en] flicker(ing), glittering, twinkling
flikkerlicht *o* [-en] ❶ *regelmatig* flashing / blinking light ❷ *onregelmatig* flickering light ❸ *zwak* glimmer, twinkle
flink I *bn* ❶ *behoorlijk, aanzienlijk* big, strong,

fl

fl

considerable ⟨time⟩, substantial ⟨contribution⟩, sizeable ⟨desk, amount of money⟩ ★ *een ~ boekdeel* a big thick book ★ *een ~ glas* a big / large glass ★ *een ~ stuk* a generous piece ❷ *energiek, stevig* fine ⟨lass, woman⟩, sturdy, robust, strapping, hardy ⟨fellows⟩ ★ *hij is nog ~* he's still going strong ❸ *moedig* brave, strong ★ *wees nou een ~e jongen!* be a brave chap! ★ *zich ~ houden* put on a brave front **II** *bijw* soundly, vigorously, thoroughly ★ *iem. ~ aframmelen* give sbd a good hiding ★ *~ eten* eat heartily / well ★ *hij kan ~ lopen* he's a good walker ★ *~ optreden* deal firmly (with), take a firm line ★ *het regent ~* it's raining hard ★ *zij zongen er ~ op los* they sang lustily ★ *ik heb hem ~ de waarheid gezegd* I gave him a piece of my mind
flinterdun *bn* wafer-thin
flip-over *m* [-s] flip chart
flippen *onoverg* [flipte, is geflipt] lose one's temper, slang freak out ▼ ⟨teleurgesteld zijn⟩ *~ op* feel let down, be disappointed
flipperen *onoverg* [flipperde, h. geflipperd] play pinball
flipperkast *v* [-en] pinball machine
flirt I *m-v* [-en] *persoon* flirt **II** *m* [-s] *handeling* flirtation
flirten *onoverg* [flirtte, h. geflirt] flirt
flits *m* [-en] flash ★ *in een ~* in a flash, in a split second ★ *~en van de verkiezingen &* bits and pieces of the election &, highlights of the election &
flitsen I *onoverg* [flitste, h. en is geflitst] flash ★ *het flitste door mijn hoofd dat...* it flashed through my mind that... **II** *overg* [flitste, h. geflitst] flash
flitsend *bn* ❶ *modieus* stylish ★ *een ~ pak aan hebben* have a snappy / trendy suit on ❷ *wervelend* brilliant ★ *een ~e show geven* give a dazzling show
flitser *m* [-s] ❶ fotogr flash ❷ *streaker* streaker
flitslamp *v* [-en] flash lamp, ⟨klein⟩ flash bulb
flitslicht *o* flashlight
flitspaal *m* [-palen] speed camera ⟨mounted at the side of the road⟩
flitstrein *m* [-en] TGV, high speed train
floaten *onoverg* [floatte, h. gefloat] float
flodder *v* [-s] ❶ *jurk &* baggy / floppy clothes ❷ *vrouw* dowdy, slattern, frump ❸ *patroon* dummy, blank ★ *losse ~s* blank cartridges
flodderen *onoverg* [flodderde, h. geflodderd] ❶ *slobberen* hang loosely, flop ❷ *slordig werken* work carelessly, do sloppy work
flodderig *bn* ❶ *v. kleding* dowdy, frumpish, baggy ❷ *slordig* slipshod, messy
flodderkous *v* [-en] frump
floep *tsw* ❶ pop! ❷ *in water* plop!
floepen *onoverg* [floepte, h. en is gefloept] pop (out) ★ *eruit ~* pop out ★ *die opmerking floepte eruit* the remark just slipped out
floers *o* [-en] (black) crape, fig veil, shroud
flonkeren *onoverg* [flonkerde, h. geflonkerd] sparkle, twinkle, glitter
flonkering *v* [-en] sparkling, twinkling, glittering

floorshow *v* [-s] floor show
flop *m* [-s] flop, fiasco
floppen *onoverg* [flopte, is geflopt] flop ★ *de musical is vreselijk geflopt* the musical was a complete flop / a fiasco
floppy *m* ['s], **floppydisk** [-s] comput floppy disc / disk, floppy, diskette
floppydrive *m* [-s] floppy disc / disk drive
flora *v* ['s] ❶ *bloemenrijk* flora ❷ *boek* flora
floreren *onoverg* [floreerde, h. gefloreerd] flourish, prosper, thrive
floret *v & o* [-ten] ❶ *degen* foil ❷ *afvalzijde* floss silk
floretzijde *v* floss silk
florijn *m* [-en] florin, guilder
florissant *bn* flourishing, prospering, thriving
flosdraad *m* floss
flossen *onoverg* [floste, h. geflost] floss (one's teeth)
fluctuatie *v* [-s] fluctuation
fluctueren *onoverg* [fluctueerde, h. gefluctueerd] fluctuate
fluïdum *o* ❶ *gas, vloeistof* fluid ❷ *uitstraling* fluid ❸ *spiritistisch* aura ❹ *vloeibare make-up* foundation (cream)
fluim *v* [-en] phlegm, slang gob
fluimen *onoverg* [fluimde, h. gefluimd] expectorate, bring up phlegm
fluistercampagne *v* [-s] whispering campaign
fluisteren *overg en onoverg* [fluisterde, h. gefluisterd] whisper ★ *iem. iets in het oor ~* whisper sth in sbd's ear ★ *er wordt gefluisterd dat...* it is rumoured that..
fluistergewelf *o* [-welven] whispering gallery
fluistertoon *m* whisper
fluit *v* [-en] ❶ muz flute ★ *op de ~ spelen* play the flute ★ *het kan me geen ~ schelen* I don't give a damn ★ *hij heeft geen ~ uitgevoerd* he hasn't done a thing ❷ *voor signalen* whistle ❸ *glas* flute
fluitconcert *o* [-en] concerto for flute, flute concerto ★ ⟨uitjouwen⟩ *een ~ geven* boo, hiss
fluiten I *onoverg* [floot, h. gefloten] ❶ whistle ★ *de kogels floten om zijn oren* the bullets whistled past his ears ★ *voor buitenspel ~* whistle for offside ★ *je kan er naar ~* you can whistle for it ❷ muz play the flute ❸ *v. vogels* warble, sing ⟨of birds⟩ ❹ *uitfluiten* hiss ⟨in theatre &⟩ **II** *overg* [floot, h. gefloten] ❶ *melodie* whistle ⟨a tune⟩ ★ *zijn hond ~* whistle for one's dog ❷ sp whistle, blow the whistle ★ *een wedstrijd ~* referee a match
fluitenkruid *o* cow parsley
fluitist *m* [-en] flute player, flautist, flutist
fluitje *o* [-s] whistle ★ *dat is een ~ van een cent* there's nothing to it, it's a piece of cake
fluitketel *m* [-s] whistling kettle
fluitsignaal *o* [-nalen] whistle ★ sp *het laatste ~* the final whistle
fluitspeler *m* [-s] flute player, flautist, flutist
fluittoon *m* [-tonen] whistle, radio whine, interference
fluor *o* fluorine

fluorescentie v [-s] fluorescence
fluoresceren onoverg [fluoresceerde, h. gefluoresceerd] fluoresce, be fluorescent
fluorescerend bn fluorescent
fluoride o [-n] fluoride
fluortablet v & o [-ten] fluoride tablet
flut v ★ ik vind het ~ I think it's rubbish
flutboek o [-en] terrible book, bad book
flûte v [-s] champagne glass / flute
fluweel o [-welen] velvet ★ fig op ~ zitten sit pretty
fluweelzacht bn soft as velvet
fluwelen bn velvet ★ met ~ handschoenen with kid gloves
fluwelig bn velvety, velvet-like
flux de bouche m flow of words, gift of the gab
flyer m [-s] flyer
FM afk (frequentiemodulatie) FM, frequency modulation
fnuikend bn destructive
foam de (m) & het [-s] polystyrene
fobie v [-bieën] phobia
focaal bn focal
focaccia de (m) ['s] focaccia
focus m [-sen] focus, focal point
focussen onoverg [focuste, h. gefocust] focus, bring into focus ★ fotogr & fig ~ op focus on
foedraal o [-dralen] case, ‹zwaard› sheath, ‹revolver› holster, ‹overtrek› cover
foefje o [-s] excuse, pretext ★ de ~s kennen know all the tricks
foei tsw ★ ~! shame on you!, for shame!, naughty boy / girl!
foeilelijk bn hideous, ugly
foelie v [-s] ❶ specerij mace ❷ folie (tin) foil
foerageren onoverg [foerageerde, h. gefoerageerd] forage
foeteren onoverg [foeterde, h. gefoeterd] storm and swear, grumble (over / tegen at)
foetsie bijw gone, vanished into thin air
foetus m & o [-sen] f(o)etus
foeyonghai m shrimp foo yong omelette
föhn m [-s] ❶ haardroger hairdryer ❷ wind föhn
föhnen overg [föhnde, h. geföhnd] blow-dry
fok I v [-ken] ❶ scheepv foresail ❷ bril inf specs **II** m breeding, raising
fokken I overg [fokte, h. gefokt] breed, rear ★ een snorretje / buikje ~ cultivate a moustache / tummy **II** onoverg breed
fokkenmaat m [-maten, -s] foremastman
fokkenmast m [-en] foremast
fokker m [-s] (cattle) breeder, stock breeder
fokkerij v ❶ fokken (cattle) breeding, stock breeding ❷ bedrijf [-en] (stock) farm, breeder's
fokstier m [-en] stud bull
fokvee o breeding cattle
folder m [-s] leaflet, flyer, brochure, comput folder
foliant m [-en] folio (volume)
folie v foil ★ plastic ~ plastic foil

folio o ['s] folio ★ een boek in ~ folio size book
folioformaat o folio size
foliumzuur o folic acid
folk m, **folkmuziek** v folk, folk music
folklore v folklore
folkloristisch bn folkloristic
follikel m [-s] follicle
follow-up m ❶ voortzetting follow-up, continuance ❷ opvolger follow-up, sequel
folteraar m [-s] torturer, fig tormentor
folteren overg [folterde, h. gefolterd] torture, fig torment
foltering v [-en] torture fig torment, agony
folterkamer v [-s] torture chamber
folterwerktuig v [-en] torture rack, instrument of torture
fond o & m ❶ background, fig bottom ★ au ~ basically ‹he is right› ❷ bouillon concentrated stock
fondant m & o [-s] ❶ suikergoed fondant ❷ email transparent enamel, flux
fonds o [-en] ❶ kapitaal voor bep. doel fund, funds ★ een ~ voor gemene rekening a joint account fund ❷ geldhandel cover, collateral ❸ effect stock, share, security ★ zijn ~en zijn gestegen his shares have risen ❹ v. uitgever (publisher's) list
fondsenwerving v fundraising
fondslijst v [-en] ❶ boeken publisher's list, catalogue/Am catalog ❷ effecten fund, share, holding
fondspatiënt m [-en] NHS / Medicare patient
fondue v [-s] fondue
fonduen onoverg [fonduede, h. gefondued] have a fondue
fonduepan v [-nen] fondue pan
fonduestel o [-len] fondue set
fonduevork v [-nen] fondue fork
foneem o [-nemen] phoneme
fonetiek v phonetics
fonetisch bn phonetic ★ het ~ schrift phonetic script
fonkelen onoverg [fonkelde, h. gefonkeld] ❶ sparkle, scintillate, glitter, twinkle ❷ v. dranken effervesce
fonkeling v [-en] sparkling, scintillation, glittering, gleaming
fonkelnieuw bn brand-new
fonologie v phonology
fonologisch bn phonological
fonotheek v [-theken] record library
font o [-s] font
fontanel v [-len] fontanelle
fontein v [-en] fountain, spray ★ een ~ van vuur a jet of flame / fire
fonteintje o [-s] small washbasin
foodprocessor m [-s] food processor
fooi v [-en] ❶ drinkgeld tip, gratuity ★ iem. een (pond) ~ geven tip sbd (a pound) ❷ klein bedrag pittance
fooienpot m [-ten] container for tips
foolproof bn foolproof, infallible
foor v [foren] kermis ZN funfair

fo

foppen *overg* [fopte, h. gefopt] fool, cheat, hoax, hoodwink ★ *gefopt!* tricked you!

fopspeen *v* [-spenen] dummy, comforter, *Am* pacifier

forceren I *overg* [forceerde, h. geforceerd] force ★ *een deur* ~ force a door (open) ★ *zijn stem* ~ strain one's voice ★ *maatregelen* ~ enforce measures **II** *wederk* [forceerde, h. geforceerd] ★ *zich* ~ force oneself, strain oneself, overtax / overwork oneself

forehand *m* [-s] forehand

forel *v* [-len] trout

forens *m* [-en & -renzen] commuter

forensenplaats *v* [-en] dormitory / commuter suburb

forensentrein *m* [-en] suburban train, *Am* commuter train

forensisch *bn* forensic ★ *~e geneeskunde* forensic medicine ★ *~ onderzoek* a forensic test / examination, forensic research

forenzen *onoverg* [forensde, h. geforensd] commute

forfait *o* [-s] ❶ *econ* agreed, fixed amount ❷ *sp* forfeit

forfaitair *bn* fixed ★ *een ~e aftrekpost* a fixed deduction, a standard deduction ★ *jur een* ~ *bedrag* a lump sum

forma *v* ★ *pro* ~ for form's sake ★ *in optima* ~ in great form

formaat *o* [-maten] format, size ★ *van (groot)* ~ ‹v. personen› large, ~fig of calibre, ‹v. problemen &› of great magnitude, major ★ *een denker van Europees* ~ a thinker of European stature

formaliseren *overg* [formaliseerde, h. geformaliseerd] formalize, standardize

formalisme *o* formalism

formaliteit *v* [-en] formality, matter of form / routine ★ *het is slechts een* ~ it's purely / just a formality

formateur *m* [-s] *pol* formateur

formatie *v* [-s] ❶ *vorming* formation, composition ❷ *getalsterkte, bezetting* formation ❸ *mil* formation, establishment, unit ★ *mil boven de* ~ supernumerary ★ *luchtv in* ~ *vliegen* fly in formation ❹ *muziekgroep* band, group ❺ *geol* formation

formatteren *overg* [formatteerde, h. geformatteerd] *comput* format

formeel I *bn* formal, ceremonial ★ ~ *taalgebruik* formal language ★ ~ *recht* procedural, adjective law **II** *bijw* formally

formeren *overg* [formeerde, h. geformeerd] form ★ *het kabinet* ~ form a cabinet

formica® *o* Formica

formidabel *bn* formidable, mighty ★ *een ~e hoeveelheid* an impressive amount

formule *v* [-s] formula ★ *sp* ~ *1* Formula 1

formuleren *overg* [formuleerde, h. geformuleerd] formulate ‹a wish›, put into words, phrase ★ *anders* ~ reword / rephrase

formulering *v* [-en] formulation, wording

formulier *o* [-en] ❶ *om in te vullen* form ★ *een ~ invullen* fill in a form ❷ *voorgeschreven bewoording* formulary

fornuis *o* [-nuizen] kitchen range, cooker ★ *een*

elektrisch ~ an electric stove / cooker

fors *bn* ❶ *krachtig* strong, vigorous ★ ~*e bewoordingen* strong / vigorous terms ★ *er staat een* ~*e wind* there is a strong wind ★ *met* ~*e stem* in a loud voice ❷ *groot* large, big, sturdy ★ *een* ~ *bedrag* a large / substantial amount ★ *een* ~*e koersstijging* a big increase in price ★ *hij is een* ~*e kerel* he's a sturdy fellow ★ ~*e maatregelen* radical / sweeping measures ★ ~*e verliezen* heavy losses

forsgebouwd *bn* strongly built, sturdy

forsythia *v* ['s] forsythia

fort[1] *o & m sterke kant v.e. persoon* forte, strong point

fort[2] *o* [-en] *mil* fort

fortificatie *v* [-s] fortification

fortuin I *o* [-en] ❶ *vermogen* fortune ★ ~ *maken* make one's fortune ❷ *geluk* fortune, luck ★ *zijn* ~ *zoeken* seek one's fortune **II** *v het lot* fortune, chance, destiny

fortuinlijk *bn* lucky ★ ~ *zijn* be lucky, fortunate

fortuinzoeker *m* [-s] fortune-seeker, adventurer

forum *o* [fora, -s] ❶ forum ❷ *als groep deskundigen* panel, *jur* forum / designated court ❸ *als discussie* teach-in

> **forum**
> is in het Engels ook **forum**, maar het meervoud is **forums**.

forumdiscussie *v* [-s] forum, panel discussion

fosfaat *o* [-faten] phosphate

fosfaatvrij *bn* free of phosphates, non-phosphate

fosfor *m & o* phosphorus

fosforesceren *onoverg* [fosforesceerde, h. gefosforesceerd] phosphoresce

fosforescerend *bn* phosphorescent

fosforhoudend *bn* containing phosphates

fosforzuur *o* phosphoric acid

fossiel I *bn* fossil **II** *o* [-en] fossil

foto *v* ['s] ❶ photograph, photo ❷ *in krant &* picture ★ *een* ~ *maken* take a picture, take a photograph

fotoalbum *o* [-s] photograph album, photo album

fotoboek *o* [-en] photo album

fotocamera *v* ['s] photo camera

foto-elektrisch *bn* ★ *een* ~*e cel* a photocell, a photoelectric cell

fotofinish *m* *sp* photo finish

fotogeniek *bn* photogenic

fotograaf *m* [-grafen] photographer

fotograferen *overg en onoverg* [fotografeerde, h. gefotografeerd] photograph ★ *zich laten* ~ have one's photo / picture taken

fotografie *v* ❶ *de kunst* photography ★ *digitale* ~ digital photography ❷ *beeld* [-fieën] photo(graph)

fotografisch *bn* photographic

fotohandelaar *m* [-s & -laren] photographic dealer / supplier

fotojournalist *m* [-en] photojournalist

fotokopie *v* [-pieën] photocopy

fotokopieerapparaat *o* [-raten] photocopying

machine, photocopier
fotokopiëren *overg* [fotokopieerde, h. gefotokopieerd] photostat, photocopy
fotomodel *o* [-len] (photographic) model, cover girl
fotomontage *v* [-s] ❶ *de handeling* photo composing ❷ *het resultaat* composite picture
foton *o* [-tonen] photon
fotoreportage *v* [-s] photographic report, series of photographs
fotorolletje *o* [-s] (roll of) film
fotosynthese *v* photosynthesis
fototoestel *o* [-len] camera
fotozaak *v* [-zaken] photo(graphic) shop, camera shop
fouilleren *overg* [fouilleerde, h. gefouilleerd] search, body-search, frisk, ‹in het lichaam› intimate search
foulard I *o stof* foulard **II** *m* [-s] *doek* woollen / silk scarf
fourneren *overg* [fourneerde, h. gefourneerd] furnish
fournituren *zn* [mv] haberdashery
fout I *v* [-en] ❶ fault, mistake, error, blunder ★ *een ~ maken, in de ~ gaan* make a mistake / blunder / error, blunder, inf slip up ★ *een administratieve ~* an administrative error ★ *een menselijke ~* a human error ★ inf *je hoeft me niet steeds op mijn ~en te wijzen* you don't have to keep on rubbing my nose in it ❷ *mankement* fault, flaw, defect ❸ sp foul, fault ★ tennis *een dubbele ~* a double fault **II** *bn* ❶ *niet juist* wrong, incorrect, erroneous ★ *hij gaf een ~ antwoord* he gave the wrong answer ❷ *m.b.t. oorlogscollaboratie* on the wrong side ★ *hij was ~ in de oorlog* he was a collaborator during the war, he was a Nazi sympathizer
foutief *bn* wrong ★ *een ~ vonnis* the wrong verdict
foutloos *bn* faultless, perfect, impeccable
foutmelding *v* [-en] comput error message
foutparkeerder *m* [-s] illegally parked motorist
foutparkeren *o* park illegally
foxterriër *m* [-s] fox terrier
foxtrot *m* [-s] foxtrot
foyer *m* [-s] foyer, lobby
fraai *bn* beautiful, handsome, pretty, nice, fine ★ *een ~e hand schrijven* have nice handwriting ★ iron *dat is ~!* what a pretty mess / pickle!
fractal *m* [-s] wisk fractal
fractie *v* [-s] ❶ *gedeelte* fraction ★ *(in) een ~ van een seconde* (in) a split second ★ *een ~ meer / hoger* a fraction higher ❷ pol (political) group, wing, party
fractieleider, fractievoorzitter *m* [-s] ± leader of a parliamentary party, ‹in Engeland› ± whip
fractioneel *bn* fractional
fractuur *v* [-turen] med fracture
fragiel *bn* fragile
fragment *o* [-en] fragment
fragmentarisch I *bn* fragmentary, sketchy, inf scrappy ‹knowledge› **II** *bijw* fragmentarily, sketchily, inf scrappily
fragmentatiebom *v* [-men] fragmentation bomb
fragmenteren I *overg* [fragmenteerde, h.

gefragmenteerd] disintegrate **II** *onoverg* [fragmenteerde, is gefragmenteerd] disintegrate
framboos *v* [-bozen] raspberry
frame *o* [-s] frame
Française *v* [-s] Frenchwoman ★ *ze is een ~* she's a Frenchwoman, she's from France, she's French
franchise *v* [-s] ❶ handel franchise ★ *de verkrijger van de ~* the franchisee ★ *de verlener van de ~* the franchisor ❷ belastingen tax free allowance ❸ marketing exemption, franchise
franchisegever *m* [-s] franchisor
franchisenemer *m* [-s] franchisee
franchising *m* marketing franchising, management contracting
franciscaan *m* [-canen] Franciscan
franciscaner I *m* [-s] Franciscan friar **II** *bn* Franciscan
franco *bijw* post post-free, post-paid, postage paid, prepaid ★ handel & transport *~ huis / thuis* free domicile, delivered duty paid, DDP ★ ‹verzendkosten voor rekening verzender› *~ vracht* carriage / freight paid ★ ‹verzendkosten voor rekening ontvanger› *niet ~* carriage / freight forward, ‹poststukken› postage extra
francofiel I *bn* Francophile **II** *m* [-en] Francophile, lover of France
francofoob I *bn* francophobic **II** *m* [-foben] Francophobe
francofoon *bn* French-speaking
franje *v* [-s] fringe, fig frills ★ ‹gewoon, gespeend van luxe› *zonder ~* stripped of all frills, inf no-frills
frank I *bn* frank, candid ★ *~ en vrij* frank and free **II** *m* [-en] *munteenheid* franc
frankeerkosten *zn* [mv] ❶ *v. brief* postage ❷ *v. goederen* carriage
frankeermachine *v* [-s] franking machine
frankeren *overg* [frankeerde, h. gefrankeerd] ❶ *porto betalen* prepay ❷ *postzegels opplakken* stamp ★ *~ als brief* stamp as letter ★ *~ als drukwerk* stamp as printed matter ★ *gefrankeerd* post-paid ★ *een gefrankeerde envelop* a stamped envelope ★ *onvoldoende gefrankeerd* (having) insufficient postage, understamped, underfranked ❸ *met machine* frank, Am meter
frankering *v* [-en] prepayment, postage ★ *~ bij abonnement* postage paid ★ *onvoldoende ~* insufficient postage
Frankrijk *o* France
Frans I *bn* French ★ hist valuta *de ~e frank* the French franc, the franc **II** *o taal* French ★ *daar is geen woord ~ bij* that's plain speaking **III** *m* ★ *een vrolijke ~* a jolly fellow
Franse *v* [-n] Frenchwoman ★ *ze is een ~* she's a Frenchwoman, she's from France, she's French
Fransgezind *bn* Francophile
Fransman *m* [Fransen] Frenchman ★ *de Fransen* the French
Franstalig *bn* French-speaking
frappant *bn* striking ★ *het ~e* the striking

/ remarkable thing ⟨about it⟩

frapperen *overg* [frappeerde, h. gefrappeerd]
❶ *treffen* strike ❷ *koud maken* ice

frase *v* [-n & -s] phrase ★ *holle ~n* idle talk, hollow
/ bombastic phrases, hot air

fraseren *overg* [fraseerde, h. gefraseerd] phrase

frater *m* [-s] (Christian) brother, friar

fratsen *zn* [mv] tomfoolery, caprices, whims, pranks
★ *rare ~ uithalen* play pranks, do strange things

fraude *v* [-s] fraud ★ *~ plegen* commit fraud

fraudebestendig *bn* protected against fraud,
fraud-proof

fraudegevoelig *bn* susceptible to fraud

frauderen *onoverg* [fraudeerde, h. gefraudeerd]
commit fraud

fraudeteam *o* [-s] fraud squad

fraudeur *m* [-s] cheat, swindler, fraud

frauduleus *bn* fraudulent ★ *frauduleuze handelingen
verrichten* act fraudulently ★ *een ~ bankroet* a
bankrupt fraud

freak *m-v* [-s] ❶ *fanaat* freak, buff, nut, fan ★ *een jazz ~*
a jazz fanatic, a jazz fan ★ *een voetbal ~* a football
freak, a football fan ❷ *onconventioneel persoon*
drop-out

freebasen *onoverg* [freebasede/freebasete,
gefreebased/gefreebaset] freebase

freelance *bn* freelance

freelancen *onoverg* [freelancete, h. gefreelancet] work
freelance, freelance

freelancer *m* [-s] freelance, freelancer

frees *v* [frezen] techn (milling) cutter

freesbank *v* milling machine, miller

freewheelen *onoverg* [freewheelde, h. gefreewheeld]
freewheel, coast, fig take things easy, coast along

fregat *o* [-ten], **fregatschip** [-schepen] frigate

frêle *bn* delicate, frail

frequent *bn* frequent

frequenteren *overg* [frequenteerde, h.
gefrequenteerd] frequent

frequentie *v* [-s] frequency, incidence

fresco *o* ['s] fresco, mural ★ *al ~ schilderen* paint in
fresco, fresco ★ *al ~ dineren* eat outdoors

fresia *v* ['s] freesia

fret I *o* [-ten] dierk ferret **II** *m* [-ten] ❶ *fretboortje* techn
gimlet ❷ *v. gitaar &* fret

freudiaans *bn* Freudian ★ *een ~e vergissing
/ verspreking* a Freudian slip

freule *v* [-s] gentlewoman, lady ★ *~ X* lady X

frezen *overg* [freesde, h. gefreesd] techn mill

fricandeau *m* [-s] fricandeau

fricassee *v* [-s] ❶ *ragout* ZN ragout ❷ *ragoutvlees* ZN
ragout meat

frictie *v* [-s] friction

friemelen *onoverg* [friemelde, h. gefriemeld] fiddle
★ *aan iets ~* fiddle with sth

Fries I *m* [Friezen] Frisian **II** *bn* Frisian **III** *o* taal Frisian

fries *v & o* [friezen] ❶ *bovenlijst* frieze ❷ *versierde rand*
frieze

Friesland *o* Friesland

friet *v* [-en], **frites** *zn* [mv] French fries, (potato) chips,
French fried potatoes

frietsaus *v* sauce for chips, (type of) mayonnaise

Friezin *v* [-nen] Frisian (woman)

frigide *bn* frigid, sexually unresponsive

frigo *m* ['s] ❶ *ijskast* ZN fridge, refrigerator ❷ *koelhuis*
ZN cold store

frik *m* [-ken] inf schoolmaster

frikadel, frikandel *v* [-len] type of sausage

fris I *bn* ❶ *schoon* fresh, clean ★ *~se lucht* fresh air
❷ *fit, gezond* fresh, fit ★ *zo ~ als een hoentje* as fit as a
fiddle ❸ *onbevangen* unaffected ★ *een ~ meisje* an
unaffected girl ★ fig *hij is niet ~* there's something
fishy about him ❹ *vernieuwd* fresh, new, renewed
★ *een ~se aanpak* a fresh / new approach ★ *met ~se
moed* with renewed courage ❺ *koud* cool, chilly
★ *het is ~* it is chilly ❻ *verfrissend* refreshing
★ *een ~se douche* a refreshing shower **II** *bijw* freshly,
fresh **III** *m* koolzuurhoudende frisdrank soft drink,
Am pop

frisbeeën *onoverg* [frisbeede, h. gefrisbeed] frisbee®

frisbee® *m* [-s] frisbee

frisdrank *m* [-en] soft drink

friseren *overg* [friseerde, h. gefriseerd] crisp, curl, frizz

frisheid *v* ❶ freshness ❷ *koelte* coolness, chilliness

frisjes *bn* a bit chilly / nippy

frites *zn* [mv] → **friet**

friteuse *v* [-s] (deep) fryer

frituren *overg* [frituurde, h. gefrituurd] deep-fry

frituur *v* [-turen] ❶ *gebakken spijs* fry ❷ *bakje* chip
basket ❸ *snackbar* ZN chippy, fish and chip stall
/ stand

frituurpan *v* [-nen] deep fryer, deep-frying pan

frituurvet *o* deep-frying fat ★ *in ~ bakken* deep-fry

frivoliteit *v* [-en] frivolity

frivool *bn* frivolous

fröbelen *onoverg* [fröbelde, h. gefröbeld] play about
/ around, potter about / around

frommelen I *overg* [frommelde h. gefrommeld]
rumple, crumple (up) ★ *iets in elkaar ~* crumple sth
up ★ *iets weg~* stash sth away **II** *onoverg* fumble

frons *v* [-en & fronzen] frown, wrinkle

fronsen *overg* [fronste, h. gefronst] frown ★ *het
voorhoofd / de wenkbrauwen ~* frown, knit one's
brows

front *o* [-en] ❶ *voorkant* front, bouw facade ★ *met
het ~ naar...* fronting... ❷ m.b.t. het weer front ★ *een
naderend ~* an approaching front ❸ mil front ★ *mil
aan het ~* at the front ★ ook fig op alle ~en on all
fronts ★ ook fig *een gesloten ~ vormen* close ranks

frontaal *bn bijw* frontal ★ *een frontale aanval* a frontal
attack ★ *een frontale botsing* a head-on collision ★ *~
tegen elkaar botsen* collide head-on

frontje *o* [-s] halfhemd front, inf dick(e)y

frontlijn *v* [-en], **frontlinie** [-s] front line

frontoffice *de* front office

fronton *o* [-s] pediment

fr

frontsoldaat *m* [-daten] soldier at the front
frotté *o* sponge cloth
fruit *o* fruit
fruitautomaat *m* [-maten] fruit / slot machine, <u>inf</u> one-armed bandit
fruitboom *m* [-bomen] fruit tree
fruiten *overg* [fruitte, h. gefruit] fry, sauté ★ *gefruite uitjes* fried onions
fruitig *bn* fruity ‹wine›
fruitmand *v* [-en] fruit basket
fruitmes *o* [-sen] fruit knife
fruitsalade *v* [-s] fruit salad
fruitschaal *v* [-schalen] fruit dish
frunniken *onoverg* [frunnikte, h. gefrunnikt] fiddle ★ *aan zijn dasje* ~ tug at one's tie
frustratie *v* [-s] frustration
frustreren *overg* [frustreerde, h. gefrustreerd] frustrate
frustrerend *bn* frustrating
frutselen *onoverg* [frutselde, h. gefrutseld] fiddle, tinker
f-sleutel *m* [-s] <u>muz</u> bass clef, F clef
ftp-server *de* [-s] FTP server
fuchsia *v* ['s] fuchsia
fuga *v* ['s] fugue
fuif *v* [fuiven] celebration, party, spree, <u>inf</u> beano / bash ★ *een* ~ *geven* throw a party
fuifnummer *o* [-s] <u>inf</u> party animal
fuik *v* [-en] trap ★ *in de* ~ *lopen* walk / fall into the trap
fuiven I *onoverg* [fuifde, h. gefuifd] *feestvieren* celebrate, <u>inf</u> party (on) ★ <u>inf</u> *we hebben tot diep in de nacht doorgefuifd* we partied (on) into the wee hours **II** *overg* [fuifde, h. gefuifd] *feestelijk onthalen* feast (*op* with), treat (*op* to) ★ *iem. / zichzelf op iets* ~ treat sbd / oneself to sth
full colour I *bn* full colour/Am color **II** *m* full colour/Am color
fulltime *bn & bijw* full-time ★ ~ *werken* work full-time, have a full-time job
fulmineren *onoverg* [fulmineerde, h. gefulmineerd] fulminate (against), lash out (at)
fumé *bn* smoked
functie *v* [-s] ❶ *taak* position, post, job ★ *een* ~ *bekleden* hold a position ★ *zijn* ~ *neerleggen* resign from office ★ *in* ~ *treden* commence one's duties, take up one's position ★ *in* ~ *zijn* be in office ★ *in zijn* ~ *van* in his capacity as ★ *uit een* ~ *ontheffen* remove from office ❷ *werking* <u>wisk</u> function
functiebeschrijving *v* [-en] job description
functietoets *m* [-en] <u>comput</u> function key
functionaris *m* [-sen] official, office holder, officer
functioneel *bn* functional ★ *functionele kosten* functional cost(s) ★ *functionele organisatie* <u>management</u> ‹functionele structuur› functional organization, functional structuring ★ *een functionele werkhouding* an efficient working position
functioneren *onoverg* [functioneerde, h.

gefunctioneerd] function, operate, perform ★ *slecht* ~ function / operate badly, ‹v. mensen› perform poorly
functioneringsgesprek *o* [-ken] (job) performance review
fundament *o* [-en] foundation(s), <u>fig</u> fundamentals
fundamentalisme *o* fundamentalism
fundamentalist *m* [-en] fundamentalist
fundamentalistisch *bn* fundamentalist
fundamenteel I *bn* fundamental, basic ★ *een fundamentele analyse* a thorough / a deep-reaching analysis ★ <u>eff</u> *fundamentele analyse* fundamental analysis ★ *fundamentele grondslagen* basic standards ★ *van* ~ *belang* of vital / crucial importance **II** *bijw* fundamentally ★ *ze verschillen* ~ *van elkaar* they are fundamentally different, <u>inf</u> they're worlds apart
funderen *overg* [fundeerde, h. gefundeerd] ❶ found, <u>fig</u> base, ground ❷ <u>handel</u> fund
fundering *v* [-en] ❶ foundation(s), <u>fig</u> basis ❷ *het funderen* founding ❸ <u>handel</u> funding
funest *bn* fatal, disastrous
fungeren *onoverg* [fungeerde, h. gefungeerd] act (as), officiate ★ ~ *als* act as, function as, perform the duties of
funk *m* <u>muz</u> funk, funky music
furie *v* [-s & -riën] ❶ *wraakgodin* Fury ❷ *vrouw* shrew, vixen, bitch ❸ *razernij* fury, be raving (mad) ★ *de Spaanse Furie* the Spanish fury
furieus *bn* furious, enraged, livid, <u>inf</u> hopping mad
furore *v* ★ ~ *maken* create a furore
fuseren *overg en onoverg* [fuseerde, h. en is gefuseerd] ❶ <u>handel</u> merge (with), amalgamate (with), fuse (with) ❷ <u>nat</u> amalgamate, fuse
fusie *v* [-s] ❶ <u>handel</u> merger, amalgamation ★ *een* ~ *aangaan (met)* merge (with), amalgamate (with) ★ *een juridische* ~ a statutory merger ❷ <u>nat</u> fusion, amalgamation
fusilleren *overg* [fusilleerde, h. gefusilleerd] execute by firing squad
fust *o* [-en] ❶ *vat* cask, barrel ★ *wijn op* ~ wine in a cask / barrel ❷ *verpakking* wood, cask ★ *leeg* ~ empty boxes, dummies
fut *m & v* energy <u>inf</u> zip / spunk ★ *de* ~ *is eruit* the energy has run out ★ *geen* ~ *meer hebben* have lost one's drive
futiel *bn* futile, insignificant
futiliteit *v* [-en] futility
futloos *bn* spiritless, droopy ★ ~ *haar* limp hair ★ *zich* ~ *voelen* feel washed out, lack energy
futurisme *o* futurism
futuristisch *bn* futurist
futurologie *v* futurology
fuut *m* [futen] grebe
fysica *v* physics, natural science
fysicus *m* [-ci] physicist
fysiek I *bn* physical ★ <u>handel</u> ~*e goederen* physical commodities, actuals **II** *o* physique, physical structure

fysiologie *v* physiology
fysiologisch *bn* physiological
fysioloog *m* [-logen] physiologist
fysionomie *v* [-mieën] physiognomy
fysiotherapeut *m* [-en], **fysiotherapeute** *v* [-n] physiotherapist
fysiotherapie *v* physiotherapy
fysisch *bn* physical ★ *~e geografie* physical geography
fyto-oestrogenen *zn* [mv] phyto-oestrogen

G

G *afk* (giga) <u>comput</u> G, giga
g I *v* ['s] ❶ *letter* g, G ❷ <u>muz</u> G **II** *afk* (gram) gram, gramme
gaaf *bn* ❶ *ongeschonden* sound, whole, entire ★ *een ~ gebit* a perfect set of teeth ❷ *rein, zuiver* pure, perfect, flawless ‹technique, work of art &› ❸ *mooi, goed* inf great, fantastic ★ *een gave film* a fantastic film ★ *wat ~!* terrific! fantastic! great! cool!
gaafheid *v* ❶ *ongeschondenheid* soundness, wholeness ❷ *zuiverheid* purity, perfection, flawlessness
gaai *m* [-en] jay
gaan I *onoverg* [ging, is gegaan] ❶ *zich voortbewegen* go ★ *achter iem. aan ~* ‹achtervolgen› go after sbd, ‹volgen› go behind sbd ★ *achter het huis om ~* go round the back ★ *door het bos ~* go through the woods / forest ★ *door een deur ~* go through a door ★ *langs de muur ~* go along the wall ★ *met de boot ~* take the boat, go by boat ★ *ik ga niet hoger dan tien euro* I won't go higher than ten euros ★ *uit / van elkaar ~* separate ★ *uit het geheugen ~* slip one's memory ★ *ga niet van uw plaats* don't leave your seat ❷ *zich begeven (naar)* go ★ *naar Amerika ~* go to America ★ *je moet maar eens naar de dokter ~* you should go to a doctor, you should see a doctor ★ *ik ga naar de dokter* I'm going to the doctor ★ *waar gaat dat naar toe?* where do you think you're going? ★ *via Londen ~* go via London ❸ *beginnen te, op het punt staan te* ★ *~ baden* go swimming ★ *~ bedelen* go and beg, go out begging ★ *~ eten* be about to eat ★ *~ halen* go and fetch ★ *~ huilen* start to cry ★ *~ liggen* go and lie down ★ *~ slapen* go to bed / to sleep ★ *~ staan* stand up ★ *ze wilde net ~ zingen, toen...* she was just about to sing, when... ★ *~ zitten* sit down ★ *het gaat regenen* it's going to rain ★ *aan het tekenen ~* start drawing ❹ *vertrekken* go, go away ★ *nu ga ik* now I'm off ★ *ga je al?* are you going already? ★ *de trein gaat pas over vijf minuten* the train isn't going for another five minutes ★ *er gaat vanmiddag een bus* there's a bus this afternoon ★ *u kunt ~* you may go (now) ★ *ik zie hem liever ~ dan komen* I'd rather not see him ★ <u>fig</u> *zich laten ~* let oneself go ❺ *zich in een toestand bevinden* be, go ★ *hoe gaat het?* how are you? how are things going? ★ *het gaat* not too bad ★ *hoe gaat het met Jan?* how's John? ★ *het gaat mis / niet goed* thing's aren't going well ★ *het ga je goed!* good luck! ★ *het gaat goed met hem* he's fine, he's well, things are going well for him ★ *het gaat slecht in de handel* business is slow / bad ★ *het gaat slecht met hem* he's deteriorating ★ *het gaat mij uitstekend* I'm fine, I'm very well indeed ★ *het gaat altijd zo* it's always the same ★ *het gaat met hem net zo* it's just the same with him ★ *het is mij ook zo ge~* the same happened to me ★ *zo gaat het (in de wereld)* that's life ★ *het gaat nogal* things

aren't too bad ★ *het zal wel* ~ things will work out ★ *gaat het goed?* is everything all right / okay? ❻ *mogelijk/toegestaan/correct/gangbaar zijn* be customary, be done, be possible, be allowed ★ *dàt gaat anders* that's not the way to do it ★ *nee, dàt gaat niet* no, that's not possible ★ *dat gaat zo maar niet* that's not the way to do it ★ *boven alles* ~ come first, come above all else ★ *niets gaat boven...* nothing beats... ★ *voor alles* ~ go before everything else ❼ *te doen zijn (om/over)* be about ★ *het gaat om 100 euro* it's one hundred euros ★ *het gaat om zijn leven* his life is at stake ★ *daar gaat het niet om* that's not the point ★ *het boek gaat over* the book is about ❽ *beheren* be in charge ★ *daar ga ik niet over* that's not my territory / my business ❾ *mikken (op)* go (for) ★ *hij gaat voor goud* he's going for gold ★ *ik ga ervoor!* I'm all for it! ❿ *functioneren* ★ *de bel (de klok) gaat niet* the bell is broken, the clock has stopped ★ *de bel gaat* there's the bell ★ *ik hoor de bel* ~ I hear the bell ★ *de telefoon gaat* there's the telephone, the telephone's ringing ▼ *zij* ~ *met elkaar* they're seeing each other, going out together ▼ *daar ga je!* cheers!, vulg up yours! ▼ *je gaat eraan!* you're in for it! ▼ *er gaat twee liter in die fles* that's a two litre bottle **II** *overg* go ★ *zijn (eigen) gang* ~ go one' s own way, please oneself ★ *zijns weegs* ~ go his own way **III** *o* going ★ *het* ~ *valt mij zwaar* ⟨vertrekken⟩ I don't want to go / leave, ⟨lopen⟩ I find it difficult to walk
gaande *bn* going ★ *de* ~ *en komende man* comers and goers ★ ~ *houden* keep going ★ *de belangstelling* ~ *houden* keep the interest from flagging ★ *het gesprek* ~ *houden* keep the conversation going ★ ~ *maken* stir, arouse, move ⟨sbd.'s pity⟩, provoke ⟨sbd.'s anger⟩ ★ *wat is er* ~*?* what's going on?, what's the matter?
gaandeweg *bijw* gradually, by degrees, little by little, inf bit by bit
gaap *m* [gapen] yawn
gaar *bn* done, cooked ★ *goed* ~ well done ★ *juist* ~ done to a turn ★ *niet* ~ underdone ★ *te* ~ overdone, well done, overcooked ▼ *een halve gare* a halfwit, an idiot ▼ *ik ben helemaal* ~ I'm pooped / done in
gaarkeuken *v* [-s] soup kitchen
gaarne *bijw* willingly, readily, gladly, with pleasure ★ ~ *doen* do gladly / willingly ★ *iets* ~ *erkennen* admit sth frankly, readily own up to sth
gaas *o* ❶ *verband &* gauze ❷ *vlechtwerk van metaal* wire netting / mesh
gaasje *o* [-s] wound dressing
gaatje *o* [-s] (small) hole ★ *is er misschien morgen een* ~*?* could you fit me in tomorrow?
gabber *m* [-s] ❶ *man, jongen* bloke, Am guy ❷ *maatje* pal, mate ❸ *uit gabberhousecultuur* mate, guy, geezer
gabberhouse *m* Dutch house music
Gabon *o* Gabon
gadeslaan *overg* [sloeg gade, h. gadegeslagen] observe, watch

gadget *o* [-s] gadget
gading *v* liking ★ *alles is van zijn* ~ he likes everything, everything is to his liking ★ *het is niet van mijn* ~ it's not what I fancy ★ *iets naar zijn* ~ *vinden* find something to one's taste / liking
gadverdarrie, getverderrie *tsw* ❶ *basterdvloek* darn! ❷ *m.b.t. iets smerigs* yuck!, yech!, ugh!
gaffel *v* [-s] ❶ *hooivork* pitchfork, fork ❷ scheepv gaff
gaffelzeil *o* [-en] trysail
gage *v* [-s] wage(s), pay, salary
gajes *o* rabble, riff-raff
GAK *o* (Gemeenschappelijk Administratiekantoor) Industrial Insurance Administration
gal I *v* gall, bile ★ *zijn* ~ *spuwen* vent one's spleen ⟨on sbd⟩ ★ *de* ~ *loopt hem over* he's furious ★ *iems.* ~ *doen overlopen* infuriate sbd **II** *v* [-len] *gezwel* gallstone
gala *o* ❶ *feest* ball, gala occasion ❷ *kleding* Sunday best, full dress ★ *in* ~ in full dress, in state
gala-avond *m* [-en] gala night
galactose *v* galactose
galakostuum *o* [-s] formal dress
galant *bn* chivalrous, courteous, gallant
galanterie *v* [-rieën] gallantry ▼ ~*ën* fancy goods
galappel *m* [-s] oak apple
galapremière *v* [-s] gala premiere
galavoorstelling *v* [-en] gala performance
galblaas *v* [-blazen] gall bladder
galbulten *m* [-en] hives, med urticaria
galei *v* [-en] galley
galerie *v* [-s & -rieën] (picture) gallery
galeriehouder *m* [-s] gallery owner
galerij *v* [-en] ❶ *tentoonstelling &* gallery ❷ *v. flat &* walkway ❸ *veranda* veranda(h) ❹ *in theater* gods ❺ *winkelgalerij* (shopping) arcade, (shopping) mall
galerijflat *m* [-s] gallery flats, Am gallery apartments
galg *v* [-en] gallows ★ *op moord staat de* ~ murder carries a death sentence ★ *tot de* ~ *veroordelen* sentence to death by hanging ★ *voor* ~ *en rad / voor de* ~ *opgroeien* be heading straight for the gallows
galgenhumor *m* black humour, gallows humour
galgenmaal *o* [-malen] last meal
galjoen *o* [-en & -s] galleon
gallicisme *o* [-n] Gallicism
Gallië *o* Gaul
Galliër *m* [-s] Gaul
Gallisch *bn* Gallic
gallisch *bn* ★ *ik werd er* ~ *van* I got totally fed up with it
Gallische *v* [-n] Gaul
galm *m* [-en] ❶ sound, resonation, reverberation, echo, ⟨van klokken⟩ pealing ❷ *v. stem* boom, bellow
galmen I *onoverg* [galmde, h. gegalmd] *luid klinken* sound, resound, ⟨v. klokken⟩ peal **II** *overg* [galmde, h. gegalmd] *schreeuwen* bellow, call out in a booming voice
galon *o & m* [-nen & -s] (gold or silver) lace, braid, piping
galop *m* [-s] ❶ *v. paard* gallop ★ *een korte* ~ a canter

ga

★ *in* ~ at a gallop ★ *in volle* ~ (at) full gallop ★ *in* ~ *overgaan* break into a gallop ❷ *dans* galop

galopperen *onoverg* [galoppeerde, h. en is gegaloppeerd] ❶ *v. paard* gallop ❷ *v. danser* galop

galsteen *m* [-stenen] gallstone

galvanisatie *v* galvanization

galvaniseren *overg* [galvaniseerde, h. gegalvaniseerd] galvanize

galzuur *o* bile

gamay *de* Gamay

gamba *m* ['s] ❶ *garnaal* king prawn ❷ *viool* gamba

Gambia *o* Gambia

game *m* [-s] ❶ *in tennis* game ❷ *computerspel* computer game

gamel *v* [-len] mess tin

gamen [gamede, h. gegamed] *onoverg* play computer games

gamma I *v* ['s] *letter* gamma II *v & o* ['s] ❶ *muz* gamut, scale ❷ *geordende reeks* gamut, spectrum ★ *het hele* ~ *van misdaden* the whole gamut of crime

gammastraling *v* gamma radiation

gammawetenschappen *zn* [mv] social sciences

---

gammawetenschappen
Het verschil tussen alfa-, bèta- en gammawetenschappen is typisch Nederlands en het kan nodig zijn om dat in een Engelse tekst uit te leggen.
De **alfawetenschappen** komen ongeveer overeen met **arts subjects** of **the humanities**, de **bètawetenschappen** ongeveer met **science subjects** of **the sciences** en **gammawetenschappen** ongeveer met **the social sciences**.

---

gammel *bn* ❶ *vervallen, wrak* ramshackle, decrepit ❷ *versleten, afgeleefd* worn out ❸ *slap, lusteloos* inf seedy

gang I *m* [-en] ❶ *manier van lopen* gait, walk, ‹v. hardloper, paard› pace ❷ *te werk gaan, handeling* way ★ *hij gaat zijn eigen* ~ he goes his own way ★ *laat hem zijn* ~ *maar gaan* let him have his way, leave him alone ★ *ga uw / je* ~! after you!, ‹toe maar!› go ahead!, go on!, carry on! ★ *alles gaat weer zijn gewone* ~ things are as usual ★ *ik zal u die* ~ *sparen* I'll spare you the trip / walk ❸ *vaart* speed, rate ★ sp ~ *maken* spurt ★ *er zit* ~ *in (de handeling)* it's all systems go ❹ *voortgang, loop* progress, course, march, run ★ *de* ~ *van zaken* the state of things ★ *de gewone / normale* ~ *van zaken* the usual procedures, the usual course of events ★ *voor de goede* ~ *van zaken* for smooth running / operation ★ *de verdere* ~ *van zaken* further developments ❺ *beweging* go, motion ★ *iems.* ~*en nagaan* watch sbd, have sbd shadowed ★ *aan de* ~ *blijven* go on, continue ‹working &› ★ *aan de* ~ *brengen / helpen / maken* set going, start ★ *aan de* ~ *gaan* get going, set to work ★ *aan de* ~ *zijn* ‹v. persoon› be at work, ‹v. voorstelling &› have started, be in progress ★ *wat*

is er aan de ~? what's going on? ★ *hij is weer aan de* ~ he's at it again ★ *in volle* ~ *zijn* be in full swing ★ *op* ~ *brengen* get going, start ★ *op* ~ *houden* keep going ★ *op* ~ *komen* get going ★ *op* ~ *krijgen* get going ❻ *v. maaltijd* course ❼ *corridor* passage, corridor, hallway ❽ *smalle doorgang* passageway, alleyway II *m* [-s] *bende* gang

gangbaar *bn* ❶ *v. geld* valid ★ *gangbare munt* legal tender ★ *gangbare tarieven* market / current / commercial rates ❷ *v. artikelen* popular, in demand ❸ *v. woorden, uitdrukkingen* current, in common use ❹ *v. opvattingen* current, prevailing ★ *niet meer* ~ out of date ❺ *v. methoden* accepted, standard, common ★ *een gangbare maat* a normal size

gangboord *o & m* [-en] gangway

gangenstelsel *o* [-s] network of tunnels, underground passages

gangetje *o* [-s] ❶ *snelheid* speed ★ *'t gaat zo z'n* ~ we're chugging along, we can't complain ❷ *nauwe doorgang* small passage, alleyway

gangkast *v* [-en] hall cupboard

gangmaker *m* [-s] ❶ *haas* sp pacemaker ❷ *sfeermaker* the life and soul of the place / party

gangpad *o* [-paden] *in kerk, vliegtuig* aisle

gangreen *o* gangrene, necrosis

gangster *m* [-s] gangster

gans I *v* [ganzen] goose ★ *sprookjes van Moeder de Gans* Mother Goose tales ★ fig *een domme* ~ a fool II *bn* vooral ZN whole, all ★ ~ *Londen brandde af* the whole of London was burnt down ★ *het* ~*e land* the entire country III *bijw* wholly, entirely ★ ~ *niet* not at all

ganzenbord *o* [-en] Game of Goose

ganzenlever *v* [-s] goose liver

ganzenmars *m* [-en] single file ★ *in* ~ *lopen* march in single file

ganzenpas *m* goosestep

ganzenveer *v* [-veren] goose quill

ganzerik *m* [-riken] ❶ *vogel* goose, gander ❷ *plant* cinquefoil

gapen *onoverg* [gaapte, h. gegaapt] yawn ★ *staan te* ~ *(naar iets)* gape / gawk (at sth) ★ *een* ~*de wond* a gaping wound ★ *een* ~*de afgrond* a yawning abyss / precipice ★ *een* ~*de muil* a wide-open beak / mouth, wide-open jaws ★ ~ *van de slaap / van verveling* yawn with tiredness / with boredom

gaping *v* [-en] gap, hiatus

gappen *overg* [gapte, h. gegapt] inf pinch, nick, nab, swipe

garage *v* [-s] garage

garagehouder *m* [-s] garage keeper, garage proprietor

garanderen *overg* [garandeerde, h. gegarandeerd] warrant, guarantee

garant *m* [-en] ❶ guarantor ❷ *iem. die zich borg stelt* surety ★ ~ *staan voor, zich* ~ *stellen voor* guarantee, warrant, vouch for, stand guarantor

garantie *v* [-s] guarantee, warrant, security, warranty ★ *~ geven* guarantee, provide a guarantee ★ *de ~ is verlopen* the guarantee has expired ★ *ergens ~ op krijgen* obtain a guarantee for something ★ *een levenslange ~* a lifetime guarantee ★ *een schriftelijke ~* a warranty, a written guarantee ★ *onder (de) ~ vallen* be under warranty, be covered by (the) guarantee

garantiebewijs *o* [-wijzen] warranty (card)

garantietermijn *m* [-en] term / period of guarantee, warranty period

garde I *v* [-s] *wacht* guard ★ *de koninklijke ~* the Royal Guard ★ *de oude ~* the old guard **II** *v*, **gard** [garden] ❶ *klopper* whisk ❷ *roede* rod, birch

garderobe *v* [-s] ❶ *voorraad kleding* wardrobe ❷ *opbergplaats voor jassen* cloakroom

garderobejuffrouw *v* [-en] cloakroom attendant

gareel *o* [-relen] harness, (horse)collar ★ *in het ~* in harness ★ *in het ~ brengen* bring into line

garen I *o* [-s] thread, yarn ★ *~ en band* haberdashery ★ *wollen ~* worsted **II** *bn* thread

garnaal *m* [-nalen] shrimp ★ *een geheugen als een ~* a memory like a sieve

garnalencocktail *m* [-s] shrimp cocktail

garneersel *o* [-s] trimming

garneren *overg* [garneerde, h. gegarneerd] ❶ *v. kledingstukken* trim ❷ *v. schotel* garnish

garnering *v* [-en] ❶ *v. kleding* trimming ❷ *v. voedsel* garnish

garnituur *o* [-turen] ❶ garnish ‹on a plate›, trimming ‹on a gown› ❷ *stel* ensemble, ‹set of jewels, of mantelpiece ornaments›

garnizoen *o* [-en] garrison ★ *~ leggen in een plaats* garrison a town ★ *hij lag te G. in ~* he was stationed at G.

garnizoensplaats *v* [-en] garrison town

gas *o* [-sen] gas ★ *het ~ aansteken / uitdraaien* light / turn off the gas ★ *het ~ opnemen* read the meter ★ *~ geven* accelerate, <u>inf</u> step on the gas ★ *vol ~ geven* <u>inf</u> floor it ★ *~ terugnemen* throttle back, <u>fig</u> cool it ★ *op ~ koken* cook with gas ★ *op ~ rijden* run on LPG ★ *iets op het ~ zetten* put sth on (the burner)

gasaansteker *m* [-s] gas lighter

gasbedrijf *o* [-drijven] gas company, gas board

gasbel *v* [-len] gas bubble

gasbrander *m* [-s] gas burner, gas jet

gasbuis *v* [-buizen] gas pipe

gasexplosie *v* [-s] gas explosion

gasfabriek *v* [-en] gasworks

gasfitter *m* [-s] gas fitter

gasfles *v* [-sen] gas cylinder, gas canister

gasfornuis *o* [-nuizen] gas cooker / stove

gaskachel *v* [-s] gas heater

gaskamer *v* [-s] ❶ gas chamber ❷ *voor dieren* lethal chamber

gaskraan *v* [-kranen] gas tap

gasleiding *v* [-en] ❶ *op straat* gas main ❷ *in huis* gas pipes

gaslek *o* [-ken] gas leak, gas leakage

gaslucht *v* smell of gas

gasmasker *o* [-s] gas mask

gasmeter *m* [-s] gas meter

gasmotor *m* [-s & -toren] gas engine, gas motor

gasoven *m* [-s] ❶ *in huishouding* gas stove ❷ *techn* gas furnace

gaspedaal *o & m* [-dalen] accelerator (pedal) ★ *het ~ indrukken* step on the accelerator

gaspeldoorn, gaspeldoren *m* [-s] furze, gorse

gaspit *v* [-ten] gas burner, gas jet

gasrekening *v* [-en] gas bill

gasslang *v* [-en] gas hose

gasstel *o* [-len] gas cooker, gas stove, gas ring

gast *m* [-en] ❶ guest, visitor ★ *bij iem. te ~ zijn* be sbd.'s guest ★ *wij hebben ~en* we have visitors ❷ *kerel* mate ★ *een stevige ~* a sturdy fellow ★ *een rare ~* a strange one

gastank *m* [-s] gas tank

gastarbeider *m* [-s] foreign / immigrant / migratory worker

gastcollege *o* [-s] guest lecture

gastdirigent *m* [-en] guest conductor

gastdocent *m* [-en] visiting lecturer

gastenboek *o* [-en] visitors' book

gastenverblijf *o* [-blijven] ❶ *apart v.h. pand* guesthouse ❷ *binnen het pand* guestroom(s)

gastgezin *o* [-nen] host family

gastheer *m* [-heren] host ★ *voor ~ spelen* play the host

gasthuis *o* [-huizen] hospital, hospice

gastland *o* [-en] host country

gastmaal *o* [-malen] feast, banquet

gastoestel *o* [-len] gas stove

gastoevoer *m* gas supply

gastoptreden *o* [-s] guest appearance

gastouder *m* [-s] foster parent

gastrol *v* [-len] guest appearance, star part

gastronomie *v* gastronomy

gastronomisch *bn* gastronomic

gastspreker *m* [-s] guest speaker

gastvrij *bn* hospitable ★ *heel ~ zijn* be very hospitable

gastvrijheid *v* hospitality ★ *~ verlenen aan* give hospitality to

gastvrouw *v* [-en] hostess

gasvlam *v* [-men] gas flame

gasvormig *bn* gasiform, gaseous

gat I *o* [gaten] ❶ *opening* hole, opening, gap ★ *een ~ in de belastingwetgeving* a tax loophole ★ *een ~ in de markt* a gap in the market ★ *een ~ in de dag slapen* sleep all the morning ★ *een ~ in de lucht springen* jump for joy ★ *een ~ stoppen* fill a gap ★ *het ene ~ met het andere stoppen* rob Peter to pay Paul ★ *zich een ~ in het hoofd vallen* break one's head ★ *niet voor één ~ te vangen zijn* not to be taken in, not to be taken for a fool ★ *ergens geen ~ in zien* not see a way out of sth, not see one's way to ‹do sth› ❷ *holte* cavity ★ <u>fig</u> *iets in de ~en hebben* have got wind of sth, <u>inf</u> have twigged sth ★ <u>fig</u> *iem. in de ~en hebben,* *iem. in de ~en houden* keep one's eye on sbd, keep tabs on sbd ★ *fig in de ~en krijgen* get wind of ‹sth›, spot ‹sbd / sth› ❸ *zeegat* outlet ❹ *gehucht* hole ‹of a place› **II** *o* [gatten] *achterwerk* bottom, *vulg* arse/*Am* ass ★ ‹mislukt zijn› *op zijn ~ liggen* be a failure

gatenkaas *m* [-kazen] cheese with holes ★ *de verdediging was een ~* the defence was riddled with holes

gatenplant *v* [-en] monstera, Swiss cheese plant

gauw I *bn* ❶ *v. beweging* quick, swift, ‹te snel› hasty ❷ *v. verstand* quick ★ *iem. te ~ af zijn* be too quick for sbd **II** *bijw* ❶ *snel* quickly, *inf* quick ★ *~ wat!* quickly! hurry up! ❷ *spoedig* in a hurry ★ *dat zal hij niet zo ~ weer doen* he won't do that again in a hurry ❸ *binnenkort* soon ★ *ik kom ~* I'll come as soon as I can ★ *zo ~ hij mij zag* as soon as he saw me

gauwigheid, gauwte *v* hurry, haste ★ *in de ~ ben ik het vergeten* in my haste I forgot it ★ *het was in de ~ overgeschreven* it was copied ‹› in a hurry

gave *v* [-n] gift ★ *de ~ van het woord* a way with words

gay I *bn* gay, homosexual **II** *m* [-s] homosexual

gaybar *m & v* [-s] gay bar

gazel, gazelle *v* [-zellen] gazelle

gazet *m* [-ten] *krant* ZN newspaper

gazeuse *v* fizzy soft drink

gazon *o* [-s] lawn, green

ge *pers vnw* ❶ vero & ZN you ❷ *plechtig* ye ❸ *alléén ev.* thou

geaard *bn* ❶ *van aard* disposed ★ *hij is anders ~* he is otherwise inclined, *euf* his sexual preferences are different ❷ *elektr* earthed ★ *een ~ stopcontact* an earthed power point

geaardheid *v* [-heden] disposition, inclination, nature ★ *zijn (seksuele) ~* one's sexual preferences

geabonneerd *bn* ★ *~ zijn op* have a subscription to ★ *ik ben op de Times ~* I take / read the Times

geaccidenteerd *bn* ★ *~ terrein* hilly / undulating ground

geacht *bn* respected, esteemed ★ *Geachte heer* Dear Sir ★ *de ~e afgevaardigde* the honourable member ★ *hij wordt algemeen ~* he is held in general esteem

geadresseerde *m-v* [-n] ❶ *v. brief &* addressee ❷ *v. goederen* consignee

geaffecteerd *bn & bijw* affected ★ *~ spreken* speak with a plum in one's mouth, *inf* talk posh

geaggregeerd *bn* ❶ *v. ambtenaar* official ❷ *v. leraar* ZN qualified (in teaching)

geagiteerd *bn* agitated ‹movements›, nervous ‹trading on the stock market›

geallieerden *zn* [mv] Allied Powers

geamuseerd *bn bijw* amused ★ *~ toekijken* look on with amusement

geanimeerd *bn* animated ★ *een ~ gesprek* an animated / a lively discussion

gearmd *bn* arm in arm

geautoriseerd *bn* authorized ★ *een ~e uitgave* an authorized edition

geavanceerd *bn* advanced, progressive ★ *de meest ~e*

technologie state-of-the-art technology ★ *de meest ~e versie* the latest version

gebaand *bn* beaten ★ *~e wegen bewandelen / gaan* follow the beaten track

gebaar *o* [-baren] gesture, gesticulation, motion, sign ★ *gebaren maken* gesticulate, make gestures ★ *een mooi ~* a nice gesture ★ *met een breed ~* with a broad gesture ★ *het gaat om het ~* it's the thought that counts

gebabbel *o* ❶ *gepraat* chatter, babble, chit-chat ❷ *roddel* tittle-tattle, gossip

gebak *o* pastries, cake(s), confectionery

gebakje *o* [-s] (fancy) cake, tart(let)

gebakken *bn* ‹in oven› baked, ‹in pan› fried ★ *~ aardappeltjes* fried potatoes ★ *inf ~ zitten* be in clover, be sitting pretty

gebakschoteltje *o* [-s] tea / side plate

gebakstel *o* [-len] set of cake plates

gebaren *onoverg* [gebaarde, h. gebaard] gesticulate, motion

gebarenspel *o* ❶ *alg.* gesticulation, gestures ❷ *kunstvorm* pantomime, dumbshow

gebarentaal *v* ❶ *alg.* sign language ❷ *v. doven en slechthorenden* deaf and dumb language, sign language ❸ *als kunstvorm* mime

gebarsten *bn* cracked

gebed *o* [-beden] prayer ★ *het ~ des Heren* the Lord's Prayer ★ *een ~ doen* say a prayer, pray ★ *fig een ~ zonder end* a never-ending story

gebedenboek *o* [-en] prayer book

gebedsgenezer *m* [-s] faith healer

gebeente *o* [-n] bones

gebeiteld *bn* ★ *~ zitten* be sitting pretty, have it made

gebekt *bn* ★ *goed ~ zijn* have the gift of the gab

gebelgd *bn* offended (over at)

gebergte *o* [-n & -s] (chain of) mountains

gebeten *bn* ★ *~ zijn op iem.* have / bear a grudge against sbd

gebeuren I *onoverg* [gebeurde, is gebeurd] ❶ *voorvallen* happen, chance, occur, come about, come to pass ★ *er ~ rare dingen* strange things happen ★ *wanneer zal het ~?* when is it going to happen / take place? ★ *wat er ook ~ moge* whatever happens ★ *het moest wel ~* it was bound to happen ★ *voor ik wist wat er gebeurde* before I knew where I was ★ *wat gebeurd is, is gebeurd* what's done is done, you can't turn the clock back ❷ *gedaan worden* happen, be done ★ *het is zó gebeurd!* it'll only take a second! ★ *dat gebeurt niet!* you'll do nothing of the kind! ★ *wat er gebeurde, is onbekend* the outcome is unknown ❸ *overkomen* happen (to) ★ *het is me gebeurd, dat...* what once happened (to me) is that... ★ *dat zal me niet weer ~* that's not going to happen to me again ★ *het zal je ~!* fancy that happening! **II** *o* event ★ *het hele ~* all that happened, the whole thing

gebeurtenis *v* [-sen] event, occurrence ★ *een blijde ~* a happy event ★ *een eenmalige ~* a unique occurrence

★ *een toevallige* ~ a contingency

gebied *o* [-en] ❶ territory, dominion, area, ⟨mining⟩ district, ⟨arctic⟩ region, jur jurisdiction ★ *het bezette* ~ the occupied area ❷ fig field, area, domain, sphere, department, province, range ★ *op het* ~ *van de kunst* in the field / realm(s) of art ★ *op medisch* ~ in the field of medicine ★ *dat behoort niet tot mijn* ~ that's not within my province, inf that's not my department ★ *op dat* ~ *is hij sterk* he's strong in that area

gebieden I *overg* [gebood, h. geboden] command, order, bid ★ *het fatsoen gebiedt ons te erkennen dat...* decency compels us to admit that... **II** *onoverg* [gebood, h. geboden] command, order ★ ~ *over* command

gebiedend I *bn* ❶ *bevelend* imperious, imperative ★ *op* ~*e toon* in an imperious tone ★ taalk *de* ~*e wijs* the imperative (mood) ❷ *noodzakelijk* imperative ⟨necessity⟩ **II** *bijw* imperiously, imperatively

gebiedsdeel *o* [-delen] territory ★ *overzeese gebiedsdelen* overseas territories

gebint, gebinte *o* [-binten] crossbeams

gebiologeerd *bn* mesmerized

gebit *o* [-ten] ❶ *echt* (set of) teeth ❷ *vals* (set of) false teeth, denture(s)

gebitsbeschermer *m* [-s] gum shield

gebitsverzorging *v* dental care

geblaat *o* bleating

gebladerte *o* foliage, leaves

geblaf *o* bark(ing)

geblèr *o* ❶ *herrie* racket ❷ *gehuil, geschreeuw* crying

geblesseerd *bn* sp injured

geblindeerd *bn* ❶ *kogel-, bomvrij* bulletproof ⟨vest⟩ ★ ~*e auto's* armoured cars ❷ *lichtdicht* darkened ★ *een* ~ *raam* a shuttered window

gebloemd *bn* floral, with a floral pattern

geblokt *bn* chequered

gebocheld *bn* hunchbacked, humpbacked

gebochelde *m-v* [-n] hunchback, humpback

gebod *o* [-boden] ❶ *bevel* command, order ★ *een gerechtelijk* ~ an injunction ★ *de (tien)* ~*en* the (Ten) Commandments ★ *de* ~*en onderhouden* live by / according to the commandments ❷ *huwelijksafkondiging* the banns, marriage announcement ★ *onder de* ~*en staan* ± be about to be married

geboden *bn* required, necessary, called for ★ *voorzichtigheid is* ~ care is required

gebodsbord *o* [-en] mandatory sign

geboefte *o* riff-raff, rabble, scum (of the earth), Br lowlife

gebogen I *bn* bent, curved ★ *een* ~ *lijn* a curved line **II** *bijw* bent over ★ ~ *lopen* walk with a stoop

gebonden *bn* ❶ *niet vrij* tied ⟨hands &⟩, fig committed ★ *je bent zo* ~ it's such a tie ★ *aan huis* ~ tied to the home ★ *niet* ~ uncommitted, non-aligned ⟨nations⟩ ★ ~ *stijl* poetry, verse ❷ *v. boek* bound ❸ *v. soep &* thick

geboomte *o* [-n] trees

geboorte *v* [-n & -s] birth ★ *bij de* ~ at birth ★ *na de* ~ post-natal ★ *een Fransman van* ~ a Frenchman by birth, ⟨he is⟩ French-born ★ *een Groninger van* ~ a native of Groningen ★ *van hoge / lage* ~ of high / low birth

geboorteaangifte *v* [-n] registration of birth

geboorteakte *v* [-n & -s], **geboortebewijs** *o* [-wijzen] birth certificate

geboortebeperking *v* birth control

geboortecijfer *o* [-s] birth rate

geboortedag *m* [-dagen] birthday, day of birth

geboortedatum *m* [-s & -data] date of birth

geboortegolf *v* [-golven] baby boom

geboortegrond *m* native soil

geboortejaar *o* [-jaren] year of birth

geboortekaartje *o* [-s] birth announcement card

geboorteoverschot *o* [-ten] excess of births

geboorteplaats *v* [-en] birthplace, place of birth

geboorteregeling *v* birth control

geboorteregister *o* [-s] register of births

geboren *bn* ★ ~ *worden* be born ★ *hij is een* ~ *Fransman* he is a Frenchman by birth ★ *hij is een* ~ *Groninger* he is a native of Groningen ★ *Mevrouw Artunay,* ~ *Schippers* Mrs. Artunay, née Schippers, maiden name Schippers ★ ~ *en getogen* born and bred ★ *een* ~ *dichter* a born poet ★ *een* ~ *leugenaar* an inveterate liar, a dyed-in-the-wool liar

geborgen *bn* secure, safe

geborgenheid *v* security, safety

gebouw *o* [-en] ❶ *bouwwerk* building, structure, premises ★ *de in het* ~ *gevestigde diensten* the facilities within the premises ★ boekh ~*en en terreinen* buildings and land ❷ *het bouwen* building, construction

gebraad *o* roast, roast meat

gebrabbel *o* ❶ *gewauwel* gibberish, jabber ❷ *v. kind* prattle

gebral *o* brag, wind, gas

gebrand *bn* burnt & **▼** ~ *zijn op* be keen/inf hot on ⟨sth⟩, be dying ⟨to know...⟩

gebrek *o* [-breken] ❶ *tekort* want, lack, shortage (aan of) ★ ~ *hebben / lijden* be in need ★ ~ *hebben aan* be in need of, be short of, lack ★ *aan niets* ~ *hebben* want for nothing, lack nothing ★ ~ *aan eerbied* disrespect ★ ~ *aan organisatie hebben* be lacking in organization ★ *er is* ~ *aan steenkool* there is a shortage of coal ★ *geen* ~ *aan klachten* no lack of complaints ★ *bij* ~ *aan...* for want of..., in default of... ★ *bij* ~ *aan iets beters* for lack of anything better ★ *bij* ~ *daaraan* failing that, in the absence of such ★ *in* ~*e blijven te...* fail to... ★ *in* ~*e blijven te betalen* default ★ *uit* ~ *aan* for want of ★ *wegens* ~ *aan bewijs* for want of proof ❷ *armoede* want ❸ *fout* defect, fault, shortcoming ★ *een verborgen* ~ a hidden defect ★ *zichtbare en verborgen* ~*en* obvious and hidden faults / defects ❹ *lichaamsgebrek* infirmity

gebrekkig I *bn* ❶ *v. zaken* defective ⟨machines⟩, faulty

⟨English⟩, invalid ⟨argument⟩ ❷ *v. personen* invalid ⟨by injury⟩, infirm ⟨through age⟩ **II** *bijw* ★ *zich ~ uitdrukken* express oneself poorly, ⟨in het Engels⟩ murder the King's English

gebrild *bn* spectacled

gebroeders *zn* [mv] brothers ★ *de ~ Warner* the Warner brothers, ⟨firmanaam⟩ Warner Brothers, Warner Bros

gebroken *bn* broken, fractured, incomplete ★ *een ~ getal* a fractional number, a fraction ★ *een ~ maand / week* a short month / week ★ *een ~ rib* a broken / fractured rib ★ *in ~ Engels* in broken English ★ *~ zijn, zich ~ voelen* feel broken ★ *een ~ man* a broken man ★ *~ wit* off-white

gebronsd *bn* bronzed

gebrouilleerd *bn* on bad terms, not on speaking terms ★ *hij is onlangs ~ geraakt met mijn moeder* he recently fell out with my mother

gebruik *o* [-en] ❶ *alg.* use ★ *~ maken van* use, make use of ⟨sth⟩, avail oneself of ⟨an offer, opportunity⟩ ★ *een goed ~ maken van* make good use of ⟨sth⟩, put to good use, turn to good account ★ *veel / druk ~ maken van* use freely, make good use of ★ *buiten ~* out of use, no longer in use ★ *in ~ (hebben)* (have) in use ★ *in ~ nemen / stellen* put into use ★ *ten ~e van* for the use of ★ *het ~ van geweld* jur the use of violence, ⟨door staten⟩ the use of force ★ *voor dagelijks ~* for everyday use, for daily wear ★ *klaar voor ~* ready for use ❷ *toepassing* employment ⟨of special means⟩ ❸ *consumptie* consumption ★ *het ~ van alcohol* the use of alcohol, alcohol consumption ❹ *gewoonte* custom, usage, habit, practice, convention ★ *de ~en* the customs ★ *naar aloud ~* according to time-honoured custom

gebruikelijk *bn* usual, customary, conventional ★ *~ zijn* be the custom ★ *zoals ~* as is usual / customary

gebruiken I *overg* [gebruikte, h. gebruikt] ❶ *gebruik maken van* use, make use of, employ ⟨means⟩ ★ *hij kan (van) alles ~* he finds a use for everything ★ *ik kan het / hem niet ~* I have no use for it / him ★ *dit kan ik best ~* this will come in handy ★ *Gods naam ijdel ~* take God's name in vain ★ *dit weer kunnen wij niet ~* we could do without this weather ★ *zich laten ~* let oneself be used ★ *zich gebruikt voelen* feel used ★ *een gebruikte auto* a second-hand car ❷ *nuttigen* partake of, take ★ *drugs ~* take / use drugs ★ *wat wilt u ~?* what will you have?, what's yours? ★ *wilt u iets ~?* would you like a bite to eat? would you like something to eat / drink? ❸ *verbruiken* consume **II** *onoverg* [gebruikte, h. gebruikt] *m.b.t. drugs* take drugs, be on drugs

gebruiker *m* [-s] ❶ user ❷ *v. drugs* drug taker / user / addict

gebruikersnaam *m* [-namen] comput user name

gebruikersvriendelijk, gebruiksvriendelijk *bn* user-friendly

gebruikmaking *v* make use of ★ *met ~ van* using, by means of, utilizing

gebruiksaanwijzing *v* [-en] directions for use, ⟨boekje⟩ users' manual ★ iron *iem. met ~ sbd* you must be careful of / watch your step with

gebruiksgoederen *zn* [mv] utility goods ★ *duurzame ~* durable consumer goods, consumer durables

gebruiksklaar *bn* ready (for use)

gebruiksvoorwerp *o* [-en] article / thing of use, useful object, ⟨gereedschap⟩ implement/ tool, ⟨in keuken⟩ utensil, ⟨toestel⟩ appliance ★ *~en* utilities

gebruind *bn* browned, sunburnt, tanned

gebrul *o* roaring

gebundeld *bn* combined, bundled, tied together ★ *~e columns* collected (newspaper) articles

gecertificeerd *bn* certified

gecharmeerd *bn* ★ *~ zijn van* be taken with, charmed with

gechoqueerd *bn* shocked

geciviliseerd *bn* civilized

gecoiffeerd *bn* ★ *door, met iets ~ zijn* tickled / flattered by sth

gecommitteerde *m* [-n] ❶ delegate ❷ *bij examen* external examiner

gecompliceerd *bn* complicated ⟨affair⟩, complex ⟨character, problem, situation &⟩ ★ *een ~e breuk* a compound fracture

geconcentreerd *bn & bijw* concentrated ★ *~e vloeistof* concentrated liquids ★ *~ lezen* read with (great) concentration

geconditioneerd *bn* conditioned

gedaagde *m-v* [-n] defendant

gedaan *bn* finished, done, over ★ *~ geven* dismiss, fire ★ inf *~ krijgen* get the sack ★ *ik kan niets van hem ~ krijgen* I can't get him to do anything ★ *iets ~ krijgen* bring sth off ★ *het is niets ~* it's no good ★ *ik kan alles van hem ~ krijgen* he'll do anything for me ★ *het is met hem ~* it's all over / all up with him, he's finished, inf he's had it ★ *gedane zaken nemen geen keer* it's no use crying over spilt milk, what's done is done

gedaante *v* [-n & -s] shape, form, figure ★ *in de ~ van...* in the shape / guise of... ★ *zich in zijn ware ~ vertonen* show one's true colours ★ *van ~ veranderen* undergo a metamorphosis ★ *van ~ verwisselen* change one's appearance, ⟨v. insekten⟩ metamorphose

gedaanteverandering, gedaanteverwisseling *v* [-en] metamorphosis, transformation

gedachte *v* [-n] ❶ thought, idea, reflection, notion ★ *~n zijn (tol)vrij* no harm in thinking about it ★ *de ~ daaraan* the thought of it ★ *de ~ alleen al* just the mere thought ★ *de ~ dat ik zo iets zou kunnen doen* the idea of my doing such a thing ★ *zijn ~n erbij houden* keep one's mind on what one is doing, concentrate ★ *zijn ~n er niet bij hebben* be absent-minded, be wool-gathering ★ *zijn ~n erover laten gaan* give some thought to the matter ★ *waar zijn uw ~n?* what are you thinking of? ★ *bij de ~ aan*

ge

at the thought of ★ *in ~n* in thought, in spirit ★ *ik zal het in ~ houden* I'll keep it in mind, I'll remember that ★ *in ~n verzonken* lost in thought ★ *in ~n zijn* be (deep) in thought ★ *op de ~ komen* hit on the idea ★ *hoe is hij op die ~ gekomen?* what made him think of that? ★ *hij kwam tot betere ~n* he thought the better of it ★ *dat moet je je maar uit je ~n zetten* you'll have to put it out of your mind ★ *van ~ veranderen* change one's mind, think the better of it ★ *van ~ zijn om...* be thinking of..., be intending to... ➋ *mening* opinion, view ★ *iem. op andere ~n brengen* try to change someone's mind ★ *tot andere ~n komen* change one's mind, come to see something differently ★ *van ~n wisselen* exchange views ★ *van ~ zijn dat* be of the opinion that ★ *ik heb mijn eigen ~n daarover* I have my own thoughts on the subject

gedachtegang *m* [-en] train / line of thought

gedachtegoed *o* ideas ★ *om het ~ van X levend te houden...* in order to keep X's intellectual legacy alive...

gedachtekronkel *m* [-s] twisted thought

gedachteloos *bn* thoughtless

gedachtenis *v* [-sen] ➊ *herinnering* memory, remembrance ★ *ter ~ van* in memory of ➋ *voorwerp ter herinnering* memento, souvenir, keepsake

gedachtesprong *m* [-en] mental leap / jump, mental switch

gedachtestreep *v* [-strepen] dash

gedachtewereld *v* way of thinking, realm of thought

gedachtewisseling *v* [-en] exchange of views

gedachtig *bn* mindful (of) ★ *~ aan* mindful of ★ *wees mijner ~* remember me ‹in your prayers›

gedag *tsw* ★ *~ zeggen* say hello

gedateerd *bn* ➊ *gedagtekend* dated ➋ *verouderd* outdated, archaic

gedecideerd I *bn* decisive, resolute II *bijw* decisively, resolutely ★ *~ optreden* behave resolutely / firmly

gedeelte *o* [-n & -s] ➊ part, section, piece ★ *voor een groot ~* largely, for a large part ★ *voor het grootste ~* for the most / greater / better part ➋ *afbetalingstermijn* instalment ★ *bij ~n* in instalments

gedeeltelijk I *bn* partial ★ *een ~e betaling* a part payment ★ *een ~e oplossing* a partial solution II *bijw* partly, in part

gedegen *bn* ➊ *zuiver* native ➋ *grondig* thorough ➌ *degelijk* sound, solid ➍ *wetenschappelijk verantwoord* scientifically sound, reliable

gedegenereerd *bn* degenerate ★ *een ~e* a degenerate

gedeisd *bn* ★ *zich ~ houden* inf lie doggo

gedekt *bn* ➊ *m.b.t. cheques* covered ➋ *m.b.t. verzekering* insured ➌ *m.b.t. kleuren* subdued, sober ➍ *m.b.t. kapsel* ± short back and sides ▼ *zich ~ houden,* lie low, keep a low profile ▼ *houd u ~!* be careful!

gedelegeerd *bn* delegated ★ *de ~ commissaris* the delegated official

gedelegeerde *m-v* [-n] delegate

gedemilitariseerd *bn* demilitarized

gedempt *bn* ➊ *v. geluid, licht, kleur* subdued, faint ★ *op ~e toon* in a subdued / faint voice ★ *met ~e stem* in a hushed / muffled voice, in a whisper ➋ *v. kanaal* filled in

gedenkboek *o* [-en] memorial book ★ *~en* annals, records

gedenkdag *m* [-dagen] anniversary

gedenken *overg* [gedacht, h. gedacht] remember ‹in one's prayers›, commemorate

gedenksteen *m* [-stenen] memorial tablet / stone

gedenkteken *o* [-s & -en] monument, memorial

gedenkwaardig *bn* memorable

gedeprimeerd *bn* depressed

gedeputeerde *m-v* [-n] ➊ deputy, delegate ➋ *lid v. Gedeputeerde Staten* member of the Provincial Executive

gedesillusioneerd *bn* disillusioned

gedesoriënteerd *bn* disoriented, disorientated

gedestilleerd, gedistilleerd I *bn* distilled ★ *~e dranken* spirits, liquor II *o* spirits, liquor

gedetailleerd I *bn* detailed II *bijw* in detail

gedetineerde *m-v* [-n] inmate, prisoner, detainee

gedicht *o* [-en] poem

gedichtenbundel *m* [-s] volume of verse / poems

gedienstig *bn* ➊ obliging ➋ *overdreven* obsequious

gedierte *o* [-n & -s] ➊ *dieren* animals, beasts ➋ *ongedierte* vermin ➌ *dier* animal

gedijen *onoverg* [gedijde, h. en is gedijd] thrive, prosper, flourish ★ *gestolen goed gedijt niet* cheats never prosper

geding *o* [-en] ➊ jur lawsuit, action, cause, case ★ *een kort ~* summary / interim / preliminary (court) proceedings ➋ fig controversy ★ *in het ~ brengen* bring into discussion ★ *in het ~ komen* come into play ★ *in het ~ zijn* be at issue, be in question, be at stake

gediplomeerd *bn* qualified, certified, registered ‹nurse›

gedisciplineerd *bn* disciplined

gedistingeerd *bn* ➊ *voornaam* distinguished ➋ *verfijnd* refined

gedoe *o* doings, fuss, carryings-on, inf brouhaha ★ *het hele ~(tje)* the whole affair, the whole business ★ *kinderachtig ~* childish nonsense ★ *het was een heel ~ om...* it took a lot of fuss and bother to...

gedoemd *bn* doomed ★ *tot mislukken ~* doomed to fail

gedogen *overg* [gedoogde, h. gedoogd] tolerate, turn a blind eye to, put up with ★ *softdrugs ~* allow / tolerate soft drugs, turn a blind eye to the use of soft drugs ★ *een regering ~* put up with a government

gedonder *o* ➊ thunder, rumble ➋ *narigheid* trouble, bother, hassle ★ *daar heb je het ~ al!* that means trouble!

gedonderjaag *o* trouble, messing about, hassle

ge

gedoodverfd *bn* red-hot favourite/Am favorite, odds-on favourite/Am favorite ★ *de ~e winnaar* the one tipped to win

gedoogbeleid *o* policy of acquiescence, policy of tolerance, policy of turning a blind eye, 'blind-eye' policy

gedoogzone *v* [-s] area where the authorities condone some illegal activities ‹such as prostitution and drug abuse›

gedrag *o* [-dragingen] conduct, behaviour, bearing ★ *fatsoenlijk / schaamteloos ~* proper / shameless behaviour ★ *wegens goed ~* for good behaviour

gedragen I *wederk* [gedroeg, h. gedragen] behave ★ *zich ~* behave / conduct oneself ★ *zich netjes ~* behave (oneself) **II** *bn* ❶ *plechtig* lofty, exalted, stately, elevated ‹tone›, solemn ‹voice› ❷ *v. kleren* worn

gedragsgestoord *bn* maladjusted

gedragsleer *v* behavioural studies

gedragslijn *v* line of conduct, line of action, course, policy

gedragspatroon *o* [-tronen] behavioural pattern, pattern of behaviour, pattern of conduct

gedragsregel *m* [-s] rule of conduct / behaviour, ethical rule

gedragsstoornis *v* [-sen] behavioural disturbance

gedragswetenschappen *zn* [mv] behavioural sciences

gedrang *o* crowd, throng, crush ★ *in het ~ komen* eig be crushed, squashed, fig suffer, be neglected

gedreun *o* droning ‹voice›, din ‹of the machinery›, roar / thunder ‹of cannons›, the waves

gedreven *bn bezield* passionate, possessed, driven, afkeurend fanatical ★ *een ~ politicus* a politician in heart and soul, a dedicated politician ★ *een ~ componist* a composer who lives for his / her music

gedrieën *telw* three of us / them &

gedrocht *o* [-en] monster, freak

gedrongen *bn* ❶ *v. gestalte* thick-set ❷ *v. stijl* compact, terse

gedrukt *bn* ❶ *v. boeken &* printed ❷ *depressief* depressed, dejected, in low spirits ❸ handel depressed, weak ‹of the market›

geducht I *bn* ❶ formidable, redoubtable, feared ★ *~ tegenstander* a formidable adversary ❷ *versterkend* tremendous, huge **II** *bijw* fearfully, tremendously ★ *~ veel* much / many, a huge / a tremendous amount

geduld *o* patience, forbearance ★ *~ hebben / oefenen* have / exercise patience, be patient ★ *iems. ~ op de proef stellen* try / test sbd.'s patience ★ *wij verloren ons ~* we lost all patience ★ *mijn ~ is op, mijn ~ is ten einde* my patience is at an end ★ *met ~* with patience, patiently

geduldig I *bn* patient **II** *bijw* patiently

geduldwerk *o* patient work, work / task requiring great patience

gedupeerde *m-v* [-n] victim, dupe

gedurende *voorz* during, for, pending, over ★ *~ twee dagen* for two days (at a stretch) ★ *~ de laatste vijf jaar* over the last five years ★ *~ het onderzoek* pending the inquiry

gedurfd *bn* daring

gedurig *bn* continual, incessant

geduvel *o* bother, trouble, hassle

gedwee *bn* meek, docile, submissive

gedwongen I *bn* ❶ *onnatuurlijk* constrained, forced ❷ *verplicht* compulsory, enforced ★ *een ~ ontslag* a statutory dismissal **II** *bijw* forced, in a forced manner ★ *hij deed het ~* he did it under duress / he was forced to do it ★ *~ lachen* laugh in a forced manner

geef *m* ★ *te ~* for nothing ★ *het is te ~!* it's dirt cheap!, they're giving it away!

geëigend *bn* ❶ *middelen* appropriate ❷ *persoon* right

geel I *bn* yellow ★ *sp een gele kaart* a yellow card **II** *o* [gelen] yellow ★ *het ~ van een ei* the yolk of an egg ★ *sp ~ krijgen* be shown the yellow card

geelgors *v* [-en] *vogel* yellowhammer, yellow bunting

geelkoper *o* brass

geelzucht *v* jaundice, med icterus

geëmancipeerd *bn* emancipated, liberated

geëmotioneerd *bn* moved, affected

geen *telw & vnw* no, none, not any, not one ★ *~ van allen* none of them ★ *~ ander (kan dat)* nobody else, no other person (can do that) ★ *~ van beiden* neither of them ★ *~ cent* not a (red) cent, not a (single) penny ★ *~ één* not (a single) one ★ *hij kent ~ Engels* he doesn't know any English, he can't speak English ★ *~ enkel geval* not a single case ★ *~ geld meer* no money left ★ *~ geld en ook ~ baan* no money and no job either ★ *hij heet ~ Jan* he isn't called Jan ★ *dat is ~ spelen* that's not playing the game ★ *dat is ~ vechten* that's no fighting, that's not what you call fighting ★ *dit is ~ doen* this is impossible ★ *dat zijn ~ manieren* that's no way to behave ★ *is het ~ schande?* isn't it a scandal? ★ *~ van hen* none / neither of them

geeneens *bijw* not even, not so much as

geëngageerd *bn* ❶ *verloofd* engaged ❷ *betrokken* committed ★ *politiek ~* politically committed

geenszins *bijw* not at all, by no means

geep *v* [gepen] *vis* garfish

geërgerd *bn* annoyed, upset

geest I *m* [-en] ❶ *alg.* spirit, mind, intellect ★ Bijbel *de ~ is gewillig, maar het vlees is zwak* the spirit is willing, but the flesh is weak ★ *in de ~ (was ik bij u)* (I was with you) in spirit ★ *de ~ geven* expire, breathe one's last, give up the ghost ★ *de ~ krijgen* be inspired, be in the mood ★ *er heerste een prettige ~* there was a pleasant atmosphere ★ *een ~ van verzoening* a spirit of reconciliation ★ *in die ~ is het boek geschreven* the book is written in that vein ★ *in die ~ handelen* act along these lines ★ *hij maakte nog een paar opmerkingen in deze ~* he made a few more remarks in that vein / spirit ★ *naar de ~ zowel als* *naar de letter* in (the) spirit as well as in (the) letter ★ *voor de* ~ *brengen / roepen / halen* call to mind, recall, remember ★ *zich weer voor de* ~ *halen* recapture, remember, recall ★ *het staat mij nog voor de* ~ I remember it as if it were yesterday ★ *de* ~ *des tijds* the spirit of the age / times ★ *de Griekse* ~ the Greek genius ★ *een grote* ~ a great mind ★ *hoe groter* ~, *hoe groter beest* the more brains the less common sense ❷ *geestigheid* wit ❸ *onlichamelijk wezen* spirit, ghost, spectre, phantom, apparition ★ *boze* ~*en* evil spirits ★ *er uitzien als een* ~ look like a ghost ★ *zijn boze* ~ his evil spirit, genius ★ *zijn goede* ~ his good spirit / genius, his guardian angel ★ *de Heilige Geest* the Holy Ghost ❹ *vluchtige stof* ammonia ★ *vliegende* ~ ammonia ★ ~ *van wijn* spirits ★ ~ *van zout* spirits of salt **II** *m zandgrond* fertile sandy soil ‹in coastal areas›

geestdodend *bn* dull, monotonous

geestdrift *v* enthusiasm ★ *in* ~ *brengen* rouse to enthusiasm, enrapture ★ *in* ~ *geraken* become enthusiastic

geestdriftig *bn* enthusiastic

geestelijk I *bn* ❶ *niet stoffelijk* spiritual ★ ~*e zaken* spiritual matters ❷ *van het verstand* intellectual, mental ★ *de* ~*e gezondheid* mental health ★ ~*e vermogens* mental capacity ❸ *kerkelijk* sacred ‹songs›, religious, clerical, ecclesiastical ‹duties› ★ ~*e liederen* hymns, religious songs, spirituals ★ *een* ~*e orde* a religious order **II** *bijw* mentally ★ ~ *gestoord* mentally disturbed

geestelijke *m* [-n] ❶ clergyman, divine ★ ~*n en leken* clerics and laymen ❷ RK priest

geestelijkheid *v* clergy, ministry

geestesgesteldheid *v* [-heden], **geestestoestand** *m* [-en] mental condition, state of mind, mentality

geesteskind *o* [-eren] brainchild

geestesoog *o* mind's eye

geesteswetenschappen *zn* [mv] humanities

geestesziek *bn* mentally ill ★ *een* ~*e* a mentally ill person

geestgrond *m* [-en] fertile sandy soil ‹in the coastal area›

geestig *bn* witty, smart, ‹vol humor› humorous, amusing ★ *een* ~*e opmerking* a humorous / witty remark ★ *een* ~ *spreker* a witty / amusing speaker

geestigheid *v* [-heden] ❶ *eigenschap* humour, wit, wittiness ❷ *grapje* witticism, quip ★ *geestigheden* witticisms, quips

geestkracht *v* energy, strength of mind, intellectual rigour

geestrijk *bn* containing alcohol ▼ ~*e dranken* spirits, liquor, strong drink

geestverheffend *bn* elevating, uplifting

geestverruimend *bn* mind-expanding, hallucinogenic, mind-altering ★ ~*e middelen* mind-altering / hallucinogenic drugs

geestverschijning *v* [-en] apparition, phantom

geestverwant I *m-v* [-en] ❶ kindred spirit ❷ ‹pol›

supporter **II** *bn* congenial

geestverwantschap *v* congeniality of mind

geeuw *m* [-en] yawn

geeuwen *onoverg* [geeuwde, h. gegeeuwd] yawn

geeuwhonger *m* sudden hunger

geëvacueerde *m-v* [-n] evacuee

geëxalteerd *bn* ❶ *opgewonden* overexcited ❷ *overdreven* exaggerated

gefingeerd *bn* fictitious, feigned ★ *een* ~*e factuur* a spurious invoice ★ *een* ~ *naam* a fictitious name

gefixeerd *bn* fixed ★ *hij is* ~ *op haar* he's hypnotised by her / fixated on her

geflatteerd *bn* flattering ★ *een* ~*e overwinning* a flattering victory, a victory that gives more credit than due ★ *een* ~*e balans* figures that look more promising than they are, <u>afkeurend</u> doctored figures ★ *een* ~ *portret* a flattering portrait

geflikflooi *o* fawning, fondling, petting

gefluister *o* whisper(ing), whispers

geforceerd *bn* forced ★ *een* ~*e glimlach* a forced smile

gefortuneerd *bn* rich, wealthy ★ *de* ~*en* the rich

gefrustreerd *bn* frustrated

gefundeerd *bn* well founded ★ *een slecht* ~*e theorie* an ill-founded theory

gegadigde *m-v* [-n] ❶ *voor koop* interested party, intending purchaser, prospective buyer ❷ *voor aanbesteding* prospective / would-be contractor ❸ *voor vacature* applicant, candidate

gegalonneerd *bn* ❶ *versierd met galon* decorated with braid ❷ *gekleed in galon* in uniform (with braid)

gegarandeerd *bn & bijw* ❶ *gewaarborgd* guaranteed ❷ *stellig* definitely, absolutely ★ *hij komt* ~ *te laat* he'll no doubt be late

gegeven I *o* [-s] ❶ *feit* data, fact ★ ~*s* data, details, particulars ★ *digitale* ~*s* digital data ★ *vaststaand* ~ a known fact ❷ *idee, onderwerp* fundamental idea, subject ‹of a play &› ★ *het* ~ *van het verhaal* the point of the story **II** *bn* given ★ *op een* ~ *ogenblik* at a certain moment ★ *in de* ~ *omstandigheden* in the circumstances, as things are

gegevensbank *v* [-en] database

gegijzelde *m-v* [-n] hostage

gegil *o* screams, yells

gegoed *bn* well-to-do, well off, in easy circumstances ★ *de meer* ~*en* those better off

gegoten *bn* ijzer & cast ‹steel, iron› ★ *het zit als* ~ it fits like a glove

gegrinnik *o* snigger, chortle

gegroefd *bn* grooved ‹beams›, fluted ‹columns›, furrowed ‹face›

gegrond *bn* well founded, valid, legitimate ★ *dit zijn* ~*e redenen om dankbaar te zijn* these are good reasons to be grateful ★ <u>jur</u> ~ *verklaard* founded ‹in law›, valid ★ *een* ~ *verwijt* a valid / just reproach

gehaaid *bn* sharp, knowing, wily

gehaast *bn* hurried ★ ~ *zijn* be in a hurry

gehaat *bn* hated, hateful, odious ★ *zich bij iedereen* ~ *maken* make oneself universally hated

gehakketak *o* wrangling, bickering(s), squabble(s)

gehakt *o* minced meat ★ *een bal(letje)* ~ a meatball

gehaktbal *m* [-len] meatball

gehaktmolen *m* [-s] mincer

gehalte *o* [-n & -s] ❶ content ★ *het* ~ *aan vet* the fat content ❷ *v. metalen* grade, calibre, standard, quality ★ *van degelijk* ~ of (sterling) quality ★ *van gering* ~ ‹erts› low-grade ‹ore›, fig of a low standard ❸ *v. alcohol* percentage ‹proof spirit›

gehandicapt *bn* ❶ handicapped, disabled ★ *geestelijk* ~ intellectually handicapped ★ *lichamelijk* ~ physically disabled ❷ *onthand* lost ★ *hij voelt zich* ~ *zonder haar* he feels lost without her

gehandicapte *m-v* [-n] handicapped person ★ *een geestelijk* ~ an intellectually handicapped person ★ *een lichamelijk* ~ a physically handicapped person, a disabled person ★ *de* ~*n* the handicapped, the disabled

gehandicaptenzorg *v* care of the disabled

gehannes *o* ❶ *gezeur, gedoe* bother ❷ *geknoei* bungling, mess-up

gehard *bn* ❶ *v. lichaam* hardened, hardy ★ ~ *tegen...* be hardened against... ❷ techn tempered

geharrewar *o* bickering(s), squabble(s)

gehavend *bn* battered, dilapidated, damaged ★ *wat zie je er* ~ *uit!* you look a sorry sight! you look the worse for wear!

gehecht *bn* attached ★ ~ *aan* attached to

geheel I *bn* whole, entire, complete ★ ~ *Engeland* the whole of England, all England ★ *gehele getallen* whole numbers ★ *de gehele mens* the whole person ★ *de gehele stad* the entire town ★ *een* ~ *overzicht* a complete overview **II** *bijw* wholly, entirely, completely, all ‹alone, ears &› ★ *(en al)* completely, quite ★ ~ *of gedeeltelijk* in whole or in part ★ ~ *onmogelijk* completely impossible **III** *o* [-helen] whole ★ *een* ~ *uitmaken / vormen* constitute a whole ★ *in het* ~*...* in all... ★ *in het* ~ *niet* not at all ★ *in het* ~ *niets* nothing at all, nothing whatsoever ★ *in zijn* ~ ‹the Church &› in its entirety, ‹swallow it› whole, ‹look on things› as a whole ★ *over het* ~ *(genomen)* on the whole ★ *het* ~ *van maatregelen* the body of measures ★ *het* ~ *van deze indrukken* the sum total of these impressions ★ *het* ~ *van natuurlijke elementen geeft de stad...* taken as a whole, the city's natural elements lend it... ★ *het* ~ *van de poster mag niet groter zijn dan...* the poster's overall size may not exceed...

geheelonthouder *m* [-s] teetotaller, total abstainer ★ ~ *zijn* be teetotal, be a teetotaller / total abstainer, inf be on the wagon

geheelonthouding *v* total abstinence, teetotalism

geheid *bn & bijw zeker* certain, sure ★ *dat is een* ~*e strafschop* that's a sure penalty ★ *we gaan* ~ *winnen* it's a dead cert that we'll win

geheim I *bn* ❶ *verborgen gehouden* secret, hidden, concealed ★ *een* ~*e deur* a secret / hidden /

concealed door ★ *het moet* ~ *blijven* it must remain private / (a) secret ★ *je moet het* ~ *houden (voor hen)* you must keep it (a) secret (from them) ★ *voor mij is hier niets* ~ nothing here holds any secrets for me ❷ *v. stemming &* secret, private ❸ *occult* occult ❹ *staatsgeheim* classified ★ ~*e informatie* classified information ❺ *illegaal* clandestine ‹trade› ❻ *in het geheim werkzaam* secret, hidden, undercover ★ *een* ~ *agent* an undercover / a secret agent ★ ~*e krachten* hidden forces **II** *o* [-en] secret, mystery ★ *een publiek* ~ an open secret, a public secret ★ *een* ~ *bewaren* keep a secret ★ *in het* ~ in secret, secretly, in secrecy ★ *ik maak daar geen* ~ *van* I'm not making a secret of it, I'll be quite open about it

geheimhouden *overg* [hield geheim, h. geheimgehouden] keep secret

geheimhouding *v* secrecy, confidentiality ★ *jur* ~ *betrachten* observe confidentiality ★ *onder* ~ in secret

geheimhoudingsplicht *m & v* duty of confidentiality

geheimschrift *o* [-en] secret code, cipher

geheimtaal *v* [-talen] secret language, code (language)

geheimzinnig *bn* mysterious ★ *hij is er erg* ~ *mee* he's very mysterious about it ★ *iets* ~*s* something mysterious / secret

geheimzinnigheid *v* [-heden] mysteriousness, mystery

gehemelte *o* [-n & -s] palate ★ *het zachte* ~ the soft palate, the velum

geheugen *o* [-s] ❶ memory ★ *een goed* ~ a good / retentive memory ★ *een slecht* ~ a poor memory ★ *als mijn* ~ *me niet bedriegt* if my memory serves me right ★ *iets in het* ~ *houden* keep / bear sth in mind, remember sth ★ *iem. iets in het* ~ *prenten* imprint sth on sbd's memory ★ *iems.* ~ *opfrissen* refresh sbd's memory ★ *vers in het* ~ *liggen* be fresh in one's memory ❷ comput memory, storage

geheugensteuntje *o* [-s] mnemonic, reminder, clue ★ *een* ~ *geven* prompt

geheugenverlies *o* loss of memory, amnesia

gehoor *o* ❶ *zintuig* (sense of) hearing ★ *een goed muzikaal* ~ *hebben* have a good ear for music ★ *geen muzikaal* ~ *hebben* have no ear for music ★ *muz op het* ~ *spelen* play by ear ★ *ten gehore brengen* play, sing ★ ~ *geven aan de roepstem van...* obey the call of... ★ ~ *geven aan een verzoek* comply with a request ★ *bij geen* ~ if there's no answer ★ *ik klopte, maar ik kreeg geen* ~ I knocked, but there was no answer ❷ *toehoorders* audience ★ *ik was onder zijn* ~ I was among his listeners ❸ *audiëntie* audience ★ ~ *krijgen* get / obtain a hearing ★ ~ *verlenen* listen to, lend an ear ❹ *geluid* sound

gehoorapparaat *o* [-raten] hearing aid

gehoorbeentje *o* [-s] ossicle

gehoorbeschadiging *v* [-en] damage to the hearing

gehoorgestoord *bn* hard of hearing

gehoororgaan *o* [-ganen] ear, auditory organ

gehoorsafstand *m* ★ *binnen* ~ within hearing, within earshot, within call

gehoorzaal *v* [-zalen] auditorium, ‹in universiteit› lecture theatre/<u>Am</u> theater, ‹rechtbank› courtroom

gehoorzaam *bn* obedient

gehoorzaamheid *v* obedience ★ *tot ~ dwingen* enforce obedience

gehoorzamen *onoverg* [gehoorzaamde, h. gehoorzaamd] ❶ obey ★ *~ aan* obey, be obedient to ★ *~d aan* in obedience to... ★ *niet ~* disobey ❷ *mil* obey orders

gehorig *bn* noisy, not soundproof

gehouden *bn* ★ *zich ~ achten om...* feel obliged / bound to... ★ *boekh in de onderneming ~* retained within the company

gehucht *o* [-en] hamlet

gehuil *o* ❶ *v. honden, wind & howling* ★ *het ~ van de wind* the howling / wailing of the wind ❷ *v. kinderen* crying

gehuisvest *bn* lodged, housed

gehumeurd *bn* ★ *goed ~* good-tempered ★ *slecht ~* ill tempered, bad-tempered

gehuwd *bn* married ★ *~en* married people / couples ★ *wettig ~ zijn* lawfully married / wedded

geigerteller *m* [-s] Geiger counter

geijkt *bn* customary, usual, accepted ★ *~e termen* current / standing expressions

geil *bn* ❶ *v. personen* randy, horny ★ *~ worden* be turned on, aroused ❷ *v. foto's &* lewd, sexy

geilen *onoverg* [geilde, h. gegeild] ★ *~ op iem. / iets* lust after sbd / sth, *inf* have the hots for sbd / sth

geïllustreerd *bn* illustrated, pictorial

gein *m* ❶ *grappigheid, plezier* fun ★ *voor de ~* for a joke, for fun ❷ *grap* joke

geïndustrialiseerd *bn* industrialized

geinig *bn* funny, cute

geinponem *m* [-s] fun guy

geïnteresseerd I *bn* interested ★ *in iets ~* interested in sth ★ *de ~en* the interested parties, those concerned **II** *bijw* with interest

geïnterneerde *m-v* [-n] inmate, internee ★ *de ~n* those in prison, the inmates, the detainees

geintje *o* [-s] joke, lark, prank ★ *~s maken* lark about, have fun

geiser *m* [-s] ❶ *spuitende bron* geyser, hot spring ❷ *warmwatertoestel* boiler, hot water service

geisha *v* ['s] geisha

geit *v* [-en] ❶ *soortnaam* goat ❷ *vrouwelijk dier* nanny goat ★ *jonge ~* kid ▼ *vooruit met de ~!* off you go!, go for it!

geitenkaas *v* goat's cheese

geitenmelk *v* goat's milk

gejaag *o* ❶ hunting ❷ *fig* driving, hurrying

gejaagd *bn* hurried, agitated, nervous

gejammer *o* lamenting, lamentation(s)

gejank *o* yelping, whining / whine, whimper

gejengel *o* whining, whine

gejuich *o* cheering

gek I *bn* ❶ *krankzinnig* mad, crazy, *inf* cracked, loony, loopy, nuts ★ *te ~ om los te lopen* too ridiculous for

words ★ *die gedachte maakt je ~* the thought is enough to drive you mad ★ *je wordt er ~ van* it's maddening ★ *~ worden* go mad ★ *~ worden op...* become crazy / mad about... ★ *zich ~ zoeken* search till one is half crazy ★ *hij is ~ met dat kind* he is mad about that child ★ *hij is ~ op zeldzame postzegels* he is crazy about rare stamps ★ *~ van woede* mad with rage ★ *het is van de ~ke* it's too crazy for words ❷ *onwijs* mad, foolish ‹pranks›, nonsensical, silly ‹remarks› ★ *~ staan kijken* look foolish, *inf* sit up ‹at being told that...› ★ *te ~!* whoopee!, terrific!, great!, marvellous!, cool! ★ *een te ~ke film* a great film ★ *een ~ figuur slaan* look stupid / silly ❸ *vreemd* odd, funny, peculiar, curious ★ *dat is ~* that is funny / peculiar ★ *zo iets ~s* such a funny thing ★ *~ genoeg vond hij het niet erg* oddly enough he didn't mind ★ *dat ziet er ~ uit* that looks strange / weird ★ *het ~ke (van het geval) is* the funny part of it is, the odd thing is ★ *het is nog zo ~ niet* there's something in that ❹ *bespottelijk* funny, queer **II** *bijw* ❶ *krankzinnig* like a madman ❷ *vreemd* foolishly, oddly, funnily ★ *~ doen* act idiotically, oddly, crazily ★ *do maar gewoon, dan doe je al ~ genoeg* just be your normal crazy self ★ *je kunt het zo ~ niet bedenken of zij heeft het wel* you name it, she's got it ▼ *niet ~ duur* not too expensive ▼ *het maakt niet zo ~ veel uit* it won't make all that much difference **III** *m* [-ken] ❶ *krankzinnige* madman, lunatic ★ *hij is een halve ~* he's half-crazy, he's a bit bonkers ★ *ik heb als een ~ moeten vliegen / lopen* I had to run like mad ❷ *dwaas* fool ★ *hij is een grote ~* he is a downright fool ★ *een ouwe ~* an old fool ★ *de ~ steken met iets* make sport of sth, poke fun at sth ★ *iem. voor de ~ houden, de ~ steken met iem.* make a fool of sbd, make fun of sbd, pull sbd's leg, fool sbd ★ *voor ~ spelen* play the fool ★ *iem. voor ~ laten staan* make sbd look a fool / look foolish ★ *als een ~ staan kijken* look foolish ★ *de ~ken krijgen de kaart* fortune favours fools ★ *één ~ kan meer vragen dan tien wijzen kunnen beantwoorden* one fool can ask more than ten wise men can answer ★ *al te goed is buurmans* people take advantage of those who are too nice ❸ *schoorsteenkap* cowl, chimney cap

gekanker *o* whingeing, grousing, grumbling

gekant *bn* ★ *~ tegen* set against, opposed to, hostile to

gekarteld *bn* ❶ *v. messen &* serrated ❷ *v. munten* milled ❸ <u>plantk</u> crenate, crenulate

gekef *o* yapping

gekerm *o* groaning, groans, moans

gekheid *v* [-heden] folly, foolishness, (tom)foolery, madness ★ *~!* fiddlesticks! ★ *het is geen ~* I'm not joking, it's no joke ★ *uit ~* for a joke, for fun ★ *alle ~ op een stokje* joking apart ★ *zonder ~* seriously, no kidding ★ *~ maken* joke ★ *je moet hier geen ~ uithalen!* no tomfoolery here! ★ *hij verstaat geen ~* he can't take a joke

gekibbel *o* bickering(s), squabble(s)

gekijf *o* quarrelling, wrangling, dispute

ge

gekkekoeienziekte *v* mad cow disease, BSE (bovine spongiform encephalopathy), Creutzfeldt-Jacob disease

gekkengetal *o* number eleven

gekkenhuis *o* [-huizen] madhouse ★ *fig het is hier een (compleet)* ~! it's a (complete) madhouse here!

gekkenwerk *o* (sheer) madness

gekkigheid *v* foolishness, madness ★ *de kinderen wisten van* ~ *niet wat ze moesten doen* ‹uitgelaten› the children were so excited they didn't know what to do, ‹verveeld› the children were at a loose end / were bored

geklaag *o* ❶ complaining, moaning ❷ *gejammer* lamentation

gekleed *bn* dressed, formal dress ★ *een geklede jas* a frock coat ★ *dat staat (niet)* ~ it's (not) dressy enough

geklets *o* ❶ *zweep* crack ❷ *gebabbel* chatter, babble, *inf* hot air, claptrap

gekleurd *bn* coloured ★ ~ *glas* stained glass ★ ~*e platen* colour plates ★ *de* ~*e bevolking* non-whites, coloured people ★ *politiek* ~ politically biased ▼ *fig er* ~ *op staan* look a fool

geknetter *o* crackling, rattle

geknipt *bn* ★ ~ *voor* cut out for ‹a teacher›, to the manner born for ‹the job›

geknoei *o* ❶ *gepruts* bungling, *inf* balls-up ❷ *oneerlijkheid* tampering with, rigging

gekonkel *o* intriguing, plotting, scheming, *inf* jiggery-pokery

gekostumeerd *bn* fancy dress ★ *een* ~ *bal* a fancy-dress ball

gekrakeel *o* quarrelling, wrangling

gekreun *o* groaning, moaning, groans, moans

gekrijs *o* screeching

gekruid *bn* spicy ★ *sterk* ~ highly spiced ★ *een* ~*e stijl* a racy style

gekscheren *onoverg* [gekscheerde, h. gegekscheerd] jest, joke, banter ★ ~ *met* poke fun at ★ *hij laat niet met zich* ~ he's not to be trifled with ★ *zonder* ~ joking apart ★ ~*d* jokingly, in jest

gekte *v* insanity, lunacy, madness

gekuch *o* coughing

gekuist *bn* sober, pure ★ ~*e taal* censored language ★ *een* ~*e versie* an expurgated edition

gekunsteld *bn* artificial, mannered, affected, unnatural

gekwalificeerd *bn* qualified

gekwebbel *o* chattering, chatter

gel *m* gel

gelaagd *bn* stratified

gelaarsd *bn* booted ★ *de Gelaarsde Kat* Puss in Boots

gelaat *o* [-laten] face, *dicht* countenance

gelaatskleur *v* complexion

gelaatstrek *m* [-ken] facial features ★ *zachte / scherpe* ~*ken* soft / sharp features

gelaatsuitdrukking *v* [-en] facial expression

gelach *o* laughter, laughing, mirth

gela\den *bn* ❶ *vuurwapen* charged, loaded ❷ *accu* charged ❸ *sfeer fig* tense

gelag *o* [-lagen] *het* ~ *betalen* pay for the drinks, *fig inf* carry the can ★ *het is een hard* ~ *(voor hem)* it's a hard break (for him)

gelagkamer *v* [-s] bar

gelang *zn* ★ *naar* ~ *van* in proportion to, according to ★ *naar* ~ *(van) de omstandigheden* according to the circumstances, as circumstances require

gelardeerd *bn* larded ★ *fig* ~ *met* larded with

gelasten *overg* [gelastte, h. gelast] order, charge, instruct

gelaten *bn* resigned

gelatenheid *v* resignation

gelatine *v* gelatin(e)

gelauwerd *bn* crowned with laurel

gelazer *o* load of trouble ★ *daar heb je het* ~ *al* now we're in a fine mess ★ *daar krijg je* ~ *mee* that will land you in trouble

geld *o* [-en] money ★ *gepast* ~ the exact sum / money ★ *met gepast* ~ *betalen* no change given, ‹in bus, tram› exact fare ★ *het grote* ~ the big money, megabucks ★ *vreemd / buitenlands* ~ foreign currency ★ *digitaal* ~ digital cash ★ *gereed* ~ ready money, cash ★ ~ *in omloop* money in circulation ★ ~ *en goed* money and property ★ *kinderen half* ~ children half price ★ *klein* ~ change ★ *slecht* ~ bad money ★ *vals* ~ counterfeit money ★ *dat is geen* ~ that's not expensive ★ *weggegooid* ~ money down the drain, wasted money ★ *de nodige* ~*en* the necessary money ★ *alles draait om het* ~ money makes the world go round ★ *er is geen* ~ *onder de mensen* people are poor ★ *goed* ~ *naar kwaad* ~ *gooien* throw good money after bad ★ *zijn* ~ *in het water gooien / smijten* throw away one's money, throw one's money down the drain ★ *het* ~ *groeit mij niet op de rug* I'm not made of money, money doesn't grow on trees ★ *niet op* ~ *kijken* not have to watch the pennies ★ ~ *hebben* have some money, have private means ★ ~ *hebben als water* have money coming out one's ears ★ *dat zal* ~ *kosten* that'll cost a pretty penny ★ ~ *slaan* coin money ★ ~ *slaan uit* make money / capital out of... ★ ~ *speelt geen rol* money is no object ★ ~ *stinkt niet* there's nothing wrong with money ★ ~ *stukslaan* throw money about ★ *heb je al* ~ *terug?* have you got your change? ★ ~*en toestaan voor...* allow money for... ★ ~ *verdienen als water* make pots / oodles of money ★ ~ *verkwisten* squander money ★ *zwemmen in het* ~ be rolling in money ★ *duizend euro aan* ~ a thousand euros in cash ★ *een meisje met* ~ a girl with money, a rich girl ★ *het is met geen* ~ *te betalen* it's priceless ★ *zijn... te* ~*e maken* convert one's... into cash ★ *iem.* ~ *uit de zak kloppen* make money out of sbd ★ *van zijn* ~ *leven* live on one's capital / private means ★ *voor geen* ~ *van de wereld* not for all the world ★ *voor* ~ *of goede woorden* for love or money ★ *voor hetzelfde* ~ by the same token ★ *geen* ~ *geen Zwitsers* nothing for nothing ★ ~ *moet rollen* money should circulate ★ ~ *verzoet de arbeid* money makes labour sweet

geldautomaat *m* [-maten] cash dispenser, cashpoint, automated teller machine, ATM

geldbelegging *v* [-en] investment

geldboete *v* [-n & -s] fine

geldelijk I *bn* financial, monetary ★ *een ~e bijdrage* a gift of money **II** *bijw* financially ★ *iem. ~ steunen* support sbd financially

gelden I *onoverg* [gold, h. gegolden] ❶ *kosten* cost, be worth ❷ *v. kracht zijn* be in force, obtain, hold (good) ★ *dat geldt niet* that doesn't count ★ *dat geldt (voor) ons allen* that goes for all of us, that concerns all of us ★ *de meeste stemmen ~* the most votes have it ★ *(zulke redenen) ~ hier niet* (such reasons) do not apply in this case ★ *(zulke redenen) ~ bij mij niet* (such reasons) carry no weight with me ★ *(die wetten) ~ hier niet* (these rules / laws) do not hold here / cannot be applied here ★ *zijn invloed doen / laten ~* make one's influence felt ★ *zich doen ~* ‹v. personen› assert oneself, ‹v. zaken› assert itself, make itself felt ★ *dat laat ik ~* I'll grant / admit that ★ *~ als, ~ voor* be considered (to be) ❸ *betrekking hebben op* concern, apply to, refer to ★ *deze regeling geldt niet voor personen die...* this rule does not apply to those who... **II** *overg* [gold, h. gegolden] concern ★ *mijn eerste gedachte gold hem* my first thought was of him ★ *wie geldt het hier?* who is this about? to whom are you referring? ★ *wanneer het u zelf geldt* when you yourself are concerned

geldend *bn* ❶ valid, applicable ❷ jur prevailing, current ★ *de ~e prijs* the price referred to, the current price ★ *de tot nu toe / ter zake ~e bepalingen* the current conditions

Gelderland *o* Gelderland

geldgebrek *o* lack of money ★ *~ hebben* be short of money, be hard-pressed for cash

geldhandel *m* currency dealing, banking

geldig *bn* valid ★ *een ~ doelpunt* a good goal ★ *~ voor de wet* valid in law ★ *~ voor een maand na de dag van afgifte* valid for one month from the day of issue

geldigheid *v* validity

geldigheidsduur *m* period of validity, duration

geldingsdrang *m* assertiveness, drive, ambition

geldkistje *o* [-s] cash box

geldkoers *m* [-en] exchange rate

geldkraan *v* ★ *de ~ dichtdraaien* stop the flow of money, cut off the funds

geldla *v* ['s & -laas], **geldlade** [-n] cash drawer, till

geldloper *m* [-s] runner

geldmarkt *v* [-en] money market

geldmiddelen *zn* [mv] financial resources, means, finances, inf the wherewithal

geldnood *m* shortage of money ★ *in ~ zitten* be short of money

geldomloop *m* circulation of money

geldontwaarding *v* inflation, currency depreciation

geldopname *v* [-s] *v. eigen rekening* withdrawal

geldschieter *m* [-s] moneylender

geldsom *v* [-men] sum of money

geldstroom *m* [-stromen] flow of money

geldstuk *o* [-ken] coin

geldverkeer *o* financial transactions / dealings

geldverspilling *v* [-en] waste of money

geldwezen *o* finance, financial economy

geldwolf *m* [-wolven] money-grubber

geldzaak *v* [-zaken] money affair, money matter

geldzorgen *zn* [mv] financial troubles / worries

geldzucht *v* avarice, love of money

geleden *bn* ago ★ *het is lang ~ dat...* it has been a long time since... ★ *hoe lang is het ~?* how long ago is it? ★ *drie dagen ~* three days ago ★ *niet lang ~* not long ago ★ *kort / pas ~* recently, the other day

geleding *v* [-en] ❶ *beweegbare verbinding* articulation, joint ❷ *onderdeel* section ❸ *v. kust* indentation

geleed *bn* jointed, articulated ★ *een ~ voertuig* an articulated lorry

geleedpotig *bn* ★ *~e dieren* arthropods

geleerd *bn* learned, scholarly ★ *dat is mij te ~* that's beyond me

geleerde *m-v* [-n] ❶ academic, scholar ❷ *bètawetenschapper* scientist

geleerdheid *v* [-heden] learning, erudition, scholarship

gelegen *bn* ❶ *liggend* lying, situated ★ *het is er zó mee ~* that is how matters stand ❷ *passend* convenient ★ *als het u ~ komt* if it's convenient to you ★ *net ~* at an opportune moment, just in time ★ *het komt mij niet ~* it doesn't suit me right now ❸ *van belang* important ★ *daar is veel aan ~* it's very important, it matters a lot ★ *daar is niets aan ~* it's of no consequence, it doesn't matter ★ *ik laat mij veel aan hem ~ liggen* he means a lot to me

gelegenheid *v* [-heden] opportunity, occasion ★ *er was ~ om te dansen* there was a place to dance ★ *de ~ aangrijpen om...* seize the opportunity to... (for..., of...ing) ★ *iem. (de) ~ geven om...* give sbd an opportunity to... (for...ing) ★ *~ geven* procure, pander ★ *jur ~ verschaffen* provide opportunity ★ *de ~ hebben om...* have an opportunity to... (of...ing) ★ *(de) ~ krijgen* get / find / be given an opportunity (to, for) ★ *wanneer hij er de ~ toe zag* when he saw his opportunity ★ *een ~ voorbij laten gaan* miss an opportunity ★ *als de ~ zich aanbiedt* when the opportunity presents itself, when occasion arises ★ *bij ~* ‹af en toe› on occasion, occasionally, ‹op een gunstig moment› at the first opportunity ★ *bij een andere ~* on some other occasion ★ *bij deze ~* on this occasion ★ *bij de een of andere ~* as the opportunity occurs / arises ★ *bij de eerste ~* at the first opportunity ★ *bij elke / iedere ~* on every occasion, on all occasions ★ *bij feestelijke gelegenheden* on festive occasions ★ *bij voorkomende ~* when the opportunity / occasion arises ★ *bij ~ van zijn huwelijk* on the occasion of his marriage ★ *iem. in de ~ stellen om...* give sbd an opportunity to..., put sbd in a position to... ★ *in de ~ zijn om...* be in a position to..., have the opportunity to... ★ *op eigen ~* on one's own ★ *ter ~ van* on the occasion of ★ *de ~ maakt de dief* opportunity makes the thief

gelegenheidsdrinker *m* [-s] social drinker, occasional drinker

gelegenheidskleding *v* full dress, formal dress

gelei *m & v* [-en] ❶ *voor vlees &* jelly ★ *paling in ~* jellied eel(s) ❷ *v. vruchten* jelly, preserve(s)

geleid *bn* guided ★ *een ~e democratie* a controlled democracy ★ *een ~e economie* a planned economy ★ ZN *~ bezoek* visiting hours

geleide *o* ❶ guidance, care, protection ★ *mag ik u mijn ~ aanbieden?* may I accompany you / see you home? ★ *ten ~* for protection / guidance ❷ mil escort ★ *onder ~ van* escorted by ❸ scheepv convoy

geleidehond *m* [-en] guide dog ‹for the blind›

geleidelijk I *bn* gradual **II** *bijw* gradually, by degrees, little by little ★ *heel ~* very gradually, little by little

geleidelijkheid *v* gradualness

geleiden *overg* [geleidde, h. geleid] ❶ lead, conduct, accompany ★ *iem. aan de hand ~* lead sbd by the hand ★ *een dame naar tafel ~* show a lady to the table ❷ *v. warmte, elektriciteit* conduct, transmit

geleider *m* [-s] ❶ *gids* guide, conductor ❷ *warmte, elektr.* conductor

geleiding *v* [-en] ❶ *abstract* leading, conducting ❷ *v. warmte &* conductivity ❸ *concreet* conduit, pipe ❹ elektr wire, wiring

geletterd *bn* lettered, learned, literary ★ *een ~e* a man / woman of letters ★ *de ~en* the literati, the learned, the literary

geleuter *o* drivel, twaddle, waffle, inf rot, vulg bullshit

gelid *o* [-lederen] ❶ med joint ‹in the body› ❷ mil rank, file ★ mil *dubbele / enkele gelederen* double / single files ★ *de gelederen sluiten* close ranks ★ *de gelederen der liberalen* the liberal ranks ★ *in ~ opstellen* align ★ *zich in ~ opstellen* draw up ★ *in de voorste gelederen* in the front ranks ★ *uit het ~ treden* leave the ranks, mil fall out

gelieerd *bn* affiliated to, related to ★ ‹affiliatie› *een ~e onderneming* an affiliated company, a related company ★ *~ aan* related to

geliefd *bn* ❶ *bemind* loved, beloved, dear ❷ *populair* loved, looked up to, adored, idolised ★ *~ bij* popular with, a favourite with

geliefde *m-v* [-n] ❶ beloved, darling ❷ *m.b.t. vrouw* lady-love, sweetheart ❸ *m.b.t. man* lover ★ *de ~n* the lovers

geliefkoosd *bn* favourite/Am favorite, cherished

gelieven I *overg* [geliefde, h. geliefd] please ★ *gelieve mij te zenden* please send me ★ *als het hem gelieft te komen* may he elect to come **II** *zn* [mv] lovers

gelig *bn* yellowish

gelijk I *bn* ❶ *hetzelfde* identical ★ *~ en ~vormig* congruent ★ *dat is mij ~* it is all the same to me ★ *ze zijn ~ in grootte / jaren* they are the same size / age ★ *~ van hoogte* of the same height ★ *wij zijn ~* we're even / quits ★ *40 ~!* forty all!, ‹bij tennis› deuce! ★ *~e hoeveelheden* equal / even quantities ★ *twee en drie is ~ aan vijf* two plus three equals / makes five ❷ *gelijkwaardig* equivalent ❸ *effen* even, level, smooth **II** *bijw* ❶ *evenmatig* equally ❷ *eender* alike, similarly ❸ *in gelijke porties* equally, evenly ❹ *tegelijkertijd* at the same time ★ *een stuk ~ op rijden* ride up together ❺ *meteen* now, at once, immediately ★ *ik kom ~ bij u* I'll be there in a moment ★ *ik moet ~ weer weg* I have to leave now ★ *hij ging ~ weg* he left immediately ▼ *mijn horloge loopt ~* my watch is right **III** *o* right ★ *iem. ~ geven* ‹toegeven› grant that sbd is right, ‹eens zijn› agree with sbd ★ *~ hebben* be right, be correct ★ *ik moest toegeven dat hij ~ had* I had to admit that he was in the right ★ *~ heb je!* quite right too!, right you are! ★ *hij heeft groot ~ dat hij het niet doet* he's quite right not to do it ★ *altijd zijn ~ willen halen* not be prepared to compromise ★ *hij wil altijd ~ krijgen* he always knows better, he's a know-all ★ *~ krijgen* be put in the right ★ *iem. in het ~ stellen* declare sbd right, say that sbd is right ★ *de uitkomst heeft hem in het ~ gesteld* the results have proved him right / have justified what he said / did

gelijkbenig *bn* isosceles ‹triangle›

gelijke *m-v* [-n] equal ★ *hij heeft zijns ~ niet* there's no one like him, he has no equal ★ *met iem. omgaan als zijn ~* treat sbd as an equal

gelijkelijk *bijw* equally

gelijken I *overg* [geleek, h. geleken] be like, resemble, look like **II** *onoverg* [geleek, h. geleken] ★ *~ op* be like, look like

gelijkenis *v* [-sen] ❶ *overeenkomst* resemblance, similarity, likeness ★ *zijn ~ met* his resemblance / similarity to ❷ *zinnebeeldig verhaal* parable

gelijkgerechtigd *bn* having equal rights, equal

gelijkgesteld *bn* equal (to), on a par (with)

gelijkgestemd *bn* like-minded

gelijkheid *v* ❶ equality ★ wisk *~ en gelijkvormigheid* congruence ★ *vrijheid, ~ en broederschap* liberty, equality and fraternity ❷ *gelijkwaardigheid* parity ❸ *overeenkomst* similarity, likeness ❹ *effenheid* evenness, smoothness

gelijklopen *onoverg* [liep gelijk, h. gelijkgelopen] ❶ look alike ❷ *v. klok* be right ★ *mijn horloge loopt gelijk* my watch is right, my watch keeps good time

gelijkluidend *bn* ❶ muz consonant ❷ *v. woorden* homophonous ❸ *identiek* identical ‹clauses›, verbatim ‹report›, duplicate ‹certificate›, true ★ *een ~ antwoord* an identically worded answer ★ *een ~ afschrift* a true copy

gelijkmaken I *overg* [maakte gelijk, h. gelijkgemaakt] ❶ *v. hoeveelheden* equalize ❷ *v. oppervlakten* level, raze ★ ‹geheel verwoesten› *met de grond ~* raze to the ground **II** *onoverg* [maakte gelijk, h. gelijkgemaakt] sp equalize

gelijkmaker *m* [-s] sp equalizer
gelijkmatig I *bn* equal, equable, even ‹temper &›, uniform ‹size, acceleration› ★ *een ~ karakter* a stable character **II** *bijw* ★ *~ verdelen* share equally
gelijkmoedig I *bn* even-tempered, placid **II** *bijw* with equanimity
gelijknamig *bn* ❶ of the same name, homonymous ❷ rekenk having the same denomination ★ *~ maken* reduce to a common denominator ❸ elektr similar
gelijkschakelen *overg* [schakelde gelijk, h. gelijkgeschakeld] ❶ *op gelijk niveau brengen* harmonize ★ *lonen ~* bring salaries up to the same level ❷ *op een lijn brengen* bring into line ★ *vakbonden ~* bring the unions into line, force the unions to conform ❸ elektr connect to the same circuit
gelijkschakeling *v* ❶ *het op gelijk niveau brengen* bringing to the same level ❷ *het op een lijn brengen* bringing into line
gelijksoortig *bn* similar, alike, analogous (to)
gelijkspel *o* [gelijke spelen] tie, tied game, draw ★ *een 1-1 ~* a 1-1 draw
gelijkspelen *onoverg* [speelde gelijk, h. gelijkgespeeld] sp draw (a game)
gelijkstaan *onoverg* [stond gelijk, h. gelijkgestaan] be equal, be on a level ★ *de teams staan gelijk* the teams are equal ★ *~ met* ‹nagenoeg hetzelfde zijn› be equal to, be equivalent to, ‹op hetzelfde neerkomen› be tantamount to, amount to,, ‹op hetzelfde niveau staan› be on a level footing / on a par with
gelijkstellen *overg* [stelde gelijk, h. gelijkgesteld] equate, compare, put on a level footing / on a par (*met* with)
gelijkstroom *m* direct current
gelijktijdig I *bn* simultaneous, synchronous **II** *bijw* at the same time ★ *~ met* at the same time as..
gelijktrekken *overg* [trok gelijk, h. gelijkgetrokken] straighten (out), level ★ *normen / tarieven & ~* equalise norms / tariffs &
gelijkvloers *bn* op de begane grond on the ground floor, at street level ★ *een ~e kruising* a level crossing, a road junction
gelijkvormig *bn* of the same form / shape, identical ★ *~e driehoeken* similar triangles
gelijkwaardig *bn* equal (to), equivalent (to) ★ *twee ~e teams* two teams of similar strength ★ *twee ~e kandidaten* two evenly matched candidates
gelijkwaardigheid *v* equivalence, equality, parity
gelijkzetten *overg* [zette gelijk, h. gelijkgezet] ★ *de klok ~* set the clock (right) ★ *~ met* set by ★ *ze zetten hun horloges met elkaar gelijk* they synchronized their watches
gelijkzijdig *bn* equilateral
gelijnd, gelinieerd *bn* ruled
gelimiteerd *bn* limited
geloei *o* ❶ lowing, bellowing, roaring, roar ❷ *v. sirenes* wail

gelofte *v* [-n] ❶ *eed* vow ‹of chastity / obedience / poverty› ★ RK *de ~ afleggen* take the vow ★ *een ~ doen* make a vow ❷ *toezegging* promise
geloof *o* [-loven] ❶ *kerkelijk* faith, creed, belief ★ *~ aan / in God* belief in God ★ *de twaalf artikelen des ~s* the Apostles' Creed ★ *het ~ verzet bergen* faith can move mountains ★ *van zijn ~ afvallen* give up one's faith, lose one's faith ❷ *niet kerkelijk* credit, credence, trust ★ *~ hechten aan* give credence to, give credit to, believe ★ *een blind ~ hebben in* have implicit faith in ★ *het verdient geen ~* it deserves no credit ★ *~ vinden* be credited ★ *op goed ~* on trust ★ *~ in / aan spoken* a belief in ghosts
geloofsartikel *o* [-en & -s] article of faith
geloofsbelijdenis *v* [-sen] confession of faith, profession of faith, creed ★ *de apostolische ~* the Apostles' Creed ★ *zijn politieke ~* one's political creed
geloofsbrieven *zn* [mv] credentials, ‹v. gezant› letters of credence
geloofsleer *v* dogma, doctrine (of faith)
geloofsovertuiging *v* [-en] religious persuasion / conviction
geloofsvrijheid *v* religious liberty
geloofwaardig *bn* ❶ *v. zaak* credible, plausible, convincing ❷ *v. persoon* trustworthy, reliable
geloofwaardigheid *v* *v. zaken* credibility, plausibility, ‹v. personen ook› trustworthiness ★ *aan ~ inboeten* lose credibility
geloven *onoverg en overg* [geloofde, h. geloofd] ❶ believe ★ *(het is) niet te ~!* (it's) incredible! ★ *je kunt me ~ of niet* believe it or not ★ *geloof dat maar!* you can take it from me! ★ *iem. op zijn woord ~* take sbd at his word, take sbd's word for it ★ *~ aan spoken* believe in ghosts ★ *~ in God* believe in God ★ *niet ~ aan* not believe in ★ *mijn jas moest er aan ~* my coat had to go ★ *hij moest eraan ~* his number was up ❷ *menen* believe, think, be of opinion ★ *ik geloof van wel* I think so, I believe so ★ *ze ~ het wel* they're not fussed ★ *dat geloof ik!* I should think so!, I dare say! ★ *je kunt niet ~ hoe...* you can't imagine how...
gelovig *bn* ❶ *in God gelovend* believing, faithful ❷ *kerks* religious ❸ *vroom* pious
gelovige *m-v* [-n] believer ★ *de ~n* the faithful / believers
geluid *o* [-en] sound, noise ★ *~ geven* make a sound / noise ★ *sneller dan het ~* faster than sound
geluiddempend *bn* sound-deadening, muffling
geluiddemper *m* [-s] ❶ silencer ‹of engine, firearm›, muffler ‹engine› ❷ muz mute ‹violin, trumpet›, muffler ‹piano›
geluiddicht *bn* soundproof
geluidloos *bn* soundless
geluidsapparatuur *v* sound equipment
geluidsband *m* [-en] recording tape, audio tape ★ *een digitale ~* a digital audio tape, a DAT
geluidsbarrière *v* sound barrier, sonic barrier ★ *de ~*

doorbreken break the sound barrier
geluidseffect *o* [-en] sound effect
geluidsfilm *m* [-s] talking picture, talkie
geluidsgolf *v* [-golven] sound wave
geluidshinder *m* noise pollution
geluidsinstallatie *v* [-s] sound equipment
geluidskaart *v* [-en] <u>comput</u> sound card, sound board
geluidsoverlast *m* noise pollution
geluidssnelheid *v* sonic speed, speed of sound
geluidstechnicus *m* [-ci] sound engineer, sound mixer
geluidswagen *m* [-s] sound truck / van
geluidswal *m* [-len] noise barrier
geluimd *bn* in the mood ‹for...›, in the humour ‹to...› ★ *goed / slecht* ~ in a good / bad temper

geluk *o* ❶ *als gevoel* happiness, joy, bliss ★ *huiselijk* ~ domestic bliss ★ <u>iron</u> *dat ontbrak nog maar aan mijn* ~ that would be all I'd need ★ ~ *ermee!* good luck (with it)! ★ *zij kon haar* ~ *niet op* she was beside herself with joy, she couldn't get over it ❷ *zegen* blessing ★ *een* ~ *bij een on~* a blessing in disguise ❸ *gunstig toeval* fortune, (good) luck, chance ★ *als je* ~ *hebt...* with some luck... ★ *wat een* ~*!* that's lucky! ★ *stom* ~ sheer luck ★ *dat is nu nog eens een* ~ that's lucky! ★ *het* ~ *dient u* you always seem to be lucky / in luck ★ *meer* ~ *dan wijsheid* more luck than judgement / sense ★ *zijn* ~ *beproeven* try one's luck ★ ~ *hebben* be fortunate, be in luck ★ *het* ~ *hebben om...* have the good fortune to..., be lucky enough to... ★ *hij mag nog van* ~ *spreken* he can thank his lucky stars, he can consider himself lucky ★ *bij* ~ by chance ★ *op goed* ~ at random, haphazard, on the off-chance, <u>inf</u> on spec, hit or miss ❹ *succes* success
gelukje *o* [-s] piece / stroke of good fortune, windfall
gelukken *onoverg* [gelukte, is gelukt] succeed ★ *alles gelukt hem* he is successful in everything ★ *als het gelukt* if it succeeds ★ *het gelukte hem...* he succeeded in...ing ★ *het gelukte hem niet...* he failed to...
gelukkig I *bn* ❶ *v. gevoel* happy ★ *een ~e gedachte* a happy thought ★ *een* ~ *huwelijk* a happy marriage ★ ~ *Nieuwjaar!* happy New Year! ❷ *v. kans* lucky, fortunate ★ *een ~e dag* a happy / lucky / fortunate day ★ ~ *in het spel, on~ in de liefde* lucky at cards, unlucky in love ★ *wie is de ~e?* who is the lucky one? ❸ *goed gekozen & happy,* <u>dicht</u> felicitous ★ *dat was een ~e keuze* that was a happy / good choice, that was well chosen **II** *bijw* happily ★ ~*!* thank goodness!, thank heavens! ★ ~*, dat...* fortunately, luckily
geluksdag *m* [-dagen] ❶ *dag waarop men gelukkig wordt* happy day, red-letter day ❷ *dag waarop men geluk in het spel & denkt te hebben* lucky day ★ *het is vandaag jouw* ~ it's your (lucky) day today
geluksgetal *o* [-len] lucky number
geluksgevoel *o* [-s] feeling of happiness, happy feeling
gelukstelegram *o* [-men] congratulatory telegram

gelukstreffer *m* [-s] fluke, <u>sp</u> lucky goal
geluksvogel *m* [-s] lucky thing, lucky one
gelukwensen *m* [-en] congratulations, best wishes ★ *veel ~en met je verjaardag* many happy returns on your birthday
gelukwensen *overg* [wenste geluk, h. gelukgewenst] ❶ *feliciteren* congratulate (*met* on) ❷ *geluk toewensen* wish ‹sbd› good luck
gelukzalig *bn* blessed, blissful ★ *de ~en* the blessed
gelukzaligheid *v* [-heden] blessedness, bliss, felicity, beatitude
gelukzoeker *m* [-s] adventurer, fortune hunter
gelul *o* rot, rubbish, drivel, nonsense, <u>vulg</u> bullshit
gemaakt *bn gekunsteld* affected, artificial, sham
gemaal I *o* [-malen] *in polder* ‹machine› pumping engine, ‹gebouw› pumping station **II** *m* [-s & -malen] *echtgenoot* spouse, <u>form</u> consort **III** *o gezanik* blah blah
gemachtigd *bn* authorized, authoritative
gemachtigde *m-v* [-n] proxy, deputy, authorized representative
gemak *o* [-ken] ❶ *gemakkelijkheid* ease, facility ★ *met* ~ easily ★ ~ *dient de mens* why make things difficult for yourself? ❷ *rustigheid* ease ★ *hou je* ~*!* keep quiet! ★ *zijn* ~ *(ervan) nemen* take things easy ★ *op zijn* ~ at his ease ★ *niet op zijn* ~ ill at ease ★ *hij had het op zijn* ~ *kunnen doen* he could have done it easily / at his leisure ★ *doe het op uw* ~ take it easy, take your time ★ *zit je daar op je* ~*?* are you quite comfortable/<u>inf</u> comfy there? ★ *iem. op zijn* ~ *stellen* put sbd at ease ★ *op zijn* ~ *winnen* have a walkover, win easily ❸ *gerief* comfort, convenience ★ *een huis met vele ~ken* a house with many mod cons ★ *van zijn* ~ *houden* like one's (creature) comforts ★ *van alle moderne ~ken voorzien* with all modern conveniences/<u>inf</u> mod cons ★ *voor het* ~ for convenience('s sake) ❹ *toilet* toilet, lavatory, ‹buiten› privy
gemakkelijk, makkelijk I *bn* ❶ *niet moeilijk* easy ★ *zo* ~ *als wat* as easy as anything ★ *een* ~ *spreker* a good / clear speaker ★ *zij hebben het niet* ~ they're not having an easy time of it ★ *hij is wat* ~ he likes to take things easy ★ *hij is niet* ~*, hoor!* he isn't an easy person to deal with! ❷ *geriefelijk* easy, comfortable, commodious ★ *een ~e stoel* an easy chair ★ *het zich* ~ *maken* make oneself comfortable, take things easy **II** *bijw* ❶ *niet moeilijk* easily, at one's ease, with ease ★ ~ *te bereiken vanuit...* within easy reach of... ★ *dat kunt u* ~ *zeggen* that's easily said, <u>inf</u> that's easy for you to say ★ *iets* ~ *opnemen* take sth lightly ❷ *geriefelijk* conveniently ‹arranged›, comfortably ‹settled› ★ *zit je daar* ~*?* are you quite comfortable/<u>inf</u> comfy there? ★ *die stoel zit* ~ it's a comfortable chair
gemakshalve *bijw* for convenience('s sake)
gemakzucht *v* indolence, laziness
gemakzuchtig *bn* easy-going
gemalin *v* [-nen] spouse, lady, <u>form</u> consort

gemarineerd *bn* marinated
gemarmerd *bn* marbled
gemaskerd *bn* masked ★ *een ~ bal* a masked ball, a fancy-dress ball
gematigd *bn* ❶ moderate ‹claims› ★ *de ~en* the moderates ❷ *m.b.t. woorden* measured ❸ *m.b.t. klimaat* temperate ‹zones›
gematteerd *bn* matt, frosted (glass)
gemauw *o* mewing
gember *m* ginger
gemeen I *bn* ❶ *slecht in zijn soort* bad, inferior, vile ★ *een gemene jaap* an ugly gash ★ *~ weer* bad weather ❷ *vals* mean, base ★ *die gemene jongens* those mean / bad boys ★ *een gemene streek* a dirty trick ★ *een gemene vent* a mean fellow ❸ *zedenkwetsend, vuil* obscene, foul, filthy, smutty ★ *gemene taal* foul language, foul talk ❹ *algemeen* common, public ★ ZN *~ recht* public law ★ *de gemene zaak* the public cause ❺ *gemeenschappelijk* common, joint ★ *iets ~ hebben met* have sth in common with ★ *iets ~ maken* make sth common property ❻ *gewoon* common, ordinary ❼ *ordinair* common, vulgar, low **II** *bijw* ❶ basely, meanly & ❷ versterkend beastly ‹cold &› **III** *o gepeupel* rabble, mob
gemeend *bn* serious, sincere
gemeengoed *o* common property ★ *deze uitdrukking is ~ geworden* this expression has come into common usage
gemeenplaats *v* [-en] cliché, commonplace, platitude, ready-made answer / opinion
gemeenschap *v* [-pen] ❶ *maatschappij* community ★ *op kosten van de ~ leven* live at the public expense ❷ *groep* community, fellowship ★ *de Europese Gemeenschap* the European Community ★ *de ~ der heiligen* the communion of saints ❸ *geslachtsgemeenschap* intercourse ★ *vleselijke / geslachtelijke ~ met iem. hebben* have sexual intercourse with sbd ❹ *het gezamenlijk hebben* community ★ *~ van goederen* community of property
gemeenschappelijk I *bn* ❶ *met elkaar gemeenschappelijk hebben* common, communal ★ *een ~e markt* a common market ❷ *gezamenlijk* joint, common ★ *voor ~e kosten / rekening* on the joint account **II** *bijw* in common, jointly ★ *~ optreden* act together, act in concert
gemeenschapsgeld *o* [-en] public funds, public money
gemeenschapsgevoel *o* sense of community
gemeenschapshuis *o* [-huizen] community centre
gemeenschapszin *m* sense of community / solidarity
gemeente *v* [-n & -s] ❶ *burgerlijke* municipality, municipal authorities ❷ *kerkelijke* parish ❸ *kerkgangers* congregation
gemeenteambtenaar *m* [-s & -naren] municipal official
gemeentearchief *o* [-chieven] municipal archives

gemeentebedrijf *o* [-drijven] public works, municipal works
gemeentebelasting *v* [-en] municipal tax, council tax
gemeentebestuur *o* [-sturen] local / district council, local authority
gemeentehuis *o* [-huizen] town hall, shire hall
gemeentelijk *bn* municipal
gemeenteraad *m* [-raden] town / municipal / parish council
gemeenteraadslid *o* [-leden] town / local councillor
gemeentereiniging *v* municipal health department, sanitation department
gemeentesecretaris *m* [-sen] town clerk
gemeenteverordening *v* [-en] municipal bye-law / bylaw
gemeentewerken *zn* [mv] municipal works
gemeenzaam *bn* familiar ★ *~ met* familiar with
gemêleerd *bn* mixed, blended ★ *het was een ~ gezelschap* it was a mixed company
gemelijk *bn* peevish, sullen, fretful, morose
gemenebest *o* [-en] commonwealth ★ *het Britse Gemenebest* the British Commonwealth of Nations ★ *het Gemenebest van Onafhankelijke Staten* the Commonwealth of Independent States (CIS)
gemenerik *m* [-riken] unpleasant character, inf nasty piece of work
gemengd *bn* ❶ *gevarieerd* miscellaneous ★ *~e berichten / nieuws* miscellaneous news ❷ *door elkaar* mixed ‹number, company, marriage› ★ *een ~ bedrijf* a mixed farm ★ *voor ~ koor* for mixed voices ★ *met ~e gevoelens* with mixed feelings ★ *~ krediet* mixed credit ★ *een ~e holding* a mixed holding company ★ *een ~e levensverzekering* endowment insurance ❸ *gesorteerd* assorted ‹biscuits›
gemeubileerd *bn* furnished ★ *gedeeltelijk ~* partly furnished ★ *op een ~e kamer wonen* live in a furnished room
gemiddeld I *bn* average, mean ★ *de ~e leeftijd* the average age ★ *een ~e dag* an average day **II** *bijw* on an average, on the average
gemiddelde *o* [-n & -s] average ★ *boven / onder het ~* above / below average
gemis *o* want, lack ★ *een ~ vergoeden* make up for a deficiency ★ *het ~ aan...* the lack of...
gemoed *o* [-eren] mind, heart ★ *in ~e* in (all) conscience ★ *zijn ~ luchten* vent one's feelings, pour out one's heart ★ *zijn ~ schoot vol* he was deeply moved ★ *de ~eren waren verhit* feelings were running high
gemoedelijk *bn* ❶ agreeable, pleasant ★ *een ~e sfeer* an agreeable / a pleasant / cosy atmosphere ❷ *v. mensen* agreeable, pleasant, amiable, good-natured, easy-going
gemoedelijkheid *v* kind-heartedness, good nature
gemoedsaandoening, gemoedsbeweging *v* [-en] emotion
gemoedsgesteldheid *v* frame of mind, temper, disposition

ge

ge

gemoedsleven *o* inner life

gemoedsrust *v* peace / tranquillity of mind, serenity, inner calm

gemoedsstemming *v* [-en] mood

gemoedstoestand *m* [-en] state of mind, temper

gemoeid *bn* ★ ... *is er mee* ~ ...is at stake,...is involved ★ *daar is veel... mee* ~ it takes a lot of... ★ *de politie werd in de zaak* ~ the police were asked to intervene

gemompel *o* mumbling, muttering, murmur

gemopper, **gemor** *o* murmuring, grumbling, <u>inf</u> grousing

gemotiveerd *bn* ❶ *enthousiast* motivated ❷ *beargumenteerd* well founded, reasoned

gemotoriseerd *bn* motorized

gems *v* [gemzen] chamois

gemunt *bn* coined ▼ *op wie heb je het* ~? who are you aiming at?, who is it meant for? ▼ *hij heeft het op haar geld* ~ he's after her money, he has designs on her money ▼ *hij heeft het altijd al op mij* ~ he always picks on me

gemutst *bn* ★ *goed / slecht* ~ in a good / bad temper

gen *o* [genen] gene

genaaid *bn* ★ *zich* ~ *voelen* feel duped / swindled

genaamd *bn* named, called ★ *een man,* ~ *Mulder* a man called Mulder

genade *v* ‹v. God› grace, ‹v. mensen› mercy, <u>jur</u> pardon ★ *goeie / grote* ~! good gracious!, bless my soul! ★ *Uwe Genade* Your Grace ★ *door Gods* ~ by the grace of God ★ ~ *voor recht laten gelden* temper justice with mercy ★ *weer in* ~ *aangenomen worden* be restored to grace/ favour ★ *(geen)* ~ *vinden in de ogen van...* find (no) favour in the eyes of... ★ *aan de* ~ *van... overgeleverd zijn* be at the mercy of..., <u>scherts</u> be left to the tender mercies of ★ *zich op* ~ *of on*~ *overgeven* surrender unconditionally ★ *om* ~ *bidden / smeken* pray / cry for mercy ★ *van andermans* ~ *afhangen* be dependent on the mercy / charity of others ★ *zonder* ~ without mercy ★ *iem.* ~ *schenken* pardon sbd

genadebrood *o* ★ *hij eet het* ~ he lives on handouts / charity

genadeloos *bn* merciless, ruthless

genadeslag *m* [-slagen] coup de grâce, death blow, mortal blow ★ *iem. de* ~ *geven* finish sbd off, give sbd the coup de grâce

genadig I *bn* ❶ *vergevingsgezind* merciful ★ *God zij ons* ~ God have mercy upon us ★ *wees hem* ~ be merciful / kind to him ★ *een* ~ *vorst* a merciful king ❷ *neerbuigend vriendelijk* gracious, patronizing ★ *een* ~ *knikje* a gracious / condescending nod **II** *bijw* ❶ *vergevingsgezind* mercifully ★ *er* ~ *afkomen* get off lightly ❷ *vriendelijk* graciously ❸ *neerbuigend vriendelijk* patronizingly, condescendingly

gênant *bn* embarrassing, awkward

gendarme *m* [-n & -s] gendarme

gendarmerie *v* gendarmerie

gene *aanw vnw* that, the other ★ *aan* ~ *zijde van de rivier* on the other side of the river ★ *deze en / of* ~ this (one) and / or that

gêne *v* embarrassment

genealogie *v* [-gieën] genealogy

genealogisch *bn* genealogical

geneesheer *m* [-heren] physician, doctor

geneesheer-directeur *m* [-heren-directeuren & -heren-directeurs] medical superintendent

geneeskrachtig *bn* medicinal, healing ★ ~*e bronnen* medicinal springs ★ ~ *kruiden* medicinal herbs

geneeskunde *v* medicine, medical science ★ *de interne* ~ internal medicine ★ *de reguliere* ~ conventional / regular medicine

geneeskundig *bn* medical ★ *de (gemeentelijke)* ~*e dienst* the municipal / public health department ★ *een arts van de (gemeentelijke)* ~*e dienst* a (municipal / public) health officer

geneeskundige *m* [-n] doctor, physician

geneeskunst *v* medicine, medical science

geneesmiddel *o* [-en] remedy, medicine

geneesmiddelenindustrie *v* pharmaceutical industry

geneeswijze *v* [-n] form of treatment, therapy ★ *alternatieve* ~*n* alternative therapies

genegen *bn* inclined, disposed (to...) ★ ~ *tot* be inclined to ★ *iem.* ~ *zijn* feel favourably disposed / feel sympathetic towards sbd

genegenheid *v* [-heden] affection, inclination

geneigd *bn* ★ ~ *om te (tot)...* inclined, disposed, apt to..., <u>geringsch</u> prone to... ★ *men is* ~ *te geloven...* one is inclined to believe

geneigdheid *v* [-heden] inclination, proneness, propensity

generaal I *m* [-s] <u>mil</u> general **II** *bn* general ★ <u>muz</u> *de generale bas* the thorough bass, the basso continuo ★ *een* ~ *pardon* a general pardon ★ *de generale repetitie* ‹v. concert› the final rehearsal, ‹v. toneelstuk› the dress rehearsal

generalisatie *v* [-s] generalization, sweeping statement

generaliseren *onoverg en overg* [generaliseerde, h. gegeneraliseerd] generalize

generatie *v* [-s] generation ★ *de ziekte kan een* ~ *overslaan* the disease can skip a generation

generatieconflict *o* generation clash

generatiekloof *v* generation gap

generator *m* [-s & -toren] generator

generen *wederk* [geneerde, h. gegeneerd] ★ *zich* ~ feel embarrassed ★ *geneer je maar niet!* don't be shy, don't stand on ceremony ★ *geneer u maar niet voor mij* don't mind me ★ *zij geneerden zich het aan te nemen* they were apologetic about accepting it ★ *zij* ~ *zich zo iets te doen* they would be be ashamed of doing a thing like that

genereren *overg* [genereerde, h. gegenereerd] generate

genereus *bn* generous

generiek I *bn* generic ★ <u>marketing</u> *een* ~ *merk* a generic brand **II** *m* [-en] <u>ZN & film</u> credit titles, (end) credits

generlei *bn* no... whatever ★ *op ~ wijze* in no way
generositeit *v* generosity
genetica *v* genetics
genetisch *bn* genetic
geneugte *v* [-n] pleasure, delight ★ *vleselijke ~n* carnal pleasures
Genève *o* Geneva
genezen I *overg* [genas, h. genezen] cure, heal, restore to health ★ *iem. ~ van...* cure sbd of... **II** *onoverg* [genas, is genezen] ❶ *v. persoon* recover ★ *hij is ~ van zijn goklust* he has been cured of his gambling ❷ *v. wond* heal ★ *de wond geneest al* the wound is healing
genezing *v* [-en] cure, recovery, healing
gengewas *het* [-sen] GM crop
geniaal I *bn* ❶ *zeer begaafd* of genius ★ *een ~ mens* a genius ★ *iets ~s* a touch of genius ❷ *genialiteit tonend* brilliant ‹idea, general› ★ *een ~ plan* a brilliant plan **II** *bijw* with genius, brilliantly
genialiteit *v* genius
genie I *o* [-nieën] genius ★ *een ~* a genius, a brilliant man ★ *een miskend ~* an unrecognized genius **II** *v* ★ mil *de ~* the (Royal) Engineers
geniep *o* ★ *in het ~* in secret, secretly, on the sly, stealthily
geniepig I *bn* sly, secretive, ‹gemeen› sneaking **II** *bijw* on the sly, secretly, sneakily
genies *o* sneezing fit
genieten I *overg* [genoot, h. genoten] ❶ *genot hebben* enjoy ★ *hij is niet te ~* he is unbearable ★ *een goede gezondheid ~* be healthy, enjoy good health ★ *iems. vertrouwen ~* have someone's trust, be trusted ❷ *ontvangen* receive ★ *een goede opvoeding genoten hebben* have received a good education ★ *een salaris ~* be in receipt of / receive a salary ❸ *nuttigen* enjoy ★ *het middagmaal ~* have lunch **II** *onoverg* [genoot, h. genoten] enjoy oneself, have fun, have a good time ★ *wij hebben genoten!* we thoroughly enjoyed it, we loved it! ★ *~ van het leven* enjoy life
genitaliën *zn* [mv] genitals, inf (privy / private) parts
genitief *m* [-tieven] taalk genitive
genocide *v* genocide
genodigde *m-v* [-n] (invited) guest
genoeg *bijw & telw* enough, sufficient(ly) ★ *~ hebben van iem.* have had enough of sbd ★ *~ hebben van alles* have enough of everything ★ *ergens schoon ~ van hebben* be fed up with sth ★ *nooit ~ krijgen van iets* never have / get enough of sth ★ *ik kreeg er gauw ~ van* I'd soon had enough ★ *meer dan ~* more than enough ★ *~ voor allemaal* enough to go around ★ *~ zijn* suffice, be sufficient ★ *zo is het ~* that's enough, that will do ★ *vreemd ~, hij...* oddly enough, he... ★ *het moet u ~ zijn...* you'll have to be satisfied with... ★ *men kan niet voorzichtig ~ zijn* you can't be too careful ★ *~ hebben aan zichzelf* be self-sufficient
genoegdoening *v* satisfaction, reparation, jur redress, restitution, compensation ★ *~ van iem. eisen* demand satisfaction

genoegen *o* [-s] pleasure, delight, satisfaction ★ *de ~s van het (land)leven* the delights of (country) life ★ *u zult er ~ van beleven* you'll enjoy it ★ *dat zal hem ~ doen* he'll be pleased ★ *dat doet mij ~* I'm very glad to hear it ★ *wil je me het ~ doen bij mij te eten?* will you do me the pleasure / favour of having dinner with me? ★ *wij hebben het ~ u mede te delen* we have pleasure in informing you... ★ *met wie heb ik het ~ (te spreken)?* to whom do I have the pleasure of speaking? ★ *~ nemen met* be satisfied with, be content with, put up with ★ *daarmee neem ik geen ~* I won't put up with that ★ *~ scheppen in/ (zijn) ~ vinden in* take pleasure in ★ *met ~* with pleasure ★ *met alle ~* I'd be delighted! ★ *was het naar ~?* was it to your satisfaction? ★ *neem er van naar ~* take as much / many as you like ★ *ik kon niets naar zijn ~ doen* I couldn't do anything to please / satisfy him ★ *als het niet naar ~ is* if you're not satisfied with it ★ *ten ~ van...* to the satisfaction of... ★ *adieu, tot ~!* goodbye, and I hope we meet again! ★ *tot mijn ~* to my satisfaction ★ *hij reist voor zijn ~* he travels for his own pleasure
genoeglijk I *bn* pleasant, agreeable, enjoyable, contented **II** *bijw* pleasantly, contentedly &
genoegzaam *bn* sufficient
genoemd *bn* mentioned, named, called ★ *(de) ~e personen* the persons mentioned, (the) said persons
genomen *bn* ★ *zich ~ voelen* feel taken in, used
genomineerde *m-v* [-n] nominee
genoom *o* [genomen] biol genome
genoopt *bn* ★ *zich ~ zien* be obliged ‹to...›
genoot *m* [-noten] fellow, companion
genootschap *o* [-pen] ‹learned› society
genot *o* [genietingen] ❶ *het genieten* enjoyment, benefit, advantage ★ *in het ~ van* in possession of ❷ *plezier* joy, pleasure, enjoyment ★ *onder het ~ van...* while enjoying... ★ *~ verschaffen* afford pleasure ★ *er een ~ in vinden om* find pleasure in
genotmiddel *o* [-en] stimulant
genotype *o* [-n] genotype
genotzucht *v* pleasure seeking, love of pleasure
genotzuchtig *bn* pleasure seeking, hedonistic ★ *een ~e* a pleasure-seeking person, afkeurend a self-indulgent person
genre *o* [-s] genre, style
genrestuk *o* [-ken] genre painting
gentechnologie *v* gene technology
gentherapie *v* gene therapy
gentiaan *v* [-tianen] gentian
genuanceerd *bn* ❶ *subtiel* subtle ‹distinction, wine› ❷ *evenwichtig* balanced ‹view› ★ *~e woorden* thoughtful words ❸ *onderscheidend* differentiated ‹approach› ❹ *geschakeerd* variegated ‹colours›
genus *o* [genera] biol & taalk gender
geodesie *v* geodesy
geoefend *bn* practised, trained, expert ★ *een ~e arbeider* a trained worker ★ *een ~ gebruiker* an expert user

geofysica *v* geophysics
geofysisch *bn* geophysical
geograaf *m* [-grafen] geographer
geografie *v* geography
geografisch *bn* geographical
geolied *bn* ❶ *eig* oiled ❷ *m.b.t. machines* lubricated ❸ *fig* well oiled
geologie *v* geology
geologisch *bn* geological
geoloog *m* [-logen] geologist
geometrie *v* geometry
geometrisch *bn* geometric
geoorloofd *bn* lawful, allowed, permitted, admissible, allowable
geopend *bn* open ★ *~ voor het publiek* open to the public
Georgië *o* Georgia
Georgiër *m* [-s] Georgian
Georgisch I *bn* Georgian **II** *o taal* Georgian
Georgische *v* [-n] Georgian ★ *ze is een ~* she's a Georgian, she's from Georgia
geoutilleerd *bn* equipped, turned out ★ *goed ~* fully equipped
geouwehoer *o inf* crap, bullshit, rubbish
gepaard *bn* ❶ *in paren verdeeld* in pairs, in couples, coupled ❷ *vergezeld* coupled (with), accompanied (by), *form* attendant (on) ★ *de uitgaven die daarmee ~ gaan* the costs involved, *form* the attendant costs
gepakt *bn* ★ *~ en gezakt* all ready to depart
gepantserd *bn* armoured, armour-plated armour-clad ★ *een ~e vuist* a mailed fist ★ *~ tegen* proof against
geparfumeerd *bn* perfumed
gepassioneerd *bn* passionate
gepast *bn* fit, fitting, befitting, proper, suitable, becoming ★ *~e kleding* suitable clothes ★ *met ~e trots* justly proud ▼ *~ geld* the exact sum (of money) ▼ *met ~ geld betalen* no change given, ‹in bus, tram› exact fare
gepatenteerd *bn* ❶ *met patent* patent ▼ *fig een ~ leugenaar* a patent liar ❷ *geoctrooieerd* patented, proprietary, proprietory
gepeins *o* musing, meditation(s), pondering ★ *in diep ~ verzonken* absorbed / lost in thought
gepensioneerd *bn* retired
gepensioneerde *m-v* [-n] pensioner
gepeperd *bn* ❶ *met veel peper* peppered, peppery ❷ *pikant fig* highly seasoned ‹stories›, spicy ★ *een ~e mop* a spicy story ❸ *duur* exorbitant ‹bills›, stiff ‹prices›
gepeupel *o* mob, populace, rabble, riff-raff
gepikeerd I *bn* piqued (over at) ★ *hij is ~* he's in a huff ★ *gauw ~* touchy **II** *bijw* touchily
geplaatst *bn* ❶ *gepast* appropriate ★ *een ~e opmerking* an appropriate remark ❷ *handel* placed ❸ *gekwalificeerd* qualified ★ *de ~e teams* the qualifying teams ★ *tennis een ~e speler* a seeded player
geploeter *o* ❶ *gezwoeg* drudgery ❷ *in 't water* splashing
gepocheerd *bn* poached ★ *~e eieren* poached eggs
gepokt *bn* ★ *~ en gemazeld zijn* know the tricks of the trade
geporteerd *bn* ★ *~ zijn voor* favour, have a liking for
geposeerd *bn* staid, steady
geprefabriceerd *bn* prefabricated ★ *een ~ onderdeel* a prefabricated section
gepriegel *o* fiddly work, finicking / finicky work, meticulous work
geprikkeld *bn* irritated, huffish ★ *...zei hij ~* ...he said irritably ★ *~ reageren* react irritably
geprivatiseerd *bn* privatised ★ *een ~ bedrijf* a privatised company
geprononceerd *bn* pronounced
geproportioneerd *bn* ‹well / ill› proportioned
gepruts *o* pottering, tinkering
geraakt *bn* ❶ *eig* hit, touched ❷ *fig* piqued, offended
geraamte *o* [-n & -s] ❶ *beendergestel, ook van plantaardig lichaam* skeleton ❷ *frame* frame, framework, ‹v. schip› carcass, ‹v. huis› shell
geraas *o* noise, din, hubbub, roar
geradbraakt *bn* ★ *zich ~ voelen* feel exhausted *inf* feel knocked up, feel used up, feel pooped ★ *ik voel me ~* I'm deadbeat
geraden *bn* advisable, *form* expedient ★ *het ~ achten* think it advisable ★ *het is je ~* you'd better (do it)
gerafeld *bn* frayed
geraffineerd I *bn* ❶ refined ‹sugar, taste› ★ *~e olie* refined oil ❷ *sluw* cunning, crafty ★ *een ~e schelm* a thorough rogue **II** *bijw* cunningly, cleverly
geraken *onoverg* [geraakte, is geraakt] get, come to, arrive, attain ★ *in gesprek ~* get into conversation ★ *in iems. gunst ~* win sbd.'s favour ★ *in verval ~* fall into decay ★ *onder dieven ~* fall among thieves ★ *te water ~* fall into the water ★ *tot zijn doel ~* attain one's end
geranium *v* [-s] geranium ★ *achter de ~s zitten* retire and do nothing
gerant *m* [-s & -en] manager
geratel *o* rattling
gerbera *v* ['s] gerbera
gerecht I *o* [-en] ❶ *deel van maaltijd* course, dish ❷ *jur* court (of justice), tribunal, court of law ★ *voor het ~ dagen* summon to court ★ *voor het ~ moeten verschijnen* have to appear in court **II** *bn rechtvaardig* just ‹punishment›, righteous ‹indignation› ★ *zijn ~e straf ontvangen* get one's deserved / proper punishment
gerechtelijk I *bn* judicial, legal ★ *~e geneeskunde* forensic medicine ★ *de ~e macht* the judicial system **II** *bijw* judicially, legally ★ *iem. ~ vervolgen* start proceedings against sbd, bring an action against sbd
gerechtigd *bn* authorized, qualified, entitled ★ *tot iets ten volle ~ zijn* be empowered
gerechtigheid *v* [-heden] justice ★ *eindelijk ~!* justice at last! ★ *iem. ~ laten wedervaren* do justice to sbd

gerechtsgebouw *o* [-en] court house
gerechtshof *o* [-hoven] ❶ court (of justice), court of appeal, <u>Am</u> court of appeals ★ *het Bijzonder Gerechtshof* the Special Criminal Court ★ *het Internationaal Gerechtshof* the International Court of Justice ❷ *gebouw* court(house)
gerechtvaardigd *bn* justified, legitimate, rightful ★ ~*e eisen* legitimate / rightful claims
gereed *bn* ❶ *klaar voor iets* ready ★ ~ *geld* ready money, cash ★ ~ *voor het gebruik* ready for use, ready to use ❷ *af* finished ⟨product⟩ ★ ~ *product en handelsvoorraden* finished product and stock for resale ❸ *contant* cash ★ *tegen gerede betaling* cash payment ▼ *gerede aftrek vinden* find a good market, sell well
gereedheid *v* readiness ★ *in* ~ *brengen* get ready, prepare
gereedhouden *overg* [hield gereed, h. gereedgehouden] hold ready, have ready, hold in readiness ★ *zich* ~ stand by ⟨to assist⟩
gereedkomen *onoverg* [kwam gereed, is gereedgekomen] be finished / ready
gereedmaken *overg* [maakte gereed, h. gereedgemaakt] make / get ready, prepare
gereedschap *o* [-pen] tools, instruments, implements, ⟨keuken⟩ utensils ★ *een stuk* ~ a tool, a piece of equipment
gereedschapskist *v* [-en] tool box, tool chest, kit
gereedstaan *onoverg* [stond gereed, h. gereedgestaan] be / stand ready
gereformeerd *bn* Dutch Reformed, Calvinist
gereformeerde *m-v* [-n] a member of the Dutch Reformed Church
geregeld I *bn* regular, orderly, fixed ★ *een* ~*e veldslag* a pitched battle ★ *een* ~ *leven* an orderly life, a well-organized life **II** *bijw* regularly ★ *hij komt hier* ~ he comes here regularly
gerei *o* things, tackle, gear
geremd *bn* <u>psych</u> inhibited
gerenommeerd *bn* famous, renowned ★ *een* ~ *bedrijf* a renowned business / firm
gerepatrieerde *m-v* [-n] repatriate
gereserveerd *bn* ❶ *geboekt* reserved, booked ★ *deze tafels zijn* ~ these tables have been reserved / booked ❷ *terughoudend* reserved, distant ★ *een* ~*e houding aannemen* keep one's distance, stand aloof ★ *de vakbeweging is zeer* ~ the unions are abstaining from comment / are not committing themselves ❸ *boekhouden* transferred to reserves
geriater *m* [-s] geriatrician
geriatrie *v* geriatrics
geriatrisch *bn* geriatric
geribbeld *bn* *materiaal* corrugated
gericht I *o* ★ <u>Bijbel</u> *het jongste / laatste* ~ the Last Judgement **II** *bn* directed / aimed at ★ ~ *schieten op iem.* aim at sbd ★ *hij is socialistisch* ~ he has socialist leanings
gerief *o* convenience, comfort ★ *veel* ~ *bieden* offer

many comforts ★ *ten gerieve van...* for the convenience of... ★ *aan zijn* ~ *komen* get sexual satisfaction
geriefelijk, gerieflijk *bn* convenient, comfortable
gerieven *overg* [geriefde, h. geriefd] assist, accommodate, oblige ⟨persons⟩ ★ *kan ik u ergens mee* ~? can I help you? ★ *om het publiek te* ~ to accommodate the public
gering *bn* small, scanty, slight, trifling, inconsiderable, low ★ *van niet* ~*e bekwaamheid* of no mean ability ★ *een* ~*e dunk hebben van* have a poor opinion of ★ *een* ~*e kans* a slender chance, a slim chance ★ *met* ~ *succes* with scant / little success
geringschattend I *bn* disparaging, derogatory, slighting ★ *een* ~ *oordeel* a disparaging opinion **II** *bijw* disparagingly, slightingly ★ ~ *praten over iets* talk disparagingly / slightingly about sth
gerinkel *o* jingling
geritsel *o* rustling, rustle
Germaan *m* [-manen] Teuton, German
Germaans *bn* Teutonic, Germanic ★ ~*e talen* Germanic languages
germanisme *o* [-n] Germanism
germanist *m* [-en] Germanist
germanistiek *v* Germanics
gerochel *o* death rattle
geroddel *o* talk, gossip
geroerd *bn* touched, moved ★ *ze was* ~ *door zijn toespraak* she was moved / touched by his speech
geroezemoes *o* bustle, buzz(ing), hubbub
gerommel *o* rumbling ⟨of a cart, of thunder⟩
geronk *o* ❶ *gesnurk* snoring ❷ *v. motor* snorting ❸ *v. vliegtuig* drone
geronnen *bn* ❶ *melk* curdled ❷ *bloed* clotted
gerontologie *v* gerontology
gerontoloog *m* [-logen] gerontologist
gerookt *bn* smoked ★ ~*e paling* smoked eel ★ ~ *vlees* smoked meat
geroutineerd *bn* (thoroughly) experienced, expert, practised
gerst *v* barley
gerstekorrel *m* [-s] ❶ barley corn ❷ *aan ooglid* sty ❸ *weefsel* huckaback
gerstenat *o* beer
gerucht *o* [-en] ❶ *praatje, roddel* rumour, report, whisper, gossip ★ *er gaat een* ~ *dat...* it is rumoured that... ★ *het / een* ~ *verspreiden (dat...)* spread a rumour / gossip ★ *bij* ~*e* ⟨know⟩ by / from hearsay ★ *in een kwaad* ~ *staan* be of bad repute ❷ *geluid* noise ★ ~ *maken* make a noise ★ *hij is voor geen klein* ~*(je) vervaard* he is not easily frightened / scared
geruchtenmachine *v* gossip factory, grapevine
geruchtmakend *bn* sensational ★ *een* ~*e zaak* a notorious case
geruggensteund, gerugsteund *bn* backed (up), supported (by)
geruim *bn* ★ ~*e tijd* a / some considerable time

ge

geruïneerd *bn* ruined

geruis *o* ❶ *(bij)geluid* noise ❷ *v. kleding, gebladerte* rustling, rustle ❸ *v. beekje &* murmur ❹ *v. waterval &* rushing

geruisloos I *bn* noiseless, silent, quiet **II** *bijw* noiselessly, silently, quietly ★ *die fiets loopt* ~ the bike makes no noise at all ★ *de ambtenaar is* ~ *van zijn post verwijderd* the civil servant was quietly removed from his post

geruit *bn* checked, chequered ★ *een* ~*e broek* checked trousers, ‹Schotse ruit› tartan trousers

gerust I *bn* quiet, easy ★ *u kunt er* ~ *op zijn dat...* you may rest assured that... ★ *wees daar maar* ~ *op* put your mind at rest on that point / about that ★ *ik ben er niet* ~ *op* I feel uneasy about it, I have some misgivings about it **II** *bijw* quietly ★ *ik durf* ~ *beweren, dat...* I venture to say that... ★ *u kunt er* ~ *heengaan* feel free to go there ★ *zij kunnen* ~ *wegblijven* they can feel free to stay away ★ *wij kunnen dat* ~ *zeggen* we can safely say that

geruststellen *overg* [stelde gerust, h. gerustgesteld] set ‹sbd's mind› at rest / ease, reassure ‹sbd›

geruststellend *bn* reassuring ★ *dat is een* ~*e gedachte* that's a reassuring thought

geruststelling *v* [-en] reassurance ★ *dat is een hele* ~ that puts my mind at rest

geschapen *bn* ❶ *geschikt* born ★ *ergens voor* ~ *zijn* be born for sth ❷ *gebouwd* endowed ★ *groot / zwaar* ~ be well endowed

gescheiden *bn* ❶ *niet meer getrouwd* separated, divorced ★ *duurzaam* ~ permanently separated ★ ~ *van tafel en bed* (legally) separated ★ *wettig* ~ *zijn* legally separated, divorced ❷ *verdeeld* separated, divided, apart

geschenk *o* [-en] present, gift ★ *iets ten* ~*e geven* make a present of sth, present (sbd) with sth ★ *een* ~ *uit de hemel* a gift from heaven

geschieden *onoverg* [geschiedde, is geschied] happen, come to pass, occur, chance, befall, take place ★ *Uw wil geschiede* Thy will be done ★ *zo geschiedde* and it came to pass ★ *wat gij niet wilt dat u geschiedt, doe dat ook een ander niet* do as you would be done by

geschiedenis *v* [-sen] ❶ *historie* history ★ *de algemene* ~ general history ★ *de vaderlandse* ~ Dutch history ★ *dat zal spoedig tot de* ~ *behoren* that will soon be a thing of the past ★ ~ *schrijven* write history ❷ *verhaal* story, business ★ *de hele* ~ the whole affair ★ *een mooie* ~! a nice business! a pretty kettle of fish! ★ *het is weer de oude* ~ it's the old story all over again ★ *een rare* ~ a strange story ★ *het is een saaie / taaie* ~ it's a dull affair / a tedious business

geschiedkundig *bn* historical

geschiedschrijver *m* [-s] historical writer, historian, form historiographer

geschiedschrijving *v* writing of history, historiography

geschiedvervalsing *v* [-en] falsification of history, ‹minder sterk› historical misrepresentation

geschift *bn* niet wijs dotty, crazy, out of his / her mind

geschikt *bn* ❶ *bekwaam* fit, able, capable, efficient ★ *een* ~*e kandidaat* a suitable candidate ❷ *bruikbaar* practical ‹solution› ❸ *gepast* suitable, suited, expedient, appropriate, proper ★ ~ *zijn* suitable for ★ *dat is er niet* ~ *voor* that's no good, that's not suitable ▼ inf *een* ~*e vent* a decent chap

geschiktheid *v* ❶ *toepasselijkheid* fitness, suitability, appropriateness ❷ *bekwaamheid* aptitude, capability ❸ *kwalificatie* eligibility

geschil *o* [-len] difference, dispute, quarrel, disagreement ★ *een arbeidsrechtelijk* ~ a conflict under labour law ★ *een prejudicieel* ~ a preliminary dispute ★ ~*len van bestuur* administrative disputes

geschillencommissie *v* [-s] conciliation board, disputes committee

geschilpunt *o* [-en] point / matter at issue, point of difference, point in dispute

geschokt *bn* shocked, upset

geschoold *bn* trained, skilled ★ ~*e arbeiders* skilled labourers

geschoren *bn* opgelicht fleeced ★ *ik voelde me flink* ~ *door die reparateur* I was fleeced by that repair man

geschreeuw *o* cry, cries, shrieks, shouts ★ *veel* ~ *en weinig wol* much ado about nothing

geschrift *o* [-en] ❶ *geschrevene* writing ★ *in* ~*e* in writing ❷ *geschreven stuk* document, letter, paper

geschubd *bn* scaled, scaly

geschut *o* artillery, guns, ordnance ★ *grof* ~ heavy artillery, heavy guns ★ *licht* ~ light artillery ★ *een stuk* ~ a piece of artillery, a gun ★ *het zware* ~ the heavy guns

gesel *m* [-en & -s] scourge, lash ‹of satire›, whip ★ *de* ~ *Gods* the scourge of God

geselen *overg* [geselde, h. gegeseld] lash, scourge, flagellate, whip, flog ★ fig *de stortregen geselde het huis* the rain lashed the house

geseling *v* [-en] lashing, scourging, flagellation, whipping, flogging

gesetteld *bn* settled

gesis *o* hissing

gesitueerd *bn* situated ★ *beter* ~ well / better off ★ *de beter* ~*en* the better off, the middle classes ★ *de minder* ~*en* the less well-to-do

gesjeesd *bn* ★ *een* ~*e student* a down-and-out / failed student

geslaagd *bn* successful ★ *een* ~*e poging* a successful attempt

geslacht *o* [-en] ❶ gender, sex ★ *het andere* ~ the opposite sex ★ *het schone* ~ the fair sex ★ *het sterke* ~ the strong sex ★ *het zwakke* ~ the weaker sex ❷ *familie* race, family ‹of men›, lineage ★ *het menselijk* ~ the human race, mankind ❸ *soort* genus ‹of animals, plants› ❹ *generatie* generation ❺ taalk ‹masculine, feminine, neuter› gender ❻ *geslachtsorganen* genitals

geslachtelijk *bn* sexual ★ ~*e gemeenschap* sexual intercourse / relations

geslachtloos *bn* ❶ sexless, asexual ❷ plantk agamic, agamous

geslachtsdaad *v* sexual act, coitus

geslachtsdeel *o* [-delen] genitals ★ *de geslachtsdelen* the genitals

geslachtsdrift *v* sexual urge, desire, sex instinct, libido

geslachtsgemeenschap *v* intercourse, coition, coitus, sex, intimacy, lovemaking ★ *~ hebben met* have intercourse with, have sex with, euf go to bed with

geslachtshormoon *o* [-monen] sex hormone

geslachtskenmerk *o* [-en] sexual characteristic ★ *secundaire ~en* secondary sexual characteristics

geslachtsorgaan *o* [-ganen] sexual organ

geslachtsrijp *bn* sexually mature

geslachtsverandering *v* [-en] sex change

geslachtsverkeer *o* sexual intercourse

geslachtsziekte *v* [-n & -s] venereal disease

geslagen *bn* beaten ★ *~ goud* beaten gold

geslepen I *bn* ❶ *v. gereedschap* sharp, whetted ‹knives› ❷ *v. glas* cut ‹glass› ❸ fig cunning, sly **II** *bijw* cunningly, slyly

geslijm *o* crawling

gesloten *bn* ❶ *dicht* shut, closed, sealed ★ *een ~ circuit* a closed circuit ★ *de ~ jachttijd* the closed season ❷ *op slot* locked ❸ mil serried ‹ranks›, close ‹formation› ❹ *v. personen* uncommunicative, closed, reticent ★ *een ~ karakter* an introvert character

gesluierd *bn* veiled ‹woman›, fig foggy

gesmeerd *bijw* ★ *het loopt ~* it's going smoothly

gesneden *bn* ❶ cut ❷ *v. brood* sliced ❸ *gecastreerd* gelded

gesnik *o* sobbing, sobs

gesnurk *o* snoring

gesodemieter *o* ❶ *drukte, lawaai* racket ❷ *last, moeilijkheden* messing about

gesoigneerd *bn* dressed (up), well groomed

gesorteerd *bn* ❶ *van diverse soorten* assorted ❷ *uitgezocht* sorted ❸ *bevoorraad* stocked ★ *goed ~* a good selection, well stocked

gesp *m & v* [-en] buckle, clasp ★ *met ~en* with clasps

gespannen *bn* ❶ *v.e. boog* bent ❷ *v.e. touw & taut, tight* ★ *~ spieren* tensed muscles ❸ *nerveus* nervous, edgy ❹ *v. verhoudingen, omstandigheden & strained* ‹relations›, tense ‹situation &› ★ *op ~ voet staan met* ‹personen› not get along with, ‹zaken› be contradictory to

gespeend *bn* ★ *~ van* deprived of, devoid of, without

gespen *overg* [gespte, h. gegespt] buckle

gespierd *bn* muscular, sinewy, brawny, fig vigorous, forceful ★ *~e taal* strong / forceful / vigorous language

gespikkeld *bn* spotted, speckled

gespitst *bn* keen, pointed ★ *met ~e oren* with pricked-up ears ★ *~ zijn op* be keen on, be eager to

gespleten *bn* split, cleft ★ *een ~ verhemelte* a cleft palate ★ *een ~ persoonlijkheid* a split personality

gesprek *o* [-ken] ❶ conversation, talk, fig dialogue/Am dialog, ‹overleg› discussion, consultation ★ *in ~ zijn / raken* have a conversation with, talk to ★ *een ~ aanknopen* start a conversation ★ *een ~ voeren* hold / have a conversation, have a talk ★ *een ~ eindigen* wind up a conversation / discussion ★ *het ~ van de dag* the talk of the town ❷ telec call ★ *in ~* engaged, Am number busy

gespreksgroep *v* [-en] discussion group

gesprekskosten *zn* [mv] telec call charges

gespreksleider *m* [-s] chairman

gespreksonderwerp *o* [-en] topic of conversation

gesprekspartner *m* [-s] ❶ *gesprek* discussion partner ❷ *bij onderhandelingen* negotiating partner

gespreksstof *v* topic of conversation

gespuis *o* rabble, riff-raff, scum, Br lowlife

gestaag, gestadig I *bn* steady, continual, constant **II** *bijw* steadily, constantly

gestaffeld *bn* phased

gestalte *v* [-n & -s] figure, shape, stature ★ *aan iets ~ geven* give shape to sth ★ *~ krijgen* take shape

gestamp *o* ❶ stamping ❷ *v. schip* pitching ‹of a steamer›

gestand *m & o* ★ *zijn woord ~ doen* keep one's word

geste *v* [-n & -s] gesture

gesteente *o* [-n & -s] stone, rock ★ *vast ~* solid rock

gestel *o* [-len] system, constitution

gesteld I *bn* ★ *de ~e machten / overheid* the constituted authorities, scherts the powers that be ★ *het is er zó mee ~* that's how the matter stands ★ *~ zijn op* stand on ‹getting things done &›, be a stickler for ‹ceremony› ★ *~ zijn op iem. / iets* be fond of sbd / sth ★ *daar ben ik niet op ~* I'm not keen on that **II** *voegw* ★ *~ dat het zo is* supposing it to be the case

gesteldheid *v* state, condition, nature ‹of the soil &› ★ *zijn lichamelijke ~* one's state of health, one's constitution ★ taalk *een bepaling van ~* a complement, a predicative adjunct

gestemd *bn* muz tuned, fig disposed ★ *ik ben er niet toe ~* I'm not in the mood for it ★ *gunstig ~ zijn jegens* be favourably disposed toward

gesternte *o* [-n] star, constellation, stars ★ *onder een gelukkig ~ geboren* born under a lucky star ★ *dat heeft zij aan haar goed ~ te danken* she can thank her lucky stars for that

gesticht *o* [-en] *voor krankzinnigen* mental institution, mental home

gesticuleren *onoverg* [gesticuleerde, h. gegesticuleerd] gesticulate, motion

gestoffeerd *bn* semi-furnished ‹rooms›

gestommel *o* clatter(ing)

gestoofd *bn* *v. etenswaren* stewed

gestoord *bn* disturbed ★ *geestelijk ~* mentally ill, mentally handicapped ★ *een geestelijk ~e* a mentally ill person

gestotter *o* stuttering, stammering

gestreept *bn* striped

gestrekt *bn* (out)stretched, stretched out ★ *in ~e draf* (at) full gallop ★ *een ~e hoek* a 180° angle

gestress *o* stress
gestrest *bn* stressed
gestroomlijnd *bn* streamlined
gestudeerd *bn* ★ *een ~ iem.* ‹op de universiteit gezeten› an educated person, ‹afgestudeerd› a (university) graduate
getailleerd *bn* well cut, waisted ★ *een ~ jasje* a tailored coat
getal *o* [-len] number ★ *in groten ~e* in (great) numbers ★ *ten ~e van* to the number of...,...in number ★ *~len kraken* crunch numbers
getalenteerd *bn* talented
getalm *o* lingering, loitering, dawdling
getalsmatig *bn* numerically
getalsterkte *v* numerical strength, strength of numbers
getand *bn* ❶ toothed ★ *een ~e snavel* a toothed beak ★ *~e postzegels* perforated stamps ❷ plantk dentate ❸ techn toothed, cogged
getapt *bn* ❶ *v. bier* drawn ❷ *v. melk* skimmed ❸ fig popular ★ *een ~e jongen* a popular boy
geteisem *o* riff-raff, scum, lowlife
getekend *bn* ❶ *m.b.t. mensen* drawn, marked ★ *fijn ~e wenkbrauwen* finely drawn eyebrows ★ *een ~ gezicht* a lined face ❷ *m.b.t. dieren* marked ★ *een fraai ~e tijger* an attractively marked tiger ❸ *ondertekend* signed
geteut *o* dawdling, loitering
getij, getijde *o* [-den] ❶ *eb en vloed* tide ‹high or low› ★ *het ~ keert* the tide is turning ★ *dood ~* neap tide ★ *als het ~ verloopt, verzet men de bakens* trim your sails to the wind ❷ *jaargetijde* seasons ▼ RK *de getijden* the hours
getijdenboek *o* [-en] RK breviary
getijdenwerking *v* the movement of the tides
getijhaven *v* [-s] tidal harbour
getikt *bn* ❶ inf touched, nuts, daft, weird, loopy, cracked ❷ *op schrijfmachine* typed
getint *bn* tinted ★ *~ papier* tinted paper ★ *groen ~* tinged with green ★ *met een ~e huidskleur* coloured
getiteld *bn* ❶ *v. personen* titled ❷ *v. boeken &* entitled
getogen *bn* ★ *geboren en ~* born and bred
getraind *bn* trained ★ *hij is goed ~* he is well trained
getralied *bn* grated, latticed, barred ★ *een ~ hek* a railing, railings
getrapt *bn* two-tier, multi-tier, tiered, stepped, multi-stepped ★ *~e verkiezingen* stepped elections, two- / three- / multi-tiered elections
getreiter *o* teasing, nagging
getroffen *bn* ❶ *geraakt* hit, struck ★ fig *onaangenaam ~* unpleasantly surprised ★ fig *~ door de griep* struck down by flu ❷ *ontroerd* moved (by), touched (by) ❸ *aangetast* afflicted, stricken ★ *het ~ gebied* the afflicted / stricken area
getrokken *bn* ❶ *tevoorschijn gehaald* drawn ★ *een ~ pistool* a drawn gun ❷ *door trekken gevormd* rifled ★ *een ~ loop* a rifled barrel
getroosten *wederk* [getrooste, h. getroost] undergo,

suffer ★ *zich ~* bear patiently, put up with ★ *zich een grote inspanning ~* make a great effort ★ *zich de moeite ~ om...* put oneself / go to the trouble of...ing ★ *zich veel moeite ~* take great pains, go to great lengths
getrouw *bn* true to ★ *zijn woord ~ zijn* be true to his word, keep his promise ★ *zijn ~en* his trusty followers, his henchmen ★ *een ~e vertaling* an accurate / faithful translation
getrouwd *bn* married ★ inf *zo zijn we niet ~* that's not the way we do it
getrouwe *m-v* [-n] faithful
getto *o* ['s] ❶ ghetto ❷ *jodenwijk* hist ghetto
gettoblaster *m* [-s] ghetto blaster
gettovorming *v* ghetto forming
getuige I *m-v* [-n] ❶ witness ★ *een anonieme ~* an anonymous witness ★ *een stille ~* a silent witness ★ jur *iem. tot ~ roepen* call sbd as a witness ★ *~ zijn van* be a witness to, witness ★ jur *een ~ à charge / decharge* a witness for the prosecution / defence ❷ *bij duel* second **II** *o* [-n] reference ★ *ik zal u goede ~n geven* I'll give you a good (character) reference ★ *schriftelijke ~* written references **III** *voorz* *blijkens* witness ★ *de storm is hevig geweest, ~ de verwoesting* the storm was heavy, as the damage shows
getuige-deskundige *m-v* [-n] expert witness
getuigen I *overg* [getuigde, h. getuigd] testify to, bear witness ‹that...› **II** *onoverg* [getuigde, h. getuigd] appear as a witness, give evidence ★ *~ van* attest to..., bear witness to... ★ *dat getuigt van zijn...* that testifies to his..., that bears testimony to his... ★ *~ voor* testify in favour of ★ *dat getuigt voor hem* that speaks in his favour
getuigenbank *v* [-en] witness box
getuigenis *o & v* [-sen] evidence, testimony ★ *~ afleggen van* bear witness to, give evidence of ★ *~ van de waarheid afleggen* bear witness to the truth ★ *valse ~* false witness
getuigenverhoor *o* [-horen] examination / hearing of the witnesses ★ *een voorlopig ~* a provisional examination of witnesses, a preliminary hearing of witnesses
getuigenverklaring *v* [-en] testimony, evidence, deposition
getuigschrift *o* [-en] ❶ *diploma* certificate, testimonial, attestation ❷ *referentie* (character) reference
getver, getverderrie, gadver, gadverdamme *tsw* ❶ *basterdvloek* goddammit, hell ❷ *m.b.t. iets smerigs* yuck, yech, ugh
getverderrie *tsw* → **gadverdarrie**
getweeën *telw* two (of), with the two of them / us &
geul *v* [-en] ❶ *vaargeul* channel ❷ *goot, greppel* ditch, gully, watercourse ❸ *groef* groove
geur *m* [-en] smell, odour, fragrance, flavour, aroma, perfume, scent ★ *in ~en en kleuren* in detail, with all the gory details

geuren *onoverg* [geurde, h. gegeurd] ❶ smell (of) ❷ flaunt, show off ★ ~ *met* show off ‹one's learning›, sport/*inf* flash ‹a gold watch›

geurig *bn* sweet-smelling, fragrant, aromatic

geurstof *v* [-fen] aroma

geurtje *o* [-s] smell, odour ★ *er zit een* ~ *aan* it smells

geurvreter *m* [-s] odour-eater

geus I *m* [geuzen] <u>hist</u> Beggar, Protestant **II** *v* [geuzen] ❶ *scheepv* jack ❷ *staaf ijzer* pig

geuzennaam *m* [-namen] ± honorary nickname

gevaar *o* [-varen] danger, peril, risk ★ *er is geen* ~ *bij* there's no danger ★ ~ *lopen om...* run the risk of... ★ *buiten* ~ out of danger ★ *in* ~ *brengen* endanger, imperil, ‹v. reputatie› compromise, jeopardize ★ *in* ~ *verkeren* be in danger / peril ★ *op het* ~ *af u te beledigen* at the risk of offending you ★ *hij is een* ~ *op de weg* he's a dangerous driver ★ ~ *voor brand* fire hazard ★ *een* ~ *voor de maatschappij* a public menace ★ *een* ~ *voor de vrede* a threat to peace ★ *daar is geen* ~ *voor* no danger / fear of that ★ *zonder* ~ without danger, without (any) risk

gevaarlijk I *bn* dangerous, perilous, risky, hazardous ★ *het* ~*e eraan* the danger of it ★ *een* ~*e stof* a hazardous substance ★ *een* ~*e zone* a danger zone / area ★ *een* ~ *spel* a dangerous game **II** *bijw* dangerously, perilously

gevaarte *o* [-n & -s] colossus, monster, leviathan

geval *o* [-len] ❶ case ★ *het* ~ *zijn* be the case ★ *een lastig* ~ an awkward case ★ *bij* ~ by any chance, possibly ★ *dat is met hem ook het* ~ that's the same with him, he's in the same position ★ *in* ~ *van* in case of ‹fire›, in the event of ‹war›, in an ‹emergency› ★ *in negen van de tien* ~*len* in nine cases out of ten ★ *in elk* ~ in any case, at all events, at any rate, anyhow ★ *in het ergste* ~ if the worst comes to the worst ★ *in het gunstigste* ~ at best ★ *in geen* ~ definitely not, *inf* no way, ★ *in uw* ~ *zou ik...* in your case I would... ★ *in het* ~ *van voldoende aanmeldingen* if there are sufficient enrolments ★ *van* ~ *tot* ~ individually, from case to case ★ *voor het* ~ *dat wij te laat komen* if we're late, *Am* in case we're late ★ *neem een paraplu mee voor het* ~ *dat het regent* take an umbrella in case it rains ★ *wat wou nu het* ~ it turned out that..., it happened that... ❷ <u>scherts</u> affair ★ *een gek* ~ a queer business / situation, a strange affair

gevallen I *onoverg* [geviel, is gevallen] <u>plechtig</u> happen ★ *zich laten* ~ put up with **II** *bn* fallen ★ *een* ~ *vrouw* a fallen woman

gevang *o* capture ★ *in het* ~ *zitten* be in prison, be caught

gevangen *bn* captive ★ ~ *zitten* be imprisoned, be in prison ★ ~ *zetten* put in prison

gevangenbewaarder *m* [-s] warder, jailer, prison officer

gevangene *m-v* [-n] prisoner, captive, inmate, detainee

gevangenhouden *overg* [hield gevangen, h.

gevangengehouden] detain, keep in prison / custody

gevangenis *v* [-sen] ❶ *gebouw* prison, jail, gaol, *inf* nick, quod ★ *de* ~ *ingaan* be sent to prison ❷ *straf* imprisonment, gaol

gevangenisstraf *v* [-fen] (punishment by) imprisonment ★ *tot* ~ *veroordelen* sentence to prison ★ ~ *in afzondering* solitary confinement ★ *levenslange* ~ life imprisonment

gevangeniswezen *o* prison system, penal system

gevangenkamp, gevangenenkamp *o* [-en] prison camp, prisoners' camp

gevangennemen *overg* [nam gevangen, h. gevangengenomen] ❶ *jur* arrest, apprehend, capture ❷ *mil* take prisoner, take captive

gevangenneming *v* [-en] arrest ‹ordered by the District Court›, apprehension, capture ★ *jur* ~ *vorderen* order an arrest

gevangenschap *v* ❶ ‹ook› *mil* captivity ❷ *als straf* imprisonment

gevangenzetten *overg* [zette gevangen, h. gevangengezet] put in prison, imprison

gevangenzitten *onoverg* [zat gevangen, h. gevangengezeten] be in prison / jail

gevarendriehoek *m* [-en] <u>auto</u> (red) warning triangle

gevarentoeslag *m* [-slagen] danger money

gevarenzone *v* [-n & -s] danger zone / area

gevarieerd *bn* varied

gevat *bn* ❶ *v. persoon* quick-witted, sharp ❷ *v. antwoord & witty* ‹answer›, clever, smart ‹retort› ★ *een* ~ *antwoord* a ready answer

gevecht *o* [-en] ❶ *mil* fight, combat, battle, action, engagement ★ *buiten* ~ *stellen* put out of action, disable ★ *de* ~*en duren nog voort* the fighting is still going on ❷ *lijf aan lijf* fight ★ ~ *op leven en dood* a fight to the death

gevechtshandeling *v* [-en] action, hostilities

gevechtsklaar *bn* ready for combat, clear for action

gevechtslinie *v* [-s] line of battle

gevechtsvliegtuig *o* [-en] fighter plane

gevederd *bn* feathered ★ *onze* ~*e vrienden* our feathered friends

geveinsd *bn* feigned, simulated, hypocritical

gevel *m* [-s] front, facade

gevelsteen *m* [-stenen] ❶ *gedenksteen* memorial stone, plaque ❷ *baksteen* facing brick

geveltoerist *m* [-en] cat burglar

geven I *overg* [gaf, h. gegeven] ❶ *schenken* give ★ *iem. iets (als) cadeau* ~ make sbd a present of sth, present sbd with sth ★ *ik gaf hem veertig jaar* I took him to be forty, I put him down at forty ★ *geef mij maar Amsterdam!* Amsterdam for me! ❷ *aanreiken* hand, give ★ *mag ik u wat kip* ~? may I help you to some chicken? ★ *geef mij nog maar een biertje* I'd like another beer ❸ *opleveren* yield, produce, give out ‹heat› ★ *het geeft 50%* it yields 50 per cent. ★ *rente / interest* ~ bear interest ★ *dat zal wel niets* ~ it won't help ★ *het geeft je wat of je al...* it's no use telling him

★ *welk stuk wordt er ge~?* what's on (tonight)?, what piece are they doing? ★ *wat geeft het?* what does that matter? what of it? who cares? ❹ *toekennen* give, grant ★ *er een andere uitleg aan* ~ put a different construction on it ★ *God geve dat het niet gebeurt* God grant that it won't happen ❺ kaartsp deal ‹the cards› ▼ *het roken er aan* ~ give up smoking **II** wederk [gaf, h. gegeven] ★ *zich* ~ *zoals men is* show one's true colours / character ★ *zich gevangen* ~ give oneself up, surrender **III** onoverg [gaf, h. gegeven] ❶ *alg.* give ★ ~ *en nemen* give and take ★ *geef hem ervan langs!* let him have it! ★ *te denken* ~ provide food for thought ★ *niets* ~ *om* not care for ★ *veel* ~ *om* care a lot for ★ *weinig* ~ *om* ‹geen waarde hechten aan› care little for ‹nice clothes›, ‹zich niet bekommeren om› not mind ‹the privations›, make little of ‹the pain› ❷ kaartsp deal ★ *u moet* ~ (it's) your deal ★ *er is verkeerd ge~* there was a misdeal

gever *m* [-s] ❶ giver, donor ❷ kaartsp dealer

gevestigd *bn* fixed ‹opinion› ★ *~e belangen* vested interests ★ *een ~e reputatie* an established reputation, a reputation of long-standing

gevierd *bn* famous ★ *een ~e acteur* a famous / celebrated actor

gevlamd *bn* flamed ‹tulips›, watered ‹silk›, burled ‹wood›

gevlekt *bn* spotted, stained ★ *een* ~ *paard* a piebald (horse)

gevleugeld *bn* winged ★ *~e woorden* aphorisms

gevlij *o* ★ *bij iem. in het* ~ *zien te komen* try to ingratiate oneself with sbd, *inf* make / suck up to sbd

gevloek *o* cursing, swearing

gevoeg *o* ★ *zijn* ~ *doen* relieve oneself

gevoeglijk *bn* decently ★ *wij kunnen nu ~...* we may as well...

gevoel *o* [-ens] ❶ *gewaarwording, intuïtie* feeling, sense ★ *het* ~ *hebben dat...* have the feeling that... ★ *hij kent het* ~ *van...* he knows what it's like to be... ★ *met* ~ with expression / feeling ★ *naar mijn* ~ as I see it ★ *op iems.* ~ *werken* play on someone's feelings ★ *een* ~ *voor humor* a sense of humour ❷ *als zintuig* feel(ing), touch, sensation ★ *een stekend* ~ a stinging sensation ★ *ik heb geen* ~ *meer in mijn linker arm* my left arm's gone numb ★ *het* ~ *alsof...* the sensation of being... ★ *op het* ~ by touch, by feel(ing) ★ *het stof is ruw voor het* ~ the material has a coarse feel to it

gevoelen **I** *o* [-s] ❶ *gewaarwording* feeling ★ *edele ~s* noble sentiments ★ *persoonlijke ~s* personal feelings ❷ *mening* opinion ★ *naar mijn* ~ in my opinion ★ *wij verschillen van* ~ we're of a different opinion ‹about this›, we differ, we don't agree **II** overg [gevoelde, h. gevoeld] feel ★ *berouw* ~ feel sorry ★ *zich onwel* ~ feel ill

gevoelig **I** *bn* ❶ *kwetsbaar, lichtgevoelig* sensitive ★ *een* ~ *kind* a sensitive / impressionable child ★ *een ~e man* a sensitive man ★ *een ~e periode* a

sensitive time, a difficult period ★ ~ *op het punt van eer* sensitive about anything to do with honour ★ ~ *van aard* sensitive by nature ★ *zij is* ~ *voor die argumenten* she's open to these arguments ★ *hij is* ~ *voor de kritiek van anderen* ‹accepterend› he takes others' criticism to heart, ‹lichtgeraakt› he's touchy about receiving criticism ❷ *vatbaar* sensitive ★ ~ *voor stof* sensitive to dust, ‹ook v. mensen› allergic to dust ★ *zij is* ~ *voor hooikoorts* she is susceptible to (getting) hay fever ❸ *pijnlijk* tender ★ *een ~e plek* a tender spot, fig a sore point ❹ *hard* smart ‹blow›, severe ‹cold &› ★ *een ~e nederlaag* a resounding defeat ❺ *v. instrumenten* sensitive, delicate ★ ~ *maken* sensitize ‹a plate &› **II** bijw sensitively

gevoeligheid *v* [-heden] ❶ *pijnlijkheid* tenderness ❷ *vatbaarheid voor indrukken &* sensitivity, susceptibility ★ *zijn* ~ *kwetsen* wound / offend sbd

gevoelloos *bn* ❶ *zonder emoties* unfeeling, insensitive ★ ~ *zijn voor* be unfeeling towards ❷ *niet gevoeld kunnen worden* numb ‹foot, arm› ★ ~ *maken* anaesthetize

gevoelloosheid *v* ❶ *harteloosheid* unfeelingness, insensitivity ❷ *verdoofdheid* numbness

gevoelskwestie *v* [-s] sensitive matter

gevoelsleven *o* emotional life, inner life

gevoelsmatig **I** *bn* instinctive, intuitive **II** *bijw* instinctively, intuitively

gevoelsmens *m* [-en] emotional person, afkeurend sentimentalist

gevoelstemperatuur *v* (wind)chill factor

gevoelswaarde *v* emotional value

gevoelvol **I** *bn* feeling, sensitive **II** *bijw* with feeling, sensitively ★ ~ *zingen* sing with great feeling / emotion

gevogelte *o* birds, fowl(s), poultry

gevolg *o* [-en] ❶ *personen* followers, suite, train, retinue ★ *de koning en zijn* ~ the king and his court / retinue ❷ *uit oorzaak* consequence, result, effect ★ *geen nadelige ~en ondervinden van* be none the worse for ★ *de ~en zijn voor hem* he has to accept the consequences ★ *met goed* ~ with success, successfully ★ *ten ~e hebben* cause ‹sbd.'s death &›, result in ‹a big profit›, bring on ‹a heart attack› ★ *ten ~e van* as a consequence of, as a result of, owing to ★ *zonder* ~ without success, unsuccessful(ly) ★ *in ~e van* in consequence of ❸ *uitvoering* as a result of ★ ~ *geven aan een opdracht* carry out an order ★ ~ *geven aan een verzoek* grant a request ★ ~ *geven aan een wens* comply with a wish, carry out / fulfil a wish

gevolgtrekking *v* [-en] conclusion, deduction, inference ★ *een* ~ *maken (uit)* draw a conclusion (from)

gevolmachtigd *bn* authorized ★ pol *een* ~ *minister* a minister plenipotentiary

gevolmachtigde *m-v* [-n] ❶ *politiek* plenipotentiary ❷ handel authorized representative / person, agent, proxy ❸ *rechtelijk* a person with power of attorney ★ jur *een bijzonder* ~ a special agent

gevorderd *bn* advanced, late ★ *op ~e leeftijd* at an advanced age ★ *op een ~ uur* at a late hour ★ *een cursus Engels voor ~en* an advanced English course ★ *in een ver ~ stadium* at an advanced stage ⟨of the disease⟩

gevreesd *bn* dreaded, feared ★ *een ~e ziekte* a dreaded disease

gevuld *bn* ❶ *met vulling* filled, stuffed ★ *een ~e koek* an almond paste biscuit ★ *een goed ~e beurs* a well-lined purse ❷ *mollig* plump

gewaad *o* [-waden] garment, dress, garb, attire

gewaagd *bn* ❶ *riskant* hazardous, risky ❷ *m.b.t. grap* risqué ▼ *zij zijn aan elkaar ~* they are well matched, well suited

gewaarworden *overg* [werd gewaar, is gewaargeworden] ❶ *merken* become aware of, perceive, notice ❷ *te weten komen* find out, discover

gewaarwording *v* [-en] ❶ *aandoening* sensation ❷ *vermogen* perception

gewag *o* ★ *~ maken van* refer to, mention

gewagen *onoverg* [gewaagde, h. gewaagd] ★ *~ van* mention, make mention of

gewapend *bn* armed ★ *~ beton* reinforced concrete ★ *~ glas* wired / bullet-proof glass ★ *met het ~ oog* using glasses / binoculars & ★ *een ~e overval* an armed robbery ★ *~e vrede* armed peace ★ *~ zijn tegen* be prepared / armed against

gewas *o* [-sen] ❶ *gekweekte planten* crop(s), harvest ❷ *plant alg.* plant(s) ❸ *plantengroei* growth, vegetation

gewatteerd *bn* quilted, wadded ⟨quilt⟩, padded ★ *een ~e jas* a padded jacket, a coat with a quilted lining

geweer *o* [-weren] gun, rifle ★ *in het ~ komen* <u>mil</u> turn out, stand to, <u>fig</u> be up in arms (*tegen* against) ★ *in het ~!* stand to! attention! ★ *het ~ presenteren* present arms

geweerloop *m* [-lopen] barrel (of a gun)

geweerschot *o* [-schoten] gunshot, rifleshot

geweervuur *o* rifle fire, musketry, fusillade

gewei I *o* [-en] *horens* horns, antlers ⟨of a deer⟩ **II** *o*, **geweide** ❶ *ingewanden* bowels, entrails ❷ *uitwerpselen* droppings

geweld *o* ❶ *kracht* force, violence ★ *fysiek ~* physical violence ★ *grof ~* brute force ★ *zinloos ~* random / pointless violence ★ *iem. ~ aandoen* be violent to sbd ★ *de waarheid ~ aandoen* strain / stretch the truth ★ *zichzelf ~ aandoen* ⟨zich beheersen⟩ keep oneself in check, ⟨tegen zijn eigen opvattingen ingaan⟩ go against one's principles ★ *zich ~ aandoen om (niet) te...* make an effort (not) to... ★ *~ gebruiken* use force / violence ★ *met ~* by force / violence ★ *hij is met ~ om het leven gebracht* he met a violent death ★ *hij wou er met alle ~ heen* he wanted to go come what may / at any cost ★ *hij wou met alle ~ voor ons betalen* he insisted on paying for us ❷ *lawaai* noise ★ *met veel ~ stortte de waterval zich naar beneden* the waterfall crashed down with considerable force

gewelddaad *v* [-daden] act of violence ★ *tot gewelddaden overgaan* resort to violence

gewelddadig *bn* violent, forcible ★ *een ~e dood* a violent death

gewelddadigheid *v* [-heden] violence

geweldenaar *m* [-s & -naren] ❶ *tiranniek heerser* tyrant ❷ *sterk persoon* superman ❸ *zeer kundig persoon* whiz, crack

geweldig I *bn* ❶ *hevig* violent ❷ *machtig* powerful, mighty, enormous ❸ *versterkend* terrible ★ *ze zijn ~!* they're wonderful / marvellous/ terrific/ fabulous/ super / cool! **II** *bijw* versterkend dreadfully, terribly, awfully & **III** *tsw* ★ *~!* fantastic!

geweldloos *bn* non-violent ★ *een geweldloze demonstratie* a peaceful demonstration ★ *~ verzet* non-violent resistance

geweldpleging *v* [-en] violence, act of violence, <u>jur</u> assault and battery ★ *openlijke ~* (an act of) violence in a public place

geweldsspiraal, geweldspiraal *v* spiral of violence

gewelf *o* [-welven] vault, arched roof, dome, archway ★ *een onderaards ~* an underground vault

gewelfd *bn* vaulted, arched, domed

gewend *bn* accustomed ★ *~ aan* accustomed to, used to ★ *~ zijn om...* be in the habit of...ing ★ *ben je hier al ~?* do you feel at home yet? ★ *zij is niet veel ~* she's not used to luxury ★ *dat ben ik niet ~* I'm not used to that

gewennen *onoverg* [gewende, is gewend] get used to, become accustomed to, settle down

gewenning *v* habituation

gewenst *bn* ❶ *wat men zich wenst* wished (for), desired ❷ *wenselijk* desirable

gewerveld *bn* vertebrate ★ *~e dieren* vertebrates

gewest *o* [-en] region, district, territory ★ *de betere ~en* the hereafter

gewestelijk *bn* regional, provincial ★ *een ~e uitdrukking* a regional / local / dialect expression

geweten *o* [-s] conscience ★ *een kwaad ~* a guilty conscience ★ *een zuiver ~* a clear conscience ★ *een rekbaar / ruim ~ hebben* be economical with the truth ★ *door zijn ~ gekweld* conscience-stricken ★ *iets met zijn ~ overeenbrengen* become reconciled to sth ★ *iets op zijn ~ hebben* have something on one's conscience ★ *heel wat op zijn ~ hebben* have a lot to answer for ★ *zonder ~* without a conscience ★ *naar eer en ~* in all good conscience

gewetenloos I *bn* unscrupulous, unprincipled **II** *bijw* unscrupulously

gewetensbezwaar *o* [-zwaren] ❶ *scrupule* scruple ★ *ze tonen geen enkel ~ bij...* they have no scruples about... ❷ *bezwaar op principiële gronden* conscientious objection

gewetensbezwaarde *m-v* [-n] conscientious objector

gewetensconflict *o* [-en] moral conflict

gewetensnood *m* moral quandary, moral dilemma

gewetensonderzoek *o* <u>RK</u> examination of conscience

gewetensvol *bn* conscientious, scrupulous, ⟨m.b.t.

ge

werk› painstaking

gewetensvraag v [-vragen] matter of conscience

gewetenswroeging v [-en] pangs of conscience, compunction(s), qualms ★ *gekweld door ~* conscience-stricken

gewetenszaak v [-zaken] matter of conscience ★ *van iets een ~ maken* make sth a matter of conscience / a moral issue

gewettigd bn justified, legitimate

gewezen bn late, former, ex ★ *mijn ~ echtgenoot* my ex-husband, inf my ex ★ *de ~ burgemeester* the former mayor

gewicht o [-en] ❶ weight ★ *dood / eigen ~* dead weight ★ *soortelijk ~* specific gravity ★ *~ in de schaal leggen* carry weight ★ *zijn ~ in de schaal werpen* exert one's influence on sth ★ *bij het ~ verkopen* sell by weight ★ *dat is zijn ~ in goud waard* it's worth its weight in gold ❷ fig importance ★ *een man van ~* a man of consequence, an important man ★ *een zaak van groot ~* a matter of great importance, a very important matter ★ *van het grootste ~* all-important ★ *(geen) ~ hechten aan* attach (no) importance to

gewichtheffen o weightlifting

gewichtheffer m [-s] weightlifter

gewichtig bn important, weighty, momentous ★ *~ doen* act important ★ *~ doend* pompous, self-important

gewichtigdoenerij v pomposity, pompousness, self-importance

gewichtloosheid v weightlessness

gewichtsklasse v [-n] sp classification by weight

gewichtsverlies o weight loss

gewiekst bn knowing, sharp, smart, shrewd ★ *een ~e jurist* a shrewd jurist

gewijd bn consecrated ‹Host›, sacred ‹music &› ★ *een ~e handeling* a consecrated act, a holy act ★ *~e muziek* sacred music ★ *~e geschiedenis* sacred history ★ *~e aarde* consecrated ground

gewild bn ❶ *populair* in demand, in favour, much sought after, popular ❷ *gekunsteld* studied, affected, would-be

gewillig bn willing

gewin o gain, profit ★ *vuil ~* filthy lucre

gewis bn certain, sure

gewoel o stir, bustle, turmoil

gewogen bn weighted ★ *het ~ gemiddelde* the weighted average

gewond bn wounded, injured

gewonde m-v [-n] wounded person, injured person ★ *de ~n* the wounded, the injured

gewonnen bn ★ *zo ~ zo geronnen* easy come, easy go ★ *het ~ geven* give it up, give up the point ★ *zich ~ geven* yield the point ‹in an argument›, admit defeat, throw in the towel

gewoon I bn ❶ *gewend* accustomed, used to, customary, usual, wonted ★ *het gewone recept* the usual ★ *~ raken aan* grow accustomed / used to ★ *~ zijn aan* be accustomed / used to... ★ *~ zijn om...* be

in the habit of...ing ★ *hij was ~ om...* he used to... ❷ *niet buitengewoon* common ‹cold, illness›, ordinary ‹people, shares, members›, plain ‹food, tastes›, regular ‹grind of coffee› ★ *het is heel ~* it's nothing out of the ordinary ★ *de gewone man* the man in the street **II** bijw ❶ *algemeen* commonly ★ *~ bekend als* commonly known as ❷ *gewoonweg* simply, just ★ *het was ~ verrukkelijk* it was simply delicious ★ *het is ~ niet waar* it's just not true ★ *dat is ~ idioot!* that's simply idiotic! ❸ *zoals gebruikelijk* ‹everything is going on› as usual ★ *doe maar ~ (dan doe je al gek genoeg)* be your normal (stupid) self, act normally (that's bad enough)

gewoonheid v commonness

gewoonlijk bijw usually, as a rule, normally, mostly, generally, ordinarily ★ *zoals ~* as usual ★ *later dan ~* later than usual

gewoonte v [-n & -s] ❶ *gebruik* custom, practice, convention ★ *het is niet de ~ te...* it is not customary to... ★ *zoals de ~ is, als naar ~, volgens ~* according to custom, as is usual, as the convention goes ★ *de zeden en ~n van de Romeinen* the customs and traditions of the Romans ❷ *aanwensel* habit, practice ★ *ouder ~* as usual, from habit ★ *dat is een ~ van hem* that's a habit of his ★ *een ~ aannemen* ‹ontwikkelen› develop a habit, ‹overnemen› copy a habit ★ *een ~ afleggen* get out of a habit ★ *tegen zijn ~* contrary to his wont ★ *tot een ~ vervallen* fall into a habit ★ *alleen uit ~* from (sheer force of) habit ★ *~ is een tweede natuur* custom is second nature ★ *de macht der ~* force of habit ★ *de ~ hebben* have a habit of... ❸ *aangewende handelwijze* practice

gewoontedier o [-en] creature of habit ★ *de mens is een ~* man is a creature of habit

gewoontedrinker m [-s] habitual drinker

gewoontegetrouw bijw as usual, according to custom

gewoonterecht o common law, customary law, custom

gewoontjes bijw middling, indifferent, nothing special

gewoonweg bijw simply, just ★ *~ onmogelijk* simply impossible

geworden onoverg [gewerd, is geworden] plechtig come to hand ★ *het is mij ~* it has come to hand, to my notice ★ *ik zal het u doen / laten ~* I'll let you have it

geworteld bn rooted ★ *diep ~e haat* deep-seated hatred

gewricht o [-en] joint, articulation

gewrichtsontsteking v [-en] arthritis

gewrocht o [-en] work, masterpiece, creation

gewrongen bn distorted, forced, contrived, twisted ★ *een ~ stijl* a contrived style ★ *zij lag in een ~ houding* she lay in a distorted / twisted position ★ *een ~ sfeer* a forced atmosphere

gezag o authority ★ *het bevoegd ~* the relevant/jur the competent authorities ★ *het ouderlijk ~* parental

authority ★ *met ~ spreken* speak authoritatively ★ *~ hebben over / het ~ voeren over* command, have authority over ★ *op eigen ~* on one's own authority ★ *op ~ van* on the authority of ★ *het ~ van de wet* the force of the law

gezagdrager *m* [-s] authority

gezaghebbend *bn* authoritative ★ *een ~e biografie* an authoritative biography ★ *een ~ persoon* ‹gezag hebbend› an authority, an expert, ‹gezag uitoefenend› a person in authority

gezaghebber *m* [-s] person in charge, person in authority, authority

gezagsgetrouw *bn* law-abiding

gezagsorgaan *o* [-ganen] authority

gezagsverhoudingen *zn* [mv] power structure

gezagvoerder *m* [-s] ❶ person in charge ❷ scheepv master, captain ❸ luchtv chief pilot, captain

gezamenlijk I *bn* ❶ *gemeenschappelijk* joint ‹owners, account›, collective ‹interests› ★ *met ~e krachten* with a joint effort ❷ *totaal* aggregate, total ‹amount› ★ *de ~e kosten / omzet* the total cost / turnover ❸ *compleet* complete ‹works of Shakespeare &› II *bijw* jointly, together

gezang *o* [-en] ❶ *het zingen* singing ❷ *v. vogels* warbling ❸ *het te zingen of gezongen lied* song ❹ *kerkgezang* hymn

gezanik *o* bother, botheration ★ *daar heb je 't ~!* what a fuss!

gezant *m* [-en] ambassador, envoy ★ *de pauselijke ~* the (papal) nuncio ★ *een buitengewoon ~* a special envoy

gezantschap *o* [-pen] embassy, legation

gezapig *bn* indolent, easy-going, languid

gezegde *o* [-n & -s] ❶ *zegswijze* saying, expression, phrase, dictum ❷ *opmerking* statement ❸ taalk predicate

gezegend *bn* blessed ★ *~ met* happy in the possession of... ★ *in ~e omstandigheden* in happy circumstances ★ *een ~ end* a blessed end

gezeglijk *bn* obedient, docile, amenable ★ *een ~e jongen* an obedient boy

gezel *m* [-len] ❶ *metgezel* mate, companion, fellow ❷ *handwerksman* workman, hist journeyman

gezellig *bn* ❶ *v. persoon* companionable, sociable, convivial ★ *hij is een ~e vent* he's good company ❷ *v. vertrek & * snug, cosy ★ *een ~e avond* a pleasant / enjoyable evening ★ *een ~e bijeenkomst* a social meeting ★ *een ~e boel* a pleasant affair ★ *een ~e sfeer* a convivial atmosphere ❸ *aardig* nice

gezelligheid *v* ❶ *prettig gezelschap* companionableness, sociability, conviviality ★ *voor de ~* for fun ★ *zij houdt van ~* she likes good company ❷ *genoeglijke atmosfeer* snugness, cosiness

gezelligheidsdier *o* [-en] social creature, chummy / sociable person

gezelligheidsvereniging *v* [-en] social club, students' society

gezellin *v* [-nen] companion, mate

gezelschap *o* [-pen] company, society ★ *het koninklijk ~* the royal party ★ *een besloten ~* a private party, a club ★ *het hele ~* the whole company ★ *iem. ~ houden* keep sbd company ★ *in ~ van* in (the) company of, in company with, accompanied by ★ *in goed ~* in good company ★ *wil jij van het ~ zijn?* do you want to be included in the party? ★ *hij is zijn ~ waard* he's good company

gezelschapsspel *o* [-spelen] party game

gezet *bn* ❶ *dik* thickset, stout, stocky, corpulent ❷ *bepaald* set, fixed ★ *op ~te tijden* at regular intervals, at set times

gezeten *bn* ❶ *zittend* sitting ★ *op de troon ~* sitting on the throne ❷ *een vaste woonplaats hebbend* settled ★ *de ~ bevolking* the country's inhabitants ❸ *gegoed* solid, prosperous ★ *een ~ burger* a solid citizen

gezeur *o* ❶ *gezanik* moaning (and groaning), drivel, twaddle ★ *hou eens op met dat ~!* stop moaning (and groaning)! ❷ *vervelend gedoe* bother

gezicht *o* [-en] ❶ *zintuig* (eye)sight ★ *scherp van ~* sharp eyed ❷ *aangezicht* face, slang mug ★ *een ~ trekken tegen* pull / make faces at ★ *een vrolijk / treurig ~ zetten* put on a cheerful / sad face ★ *dat geeft scheve ~en* that will be frowned upon ★ *zijn ~ redden* save one's face ★ *zijn ~ verliezen* ‹gezichtsvermogen› lose one's sight, ‹aanzien› lose face ★ *iem. in 't ~ uitlachen* laugh in sbd's face ★ *iem. (recht) in zijn ~ zeggen* tell sbd (straight) to his face ★ *iem. op zijn ~ geven* tan sbd's hide ★ *(ergens) even je ~ laten zien* show your face, put in an appearance ❸ *uitdrukking* looks, countenance ❹ *het geziene* view, sight ★ *bij (op) het ~ van...* at the sight of ★ *op het eerste ~* at first sight, at the first sight of ★ *zo op het eerste ~ is het...* on the face of it, it is... ★ *in het ~ van de kust* in sight of the coast ★ *in het ~ komen* come into sight ★ *in het ~ krijgen* catch sight of, sight ★ *uit het ~ verdwijnen* disappear, vanish (from sight) ★ *uit het ~ verliezen* lose sight of ★ *uit het ~ zijn* be out of sight ★ *iem. van ~ kennen* know sbd by sight ★ *dat is geen ~!* that's hideous!

gezichtsbedrog *o* optical illusion

gezichtsbruiner *m* [-s] suntan lotion

gezichtshoek *m* [-en] optic / visual angle

gezichtspunt *o* [-en] *mening* point of view, viewpoint

gezichtsuitdrukking *v* [-en] (facial) expression

gezichtsveld *o* [-en] field of vision

gezichtsverlies *o* ❶ *v. gezichtsvermogen* loss of (eye)sight ❷ *v. aanzien* loss of face ★ *~ lijden* suffer loss of face

gezichtsvermogen *o* visual faculty, visual power ★ *zijn ~* his eyesight

gezien I *bn* esteemed, respected ★ *hij is daar niet ~* he isn't liked / popular there ★ *een graag ~e gast* a very welcome guest II *voorz* given, with regard to ★ *~ de risico's* in view of the risks

gezin *o* [-nen] family, household ★ *een groot ~* a large family ★ *een ~ bestaande uit drie personen* a family of three ★ *een ~ stichten* start a family

ge

gezind *bn* inclined, disposed,...-minded ★ *ik ben daartoe niet ~* I'm not inclined to do that ★ *iem. goed / slecht ~ zijn* be kindly / unkindly disposed towards sbd

gezindheid *v* [-heden] ❶ *neiging* inclination, disposition ❷ *overtuiging* persuasion

gezindte *v* [-n] persuasion, sect ★ *van een andere ~ zijn* belong to another faith / another religion

gezinsauto *m* family car

gezinsfles *v* [-sen] jumbo bottle, king-size(d) bottle

gezinshereniging *v* family reunion

gezinshoofd *o* [-en] head of the family

gezinshulp *v* ❶ *hulpverlening* home help ❷ *persoon* [-en] home help

gezinsleven *o* family life

gezinslid *o* [-leden] member of the family, family member

gezinsplanning *v* family planning

gezinsuitbreiding *v* ★ *een ~ verwachten* expect an addition to the family

gezinsverpakking *v* [-en] family pack, economy pack

gezinsverpleging *v* home nursing

gezinsverzorgster *v* [-s] trained mother's help

gezinszorg *v* home help

gezocht *bn* ❶ *gewild* in demand, in request, sought after ‹goods› ❷ *niet natuurlijk* studied, affected, contrived, fabricated ❸ *vergezocht* far-fetched ★ *~e argumenten* far-fetched arguments

gezoem *o* buzz(ing), hum(ming)

gezond I *bn* ❶ *niet ziek* healthy ‹life, man &› ★ *~ en wel* fit and well / safe and sound ★ *zo ~ als een vis* as fit as a fiddle ★ *~ naar lichaam en geest* sound in body and mind ★ *~ van lijf en leden* sound in life and limb ★ *iem. ~ bidden* heal sbd by prayer ★ *~ blijven* keep fit ★ *~ maken* restore to health, cure ★ *weer ~ worden* recover (one's health) ❷ *gezondheid bevorderend* wholesome ‹food› ★ *een broodje ~* a salad roll ❸ *alléén predicatief* ‹a man› in good health ❹ *helder* sound ‹body, mind, policy &› ★ *zijn ~ verstand* one's common sense ❺ *fig* sane ‹judgement, views› **II** *bijw* ❶ *niet ziekmakend* healthily ❷ *helder* soundly

gezondheid *v* ❶ *lichamelijk welzijn* health ★ *~!* ‹toast› your health!, ‹bij niezen› bless you! ★ *~ is de grootste schat* health is worth more than wealth ★ *op iems. ~ drinken* drink sbd.'s health ★ *op uw ~!* your health! ★ *voor zijn ~* for one's health ★ *een goede / zwakke ~ hebben* be in good / poor health ❷ *heilzaamheid* healthiness, fig soundness

gezondheidscentrum *o* [-s, -tra] health centre

gezondheidsredenen *zn* [mv] health reasons ★ *om ~* for reasons of health

gezondheidstoestand *m* (state of) health ★ *de ~ van de astronauten is uitstekend* the astronauts are in excellent health

gezondheidszorg *v* healthcare, health care ★ *in de ~ werken* be a healthcare worker

gezusters *zn* [mv] sisters ★ *de ~ Akgün* the Akgün sisters

gezwel *o* [-len] swelling, growth, tumour

gezwets *o* ❶ *geklets* drivel ❷ *grootspraak* bragging, inf hot air

gezwind *bn* swift, quick, rapid ★ *met ~e pas* at / on the double

gezwollen *bn* ❶ *v. lichaamsdelen* swollen ❷ *v. stijl* inflated, high-flown

gezworen *bn* sworn ‹friends, enemies› ★ *mijn ~ vijand* my sworn enemy ★ *het zijn ~ vrienden* they are friends for life

gezworene *m-v* [-n] juror, juryman, jurywoman ★ *de ~n* the jury

gft *afk en o* (groente-, fruit en tuinafval) organic waste

gft-afval *o* (groente-, fruit- en tuinafval) organic waste

gft-bak *m* [-ken] (groente, fruit en tuinafvalbak) organic waste container

g.g.d. *afk* (grootste gemene deler) h.c.d. highest common denominator

Ghana *o* Ghana

ghb, GHB *het* (gammahydroxybutyraat) GHB

ghostwriter *m* [-s] ghostwriter

gids *m* [-en] ❶ *guide*, mentor ❷ *boek* guide, guidebook, handbook ★ *een ~ voor Londen* a guide to London ❸ *lid v. scouting* Girl Guide

gidsen *overg* [gidste, h. gegidst] guide, direct, lead, act as leader

gidsland *o* [-en] model (country)

giebelen *onoverg* [giebelde, h. giegiebeld] giggle

giechelen *onoverg* [giechelde, h. gegicheld] giggle, titter

giek *m* [-en] ❶ *roeiboot* gig ❷ *spier, boom* boom, jib

gier I *m* [-en] *vogel* vulture **II** *v mest* liquid manure

gieren *onoverg* [gierde, h. gegierd] ❶ *gillen* scream ★ *~ van het lachen* scream / shriek with laughter ★ *het was om te ~* it was hilariously funny ★ *hij gierde door de bocht* his tires screeched through the corner ❷ *v. wind* howl ❸ scheepv jaw, sheer ❹ *mesten* spread liquid manure

gierig I *bn* miserly, niggardly, stingy, avaricious, tight-fisted ★ *~ als de pest* as stingy as hell **II** *bijw* stingily, avariciously

gierigaard *m* [-s] miser, niggard, skinflint

gierigheid *v* avarice, miserliness, stinginess

gierput *m* [-ten] slurry pit

gierst *v* millet

giertank *m* [-s] liquid manure tank, slurry tank

gierzwaluw *v* [-en] swift

gieten I *overg* [goot, h. gegoten] ❶ *uitgieten* pour ‹water› ❷ *in vorm* found ‹guns›, cast ‹metals &›, mould ‹candles &› ★ *in een andere vorm ~* cast in another mould ★ *ijzer ~* cast iron **II** *onoverg* [goot, h. gegoten] ★ *(het regent dat) het giet* it's pouring, it's raining cats and dogs

gieter *m* [-s] ❶ *sproeivat* watering can ❷ *metaalbewerker* founder, caster ▼ *afgaan als een ~* look a proper Charlie

gieterij *v* [-en] foundry

gietijzer *o* cast iron
gietijzeren *bn* cast iron
gietstaal *o* cast steel
gietvorm *m* [-en] casting mould
gif *o* [-fen], **gift** [-en] ❶ poison ❷ *v. dier* venom ❸ *v. ziekte* virus
gifbeker *m* [-s] poisoned cup ★ *de ~ drinken / ledigen* drink from the poisoned chalice
gifbelt *m & v* [-en] toxic waste dump
gifgas *o* [-sen] poison gas
gifgroen *bn & o* fluorescent green
gifgrond *m* [-en] polluted land / ground
gifkikker *m* [-s] ❶ biol poisonous frog ❷ inf nasty bastard
gifklier *v* [-en] poison / venom gland
gifmenger *m* [-s] poisoner
gifslang *v* [-en] poisonous snake
gifstof *v* [-fen] poison
gift I *v* [-en] *geschenk* gift, present, ‹v. donateur› donation, contribution ★ *een ~ van hand tot hand* an informal gift **II** *o* [-en] → **gif**
giftig *bn* ❶ poisonous, ook fig venomous ‹person› ★ *~ worden* become furious ❷ *hatelijk* virulent ★ *~e opmerkingen* nasty remarks
gifwolk *v* [-en] toxic cloud
gigabyte *m* [-s] comput gigabyte, G, GB ‹1.073.741.824 bytes›
gigant *m* [-en] giant
gigantisch *bn* giant, gigantic
gigolo *m* ['s] gigolo, inf lounge lizard
gij *pers vnw* ❶ *alleen enkelvoud* vero thou ❷ *alleen meervoud* vero ye
gijpen *onoverg* [gijpte, h. gegijpt] scheepv gybe, jibe
gijzelaar *m* [-s] ❶ *gegijzelde* hostage ❷ *wegens schuld* prisoner
gijzelen *overg* [gijzelde, h. gegijzeld] ❶ *in gijzeling nemen* take hostage, ‹voor geld› kidnap, ‹kapen› hijack ❷ *wegens schuld* jur imprison for debt
gijzeling *v* [-en] ❶ *het gijzelen* taking hostage, ‹voor losgeld› kidnapping, ‹kapen› hijack(ing) ❷ *wegens schuld* jur imprisonment for debt, ‹lijfsdwang› civil imprisonment
gijzelnemer *m* [-s] ❶ *kidnapper* kidnapper ❷ *kaper* hijacker
gil *m* [-len] yell, shriek, scream ★ *een ~ geven / laten / slaken* give a yell
gild *o* [-en], **gilde** *o & v* [-n] hist guild
gilet *o* [-s] waistcoat
gillen *onoverg* [gilde, h. gegild] yell, shriek, scream ★ inf *het was om te ~* it was a scream, it was terribly funny
giller *m* [-s] inf scream, howler ★ *wat een ~!* what a hoot / scream!
ginds I *bn* yonder, plechtig yon ★ *~e boom* yonder tree ★ *aan ~e kant* over yonder, on the other side, over the way, over there **II** *bijw* over there
ginger-ale *de (m)* ginger ale
ginnegappen *onoverg* [ginnegapte, h. geginnegapt]

giggle, snigger
ginseng *m* ginseng
gips *o* [-en] ❶ *mengsel* plaster (of Paris) ★ *in het ~ liggen* lie in plaster ★ *met een arm in het ~* with an arm in plaster ❷ *mineraal* gypsum
gipsen I *bn* plaster ★ *een ~ beeld* a plaster figure **II** *overg* [gipste, h. gegipst] plaster
gipskruid *o* gypsophila
gipsplaat *v* [-platen] plasterboard
gipsverband *o* [-en] plaster cast
gipsvlucht *v* [-en] scherts special flight from a winter sport region ‹to bring home skiers in plaster›
giraal *bn* by giro, by funds transfer, cashless, giro-based, by book entry ★ *~ geld* deposit money, money in account, Am demand deposits ★ *~ betalingsverkeer* cashless payments, funds transfers ★ *~ effectenverkeer* book-entry securities transactions ★ *een girale overboeking* a funds transfer, a book entry transfer
giraf, giraffe *v* [-raffen & -raffes] giraffe
gireren *overg* [gireerde, h. gegireerd] pay / transfer funds by giro ★ *een bedrag ~* pay an amount by giro
giro *m* ['s] giro ★ *per ~* by giro
girokaart *v* [-en] giro transfer slip
giromaat *m* [-maten] cashpoint, cash dispenser
giromaatpas *m* [-sen] ATM card
gironummer *o* [-s] (giro)account number ★ *een storting op ~ 800800* a deposit onto (giro) account number 800800
giropas *m* [-sen] giro card, cash card
girorekening *v* [-en] giro account
giroverkeer *o* giro transfer / transactions
gis¹ *v* [-sen] muz G sharp
gis² I *v* guess, conjecture ★ *op de ~* at random **II** *bn* slim smart, sharp, clever
gissen I *overg* [giste, h. gegist] guess, conjecture, surmise **II** *onoverg* [giste, h. gegist] guess ★ *~ naar iets* guess at sth
gissing *v* [-en] guess, conjecture, estimation ★ *het is maar een ~* it's mere guesswork ★ *naar ~* at a rough guess / estimate
gist *m* yeast
gisten *onoverg* [gistte, h. gegist] ferment, work ★ fig *het had al lang gegist* it had been brewing for a long time
gisteravond *bijw* yesterday evening, last night
gisteren *bijw* yesterday ★ *de Times van ~* yesterday's (issue of the) Times ★ *gister(en)avond* last night, yesterday evening ★ *hij is niet van ~* he wasn't born yesterday, there are no flies on him, he knows a thing or two
gistermiddag *bijw* yesterday afternoon
gistermorgen *bijw* yesterday morning
gisternacht *bijw* last night
gisting *v* [-en] ❶ *fermentatie* fermentation ❷ fig ferment, agitation, excitement ★ *in ~ verkeren* be in a ferment
gistingsproces *o* [-sen] process of fermentation

giswerk *o* guesswork, speculation

git *o & v* [-ten] *stofnaam, kraal* jet

gitaar *v* [-taren] guitar

gitarist *m* [-en] guitarist

gitzwart *bn* jet-black

glaasje *o* [-s] ❶ (small) glass ★ *hij heeft te diep in het ~ gekeken* he's had a drop too much ★ *een ~ nemen* have a glass ❷ *v. microscoop* slide

glaceren *overg* [glaceerde, h. geglaceerd] ❶ *v. tegels* glaze ❷ *v. gebak &* ice, frost

glad I *bn* ❶ *glibberig* slippery ⟨roads, ground⟩ ★ *de wegen zijn plaatselijk ~* there is some local ice on the roads ★ *zo ~ als een aal* as slippery as an eel ❷ *egaal, effen* smooth ⟨surface, chin, skin, style, verse &⟩, sleek ⟨hair⟩ ★ *een ~de ring* a plain ring ❸ *fig* cunning, slick, glib ⟨tongue⟩, smooth ⟨operator⟩ ★ *een ~de vogel* a slippery customer ★ *inf dat is nogal ~* that's pretty obvious **II** *bijw* ❶ *vlug* smoothly ★ *~ lopen* run smoothly ❷ *geheel* totally, completely ★ *je hebt het ~ mis* you're quite mistaken ★ *dat zal je niet ~ zitten* you're not going to get away with that ★ *ik ben het ~ vergeten* I clean forgot it ★ *dat was ~ verkeerd* that was quite wrong

gladgeschoren *bn* clean-shaven

gladharig *bn* sleek-haired, smooth-haired

gladheid *v* smoothness, slipperiness

gladiator *m* [-s & -toren] gladiator

gladiool *v* [-diolen] gladiolus ★ *sp het is de dood of de gladiolen* it's all or nothing

gladjanus *m* [-sen] sly dog, slyboots

gladjes *bn* rather slippery ★ *de wegen zijn ~* the roads are rather slippery ★ *het verloopt ~* things are going quite smoothly

gladstrijken *overg* [streek glad, h. gladgestreken] iron out, smooth (out) ★ *fig plooien ~* iron out the wrinkles

gladweg *bijw* totally, completely, *inf* clean ★ *~ vergeten* totally / clean forget ★ *~ weigeren* flatly refuse

glamour *m* glamour

glans *m* [glansen & glanzen] ❶ *weerschijn* shine ⟨of boots⟩, gloss ⟨of hair⟩, lustre, gleam ★ *~ verlenen aan* lend lustre to ★ *er was een ~ in zijn ogen* there was a gleam in his eyes ❷ *pracht* glory, splendour, brilliancy, glamour ★ *hij is met ~ geslaagd* he has passed with flying colours ❸ *poetsmiddel* polish ❹ *v. penis* glans

glansmiddel *o* [-en] polish

glanspapier *o* glazed / coated paper

glansperiode *v* [-n & -s] heyday, golden age

glansrijk I *bn* splendid, glorious, radiant, brilliant **II** *bijw* gloriously, brilliantly ★ *het ~ afleggen* fail hopelessly ★ *de vergelijking ~ doorstaan* compare very favourably (with)

glansrol *v* [-len] ★ *een ~ vervullen* play a star role

glanzen I *onoverg* [glansde, h. geglansd] gleam, shine **II** *overg* [glansde, h. geglansd] *doen glimmen* ⟨stof⟩ gloss, ⟨papier⟩ glaze, ⟨staal &⟩ burnish, ⟨marmer,

rijst⟩ polish, ⟨metaal⟩ brighten

glas *o* [glazen] glass ★ *het ~ heffen* raise one's glass ★ *zijn eigen glazen ingooien* cut one's own throat ★ *onder ~ kweken* grow under glass ★ *achter ~* behind glass ★ *~ in lood* leaded windows ▼ scheepv *zes glazen* six bells

glasbak *m* [-ken] bottle bank

glasblazen I *onoverg* blow glass **II** *o* glass-blowing

glasblazer *m* [-s] glass-blower

glasblazerij *v* [-en] glass works

glascontainer *m* [-s] bottle bank

glasfiber *o & m* ❶ *materiaal* fibreglass ❷ *vezel* glass fibre

glasgerinkel *o* tinkling of glass

glasgordijn *o & v* [-en] *vitrage* net curtain(s)

glashandel *m* glass trade

glashard *bn* hard as nails ★ *hij weigerde ~* he refused flatly / bluntly ★ *iets ~ ontkennen* refuse point blank / flatly

glashelder *bn* clear as glass, fig crystal-clear

glas-in-loodraam *o* [-ramen] ❶ leaded window, leaded light ❷ *gebrandschilderd* stained glass window

glasnost *m* glasnost

glasplaat *v* [-platen] sheet of glass, ⟨bewerkt⟩ glassplate

glasschade *v* broken windows / glass

glasscherf *v* [-scherven] piece of broken glass

glasservies *o* [-serviezen] set of glasses

glassnijder *m* [-s] glass cutter

glastuinbouw *m* cultivation under glass

glasverzekering *v* [-en] plate glass insurance

glasvezel *v* [-s] ❶ *materiaal* fibreglass ❷ *vezel* glass fibre

glaswerk *o* [-en] ❶ *glazen spullen* glassware ❷ *ruiten & glazing*

glaswol *v* (fibre)glass wool

glazen *bn* (of) glass, glassy ★ *een ~ deur* a glass door, a glazed door ★ *een ~ oog* a glass eye ★ *een ~ plafond* ook fig a glass ceiling ★ *wie een ~ huis bewoont moet geen stenen gooien* people who live in glass houses shouldn't throw stones

glazenier *m* [-s] stained glass artist

glazenwasser *m* [-s] ❶ *beroep* window cleaner ❷ *insect* dragonfly

glazig *bn* ❶ *glasachtig* glassy ★ *iem. ~ aanstaren* look glassy-eyed at sbd ❷ *v. aardappels* waxy

glazuren *overg* [glazuurde, h. geglazuurd] glaze

glazuur, glazuursel *o* ❶ *v. aardewerk* glaze ❷ *v. tanden* enamel ❸ *op gebak* icing, frosting

gletsjer *m* [-s] glacier

gletsjerdal *o* [-dalen] glaciated valley

gleuf *v* [gleuven] ❶ groove, slot, slit, trench, ditch, fissure ⟨rock⟩ ❷ *vagina* vulg slit, cunt

glibberen *onoverg* [glibberde, is geglibberd] slither, slip

glibberig *bn* slithery, slippery

glijbaan *v* [-banen] slide

glijden *onoverg* [gleed, h. en is gegleden] ❶ *op een oppervlak* glide, slide ★ *een ~de loonschaal* a sliding pay scale ★ *~de werktijden* flexible working hours ★ *een muntstuk in iems. hand laten* ~ slip a coin into sbd.'s hand ★ *zijn vingers over de stof laten* ~ run one's fingers over the material ★ fig *over iets heen* ~ briefly touch on sth ❷ *naar beneden* slide ★ *zich laten* ~ slip ‹off one's horse›, slide ‹down the banisters› ❸ *uitglijden* slip ★ *door de vingers* ~ slip through one's fingers

glijmiddel *o* [-en] lubricant

glijvlucht *v* [-en] glide

glimlach *m* [-en] smile

glimlachen *onoverg* [glimlachte, h. geglimlacht] smile ★ ~ *over* / *tegen* smile at

glimmen *onoverg* [glom, h. geglommen] shine, glimmer, gleam, glow ★ *haar neus glimt* her nose is shiny ★ ~ *van trots* glow with pride

glimp *m* [-en] glimpse ★ *een* ~ *van iets opvangen* catch a glimpse of sth

glimworm *m* [-en] glow-worm, firefly

glinsteren *onoverg* [glinsterde, h. geglinsterd] glitter, sparkle, shimmer, glint

glinstering *v* [-en] glittering, sparkling, sparkle, shimmering, shimmer, glint

glippen *onoverg* [glipte, is geglipt] slip ★ *er door* ~ slip through ★ *door de vingers* ~ slip through the fingers ★ *iets niet laten* ~ prevent sth from sliding / slipping, fig hold on to sth

glitter *m* [-s] glitter ★ *een wereld vol* ~ *en glamour* a world full of glitter and glamour

globaal I *bn* rough, approximate ★ *een globale beschrijving* an outline, a broad discription ★ *een globale schatting* a rough guess **II** *bijw* roughly ★ ~ *gesproken* roughly speaking ★ ~ *gezien* seen in global terms

globaliseren *overg* [globaliseerde, h. geglobaliseerd] globalize

globalisering *v* globalization

globe *v* [-s & -n] globe

globetrotter *m* [-s] globetrotter

gloed *m* ❶ blaze, glow ❷ fig ardour, fervour, verve ★ *in* ~ *geraken* warm ‹to one's subject› ★ *met* ~ *iets verdedigen* defend sth with fervour

gloednieuw *bn* brand new

gloedvol *bn* glowing ★ *een ~le speech* a fervent / impassioned speech

gloeidraad *m* [-draden] elektr filament

gloeien I *onoverg* [gloeide, h. gegloeid] ❶ *door verhitting stralen* glow, burn, ‹zonder vlam› smoulder ❷ *v. wangen &* burn, glow ★ ~ *van* be aglow / glow with, burn with, be aflame with **II** *overg* [gloeide, h. gegloeid] bring to red / white heat

gloeiend I *bn* ❶ *alg.* glowing ★ *~e kolen* hot / live coals ❷ *v. ijzer* red-hot ❸ *v. wangen* burning, glowing ❹ fig ardent **II** *bijw* ★ ~ *heet* burning hot, baking hot, ‹v. metalen› red-hot, ‹v. water› scalding

hot ★ *er* ~ *bij zijn* be in for it, be caught red-handed

gloeilamp *v* [-en] lightbulb

glooien *onoverg* [glooide, h. geglooid] slope ★ *een ~de oever* a sloping bank ★ *~d terrein* undulating ground

glooiing *v* [-en] slope, slant, inclination

gloren *onoverg* [gloorde, h. gegloord] ❶ *schijnsel geven* glimmer ❷ *licht worden* dawn ★ *bij het* ~ *van de dag* at the dawning of the day, at daybreak

glorie *v* ❶ *pracht* glory, lustre, splendour ★ *in volle* ~ in all its glory / splendour ★ *vergane* ~ past glory ❷ *aureool* [-s &- riën] RK halo

glorierijk *bn* glorious

glorietijd *m* [-en] heyday

glorieus *bn* glorious ★ *een glorieuze overwinning* a glorious win / victory

glossarium *o* [-ria] glossary

glossy I *bn* glossy **II** *m* ['s] glossy

glucose *v* glucose

glühwein *m* Glühwein, mulled wine

gluiper, gluiperd *m* [-s] sneak, shifty character

gluiperig *bn* sneaking

glunderen *onoverg* [glunderde, h. geglunderd] beam (with geniality)

gluren *onoverg* [gluurde, h. gegluurd] peep, afkeurend leer

gluten *o* gluten

gluurder *m* [-s] peeping Tom, voyeur

glycerine *v* glycerine

gniffelen *onoverg* [gniffelde, h. gegniffeld] chuckle

gnoe *m* [-s] gnu, wildebeest

gnoom *m* [gnomen] gnome, goblin

gnuiven *onoverg* [gnuifde, h. gegnuifd] chuckle

goal *m* [-s] goal ★ *een* ~ *maken* score a goal

goalgetter *m* [-s] sp top scorer

gobelin *o & m* [-s] gobelin, Gobelin tapestry

God *m* God ★ *in* ~ *geloven* believe in God ★ ~ *almachtig* almighty God ★ ~ *almachtig!* God / Christ almighty! ★ ~ *bewaar me* God save us! ★ ~ *weet waar* Heaven / Goodness / God knows where ★ *om ~s wil* for God's sake ★ *zo* ~ *wil* God willing ★ ~ *zij met ons!* God be with us ★ ~ *zij gedankt, ~dank* thank God ★ *leven als* ~ *in Frankrijk* live the life of Riley, vulg live like pigs in shit ★ *van* ~ *verlaten* Godforsaken ★ *hij stoort zich aan* ~ *noch gebod* he doesn't care for anything or anybody ★ *ieder voor zich en* ~ *voor ons allen* every man for himself and the devil take the hindmost ★ *ben je nu helemaal van* ~ *los?* have you gone mad?

god *m* [goden] god ★ *grote ~en!* good God, good heavens ★ *de mindere ~en* the lesser gods

goddank *tsw* thank God!

goddelijk *bn* divine ‹providence, beauty›, heavenly ★ *een ~e maaltijd* a fantastic / divine meal

goddeloos I *bn* godless, impious, ungodly, wicked, unholy ★ *een* ~ *kabaal* an unholy racket ★ *een* ~ *leven* a wicked life **II** *bijw* ❶ godlessly, impiously ❷ afkeurend dreadfully

goddeloosheid *v* [-heden] godlessness, ungodliness,

impiety, wickedness

godendom *o* pantheon, all the gods

godendrank *m* nectar

godenspijs *v* ambrosia

godgans, **godganselijk** *bn* ★ *de ~e dag* the whole blessed day

godgeklaagd *bn* ★ *het is ~* it's a crying shame

godgeleerde *m-v* [-n] theologian

godgeleerdheid *v* theology

godheid *v* [-heden] ❶ *goddelijkheid* divinity ‹of Christ›, godhead ❷ *god* deity, god

godin *v* [-nen] goddess

godsdienst *m* [-en] ❶ *religie* religion ❷ *godsverering* divine worship

go

godsdienstig I *bn* ❶ *v. mensen* religious, devout ❷ *v. zaken* religious, devotional ‹literature› **II** *bijw* religiously

godsdienstoefening *v* [-en] church service, divine service

godsdienstonderwijs *o* religious teaching

godsdienstoorlog *m* [-logen] religious war

godsdienstvrijheid *v* religious liberty, freedom of religion

godsdienstwaanzin *m* religious mania

godsgericht *o* [-en] judgement/Am judgment of God, divine judgement/Am judgment

godsgeschenk *o* [-en] ❶ *eig* gift of God ❷ *kostbaar bezit* godsend

godsgruwelijk *bn* inf God-awful ★ *zij hebben een ~e hekel aan elkaar* they can't stand each other, inf they hate each other's guts

godshuis *o* [-huizen] house of God, place of worship, church

godslasteraar *m* [-s] blasphemer

godslastering *v* [-en] blasphemy

godslasterlijk *bn* blasphemous, profane

godsnaam *zn* ★ *in ~ ga weg!* for Heaven's sake go! ★ *ga in ~* go in the name of God ★ *in ~ dan maar* all right! ‹I'll go› ★ *waar heb je het in ~ over?* what on earth are you talking about?

godsonmogelijk *bn* absolutely impossible

godsvrucht *v* piety, devotion

godswonder *o* miracle ★ *het is een ~ dat hij het heeft overleefd* it's a miracle he survived

godverdomme *tsw* goddamn it, goddamn(ed), goddam, damn

godvergeten I *bn* ❶ *eenzaam* godforsaken ‹place› ❷ *m.b.t. persoon* wicked **II** *bijw* damned ★ *je weet ~ goed dat...* you know damned well that...

godverlaten *bn* ❶ *rampzalig* disastrous ❷ *verachtelijk* despised ❸ *heel eenzaam* very lonely ★ *een ~ eiland* a godforsaken island

godvrezend *bn* God-fearing, pious

godvruchtig *bn* devout, pious

godzalig *bn* godly

godzijdank *tsw* thank God

goed I *bn* ❶ *optimaal, uitstekend* good, right, sound ★ *een ~ jaar voor fruit* a good year for fruit ★ *~*

koopmansgebruik sound / good commercial practice ★ *van ~e komaf* from a good family ★ *die is ~!* that's a good one! ★ *mij ~!* fine with me! ★ *net ~!* serve him (you, them &) right! ★ *nou, ~!* well, all right! ★ *~ zo!* well done! ★ *(alles) ~ en wel* that's all very well, (all) well and good ‹but...› ★ *het is maar ~ dat...* it's a good thing that..., it's just as well that... ★ *dat is maar ~ ook!* and a (very) good thing (it is), too! ★ inf *dat zit wel ~* don't worry about that ★ *het zou ~ zijn als...* it would be good if... ❷ *behoorlijk, ruim* good ★ *een ~ eind* a good distance ★ *een ~ jaar geleden* at least a year ago, just over a year ago ★ *een ~ uur* a full / a good hour ★ *hij is een ~e veertiger* he's well into his forties ❸ *bekwaam* good ★ *een ~ rekenaar* a good head for figures ★ *hij is ~ in talen* he is good at languages, inf he's got a feel for languages ❹ *deugdelijk, geschikt* good ★ *~ voor tien euro* good for ten euros ★ *hij is er ~ voor* he can afford ‹that sum› ★ *hij is nergens ~ voor* he's a good-for-nothing, he's no good ★ *het is ergens (nergens) ~ voor* it serves some (no) purpose ★ *daar ben ik te ~ voor* I'm above that ❺ *niet verkeerd* right, correct ❻ *goedhartig, vriendelijk* good, kind ★ *volk* honest people ★ *hij is ~ voor zijn medemens* he's kind to his fellow man ★ *al te ~ is buurmans gek* that's going too far! ★ *hij was zo ~ niet of hij moest...* he had to... whether he liked it or not ★ *wees zo ~ mij te laten weten...* be so kind as to / be good enough to let me know... ★ *zou u zo ~ willen zijn mij het zout aan te reiken?* would you mind passing me the salt? ★ *hij is weer ~ op haar* he's friends with her again ★ *het weer ~ maken / weer ~ worden* make it up ❼ *gezond* well ★ *hij is niet ~* ‹ziek› he's not well, ‹geestesgestoord› he's not in his right mind ★ *ben je niet ~?* aren't you feeling well? ▼ RK *de Goede Week* Holy Week **II** *bijw* well ★ *als ik het ~ heb* if I'm not mistaken ★ *wij zijn ~ en wel aangekomen* we've arrived safe and sound ★ *zo ~ en zo kwaad als hij kon* as best he might, somehow or other ★ *het is ~ te zien* it's easily seen ★ *men kan net zo ~...* you might just as well... ★ *hij doet / maakt het ~* he's doing well ★ *hij kan ~ leren* he's a good learner, he's very clever ★ *hij kan ~ rekenen* he's good at maths ★ *hij kan ~ schaatsen* he's a good skater ★ *het smaakt ~* it tastes good ★ *hij is zo ~ als dood* he's as good as dead ★ *zo ~ als niemand* next to nobody ★ *zo ~ als niets* next to nothing ★ *het is zo ~ als onmogelijk* it's well-nigh impossible ★ *zo ~ als zeker* all but certain, almost certain **III** *o het goede* good ★ *de strijd tussen ~ en kwaad* the struggle between good and evil ★ *meer ~ dan kwaad* more good than harm ★ *ik kan geen ~ bij hem doen* I can do no good in his eyes ★ *ik wens u alles ~s* I wish you well, I wish you all the best ★ *niets dan ~s* nothing but good ★ *zij deden zich te ~ aan mijn wijn* they were hoeing into my wine ★ *nog iets te ~ hebben (van)* have something in store → **tegoed** ★ *ik heb nog geld te ~* ‹sta niet rood› I'm in credit, ‹iem. moet mij betalen› I'm still owed money ★ *ik heb nog geld* *van hem te ~* he owes me money ★ *ten ~e beïnvloed* influenced to the good ★ *een verandering ten ~e* a change for the better ★ *u moet het mij ten ~e houden als...* I offer my apologies if... ★ *dat zal u ten ~e komen* it will be to your advantage **IV** *o* [-eren] ❶ *koopwaar* wares, goods ★ *jur ~eren en diensten* goods and services ★ *gestolen ~ gedijt niet* cheats / thieves never prosper ★ *aardse ~eren* worldly goods ★ *het hoogste ~* the highest good ★ *het kleine ~* the small fry ★ *dat zoete ~* that sweet stuff ❷ *bezitting* goods, property, possession ★ *lijf en ~* life and property ★ *onroerend ~* real estate ★ *roerend ~* personal property, movables ★ *vaste ~eren* real estate, property → **goederen** ❸ *landgoed* estate ❹ *gerei* things ❺ *reisgoed* luggage ❻ *kledingstukken* clothes, things ★ *mijn goeie ~* my Sunday best ★ *schoon ~* a change of clothes, clean things ★ *vuil ~* dirty clothes / linen ❼ *stoffen* stuff, material ⟨for dresses⟩

---

goed
Wanneer het Engelse **well** wordt verbonden met een voltooid deelwoord (om op die manier een bijv. naamwoord te vormen) staat er een streepje tussen als het voor het zelfst. naamwoord staat. Maar als het op een vorm van het koppelwerkw. zijn/worden enz. volgt, niet.
Een **goedbetaalde baan** wordt **a well-paid job** maar **die baan is goedbetaald** wordt **that job is well paid**. In het Nederlands is er in dit laatste geval ook de neiging **goed** en het volt. deelwoord los te schrijven.

---

goedaardig I *bn* ❶ *v. mensen* good-natured ❷ *v. ziekten* benign ⟨tumour⟩, mild ⟨form of measles⟩ **II** *bijw* good-naturedly
goedbedoeld *bn* well meaning, well meant ★ *een ~ advies* well-meant advice
goedbetaald *bn* well paid ★ *een ~e baan* a well-paid job
goeddeels *bijw* for the greater part
goeddoen *onoverg* [deed goed, h. goedgedaan] do good ★ *dat zal je ~* that will do you (a world of) good
goeddunken *onoverg* [docht goed, h. goedgedocht] think fit **II** *o* discretion ★ *naar ~* as you think fit, at your discretion ★ *handel naar ~* use your own discretion
goedemiddag *tsw* good afternoon
goedemorgen *tsw* good morning
goedenacht *tsw* good night
goedenavond *tsw* ❶ *bij komst* good evening ❷ *bij vertrek* good night
goedendag *tsw* ❶ *bij komst* good day, hello ❷ *bij afscheid* goodbye, bye(-bye) ★ *~ zeggen* ⟨in het voorbijgaan⟩ say hello, give ⟨sbd⟩ the time of day, ⟨bij vertrek⟩ say goodbye, bid farewell
goederen *zn* [mv] ❶ *bezittingen* property, items of property, goods ★ *lichamelijke ~* corporeal / tangible property ★ *~ en diensten* goods and services

❷ *artikelen, handelswaar* goods, commodities, merchandise goods ★ *~ die in een partij worden verkocht* a job lot → **goed**
goederentrein *m* [-en] freight train, goods train
goederenverkeer *o* goods traffic
goederenwagen *m* [-s] goods van / wagon, Am freight car ⟨of a train⟩, truck
goederenwagon *m* [-s] goods van / wagon Am freight car
goedertieren *bn* merciful, benevolent, kind-hearted
goedgebekt *bn* smooth talking, having the gift of the gab
goedgebouwd *bn* well built
goedgeefs *bn* liberal, generous
goedgeefsheid *v* liberality, generosity
goedgehumeurd, goedgemutst, goedgeluimd *bn* good-humoured, good-tempered
goedgelovig *bn* credulous
goedgevuld *bn* ❶ full ⟨house, figure⟩ ❷ *v. portemonnee* well lined
goedgezind *bn* friendly ★ *iem. ~ zijn* be friendly to sbd ★ *de ~e burgers* well-meaning people
goedgunstig *bn* well disposed, favourable/Am favorable, sympathetic ★ *de ~e lezer* the sympathetic reader
goedhartig I *bn* good-natured, good-tempered, kind-hearted **II** *bijw* good-naturedly, kind-heartedly
goedheid *v* goodness, kindness ★ *grote ~!* good heavens!, good gracious! ★ *wilt u de ~ hebben...* would you have the kindness to..., would you be so kind as to...
goedhouden I *overg* [hield goed, h. goedgehouden] keep **II** *wederk* [hield goed, h. goedgehouden] ★ *zich ~* put a brave face on it ★ *houd je goed!* chin up!, keep your pecker up!
goedig *bn* good-natured
goedje *o* ★ *dat ~* that (sort of) stuff
goedkeuren *overg* [keurde goed, h. goedgekeurd] ❶ *instemmen met* approve (of) ⟨a measure⟩ ❷ *toelaten* pass ⟨a person, play, film⟩ ❸ *mil* pass sbd fit (for service)
goedkeurend I *bn* approving **II** *bijw* approvingly ★ *~ knikken* ⟨toestemmend⟩ nod one's assent, ⟨instemmend⟩ nod approvingly
goedkeuring *v* [-en] approval, assent, form approbation ★ *koninklijke ~* royal assent ★ *schriftelijke ~* approval in writing ★ *stilzwijgende ~* tacit approval ★ *~ aanvragen* apply for / seek authorization ⟨to conduct activities⟩ ★ *zijn ~ hechten aan* approve of ★ *zijn ~ onthouden (aan)* not approve (of) ★ *onder nadere ~ van* subject to the approval of ★ *ter ~ voorleggen* submit for approval
goedkoop *bn* cheap, inexpensive, low budget ★ *~ is duurkoop* false economy ★ *een ~ argument* a cheap argument
goedlachs *bn* fond of laughter, easily amused ★ *zij is erg ~* she's always cheery
goedlopend *bn* m.b.t. zakelijke aangelegenheden

go

successful

goedmaken *overg* [maakte goed, h. goedgemaakt] ❶ *verbeteren* put right, repair ‹a mistake› ❷ *aanvullen, inhalen, herstellen* make good, make up for ‹a loss› ★ *het weer ~* make (it) up again

goedmakertje *o* [-s] sth to make amends

goedmoedig I *bn* good-natured, good-tempered **II** *bijw* good-naturedly

goedpraten *overg* [praatte goed, h. goedgepraat] ★ *iets ~* explain sth away, gloss over sth, whitewash sth

goedschiks *bijw* with good grace, willingly ★ *~ of kwaadschiks* like it or not, by fair means or foul

goedvinden I *overg* [vond goed, h. goedgevonden] think fit, approve of ★ *hij zal het wel ~* he won't mind **II** *o* approval ★ *met ~ van...* with the consent of... ★ *met onderling ~* by mutual consent ★ *doe / handel naar eigen ~* use your own discretion ★ *naar eigen ~ handelen* act on one's own discretion

goedwillig *bn* willing

goedzak *m* [-ken] kindly soul, inf softy

goegemeente *v* ★ *de ~* the general public, the public at large

goeierd *m* [-s] *goedig mens* dear / kind soul, good fellow, inf softy, afkeurend simpleton/inf juggins

goeroe *m* [-s] guru

goesting *v* [-en] ZN desire, appetite

gok *m* ❶ *gissing* gamble ★ *een ~* a bet, inf a flutter ★ *doe eens een ~* have a guess ★ *iets op de ~ doen* do sth on the off chance ★ *een ~je wagen* place a bet ❷ *neus* conk, hooter

gokautomaat *o* [-maten] fruit machine, one-armed bandit, Am slot machine

gokkast *v* [-en] one-armed bandit

gokken *onoverg* [gokte, h. gegokt] gamble ★ *~ op* gamble, wager

gokker *m* [-s] gambler

goklust *m* compulsive gambling

gokspel *o* [-spelen] gambling, game of chance

goktent *v* [-en] gambling house

gokverslaafde *m-v* [-n] compulsive gambler

gokverslaving *v* compulsive gambling

golf¹ *o* sp golf ★ *~ spelen* play golf

golf² *v* [golven] ❶ wave, billow ★ *de korte ~* short wave ★ *de lange ~* long wave ★ ‹in het verkeer› *een groene ~* phased traffic lights ★ *een ~ van geweld* a wave of violence ★ *een ~ bloed* a stream of blood ❷ baai bay, gulf

golfbaan *v* [-banen] golf course, golf links

golfbreker *m* [-s] breakwater, pier, bulwark

golfclub *v* [-s] *stok & vereniging* golf club

golfen *onoverg* [golfte, h. gegolft] play golf, golf

golfer *m* [-s] sp golfer

golfkarton *o* corrugated cardboard

golflengte *v* [-n & -s] wavelength ★ fig *op dezelfde ~ zitten* be on the same wavelength

golfplaat *v* [-platen] corrugated iron

golfslag *m* surge, swell

golfslagbad *o* [-en] wave pool

golfstaat *m* [-staten] Gulf state

golven *overg en onoverg* [golfde, h. gegolfd] ❶ *als golven bewegen* wave, undulate ❷ *stromen in golven* stream, flow, gush

gom *m & o* [-men] ❶ *kleefstof* gum ★ *Arabische ~* gum Arabic ❷ *stuk vlakgom* rubber, eraser

gombal *m* [-len] gum, gumdrop

gommen *overg* [gomde, h. gegomd] ❶ *met gom bedekken* gum ❷ *met vlakgom uitvegen* rub out

gondel *v* [-s] gondola

gondelier *m* [-s] gondolier

gong *m* [-s] gong

gongslag *m* [-slagen] beat / sound of the gong

goniometrie *v* goniometry

gonorroe *v* gonorrh(o)ea, inf clap

gonzen *onoverg* [gonsde, h. gegonsd] buzz, hum, drone, whirr ★ *het gonst van de geruchten* the place / air is buzzing with rumours

goochelaar *m* [-s] juggler, conjurer, illusionist

goochelen *onoverg* [goochelde, h. gegoocheld] ❶ *goocheltrucs doen* conjure, perform conjuring tricks ❷ *manipuleren* juggle ★ *~ met cijfers* juggle the figures

goocheltruc *m* [-s] conjurer's trick, magic trick

goochem *bn* inf knowing, smart, shrewd, all there

goochemerd *m* [-s] slyboots, iron clever Dick

goodwill *m* boekh goodwill ★ *~ kweken* cultivate some goodwill

gooi *m* [-en] cast, throw ★ *een ~ naar iets doen* ‹gissen› have a shot at sth, have a stab at sth, ‹pogen te behalen› make a bid for sth ★ *ik doe maar een ~* I'll make a guess

gooien I *overg* [gooide, h. gegooid] throw, toss, ‹met geweld› fling / hurl ★ *door elkaar ~* jumble up ★ *iets in het vuur ~* toss sth into the fire ★ *met iets naar iem. ~* throw sth at sbd ★ *stenen naar iem. ~* pelt sbd with stones, stone sbd ★ *iets naar iem. ~* toss / throw sth to sbd ★ *op papier ~* dash off ‹an article &› ★ *de schuld op iem. ~* lay the blame on sbd ★ *het op iets anders ~* turn the conversation to something else ★ *iem. eruit ~* throw sbd out, ‹ontslaan› give sbd the boot **II** *onoverg* [gooide, h. gegooid] throw ★ *jij moet ~* it's your turn to throw ★ *gooi jij ook eens* you have a throw too ★ *met de deur ~* slam the door

gooi-en-smijtfilm *m* [-s] slapstick (film)

gooi-en-smijtwerk *o* slapstick

goor *bn* ❶ *smerig* dingy, grimy, grubby ❷ *onsmakelijk* nasty ★ *een ~ boek* an obscene book ★ *een gore mop* a dirty joke

goot *v* [goten] gutter, gully, drain ★ *in de ~ liggen* lie in the gutter ★ *iem. uit de ~ halen* pull sbd out of the gutter, get sbd out of trouble

gootsteen *m* [-stenen] (kitchen) sink

gootsteenkastje *o* [-s] cupboard under the sink

gordel *m* ❶ *ceintuur, riem* belt, girdle ★ *een stoot onder de ~ toebrengen* hit below the belt ❷ *gebied* zone

go

gordeldier *o* [-en] armadillo
gordelroos *v* med shingles
gordiaans *bn* ★ *de ~e knoop* the Gordian knot ★ *de ~e knoop doorhakken* cut the Gordian knot
gordijn *o & v* [-en] ❶ curtain ‹of window, in theatre› ★ *de ~en dichttrekken* close the curtains ★ *de ~en openschuiven* open the curtains, draw back the curtains ★ *het ijzeren ~* the iron curtain ❷ *rolgordijn* blind
gordijnrail *v* [-s] curtain rail
gordijnroe *v* [-s], **gordijnroede** [-n] curtain rod
gorgelen *onoverg* [gorgelde, h. gegorgeld] gargle
gorgonzola *m* gorgonzola
gorilla *m* ['s] gorilla
gors I *v & o* [gorzen] *aangeslibd land* mudflat **II** *v* [gorzen] *vogel* bunting
gort *m* ❶ *grutten, gebroken gerst* groats, grits ❷ *geslepen gerst* pearl barley ★ *iem. kennen van haver tot ~* know sbd through and through ★ *iets van haver tot ~ vertellen* tell sth in great detail ★ *aan ~ rijden* run ‹the car› into the ground
gortdroog *bn* dry as dust, fig extremely dry ★ *zijn humor is ~* he has an extremely dry sense of humour
gortig *bn* ★ *het al te ~ maken* go too far
gospel *m* [-s] gospel
gospelmuziek *v* gospel music
gospelsong *m* [-s] gospel song
Goten *zn* [mv] hist Goths
gotiek I *bn* gothic **II** *v* Gothic (style)
Gotisch *o* Gothic
gotisch *bn* Gothic ★ *een ~e letter* a Gothic letter, Gothic script
gotspe *v brutaliteit* cheek, nerve
gouache *v* [-s] gouache
goud *o* gold ★ *het is ~ waard* it's worth its weight in gold ★ *het is niet alles ~ wat er blinkt* all that glitters is not gold ★ *(met) ~ op snee* gilt edged ★ sp *het ~ behalen* win gold, win a gold medal ★ *voor geen ~* not for anything, not for the world
goudader *v* [-s] vein of gold
goudblond *bn* golden-haired, very fair
goudbrokaat *o* gold brocade
goudbruin *bn* golden brown
gouddraad *o & m* [-draden] ❶ *v. metaal* gold wire ❷ *gesponnen* gold thread
goudeerlijk *bn* as honest as the day is long
gouden *bn* gold, golden ★ *een ~ bril* gold-rimmed spectacles ★ *een ~ handdruk* a golden handshake ★ *een ~ bruiloft* a golden wedding anniversary ★ *een ~ greep* a lucky choice ★ *de kip met de ~ eieren slachten* kill the goose that lays the golden eggs ★ *met een ~ randje* with a gold edge / frame
goudenregen *m* [-s] *plant* laburnum
goudfazant *m* [-en] *vogel* golden pheasant
goudgeel *bn* gold-colored, golden
goudhaantje *o* [-s] *vogel* goldcrest
goudkleurig *bn* golden, gold-coloured
goudklomp *m* [-en] nugget of gold

goudkoorts *v* gold fever
goudmijn *v* [-en] goldmine ★ fig *het is een ~* it's a money-maker / money-spinner / gold mine
goudprijs *m* [-prijzen] price of gold
goudrenet *v* [-ten] *appel* golden reinette
Gouds *bn* (from) Gouda ★ *~e kaas* Gouda cheese ★ *een ~e pijp* a long clay pipe
goudsbloem *v* [-en] marigold
goudschaal *v* [-schalen] gold balance, gold scales, techn assay balance ★ *zijn woorden op een ~ wegen* weigh one's every word
goudsmid *m* [-smeden] goldsmith
goudstaaf *v* [-staven] gold bar, ingot
goudstuk *o* [-ken] gold coin
goudvink *m & v* [-en] *vogel* bullfinch
goudvis *m* [-sen] goldfish
goudvoorraad *m* [-raden] gold stock(s)
goudwinning *v* gold mining
goudzoeker *m* [-s] gold digger
goulash *m* goulash
gourmetstel *o* [-len] gourmet / raclette set
gourmetten *onoverg* [gourmette, h. gegourmet] grill at the table, have a table grill
gouvernante *v* [-s] governess
gouvernement *o* [-en] government
gouverneur *m* [-s] ❶ pol governor ❷ *onderwijzer* tutor
gouverneur-generaal *m* [gouverneurs-generaal] governor-general
gozer *m* [-s] chap, fellow, inf bloke / guy
gps *afk* (Global Positioning System) GPS
graad *m* [graden] ❶ *eenheid v.e. schaalverdeling* degree ★ *14 graden vorst* 14 degrees of frost ★ *bij nul graden* at zero degrees, at freezing point ★ *hij heeft 39 graden koorts* he's got a temperature of 39 (degrees), he's got a 39 degree fever ★ *in graden verdelen* graduate ★ *op 52 graden noorderbreedte en 16 graden westerlengte* at latitude 52° north and longitude 16° west ❷ *rang* rank, grade, degree ★ ZN & mil *in ~ stijgen* promote (to the rank of) ★ *nog een ~je erger* even worse ★ *een ~ halen* take one's ‹university› degree ★ *een gespecialiseerde ~* an honour's degree ❸ *van bloedverwantschap* degree ★ *je bent familie van me in de vijfde ~* you're related to me five times removed
graadmeter *m* [-s] ❶ gauge, ❷ fig criterion, standard
graaf *m* [graven] ❶ *in Engeland* earl ❷ *op het Continent* count
graafmachine *v* [-s] excavator
graafschap *o* [-pen] ❶ *gebied* county, shire ❷ *waardigheid* earldom
graag I *bn* eager ‹eater›, avid ‹eater, reader, chess player› **II** *bijw* gladly, readily, willingly, with pleasure ★ *hij doet het ~* he likes to do it ★ *ik zou niet ~ met hem willen ruilen* I wouldn't like / care to be in his shoes ★ *(wil je nog wat...?) heel ~!* (would you like some more...?) yes, please! ★ *~ of niet* take it or leave it! ★ *~ gedaan!* with pleasure!, my pleasure! ★ *iem. ~ mogen* like sbd very much

gr

graagte *v* eagerness, appetite ★ *met* ~ with pleasure

graaien I *overg* [graaide, h. gegraaid] *weggraaien, bijeengraaien* grab II *onoverg* grabbelen rummage (about / around) ‹in›, grope (around) ‹for›

graal *m* (Holy) Grail

graan *o* [granen] corn, grain ★ *granen* cereals

graangewassen *zn* [mv] cereals

graanjenever *m* [-s] Dutch gin

graanoogst *m* [-en] ❶ *gewas* grain / cereal crop ❷ *het binnenhalen* grain harvest

graanschuur *v* [-schuren] granary

graansilo *m* ['s] grain warehouse, silo

graantje *o* [-s] ★ *een* ~ *meepikken* get one's share, inf get a piece of the pie

graat *v* [graten] fish bone, bone ★ *niet zuiver op de* ~ unreliable, ‹in de politiek› unorthodox ★ *van de* ~ *vallen* be faint (with hunger!)

grabbel *m* ★ *zijn eer te* ~ *gooien* throw away one's honour ★ fig *zijn geld te* ~ *gooien* waste one's money, squander one's money

grabbelen *onoverg* [grabbelde, h. gegrabbeld] scramble ‹for a thing›, rummage ‹in...› ★ ~ *in een lade* rummage in a drawer ★ ~ *naar iets* scramble for sth

grabbelton *v* [-nen] lucky dip

gracht *v* [-en] ❶ *in een stad* canal ★ *ik woon op een* ~ I live on a canal ❷ *rond een stad* moat

grachtenhuis *o* [-huizen] house on a canal

grachtenpand *o* [-en] house / property on a canal

gracieus *bn* graceful

gradatie *v* [-s] gradation

gradenboog *m* [-bogen] protractor, graduated arc

gradueel *bn* of / in degree ★ *een* ~ *verschil* ‹m.b.t. de mate› a matter of degree, ‹geleidelijk› a gradual difference

graf *o* [graven] grave, dicht tomb, sepulchre ★ *het Heilige Graf* the Holy Sepulchre ★ *zwijgen als het* ~ be as still as the grave ★ *zijn eigen* ~ *graven* dig one's own grave ★ *een* ~ *in de golven vinden* find a watery grave, inf go to Davy Jones's locker ★ *hij sprak aan het* ~ he spoke at the graveside ★ *dat zal hem in het* ~ *brengen* that will be the death of him ★ *het geheim met zich meenemen in het* ~ carry the secret to the grave ★ *hij zou zich in zijn* ~ *omkeren* he would turn (over) in his grave ★ *ten grave dalen* sink into the grave ★ *iem. ten grave dragen* carry sbd to his grave ★ *dit zal hem ten grave slepen* it will follow him to his grave ★ *tot aan het* ~ till death

grafdicht *o* [-en] elegy

graffiti *m* graffiti

graffitispuiter *m* [-s] graffiti artist

grafheuvel *m* [-s] ❶ burial mound, grave mound ❷ archeol barrow, tumulus

graficus *m* [-ci] graphic artist

grafiek *v* [-en] ❶ *kunst* graphic arts, graphics ❷ *voortbrengselen daarvan* drawings ❸ *voorstelling* graph, diagram

grafiet *o* graphite

grafisch *bn* graphic ★ *de* ~*e kunst* the graphic arts, graphics ★ ‹in de statistiek› *een* ~*e voorstelling* a graph, a diagram

grafkelder *m* [-s] (family) vault

grafkist *v* [-en] coffin

graflegging *v* [-en] interment, sepulture ★ *de* ~ *van Christus* the Entombment of Christ

grafmonument *o* [-en] mortuary monument

grafologie *v* graphology

grafrede *v* [-s] funeral oration

grafschender, grafschenner *m* [-s] desecrator of a grave / of graves

grafschennis *v* desecration of graves / a grave

grafschrift *o* [-en] epitaph

grafsteen *m* [-stenen] gravestone, tombstone

grafstem *v* [-men] sepulchral voice

graftombe *v* [-s & -n] tomb

grafzerk *v* [-en] tombstone, gravestone

gram I *o* [-men] *gewicht* gram(me) ★ *vier* ~ four gram(me)s II *m* ★ *zijn* ~ *halen* obtain satisfaction / compensation, get one's own back

grammatica *v* ['s] grammar

grammaticaal *bn* grammatical ★ ~ *schrijven* write in a grammatically correct manner

grammofoon *m* [-s & -fonen] gramophone, record player

grammofoonplaat *v* [-platen] (gramophone) record, disc/Am disk

gramschap *v* anger, wrath

granaat I *m* [-naten] ❶ *boom, appel* pomegranate ❷ *de steen* garnet II *o* stofnaam garnet III *v* [-naten] mil shell, (hand) grenade

granaatappel *m* [-s] pomegranate

granaatscherf *v* [-scherven] piece of shrapnel

grandeur *v* grandeur

grandioos *bn* monumental, mighty ★ *een grandioze fout* a mighty mistake ★ *een grandioze mislukking* a monumental failure ★ *een* ~ *uitje* a fantastic trip ★ *een grandioze kans* a first-rate chance / opportunity

grand seigneur *m* [grands seigneurs] fine gentleman, inf swell ★ *de* ~ *uithangen* play the grand gentleman

graniet *o* granite

granieten *bn* granite

granol *het* coarse stucco

granollen *overg* [granolde, h. gegranold] plaster with coarse stucco

grap *v* [-pen] joke, jest, gag ★ *een dure* ~ an expensive business ★ *een mooie* ~! a nice affair! ★ *dat zou me een* ~ *zijn!* wouldn't that be fun! ★ ~*pen maken* joke, lark around ★ ~*pen uithalen* play pranks ★ *je moet hier geen* ~*pen uithalen* don't mess about here ★ *hij maakte er een* ~*(je) van* he laughed it off, he made a joke of it ★ *voor de* ~ in / for fun, by way of a joke ★ *geen* ~*pen!* no tricks! ★ *hij houdt van een* ~ he likes a joke ★ *iets als een* ~ *opvatten* take sth as a joke ★ *er zich met een* ~ *van afmaken* try to laugh it off

grapefruit *m* [-s] grapefruit

grapjas *m* [-sen], **grappenmaker** [-s] comedian, wag, joker

grapje *o* [-s] joke ★ *het was maar een* ~ it was only (meant) as a joke

grappig I *bn* ❶ *amusant* funny, amusing, comic(al) ★ *het was een* ~ *gezicht* it was a funny sight ★ *het* ~*e is* the funny thing is ★ *het* ~*ste was* the funniest part of it was, the best joke of all was ❷ *met opzet* humorous ★ *een* ~*e opmerking* an amusing remark, a humorous remark ❸ *leuk uitziend* cute ★ *een* ~ *hoedje* a cute little hat **II** *bijw* comically, humorously

gras *o* [-sen] grass ★ plantk *Engels* ~ thrift, sea pink ★ *hij laat er geen* ~ *over groeien* he doesn't let the grass grow under his feet ★ *iem. het* ~ *voor de voeten wegmaaien* cut the ground from under sbd.'s feet ★ *verboden op het* ~ *te lopen* keep off the grass

grasduinen *onoverg* [grasduinde, h. gegrasduind] ★ *ergens in* ~ browse in / among sth

grasgroen *bn* ❶ *kleur* as green as grass, grass-green ❷ *onervaren* green

graskaas *m* [-kazen] spring cheese

grasklokje *o* [-s] *plant* harebell

grasland *o* [-en] grassland, pasture

grasmaaien *o* mowing the lawn / grass

grasmaaier *m* [-s] ❶ *persoon* mower ❷ *machine* lawnmower

grasmaaimachine *v* [-s] lawnmower, grass cutter

grasmaand *v* April

grasmat *v* [-ten] turf

grasperk *o* [-en] lawn, patch of grass

graspol *m* [-len] clump of grass, tussock

grasspriet *m* [-en] blade of grass

grasveld *o* [-en] lawn, field of grass

grasvlakte *v* [-n & -s] grassy plain, prairie

graszaad *o* grass seed

graszode *v* [-n] (turf) sod

gratie *v* [-tiën] ❶ *genade* pardon, grace ★ *bij de* ~ *Gods* by the grace of God ★ ~ *verlenen aan iem.* grant sbd (a) pardon ★ *een verzoek om* ~ an appeal for mercy / for a pardon ★ *weer in de* ~ *komen* be restored to favour ★ *in de* ~ *trachten te komen bij* ingratiate oneself with ★ *bij iem. in de* ~ *zijn* be in favour with sbd, be in sbd's good books ★ *bij iem. uit de* ~ *raken* lose favour with sbd, fall from grace ★ *uit de* ~ *zijn bij iem.* be out of favour with sbd, no longer be in sbd's good books ❷ *v. doodstraf* reprieve ❸ *bevalligheid* grace ★ *de drie Gratiën* the three Graces

gratieverzoek *o* [-en] plea for pardon, clemency

gratificatie *v* [-s & -tiën] bonus, gratuity

gratineren *overg* [gratineerde, h. gegratineerd] cul bake au gratin, bake with a topping of cheese and breadcrumbs

gratis I *bn* free (of charge), gratis ★ handel *een* ~ *monster* a free sample ★ ~ *admissie* free entrance **II** *bijw* gratis, free (of charge)

gratuit *bn* gratuitous, uncalled for ‹remark› ★ *een* ~*e bewering* a gratuitous remark, an uncalled-for

remark

grauw I *bn* ❶ *grijs* grey ❷ *kleurloos* ashen, drab ❸ *v. lucht* leaden ❹ *groezelig* grubby **II** *o gepeupel* rabble, mob **III** *m* [-en] *snauw* growl, snarl ★ *met een* ~ *en een snauw* a snap and a snarl

grauwen *onoverg* [grauwde, h. gegrauwd] ❶ *snauwen* snarl ★ ~ *en snauwen* growl and grumble, snap and snarl ❷ *van het daglicht* grow dull / grey

grauwsluier *m* [-s] ❶ *grijze waas* grey haze ❷ *onduidelijkheid* mist

graveerder *m* [-s] engraver

graveerkunst *v* art of engraving

graveernaald *v* [-en], **graveerstaal** *o*, **graveerstift** *v* [-en] engraving needle, burin

graveerwerk *o* engraving

gravel *o* gravel ★ *op* ~ *spelen* play on clay / gravel, play on a hard court

graven *overg en onoverg* [groef, h. gegraven] ❶ dig ‹a hole, pit, well &›, ‹grootschalig› excavate, ‹v. een put, mijn› sink ★ *diep in het geheugen* ~ delve deep into memory ❷ *v. dieren* burrow ‹a hole›

graveren *overg* [graveerde, h. gegraveerd] engrave ★ *in koper* ~ engrave in copper

graveur *m* [-s] engraver

gravin *v* [-nen] countess

gravure *v* [-n & -s] engraving, plate

grazen *onoverg* [graasde, h. gegraasd] graze, pasture, feed ★ *het vee laten* ~ let the cattle graze ★ *iem. te* ~ *nemen* ‹in de maling nemen› take sbd in, ‹in elkaar slaan› beat sbd up

grazig *bn* grassy ★ Bijbel ~*e weiden* green pastures

greep I *m* [grepen] *het grijpen* grip, grasp, clutch ★ *een gelukkige* ~ a lucky hit / chance ★ *hier en daar een* ~ *doen in...* dip into the subject here and there ★ *een* ~ *doen naar* ‹reiken› reach for, ‹vastgrijpen› clutch at, fig make a bid for ‹power› ★ *hij kon er geen* ~ *op krijgen* he couldn't get a grip on it ★ *God zegene de* ~ here goes nothing **II** *v* [grepen] ❶ *handvol* handful ‹of salt &› ❷ *handvat* ‹v. vuurwapen› grip, ‹v. gereedschap› handle, ‹v.e. zwaard› hilt, ‹v.e. dolk› haft ❸ *mestvork* (dung) fork

gregoriaans *bn (& o)* Gregorian ★ *de* ~*e kalender* the Gregorian calendar ★ ~ *gezang* Gregorian chant

grein *o* [-en] *gewicht, bijv. in diamanthandel* grain

greintje *o* [-s] grain ★ *geen* ~ *angst kennen* know no fear ★ *geen* ~ *bewijs* not a shred of evidence ★ *geen* ~ *ijdelheid* not an ounce of vanity ★ *geen* ~ *leven / hoop* not a spark of life / hope ★ *geen* ~ *twijfel* not a particle of doubt ★ *geen* ~ *verschil* not a speck of difference ★ *geen* ~ *waarheid* not a grain / skerrick / shred / atom of truth

Grenada *o* Grenada

grenadier *m* [-s] grenadier

grenadine *v* grenadine

grendel *m* [-s] bolt ★ *de* ~ *op de deur doen / schuiven* put the bolt on the door, bolt the door

grendelen *overg* [grendelde, h. gegrendeld] bolt

grenen I *bn* deal, pine **II** *o* ★ *Amerikaans* ~ pitch pine

gr

★ *Europees* ~ pine wood, deal ★ *Frans* ~ maritime pine

grenenhout *o* pine, <u>Am</u> deal

grens *v* [grenzen] ❶ *beperking* limit, ‹mv› bounds ★ *alles heeft zijn grenzen* everything has its limits ★ *zijn goedheid kent geen grenzen* his goodness knows no bounds ★ *geen grenzen kennen* know no limits / bounds ★ *de* ~ *trekken* draw the line ★ *grenzen verleggen* push back the frontiers ‹of science›, break new ground, ‹hoger mikken› aim even higher, do even better ★ *er zijn grenzen aan wat hij kan doen* there are limits / there is a limit to what he can do ★ *binnen zekere grenzen* within certain limits ★ *binnen de grenzen blijven van...* keep within the bounds / limits of..., limits of... ★ *de grenzen te buiten gaan* go beyond all bounds, exceed all limits ★ <u>fig</u> *op de* ~ *van* on the verge of ❷ *politieke scheidslijn* border ★ *over de* ~ *zetten* deport ★ *de* ~ *tussen Frankrijk en Spanje* the French-Spanish border ★ *een Europa zonder grenzen* a barrier-free Europe ★ *het wegvallen van grenzen* the erosion of (internal) borders ❸ *natuurlijke scheidslijn* border, frontier

grensbewaking *v* border patrol

grensconflict *o* [-en] border conflict

grensdocument *o* [-en] travel / customs document

grensgebied *o* [-en] ❶ border / frontier area, borderland ❷ <u>fig</u> borderland, twilight zone, grey area

grensgemeente *v* [-n, -s] border community

grensgeschil *o* [-len] frontier / border dispute

grensgeval *o* [-len] borderline case

grenskantoor *o* [-toren] frontier customs house

grenslijn *v* [-en] border line, boundary, <u>fig</u> demarcation line

grensovergang *m* [-en] border crossing

grensoverschrijdend *bn* international ★ ~ *handelsverkeer* international trade

grenspaal *m* [-palen] boundary post, landmark

grenspost *m* [-en] border crossing (point)

grensrechter *m* [-s] <u>sp</u> linesman

grensstreek *v* [-streken] border region

grensverkeer *o* frontier / border traffic

grensverleggend *bn* innovative, ground-breaking, state-of-the-art ★ ~ *onderzoek* ground-breaking research, state-of-the-art research, research at the frontiers of knowledge / science

grenswacht I *v* [-en] *post* frontier outpost **II** *m* [-en] *persoon* frontier guard

grenswachter *m* [-s] border guard, customs officer

grenswisselkantoor *o* [-toren] exchange office

grenzeloos I *bn* boundless, unlimited ★ *een* ~ *gebied* a vast area **II** *bijw* unbounded ★ *zich* ~ *ergeren* be extremely annoyed

grenzen *onoverg* [grensde, h. gegrensd] ★ ~ *aan* border on, abut on, be adjacent to, <u>fig</u> border on, verge on ★ *zijn verdriet grenst aan wanhoop* his misery / grief is verging on despair ★ *dit land grenst*

ten noorden aan... the country is bounded to the north by...

greppel *v* [-s] trench, ditch

gretig I *bn* avid, eager, <u>afkeurend</u> greedy ★ ~ *aftrek vinden bij toeristen* be snapped up by tourists **II** *bijw* avidly, eagerly, <u>afkeurend</u> greedily ★ ~ *op een aanbod ingaan* eagerly accept an offer, accept an offer with alacrity ★ ~ *een biertje achteroverslaan* knock back / gulp down / sink a beer ★ ~ *gebruik maken van* make avid use of

gretigheid *v* eagerness, alacrity, <u>afkeurend</u> greediness

gribus *m* [-sen] ❶ *krot* slum, hovel, <u>inf</u> dump ❷ *krottenwijk* slum, slum area

grief *v* [grieven] ❶ *reden tot klagen* grievance ★ *een* ~ *hebben* nurse a grievance ❷ *krenking* wrong

Griek *m* [-en] Greek

Griekenland *o* Greece

Grieks I *bn* ❶ *echt Grieks* Greek ❷ *naar Grieks model* Grecian **II** *o taal* Greek ★ *een kenner van het* ~ a Greek scholar

Griekse *v* [-n] Greek ★ *ze is een* ~ she's a Greek, she's from Greece

griend *v* [-en] low-lying willow ground

grienen *onoverg* [griende, h. gegriend] cry, snivel, blubber, whimper

griep *v* influenza, flu ★ ~ *hebben* have the flu ★ *de* ~ *verspreidde zich door de hele wereld in 1918* influenza swept the world in 1918

grieperig *bn* suffering from flu ★ *ik voel me een beetje* ~ I've got a touch of the flu, <u>inf</u> I'm a bit fluey

gries *o* grit, gravel

griesmeel *o* semolina

griet I *v* [-en] ❶ *meisje* chick, bird, gal, piece ❷ *vis* brill **II** *m* [-en] *vogel* godwit

grieven *overg* [griefde, h. gegriefd] hurt, offend ★ *het grieft mij zeer* it offends me deeply

griezel *m* [-s] ❶ *eng persoon* creep, weirdo ❷ *rilling* shudder, shiver

griezelen *onoverg* [griezelde, h. gegriezeld] shiver, shudder ★ ~ *bij de gedachte* shudder at the thought ★ *ik griezel ervan* it gives me the creeps

griezelfilm *m* [-s] horror film

griezelig *bn* gruesome, creepy, weird

griezelverhaal *o* [-halen] horror story

grif *bijw, bn* readily, promptly ★ ~ *toegeven* readily admit ★ ~ *verkopen* sell fast, sell like hot cakes

griffen *overg* [grifte, h. gegrift] engrave, inscribe ★ *dat staat in mijn geheugen gegrift* it's engraved in my memory

griffie *v* [-s] court registry, ‹in Tweede Kamer› clerk's department ★ ‹ter inzage› *ter* ~ *deponeren* shelve ‹a proposal &›

griffier *m* [-s] clerk of the court, registrar ★ <u>jur</u> *de plaatsvervangend* ~ the deputy clerk

griffioen, griffoen *m* [-en] griffin

grijns *v* [grijnzen], **grijnslach** *m* [-en] smirk, grimace

grijnzen *onoverg* [grijnsde, h. gegrijnsd] smirk, grimace

grijparm *m* [-en] ❶ <u>techn</u> grip arm, transfer arm
❷ <u>dierk</u> tentacle

grijpen I *overg* [greep, h. gegrepen] ❶ *beetpakken* catch, seize, lay / take hold of, grasp, grip ★ *je hebt ze maar voor het ~* they are there for the asking ★ *ze zijn niet voor het ~* they don't grow on trees ★ *voor het ~ liggen* be / lie ready to hand, be readily available, ⟨oplossing⟩ be obvious ★ *de macht ~* seize power ★ *door iets gegrepen zijn* be gripped / fascinated by sth ❷ *naar zich toe* grasp, grab, snatch ❸ *in zijn klauw* clutch ❹ *meesleuren* drag (along) **II** *onoverg* [greep, h. gegrepen] ★ *in elkaar ~* engage, interlock ★ *~ naar iets* grab / snatch / grasp at sth ★ *naar de fles ~* turn to the bottle ★ *naar de wapens ~* reach for weapons, take up arms ★ *fig om zich heen ~* spread

grijper *m* [-s] <u>techn</u> grab

grijpgraag *bn* ★ *grijpgrage vingers* itchy fingers

grijpstuiver *m* [-s] trifle

grijs I *bn* ❶ grey, <u>Am</u> gray ★ *de grijze markt* the grey market ★ *grijze muizen* grey mice ❷ *met grijs haar* grey, grey-haired ★ *~ worden* be going grey ❸ *zeer oud* ancient ★ *~ verleden* in the distant past **II** *bijw* ★ *een plaat ~ draaien* play a record ad nauseam

grijsaard *m* [-s] grey-haired man, old man

grijsblauw *bn* blue-grey ★ *~e ogen* grey-blue eyes

grijsrijden *o* fare dodging

grijsrijder *m* [-s] fare dodger

grijzen *onoverg* [grijsde, is gegrijsd] grow / become / go / turn grey, grey

grijzend *bn* going grey

gril *v* [-len] whim, fancy ★ *~len hebben* have whims ★ *nukken en ~len* fads and fancies ★ *aan haar ~len toegeven* pander to her whims

grill *m* [-s] grill ★ *van de ~* barbecued

grillbakoven *m* [-s] grill, oven with grill

grillen I *overg* [grilde, h. gegrild] *roosteren* grill **II** *onoverg* [grilde, h. gegrild] *rillen* shiver

grillig *bn* ❶ *wispelturig* capricious, ⟨ook v. weer⟩ changeable, unpredictable, <u>inf</u> grumpy, crotchety ❷ *niet regelmatig v. vorm* fantastic, unpredictable ★ *de rotsen hebben door erosie ~e vormen gekregen* the rocks have eroded into unpredictable shapes ❸ *v. markten* volatile

grilligheid *v* [-heden] ❶ *veranderlijkheid* capriciousness, changeability, unpredictability ❷ *onregelmatigheid* unpredictability

grimas *v* [-sen] grimace ★ *~sen maken* grimace, make wry faces, pull faces

grime *v* [-s] make-up ⟨of actors⟩

grimeren *overg* [grimeerde, h. gegrimeerd] make up ★ *zich ~* make up

grimeur *m* [-s] make-up artist

grimmig I *bn* ❶ *boosaardig* grim, truculent ❷ *woedend* furious, irate **II** *bijw* grimly, furiously &

grind *o* gravel

grindweg *m* [-wegen] gravel road, gravelled road

grinniken *onoverg* [grinnikte, h. gegrinnikt] chuckle, chortle, snigger

grip *m* grip ★ *~ op iem. hebben* have a grip on sbd

grissen *overg* [griste, h. gegrist] grab, snatch

grizzlybeer *m* [-beren] grizzly (bear)

groef, **groeve** *v* [groeven] ❶ groove, channel, flue ★ ⟨hout⟩ *met messing en ~* tongue and groove ❷ *rimpel* line, furrow

groei *m* growth, expansion, development ★ *economische ~* economic growth ★ *in de ~ zijn* be growing (up) ★ *op de ~ gemaakt* allowing for growth

groeicijfer *o* [-s] growth rate, growth figure

groeien *onoverg* [groeide, is gegroeid] grow ★ *zijn haar laten ~* grow one's hair ★ *iem. boven het hoofd ~* outgrow sbd, *fig* get beyond sbd's control ★ *~ als kool* shoot up ★ ⟨zich gaandeweg bekwamen⟩ *ergens in ~* grow into ★ *uit zijn kracht ~* outgrow one's strength ★ *uit zijn kleren ~* grow too big for one's clothes, outgrow one's clothes ★ *er zal een dichter uit hem ~* he has the makings of a poet, he'll become a poet

groeihormoon *o* [-monen] growth hormone

groeikern *v* [-en] ❶ centre/<u>Am</u> center of growth ❷ *m.b.t. stad* centre/<u>Am</u> center of urban growth / development

groeimarkt *v* [-en] growth market, expanding market

groeiproces *o* [-sen] growth process

groeisector *m* [-s, -toren] growth sector

groeistoornis *v* [-en] growth disorder

groeistuip *v* [-en] ★ ook *fig ~en* growing pains

groeizaam *bn* favourable/<u>Am</u> favorable to vegetation ★ *~ weer* growing weather

groen I *bn* ❶ green, *dicht* verdant ★ *het werd hem ~ en geel voor de ogen* his head began to swim ★ *het licht op ~ zetten voor* give the green light / the go-ahead to ⟨a plan &⟩ ★ *een ~e hand/~e vingers hebben* have green fingers ★ *~e energie* green power ★ *een ~e kaart* an international motor insurance card ★ *~e zeep* soft soap ★ *een ~e zone* a green belt ★ ⟨verkeer⟩ *een ~e golf* phased traffic lights ★ *zo ~ als gras* green ❷ *milieubeschermend* green ★ *pol de ~e partij, de ~en* the Green Party, the Greens **II** *o* ❶ *kleur* green ★ *in het ~ gekleed* dressed in green ❷ *levend* greenery, ⟨v. bomen⟩ foliage *dicht* verdure ★ *openbaar ~* public (open) spaces **III** *m-v* [-en] ❶ *nieuweling* greenhorn, novice ❷ *op universiteit* first year student, <u>Am</u> freshman, fresher

groenstrook *v* [-stroken] ❶ *groengordel* green belt ❷ *middenberm* grass strip, centre strip ⟨of grass⟩

groente *v* [-n & -s] vegetable, ⟨mv⟩ greens ★ *eet je ~ op* eat your vegetables

groente
De vaste volgorde voor **groenten en fruit** is in het Engels **fruit and vegetables**.

groenteboer *m* [-en], **groenteman** [-nen] greengrocer

groenteschotel *m & v* [-s] vegetable dish

groentesoep *v* [-en] vegetable soup

groenteteelt *v* vegetable growing

gr

groentetuin *m* [-en] kitchen garden, vegetable garden

groentewinkel *m* [-s], **groentezaak** *v* [-zaken] greengrocer's (shop)

groentijd *m* novitiate / noviciate

groentje *o* [-s] ❶ greenhorn, novice ❷ mil new recruit, rookie ❸ *student* first year (student), Am freshman, fresher

groenvoer *o* green fodder

groenvoorziening *v* [-en] ❶ *openbaar groen* urban green space(s), parks and public space, green amenities ❷ *planning* urban open-space planning, urban green-space planning

groep *v* [-en] ❶ *verzameling* group, ⟨v. sterren, huizen &⟩ cluster, ⟨v. bomen⟩, ⟨planten⟩ clump, ⟨v. kinderen, rekruten⟩ batch, ⟨v. manschappen⟩ body, ⟨v. rovers⟩ band, ⟨v. dieven⟩ gang, ⟨v. toeristen⟩ party, ⟨v. wolven⟩ pack ★ *iets in de ~ gooien* introduce a topic (in a meeting / into the discussion group) ★ *een vergeten ~* a forgotten group ❷ *v. basisschool* class, grade

groeperen I *overg* [groepeerde, h. gegroepeerd] group **II** *wederk* [groepeerde, h. gegroepeerd] ❶ *groepen vormen* ★ *zich ~* form into groups, come together ❷ *z. verzamelen rondom* cluster (around)

groepering *v* [-en] grouping, classification, pol faction

groepsbelang *o* [-en] in the interest(s) of the group

groepsfoto *v* ['s] group photo

groepsgeest *m* team spirit

groepsgesprek *o* [-ken] ❶ group conversation ❷ *via telefoon* conference call

groepsportret *o* [-ten] group portrait / photo

groepspraktijk *v* [-en] group practice ★ *hij maakt deel uit van een ~* he is part of a group practice

groepsreis *v* [-reizen] group travel

groepsseks *m* ❶ group sex ❷ *partnerruil* wife-swapping

groepstaal *v* [-talen] ❶ jargon, lingo ❷ taalk sociolect

groepsverband *o* ★ *in ~* in groups / teams ★ *werken in ~* work as a team

groet *m* [-en] greeting, salutation, salute ★ *de ~en aan allemaal!* all the best! give everyone my regards! remember me to everyone! ★ *de ~en thuis* remember me to the family ★ *hij laat de ~en doen* he asks to be remembered, he says hello ★ *met vriendelijke ~en* with kind(est) regards ★ *dat doe ik niet, de ~en!* forget it / not on your life!

groeten I *overg* [groette, h. gegroet] greet, salute ★ *groet hem van mij* give him my regards, say hello to him for me **II** *onoverg* [groette, h. gegroet] salute, say hello

groeve *v* [-n] → **groef**

groeven *overg* [groefde, h. gegroefd] groove

groezelig *bn* dingy, grubby, dirty

grof I *bn* ❶ *niet fijn* coarse ⟨bread, cloth, hair, salt, features &⟩, rough ⟨work⟩ ★ ~ *vuil* bulky rubbish ❷ *niet bewerkt* crude ⟨ore⟩, unrefined ⟨sugar⟩ ❸ *niet glad* coarse ⟨hands⟩, rough ⟨towels⟩ ❹ *laag* deep ⟨voice⟩ ❺ *ernstig* gross ⟨injustice, insult, ignorance⟩, big ⟨lies &⟩, glaring ⟨omission, contrast, error⟩ ❻ *onbeschaafd* coarse ⟨language⟩, rude, abusive ⟨words, terms⟩, crude ⟨style⟩ ★ *dadelijk ~ worden* suddenly become rude / abusive ★ *een grove kerel* a rude / coarse chap ❼ *v. kam* wide-tooth(ed) ❽ *v. schatting* rough ⟨estimate⟩ **II** *bijw* coarsely & ★ ~ *liegen* lie barefacedly ★ ~ *spelen* ⟨bij gokken⟩ play for high stakes, sp play rough ★ ~ *geld verdienen* make big money ★ ~ *(geld) verteren* spend money like water

grofgebouwd *bn* large-limbed, big-boned

grofheid *v* [-heden] coarseness, rudeness, grossness

grofkorrelig *bn* coarse-grained

grofvuil *o* bulky / hard rubbish ★ *iets bij het ~ zetten* put sth out for the kerbside bulky / hard rubbish collection

grofweg *bijw bij benadering* roughly, about, approximately

grog *m* toddy

groggy *bn* groggy

grogstem *v* [-men] husky voice

grol *v* [-len] broad joke ★ *~len* buffoonery ★ *grappen en ~len* jokes and pranks

grommen *onoverg* [gromde, h. gegromd] ❶ *v. hond &* growl, snarl (*tegen* at) ❷ *mopperen* grumble, mutter

grond *m* [-en] ❶ *aarde* ground, earth, soil ★ *vaste ~* firm ground ★ *de begane ~* the ground floor ★ *vaste ~ onder de voeten hebben* be on firm ground ★ ~ *hebben / krijgen / voelen / vinden* feel / touch ground ★ ~ *verliezen* lose ground ★ *ik voelde geen ~* I was out of my depth ★ *aan de ~ raken / zitten* scheepv run / be aground, fig be down and out ★ *als aan de ~ genageld* nailed down ★ *aan de ~ geraakt* down and out ★ *boven de ~* above ground ★ *door de ~ zinken* sink into the ground ★ *onder de ~* under the ground, underground ★ *iets op de ~ gooien* throw sth down ★ *op de ~ vallen* fall to the ground ★ *tegen de ~ gooien* throw / dash to the ground ★ *iets uit de ~ stampen* see something off ★ *een dichter van de koude ~* a would-be poet ★ *groenten van de koude ~* vegetables grown outdoors ★ *van de ~ komen* get off the ground ★ *iets van de ~ krijgen* get sth up and running ★ *te ~e gaan* go to rack and ruin, be ruined, come to nothing ★ *te ~e richten* ruin, wreck ★ *iem. de ~ in boren* pull sbd to pieces, put sbd down ❷ *land* land ★ *eigen ~* freehold land ★ *onbebouwde ~* a site ★ *een perceel ~* a piece of land, ⟨kleiner⟩ a plot of land ★ *het huis staat op 2 hectare ~* the house is situated on 2 hectares of land / of grounds ★ *de waarde van de ~* the land value ❸ *onderste* ground, ook fig bottom ★ *uit de ~ van zijn hart* from the bottom of his heart ❹ *grondslag* ground, foundation, substratum ⟨of truth⟩ ★ *de ~ leggen tot...* lay the foundation(s) of... ★ *van alle ~ ontbloot* without any foundation ★ *iets in de ~ kennen* know sth thoroughly / through and through ★ *in de ~ is hij eerlijk* he's an honest fellow at heart ★ *in de ~ hebt u gelijk* basically you're right ❺ *reden* grounds ★ *op ~ van...* on the grounds of..., on the strength of... ★ *op ~ van het feit dat...* on the grounds that... ★ *op goede ~* on good grounds ★ jur *aandragen van ~en* produce arguments

grondbedrijf *o* [-drijven] ❶ development company ❷ *gemeentelijk bedrijf dat grond verhandelt* development authority ★ *het gemeentelijk ~* the municipal land department

grondbeginsel *o* [-en & -s] fundamental / basic / root principle ★ *de ~en* the elements / rudiments / fundamentals / basics

grondbegrip *o* [-pen] fundamental / basic idea

grondbelasting *v* [-en] land tax

grondbetekenis *v* [-sen] original / primary / main meaning

grondbezit *o* ❶ landed property ❷ land ownership, ownership of land

grondeigenaar *m* [-s & -naren] landowner, landlord

grondel *m* [-s], **grondeling** [-en] *vis* gudgeon

gronden *overg* [grondde, h. gegrond] ❶ *bij schilderwerk* prime ‹the surface, wood, canvas›, gesso ‹the canvas› ❷ *fig* ground, found, base ‹one's belief on› ★ *gegrond zijn op* based (up)on ★ *gegronde hoop* hope based on...

grondgebied *o* [-en] territory, jur territorial jurisdiction ★ *een afgegrensd ~* a fixed territory ★ *op vreemd ~* on foreign territory / soil ★ *op Nederlands ~* on Dutch ground / territory / soil

grondgedachte *v* [-n] basic idea, underlying idea, leading thought

grondgetal *o* [-len] wisk base

grondhouding *v* fundamental attitude

grondig I *bn* ❶ *degelijk* thorough ‹cleaning, overhaul›, profound ‹study› ★ *een ~e hekel hebben aan* have a profound hatred of ★ *een ~e kennis* a thorough knowledge ❷ *m.b.t. smaak* earthy **II** *bijw* thoroughly ★ *iets ~ doen* do something thoroughly, inf go the whole hog

grondlaag *v* [-lagen] ❶ *onderste laag* bottom layer ❷ *verf* priming coat

grondlegger *m* [-s] founder, father, founding father

grondlegging *v* [-en] foundation

grondoffensief *o* ground offensive

grondoorzaak *v* [-zaken] original / basic / root cause

grondoppervlak *o* floor space

grondpersoneel *o* ground staff

grondrecht *o* [-en] basic human right ★ *sociale ~en* fundamental social rights

grondregel *m* [-en, -s] fundamental rule, principle, maxim

grondslag *m* [-slagen] foundation(s), basis ★ *de ~en van de maatschappij* the grassroots of society ★ *ten ~ liggen aan* underlie ★ *de ~en van het staatsbestel* the principles on which the State is founded

grondsoort *v* [-en] type of soil

grondstewardess *v* [-en] ground hostess, ground stewardess

grondstof *v* [-fen] raw material, primary product ★ *de ~fen voor jam* the basic ingredients for jam ★ *de ~fen voor een matrasovertrek* the basic materials for a mattress cover

grondstrijdkrachten *zn* [mv] ground forces

grondtoon *m* [-tonen] keynote

grondtroepen *zn* [mv] ground forces

grondverf *v* [-verven] undercoat, primer ★ *in de ~ zetten* undercoat

grondvesten I *zn* [mv] foundations ★ *op zijn ~ schudden* shake to its very foundations **II** *overg* [grondvestte, h. gegrondvest] found, lay the foundations of ★ *in / op iets gegrondvest zijn* be based on sth

grondvlak *o* [-ken] base ‹of cube›

grondvorm *m* [-en] primitive form

grondwater *o* ground water

grondwaterpeil *o* water table

grondwerk *o* [-en] groundwork

grondwerker *m* [-s] excavation / construction labourer

grondwet *v* [-ten] constitution

grondwetsherziening *v* [-en] revision of the constitution

grondwettelijk, grondwettig *bn* constitutional

grondwoord *o* [-en] taalk primary word, primitive form of a word

grondzeil *o* [-en] ground sheet

Groningen *o* Groningen

groot I *bn* ❶ *omvang* large, big ★ *een grote hoeveelheid geld* a large quantity of money ★ *dit is een grote kans voor hem* this is his big chance ★ *er is een grote kans dat* there's a good chance that... ★ *de ~ste onzin* utter / absolute nonsense ★ *de grote massa* the masses ★ *scheepv de grote mast* the mainmast ★ *grote rokken* voluminous / wide skirts ★ *de grote vakantie* the long holiday, the summer holiday ★ *de grote weg* the main road, the highway ★ *~ wild* big game ★ inf *hoe ~ is de schade?* what's the damage? ★ *Literatuur met een grote L* Literature with a capital L ★ *tot mijn grote verbazing / spijt* much to my surprise / regret ★ *hij is er een ~ voorstander van* he's all in favour of it ★ *zo ~ mogelijk* as big as possible ❷ *uitgestrekt* great, large, vast ★ *één grote toendra* one vast stretch of tundra ❸ *v. gestalte* tall ❹ *niet meer klein* grown up ★ kindertaal *~ groeien* grow up ★ *~ worden* ‹volwassen worden› grow up, ‹lang worden› grow tall ★ *wat ben je ~ geworden!* how you've grown! ★ *zij heeft al grote kinderen* her children have already grown up ★ *het is iets voor de grote mensen* it's only for grown-ups / adults ❺ *belangrijk* great ‹men, composers, powers› ❻ *groots* grand ‹entrance, dinner› ❼ *ingrijpend* major ‹crisis, change› ❽ *qua afmeting* in size ★ *tweemaal zo ~ als* twice the size of, twice as big as ★ *6 hectare ~* 6 hectares in area ❾ muz major ★ *in C ~* in (the key of) C major ▼ *een grote eter* a big eater **II** *bijw* large ★ *~ gelijk!* quite right! ★ *je hebt ~ gelijk* you're perfectly right ★ *~*

leven live in grand style **III** *o* something / somebody great ★ *de groten* the great ones (of the earth) ★ *in het ~* ⟨groots⟩ in grand style, ⟨op grote schaal⟩ on a large scale, in a large way, handel wholesale ★ *het moederschap is iets ~s* motherhood is a great thing ★ *voor ~ en klein* for young and old

grootaandeelhouder *m* [-s] major / principal / large / controlling shareholder

grootbeeld *o* large screen

grootbeeld-tv *v* ['s] large screen television

grootboek *o* [-en] handel ledger ★ *het ~ der nationale schuld* the national debt register

grootboekrekening *v* [-en] ledger account

grootbrengen *overg* [bracht groot, h. grootgebracht] bring up, rear

Groot-Brittannië *o* Great Britain

grootdoenerij *v* swagger

grootgrondbezit *o* large(-scale) land ownership

grootgrondbezitter *m* [-s] big landowner

groothandel *m* [-s] ❶ *handelsvorm* wholesale trade ❷ *zaak* wholesale business, wholesaler's

groothandelaar *m* [-s, -laren] wholesale merchant / dealer / trader, wholesaler

groothandelsprijs *m* [-prijzen] wholesale price

grootheid *v* [-heden] ❶ wisk & nat quantity, variable ★ *algebraïsche grootheden* algebraic variables ❷ *het groot zijn* grandeur, magnitude, quantity ★ *~ van ziel* magnanimity ❸ *belangrijk iemand* celebrity ★ *een onbekende ~* an unknown quantity

grootheidswaan, grootheidswaanzin *m* megalomania ★ *een lijder aan ~* a megalomaniac, a person who has delusions of grandeur

groothertog *m* [-togen] grand duke

groothertogdom *o* [-men] grand duchy ⟨of Luxemburg⟩

groothoeklens *v* [-lenzen] wide-angle lens

groothouden *wederk* [hield groot, h. grootgehouden] ★ *zich ~* bear up (bravely), keep a stiff upper lip

grootindustrieel *m* [-triëlen] captain of industry

grootje *o* [-s] granny ★ *je ~!* not a bit! ★ *loop naar je ~* get stuffed! ★ *maak dat je ~ wijs!* pull the other one! ★ ⟨kapot⟩ *dat is naar z'n ~* you can kiss goodbye to that

grootkapitaal *o* high finance ★ *het ~* the big capitalists

grootmacht *v* [-en] superpower

grootmeester *m* [-s] grandmaster

grootmoeder *v* [-s] grandmother

grootmoedig *bn* magnanimous, generous

grootouders *zn* [mv] grandparents

groots *bn* ❶ *grandioos* grand, noble, majestic, ambitious, afkeurend grandiose ★ *hij heeft ~e plannen* he has grand / grandiose / ambitious plans ❷ *trots* proud, haughty

grootschalig *bn* large-scale ⟨plans, projects⟩ ★ *een ~ experiment* an experiment on a large scale ★ *iets ~ organiseren* organize sth on a large scale

grootscheeps I *bn* ❶ grand, large-scale ★ *~e acties*

large-scale campaigns ❷ *ambitieus* ambitious **II** *bijw* in grand style, on a large scale

grootspraak *v* boast(ing), brag(ging), big words ★ *zonder ~* without boasting

grootsteeds *bn* ★ *~e manieren* city manners

grootte *v* [-n & -s] size, extent, magnitude, amount ★ *in deze ~* in / of this size ★ *in de orde van ~* ⟨v. aantallen⟩ in the region of, to the order of, ⟨v. geld⟩ inf to the tune of ★ *op ware ~* full-size(d) ★ *ter ~ van* ⟨afmeting⟩ the size of, ⟨hoeveelheid (geld)⟩ amounting to, to the amount of ★ *van dezelfde ~ zijn* be the same size (as) ★ *een ster van de eerste ~* a star of the first magnitude

grootvader *m* [-s] grandfather

grootverbruik *o* large-scale / wholesale consumption

grootverbruiker *m* [-s] large-scale user, bulk consumer

grootwinkelbedrijf *o* [-drijven] ❶ *collectief* multi-store chain ❷ *één winkel daarvan* chain store

grootzeil *o* [-en] scheepv mainsail

gros *o* [-sen] ❶ *12 dozijn* gross ❷ *merendeel* gross, mass, main body ★ *het ~* the majority ★ *het ~ van de studenten* the majority of the students ❸ mil main body

grossier *m* [-s] wholesale dealer, wholesaler

grossieren *onoverg* [grossierde, h. gegrossierd] ❶ sell wholesale ❷ fig collect ★ *zij grossiert in prijzen* she collects prizes by the dozens ★ *zij grossiert in stevige uitspraken* she always totes out firm opinions ★ *hij grossiert in commissariaten* he's virtually a professional board member

grot *v* [-ten] grotto, cave

grotemensenwerk *o* work that is unsuitable for children

grotendeels *bijw* for the greater part, for the most part, largely

Grote Oceaan *m* → **Stille Oceaan**

grotesk *bn* grotesque

grotschildering *v* [-en] cave painting

groupie *v* [-s] groupie

gruis *o* ❶ *kolengruis* coal dust ❷ *steengruis* grit

grunten *overg* [gruntte, h. gegrunt] growl, grunt

grut *o* ❶ ★ *het kleine ~* the small fry ❷ *gemalen graan* coarsely milled grain, groats, Am grits ⟨corn⟩ ❸ *waardeloze dingen* rubbish

grutto *m* ['s] *vogel* godwit

gruwel *m* [-en] ❶ *afkeer* abomination ★ *de taal van de kranten is mij een ~* I detest / loathe / abhor the language in newspapers, the language in newspapers is my pet hate ❷ *daad* atrocity ❸ *pap* gruel

gruweldaad *v* [-daden] atrocity

gruwelen *onoverg* [gruwelde, h. gegruweld] have an abhorrence of ★ *ik gruwel ervan* I have a horror of it, I can't stand it

gruwelijk I *bn* abominable, horrible, atrocious **II** *bijw* abominably, horribly, atrociously, versterkend awfully ★ *zich ~ vervelen* be bored to death ★ *het is ~*

heet it's unbearably hot

gruwelkamer *v* [-s] chamber of horrors

gruwen *onoverg* [gruwde, h. gegruwd] shudder ★ ~ *bij de gedachte* shudder at the thought ★ ~ *van* abhor

gruzelementen *zn* [mv] smithereens ★ *aan* ~ to smithereens, in fragments, to pieces

g-sleutel *m* [-s] <u>muz</u> treble clef, G clef

GSM® *afk* (Global System for Mobile Telecommunication) GSM, Global System for Mobile Telecommunication

gsm® *m* ['s] *telefoon* GSM, mobile (phone)

g-snaar *v* [-snaren] <u>muz</u> G string

Guatemala *o* Guatemala

guerrilla *m* ['s] *guerrillastrijder* guerrilla

guerrillabeweging *v* [-en] guerrilla movement

guerrillaoorlog *m* [-logen] guerrilla warfare

guerrillastrijder, guerrillero *m* [-s] guerrilla (fighter)

guillotine *v* [-s] guillotine

Guinee *o* Guinea

Guinee-Bissau *o* Guinea-Bissau

Guinees *bn* Guinean

guirlande *v* [-s] garland, festoon, wreath, ⟨paper⟩ chain

guitig *bn* roguish, mischievous ★ *een ~e glimlach* an arch smile

gul I *bn* ❶ *vrijgevig* generous, cordial ★ *een ~le lach* a warm / hearty laugh ★ *een ~ onthaal* a cordial reception ❷ *openhartig* frank, open ★ *~le uitspraken* frank comments **II** *bijw* ❶ *vrijgevig* generously, cordially ❷ *openhartig* frankly, openly

gulden I *m* [-s] *munt* guilder, florin ★ *100~* one / a hundred guilders **II** *bn gouden* golden ★ *een ~ tijd* a fantastic / fabulous time ★ ⟨kunst⟩ *de ~ snede* the golden section

guldenteken *o* [-s] guilder sign

gulheid *v* [-heden] ❶ *vrijgevigheid* generosity, cordiality ❷ *openhartigheid* frankness, openness

gulp *v* [-en] ❶ *golf* gush ⟨of blood⟩ ❷ *in broek* fly

gulzig *bn* gluttonous, greedy ★ *met een ~e blik naar iets kijken* look greedily at sth

gulzigaard *m* [-s] glutton

gulzigheid *v* gluttony, greediness, greed

gum *m & o* rubber, eraser

gummen *overg* [gumde, h. gegumd] rub out

gummetje *o* [-s] rubber

gummi I *o & m* (India) rubber, natural rubber **II** *bn* rubber

gummiknuppel *m* [-s], **gummistok** [-ken] truncheon, baton

gunnen *overg* [gunde, h. gegund] ❶ *toewijzen inf* grant ★ *zich geen tijd ~* not allow oneself time ★ *iem. een paar woorden ~* grant / spare sbd a few words ❷ *toestaan, niet benijden* not begrudge ★ *het is je gegund* you're welcome to it

gunning *v* [-en] allotment, assignment ★ *de ~ van een contract* the awarding of a contract

gunst I *v* [-en] ❶ favour ★ *iem. een ~ bewijzen* do sbd a favour, oblige sbd ★ *in de ~ komen bij iem.* get into

favour with sbd, <u>inf</u> get on the right side of sbd ★ *weer bij iem. in de ~ komen* get back into sbd's good books ★ *in de ~ trachten te komen bij iem.* ingratiate oneself with sbd ★ *in de ~ staan bij iem.* be in favour with sbd, be in sbd's good books ★ *ten ~e van...* ⟨ten voordele van⟩ in favour of..., ⟨te crediteren aan⟩ in behalf of... ★ *uit de ~ geraken bij* fall out of favour with ★ *uit de ~ zijn* be out of favour ❷ <u>handel</u> favour, patronage, custom, goodwill **II** *tsw* ★ *~!* goodness gracious!

gunsteling *m* [-en] favourite, <u>Am</u> favorite

gunstig I *bn* favourable/<u>Am</u> favorable, propitious, auspicious ★ *het geluk was ons ~* fortune / fate favoured us ★ *op het ~ste moment* at the most auspicious moment / the best time ★ *~ voor* favourable to **II** *bijw* favourably, favorably ★ *~ bekend* enjoying a good reputation ★ *~ over iem. denken* think favourably of sbd ★ *iem. ~ gezind zijn* be well disposed toward sbd

guppy *m* ['s] guppy

guts *v* [-en] ❶ *stroom* splash ❷ *beitel* gouge

gutsen I *overg* [gutste, h. gegutst] gouge **II** *onoverg* [gutste, h. en is gegutst] *stromen* gush, spout ⟨of blood⟩, pour, stream, run ⟨of sweat⟩ ★ *het zweet gutste langs mijn gezicht* sweat streamed down my face

guur *bn* bleak, raw, inclement ★ *~ weer* bleak weather

Guyana *o* Guyana

gym I *v* *gymnastiek* gym, PE, PT **II** *o gymnasium* ± <u>Br</u> grammar school, ± <u>Am</u> high school

gymmen *onoverg* [gymde, h. gegymd] have gym, have physical education (PE), ⟨vooral⟩ <u>Br</u> have physical training (PT)

gymnasiaal *bn* grammar school ★ *het ~ onderwijs* ± <u>Br</u> grammar school education, ± <u>Am</u> high school education

gymnasiast *m* [-en] ± <u>Br</u> grammar school pupil, ± <u>Am</u> high school pupil

gymnasium *o* [-s & -sia] <u>Br</u> ± grammar school, <u>Am</u> ± senior high school

---

gymnasium

kan het best worden vertaald met **grammar school** of **senior high school**, maar nooit met **gymnasium**, wat **fitnesscentrum, gymnastiekzaal** betekent.

---

gymnast *m* [-en] gymnast

gymnastiek *v* gym, gymnastics, physical education, PE, ⟨vooral⟩ <u>Br</u> physical training, PT ★ *ritmische ~* callisthenics

gymnastisch *bn* gymnastic

gympen, gympjes, gympies *zn* [mv] sneakers, gym shoes

gymschoen *m* [-en] sneaker, gym shoe

gymzaal *v* [-zalen] gym, gymnasium

gynaecologie *v* gynaecology, <u>Am</u> gynecology

gynaecoloog *m* [-logen] gynaecologist, <u>Am</u> gynecologist

gy

H

h *v* ['s] h, aitch ★ *de ~ niet uitspreken* drop one's aitches

haag *v* [hagen] *heg* hedge, hedgerow ★ *een ~ (van) politieagenten* a line of policemen

haagbeuk *m* [-en] *boom* hornbeam

haai *m* [-en] ❶ *vis* shark ★ *fig naar de ~en gaan* go down the drain, go west ★ *hij is voor de ~en* he's going to the dogs ★ *fig er zijn ~en op de kust* there's danger ahead ❷ *persoon* shark, wolf

haaibaai *v* [-en] shrew, fishwife

haaientanden *zn* [mv] *wegmarkering* give way road markings

haaienvinnensoep *v* shark fin soup

haak *m* [haken] ❶ *alg.* hook ★ ‹sluiting van jurk &› *haken en ogen* hooks and eyes ★ *er zitten veel haken en ogen aan deze kwestie* this problem is rather tricky ★ *schoon aan de ~* dressed / net weight, scherts in the nuddy ★ *(niet) in de ~* (not) right / correct ❷ *vishaak* fish hook ★ *een rijke man aan de ~ slaan* hook / catch a rich man ❸ *v. (ouderwetse) telefoon* cradle ★ *de hoorn weer op de ~ leggen* put down the receiver, ring off, hang up ★ *de hoorn van de ~ nemen* lift the receiver ❹ *winkelhaak* techn square ❺ *om kleren op te hangen* peg ❻ *in de drukkerij: ()* bracket, parenthesis ★ *tussen (twee) ~jes* between brackets, ook fig in parentheses ★ *tussen (twee) ~jes, heb je ook...?* by the way, do you have any...?

haaknaald *v* [-en], **haakpen** [-nen] crochet hook

haakneus *v* [-neuzen] hooked nose

haaks *bn* square, at right angles to ★ *niet ~* out of square / true ★ *fig ~ op iets staan* be in contradiction with sth, be at odds with ★ *hou je ~!* keep your chin up!

haakwerk *o* [-en] crochet work, crocheting

haal *m* [halen] ❶ *v.d. pen* stroke ★ *met één ~ van de pen* with one stroke of the pen ★ *een ~ door de cijfers* a slash through the figures ❷ *aan touw* pull, tug, heave ❸ *aan sigaret* drag ❹ *klap* clout ‹round the ear› ▼ *aan de ~ gaan* take to one's heels, run away

haalbaar *bn* practicable, realizable, feasible ★ *dat is geen haalbare kaart* that's not realistic

haalbaarheid *v* feasibility

haalbaarheidsonderzoek *o* [-en] feasibility study

haan *m* [hanen] cock, rooster ★ *daar zal geen ~ naar kraaien* nobody will be the wiser ★ *zijn ~ kraait daar koning* he has it all his own way ★ *de rode ~ laten kraaien* set the house on fire ★ *de ~ overhalen* cock a gun ★ *de gebraden ~ uithangen* paint the town red

haantje *o* [-s] ❶ *kleine haan* young cock, cockerel ★ *een half ~* half a chicken ❷ *macho* macho, tough guy ★ *hij is ~ de voorste* he's the cock of the walk

haar I *bez vnw* her **II** *pers vnw* her ★ *het is van ~* it's hers ★ *ik zal het ~ zeggen* I'll tell her **III** *o & v* [haren] *v. hoofd &* hair ★ *hij is geen ~ beter* he's just as bad ★ *geen ~ op mijn hoofd die er aan denkt* I wouldn't

dream of doing such a thing ★ *ik ben me daar een ~tje betoeterd!* I'm not crazy / mad! ★ *~ op de tanden hebben* be a tough customer, have a sharp tongue ★ *het scheelde maar een ~ / geen ~* it was a near thing / miss, it was touch and go ★ *iem. geen ~ krenken* not touch / harm a hair of sbd's head ★ *ergens grijze haren van krijgen* worry about sth, lose sleep over sth ★ *met huid en ~ verslinden* swallow completely ★ *zijn haren rezen hem te berge* his hair stood on end ★ *zijn wilde haren verliezen* settle down ★ *elkaar in het ~ / de haren vliegen* go for one another, come to blows ★ *elkaar altijd in het ~ zitten* quarrel constantly, always be at loggerheads ★ *dat is er met de haren bijgesleept* that's far-fetched / irrelevant ★ *op een ~ na* by a hair's breadth ★ *alles op haren en snaren zetten* leave no stone unturned ★ *iem. tegen het ~ instrijken* rub sbd up the wrong way, irritate sbd ★ <u>iron</u> *als je ~ maar goed zit* it doesn't matter where you finish as long as you look good

haarband *m* [-en] hair ribbon, hairband

haarborstel *m* [-s] hairbrush

haarbreed *o* hair's breadth ★ *geen ~ wijken* not move / budge an inch

haard *m* [-en] ❶ *open haard* hearth, fireside, fireplace ★ *eigen ~ is goud waard* there's no place like home ★ *aan de huiselijke ~, bij de ~* by / at the fireside ★ *van huis en ~ verdreven* driven from house and home ❷ *kachel* (slow-combustion) stove ❸ *industrieel* furnace ❹ *fig* focus, seat ‹of the fire›, centre ‹of infection› ★ *een ~ van verzet* a hotbed of resistance

haardos *m* (head of) hair

haardracht *v* [-en] coiffure, hairdo

haardroger *m* [-s] hair drier

haardvuur *o* (open) fire

haarfijn I *bn* ❶ *zeer fijn* as fine as a hair ❷ *fig* minute ‹difference›, subtle ‹distinction› **II** *bijw* minutely, in detail ★ *iets ~ vertellen* explain sth in detail

haargroei *m* hair growth

haargroeimiddel *o* [-en] hair restorer

haarinplant *m* hair transplant

haarkloverij *v* [-en] nitpicking, splitting hairs

haarlak *m & o* [-ken] hair spray

haarlok *v* [-ken] lock of hair

haarnetje *o* [-s] hairnet

haarscherp *bn* very sharp, razor-sharp ‹image, mind›, very fine ‹distinction›, exact ‹result›

haarscheurtje *o* [-s] hairline crack

haarspeld *v* [-en] hairpin, hair slide, hair grip, bobby pin

haarspeldbocht *v* [-en] hairpin bend

haarspray *m* [-s] hair spray

haarstukje *o* [-s] hairpiece, toupée

haaruitval *m* loss of hair, <u>med</u> alopecia

haarvat *o* [-vaten] capillary vessel

haarversteviger *m* [-s] setting lotion

haarverzorging *v* hair care

haarvlecht *v* [-en] plait, braid

haarzakje *o* [-s] hair follicle

haas *m* [hazen] ❶ *knaagdier* hare ★ *als een ~ wegrennen* run like the wind ★ *mijn naam is ~* search me, I know nothing about it ★ *het ~je zijn* be for it, have had it ❷ *stuk vlees* tenderloin, fillet ‹of beef &› ❸ *bij hardlopen* pacemaker ❹ *lafaard* coward

haasbiefstuk *m* [-ken] fillet steak

haasje-over *o* leapfrog ★ *~ spelen* play leapfrog

haaskarbonade *v* [-s] loin chop

haast I *v* haste, speed, hurry ★ *er is ~ bij* it's urgent ★ *er is geen ~ bij* there's no hurry ★ *~ hebben* be in a hurry ★ *~ maken* make haste, be quick ★ *in ~* in a hurry ★ *waarom zo'n ~?* what's the hurry? **II** *bijw* bijna almost ★ *kom je ~?* are you coming (soon / yet)? ★ *ik was ~ gevallen* I almost / nearly fell ★ *~ nooit* hardly ever

haasten I *overg* [haastte, h. gehaast] hurry ★ *iem. ~ hurry* sbd (up) **II** *wederk* [haastte, h. gehaast] ★ *zich ~* hurry ★ *haast je langzaam!* make haste slowly! ★ *haast je (wat)!* hurry up! ★ *haast je rep je...* in a hurry, post-haste, Am slang lickety-split

haastig I *bn* hasty, hurried ★ *~e spoed is zelden goed* more haste, less speed **II** *bijw* hastily, in haste, in a hurry, hurriedly

haastklus *m* [-sen] rush job

haastwerk *o* rush job, rush order

haat *m* hatred (*tegen* of), hate ★ *blinde ~* blind hatred ★ *iem. ~ toedragen* hate sbd ★ *het is ~ en nijd tussen die twee* those two are always fighting, inf they can't stand / hate each other's guts

haatdragend *bn* resentful, rancorous ★ *~ zijn* hold a grudge, be resentful / rancorous ★ *een ~ iemand* a spiteful person

haat-liefdeverhouding *v* [-en] love-hate relationship

habbekrats *m* [-en] ★ *voor een ~* for a (mere) song / trifle

habijt *o* [-en] habit

habitat *m & v* habitat

hachee *m & o* beef stew

hachelen *overg* [hachelde, h. gehacheld] ★ *je kunt me de bout ~* go climb a tree, vulg you can get stuffed

hachelijk *bn* precarious, dicey, tricky ★ *een ~e situatie* a precarious / dicey / tricky situation, a predicament

hachje *o* [-s] ★ *bang voor zijn ~* anxious to save one's skin ★ *zijn ~ er bij inschieten* not be able to save one's skin

hacken *onoverg* [hackte, h. gehackt] *kraken* comput hack

hacker *m* [-s] *computerkraker* hacker

hagedis *v* [-sen] lizard

hagel *m* ❶ *neerslag* hail ❷ *munitie* (lead / ball) shot ★ *een ~ van kogels* a shower of bullets

hagelbui *v* [-en] shower of hail, hailstorm ★ *een ~ van stenen* a shower of stones

hagelen *onoverg* [hagelde, h. gehageld] hail ★ *het hagelde kogels* it was raining bullets

hagelkorrel *m* [-s] ❶ *neerslag* hailstone ❷ *munitie* grain of shot ❸ *zweertje aan oog* sty

hagelslag *m* ❶ *broodbeleg* (chocolate) sprinkles ❷ *v. neerslag* hail

hagelsteen *m* [-stenen] hailstone

hagelstorm *m* [-en] hailstorm

hagelwit *bn* white as snow

haiku *m* ['s] haiku

Haïti *o* Haiti

hak I *v* [-ken] ❶ *v. schoen* heel ★ *schoenen met hoge / lage / platte ~ken* high- / flat-heeled shoes ★ *met de ~ken over de sloot* by the skin of one's teeth ❷ *tuingereedschap* hoe, ‹houweel› mattock **II** *m* [-ken] *uitgehakt stuk* chunk ★ *iem. een ~ zetten* play sbd a nasty trick ★ *op de ~ nemen* make fun of ▼ *van de ~ op de tak springen* jump / skip from one subject to another

hakbijl *v* [-en] hatchet, ‹v. slager› chopper, cleaver

hakblok *o* [-ken] chopping block, chopping board

hakbord *o* [-en] chopping board

haken I *overg* [haakte, h. gehaakt] ❶ *vasthaken* hook, hitch ‹to..., on to...› ❷ *handwerken* crochet ❸ *ten val brengen* trip (sbd) up ★ *iem. pootje ~* trip sbd up **II** *onoverg* [haakte, h. gehaakt] ❶ ★ *zij bleef met haar jurk aan / achter een spijker ~* she caught her dress on a nail ★ *in een struik blijven ~* get caught in a bush ▼ *~ naar* hanker after, long for, yearn for (after) ❷ *handwerken* crochet

hakenkruis *o* [-en] swastika

hakhout *o* copse, coppice

hakkelaar *m* [-s] stammerer, stutterer

hakkelen *onoverg* [hakkelde, h. gehakkeld] stammer, stutter

hakken *overg en onoverg* [hakte, h. gehakt] cut, chop, ‹grof› hack, hew, ‹fijn› mince ★ *op iem. zitten ~* nag at sbd ★ *dat hakt erin* that costs a packet, that's terribly expensive

hakkenbar *m & v* [-s] heel bar

hakmes *o* [-sen] chopping knife, cleaver, ‹groot› machete

hal *v* [-len] ❶ *ingang* hall(way), ‹v. hotel› lobby, ‹v. theater› foyer ❷ *markthal* (covered) market ❸ *sporthal* sports hall

halal *bn* halal ★ *het vlees is ~* the meat is halal ★ *~hypotheek* a halal mortgage

halen I *overg* [haalde, h. gehaald] ❶ *ergens vandaan halen, ophalen* fetch, get, collect ★ *iem. er bij ~* drag sbd in ★ *iem. van de trein ~* pick up sbd from the station ★ *worden jullie (straks) gehaald?* is anybody coming for you? ★ *zijn portemonnee tevoorschijn ~* pull out one's purse / wallet ★ *waar haalt hij het vandaan?* where does he get it / these ideas from? ★ *iem. naar beneden ~* bring sbd down ★ *een huis tegen de grond ~* pull down a house ❷ *laten komen* fetch, call in, send for ★ *een dokter ~* send for / call in a doctor ❸ *behalen* ★ *een akte ~* get / obtain a certificate / diploma ★ *daar is niets te ~* there's nothing to be got there ❹ *doel bereiken* reach, catch ★ *hij zal de dag niet meer ~* he won't last the night ★ *hij zal het wel ~* he's sure to pull through ★ *hij*

ha

haalde het nog net he just made it ★ *de post ~* ⟨ophalen⟩ fetch the mail, ⟨op tijd zijn⟩ be in time for the post ★ *het zal nog geen 10 dollar ~* it won't even fetch 10 dollars ★ *de honderd ~* live to be a hundred ★ *de trein ~* catch the train ★ *dat haalt niets uit* that's no good ❺ *trekken* draw, pull ★ *het wetsvoorstel erdoor ~* carry the bill ★ *de dokter kan hem er niet door ~* the doctor can't save him ★ *een kam door het haar ~* run a comb through one's hair ★ *een streep door een naam ~* put a line / slash through a name **II** *onoverg* [haalde, h. gehaald] ❶ *scheepv* pull ❷ theat draw (raise) the curtain ▼ inf *dat haalt niet bij...* it's not a patch on..., it can't touch...

half I *bn* half ★ *een halve cirkel* a semicircle ★ *~ één half past twelve* ★ *~ Engeland* half of England ★ *~ geld* half the money, half price ★ *een ~ dozijn* half a dozen ★ *een ~ jaar* half a year, six months ★ *~ maart* mid March ★ *tot ~ maart* until the middle of March ★ muz *een halve toon* a semitone ★ *een ~ uur* half an hour ★ *de halve wereld* half the world ★ *het slaat ~* the clock is striking the half hour ★ *met een ~ oor luisteren* half listen, listen with half an ear ★ *~ werk* poor work ★ *een ~ mens zijn* feel rotten **II** *bijw* half ★ *~ te geef* half for nothing ★ *iets maar ~ verstaan* only half understand sth ★ *~ af* half finished ★ *dat is mij maar ~ naar de zin* it's not altogether to my liking **III** *o* half ★ *twee en een ~* two and a half ★ *twee halven* two halves ★ *ten halve iets doen* do a thing by halves ★ *beter ten halve gekeerd dan ten hele gedwaald* he who stops halfway is only half in error

halfautomatisch *bn* semi-automatic
halfbakken *bn* half-baked
halfbloed I *m-v* [-en & -s] ❶ *dier* cross-breed ❷ *mens* beledigend half-breed, half-caste, half-blood **II** *bn* cross-bred
halfbroer *m* [-s] half-brother
halfdonker *o* semi-darkness
halfdood *bn* half-dead
halfduister I *bn* semi-dark **II** *o* semi-darkness, twilight
halfedelsteen *m* [-stenen] semi-precious stone
half-en-half *bijw* ★ *ik denk er ~ over om...* I have half a mind to...
halffabricaat *o* [-katen] semi-manufactured article
halfgaar *bn* ❶ half-done, half-baked ❷ fig half-baked, inf dotty
halfgeleider *m* [-s] semi-conductor
halfgod *m* [-goden] demigod
halfhartig *bn* half-hearted
halfjaar *o* [-jaren] six months, half a year
halfjaarcijfers *zn* [mv] interim figures
halfjaarlijks I *bn* half yearly ★ *~e controle* a half-yearly / six-monthly check up **II** *bijw* every six months
halfje *o* [-s] *half glas* half a glass ▼ *een ~ wit* a half white, half a white loaf
halfleeg *bn* half empty
half-om-half *o & m gehakt* mixed beef and pork mince, Am mixed beef and pork hamburger meat
halfpension *o* half board

halfpipe *m* [-s] half pipe
halfrond I *o* [-en] hemisphere ★ *het noordelijk / zuidelijk ~* the Northern / Southern hemisphere **II** *bn* semicircular
halfslachtig *bn* ❶ biol amphibious ❷ fig half-hearted
halfstok *bijw* at half mast ★ *met de vlaggen ~* with the flags at half mast
halftint *v* [-en] halftone
halfuur *o* [-uren] half (an) hour ★ *over een ~* in half an hour, in half an hour's time
halfvol *bn* half full ★ *~le melk* low-fat milk, semi-skimmed milk, reduced cream milk
halfwas I *m* [-sen] ❶ *leerling vakman* apprentice, trainee ❷ *puber* adolescent, juvenile **II** *bn* ❶ *leerling* apprentice ❷ *onvolwassen* juvenile
halfweg *bijw* halfway
halfzacht *bn* ❶ *v. ei* medium-boiled ❷ fig half-baked, dotty
halfzus *v* [-sen], **halfzuster** [-s] half-sister
halfzwaargewicht I *m* [-en] *persoon* light heavyweight **II** *o gewicht* light heavyweight
halleluja *o* ['s] hallelujah
hallo *tsw* hello, hallo, hullo
hallucinatie *v* [-s] hallucination
hallucineren *onoverg* [hallucineerde, h. gehallucineerd] hallucinate
hallucinogeen I *bn* hallucinogenic **II** *o* [-genen] hallucinogen
halm *m* [-en] stalk, ⟨grass⟩ blade
halo *m* ['s] halo
halo-effect *o* halo effect
halogeen *o* [-genen] halogen
halogeenlamp *v* [-en] halogen lamp
hals *m* [halzen] ❶ *v. het lichaam/v. een voorwerp* neck ★ *zijn / de ~ breken* break one's neck ★ *dat zal hem de ~ breken* it will be his undoing ★ *iem. om de ~ vallen* fling / throw one's arms around somebody's neck ★ *zich iets op de ~ halen* ⟨straf &⟩ bring sth on oneself, incur sth, ⟨verkoudheid &⟩ catch sth ★ *een lage ~* a low neckline, a décolleté ❷ *v. zeil* tack ❸ *sukkel* simpleton ★ *een onnozele ~* a silly fool
halsband *m* [-en] collar
halsbrekend *bn* breakneck ★ *~e toeren uithalen* carry out daredevil feats
halsdoek *m* [-en] kerchief, small scarf
halsketting *m & v* [-en] chain around the neck, necklace
halsmisdaad *v* [-daden] capital crime
halsoverkop *bijw* head over heels, headlong ★ *~ verliefd worden* fall head over heels in love ★ *hij viel ~ uit de boom* he fell headlong out of the tree ★ *hij ging ~ naar huis* he dropped everything and rushed home ★ *zij werd ~ naar het ziekenhuis gebracht* she was rushed to hospital
halsreikend *bn* ★ *~ uitzien naar* eagerly look forward to ★ *~ uitzien naar de zomer* long for the summer
halsslagader *v* [-en & -s] carotid (artery)
halssnoer *o* [-en] necklace

ha

halsstarrig I *bn* headstrong, stubborn, obstinate **II** *bijw* stubbornly, obstinately
halsstarrigheid *v* stubbornness, obstinacy
halster *m* [-s] halter
halswervel *m* [-s] cervical vertebra
halszaak *v* [-zaken] ★ *laten we er geen ~ van maken* let's not make a song and dance about it
halt I *v* halt ★ *~ houden* make a halt, halt, stop ★ *mil ~ laten houden* halt ‹the soldiers›, call a halt ‹to the march› **II** *o* ★ *fig een ~ toeroepen aan* call a halt to, check, stop **III** *tsw* ★ *~!* halt!, stop!
halte *v* [-n, -s] ❶ *v. trein* station ❷ *v. tram, bus* stop
halter *m* [-s] ❶ *kort* dumbbell ❷ *lang* barbell
halvarine *v* low fat margarine
halvegare *m* [-n] halfwit, idiot, fool
halvemaan *v* [-manen] half-moon, crescent
halveren *overg* [halveerde, h. gehalveerd] halve
halvering *v* [-en] halving
halveringstijd *m* [-en] half-life (period)
halverwege *bijw* halfway ★ *~ de trap* halfway down the stairs
halvezool *v* [-zolen] *inf* halfwit, cretin
ham *v* [-men] ham
Hamburg *o* Hamburg
Hamburger *m* [-s] Hamburger
hamburger *m* [-s] *broodje* hamburger, beefburger
Hamburgs *bn* of / from Hamburg
Hamburgse *v* [-n] ★ *ze is een ~* she's from Hamburg
hamer *m* [-s] hammer, ‹van hout ook› mallet ★ *onder de ~ brengen* put sth up for auction ★ *onder de ~ komen* come under the hammer, be sold by auction ★ *tussen ~ en aambeeld* between the devil and the deep (blue) sea ★ *~ en sikkel* hammer and sickle ★ ‹v. sporters› *de man met de ~ slaat toe* (sudden) exhaustion has set in
hameren *onoverg en overg* [hamerde, h. gehamerd] ❶ hammer ★ *fig op iets blijven ~* keep harping on a matter ★ *iets erin ~* hammer sth in ❷ *afhameren* gavel, call for order
hamerhaai *m* [-en] hammerhead shark
hamerslag I *m* [-slagen] blow (stroke) of a hammer, hammer stroke, hammer blow **II** *o* *ijzerschilfers in smederij* hammer scale, scale
hamerstuk *o* [-ken] *makkelijk te nemen besluit* formality
hamlap *m* [-pen] pork steak
hamster *v* [-s] hamster
hamsteraar *m* [-s] (food) hoarder
hamsteren *onoverg en overg* [hamsterde, h. gehamsterd] hoard (food)
hamstring *m & v* [-s] hamstring
hamstringblessure *v* [-n, -s] injury to the hamstring
hamvraag *v* [-vragen] ★ *dat is de ~* that's the crux of it, that's the crucial question
hand *v* [-en] hand ★ *zijn ~en staan verkeerd* he's very unhandy, he's all thumbs ★ *de vlakke ~* the flat of the hand ★ *iem. de ~ drukken / geven / schudden* shake hands with sbd ★ *iem. de ~ op iets geven* shake

hands on / over sth ★ *de ~ hebben in iets* have a hand in sth ★ *~en vol geld hebben* have heaps (lots) of money ★ *de ~en vol hebben* have one's hands full, have one's work cut out ★ *de vrije ~ hebben* have carte blanche, have a free hand ★ *de ~ houden aan* enforce ‹a regulation &› ★ *iem. de ~ boven het hoofd houden* protect sbd ★ *de ~en ineenslaan* join hands, *fig* join forces ★ *de ~en ineenslaan van verbazing* throw up one's hands in wonder ★ *iem. de vrije ~ laten* leave / give / allow sbd a free hand ★ *de laatste ~ leggen aan het werk* put the finishing touches to the work ★ *de ~ leggen op* lay hands on ★ *de ~ lenen tot iets* lend oneself to sth, be a party to sth ★ *de ~ lichten met veiligheidsvoorschriften / regels &* not stick to safety regulations / the rules & ★ *daar draai ik mijn ~ niet voor om* I'm quite capable of doing that ★ *~en omhoog!* hands up!, stick them up! ★ *de ~ opheffen tegen iem.* lift / raise one's hand against sbd ★ *de ~ ophouden* hold out one's hand, ‹bedelen› beg ★ *de ~ aan zichzelf slaan* commit suicide ★ *de ~en uit de mouwen steken* put one's shoulder to the wheel, buckle to ★ *geen ~ uitsteken om...* not lift / raise / stir a finger to... ★ *de ~ vragen van een meisje* ask a girl's hand in marriage ★ *geen ~ voor ogen kunnen zien* not be able to see one's hand in front of one's face ★ *aan de ~ van deze gegevens* on the basis of this data ★ *aan de ~ van voorbeelden* from examples ★ *~ aan ~* hand in hand ★ *iem. iets aan de ~ doen* procure / find / get sth for sbd, ‹suggereren› suggest sth to sbd ★ *aan de beterende zijn* be getting better, be on the mend ★ *wat is er aan de ~?* what's up? ★ *er is iets aan de ~* there's something going on ★ *er is niets aan de ~* there's nothing the matter ★ *aan ~en en voeten binden* bind hand and foot ★ *iets achter de ~ hebben* have sth up one's sleeve ★ *iets (altijd) bij de ~ hebben* (always) have sth ready / handy / at hand ★ *al vroeg bij de ~* up early ★ *met de degen in de ~* sword in hand ★ *de situatie in de ~ hebben* have the situation under control, have the situation in hand ★ *wij hebben dat niet in de ~* these things are beyond / are out of our control ★ *~ in ~* hand in hand ★ *in ~ komen / vallen van...* fall into the hands of... ★ *iets in ~en krijgen* get hold of sth ★ *in andere ~en overgaan* change hands ★ *iem. iets in ~en spelen* smuggle sth into sbd's hands ★ *hij heeft zich iets in de ~ laten stoppen* he's been taken in ★ *in ~en van de politie vallen* fall into the hands of the police ★ *iem. in de ~ werken* play into sbd's hands ★ *iets in de ~ werken* encourage / promote sth ★ *in ~en zijn van* be in the hands of ★ *met de ~ gemaakt* handmade, made by hand ★ *met de ~en in het haar zitten* be at one's wits' end ★ *met de ~en in de schoot zitten* sit with folded hands, *fig* be idle, do nothing ★ *met de ~ op het hart* hand on heart, *fig* in all conscience ★ *met beide ~en aangrijpen* jump at ‹a proposal›, seize ‹the opportunity› with both hands ★ *met lege ~en* empty handed ★ *(met) de ~ over het hart strijken* be lenient

★ *met ~ en tand* tooth and nail ★ *met de ~ geschilderd* painted by hand, handpainted ★ *met losse ~en fietsen* cycle with no hands / without holding on ★ *iem. naar zijn ~ zetten* manage sbd (at will), get sbd to do what one wants ★ *niets om ~en hebben* have nothing to do ★ *onder de ~* meanwhile ★ *iets onder ~en hebben* be at work on sth ★ *iem. onder ~en nemen* take sbd to task ★ ‹opknappen› *iets onder ~en nemen* take sth in hand, clean sth, overhaul sth ★ fig *iem. op ~en dragen* worship / idolize sbd ★ *het publiek op zijn ~ hebben* have the audience eating out of one's hand ★ *op iems. ~ zijn* be on sbd's side, side with sbd ★ *op ~en zijn* be near at hand, be drawing near ★ *op ~en en voeten* on all fours ★ *~ over ~* hand over hand ★ *~ over ~ toenemen* spread, become rampant ★ *een voorwerp ter ~ nemen* take an object in one's hands ★ *een werk ter ~ nemen* undertake a job, take a job in hand ★ *iem. iets ter ~ stellen* hand sth to sbd ★ *uit de eerste ~* (at) first hand, inf straight from the horse's mouth ★ *uit de vrije ~* by hand ★ *iets uit ~en geven* give sth away, give sth to sbd else ★ *uit de ~ lopen* get out of hand ★ *uit de ~ verkopen* sell by private contract ★ *van hoger ~* → **hogerhand** ★ *iets van de ~ doen* dispose of sth, part with sth, sell sth ★ *goed van de ~ gaan* sell well ★ *van de ~ wijzen* refuse ‹a request›, decline ‹an offer›, reject ‹a proposal› ★ *van ~ tot ~* from hand to hand ★ *van de ~ in de tand* from hand to mouth ★ *voor de ~ liggen* be obvious ★ *het zijn twee ~en op één buik* they're hand in glove ★ *als de ene ~ de andere wast, worden ze beide schoon* you scratch my back and I'll scratch yours ★ *veel ~en maken licht werk* many hands make light work

handappel *m* [-en & -s] eating apple
handarbeider *m* [-s] manual worker
handbagage *v* hand luggage
handbal I *o & m* [-len] handball **II** *o* sp handball
handballen *onoverg* [handbalde, h. gehandbald] play handball
handballer *m* [-s] handball player
handbediening *v* manual control
handbereik *o* ★ *binnen ~* within reach
handbeweging *v* [-en] hand movement
handboei *v* [-en] *meestal mv* handcuff
handboek *o* [-en] manual, handbook, ‹naslagwerk› reference work
handboog *m* [-bogen] longbow
handboor *v* [-boren] hand drill, ‹klein› gimlet, auger
handbreed *o*, **handbreedte** *v* [-n & -s] hand's breadth ★ *geen ~ wijken* not budge an inch
handcrème *v* [-s] hand cream
handdoek *m* [-en] towel ★ *een ~ op rol* a roller towel ★ *de ~ in de ring gooien* give up, throw in the towel
handdruk *m* [-ken] hand pressure, handshake ★ *een ~ wisselen* shake hands ★ *een gouden ~* a golden handshake
handel *m* ❶ *handelsverkeer* trade, business, commerce ★ *~ drijven* do business, trade (*met* with) ★ *in de ~*

brengen put on the market ★ *niet in de ~* ‹mag niet verkocht worden› not for sale, ‹niet te krijgen› not to be had, ‹v. pamfletten &› privately printed ★ *uit de ~ nemen* withdraw from the market ★ *geef maar hier die hele ~* just give me the whole lot ★ *~ en wandel* conduct, way of living, way of life ❷ *v. verboden zaken* traffic ★ *illegale ~* illicit trading, trafficking ★ *~ in verdovende middelen* trading in drugs, drug dealing ❸ *zaak* business ★ *in de ~ gaan / zijn* go into / be in business
handelaar *m* [-s & -laren] ❶ merchant, dealer, trader ★ *een ~ in koffie / papier &* a trader in coffee / paper & ❷ *in verboden goederen* trafficker
handelbaar *bn* ❶ *volgzaam* tractable, manageable, docile ❷ *hanteerbaar* handy, easy to handle ❸ *verwerkbaar* flexible, pliant, manageable
handelen *onoverg* [handelde, h. gehandeld] ❶ *doen* act ★ *~ naar (een beginsel)* act on (a principle) ★ *hoe nu te ~?* what do we do now? ★ *over een onderwerp ~* deal with / treat a subject ❷ *handel drijven* trade, deal ★ *~ in hout* deal / trade in timber ★ eff *~ met voorkennis* insider trading, insider dealing
handeling *v* [-en] ❶ *alg.* action, act ★ *de Handelingen der Apostelen* the Acts of the Apostles ★ *de ~en van dit genootschap* the proceedings / transactions of this society ★ *de Handelingen der Staten-Generaal* the official parliamentary records ★ *de Handelingen van het Britse Parlement* Hansard ★ jur *een rechtmatige ~* a lawful act ❷ *v. toneelstuk* action
handelingsbekwaam *bn* jur (legally) competent
handelingsonbekwaam *bn* jur not legally competent
handelsakkoord *o* [-en] trade agreement
handelsartikel *o* [-en & -s] commodity, piece of merchandise
handelsbalans *v* [-en] balance of trade, trade balance ★ *een tekort op de ~* a trade gap / deficit ★ *een actieve / passieve ~* a favourable / unfavourable balance of trade
handelsbank *v* [-en] merchant bank
handelsbetrekkingen *zn* [mv] commercial relations
handelsboycot *m* [-s] trade boycott
handelscentrum *o* [-s &-tra] trade centre/Am center
handelsembargo *o* ['s] trade embargo ★ *een ~ instellen tegen...* impose a trade embargo on...
handelsfirma *v* ['s] business / commercial firm
handelsgeest *m* commercial spirit
handelshuis *o* [-huizen] trading company / firm / house
handelskantoor *o* [-toren] business office
handelskennis *v* commercial practice
handelsklimaat *o* business climate
handelskrediet *o* [-en] trade credit
handelsmaatschappij, **handelmaatschappij** *v* [-en] trading / commercial company
handelsmerk *o* [-en] trade mark
handelsmissie *v* [-s] trade mission / delegation
handelsnaam *m* [-namen] trade name
handelsnatie *v* [-s] trading nation

handelsonderneming v [-en] commercial / business enterprise

handelsoorlog m [-logen] ❶ *tussen landen* trade war ❷ *prijzenoorlog* price war

handelsovereenkomst v [-en] commercial / trade agreement

handelsplaats v [-en] place of business

handelsrecht o commercial / merchant law

handelsregister o [-s] commercial / trade register

handelsreiziger m [-s] travelling/Am traveling salesman, commercial traveller/Am traveler

handelsverdrag o [-dragen] commercial / trade treaty

handelsverkeer o ❶ business dealings ❷ *in het groot* commerce, trade

handelsvloot v [-vloten] merchant fleet

handelsvoorraad m [-raden] trading stock, stock-in-trade

handelswaar v [-waren] commercial articles / goods, merchandise

handelswaarde v market / commercial value

handeltje o [-s] ❶ *het handelen* deal, job ❷ *handelswaar* lot

handelwijze v [-wijzen] method, approach

handenarbeid m ❶ v. *arbeider* manual labour ❷ *op school* manual training, hand(i)craft

handenbinder m [-s] ★ *een baby is een ~* a baby ties you down

hand-en-spandiensten zn [mv] ★ ~ *verlenen aan / verrichten voor de vijand* aid and abet the enemy

handenwringend bn wringing one's hands

handgebaar o [-baren] gesture, motion of the hand

handgeklap o applause, clapping

handgeld o [-en] earnest money

handgemaakt bn handmade

handgemeen I bn ★ ~ *worden* come to blows **II** o hand-to-hand fight

handgeschilderd bn handpainted ★ *een ~e vaas* a handpainted vase

handgeschreven bn handwritten ★ *een ~ brief* a handwritten letter

handgranaat v [-naten] (hand) grenade

handgreep m [-grepen] ❶ *greep* grasp, grip ❷ *handvat* handle ❸ *handigheid* knack ❹ *truc* trick

handhaven I overg [handhaafde, h. gehandhaafd] maintain, preserve ‹the peace›, uphold ‹the law› ★ *de orde ~* keep / enforce order **II** wederk [handhaafde, h. gehandhaafd] ★ *zich ~* hold one's own, one's ground

handhaving v maintenance ★ ~ *van de openbare orde* keeping / preserving the public order

handicap m [-s] handicap ★ *mensen met een ~* the disabled

handicaprace m [-s] handicap race

handig I bn ❶ *behendig* handy, clever, skilful/Am skillful ★ *hij is ~ in huis* he comes in handy around the house ❷ *bruikbaar* practical, useful ★ *een ~ toestel* a useful tool ★ ~ *in gebruik* easy to use ❸ *slim* slick **II** bijw cleverly, skilfully, adroitly

handigheid v [-heden] handiness, skill, adroitness ★ *een ~je* a trick of the trade

handje o [-s] (little) hand ★ *ergens een ~ van hebben* have a way with... ★ *een ~ helpen* lend a (helping) hand ★ ~ *contantje* cash in hand ★ *schoon in het ~* cash on the nail ★ *losse ~s hebben* be free with one's hands

handjeklap o ★ ‹samenspannen› ~ *spelen met* be in league with, be hand in glove with

handjevol o handful, fistful ★ *slechts een ~ mensen was gekomen* only a handful of people came

handkar v [-ren] barrow, handcart, pushcart

handkus m [-sen] ❶ kiss on the hand ❷ *kushand* hand-blown kiss

handlanger m [-s] helper, afkeurend accomplice

handleiding v [-en] manual, guide

handlezen o palmistry

handlezer m [-s] palmist

handlijn v [-en] line in the hand

handlijnkunde v palmistry

handlingkosten zn [mv] handling costs

handmatig I bn manual, by hand ★ ~*e invoer* input by hand, manual input **II** bijw manually, by hand

handomdraai m ★ *in een ~* in a twinkling, in a trice, in no time

handoplegging v [-en] laying on of hands

handopsteken o ★ *bij / door ~* by (a) show of hands

handpalm m [-en] palm of the hand

handreiking v [-en] a helping hand, assistance

handrem v [-men] handbrake ★ *op de ~ zetten* put on the handbrake

hands bn sp hands ★ *aangeschoten ~* unintentional hands ★ ~ *maken* handle the ball ★ ~! hands! ▼ ~ *up!* hands up!

handschoen m & v [-en] ❶ glove ★ *zijn ~en aantrekken* pull on one's gloves ★ *iem. met fluwelen ~en aanpakken* handle sbd with kid gloves ❷ hist gauntlet ★ *de ~ opnemen* take up the gauntlet ★ *iem. de ~ toewerpen* throw down the gauntlet ★ *met de ~ trouwen* marry by proxy

handschoenenkastje, handschoenenvakje o [-s] glove compartment / box

handschrift o [-en] ❶ *wijze van schrijven* handwriting ❷ *handgeschreven tekst* manuscript

handsfree bn & bijw handsfree, without hands ★ ~ *bellen* phone handsfree

handsinaasappel m [-s, -en] (eating) orange

handslag m [-slagen] slap (with the hand) ★ *iets op / met / onder ~ beloven* shake hands on sth ★ *verkoop bij ~* shake / slap hands to close a deal

handspiegel m [-s] hand mirror

handstand m [-en] handstand

handtas v [-sen] handbag

handtastelijk bn ★ ~ *worden* ‹beginnen te vechten› become aggressive, violent, ‹betasten› paw ‹a girl›

handtastelijkheden zn [mv] ❶ *fysieke gewelddadigheden* physical violence ★ *het kwam tot ~* a fight broke out, it came to blows ❷ *bij een vrouw* pawing

handtekening v [-en] signature ★ *een digitale* ~ a digital signature

handtekeningenactie v [-s] petition

handvaardigheid v dexterity, manual skill

handvat o [-vatten] handle

handvest o [-en] charter

handvol v handful ★ inf *een* ~ *geld* a lot of money

handvuurwapens zn [mv] small arms

handwas m hand wash, washing by hand

handwerk o [-en] ❶ *beroep* trade, craft ❷ *m.b.t. product* handmade ‹product› ★ *is dit* ~? is this made by hand? ❸ *met de hand maken* handiwork ❹ *borduur-, haak-, breiwerk &* fancy work, needlework

handwerken onoverg [handwerkte, h, gehandwerkt] do needlework / embroidery

handwerksman m [-lieden & -lui] artisan

handwoordenboek o [-en] concise dictionary

handzaag v [-zagen] handsaw

handzaam bn ❶ *handelbaar* tractable, manageable ❷ *gemakkelijk te hanteren* handy

hanenbalk m [-en] tie beam, collar beam ★ *onder de* ~*en* in the garret

hanengevecht o [-en] cock fight

hanenkam m [-men] ❶ *kam v.e. haan* cock's comb ❷ *kapsel* Mohawk (haircut), Mohican (haircut) ❸ *zwam* chanterelle

hanenpoot m [-poten] scrawl, scribble

hang m [-en] bent (for), leaning (towards) ★ *een* ~ *naar het verleden* nostalgia (for the past) ★ *een* ~ *naar liefde* a craving for love

hangar, **hangaar** m [-s] hangar

hangborst v [-en] drooping / sagging breast

hangbrug v [-gen] suspension bridge

hangbuikzwijn o [-en] pot-bellied pig

hangen I onoverg [hing, h. gehangen] ❶ *alg.* hang ★ *aan een spijker* ~ hang from a nail ★ *aan een touw* ~ hang by a rope ❷ *doodstraf* be hanged ★ *ik mag* ~ *als...* I'll be hanged if..., I'll be damned if... ★ *ik zou nog liever* ~ I'll be hanged first ★ *het was tussen* ~ *en wurgen* it was a tight squeeze ❸ *slap hangen* hang, droop, sag ★ *het hoofd laten* ~ hang one's head ★ *de lip laten* ~ pout ❹ *vastzitten* hang, stick, be stuck ★ *aan iems. lippen* ~ hang on sbd.'s lips ★ *aan iem.* ~ stick to sbd ★ *hij is daar blijven* ~ he stayed hanging around there, fig he's remained stuck in the same grove ★ *blijven* ~ *aan* be caught in ‹a branch &› ★ ‹aan telefoon› *blijf even* ~ hold the line, wait a moment ★ *hij is eraan blijven* ~ he ended up being stuck with it ★ *er zal weinig van blijven* ~ very little of it will stick in the memory ★ *dat verhaal hangt van leugens / als droog zand aan elkaar* that story is a pack of lies / is pure fabrication ❺ *onbeslist zijn* hang, be up in the air ★ *die kwestie hangt nog* the issue is still up in the air ❻ *verlangen* hang, long ★ ~ *naar* long for ❼ *nietsdoen* hang (around / about / out) ★ *sta daar niet te* ~ stop hanging about

/ around ★ *hij hangt iedere avond in de kroeg* he hangs out at the pub every evening **II** overg [hing, h. gehangen] hang ★ *een schilderij aan de muur* ~ hang a painting on the wall

hangend I bn ❶ *niet staand* hanging, drooping ★ ~*e borsten* drooping / sagging breasts ★ voetbal *een* ~*e spits* a midfield striker ❷ *nog gaande, niet beslist* pending ★ *de zaak is nog* ~*e* the business is still pending **II** voorz ★ ~*e het onderzoek* pending the inquiry

hang-en-sluitwerk o locks and hinges

hanger m [-s] ❶ *klerenhanger* (coat) hanger ❷ *oorsieraad* drop earring ❸ *halssieraad* pendant, pendent

hangerig bn listless, languid

hangglider m [-s] hang-glider

hangijzer o [-s] pot hanger ★ *een heet* ~ a controversial affair, inf a hot potato

hangjongere m-v [-n] kid that hangs around

hangkast v [-en] wardrobe

hangklok v [-ken] hanging clock

hangmap v [-pen] suspended filing folder

hangmat v [-ten] hammock

hangplant v [-en] hanging plant

hangplek v [-ken] spot for hanging around ★ *dit was jarenlang de* ~ *van junks* drug addicts hung around / out here for years

hangslot o [-sloten] padlock

hangsnor v [-ren] drooping moustache(s)

hangtiet v [-en] droopy / saggy tit

hangwang v [-en] *meestal* mv baggy cheek

hanig bn macho ★ ~ *gedrag* macho behaviour

hannesen onoverg [hanneste, h. gehannest] muck / mess around ★ *zit niet zo te* ~*!* stop mucking / messing around! ★ *hij zat te* ~ *met zijn stropdas* he was messing around with his tie

hansop m [-pen] rompers

hansworst m [-en] buffoon

hanteerbaar bn easy to handle, manageable

hanteren overg [hanteerde, h. gehanteerd] ❶ *gebruiken* operate, employ, ‹gereedschap› handle, dicht ‹wapen, potlood, naald &› wield, ply ❷ *beheersen* manage ★ *conflicten kunnen* ~ able to deal with conflicts

Hanze v Hanse, Hanseatic League

Hanzestad v [-steden] Hanseatic town

hap m [-pen] ❶ *het happen* bite ★ ~*!* open up! ❷ *mondvol* bite, morsel, bit ★ *in één* ~ in one bite / mouthful ★ *geen* ~ *naar binnen kunnen krijgen* not able to eat, have no appetite ★ *een warme* ~ a warm snack ★ *de hele* ~ all of them ★ *weg met die* ~*!* away with them!

haperen onoverg [haperde, h. gehaperd] ❶ *bij het spreken* ‹v. stem› falter, waver, ‹v. gesprek› flag ★ *zonder* ~ unfalteringly, without a hitch ❷ *v. machine* not work / function properly ★ *hapert er iets aan?* anything wrong / the matter? ★ *de motor hapert* the engine's playing up

hapering *v* [-en] ❶ *storing* hitch ❷ *bij het spreken* hesitation

hapje *o* [-s] bite, mouthful, snack ★ *een ~ en een drankje* a snack and a drink ★ *een smakelijk ~* a tasty morsel

hapjespan *v* [-nen] frying pan, sauté pan

hapklaar *bn* ready-to-eat ★ ook fig *hapklare brokken* bite-sized chunks, easy to digest chunks

happen *onoverg* [hapte, h. gehapt] snap (at), bite (at), ⟨m.b.t. vissen⟩ take the bait ★ *~ in* bite into ★ *~ naar lucht* gasp for air ★ *toen wij hem geld aanboden, hapte hij direct* as soon as we offered him money he took the line

happening *v* [-s] happening

happig *bn* ★ *(niet erg) ~ op iets zijn* (not) be keen on sth

happy end *o* [-s] happy end(ing)

happy hour *o* [-s] happy hour

happy slapping *de* happy slapping

hapsnap *bijw* random, uncoordinated, inf bitty

haptonomie *v* haptonomy

haptonoom *m* [-nomen] haptonomist

harakiri *o* hara-kiri ★ *~ plegen* commit hara-kiri

hard I *bn* ❶ *niet zacht* hard ★ *~e eieren* hard-boiled eggs ★ *een ~e munt* hard currency ★ comput *de ~e schijf* the hard disc / disk ★ *zo ~ als staal* as hard as steel ❷ *moeilijk* hard ⟨times⟩ ❸ *onbetwistbaar* hard ⟨figures⟩, firm ⟨evidence⟩ ❹ *streng* hard ⟨action⟩, firm ⟨approach⟩, harsh ⟨judgement⟩, tough ⟨measures⟩ ❺ *hevig, krachtig* hard ⟨wind⟩, tough ⟨fight⟩, heavy ⟨rain⟩, stiff ⟨competition, opposition⟩ ❻ *luid* loud ⟨music, voices⟩ ❼ *schel* loud ⟨colours⟩ ❽ *met hoog kalkgehalte* hard ⟨water⟩ **II** *bijw* ❶ *niet zacht* hard ★ *~ aankomen* pack a punch ★ *het gaat ~ tegen ~* it is a fight to the finish, the gloves are off ★ *zo ~ zij konden* as hard / loud / fast & as they could, their hardest / loudest / fastest & ❷ *luid* loudly ★ *~ lachen* laugh loudly / heartily ★ *om het ~st roepen / schreeuwen &* shout / scream & at the top of one's voice ❸ *snel* fast, quickly ★ *~ naar huis rennen* rush home, run home quickly ❹ *moeilijk* hard ★ *het ~ hebben* have a hard time of it ❺ *dringend* sorely, badly ★ *... is ~ nodig* ...is sorely needed

hardboard *o* hardboard

harddisk *m* [-s] comput hard disc / disk

harddrug *m* [-s] hard drug

harden *overg* [hardde, h. gehard] harden, temper ⟨steel⟩ ★ *zich ~ tegen* harden oneself against ★ *iets niet kunnen ~* not be able to bear / stand sth, inf not be able to take / stick sth ★ *het is niet te ~* it's unbearable

hardgekookt *bn* hard-boiled ★ *een ~ ei* a hard-boiled egg

hardhandig *bn* hard-handed, rough, heavy-handed

hardheid *v* [-heden] ❶ *v. materialen* hardness, toughness ❷ *v. mensen* toughness, harshness, severity

hardhorend, hardhorig *bn* hard of hearing

hardhout *o* hardwood

hardhouten *bn* hardwood

hardleers *bn* ❶ *moeilijk lerend* unteachable, inf dense ❷ *eigenwijs* headstrong, obstinate

hardliner *m* [-s] hardliner

hardloopwedstrijd *m* [-en] (running) race

hardlopen *onoverg* [liep hard, h. hardgelopen] run, race

hardloper *m* [-s] iem. *die rent* runner, sp racer, jogger ★ *~s zijn doodlopers* more haste less speed

hardmaken *overg* [maakte hard, h. hardgemaakt] *bewijzen* prove ★ *hij kan die bewering niet ~* he can't prove / substantiate the claim

hardmetalen *bn* hard metal

hardnekkig I *bn* ❶ *v. persoon* obstinate, stubborn ❷ *v. geruchten, pogingen, ziekte &* persistent ❸ *v. tegenstand* stubborn, stiff **II** *bijw* obstinately, stubbornly, persistently

hardop *bijw* aloud ★ *~ denken* think aloud

hardrijden *o* racing ★ *~ op de schaats* speed skating

hardrijder *m* [-s] racer ★ *een ~ op de schaats* a speed skater

hardrock *m* hard rock

hardvochtig *bn* hard-hearted, callous ★ *een ~e beslissing* a hard-hearted decision ★ *een ~ persoon* a callous person

hardware *m* hardware

harem *m* [-s] harem

harig *bn* hairy

haring *m* [-en] ❶ *vis* herring ★ *een zure / zoute ~* a pickled / salted herring ★ *als ~en in een ton* packed like sardines (in a tin) ★ *~ of kuit van iets willen hebben* want to know what's what ❷ *v. tent* tent peg

haring kaken *o* curing of herrings

haringvangst *v* [-en] ❶ *haringvisserij* herring fishery ❷ *vangst in één keer* herring catch

haringvisser *m* [-s] herring fisherman

haringvisserij *v* herring fishery

hark *v* [-en] ❶ *gereedschap* rake ❷ *stijf persoon* stick, gawky person

harken *overg en onoverg* [harkte, h. geharkt] rake

harkerig I *bn* stiff, wooden **II** *bijw* stiffly, woodenly

harlekijn *m* [-s] ❶ *toneelfiguur* harlequin ❷ *clown* buffoon, clown

harmonica *v* ['s] accordion

harmonicawand *m* [-en] folding partition

harmonie *v* [-nieën] ❶ harmony ★ *in ~ met elkaar leven* live in harmony together ❷ *harmonieorkest* [-s] woodwind and brass band

harmoniemodel *o* [-len] conflict-avoidance strategy

harmonieorkest *o* [-en] woodwind and brass band

harmoniëren *onoverg* [harmonieerde, h. geharmonieerd] harmonize (*met* with)

harmonieus *bn* ❶ *welluidend* harmonious ❷ *evenmatig* harmonic

harmonisatie *v* [-s] harmonization

harmonisch *bn* in harmony ★ wisk *een ~e reeks* harmonic progression

ha

harmoniseren *overg* [harmoniseerde, h. geharmoniseerd] harmonize

harmonisering *v* [-en] harmonization

harmonium *o* [-s] harmonium

harnas *o* [-sen] armour ★ *iem. (tegen zich) in het ~ jagen* put sbd's back up ★ *mensen tegen elkaar in het ~ jagen* set people up against one another ★ *in het ~ sterven* die in harness ★ *voor iets / iem. het ~ aantrekken* stand firm in support of sth / sbd

harp *v* [-en] muz harp ★ *op de ~ spelen* play the harp

harpist, harpenist *m* [-en] harpist

harpoen *m* [-en] harpoon

harpoeneren *overg* [harpoeneerde, h. geharpoeneerd] harpoon

hars *o & m* [-en] ❶ *v. boom* resin ❷ *voor strijkstok* rosin

harsen *overg* [harste, h. geharst] depilate (with wax)

hart *o* [-en] ❶ *orgaan* heart ★ *hij draagt het ~ op de juiste plaats* his heart is in the right place ★ *het ~ op de tong hebben* wear one's heart on one's sleeve ★ *ik hou mijn ~ vast* I have my misgivings, I fear the worst ★ *het ~ klopte mij in de keel* my heart was in my mouth ★ *iem. aan het ~ drukken* clasp sbd to one's heart / bosom ★ *hij heeft het aan zijn ~* he has a weak heart, he has heart trouble ★ *dat is mij na aan het ~ gebakken* I hold it dear ★ *dat ligt mij na aan het ~* it's very near to my heart ★ *hij is een... in ~ en nieren* he is a... through and through ★ *met ~ en ziel* in heart and soul ★ *het wordt mij wee om het ~* I'm sick at heart ★ *iem. iets op het ~ binden / drukken* urge sbd to ‹do sth› ★ *iets op het ~ hebben* have sth on one's mind ★ *zeggen wat men op het ~ heeft* speak freely, speak one's mind ★ *hij kon het niet over zijn ~ verkrijgen om...* he didn't have the heart to... ★ *uw welzijn gaat mij ter ~e* I have your welfare at heart ★ *iets ter ~e nemen* take sth to heart ★ *dat is mij uit het ~ gegrepen* this is something after my own heart ★ *uit de grond / het diepst van zijn ~* from the bottom of his heart ★ *van ~e, hoor!* congratulations! ★ *van ganser ~e* ‹love sbd› with all one's heart, ‹thank sbd› wholeheartedly/ from one's heart ★ *waar het ~ vol van is, loopt de mond van over* out of the abundance of the heart, the mouth speaketh ★ *dat is een pak van mijn ~* that's a relief ★ *alles wat zijn ~je begeert* everything he's ever wanted ❷ *gemoed, binnenste* heart ★ *een goed ~ hebben* be kind-hearted ★ *een ~ van steen* a heart of stone ★ *zijn ~ luchten* give vent to one's feelings, speak one's mind ★ *zijn ~ uitstorten* show one's feelings ★ *zijn ~ ophalen aan* eat / read & one's fill of ★ *dat zal hem aan het ~ gaan* he'll be touched by that ★ *in zijn ~ gaf hij mij gelijk* in his heart of hearts he knew I was right ★ *in zijn ~ is hij...* at heart he is... ❸ *moed* heart, courage ★ *het ~ hebben om...* have the heart to..., have the conscience to... ★ *niet het ~ hebben om* not have the heart / courage to, not dare to ★ *als je het ~ hebt!* if you dare! ★ *heb het ~ niet* don't you dare, don't you have the cheek ★ *iem. een ~ onder de riem steken* give encouragement to sbd ★ *het ~ zonk hem in de*

schoenen his heart sank (into his boots) ❹ *gezindheid* heart ★ *geen ~ hebben voor zijn werk* not have one's heart in one's work ★ *iem. een goed ~ toedragen* be well disposed toward sbd ★ *hij is een man naar mijn ~* he's a man after my own heart ❺ *kern, midden* heart, middle, core ★ *het Groene Hart* The Green Heart ★ *~je winter* in the middle of winter ❻ *vorm* heart ★ *~en is troef* hearts are trumps

hartaandoening *v* [-en] heart condition / disease

hartaanval *m* [-len] heart attack

hartafwijking *v* [-en] heart condition

hartbewaking *v ziekenhuisafdeling* coronary care unit ★ *aan de ~ liggen* be in intensive care

hartboezem *m* [-s] auricle (of the heart)

hartbrekend *bn* heartbreaking, heartrending

hartchirurg *m* [-en] cardiac / heart surgeon

hartchirurgie *v* cardiac / heart surgery

hartelijk I *bn* hearty, cordial, warm ★ *de ~e groeten van allen* kindest regards from all ★ *een ~e ontvangst* a warm welcome **II** *bijw* heartily ★ *~ dank* thank you very much / so much ★ *~ lachen* laugh heartily ★ *~ gefeliciteerd* many happy returns, congratulations

hartelijkheid *v* heartiness, cordiality, warmth, open-heartedness

harteloos *bn* heartless

harten *v* [idem of -s] kaartsp hearts

hartenaas *m & o* [-azen] ace of hearts

hartenboer *m* [-en] jack of hearts

hartenbreker *m* [-s] heartbreaker

hartendief *m* [-dieven] darling, sweetheart, heartthrob

hartenheer *m* [-heren] king of hearts

hartenjagen *o kaartspel* hearts, rickety Kate

hartenkreet *m* [-kreten] heartfelt cry

hartenlust *m ★ naar ~* to one's heart's content

hart- en vaatziekten *zn* [mv] cardiovascular diseases

hartenvrouw *v* [-en] queen of hearts

hartenwens *m* [-en] heart's desire

hartgrondig I *bn* whole-hearted, heartfelt ★ *een ~e afkeer van / hekel aan iem. hebben* have a heartfelt / an intense hatred for sbd **II** *bijw* whole-heartedly ★ *~ vloeken* swear whole-heartedly

hartig *bn* ❶ *zout, kruidig* salt, savoury ❷ *stevig* hearty ‹meal› ★ *een ~ woordje met iem. spreken* have a heart-to-heart (talk) with sbd

hartinfarct *o* [-en] heart attack, coronary thrombosis, inf coronary

hartkamer *v* [-s] ventricle (of the heart)

hartklachten *zn* [mv] heart complaint

hartklep *v* [-pen] ❶ anat cardiac valve ❷ techn suction valve

hartklopping *v* [-en] *meestal mv* palpitation (of the heart), heart palpitation, med tachycardia

hartkwaal *v* [-kwalen] heart condition, inf heart trouble

hart-longmachine *v* [-s] heart-lung machine

hartmassage *v* [-s] heart massage

hartoperatie *v* [-s] heart / cardiac surgery ★ *een*

open ~ open heart surgery

hartpatiënt *m* [-en] cardiac / heart patient ★ ~ *zijn* have a heart condition

hartritme *o* [-s] heartbeat

hartritmestoornis *v* [-se] irregular heartbeat, med cardiac arrhythmia

hartroerend I *bn* heartbreaking, moving, pathetic ‹sight› ★ *een ~e film* a moving film **II** *bijw* heartbreakingly, pathetically

hartruis *m* cardiac / heart murmur

hartsgeheim *o* [-en] *meestal mv* intimate secret

hartslag *m* [-slagen] heartbeat

hartspecialist *m* [-en] cardiologist, heart specialist

hartspier *v* [-en] heart muscle

hartsterking *v* [-en] *borrel* pick-me-up

hartstikke *bijw* awfully ★ ~ *dood / doof* stone dead / deaf ★ ~ *gek* stark staring mad ★ *hij was ~ gek om de toren te beklimmen* he was crazy to climb that tower ★ ~ *goed!* super! ★ *zij kon ~ goed zingen* she was a marvellous singer ★ ~ *leuk!* great! fantastic!

hartstilstand *m* [-en] cardiac arrest ★ *een acute ~* an acute cardiac arrest

hartstocht *m* [-en] passion

hartstochtelijk I *bn* passionate **II** *bijw* passionately ★ ~ *verlangen naar iets / iem.* long passionately for sth / sbd

hartstoornis *v* [-sen] cardiac / heart disorder

hartstreek *v* cardiac region

hartsvriend *m* [-en], **hartsvriendin** *v* [-nen] bosom friend, best friend

harttransplantatie *v* [-s] heart transplant

hartverheffend *bn* uplifting

hartverlamming *v* [-en] heart failure ★ *hij is aan een ~ overleden* he died of heart failure, he died of a heart attack

hartveroverend *bn* enchanting, ravishing

hartverscheurend *bn* heartrending, heartbreaking ★ ~e *kreten* heartrending cries ★ *een ~ verhaal* a heartbreaking story

hartversterkertje *o* [-s] *borrel* pick-me-up

hartverwarmend *bn* heartwarming

hartvormig *bn* heart-shaped

hartzakje *o* [-s] pericardium

hartzeer *o* heartache, heartbreak, grief

hartziekte *v* [-n &-s] heart disease

hasj, hasjiesj *m* hash, hashish

hasjhond *m* [-en] sniffer dog

haspel *m* [-s, -en] reel

haspelen I *overg* [haspelde, h. gehaspeld] ❶ *afwinden* reel, wind ❷ *verwarren* jumble, mix up ★ *door elkaar ~* mix up, confuse **II** *onoverg* [haspelde, h. gehaspeld] *knoeien* bungle, blunder

hatchback *m* [-s] auto hatchback

hateenheid *v* [-heden] ± single unit

hatelijk I *bn* spiteful, nasty, snide ★ *een ~e opmerking* a spiteful / snide remark ★ ~e *blikken* nasty looks **II** *bijw* spitefully

hatelijkheid *v* [-heden] spite, malice ★ *een ~* a gibe, a nasty / spiteful / malicious comment

hatemail *de* [-s] hate mail

haten *overg* [haatte, h. gehaat] hate ★ *bij / door het volk gehaat* hated by the people

hatsjie *tsw* a(t)choo, atishoo

hattrick *m* [-s] sp hat trick

hausse *v* [-s] upsurge, rise, ‹sterk, snel› boom, bull trend / movement ★ *à la ~ speculeren* speculate for a rise, bull

hautain I *bn* haughty **II** *bijw* haughtily ★ *zich ~ gedragen* behave haughtily

haute couture *v* haute couture

haute cuisine *v* haute cuisine

havanna I *v* ['s] *sigaar* Havana **II** *o kleur* havana **III** *bn v. kleur* havana-coloured

havannasigaar *v* [-garen] Havana

have *v* property, goods, stock ★ ~ *en goed* goods and chattels ★ *levende ~* livestock, cattle ★ *tilbare ~* movables, personal property

haveloos *bn* shabby, scruffy, ‹v. dingen› dilapidated ★ *er ~ uitzien* look very shabby / scruffy ★ *een haveloze buitenwijk* a slum area

haven *v* [-s] ❶ harbour, dock(s), ‹grote haven ook› port ★ *de Rotterdamse ~* the Port of Rotterdam ❷ *havenstad* port ★ *een ~ aandoen* put in at a port ❸ *toevluchtsoord* haven ★ *in behouden ~* in safe harbour ★ fig *stranden in het zicht van de ~* fail at the last minute

havenarbeider *m* [-s] docker, dock worker, stevedore

havenautoriteiten *zn* [mv] harbour authorities, port authority

havenbestuur *o* harbour management

havengeld *o* [-en] harbour / dock dues

havenhoofd *o* [-en] jetty, pier

havenkantoor *o* [-toren] harbour office

havenmeester *m* [-s] harbour master

havenstad *v* [-steden] seaport town, port town, port

havenstaking *v* [-en] dock strike

havenwerken *zn* [mv] harbour works

haver *v* oats ★ *paarden die de ~ verdienen, krijgen ze niet* we often fail to get what we deserve

haverklap *m* ★ *om de ~* at every moment, on the slightest provocation

havermout *m* ❶ *korrels* rolled oats ❷ *als pap* (oatmeal) porridge

havik *m* [-viken] ❶ *vogel* hawk, goshawk ❷ pol hawk

havikskruid *o* hawkweed

haviksneus *m* [-neuzen] hawk nose, aquiline nose ★ *een man met een ~* a hawk-nosed man

haviksogen *zn* [mv] ★ *een man met ~* a hawk-eyed man

havo *o* (hoger algemeen voortgezet onderwijs) senior general secondary education *m* ['s] ± senior general secondary school ★ *Martijn zit op de ~* Martijn is studying for his senior secondary school diploma

hazelaar *m* [-s & -laren] hazel

hazelnoot *v* [-noten] hazelnut, filbert, cob

hazenbout *m* [-en] haunch / leg of hare

ha

ha

hazenleger *o* [-s] form, hare's lair
hazenlip *v* [-pen] cleft lip, harelip
hazenpad *o* ★ *het ~ kiezen* take to one's heels
hazenpeper *m* jugged hare
hazenrug *m* [-gen] rack of hare
hazenslaap *m* catnap ★ *een ~je doen* take a catnap
hazewind, hazewindhond *m* [-en] greyhound
hbo *o* (hoger beroepsonderwijs) higher professional education *m & v* (hogere beroepsopleiding) school for higher professional education
hdtv *m* (high definition television) high definition television
hè *tsw* ❶ *uitroep van verbazing* oh!, ⟨prettig⟩ ah! ★ *~ ~, dat zit erop* phew, I'm glad that's over with ❷ *om bevestiging te krijgen* right? isn't it? ★ *~ ja / nee* that's right ★ *mooi, ~?* lovely, isn't it? ★ *leuk huis, ~?* nice house, isn't it?
hé *tsw* ❶ *uitroep om aandacht te trekken* hey! ❷ *uitroep van verbazing, ergernis* oh, really!
headbangen *onoverg* [headbangde, h. geheadbangd] headbang
headhunter *m* [-s] headhunter
heao *o* (hoger economisch en administratief onderwijs) business administration and economics
hebbeding *o* [-en] must-have, object of desire ★ *een lange halsketting is het ~ van dit seizoen* a long necklace is this season's must-have
hebbelijkheid *v* [-heden] (bad) habit, trick ★ *hebbelijkheden* idiosyncrasies
hebben I *overg* [had, h. gehad] ❶ *bezitten, beschikken over* have ★ *ze heeft een zoon* she has a son ★ *hij heeft zijn boeken / paraplu niet bij zich* he doesn't have his books / umbrella with him ★ *heb je een papiertje voor me?* have you got a piece of paper for me? ❷ *kenmerken/eigenschappen/vermogens bezitten* be like ★ *hij heeft wel iets van zijn vader* he looks / is rather like his father ★ *hij heeft niets van zijn vader* he looks / is nothing like his father ★ *het heeft er wel iets van* it looks a bit like it ❸ *m.b.t. negatieve of positieve aandoeningen* have, be (in) ★ *het koud ~* be cold ★ *het in de buik / in de ingewanden ~* suffer from intestinal troubles ★ *hij zal iets aan zijn voet ~* he's probably got something the matter with his foot ❹ *in de omstandigheid verkeren, ervaren* have, experience ★ *wij ~ nu aardrijkskunde* we've got geography now ★ *het gemakkelijk ~* have an easy time of it ★ *het goed ~* be well off, be in easy circumstances ★ *het hard ~* have a hard time of it ★ *het rustig ~* be quiet ❺ *door iets bezwaard worden* have ★ *heeft u er iets tegen?* have you any objections? ★ *hij heeft iets tegen mij* he's got something against me, he doesn't like me ★ *als zij er niets tegen heeft* if she has no objection, if she doesn't mind ★ *ik heb niets tegen hem* I have nothing against him ★ *wat heb je toch?* what's the matter with you? what's wrong with you? ★ *wat heeft hij toch?* what's come over him? what's the matter with him? ❻ *krijgen, deelachtig worden* have, get ★ *wat*

zullen we nu ~? what's up now? ★ *je moet wat ~* ⟨krijgen als beloning⟩ you deserve something for that, ⟨mankeren⟩ there must be something the matter with you ★ *ik moet nog geld van hem ~* he still owes me money ★ *ik wil / moet mijn geld ~* I want my money ❼ *verdragen, toestaan* have, want ★ *ik kan je hier niet ~* I don't want you here ★ *iets niet kunnen ~* not be able to stand / bear sth ★ *ik wil het niet ~* I won't have / allow it ❽ *(niet) willen* have, want ★ *daar moet ik niets van ~* I don't hold with that, I'm not having that ★ *hij moest niets ~ van...* he didn't take kindly to..., he didn't hold with..., he didn't like..., he wasn't having any (of it) ★ *wie moet je ~?* who do you want? ❾ *beleven, (er) zijn* have, be ★ *daar heb je hem weer!* there he is again! ★ *daar heb je bijvoorbeeld X* take X, for example ★ *daar heb je het nou!* there you are! that's just it! ★ *hier heb je het* here you are ★ *dat ~ we weer gehad* that's that ❿ *gevat houden, te pakken hebben* have ★ *daar heb ik je!* I had you there! ★ *hij zong van heb ik jou daar* he sang lustily ★ *een klap van heb ik jou daar* an enormous blow ★ *ik heb het* I've got it ★ *hoe heb ik het nou?* well, fancy that! ★ *hij weet niet hoe hij het heeft* he doesn't know whether he's coming or going ⓫ *spreken (over)* ★ *het over iem. / iets ~* be talking about sbd / sth ★ *het tegen iem. ~* be talking to sbd ⓬ *van nut zijn* be of use ★ *je hebt er niet veel aan* it is / they are not much use to you ★ *daar hebt u niets aan* it's not much use to you, it will not profit you ★ *wat heb je eraan?* what is the use / the good of it? ★ *daar heb ik niets aan* that's of no use to me ★ *ik weet niet wat ik aan hem heb* I can't make him out, I don't understand him **II** *onoverg* [had, h. gehad] have ★ *~ is ~ maar krijgen is de kunst* possession is nine tenths of the law **III** *hulpww* [had, h. gehad] have **IV** *o* ★ *zijn hele ~ en houden* all his worldly goods
hebberd *m* [-s] money grubber
hebberig *bn* greedy
Hebreeuws I *bn* Hebrew **II** *o taal* Hebrew
hebzucht *v* greed, avarice
hebzuchtig *bn* greedy, grasping, avaricious
hecht I *o* [-en] heft handle **II** *bn* solid, firm, strong ★ *een ~e vriendschap* a close friendship ★ *~ gebouwd* solidly built **III** *bijw* solidly, firmly, strongly ★ *een ~ doortimmerd verhaal* a tightly constructed story
hechtdraad *m* [-draden] suture
hechten I *overg* [hechtte, h. gehecht] ❶ *vastmaken* attach, fasten, affix ❷ *vastnaaien* stitch up, suture ⟨a wound⟩ ❸ *fig* attach ⟨importance, a meaning to...⟩ **II** *onoverg* [hechtte, h. gehecht] ★ *deze verf hecht goed* this paint takes well ★ *~ aan iets* believe in sth ★ *aan iem. gehecht zijn* be attached / devoted to sbd ★ *erg ~ aan de vormen* be a stickler for good manners ★ <u>ZN</u> ⟨verbonden⟩ *gehecht aan die school* employed by that school **III** *wederk* [hechtte, h. gehecht] ★ *zich ~ aan iem. / iets* become / get attached to sbd / sth

hechtenis *v* custody, detention ★ *in ~ nemen* take into custody, arrest, apprehend ★ *in ~ zijn* be under arrest ★ *uit de ~ ontslaan* free from custody ★ jur *voorlopige ~* pre-trial detention, remand in custody ★ *met aftrek van voorlopige ~* less remand time

hechtheid *v* ❶ *stevigheid* solidity, firmness, strength ❷ *samenhang* cohesion

hechting *v* [-en] suture, stitch ★ *~en verwijderen* remove the stitches

hechtpleister *v* [-s] sticking / adhesive plaster

hectare *v* [-n & -s] hectare ★ *10 ~* 10 hectares

hectiek *v* hectic state

hectisch *bn* hectic ★ *het was weer ~ op het werk vandaag* as usual it was hectic at work today

hectogram *o* [-men] hectogramme

hectoliter *m* [-s] hectolitre

hectometer *m* [-s] hectometre

heden I *bijw* today, this day, at present ★ *~!* dear me! ★ *~ over acht dagen* tomorrow week ★ *~ over veertien dagen* in a fortnight ★ *~ ten dage* nowadays ★ *tot op ~* to date, to this day **II** *o* ★ *het ~* the present

hedenavond *bijw* this evening, tonight

hedendaags I *bn* modern, present day, contemporary ★ *~e kunst* contemporary art, modern art ★ *~e vrouwen* women of today, modern women ★ *~ taalgebruik* current language usage **II** *bijw* nowadays

hedenmiddag *bijw* this afternoon

hedenmorgen *bijw* this morning

hedennacht *bijw* tonight

hedenochtend *bijw* this morning

hedgefonds *het* [-en] hedge fund

hedonisme *o* hedonism

hedonist *m* [-en] hedonist

hedonistisch *bn* hedonistic

heek *m* [heken] *vis* hake

heel I *bn* ❶ *volledig* whole, entire ★ *de hele dag* all day, the whole day ★ *een ~ getal* a whole number ★ *de klok sloeg het hele uur* the clock struck the hour ★ *langs de hele oever* all along the bank ★ *hij blijft soms hele weken weg* sometimes he is away for weeks on end ❷ *gaaf* unbroken, intact ★ *er bleef geen ruit ~* not a window was left unbroken / remained intact ★ *het glas was gelukkig nog ~ na de val* luckily, the glass was unbroken after the fall ★ *hij liet geen stuk ~ van het meubilair* he smashed all the furniture ★ *hij liet geen stukje ~ van het betoog* he tore the argument to shreds ❸ *belangrijk, groot* quite a ★ *dat is een ~ besluit* that is quite a decision ★ *hij is een hele heer / held &* he is quite a gentleman / hero & ★ *het kost hele sommen* it costs large sums / lots of money, it's very expensive ★ *inf een ~ spektakel* a regular row ★ *een hele tijd* a good while, a long time **II** *bijw* ❶ *volledig* wholly, entirely, totally, completely ★ *...die ~ en al afbreken met de traditie* ...that wholly / totally / completely break with tradition ❷ *zeer* very, quite ★ *~ goed / mooi &* very good / fine & ★ *~ iets anders* quite a different thing ★ *~ in de verte* way in the distance ★ *~ wat* ‹kwaliteit› quite something,

‹kwantiteit› quite a lot, quite a few

heelal *o* universe

heelhuids *bijw* unscathed, unharmed ★ *er ~ afkomen* escape unscathed, come out without a scratch

heelmeester *m* [-s] surgeon ★ *zachte ~s maken stinkende wonden* soft hands make stinking wounds, ± spare the rod and spoil the child

heemkunde *v* local history and geography, local lore

heemraadschap *o* [-pen] ❶ *ambt* member of a dyke board ❷ *college* water control corporation, dyke board

heen *bijw* away, gone ★ *~ en terug* there and back ★ *~ en weer* to and fro ★ *~-en-weergeloop* coming and going ★ *~-en-weergepraat* crosstalk ★ *waar moet dit boek / schilderij ~?* where does this book / painting go? ★ fig *waar moet dat ~?* what are things coming to? where will it all end? ★ *waar ik ~ wilde* where I wanted to go to, ‹tijdens gesprek› what I was driving at ★ *ik begrijp niet waar je ~ wilt* I don't understand what you're getting at ★ *ver ~ zijn* be far away ★ ‹v. zwangere vrouwen› *al vijf maanden ~ zijn* be five months gone ★ *door een bos ~ fietsen* cycle through a wood

heen-en-weer *o* ★ *het ~ krijgen* get the creeps ★ *krijg het ~!* sod off!

heengaan I *onoverg* [ging heen, is heengegaan] ❶ *weggaan* go away, leave, go ★ *daar gaan weken mee heen* it will take weeks (to do it), it will be weeks before... ❷ *sterven* pass away **II** *o* ❶ *vertrek* departure ❷ *dood* passing away

heenkomen *o* ★ *een goed ~ zoeken* get out of harm's way

heenlopen *onoverg* [liep heen, is heengelopen] run away ★ *ergens over ~* make light of sth ★ inf *loop heen!* get along with you!

heenreis *v* [-reizen] outward journey, scheepv voyage out, outward passage ★ *op de ~* on the way there

heenwedstrijd *m* [-en] ZN away game, away match

heenweg *m* way there ★ *op de ~* on the way / journey there

heenzenden *overg* [zond heen, h. heengezonden] jur release, dismiss, transfer to custody of another authority

Heer *m* Lord ★ Bijbel *de ~ der ~scharen* the Lord God of Hosts

heer *m* [heren] ❶ *man (van beschaving)* gentleman ★ *een ~ in het verkeer* a gentleman driver ❷ *van adel* lord ★ *nieuwe heren, nieuwe wetten* new lords, new laws ★ *langs 's heren wegen lopen* walk on God's path ❸ *voor eigennaam* Mr ★ *de ~ Vermeer* Mr Vermeer ★ handel *de heren Kolff & Co.* Messrs. Kolff & Co. ❹ *bij dans* partner ❺ *meester, gebieder* master ★ *de ~ des huizes* the master of the house ★ *~ en meester zijn* be lord and master ★ *de grote ~ uithangen* put on airs ★ *met grote heren is het kwaad kersen eten* he who sups with the devil needs a long spoon ★ *zo ~ zo knecht* like master, like man ★ *niemand kan twee heren dienen* nobody can serve two masters ★ inf

mijn ouwe ~ my old man ❻ kaartsp king
heerlijk I *bn* ❶ *prachtig* glorious, splendid, lovely ❷ *lekker* delicious, delightful, divine ❸ *v. geur* delightful, divine **II** *bijw* gloriously, deliciously &
heerlijkheid *v* [-heden] ❶ *pracht* splendour, magnificence, grandeur ★ *al die heerlijkheden* all those good things ❷ *eigendom* hist manor, seigniory
heerschap *o* [-pen] gent ★ *een vreemd* ~ a strange chap
heerschappij *v* dominion, rule, mastery ★ *elkaar de* ~ *betwisten* contend / struggle for mastery ★ ~ *voeren* rule, lord it
heersen *onoverg* [heerste, h. geheerst] ❶ *regeren* rule, reign ★ ~ *over* rule (over) ❷ *v. ziekte* prevail, be prevalent ★ *er heerst griep* there's a lot of flu around
heersend *bn* ruling, prevalent, prevailing ★ *de* ~*e godsdienst* the prevailing religion ★ *de* ~*e smaak* the current taste / fashion ★ *een* ~*e ziekte* a prevalent disease
heerser *m* [-s] ruler
heerszuchtig *bn* domineering
heertje *o* [-s] ❶ dandy ❷ iron fellow, chap ★ *het* ~ *zijn* be the perfect gentleman
hees *bn* hoarse ★ *zich* ~ *schreeuwen* scream oneself hoarse ★ ~ *worden* become hoarse
heesheid *v* hoarseness
heester *m* [-s] shrub
heet *bn* ❶ *erg warm* hot ★ *het* ~ *hebben* be hot ★ *het is* ~ it is hot ★ ~ *van de naald* piping hot, straight from the horse's mouth ❷ *hevig* heated ★ *in het* ~*st van de strijd* in the thick of the fight ❸ *gekruid* hot, spicy ★ *een* ~ *gerecht* a hot / spicy dish ❹ *hitsig* horny ★ inf *een hete vrouw* hot stuff ❺ *v. luchtstreek* torrid ★ *het zal er* ~ *toegaan* it will be tough going **II** *bijw* ★ *het zal er* ~ *toegaan* it will be tough going
heetgebakerd *bn* ★ ~ *zijn* be hot-tempered / quick-tempered
heethoofd *m-v* [-en] hothead ★ *Griekse* ~*en* hotheaded Greeks
hefboom *m* [-bomen] ❶ lever ❷ fig leverage
hefboomwerking *v* (Br) (capital) gearing, (Am) leverage (effect)
hefbrug *v* [-gen] ❶ *brug* lift bridge ❷ *in garage* (hydraulic) ramp
heffen *overg* [hief, h. geheven] ❶ *omhoog brengen* raise, lift ★ *het glas* ~ raise one's glass ★ *de armen ten hemel* ~ throw up one's arms ❷ *opleggen* levy ★ *belastingen* ~ levy / impose taxes
heffing *v* [-en] ❶ *vordering* levy, duty, charge ★ *een* ~ *ineens* a lump-sum levy ★ *een* ~ *van het vermogen* a capital levy ❷ *het heffen* raising
hefschroefvliegtuig *o* [-en] helicopter
heft *o* [-en] haft, handle ★ *het* ~ *in handen hebben* be at the helm, be in command
heftig I *bn* violent ‹attack, thunderstorm›, fierce ‹battle›, furious ‹words› ★ *een* ~ *debat* a heated debate ★ ~*e koorts* a high temperature ★ ~*e pijn* severe pain ★ ~*e gebaren* furious gestures ★ ~*!* heavy!, cool! **II** *bijw* violently & ★ ~ *te keer gaan tegen*

iem. / iets tear into sbd / sth ★ ~ *spreken* speak vehemently
heftigheid *v* vehemence, violence
heftruck *m* [-s] fork-lift truck
hefvermogen *o* lifting capacity, lifting power
heg *v* [-gen] hedge ★ ~ *noch steg weten* not know one's way at all
hegemonie *v* hegemony
heggenschaar, hegschaar *v* [-scharen] hedge shears / clippers
hei I *v* [-en] *heitoestel* rammer, pile-driver **II** *v* → **heide**
heibel *m* argument, row, racket ★ *met hem heb ik altijd* ~ I always get into a fight / an argument with him
heiblok *o* [-ken] ram
heide, hei *v* [heiden] ❶ *veld* heath, moor ❷ *plant* heather, heath
heidebloem *v* [-en] heather
heidegrond *m* heath, moor, moorland
heiden *m* [-en] ❶ *veelgodendienaar* heathen, pagan ❷ *tegenover jood* gentile ★ *aan de* ~*en overgeleverd zijn* be abandoned to sbd's tender mercies
heidendom *o* heathenism, paganism
heidens *bn* ❶ *niet christelijk* heathen, pagan ★ *een* ~ *leven* a heathen life ❷ *slecht* infernal, abominable ★ *een* ~ *lawaai* an unholy racket ★ *een* ~ *karwei* a devil of a job
heideveld *o* [-en] heath, moor
heien *overg* [heide, h. geheid] ram / drive (in) ‹a pile› ★ *het zit er geheid in* it's definite
heiig *bn* hazy
heikel *bn* tricky ★ *een* ~*e kwestie* a tricky business ★ *een* ~ *punt* a difficult question
heikneuter *m* [-s] yokel, bumpkin, clodhopper
heil *o* ❶ *welzijn* welfare, good ★ *veel* ~ *en zegen!* a happy New Year! ❷ *godsdienstig* salvation, spiritual welfare ★ ~ *u!* hail to thee! ❸ *behoud, redding* safety, salvation ★ *ergens geen* ~ *in zien* expect no good from, not believe in... ★ *zijn* ~ *zoeken bij* seek the support of ★ *zijn* ~ *zoeken in* resort to, seek salvation in ★ *zijn* ~ *zoeken in de vlucht* seek safety in flight
Heiland *m* Saviour, Redeemer
heilbot *m* [-ten] *vis* halibut
heildronk *m* [-en] toast, health ★ *een* ~ *instellen* propose a toast
heilig I *bn* ❶ *gewijd aan God, geheiligd* holy ★ *de Heilige Elisabeth* St / Saint Elizabeth ★ *het Heilige Land* the Holy Land ★ *de Heilige Schrift* the Holy Bible, the Holy Scripture ★ *de Heilige Stad* the Holy City ★ *de Heilige Vader* the Holy Father ★ *een* ~*e oorlog* a holy war ★ *hij is nog* ~ *vergeleken bij...* he is a paragon / saint compared to... ★ ~ *verklaren* canonize ❷ *eerbied of verering verdienend* sacred ★ *tegen* ~*e huisjes aanschoppen* attack sacred cows, break taboos ★ ‹de auto› *de* ~*e koe* the almighty car ★ *het* ~ *moeten* a case of must ★ *niets is hem* ~ nothing is sacred to him ★ *is er dan niets* ~*?* is nothing sacred? ★ *haar wens is* ~ her wish is sacred

❸ *oprecht* honest, sincere ★ *in de ~e overtuiging dat...* honestly convinced that... ★ *het is mij ~e ernst* I'm in earnest ★ *het ~ vuur ontbreekt* the zest / zeal is missing **II** *bijw* sacred ★ *~ verzekeren* solemnly assure ★ *zich ~ voornemen om...* make a firm resolution to...

heiligbeen *o* [-deren, -benen] sacrum

heiligdom *o* [-men] ❶ *plaats* sanctuary, sanctum ❷ *voorwerp* relic

heilige *m-v* [-n] saint ★ *Heiligen der Laatste Dagen* ‹the Church of Jesus Christ of› Latter-day Saints ★ *het ~ der Heiligen* the Holy of Holies

heiligen *overg* [heiligde, h. geheiligd] ❶ *wijden* sanctify ‹a place›, hallow ‹God's name›, consecrate ‹the host› ★ *geheiligd zij Uw naam* hallowed be Thy name ❷ *in ere houden* keep holy ★ *de zondag ~* observe the Lord's day

heiligenbeeld *o* [-en] statue of a saint, holy image

heiligenleven *o* [-s] the life of a saint

heiligschennis *v* [-sen] sacrilege

heiligverklaring *v* [-en] canonization

heilloos *bn* ❶ *noodlottig* fatal, disastrous ★ *een ~ plan* a disastrous plan ❷ *verdorven* sinful, wicked

heilsoldaat *m* [-daten] Salvationist

heilstaat *m* [-staten] ideal state, Utopia

heilzaam *bn* beneficial, salutary, wholesome ★ *een heilzame werking* a beneficial effect ★ *een heilzame les* a salutary lesson

heimachine *v* [-s] pile-driver, monkey engine

heimelijk *I bn* secret, clandestine ★ *een ~ verlangen* a secret wish **II** *bijw* in secret, secretly

heimwee *o* homesickness, nostalgia ★ *~ hebben* be homesick (*naar* for)

heinde *bijw* ★ *~ en ver* far and near, far and wide

heipaal *m* [-palen] pile

heisa *m* ★ *wat een ~* what a lot of fuss

heitje *o* [-s] *kwartje* quarter ★ *een ~ voor een karweitje* a bob-a-job

hek *o* [-ken] ❶ *omheining* fence, barrier, ‹v. latten› paling, ‹v. ijzer› railing(s) ★ *de ~ken zijn verhangen* the situation has changed ★ *het ~ is van de dam* things are getting out of hand ❷ *toegangshek* gate ❸ *in kerk* screen ❹ *scheepv* stern

hekel *m* [-s] ❶ *vlaskam* hackle ★ *iets over de ~ halen* criticize / satirize / lampoon sth ❷ *afkeer* dislike ★ *ik heb een ~ aan...* I dislike / hate... ★ *een ~ krijgen aan...* take a dislike to...

hekeldicht *o* [-en] satire

hekelen *overg* [hekelde, h. gehekeld] ❶ *vlas kammen* hackle ❷ *afkeuren* criticize, denounce ❸ *bespotten* satirize, lampoon

hekkensluiter *m* [-s] ★ *zij zijn de ~s* they are the last, they're bringing up the rear

heks *v* [-en] ❶ witch ❷ *fig* vixen, shrew

heksen *onoverg* [hekste, h. gehekst] use witchcraft, practise sorcery ★ *ik kan niet ~* I'm no wizard, I can't do the impossible

heksendans *m* [-en] witches' dance

heksenjacht *v* [-en] witch-hunt(ing)

heksenketel *m* [-s] ❶ witches' cauldron ❷ *fig* chaos, pandemonium

heksenkring *m* [-en] plantk fairy ring

heksentoer *m* [-en], **heksenwerk** *o* ★ *het was een ~* it was a devil of a job ★ *dat is zo'n ~ niet* there's nothing to it, that's not difficult

hekserij *v* [-en] sorcery, witchcraft

hekwerk *o* [-en] railing(s), trelliswork

hel I *v* hell ★ *loop naar de ~!* go to hell! ★ *de ~ is losgebroken* all hell has broken loose ★ *ter ~le varen* go to hell ★ *haar leven is een ~* her life is a hell ★ *stinken als de ~* smell dreadful ★ *een ~ op aarde* a hell on earth ★ *iems. leven tot een ~ maken* make someone's life hell ★ *tot de ~ veroordeeld zijn* be condemned to death **II** *bn* bright, glaring, blazing, shrill ★ *~le kleuren* bright colours, afkeurend glaring / shrill colours ★ *een ~ licht* a bright light ★ *een ~le stem* a shrill voice

hela *tsw* ★ *~!* hallo!

helaas I *tsw* alas! **II** *bijw* unfortunately

held *m* [-en] hero ★ *een ~ zijn in* be brilliant at ★ *geen ~ zijn* be no hero ★ *de ~ van de dag* the hero of the day

heldendaad *v* [-daden] heroic deed / exploit

heldendicht *o* [-en] heroic poem, epic

heldendood *m & v* heroic death ★ *de ~ sterven* die heroically, die a hero's death

heldenmoed *m* heroism ★ *met ~* heroically

heldenrol *v* [-len] hero's role / part ★ *de ~ spelen* play a heroic role

heldenverering *v* hero worship

helder *bn* ❶ *v. licht, water, lucht* clear ❷ *v. kleur, hemel, ogen* bright ★ *~ rood* bright red ★ *een ~e blik* a clear view ❸ *v. klank* clear, sonorous ❹ *v. gedachten* lucid, clear ★ *een ~ ogenblik* a lucid moment, a moment of lucidity ★ *een ~e uiteenzetting* a lucid exposition ★ *~ van geest* clear-headed ❺ *schoon* clean

helderblauw *bn* clear blue ★ *een ~e lucht* a clear blue sky

helderheid *v* ❶ clearness &, clarity, lucidity ❷ *netheid* cleanness

helderziend *bn* clairvoyant

helderziende *m-v* [-n] clairvoyant

helderziendheid *v* clairvoyance

heldhaftig I *bn* heroic **II** *bijw* heroically

heldhaftigheid *v* heroism

heldin *v* [-nen] heroine

heleboel *m* ★ *een ~* many, a lot, lots ★ *een ~ boeken* many books, a lot of books ★ *dat is een ~* that's an awful lot ★ *ik heb een ~ te doen* I've got a lot to do

helemaal *bijw* wholly, totally, entirely ★ *~ niet* not at all ★ *niet ~* not quite, not altogether ★ *~ niets* nothing at all ★ *dat is het ~!* that's it!, absolutely! ★ *ben je nou ~ (belazerd)?* are you completely mad? ★ *~ achterin* right at the back ★ *~ in het begin* right at the start, at the very beginning ★ *~ in het zwart* completely in black ★ *~ in het zuiden* way down

he

south ★ ~ *tot het eind* to the very end ★ ~ *uit Australië* all the way from Australia ★ *kom je ~ van Stadskanaal?* have you come all the way from Stadskanaal?

helen I *overg en onoverg* [heelde, h. en is geheeld] *v. wonden* heal II *overg* [heelde, h. geheeld] *v. gestolen goederen* receive

heler *m* [-s] receiver ★ *de ~ is net zo goed / erg als de steler* the receiver is as bad as the thief

helft *v* [-en] half ★ *zijn betere ~* his better half ★ *de ~ van tien is vijf* half of ten is five ★ *voor de ~ van het geld* for half the money ★ *de ~ ervan is rot* half of it is rotten, half of them are rotten ★ *ik verstond niet de ~ van wat hij zei* I didn't hear half of what he said ★ *meer dan de ~* more than half (of them) ★ *de ~ minder* less by half ★ *de tweede ~ van de wedstrijd* the second half of the match ★ *maar tot op de ~* only half

heli *m* ['s] helicopter

helihaven *v* [-s] heliport

helikopter *m* [-s] helicopter, inf chopper

helikopterview *de* ❶ *vanuit helikopter* bird's-eye view ❷ *abstract overzicht* overall view

heling *v* ❶ *genezing* healing ❷ *v. gestolen goederen* receiving stolen goods, handling stolen property

heliport *m* [-s] heliport

helium *o* helium

hellebaard *v* [-en] hist halberd

Helleens *bn* Hellenic

hellen *onoverg* [helde, h. geheld] incline, slant, slope, shelve ★ *achterover ~* lean (over) backwards ★ *~ naar links* incline & to the left

hellend *bn* slanting, sloping, inclined ★ fig *je bevindt je op een ~ vlak* you're on slippery grounds

hellenisme *o* Hellenism

helleveeg *v* [-vegen] hellcat, shrew

hellevuur *o* hellfire

helling *v* [-en] ❶ alg. incline, slope, ‹v. spoor› gradient ★ *een steile ~* a steep hill ❷ scheepv slipway, slips ★ scheepv *op de ~* in dock ★ *iets op de ~ nemen* overhaul sth ★ *dit project staat op de ~* this project is at risk

hellingproef *v* [-proeven] hill start

hellingsgraad *m* gradient ★ *een ~ van 25%* a gradient of 25%

hellingshoek *m* [-en] angle of inclination, gradient, pitch

hellingspercentage *o* gradient percentage

helm I *m* [-en] ❶ *hoofdbescherming* helmet, ‹v. bouwvakker› hard hat ❷ *bij geboorte* caul ★ *met de ~ geboren* born with a caul II *v gras* marram

helmgras *o* marram

helmstok *m* [-ken] tiller, helm

help *tsw* ~ ~! help! ★ *lieve ~* good gracious

helpdesk *m* [-s] helpdesk

helpen I *overg* [hielp, h. geholpen] ❶ *hulp verlenen* help, aid, assist ★ *zo waarlijk helpe mij God almachtig!* so help me God! ★ *help me onthouden*

dat... remind me that... ★ *iem. aan iets ~* provide sbd with sth ★ *kunt u me aan een vuurtje ~?* could you oblige me with a light? ❷ *beteren* help ★ *hij kan het niet ~* it's not his fault ★ *er is geen ~ aan* it can't be helped ❸ *assisteren* help ★ *iem. bij / met zijn sommen ~* help sbd to do his sums ★ *iem. in zijn jas ~* help sbd on with his coat ★ *iem. met geld ~* help sbd out with some money ★ *iem. uit zijn bed ~* help sbd out of bed ❹ *baten* be of use ★ *dat zal u niets ~* you'll get nothing out of it ★ *wat zal het ~?* what good will it do? ★ *het helpt al* it's doing some good already ★ *alle beetjes ~* every little helps ★ *de medicijnen ~ niet* the medicines aren't working ★ *het helpt tegen de hoofdpijn* it's good for a headache ❺ *bedienen* serve ‹customers›, attend to ‹a baby› ★ *wordt u al geholpen?* are you being served? ★ *waarmee kan ik u ~?* what can I do for you? how can I help you? ▼ *de kat laten ~* ‹laten steriliseren, castreren› have the cat neutered II *wederk* [hielp, h. geholpen] ★ *zich ~* help oneself

helper *m* [-s] helper, assistant

helpfunctie *v* [-s] comput help function / program

helpscherm *o* [-en] help screen

hels I *bn* hellish, infernal, devilish ★ *iem. ~ maken* drive sbd wild / mad ★ *hij was ~* he was furious / in a foul mood ★ *een ~ lawaai* an infernal noise / din ★ *een ~e machine* an infernal machine ★ *~e pijn* excruciating pain ★ *~e steen* silver nitrate II *bijw* versterkend maddeningly, infernally, devilishly

hem *pers vnw* him ★ *het is van ~* it's his ★ *dat is het ~* that's it ★ *daar zit het ~ in* that's just it ★ *tikkie, jij bent ~* you're it

hematocrietwaarde, **hematocriet** *v* med haematocriet/Am hematocrit

hemd *o* [-en] ❶ *ondergoed* Br singlet, vest, Am undershirt, T-shirt ★ *hij heeft geen ~ aan zijn lijf* he doesn't have a shirt to his back ★ *iem. het ~ van het lijf vragen* pester sbd with questions, give sbd the third degree ★ *het ~ is nader dan de rok* charity begins at home ★ fig *in zijn ~ staan* cut a sorry figure ★ fig *iem. in zijn ~ laten staan* make sbd look foolish ★ *tot op het ~ toe nat* soaked to the skin ★ fig *iem. tot op het ~ uitkleden* strip sbd naked ❷ *overhemd* shirt

hemdsboord *o & m* [-en] shirt collar

hemdsmouw *v* [-en] shirtsleeve ★ *in zijn ~en* in his shirtsleeves ★ *elke dag een draadje is een ~ in het jaar* little and often make much

hemel *m* [-en] ❶ rel heaven ★ *goeie / lieve ~!* good heavens! ★ *de ~ beware ons!* God forbid! ★ *de ~ geve dat hij...!* would to God he...! ★ *~ en aarde bewegen* move heaven and earth ★ *de ~ mag weten* heaven knows, goodness knows ★ *in de ~* in heaven ★ *in de ~ komen* go to heaven ★ *in de zevende ~ zijn* be in seventh heaven ★ *iem. de ~ in prijzen* praise sbd to the skies ★ *tussen ~ en aarde* between heaven and earth, ‹hang› in mid-air ❷ *uitspansel* sky, firmament, heaven(s) ★ *als de ~ valt hebben we allemaal een* *blauwe hoed* if the sky falls we shall catch larks, if wishes were horses beggars would ride ★ *de sterren aan de ~* the stars in the sky ★ *de sterren van de ~ spelen* play brilliantly ★ *onder de blote ~ slapen* sleep under the stars ❸ *dak* [-s] canopy, ⟨boven troon ook⟩ baldachin

hemelbed *o* [-den] four-poster (bed)
hemelbestormer *m* [-s] *iem. met wilde, revolutionaire ideeën* revolutionary, idealist
hemelgewelf *o* vault of heaven, firmament
hemelhoog I *bn* sky-high, reaching / towering to the skies **II** *bijw* sky-high, to the skies ★ *iem. ~ verheffen* praise sbd to the skies
hemellichaam *o* [-chamen] heavenly / celestial body
hemelpoort *v* [-en] gate of Heaven
hemelrijk *o* kingdom of Heaven
hemels I *bn* ❶ *v. de hemel* celestial, heavenly ★ *de ~e Vader* the heavenly Father ★ ⟨China⟩ *het Hemelse Rijk* the Celestial Empire ★ *een ~e gave* a gift from heaven ❷ *lekker, mooi* divine **II** *bijw lekker, mooi* divinely ⟨beautiful &⟩
hemelsblauw *bn* sky-blue, azure
hemelsbreed I *bn* groot vast, enormous ★ *een ~ verschil* a world of difference ★ *er is een ~ verschil tussen hen* they are poles apart **II** *bijw* ❶ *veel* ★ *~ verschillen* be poles apart ❷ *in een rechte lijn* as the crow flies ★ *~ 100 km* 100 km as the crow flies
hemelsnaam *m* ★ *in ('s) ~* for Heaven's sake ★ *hoe heb je dat in ('s) ~ kunnen doen?* how on earth could you have done that?
hemeltergend *bn* outrageous, appalling
Hemelvaart *v* Ascension (of Christ)
Hemelvaartsdag *m* Ascension Day
hemisfeer *v* [-sferen] hemisphere
hemofilie *v* haemophilia, Am hemophilia
hemoglobine *v* haemoglobin, Am hemoglobin
hemostase *v* haemostasis, Am hemostasis
hen I *pers vnw* them ★ *voor ~ die vertrokken* for those who left ★ *ik zie ~* I see them **II** *v* [-nen] *kip* hen
hendel *o & m* [-s] techn handle, lever
Hendrik *m* [-driken] Henry ★ *een brave ~* a goody goody, a paragon of virtue
hengel *m* [-s] ❶ *v. vissers* fishing rod ❷ *v. microfoon* boom
hengelaar *m* [-s] angler
hengelen *onoverg* [hengelde, h. gehengeld] angle, fish ★ *naar een complimentje ~* be angling / fishing for a compliment
hengelsport *v* angling
hengsel *o* [-s] ❶ *v. emmer &* handle ❷ *scharnier v. deur* hinge
hengst *m* [-en] ❶ *paard* stallion, stud ⟨horse⟩ ❷ *klap* thump, punch ★ *iem. een ~ op zijn gezicht geven* punch sbd in the face
hengsten *onoverg* [hengstte, h. gehengst] ❶ *hard slaan* punch, thump ❷ *blokken* swot, cram
hengstenbal *o* [-s] stag party
hengstig *bn* v. paard on heat, in season

henna *v* henna
hennep *m* hemp
hens *zn* [mv] ★ scheepv *alle ~ aan dek* all hands on deck ★ *in de ~ vliegen* catch fire
hepatitis *v* hepatitis
her *bijw* ★ *~ en der* here and there, hither and thither ★ *van eeuwen ~* of old, age-old ★ *jaren ~* from years back
herademen *onoverg* [herademde, h. herademd] breathe again
heraldiek I *v* heraldry **II** *bn* heraldic ★ *~e kleuren* heraldic colours
heraldisch *bn* heraldic
heraut *m* [-en] herald
herbarium *o* [-s & -ria] herbarium
herbebossen *overg* [herbeboste, h. herbebost] re(af)forest
herbebossing *v* [-en] re(af)forestation
herbegraven *overg* [herbegroef, h. herbegraven] rebury
herbeleggen *overg* [herbelegde, h. herbelegd] reinvest
herbenoemen *overg* [herbenoemde, h. herbenoemd] reappoint
herbenoeming *v* [-en] reappointment
herberekenen *overg* [herberekende, h. herberekend] recalculate
herberg *v* [-en] ❶ *overnachtingsplaats* inn ❷ *kroeg* public house, tavern, inf pub
herbergen *overg* [herbergde, h. geherbergd] ❶ accommodate, lodge ❷ *bevatten* hold, contain
herbergier *m* [-s] innkeeper, landlord
herbesteding *v* new invitation for tenders
herbewapenen *overg en wederk* [herbewapende, h. herbewapend] ★ *(zich) ~* rearm
herbewapening *v* rearmament ★ *morele ~* moral rearmament
herbezinnen *wederk* [herbezon, h. herbezonnen] ★ *zich ~ over iets* reconsider sth
herbivoor *m* [-voren] herbivore
herboren *bn* born again, reborn, regenerated ★ *zich als ~ voelen* feel reborn
herbouw *m* rebuilding
herbouwen *overg* [herbouwde, h. herbouwd] rebuild
herdenken *overg* [herdacht, h. herdacht] ❶ *terugdenken aan* recall to mind, remember ❷ *d.m.v. een plechtigheid* commemorate
herdenking *v* [-en] commemoration ★ *ter ~ van* in commemoration of
herdenkingsdag *m* [-dagen] ❶ commemoration day ❷ ⟨dodenherdenking⟩ **Herdenkingsdag** remembrance day
herdenkingsdienst *m* [-en] commemorative service
herdenkingsfeest *o* [-en] commemoration, remembrance, memorial
herdenkingszegel *m* [-s] commemorative stamp
herder *m* [-s] ❶ shepherd, ⟨v. varkens⟩ swineherd ★ *een Duitse ~* a German shepherd, an Alsatian

he

❷ *geestelijke* shepherd, pastor ★ *de Goede Herder* the Good Shepherd

herderlijk *bn* pastoral ★ *het ~ ambt* the pastorate / pastorship ★ *een ~ schrijven* a pastoral (letter)

herdersdicht *o* [-en] pastoral (poem)

herdersfluit *v* [-en] shepherd's pipe

herdershond *m* [-en] ❶ *alg.* sheepdog ❷ *ras* shepherd ★ *een Duitse ~* a German shepherd, an Alsatian

herdersmat *o* mat in vier zetten schaken scholar's mate

herderstasje *o* [-s] *plant* shepherd's purse

herdruk *m* [-ken] reprint, new edition ★ *het boek is in ~* the book is being reprinted

herdrukken *overg* [herdrukte, h. herdrukt] reprint

hereditair *m* hereditary

heremiet *m* [-en] hermit

heremietkreeft *m & v* [-en] hermit crab

herenakkoord *o* [-en] gentlemen's agreement

herenboer *m* [-en] gentleman farmer

herendubbel, herendubbelspel *o* sp men's doubles

herenenkel, herenenkelspel *o* sp men's singles

herenfiets *m & v* [-en] men's bicycle

herenhuis *o* [-huizen] ❶ *groot woonhuis in stad* mansion ❷ *buiten* manor house ❸ *makelaarsterm* residence

herenigen *overg* [herenigde, h. herenigd] reunite

hereniging *v* [-en] ❶ reunion ❷ pol ‹German› reunification

herenkapper *m* [-s] gentlemen's / gent's hairdresser

herenkleding *v* men's wear

herenmode *v* [-s] men's fashion ★ *een winkel in ~s* a men's wear shop

herentoilet *o* [-ten] men's toilet / lavatory, inf the gents, Am men's room

herexamen *o* [-s] re-examination

herformuleren *overg* [herformuleerde, h. herformuleerd] rephrase

herfst *m* autumn, Am fall ★ *de ~ des levens* the autumn of life ★ *in de ~* in the autumn

herfstachtig *bn* autumnal

herfstblad *o* [-bladeren, -bladen, -blaren] autumn leaf

herfstdag *m* [-dagen] autumn day, day in autumn

herfstkleur *v* [-en] autumn colour/Am color

herfstmaand *v* [-en] ❶ *maand in herfst* autumn month ❷ *in 't bijz.* September

herfststorm *m* [-en] autumn storm

herfsttint *v* [-en] autumn colour/Am color

herfstvakantie *v* [-s] autumn holidays

herfstweer *o* autumn weather

hergebruik *o* ❶ *het opnieuw gebruiken* reuse ❷ *recycling* recycling

hergebruiken *overg* [hergebruikte, h. hergebruikt] ❶ *opnieuw gebruiken* reuse ❷ *recyclen* recycle

hergroeperen *overg* [hergroepeerde, h. gehergroepeerd] regroup ★ *zich ~* regroup

herhaald *bn* repeated ★ *~e malen* repeatedly, again and again

herhaaldelijk *bijw* repeatedly, again and again

herhaaltoets *m* [-en] repeat examination, resit

herhalen I *overg* [herhaalde, h. herhaald] ❶ *overnieuw doen* repeat, say (over) again, reiterate ★ *kunt u die zin nog eens ~?* could you repeat that sentence once more? ★ *die televisieserie wordt herhaald* the television series will be repeated ❷ *kort* recapitulate **II** *wederk* [herhaalde, h. herhaald] ★ *zich ~* repeat oneself / itself ★ *de geschiedenis herhaalt zich* history repeats itself

herhaling *v* [-en] repetition, recurrence, ‹school› revision, mil retraining exercise ★ *bij ~* again and again, repeatedly ★ *in ~en vervallen* repeat oneself ★ *niet voor ~ vatbaar* not to be repeated ★ *in de ~* in the (action) replay, in the repeat

herhalingsaankoop *m* [-kopen] handel repeat purchase

herhalingsoefening *v* [-en] revision exercise ★ mil *~en* retraining exercise

herhalingsrecept *o* [-en] repeat prescription

herhalingsteken *o* [-s] repeat

herindelen *overg* [herindeelde, h. heringedeeld] reclassify

herindeling *v* [-en] reclassification

herinneren I *overg* remind [herinnerde, h. herinnerd] ★ *dat herinnert mij aan vroeger* that reminds me of the past ★ *hij herinnerde mij aan mijn belofte* he reminded me that I had made a promise **II** *wederk* [herinnerde, h. herinnerd] recall, remember ★ *zich ~* remember, (re)call to mind, recollect, recall ★ *nu herinner ik het me weer* it's all coming back to me now ★ *voor zover ik mij herinner* to the best of my recollection, as far as I can remember

herinnering *v* [-en] ❶ *geheugen* memory ★ *iem. iets in ~ brengen* remind sbd of sth ★ *iets in ~ roepen* remember sth ❷ *het herinnerde* memory, remembrance, recollection, reminiscence ★ *ter ~ aan* in memory / remembrance of ❸ *aandenken* souvenir, memento, keepsake ❹ *geheugenopfrissing* reminder

herintreden *onoverg* [trad herin, is heringetreden] re-enter the work force, return to work ★ *~de vrouwen* women re-entering the work force

herintreder *m* [-s] returnee

herintreding *v* in de arbeidsmarkt re-entry / reintegration into the work force

herinvoeren *overg* [herinvoerde, h. heringevoerd] reintroduce

herinvoering *v* reintroduction

herkansing *v* [-en] ❶ *school* re-examination ❷ sp supplementary heat

herkauwen I *onoverg* [herkauwde, h. herkauwd] *v. dieren* ruminate, chew the cud **II** *overg* [herkauwde, h. herkauwd] repeat (the same thing), keep on about ★ *hij herkauwt alle politiek correcte dogma's* he repeats all the politically correct slogans

herkauwer *m* [-s] ruminant

herkenbaar *bn* recognizable, knowable (*aan* by)

herkennen *overg* [herkende, h. herkend] recognize

(*aan* by), identify ★ *ik herkende hem aan zijn stem* I identified / recognised him by his voice ★ *jezelf ~ in iets / iem.* recognise yourself in sth / sbd

herkenning *v* [-en] recognition

herkenningsmelodie *v* [-dieën] RTV (signature) tune

herkenningsteken *o* [-s] ❶ distinguishing / identifying mark ❷ luchtv marking

herkeuren *overg* [herkeurde, h. herkeurd] examine again, re-examine, reinspect

herkeuring *v* [-en] re-examination, reinspection

herkiesbaar *bn* eligible for re-election ★ *zich (niet) ~ stellen* (not) seek re-election

herkiezen *overg* [herkoos, h. herkozen] re-elect ★ *niet ~* not re-elect

herkomst *v* [-en] origin ★ *het land van ~* the country of origin

herleidbaar *bn* reducible (to), convertible (to) ★ *culturele factoren zijn niet ~ tot psychologische factoren* cultural factors cannot be reduced to psychological factors ★ *de botanische naam is ~ tot het Griekse woord...* the botanical name can be traced back to the Greek word... ★ *de resultaten zijn niet ~ tot personen* individuals cannot be identified on the basis of the findings

herleiden *overg* [herleidde, h. herleid] reduce, convert ★ *~ tot* convert (in)to

herleven *onoverg* [herleefde, is herleefd] revive, return to life, live again ★ *doen ~* revive, bring to life again, resurrect ⟨the past⟩

herleving *v* revival, resurgence

hermafrodiet *m-v* [-en] hermaphrodite

hermelijn I *m* [-en] *dier* ⟨wit⟩ ermine, ⟨bruin⟩ stoat **II** *o bont* ermine

hermetisch *bn* hermetic ★ *~ gesloten* hermetically sealed

hernemen *overg* [hernam, h. hernomen] ❶ *heroveren* mil retake, recapture ⟨a fortress⟩ ❷ *hervatten* resume, reply ❸ *weer beginnen* mil take up ⟨the offensive⟩ again

hernia *v* ['s] ❶ *v. tussenwervelschijf* slipped disc/Am disk ❷ *anders* hernia

hernieuwd *bn* renewed ★ *~e kennismaking* renewed acquaintance

hernieuwen *overg* [hernieuwde, h. hernieuwd] renew

heroïek I *bn* heroic **II** *v* heroism

heroïne *v* heroin

heroïnehandel *m* heroin trade

heroïnehoer *v* [-en] heroin prostitute

heroïsch *bn* heroic

herontdekken *overg* [herontdekte, h. herontdekt] rediscover

heropenen *overg* [heropende, h. heropend] reopen

heropening *v* [-en] ❶ reopening ❷ *hervatting* ZN resumption

heropleving *v* revival

heropvoeding *v* re-education

heroriëntatie *v* [-s], **heroriëntering** [-en] reorientation

heroriënteren I *wederk* [heroriënteerde, h. heroriënteerd] ★ *zich ~* reorient / reorientate oneself ★ *ik moest mij opnieuw ~* I had to again reorient / reorientate myself **II** *overg* [heroriënteerde, h. heroriënteerd] reorient / reorientate ★ *een opleiding om mensen te ~ naar nieuwe banen* a course aimed at reorienting / reorientating people towards new jobs

heroveren *overg* [heroverde, h. heroverd] reconquer, recapture, ⟨stad⟩ retake, recover ⟨from the enemy⟩

herovering *v* [-en] recapture

heroverwegen *overg* [heroverwoog, h. heroverwogen] reconsider, rethink

herpes *m* herpes

herplaatsen *overg* [herplaatste, h. herplaatst] ❶ *alg.* replace ❷ *v. advertentie &* reinsert ❸ *m.b.t. arbeidsplaats* reinstate, reappoint

herplaatsing *v* [-en] ❶ *alg.* replacement ❷ *v. advertentie &* reinsertion ❸ *m.b.t. arbeidsplaats* reinstatement, reappointment

herrie *v* ❶ *lawaai* noise, din, uproar, inf racket / hullabaloo ❷ *ruzie* row ★ *~ hebben* have a row / an argument ★ *~ krijgen* get into a row ★ *~ maken / schoppen* kick up a row

herrieschopper *m* [-s] trouble maker, hooligan

herrijzen *onoverg* [herrees, is herrezen] rise again ★ *uit de dood / het graf ~* rise from the dead / the grave

herrijzenis *v* resurrection

herroepen *overg* [herriep, h. herroepen] revoke ⟨a law⟩, repeal ⟨the regulations⟩, rescind ⟨a contract⟩, retract ⟨a promise, one's words⟩, recall ⟨a product⟩, reverse ⟨a decision⟩ ★ *hij moest zijn woorden ~* he was forced to recant (his words)

herscheppen *overg* [herschiep, h. herschapen] ❶ *veranderen* transform, convert ❷ *verjongen* rejuvenate

herschikken *overg* [herschikte, h. herschikt] rearrange ⟨the furniture⟩, redeploy ⟨the troops⟩, reshuffle ⟨the cabinet⟩

herscholen *overg* [herschoolde, h. herschoold] retrain ★ *zich laten ~* undergo retraining

herscholing *v* retraining

herschrijven *overg* [herschreef, h. herschreven] rewrite

hersenbeschadiging *v* [-en] brain damage

hersenbloeding *v* [-en] brain haemorrhage/Am hemorrhage, med cerebral haemorrhage/Am hemorrhage

hersencel *v* [-len] brain cell

hersendood I *bn* brain dead **II** *m & v* cerebral / brain death

hersenen *zn* [mv] brain ★ *de grote ~* the cerebrum ★ *de kleine ~* the cerebellum

hersengymnastiek *v* ❶ *training* mental training ❷ *spel* quiz, puzzles, brain teasers

hersenhelft *v* [-en] brain hemisphere ★ *linker / rechter ~* left / right hemisphere, left / right half of one's brain

hersenkronkel *m* [-s] fig brainstorm, strange idea

he

hersenletsel *o* [-s] brain damage
hersenloos *bn* brainless
hersenpan *v* [-nen] brainpan, cranium
hersens *zn* [mv] brains ★ *een prima stel* ~ a first-rate brain ★ *z'n* ~ *pijnigen* rack one's brains ★ *iem. de* ~ *inslaan* knock / bash sbd.'s brains out ★ *hoe haalt hij het in zijn* ~? how does he get it into his head? ★ *dat zal hij wel uit zijn* ~ *laten* he'll think twice before doing that ★ *zijn* ~ *gebruiken* use one's brains
hersenschim *v* [-men] chimera, fantasy, illusion
hersenschudding *v* [-en] concussion ★ *hij heeft een lichte* ~ he's got a touch of concussion, he's a bit concussed
hersenspinsel *o* [-s] chimera, figment of the / one's imagination
hersenspoelen *overg en onoverg* [hersenspoelde, h. gehersenspoeld] brainwash
hersenspoeling *v* [-en] brainwashing
hersenstam *m* brain stem
hersentumor *m* [-s & -moren] brain tumour
hersenvlies *o* [-vliezen] cerebral membrane
hersenvliesontsteking *v* [-en] meningitis
hersenweefsel *o* [-s] brain tissue
herstel *o* ❶ *v. gezondheid, economie &* recovery ❷ *v. vorige toestand* restoration, re-establishment ‹of the monarchy› ❸ *vergoeding v. leed* redress ❹ *v. beurs, economie* rally ❺ *v. ambtenaar &* reinstatement ❻ *reparatie* repair, reparation
herstelbetaling *v* [-en] *na oorlog* reparation, compensation
herstellen I *overg* [herstelde, h. hersteld] ❶ *in de vorige toestand terugbrengen* restore ‹order, confidence›, re-establish ‹authority›, reinstate ‹an official› ★ *iem. in zijn ambt* ~ reinstate sbd in his position ★ *iem. in zijn eer* ~ rehabilitate sbd ★ *een gebruik in ere* ~ revive a custom ❷ *verhelpen, goedmaken* remedy ‹an evil›, correct ‹mistakes›, redress ‹grievances›, retrieve ‹a loss, an error &›, set ‹sth› right ★ *een onrecht* ~ right a wrong ★ *de schade* ~ make good the damage ❸ *repareren* repair, mend ‹shoes &› **II** *onoverg* [herstelde, is hersteld] recover ‹from an illness› ★ mil *herstel!* as you were! **III** *wederk* [herstelde, h. hersteld] ★ *zich* ~ recover oneself, pull oneself together, recover (from), ‹v. beurs, zaken› rally / recover
herstellingsoord *o* [-en] ❶ *plaats, streek* health resort ❷ *inrichting* sanatorium ❸ *tehuis voor herstellenden* convalescent home
herstelperiode *v* [-s, -n] period of recovery
herstelwerk, herstellingswerk *o* repairs, ‹restauratie› restoration
herstelwerkzaamheden *zn* [mv] repairs, repair work, ‹restauratie› restoration
herstructureren *overg* [herstructureerde, h. geherstructureerd] restructure
herstructurering *v* [-en] restructuring
hert *o* [-en] deer ★ *een mannetjes*~ a stag ★ ‹insect› *het vliegend* ~ the stag beetle

hertalen *overg* [hertaalde, h. hertaald] modernize, re-edit
hertelling *v* [-en] *v. stemmen* recount
hertenbout *m* [-en] haunch / leg of venison
hertenkamp *m* [-en] deer park
hertog *m* [-togen] duke
hertogdom *o* [-men] duchy
hertogelijk *bn* ducal ★ ~*e waardigheid* ducal dignity
hertogin *v* [-nen] duchess
hertrouwen *onoverg* [hertrouwde, is hertrouwd] remarry, marry again
hertshoorn, hertshoren I *o & m stofnaam* staghorn **II** *m* [-s] *plant* staghorn (fern)
hertz *m* [idem] hertz
heruitgave *v* [-n] reissue, republication
hervatten *overg* [hervatte, h. hervat] resume ‹the discussion›, continue ‹the conversation›, return to ‹work›, reopen ‹negotiations›
hervatting *v* [-en] resumption
herverdelen *overg* [herverdeelde, h. herverdeeld] redistribute ★ *rijkdom* ~ redistribute wealth
herverdeling *v* [-en] redistribution ‹of wealth›, reorganization ‹of work›, reshuffling ‹of the cabinet members›
herverkaveling *v* [-en] reallocation of land
herverkiezing *v* [-en] re-election
herverzekeren *overg* [herverzekerde, h. herverzekerd] reinsure
hervinden *overg* [hervond, h. hervonden] recover, regain, find again ★ *zijn zelfvertrouwen* ~ regain one's self-confidence
hervormd *bn* reformed ★ *de* ~*e Kerk* the Reformed Church
hervormde *m-v* [-n] Reformed, Protestant
hervormen *overg* [hervormde, h. hervormd] reform
hervormer *m* [-s] reformer
Hervorming *v v.d. kerk* Reformation
hervorming *v* [-en] reform, reformation ★ *financiële* ~ financial reform ★ *politieke* ~*en* political reforms
hervormingsgezind *bn* reform-minded, reformist
hervormingsplan *o* [-nen] plan for reform
herwaarderen *overg* [herwaardeerde, h. herwaardeerd *of* geherwaardeerd] ❶ *v. valuta* revalue ❷ *opnieuw beoordelen* reassess
herwinnen *overg* [herwon, h. herwonnen] regain ‹confidence, trust›, win back ‹votes›, recover ‹a loss›, retrieve ‹lost ground›
herzien *overg* [herzag, h. herzien] revise ‹a treaty, a book›, reconsider ‹a policy›, review ‹the findings› ★ *een* ~*e druk* a revised edition
herziening *v* [-en] revision ‹of a treaty, book›, reconsideration ‹of a policy›, review ‹of the findings, the sentence› ★ *een* ~ *van de grondwet* an amendment to the constitution
hes *m* [-sen] blouse, smock
hesp *v* [-en] ZN hock, ham
het I *lidw* the ★ *drie euro* ~ *pond* three euros a pound ★ *drie euro* ~ *stuk* three euros each ★ *hét onderwerp*

van de dag the talk of the day ★ *ik was er ~ eerst* I got here / was here first **II** *pers vnw* it ★ *ik kan ~ niet vinden* I can't find it ★ inf *~ doen (met)* doing it (with), going all the way (with) ★ *dat is je van hét* that's just terrific / the best **III** *onbep vnw* ★*~ regent* it's raining

heteluchtoven *m* [-s] fan oven

heteluchtverwarming *v* hot-air heating system

heten I *overg* [heette, h. geheten] name, call ▼ *iem. welkom ~* bid sbd welcome **II** *onoverg* [heette, h. geheten] **❶** *genaamd zijn* be called, be named ★ *hoe heet dat?* what is it called? ★ *hoe heet hij?* what is his name? ★ *vraag hem hoe hij heet* ask him his name ★ *zo waar ik... heet* as sure as my name is... ★ *hij heet Jan naar zijn vader* he's called John after his father **❷** *beweerd worden* reputed, said ★ *het heet dat hij...* it is reported / said that he... ★ *zoals het heet* as the saying goes ★ *een beetje druk hier? wat heet!* a bit busy here? that's putting it mildly!

heterdaad *bijw* ★ *iem. op ~ betrappen* catch sbd in the act, catch sbd red-handed

hetero *bn & o* ['s] heterosexual

heterofiel I *bn* heterosexual **II** *m-v* [-en] heterosexual

heterogeen I *bn* heterogeneous ★ econ *een ~ oligopolie* a heterogeneous oligopoly ★ *een ~ publiek* a motley crowd ★ *een heterogene auto* a hybrid car **II** *bijw* ★ *het ~ groeperen van leerlingen* dividing students into mixed-ability groups

heteroseksueel I *bn* heterosexual **II** *m-v* [-elen] heterosexual

hetgeen, hetgene *betr vnw* that which, what, which

hetze *v* [-s] witch hunt, smear campaign ★ *een ~ voeren tegen iem.* start a witch hunt / smear campaign against sbd

hetzelfde *aanw vnw* the same ★ *het is mij allemaal ~* it's all the same to me ★ *het komt op ~ neer* it amounts to the same thing ★ *~ ding* the same thing ★ *dat is ~ van zo-even* that's the same as the one before ★ *van ~!* the same to you!

hetzij *voegw* either... or ★ *~ vandaag, ~ morgen* maybe today, maybe tomorrow, either today or tomorrow

heug *m* ★ *tegen ~ en meug* reluctantly, against one's wish

heugen *onoverg* [heugde, h. geheugd] ★ *het heugt mij* I remember ★ *dat zal u ~* you won't forget that in a hurry

heuglijk *bn* **❶** *gedenkwaardig* memorable **❷** *verheugend* joyful, glad, happy

heulen *onoverg* [heulde, h. geheuld] collaborate, collude ★ *~ met de vijand* collaborate / collude with the enemy, be in league / in collusion with the enemy

heup *v* [-en] hip ★ *hij heeft 't op zijn ~en* he's in one of his tempers

heupbroek *v* [-en] hipsters

heupdysplasie *v afwijking bij honden* canine hip dysplasia

heupfles *v* [-sen] hip flask

heupgewricht *o* [-en] hip joint

heupgordel *m* [-s] **❶** *veiligheidsgordel* lap / hip belt **❷** *riem/gordel die om de heup wordt gedragen* hip belt

heuptasje *o* [-s] bum bag

heupwiegen *onoverg* [heupwiegde, h. geheupwiegd] swing / sway / roll / wiggle one's hips

heupzwaai *m* [-en] hip throw

heus I *bn* **❶** *beleefd* courteous, polite **❷** *echt* real, true **II** *bijw* **❶** *hoffelijk* courteously, politely **❷** *werkelijk* really, truly ★ *~?* really?, have you though? ★ *~..., maar niet ~!* ..., (but) not really! ★ *hij bijt ~ niet* he really won't bite

heuvel *m* [-s, -en] hill ★ *de ~ af / op* down / up the hill, downhill / uphill

heuvelachtig *bn* hilly

heuvelland *o* hilly country

heuvellandschap *o* [-pen] hilly landscape

hevel *m* [-s] siphon / syphon

hevig I *bn* **❶** *intens* intense ‹heat, pain›, severe ‹pain, doubts› **❷** *fel, heftig* violent ‹storm›, heavy ‹fighting, rainfall›, vehement ‹tone, words› ★ *hij heeft ~e koorts* he has a high temperature **II** *bijw* **❶** violently & **❷** versterkend greatly ★ *~ bloeden* bleed badly ★ *~ verontwaardigd* extremely insulted

hevigheid *v* vehemence, violence, intensity, severity

hexaëder *m* [-s] hexahedron, cube

hexagram *o* [-men] hexagram

hiaat *m & o* [hiaten] hiatus, gap

hibiscus *m plant* hibiscus

hiel *m* [-en] heel ★ *iem. op de ~en zitten* be close upon sbd.'s heels ★ *nauwelijks heb ik de ~en gelicht, of...* no sooner had I turned my back than... ★ *zijn ~en laten zien* go, leave

hielenlikker *m* [-s] toady, bootlicker

hielprik *m* [-ken] heel prick

hier *bijw* here ★ ‹tegen hond› *~!* here! ★ *~ en daar* here and there ★ *~ en daar over spreken* talk about this and that ★ *~ te lande* in this country ★ *~ ter stede* in this town ★ *~ ben ik* here I am ★ *~ is het journaal* this is the news ★ ‹overhandigend› *~ is de krant* here's the newspaper ★ *het zit me tot ~!* I've had it up to here! I'm fed up with it! ★ *van ~ tot ginder* from here to there ★ *van ~ tot Tokio* from here to Timbuktu ★ inf *wel ~ en daar!* the deuce!, by Jove!

hieraan *bijw* to this, at / on / by / from this ★ *~ kun je zien wat het kost* this shows you what it cost

hierachter *bijw* **❶** *plaats* behind (this) **❷** *verwijzing in boeken &* hereafter, hereinafter

hiërarchie *v* [-chieën] hierarchy

hiërarchisch *bn* hierarchical ★ *een ~e organisatiestructuur* a hierarchical organisational structure ★ *langs de ~e weg* via the appropriate channels

hierbij *bijw* **❶** hereby, herewith ‹I declare› ★ *~ deel ik u mede* I hereby inform you ★ *~ komt nog...* also ★ *wij zullen het ~ laten* we'll leave it at this **❷** *ingesloten* herewith, enclosed

hierbinnen *bijw* in here, within, within this place

/ room

hierboven *bijw* up here, above ★ *zoals ~ genoemd* as mentioned above, in the aforesaid (passage)

hierbuiten *bijw* outside (this)

hierdoor *bijw* ❶ *als gevolg hiervan* because of this ❷ *door dit te doen* by doing so

hierheen *bijw* here, this way ★ *kom je straks ~?* are you coming here / this way later?

hierin *bijw* in here, in this, form herein

hierlangs *bijw* this way, past here

hiermee *bijw* ❶ with this ★ *wat moet ik ~?* what am I to do with this? ❷ *in een brief* herewith

hierna *bijw* after this, hereafter ★ *~ te noemen* hereafter called

hiernaar *bijw* after this, from this

hiernaast *bijw* next door ★ *~ woont een aardig stel* there's a nice couple living next door

hiernamaals I *bijw* hereafter ★ *het leven ~* the life after death **II** *o* ★ *het ~* the hereafter

hiëroglief *v* [-en], **hiëroglyfe** [-n] hieroglyphics

hierom *bijw* ❶ *om het genoemde heen* round this ❷ *reden* for this reason ★ *...en wel ~* and for this reason

hieromheen *bijw* round this

hieromtrent *bijw* ❶ *omgeving* hereabout(s) ❷ *betreffende dit* about this, on this matter ★ *~ doe ik geen mededelingen* I have no comment on this matter

hieronder *bijw* ❶ *onder het genoemde* underneath, below ★ *zoals ~ genoemd* as stated below, ‹onder aan de bladzij› as stated in the footnote ❷ *tussen het genoemde* among these ★ *~ bevinden zich drie kinderen* among these were three children ▼ *~ verstaat men* by this is meant

hierop *bijw* ❶ *v. plaats* on this ★ *~ stond een toren* there was a tower on top of it ❷ *v. tijd* after that, in reply to that ★ *~ zei hij dat hij wegging* in reply to that he said he was leaving

hierover *bijw* ❶ *plaats* opposite, over the way ★ *hij woont ~* he lives opposite ❷ *betreffende* on (about) this subject, about this ★ *~ is weinig bekend* not much is known about this

hiertegen *bijw* against this ★ *slechts enkelen stemden ~* only a few voted against this

hiertegenover *bijw* ❶ *v. plaats* opposite ★ *~ komt een garage* they're going to build a garage across the road / street ❷ *v. zaak* against this ★ *~ staat dat...* on the other hand...

hiertoe *bijw* ❶ *v. tijd* so far ★ *tot ~* thus far, so far ❷ *v. doel* for this purpose ★ *~ werd besloten omdat...* this was decided because... ★ *~ gaat u als volgt te werk* continue as follows

hiertussen *bijw* between these ★ *~ ligt een dal* a valley lies (in) between

hieruit *bijw* from this, hence ★ *~ ontstaat dan iets nieuws* something new will come out of this

hiervan *bijw* of this / that, about this, hereof ★ *wat denk jij ~?* what do you think of this?

hiervandaan *bijw* from here ★ *dat is ver ~* it's a long way from here

hiervoor *bijw* ❶ *voor dit doel* for this, in exchange, in return (for this) ★ *~ bestemd* reserved for, intended for ❷ *tijd* before this ★ *~ was hij ziek* he was ill before this ★ *~ genoemd* mentioned before ❸ *plaats* in front of this

hifi *bn* hi-fi, high fidelity

hifiapparatuur *v* hi-fi equipment, hi-fi

hifi-installatie *v* [-s] hi-fi set

hifiset *m* [-s] hi-fi

high *bn* high, stoned, ‹niet door drugs› ecstatic

hightech *bn* high-tech, hi-tech

hij *pers vnw* he ★ *~ die...* he who ★ *~ die dat gelooft* he who believes that... ★ *is het een ~ of een zij?* is it a he or a she?

hijgen *onoverg* [hijgde, h. gehijgd] pant, gasp (for breath) ★ fig *~ naar* pant / yearn for

hijger *m* [-s] heavy breather ★ *door een ~ worden opgebeld* receive an obscene phone call

hijs *m* hoisting, hoist ★ *een hele ~* quite a job

hijsblok *o* [-ken] pulley block

hijsen *overg* [hees, h. gehesen] hoist, pull up, run up ★ *de vlag ~* run up / hoist the flag ▼ inf ‹drinken› *bier ~* booze

hijskraan *v* [-kranen] crane

hik *m* [-ken] hiccup, hiccough ★ *de ~ hebben* have the hiccups

hikken *onoverg* [hikte, h. gehikt] hiccup ★ *tegen iets aan ~* not look forward to sth

hilarisch *bn* hilarious

hilariteit *v* hilarity

Himalaya *m* the Himalayas

hinde *v* [-n] hind, doe

hinder *m* nuisance, hindrance, impediment, obstacle ★ *ik heb er geen ~ van* it's not bothering me ★ *kinderen zijn ~en* children impede your movements

hinderen I *overg* [hinderde, h. gehinderd] hinder, impede, obstruct ★ *het hindert mij bij mijn werk* it's hindering my work ★ *mijn zicht werd gehinderd door de bomen* the trees obstructed my vision ★ *niet dat het mij hindert dat...* not that I'm bothered that / by... **II** *onoverg* [hinderde, h. gehinderd] hinder, be in the way ★ *dat hindert niet* that's not a problem

hinderlaag *v* [-lagen] ambush ★ *een ~ leggen* lay an ambush ★ *in ~ liggen* lie in ambush ★ *in een ~ lokken* ambush ★ *in een ~ vallen* be ambushed

hinderlijk *bn* ❶ *personen* annoying, troublesome ❷ *zaken* inconvenient

hindernis *v* [-sen] hindrance, obstacle, impediment ★ *een wedren met ~sen* an obstacle race ★ *een ~ nemen* negotiate an obstacle

hindernisbaan *v* [-banen] obstacle course, steeplechase, assault course

hindernisloop *m* [-lopen] steeplechase

hinderpaal *m* [-palen] obstacle, impediment, hindrance ★ *iem. hinderpalen in de weg leggen* put

/ throw obstacles in sbd's way ★ *alle hinderpalen uit de weg ruimen* remove all obstacles

Hinderwet *v* nuisance act

hindoe *m* [-s] Hindu

hindoeïsme *o* Hinduism

Hindoestaan, Hindostaan *m* [-stanen] Hindustani

Hindoestaans, Hindostaans I *bn* Hindustani **II** *o taal* Hindustani

Hindoestaanse *v* [-n] Hindustani

hinkelen *onoverg* [hinkelde, h. gehinkeld] hop, ⟨op hinkelbaan⟩ play hopscotch

hinken *onoverg* [hinkte, h. gehinkt] ❶ *kreupel lopen* limp, walk with a limp ★ *op twee gedachten ~* be in two minds about sth ❷ hop, ⟨op hinkelbaan⟩ play hopscotch

hink-stap-springen *o sp* triple jump

hink-stap-sprong *m* triple jump

hinniken *onoverg* [hinnikte, h. gehinnikt] ❶ *v. paard* neigh, whinny ❷ *lachen* bray, cackle

hint *m* [-s] hint, tip, pointer

hip *bn* hip, trendy ⟨clothes⟩, swinging ⟨town⟩

hiphop *m* hip-hop

hippie *m-v* [-s] hippy / hippie

hippisch *bn* equestrian

hippodroom *m & o* [-dromen] hippodrome

historicus *m* [-ci] historian

historie *v* [-s & -riën] history, story ★ *natuurlijke ~* natural history

historieschilder *m* [-s] historical painter

historiestuk *o* [-ken] historical piece / painting

historisch I *bn* ❶ *geschiedkundig* historical ⟨novel &⟩ ❷ *van historische betekenis* historic ⟨building, event &⟩ ★ *het is ~!* it actually happened, it's a fact of history **II** *bijw* historically

hit I *m* [-s] ❶ *succesvolle plaat* hit (record) ★ *een ~ scoren* score a hit ★ *die film is een ~* the film is a hit / a box office success ❷ *op zoekmachine* comput hit **II** *m* [-ten] *pony* (Shetland) pony, cob

hitlijst *v* [-en], **hitparade** *m* [-s] hit parade, charts

hitsig *bn* hot-blooded

hitsingle *de* [-s] hit single

hitte *v* heat ★ *in de ~ van het gevecht* in the heat of the struggle

hittebestendig *bn* heat-resistant ★ *~e verf* heat-resistant paint

hittegolf *v* [-golven] heat wave

hitteschild *o* [-en] heat shield

hiv *afk* (human immunodeficiency virus) HIV

hiv-virus, hivvirus *o* [-se] HIV virus

ho *tsw* ❶ *bij inschenken* when! ★ *~ maar!* stop!, that's enough! ❷ *tegen paard* whoa! ★ *~ nou!* hold your horses! ❸ *als terechtwijzing* come on!

hobbel *m* [-s] knob, bump ★ *een lastige ~ nemen* get around a tricky obstacle

hobbelen *onoverg* [hobbelde, h. gehobbeld] ❶ *op en neer* jolt, bump, lurch ⟨along the road⟩ ❷ *heen en weer* rock (to and fro) ❸ *op hobbelpaard* ride on a rocking horse

hobbelig *bn* rugged, uneven, bumpy

hobbelpaard *o* [-en] rocking horse

hobby *m* ['s] hobby

hobbyist *m* [-en] ❶ *beoefenaar v.e. hobby* hobbyist ❷ geringsch amateur, dilettante

hobo *m* ['s] oboe

hoboïst *m* [-en] oboist, oboe player

hockey *o* hockey

hockeyen *onoverg* [hockeyde, h. gehockeyd] play hockey

hockeyer *m* [-s] hockey player

hockeystick *m* [-s] hockey stick

hocus pocus *m & o* hocus-pocus, mumbo-jumbo ★ *~ pilatus pas!* abracadabra! open sesame!

hoe I *bijw voegw* how ★ *~ dan ook* anyhow, anyway, in spite of everything ★ *~ langer ~ erger* worse and worse ★ *~ meer..., ~ minder...* the more..., the less... ★ *~ rijk hij ook is* however rich he may be ★ *~ het ook zij* however that may be ★ *zij weet ~ de mannen zijn* she knows what men are like ★ *ik zou graag weten ~ of wat* I'd like to know where I stand ★ *het ~ en wat / waarom weet hij niet* he doesn't know the ins and outs of the case **II** *vragend vnw* what ★ *~ zo?* what do you mean? ★ *~ ver is het nog?* how much further is it? ★ *~ is uw naam?* what's your name? ★ *~ noemen we een...?* what do we call a...?

hoed *m* [-en] hat ★ *een hoge ~* a top hat, a topper ★ *zijn ~ opzetten* put on his hat ★ *de ~ afnemen voor iem.* take off / raise one's hat to sbd ★ *daar neem ik mijn / de ~ voor af* I take off my hat to that ★ *met de ~ in de hand komt men door het ganse land* good manners get results ★ *van de ~ en de rand weten* know what's what ★ *onder één ~je spelen met* be in league with, work together with ★ *inf hij is onder een ~je te vangen* he can easily be subdued ★ *zich een ~je schrikken* be frightened to death

hoedanig *vragend vnw* how, what

hoedanigheid *v* [-heden] quality, capacity ★ *in zijn ~ van...* in his capacity as... ★ *aannemen van een valse ~* assume a false identity

hoede *v* guard, care, protection ★ *onder zijn ~ nemen* take under one's protection, take charge of ★ *op zijn ~ zijn* be on one's guard (*voor* against)

hoeden I *overg* [hoedde, h. gehoed] *v. vee* take care of, tend, keep watch over, look after **II** *wederk* [hoedde, h. gehoed] ★ *zich ~ voor* beware of, guard against

hoedenmaker *m* [-s] hatter

hoedenplank *v* [-en] *in auto* rear shelf

hoeder *m* [-s] ❶ keeper, ⟨v. vee⟩ herdsman, ⟨meest in samenst.⟩ ⟨swine⟩ herd ❷ *fig* guardian, keeper ★ Bijbel *mijns broeders ~* my brother's keeper

hoef *m* [hoeven] hoof

hoefdier *o* [-en] hoofed animal, ungulate

hoefgetrappel *o* clatter of hoofs

hoefijzer *o* [-s] (horse)shoe

hoefsmid *m* [-smeden] blacksmith, farrier

hoegenaamd *bijw* absolutely, completely, at all ★ *~*

ho

niets absolutely nothing, nothing whatever, nothing at all ★ *het heeft ~ geen moeite gekost* it was no trouble at all

hoek *m* [-en] ❶ *besloten door twee lijnen of vlakken* angle ★ *rechte / scherpe / stompe ~* a right angle, an acute / obtuse angle ★ *zijn dode ~* one's blind spot ★ *onder een ~ van 40 graden* at an angle of 40° ❷ *besloten door twee muren* corner ★ *iem. in een ~ drijven* corner sbd ★ *een jongen in de ~ zetten* put a boy in the corner ★ *in alle ~en en gaten* in every nook and cranny ★ *hij kan zo aardig uit de ~ komen* he's very witty ★ inf *hij kwam flink uit de ~* he came out with some firm criticism ★ inf *iem. alle ~en van de kamer laten zien* knock the living daylights out of sbd ★ inf *in de ~ zitten waar de klappen vallen* be in the wrong place at the wrong time ❸ *v. straat, oog, mond & corner* ★ *om de ~* round the corner ★ *ga de ~ om* go round the corner ★ *het ~je om gaan* kick the bucket ★ *op de ~* at / on the corner ❹ *v. kompas* quarter, point of the compass ★ *uit welke ~ waait de wind?* which way is the wind blowing? ❺ *streek* corner ❻ *beschut plekje* nook ❼ boksen hook ★ *een rechtse ~ plaatsen* use a right hook ❽ *vishaak* hook, fish hook

hoekhuis *o* [-huizen] corner house
hoekig *bn* ❶ angular ❷ fig rugged
hoekkast *v* [-en] corner cupboard
hoekman *m* [-nen, -lieden] eff Am market / stock specialist, (stock) jobber
hoekpunt *o* [-en] angular point
hoekschop *m* [-pen] corner
hoeksteen *m* [-stenen] cornerstone ★ *het gezin als ~ van de samenleving* the family as the cornerstone of society
hoektand *m* [-en] canine (tooth), eyetooth
hoekwoning *v* [-en] corner house, house on the corner
hoelang *bijw* how long ★ *tot ~* till, until when
hoen *o* [-deren & -ders] chicken, hen, fowl, Aus chook ★ *zo fris als een ~tje* as fresh as a daisy
hoenderhok *o* [-ken] henhouse, chicken coop
hoepel *m* [-s] hoop
hoepelen *onoverg* [hoepelde, h. gehoepeld] play with a hoop, trundle a hoop
hoepelrok *m* [-ken] hoop skirt, crinoline
hoer *v* [-en] whore, harlot, prostitute ★ *de ~ spelen* act like a whore
hoera I *tsw* hurrah, hurray ★ *driemaal ~ voor...* three cheers for... **II** *o* ['s] cheers ★ *een driewerf ~* three cheers
hoerastemming *v* jubilant mood, on top of the world, over the moon
hoerenbuurt *v* [-en] red-light district
hoerenjong *o* [-en] ❶ bastard, son of a bitch ❷ druktechn widow
hoerenkast *v* [-en] brothel
hoerenloper *m* [-s] whore hopper, john
hoerenmadam *v* [-men] madam, female brothel

keeper
hoereren *onoverg* [hoereerde, h. gehoereerd] whore
hoerig *bn* whorish, slutty, sluttish
hoes *v* [hoezen] ❶ cover, dust sheet ❷ *v. grammofoonplaat* sleeve
hoeslaken *o* [-s] fitted sheet
hoest *m* cough ★ *een hardnekkige ~* a persistent cough
hoestbonbon *m* [-s] cough drop / sweet / lolly
hoestbui *v* [-en] fit of coughing
hoestdrankje *o* [-s] cough mixture / medicine
hoesten *onoverg* [hoestte, h. gehoest] cough
hoestpastille *v* [-s] cough lozenge
hoestsiroop *v* [-siropen] cough syrup
hoeve *v* [-n, -s] farm, farmstead, homestead
hoeveel *vragend telw* ❶ *voor enkelvoud* how much ‹money› ❷ *voor meervoud* how many ‹books› ★ *met (zijn) hoevelen zijn wij?* how many of us are there?
hoeveelheid *v* [-heden] quantity, amount
hoeveelste *vragend telw* ★ *de ~ keer?* how many times ‹have I told you›? ★ *de ~ van de maand hebben wij?* what day of the month is it? ★ *de ~ bent u?* what's your number?
hoeven *overg en onoverg* [hoefde, h. gehoeven] need (to) ★ *dat hoeft niet* that's not necessary, you don't have to do that ★ *dat had je niet ~ doen* you didn't have to do that, there was no need for you to do that, ‹na ontvangst v.e. cadeau› you shouldn't have! ★ *van mij hoeft skiën niet meer / ik hoef niet meer zo nodig te skiën* I'm no longer interested in skiing ★ *spruitjes hoef ik niet* I don't like sprouts
hoever, hoeverre *bijw* ★ *(tot) ~* how far? ★ *in ~(re)* how far, to what extent
hoewel I *voegw* although, though **II** *tsw* ★ *ik zal het nooit meer doen...~?* I'll never do it again...or might I?
hoezeer I *voegw* how badly **II** *bijw* however much ★ *je begrijpt ~ dit me heeft getroffen* you'll understand how much this has hurt me
hoezo *tsw* what do you mean? ★ *~ slecht weer?* what do you mean, bad weather? ★ *~ oranje licht?* what yellow light?
hof I *o* [hoven] *rechtbank en v. vorst* court ★ *aan het ~* at court ★ *het Europees Hof van Justitie* the European Court of Justice ★ *het Europees Hof voor de Rechten van de Mens* the European Court of Human Rights ★ *het Hof van Justitie van de Europese Gemeenschappen* the Court of Justice of the European Communities ★ *het Internationaal Hof van Justitie* the International Court of Justice ★ *het ~ van arbitrage / cassatie* the Court of arbitration / cassation ★ *iem. het ~ maken* court sbd **II** *m* [hoven] *tuin* garden ★ *de Hof van Eden* the Garden of Eden
hofdame *v* [-s] lady-in-waiting, ‹ongehuwd› maid of honour/Am honor
hoffelijk *bn* courteous ★ *een ~e buiging* a courteous bow
hoffelijkheid *v* [-heden] courteousness, courtesy
hofhouding *v* [-en] court, household

hofje *o* [-s] ❶ *v. bejaarden* almshouse ❷ *binnenplaats* court

hofkapel *v* [-len] ❶ *kerkje* court chapel ❷ <u>muz</u> royal court band

hofkring *m* [-en] ★ *in ~en* in court circles

hofleverancier *m* [-s] purveyor to His / Her Majesty, by appointment to His / Her Majesty

hofmeester *m* [-s] steward

hofnar *m* [-ren] court jester / fool

hogedrukgebied *o* [-en] high-pressure area, high, anticyclone

hogedrukpan *v* [-nen] pressure cooker

hogedrukreiniger *m* [-s] high-pressure water jet

hogedrukspuit *v* [-en] high-pressure spray

hogelijk *bijw* → **hooglijk**

hogepriester *m* [-s] high priest

hogerhand *v* ★ *van* ~ from above, ‹a revelation› from on high, ‹an order› from the powers that be / the government, ‹hear› on high authority

Hogerhuis *o* Upper House, House of Lords

hogerop *bijw* higher ★ *~ willen* have higher aspirations, be ambitious ★ ‹bij hogere instantie› *het ~ zoeken* take it higher up, take it to a higher authority

hogeschool *v* [-scholen] college, university ★ *aan de ~* in college ★ *op de ~* at college ★ *een technische ~* a technical college, a polytechnic

hogeschoolrijden *het paardensport* dressage, high school riding

hogesnelheidslijn *v* [-en] *snelle treinverbinding* high-speed rail link

hogesnelheidstrein *m* [-en] high-speed train

hoi *tsw* ❶ *groet* hi, hello ❷ *juichkreet* whoopee

hok *o* [-ken] ❶ *dierenverblijfplaats* ‹v. honden› kennel, ‹v. varkens› sty, ‹v. schapen, pluimvee› pen, house, ‹v. leeuwen› den, cage, ‹v. konijnen› hutch, ‹v. kippen› coop ★ *in je ~!* in your kennel!, ‹tegen iem.› pipe down! ❷ *bergruimte* shed ❸ *kamertje voor hobby &* den ★ *een ~ (van een kamer)* a poky little room, <u>inf</u> a hole ❹ *v. garven, schoven* shock

hokje *o* [-s] ❶ *bergruimte voor papieren &* compartment, ‹in een bureau› pigeonhole ❷ *kleedhokje, slaapkamertje* cubicle ❸ *vierkant vakje* square ❹ *op invulbiljet* box

hokjesgeest *m* parochialism

hokken *onoverg* [hokte, h. gehokt] ❶ *ongehuwd samenwonen* shack up ❷ *blijven waar men is* stay put ★ *bij elkaar ~* huddle together ★ *zij ~ altijd thuis* they're stay-at-homes ❸ *even stil vallen* come to a standstill ★ *er hokt iets* there's a hitch somewhere ★ *het gesprek hokte* the conversation ground to a halt

hol I *bn* ❶ hollow ‹stalks, cheeks, phrases, tones›, empty ‹vessels phrases›, sunken ‹road›, rough ‹sea›, cavernous ‹eyes› ★ *in het ~st van de nacht* in the dead of night ❷ *v. lens* concave ‹lenses› **II** *bijw* hollow ★ *~ klinken* sound hollow **III** *o* [holen] ❶ *grot* cave, cavern ❷ *v. dieren* hole, den, lair ★ *zich in het ~*

van de leeuw wagen brave the lion's den ❸ *plaats van duistere praktijken* den ❹ *achterste* <u>inf</u> arse, <u>Am</u> ass ★ *iem. een schop onder zijn ~ geven* kick sbd in the arse / up the backside ★ *het kan me geen ~ schelen* I couldn't care less, <u>vulg</u> I don't give a shit **IV** *m* ★ *op ~ slaan (raken)* bolt, runaway (horse) ★ *iem. het hoofd op ~ brengen* turn sbd's head ★ *zijn verbeelding is op ~ geslagen* his imagination is running wild ★ *op een ~letje* in a great hurry

holbewoner *m* [-s] cave dweller, troglodyte

holding *v* [-s], **holding company** [‘s] holding company

Holland *o* ❶ *Nederland* the Netherlands ★ *dat is ~ op zijn smalst* that's a narrow-minded / petty attitude ★ *~ is in last* things aren't going well ❷ *onofficieel* Holland ❸ *provincies* Holland

Hollander *m* [-s] ❶ *Nederlander* Dutchman ★ *de vliegende ~* the Flying Dutchman ★ *de ~s* the Dutch ❷ *uit provincies* Hollander

Hollands I *bn* Dutch **II** *o taal* Dutch

Hollandse *v* [-n] Dutchwoman ★ *ze is een ~* she's a Dutchwoman, she's from Holland, she's Dutch

hollen *onoverg* [holde, h. en is gehold] run ★ *het is altijd ~ of stilstaan met hem* it's all or nothing with him ★ *een ~d paard* a runaway horse ★ *zijn gezondheid holt achteruit* his health is deteriorating fast

holocaust *m* [-en] ❶ *volkerenmoord* holocaust ❷ *m.b.t. de joden tijdens de Tweede Wereldoorlog* **Holocaust** Holocaust

hologig *bn* hollow-eyed

holografisch *bn* holographic

hologram *o* [-men] hologram

holrond *bn* concave

holst *o* → **hol**

holster *m* [-s] holster

holte *v* [-n & -s] hollow, cavity, ‹v. oog› heup socket, ‹v. maag› pit

hom *v* [-men] *v. vis* milt, soft roe

homecomputer *m* [-s] personal computer

homeopaat *m* [-paten] hom(o)eopath

homeopathie *v* hom(o)eopathy

homeopathisch *bn* hom(o)eopathic ★ *een ~ middel* a homeopathic medicine

homepage *m* [-s] <u>comput</u> home page, homepage

homerisch *bn* Homeric ★ *een ~e strijd* a heroic struggle ★ *~ gelach* Homeric laughter

homerun *m* [-s] *honkbal* home run

hometrainer *m* [-s] home trainer, exercise bicycle

hommage *v* [-s] homage, tribute ★ *een ~ aan iem. brengen* pay a tribute to sbd

hommel *v* [-s] ❶ *grote brombij* bumblebee ❷ *dar* drone

hommeles *mv* ★ *het is ~ tussen hen* they are at odds, <u>inf</u> they're having a row ★ *~ hebben* have a row / an argument

homo *m* [‘s] ❶ homosexual, gay, *beledigend* queer, queen, poof

homobar *m-v* [-s] gay bar

homofiel *bn & m-v* [-en] homosexual, gay

ho

ho

homofilie *v* homosexuality

homofobie *v* homophobia

homofoob *bn* homophobic ★ *homofobe teksten* homophobic texts

homogeen *bn* homogeneous, uniform ★ *de autochtone Nederlanders vormen geen homogene groepering* the native Dutch population is not homogenous in character

homogeniteit *v* homogeneity

homohaat *m* homophobia

homohuwelijk *o* [-en] homosexual / gay marriage

homoniem I *bn* homonymous **II** *o* [-en] homonym

homonymie *v* homonymy

homoscene *v* gay scene

homoseksualiteit *v* homosexuality

homoseksueel *bn & m-v* [-elen] homosexual, gay

homp *v* [-en] lump, chunk, ‹v. brood› hunk ★ *een ~ kaas* a lump / chunk of cheese

hond *m* [-en] ❶ dog ★ *een jonge ~* a puppy / pup ★ *een vliegende ~* a flying fox ★ *bekend staan als de bonte ~* have a bad reputation ★ *de gebeten ~ zijn* (always) get the blame ★ *de ~ uitlaten* take the dog for a walk ★ *jij stomme ~!* you idiot! ★ *blaffende ~en bijten niet* his bark is worse than his bite ★ *men moet geen slapende ~en wakker maken* let sleeping dogs lie ★ *de ~ in de pot vinden* go without one's dinner ★ *wie een ~ wil slaan, kan licht een stok vinden* it is easy to find a stick to beat a dog ★ *veel ~en zijn der hazen dood* nobody can hold out against superior numbers ★ *daar lusten de ~en geen brood van* that's not fit for a dog ★ *als twee ~en vechten om een been, loopt een derde er ras mee heen* if you make trouble with somebody, both will lose out ★ *commandeer je ~(je) en blaf zelf* I'm not your slave ★ *zo ziek als een ~* as sick as a dog ❷ jachthond hound

hondenasiel *o* [-en, -s] home for dogs, dogs' home

hondenbaan *v* [-banen] lousy / rotten job

hondenbelasting *v* dog tax, dog licence/<u>Am</u> license fee

hondenbrokken *zn* [mv] dry dog food, dog biscuits

hondenhok *o* [-ken] kennel

hondenleven *o* dog's life ★ *een ~ leiden* lead a dog's life

hondenpenning *m* [-en] dog licence tag, <u>Am</u> dog license tag

hondenpoep *m* dog droppings, <u>inf</u> dogshit, <u>Am</u> doggy-doo ★ *in de ~ trappen* tread in the dogshit

hondentrimmer *m* [-s] canine beautician

hondenvoer *o* dog food

hondenweer *o* foul weather

honderd I *telw* a (one) hundred ★ *dat heb ik je al ~ keer gezegd* I've told you that a hundred times ★ *vijf ten ~* five per cent **II** *o* [-en] ★ *~en mensen* hundreds of people ★ *bij ~en* by the hundred ★ *alles is in het ~* everything is at sixes and sevens ★ *alles loopt in het ~* everything is going wrong ★ *de boel in het ~ laten lopen* let everything get out of control

honderdduizend *telw* a / one hundred thousand

★ *~en* hundreds of thousands ★ *de ~ winnen* win the lottery

honderdduizendste *rangtelw* the hundred thousandth ★ *voor de ~ keer!* for the hundredth time!

honderdjarig I *bn* hundred-year-old, centenary, centennial ★ *het ~ bestaan van...* the centenary of... ★ *de Honderdjarige Oorlog* the Hundred Year's War **II** *m-v* ★ *een ~e* a centenarian

honderdje *o* [-s] hundred euro note

honderdste I *rangtelw* hundredth **II** *o* [-n] hundredth (part), per cent

honderdtal *o* [-len] (a / one) hundred

honderduit *bijw* ★ *~ praten* talk nineteen to the dozen

honderdvoudig I *bn* hundredfold **II** *bijw* hundred times ★ *je krijgt het ~ terug* you'll get it back multiplied by a hundred, you'll get back a hundred times more than you put in

honds I *bn* scandalous, despicable **II** *bijw* scandalously, despicably ★ *iem. ~ behandelen* treat sbd like a dog

hondsberoerd *bn* sick as a dog ★ *ik voel me ~* I feel sick as a dog

hondsbrutaal *bn* as bold as brass, insolent, cheeky

hondsdagen *zn* [mv] dog days

hondsdolheid *v* ❶ *bij dieren* rabies ❷ *bij mensen* hydrophobia

hondsdraf *v* ground ivy

hondsmoe *o* dog-tired, dead tired, tired to death

Honduras *o* Honduras

honen *overg* [hoonde, h. gehoond] taunt, insult, jeer (at)

honend I *bn* scornful, derisive **II** *bijw* scornfully, derisively ★ *~ lachen* jeer, laugh scornfully

Hongaar *m* [-garen] Hungarian

Hongaars I *bn* Hungarian **II** *o taal* Hungarian

Hongaarse *v* [-n] Hungarian ★ *ze is een ~* she's a Hungarian, she's from Hungary

Hongarije *o* Hungary

honger *m* hunger ★ *~ hebben* be hungry ★ *ik heb ~ als een paard* I could eat a horse ★ *~ krijgen* get hungry ★ *~ lijden* starve, go hungry ★ *van ~ sterven* die of hunger ★ *~ maakt rauwe bonen zoet* hunger is the best sauce ★ *~ naar roem hebben* be hungry for fame

hongerdood *m & v* starvation, death from starvation ★ *de ~ sterven* starve to death

hongeren *onoverg* [hongerde, h. gehongerd] starve ★ *~ naar roem* crave fame

hongergevoel *o* feeling of hunger

hongerig *bn* hungry, ‹sterker› famished, ‹minder› peckish

hongerklop *m* *in wielerwedstrijd* sudden exhaustion due to hunger

hongerlijder *m* [-s] hungry person

hongerloon *o* [-lonen] starvation wages, pittance

hongeroedeem *o* hunger oedema, <u>Am</u> hunger edema

hongersnood *m* [-noden] famine
hongerstaking *v* [-en] hunger strike ★ *in ~ gaan* go on hunger strike
Hongkong *o* Hong Kong
honing *m* honey ★ *iem. ~ om de mond smeren* butter sbd up
honingraat *v* [-raten] honeycomb
honingzoet *bn* ❶ *zeer zoet* as sweet as honey, honey-sweet ❷ fig honeyed, mellifluous
honk *o* [-en] ❶ *thuis* home ★ *bij ~ blijven* stay near, stay at home, fig keep to the point ★ *van ~ gaan* leave home ★ *van ~ zijn* be absent, be away from home ❷ sp base
honkbal *o* baseball
honkbalknuppel *m* [-s] baseball bat
honkballen *onoverg* [honkbalde, h. gehonkbald] play baseball
honkballer *m* [-s] baseball player
honkslag *m* [-slagen] (one-)base hit
honkvast *bn* stay-at-home, home loving ★ *hij is erg ~* he is a stay-at-home / a home lover
honnepon *v & m* [-nen] sweetie, sweetheart, honeybun
honneurs *zn* [mv] ❶ honours ★ *de ~ waarnemen* do the honours ❷ kaartsp honour/Am honor cards
honorair *bn* honorary ★ *een ~ lid* an honorary member
honorarium *o* [-s & -ria] fee, honorarium, remuneration
honoreren *overg* [honoreerde, h. gehonoreerd] ❶ *betalen* pay, remunerate ❷ *geldig verklaren* honour/Am honor ★ *een verzoek ~* honour a request ★ *niet ~* dishonour ⟨a bill⟩, refuse to honour ❸ *belonen* award ⟨a high mark⟩, reward ⟨with a good mark⟩
honorering *v* ❶ *honorarium* remuneration, fee ❷ *betaling* payment ❸ *compensatie* compensation ❹ *erkenning* acceptance ❺ *betaling van een wissel of een cheque* honouring
hoofd *o* [-en] ❶ *lichaamsdeel* head, inf nut ★ *een ~ groter* taller by a head ★ *zijn ~ is er mee gemoeid* it may cost him his head ★ *het ~ bieden aan* stand up to ⟨sbd⟩, brave, face ⟨dangers &⟩, meet ⟨a difficulty⟩, cope with, deal with ⟨a situation⟩, bear up against ⟨misfortunes⟩ ★ *ergens een hard ~ in hebben* have great doubts about sth ★ *het ~ boven water houden* keep one's head above water ★ *het ~ hoog houden* carry / hold one's head high ★ *het ~ in de schoot leggen* give in, resign oneself to ★ *het ~ opsteken* raise its head / their heads ★ *de ~en bij elkaar steken* put their heads together ★ fig *zijn ~ stoten* meet with a rebuff ★ *het ~ in de nek werpen* throw back one's head ★ *het ~ buigen* bow one's head ★ *wat ons boven het ~ hangt* what is hanging over our heads, what's waiting for us ★ *het werk groeit mij boven het ~* the work is getting too complicated ★ *zich een gat in het ~ vallen* break one's head open ★ *met opgeheven ~* with head held high ★ *met het ~ tegen de muur lopen* bang one's head against a (brick) wall ★ *iem. iets naar het / zijn ~ gooien* throw sth at sbd's head, fig fling sth in sbd's teeth ★ *iem. beledigingen naar het ~ slingeren* hurl insults at sbd ★ *naar het ~ stijgen* go to one's head ★ *z'n ~ om de deur steken* pop one's head in (the door) ★ *het zal op uw ~ neerkomen* it'll be on your head ★ *iets over het ~ zien* overlook sth ★ *van het ~ tot de voeten* from head to foot, from top to toe, all over ★ *van het ~ tot de voeten gewapend* armed to the teeth ★ *iem. ~ tot voeten opnemen* look sbd up and down ★ *iem. voor het ~ stoten* offend sbd ★ *ik had me wel voor het ~ kunnen slaan* I could have kicked myself ★ *mil ~ links / rechts!* eyes left / right! ❷ *als zetel van verstand* head, brains, inf loaf ★ *zich het ~ breken over* rack one's brains over / about sth ★ *een goed ~ hebben voor wiskunde* have a good head for maths ★ *het ~ vol hebben van...* have one's head full of... ★ *mijn ~ loopt om* my head is in a whirl ★ *het ~ verliezen* lose one's head ★ *het ~ niet verliezen* keep one's head ★ *je moet je ~ erbij houden* you have to keep your wits about you ★ *veel aan het ~ hebben* have a lot of things on one's mind ★ *niet goed bij het / zijn ~ zijn* not be in one's right mind ★ *dat is mij door het ~ geschoten* it's slipped my memory, it's completely gone out of my head ★ *iets in zijn ~ halen* get / take sth into one's head ★ *iets in zijn ~ hebben* have an idea ★ *hoe kon hij het in zijn ~ krijgen / halen?* how could he even think it? ★ *zich iets in het ~ zetten* get sth into one's head ★ *iets uit zijn ~ kennen / leren / opzeggen* know / learn / recite sth by heart ★ *berekeningen uit het ~ maken* make calculations in one's head ★ *uit het ~ spelen* play from memory ❸ *individu* head ★ *drie euro per ~* three euros per head ★ *per ~ van de bevolking* per capita, per head of the population ★ *~ voor ~* individually ★ *zoveel ~en, zoveel zinnen* (so) many men, (so) many minds ★ *de ~en tellen* count the numbers ❹ *chef* chief, chef, leader ★ *het ~ van een school* the principal / headmaster / headmistress / head of a school ❺ *bovenste/eerste stuk/plaats* head, heading, ⟨kop v. artikel⟩ headline(s) ★ *het ~ van de brief* the letter heading ★ *aan het ~ van de tafel* at the head of the table ★ *aan het ~ staan van* be at the head of, be in charge of ⟨a prison &⟩ ▼ *uit ~e van* on account of, owing to ▼ *uit dien ~e* on that account, for that reason
hoofdagent *m* [-en] ❶ *v. politie* ± police sergeant ❷ *vertegenwoordiger* general / main / principal agent, distributor
hoofdakte *v* [-n & -s] headmaster's certificate
hoofdambtenaar *m* [-naren & -s] senior official / officer
hoofdartikel *o* [-en & -s] ❶ leading article, leader, editorial ❷ handel main line
hoofdbestanddeel *o* [-delen] main constituent
hoofdbestuur *o* [-besturen] ❶ *v. vereniging* managing / executive / general committee ❷ *v. bedrijf*

governing / central board of directors

hoofdbewoner *m* [-s] main / principal occupant, <u>jur</u> main / principal tenant

hoofdbreken *o* mental hassle, worry ★ *dat heeft heel wat ~s gekost* that took a lot of mental hassle, I had to rack my brains over that

hoofdbureau *o* [-s] head office ★ *het ~ van politie* the police headquarters

hoofdcommissaris *m* [-sen] (chief) commissioner (of police)

hoofdconducteur *m* [-s] (head) guard

hoofddeksel *o* [-s] headgear

hoofddocent *m* [-en] head teacher

hoofddoek *m* [-en] (head)scarf

hoofddoel *o* main object, principal aim

hoofdeind, hoofdeinde *o* [-einden] *v.* bed head

hoofdelijk *bn* per capita ★ *~ stemming* voting by roll call ★ <u>jur</u> *~ aansprakelijk* jointly and severally liable

hoofdfiguur *v* [-guren] ❶ *v.e. beweging of tijdperk* principal / leading figure ❷ *in boek, film* main character

hoofdfilm *m* [-s] feature / main film

hoofdgebouw *o* [-en] main building

hoofdgerecht *o* [-en] main course

hoofdhaar *o* [-haren] hair of the head

hoofdhuid *v* scalp

hoofdhuurder *m* [-s] main / principal tenant

hoofdingang *m* [-en] main entrance

hoofdinspecteur *m* [-s] chief inspector ★ *de ~ van politie* the chief inspector of police

hoofdje *o* [-s] ❶ *klein hoofd* small head ❷ *bloemhoofdje* flower head ❸ *opschrift* heading, caption

hoofdkantoor *o* [-toren] head office, headquarters

hoofdknik *m* [-ken] nod of the head

hoofdkraan *v* [-kranen] mains (tap) ★ *de ~ dichtdraaien* turn off at the mains

hoofdkussen *o* [-s] pillow

hoofdkwartier *o* [-en] <u>mil</u> headquarters ★ *het grote ~* general headquarters, G.H.Q

hoofdkwartier
Headquarters is altijd meervoud, *headquarter in het enkelvoud bestaat niet.

hoofdleiding *v* [-en] ❶ *bestuur* general management ❷ *v. gas, water &* mains

hoofdletter *v* [-s] capital (letter) ★ *in ~s* in capitals ★ *met ~ A* with a capital A ★ *iets met een ~ schrijven* write sth with a capital letter

hoofdlettergevoelig *bn* <u>comput</u> case sensitive

hoofdlijn *v* [-en] ❶ main line ★ *de ~en aangeven* outline the main features / themes ❷ *v. spoorweg* main / trunk line

hoofdluis *v* [-luizen] head louse ★ *haar kind heeft ~* her child has headlice / has nits

hoofdmaaltijd *m* [-en] main meal

hoofdmacht *v* main body / force

hoofdmoot *v* [-moten] principal part

hoofdmotief *o* [-tieven] ❶ main / principal / leading

motive ❷ <u>letterk & muz</u> principal motive, leitmotif

hoofdofficier *m* [-en] field officer ★ *de ~ van justitie* the chief public prosecutor

hoofdonderwijzer *m* [-s] headteacher

hoofddoorzaak *v* [-zaken] main cause

hoofdpersoon *m* [-sonen] principal person, central figure ★ *de hoofdpersonen van de roman* the principal characters in the novel

hoofdpijn *v* [-en] headache ★ *~ hebben / krijgen* have / get a headache

hoofdprijs *m* [-prijzen] first prize

hoofdprogramma *o* ['s] main programme/Am program

hoofdredacteur *m* [-en & -s] chief editor, editor-in-chief

hoofdrekenen *o* mental arithmetic

hoofdrol *v* [-len] principal part / role, leading part / role ★ *de ~ spelen* play the lead, <u>fig</u> play first fiddle

hoofdrolspeler *m* [-s] main / leading actor / actress, ‹v. mannen› male lead / leading man, ‹v. vrouwen› female lead / leading lady

hoofdschakelaar *m* [-s] main switch

hoofdschotel *m & v* [-s] ❶ *gerecht* main dish ❷ <u>fig</u> principal feature, main item, pièce de résistance

hoofdschudden *o* shaking / shake of the head

hoofdschuddend *bijw* ❶ *meewarig* pityingly ❷ *afkeurend* disapprovingly ★ *~ toekijken* look on disapprovingly

hoofdschuldige *m-v* [-n] main / chief offender, main / chief culprit

hoofdsom *v* [-men] ❶ *het totaal* sum total ❷ *het kapitaal* principal

hoofdsponsor *m* [-s] main sponsor

hoofdstad *v* [-steden] ❶ *v. land* capital (city) ❷ *v. provincie, graafschap* provincial capital

hoofdstedelijk *bn* metropolitan

hoofdstel *o* [-len] bridle

hoofdsteun *m* [-en] headrest

hoofdstraat *v* [-straten] main street / thoroughfare

hoofdstuk *o* [-ken] chapter ★ *~ één* Chapter One ★ *in ~ zes* in chapter six

hoofdtelefoon *m* [-s] headphone(s)

hoofdtelwoord *o* [-en] cardinal number

hoofdvak *o* [-ken] main subject, Am major ★ *hij heeft biologie als ~* his main subject is biology

hoofdverpleegkundige *m-v* [-n] head / charge / senior nurse

hoofdverpleegster *v* [-s] head / charge nurse, sister in charge

hoofdvestiging *v* headquarters

hoofdwas *m* main wash cycle

hoofdweg *m* [-wegen] main road

hoofdwond *v* [-en] head wound

hoofdzaak *v* [-zaken] main point / concern ★ *wat zijn de hoofdzaken?* what are the essentials? ★ *in ~* on the whole, basically

hoofdzakelijk *bijw* principally, chiefly, mainly

hoofdzin *m* [-nen] <u>taalk</u> principal sentence

hoofdzuster *v* [-s] head nurse, charge nurse / sister
hoofs *bn* courtly ★ *~e poëzie* courtly poetry
hoog I *bn* ❶ *groot van onder naar boven* high, tall ★ *hoge bomen* tall trees ★ *een ~ gebouw* a high / tall building ❷ *groot ten opzichte van een bep. norm* high ★ *hoge druk* high pressure ★ *onder hoge druk* at high pressure ★ *muz* *een hoge C* a top / high C ★ *een ~ stemmetje* a high-pitched voice ★ *het hoge noorden* the far North ★ *de prijzen staan ~* prices are high ❸ *ver boven de grond* high ★ *~ en droog* high and dry ❹ *hoog in rang* high(-ranking), senior ★ *een hoge positie in het bedrijfsleven* a high position in commerce ★ *een hoge officier* a senior officer ★ *het is ~ tijd* it is high time ❺ *verheven* lofty ❻ *zelfst. gebruikt* high (one) ★ *inf* *een hoge* a bigwig, a big shot, a V.I.P., *mil* a brass hat ★ ‹duikplank› *de hoge* the high board ★ *God in den hoge* God on high ★ *uit den hoge* from on high **II** *bijw* high, ‹vooral abstract› highly ★ *iem. ~ aanslaan* look up to sbd ★ *iets ~ opnemen* make a big thing of sth, take sth badly ★ *het zit hem ~* it's rankling him, he's agitated by it ★ *dat gaat mij te ~* that's beyond me, that's above my comprehension ★ *de sneeuw ligt ~* there's a deep layer of snow ★ *hij woont twee ~* he lives two floors up ★ *iem. ~ hebben zitten* look up to sbd, value sbd ★ *iets bij ~ en laag beweren* swear sth black and blue
hoogachten *overg* [achtte hoog, h. hooggeacht] (hold in high) esteem, respect ★ *~d* yours sincerely, yours faithfully, yours truly
hoogachting *v* esteem, respect, regard ★ *met (de meeste) ~* yours faithfully, yours sincerely, yours truly
hoogbegaafd *bn* highly gifted
hoogbejaard *bn* very old
hoogblond *bn* golden, very fair
hoogbouw *m* high-rise flats / (office) blocks, multistorey building(s)
hoogconjunctuur *v* (economic) boom
hoogdravend I *bn* high-flown, afkeurend pompous, inf highfalutin(g) ★ *~e taal* high-flown / pompous language **II** *bijw* pompously
hoogdrempelig *bn* high-threshold ★ *~e instanties* high-threshold institutions
hoogfrequent *bn* high-frequency
hooggeacht *bn* (highly) esteemed ★ *Hooggeachte heer* Dear Sir
hooggebergte *o* [-n & -s] high mountains
hooggeëerd *bn* highly honoured ★ *~ publiek!* Ladies and Gentlemen!
hooggeleerd *bn* very learned ★ *~e heren* learned gentlemen
hooggelegen *bn* high ★ *een ~ dorp* a village high up in the mountains
hooggeplaatst *bn* highly placed
hooggerechtshof *o* Supreme Court
hooggespannen *bn* optimistic, excited ★ *~ verwachtingen* high hopes
hoogglanslak *m* [-ken] (high) gloss paint
hooghartig *bn* proud, haughty ★ *op zijn ~e manier* in

his haughty manner ★ *zich ~ gedragen* conduct oneself in a haughty manner
hoogheemraadschap *o* [-pen] drainage board, water district board / authority / corporation
hoogheid *v* ❶ height, grandeur ❷ [-heden] ★ *Zijne / Hare Koninklijke Hoogheid* His / Her Royal Highness
hooghouden *overg* [hield hoog, h. hooggehouden] ❶ *in ere houden* uphold, maintain ❷ *in de hoogte houden* hold high, hold (up) in the air
hoogland *o* [-en] highland(s) ★ *de Schotse Hooglanden* the Scottish Highlands
hoogleraar *m* [-s & -raren] (university) professor ★ *een buitengewoon ~* an associate professor ★ *een gewoon ~* a professor ★ *een bijzonder ~* a professor occupying an endowed chair
Hooglied *o* ★ Bijbel *het* ~ the Song of Songs / Solomon, the Canticles
hooglijk, hogelijk *bijw* highly ★ *zijn hulp werd ~ gewaardeerd* his help was highly valued
hooglopend *bn* violent ★ *een ~e ruzie* a violent quarrel
hoogmis *v* [-sen] high mass
hoogmoed *m* pride, haughtiness ★ *~ komt voor de val* pride comes before a fall
hoogmoedig *bn* proud, afkeurend haughty, arrogant
hoogmoedswaan, hoogmoedswaanzin *m* megalomania, delusions of grandeur
hoognodig I *bn* very necessary, urgently needed, much-needed ★ *alleen het ~e meenemen* only take what is strictly necessary **II** *bijw* urgently ★ *hij moest ~ (naar de WC)* he had to go to the toilet in a hurry ★ *het moet ~ gebeuren* it's urgent
hoogoplopend *bn* violent ★ *een ~ conflict* a violent conflict
hoogoven *m* [-s] blast furnace
hoogrendementsketel *m* [-s] high efficiency boiler
hoogrood *bn* ❶ bright red ❷ *blozend* flushed
hoogschatten *overg* [schatte hoog, h. hooggeschat] esteem highly
hoogseizoen *o* [-en] high season, peak season ★ *in het ~* in / during the peak season
hoogslaper *m* [-s] bunk bed
hoogspanning *v* high tension
hoogspanningskabel *m* [-s] high-tension cable
hoogspanningsmast *m* [-en] pylon
hoogspanningsnet *o* [-ten] high-tension network, national grid
hoogspringen *o* sp high jump
hoogst I *bn* highest, supreme, top ★ *het ~e genot* supreme enjoyment ★ *op het ~e niveau* at the highest level, top-level ★ *in de ~e versnelling* in top gear **II** *bijw* highly, very, greatly, extremely **III** *o* ★ *op zijn / het ~ zijn* be at its height ★ *op zijn / het ~* at (the) most ★ *ze was ten ~e verbaasd* she was highly / greatly / extremely surprised ★ *een boete van ten ~e 100 euro* a fine of 100 euros at the most, form a fine not exceeding 100 euros
hoogstaand *bn* ❶ m.b.t. mensen high-minded,

ho

ho

high-principled ❷ *m.b.t. zaken* first-class / rate, top-quality ★ *een lange traditie van ~ onderwijs* a long tradition of first-class education

hoogstandje *o* [-s] tour de force

hoogsteigen *bn* ★ *in ~ persoon* personally, in person

hoogstens *bijw* at (the) most, at the utmost, at the outside, at best

hoogstpersoonlijk *bn* in person, personally

hoogstwaarschijnlijk I *bn* most probable / likely **II** *bijw* most probably, in all probability

hoogte *v* [-n & -s] ❶ *m.b.t. verticale afmeting* height ★ *de ~ ingaan* rise, go up, <u>sterker</u> skyrocket ★ *daar kan ik geen ~ van krijgen* it's above my comprehension, <u>inf</u> it beats me ★ *ik kan geen ~ van haar krijgen* I don't understand her, <u>inf</u> I can't make her out ★ *op de ~ blijven* keep oneself informed, <u>inf</u> stay in touch, keep oneself posted ★ *iem. op de ~ brengen (van)* bring sbd up-to-date (with), fill sbd in (on) ★ *iem. op de ~ houden* keep sbd informed ★ *iem. op de ~ stellen (van)* inform sbd (of) ★ *zich op de ~ stellen van iets* acquaint oneself with sth, <u>inf</u> find out what's going on with sth ★ *op de ~ van zijn tijd zijn* be well abreast of the times ★ *goed op de ~ zijn* be well informed ❷ *m.b.t. niveau* height, level ★ *op dezelfde ~ als...* on a level / par with ★ *tot op zekere ~* to a certain level / extent ❸ *m.b.t. afstand* height ★ *ter ~ van Utrecht* near Utrecht ★ <u>scheepv</u> *ter ~ van Gibraltar* off Gibraltar ❹ *m.b.t. hoogte boven de grond* altitude ★ <u>luchtv</u> *~ verliezen* lose altitude ★ *op geringe / grote ~* fly at low / high altitude ❺ *verhevenheid* height, elevation, eminence ★ *iem. uit de ~ behandelen* treat sbd loftily, in an off-hand manner, in a superior way ★ *uit de ~ zijn* be uppish, <u>inf</u> be stuck-up ★ *uit de ~ neerzien op* look down upon ❻ <u>handel</u> level ❼ <u>muz</u> pitch

hoogtelijn *v* [-en] ❶ <u>wisk</u> perpendicular ❷ <u>aardr</u> contour line

hoogtepunt *o* [-en] ❶ culminating point ❷ <u>fig</u> height, peak, pinnacle, zenith ★ *een ~ in de letterkunde* a literary milestone ★ *op het ~ van zijn carrière* at the height of his career ★ *over zijn ~ heen* over the hill ★ *een ~ van het reis* a highlight of the trip

hoogteroer *o* [-en] <u>luchtv</u> elevator

hoogteverschil *o* [-len] difference in height / altitude

hoogtevrees *v* acrophobia, fear of heights, vertigo ★ *~ hebben* be afraid of heights

hoogtezon *v* [-nen] ❶ artificial sun(light) ❷ *apparaat* sunlamp

hoogtij *o* ★ *~ vieren* reign supreme, run riot, be rampant

hoogtijdag *m* [-dagen] ❶ *feestdag* feast, feast day ❷ *religieuze feestdag* holy day

hooguit *bijw* at the most ★ *~ twee weken* two weeks at the most / maximum, no more than two weeks

hoogveen *o* ❶ high moor peat ❷ *gebied* peat moor, moorland

hoogverheven *bn* lofty, exalted, sublime

hoogverraad *o* high treason

hoogvlakte *v* [-n & -s] plateau, tableland

hoogvlieger *m* [-s] <u>fig</u> whiz kid, high-flyer ★ *hij is geen ~* he won't set the world on fire, he's no genius

hoogwaardig *bn* ❶ *van hoge waarde* high-grade, high-quality ★ *~ erts* high-grade ore ★ *~e technologie* high-quality technology ❷ *m.b.t. persoon* venerable, eminent ★ *Zijne Hoogwaardige Excellentie* His Excellency

hoogwaardigheidsbekleder *m* [-s] dignitary

hoogwater *o* high tide ★ *bij ~* at high tide, when the tide is in

hoogwaterlijn *v* [-en] high-water mark, high-tide mark

hoogwerker *m* [-s] tower waggon/<u>Am</u> wagon, hydraulic arm

hoogzwanger *bn* heavily / very pregnant, nearly at term, in the last stages of pregnancy

hooi *o* hay ★ *te veel ~ op zijn vork nemen* bite off more than one can chew ★ *te ~ en te gras* haphazardly, in fits and starts

hooiberg *m* [-en] haystack ★ *een speld / naald in een ~ zoeken* look for a needle in a haystack

hooien *onoverg* [hooide, h. gehooid] make hay

hooikoorts *v* hay fever

hooimaand *v* July

hooischuur *v* haybarn ★ *hij heeft een mond als een ~* he has a big mouth

hooitijd *m* [-en] haymaking

hooivork *v* [-en] pitchfork, hay fork

hooiwagen *m* [-s] ❶ *kar* hay cart ❷ *spin* daddy-long-legs

hooizolder *m* [-s] hayloft

hooligan *m* [-s] hooligan

hoon *m* scorn, derision

hoongelach *o* scornful laughter, jeers, jeering

hoop I *m* [hopen] ❶ *stapel* heap, pile ★ *bij hopen* in heaps ★ *alles op één ~ gooien* lump everything together ★ *een ~je ellende* a heap of misery ❷ *grote hoeveelheid* heap, ⟨v. mensen⟩ crowd, <u>inf</u> bunch ★ *een ~ leugens* a pack of lies ★ *geld bij hopen* heaps / loads of money ★ *de grote ~* the multitude, the masses ★ *te ~ lopen* crowd together ★ *te ~ lopen tegen iets* (join in) protest against sth ❸ *uitwerpselen* stools, <u>vulg</u> turd, shit ★ *een ~ doen* do one's business **II** *v verwachting* hope, hopes ★ *weinig ~ geven* hold out little hope ★ *ijdele ~* vain hope ★ *~ hebben op* have hopes of, hope for ★ *de ~ opgeven* give up (hope) ★ *mijn laatste / enige ~* my last / only hope ★ *er is weinig ~ op* there is little hope of this ★ *in de ~ dat* in the hope that, hoping that ★ *tussen ~ en vrees* between hope and fear ★ *~ doet leven* where there's life there's hope ★ *op ~ van zegen* hoping for the best, <u>inf</u> here goes!

hoopgevend *bn* promising, hopeful ★ *de eerste resultaten zijn ~* the first results are hopeful / promising

hoopvol *bn* hopeful, optimistic ★ *we zijn ~ gestemd* we are hopeful

hoor I *tsw* ★ *goed ~!* good!, great! ★ *ik? nee ~!* me? no way! ★ *niet vergeten, ~!* don't forget now! ★ *ja ~, ik kom* OK, I'm coming ★ ‹onvertaald› *je kunt beter een trui aan doen, ~* you'd better put on a jumper **II** *o* ★ *jur – en weder~* the right to hear and be heard

hoorapparaat *o* [-raten] hearing aid

hoorbaar *bn* audible ★ *de muziek was nauwelijks ~* you could hardly hear the music, the music was very soft

hoorcollege *o* [-s] lecture

hoorn I *m* [-s, -en], **horen** [-s] ❶ *v. dier* horn ❷ *iets hoornvormigs* horn ★ *de ~ des overvloeds* the horn of plenty ★ *Kaap Hoorn* Cape Horn ★ *de Hoorn van Afrika* the Horn of Africa ❸ telec receiver ★ *de ~ op de haak gooien* slam down the receiver ❹ muz horn ★ *de Engelse ~* the English horn **II** *o* stofnaam horn

hoornblazer *m* [-s] horn player, mil bugler

hoorndol, horendol *bn* crazy, nuts ★ *ik word ~ van dat lawaai* that noise is driving me crazy / nuts

hoornen *bn* horn ★ *een bril met een ~ montuur* horn-rimmed spectacles

hoorngeschal *o* sound of horns / trumpets

hoornvlies *o* [-vliezen] cornea

hoornvliestransplantatie *v* [-s] corneal graft(ing)

hoorspel *o* [-spelen] radio play

hoorzitting *v* [-en] (public) hearing

hoos *v* [hozen] whirlwind ★ *een water~* a waterspout

hoosbui *v* [-en] downpour, heavy shower

hooswater *o* bail water

hop I *m* [-pen] *vogel* hoopoe **II** *v*, **hoppe** *plant* hop, hops **III** *tsw* ★ *~!* gee-up

hopelijk *bijw* hopefully ★ *~ tot ziens* I hope we meet again ★ *~ niet!* I hope not!

hopeloos I *bn* hopeless, desperate ★ *een ~ geval* a hopeless case, ‹bijv. een bijna bankroete firma› inf a basket case **II** *bijw* hopelessly, desperately

hopen I *overg en onoverg* [hoopte, h. gehoopt] *verwachten* hope (for) ★ *het beste ~* hope for the best ★ *~ op* hope for ★ *dat is niet te ~* let's hope not ★ *tegen beter weten in blijven ~* hope against hope **II** *overg* [hoopte, h. gehoopt] *ophopen* mount up

hopman *m* [-s & -lieden] ❶ hist captain ❷ *scouting* scoutmaster

hor *v* [-ren] flyscreen, insect screen

horde *v* [-n & -s] ❶ *vlechtwerk* wattle, hurdle sp hurdle ★ *de 200 meter ~n voor vrouwen* the women's 200-metre hurdles ❷ *troep* horde, troop, band ★ *een ~ mensen* masses of people ★ *~n vijanden* hordes of enemies ★ *in ~n neerstrijken* come down / descend in hordes

hordeloper *m* [-s] hurdler

horeca *m* hotel and catering (industry) ★ *hij werkt in de ~* he's in the catering industry

horecavergunning *v* [-en] catering licence/Am license

horen I *m* [-s] → **hoorn II** *overg* [hoorde, h. gehoord] ❶ *met gehoor waarnemen* hear ★ *ze deed of ze het niet hoorde* she pretended not to hear ★ *gaan ~ wat er is* go and find out what's up ★ *een geluid laten ~*

utter / produce a sound ★ *het is niet te ~* it's not audible ★ *het is wel te ~ dat je uit Australië komt* you can hear that you're Australian ★ *laat je moeder het maar niet ~!* don't let your mother hear that! ★ *zij kon aan zijn stem ~ dat...* she could tell by his voice that... ★ *bij het ~ van zijn stem* at the sound of his voice ❷ *vernemen* hear, learn ★ *ik heb niets meer van hem gehoord* I haven't heard anything from him, I've had no news from him ★ *laat eens iets van je ~* keep in touch ★ *ik heb haar naam ~ noemen* I've heard her name mentioned ★ *ik heb het ~ zeggen* I've heard it said ★ *ik heb het van ~ zeggen* I have it on hearsay ★ *zo mag ik het ~* that's what I like to hear ★ *hij moet altijd ~ dat hij lui is* he's always being told he's lazy ★ *zij wil geen kwaad van hem ~* she won't hear an ill word spoken against him ★ *u hoort nog van ons* you'll be hearing from us, ‹dreigend› you haven't heard the last of this ★ *dat hoor ik voor het eerst* that's the first I've heard of it ❸ *luisteren naar* hear, listen to ★ *hoor wie het zegt!* look who's talking! ★ *de getuigen worden gehoord* the witnesses will be heard ❹ *moeten* should ★ *dat hoor je te weten* you ought to / should know that **III** *onoverg* [hoorde, h. gehoord] ❶ *geluiden (kunnen) waarnemen* hear ★ *hij hoort slecht* he's hard of hearing ★ *~de doof zijn* pretend not to hear, sham deafness ★ *het was een leven dat ~ en zien je verging* the noise was deafening ★ *~ en zien verging ons* we were bewildered ❷ *luisteren* hear, listen ★ *hoor eens, wat...?* look, what...? ★ *hoor eens, dat gaat niet!* look here, that won't do! ★ *~ naar advies* listen to advice ★ *hij wil er niet van ~* he won't hear of it ❸ *gehoorzamen* hear, listen ★ *wie niet ~ wil, moet voelen* those who won't listen must feel ❹ *toebehoren (aan)* belong to ★ *dat hoort (aan) mij* that belongs to me ★ *het bestek hoort in de la* the cutlery goes in the drawer ★ *hij hoort niet bij de slimsten* he's not one of the brightest ❺ *passen, betamen* be proper, be right ★ *zo hoort het* that's only how it should be

horige *m-v* [-n] hist serf, villain

horizon *m* [-nen], **horizont** [-en] horizon, skyline ★ *aan / onder de ~ on* / below the horizon ★ *zijn ~ verbreden* broaden one's horizons

horizontaal I *bn* ❶ horizontal ★ *horizontale eigendom* horizontal ownership ★ *het horizontale beroep* prostitution ❷ *bij kruiswoordraadsel* across **II** *bijw* horizontally ★ *de griep grijpt in en 5000 man gaan ~* there's a flu epidemic and 5000 people are laid low

hork *m* [-en] boor, lout, oaf

horloge *o* [-s] watch ★ *drie uur op mijn ~* three o'clock by my watch ★ *op je ~ kijken* look at your watch

horlogebandje *o* [-s] watch strap

horlogemaker *m* [-s] watchmaker

hormonaal *bn* hormonal ★ *hormonale therapie* hormone therapy

hormoon *o* [-monen] hormone

hormoonpreparaat *o* [-raten] hormone preparation

horoscoop *m* [-scopen] horoscope ★ *iems. ~ trekken*

ho

cast someone's horoscope
horrorfilm *m* [-s] horror film
hors-d'oeuvre *m & o* [-s] hors d'oeuvres
hort *m* [-en] jerk, jolt ★ *inf de ~ op gaan* go out on the town ★ *met ~en en stoten* in fits and starts, jerkily
horten *onoverg* [hortte, h. gehort] jolt, be jerky
hortensia *v* ['s] *plant* hydrangea
hortus *m* [-sen] botanical garden ★ *de ~ botanicus* the botanical gardens
horzel *v* [-s] ❶ *grote steekvlieg* horsefly, gadfly ❷ *grote wesp* hornet
hospes *m* [-sen & -pites] ❶ landlord ❷ biol host
hospik *m* [-ken] mil medical orderly, Am medic
hospita *v* ['s] landlady
hospitaal *o* [-talen] hospital
hospitant *m* [-en] teacher trainee
hospiteren *onoverg* [hospiteerde, h. gehospiteerd] onderw do one's teaching practice
hossen *onoverg* [hoste, h. gehost] jig, leap about
hostess *v* [-es] hostess
hostie *v* [-s & -tiën] the consecrated wafer, the Eucharist
hot I *bijw* ★ *~ en haar* right and left ★ *~ en haar door elkaar* higgledy-piggledy ★ *van ~ naar her gaan* from pillar to post, back and forth II *bn* ★ *~ money* hot money ★ *~ news* hot news, news hot from the press
hotel *o* [-s] hotel
hotelaccommodatie *v* hotel accommodation
hoteldebotel *bn* ❶ *stapel gek* round the bend, ‹van streek› in a state ❷ *weg van* crazy
hotelhouder, hotelier *m* [-s] hotelier, hotelkeeper
hotelkamer *v* [-s] hotel room
hotelketen *v* [-s] hotel chain
hotelschool *v* [-scholen] catering and hotel management school
hotemetoot *m* [-toten] bigwig
hotline *m* [-s] hotline
hotpants *zn* [mv] hot pants
hotspot *de* [-s] hot spot
houdbaar *bn* ❶ *verdedigbaar* tenable ★ *zijn argumenten bleken niet ~* his arguments proved to be invalid ❷ *v. etenswaren* fresh (until) ★ *boter die (niet) ~* is butter that will (not) keep ★ *ten minste ~ tot 4 juni* sell-by / use-by date the 4th of June
houdbaarheid *v* ❶ *verdedigbaarheid* tenability ❷ *v. eetwaren* shelf / storage life
houdbaarheidsdatum *m* use-by date, best-before date, expiry date
houden I *overg* [hield, h. gehouden] ❶ *vasthouden, tegenhouden* hold, restrain ★ *hij was niet te ~* ‹weerhouden› he couldn't be restrained, ‹afremmen› there was no stopping him ★ *houd de dief!* stop thief! ★ *er was geen ~ aan* it couldn't be stopped ❷ *inhouden* hold, contain ★ *die emmer houdt 30 liter* that bucket will hold 30 litres ❸ *er op nahouden* keep, maintain ★ *kippen ~* keep / rear chickens ★ *er rare ideeën op na ~* have some strange ideas ★ *ik kan u niet in dienst ~* I can't keep you on

❹ *behouden, niet terug-/opgeven* keep, maintain ★ *het aan zich ~* keep it to oneself ★ *een stuk / brief & onder zich ~* keep a document / letter & back ★ *iets voor zich ~* ‹geld &› keep sth for oneself, ‹geheimen &› keep sth to oneself ★ *hij kan niets vóór zich ~* he can't keep a secret, inf he can't keep his mouth shut ★ *links / rechts ~!* keep (to the) left / right! ❺ *vieren* keep, observe, celebrate ★ *een feestje ~* have / hold / organize a party ❻ *nakomen* keep ★ *zijn woord / belofte ~* keep one's word / promise ❼ *uitspreken* make, deliver, give ★ *een toespraak ~* give / deliver a speech ❽ *beschouwen (als)* take (for), consider, regard (to be / as) ★ *ik houd hem voor een vriend* I consider him *(*to be) a friend ★ *ik hield hem voor een Amerikaan* I (mis)took him for an American ★ *ik houd het voor onvermijdelijk* I regard it as inevitable ★ *ik houd het voor een slecht teken* I consider it a bad sign ★ *ik houd het ervoor dat...* I take it that... ★ *waar houdt u mij voor?* what do you take me for? ▼ *het met een andere vrouw ~* carry on with another woman ▼ *wij moeten het aan de gang ~* we must keep the thing going ▼ *je moet ze bij elkaar ~* you should keep them together ▼ *hen er buiten ~* keep them out of it ▼ *ik kan ze maar niet uit elkaar ~* I can't tell them apart, I can't tell which is which ▼ *u moet die jongens van elkaar ~* keep those boys apart II *onoverg* [hield, h. gehouden] ❶ *niet loslaten/begeven* hold, keep ★ *de lijm houdt niet* the glue won't stick ★ *het ijs houdt nog niet* the ice is still too soft to walk on ★ *het zal erom ~ of...* it will be touch and go whether... ❷ *+ van* love, ‹minder sterk› be fond of, like ★ *hij houdt niet van zijn vrouw* he doesn't love his wife ★ *zij ~ van hun leraar Engels* they like / are fond of their English teacher ★ *ik hou veel van Mozart* I'm crazy about Mozart ★ *zij is van hem gaan ~* she fell in love with him ★ *hij houdt meer van wandelen dan van tennissen* he prefers walking to playing tennis III *wederk* [hield, h. gehouden] ★ *zich ~ alsof...* make as if..., pretend to... ★ *zich doof ~* pretend not to hear, sham deafness ★ *zich goed ~* ‹v. personen› put a brave face on, ‹v. zaken› keep, ‹v. kleren› wear well, ‹v. weer› hold ★ *zich goed ~ voor zijn leeftijd* carry one's age well ★ *hij kon zich niet meer goed ~* he couldn't help laughing / crying ★ *hou je goed!* ‹blijf gezond› keep well!, ‹geef niet op› never say die! ★ *zich ver ~ van* hold aloof from ★ *zich ziek ~* pretend to be ill ★ *zich ~ aan* stick to ‹the facts›, abide by ‹a decision›, keep ‹a strict diet, one's promise› ★ *zich aan zijn woord ~* keep one's promise ★ *ik weet nu waar ik mij aan te ~ heb* I now know where I stand ★ *zich ~ voor* consider oneself
houder *m* [-s] ❶ *die iets in beheer heeft* holder, keeper, ‹v. paspoort &› bearer ❷ *eigenaar* owner, proprietor ❸ *om iets in te bewaren* holder, container
houdgreep *m* [-grepen] hold ★ fig *iem. in de ~ houden* have sbd in a hold
houding *v* [-en] ❶ *lichaamshouding* posture, position,

pose ★ *naast een goede fysieke ~ is ook een goede mentale ~ nodig* correct posture should be accompanied by the right mental attitude ❷ *manier van doen* attitude, manner ★ *een (gemaakte) ~ aannemen* strike an attitude ★ *een dreigende / gereserveerde ~ aannemen* assume a threatening / guarded manner ❸ *gespeeld gedrag* pose, air ★ *zich een ~ geven* assume an air ★ *om zich een ~ te geven* in order to save one's face, conceal one's embarrassment ❹ *mil* (stand at) attention ★ *de ~ aannemen* stand to attention ★ *in de ~ staan* stand at attention

houdstermaatschappij *v* [-en] holding company

house *m*, **housemuziek** *v* house (music)

housen *onoverg* [housete, h. gehouset] go to a rave / house party

houseparty *v* ['s] rave, house party

housewarmingsparty *m* ['s] housewarming party

hout *o* wood ★ muz *het* ~ the woodwinds ★ *ze heeft een bos ~ voor de deur* she's got big boobs ★ *een stuk ~* a piece of wood ★ *de Haarlemmer Hout* Haarlem Wood ★ *vloeibaar ~* plastic wood ★ *een vloer van ~* a wooden / timber floor ★ *alle ~ is geen timmer~* every reed will not make a pipe ★ *dat snijdt geen ~* that cuts no ice, that carries no weight ★ *hij is uit hetzelfde ~ gesneden* he is cast in the same mould ★ *hij is uit het goede ~ gesneden* he's made of the right stuff ★ *van dik ~ zaagt men planken* ‹weinig subtiel› it's not very subtle, ‹overdreven› that's laying it on thick ★ *ik snap er geen ~ van* I don't understand any of it

houtbewerking *v* woodworking

houtduif *v* [-duiven] wood pigeon

houten *bn* wooden ★ *een ~ been* a wooden leg ★ *een ~ blaasinstrument* a woodwind instrument ★ *een ~ klaas* a dry stick ★ *een ~ kont van het zitten* a sore behind/inf bum from sitting

houterig I *bn* wooden II *bijw* woodenly

houtgravure *v* [-n & -s] wood engraving

houthakken *o* tree felling, ‹voor de kachel› wood chopping

houthakker *m* [-s] wood cutter

houthandel *m* timber trade

houtindustrie *v* timber industry

houtje *o* [-s] bit of wood ★ *op (zijn) eigen ~* off one's own bat ★ *we moesten op een ~ bijten* we had nothing / little to eat

houtje-touwtje- *voorv* ★ *een ~oplossing* a makeshift solution

houtje-touwtjejas *m & v* [-sen] duffle / duffel coat

houtlijm *m* wood glue

houtpulp *v* wood pulp

houtrot *o* wood rot

houtskool *v* [-kolen] charcoal

houtskooltekening *v* [-en] charcoal drawing

houtsnede, **houtsnee** *v* [-sneden] woodcut

houtsnijder *m* [-s] ❶ *v. houtsneden* woodcutter ❷ *v. houten voorwerpen* woodcarver

houtsnijkunst *v* ❶ *m.b.t. houtsneden* woodcutting ❷ *m.b.t. houten voorwerpen* woodcarving

houtsnijwerk *o* woodcarving

houtsnip *v* [-pen] *vogel* woodcock

houtsoort *v* [-en] type / variety of wood

houtvester *m* [-s] forester

houtvesterij *v* [-en] forestry

houtvezel *v* [-s] wood fibre

houtvrij *bn* free from wood pulp ★ *~ papier* woodfree paper

houtwerk *o* woodwork

houtwol *v* wood wool

houtworm *m* [-en] woodworm ★ *door de ~ aangetast* eaten by woodworm

houtzagerij *v* [-en] sawmill

houvast *o* hold, grip ★ *dat geeft ons enig ~* that's something to go by / to go on ★ *zijn ~ verliezen* loose one's footing

houw I *m* [-en] cut, gash II *m & v* [-en] *houweel* pickaxe

houwdegen *m* [-s] ❶ *wapen* broadsword ❷ *vechtjas* warhorse

houweel *o* [-welen] pickaxe, mattock

houwen *onoverg en overg* [hieuw, h. gehouwen] hew, hack, cut, slash ★ *er op in ~* strike out left and right

houwitser *m* [-s] howitzer

hovaardig *bn* proud, haughty

hoveling *m* [-en] courtier

hovenier *m* [-s] gardener

hoveren *onoverg* [hoverde, h. gehoverd] ❶ *van helikopter* hover ❷ *van de hand* hover ❸ *met muis op scherm* hover

hozen *onoverg en overg* [hoosde, h. gehoosd] bail / bale (out) ★ *het hoost* it's pouring

hr-ketel *m* [-s] (hoogrendementsketel) high efficiency boiler

hts *v* (Hogere Technische School) ± secondary technical school

hufter *m* [-s] lout, vulg arsehole

hugenoot *m* [-noten] Huguenot

huichelaar *m* [-s] hypocrite

huichelachtig *bn* hypocritical

huichelarij *v* [-en] hypocrisy

huichelen I *overg* [huichelde, h. gehuicheld] feign, pretend II *onoverg* [huichelde, h. gehuicheld] act the hypocrite

huid *v* [-en] ❶ *vel* skin ★ *een dikke ~ hebben* be thick-skinned ★ *iem. de ~ vol schelden* shower abuse on sbd, curse sbd, call sbd everything under the sun ★ *zijn ~ wagen* risk one's life ★ *met ~ en haar verslinden* swallow whole ★ *iem. op zijn ~ geven / komen* tan a person's hide ❷ *afgestroopt vel* hide ★ *men moet niet de ~ verkopen voordat men de beer geschoten heeft* don't count your chickens before they are hatched ★ *zijn ~ duur verkopen* go to the bitter end / the extreme ❸ *vacht* pelt, ‹v. schaap› (sheep)skin, fleece

huidaandoening *v* [-en] skin disease

hu

hu

huidarts *m* [-en] dermatologist

huidcrème *v* [-s] skin cream

huidig *bn* present, current, modern, present-day ★ *de ~e stand van zaken* the present state of affairs ★ *ten ~en dage* nowadays ★ *tot op de ~e dag* to this day

huidkanker *m* skin cancer

huidskleur, huidkleur *v* [-en] skin colour/Am color

huidtransplantatie *v* [-s] ❶ *het transplanteren* skin grafting / transplantation ❷ *het getransplanteerde* skin graft / transplant

huiduitslag *m* rash

huidverzorging *v* skin care

huidziekte *v* [-n & -s] skin disease

huif *v* [huiven] ❶ *hoofddeksel* coif ❷ *v. wagen* hood, awning

huifkar *v* [-ren] covered wagon

huig *v* [-en] uvula

huilbui *v* [-en] crying / sobbing fit

huilebalk *m* [-en] cry-baby, sissy

huilen I *onoverg* [huilde, h. gehuild] ❶ *v. mens* cry, weep ★ *het is om te ~* it's enough to make you weep ★ *het ~ stond hem nader dan het lachen* he was on the verge of tears ❷ *v. dier* howl, whine ★ *~ met de wolven in het bos* run with the hare and hunt with the hounds ❸ *v. wind* howl ★ *de wind huilt om het huis* the wind is howling round the house **II** *overg* [huilde, h. gehuild] ★ *tranen met tuiten ~* cry bitterly

huilerig *bn* tearful

huis *o* [huizen] ❶ *woonhuis, gebouw* house, home ★ *het ~ des Heren* the House of God ★ *de heer des huizes* the man of the house ★ *~ aan ~* from door to door, house to house ★ *ik kom veel bij hen aan ~* I see a good deal of them ★ *bezigheden in ~* activities in the home ★ *er is geen brood in ~* we've run out of bread ★ *veel kwaliteiten in ~ hebben* have many good qualities ★ *uit ~ zetten* turn out of / evict from the house ★ *te mijnen huize* at my house ★ *ten huize van...* at the house of... ★ *van ~ komen* come from one's house ★ *nog verder van ~* even worse off ★ *van ~ tot ~* from house to house ★ *van ~ en hof verdreven* driven out of house and home ★ *als hij kwaad wordt, is het ~ te klein* you'd better watch out when he gets mad ★ *men kan huizen op hem bouwen* you can always depend on him ★ *zo vast als een ~* as certain as can be ★ *er is geen ~ met hem te houden* he is impossible ❷ *tehuis* home ★ *(dicht) bij ~* near home ★ *het ouderlijk ~* the parental home ★ *wij gaan naar ~* we're going home ★ *naar ~ sturen* send home, mil demobilise ⟨troops⟩, dissolve ⟨Parliament⟩ ★ *niet om over naar ~ te schrijven* nothing to write home about ★ *hij is van ~* he is away from home ★ *van ~ gaan* leave home ★ *van ~ uit is hij...* he was originally a... ❸ *geslacht, familie* house, family ★ *het Koninklijk ~* the Royal family ★ *het ~ van Oranje* the House of Orange ★ *hij is van goeden huize* he comes from a good family

huis-aan-huisblad *o* [-bladen] free local paper

huisadres *o* [-sen] home address

huisapotheek *v* [-theken] (family) medicine chest

huisarrest *o* house arrest ★ *~ hebben* mil be confined to quarters, jur be under house arrest, ⟨v. kinderen⟩ be grounded

huisarts *m* [-en] family doctor, general practitioner, GP

huisbaas *m* [-bazen] landlord

huisbezoek *o* [-en] ❶ *v. arts* home visit ❷ *v. geestelijke* parochial visit ★ *op ~ gaan* visit, go / be visiting

huisdeur *v* [-en] front door

huisdier *o* [-en] pet

huiseigenaar *m* [-s & -ren] ❶ house owner ❷ *huisbaas* landlord

huiselijk I *bn* ❶ *m.b.t. huishouden* domestic, household, home ★ *~e aangelegenheden* family / domestic affairs ★ *de ~e kring* the family (environment) ★ *een ~ man* a man of domestic habits, a home-loving man ★ *~e plichten* household duties ★ *het ~ leven* home / family life ❷ *gezellig* homelike, homely **II** *bijw* in a homely manner, informally

huiselijkheid *v* domesticity, inf hominess

huisgenoot *m* [-noten] housemate, family member ★ *zijn huisgenoten* ones' housemates, one's whole family

huisgezin *o* [-nen] family household

huishoudbeurs *v* [-beurzen] ideal home exhibition, home fair

huishoudboekje *o* [-s] housekeeping book

huishoudelijk *bn* domestic, household ★ *zaken van ~e aard* domestic affairs ★ *voor ~ gebruik* for domestic use ★ *~e artikelen* household wares / items / utensils ★ *~e uitgaven* household expenses ★ *een ~e vergadering* a private meeting ★ *het ~ reglement* the rules and regulations ★ *hij is niet ~ aangelegd* he's not domesticated

huishouden I *onoverg* [hield huis, h. huisgehouden] keep house ★ *vreselijk ~ (onder)* play havoc (with / among) **II** *o* [-s] ❶ *gezin* household, establishment, family ★ *een ~ van Jan Steen* a house where everything is at sixes and sevens ❷ *huishoudelijk werk* housework ★ *het ~ doen* do the housework

huishoudgeld *o* housekeeping money

huishouding *v* ❶ *huishoudelijk werk* housework ★ *hulp in de ~* home help, help in the home ❷ *gezin* household, family ❸ *organisatie* internal affairs

huishoudkunde *v* domestic economy

huishoudschool *v* [-scholen] hist domestic science school, school of domestic economy

huishoudster *v* [-s] housekeeper

huishoudtrapje *o* [-s] kitchen steps

huisje *o* [-s] ❶ *klein huis* small house, cottage ★ *een heilig ~* a sacred cow ★ *heilige ~s omverschoppen* break taboos ★ *ieder ~ heeft zijn kruisje* every man has his cross to bear ❷ *v. slak* shell

huisjesmelker *m* [-s] Br rack-renter, Am slumlord

huiskamer *v* [-s] living room

huisknecht *m* [-en & -s] manservant

huisman *m* [-nen] house husband

huismeester *m* [-s] caretaker

huismerk *o* [-en] own label, own / generic brand

huismiddel *o* [-en], **huismiddeltje** [-s] home remedy

huismijt *v* [-en] (house) dust mite

huismoeder *v* [-s] mother of a / the family, housewife

huismus *v* [-sen] ❶ *vogel* (house) sparrow ❷ *fig* stay-at-home

huisnijverheid *v* Br cottage industry, Am home industry

huisnummer *o* [-s] house number

huisraad *o* (household) furniture, household goods

huisregel *de (m)* [-s] house rules

huisschilder *m* [-s] house painter

huissleutel *m* [-s] latchkey, house key

huisstijl *m* [-en] house style

huistelefoon *m* [-s, -fonen] house telephone

huis-tuin-en-keuken- *in samenstellingen* common or garden variety ★ *een huis-tuin-en-keukenoplossing* a garden-variety solution

huisvader *m* [-s] father of a / the family ★ *een brave ~* a family man ★ *met de zorg van een goed ~* with due / proper care

huisvesten *overg* [huisvestte, h. gehuisvest] house, accommodate, find accommodation (for) ★ *goed gehuisvest zijn* be well housed

huisvesting *v* ❶ *het huisvesten* housing ❷ *onderdak* accommodation ★ *~ verlenen* offer accommodation

huisvlijt *v* ❶ *nijverheid* home industry ❷ *uit liefhebberij* home handicrafts

huisvredebreuk *v* illegal / unlawful entry, trespass

huisvriend *m* [-en] family friend

huisvrouw *v* [-en] housewife

huisvuil *o* household refuse

huiswaarts *bijw* homeward(s) ★ *~ gaan* go home

huiswerk *o* ❶ *werk in huis* housework ❷ onderw homework

huiswijn *m* [-en] house wine

huiszoeking *v* [-en] house search, search of the premises ★ *er werd ~ gedaan* the house was searched ★ *een bevel tot ~* a search warrant

huiszwaluw *v* [-en] house martin

huiveren *onoverg* [huiverde, h. gehuiverd] ❶ *van kou* shiver ★ *~ van de kou* shiver with cold ❷ *van angst* shudder, tremble ★ *~ van angst* tremble with fear ★ *ik huiverde bij de gedachte* I shuddered at the thought ★ *hij huiverde er voor* he shrank from it

huiverig *bn* ❶ *bibberend van kou* shivery ❷ *aarzelend* hesitant, wary ★ *~ om zo iets te doen* hesitant about doing such a thing ★ *~ zijn voor* be hesitant / wary of

huivering *v* [-en] ❶ *v. kou & shiver(s), shudder ★ *een ~ voer mij door de leden* a shudder went through me ❷ *aarzeling* hesitation

huiveringwekkend *bn* horrible, terrible, hair-raising ★ *~ gekrijs* a terrifying / horrifying noise

huizen *onoverg* [huisde, h. gehuisd] be present, ⟨wonen⟩ live ★ *er ~ 80 mensen in het pand* 80 people live in the building ★ *er ~ veel vogels in het dak* there are a lot of birds in the roof

huizenbestand *o* property

huizenblok *o* [-ken] residential block

huizenbouw *m* housing construction, house building

huizenhoog I *bn* mountainous ⟨seas⟩ ★ *huizenhoge schulden* debts a mile high **II** *bijw* ★ *~ springen van vreugde* jump for joy ★ *~ uitsteken boven* rise head and shoulders above

huizenmarkt *v* housing / house market

hulde *v* homage, tribute ★ *iem. ~ brengen* pay homage / tribute to sbd ★ *~!* bravo!

huldebetoon *o* homage

huldeblijk *o* [-en] tribute, testimonial

huldigen *overg* [huldigde, h. gehuldigd] ❶ *eer bewijzen* do / pay homage to ★ *iem. ~* honour sbd, pay tribute to sbd ❷ *v. mening &* hold, believe in ★ *een mening ~* hold an opinion

huldiging *v* [-en] homage

hullen I *overg* [hulde, h. gehuld] ❶ envelop, wrap (up) ★ *in duisternis ~* cloak in darkness ★ *in nevelen gehuld* shrouded in mist ❷ fig shroud ⟨in mystery⟩ **II** *wederk* [hulde, h. gehuld] ★ *zich ~* wrap oneself (up) ⟨in a cloak⟩

hulp *v* [-en] ❶ help, assistance, aid ★ *eerste ~ bij ongelukken* first aid ★ *~ en bijstand* aid and assistance ★ *iem. te ~ komen* come / go to sbd's aid, come to the rescue of sbd, help sbd ★ *~ verlenen* give help to, assist ★ *iem. te ~ roepen* call on sbd's help ★ *te ~ snellen* hasten / run to the rescue ★ *zonder ~* without anyone's help / assistance, unaided, unassisted ❷ *helper* helper, assistant ★ *~ in de huishouding* a home help

hulpactie *v* [-s] relief action / measures

hulpbehoevend *bn* requiring help, ⟨ziek⟩ invalid, ⟨oud⟩ infirm, ⟨arm⟩ needy

hulpbron *v* [-nen] resource

hulpdienst *m* [-en] auxiliary / emergency services ★ *de telefonische ~* the helpline

hulpeloos *bn* helpless

hulpgeroep *o* cry for help

hulpkracht *v & m* [-en] ❶ *tijdelijk* additional / temporary worker, inf temp ❷ *hulp alg.* help(er), assistant

hulplijn *v* [-en] ❶ *helpdesk* helpline, helpdesk ❷ *telefonische hulpdienst* emergency services ❸ *meetkunde* auxiliary line ❹ muz ledger line

hulpmiddel *o* [-en] ❶ *gereedschap* aid, help, means, tool ★ *fotografische ~en* photographic aids ❷ *hulpbron* means, resource ★ *rijk aan ~en* resourceful ★ *de ~en ontbreken* we don't have the means / resources

hulporganisatie *v* [-s] relief organization

hulpstuk *o* [-ken] accessory, ⟨v. stofzuiger &⟩ attachment, ⟨v. buizen⟩ fitting

hulptroepen *zn* [mv] auxiliaries, auxiliary troops, reinforcements

hu

hulpvaardig *bn* willing to help, helpful
hulpvaardigheid *v* willingness to help
hulpverlener *m* [-s] social worker, ⟨bij rampen &⟩ relief worker
hulpverlening *v* ❶ *het helpen* assistance ❷ *zorginstelling* relief work
hulpwerkwoord *o* [-en] auxiliary (verb)
huls *v* [hulzen] ❶ <u>plantk</u> pod, husk, shell ❷ *patroonhuls* cartridge, cartridge case, shell ❸ *omhulsel* cover, wrapping ❹ *van fles &* case, sleeve
hulst *m* [-en] holly
hum I *o* humour, temper, mood ★ *uit zijn* ~ out of sorts **II** *tsw* ★ ~*!* well, well!
humaan I *bn* humane ★ *een* ~ *bestaan* a humane existence **II** *bijw* humanely
humaniora *zn* [mv] humanities ★ <u>Belg</u> *oude* ~ curriculum including classical languages ★ <u>Belg</u> *moderne* ~ curriculum including modern languages
humanisme *o* humanism
humanist *m* [-en] humanist
humanistiek *v* humanistic
humanistisch *bn* humanistic
humanitair *bn* humanitarian ★ ~*e hulp* humanitarian help
humbug *m* humbug
humeur *o* [-en] humour, mood, temper ★ *in zijn* ~ in a good mood ★ *niet in zijn* ~ in a bad mood ★ *iem. uit zijn* ~ *brengen* put sbd into a bad mood
humeurig *bn* moody
hummel *m* [-s] tiny tot, mite, toddler, nipper
humor *m* humour ★ *gevoel / zin voor* ~ *hebben* have a sense of humour
humorist *m* [-en] humorist
humoristisch *bn* humorous, funny
humus *m* humus
humuslaag *v* [-lagen] layer of humus
hun I *pers vnw* them **II** *bez vnw* their ★ *het* ~*ne, de* ~*nen* theirs ★ ~ *huis* their house
hunebed *o* [-den] megalithic tomb, ± dolmen, cromlech
hunkeren *onoverg* [hunkerde, h. gehunkerd] hanker ★ ~ *naar* yearn / long for ★ *ik hunker er naar hem te zien* I'm longing / dying to see him
hunkering *v* [-en] longing, yearning
hup *tsw aanmoedigingskreet* come on ★ ~ *Holland!* come on Holland!
huppelen *onoverg* [huppelde, h. en is gehuppeld] hop, skip
huren *overg* [huurde, h. gehuurd] ❶ *huis &* hire, rent ❷ *personeel* hire, engage ❸ <u>scheepv</u> charter
hurken I *zn* [mv] ★ *op zijn* ~ squatting **II** *onoverg* [hurkte, h. gehurkt] squat
hurktoilet *o* [-ten] Turkish loo, squat loo
hurkzit *m* squat, crouch
husky *m* ['s] husky
husselen *overg* [husselde, h. gehusseld] shake up, shuffle ★ *door elkaar* ~ mix things up
hut *v* [-ten] ❶ *eenvoudige woning* cottage, hut, ⟨krot⟩ hovel ❷ *op schip* cabin ▼ *met* ~*je en mutje* with bag and baggage ▼ *het hele* ~*je mutje* the whole kit and caboodle ▼ ~*je mutje zitten* sit close together
hutkoffer *m* [-s] cabin trunk
hutspot *m* ❶ *allegaartje* hotchpotch ❷ *stamppot* mashed potato and vegetable dish
huur *v* [huren] ❶ *het huren* hire, rent ★ *in* ~ on hire ★ *auto's te* ~ cars for hire ★ *huis te* ~ house to let ★ *te* ~ *of te koop* for rent or sale ❷ *huurprijs* rent, rental ★ *een hoge / lage* ~ a high / low rent ★ *een half jaar* ~ *schuldig zijn* owe six month's rent ★ *vrij van* ~ rent-free ❸ *huurtijd* lease ★ ~ *van bedrijfsruimte* a commercial lease ★ ~ *van woonruimte* a residential lease
huurachterstand *m* [-en] rent(al) arrears ★ *hij heeft een* ~ *van 1000 euro* he has rental arrears of 1000 euros, he's behind in his rent by 1000 euros
huurauto *m* ['s] hire(d) car, rented car
huurbescherming *v* rent(al) protection / security, security of tenure
huurcommissie *v* [-s] rent tribunal
huurcontract *o* [-en] tenancy / lease / rental agreement
huurder *m* [-s] ❶ hirer ❷ *v. huis* tenant, lessee
huurflat *m* [-s] rented flat
huurhuis *o* [-huizen] ❶ *gehuurd huis* rented / hired house ❷ *te huren* house to let
huurkoop *m* hire purchase ★ *in* ~ on hire purchase
huurleger *o* [-s] mercenary army
huurling *m* [-en] hireling, ⟨huursoldaat⟩ mercenary
huurmoordenaar *m* [-s] hired assassin, <u>inf</u> hitman
huurovereenkomst *v* [-en] ❶ *onroerend goed* tenancy / rental agreement ❷ *roerend goed* rental agreement
huurprijs *m* [-prijzen] rent(al) ★ *de* ~ *van dit house is 1000 euro* this house has / carries a rent of 1000 euros, this house costs 1000 euros to rent
huurschuld *v* [-en] rent(al) arrears
huursubsidie *v & o* [-s] rent(al) subsidy
huurverhoging *v* [-en] rent(al) increase
huurwaardeforfait *o* [-s] assessable / notional rental value
huurwoning *v* [-en] rented house / home ★ ~*en* rented housing
huwbaar *bn* marriageable ★ *van huwbare leeftijd* of marriageable age
huwelijk *o* [-en] ❶ *het getrouwd zijn* marriage, matrimony ❷ *echtvereniging* marriage ★ *een* ~ *aangaan* marry ★ *een goed* ~ *doen* marry well ★ *een rijk* ~ *doen* marry into a fortune, marry money ★ *een wettig* ~ a lawful marriage ★ *een* ~ *met de handschoen* a proxy marriage, a marriage by proxy ★ *in het* ~ *treden* marry ★ *iem. ten* ~ *vragen* ask for sbd's hand in marriage, propose to sbd, <u>inf</u> pop the question ❸ *feest, ritueel* wedding ★ *een burgerlijk* ~ a civil wedding, a wedding at the registrar's office ★ *een dubbel* ~ a double wedding ★ *een kerkelijk* ~ a church wedding
huwelijks *bn* marital ★ *de* ~*e staat* marriage ★ ~*e*

voorwaarden the separation of (matrimonial / marital) property regime

huwelijksaankondiging *v* [-en] ❶ *ondertrouw* wedding announcement, banns ❷ *uitnodiging* wedding invitation

huwelijksaanzoek *o* [-en] proposal, offer (of marriage) ★ *iem. een ~ doen* propose to sbd

huwelijksadvertentie *v* [-s] lonely hearts advertisement

huwelijksband *m* [-en] bond of marriage

huwelijksbemiddeling *v* [-en] matchmaking

huwelijksbootje *o* ★ *in het ~ stappen* marry, inf tie the knot

huwelijksbureau *o* [-s] marriage bureau / agency

huwelijksfeest *o* [-en] wedding reception

huwelijksgeschenk *o* [-en] wedding present

huwelijksinzegening *v* [-en] marriage / wedding ceremony

huwelijksnacht *m* [-en] wedding night

huwelijksreis *v* [-reizen] honeymoon ★ *op ~ gaan* go on a honeymoon

huwelijksvoltrekking *v* [-en] wedding ceremony

huwelijksvoorwaarden *zn* [mv] separation of (matrimonial / marital) property regime ★ *het echtpaar is op ~ getrouwd* the couple married under the separation of property regime

huwen *overg en onoverg* [huwde, h. en is gehuwd] marry, wed ★ *~ met* marry ★ *gehuwd met een Duitser* married to a German

huzaar *m* [-zaren] hussar

huzarensalade *v* Russian salad

huzarenstukje *o* [-s] daring exploit / feat

hyacint I *v* [-en] *plant* hyacinth **II** *m* [-en] *halfedelsteen* jacinth

hybride I *m-v* [-n] hybrid, cross **II** *bn* hybrid, cross

hydrateren *overg* [hydrateerde, h. gehydrateerd] hydrate

hydraulica *v* hydraulics

hydraulisch *bn* hydraulic ★ *~e remmen* hydraulic brakes

hydrocultuur *v* hydroculture, hydroponics

hydrodynamica *v* hydrodynamics

hydrologie *v* hydrology

hydroloog *m* [-logen] hydrologist

hyena *v* ['s] hyena

hygiëne *v* hygiene ★ *intieme ~* personal hygiene

hygiënisch I *bn* hygienic ★ *de ~e voorschriften* the sanitary regulations **II** *bijw* hygienically

hygrometer *m* [-s] hygrometer

hymne *v* [-n] hymn

hype *m* hype

hypen *overg* [hypete, h. gehypet] ★ *een artiest ~* to hype an artist

hyperbool *v* [-bolen] ❶ hyperbole ❷ wisk hyperbola

hypercorrectie *v* [-s] hypercorrect

hyperlink *m* [-s] *verwijzing* comput hyperlink

hypermarkt *v* [-en] hypermarket

hypermodern *bn* ultramodern

hypernerveus *bn* extremely tense, jittery

hypertensie *v* high blood pressure, med hypertension

hyperventilatie *v* hyperventilation

hyperventileren *onoverg* [hyperventileerde, h. gehyperventileerd] hyperventilate

hypnose *v* hypnosis ★ *iem. onder ~ brengen* put sbd under hypnosis

hypnotiseren *overg* [hypnotiseerde, h. gehypnotiseerd] hypnotize, mesmerize ★ *zij was gehypnotiseerd door zijn woorden* his words mesmerized her, his words had a hypnotic effect on her

hypnotiseur *m* [-s] hypnotist

hypochonder I *bn* hypochondriac **II** *m* [-s] hypochondriac

hypocriet I *m* [-en] hypocrite **II** *bn* hypocritical

hypocrisie *v* hypocrisy

hypofyse *v* [-n, -s] pituitary gland

hypothecair *bn* ★ *~e schuld* mortgage debt

hypotheek *v* [-theken] mortgage ★ *een ~ nemen op...* take out a mortgage on... ★ *een loonvaste ~* a salary-related mortgage ★ *met ~ bezwaard* mortgaged ★ *een ~ met variabele rente* a variable- / adjustable-rate mortgage ★ *een ~ met vaste rente* a fixed-interest mortgage ★ *vrij van ~* unencumbered, free from mortgage

hypotheekakte *v* [-n & -s] mortgage deed

hypotheekbank *v* [-en] mortgage bank, Br building society

hypotheeklasten *zn* [mv] mortgage repayments

hypotheekrente *v* [-s, -n] mortgage loan interest

hypotheekrenteaftrek *m* tax rebate on mortgage interest

hypothese *v* [-n & -s] hypothesis ★ *een ~ toetsen* test a hypothesis

hypothetisch *bn* hypothetical

hystericus *m* [-ci], **hysterica** *v* [-cae] hysteric

hysterie *v* hysteria

hysterisch *bn* hysterical ★ *een ~e aanval krijgen* go into (fits of) hysterics, inf lose it

hyven *onoverg* [hyvede, h. gehyved] hyve

hy

I

i *v* ['s] i
Iberisch *bn* Iberian ★ *het ~e Schiereiland* the Iberian Peninsula
ibis *m* [-sen] ibis ★ *de heilige ~* the sacred ibis
iconografie *v* [-fieën] iconography
icoon, icon *v* [iconen] ❶ *kerkelijk kunstwerk* icon, ikon ❷ *pictogram* comput icon
ICT *afk* (informatie- en communicatietechnologie) ICT, information communication technology
ID *afk* → **intelligent design**
ideaal I *o* [idealen] ideal **II** *bn* ideal
ideaalbeeld *o* [-en] idealized image
idealiseren *overg* [idealiseerde, h. geïdealiseerd] idealize
idealisme *o* idealism
idealist *m* [-en] idealist
idealistisch I *bn* idealistic ★ *zij heeft een vrij ~e levensopvatting* she has a fairly idealistic outlook on life **II** *bijw* idealistically
idealiter *bijw* ideally
idee *o & v* [ideeën] ❶ *denkbeeld* idea ★ *het ~!* the very idea! ★ *geen gek ~* not a bad idea ❷ *mening* idea, view, opinion ★ *precies mijn ~!* exactly what I thought! my idea exactly! ★ *naar mijn ~* in my view / opinion ❸ *inval* idea ★ *ik heb zo'n ~ dat...* I have an idea that... ★ *op het ~ komen om...* get it into one's head to..., hit upon the idea of... ❹ *ontwerp* idea ★ *haar ~ën zijn creatief maar niet altijd uitvoerbaar* her ideas are creative but not always practical ❺ *besef* idea, notion, conception ★ *je hebt er geen ~ van* you have no idea ★ *er niet het minste / flauwste ~ van hebben* not have the least / slightest idea ★ *ik heb géén ~!* search me! I've got no idea!, I just don't know!
ideëel *bn* ❶ *denkbeeldig* imaginary, imagined ❷ *idealistisch* idealistic ❸ *niet-commercieel* non-commercial ★ *ideële reclame* non-commercial advertising
ideeënbus *v* [-sen] suggestion box
idee-fixe *o & v* [-n] idée fixe, obsession
idem *bijw* the same, ditto ★ *~ dito* same here, that makes two of us

idem
is in het Engels **ditto** of **the same**. Het woord **idem** komt in het Engels wel voor, maar alleen in geschreven wetenschappelijke teksten, waar het wordt gebruikt om te verwijzen naar een boek, hoofdstuk of artikel dat al eerder is genoemd, en dan nog hoofdzakelijk in voetnoten.

identiek *bn* identical
identificatie *v* [-s] identification
identificatieplicht *m & v* requirement to carry identification, duty of identification

identificeren I *overg* [identificeerde, h. geïdentificeerd] identify **II** *wederk* [identificeerde, h. geïdentificeerd] ★ *zich ~* prove one's identity ★ *zich ~ met* identify (oneself) with
identiteit *v* identity
identiteitsbewijs *o* [-wijzen], **identiteitskaart** *v* [-en] identity card, ID card
identiteitscrisis *v* [-sissen, -ses] identity crisis
identiteitsplaatje *o* [-s] identity disc / disk
ideogram *o* [-men] ideogram, ideograph
ideologie *v* [-gieën] ideology
ideologisch *bn* ideological
ideoloog *m* [-logen] ideologue, ideologist
idiomatisch *bn* idiomatic
idioom *o* [idiomen] idiom
idioot I *m* [idioten] ❶ *bespottelijk persoon* idiot, fool, nitwit ❷ *zwakzinnig persoon* vero idiot ❸ *fanaat* freak, nut ★ *een auto ~* a car freak **II** *bn* idiotic, foolish ★ *een ~ gezicht* a ridiculous sight **III** *bijw* idiotically, stupidly ★ *gedraag je niet zo ~!* stop behaving so stupidly! stop being so stupid! ★ *wie heeft zijn auto zo ~ neergezet?* who on earth parked that car like that? ★ *hij rijdt zo ~ hard* he drives like a madman
idiosyncratisch *bn* idiosyncratic
idioterie *v* [-rieën] idiocy
idolaat *bn* ★ *~ van* infatuated with, smitten by
idool *o* [idolen] idol
idylle *v* [-n & -s] idyl(l)
idyllisch *bn* idyllic
iebel *bn* edgy ★ *ik word een beetje ~ van al die goeie adviezen* all that good advice sets your nerves on edge
ieder *onbep vnw* ❶ *afzonderlijk, een of meer* each ★ *~ kind krijgt een boek* each child will receive a book ❷ *tezamen, meer dan twee* every ★ *~e avond huiswerk hebben* have homework every evening ❸ *elke willekeurige* any ★ *~e idioot kan het* any idiot can do it ❹ *iedereen* everyone, everybody, each (one) ★ *tot ~s verbazing* to everyone's / everybody's surprise ★ *~ van ons* each of us, every one of us ★ *~ voor zich* every man for himself, everyone / everybody for himself ❺ *wie ook maar* everyone, everybody, anyone, anybody ★ *~ kan zich dat veroorloven* everyone / everybody / anyone / anybody can afford that
iedereen *onbep vnw* ❶ *allemaal* everybody, everyone ★ *~ kent ~* everyone / everybody knows everyone / everybody ❷ *wie dan ook* anyone, anybody ★ *jij bent niet ~* you're not just anyone
iel *bn* ❶ *v. mensen* thin, puny ★ *een ~ mannetje* a scrawny little man ❷ *v. zaken* thin, ‹v. lucht ook:› rarefied ★ *een ~ stemmetje* a thin voice
iemand *onbep vnw* ❶ *deze of gene* someone, somebody ★ *~ die uitblinkt* someone / somebody who stands out ★ *~ van school* someone / somebody from school ★ *~ anders* someone / somebody else ❷ *in vragende en ontkennende zinnen* anyone,

anybody ★ *is er ~ die...?* is there anyone / anybody who...? ★ *zo ~ heb ik nog nooit meegemaakt* I've never met anyone / anybody like that before ❸ *persoonlijkheid* someone, somebody, person ★ *een bijzonder ~* someone / somebody special ★ *een aardig ~* a nice person ★ *een zeker ~* a certain someone / somebody / person ★ *hij is ~* he's really someone / somebody

iep *m* [-en] elm, elm tree

Ieper *o* Ypres

iepziekte *v* (Dutch) elm disease

Ier *m* [-en] Irishman ★ *de ~en* the Irish

Ierland *o* Ireland

Iers I *bn* Irish ★ *de ~e Zee* the Irish Sea **II** *o taal* Irish

Ierse *v* [-n] Irishwoman ★ *ze is een ~* she's an Irishwoman, she's from Ireland, she's Irish

iets I *onbep vnw* ❶ something ★ *~ dergelijks* something of the sort, something like that ★ *~ lekkers* something nice / tasty ★ *als er ~ is dat zij haat is het naar de tandarts gaan* if there's one thing she hates it's going to the dentist ★ *daar zit ~ in* there's something in that ★ *zij hebben ~ met elkaar* there's something going on between them ★ *zij hebben ~ met elkaar gemeen* they have something in common ★ *echt ~ voor haar!* how typical of her!, she would! ★ *die jurk is net ~ voor jou!* that dress is just right for you!, it's your kind of dress ★ *die baan is net ~ voor hem* that job is right up his alley ★ *er is nog ~* (there's) one more thing ❷ *in vragende en ontkennende zinnen* anything ★ *is er ~?* (is) anything wrong?, (is) anything the matter? ★ *zo ~ heb ik nog nooit gezien* I've never seen anything like it **II** *bijw* somewhat, a little ★ *zij heeft ~ van Madonna* she looks a little / a bit like Madonna ★ *haar stem heeft ~ weg van Piaf* there's something in her voice that reminds you of Piaf, there's a touch of Piaf in her voice ★ *dit boek is ~ dikker dan het andere* this book is a little thicker than that one

ietsje *o* ★ *een ~* a little, a fraction, a tad, a wee bit ★ *met een ~...* with something of..., with a touch of...

ietwat *bijw* somewhat

iglo *m* ['s] igloo

i-grec *v* [-s] ⟨the letter⟩ y

IGZ *afk* (Inspectie voor de Gezondheidszorg) Health Inspection

ijdel *bn* ❶ zelfingenomen vain, conceited ★ *een ~e trut* a conceited cow ❷ *vals* idle, vain ★ *~e hoop* idle hope

ijdelheid *v* [-heden] vanity, conceit, pride ★ Bijbel *~ der ijdelheden* vanity of vanities

ijdeltuit *v* [-en] vain person

ijken *overg* [ijkte, h. geijkt] ❶ *instrumenten* calibrate ❷ *van ijkteken voorzien* verify and stamp

ijking *v* [-en] calibration

ijkpunt *o* [-en] benchmark

ijkwezen *o* (office of) weights and measures

ijl I *v* ★ *in aller ~* in great haste **II** *bn* ❶ *iel* thin, rarefied ★ *~e lucht* rarefied air ★ *de ~e ruimte*

(empty) space ❷ *duizelig* lightheaded

ijlbode *m* [-n & -s] courier, express messenger

ijlen I *onoverg* [ijlde, is geijld] *haasten* hasten, hurry (on), speed **II** *onoverg* [ijlde, h. geijld] *wartaal spreken* rave, wander, be delirious ★ *de patiënt ijlt* the patient is delirious

ijlings *bijw* hastily, in great haste, post-haste

ijltempo *o* ['s] top speed ★ *in ~* at top speed

ijs *o* ❶ *bevroren water* ice ★ *~ en weder dienende* weather permitting ★ *het ~ breken* break the ice ★ *zich op glad ~ wagen* tread on dangerous ground, skate over thin ice ★ *(goed) beslagen ten ~ komen* be fully prepared (for...) ★ *niet over één nacht ~ gaan* take no risks ❷ *om te eten* ice cream ★ *Italiaans ~* Italian ice cream

ijsafzetting *v* [-en] icing up / over ★ *~ op de vleugels van een vliegtuig* ice accretion on the wings of a plane

ijsbaan *v* [-banen] skating rink, ice rink, skating track

ijsbeer *m* [-beren] polar bear

ijsberen *onoverg* [ijsbeerde, h. geijsbeerd] walk / pace up and down

ijsberg *m* [-en] iceberg

ijsbergsla *v* iceberg lettuce

ijsbloemen *zn* [mv] frostwork

ijsblokje *o* [-s] ice cube

ijsbreker *m* [-s] ice-breaker

ijscoman *m* [-nen] ice cream man

ijscoupe *v* [-s] coupe

ijselijk *bn* horrible, shocking, terrible, dreadful ★ *zij gaf een ~e gil* she let out a bloodcurdling scream

ijsemmer *m* [-s] ice bucket

ijsgang *m* ❶ *drijfijs* floating ice, ice drift ❷ *ijzel* ZN ⟨in de lucht⟩ freezing rain, ⟨op wegen⟩ black ice

ijsheiligen *zn* [mv] ❶ Ice / Frost Saints ★ *na de ~ zou het niet meer moeten vriezen* after 11-13 May there shouldn't be any more frosts ❷ *fig* late in the spring

ijshockey *o* sp ice hockey

ijshockeyen *onoverg* [ijshockeyde, h. geijshockeyd] play ice hockey

ijshockeyer *m* [-s] ice hockey player

ijsje *o* [-s] ice cream, ⟨waterijs⟩ ice lolly

ijskap *v* [-pen] ice sheet / cap

ijskar *v* [-ren] ice cream cart

ijskast *v* [-en] refrigerator, Am icebox, inf fridge ★ *in de ~ zetten / leggen* put in the fridge, fig put in cold storage

ijsklomp *m* [-en] lump of ice

ijsklontje *o* [-s] ice cube, lump of ice

ijskoud I *bn* cold as ice, icy cold, icy, frigid ★ *ik werd er ~ van* a chill came over me ★ *een ~e blik* an icy look, a stony stare ★ *het liet hem ~* he was completely unmoved by it **II** *bijw gewoonweg* quite coolly, as cool as a cucumber ★ *zij deed ~ de deur dicht* she closed the door without batting an eyelid

ijskristal *o* [-len] ice crystal

IJsland *o* Iceland

IJslander *m* [-s] Icelander

ij

IJslands I *bn* Icelandic ★ <u>valuta</u> *de ~e kroon* the Icelandic crown / krona ★ *~ mos* Iceland moss / lichen **II** *o taal* Icelandic ★ *Oud ~* Old Norse, Old Icelandic

IJslandse *v* [-n] Icelander ★ *ze is een ~* she's an Icelander, she's from Iceland

ijslolly *m* ['s] ice(d) lolly, icy pole

ijsmachine *v* [-s] ❶ ice machine ❷ *voor het maken van consumptie-ijs* ice cream machine / maker

ijsmuts *v* [-en] woolly hat / cap, beanie

ijspegel *m* [-s] icicle

ijspret *v* ice sports, fun on the ice

ijssalon *m* [-s] ice cream parlour, *Am* soda fountain

ijsschots *v* [-en] (ice) floe

IJsselmeer *o* IJsselmeer

ijstaart *v* [-en] ice cream cake

ijsthee *m* ice tea, iced tea

ijstijd *m* [-en] ice age, glacial age ★ *uit de ~* from the ice age

ijsvogel *m* [-s] kingfisher

ijsvorming *v* ice formation

ijsvrij I *bn* ice free **II** *o* ★ *~ hebben* have a day off from school to go skating

ijswater *o* iced water, ice water

ijszak *m* [-ken] ice pack

ijszee *v* [-zeeën] frozen sea / ocean ★ *de Noordelijke IJszee* the Arctic Ocean ★ *de Zuidelijke IJszee* the Antarctic / Southern Ocean

ijszeilen *o* ice-boating

ijver *m* ❶ *toewijding* diligence ❷ *passie* zeal, ardour

ijveraar *m* [-s & -raren] zealot ★ *een ~ voor het geloof* a religious zealot

ijveren *onoverg* [ijverde, h. geijverd] devote oneself (to sth) ★ *~ tegen* fight against, take action against ★ *~ voor* work hard for

ijverig *bn* ❶ *toegewijd* diligent, industrious, assiduous ★ *hij was ~ bezig aan zijn werk* he was intent upon his work ❷ *geestdriftig* zealous, fervent

ijzel *m* ‹in de lucht› freezing rain, ‹op wegen› black ice

ijzelen *onoverg* [ijzelde, h. geijzeld] ★ *het ijzelt* ‹in de lucht› freezing rain is falling, ‹op de weg› there is black ice

ijzen *onoverg* [ijsde, h. geijsd] shudder ★ *ik ijsde ervan* I shuddered at the thought

ijzer I *o* iron ★ *oud ~* scrap iron ★ *hij is een man van ~ en staal* he's as tough as nails ★ *het is lood om oud ~* it's six of one and half a dozen of the other ★ *men kan geen ~ met handen breken* you can't do the impossible ★ *men moet het ~ smeden als het heet is* strike while the iron is hot, make hay while the sun shines **II** *o* [-s] iron ★ *twee ~s in het vuur hebben* have two irons in the fire

ijzerdraad *o & m* [-draden] wire

ijzeren *bn* iron ★ *het IJzeren Gordijn* the Iron Curtain ★ *een ~ gestel* a strong / iron constitution

ijzererts *o* [-en] iron ore

ijzergieterij *v* [-en] iron foundry, ironworks

ijzerhandel *m* [-s] iron trade, ironmongery

ijzerhoudend *bn* ❶ ferruginous ‹limestone› ❷ *vooral v. metalen* ferrous

ijzersterk *bn* strong as iron, iron ★ *een ~ gestel* a strong constitution ★ *een ~ geheugen* an infallible memory

ijzertijd *m* iron age

ijzervijlsel *o* iron filings

ijzervreter *m* [-s] warhorse, <u>inf</u> tough cookie

ijzerwaren *zn* [mv] hardware, ironmongery

ijzerzaag *v* [-zagen] hacksaw

ijzig *bn* icy

ijzingwekkend *bn* gruesome, horrifying ★ *zij gaf een ~e gil* she let out a bloodcurdling scream

ik I *pers vnw* **I** ★ *~ ben het* it's me ★ *wie, ~?* who, me? ★ *~ voor mij* I for one ★ *zij is ouder dan ~* she is older than I am **II** *o self*, ego ★ *het ~* the ego ★ *zijn eigen ~* his own self ★ *mijn tweede ~* my other self ★ *mijn betere ~* my better self

ik-figuur *v* [-guren] first-person narrator ‹in a novel &›

illegaal I *bn* illegal, unlawful, underground, clandestine **II** *m* [-galen] illegal immigrant, <u>Am</u> illegal alien

illegaliteit *v* [-en] ❶ *verzet* resistance movement ❷ *onwettigheid* illegality ★ *ze verdwijnen in de ~* they go underground

illuminatie *v* [-s] illumination

illusie *v* [-s] illusion ★ *iem. de ~ / zijn ~s benemen* disillusion sbd, rob sbd of his illusions ★ *zich geen ~s maken over* be under no illusions about, have no illusions about

illusionist *m* [-en] illusionist, conjurer

illusoir *bn* illusory ★ *iets ~ maken* make something illusory

illuster *bn* illustrious ★ *ik bevind mij in ~ gezelschap* I'm in illustrious company

illustratie *v* [-s] illustration

illustratief *bn* ★ *~ voor* illustrative of

illustrator *m* [-s] illustrator

illustreren *overg* [illustreerde, h. geïllustreerd] illustrate

image *o* [-s] image

imaginair *bn* imaginary ★ *een ~e grootheid* an imaginary quantity

imago *o* ['s] ❶ *beeld in de publieke opinie* image ❷ *v. insect* imago

imam *m* [-s] imam

imbeciel I *bn* imbecile **II** *m-v* [-en] imbecile

imitatie *v* [-s] imitation, ‹alleen m.b.t. personen› impersonation, impression ★ *hij deed een ~ van de minister-president* he did an impersonation / impression of the prime minister ★ *dat is geen echt bont, maar ~* that's only imitation fur

imitatieleer *o* imitation leather

imitator *m* [-s] imitator

imiteren *overg* [imiteerde, h. geïmiteerd] imitate, ‹alleen m.b.t.personen› impersonate

imker *m* [-s] beekeeper, apiarist

immanent *bn* immanent ★ *~e gerechtigheid* inherent justice

immaterieel *bn* ❶ immaterial, insubstantial ❷ boekh intangible ★ *immateriële activa* intangible assets ★ jur *immateriële schade* non-pecuniary damages, pain and suffering ★ jur *een immateriële schadevergoeding* damages for pain and suffering ★ *immateriële waarde* ‹onstoffelijke waarde› intangible value, ‹sentimentele waarde› sentimental value ★ jur *immateriële zaken* ‹items of› intangible property, intangibles

immatriculatie *v* ZN registration, enrolment/Am enrollment

immatriculeren *overg* [immatriculeerde, h. geïmmatriculeerd] ZN register

immens *bn* immense, huge

immer *bijw* ever

immers I *bijw toch* after all ★ *ik heb het ~ gezien* after all, I did see it, Br inf I saw it, didn't I? ★ *hij is ~ thuis?* he's in, isn't he? ★ *dat kon ik ~ niet weten* how was I to know that? **II** *voegw namelijk* for, since, after all ★ *dit moet grondig worden onderzocht, ~ de democratie staat hier op het spel* ‹met komma› this must be thoroughly investigated, ‹since democracy itself is at stake here, ‹met dubbele punt› this must be thoroughly investigated: after all, democracy itself is at stake here

immigrant *m* [-en] immigrant

immigratie *v* [-s] immigration

immigratiebeleid *o* immigration policy

immigreren *onoverg* [immigreerde, is geïmmigreerd] immigrate

immobiel *bn* immobile

immoreel *bn* ❶ *onzedelijk* immoral ❷ *zonder zedelijkheidsgevoel* amoral

immuniseren *overg* [immuniseerde, h. geïmmuniseerd] immunize

immuniteit *v* [-en] immunity

immuun *bn* immune ★ *iem. ~ maken voor / tegen iets* make sbd immune from / to sth

impact *m* impact

impasse *v* [-n & -s] deadlock ★ *in een ~* in a deadlock ★ *uit de ~ geraken* break the deadlock

impera'tief¹ *bn* imperative ★ *een ~ mandaat* an imperative mandate

'imperatief² *m* [-tieven] ❶ imperative ★ taalk *de ~* the imperative (mood) ❷ *middel om iem. te dwingen* incentive

imperiaal *o & v* [-alen] roof rack

imperialisme *o* imperialism

imperialist *m* [-en] imperialist

imperialistisch *bn* imperialist

imperium *o* [-s & -ria] empire

impertinent *bn* impertinent, rude

implantaat *o* [-taten] med & tandheelk implant

implantatie *v* [-s] ❶ *het implanteren* implantation ❷ *het geïmplanteerde* implant

implanteren *overg* [implanteerde, h. geïmplanteerd]

implant

implementatie *v* [-s] implementation

implementeren *overg* [implementeerde, h. geïmplementeerd] implement

implicatie *v* [-s] implication ★ *bij ~* by implication

impliceren *overg* [impliceerde, h. geïmpliceerd] imply

impliciet I *bn* implicit, implied **II** *bijw* implicitly

imploderen *onoverg* [implodeerde, is geïmplodeerd] implode

implosie *v* [-s] implosion

imponeren *overg* [imponeerde, h. geïmponeerd] ❶ *indruk maken* impress ❷ *intimideren* overawe ★ *laat je niet ~ door wat de deskundigen zeggen* don't be overawed by what the experts say

impopulair *bn* unpopular

import *m* [-en] ❶ *het importeren* importation, import(ing) ❷ *importproduct* import (product) ❸ *geen oorspronkelijke bevolking* afkeurend foreign elements, foreigners

importantie *v* importance

importeren *overg* [importeerde, h. geïmporteerd] import

importeur *m* [-s] importer

imposant *bn* imposing, impressive

impotent *bn* impotent

impotentie *v* impotence

impregneren *overg* [impregneerde, h. geïmpregneerd] impregnate

impresariaat *o* [-riaten] *kantoor* agency, office

impresario *m* ['s] impresario

impressie *v* [-s] impression

impressionisme *o* Impressionism

impressionist *m* [-en] impressionist

impressionistisch *bn* impressionist ‹painter, painting›, impressionistic ★ *~e kunst* impressionist art

imprimé *o* [-s] textiel printed fabric

improductief *bn* unproductive

improvisatie *v* [-s] improvisation

improvisator *m* [-s & -toren] improviser

improviseren *overg en onoverg* [improviseerde, h. geïmproviseerd] improvise, ‹ook v. een toespraak &› extemporize ★ *een geïmproviseerde hengel* an improvised / makeshift fishing rod

impuls *m* [-en] ❶ *stimulans* stimulus ★ *de regering wil een ~ geven aan...* the government wants to encourage / stimulate... ❷ *opwelling* impulse ★ *ze handelde in een ~* she acted on impulse ❸ elektr pulse

impulsaankoop *m* [-kopen] buy on impulse ★ *het doen van impulsaankopen* impulse buying

impulsief *bn* impulsive, on impulse ★ *een impulsieve koper* an impulse buyer ★ *het was een impulsieve beslissing* it was a spur-of-the-moment decision, it was an on-the-spot decision

impulsiviteit *v* impulsiveness

in I *voorz* ❶ *m.b.t. plaats* in, at, to, on ★ *een huis ~ Arnhem* a house in Arnhem ★ *niet ~ het hele land*

implant

in

nowhere in the country ★ ~ *heel het land* throughout the (entire) country ★ *welkom ~ Amsterdam* welcome to Amsterdam ★ *hij is nooit ~ Amsterdam geweest* he's never been to Amsterdam ★ *twee plaatsen ~ een vliegtuig reserveren* reserve two seats on a plane ❷ *m.b.t. richting* into ★ *zij stapte ~ de bus* she got on the bus ★ *zij is de stad ~* she's gone into the city / to the city ★ ~ *de hoogte kijken* look up ❸ *m.b.t. de tijd* in, at ★ ~ *1998* in 1998 ★ ~ *het weekend* at the weekend, <u>Am</u> on the weekend ★ ~ *het begin* at the beginning ★ ~ *tot diep ~ de nacht* until deep into the night ★ ~ *geen drie weken* not for three weeks ❹ *m.b.t. hoeveelheid, omvang, maat, graad &* in, at, to ★ *hij is ~ de veertig* he's in his forties ★ *zes meter ~ omtrek* 6 metres in circumference ★ *er zijn 60 minuten ~ een uur* there are 60 minutes in / to an hour ★ ~ *drieën snijden* cut into three ★ *er zijn er ~ de veertig* there are forty odd ★ ~ *hoge mate* to a considerable degree ★ ~ *een snel tempo* at a fast rate ❺ *m.b.t. situatie, omstandigheid* in ★ *zij was ~ het zwart (gekleed)* she was (dressed) in black, she wore black ★ ~ *een goede bui zijn* be in a good mood ★ *dat wil er bij mij niet ~* that won't wash with me ★ *goed ~ talen* good at languages ★ *hij is doctor ~ de medicijnen* he's a doctor of medicine ★ ~ *de commissie zitting hebben* be on the committee ★ ~ *tranen uitbarsten* burst into tears **II** *bijw* ★ ‹in de mode› ~ *zijn* be in, be trendy ★ *voor iets ~ zijn* all for it ★ <u>sp</u> *de bal is ~* the ball is in **III** *voorv* ❶ very ❷ intensive(ly), deep(ly) ★ *intriest &* very sad(ly) &

in abstracto *bijw* in the abstract

inachtneming *v* regard ★ *met ~ van de omstandigheden* considering the circumstances, with the circumstances in mind ★ *met ~ van de regels* in compliance with the rules

inactief *bn* inactive

inademen *overg* [ademde in, h. ingeademd] breathe (in), inhale

inademing *v* [-en] breathing (in), inhalation, intake of breath

inadequaat *bn* inadequate

inauguratie *v* [-s] inauguration

inaugureel *bn* inaugural ★ *een inaugurele rede* an inaugural speech / address

inaugureren *overg* [inaugureerde, h. geïnaugureerd] inaugurate

inbaar *bn* collectable ★ *inbare vorderingen* collectable debts

inbedden *overg* [bedde in, h. ingebed] bed, embed, imbed

inbedrijfstelling *v* commencement of operations

inbeelden *wederk* [beeldde in, h. ingebeeld] ★ *zich ~* imagine, fancy ★ *zich heel wat ~* rather fancy oneself ★ *wat beeldt zij zich wel in?* who does she think she is? ★ *dat beeldt hij zich maar in* he's just imagining it

inbeelding *v* [-en] ❶ *fantasie* imagination ❷ *verwaandheid* conceit

inbegrepen *bn* included ★ *alles ~* all in, everything

included ★ *niet ~* exclusive of...

inbegrip *o* ★ *met ~ van* including, inclusive of ‹charges›, ‹charges› included

inbeschuldigingstelling *v* [-en] ★ <u>Belg</u> *de Kamer van ~* the public prosecutor

inbeslagneming *v* [-en] seizure, confiscation, ‹vooral v. dieren› impound

inbewaringstelling *v* remand in custody ‹by order of the judge›

inbezitneming *v* [-en] taking possession ‹of›

inbinden I *overg* [bond in, h. ingebonden] bind ‹books› ★ *laten ~* have ‹books› bound ★ *ingebonden boeken* bound books, hardbacks **II** *onoverg & overg* [bond in, h. ingebonden] *beteugelen* exercise some restraint, cool one's heels, <u>inf</u> pipe down ★ *de regering bindt in* the government pipes down ★ *zijn driften ~* restrain oneself

inblazen *overg* [blies in, h. ingeblazen] blow into, breath into, inject ‹air, water› ★ *iets nieuw leven ~* breathe new life into sth, reanimate sth

inblikken I *overg* [blikte in, h. ingeblikt] tin, can ★ *ingeblikt fruit* tinned/<u>Am</u> canned fruit ★ *ingeblikte muziek / ingeblikt gelach* canned music / laughter **II** *onoverg* [blikte in, h. ingeblikt] look into ★ *ze blikte in de mooiste ogen die ze ooit had gezien* she looked into the most beautiful eyes she had ever seen

inboedel *m* [-s] house contents, household effects

inboedelverzekering *v* fire and theft insurance, household contents insurance

inboeken *overg* [boekte in, h. ingeboekt] book, enter

inboeten *overg* [boette in, h. ingeboet] lose ★ *veel aan invloed ~* lose a lot of influence ★ *er het leven bij ~* pay for it with one's life

inboezemen *overg* [boezemde in, h. ingeboezemd] inspire with ‹courage›, strike ‹terror› into, instil ‹respect, awe› into ★ *iem. vertrouwen ~* inspire trust in sbd ★ *iem. angst ~* frighten sbd, make sbd frightened

inboorling *m* [-en] native, aborigine ★ *de Australische ~en* the Aboriginals, the Aborigines

inborst *v* character, nature, disposition

inbouwen *overg* [bouwde in, h. ingebouwd] build in, let into, fit

inbouwkeuken *v* [-s] built-in kitchen

inbraak *v* [-braken] housebreaking, burglary

inbraakbeveiliging *v* burglar alarm, security system

inbraakpreventie *v* burglary prevention

inbranden I *overg* [brandde in, h. ingebrand] brand, burn (in) **II** *onoverg* [brandde in, is ingebrand] burn unevenly

inbreken *onoverg* [brak in, h. ingebroken] break into a house, commit burglary ★ *er is bij ons ingebroken* our house has been broken into

inbreker *m* [-s] burglar, housebreaker

inbreng *m* ❶ *ingebracht kapitaal* deposit, capital brought in, assets brought in ‹to the enterprise›, contribution ★ <u>jur</u> *een ~ in natura* a non-monetary

contribution, a contribution in kind ❷ *in een huwelijk* dowry ❸ *bijdrage* contribution ★ *zijn ~ in het gesprek* his contribution to the conversation
inbrengen *overg* [bracht in, h. ingebracht] ❶ *naar binnen brengen* bring in, gather in ‹the crops› ❷ *geld* bring in ‹capital› ❸ *aanvoeren* bring (forward) ❹ *voorstellen* contribute ★ *hij heeft niets in te brengen* he has no say in the matter ★ *hij heeft nooit iets in te brengen* he never contributes anything ★ *daar kan ik niets tegen ~* ‹bezwaar› I can offer no objection, ‹argument› it leaves me without a reply ❺ med introduce, inject, insert
inbreuk *v* [-en] violation, contravention, breach, infringement ★ *~ maken op* violate / infringe / contravene ‹the law, sbd's rights›, encroach upon ‹sbd's rights› ★ jur *een ~ op de openbare orde* a breach of the public order / of the peace ★ jur *een ~ op de privésfeer* an invasion of ‹sbd's› privacy
inburgeren *overg en onoverg* [burgerde in, h. en is ingeburgerd] ★ *hij is hier helemaal ingeburgerd* he is completely integrated, he feels quite at home here ★ *die woorden hebben zich ingeburgerd* these words have found their way into the language ★ *zich ~* naturalise, settle into the new environment
inburgering *v* settling down, becoming a member of the community
inburgeringscursus *m* [-sen] integration course ‹for foreigners›
Inca *m* ['s] Inca
incalculeren *overg* [calculeerde in, h. ingecalculeerd] allow for ★ *tegenstand ~* reckon with opposition
incapabel *bn* incompetent, incapable
incarnatie *v* [-s] incarnation
incasseren *overg* [incasseerde, h. geïncasseerd] ❶ *geld &* cash ‹a bill›, collect ‹debts› ❷ fig take ‹a blow, a hiding› ★ *een nederlaag ~* overcome a disaster, deal with a problem
incasseringsvermogen *o* resilience, stamina ★ *een groot ~ hebben* be resilient to ★ *een bokser met een groot ~* a boxer who can take a lot
incasso *o* ['s] collection ‹of bills, debts &›
incassobureau *o* [-s] debt collection agency
incassokosten *zn* [mv] debt collection charges
in casu *bijw* in this case, in this matter
incest *m* incest
incestueus *bn* incestuous
incheckbalie *v* [-s] check-in counter / desk
inchecken *overg* [checkte in, h. ingecheckt] check in
incident *o* [-en] incident ★ *zonder ~ verlopen* pass without incident
incidenteel *bn* incidental ★ *incidentele factoren* non-recurring / one-off factors ★ *incidentele problemen* problems of a passing nature ★ *incidentele voorzieningen* special-purpose provisions
incisie *v* [-s] incision
inciviek I *bn* ZN politically unreliable **II** *m-v* [-en] ZN unpatriotic person

incivisme *o* ZN lacking civic spirit
incluis *bijw* included
inclusief *bijw* inclusive of..., including... ★ *~ rechten* duty paid ★ *vijf euro ~ btw* five euros including VAT ★ *de prijs is niet ~ btw* the price does not include VAT
incognito I *bijw* incognito **II** *o* incognito ★ *zijn ~ bewaren* remain incognito, keep one's identity secret
incoherent *bn* incoherent
incompany- *voorv* ★ *een incompanytraining* in-company training
incompatibel *bn* incompatible
incompatibiliteit *v* incompatibility
incompetent *bn* incompetent
incompetentie *v* incompetence
incompleet *bn* incomplete
in concreto *bijw* in this particular case
incongruent *bn* incongruent
inconsequent *bn* inconsistent
inconsistent *bn* inconsistent
inconsistentie *v* inconsistency
incontinent *bn* incontinent
incontinentie *v* incontinence
incorporeren *overg* [incorporeerde, h. geïncorporeerd] incorporate
incorrect *bn* incorrect
incourant *bn* ❶ *slecht verkoopbaar* unsal(e)able, unmarketable ‹articles› ★ *~e goederen* slow-moving goods ❷ eff unlisted, over-the-counter (OTC), unquoted ‹securities› ❸ *verouderd* obsolete ★ *een ~e voorraad* dead / obsolete stock
incubatietijd *m* incubation period, latent period
indachtig *bn* mindful (of) ★ *wees mij ~* remember me, bear me in mind
indalen *onoverg* [daalde in, is ingedaald] med engage
indammen *overg* [damde in, h. ingedamd] ❶ *indijken* embank, dam (up) ❷ fig (keep under) control, contain ★ *zijn enthousiasme ~* stem one's enthusiasm
indekken *wederk* [dekte in, h. ingedekt] ★ *zich ~ tegen* safeguard against, eff & econ hedge against
indelen *overg* [deelde in, h. ingedeeld] ❶ *ordenen* divide ★ *zijn tijd beter ~* make better use of one's time ❷ *in klassen* divide (up), class(ify), group ❸ *in graden* graduate ❹ *categoriseren* categorize ❺ *v. ruimte* lay out, divide up ★ *de stad werd ingedeeld in woonwijken* the city was divided up into residential areas ❻ *onderbrengen bij* assign (to), place (in) ★ *iem. in een groep ~* assign sbd to a group ❼ mil incorporate (*bij* in / with)
indeling *v* [-en] ❶ *groepering* division, classification, grouping, categorization ❷ *schaalverdeling* graduation ❸ *v. ruimte* layout, use of space ❹ mil incorporation
indenken *wederk* [dacht in, h. ingedacht] imagine ★ *zich ergens ~* put oneself in / into ‹sbd's position› ★ *zich iets ~* imagine sth, understand sth ★ *denk je dat eens in!* just imagine that!

in

in

inderdaad *bijw* indeed, ‹werkelijk› really ★ ..., *en ~,...* ..., and sure enough,...
inderhaast *bijw* in a hurry, hurriedly
indertijd *bijw* at the time
indeuken *overg* [deukte in, h. ingedeukt] dent
index *m* [-en & -dices] ❶ *inhoudsopgave* index, table of contents ❷ *zwarte lijst* RK index ★ *op de ~ plaatsen* place on the index ❸ econ index, barometer, indicator ★ *de economische ~* the economic barometer ★ *een ~ van de economische groei* an economic indicator ★ *de Dow Jones ~* the Dow Jones industrial average
indexatie *v* indexation, indexing
indexcijfer *o* [-s] index figure
indexeren *overg* [indexeerde, h. geïndexeerd] index
indexering *v* indexation
India *o* India
indiaan *m* [-dianen] (American) Indian, Native American
indiaans *bn* (American) Indian
Indiaas *bn* Indian ★ valuta *de Indiase roepia* the Indian rupee, the rupee
indianenverhaal *o* [-halen] *onwaarschijnlijk verhaal* tall story
Indiase *v* [-n] Indian ★ *ze is een ~* she's an Indian, she's from India
indicatie *v* [-s] indication ★ *een globale ~* a rough / broad indication ★ *op medische ~* on medical grounds ★ *ter ~* as a guide / indication
'indicatief¹ *m* [-tieven] taalk indicative
indica'tief² *bn* indicative ★ *een ~ tarief* a rate for information purposes
indicator *m* [-s &-toren] ❶ indicator ❷ econ indicator, index, barometer
indiceren *overg* [indiceerde, h. geïndiceerd] ❶ *wijzen op* indicate ★ *geïndiceerd zijn voor een operatie* have an indication for an operation ★ *de behandeling is niet medisch geïndiceerd* there is no medical necessity for the treatment ❷ *bannen* RK index, place on the index, add to the index
indien *voegw* if, in case
indienen *overg* [diende in, h. ingediend] submit, present ★ *een aanvraag ~* submit a petition / request ★ *een klacht / claim ~* lodge / file a complaint / claim ★ *een motie ~* table a motion ★ *zijn ontslag ~* tender one's resignation ★ *een verzoekschrift ~* file a petition ★ *een wetsontwerp ~* present / introduce a bill to parliament
indiensttreding *v* commencement of employment ★ *~ 1 juli* duties (to) commence on / start on July 1
Indiër *m* [-s] *bewoner v. India* Indian
indigestie *v* indigestion
indigo I *m* indigo **II** *o* indigo blue **III** *bn* indigo blue ★ *een ~ blouse* an indigo blue blouse
indigoblauw I *bn* indigo blue **II** *o* indigo blue
indijken *overg* [dijkte in, h. ingedijkt] embank, dyke, dyke / dam in ★ *de rivier werd ingedijkt* the river was embanked / dyked (in), the river was enclosed within dykes

indijking *v* [-en] dyking, embankment
indikken *overg en onoverg* [dikte in, h.en is ingedikt] thicken, concentrate
indirect I *bn* indirect ★ *~e belasting* indirect taxation ★ taalk *~e rede* indirect speech ★ *~e verlichting* indirect / concealed lighting, uplighters ★ *in een ~e manier* in a roundabout way **II** *bijw* indirectly
Indisch *bn* m.b.t. *India* Indian
Indische Oceaan *m* Indian Ocean
indiscreet *bn* indiscreet
indiscretie *v* [-s] indiscretion
individu *o* [-en, 's] individual ★ *een verdacht ~* a shady character
individualiseren *overg* [individualiseerde, h. geïndividualiseerd] individualize
individualisering *v* individualization
individualisme *o* individualism
individualist *m* [-en] individualist
individualistisch *bn* individualistic
individualiteit *v* individuality
individueel I *bn* individual ★ *een ~ geval* an individual case ★ *~ onderwijs* individual / one-to-one teaching, coaching **II** *bijw* individually
indoctrinatie *v* indoctrination
indoctrineren *overg* [indoctrineerde, h. geïndoctrineerd] indoctrinate
Indo-Europeaan *m* [-peanen] ❶ *Indo-Germaan* Indo-European ❷ *v. gemengde afstamming* Eurasian
Indo-Europees *bn* ❶ *Indo-Germaans* Indo-European ❷ *v. gemengde afstamming* Eurasian
Indo-Germaan *m* [-manen] Indo-European, Indo-Germanic
Indo-Germaans *bn & o* Indo-European, Indo-Germanic ★ *de ~e talen* the Indo-European languages
indolent *bn* indolent
indolentie *v* indolence
indommelen *onoverg* [dommelde in, is ingedommeld] doze off, drop off (to sleep)
Indonesië *o* Indonesia
Indonesiër *m* [-s] Indonesian
Indonesisch *bn* Indonesian ★ valuta *de ~e roepia* the Indonesian rupiah, the rupiah
Indonesische *v* [-n] Indonesian ★ *ze is een ~* she's an Indonesian, she's from Indonesia
indoor *voorv* sp indoor
indoorwedstrijd *m* [-en] indoor match / competition
indraaien *overg* [draaide in, h. ingedraaid] screw in ▼ *zich ergens ~* worm oneself into a post ▼ *de bak ~* be put in the nick / in prison
indrijven I *overg* [dreef in, h. ingedreven] drive in(to) **II** *onoverg* [dreef in, is ingedreven] float into
indringen I *overg* [drong in, h. ingedrongen] intrude ★ *zich ~* intrude ★ *zich ~ bij iem.* intrude on sbd **II** *onoverg* [drong in, is ingedrongen] ❶ *binnendringen* penetrate, enter by force ❷ *v. vloeistoffen* soak (into) ❸ *in andermans zaken*

pry (into)

indringend *bn* ❶ *diepgaand* penetrating ‹report, gaze› ❷ *nadrukkelijk* emphatic

indringer *m* [-s] intruder

indrinken *overg* [dronk in, h. ingedronken] drink (in), imbibe, ‹v. woorden› lap up ★ *zich moed ~* have a drink to steady the nerves

indruisen *onoverg* [druiste in, h. en is ingedruist] ★ *~ tegen de regels / wetten* contravene the rules / laws ★ *~ tegen de gewoonten* run contrary to custom ★ *~ tegen alle afspraken* run counter to all the arrangements ★ *~ tegen zijn belangen* interfere with one's interests ★ *~ tegen een eerdere uitspraak* conflict with / clash with a previous statement ★ *~ tegen de waarheid* be at variance with the truth

indruk *m* [-ken] ❶ impression ★ *~ maken* make an impression ★ *de ~ maken van...* give the impression of... ★ *onder de ~ komen* be impressed (*van* by, with) ★ *hij was nog onder de ~* he was still impressed ★ *ik heb slechts een ~ van wat hij bedoelt* I only have an inkling of what he means ❷ *spoor* imprint

indrukken *overg* [drukte in, h. ingedrukt] ❶ *door drukken kapot doen gaan* push in ★ *het kwaad de kop ~* root out evil ❷ *naar binnen drukken* push in, press ★ *de knop ~* press the button ★ *het gaspedaal ~* step on the accelerator/<u>Am</u> gas ❸ *een afdruk aanbrengen in* impress, imprint ‹a seal &›

indrukwekkend *bn* impressive, imposing

in dubio *bijw* ★ *~ staan* be in doubt

induceren *overg* [induceerde, h. geïnduceerd] induce

inductie *v* [-s] induction

inductiemotor *m* [-en, -s] induction motor

inductiestroom *m* [-stromen] induced current

inductor *m* [-toren] inductor

induiken *overg* [dook in, is ingedoken] ❶ dive into ★ *de koffer ~ met iem.* jump into bed with sbd ❷ <u>fig</u> plunge / dive into, become engrossed in ★ *de literatuur over het onderwerp ~* delve into the literature on the subject

industrialisatie *v* industrialization

industrialiseren *overg* [industrialiseerde, h. geïndustrialiseerd] industrialize

industrialisering *v* industrialization

industrie *v* [-trieën] industry

industrieel I *bn* industrial ★ *een industriële ontwikkelingszone* an enterprise zone ★ *de industriële revolutie* the industrial revolution **II** *m* [-triëlen] industrialist

industriegebied *o* [-en] industrial area / zone

industriestad *v* [-steden] industrial town

industrieterrein *o* [-en] industrial site, industrial estate

indutten *onoverg* [dutte in, is ingedut] doze off, nod off

induwen *overg* [duwde in, h. ingeduwd] push in, push into, shove in

ineen *bijw* together

ineengedoken *bn* huddled up, hunched, crouched

ineenkrimpen *onoverg* [kromp ineen, is ineengekrompen] flinch ‹at the sight, at her touch›, cringe ‹with fear›, ‹v. gezicht› tighten ★ *mijn hart kromp ineen* my heart sank ★ *de klap deed hem ~ van de pijn* the blow made him double up in pain

ineens *bijw* ❶ *tegelijk* all at once ★ *~ te betalen* payable in one sum ★ *aflossing ~* payment in one lump sum ❷ *plotseling* all at once, suddenly ★ *dat kan ik niet ~ veranderen* I can't just change it overnight / at the drop of a hat

ineenschrompelen *onoverg* [schrompelde ineen, is ineengeschrompeld] wither, curl up, shrivel up ★ *de markt is ineengeschrompeld* the market has dwindled ★ *onze winsten zijn ineengeschrompeld* our profits have shrunk / dwindled

ineenschuiven I *overg* [schoof ineen, h. ineengeschoven] telescope, slide into **II** *onoverg* [schoof ineen, is ineengeschoven] slide

ineenslaan *overg* [sloeg ineen, h. ineengeslagen] bring together ★ *de handen ~* throw up one's hands, <u>fig</u> join hands / forces

ineenstorten *onoverg* [stortte ineen, is ineengestort] collapse

ineenstorting *v* [-en] collapse, crash

ineenzakken *onoverg* [zakte ineen, is ineengezakt] collapse

ineffectief *bn* ineffective

inefficiënt *bn* inefficient

inenten *overg* [entte in, h. ingeënt] vaccinate, inoculate ★ *~ tegen pokken* vaccinate against smallpox

inenting *v* [-en] vaccination, inoculation ★ *een ~ tegen griep* a vaccination against influenza, <u>inf</u> a flu jab

inentingsbewijs *o* [-wijzen] vaccination certificate

inert *bn* inert

inertie *v* inertia

in extenso *bijw* in its entirety, in full, at (great) length ★ *iets ~ weergeven* give a full account of sth

in extremis, in extremis momentis *bijw* ❶ *tot het uiterste* in great difficulty ❷ *op het sterfbed* at the point of death ❸ *op het nippertje* <u>ZN</u> at the last moment

infaam *bn* infamous

infanterie *v* infantry, foot

infanterist *m* [-en] infantryman

infantiel *bn* infantile

infarct *o* [-en] (cardiac) infarct, heart attack

infecteren *overg* [infecteerde, h. geïnfecteerd] infect

infectie *v* [-s] infection

infectiehaard *m* [-en] source of infection

infectieziekte *v* [-n & -s] infectious disease

infectueus *bn* infectious

inferieur I *bn* ❶ *ondergeschikt* inferior, subordinate ★ *~ zijn aan* be inferior to ❷ *slecht* inferior, low-grade **II** *m* [-en] inferior, subordinate

inferno *o* ['s] inferno

infiltrant *m* [-en] infiltrator

infiltratie *v* [-s] infiltration

in

infiltreren *onoverg* [infiltreerde, is geïnfiltreerd] infiltrate

infinitesimaalrekening *v* <u>wisk</u> (infinitesimal) calculus

infinitief *m* [-tieven] infinitive

inflatie *v* [-s] inflation ★ *de ~ bestrijden* combat / fight / counteract inflation

inflatiecorrectie *v* correction for inflation

inflexibel *bn* inflexible

influenza *v* influenza, <u>inf</u> ' flu

influisteren *overg* [fluisterde in, h. ingefluisterd] ❶ *toefluisteren* whisper ‹in sbd.'s ear› ★ *zijn geweten fluisterde hem in dat het verkeerd was* his conscience was telling him it was wrong ❷ *suggereren* suggest

info *v* info

informant *m* [-en] informant

informateur *m* [-s] <u>pol</u> informateur

informatica *v* computer science, information science, informatics

informaticus *m* [-ci] computer scientist

informatie *v* [-s] information ★ *~ geven (over)* give information (about / on) ★ *~ inwinnen* make inquiries ★ *de verkeerde ~* the wrong information, false information

informatiebalie *v* [-s] information desk

informatiedrager *m* [-s] data carrier

informatief *bn* informative

informatiestroom *m* [-stromen] information flow

informatietechnologie *v* information technology

informatisering *v* computerization

informeel *bn* informal, unofficial

informeren I *onoverg* [informeerde, h. geïnformeerd] inquire / enquire, make inquiries / enquiries, ask ★ *~ bij iem.* ask sbd **II** *overg* [informeerde, h. geïnformeerd] ★ *iem. ~ over iets* inform sbd about sth ★ <u>ZN</u>...*maar zich nog niet geïnformeerd hebben over de grondwet* ...but have not yet sought information about the constitution

---

informeren

Inquire en **enquire** komen naast elkaar voor, maar hoewel er oorspronkelijk wel verschil in betekenis bestond tussen de twee, is dat nu niet meer zo. Amerikanen hebben een voorkeur voor **inquire** en Britten voor **enquire**. Dit geldt ook voor andere woorden die met het voorvoegsel **en-/in-** beginnen.

---

infrarood *bn* infrared

infrastructuur *v* infrastructure

infuus *o* [-fuzen] <u>med</u> drip

ingaan *onoverg en overg* [ging in, is ingegaan] ❶ *binnengaan* enter, go / walk into ★ *de eeuwigheid ~* pass into eternity ★ *zijn zeventigste jaar ~* enter one's seventieth year ★ *de geschiedenis ~* go down in history ★ *de wijde wereld ~* go out into the (big) wide world ★ *dat zal er wel ~* it's sure to go down well ★ *~de rechten* import duties ❷ *van kracht worden* begin, date from, take effect from, run from ★ *die regel gaat 1 september in* this rule (law) is effective as from 1 September ★ *haar verlof gaat*

volgende week in her leave starts next week ❸ *reageren op* take up ★ *kunt u hierop ~?* could you take up the matter?, could you react to this? ★ *er niet op ~* take no notice of it, make no comment, let it pass, ignore it ★ *(dieper) ~ op iets* go deeper into the subject ★ *nader ~ op* go further into the matter ★ *op een aanbod ~* take up an offer ★ *op een offerte ~* take up an offer ★ *op een verzoek ~* comply with / grant a request ★ *~ tegen* ‹indruisen› go against, ‹zich verzetten› oppose, counteract, go against

ingaande *voorz* met ingang van dating from, as from, as of, starting on ★ *deze prijs geldt ~ 10 juli* this price is effective as of July 10

ingang *m* [-en] ❶ *toegang* entrance, way in, entry ★ *de ~ voor leveranciers* the tradesman's entrance ★ <u>ZN</u> *~ vrij* admission free ★ <u>ZN</u> *verboden ~* no admission ❷ *acceptatie* reception ★ *~ vinden* get a good reception, find acceptance, <u>inf</u> go down well ‹with the public› ❸ *aanvang* commencement ★ *met ~ van 6 september* (as) from September 6

ingangsdatum *m* [-s &-data] date of commencement, commencement date, effective date

ingebakken *bn* ingrained ★ *een ~ gewoonte* a custom, a tradition, ‹m.b.t. individuen› a habit

ingebeeld *bn* ❶ *niet werkelijk* imaginary ★ *een ~e ziekte* an imaginary illness ❷ *verwaand* conceited, pretentious, presumptuous

ingebouwd *bn* built-in, fitted, installed, mounted ★ *een ~e schakelaar* a built-in switch

ingebruikneming *v* ❶ *v. huis &* occupation ❷ *v. nieuwe producten* introduction ★ *na ~ van de machine* after the machine is put into operation, after ‹you› start to use the machine

ingeburgerd *bn* ❶ *v. personen* naturalized ❷ *v. woorden, gebruiken* established

ingekleurd *bn* coloured (in)

ingelegd *bn* ❶ *met hout, metaal &* inlaid ‹floors, table› ★ *een ~e vloer* a parquet floor ❷ *ingemaakt* preserved ★ *~e groente* pickled vegetables, bottled vegetables

ingemaakt *bn* preserved, potted ‹foods, vegetables›, ‹in zuur› pickled ‹meat, fish &›

ingenaaid *bn v. boeken* paperbound, soft-cover

ingenieur *m* [-s] engineer ★ *een bouwkundig / civiel ~* a construction / civil engineer ★ *een elektrotechnisch ~* an electrical engineer

ingenieus *bn* ingenious ★ *een ~ idee* an ingenious idea ★ *een ingenieuze kerel* a clever guy ★ *een ~ toestel* an ingenious appliance

ingenomen *bn* taken ★ *~ met iets zijn* be taken with sth ★ *ik ben er erg mee ~* I'm extremely pleased with it ★ *hij is zeer met zichzelf ~* he rather fancies himself ★ *~ tegen* biased against

ingeschreven *bn* inscribed ★ *~ veelhoeken* inscribed polygons ★ *een ~ cirkel* an inscribed circle ★ *~ leerlingen* enrolled pupils ★ *een ~e* an entrant ★ *een ~ merk* a registered trademark

ingesleten *bn* damaged ★ *~ patronen* ingrained

patterns

ingesloten *bn* ❶ *bijgaand* enclosed ★ *het ~ stuk* the enclosed ★ *~ zend ik u...* I send you herewith ❷ *ingebouwd* enclosed ★ *een ~ gebied* an enclosed area ★ *door land ~* landlocked

ingespannen **I** *bn* ❶ *met inspanning* strenuous ‹work› ❷ *geconcentreerd* intensive ‹research›, hard ‹thinking› ❸ *aandachtig* intent ‹gaze› **II** *bijw* ❶ *met inspanning* strenuously ❷ *diep* intensively ❸ *aandachtig* intently

ingesprektoon *m* Br engaged signal Am busy signal ★ *ik krijg steeds de ~* I keep on getting the engaged tone / signal

ingetogen *bn* modest ★ *een ~ stemming* a subdued mood

ingeval *voegw* in case ★ *~ hem iets overkomt* in the event of something happening to him, Am in case something happens to him

ingevallen *bn* ❶ *v. wangen* hollow ❷ *v. ogen* sunken

ingeven *overg* [gaf in, h. ingegeven] ❶ *toedienen* administer ‹medicine› ❷ *in de geest brengen* prompt, suggest ‹a thought, a word›, inspire with ‹an idea, hope &›, dictate ★ *ingegeven door angst* dictated by fear

ingeving *v* [-en] inspiration, intuition ★ *een plotselinge ~* a brainwave ★ *als bij ~* as if by inspiration ★ *naar de ~ van het ogenblik handelen* act on the spur of the moment

ingevoerd *bn* ★ *goed ~ zijn in* be well informed about ★ *zij is goed ~ in de informatica* she knows a great deal about computer science

ingevolge *voorz* in pursuance of, pursuant to, in compliance with, in obedience to ★ *~ uw opdracht* in compliance with your instructions

ingevroren *bn* frozen, ice-bound, frost-bound ★ *~ groenten* frozen vegetables

ingewanden *zn* [mv] internal organs, intestines, ‹v. dieren› entrails

ingewijde *m-v* [-n] insider, initiate

ingewikkeld *bn* intricate, complicated, complex ★ *een ~ proces* a complex / complicated process ★ *het is een ~ verhaal* there are wheels within wheels, it's complicated ★ *een ~e zinsbouw* a complicated sentence ★ *een ~e manier van doen* a roundabout way of doing things

ingeworteld *bn* deep-rooted ★ *een ~ idee* a deep-rooted / ingrained idea

ingezetene *m-v* [-n] inhabitant, resident

ingezonden *bn* sent in ★ *een ~ mededeling* an advertisement ★ *een ~ stuk* a letter to the editor

ingooi *m* [-en] sp throw in

ingooien *overg* [gooide in, h. ingegooid] ★ *de ruiten ~* smash the windows ★ *zijn eigen glazen ~* defeat one's own ends

ingraven **I** *overg* [groef in, h. ingegraven] bury **II** *wederk* [groef in, h. ingegraven] ★ *zich ~* mil dig (oneself) in, ‹v. konijnen &› burrow

ingraveren *overg* [graveerde in, h. ingegraveerd]

engrave

ingrediënt *o* [-en] ingredient

ingreep *m* [-grepen] intervention, med operation, surgery ★ *ik kreeg een ~ tijdens mijn rijexamen* the examiner took over the controls during my driving test

ingrijpen *onoverg* [greep in, h. ingegrepen] ❶ *v. raderen* mesh, grip ❷ *optreden* intervene ★ *de politie moest ~ bij die demonstratie* the police had to intervene during that demonstration ❸ *z. bemoeien met* interfere ★ *die maatregelen grijpen in in de persoonlijke levenssfeer* the regulations encroach upon / interfere with / make inroads into personal privacy

ingrijpend *bn* radical, far-reaching ★ *diep ~e wijzigingen* radical changes ★ *~e maatregelen* drastic / sweeping measures

inhaalmanoeuvre *v* [-s] ❶ passing / overtaking manoeuvre, Am passing / overtaking maneuver ❷ fig attempt to make up lost ground ★ *een ~ om de achterstand in de bouw van volkswoningen in te lopen* an attempt to overcome the stagnation in public housing construction

inhaalrace *m* ❶ sp race to catch up ❷ fig attempt to make up lost ground

inhaalslag *m* attempt to make up lost ground

inhaalstrook *v* [-stroken] overtaking lane

inhaalverbod *o* [-boden] ❶ prohibition on overtaking ❷ *op bord* no overtaking / passing

inhaalwedstrijd *m* [-en] rearranged sporting fixture

inhaken *onoverg en overg* [haakte in, h. ingehaakt] link ‹arms› ★ *~ op* go on from what was said before, follow up / take up a point

inhakken *overg* [hakte in, h. ingehakt] cut / hew into ★ *de deur ~* break down the door ★ *op de vijand ~* pitch into the enemy ★ *dat zal er ~* it will run into a lot of money, it will make a hole in ‹your / my &› pocket

inhalatie *v* [-s] inhalation

inhalen *overg* [haalde in, h. ingehaald] ❶ *naar binnen trekken* draw / take in ‹the sails›, haul in ‹a rope› ❷ *verwelkomen* welcome, receive ❸ *achterhalen* catch up with ❹ *voorbijgaan* overtake, pass ★ *~ verboden* no overtaking ❺ *weer goed maken* make up (for) ★ *de achterstand ~* make up the arrears, make up the leeway ★ *een proefwerk ~* resit an exam ★ *achterstallig werk ~* make up the backlog (of work)

inhaleren *overg* [inhaleerde, h. geïnhaleerd] inhale

inhalig *bn* greedy, grasping, covetous

inham *m* [-men] bay, inlet, cove

inhebben *overg* [had in, h. ingehad] hold, contain, scheepv carry

inhechtenisneming *v* [-en] arrest ★ *een bevel tot ~* een arrest warrant

inheems *bn* ❶ native, indigenous ★ *~e dieren* indigenous animals ★ *een ~e gewoonte* a native custom ★ *een ~e ziekte* an endemic disease ❷ *v. (landbouw)producten* home-made, ‹gewas› home-grown products

inherent *bn* inherent ★ ~ *zijn aan* inherent to

inhoud *m* [-en] ❶ *v. boek, brief &* contents ★ *een korte* ~ an abstract, a summary ★ *een brief van de volgende* ~ a letter to the following effect, a letter which says the following ❷ *grootte* content, capacity ❸ *volume* content, volume ❹ *betekenis* meaning ★ *~ aan iets geven* put a meaning to sth

inhoudelijk I *bn* relating to the content ★ *een ~ onderscheid* a distinction in kind ★ *een ~e opmerking* a comment on the content ‹of the matter› ★ *een ~ verschil* a difference in substance **II** *bijw* in terms of content, in relation to content, as such ★ *...of het project, ~ gezien, afgerond beschouwd kan worden* ...whether the project as such can be regarded as finished

inhouden I *overg* [hield in, h. ingehouden] ❶ *bevatten* contain, hold ❷ *behelzen* involve, mean ★ *dit houdt niet in, dat...* this does not imply that... ★ *wat houdt dat eigenlijk in?* what does that mean exactly? ❸ *tegenhouden* hold in, rein in ‹a horse› ❹ *bedwingen, beheersen* check, restrain, keep back ‹one's anger, tears›, hold ‹one's breath›, retain ‹food› ★ *de pas* ~ check one's step, keep in step ❺ *ingetrokken houden* hold in ❻ *niet uitbetalen* deduct ‹a month's salary›, stop ‹one's allowance / pocket money› **II** *wederk* [hield in, h. ingehouden] ★ *zich* ~ contain / restrain oneself

inhouding *v* [-en] ❶ *het niet uitbetalen* withholding ❷ *ingehouden bedrag* deduction

inhoudsmaat *v* [-maten] measure of capacity, cubic measure

inhoudsopgave, inhoudsopgaaf *v* [-gaven] table of contents, list of contents

inhuldigen *overg* [huldigde in, h. ingehuldigd] inaugurate ‹the centre, the festival›, install ‹the mayor›, unveil ‹the statue›, consecrate ‹the church›

inhuldiging *v* [-en] inauguration, installation

inhumaan *bn* inhumane ★ *inhumane straffen* inhumane punishment

inhuren *overg* [huurde in, h. ingehuurd] *v. personeel* engage, employ, hire ★ ~ *van tijdelijk personeel* take on / employ temporary staff ★ *daar ben ik niet voor ingehuurd!* that's not what I'm paid for!

initiaal *v* [-tialen] initial

initiatie *v* [-s] initiation

initiatief *o* [-tieven] initiative ★ *het particulier* ~ private enterprise ★ *geen* ~ *hebben* be lacking initiative ★ *het* ~ *nemen* take the initiative / lead ★ *het* ~ *nemen tot* take the first steps towards ★ *op* ~ *van* at / on the initiative of ★ *op eigen* ~ *handelen* act on one's own initiative / of one's own accord ★ *het recht van* ~ the right to initiate sth ★ *een* ~ *van de Wereldbank* a World Bank initiative

initiatiefnemer *m* [-s] initiator

initiatierite *v* [-n] initiation rite

initieel *bn* initial ★ *initiële vraag* initial demand ★ *initiële kosten* initial costs

initiëren *overg* [initieerde, h. geïnitieerd] initiate

injagen *overg* [jaagde *of* joeg in, h. ingejaagd] drive in(to) ★ *iem. de dood* ~ send sbd to his death

injecteren *overg* [injecteerde, h. geïnjecteerd] inject

injectie *v* [-s] injection

injectiemotor *m* [-s & -toren] (fuel) injection engine

injectienaald *v* [-en] hypodermic needle

injectiespuitje *o* [-s] hypodermic syringe

inkapselen *overg* [kapselde in, h. ingekapseld] encase, encapsulate ★ *zich* ~ wrap oneself up ★ *de beweging heeft zich laten* ~ *door...* the movement has limited its options by...

inkeer *m* repentance ★ *tot* ~ *komen* repent

inkeping *v* [-en] indentation, notch, nick

inkijk *m* ❶ *bij huizen* view (of the inside) ★ *gordijnen tegen* ~ curtains to prevent people from looking in ❷ *bij vrouwen- en meisjeskleding* cleavage ★ ~ *hebben* be able to see all the way to Brighton ★ *je hebt ~!* ‹heren› your fly's undone!, ‹dames› your underwear is showing

inkijken I *onoverg* [keek in, h. ingekeken] *naar binnen kijken* look in ‹the window› **II** *overg* [keek in, h. ingekeken] *vluchtig bekijken* glance over ‹a letter›, skim / browse through ‹a book›

inkjetprinter *m* [-s] comput inkjet printer

inklappen I *overg* [klapte in, h. ingeklapt] fold up **II** *onoverg* [klapte in, is ingeklapt] *geestelijk instorten* collapse, break down

inklaren *overg* [klaarde in, h. ingeklaard] clear ★ *ingeklaarde goederen* cleared goods

inklaring *v* [-en] clearance

inkleden *overg* [kleedde in, h. ingekleed] *vorm geven* frame, express ★ *een verzoek op een bepaalde manier* ~ frame / put a request in a certain way

inkleuren *overg* [kleurde in, h. ingekleurd] colour/Am color in

inklinken *onoverg* [klonk in, is ingeklonken] settle, bed down, ‹vast worden› set

inklokken *onoverg* [klokte in, h. ingeklokt] clock in / on

inkoken *overg en onoverg* [kookte in, h. en is ingekookt] boil down, cul reduce

inkom *m* ZN entry

inkomen I *onoverg* [kwam in, is ingekomen] enter, come in ★ *~de rechten* import duties ★ *daar kan ik* ~ I can appreciate / understand that ★ *daar komt niets van in* that's altogether out of the question **II** *o* [-s] income ★ *gezamenlijke* ~ joint income ★ *het nationaal* ~ the national income ★ *netto* ~ net income ★ *onzuiver / bruto* ~ gross income ★ ~ *per hoofd van de bevolking* per capita income ★ ~ *uit arbeid* income from employment, earned income

inkomensafhankelijk *bn* income related ★ *een ~e premie* an income-related / income-linked premium

inkomenspolitiek *v* income policy

inkomsten *zn* [mv] income, ‹uit bezit, investeringen &› revenue ★ ~ *uit arbeid* income from employment, earned income ★ ~ *uit vermogen* unearned income, income from capital / investments

inkomstenbelasting *v* [-en] income tax
inkomstenbron *v* [-nen] source of income
inkomstenderving *v* loss of income
inkoop *m* [-kopen] purchase ★ *inkopen doen* ‹iets kopen› make some purchases, ‹winkelen› go shopping
inkoopprijs, inkoopsprijs *m* [-prijzen] cost price, purchase price
inkopen I *overg* [kocht in, h. ingekocht] buy, purchase **II** *wederk* [kocht in, h. ingekocht] ★ *zich ~ (in een zaak)* buy oneself into a business
inkoper *m* [-s] purchaser, handel buyer ‹for a business house›
inkoppen *overg* [kopte in, h. ingekopt] head in, head into the goal
inkorten I *overg* [kortte in, h. ingekort] ❶ *korter maken* shorten ‹the trousers›, take up ‹a skirt›, cut back ‹the branches› ❷ *verminderen* reduce, curtail **II** *onoverg* [kortte in, is ingekort] shorten
inkrimpen I *onoverg* [kromp in, is ingekrompen] ❶ *kleiner worden* reduce ★ *het personeelsbestand was ingekrompen tot...* personnel numbers had dwindled / shrunk to... ❷ *v. stof* shrink **II** *overg* [kromp in, h. ingekrompen] *vermindering v. personeel, productie &* reduce, cut back
inkrimping *v* [-en] ❶ *het kleiner worden* shrinking ❷ *vermindering* reduction, curtailment, cutback, ‹v. aantallen› dwindling, ‹v. personeel› retrenchment, ‹v. bedrijfsactiviteiten› scaling down, trimming down, rationalizing
inkt *m* [-en] ink ★ *Oost-Indische ~,* ZN *Chinese ~* Indian ink ★ *met rode ~* with / in red ink
inktpatroon *v* [-tronen] (ink) cartridge
inktpot *m* [-ten] inkpot, inkwell
inktvis *m* [-sen] octopus, ‹pijlinktvis› squid
inktvlek *v* [-ken] blot of ink, ink stain
inktzwart *bn* inky / pitch black ★ *~e nacht* pitch black night
inkuilen *overg* [kuilde in, h. ingekuild] ensile, ensilage, ‹v. aardappelen› clamp ★ *gemaaid gras ~* make silage
inkwartieren *overg* [kwartierde in, h. ingekwartierd] billet, quarter ★ *ingekwartierd zijn* be billeted
inkwartiering *v* [-en] billeting, quartering ★ *wij hebben ~* we have soldiers billeted with us
inl. *afk* ❶ (inleiding) introduction, inf intro ❷ (inlichtingen) information, instructions
inlaat *m* [-laten] inlet
inlaatklep *v* [-pen] inlet valve
inladen *overg* [laadde in, h. ingeladen] load (up)
inlander *m* [-s] native
inlands *bn* ❶ *m.b.t. eigen land* domestic, internal ★ *~e aangelegenheden* domestic matters ★ *~e tarwe* domestic wheat ❷ *m.b.t. (landbouw)producten* ‹gewas› home-grown, ‹vee› home-bred ❸ *v. stammen* native, indigenous

inlandse *v* [-n] native woman
inlas *m* [-sen] insert
inlassen *overg* [laste in, h. ingelast] insert ★ *een bus ~* put on an extra bus
inlaten I *overg* [liet in, h. ingelaten] ❶ *binnenlaten* let in, admit ❷ *v. water* let in **II** *wederk* [liet in, h. ingelaten] ★ *zich ~ met iem.* associate with sbd, have dealings with sbd ★ *ik wil er mij niet mee ~* I'll have nothing to do with it ★ *u hoeft u niet met mijn zaken in te laten* you don't have to concern yourself with my affairs
inleg *m* ❶ *aan geld* entrance / entry money ❷ *bij spel, wedstrijd* stake(s) ❸ *in spaarbank* deposit ❹ *v. kledingstuk* tuck
inleggeld *o* [-en] deposit, ‹bij spel› stake
inleggen *overg* [legde in, h. ingelegd] ❶ lay in, put in ❷ *bij spaarbank* deposit ❸ *bij kaartspel &* stake ❹ *v. fruit &* preserve ❺ *v. vlees, vis* pickle ❻ *met hout, zilver &* inlay ❼ *v. kleding* take in
inlegkruisje *o* [-s] panty liner
inlegvel *o* [-len] inset, insert, supplementary sheet
inlegzool *v* [-zolen] insole
inleiden *overg* [leidde in, h. ingeleid] ❶ *binnenleiden* introduce, usher in ★ *hij leidde ons de kamer in* he ushered us into the room ★ *deze ontdekking leidde een nieuw tijdperk in* this discovery ushered in a new era ❷ *openen* open, initiate ★ *een onderwerp ~* introduce a new subject ▼ *een bevalling ~* induce labour
inleidend *bn* introductory, opening, preliminary ★ *een ~ praatje* an introductory speech, opening words
inleiding *v* [-en] ❶ *opmerkingen vooraf* introduction ❷ *lezing* introductory lecture ❸ *voorwoord* preamble, exordium
inleven *wederk* [leefde in, h. ingeleefd] ★ *zich in iem. ~* put oneself in sbd's shoes, imagine oneself in sbd else's situation
inleveren *overg* [leverde in, h. ingeleverd] ❶ *opgeven* give up, surrender ★ *de bal ~* give up the ball ★ *iedereen moet ~ vanwege de bezuinigingen* with these cutbacks everybody has to make sacrifices ❷ *indienen* send in, give in, hand in ★ *een aanvraag ~* submit an application
inlevering *v* giving in, handing in, submission
inlevingsvermogen *o* empathy
inlezen I *overg* [las in, h. ingelezen] comput read in **II** *wederk* [las in, h. ingelezen] ★ *zich ~* read up (on), study, acquaint oneself (with)
inlichten *overg* [lichtte in, h. ingelicht] inform ★ *~ over / omtrent* give information about ★ *als ik goed ingelicht ben* if I've been informed correctly ★ *dat heb ik uit zeer goed ingelichte bronnen vernomen* I'm reliably informed
inlichting *v* [-en] information ★ *~en geven* give information ★ *~en inwinnen* gather information, make inquiries ★ *~en krijgen* get / obtain information

in

in

---

inlichting
is in het Nederlands doorgaans meervoud: inlichtingen, maar het Engelse **information** is altijd enkelvoud: *informations bestaat niet.

---

inlichtingendienst *m* [-en] intelligence service
inlijsten *overg* [lijstte in, h. ingelijst] frame
inlijven *overg* [lijfde in, h. ingelijfd] ❶ *m.b.t. personen* incorporate (*bij* in / with), ⟨v. rekruten⟩ draft ❷ *m.b.t. grondgebied* annex (*bij* to)
inlikken *wederk* [likte in, h. ingelikt] ★ *zich ~ bij iem.* suck up to sbd
inloggen *onoverg* [logde in, h. ingelogd] comput log on
inlopen I *onoverg* [liep in, is ingelopen] ❶ *ingaan* enter, walk into ⟨a house⟩, turn into ⟨a street⟩, drop in ⟨on sbd⟩ ★ *hij zal er niet ~* he won't fall for it ★ *iem. erin laten lopen* fool sbd, take sbd in ★ *hij wilde me erin laten lopen* he wanted to catch me out ❷ *inhalen, winnen* gain (*op* on) II *overg* [liep in, h. ingelopen] ❶ *inhalen* ★ *de achterstand ~* make up arrears, sp gain on one's competitors ❷ *warmlopen* warm up ★ *twee reserves waren zich aan het ~* two substitute players were warming up ❸ *door lopen comfortabel maken* ★ *schoenen ~* wear in shoes ❹ *naar binnen brengen* track in ⟨dirt⟩
inlossen *overg* [loste in, h. ingelost] *schuld* redeem, repay, pay off ★ *zijn belofte ~* keep one's word / promise
inloten *onoverg* [lootte in, is ingeloot] *op universiteit* draw a place
inluiden *overg* [luidde in, h. ingeluid] ring in, fig herald / usher in ⟨a new era⟩
inluizen I *onoverg* [luisde in, is ingeluisd] ★ *erin luizen* walk into a trap, be caught out, be the dupe II *overg* [luisde in, h. ingeluisd] ★ *iem. ergens ~* double-cross sbd, betray sbd
inmaak *m* preservation ★ *onze ~* our preserves
inmaakgroente *v* preserved / bottled vegetables
inmaakpartij *v* [-en] sp walkover, cinch
inmaken *overg* [maakte in, h. ingemaakt] ❶ preserve ⟨fruit⟩, pickle ⟨meat, fish &⟩ ❷ sp overwhelm ★ *~ met 10-2* overwhelm by 10 goals to 2
in memoriam *voorafgaande aan een naam* in memoriam *o* [-s] *artikel ter nagedachtenis* obituary
inmengen I *overg* [mengde in, h. ingemengd] interfere with II *wederk* [mengde in, h. ingemengd] ★ *zich ergens ~* interfere in, meddle with, get mixed up in sth
inmenging *v* [-en] meddling, interference, intervention
inmetselen *overg* [metselde in, h. ingemetseld] wall up, brick in
inmiddels *bijw* in the meantime, meanwhile
innaaien *overg* [naaide in, h. ingenaaid] sew, stitch
inname *v* ❶ taking, capture ⟨of a town⟩ ❷ *inzameling* collection
in natura *bijw* in kind ★ *betaling ~* pay in kind

innemen *overg* [nam in, h. ingenomen] ❶ *naar binnen halen* take in ★ *brandstof / benzine ~* fill up with fuel / petrol ★ *kolen ~* take in coal ★ *water ~* take in water ❷ *aan boord* ship ⟨the oars⟩ ❸ *nemen, gebruiken* take ❹ *beslaan* take (up), occupy ★ *een plaats ~* take up a place ★ *een standpunt ~* take a point of view, have a point of view ❺ *veroveren* mil take, capture ❻ *vertrouwen & winnen* captivate, charm ★ *de mensen tegen zich ~* antagonize people ★ *de mensen voor zich ~* win people's favour ❼ *opzamelen* collect ❽ *innaaien* take in
innemend *bn* winning, engaging, endearing ★ *een ~e glimlach* a captivating smile ★ *~ zijn* have a way with one
innen *overg* [inde, h. geïnd] ❶ collect ★ *te ~ wissels* bills receivable ❷ *v. cheque* cash
innerlijk I *bn* ❶ *inwendig* inner, inward, internal ★ *het ~ leven* the inner life ★ *~ en uiterlijk* inside and on the surface ★ *een ~e overtuiging* a deep belief ❷ *wezenlijk* intrinsic ★ *zijn ~e waarde* one's intrinsic worth II *bijw* inwardly, internally III *o* inner life, inner self, heart, mind
innig I *bn* ❶ *oprecht* heartfelt ⟨thanks, words⟩ ❷ *intens* close ⟨cooperation, friendship⟩, profound ⟨conviction, hope⟩, ⟨hartelijk⟩ tender ⟨love⟩ ❸ *vurig* ardent, fervent ⟨admiration, prayer⟩ II *bijw* ❶ *intens* closely ⟨connected⟩ ❷ *hartelijk* tenderly, dearly ❸ *vurig* fervently
inning I *v* [-en] ❶ collection ❷ *v. cheque* cashing II *m* [-s] ❶ honkbal inning ❷ cricket innings
innovatie *v* [-s] innovation
innovatief *bn* innovative ★ *innovatieve bedrijven* innovative companies
innoveren *overg* [innoveerde, h. geïnnoveerd] innovate ★ *dit tijdschrift durft te ~* this journal dares to be innovative
inofficieel *bn* unofficial
in optima forma *bijw* in prime / perfect condition, in the proper form / manner
inpakken I *overg* [pakte in, h. ingepakt] ❶ pack, wrap up, parcel up ★ *zal ik het voor u ~?* shall I wrap it up for you? ❷ *warm aankleden* wrap up ★ *goed ~* wrap up warmly / well ❸ *verslaan* trounce, inf walk all over ❹ *inpalmen* win over ★ *hij heeft zich goed laten ~* he let himself be taken in completely/inf be taken for a ride II *onoverg* [pakte in, h. ingepakt] pack in ★ *~ en wegwezen!* pack up and go! ★ *hij kan wel ~* he can clear out / hop it
inpakker *m* [-s] packer
inpakpapier *o* gift wrap, wrapping paper
inpalmen *overg* [palmde in, h. ingepalmd] ❶ *v. touw* haul in ❷ *voor zich winnen* win over, ⟨bedriegen⟩ take in ★ *iem. ~* get round sbd ★ *zich laten ~* let oneself be taken in/inf be taken for a ride
inpandig *bn* *v. vertrek* built-in ★ *een ~e garage* a built-in garage
inparkeren *onoverg* [parkeerde in, h. ingeparkeerd] park

inpassen *overg* [paste in, h. ingepast] fit in

inpeperen *overg* [peperde in, h. ingepeperd] ★ *ik zal het hem* ~ I'll take it out of him, I'll get some of my own back

inperken *overg* [perkte in, h. ingeperkt] ❶ *omheinen* fence in ❷ *beperken* restrict, curtail

in petto *bijw* in reserve, in store, inf up one's sleeve ★ ~ in store, in the offing ★ *iets* ~ *hebben* have sth up one's sleeve

inpikken *overg* [pikte in, h. ingepikt] ❶ *zich meester maken van* swipe, pinch ★ *de beste plaatsen* ~ snap up / grab the best places ❷ *klaarspelen* fix, wangle ★ *dat heb je handig ingepikt* you wangled that pretty well

inplakken *overg* [plakte in, h. ingeplakt] paste / stick in ★ *foto's* ~ stick photos in an album

inplannen *overg* [plande in, h. ingepland] plan in, schedule ★ *een afspraak* ~ make an appointment

inplanten *overg* [plantte in, h. ingeplant] implant, fig inculcate

inpolderen *overg* [polderde in, h. ingepolderd] reclaim

inpoldering *v* [-en] reclamation

inpompen *overg* [pompte in, h. ingepompt] pump into ★ *de sterke werkwoorden er* ~ cram in the strong verbs

inpraten *overg* [praatte in, h. ingepraat] talk ‹sbd› into ‹sth› ★ *op iem.* ~ work on sbd ★ *iem. iets* ~ talk sbd into sth

inprenten I *overg* [prentte in, h. ingeprent] imprint, impress, stamp, form inculcate ★ *ik heb hem goed ingeprent dat dit verboden is* I've drummed it into him that this is forbidden II *onoverg* [prentte in, h. ingeprent] ★ *voor deze leerlingen is* ~ *van groot belang* for these pupils, getting the material firmly into their heads is vitally important

inproppen *overg* [propte in, h. ingepropt] cram in(to)

input *m* input

inquisiteur *m* [-s] inquisitor

inquisitie *v* inquisition

inreisvisum *o* [-sa & -s] entry visa

inrekenen *overg* [rekende in, h. ingerekend] run in ‹a criminal›

inrichten I *overg* [richtte in, h. ingericht] ❶ *regelen* arrange ★ *op iets ingericht zijn* be equipped for sth ❷ *meubileren* fit up, furnish ★ *ingericht als studeerkamer* fitted up as a study ★ *een goed ingericht huis* a well-appointed home ★ *bent u al ingericht?* are you settled in yet? ❸ *organiseren* ZN organize, arrange II *wederk* [richtte in, h. ingericht] ★ *zich* ~ furnish one's house, set up house

inrichting *v* [-en] ❶ *ordening* design, arrangement, layout ★ *boekh de* ~ *van de boeken* the setting up / drawing up of the books ★ *de* ~ *van het bedrijfsproces* the operational set-up ★ *de* ~ *van terreinen* site planning ❷ *meubilering* furnishing, fitting up, ‹meubels› fittings ★ *meubilair en* ~ fittings and fixtures ❸ *stichting, instelling* establishment,

institution, institute ★ *een penitentiaire* ~ a penal institution ❹ techn apparatus, appliance, device ❺ *organisatie* ZN organization

inrijden I *overg* [reed in, h. ingereden] ❶ *binnenrijden* ride into, ‹v. auto &› drive into ❷ *geschikt maken voor gebruik* run in ‹a car›, break in ‹a horse, skates› II *onoverg* [reed in, is ingereden] ride into, drive into ‹a town› ★ *een straat* ~ enter a street ★ ~ *op* run into, crash into ‹another train &› ★ *op elkaar* ~ collide

inrit *m* [-ten] way in, entrance ★ *verboden* ~ no entry

inroepen *overg* [riep in, h. ingeroepen] call in ‹an expert›, enlist ‹sbd's help›, invoke ‹the law›

inroesten *onoverg* [roestte in, is ingeroest] rust ★ *een ingeroeste angst voor* an inherent fear of ★ *een ingeroest vooroordeel tegen* an ingrained / deep-seated prejudice against

inrollen I *onoverg* [rolde in, is ingerold] *rollend binnenkomen* roll into ★ *ergens* ~ come into something II *overg* [rolde in, h. gerold] ❶ *naar binnen rollen* roll in(to) ❷ *tot rol vormen* roll up, wrap up

inroosteren *overg* [roosterde in, h. ingeroosterd] timetable, plan, schedule

inruil *m* ❶ *het inwisselen* exchange ❷ *van gebruikt voor nieuw* trade-in

inruilactie *v* [-s] trade-in offer

inruilen *overg* [ruilde in, h. ingeruild] ❶ *inwisselen* exchange (for) ❷ *gebruikte goederen voor nieuwe* trade in ‹one's car›

inruilpremie *v* [-s] trade-in bonus

inruilwaarde *v* trade-in value

inruimen *overg* [ruimde in, h. ingeruimd] clear (out) ★ *plaats* ~ *(voor)* make room (for)

inrukken *onoverg* [rukte in, is ingerukt] ❶ mil march into ‹a town›, ‹naar kwartier› march back to barracks ★ mil *laten* ~ dismiss ★ mil *ingerukt mars!* dismiss! ★ *ingerukt!* clear out!, hop it!, beat it! ❷ *v. brandweer &* withdraw

inschakelen *overg* [schakelde in, h. ingeschakeld] ❶ techn throw into gear ❷ elektr switch on, ‹door stekker› plug in ❸ *inzetten* bring in ‹workers›, call in ‹a detective›, involve ‹in the negotiations›

inschalen *overg* [schaalde in, h. ingeschaald] rank (according to scale), put on a scale ★ *iem. te laag* ~ put sbd too low on the (salary) scale

inschaling *v* ranking

inschatten *overg* [schatte in, h. ingeschat] assess, estimate ★ *iem. / iets verkeerd* ~ misjudge sbd / sth

inschatting *v* [-en] assessment

inschattingsfout *v* [-en] miscalculation, wrong estimate

inschenken *overg* [schonk in, h. ingeschonken] pour (out) ‹tea &›, fill ‹a glass› ★ *zal ik de thee* ~? scherts shall I be mother? ★ *schenk eens in!* pour another, have another

inschepen I *overg* [scheepte in, h. ingescheept] embark II *wederk* [scheepte in, h. ingescheept] ★ *zich* ~ embark, go on board

in

inscheuren I *overg* [scheurde in, h. ingescheurd] tear **II** *onoverg* [scheurde in, is ingescheurd] tear, med rupture

inschieten I *overg* [schoot in, h. ingeschoten] ❶ *binnenschoppen* kick in(to) ‹the goal› ★ *de bal ~* kick the ball in ❷ *kapotschieten* smash ‹a window› **II** *onoverg* [schoot in, is ingeschoten] ❶ *vlug naar binnen gaan* dash into ‹a house› ❷ *kwijtraken* lose ★ *er geld bij ~* lose money over it ★ *er het leven bij ~* lose one's life in the affair ▾ *dat is er bij ingeschoten* there was no time left for it

inschikkelijk *bn* obliging, compliant, accommodating

inschikkelijkheid *v* complaisance, compliance, willingness to please

inschikken *onoverg* [schikte in, h. en is ingeschikt] ❶ move up closer ❷ *toegeven* admit

inschrijfformulier *o* [-en] registration form, <u>onderw</u> enrolment/<u>Am</u> enrollment form

inschrijfgeld *o* [-en] registration fee, <u>onderw</u> enrolment/<u>Am</u> enrollment fee

inschrijven I *overg* [schreef in, h. ingeschreven] ❶ *m.b.t. personen* register, enrol(l), sign up ★ *zich laten ~* enrol(l) (oneself) ❷ *m.b.t. zaken* register, record **II** *onoverg* [schreef in, h. ingeschreven] bid (for), submit a bid (for), tender (for), apply (for), subscribe (to) ★ *~ op aandelen* apply / subscribe for shares ★ *~ op een lening* subscribe to a loan ★ *voor de bouw van een nieuwe school ~* tender for a new school

inschrijving *v* [-en] ❶ *registratie op een lijst* enrolment/<u>Am</u> enrollment, registration, ‹voor tentoonstelling &› entry ❷ *intekening voor iets* subscription, ‹op aandelen› application, ‹bij aanbesteding› (public) tender ★ *de ~ openen* call for bids / tenders ★ *bij ~* by tender

inschrijvingsbewijs *o* [-wijzen] certificate of registration

inschuiven I *overg* [schoof in, h. ingeschoven] push / shove in, push / move up, push / move along, push / move closer together **II** *onoverg* [schoof in, is ingeschoven] ❶ *inschikken* move closer together ❷ *schuivend naar binnen gaan* slide in

inscriptie *v* [-s] inscription

insect *o* [-en] insect

insectenbeet *m* [-beten] insect bite

insectendodend *bn* insecticidal ★ *een ~ middel* a pesticide / an insecticide

insecteneter *m* [-s] insectivore

insectenpoeder, insectenpoeier *o & m* [-s] insect powder

insecticide *o* [-n] insecticide, pesticide

inseinen *overg* [seinde in, h. ingeseind] tip off

inseminatie *v* ★ *kunstmatige ~* artificial insemination

insemineren *overg* [insemineerde, h. geïnsemineerd] (artificially) inseminate

ins en outs *zn* [mv] ins and outs ★ *alle ~ van internet* all the ins and outs of the Internet

insgelijks *bijw tsw* likewise, in the same manner ★ *~!*

(the) same to you! you too!

insider *m* [-s] insider

insigne *o* [-s] badge, insignia ‹of office›

insinuatie *v* [-s] insinuation, innuendo

insinueren *overg* [insinueerde, h. geïnsinueerd] insinuate

inslaan I *overg* [sloeg in, h. ingeslagen] ❶ *indrijven* drive in ‹a nail, a pole› ★ *een vat de bodem ~* stave in a cask ❷ *stukslaan* beat in, dash in, smash ‹the windows› ★ *iem. de hersens ~* knock sbd.'s brains out ❸ *opdoen* lay in (up) ‹provisions› ★ *bier ~* stock up with / on beer **II** *onoverg* [sloeg in, is ingeslagen] ❶ *nemen* take, turn into ‹a road› ★ *een andere koers ~* go in another direction ★ *een straat ~* turn into a street ❷ *v. bliksem, projectiel* strike ❸ *indruk maken* go / hit / strike home, go down well

inslag *m* [-slagen] ❶ *v. weefsel* woof ★ *fig dat is hier schering en ~* this is customary, this is the usual thing / practice ❷ *zoom* seam, hem ❸ *v. projectiel* impact ❹ *tendens* tendency, strain, streak, ‹v. informatie› slant, bias

inslapen *onoverg* [sliep in, is ingeslapen] fall asleep, fig pass away

inslikken *overg* [slikte in, h. ingeslikt] swallow ★ *zijn woorden ~* eat his words

insluimeren *onoverg* [sluimerde in, is ingesluimerd] fall into a slumber, doze off

insluipen *onoverg* [sloop in, is ingeslopen] ❶ *indringen* steal in, sneak in ❷ *fig* slip in, creep in ★ *er zijn enkele fouten ingeslopen* several errors have slipped in

insluiper *m* [-s] intruder

insluiten *overg* [sloot in, h. ingesloten] ❶ *opsluiten* lock in, lock up ‹in a prison› ★ *de dief liet zich ~ de* thief let himself be locked in ❷ *bijvoegen* enclose ‹a letter› ★ *ingesloten factuur* invoice enclosed ❸ *omheinen* hem in, surround, enclose ❹ *omsingelen* surround, enclose ‹a town› ❺ *bevatten* include, involve, comprise, embrace ★ *dit sluit niet in, dat...* this does not imply that...

insmeren *overg* [smeerde in, h. ingesmeerd] grease, smear, oil ★ *met crème ~* rub cream onto / in

insnijden *overg* [sneed in, h. ingesneden] cut into, carve into ‹the bark›, incise ‹a wound›, lance ‹a boil›

insnijding *v* [-en] ❶ *door mes &* incision, cut ❷ *niet door mes &* indentation ‹of the coastline, of a leaf›

insnoeren *overg* [snoerde in, h. ingesnoerd] constrict, make tighter

insolvent *bn* insolvent ★ *een ~e boedel* insolvent property

insolventie *v* insolvency

insolventieverklaring *v* [-en] declaration of insolvency

inspannen I *overg* [spande in, h. ingespannen] ❶ *voor de wagen* harness ‹a horse, to› ❷ *volledig gebruiken* use, exert, strain ‹every nerve› ★ *alle krachten ~* use / exert all one's strength **II** *wederk* [spande in, h. ingespannen]

★ *zich* ~ exert oneself, do one's utmost ‹to achieve sth› ★ *zich voor iets* ~ make an effort for sth
inspannend *bn* strenuous ★ ~ *werk* strenuous work
inspanning *v* [-en] exertion, effort ★ *met* ~ *van alle krachten* using every effort ★ *een* ~ *leveren* put in an effort
in spe *bn* future, prospective, to be ★ *een schrijver* ~ an aspiring writer
inspecteren *overg* [inspecteerde, h. geïnspecteerd] inspect
inspecteur *m* [-s] inspector ★ *een* ~ *der douane* a customs inspector ★ *een* ~ *van politie* a police inspector
inspecteur-generaal *m* [inspecteurs-generaal] inspector general
inspectie *v* [-s] ❶ inspection ★ *op* ~ on inspection ★ ~ *houden* review ❷ *inspecteurs* inspectorate
inspelen I *overg* [speelde in, h. ingespeeld] practise/Am practice, warm up, play in ‹an instrument› **II** *onoverg* [speelde in, h. ingespeeld] ❶ sp warm up ❷ *anticiperen* anticipate ★ ~ *op wat er gaat gebeuren* anticipate what will happen ❸ *reageren op* play in on, capitalize on, take advantage of **III** *wederk* [speelde in, h. ingespeeld] ★ *zich* ~ warm up ▼ *op elkaar ingespeeld raken* get used to each other's ways
inspiratie *v* [-s] inspiration
inspirator *m* [-s] inspirer
inspireren *overg* [inspireerde, h. geïnspireerd] inspire ★ *niet geïnspireerd (zijn)* lacking inspiration
inspraak *v* participation, say ★ *(geen)* ~ *hebben (bij)* (not) have a say (in)
inspraakprocedure *v* [-s] public inquiry (procedure)
inspreken *overg* [sprak in, h. ingesproken] ❶ *inboezemen* talk ‹sth› into ‹sbd› ★ *moed* ~ inspire with courage, hearten ❷ *op band & vastleggen* record ★ *iets op een antwoordapparaat* ~ leave a message on the answering machine
inspringen *onoverg* [sprong in, is ingesprongen] ❶ *v. tekst* be indented ★ *doen* ~ indent ‹a line› ❷ *v. huis &* be set back / stand back from ‹the street, road› ❸ *invallen* stand in ★ *voor iem.* ~ take sbd's place ❹ *reageren op* seize (up)on ‹an opportunity›, break into ‹a new market›
inspuiten *overg* [spoot in, h. ingespoten] inject
instaan *onoverg* [stond in, h. ingestaan] ★ ~ *voor de echtheid* guarantee the authenticity ★ ~ *voor de gevolgen* answer for the consequences ★ ~ *voor de waarheid* vouch for the truth ★ *voor iem.* ~ answer for sbd ★ *ik kan niet (meer) voor mezelf* ~ I might not be able to keep my temper
instabiel *bn* unstable
instabiliteit *v* instability
installateur *m* [-s] installer, fitter, elektr electrician
installatie *v* [-s] ❶ *in ambt* ‹v. een functionaris› installation, ‹v. een gebouw, een gouverneur› inauguration ❷ techn ‹groot› installation, plant, ‹kleiner› equipment, machinery, fittings

installatiekosten *zn* [mv] cost of installation, installation costs
installeren *overg* [installeerde, h. geïnstalleerd] ❶ *in ambt &* install, instate ‹an official›, inaugurate ‹a new building› ❷ *v. apparaten &* install ❸ *v. meubels &* furnish, fit out ▼ *zich ergens* ~ install oneself
instampen *overg* [stampte in, h. ingestampt] ram in ★ *het iem.* ~ hammer / drum it into sbd.'s head
instandhouding *v* maintenance, preservation, upkeep ★ ~ *van de soort* preservation of the species
instantie *v* [-s] ❶ jur instance ★ fig *in eerste* ~ initially ★ fig *in laatste* ~ as a last resort, ‹uiteindelijk› ultimately, in the final analysis ❷ *overheidsorgaan* authority, agency ★ *een ambtelijke* ~ an official body, an authority ★ *de bevoegde* ~s the authorities responsible, form the competent authorities ★ *zelfregulerende* ~s self-regulating authorities
instappen *onoverg* [stapte in, is ingestapt] enter ‹the building›, step into ‹the tram›, get in(to) ‹the car, the train›, board ‹the plane› ★ ~*!* (take your) seats, please!
insteek *m* [-steken] ❶ *benadering, aanpak* approach ★ *een andere* ~ another approach ❷ *uitgangspunt* starting point
insteekhaven *v* [-s] *kleine haven* small harbour, dock, mooring
insteekmodule *de (m)* [-s, -n] plug-in module
insteken *overg* [stak in, h. ingestoken] put in, insert ★ *een draad* ~ thread a needle
instelbaar *bn* adjustable ★ *hoogte* ~ *van 60-80 cm* an adjustable height of 60-80 centimetres
instellen *overg* [stelde in, h. ingesteld] ❶ *oprichten* set up ‹a board›, establish ‹a passenger service› ❷ *doen plaats hebben* institute ‹an inquiry, proceedings &› ❸ *v. machine, instrument* adjust ‹instruments›, focus ‹a microscope &›, tune ‹a radio›
instelling *v* [-en] ❶ *organisatie* institution, agency ★ *een aangewezen* ~ an approved institution ❷ *mentaliteit* attitude ★ *dat is de juiste* ~ *voor dit werk* that's the right attitude for this work ★ *een positieve* ~ a positive attitude
instemmen *onoverg* [stemde in, h. ingestemd] ★ ~ *met* agree with ‹an opinion›, approve of, endorse ‹a plan›
instemmend I *bn* assenting, approving ★ ~ *gebrom* approving noises **II** *bijw* approvingly ★ ~ *knikken* nod approvingly
instemming *v* approval ★ *met* ~ *van* with the approval of
instigatie *v* instigation ★ *op* ~ *van* at the instigation of
instigeren *overg* [instigeerde, h. geïnstigeerd] instigate
instinct *o* [-en] instinct
instinctief, instinctmatig I *bn* instinctive **II** *bijw* instinctively, by instinct
instinken *onoverg* [stonk in, is ingestonken] ★ inf *er* ~ get caught, fall into a trap, be the dupe ★ *iem.*

ergens laten ~ deceive sbd, double-cross sbd, dupe sbd

instinker *m* [-s] tricky question

institutionaliseren *overg* [institutionaliseerde, h. geïnstitutionaliseerd] institutionalize

institutioneel *bn* institutional ★ *een institutionele belegger* a corporate investor

instituut *o* [-tuten] ❶ *instelling* institute, institution ❷ *kostschool* boarding school

instoppen **I** *overg* [stopte in, h. ingestopt] ❶ *toedekken* tuck in ‹a child in bed› ★ *de kinderen er eerst* ~ pack the children off to bed first ★ *warm* ~ wrap up warmly ❷ *induwen* put in, ‹volproppen› cram in, stuff in ★ *ergens een munt* ~ insert a coin into sth **II** *wederk* [stopte in, h. ingestopt] ★ *zich* ~ tuck oneself up

instorten *onoverg* [stortte in, is ingestort] ❶ collapse, fall down, fall in, ‹mijn, grot &› cave in ★ *de aandelenmarkt is ingestort* the stock market has collapsed ★ *mijn hele wereld stortte in* my whole world collapsed ★ *op* ~ *staan* ‹lichamelijk› be on the point of collapse, ‹geestelijk› be on the verge of a nervous breakdown ❷ *med* relapse

instorting *v* [-en] ❶ collapse, *fig* downfall ❷ *med* relapse ❸ *handel* slump

instromen *onoverg* [stroomde in, is ingestroomd] flow in, stream in, pour in (into)

instroom *m* influx, *onderw* intake

instructeur *m* [-s] instructor, *mil* drill sergeant

instructie *v* [-s] ❶ *onderwijs* instruction ❷ *aanwijzing, voorschrift* briefing ★ *iem. ~s geven* brief sbd ❸ *jur* preliminary inquiry into the case ★ *de rechter van* ~ the investigating judge

instructief *bn* instructive

instrueren *overg* [instrueerde, h. geïnstrueerd] ❶ *onderwijzen* instruct ❷ *instructies geven* brief ‹an employee, a pilot› ❸ *jur* prepare ‹a case›

instrument *o* [-en] instrument

instrumentaal *bn* instrumental ★ *instrumentale muziek* instrumental music

instrumentalist *m* [-en] instrumentalist

instrumentarium *o* [-s & -ria] (set of) instruments

instrumentenpaneel *o* [-nelen] instrument panel

instrumentmaker *m* [-s] instrument maker

instuderen *overg* [studeerde in, h. ingestudeerd] ❶ *muziekstuk* practise ❷ *rol* study ❸ *toneelstuk &* rehearse ★ *ze zijn het stuk aan het* ~ the play is in rehearsal

instuif *m* [-stuiven] ❶ *feest* open-house party, get-together ❷ *informele ontvangst* informal reception

insturen *overg* [stuurde in, h. ingestuurd] ❶ *inzenden* send in(to) ★ *iem. de stad* ~ send sbd into town ★ *de oplossing van een prijsvraag* ~ send in the solution to a quiz ❷ *naar binnen sturen* steer in(to) ★ *de haven* ~ sail into the harbour

insubordinatie *v* (act of) insubordination

insuline *v* insulin

insult *o* [-en] ❶ *belediging* insult ❷ med attack, fit

intact *bn* intact, unimpaired

intakegesprek *o* [-ken] (preliminary) interview

intapen *overg* [tapete in, h. ingetapet] tape

inteelt *v* inbreeding

integendeel *bijw* on the contrary

integer *bn* upright, honest

integraal **I** *bn* integral ★ *de integrale kostprijs* the absorption cost ★ *integrale kostprijsberekening* absorption costing, full costing **II** *bijw* in its entirety ★ *een boek* ~ *uitgeven* published an unabridged edition of a book **III** *v* [-gralen] *wisk* integral

integraalhelm *m* [-en] regulation helmet, crash helmet

integraalrekening *v* *wisk* integral calculus

integratie *v* integration

integreren *overg en onoverg* [integreerde, h. en is geïntegreerd] integrate

integriteit *v* integrity

intekenen *overg en onoverg* [tekende in, h. ingetekend] subscribe ★ ~ *voor 500 euro* subscribe 500 euros (*op* to)

intekenlijst *v* [-en] subscription list

intekenprijs *m* [-prijzen] subscription price

intellect *o* intellect

intellectueel **I** *bn* intellectual ★ ~ *eigendom* intellectual property **II** *m* [-tuelen] intellectual

intelligent *bn* intelligent

intelligent design *het* intelligent design

intelligentie *v* [-s] intelligence ★ *kunstmatige* ~ artificial intelligence ★ *sociale* ~ social insight ★ *emotionele* ~ emotional intelligence

intelligentiequotiënt *o* [-en] intelligence quotient, I.Q.

intelligentietest *m* [-s] intelligence test

intelligentsia *v* intelligentsia

intendant *m* [-en] *theat* manager, steward, *mil* supply officer

intens **I** *bn* intense **II** *bijw* immensely ★ ~ *genieten* enjoy immensely

intensief *bn* intensive ★ *intensieve cultuur* intensive cultivation

intensiteit *v* intensity

intensive care *v* intensive care (unit)

intensiveren *overg* [intensiveerde, h. geïntensiveerd] intensify

intensivering *v* intensification

intentie *v* [-s] intention

intentieverklaring *v* [-en] declaration of intent

intentioneel *bn* intentionally, expressly

interactie *v* [-s] interaction, interplay

interactief *bn* interactive

interbancair *bn* interbank

intercedent *m* [-en] interagent, intermediary

intercity *m* ['s] intercity train

intercom *m* [-s] intercom

intercontinentaal *bn* intercontinental ★ *een intercontinentale vlucht* an intercontinental flight

intercultureel *bn* intercultural, cross-cultural ★ ~
  onderwijs intercultural education
interdependentie *v onderlinge afhankelijkheid*
  interdependency
interdisciplinair *bn* interdisciplinary ★ ~ *onderzoek*
  interdisciplinary research
interen I *onoverg* [teerde in, is ingeteerd] eat into
  one's capital / savings **II** *overg* [teerde in, h.
  ingeteerd] ★ *1000 euro* ~ eat into one's savings to
  the sum of 1,000 euros
interessant *bn* interesting ★ *het ~e* the interesting
  part ★ *iets ~s* something interesting ★ *veel ~s* much
  of interest ★ *het is niet ~ voor mij* there's little in it
  for me
interesse *v* [-s] interest ★ *wij zijn vol ~* we're highly
  interested
interesseren I *overg* [interesseerde, h. geïnteresseerd]
  interest ★ *het enige dat hem interesseert is geld* money
  is all that interests him **II** *wederk* [interesseerde, h.
  geïnteresseerd] ★ *zich ~ voor iem.* take an interest in
  sbd ★ *zich voor iets ~* take an interest in sth, be
  interested in sth, be curious about sth
interest *m* [-en] interest ★ *met ~ terugbetalen* return
  with interest ★ *~ op ~* at compound interest ★ *op ~*
  plaatsen put out at interest ★ *tegen ~* at interest
interface *m* [-s] comput interface
interferentie *v* [-s] interference
interfereren *onoverg* [interfereerde, h. geïnterfereerd]
  interfere
interieur *o* [-s] interior
interieurverzorgster *v* [-s] home help
interim I *o* temporary ★ *ad* ~ interim **II** *m* [-s]
  vervanging ZN substitution **III** *m-v* [-s] *invaller* ZN
  substitute
interim-bestuur *o* [-sturen] interim government
interim-manager *m* [-s] acting manager
interkerkelijk *bn* interdenominational
interland *m* [-s], **interlandwedstrijd** [-en] international
  contest (match)
interlinie *v* [-s] ❶ *ruimte tussen regels* spacing
  ❷ *metalen plaatje* drukw lead
interlokaal I *bn* ★ telec *een ~ gesprek* a trunk
  / long-distance call **II** *bijw* ★ telec *~ bellen* ring
  long-distance, make a long-distance call
intermediair *bn & m & o* [-s] intermediary
intermenselijk *bn* interpersonal ★ ~ *contact*
  interpersonal contact
intermezzo *o* ['s & -mezzi] intermezzo
intermitterend *bn* intermittent ★ *~e koorts*
  intermittent fever
intern *bn* ❶ internal ★ ⟨boekhouden⟩ *een ~e controle*
  an internal audit ★ *het ~e geheugen* the internal
  memory, the internal storage ❷ *inwonend* resident
  ★ *een ~e leerling* a boarder ★ *een ~e onderwijzer* a
  resident teacher ★ *een ~e patiënt* an in-patient ★ *~*
  zijn live in
internaat *o* [-naten] boarding school
internationaal *bn* international ★ *internationale*

betrekkingen international contacts
international *m* [-s] sp international
internationalisatie *v* [-s] internationalization
internationaliseren *overg* [internationaliseerde, h.
  geïnternationaliseerd] internationalize
internationalisering *v* [-en] internationalization
interneren *overg* [interneerde, h. geïnterneerd] intern
internering *v* [-en] internment
interneringskamp *o* [-en] internment camp
internet, Internet *o* Internet
internetcafé *o* [-s] Internet cafe
internetgebruiker *m* [-s] user, Internet user
internetprovider *m* [-s] Internet provider
internetten *onoverg* [internette, h. geïnternet]
  Internet, surf the net
internist *m* [-en] specialist in internal medicine, Am
  internist
interpellatie *v* [-s] interpellation, Br question
interpelleren *overg* [interpelleerde, h.
  geïnterpelleerd] interpellate, Br ask a question
interpolatie *v* [-s] interpolation
interpoleren *overg* [interpoleerde, h. geïnterpoleerd]
  interpolate
interpretabel *bn* interpretable
interpretatie *v* [-s] interpretation
interpreteren *overg* [interpreteerde, h.
  geïnterpreteerd] interpret
interpunctie *v* punctuation
interrumperen *overg* [interrumpeerde, h.
  geïnterrumpeerd] interrupt
interruptie *v* [-s] interruption
interval *o* [-len] ook muz interval
intervaltraining *v* [-en] interval training
interveniëren *onoverg* [intervenieerde, h.
  geïntervenieerd] intervene
interventie *v* [-s] intervention
interventiemacht *v* [-en] power of intervention
interventietroepen *zn* [mv] intervention troops
interview *o* [-s] interview
interviewen *overg* [interviewde, h. geïnterviewd]
  interview
interviewer *m* [-s] interviewer
intiem I *bn* ❶ intimate ★ *~e bijzonderheden* intimate
  details ★ *een ~e vriend* a close friend ★ *zij zijn zeer ~*
  (met elkaar) they are on very intimate terms
  ❷ *gezellig* cosy ★ *een ~ café* a cosy cafe **II** *bijw*
  intimately
intifada *m* ['s] intifada
intikken *overg* [tikte in, h. ingetikt] ❶ *v. ruiten &*
  smash, break ❷ *intypen* type in, ⟨op kassa⟩ ring up
intimidatie *v* [-s] intimidation
intimideren *overg* [intimideerde, h. geïntimideerd]
  intimidate, browbeat ★ *zich niet laten ~ door* refuse
  to be intimidated by
intimiteit *v* [-en] ❶ *intieme handeling* intimacy
  ★ *ongewenste ~en* sexual harassment ❷ *mv:*
  vertrouwelijke mededelingen ★ *~en* intimacies
  ❸ *knusse sfeer* cosiness

in

intocht *m* [-en] entry
intoetsen *overg* [toetste in, h. ingetoetst] key in, enter
intolerant *bn* intolerant (*tegenover* of)
intolerantie *v* intolerance
intomen *overg* [toomde in, h. ingetoomd] ❶ curb, rein in, check, restrain ❷ *v. personen, emoties* check, restrain
intonatie *v* [-s] intonation
intoxicatie *v* [-s] ❶ intoxication ❷ *vergiftiging* poisoning
intramuraal *bn* intramural ★ *intramurale gezondheidszorg* ± hospital care
intranet *o* [-ten] comput intranet
intransitief I *bn* taalk intransitive **II** *o* [-tieven] taalk intransitive
intrappen I *overg* [trapte in, h. ingetrapt] ❶ *trappend kapotmaken* kick in, kick down, kick open ★ *een open deur ~* force an open door, fig state the obvious ❷ *instampen* tread in **II** *onoverg* [trapte in, is ingetrapt] ★ fig *ergens ~* fall for a trick, walk into a trap
intraveneus *bn* intravenous
intrede *v* ❶ *binnenkomst* entrance, entry ❷ *introductie* appearance, advent ★ *zijn ~ doen* ‹zijn debuut maken› make one's debut / entrance, ‹v. jaargetijde, dooi› set in, ‹v. nieuwe ontwikkeling› make its appearance ★ *voordat de telefoon zijn ~ deed* before the advent of the telephone
intreden *onoverg* [trad in, is ingetreden] ❶ *binnentreden* enter ❷ *v. dooi, jaargetijde* set in ❸ *m.b.t. toestanden* set in, occur, take place ★ *de dood is onmiddellijk ingetreden* death was instantaneous ★ *er trad geen verbetering in* there was no improvement
intrek *m* ★ *zijn ~ nemen* move into ‹a hotel, an office›
intrekken I *overg* [trok in, h. ingetrokken] ❶ *terugtrekken* draw in, retract ‹claws, horns &› ❷ fig withdraw ‹a grant, money, notes›, revoke ‹a decree›, cancel ‹a permission›, go back on ‹a promise›, cancel ‹leave, an appointment›, take back ‹one's words› ❸ *v. vocht* soak up, absorb ❹ mil withdraw **II** *onoverg* [trok in, is ingetrokken] ❶ *in huis* move in ❷ *in stad* march into ❸ *opgezogen worden* be absorbed, soak in
intrigant *m* [-en] intriguer, schemer, plotter
intrige *v* [-s] ❶ *gekonkel* intrigue ❷ *v. roman &* plot
intrigeren *onoverg* [intrigeerde, h. geïntrigeerd] ❶ *samenzweren* intrigue, plot, scheme ❷ *boeien* intrigue, fascinate ★ *het land intrigeert me* the country intrigues / fascinates me
intrigerend *bn* intriguing, fascinating
intrinsiek *bn* intrinsic ★ *de ~e waarde* boekh the book value, ‹v. geld› the intrinsic value, ‹v. effecten› the asset value
intro *m* ['s] intro
introducé *m* [-s] guest
introduceren *overg* [introduceerde, h. geïntroduceerd] introduce

introductie *v* [-s] introduction
introductiedag *m* [-dagen] open / orientation day
introductieprijs *m* [-prijzen] introductory price
introeven *overg* [troefde in, h. ingetroefd] trump (in)
introspectie *v* [-s] introspection
introvert *bn* introvert
intubatie *v* [-s] intubation
intuïtie *v* [-s] intuition
intuïtief *bn* intuitive
intussen *bijw* ❶ *inmiddels* meanwhile, in the meantime ❷ *toch* yet
intypen *overg* [typte in, h. ingetypt] type in, enter
inundatie *v* [-s] ❶ *overstroming* inundation, flooding ❷ *land onder water* flooded area ❸ *water* floodwater
inval *m* [-len] ❶ *het binnenvallen* invasion ‹of a country›, raid ‹on a cafe› ★ *een ~ doen in* invade ‹a country›, raid ‹a cafe› ▼ *het is daar de zoete ~* they keep open house there ❷ *ingeving* (bright) idea ★ *een dwaze ~* a crazy idea ★ *een geestige ~* a brainwave ★ *ik kreeg de ~* it occurred to me ❸ *v. vorst, dooi* setting in
invalide I *bn* invalid, disabled **II** *m-v* [-n] invalid, disabled person
invalidensport *v* [-en] handicapped sports, paralympics
invalidenwagen *m* [-s] wheelchair, invalid vehicle
invaliditeit *v* disablement, disability ★ *blijvende / gedeeltelijke / tijdelijke / volledige ~* permanent / partial / temporary / total disability
invalkracht *v* [-en] replacement, fill-in, temp
invallen *onoverg* [viel in, is ingevallen] ❶ *instorten* collapse, tumble down, fall in ❷ *binnenvallen* invade ★ *~ in een land* invade a country ❸ *vervangen* deputize, fill in for ★ *~ voor een collega* fill in for a colleague ❹ *in de rede vallen* cut in, interrupt ❺ *te binnen schieten* occur to ★ *het viel mij in* it occurred to me, the thought flashed into my mind ★ *het wou mij niet ~* I couldn't quite remember it ❻ *v. licht* fall ★ *~de lichtstralen* incident rays ❼ *v. nacht* fall ★ *bij ~de duisternis* at dusk, at the onset of night ❽ *v. vorst &* set in ❾ *v. muziek* join in ❿ *v. wangen* fall in
invaller *m* [-s] ❶ *vervanger* replacement, temp, fill-in sp reserve, stand-in ❷ *in een land* invader
invalshoek *m* [-en] ❶ angle of incidence ❷ fig approach, point of view ★ *beide methoden hebben een brede ~* both methods are characterized by broadness of scope
invalsweg *m* [-wegen] access road, approach road
invasie *v* [-s] invasion
invectief *het* [-tieven] invective
inventaris *m* [-sen] inventory ★ *de ~ opmaken* draw up an inventory, take stock
inventarisatie *v* [-s] stocktaking, inventory
inventariseren *overg* [inventariseerde, h. geïnventariseerd] draw up an inventory of, take stock of
inventief *bn* inventive, ingenious

inventiviteit *v* inventiveness
invers *bn* inverted, opposite
inversie *v* [-s] inversion
investeerder *m* [-s] investor
investeren *overg* [investeerde, h. geïnvesteerd] invest
investering *v* [-en] investment ★ boekh *~en* capital expenditure
investeringsaftrek *m* tax deduction for capital expenditure
investeringsbank *v* [-en] Br merchant bank, Am investment bank
invetten *overg* [vette in, h. ingevet] grease, oil
invitatie *v* [-s] invitation
inviteren *overg* [inviteerde, h. geïnviteerd] invite ‹to dinner &›
in-vitrofertilisatie *v* in vitro fertilization
invlechten *overg* [vlocht in, h. ingevlochten] ❶ plait in, intertwine, entwine ❷ fig put in, insert
invloed *m* [-en] influence, affect ★ *zijn ~ bij* one's influence with ★ *zijn ~ aanwenden bij* use one's influence with ★ *~ hebben op* exert an influence on / over, affect ★ *~ uitoefenen* exert (an) influence, affect ★ *onder de ~ staan van* be influenced by, be affected by ★ *onder de ~ van alcohol* under the influence of alcohol
invloedrijk *bn* influential
invloedssfeer *v* [-sferen] sphere of influence ★ *de politieke ~* the sphere of political influence
invoegen I *overg* [voegde in, h. ingevoegd] ❶ put in, insert ❷ *m.b.t. metselwerk* point (up) **II** *onoverg* [voegde in, h. ingevoegd] *bij autorijden* merge (in)
invoegstrook *v* [-stroken] acceleration lane
invoelen *overg* [voelde in, h. ingevoeld] feel
invoer *m* [-en] ❶ *het invoeren* import, importation ❷ *de goederen* imports ★ *de ~ verlagen en de uitvoer verhogen* reduce imports and increase exports ❸ comput input
invoerbelasting *v* [-en] import duty
invoerbepaling *v* [-en] handel import regulation
invoerbeperking *v* [-en] import restriction, import curb
invoeren *overg* [voerde in, h. ingevoerd] ❶ handel import ❷ *ingang doen vinden* introduce ❸ comput enter ★ *gegevens ~* input / enter data ‹into the computer›
invoerheffing *v* [-en] levy on imports, customs duty, import duty
invoering *v* introduction
invoerrecht *o* [-en] import duty, customs duty ★ *vrij van ~en* free of customs duty, duty-free ★ *Invoerrechten en Accijnzen* Customs and Excise Duties
invoerverbod *o* [-boden] import prohibition, import embargo, import ban
invorderen *overg* [vorderde in, h. ingevorderd] demand payment (of), recover, collect ‹money›
invreten *overg en onoverg* [vrat in, h. en is ingevreten] ❶ eat into, corrode ★ *~d* corrosive ❷ fig gnaw at

invriezen I *onoverg* [vroor in, is ingevroren] *in ijs vastraken* be frozen in **II** *overg* [vroor in, h. ingevroren] *v. voedsel* quick-freeze, deep-freeze
invrijheidstelling *v* release ★ *~ gelasten van...* order the release of... ★ *een onmiddellijke ~* an immediate release ★ *een vervroegde ~* an early release, a remission ★ *een voorwaardelijke ~* a release on bail, a conditional release
invullen *overg* [vulde in, h. ingevuld] ❶ fill in, fill up ‹an empty space› ★ *een formulier ~* complete a form, fill in a form, Am fill out a form ❷ fig give shape to, flesh out ❸ *voegen* point (up)
invulling *v* [-en] ❶ *het invullen* filling in, completion, filling up ❷ *interpretatie* interpretation
invuloefening *v* [-en] cloze test
inwaarts I *bn* inward **II** *bijw* inward(s)
inweken *overg* [weekte in, h. ingeweekt] soak
inwendig I *bn* internal, inner ★ *voor ~ gebruik* to be taken internally ★ *de ~e mens* the inner man **II** *bijw* inwardly, internally ★ *zij lachte ~* she laughed inwardly / to herself **III** *o* ★ *het ~e* the interior (part / parts), the inside
inwerken I *onoverg* [werkte in, h. ingewerkt] ★ *~ op* act on, affect, influence ★ *~ op het metaal* corrode the metal ★ *op elkaar ~* interact ★ *op zich laten ~* absorb **II** *overg* [werkte in, h. ingewerkt] ❶ *v. personen* train, settle in ★ *iem. ~* show sbd the ropes ★ *een goed ingewerkt vertegenwoordiger* a well-trained representative ★ *hij is nog niet helemaal ingewerkt* he hasn't quite settled in yet ❷ *aanbrengen in* fit in(to), piece in(to) ❸ *indrijven* drive in **III** *wederk* [werkte in, h. ingewerkt] ★ *zich ergens ~* work one's way into sth, read up on sth
inwerkingtreding *v* coming into force, taking effect, commencement
inwerkperiode *v* [-s, -n], **inwerktijd** *m* training period, trial period, settling-in period
inwijden *overg* [wijdde in, h. ingewijd] ❶ *v. kerk* consecrate ❷ *v. gebouw* inaugurate ★ *een nieuw huis ~* give a house-warming ❸ *bekend maken met* initiate ★ *iem. in de geheimen ~* initiate sbd in(to) the secrets, let sbd in on the secrets ❹ *voor het eerst gebruiken* inf break in
inwijding *v* [-en] ❶ *v. kerk* consecration ❷ *v. andere gebouwen* inauguration ❸ *v. persoon* initiation, inauguration
inwilligen *overg* [willigde in, h. ingewilligd] grant, comply with, consent to ★ *een verzoek ~* grant a request
inwilliging *v* [-en] granting
inwinnen *overg* [won in, h. ingewonnen] ★ *inlichtingen ~ (omtrent)* gather information, make inquiries (about), apply for information, inquire (*bij* of) ★ *iems. raad ~* ask someone's advice
inwisselbaar *bn* exchangeable ‹for›, convertible ‹into›
inwisselen *overg* [wisselde in, h. ingewisseld] change, convert ‹foreign currency›, cash in ‹a cheque› ★ *~*

in

voor exchange for

inwonen *onoverg* [woonde in, h. ingewoond] ❶ live in ★ ~ *bij* live with ❷ *van kinderen* live at home

inwonend *bn* resident ★ *de ~ arts* the house physician, the resident physician ★ *een ~ onderwijzer* a resident master ★ *~e kinderen* children living at home

inwoner *m* [-s] inhabitant, resident

inwoneraantal, inwonersaantal, inwonertal *o* [-len] population

inwoning *v* ❶ lodging ★ *plaats van ~* place of residence ★ *kost en ~* board and lodging ❷ *door woningtekort* sharing of a house

inworp *m* [-en] *sp* throw-in

inwrijven *overg* [wreef in, h. ingewreven] rub in(to), rub ★ *ik zal hem dat eens flink ~!* I'll drum / din that into him ★ *zij wreef in haar ogen* she rubbed her eyes

inzaaien *overg* [zaaide in, h. ingezaaid] sow ★ *een gazon ~* seed a lawn

inzage *v* inspection ★ *~ nemen van* inspect, examine ⟨reports &⟩ ★ *ter ~* on approval ⟨of books &⟩, open to inspection ⟨of letters⟩ ★ *ter ~ leggen* file for inspection

inzake *voorz* in the matter of, on the subject of, concerning, with regard to, re ⟨your letter⟩ ★ *uw brief ~...* your latter concerning...

inzakken *onoverg* [zakte in, is ingezakt] ❶ sink down, sag, collapse ❷ *m.b.t. personen* relapse

inzamelen *overg* [zamelde in, h. ingezameld] collect, gather ★ *geld ~ voor een goed doel* raise money for charity

inzameling *v* [-en] collection, gathering ★ *een ~ houden* hold a collection, ⟨op kantoor &⟩ pass the hat around

inzamelingsactie, inzamelactie *v* [-s] ❶ *v. geld* fund-raising drive / campaign ❷ *v. oude kleren &* collection

inzegenen *overg* [zegende in, h. ingezegend] bless, consecrate

inzegening *v* [-en] blessing, consecration ★ *een kerkelijke ~ van een huwelijk* a church blessing after a civil marriage ceremony

inzenden *overg* [zond in, h. ingezonden] ❶ send in(to) ❷ *indienen, insturen* send in, submit, contribute ★ *iem. de wereld ~* send sbd out into the world ★ *naar een tentoonstelling ~* submit for exhibition

inzender *m* [-s] ❶ *zender* sender ❷ *naar krant, tijdschrift* contributor, writer ⟨of a letter to the editor⟩ ❸ *naar tentoonstelling* exhibitor

inzending *v* [-en] ❶ *het inzenden* submission, contribution ❷ *het ingezondene* entry, contribution, ⟨op een tentoonstelling⟩ exhibit

inzepen *overg* [zeepte in, h. ingezeept] soap (down / up), ⟨bij het scheren⟩ lather, ⟨met sneeuw⟩ rub in

inzet *m* [-ten] ❶ *bij gokspel* stake(s) ❷ *bij veiling* opening bid ❸ *muz* entry ❹ *v. troepen &* employment ❺ *toewijding* devotion, effort(s), dedication ★ *zijn tomeloze ~* his untiring efforts, his

devotion / dedication ⟨to the cause⟩ ❻ *kleine tekening in grotere* insert ❼ *schot* sp shot, ⟨kopbal⟩ header

inzetbaar *bn* available, usable

inzetstuk *o* [-ken] techn insert

inzetten I *overg* [zette in, h. ingezet] ❶ *aanbrengen* set in ⟨the sleeves of a dress⟩, put in ⟨window panes &⟩, insert ⟨a piston &⟩ ❷ *v. edelsteen* set ❸ *bij spel* stake ❹ *bij verkoping* start the bidding (at) ❺ *muz* start, strike up ❻ *mil* launch ⟨an attack⟩, employ ⟨troops⟩ ❼ *te werk* employ ⟨workmen⟩ ❽ *gebruiken voor* devote ⟨one's energies / life / oneself to one's country &⟩ **II** *onoverg* [zette in, h. ingezet] ❶ *muz* begin to play / sing &, strike up ❷ *bij gokspel* put down one's stake(s), stake one's money, stake ⟨heavily⟩ ❸ *beginnen* set in ★ *de zomer zet goed in* summer is setting in well **III** *wederk* [zette in, h. ingezet] ★ *zich ~ voor* dedicate / devote oneself to ⟨an ideal⟩, do one's best ⟨to get a good result⟩

inzicht *o* [-en] ❶ *begrip* insight ★ *geen ~ hebben in* lack insight into ❷ *mening* view, opinion, judgement/Am judgment ★ *naar mijn ~* in my view / opinion, as I see it ★ *naar zijn ~(en) handelen* act at one's own discretion ▼ *tot ~ komen* see the light

inzichtelijk *bn* providing / allowing / requiring insight (into)

inzien I *overg* [zag in, h. ingezien] ❶ *doorlezen* look into, glance over ⟨a newspaper, a letter⟩, skim ⟨a book⟩ ❷ *begrijpen* see, recognize, realize ⟨the danger, one's error⟩ ❸ *houden voor* ★ *het ernstig / optimistisch ~* take a serious / an optimistic view of things **II** *o* ★ *bij nader ~* on reflection, on second thoughts, on further consideration ★ *mijns ~s* in my opinion / view, to my way of thinking

inzinken *onoverg* [zonk in, is ingezonken] sink (down), fig decline

inzinking *v* [-en] ❶ *het zinken* sinking, decline, ⟨in water⟩ submersion ❷ *instorting* psych breakdown ❸ *med* relapse ❹ *in landschap* depression, dip

inzitten *onoverg* [zat in, h. ingezeten] ★ *ergens over ~* be worried about sth, bother about sth ★ *ermee ~* be affected by ★ *daar zit wat in* there's something in that

inzittende *m-v* [-n] occupant, passenger

inzoet *bn* intensely sweet

inzoomen *onoverg* [zoomde in, h. ingezoomd] zoom in (*op* on)

inzwachtelen *overg* [zwachtelde in, h. ingezwachteld] swathe, bandage

ion *o* [ionen] ion

ionisatie *v* ionization

ioniseren *overg* [ioniseerde, h. geïoniseerd] ionize

ionosfeer *v* ionosphere

i.p.v. *afk* (in plaats van) instead of

IQ *o* (intelligentiequotiënt) IQ, intelligence quotient

IQ-test *m* [-s] *intelligentietest* intelligence test

Iraaks *bn* Iraqi

Iraakse *v* [-n] Iraqi ★ *ze is een ~* she's an Iraqi, she's from Iraq

Iraans *bn* Iranian ★ <u>valuta</u> *de ~e riyal* the Iranian rial, the rial / riyal

Iraanse *v* [-n] Iranian ★ *ze is een ~* she's an Iranian, she's from Iran

Irak *o* Iraq

Irakees I *m* [-kezen] Iraqi **II** *bn* Iraqi ★ *valuta de Irakese dinar* the Iraqi dinar, the dinar

Irakese *v* [-n] Iraqi ★ *ze is een ~* she's an Iraqi, she's from Iraq

Iran *o* Iran

Iraniër *m* [-s] Iranian

iris *v* [-sen] iris

iriscopie *v* iridology

ironie *v* irony ★ *de ~ van het lot* the irony of fate

ironisch *bn* ironic, wry ★ *een ~e opmerking* an ironic / wry remark

ironiseren I *overg* [ironiseerde, h. geïroniseerd] mock, ridicule **II** *onoverg* [ironiseerde, h. geïroniseerd] satirize ★ *hij ironiseert over gemeenplaatsen van het 'goede leven'* he satirizes platitudes about 'the good life'

irrationeel *bn* irrational ★ *een ~ getal* an irrational number

irreëel *bn* unreal

irrelevant *bn* irrelevant, not to the point

irrigatie *v* [-s] ❶ *v. gewas* irrigation ❷ <u>med</u> ‹v. wond› irrigation, ‹v. schede› douche, ‹v. dikke darm› enema

irrigatiewerken *zn* [mv] irrigation works

irrigator *m* [-s & -toren] irrigator, douche, syringe

irrigeren *overg* [irrigeerde, h. geïrrigeerd] *ook* <u>med</u> irrigate

irritant *bn* irritating, annoying

irritatie *v* [-s] irritation

irriteren *overg* [irriteerde, h. geïrriteerd] ❶ irritate ★ *dat zalfje irriteert de huid* that cream irritates the skin ❷ *ergeren* annoy, irritate ★ *dat geluid begint me te ~* that noise is starting to irritate / annoy me

ISBN *afk* (internationaal standaardboeknummer) ISBN (International Standard Book Number)

ischias *v* sciatica

ISDN *afk* (Integrated Services Digital Network) <u>comput</u> ISDN, Integrated Services Digital Network

isgelijkteken *o* [-s] equals sign

islam *m* Islam

islamiet *m* [-en] Muslim, Moslem

islamisering *v* Islamization

islamitisch *bn* Islamic

i.s.m. *afk* (in samenwerking met) in collaboration with, with the help of

isobaar I *bn* isobar **II** *m* [-baren] isobar

isolatie *v* [-s] ❶ *afzondering* isolation ❷ <u>elektr</u> insulation

isolatieband *o* insulating tape

isolatiemateriaal *o* [-rialen] insulating material, insulant, ‹om leidingen› lagging

isolator *m* [-s & -toren] insulator

isoleercel *v* [-len] isolation cell

isolement *o* isolation

isoleren *overg* [isoleerde, h. geïsoleerd] ❶ *afzonderen* isolate, ‹door douane &› quarantine, ‹door sneeuw &› cut off ❷ <u>elektr</u> insulate

isotoon *bn* isotonic ★ *een isotone drank* an isotonic drink

isotoop *m* [-topen] isotope

Israël *o* Israel ★ *de Staat ~* the State of Israel

Israëli *m* ['s], **Israëliër** [-s] Israeli

Israëliet, israëliet ❶ *m* [-en] ❷ Israelite

Israëlisch *bn* Israeli

Israëlische *v* [-n] Israeli ★ *ze is een ~* she's an Israeli, she's from Israel

Israëlitisch, israëlitisch *bn* Israelite

Israëlitische *v* [-n] Israelite

issue *o* [-s] issue

Italiaan *m* [-lianen] Italian

Italiaans I *bn* Italian **II** *o taal* Italian

Italiaanse *v* [-n] Italian ★ *ze is een ~* she's an Italian, she's from Italy

Italië *o* Italy

IT-branche *v* IT sector

item I *bijw* item **II** *o* [-s] item ★ *een hot ~* a burning issue, <u>inf</u> a hot item

i.v.m. *afk* (in verband met) in connection with

ivoor *m & o* ivory

Ivoorkust *v* Ivory Coast

ivoren *bn* ivory ★ *een ~ toren* an ivory tower

Ivriet *o* (modern) Hebrew

iv

J

j v ['s] j

ja I tsw ❶ bevestiging yes ★ oh ~? really?, <u>iron</u> you don't say! ★ <u>scheepv & iron</u> ~ kapitein! aye aye captain! ★ ~ knikken nod yes ★ ~ zeggen say yes ⟨to life⟩ ★ met ~ beantwoorden answer in the affirmative ★ op alles ~ en amen zeggen agree with everything ★ is hij uit?, ik meen (van) ~ has he gone out? I think he has ★ hij zei van ~ he said yes, he agreed ❷ versterkend indeed ★ juist, ~ precisely ★ ik weet wie hij is, ~ yes, I do know who he is ★ ik moest naar huis, ~ nog erger, werken I had to go home, and what's more / worse, get to work ❸ berusting uitdrukken oh, well ★ nog vele jaren! but oh well, there it is ❹ verontwaardiging uitdrukken well ★ nou ~! well, I never! ★ ga een eind fietsen, ~! get lost, why don't you?! ❺ als aanknopingspunt oh, yes ★ ~ nu je het zegt... by the way, now that you've mentioned it... **II** v ['s] ❶ yes ★ nee heb je, ~ kun je krijgen asking might get you what you want ❷ bij het stemmen aye

jaagpad o [-paden] towpath, towing path

jaap m [japen] cut, gash, slash

jaar o [jaren] year ★ het ~ onzes Heren the year of our Lord, the year of grace ★ de jaren tachtig, negentig & the eighties, the nineties & ★ nog vele jaren! many happy returns of the day! ★ de jaren nog niet hebben om... not be old enough to... ★ een- of tweemaal per ~ once or twice a year ★ het hele ~ door all the year round, throughout the year ★ de laatste jaren of late, in recent years ★ in het ~ nul in the year dot ★ van het ~ nul from the year dot ★ in het begin van het ~ at the beginning of the year ★ ~ in ~ uit year in year out ★ met de jaren with the years ★ na ~ en dag after many years, many years later ★ sinds ~ en dag for years and years ★ om het andere ~ every other year ★ ~ op ~ year by year ★ op jaren komen be getting on in years ★ op jaren zijn be well on in years ★ over een ~ in a year's time ★ vandaag over een ~ a year from today, this time next year ★ per ~ per annum ★ eens per ~ once a year ★ van ~ tot ~ from one year to another ★ de jaren des onderscheids the age of discretion ★ haar jonge jaren her youth ★ een student van het tweede ~ a second year student ★ studenten van mijn ~ students from my year

jaarabonnement o [-en] annual subscription

jaarbeurs v [-beurzen] ❶ (trade) fair ❷ gebouw exhibition centre/<u>Am</u> center

jaarboek o [-en] yearbook, annual, almanac ★ ⟨annalen⟩ ~en annals

jaarcijfer o [-s] yearly returns / figures ★ de ~s the annual returns

jaarclub v [-s] (university) fraternity, (university) sorority

jaarcontract o [-en] annual contract

jaarfeest o [-en] annual celebration, anniversary, ⟨geboortefeest⟩ birthday

jaargang m [-en] ❶ (annual) volume ❷ m.b.t. wijn vintage

jaargeld o [-en] ❶ pensioen pension ❷ lijfrente annuity

jaargenoot m [-noten] ❶ leeftijdgenoot contemporary ❷ medestudent fellow student, ⟨v. middelbare / lagere school⟩ classmate

jaargetijde o [-n] season

jaarkaart v [-en] annual season ticket

jaarlijks I bn yearly, annual ★ de ~e afschrijving the annual depreciation **II** bijw yearly, annually, every year

jaarmarkt v [-en] (annual) fair

jaaropgaaf v [-gaven] annual statement

jaaroverzicht o [-en] annual report, annual survey, yearly review

jaarring m [-en] annual (growth) ring, tree ring

jaarsalaris o [-sen] annual salary

jaarstukken zn [mv] annual report and accounts, annual financial statements

jaartal o [-len] year, date

jaartelling v [-en] era ★ de christelijke / joodse ~ the Christian / Jewish era

jaarvergadering v [-en] annual meeting

jaarverslag o [-slagen] annual report

jaarwisseling v [-en] turn of the year ★ bij de ~ at the turn of the year

jacht I o [-en] schip yacht **II** v [-en] ❶ het jagen hunting, shooting ★ op ~ gaan go (out) shooting ⟨rabbits⟩ /hunting ⟨game⟩ ❷ jachtpartij hunt, shoot ❸ het nastreven hunt, pursuit ★ ~ maken op effect strive for effect ★ op ~ zijn naar roem be in pursuit of fame ❹ achtervolging chase, hunt (down) ★ ~ maken op olifanten hunt elephants ★ ~ maken op een oorlogsmisdadiger hunt down a war criminal

jachtgebied o [-en] hunting grounds

jachtgeweer o [-weren] (sporting) gun

jachthaven v [-s] marina

jachthond m [-en] sporting dog, hound

jachthoorn, jachthoren m [-s] hunting horn

jachtig bn hurried, hasty, hectic ★ een ~ bestaan a hectic life

jachtluipaard m & o [-en] cheetah

jachtopziener m [-s] gamekeeper

jachtpartij v [-en] ❶ hunting party, hunt ❷ op klein wild shooting party, shoot

jachtschotel m & v [-s] ± shepherd's pie

jachtseizoen o [-en] hunting / shooting season

jachtterrein o [-en] hunting grounds

jachtverbod o hunting / shooting prohibition

jachtvergunning v [-en] game licence/<u>Am</u> license

jachtvliegtuig o [-en] fighter plane

jack m & o [-s] sportief jasje jacket

jacket o [-s] ❶ v. boek dust jacket ❷ in gebit crown

jackpot m [-s, -ten] jackpot

jacquet o & v [-s & -ten] morning coat, tailcoat, ⟨voor vrouwen⟩ jacket

jacuzzi® *m* ['s] jacuzzi
jade *o & m* jade
jagen I *overg* [joeg *of* jaagde, h. gejaagd] ❶ *op wild* hunt ‹wild animals, game›, shoot ‹hares, game›, stalk ‹deer &› ❷ fig drive, hurry ★ *de vijanden uit het land* ~ drive the enemy out of the country ★ *iets erdoor* ~ rush sth through ★ *iem. op kosten* ~ put sbd to great expense ★ *zich een kogel door het hoofd* ~ put a bullet through one's head **II** *onoverg* [joeg *of* jaagde, h. gejaagd] ❶ *op wild &* hunt, shoot ★ ~ *op hazen* hunt the hare ❷ *nastreven* race, rush, tear ★ ~ *naar eer* be highly ambitious ★ *op effect* ~ strive for effect ❸ *m.b.t. pols* race
jager *m* [-s] ❶ *op wild &* hunter, sportsman ❷ mil rifleman ❸ luchtv fighter
jagerslatijn *o* tall story / stories
jaguar *m* [-s] jaguar
jakhals *m* [-halzen] jackal
jakkeren *onoverg en overg* [jakkerde, h. gejakkerd] tear (along), race, drive furiously
jakkes *tsw* ★ ~! ugh!, yuck!
jaknikker *m* [-s] ❶ *jabroer* inf yes-man ❷ *pomp* nodding donkey
jakobsschelp *v* [-en] scallop
jaloers *bn* jealous, envious (*op* of) ★ *iem.* ~ *maken* make sbd jealous, inf put sbd's nose out of joint
jaloezie *v* ❶ *jaloersheid* jealousy ❷ *zonnewering* [-zieën] Venetian blind, (sun)blind
jam *m & v* [-s] jam ★ *een boterham met* ~ a jam sandwich
Jamaica *o* Jamaica
jambe *v* [-n] iambus, iamb
jamboree *m* [-s] jamboree
jammen *onoverg* [jamde, h. gejamd] jam
jammer *o & m* misery ★ *het is* ~ it's a pity ★ *het is eeuwig* ~ it's an awful shame ★ *ik vind het* ~ *dat...* it's a shame that... ★ ~ *genoeg is hij niet in staat...* unfortunately he isn't able to... ★ *hij kon er niet zijn,* ~ *genoeg* he couldn't be present, more's the pity ★ *hoe* ~!, *wat* ~! what a pity!, what a shame! ★ ~, *maar helaas!* it's a pity, but that's the way it is!
jammeren *onoverg* [jammerde, h. gejammerd] lament, moan
jammerklacht *v* [-en] lamentation
jammerlijk I *bn* miserable, pitiful, wretched ★ *een* ~ *gebrek aan charisma* a woeful lack of charisma **II** *bijw* miserably, woefully ★ ~ *mislukken* fail miserably / woefully
jampot *m* [-ten] jam jar / pot
jamsessie *v* [-s] jam session, jam
Jan *m* [-nen] John ★ ‹clownesk figuur› *een* ~ *Klaassen* a buffoon, clown ★ ~ *Klaassen en Katrijn* Punch and Judy ★ ~ *Modaal* the average wage earner ★ ~, *Piet en Klaas* Tom, Dick, and Harry ★ ~ *en alleman* everyone and his dog ★ ~ *Rap en zijn maat* the riff-raff ★ *ik sta hier voor* ~ *Lul / voor* ~ *met de korte achternaam* I look a fool ★ ~ *met de pet* the man in the street, Joe Bloggs ★ *boven* ~ *zijn* have turned the

corner, be on top of things again
janboel *m* shambles, mess ★ *wat een* ~! what a shambles / mess!
janboerenfluitjes, boerenfluitjes *zn* [mv] ★ *op zijn* ~ in a slapdash way
janken *onoverg* [jankte, h. gejankt] ❶ *v. dieren* yelp, whine ❷ *v. personen* cry, howl, inf blubber ★ *ik kon wel* ~ I was almost in tears
jansalie *m* [-s] stick-in-the-mud
jantje-van-leiden *o* [-s] ★ *zich met een* ~ *van iets afmaken* ‹iets luchthartig afdoen› talk one's way out of sth, ‹slordig werk leveren› do sth in a slapdash manner
januari *m* January ★ *de eerste* ~, *een* ~ the first of January ★ *op tien* ~ on the tenth of January ★ *begin / midden / eind* ~ at the beginning of / in the middle of / at the end of January
jan-van-gent *m* [-s] *vogel* gannet
Japan *o* Japan
Japanner *m* [-s] ❶ Japanese, beledigend Jap ❷ *Japanse auto* Japanese car
Japans I *bn* Japanese ★ *valuta de* ~*e* yen the Japanese yen, the yen ★ *de* ~*e Zee* the Sea of Japan **II** *o taal* Japanese
Japanse *v* [-n] Japanese ★ *ze is een* ~ she's a Japanese, she's from Japan
japon *m* [-nen] dress, gown
jappenkamp *o* [-en] Japanese (POW) camp
jarenlang I *bn* of years, of many years' standing **II** *bijw* for years
jargon *o* [-s] jargon, ‹wartaal› gibberish, ‹v. bureaucraten› officialese
jarig *bn* ★ *zij is vandaag* ~ it's her birthday today ★ *een zes-*~*e merrie* a six-year-old mare ★ *...dan ben je nog niet* ~ ...you'll be sorry
jarige *m-v* [-n] ★ *de* ~ the birthday girl / boy
jarretelgordel *m* [-s] suspender belt
jarretelle, jarretel *v* [-s] suspender
jas *m & v* [-sen] ❶ *overjas* coat ★ ‹v. arts› *een witte* ~ a doctor's coat ❷ *jasje* jacket ★ *een geklede* ~ a dressy jacket
jasbeschermer *m* [-s] dress guard
jasmijn *v* [-en] *struik* jasmine
jaspis *m & o* [-sen] jasper
jassen I *overg* [jaste, h. gejast] peel ★ *piepers* ~ peel some spuds, ‹vooral als straf› do some potato-bashing **II** *onoverg* [jaste, h. gejast] kaartsp play a game of cards
jasses *tsw* ★ ~! ugh!, yuck!
jaszak *m* [-ken] coat pocket
jat *v* [-ten] paw ★ *je moet er met je* ~*ten van afblijven!* keep your mits / paws off!, don't touch!
jatten *overg* [jatte, h. gejat] swipe, pinch, nick
jawel *bijw* yes, indeed ★ *en* ~, *het klopte* and sure enough, it was right ★ iron *maar* ~ *hoor...* and / but sure enough...
jawoord *o* consent ★ *elkaar het* ~ *geven* say 'I do' to each other

ja

jazz *m* jazz
jazzballet *o* jazz ballet
jazzband *m* [-s] jazz band
jazzclub *v* [-s] jazz club
jazzfestival *o* [-s] jazz festival
jazzmuziek *v* jazz music
je I *pers vnw* you ★ *dat is ~ van hèt* that's absolutely it, it's the thing II *bez vnw* your ★ *daar is ~ boek* there's your book ★ *dat is ~ ware!* that's the stuff! III *onbep vnw* you ★ *zoiets doe ~ gewoon niet* you just don't do that sort of thing
jeans *m* ❶ *spijkerbroek* jeans ❷ *stof* denim ★ *van ~ stof* made of denim ★ *een tas van ~ stof* a denim bag
jee *tsw* ★ *~!* oh dear!
jeep *m* [-s] jeep
jegens *voorz* towards, to ★ *mijn plicht ~ hem* my duty towards him ★ *eerlijk zijn ~ iem.* be honest with sbd
Jehova *m* Jehovah ★ *~'s getuigen* Jehovah's Witnesses
jekker *m* [-s] jacket
Jemen *o* (the) Yemen
jenever *m* Dutch gin ★ *jonge ~* 'young' gin ★ *oude ~* mature(d) gin
jeneverbes *v* [-sen] juniper berry
jeneverstokerij *v* [-en] gin distillery
jengelen *onoverg* [jengelde, h. gejengeld] whine, whinge ★ *op zijn gitaar ~* twang away on one's guitar
jennen *overg* [jende, h. gejend] needle, tease, badger
jeremiëren *onoverg* [jeremieerde, h. gejeremieerd] lament
jerrycan *m* [-s] jerrycan
Jeruzalem *o* Jerusalem
jet *m* [-s] jet plane
jetlag *m* [-s] jet lag
jetset *m* jet set
jetski® *m* ['s] jet ski
jetstream *m* [-s] jet stream
jeu de boules *o* jeu de boules, boules
jeugd *v* youth ★ *zijn tweede ~* one's second childhood ★ *van zijn vroegste / prilste ~ af* from his early youth ★ *in mijn ~* in my youth ★ *de ~ van tegenwoordig* young people nowadays
jeugdcriminaliteit *v* juvenile delinquency
jeugdherberg *v* [-en] youth hostel
jeugdherinnering *v* [-en] childhood memory
jeugdhonk *o* [-en] youth centre/Am center, youth club
jeugdig *bn* youthful ★ *~e personen* youths, young people ★ *er ~ uitzien* look young for one's age
jeugdjournaal *o* [-nalen, -naals] kids' television news
jeugdleider *m* [-s] youth leader, leader of a youth group
jeugdliefde *v* [-s] young / adolescent love ★ *een ~ van mij* one of my old loves
jeugdloon *o* [-lonen] juvenile wage ★ *het minimum ~* the juvenile wage
jeugdpuistjes *zn* [mv] acne, pimples
jeugdsentiment *o* [-en] youthful nostalgia
jeugdvriend *m* [-en] childhood friend, old friend

jeugdwerkloosheid *v* youth unemployment
jeugdzonde *v* [-n] youthful transgression
jeuk *m* itching, itch, med pruritus ★ *ik heb ~* I'm itchy
jeuken *onoverg* [jeukte, h. gejeukt] itch ★ *mijn handen ~ om...* I'm just itching to...
jeukpoeder *o & m* itching powder
jewelste *bn* → **welste**
jezelf *wederk vnw* yourself
jezuïet *m* [-en] Jesuit
Jezus *m* Jesus ★ *~ Christus* Jesus Christ ★ *jezus mina!* my God! ★ *jezus, wat een bende!* good heavens, what a mess!, *vulg* Jesus, what a mess!
jicht *v* gout
Jiddisch I *bn* Yiddish II *o* *taal* Yiddish
jihad *m* jihad, holy war
jij *pers vnw* you
jijen *overg* [jijde, h. gejijd] ★ *~ en jouwen* behave / speak familiarly
jijzelf *pers vnw* → **zelf**
jingle *m* [-s] *reclamedeuntje* jingle
jip-en-janneketaal *de* ★ *politici moeten vaker ~ gebruiken* politicians should use simple language more often than they do
jitterbug *de* jitterbug
jiujitsu *o* ju-jitsu, Am jiujitsu
jive *m* jive
jiven *onoverg* [jivede, h. gejived] jive
jl. *afk* (jongstleden) last ★ *maandag ~* last Monday
Job *m* Job ★ *zo arm als ~* as poor as a church mouse ★ *de jarige ~* the birthday boy / girl
job *m* [-s] job, appointment ★ *een fulltime ~* a full-time job
jobhoppen *o* job hopping
jobhopper *m* [-s] job hopper
jobstijding *v* [-en] (piece of) bad news
jobstudent *m* [-en] ZN working student
joch, jochie *o* [jochies] boy, kid, sonny ★ *hij is nog maar een ~* he's only a kid ★ *kijk, ~ie...* look, sonny...
jockey *m* [-s] jockey
jodelen *onoverg* [jodelde, h. gejodeld] yodel
jodendom *o* ❶ *de leer* Judaism ❷ *het Joodse volk* Jodendom Jews
Jodenhaat *m* anti-Semitism
jodenkoek *m* [-en] ± sand cake
Jodenster *v* [-ren] Star of David
jodenstreek *m & v* [-streken] beledigend dirty trick
Jodenvervolging *v* [-en] persecution of the Jews, hist pogrom
jodin *v* [-nen] Jewess
jodium *o* iodine
jodiumtinctuur *v* tincture of iodine
Joegoslaaf *m* [-slaven] Yugoslav
Joegoslavië *o* Yugoslavia
Joegoslavisch *bn* Yugoslav, Yugoslavian ★ valuta *de ~e dinar* the Yugoslavian dinar, the dinar
Joegoslavische *v* [-n] Yugoslav, Yugoslavian ★ *ze is een ~* she's a Yugoslav, she's from Yugoslavia
joekel *m* [-s] whopper ★ *een ~ van een fout / vis* a

whopper of a mistake / fish
joelen *onoverg* [joelde, h. gejoeld] shout, cheer
jofel *bn* inf great, super
joggen *onoverg* [jogde, h. gejogd] jog
jogger *m* [-s] jogger
joggingpak *o* [-ken] track suit
joint *m* [-s] joint ★ *een ~je bouwen* make / roll a joint
joint venture *m* [-s] joint venture
jojo *m* ['s] yo-yo, yoyo
jojoën *onoverg* [jojode, h. gejojood] play yo-yo / yo-yoes / yoyo
joker *m* [-s] kaartsp joker ★ *voor ~ staan* look like an idiot / a fool ★ *iem. voor ~ zetten* make sbd look a fool
jokeren *onoverg* [jokerde, h. gejokerd] kaartsp play for jokers
jokkebrok *m-v* [-ken] fibber, storyteller
jokken *onoverg* [jokte, h, gejokt] fib, tell fibs, tell stories ★ *dat jok je* you're fibbing
jol *v* [-len] scheepv yawl, ⟨kleinere⟩ dinghy
jolig *bn* jolly ★ *een ~e stemming* a jolly / merry mood
jonassen *overg* [jonaste, h. gejonast] toss ⟨a person⟩ in the air
jong I *bn* ❶ m.b.t. leeftijd young ★ *zich ~ voelen* feel young ★ *op een ~e leeftijd* at an early age ★ *~ geleerd is oud gedaan* what you learn early you never forget ❷ niet ervaren junior ★ *de ~ste vennoot* the junior partner ❸ recent recent ★ *van ~e datum* of recent date ★ *de ~ste gebeurtenissen* recent events ★ *de ~ste berichten* the latest news ★ *de ~ste oorlog* the last war ❹ vers young, new, immature ★ *~e bladeren* new leaves ★ *~e kaas* young / immature cheese **II** *bijw* youthfully, in a youthful way ★ *zich ~ kleden* dress youthfully **III** *o* ❶ pasgeboren young one, ⟨v. beren, wolven &⟩ cub, ⟨v. hond⟩ pup(py) ★ *de ~en* the young ones, the young of... ★ *~en krijgen / werpen* have a litter ❷ jongen, meisje child
jonge I *tsw* gee, gosh, (oh) boy ★ *~, ~!* boy oh boy! **II** *m* jenever Dutch gin
jongedame *v* [-s] young lady
jongeheer *m* [-heren] ❶ jong persoon young gentleman ❷ penis John Thomas, willy, willie
jongeling *m* [-en] young man, youth, lad
jongelui *zn* [mv] ❶ jonge mensen young people ❷ jong paar young couple
jongeman *m* [-nen] young man
jongen I *m* [-s] ❶ mannelijk kind boy ★ *zij is een echte ~* she's a real tomboy ❷ jongere lads, guys, kids, chaps ★ *~s, doe wat rustiger aan* calm down, guys / kids ❸ volwassen man boy, lad ★ *onze ~s in Irak* our boys in Iraq ★ inf *een zware ~* a tough (guy) ❹ vriend boyfriend **II** *onoverg* [jongde, h. gejongd] give birth, have young, ⟨v. kat⟩ litter, kitten, ⟨v. hond⟩ pup, whelp, ⟨v. geit⟩ kid, ⟨v. koe⟩ calve, ⟨v. paard⟩ foal, ⟨v. schaap⟩ lamb, ⟨v. hert⟩ fawn, ⟨v. leeuw⟩ whelp, ⟨v. varken⟩ pig
jongensachtig *bn* boyish
jongensboek *o* [-en] boy's book

jongensdroom *m* [-dromen] young man's dream
jongensgek *v* [-ken] flirt, boy crazy / mad girl
jongensjaren *zn* [mv] (years of) boyhood
jongere *m-v* [-n] ★ *de ~n* young people, the young, the younger generation ★ *de werkende ~n* the working youth ★ *een oudere ~* an ageing hippy
jongerejaars *m-v* onderw first or second year student, freshman, fresher
jongerencentrum *o* [-tra, -s] youth centre/Am center
jongetje *o* [-s] little boy ★ *het slimste ~ van de klas* the cleverest boy in the class
jonggehuwden *zn* [mv] ★ *de ~* the newly married couple, inf the newly-weds
jonggestorven *bn* untimely deceased ★ *een ~ filmster* a movie star who died young
jongleren *onoverg* [jongleerde, h. gejongleerd] juggle
jongleur *m* [-s] juggler
jongmens *o* [jongelieden, jongelui] young person
jongs *bijw* ★ *van ~ af* from one's childhood ★ *ik ken hem van ~ af* I've known him since he was knee high to a grasshopper
jongstleden *bn* last ★ *de 12de maart ~* on March 12th last ★ ⟨van deze maand⟩ *de 12de ~* the 12th of this month ★ *~ maandag* last Monday, Monday last
jonk *m* [-en] scheepv junk
jonkheer *m* [-heren] ❶ ± esquire ❷ predicaat Honourable/Am Honorable, Sir
jonkie *o* [-s] dier young / little one
jonkvrouw *v* [-en] ❶ jongedame vero maid ❷ predicaat Honourable/Am Honorable, Lady
jood I *m* [joden] Jew ★ Bijbel *de Wandelende Jood* the wandering Jew **II** *o* jodium iodine
joods *bn* Jewish ⟨life &⟩, Judaic ⟨law⟩
Joost *m* ★ *~ mag het weten* goodness knows
Jordanië *o* Jordan
jota *v* ['s] iota ★ *geen ~ geven* not give a fig / a hoot / a damn
jou *pers vnw* you ★ *is het van ~?* is it yours? ★ *van heb ik ~ daar* immense, enormous
joule *m* [-s] joule
journaal *o* [-nalen] ❶ dagboek ook handel journal ❷ scheepv logbook ❸ RTV news, newscast ❹ bioscoop newsreel
journalist *m* [-en] journalist
journalistiek I *v* journalism **II** *bn* journalistic
jouw *bez vnw* your ★ *mijn huis en het ~e* my house and yours
jouwen *onoverg* [jouwde, h. gejouwd] hoot, boo
joviaal *bn* friendly ★ *een joviale kerel* a friendly fellow
jovialiteit *v* bonhomie
joyriden *o* joyriding
joyriding *v* joyriding
joystick *m* [-s] joystick
jr. *afk* (junior) junior
jubelen *onoverg* [jubelde, h. gejubeld] be jubilant ★ *~ van vreugde* shout for joy
jubeljaar *o* [-jaren] jubilee year
jubelstemming *v* jubilant mood

ju

jubilaris *m* [-sen] ❶ *bij jubileum* person of honour/Am honor ❷ *feestvarken* party boy / girl
jubileren *onoverg* [jubileerde, h. gejubileerd] celebrate one's jubilee / anniversary
jubileum *o* [-s & -ea] jubilee ★ *zijn 50-jarig ~* ‹v. vorsten, instellingen &› one's 50th jubilee, ‹algemeen› one's 50th anniversary
judaskus *m* [-sen] Judas kiss
judaspenning *m* [-en] *plant* honesty
judassen *overg* [judaste, h. gejudast] taunt
judo *o* judo
judoën *onoverg* [judode, h. gejudood] practise judo
judoka *m-v* ['s] judoka
juf *v* [-fen & -s] ❶ *onderwijzeres* teacher ❷ *als aanspreekvorm* Teacher, Miss ❸ *juffertje* right little miss
juffer *v* [-s] ❶ *juffrouw* young lady, miss ❷ *insect* dragonfly
juffertje *o* [-s] ❶ missy ❷ *insect* dragonfly
juffertje-in-'t-groen *o* [juffertjes-] *plant* love-in-a-mist
juffrouw *v* [-en] ❶ *onderwijzeres* teacher ❷ *kinderjuffrouw* nurse, nanny ❸ *ongetrouwde vrouw* miss ❹ *als aanspreektitel* Miss, Madam ❺ *scherts* lady
jugendstil *m* art nouveau, Jugendstil
juicebar *de* [-s] juice bar
juichen *onoverg* [juichte, h. gejuicht] shout, cheer ★ *~ over* cheer about / at ★ *de ~de menigte* the cheering crowd
juist I *bn* exact, correct, right, proper, precise ★ *de ~e man op de ~e plaats* the right man in the right place ★ *het ~e midden* the happy medium ★ *het ~e woord* the right word ★ *dat is ~* that is correct **II** *bijw* just, exactly, precisely ★ *~, dat is het* precisely ★ *zeer ~!* quite right too!, ‹in vergaderingen &› hear! hear! ★ *zeer ~ gezegd* precisely, that's putting it exactly ★ *~ wat ik hebben moet* the very thing I wanted ★ *~ daarom* for that very reason ★ *waarom ~ hij?* why he of all people? ★ *waarom ~ hier?* why here of all places? ★ *ik wou ~...* I was just going to... ★ *~ op dat moment...* at that very moment...
juistheid *v* correctness, ‹nauwkeurigheid› precision, ‹waarheid› truth, ‹gepastheid› appropriateness
juk *o* [-ken] ❶ *v. trekdieren* yoke ★ *het ~ afschudden / afwerpen* shake / throw off the yoke ★ *onder het ~ brengen* bring under the yoke ❷ *v. balans* beam
jukbeen *o* [-deren, -benen] cheekbone
jukebox *m* [-en] jukebox
juli *m* July ★ *de eerste ~, een ~* the first of July ★ *op tien ~* on the tenth of July ★ *begin / midden / eind ~* at the beginning of / in the middle of / at the end of July
jullie I *pers vnw* you, *inf* you lot / guys ★ *inf ~ gaan naar huis* you lot / guys are going home **II** *bez vnw* your ★ *is het van ~?* is it yours?
jumbojet *m* [-s] jumbo jet
jumper *m* [-s] jumper, pullover, jersey
jungle *v* [-s] jungle
juni *m* June ★ *de eerste ~, een ~* the first of June ★ *op*

tien ~ on the tenth of June ★ *begin / midden / eind ~* at the beginning of / in the middle of / at the end of June
junior I *m* [-nioren & -niores] junior ★ *sp de ~en* the juniors, the junior team **II** *bn* junior ★ *P. ~* P. the younger, ‹als titel› P. Jnr
junk I *m heroïne* junk, smack **II** *m-v,* **junkie** [-s] *verslaafde* junkie
junkfood *o* junk food, fast food
junkmail *m* junk mail
junta *v* ['s] junta
Jupiter *m* astron & astrol Jupiter ★ *bij ~!* by Jove!
jureren *onoverg* [jureerde, h. gejureerd] adjudicate
juridisch I *bn* legal ‹adviser, aid, aspect, grounds› ★ *~e bijstand* legal aid **II** *bijw* legally
jurisdictie *v* [-s & -tiën] jurisdiction, form ‹rechtsmacht› competence ★ *dat valt buiten mijn ~* that's not within my power, that's outside my jurisdiction
jurisprudentie *v* jurisprudence, case law, judge-made law ★ *de Nederlandse ~* the Dutch law reports
jurist *m* [-en] ❶ *rechtsgeleerde* jurist, barrister, lawyer ❷ *rechtenstudent* law student
jurk *v* [-en] frock, dress, ‹vooral avondjurk› gown
jury *v* ['s] jury ★ *jur de voorzitter van de ~* the foreman (of the jury) ▼ Belg *de centrale ~* the examination / examining board
jurylid *o* [-leden] ❶ *bij wedstrijden &* member of the jury, judge ❷ *jur* member of the jury, juror, juryman, jurywoman
juryrapport *o* [-en] jury / judge's report
juryrechtspraak *v* trial by jury
jus *m* ❶ *saus* gravy ❷ *sinasappelsap* orange juice
juskom *v* [-men] gravy boat
juslepel *m* [-s] gravy spoon
justificeren *overg* [justificeerde, h. gejustificeerd] justify
justitie *v* ❶ justice ★ *de ~ zit achter hem aan* the police are after him, the law is after him ★ *de minister van ~* the Minister of Justice ❷ ‹rechterlijke macht› judiciary
justitieapparaat *o* criminal justice system
justitieel *bn* judicial, legal ★ *een justitiële inrichting* a judicial court, a court of law
Jut *m* [-ten] ★ *de kop-van-jut* the try-your-strength machine ★ *~ en Jul* an odd couple
jute I *v* jute **II** *bn* jute
jutezak *m* [-ken] hessian bag
Jutland *o* Jutland
jutter *m* [-s] beachcomber
juweel *o* [-welen] jewel, gem ★ *een ~ van bouwkunst* an architectural gem ★ *een ~ van een vrouw* a gem of a woman
juwelen *bn* jewelled ★ *een ~ dasspeld* a jewelled tie pin
juwelenkistje *o* [-s] jewel box, jewel case
juwelier *m* [-s] jeweller

ju

K

k *v* ['s] k ★ *Kunst met een grote K* Art with a capital A
ka I *v* [kaden] *kade* quay, wharf **II** *v* ['s] *vogel* jackdaw **III** *v* ['s] *vrouw* dragon, witch
kaaiman *m* [-s & -nen] caiman, alligator
kaak *v* [kaken] ❶ *anat* jaw, jaw bone ❷ *v. vis* gill ❸ *v. insect* mandible ❹ *schandpaal* <u>hist</u> pillory ★ *aan de ~ stellen* expose, show up, put to the test ❺ *wang* <u>ZN</u> cheek ★ *met beschaamde kaken* shamefaced
kaakbeen *o* [-deren, -benen] jaw bone, mandible
kaakchirurg *m* [-en] dental surgeon
kaakholte *v* [-s, -n] maxillary sinus
kaakholteontsteking *v* [-en] (maxillary) sinusitis
kaakje *o* [-s] *koekje* biscuit
kaakslag *m* [-slagen] ❶ *met vlakke hand* slap in the face ❷ *met vuist* punch in the face
kaakstoot *m* [-stoten] punch on / to the jaw
kaal I *bn* ❶ *v. mens* bald ★ *zo ~ als een biljartbal* as bald as a coot ★ *er ~ afkomen* come away with a flea in one's ear, fare badly ❷ *v. vogel* unfledged ❸ *v. boom* leafless, bare ❹ *v. velden, hei* barren ❺ *v. kleren* threadbare, worn, shabby ❻ *v. muren* bare ▼ *de kale huur* the basic rent **II** *bijw* ★ *~ vreten* strip bare, <u>fig</u> eat out of house and home
kaalgeschoren *bn* shorn
kaalheid *v* ❶ *v. hoofd* baldness ❷ *v. muur & bareness ❸ *v. land* barrenness ❹ *v. jas* threadbareness, shabbiness ❺ *armoede* poverty
kaalknippen *overg* [knipte kaal, h. kaalgeknipt] cut all one's hair off, shave one's head
kaalkop *m* [-pen] baldy
kaalscheren *overg* [schoor kaal, h. kaalgeschoren] ❶ shave one's head ❷ *v. schapen* shear
kaalslag *m* ❶ *v. bos* clear cutting, deforestation ❷ *v. woningen* demolition
kaan *v* [kanen], **kaantje** *o* [-s] ❶ *vet* dripping ❷ *spek* crackling
kaap *v* [kapen] cape, headland, promontory ★ *de Kaap de Goede Hoop* the Cape of Good Hope
Kaapstad *v* Cape Town
kaapvaart *v* privateering
Kaapverdië *o* Cape Verde
Kaapverdische eilanden *zn* [mv] Cape Verde Islands
kaarden *overg* [kaardde, h. gekaard] *v. wol* card
kaars *v* [-en] ❶ candle ★ *een eindje ~* a candle stub ❷ *dunne kaars* taper ❸ *bloeiwijze v. kastanje* candle ★ ⟨uitgebloeide paardenbloem⟩ *een ~je* a blowball, dandelion fluff
kaarsensnuiter *m* [-s] candle snuffer
kaarslicht *o* candlelight ★ *bij ~* by candlelight
kaarsrecht *bn* straight as an arrow ★ *~ zitten* sit bolt upright
kaarsvet *o* ❶ *afdruipend vet* candle grease ❷ *grondstof* tallow
kaart *v* [-en] ❶ *speelkaart* (playing) card ★ *dat is doorgestoken ~* that's a put-up job / a trumped-up charge ★ *goede ~en hebben* have a good hand ★ *alle ~en op tafel leggen / gooien* put / throw all one's cards on the table ★ *het is een (geen) haalbare ~* it's (not) on the cards ★ *alle ~en in handen hebben* hold all the cards ★ *open ~ spelen* lay one's cards on the table, be frank ★ *iem. in de ~ kijken* look at sbd.'s cards ★ *zich in de ~ laten kijken* show one's hand ★ *iem. in de ~ spelen* play into sbd.'s hands, play sbd.'s game ★ *alles op één ~ zetten* stake one's all on one / on a single throw, put all one's eggs in one basket ★ *de ~en zijn geschud* the cards have been shuffled, <u>fig ook</u> the die is cast, the future is clear, decisions have been taken ★ *iem. de ~ leggen* tell sbd.'s fortune from the cards ❷ *sport* card ★ *sp een gele ~ krijgen* be shown the yellow card, be booked ★ *sp een rode ~ krijgen* be shown the red card, be sent off (the field) ❸ *kaart met gegevens* card ★ ⟨autoverzekering⟩ *de groene ~* the green card, the international motor insurance card ❹ *landkaart* map, ⟨zee-, weerkaart⟩ chart ★ *de ~ van het land kennen* know the lie of the land ★ *in ~ brengen* map ⟨a region⟩, chart ⟨a coast⟩ ★ *van de ~ zijn* be all at sea, ⟨van streek⟩ be upset ❺ *ansichtkaart* card, postcard ❻ *toegangskaart* ticket ❼ *spijskaart* menu
kaartclub *v* [-s] card(-playing) club
kaarten *onoverg* [kaartte, h. gekaart] play cards ★ *een potje ~* have / play a quick game of cards
kaartenbak *m* [-ken] card index (system)
kaartenhuis *o* [-huizen] house of cards ★ *als een ~ in elkaar vallen* come down like a house of cards
kaartenmaker *m* [-s] cartographer, map maker
kaartje *o* [-s] ❶ *visitekaartje* (business) card ★ *zijn ~ afgeven* leave one's card ❷ *trein &* ticket ▼ *een ~ leggen* have a game of cards
kaartjesautomaat *m* [-maten] ticket machine
kaartlezen *o* map reading
kaartlezer *m* [-s] ❶ *machine* card reader, scanner ❷ *persoon* map reader
kaartspel *o* [-len & -spelen] ❶ *het spelen* card playing, cards ❷ *partij* game of cards ❸ *soort spel* card game ❹ *pak kaarten* pack / deck of cards
kaartspelen *onoverg* [speelde kaart, h. kaartgespeeld] play cards
kaartspeler *m* [-s] card player
kaartsysteem *o* [-temen] card index (system)
kaartverkoop *m* sale of tickets, ticket sales ★ *~ van 8 tot 10* the box office is open from 8 till 10
kaas *m* [kazen] cheese ★ *jonge / belegen / oude ~* new / matured / fully mature cheese ★ *Edammer / Goudse / Hollandse ~* Edam / Gouda / Dutch cheese ★ *zich de ~ niet van het brood laten eten* stand up for oneself, fight back ★ *hij heeft er geen ~ van gegeten* he doesn't understand anything about it, he doesn't know the first thing about it
kaasblokje *o* [-s] cube / square of cheese
kaasboer *m* [-en] ❶ *vervaardiger* cheese maker ❷ *verkoper* <u>Br</u> cheesemonger

kaasbroodje o [-s] cheese roll
kaasburger m [-s] cheeseburger
kaasfondue v [-s] (cheese) fondue
kaasfonduen onoverg [kaasfondude, h. gekaasfonduud] have a cheese fondue
kaaskop m [-pen] *scheldwoord voor Nederlander* Dutchie
kaasmarkt v [-en] cheese market
kaasplankje, **kaasplateau** o [-s] cheeseboard
kaasschaaf v [-schaven] cheese plane, cheese slicer
kaassoufflé m [-s] ❶ cheese soufflé ❷ *snack* deep-fried cheese
kaasstolp v [-en] cheese cover
kaaswinkel m [-s] cheese shop
kaatsen onoverg [kaatste, h. gekaatst] ❶ *Friese sport* sp play 'kaats' ★ *wie kaatst, moet / kan de bal verwachten* if you can't take it you shouldn't deal it out ❷ *stuiten* bounce ★ *tegen de muur ~* bounce against / off the wall
kabaal o noise, racket, row ★ *~ maken / schoppen* kick up a row ★ *een hels ~ maken* make one hell of a noise, make an infernal racket
kabbelen onoverg [kabbelde, h. gekabbeld] ripple, babble, murmur, ‹v. golfjes› lap ★ *~d water* rippling / murmuring water
kabel m [-s] cable ★ *een ~ leggen* lay a cable
kabelaansluiting v cable connection
kabelabonnement o subscription to cable television
kabelbaan v [-banen] cableway, funicular railway
kabelexploitant m [-en] cable company
kabeljauw m [-en] *vis* cod
kabelkrant v [-en] cable TV information service
kabelnet o [-ten] cable network
kabelslot o [-en] cable lock
kabeltelevisie v cable television
kabeltouw o [-en] cable
kabeltrui v [-en] cable stitch sweater
kabinet o [-ten] ❶ *regering* government, cabinet ★ *het ~ der koningin* the Queen's Cabinet ★ *het ~ Kok* the Kok cabinet / government ★ *in het ~ zitten* be in the government / cabinet ❷ *meubel* cabinet ❸ *kamertje* closet ❹ *kunstverzameling* picture gallery, museum ❺ *toilet* ZN toilet, WC, lavatory
kabinetsberaad o cabinet meeting
kabinetsbesluit o [-en] cabinet decision
kabinetschef m [-s] Belg secretary general of a ministry
kabinetscrisis v [-sen & -crises] cabinet crisis
kabinetsformateur m [-s] formateur
kabinetsformatie v [-s] formation of a cabinet, cabinet formation
kabinetskwestie v [-s] vote of confidence ★ *de ~ stellen* ask for a vote of confidence
kabinetszitting v [-en] cabinet meeting
kabouter m [-s] ❶ *aardmannetje* elf, gnome, dwarf ★ *dat hebben de ~tjes gedaan* the fairies did it ❷ *scouting* Brownie
kachel I v [-s] stove, ‹elektrisch, gas› heater, ‹haard›

fire ★ *een elektrisch ~tje* an electric fire / heater ★ *de ~ met iem. aanmaken* make a fool of sbd **II** bn dronken inf drunk ★ *~ zijn* be loaded / tight
kachelpijp v [-en] ❶ stovepipe ❷ *hoed* inf stovepipe hat
kadaster o [-s] Br land registry, Aus & Can land titles office, Am bureau of records
kadastraal bn cadastral ★ *het ~ nummer* the land registry / cadastral number ★ *een kadastrale meting* a land registry / cadastral survey ★ *~ ingeschreven* recorded in the land registry
kadastreren overg [kadastreerde, h. gekadastreerd] survey ★ *gekadastreerd zijn* be registered
kadaver o [-s] ❶ *kreng* (dead) body, carrion ❷ *corpse*, med cadaver
kadaverdiscipline v iron / rigid discipline
kade v [-n & -s] ❶ *in haven* quay, wharf ❷ *dijk* embankment
kadegeld o [-en] quayage, wharfage
kader o [-s] ❶ mil officers and NCOs ❷ *lijst, omlijsting* framework ★ *een vast ~* a fixed framework ★ *binnen het ~ van* within the framework / scope of ★ *in het ~ van* as part of, in connection with, under (the terms of), within the framework / scope of ★ *niet in het ~ passen* do not fit within / into the framework ❸ *in kranten & box* ❹ *bestuurders v.e. organisatie* executives, executive staff ❺ bilj baulk lines
kaderfunctie v [-s] executive position
kadetje o [-s] *broodje* bread roll
kadreren I overg [kadreerde, h. gekadreerd] *in een omlijsting plaatsen* frame **II** onoverg [kadreerde, h. gekadreerd] ❶ fotogr set the sights ❷ *in het vizier brengen* adjust, focus on
kaduuk bn used up, decrepit, broken, ‹v. tv &› on the blink
kaf o chaff ★ *het ~ van het koren scheiden* separate the wheat from the chaff ★ *er zit veel ~ onder het koren* there's a lot of chaff among the wheat / a lot of dead wood
kaffer m [-s] *scheldwoord* boor, lout
kafkaësk, **kafkaiaans** bn Kafkaesque
kaft o & v [-en] wrapper, cover, jacket ★ *een boek met een hard / slap ~* a book with a hard / limp cover
kaftan m [-s] caftan
kaften overg [kaftte, h. gekaft] cover ‹a book›
kaftpapier o wrapping-paper
kajak m [-s & -ken] kayak
kajakken onoverg [kajakte, h. en is gekajakt] go kayaking
kajotter m [-s] Belg member of a club for young working Catholics
kajuit v [-en] cabin
kak m *poep* muck, shit, crap ★ ‹bluf› *kale / kouwe ~* hot air, swank
kakelbont bn garish, gaudy, flashy
kakelen onoverg [kakelde, h. gekakeld] ❶ *van kippen* cackle ❷ *babbelen* gabble, chatter
kakelvers bn ❶ farm fresh ❷ fig brand new

ka

kaken *overg* [kaakte, h. gekaakt] gut

kakenestje *o* [-s] ZN last-born, baby of the nest

kaketoe *m* [-s] cockatoo

kaki I *o kleur* khaki II *m* ['s] *vrucht, boom* kaki, Japanese persimmon

kakikleurig *bn* khaki-coloured

kakken *onoverg* [kakte, h. gekakt] shit, crap ★ *iem. te ~ zetten* ridicule sbd, make a fool of sbd

kakker *m* [-s] ❶ *verwaand persoon* pompous / stuck-up person ❷ *bekrompen persoon* narrow-minded person

kakkerlak *m* [-ken] cockroach

kakmadam *v* [-men] la-di-da / snooty / stuck-up type

kakofonie *v* [-nieën] cacophony

kalander I *m* [-s] *insect* weevil II *v* [-s] *mangel* techn calender

kalend *bn* balding

kalender *m* [-s] calendar

kalenderjaar *o* [-jaren] calendar year

kalf *o* [kalveren] ❶ *dier* calf ★ *als het ~ verdronken is, dempt men de put* lock the stable door after the horse has bolted ★ *het gouden ~ aanbidden* worship the golden calf ★ *het gemeste ~ slachten* kill the fatted calf ❷ *onnozel persoon* sucker ★ *een ~ van een jongen* a bit of a sucker ❸ *bovendrempel* lintel, transom ❹ *dwarshout* crossbeam

kalfsgehakt *o* minced veal

kalfskotelet *v* [-ten] veal cutlet

kalfslapje *o* [-s] veal steak

kalfsleer, kalfsleder *o* calf, calfskin, calf leather ★ *in kalfsleren band* bound in calf

kalfsmedaillon *o* [-s] medallion of veal

kalfsoester *v* [-s] escalope of veal, veal escalope

kalfsvlees *o* veal

kaliber *o* [-s] calibre, ⟨diameter ook⟩ bore ★ *een... van groot / klein ~* a large- / small-calibre... ★ *mensen van dat ~* people of that calibre

kalief *m* [-en] caliph

kalium *o* potassium

kalk *m* ❶ lime ★ *gebluste ~* slaked lime ★ *ongebluste ~* quicklime ❷ *metselkalk* mortar ❸ *pleisterkalk* plaster ❹ scheik calcium ❺ *gesteente* limestone

kalkaanslag *m* scale

kalkafzetting *v* [-en] ❶ *het afzetten* calcification ❷ *het afgezette* lime deposit

kalken *overg* [kalkte, h. gekalkt] ❶ *met kalk bestrijken* lime ⟨skins &⟩, roughcast, plaster ⟨a wall⟩ ❷ *schrijven* scrawl, ⟨op muur⟩ chalk

kalkhoudend *bn* calcareous, calciferous ★ *~e grond* limy / calcareous soil

kalkoen *m* [-en] *vogel* turkey

kalkoven *m* [-s] lime kiln

kalkrijk *bn* rich in lime

kalksteen I *o & m* limestone II *m* [-stenen] limestone

kalligraferen *overg* [kalligrafeerde, h. gekalligrafeerd] calligraph ★ *een gekalligrafeerd getuigschrift* a calligraphic reference

kalligrafie *v* calligraphy

kalm *bn* calm, quiet, composed, peaceful, untroubled

★ *~ (aan)!* easy!, steady! ★ *blijf ~* take it easy, stay calm ★ *doe (het) ~ aan* go easy, take it easy, inf cool it ★ *~ en bedaard* cool and collected

kalmeren I *overg* [kalmeerde, h. gekalmeerd] calm, soothe, appease, tranquillize ★ *een ~d middel* a sedative, a tranquillizer II *onoverg* [kalmeerde, is gekalmeerd] calm down

kalmeringsmiddel *o* [-en] sedative, tranquillizer

kalmoes *m waterplant* sweet flag, calamus

kalmpjes *bijw* calmly ★ *~ aan!* easy!, steady!, easy does it!

kalmte *v* ❶ *bedaardheid* calm, calmness, composure ★ *zijn ~ bewaren* keep one's composure / head / self-control ★ *iem. tot ~ brengen* calm sbd down ❷ *rust* quiet, quietness, repose

kalven *onoverg* [kalfde, h. gekalfd] ❶ *m.b.t. koeien* calve ❷ *m.b.t. grond, ijs* calve, break off

kalveren *onoverg* [kalverde, h. gekalverd] calve

kalverliefde *v* [-s] calf / puppy love

kam *m* [-men] ❶ *voor 't haar* comb ★ *een fijne / grove ~* a fine-tooth(ed) / large-tooth(ed) comb ★ *een ~ door het haar halen* run a comb through one's hair ★ *over één ~ scheren* lump together, generalize ❷ *v. haan, helm, berg* crest ❸ *v. viool* bridge ❹ techn cam, cog ❺ *v. bananen* hand

kameel *m* [-melen] camel

kameelhaar *o* camel('s) hair

kameleon *o & m* [-s] chameleon

kameleontisch *bn* chameleon-like, chameleonic

kamer *v* [-s] ❶ *vertrek* room, chamber ★ *gemeubileerde ~s* furnished rooms ★ *de ~ doen* clean the room ★ *~s te huur hebben* have rooms to let ★ *hij woont op ~s* he lives in rooms / lodgings ★ *hij is niet op zijn ~* he isn't in his room ★ fotogr *een donkere ~* a dark room ❷ *v. vuurwapen* chamber ❸ *van het hart* ventricle ❹ *college, instituut* chamber, ⟨bij Hoge Raad⟩ division, ⟨bij andere rechtscolleges⟩ section, panel, court ★ *de Eerste Kamer* the Upper House, the Senate, ⟨in Groot-Brittannië⟩ the Upper House, the House of Lords ★ *de Tweede Kamer* the Lower House, the House of Representatives, ⟨in Groot-Brittannië⟩ the Lower House, the House of Commons ★ ⟨in België⟩ *de Kamer van Volksvertegenwoordigers* the Chamber of Deputies ★ *de Kamer bijeenroepen* convoke the House ★ *de Kamer ontbinden / openen* dissolve / open the House ★ jur *een meervoudige ~* a three-judge section ★ *de Kamer van Koophandel (en Fabrieken)* the Chamber of Commerce (and Industry) ★ jur *de penitentiaire ~* the Prisons Division

kameraad *m* [-raden] ❶ comrade, mate, fellow, companion, inf chum, pal ★ *gezworen kameraden zijn* be sworn friends ❷ *v. communisten* comrade

kameraadschap *v* companionship, fellowship, comradeship

kameraadschappelijk I *bn* friendly, inf chummy II *bijw* in a friendly manner

kamerbewoner *m* [-s] lodger

ka

kamerbreed *bn* wall-to-wall ★ ~ *tapijt* wall-to-wall carpet(ing), fitted carpet ★ *de motie werd Kamerbreed aangenomen* the motion was carried by an overwhelming majority

Kamercommissie *v* [-s] parliamentary committee

Kamerdebat *o* [-ten] parliamentary debate

kamerdeur *v* [-en] door (of the room)

Kamerfractie *v* [-s] parliamentary party ★ *de ~ van de Labourpartij* the parliamentary Labour party

kamergeleerde *m-v* [-n] armchair scholar

kamergenoot *m* [-noten] roommate

kamerheer *m* [-heren] chamberlain, gentleman in waiting

kamerjas *m & v* [-sen] dressing gown

Kamerlid *o* [-leden] Member of Parliament

kamermeisje *o* [-s] chambermaid

kamermuziek *v* chamber music

Kameroen *o* Cameroon

kamerorkest *o* [-en] chamber orchestra

kamerplant *v* [-en] indoor plant

kamerscherm *o* [-en] folding screen

kamertemperatuur *v* room temperature ★ *op ~ brengen* bring to room temperature

kamerverhuur *m* rooms to let / accommodation

Kamerverkiezingen *v* [-en] parliamentary elections

Kamerzetel *m* [-s] seat (in Parliament) ★ *de partij heeft vijf ~s* the party has five seats in Parliament

Kamerzitting *v* [-en] session of Parliament

kamfer *m* camphor

kamgaren *bn & o* [-s] worsted

kamikaze *m* [-s] kamikaze

kamikazeactie *v* [-s] kamikaze action / attack

kamikazepiloot *m* [-loten] kamikaze / suicide pilot

kamille *v* [-n, -s] c(h)amomile

kamillethee *m* c(h)amomile tea

kammen *overg* [kamde, h. gekamd] comb ★ *zich ~ comb one's hair* ★ *wol ~* comb / card wool

kamp I *o* [-en] *groep tenten* camp ★ *op ~ gaan* go on a camping trip / holiday, go camping ★ *het ~ opslaan* pitch camp / the tents ★ fig *iem. uit het andere ~* sbd from a different camp / of a different persuasion **II** *m* [-en] *strijd* combat, fight, struggle

kampbeul *m* [-en] concentration camp torturer

kampcommandant *m* [-en] camp commander

kampeerauto *m* ['s], **kampeerbus** *m & v* [-sen] camper (van)

kampeerboerderij *v* [-en] farmyard campsite

kampeerder *m* [-s] camper

kampeerterrein *o* [-en] camping site, camp site, Am campground

kampement *o* [-en] encampment, camp

kampen *onoverg* [kampte, h. gekampt] fight, combat, struggle, contend, wrestle ★ *te ~ hebben met* have to contend with

kamperen *onoverg* [kampeerde, h. gekampeerd] camp, camp out, go camping

kamperfoelie *v* [-s] honeysuckle ★ *wilde ~* common honeysuckle, Br woodbine

kampioen *m* [-en] champion

kampioenschap *o* [-pen] championship

kampvechter *m* [-s] fighter, wrestler, champion

kampvuur *o* [-vuren] campfire

kampwinkel *m* [-s] camp(ing) shop

kan *v* [-nen] ❶ *vaatwerk* jug, can, mug, tankard ★ *het is in ~nen en kruiken* the matter / everything is fixed (up) / settled ★ *het onderste uit de ~ willen hebben* want to have one's cake and eat it ❷ *inhoudsmaat* litre

Kanaal *o* ★ *het ~* the Channel

kanaal *o* [-nalen] ❶ *gegraven waterweg* canal ❷ *vaargeul &* channel ❸ fig & TV channel

Kanaaleilanden *zn* [mv] Channel Islands

Kanaaltunnel *m* Channel tunnel, inf Chunnel

kanalisatie *v* [-s] canalization

kanaliseren *overg* [kanaliseerde, h. gekanaliseerd] canalize

kanarie *m* [-s] canary

kanariegeel *bn* canary yellow

kanariepiet *m* [-en] canary

kanariezaad *o* [-zaden] canary seed

kandeel *v* ± alcoholic eggnog

kandelaar *m* [-s & -laren] candlestick

kandidaat *m* [-daten] candidate, ‹voorgedragen› nominee, ‹sollicitant› applicant ★ *iem. ~ stellen* nominate sbd, put sbd forward ★ *zich ~ stellen* become a candidate, run for, stand for, ‹voor een zetel› contest a seat in Parliament ★ *~ in de letteren / rechten* ± Bachelor of Arts / Laws

kandidaat-notaris *m* [-sen] junior notary / solicitor, assistant notary / solicitor

kandidaats *o* ± pass / ordinary degree

kandidaatsexamen *o* [-s] ± examination for a Bachelor's degree

kandidaatstelling *v* [-en] nomination

kandidatenlijst *v* [-en] list of candidates, pol party list

kandidatuur *v* [-turen] candidature, candidacy, nomination ★ ZN *zijn ~ stellen* become a candidate

kandideren I *overg* [kandideerde, h. gekandideerd] nominate **II** *onoverg* [kandideerde, h. gekandideerd] be a candidate, run / stand for

kandij *v* candy sugar

kandijkoek *m* [-en] candy sugar cake

kandijsuiker *m* candy sugar

kaneel *m & o* cinnamon

kaneelpijp *v* [-en] cinnamon stick

kaneelstok *m* [-ken] cinnamon stick

kangoeroe *m* [-s] kangaroo

kanis *m* [-sen] *hoofd* nut, pate, noddle ★ *hou je ~* hold your trap ★ *iem. op z'n ~ geven* tan sbd.'s hide

kanjer *m* [-s] ❶ *iets groots in zijn soort* whopper ★ *een ~ van een vis* an enormous / whopping fish ❷ *uitblinker* inf wizard, crack, star ❸ *mooie man/vrouw* beauty

kanker *m* ❶ med cancer ❷ plantk & dierk canker ❸ *voortwoekerend kwaad* fig cancer, canker

kankeraar *m* [-s] inf grouser, grumbler

ka

kankerbestrijding v fight against cancer
kankeren onoverg [kankerde, h. gekankerd] *mopperen* grouse, grumble, inf bellyache
kankergezwel o [-len] cancerous tumour / growth
kankerlijder m [-s] cancer patient
kankeronderzoek o cancer research
kankerpatiënt m [-en] cancer patient
kankerverwekkend bn carcinogenic
kannibaal m [-balen] cannibal
kannibalisme o cannibalism
kano m ['s] ❶ canoe ❷ *gebak* almond boat
kanoën onoverg [kanode, h. gekanood] canoe
kanon o [-nen] gun, cannon ★ *je kunt er een ~ afschieten* there's hardly anybody there ★ *met een ~ op een mug schieten* take a sledgehammer to break a nut
kanongebulder o roar / booming of guns
kanonnade v [-s] cannonade
kanonneerboot m & v [-boten] gunboat
kanonnenvlees, kanonnenvoer o cannon fodder
kanonnier m [-s] gunner
kanonschot o [-schoten] cannonshot
kanonskogel m [-s] cannonball
kanonvuur o gunfire, cannonade
kanosport v canoeing
kanovaarder m [-s] canoeist
kanovaren o canoe, go canoeing
kans v [-en] chance, opportunity, possibility ★ *iem. een ~ geven* give sbd a chance ★ *~ hebben om...* have a chance of...ing ★ *hij heeft goede ~en* he stands a good chance ★ *weinig ~ hebben om...* stand little chance of...ing ★ *geen schijn van ~* not a ghost of a chance ★ *~ van slagen* chance to succeed / of succeeding / of success ★ *de ~ krijgen om iets te doen* get a chance / an opportunity to do sth ★ *de ~ lopen om...* run the risk of...ing ★ *~ maken op* stand a chance of...ing ★ *een ~ missen* lose / miss an opportunity ★ *een gemiste ~* a missed chance ★ *de ~ is verkeken* there's no chance any more ★ *de ~ schoon zien om...* see one's chance / opportunity to... ★ *de ~ waarnemen* seize the opportunity ★ *de ~ wagen* take one's chance ★ *als hij ~ ziet om* if he manages to, if he sees his way clear to ★ *ik zie er geen ~ toe* I don't see any chance of doing it, I won't be able to manage it ★ *er is alle ~ dat...* there is every chance / it is very likely that... ★ *daar is geen ~ op* there is no chance of it ★ *de ~ keerde* my / his & luck was turning ★ *de ~en staan gelijk* the odds are even
kansarm bn underprivileged
kansberekening v [-en] ❶ calculation of probability ❷ *als wetenschap* probability theory
kansel m [-s] ❶ pulpit ★ *van de ~* from the pulpit ❷ *v. jager* hunter's stand
kanselarij v [-en] chancellery
kanselier m [-s & -en] chancellor
kanshebber m [-s] likely candidate, likely winner ★ *tot de ~s behoren* be one of the likely candidates, be one of the favourites

kansloos bn prospectless ★ *hij is ~* he doesn't stand a chance
kansrekening v [-en] ❶ calculation of probability ❷ wisk probability theory
kansrijk bn ❶ likely, favourable/Am favorable ❷ *maatschappelijk bevoorrecht* privileged
kansspel o [-spelen] game of chance
kant I m [-en] ❶ *zijde* side ★ *aan de ~!* (get) out of the way!, step aside! ★ *aan de ~ van de weg* at the side of the road, by the roadside ★ *aan de veilige ~* on the safe side ★ *dat is wat aan de lage / hoge ~* that's a bit on the low / high side ★ *het mes snijdt aan / van twee ~en* the knife cuts both ways ★ *aan de ~ zetten* ⟨wegdoen⟩ cast aside, throw over, ⟨v. auto⟩ pull over ★ *langs de ~ blijven staan* stay on the sidelines ★ *een vaatje op zijn ~ zetten* tilt a cask, put a cask on its side ★ *het is een dubbeltje op zijn ~* it's touch and go ★ *iets (niet) over zijn ~ laten gaan* (not) let something pass, (not) take something lying down ★ *veel over zijn ~ laten gaan* not be so very particular (about...) ★ *van vaders ~* on the paternal / one's father's side ★ *van de ~ van* on the part of ★ *iem. van ~ maken* kill sbd, put sbd out of the way, do sbd in ★ *zich van ~ maken* make / do away with oneself, commit suicide ★ *dat is weer aan ~* that job is done ★ *de kamer aan ~ maken* straighten up the room ★ *zijn zaken aan ~ doen* retire from business ❷ *oever* bank ★ *dat raakt ~ noch wal* that is neither here nor there ❸ *rand* edge ⟨of the water, of a forest⟩ ❹ v. *afgrond* brink ❺ *witte rand* v. bladzij margin ❻ *richting* side, direction, way ★ *die ~ moet het uit met...* that's the course we ought to take ★ *een andere ~ uitkijken* look the other way ★ *naar alle ~en* in every direction ★ *het gaat de goeie ~ op* things are improving / going well ★ *van alle ~en* on every side, from every quarter ★ *de zaak van alle / verschillende ~en bekijken* look at the question from all sides / from different angles ★ *van die ~ bekeken...* looked at from that point of view, viewed from that angle ★ *van welke ~ komt de wind?* from which side does the wind blow? ❼ fig aspect ⟨of life, of the matter, of the same idea⟩ ★ *aan de andere ~ moeten wij niet vergeten dat...* but then / but on the other hand we shouldn't forget that... II m *stofnaam* lace
kanteel m [-telen] *gewoonlijk* mv battlement, crenellation
kantelen I overg [kantelde, h. gekanteld] ❶ *wentelen* turn over, overturn ❷ *op z'n kant zetten* tilt ★ *niet ~!* this side up! II onoverg [kantelde, is gekanteld] ❶ topple over, overturn, turn over ❷ scheepv capsize
kantelraam o [-ramen] cantilever / swing window
kanten I overg [kantte, h. gekant] square ★ *zich ~ tegen* oppose II bn lace
kant-en-klaar bn ❶ off-the-shelf, ready-made ★ *een kant-en-klare oplossing* a cut-and-dried solution ❷ *m.b.t. voedsel* ready-to-eat, ready-made, instant, ⟨bakklaar⟩ oven-ready ❸ *m.b.t. contracten,*

ka

systemen & turnkey

kant-en-klaarmaaltijd *m* [-en] convenience food, ready-made / instant meal

kantig *bn* angular

kantine *v* [-s] canteen

kantje *o* [-s] ❶ *rand* edge, verge ★ *het was op het ~ af, het was ~ boord* it was a near / close thing, it was touch and go ★ *op het ~ af geslaagd* got through by the skin of his teeth ★ *er de ~s van af lopen* cut corners ❷ *bladzijde* page ★ *een brief van zes ~s* a six-page letter ❸ *haring* pickled herring

kantklossen *o* lace making with a bobbin

kantlijn *v* [-en] ❶ *op papier* margin, marginal line ★ *een ~ trekken* rule a margin ★ *in de ~* in the margin ❷ *v.een kubus &* edge

kanton *o* [-s] canton

kantongerecht *o* [-en] magistrate's court, district court

kantonrechter *m* [-s] ❶ *persoon* judge of the district court ❷ *instelling* district court

kantoor *o* [-toren] office ★ *het ~ van afzending / ontvangst* the forwarding / receiving office ★ *op een ~* in an office ★ *op ~* at the office ★ *naar ~ gaan* go to the office ★ *ten kantore van...* at the office of...

kantoorartikel *o* [-en] office requisite

kantoorbaan *v* [-banen] office job

kantoorbediende *m-v* [-n & -s] (office) clerk

kantoorbehoeften *zn* [mv] stationery, office supplies / requisites

kantoorboekhandel *m* [-s] stationer's (shop)

kantoorgebouw *o* [-en] office building

kantoormeubelen *zn* [mv], **kantoormeubilair** *o* office furniture

kantoorpand *o* [-en] office premises / building

kantoortijd *m* [-en] office hours, ‹voor bezoekers› business hours

kantoortuin *m* [-en] open-plan office

kantooruren *zn* [mv], **kantoortijd** *m* [-en] office hours ★ *buiten / tijdens ~* outside / during office hours

kanttekening *v* [-en] marginal note

kantwerk *o* [-en] lacework

kanunnik *m* [-niken] canon

kap I *v* [-pen] ❶ *hoofdbedekking* ‹v. vrouwen (ook v. klederdracht)› cap, ‹v. cape, monnikspij› hood ❷ *v. voertuig* hood ❸ *v. schoorsteen* cowl ❹ *v. molen* cap ❺ *v. lamp* shade ❻ *haardroger* hood ❼ *v. laars* top ❽ *v. huis* roof, roofing ★ *twee onder één ~* semi-detached houses ❾ *v. muur* coping ❿ techn cap, cover, ‹v. auto› bonnet, ‹v. vliegtuig› cowl(ing) **II** *m* [-pen] *het kappen* cutting

kapel *v* [-len] ❶ *v.kerk* chapel ❷ muz band ❸ *vlinder* butterfly

kapelaan *m* [-s] chaplain, RK curate, assistant priest

kapelmeester *m* [-s] conductor, mil (military) bandmaster

kapen *overg* [kaapte h. gekaapt] ❶ hijack ❷ *wegnemen* inf pinch, nick

kaper *m* [-s] ❶ hijacker ❷ scheepv raider, hist

privateer ★ *er zijn ~s op de kust* ‹er is onraad› the coast is not clear, ‹er is competitie› there are rivals in the field

kaperij *v* hijacking, piracy

kaping *v* [-en] hijacking

kapitaal I *o* [-talen] ❶ econ capital ★ *~ en interest* principal and interest ★ *dood ~* dead / idle capital ★ *geplaatst ~* issued / subscribed capital ★ *gestort ~* Br paid-up capital, Am paid-in capital ★ *maatschappelijk ~* authorized / nominal / registered (share) capital ★ *zijn ~ aanspreken* draw on one's capital ★ *~ aantrekken* raise capital ★ *~ opvragen* call up capital, make a call on capital ★ *~ plaatsen* issue capital ❷ *veel geld* fortune **II** *v* [-talen] *v. hoofdletter* capital **III** *bn* ❶ capital ★ *een ~ misdrijf* a capital crime ★ *een kapitale fout* a major / serious mistake ★ *een ~ huis* a luxurious house ❷ *voortreffelijk* fantastic, excellent

kapitaalbelasting *v* ❶ *bij nalatenschap* capital transfer tax ❷ *bedrijf* capital duty

kapitaalgoederen *zn* [mv] capital goods / assets

kapitaalkrachtig *bn* financially strong / powerful, ‹v. persoon› wealthy

kapitaalmarkt *v* capital market

kapitaalvlucht *v* flight of capital

kapitaalvorming *v* capital formation / accumulation

kapitalisatie *v* [-s] capitalization, capital structure

kapitalisatiebon *m* [-s] ZN premium bond, debenture (bond)

kapitaliseren *overg* [kapitaliseerde, h. gekapitaliseerd] capitalize

kapitalisme *o* capitalism

kapitalist *m* [-en] capitalist

kapitalistisch I *bn* capitalist ‹country, society›, capitalistic ‹production› **II** *bijw* capitalistically

kapiteel *o* [-telen] capital

kapitein *m* [-s] mil & scheepv captain, ‹v. klein schip› skipper ★ *~luitenant-ter-zee* (naval) commander ★ *~vlieger* flight-lieutenant ★ *er kunnen geen twee ~s op een schip* you can't have two captains on one ship

kapitein-ter-zee *m* [kapiteins-ter-zee] (naval) captain

kapittel *o* [-s] chapter

kapittelen *overg* [kapittelde, h. gekapitteld] ★ *iem. ~* lecture sbd, read sbd a lecture

kapittelkerk *v* [-en] collegiate church

kapje *o* [-s] ❶ *mutsje* cap ❷ *leesteken* circumflex ❸ *v.e. brood* heel, crust

kaplaars *v* [-laarzen] top boot, jackboot

kapmes *o* [-sen] chopper, cleaver

kapok *m* kapok

kaposisarcoom *o* [-comen] Kaposi's sarcoma

kapot *bn v. gereedschap &* broken, out of order, gone to pieces, ‹v. jas &› in holes ★ *iets ~ krijgen* break sth ★ *zich ~ lachen* die laughing ★ *zich ~ vervelen* be bored stiff / to tears ★ *ik ben ~* ‹geruïneerd› I'm done for, ‹zeer moe› I'm done in ★ *ik ben er ~ van* it's shattered me, I'm completely cut up about it ★ *ik ben er niet ~ van* it doesn't do much to me

kapotgaan *onoverg* [ging kapot, is kapotgegaan] break down, go to pieces

kapotgooien *overg* [gooide kapot, h. kapotgegooid] smash

kapotje *o* [-s] *condoom* rubber, <u>Am</u> safe, <u>Br</u> sheath

kapotmaken *overg* [maakte kapot, h. kapotgemaakt] ❶ destroy, ruin, wreck ❷ *doodmaken* do ‹sbd› in

kapotslaan *overg* [sloeg kapot, h. kapotgeslagen] smash, break up

kapotvallen *onoverg* [viel kapot, is kapotgevallen] break, fall to pieces, smash

kapotwerken *wederk* [werkte kapot, h. kapotgewerkt] ★ *zich ~* work oneself to death

kappen I *overg* [kapte, h. gekapt] ❶ *hakken* chop ❷ *bomen* cut (down), fell ❸ *v. haar* do ★ *zich ~* do one's hair **II** *onoverg* [kapte, is gekapt] ‹ophouden› inf quit, knock off ★ *ik kap er mee* I'm knocking off / quitting / calling it a day

kapper *m* [-s] hairdresser, hair stylist, ‹voor heren› barber

kapperszaak *v* [-zaken] barbershop, hairdresser's

kappertjes, kappers *zn* [mv] capers

kapsalon *m & o* [-s] hairdresser's salon

kapseizen *onoverg* [kapseisde, is gekapseisd] capsize

kapsel *o* [-s] haircut, hairdo, hairstyle

kapsones *zn* [mv] ★ *~ hebben* be full of oneself ★ *~ maken* make a scene

kapspiegel *m* [-s] dressing table mirror

kapster *v* [-s] (lady) hairdresser

kapstok *m* [-ken] ‹aan muur› coat rack, ‹in gang› hatstand, coatstand, ‹één haak› peg ★ *iets als ~ gebruiken* use sth as a stepping stone

kaptafel *v* [-s] dressing table

kapucijn *m* [-en] Capuchin

kapucijner I *m* [-s] *erwt* marrowfat (pea) **II** *bn* ★ *een ~ monnik* a Capuchin (monk)

kapverbod *o* [-boden] tree-felling ban

kar *v* [-ren] ❶ cart ★ *iem. voor zijn ~retje spannen* get sbd to do one's dirty work, use sbd as a tool / doormat ❷ *fiets* inf bike ❸ *auto* inf car

karaat *o* [-s & -raten] carat ★ *18~s goud* 18-carat gold

karabijn *v* [-en] carbine

karaf *v* [-fen] ❶ *voor water* carafe ❷ *voor wijn* decanter, carafe

karakter *o* [-s] ❶ *letterteken* character, symbol ❷ *aard* character, nature ★ *een goed ~ hebben* have a good character ★ *vast van ~* of (a) steady character ★ *van een tijdelijk ~* temporary ❸ *toneelpersonage* character

karaktereigenschap *v* [-pen] character trait

karakteriseren *overg* [karakteriseerde, h. gekarakteriseerd] characterize

karakteristiek I *bn* characteristic ★ *de ~e geur van bitter amandelen* the distinctive smell of bitter almonds ★ *dat is ~ voor haar* that's typical of her **II** *bijw* characteristically **III** *v* [-en] characterization

karakterloos *bn* characterless

karakterrol *m* [-len] character part

karakterschets *v* [-en] character sketch

karakterstudie *v* [-s] character study

karaktertekening *v* [-en] character sketch

karaktertrek *m* [-ken] trait, characteristic, feature

karaktervast *bn* consistent in character

karaktervorming *v* character building

karamel *v* [-s & -len] caramel

karameliseren *overg* [karameliseerde, h. gekarameliseerd] *v. suiker* caramelize

karaoke *m* karaoke

karaokebar *m & v* [-s] karaoke bar

karate *o* karate

karateka *m-v* ['s] karateka, karate player

karavaan *v* [-vanen] caravan

karbonade *v* [-s & -n] chop, cutlet

karbonkel *m & o* [-s] *steen en puist* carbuncle

kardinaal I *bn* cardinal, chief ★ *het kardinale punt* the cardinal / crucial point, the crux of the matter ★ *de kardinale fout* the crucial error **II** *m* [-nalen] cardinal

karekiet, karkiet *m* [-en] *vogel* reed warbler

karig I *bn* scanty, frugal, sparing ‹use› ★ *een ~ maal* a frugal meal ★ *~ met woorden* sparing with words ★ *(niet) ~ zijn met* (not) be frugal / sparing with **II** *bijw* scantily, frugally, sparingly, with a sparing hand

karigheid *v* ❶ scantiness, sparseness ❷ *zuinigheid* frugality, <u>afkeurend</u> stinginess

karikaturaal *bn* caricatural

karikaturist *m* [-en] caricaturist

karikatuur *v* [-turen] caricature

karkas *o & v* [-sen] carcass, ‹v. gebouw ook› skeleton

karma *o* karma

karmeliet *m* [-en] Carmelite

karmijn *o* carmine

karnemelk *v* buttermilk

karnen *overg* [karnde, h. gekarnd] churn

karos *v* [-sen] coach, state carriage

karper *m* [-s] carp

karpet *o* [-ten] carpet, rug

karren I *onoverg* [karde, h. en is gekard] ❶ *fietsen* bike, cycle ❷ *rijden* drive, ride **II** *overg* [karde, h. gekard] cart

karrenvracht *v* [-en] cartload

¹kartel¹ *m* [-s] *inkerving* serration, notch, crenation

kar'tel² *o* [-s] ❶ <u>handel</u> cartel, syndicate, trust, inf ring ★ *een ~ vormen* form a cartel ❷ *v. politieke partijen* <u>ZN</u> coalition

kartelen *overg* [kartelde, h. gekarteld] ❶ notch ❷ *v. munten* mill ★ *een gekartelde rand* a serrated edge, ‹v. munten› a milled edge

kartelmes *o* [-sen] serrated knife

kartelrand *m* [-en] zigzag edge, ‹v. messen› serrated edge, ‹van munten› milled edge ★ *met ~* with a zigzag & edge

kartelrecht *o* anti-trust law

kartelschaar *v* [-scharen] pinking shears

kartelvorming *v* cartelization

karting *o* go-karting

karton *o* [-s] cardboard, pasteboard ★ *een ~* a

ka

cardboard box, a carton

kartonnage *v* ❶ cardboard production ❷ *inbinden van boeken* board binding

kartonnen *bn* cardboard ★ *een ~ doos* a cardboard box ★ *een ~ kaft* a hardback cover

karwats *v* [-en] riding whip / crop

karwei *v & o* [-en] job, task, chore ★ *op ~ gaan / zijn* go / be out on a job ★ *het is een heel ~* it's quite a job / task / chore

karweitje *o* [-s] job, chore, task ★ *(allerlei) ~s* odd jobs ★ *een heitje voor een ~* a bob-a-job

karwij *v* caraway

kas *v* [-sen] ❶ *ter invatting v. horloge* case ❷ *v. tand, oog* socket ★ *zijn ogen puilden bijna uit de ~sen* his eyes almost popped out of their sockets ❸ *tuinbouw &* hothouse, greenhouse, glasshouse ❹ *geldkistje* cash box ❺ *geldmiddelen* cash, funds ★ *kleine ~* petty cash ★ *'s lands ~* the exchequer, the treasury ★ *de openbare ~* the public funds ★ *de ~ houden* manage the funds ★ *de ~ opmaken* make up the cash, keep the accounts ★ *goed bij ~ zijn* be in cash / funds, have plenty of money ★ *slecht bij ~ zijn* be short of cash / funds ★ *geld in ~* cash in hand ❻ *kassa* cash desk ★ *een greep in de ~ doen* raid the till ❼ *betaalkantoor* pay office

kasbloem *v* [-en] hothouse flower

kasboek *o* [-en] cash book

kascheque *m* [-s] giro cheque, Am giro check

kascommissie *v* [-s] audit committee

kascontrole *v* [-s] *door accountant* cash audit

kasgeld *o* [-en] cash (in hand)

kaskraker *m* [-s] winner, hit

kasoverschot *o* [-ten] cash surplus

Kaspisch *bn* Caspian ★ *de ~e Zee* the Caspian Sea

kasplant *v* [-en] hothouse plant ★ fig *een ~je* a hothouse flower

kasreserve *v* [-s] cash reserve

kassa *v* ['s] ❶ *geldkas* cash ❷ *v. betaling* cash desk, (pay-)desk ❸ *v. supermarkt* checkout ❹ *v. bioscoop & box office* ❺ *telmachine* cash register, till ★ *per ~* net cash ★ *~!* jackpot!, bingo!

kassabon *m* [-s & -nen] receipt, docket

kassaldo *o* ['s &-di] cash balance

kassarol *v* [-len] till roll

kassei *m & v* [-en] ❶ *steen* ZN cobblestone ❷ *weg* cobbled road

kassier *m* [-s] ❶ *kasbeheerder* cashier, (v. bank ook) teller ❷ *v. grote betalingen* banker

kasstroom *m* [-stromen] cash flow, (uit de bedrijfsuitoefening) operating cash flow

kasstuk *o* [-ken] ❶ toneel box office success ❷ boekh voucher

kassucces *o* [-sen] box office success

kast *v* [-en] ❶ *meubel* (keukenkast) cupboard, (kledingkast) wardrobe, (boekenkast) bookcase, (porseleinkast) cabinet ★ inf *iem. op de ~ jagen* rile / bait / tease sbd ★ *op de ~ zitten* be in a huff, be angry ★ *alles uit de ~ halen* pull out all the stops ★

(v. homoseksuelen) *uit de ~ komen* come out of the closet ★ *van het ~je naar de muur sturen* send from pillar to post ❷ *groot gebouw* barn, barracks, (lelijk) monstrosity ★ *een ~ van een huis* a barn of a house ❸ *kamer* inf diggings, digs ❹ *gevangenis* inf nick, can, clink ★ inf *iem. in de ~ zetten* put sbd in the nick & ❺ *v. horloge &* case

kastanje *v & m* [-s] chestnut ★ *de wilde ~* the horse chestnut ★ *de tamme ~* the sweet chestnut ★ *voor iem. de ~s uit het vuur halen* do sbd else's dirty work

kastanjeboom *m* [-bomen] chestnut tree

kastanjebruin *bn* chestnut, auburn ★ *~ haar* chestnut / auburn hair

kaste *v* [-n] caste

kasteel *o* [-telen] ❶ castle, mil citadel ❷ *schaken* castle, rook

kastekort *o* [-en] cash deficit

kastelein *m* [-s] innkeeper, landlord, publican

kastenstelsel *o* [-s] caste system

kastijden *overg* [kastijdde, h. gekastijd] chastise, castigate, punish

kastijding *v* [-en] chastisement, castigation

kastje *o* [-s] ❶ (kleine kast) (small) cupboard, (sierlijk) cabinet, (v. leerling, in kleedkamer &) locker ★ *van het ~ naar de muur gestuurd worden* be sent / driven from pillar to post ❷ tv scherts box

kat *v* [-ten] ❶ *dier* cat ★ *de ~ de bel aanbinden* bell the cat ★ *als een ~ in een vreemd pakhuis* like a fish out of water ★ *een ~ in de zak kopen* buy a pig in a poke ★ *als een ~ om de hete brij heendraaien* beat about the bush ★ *de ~ op het spek binden* set the fox to watch the geese, trust the cat to keep the cream ★ *de ~ uit de boom kijken* see which way the cat jumps, sit on the fence ★ *de ~ in het donker knijpen* do things on the sly, be a slyboots / sneak ★ *als de ~ van huis is, dansen de muizen op tafel* when the cat's away the mice will play ★ *zij leven als ~ en hond* they live like cat and dog ★ *een ~ in het nauw maakt rare sprongen* ± a drowning man will clutch at a straw, desperate needs lead to desperate deeds ★ *maak dat de ~ wijs* tell that to the marines ★ *het spel van ~ en muis spelen* play cat and mouse ★ *~ in 't bakkie* child's play, a cinch ★ *eruitzien als een verzopen ~* look like a drowned rat ❷ *mv: de katachtigen* cats, felines ❸ *vinnige vrouw* cat ★ *zij is een ~* she's a cat ❹ *snauw* snarl ★ *iem. een ~ geven* bite sbd's head off ❺ *wapen* hist cat

katachtig *bn* ❶ catlike ❷ *tot de katachtigen behorend* feline

katafalk *v* [-en] catafalque

katalysator *m* [-s & -toren] ❶ scheik catalyst ❷ *in auto* (catalytic) converter

katalyseren *overg* [katalyseerde, h. gekatalyseerd] catalyse

katapult *m* [-en] catapult

katenspek *o* ± smoked bacon

kater *m* [-s] ❶ *mannetjeskat* tomcat ❷ *teleurstelling* disillusionment ❸ *na drankgebruik* hangover ★ *een ~*

hebben have a hangover, be hung over
katern *v & o* [-en] ❶ *papier* quire ❷ <u>ambt</u> section, signature
katheder *m* [-s] lectern
kathedraal I *v* [-dralen] cathedral **II** *bn* ★ *een kathedrale kerk* a cathedral church
katheter *m* [-s] catheter
kathode *v* [-n & -s] cathode
katholicisme *o* (Roman) Catholicism
katholiek I *bn* ❶ (Roman) Catholic ❷ *deugdelijk* <u>ZN</u> right, proper ★ *dat is niet ~* that's not right **II** *m* [-en] (Roman) Catholic
katje *o* [-s] ❶ *poesje* kitten ★ *bij nacht zijn alle ~s grauw* all cats are grey at night / in the dark ❷ *bloeiwijze* catkin ❸ *vrouwspersoon* cat ★ *zij is geen ~ om zonder handschoenen aan te pakken* she's not to be trifled with
katoen *o & m* cotton ★ *'m van ~ geven* give it all one has got ★ *geef hun van ~* let them have it
katoenen *bn* cotton ★ *~ stoffen* cotton fabrics, cottons
katrol *v* [-len] pulley
kattebelletje *o* [-s] (hasty) scribble, memo
Kattegat *o* Kattegat
katten *overg* [katte, h. gekat] ❶ *van scheepvaart* cat ❷ *snauwen* snarl (at) ★ *gaan we ~?* are we going to be bitchy?
kattenbak *v* [-ken] ❶ *voor behoefte v. kat* litter tray ❷ *aan rijtuig* dickey (seat)
kattenbakvulling *v* cat litter
kattenbelletje *o* [-s] *belletje* cat bell
kattengejank *o* caterwauling, miaowing / meowing
kattengespin *o* cat's purr ★ *het eerste gewin is ~* first winnings don't count
kattenkop *m* [-pen] ❶ *kop v.e. kat* cat's head ❷ <u>fig</u> cat, bitch
kattenkwaad *o* naughty / monkey tricks, mischief ★ *~ uithalen* be naughty, get into mischief
kattenluik *o* [-en] cat flap / door
kattenoog *o* [-ogen] ❶ *oog van een kat* cat's eye ❷ *reflector* cat's eye, reflector ❸ *steen* cat's eye
kattenpis *m* <u>inf</u> cat piss ★ ‹m.b.t. een geldbedrag› *dat is geen ~* that's not to be sneezed at
kattenstaart *m* [-en] ❶ *staart v. kat* cat's tail ❷ *plant* purple loosestrife
katterig *bn* ❶ *licht ziek* <u>inf</u> under the weather ❷ *na dronkenschap* <u>inf</u> have a hangover
kattig *bn* catty, cattish
katvis *m* [-vissen] catfish, fry
katzwijm *m* ★ *in ~ liggen* have fainted ★ *in ~ vallen* faint, swoon
Kaukasus *m* Caucasus
kauw *v* [-en] *vogel* jackdaw
kauwen *overg* [kauwde, h. gekauwd] chew ★ *~ op* chew on
kauwgom *m & o* chewing gum
kauwgombal *m* [-len] chewing gum ball
kavel *m* [-s & -en] *perceel* lot, parcel
kavelen *overg* [kavelde, h. gekaveld] lot (out),

subdivide, divide into lots
kaviaar *m* caviar(e)
Kazachstan *o* Kazakhstan
kazerne *v* [-s & -n] barrack(s) ★ *in ~s onderbrengen* put into barracks
kazuifel *m* [-s] chasuble
KB *afk* ❶ (Koninklijk Besluit) Royal Decree ❷ (Koninklijke Bibliotheek) Royal Library ❸ (kilobyte) <u>comput</u> KB, kilobyte
kcv *afk* (<u>onderw</u> klassieke culturele vorming) classical culture
kebab *m* kebab
keel I *v* [kelen] throat ★ *een zere ~* a sore throat ★ *een schorre ~* a husky voice ★ *een droge ~ hebben* have a dry throat ★ *de ~ smeren* wet one's whistle ★ *een ~ opzetten* cry out, yell, scream at the top of one's voice ★ *iem. de ~ afsnijden* cut sbd's throat ★ *iem. de ~ dichtknijpen* choke / throttle / strangle sbd ★ *iem. naar de ~ vliegen* go for sbd's throat ★ *iem. bij de ~ grijpen* seize sbd by the throat ★ *hij heeft de baard in de ~* his voice is breaking ★ <u>fig</u> *dat grijpt mij naar de ~* it gives me a lump in the throat ★ <u>fig</u> *iem. het mes op de ~ zetten* put a pistol to sbd's head ★ *het hart klopte hem in de ~* his heart was in his throat ★ *angst snoerde hem de ~ dicht* he was choked with fear ★ *het woord bleef mij in de ~ steken* the word stuck in my throat ★ <u>inf</u> *het hangt mij de ~ uit* I'm fed up (to the back teeth) with it **II** *o* <u>herald</u> gules
keel-, neus- en oorarts *m* [-en] ear, nose and throat specialist
keelamandel *v* [-en] tonsil
keelgat *o* [-gaten] gullet ★ *het kwam in het verkeerde ~* it went down the wrong way ★ <u>fig</u> *dat schoot hem in het verkeerde ~* that didn't go down very well with him
keelholte *v* [-n & -s] pharynx
keelkanker *m* cancer of the throat
keelklank *m* [-en] guttural (sound)
keelontsteking *v* [-en] inflammation of the throat, laryngitis
keelpijn *v* sore throat ★ *~ hebben* have a sore throat
keepen *onoverg* [keepte, h. gekeept] keep goal
keeper *m* [-s] goalkeeper, <u>inf</u> goalie
keer *m* [keren] ❶ *wending* turn ★ *de ziekte heeft een goede / gunstige ~ genomen* the illness has taken a favourable turn ★ *gedane zaken nemen geen ~* what's done can't be undone ❷ *maal* time ★ *(voor) deze ~* this time ★ *twee ~* twice ★ *de twee keren dat hij...* the two occasions that he... ★ *een ~ of drie* two or three times ★ *drie ~* three times ★ *een enkele ~* once in a while, occasionally ★ *de eerste ~* the first time ★ *de laatste ~* (the) last time ★ *de volgende ~* next time ★ *in één ~* ‹algemeen› at one time, at one go, ‹doodslaan› at a blow, ‹leegdrinken› at a draught ★ *in / binnen de kortste keren* in no time at all, without further delay, before you can say Jack Robinson ★ *op een ~* one day / evening & ★ *~ op ~* time after time, time and again ★ *voor deze ene ~* for

this once ★ *negen van de tien* ~ nine times out of ten ▼ *te* ~ *gaan* go on (at), take on, raise the roof, storm

keerkring *m* [-en] tropic ★ *tussen de* ~*en* in the tropics

keerpunt *o* [-en] turning point ★ *een* ~ *in de geschiedenis* a turning point / watershed in history ★ fig *het* ~ *in zijn carrière* the turning point in his career

keerzij, **keerzijde** *v* [-zijden] ❶ *achterzijde* reverse (side), back ★ *aan de* ~ on the back ★ fig *de* ~ *van de medaille* the other side of the coin / picture ❷ fig seamy side

keeshond *m* [-en] Pomeranian (dog), keeshond

keet *v* [keten] ❶ ‹rommel› mess, ‹herrie› row, racket ★ inf ~ *maken* make a mess, ‹v. herrie› kick up a row / racket ❷ *loods* shed

keffen *onoverg* [kefte, h. gekeft] yap

keffer *m* [-s], **keffertje** *o* [-s] yapper

kegel *m* [-s] ❶ wisk cone ★ *een afgeknotte* ~ a truncated cone ❷ *bij kegelspel* pin, ‹bij bowling› tenpin, ‹bij kegelen› skittle, ninepin ❸ *ijskegel* icicle ❹ *van drank* ★ *hij kwam met een* ~ *op zijn werk* he got to work reeking of alcohol

kegelbaan *v* [-banen] skittle / bowling alley

kegelen *onoverg* [kegelde, h. gekegeld] play skittles / ninepins

kegelsnede *v* [-n] conic section

kei *m* [-en] ❶ *rotsblok* boulder ❷ *ter bestrating* paving stone, ‹rond› cobblestone ★ fig *op de* ~*en staan* be out on one's ear ★ fig *iem. op de* ~*en zetten* give sbd the boot ❸ *bolleboos* fig wizard, dab hand, crack

keihard I *bn* ❶ rock-hard, as hard as rock / stone ❷ fig tough ★ ~*e maatregelen nemen* take tough / rigorous measures ★ *een* ~ *schot* a fierce shot ★ *een* ~*e vrouw* a tough woman **II** *bijw* ❶ firmly ★ *zich* ~ *opstellen* take a tough stance ❷ m.b.t. *geluid* loudly ★ *de radio stond* ~ *aan* the radio was on full blast ★ ~ *schreeuwen* shout at the top of one's voice

keilbout *m* [-en] bolt plug

keileem *o* boulder clay

keilen *overg* [keilde, h. gekeild] fling, pitch ★ *steentjes over het water* ~ make ducks and drakes

keizer *m* [-s] emperor ★ Bijbel *geef de* ~, *wat des* ~*s is* render unto Caesar the things which are Caesar's ★ *waar niets is, verliest de* ~ *zijn recht* you can't get blood out of a stone ★ *de nieuwe kleren van de* ~ the emperor's new clothes

keizerin *v* [-nen] empress

keizerlijk *bn* imperial

keizerrijk *o* [-en] empire

keizersnede, **keizersnee** *v* [-sneden] Caesarean/Am Cesarean section

kelder *m* [-s] ❶ *souterrain* cellar ❷ *kluis* vault ▼ *naar de* ~ *gaan* scheepv go to the bottom, fig go to the dogs

kelderen I *overg* [kelderde, h. gekelderd] *zinken* send to the bottom, sink **II** *onoverg* [kelderde, is gekelderd] *v. aandelen* slump, plummet

keldergat *o* [-gaten] air / vent hole

keldermeester *m* [-s] butler, ‹v. klooster› cellarer, ‹v. wijnmakerij› cellar master, winemaker

keldertrap *m* [-pen] cellar stairs

kelderverdieping *v* [-en] basement

kelen *overg* [keelde, h. gekeeld] ❶ *keel doorsnijden* cut the throat of ❷ *wurgen* strangle

kelim I *m* [-s] *tapijt* kilim **II** *o stof* kilim

kelk *m* [-en] ❶ *glas* cup, chalice ❷ plantk calyx

kelkblad *o* [-bladen] sepal

kelner *m* [-s] waiter ★ *de eerste* ~ the head waiter

Kelt *m* [-en] Celt

Keltisch I *bn* Celtic **II** *o taal* Celtic

Keltische *v* [-n] Celt

kelvin *m* [-s] Kelvin

kemphaan *m* [-hanen] ❶ *vogel* ruff, ‹vrouwtje› reeve ❷ *vechtersbaas* fig fighting cock ★ *ze stonden als kemphanen tegenover elkaar* they were poised for the fight

kenau *v* [-s] battleaxe

kenbaar *bn* knowable ★ *iets* ~ *maken* make sth known ★ *ze zijn* ~ *aan*... they can be identified / recognized by...

kengetal *o* [-len] telec dialling / area code

Kenia *o* Kenya

kenmerk *o* [-en] ❶ *kenteken* distinguishing / identifying mark ★ ‹boven zakenbrief› *ons* ~ our ref ❷ *karakteristiek* characteristic feature

kenmerken *overg* [kenmerkte, h. gekenmerkt] characterize, mark ★ *zich* ~ *door* be characterized by

kenmerkend *bn* characteristic ★ ~ *zijn voor* be characteristic of

kennel *m* [-s] kennel

kennelijk I *bn* obvious, evident, apparent ★ *in* ~*e staat (van dronkenschap)* under the influence of drink **II** *bijw* clearly, obviously

kennen *overg* [kende, h. gekend] ❶ know, be acquainted with ★ *dat* ~ *we* we know about that, iron we've heard that one before ★ *de feiten* ~ know the facts ★ *betere dagen gekend hebben* have seen beter days ★ *zijn pappenheimers* ~ know who you are dealing with ★ *een taal* ~ be familiar with / know / speak a language ★ *hij kent geen vrees* he knows no fear ★ *ken u zelven* know thyself ★ *zich doen* ~ *als*... show oneself a... ★ *zich laten* ~ show oneself in one's true colours ★ *iem. leren* ~ get acquainted with sbd, come / learn to know sbd ★ *iem. niet in iets* ~ act without sbd's knowledge, not consult sbd about sth ★ *geen... van...* ~ not know... from... ❷ *herkennen* recognize, know ★ *de wet kent dat begrip niet* the law does not make that distinction ★ inf *zij wilden hem niet* ~ they cut him dead ★ *ik ken hem aan zijn stem / manieren* I recognize his voice / mannerisms ★ *ze uit elkaar* ~ know / tell them apart ▼ *iem. te* ~ *geven dat*... give sbd to understand that..., hint / intimate to sbd that...

kenner *m* [-s] ❶ connoisseur, (good) judge (*van* of) ❷ *deskundige* authority (on), expert (on) ★ *een* ~ *van het Latijn* a Latin scholar

kennersblik *m* [-ken], **kennersoog** *o* eye of a connoisseur / an expert ★ *met* ~ with an expert's / connoisseur's eye

kennis I *v* ❶ *het weten, wetenschap* knowledge, ‹vooral praktisch› know-how, ‹informatie› information ★ ~ *is macht* knowledge is power ★ ~ *dragen van* have knowledge of ★ *(geen)* ~ *hebben van* have (no) knowledge of ★ *dat is buiten mijn* ~ *gebeurd* that happened without my knowledge ★ *met* ~ *van zaken* with expertise, expertly ★ *ter* ~ *komen van* come to the knowledge / attention of ★ *iets ter (algemene)* ~ *brengen* give (public) notice of sth ★ *oppervlakkige* ~ *van* a superficial knowledge of, ‹v. een taal› a smattering of ★ ~ *geven van* give notice of, announce ★ *zonder (vooraf)* ~ *te geven* without giving (prior) notice ❷ *bekendheid met* acquaintance ★ ~ *hebben aan iem.* be acquainted with sbd, know sbd ★ ~ *maken met iem.* make sbd's acquaintance ★ ~ *maken met iets* become acquainted with sth, get to know about sth ★ *met elkaar in* ~ *brengen* introduce to each other ★ *iem. in* ~ *stellen van* acquaint sbd with, inform sbd of ★ ~ *nemen van* take note of, acquaint oneself with ★ ~ *geven van* announce, give notice of ❸ *bewustzijn* consciousness ★ *bij* ~ *zijn* be conscious ★ *weer bij* ~ *komen* regain consciousness ★ *buiten* ~ *zijn* be unconscious, have lost consciousness **II** *m-v* [-sen] *persoon* acquaintance ★ *een (goede)* ~ *van mij* a (good) acquaintance of mine ★ *wij zijn onder* ~*sen* we're among friends

kennisgeving *v* [-en] notice, notification, announcement ★ *iets voor* ~ *aannemen* ‹een document› lay sth on the table, ‹alg.› take note of sth ★ *enige en algemene* ~ in place of cards

kennisleer *v* epistemology

kennismaken *onoverg* [maakte kennis, h. kennisgemaakt] ★ *met iem.* ~ become acquainted with sbd, meet sbd ★ *aangenaam kennis te maken* pleased to meet you ★ *hebben jullie al kennisgemaakt?* do you two know each other?

kennismaking *v* [-en] ❶ acquaintance ★ *bij de eerste* ~ on first acquaintance ★ *op onze* ~*!* to our better acquaintance! ❷ *het bekend worden van iets* introduction (to) ★ handel *ter* ~ introductory offer

kennisneming *v* examination, inspection

kennisoverdracht *v* transfer of knowledge

kennissenkring *m* [-en] (circle of) acquaintances

kennissysteem *o* [-temen] knowledge system

kenschetsen *overg* [kenschetste, h. gekenschetst] characterize ★ *dat kenschetst hem* that is typical / characteristic of him

kenteken *o* [-s & -en] ❶ *merkteken* distinguishing mark ★ *bijzondere* ~*en* distinguishing marks ❷ *v. auto* registration / number plate, Am license plate

kentekenbewijs *o* [-wijzen] registration certificate

kentekenplaat *v* [-platen] registration / number plate, Am license plate ★ *een auto met* ~ *1500 RG 33* a car with number plate 1500 RG 33 ★ *auto's met Engelse*

kentekenplaten cars with English number plates

kenteren *overg en onoverg* [kenterde, h. en is gekenterd] turn ★ *het getij kentert* the tide is turning

kentering *v* [-en] ❶ *van getij, weer, moesson &* change, turn ❷ fig turn, turning ★ *een* ~ *in de cultuur* a cultural sea change ★ *een* ~ *in de publieke opinie* a change in the tide of public opinion

keper *m* [-s] ❶ *weefsel* twill ★ *op de* ~ *beschouwen* examine carefully ★ *op de* ~ *beschouwd* on close inspection ❷ herald chevron ❸ *dakrib* ZN beam

kepie *m* [-s] kepi

keppeltje *o* [-s] yarmulke

keramiek, ceramiek *v* ceramics

keramisch, ceramisch *bn* ceramic ★ *een* ~*e kookplaat* a ceramic hob

keramist *m* [-en] ceramic artist

kerel *m* [-s] fellow, chap, inf guy, bloke ★ *een eerlijke* ~ an honest fellow & ★ *een rare* ~ a strange fellow & **kereltje** *o* [-s] little chap / fellow, inf little guy / bloke

keren I *overg* [keerde, h. gekeerd] ❶ *omkeren* turn ★ *hooi* ~ toss / ted hay, turn over hay ★ *zich* ~ turn (around) ★ *zich tegen iedereen* ~ turn against everybody ★ *zich ten goede / kwade* ~ turn out well / badly, take a turn for the better / worse ★ *zich tot God* ~ turn to God ❷ kaartsp turn over ‹a card› ❸ *tegenhouden* stem, stop, check, arrest ★ *het kwaad is niet meer te* ~ the evil cannot be averted **II** *onoverg* [keerde, is gekeerd] turn (around) ★ *in zichzelf* ~ retire within oneself ★ *in zichzelf gekeerd* retiring ★ *beter ten halve gekeerd dan ten hele gedwaald* he who stops halfway is only half in error ★ *per* ~*de post* by return post

kerf *v* [kerven] notch, nick

kerfstok *m* [-ken] tally ★ *hij heeft veel op zijn* ~ he has a bad record ★ *niets op zijn* ~ *hebben* have a clean slate

kerk *v* [-en] ❶ *kerkgebouw* church, ‹kleiner› chapel ★ *in de* ~ at / in church, in the church ★ *de* ~ *in het midden laten* pursue a give-and-take policy ★ scherts *ben je in de* ~ *geboren?!* were you born in a barn? ★ fig *voor het zingen de* ~ *uit gaan* pull out in time, leave before the gospel ❷ *kerkdienst* church, church service ★ *hoe laat begint de* ~? what time does the service begin? ★ *na* ~ after church ★ *naar de* ~ *gaan* ‹als gelovige› go to church, ‹als toerist› visit the church ❸ *kerkgenootschap* church, denomination ★ *bij welke* ~ *hoor je?* what's your religion / denomination?, what church do you go to?

kerkbank *v* [-en] pew

kerkboek *o* [-en] ❶ *v. gebeden &* prayer book ❷ *register* church / parish register

kerkdienst *m* [-en] divine service, church service, religious service

kerkdorp *o* [-en] parish

kerkelijk I *bn* ❶ church, religious, ecclesiastical ★ *een* ~*e begrafenis* a religious burial ★ *een* ~ *feest* a church festival ★ ~*e goederen* church property ★ *een* ~ *huwelijk* a church / religious wedding

ke

★ *het ~ jaar* the Christian year ★ *~ recht* ecclesiastical law ★ hist *de Kerkelijke Staat* the Papal States ❷ *lid van een kerk* churchgoing ★ *hij is niet ~* he's not a churchgoer **II** *bijw* religiously ★ *een huwelijk ~ inzegenen* have a marriage blessed in church

kerkenraad *m* [-raden] ❶ church council ❷ *vergadering* church council meeting

kerker *m* [-s] dungeon

kerkganger *m* [-s] churchgoer

kerkgenootschap *o* [-pen] denomination

kerkhof *o* [-hoven] ❶ *bij kerk* churchyard, graveyard ★ *op het ~* dead and buried ❷ *begraafplaats alg.* cemetery, graveyard ★ *de dader ligt op het ~* nobody knows where the culprit is

kerkklok *v* [-ken] ❶ *uurwerk* church clock ❷ *bel* church bell

kerkkoor *o* [-koren] (church) choir

kerkmuziek *v* church music

kerkorgel *o* [-s] church organ

kerkplein *o* [-en] village square

kerkprovincie *v* [-s & -ciën] archdiocese

kerks *bn* churchgoing ★ *hij is ~* he is a regular churchgoer

kerktoren *m* [-s] church tower, ‹spits› (church) steeple

kerkuil *m* [-en] barn owl

kerkvader *m* [-s] Father of the Church, church father

kerkvolk *o* churchgoers, congregation

kerkvoogd *m* [-en] RK prelate, prot church warden

kerkvorst *m* [-en] prelate

kermen I *onoverg* [kermde, h. gekermd] moan, groan **II** *onoverg* [kermde, h. gekermd] whine

kermis *v* [-sen] (fun) fair, ‹terrein› fair ground ★ *het is niet alle dagen ~* Christmas comes but once a year ★ *het is ~ in de hel* there's a sunshower ★ *hij kwam van een koude ~ thuis* he was brought back to earth rudely

kermisattractie *v* [-s] fairground attraction

kermisvolk *o* ❶ show people ❷ ‹bezoekers› fairground visitors / crowd

kern *v* [-en] ❶ *binnenste* core, ‹v. noot› pit kernel, ‹v. perzik, kers &› stone, ‹v. boom› heart, ‹v. stengel› pith ❷ fig substance, heart, core, kernel, pith ★ *een ~ van waarheid* an element / grain of truth ★ *tot de ~ van de zaak doordringen* get to the heart / core of the matter ❸ *v. plaats* centre, Am center ❹ nat & biol nucleus

kernachtig *bn* pithy, terse

kernactiviteit *v* [-en] core activity

kernafval *o* nuclear waste

kernbewapening *v* nuclear armament

kernbom *v* [-men] nuclear / atom / atomic bomb

kerncentrale *v* [-s] nuclear / atomic power station

kernenergie *v* nuclear energy / power, atomic energy / power

kernfusie *v* nuclear fusion

kernfysica *v* nuclear / atomic physics

kernfysicus *m* [-ci] nuclear / atomic physicist

kerngezond *bn* ❶ *v. personen* in perfect health

❷ *v. zaken* thoroughly sound

kernhout *o* heartwood

kernkop *m* [-pen] nuclear / atomic warhead

kernlading *v* [-en] nuclear charge

kernmacht *v* [-en] nuclear / atomic power

kernmarkten *zn* [mv] core markets / business

kernmogendheid *v* [-heden] nuclear power

kernoorlog *m* [-logen] nuclear war

kernploeg *v* [-en] sp national selection / squad

kernproef *v* [-proeven] nuclear / atomic test

kernpunt *o* [-en] central / crucial point, crux

kernraket *v* [-ten] nuclear missile

kernramp *v* [-en] nuclear disaster

kernreactor *m* [-s & -toren] nuclear reactor

kernsplitsing *v* nuclear fission

kernstopverdrag *o* [-dragen] ❶ *m.b.t. kernwapenbezit* nonproliferation treaty ❷ *m.b.t. kernproeven* test ban treaty

kernvrucht *v* [-en] pome

kernwapen *o* [-s] nuclear weapon

kerosine *v* kerosene / kerosine, paraffin oil

kerrie *m* curry, ‹poeder› curry powder

kerriepoeder *o en m* curry powder

kers I *m & v* [-en] *vrucht* cherry ★ *~en op brandewijn* brandied cherries ★ *met grote heren is het slecht ~en eten* he who sups with the devil should have a long spoon **II** *m* [-en] *boom* cherry tree **III** *m & v* *plant* cress ★ *Oost-Indische ~* nasturtium

kersenbonbon *m* [-s] cherry liqueur chocolate

kersenboom *m* [-bomen] cherry tree

kersenboomgaard *m* [-en] cherry orchard

kersenhout *o* cherry wood

kersenjam *m & v* cherry jam

kersenpit *v* [-ten] ❶ cherry stone ❷ *hoofd* inf nut

kerst *v* Christmas ★ *wat doe je met de ~?* what are you doing for Christmas? ★ *met de ~ op vakantie gaan* go on holidays during / over the Christmas period

kerstavond *m* [-en] ❶ *24 dec.* Christmas Eve ❷ *25 dec.* evening of Christmas Day

kerstbal *m* [-len] *versiering* Christmas tree bauble / decoration

kerstboodschap *v* Christmas message

kerstboom *m* [-bomen] Christmas tree

kerstbrood *o* [-broden] Christmas loaf / stollen

kerstdag *m* [-dagen] Christmas Day ★ *eerste ~* Christmas Day ★ *tweede ~* Boxing Day ★ *tijdens de ~en* at / during Christmas ★ *prettige ~en!* Merry Christmas!

kerstdiner *o* [-s] Christmas dinner

kerstdrukte *v* Christmas rush

kerstenen *overg* [kerstende, h. gekerstend] christianize

kerstening *v* christianization

kerstfeest *o* [-en] Christmas

kerstgratificatie *v* [-s] Christmas bonus

kerstkaart *v* [-en] Christmas card

kerstkind *o* [-eren] ❶ *baby geboren met Kerstmis* Christmas baby ❷ *kindeke Jezus* **Kerstkind** Christ

child, infant / baby Jesus
kerstkrans *m* [-en] *gebak* almond pastry ring
kerstkransje *o* [-s] Christmas biscuit
kerstlied *o* [-eren] Christmas carol
Kerstman *m* [-nen] ★ *de* ~ Father Christmas, Santa Claus
kerstmarkt *v* [-en] Christmas market
Kerstmis *m* Christmas ★ *met* ~ at Christmas ★ *een* ~ *zonder sneeuw* Christmas without snow ★ *een* ~ *met sneeuw* a white Christmas
kerstmis *m & v* [-sen] *mis* Midnight Mass
kerstnacht *m* [-en] Christmas night
kerstpakket *o* [-ten] Christmas hamper / box
kerstroos *v* [-rozen] *plant* Christmas rose, hellebore
kerststal *m* [-len] crib
kerstster *v* [-ren] ❶ *versiering* Christmas star ❷ *plant* Christmas flower, poinsettia
kerststol *m* [-len] Christmas stollen
kerststukje *o* [-s] ❶ Christmas bouquet ❷ *kerstspel* Nativity play
kersttijd *m* Christmas time, Yule(tide)
kerstvakantie *v* [-s] Christmas holidays
kerstverhaal *o* [-halen] *kerstevangelie* Christmas story
kersvers *bn* new, fresh ★ ~ *van school* straight / fresh from school ★ ~*e eieren* new-laid eggs
kervel *m* chervil
kerven *overg en onoverg* [kerfde/korf, h. en is gekerfd/gekorven] carve (out), cut (out), notch, gouge (out)
ketchup *m* ketchup, Am ook catsup
ketel *m* [-s] ❶ *water-, theeketel* kettle ❷ *grote ijzeren kookpot* cauldron ❸ techn boiler, ⟨in distilleerderij⟩ still
keteldal *o* [-dalen] ❶ basin, bowl ❷ *door gletsjer* cirque
ketelmuziek *v* tin-kettling
keten I *v* [-s & -en] ❶ *ketting* chain ❷ *boei* [⟨altijd in mv⟩ ook fig chains, fetters] ★ *in de* ~ *slaan* chain up, put into chains ❸ *aaneenschakeling* chain, sequence, series **II** *onoverg* [keette, h. gekeet] inf fool about, monkey about
ketenen *overg* [ketende, h. geketend] chain, shackle
ketjap *m* soy sauce
ketsen I *onoverg* [ketste, h. en is geketst] ❶ *afstuiten* glance off, ricochet (off) ❷ *v. vuurwapen* misfire ❸ *biljarten* miscue ❹ *neuken* screw **II** *overg* [ketste, h. en is geketst] *afketsen* turn down, defeat ★ *een voorstel* ~ turn down / reject a suggestion
ketter *m* [-s] heretic ★ *roken als een* ~ smoke like a chimney ★ *hij zuipt als een* ~ he drinks like a fish ★ *hij vloekt als een* ~ he swears like a trooper
ketteren *onoverg* [ketterde, h. geketterd] swear, rage
ketterij *v* [-en] heresy
ketters *bn* heretical
ketting *m & v* [-en] ❶ *v. schakels* chain ★ *een schip aan de* ~ *leggen* hold a ship under arrest ❷ *halsketting* necklace ❸ weven warp
kettingbeding *o* perpetual clause
kettingbom *v* [-men] chain bomb

kettingbotsing *v* [-en] multiple collision, pile-up
kettingbrief *m* [-brieven] chain letter
kettingkast *v* [-en] chain guard
kettingpapier *o* fanfold paper
kettingreactie *v* [-s] chain reaction
kettingroker *m* [-s] chain smoker
kettingslot *o* [-sloten] chain lock
kettingzaag *v* [-zagen] chain saw
keu *v* [-s] (billiard) cue
keuken *v* [-s] ❶ *vertrek* kitchen ★ *een moderne* ~ a kitchen with all mod cons ★ *dit plan komt uit de* ~ *van* this plan was engineered by ★ *een unieke blik in de* ~ *van* a rare glimpse behind the scenes at ❷ *spijsbereiding* cooking ★ *de Franse* ~ French cuisine / cookery ★ *de fijne* ~ haute cuisine ★ *de koude* ~ cold dishes ★ *een koude* ~ a cold buffet

keuken
Kitchen is de plaats waar het eten wordt bereid; om een **nationale keuken** aan te duiden worden **cooking, cookery** of **cuisine** gebruikt.

keukenblok *o* [-ken] kitchen unit
keukendeur *v* [-en] kitchen door
keukengeheim *o* [-en] chef's secret
keukengerei *o* kitchen utensils, kitchenware
keukenkast *v* [-en] kitchen cupboard
keukenkastje *o* [-s] kitchen cupboard
keukenmachine *v* [-s] food processor, mixer
keukenmeid *v* [-en] kitchen maid, ⟨die ook kookt⟩ cook ★ *een gillende* ~ a squib, a firecracker
keukenpapier *o* kitchen paper
keukenprinses *v* [-sen] queen of the kitchen
keukenrol *v* [-len] kitchen roll
keukentafel *v* [-s] kitchen table
keukenzout *o* cooking salt
Keulen *o* Cologne ★ ~ *en Aken zijn niet op één dag gebouwd* Rome wasn't built in a day ★ *zij keek alsof ze het in* ~ *hoorde donderen* she looked astonished / flabbergasted
Keuls *bn* Cologne ★ ~ *aardewerk* stoneware ★ *een* ~*e pot* a stoneware pot
keur *v* [-en] ❶ *keus* choice, selection ★ *een* ~ *van spijzen* a choice selection of food ★ *de* ~ *der natie* the cream of the nation ❷ *merk* hallmark ❸ *verordening* by-law, statute ▼ *te kust en te* ~ any amount of, galore
keuren *overg* [keurde, h. gekeurd] ❶ *medisch* examine ❷ *v. goud, zilver* assay ❸ *door keuringsdienst* inspect ❹ *proeven* taste ▼ *hij keurde mij geen blik waardig* he didn't deign to look at me, he ignored me
keurig I *bn* ❶ nice, neat, trim, tidy ★ *een* ~ *handschrift* neat handwriting ❷ *voortreffelijk* fine, choice **II** *bijw* nicely & ★ *het past u* ~ it fits you well ★ ~ *gekleed* impeccably dressed ★ ~ *getrouwd* respectably married
keuring *v* [-en] ❶ *het keuren* testing, ⟨medisch⟩ (medical) examination, ⟨door keuringsdienst⟩ inspection, ⟨v. goud &⟩ assaying ★ ~ *van vlees* meat

inspection ❷ *onderzoek* test, examination, inspection, ⟨v. goud &⟩ assay ★ *een medische ~* a medical (examination) ★ *zich aan een ~ onderwerpen* go for a test / an examination

keuringsdienst *m* [-en] ★ *de ~ van waren* the food inspection department

keurkorps *o* [-en] (body of) picked men, crack troops

keurmeester *m* [-s] ❶ *v. etenswaren &* inspector, sampler ❷ *bij wijnproeverij &* judge ❸ *v. goud &* assayer, assay master

keurmerk *o* [-en] hallmark

keurslijf *o* [-lijven] straitjacket ★ *fig in een ~ zitten* have one's hands tied ★ *in het ~ van de bepalingen wringen* be tied up in the red tape of regulations

keurstempel *m & o* [-s], **keurteken** *o* [-s] hallmark, stamp

keurtroepen *zn* [mv] picked men, crack troops

keurvorst *m* [-en] Elector

keus, **keuze** *v* [-en & -es] ❶ *het kiezen* choice, selection ★ *een ~ doen / maken* make a choice ★ *bij ~* by selection ★ *naar ~* as desired, optional ★ *een leervak naar ~* an optional subject ★ *naar / ter ~ van...* at the option of... ★ *uit vrije ~* from choice ★ *een goede ~* a good choice ★ *een ongelukkige ~* an unfortunate / a bad choice ❷ *keuzemogelijkheid* choice, option, alternative ★ *u hebt de ~* the choice is yours ★ *als mij de ~ gelaten wordt* if it's up to me ★ *iem. de ~ laten tussen... en...* give sbd the choice of... or... ★ *iem. voor de keuze stellen* give sbd the choice ❸ *assortiment* choice, assortment, range, selection ★ *een ruime ~* a large assortment / range / selection, a wide choice

keutel *m* [-s] turd, ⟨mv⟩ droppings, ⟨klein⟩ pellets

keuterboer *m* [-en] smallhold farmer

keuvelen *onoverg* [keuvelde, h. gekeuveld] chat

keuze *v* [-n] → **keus**

keuzecommissie *v* [-s] selection committee

keuzemenu *o* ['s] ❶ comput pick list, menu ❷ cul à la carte menu

keuzemogelijkheid *v* [-heden] option

keuzepakket *o* [-ten] ❶ options ❷ onderw choice of subjects / electives

keuzevak *o* [-vakken] optional subject, elective

kever *m* [-s] ❶ *tor* beetle ❷ *auto* Beetle

keyboard *o* [-s] keyboard instrument

keylogger *de (m)* [-s] keylogger

kg *afk* (kilogram) kilogram

kibbelen *onoverg* [kibbelde, h. gekibbeld] bicker, squabble ★ *~ over iets* bicker / squabble about something

kibbeling *v* vis nuggets of fried fish

kibboets *m* [-en] kibbutz

kick *m* [-s] ★ *een ~ van iets krijgen* get a kick out of sth ★ *iets voor de ~ doen* do sth just for kicks

kickboksen I *onoverg* [kickbokste, h. gekickbokst] kick-boxing **II** *o* kick-boxing

kicken *onoverg* [kickte, h. gekickt] ★ *~ op iets* get a kick out of sth

kicksen *de (mv)* footy boots

kidnappen *overg* [kidnapte, h. gekidnapt] kidnap

kidnapper *m* [-s] kidnapper

kidnapping *v* [-s] kidnapping

kiekeboe *tsw* peekaboo ★ *~ spelen* play peekaboo

kieken I *o* [-s] *kuiken* ZN chicken **II** *overg* [kiekte, h. gekiekt] take a snapshot of, snap

kiekendief *m* [-dieven] *vogel* harrier

kiekje *o* [-s] snapshot, inf snap

kiel I *m* [-en] *kledingstuk* jacket **II** *v* [-en] keel ★ *de ~ leggen* lay down the keel

kielekiele, **kielekiele I** *tsw* ★ *~!* tickle-tickle! **II** *bijw* ★ *het was ~* it was touch and go

kielhalen *overg* [kielhaalde, h. gekielhaald] *als straf* keelhaul

kielzog *o* wake ★ *in iems. ~ varen* follow in sbd.'s wake

kiem *v* [-en] ❶ germ, fig seed, bud ★ *in de ~ smoren* nip in the bud ★ *de ~en van het terrorisme* the seeds of terrorism ❷ nat & scheik nucleus

kiemcel *v* [-len] germ cell

kiemen *onoverg* [kiemde, is gekiemd] germinate

kien I *bn* pienter sharp, smart ★ *~ op* keen on **II** *tsw* ★ *~!* ± bingo!

kienen *onoverg* [kiende, h. gekiend] play lotto / bingo

kiepauto *m* ['s] tipper (truck), tip truck

kiepen I *overg* [kiepte, h. gekiept] ❶ *doen omkantelen* tip over ❷ *neergooien* dump **II** *onoverg* [kiepte, is gekiept] *omkantelen* topple, tumble

kieperen I *overg* [kieperde, h. gekieperd] dump, inf chuck **II** *onoverg* [kieperde, is gekieperd] tumble, topple

kier *m & v* [-en] chink, crack ★ *op een ~ zetten / zijn* leave / be ajar

kierewiet *bn* mad, inf crackers

kies I *v* [kiezen] molar, back tooth ★ *dat gaat nog niet eens in mijn holle ~* I shan't get fat on that **II** *bn* ❶ *v. zaak* delicate ★ *een ~ geval* a delicate case ★ *een ~e smaak* refined taste ★ *op ~e wijze* discerningly ❷ *persoon* considerate, decent **III** *bijw* ❶ *discreet* with delicacy, considerately ❷ *kieskeurig* fastidiously **IV** *o* stofnaam pyrites

kiescollege *o* [-s] electoral college

kiesdeler *m* [-s] quota

kiesdistrict *o* [-en] constituency, electoral district

kiesdrempel *m* electoral threshold

kiesgerechtigd *bn* entitled to vote ★ *de ~e leeftijd* the voting age

kieskeurig *bn* fastidious, choosy, particular, fussy ★ *hij is een ~e eter* he's a fastidious / fussy eater

kieskeurigheid *v* fastidiousness

kieskring *m* [-en] electoral district, constituency

kieslijst *v* [-en] list of candidates

kiesman *m* [-nen] electoral college vote

kiespijn *v* toothache ★ *~ hebben* have a toothache ★ *iem. kunnen missen als ~* need sbd like a hole in the head ★ *lachen als een boer met ~* smile sourly

kiesraad *m* [-raden] electoral council

kiesrecht *o* franchise, suffrage ★ *het algemeen ~* universal suffrage ★ *het actief ~* the right to vote

★ *het passief* ~ the right to be elected
kiesschijf *v* [-schijven] dial
kiesstelsel *o* [-s] electoral / voting system
kiestoon *m* [-tonen] dialling tone
kieswet *v* [-ten] electoral / franchise law
kietelen *overg & onoverg* [kietelde, h. gekieteld] tickle ★ *niet tegen* ~ *kunnen* be ticklish ★ *dat kietelt!* that tickles! ★ *als je jezelf niet kietelt, dan lach je nooit* don't expect other people to cheer you up
kieuw *v* [-en] gill
kieviet *m* [-en], **kievit** [-viten] *vogel* lapwing, peewit
kiezel I *o & m stofnaam* gravel II *m* [-s] *steentje* pebble
kiezelsteen *m* [-stenen] pebble
kiezelstrand *o* [-en] pebble / shingle beach
kiezen I *overg* [koos, h. gekozen] ❶ *selecteren* choose, select, ⟨v. woorden ook⟩ pick ❷ *in verkiezing* elect ★ *kies Jansen!* vote for Jansen! ★ *een kandidaat* ~ adopt a candidate, choose ★ *hij is gekozen tot lid van...* he has been elected a member of... II *onoverg* [koos, h. gekozen] ❶ *een keuze maken* choose ★ *je moet* ~ *of delen* you can't have it both ways ★ *daar kies ik niet voor* I don't agree with that ❷ *bij verkiezingen* vote
kiezer *m* [-s] *kiesgerechtigde* voter, elector ★ *naar de ~s gaan* go to the electorate / the voters ★ *een jonge* ~ a young voter ★ *een zwevende* ~ a floating / undecided voter
kiezersbedrog *o* electoral deception
kiezerslijst *v* [-en] list / register of voters, poll
kiften *onoverg* [kiftte, h. gekift] quarrel, squabble, inf row
kijf *m & v* ★ *buiten* ~ beyond dispute / question, indisputably
kijk *m* ❶ *het bekijken, bekeken worden* view, viewing ★ *hij loopt er mee te* ~ he's vaunting / parading it ★ *iem. te* ~ *zetten* expose sbd ★ *het is te* ~ it's on show / on view ❷ *beschouwing* view, outlook ★ *mijn* ~ *op het leven* my outlook on life ★ *zijn* ~ *op de zaak* his view of the matter ★ *ik heb daar een andere* ~ *op* I take a different view of the matter ★ *hij heeft een goede* ~ *op die dingen* he's a good judge of such things ★ *geen* ~ *op iets hebben* be no judge of sth ▼ *tot* ~! see you (again)!, inf so long!
kijkcijfers *zn* [mv] (viewing) ratings
kijkdag *m* [-dagen] viewing day ★ ~ *twee dagen vóór de verkoop* on view two days prior to sale
kijkdichtheid *v* TV viewing figures
kijkdoos *v* [-dozen] peep box
kijken I *overg* [keek, h. gekeken] ❶ *met de ogen waarnemen* look, have a look, see ★ *kijk eens aan!* look at that now! well I'll be! ★ *laat eens* — let me see ★ *wij zullen eens gaan* ~ we'll go and have a look ★ *ga eens gaan* ~ *of...* just go and see if... ★ *ik zal eens komen* ~ I'll come and have a look ★ *staan* ~ *stand* and look ★ *daar sta ik van te* ~ that's a surprise to me ★ ~ *naar iets* look at sth, watch sth ★ *laat naar je* ~! be your age!, don't be silly / ridiculous! ★ *kijk naar je eigen!* look at you!, look who's talking! ★ ~ *op*

zijn horloge look at one's watch ★ *zij* ~ *niet op een paar euro* they're not particular about a few euros ★ *kijk uit!* look out!, watch it! ★ *kijk uit je ogen!* watch where you're going! ★ *staan te* ~ *van niets* not be surprised by anything ★ ~ *staat vrij* there's no crime in looking ❷ *glurend* peep ★ ~ *bij de buren* have peep / a stickybeak at the neighbours ❸ *te voorschijn komen* appear ★ *hij komt pas* ~ he's still wet behind the ears ★ *er komt heel wat bij* ~ there's more to it than you would think ★ *alles wat daarbij komt* ~ all that is involved II *overg* [keek, h. gekeken] look at, watch ★ *etalages* ~ go window-shopping ★ *televisie* ~ watch television

kijken
Naar iets kijken is **look at** of **watch**, maar voor een film of tv gebruiken we alleen **watch**.

kijker *m* [-s] ❶ *persoon* looker-on, spectator ❷ TV television viewer ❸ *kijkglas* spyglass, telescope, ⟨toneelkijker⟩ opera glasses, ⟨verrekijker⟩ binoculars, fieldglasses ❹ *oog* eyes ★ *een paar heldere ~s* a pair of bright eyes/inf of peepers ★ *iem. in de* ~ *hebben* see through sbd ★ *in de* ~ *lopen* attract attention
kijkgat *o* [-gaten] peephole, spyhole
kijkgedrag *o* viewing habits
kijkgeld *o* television licence/Am license fee ★ *het kijk- en luistergeld* the radio and television licence fee
kijkgenot *o* viewing pleasure
kijkje *o* [-s] look, glimpse, view ★ *een* ~ *gaan nemen* go and have a look, inf have a dekko
kijkoperatie *v* [-s] keyhole operation / surgery
kijkspel *o* [-spelen, -spellen] ❶ *op kermis* show, spectacle ❷ *spektakelstuk* showpiece, spectacle
kijven *onoverg* [keef, h. gekeven] quarrel (with), scold ★ ~ *op* scold at
kik *m* [-ken] ★ *hij gaf geen* ~ he didn't give / make a sound
kikken *onoverg* [kikte, h. gekikt] ★ *je hoeft maar te* ~ you only have to say the word ★ *je mag er niet van* ~ you mustn't breathe a word of it to anyone
kikker *m* [-s] *dier* frog
kikkerbilletjes *zn* [mv] frog's legs
kikkerdril *o* frogspawn, frog's eggs
kikkeren *onoverg* [kikkerde, h. gekikkerd] hop around like a rabbit
kikkervisje *o* [-s] tadpole
kikvors *m* [-en] frog
kikvorsman *m* [-nen] frogman
kil I *v* [-len] channel II *bn* ook fig chilly, cold, cool
kilheid *v* chilliness, coolness, coldness
killersinstinct *o* killer instinct
killersmentaliteit *v* killer instinct
kilo *o* ['s], **kilogram** [-men] kilogram, kilogramme ★ *100* ~ 100 kilos
kilobyte *m* [-s] comput kilobyte, KB
kilocalorie *v* [-rieën] kilocalorie
kilogram *o* [-men] kilogram, kilogramme
kilohertz *m* kilohertz

ki

kilojoule *m* [-s] kilojoule

kilometer *m* [-s] kilometre ★ ~s lang stretching for kilometres ★ *120 ~ per uur rijden* drive at 120 kilometres an hour

kilometerheffing *v* [-en] kilometre charge ,

kilometerpaal *m* [-palen] kilometre marker / stone

kilometerteller *m* [-s] odometer, Br mil(e)ometer

kilometervergoeding *v* kilometre / mileage allowance

kilometervreter *m* [-s] speed merchant, road maniac

kilowatt *m* [-s] kilowatt

kilowattuur *o* [-uren] kilowatt hour

kilt *m* [-s] *Schotse rok* kilt

kilte *v* chill, chilliness

kim *v* [-men] horizon, skyline ★ *de zon neigt ter ~me* the sun is sinking

kimono *m* ['s] kimono

kin *v* [-nen] chin

kind *o* [-eren] child, <u>form</u> infant, <u>inf</u> kid, little one, ‹klein› baby ★ *~eren* children ★ *een natuurlijk / onwettig / buitenechtelijk ~* an illegitimate child ★ *een ongeboren ~* an unborn child ★ *een wettig ~* a legitimate child ★ *~ noch kraai hebben* be alone in the world ★ *een ~ krijgen / verwachten* have / expect a child ★ *ik krijg er een ~ van* it's driving me mad ★ *~eren en gekken zeggen de waarheid* out of the mouths of babes and fools ★ *een ~ kan de was doen* it's child's play ★ *daar ben ik maar een ~ bij* I'm not in the same league, I'm nowhere when it comes to that ★ *je hebt geen ~ aan hem / haar* he / she is no trouble at all ★ *hij is zo onschuldig als een pasgeboren ~* he is as innocent as a newborn baby ★ *ik ben geen ~ meer* I'm not a child (any longer) ★ *ik ben er als ~ aan huis* I'm almost one of the family ★ *hij is een ~ des doods* he's a dead man ★ *hij werd het ~ van de rekening* he was the victim ★ *hij is een ~ van zijn tijd* he's a child of his time ★ *van ~ af aan* from an early age ★ *het ~ bij zijn naam noemen* call a spade a spade

kinderachtig I *bn* ❶ *flauw* childish ★ *wat ben jij ~!* you're being childish! ★ *dat is bepaald geen ~ bedrag* that's certainly not to be sneezed at ❷ *kinderlijk* childlike **II** *bijw* childishly

kinderarbeid *m* child labour

kinderarts *m* [-en] paediatrician, <u>Am</u> pediatrician

kinderbescherming *v* child protection / welfare

kinderbijbel *m* [-s] children's Bible

kinderbijslag *m* family allowance, child allowance / benefit

kinderboek *o* [-en] children's book

kinderboerderij *v* [-en] children's farm

kinderdagverblijf *o* [-blijven] day care centre/<u>Am</u> center, crèche

kinderhand *v* [-en] child's hand ★ *een ~ is gauw gevuld* children are easily pleased

kinderjaren *zn* [mv] childhood (years), infancy

kinderkaart *v* [-en] children's ticket

kinderkamer *v* [-s] nursery

kinderkleding *v* children's wear

kinderkoor *o* [-koren] children's choir

kinderlijk *bn* als een kind childlike, <u>afkeurend</u> childish ★ *op ~e leeftijd* as a child

kinderlokker *m* [-s] child molester

kinderloos *bn* childless ★ *zij zijn ~* they are childless, they have no children

kindermaat *v* [-maten] children's size

kindermeisje *o* [-s] nanny, nurse

kindermenu *o* ['s] children's menu

kindermishandeling *v* child abuse

kinderopvang *m* nursery, day care

kinderpartij *v* [-en], **kinderpartijtje** *o* [-s] children's party

kinderporno *v* child pornography

kinderpostzegel *m* [-s] postage stamp sold to benefit children

kinderrechter *m* [-s] juvenile court magistrate

kinderschoen *m* [-en] child's shoe ★ *de ~en ontwassen zijn* be past a certain age ★ *nog in de ~en staan* still be in its infancy

kinderslot *o* [-sloten] childproof lock

kinderspel *o* [-spelen] ❶ <u>fig</u> child's play ★ *het is maar ~ voor haar* it's child's play to her, she could do it standing on her head ★ *het is geen ~* it's not exactly easy ❷ *spelen van kinderen* children's games

kinderstem *v* [-men] child's voice ★ *~men* children's voices

kindersterfte *v* infant mortality

kinderstoel *m* [-en] highchair

kindertaal *v* child's language

kindertehuis *o* [-huizen] children's home

kindertelefoon *m* ❶ *voor hulpverlening* children's helpline ❷ *speelgoedtelefoon* [-s] toy telephone

kindertijd *m* childhood

kinderverlamming *v* infantile paralysis, poliomyelitis, polio

kindervoeding *v* baby food

kindervriend *m* [-en] children's friend, lover of children

kinderwagen *m* [-s] pram

kinderwens *m* desire to have children

kinderwerk *o* ❶ child's work, children's work ★ *dat is geen ~* that's no work for a child ❷ *fluitje van een cent* child's play

kinderziekenhuis *o* [-huizen] children's hospital

kinderziekte *v* [-n & -s] ❶ childhood disease ❷ <u>fig</u> growing pains, teething troubles

kinderzitje *o* [-s] baby / child's seat

kinderzorg *v* child welfare

kinds *bn* senile, in one's second childhood ★ *~ worden / zijn* become / be senile

kindsbeen *o* ★ *van ~ af* from childhood on

kindsdeel *o* [-delen], **kindsgedeelte** [-n & -s] child's / statutory portion

kindsheid *v* ❶ *dementie* senility, second childhood ❷ *jeugd* childhood, infancy

kinesie *v* <u>ZN</u> physiotherapy

kinesist *m* [-en] ZN physiotherapist
kinesitherapeut *m* [-en] ZN physiotherapist
kinesitherapie *v* ZN physiotherapy
kinetica *v* kinetics
kinetisch *bn* kinetic
kinine *v* quinine
kink *v* [-en] hitch, kink ★ fig *er is een ~ in de kabel* there's a hitch somewhere
kinkhoest *m* whooping cough
kinnebak *v* [-ken] jaw bone, anat mandible
kiosk *v* [-en] kiosk
kip *v* [-pen] ❶ *hoen* hen, fowl, chicken ★ *~pen houden* raise poultry / chickens ★ *als een ~ zonder kop praten* talk through one's hat, talk nonsense ★ *er is geen ~ te zien* there was nobody around ★ *de ~ met de gouden eieren slachten* kill the goose that lays the golden eggs ★ *er als de ~pen bij zijn* be there like lightning ★ *met de ~pen op stok gaan* go to bed with the sun ★ *~ ik heb je!* got you! ❷ *als gerecht* chicken
kipfilet *m & o* [-s] chicken breast
kiplekker *bn* as fit as a fiddle
kippenborst *v* [-en] ❶ chicken breast ❷ *v. mens* pigeon breast ★ *met een ~* pigeon-breasted
kippenbouillon *m* chicken stock / broth
kippenbout *m* [-en], **kippenboutje** *o* [-s] chicken leg, drumstick
kippeneindje, **kippenendje** *o* [-s] just a little way, not far
kippenfokkerij *v* ❶ *het fokken* chicken / poultry farming ❷ *bedrijf* [-en] chicken / poultry farm
kippengaas *o* wire netting, chicken wire
kippenhok *o* [-ken] henhouse, chicken coop ★ fig *ze wonen in een ~* they live in a poky little house
kippenlever *v* [-s] chicken liver
kippenpoot *m* [-poten] chicken leg
kippenren *v* [-nen] chicken run
kippensoep *v* chicken soup
kippenvel *o* fig gooseflesh, goose pimples, goosebumps ★ ⟨v. kou⟩ *~ krijgen* get goose pimples ★ *ik krijg er ~ van* it makes my flesh creep, it gives me the creeps ★ *iem. ~ bezorgen* give sbd the creeps
kippenvlees *o* chicken
kippig *bn* short-sighted, nearsighted
Kirgizië *o* Kirghizistan, Kyrgyzstan
Kiribati *o* Kiribati
kir® *m drankje* Kir
kirren *onoverg* [kirde, h. gekird] coo, ⟨v. baby ook⟩ gurgle
kissebissen *onoverg* [kissebiste, h. gekissebist] *ruziën* squabble
kist *v* [-en] ❶ case, chest, box, ⟨v. groente, fruit⟩ crate ❷ *doodkist* coffin ❸ *vliegtuig* inf bus, crate
kisten I *overg* [kistte, h. gekist] *v. lijk* lay in a coffin ★ *laat je niet ~* don't let them walk over you **II** *onoverg* [kistte, h. gekist] *een kisting maken* put in a form
kistje *o* [-s] ❶ *houten doosje* box ❷ *stugge schoen* inf clodhopper

kistkalf *o* [-kalveren] boxed calf
kit I *v* [-ten] ❶ *kolenemmer* scuttle ❷ *kroeg, nachtclub* joint **II** *v & o* ❶ *lijm* glue, cement ❷ *dichtmiddel* sealant, sealer
kitchenette *v* [-s] kitchenette
kits I *v* [-en] scheepv ketch **II** *bn* OK, all right ★ inf *alles ~?* everything OK?
kitsch *m* kitsch
kitscherig *bn* kitschy
kittelaar *m* [-s] clitoris
kitten I *o* [-s] kitten **II** *overg* [kitte, h. gekit] ❶ *lijmen* glue, cement ❷ *dichten* seal
kittig *bn* spirited, inf spunky
kiwi *m* ['s] ❶ *vogel* kiwi ❷ *vrucht* kiwi fruit, Chinese gooseberry
klaagdicht *o* [-en] lament(ation)
klaaglied *o* [-eren] lament, lamentation ★ *de ~eren van Jeremia* the Lamentations of Jeremia
klaaglijk *bn* plaintive, mournful, piteous
klaagzang *v* [-en] lament(ation)
klaar I *bn* ❶ *helder* clear ★ *klare jenever* clear gin ★ *dat is zo ~ als een klontje* it's as clear as daylight ❷ *duidelijk* evident, obvious ❸ *gereed* ready ★ *~ om op te stijgen* ready for take-off ★ *~ om te schieten* ready to shoot ★ *~ voor vertrek* ready to go ★ *~? af!* ready, steady, go! ❹ *voltooid* finished, done ★ *~!* ready!, done! ★ *~ is Kees!* that's that! ★ *en ~ is Kees!* and Bob's your uncle! ★ ⟨af⟩ *het is gauw ~* it'll be ready soon ★ *ik ben ~ met ontbijten / met eten* I've finished (my) breakfast, I've finished eating ★ *van zessen ~* know how to go about things **II** *bijw* clearly ★ *~ wakker* wide awake

klaar
De betekenissen **gereed (ready)** en **af, voltooid (finished)** moeten goed uit elkaar worden gehouden.

klaarblijkelijk I *bn* clear, evident, obvious **II** *bijw* clearly & ★ *~ had hij niet...* he clearly hadn't...
klaarhebben *overg* [had klaar, h. klaargehad] have (got) ready ★ *altijd een antwoord ~* be always ready with an answer
klaarheid *v* ❶ clearness, clarity ★ *tot ~ brengen* clear up, shed light on ❷ *v. inzicht* clarity, lucidity
klaarhouden *overg* [hield klaar, h. klaargehouden] keep ready ★ *zich ~* be ready
klaarkomen *onoverg* [kwam klaar, is klaargekomen] ❶ *gereed* finish, get ready, be done ★ *met iets ~* finish something ★ *met iem. ~* settle matters with sbd ❷ *orgasme* reach a climax, come
klaarkrijgen *overg* [kreeg klaar, h. klaargekregen] complete, finish, get done ★ *dat krijgt hij niet klaar* he'll never get that finished ★ *hoe heb je dat klaargekregen?* how did you wangle that?
klaarleggen *overg* [legde klaar, h. klaargelegd] lay out, prepare
klaarlicht *bn* ★ *op ~e dag* in broad daylight
klaarliggen *onoverg* [lag klaar, h. klaargelegen] be

kl

ready ★ *dat ligt voor u klaar* it's ready for you

klaarmaken I *overg* [maakte klaar, h. klaargemaakt] get ready, prepare ★ *een drankje* ~ mix a drink ★ *het eten* ~ make / cook dinner ★ *iem.* ~ *voor een examen* prepare sbd for an examination ★ *een medicijn / recept* ~ make up a prescription **II** *wederk* [maakte klaar, h. klaargemaakt] ★ *zich* ~ get ready, prepare oneself

klaar-over *m* [-s] Br school crossing patrol, Am crossing guard, Br inf lollipop lady / man

klaarspelen *overg* [speelde klaar, h. klaargespeeld] manage ★ *het* ~ manage (it), cope, pull it off

klaarstaan *onoverg* [stond klaar, h. klaargestaan] be ready ★ *altijd voor iem.* ~ ‹behulpzaam› always be ready to help sbd, ‹onderdanig› be at sbd's beck and call ★ *er staan drie medewerkers klaar om u te helpen* there are three staff members waiting / ready to help you

klaarstomen *overg* [stoomde klaar, h. klaargestoomd] put the final touches (to), ‹v. personen› prepare (for), ‹voor examen› give last-minute tutoring (for)

klaarwakker *bn* ❶ wide awake ❷ fig on the alert

klaarzetten *overg* [zette klaar, h. klaargezet] ❶ *v. maaltijd* put on the table ❷ *v. eetgerei &* put out, set out

Klaas *m* [Klazen] Nicholas ★ ~ *Vaak* the sandman ★ *een houten klaas* a dry stick ★ *elke Jan, Piet en* ~ every Tom, Dick and Harry

klacht *v* [-en] ❶ *bezwaar, protest* complaint ❷ *klaagzang* lament ❸ *lichamelijk* physical complaints ★ *wat zijn uw ~en?* what are your symptoms? ❹ jur charge, complaint ★ *een* ~ *tegen iem. indienen* lodge a complaint against sbd ❺ *bij Europees Hof* application

klachtenboek *o* [-en] book of complaints

klachtencommissie *v* [-s] complaint committee

klachtenlijn *v* [-en] complaints (service)

klad I *v* [-den] ❶ *vlek* blot, stain, blotch ❷ *bederf* ★ *de* ~ *erin brengen* spoil the trade ★ *de* ~ *komt erin* the bottom is going to fall out of the market ❸ *belastering* slur, stain **II** *o ontwerp* rough draft / copy ★ *in het* ~ *schrijven* write a rough draft

kladblaadje *o* [-s] piece of scrap paper

kladblok *o* [-ken] scribbling pad

kladden I *overg* [kladde, h. geklad] ❶ *slordig schilderen &* splodge, daub ❷ *slordig schrijven* scribble, scrawl **II** *onoverg* [kladde, h. geklad] ❶ *vlekken doen ontstaan* make a mess ❷ *neiging tot vlekken hebben* blot **III** *zn* [mv] ★ *iem. bij de* ~ *pakken* catch hold of sbd

kladderen *onoverg* [kladderde, h. gekladderd] ❶ *met inkt* blot ❷ *met verf* splodge, daub

kladje *o* [-s] rough draft / copy

kladpapier *o* [-en] scrap paper

kladversie *v* rough copy / version

klagen I *onoverg* [klaagde, h. geklaagd] complain, ‹jammerend› lament ★ ~ *bij* complain to ★ ~ *over* complain about ★ *hij mag niet* ~ / *hij heeft geen* ~ he

has no cause for complaint **II** *overg* [klaagde, h. geklaagd] ★ *iem. zijn nood* ~ tell sbd one's troubles ★ *steen en been* ~ complain bitterly

klager *m* [-s] ❶ complainer ❷ jur complainant, plaintiff, applicant

klagerig *bn* complaining ★ *op ~e toon* in a plaintive tone (of voice)

klakkeloos I *bn* ❶ *zonder na te denken* unthinking, rash, ‹niet kritisch› indiscriminate ❷ *onverwachts* sudden, unexpected **II** *bijw* ❶ *zonder na te denken* unthinkingly, rashly, indiscriminately ★ *iets ~ overnemen* take over / adopt / copy indiscriminately ❷ *onverwachts* suddenly, all of a sudden, unexpectedly

klakken *onoverg* [klakte, h. geklakt] clack, click ★ *met de tong* ~ click one's tongue

klam *bn* clammy, damp, moist ★ ~ *zweet* cold sweat

klamboe *m* [-s] mosquito net

klamp *m & v* [-en] *houten lat* batten, brace, ‹op boot / schip› cleat

klampen *overg* [klampte, h. geklampt] clasp, cling

klandizie *v* clientele, custom ★ ~ *verliezen* lose customers

klank *m* [-en] sound, ring ★ *zijn naam heeft een goede* ~ he has a good reputation ★ *(dat zijn maar) ijdele / holle ~en* (those are just) idle words

klankbeeld *o* [-en] radio report

klankbodem *m* [-s] soundboard, sounding board ★ *ergens een goede* ~ *vinden* strike a responsive chord

klankbord *o* [-en] ❶ soundboard, sounding board ★ *een* ~ *voor iem. zijn* be a sounding board for sbd ❷ *v. luidspreker* baffle board

klankkast *v* [-en] sound box, ‹v. stemvork› resonance box

klankkleur *v* [-en] timbre

klanknabootsing *v* [-en] onomatopoeia

klant *m* [-en] ❶ *v. zaak, instelling* customer, client ★ *een vaste / trouwe* ~ a regular (customer) ★ *een toevallige* ~ a casual customer ★ *een veeleisende* ~ a demanding customer ★ *het werven van ~en* canvass for customers ❷ *v. hotel, restaurant* guest ❸ *v. reclamebureau* account ❹ *kerel* customer, chap, character ★ *een vrolijke* ~ a jolly customer

klantenbestand *o* [-en] file of customers / clients ★ *een elektronisch* ~ a customer database

klantenbinding *v* customer relations ★ *aan* ~ *doen* work at customer relations

klantenkaart *v* [-en] customer / loyalty card

klantenkring *m* [-en] clientele, (regular) customers

klantenlijst *v* [-en] list of clients

klantenservice *m* customer service, after-sales service

klantentrouw *v* customer loyalty

klantenwerver *m* [-s] canvasser

klantenwerving *v* canvassing for clients / customers

klantgericht *bn* customer-driven, customer-oriented, customer-friendly

klantnummer *o* [-s] customer account number

klantvriendelijk *bn* customer-friendly

klap *m* [-pen] ❶ *geluid* crash, bang ❷ *slag* blow, ⟨met open hand⟩ slap, smack ★ *iem. een ~ geven* hit sbd ★ *iem. een ~ in het gezicht geven* give sbd a slap / smack in the face ★ *alsof ik een ~ in mijn gezicht kreeg* as though I'd been hit between the eyes ★ *~pen krijgen* have one's ears boxed, have one's face slapped, <u>fig</u> be hard hit, suffer heavy losses ★ *geen ~ uitvoeren* not lift a finger ★ *de eerste ~ is een daalder waard* the first blow is half the battle ★ *als ~ op de vuurpijl* to crown it all, to top it all

klapband *m* [-en] blowout, flat (tyre/<u>Am</u> tire)

klapdeur *v* [-en] swing / swinging door

klaphek *o* [-ken] swing gate

klaplong *v* [-en] collapsed lung, <u>med</u> pneumothorax

klaplopen *o* sponge (*bij* on), cadge ⟨off sbd⟩, scrounge

klaploper *m* [-s] sponger, cadger, scrounger

klappen *onoverg* [klapte, h. en is geklapt] ❶ *met de handen* clap ★ *in de handen ~* clap one's hands ★ *(in de handen) ~ voor* applaud ❷ *met een zweep &* crack, click ★ *met de zweep ~* crack the whip ★ *het ~ van de zweep kennen* know the ropes ★ *zijn hakken tegen elkaar ~* click one's heels ❸ *uit elkaar* burst, bang, explode ❹ *in elkaar* collapse ❺ *babbelen* chatter, babble ★ *uit de school ~* tell tales

klapper *m* [-s] ❶ *vuurwerk* squib ❷ *register* index, file ❸ *ringband* file, folder ❹ *groot succes* winner, hit, topper ★ *een flinke ~ maken met een product* have a winning product, have a winner ❺ *kokosnoot* coconut ❻ *kokospalm* coconut tree

klapperboom *m* [-bomen] coconut tree

klapperen *onoverg* [klapperde, h. geklapperd] bang, rattle, ⟨v. tanden &⟩ chatter, rattle, ⟨v. zeilen &⟩ flap ▼ *met zijn oren staan te ~* be flabbergasted

klapperpistool *o* [-tolen] cap pistol

klappertanden *onoverg* [klappertandde, h. geklappertand] ★ *hij klappertandt* his teeth are chattering ★ *~ van de kou* shiver with cold

klappertje *o* [-s] cap

klaproos *v* [-rozen] poppy

klapschaats *v* [-en] clap skate

klapsigaar *v* [-garen] trick cigar

klapstoel *m* [-en] folding chair / seat

klapstuk *o* [-ken] ❶ *vlees* rib of beef ❷ <u>fig</u> highlight, pièce de résistance

klaptafel *v* [-s] folding table, drop-leaf table

klapwieken *onoverg* [klapwiekte, h. geklapwiekt] flutter / flap ⟨its / their⟩ wings

klapzoen *m* [-en] smacker

klare *m* ★ *een ~* a glass of Dutch gin / jenever

klaren I *overg* [klaarde, h. geklaard] *helder maken* clear, clarify, thin ⟨liquids⟩ ★ <u>fig</u> *hij zal het wel ~* he'll manage **II** *onoverg* [klaarde, is geklaard] clear (up) ★ *het begint te ~* it's starting to clear up

klarinet *v* [-ten] clarinet

klarinettist *m* [-en] clarinet(t)ist

klaroen *v* [-en] clarion

klas *v* [-sen] → **klasse**

klasgenoot *m* [-noten] classmate

klaslokaal *o* [-kalen] classroom

klasse, **klas** *v* [-n] ❶ *sociaal & v. dieren, artikelen* class ★ *de werkende ~* the working classes ★ *een ~ apart* in a class of ⟨its / his &⟩ own ★ *eerste klas spullen* first class things ★ ⟨trein⟩ *een kaartje tweede klas* a second-class ticket ❷ <u>onderw</u> class, ⟨op middelbare school⟩ form, ⟨op basisschool⟩ standard, <u>Am</u> grade ★ *alle ~n aflopen* do all one's classes ★ *in de klas* in class ❸ *lokaal* classroom

klasseloos *bn* classless ★ *de klasseloze maatschappij* the classless society

klassement *o* [-en] <u>sp</u> list of rankings, league table ★ *het algemeen ~* the overall list / rankings

klassenavond *m* [-en] class party / social

klassenjustitie *v* class justice

klassenleraar *m* [-raren] form / class teacher

klassenstrijd *m* class war / struggle

klassenverschil *o* [-len] class difference

klassenvertegenwoordiger *m* [-s] class representative

klasseren *overg* [klasseerde, h. geklasseerd] ❶ *ordenen* classify ❷ *zich kwalificeren* qualify ★ *zich ~* qualify for

klassering *v* [-en] classification, placing

klassiek I *bn* classical ★ *~e muziek* classical music ★ <u>econ</u> *de ~e school* the standard school ★ *een ~ voorbeeld* a classic example **II** *bijw* classically

klassieken *zn* [mv] ★ *de ~* the classics

klassieker *m* [-s] ❶ *boek, lied* classic ❷ *sport* classic

klassikaal I *bn* class, group ★ *~ onderwijs* traditional teaching, (front of the) class teaching **II** *bijw* in class

klateren *onoverg* [klaterde, h. geklaterd] *v. water* splash

klatergoud *o* tinsel, Dutch gold

klauteren *onoverg* [klauterde, h. en is geklauterd] clamber, scramble

klauw *m & v* [-en] ❶ *v. roofdier, vogel, mens* claw ❷ *v. roofvogel* talon ★ <u>fig</u> paw, claws, ⟨mv⟩ clutches ★ *uit de ~en lopen* get out of control / hand ★ *~en met geld* bags of money ❹ <u>scheepv</u> ⟨v. anker⟩ fluke, clutch

klauwen *overg & onoverg* [klauwde, h. geklauwd] claw

klauwhamer *m* [-s] claw hammer

klavecimbel *o & m* [-s] harpsichord

klaver *v* [-s] clover

klaveraas, **klaverenaas** *m en o* [-azen] ace of clubs

klaverblad *o* [-bladen & -bladeren] ❶ *v. plant* cloverleaf, four-leaf clover ❷ *v. verkeer* cloverleaf

klaverboer, **klaverenboer** *m* [-en] jack of clubs

klaveren *zn* [mv] <u>kaartsp</u> clubs

klaverheer, **klaverenheer** *m* [-heren] king of clubs

klaverjassen *onoverg* [klaverjaste, h. geklaverjast] play clabber(jass)

klavertjevier *o* [klavertjesvier], **klavervier** *v* [-en] *plant* four-leaf clover

klavervier *v* [-en] <u>kaartsp</u> four of clubs → **klavertjevier**

klavervrouw, **klaverenvrouw** *v* [-en] queen of clubs

klavier *o* [-en] ❶ *toetsenbord* keyboard ❷ *piano* piano ❸ *hand* <u>inf</u> paw, claw ★ *blijf er met je ~en van af*

kl

keep your paws / claws off it

kledderen *onoverg* [kledderde, h. gekledderd] slop, spatter, splash, mess

kleddernat *bn* soaking wet

kleden I *overg* [kleedde, h. gekleed] dress, clothe ★ *goed gekleed* well dressed ★ *in het grijs gekleed* dressed in grey ★ *op zijn zondags gekleed* in his Sunday best ★ *er op gekleed zijn* dressed to suit the occasion ★ *zich ~ dress* ★ *zich warm ~ dress warmly* **II** *onoverg* [kleedde, h. gekleed] dress ★ *dat kleedt haar niet goed* it doesn't suit her

klederdracht *v* [-en] national / traditional costume

kleding, kledij *v* clothes, clothing, <u>form</u> attire

kledingkast *v* [-en] wardrobe

kledingstuk *o* [-ken] article of clothing, garment

kledingzaak *v* [-zaken] dress shop / store

kleed *o* **❶** *vloerkleed* [kleden] carpet, rug **❷** *tafelkleed* [kleden] tablecloth **❸** *kledingstuk* [klederen, kleren] garment, ZN dress

kleedgeld *o* dress / clothing allowance

kleedhokje *o* [-s] dressing cubicle

kleedje *o* [-s] **❶** *op de vloer* rug **❷** *op tafel* small tablecloth **❸** *jurkje* ZN child's dress

kleedkamer *v* [-s] sport changing room, locker room, ‹in theater› dressing room

Kleef *o* Cleve ★ inf *hij is van ~ / kleef* he's a miser

kleefband *o* adhesive tape

kleefkruid *o* cleavers, goose grass

kleefmiddel *o* [-en] glue, adhesive

kleefpleister *v* [-s] (sticking) plaster

kleerborstel *m* [-s] clothes brush

kleerhanger, klerenhanger *m* [-s] (coat / clothes) hanger

kleerkast, klerenkast *v* [-en] **❶** *kast* wardrobe **❷** *gespierd persoon* brawny guy

kleermaker *m* [-s] tailor

kleermakerszit *m* ★ *in ~* cross-legged

kleerscheuren *zn* [mv] ★ *er zonder ~ afkomen* ‹zonder nadeel› come off unscathed, ‹zonder straf› get off scot-free

klef *bn* **❶** sticky, gooey, ‹v. brood› doughy, ‹v. handen› clammy, sticky **❷** *aanhalig* clinging

klei *v* clay ★ *(zo) uit de ~ getrokken zijn* be a yokel

kleiachtig *bn* clayey, clayish

kleiduif *v* [-duiven] clay pigeon

kleiduivenschieten *o* skeet, clay-pigeon shooting

kleien *onoverg* [kleide, h. gekleid] do ‹some› clay modelling, ‹m.b.t.kinderen› play with clay

kleigrond *m* [-en] clay soil / ground

kleilaag *v* [-lagen] clay layer

klein I *bn* **❶** *van klein formaat* little, small ★ *de ~e* the little one, the baby ★ *de Kleine Antillen* the Lesser Antilles ★ *een ~ beetje* a little bit ★ *de ~ste bijzonderheden* the minutest details ★ *een ~e boer* a small farmer ★ *~e stappen* short / little steps, ‹v. proces› step-by-step ★ *~e uitgaven* petty expenses / expenditure ★ *een ~ uur* less than / nearly an hour ★ *~ maar dapper* small but tough ★ *~ maar fijn* good

things come in small packages ★ *zich ~ voelen* feel small **❷** *v. gestalte, afstand* short, small **❸** *van minder belang* minor **❹** *gering aantal* slight, small **II** *o* small ★ *~ en groot* big and small ★ *in het ~ beginnen* start in a small way / on a small scale ★ <u>handel</u> *in het ~ verkopen* sell by retail ★ *de wereld in het ~* the world in a nutshell / in miniature ★ *wie het ~e niet eert, is het grote niet weerd* take care of the pennies and the pounds will take care of themselves **III** *bijw* small

kleinbedrijf *o* small-scale business ★ *het midden- en ~* small and medium-sized businesses

kleinbeeldcamera *v* ['s] 35 mm camera

kleinbeeldfilm *m* [-s] 35 mm film

kleinbehuisd *bn* cramped for space

kleinburgerlijk *bn* narrow-minded, parochial, suburban

kleindochter *v* [-s] granddaughter

Klein Duimpje *o* [-s] Tom Thumb

kleineren *overg* [kleineerde, h. gekleineerd] belittle, disparage, put down

kleingeestig *bn* small-minded, narrow-minded, petty

kleingeestigheid *v* narrow-mindedness, small-mindedness, pettiness

kleingeld *o* (small) change

kleinhandel *m* retail trade

kleinheid *v* smallness, littleness

kleinigheid *v* [-heden] little thing, trifle ★ *een ~(je), alstublieft* can you spare me a bit of cash? ★ *dat is geen ~* it's no small matter ★ *een ~je meebrengen* bring a little something

kleinkind *o* [-eren] grandchild

kleinkrijgen *overg* [kreeg klein, h. kleingekregen] ★ *iem. ~* subdue / tame sbd, break sbd's spirit ★ *hij is niet klein te krijgen* he is not to be intimidated

kleinkunst *v* cabaret

kleinkunstenaar *m* [-s] cabaret artist

kleinmaken I *overg* [maakte klein, h. kleingemaakt] **❶** *fijnmaken* cut small / up ★ *een bankbiljet ~* change a banknote **❷** *mens* put ‹sbd› down **II** *wederk* [maakte klein, h. kleingemaakt] **❶** *nederig zijn* humble oneself **❷** *niet opvallen* make oneself small

kleinood *o* [-noden, -nodiën] jewel, gem

kleinschalig *bn* small-scale

kleinslaan *overg* [sloeg klein, h. kleingeslagen] smash up, smash to smithereens

kleinsteeds *bn* provincial, suburban ★ *een ~e geest* a small-minded person

kleintje *o* [-s] little one, baby ★ *een ~ pils* a small beer ★ fig *op de ~s passen* watch one's pennies ★ *vele ~s maken een grote* look after your pennies and the pounds will look after themselves ★ *voor geen ~ vervaard* not be easily frightened / scared

kleintjes I *bn* ★ *zich ~ voelen* feel small **II** *bijw* ★ *~ doen* act humbly

kleinvee *o* small stock

kleinverbruik *o* small-scale / private consumption

kleinverbruiker *m* [-s] small-scale / private consumer

kleinzerig *bn* squeamish about pain, easily hurt

kleinzielig *bn* small-minded, petty
kleinzoon *m* [-s, -zonen] grandson
kleitablet *v & o* [-ten] clay tablet
klem I *v* [-men] ❶ *vaste greep* grip ❷ *val* catch, (man)trap ❸ *techn* bench clamp, clip ❹ elektr terminal ❺ *nadruk* stress, accent, emphasis ★ *met ~ spreken* speak emphatically ★ *met ~ van redenen* with forceful arguments ❻ *ziekte* lockjaw **II** *bn* jammed, stuck ★ *~ lopen / raken / zitten* jam, get jammed / stuck, be in a predicament / fix ★ *~ zetten* jam
klembord *o* [-en] ook comput clipboard
klemmen I *overg* [klemde, h. geklemd] ❶ *tussen iets* catch, jam ❷ *vastklemmen* clasp ❸ *v. tanden* clench ❹ *v. lippen* tighten **II** *onoverg* [klemde, h. geklemd] ❶ *overtuigen* be conclusive / convincing / persuasive ★ *het argument klemt temeer daar...* the argument is all the more persuasive since... ❷ *vastzitten* stick, jam
klemtoon *m* [-tonen] stress, accent, emphasis ★ *de ~ leggen op* lay stress on, emphasize ★ *een lettergreep met ~* a stressed syllable
klemvast *bn* ★ sp *de bal ~ hebben* have the ball safely in one's hands
klep *v* [-pen] ❶ *luik* flap, ⟨v. veerboot⟩ ramp ❷ *v. vizier* visor ❸ *v. pet* peak ❹ *v. kachelpijp* damper ❺ *v. blaasinstrument* valve, key ❻ *mond* trap ★ *hou je ~ dicht!* shut your trap! ❼ techn valve
klepel *m* [-s] clapper, tongue ★ *hij heeft de klok horen luiden, maar hij weet niet waar de ~ hangt* he's heard something about it but he hasn't got the picture
kleppen *onoverg* [klepte, h. geklept] ❶ *klepperen* clack, clap ❷ *v. klok* toll, peal ❸ *kletsen* chatter
klepper *m* [-s] ❶ *dier* steed ❷ *nachtwacht* hist watchman ❸ *ratel* rattle ▼ muz *~s* castanets
klepperen *onoverg* [klepperde, h. geklepperd] rattle, clatter, ⟨v. vleugels⟩ clap
kleptomaan *m* [-manen] kleptomaniac
kleptomanie *v* kleptomania
klere, kolere *v* ★ *krijg de ~* drop dead ★ *~-(film / -wijf / -werk)* fucking / bloody (film / woman / work)
klerelijer *m* [-s] inf rotter, bastard, son of a bitch
kleren *zn* [mv] clothes ★ *iem. in de ~ steken* clothe sbd ★ *in zijn ~ schieten* throw on one's clothes ★ *met ~ en al* with clothes and all ★ *de ~ maken de man* clothes make the man ★ *het raakt mijn koude ~ niet* it leaves me completely cold ★ *het gaat je niet in je koude ~ zitten* a thing like that really gets to you
klerenhanger *m* [-s] → kleerhanger
klerenkast *v* [-en] → kleerkast
klerk *m* [-en] clerk
klets I *v* [-en] ❶ *slag* smack, slap ❷ *water* splash ❸ inf rubbish ★ *dat is maar ~* that's nonsense **II** *bijw* slap bang **III** *m* [-en] *kletsmajoor* gossip, chatterer
kletsen I *overg* [kletste, h. gekletst] *smijten* splash **II** *onoverg* [kletste, h. gekletst] ❶ *babbelen* chatter ★ *we hebben gezellig zitten ~* we've had a good chat ★ *iem. de oren van het hoofd ~* talk the hind leg off a donkey ❷ *onzin vertellen* talk nonsense, talk rubbish

★ *je kletst uit je nek* you're talking through your hat / out of the back of your neck ❸ *roddelen* gossip ★ *er wordt flink over dat stel gekletst* there's a lot of gossiping going on about that couple ❹ *een kletsend geluid maken* splash ★ *de regen kletste tegen het raam* the rain pattered against the window
kletskoek *m* nonsense, rubbish
kletskous *v* [-en] chatterbox, gossip
kletsmajoor, kletsmeier *m* [-s] gossip
kletsnat *bn* soaking wet, wet through
kletspraat *m* twaddle, ⟨roddel⟩ gossip, nonsense, ⟨onzin⟩ rubbish ★ *~jes* gossip ★ *dat is maar ~* that's just idle gossip ★ *~ verkopen* talk nonsense / rubbish, inf talk a lot of crap
kletteren *onoverg* [kletterde, h. gekletterd] ❶ clatter, patter, ⟨v. hagel⟩ rattle ★ *de regen kletterde tegen de ruiten* the rain pattered against the windows ❷ *wapens* clash ❸ *vallen* crash ★ *het bord kletterde op de grond* the plate crashed to the floor ❹ *bergbeklimmen* mountaineer
kleumen *onoverg* [kleumde, h. gekleumd] be half frozen, freeze
kleur *v* [-en] ❶ *tint* colour/Am color, hue ★ *met / in levendige / donkere ~en afschilderen* paint in bright / dark colours ★ *de vogels zijn schitterend van ~* the birds are truly beautiful in colour ❷ *overtuiging* colour, Am color ★ *politici van allerlei ~* politicians of all colours ❸ *v. gezicht* complexion ★ *een frisse ~ hebben* have a fresh complexion ★ *een hoogrode ~ hebben* have a florid complexion ★ *een ~ krijgen* colour, blush ★ *van ~ verschieten* change colour ❹ *kaartsp* suit ★ *~ bekennen* kaartsp follow suit, fig show one's colours, take a stand
kleurbad *o* [-baden] ❶ *verfbad* dye bath ❷ fotogr toning bath
kleurboek *o* [-en] painting / colouring book
kleurdoos *v* [-dozen] paint box, colour/Am color box
kleurecht *bn* colourfast, colourproof
kleuren I *overg* [kleurde, h. gekleurd] ❶ *een kleur geven* colour/Am color, dye ❷ *foto* tone **II** *onoverg* [kleurde, h. gekleurd] ❶ *blozen* colour/Am color, blush ❷ *v. dingen* colour, Am color ★ *de bladeren ~* the leaves are colouring ★ *die stropdas kleurt niet bij je overhemd* that tie doesn't match your shirt
kleurenblind *bn* colour-blind, Am color-blind
kleurendruk *m* colour/Am color printing ★ *in ~* in colour
kleurenfilm *m* [-s] colour/Am color film, ⟨bioscoop⟩ film in colour/Am color
kleurenfoto *v* [-'s] colour/Am color photograph
kleurenprinter *m* [-s] colour/Am color printer
kleurenspectrum *o* [-s & -tra] colour/Am color spectrum
kleurenspel *o* play of colours
kleurentelevisie *v* [-s] colour/Am color television
kleurfilter *m & o* [-s] colour/Am color filter
kleurig *bn* colourful
kleuring *v* [-en] colouring

kl

kleurkrijt *o* coloured chalk
kleurling *m* [-en] coloured person
kleurloos *bn* ❶ colourless, pale ❷ *fig* drab, colourless
kleurplaat *v* [-platen] colouring picture
kleurpotlood *o* [-loden] coloured pencil
kleurrijk *bn* brightly coloured, colourful
kleurschakering *v* [-en] ❶ *nuance* shade, hue, tinge ❷ *overgang* colour/Am color gradation
kleurshampoo *m* colour/Am color rinse shampoo
kleurspoeling *v* [-en] (colour/Am color) rinse
kleurstof *v* [-fen] colouring matter / agent, pigment ★ *~fen* dyes
kleurtje *o* [-s] ❶ colour/Am color, tint, ‹v. koorts &› flush, ‹v. verlegenheid› blush ★ *de kamer een ~ geven* paint the room ❷ *mv: potloden &* coloured pencils, ‹krijtjes› crayons
kleuter *m* [-s] toddler *inf* kid, kiddy / kiddie
kleuterdagverblijf *o* [-blijven] day care centre / center, creche, day nursery
kleuterklas *v* [-sen] kindergarten
kleuterleidster *v* [-s] kindergarten teacher
kleuterschool *v* [-scholen] kindergarten, nursery school
kleutertijd *m* infancy
kleven *onoverg* [kleefde, h. gekleefd] ❶ stick, adhere, cling ★ *~ aan* stick to & to ❷ *fig* stick ★ *daar kleeft geen schande aan* there's no disgrace in that
kleverig *bn* ❶ sticky, gluey ❷ *fig* sticky
kliederboel *m* mess
kliederen *onoverg* [kliederde, h. gekliederd] mess about, make a mess
kliek *v* [-en] *groep* clique
kliekje *o* [-s] *voedsel* scraps, leftovers
klier *v* [-en] ❶ *anat* gland ❷ *vervelende vent* *inf* a pain in the neck/*vulg* arse
klieren *onoverg* [klierde, h. geklierd] *inf* be a pest, be a pain in the neck/*vulg* arse
klieven *overg* [kliefde, h. gekliefd] cleave ★ *de golven ~* cleave the waves
klif *o* [-fen] cliff
klik I *m* [-ken] click **II** *m* [-s] *taalk* click
klikken *onoverg* [klikte, h. geklikt] ❶ *verraden* tell (tales) ★ *over iem. ~* tell on sbd, sneak ❷ *klikkend geluid geven* click ❸ *comput* click (on / off) ★ *klik op 'opslaan'* click on 'save' ▼ *fig het klikte meteen tussen hen* they hit it off right from the start, it clicked between them right from the start
klikspaan *v* [-spanen] telltale, sneak
klim *m* climb ★ *een hele ~* quite a climb
klimaat *o* [-maten] climate ★ *een mild ~* a gentle climate ★ *het geestelijk ~* the spiritual climate
klimaatbeheersing *v* air conditioning
klimaatkamer *v* [-s] environmental test chamber
klimaatregeling *v* air conditioning
klimaatverandering *v* [-en] climate change
klimatologie *v* climatology
klimatologisch *bn* climatic, climatological
klimbonen *zn* [mv] runner beans

klimijzer *o* [-s] climbing support
klimmen *onoverg* [klom, h. en is geklommen] ❶ climb, dicht ascend, mount ★ *in een boom ~* climb (up) a tree ★ *klim maar op de bank / op mijn knie* come and sit on the sofa / on my knee ❷ *toenemen* advance ★ *bij het ~ der jaren* with advancing years
klimmer *m* [-s] ❶ climber ❷ *klimplant* climber, creeper
klimop *m & o* ivy
klimpaal *m* [-palen] climbing pole
klimpartij *v* [-en] climb
klimplant *v* [-en] climbing plant, climber, creeper
klimrek *o* [-ken] ❶ *op speelplaats* climbing frame ❷ *in gymzaal* wall bars
klimroos *v* [-rozen] rambler, climbing rose
kling *v* [-en] blade ★ *over de ~ jagen* put to the sword
klingelen *onoverg* [klingelde, h. geklingeld] jingle, tinkle
kliniek *v* [-en] clinic
klinisch *bn* clinical
klink *v* [-en] *v. deur* doorhandle, latch ★ *op de ~* on the latch ★ *de deur op de ~ doen* latch the door ★ *de deur van de ~ doen* unlatch the door
klinken I *onoverg* [klonk, h. geklonken] ❶ *geluid geven* sound, ring ★ *een ~de overwinning* a resounding victory ★ *dat klinkt verdacht* that sounds suspicious/*inf* fishy ★ *bekend in de oren ~* sound familiar ★ *een diner dat klonk als een klok* a first-rate dinner ★ *een stem die klonk als een klok* a voice as clear as a bell ❷ *met glazen* clink / touch glasses, drink a toast ★ *met elkaar ~* drink a toast **II** *overg* [klonk, h. geklonken] techn rivet, clinch
klinker *m* [-s] ❶ *letter* vowel ❷ *steen* clinker, brick ❸ techn riveter
klinkerweg *m* [-wegen] brick-paved road
klinkklaar *bn* ★ *dat is klinkklare nonsens* it is sheer / blatant / pure nonsense
klinknagel *m* [-s] rivet
klip I *v* [-pen] rock, reef, cliff ★ *een blinde ~* a sunken rock ★ *tussen de ~pen door zeilen* steer clear of the rocks ★ *op de ~pen gelopen* ook fig on the rocks ★ *tegen de ~pen op liegen* lie outrageously **II** *bn* ★ *~ en klaar* crystal-clear
klipper *m* [-s] *scheepv* clipper
klis *v* [-sen], **klit** [-ten] ❶ *plant* bur(r) ★ *als een ~ aan iem. hangen* stick to sbd like a leech ❷ *warrige knoop* tangle ★ *mijn haar zit helemaal in de klit* my hair is all tangled
klitten *onoverg* [klitte, h. geklit] become entangled ★ *aan elkaar ~* stick / hang together like a leech
klittenband *o* Velcro®
klodder *m* [-s] ❶ *v. verf* daub, splodge ❷ *v. bloed* clot, blob ❸ *v. slagroom &* dollop
klodderen *overg* [klodderde, h. geklodderd] ❶ *schilderen* splodge, daub ❷ *knoeien* make a mess
kloek I *v* [-en], **klok** [-ken] mother hen **II** *bn* ❶ *fors, groot* robust, stout, big ★ *twee ~e delen* two substantial volumes ❷ *dapper* bold, brave ★ *een ~*

besluit a brave decision **III** *bijw* ❶ *fors* stoutly ❷ *dapper* boldly, bravely

kloffie *o* [-s] togs, gear ★ *in zijn dagelijkse* ~ in his working togs / gear

klojo *m* ['s] *Br* berk, twit, wally, <u>*Am*</u> jerk

klok I *v* [-ken] ❶ *uurwerk* clock ★ *een staande* ~ a grandfather clock ★ *hij kan* ~ *kijken* he can tell the time ★ *met de* ~ *mee* clockwise ★ *op de* ~ *af* to the minute, at exactly... ★ *de* ~ *rond slapen* sleep round the clock ★ *de* ~ *rond werken* work round the clock ★ *tegen de* ~ *in* anti-clockwise ★ *een man van de* ~ a punctual man ★ *het ~je van gehoorzaamheid* time to go to bed ★ *zoals het ~je thuis tikt, tikt het nergens* there's no place like home ❷ *torenbel* bell ★ *hij hangt alles aan de grote* ~ he tells everyone about everything ★ *een diner dat / een stem die klonk als een* ~ a perfect meal / voice ★ *het is betalen wat de* ~ *slaat* pay(ing) is the order of the day ❸ *glazen stolp* bell jar / glass **II** *m* [-ken] *slok* sip

klokgelui *o* pealing / chiming / ringing of bells

klokhuis *o* [-huizen] *v. appel, peer* core

klokje *o* [-s], **klokjesbloem** *v* [-en] *plant* harebell, bluebell

klokken I *onoverg* [klokte, h. geklokt] ❶ *hoorbaar slikken* gurgle ❷ *v. hen* cluck ❸ *v. kalkoen* gobble ❹ *v. fles* gurgle ❺ *v. rok* flare ★ *een ~de rok* a flared skirt ❻ *met prikklok* clock in / on / out **II** *overg* [klokte, h. geklokt] *tijd opnemen* time

klokkengieter *m* [-s] bell-founder

klokkengieterij *v* ❶ *werkplaats* [-en] bell foundry ❷ *het gieten* bell-founding

klokkenluider *m* [-s] ❶ bell-ringer ❷ *iem. die misstanden openbaar maakt* whistle-blower

klokkenmaker *m* [-s] clockmaker

klokkenspel *o* [-len] ❶ *beiaard* carillon, chimes ❷ *slaginstrument* glockenspiel ❸ *mannelijk geslachtsdeel* <u>scherts</u> sexual apparatus

klokkenstoel *m* [-en] belfry

klokkentoren *m* [-s] bell tower, steeple, belfry

klokradio *m* ['s] clock radio

klokslag *m* [-slagen] stroke of the clock ★ ~ *vier uur* on the stroke of four, at four o'clock sharp

klomp *m* [-en] ❶ *brok* lump ★ *een* ~ *goud* a nugget of gold ❷ *schoeisel* clog, wooden shoe ★ *op ~en* in clogs ★ *nou breekt mijn* ~*!* that's the limit!, that takes the cake!, that does it! ★ *iets met de ~en aanvoelen* feel something instinctively

klompendans *m* [-en] wooden shoe / clog dance

klompenmaker *m* [-s] clog maker

klompvoet *m* [-en] clubfoot, <u>med</u> talipes

klonen *overg* [kloonde, h. gekloond] clone

klont *m & v* [-en] lump, ⟨v. aarde⟩ clod ★ *er zitten ~en in de pap* the porridge is lumpy

klonter *m* [-s] lump, ⟨v. bloed⟩ clot

klonteren *onoverg* [klonterde, is geklonterd] lump, become lumpy, ⟨v. bloed⟩ clot, ⟨v. melk⟩ curdle

klonterig *bn* lumpy, ⟨v. melk⟩ curdled, ⟨v. bloed⟩ clotted

klontje *o* [-s] lump ⟨of sugar⟩, dab, pat ⟨of butter⟩ ★ *zo klaar als een* ~ as plain as day

kloof *v* [kloven] ❶ *barst* split, crack ★ *kloven in de handen* chapped hands ❷ *van de aarde* gorge, ravine, chasm, ⟨klein⟩ gap, cleft, fissure ❸ <u>fig</u> gap, gulf ★ *de* ~ *dichten / overbruggen* bridge the gap / gulf ★ *de* ~ *verbreden* widen the gap / gulf

klooien *onoverg* [klooide, h. geklooid] ❶ *prutsen* bungle, botch, screw / muck up ❷ *vervelend doen* mess / muck about ❸ *donderjagen* monkey / mess / muck about ★ *met iets zitten* ~ monkey / mess / muck about with sth

kloon *m* [klonen] clone

klooster *o* [-s] cloister, ⟨v. mannen⟩ monastery, ⟨v. vrouwen⟩ convent ★ *in het* ~ *gaan* go into a monastery / convent

kloostergang *m* [-en] cloister

kloostergemeenschap *v* [-pen] monastic / convent community

kloosterleven *o* ❶ *voor mannen* monastic life ❷ *voor vrouwen* convent life

kloosterling *m* [-en] monk ★ ~*en* ⟨mannen⟩ monks, ⟨vrouwen⟩ nuns

kloosterorde *v* [-n & -s] monastic / convent order

kloot *m* [kloten] ❶ *bol* ball ❷ *testikel* testicle, <u>inf</u> ball ★ *naar de kloten zijn* be screwed up ★ *dat is kloten* it isn't worth shit

klootjesvolk *o* ★ *het* ~ the hoi polloi

klootzak *m* [-ken] ❶ *balzak* scrotum ❷ <u>scheldwoord</u> bastard, son of a bitch, arsehole

klop *m* [-pen] knock, tap, rap ★ *de* ~ *op de deur* the knock at the door ★ *iem.* ~ *geven* lick sbd ★ ~ *krijgen* get licked

klopboor *v* [-boren] hammer drill

klopgeest *m* [-en] poltergeist

klopjacht *v* [-en] ❶ *drijfjacht* drive ❷ *van mensen* round-up

kloppartij *v* [-en] scuffle, tussle

kloppen I *onoverg* [klopte, h. geklopt] ❶ *slaan, tikken* knock, rap, tap ★ *er wordt geklopt* someone's at the door ★ *binnen zonder* ~ come straight in ❷ *v. hart* beat, throb ★ *met ~d hart* with one's heart in one's throat ❸ *v. motor* knock ❹ *in orde zijn* correspond, agree ★ *een ~d bewijs* resounding proof ★ *(het) klopt* (it's) right ★ *dat klopt als een bus* that's absolutely correct ★ *dat klopt niet met* that doesn't tally / square with ★ *daar klopt iets niet* something's not right ★ *de cijfers* ~ *niet* the figures don't balance / agree ★ *de boel ~d maken* square things **II** *overg* [klopte, h. geklopt] beat, knock, ⟨zacht⟩ tap, ⟨v. eieren⟩ beat, whisk, ⟨v. stenen⟩ break ★ *iem.* ~ beat sbd, <u>inf</u> lick sbd ★ *iem. op de schouder* ~ tap sbd on the shoulder / back ★ *geld* ~ *uit...* make money out of... ★ *iem. iets uit de zak* ~ do sbd out of sth

klopper *m* [-s] ❶ *op deur* (door)knocker ❷ *mattenklopper* (carpet)beater ❸ *v. room & whisk* ❹ *persoon* knocker, ⟨tegen raam⟩ (window) tapper

klos *m & v* [-sen] ❶ *garen & bobbin*, spool, reel ❷ *blok*

kl

block ❸ elektr coil ❹ bilj kiss ▼ *hij is de* ~ he's the sucker

klossen I *overg* [kloste, h. geklost] *op klossen winden* wind **II** *onoverg* [kloste, h. en is geklost]
❶ *onbehouwen lopen* clump, stump ❷ bilj kiss

klote *bn* bloody awful

kloten *onoverg* [klootte, h. gekloot] *knoeien* mess / muck about ★ *zit niet te ~!* stop messing / mucking about!

kloterig *bn* rotten, lousy

klotsen *onoverg* [klotste, h. geklotst] ❶ slosh, splash ★ *~de golven* splashing waves ❷ bilj kiss

kloven *overg* [kloofde, h. gekloofd] *splijten* split ★ *diamanten* ~ cut diamonds

klucht *v* [-en] farce

kluchtig *bn* farcical

kluif *v* [kluiven] ❶ *bot* knucklebone ❷ *als gerecht* knuckle ★ fig *een hele* ~ quite a job

kluis *v* [kluizen] ❶ *v. bank &* safe, strongroom, vault, safe deposit box ❷ *v. kluizenaar* cell

kluisteren *overg* [kluisterde, h. gekluisterd] fetter, shackle ★ fig *aan het bed gekluisterd* confined to one's bed, bedridden ★ fig *aan haar stoel gekluisterd* glued to her chair

kluit *m & v* [-en] ❶ *klomp* clod, lump ★ *hij is flink uit de ~en gewassen* he's a strapping lad ❷ *menigte* bunch ★ *de hele* ~ the whole lot ★ *de* ~ *belazeren* take everybody for a ride

kluitje *o* [-s] (small) clod, lump ★ *iem. met een ~ in het riet sturen* send sbd off none the wiser ★ *op een ~ staan* crowd together

kluiven *overg en onoverg* [kloof, h. gekloven] pick, gnaw, nibble ★ *iets om aan te* ~ something to gnaw, fig a tough proposition ★ *op de nagels* ~ bite one's nails

kluizenaar *m* [-s & -naren] hermit, recluse

kluizenaarsleven *o* hermit's life ★ *een* ~ *leiden* live the life of a hermit

klunen *onoverg* [kluunde, h. gekluund] walk with one's skates on

klungel *m-v* [-s] bungler, clumsy clod

klungelen *onoverg* [klungelde, h. geklungeld] ❶ *knoeien* bungle, botch up ❷ *tijd verbeuzelen* dawdle

klungelig *bn* bungling, clumsy

kluns *m* [klunzen] bungler, botcher

klunzen *onoverg* [klunsde, h. geklunsd] ❶ *knoeien* bungle, blunder ❷ *tijd verbeuzelen* dawdle

klunzig *bn* bungling

klus *m* [-sen] job ★ *een hele* ~ quite a job

klusje *o* [-s] little job ★ *~s doen / opknappen* do odd jobs

klusjesman *m* [-nen] odd-job man, handyman

klussen *onoverg* [kluste, h. geklust] ❶ do odd jobs ❷ *zwart werken* moonlight

kluts *v* ★ *de* ~ *kwijt zijn* be confused ★ *de* ~ *kwijt raken* lose one's bearings

klutsen *overg* [klutste, h. geklutst] beat up ★ *eieren* ~

beat / whisk eggs

kluut *m* [kluten] *vogel* avocet

kluwen *m en o* [-s] ball ★ *een* ~ *mensen* a jumble of people ★ *in / als een* ~ in a jumble

klysma *o* ['s] enema

km *afk* (kilometer) kilometre

km/u *afk* (kilometer per uur) km / h

knaagdier *o* [-en] rodent

knaak *v* [knaken] *rijksdaalder* hist inf two-and-a-half guilder piece / coin

knaap *m* [knapen] ❶ *jongen* boy, lad, youngster ❷ *joekel* whopper ★ *een* ~ *van een vis* a huge fish, a whopper of a fish

knaapje *o* [-s] ❶ *jongetje* little boy ❷ *kleerhanger* clothes hanger

knabbelen *overg & onoverg* [knabbelde, h. geknabbeld] nibble ★ ~ *op / aan* nibble / munch on

knäckebröd *o* Swedish crispbread, knäckebröd

knagen *onoverg* [knaagde, h. geknaagd] gnaw ★ *een ~d geweten* a troubled conscience ★ ~ *aan* gnaw / nibble at

knak *m* [-ken] ❶ *crack*, snap ❷ fig blow, injury, damage ★ *de handel een* ~ *geven* cripple trade ★ *zijn gezondheid heeft een* ~ *gekregen* his health has taken a blow

knakken I *onoverg* [knakte, is geknakt] ❶ *v. bloemen & break*, snap ❷ *v. vingers & crack* **II** *overg* [knakte, h. geknakt] ❶ *afbreken* break ❷ fig injure, impair, shake ★ *zijn gezondheid is geknakt* his health has suffered a setback ★ *door het leven geknakt worden* be broken

knakker *m* [-s] inf character ★ *een rare* ~ a queer / an odd character

knakworst *v* [-en] frankfurter (sausage)

knal *m* [-len] ❶ *hard geluid* crack, bang, ‹v. explosie› detonation, ‹v. donder› clap, ‹v. kurk› pop, ‹v. vuurwapen› report, crack ❷ *harde klap* whack ★ *iem. een* ~ *voor zijn kop geven* whack sbd in the face

knalfuif *v* [-fuiven] wild party

knalgeel *bn* bright yellow

knalkurk *v* [-en] popping cork

knallen I *onoverg* [knalde, h. geknald] ❶ *v. vuurwapen* crack, bang ❷ *v. zweep* crack ❸ *v. kurk* pop **II** *onoverg* [knalde, is geknald] *hard ergens tegenaan komen* smash / crash / bang (into) ★ *tegen een boom* ~ smash & into a tree **III** *overg* [knalde, h. geknald] *hard schieten, gooien* thump, shoot ★ *de bal in het doel* ~ torpedo the ball into the goal

knaller *m* [-s] inf riot

knalpijp *v* [-en] exhaust pipe

knalpot *m* [-ten] silencer, muffler

knalrood *bn* bright / vivid red ★ ~ *worden* go bright red

knap I *bn* ❶ *m.b.t. uiterlijk* pretty, handsome, good-looking, smart ★ *er* ~ *uitzien* ‹v. man› be handsome / good-looking, ‹v. vrouw› be / look pretty ★ *een* ~ *meisje* a pretty girl, a good looker

★ *een ~pe vent* a handsome fellow, a good looker ❷ *m.b.t. capaciteiten* clever, able, capable ★ *een ~pe kop* a brain ★ *een ~ vakman* a clever / handy / skilful workman / craftsman ★ *hij is ~ in het Engels* he's good at English ❸ *netjes* neat ★ *de kamer ziet er weer ~ uit* the room looks tidy again **II** *bijw* ❶ cleverly, ably ★ *~ bedacht / gedaan* well thought-out / well done ❷ *netjes* neatly, smartly ❸ <u>versterkend</u> pretty ★ *~ donker / duur* pretty dark / expensive **III** *m* [-pen] crack, snap

knappen I *onoverg* [knapte, h. geknapt] ❶ *breken* crack ❷ *knapperen* crackle **II** *onoverg* [knapte, is geknapt] break, snap ★ *het touw zal ~* the rope will break / snap ★ *op ~ staan* be about to burst **III** *overg* [knapte, h. geknapt] ❶ *dooddrukken* squash ★ *een luis ~* squash a louse ❷ *nuttigen* crack ★ *een flesje ~* crack open a bottle ▾ *een uiltje ~* have a snooze, take forty winks

knapperd *m* [-s] ❶ *slim* whizz kid, bright spark ❷ *mooi* beauty

knapperen *onoverg* [knapperde, h. geknapperd] crackle

knapperig *bn* crisp, crunchy, ⟨v. brood⟩ crusty

knapzak *m* [-ken] knapsack

knar *m* [-ren] ★ *inf een ouwe ~* ⟨oud persoon⟩ an old fogey, ⟨gierigaard⟩ an old skinflint ★ *inf een krasse ~* a strong old geezer

knarsen *onoverg* [knarste, h. geknarst] crunch, ⟨v. deur⟩ creak, squeak ★ *met de tanden ~* grind one's teeth

knarsetanden *onoverg* [knarsetandde, h. geknarsetand] grind / gnash one's teeth

knauw *m* [-en] ❶ *beet* bite ❷ *fig* blow ★ *iem. een ~ geven* deal sbd a blow

knecht *m* [-en & -s] servant, ⟨op boerderij⟩ farmhand, ⟨wielrenner⟩ helper

knechten *overg* [knechtte, h. geknecht] enslave, subjugate

kneden *overg* [kneedde, h. gekneed] ❶ *v. deeg* knead ❷ *v. klei* ⟨vormen⟩ mould, model, ⟨door pottenbakker⟩ wedge ❸ *door masseur* massage ❹ *fig* mould

kneedbaar *bn* ❶ workable ❷ *fig* pliable

kneedbom *v* [-men] plastic bomb

kneep *v* [knepen] ❶ *het knijpen* pinch, squeeze ❷ *afdruk van knijpen* pinch mark ❸ *fig* knack ★ *daar zit 'm de ~* there's the rub ★ *de knepen van het vak kennen* know the ropes, know the tricks of the trade

knekelhuis *o* [-huizen] ossuary

knel I *v* fix, jam ★ *in de ~ zitten* be stuck, *fig* be in a fix / in hot water **II** *bn* ★ *~ raken* get jammed / stuck ★ *~ zitten* be stuck

knellen I *overg* [knelde, h. gekneld] squeeze, press **II** *onoverg* [knelde, h. gekneld] ❶ pinch ★ *kleding die niet knelt* clothes that don't pinch ❷ *fig* pinch

knelpunt *o* [-en] *fig* bottleneck

knerpen *onoverg* [knerpte, h. geknerpt] crunch, ⟨geluid⟩ grate

knetter *bn* *inf* crackers, nuts

knetteren *onoverg* [knetterde, h. geknetterd] crackle, ⟨motor, vlam⟩ splutter ★ *een ~de vloek* a resounding oath / curse

knettergek *bn* bonkers, crackers, raving mad

kneu *v* [-en] *vogel* linnet

kneusje *o* [-s] ❶ *persoon* failure ❷ *auto* reject ❸ *vrucht* bruised fruit ❹ *ei* cracked egg

kneuterig *bn* snug, cosy

kneuzen I *overg* [kneusde, h. gekneusd] ❶ *v. lichaamsdelen* bruise, <u>med</u> contuse ❷ *v. fruit* bruise ❸ *fijn maken* crack, crush **II** *wederk* [kneusde, h. gekneusd] get / be bruised

kneuzing *v* [-en] *v. lichaamsdelen* bruise, <u>med</u> contusion ★ *een inwendige ~* internal bruising

knevel *m* [-s] ❶ *v. man* moustache ❷ *stokje* clamp, brace

knevelen *overg* [knevelde, h. gekneveld] ❶ *binden* pinion, tie down ❷ *geld afpersen* extort ❸ *de vrijheid beperken* gag, muzzle

knibbelen *onoverg* [knibbelde, h. geknibbeld] *afdingen* haggle ★ *~ op de uitgaven* skimp on expenses

knickerbocker *m* [-s] knickerbockers

knie *v* [knieën] ❶ *lichaamsdeel* knee ★ *de ~(ën) buigen* bend / bow the knee(s) ★ *er zitten altijd ~ën in zijn broek* his trousers always bag at the knees ★ *fig door de ~ën gaan* give in, ⟨zich onderwerpen⟩ buckle under (voor to) ★ *met knikkende ~ën* with shaking / trembling knees ★ *iets onder de ~ hebben* have mastered sth, *inf* have got the hang of sth ★ *op de ~ën brengen* bring to one's knees ★ *op de ~ën vallen* fall to one's knees ★ *God op zijn blote ~ën danken* thank God on bended knees ★ *voor iem. op de ~ vallen* go down on one's knees to sbd ★ *iem. over de ~ leggen* put sbd across one's knee ★ *tot aan de ~ën in het water* knee-deep in the water ❷ *kromming* bend, knee, elbow

knieband *m* [-en] ❶ *anat* <u>hamstring</u> ❷ *ter bescherming* knee protector

kniebeschermer *m* [-s] knee pad

knieblessure *v* [-n & -s] knee injury

kniebroek *v* [-en] knickerbockers, plus fours

kniebuiging *v* [-en] ❶ curts(e)y ❷ *in kerk* genuflexion ❸ *bij gymnastiek* knee bend

kniegewricht *o* [-en] knee joint

knieholte *v* [-n & -s] hollow of the knee

kniekous *v* [-en] knee sock

knielen *onoverg* [knielde, h. en is geknield] kneel, ⟨in kerk ook⟩ genuflect ★ *geknield* kneeling, on one's knees ★ *fig ~ voor* kneel before

knieschijf *v* [-schijven] kneecap, ⟨anat⟩ patella

kniesoor *m-v* [-oren] grumbler, moaner ★ *wie daar op let is een ~* that's a minor detail

kniestuk *o* [-ken] ❶ *steunbalk* kneepiece ❷ *stuk v. kleding &* knee pad ❸ *portret* knee-length portrait

knietje *o* [-s] ★ *iem. een ~ geven* knee sbd, give sbd a knee

knieval *m* [-len] ★ *een ~ doen voor iem.* fall to one's knees before sbd

kniezen *onoverg* [kniesde, h. gekniesd] moan / grumble (about)

kniezer *m* [-s] moaner, grumbler, grouch

knijpen I *overg* [kneep, h. geknepen] ❶ pinch ★ *hij kneep het kindje in de wang* he pinched the child's cheek ★ *hij kneep mij in mijn neus* he tweaked my nose ❷ *door knijpen verplaatsen* squeeze ★ *water uit de spons ~* squeeze water out of the sponge ▼ *'m knijpen* have the wind up **II** *onoverg* [kneep, h. geknepen] pinch ★ *~ in / op de begroting* cut back ▼ *er tussenuit ~* ‹stilletjes weggaan› slip off, ‹sterven› kick the bucket

knijper *m* [-s] ❶ *klemmetje* clip ❷ *wasknijper* clothes peg ❸ *v. kreeft* pincer ❹ *vrek* miser, skinflint

knijpfles *v* [-sen] squeeze bottle

knijptang *v* [-en] pincers

knik *m* [-ken] ❶ *knak* crack, ‹in metaal› dent, ‹in slang &› kink ❷ *met 't hoofd* nod ❸ *kromming* bend, twist

knikkebollen *onoverg* [knikkebolde, h. geknikkebold] nod, doze

knikken I *onoverg* [knikte, h. geknikt] ❶ *met hoofd* nod ★ *hij knikte van ja* he nodded in agreement ❷ *doorbuigen* bend, buckle ★ *met ~de knieën* with shaking knees ❸ *breken* crack, bend **II** *overg* [knikte, h. geknikt] bend, twist

knikker *m* [-s] ❶ marble ★ *het gaat om het spel, niet om de ~s* winning is not what it's about ★ *er is wat aan de ~* there's something the matter ❷ *hoofd* inf nut ★ *een kale ~* a bald pate

knikkeren I *onoverg* [knikkerde, h. geknikkerd] play marbles **II** *overg* [knikkerde, h. geknikkerd] ★ *iem. eruit ~* throw/inf chuck sbd out

knip I *v* [-pen] ❶ *val* trap ❷ *grendel* catch ★ *de ~ op de deur doen* put the catch on the door ❸ *sluiting* snap ❹ *portemonnee* purse ★ *de hand op de ~ houden* keep one's hand on the purse strings **II** *m* [-pen] ❶ *met schaar* cut, snip ❷ *met vingers* snap ★ *hij is geen ~ voor de neus waard* he isn't worth a snap of the fingers / a straw

knipkaart *v* [-en] season ticket

knipmes *o* [-sen] clasp knife, jack-knife ★ *buigen als een ~* bow and scrape

knipogen *onoverg* [knipoogde, h. geknipoogd] wink, blink ★ *~ tegen / naar* wink at

knipoog *m* [-ogen] wink ★ *iem. een ~(je) geven* wink at sbd ★ fig *met een ~ naar* a humorous reference to

knippen I *overg* [knipte, h. geknipt] ❶ *(uit)knippen* cut out ★ *in de film is geknipt* the film has been cut ★ *geknipt zijn voor de baan* be cut out for the job ❷ *afknippen* cut ★ *het haar kort laten ~* have one's hair cut short ★ *zich laten ~* have one's hair cut ★ *zijn baard ~* trim one's beard ★ *de nagels ~* cut / clip one's nails ❸ *doorboren* punch ★ *kaartjes ~* punch / clip tickets ❹ *vangen* inf pinch, nab **II** *onoverg* [knipte, h. geknipt] ★ *met de ogen ~* blink

★ *met de vingers ~* snap one's fingers

knipperen *onoverg* [knipperde, h. geknipperd] ❶ *v. ogen* blink, ‹lonkend› flutter ★ *hij knipperde met zijn ogen* he blinked ❷ *v. licht* flash

knipperlicht *o* [-en] ❶ flashing light, winker ❷ *op motorvoertuigen* indicator

knipsel *o* [-s] cutting(s), clipping(s)

knipseldienst *m* [-en] ❶ cutting / clipping department ❷ *bij een krant* inf morgue

knipselkrant *m* [-en] collection of newspaper cuttings

kniptang *v* [-en] ❶ *voor kaartjes* punch ❷ *voor ijzerdraad* wire cutters

knisperen *onoverg* [knisperde, h. geknisperd] crackle, ‹v. papier› rustle ★ *een ~d haardvuur* a crackling fire

kno-arts *m* [-en] ❶ (keel, -neus- en oorarts) [-en] ❷ ENT specialist, ear, nose and throat specialist

knobbel *m* [-s] ❶ *aanleg* knack, talent, gift ★ *een ~ voor talen / wiskunde hebben* have real knack for languages / mathematics ❷ *verdikking* knob, knot, lump ❸ med tubercle, nodule

knobbelzwaan *m* [-zwanen] mute swan

knock-out *bn & m* [-s] knock-out ★ *iem. ~ slaan* knock sbd out

knoedel *m* [-s] ❶ *meelbal* dumpling ❷ *kluwen* ball, hank ❸ *haar* bun

knoei *m* muddle, mess ★ *we zitten in de ~* we are in a mess/inf in the soup

knoeiboel *m* ❶ *vuile boel* mess ❷ *slecht werk* botched-up job ❸ *bedrog* swindle

knoeien *onoverg* [knoeide, h. geknoeid] ❶ *morsen* (make a) mess ★ *met as ~* spill ashes all over the place ★ *met de boter ~* mess about with the butter ❷ *slordig werken, prutsen* bungle, make a mess of ❸ *oneerlijk handelen* tamper (with), swindle, cheat ★ *er is in de zaak geknoeid* there's been some funny business ★ *in de boeken ~* tamper with / fiddle / doctor the books ★ *met zijn belastingaangifte ~* fiddle one's taxes

knoeier *m* [-s] ❶ *prutser* bungler ❷ *slodervos* sloppy person ❸ *oplichter* swindler, cheat

knoeipot *m* [-ten] messy person

knoeiwerk *o* sloppy / shoddy work, botched-up work

knoert *m* [-en] ❶ *iets groots* inf whopper ★ *een ~ van een...* a whopping big... ❷ *hard schot &* hard kick / blow &

knoest *m* [-en] knot, gnarl

knoet *m* [-en] ❶ *zweep* cat-o'-nine-tails ★ *onder de ~ zitten* be under someone's thumb ❷ *haarwrong* bun, knot

knoflook *o & m* garlic

knoflookpers *v* [-en] garlic press

knoflooksaus *v* [-en of -zen] garlic sauce

knokkel *m* [-s] knuckle

knokken *onoverg* [knokte, h. geknokt] *vechten* fight ★ fig *hij heeft er hard voor moeten ~* he's had to battle for it

knokpartij *v* [-en] fight, scuffle

knokploeg *v* [-en] ❶ *groep v. vechtersbazen* gang of

thugs, henchmen ❷ *in 2e Wereldoorlog* resistance commando (group)

knol *m* [-len] ❶ *aan wortel* tuber ❷ *raap* turnip ★ *iem. ~len voor citroenen verkopen* pull the wool over sbd's eyes ❸ *paard* nag

knolgewas *o* [-sen] tuberous plant

knollentuin *m* [-en] vegetable garden ★ *hij is in zijn ~* he's in his element

knolraap *v* [-rapen] turnip

knolselderij, **knolselderie** *m* celeriac

knoop *m* [knopen] ❶ *aan kleding* button, stud ★ *een ~ aan een blouse zetten* sew on a button on to a blouse ❷ *in touw &* knot ★ *een platte ~* a reef knot ★ *de (gordiaanse) ~ doorhakken* take decisive action ★ *een ~ leggen* tie a knot ★ *een ~ losmaken* untie / undo a knot ★ *fig in de ~ raken met iets* become entangled in sth ★ *fig in de ~ zitten* have personal problems ★ *uit de ~ halen* unravel ❸ *plantk* node

knooppunt *o* [-en] junction, intersection

knoopsgat *o* [-gaten] buttonhole ★ *een anjer in het ~* a carnation in one's buttonhole

knoopsluiting *v* [-en] button fastening

knop *m* [-pen] ❶ *v. deur, stok &* knob, handle ❷ *schakelaar* switch, button ❸ *v. degen, zadel* pommel ❹ *plantk* bud ★ *~pen krijgen* be in bud ★ *in de ~* in bud ▼ *naar de ~pen gaan* go down the drain ▼ *naar de ~pen helpen* mess up, ruin

knopen *overg* [knoopte, h. geknoopt] ❶ *een knoop leggen* knot, tie ★ *netten ~* make nets ★ *de eindjes aan elkaar ~* make ends meet ❷ *met een knoopsluiting vastmaken* button (up)

knorren *onoverg* [knorde, h. geknord] ❶ *v. varken &* grunt, snort ★ *mijn maag knort* my stomach's rumbling ❷ *fig* grumble, growl ★ *~ op* grumble at ★ *~ krijgen* be scolded

knorrepot *m* [-ten] grumbler, grump, grouch

knot *v* [-ten] ❶ *haar, kluwen* knot ❷ *wol* ball

knots I *v* [-pen] club, bludgeon ▼ *een ~ van een...* a huge / gigantic... **II** *bn inf* mad, crazy ★ *~(gek) zijn* be nuts, be crackers

knotten *overg* [knotte, h. geknot] ❶ *boom* head, top ❷ *wilg* poll(ard) ❸ *kegel* truncate ★ *een geknotte kegel* a truncated cone ❹ *fig* curtail, clip

knotwilg *m* [-en] pollard willow

knowhow *m* know-how

knudde *bn* ★ *inf het is ~* it's a flop / washout

knuffel *m* [-s] ❶ *liefkozing* hug, cuddle ★ *iem. een ~ geven* give sbd a hug ❷ *speelgoedbeest* cuddly toy

knuffelbeest, **knuffeldier** *o* [-en] cuddly toy

knuffelen *overg* [knuffelde, h. geknuffeld] cuddle, snuggle

knuist *m & v* [-en] fist ★ *blijf eraf met je ~en!* paws off!

knul *m* [-len] ❶ fellow, chap, bloke ★ *een goeie ~* a good guy ❷ *domoor* a silly guy/*inf* bugger

knullig *bn* clumsy, awkward

knuppel *m* [-s] ❶ *dikke stok* cudgel, club, ‹v. politie› truncheon ★ *een ~ in het hoenderhok gooien* put the cat among the pigeons ❷ *stuurknuppel* joy stick

❸ *lomperd* lout

knuppelen *overg* [knuppelde, h. geknuppeld] cudgel, club

knus I *bn* snug, cosy **II** *bijw* cosily, snugly

knutselaar *m* [-s] handyman, do-it-yourselfer

knutselen *overg en onoverg* [knutselde, h. geknutseld] ❶ *in elkaar zetten* knock / throw together ★ *iets in elkaar ~* knock / throw sth together ❷ *uit liefhebberij maken* potter, tinker ★ *ik knutsel graag* I like to do things with my hands ★ *hij knutselt graag aan zijn auto* he likes to tinker with his car

knutselwerk *o* ❶ handicrafts ★ *leuke ideetjes voor ~* fun things to make in your spare time ❷ *werk* odd jobs

koala *m* ['s], **koalabeer** [-beren] koala

kobalt I *o* cobalt **II** *bn* cobalt (blue)

kobaltblauw *o & bn* cobalt blue

koddig I *bn* droll, odd, comical **II** *bijw* oddly, comically

koe *v* [koeien] cow ★ *een heilige ~* a sacred cow ★ *oude ~ien uit de sloot halen* reopen old wounds, rake up the past ★ *geen oude ~ien uit de sloot halen* let bygones be bygones ★ *men noemt geen ~ bont of er is een vlekje aan* there's no smoke without fire ★ *de ~ bij de horens vatten* take the bull by the horns ★ *je kunt nooit weten hoe een ~ een haas vangt* you never know your luck / know what might happen ▼ *~ien van fouten* whopping great mistakes

koebel *v* [-len] cowbell

koedoe *m* [-s] kudu

koehandel *m* horse trading

koeienletter *v* [-s] ★ *met ~s* in giant letters

koeienvlaai *v* [-en] cowpat

koeioneren *overg* [koeioneerde, h. gekoeioneerd] bully, browbeat

koek *m* [-en] ❶ *lekkernij* cake ★ *peper~* gingerbread ★ *dat is andere ~!* that's a different kettle of fish! ★ *dat is gesneden ~* that's child's play ★ *dat is oude ~* that's an old one, that's old hat ★ *de ~ is op* the party is over ★ *ze zijn ~ en ei* they're the best of friends ★ *het gaat erin als ~* they're lapping it up ★ *iets voor zoete ~ slikken* swallow sth whole, fall for sth ❷ *massa* cake, crust

koekeloeren *onoverg* [koekeloerde, h. gekoekeloerd] peer, peek ★ *zitten ~* sit around twiddling one's thumbs / daydreaming

koekenbakker *m* [-s] ❶ *banketbakker* pastrycook ❷ *prutser* bungler

koekenpan *v* [-nen] frying pan

koek-en-zopie *o* [-s] refreshments stall

koekje *o* [-s] *Br* (sweet) biscuit, *Am* cookie ★ *een ~ van eigen deeg* a taste of his own medicine

koekoek *m* [-en] ❶ *vogel* cuckoo ★ *het is altijd ~ één zang met hem* it's always the same old story ★ *dat haal je de ~* I bet!, not on your life!, no way! ❷ *venster* skylight, dormer window

koekoeksjong *o* [-en] ❶ young cuckoo ❷ *persoon of zaak* usurper ★ *dit project dreigt een ~ te worden* this

ko

project is threatening to usurp all our energy / finances / time

koekoeksklok v [-ken] cuckoo clock

koektrommel, koekjestrommel v [-s] biscuit tin

koel I bn cool, chilly ★ ~ bewaren store in a cool place ★ een ~e ontvangst a chilly reception ★ in ~en bloede in cold blood, cold-bloodedly ★ het hoofd ~ houden keep a cool head **II** bijw coolly

koelbloedig I bn ❶ beheerst cool-headed, level-headed ❷ onverschillig cold-blooded **II** bijw ❶ beheerst cool-headedly ❷ onverschillig in cold blood

koelbloedigheid v ❶ beheersing cool-headedness, level-headedness ❷ onverschilligheid coldness, cold-heartedness

koelbox m [-en] cool box, cooler, Aus esky®

koelcel v [-len] cold store

koelelement o [-en] ❶ refrigerating element ❷ in koelbox freezer pack

koelen I overg [koelde, h. gekoeld] cool ★ zijn woede ~ vent one's fury / anger **II** onoverg [koelde, is gekoeld] cool (down)

koeler m [-s] ❶ cooler ❷ ijsemmer ice bucket

koelhuis o [-huizen] cold store

koelie m [-s] coolie

koeling v ❶ het koelen cooling, refrigeration ❷ koelcel cold store ❸ v. motor cooling system

koelinstallatie v [-s] refrigerating system / plant

koelkast v [-en] refrigerator, fridge

koelmiddel o [-en] coolant

koelruimte v [-n & -s] cold store

koelschip o [-schepen] refrigerated ship

koelsysteem o [-stemen] cooling system

koeltas v [-sen] thermos / cool bag

koelte v ❶ cool(ness), ‹te koud› chill(iness) ❷ onbewogenheid coolness

koeltjes bijw coolly, ‹sterker› coldly

koelvitrine v [-s] refrigerated display

koelvloeistof v [-fen] coolant

koelwagen m [-s] refrigerator truck

koelwater o cooling water

koemelk v cow's milk

koemest m cow manure / dung

koepel m [-s] ❶ v. gebouw dome ❷ tuinhuisje summer house ❸ voor geschut turret ❹ v. organisatie umbrella

koepelgewelf o [-welven] domed vault, dome

koepelkerk v [-en] domed church

koepelorganisatie v [-s] umbrella organization

koepeltent v [-en] dome tent

koepokken zn [mv] cowpox

koeren onoverg [koerde, h. gekoerd] coo

koerier m [-s] courier

koeriersdienst m [-en] courier / messenger service

koers m [-en] ❶ course, fig ook line / course of action ★ ~ zetten naar steer a course for, head for ★ ook fig ~ houden stay on course ★ ook fig uit de ~ be off course ★ ook fig uit de ~ raken be driven off course ★ ook fig van ~ veranderen change course / tack

❷ handel quotation, price, rate ★ de ~ van de dag the current price, the day's rate ❸ sp race

koerscorrectie v [-s] price correction / adjustment

koersdaling v [-en] ❶ m.b.t. effecten drop / fall in prices ❷ m.b.t. de effectenbeurs als geheel stock market fall ❸ m.b.t. valuta fall in the exchange rate

koersen onoverg [koerste, h. gekoerst] ❶ set course for ★ ~ naar set course for... ❷ sp race

koersherstel o (price) recovery / rally

koersindex m [-en, -dices] share price index, stock exchange index

koersschommeling v [-en] price fluctuation / movement / variation

koersstijging v [-en] price increase / rise / upsurge, exchange rate increase

koersval m fall / drop in price, slump in share prices

koers-winstverhouding v [-en] price-gains ratio

koeskoes m couscous

koest bn quiet ★ ~! down, dog! ★ zich ~ houden keep quiet, keep a low profile

koesteren I overg [koesterde, h. gekoesterd] ❶ verwarmen warm, nourish ★ het zonlicht koestert mij the sun warms me ❷ verzorgen take care of, cherish ❸ voelen nurse, cherish ★ de hoop / wens ~ harbour a wish / thought ★ haat ~ tegen hate, harbour feelings of hate against ★ het plan ~ cherish the plan ★ gevoelens ~ entertain feelings **II** wederk [koesterde, h. gekoesterd] bask ★ zich in de zon ~ bask in the sun

koet m [-en] vogel coot

koeterwaals o gibberish, inf double Dutch

koets v [-en] coach, carriage ★ ~ en paard horse and carriage

koetshuis o [-huizen] coach house

koetsier m [-s] driver, coachman

koevoet m [-en] crowbar

Koeweit o Kuwait

koffer m [-s] ❶ voor bagage (suit)case, bag ★ zijn ~s pakken pack one's bags ❷ voor waardevolle zaken box ❸ bed inf sack ★ de ~ in duiken have a roll in the sack ★ met iem. de ~ in duiken go to bed with sbd

kofferbak m [-ken] Br boot, Am trunk

kofferlabel m [-s] luggage label / tag

kofferrek o [-ken] luggage rack

kofferruimte v [-n & -s] Br boot, Am trunk

koffie m coffee ★ zwarte ~ black coffee ★ ~ verkeerd cafe latte ★ ~ met melk coffee with milk, white coffee ★ ~ drinken have a cup of coffee ★ ~ zetten make coffee ★ op de ~ komen come over for coffee, fig get one's just deserts ★ fig dat is geen zuivere ~ there's something fishy about it, it looks suspicious ★ fig dat is andere ~! that's another story

koffieautomaat m [-maten] coffee machine

koffieboon v [-bonen] coffee bean

koffiebrander m [-s] coffee roaster

koffieconcert o [-en] coffee concert

koffiedik o coffee grounds ★ zo helder als ~ as clear as mud ★ ~ kijken read tea leaves

koffiedrinken *onoverg* [dronk koffie, h. koffiegedronken] have a cup of coffee
koffiefilter *m & o* [-s] coffee filter
koffiehuis *o* [-huizen] coffee house
koffiejuffrouw *v* [-en] tea lady
koffiekamer *v* [-s] refreshment room, ⟨in theater⟩ foyer
koffiekan *v* [-nen] coffee pot
koffiekopje *o* [-s] coffee cup
koffieleut *m* [-en] coffee freak
koffielikeur *m* [-en] coffee liqueur
koffiemelk *v* ± evaporated milk
koffiemolen *m* [-s] coffee mill / grinder
koffiepauze *v* [-n & -s] coffee break
koffieplantage *v* [-s] coffee plantation
koffiepot *m* [-ten] coffee pot
koffieshop *m* [-s] ❶ coffee shop ❷ *drugscafé* soft drugs cafe, coffee shop
koffietafel *v* [-s] ❶ *tafel* coffee table ❷ *maaltijd* lunch
koffiezetapparaat *o* [-raten] coffee machine
kogel *m* [-s] ❶ *v. vuurwapen* bullet ★ *de ~ krijgen* be shot ★ *zich een ~ door het hoofd jagen* blow one's brains out ★ *door een verdwaalde ~ worden geraakt* be hit by a stray bullet ★ *de ~ is door de kerk* the die is cast ★ *tot de ~ veroordelen* sentence to be shot ❷ *v. kanon* ball ❸ *v. kogelstoten* sp shot, ball ❹ *hard schot* sp rocket ❺ *in lager* techn ball bearing
kogelbiefstuk *m* [-ken] fillet of beef
kogelgat *o* [-gaten] bullet hole
kogellager *o* [-s] ball bearing
kogelregen *m* shower / hail of bullets
kogelslingeren *o* sp hammer throw
kogelstoten *o* sp shot-put
kogelstoter *m* [-s] shot-putter
kogelvrij *bn* bulletproof
kohier *o* [-en] assessment list / register
kok I *m* [-s] ❶ cook ★ *de chef-~* the chef ★ *het zijn niet allen ~s die lange messen dragen* don't judge a book by its cover ★ *veel ~s bederven de brij* too many cooks spoil the broth ❷ *die maaltijden bezorgt* caterer **II** *m* [-ken] *bacterie* coccus
kokarde *v* [-s] cockade
koken I *onoverg* [kookte, h. gekookt] ❶ boil, ⟨v. zee⟩ churn ★ *zijn bloed begon te ~* his blood began to boil ★ *~ van woede* boil / seethe with rage ❷ *maaltijd bereiden* cook ★ *hij kan goed ~* he is an excellent cook ★ *wie kookt voor u?* who does your cooking? **II** *overg* [kookte, h. gekookt] *v. spijzen* cook, ⟨v. vloeistof⟩ boil ★ *gekookte aardappels* boiled potatoes
kokendheet *bn* boiling hot
koker *m* [-s] ❶ *om iets in op te bergen* case ❷ *v. pijlen* quiver ❸ *buis* tube, cylinder ★ *fig uit wiens ~ komt dat?* who thought that up? ❹ *kookapparaat* cooker, kettle
koket *bn* coquettish
koketteren *onoverg* [koketteerde, h. gekoketteerd] flirt ★ *~ met iets* parade sth, show sth off

kokhalzen *onoverg* [kokhalsde, h. gekokhalsd] retch
kokkerellen *onoverg* [kokkerelde, h. gekokkereld] cook special things
kokkin *v* [-nen] cook
kokmeeuw *v* [-en] *vogel* black-headed gull
kokos *o* coconut
kokosbrood *o* sliced coconut loaf
kokosmakroon, kokosmakron *m* [-s & -kronen] coconut macaroon
kokosmat *v* [-ten] coconut mat(ting)
kokosmelk *v* coconut milk
kokosnoot *v* [-noten] coconut
kokosolie *v* coconut oil
koksmaat *m* [-s], **koksmaatje** *o* [-s] galley boy
koksmes *o* [-sen] cook's knife
koksmuts *v* [-en] chef's hat
kolchoz *m* [-chozen] kolkhoz, collective farm
kolder I *m* ❶ *paardenziekte* (blind) staggers ★ *hij heeft de ~ in z'n kop* he's gone crazy ❷ *onzin* nonsense, rubbish **II** *m* [-s] *harnas* hist jerkin
kolderiek *bn* crazy
kolen *zn* [mv] coal ★ *ik zat op hete ~* I was on tenterhooks ★ *Bijbel vurige ~ op iemands hoofd stapelen* heap coals of fire on someone's head
kolenbrander *m* [-s] charcoal burner
kolendamp *m* carbon monoxide
kolenhok *o* [-ken] coal shed / hole
kolenkit *v* [-ten] coal scuttle / box
kolenmijn *v* [-en] coal mine / pit, ⟨bedrijf⟩ colliery
kolere *v* ★ *~ zeg!* Jesus! ★ *krijg allemaal de ~!* drop dead! *vulg* get stuffed!
kolf *v* [kolven] ❶ *v. geweer* butt ❷ *distilleerkolf* flask, retort ❸ *v. maïs* cob
kolfje *o* [-s] ★ *dat is een ~ naar zijn hand* that's right up his alley
kolibrie *m* [-s] hummingbird
koliek *o & v* [-en] colic
kolk *m & v* [-en] ❶ *ronddraaiend* eddy, whirlpool ❷ *stil pool*, ⟨put⟩ well, ⟨v. sluis⟩ chamber
kolken *onoverg* [kolkte, h. gekolkt] eddy, whirl, swirl ★ *~d water* swirling / seething water ★ *een ~de menigte* a seething crowd
kolom *v* [-men] column
kolombreedte *v* [-n, -s] column width
kolonel *m* [-s] colonel
koloniaal *bn* colonial
kolonialisme *o* colonialism
kolonie *v* [-s & -niën] colony ★ *een ~ mieren* a colony of ants ★ *een (vakantie)~ voor kinderen* a holiday camp for children ★ *een ~ vestigen* establish a community
kolonisatie *v* [-s] colonization, settlement
kolonisator *m* [-s & -toren] colonizer
koloniseren *overg & onoverg* [koloniseerde, h. gekoloniseerd] colonize, settle
kolonist *m* [-en] colonist, settler
kolos *m* [-sen] colossus, giant
kolossaal I *bn* colossal, huge, tremendous, immense

II *bijw* colossally &

kolven *overg en onoverg* [kolfde, h. gekolfd] *m.e. borstkolf* express milk ▼ *fig niet onvoordelig* ~ do pretty well for oneself

kom *v* [-men] ❶ *vaatwerk* basin, bowl ❷ *v. gewricht* socket ★ *zijn arm is uit de ~ geschoten* his arm has been dislocated ▼ *de ~ van de gemeente* the town centre ▼ *de bebouwde* ~ the built-up area

komaan *tsw* ★ *~!* come on!

komaf *m* descent, origin ★ *van adellijke ~ zijn* be one of the nobility ★ *van goede ~ zijn* be one of the upper crust ★ *van lage ~ zijn* have come from humble origins

kombuis *v* [-buizen] caboose, galley

komediant *m* [-en] comedian ★ *fig hij is een echte ~* he's always putting on an act

komedie *v* [-s] ❶ *blijspel* comedy ★ *het is allemaal maar ~* it's all an act ★ ‹doen alsof› ~ *spelen* put on an act ❷ *gebouw* theatre, <u>Am</u> theater

komeet *v* [-meten] comet

komen I *tsw* ★ *kom, kom!* come now! ★ *och kom!* ‹bij twijfel› why, indeed!, ‹bij verbazing› you don't say so! **II** *onoverg* [kwam, is gekomen] ❶ *in de richting v.d. spreker gaan* come ★ *het was er een ~ en gaan* people were coming and going ★ *ik zal hem / het laten ~* I'll send for him / it ★ *hij is ~ lopen* he came on foot, he walked ★ *kom ze halen* come and pick them up / get them ★ *u moet eens ~ kijken* you must come and have a look ★ *hij komt om iets* he's come for something or other ❷ *naar een bep. punt gaan* come, go ★ *ik kom al!* (I'm) coming! ★ *hij zal er wel ~* he's sure to make it / to get there ★ *wij kunnen niet ~* we can't make it ★ *daar mag je niet ~* you're not allowed there ★ *hoe kom ik daar?* how do I get there? ★ *zo kom je er niet* this isn't the right way, <u>fig</u> this will get you nowhere ★ *er kwam maar geen geld* there was still no money, no money was forthcoming ★ *wie ('t) eerst komt ('t) eerst maalt* first come, first served ★ *ik kom u vertellen dat...* I've come to tell you that... ★ *ergens mee aan de deur ~* sell sth from door to door ★ *kom er niet aan!* don't touch it! ★ *ik kom er niet aan toe vandaag* I won't get around to (doing) it today ★ *achter iets ~* find out sth ★ *zal je bij me ~?* will you come to me? ★ *ik kom dadelijk bij je* I'll join you directly ★ *wij ~ niet meer bij hen* we don't see them any more ★ *hoe kom je erbij?* how do you reach that conclusion? ★ *ergens bij kunnen ~* be able to get at / reach sth ★ *bij elkaar ~* come together, meet ★ *daarbij komt het dat...* added to this they... ★ *dat moest er nog bij ~!* that would be the last straw! ★ *er door ~* get through ★ *ik kon niet in mijn jas ~* I couldn't get into my coat ★ *in de kamer ~* come into / enter the room ★ *er een beetje in ~* catch on, get one's hand in ★ *ergens in kunnen ~* understand / appreciate sth ★ *hij kwam naar mij toe* he came up to me ★ *ik kon niet op mijn fiets / paard ~* I couldn't get on to my bicycle / horse ★ *ik kan er niet op ~* I can't remember / recall it ★ *ik kon*

er niet toe ~ I couldn't bring myself to do it ★ *hoe bent u daartoe ge~?* how did you come to do it? ★ *~ tot iemands middel / schouder* come up to sbd's waist / shoulder ★ *tot iem. ~* come to sbd ❸ *het resultaat zijn* come ★ *er moge van ~ wat wil* come what may ★ *hoe komt het dat...?* how is it that...? ★ *hij wist niet hoe het ge~ was* he didn't know how it had happened ★ *is het zo ver ge~ dat...?* has it come to this that...? ★ *op hoeveel komt dat?* what does it come to? ★ *hoe duur komt u dat te staan?* what will it cost you? ★ *op hoeveel komt dat beeldje?* how much is that statue? ★ *het komt op 10 euro per persoon* it works out at / comes to 10 euros per person ★ *tot zichzelf ~* come to one's senses ★ *tot een regeling ~* come to / arrive at / reach a settlement ★ *daar ~ problemen van* that'll cause problems ★ *dat komt van het vele lezen* that comes of reading so much ★ *van lezen / werken & zal vandaag niets ~* there'll be no reading / working & today ★ *wat zal ervan ~?* where will it end? ★ *als er ooit iets van komt* if it ever comes to anything ★ *er zal niets van ~* nothing will come of it ★ *dat komt ervan* that comes of being..., that's what comes from...ing ❹ *staan te gebeuren* come, will be ★ *er komt regen* we are going to have rain ★ *wij moeten maar afwachten wat er ~ zal / gaat* we have to await (further) developments ★ *wat niet is kan nog ~* who knows what might (still) happen ★ *de dingen die ~ gaan* the things that await us ★ *daar komt niets van in* that's out of the question, <u>inf</u> nothing doing ❺ *toevallig gebeuren* come (to) ★ *~ te spreken over* get talking about ★ *als ik zou ~ te overlijden* if I should (come to) die ★ *hij kwam naast me te zitten* he happened to sit next to me ❻ *krijgen* (+ *aan*) come by, get ★ *hoe zal ik aan het geld ~?* how am I to get / raise the money? ★ *eerlijk aan iets ~* come by sth honestly ★ *hoe kom je daaraan?* ‹in het bezit komen van iets› how have you come by it? how did you get it?, ‹achter iets komen› how did you find out? ❼ *vanuit een bep. richting gaan* come (from / out of) ★ *zij ~ uit een dorp* they're from a village ★ *die woorden ~ uit het Grieks* the words are derived from Greek ★ ‹v. homoseksueel› *uit de kast ~* come out of the closet ★ <u>fig</u> *ik kom er niet uit* I can't make it out ★ <u>fig</u> *kun jij eruit ~?* what do you make of it? ★ *waar kom jij vandaan?* ‹land & van herkomst› where do you come from? where are you from?, ‹waar ben je geweest?› where have you been?

komend *bn* coming ★ *het ~e jaar* the coming year ★ *in de ~e jaren* in the coming years, in the years to come ★ *de ~e en gaande man* the people coming and going

komfoor *o* [-foren] ❶ *met gloeiende (houts)kolen* brazier ❷ *kampeerkooktoestel* (camping) stove

komiek I *bn* comical, funny, droll **II** *bijw* comically **III** *m* [-en] comedian, clown, joker

komijn *m* cum(m)in

komijnekaas *m* [-kazen] cum(m)in cheese

komisch *bn* comic, comical ★ *een ~e film / opera* a comic film / opera ★ *het ~e is dat...* the funny part of the matter is that...

komkommer *v* [-s] cucumber

komkommersalade, **komkommersla** *v* cucumber salad

komkommertijd *m* slack / silly season

komma *v & o* ['s] comma ★ *nul ~ vijf* zero point five

kommaneuker *m* [-s] hairsplitter, nitpicker

kommer *m* ❶ *bezorgdheid* solicitude ❷ *ellende* sorrow, misery ★ *~ en gebrek* distress and poverty ★ *~ en kwel* sorrow and misery ★ *het is niets dan ~ en kwel* it's a hard life

kommetje *o* [-s] (small) cup, bowl

kompaan *m* [-panen] crony, mate

kompas *o* [-sen] compass ★ *op iemands ~ varen* follow someone's lead

kompasnaald *v* [-en] compass needle

kompasrichting *v* point of the compass

kompasroos *v* [-rozen] compass rose

kompres *o* [-sen] compress

komst *v* coming, arrival ★ *op ~ zijn* be imminent, be in the making, be on the way ★ *de ~ van de Messias* the advent of the Messiah

komvormig *bn* bowl-shaped, basin-shaped

kond *bn* ★ *~ doen* make known, notify

konfijten *overg* [konfijtte, h. gekonfijt] candy

kongsi *v* ['s] ❶ *handel* combine, ring, trust ❷ *kliek* clique

konijn *o* [-en] rabbit, inf bunny ★ *een tamme ~* a bred / domesticated rabbit

konijnenhok *o* [-ken] rabbit hutch

konijnenhol *o* [-holen] rabbit hole / burrow

koning *m* [-en] ⟨ook v. schaakspel⟩ king ★ *de ~ der dieren* the king of beasts ★ Bijbel *de drie ~en* the Three Kings, the Three Wise Men ★ *hij is de ~ te rijk* he's happy as a king / as Larry ★ *de klant is ~* the customer is always right

koningin *v* [-en] ❶ *vorstin* queen ★ *rechtdoende in naam der ~* in the name of the Queen ❷ *v. bijen* queen ❸ *v. schaakspel* queen

koningin-moeder *v* [-s] Queen Mother

Koninginnedag *m* [-dagen] Queen's Birthday

koninginnenpage *m* [-s] swallowtail (butterfly)

koningsblauw *bn & o* royal blue

koningschap *o* ❶ *waardigheid* kingship ❷ *regeringsvorm* monarchy

koningsdrama *o* ['s] historical play

koningsgezind *bn* royalist, monarchist

koningshuis *o* [-huizen] royal house / family

koningskind *o* [-eren] royal child / offspring

koningsmaal *o* royal feast

koningsvaren *v* [-s] royal fern

koningswater *o* aqua regia

koninklijk **I** *bn* royal, regal, kingly ★ *van ~e afkomst* of royal descent ★ *Koninklijke Hoogheid* your Royal Highness ★ *bij Koninklijk Besluit* by Royal Decree **II** *bijw* royally, regally, splendidly

koninkrijk *o* [-en] kingdom ★ *het Verenigd Koninkrijk* the United Kingdom ★ *het ~ Denemarken* the Kingdom of Denmark ★ *het Koninkrijk der Nederlanden* the Kingdom of the Netherlands ★ *het ~ der hemelen* the Kingdom of Heaven ★ *het ~ Gods* the Kingdom of God

konisch *bn* conical, cone-shaped

konkelen *onoverg* [konkelde, h. gekonkeld] ❶ *samenspannen* plot, intrigue, scheme ❷ *roddelen* gossip

konkelfoezen *onoverg* [konkelfoesde, h. gekonkelfoesd] intrigue, conspire, scheme

kont *v* [-en] rear, bottom, inf bum, vulg arse/Am ass ★ *in zijn / haar blote ~* in his / her birthday suit ★ *een schop onder / voor zijn ~* a kick in the arse ★ *je kan hier je ~ niet keren* you can't swing a cat in here ★ *de ~ tegen de krib gooien* dig one's heels in

konterfeitsel *o* [-s] portrait, likeness

kontje *o* [-s] ❶ *lichaamsdeel* bottom, inf bum ★ *een lekker ~* a cute little bum ★ fig *iem. een ~ geven* give sbd a leg up ❷ *v. brood* crust, heel

kontlikker *m* [-s] inf suck-up, vulg arse licker

kontzak *m* [-ken] back pocket

konvooi *o* [-en] convoy ★ *onder ~ varen* sail in convoy

kooi *v* [-en] ❶ *voor beesten* cage ❷ scheepv berth, bunk ★ *naar ~ gaan* turn in

kooiconstructie *v* [-s] cage

kooien *overg* [kooide, h. gekooid] cage, ⟨kippen &⟩ coop up ★ *schapen ~* fold / pen sheep

kooiker *m* [-s] decoy man

kook *v* boil ★ *aan de ~ brengen* bring to the boil ★ *aan de ~ zijn* be on the boil ★ *van de ~ zijn* be off the boil, fig be very upset

kookboek *o* [-en] cookbook, cookery book

kookcursus *m* [-sen] cookery course

kookgerei *o* cooking utensils

kookkunst *v* cookery, art of cooking, culinary art

kookplaat *v* [-platen] ❶ *los* hot plate ❷ *v. fornuis* electric hob

kookpunt *o* [-en] boiling point

kooktoestel *o* [-len] cooker, stove

kookwas *m* ❶ *wasprogramma* 'whites' setting ❷ *wasgoed* laundry that needs washing

kookwasmiddel *o* [-len] whites detergent

kookwekker *m* [-s] kitchen timer, ⟨voor eieren⟩ egg timer

kool *v* [kolen] ❶ *steenkool* coal ❷ *houtskool* charcoal ❸ *koolstof* carbon ❹ *groente* cabbage ★ *rode ~* red cabbage ★ *witte ~* white cabbage ★ *de ~ en de geit sparen* run with the hare and hunt with the hounds ★ *het sop is de ~ niet waard* the game isn't worth the candle ★ *iem. een ~ stoven* play a trick on sbd ★ *groeien als ~* shoot up, grow rapidly ★ *het is allemaal ~* it's all rubbish → **kolen**

kooldioxide *o* carbon dioxide

koolhydraat *o* [-draten] carbohydrate

koolmees *v* [-mezen] vogel great tit

koolmonoxide *o* carbon monoxide

ko

koolmonoxidevergiftiging *v* carbon monoxide poisoning

koolraap *v* [-rapen] ❶ *bovengronds* kohlrabi ❷ *ondergronds* swede, <u>Am</u> rutabaga

koolsla *v* coleslaw

koolstof *v* carbon

koolstofverbinding *v* [-en] carbon compound

koolvis *m* [-sen] coley, saithe

koolwaterstof *v* [-fen] hydrocarbon

koolwitje *o* [-s] cabbage / garden white (butterfly)

koolzaad *o* rape, rapeseed

koolzuur *o* ❶ *zuurverbinding* carbonic acid ❷ *gas* carbon dioxide

koolzuurhoudend *bn* carbonated ★ ~ *water* carbonated water

koon *v* [konen] cheek

koop *m* [kopen] purchase, sale, buy ★ *handel* ~ *met inruil* part exchange ★ *een* ~ *sluiten* conclude a sale, strike a bargain ★ *op de* ~ *toe* into the bargain ★ *te* ~ for sale, on sale ★ *te* ~ *aanbieden* put up / offer for sale ★ *te* ~ *gevraagd* wanted ★ *te* ~ *lopen met iets* flaunt / parade sth ★ *te* ~ *lopen met zijn geleerdheid* show off / air one's learning ★ *met zijn gevoelens te* ~ *lopen* wear one's heart on one's sleeve ★ *weten wat er in de wereld te* ~ *is* know what is going on in the world

koopakte *v* [-n & -s] deed of sale / purchase

koopavond *m* [-en] late-night shopping, late opening

koopcontract *o* [-en] contract / bill of sale ★ *een voorlopig* ~ a preliminary / conditional purchase contract / agreement

koopgedrag *o* purchasing behaviour

koophandel *m* trade, commerce

koophuis *o* [-zen] ❶ *te koop* house for sale ❷ *eigen huis* own home, owner-occupied house

koopje *o* [-s] ❶ (real) bargain / buy ★ *dat is een* ~ that's a (real) bargain / buy ★ *op een* ~ on the cheap ❷ <u>iron</u> trick ★ *iem. een* ~ *leveren* play a trick on sbd

koopjesjager *m* [-s] bargain hunter

koopkracht *v* ❶ *v. persoon* purchasing / buying power ❷ *v.h. publiek* spending power

koopkrachtig *bn* ★ *klanten die (minder)* ~ *zijn* customers with (less) spending power

kooplust *m* customer buying propensity, consumer interest ★ *...kon met moeite mijn* ~ *bedwingen* ...could hardly contain my urge to buy

kooplustig *bn* fond of buying, eager to buy, acquisitive ★ *het publiek was niet erg* ~ the public was not very interested in buying

koopman *m* [-lieden & -lui] merchant, dealer, ‹op straat› (street) hawker

koopmansbeurs *v* [-beurzen] commodity exchange

koopmanschap *v* trade, business

koopmonster *o* [-s] sample

kooporder *m-v* [-s] purchase order

koopovereenkomst *v* [-en] contract of sale, purchase agreement

koopsom *v* [-men] purchase price

koopsompolis *v* [-sen] single premium insurance (policy)

koopvaarder *m* [-s] merchant / trading vessel

koopvaardij *v* merchant navy

koopvaardijschip *o* [-schepen] merchantman, trading ship

koopwaar *v* [-waren] merchandise, commodities, wares

koopwoede *v* spending / buying mania ★ *vrouwen lijden meer aan* ~ *dan mannen* women suffer more from compulsive buying than men

koopwoning *v* [-en] own house, owner-occupied property

koopziek *bn* eager to buy ★ ~ *zijn* be a compulsive buyer

koopzondag *m* [-en] shopping Sunday

koor *o* [koren] ❶ *zangers* choir ❷ *tegenover solo* chorus ★ *in* ~ in chorus ❸ *plaats* choir, chancel

koord *o & v* [-en] cord, string, rope ★ *de* ~*en van de beurs in handen hebben* hold the purse strings ★ *op het slappe* ~ *dansen* show one's paces

koorddansen *o* walk a tightrope

koorddanser *m* [-s] tightrope walker

koorde *v* [-n] wisk chord

koorhek *o* [-ken] choir / rood screen

koorknaap *m* [-knapen] ❶ *in kerkkoor* choirboy ❷ *misdienaar* altar boy

koormuziek *v* choral music

koorts *v* [-en] fever ★ *de gele* ~ yellow fever ★ *de koude* ~ a shivering fever ★ *een hoge* ~ a high temperature ★ ~ *hebben* have a fever ★ ~ *krijgen* get a fever ★ *met* ~ *in bed liggen* be in bed with a fever / temperature ★ *rillen van de* ~ shake / shiver with fever

koortsaanval *m* [-len] attack of fever

koortsachtig I *bn* feverish **II** *bijw* feverishly ★ ~ *zoeken naar* search feverishly for

koortsdroom *m* [-dromen] delirium ★ *koortsdromen hebben* be delirious

koortsig *bn* feverish

koortslip *v* [-pen] cold sore

koortsstuip *v* [-en] convulsion

koortsthermometer *m* [-s] clinical thermometer

koortsuitslag *m* fever rash

koortsvrij *bn* free of / without fever ★ *zij is sinds gisteren* ~ her temperature got back to normal yesterday

koortswerend *bn* antipyretic

koorzang *m* [-en] choral singing

koosjer *bn* kosher ★ <u>fig</u> *niet* ~ not kosher

koosnaam *m* [-namen] pet name

kootje *o* [-s] *v. vinger* phalanx ‹mv phalanges›, finger bone

kop *m* [-pen] ❶ *hoofd van dier of mens* head ★ <u>inf</u> *(hou je)* ~ *dicht!* shut up! ★ *een* ~ *krijgen* be as red as beetroot ★ *iets de* ~ *indrukken* nip sth in the bud, stamp out, quash ‹a rebellion›, scotch ‹a rumour› ★ *met* ~ *en schouders boven de anderen* *uitsteken* stand out head and shoulders above the rest ★ *de ~ opsteken* crop up ★ *~ op!* cheer up! ★ *iem. op zijn ~ geven* give sbd what for ★ *op zijn ~ krijgen* get a good telling off ★ *al ging hij op zijn ~ staan* no matter what he does ★ *iem. op z'n ~ zitten* bully sbd ★ *hij laat zich niet op zijn ~ zitten* he doesn't let himself be pushed around ★ *de ~ van jut* the try-your-strength machine ★ *zonder ~ of staart* without either head or tail, without beginning or end ❷ *afbeelding v.e. hoofd* head ★ ⟨op postzegel⟩ *de ~ van de koningin* the queen's head ★ *~ of munt* heads or tails ❸ *hoofd als zetel v. verstand* head, brain ★ *een goede ~ hebben* have a good head ⟨for names &⟩ ★ *inf met een bezopen ~* dead drunk ★ *iets in zijn ~ hebben* have sth in one's head / in mind ❹ *manschap* head, soul, hand ★ *~pen tellen* count heads ★ *een schip met 100~pen* a ship with a hundred souls / hands ❺ *voorste/bovenste gedeelte* head, ⟨v. pijp⟩ bowl, ⟨v. golf⟩ crest, ⟨v. racket⟩ warhead ★ *een theelepel suiker met een ~* a heaped teaspoon of sugar ★ *de wereld staat op zijn ~* the world is topsy-turvy ★ *iets op de ~ tikken* manage to get sth, pick sth up, inf nab sth ★ *de dingen op hun ~ zetten* put things on their head ★ *inf over de ~ gaan* go broke ★ *over de ~ schieten / slaan* overturn, somersault ★ sp *de ~ nemen* take the lead ★ sp *aan de ~ / op ~ liggen* lead ❻ *in krant* heading, headline ❼ *om uit te drinken* cup ★ *een ~ koffie* a cup of coffee ▼ *op de ~ af* exactly

kopbal *m* [-len] sp header
kopduel *o* [-s] voetbal heading duel
kopen I *overg* [kocht, h. gekocht] buy, purchase ★ fig *duur gekochte vrijheid* freedom paid for dearly ★ fig *wat koop ik er voor?* what good will it do me? **II** *onoverg* [kocht, h. gekocht] buy ★ *wij ~ niet bij hen* we don't deal with them, we never shop there
Kopenhagen *o* Copenhagen
koper I *m* [-s] buyer, purchaser **II** *o* copper ★ *geel ~* brass ★ *rood ~* copper ★ muz *het ~* the brass
koperblazer *m* [-s] brass player
koperdraad *o & m* [-draden] copper / brass wire
koperen I *bn* copper, brass ★ *een ~ blaasinstrument* a brass instrument ★ *de ~ ploert* the tropical sun ★ *de ~ bruiloft* 12 1/2 years wedding anniversary ★ Bijbel *de ~ slang* the snake of brass **II** *overg* [koperde, h. gekoperd] copper

---

koperen
Een **koperen bruiloft** is in Engelstalige landen een volkomen onbekend begrip.

---

kopergravure *v* [-s & -n] copperplate
kopergroen I *o* verdigris **II** *bn* verdigris
koperhoudend *bn* copper-bearing, cupriferous, cuprous
koperkleurig *bn* copper-coloured, brass-coloured
kopermijn *v* [-en] copper mine
koperpoets *m & o* copper polish, brass polish
koperslager *m* [-s] coppersmith, brazier

koperwerk *o* copperware, brassware
kopgroep *v* [-en] sp leading group
kopie *v* [-pieën] ❶ copy, duplicate ★ *voor ~ conform* a true copy ❷ *v. kunst* replica, reproduction
kopieerapparaat *o* [-raten], **kopieermachine** *v* [-s] photocopier, copying machine, copier
kopieerpapier *o* copying paper
kopiëren *overg* [kopieerde, h. gekopieerd] (photo)copy
kopij *v* [-en] copy ★ *er zit ~ in* there's good copy in this
kopje *o* [-s] ❶ *hoofdje* head ★ *wat een lief ~!* what a sweet face! ★ ⟨v. kat⟩ *~s geven* nuzzle up against ★ *~ duikelen* somersault ★ *iem. een ~ kleiner maken* chop sbd's head off ❷ *voor thee &* cup ★ *een ~ thee* a cup of tea ❸ *in krant* heading ❹ *heuvel* ZA top, hillock
kopje-onder *bijw* ★ *~ gaan* get a ducking
koplamp *v* [-en] headlamp, headlight
koploper *m* [-s] sp leader ★ *~ zijn* take the lead, be in the lead
kopman *m* [-nen] sp leader
koppakking *v* [-en] cylinder head gasket
koppel I *o* [-s] *stel* couple ★ *een ~ patrijzen* a brace of partridges ★ ZN ⟨enige, enkele⟩ *een ~* some, a few **II** *m & v* [-s] ❶ *voor hond* leash ❷ *voor zwaard* belt
koppelaar *m* [-s] ❶ *huwelijk* matchmaker ❷ *prostitutie* pimp
koppelbaas *m* [-bazen] (illegal) labour subcontractor
koppelen *overg* [koppelde, h. gekoppeld] ❶ *aan elkaar maken* couple (to / with) ❷ *v. ruimtevaartuig* dock ❸ *v. honden & leash* ❹ *v. woorden & join* ❺ *v. mensen* pair, match ❻ *verbinden met* link, relate
koppeling *v* [-en] ❶ *het verbinden* coupling, linking ★ *de ~ van lonen en prijzen* the linking of wages and prices ❷ *verbindingsstuk* coupling, link ❸ *in auto* clutch ★ *de ~ op laten komen* engage the clutch ★ *de ~ intrappen* let out the clutch ❹ *ruimtevaart* docking
koppelingspedaal *o & m* [-dalen] clutch (pedal)
koppelingsplaat *v* [-platen] clutch plate
koppelteken *o* [-s] hyphen
koppeltjeduikelen *onoverg* [duikelde koppeltje, h. koppeltjegeduikeld], **kopjeduikelen** [duikelde kopje, h. kopjegeduikeld] somersault
koppelverkoop *m* conditional sale
koppelwerkwoord *o* [-en] copula, linking verb
koppen *overg* [kopte, h. gekopt] ❶ *v. kop ontdoen* top, poll ❷ sp head ★ *een bal ~* head a ball ❸ *v. kranten* head
koppensnellen *o* ❶ *bij primitieve volken* headhunt ❷ *krantenkoppen lezen* scherts skim the headlines
koppensneller *m* [-s] ❶ *moordenaar* headhunter ❷ *iem. die krantenkoppen leest* scherts superficial reader ❸ *iem. die topfunctionarissen overneemt* headhunter
koppiekoppie *tsw* good thinking!, clever!
koppig I *bn* ❶ *eigenzinnig* headstrong, stubborn, obstinate ⟨people⟩ ★ *~ zijn / doen* be obstinate ★ *zo ~ als een ezel* as stubborn as a mule ❷ *zwaar* heady

ko

★ *~e wijn* heady wine **II** *bijw* obstinately
koppigheid *v* ❶ *eigenzinnigheid* obstinacy, stubbornness ❷ *v. drank* headiness
koppijn *v* headache
koppositie *v* [-s] sp lead
kopregel *m* [-s] drukw running headline / title
koprol *v* [-len] somersault
kopschuw *bn* shy ★ *iem. ~ maken* frighten sbd off ★ *~ worden* become shy
kopspijker *m* [-s] ❶ *kleine spijker* tack, clout ❷ *grote spijker* hobnail
kop-staartbotsing *v* [-en] rear-end collision
kopstation *o* [-s] terminus, terminal
kopstem *v* [-men] falsetto voice
kopstoot *m* [-stoten] ❶ *kopbal* sp header ❷ bilj massé (shot) ❸ *drankje* beer with whisky / gin
kopstuk *o* [-ken] head, *inf* bigwig ★ *de ~ken van de partij* the party leadership
kopt *m* [-en] Copt
koptelefoon *m* [-s] headphone(s), headset
koptisch I *bn* Coptic, **Koptisch II** *o taal* Coptic
kopzorg *v* [-en] worry, concern ★ *zich ~en maken (over)* worry (about), be concerned (about)
koraal I *o* [-ralen] muz chorale **II** *o de stof* coral
koraalbank *v* [-en] coral reef
koraaldier *o* [-en], **koraaldiertje** [-s] coral polyp
koraalmuziek *v* choral music
koraalrif *o* [-fen] coral reef
koraalrood *bn* coral
koralen *bn* coral, ‹koraalachtig› coralline
Koran *m* Koran
kordaat I *bn* determined, resolute, firm ★ *een ~ besluit* a firm decision **II** *bijw* firmly, resolutely, with determination
kordon *o* [-s] cordon
koren *o* corn, grain ★ *het is ~ op zijn molen* it's grist to his mill ★ *het kaf van het ~ scheiden* separate the wheat from the chaff, separate the men from the boys
korenaar *v* [-aren] ear of corn
korenblauw *bn* cornflower blue
korenbloem *v* [-en] cornflower
korenmaat *v* [-maten] corn measure ★ *men moet zijn licht niet onder de ~ zetten* you shouldn't hide your light under a bushel
korenmolen *m* [-s] flour mill
korenschoof *v* [-schoven] sheaf of corn
korenschuur *v* [-schuren] granary ★ *de ~ van Europa* the granary of Europe
korenwolf *m* [-wolven] European hamster
korf *m* [korven] basket, ‹voor bijen› hive
korfbal *o* korfball
korfballen *overg* [korfbalde, h. gekorfbald] play korfball
korfballer *m* [-s] korfball player
korhoen *o* [-ders] black grouse ★ *~ders* grouse
koriander *m* coriander
kornet I *m* [-ten, -s] mil cornet, ensign **II** *v* [-ten] muz

cornet
kornoelje *v* [-s] *plant* cornel, ‹rode› dogwood, ‹gele› cornelian cherry
kornuit *m* [-en] companion, mate
korporaal *m* [-s] corporal
korps *o* [-en] ❶ *legereenheid* (army) corps ★ *het ~ mariniers* the Royal Marines ❷ *lettergrootte* drukw typeface
korpscommandant *m* [-en] corps commander
korpsgeest *m* esprit de corps
korrel *m* [-s] ❶ *v. graan of zaad* grain, kernel ❷ *vizierkorrel* bead ★ *iem. op de ~ nemen* aim at sbd, fig snipe at sbd
korrelig *bn* granular
korreltje *o* [-s] grain, granule ★ *fig iets met een ~ zout nemen* take sth with a grain / pinch of salt
korsakovsyndroom *o* Korsakoff's syndrome
korset *o* [-ten] corset
korst *v* [-en] ❶ *v. brood* crust ❷ *v. kaas* rind ❸ *op wond* scab
korstmos *o* [-sen] lichen
kort I *bn* ❶ *m.b.t. tijd* short, brief ★ *na ~ere of langere tijd* sooner or later ★ *~ van memorie zijn* have a short memory ❷ *bondig* brief, short ★ *een ~ en bondig antwoord* a brief and to the point answer ★ *~ en goed* short but sweet ★ *in ~ bestek* briefly, in a few words ★ *het was ~ maar krachtig* it was short and snappy ★ *van stof zijn* be brief, be shortspoken ❸ *m.b.t. lengte* ★ *~ en dik* squat **II** *bijw* ❶ *m.b.t. tijd* briefly, shortly ★ *het is ~ dag* time is getting short ★ *sinds ~* lately, recently ★ *~ daarna / daarop* shortly after ★ *~ geleden* recently, a short time ago ★ *~ op / na elkaar* one after the other ❷ *bondig* shortly, briefly ★ *om ~ te gaan* to cut a long story short, to put it briefly ★ *maak het ~* be brief, make it snappy ★ *ik zal ~ zijn* I'll be brief ❸ *niet genoeg* short ★ *geld te ~ komen* run short of money ★ *ik kom een paar euro te ~* I'm a few euros short ★ *er niet bij te ~ komen* profit by sth, get something out of it ★ *er is 20 euro te ~* we're short by twenty euros ★ *te ~ doen* feel cheated ★ *zich te ~ doen* deprive oneself of sth ❹ *m.b.t. lengte* short ★ *iem. ~ houden* keep sbd on a tight rein, ‹m.b.t. geld› keep sbd short / on short allowance ★ *alles ~ en klein slaan* smash everything to pieces **III** *o* ★ *in het ~* briefly ★ *tot voor ~* until recently
kortaangebonden *bn* ❶ *kortaf* short ❷ *opvliegend* curt, snappy, short-tempered
kortademig *bn* short of breath, ook fig short-winded
kortademigheid *v* shortness of breath, ook fig short-windedness
kortaf I *bn* curt, offhand, abrupt ★ *hij was erg ~ tegen me* he was very curt to me **II** *bijw* curtly ★ *~ spreken* speak curtly ★ *~ weigeren* refuse out of hand
kortebaanwedstrijd *m* [-en] sprint race
kortegolfontvanger *m* [-s] short wave receiver
korten I *overg* [kortte, h. gekort] ❶ *korter maken* shorten, cut (back) ★ *vleugels ~* clip wings

❷ *aftrekken* deduct, cut ★ *zij werden gekort op hun loon* their pay was cut ★ *dat zal worden gekort op je loon* that will be deducted from your wages ❸ *doorbrengen* pass, shorten ★ *de tijd ~* while away the time, beguile the time **II** *onoverg* [kortte, is gekort] shorten ★ *de dagen ~* the days are growing shorter

kortetermijngeheugen *o* short-term memory

kortetermijnplanning *v* short-term planning

kortetermijnpolitiek *v* short-term politics

kortgeknipt *bn* close-cut, ⟨v. haren⟩ close-cropped

kortharig *bn* short-haired

korting *v* [-en] ❶ handel discount, deduction ★ *iem. 10% ~ geven (op)* give sbd 10% off (on), give sbd 10% discount (on) ★ *een ~ voor contante betaling* a cash discount ★ *een ~ voor schadevrij rijden* a no-claim bonus ★ *een ~ voor snelle betaling* a discount for prompt payment ❷ *bezuiniging* cut ★ *een ~ op uitkeringen* a cut in social security benefits ★ *een ~ op lonen en salarissen* a cutback in wages and salaries

kortingkaart, **kortingskaart** *v* [-en] discount card ★ *een ~ voor openbaar vervoer* a reduced-fare card / pass

kortingsbon *m* [-nen] discount note

kortlopend *bn* short-term ★ *een ~ krediet* short-term credit

kortom *bijw* in short, in a word, in brief ★ *~, ik wil niet* in a word, no

kortparkeerder *m* [-s] short-term parker

Kortrijk *o* Courtrai

kortsluiten *overg* [sloot kort, h. kortgesloten] elektr & fig short-circuit ★ *iets ~ met iem.* consult sbd about sth

kortsluiting *v* ❶ elektr short circuit, short ❷ *misverstand* fig communication breakdown

kortstondig *bn* short-lived, brief

kortweg *bijw* ❶ *in het kort* briefly, shortly ❷ *eenvoudig* simply ❸ *bruusk* flatly

kortwieken *overg* [kortwiekte, h. gekortwiekt] clip the wings of ★ fig *iem. ~* clip sbd's wings

kortzichtig *bn* short-sighted ★ *~e besluiten* short-sighted decisions

kortzichtigheid *v* short-sightedness

korven *overg* [korfde, h. gekorfd] hive ★ *bijen ~* hive bees

korvet *v* [-ten] corvette

korzelig I *bn* grumpy, irritable **II** *bijw* grumpily, irritably

kosmisch *bn* cosmic ★ *~e stralen* cosmic rays

kosmografie *v* cosmography

kosmologie *v* cosmology

kosmonaut *m* [-en] cosmonaut

kosmopoliet *m* [-en] cosmopolitan

kosmopolitisch *bn* cosmopolitan

kosmos *m* cosmos

kost *m* ❶ *voedsel* food, fare ★ *degelijke ~* substantial fare ★ *dat is oude ~* that's old hat ★ *slappe ~* slops

★ *zware ~* heavy food, fig heavy stuff ★ *geen ~ voor kinderen* no food for children, fig no milk for babes ★ *zijn ogen de ~ geven* use his eyes ❷ *levensonderhoud* living, livelihood ★ *de ~ verdienen* earn one's living ★ *aan de ~ komen* earn / make a living ★ *wat doet hij voor de ~?* what does he do for a living? ★ *zijn ~je is gekocht* he is provided for ❸ *voorziening van spijs en drank* board ★ *~ en inwoning* board and lodging, bed and board ★ *iem. de ~ geven* feed sbd ★ *iem. in de ~ nemen* take sbd in as a boarder ★ *in de ~ zijn bij* be boarding with ❹ *prijs* cost, expense ★ *ten ~e van anderen* at the expense / cost of others → **kosten**

kostbaar *bn* ❶ *duur* expensive, costly, dear ❷ *v. veel waarde* precious ⟨gems⟩, valuable ⟨furniture, time⟩ ★ *tijd is ~* time is precious ❸ *weelderig* rich, sumptuous ⟨banquets⟩

kostbaarheid *v* [-heden] ❶ *hoedanigheid* expensiveness, costliness, sumptuousness ❷ *voorwerp* precious object ★ *kostbaarheden* valuables

kostelijk I *bn* ❶ *heerlijk* exquisite, delicious ⟨food⟩ ★ *een ~e maaltijd* a delicious meal ❷ *uitstekend* splendid, glorious ★ *die is ~!* that is a great one!, that's rich! **II** *bijw* splendidly ★ *wij hebben ons ~ vermaakt* we had a wonderful time

kosteloos I *bn* free **II** *bijw* free of charge, gratis, for free

kosten I *overg* [kostte, h. gekost] cost ★ *wat kost het?* how much is it?, what do you charge for it? ★ *koste wat het kost* whatever the cost ★ *het kan hem zijn baan ~* it could cost him his job ★ *het zal mij twee dagen ~* it will take me two days ★ *al kost het mij het leven* even if it costs me my life ★ *het kostte vijf personen het leven* it cost the lives of five persons ★ *het zal u veel moeite ~* it will give you a lot of trouble **II** *zn* [mv] ❶ expense(s), cost(s) ★ *~ besparen (op)* save on costs ★ *~ koper (k.k.)* buyer's costs, costs payable by purchaser ★ *~ maken* incur expenses / costs ★ *~ noch moeite sparen* spare neither effort nor expense ★ *~ per eenheid product* unit costs ★ *aanzienlijke ~ meebrengen* involve considerable expense ★ *bijkomende / extra ~* additional charges / expenses ★ *constante ~* fixed costs ★ *doorberekende ~* on-charged expenses ★ *doorlopende ~* recurrent costs ★ *eenmalige ~* one-off costs ★ *extra ~* additional costs ★ *indirecte ~* indirect costs ★ *variabele ~* variable costs ★ *vaste ~* fixed costs, overheads ★ *op eigen ~* at his / her own expense ★ *op ~ van A leven* live off A ★ *op mijn ~* at my (own) expense ★ *iem. op (hoge) ~ jagen* put sbd to (great) expense ★ *uit de ~ komen* break even ★ *uit zijn ~ groeien* outgrow oneself ★ *de ~ van levensonderhoud* the cost of living ❷ jur costs

kosten-batenanalyse *v* [-s] cost-benefit analysis

kostenbeheersing *v* cost control

kostenbesparend *bn* money-saving, cost-effective, economy ⟨measures⟩

ko

kostenbesparing *v* [-en] economising measures, cost savings
kostendekkend *bn* cost effective
kostenplaatje *o* [-s] outline of the costs
kostenstijging *v* [-en] cost increase
kostenverdeling *v* [-en] division of costs, distribution of expenses
kostenverhoging *v* [-en] increase in costs
kostenverlaging *v* [-en] cost reduction
koster *m* [-s] sexton, verger
kostganger *m* [-s] boarder ★ *Onze Lieve Heer heeft rare ~s* it takes all kinds to make a world
kostgeld *o* [-en] board and lodging
kosthuis *o* [-huizen] boarding house
kostje *o* [-s] → **kost**
kostprijs *m* [-prijzen] cost, cost price, prime cost ★ *tegen ~* at cost price
kostschool *v* [-scholen] boarding school ★ *op ~ doen* send to boarding school ★ *op ~ zijn* attend a boarding school
kostuum *o* [-s] ❶ suit ❷ *voor gekostumeerd bal* costume
kostuumfilm *m* [-s] costume piece
kostuumontwerper *m* [-s] costume designer
kostwinner *m* [-s] breadwinner
kostwinning *v* [-en] livelihood, living
kot *o* [-ten, koten] ❶ *huis* hovel, shack ❷ *hok* ⟨v. hond⟩ kennel, ⟨v. schaap⟩ pen, ⟨v. varken⟩ sty ❸ *gevangenis* nick, clink ❹ *studentenkamer* ZN digs, student's apartment
kotelet *v* [-ten] cutlet, chop
koter *m* [-s] *inf* kid
kots *m* vomit, *inf* sick
kotsen *onoverg* [kotste, h. gekotst] throw up, *inf* puke ★ *het is om (van) te ~* it makes you puke ★ *ik kots van...* I'm sick to death of...,... makes me want to puke
kotsmisselijk *bn* sick as a dog, sick to death ★ *ik ben er ~ van* I'm sick to death of it
kotter *m* [-s] cutter
kou, koude *v* cold, chill ★ *geen ~(tje) aan de lucht* nothing to worry about ★ *iem. in de ~ laten staan* leave sbd out in the cold ★ *een ~ in het hoofd* a head cold ★ *~ vatten* catch a cold
koud I *bn* ❶ *v. temperatuur* cold, chilly ★ *~e drukte* fuss about nothing ★ *het ~ hebben* be / feel cold ★ *het ~ krijgen* get cold ★ *ik werd er ~ van* it made my blood run cold ★ *inf iem. ~ maken* knock sbd off, Am waste sbd ❷ *harteloos* cold ★ *het laat mij ~* it leaves me cold ★ *op ~e toon iets zeggen* say sth in a chilly tone **II** *bijw* ❶ coldly ❷ *nauwelijks* hardly, scarcely ★ *~ had hij dat gezegd of...* he had hardly said it when...
koudbloedig I *bn ook fig* cold-blooded **II** *bijw ook fig* cold-bloodedly
koudegolf *v* [-golven] cold wave / spell / snap
koudmakend *bn* cooling, freezing
koudvuur *o* gangrene

koudwatervrees *v fig* cold feet
koufront *o* [-en] cold front
koukleum *m-v* [-en] cold frog
koukleumen *onoverg* be chilly, be cold all over ★ *hij stond te ~* he was shivering
kous *v* [-en] ❶ stocking ★ *op zijn ~en* in one's stockinged feet ★ *daarmee is de ~ af* that settles it ★ *de ~ op de kop krijgen* be given the brush-off, get turned down ❷ *v. lamp* wick
kousenband *m* [-en] ❶ *band* garter ★ *de Orde van de Kouseband* the Order of the Garter ❷ *boon* yardlong / asparagus / snake bean
kousenvoeten *zn* [mv] ★ *op ~* in one's stockinged feet
kouten *onoverg* [koutte, h. gekout] *dicht* talk, chat
kouvatten *onoverg* [vatte kou, h. kougevat] catch cold
kouwelijk *bn* chilly
Kozak *m* [-ken] Cossack
kozen *overg* [koosde, h. gekoosd] *minnekozen* caress
kozijn *o* [-en] window / door frame
kraag *m* [kragen] collar, ⟨schuim⟩ head ★ *een geplooide ~* a ruff ★ *iem bij / in de ~ pakken* grab sbd by the collar, collar sbd ★ *een stuk in de ~ hebben* be tipsy
kraai *v* [-en] ❶ *vogel* crow ★ *de bonte ~* the hooded crow ★ *de zwarte ~* the carrion crow ★ *kind nog ~ hebben* have not a soul in the world ❷ *doodbidder scherts* undertaker's man
kraaien *onoverg* [kraaide, h. gekraaid] crow ★ *het kind kraaide van vreugde* the baby crowed with joy
kraaienmars *m* ★ *de ~ blazen* go west, kick the bucket
kraaiennest *o* [-en] *eig & scheepv* crow's nest
kraaienpootjes *zn* [mv] *rimpels* crow's feet
kraak *m* [kraken] ❶ *geluid* crack, cracking ❷ *inbraak* break-in, Am heist ★ *een ~ zetten* do a job ▼ *er zit ~ noch smaak aan* it has no taste at all
kraakactie *v* [-s] squat
kraakbeen *o* gristle, cartilage
kraakbeweging *v* squatters' movement
kraakhelder *bn* spotless, spick and span
kraakpand *o* [-en] squat
kraakstem *v* [-men] grating / croaky voice
kraal *v* [kralen] ❶ *bolletje* bead ★ *een glazen ~* a glass bead ❷ *v. vee* corral, cattle pen
kraaloog *o & m* [-ogen] ❶ *bolrond oog* beady eye ★ *~jes* beady eyes ❷ *persoon* beady-eyed person
kraam *v & o* [kramen] booth, stall, stand ★ *de hele ~* the whole lot ★ *dat komt niet in zijn ~ te pas* it doesn't suit his purpose ▼ *in de ~ komen* give birth
kraamafdeling *v* [-en] maternity ward
kraambed *o* [-den] childbed ★ *in het ~ liggen* be confined, lie in
kraambezoek *o* [-en] maternity visit ★ *op ~ gaan* visit the new mother and her baby
kraamhulp *v* [-en] maternity help
kraamkamer *v* [-s] delivery room
kraamkliniek *v* [-en] birth / maternity clinic
kraamverzorgster *v* [-s] maternity nurse
kraamvisite *v* [-s] maternity visit

kraamvrouw *v* [-en] mother of a newly-born child, new mother

kraamzorg *v* maternity care

kraan I *v* [kranen] ❶ *hijswerktuig* crane, derrick ❷ *v. vat & tap*, cock, Am faucet ❸ *v. gas & tap*, faucet **II** *m* [kranen] ❶ *vogel* crane ❷ *uitblinker* crack ★ *hij is een ~ in...* he is a dab hand at.... ★ *een ~ van een vent* a great fellow

kraandrijver *m* [-s] crane driver

kraanleertje *o* [-s] (tap) washer

kraanmachinist *m* [-en] crane driver

kraanvogel *m* [-s] common crane

kraanwagen *m* [-s] tow truck

kraanwater *o* tap water

krab *v* [-ben] ❶ *schram* scratch ❷ *dier* crab

krabbel *v* [-s] ❶ *krab* scratch (mark) ❷ *met pen* scrawl, scribble ❸ *v. kunstenaar* thumbnail sketch ❹ *tijdens nadenken, luisteren &* doodle

krabbelen I *onoverg* [krabbelde, h. gekrabbeld] ❶ *krabben* scratch ❷ *schrijven* scrawl, scribble ❸ *tijdens nadenken, luisteren &* doodle ❹ *schaatsenrijden* skate badly ▾ *overeind ~* scramble to one's feet **II** *overg* [krabbelde, h. gekrabbeld] *schrijven* scrawl, scribble

krabbelschrift *o* scrawly (hand)writing

krabbeltje *o* [-s] scribbled note

krabben *overg & onoverg* [krabde, h. gekrabd] scratch ★ *iem. in zijn gezicht ~* scratch sbd.'s face ★ *zich ~* have a scratch ★ *ruiten ~* scrape the windows

krabber *m* [-s] scratcher, scraper

krabbetje *o* [-s] spare rib

krabcocktail *m* [-s] crab cocktail

krabpaal *m* [-palen] scratching post

krach *m* [-s] crash

kracht *v* [-en] ❶ *sterkte, vermogen* energy, power, strength, force, vigour ★ *de drijvende ~ (achter iets)* the moving force (behind sth) ★ *zijn ~en beproeven (op...)* try one's hand (at...) ★ *~ bijzetten aan...* show strength ★ *~ van wet hebben* have the force of law ★ *zijn ~en herkrijgen / herstellen* regain one's strength ★ *al zijn ~en inspannen* exert one's utmost strength ★ *zijn ~en meten met iem.* pit one's strength / oneself against sbd ★ *haar ~en nemen met de dag af* she's fading by the day ★ *zijn ~en wijden aan* devote one's energy to ★ *aan het eind van zijn ~en* at the end of one's strength, totally exhausted ★ *in de ~ van hun leven* in their prime, in their prime of life ★ *met alle ~* with might and main ★ *met halve ~* halfheartedly, scheepv half speed ★ *met zijn laatste ~en* with one final effort ★ *met terugwerkende ~* with retrospective effect ★ *met vereende ~en* with united efforts ★ *met volle ~ (vooruit!)* full speed (ahead!) ★ *op eigen ~en* on one's own ★ *(weer) op ~en komen* regain one's strength, recuperate ★ *uit ~ van* in / by virtue of ★ *uit zijn ~en gegroeid zijn* have outgrown oneself ★ *van ~ in* force ★ *van ~ worden* come into force ❷ *werkkracht* employee, worker ★ *een ervaren ~* an experienced worker ★ *een vaste ~* a member of staff ❸ natuurk & techn force, power

krachtbron *v* [-nen] source of power

krachtcentrale *v* [-s] power station

krachtdadig I *bn* ❶ *energiek* strong, vigorous, energetic ❷ *doeltreffend* effective, potent **II** *bijw* strongly &

krachteloos *bn* weak, powerless ★ *een krachteloze bepaling* an invalid regulation ★ *~ maken* ‹v. lichaam› paralyse, ‹v. wet &› invalidate, annul, make null and void

krachtens *voorz* pursuant to, in pursuance of, by virtue of

krachtig I *bn* ❶ *lichaam* strong, robust ❷ *middelen &* strong, powerful, forceful, potent ❸ *maatregelen &* strong, energetic, vigorous ❹ *taal, stijl* strong, powerful, forcible ❺ *voedsel* nourishing **II** *bijw* strongly, energetically & ★ *~ optreden* act strongly / vigorously, take strong / vigorous action

krachtlijn *v* [-en] line of force

krachtmens *m* [-en] strong man

krachtmeting *v* [-en] trial of strength, inf showdown

krachtpatser *m* [-s] muscleman, bruiser

krachtproef *v* [-proeven] test of strength

krachtsinspanning *v* [-en] exertion, effort

krachtsport *v* [-en] power sports, strength sports

krachtstroom *m* high-voltage current

krachtsverhouding *v* [-en] balance of power ★ *de onderlinge ~en* the mutual power relations

krachtsverschil *o* [-len] difference in strength

krachtterm *m* [-en] expletive, swearword ★ *~en* strong language

krachttoer *m* [-en] feat of strength, tour de force

krachttraining *v* power training

krachtveld *o* [-en] field of force

krachtvoer *o* concentrated feed

krak I *m* [-ken] crack, snap **II** *tsw* ★ *~!* crack! ★ *~ zei het ijs* the ice cracked

krakelen *onoverg* [krakeelde, h. gekrakeeld] quarrel, wrangle, squabble

krakeling *m* [-en] pretzel

kraken I *onoverg* [kraakte, h. gekraakt] *geluid maken* crack, creak, squeak ★ *~d ijs* creaking ice ★ *~de laarzen* squeaky boots ★ *met ~de stem* with a grating voice ★ *het vriest dat het kraakt* it's bitterly cold **II** *overg* [kraakte, h. gekraakt] ❶ *stukmaken* crack ❷ *v. huizen & squat* (in) ★ *een brandkast ~* break into a safe ❸ *afkraken* pan, slate ❹ *door bottenkraker* manipulate ❺ comput hack ❻ chem break down

kraker *m* [-s] ❶ *v. huizen* squatter ❷ *inbreker* burglar ❸ *bottenkraker* chiropractor ❹ *populair lied* smash hit ❺ comput hacker

krakersbeweging *v* squatters' movement

krakkemikkig *bn* ramshackle, rickety

kralensnoer *o* [-en] string of beads

kram *v* [-men] ❶ *metal staple* ❷ *sluiting van boek* clasp ❸ med suture clip ★ *een ~metje* a clip

kramp *v* [-en] cramp, spasm ★ *~ krijgen* get cramps / a

kr

cramp

krampachtig I bn ❶ frenetic ❷ geforceerd forced ★ een ~e glimlach a forced smile **II** bijw frenetically ★ zich ~ vasthouden aan iets cling to sth for dear life

kranig I bn brave, plucky ★ een ~e kerel a plucky fellow ★ een ~ soldaat a brave soldier ★ een ~ stukje werk a nice bit of work **II** bijw in dashing / gallant style ★ ~ voor de dag komen make a good show of oneself ★ zij hebben zich ~ gehouden they put up a plucky fight

krankjorum bn inf crackers, nuts

krankzinnig I bn insane, mad, crazy **II** bijw exorbitantly, inf insanely

krankzinnige m-v [-n] lunatic, madman, madwoman, inf nutcase

krankzinnigengesticht o [-en] mental hospital, hist lunatic asylum

krankzinnigheid v insanity, lunacy, madness, craziness

krans m [-en] ❶ v. bloemen & wreath, garland, crown ❷ vriendenkring club, circle

kransje o [-s] ❶ v. personen club, circle ❷ koekje biscuit

kransslagader v [-s & -en] coronary artery

krant v [-en] (news)paper

krantenartikel o [-en] newspaper article

krantenbak m [-ken] magazine rack

krantenbericht o [-en] newspaper report

krantenjongen m [-s] (news)paper boy

krantenknipsel o [-s] press / newspaper cutting

krantenkop m [-pen] (newspaper) headline

krantenwijk v [-en] Br (news)paper round, Am newspaper route ★ een ~ hebben have a (news)paper round / route ★ een ~ lopen do a paper round / route

krap I bn ❶ tight, narrow ★ die broek is nogal ~ these trousers are a bit on the tight side ❷ gering scarce ★ het geld is ~ money is scarce / is in short supply **II** bijw tightly, narrowly ★ zij hebben het maar ~ they're hard up ★ iem. ~ houden keep sbd short ★ ~ meten give short measure ★ wij zitten hier ~ we're cramped for space ★ het is ~ aan it's barely enough ★ ~ bij de wind close to the wind ★ ~ bij kas zitten be strapped for cash ★ ~ in de tijd zitten be pushed for time **III** v [-pen] ❶ meekrap madder ❷ boekslot clasp

krapjes bijw hard up ★ het zal ~ worden it will be a tight squeeze

kras I bn ❶ v. persoon strong, vigorous ★ hij is nog ~ voor zijn leeftijd he is still hale and hearty for his age ❷ v. zaken inf stiff, steep ★ ~se maatregelen steep measures ★ dat is (wat al te) ~ that's a bit stiff / steep / thick **II** bijw strongly, vigorously ★ dat is nogal ~ gesproken that's rather strongly worded **III** v [-sen] scratch

kraslot o [-loten] scratch card

krassen I overg [kraste, h. gekrast] scratch ★ zijn naam in een tafel ~ scratch one's name in a table **II** onoverg [kraste, h. gekrast] ❶ geluid v. scherp voorwerp scrape ❷ keelgeluid ⟨v. uil, mens⟩ screech, ⟨v. kraai / raaf⟩ croak, caw ❸ krassen maken scrape, scratch

krasvrij bn scratchless

krat o [-ten] ❶ kist crate ❷ v. wagen tailboard

krater m [-s] crater

kratermeer o [-meren] crater lake

krediet o [-en] credit ★ een blanco ~ blank / open credit, unsecured credit ★ bevroren ~ frozen assets ★ consumptief ~ consumer credit ★ doorlopend ~ continuous / standing credit ★ kort(lopend) ~ short-term credit ★ lang(lopend) ~ long-term credit ★ ~ aanvragen apply for credit ★ ~ geven / verlenen extend credit ★ hij heeft zijn ~ verspeeld he has lost all credit ★ kopen op ~ buy on credit

kredietaanvraag v [-vragen] credit application

kredietbank v [-en] finance company

kredietbrief m [-brieven] letter of credit, credit arrangement letter, facility letter

kredietgarantie v [-s] credit guarantee

kredietinstelling v [-en] credit institution

kredietlimiet v [-en] overdraft / credit limit, maximum credit, Am credit line

kredieturen zn [mv] ZN study leave

kredietvereniging v [-en] credit union

kredietverlening v, **kredietverstrekking** [-en] granting / extension of credit

kredietwaardig bn solvent, creditworthy, financially sound

kredietwaardigheid v solvency, creditworthiness, financial soundness

kredietwezen o credit system

Kreeft m & v astron & astrol Cancer

kreeft m & v [-en] ❶ rivier crayfish, crawfish ❷ zee lobster

kreeftengang m ★ hij gaat de ~ he's going downhill

Kreeftskeerkring m tropic of Cancer

kreek v [kreken] ❶ inham cove ❷ riviertje creek, stream

kreet m [kreten] ❶ schreeuw cry, shout, shriek ★ een ~ van ontzetting slaken give a cry of horror ★ kreten uitstoten shout ❷ motto catchword, slogan ★ een loze ~ an empty slogan

kregel, kregelig I bn peevish, touchy ★ ~ maken irritate, get on your nerves ★ ~ over / van iets zijn be peevish about sth **II** bijw peevishly

krekel m [-s] (house) cricket

kreng o [-en] ❶ kadaver carrion, carcass ❷ mens beast, bastard, brute, rotter, ⟨vrouw⟩ bitch ★ een oud ~ an old crock ★ een vals ~ a bitch ❸ ding dratted thing ★ dat ~ van een ding that dratted thing / that bastard of a thing

krenken overg [krenkte, h. gekrenkt] hurt, offend, injure ★ geen haar op uw hoofd zal gekrenkt worden not a hair of your head shall be touched ★ iems. gevoelens ~ wound sbd's feelings ★ iems. goede naam ~ injure sbd's reputation ★ zijn geestvermogens zijn gekrenkt he's not in his right mind ★ op gekrenkte toon in a hurt / offended / injured tone

krenking v [-en] offence, injury, fig affront

krent v [-en] ❶ gedroogde druif (dried) currant

❷ *gierigaard* skinflint, miser ❸ *achterste* inf backside, butt ★ *op zijn (luie)* ~ *zitten* sit on his butt
krentenbaard *m* impetigo
krentenbol *m* [-len] currant bun
krentenbrood *o* [-broden] currant bread ★ *een* ~ a currant loaf ★ *ouwejongens-*~ jobs for the boys, old boy's network, nepotism
krentenkakker *m* [-s] inf tightwad, skinflint, niggard
krentenmik *v* currant loaf
krenterig *bn* stingy, mingy, tightfisted
krenterigheid *v* stinginess
Kreta *o* Crete
Kretenzer *m* [-s] Cretan
Kretenzisch *bn* Cretan
Kretenzische *v* [-n] cretan ★ *ze is een* ~ she's a Cretan, she's from Crete
kretologie *v* sloganizing
kreuk *v* [-en], **kreukel** [-s] crease
kreukelen *overg en onoverg* [kreukelde, h. en is gekreukeld] → **kreuken**
kreukelig *bn* ❶ *met kreukels* creased, crumpled ❷ *snel kreukend* easily creased
kreukelzone *v* [-s] crumple zone
kreuken, kreukelen *overg en onoverg* [kreukte, h. en is gekreukt] crease, rumple, crumple
kreukvrij *bn* crease-resistant, creaseproof
kreunen *onoverg* [kreunde, h. gekreund] moan, groan
kreupel *bn* lame ★ *een* ~*e* a lame person, a cripple ★ ~*e kansen* poor chances ★ ~*e verzen* doggerel ★ ~ *lopen* walk with a limp, limp
kreupelhout *o* undergrowth, scrub
krib, kribbe *v* [kribben] ❶ *voederbak* manger, crib ❷ *bed* cot, crib ❸ *dam* groyne
kribbig I *bn* peevish, crabby, testy **II** *bijw* peevishly, crabbily, testily
kriebel *m* [-s] itch, tickle ★ *ik krijg er de* ~*s van* it gets on my nerves
kriebelen I *onoverg* [kriebelde, h. gekriebeld] ❶ *jeuken* itch, tickle ❷ *schrijven* scribble **II** *overg* [kriebelde, h. gekriebeld] *kietelen* tickle
kriebelhoest *m* tickling cough
kriebelig *bn* ❶ *kriebelend* ticklish ❷ *geprikkeld* irritated, nettled ★ *je wordt er* ~ *van* it's irritating ❸ *v. schrift* crabbed
kriebelschrift *o* crabbed / cramped writing
kriegel, kriegelig *bn* touchy
kriek *v* [-en] ❶ *kers* (black) cherry ★ fig *zich een* ~ *lachen* laugh one's head off, roar with laughter ❷ *bier* cherry beer
krieken I *onoverg* [kriekte, h. gekriekt] ❶ *v. dag* dawn ❷ *piepen* chirp **II** *o* ❶ *v. dag* dawn ★ *bij het* ~ *van de dag* at daybreak ❷ *piepen* chirp(ping)
kriel *m-v* [-en] midget, ⟨kind⟩ nipper → **krielkip**
krielaardappel *m* [-s, -en], **krieltje** *o* [-s] small new potato
krielkip *v* [-pen], **kriel** [-en] bantam hen
krieltje *o* [-s] → **krielaardappel**
krijgen *overg* [kreeg, h. gekregen] ❶ *ontvangen* get,

receive ★ *aandacht* ~ receive attention ★ *kinderen* ~ have children ★ *een prijs* ~ get a prize ★ *hoeveel krijgt u van me?* how much do I owe you?, how much is it? ★ *het zijne* ~ come by one's own ★ *de bomen* ~ *blaadjes* the trees are sending out leaves ★ *hij begint een baard te* ~ he's starting to get a beard ★ *er genoeg van* ~ have (had) enough of it ❷ *verwerven* get, obtain, acquire ★ *een reputatie* ~ acquire a reputation ★ ~ *ze elkaar?* do they get married (in the end)? ★ *is dat boek nog te* ~*?* is that book still available? ★ *niet meer te* ~ not to be had any more ★ *het uit hem* ~ get, draw it out of him ❸ *achterhalen* catch, get ★ *een dief* ~ catch a thief ★ *ik zal je* ~*!* I'll make you pay for it! ❹ *oplopen* catch ★ *er iets van* ~ get on your wick ★ *het koud / warm* ~ begin to feel cold / hot ★ *hij heeft de mazelen gekregen* he's caught the measles ❺ *voor elkaar brengen* get (to) ★ *iets gedaan* ~ get sth done ★ *ik kan het niet dicht / open* ~ I can't shut / open it ★ *het te horen / zien* ~ get to hear of it / get to see it ★ *ik zal trachten hem te spreken te* ~ I'll try to see him ★ *ik kan hem er niet toe* ~ I can't get him to do it / make him do it
krijger *m* [-s] warrior
krijgertje *o* ❶ *spel* catchy, tag, tig ★ ~ *spelen* play catchy & ❷ *iets wat je gekregen hebt* [-s] cast-off, hand-me-down
krijgsdienst *m* military service
krijgsgevangene *m-v* [-n] prisoner of war
krijgsgevangenschap *v* captivity ★ *in* ~ *geraken* be taken prisoner
krijgshaftig *bn* martial, warlike
krijgsheer *m* [-heren] warlord
Krijgshof *o* Belg military high court
krijgslist *v* [-en] stratagem, ruse
krijgsmacht *v* [-en] armed forces
krijgsraad *m* [-raden] ❶ *rechtbank* court martial ★ *iem. voor de* ~ *brengen* court-martial sbd ❷ *vergadering* council of war ★ ~ *houden* hold a council of war
krijgstocht *m* [-en] military expedition
krijgstucht *v* military discipline
krijgsvolk *o* military personnel, soldiers
krijgszuchtig *bn* belligerent
krijsen *onoverg & overg* [krijste of krees, h. gekrijst of gekresen] scream, shriek, screech
krijt *o* ❶ *delfstof* chalk ❷ *om te schrijven* chalk, ⟨kleurstift⟩ crayon ★ *in het* ~ *staan bij iem.* owe sbd sth ★ *met dubbel* ~ *schrijven* charge double ▼ geol *het krijt* the Cretaceous period
krijten I *onoverg* [kreet, h. gekreten] cry, wail, ⟨uit angst⟩ yell **II** *overg* [krijtte, h. gekrijt] *met krijt insmeren* chalk ★ *de keu* ~ chalk the cue
krijtje *o* [-s] piece of chalk
krijtrots *v* [-en] chalk cliff, white cliff
krijtstreep *v* [-strepen] chalk line ★ *een* ~*pak* a pinstripe suit
krijttekening *v* [-en] chalk / pastel drawing

kr

krijtwit I *bn* chalk-white **II** *o* powdered chalk, whiting

krik *m* [-ken] jack

krill *o* krill

krimi *m* ['s] ❶ *film* detective (film) ❷ *boek* detective (story), *inf* whodunnit

krimp *m* ❶ *'t krimpen* shrinkage ❷ *gebrek* pinch ★ *geen ~ hebben* not feel the pinch ★ *geen ~ geven* not give way

krimpen I *onoverg* [kromp, is gekrompen] ❶ *ineenkrimpen* shrink ★ *~ van de pijn* wince with pain ❷ *v. wind* back (around) **II** *overg* [kromp, h. gekrompen] shrink

krimpfolie *v* cling film

krimpvrij *bn* shrink-proof, shrink-resistant

kring *m* [-en] ❶ *cirkel* circle, ring ★ *in een ~ ronddraaien* go round in circles ★ *in een ~ zitten* sit in a circle ★ *blauwe ~en onder de ogen* dark rings under the eyes ★ *~en op tafel* rings on the table ❷ *om zon, maan* orbit ❸ *groep* circle ★ *in alle ~en* in all walks of life ★ *in besloten ~* in private ★ *in brede ~en beschouwd* widely regarded ★ *in de hogere ~en* high society ★ *in huiselijke ~* in domestic / family circles ★ *in intieme ~* in intimate circles ★ *in sommige ~en* in some quarters

kringelen *onoverg* [kringelde, h. gekringeld] spiral, curl, wind

kringgesprek *o* [-ken] group discussion

kringloop *m* ❶ circuit, circular course ❷ *fig* circle, cycle ‹of life and death› ❸ *v. oud papier &* recycling

kringlooppapier *o* recycled paper

kringloopwinkel *m* [-s] recycling shop

kringspier *v* [-en] orbicular muscle

krioelen *onoverg* [krioelde, h. gekrioeld] swarm ★ *~ van* crawl / swarm / bristle / teem with

kris *v* [-sen] kris

kriskras *bijw* criss-cross

kristal *o* [-len] crystal

kristalhelder *bn* crystal clear

kristallen, kristallijn, kristallijnen *bn* crystal(line)

kristallisatie *v* [-s] crystallization

kristallisatiepunt *o* crystallization point

kristalliseren *overg & onoverg* [kristalliseerde, h. en is gekristalliseerd] crystallize ★ *zich ~* crystallize (out)

kristalsuiker *m* granulated sugar ★ *fijne ~* castor sugar

---

kristalsuiker

Gewone kristalsuiker is **granulated sugar**.
Castor sugar ligt qua fijnheid ergens tussen **fijne kristalsuiker** en **bastersuiker** in en poedersuiker is **icing sugar** of **powdered sugar**.

---

kritiek I *bn* critical ★ *een ~ ogenblik* a critical / crucial moment ★ *een ~ punt bereiken* come to the crux of the matter **II** *v* [-en] ❶ *beoordeling* criticism ‹op of› ★ *~ hebben op* be critical of ★ *~ uitoefenen (op)* pass criticism (on), criticize ★ *geen ~ verdragen* unable to stand criticism ★ *beneden ~* beneath contempt ❷ *recensie* critique, (critical) review ★ *een ~ van een*

boek a book review

kritiekloos I *bn* uncritical, unquestioning **II** *bijw* uncritically, unquestioningly ★ *een mening ~ overnemen* accept an opinion without question

kritiekpunt *o* [-en] point of criticism

kritisch I *bn* ❶ *analytisch* critical, discerning ★ *de ~e leeftijd* the age of discernment ★ *een ~e kijk op a* critical / discerning look at ❷ *afbrekend* critical, fault-finding, *inf* nit-picking ❸ *nat* critical ★ *de ~ temperatuur* the critical temperature **II** *bijw* critically ★ *~ staan tegenover* be critical of

kritiseren *overg* [kritiseerde, h. gekritiseerd] ❶ *ongunstig* criticize, censure ❷ *recenseren* review

Kroaat *m* [-aten] Croat, Croatian

Kroatië *o* Croatia

Kroatisch *bn & o* Croat, Croatian

Kroatische *v* [-n] Croat, Croatian ★ *ze is een ~* she's a Croat, she's from Croatia

krocht *v* [-en] *spelonk* cave, cavern

kroeg *v* [-en] bar, Br pub ★ *de ~en aflopen* go on a pub crawl

kroegbaas *m* [-bazen], **kroeghouder** [-s] publican

kroegentocht *m* [-en] pub crawl

kroegloper *m* [-s] pub crawler

kroegtijger *m* [-s] barfly

kroelen *onoverg* [kroelde, h. gekroeld] cuddle

kroep *m* croup

kroepoek *m* prawn / shrimp crackers

kroes I *m* [kroezen] ❶ *drinkbeker* mug ❷ *smeltkroes* crucible **II** *bn* frizzled, frizzy, fuzzy, woolly

kroeshaar *o* frizzy hair

kroeskop *m* [-pen] curly top / head, fuzzy / frizzly head

krokant *bn* crisp, crunchy, ‹met een korst› crusty

kroket *v* [-ten] *snack* croquette

krokodil *m & v* [-len] crocodile

krokodillenleer *o* crocodile leather ★ *een tas van ~* a crocodile skin bag

krokodillentranen *zn* [mv] crocodile tears

krokus *m* [-sen] crocus

krokusvakantie *v* [-s] ± Br spring half-term, ± Am semester break

krols *bn* on heat

krom *bn* ❶ *gebogen* bent, crooked, curved ★ *een ~me lijn* a curved line, a curve ★ *een ~ schot* a banana shot ★ *~me benen* bandy / bow legs ★ *een ~me neus* a hooked nose ★ *een ~me rug* a crooked / arched back ★ *~ van de reumatiek* crippled with rheumatism ★ *zich ~ lachen* double up with laughter ❷ *incorrect* incorrect, broken ★ *~ praten* speak in broken language

kromliggen *onoverg* [lag krom, h. kromgelegen] scrimp and save, *fig* tighten one's belt

kromlopen *onoverg* [liep krom, h. kromgelopen] ❶ *v. persoon* stoop ❷ *v. weg &* curve, bend

kromme *v* [-n] *wisk* curve

krommen *overg* [kromde, h. gekromd] bow, bend, curve ★ *zich ~* bend

kr

kromming *v* [-en] bend, curve
kromtrekken *onoverg* [trok krom, is kromgetrokken] warp
kromzwaard *o* [-en] sabre, ⟨Oosters⟩ scimitar
kronen *overg* [kroonde, h. gekroond] crown ★ *iem. tot koning ~* crown sbd king
kroniek *v* [-en] ❶ *geschiedschrijving* chronicle ★ *~en* annals, chronicles ★ Bijbel *de Kronieken* the Chronicles ❷ *in krant* column
kroniekschrijver *m* [-s] ❶ *geschiedschrijver* chronicler ❷ *v.e. krant* reporter
kroning *v* [-en] crowning, coronation
kronkel *m* [-s] ❶ twist, coil ❷ fig twist ★ *een rare ~ in zijn hersens hebben* be funny in the head
kronkelen *overg* [kronkelde, h. gekronkeld] wind, twist ★ *een ~de rivier* a meandering river ★ *zich in allerlei bochten ~* tie oneself in knots
kronkelig *bn* winding, sinuous, twisting
kronkeling *v* [-en] ❶ twist, coil ❷ *handeling* twisting, winding, ⟨v. slang &⟩ wriggling, squirming
kronkelpad *o* [-paden], **kronkelweg** *m* [-wegen] ❶ twisting / winding path ❷ fig devious / circuitous way
kroon *v* [kronen] ❶ *hoofddeksel* crown ★ *de ~ neerleggen* abdicate ★ fig *iem. de ~ van het hoofd nemen* rob sbd of his pride ★ fig *iem. de ~ opzetten* award sbd an accolade ★ *de ~ op het werk zetten* set the seal on one's work ★ *dat spant de ~* that beats everything / the lot ★ *iem. naar de ~ steken* vie with / rival sbd ❷ *v. boom* top, crown ❸ *munt* crown ❹ *licht* chandelier, lustre ❺ plantk corolla ❻ *v. tand* crown ❼ *bloemenkrans* ZN garland, wreath
kroondomein *o* [-en] crown property
kroongetuige *m-v* [-n] crown witness
kroonjaar *o* [-jaren] jubilee year
kroonjuwelen *zn* [mv] crown jewels
kroonkolonie *v* [-s & -niën] Crown colony
kroonkurk *v* [-en] crown cap
kroonlid *o* [-leden] Crown appointee, Crown-appointed member
kroonlijst *v* [-en] cornice
kroonluchter *m* [-s] chandelier
kroonpretendent *m* [-en] pretender to the throne
kroonprins *m* [-en] crown prince, heir apparent
kroonprinses *v* [-sen] crown princess
kroonsteentje *o* [-s] connector
kroos *o* duckweed
kroost *o* offspring
krop *m* [-pen] ❶ *v. sla & head* ❷ *v. vogel* crop, gizzard, maw ❸ *gezwel* goitre, struma
kropsla *v* cabbage lettuce
krot *o* [-ten] hovel, slum ★ *wat een ~!* what a hole!
krottenwijk *v* [-en] slum(s), slum district
kruid *o* [-en] herb ★ ⟨tuin~en⟩ *~en* herbs ★ *geneeskrachtige ~en* medicinal herbs ★ *daar is geen ~ tegen gewassen* there's no cure for that
kruiden *overg* [kruidde, h. gekruid] season, spice ★ *sterk gekruid* highly seasoned, spicy

kruidenazijn *m* aromatic / herb vinegar
kruidenbitter *m & o* bitters
kruidenboter *v* herb / garlic butter
kruidenbuiltje *o* [-s] bouquet garni
kruidendokter *m* [-s] herb doctor
kruidenier *m* [-s] ❶ grocer ❷ *kleingeestig persoon* narrow-minded / provincial person
kruideniersgeest *m* petit bourgeois mentality, narrow-mindedness ★ *hij heeft een ~* he is small-minded / narrow-minded, he has a provincial mentality
kruidenierswaren *zn* [mv] groceries
kruidenierswinkel *m* [-s], **kruidenierszaak** *v* [-zaken] grocery (shop), grocer's (shop)
kruidenrek *o* [-ken] spice rack
kruidenthee *m* herb(al) tea
kruidentuin *m* [-en] herb garden
kruidig *bn* spicy
kruidje-roer-mij-niet *o* [kruidjes-, -nieten] ❶ *plant* touch-me-not ❷ fig touchy person
kruidkoek *m* [-en] gingerbread
kruidnagel *m* [-s] clove
kruien I *overg* [kruide, h. gekruid] ❶ *verplaatsen* wheel ❷ *m. kruiwagen* take in a wheelbarrow II *onoverg* [kruide, h. gekruid] *v. ijs* drift ★ *de rivier kruit* the river is full of drift ice
kruier *m* [-s] porter
kruik *v* [-en] stone bottle, jar, pitcher ★ *een warme ~* a hot-water bottle / bag ★ *de ~ gaat zo lang te water tot zij barst* things are bound to go wrong eventually
kruim *v & o* [-en] ❶ *v. brood* crumb ❷ *tabakoverblijfsel* shreds ❸ *het fijnste* ZN cream, best ❹ *verstand* ZN pick of the bunch
kruimel *m* [-s] crumb ★ *geen ~ verstand* not a scrap of common sense
kruimeldief *m* [-dieven] ❶ *dief* petty thief ❷ *stofzuiger* dustbuster
kruimeldiefstal *m* [-len] petty theft, pilfering
kruimelen I *overg* [kruimelde, h. gekruimeld] crumble II *onoverg* [kruimelde, is gekruimeld] crumble, make crumbs
kruimelvlaai *v* [-en] crumble
kruimelwerk *o* odd jobs
kruimen I *overg* [kruimde, h. gekruimd] turn floury II *onoverg* [kruimde, is gekruimd] turn floury
kruimig, kruimelig *bn* floury, mealy ★ *~e aardappelen* floury potatoes
kruin *v* [-en] *v. berg, hoofd & crown*, top, ⟨v. golf⟩ crest
kruipen *onoverg* [kroop, h. en is gekropen] ❶ crawl, creep ★ *op handen en voeten ~* crawl on hands and knees ❷ plantk creep, trail ❸ fig cringe, crawl, grovel ★ *voor iem. ~* grovel to sbd
kruiper *m* [-s] ❶ crawler, creeper ❷ *vleier* toady
kruiperig *bn* cringing, slimy, grovelling, servile
kruipolie *v* loosening / penetrating oil
kruipruimte *v* [-n, -s] crawl space
kruis *o* [-en & kruizen] ❶ *de vorm* cross ★ *het Rode Kruis* the Red Cross ★ *een ~ slaan* make the sign of

the cross, cross oneself ★ *aan het ~ nagelen* nail to the cross ★ *iem. het heilige ~ nageven* be glad to see the back of sbd ★ *~ of munt* heads or tails ❷ *lichaamsdeel* crotch, groin ❸ *v. broek* seat, crotch, crutch ❹ *v. anker* scheepv crown ❺ muz sharp ★ *~en en mollen* sharps and flats ❻ *leed* cross ★ *ieder huis(je) heeft zijn ~(je)* every house has its cross (to bear)

kruisafneming *v* [-en] deposition / descent from the Cross

kruisband *m* [-en] anat cruciate ligament

kruisbeeld *o* [-en] crucifix

kruisbes *v* [-sen] gooseberry

kruisbestuiving *v* cross-fertilization, cross-pollination

kruisbeuk *m* [-en] transept

kruisboog *m* [-bogen] crossbow

kruiselings *bijw* crosswise, crossways ★ *met de benen ~ over elkaar zitten* sit with one's legs crossed, sit with crossed legs

kruisen I *overg* [kruiste, h. gekruist] ❶ *kruiselings plaatsen* cross ★ *de armen ~* cross the arms ❷ *v. dieren en planten* cross(breed) ★ *een gekruist ras* a crossbreed ❸ *elkaar snijden* cross, intersect ★ *elkaar ~* cross, cross each other ★ *wisk ~de lijnen* intersecting lines ❹ *een kruis slaan* cross ★ *zich ~* make the sign of the cross ❺ *kruisigen* crucify **II** *onoverg* [kruiste, h. gekruist] scheepv cruise

kruiser *m* [-s] cruiser

kruisfinale *v* [-s] semi-final round

kruisgang *m* [-en] ❶ *v. Jezus* Way of the Cross, Stations of the Cross ❷ bouwk cloister

kruisgewelf *o* [-welven] cross vault

kruishout *o* [-en] ook rel cross ★ *aan het ~* on the cross

kruisigen *overg* [kruisigde, h. gekruisigd] crucify

kruisiging *v* [-en] crucifixion

kruising *v* [-en] ❶ *het kruisen* crossbreeding ❷ *v. rassen* crossbreed, hybrid ★ *een ~ tussen... en...* a cross between... and... ❸ *v. wegen* crossing, junction, intersection

kruisje *o* [-s] ❶ cross, ⟨in plaats van handtekening⟩ mark ★ *naast het ~ tekenen* sign next to the X ❷ *kruisteken* sign of the cross

kruiskerk *v* [-en] cruciform church

kruiskopschroef *v* [-schroeven] Phillips-head screw

kruiskopschroevendraaier *m* [-s] Phillips(-head) screwdriver

kruispunt *o* [-en] ❶ *v. lijnen* crossing ❷ *v. wegen* crossing, cross-roads, (point of) intersection, ⟨vooral v. spoorwegen⟩ junction

kruisraket *v* [-ten] cruise missile

kruissleutel *m* [-s] four-way wrench

kruissnelheid *v* [-heden] cruising speed

kruisspin *v* [-nen] garden / cross / diadem spider

kruissteek *m* [-steken] cross stitch

kruisteken *o* [-s] sign of the cross

kruistocht *v* [-en] hist & fig crusade

kruisvaarder *m* [-s] ook fig crusader

kruisvereniging *v* [-en] home nursing service

kruisverhoor *o* [-horen] cross-examination ★ *iem. aan een ~ onderwerpen* cross-examine sbd, inf give sbd the third degree

kruisweg *m* [-wegen] ❶ *dwarsweg* crossroads, intersection ❷ RK Way of the Cross ★ *de ~ bidden* do the Stations of the Cross

kruiswoordpuzzel *m* [-s], **kruiswoordraadsel** *o* [-s] crossword (puzzle)

kruit *o* powder, gunpowder ★ *met los ~ schieten* fire buckshot ★ *fig hij heeft al zijn ~ verschoten* he's used up all his ammunition, he's exhausted

kruitdamp *m* [-en] gunsmoke

kruitvat *o* [-vaten] ook fig powder keg ★ *de lont in het ~ steken* light the fuse of the powder keg

kruiwagen *m* [-s] ❶ wheelbarrow ❷ fig connections, influence ★ *hij heeft goede ~s* he has powerful friends / has a lot of influence

kruizemunt *v* spearmint

kruk *v* [-ken] ❶ *steun* crutch ★ *op ~ken* on crutches ❷ *v. deur* handle ❸ *stoeltje* stool ❹ techn crank, handle ❺ *stuntel* bungler, duffer

krukas *v* [-sen] crankshaft

krukkig I *bn* clumsy, poor **II** *bijw* clumsily, poorly

krul *v* [-len] ❶ *v. haar* curl ★ *er zit geen ~ in mijn haar* my hair is as straight as a die ★ *de ~ is er uit* it's out of curl ★ *~len zetten* put in curls ❷ *v. hout* shavings ❸ *versiering* scroll ❹ *bij het schrijven &* flourish

krulandijvie *v* curly endive / chicory

krulhaar *o* curly hair

krulijzer *o* [-s] curling iron

krullen *overg & onoverg* [krulde, h. gekruld] curl

krullenbol *m* [-len], **krullenkop** [-pen] curly head

krulsla *v* curly / frisée lettuce

krulspeld *v* [-en] curling pin, (hair) curler ★ *~en inzetten* put one's hair in curlers

krulstaart *m* [-en] curly tail

krultang *v* [-en] curling tongs / iron

krypton *o* krypton

kubiek *bn* cubic ★ *de ~e inhoud* the cubic content ★ *een ~e meter* a cubic metre

kubisme *o* cubism

kubus *m* [-sen] cube

kuch I *m* [-en] cough **II** *o en m brood* ration bread

kuchen *onoverg* [kuchte, h. gekucht] cough

kudde *v* [-n & -s] herd, ⟨v. schapen⟩ flock ★ *een ~ gelovigen* a flock of believers

kuddedier *o* [-en] ook fig herd animal

kuddegeest *m* herd instinct / mentality

kuieren *onoverg* [kuierde, h. en is gekuierd] (go for a) stroll / walk

kuif *v* [kuiven] ❶ *v. vogels* tuft, crest ❷ *v. mensen* forelock, quiff

kuiken *o* [-s] ook fig chicken

kuil *m* [-en] pit, hole, ⟨in weg⟩ pothole, ⟨voor aardappels &⟩ clamp, ⟨voor groenvoer⟩ silo ★ *wie een ~ graaft voor een ander valt er zelf in* you might fall into your own trap if you don't watch out

kuilen *overg* [kuilde, h. gekuild] (put into a) pit,

⟨v. groenvoer⟩ ensile, ensilage
kuilgras *o* silage
kuiltje *o* [-s] ❶ *kleine kuil* (little) hole ❷ *in kin, wangen* dimple ★ *met ~s in de wangen* with dimpled cheeks
kuip *v* [-en] tub, vat
kuiperij *v* [-en] scheming, plotting, intriguing
kuipstoel *m* [-en] bucket seat
kuis *bn* chaste, pure ★ *zijn taal is niet altijd even ~* he doesn't always watch his language
kuisen *overg* [kuiste, h. gekuist] ❶ expurgate, censor ❷ *afkeurend* bowdlerize ❸ *schoonmaken* ZN clean
kuisheid *v* chastity, purity
kuisheidsgordel *m* [-s] chastity belt
kuisvrouw *v* [-en] ZN cleaning woman / lady
kuit *v* [-en] ❶ *v. been* calf ❷ *v. vis* roe, spawn
kuitbeen *o* [-benen, -deren] fibula
kuitschieten *onoverg* [schoot kuit, h. kuitgeschoten] spawn
kuitspier *v* [-en] calf muscle
kukeleku *tsw* cock-a-doodle-doo
kukelen *onoverg* [kukelde, is gekukeld] *vallen* inf tumble, roll
kul *m* rubbish, nonsense ★ *flauwe ~* rubbish / nonsense, inf crap
kummel *m* ❶ *komijn* cum(m)in ❷ *karwijzaad* caraway ❸ *likeur* kummel
kumquat *m* [-s] kumquat, cumquat
kunde *v* knowledge, learning
kundig *bn* able, capable, skilful/Am skillful ★ *ter zake ~ zijn* be an expert (on something)
kundigheid *v* [-heden] skill, knowledge, expertise
kunne *v* [-n] sex ★ *van beiderlei ~* of both sexes, of either sex
kunnen I *overg & onoverg* [kon, h. gekund] ❶ *de bekwaamheid hebben* be able, can, ⟨verl. tijd⟩ could ★ *hij kan tekenen* he can draw ★ *hij kan niet begrijpen hoe...* he fails to understand / he can't understand how... ★ *hij kan het weten* he ought to / should know ★ *tot hij niet meer kon* until he was exhausted ★ *hij kan er niet buiten* he can't do without it ★ *hij kan daar niet tegen* ⟨geestelijk⟩ he can't stand ⟨being laughed at⟩, ⟨lichamelijk⟩ ⟨that food⟩ doesn't agree with him ★ fig *hij kon niet meer terug* he couldn't back out ❷ *de mogelijkheid hebben* may, be possible, can, could ★ *het kan niet* it can / can't be done ★ *dat kan niet* that's impossible ★ *hij kan het gedaan hebben* he may / could have done it ★ *hij kan het niet gedaan hebben* he can't have done it ★ *hoe kan ik dat weten?* how could / should I know? ★ *zo kon hij uren zitten* he would sit like that for hours ★ *ik kan er niet bij* I can't reach it, fig I don't understand, that's beyond me ★ *het kan er mee door* it will do, it's passable ★ *je kan me wat* I don't care, see if I care **II** *hulpww* [kon, h. gekund] *mogen* can, may, be allowed to ★ *je kunt gaan* you may / can go ★ *kan ik nu gaan?* do you mind if I go now? ★ *hij kan doodvallen!* he can drop dead for all I care! ★ *dat had je me wel eens ~ vertellen* you might

have told me **III** *o* capacity, ability
kunst *v* [-en] ❶ *discipline* art ★ *de beeldende ~en* the visual arts ★ *de schone ~en* fine arts ★ *toegepaste ~* arts and crafts ★ *de vrije ~en* the liberal arts ★ *de zwarte ~* necromancy, black magic ★ *de ~ om de ~* art for art's sake ❷ *bekwaamheid* art, skill ★ *zijn ~en vertonen* show what one can do ★ *hij verstaat de ~ om...* he knows how to.. ★ *dat is geen ~* that's not difficult ★ *dat is nu juist de ~* that's the trick ★ *volgens de regelen der ~* skilfully ★ *uit de ~* amazing ❸ *kunststukje* trick ★ *~en maken* perform feats / tricks ★ *je moet hier geen ~en uithalen!* none of your tricks here! ★ *geen ~en alsjeblieft!* none of your games!
kunstacademie *v* [-s] art academy, academy of art
kunstarm *m* [-en] artificial arm
kunstbeen *o* [-benen] artificial leg
kunstbloem *v* [-en] artificial flower
kunstcollectie *v* [-s] art collection
kunstenaar *m* [-s] artist
kunstenaarschap *o* artistry, artistic skill
kunstenares *v* [-sen] artist
kunst- en vliegwerk *o* ★ *met ~* by pulling out all stops, by using all of one's ingenuity
kunstgebit *o* [-ten] false teeth, dentures
kunstgeschiedenis *v* history of art, art history
kunstgras *o* artificial grass / turf
kunstgreep *m* [-grepen] trick ★ *listige kunstgrepen* cunning manoeuvres ★ *hij liet geen ~ ongebruikt* he used all the tricks at his disposal
kunsthandel *m* [-s] ❶ *het handelen* art dealing ❷ *zaak* art shop
kunsthart *o* [-en] artificial heart
kunsthistoricus *m* [-ci] art historian
kunsthistorisch *bn* ★ *een ~ werk* a work on art history ★ *~e studies over Da Vinci* studies on the art and times of Da Vinci
kunstig I *bn* ingenious, skilful/Am skillful **II** *bijw* ingeniously, skilfully
kunstijs *o* artificial ice
kunstijsbaan *v* [-banen] ice rink
kunstje *o* [-s] trick, knack, inf dodge ★ *~s met de kaart* card tricks ★ *dat is een koud / klein ~* it's child's play
kunstkenner *m* [-s] art connoisseur / expert
kunstleer *o* imitation leather, leatherette
kunstlicht *o* artificial light
kunstliefhebber *m* [-s] art lover
kunstmaan *v* [-manen] (artificial) satellite
kunstmatig I *bn* artificial ★ *~e voeding* artificial / force feeding **II** *bijw* artificially ★ *hij wordt ~ gevoed* he is being fed through a tube, ⟨tegen zijn zin⟩ he is being force-fed
kunstmest *m* (artificial / chemical) fertilizer
kunstminnend, kunstlievend *bn* art-loving
kunstnier *v* [-en] artificial kidney, kidney machine
kunstnijverheid *v* industrial art, arts and crafts
kunstpenis *m* [-sen] dildo
kunstrijden *o* ★ *~ op de schaats* figure skating

ku

kunstrijder *m* [-s] ❶ *te paard* equestrian, circus rider ❷ *op schaatsen* figure skater

kunstschaats *v* [-en] figure-skate

kunstschaatsen *o* figure skating

kunstschat *m* [-ten] art treasure

kunstschilder *m* [-s] painter, artist

kunstsneeuw *v* artificial snow

kunststof *v* [-fen] synthetic (material), plastic

kunststuk *o* [-ken] masterpiece, feat, accomplishment

kunsttand *m* [-en] artificial / false tooth

kunstuitleen *m* art library

kunstveiling *v* [-en] art auction

kunstverzameling *v* [-en] art collection

kunstvezel *v* [-s] synthetic / man-made fibre

kunstvoorwerp *o* [-en] work of art

kunstvorm *m* [-en] art form

kunstwereld *v* art world

kunstwerk *o* [-en] ❶ *v. artiest* work of art ❷ bouwk construction work

kunstzij, kunstzijde *v* artificial silk, rayon

kunstzinnig *bn* artistic

kunstzinnigheid *v* artistry

kunstzwemmen *o* synchronized swimming, water ballet

kür *v* [-en] figure skating to music

kuras *o* [-sen] cuirass

kuren *onoverg* [kuurde, h. gekuurd] take a cure

kurk I *o & m stof* cork ★ *zo droog als ~* as dry as a bone **II** *v* [-en] *voorwerp* cork ★ *de ~ waarop de zaak drijft* the mainstay of the business ★ *wat onder de ~ hebben* have plenty of liquid refreshments

kurkdroog *bn* bone-dry, as dry as a bone

kurkeik *m* [-en] cork oak

kurken I *bn* cork **II** *overg* [kurkte, h. gekurkt] cork

kurkentrekker *m* [-s] ❶ *werktuig* corkscrew ❷ *krul* corkscrew curl

kurkvloer *m* [-en] cork floor

kursaal *o & m* [-salen] ZN pavilion

kus *m* [-sen] kiss

kushandje *o* [-s] ★ *iem. een ~ geven* blow kisses to sbd

kussen I *overg* [kuste, h. gekust] kiss ★ *iem. op de wang ~* kiss someone's cheek ★ *elkaar ~* kiss one another **II** *o* [-s] cushion ★ fig *op het ~ zitten* be in office

kussengevecht *o* [-en] pillow fight

kussensloop *v & o* [-slopen] pillowcase, pillowslip

kust *v* [-en] ❶ *coast, shore* ★ *is de ~ vrij?* is the coast clear? ★ *een eiland voor de ~* an off-shore island ❷ *als vakantiebestemming* seaside ★ *een plaatsje aan de ~* a seaside town ▼ *te ~ en te keur* any amount of, galore

kustbewoner *m* [-s] coastal inhabitant

kustgebied *o* [-en] coastal region

kustlijn *v* [-en] coastline

kustplaats *v* [-en] coastal / seaside town

kuststreek *v* [-streken] coastal region

kustvaarder *m* [-s] coaster

kustvaart *v* coastal trade

kustwacht *v* coastguard

kustwateren *zn* [mv] coastal waters

kut I *v* [-ten] cunt, pussy ★ *dat is ~ met peren* that's bullshit / rubbish ★ *dat slaat / rijmt als ~ op dirk* that's got fuck all to do with it **II** *bn* rubbishy, crappy **III** *tsw* ★ *~!* fuck!, fucking hell!

kuub *m* cubic metre/Am meter ★ *drie ~ zand* three cubic metres of sand

kuur *v* [kuren] ❶ *gril* whim, freak, caprice ★ *zij heeft / vertoont de laatste tijd vreemde kuren* she's been moody lately ★ *en nu geen kuren meer!* stop playing games! ❷ med cure ★ *een ~ doen / volgen* take a cure, take a course of medical treatment, ‹dieet› go on a diet

kuuroord *o* [-en] health resort, spa

kwaad I *bn* ❶ *slecht, ongunstig* bad, ill, wrong ★ *een kwade hond* a vicious dog ★ *dat is lang niet ~* that's not bad at all/inf that's not half bad ★ *het te ~ krijgen* be on the point of breaking down ★ *het te ~ krijgen met...* get into trouble with... ★ *hij is de ~ste niet* he's not so bad / not such a bad fellow ★ *op een kwade dag* one unfortunate day ★ *zij ziet er niet ~ uit* she's not bad to look at ❷ *boos* angry ★ *iem. ~ maken* make sbd angry, provoke sbd ★ *zich ~ maken, ~ worden* become / get angry ★ *~ zijn op iem.* be angry with sbd **II** *bijw* ❶ *slecht, ongunstig* badly ★ *het niet ~ hebben* not be badly off ❷ *boos* angrily **III** *o* [kwaden] ❶ *wat slecht is* wrong, evil ★ *een noodzakelijk ~* a necessary evil ★ *~ brouwen* brew mischief ★ *~ doen* do wrong ★ *iem. ten kwade beïnvloeden* have a bad / evil influence on sbd ★ *het ~ was al geschied* the damage was already done ★ *van ~ tot erger vervallen* go from bad to worse ★ *van twee kwaden het minste kiezen* choose the lesser of two evils ❷ *nadeel, letsel* harm, damage, injury ★ *niemand zal u ~ doen* nobody will harm you ★ *het heeft zijn goede naam veel ~ gedaan* it has done a great deal of harm to his reputation ★ *dat kan geen ~* there's no harm in that ★ *hij kan bij haar geen ~ doen* he can do no wrong in her eyes ★ *ergens geen ~ in zien* see no harm in sth

kwaadaardig *bn* ❶ *boosaardig* ill-natured, malicious ❷ *gevaarlijk* malignant, pernicious ★ *een ~ gezwel* a malignant tumour ★ *een ~e ziekte* a virulent disease

kwaadheid *v* anger, rage

kwaadschiks *bijw* unwillingly

kwaadspreken *onoverg* [sprak kwaad, h. kwaadgesproken] speak ill, spread scandal, gossip ★ *~ van* speak ill of, slander

kwaadsprekerij *v* [-en] backbiting, slander, scandal-mongering

kwaadwillig *bn* malicious, malevolent, evil-minded

kwaal *v* [kwalen] complaint, disease ★ *~tjes* aches and pains

kwab *v* [-ben] ❶ *week vlees* roll of fat, flab ❷ *v. hersenen, longen* lobe

kwadraat *o* [-draten] square, quadrate ★ *in het ~ verheffen* raise to the square ★ *drie (in het) ~ is negen* three squared is nine ★ *een ezel in het ~* a total idiot

ku

kwadraatsvergelijking *v* [-en] quadratic equation
kwadrant *o* [-en] quadrant
kwadrateren *overg* [kwadrateerde, h. gekwadrateerd] square
kwadratuur *v* quadrature ★ *de ~ van de cirkel* the square of the circle
kwajongen *m* [-s] naughty boy
kwajongensstreek *m & v* [-streken] monkey trick, prank, practical joke ★ *een ~ uithalen* play a prank
kwak I *tsw* ❶ flop! ❷ *v. eend en kikker* quack, ‹kikker ook› croak **II** *m* [-ken] ❶ *geluid* thud, thump ❷ *hoeveelheid* dab ❸ *klodder* blob, dollop
kwaken *onoverg* [kwaakte, h. gekwaakt] ❶ *v. eend, kikker* quack ❷ *v. kikker* croak ❸ *druk praten* chatter
kwakkelen *onoverg* [kwakkelde, h. gekwakkeld] ❶ *sukkelen* be ailing ★ *de economie kwakkelt door* the economy continues to give cause for concern ★ *hij kwakkelt met zijn gezondheid* his health has been giving cause for concern ❷ *v. winter* linger, drag ★ *het weer kwakkelt nog* there hasn't been an upturn in the weather yet
kwakkelweer *o* changeable weather
kwakken I *overg* [kwakte, h. gekwakt] dump ★ *de deur dicht ~* slam the door ★ *verf op het doek ~* splodge paint onto the canvas **II** *onoverg* [kwakte, is gekwakt] bump, crash
kwakzalver *m* [-s] ❶ *onbevoegde/slechte dokter* quack (doctor) ❷ *oplichter* charlatan
kwakzalverij *v* ❶ *gedokter* quackery ❷ *oplichterij* charlatanism
kwal *v* [-len] jellyfish ★ *een ~ van een vent* a toad / jerk of a fellow
kwalificatie *v* [-s] ❶ *karakterisering* designation, characterization ❷ *vereiste eigenschap* qualification(s), capacity
kwalificatieduel *o* [-s] qualifying duel
kwalificatietoernooi *o* [-en] qualifying tournament
kwalificeren *overg* [kwalificeerde, h. gekwalificeerd] ❶ *kenschetsen* designate, characterize ❷ *bevoegd/ geschikt zijn* qualify ★ *om te ~ als..., moet aan deze voorwaarden worden voldaan* in order to qualify as..., the following criteria must be met ❸ *(zich) plaatsen* sp qualify ★ *zich ~ voor de finale* qualify for the finals
kwalijk I *bn* bad, nasty, ill ‹effects›, evil ‹consequences›, ugly ‹business› **II** *bijw* ❶ *slecht* ill, badly ★ *~ behandeld* treated badly ★ *iets ~ nemen* take sth amiss, take sth in bad part, resent sth ★ *neem me niet ~!* (I) beg (your) pardon!, excuse me!, sorry! ★ *neem het hem niet ~* don't hold it against him ★ *ik kan het hem niet ~ nemen* I can't blame him ★ *~ riekend* evil-smelling ★ *het is hem ~ vergaan* he has fared badly ❷ *met moeite* hardly, scarcely ★ *dat zou ik u ~ kunnen zeggen* I could hardly tell you
kwalitatief I *bn* qualitative **II** *bijw* qualitatively ★ *~ was er niet veel op aan te merken* there was little wrong with the quality
kwaliteit *v* [-en] ❶ quality, capacity ★ *in zijn ~ van...* in his capacity of... ❷ handel quality, grade

kwaliteitsbewaking *v* quality control
kwaliteitscontrole *v* [-s] quality check / control
kwaliteitseis *m* [-en] quality requirement
kwaliteitsmerk *o* [-en] quality brand
kwaliteitsniveau *o* [-s] level of quality
kwaliteitsproduct *o* [-en] quality product
kwaliteitsverschil *o* [-len] difference in quality
kwallenbeet *m* [-beten] jellyfish sting
kwantificeren *overg* [kwantificeerde, h. gekwantificeerd] quantify
kwantitatief I *bn* quantitative **II** *bijw* quantitatively
kwantiteit *v* [-en] quantity
kwantum *o* [-s, -ta] quantum
kwantumfysica *v* quantum physics
kwantumkorting *v* [-en] quantity rebate
kwantummechanica *v* quantum mechanics
kwantumtheorie *v* [-rieën] quantum theory
kwark *m* cottage cheese
kwart I *o* [-en] quarter ★ *~ over vier* a quarter past four ★ *~ voor vier* a quarter to four ★ *een ~ eeuw* a quarter of a century ★ *een ~ liter* a quarter of a litre **II** *v* [-en] ❶ *noot* muz crotchet ❷ *interval* muz fourth
kwartaal *o* [-talen] quarter (of a year), three months ★ *per ~* quarterly
kwartaalcijfers *zn* [mv] quarterly figures
kwartaaloverzicht *o* [-en] quarterly report
kwartel *m & v* [-s] quail ★ *zo doof als een ~* as deaf as a post
kwartet *o* [-ten] quartet(te)
kwartetspel *o* [-len] happy families
kwartetten *onoverg* [kwartette, h. gekwartet] play happy families
kwartfinale *v* [-s] quarterfinal
kwartier *o* [-en] ❶ *15 minuten, stadswijk, maanfase* quarter ★ *drie ~* three quarters (of an hour) ★ *om het ~* every quarter of an hour ❷ *verblijf* quarters ★ *in ~ liggen* be quartered / billeted ★ *geen ~ geven* give no quarter
kwartiermaker *m* [-s] quartermaster
kwartiermeester *m* [-s] mil & scheepv quartermaster ★ *de ~generaal* the quartermaster general
kwartierstaat *m* [-staten] genealogical table
kwartje *o* [-s] *muntstuk* 25 cent piece, Am quarter
kwarto *o* [-'s] quarto ★ *in ~* in quarto
kwarts *o* quartz
kwartshorloge *o* [-s] quartz watch
kwartslag *m* [-slagen] quarter turn
kwast I *m* [-en] ❶ *gereedschap* brush ❷ *als versiering* tassel ❸ *knoest* knot ❹ *persoon* fool ★ *een verwaande ~* a smart alec(k) **II** *m* *limonade* lemon squash
kwebbel *m-v* [-s] ❶ *persoon* chatterbox ❷ *mond* face, trap ★ *hou nou eens je ~!* cut the cackle!, shut your face!
kwebbelen *onoverg* [kwebbelde, h. gekwebbeld] chatter
kweek I *m* [kweken] ❶ *wat gekweekt is* culture ★ *van eigen ~* home-grown ❷ *handeling* cultivation **II** *v*

[kweken] *gras* couch (grass)
kweekbak *m* [-ken] seed tray
kweekbed *o* [-den] seed bed
kweekreactor *m* [-s & -toren] breeder reactor
kweekschool *v* [-scholen] ❶ *pedagogische academie* (teacher) training college ❷ fig breeding ground
kweekvijver *m* [-s] ❶ *voor vis* fish breeding pond ❷ fig breeding ground
kweken *overg* [kweekte, h. gekweekt] ❶ grow, cultivate, ‹v. dieren› raise ★ *groenten* ~ grow vegetables ★ *gekweekte champignons* cultivated mushrooms ❷ fig foster, breed ★ *verzet* ~ breed opposition ★ *gekweekte rente* accrued interest ❸ *v. kinderen* ZN raise
kweker *m* [-s] grower, market gardener
kwekerij *v* ❶ *bedrijf* [-en] nursery ❷ *handeling* cultivation
kwekken *onoverg* [kwekte, h gekwekt] ❶ *kwebbelen* chatter, cackle ❷ *v. eenden* quack ❸ *v. kikkers* croak, quack
kwelder *v* [-s] salt marsh
kwelen *overg* [kweelde, h. gekweeld] ❶ *v. vogels* warble, carol ❷ *v. mensen* warble, croon
kwelgeest *m* [-en] pest, pain in the neck
kwellen I *overg* [kwelde, h. gekweld] ❶ *folteren* torment, torture, agonize ★ *zich* ~ torment oneself ❷ *lastig vallen* pester, harass **II** *onoverg* [kwelde, h. en is gekweld] *v. water* seep
kwelling *v* [-en] torture, torment, agony
kwelwater *o* seepage (water)
kwestie *v* [-s] ❶ question, matter ★ *dat is een andere* ~ that's another question / matter ★ *geen* ~ *van!* that's out of the question! ★ *buiten de* ~ outside the question ★ *buiten* ~ beyond / without question / a doubt ★ *een* ~ *van smaak* a matter of taste ★ *een* ~ *van tijd* a matter / question of time ★ *de zaak in* ~ the matter in question, the point at issue ❷ *ruzie* argument ★ *zij hebben* ~ they're quarrelling
kwestieus *bn* doubtful, questionable
kwetsbaar *bn* vulnerable
kwetsbaarheid *v* vulnerability
kwetsen *overg* [kwetste, h. gekwetst] ❶ injure, wound, hurt ❷ fig offend, hurt
kwetsuur *v* [-suren] injury, wound, hurt
kwetteren *onoverg* [kwetterde, h. gekwetterd] ❶ *v. vogel* twitter ❷ *v. mens* chatter
kwezel *v* [-s] ❶ *overdreven vroom persoon* sanctimonious bigot ❷ *sukkel* goody-goody
kwezelen *onoverg* [kwezelde, h. gekwezeld] ❶ *overdreven vroom zijn* act sanctimoniously, ‹praten› speak sanctimoniously ❷ *beuzelen* muck around ❸ *onzin kletsen* waffle on
kWh *afk* (kilowattuur) kilowatt hour
kwibus *m* [-sen] inf joker, weirdo ★ *een rare* ~ a weird chap
kwiek *bn* alert, spry
kwijl *v & o* slaver, slobber
kwijlen *onoverg* [kwijlde, h. gekwijld] slaver, slobber

★ *om van te* ~ to drool over
kwijnen *onoverg* [kwijnde, h. gekwijnd] ❶ *v. planten* wilt, droop ❷ *v. personen* languish (away), pine (away) ❸ fig flag, languish ★ *de handel kwijnt* trade is languishing
kwijnend *bn* ❶ *v. planten* drooping ❷ *zwak* weak, languishing, lingering ★ *een* ~ *bestaan leiden* linger on, languish ❸ *smachtend* begging ★ ~*e blikken* lingering looks
kwijt *bn* lost ★ *ik ben het* ~ ‹verloren hebben› I've lost it, ‹vrij zijn van› I've got rid of it, ‹vergeten› it slips my memory ★ *hij is zijn verstand* ~ he's off his head, he's lost his marbles ★ *die zijn we lekker* ~*!* good riddance to him!
kwijten *overg* [kweet, h. gekweten] acquit ★ *zich* ~ *van* acquit oneself of ‹an obligation, a duty, a task›, discharge ‹a responsibility, a debt›
kwijting *v* [-en] ❶ jur acquittal, discharge ★ jur *een finale* ~ a full acquittal / discharge ❷ *v. betaling* payment
kwijtraken *overg* [raakte kwijt, is kwijtgeraakt] ❶ *verliezen* lose ❷ *verlost raken van* get rid of ❸ *verkopen* dispose of, sell
kwijtschelden *overg* [schold kwijt, h. kwijtgescholden] ❶ *v. schulden* cancel ★ *een schuld* ~ write off / cancel a debt ★ *iem. het bedrag* ~ let sbd off from paying the amount ❷ *v. schuld* let off, exonerate ★ *voor ditmaal zal ik het u* ~ I'll let you off / exonerate you just this once ❸ *v. zonden* pardon, forgive ❹ *v. plicht* excuse (from)
kwijtschelding *v* ❶ *v. straf* pardon, amnesty ★ *een algemene* ~ *van straf* a general pardon ❷ *v. schulden* debt relief ❸ *v. zonden* absolution
kwik *o* element mercury, quicksilver
Kwik, Kwek en Kwak *zn* [mv] Huey, Dewey and Louie
kwikstaart *m* [-en] wagtail
kwikthermometer *m* [-s] mercury thermometer
kwikzilver *o* mercury, quicksilver
kwikzilverachtig *bn* mercurial
kwinkeleren *onoverg* [kwinkeleerde, h. gekwinkeleerd] warble, carol
kwinkslag *m* [-slagen] witticism, joke
kwint *v* [-en] muz fifth
kwintessens *v* quintessence
kwintet *o* [-ten] quintet(te)
kwispelen *onoverg* [kwispelde, h. gekwispeld], **kwispelstaarten** [kwispelstaartte, h. gekwispelstaart] wag
kwistig I *bn* lavish, liberal ★ ~ *zijn met geld* be extravagant ★ ~ *zijn met lof over* be lavish in one's praise of ★ *met* ~*e hand* generously, lavishly **II** *bijw* lavishly, liberally
kwitantie *v* [-s] receipt
kynologie *v* dog-breeding, cynology
kynologisch *bn* dog-breeding
kynoloog *m* [-en] dog breeder

L

l *v* ['s] l → **liter**
la I *v* ['s] muz la **II** *v* ['s & laas] drawer
laadbak *m* [-ken] loading platform
laadboom *m* [-bomen] cargo boom, derrick
laadbord *o* [-en] pallet
laadbrief *m* [-brieven] bill of lading
laadbrug *v* [-gen] loading bridge
laadcapaciteit *v* carrying capacity
laadkist *v* [-en] (freight) container
laadklep *v* [-pen] ❶ *v. vrachtauto* tailboard ❷ *v. schip* loading ramp
laadruim *o* [-en], **laadruimte** *v* [-n &-s] cargo hold, luchtv ook freight compartment
laadvermogen *o* carrying capacity
laag I *bn* ❶ *niet hoog* low, ‹m.b.t. stand› lowly ★ *lage druk* low pressure ★ *op een lage toon* in a low tone ❷ *gemeen* mean, low ★ *een lage streek* a mean trick **II** *bijw* low ★ ~ *vliegen* fly low ★ ~ *betalen* pay poorly ★ *de vlam* ~ *draaien* turn the flame down **III** *v* [lagen] ❶ *dikte* layer, ‹dun› film, bed ‹of stones, rocks›, geol stratum ‹of sedimentary rock›, course ‹of bricks›, coat ‹of paint›, coating ‹of protective wax›, sheet ‹of ice› ★ *alle lagen van de bevolking* all sections of the population, all walks of life ★ *alle lagen van de samenleving* all layers / strata of society ❷ *v. kanonnen* broadside ★ *de vijand de volle ~ geven* give the enemy a broadside ★ *iem. de volle ~ geven* give sbd the full blast
laag-bij-de-gronds *bn* trite, commonplace ★ *~e opmerkingen* trite / commonplace remarks
laagbouw *m* low-rise building
laagconjunctuur *v* (economic) recession / depression / slump
laagfrequent *bn* low-frequency
laaggelegen *bn* low-lying
laaggeletterd *bn* with low literacy skills
laaggeprijsd *bn* low-priced, cheap
laaggeschoold *bn* unskilled
laaghangend *bn* low, low-hanging
laaghartig *bn* low, mean, base
laaghartigheid *v* [-heden] meanness, baseness
laagheid *v* [-heden] ❶ lowness ❷ *gemeenheid* baseness, meanness ★ *laagheden* acts of meanness
laagje *o* [-s] thin layer ★ *smeer er een ~ boter op* spread some butter thinly on it
laagland *o* [-en] lowland(s)
laaglandbaan *v* sp skating rink / cycling track at sea level
laagseizoen *o* low season, off season
laagspanning *v* low tension / voltage
laagspannings- *voorv* low-voltage, low-tension
laagstbetaalden *zn* [mv] the lowest-paid
laagte *v* [-n & -s] ❶ lowness ❷ *plaats* depression, ‹tussen heuvels› hollow ★ *in de ~* down below

laagtij *o* low / ebb tide
laagveen *o* ❶ (low) fen, marsh, (peat) bog ❷ *gebied* fens, marshland, (peat) bogs
laagvlakte *v* [-n & -s] lowland plain, lowlands
laagvorming *v* stratification
laagwater *o* low tide ★ *bij ~* at low tide, when the tide is out
laagwaterlijn *v* [-en] low-water mark
laaien *onoverg* [laaide, h. gelaaid] blaze, flare
laaiend *bn* ★ ~ *(van woede) zijn* be furious, livid ★ ~ *enthousiast zijn* be wildly enthusiastic ★ *~e ruzie hebben* have a flaming row
laakbaar *bn* reprehensible
laan *v* [lanen] avenue ★ *de ~ uitgaan* be fired / sacked, get the sack ★ *iem. de ~ uitsturen* send sbd packing, fire sbd
laars *v* [laarzen] boot ★ *(regen)laarzen* wellington boots, wellingtons, inf wellies ★ *het aan zijn ~ lappen* ignore sth
laarzenknecht *m* [-en & -s] bootjack, shoehorn
laat I *bn* late ★ *op de late avond* late in the evening **II** *bijw* late, at a late hour ★ *hoe ~?* what time? ★ *hoe ~ is het?* what's the time?, what time is it? ★ fig *is het zo ~?* so that's your little game! ★ fig *is het weer zo ~?* here we go again! ★ *hoe ~ heb je het?* what time do you make it? ★ ~ *opstaan* rise late ★ *het wordt ~* it's getting late ★ *te ~ komen* be late ★ *de trein is een uur te ~* the train is an hour late / overdue ★ *vroeg of ~* sooner or later ★ ~ *op de dag* late in the day ★ *van vroeg tot ~* from early in the morning till late at night ★ *tot ~ in de nacht* till late in the night ★ *beter ~ dan nooit* better late than never
laatbloeiend *bn* late-flowering
laatbloeier *m* [-s] ❶ *plant* late-bloomer ❷ *persoon* late-developer
laatdunkend *bn* arrogant, condescending ★ *zich ~ uiten over iem. / iets* be condescending about sbd / sth
laatdunkendheid *v* condescension, arrogance
laatje *o* [-s] (little) drawer ★ *aan het ~ zitten* hold the purse strings ★ *dat brengt geld in het ~* it brings in a bit of cash
laatkoers *m* [-en] selling price / rate, offered price, asked price
laatkomer *m* [-s] latecomer
laatst I *bn* ❶ last, final ★ *het ~e artikel* the last article ‹in this review›, ‹laatstgenoemde› the last-named / last-mentioned article ‹is sold out› ★ *de ~e dagen* the last few days ★ *de ~e drie weken* the last three weeks ★ *de ~e (paar) maanden* the last few months ★ Bijbel *de ~en zullen de eersten zijn* the last shall be first ❷ *jongst* latest, (most) recent ★ *zijn ~e artikel* ‹jongste› his latest article, ‹allerlaatste› his last article ★ *het ~e nieuws* the latest news ★ *de ~e tijd* of late, recently ★ *in de ~e jaren* in recent years ❸ *van twee* latter ★ *de ~e* the last-named, the latter, the last ★ *dit ~e* the last / latter ‹is always a matter of

la

difficulty› **II** *bijw onlangs* recently, lately, the other day ★ ~ *op een middag* the other afternoon ★ *op zijn* ~ at the latest ★ *op het* ~ *waren ze ervan overtuigd dat...* they ended up being convinced that / of... ★ *ten / als* ~*e* lastly, last ★ *tot het* ~ to / till the last, to / till the end ★ *voor het* ~ for the last time

laatstelijk *bijw* lastly, finally ★ ~ *gewijzigd op...* most recently altered on...

laatstgeboren *bn* last-born, youngest

laatstgeborene *m-v* [-n] last born, youngest

laatstgenoemd *bn* ❶ *van meer dan twee* last mentioned, last named ❷ *van twee* latter

laatstgenoemde *m-v* [-en] ❶ *bij opsomming van twee* the latter ❷ *bij opsomming van meer* the last mentioned

laatstleden *bn* last

lab *o* [-s] lab

labbekak *m* [-ken] chicken, coward

labberdoedas *m* [-sen] clip over the ears

label I *m* [-s] *etiket* sticker, tag **II** *o* [-s] *v. grammofoonplaat* label

labelen *overg* [labelde, h. gelabeld] label

labeur *o & m* ❶ *zwaar werk* ZN labour, chore ❷ *landbouw* ZN farming

labiaal I *bn* labial ★ *een labiale klank* a labial **II** *m* [-bialen] labial

labiel *bn* unstable, ‹v. personen› mentally unstable

labiliteit *v* instability, ‹v. personen› mental instability

labo *o* ['s] ZN lab(oratory)

laborant *m* [-en] laboratory assistant / technician

laboratorium *o* [-s & -ria] laboratory ★ *een gerechtelijk* ~ a forensic laboratory

laboratoriumonderzoek *o* laboratory research

laboratoriumproef *v* [-proeven] laboratory test

laboreren *onoverg* [laboreerde, h. gelaboreerd] labour ★ *aan iets* ~ suffer from sth

labrador *m* [-s] Labrador

labyrint *o* [-en] labyrinth, maze

lach *m* laugh, laughter ★ *in de* ~ *schieten* burst into laughter ★ *de slappe* ~ *hebben* have the giggles

lachbui *v* [-en] fit of laughter

lachebek *m* [-ken] giggly person ★ *zij is een* ~*(je)* she's a giggler

lachen *onoverg* [lachte, h. gelachen] laugh, ‹glimlachen› smile ★ *laat me niet* ~*!* don't make me laugh! ★ *zich een aap &* ~ split one's sides, laugh one's head off ★ *zich dood / ziek* ~ laugh one's head off, die laughing ★ *het is om je dood / ziek te* ~ it's enough to make you die laughing ★ *ik zie niet in wat er te* ~ *valt* I don't see what's so funny ★ *er valt niets te* ~ it's no laughing matter ★ *in zichzelf* ~ laugh to oneself ★ ~ *om iets* laugh at / over sth ★ *het is niet om te* ~ it's no laughing matter ★ *ik moet om je* ~ you make me laugh ★ *ik moet erom* ~ it makes me laugh ★ *tegen iem.* ~ smile at sbd ★ *ik kon niet spreken van het* ~ I could hardly speak with laughter ★ *hij lachte als een boer die kiespijn heeft* he laughed uncomfortably ★ *wie het laatst lacht, lacht het best* he

laughs best who laughs last

lachend I *bn* laughing, ‹glimlachend› smiling **II** *bijw* laughing(ly), with a laugh

lacher *m* [-s] laugher ★ *de* ~*s op zijn hand hebben / krijgen* have / get them all laughing

lacherig *bn* giggly

lachertje *o* [-s] ❶ *grap* joke, lark, laugh ❷ *iets gemakkelijks* cinch

lachfilm *m* [-s] comedy

lachgas *o* laughing gas

lachje *o* [-s] little laugh

lachkramp *v* [-en] spasm of laughter

lachlust *m* inclination to laugh ★ *de* ~ *opwekken* get sbd laughing

lachsalvo *o* ['s] burst of laughter

lachspiegel *m* [-s] distorting mirror

lachspieren *zn* [mv] ★ *op de* ~ *werken* provoke hilarity

lachstuip *v* [-en] fit of laughter

lachsucces *o* [-sen] comic success

lachwekkend *bn* ludicrous, ridiculous, laughable

laconiek I *bn* laconic **II** *bijw* laconically

lactometer *m* [-s] lactometer

lactose *v* lactose

lactovegetariër *m* [-s] lacto-vegetarian

lacune *v* [-s] gap

ladder *v* [-s] ❶ *trap* ladder ★ *de maatschappelijke* ~ the social ladder ❷ *in kous* ladder, run

ladderen *onoverg* [ladderde, h. geladderd] ladder, run

laddervrij *bn* run-resist

ladderwagen *m* [-s] ladder truck

ladderzat *bn* blind drunk

lade *v* [-n] ❶ drawer, ‹geld› till ★ *de* ~ *lichten* thieve, steal ❷ *v. geweer* stock

ladekast *v* [-en] chest of drawers

ladelichter *m* [-s] petty thief

laden I *overg* [laadde, h. geladen] ❶ *wagen, schip* load ★ *de verantwoording op zich* ~ take on the responsibility ❷ *vuurwapen* load, charge ★ *met scherp* ~ load, charge ❸ *elektr* charge **II** *onoverg* [laadde, h. geladen] load, take in cargo ★ ~ *en lossen* loading and unloading

lader *m* [-s] loader

lading *v* [-en] ❶ *vracht* cargo, load ★ ~ *innemen* take in cargo, load ★ *het schip is in* ~ the ship is being loaded ★ *een hele* ~ a whole load ★ *een* ~ *toeristen* a truckload of tourists ❷ *mil & elektr* charge

ladinglijst *v* [-en] cargo / freight list, manifest

ladingsbrief *m* [-brieven] ❶ *bij vervoer over land* waybill ❷ *bij vervoer over zee* (ship's) manifest

ladykiller *m* [-s] lady killer

ladyshave® *m* [-s] ladyshave

laederen *overg* [laedeerde, h. gelaedeerd] injure

laesie *v* [-s] lesion

laf I *bn* ❶ *lafhartig* cowardly, inf chicken ❷ *flauw, smakeloos* insipid, tasteless, saltless ❸ *loom* vooral ZN insipid **II** *bijw* ❶ *lafhartig* in a cowardly manner, faint-heartedly ❷ *flauw* insipidly

lafaard *m* [-s] coward, inf chicken

lafbek *m* [-ken] coward, chicken
lafenis *v* [-sen] ❶ *drank* refreshment ❷ *verkwikking* comfort, relief
lafhartig *bn* cowardly
lafheid *v* ❶ *lafhartigheid* cowardice ❷ *flauwheid, v. smaak* insipidity
lagedrukgebied *o* [-en] low pressure area
lagelonenland *o* [-en] low-wage country
lager I *bn* lower, inferior ★ *een ~e ambtenaar* a minor official **II** *o* [-s] ❶ techn bearing(s) ❷ **lagerbier** lager (beer)
lagerbier *o* lager beer
Lagerhuis *o* Lower House, ⟨in GB, Canada⟩ House of Commons, ⟨in VS, Australië, Nieuw Zeeland⟩ House of Representatives
lagerwal *m* lee shore ★ fig *aan ~ raken* come down in the world
lagune *v* [-n & -s] lagoon
lak *o & m* [-ken] ❶ *vernis* lacquer, varnish, ⟨verf⟩ enamel ❷ *gelakte voorwerpen* lacquer ware ❸ *zegellak* sealing wax ▾ *ik heb er ~ aan* see if I care, fat lot I care ▾ *ik heb ~ aan hem* I can't stand him
lakei *m* [-en] footman, lackey, geringsch flunk(e)y
laken I *o* [-s] ❶ *stof* cloth ★ *dan krijg je van hetzelfde ~ een pak* you'll get your own medicine back ❷ *v. bed* sheet ★ *hij deelt de ~s uit* he runs the show ❸ *doodskleed* shroud **II** *overg* [laakte, h. gelaakt] condemn, censure
lakenhal *v* [-hallen] clothmakers' hall
lakens *bn* cloth
lakjas *v* [-sen] patent leather jacket / coat
lakken *overg* [lakte, h. gelakt] ❶ *in de lak zetten* lacquer, varnish, enamel ❷ *met zegellak* seal
laklaag *v* [-lagen] layer of lacquer / varnish / enamel
lakleer *o* patent leather
lakmoes *o* litmus
lakmoespapier *o* litmus paper
lakmoesproef *v* litmus test
laks *bn* lax, slack
lakschoen *m* [-en] patent leather shoe
laksheid *v* laxity, slackness
lakverf *v* [-verven] enamel paint
lakvernis *o & m* [-sen] lacquer
lakwerk *o* ❶ *het lakken* lacquering ❷ *gelakte voorwerpen* lacquer ware ❸ *v. auto &* paintwork
lakzegel *o* [-s] (wax) seal
lallen *onoverg* [lalde, h. gelald] jabber, babble, slur one's words
lam I *bn* ❶ *verlamd* paralysed ★ *een ~me* a paralysed person ★ *zich ~ schrikken* be frightened / startled to death ★ *iem. ~ slaan* beat sbd to a pulp ❷ *slap* weak, numb ★ *zich ~ voelen* feel miserable ❸ *vervelend* tiresome, provoking ★ *wat is dat ~ / een ~me boel!* how provoking! ★ *wat een ~me vent!* what a tedious fellow! ❹ *dronken* blind drunk **II** *o* [-meren] lamb ★ *het Lam Gods* the Lamb of God
lama *m* ['s] ❶ *dier* llama ❷ *priester* lama

lambrisering *v* [-en] wainscot(ing), panelling, dado
lamel *v* [-len] ❶ *strook* strip, ⟨v. een zonwering⟩ slat ❷ biol lamella
lamelvloer *m* [-en] tongue-and-groove parquet
lamentabel *bn* pitiful, wretched
lamenteren *onoverg* [lamenteerde, h. gelamenteerd] lament
lamgelegd *bn* paralysed ★ *door staking* ~ strike-bound
lamheid *v* paralysis ★ *met ~ geslagen* paralysed
laminaat *o* [-naten] laminate
lamineren *onoverg en overg* [lamineerde, h. gelamineerd] laminate
lamleggen *overg* [legde lam, h. lamgelegd] paralyse ★ *het treinverkeer ~* bring the train system to a standstill
lamlendig *bn* miserable
lamlendigheid *v* wretchedness
lamme *m-v* [-n] paralysed person ★ fig *de ~ leidt de blinde* it's the blind leading the blind
lammeling *m* [-en] ❶ *akelig persoon* blighter, rotter ❷ *lui persoon* dead loss
lammenadig *bn* ❶ *futloos* weak, limp, spineless ❷ *niet wel* seedy ❸ *beroerd* wretched ★ *~ weer* wretched weather
lammeren *onoverg* [lammerde, h. gelammerd] lamb
lammergier *m* [-en] *vogel* lammergeyer / lammergeier, bearded vulture
lammetje *o* [-s] little lamb, lambkin
lamoen *o* [-en] (pair of) shafts
lamp *v* [-en] lamp ★ *een gloei~* an electric bulb ★ *een staande ~* a standard / upright lamp ★ fig *er ging een ~je bij mij branden* that rang a bell ★ fig *tegen de ~ lopen* get caught, get into trouble
lampenglas *o* [-glazen] lamp chimney
lampenkap *v* [-pen] lampshade
lampenpit *v* [-ten] wick
lampetkan *v* [-nen] ewer, jug, waterjug
lampetkom *v* [-men] washbasin
lampfitting *m* [-en &-s], **lamphouder** [-s] light fitting
lampion *m* [-s] Chinese lantern
lamplicht *o* lamplight
lamprei I *v* [-en] *vis* lamprey **II** *o* [-en] *konijn* young rabbit
lampzwart *o* lampblack
lamsbout *m* [-en] leg of lamb
lamskotelet *v* [-ten] lamb cutlet
lamslaan *overg* [sloeg lam, h. lamgeslagen] paralyse ★ *iem. ~* beat sbd to a pulp ★ *de handel ~* cripple the trade
lamstraal *m* [-stralen] rotter, bastard
lamsvlees *o* lamb
lamswol *o* lambswool
lamzak *m* [-ken] blighter, rotter, bastard
lanceerbasis *v* [-bases & -sissen] launching site
lanceerbuis *v* [-buizen] launching tube
lanceerinrichting *v* [-en] launcher
lanceerplatform *o* [-en & -s] launch(ing) pad
lanceren *overg* [lanceerde, h. gelanceerd] launch ⟨a

la

missile, a torpedo, a new enterprise⟩ ★ *een gerucht* ~
spread a rumour ★ *een mode* ~ start a fashion
lancering *v* [-en] launching
lancet *o* [-ten] lancet
lancetvormig *bn* lanceolate
land *o* [-en] ❶ *droge deel v. aarde* land ★ fig *het* ~
hebben ⟨boos zijn⟩ be annoyed, angry, cross,
⟨landerig zijn⟩ have a fit of the blues ★ fig *het* ~
hebben aan iem. / *iets* hate sbd / sth ★ fig *het* ~
krijgen (aan iem. / *iets)* get annoyed (at sbd / sth)
★ *aan* ~ *gaan* / *komen* go / come ashore, land ★ *iem.*
aan ~ *zetten* put sbd ashore ★ *naar het* ~ *zwemmen*
swim to the shore ★ *over* ~ by land ★ *te* ~ *en te water*
on land and sea ★ *onze strijdkrachten te* ~, ter zee en
in de lucht our land, naval, and air forces
❷ *(landbouw)grond* land ★ *een stukje* ~ a piece of
land ★ *de boer is naar het* ~ the farmer is out on the
land / in the fields ★ *de koeien lopen in het* ~ the
cows are in the fields / the meadow(s) / the paddock
❸ *platteland* country ★ *op het* ~ *wonen* live in the
country ★ *een meisje van het* ~ a country girl ❹ *staat*
country, nation ★ *de Lage Landen* the Low Countries
★ ~ *en volk* land and people ★ *de zomer is in het* ~
summer has come ★ *in het* ~ *der dromen* in
dreamland ★ *nog in het* ~ *der levenden zijn* still be in
the land of the living ★ *in het* ~ *der blinden is eenoog*
koning in the land of the blind the one-eyed man is
king, ± you're better off with few skills than with
none ★ *hier te* ~*e* in these parts, hereabouts ★ *zijn* ~
van bestemming one's destination ★ *zijn* ~ *van*
oorsprong one's country of origin ★ Bijbel *het* ~ *van*
belofte the Promised Land
landaanwinning *v* [-en] land reclamation
landaard *m* national character
landadel *m* landed nobility
landarbeider *m* [-s] farm labourer / worker,
agricultural labourer / worker
landauer *m* [-s] landau
landbezit *o* ❶ *het land* property, estate ❷ *het bezitten*
landownership
landbouw *m* agriculture
landbouwbedrijf *o* [-drijven] ❶ farm ❷ *de landbouw*
agriculture
landbouwbeleid *o* agricultural policy
landbouwconsulent *m* [-en] agricultural consultant
landbouwcoöperatie *v* [-s] agricultural cooperative
landbouwer *m* [-s] farmer
landbouwgereedschappen *zn* [mv] agricultural
/ farming equipment
landbouwgewas *o* [-sen] agricultural crop
landbouwgronden *zn* [mv] agricultural / farm(ing)
land
landbouwhogeschool *v* [-scholen] agricultural
college / university
landbouwingenieur *m* [-s] agricultural engineer
landbouwkrediet *o* [-en] agricultural credit
landbouwkunde *v* agricultural science, agronomy
landbouwkundig *bn* agricultural

landbouwkundige *m* [-n] agriculturist
landbouwmachine *v* [-s] agricultural machine ★ ~*s*
farming / agricultural machinery / machines
landbouwonderneming *v* [-en] agricultural
enterprise
landbouwonderwijs *o* agricultural education
/ training
landbouwoverschot *o* [-ten] agricultural surplus
landbouwpolitiek *v* agricultural politics, ⟨van de EU⟩
Common Agricultural Policy, CAP
landbouwprijzen *zn* [mv] agricultural prices
landbouwproduct *o* [-en] agricultural product
landbouwproefstation *o* [-s] agricultural research
station
Landbouwschap *o* [-pen] agricultural board
landbouwschool *v* [-scholen] agricultural college
landbouwtentoonstelling *v* [-en] agricultural show
landbouwuniversiteit *v* [-en] agricultural university
landbouwwerktuig *o* [-en] agricultural / farming
equipment
landdag *m* [-dagen] convention, congress ★ fig *een*
Poolse ~ bedlam
landdier *o* [-en] land animal
landeigenaar *m* [-s & -naren] landowner, landed
proprietor
landelijk *bn* ❶ *v.h. platteland* rural, country ★ ~*e*
meubels rustic furniture ❷ *v.h. gehele land* national,
nationwide
landelijkheid *v* rurality, rusticity
landen I *overg* [landde, h. geland] land, disembark
II *onoverg* [landde, is geland] land ★ ~ *op de maan*
land on the moon ★ ~ *op Frankfurt* land at Frankfurt
landengte *v* [-n & -s] isthmus
landenklassement *o* sp international ranking list
land- en volkenkunde *v* geography and ethnology
landenwedstrijd *m* [-en] international match
land- en zeemacht *v* army and navy
landerig *bn* ❶ *lusteloos* blue, down in the dumps ❷ *in*
een slechte bui in a bad mood, annoyed
landerigheid *v* boredom
landerijen *zn* [mv] rural property / estates
landgenoot *m* [-noten], **landgenote** *v* [-n] compatriot,
(fellow) countryman, ⟨vrouw⟩ (fellow)
countrywoman
landgoed *o* [-eren] country / rural estate
landheer *m* [-heren] ❶ *v.e. landgoed* lord of the manor
❷ *grondeigenaar* landowner
landhervorming *v* [-en] land reform
landhoofd *o* [-en] land abutment, ⟨pier⟩ (abutment)
pier
landhuis *o* [-huizen] country house
landhuishoudkunde *v* rural economy
landhuur *v* [-huren] land rent
landing *v* [-en] ❶ luchtv landing, descent, ⟨in zee
v. ruimtevaartuig⟩ splashdown ★ *een zachte* ~ *maken*
make a soft landing ❷ scheepv disembarkation
❸ *v. troepen &* landing
landingsbaan *v* [-banen] runway ★ *doorschieten op*

de ~ overshoot the runway
landingsgestel *o* [-len] landing gear
landingslicht *o* [-en] ❶ *v. vliegtuig* landing light
❷ *v. landingsbaan* approach / runway lights
landingsplaats *v* [-en] landing field / site
landingsrechten *zn* [mv] landing rights
landingsstrip *m* [-s], **landingsstrook** [-stroken] landing strip, airstrip
landingsterrein *o* [-en] landing field
landingstroepen *zn* [mv] landing forces
landingsvaartuig *o* [-en] landing craft
landinwaarts *bijw* inland
landjonker *m* [-s] country gentleman, GB ook squire
landjuweel *o* [-welen] ❶ hist drama festival
❷ *toneelwedstrijd* Belg acting competition
landkaart *v* [-en] map
landklimaat *o* continental climate
landleger *o* [-s] land forces
landleven *o* country life
landlieden *zn* [mv] countryfolk
landloper *m* [-s] vagrant, tramp
landloperij *v* vagrancy
landmacht *v* land forces, army
landman *m* [-lieden] ❶ *plattelandsbewoner* countryman ❷ *landbouwer* farmer
landmeten *o* land surveying
landmeter *m* [-s] surveyor
landmijn *v* [-en] landmine
landnummer *o* [-s] international (dialling) code
landontginning *v* land reclamation
landoorlog *m* [-logen] land war
landouw *v* [-en] field, pasture, meadow
landpaal *m* [-palen] boundary marker ★ *binnen / buiten de landpalen* within / outside the borders
landrat *m* [-ten] ❶ field rat ❷ *landrot* landlubber
landrot, **landrat** *v* [-ten] landlubber
landsadvocaat *m* [-caten] government attorney, state advocate
landsbelang *o* national interest
landsbond *m* [-en] ZN national association
landschap *o* [-pen] landscape
landschappelijk *bn* of the landscape ★ *het ~e karakter van het gebied* the rural nature of the area ★ *~e elementen* landscape elements ★ *~e ingrepen* changes to the landscape
landschapsarchitect *m* [-en] landscape architect
landschapsarchitectuur *v* landscape architecture
landschapschilder *m* [-s] landscape painter / artist
landschapschilderkunst *v* landscape painting
landschapspark *o* [-en] national park
landscheiding *v* [-en] boundary
landschildpad *v* [-den] land tortoise
landsdienaar *m* [-s & -naren] public servant
landsgrens, **landgrens** *v* [-grenzen] border, frontier
landsheer *m* [-heren] sovereign lord, monarch
landskampioen *m* [-en] sp national champion
landsman *m* [-lieden] (fellow) countryman ★ *wat voor (een) ~ is hij?* what nationality is he?

landsregering *v* [-en] national / central government
landstaal *v* [-talen] vernacular, national language
landstitel *m* [-s] sp national title
landstorm *m* home reserves, militia, inf dad's army
landstreek *v* [-streken] region, district
landsverdediging *v* national defence/Am defense ★ *de* ~ the land defences / defenses ★ Belg *het ministerie van* ~ the Ministry of Defence / Defense
landtong *v* [-en] peninsular
landverhuizer *m* [-s] emigrant
landverhuizing *v* [-en] emigration
landverraad *o* high treason
landverrader *m* [-s] traitor ‹to one's country›
landvolk *o* country people
landvoogd *m* [-en] hist governor, viceroy
landwaarts *bijw* landward(s) ★ *meer* ~ more towards the land
landweer *v* ❶ *dijk* dyke ❷ mil territorial army, reserve
landweg *m* [-wegen] ❶ *op platteland* country road, ‹klein› country lane ❷ *over land en niet over zee* overland route
landwijn *m* [-en] local wine
landwind *m* [-en] land wind / breeze, offshore wind / breeze
landwinning *v* [-en] land reclamation
landzij, **landzijde** *v* landside
lang I *bn* ❶ *in de lengte* long ★ *de tafel is drie meter* ~ the table is three metres long / in length ★ *een krokodil van drie meter* ~ a three-metre long crocodile ★ *het is zo* ~ *als het breed is* it's as broad as it's long, fig it's six of one and half a dozen of the other ★ *~e tenen hebben* be oversensitive ❷ *v. gestalte* tall ★ *hij is twee meter* ~ he is two metres tall, he is two metres in height ★ ~ *en slank* tall and slim ★ *een* ~ *gezicht (trekken)* (pull) a long face ★ ~ *als hij was viel hij* he fell flat on his face ❸ *v. tijd* long ★ *een* ~*e periode* a long period ★ *de* ~*e rente* the long-term interest rate ★ ~ *vreemd vermogen* long-term loan capital **II** *bijw* ❶ long ★ *heel het jaar / de winter &* ~ throughout the year / winter &, all the year / winter & long ★ *twee jaar* ~ for two years, two years long ★ *zijn leven* ~ all his life ★ *sinds* ~ for a long time ★ *ben je hier al* ~? have you been here long? ★ *hij is al* ~ *weg* he's been gone a long time ★ *wat ben je* ~ *weggebleven!* what a time you've been! ★ *hoe* ~ *moet ik wachten?* how long do I have to wait? ★ *waarom heb je in zo* ~ *niet geschreven?* why haven't you written for such a long time? ★ *ik heb hem in* ~ *niet gezien* I haven't seen him for a long time ★ *al* ~ *en breed thuis zijn* have been home for a long time ★ *ik heb het hem* ~ *en breed verteld* I've told him everything at great length ★ *hij is nogal* ~ *van stof* he's rather long-winded ❷ *bij lange na (niet)* far from, not nearly ★ *ik ben er nog* ~ *niet* I'm not nearly there ★ *zij is* ~ *niet zo groot als ik* she's not nearly as tall as I am, inf she's nowhere near as tall as me ★ *het huis is* ~ *niet klaar* the house is far

la

from finished ★ *dat is ~ niet slecht* it's not bad at all, inf it's not half bad ★ *~ niet sterk genoeg* not strong enough by a long way / shot ★ *~ niet zo oud (als je zegt)* nothing like so old ★ *bij ~ niet zo...* not nearly so, not by a long way

langdradig *bn* long-winded, wordy, tedious

langdradigheid *v* long-windedness, wordiness

langdurig *bn* ❶ *lang durend* lengthy, long, ‹langer dan verwacht / gehoopt› protracted, ‹langer dan normaal› prolonged ★ *een ~e geboorte* a protracted birth ★ *een ~e ziekte* a lengthy / long illness ❷ *al lang geduurd hebbend* long-lasting, long-standing, long-term, long-established, of long standing ★ *een ~e huwelijk* a long-lasting marriage ★ *~e rechten* long-established rights ★ *een ~e vriendschap* a long-standing friendship, a friendship of long standing ★ *~e werkeloosheid* long-term unemployment

langdurigheid *v* long duration, lengthiness

langeafstandsbommenwerper *m* [-s] long-range bomber

langeafstandsloper *m* [-s] long-distance runner

langeafstandsrace *m* [-s] long-distance race

langeafstandsraket *v* [-ten] long-range missile

langeafstandsvlucht *v* [-en] long-distance flight, transport long-haul flight

langebaanwedstrijd *m* [-en] long-distance skating race

langer I *bn* longer ★ *~ worden* ‹v. mensen› get taller, ‹v. dagen› get longer ★ *de lijst ~ maken* increase the list **II** *bijw* increasingly ★ *honderd jaar en ~* more than a hundred years ★ *ik blijf geen dag ~* I'm not staying one day longer ★ *dit kan zo niet ~* things can't go on like this ★ *hoe ~ hoe beter* the longer the better, ‹steeds beter› better and better, increasingly better ★ *hoe ~ hoe meer* more and more, increasingly more

langetermijnbelegging *v* [-en] long-term investment

langetermijnbeleid *o* long-term policy

langetermijneffect *o* [-en] long-term effect

langetermijngeheugen *o* long-term memory

langetermijnplanning *v* long-term planning, long-range planning

langgekoesterd *bn* long-cherished

langgerekt *bn* ❶ *v. vorm* long-drawn-out, elongated ❷ *v. tijd* protracted ★ *~e onderhandelingen* protracted / lengthy negotiations

langharig *bn* long-haired

langjarig *bn* of many years standing ★ bankw *een ~e lening* a long-standing loan

langlauf *m*, **langlaufen** *o* cross-country skiing, langlauf

langlopend *bn* long-term ★ *~ krediet* long-term credit ★ *een ~e obligatie* a long-term bond

langoest *m* [-en] langouste, lobster

langoustine *v* [-s] langoustine, ‹mv culinair› scampi

langparkeerder *m* [-s] long-term parker

langpootmug *v* [-gen] crane fly, daddy longlegs

langs I *voorz* ❶ *bezijden* by, along ★ *de bomen, die ~ de weg staan* the trees by / along the road ★ *~ de rivier lopen* walk along the river ❷ *via* by, by way of ★ *~ welke weg bent u gekomen?* which way did you come? ❸ *voorbij* past ★ *~ het huis* past the house ★ *~ het postkantoor* past the post office **II** *bijw* by ★ *hij komt wel eens ~* he drops in every now and then ★ *hij ging ~* he went past, he passed ★ *iem. er van ~ geven* let sbd have it, give sbd what for ★ *er van ~ krijgen* get what for

langsdoorsnede *v* [-n] longitudinal section

langsgaan *onoverg* [ging langs, is langsgegaan] ❶ *voorbij gaan* pass (by) ❷ *op bezoek gaan* call in, drop in ‹on sbd, at sbd's house› ★ *op zondag ga ik langs bij mijn ouders* on Sundays I call in on my parents

langskomen *onoverg* [kwam langs, is langsgekomen] ❶ *voorbij komen* pass by ❷ *op bezoek komen* drop in / by, come round / over

langslaper *m* [-s] late riser

langslopen *onoverg* [liep langs, is langsgelopen] walk past / by

langspeelplaat *v* [-platen] long-playing record, long-player, LP

langsrijden *onoverg* [reed langs, is langsgereden] drive by / past

langsscheeps *bn* fore and aft, alongship

langst I *bn* longest **II** *bijw* longest ★ *op zijn ~* at the most

langstlevend *bn* surviving

langstlevende *m-v* [-n] survivor

langszij *bijw* alongside ★ *~ komen* come alongside

languit *bijw* (at) full length

langverwacht, **langverbeid** *bn* long-expected, long-awaited

langwerpig *bn* long, elongated ★ *~ rond* oval

langwerpigheid *v* elongated form

langzaam I *bn* slow, tardy, sluggish ★ *~ van begrip* slow to comprehend / understand **II** *bijw* slowly ★ *een ~ werkend vergif* a slow poison ★ *~ aan!* easy!, steady on! ★ *~ aan dan breekt het lijntje niet* easy does it ★ *~ maar zeker* slowly but surely

langzaamaanactie *v* [-s] go-slow, work-to-rule

langzaamheid *v* slowness ★ *~ van begrip* mental slowness

langzamerhand *bijw* gradually, by degrees, little by little

lankmoedig *bn* long-suffering, patient

lankmoedigheid *v* long-suffering, patience

lans *v* [-en] lance ★ *met gevelde ~* with lance couched ★ *een ~ breken voor* ‹iem.› stand up for, ‹iets› break a lance for

lansier *m* [-s] ❶ hist lancer ❷ *tanksoldaat* ZN soldier in a tank battalion

lantaarn, **lantaren** *v* [-s] ❶ *straatlantaarn* street lamp / light ❷ *niet elektrisch* lantern ❸ *elektrisch* lamp, torch ★ *je moet het met een ~tje zoeken* it doesn't grow on trees

lantaarnopsteker *m* [-s] lamplighter
lantaarnpaal *m* [-palen] lamppost
lanterfanten *onoverg* [lanterfantte, h. gelanterfant] lounge (about), loaf (about)
lanterfanter *m* [-s] idler, loafer
lanterfanterij *v* loitering
Laos *o* Laos
lap *m* [-pen] ❶ *stuk stof* piece, ‹vod› rag ★ *dat werkt op hem als een rode ~ op een stier* it's like a red rag to a bull for him ★ *de ~pen hangen erbij* it's in rags and tatters ★ *een gezicht van oude ~pen* a sour face ❷ *om te verstellen* patch ★ *er een ~ op zetten* put a patch on it, patch it ❸ *om te wrijven* cloth ★ *een leren ~* a shammy (leather) ❹ *overgebleven stuk goed* remnant ❺ *v. grond* patch ❻ *v. vlees* ‹dun› slice, ‹dik› steak ❼ *baanronde* sp lap
laparoscoop *m* [-scopen] laparoscope
lapel *m* [-len] lapel
lapidair *bn* lapidary
lapje *o* [-s] patch ★ *~s vlees* ‹dun› slices of meat, ‹dik› steaks ★ *een ~ grond* a piece of land ★ *iem. voor het ~ houden* pull sbd.'s leg
lapjeskat *v* [-ten] tortoiseshell cat
lapmiddel *o* [-en] stopgap measure, makeshift measure
lappen I *overg* [lapte, h. gelapt] ❶ *herstellen* patch, mend, repair ★ *schoenen ~* mend / repair shoes ❷ *schoonmaken* wash ★ *ramen ~* clean the windows ❸ sp lap ❹ *klaarspelen* manage, pull off ★ *hij zal het hem wel ~* he'll do / manage it ▼ *wie heeft mij dat gelapt?* who played that trick on me? ▼ *dat lap ik aan mijn laars!* fat lot I care! ▼ *een waarschuwing aan zijn laars ~* ignore a warning ▼ *iem. er bij ~* blow the whistle on sbd ▼ *alles er door ~* run through ‹a fortune &› **II** *onoverg* [lapte, h. gelapt] *geld bijeenbrengen* inf pass the hat ★ *jij moet ook ~ voor zijn cadeau* you ought to put in a contribution for his present too
lappendeken *v* [-s] ❶ patchwork quilt ❷ fig hotchpotch
lappenmand *v* [-en] rag basket ★ *in de ~ zijn* be laid up, be on the sick list
laptop *m* [-s] notebook, laptop
lapwerk *o* ❶ patchwork ❷ fig makeshift solution / measure, stopgap solution / measure
lapzwans *m* [-en] drip
laqué *bn* lacquered
lardeerpriem *m* [-en] larding pin
lardeerspek *o* lardon
larderen *overg* [lardeerde, h. gelardeerd] lard
larf *v* [-ven] → **larve**
larie, lariekoek *v* (stuff and) nonsense, rubbish ★ *~!* rubbish!
lariks *m* [-en] larch
larmoyant *bn* tearful, dicht lachrymose
larve, larf *v* [-larven] larva ★ *~n* larvae, grubs
laryngitis *v* laryngitis
laryngoscopie *v* laryngoscopy

larynx *m* [-en] larynx
las *v* [-sen] weld, joint, seam
lasagne *v* lasagne
lasapparaat *o* [-raten] welder, welding apparatus
lasbrander *m* [-s] welding torch
lasbril *m* [-len] welding goggles
laser *m* [-s] laser
laserdisk *m* [-s] laser disc / disk
laserpen *v* [-nen] laser pointer
laserprinter *m* [-s] laser printer
laserstraal *m* & *v* [-stralen] laser beam
lasplaat *v* [-platen] welding plate
lassen *overg* & *onoverg* [laste, h. gelast] ❶ *invoegen* splice, insert ❷ *verbinden* weld
lasser *m* [-s] welder
lasso *m* ['s] lasso
last *m* ❶ *beschuldiging* charge ★ *ten ~e komen van* be chargeable to ★ *iem. iets ten ~e leggen* charge sbd with sth ★ *zich van een ~ kwijten* acquit oneself of a charge ❷ *lading* load, scheepv cargo ★ *hij bezweek onder de ~* he collapsed under the load ❸ *geld* debit ★ *zakelijke ~en en be~ingen* property charges and taxes ★ *op zware ~en zitten* be heavily in debt ★ *baten en ~en* assets and liabilities ★ *tot / ten ~e van* at the expense of ❹ *overlast* trouble, nuisance, inconvenience ★ *~ hebben van muggen* have a problem with mosquitoes, be bothered by mosquitoes ★ *~ hebben van maagklachten / hoofdpijn &* suffer from stomach complaints / headaches & ★ *~ hebben van aanvallen van duizeligheid* be subject to fits of dizziness ★ *~ veroorzaken* cause / give trouble ★ *iem. tot ~ zijn* ‹lastig vallen› be a nuisance to sbd, ‹bron v. zorg zijn› be a burden on sbd ❺ *bevel* order, command ★ *op ~ van...* by order of...
lastbrief *m* [-brieven] mandate
lastdier *o* [-en] beast of burden, pack animal
lastdrager *m* [-s] porter, carrier
lastendruk *m* ❶ *m.b.t. vaste lasten* burden of regular expenses ❷ *m.b.t. belasting* tax burden
lastenkohier *o* [-en] ZN quantity survey
lastenverlichting *v* ❶ reduction in the financial burden ❷ *via belastingen* tax relief, tax cut
lastenverzwaring *v* ❶ increase in the financial burden ❷ *via belastingen* tax increase / hike
laster *m* slander, (criminal) defamation, ‹geschreven› libel
lasteraar *m* [-s & -raren] slanderer, ‹geschreven› libeller
lastercampagne *v* [-s] smear campaign
lasteren *overg* [lasterde, h. gelasterd] slander, calumniate, defame ★ *God ~* blaspheme
lastering *v* [-en] slander, blasphemy
lasterlijk I *bn* ❶ *beledigend* slanderous, defamatory, ‹geschreven› libellous, defamatory ❷ *godslasterlijk* blasphemous **II** *bijw* ❶ slanderously ❷ blasphemously
lasterpraat *m*, **lasterpraatje** *o* [-s] slanderous

la

/ defamatory talk

lastertaal *v* slanderous / defamatory language

lastertong *v* [-en] slander

lastgever *m* [-s] principal

lastgeving *v* [-en] ❶ *opdracht* order, instruction(s) ❷ jur mandate, agency ❸ *op schrift* mandate

lasthebber *m* [-s] (authorized) agent, jur mandatory

lastig I *bn* ❶ *moeilijk* difficult, hard ★ *een ~ geval* a difficult case ❷ *hinderlijk* annoying ★ *wat zijn jullie vandaag weer ~!* what nuisances you are today! ★ *de kinderen zijn helemaal niet ~* the children are no trouble at all ★ *een ~e vent* a troublesome / difficult customer ★ *iem. ~ vallen* trouble / bother sbd, ⟨op straat &⟩ harass sbd ★ *het spijt mij dat ik u ~ moet vallen* I'm sorry to trouble you ❸ *moeilijk te regeren* troublesome, unruly ❹ *veeleisend* exacting, hard to please ❺ *ongemakkelijk* inconvenient **II** *bijw* with difficulty ★ *dat zal ~ gaan* that will hard to do

lastigheid *v* problem, difficulty, inconvenience

lastigvallen *overg* [viel lastig, h. lastiggevallen] bother, ⟨sterker⟩ harass ★ *een dame ~* harass a lady ★ *val me daarmee niet lastig* don't bother / trouble me with that

last minute *bn* ★ *een ~ boeking* a last-minute booking

lastpak *o* [-ken], **lastpost** *m* [-en] pest, nuisance ★ *die ~ken van jongens* those nuisances of boys ★ *dat kind is een echt ~ op school* that child is a real handful at school

lat *v* [-ten] ❶ *stuk hout* slat ★ *de lange ~ten* skis ★ *mager als een ~* thin as a rake ❷ *v. jaloezie* slat ❸ *m.b.t. sport* ⟨v. doel⟩ crossbar, ⟨springlat⟩ bar ★ *onder de ~ staan* be in goal

latafel *v* [-s] chest of drawers

laten I *overg* [liet, h. gelaten] ❶ *laten in zekere toestand* leave ★ *laat (me) los!* let (me) go! ★ *wij zullen het hier bij ~* we'll leave it at that ★ *hij zal het er niet bij ~* he is not going to let the matter rest ★ *wij zullen dat ~ voor wat het is* we'll let it rest, we'll forget about it ❷ *wegstoppen* put ★ *ik weet niet waar hij al dat eten / het laat* I don't know where he puts all that food / it ❸ *toestaan* allow, let, permit ★ *het laat zich niet beschrijven* it defies / beggars description ★ *het laat zich denken* it may be imagined ★ *het laat zich verklaren* it can be explained ★ *als je mij maar tijd wilt ~* if only you'd allow me time ❹ *gelasten* have, get ★ *iets ~ bouwen* have / get sth built ★ *wij zullen het ~ doen* we'll get someone to do it ❺ *nalaten* stop, form refrain from ★ *laat dat!* stop doing that! ★ *je had het maar moeten ~* you shouldn't have done it ★ *hij kan het niet ~* he can't help doing it ★ *het drinken / roken ~* leave off / give up drinking / smoking ❻ *(achter)laten, afstaan* leave ★ *laat het maar hier* leave it here ★ *ver achter zich ~* leave far behind, outdistance ★ *waar heb ik mijn boek ge~?* where did I put my book? ★ *waar heb je het geld ge~?* what have you done with the money? ★ *ik kan het u niet voor minder ~* I can't let you have it for less ❼ *toegang geven tot* show (into), let (into) ★ *hij liet*

haar de kamer binnen he showed her into the room ❽ *voortbrengen* let (out) ★ *tranen ~* shed tears **II** *hulpww* let ★ *~ we gaan!* let's go! ★ *laat ik u niet storen* don't let me disturb you

latent I *bn* latent **II** *bijw* latently

later I *bn* later, subsequent, ⟨toekomstige⟩ future ★ *op een ~e leeftijd* later in life **II** *bijw* later (on), afterwards

lateraal *bn* lateral

latertje *o* ★ *dat wordt een ~* we'll be late finishing

latex *o & m* latex

lathyrus *m* [-sen] *plant* sweet pea

Latijn *o* Latin ★ *aan het eind van z'n ~ zijn* be at the end of one's tether

Latijns *bn* Latin

Latijns-Amerika *o* Latin America

latina *v* ['s] Latina

latinist *m* [-en] Latin scholar

latino *m* ['s] Latino

latrelatie *v* [-s] LAT relationship, 'living apart together' relationship

latrine *v* [-s] latrine

latwerk *o* [-en] lathwork, lathing, ⟨als steun voor planten⟩ trellis, lattice

laureaat *m* [-reaten] ❶ laureate, poet laureate ❷ *geslaagde* ZN successful candidate ❸ *winnaar* ZN winner, champion

laurier *m* [-en] ❶ *boom* laurel (tree), bay (tree) ❷ *blad* bay leaves

laurierblad *o* [-blaren & -bladeren] bay leaf

laurierboom *m* [-bomen] laurel (tree), bay (tree)

laurierkers *m* [-en] cherry laurel

lauriertak *m* [-ken] laurel branch

lauw I *bn* ❶ lukewarm, tepid ❷ fig half-hearted **II** *bijw* fig half-heartedly

lauwer *m* [-en] laurel ★ *~en behalen* win prizes ★ *op zijn ~en rusten* rest on one's laurels

lauweren *overg* [lauwerde, h. gelauwerd] ❶ crown with laurels ❷ *prijzen* eulogize

lauwerkrans *m* [-en] laurel wreath

lauwheid, **lauwte** *v* ❶ tepidness ❷ fig halfheartedness

lauwwarm *bn* lukewarm

lava *v* lava

lavastroom *m* [-stromen] stream of lava

laveloos *bn* blind drunk, sloshed

lavement *o* [-en] enema

laven *overg* [laafde, h. gelaafd] refresh ★ *zich ~* refresh oneself ★ *zich ~ aan kennis* lap up knowledge

lavendel *v* lavender

lavendelolie *v* lavender oil

laveren *onoverg* [laveerde, h. gelaveerd] ❶ scheepv tack, navigate ❷ fig manoeuvre/Am maneuver ❸ *v. beschonkenen* stagger

laving *v* [-en] refreshment

lawaai *o* noise, din, uproar ★ *een heidens / hels ~* an infernal noise ★ *~ schoppen* make a racket

lawaaibestrijding *v* noise abatement

lawaaierig, **lawaaiig** *bn* noisy

lawaaimaker, lawaaischopper *m* [-s] noisemaker
lawine *v* [-s] avalanche
lawinegevaar *o* danger of avalanche(s)
lawntennis *o* lawn tennis
laxeermiddel *o* [-en] laxative
laxeren *onoverg* [laxeerde, h. gelaxeerd] purge
lay-out *m* [-s] layout
lay-up *de (m)* [-s] lay-up
lazaret *o* [-ten] military hospital
lazarus *bn* ★ inf ~ *zijn* be drunk, inf be sloshed ★ inf *zich het ~ schrikken* be frightened out of one's wits, inf be scared witless ★ inf *zich het ~ werken* work oneself to death, inf work one's butt off
lazer *m* ★ *iem. op z'n ~ geven* beat the hell out of sbd, ‹uitbrander› bawl sbd out
lazeren I *overg* [lazerde, h. gelazerd] fling, hurl, inf chuck ★ *iem. er uit ~* chuck sbd out **II** *onoverg* [lazerde, is gelazerd] tumble down ★ *van de trap ~* fall arse over elbow down the stairs
lazerij *v* ★ *iem. op z'n ~ geven* beat the hell out of sbd, ‹uitbrander› bawl sbd out
lazuur *o* lapis lazuli
lbo *afk* (lager beroepsonderwijs) lower secondary vocational education
lcd *o* ['s] (liquid crystal display) LCD, liquid crystal display
lcd-scherm *o* [-en] LCD screen
leadzanger *m* [-s] lead singer
leao *afk* (lager economisch en administratief onderwijs) lower secondary economic and administrative education
leaseauto *m* ['s] leased car
leasebak *m* [-ken] inf (flashy) leased car
leasen *overg* [leasede en leasete, h.geleased en geleaset] lease
leaseovereenkomst *v* [-en] lease contract
leasetermijn *m* [-en] lease payment term
leasing *v* leasing
leb, lebbe *v* [lebben] rennet
lebberen *overg* [lebberde, h. gelebberd] lap (up), sip ‹tea›
lebmaag *v* [-magen] fourth / true stomach
lector *m* [-toren & -s] reader, lecturer
lectoraat *o* [-raten] readership, lectorate
lectuur *v* ❶ *het lezen* reading ❷ *leesstof* reading matter
ledematen *zn* [mv] limbs, extremities
ledenadministratie *v* membership records
ledenbestand *o* membership file
ledenlijst *v* [-en] membership list / register
ledenpop *v* [-pen] ❶ dummy ❷ fig puppet
ledenstop *m* halt on recruitment of new members
ledental *o* [-len] membership
ledenvergadering *v* [-en] general meeting
ledenwerving *v* recruitment of new members
leder *o* leather
lederen *bn* leather
lederwaren *zn* [mv] leather goods

ledig *bn* → **leeg**
ledigen *overg* [ledigde, h. geledigd] empty
lediggang *m* idleness
ledigheid *v* ❶ *het leeg zijn* emptiness ❷ *lediggang, nietsdoen* idleness ★ ~ *is des duivels oorkussen* the devil finds work for idle hands
ledikant *o* [-en] bedstead
leed I *o* ❶ *lichamelijk* harm, injury ★ *iem. ~ doen* harm sbd ❷ *v. de ziel* grief, sorrow ★ *in lief en ~* for better and for worse ★ *het doet mij ~* I am sorry to / I am afraid that ★ *iem. zijn ~ klagen* let one's grievances be known **II** *bn* sorry, sorrowful ★ *met lede ogen* with regret, with sorrow
leedvermaak *o* malicious delight / pleasure ★ *het risico van ~ nemen we op de koop toe* we'll have to live with the risk of being laughed at / of people gloating if things go wrong ★ ~ *over...* malicious pleasure in...
leedwezen *o* regret ★ *met ~* with regret, regretfully ★ *tot mijn ~ kan ik niet...* I regret that I am unable to..., I am sorry to say that I cannot... ★ *zijn ~ betuigen* show one's sympathy, express one's regret
leefbaar *bn* liveable
leefbaarheid *v* liveability
leefgemeenschap *v* [-pen] community, ‹commune› commune
leefklimaat *o* social climate
leefmilieu *o* [-s] environment
leefnet *o* [-ten] live net, keepnet
leefomgeving *v* [-en] surroundings ★ *een natuurlijke ~* a natural environment
leefomstandigheden *zn* [mv] social / living conditions
leefpatroon *o* [-patronen] way of life, lifestyle
leefregel *m* [-s] mode / way of life
leefruimte *v* living space
leefstijl *m* [-en] lifestyle
leeftijd *m* [-en] age ★ ZN *de eerste / tweede / derde ~* youth / middle age / the third age ★ *de wettelijk voorgeschreven ~* Br the legal age, Am the lawful age ★ *op die ~* at that age ★ *op hoge ~* at an advanced age ★ *op late(re) ~* late(r) in life ★ *op ~ komen* get on in years ★ *op ~ zijn* be well on in years ★ *een jongen van mijn ~* a boy my age ★ *zij zijn van dezelfde ~* they are of the same age ★ *een man van middelbare ~* a middle-aged man ★ *zij ziet er jong uit voor haar ~* she looks young for her years
leeftijdgenoot *m* [-noten] contemporary
leeftijdsdiscriminatie *v* age discrimination
leeftijdsgrens *v* [-grenzen] age limit
leeftijdsgroep *v* [-en] age group
leeftijdsklasse *v* [-n] age group
leeftijdsopbouw *m* age structure
leeftijdstoeslag *m* [-slagen] *m.b.t. arbeidsvoorwaarden* age bonus
leeftijdsverschil *o* [-len] age difference, difference in age
leeftocht *m* provisions

le

leefwijze *v* way of life / living, lifestyle

leeg, **ledig** *bn* ❶ *niets inhoudend* empty, vacant ★ *een lege accu / band* a flat battery / tyre ★ *een lege bladzijde* a blank sheet of paper ★ *een ~ plekje* an empty space ❷ *nietsdoend* idle ❸ *betekenisloos* empty, hollow ★ *lege woorden* empty / hollow words ❹ *afgemat* exhausted

leegdrinken *overg* [dronk leeg, h. leeggedronken] empty, finish ⟨one's glass⟩ ★ *in één keer ~* drain, empty in a single gulp

leegeten *overg* [at leeg, h. leeggegeten] finish ★ *zijn bord ~* empty one's plate

leegganger *m* [-s] ZN idler, loafer

leeggewicht *o* empty weight

leeggieten *overg* [goot leeg, h. leeggegoten] empty / pour out

leeggooien *overg* [gooide leeg, h. leeggegooid] empty out, discharge

leeghalen *overg* [haalde leeg, h. leeggehaald] ❶ clear out, empty ❷ *plunderen* ransack, strip

leegheid *v* ❶ emptiness ❷ *nietsdoen* idleness

leeghoofd *o & m-v* [-en] birdbrain, nitwit

leegloop *m* exodus ★ *een intellectuele ~ veroorzaken* cause a brain drain ★ *de ~ van het platteland zet zich door* the exodus from the countryside is continuing

leeglopen I *onoverg* [liep leeg, is leeggelopen] ❶ *de inhoud verliezen* empty, become empty, ⟨v. luchtband⟩ go flat, ⟨v. accu⟩ run down, go dead ★ *laten ~* ⟨vat &⟩ empty, ⟨luchtband &⟩ deflate, let the air out of, ⟨vijver &⟩ drain ❷ *diarree hebben* have the trots **II** *onoverg* [liep leeg, h. leeggelopen] *lanterfanten* idle (about), loaf (about)

leegloper *m* [-s] idler, loafer

leegmaken *overg* [maakte leeg, h. leeggemaakt] empty, finish ⟨the bottle⟩, clear ⟨the room⟩, turn out ⟨one's pockets⟩

leegpompen *overg* [pompte leeg, h. leeggepompt] pump (out / dry) ★ *haar maag moest leeggepompt worden* her stomach had to be pumped

leegroven *overg* [roofde leeg, h. leeggeroofd] rob, plunder, ransack

leegscheppen *overg* [schepte leeg, h. leeggeschept] empty, bail out ⟨a boat⟩

leegstaan *onoverg* [stond leeg, h. leeggestaan] be empty, be vacant, be uninhabited, be unoccupied

leegstaand *bn* vacant

leegstand *m* vacancy, lack of occupancy ★ *oplossingen voor ~ en verwaarlozing* solutions for the problem of unoccupied and neglected houses

leegstromen *onoverg* [stroomde leeg, h. leeggestroomd] drain

leegte *v* [-n] ❶ emptiness ❷ *fig* void ★ *een gapende ~* a great emptiness / void

leegverkoop *m* clearance sale

leek *m* [leken] layman ★ ⟨lekenstand⟩ *de leken* the laity ★ *een volslagen ~* a complete layman

leem *o & m* loam, clay, mud ★ *een dorp met huizen van ~* a village of mud / adobe / pisé houses,

⟨v. leemblokken⟩ a village of mudbrick houses

leemachtig *bn* loamy

leemgroeve *v* [-n] loam pit

leemgrond *m* [-en] loamy soil

leemkuil *m* [-en], **leemput** *v* [-ten] loam pit

leemte *v* [-n & -s] gap, blank

leen *o* [lenen] ❶ *hist* fief, feudal estate ★ *in ~ hebben* hold in feud ❷ *voor tijdelijk gebruik* loan ★ *te ~ for* loan ★ *mag ik dat van u te ~ hebben?* may I borrow this (from you)? ★ *iem. iets te ~ geven* lend sbd sth ★ *iets te ~ vragen* ask for the loan of / a lend of sth

leenbank *v* [-en] ❶ lending society, ⟨voor studenten &⟩ loan office ❷ *lommerd* pawnshop

leengeld *o* [-en] loan charge, lending fee

leengoed *o* [-eren] *hist* feudal estate

leenheer *m* [-heren] *hist* feudal lord, liege (lord)

leenman *m* [-nen] *hist* vassal

leenrecht *o* ❶ *hist* feudal right ❷ *door bibliotheken &* lending rights / fee

leenroerig *bn* feudal

leenstelsel *o* feudal system

leentjebuur *m* ★ *~ spelen* scrounge, borrow left and right

leenwoord *o* [-en] loan word

leep I *bn* sly, shrewd, cunning **II** *bijw* slyly, shrewdly, cunningly

leepheid *v* slyness, cunning

leer I *o* ❶ *stofnaam* leather ★ *~ om ~* tit for tat ★ *van andermans ~ is het goed riemen snijden* it's easy to spend somebody else's money ❷ *voetbal* football ▼ *van ~ trekken* ⟨degen trekken⟩ draw one's sword, ⟨tekeergaan⟩ go at it / them **II** *v* [leren] ❶ *leerstelsel* doctrine, teachings ❷ *theorie* theory, principles ❸ *leertijd* apprenticeship ★ *bij iem. in de ~ zijn* serve one's apprenticeship with sbd ❹ *ladder* ladder

leerboek *o* [-en] textbook

leercontract *o* [-en] ZN apprenticeship

leerdicht *o* [-en] didactic poem

leergang *m* [-en] ❶ course (of instruction) ❷ *methode* method, methodology

leergeld *o* apprenticeship fees ★ *fig ~ betalen* learn one's lesson, learn by experience

leergezag *o* RK doctrinal authority (of the Church)

leergierig *bn* eager to learn, inquiring

leergierigheid *v* eagerness to learn, inquisitiveness

leerjaar *o* [-jaren] ❶ *schooljaar* school year ❷ *waarin men vak leert* apprenticeship

leerjongen *m* [-s] apprentice

leerkracht *v* [-en] teacher, instructor

leerling *m* [-en] ❶ *op school* student, pupil ❷ *in 't ambacht* apprentice ❸ *volgeling v.e. leer* follower, disciple

leerlingenraad *m* [-raden] student body

leerlingstelsel *o* apprentice system

leerling-verpleegster *v* [-s] student nurse

leerling-verpleger *m* [-s] student (male) nurse

leerling-vlieger *m* [-s] apprentice pilot

leerlooien *o* tanning

leerlooier *m* [-s] tanner
leerlooierij *v* [-en] tannery
leermeester *m* [-s] teacher, tutor ★ *een harde* ~ a hard taskmaster
leermeisje *o* [-s] (female) apprentice
leermethode *v* [-n &-s] teaching method
leermiddel *o* [-en] educational tools, teaching aids
leermoment *o* [-en] (educational) insight
leernicht *m* [-en] leather gay
leeropdracht *v* [-en] area of professional expertise
leerplan *o* [-nen] curriculum, syllabus
leerplicht *m & v* compulsory education
leerplichtig *bn* of school age ★ *de* ~*e leeftijd* school age
leerproces *o* [-sen] learning process
leerrede *v* [-nen & -s] sermon
leerrijk *bn* instructive, informative
leerschool *v* [-scholen] school ★ *een harde* ~ *doorlopen* learn the hard way
leerstellig *bn* **❶** *dogmatisch* dogmatic **❷** *volgens een doctrine* doctrinaire
leerstelling *v* [-en] tenet, dogma, doctrine
leerstoel *m* [-en] chair ★ *een* ~ *bekleden* hold a chair
leerstof *v* subject matter, material
leerstuk *o* [-ken] dogma, tenet, doctrine
leertijd *m* **❶** *op school, v. cursussen &* period of training **❷** *v. leerjongen* (term of) apprenticeship
leertje *o* [-s] washer
leervak *o* [-ken] subject
leervergunning *v* [-en] ZN provisional licence/Am license
leerwaren *zn* [mv] leather goods
leerwerk *o* leatherwork, leather goods
leerzaam I *bn* **❶** *v. personen* able to learn **❷** *v. zaken* instructive **II** *bijw* instructively
leerzaamheid *v* **❶** *v. personen* ability to learn **❷** *v. zaken* instructiveness
leesapparaat *o* [-raten] reader ★ *een optisch* ~ an optical scanner / reader
leesbaar *bn* **❶** *v. handschrift* legible **❷** *v. roman* readable
leesbaarheid *v* **❶** *v. handschrift* legibility **❷** *v. boek & readability
leesbeurt *v* [-en] **❶** *op school* turn to read **❷** *lezing* lecture, talk
leesbibliotheek *v* [-theken] lending library
leesblind *bn* dyslexic, dyslectic
leesblindheid *v* word blindness, dyslexia
leesboek *o* [-en] **❶** reader **❷** *voor ontspanning* light reading
leesbril *m* [-len] reading glasses
leesgezelschap *o* [-pen] reading circle
leeskop *m* [-pen] reading head
leeskring *m* [-en] reading circle / club
leeslamp *v* [-en] reading lamp
leesles *v* [-sen] reading lesson
leeslint *o* [-en] reading ribbon, bookmark(er)
leesmap *v* [-pen] portfolio of magazines

leesmoeder *v* [-s] parent helper
leesoefening *v* [-en] reading exercise
leesonderwijs *o* reading lessons
leespen *v* [-nen] barcode reader
leesplank *v* [-en] primer
leesplezier *o* reading pleasure
leesportefeuille *m* [-s] portfolio of magazines
leesstof *v* reading matter
leest *v* [-en] **❶** *m.b.t. schoenen* shoe tree, ⟨v. schoenmaker⟩ last ★ *we zullen dat op een andere* ~ *moeten schoeien* we'll have to take a different line / approach ★ *op dezelfde* ~ *schoeien* follow the same pattern ★ *op socialistische* ~ *geschoeid* organized according to socialist lines **❷** *middel* waist **❸** *gestalte* figure
leestafel *v* [-s] reading table
leesteken *o* [-s] punctuation mark ★ ~*s aanbrengen* punctuate
leesvaardigheid *v* reading ability / proficiency
leesvoer *o* pulp literature
leeswijzer *m* [-s] bookmark(er)
leeswoede *v* mania / passion for reading
leeszaal *v* [-zalen] reading room ★ *een openbare* ~ a public library
Leeuw *m* astron & astrol Leo
leeuw *m* [-en] lion ★ *iem. voor de* ~*en gooien* throw sbd to the wolves
leeuwenaandeel *o* lion's share
leeuwenbek *m* [-ken] *plant* snapdragon
leeuwendeel *o* lion's share
leeuwenjacht *v* lion safari / hunt
leeuwenklauw *m* [-en] **❶** *klauw v. leeuw* lion's paw **❷** *plant* lady's mantle
leeuwenkuil *m* [-en] lion's den
leeuwenmanen *zn* [mv] lion's mane
leeuwenmoed *m* courage of a lion ★ *met* ~ *bezield* lionhearted
leeuwentemmer *m* [-s] lion tamer
leeuwerik *m* [-en] *vogel* lark
leeuwin *v* [-nen] lioness
leeuwtje *o* [-s] **❶** *kleine leeuw* lion cub **❷** *hondenras* Maltese terrier
leewater *o* water on the knee, med synovitis
lef *o & m* **❶** *moed* nerve, courage, inf guts ★ *het* ~ *hebben iets te doen* have the nerve & to do sth ★ *als je het* ~ *hebt* if you dare ★ *waar haal je het* ~ *vandaan?* how dare you? **❷** *branie* swagger
lefdoekje *o* [-s] breast pocket handkerchief
lefgozer, lefschopper *m* [-s] hotshot, show-off
leg *m* egg laying ★ *aan de* ~ *zijn* be laying ★ *van de* ~ *zijn* have stopped laying
legaal *bn* legal
legaat I *o* [-gaten] *erfenis* legacy, bequest **II** *m* [-gaten] *van paus* legate
legalisatie *v* [-s] **❶** *jur* legalization, attestation, ⟨v. handtekeningen⟩ authentication ★ *de* ~ *van drugs* legalization of drugs **❷** *comput* authentication
legaliseren *overg* [legaliseerde, h. gelegaliseerd]

le

authenticate ⟨signatures⟩, legalize ⟨drugs⟩
legataris *m* [-sen] legatee
legateren *overg* [legateerde, h. gelegateerd] bequeath
legatie *v* [-s] legation, diplomatic mission
legbatterij *v* [-en] battery
legen *overg* [leegde, h. geleegd] empty
legenda *v* ['s] legend, key
legendarisch *bn* legendary, fabled
legende *v* [-n & -s] ❶ *heiligenleven* legend
❷ *volksoverlevering* myth, legend ★ *een levende* ~ a living legend ★ *volgens de* ~ according to legend, legend has it ⟨that⟩
leger *o* [-s] ❶ *krijgsmacht* army ★ *het Leger des Heils* the Salvation Army ❷ *grote menigte* host ❸ *v. dieren* lair, ⟨v. hazen⟩ form, ⟨v. das⟩ sett, ⟨v. vos⟩ den
legeraanvoerder *m* [-s] commander-in-chief
legerafdeling *v* [-en] army unit
legerbasis *v* [-bases] army base
legerbericht *o* [-en] army bulletin
legercommandant *m* [-en] commander-in-chief
legereenheid *v* [-heden] army unit
'legeren[1] *overg en onoverg* [legerde, h. en is gelegerd] ❶ *het kamp laten opslaan* encamp ❷ *inkwartieren* billet, quarter
le'geren[2] *overg* [legeerde, h. gelegeerd] ❶ *metaal* alloy ⟨metals⟩ ❷ *legateren* bequeath
legergroen *bn* olive green
legerhoofd *o* [-en] commander-in-chief
'legering[1] *v* [-en] *mil* encampment
le'gering[2] *v* [-en] *metaal* alloy
legerkamp *o* [-en] army camp
legerkorps *o* [-en] army corps
legerleider *m* [-s] army commander
legerleiding *v* (army) command
legermacht *v* [-en] army, armed forces
legerplaats *v* [-en] camp
legerpredikant *m* [-en] army chaplain, padre
legerschaar *v* [-scharen] host, army
legerstede *v* [-n] couch, bed
legertent *v* [-en] army tent
legertop *m* army command
legertrein *m* [-en] army train
leges *zn* [mv] legal dues / fees
leggen *overg* [legde *of* lei, h. gelegd] ❶ *neerleggen* lay (down), ⟨m.b.t. boksen &⟩ floor ★ *daarvoor is hij niet in de wieg gelegd* that's not what he was destined for ❷ *aanbrengen, maken* make, build, ⟨v. vloer, kabel &⟩ lay ★ *de grondslag voor iets* ~ lay the basis / foundations of / for sth ❸ *plaatsen* put ★ *geld opzij* ~ put some money aside ★ *gewicht in de schaal* ~ carry weight ❹ *v. ei* lay ★ *eieren* ~ lay eggs
legger *m* [-s] ❶ *persoon* layer ❷ *register* register, file ❸ *balk* joist
legging *m* [-s] *mv* leggings
leghen *v* [-nen] layer
legio *bn* countless, innumerable, endless ★ *de mogelijkheden zijn* ~ there are countless & / possibilities, the possibilities are endless & / legion

legioen *o* [-en] legion
legionair *m* [-s] legionnaire, legionary
legionairsziekte *v* legionnaire's disease
legionella *v* legionnare's disease
legislatuur *v* legislature
legitiem *bn* legitimate, lawful
legitimatie *v* [-s] ❶ *identiteitsbewijs* identification, proof of identity ❷ *wettiging* legitimization
legitimatiebewijs *o* [-wijzen] identity card / papers
legitimatieplicht *m & v* [-en] obligation / duty to provide identification / to prove one's identity
legitimeren *wederk* [legitimeerde, h. gelegitimeerd] ★ *zich* ~ prove one's identity
legkast *v* [-en] cupboard with shelves
legkip *v* [-pen] layer
lego® *o* Lego
legpenning *m* [-en] (commemorative) medal
legpuzzel *m* [-s] jigsaw puzzle
legsel *o* [-s] eggs
leguaan *m* [-guanen] *dier* iguana
lei I *v & o* [-en] slate ★ *met een schone* ~ *beginnen* start with a clean slate / sheet **II** *v* [-en] *laan* ZN avenue
leiband *m* [-en] *mv* leading strings ★ *aan de* ~ *lopen* be on the leash, be tied to one's mother's apron strings
leiboom *m* [-bomen] espalier
leidekker *m* [-s] slater
Leiden *o* Leiden, Leyden ★ *toen was* ~ *in last* then things were in a pretty pickle
leiden I *overg* [leidde, h. geleid] ❶ *(mee)voeren* lead ★ *iem. bij / aan de hand* ~ lead sbd by the hand ★ *leid ons niet in verzoeking/RK in bekoring* lead us not into temptation ❷ *in een bep. richting leiden* lead, bring, conduct, guide, steer, train ⟨a plant⟩ ★ *ze leidde het gesprek in een bepaalde richting* she led / guided / channelled the conversation in a certain direction ★ *hij leidde ons naar onze tafel* he brought / led / conducted us to our table ★ *hij leidde mij naar het balkon* he steered me towards the balcony ❸ *v. weg* lead ★ *mijn weg leidt mij voorwaarts* my path leads me forwards ❹ *besturen* manage, direct ⟨a rehearsal &⟩, conduct ⟨a debate⟩ ❺ *sp* lead, be in the lead ❻ *v. leven* lead ★ *een gelukkig leven* ~ lead / have a happy life **II** *onoverg* [leidde, h. geleid] ★ *de discussie leidde tot niets* the discussion led nowhere / came to nothing ★ *boze woorden* ~ *tot meer boze woorden* angry words end in more angry words
leidend *bn* ❶ leading ❷ *als richtlijn* guiding ❸ *besturend* executive
leider *m* [-s] ❶ leader ❷ *bestuurder* director, manager ❸ *gids* ⟨spiritual⟩ guide
leiderschap *o* leadership
leiderschapsstijl *m* [-en] leadership style
leiderspositie *v* [-s] lead, leading position
leiderstrui *v* leader's jersey ★ *de gele* ~ the yellow jersey
leiding *v* [-en] ❶ *bestuur &* leadership, guidance, direction ★ *jur feitelijke* ~ de facto control ★ ~ *geven* manage, run ★ ~ *geven aan* lead ★ *de* ~ *(op zich)*

nemen take the lead ★ *ik vertrouw hem aan uw ~ toe* I entrust him to your guidance ★ *onder ~ van* under the leadership of, led by, headed by, ‹v. orkest› conducted by, under the direction of ★ *de ~ van het onderzoek is in handen van X* X is leading the investigation / is in charge of the investigation ❷ sp lead ❸ *buis &* conduit, pipe ★ *elektrische ~* electric wiring

leidinggevend *bn* executive, managerial ★ *~e capaciteiten* executive / managerial ability ★ *~ personeel* management / executive staff ★ *een ~e positie bekleden* hold an executive / managerial position

leidinggevende *m-v* [-n] executive, manager ★ *wie is uw ~?* who is in charge?

leidingnet *o* [-ten] ‹gas, water, elektriciteit› mains (system), ‹telefoon› network, ‹buizen› piping (system), ‹bedrading› wiring

leidingwater *o* tap / mains water

leidmotief, leitmotiv *o* [-tieven] leitmotiv / leitmotif, main theme

leidraad *m* [-draden] ❶ *richtsnoer* guide, guideline ❷ *boek* guide, manual

Leids *bn* Leiden / Leyden ★ *~e kaas* cumin cheese

leidsel, leisel *o* [-s] rein

leidsman *m* [-lieden] ❶ *die leiding geeft* leader, guide ❷ *gids* guide

leidster I *v* [-s] *leidsvrouw* leader, guide **II** *v* [-sterren], **leidstar** [-starren] ❶ guiding star ❷ fig guiding star, dicht lodestar

leidsvrouw *v* [-en] ❶ *die leiding geeft* leader ❷ *gids* guide

leien *bn* slate ★ *dat gaat van een ~ dakje* it's going smoothly / on wheels / without a hitch

leigroef, leigroeve *v* [-groeven] slate quarry

leikleurig *bn* slate-coloured

leisteen *o & m* slate

leitmotiv *o* → **leidmotief**

lek I *o* [-ken] ❶ leak, leakage ★ *een ~ krijgen* spring a leak ★ *een ~ stoppen* stop a leak ❷ fig leak, leakage ★ *er is een ~ binnen de beveiliging* there's a security leak ❸ *v. band* puncture **II** *bn* leaky ★ *een ~ke band* a flat tyre, a flat, a puncture ★ *het schip is ~* the ship's making / taking water ★ *het is zo ~ als een mandje* it's leaking like a sieve **III** *m* Albanese munteenheid lek, Albanian lek

lekenapostolaat *o* lay apostolate

lekenbroeder *m* [-s] lay brother

lekendom *o* laity

lekenspel *o* [-spelen] mystery / miracle play

lekenzuster *v* [-s] lay sister

lekkage *v* [-s] leakage, leak

lekken I *onoverg* [lekte, h. gelekt] ❶ *lek zijn* leak, be leaking, have a leak ❷ *druipen* leak, drip ★ *een ~de kraan* a dripping tap ★ *het lekt naar binnen* it's leaking in ❸ *likken* lick ★ *~de vlammen* tongues of flame **II** *overg* [lekte, h. gelekt] leak ★ *hij heeft deze informatie gelekt* he's leaked the information

lekker I *bn* ❶ *v. smaak* good, tasty, nice, ‹sterker› delicious ★ *ik vind het niet ~* I don't like it ★ *~ is maar een vinger lang* what is sweet cannot last long ❷ *v. geur* nice, lovely ★ *wat ruikt dat ~!* that smells nice / lovely! ❸ *aangenaam* nice, pleasant ★ *~ weer* nice weather ★ *ik voel me niet ~* I don't feel very well ★ iron *~(, dat je nu ook eens straf hebt)!* serves you right! ★ iron *het is wat ~s!* a fine state of affairs! ❹ *belust* excited ★ *iem. ~ maken* make sbd.'s mouth water **II** *bijw* very (well / much) ★ *~ niets doen* have a good old rest ★ *dat heb je nou eens ~ mis* you've got that completely wrong ★ *heb je ~ gegeten?* did you enjoy your meal? ★ *het loopt ~* it's going smoothly ★ *ik loop niet ~ in die sandalen* those sandals aren't comfortable ★ *slaap ~* sleep well / tight ★ *~ uithuilen* have a good cry ★ *~ uitslapen* have a nice sleep in ★ *het is hier ~ warm* it's nice and warm here ★ *het zit hem niet ~* he's uneasy about it ★ *ik doe het ~ toch!* I'll do it anyway!

lekkerbek *m* [-ken] gourmet

lekkerbekje *o* [-s] fried fillet of haddock

lekkernij *v* [-en] delicacy, treat, inf yummy thing

lekkers *o* sweet(s), snack, ★ *ik wil wat ~* I feel like something yummy

lekkertje *o* [-s] ❶ *persoon* darling, dear, sweetie ❷ *snoepje* sweet, sweetie

lel *v* [-len] ❶ *v. oor* lobe ❷ *v. vogels* wattle, gill ❸ *huig* uvula ❹ *klap* swipe, clout ❺ *kanjer* whopper

lelie *v* [-s & -liën] lily

lelieblank *bn* lily-white

lelietje-van-dalen *o* [lelietjes-] lily of the valley

lelijk I *bn* ❶ *onaantrekkelijk* ugly ★ *een ~ meisje* a plain / ugly girl ★ *~ als de nacht* as ugly as sin ★ *een ~ gezicht trekken* pull an ugly face ★ *dat staat u ~* it doesn't look good on you ❷ *slecht, vervelend* bad, nasty ★ *een ~e geur* a bad / nasty / unpleasant smell ★ *een ~e gewoonte* a nasty / unpleasant habit ★ *~ weer* nasty weather ★ *dat is ~, ik heb mijn sleutel verloren* that's awkward, I've lost my key ❸ *gemeen* bad, mean ★ *~e woorden zeggen* use bad language ★ *~ dingen zeggen* say mean / nasty things ❹ *teleurstellend* bad, poor ★ *~e cijfers* bad / poor marks **II** *bijw* ★ *niet mooi* not nicely ★ *hij schrijft ~* he doesn't write nicely / well ❷ *erg* badly ★ *dat ziet er ~ uit* that looks bad ★ *~ vallen* have a bad fall ★ *je hebt je ~ vergist* you've made a bad mistake

lelijkerd *m* [-s] ❶ *die lelijk is* ugly person ❷ *gemenerik* rascal, ugly customer

lelijkheid *v* ugliness, plainness

lellebel *v* [-len] slut

lemen I *bn* loam ★ *een ~ hut* a mud hut ★ *een ~ vloer* an earthen floor ★ *~ voeten* feet of clay **II** *overg* [leemde, h. geleemd] cover / coat with loam / clay / mud

lemma *o* [-ta & 's] ❶ *ingang* main word, headword ❷ *artikel* entry

lemmet *o* [-en] blade

lemming *m* [-en, -s] lemming

le

le

lende v [-n & -nen] loin
lendenbiefstuk o [-ken] sirloin, fillet steak
lendendoek m [-en] loincloth
lendenpijn v [-en] lumbar pain, lumbago
lendenstreek v lumbar area, small of the back
lendenstuk o [-ken] sirloin steak, baron of beef
lendenwervel m [-s] lumbar vertebra
lenen overg [leende, h. geleend] ❶ aan iem. lend (to), loan ‹sth› ★ zich ~ tot... lend oneself / itself to... ★ het theater heeft ons de projector geleend the theatre lent / loaned us the projector ❷ van iem. borrow (from)

> **lenen**
> Aan iemand iets lenen is **lend** of **loan**; van iemand iets lenen is **borrow**.

lener m [-s] ❶ aan iem. lender ❷ van iem. borrower
leng I m [-en] vis ling II o scheepv sling
lengen I overg [lengde, h. gelengd] lengthen II onoverg [lengde, is gelengd] become longer, lengthen, ‹v. de dagen› draw out
lengte v [-s & -n] ❶ v. tijd length ★ tot in ~ van dagen for many years to come ❷ lengterichting length ★ drie meter in de ~ three metres in length ★ in de ~ doorzagen saw lengthwise / lengthways ❸ afstand length, distance ★ over een ~ van 30 kilometer for a distance of 30 kilometres ❹ v. persoon height ★ zij viel op door haar ~ her height made her conspicuous ★ in zijn volle ~ to one's full height ❺ geogr longitude
lengteas v longitudinal axis
lengtecirkel m [-s] meridian
lengtedal o [-dalen] longitudinal valley
lengtedoorsnede v [-n] lengthwise / longitudinal section
lengte-eenheid v [-heden] unit of length
lengtegraad m [-graden] degree of longitude
lengtemaat v [-maten] linear measurement
lengterichting v longitudinal / linear direction
lenig I bn ❶ soepel bewegend lithe, agile, supple ❷ buigzaam pliant, pliable II bijw lithely, agilely
lenigen overg [lenigde, h. gelenigd] alleviate, relieve
lenigheid v ❶ litheness, lithesomeness, suppleness ❷ buigzaamheid pliancy
leniging v alleviation, relief
lening v [-en] loan ★ een onaflosbare ~ a perpetual loan ★ een ~ sluiten take out a loan ★ een ~ uitschrijven issue a loan ★ een ~ verstrekken grant / provide a loan
lens I v [lenzen] v. oog, camera, contactlens lens II bn leeg empty ★ de pomp is ~ the pump has gone dry ▼ iem. ~ slaan / trappen knock sbd senseless
lenskap v [-pen] lens cap
lensopening v [-en] aperture, diaphragm
lensvormig bn lens-shaped, lenticular
lente v [-s] spring ★ in de ~ in (the) spring / springtime ★ de ~ in het hoofd hebben have spring on one's mind
lenteachtig bn springlike

lenteavond m [-en] spring evening, an evening in spring
lentebloem v [-en] spring flower
lentebode m [-n & -s] harbinger of spring
lentedag m [-dagen] spring day, day in spring
lentefeest o [-en] spring festival
lentelied o [-eren] spring song
lentelucht v spring air
lentemaand v [-en] ❶ month of spring ★ de ~en the spring months ❷ maart March
lentepunt o spring equinox
lentetijd m springtime
lente-uitje o [-s] spring onion
lenteweer o spring weather
lentezon v spring sun
lenzen I overg [lensde, h. gelensd] scheepv. empty the bilges II onoverg [lensde, h. en is gelensd] zeilen scud, run before the storm
lenzenvloeistof v contact lens fluid
lepel m [-s] spoon ★ een volle ~ a spoonful
lepelaar m [-s & -laren] vogel spoonbill
lepelblad o [-bladen] ❶ bowl of a spoon ❷ plant scurvy grass
lepelen I overg [lepelde, h. gelepeld] spoon, ladle ★ sp de bal ~ scoop / chip the ball II onoverg [lepelde, h. gelepeld] spoon (up), ladle (up)
leperd m [-s] slick / sly operator
lepra v leprosy
lepralijder m [-s], **lepreus, leproos** [-preuzen, -prozen] leper
leraar m [-s & -raren] ❶ teacher ★ een ~ in natuur- en scheikunde a science teacher ❷ geestelijke minister
leraarsambt o teaching profession
leraarschap o teaching profession
leraarskamer v [-s] teachers' room, staffroom
lerarenkorps o [-en] teaching staff
lerarenopleiding v secondary teacher training (course)
lerares v [-sen] (female) teacher ★ een ~ in natuur- en scheikunde a science teacher
leren I overg [leerde, h. geleerd] ❶ aanleren learn ★ ~ lezen learn to read ★ iets uit het hoofd ~ memorize sth, learn sth by heart ★ iem. ~ kennen get to know sbd ★ jong geleerd, oud gedaan what you learn when you're young you never forget ❷ onderwijzen teach ★ iem. ~ lezen teach sbd to read ★ wacht, ik zal je ~! I'll teach you! II onoverg [leerde, h. geleerd] ❶ learn ★ hij leert niet makkelijk he doesn't learn / catch on very quickly ★ door ervaring ~ learn by experience ❷ studeren learn, study ★ hij leert voor advocaat he's studying to be a lawyer III bn v. leer leather
lering v [-en] ❶ instruction ★ ergens ~ uit trekken learn from sth ❷ leerstuk dogma, doctrine, teachings
les v [-sen] lesson ★ ~ geven teach ★ ~ hebben have lessons ★ de onderwijzer heeft ~ the teacher is in class / is giving lessons ★ we hebben vandaag geen ~ there are no classes today ★ iem. de ~ lezen read the riot act to sbd ★ ~ nemen bij... take lessons from... ★ ~ in

muziek music lessons ★ *onder de ~* during lessons / class ★ *op Engelse ~ gaan* take English classes ★ *een ~ uit iets trekken* learn a lesson from sth

lesauto *m* ['s] driver education car, learner car

lesbevoegdheid *v* [-heden] teaching qualification(s), Am teaching credential(s)

lesbienne *v* [-s] lesbian

lesbisch *bn* lesbian ★ *zij is ~* she's a lesbian

lesbo *v* ['s] *afkeurend* dyke, dike

lesgeld *o* [-en] tuition fee(s)

lesgeven *onoverg* [gaf les, h. lesgegeven] teach ★ *zij kan goed ~* she's a good teacher

lesje *o* [-s] lesson ★ *iem. een ~ geven* teach sbd a lesson

leslokaal *o* [-kalen] classroom, schoolroom

lesmateriaal *o* teaching material

Lesotho *o* Lesotho

lespakket *o* [-ten] teaching package

lesrooster *m & o* [-s] school timetable

lessee *m* [-s] *degene die iets least* lessee

lessen I *overg* [leste, h. gelest] quench, ⟨ook v. kalk⟩ slake ★ *zijn haat / jaloezie / verlangens & ~* satisfy / assuage one's hatred / jealousy / longings & **II** *onoverg* [leste, h. gelest] *(privé)lessen geven/nemen* take lessons

lessenaar *m*, **lezenaar** [-s] ❶ *schrijftafel* (reading / writing) desk ❷ *bij een lezing & lectern* ❸ *op bureau* stand ❹ *voor bladmuziek* music stand

lessing *v v. dorst* quenching

lest *bn* last ★ *~ best* the last is the best ★ *ten langen ~e* at long last

lestoestel *o* [-len] *luchtv* trainer, instruction machine

lesuur *o* [-uren] lesson ★ *per ~ betalen* pay by the lesson

lesvliegtuig *o* [-en] training plane

leswagen *m* [-s] driver education car

Let *m* [-ten], **Letlander** [-s] Latvian

letaal *bn* lethal

lethargie *v* lethargy

lethargisch *bn* lethargic

Letland *o* Latvia

Lets, Letlands I *bn* Latvian **II** *o taal* Latvian

Letse *v* [-n] Latvian ★ *ze is een ~* she's a Latvian, she's from Latvia

letsel *o* [-s] injury ★ *~ hebben* be injured / hurt ★ *ernstig ~ oplopen bij een ongeluk* suffer severe injury in an accident ★ *zonder ~* without injury

letselschade *v verz* physical / bodily injury

letten I *onoverg* [lette, h. gelet] mind, pay attention to ★ *~ op* attend to ⟨the children⟩, mind ⟨one's language⟩, pay attention ⟨to sbd's words⟩, take notice ⟨of what sbd is saying⟩, watch ⟨one's weight, the time⟩, mark ⟨my words⟩ ★ *let niet op mij* don't pay any attention to me ★ *er is geen mens die erop let* nobody will notice ★ *op de kosten zal niet gelet worden* the cost is no consideration ★ *gelet op...* in view of... ★ *let wel!* mark you! **II** *overg* [lette, h. gelet] prevent, stop ★ *wat let me of ik...* what's to stop / prevent me from...

letter *v* [-s] ❶ *letterteken* letter, ⟨mv: ook⟩ lettering ★ *een kleine ~* a lower-case / small letter ★ *met grote ~s* in big / capital / upper-case letters, in capitals ❷ *letterlijke tekst* letter ★ *de ~ van de wet* the letter of the law ★ *naar de ~ opvatten* take literally ❸ *lettertype* type, typeface, font

letterbak *m* [-ken] type case

letterdief *m* [-dieven] plagiarist

letterdieverij *v* [-en] plagiarism ★ *~ plegen* plagiarize

letteren I *zn* [mv] *letterkunde* literature ★ *de schone ~* belles lettres ★ *de faculteit der ~* the Faculty of Arts ★ *~ studeren* be an arts student **II** *overg* [letterde, h. geletterd] *van letters voorzien* letter, mark

lettergieten *o* type founding

lettergieter *m* [-s] type founder

lettergieterij *v* [-en] type foundry

lettergreep *v* [-grepen] syllable

lettergrootte *v* ❶ *druktechn* character size ❷ *comput* font size

letterkast *v* [-en] type case

letterknecht *m* [-en] literalist

letterkorps *o* [-en] type size

letterkunde *v* literature

letterkundig *bn* literary

letterkundige *m-v* [-n] ❶ *kenner* man / woman of letters, literary man / woman ❷ *schrijver* writer

letterlijk I *bn* literal ★ *zijn ~e woorden* his very words **II** *bijw* literally, to the letter ★ *iets ~ opvatten* take something literally ★ *iets ~ uitvoeren* carry sth out to the letter

letterraadsel *o* [-s] word puzzle

letterschrift *o* alphabetical writing

letterslot *o* [-sloten] letter lock

lettersoort *v* [-en] typeface, type, font

lettertang *v* [-en] letter punch

letterteken *o* [-s] character

lettertje *o* [-s] ❶ *small letter* ★ *de kleine ~s* the small print ❷ *briefje* note, line

lettertoets *m* [-en] *op toetsenbord* character key

lettertype *o* [-n & -s] typeface, type, font

lettervorm *m* [-en] form of the letter

letterwiel *o* [-en] daisywheel

letterwoord *o* [-en] acronym

letterzetten *o* typeset

letterzetter *m* [-s] ❶ *typograaf* compositor, typesetter, typographer ❷ *kever* bark beetle

letterzetterij *v* [-en] composing / case room

letterzifter *m* [-s] quibbler, nitpicker

letterzifterij *v* quibbling, nitpicking

leugen *v* [-s] lie, falsehood ★ *een grote / grove ~* a big lie ★ *~s verkopen* tell lies ★ *de wereld hangt van ~s (en bedrog) aan elkaar* the world is just a pack of lies ★ *al is de ~ nog zo snel, de waarheid achterhaalt haar wel* liars will always be found out

leugenaar *m* [-s], **leugenaarster** *v* [-s] liar

leugenachtig *bn* ❶ *alg.* lying, mendacious, untruthful ❷ *v. persoon* lying, false ❸ *v. geruchten & false, untrue

leugenachtigheid *v* ❶ *v. karakter* mendacity, untruthfulness, falseness ❷ *onwaarheid* falsehood, untruth

leugencampagne *v* [-s] smear campaign

leugendetector *m* [-s & -toren] lie detector

leugentaal *v* lying, lies

leugentje *o* [-s] fib ★ *een ~ om bestwil* a white lie

leuk I *bn* ❶ *grappig* amusing, funny ⟨story, joke⟩, arch ⟨way of telling sth⟩ ★ *de ~ste thuis* the family joker / clown ★ *die is ~, zeg!* that's a good one! ★ *~ is anders* it's not my idea of fun ★ *je denkt zeker dat je ~ bent* I suppose you think you're funny ★ *ik zie niet wat er ~ aan is* I can't seen what's so amusing about it ❷ *aardig, prettig* jolly, pleasant ★ *wat ~!* what fun!, great! ★ *wij gaan er iets ~s van maken* we'll make something of it ★ *dat staat je echt ~* that really looks nice on you, that really suits you ★ *hij vindt het werk niet ~* he doesn't like / enjoy the work much ★ *dat zal ~ zijn* that'll be great fun ★ *dit is niet ~ meer* this is getting beyond a joke ★ *het ~ste is dat...* the nicest part is.... **II** *bijw* ❶ *op een leuke manier* nicely ★ *dat heb je ~ gedaan!* nicely done! ★ *tegen kind heb je ~ gespeeld?* did you have a nice play? ❷ *doodleuk* without turning a hair / batting an eye ★ *zo ~ als wat, zei hij...* without turning a hair, he said...

leukemie *v* leukaemia, <u>Am</u> leukemia

leukerd *m* [-s] funny chap

leukheid *v* fun

leukoplast *m & o* sticking plaster

leukweg *bijw* without batting an eye / turning a hair, as cool as you please

leunen *onoverg* [leunde, h. geleund] lean ★ *~ op* lean on ★ *~ tegen* lean against

leuning *v* [-en] ❶ *v. stoel* back(rest), armrest ❷ *v. trap* banisters, handrail ❸ *v. brug* parapet ❹ *reling* rail

leunstoel *m* [-en] armchair

leurder *m* [-s] hawker, pedlar

leuren *onoverg* [leurde, h. geleurd] hawk, peddle ★ *~ met* hawk, peddle

leus, **leuze** *v* [leuzen] slogan, catchword ★ *voor de ~* for form's sake

leut *v* ❶ *plezier* fun ★ *voor de ~* for fun ❷ *koffie* coffee

leuteraar *m* [-s] ❶ *kletser* twaddler, driveller ❷ *talmer* dawdler

leuteren *onoverg* [leuterde, h. geleuterd] ❶ *kletsen* drivel (on) ❷ *talmen* dawdle

leuterkous *v* [-en] driveller, twaddler

leuterpraat *m* drivel, prattle

leutig *bn* jolly, funny

Leuven *o* Louvain

Leuvens *bn* Louvain

Levant *m* Levant

Levantijn *m* [-en] Levantine

Levantijns *bn* Levantine

leven I *o* [-s] ❶ *voortbestaan* life ★ *geen ~ hebben* lead a wretched life ★ *het ~ erbij inschieten, het ~ laten* lose one's life ★ *het ~ schenken aan* give birth to ★ *bij ~ en welzijn* if all is well ★ *in ~ blijven* stay alive ★ *in ~*

houden keep alive ★ *in het ~ roepen* bring / call into being / existence, create ★ *nog in ~ zijn* be still alive ★ *naar het ~ getekend* drawn from life ★ *iem. naar het ~ staan* be after sbd's blood ★ *om het ~ brengen* kill ★ *om het ~ komen* lose one's life, perish ★ *een strijd op ~ en dood* a fight to the death, a life-and-death struggle ★ *zijn ~ op het spel zetten* take one's life in one's hands ★ *weer tot ~ brengen* resuscitate ★ *uit het ~ gegrepen* taken from life ★ *zijn ~ geven voor zijn land* lay down / sacrifice one's life for one's country ★ *zolang er ~ is, is er hoop* while there is life there is hope ❷ *manier van leven* life ★ *zijn ~ beteren* mend one's ways ❸ *levensgeschiedenis* life, life history ★ *zij schrijft een boek over het ~ van Stalin* she's writing a life history of Stalin ❹ *levensduur* life, lifetime ★ *zijn ~ lang* all his life ★ *wel al mijn ~!* well, I never! ★ *bij zijn ~* during his life, in his lifetime, in life ★ *in ~ (notaris te...)* in / during his lifetime ★ *het gaat een hele ~ mee* it will last you a lifetime ★ *van mijn ~ (heb ik zoiets niet gezien)* never in all my life (have I seen something like that) ★ *nooit van mijn ~!* never! ★ *wel heb je van je ~!* well, I never!, really?! ★ *de kans / schrik & van mijn ~* the opportunity / shock & of my life ★ *voor het ~ benoemd / gekozen* appointed for life ★ *voor het ~ getekend* marked for life ❺ *levendigheid, lawaai &* life, liveliness ★ *iets nieuw ~ inblazen* put new life into sth ★ *~ maken* make a noise ★ ⟨v. beeld, muziek &⟩ *geven aan iets* put some life into sth ★ ⟨in hevige mate⟩ *bij het ~* intensely, with a will ★ *er zit geen ~ in* there's no life in it ★ *~ in de brouwerij brengen* liven things up ★ *er komt ~ in de brouwerij* things are beginning to liven up ★ *daar had je het lieve ~ aan de gang* then there was the devil to pay ❻ *het levende vlees* the quick **II** *onoverg* [leefde, h. geleefd] ❶ *in leven zijn* live, be alive ★ *blijven ~* stay alive ★ *leve de vakantie!* three cheers for the holidays!, hurrah for the holidays! ★ *leve de koning!* long live the King! ★ *~ en laten ~* live and let live ★ *mens, durft te ~!* dare to be alive! say yes to life! ★ *wie dan leeft wie dan zorgt* sufficient unto the day is the evil thereof ❷ *v. zaken: bestaan* live ★ *wat er binnen de school / organisatie & leeft* what's going on within the school / organisation & ★ *weten wat er onder de mensen leeft* know what people are really concerned about ❸ *in zijn onderhoud voorzien* live on ★ *goed kunnen ~* be comfortably off ★ *van brood alleen kan men niet ~* man cannot live by bread alone ★ *van gras ~* live on nothing ★ *daar kan ik niet van ~* I can't get by on that ❹ *leven op een bep. manier* live ★ *~ in angst / hoop &* live in fear / hope & ★ *ze ~ langs elkaar heen* they don't have much to say to each other ★ *erop los ~* lead a wild life ★ *met haar valt niet te ~* you just can't live with her ★ *naar iets toe ~* look forward to sth ★ *alleen voor (de) muziek ~* live only for music

levend *bn* ❶ living ★ *~e muziek* live music ★ *de ~e wereld* the living world ★ *~e talen* modern languages

❷ *alleen predicatief* alive ★ *iem. ~ verbranden* burn
sbd alive ★ *~ maken / worden* bring / come alive / to
life
levendbarend *bn* viviparous
levende *m-v* [-n] living person ★ *de ~n en de doden* the
living and the dead, Bijbel the quick and the dead
levendig I *bn* lively ‹city, approach›, animated
‹discussion›, vivid ‹description, imagination›,
vivacious ‹person›, keen ‹interest›, active ‹market›,
brisk ‹demand›, expressive ‹eyes› **II** *bijw* in a lively
manner ★ *ik kan me ~ voorstellen* I can well imagine
levendigheid *v* liveliness, ‹v. personen› vivacity,
‹v. beschrijvingen› vividness, ‹v. taal, stad &› vitality
levenhypotheek *v* mortgage life insurance,
endowment mortgage
levenloos *bn* lifeless
levenloosheid *v* lifelessness
levenmaker *m* [-s] rowdy person
levensadem *m* breath of life
levensader *v* lifeblood, life line
levensavond *m* evening of life
levensbedreigend *bn* life-threatening
levensbeginsel *o* [-en & -s] principle of life
levensbehoefte *v* [-en] necessity of life ★ *~n*
essentials, necessities of life
levensbehoud *o* preservation of life
levensbelang *o* vital importance ★ *het is van ~* it is of
vital importance
levensbeschouwelijk *bn* philosophical, ideological
levensbeschouwing *v* [-en] philosophy of life
levensbeschrijving *v* [-en] biography,
‹zelfgeschreven› autobiography, ‹bij dood› obituary,
‹bij sollicitatie› curriculum vitae
levensboom *m* [-bomen] tree of life
levensbron *v* [-nen] source of life, life spring
levenscyclus *m* [-cli] life cycle
levensdagen *zn* [mv] life ★ *al zijn ~* his whole life
★ *wel heb ik van mijn ~!* well, I never!, did you ever!,
by Jove!
levensdoel *o* goal / aim in life
levensdrang *m* will to live, vital urge
levensduur *m* ❶ *duur van het leven* lifespan, life
expectancy ★ *de gemiddelde / vermoedelijke / te
verwachten ~* the average life expectancy
❷ *gebruiksduur* life, lifespan
levensduurte *v* ZN cost of living
levensecht I *bn* lifelike, true to life **II** *bijw* in a lifelike
way, true to life ★ *~ getekend* drawn true to life
levenseinde *o* end of life
levenselixer *o* [-s] elixir of life
levenservaring *v* [-en] experience of life
levensfase *v* [-s, -n] stage of life
levensgeesten *zn* [mv] ★ *de ~ weer opwekken bij iem.*
resuscitate sbd ★ *de ~ waren geweken* life was extinct
/ had ebbed away
levensgeluk *o* happiness
levensgenieter *m* [-s] bon vivant
levensgeschiedenis *v* [-sen] life history

levensgevaar *o* risk of losing one's life ★ *hij verkeert
in ~* his life is at risk ★ *buiten ~* out of danger
★ *met ~* at the risk of one's life
levensgevaarlijk *bn* life-threatening, perilous, highly
dangerous
levensgewoonte *v* [-n & -s] habit, custom
levensgezel *m* [-len], **levensgezellin** *v* [-nen] partner
in life, life partner
levensgroot *bn* life-size(d), as large as life ★ *meer
dan ~* larger than life-size ★ *levensgrote problemen*
huge / enormous problems
levenshouding *v* [-en] attitude to life
levensjaar *o* [-jaren] year of life
levenskans *v* [-en] chance of survival
levenskracht *v* [-en] vitality
levenskrachtig *bn* vitaal full of life, vital
levenskunst *v* savoir-vivre, art of living
levenskunstenaar *m* [-s] master in the art of living
levenskwestie *v* [-s] vital question, question of life
and death
levenslang I *bn* life, lifelong ★ *tot ~e gevangenschap
veroordeeld worden* be sentenced to life
imprisonment **II** *o* levenslange gevangenisstraf life
sentence
levenslicht *o* light of life ★ *het ~ aanschouwen* see the
light of day
levenslied *o* [-eren] ± sentimental song
levenslijn *v* [-en] life line
levensloop *m* course of life, career, ‹curriculum
vitae› curriculum vitae
levenslust *m* zest for living
levenslustig *bn* cheerful, lively, high-spirited
levensmiddelen *zn* [mv] provisions, foodstuffs, food(s)
levensmiddelenbedrijf *o* [-drijven] ❶ *winkel* grocer's
shop, supermarket ❷ *branche* food sector
levensmiddelenindustrie *v* food industry
levensmiddelenvoorraad *m* [-raden] food supplies
levensmiddelenzaak *v* [-zaken] grocer's shop,
supermarket
levensmoe *bn* weary / tired of life
levensmoeheid *v* weariness of life
levensomstandigheden *zn* [mv] circumstances of
life, living conditions
levensonderhoud *o* livelihood ★ *de kosten van ~* the
cost of living ★ *bijdragen in de kosten van ~ van het
kind* contribute to the child's maintenance ★ *in zijn
eigen ~ kunnen voorzien* be able to support oneself
levensopvatting *v* [-en] philosophy of life
levensovertuiging *v* [-en] convictions about life
levenspad *o* [-paden] path of life
levenspeil *o* standard of living
levensruimte *v* living space
levenssfeer *v* privacy, private life ★ *ter bescherming
van de persoonlijke ~* to safeguard privacy
levensstandaard *m* standard of life, standard of
living, living standard
levensstijl *m* [-en] lifestyle
levenstaak *v* [-taken] lifework, task in life

le

levensteken *o* [-s & -en] sign of life ★ *~en vertonen* show signs of life

levensvatbaar *bn* viable

levensvatbaarheid *v* viability

levensverhaal *o* [-halen] life story, story of (one's) life

levensverwachting *v* life expectancy

levensverzekering *v* [-en] life assurance / insurance ★ *een ~ sluiten* take out a life insurance, insure one's life

levensverzekeringsmaatschappij *v* [-en] life insurance / assurance company

levensvoorwaarde *v* [-n] ❶ living condition ❷ fig vital condition ★ *mooie kleren zijn voor haar een ~* she needs nice clothes to be really happy

levensvorm *m* [-en] form of life

levensvraag *v* [-vragen] question of life and death

levensvreugde *v* joy of life, zest for living

levenswandel *m* life

levensweg *m* path of life

levenswerk *o* life work, life's work

levenswijs *bn* wise

levenswijsheid *v* [-heden] (worldly) wisdom

levenswijze *v* [-n] way of life

leventje *o* life ★ *dat was me een ~!* what a great life we had!, iron what a life!

levenwekkend *bn* life-giving, revitalizing

lever *v* [-s] liver

leveraandoening *v* [-en] liver disorder

leverancier *m* [-s] ❶ handel supplier ★ *de ingang voor de ~s* the tradesmen's entrance ★ *zijn vaste ~* one's regular supplier ❷ *v. voedsel* caterer

leverantie *v* [-s] supply(ing)

leverbaar *bn* ❶ *af te leveren* ready for delivery ❷ *te verschaffen* available ★ *beperkt ~* in limited supply ★ *uit voorraad ~* available from stock

levercirrose *v* cirrhosis of the liver

leveren *overg* [leverde, h. geleverd] ❶ *afleveren* supply ❷ *verschaffen* furnish, provide, ‹tegen betaling› deliver, supply ★ *het bewijs ~ dat...* furnish / provide / produce evidence to show that... ★ *wij ~ maaltijden voor de intercontinentale vluchten* we cater for the intercontinental flights ★ *(aan) iem. brandstof ~* supply sbd with fuel ❸ *stof ~ voor discussie* provide matter for discussion ★ *slecht / goed werk ~* turn out poor / good work ★ *een artikel ~* contribute an article ❹ *doen* do ★ *hij heeft prachtig werk geleverd* he has done wonderful work ★ *er zijn hevige gevechten geleverd* there was heavy fighting, heavy fighting took place ❺ *voor elkaar krijgen* fix, do, bring / pull off ★ *hij zal het hem wel ~* he's sure to bring / pull it off ❻ *aandoen* do (to) ★ *wie heeft me dat geleverd?* who pulled that on me?

levering *v* [-en] ❶ *aflevering* delivery ❷ *verschaffing* supply

leveringscontract *o* [-en] delivery contract

leveringstermijn *m* [-en] time of delivery, delivery period

leveringstijd *m* [-en] delivery period / time, lead time

leveringsvoorwaarde *v* [-n] term(s) of delivery

leverkleur *v* liver colour/Am color

leverkleurig *bn* liver coloured

leverkruid *o* common agrimony, liverwort

leverkwaal *v* [-kwalen] liver complaint / disorder

leverpastei *v* [-en] liver paste

levertijd *m* [-en] delivery time

levertraan *m* cod-liver oil

leverworst *v* [-en] liver sausage

leverziekte *v* [-n & -s] liver disease

leviet *m* [-en] Levite ★ *iem. de ~en lezen* read sbd the riot act

lexicograaf *m* [-grafen] lexicographer

lexicografie *v* lexicography

lexicografisch *bn* lexicographical

lexicologie *v* lexicology

lexicon *o* [-s] lexicon

lezen I *overg* [las, h. gelezen] ❶ *v. een boek &* read ★ *iets vluchtig ~* skim through sth ★ *zijn handschrift is haast niet te ~* his handwriting is almost impossible to read ❷ *aflezen (van)* read ★ *het stond op zijn gezicht te ~* it was written on his face ❸ *opmaken (uit)* make of ★ *wat kunnen wij hier uit ~?* what are we to make of this? ★ *daarover staat niets in het brief te ~* there's nothing to that effect in the letter, the letter says nothing about that ❹ *opdragen* say ★ *de mis ~* say mass **II** *onoverg* [las, h. gelezen] read ★ *het boek leest lekker weg* the book reads easily / makes easy reading

lezenaar *m* [-s] → **lessenaar**

lezend *bn* reading ★ *het ~ publiek* the reading public

lezenswaard, lezenswaardig *bn* readable, worth reading

lezer *m* [-s] *v. tekst* reader ★ *het aantal ~s is scherp gedaald* readership has decreased sharply

lezerskring *m* [-en] readership

lezerspubliek *o* *van een krant, tijdschrift &* readership, readers, reading public

lezing *v* [-en] ❶ *het lezen* reading ❷ *voordracht* lecture ★ *een ~ houden over* give a lecture on, lecture on ❸ *interpretatie* version, reading ❹ *v. barometer* reading

lhno *afk* (lager huishouds- en nijverheidsonderwijs) domestic science education

liaan, liane *v* [lianen] liana, liane

liaison *v* [-s] liaison

liaspen *v* [-en] paper spike

Libanon *m* the Lebanon

libel *v* [-len] dragonfly

liberaal I *bn* liberal **II** *m* [-ralen] liberal

liberaal-democraat *m* [-craten] liberal democrat

liberalisatie *v* liberalization

liberaliseren *overg* [liberaliseerde, h. geliberaliseerd] liberalize

liberalisering *v* liberalization

liberalisme *o* liberalism

Liberia *o* Liberia

libero *m* ['s] sp libero, free back

libertijn *m* [-en] ❶ freethinker ❷ *losbol* libertine
libido *m* libido
Libië *o* Libya
libretto *o* ['s] libretto
licentiaat I *o* ❶ *bevoegdheid* ZN licentiate, licence/Am
license ❷ *graad* ZN ± preliminary Master's
qualification **II** *m* [-tiaten] *persoon* ZN ± preliminary
Master (of Arts, Philosophy, Science &)
licentie *v* [-s] licence, Am license ★ *in ~ vervaardigd*
manufactured under licence
licentiegever *m* [-s] licenser
licentiehouder *m* [-s] licensee
licentiëren *overg* [licentieerde, h. gelicentieerd]
❶ *licentie geven* license ❷ *(iets) in licentie geven*
license
lichaam *o* [-chamen] body ★ *naar ~ en ziel* in body and
mind ★ *een wetgevend ~* a legislative body ★ *een
openbaar ~* a public body / authority
lichaamsarbeid *m* physical labour
lichaamsbeweging *v* [-en] physical exercise ★ *aan ~
doen* do physical exercise
lichaamsbouw *m* build, stature
lichaamsdeel *o* [-delen] part of the body
lichaamsgebrek *o* [-breken] physical defect
lichaamsgestel *o* constitution
lichaamsgesteldheid *v* physical condition
lichaamsgeur *m* [-en] body odour
lichaamsgewicht *o* body weight
lichaamsholte *v* [-n] body cavity
lichaamshouding *v* [-en] posture
lichaamskracht *v* [-en] physical strength
lichaamsoefening *v* [-en] physical exercise
lichaamstaal *v* body language
lichaamstemperatuur *v* [-turen] body temperature
lichaamsverzorging *v* personal hygiene
lichaamswarmte *v* body heat
lichamelijk I *bn* ❶ *m.b.t. het lichaam* corporal
⟨punishment⟩, bodily ⟨harm &⟩, physical ⟨education,
work⟩ ★ *zijn ~e gesteldheid* one's physical
constitution ★ *~e opvoeding* physical training
❷ *stoffelijk* material, physical **II** *bijw* materially,
physically
licht I *o* [-en] ❶ light ★ *groot ~* high / full beam ★ *~ en
schaduw* light and shade ★ *er ging mij een ~ op* it
dawned on me, ⟨bij het horen v. iets⟩ it rang a bell
★ *~ geven* give off light ★ *het groene ~ krijgen* get the
green light / the go-ahead ★ *iem. het ~ in de ogen
niet gunnen* not give sbd the time of day ★ *kun je
wat ~ maken?* could you turn / switch on the light?
★ *het ~ opsteken* light the lamp ★ *fig bij iem. zijn ~
opsteken* go to sbd for information ★ *het ~ staat op
rood / groen* the light's red / green ★ *het ~ schuwen*
shun / avoid the light ★ *het ~ viel uit* the lights went
off / out ★ *~ werpen op iets* throw / shed light (up)on
sth ★ *Bijbel zijn ~ onder de korenmaat zetten* hide
one's light under a bushel ★ *het ~ zien* see the light
★ *iets aan het ~ brengen* bring sth to light, reveal sth
★ *aan het ~ komen* be brought to / come to light,

come out ★ *eindelijk komt er ~ in de zaak* we're
finally starting to see the light at the end of the
tunnel ★ *een boek in het ~ geven* publish a book
★ *zichzelf in het ~ staan* stand in one's own light
★ *iets in een gunstig / ongunstig ~ stellen* place / put
sth in a favourable / unfavourable light ★ *iets in een
helder ~ stellen* throw light upon sth ★ *iets in een heel
ander ~ zien* see sth in a totally different light ★ *iets
tegen het ~ houden* hold sth (up) to the light
★ *tussen ~ en donker* in the twilight ★ *ga eens uit
mijn / het ~* could you move out of my / the light?
❷ *intelligent persoon* genius, light ★ *hij is geen ~* he's
no great genius / light ★ *je bent me ook een ~!* what a
shining light you are! **II** *bn* ❶ *niet donker* light
⟨materials⟩, light-coloured ⟨dresses⟩, bright ⟨day⟩,
fair ⟨hair⟩ ★ *het wordt al ~* it's getting light ❷ *niet
zwaar* light ⟨work⟩, mild ⟨heart attack⟩, slight
⟨stroke⟩, minor ⟨injury, damage⟩ ★ *een ~e
verkoudheid* a touch of the flu ★ *~ in het hoofd*
light-headed ❸ *gering* slight ⟨tendency⟩ ❹ *makkelijk*
light, easy ⟨reading matter⟩ ❺ *v. zeden* easy ★ *een
vrouw van ~e zeden* a woman of easy virtue **III** *bijw*
❶ *niet zwaar, gering* lightly, slightly ★ *~ gewond*
slightly wounded ★ *het ~ opnemen* make light of it,
take it lightly ❷ *makkelijk* easily ★ *~ verteerbaar*
easily digested ★ *men vergeet ~ dat...* one is apt to
forget that... ★ *het wordt ~ een gewoonte* it tends to
become a habit ❸ *zeer* highly ★ *~ ontvlambaar*
highly inflammable
lichtbak *m* [-ken] ❶ light box / frame ❷ *als reclame*
illuminated sign
lichtbaken *o* [-s] beacon
lichtbeeld *o* [-en] slide, transparency
lichtblauw *bn* light / pale blue
lichtblond *bn* blond, fair
lichtboei *v* [-en] light buoy
lichtboog *m* [-bogen] electric arc
lichtbreking *v* refraction of light
lichtbron *v* [-nen] light source, source of light
lichtbruin *bn* light brown
lichtbundel *m* [-s] beam of light
lichtdruk *m* [-ken] phototype
lichtdrukpapier *o* photo-sensitive paper
lichtecht *bn* colourfast
lichteenheid *v* unit of light
lichteffect *o* [-en] lighting effect
lichtekooi *v* [-en] prostitute
lichtelijk *bijw* ❶ *gemakkelijk* easily ❷ *enigszins* slightly,
somewhat, a bit ★ *~ verbaasd zijn* be mildly
surprised
lichten I *overg* [lichtte, h. gelicht] ❶ *optillen* lift, raise,
⟨v. anker⟩ weigh, ⟨v. gezonken schip⟩ raise ❷ *eruit
halen* remove ★ *iets uit zijn verband ~* take sth out of
its context ❸ *leegmaken* empty ★ *het brievenbus ~*
empty / clear the mailbox **II** *onoverg* [lichtte, h.
gelicht] ❶ *licht geven* light (up) ★ *het ~ van de zee* the
phosphorescence of the sea ❷ *licht worden* grow
light ❸ *weerlichten* lighten

li

lichtend *bn* ❶ shining ★ *een ~ voorbeeld* a shining example ❷ *v. zee* phosphorescent
lichter *m* [-s] scheepv lighter
lichterlaaie *bijw* ★ *in ~ staan* be ablaze
lichtfilter *m & o* [-s] light filter
lichtflits *m* [-en] ❶ *bliksem* flash (of lightning) ❷ *v. fototoestel* flash
lichtgas *o* coal gas
lichtgebouwd *bn* slightly built
lichtgeel *bn* light yellow, pale yellow
lichtgelovig *bn* gullible
lichtgelovigheid *v* credulity, gullibility
lichtgeraakt *bn* touchy, quick to take offence
lichtgeraaktheid *v* touchiness
lichtgevend *bn* luminous
lichtgevoelig *bn* light sensitive
lichtgewapend *bn* lightly armed
lichtgewicht I *o* sp lightweight **II** *m* [-en] sp lightweight
lichtgrijs *bn* light grey
lichtgroen *bn* light green
lichthartig *bn* light-hearted
lichtheid *v* ❶ lightness ❷ *gemak* easiness
lichting *v* [-en] ❶ *v. brievenbus* collection ❷ *schip* unloading ❸ *het omhoog brengen* lifting, raising ❹ *v. troepen* draft ★ *de ~ 1973* the class of 1973 ★ *een nieuwe ~ vrijwilligers / studenten &* a new batch of volunteers / students &
lichtinstallatie *v* [-s] lighting installation
lichtinval *m* incidence of light
lichtjaar *o* [-jaren] light year
lichtjes *bijw* lightly ★ *het ~ opnemen* treat sth lightly
lichtkabel *m* [-s] main, light cable
lichtkegel *m* [-s] conical beam of light
lichtknop *m* [-en] light switch
lichtkogel *m* [-s] signal flare
lichtkoker *m* [-s] light shaft
lichtkrans *m* [-en] halo, ‹v. zon› corona, ‹v. ster› aureole
lichtkrant *v* [-en] neon news
lichtkroon *v* [-kronen] chandelier
lichtleiding *v* [-en] ❶ *buiten* lighting mains ❷ *binnen* electric wiring
lichtmast *m* [-en] light(ing) mast, ‹op straat› street pole / lamp
lichtmatroos *m* [-trozen] ordinary seaman
lichtmeter *m* [-s] ❶ *van camera* light meter ❷ tech photometer
Lichtmis *m* ★ *(Maria-)~* Candlemas
lichtmis *m* [-sen] *losbol* libertine
lichtnet *o* [-ten] (electric) mains
lichtprikkel *m* [-s] light stimulus
lichtpunt *o* [-en] ❶ point of light, fig bright spot ❷ *aansluiting op lichtnet* connection
lichtreclame *v* [-s] illuminated advertising sign(s)
lichtrood *bn* light red
lichtschakelaar *m* [-s] light switch
lichtschip *o* [-schepen] lightship

lichtschuw *bn* ❶ wary of the light ★ *~ gespuis* shady characters ❷ med photophobic
lichtschuwheid *v* photophobia
lichtsein *o* [-en] light signal
lichtshow *m* [-s] light show
lichtsignaal *o* [-nalen] light signal, flash
lichtsnelheid *v* speed of light
lichtstad *v* [-steden] city of light
lichtsterkte *v* luminosity, intensity of light
lichtstraal *m & v* [-stralen] ❶ ray of light, ‹breder› beam of light ❷ fig beam of sunshine
lichtstreep *v* [-strepen] streak of light
lichtvaardig I *bn* rash, thoughtless ★ *een ~ besluit* a rash decision **II** *bijw* rashly, thoughtlessly
lichtvaardigheid *v* [-heden] rashness, thoughtlessness
lichtval *m* incidence of light
lichtverschijnsel *o* [-en] apparition of light
lichtvoetig *bn* ❶ light-footed ❷ fig flowing, graceful
lichtwedstrijd *m* [-en] floodlight match
lichtzijde *v* [-n] ❶ light side ❷ fig bright / sunny side
lichtzinnig *bn* ❶ frivolous ❷ *losbandig* loose
lichtzinnigheid *v* [-heden] frivolity
lid *o* [leden] ❶ *v. lichaam* limb ★ *het mannelijk ~* the male member, the penis ★ *een ziekte onder de leden hebben* have a disease ★ *over al zijn leden beven* tremble in every limb ❷ *gewricht* joint ★ *zijn arm is uit het ~* his arm is dislocated / out of joint ★ *een arm weer in het ~ zetten* put back a dislocated arm ❸ *v. vergelijking* term ❹ *v. vereniging* member ★ *zich melden als ~* apply for membership ★ *hij bedankte als ~* he resigned his membership ★ *~ worden van* join ‹a club &›, become a member of ‹a club &› ❺ *v. familie* degree, generation ★ *tot in het vierde ~* to the fourth generation ❻ *v. artikel in wet of contract* paragraph, sub-section ❼ *deksel, ooglid* lid
lid-abonnee *de* [leden-abonnees] XXX
lidboekje *o* [-s] ZN membership card
lidcactus *m* [-sen] crab cactus
lidmaat *m-v & o* [-maten] member
lidmaatschap *o* membership ★ *voor het ~ bedanken* resign one's membership
lidmaatschapskaart *v* [-en] membership card
lidstaat *m* [-staten] member state
lidwoord *o* [-en] article
Liechtenstein *o* Liechtenstein
Liechtensteiner *m* [-s] Liechtensteiner
Liechtensteins *bn* Liechtenstein
Liechtensteinse *v* [-n] Liechtensteiner ★ *ze is een ~* she's a Liechtensteiner, she's from Liechtenstein
lied *o* [-eren] ❶ song ❷ *kerkgezang* church hymn ❸ hist lay
liedboek *o* [-en] songbook, ‹v. kerk› hymnal
lieden *zn* [mv] people, folk
liederboek *o* [-en] songbook
liederlijk I *bn* *zedeloos* debauched, lecherous ★ *een ~e man* a debauched man, a lecher ★ *~e taal uitslaan* use vulgar language **II** *bijw* ★ *zich ~ gedragen* behave abominably ★ *zich ~ vervelen* be bored to

death

liederlijkheid *v* [-heden] debauchery, lechery

liedje *o* [-s] song ★ *het is altijd hetzelfde (oude)* ~ it's always the same (old) song ★ *wij kennen dat* ~ we've heard that before ★ fig *een ander* ~ *zingen* change one's tune ★ *het eind van het* ~ the end of the matter, the upshot ★ *het* ~ *van verlangen zingen* play for time

liedjeszanger *m* [-s] ❶ ballad singer ❷ *straatzanger* street singer

lief I *bn* ❶ *vriendelijk* nice, sweet ★ *een* ~ *kind* a sweet child ★ *dat is erg* ~ *van hem* that's very nice / sweet of him ❷ *bemind* dear, beloved ★ *mijn lieve ouders* my dear / beloved parents ★ *met behulp van je lieve ouders* with the aid of your fond / loving parents ❸ *leuk* dear, sweet ★ *een* ~ *hoedje* a dear / sweet little hat ❹ *wenselijk* fond ★ *meer dan me* ~ *is* more than I care for ❺ *dierbaar* dear, treasured ★ *hij heeft er een* ~ *ding voor over om te...* he'd give his right arm to... ★ *iets voor* ~ *nemen* take sth for granted ★ *toen had je het lieve leven gaande* then there was the devil to pay **II** *bijw* ❶ sweetly, nicely ★ ~ *doen* be sweet ❷ *graag* ★ *ik wou net zo* ~... I would just as soon... **III** *o* [lieven] *geliefde* love, sweetheart ▼ *in* ~ *en leed* for better or for worse ▼ ~ *en leed met iem. delen* share life's joys and sorrows with sbd

liefdadig I *bn* charitable **II** *bijw* charitably

liefdadigheid *v* charity

liefdadigheidsinstelling *v* [-en] charity, charitable institution

liefdadigheidsvoorstelling *v* [-en] charity performance

liefde *v* [-s & -n] love ★ *christelijke* ~ Christian love ★ *kinderlijke* ~ childish love ★ *de* ~ *voor de kunst* love of art ★ *de* ~ *tot God* love of God ★ *de* ~ *bedrijven* make love ★ *uit* ~ out of / for love ★ *een huwelijk uit* ~ a love match ★ *uit* ~ *trouwen* marry for love ★ *oude* ~ *roest niet* old love never dies

liefdeblijk *o* [-en] token of love

liefdedienst *m* [-en] act of charity / kindness

liefdegave *v* [-n] charity

liefdeloos I *bn* loveless **II** *bijw* uncharitably, unkindly

liefdeloosheid *v* lovelessness

liefderijk I *bn* loving, affectionate **II** *bijw* lovingly

liefdesbaby *m* ['s] love child

liefdesband *m* [-en] love

liefdesbetuiging *v* [-en] expression of love

liefdesbrief *m* [-brieven] love letter

liefdesdaad *v* [-daden] act of love

liefdesdrank *m* [-en] love potion

liefdesgeschiedenis *v* [-sen] ❶ *verhaal* love story ❷ *affaire* love affair

liefdesleven *o* love life

liefdeslied *o* [-liederen] love song

liefdesscène *v* [-s] love scene

liefdesverdriet *o* pangs of love ★ ~ *hebben* be disappointed in love

liefdesverhouding *v* [-en] love affair

liefdesverklaring *v* [-en] declaration of love

liefdevol I *bn* loving, ‹minder sterk› affectionate ★ *een* ~*le omgeving* a loving / caring environment **II** *bijw* lovingly, affectionately

liefdewerk *o* [-en] ❶ charity, charitable work ❷ fig labour of love ★ *koken is* ~ cooking is a labour of love ★ *het is* ~ *oud papier* it's for love only

liefdezuster *v* [-s] ❶ RK Sister of Charity ❷ *prostituee* prostitute

liefdoenerij *v* lovey-doviness ★ *de New Age-tendens tot alomvattende* ~ the New Age tendency towards universal sweetness and light

liefelijk, **lieflijk I** *bn* sweet, charming **II** *bijw* sweetly, charmingly

liefelijkheid *v* [-heden] sweetness, charm ★ iron *elkaar allerlei liefelijkheden naar het hoofd slingeren* fling abuse at each other

liefhebben *overg* [had lief, h. liefgehad] love, cherish

liefhebbend *bn* loving, affectionate ★ *uw* ~*e Sylvie* your loving Sylvie / affectionately, Sylvie

liefhebber *m* [-s] ❶ *iem. die ergens van houdt* lover, fan ★ *hij is een* ~ *van wandelen* he's fond of walking ★ *hij is een groot* ~ *van wijn* he's a real wine lover / wine buff ★ *hij is daar geen* ~ *van* he doesn't like it ❷ *gegadigde* interested party ★ *er zijn veel* ~*s* it's in keen demand ★ *er zijn geen* ~*s voor* there is little interest in it ★ *zijn er nog* ~*s voor een potje schaak?* anyone interested in a game of chess? ❸ *amateur* ZN dabbler ★ *een* ~ *bij wielrennen* an amateur cyclist

liefhebberen *onoverg* [liefhebberde, h. geliefhebberd] dabble ★ ~ *in het occulte* dabble in the occult

liefhebberij *v* ❶ *aardigheid* pleasure ★ ~ *in iets hebben* love doing sth ★ *uit* ~ for pleasure ❷ *bezigheid* [-en] hobby, pastime ★ *eten is zijn grootste* ~ eating is his favourite pastime

liefheid *v* [-heden] ❶ *beminnelijkheid* amiability, sweetness ❷ *vriendelijkheid* kindness

liefje *o* [-s] sweetheart, darling

liefjes *bijw* sweetly, nicely, iron unctuously

liefkozen *overg* [liefkoosde, h. geliefkoosd] caress

liefkozing *v* [-en] caress

liefkrijgen *overg* [kreeg lief, h. liefgekregen] get / grow to like, grow fond of

liefs *tsw bij afsluiting van een brief* love ★ *(met) veel* ~ with much love, all my love

liefst I *bn* dearest, favourite/Am favorite **II** *bijw* ❶ *bij voorkeur* rather ★ ~ *niet* rather not ★ *wat voor temperatuur heb je het* ~? what temperature do you prefer? ★ *heb je het* ~ *puur of melkchocolade?* which chocolate do you prefer: dark or milk? ★ ~ *die soort* preferably that sort, that sort for preference ❷ *nota bene* no less / fewer than ★ *het tekort was (maar)* ~ *500.000 euro* the shortage was no less than 500,000 euros ★ *ik moet morgen maar* ~ *om 5 uur opstaan!* I have to get up at 5 tomorrow morning, would you believe!

liefste *m & v* [-n] sweetheart, darling

lieftallig I *bn* sweet, pretty **II** *bijw* sweetly

li

lieftalligheid *v* [-heden] sweetness
liegbeest *o* [-en] fibber, storyteller
liegen I *onoverg* [loog, h. gelogen] lie, tell a lie ★ *lieg er nu maar niet om* don't lie about it ★ *de brief liegt er niet om* the letter is very explicit ★ *de cijfers ~ er niet om* the figures speak for themselves ★ *hij liegt alsof het gedrukt staat* he's a terrible liar ★ *als ik lieg dan lieg ik in commissie* I can't vouch for the accuracy of it **II** *overg* [loog, h. gelogen] lie, cheat ★ *dat lieg je, je liegt het* that's a lie ★ *het verhaal is volkomen gelogen* it's a completely fabricated / made-up story
lier *v* [-en] ❶ muz lyre ❷ *orgeltje* hist hurdy-gurdy ❸ scheepv winch ▼ *branden als een ~* burn like a torch
lierdicht *o* [-en] lyric poem
liëren *onoverg* [lieerde, h. gelieerd] associate, ally
lies *v* [liezen] groin
liesbreuk *v* [-en] rupture, hernia
lieslaars *v* [-laarzen] thigh boot, wader
lieveheersbeestje *o* [-s] ladybird
lieveling *m* [-en] ❶ darling, sweetheart ★ *mijn ~* my darling / sweetheart ❷ *favoriet* favourite, Am favorite ★ *~(etje) van de leraar* teacher's pet
lievelingsdichter *m* [-s] favourite/Am favorite poet
lievelingseten *o* favourite/Am favorite food
lievelingsgerecht *o* [-en] favourite/Am favorite dish
lievelingskleur *v* [-en] favourite colour, Am favorite color
lievemoederen *onoverg* ★ *daar helpt geen ~ aan* there's nothing that can be done about it
liever I *bn* dearer, sweeter **II** *bijw* rather ★ *ik heb dit huis ~* I like this house better, I prefer this house ★ *~ hij dan ik* better him than me ★ *ik zie haar ~ gaan dan komen* I'd be glad to see the back of her ★ *hij zou ~ sterven dan...* he would rather die than... ★ *niets ~ verlangen / wensen / willen dan...* want nothing more / better than... ★ *hoe langer je blijft, hoe ~* I'd like you to stay as long as you can ★ *ik zou ~ geen ruzie met ze willen maken* I don't want to get into an argument with them ★ *ik zou er ~ niet heengaan* I'd prefer not to go ★ *je moest maar ~ naar bed gaan* you'd better go to bed ★ *je moest daar ~ niet heengaan* you'd better not go ★ *...als je dat ~ hebt* if you'd rather have... ★ *~ niet* preferably not
lieverd *m* [-s] darling, sweetheart, love
lieverdje *o* [-s] deugniet nice one ★ *je bent me een ~!* you're a nice one!
lieverkoekjes *zn* [mv] ★ *~ worden niet gebakken* if you don't like it you can lump it
lieverlede *bijw* ★ *van ~* gradually, by degrees, little by little
lievevrouwebedstro *o* *plant* sweet woodruff
lievig *bn* insincere
lifestyle *m & v* [-s] lifestyle
liflafje *o* [-s] ❶ junk food ❷ *delicatesse* titbit, Am tidbit
lift *m* [-en] ❶ *in gebouw* lift, Am elevator ❷ *opwaartse druk* lucht upward pressure ❸ *per auto* lift ★ *een ~*

geven / krijgen give / get a lift ★ *een ~ vragen* thumb a lift
liftbediende *m-v* [-n] liftboy
liftboy *m* [-s] liftboy
liften *onoverg* [liftte, h. en is gelift] hitchhike ★ *~ met vrachtauto's* lorry-hop ★ *al ~d* hitchhiking
lifter *m* [-s] hitchhiker
liftjongen *m* [-s] liftboy
liftkoker *m* [-s] lift shaft
liftkooi *v* [-en] lift cage
liftschacht *v* [-en] lift shaft
liga *v* ['s] league
ligatuur *v* [-turen] ligature
ligbad *o* [-baden] bath
ligbank *v* [-en] couch
ligdag *m* [-dagen] scheepv lay day
ligfiets *m & v* [-en] recumbent bicycle
liggeld *o* [-en] scheepv harbour dues / charges
liggen *onoverg* [lag, h. gelegen] ❶ *languit/in bed liggen* lie, be laid up ★ *in bed blijven ~* remain / stay in bed ★ *hij zal enige dagen moeten blijven ~* he'll be laid up for a couple of days ★ *morgen blijf ik wat langer ~* I'll sleep in tomorrow ★ *gaan ~* ⟨om even te rusten⟩ have a lie down, ⟨wegens ziekte⟩ take to one's bed ★ *ga daar ~* lie down over there ★ *hij ligt al 8 dagen met die ziekte* he has been sick in bed for over a week ★ *in zijn bed ~* lie / be in bed ★ *hij lag op bed* he was in bed ❷ *zijn, zich bevinden* be, lie, be situated ★ *er ligt een meter sneeuw* there is a meter of snow ★ *de lonen ~ lager* wages are lower ★ *(die stad) ligt aan een rivier* (that city) is situated on a river ★ *de problemen ~ achter ons* the problems are behind us ★ *de fout ligt bij de regering* it's the fault of the government ★ *A ligt in B* A is in B ★ *ze ~ in scheiding* they are in the process of getting a divorce ★ *de prijzen ~ onder het gemiddelde* the prices are below average ★ *het huis ligt op een heuvel* the house is situated on a hill ★ *het huis ligt op het oosten* the house faces east ★ *de spullen lagen voor het grijpen* the things were there for the taking ❸ *onaangeroerd zijn* lie ★ *die klus is blijven ~* that job still has to be done ★ *ik heb het geld ~* I have the money ready ★ *iets nog hebben ~* have sth in store / on hand ★ *laat dat ~!* leave it there / alone! ★ *hij heeft het lelijk laten ~* he has made a mess of it ★ *iem. links laten ~* ignore sbd ❹ *passen, schikken* suit ★ *dat werk ligt me niet* the job doesn't suit me ★ *het ligt niet in zijn aard* it's not in his nature ❺ *(liggend) bezig zijn met* be...ing ★ *altijd ~ te zeuren* always be complaining ★ *lig niet zo te zeuren!* stop complaining! ★ *~ te slapen* lie sleeping, be asleep ★ *hij lag op sterven* he was dying ❻ *+ aan: afhangen van, te wijten zijn aan* depend on ★ *dat ligt geheel aan u* that depends entirely on you ★ *als het aan mij lag* if I had any say in the matter ★ *aan mij zal het niet ~* it won't be my fault ★ *waar ligt het aan?* what could the cause be? ★ *is het hier zo warm, of ligt het aan mij?* is it warm in here, or is it just me? ❼ *v. wind* die down, abate,

li

drop, subside ★ *de wind is gaan* ~ the wind has abated / died down & ❸ *v. militairen* be stationed ▼ *de wagen ligt goed op de weg* the car holds the road well

liggend *bn* ❶ *horizontaal* lying, recumbent ‹position› ❷ *gelegen zijn* lying, situated ★ *diep ~e ogen* deeply set eyes, deep-set eyes

ligger *m* [-s] ❶ *balk* girder, joist ❷ *v. rails* sleeper ❸ *dwarsligger* obstructionist ❹ *register* register, record

ligging *v* [-en] ❶ situation, location, position ★ *de geografische* ~ the geographical situation ❷ *v. kind bij baring* presentation

light *bn* light

lightproduct *o* [-en] low-calorie product

ligkuur *v* [-kuren] rest cure

ligplaats *v* [-en] berth, moorings

ligstoel *m* [-en] reclining chair, chaise longue

liguster *m* [-s] privet

ligweide *v* [-n] sunbathing area

lij *v* lee(side) ★ *aan* ~ on the lee side ★ *in* ~ *liggen* lie to leeward / out of the wind, <u>fig</u> be on the sidelines

lijdelijk *bn* passive ★ ~ *verzet* passive resistance

lijdelijkheid *v* passiveness, passivity

lijden I *overg* [leed, h. geleden] ❶ *gebukt gaan onder* suffer, undergo, endure ★ *armoe* ~ live in poverty ★ *dorst* ~ be thirsty ★ *pijn* ~ be in pain ★ *verlies* ~ sustain loss ❷ *graag mogen* suffer, stand ★ *ik mag* ~ *dat hij...* I wish that he..., I hope he... ★ *iem. mogen* ~ like sbd ❸ *verdragen* allow, permit ★ *geen uitstel* ~ brook no delay **II** *onoverg* [leed, h. geleden] suffer ★ *nu kan het wel* ~ we can afford it now ★ ~ *aan hoofdpijn* suffer from headache(s) ★ ~ *aan grootheidswaanzin* suffer from delusions of grandeur ★ ~ *onder iets* be badly affected / hit by ★ *zij* ~ *er het meest onder* they are the worst affected / hit ★ *te* ~ *hebben van* suffer from **III** *o* suffering ★ *het* ~ *van Christus* the Passion of Christ ★ *iem. uit zijn* ~ *verlossen* release sbd from his suffering ★ *de hond uit zijn* ~ *verlossen* put the dog out of its misery

lijdend *bn* ❶ suffering ★ *de* ~*e partij* the suffering party, the loser ★ *de* ~*e partij zijn* be the loser ❷ <u>taalk</u> passive ★ *het* ~ *voorwerp* the direct object ★ *de* ~ *vorm van het werkwoord* the passive voice of the verb

lijdensbeker *m* cup of sorrow

lijdensgeschiedenis *v* [-sen] *v. Jezus* Passion ★ <u>fig</u> *het is een hele* ~ it's one long tale of misery / woe

lijdenskelk *m* cup of sorrow

lijdenspreek *v* [-preken] Passion sermon

lijdensweek *v* [-weken] Holy Week

lijdensweg *m* [-wegen] ❶ *v. Christus* Way of the Cross ❷ <u>fig</u> path of sorrow ★ *de tweede helft werd een* ~ the second half was sheer hell

lijder *m* [-s] sufferer, patient

lijdzaam *bn* patient, resigned

lijdzaamheid *v* patience, resignation

lijf *o* [lijven] ❶ body ★ *het aan den lijve ondervinden*

(voelen) experience sth personally ★ *in levenden lijve* in person ★ *hier is hij in levenden lijve* here he is as large as life ★ *niet veel om het* ~ *hebben* be no great matter, amount to very little ★ *iem. de schrik / stuipen op het* ~ *jagen* give sbd the fright of their lives ★ *iem. op het* ~ *vallen* take sbd unawares ★ *iem. ergens mee op het* ~ *vallen* spring sth on sbd ★ *over zijn hele* ~ *beven* shake in every limb ★ *iem. te* ~ *gaan* go at / for sbd, attack sbd ★ *iem. tegen het* ~ *lopen* run / bump into sbd ★ *zich... van het* ~ *houden* keep... at arm's length ❷ *v. japon* bodice

lijfarts *m* [-en] personal physician

lijfblad *o* [-bladen] favourite/Am favorite paper

lijfeigene *m-v* [-n] serf, slave

lijfeigenschap *v* bondage, serfdom

lijfelijk I *bn* physical, bodily **II** *bijw* physically, in person ★ ~ *aanwezig* present in person

lijfgarde *v* [-s] bodyguard

lijfgoed *o* [-eren] underwear

lijfje *o* [-s] bodice, vest

lijfknecht *m* [-en & -s] valet, manservant

lijflied *o* [-eren] favourite/Am favorite song

lijflucht *v* body odour

lijfrente *v* [-n & -s] annuity

lijfrenteverzekering *v* [-en] annuity insurance

lijfsbehoud *o* preservation of life ★ *uit* ~ to save one's life

lijfsdwang *m* physical force

lijfsgevaar *o* [-varen] danger of life

lijfspreuk *v* [-en] motto, maxim

lijfstraf *v* [-fen] corporal punishment

lijftocht *m* provisions

lijfwacht I *v* [-en] *verzamelnaam* bodyguard **II** *m* [-en] *persoon* bodyguard

lijk *o* [-en] ❶ corpse, (dead) body ★ *als een levend* ~ as a walking corpse ★ *over* ~*en gaan* show no mercy ★ *over mijn* ~! over my dead body! ❷ <u>anat</u> cadaver, ‹v. dier› carcass ❸ <u>scheepv</u> leech

lijkauto *m* ['s] hearse

lijkbaar *v* [-baren] bier

lijkbezorger *m* [-s] undertaker

lijkbleek *bn* deathly pale

lijkdienst *m* [-en] funeral / burial service

lijkdrager *m* [-s] bearer

lijken *onoverg* [leek, h. geleken] ❶ *overeenkomen* be / look like, resemble ★ *zij* ~ *op elkaar* they look like / resemble each other ★ *zij* ~ *(niet) veel op elkaar* they are (not) very alike ★ *zij* ~ *op elkaar als twee druppels water* they're the spitting image of each other ★ *dat portret lijkt goed / niet* the portrait is a good / poor likeness ★ *het lijkt naar niets, het lijkt nergens naar* it looks like nothing on earth ★ *dat begint er op te* ~ that's more like it ❷ *schijnen* seem, appear ★ *het lijkt alsof...* it looks as if... ★ *het lijkt wel dat zij...* it would appear that they... ★ *het lijkt mij raadzaam* it seems advisable to me ★ *hij lijkt wel gek* he must be mad ★ *ik lijk wel doof vandaag* I seem to be deaf today ★ *ofschoon het heel wat leek* though it made a great show ★ *zij zijn niet wat zij ~* they're not what they appear (to be) ★ *het is niet zo makkelijk als het lijkt* it's not so easy as it seems ★ *dat lijkt maar zo* it only seems so ★ *het lijkt er niet naar dat ze…* there's no sign of their...ing ❸ *aanstaan* sound, seem ★ *dat zou mij wel wat ~* I'd like that

lijkenhuis *o* [-huizen] mortuary

lijkenpikker *m* [-s] fig vulture

lijkkist *v* [-en] coffin

lijkkleed *o* ❶ *over de kist* [-kleden] pall ❷ *kledingstuk* [-klederen] shroud

lijkkleur *v* deathly pallor

lijkkleurig *bn* pale as death, deathly pale

lijkkoets *v* [-en] hearse

lijkopening *v* [-en] autopsy

lijkoven *m* [-s] cremator

lijkplechtigheid *v* [-heden] funeral ceremony

lijkrede *v* [-s & -nen] funeral oration

lijkroof *m* body snatching

lijkschennis *v* desecration of the dead

lijkschouwer *m* [-s] pathologist ★ *de gerechtelijke ~* the coroner

lijkschouwing *v* [-en] post-mortem (examination), autopsy

lijkstoet *m* [-en] funeral procession / cortège

lijkverbranding *v* [-en] cremation

lijkwade *v* [-n] shroud

lijkwagen *m* [-s] hearse

lijkwit *bn* deathly white

lijkzak *m* [-ken] body bag

lijkzang *m* [-en] funeral song, dirge

lijm *m* glue

lijmen *overg* [lijmde, h. gelijmd] ❶ glue, patch (up) ❷ *ompraten* talk around ★ *iem. ~* rope sbd in ★ *zich laten ~* let oneself be talked around

lijmerig *bn* ❶ *kleverig* sticky, gluey ❷ *v.spreken* drawling ★ *~ spreken* speak with a drawl, drawl

lijmklem *v* [-men] clamp

lijmkwast *m* [-en] glue brush

lijmpot *m* [-ten] glue pot

lijmsnuiver *m* [-s] glue sniffer

lijmtang *v* [-en] clamp

lijn *v* [-en] ❶ *linie* line, rank ★ *één ~ trekken* take an undivided approach ★ *op één ~ met* on a par with ★ *op één ~ staan* be on a level ★ *op één ~ stellen met* bring / put on a level with ★ *over de hele ~* eig all along the line, fig all-round, overall ❷ *streep* line ★ *de bal was een hele meter over de ~* the ball had crossed the line by one whole metre ❸ *rimpel* line, crease ★ *~en in de wangen* creases in the cheeks ★ *een gezicht vol ~en* a very lined / wrinkled face ❹ *omtrek, kader* outline, contour ★ *iets in grote ~en aangeven* give / sketch a broad outline of sth ★ *iets in grote ~en begrijpen* understand the broad outlines of sth, get the gist of sth ★ *de grote ~en uit het oog verliezen* get bogged down in details ★ fig *er zit geen ~ in* it's disorganised / a jumble ❺ *koers* fig line, course ★ *de harde ~ volgen* take the hard line, adopt a tough approach ★ *dat ligt niet in mijn ~* that's not up my street ❻ *buslijn &* line ★ *met ~ 3 gaan* take the number 3 bus / tram line ★ ‹telefoon› *aan de ~ blijven* hold on, hold the line ❼ *slanke lijn* line, figure ★ *aan de (slanke) ~ doen* slim, diet ★ *om de ~ denken* watch one's line / figure ❽ *koord* cord, rope, ‹voor hond› leash, lead ★ *honden aan de ~* dogs on the leash ❾ *genealogische lijn* lineage

lijnbaan *v* [-banen] rope walk

lijnboot *m & v* [-boten] liner

lijncliché *o* [-s] line engraving

lijndienst *m* [-en] regular / scheduled service

lijndienstvlucht *v* [-en] transport scheduled flight

lijnen I *overg* [lijnde, h. gelijnd] *liniëren* rule ★ *gelijnd papier* lined paper **II** *onoverg* [lijnde, h. gelijnd] *aan de lijn doen* slim, diet

lijnfunctie *v* [-s] line position

lijnkoek *m* [-en] linseed cake

lijnmanager *m* [-s] line manager

lijnolie *v* [-liën] linseed oil

lijnrecht I *bn* straight ★ *in ~e tegenspraak met* in flat contradiction with **II** *bijw* straight, directly ★ *~ staan tegenover* be diametrically opposed to

lijnrechter *m* [-s] sp linesman

lijnschip *o* [-schepen] *schip dat een lijndienst onderhoudt* liner

lijntekenen *o* geometrical drawing

lijntje *o* [-s] ❶ line ★ *ze heeft hem aan het ~* she's got him on a string ★ *iem. aan het ~ houden* keep sbd dangling ★ *met een zacht / zoet ~* with soothing words ★ *zachtjes aan, dan breekt het ~ niet* just take things easy ❷ *cocaïne* line

lijntoestel *o* [-len] airliner, scheduled plane

lijntrekken *onoverg* [trok lijn, h. lijngetrokken] lie down on the job

lijntrekker *m* [-s] shirker, slacker, malinger

lijnvaart *v* liner trade / traffic

lijnverbinding *v* [-en] connection

lijnvliegtuig *o* [-en] airliner, scheduled plane

lijnvlucht *v* [-en] scheduled flight

lijnwerker *m* [-s] lineman

lijnzaad *o* linseed

lijp *bn* ❶ daft, silly ❷ *gevaarlijk* risky, tricky

lijs *m-v* [lijzen] ❶ *sloom mens* dawdler, slowcoach ❷ *vrouwenfiguur* ★ *een lange ~* a bean pole

lijst *v* [-en] ❶ *om een schilderij* frame ★ *iets in een ~ zetten* frame sth ❷ *uitspringende rand* cornice, moulding ❸ *register* list, record, register ★ *op de ~ zetten* put on the list ★ *op de zwarte ~ plaatsen* blacklist

lijstaanvoerder *m* [-s] ❶ *bij verkiezing* party leader ❷ sp competition leader

lijstduwer *m* [-s] *op laatste plaats* person at the end of the list

lijsten *overg* [lijstte, h. gelijst] frame

lijstenmaker *m* [-s] frame maker

lijster *v* [-s] thrush ★ *de grote ~* the mistle thrush ★ *de zwarte ~* the blackbird

lijsterbes *v* [-sen] ❶ *vrucht* mountain ash berry, rowanberry ❷ *boom* mountain ash, rowan tree
lijststem *v* [-men] vote for a ticket
lijsttrekker *m* [-s] ± party leader
lijstverbinding *v* [-en] electoral alliance
lijstwerk *o* ❶ framework ❷ *als sier* moulding
lijvig *bn* ❶ *v. persoon* corpulent ❷ *v. boek &* voluminous, bulky, thick
lijvigheid *v* ❶ *v. persoon* corpulence ❷ *v. boek &* volume, bulkiness
lijwaarts *bijw* leeward
lijzig *bn* ❶ slow ❷ *zeurderig* whining ★ ~ *spreken* speak in a whining voice
lijzij, lijzijde *v de kant van een schip die uit de wind ligt* lee side
lik I *m* [-ken] ❶ *met tong* lick ❷ *oorveeg* box on the ears ★ ~ *op stuk geven* give tit for tat ❸ *kleine hoeveelheid* lick ❹ *zoen* smack, kiss **II** *v* [-ken] *gevangenis* nick
likdoorn, likdoren *m* [-s] corn
likdoornpleister *v* [-s] corn plaster
likeur *v* [-en] liqueur
likeurglaasje *o* [-s] liqueur glass
likeurstel *o* [-len] liqueur set
likeurstoker *m* [-s] liqueur distiller
likeurtje *o* [-s] glass of liqueur
likkebaarden *onoverg* [likkebaardde, h. gelikkebaard] lick / smack one's lips / chops ★ ~ *naar* lick one's lips for
likken *onoverg en overg* [likte, h. gelikt] ❶ *met tong* lick ❷ *vleien* suck up, toady ★ *naar boven ~ (en naar beneden trappen)* suck up (and kick the others down) ❸ *polijsten* polish
likker *m* [-s] *vleier* toady
likmevestje *o* ★ *van* ~ crappy
lik-op-stukbeleid *o* tit for tat policy
lil *o & m* jelly, gelatin(e)
lila *o & bn* lilac
lillen *onoverg* [lilde, h. gelild] quiver, tremble
lilliputachtig *bn* Lilliputian
lilliputter *m* [-s] Lilliputian
Limburg *o* Limburg
limerick *m* [-s] limerick
limiet *v* [-en] ❶ limit ★ *een ~ stellen aan* set a limit to ❷ *op veiling* reserve (price)
limietorder *m* [-s] limited order
limietprijs *m* [-prijzen] reserve price
limiteren *overg* [limiteerde, h. gelimiteerd] ❶ limit ❷ *op veiling* put a reserve price on
limoen *m* [-en] lime
limonade *v* [-s] lemonade
limonadesiroop *v* lemon syrup
limousine *v* [-s] limousine
linde *v* [-n] lime (tree), linden
lindebloesem *m* [-s] lime blossom
lindeboom *m* [-bomen] lime tree, linden
lindehout *o* limewood
lindelaan *v* [-lanen] lime tree lined avenue

lineair *bn* linear ★ boekh ~*e afschrijving* straight line depreciation
linea recta *bijw* straight
linedance *de* [-s] line dancing, line dance
linedancen *onoverg* [linedancete, h. gelinedancet] line-dance
linedansen *onoverg* [linedansen, h. gelinedanst] line-dance
lingerie *v* [-s &-rieën] lingerie, underwear
lingeriezaak *v* [-zaken] lingerie shop
linguïst *m* [-en] linguist
linguïstiek *v* linguistics
linguïstisch *bn* linguistic
liniaal *v & o* [-nialen] ruler
linie *v* [-s] ❶ mil line, rank ★ *over de hele ~* on all points, all along the line ★ *over de hele ~ zegevieren* celebrate across the board ★ *de ~ passeren* cross the line ❷ sp line ❸ *verdedigingslinie* line of defensive works, defence/Am defense line ❹ *evenaar* equator
liniëren *overg* [linieerde, h. gelinieerd] rule ★ *gelinieerd papier* lined paper
linieschip *o* [-schepen] ship of the line
linietroepen *zn* [mv] troops of the line
link I *bn* ❶ *slim* sly, artful, sharp ❷ *gevaarlijk* risky, dangerous ★ ~*e soep* a risky business **II** *m* [-s] *verbinding* link ★ *een ~ leggen tussen..* make a connection between...
linker *bn* ❶ *van lichaamsdelen* left ❷ *van zaken* left-hand ❸ herald sinister
linkerarm *m* [-en] left arm
linkerbeen *o* [-benen] left leg
linkerd *m* [-s] crafty devil
linkerhand *v* [-en] left hand ★ *hij heeft twee ~en* he's all fingers and thumbs
linkerkant *m* [-en] left(-hand) side ★ *aan de ~* on the left-hand side, Br on the near side ★ *naar de ~* to the left
linkeroever *m* [-s] left bank
linkerrijstrook *v* [-stroken] left lane
linkervleugel *m* [-s] left wing
linkervoet *m* [-en] left foot
linkerzij, linkerzijde *v* [-zijden] ❶ left(-hand) side ❷ pol left wing ★ *de ~* the left ★ *een vertegenwoordiger van de ~* a left-wing representative
linkmiegel *m* [-s] wheeler-dealer
links I *bn* ❶ *tegenover rechts* left ❷ pol, left, left-wing ★ ~ *georiënteerd* leftist, left-wing ★ *een ~e regering* a left-wing government ❸ *linkshandig* left-handed ❹ *onhandig* ham-fisted, awkward, clumsy **II** *bijw* ❶ *aan/naar de linkerkant* (to / on / at the) left ★ *de eerste straat ~* the first street to / on the left ★ ~ *afslaan* turn (to the) left ★ ~ *houden* keep to the left ★ *iets ~ laten liggen* ignore sth, pass sth by ★ *iem. ~ laten liggen* give sbd the cold shoulder, ignore sbd ★ *naar ~* to the left ❷ *met de linker hand* with the left hand ★ ~ *schrijven* write with one's left hand ❸ *onhandig* awkwardly, clumsily
linksachter, linksback *m* [-s] sp left back

linksaf *bijw* to the left ★ ~ *buigen* veer to the left ★ ~ *slaan* turn left

linksbenig *bn* sp left legged

linksbinnen *m* [-s] sp inside left

linksbuiten *m* [-s] sp outside left, left winger

linksdragend *bn* dressing to the left

links-extremistisch *bn* extreme left

linkshandig *bn* left-handed

linksheid *v* ❶ *links zijn* left-handedness ❷ *onhandigheid* awkwardness, clumsiness

linkslopend *bn* v. *schroef* anti-clockwise

linksom *bijw* left ★ mil ~... *keert!* left... turn!

linnen *o & bn* linen, ⟨v. boeken⟩ cloth ★ *in* ~ *gebonden* bound in cloth

linnendroger *m* [-s] ZN tumble dryer

linnengoed *o* linen

linnenjuffrouw *v* [-en] linen maid, laundry woman

linnenkamer *v* [-s] linen room

linnenkast *v* [-en] linen cupboard

linoleum *o & m* linoleum, inf lino

linoleumsnede *v* [-n] linocut

linolzuur *o* linoleic acid

lint *o* [-en] ribbon, tape ★ *het* ~ *van de typemachine* the typewriter ribbon ★ *door het* ~ *gaan* fly off the handle, blow one's top

lintbebouwing *v* ribbon development

lintdorp *o* [-en] village with ribbon development

lintje *o* [-s] ❶ *klein lint* ribbon ❷ *onderscheiding* decoration ★ *een* ~ *krijgen* be decorated, get a decoration

lintjesregen *m* ± Queen's birthday honours

lintmeter *m* [-s] ZN measuring tape

lintworm *m* [-en] tapeworm

lintzaag *v* [-zagen] bandsaw

Linux *zn besturingssysteem* Linux

linze *v* [-n] lentil

linzensoep *v* lentil soup

lip *v* [-pen] lip, ⟨v. schoen⟩ tongue ★ *aan iems. ~pen hangen* hang on sbd's lips ★ *zich op de ~pen bijten* bite one's lips ★ *het lag mij op de ~pen* I had it on the tip of my tongue ★ *over iems. ~pen komen* pass sbd.'s lips

lipbloemigen *zn* [mv] labiates

lipide *o* [-n, -s] lipid

lipje *o* [-s] *om een blik & te openen* tab

lipklank *m* [-en] labial sound

liplezen *o* lip reading

liposuctie *v* [-s] liposuction

lippencrème *v* lip cream

lippendienst *m* [-en] lip service ★ ~ *bewijzen aan* pay lip service to

lippenpotlood *o* [-loden] lip pencil

lippenstift *v* [-en], **lipstick** *m* [-s] lipstick

lipssleutel *m* [-s] yale key

lipsslot *o* [-sloten] yale lock

lipsynchroon *bn* synchronized, dubbed

liquidatie *v* [-s] ❶ *v. ondernemingen* liquidation, winding-up ★ *in* ~ *gaan* go into liquidation, ⟨vrijwillig⟩ go into voluntary liquidation ★ *gedwongen* ~ compulsory liquidation ❷ *op de beurs* settlement ❸ *v. personen* elimination, liquidation

liquidatieakkoord *o* [-en] winding-up agreement

liquidatie-uitverkoop *m* closing-down sale

liquide *bn* liquid ★ ~ *activa / middelen* liquid assets

liquideren *overg* [liquideerde, h. geliquideerd] ❶ *v. ondernemingen* liquidate, wind up ❷ *v. personen* eliminate, liquidate

liquiditeit *v* liquidity

liquiditeitsproblemen *zn* [mv] liquidity problems, cash-flow problems

lire *v* [-s] lira

lis I *m & o* [-sen] *plant* iris, flag II *v* [-sen] *lus* loop

lisdodde *v* [-n] *plant* reed mace, cat's tail, bulrush

lispelen I *onoverg* [lispelde, h. gelispeld] lisp II *overg* [lispelde, h. gelispeld] *fluisteren* whisper

Lissabon *o* Lisbon

list *v* [-en] ❶ *listigheid* craft, cunning, deception ❷ *daad* trick, ruse ★ ~ *en bedrog* double-crossing, double-dealing ★ ~*en en lagen* cunning / crafty schemes, crafty practices

listig I *bn* cunning, crafty, afkeurend sly II *bijw* cunningly, craftily, slyly

listigheid *v* [-heden] craft, cunning, subtlety

listing *m & v* listing

Lita *v* ★ *een lieve* ~ an agony aunt

litanie *v* [-nieën] litany

liter *m* [-s] litre

literair *bn* literary

literair-historicus *m* [-rici] literary historian

literair-historisch *bn* of literary history, on the history of literature

literator *m* [-toren] literary man / woman, man / woman of letters

literatuur *v* literature

literatuurgeschiedenis *v* [-sen] history of literature

literatuurlijst *v* [-en] ❶ *studiebronnen* reference list ❷ *te lezen literatuur* reading list

literatuuropgave, **literatuuropgaaf** *v* [-gaven] references, bibliography, list of works cited

literatuurprijs *m* [-prijzen] literary prize

literatuurwetenschap *v* study of literature

literfles *v* [-sen] litre bottle

literprijs *m* price per litre

lithium *o* lithium

litho *m* ['s] lithograph

lithograaf *m* [-grafen] lithographer

lithograferen *overg* [lithografeerde, h. gelithografeerd] lithograph

lithografie *v* ❶ *kunst* lithography ❷ *plaat* [-fieën] lithograph

Litouwen *o* Lithuania

Litouwer *m* [-s] Lithuanian

Litouws I *bn* Lithuanian II *o taal* Lithuanian

Litouwse *v* [-n] Lithuanian ★ *ze is een* ~ she's a Lithuanian, she's from Lithuania

lits-jumeaux *o* [-s] twin beds

litteken *o* [-s &-en] scar
littekenweefsel *o* scar tissue
liturgie *v* [-gieën] liturgy
liturgisch *bn* liturgical
live *bn* live
livemuziek *v* live music
liveoptreden *o* [-s] live performance
live-uitzending *v* [-en] live broadcast
living *m & v* [-s] living room
livrei *v* [-en] livery
ll. *afk* (laatstleden) last
lng *afk* (liquified natural gas) LNG
LO *afk* ❶ (lager onderwijs) primary education
❷ (lichamelijke opvoeding) physical education
lob I *v* [-ben] ❶ *kwab* lobe ❷ <u>plantk</u> lobe **II** *m* [-s] <u>sp</u> lobe
lobbes *m* [-en] good-natured ★ *een goeie* ~ a good-natured fellow ★ *een ~ van een hond* a big teddy bear of a dog
lobby *v* ['s] ❶ *wachtruimte in hotel* lobby, lounge, <in theater> foyer ❷ *pressiegroep* lobby ❸ *gesprekken ter beïnvloeding* lobbying
lobbyen *onoverg* [lobbyde, h. gelobbyd] lobby ★ ~ *voor / tegen* lobby for / against
lobbyist *m* [-en] lobbyist
lobelia *v* ['s] *plant* lobelia
lobotomie *v* lobotomy
locatie *v* [-s] ❶ *plaatsbepaling* location ❷ *voor filmopnames* location
loco *bijw* <u>handel</u> (on the) spot ★ ~ *Amsterdam* ex warehouse Amsterdam ★ ~ *station* free station
locoaffaire *v* [-s] spot transaction
locoburgemeester *m* [-s] deputy mayor
locohandel *m* spot market, spot trading
locomotief *v* [-tieven] engine, locomotive
locopreparaat *o* [-raten] generic drug
lodderig *bn* drowsy, sleepy
loden I *bn* ❶ *v. metaal* lead, leaden, <u>fig</u> heavy ★ *met ~ schoenen* with lead in <one's> shoes, reluctantly ❷ *stof* loden **II** *m & o* stofnaam loden **III** *overg* [loodde, h. gelood] ❶ *in lood vatten* lead ❷ *in de bouwkunde* plumb ❸ <u>scheepv</u> sound **IV** *onoverg* [loodde, h. gelood] <u>scheepv</u> take soundings
Lodewijk *m* Louis ★ ~ *de Heilige* Saint Louis
loeder *o & m* [-s] ❶ *man* bastard ❷ *vrouw* bitch
loef *v* windward / weather side ★ <u>scheepv</u> *de ~ afsteken* get to windward ★ *iem. de ~ afsteken* steal a march on sbd
loefwaarts *bijw* to windward
loefzij, loefzijde *v* de kant van het schip waar de wind op staat windward / weather side
loeien *onoverg* [loeide, h. geloeid] <v. wind> howl, whine <v. golven,vlammen> roar, <v. sirene> wail, <v. koe> low, moo, bellow ★ *de motor laten* ~ race the engine
loeier *m* [-s] <u>inf sp</u> whopper
loeihard *bn* ❶ fast as lightening ★ *een ~e service* a power serve ❷ *geluid* deafening ★ *~e muziek*

deafening music
loempia *v* ['s] spring roll
loens *bn* squinting, cross-eyed ★ ~ *kijken* squint
loensen *onoverg* [loenste, h. geloenst] squint
loep *v* [-en] magnifying glass, magnifier, lens ★ <u>fig</u> *iets onder de ~ nemen* put sth under the microscope, have a closer look at sth
loepzuiver *bn* flawless
loer *v* ★ *op de ~ liggen* lie in wait, lie on the look-out, lurk ★ *iem. een ~ draaien* play a dirty trick on sbd
loerder *m* [-s] peeping Tom
loeren *onoverg* [loerde, h. geloerd] leer, <met moeite> peer, <bespieden> spy ★ ~ *op iem.* lie in wait for sbd ★ *op een gelegenheid* ~ watch for an opportunity
loeven *onoverg* [loefde, h. en is geloefd] luff, tack
loever, loevert *bijw* ★ *te* ~ to windward
lof I *m* praise ★ *God* ~! praise be to God!, thank God! ★ *zijn eigen* ~ *verkondigen* blow one's own trumpet ★ *de* ~ *verkondigen / zingen van* sing the praises of ★ *boven alle* ~ *verheven* beyond all praise ★ *zij spraken met veel* ~ *over hem* they spoke highly of him, they commended him highly ★ *met* ~ *slagen* pass with distinction **II** *o* [loven] <u>rel</u> benediction **III** *o* ★ *Brussels* ~ chicory
lofdicht *o* [-en] panegyric, ode, hymn
loffelijk *bn* ❶ *eervol* honourable, Am honorable ❷ *prijzenswaardig* laudable, commendable, praiseworthy
loflied *o* [-eren] hymn / song of praise
Lofoten *zn* [mv] the Lofoten Islands
lofprijzing *v* [-en] eulogy, praise
lofrede *v* [-s] eulogy ★ *een ~ houden op iem.* eulogize sbd
lofspraak *v* words of praise
loftrompet *v* ★ *de ~ steken over* sing someone's praises
loftuiting *v* [-en] praise, commendation
lofwaardig *bn* praiseworthy
lofzang *m* [-en] hymn / song of praise, panegyric
log I *bn* unwieldy, cumbersome, <zwaar> heavy, ponderous, <traag> sluggish, lumbering ★ *een ~ mens* a heavy person ★ *met ~ge tred lopen* lumber along **II** *bijw* heavily **III** *v* [-gen] <u>scheepv</u> log
logaritme *v* [-n] logarithm
logaritmetafel *v* [-s] logarithm tables
logboek *o* [-en] logbook
loge *v* [-s] ❶ *in theater* box ❷ *v. vrijmetselaars* lodge ★ *in de* ~ in the Masonic lodge ❸ *v. portier* porter's lodge
logé *m* [-s], **logee** *v* [-s] guest, visitor ★ *een betalend* ~ a paying guest
logeerbed *o* [-den] spare bed
logeerkamer *v* [-s] spare (bed)room, guest room
logement *o* [-en] boarding house, lodging house
logementhouder *m* [-s] lodging keeper, innkeeper
logen *overg* [loogde, h. geloogd] steep / soak in lye
logenstraffen *overg* [logenstrafte, h. gelogenstraft] ❶ *v. zaken* give the lie to, belie ❷ *v. veronderstelling*

lo

falsify ❸ *v. personen* give the lie to, justify
logeren I *onoverg* [logeerde, h. gelogeerd] stay, stop ★ *ik logeer bij mijn oom* I'm staying at my uncle's / with my uncle ★ *u kunt bij ons ~* you can stay with us ★ *ik ben daar te ~* I'm on a visit there ★ *we hebben mensen te ~* we have visitors / guests staying with us ★ *ze gaan ~ in de Zon* they're going to put up at the Sun hotel **II** *overg* [logeerde, h. gelogeerd] put sbd up
loggen *onoverg* [logde, h. gelogd] sail by the log
logger *m* [-s] lugger
loggia *v* [-s] loggia
logheid *v* unwieldiness
logica *v* logic
logies *o* ❶ lodging, accommodation ★ *~ en / met ontbijt* bed and breakfast ❷ mil quarters
login *m & v* comput login, logon
logisch I *bn* logical ★ *dat is nogal ~* that goes without saying, that's only logical **II** *bijw* logically
logischerwijs, logischerwijze *bijw* logically
logistiek I *bn* logistic **II** *v* logistics
logo *m* ['s] logo
logopedie *v* speech therapy
logopedist *m* [-en] speech therapist
loipe *o* [-s] ski run, piste
lok *v* [-ken] lock (of hair), curl ★ *~ken* tresses, locks
lokaal I *bn* local ★ *een ~ gesprek* a local call **II** - locally ★ *de neerslag kan ~ erg groot zijn* the precipitation can be very heavy in some places **III** *o* [-kalen] ❶ *van school* classroom ❷ *gebouw* centre/Am center, headquarters
lokaaltje *o* [-s], **lokaaltrein** *m* [-en] local (train), Am shuttle train
lokaalvredebreuk *v* breach of the peace
lokaas *o* [-azen] bait, lure
lokalisatie *v* [-s] localization
lokaliseren *overg* [lokaliseerde, h. gelokaliseerd] localize
lokaliteit *v* [-en] ❶ *plaats alg.* premises ❷ *vertrek, zaal* room, hall ❸ *woonplaats* ZN residence, domicile
lokartikel *o* [-en] loss-leader, special offer
lokduif *v* [-duiven] decoy pigeon
lokeend *v* [-en] decoy (duck)
loket *o* [-ten] ❶ *station* ticket / booking office (window) ❷ *schouwburg* box office (window) ❸ *postkantoor & counter* ★ *aan het ~* at the counter, ‹sell› over the counter ❹ *v. kast* pigeonhole ❺ *v. safe* (safe deposit) box
loketbeambte *m-v* [-n] ❶ *op station* ticket clerk ❷ *op postkantoor* counter clerk
loketbediende *m-v* [-n &-s] ticket clerk
lokettist *m* [-en] booking / ticket clerk
lokfluitje *o* [-s] bird / birder / lure whistle
lokken *overg* [lokte, h. gelokt] lure, entice ★ *klanten ~* tout for customers ★ *iem. in een hinderlaag ~* lure sbd into a trap
lokkertje *o* [-s] bait, carrot, marketing loss leader, special offer

lokmiddel *o* [-en] bait, lure, fig enticement, inducement
lokroep *m* [-en] ❶ lure call ❷ fig lure ★ *de ~ van de grote stad* the lure of the big city
lokspijs *v* [-spijzen] bait, lure
lokstem *v* [-men] siren call
lokvogel *m* [-s] decoy (bird)
lokzet *m* [-ten] sp decoy move
lol *v* fun ★ *~ maken* have fun ★ *voor de ~* for the hell of it, for a laugh ★ *doe me een ~!* do me a favour!, knock it off! ★ *voor mij is de ~ eraf* I'm not interested any more
lolbroek *m* [-en] clown, joker
lolletje *o* [-s] bit of fun ★ *een ~ maken* have a bit fun, have a bit of a laugh ★ *het was geen ~* it wasn't exactly a laugh
lollig I *bn* jolly, funny ★ *de ~ste thuis* the family joker / clown ★ *het was zo ~!* it was such fun! ★ *het is niks ~* it's not a bit amusing **II** *bijw* funny
lolly *m* ['s] lollipop, lolly
lombok *m* red pepper
lommer *o* ❶ *schaduw* shade ❷ *gebladerte* foliage
lommerd *m* [-s] pawnbroker's shop, pawnshop ★ *in de ~* in pawn ★ *naar de ~ brengen* take to the pawnbroker's
lommerdbriefje *o* [-s] pawn ticket
lommerrijk *bn* shady, shadowy
lomp I *bn* ❶ *van vorm* ungainly ❷ *onhandig* clumsy, awkward ❸ *grof* hulking ❹ *vlegelachtig* rude, unmannerly, uncivil, loutish **II** *bijw* ❶ *onhandig* clumsily, awkwardly ❷ *vlegelachtig* rudely, in an unmannerly / uncivil way, loutishly **III** *v* [-en] rag, tatter
lompenhandel *m* old clothes business
lompenkoopman *m* [-lieden & -lui] rag-and-bone man, ragman
lomperd *m* [-s], **lomperik** [-iken] boor, lout, boorish person
lompheid *v* [-heden] ❶ *v. vorm* ungainliness ❷ *onhandigheid* clumsiness, awkwardness ❸ *onbeleefdheid* rudeness
lomschool *v* [-scholen] remedial / special school
Londen *o* London
Londenaar *m* [-s, -naren] Londoner
Londens *bn* London
lonen *overg* [loonde, h. geloond] be worth ★ *het loont de moeite (niet)* it's (not) worthwhile / (not) worth one's while
lonend *bn* profitable, rewarding, ‹vooral financieel› remunerative
long *v* [-en] lung ★ *een ijzeren ~* an iron lung
longaandoening *v* [-en] lung/med pulmonary condition
longarts *m* [-en] lung specialist
longblaasje *o* [-s] alveolus
longcapaciteit *v* lung capacity
longchirurgie *v* lung surgery
longdrink *m* [-s] long drink

longembolie *v* pulmonary embolism
longemfyseem *o* (pulmonary) emphysema
longkanker *m* lung cancer
longkruid *o* lungwort
longkwaal *v* [-kwalen] disease of the lungs
longkwab *v* [-ben] lobe of the lung
longoedeem *o* pulmonary oedema
longontsteking *v* [-en] pneumonia
longslagader *v* [-s & -en] pulmonary artery
longspecialist *m* [-en] lung specialist
longtering *v* pulmonary consumption
longziekte *v* [-n & -s] pulmonary disease
lonk *m* [-en] ogle ★ *iem. ~jes toewerpen* ogle sbd, make eyes at sbd
lonken *onoverg* [lonkte, h. gelonkt] ogle ★ *naar iem. ~* make eyes at sbd, give sbd the glad eye ★ *~ naar iets beters* have one's eye on something better
lont *v* [-en] (slow) match, fuse ★ *~ ruiken* smell a rat ★ *de ~ in het kruit steken* set fire to the powder, *fig* blow the whole thing up
loochenen *overg* [loochende, h. geloochend] deny, disclaim, ‹niet erkennen› disown
loochening *v* [-en] denial, negation
lood *o* [loden] ❶ *metaal* lead ★ *glas in ~, in ~ gevatte ruitjes* leaded windows ★ *met ~ in de schoenen* with lead in one's shoes, reluctantly ★ *het is ~ om oud ijzer* it's six of one and half a dozen of the other, it's much of a muchness ❷ *dieplood* (sounding) lead ❸ *schietlood* plumb line ★ *in het ~* plumb, upright ★ *uit het ~* off balance ★ *hij was uit het ~ geslagen* he was thrown off balance
looderts *o* [-en] lead ore
loodgieter *m* [-s] plumber
loodgietersbedrijf *o* [-drijven] plumbing business
loodgrijs *bn* leaden grey
loodhoudend *bn* plumbiferous ★ *~e benzine* in Groot-Brittannië leaded petrol, in de VS leaded gas
loodje *o* [-s] ❶ *stukje lood* piece of lead ★ *hij moest het ~ leggen* he came off badly, he got the short end of the stick, ‹doodgaan› he kicked the bucket ★ *de laatste ~s wegen het zwaarst* it's the last straw that breaks the camel's back ★ *de laatste ~s* the last miles ❷ *ter verzegeling* lead seal
loodkleur *v* lead colour/Am color, leaden hue
loodkleurig *bn* lead-coloured, leaden
loodlijn *v* [-en] ❶ wisk perpendicular (line) ★ *een ~ oprichten / neerlaten* set up / drop a perpendicular ❷ scheepv plumb / lead line
loodmijn *v* [-en] lead mine
loodrecht *bn* perpendicular ★ *~ staan op* be at right angles to, fig be contradictory to
loods I *v* [-en] shed, luchtv hangar **II** *m* [-en] scheepv pilot
loodsboot *m & v* [-boten] pilot boat
loodsdienst *m* pilot service, pilotage
loodsen *overg* [loodste, h. geloodst] pilot, steer ★ *iem. naar binnen ~* pilot / guide sbd in
loodsgeld *o* [-en] pilotage (dues)

loodsmannetje *o* [-s] *vis* pilot fish
loodswezen *o* pilotage
loodvergiftiging *v* lead poisoning
loodvrij *bn* lead-free ★ *~e benzine* in Groot-Brittannië unleaded petrol, in de VS unleaded gas
loodwit *o* white lead
loodzwaar *bn* very heavy ★ *een loodzware lucht* leaden skies ★ *dat ding is ~* that thing must weigh a ton
loof *o* ❶ *gebladerte* foliage, leaves ❷ *v. wortels* tops
loofboom *m* [-bomen] broad-leaved tree, deciduous tree
loofbos *o* [-sen] broad-leaved forest, deciduous forest
loofhout *o* hardwood
loofhut *v* [-ten] ❶ bower, arbour ❷ m.b.t. de Israëlieten tabernacle
Loofhuttenfeest *o* [-en] Feast of Tabernacles, Sukkoth
loofrijk *bn* leafy
loofwerk *o* bouwk foliage
loog *v & o* [logen] lye, caustic
loogkuip *v* [-en] alkaline / caustic bath
loogwater *o* lye
looien *overg* [looide, h. gelooid] tan
looier *m* [-s] tanner
looierij *v* ❶ *bedrijf* [-en] tannery ❷ *het looien* tanner's trade
looikuip *v* [-en] tanning vat
looistof *v* [-fen] tannin
looizuur *o* tannic acid
look *o & m* onion family, allium ★ *~zonder~* Jack-by-the-hedge
lookalike *m* [-s] look-alike
loom *bn* ❶ *langzaam* slow, heavy ★ *met lome schreden* dragging one's feet ❷ *lusteloos* listless
loomheid *v* ❶ *traagheid* slowness, heaviness ❷ *lusteloosheid* listlessness
loon *o* [lonen] ❶ *salaris* wages, pay, salary ★ *~ in natura* payment in kind ★ *met behoud van ~* with full pay ★ *~ naar werk* payments by results ★ *hij kreeg ~ naar werken* he got what he deserved ❷ *beloning* reward ★ *hij heeft zijn verdiende ~* it serves him right
loonactie *v* [-s] campaign for higher wages
loonadministratie *v* wages administration / records
loonakkoord *o* [-en] wage accord / agreement
loonarbeid *m* salaried work
loonbedrijf *o* [-drijven] contracting firm
loonbelasting *v* [-en] tax on wages, income tax
loonbelastingverklaring *v* [-en] income tax form
loonbeleid *o* wages policy
loonbeslag *o* salary debit authorization
loonbriefje *o* [-s] pay slip
loonconflict *o* [-en] wage dispute
loonderving *v* loss of wages
loondienst *m* [-en] paid employment ★ *in ~ treden bij* enter employment with ★ *in ~ zijn bij X* be employed by X, be on X's payroll ★ *personen in ~* employed persons ★ *werk in ~ verrichten* work for

lo

wages

looneis *m* [-en] wage / pay claim

loon- en prijsbeleid *o* price / wage policy

loongeschil *o* [-len] wage dispute

loongrens *v* [-grenzen] income threshold / limit / ceiling

loongroep *v* [-en] wage / pay group

loonheffing *v* [-en] payroll tax

loonkosten *zn* [mv] labour / wage costs

loonlijst *v* [-en] payroll ★ *op de ~ staan* be on the payroll

loonmaatregel *m* [-en] government wage control measure

loonmatiging *v* [-en] wage restraint

loonovereenkomst *v* [-en] wages agreement

loonpauze *v* [-s] wage freeze

loonpeil *o* wage level

loonplafond *o* wage ceiling

loonpolitiek *v* wages / income policy

loonronde *v* [-n] pay round

loonschaal *v* wage scale ★ *een glijdende ~* a sliding wage scale

loonslaaf *m* [-slaven] wage slave

loonspecificatie *v* [-s] pay slip

loonstaat *m* [-staten] payroll (records)

loonstandaard *m* rate of pay, wage rate

loonstijging *v* [-en] wage / pay increase

loonstop *m* [-s] wage / pay freeze ★ *een ~ afkondigen* freeze wages ★ *een ~ opheffen* lift / end the wage freeze

loonstrookje *o* [-s] pay slip

loonsverhoging *v* [-en] wage / pay increase

loonsverlaging *v* [-en] reduction in wages, wage cut

loontrekker *m* [-s] wage earner

loonwet *v* law regulating wages, wage legislation

loonzakje *o* [-s] pay packet

loop *m* [lopen] ❶ *'t lopen* run ★ *op de ~ gaan* run away, ‹ook v. paard› bolt ★ *op de ~ zijn* be on the run ❷ *gang v. persoon* walk, gait ★ *ik herken hem aan zijn ~* I recognize his walk ❸ *v. zaken* course ★ *'s werelds ~* the way of the world ★ *het recht moet zijn ~ hebben* the law must take its course ★ *de vrije ~ laten* ‹sth› take its (own) course, ‹v. verbeelding &› give free course / rein to, ‹v. tranen› not hold back ★ *een andere ~ nemen* take a different course ★ *iets in zijn ~ stuiten* check the course of sth ★ *in de ~ van de dag* in the course of the day, during the day ★ *in de ~ der jaren* over the years ★ *in de ~ der tijden* in the course of time ❹ *richting* direction ★ *uit de ~ liggen* be off the beaten track, be out of the way ❺ *v. rivier* course ❻ *v. geweer* barrel

loopafstand *m* [-en] ★ *op ~* within walking distance

loopbaan *v* [-banen] ❶ *v. persoon* career ❷ *v. planeet* orbit

loopbaanonderbreking *v* [-en] career break

loopbaanplanning *v* career planning

loopbrug *v* [-gen] ❶ *v. voetgangers* footbridge ❷ *loopplank* gangway

loopgips *o* walking cast

loopgraaf *v* [-graven] trench

loopgravenoorlog *m* [-logen] trench warfare

loopgravenstelsel *o* [-s] entrenchment

looping *m* [-s] loop ★ *een ~ maken* make / describe a loop

loopje *o* [-s] ❶ *kleine/korte loop* trot ★ *op een ~* at a trot ❷ *wandelingetje* short walk ❸ *aanloop* run up ❹ muz run ❺ *kunstgreep* trick ★ *een ~ met iem. nemen* pull sbd.'s leg

loopjongen *m* [-s] errand / messenger boy

loopkat *v* [-ten] trolley

loopkraan *v* [-kranen] travelling/Am traveling crane, transporter

looplamp *v* [-en] inspection lamp

looplijn *v* [-en] *bij paardendressuur* running line

loopneus *m* [-neuzen] runny / running nose

loopnummer *o* [-s] sp running event

looppas *m* run, jog ★ *in ~* on the double

loopplank *v* [-en] ❶ gangway ❷ *over kuil, natte grond &* footplank, duckboard ❸ *bij kegelen* alley

looprek *o* [-ken] walking frame, walker

loops *bn* in heat / season

looptijd *m* [-en] ❶ *overeengekomen periode* duration, term ❷ *m.b.t. een wissel, lening* (period to) maturity, term ❸ *geldigheidsduur* (length / term of) validity ★ *~ tot* valid until

looptraining *v* [-en] running training

loopvlak *o* [-ken] tread

loopvogel *m* [-s] flightless bird

loos *bn* ❶ *leeg* empty ★ *een loze noot* an empty nut ❷ *listig* cunning, crafty, wily ★ *een loze streek* a cunning trick ❸ *onecht* dummy, false, fake ★ *een loze deur* a dummy door ★ *~ alarm* false alarm ★ *loze woorden* empty words

loot *v* [loten] ❶ plantk shoot ★ *loten schieten* grow shoots ❷ fig scion, offspring

lopen *onoverg* [liep, h. en is gelopen] ❶ *gaan* walk, go ★ *deze schoenen ~ lekker* these shoes are comfortable ★ *zich moe ~* tire oneself out with walking ★ *zullen we een eindje gaan ~?* shall we go for a walk? ★ *zullen we ~?* shall we go by / on foot? ★ *het is een uur ~* it's an hour's walk ★ *we zullen hem maar laten ~* we'll have to let him go ★ *zijn vingers over de toetsen laten ~* run one's fingers over the keys ★ *ergens tegen aan ~* come across sth ★ *onder het ~* while walking ★ *op handen en voeten ~* walk / go on all fours ★ *hij laat niet over zich heen ~* he doesn't let people walk all over him ❷ *hardlopen* run ★ *loop heen!* get along with you!, go on! ★ *~ als een kievit* run like a hare / like mad ★ *het op een ~ zetten* take to one's heels ❸ *verlopen* go by ★ *het liep anders* things turned out differently ★ *alles loopt verkeerd* everything's going wrong ❹ *v. zaken: in werking zijn, zich voortbewegen* go ★ *de trein loopt vandaag niet* there's no train today ★ *mijn horloge loopt goed* my watch keeps good time ★ *dit artikel loopt goed / slecht* this article sells well / doesn't sell well ★ *dit* *schip loopt 20 knopen* this ship makes 20 knots ★ *deze zin loopt niet* this sentence doesn't go smoothly ★ *op een mijn* ~ hit a mine ★ *de ketting loopt over een katrol* the chain passes over a pulley ★ *die zaken ~ over de boekhouder* these things are handled by the bookkeeper ❺ *stromen, vloeien* run ★ *men liet het metaal in een vorm ~* the metal was directed into a mould ★ *hij laat alles maar ~* ⟨incontinentie⟩ he lets everything go, ⟨nalatigheid⟩ he lets things slide / drift ★ *de kleuren ~ door elkaar* the colours all run together ★ *de tranen liepen haar over de wangen* tears were streaming down her face ❻ *zich uitstrekken* run ★ *het loopt naar / tegen twaalven* it's getting on for twelve o'clock ★ *hij loopt naar de vijftig* he's getting on for fifty ★ *de gracht loopt om de stad* the canal runs / goes round the town ★ *de weg loopt over Breda* the road goes via Breda ★ *het loopt in de duizenden* it runs into thousands ★ *het loopt in de papieren* it's very costly ❼ *blootgesteld zijn aan* run, stand ★ *je loopt het gevaar dat...* you run the risk of...ing ★ *je loopt meer kans om te...* you stand more chance of...ing ★ *je loopt meer risico om te...* you run a greater risk of...ing ❽ *(lopend) iets doen* be...ing ★ *zij ~ te bedelen* they go about begging

lopend *bn* ❶ *te voet gaand, rennend* running, walking ★ *een ~ patiënt* an ambulant patient ❷ *in beweging zijnd* running, moving ★ *een ~e band* an assembly line ★ *een ~ buffet* a stand-up buffet ★ *~ commentaar* a running commentary ★ *zich als een ~ vuurtje verspreiden* spread like wildfire ❸ *aan de gang zijnd* current ★ *de zevende van de ~e maand* the seventh of this month ★ *het ~e jaar* the current year ★ ⟨rekening courant⟩ *de ~e rekening* the current account ★ ⟨onbetaalde rekening⟩ *een ~e rekening* an outstanding account ★ *de ~e rekening van de betalingsbalans* the current balance of the balance of payments ★ *~e schulden* outstanding debts ★ *de ~e zaken* current business / affairs, the business of the day ★ *rekeningen ~e over de laatste drie jaar* bills covering the last three years ❹ *vloeiend* running ★ *een ~e neus* a running / runny nose ★ *~e ogen* streaming eyes ★ *~ schrift* running writing, cursive ★ *~ water* running water

loper *m* [-s] ❶ *persoon* runner, ⟨krantenbezorger⟩ newspaper deliverer, ⟨v. bank &⟩ messenger, courier ❷ *schaakspel* bishop ❸ *sleutel* master / pass / skeleton key ❹ *tapijt* carpet ★ *de rode ~ voor iem. uitleggen* roll out the red carpet for sbd, give sbd the red carpet treatment ❺ *tafelkleedje* runner

lor *o & v* [-ren] ❶ *vod* rag ★ *geen ~* not a bit / straw) ❷ fig *piece of trash / rubbish ★ *een ~ van een roman* a trashy novel ★ *een ~ van een vent* a good-for-nothing ★ *het is een ~* it's a dud, it's mere trash

lorgnet *v & o* [-ten] pince-nez, lorgnette

lorre *m* [-s] pretty Polly

lorrie *v* [-s] ❶ lorry, trolley, truck ❷ *kiepkarretje* tipper,

tip truck, dumper

lorrig *bn* trashy, rubbishy

lorum *zn* ★ inf *in de* ~ ⟨verward⟩ confused, ⟨dronken⟩ sloshed, plastered, ⟨in moeilijke omstandigheden⟩ in a tight spot

los I *bn* ❶ *niet vast* loose ★ *een ~se voering* a detachable lining ★ *met ~se handen rijden* ride with no hands ★ *je veter is* ~ your shoelace has come undone / is untied ★ *zij stelen alles wat* ~ *en vast zit* they steal whatever they can lay their hands on ❷ *leeg* empty, ⟨v. koopman⟩ sold out ❸ *afzonderlijk, apart, niet verpakt* loose ★ *~ geld* loose change ★ *~se koffie* ± freshly-ground coffee ★ *~se auto-onderdelen* spare parts ★ *~se bloemen* cut flowers ★ ⟨van een tijdschrift⟩ *~se nummers* single issues ❹ *niet samenhangend* disconnected ★ *~se aantekeningen* loose notes ★ *~se gedachten* disjointed / stray thoughts ❺ *niet stijf* easy, informal, relaxed ★ *een ~se houding* an easy / a relaxed attitude ★ *een ~se stijl* an easy / a fluent style ❻ *lichtzinnig* loose ★ *~se zeden* loose morals ❼ *niet gebonden* free ★ *een ~ werkman* a casual labourer **II** *bijw* ❶ loosely ★ *~!* let go! ★ *op iem.* ~ *gaan* go at sbd ★ *erop* ~ *leven* live it up ★ *erop* ~ *slaan* hit out, pitch into ⟨sbd⟩ ❷ *op zichzelf staand* independent, separate ★ *~ van de vraag of...* apart / aside from the issue of whether... **III** *m* [-sen] *dier* lynx

losbandig *bn* lawless ⟨approach to life⟩, riotous ⟨student life⟩, fast ⟨sex, lifestyle⟩, dissipated ⟨fellow, life⟩, loose ⟨woman⟩, wild ⟨youths⟩

losbandigheid *v* [-heden] lawlessness, wildness, ⟨v. zeden⟩ looseness, dissipation

losbarsten *onoverg* [barstte los, is losgebarsten] ❶ break out, burst, explode, ⟨v. bui, storm⟩ blow up ★ *in een luid gelach* ~ burst out laughing ❷ *v. emoties* flare up, explode, erupt, burst out

losbarsting *v* [-en] outburst, explosion

losbladig *bn* loose-leaf

losbol *m* [-len] reveller ★ *zij is echt een* ~ she lives fast and loose, she leads a debauched life

losbranden I *onoverg* [brandde los, is losgebrand] ❶ *afgeschoten worden* blaze / fire away ★ *het geschut brandde los* the artillery blazed away ❷ *beginnen* burst into ★ *er brandde een felle discussie los* a heated discussion arose **II** *overg* [brandde los, h. losgebrand] *afschieten* burn off

losbreken I *onoverg* [brak los, is losgebroken] ❶ *los raken* break loose / away ❷ *uit de gevangenis* break out / free, escape ❸ *van bui, storm* break loose **II** *overg* [brak los, h. losgebroken] break off, tear off, separate

losdag *m* [-dagen] scheepv day of discharge

losdraaien *overg* [draaide los, h. losgedraaid] unscrew, loosen

loser *m* [-s] loser

losgaan *onoverg* [ging los, is losgegaan] ⟨v. schroef &⟩ come / work loose, ⟨v. bladen &⟩ become unstuck / detached, ⟨v. haar &⟩ become untied / undone

★ *op iem.* ~ let fly at sbd ★ *ergens op* ~ go for it

losgeld *o* [-en] ❶ *bij ontvoering &* ransom ★ *een* ~ *van 3.000.000 euro eisen* demand a ransom of 3,000,000 euros ❷ handel landing charges

losgeslagen *bn* adrift

losgespen *overg* [gespte los, h. losgegespt] unbuckle, unclasp

losgooien *overg* [gooide los, h. losgegooid] loosen, scheepv cast off

loshaken *overg* [haakte los, h. losgehaakt] unhook, unhitch, ‹ook v. aanhanger› uncouple

loshangen *onoverg* [hing los, h. losgehangen] hang loose / down / free ★ *die knoop hangt los* the button is loose ★ *haar haar hangt los* her hair is down / loose

loshangend *bn* fly-away, loose ★ *met* ~ *haar* with ‹her› hair loose

losheid *v* [-heden] ❶ looseness, ease ❷ *loszinnigheid* looseness, laxity

losjes *bijw* ❶ loosely ❷ *vluchtig* lightly, light-heartedly, casually, afkeurend superficially ★ *het* ~ *opnemen* take matters lightly

losknopen *overg* [knoopte los, h. losgeknoopt] ❶ *v. jas &* unbutton ❷ *v. touw* untie

loskomen *onoverg* [kwam los, is losgekomen] ❶ *losgaan* get / come loose ❷ fig unbend, relax, open up ❸ *in beweging komen* get going, start to move ❹ luchtv get off the ground ❺ *beschikbaar worden* become available ❻ *uit de gevangenis komen* be released

loskopen *overg* [kocht los, h. losgekocht] buy off / out, ransom

loskoppelen *overg* [koppelde los, h. losgekoppeld] disconnect, detach, uncouple

loskrijgen *overg* [kreeg los, h. losgekregen] ❶ *los, vrij krijgen* get loose / released / free, ‹ook v. knoop› get undone ❷ *bemachtigen* secure, extract ★ *geld zien los te krijgen* manage to secure / extract / raise some money

loslaten I *overg* [liet los, h. losgelaten] ❶ release, set free, let go, ‹v. honden› unleash ★ *hij liet mijn hand los* he let go of my hand ★ *een geheim* ~ give away / reveal / leak a secret ★ *hij laat niets los over zijn werk* he doesn't reveal anything about his work, he keeps his lips sealed about his work ★ *de gedachte laat mij niet meer los* the thought keeps haunting me ❷ *laten vallen* let go of, drop, abandon **II** *onoverg* [liet los, h. losgelaten] ❶ let go ★ *laat los!* let go! ★ *hij laat niet los* he's holding on like grim death / like a leech ❷ *v. verf &* come / peel off

loslating *v* release

loslippig *bn* loose-lipped

loslippigheid *v* indiscretion

loslopen I *onoverg* [liep los, h. losgelopen] walk about freely, ‹v. misdadiger› be at large ★ ~*de honden / koeien &* stray dogs / cows & ★ *een* ~*d jongmens* an unattached young man **II** *onoverg* [liep los, is losgelopen] be all right ★ *dat zal wel* ~ it'll be all

right ★ *dat is te gek om los te lopen* it's too crazy / mad for words

losmaken *overg* [maakte los, h. losgemaakt] ❶ *vrijmaken, openmaken* release / set free, ‹v. knoop› untie / undo, ‹v. kleren› unfasten / loosen, ‹v. steen &› dislodge ★ *dat maakte de tongen los* that loosened their tongues ★ *zich* ~ disengage / free oneself ★ *zich* ~ *van iets* dissociate oneself from sth, break away from sth ❷ *weten te krijgen* get hold of / obtain / extract ‹money› ❸ *minder vast doen zijn* loosen (up) ‹the soil› ❹ *oproepen* stir up ‹interest›

lospeuteren *overg* [peuterde los, h. losgepeuterd] ❶ *proberen te krijgen* extract ★ *informatie / geld* ~ extract information / money ❷ *losmaken* prise off / away

losplaats *v* [-en] unloading bay, scheepv unloading quay

losprijs *m* [-prijzen] ransom

losraken *onoverg* [raakte los, is losgeraakt] ❶ *losgaan* come loose / off / away, become detached, ‹v. stenen &› be dislodged ❷ *vrijgelaten worden* be released, be set free ❸ *ontsnappen* break free, get out

losrukken *overg* [rukte los, h. losgerukt] tear loose ★ *zich* ~ *van* tear oneself away from

löss *v* loess

losscheuren I *overg* [scheurde los, h. losgescheurd] tear loose / away ★ *zich* ~ *(van)* tear oneself away (from), break away (from) **II** *onoverg* [scheurde los, is losgescheurd] be torn loose, ‹v. bladzij› be torn out

losschieten *onoverg* [schoot los, is losgeschoten] slip (off / out), come off, become detached

losschroeven *overg* [schroefde los, h. losgeschroefd] screw off, unscrew

lossen I *overg* [loste, h. gelost] ❶ *v. goederen* unload, empty ❷ *v. vuurwapen* discharge, shoot, fire ❸ *aflossen* discharge, repay ❹ *loslaten* release, set free, let out / go **II** *onoverg* [loste, h. gelost] sp be dropped, fall behind

lossing *v* [-en] *v. goederen* unloading

losslaan I *onoverg* [sloeg los, is losgeslagen] ❶ scheepv break away, be turned adrift ❷ *met een klap opengaan* fly / burst open ❸ *uit de band springen* go wild **II** *overg* [sloeg los, h. losgeslagen] knock open / loose

losspringen *onoverg* [sprong los, is losgesprongen] spring open / loose

losstaand *bn* detached / freestanding ‹house &›, isolated ‹fact›

losstormen *onoverg* [stormde los, is losgestormd] ★ ~ *op* charge / fly at

lostijd *m* [-en] unloading / discharging time

lostornen *overg* [tornde los, h. losgetornd] unpick, pick to pieces

lostrekken I *overg* [trok los, h. losgetrokken] ❶ pull / tear loose ❷ *openen* pull open **II** *onoverg* [trok los, is losgetrokken] *oprukken* advance, move up

los-vast *bn* informal, casual ★ ~*e verkering* an on and off / a casual relationship

losweg *bijw* casually, off-hand(edly)

losweken I *overg* [weekte los, h. losgeweekt] soak off ★ *zich ~ van* detach oneself from, break away from **II** *onoverg* [weekte los, is losgeweekt] become unstuck

loswerken I *overg* [werkte los, h. losgewerkt] ❶ *met moeite losmaken* extricate, work loose ❷ *met moeite vrij maken* extricate, free ★ *zich ~* disengage oneself **II** *onoverg* [werkte los, is losgewerkt] come loose

loszinnig *bn* frivolous

loszitten *onoverg* [zat los, h. losgezeten] be loose, ‹v. knoop› be coming off ★ *zijn handen zitten los* he's free with his hands

lot *o* [loten] ❶ *loterijbriefje* (lottery) ticket ★ *fig een ~ uit de ~erij* a gem, a catch ❷ *levenslot* fate, destiny, lot ★ *het ~ was haar gunstig* fortune smiled on her ★ *iem. aan zijn ~ overlaten* leave sbd to fend for himself, leave sbd to his own devices

loteling *m* [-en] conscript

loten I *onoverg* [lootte, h. geloot] draw lots ★ *er om ~* draw lots **II** *overg* [lootte, h. geloot] draw

loterij *v* [-en] lottery

loterijbriefje *o* [-s] lottery ticket

lotgenoot *m* [-noten] companion, partner

lotgeval *o* [-len] adventure, ‹mv› ups and downs, fortunes

loting *v* [-en] drawing of lots ★ *bij ~* by drawing lots ★ *via ~ toegelaten worden* selection by lot

lotion *v* [-s] lotion

lotje *o* ★ *van ~ getikt* barmy, crazy, off his rocker

lotnummer *o* [-s] lot number

lotsbestemming *v* [-en] fate, destiny

lotsverbetering *v* improvement in one's lot

lotsverbondenheid *v* solidarity

lotto *m* ['s] lotto, lottery

lottoformulier *o* [-en] lottery form

lottotrekking *v* [-en] lottery draw

lotus *m* [-sen] lotus

lotusbloem *v* [-en] lotus flower

lotushouding *v* lotus position

louche *bn* shady, suspicious

lounge *m* [-s] foyer ★ *de vip~* the VIP lounge

louter I *bn* ❶ *zuiver* pure ‹gold› ❷ *alleen maar* mere ‹thought›, sheer ‹nonsense› ★ *~ leugens* nothing but lies **II** *bijw* purely, merely, only ★ *~ bij toeval* by sheer chance, purely by accident

louteren *overg* [louterde, h. gelouterd] purify, refine

loutering *v* [-en] catharsis

louwmaand *v* January

lovegame *m* [-s] love game

loven *overg* [loofde, h. geloofd] praise, commend, glorify ‹God› ▾ *~ en bieden* haggle, bargain

lovend *bn* very approving ★ *een ~e recensie* a very favourable review ★ *~e woorden* words of praise

lover *o* [-s] foliage

loverboy *m* [-s] young male pimp

lovertje *o* [-s] spangle, sequin

low budget *m en bn* [-s] low-budget

lowbudgetfilm *m* [-s] low-budget film

loyaal *bn* loyal, faithful

loyalist *m* [-en] loyalist

loyaliteit *v* loyalty

loyaliteitsverklaring *v* [-en] declaration of loyalty

lozen *overg* [loosde, h. geloosd] ❶ *wegwerken* get rid of, dump ❷ *verwijderen* discharge, drain off

lozing *v* [-en] drainage, discharge ★ *illegale ~* illegal dumping

lp *v* ['s] LP

lpg *o* (liquefied petroleum gas) LPG, LP gas

L.S. *afk* (Lectori Salutem) dear Sir or Madam, to whom it may concern

L.S.
De uitdrukking **Lectori Salutem** wordt in het Engels nooit gebruikt. Een rondschrijven kan als aanhef hebben **To whom it may concern** en een brief aan onbekenden kan worden begonnen met **Dear Sir or Madam.**

lsd *o* LSD, inf acid

lts *v* (lagere technische school) junior technical school

lubben *overg* [lubde, h. gelubd] ❶ *castreren* geld, castrate ❷ *v. vis* clean, gut ❸ *strikken* inveigle, wheedle

Lucas *m* Luke

lucht *v* [-en] ❶ *gas* air ★ *gebakken ~* rubbish, twaddle ★ *~ geven aan iets* give vent to sth ★ *in de ~* in the air ★ *dat hangt nog in de ~* it's still up in the air ★ *in de ~ vliegen* explode, be blown up ★ *in de ~ springen* jump (for joy) ★ ‹v. radiostation› *in de ~ zijn* be on the air ★ *het zit in de ~* it's in the air ★ *in de ~ zitten kijken* stare into space ★ *in de open ~* in the open (air) ★ *hij is ~ voor mij* he means nothing to me ❷ *atmosfeer* atmosphere ❸ *hemel* sky ★ *dat is uit de ~ gegrepen* it's totally unfounded ★ *uit de ~ komen vallen* appear out of the blue ❹ *reuk* smell, scent ★ *de ~ krijgen van iets* get wind of sth

luchtaanval *m* [-len] air raid

luchtafweer *m* anti-aircraft defences

luchtafweergeschut *o* anti-aircraft guns

luchtafweerraket *v* [-ten] anti-aircraft missile

luchtalarm *o* air raid warning, alert

luchtballon *m* [-s, -nen] balloon

luchtband *m* [-en] pneumatic tyre, Am pneumatic tire

luchtbasis *v* [-sen & -bases] air base

luchtbed *o* [-den] air bed / mattress, lilo

luchtbel *v* [-len] air bubble

luchtbescherming *v* air raid precautions / defence

luchtbevochtiger *m* [-s] humidifier

luchtbombardement *o* [-en] aerial bombardment

luchtbrug *v* [-gen] ❶ *voetbrug* overhead / elevated bridge ❷ *verbinding met vliegtuigen* airlift

luchtbuis *v* [-buizen] ❶ *buis voor luchttoevoer* air pipe ❷ *luchtpijp* anat trachea

luchtbuks *v* [-en] air rifle / gun

luchtbus *m & v* [-sen] air bus

lu

luchtcargo *m* air cargo
luchtcirculatie *v* air circulation
luchtcorridor *m* [-s] air corridor
luchtdicht I *bn* airtight **II** *bijw* hermetically
luchtdoelgeschut *o* anti-aircraft artillery
luchtdoelraket *v* [-ten] anti-aircraft missile
luchtdoop *m* maiden flight ★ *ik onderging de ~* I made my maiden flight
luchtdruk *m* ❶ *v. atmosfeer* atmospheric pressure ❷ *v. explosie* air pressure, blast
luchten *overg* [luchtte, h. gelucht] ❶ air, ventilate ★ *de kamers ~* air the rooms ❷ *fig* vent, air, give vent to ★ *zijn gemoed / hart ~* air / vent one's feelings, give vent to one's feelings ★ *zijn geleerdheid ~* air one's learning ▼ *ik kan hem niet ~ of zien* I hate the very sight of him, <u>inf</u> I can't stand his guts
luchter *m* [-s] ❶ *lichtkroon* chandelier ❷ *kandelaar* candelabrum, candelabra

---

luchter
De correcte vertaling in het Engels is **candelabrum** met als meervoud **candelabra**. Tegenwoordig wordt echter meestal **candelabra** gebruikt met als meervoud **candelabras**.

---

luchtfilter *m & o* [-s] air filter
luchtfoto *v* ['s] air / aerial photograph, air / aerial view
luchtgat *o* [-gaten] air hole
luchtgekoeld *bn* air-cooled
luchtgesteldheid *v* ❶ atmospheric condition(s) ❷ *klimaat* climate
luchtgevaar *o* danger from the air
luchtgevecht *o* [-en] dogfight
luchthartig I *bn* light-hearted **II** *bijw* light-heartedly ★ *~ over iets heenstappen* dismiss sth lightly / airily
luchthartigheid *v* light-heartedness
luchthaven *v* [-s] airport
luchthavenbelasting *v* [-en] airport tax
luchtig I *bn* ❶ *licht, fris* airy ❷ *v. kleding* light, cool, thin ❸ *v. brood &* light ❹ *niet ernstig* airy, light-hearted, casual ★ *een ~e opmerking* a casual remark ★ *iets op een ~e toon zeggen* say sth casually **II** *bijw* airily, lightly ★ *iets ~ opvatten* treat sth lightly, make light of sth ★ *~ doen over iets* treat sth lightly
luchtigheid *v* airiness, lightness, ‹v. personen› light-heartedness
luchtje *o* [-s] ❶ *lucht* fresh air ★ *een ~ (gaan) scheppen* get a bit / breath of fresh air ❷ *geur* smell, odour ★ *er zit een ~ aan* it smells, <u>fig</u> there's sth fishy about it
luchtkartering *v* air / aerial survey
luchtkasteel *o* [-telen] castle in the air, daydream ★ *luchtkastelen bouwen* build castles in the air
luchtklep *v* [-pen] air valve
luchtkoeling *v* air cooling ★ *een motor met ~* an air-cooled engine
luchtkoker *m* [-s] air / ventilation shaft
luchtkussen *o* [-s] air cushion, ‹in leidingen› airlock

luchtkussenboot *m & v* [-boten], **luchtkussenvoertuig** *o* [-en] hovercraft
luchtkuur *v* [-kuren] fresh-air treatment
luchtlaag *v* [-lagen] layer of air
luchtlanding *v* [-en] airborne landing
luchtlandingsoperatie *v* [-s] airborne operation
luchtlandingstroepen *zn* [mv] airborne troops
luchtledig *bn* void of air ★ *een ~e ruimte* a vacuum ★ *~ maken* create a vacuum
luchtledige *o* vacuum ★ *in het ~* in a vacuum ★ *in het ~ praten / kletsen* be talking in a vacuum / to a non-existent audience
luchtlijn *v* [-en] airline
luchtmacht *v* [-en] air force
luchtmachtbasis *v* [-bases & -sen] air force base
luchtmatras *v & o* [-sen] air bed, air mattress, lilo
luchtmobiel *bn* airborne ★ *de ~e brigade* the airborne brigade
luchtnet *o* [-ten] air network
luchtoffensief *o* [-sieven] air offensive
luchtoorlog *m* [-logen] war in the air, air war
luchtopname *v* [-n & -s] ❶ *luchtfoto* aerial photograph ❷ *het opnemen v. lucht* air intake
luchtpijp *v* [-en] windpipe, <u>anat</u> trachea
luchtpiraat *m* [-raten] air pirate, skyjacker
luchtpiraterij *v* air piracy, skyjacking
luchtpomp *v* [-en] air pump
luchtpost *v* airmail ★ *per ~* by airmail
luchtpostblad *o* [-bladen] airmail letter, aerogramme/<u>Am</u> aerogram
luchttramp *v* [-en] air disaster
luchtrecht *o* ❶ aviation law ❷ *porto* airmail postage
luchtreclame *v* aerial / sky advertising
luchtreis *v* [-reizen] voyage by air, air voyage / trip
luchtreiziger *m* [-s] air traveller, <u>Am</u> air traveler
luchtrooster *m & o* [-s] air grate, wall ventilator
luchtruim *o* ❶ *dampkring* atmosphere ❷ *machtsgebied* airspace ★ *het Nederlandse ~ schenden* violate Dutch airspace
luchtschip *o* [-schepen] airship
luchtschommel *m & v* [-s] swingboat
luchtschroef *v* [-schroeven] (aircraft) propeller, <u>Br</u> airscrew
luchtslag *m* [-slagen] air battle
luchtsluis *v* [-sluizen] airlock
luchtspiegeling *v* [-en] mirage, <u>alleen dicht</u> Fata Morgana
luchtstoringen *zn* [mv] atmospherics
luchtstreek *v* [-streken] climate, zone
luchtstrijdkrachten *zn* [mv] air force
luchtstroom *m* [-stromen] air current
luchttaxi *m* ['s] air taxi
luchttoevoer *m* air supply
luchttransport *o* air transport
luchttrilling *v* [-en] air vibration, vibration of air
luchtvaart *v* aviation, flying
luchtvaartmaatschappij *v* [-en] airline (company), aviation company

luchtvaartschool *v* [-scholen] flying school
luchtvaartuig *o* [-en] aircraft
luchtverbinding *v* [-en] air link
luchtverdediging *v* air defence/Am defense
luchtverfrisser *m* [-s] air freshener
luchtverkeer *o* aerial / air traffic
luchtverkeersleider *m* [-s] air traffic controller
luchtverkeersleiding *v* air traffic control, ATC
luchtverkenning *v* air / aerial reconnaissance
luchtverontreiniging *v* air pollution
luchtverschijnsel *o* [-en & -s] atmospheric
  phenomenon
luchtverversing *v* ventilation
luchtvervoer *o* air transport, transport by air
luchtvervuiling *v* air pollution
luchtvloot *v* [-vloten] air fleet
luchtvochtigheid *v* atmospheric humidity
luchtvochtigheidsmeter *m* [-s] hygrometer
luchtvracht *v* air freight / cargo
luchtwaardig *bn* airworthy
luchtwapen *o* air force
luchtweerstand *m* air resistance
luchtweg *m* [-wegen] luchtv air route, airway
luchtwegen *zn* [mv] anat bronchial tubes
luchtweginfectie *v* [-s] bronchial infection
luchtwortel *m* [-s] aerial root
luchtzak *m* [-ken] air pocket
luchtziek *bn* airsick
luchtziekte *v* airsickness
lucide *bn* lucid
lucifer *m* [-s] match
luciferdoosje, lucifersdoosje *o* [-s] matchbox
lucifersboekje *o* [-s] book of matches
lucifershoutje *o* [-s] matchstick
lucratief *bn* lucrative
lucullisch *bn* lavish, luxurious
ludiek *bn* playful, frivolous ★ *~e acties* light-hearted
  protests
lues *v* syphilis
luguber *bn* sinister, lurid, lugubrious, gruesome
lui I *bn* lazy, idle ★ *een ~e stoel* an easy chair ★ *een ~*
  oog a lazy eye ★ *liever ~ dan moe zijn* be bone idle
  II *bijw* lazily **III** *zn* [mv], **luiden** people, folks ★ *de*
  oude ~ the old folks ★ *de kleine ~(den)* the ordinary
  people ★ *gaan jullie mee, ~tjes?* are you coming,
  guys?
luiaard *m* [-s] ❶ *lui mens* lazybones ❷ *dier* sloth
luid I *bn* loud **II** *bijw* loudly ★ *~ spreken* talk loudly
  ★ *iem / iets ~ toejuichen* applaud sbd / sth loudly
  / roundly
luiden I *onoverg* [luidde, h. geluid] ❶ *v. klokken* sound
  ★ *de klokken ~* the bells are sounding / ringing
  ❷ *v. inhoud* read ★ *hoe luidt de brief?* what's the gist
  of the letter? ★ *het antwoord luidt niet gunstig* the
  reply isn't very positive ★ *zoals de uitdrukking luidt*
  as the saying goes **II** *overg* [luidde, h. geluid] ring,
  sound, toll
luidens *voorz* according to ★ *~ het bevel* according to
  instructions
luidkeels *bijw* at the top of one's voice, loudly ★ *~*
  lachen laugh at the top of one's voice
luidop *bijw* ZN out loud, aloud
luidruchtig I *bn* loud, noisy, boisterous **II** *bijw* loudly,
  noisily, boisterously
luidruchtigheid *v* loudness, noisiness, boisterousness
luidspreker *m* [-s] loudspeaker
luier *v* [-s] nappy, Am diaper ★ *ook fig nog in de ~s*
  zitten still be in nappies
luieren *onoverg* [luierde, h. geluierd] be idle, idle
  / laze (around)
luiermand *v* [-en] ❶ *mand* nappy basket ❷ *babykleren*
  layette, baby clothes
luifel *v* [-s] ❶ *afdak* (glass) porch ❷ *zonnescherm*
  awning
luiheid *v* laziness, idleness
Luik *o* Liège
luik *o* [-en] ❶ *aan raam* shutter ❷ *in vloer* trapdoor,
  scheepv hatch ❸ *v. schilderij* panel ❹ *deel*
  v. formulier ZN section ❺ ZN pol part of a (political)
  programme
luilak *m* [-ken] lazybones
luilakken *onoverg* [luilakte, h. geluilakt] idle / laze
  (around)
Luilekkerland *o* land of plenty ★ *een luilekkerland*
  voor criminelen a paradise for criminals
luim *v* [-en] ❶ *gemoedsgesteldheid* humour, mood ★ *in*
  een goede ~ zijn be in a good temper / humour ❷ *gril*
  whim, caprice
luimig *bn* ❶ *grillig* capricious ❷ *grappig* facetious
luipaard *m* [-en] leopard
luis *v* [luizen] ❶ *op mens en dier* louse ❷ *bladluis* aphid
luister *m* lustre, splendour ★ *met veel ~* with
  splendour ★ *~ bijzetten* add lustre to
luisteraar *m* [-s] listener
luisterbijdrage *v* [-n] radio licence/Am license fee
luisterboek *o* [-en] listening book, spoken book
luisterdichtheid *v* listening figures / ratings
luisteren *onoverg* [luisterde, h. geluisterd] ❶ listen
  ★ *heimelijk ~* eavesdrop ★ *naar de radio ~* listen to
  the radio ★ *naar iem. ~* listen to sbd ★ *~de naar de*
  naam Fox answering to the name of Fox ★ *wie*
  luistert aan de wand, hoort zijn eigen schand
  eavesdroppers hear no good of themselves
  ❷ *gehoorzamen* listen, follow ★ *naar zijn raad ~*
  listen to his advice ★ *naar rede ~* listen to reason
  ★ scheepv *naar het roer ~* respond to the helm ▼ *dat*
  luistert nauw that requires precision
luister- en kijkgeld *o* [-en] radio and television
  licence/Am license fee
luisterlied *o* [-eren] contemporary ballad
luisterpost *m* [-en] listening post
luisterrijk I *bn* ❶ splendid, magnificent, glorious
  ❷ *roemrijk* glorious, illustrious **II** *bijw* splendidly, in
  style, with pomp and circumstance ★ *~ eten* dine in
  style ★ *~ onthaald* received with pomp and
  circumstance

lu

luisterspel *o* [-spelen] radio play
luistertoets *m* [-en] aural comprehension test
luistervaardigheid *v* [-heden] listening skills
luistervergunning *v* [-en] radio licence/Am license
luistervink *m & v* [-en] eavesdropper
luit *v* [-en] lute
luitenant *m* [-s] lieutenant ★ *de dienstdoend* ~ the lieutenant on duty ★ *eerste / tweede* ~ first / second lieutenant
luitenant-generaal *m* [-s] lieutenant-general
luitenant-kolonel *m* [-s] lieutenant-colonel, luchtv wing commander
luitenant-ter-zee *m* [luitenants-] lieutenant ★ ~ *eerste klasse* first-class lieutenant, lieutenant commander ★ ~ *tweede klasse* sublieutenant
luitspeler *m* [-s] lute player
luiwagen *m* [-s] hard broom
luiwammes *m* [-en] lazybones
luizen *overg* [luisde h. geluisd] *zoeken naar hoofdluizen* delouse ▼ *erin* ~ fall into the trap ▼ *iem. erin laten* ~ play a trick on sbd
luizenbaan *v* [-banen] cushy job
luizenei *o* [-eren] nit
luizenkam *m* [-men] fine-toothed comb, nit comb
luizenleven *o* easy life ★ *een* ~ *hebben* have a cushy life, lead the life of Riley
luizenstreek *m & v* [-streken] lousy trick
luizig *bn* ❶ *vol luizen* full of lice, lousy ❷ *armetierig* pathetic ★ *een* ~ *bos bloemen* a pathetic little bunch of flowers ❸ inf great, fantastic
lukken *onoverg* [lukte, is gelukt] succeed, be successful, manage ★ *het lukt niet* it's not working ★ *dat lukt je nooit* you'll never manage that, you'll never bring / pull that off ★ *het is mij gelukt* I managed it ★ *...is goed gelukt* ...turned out well,..was very successful ★ *dat zal wel* ~ it'll be okay / all right
lukraak *I bn* haphazard, random, wild ★ ~ *antwoorden* haphazard / hit-and-miss answers **II** *bijw* haphazardly, randomly, at random ★ ~ *geplaatste tafels* tables placed haphazardly / at random
lul *m* [-len] ❶ *penis* prick, dick, cock ★ *een stijve* ~ *hebben / krijgen* have / get an erection/inf a hard-on ❷ *scheldwoord* prick, ass(hole) ★ *een ouwe* ~ an old geezer ★ *de* ~ *zijn* cop it ★ *voor* ~ *staan* look a real idiot
lulkoek *m* bullshit
lullen *onoverg* [lulde, h. geluld] bullshit ★ *er wordt hier te veel geluld* there's too much crapping on / bullshitting going on here ★ *zit niet zo slap te* ~! stop crapping on!
lullepot *m* [-ten] old fool, idiot, nutcase
lullig *bn & bijw* pathetic, lousy, rotten ★ *doe niet zo* ~ don't be so pathetic, don't be such a prick / jerk ★ *zich* ~ *voelen* feel rotten ★ *ik vind het* ~ *van haar dat ze...* it really pisses me off that she... ★ *wat* ~ *dat je niet geslaagd bent* what a lousy / rotten bit of luck that you failed
lulverhaal *o* [-verhalen] cock and bull story, (piece of)

lumineus *bn* brilliant, bright ★ *een* ~ *idee krijgen* have a brilliant idea / a brain wave
lummel *m* [-s] oaf, lout ★ *een* ~ *van een jongen* an oaf of a lad ★ *een* ~ *van een balk* a whacking great beam
lummelachtig *bn* oafish, loutish
lummelen *onoverg* [lummelde, h. gelummeld] hang around, fool about
lummelig *bn* oafish, loutish
lunapark *o* [-en] amusement park
lunch *m* [-en & -es] lunch(eon)
lunchconcert *o* [-en] lunch concert
lunchen *onoverg* [lunchte, h. geluncht] lunch, have lunch
lunchpakket *o* [-ten] packed lunch
lunchpauze *v* [-s] lunch break
lunchroom *m* [-s] tea room, tea shop
luns *v* [lunzen] linchpin
lupine *v* [-n] *plant* lupin, Am ook lupine
lupus *m* lupus
luren *zn* [mv] ★ *iem. in de* ~ *leggen* take sbd in, take sbd for a ride ★ *nog in de* ~ *liggen* be wet behind the ears
lurken *onoverg* [lurkte, h. gelurkt] suck, ⟨drinken⟩ slurp, ⟨v. buizen⟩ gurgle ★ ~ *aan zijn pijp* suck on his pipe
lurven *zn* [mv] ★ *iem. bij zijn* ~ *pakken* get sbd by the short hairs
lus *v* [-sen] ❶ *v. touw* noose ❷ *v. schoen* tag ❸ *in tram* strap ❹ *als ornament* loop
lust *m* [-en] ❶ *zin* desire ★ *niet de tijd of de* ~ *hebben om te...* have neither the time or the energy to... ★ *ik heb er geen* ~ *in* I don't feel like it ★ *iem. de* ~ *doen vergaan* take the wind out of someone's sails ★ *de* ~ *tot lachen zal je straks wel vergaan* you'll soon be laughing on the other side of your face ❷ *genot* delight ★ *een* ~ *voor het oog* a feast for the eye ★ *het is mijn* ~ *en mijn leven* it's my greatest delight ★ *...dat het een (lieve)* ~ *is* ...with a will ★ *een mens zijn* ~ *is een mens zijn leven* a life without pleasure is no life at all ❸ *verlangen* desire, passion, ⟨vleselijk⟩ lust ★ *vleselijke* ~*en* desires of the flesh, carnal desires ★ *zijn* ~*en botvieren* give one's desires / passions free rein
lusteloos I *bn* ❶ listless, apathetic ❷ handel flat **II** *bijw* listlessly, apathetically
lusteloosheid *v* listlessness, apathy
lusten *overg en onoverg* [lustte, h. gelust] like, be fond of ★ *ze* ~ *hem niet* they can't bear him ★ *hij zal ervan* ~ he's going to pay for this ★ *ik lust hem rauw!* just let me get my hands on him! ★ *ik lust wel een kopje koffie* I could do with a coffee ★ *eten zoveel men lust* eat as much as you like ★ fig *zo lust ik er nog wel eentje!* pull the other one!
luster *m* [-s] chandelier
lustgevoel *o* [-ens] sense of pleasure, pleasurable feeling
lusthof *m* [-hoven] ❶ pleasure garden / ground ❷ fig

(garden of) Eden, paradise

lustig I *bn vrolijk* merry, cheerful **II** *bijw* ❶ merrily, cheerfully ❷ versterkend lustily ★ *hij speelt / feest er ~ op los* he's having a great time / having the time of his life

lustmoord *m* [-en] sex murder

lustmoordenaar *m* [-s] sex murderer

lustobject *o* [-en] sex object

lustoord *o* [-en] delightful / idyllic spot

lustre I *o* lustre **II** *bn* lustre

lustrum *o* [-tra] fifth anniversary

> **lustrum**
>
> Een **lustrum** is in Engelstalige landen een onbekend begrip. Men gebruikt daar een aanduiding als **fifth/tenth/fifteenth anniversary**.

lustrumjaar *o* [-jaren] fifth (tenth, fifteenth &) anniversary

lutheraan *m* [-ranen] Lutheran

lutheraans *bn* Lutheran

luthers *bn* Lutheran ★ *de Lutherse Kerk* the Lutheran church

luttel *bn* ❶ *bij enkelvoud* small, little ★ *voor het ~ bedrag van...* for the mere sum of..., for a mere... ❷ *bij meervoud* few ★ *~e dagen* a few days

luw *bn* ❶ *windvrij* sheltered, protected ❷ *warm* mild

luwen *onoverg* [luwde, is geluwd] ❶ *v. wind &* abate, die down, subside ❷ *v. drukte &* calm / quieten down, cool (down) ★ *toen de opwinding was geluwd* when the excitement had blown over, when everyone had calmed down ★ *haar enthousiasme is geluwd* her enthusiasm has faded

luwte *v* ❶ shelter, ‹plaats met weinig / geen wind› lee ★ *in de ~* to leeward / out of the wind, fig on the sidelines ★ *in de ~ van de eilanden* in the lee of the islands ★ *in de ~ van de grote stad* in the shelter of the city ❷ *zoelte* warmth

luxaflex® *m* venetian blind

luxe I *m* luxury ★ *in ~ grootgebracht* brought up in the lap of luxury **II** *bn* luxury, deluxe ★ *een ~ leventje leiden* live a life of luxury

luxeartikel *o* [-en] luxury article ★ *~en* luxury goods

luxeauto *m* ['s] luxury / deluxe car

luxebrood *o* [-broden] fancy bread ★ *een workshop ~ bakken* a workshop on baking non-standard types of bread

luxe-editie *v* [-s] deluxe edition

luxehut *v* [-ten] luxury cabin

luxeleven *o* life of luxury

Luxemburg *o* Luxembourg

Luxemburger *m* [-s] Luxembourger

Luxemburgs *bn* Luxembourg

Luxemburgse *v* [-n] Luxembourger ★ *ze is een ~* she's a Luxembourger, she's from Luxembourg

luxeprobleem *o* [-problemen] not a real problem ★ *het is slechts een ~* it's not a real problem

luxueus I *bn* luxurious, sumptuous, opulent, plush **II** *bijw* luxuriously & ★ *een ~ ingericht appartement* a luxuriously & furnished apartment

luzerne *v* [-n] Lucerne

L-vormig *bn* L-shaped

lyceum *o* [-cea & -s] Br ± grammar school, Am ± senior high school

lychee *m* [-s] lychee, litchi

lycra® **I** *m & o* Lycra **II** *bn* lycra

lymf *v* → **lymfe**

lymfatisch *bn* lymphatic

lymfe, **lymf** *v* lymph

lymfeklier, **lymfklier** *v* [-en] lymph gland

lymfevat, **lymfvat** *o* [-vaten] lymphatic vessel

lymfocyt *m* [-cyten] lymphocyte

lynchen *overg* [lynchte, h. gelyncht] lynch

lynchpartij *v* [-en] lynching

lynx *m* [-en] lynx

Lyon *o* Lyons

lyricus *m* [-ci] lyricist

lyriek *v* ❶ *poëzie* lyric poetry ❷ *lyrische aard* lyricism

lyrisch I *bn* lyrical ‹account›, lyric ‹poetry› ★ *~ worden* wax lyrical **II** *bijw* lyrically

lysol *o & m* Lysol

ly

M

m I v ['s] m **II** afk (meter) metre, Am meter

ma v ['s] mum, Am mom

maag v [magen] stomach ★ een lege ~ an empty stomach ★ het aan zijn ~ hebben suffer from gastric / stomach trouble ★ hij zit er mee in zijn ~ it's bothering him, ‹ertegen opzien› he's dreading having to do it ★ iem. iets in zijn ~ splitsen fob sth off on sbd, ‹duur verkopen› make sbd pay through the nose for sth ★ op de nuchtere ~ on an empty stomach ★ zwaar op de ~ liggen lie heavy on one's stomach, fig stick in one's throat ★ van vet eten raakt mijn ~ van streek fatty foods upset my stomach

maagaandoening v [-en] stomach complaint

maagbloeding v [-en] gastric bleeding

Maagd v astron & astrol Virgo

maagd v [-en] maagdelijk meisje virgin ★ de Heilige Maagd the Blessed Virgin ★ de Maagd van Orléans the Maid of Orleans

maag-darmkanaal o gastro-intestinal tract

maagdelijk bn ❶ van een maagd virginal ★ in ~e staat in pristine condition ★ in het ~ wit in virginal white ❷ ongerept virgin ★ ~e grond virgin ground

maagdelijkheid v virginity

maagdenvlies o [-vliezen] hymen

maagkanker m stomach cancer

maagklachten zn [mv] gastric / stomach complaints

maagkramp v [-en] stomach / gastric cramps

maagkwaal v [-kwalen] stomach complaint / disorder

maagpijn v [-en] stomach ache, inf belly ache, kindertaal tummy ache

maagsap o [-pen] gastric juice

maagslijmvlies o stomach lining

maagstreek v gastric region, inf stomach

maagwand m stomach wall

maagzuur o substantie gastric juice ★ last hebben van brandend ~ suffer from heartburn / acid stomach / stomach acidity

maagzweer v [-zweren] gastric / stomach ulcer

maaidorser m [-s] combine (harvester)

maaien I overg [maaide, h. gemaaid] ❶ afsnijden mow, cut ★ het gras ~ mow / cut the grass ★ de benen onder iem. vandaan ~ mow / knock sbd down ❷ oogsten reap ❸ een brede (arm)beweging maken sweep ★ ze maaide alle spullen van het bureau she swept everything off the desk **II** onoverg [maaide, h. gemaaid] met de armen zwaaien wave about, flail ★ ze maaide wild met haar armen she was waving her arms wildly / furiously

maaier m [-s] ❶ persoon mower ❷ machine harvester, mower

maaimachine v [-s] ❶ v. gras mowing machine, mower, lawnmower ❷ v. graan harvester

maaiveld o ❶ maailand mowing field ★ fig je mag je hoofd niet boven het ~ uitsteken tall poppies get cut down ❷ bouwk ground / surface level

maak m & v ★ in de ~ zijn ‹in voorbereiding› be in preparation/inf in the make, ‹in reparatie› be under repair ★ ik heb een jas in de ~ I'm having a coat made

maakbaar bn mak(e)able, repairable, fig feasible ★ geluk is ~ happiness is something we make ourselves ★ sp die bal was ~ that shot should have gone in

maakloon o [-lonen] manufacturing cost(s), ‹door kleine onderneming› cost of making

maaksel o [-s] ❶ proces manufacture ★ eigen ~ of own make, made by oneself, homemade ❷ product product, ‹schepping› creation, ‹drank› concoction, ‹machine› contraption

maakwerk o ❶ made to order / custom-made goods ❷ afkeurend run-of-the mill work/inf stuff, hackwork

maal I v & o [malen] keer time ★ een enkele ~ on a rare occasion ★ voor de laatste ~ for the last time ★ te enen male simply, absolutely **II** o [malen] maaltijd meal

maalstroom m [-stromen] draaikolk whirlpool, fig vortex, maelstrom ★ in de ~ meegaan go with the flow ★ de ~ van het leven the merry-go-round of life

maalteken o [-s] multiplication sign

maaltijd m [-en] meal, dinner ★ een warme ~ a hot meal ★ een ~ in elkaar flansen rustle up a meal, throw a meal together

maan v [manen] moon ★ een afnemende / wassende ~ a waning / waxing moon ★ een nieuwe ~ a new moon ★ een volle ~ a full moon ★ ‹kapot› naar de ~ gaan go to the dogs ★ inf loop naar de ~ get lost!, go to hell! ★ alles is naar de ~ it's all gone / lost

maand v [-en] month ★ een dertiende ~ an annual bonus ★ in geen ~en not for months ★ over een ~ in one month's time ★ per ~ a / per month

maandabonnement o [-en] ❶ op krant enz. monthly subscription ❷ openbaar vervoer, entree monthly (season) ticket

maandag m [-dagen] Monday ★ een blauwe ~ for a very short period ★ 's ~s on Mondays

maandagavond m [-en] Monday evening

maandagmiddag m [-en] Monday afternoon

maandagmorgen m [-s] Monday morning

maandagnacht m [-en] Monday night

maandags I bn Monday **II** bijw (on) Mondays, every Monday

maandagziek bn Monday morning blues / feeling

maandbericht o [-en] monthly report

maandblad o [-bladen] monthly (magazine)

maandelijks I bn monthly ★ de ~e huur the monthly rent **II** bijw monthly, every month, once a month

maandenlang I bn months-long ★ na ~e onderhandelingen after months-long talks, after months of talks **II** bijw for months (on end) ★ ~ in het ongewisse blijven remain in the dark / uncertain for months on end

maandgeld *o* [-en] monthly pay / wages, ‹toelage› monthly allowance

maandinkomen *o* [-s] monthly income

maandkaart *v* [-en] monthly (season) ticket

maandloon *o* [-lonen] monthly wages / pay

maandsalaris *o* [-sen] monthly salary / wages

maandverband *o* [-en] sanitary pad / towel / napkin

maandverslag *o* [-en] monthly report

maanlander *m* [-s] lunar module

maanlanding *v* [-en] landing on the moon, moon landing

maanlandschap *o* [-pen] moonscape, lunar landscape

maanlicht *o* moonlight ★ *in het volle* ~ in the light of the moon, in the moonlight ★ *bij* ~ by moonlight

maansikkel *v* [-s] crescent of the moon

maanstand *m* [-en] position of the moon

maansverduistering *v* [-en] eclipse of the moon, lunar eclipse

maanvis *m* [-sen] angelfish

maanzaad *o* poppy seed

maanzaadbrood *o* [-broden] poppy seed bread

maanzaadbroodje *o* [-s] poppy seed roll

maar I *voegw* but ★ *het is klein* ~ *schoon* it's small but clean ★ *ik wilde vluchten* ~ *ik wist niet waar naar toe* I wanted to run away only I didn't know where to **II** *bijw* ❶ *niet meer dan* but, only, just ★ *je bent* ~ *eens jong* you're only young once ★ *het is* ~ *een hond* it's only a dog ★ ~ *één boek* just one book ★ *ik heb er* ~ *drie* I only have three ★ *zonder ook* ~ *te...* without even... ❷ *niettemin* only, just ★ *zij ging* ~ *door* she just went on and on ★ *pas* ~ *op* do be careful ❸ *m.b.t. een wens* (if) only ★ *was het* ~ *vast zaterdag* if only it were Saturday ★ *kon ik het* ~*!* I wish I could ❹ *zolang, alleen* only, as long as ★ *ik vind alles best als ik* ~ *niet hoef te koken* anything's fine as long as I don't have to cook **III** *o* [maren] but ★ *er komt een* ~ *bij* there is a but ★ *geen maren!* no buts! ★ *alle mitsen en maren* all ifs and buts **IV** *tsw* ★ *nee* ~*!* really?

maarschalk *m* [-en] *opperbevelhebber* field marshal

maart *m* March ★ *in* ~ in March ★ *op tien* ~ on the tenth of March ★ *begin / midden / eind* ~ at the beginning of / in the middle of / at the end of March ★ ~ *roert zijn staart* March brings gales, March has a sting in its tail

maarts *bn* (of) March ★ *e buien* ± April / spring showers

Maas *v* Meuse

maas *v* [mazen] mesh ★ *door de mazen van het net glippen* slip through the net ★ *door de mazen van de wet kruipen* find a loophole in the law

maat I *v* [maten] ❶ *afmeting* measure, size, ‹exacte afmeting› measurements ★ *maten en gewichten* weights and measures ★ ~ *40 hebben* take size 40 ★ ‹gematigd zijn› ~ *houden* keep within bounds ★ ‹niet gematigd zijn› *geen* ~ *houden* go beyond all bounds, overdo it ★ *geen* ~ *weten te houden* not know when to stop ★ ‹voor een jas &› *iem. de* ~ *nemen* measure sbd, take sbd's measurements ★ *bij*

de ~ *verkopen* sell by measure ★ *in belangrijke / niet geringe mate* to a considerable extent / degree, to no mean extent / degree ★ *in toenemende* ~ to an increasing extent / degree ★ *onder de* ~ *blijven* ‹niet goed presteren› not come up to expectations / scratch, ‹capaciteiten onvoldoende benutten› underachieve ★ *op* ~ to size ★ *een* ~*je te groot zijn voor* be a size too large / big for... ❷ *waarmee men meet* measure ★ *fig met twee maten meten* apply a double standard ★ *fig de* ~ *is vol* that's the limit ❸ *muz* time, measure ★ *de* ~ *houden* keep time ★ *de* ~ *slaan* beat the time ★ *in de* ~ in time / step, to the beat ★ *op de* ~ *van de muziek* in time to the music ★ *uit de* ~ out of time / step ★ *enkele maten rust* a few bars rest ❹ *verskunst* metre/Am meter, measure **II** *m* [maten & -s] ❶ *vriend* mate, comrade, companion ❷ *bij 't spel* partner, (team) mate

maatbeker *m* [-s] measuring glass / cup / jug

maatgevend *bn* ‹voorbeeld› indicative ‹of›, representative ‹of›, ‹maatstaf› a criterion ‹of› ★ *niet* ~ *voor de normale gang van zaken* not indicative / representative of the normal state of affairs

maatgevoel *o* sense of rhythm

maatglas *o* [-glazen] measuring glass / cup / jug

maathouden *onoverg* keep time

maatje *o* [-s] *vriend* mate, buddy, pal ★ *zij zijn goede* ~*s* they are the best of friends ★ *met iedereen goede* ~*s zijn* be friends with everyone

maatjesharing *m* [-en] young herring

maatkleding *v* custom-made / made-to-measure clothes

maatkostuum *o* [-s], **maatpak** [-ken] custom-made / tailor-made suit, made-to-measure suit

maatregel *m* [-en & -s] measure ★ *een Algemene Maatregel van Bestuur (AMvB)* Br an order in council, Am an executive order ★ *jur conservatoire* ~*en* protective measures ★ *preventieve* ~*en* preventive / precautionary measures ★ *een* ~ *doorvoeren* implement / introduce a measure ★ *de nodige* ~*en nemen* take any measures necessary ★ ~*en treffen* take measures / steps ★ *geen halve* ~*en treffen* take no half measures / steps

maatschap *v* [-pen] partnership

maatschappelijk I *bn* social ★ ~ *kapitaal* nominal / registered capital ★ *zijn* ~*e positie* one's position in society ★ ~ *verzet* public resistance ★ ~ *werk* social / welfare work ★ *een* ~ *werk(st)er/*Belg *assistent* a social worker ★ *in het* ~ *belang* in the community's interests **II** *bijw* socially ★ ~ *betrokken* socially committed

maatschappij *v* [-en] ❶ *samenleving* society ★ *in de* ~ in society ★ *het ver schoppen in de* ~ get on in the world ❷ *firma* company ❸ *wetenschappelijke vereniging* society, association

maatschappijkritiek *v* social criticism

maatschappijkritisch *bn* socially critical

maatschappijleer *v* social studies

maatstaf *m* [-staven] standard, criterion ★ *een andere ~ aanleggen* establish a new standard / criterion ★ *iets naar zijn eigen maatstaven beoordelen* judge sth according to one's own standards ★ *iets als ~ nemen voor* use sth as a standard / criterion for

maatstok *m* [-ken] ❶ *meetlat* rule ❷ *muz* (conductor's) baton

maatstreep *v* [-strepen] ❶ muz bar ❷ *maatverdelingsstreep* line

maatwerk *o* custom-made / customized / made-to-measure ‹goods, clothes›, tailor-made ‹clothes›, purpose-built ‹equipment, buildings›, personalized ‹pension arrangement› ★ *~ leveren* provide personalized service, tailor to the customer's needs

macaber *bn* macabre ★ *~e humor* black humour

macadam *o & m* macadam

macaroni *m* macaroni

Macedonië *o* Macedonia

Macedoniër *m* [-s] Macedonian

Macedonisch I *bn* Macedonian **II** *o taal* Macedonian

Macedonische *v* [-n] Macedonian ★ *ze is een ~* she's a Macedonia, she's from Macedonia

machiavellisme *o* Machiavellianism

machiavellistisch *bn* Machiavellian

machinaal I *bn* mechanical, by machine **II** *bijw* mechanically, by machine ★ *~ vervaardigd* machine-made

machinatie *v* [-s] machination

machine *v* [-s] engine, machine ★ *‹~park› ~s* machinery ★ *~s en installaties* machinery and equipment ★ *een helse ~* an infernal machine

machinebankwerker *m* [-s] lathe / machine operator

machinebouw *m* engine / machine building

machinefabriek *v* [-en] engineering plant

machinegeweer *o* [-weren] machine gun

machinekamer *v* [-s] engine room

machinepark *o* [-en] machinery, mechanical equipment

machinepistool *o* [-tolen] submachine gun

machinerie *v* [-rieën] machinery

machinetaal *v* comput machine code / language

machinist *m* [-en] ❶ *v. trein* engine driver, Am engineer ❷ *v. schip* engineer ★ *scheepv de eerste ~* the first engineer ❸ *bij toneel* sceneshifter

macho I *m* ['s] macho **II** *bn* macho

macht *v* [-en] ❶ *kracht* power, force, strength, might ★ *de hemelse / helse ~en* the heavenly / Satanic powers ★ *de ~ der gewoonte* force of habit ★ *met alle ~* with all his / their & might ★ *uit alle ~* with all one's strength ❷ *autoriteit* power, authority ★ *de uitvoerende ~* executive power ★ *de wetgevende ~* legislative power ★ *de vaderlijke / ouderlijke ~* paternal / parental authority ★ *aan de ~ komen* come into power ❸ *beheersing* power, control ★ *geen ~ hebben over zichzelf* not be able to control oneself ★ *hij was de ~ over het stuur kwijtgeraakt* he

had lost control of the car ★ *iem. in zijn ~ hebben* have sbd in one's power, have a hold on sbd ❹ *vermogen* power ★ *ik ben niet bij ~e dit te doen* it's not within my power to do this ★ *het gaat boven mijn ~, het staat niet in mijn ~* it's beyond my power / control ★ *boven zijn ~ werken* work beyond one's capacities / capabilities ★ *het in zijn ~ hebben om...* have the power to..., have the power of...ing ❺ *grote hoeveelheid* inf power ★ *een ~ mensen* a power of people ❻ wisk power ★ *18 in de 3de ~ verheffen* cube 18 ❼ mil force(s)

machteloos *bn* powerless ★ *machteloze woede* helpless anger ★ *~ staan tegenover iets* be powerless to do anything about sth

machteloosheid *v* powerlessness

machthebber *m* [-s] ruler, leader ★ *de huidige ~s* the current rulers / leaders, those currently those in power

machtig I *bn* ❶ *met macht* powerful, mighty ★ *een ~ heerser* a strong ruler ❷ *beheersend* competent in ★ *iets ~ worden* master sth ★ *een taal ~ zijn* have mastered a language, have a language at one's command ❸ *zwaar te verteren* rich, heavy ★ *dat is mij te ~* it's too much for me ★ *het werd haar te ~* she was overcome by her emotions ❹ *fantastisch* tremendous, wonderful **II** *bijw* ❶ powerfully ❷ versterkend tremendously, enormously

machtigen *overg* [machtigde, h. gemachtigd] authorize

machtiging *v* [-en] authorization, jur power of attorney ★ *een rechterlijke ~* a court order ★ *een ~ intrekken* withdraw an authorization ★ *een ~ tot voorlopig verblijf, een voorlopige ~* a temporary residence permit

machtsblok *o* [-ken] power block ★ *een ~ vormen tegen iem. / iets* form a power block against sbd / sth

machtsevenwicht *o* balance of power

machtsmiddel *o* [-en] means of (exercising) power, fig weapon

machtsmisbruik *o* abuse of power

machtsovername *v* [-s] takeover / assumption of power

machtspositie *v* [-s] position of power

machtsstrijd *m* struggle for power

machtsverheffen *o* wisk raise to a higher power

machtsverheffing *v* [-en] wisk involution, raising to a higher power

machtsverhouding *v* [-en] balance of power

machtsvertoon *o* display of power

machtswellust *v* tyranny, enjoyment of power

machtswisseling *v* [-en] change / takeover of power

macramé *o* macramé

macro *m* ['s] *macro-instructie, macroprogramma* macro

macrobiotiek *v* macrobiotics

macrobiotisch *bn* macrobiotic

macro-economie *v* macroeconomics

Madagaskar *o* Madagascar

madam *v* [-men, -s] ❶ *v. bordeel* madam ❷ *dame* lady

★ *de ~ uithangen* act the lady
made *v* [-n, -s] maggot, grub
Madeira *v* Madeira
madelief *v* [-lieven], **madeliefje** *o* [-s] daisy
madera *m* Madeira
madonna *v* ['s] ❶ *Maria* Madonna ❷ *meisje, vrouw* madonna
madrassa *de* ['s] madrasa
Madrid *o* Madrid
madrigaal, madrigal *o* [-galen] madrigal
Madrileen *m* [-lenen] inhabitant of Madrid
Madrileens *bn* Madrid
Madrileense *v* [-n] Madrilenian ★ *ze is een ~* she's a Madrilenian, she's from Madrid
maf *bn & bijw gek* nuts, crackers, balmy ★ *doe niet zo ~!* don't be so silly!
maffen *onoverg* [mafte, h. gemaft] sleep ★ *gaan ~* go to bed ★ *hij ligt te ~* he's sleeping
maffia *v* Mafia
maffioso *m* [-osi] Mafioso
mafkees *m* [-kezen], **mafketel** [-s] nut, goofball
magazijn *o* [-en] ❶ *pakhuis* warehouse, storehouse ❷ *winkel* store, shop ❸ *van geweer* magazine
magazijnbediende *m-v* [-n & -s] supply clerk, ⟨in pakhuis⟩ warehouse worker
magazijnmeester *m* [-s] warehouse / supply manager
magazine *o* [-s] ❶ magazine ❷ *op tv* current affairs programme
magenta *o* magenta
mager I *bn* ❶ *dun* thin, lean ⟨build, face⟩, slim ⟨build⟩, ⟨uitgemergeld⟩ scrawny, skinny ⟨person⟩ ❷ *met weinig vet* lean ⟨meat⟩, low-fat ⟨cheese⟩, skimmed ⟨milk⟩ ❸ *pover* meagre ⟨result, wages⟩, poor ⟨reception⟩, narrow ⟨victory⟩, slender ⟨means⟩, feeble ⟨excuse⟩ ❹ *onvruchtbaar* poor, arid ⟨land⟩
▼ *~e Hein* the Grim Reaper **II** *bijw* poorly ★ *~ afsteken bij* compare poorly to ★ *~ betaald* poorly paid ★ *~ ontvangen* poorly received, given a poor reception
magertjes I *bn* poor, scant, thin **II** *bijw* poorly, scantily, thinly ★ *ze hebben het ~* they're having a thin time of it ★ *ik vond het maar ~* it was so-so
maggiblokje® *o* [-s] stock / bouillon cube
magie *v* magic ★ *de zwarte ~* black magic
magiër *m* [-s] magician
magisch I *bn* magic **II** *bijw* magically
magisch realisme *o* magic(al) realism
magistraal *bn* magisterial, fig ook masterly
magistraat *m* [-traten] magistrate
magistratuur *v* magistracy, magistrature ★ *de staande ~* Br the Public Prosecutor, Am the Prosecuting Attorney ★ *de zittende ~* the court / bench
magma *o* magma
magnaat *m* [-naten] magnate
magneet *m* [-neten] magnet
magneetkaart *v* [-en] swipe card
magneetnaald *v* [-en] magnetic needle

magneetstrip *m* [-pen, -s] magnetic strip
magnesia *v* magnesia
magnesium *o* magnesium
magnesiumcarbonaat *o* magnesium carbonate
magnesiumlicht *o* magnesium light
magnesiumsulfaat *o* magnesium sulphate
magnetisch I *bn* magnetic **II** *bijw* magnetically
magnetiseren *overg* [magnetiseerde, h. gemagnetiseerd] magnetize
magnetiseur *m* [-s] magnetizer
magnetisme *o* magnetism
magnetron, magnetronoven *m* [-s] microwave (oven)

magnetron
is een **microwave (oven)**. Het woord **magnetron** bestaat ook in het Engels, maar daar duidt het de buis aan waarin de magnetronstraling wordt opgewekt, dus een veel technischere betekenis dan in het Nederlands.

magnetronfolie *v* microwave cling foil / film
magnifiek *bn* magnificent, splendid
magnolia *v* ['s] magnolia
mahonie, mahoniehout *o* mahogany
mahoniehouten, mahonie *bn* mahogany
maidenspeech *m* [-es, -en] maiden speech
mailbox *m* [-en] comput e-mail / email box
mailen *overg* [mailde, h. gemaild] e-mail / email
mailing *m* [-s] mailing
maillot *m & o* [-s] ❶ *v. meisjes & vrouwen* tights ❷ *v. dansers, acrobaten &* leotard, maillot
mailtje *o* [-s] comput e-mail / email ★ *iem. een ~ sturen* e-mail / email sbd, send an e-mail / email to sbd
mainframe *o* [-s] comput mainframe
maïs *m* maize, Am corn ★ *gepofte ~* popcorn
maïskolf *v* [-kolven] corncob, cob of corn
maïskorrel *m* [-s] maize / corn kernel
maisonnette *v* [-s] Br maisonette, Am duplex
maïsveld *o* [-en] maizefield, cornfield
maîtresse *v* [-s & -n] mistress
maïzena® *m* Br cornflour, Am cornstarch
majesteit *v* [-en] majesty ★ *Zijne / Hare / Uwe Majesteit* His / Her / Your Majesty ★ *vol ~* full of majesty
majesteitsschennis *v* lese-majesty
majestueus I *bn* majestic ★ *een majestueuze ontvangst* a royal / regal welcome **II** *bijw* majestically
majeur *v muz* major
majolica *o & v* majolica
majoor *m* [-s] mil major, luchtv squadron leader
majoraan *v keukenkruid* marjoram
majorette *v* [-s] drum majorette
mak *bn* ❶ tame ★ *zo ~ als een schaap* as meek as a lamb ❷ *meegaand* meek, gentle, docile
makaak *m* [makaken] macaque
makelaar *m* [-s, -laren] ❶ *tussenhandelaar* broker ★ *een ~ in assurantiën* an insurance broker ★ *een ~ in effecten* a stockbroker ★ *een ~ in goederen* a commodity broker ❷ *tussenpersoon* agent ★ *een ~ in onroerende goederen* an estate agent, Am a real

estate agent

makelaardij *v* ❶ *vak* brokerage ❷ *kantoor* Br estate agent's office, estate agency, Am real estate agency

makelaarscourtage, makelaarsprovisie *v* [-s], **makelaarsloon** *o* [-lonen] brokerage, broker's commission / fee, Br estate agent's commission / fee, Am real estate agent's commission / fee

makelaarskantoor *o* [-toren] ❶ brokerage house, broker's office ❷ *onroerend goed* Br estate agent's office, Am real estate agency

makelij *v* make, workmanship ★ *van Britse* ~ made in Britain

maken *overg* [maakte, h. gemaakt] ❶ *fabriceren, vervaardigen* make, manufacture, produce, ‹v. foto› take, ‹v. beschuldigingen, tegenwerpingen &› make, raise, ‹v. schoolwerk› do ★ *ik laat een jas* ~ I'm having a coat made ★ *fig wat moet ik daarvan* ~? what am I to make of that? ★ *beschuldigingen* ~ make accusations ★ *tegenwerpingen* ~ raise objections ★ *maak er wat van!* do the best you can!, go for it! ★ *hij maakt er maar wat van* he's making a pretty poor job of it ★ *wij hebben ervan gemaakt wat ervan te* ~ *was* we did the best we could ★ *veel geld* ~ earn a lot of money ★ *veel werk* ~ *van* go through a lot of trouble for ★ *lange dagen* ~ work long hours ★ *hij kan je* ~ *en breken* he can make or break you ★ *een vertaling* ~ do a translation ❷ *scheppen* make, create, form ★ *God maakte de mens naar zijn eigen beeld* God created man in his own image ❸ *belopen* make, come / amount to ★ *dat maakt vijftig euro* that comes to / amounts to / makes fifty euros ❹ *in een bep. toestand brengen* make, cause ★ *zij* ~ *mij aan het lachen* they make me laugh ★ *hij maakt mij gek* he drives me crazy ★ *zich boos* ~ get angry ★ *roken maakt ouder* smoking causes premature ageing ★ *maakt dat enig verschil?* does that make any difference? ★ *niemand kan mij wat* ~ no one has anything on me ★ *hij zal het niet lang meer* ~ he won't last much longer ★ *zij heeft het er (zelf) naar gemaakt* she has only herself to thank for it, she was asking for it ★ *‹is succesvol› zij heeft het helemaal gemaakt* she's really got it made ★ *maak dat je wegkomt!* get out of here! ★ *ik weet het goed gemaakt* I'll tell you what ❺ *tot stand brengen, van doen hebben* make, do ★ *dat kun je niet* ~! you can't do that! ★ *dat heeft er niets mee te* ~ that's got nothing to do with it, that's neither here nor there ★ *je hebt hier niets te* ~ you have no business here ★ *ik wil er niets mee te* ~ *hebben* I don't want (to have) anything to do with it ★ *ik wil niets met die vent te* ~ *hebben* I don't want (to have) anything to do with that fellow ★ *ik wil niets meer met haar te* ~ *hebben* I'm through with her ❻ *repareren* repair, fix, mend ★ *zijn fiets laten* ~ have one's bike fixed / repaired ★ ‹na ruzie› *het (weer) goed* ~ make up ▼ *hoe maakt u het?* how are you?, how do you do? ▼ *hij maakt het goed* he's (doing) well, Am he's doing fine ▼ ‹v. boot› *water* ~ take on / make water

maker *m* [-s] maker, producer, ‹v. boek› author, ‹v. kunstwerk› artist

make-up *m* make-up

makkelijk *bn* → **gemakkelijk**

makken *onbep ww* [geen vervoeging] ▼ *geen cent te* ~ *hebben* not have a red cent

makker *m* [-s] mate, pal, buddy

makkie *o* piece of cake, cinch

makreel *m* [-krelen] mackerel

mal I *m* [-len] ❶ model model, mould ❷ *ter controle v.* afmetingen gauge, template ❸ *lettermal* stencil plate **II** *bn* ❶ *raar* silly ❷ *onbezonnen* silly, foolish ★ *ben je* ~! are you kidding?, of course not! ★ *iem. voor de* ~ *houden* make a fool of sbd **III** *bijw* foolishly ★ *doe niet zo* ~ don't be silly / daft

malafide *bn* mala fide

malaise *v* ❶ *stemming* depression, malaise ❷ handel depression, slump

malaria *v* malaria

malariamug *v* [-gen] malaria mosquito

Malawi *o* Malawi

Malediven *zn* [mv] ★ *de* ~ the Maldive Islands, the Maldives

Maleis I *bn* Malay, Malayan **II** *o taal* Malay

Maleisië *o* Malaysia

malen I *overg* [maalde, h. gemalen] ❶ *fijnmaken* grind ‹corn, coffee›, crush ‹ore›, chew ‹food› ❷ *pompen* pump, drain **II** *onoverg* [maalde, h. gemaald] ❶ *draaien* grind, turn ★ ‹gek› *hij is* ~*de* he's mad / crazy ★ *dat maalt hem steeds door het hoofd* it keeps going / running through his head ❷ *tobben* worry ★ *wat maal ik erom?* what do I care?, who cares? ★ *daar maalt hij over* he's worrying about it ❸ *zeuren* nag ▼ *die het eerst komt, het eerst maalt* first come first served

malheur *o* [-en & -s] trouble, misfortune

Mali *o* Mali

mali *o* ZN handel deficit, shortfall

maliënkolder *m* [-s] coat of mail

maling *v* grind ★ *fijne / grove* ~ finely / coarsely ground ▼ ~ *hebben aan alles en iedereen* not give a damn about anything or anyone ▼ *iem. in de* ~ *nemen* make a fool of sbd

mallemoer *v* ★ *dat gaat je geen* ~ *aan* it's none of your business ★ *mijn computer is naar zijn* ~ my computer is stuffed

malloot *m-v* [-loten] idiot, fool

Mallorca *o* Majorca

Mallorcaans *bn* Majorcan

mallotig *bn* silly, idiotic

mals *bn* ❶ tender ‹meat›, juicy ‹steak›, gentle ‹rain›, lush ‹grass›, succulent ‹fruit› ★ *zo* ~ *als boter* as soft as butter ❷ *zachtzinnig* gentle ★ *hij is lang niet* ~ he's rather harsh

malt *o* malt

Malta *o* Malta

maltbier *o* low-alcoholic beer

Maltees I *bn* Maltese ★ valuta *de Maltese lira* the

Maltese lira, the lira **II** *o taal* Maltese **III** *m* [-tezen] Maltese

Maltese *v* [-n] Maltese ★ *ze is een ~* she's a Maltese, she's from Malta

Maltezer *bn* Maltese ★ *een ~ leeuwtje* a Maltese terrier ★ *een ~ kruis* a Maltese cross

maltraiteren *overg* [maltraiteerde, h. gemaltraiteerd] maltreat

malversatie *v* [-s, -tiën] *verduistering* embezzlement, misappropriation of funds ★ *~s plegen* embezzle

mama, mamma, mam *v* ['s] Br mummy, Am mommy

mammoet *m* [-en & -s] mammoth

mammoettanker *m* [-s] super tanker

mammografie *v* mammography

mammon *m* ★ *de ~ dienen* serve Mammon

man *m* [-nen] ❶ *manspersoon* man ★ *hij is er de ~ niet naar om...* he is not a man to..., it's so unlike him to... ★ *een ~ van de daad* a man of action ★ *een ~ van zaken* a business man → **mans, mannetje** ❷ *mens* man, person, human ★ *hou nou eens op, ~!* stop it! come off it! ★ *een euro de ~* a euro each ★ *de kleine ~* the common man, the man in the street ★ *er zaten 500 ~ in de zaal* there were 500 people in the hall ★ *zijn ~ vinden* meet / find one's match ★ *als één ~* to a man, as one man ★ *~ en paard noemen* give / tell the whole story ★ ⟨*goederen*⟩ *aan de ~ brengen* sell ★ *op de ~ af* straightforward ★ fig *op de ~ spelen* make personal attacks ★ *per ~* a head ★ *tot op de laatste ~* to the last man ★ *een gevecht van ~ tegen ~* a man-to-man fight ★ *een ~ van zijn woord zijn* be as good as one's word ❸ *lid v. een groep* man ★ *met ~ en macht aan iets werken* make an all-out effort ★ mil *duizend ~* a thousand troops ❹ *bemanningslid* man, hand ★ *met ~ en muis vergaan* go down with all hands (on board) ❺ *echtgenoot* husband ★ *~ en vrouw* husband and wife ★ *aan de ~ brengen* marry off ★ *aan de ~ komen* find (oneself) a husband ★ *als ~ en vrouw leven* live as man and wife

management *o* management ★ *dit bedrijf heeft te lijden gehad onder slecht ~* the business has suffered under bad management ★ *het ~ heeft een loonstop afgekondigd* management has announced a wage freeze

---

management
kan in het Engels nooit een lidwoord krijgen:
het management heeft een loonsverhoging aangekondigd – management has announced a pay rise.

---

managementconsultant *m* [-s] management consultant

managementteam *o* [-s] management team

managen *overg* [managede, h. gemanaged] manage

manager *m* [-s] manager

manche *v* [-s] ❶ *bij wielerwedstrijd &* heat ❷ *bij bridge &* game

manchet *v* [-ten] ❶ *v. mouw* cuff ❷ *afsluitingsring* seal, ⟨pakking⟩ gasket ❸ *v. bier* head (of froth)

manchetknoop *m* [-knopen] cuff link

manco *o* ['s] ❶ *tekort* flaw ❷ handel short delivery

mand *v* [-en] ❶ basket ★ *door de ~ vallen* be caught out ★ *zo lek als een ~je* leaking like a sieve ❷ *voor etenswaren* hamper

mandaat *o* [-daten] ❶ *opdracht* mandate ★ *een blanco ~ krijgen* be given a free hand ❷ *gedelegeerde bevoegdheid* authority, delegated power ★ *het ~ hebben over een gebied* have authority over a territory ★ *zijn ~ neerleggen* resign one's office ❸ *volmacht, autorisatie* warrant, authority ★ ZN *een ~ tot aanhouding* a warrant of arrest ❹ *postwissel* ZN postal order, money order

mandarijn *m* [-en] ❶ *Chinese overheidspersoon* mandarin ❷ *vrucht* mandarin

mandataris *m* [-sen] ❶ *lasthebber* trustee ❷ *afgevaardigde* Belg delegate, representative

mandekking *v* sp Br man-to-man marking, Am man-on-man coverage

mandfles *v* [-sen] ❶ *voor wijn &* bottle in a wicker basket ❷ *voor drinkwater of zuren* carboy ❸ *groot* demijohn

mandoline *v* [-s] mandolin

mandril *m* [-s] mandrill

manege *v* [-s] manege, riding school

manen I *zn* [mv] *v. paard* mane **II** *overg* [maande, h. gemaand] ❶ remind ⟨sbd of sth⟩, demand ⟨payment⟩ ★ *iem. om geld ~* demand payment ❷ *aansporen* urge

maneschijn *m* moonlight

mangaan *o* manganese

mangat *o* [-gaten] manhole

mangel *m* [-s] mangle, wringer ★ *in de ~ nemen* go through the wringer ★ fig *door de ~ gehaald worden* be put through the wringer

mangelen I *overg* [mangelde, h. gemangeld] ❶ *gladmaken* mangle ❷ fig be put through the wringer **II** *onoverg* [mangelde, h. gemangeld] *ontbreken* lack

mango *m* ['s] mango

mangrove *m* [-n, -s] mangrove

manhaftig I *bn* manful, manly, brave **II** *bijw* manfully

maniak *m* [-ken] ❶ *iem. met een manie* maniac ❷ *in samenstellingen: fanatiek liefhebber* ⟨health⟩ freak, ⟨television⟩ fan, ⟨film⟩ buff, ⟨football⟩ fanatic, ⟨sex⟩ fiend / maniac

maniakaal *bn* maniacal, fanatic

manicure I *m-v* [-n] *persoon* manicure, manicurist **II** *v* ❶ *de handeling* manicure ❷ *stel werktuigen* manicure set

manicuren *overg* [manicuurde, h. gemanicuurd] manicure

manie *v* [-s, -nieën] mania ★ *een ~ voor alles wat Frans is* a mania / passion for everything French

manier *v* [-en] ❶ *handelswijze* manner, fashion, way ★ *dat is de ~!* that's the way! ★ *dat is geen ~ (van doen)* that's not the way (to do things) ★ *op deze ~* in this manner / way / fashion ★ *op zijn ~* in his own way ★ *op de een of andere ~* one way or another ★ *op alle (mogelijke) ~en* in every (possible) way ★ *o, op die ~!* ah, that's what you mean! ❷ *mv: omgangsvormen* manners ★ *goede ~en* good manners ★ *wat zijn dat voor ~en?* what kind of behaviour is that? ★ *hij kent geen ~en* his manners are bad

maniërisme *o* mannerism

maniertje *o* [-s] ❶ *handigheidje* trick, knack ❷ *aanstellerij* air ★ *~s hebben* put on airs

manifest I *bn* obvious, palpable ‹lie› **II** *o* [-en] ❶ *publicatie* manifesto ❷ scheepv manifest

manifestatie *v* [-s] ❶ *betoging* demonstration ❷ *bijeenkomst* event, happening ★ *een culturele ~* a cultural event ❸ *uitdrukkingsvorm* manifestation ★ *die daad was een ~ van zijn haat* the deed demonstrated his hatred

manifesteren *onoverg* [manifesteerde, h. gemanifesteerd] demonstrate **II** *wederk* [manifesteerde, h. gemanifesteerd] ★ *zich ~* ‹v. personen› manifest oneself, ‹v. geest, ziekte› manifest itself ★ *hij manifesteerde zich als een prima voorzitter* he showed himself to be an excellent chairman

manipulatie *v* [-s] manipulation ★ *genetische ~* genetic engineering

manipulator *m* [-s, -toren] manipulator

manipuleren *overg* [manipuleerde, h. gemanipuleerd] manipulate, handle, deal with

manisch *bn* manic

manisch-depressief *bn* manic-depressive

manjaar *o* [-jaren] man-year

mank *bn* lame, crippled ★ *~ gaan* limp ★ *die vergelijking gaat ~* the comparison falls short ★ *aan een euvel ~ gaan* suffer from a defect

mankement *o* [-en] defect, fault

manken *onoverg* [mankte, h. gemankt] ZN limp, hobble

mankepoot, mankpoot *m* [-poten] cripple

mankeren *onoverg* [mankeerde, h. gemankeerd] ❶ *schelen* be wrong / the matter ★ *hij mankeert nooit wat* he never has anything the matter with him ★ *wat mankeert je?* what's the matter with you? ❷ *missen* be missing ★ *er ~ er vijf* ‹nog nodig› five are still needed, ‹afwezig› five are missing / absent ★ *dat mankeert er nog maar aan!* that's all we need!, that's the last straw! ★ *het mankeert haar aan zelfvertrouwen* she has a lack of self-confidence ❸ *verkeerd zijn* be wrong ★ *er mankeert wat aan* there's something wrong ❹ *in gebreke blijven* fail ★ *ik zal niet ~ u bericht te zenden* I won't forget to send you word ★ *zonder ~* without fail

mankracht *v* manpower, human resources

manlief *m* hubby, one's lord and master

manmoedig I *bn* manful, manly, brave **II** *bijw* manfully

manna *o* manna

mannelijk *bn* ❶ *m.b.t. sekse* male ❷ *typisch voor een man* masculine ❸ *moedig* manly ❹ taalk masculine

mannelijkheid *v* ❶ manliness, masculinity ❷ *geslachtsdelen* manhood

mannengek *v* [-ken] man-chaser ★ *zij is een echte ~* she's man-crazy

mannenkoor *o* [-koren] male voice choir, men's choral society

mannenstem *v* [-men] male / man's voice

mannentaal *v* manly / strong language

mannenwereld *v* man's world

mannenwerk *o* man's job

mannequin *m* [-s] ❶ *vrouw* (fashion) model ❷ *man* (male) model ❸ *pop* mannequin

mannetje *o* [-s] ❶ *persoon* little man / fellow / chap ★ *~ aan ~ staan* stand shoulder to shoulder ★ *zijn ~ staan* stick up for oneself, be able to hold one's own ★ *het ~ zijn* be quite the little man ★ *daar heb ik mijn ~ voor* I've got a (little) man for that ❷ *gestalte* male figure ❸ *dierk* male ★ *~ en wijfje* male and female ❹ vogelk cock

mannetjesputter *m* [-s] ❶ *man* he-man ❷ *vrouw* strapping woman, scherts she-man

manoeuvre *v & o* [-s] manoeuvre, Am maneuver ★ mil *op ~ zijn* be on manoeuvres

manoeuvreerbaar *bn* manoeuvrable

manoeuvreerbaarheid *v* manoeuvrability

manoeuvreren *onoverg* [manoeuvreerde, h. gemanoeuvreerd] manoeuvre, Am maneuver

manometer *m* [-s] manometer

mans *bn* ★ *hij is ~ genoeg* he's man enough ★ *hij is heel wat ~* he's quite a man

manschappen *zn* [mv] *bemanning* scheepv crew, ratings, mil men, personnel

manshoog *bn* of a man's height, man-sized

manspersoon *m* [-sonen] male, fellow, man

mantel *m* [-s] ❶ *jas* coat, ‹zonder mouwen› cloak ★ *iets met de ~ der liefde bedekken* cover sth with the cloak of charity ★ *onder de ~ van* under the mantle of... ❷ techn jacket, casing

mantelorganisatie *v* [-s] umbrella organization

mantelpak *o* [-ken] woman's suit

mantelzorg *v* volunteer aid

mantelzorger *m* [-s] volunteer helper

manuaal *o* [-ualen] ❶ muz manual, keyboard ❷ *gebaar* mannerism, gesture

manueel *bn* manual ★ *manuele therapie* manual therapy

manufacturen *zn* [mv] drapery

manufacturenzaak, manufactuurzaak *v* [-zaken] drapery, draper's

manuscript *o* [-en] manuscript ★ *in ~* in manuscript form

manusje-van-alles *o* [manusjes-] handyman, jack-of-all-trades, inf dogsbody

manuur *o* [-uren] man-hour

manvolk, mansvolk *o* menfolk

manwijf *o* [-wijven] she-man, ‹bazig› battleaxe

manziek *bn* man-crazy, nymphomaniac

maoïsme *o* Maoism

ma

maoïst *m* [-en] Maoist
map *v* [-pen] ❶ *omslag voor papieren* folder ❷ comput
file ❸ *tekenportefeuille* portfolio

> **map**
> wordt vertaald als **folder, file, portfolio** en niet als
> map. Een **map** is een **kaart, plattegrond.**

maquette *v* [-s] model
maraboe *m* [-s] *vogel* marabou
marathon *m* [-s], **marathonloop** [-lopen] marathon
marathonloper *m* [-s] marathon runner
marathonzitting *v* [-en] marathon sitting
marchanderen *onoverg* [marchandeerde, h.
gemarchandeerd] bargain, haggle
marcheren *onoverg* [marcheerde, h. en is
gemarcheerd] march ★ *fig goed* ~ go well
marconist *m* [-en] radio operator
mare *v* [-n] tidings, ⟨gerucht⟩ word, rumour ★ *de* ~
gaat / loopt dat... rumour has it that...
marechaussee I *v* ❶ *korps* constabulary ❷ *militaire
politiekorps* military police, MP **II** *m* [-s] *persoon*
military policeman / policewoman
maretak *m* [-ken] mistletoe
margarine *v* margarine, inf marge
marge *v* [-s] margin ★ *in de* ~ in the margin ★ *leven in
de* ~ *van de samenleving* live on the edge of society
★ *gerommel in de* ~ fiddling about
marginaal *bn* marginal ★ *een* ~ *bestaan* a marginal
/ fringe existence ★ *een* ~ *bedrijf* a marginal
company
margriet *v* [-en] ox-eye daisy
Maria *v* Mary ★ ~ *Tudor / de Bloedige* Bloody Mary
Mariabeeld *o* [-en] statue of the Virgin Mary
Maria-Hemelvaart, Maria-Tenhemelopneming *v*
Assumption
Maria-Lichtmis *m* Candlemas
Mariaverering *v* veneration of the Virgin Mary
marihuana *v* marijuana, marihuana
marinade *v* [-s] marinade
marine *v* navy ★ *bij de* ~ in the navy
marinebasis *v* [-sen, -bases] naval base
marineblauw *bn* navy blue
marineren *overg* [marineerde, h. gemarineerd]
marinate
marinier *m* [-s] marine ★ *het Korps Mariniers* the
Marines
marionet *v* [-ten] puppet, marionette
marionettenregering *v* [-en] puppet government
marionettenspel *o* [-len] puppet show
maritiem *bn* maritime
marjolein *v* marjoram
mark I *m* [-en] *munt* mark ★ *de Duitse* ~ the
Deutschmark / Deutsche mark **II** *v* [-en] *grensgewest
hist* mark
markant *bn* striking ★ *een* ~*e persoonlijkheid* a striking
personality ★ *een* ~*e plaats* a prominent place
★ *een* ~ *voorbeeld* an outstanding example
markeerstift *v* [-ten] marker

markeren *overg* [markeerde, h. gemarkeerd] mark
★ *de pas* ~ mark time
markering *v* [-en] marking
marketing *v* marketing
marketingstrategie *v* marketing strategy
markies I *m* [-kiezen] *edelman* marquis, Br marquess
II *v* [-kiezen] *zonnescherm* awning, canopy
markiezin *v* [-nen] marquise, Br marchioness
markizaat *o* [-zaten] marquisate
markt *v* [-en] ❶ *koop en verkoop* market ★ *een
evenwichtige* ~ a stable market ★ *een krappe* ~ a tight
market ★ *een levendige* ~ an active / lively market
★ *een vaste* ~ a firm / steady / strong market ★ *de
vrije* ~ the free market ★ *de zwarte* ~ the black
market ★ *de* ~ *bederven* ruin trade ★ *de* ~ *veroveren*
sweep / corner the market, corner the market ★ *een
gat in de* ~ a gap / an opening in the market, a
market opportunity ★ *goed in de* ~ *liggen* be saleable
/ marketable ★ *in de* ~ *zijn voor...* be in the market
for... ★ *onder de* ~ *verkopen* sell below market price,
undersell ★ *onder de* ~ *werken* work below market
price ★ *op de* ~ *gooien* dump on the market ★ *op
de* ~ *komen* come onto the market ★ *op de* ~ *zijn* be
on the market ★ *van de* ~ *verdringen* push out of / off
the market ★ *van alle* ~*en thuis zijn* be a
jack-of-all-trades ❷ *plaats* market, marketplace
★ *naar de* ~ *gaan* go to market ★ *op de* ~ in the
market place ★ *op de* ~ *staan* have a market stand
marktaandeel *o* [-delen] market share
marktanalyse *v* [-s] market analysis / research
marktbewerking *v* marketing (policy / strategy)
marktconform *bn* in line with the market,
competitive, market-oriented, ⟨v. organisaties⟩
market-driven
marktdag *m* [-dagen] market day
markteconomie *v* vrijemarkteconomie (free) market
economy
marktgeld *o* [-en] market fees
marktkoopman *m* [-lieden & -lui] market vendor
marktleider *m* [-s] market leader
marktmechanisme *o* [-n] market forces / mechanism
marktonderzoek *o* market research
marktplein *o* [-en] market square
marktprijs *m* [-prijzen] market / current price,
⟨v. aandelen⟩ market quotation
marktverkenning *v* [-en] market research
marktvraag *v* market demand
marktvrouw *v* [-en] market woman
marktwaar *v* market goods
marktwaarde *v* market value
marktwerking *v* market mechanism / forces, effect of
market forces ★ *perfecte* ~ perfect market efficiency
★ *aan de* ~ *overlaten* leave to the effects of the
market, leave to market forces
marmelade *v* [-s & -n] marmalade
marmer *o* [-s] marble
marmeren I *bn* marble ★ *een* ~ *beeld* a marble statue
★ *een* ~ *vloer* a marble-tiled floor ★ *een* ~ *tafel* a

marble-topped table **II** *overg* [marmerde, h. gemarmerd] marble

marmot *v* [-ten] ❶ marmot ★ *slapen als een* ~ sleep like a log ❷ *cavia inf* guinea pig

Marokkaan *m* [-kanen] Moroccan

Marokkaans *bn* Moroccan ★ valuta *de ~e dirham* the Moroccan dirham, the dirham

Marokkaanse *v* [-n] Moroccan ★ *ze is een* ~ she's a Moroccan, she's from Morocco

Marokko *o* Morocco

Marollen-Frans, Marollenfrans *het* broken French

Mars *m* astron & astrol Mars

mars I *m & v* [-en] ❶ *voettocht* march ★ *op ~ gaan* march, go on a march ★ *voorwaarts, ~!* forward march! ❷ *muziekstuk* march **II** *v* [-en] ❶ *v. marskramer* (pedlar's) pack ★ *hij heeft heel wat in zijn* ~ he has a lot to offer, ⟨slim⟩ he has brains ★ *hij heeft weinig in zijn* ~ he doesn't have much to offer, ⟨niet slim⟩ he's pretty ignorant, ⟨sterker⟩ he doesn't have a lot upstairs ❷ scheepv top ★ *de grote* ~ the maintop

marsepein *m & o* marzipan

Marshalleilanden *zn* [mv] Marshall Islands

marskramer *m* [-s] pedlar, hawker

marsmannetje *o* [-s] Martian

marsmuziek *v* marching music

marsorder *v & o* [-s] mil marching orders

marstempo *o* mil marching pace, muz march time

martelaar *m* [-s & -laren] ❶ martyr ❷ *(dieren)beul* torturer ❸ *sukkel* ZN simpleton

martelaarschap *o* martyrdom

martelares *v* [-sen] martyr

marteldood *m & v* martyrdom ★ *de ~ sterven* die a martyr, die a martyr's death

martelen *overg* [martelde, h. gemarteld] torture ★ *iem. dood* ~ torture sbd to death

martelgang *m* torture

marteling *v* [-en] torture

martelkamer *v* [-s] torture chamber

martelwerktuig, marteltuig *o* [-en] instrument of torture

marter I *m* [-s] marten **II** *o* bont sable

martiaal *bn* martial

marxisme *o* Marxism

marxist *m* [-en] Marxist

marxistisch *bn* Marxist

mascara *v* mascara

mascarpone *m* mascarpone

mascotte *v* [-s] mascot

masculien *bn* masculine

masker *o* [-s] mask ★ *iem. het ~ afrukken* unmask sbd ★ *het ~ afwerpen* remove / drop the mask ★ *een ~ opzetten* put on a mask ★ *onder het ~ van vroomheid* under the mask of piety

maskerade *v* [-s & -n] masquerade, ⟨optocht⟩ masked procession

maskeren I *overg* [maskeerde, h. gemaskeerd] mask **II** *overg* [maskerde, h. gemaskerd] mask

masochisme *o* masochism

masochist *m* [-en] masochist

masochistisch *bn* masochistic

massa *v* ['s] ❶ *menigte* mass, crowd ★ *de grote* ~ the masses / multitudes ★ *de grote ~ wil dat niet* the bulk of people / most people don't want that ★ *met de ~ meegaan* follow the crowd ❷ *grote hoeveelheid* mass, bulk ★ *bij ~'s* in heaps, like flies ★ *in ~ produceren* mass-produce ★ *in ~ verkopen* sell in bulk ❸ *nat* mass

massaal *bn* ❶ *grootschalig* massive ❷ *v. vernietiging* wholesale ❸ *in grote hoeveelheden* mass, bulk, wholesale

massabijeenkomst *v* [-en] mass meeting

massacommunicatie *v* mass communication

massacultuur *v* popular culture

massage *v* [-s] massage ★ *iem. een ~ geven* give sbd a massage

massageolie *v* massage oil

massagraf *o* [-graven] mass grave

massahysterie *v* mass hysteria

massamedium *o* [-dia] *ook enkelvoud* mass media ★ *de invloed van de massamedia* the influence of the mass media

massamoord *m & v* [-en] mass murder

massaontslag *o* [-slagen] massive redundancies, wholesale dismissals

massaproduct *o* [-en] mass-produced article

massaproductie *v* mass production

massatoerisme *o* mass tourism

massavernietigingswapens *zn* [mv] weapons of mass destruction

masseren *overg* [masseerde, h. gemasseerd] massage

masseur *m* [-s] masseur

masseuse *v* [-s] masseuse

massief I *bn* solid, massive ★ *~ goud* solid gold ★ *een ~ gebouw* a massive building **II** *o* [-sieven] massif

mast *m* [-en] ❶ scheepv & RTV mast ★ *vóór de ~ varen* sail before the mast ❷ elektr pylon ❸ *gymnastiek* pole

mastiek *m & o* mastic

mastodont *m* [-en] mastodon

masturbatie *v* masturbation

masturberen *onoverg* [masturbeerde, h. gemasturbeerd] masturbate

mat I *bn* ❶ *slap, vermoeid* tired, weary, flat ★ *een ~te blik* a lacklustre look ★ *ik voel me nogal* ~ I feel a bit flat ❷ *niet glimmend* dim ⟨light⟩, dull ⟨sound, colour⟩, mat(t) / matte ⟨gold⟩, frosted ⟨light globe, glass⟩ **II** *bijw* ❶ *slap &* tiredly, wearily, in a flat voice, unenthusiastically ❷ *schaakmat* checkmate ★ *iem. ~ zetten* checkmate sbd **III** *v* [-ten] mat ★ *op het ~je moeten komen* be put on the spot, ⟨berispt⟩ be brought to account ★ *op het ~je komen* be reprimanded, be called to account ★ *iem. op het ~je roepen* call sbd to account ★ inf *zijn ~ten oprollen* pack up and go **IV** *o* checkmate ★ *~ in vier zetten* checkmate in four

matador *m* [-s] matador

match *m & v* [-es, -en] match ★ ZN ~ *nul spelen* draw

matchen *overg en onoverg* [matchte, h. gematcht] match

matchpoint *o* [-s] match point

mate *v* extent, degree ★ *in die ~ dat...* to the extent that... ★ *in gelijke ~* equally, to the same extent / degree ★ *in hoge ~* to a large extent / degree ★ *in de hoogste ~* to a very high degree / extent, highly, extremely ★ *in mindere ~* to a lesser extent / degree ★ *in meerdere of mindere ~* more or less ★ *in ruime ~* to a large extent / degree, largely, amply ★ *in zekere ~* to a certain extent / degree ★ *een zekere ~ van* a certain degree of... ★ *met ~* in moderation ★ *alles met ~* moderation in all things

mateloos I *bn* excessive, immense **II** *bijw* immensely ★ *zich ~ vervelen* be bored stiff

matennaaier *m* [-s] somebody who does the dirty on his mates/Am who screws his pals/Aus & NZ who dobs his mates in

materiaal *o* [-ialen] ❶ *grondstof* material(s) ❷ *data* material, data ❸ *gereedschap, hulpmiddelen* tools, aids

materiaalkosten *zn* [mv] cost of materials

materialisme *o* materialism

materialist *m* [-en] materialist

materialistisch *bn* materialistic

materie *v* [-riën & -s] matter

materieel I *bn* material ★ *materiële schade* material damage ★ boekh *materiële vaste activa* tangible fixed assets **II** *bijw* materially **III** *o* material(s) ★ *rollend ~* rolling stock

matglas *o* frosted glass

matheid *v* ❶ lassitude, apathy, lack of enthusiasm ❷ *v. afwerking* (degree of) mattness

mathematica *v* mathematics

mathematicus *m* [-ci] mathematician

mathematisch *bn* mathematical

matig I *bn* ❶ *middelmatig* moderate ★ *een ~ succes* a moderate / modest success ❷ *niet best* mediocre ❸ *sober* moderate, sober, frugal ★ *een ~ leven leiden* lead a frugal / sober life ❹ *redelijk* reasonable ❺ *laag, voorzichtig* conservative **II** *bijw* moderately & ★ *~ gebruiken* make moderate use of ★ *maar ~ tevreden* not overly pleased, not overpleased

matigen I *overg* [matigde, h. gematigd] moderate, temper, modify ★ *matig uw snelheid* reduce (your) speed **II** *wederk* [matigde, h. gematigd] economize ★ *kun je je niet wat ~?* can't you restrain / control yourself?

matiging *v* moderation, restraint

matinee *v* [-s] matinee, afternoon performance

matineus *bn* ★ *~ zijn* be an early riser

matje *o* [-s] *kapsel* mullet → **mat**

matrak *m-v* [-ken] ZN baton, truncheon

matras *v & o* [-sen] mattress

matriarchaal *bn* matriarchal

matriarchaat *o* matriarchy

matrijs *v* [-trijzen] matrix, mould

matrix *v* [-trices] matrix

> **matrix**
> is in het Engels ook **matrix**, maar naast **matrices** komt vaak het meervoud **matrixes** voor.

matrixprinter *m* [-s] matrix / dot printer

matrone *v* [-s, -n] matron

matroos *m* [-trozen] sailor

matrozenpak *o* [-ken] sailor suit

matse *m* [-s] matzo

matsen *overg* [matste, h. gematst] ❶ *iem. helpen* lend a helping hand, do a favour ❷ *iets regelen* fix, wangle ★ *ik zal je wel ~* I'll fix it up / wangle it for you

matten I *overg* [matte, h. gemat] ❶ *stoelen* rush, mat ❷ *v. afwerking* make ‹sth› mat(t) / matte, give ‹sth› a mat(t) / matte finish **II** *onoverg* [matte, h. gemat] *vechten* inf fight **III** *bn* ★ *met ~ zitting* rush-bottomed

mattenklopper *m* [-s] carpet beater

matverf *v* [-verven] mat(t) / matte paint

Mauretanië *o* Mauritania

Mauritius *o* Mauritius

mausoleum *o* [-lea & -s] mausoleum

mauve *bn & o* mauve

mauwen *onoverg* [mauwde, h. gemauwd] miaow

mavo *m* ['s] (middelbaar algemeen voortgezet onderwijs) ± school for lower general secondary education

m.a.w. *afk* (met andere woorden) in other words

maximaal I *bn* maximum **II** *bijw* at (the) most ★ *~ 80 km / u rijden* do not exceed the 80 km / hour speed limit ★ *een boete van ~ 100 euro* a fine not exceeding 100 euros

maximaliseren *overg* [maximaliseerde, h. gemaximaliseerd] maximize

maximeren *overg* [maximeerde, h. gemaximeerd] maximise

maximum *o* [-ma] maximum

maximumaantal *o* [-len] maximum (number)

maximumbedrag *o* [-en] maximum amount

maximumgewicht *o* [-en] maximum weight

maximumprijs *m* [-prijzen] maximum price

maximumsnelheid *v* [-heden] maximum speed, ‹v. auto's ook› speed limit

maximumstraf *v* [-fen] maximum sentence

maximumtemperatuur *v* [-turen] maximum temperature

maximumwaarde *v* [-n] maximum price / value

mayonaise *v* mayonnaise

mazelen *zn* [mv] measles

mazen *overg* [maasde, h. gemaasd] darn

mazout *m* ❶ *stookolie* ZN heating oil ❷ *diesel* ZN diesel oil

mazzel *m* (good) luck ★ *~ hebben* have luck ★ *de ~!* see you!

mazzelaar *m* [-s] lucky dog

mazzelen *onoverg* [mazzelde, h. gemazzeld] have

ma

(good) luck

mbo *o* (middelbaar beroepsonderwijs) senior secondary vocational education

m.b.t. *afk* (met betrekking tot) with regard to, in reference to

m.b.v. *afk* (met behulp van) by means of, with the help of

ME *afk* ❶ (middeleeuwen) middle ages ❷ (mobiele eenheid) anti-riot squad ❸ (myalgische encefalomyelitis) <u>med</u> myalgic encephalomyelitis, ME

me I *pers vnw* → **mij II** *wederk vnw* → **mij**

meander *m* [-s] meander

meanderen *onoverg* [meanderde, h. gemeanderd] meander

meao *o* (middelbaar economisch en administratief onderwijs) upper secondary vocational education in business and administration

mecanicien *m* [-s] mechanic

mecenaat *o* patronage

mecenas *m* [-sen, -naten] patron

mechanica *v* mechanics

mechaniek *v & o* mechanism, ‹v. geweer› action, ‹v. horloge› works, <u>fig</u> machinery ★ *een ~je* a device / gadget

mechanisatie *v* mechanization

mechanisch *bn* mechanical

mechaniseren *overg* [mechaniseerde, h. gemechaniseerd] mechanize

mechanisering *v* mechanization

mechanisme *o* [-n] mechanism

medaille *v* [-s] medal ★ *een gouden ~* a gold medal ★ *fig één zijde van de ~* one side of the coin / picture

medaillon *o* [-s] ❶ <u>bouwk</u> medallion ❷ *halssieraad* medallion, locket

mede *bijw* → **mee**

medeaansprakelijk *bn* jointly liable / responsible

medebeslissingsrecht *o* right of consultation

medebestuurder *m* [-s] co-director, co-manager, joint manager, joint managing director

medebewoner *m* [-s] *v. huis* co-occupant

medeburger *m* [-s] fellow citizen

mededeelzaam *bn* communicative

mededelen *overg* [deelde mede, h. medegedeeld], **meedelen** [deelde mee, h. meegedeeld] *berichten* let know, tell, ‹officieel› announce, notify, inform, ‹rapporteren› report ★ *iem. iets ~* let sbd know sth, tell sbd sth, inform / notify sbd of sth, announce sth to sbd ★ *tot onze spijt moeten wij u ~ dat...* we regret to inform you that... ★ *je moet het haar voorzichtig ~* break it gently to her

mededeling *v* [-en] announcement, statement ★ *een ~ doen* make an announcement / statement

mededelingenblad *o* [-en] newsletter, bulletin

mededelingenbord *o* [-en] notice board

mededinger *m* [-s] rival, competitor

mededinging *v* competition ★ *oneerlijke ~* unfair competition ★ *volledige ~* perfect competition

★ *vrije ~* free competition

mededogen *o* compassion

mede-eigenaar *m* [-s & -naren] joint owner / proprietor

medegevangene *m-v* [-n] fellow prisoner

medeklinker *m* [-s] consonant

medeleerling *m* [-en] fellow pupil / student

medeleven I *onoverg* [leefde mede, h. medegeleefd], **meeleven** [leefde mee, h. meegeleefd] feel (for), sympathize (with), ‹meevoelen› empathize (with) **II** *o* sympathy

medelijden, meelij *o* compassion, pity ★ *iems. ~ opwekken* arouse sbd's pity ★ *~ hebben met* have / take pity on, feel sorry for ★ *uit ~* out of pity ★ *zonder ~* merciless

medelijdend *bn* compassionate

medemens *m* [-en] fellow man

medemenselijkheid *v* humanity, solidarity

Meden *zn* [mv] ★ <u>fig</u> *een wet van ~ en Perzen* a hard and vast rule

medeondertekenen *overg* [ondertekende mede, h. medeondertekend] countersign, co-sign

medeplichtig *bn* accessory ★ *~ aan* accessory to ★ *hij is eraan ~* he is an accomplice

medeplichtige *m-v* [-n] accomplice, <u>jur</u> accessory ★ *een ~ aan een misdrijf* a partner to a crime, an accomplice in a crime, <u>jur</u> an accessory to a crime

medeschuldig *bn* ★ *~ aan iets* implicated in sth, also guilty of sth

medespeler *m* [-s] fellow player, partner

medestander *m* [-s] supporter, ally

medeverantwoordelijk *bn* jointly responsible, co-responsible

medewerker *m* [-s] ❶ *assistent* co-worker, ‹assistent› assistant ❷ *staflid* employee, staff member ★ *commerciële ~s* sales staff ★ *een wetenschappelijk ~* a member of the academic staff ★ *zijn naaste ~* the second in charge ★ *losse ~s* temporary staff ★ *~s in tijdelijke / vaste dienst* temporary / permanent staff

medewerking *v* ❶ *het meewerken* cooperation, collaboration ★ *zijn ~ verlenen* assist in, contribute to ★ *met ~ van...* with the cooperation / collaboration of..., assisted by... ❷ *assistentie* assistance

medeweten *o* (prior) knowledge ★ *zonder / buiten zijn ~* without one's (prior) knowledge, unknown to one

medezeggenschap *v & o* participation in decision making, right of say, co-determination ★ *~ van medewerkers* employee representation in management, co-management

medezeggenschapsraad *m* [-raden] employee board / committee, ‹school› parent-teacher association

media *zn* [mv] (mass) media

media
is in het Engels ook **media**, wat zowel als enkelvoud als als meervoud wordt beschouwd: **the media is** en **the media are** zijn allebei correct.

mediabeleid *o* media policy

mediathecaris *de (m)* [-sen] manager of a multimedia centre/Am center

mediatheek *v* [-theken] multimedia centre/Am center

medicament *o* [-en] medicine

medicatie *v* [-s] medication

medicijn *v* [-en] ❶ medicine, drug ★ *~en gebruiken* take medicines / drugs ★ *~en voorschrijven* prescribe medicines / drugs ★ *zonder recept verkrijgbare ~en* non-prescription medicines / drugs, over-the-counter medicines / drugs ❷ *mv: geneeskunde* medicine ★ *~en studeren* study medicine ★ *een student in de ~en* a medical student

medicijnflesje *o* [-s] medicine bottle

medicijnkastje *o* [-s] medicine cupboard

medicijnman *m* [-nen] medicine man, witch doctor

medicinaal *bn* medicinal ★ *een medicinale werking* a medicinal effect

medicus *m* [-ci] ❶ *arts* medical man, physician, doctor ❷ *student* medical student

mediëren *onoverg* [medieerde, h. gemedieerd] mediate

mediëvist *m* [-en] medievalist

mediëvistiek *v* mediaeval/Am medieval studies

medio *bijw* in the middle of ★ *~ mei (in)* mid-May ★ *tot ~ mei* until the middle of May

medisch *bn* medical ★ *~e benodigdheden* medical supplies ★ *iem. ~ behandelen* give sbd medical treatment ★ *op ~ advies* on one's doctor's advice

meditatie *v* [-s, tiën] meditation

mediteren *onoverg* [mediteerde, h. gemediteerd] meditate

mediterraan *bn* Mediterranean ★ *de mediterrane keuken* Mediterranean cuisine

medium I *o* [-dia & -s] medium **II** *bn* ❶ *v. maat* medium, medium-sized ❷ *v. sherry* medium (dry)

mee, mede I *bijw* with, along ★ *gaat u ~?* are you coming? ★ *alles ~ hebben* have everything in one's favour, have everything going for one ★ *hij heeft zijn uiterlijk ~* he has his looks going for him ★ *wind ~ hebben* have a tail wind ★ *het zit haar niet ~* things aren't going her way / going well for her ★ *met de klok ~* clockwise ★ *~ van de partij zijn* be in on sth **II** *v* honingdrank mead

meebrengen *overg* [bracht mee, h. meegebracht] ❶ bring along (with one), take along (with one) ★ *wat moet ik ~ bij mijn inschrijving?* what do I need to bring / take (along) when I enrol? ❷ *fig* entail, carry, involve ★ *zijn agressieve rijstijl brengt mee dat...* his aggressive driving style means that...

meedelen I *overg* [deelde mee, h. meegedeeld] *berichten* → **mededelen II** *onoverg* [deelde mee, h. meegedeeld] *deel hebben aan* share (in) ★ *iem.*

laten ~ in iets let sbd have a share of sth

meedenken *onoverg* [dacht mee, h. meegedacht] think along with, help think ‹of a solution›

meedingen *onoverg* [dong mee, h. meegedongen] compete ★ *hij dong mee naar de functie van penningmeester* he competed for the post of treasurer

meedoen *onoverg* [deed mee, h. meegedaan] join ‹in the game, in the sport &›, take part (*aan* in) ★ *doe je mee?* will you join us? ★ *ik doe (niet) mee* count me in (out) ★ *niet ~* not join in ★ *daar doe ik niet aan mee* I won't be a party to that, *inf* count me out of that one ★ *met de mode ~* go with / follow the fashions ★ *~ voor vijftig euro* put in fifty euros

meedogend *bn* compassionate

meedogenloos I *bn* merciless, ruthless, *inf* hard as nails ★ *het meedogenloze bedrijfsklimaat* the ruthless/*inf* dog-eat-dog business climate **II** *bijw* mercilessly, ruthlessly ★ *iem. ~ achtervolgen* pursue sbd relentlessly

meedraaien *onoverg* [draaide mee, h. meegedraaid] ❶ *in dezelfde richting draaien* turn with ❷ *(samen)werken* work ★ *ik draai hier al weer heel wat jaartjes mee* I've already worked here for quite some years

meedragen *overg* [droeg mee, h. meegedragen] carry

mee-eter *m* [-s] blackhead

meegaan *onoverg* [ging mee, is meegegaan] go along / with, accompany ★ *ik ga met u mee* ‹begeleiden› I'll accompany you, I'll go with you, ‹instemmen› I agree with you ★ *ga je mee?* are you coming? ★ *een wasmachine gaat gemiddeld 10 jaar mee* a washing machine has an average life of 10 years ★ *deze schoenen gaan lang mee* these shoes will last long / will wear well ★ *met zijn tijd ~* move with the times ★ *met de mode ~* keep up with the fashions

meegaand *bn* accommodating, pliable, compliant

meegerekend *bn* included, including

meegeven I *overg* [gaf mee, h. meegegeven] give, provide with ★ *ik zal je een boek ~* I'll give you a book to take along **II** *onoverg* [gaf mee, h. meegegeven] give way

meehelpen *onoverg* [hielp mee, h. meegeholpen] assist, give a hand, help in

meekijken *onoverg* [keek mee, h. meegekeken] ❶ *toezicht houden op* monitor, keep an eye on ★ *over iemands schouder ~* keep an eye on sbd ❷ *eveneens kijken* look too ★ *het is aan te raden dat ouders ~* parental guidance is advisable

meekomen *onoverg* [kwam mee, is meegekomen] come (along) ★ *hij kan niet ~* ‹niet meegaan› he can't come along, ‹niet bijhouden› he can't keep up

meekrap *v* madder

meekrijgen *overg* [kreeg mee, h. meegekregen] ❶ get, receive ❷ *weten over te halen* win over, get on one's side ★ *wij konden hem niet ~* he couldn't be persuaded to join us

meel *o* ❶ *v. graan* flour ❷ *poeder* powder

meeldauw *m* mildew

meeldraad *m* [-draden] stamen

meeleven *onoverg* [leefde mee, h. meegeleefd] →
medeleven

meelijwekkend *bn* pitiful, pitiable, pathetic

meelokken *overg* [lokte mee, h. meegelokt] entice
(away), lure

meelopen *onoverg* [liep mee, is en h. meegelopen]
❶ *meegaan* walk / run along with, accompany ★ *zij
loopt al jaren mee in de winkel* she's been in the shop
for years ❷ *voordeel hebben* go sbd's way ★ *het loopt
hem altijd mee* everything always goes his way

meeloper *m* [-s] fig hanger on, follower

meeluisteren *onoverg* [luisterde mee, h.
meegeluisterd] listen (in), ⟨stiekem⟩ eavesdrop

meelworm *m* [-en] mealworm

meemaken *overg* [maakte mee, h. meegemaakt]
❶ *ervaren* experience, go through ★ *veel ~* go
through a great deal ★ *hij heeft twee oorlogen
meegemaakt* he has been through two wars ★ *dat zal
ik niet meer ~* I won't live to see the day ★ *heb je ooit
zoiets meegemaakt?* have you ever seen / been
through anything like it? ❷ *meedoen* take part in

meenemen *overg* [nam mee, h. meegenomen] ❶ take
away, take along / with ★ *iets stiekem ~* make off
with sth ❷ *van voordeel zijn* get something out of
★ *dat is altijd meegenomen* that's a welcome bonus,
that always comes in handy ❸ *tegelijkertijd doen* do
as well

meepikken *overg* [pikte mee, h. meegepikt] ❶ *stelen*
swipe ❷ *nog snel even doen, bezoeken* take in,
include, inf do ★ *we hebben het Anne Frank Huis nog
even meegepikt* we also took in / did Anne Frank's
house

meepraten, **meespreken** *onoverg* [praatte mee, h.
meegepraat] join in the conversation ★ *hij wil ook ~*
he wants to put in a word too, inf he wants to put in
his bit too ★ *kunnen ~ over* know sth about, can talk
about ★ *daar kan ik van ~* I can tell you a thing or
two about that

meer I *o* [meren] lake **II** *onbep telw* more ★ *iets ~*
something more ★ *iets ~ dan...* a little upward of..., a
little over... ★ *niemand ~ dan 1000 euro?* any
advance on a thousand euros? ★ *niet ~ dan drie* no
more than three ★ *~ en ~, steeds ~* more and more,
increasingly more ★ *zonder ~* ⟨zomaar⟩ just like that,
⟨ontegenzeggelijk⟩ absolutely, ⟨onmiddellijk⟩ right
away **III** *bijw* ❶ *sterker, in grotere mate* more ★ *het is
niet ~ dan natuurlijk / billijk* it's only natural / fair
★ *niets ~ of minder dan* neither more nor less than
★ *te ~ daar...* the more so as / since... ★ *een reden te ~*
all the more reason, an added / additional reason
❷ *eerder* rather, more ★ *het is ~ iets persoonlijks* it's
rather a personal matter ❸ *verder, extra* more ★ *wie
was er nog ~?* who else was there? ★ *er is niets ~*
there's nothing left ❹ *(+ neg): (niet) langer* more,
longer ★ *niet ~* no more, no longer ★ *hij is niet ~* he
is no more ★ *hij kon niet ~ lopen* he couldn't walk

any more ★ *zij is niet jong ~* she's no longer young,
she's not so young as she was ❺ *vaker* more (often)
★ *je moet wat ~ komen* you should come more often
★ *ik hoop je ~ te zien* I hope to see more of you **IV** *bn*
more ★ *wat ~ is* what's more

meerdaags *bn* lasting / for several days, of more than
one day ★ *een ~e cursus* a course of several days

meerdelig *bn* having several pieces

meerdere *m-v* [-n] *superieur* superior, mil superior
officer ★ *mijn ~* my betters ★ *in iem. zijn ~ erkennen*
acknowledge sbd's superiority

meerderen I *overg* [meerderde, h. gemeerderd]
increase, add to **II** *onoverg* [meerderde, is
gemeerderd] increase

meerderheid *v* [-heden] ❶ *in aantal* majority ★ *een
geringe ~* a narrow majority ★ *een kleine ~* a slim
majority ★ *een volstrekte / absolute ~* an absolute
majority ★ *een wankele ~* a feeble majority ★ *de
zwijgende ~* the silent majority ★ *in de ~ zijn* be in
the majority ❷ *geestelijk* superiority

meerderheidsbelang *o* [-en] controlling interest

meerderheidsbesluit *o* [-en] majority decision

meerderjarig *bn* of age ★ *~ worden / zijn* come / be of
age

meerderjarige *m-v* [-n] adult

meerderjarigheid *v* (age of) majority, adulthood

meerekenen *overg* [rekende mee, h. meegerekend]
count (in), include (in) ★ *...niet meegerekend*
exclusive of..., excluding...

meerijden *onoverg* [reed mee, is meegereden] come
/ ride along with ★ *iem. laten ~* give sbd a lift

meerjarenplan *o* [-nen] long-range plan

meerjarig *bn* long-term, ⟨v. planten⟩ perennial

meerkeuzetoets *m* [-en] multiple choice test

meerkeuzevraag *v* [-vragen] multiple choice question

meerkleurendruk *m* multi-colour/Am multi-color
printing

meerkoet *m* [-en] *vogel* coot

meerkosten *zn* [mv] additional costs, excess cost

meerling *m* [-en] multiple birth

meermaals, **meermalen** *bijw* more than once,
repeatedly

meeroken *o* passive smoking

meeropbrengst *v* [-en] surplus proceeds, econ
marginal revenue ★ *de wet van de afnemende ~* the
law of diminishing returns

meerpaal *m* [-palen] mooring post

meerpartijensysteem *o* multi-party system

meerprijs *m* additional / extra charge

meersporenbeleid *het* multi-track policy

meerstemmig *bn* many-voiced ★ *~ gezang*
part-singing, part-song ★ *een ~ lied* a part-song

meertalig *bn* multilingual

meerval *m* [-len] *vis* wels, catfish

Meer van Genève *o* Lake Geneva

meervoud *o* [-en] plural

meervoudig I *bn* plural **II** *bijw* poly-, multi- ★ *~
onverzadigde vetzuren* polyunsaturated fatty acids

meervoudsvorm *m* [-en] plural form
meervoudsvorming *v* formation of the plural
meerwaarde *v* surplus value, added value ★ *steeds meer boeren kiezen voor ~ toevoegen als strategie* value-adding is a strategy that farmers are increasingly choosing
mees *v* [mezen] *vogel* tit, titmouse
meeslepen *overg* [sleepte mee, h. meegesleept] ❶ drag / carry (along / down / behind) ★ *iem. in zijn val ~* drag sbd down ❷ *m.b.t. gevoel* carry (with / away) ★ *zich laten ~* be / get carried away ★ *meegesleept door...* carried away by...
meeslepend *bn* ❶ moving, compelling ❷ compelling, moving, stirring
meesmuilen *onoverg* [meesmuilde, h. gemeesmuild] smile scornfully, smirk, snigger
meespelen *onoverg* [speelde mee, h. meegespeeld] ❶ *meedoen* join in, take part ❷ *van belang zijn* play a part ★ *hij speelt niet mee in de film* he isn't in the film's cast ★ *in de politiek speelt eigenbelang mee* self-interest plays a part / role in politics
meespreken *onoverg* [sprak mee, h. meegesproken] → **meepraten**
meest I *bn & onbep telw* most, the majority of ★ *de ~en* most of them, most people, the majority ★ *de ~e vergissingen* most mistakes **II** *bijw* ❶ most, best ★ *hij schrijft het ~* he writes most frequently ★ *waarvan hij het ~ hield* which he loved most ★ *hij heeft het ~* he has (the) most, he has the majority ‹of› ★ *op zijn ~* at (the) most ★ *de ~ gelezen krant* the most widely read paper ❷ *gewoonlijk* mostly, usually ★ *ze zijn ~ klein van omvang* they are usually small in size
meestal *bijw* mostly, usually
meestbegunstigd *bn* most favoured
meestbiedende *m-v* [-n] highest bidder
meester *m* [-s] ❶ *volleerd vakman, expert* master ★ *een ~timmerman* a master carpenter ★ *de oude ~s* the old masters ★ *~ in de rechten* ± Master of Laws, LL.M ★ *hij is ~ in de rechten* he has a law degree ★ *hij is een ~ in zijn vak* he is a master of his craft / trade ★ *hij is een ~ in het verzinnen van uitvluchten* he's an expert at dreaming up excuses ❷ *baas, meerdere* master ★ *de brand ~ worden* get the fire under control ★ *de toestand ~ zijn* have the situation (well) in hand ★ *de bestuurder was de wagen niet meer ~* the driver had lost control of the car ★ *hij is het Engels (volkomen) ~* he has a thorough command of English ★ *hij is zichzelf niet ~* he has no control over himself ★ *zich van iets ~ maken* take possession of a thing ★ *zijn ~ vinden* meet one's master ★ *men kan geen twee ~s dienen* one cannot serve two masters ★ *het oog van de ~ maakt het paard vet* look after your own affairs and they will look after you ❸ *onderwijzer* teacher, Br ook master
meesterbrein *o* [-en] mastermind
meesteres *v* [-sen] mistress
meesterhand *v* hand of the master, the master's touch

meesterknecht *m* [-en & -s] foreman
meesterkok *m* [-s] (master) chef
meesterlijk I *bn* masterly ★ *een ~e zet* a masterstroke **II** *bijw* masterly, skilfully
meesterschap *o* mastery, mastership, craftsmanship
meesterstuk *o* [-ken] masterpiece
meesterwerk *o* [-en] masterpiece, masterwork
meet *v* starting line ★ *fig van ~ af aan* from the beginning
meetapparaat *o* [-raten] measuring instrument
meetapparatuur *v* measuring equipment
meetbaar *bn* measurable
meetbaarheid *v* measurability
meetellen I *overg* [telde mee, h. meegeteld] count (in), include ★ *...niet meegeteld* exclusive of... **II** *onoverg* [telde mee, h. meegeteld] count ★ *hij telt niet mee* he doesn't count ★ *~ voor zijn pensioen* count for one's pension
meeting *v* [-s] *vergadering* meeting
meetkunde *v* geometry ★ *analytische / beschrijvende ~* analytical / descriptive geometry ★ *vlakke ~* plane geometry
meetkundig *bn* geometrical
meetlat *v* [-ten] measuring rod / staff / rule ★ *fig iem. / iets langs de ~ leggen* measure sbd / sth up
meetlint *o* [-en] tape measure, measuring tape
meeuw *v* [-en] (sea)gull
meevallen *onoverg* [viel mee, is meegevallen] turn out / prove better than was expected, exceed expectations ★ *het valt niet mee* it's more difficult than I expected ★ *de cijfers vielen niet mee* the figures proved to be disappointing ★ *hij valt erg mee* he exceeds my expectations ★ *de pijn viel mee* it wasn't as painful as I'd expected
meevaller *m* [-s] piece / stroke of good luck, pleasant surprise ★ *een financiële ~* a windfall
meevoelen *onoverg* [voelde mee, h. meegevoeld] ★ *met iem. ~* sympathize with sbd
meevoeren *overg* [voerde mee, h. meegevoerd] carry / lead along
meewarig *bn* pitying, compassionate
meewerken *onoverg* [werkte mee, h. meegewerkt] cooperate, collaborate, work together ★ *het weer heeft meegewerkt* the weather helped ★ *~ aan* contribute to ‹a magazine›, collaborate on, participate in ‹the research›, cooperate with ‹the investigation› → **voorwerp**
meezinger *m* [-s] popular song / tune, singalong song
meezitten *onoverg* [zat mee, h. meegezeten] be favourable/Am favorable ★ *het zat hem niet mee* luck was against him, he was unlucky
megabioscoop *v* [-scopen] multiplex (cinema)
megabyte *m* [-s] megabyte
megafoon *m* [-s & -fonen] megaphone
megahertz *m* megahertz
megalomaan I *bn* megalomaniac **II** *m* [-manen] megalomaniac

me

megalomanie *v* megalomania
megaster *v* [-ren] super star
mei I *m* May ★ *de eerste ~, een ~* the first of May ★ *op tien ~* on the tenth of May ★ *begin / midden / eind ~* at the beginning of / in the middle of / at the end of May ★ *in ~ leggen alle vogeltjes een ei* birds lay their eggs in May **II** *m* [-en] *meitak* branch of hawthorn
meid *v* [-en] ❶ *dienstmeisje* servant girl, maid ❷ *meisje* girl, inf missy, inf afkeurend broad ★ *...dan ben je een beste ~* there's a good girl ★ *een lekkere ~* a gorgeous girl, inf a nice bit of crumpet / nice piece
meidengek *m* [-ken] girl-chaser ★ *hij is een echte ~* he's girl-crazy
meidengroep *v* [-en] *popgroep* female group / band
meidenhuis *o* [-huizen] women's shelter
meidoorn, meidoren *m* [-s] hawthorn
meikever *m* [-s] cockchafer, May bug
meineed *m* [-eden] perjury ★ *~ plegen* commit perjury ★ *iem. tot ~ aanzetten* incite sbd to perjury
meisje *o* [-s] ❶ *jonge vrouw* girl ❷ *bediende* servant girl, girl ❸ *vriendin* girlfriend, sweetheart
meisjesachtig *bn* girlish, ⟨v. jongens, mannen⟩ sissy
meisjesboek *o* [-en] girl's book
meisjesnaam *m* [-namen] ❶ *voornaam* girl's name ❷ *v. getrouwde vrouw* maiden name
mejuffrouw *v* [-en] ⟨ongehuwd⟩ Miss, ⟨gehuwd of ongehuwd⟩ Ms
mekaar *wederk vnw* → **elkaar**
Mekka *o* Mecca
Mekkaganger *m* [-s] pilgrim to Mecca, hadj(i)
mekkeren *onoverg* [mekkerde, h. gemekkerd] ❶ bleat ❷ *v. personen* nag, complain
melaats *bn* leprous
melaatse *m-v* [-n] leper
melaatsheid *v* leprosy
melancholie *v* melancholy
melancholiek, melancholisch *bn* melancholy ★ *een ~e stemming* a melancholy mood
melange *m & o* [-s] blend, mixture
melanoom *o* [-nomen] melanoma
melasse *v* molasses
melden I *overg* [meldde, h. gemeld] ❶ *berichten* report, announce, inform (of) ★ *niets te ~ hebben* have nothing to report ❷ *noemen* mention, make mention of **II** *wederk* [meldde, h. gemeld] ★ *zich ~* report ★ *zich ziek ~* report oneself sick ★ *zich ~ bij de politie* report to the police
melding *v* [-en] mention ★ *~ maken van* make mention of / mention / report
meldingsplicht *m-v* jur duty / obligation to report
meldkamer *v* [-s] ❶ centre, Am center ❷ *voor noodgevallen* emergency / incident room
meldpunt *o* [-en] check-in point
mêlee *v* melee
melig *bn* ❶ *v. fruit, groente* floury ⟨potatoes⟩, mealy ⟨apples⟩ ❷ *v. humor &* banal, corny ★ *er heerste een ~e sfeer* everybody was in a silly mood ❸ *lusteloos* tiresome

meligheid *v* ❶ *v. aardappels, fruit* flouriness ❷ *v. humor* banality, corniness ❸ *v. sfeer* silly behaviour
melk *v* milk ★ *hij heeft niets in de ~ te brokkelen* he has no influence on things ★ *heel wat in de ~ te brokkelen hebben* have a great deal of influence on things ★ *een land van ~ en honing* a land of milk and honey
melkboer *m* [-en] milkman
melkbus *v* [-sen] milk churn / can
melkchocola, melkchocolade *m* milk chocolate
melken I *overg* [molk of melkte, h. gemolken] milk ★ *duiven ~* keep / breed doves ★ *huisjes ~* Br be a rack-renter, Am be a slumlord **II** *onoverg* [molk of melkte, h. gemolken] *zeuren* complain, whine
melkfles *v* [-sen] milk bottle
melkgebit *o* [-ten] milk teeth
melkkies *v* [-kiezen] milk tooth
melkklier *v* [-en] mammary gland
melkkoe *v* [-koeien] ❶ dairy cow ❷ fig money spinner
melkmachine *v* [-s] milking machine
melkmuil *m* [-en] ❶ *onervaren jongeman* rookie, greenhorn, fresher ❷ *lafbek* sissy
melkpoeder *o & m* powdered milk, milk powder
melkproduct *o* [-en] dairy product
melksuiker *m* [-s] lactose
melktand *m* [-en] milk tooth
melkvee *o* dairy cattle
melkveehouderij *v* [-en] dairy farm
Melkweg *m* astron Milky Way, Galaxy
melkwit *bn* milk / milky white
melkzuur *o* lactic acid
melodie *v* [-dieën] melody, tune
melodieus, melodisch *bn* melodious, tuneful
melodisch *bn* melodic
melodrama *o* ['s] melodrama
melodramatisch *bn* melodramatic
meloen *m & v* [-en] melon
membraan *o & v* [-branen] membrane, ⟨v. microfoon &⟩ diaphragm
memo *o & m* ['s] memorandum, inf memo ★ *iem. een ~ sturen* send sbd a memo
memoblok *o* [-ken] note pad
memoires *zn* [mv] memoirs
memorabel *bn* memorable
memorandum *o* [-da & -s] memorandum
memoreren *overg* [memoreerde, h. gememoreerd] mention, recall to mind, remind
memorie *v* ❶ *geheugen* memory, ⟨herinnering⟩ recollection ★ *kort van ~ zijn* have a short memory ★ *pro ~* just for the record ❷ *geschrift* [-s] memorial ❸ *beschouwing* pol memorandum, statement ★ *een ~ van toelichting* an explanatory memorandum / statement
memoriseren *overg* [memoriseerde, h. gememoriseerd] memorize, learn by heart
men *onbep vnw* one, people, they, you ★ *~ hoort* one hears ★ *~ zegt dat hij...* people say that he..., it is said

me

that he... ★ ~ *heeft het mij gezegd* so I was told, so I've been told, so I am told ★ *wat zal ~ ervan zeggen?* what will people say? ★ *wat ~ er ook van zegge* in spite of anything people may say ★ *~ kan dat niet meten* that's not measurable ★ *~ leeft daar zeer goedkoop* life is very cheap there

menage *v* [-s] ★ *een ~ à trois* a menage a trois

menagerie *v* [-rieën & -s] menagerie

meneer *m* [-neren] ❶ *heer* gentleman ★ *de mooie ~ uithangen* act the fine gentleman ❷ *aanspreekvorm zonder naam* sir ★ scherts *zo, ~ vond dat hij zomaar weg kon blijven* so, his lordship thought that he didn't need to come ❸ *met naam* Mr ★ *~ de Vries* Mr de Vries ★ *is ~... thuis?* is Mr... at home?

menen *overg* [meende, h. gemeend] ❶ *bedoelen* mean ★ *hoe meent u dat?, wat meent u daarmee?* what do you mean (by that)? ★ *zo heb ik het niet gemeend* no offence (was) meant, I didn't mean it ★ *hij meent het goed* he means well ★ *het goed / eerlijk met iem. ~ be* well intentioned towards sbd ❷ *denken* think ★ *hij meende gelijk te hebben* he thought he was right ★ *dat zou ik ~!* I should think so! ★ *dat meen je toch niet?* you're not serious (are you?) ★ *hij meent het* he's in earnest, he really means it

menens *bn* ★ *het is ~* it's serious

mengeling *v* [-en] mixture

mengelmoes *o & v* mishmash, hodge-podge, jumble

mengen I *overg* [mengde, h. gemengd] mix, blend, afkeurend drag in **II** *wederk* [mengde, h. gemengd] ★ *zich ~ in* get involved in, interfere in ★ *meng u er niet in* don't interfere ★ *ik wil mij er niet in ~* I don't want to be dragged into it / be involved ★ *zich in het gesprek ~* join in the conversation ★ *zich onder de menigte ~* mingle with the crowd

mengkleur *v* [-en] blended shade, blended colour/Am color

mengkraan *v* [-kranen] mixer tap

mengpaneel *o* [-nelen] mixing console

mengsel *o* [-s] mixture

mengsmering *v* mixed lubrication

menhir *m* [-s] menhir

menie *v* red lead

menig *onbep telw* many (a)

menigeen *onbep vnw* many, many a person / a one

menigmaal *bijw* many a time, many times, often

menigte *v* [-n & -s] crowd ★ *een ~ feiten* a great number / host of facts ★ *de grote ~* the masses, the general public, the public at large

mening *v* [-en] opinion ★ *geen ~ hebben* have no opinion ★ *geen eigen ~ hebben* have no personal opinion ★ *de openbare ~* public opinion ★ *zijn ~ zeggen* give one's opinion, speak one's mind ★ *als zijn ~ te kennen geven dat...* give his opinion that... ★ *bij zijn ~ blijven* stick to one's opinion ★ *in de ~ dat...* in the belief that... ★ *in de ~ verkeren dat...* be under the impression that... ★ *naar mijn ~* in my opinion, to my mind ★ *naar mijn bescheiden ~* in my humble opinion ★ *van ~ zijn dat...* be of the opinion

that... ★ *ik ben van ~ dat...* it's my opinion that..., I feel / believe that... ★ *van dezelfde ~ zijn* be of the same opinion ★ *van ~ verschillen* hold different views, differ in opinion ★ *ik ben van een andere ~* I hold a different opinion, I think differently ★ *zijn ~ niet onder stoelen of banken steken* make no secret of one's opinion, be quite frank ★ *zijn ~ voor een betere geven* be open to correction ★ *voor zijn ~ uitkomen* stand up for one's opinion

meningitis *v* meningitis

meningsuiting *v* [-en] expression of opinion(s) ★ *vrijheid van ~* freedom of speech

meningsverschil *o* [-len] difference of opinion

meningsvorming *v* opinion forming

meniscus *m* [-sen] ❶ *kneecap*, anat meniscus ❷ *blessure* torn cartilage

mennen *overg* [mende, h. gemend] drive

menner *m* [-s] driver

menopauze *v* menopause, change of life

mens I *m* [-en] ❶ *menselijk wezen* human being, man ★ *de ~* man, mankind ★ *een ~* a human being ★ *~ en dier* man and beast ★ *half ~,* half dier half human, half animal ★ *geen ~* nobody, no one ★ *ik ben geen ~ meer* I'm worn out/inf dead beat ★ Bijbel *de oude ~ afleggen* leave behind one's old ways, become a new man ★ *ik ben ook maar een ~!* I'm only human! ★ *wij zijn allemaal ~en* we're all human ★ *leraren zijn ook ~en* even teachers are human ❷ *mv: personen* people ★ *de ~en* people, mankind ★ *wij ~en* all of us ★ ⟨in brieven⟩ *beste ~en* dear all, ⟨zakelijk⟩ dear client, dear valued customer ★ *de grote ~en* the grown-ups ★ *als de grote ~en spreken, moeten de kinderen zwijgen* children should be seen and not heard ★ *de inwendige ~ versterken* fortify the inner man ★ *er waren maar weinig ~en* there were only a few people ★ *wij krijgen ~en* we're having some people around ★ *(niet) onder de ~en komen* (not) get out and about ❸ *mv: medewerkers* people ★ *daar heb ik mijn ~en voor* I've got people for that **II** *o* ❶ ⟨vrouwelijk⟩ thing, creature, geringsch woman ★ *dat ~!* that woman! ★ *het arme ~* the poor soul / creature / thing ★ *zo'n goed ~* such a good soul ★ *het oude ~* the old woman ★ *~, hou op!* will you shut up! ❷ *figuur, type* person ★ *een onmogelijk ~* an impossible person / type ★ *zij is geen ~ om te klagen* she's not one to complain ★ *hij is er een ander ~ van geworden* it made him into a different person

mensa *m* ['s, -sae] student cafeteria

mensaap *m* [-apen] (anthropoid) ape

mensbeeld *o* [-en] image of mankind

mensdom *o* mankind

menselijk *bn* ❶ *human* ★ *vergissen is ~* to err is human ★ *niets ~s is hem vreemd* he's only human ★ *~e betrekkingen* human relations ★ *~ kapitaal* human capital / resources ❷ *humaan* humane ★ *een ~e behandeling* humane treatment

menselijkerwijs, menselijkerwijze *bijw* humanly ★ *dat is ~ gesproken onmogelijk* it's not humanly possible

menselijkheid *v* humanity ★ *misdaden tegen de* ~ crimes against humanity

menseneter *m* [-s] cannibal, ‹roofdier› maneater

mensengedaante *v* [-n & -s] human shape / form ★ *een duivel in* ~ the devil incarnate

mensenhaai *m* [-haaien] great white shark

mensenhand *v* [-en] ❶ human hand ❷ *menselijk vermogen* human hands, ‹kracht› manpower, scherts muscle power ★ *door ~en gemaakt* made by the hand of man / by human hands

mensenhater *m* [-s] misanthrope

mensenheugenis *v* human memory ★ *sinds* ~ since time immemorial

mensenkennis *v* knowledge of human nature

mensenkind *o* [-eren] human being

mensenkinderen *tsw* ★ *~!* good heavens!

mensenleven *o* [-s] human life ★ *~s redden* save human lives ★ *er zijn geen ~s te betreuren* no lives were lost

mensenmassa *v* ['s] crowd (of people)

mensenrechten *zn* [mv] human rights

mensenrechtenactivist *m* [-en] human rights activist

mensenschuw *bn* shy, ‹sterker› afraid of people afkeurend unsociable

mensensmokkel *m* ❶ people trafficking, trafficking in people ❷ hist slave running ❸ *prostitutie* white slave traffic

mensenvriend *m* [-en] philanthropist

mensenwerk *o* human work ★ *het blijft* ~ it's all subject to human error, people aren't infallible

mensheid *v* ❶ *mensdom* mankind ❷ *mensennatuur* human nature, humanity

menskunde *v* human biology

menslievend *bn* philanthropic, humane, humanitarian

mensonterend, mensonwaardig *bn* (humanly) degrading, degrading to man

menstruatie *v* [-s] menstruation, inf period

menstruatiepijn *v* [-en] menstrual pain / cramps

menstrueren *onoverg* [menstrueerde, h. gemenstrueerd] menstruate, inf have one's period

menswaardig *bn* decent, dignified ★ *een ~e behandeling* humane treatment ★ *een* ~ *bestaan* a dignified / decent existence ★ *een* ~ *loon* a living wage

menswetenschappen *zn* [mv] social / life sciences

menswording *v* incarnation

mentaal *bn* mental

mentaliteit *v* mentality

mentaliteitsverandering *v* change of mentality / attitude

menthol *m* menthol

mentor *m* [-s, -toren] mentor

menu *o & m* ['s] ❶ *spijskaart* menu, bill of fare ❷ comput menu

menubalk *m* [-en] comput menu bar

menuet *o & m* [-ten] minuet

menugestuurd *bn* comput menu-driven

menukaart *v* [-en] menu, bill of fare

mep *m & v* [-pen] blow, slap ★ *iem. een* ~ *geven* / *verkopen* smack / whack sbd

meppen *overg* [mepte, h. gemept] slap, smack

merchandise *de* merchandising

merchandisen *overg* [merchandisede, h. gemerchandised] merchandise

merchandising *v* merchandising

Mercurius *m* astron & astrol Mercury

merel *m & v* [-s] *vogel* blackbird

meren *overg* [meerde, h. gemeerd] moor

merendeel *o* ★ *het* ~ the greater part, ‹telbaar› the majority ★ *voor het* ~ for the most part

merendeels *bijw* for the greater part, mostly

merg *o* ❶ *in botten* marrow ★ *dat gaat door* ~ *en been* it cuts through you like a knife ★ *een Engelsman in* ~ *en been* English to the core ❷ plantk pith

mergel *m* marl

mergelgroef, mergelgroeve *v* [-groeven] marlpit

mergpijp *v* [-en] marrowbone ★ ‹soort gebakje› *een ~je* a marzipan and chocolate biscuit

meridiaan *m* [-anen] meridian

merk *o* [-en] ❶ *merkteken* mark, ‹op edelmetaal› hallmark, fig hallmark ❷ *merknaam* brand, ‹v. auto &› make, ‹geregistreerd handelsmerk› trade mark ★ *een eigen* ~ own brand ★ *een fijn* ~ a choice brand, inf a fine specimen ★ *een sterk* ~ a leading brand ★ *een wit* ~ a generic brand

merkartikel *o* [-en, -s] branded article / product ★ *~en* branded goods

merkbaar I *bn* noticeable, marked **II** *bijw* noticeably, markedly ★ *goed* ~ clear, evident ★ *nauwelijks* ~ hardly noticeable

merkbeeld *o* [-en] brand image

merken *overg* [merkte, h. gemerkt] ❶ *een merkteken geven* mark, ‹met een brandmerk› brand ❷ *bemerken* perceive, notice ★ *je moet niets laten* ~ don't show anything, ‹laten vallen› don't give anything away ★ *ze liet* ~ *dat zij boos was* she made it clear she was angry ★ *aan zijn gezicht* / *kleren &* ~ tell by his face / clothes & ★ *zonder iets te* ~ without noticing

merkenbureau *o* [-s] trademark / patent office

merkentrouw *v* brand loyalty

merkkleding *v* designer clothing

merknaam *m* [-namen] brand name

merkteken *o* [-s & -en] (identifying) mark / sign

merkwaardig *bn & bijw* ❶ *buitengewoon* remarkable, noteworthy ❷ *vreemd* peculiar, curious ★ *~ genoeg* strangely / oddly / curiously enough

merkwaardigheid *v* [-heden] ❶ *het merkwaardig zijn* peculiarity ❷ *curiositeit* remarkable fact, curiosity, oddity ★ *de merkwaardigheden van de stad* the sights of the city

merrie *v* [-s] mare

mes *o* [-sen] knife ★ fig *de ~sen slijpen* get ready to fight ★ *het* ~ *snijdt aan twee kanten* it works both

ways ★ fig *het ~ erin zetten* get the axe into sth
★ *het ~ in de kosten / verliezen zetten* cut costs / losses
★ ook fig *iem. het ~ op de keel zetten* put a knife to
sbd's throat ★ *onder het ~ gaan* have an operation
★ *met het ~ op tafel spelen* play for keeps
★ *onderhandelingen met het ~ op tafel* hostile
/ hard-fought negotiations

mesjogge *bn* inf nuts, daft, crackpot ‹ideas›

mesopauze *de* mesopause

mesozoïcum *o* Mesozoic

mespunt *m* [-en] ❶ tip of a knife ❷ *klein beetje* pinch
‹of salt &›

mess *m* [-es] mess (hall)

messcherp *bn* razor-sharp ‹intellect, perception &›,
biting ‹comment›

messenlegger *m* [-s] knife rest

messenslijper *m* [-s] knife grinder / sharpener

messentrekker *m* [-s] knife fighter

Messias *m* Messiah

messing I *o* brass **II** *v* [-en] tongue ★ *~ en groef* tongue
and groove

messteek *m* [-steken] knife stab

mest *m* dung, manure, ‹voor gebruik op het land›
fertilizer, compost

mesten *overg* [mestte, h. gemest] ❶ *v. land* fertilize,
dress, manure ❷ *v. dieren* fatten (up) ❸ *uitmesten*
clean out

mesthoop *m* [-hopen] dunghill, manure heap

mesties *m-v* [-tiezen] mestizo

mestkalf *o* [-kalveren] ‹nog te mesten› fattening calf,
‹al gemest› fattened calf

mestkever *m* [-s] dung beetle

mestoverschot *o* [-ten] manure surplus

meststof *v* [-fen] manure, fertilizer

mestvaalt *v* [-en] dunghill

mestvarken *o* [-s] fattening pig, porker

mestvee *o* fattening cattle, beef stock

mestvork *v* [-en] dung fork

MET *afk* (Midden-Europese tijd) Central European
Time

met *voorz* ❶ *tot* with, to ★ *ik heb ~ hem gesproken* I've
spoken with / to him ★ ‹in telefoongesprek› *(u
spreekt) ~ Hendricks* Hendricks speaking ★ ‹in
telefoongesprek› *(spreek ik) ~ Sheila?* is that you,
Sheila? ❷ *m.b.t. omstandigheden* with ★ *hoe is het ~
je?* how are you? ★ *hoe is het ~ je vader?* how's your
father? ★ *~ dat al* yet for all that ★ *~ bewondering* in
admiration ❸ *in het bezit van* with ★ *de man ~ de
hoed* the man with the hat on, the man in the hat
★ *~ de hoed in de hand* hat in hand ★ *de vrouw ~
rood haar* the red-haired woman ★ *een boterham ~
jam* a jam sandwich ★ *een portemonnee ~ inhoud* a
wallet / purse with contents ★ *een zak ~ geld* a bag
of money ★ *~ kleren en al* clothes and all ❹ *gemengd
met* (mixed) with, and ★ *koffie ~ cognac* a coffee with
brandy ★ *koffie ~ melk* a milk coffee ❺ *over en weer*
with, to ★ *~ de vakbonden overeenkomen* reach
agreement with the trade unions ★ *~ elkaar spreken*

speak to each other ❻ *gelijktijdig met* by, with, at, in,
on ★ *wij verwachten ~ 1 januari klaar te zijn* we
expect to be finished by the first of January ★ *~ de
dag* every day ★ *de toestand is ~ de dag zorgelijker* the
situation is increasingly giving cause for concern
★ *~ Pasen* at Easter ❼ *samen met* (along) with, of ★ *~
hoeveel zijn jullie?* how many of you are there? ★ *wij
waren ~ ons vijven* there were five of us ★ *~ ons allen
hadden we één...* we had one... between us ★ *ze
kwamen ~ honderden / duizenden* they came in their
hundreds / thousands ❽ *plus* with, and, including,
plus ★ *~ rente* with / including / plus interest
★ *ontbijt ~ logies* bed and breakfast ★ *tot en ~* up to
and including ★ *~ deze erbij zijn het er drie* this one
makes three ★ *is ~ 10% toegenomen* has increased by
10% ❾ *door middel van* with, by, in, through ★ *~ de
boot / de post / het spoor / de auto* by boat / post / rail
/ car ★ *~ geweld* by force ★ *~ een cheque betalen* pay
by cheque ★ *~ inkt / potlood geschreven* written in
ink / pencil ★ *gezien ~ de ogen van een kind* seen
through a child's eyes ★ *~ gepast geld betalen* pay the
exact amount ▼ *stoppen ~ roken* stop / quit smoking

metaal I *o* [-talen] metal ★ *oud ~* scrap metal **II** *v* →
metaalindustrie

metaalachtig *bn* metallic

metaalbewerker *m* [-s] metalworker

metaaldetector *m* [-s] metal detector

metaaldraad *o & m* [-draden] metal wire

metaalindustrie, **metaalnijverheid**, **metaal** *v* ❶ metal
/ metallurgical industry ❷ *staalindustrie* steel
industry

metaalmoeheid *v* metal fatigue

metaalnijverheid *v* → **metaalindustrie**

metaalwaren *zn* [mv] metalware(s)

metabolisme *o* metabolism

metafoor *v* [-foren], **metafora** ['s] metaphor, figure of
speech

metaforisch *bn* metaphorical

metafysica *v* metaphysics

metafysisch *bn* metaphysical

metalen *bn* metal

metallic *bn* metallic

metalliseren *overg* [metalliseerde, h. gemetalliseerd]
metallize

metallurgie *v* metallurgy

metamorfose *v* [-n & -s] metamorphosis

metastase *v* [-n, -s] metastasis

metataal *v* metalanguage

meteen *bijw* ❶ *tegelijkertijd* at the same time ★ *als we
toch langs komen kunnen we ~ even boodschappen
doen* if we're going past anyway, we may as well do
the shopping ★ *ik nam er ~ twee* I took two while I
was at it ❷ *dadelijk* at once, immediately ★ *zo ~* in a
minute ★ *hij was ~ dood* he was killed instantly ★ *je
moet ~ komen* you must come at once / straightaway

meten I *overg* [mat, h. gemeten] measure, gauge ★ *hij
meet twee meter* he's two metres tall ★ *het schip meet
5000 ton* the ship carries 5000 tons ★ *met twee*

maten ~ apply double standards ★ *op het gezicht* ~ measure by eye **II** *wederk* [mat, h. gemeten] measure (up to), match ★ *hij kan zich met de besten* ~ he matches up to the best of them, he can hold his own with them all ★ *zich niet kunnen* ~ *met...* not match up to, be no match for...

meteoor *m* [-oren] meteor

meteoriet *m* [-en] meteorite

meteorietinslag *m* [-slagen] meteorite impact

meteorologie *v* meteorology

meteorologisch *bn* meteorological ★ *een* ~ *instituut / station* a meteorological station

meteoroloog *m* [-logen] meteorologist

meter I *m* [-s] ❶ *lengtemaat* metre, Am meter ★ *dat klopt voor geen* ~ that doesn't make sense at all ❷ *gas &* meter ❸ *wijzer, naald* indicator, needle ❹ *persoon* measurer **II** *v* [-s] *peettante* godmother

meterkast *v* [-en] meter cupboard

meteropnemer *m* [-s] meter reader

meterstand *m* [-en] meter reading ★ *de* ~ *opnemen* read the meter

metgezel *m* [-len] companion, mate

methaan *o* methane

methadon *o* methadone

methanol *m &* *o* methanol

methode *v* [-n & -s] ❶ *systeem* method ★ *een* ~ *volgen* follow a method / system ❷ *leerplan* method, methodology, system ❸ *boek* manual, primer

methodiek *v* methodology

methodisch *bn* methodical

methodist *m* [-en] Methodist

methodologie *v* methodology

methodologisch *bn* methodological

Methusalem *m* Methuselah ★ *zo oud als* ~ as old as Methuselah

methyl *o* methyl

metier *o* [-s] métier

meting *v* [-en] measuring, measurement

metonymie, metonymia *v* metonymy

metriek I *bn* metric ★ *het* ~*e stelsel* the metric system **II** *v* metrics, prosody

metrisch *bn* metrical ★ ~*e meetkunde* metric geometry

metro *m* ['s] metro, Br underground, spreektaal tube, Am subway

metronoom *m* [-nomen] metronome

metropool *v* [-polen] metropolis

metrostation *o* [-s] underground station, Am subway station

metrum *o* [-s & -tra] metre, Am meter

metselaar *m* [-s] bricklayer

metselen I *onoverg* [metselde, h. gemetseld] lay bricks **II** *overg* [metselde, h. gemetseld] build (with bricks) ★ *een muurtje* ~ build a brick wall

metselspecie *v* mortar

metselsteen *o &* *m* [-stenen] brick

metselwerk *o* brickwork, masonry

metten *zn* [mv] matins ★ RK *de donkere* ~ Tenebrae

★ *korte* ~ *maken met...* make short work of...

mettertijd *bijw* in the course of time, in due course

metworst *v* [-en] German sausage

meubel *o* [-s & -en] piece / article of furniture ★ *onze* ~*en/*~*s* our furniture

meubelboulevard *m* [-s] furniture arcade / mall

meubelmaker *m* [-s] cabinet maker, furniture maker

meubelmakerij *v* [-en] furniture works / factory

meubelstof *v* [-fen] upholstery fabric

meubelstuk *o* [-ken] piece of furniture

meubelzaak *v* [-zaken] furniture shop / store

meubilair *o* furniture

meubileren *overg* [meubileerde, h. gemeubileerd] furnish

meubilering *v* ❶ *het meubileren* furnishing ❷ *meubels* furniture

meug *m* liking, taste ★ *ieder zijn* ~ to each his own ★ *tegen heug en* ~ reluctantly

meute *v* [-n & -s] ❶ *honden* pack ❷ *mensen* horde, crowd

mevrouw *v* [-en] ❶ *dame* lady, ‹vrouw des huizes› mistress ❷ *als aanspreekvorm zonder naam* madam, ma'am, ‹vooral jonge vrouw› miss ★ *wordt u al geholpen,* ~? are you being served (madam / ma'am / miss)? ❸ *met naam* ‹getrouwd› Mrs, ‹getrouwd of ongetrouwd› Ms ★ ~ *Heesen* Mrs / Ms Heesen

Mexicaan *m* [-canen] Mexican

Mexicaans *bn* Mexican ★ valuta *de* ~*e peso* the Mexican peso, the peso

Mexicaanse *v* [-n] Mexican ★ *ze is een* ~ she's a Mexican, she's from Mexico

Mexico *o* Mexico ★ ~*-Stad* Mexico City

mezelf *wederk vnw* myself, inf me

mezzosopraan *v* [-pranen] mezzo-soprano

mi I *v* ['s] muz mi **II** *m*, **mie** *spijs* Chinese noodles

m.i. *afk* ❶ (mijns inziens) in my opinion ❷ (mijnbouwkundig ingenieur) mining engineer

miauw *tsw* miaow

miauwen *onoverg* [miauwde, h. gemiauwd] miaow

mica *o &* *m* mica

Michelinster *de* [-ren] ★ *het hoogst haalbare voor een restaurant zijn drie* ~*ren* the maximum a restaurant can achieve is three Michelin stars

micro *m* ['s] ❶ *computer* micro ❷ *microfoon* ZN mike

microbe *v* [-n] microbe

microbiologie *v* microbiology

microchip *m* [-s] microchip

micro-economie *v* microeconomics

micro-elektronica *v* microelectronics

microfilm *m* [-s] microfilm

microfoon *m* [-s & -fonen] microphone, inf mike

microkosmos *m* microcosm

micron *o &* *m* [-s] micron

Micronesië *o* Micronesia

micro-organisme *o* [-n] micro-organism

microprocessor *m* [-s] microprocessor

microscoop *m* [-scopen] microscope

microscopisch *bn* microscopic

middag *m* [-dagen] ❶ *na 12 uur* afternoon ★ *na de ~* in the afternoon ★ *'s ~s* in the afternoon ★ *om vier uur 's ~s* at 4 p.m., at 4 in the afternoon ❷ *12 uur* noon, midday ★ *tussen de ~* at lunch time, during the lunch hour ★ *voor de ~* before noon, in the morning

middagdutje *o* [-s] afternoon nap, siesta

middageten *o*, **middagmaal** [-malen] midday meal, lunch

middagpauze *v* [-n & -s] lunch hour / break, lunch time

middagslaapje *o* [-s] afternoon nap, siesta

middaguur *o* [-uren] ❶ noon, twelve o'clock ❷ *uur van de namiddag* afternoon hour

middel I *o* [-s] *v.h. lichaam* waist ★ *tot aan je ~* up to your waist/inf middle **II** *o* [-en] ❶ *voor een doel* means ★ *wettige ~en* lawful means ★ *door ~ van* by means of, through ★ *met alle wettige ~en* by all lawful means ★ *~en van bestaan* means of existence ❷ *tot genezing* remedy ★ *verdovende ~en* drugs, narcotics ★ *het ~ is erger dan de kwaal* the remedy is worse than the disease ❸ *mv: m.b.t. geld* means, resources ★ ⟨geld⟩ *~en* resources ★ *algemene ~en* general funds ★ *eigen ~en* private means / funds ★ *ruime ~en* ample funds

middelbaar *bn* ❶ *niet groot of klein* middle, medium ★ *middelbare grootte* medium size ★ *van middelbare grootte* medium-sized, middle-sized ★ *op middelbare leeftijd* in middle age ★ *van middelbare leeftijd* middle-aged ❷ *m.b.t. onderwijs* secondary ★ *~ onderwijs* secondary education ❸ *gemiddeld* average, mean

middeleeuwen *zn* [mv] Middle Ages ★ *de late / vroege ~* the late / early Middle Ages

middeleeuws *bn* mediaeval, Am medieval

middelen I *onoverg* [middelde, h. gemiddeld] *bemiddelen* mediate **II** *overg* [middelde, h. gemiddeld] *gemiddelde berekenen* average

middelgebergte *o* [-s, -n] low mountain range

middelgroot *bn* medium(-sized) ★ *een ~ bedrijf* a medium-sized business ★ *een middelgrote stad* a medium-sized town

Middellandse Zee *v* Mediterranean Sea

middellang *bn* medium ★ *een ~e termijn* a medium-long period ★ *een ~ krediet* medium-term credit ★ *voor de ~e afstand* medium-range

middellijn *v* [-en] diameter

middelloodlijn *v* [-en] perpendicular bisector

middelmaat *v* average, mean ★ *de gulden ~* the golden average ★ *tot de ~ behoren* be (just) average

middelmatig *bn* ❶ *gemiddeld* average, medium ❷ *matig, zwak* just average, mediocre, so-so

middelmatigheid *v* [-heden] mediocrity

middelpunt *o* [-en] centre, Am center ★ *in het ~ van de belangstelling staan* be the centre of attention / interest

middelpuntvliedend *bn* centrifugal ★ *~e kracht* centrifugal force

middels *voorz* by means of

middelste *bn* middle, middlemost

middelvinger *m* [-s] middle finger ★ *zijn ~ opsteken* put two fingers up, give sbd the finger

midden I *o* [-s] ❶ *centrale plek* middle, centre/Am center ★ *het ~ houden tussen... en...* be midway between..., be something between... and... ★ *iets in het ~ brengen* put forward sth ★ *iets in het ~ laten* leave it aside, give no opinion on sth, leave sth open ❷ *m.b.t. een groep* midst ★ *iem. uit ons ~* one of us ★ *zij kozen iem. uit hun ~* they selected one from among themselves ★ *hij is niet meer in ons ~* he's no longer in our midst ★ *te ~ van* in the midst of, among ❸ *v. tijd* middle ★ *in het ~ van de zomer / week* in the middle of the summer / week **II** *bijw* ★ *~ in* in the middle of

Midden-Amerika *o* Central America

middenbaan *v* [-banen] middle lane, centre/Am center lane

middenberm *m* [-en] Br central reservation, Am median strip

middencirkel *m* [-s] sp centre/Am center circle

middendoor *bijw* in two / half ★ *een ambulance mag ~ rijden* an ambulance is allowed to drive between the left and the right-hand lanes ★ *~ scheuren* tear across

midden- en kleinbedrijf *o* ❶ small and medium-sized businesses ❷ *sector* small and medium-sized business sector

Midden-Europa *o* Central Europe

middengewicht, **middelgewicht** *o* [-en] sp middle weight

middengolf *v* radio medium wave

middenhandsbeentje *o* [-s] metacarpus

middenin *bijw* in the middle

middenkader *o* [-s] *van een onderneming* middle management

middenklasse *v* [-n] ❶ *met middelmatige prijs* middle range ★ *een auto uit de ~* a medium-priced car ❷ *maatschappelijke klasse* middle class

middenklasser *m* [-s] *auto* car in the medium-price range

middenlijn *v* [-en] sp centre/Am center line

middenmoot *v* [-moten] fig middle bracket, middle group ★ ⟨v. sportclub⟩ *tot de ~ behoren* be just an average club

middenoor *o* [-oren] middle ear

middenoorontsteking *v* [-en] middle ear infection

Midden-Oosten *o* Middle East

middenpad *o* [-paden] ❶ *in bus &* gangway ❷ *in kerk, vliegtuig &* centre/Am center aisle ❸ *in tuin &* centre/Am center path

middenrif *o* [-fen] midriff, diaphragm

middenschip *o* nave

middenspel *o* schaak & middle game

middenstand *m* ❶ *burgerij* middle class(es) ❷ *groep van kleine zelfstandige ondernemers* tradespeople, small business, the self-employed, shopkeepers

❸ *centrale positie* central / middle position

middenstander *m* [-s] ❶ *winkelier* shopkeeper, retailer ❷ *kleine zelfstandige ondernemer* small businessman, owner of a small business

middenstandsdiploma *o* ['s] ± retailer's diploma / certificate

middenstip *v* [-pen] centre spot, Am center spot

middenstuk *o* [-ken] middle piece, central part

middenterrein *o* [-en] centre/Am center field, mid-field

middenveld *o* [-en] ❶ *deel v.h. veld* midfield ❷ *spelers* midfielders, midfield players

middenvelder *m* [-s] sp midfielder

middenvoetsbeentje *o* [-s] metatarsal bone

middenvoor *m* [-s] → **midvoor**

middenweg *m* middle course / way ★ *de gulden* ~ the happy medium, the golden mean ★ *de* ~ *bewandelen* steer a middle course

middernacht *m* midnight ★ *om* ~ at midnight

middernachtelijk *bn* midnight

middernachtzon *v* midnight sun

middle of the road *bn* ★ *ik vind deze kledingontwerpen nogal* ~ I think these clothing designs are rather mediocre

midgetgolf *o* miniature / mini golf

midgetgolfbaan *v* [-banen] miniature / mini golf course

midgetgolfen *o* play miniature / mini golf

midlifecrisis *v* midlife crisis

midscheeps *bn* amidships

midvoor, middenvoor *m* [-s] sp centre/Am center forward

midweek *v* middle of the week, midweek

midwinter *m* [-s] midwinter

midzomer *m* [-s] midsummer

mier *v* [-en] ant ★ *gevleugelde* ~*en* flying ants ★ *de witte* ~ the termite / white ant

mieren *onoverg* [mierde, h. gemierd] ❶ *piekeren* worry, puzzle ❷ *zeuren* nag, harp on (about), keep on (about)

miereneter *m* [-s] anteater

mierenhoop *m* [-hopen] anthill, antheap

mierenkolonie *v* [-niën, -s] colony of ants

mierennest *o* [-en] ants' nest, anthill

mierenneuker *m* [-s] nitpicker, hairsplitter

mierikwortel, mierikswortel *m* [-s] horseradish

mierzoet *bn* ook fig saccharine

mieter *m* [-s] ★ *iem. op z'n* ~ *geven* tell sbd off, give sbd a dressing down ★ *dat gaat je geen* ~ *aan* that's none of your business

mieteren I *overg* [mieterde, h. gemieterd] *smijten* fling, throw **II** *onoverg* [mieterde, is gemieterd] *vallen* come crashing (down), tumble (down)

mieters I *bn* great, terrific **II** *bijw* darned

mietje *o* [-s] inf queer, pansy ★ *laten we elkaar geen* ~ *noemen* let's not beat around the bush, let's call a spade a spade

miezeren *onoverg* [miezerde, h. gemiezerd] drizzle

miezerig *bn* ❶ *regenachtig* drizzly ‹weather› ❷ *minnetjes* measly, scanty ❸ *bedrukt* gloomy

migraine *v* migraine

migrant *m* [-en] migrant

migrantenbeleid *o* migrant policy

migratie *v* [-s] migration

migreren *onoverg* [migreerde, is gemigreerd] migrate

mihoen *m* Chinese noodles

mij, me I *pers vnw* (to) me ★ *moet je* ~ *hebben?* is it me you're looking me? ★ iron *dan moet je net* ~ *hebben* well, you know me ★ *ze had* ~ *gewaarschuwd* she had warned me ★ *dat is van* ~ it's mine ★ *de prijs is voor* ~ *te hoog* I can't afford that price **II** *wederk vnw* myself ★ *ik vergis* ~ I'm mistaken

mijden *overg* [meed, h. gemeden] avoid, steer clear of

mijl *v* [-en] mile ★ ~*en ver uiteen lopen* be miles apart ▼ *van* ~ *op zeven gaan* go via a roundabout way

mijlenver *bn* for miles and miles, miles away

mijlpaal *m* [-palen] ❶ milestone ❷ fig landmark, milestone ★ *een* ~ *zijn in...* be a milestone in...

mijmeren *onoverg* [mijmerde, h. gemijmerd] (day)dream (about), muse (about)

mijmering *v* [-en] (pensive) reflection

mijn I *bez vnw* my ★ *de / het* ~*e* mine ★ *ik en de* ~*en* my family and I ★ *ik denk er het* ~*e van* I have my own ideas about it ★ *ik wil er het* ~*e van weten* I want to know what's going on ★ *het* ~ *en dijn* mine and thine **II** *v* [-en] ❶ *bom* mine ★ ~*en leggen* lay mines ★ ~*en vegen* clear mines ❷ *delfplaats* mine

mijnbouw *m* mining industry

mijnbouwkunde *v* mining engineering

mijnbouwkundige *m-v* [-n] mining engineer

mijnenjager *m* [-s] minehunter

mijnenveger *m* [-s] minesweeper

mijnenveld *o* [-en] minefield

mijnerzijds *bijw* on / for my part

mijnheer *m* [-heren] sir, mister, Mr

mijnramp *v* [-en] mining disaster

mijnschacht *v* [-en] mine shaft

mijnstreek *v* [-streken] mining area

mijnwerker *m* [-s] miner, mine worker

mijt *v* [-en] ❶ *insect* mite ❷ *stapel stro, koren* stack, pile

mijter *m* [-s] mitre

mijzelf *wederk vnw* myself

mik *v* [-ken] *brood* loaf ★ *het is dikke* ~ *tussen die twee* they're as thick as thieves

'mikado, mi'kado¹ *m* ['s] mikado

'mikado² *o* spel Mikado, Jackstraws, pick-up-sticks

mikken I *onoverg* [mikte, h. gemikt] take aim, aim ★ *op iem.* ~ aim at sbd ★ *Ajax mikt op het kampioenschap* Ajax has set its sights on the championship **II** *overg* [mikte, h. gemikt] throw, inf chuck ★ *iem. eruit* ~ throw / chuck sbd out

mikmak *m* ★ *de hele* ~ the whole caboodle

mikpunt *o* [-en] ❶ aim ❷ fig butt, target ★ *het* ~ *van hun grappen* the butt of their jokes ★ *hij was het* ~ *van hun beledigingen* he was the object of their insults

Milaan *o* Milan

mild I *bn* ❶ *zacht* mild ‹weather, shampoo›, gentle ‹rain› ❷ *niet streng* mild ‹criticism›, lenient ‹sentence› ❸ *welwillend* mild ‹view›, charitable ‹approach› ❹ *vrijgevig* liberal, generous ★ *de ~e gever* the generous donor ★ ~ *met* free of, liberal of ★ *met ~e hand* lavishly, generously ❺ *overvloedig* bountiful, plentiful **II** *bijw* liberally, generously ★ ~ *bestraffen* punish lightly ★ ~ *oordelen* judge leniently

mildheid *v* ❶ *vrijgevigheid* liberality, generosity ❷ *v. straf* leniency ❸ *zachtheid* mildness

milicien *m* [-s] ZN conscript

milieu *o* [-s] ❶ *sociale omstandigheden* (social) environment / background / milieu ★ *uit een beschermd ~ komen* come from a protected background ❷ *natuurlijke omgeving* environment ❸ *onderwereld* underworld

milieuactivist *m* [-en] environmentalist, conservationist

milieubeheer *o* conservation of nature, environmental protection

milieubelasting *v* [-en] anti-pollution tax, eco-tax

milieubescherming *v* environmental protection / conservation

milieubeweging *v* environmental movement

milieubewust *bn* environmentally conscious / aware, environment-minded

milieuheffing *v* [-en] pollution / environmental tax

milieuhygiëne *v* environmental protection, pollution control

milieupartij *v* [-en] green party, ecology party

milieuramp *v* [-en] environmental disaster

milieuverontreiniging, milieuvervuiling *v* environmental pollution

milieuvriendelijk *bn* ecologically sound, environmentally friendly

militair I *bn* military ★ *~e dienst* military / national service ★ *~e luchtvaart* military aviation **II** *m* [-en] military man / woman, soldier, serviceman ★ *de ~en* the military, the troops

militant I *bn* militant **II** *m* [-en] ❶ *actievoerder* ZN activist ❷ *knokploeglid* gang member

militarisme *o* militarism

militaristisch *bn* militarist

military *v* paardensport three-day event

militie *v* militia

miljard I *telw* **II** *o* [-en] ❶ billion, Br ook thousand million ❷ *ontelbaar veel* billion

miljardair *m* [-s] multimillionaire, Am billionaire

miljoen I *o* [-en] million **II** *telw* million

miljoenennota *v* ['s] ± national Budget

miljoenste I *rangtelw* millionth **II** *o* [-n] millionth (part)

miljonair *m* [-s] millionaire

milkshake *m* [-s] milk shake

mille I *telw* thousand **II** *o* thousand

millennium *o* [-nia] millennium

millibar *m* millibar

milligram *o* [-men] milligram(me)

milliliter *m* [-s] millilitre

millimeter *m* [-s] millimetre

millimeteren *overg* [millimeterde, h. gemillimeterd] *v. haar* crop

milt *v* [-en] spleen

miltvuur *o* anthrax

mime *m* mime

mimen *onoverg* [mimede, h. gemimed] mime

mimespeler *m* [-s] mime artist

mimicry *v* mimicry

mimiek *v* ❶ facial expression ❷ *gebarenkunst* mime

mimosa *v* ['s] mimosa

min I *voorz* minus ★ *zeven ~ vijf* seven minus five **II** *bn* ❶ *niet van het vereiste niveau* poor ★ *het optreden was ~* it was a poor performance ★ *dat is mij te ~* that's beneath me ★ *hij is mij te ~* he's beneath contempt ❷ *gemeen* mean ★ *een ~ne streek* a dirty trick ★ *dat is (erg) ~ van hem* that's very mean of him **III** *bijw* ❶ *negatief* minus ★ *het is ~ vier graden Celsius* it is minus four degrees Celsius ❷ *weinig* little ★ *zo ~ mogelijk* as little as possible ★ ~ *of meer* more or less, somewhat ★ *ik weet het net zo ~ als jij* your guess is as good as mine ❸ *slecht* badly, poorly ★ *iem. ~ behandelen* treat sbd badly / poorly ★ *je moet niet zo ~ over jezelf denken* don't belittle yourself, don't put yourself down **IV** *v* [-nen] ❶ *zoogster* (wet) nurse ❷ *minteken* minus (sign) ❸ *negatieve waarde* minus ★ *de ~nen en plussen* the pros and cons

---

min
De vaste volgorde voor **min of meer** is in het Engels more or less.

---

minachten *overg* [minachtte, h. geminacht] hold in contempt, disdain, look down on

minachtend *bn* contemptuous, disdainful

minachting *v* contempt, disdain ★ ~ *voor iets / iem. hebben* feel contempt / disdain for sth / sbd

minaret *v* [-ten] minaret

minder I *onbep telw* ❶ *m.b.t. hoeveelheid* less ★ *ik heb ze wel voor ~ verkocht* I've sold them for less ★ ~ *dan een pond* less than / under a pound ★ ~ *dan een week* within a week ★ *in ~ dan geen tijd* in less than no time ★ *niets ~ dan* no less than ★ *niet ~ dan* nothing less than, nothing short of ❷ *m.b.t. aantal* fewer ★ ~ *mensen roken* fewer people smoke ★ *iets ~ dan een miljoen mensen* slightly fewer than / just under a million people **II** *bn* ❶ *geringer* less ★ *hij heeft ~ geld dan ik* he has less money than I have / do ★ ~ *vraag* less demand ★ ~ *worden* decrease, fall off, lessen, decline, diminish ❷ *minder belangrijk* lesser, minor, inferior ★ *de ~e goden* the lesser gods ★ *van ~ belang* of less(er) / minor importance ❸ *slechter* worse ★ *mijn ogen worden ~* my (eye)sight is failing ★ *de zieke wordt ~* the patient is getting worse ★ *je bent me er niet ~ om* it doesn't affect the way I feel about you **III** *bijw* less ★ ~ *leuk* not quite as funny / nice, not so funny / nice ★ ~ *roken / drinken / eten &*

smoke / drink / eat less ★ *dat doet er ~ toe* that's of less importance ★ *het zal me er niet ~ om smaken* it will taste just as nice ★ *hoe ~ je ervan zegt, hoe beter* the less said about it the better ★ *kan het niet voor wat ~?* can't you knock off a bit off the price?

minderbegaafd *bn* less intelligent, <u>euf</u> backward

mindere *m-v* [-n] inferior ★ <u>mil</u> *een ~ a* private ★ *mil de ~n* the rank and file ★ *hij is op sportgebied de ~ van zijn broer* he's inferior to his brother in the sporting area

minderen I *overg* [minderde, h. geminderd] ❶ diminish, decrease ★ *snelheid ~* slow down, reduce speed ❷ *bij breien* decrease ★ *8 steken ~* decrease the number of stitches by 8 **II** *onoverg* [minderde, is geminderd] diminish, lessen ★ *het geweld mindert* the violence is easing

minderhedenbeleid *o* ethnic minorities policy

minderheid *v* [-heden] ❶ *in aantal* minority ★ *een etnische ~* an ethnic minority ★ *in de ~ zijn* be in the minority ❷ *geestelijk* inferiority

minderheidsbelang *o* [-en] minority interest

minderheidsgroep *v* [-en] minority group

mindering *v* [-en] ❶ decrease ★ *in ~ te brengen op de hoofdsom* to be deducted from the principal ★ *in ~ brengen op* deduct from ❷ *bij breien & haken* decrease

minderjarig *bn* underage ★ *als je ~ bent* if you are a minor, if you are underage

minderjarige *m-v* [-n] minor

minderjarigheid *v* minority

mindervalide I *bn* disabled **II** *m-v* [-n] disabled person

minderwaardig *bn* ❶ *v. geringere waarde* inferior ★ *geestelijk ~* intellectually handicapped ★ *zich ~ voelen* feel inferior ❷ *verachtelijk* mean, low

minderwaardigheid *v* inferiority

minderwaardigheidscomplex *o* [-en] inferiority complex

minderwaardigheidsgevoel *o* [-ens] sense / feeling of inferiority

mineraal I *o* [-ralen] mineral **II** *bn* mineral

mineraalwater *o* [-s, -en] mineral water

mineralogie *v* mineralogy

mineur *o* ❶ <u>muz</u> minor ❷ *stemming* minor key ★ <u>fig</u> *in ~ zijn* be depressed

mini *o minimode* mini

miniatuur *v* [-turen] miniature

miniatuurformaat *o* miniature format

miniatuurtrein *m* [-en] miniature train

minidisk *de (m)* [-s] minidisc

miniem I *bn* small, slight, negligible ★ *een uiterst ~ effect* an infinitesimal effect **II** *m* [-en] *jeugdlid* <u>ZN &</u> <u>sp</u> junior (member)

minigolf *o* miniature / mini golf

minima *zn* [mv] minimum wage earners

minimaal I *bn* minimum, minimal ★ *een minimale bezetting* minimum staff **II** *bijw* ❶ minimally ❷ *minstens* at least, a minimum of ★ *er zijn ~ drie mensen nodig* at least three people are needed

minimaliseren *overg* [minimaliseren, h. geminimaliseerd] minimize

minimum *o* [-ma] minimum ★ *tot een ~ beperken* reduce to a minimum

minimumaantal *o* minimum amount

minimumbedrag *o* minimum / lowest price

minimumeis *m* [-en] minimum requirement

minimuminkomen *o* [-s] minimum income

minimumjeugdloon *o* [-lonen] minimum youth wage

minimumleeftijd *m* minimum age

minimumlijder *m* [-s] ❶ *iem. met minimuminkomen* minimum wage earner ❷ *lijntrekker* minimalist, shirker

minimumloon *o* [-lonen] minimum wage ★ *het wettelijk ~* the statutory minimum wage

minirok *m* [-ken] miniskirt

minister *m* [-s] minister, secretary ★ *de eerste Minister, de Minister van Algemene Zaken* the Prime minister, the Premier ★ *een ~ zonder portefeuille* a minister without portfolio ★ *de toekomstige ~* the minister-designate ★ *de Minister van Binnenlandse Zaken* ‹alg.› the Minister of / for the Interior, ‹in GB› the Home Secretary, ‹in de VS› the Secretary for the Interior ★ *de Minister van Buitenlandse Zaken* ‹alg.› the Minister of / for Foreign Affairs, the Foreign Minister, ‹in GB› the Foreign Secretary, ‹in de VS› the Secretary of State, ‹in Aus, Can &› Minister for External Affairs ★ *de Minister van Defensie* ‹alg.› the Minister of / for Defence, ‹in GB› the Secretary of State for Defence, ‹in de VS› the Secretary of Defense ★ *de Minister van Economische Zaken* ‹alg.› the Minister of / for Economic Affairs, ‹in GB› the Secretary of (State for) Trade and Industry, ‹in de VS› the Secretary of Commerce ★ *de Minister van Financiën* ‹alg.› the Minister of / for Finance, ‹in GB› the Chancellor of the Exchequer, ‹in de VS› the Treasury Secretary ★ *de Minister van Justitie* ‹alg.› the Minister of / for Justice, ‹in GB› the Lord (High) Chancellor, ‹in de VS› the Attorney General ★ *de Minister van Onderwijs en Wetenschappen* the Minister of / for Education and Science ★ *de Minister voor Ontwikkelingssamenwerking* the Minister of / for Development Cooperation ★ *een Minister van Staat* a Minister of State ★ *de Minister van Verkeer en Waterstaat* the Minister of / for Transport and Public Works ★ *de Minister van Sociale Zaken en Werkgelegenheid* the Minister of / for Social Affairs and Employment ★ *de Minister van VROM (Volkshuisvesting, Ruimtelijke Ordening en Milieubeheer)* the Minister of / for Housing, Spatial Planning and the Environment

ministerie *o* [-s] ministry, department, office ★ ‹alg. & NL› *het Ministerie van Algemene Zaken* the Ministry of General Affairs ★ *het Ministerie van Binnenlandse Zaken* ‹alg.› the Ministry / Department of Home Affairs / of the Interior, ‹in GB› the Home Office, ‹in de VS› the Department of the Interior ★ ‹in NL› *het Ministerie van Binnenlandse Zaken en*

Koninkrijksrelaties the Ministry of the Interior and Kingdom Relations ★ *het Ministerie van Buitenlandse Zaken* ‹alg. & NL› the Ministry of Foreign Affairs, ‹in GB› the Foreign Office, ‹in de VS› the State Department ★ *het Ministerie van Defensie* ‹alg. & NL› the Ministry of Defence, ‹in de VS› the Department of Defense, ‹in de VS ook› the Pentagon ★ *het Ministerie van Economische Zaken* ‹alg. & NL› the Ministry of Economic Affairs ★ *het Ministerie van Financiën* ‹alg. & NL› the Ministry of Finance, the Finance Department, ‹in GB› the Treasury, ‹in de VS› the Treasury Department ★ *het Ministerie van Justitie* ‹alg. & NL› the Ministry of Justice, ‹in de VS› the Department of Justice ★ *het Ministerie van Handel* ‹alg.› the Ministry of Trade, ‹in de VS› the Commerce Department ★ ‹NL› *het Ministerie van Landbouw, Natuurbeheer en Visserij* the Ministry of Agriculture, Nature Management and Fisheries ★ ‹NL› *het Ministerie van Landbouw, Natuur en Voedselkwaliteit* the Ministry of Agriculture, Nature and Food Quality ★ ‹NL› *het Ministerie van Onderwijs, Cultuur en Wetenschappen* the Ministry of Education, Culture and Science ★ ‹NL› *het Ministerie voor Ontwikkelingssamenwerking* the Ministry for Development Cooperation ★ ‹NL› *het Ministerie van Verkeer en Waterstaat* the Ministry of Transport, Public Works and Water Management ★ ‹NL› *het Ministerie van VROM (Volkshuisvesting, Ruimtelijke Ordening en Milieubeheer)* the Ministry of Housing, Spatial Planning and the Environment ★ ‹NL› *het Ministerie van Volksgezondheid, Welzijn en Sport* the Ministry of Health, Welfare and Sport ★ ‹NL› *het Openbaar Ministerie (OM)* the Public Prosecutor ★ *scherts het Ministerie van Rare Loopjes* the Ministry of Silly Walks

ministerieel *bn* ministerial ★ *afhankelijk van ministeriële goedkeuring* subject to ministerial approval

minister-president *m* [ministers-presidenten] prime minister, premier

ministerraad *m* [-raden] council of ministers, the Cabinet

ministerschap *o* ministry

ministerspost *m* [-en] ministerial post ★ *een ~ bekleden* have a ministerial post, be a minister

minkukel *m* [-s] boob, dummy, twit

minnaar *m* [-s & -naren] lover ★ *een ~ van muziek* a lover of music

minnares *v* [-sen] mistress

minne *v* ★ *de zaak in der ~ schikken* settle the matter by mutual agreement

minnedicht *o* [-en] love poem

minnekozen *onoverg* [minnekoosde, h. geminnekoosd] caress each other, *inf* bill and coo, kiss and cuddle

minnelied *o* [-eren] love song

minnelijk *bn* amicable, friendly ★ *bij ~e schikking regelen* settle amicably

minnen *overg* [minde, h. gemind] love

minnend *bn* loving ★ *~e paartjes* courting couples

minnespel *o* courting, lovemaking

minnetjes *bn* poorly ★ *hij voelt zich erg ~* he feels poorly

minpunt *o* [-en] minus point

minst **I** *bn & onbep telw* ❶ *geringst* least, slightest ★ *niet de ~e moeite* not the slightest trouble ★ *de ~ gevaarlijke plaats* the least dangerous place ★ *niet de ~e twijfel* not the slightest doubt, not a shadow of a doubt ★ *de ~e zijn* give in ❷ *m.b.t. aantallen* fewest ★ *zij heeft de ~e fouten gemaakt* she made the fewest mistakes **II** *bijw* ★ *het ~(e)* (the) least ★ *het ~e dat je kunt verwachten* the least you can expect ★ *waar men ze het ~ verwacht* where they are least expected ★ *hij eet het ~* he eats less than anyone ★ *als u ook maar in het ~ vermoeid bent* if you're at all tired ★ *niet in het ~* not in the least / slightest, not at all, by no means ★ *op zijn ~* at the very least ★ *ten ~e* at least

minstbedeelden *de (mv)* poor ★ *de ~ zijn altijd de dupe* the poor are always the ones that suffer

minstens *bijw* at least, at the least ★ *~ even... als...* at least as... as... ★ *~ tien* ten at the least, at least ten ★ *zij is ~ veertig* she's forty if she's a day ★ *(moet ik er heen?) ~!* (do I have to go?) it's the least you can do!

minstreel *m* [-strelen] minstrel

mint *v* mint

minteken *o* [-s] minus sign

mintthee *m* mint tea

minus *bijw & o* minus

minuscuul *bn* minuscule, tiny, very small

minutieus *bn* meticulous, minute, detailed

minuut *v* [-nuten] ❶ minute ★ *twee minuten stilte in acht nemen* observe two minutes' silence ★ *met de ~* by the minute ★ *op de ~ (af)* to the minute, sharp ★ *het is drie minuten over half zeven* it's 27 minutes to seven ★ *het is drie minuten vóór half zeven* it's 27 minutes past six ❷ *eerste versie* draft / original copy

minuutwijzer *m* [-s] minute hand

minvermogend *bn* poor, needy, <u>form</u> indigent ★ *de ~en* the poor and needy, those of limited means

minzaam **I** *bn* ❶ *vriendelijk* affable ❷ *v. aanzienlijk persoon* gracious, ‹neerbuigend› condescending, patronizing **II** *bijw* ❶ *vriendelijk* affably ❷ *hoffelijk* graciously ★ *~ glimlachen* smile graciously

minzaamheid *v* ❶ *vriendelijkheid* affability ❷ *hoffelijkheid* graciousness, ‹neerbuigend› condescension

miraculeus *bn* miraculous ★ *op miraculeuze wijze* in a miraculous way

mirakel *o* [-s, -en] *wonder* miracle

mirre *v* myrrh

mis I *v* [-sen] RK Mass ★ *een stille ~* Low Mass ★ *een gezongen ~* a sung Mass ★ *de ~ bijwonen* attend Mass ★ *de ~ bedienen* serve Mass ★ *de ~ doen* say / celebrate Mass ★ *de ~ horen* hear Mass ★ *de ~ lezen*

/ *opdragen* say / celebrate Mass **II** *bn & bijw* wrong ★ *het ~ hebben* be wrong / mistaken ★ *als ik het ~ heb moet je 't zeggen, maar...* correct me if I'm wrong, but... ★ *je hebt het ~ als je denkt dat...* you're mistaken if you think that... ★ *je hebt het niet zo ver ~* you're not far out ★ *dat heb je ~!* you're mistaken! ★ *~ poes!* tough! ★ *het is weer ~* things have gone wrong again ★ *het schot was ~* the shot missed / was off target ★ *hij schoot ~* he missed ★ *dat ging ~* that went wrong ★ <u>inf</u> *dat was gisteren niet ~* that was quite something yesterday ★ <u>inf</u> *dat was lang niet ~* that was not bad at all

misantroop *m* [-tropen] misanthropist

misbaar *o* [-s] uproar, clamour, hubbub ★ *veel ~ maken* raise an outcry

misbaksel *o* [-s] <u>fig</u> louse, arsehole

misbruik *o* [-en] abuse, misuse ★ *~ maken van iem.* take advantage of sbd ★ *~ maken van iems. gastvrijheid* impose on sbd / on sbd's hospitality ★ *~ wordt gestraft* improper use will be punished ★ *~ van macht* abuse / misuse of power ★ *~ van recht* legal abuse ★ *~ van vertrouwen* a breach of trust

misbruiken *overg* [misbruikte, h. misbruikt] ❶ *verkeerd gebruiken* abuse, misuse ❷ *verkrachten* sexually abuse

miscalculatie *v* [-s] *rekenfout* miscalculation

miscommunicatie *v* lack of communication

misdaad *v* [-daden] crime, criminal act, offence

misdaadbestrijding *v* crime prevention

misdaadroman *m* [-s] detective novel, crime fiction

misdadig *bn* criminal

misdadiger *m* [-s] criminal

misdeeld *bn* deprived, underprivileged ★ *de ~en* the underprivileged ★ *niet ~ zijn van...* not be wanting in... ★ *~e kinderen* deprived children

misdienaar *m* [-s] altar boy

misdoen *overg* [misdeed, h. misdaan] do wrong ★ *wat heb ik misdaan?* what have I done wrong?

misdragen *wederk* [misdroeg, h. misdragen] ★ *zich ~* misbehave, behave badly

misdrijf *o* [-drijven] crime, criminal offence, <u>jur</u> felony, indictable offence ★ *een ~ plegen / begaan* commit a criminal offence ★ *de politie denkt aan een ~* the police suspect foul play ★ *een ~ tegen de openbare orde* a crime against the public order ★ *de plaats van het ~* the scene of the crime

misdruk *m* [-ken] bad copy, ⟨boek⟩ reject, <u>drukw</u> mackle

mise-en-scène *v* scenario, ⟨toneelschikking⟩ stage setting

miserabel I *bn* ❶ *ellendig* miserable, wretched ★ *ze zijn er ~ aan toe* they're in a miserable / wretched state ★ *in ~e omstandigheden leven* live in wretched circumstances ❷ *verachtelijk* despicable, mean, <u>inf</u> miserable **II** *bijw* dreadfully, appallingly ★ *een ~ slecht geschreven boek* a dreadfully / an appallingly written book ★ *hij schaakt ~* he's a dreadful chess player

misère *v* [-s] misery

misgaan *onoverg* [ging mis, is misgegaan] go wrong ★ *het gaat mis met hem* he's losing his grip on things

misgewaad *o* [-waden] vestment

misgreep *m* [-grepen] blunder, mistake, error, slip

misgrijpen *onoverg* [greep mis, h. misgegrepen] ❶ *naast iets grijpen* miss one's hold ❷ *zich vergissen* blunder, slip up

misgunnen *overg* [misgunde, h. misgund] begrudge, resent ★ *iem. iets ~* begrudge sbd sth

mishagen I *onoverg* [mishaagde, h. mishaagd] displease **II** *o* displeasure

mishandelen *overg* [mishandelde, h. mishandeld] ill-treat, maltreat

mishandeling *v* [-en] assault, ill-treatment, maltreatment ★ *~ met voorbedachten rade* premeditated assault ★ *zware ~* grievous bodily harm

miskennen *overg* [miskende, h. miskend] *niet waarderen* underestimate, ⟨verkeerd inschatten⟩ misjudge ★ *een miskend genie* a misunderstood genius ★ *een miskende held* an unsung hero

miskenning *v* [-en] underestimation, misjudgement

miskleun *m* [-en] blunder, faux pas

miskleunen *onoverg* [kleunde mis, h. misgekleund] blunder, make a blunder

miskoop *m* [-kopen] bad bargain

miskraam *v & o* [-kramen] miscarriage ★ *een ~ hebben* miscarry, have a miscarriage

misleiden *overg* [misleidde, h. misleid] mislead, deceive

misleiding *v* [-en] deception, misrepresentation

mislopen I *overg* [liep mis, is misgelopen] ❶ miss ★ *hij is de boot misgelopen* he missed the boat ❷ *niet krijgen* miss (out on) ★ *de opdracht ~* miss out on being given the job **II** *onoverg* [liep mis, is misgelopen] *mislukken* go wrong, fall through, fail, miscarry, misfire

mislukkeling *m* [-en] failure, <u>inf</u> loser

mislukken *onoverg* [mislukte, is mislukt] ⟨v. zaak, oogst &⟩ fail, ⟨v. onderhandelingen, huwelijk &⟩ break down ★ *alle plannen kunnen ~* plans can always go wrong ★ *haar feestjes ~ altijd* her parties always flop / are always a flop ★ *al mijn vakantiefoto's zijn mislukt* none of my holiday photos came out / were any good ★ *het integratiebeleid is mislukt* the integration policy hasn't been successful ★ *de plannen zijn totaal mislukt* the plans have fallen through completely / have completely misfired / have come to absolutely nothing ★ *het mislukte haar nog een keer* she was again unsuccessful ★ *iets doen ~* wreck / torpedo sth

mislukking *v* [-en] failure, breakdown, collapse

mislukt *bn* unsuccessful ★ *een ~ genie* a failed genius ★ *~e onderhandelingen* unsuccessful talks ★ *een ~e poging* an abortive attempt

mismaakt *bn* misshapen, deformed, disfigured

mismanagement *o* mismanagement

mismoedig I *bn* discouraged, disheartened, dejected, despondent ★ *het is om ~ van te worden* it's enough to make you lose heart **II** *bijw* dejectedly, despondently, disconsolately

mismoedigheid *v* discouragement, despondency, dejection

misnoegd I *bn* displeased, discontented, dissatisfied **II** *bijw* discontentedly

misnoegdheid *v* discontentedness, dissatisfaction, discontent, displeasure

misnoegen *o* displeasure ★ *iems. ~ opwekken* incur sbd's displeasure

misoogst *m* [-en] crop failure

mispel *v* [-s, -en] medlar

misplaatst *bn* out of place, misplaced ⟨faith, confidence⟩ ★ *een ~e opmerking* an inappropriate comment

misprijzen *overg* [misprees, h. misprezen] ❶ *afkeuren* disapprove (of), condemn ❷ *verachten* ZN have contempt for

mispunt *o* [-en] ❶ *deugniet* good-for-nothing, rotter ❷ *onaangenaam mens* pain in the neck ❸ bilj miss

misrekenen I *onoverg* [rekende mis, h. misgerekend] miscalculate **II** *wederk* [misrekende, h. misrekend] ★ *zich ~* be out in one's calculations

misrekening *v* [-en] ❶ *foute berekening* miscalculation ❷ *tegenvaller* miscalculation, disappointment

misschien *bijw* perhaps, maybe ★ *~ wordt het tijd dat...* maybe / perhaps it's time to... ★ *bent u ~ bekend met...?* do you by any chance know...? ★ *heeft u ~ een postzegel voor mij?* could you possibly lend me a stamp? ★ *heeft zij ~ de mazelen?* could she have the measles?

misschieten *onoverg* [schoot mis, h. misgeschoten] miss, miss the mark, miss one's aim, shoot wide

misselijk *bn* ❶ *ziek* sick, queasy ★ *je wordt er ~ van* it makes you sick ❷ *weerzinwekkend* disgusting, sickening ★ *een ~e opmerking* a nasty remark ▼ *duizend mensen ontslaan is niet ~* firing one thousand people is no mean thing

misselijkheid *v* [-heden] nausea, sickness, queasiness

misselijkmakend *bn* nauseating, sickening ★ *het is ~* it turns the stomach

missen I *overg* [miste, h. gemist] ❶ *niet raken* miss ★ *de bal miste het doel* the ball missed the goal, the ball went wide ★ *zijn doel ~* miss the mark ★ *het mist zijn uitwerking* it's ineffective ★ *het zal zijn uitwerking niet ~* it won't fail to have an effect ❷ *tekortkomen, zonder doen* be missing, be lacking, lose ★ *een arm moeten ~* lose an arm ★ *ik mis mijn boek / tas &* my book / bag & is missing ★ *wij ~ een bedrag van honderd euro* we're missing an amount of a hundred euros ★ *de moed ~* lack the courage ★ *zij kunnen het best / slecht ~* they can well / can't really afford it ★ *wij kunnen dat niet ~* we can't do without it ★ *zij kunnen hem ~ als kiespijn* they need him like they need a hole in the head ★ *het kan niet gemist worden* it's essential ★ *kun je het een paar dagen ~?*

can you spare it for a couple of days? ★ *ik had dit voor geen goud willen ~* I wouldn't have missed it for the world ❸ *heimwee hebben naar* miss ★ *het jongetje mist zijn moeder* the boy misses his mother ❹ *mislopen* miss ★ *de trein ~* miss the train ★ ook fig *de boot ~* miss the boat **II** *onoverg* [miste, h. gemist] ❶ *niet raken* miss ★ *de spits miste* the forward missed ★ *dat kan niet ~* it's bound to work, it can't go wrong ❷ *ontbreken* be missing ★ *er ~ een paar bladzijden uit dit boek* there are a few pages missing from this book

misser *m* [-s] ❶ *misschot &* miss, bad shot ❷ *fiasco* inf flop ❸ *mislukking* failure, fiasco

missie *v* [-s] mission ★ *een ~ vervullen / volbrengen* accomplish a mission

missiepost *m* [-en] mission, missionary post

missiewerk *o* missionary work

missionaris *m* [-sen] missionary

misslaan *overg & onoverg* [sloeg mis, h. misgeslagen] miss, mishit

misslag *m* [-slagen] ❶ *miss*, mishit ❷ fig error, mistake

misstaan *onoverg* [misstond, h. misstaan] ❶ *niet leuk staan* be unbecoming ★ *die jurk misstaat je niet* that dress doesn't look bad on you ❷ *misplaatst zijn* be unfitting ★ *opstaan voor iemand misstaat niemand* please offer your seat to those less able to stand / to those who need it more

misstand *m* [-en] abuse, wrong

misstap *m* [-pen] ❶ *wrong / false step* ❷ fig lapse, slip ★ *een ~ begaan / doen* make a slip, slip up

misstappen *onoverg* [stapte mis, h. en is misgestapt] make a false step, miss one's footing

missverkiezing *v* [-en] beauty contest

mist *m* [-en] ❶ *dik* fog ❷ *nevel* mist ★ fig *de ~ ingaan* come to nothing, fail, go wrong

mistasten *onoverg* [tastte mis, h. misgetast] ❶ *misgrijpen* get the wrong one, not get the right one ❷ *een fout maken* miscalculate, make a mistake

mistbank *v* [-en] fog bank

misten *onoverg* [mistte, h. gemist] be foggy, be misty

mistflard *v* [-en] patch of fog

misthoorn, misthoren *m* [-s] foghorn, siren

mistig *bn* ❶ foggy, misty ❷ fig hazy ★ *een ~ betoog* a hazy / nebulous argument

mistlamp *v* [-en] fog lamp

mistletoe *m* mistletoe

mistral *m* [-s] mistral

mistroostig *bn* ❶ dejected, disconsolate ❷ m.b.t. *zaken* gloomy, dismal

misvatting *v* [-en] misconception, fallacy

misverstaan *overg* [verl. tijd ongebr, h. misverstaan] misunderstand, misapprehend, misconstrue ★ *in niet mis te verstane bewoordingen* in unmistakable terms, in no uncertain terms

misverstand *o* [-en] misunderstanding, misapprehension ★ *een ~ wegnemen* dispel a misunderstanding

mi

misvormd *bn* misshapen, deformed, disfigured

misvormen *overg* [misvormde, h. misvormd] deform, disfigure

misvorming *v* [-en] deformation, disfigurement

miswijn *m* sacramental wine

miszeggen *overg* [miszegde of miszei, h. miszegd]
★ *iets* ~ say sth wrong

mitella *v* ['s] sling

mitrailleur *m* [-s] machine gun

mits *voegw* if, provided (that), on the condition that
★ *~en en maren* a lot of reservations ★ *~ goed uitgelegd* if it / as long as it / provided that it is well explained

m.i.v. *afk* (met ingang van) from, as from

MIVD *afk* (Militaire Inlichtingen- en Veiligheidsdienst) Military Intelligence Service

mix *m* mix, mixture

mixen *overg* [mixte, h. gemixt] mix

mixer *m* [-s] mixer

mld. *afk* (miljard) bn, billion

mln. *afk* (miljoen) mil, million

mm *afk* (millimeter) millimetre

m.n. *afk* (met name) in other words, in particular

mobiel I *bn* mobile ★ *de ~e eenheid* the riot police
★ *een ~e telefoon* a mobile phone, a cellphone, a cellular phone ★ *~ maken* mobilize **II** *o* [-en] mobile

mobieltje *o* [-s] *mobiele telefoon* mobile phone, cellphone, cellular phone

mobile *o* [-s] mobile

mobilisatie *v* [-s] mobilization

mobiliseren *overg* [mobiliseerde, h. gemobiliseerd] mobilize

mobiliteit *v* mobility

mobilofoon *m* [-s] radio telephone

moblog *de (m) & het* [-s] moblog

mockumentary *de* [-'s] mockumentary

mocro *de (m)* ['s] Moroccan

modaal *bn* ❶ *m.b.t. inkomen enz.* average ★ *viermaal ~* four times the average income ❷ stat & taalk modal

modaliteit *v* [-en] modality

modder *m* mud, mire, sludge ★ *met ~ gooien* throw mud at... ★ *iem. door de ~ sleuren* drag sbd through the mud ★ *zij zit onder de ~* she's covered in mud

modderbad *o* [-baden] mud bath

modderen *onoverg* [modderde, h. gemodderd]
❶ *knoeien* play with mud ❷ fig muddle (along / through)

modderfiguur *v & o* ★ *een ~ slaan* cut a sorry figure

moddergooien *het* mudslinging

modderig *bn* muddy

modderpoel *m* [-en] mire, quagmire

moddervet *bn* grossly fat

mode *v* [-s] fashion ★ *de ~ aangeven* set the fashion
★ *~ worden* become the fashion ★ *in de ~ komen* come into fashion, be in vogue ★ *in de ~ zijn* be the fashion, be in fashion, be in vogue ★ *het is erg in de ~* it's all the rage, it's the height of fashion ★ *naar de laatste ~ gekleed* dressed in the latest fashions

★ *uit de ~ raken / zijn* go / be out of fashion

modeartikel *o* [-en, -s] fashion item ★ *de bril is een ~ geworden* glasses have become a fashion item

modebeeld *o* fashion

modebewust *bn* fashion-conscious

modeblad *o* [-bladen] fashion magazine

modegril *v* [-len] craze, fashion fad, whim of fashion

modehuis *o* [-huizen] fashion house

modekleur *v* [-en] fashionable colour/Am color

model I *o* [-len] ❶ *type* model, design, style ★ *een klein ~ koelkast* a small model refrigerator
★ *schoenen van Frans ~* shoes styled in France / of a French design ❷ *weergave* model ★ *een ~ van het centrale zenuwstelsel* a model of the human nervous system ❸ *vorm* model, style ★ *goed in ~ blijven* stay in shape ★ *uit ~ zijn* be out of shape ❹ *voorbeeld, toonbeeld* model, ⟨alleen v. personen⟩ paragon ★ *~ staan voor* serve as a model for ★ mil *volgens ~* regulation ❺ *persoon* model, sitter ★ *~ zitten* be a model **II** *bn* ❶ model, correct ❷ mil regulation **III** *bijw* ★ *~ gekleed* dressed in accordance with the regulations

modelbouw *m* model making

modelleren *overg* [modelleerde, h. gemodelleerd] model

modeltekenen *o* draw from a model ★ *ik zit op ~* I'm doing life drawing

modelvliegtuig *o* [-en] model aeroplane

modelwoning *v* [-en] show house

modem *m & o* [-s] modem

modeontwerper *m* [-s] fashion designer

modepop *v* [-pen] afkeurend fashion plate

moderator *m* [-s & -toren] chairman, ⟨v. een synode &⟩ moderator

modern I *bn* modern ★ *~e geschiedenis* modern history ★ *~e ideeën* progressive ideas, afkeurend new-fangled ideas ★ *de ~e talen* the modern languages ★ *de meest ~e technieken* state-of-the-art techniques **II** *bijw* ★ *~ denken* have progressive ideas ★ *de keuken is ~ ingericht* the kitchen has modern fittings

moderniseren *overg* [moderniseerde, h. gemoderniseerd] modernize

modernisering *v* [-en] modernization

modernisme *o* [-n] modernism

modernist *m* [-en] modernist

modernistisch *bn* modernistic

moderniteit *v* modernity

modeshow *m* [-s] fashion parade / show

modevak *o* fashion

modevakschool *v* [-scholen] school of fashion design

modeverschijnsel *o* [-en] craze, fad

modewoord *o* [-en] buzzword

modezaak *v* [-zaken] fashion business / store

modieus I *bn* fashionable **II** *bijw* fashionably ★ *~ gekleed* fashionably dressed

modificatie *v* [-s] modification

modificeren *overg* [modificeerde, h. gemodificeerd]

mi

modify
modulair *bn* modular
modulatie *v* [-s] modulation
module *m* [-n, -s] module
moduleren *onoverg & overg* [moduleerde, h. gemoduleerd] modulate
modus *m* [modi] ❶ *wijze* mode ★ *een ~ vinden om beter met elkaar om te gaan* work out a way to deal with each other better ❷ taalk mood
moe I *bn* ❶ *vermoeid* tired ★ *ik ben ~* I'm tired ★ *~ maken* tire, fatigue ★ *ik ben ~ van het werken* I'm tired after all that work ★ *zo ~ als een hond* dog-tired, dead tired ❷ *zat* tired (of), weary (of) ★ *ik ben het werken ~* I'm sick of working ★ *~ van het leven / het leven ~* weary of life, tired of living **II** *v moeder* mummy ★ *nou ~!* well!
moed *m* ❶ *dapperheid* courage, ⟨durf⟩ nerve ★ *de gore ~ hebben om...* have the nerve / audacity to... ★ *~ scheppen / vatten* pluck up courage / the nerve ★ *~ bij elkaar schrapen* muster / summon up courage / the nerve ★ *met de ~ der wanhoop* in desperation ❷ *vertrouwen* courage, heart, spirits ★ *iem. ~ geven* put some heart into sbd ★ *goede ~ hebben* be of good heart ★ *dat geeft de burger ~* that is encouraging ★ *~ houden* cheer up ★ *de ~ erin houden* keep one's spirits up ★ *de ~ opgeven / verliezen / laten zinken* lose courage / heart ★ *de ~ zonk hem in de schoenen* his heart sunk into his boots ★ *in arren ~e* out of desperation ★ *met frisse ~* with fresh courage / heart, in fresh spirits ★ *je kunt begrijpen, hoe het mij te ~e was* you can understand how I felt ★ *droef te ~e* sad at heart ★ *wel te ~e* cheerful, in good spirits
moedeloos *bn* despondent, dejected ★ *het is om ~ van te worden* it's enough to drive you to despair
moedeloosheid *v* despondency, dejection
moeder *v* [-s] ❶ mother ★ *de Moeder Gods* Our Lady ★ *~ de vrouw* inf the wife, scherts the missus ★ *~ Natuur* Mother Nature ★ *niet ~s mooiste zijn* not be the most beautiful ★ *de ~ aller oorlogen* the mother of all wars ❷ *v. gesticht &* matron
moederbedrijf *o* [-drijven] parent company
Moederdag *m* Mother's Day
moederen *onoverg* [moederde, h. gemoederd] play mother ★ *over iem. ~* mother sbd
moederinstinct *o* maternal instinct
moederkerk *v* [-en] ❶ Mother Church ❷ *hoofdkerk* mother church
moederkoek *m* [-en] placenta
moederland *o* [-en] ❶ *koloniaal moederland* mother country ❷ *land v. herkomst* motherland
moederlief, moedertjelief *v* dear mother ★ *daar helpt geen moedertjelief aan* there's no escaping it
moederliefde *v* maternal / motherly love
moederlijk I *bn* ❶ *van moeders kant* maternal ★ *zijn ~ erfdeel krijgen* receive one's maternal inheritance ❷ *als een moeder* motherly **II** *bijw* maternally
moedermaatschappij *v* [-en] parent company, holding company

moedermavo *o & m* ± adult secondary education
moedermelk *v* breast / mother's milk
moeder-overste *v* [-n] Mother Superior
moederschap *o* motherhood
moederschip *o* [-schepen] mother ship, carrier
moederschoot *m* ❶ *schoot v.e. moeder* mother's lap ❷ *baarmoeder* womb
moederskant, moederszijde *m* ★ *van ~* on the / one's mother's side, on the maternal side
moederskindje *o* [-s] mother's child, afkeurend mummy's boy
moederszijde *v* → **moederskant**
moedertaal *v* [-talen] mother / native tongue
moedervlek *v* [-ken] birthmark, ⟨moedervlekje⟩ mole
moederziel alleen *bn* all alone
moedig *bn* courageous, brave, plucky
moedwil *m* wilfulness, spite ★ *uit ~* on purpose, out of malice
moedwillig I *bn* malicious, wilful, spiteful **II** *bijw* maliciously, wilfully, spitefully ★ *iem. ~ laten struikelen* trip sbd up on purpose
moeflon *m* [-s] mouf(f)lon
moegestreden *bn* battle-weary
moeheid *v* tiredness, weariness, exhaustion, ⟨ook m.b.t. metalen⟩ fatigue
moeilijk I *bn* difficult, hard, troublesome ★ *een ~ karakter* a difficult character ★ *een ~e taak* a difficult / arduous task ★ *~e tijden* difficult / hard / trying times ★ *het ~ste is nu achter de rug* the worst is behind us **II** *bijw* ❶ with difficulty, not easily ★ *~ opvoedbare kinderen* problem children ★ *het ~ hebben* be having a hard / rough time of it ★ *het zal ~ gaan om...* it will be difficult to... ★ *het zichzelf ~ maken* make things hard / difficult for oneself ❷ *haast niet* hardly ★ *ik kon ~ anders* I could hardly do anything else
moeilijkheid *v* [-heden] difficulty, trouble ★ *moeilijkheden ondervinden* run up against difficulties / run into trouble ★ *daar zit / ligt de ~* that's the catch ★ *in moeilijkheden komen* get into trouble ★ *in moeilijkheden verkeren* be in trouble ★ *om moeilijkheden vragen* ask for trouble
moeite *v* [-n] ❶ *moeilijkheid* trouble, difficulty ★ *iem. veel ~ bezorgen* cause sbd a great deal of trouble ★ *~ hebben met leren* have difficulty learning ★ *ik heb ~ met zijn geaardheid* I'm finding it difficult coming to terms with his homosexuality ★ *hij heeft ~ met haar wispelturigheid* he finds her changeability hard to take ★ *~ hebben te* find it difficult to ❷ *inspanning* trouble, effort ★ *het is geen ~!* it's no trouble at all!, don't mention it! ★ *met (de grootste) ~* with (the utmost) difficulty ★ *ik had de grootste ~ om...* it was all I could do to..., I had my work cut out...ing ★ *het was vergeefse ~* it was a wasted effort ★ *~ doen* take trouble ★ *doet u geen ~* don't put yourself out ★ *alle ~ doen om...* do one's utmost to... ★ *niet eens ~ doen om...* not even make the effort to... ★ *hij deed het in één ~ door* he took it in his stride ★ *het gaat in*

mo

één ~ *door, het is één* ~ it's all in a day's work ★ *zich (veel)* ~ *getroosten om...* go to (all) the trouble of..., take (great) pains to... ★ ~ *geven / veroorzaken* give trouble ★ *de* ~ *nemen om...* take the trouble to.... ★ *het is de* ~ *(niet) waard* it's (not) worthwhile, it's (not) worth the trouble ★ *bedankt voor de* ~ thanks for the trouble you went to ★ *zonder veel* ~ without much effort, quite easily

moeiteloos I *bn* effortless **II** *bijw* effortlessly ★ ~ *afvallen* lose weight effortlessly / the easy way / without tears

moeizaam I *bn* laborious ★ *een* ~ *gesprek* a difficult / tough conversation **II** *bijw* laboriously, with difficulty

moer I *v* [-en] ❶ techn nut, female screw ❷ *moeder* mother, dierk dam ★ *die tv is naar zijn ouwe / malle* ~ the TV has packed it in ★ *niet bang zijn voor de duivel en zijn (ouwe)* ~ not be afraid of anything ❸ *v. bijen* queen bee ❹ *bezinksel* dregs, sediment, lees ▼ *geen* ~! not a damn! ▼ *dat gaat je geen* ~ *aan!* that's none of your damn business ▼ *daar schiet je geen* ~ *mee op* that doesn't help one bit **II** *o* [-en] *drassig land* peat bog

moeras *o* [-sen] marsh, swamp, morass, quagmire ★ fig *iem. uit het* ~ *trekken* help sbd out of the morass / quagmire

moerasgebied *o* [-en] swampland, marshland

moerassig *bn* marshy, swampy, boggy

moerbei *v* [-en], **moerbes** [-sen] mulberry

moersleutel *m* [-s] monkey wrench, nut spanner

moerstaal *v* mother tongue ★ *spreek je* ~! talk plain English / Dutch &!

moes I *v* *moeder* kindertaal mummy, Am mommy **II** *o* ❶ *gerecht* purée ❷ *brij, zachte massa* mash, mush, pulp ★ *de appels tot* ~ *maken* purée the appels ★ *iem. tot* ~ *slaan* beat sbd to a jelly / pulp

moesson *m* [-s] monsoon

moestuin *m* [-en] kitchen / vegetable garden

moeten I *onoverg & hulpww* [moest, h. gemoeten] ❶ *gedwongen zijn* must, have to, be obliged to, ⟨sterker⟩ be compelled / forced to ★ *ik zal* ~ *gaan* I'm obliged to go ★ *hoe* ~ *we nu verder?* where do we go from here? ❷ *zich verplicht achten* must, have to, should, ought to ★ *moet u nog iets doen?* is there anything you still have to do? ★ *ik moet gaan* I have to go, I must go ★ *je moest nu maar gaan* you'd better go now ❸ *behoren* should, ought to ★ *het vliegtuig moet om 6 uur aankomen* the plane should land at 6 o'clock ★ *je moet het helemaal zelf weten* it's entirely up to you ★ *dat moesten we maar vergeten* let's forget it ★ *het moet al heel gek lopen wil ze niet komen* she would be very unlikely not to come ★ *dat moet je zo niet doen* you shouldn't do it like that ★ *hij moet nodig eens naar de kapper* it's high time he had his hair cut ❹ *onvermijdelijk zijn* must, have to ★ *het moet!* there's no other way! ★ *ze* ~ *het wel zien* they can't fail to see it ★ *we moesten wel lachen* we couldn't help laughing, we had to laugh ★ *als het*

moet (dan moet het) if it can't be helped, if there's no help for it ★ *het moet zo zijn* it has to be like this ★ *daar moet je... voor zijn* it takes a... to... ❺ *willen, behoefte hebben aan* want, need, like ★ *wat moet je?* what do you want? ★ *moet je niet wat eten?* aren't you hungry? ★ *ik moet naar de wc* I need to go to the toilet/inf loo ★ *daar moet ik niets van hebben* I don't want any part of it ❻ *waarschijnlijk zijn* must, be supposed to, be reported to ★ *hij moet wel een goede sportman worden* he's bound to be a good sportsman ★ *hij moet erg rijk zijn* he's said to be very rich ★ *hij moet gezegd hebben, dat...* he's reported to have said that... ★ *Bali moet erg mooi zijn* Bali is supposed to be really beautiful **II** *overg* [moest, h. gemoeten] ★ *wij* ~ *hem / het niet* we don't like him / it ★ ZN *hoeveel moet ik u?* how much do I owe you?

moetje *o* [-s] ❶ *huwelijk* shotgun marriage ❷ *kind* shotgun baby

Moezel *m* Moselle, Mosel

moezelwijn *m* [-en], **moezel** Moselle

mof I *v* [-fen] ❶ *voor de handen* muff ❷ techn sleeve, socket **II** *m* [-fen] *scheldnaam* Jerry, Kraut

moffelen *overg* [moffelde, h. gemoffeld] ❶ *emailleren, lakken* enamel ❷ *wegstoppen* hide, stash away

mogelijk I *bn* ❶ *tot de mogelijkheden behorend* possible, potential ★ *hoe is het* ~ *dat je...?* how could you have...? ★ *je houdt het niet voor* ~! you just wouldn't believe it! ★ *het is mij niet* ~ I can't possibly do it ❷ *potentieel* possible, potential ★ ~*e kopers* potential buyers ★ ~*e vertragingen* possible / potential delays ❸ *bestaanbaar* possible, likely ★ *alle* ~*e dingen* all sorts of things ★ *alle* ~*e hulp* all / every possible assistance / help ★ *op alle* ~*e manieren* in every possible way ★ *alle* ~*e middelen* all / every possible means ★ *alle* ~*e moeite* every possible effort ★ *dat is best* ~ that's quite possible / likely ★ *met de grootst* ~*e strengheid* with all possible severity ★ *ik heb al het* ~*e gedaan* I've done all that is humanly possible / all I could ★ *het* ~ *maken* make it possible **II** *bijw* ❶ possibly ★ *zo* ~ if possible ★ *zo goed* ~ as best as you can ★ *zo slecht* ~ as bad as can be ★ *zo spoedig* ~ as soon as possible, quickly ❷ *misschien* possibly, perhaps ★ ~ *weet hij het* perhaps he knows, he may know

mogelijkerwijs *bijw* possibly, perhaps

mogelijkheid *v* [-heden] ❶ *wat mogelijk is* possibility, chance ★ *de* ~ *bestaat dat...* there is a possibility / chance that... ★ *met geen* ~ *kunnen wij...* we cannot possibly... ★ *dat behoort tot de mogelijkheden* that's one of the possibilities ❷ *eventualiteit* eventuality ★ *op alle mogelijkheden voorbereid zijn* be prepared for all eventualities ❸ *mv: kans op succes* possibilities, prospects ★ *...waardoor nieuwe mogelijkheden ontstaan* ...opening up new possibilities / prospects, creating new openings / opportunities

mogen I *onoverg en hulpww* [mocht, h. gemogen] ❶ *toestemming hebben* can, be allowed to, be permitted to ★ *ze zullen niet ~ komen* they won't be allowed to come ★ *dat mag niet* that's not allowed ★ *je mag hier niet roken* you're not allowed to smoke here ★ *ik mag niet van mijn moeder* my mother won't let me ★ *je mag nu gaan* you can / may go now ★ *mag ik even binnenkomen?* can I come in for a minute? ★ *mag ik uw telefoonnummer even?* could I have your phone number, please? ★ *waar gaat u heen als ik vragen mag?* where are you going if you don't mind my asking? ★ 〈in restaurant〉 *wat mag het zijn?* what can I get you? ★ *hij mag gezien worden / hij mag er zijn* he's a fine specimen ❷ *wenselijk/nodig zijn* ought to, had better, should ★ *hij mag wel uitkijken* he'd better watch out ★ *je had je wel eens ~ wassen* you might have washed, 〈sterker〉 you should have washed ❸ *mogelijk gebeuren/het geval zijn* may, should ★ *als zij mochten komen* should / if they come ★ *wat er ook moge gebeuren* come what may, whatever happens ❹ *(graag) willen* like ★ *zo mag ik het graag zien* that's the way I like it, that's the spirit ★ *zo mag ik het graag horen* now you're talking ★ *ik mag graag reizen* I like to travel ❺ *kunnen* can, may ★ *we ~ er op rekenen* we can count on it ★ *dit mag als bekend worden verondersteld* presumably this is widely known ▼ inf *het mocht wat!* indeed!, so what? **II** *overg* [mocht, h. gemogen] *aardig vinden* like ★ *zij ~ hem niet* they don't like him ★ *ik mag hem wel* I quite / rather like him

mogendheid *v* [-heden] power ★ *de grote mogendheden* the superpowers

mohair *o* mohair

mohammedaan *m* [-danen] Muslim, Moslem

mohammedaans *bn* Muslim, Moslem

Mohikaan *m* [-kanen] Mohican ★ fig *de laatste der Mohikanen* the last of the Mohicans

moiré **I** *bn textiel* moiré, moire **II** *o* moiré, moire

mok *v* [-ken] mug

moker *m* [-s] sledgehammer

mokerslag *m* [-slagen] sledgehammer blow

mokka *m* ❶ *mokkakoffie* mocha (coffee) ❷ *crème* mocha / coffee cream

mokkel *v & o* [-s] chick ★ *een lekker ~* a nice piece of skirt / crumpet

mokken *onoverg* [mokte, h. gemokt] sulk

mol **I** *v* [-len] ❶ muz flat ★ *b~* B minor ❷ chem mole **II** *m* [-len] ❶ *dier* mole ❷ *spion* mole

Moldavië *o* Moldavia

Moldaviër *m* [-s] Moldavian

Moldavisch **I** *bn* Moldavia ★ 〈valuta〉 *de ~e leu* the Moldovian leu, the leu **II** *o taal* Moldavian

Moldavische *v* [-n] Moldavian ★ *ze is een ~* she's a Moldavian, she's from Moldavia

moleculair *bn* molecular

molecule, molecuul *v & o* [-culen] molecule

molen *m* [-s] ❶ *wind-, watermolen* mill, windmill ★ *de ambtelijke ~s* the wheels of government ★ *Gods ~s malen langzaam* God's mills grind slowly ★ fig *het zit*

in de ~ it's in the pipeline ★ *door de ~ moeten* go through all the red tape ★ *een klap van de ~ (gekregen) hebben, met ~tjes lopen* he's crazy, he has bats in the belfry → **koren** ❷ *op hengel* reel ❸ *maalinstrument* mill, grinder

molenaar *m* [-s] miller

molensteen *m* [-stenen] millstone ★ *als een ~ om iems. nek hangen* be a millstone around someone's neck

molenwiek *v* [-en] windmill sail ★ *een klap van de ~ gekregen hebben* have a screw loose

molest *o* war risk ★ *iem. ~ aandoen* molest sbd

molestatie *v* [-s] annoyance, nuisance

molesteren *overg* [molesteerde, h. gemolesteerd] molest

mollen *overg* [molde, h. gemold] ❶ *stukmaken* wreck, destroy, ruin, 〈iem.〉 beat up ❷ *doden* do 〈sbd〉 in

mollig *bn* plump 〈arms, legs〉, chubby 〈cheeks〉 ★ *een ~e vrouw* a plump / podgy lady

molm *m & o* 〈v. hout〉 rotting wood, 〈v. turf〉 peat (dust), 〈v. aarde〉 humus, 〈in graan〉 mould, mildew

molotovcocktail *m* [-s] Molotov cocktail

molshoop *m* [-hopen] molehill

molton **I** *o & bn stof* flannel **II** *o & v* [-s] *onderdeken* mattress cover

Molukken *zn* [mv] ★ *de ~* the Moluccas

Molukse *v* Moluccan

mom *v & o* [-men] mask ★ *onder het ~ van* under the guise / veil of

mombakkes *o* [-en] mask

moment *o* [-en] ❶ *ogenblik* moment, minute, instant ★ *~!* just a second / minute / moment! ★ *heeft u een ~je?* do you have a second / minute / moment? ★ *een belangrijk ~ in zijn leven* an important time / period / moment in his life ★ *het is nu niet het ~ om...* It's not the right time to... ★ *op dat ~ kwam zij binnen* at that moment she came in ★ *op het juiste ~* at the right moment ★ *een ingreep op het juiste ~* a timely / well-timed intervention ❷ nat moment

momenteel **I** *bn* current, present **II** *bijw* at the moment, currently

momentopname *v* [-n] random impression / picture ★ *dit is slechts een ~ van de situatie* this is only a random indication of the situation

moment suprême *o* [moments suprêmes] moment supreme

mompelen *onoverg & overg* [mompelde, h. gemompeld] mutter, mumble ★ *iets hebben horen ~* have heard sth muttered ★ *voor zich uit ~* mutter under one's breath

Monaco *o* Monaco

monarch *m* [-en] monarch

monarchie *v* [-chieën] monarchy

monarchist *m* [-en] monarchist

mond *m* [-en] ❶ *v. persoon* mouth ★ *~je dicht!* mum's the word! ★ *niet op zijn ~je gevallen zijn* have a ready tongue ★ *een grote ~ hebben* be loud-mouthed, be cheeky ★ *zijn ~ houden* hold one's tongue ★ fig *hij kan zijn ~ niet houden* he can't keep his mouth shut

★ *hou je ~!* shut up! ★ *geen ~ opendoen* not open one's mouth ★ *hij durft geen ~ open te doen* he doesn't dare to open his mouth ★ *een grote ~ opzetten tegen iem.* give sbd lip, talk back to sbd ★ *zijn ~ roeren* wag one's tongue ★ *iem. de ~ snoeren* silence sbd, shut sbd up ★ *ga je ~ spoelen!* go and wash out your mouth! ★ *een ~je Frans spreken* speak a little French ★ *zijn ~ staat nooit stil* he never stops talking ★ *zijn ~ voorbijpraten* shoot one's mouth off, talk out of turn ★ *bij ~e van* through, from ★ *iem. woorden in de ~ leggen* put words into sbd's mouth ★ *met open ~ staan kijken* stand open-mouthed, stand gaping ⟨*naar at*⟩ ★ *met de ~ vol tanden staan* have nothing to say for oneself, ⟨*verbaasd*⟩ be dumbfounded ★ *dat is een hele ~ vol!* that's a mouthful! ★ *met twee ~en spreken* say one thing and mean another ★ *iem. naar de ~ praten* toady to sbd, suck up to sbd ★ *uit zijn eigen ~* from his own mouth, coming from him ★ *als uit één ~* unanimously ★ *iem. de woorden uit de ~ nemen* take the words out of sbd's mouth ★ *iets uit zijn ~ sparen* save some of one's food (for sbd) ★ *iem. het eten uit de ~ kijken* watch sbd longingly while they eat ★ *het gerucht ging van ~ tot ~* the rumour went round ★ *iedereen heeft er de ~ vol van* it's the talk of the town ★ *hij zegt alles wat hem voor de ~ komt* he says whatever comes into his head ❷ *v. rivier* mouth ❸ *v. geweer* muzzle ❹ *v. trompet &* embouchure
mondain *bn* fashionable, sophisticated
monddood *bn* ★ *iem. ~ maken* silence sbd
mondeling **I** *bn* oral, verbal ★ *een ~e afspraak / bericht* a verbal agreement / message ★ *een ~ examen* an oral examination ★ *~e getuigen* oral witnesses **II** *o* oral exam **III** *bijw* orally, verbally, by word of mouth
mond-en-klauwzeer *o* foot-and-mouth disease
mondharmonica *v* ['s] mouth organ
mondhoek *m* [-en] corner of the mouth
mondholte *v* [-n & -s] oral cavity
mondhygiëne *v* oral hygiene
mondhygiëniste *v* [-s] dental hygienist
mondiaal *bn* global, worldwide ★ *een mondiale crisis* a global / worldwide crisis
mondialisering *v* globalization
mondig *bn* ❶ *meerderjarig* of age ❷ *weerbaar* outspoken ★ *patiënten worden steeds ~er* patients are becoming more outspoken / are standing up for themselves more
mondigheid *v* ❶ *meerderjarigheid* majority ❷ *weerbaarheid* outspokenness ★ *politieke ~* political maturity / awareness
monding *v* [-en] mouth
mondjesmaat **I** *v* [-maten] scanty measure **II** *bijw* a little ★ *het is ~* it's few / little and far between ★ *nieuws kwam maar in ~ tot ons* news reached us a little at a time, news reached us in dribs and drabs
mondjevol *o* ★ *hij kent een ~ Frans* he has a smattering of French, he knows a word or two of French

mond-op-mondbeademing *v* mouth-to-mouth resuscitation ★ *~ toepassen* apply mouth-to-mouth resuscitation, give (sbd) the kiss of life
mondstuk *o* [-ken] ❶ *v. blaasinstrument* mouthpiece, embouchure ❷ *v. sigaret* filter, tip ★ *zonder ~* non-filter ❸ *v. kanon* muzzle
mond-tot-mondreclame *v* advertisement by word of mouth, word-of-mouth advertising
mondverzorging *v* oral hygiene
mondvol *m* mouthful
mondvoorraad *m* provisions, food supplies
mondwater *o* mouthwash
Monegask *m* [-en] Monégasque
Monegaskisch *bn* Monégasque
Monegaskische *v* [-n] Monégasque ★ *ze is een ~* she's a Monégasque, she's from Monaco
monetair *bn* monetary ★ *~ beleid* monetary policy ★ *Economische en Monetaire Unie (EMU)* Economic and Monetary Union ★ *het Internationaal Monetair Fonds* the International Monetary Fund (IMF)
Mongolië *o* Mongolia
mongolisme *o* Down's syndrome
mongoloïde **I** *bn met Down* Down's Syndrome **II** *m-v lijder aan Down* person with Down's Syndrome
mongool *m* [-golen] ❶ *lijder aan syndroom van Down* person with Down's Syndrome ★ *hij is een ~* he has Down's Syndrome ❷ *gek* scheldwoord moron
mongooltje *o* [-s] *inf* mongol
monitor *m* [-s] monitor
monnik *m* [-en] monk, friar ★ *gelijke ~en, gelijke kappen* what is sauce for the goose is sauce for the gander
monnikenwerk *o* time-consuming task, sheer drudgery ★ *ik moest het ~ doen* I had to do the donkey work
monnikskap *v* [-pen] *plant* monkshood, aconite
monnikspij *v* [-en] (monk's) habit
mono *bn* mono
monochroom *bn* monochrome
monocle *m* [-s] eyeglass, monocle
monocultuur *v* [-turen] monoculture
monogaam *bn* monogamous
monogamie *v* monogamy
monografie *v* [-fieën] monograph
monogram *o* [-men] monogram
monokini *m* ['s] monokini
monoliet *m* [-en] monolith
monolithisch *bn* monolithic
monoloog *m* [-logen] monologue
monomaan **I** *bn* monomaniac **II** *m* [-manen] monomaniac
monopolie *o* [-s & -liën] monopoly, exclusive rights ★ *hij denkt een ~ op de waarheid te hebben* he thinks he has / holds a monopoly on the truth / has exclusive rights to the truth
monopoliepositie *v* [-s] monopoly position
monorail *m* [-s] monorail
monoski *m* ['s] monoski

monotoon *bn* monotonous ★ *~ spreken* speak in a monotone

monseigneur *m* [-s] Monsignor

monster *o* [-s] ❶ *handel* sample, specimen ★ *een ~ nemen* take a sample ★ *een ~ zonder waarde* a sample of no commercial value ★ *volgens ~* as per sample ❷ *afzichtelijk wezen* monster ★ *een ~ van een vrouw* a fright ❸ *enorm groot* mammoth, giant ★ 〈omvangrijk〉 *een ~ van een roman* a mammoth / giant book

monsterachtig *bn & bijw* monstrous ★ *~ groot* incredibly large, monstrous

monsterboek *o* [-en] *stalenboek* sample book, pattern book

monsterboekje *o* [-s] scheepv muster book

monsteren *overg* [monsterde, h. gemonsterd] ❶ *inspecteren* inspect, examine, review ❷ scheepv review, muster

monsterlijk *bn* monstrous, atrocious, hideous ★ *een ~e trui* a hideous sweater

monsterscore *m* [-s] record score

monsterverbond *o* [-en] *tegennatuurlijk verbond* unholy alliance

monsterzege *v* [-s] mammoth victory

monstrans *m-v* [-en] monstrance

monstrueus *bn* monstrous

montage *v* [-s] ❶ techn mounting, assembly ❷ *v. auto's* assemblage ❸ *v. film* editing, montage ❹ *v. drukwerk &* mounting ❺ *v. foto's* montage

montagebouw *m* prefabricated house construction

montagefoto *v* ['s] photo montage

montagetafel *v* [-s] cutting / editing table

montagewagen *m* [-s] repair van

monter I *bn* brisk, lively, cheerful **II** *bijw* briskly, cheerfully

monteren *overg* [monteerde, h. gemonteerd] ❶ *in elkaar zetten* assemble, fix, fit up ❷ *v. film* cut, edit ❸ *v. schilderij, sieraden* mount

montering *v* [-en] assembling

montessorischool *v* [-scholen] Montessori School

monteur *m* [-s] ❶ *in fabriek* assembler, fitter ❷ *in garage &* mechanic ❸ *reparateur* serviceman

montuur *o & v* [-turen] frames, 〈v. edelsteen〉 setting ★ *dar ~ staat je goed* those frames suit you ★ *een bril met hoornen ~* horn-rimmed glasses

monument *o* [-en] monument ★ *een ~ voor iets / iem. oprichten* erect a monument to sbd / sth

monumentaal *bn* ❶ monumental ★ iron *een monumentale blunder* a monumental blunder, a blunder of gigantic proportions ❷ *v. oude gebouwen* stately, historic, 〈uitzien als monument〉 monumental ★ *een ~ pand aan een gracht* a stately / historic building on a canal

monumentenlijst *v* [-en] ★ *op de ~ plaatsen* register as a heritage building ★ *op de ~ staan* be listed as a heritage building

monumentenzorg *v* ❶ conservation of historic buildings ❷ *organisatie* ± National Trust, ± Historical

Society ★ *onder ~ staan* be heritage-listed

mooi I *bn* ❶ *aantrekkelijk* attractive, good-looking, 〈v. mannen〉 handsome, 〈v. vrouwen〉 pretty, 〈sterker〉 beautiful ★ *wat ben je ~!* you look great! ★ *wie ~ wil zijn moet pijn lijden* no beauty without suffering ❷ *fraai* lovely, beautiful, 〈v. kleren〉 smart, nice ★ *mijn ~e pak* my Sunday best ★ *zich ~ maken* get all dressed up ★ *een ~e hand schrijven* have nice handwriting ★ *dat staat u niet ~* it doesn't suit you ❸ *(heel) goed* good, 〈sterker〉 excellent ★ *~e cijfers* good / excellent marks ❹ *prettig* nice, fine ★ *een ~ bedrag* a nice / handsome amount ★ *een ~e lentedag* a nice / fine spring day ❺ *leuk* nice, good ★ *dat is niet ~ van u* it isn't nice of you ★ *nu is het ~ geweest* that's enough now ★ *het ~ste van alles is...* the best of it all is that... ❻ *niet leuk* iron pretty, fine ★ *je bent me ook een ~e* a fine one you are! ★ *daar ben je ~ mee!* 〈v. gedrag〉 a fat lot of good that will do you!, 〈v. situatie〉 a pretty / right mess that is! ★ *ik ben er al weken ~ mee* I've been pretty bothered about it for weeks ★ *wel, nu nog ~er!* well, I never! ★ *~ is dat!* that's great! **II** *bijw* ❶ well, nicely ★ *ze hebben hem niet ~ behandeld* they didn't treat him well ★ *jij hebt ~ praten* it's all very well for you to talk ❷ versterkend pretty ★ *hij heeft u ~ beetgehad* he had you there and no mistake ★ *dat kun je wel ~ vergeten!* you can jolly well forget that! ★ *~ niet!* I don't think so! ★ *~ zo!* good!

mooipraten *o* smooth talking

mooiprater *m* [-s] ❶ *vleier* flatterer ❷ *iem. die alles te gunstig voorstelt* smooth talker

moois *o* fine thing ★ *er het ~ afkijken* wear something out by looking ★ *er groeit iets ~ tussen hen* there's something nice developing between them ★ iron *het is me wat ~!* here's a pretty kettle of fish / a nice state of affairs! ★ *ze hebben wat ~ van je verteld* they've been saying some odd things about you

moonboots *zn* [mv] moon boots

moonwalk *de* moonwalk

Moor *m* [Moren] Moor

moord *m & v* [-en] murder (*op*) ★ *een ~ plegen* commit a murder, jur commit homicide ★ *~ en brand schreeuwen* cry blue murder ★ *het is daar ~ en doodslag* they're at each other's throats ★ *~ met voorbedachten rade* premeditated / wilful murder

moordaanslag *m* [-slagen] attempted murder

moordbrigade *v* [-s, -n] death squad

moorddadig I *bn* murderous ★ *een ~ regime* a murderous regime ★ *een ~ lawaai* an abominable noise **II** *bijw* murderously

moorden *onoverg* [moordde, h. gemoord] kill, murder, commit murder/jur homicide

moordenaar *m* [-s] murderer

moordend *bn* murderous, deadly ★ *~e concurrentie* cut-throat competition ★ *een ~e hitte* scorching heat ★ *een ~ tempo* a punishing pace

moordgriet *v* [-en] great girl / woman / chick, Br super girl

moordkuil *m* [-en] ★ *van zijn hart geen* ~ *maken* speak freely

moordpartij *v* [-en] massacre, slaughter

moordvent *m* [-en] great guy, <u>Br</u> super guy

moordwapen *o* [-s] murder weapon

moordzaak *v* [-zaken] murder case

moorkop *m* [-pen] ❶ *gebakje* ± chocolate éclair ❷ *paard* black-headed horse

Moors *bn* Moorish

moot *v* [moten] piece, ‹v. vis &› steak, fillet ★ *in ~jes hakken* chop up, chop into pieces ★ *iem. in ~jes hakken* make mincemeat of sbd

mop **I** *v* [-pen] ❶ *koekje* ± shortcake ❷ *baksteen* brick ❸ *grap* joke, gag ★ *een ouwe* ~, *een* ~ *met een baard* a stale joke, <u>inf</u> a chestnut ★ *dat is nu juist de* ~ that's the joke, that's the funny part of it ★ *voor de* ~ for fun ★ *~pen tappen / vertellen* tell jokes ❹ *liedje* tune ★ *zing nog eens een ~je* sing something else ❺ *meisje* moppet, sweetie, doll **II** *m* [-s] *zwabber* mop **III** *m* [-pen], **mops** [-en] pug (dog)

moppentapper *m* [-s] joker

moppentrommel *v* [-s] ❶ *in tijdschrift e.d.* joke section ❷ *koektrommel* biscuit tin

mopperaar *m* [-s] grumbler

mopperen *onoverg* [mopperde, h. gemopperd] grumble, <u>inf</u> grouse ★ *op iem.* ~ grumble at sbd ★ *over iets* ~ grumble about sth ★ *zonder* ~ without grumbling

mopperkont *m* [-en] grumbler

moppie *o* [-s] ❶ *deuntje* tune ❷ *meisje* sweetheart, honey

moraal *v* ❶ *zedenles* moral ★ *de* ~ *van het verhaal is...* the moral of the story is... ❷ *zedenleer* morality, ethics ❸ *zedelijke beginselen* morals ★ *een dubbele* ~ double moral standards ★ *geen* ~ *hebben* have no morals

moraalridder *m* [-s] moral crusader

moraliseren *onoverg* [moraliseerde, h. gemoraliseerd] moralize

moralisme *o* moralism

moralist *m* [-en] moralist

moralistisch *bn* moralistic

moratorium *o* [-s & -ria] moratorium

morbide *bn* morbid ★ *een* ~ *grap* a sick joke

mordicus *bijw* adamantly ★ *ergens* ~ *tegen zijn* be dead against sth

moreel **I** *bn* moral **II** *o* morale

morel *v* [-len] morello (cherry)

mores *zn* [mv] ★ *iem.* ~ *leren* teach sbd a lesson

morfeem *o* [-femen] morpheme

morfine *v* morphine

morfologie *v* morphology

morgen I *m* [-s] morning ★ *in de vroege* ~ early in the morning ★ *op een* ~ one morning ★ *van de* ~ *tot de avond* from morning till night ★ *'s* ~*s* in the morning **II** *bijw* tomorrow ★ ~ *vroeg* tomorrow morning ★ ~ *komt er weer een dag* tomorrow is another day ★ <u>inf</u> *ja*, ~ *brengen!* no way!, not likely!

★ ~ *over acht dagen* tomorrow week, a week tomorrow **III** *m & o* [-s] *landmaat* 2.25 acres

morgenavond *bijw* tomorrow evening

Morgenland *o* Orient

morgenmiddag *bijw* tomorrow afternoon

morgennacht *bijw* tomorrow night

morgenochtend *bijw* tomorrow morning

morgenrood *o* dawn

Morgenster *v* morning star

morgenstond *m* early morning hours ★ *de* ~ *heeft goud in de mond* the early bird catches the worm

morgenvroeg *bijw* tomorrow morning

mormel *o* [-s] monster

mormoon *m* [-monen] Mormon

mormoons *bn* Mormon

morning-afterpil *v* [-len] morning-after pill

morrelen *onoverg* [morrelde, h. gemorreld] fiddle, fumble ★ ~ *aan* fiddle around

morren *onoverg* [morde, h. gemord] grumble ★ *zonder* ~ without a murmur

morsdood *bn* as dead as a doornail

morse *o* Morse (code)

morsen I *onoverg* [morste, h. gemorst] mess, make a mess **II** *overg* [morste, h. gemorst] spill

morseteken *o* [-s] Morse sign / letter

morsig *bn* dirty, messy, slovenly

mortel *m* mortar

mortier *m & o* [-en] mortar

mortiergranaat *m* [-naten] mortar shell

mortuarium *o* [-s & -ria] mortuary

mos *o* [-sen] moss

mosgroen *bn* moss green

moskee *v* [-keeën] mosque

Moskou *o* Moscow

Moskoviet *m* [-en] Muscovite

Moskovisch *bn* Muscovite ★ ~ *gebak* sponge cake

moslim *m* [-s] Muslim, Moslem

moslimextremisme *o* Muslim / Moslem extremism

mossel *v* [-s & -en] mussel

mosselbank *v* [-en] mussel bank / bed

most *m* must

mosterd *m* mustard ★ *dat is* ~ *na de maaltijd* it's too late in the day for that → **Abraham**

mosterdgas *o* mustard gas

mosterdsaus *v* mustard sauce

mosterdzaad *o* mustard seed, <u>Bijbel & fig</u> grain of mustard

mot I *v* [-ten] *insect* (clothes) moth ★ *de* ~ *zit in die jurk* the moths have got into that dress ★ *door de ~ten aangevreten* moth-eaten **II** *v ruzie* <u>inf</u> tiff, squabble ★ ~ *hebben met iem.* fall out with sbd **III** *o zaagsel* sawdust

motel *o* [-s] motel

motet *o* [-ten] motet

motie *v* [-s] motion ★ *een* ~ *indienen* move / propose a motion ★ *stemmen over een* ~ vote on a motion ★ *een* ~ *aannemen* carry a motion ★ *een* ~ *ondersteunen* support a motion ★ *een* ~ *verwerpen*

mo

reject a motion ★ *een ~ van afkeuring* a vote of censure ★ *een ~ van vertrouwen aannemen* pass a vote of confidence ★ *een ~ van wantrouwen* a vote of no confidence ★ *de aangenomen ~* the resolution

motief *o* [-tieven] ❶ *reden* motive ❷ *in de kunst* motif, design, pattern

motivatie *v* [-s] motivation

motiveren *overg* [motiveerde, h. gemotiveerd] ❶ *beredeneren* explain, account for, state one's motives for, ‹rechtvaardigen› justify, ‹verdedigen› defend ★ *een dergelijk verzoek moet gemotiveerd worden ingediend* such a request should be accompanied by your reasons for making it ❷ *stimuleren* motivate, stimulate, encourage ★ *het personeel moet gemotiveerd worden om te stemmen* the personnel should be encouraged to vote

motivering *v* [-en] ❶ *het motiveren* motivation ❷ *de motieven* grounds, motives, reasons

moto *m* ['s] ZN motorbike

motor *m* [-s & -toren] ❶ *aandrijvende machine* motor, engine ★ *fig de ~ van de vereniging* the driving force of the club ❷ *motorfiets* motorcycle, motorbike

motoragent *m* [-en] policeman on motorcycle, police motorcyclist

motorblok *o* [-ken] engine block

motorboot *m & v* [-boten] motorboat, motor launch

motorcross *m* [-en, -es] motocross

motorfiets *m & v* [-en] motorcycle, motorbike ★ *een ~ met zijspan* a sidecar motorbike

motoriek *v* ❶ *bewegingssysteem* motor system ❷ *bewegingen* locomotion

motorisch *bn* ❶ *m.b.t. de motoriek* motor ★ *~ gestoord* motor handicapped ★ *~e zenuwen* motor nerves ❷ *(voort)bewegend* locomotive, (loco)motor, motorial ★ *het ~ vermogen* motor power ❸ *m.b.t. de motor* motor, engine

motoriseren *overg* [motoriseerde, h. gemotoriseerd] motorize

motorjacht *o* [-en] motor yacht

motorkap *v* [-pen] ❶ *v. auto* bonnet, Am hood ★ *onder de ~ kijken* look under the bonnet ❷ *v. oude typen vliegtuigen* cowling, cowl

motorolie *v* engine oil

motorpech *m* engine trouble ★ *~ hebben* have engine trouble

motorrijder *m* [-s] motorcyclist

motorrijtuigenbelasting *v* road tax

motorschip *o* [-schepen] motor vessel

motorsport *v* motorcycle racing

motorstoring *v* [-en] engine breakdown, engine failure, engine trouble

motorvoertuig *o* [-en] motor vehicle

motregen *m* [-s] drizzle

motregenen *onoverg* [motregende, h. gemotregend] drizzle

mottenbal *m* [-len] mothball ★ *iets uit de ~len halen* take sth out of mothballs

mottig *bn* ❶ *pokdalig* pock-marked ❷ *door de mot*

aangetast moth-eaten ❸ *van het weer* drizzly, misty ❹ *vuil* Z N dirty, untidy ❺ *lelijk* ZN ugly ❻ *misselijk* ZN sick, queasy

motto *o* ['s] motto, slogan

mountainbike *m* [-s] mountain bike

mountainbiken *onoverg* [mountainbikete, h. en is gemountainbiket] go mountain bike racing / mountain biking

moussaka *m* moussaka

mousse *v* [-s] mousse

mousseline *v & o* muslin

mousseren *onoverg* [mousseerde, h. gemousseerd] effervesce, sparkle

mousserend *bn* sparkling ★ *~e wijn* sparkling / bubbly wine

mout *o & m* malt

mouw *v* [-en] sleeve ★ *iem. iets op de ~ spelden* tell sbd tales ★ *iets uit de ~ schudden* toss sth off ★ *ergens een ~ aan passen* arrange matters, find a way out ★ *de handen uit de ~en steken* put one's shoulder to the wheel ★ ZN *iem. de ~ vegen* flatter sbd ★ ZN *ze achter de ~ hebben* be a slyboots

mouwloos *bn* sleeveless

moven *o* ★ *~!* beat it!

moyenne *o* [-s] *gemiddelde* average, mean

mozaïek *o* [-en] mosaic

Mozambique *o* Mozambique

mp3-speler *m* [-s] MP3 player

MRSA *afk* (Meticillineresistente Staphylococcus Aureus) MRSA

mts *v* (middelbare technische school) technical secondary school

mud *o & v* [-den] hectolitre

mudvol, mudjevol *bn* chock-full, jam-packed inf chocker(s)

muesli *v* muesli

muf, muffig *bn* musty, fusty

mug *v* [-gen] mosquito, ‹klein› gnat, midge ★ *door een ~ gestoken* stung by a mosquito ★ *van een ~ een olifant maken* make a mountain out of a molehill

muggenbeet *m* [-beten] mosquito bite

muggenbult *m* [-en] mosquito bite

muggenolie *v* insect lotion / repellent, citronella

muggenziften *onoverg* [muggenzift, h. gemuggenzift] split hairs, inf nitpick

muggenzifter *m* [-s] hairsplitter, inf nitpicker

muggenzifterij *v* hairsplitting, inf nitpicking

muil I *m* [-en] ❶ *muilezel, muildier* mule ❷ *bek* ‹v. mens› inf trap, ‹v. dier› muzzle, jaws ★ *hou je ~!* shut up! **II** *v* [-en] *pantoffel* slipper, mule

muildier *o* [-en] mule

muilezel *m* [-s] hinny

muilkorf *m* [-korven] muzzle

muilkorven *overg* [muilkorfde, h. gemuilkorfd] ❶ *muilkorf aandoen* muzzle ❷ fig muzzle, gag

muilpeer *v* [-peren] box on the ear, clout, slap in the face

muiltje *o* [-s] slipper

muis *v* [-muizen] ❶ *dier & v. computer* mouse ★ *dat ~je zal nog een staartje hebben* the matter won't end there ★ *zo stil als een ~* as quiet as a mouse ❷ *v. hand* ball ❸ *aardappel* kidney

muisarm *m* [-en] RSI, tennis elbow, inf mouse arm

muisjes *zn* [mv] *anijskorrels* aniseed flavoured sprinkles ★ *een beschuit met ~* a cracker toast with aniseed sprinkles ★ *gestampte ~* aniseed crumble

muismatje *o* [-s] comput mouse mat

muisstil *bn* quiet as a mouse

muiten *onoverg* [muitte, h. gemuit] mutiny, rebel ★ *aan het ~ slaan* mutiny ★ *de ~de troepen* the mutinous troops

muiter *m* [-s] mutineer, rebel

muiterij *v* [-en] mutiny, rebellion

muizen *onoverg* [muisde, h. gemuisd] ❶ *muizen vangen* mouse, catch mice ★ *katjes die ~ mauwen niet* the stealthy hunter is a successful hunter ❷ *eten* tuck in

muizenissen *zn* [mv] worries ★ *haal je geen ~ in het hoofd* put your worries out of your mind

muizenval *v* [-len] mousetrap

mul I *bn* loose, sandy **II** *m* [-len] *vis* red mullet

mulat *m* [-ten] mulatto

multicultureel *bn* multicultural ★ *een multiculturele samenleving* a multicultural society

multidisciplinair *bn* multidisciplinary ★ *een ~ onderzoek* a multidisciplinary investigation

multifunctioneel *bn* multifunctional

multi-instrumentalist *m* [-en] multi-instrumentalist

multilateraal *bn* multilateral ★ *een ~ verdrag* a multilateral agreement

multimedia *zn* [mv] multimedia

multimediaal *bn* multimedia ★ *het multimediale onderwijs* multimedia education

multimiljonair *m* [-s] multimillionaire

multinational *m* [-s] multinational

multiple choice *bn* multiple choice

multiplechoicetest *m* [-s] multiple choice test

multiple sclerose *v* multiple sclerosis

multiplex *o* plywood

multiraciaal *bn* multiracial

multomap® *v* [-pen] ring binder, ring file

mum *o* ★ *in een ~ (van tijd)* in no time, in a jiffy

mummelen *onoverg* [mummelde, h. gemummeld] mumble, mutter

mummie *v* [-s, -miën] mummy

mummificatie *v* mummification

mummificeren *overg & onoverg* [mummificeerde, h. en is gemummificeerd] mummify

München *o* Munich

municipaal *bn* municipal

munitie *v* (am)munition

munitiedepot *m & o* [-s] munition depot, arsenal

munt *v* [-en] ❶ *voor automaat* token ❷ *muntstuk* coin ★ *klinkende ~* hard cash ★ *iem. met gelijke ~ betalen* pay sbd (back) in his own coin, repay sbd in kind, give sbd tit for tat ★ *hij neemt alles voor goede ~ aan* he swallows everything ★ *~ slaan* coin / mint money ★ *~ slaan uit* make capital out of, cash in on ❸ *valuta* currency ❹ *gebouw* mint ❺ *plant* mint

muntautomaat *m* [-maten] coin-operated (vending) machine

munteenheid *v* [-heden] monetary / currency unit

muntgeld *o* coins

muntloon *o* [-lonen] mintage

muntmeester *m* [-s] mintmaster, Master of the Mint

muntsoort *v* [-en] currency

muntstelsel *o* [-s] monetary system

muntstuk *o* [-ken] coin

munttelefoon *m* [-s] pay phone

muntthee *m* mint tea

muntwezen *o* monetary system, coinage, currency system

murmelen *onoverg* [murmelde, h. gemurmeld] murmur, ‹v. beekje› babble, gurgle

murw *bn* soft, tender, mellow, fig softened up ★ *iem. ~ maken* break sbd's spirit ★ *iem. ~ beuken* beat sbd into a jelly / pulp

mus *v* [-sen] sparrow ★ *iem. blij maken met een dooie ~* fob sbd off

musculair *bn* muscular

musculatuur *v* musculature

museum *o* [-sea & -s] museum

---

museum

is in het Engels ook **museum**, maar het meervoud is **museums**.

---

museumbezoek *o* [-en] visit to a museum

museumstuk *o* [-ken] museum piece

musical *m* [-s] musical

musiceren *onoverg* [musiceerde, h. gemusiceerd] make / play music

musicologie *v* musicology

musicoloog *m* [-logen] musicologist

musicus *m* [-ci] musician

muskaat I *m wijn* muscatel **II** *v* [-katen] *boom* nutmeg

muskaatnoot *v* [-noten] nutmeg

muskadel *v* [-len] muscat, muscatel

musket *o* [-ten] musket

musketier *m* [-s] musketeer

muskiet *m* [-en] mosquito

muskietennet *o* [-ten] mosquito net

muskietenplaag *v* [-plagen] plague of mosquitoes

muskus *m* musk

muskusrat *v* [-ten] muskrat

muskusroos *v* [-rozen] musk rose

must *m* must ★ *die film is een absolute ~* the film is an absolute must / a must-see

mutatie *v* [-s] ❶ mutation ❷ *in personeelsbestand* turnover, change ❸ boekh transaction, entry

mutatis mutandis *bijw* mutatis mutandis, with respective differences taken into consideration

muts *v* [-en] ❶ cap, beanie, ‹theemuts› tea cosy ★ *zijn ~ staat verkeerd* he got out of his bed on the wrong side ❷ *vrouw* inf cow

mutualiteit v ❶ *wederkerigheid* reciprocity, mutuality ❷ *ziekenfonds* [-en] Belg National Health Service
muur I m [muren] wall ★ *een blinde* ~ a blank wall ★ *een dragende* ~ a supporting wall ★ *de Berlijnse* ~ the Berlin Wall ★ *de muren hebben oren* the walls have ears ★ *tussen vier muren* behind bars ★ *uit de* ~ *eten* get some fast food ★ *geld uit de* ~ *halen* get money from the ATM ★ *de muren komen op me af* the walls are closing in on me ★ *met het hoofd tegen een* ~ *lopen* bang one's head against the wall ★ *met de rug tegen de* ~ with one's back to the wall ★ ⟨fusilleren⟩ *tegen de* ~ *zetten* put up against the wall ★ voetbal *een* ~*tje maken* make a wall **II** v plant chickweed
muurbloem v [-en] *plant* wallflower
muurbloempje o [-s] fig wallflower
muurkast v [-en] wall cabinet
muurkrant v [-en] wall poster
muurschildering v [-en] mural, wall painting
muurvast bn firm, solid ★ ⟨v. onderhandelingen⟩ ~ *zitten* be deadlocked ★ *die bout zit* ~ you'll never loosen that bolt
muurverf v [-verven] wall paint
m.u.v. afk (met uitzondering van) with the exception of, excluding
muzak m muzak, wallpaper music
muze v [-n] muse ★ *lichte* ~ light entertainment
muziek v music ★ ~ *maken* make music ★ *dat klinkt mij als* ~ *in de oren* that's music to my ears ★ *daar zit* ~ *in* that sounds promising ★ *op de* ~ to the music ★ *op* ~ *zetten* set to music ★ *voor de* ~ *uitlopen* be ahead ★ *hij is met de* ~ *mee* he's gone with the wind
muziekcassette v [-s] music cassette
muziekdoos v [-dozen] musical / music box
muziekfestival o [-s] music festival
muziekinstrument o [-en] musical instrument
muziekkorps o [-en] band
muziekles v [-sen] music lesson
muziekliefhebber m [-s] music lover
muzieknoot v [-noten] note (of music)
muziekonderwijs o music education
muziekpapier o music paper
muziekschool v [-scholen] school of music
muziekstandaard m [-s] music stand
muziekstuk o [-ken] piece of music
muziektent v [-en] bandstand
muziekuitvoering v [-en] musical performance
muziekwetenschap v musicology
muzikaal bn musical ★ *hij is zeer* ~ he's very musical, he has a real ear for music
muzikant m [-en] musician, bandsman
myocarditis v myocarditis
myoom o [myomen] myoma
myopie v short-sightedness, myopia
mysterie o [-s & -riën] mystery
mysterieus bn mysterious ★ *een* ~ *antwoord* an enigmatic answer
mystica de (v) [-'s] female mystic

mysticus m [-ci] mystic
mystiek I v mysticism ★ *de* ~*en* the mystics **II** bn ❶ mystic ❷ *geheimzinnig* mystical
mystificatie v [-s] mystification
mythe v [-n, -s] myth
mythevorming v mythologization, creation of a legend
mythisch bn mythical
mythologie v [-gieën] mythology
mythologisch bn mythological
mytylschool v [-scholen] school for physically handicapped children
myxomatose v myxomatosis

my

N

N. *afk* (noord, noorden) north

n *v* ['s] n

na I *voorz* after ★ ~ *elkaar* one after the other ★ *twee keer* ~ *elkaar* twice running ★ ~ *u!* after you! ★ ~ *vijven* after five o'clock **II** *bijw* near, plechtig nigh ★ *dat lag hem* ~ *aan het hart* that was very dear to him ★ *je moet hem niet te* ~ *komen* you mustn't offend him ★ *dat was / kwam zijn eer te* ~ his pride / honour was at stake ★ *op mijn broer* ~ apart from my brother, except my brother, but for my brother ★ *de laatste op één* ~ the last but one ★ *op één* ~ *de grootste ter wereld* the second largest in the world ★ *neem wat pudding* ~ have some pudding for dessert ★ *de goeden niet te* ~ *gesproken* except for the good ones

naad *m* [naden] ❶ *in textiel &* seam ★ *panty's met* ~ seamed nylons / pantyhose ★ *hij wil graag het ~je van de kous weten* he wants to know all the ins and outs of it ❷ *v. wond* suture ❸ *tussen planken* seam, joint ❹ *las* weld ▼ *zich uit de* ~ *werken* work oneself to death

naadloos *bn* ❶ *m.b.t. kleding* seamless ❷ *m.b.t. hout* jointless

naaf *v* [naven] hub

naaidoos *v* [-dozen] sewing box

naaien I *overg* [naaide, h. genaaid] ❶ *met naald en draad* sew, med suture, ‹met naaimachine ook› stitch ★ *een knoop* ~ *aan* sew a button on ❷ *neuken* fuck, screw ❸ *belazeren* screw **II** *onoverg* [naaide, h. genaaid] ❶ sew ❷ *neuken* fuck, screw

naaigaren *o* [-s] sewing thread / cotton

naaigerei *o* sewing things

naaimachine *v* [-s] sewing machine

naaister *v* [-s] dressmaker

naaiwerk *o* needlework, sewing

naakt I *bn* ❶ *onverhuld* naked, bare ★ *~e feiten* bare facts ★ *de ~e waarheid* the naked / plain truth ❷ *bloot* naked, nude, bare ★ *hij liep* ~ *rond* he was walking around naked / in the nude, inf he was walking around in the altogether / in his birthday suit / in the nuddy ★ *hij werd* ~ *uitgeschud* he was stripped to the skin ❸ *zonder bedekking/versiering* bare ★ *~e bomen* bare trees **II** *o* [-en] nude

naaktfoto *v* ['s] nude photograph

naaktloper *m* [-s] nudist

naaktmodel *o* [-len] nude model

naaktstrand *o* [-en] nudist beach

naaktstudie *v* [-s] nude study

naald *v* [-en] needle ★ *heet van de* ~ hot off the press ★ *door het oog van de* ~ *kruipen* crawl through the eye of the needle

naaldboom *m* [-bomen] conifer (tree)

naaldbos *o* [-sen] coniferous / pine forest

naaldhak *v* [-ken] stiletto heel ★ *een schoen met* ~ *a*

stiletto, a high-heeled shoe

naaldhout *o* softwood, coniferous wood

naam *m* [namen] ❶ *eigennaam* name ★ *hoe is uw* ~? what's your name? ★ *mijn* ~ *is haas* I don't know anything about it ★ *haar eigen* ~ her maiden name ★ *geen namen noemen* mention no names ★ *iem. bij zijn* ~ *noemen* refer to sbd by name ★ *noemen met* ~ *en toe*~ mention by name ★ *onder een aangenomen* ~ under an assumed name ★ *onder een vreemde* ~ in another name ★ *bekend staan onder de* ~ *van...* go by the name of... ★ *op* ~ *van* in the name of ★ *uit* ~ *van mijn vader* on behalf of my father ★ *iem. van* ~ *kennen* know sbd by name ★ *zonder* ~ without a name, nameless ★ jur *vrij op* ~ no legal charges ❷ *reputatie* reputation, repute, standing ★ *een goede* ~ *hebben* enjoy a good reputation ★ *een slechte* ~ *hebben* have a a bad reputation ★ *hij heeft nu eenmaal de* ~ *van...* he has the reputation for being... ★ *~ maken* make a name for oneself ★ *hij heeft tien romans op zijn* ~ *(staan)* he has ten novels to his name ★ *te goeder* ~ *(en faam) bekend staand* of good standing and repute ★ *een... van* ~ a distinguished... ❸ *aanduiding v. iets/iem.* name, appellation, designation ★ *het mag geen* ~ *hebben* it isn't worth mentioning ★ *de dingen bij de* ~ *noemen* call a spade a spade ★ *in* ~ *is hij...* nominally / in name he is... ★ *in* ~ *der wet* in the name of the law

naambordje *o* [-s] nameplate

naamdag *m* [-dagen] saint's day, name day

naamdicht *o* [-en] acrostic

naamgenoot *m* [-noten] namesake

naamkaartje *o* [-s] (visiting) card, business card

naamkunde *v* study / science of names, onomastics

naamloos *bn* nameless, anonymous, unnamed ★ *een naamloze vennootschap* a limited liability company

naamsbekendheid *v* ❶ *van producten* name / brand recognition, brand awareness ❷ *van personen* reputation ★ *hij geniet een zekere* ~ he is quite well known

naamsverandering *v* [-en] change of name

naamsverwarring *v* confusion of / over names

naamval *m* [-len] case ★ *de eerste / tweede / derde / vierde* ~ the nominative / genitive / dative / accusative (case)

naamwoord *o* [-en] noun ★ *het bijvoeglijk* ~ the adjective ★ *het zelfstandig* ~ the noun

naamwoordelijk *bn* nominal ★ *het* ~ *gezegde* the nominal predicate ★ *het* ~ *deel van het gezegde* the subject complement

na-apen *overg* [aapte na, h. nageaapt] imitate, mimic, take off

na-aper *m* [-s] mimic, imitator, kindertaal copycat

na-aperij *v* imitation

naar I *voorz* ❶ *v. richting* to, towards ★ ~ *boven* upstairs ★ ~ *huis gaan* go home ★ *hij kwam* ~ *me toe* he came up to me, he came towards me ❷ *naar het voorbeeld van* after, from ★ *hij heet* ~ *zijn vader* he's called after his father ★ ~ *de natuur schilderen* paint from nature ❸ *volgens, overeenkomstig* according to ★ *ja, maar het is er ook* ~ it's no better than it should be ★ *een mooie auto, maar de prijs is er dan ook* ~ a nice car, but with a price tag to match ★ *hij is er de man niet* ~ *om...* he is not the sort of man who... ★ ~ *zijn mening* according to him / his opinion **II** *voegw* as ★ ~ *men zegt* it's said (that), word has it (that) **III** *bn* ❶ *vervelend* nasty, disagreeable, unpleasant ★ *een nare jongen* a horrible / nasty boy ★ *een nare smaak* a nasty taste ★ *een nare vent* an unpleasant fellow ★ ~ *weer* unpleasant / awful weather ❷ *ziek, misselijk* unwell, sick ★ *ik voel me zo* ~ I don't feel at all well ★ *hij is er* ~ *aan toe* he's in a bad way ★ *ik word er* ~ *van* it makes me sick

naargeestig *bn* dismal, gloomy, dreary

naargelang I *bijw* in accordance with, depending on ★ ~ *de omstandigheden* according to / depending on the circumstances **II** *voegw* as ★ ~ *hij ouder werd, werd hij...* as he got older he became...

naarling *m* [-en] pain in the neck

naarmate *voegw* as ★ ~ *het later werd...* as it grew later...

naarstig I *bn* diligent, thorough **II** *bijw* diligently, thoroughly

naast I *bn* nearest, next, closest ★ *mijn ~e buurman* my next-door neighbour ★ *mijn ~e bloedverwant* my nearest relative, my next of kin ★ *de ~e toekomst* the near future ★ *ten ~e bij* approximately, about ★ *ieder is zichzelf het* ~ charity begins at home **II** *bijw* ❶ *dichtst bij* nearest, closest ❷ *mis* wide, off target ★ *de spits schoot net* ~ the forward's shot just missed the goal **III** *voorz* ❶ *terzijde* next (to), alongside, beside ★ ~ *elkaar* side by side ★ *het is niet* ~ *de deur* it's not exactly next door ★ *hij zat* ~ *haar* he was sitting beside her / by her side / next to her ★ ~ *ons wonen Fransen* there are French people living next door to us ★ *je zit er* ~ you're mistaken ❷ *behalve* as well as, besides ★ ~ *Engels studeert ze ook IJslands* she's studying Icelandic as well as English ★ ~ *God heb ik hem alles te danken* next to God I owe him everything

naaste *m-v* [-n] neighbour, fellow human being

naasten *overg* [naastte, h. genaast] ❶ *door staat* nationalize, take over ❷ *verbeurd verklaren* confiscate, seize

naastenliefde *v* charity

naastgelegen *bn* next door, adjacent

naatje *o* ★ inf *het is* ~ it's a dead loss

nababbelen *onoverg* [babbelde na, h. nagebabbeld] have a chat afterwards ★ *nog wat blijven* ~ stay for a bit of a chat afterwards

nabehandelen *overg* [behandelde na, h. nabehandeld] give follow-up treatment / aftercare

nabehandeling *v* [-en] aftercare, follow-up treatment

nabeschouwen *overg* [beschouwde na, h. nabeschouwd] sum up

nabeschouwing *v* [-en] summing-up ★ *een* ~ *houden* do a summing-up, inf hold a post-mortem

nabespreken *overg* [bespraken na, h. nabesproken] discuss afterwards, inf do a post-mortem

nabespreking *v* [-en] (subsequent) discussion ★ *tijdens de* ~ during the discussion afterwards, inf during the post-mortem

nabestaande *m-v* [-n] (surviving) relative ★ *de ~n* the surviving relatives, the next of kin

nabestaandenregeling *v* surviving relatives act

nabestellen I *overg* [bestelde na, h. nabesteld] put in a repeat order for, reorder **II** *onoverg* [bestelde na, h. nabesteld] repeat an order, reorder

nabestelling *v* [-en] repeat order

nabetalen *overg* [betaalde na, h. nabetaald] ❶ *later betalen* pay afterwards ❷ *bijbetalen* make an additional payment

nabetaling *v* [-en] ❶ *latere betaling* subsequent payment ❷ *bijbetaling* additional payment ❸ *betaling achteraf* retrospective payment

nabeurs I *v* after trading hours **II** *bijw* after the close of trading

nabezorgen *overg* [bezorgde na, h. nabezorgd] deliver later

nabij I *bijw* near, close ★ *de dag is* ~ the day is near at hand ★ *van* ~ at first hand ★ *van* ~ *bekeken* seen at close quarters ★ *iem. van* ~ *kennen* know sbd intimately ★ *het raakt ons van* ~ it concerns us intimately / directly **II** *voorz* near, close to ★ *om en* ~ *de tachtig* around eighty **III** *bn* near ★ *hij was de dood* ~ he was near to death ★ *het Nabije Oosten* the Near East ★ *de ~e toekomst* the near future

nabijgelegen *bn* neighbouring, nearby

nabijheid *v* neighbourhood, vicinity, proximity ★ *er was niemand in de* ~ there was nobody near ★ *in de* ~ *van* in the vicinity of

nablijven *onoverg* [bleef na, is nagebleven] ❶ remain, stay behind ❷ *onderw* be kept in, be in detention

nabloeden *onoverg* [bloedde na, h. nagebloed] keep bleeding ★ *de wond bleef* ~ the wound would not stop bleeding

nablussen *overg* [bluste na, h. nageblust] put out / extinguish completely ★ *een uur geleden is men met het* ~ *begonnen* the main fire was brought under control an hour ago

nabootsen *overg* [bootste na, h. nagebootst] imitate, mimic, copy

nabootsing *v* [-en] imitation

naburig *bn* neighbouring, nearby

nabuur *m* [-buren] neighbour

nabuurschap *v* neighbourliness

nacho *bn & m* ['s] nacho (chip)

nacht *m* [-en] night ★ *'s ~s* at night, in the night-time ★ *'s ~s werken en overdag slapen* work by night and sleep by day ★ *de* ~ *van maandag op dinsdag* Monday night ★ *de hele* ~ all night (long), the whole night ★ *het wordt* ~ night is falling, it's getting dark ★ *bij* ~ by night, in the night-time ★ *bij* ~ *en ontij* in the dead of night ★ *in de* ~ at night, during the night ★ *van de* ~ *een dag maken* turn night into day ★ *er*

na

nog eens een ~je over slapen sleep on it

nachtblind *bn* night-blind ★ *ze is* ~ she suffers from night blindness

nachtbraken *onoverg* [nachtbraakte, h. genachtbraakt] make a night of it, burn the midnight oil

nachtbraker *m* [-s] night reveller, nightclubber

nachtbus *v* [-sen] night bus

nachtclub *v* [-s] nightclub, nightspot

nachtcrème *v* [-s] night cream

nachtdienst *m* ❶ *openbaar vervoer* night service ❷ *ziekenhuizen &* night duty ★ ~ *hebben* be on night duty ❸ *industrie* night shift

nachtdier *o* [-en] nocturnal animal

nachtegaal *m* [-galen] nightingale

nachtelijk *bn* nocturnal ‹visit›, night ‹sky› ★ *de ~e stilte* the silence of the night ★ *het ~ rumoer* the night-time noises / disturbances

nachtfilm *m* [-s] late-night film

nachtgewaad *o* [-waden] nightdress, night attire, nightgown

nachthemd *o* [-en] nightshirt

nachtjapon *m* [-nen] nightdress, nightgown, inf nightie

nachtkaars *v* [-en] nightlight ★ *als een ~ uitgaan* fizzle out

nachtkastje *o* [-s] bedside table

nachtkijker *m* [-s] night glasses, night vision binoculars

nachtkleding *v* nightwear, nightclothes

nachtkus *m* [-sen] goodnight kiss

nachtlampje *o* [-s] nightlight

nachtleven *o* nightlife

nachtmens *o* [-en] night-time person, inf night owl

nachtmerrie *v* [-s] nightmare

nachtmis *v* [-sen] midnight mass

nachtploeg *v* [-en] night shift

nachtportier *m* [-s] night porter

nachtrust *v* night's rest

nachtschade *v* [-n] nightshade

nachtslot *o* [-sloten] double lock ★ *op het ~ doen* double-lock

nachtstroom *m* elektr night-rate electricity

nachttarief *o* night rate

nachttrein *m* [-en] night train

nachtuil *m* [-en] ❶ *vogel* night owl ❷ *vlinder* moth ❸ *nachtelijk kroegbezoeker* ZN pub crawler

nachtvlinder *m* [-s] moth

nachtvlucht *v* [-en] night flight

nachtvorst *m* ❶ night frost ❷ *aan de grond* groundfrost

nachtwake *v* night watch

nachtwaker *m* [-s] night watchman

nachtwerk *o* nightwork ★ *er ~ van maken* ‹het laat maken› make a night of it, burn the midnight oil, ‹werken› work all night through

nachtzoen *m* [-en] goodnight kiss ★ *iem. een ~ geven* kiss sbd goodnight

nachtzuster *v* [-s] night nurse

nachtzwaluw *v* [-en] nightjar

nacompetitie *v* [-s] play-offs

nadagen *zn* [mv] ❶ *v. persoon* latter days / years, declining years ★ *in zijn ~ zijn* be past one's prime ❷ fig declining / last stages

nadat *voegw* after

na dato *bijw* after the date mentioned

nadeel *o* [-delen] disadvantage ★ *het enige ~ ervan is dat...* the only disadvantage / drawback / snag is that... ★ *dat is het ~ van zo'n betrekking* that's the disadvantage / drawback of such a job ★ *in uw ~ vallen* go against you ★ *(enigszins) in het ~ zijn* be at (a bit of) a disadvantage ★ *ten nadele van* at the cost / expense of, to the detriment of ★ *tot zijn eigen ~* to his cost

nadelig I *bn* adverse, harmful, detrimental ★ ~ *zijn voor* be harmful / detrimental to **II** *bijw* adversely & ★ ~ *uitvallen* work out badly ★ ~ *werken op* have an adverse / harmful / detrimental effect on

nadenken I *onoverg* [dacht na, h. nagedacht] think (about), reflect (upon / on) ★ *ik moet er eens over ~* I'll have to think about it ★ *ergens goed over ~* consider sth carefully, give sth serious consideration ★ *zonder na te denken* without thinking, unthinkingly **II** *o* reflection, thought ★ *iem. tot ~ aanzetten* get / set sbd thinking ★ *tot ~ stemmen* give food for thought ★ *zonder ~* without (even / so much as) thinking

nadenkend I *bn* pensive, meditative, thoughtful **II** *bijw* pensively &

nader I *bn verder* further, more detailed / specific ★ *hebt u al iets ~s vernomen?* have you got any further information / news? **II** *bijw* nearer ★ ~ *aanduiden* indicate more precisely ★ ~ *op iets ingaan* enter into details about sth ★ *er ~ van horen* hear more about it ★ *ik zal u ~ schrijven* I'll write you in greater detail ★ *wij spreken elkaar nog ~* we'll go into this further another time ★ *het huilen stond hem ~ dan het lachen* he was close to crying ★ ~ *verwant (aan)* more closely allied (to)

naderbij *bijw* nearer, closer ★ ~ *komen* come nearer / closer

naderen I *onoverg* [naderde, is genaderd] approach, draw near **II** *overg* [naderde, is genaderd] approach ★ *we ~ het doel* we are approaching / nearing the goal

naderhand *bijw* afterwards, later on

nadien *bijw* later, after(wards)

nadoen *overg* [deed na, h. nagedaan] imitate, copy, ‹spottend› mimic

nadorst *m* thirst from a hangover

nadragen *overg* [droeg na, h. nagedragen] reproach, blame ★ *iem. zijn verleden ~* fling the past at sbd's teeth

nadruk *m* [-ken] ❶ *klem* emphasis, stress, accent ★ *de ~ leggen op* stress, lay stress on, accentuate, emphasize ★ *met ~* emphatically ❷ *herdruk* reprint,

⟨zonder vergunning⟩ pirated copy ★ ~ *verboden* all rights reserved

nadrukkelijk I *bn* emphatic, ⟨expliciet⟩ express ★ *tegen zijn ~ bevel* against his express command **II** *bijw* emphatically, expressly ★ *hij is zeer ~ aanwezig* he's making his presence felt ★ *wij willen u het volgende ~ vragen* we would request the following as a matter of urgency ★ *ze moeten ~ vragen om van de lijst te worden verwijderd* they have to insist on being removed from the list ★ *~ in beeld* feature prominently

nafluiten *overg* [floot na, h. nagefloten] ❶ *fluiten naar aantrekkelijk persoon* give a wolf whistle ❷ *een melodie* whistle

nafta *m* naphtha

nagaan *overg* [ging na, h. en is nagegaan] ❶ *volgen* follow ❷ *het oog houden op* keep an eye on, check up on ★ *we worden nagegaan* we're being watched ★ *iems. gangen ~* trace sbd's steps / tracks ❸ *onderzoeken* trace, check on ★ *de mogelijkheid ~* examine the possibility ★ *de rekeningen ~* check the bills ★ *het verleden ~* retrace the past ★ *voor zover we kunnen ~* as far as we can ascertain / gather ❹ *overdenken* imagine, think ★ *als je nagaat dat...* when you think that... ★ *je kunt ~ hoe...* you can easily imagine how... ★ *kun je ~!* just imagine!

nagalm *m* reverberation, echo

nagalmen *onoverg* [galmde na, h. nagegalmd] reverberate, echo

nageboorte *v* [-n] afterbirth, placenta

nagedachtenis *v* memory, remembrance ★ *gewijd aan de ~ van* dedicated to the memory of ★ *ter ~ aan* in memory of

nagekomen *bn* ★ *~ berichten* stop-press news ★ *~ stukken* subsequent correspondence

nagel *m* [-s & -en] ❶ *v. hand en voet, spijker* nail ★ *op zijn ~s bijten* bite one's nails ★ *dat was een ~ aan zijn doodkist* it was a nail in his coffin ❷ *kruidnagel* clove

nagelbed *o* [-den] nail bed

nagelbijten *o* nail-biting

nagelen *overg* [nagelde, h. genageld] nail ★ *aan de grond genageld* rooted to the spot

nagelgarnituur *o* [-turen] manicure set

nagelknipper *m* [-s] nail clipper(s)

nagellak *o & m* nail varnish / polish

nagelriem *m* [-en] cuticle

nagelschaar *v* [-scharen], **nagelschaartje** *o* [-s] nail scissors

nagelvijl *v* [-en], **nagelvijltje** *o* [-s] nail file, emery board

nagemaakt *bn* counterfeit, forged, faked

nagenieten *onoverg* [genoot na, h. nagenoten] enjoy the memory (of) ★ *we hebben nog lang van de voorstelling zitten ~* we enjoyed the performance long after it was over

nagenoeg *bijw* almost, nearly, all but

nagerecht *o* [-en] dessert

nageslacht *o* ❶ *nakomelingen* offspring ❷ *toekomstige generaties* future generations, posterity

nageven *overg* [gaf na, h. nagegeven] ★ *dat moet hem (tot zijn eer) worden nagegeven* that must be said to his credit ★ *dat moet ik hem ~* I have to say that much for him, I have to hand it to him

nagloeien *onoverg* [gloeide na, h. nagegloeid] glow (after extinction)

naheffing *v* [-en] retrospective / additional tax assessment, retrospective collection

naïef I *bn* naive, artless, ingenuous **II** *bijw* naively &

naïeveling *m* [-en] innocent

na-ijver *m* jaloezie envy, jealousy

na-ijverig *bn* envious, jealous (*op* of)

naïviteit *v* naivety

najaar *o* [-jaren] autumn, Am fall

najaarscollectie *v* autumn collection, Am fall collection

najaarsklassieker *m* [-s] autumn classic

najaarsmode *v* autumn fashions, Am fall fashions

najaarsstorm *v* [-en] autumn storm, Am fall storm

najaarszon *v* autumn sunshine, Am fall sunshine

najagen *overg* [joeg *of* jaagde na, h. nagejaagd] ❶ *achtervolgen* chase, pursue ❷ *streven naar* pursue, go for / after

nakaarten *onoverg* [kaartte na, h. nagekaart] ❶ have a chat afterwards ❷ fig be wise after the event

nakie *o* ★ *in zijn ~* in the altogether, in one's birthday suit

nakijken *overg* [keek na, h. nagekeken] ❶ *met de ogen volgen* watch, follow ⟨with one's eyes⟩ ★ *iem. ~* follow sbd with one's eyes ★ *het ~ hebben* come off second-best ❷ *controleren* check, correct ★ *iem. ~* examine sbd ★ *een drukproef ~* check / correct a printer's proof ★ *een motor ~* check a motor ★ *zijn tanden laten ~* have one's teeth looked at / checked ★ *laat je eens ~!* you need your head examined!

naklinken *onoverg* [klonk na, h. nageklonken] reverberate, ring in one's ears

nakomeling *m* [-en] descendant, child, offspring

nakomelingschap *v* offspring, descendants

nakomen I *onoverg* [kwam na, is nagekomen] come afterwards, come later (on), arrive later, follow **II** *overg* [kwam na, is nagekomen] ❶ *volgen* come after, follow ❷ *volbrengen* observe, honour/Am honor ★ *zijn belofte ~* observe / honour / keep one's promise ★ *zijn woord niet ~* not keep / honour one's word / one's promise ★ *bij het niet ~ van de afspraken* by non-compliance with the arrangements

nakomertje *o* [-s] *ook kind* afterthought

nakoming *v* performance, fulfilment, observance

nalaten *overg* [liet na, h. nagelaten] ❶ *achterlaten, bij overlijden* leave (behind) ❷ *niet doen* refrain from ★ *ik kon niet ~ te lachen* I couldn't help laughing ★ *zij kon het niet ~ om een opmerking te maken* she couldn't resist making a comment ❸ *niet meer doen* give up, stop ★ *het kwaadspreken ~* stop slandering ❹ *verzuimen* omit, fail, neglect ★ *~ iem. te bedanken / helpen* omit / fail / neglect to thank / help sbd

na

nalatenschap v [-pen] ❶ inheritance, <u>fig ook</u> legacy ❷ *boedel* estate

nalatig bn careless, negligent, <u>form</u> remiss ★ *een ~e betaler* a defaulting debtor

nalatigheid v ❶ *zorgeloosheid* negligence, carelessness ★ <u>jur</u> *grove ~* gross negligence ❷ *verzuim* dereliction of duty

naleven overg [leefde na, h. nageleefd] ⟨v. wet⟩ observe, comply with, ⟨v. principe⟩ live up to, ⟨v. verplichtingen⟩ fulfil/Am fulfill, satisfy, ⟨v. gebod⟩ obey

naleveren overg [leverde na, h. nageleverd] deliver subsequently / later / afterwards

naleving v observance, compliance, ⟨v. principe⟩ living up to, ⟨v. verplichtingen⟩ fulfilment, satisfaction

nalezen overg [las na, h. nagelezen] *teksten* peruse, read through

nalopen overg [liep na, h. en is nagelopen] ❶ *achterna lopen* run after, follow ❷ *controleren* check, run through

namaak m, **namaaksel** o [-s] ❶ *imitatie* imitation ❷ *vervalsing* counterfeit, forgery

namaken overg [maakte na, h. nagemaakt] ❶ *imiteren* copy, imitate ❷ *vervalsen* counterfeit, forge, fake

name m ★ *met ~* especially, notably, particularly ★ *met ~ noemen* mention specifically ★ *ten ~ van* in the name of

namelijk bijw ❶ *te weten* namely, that is, viz. ❷ *want, immers* for ★ *ik wist ~ niet...* the fact is, I didn't know...

namens voorz in the part of, on behalf of ★ *~ de regering* on behalf of the government ★ *~ mij* for me, on my behalf

nameten overg [mat na, h. nagemeten] measure again, check

Namibië o Namibia

namiddag m [-dagen] ❶ *einde v. middag* (late) afternoon ❷ *middag* ZN afternoon

nanacht m [-en] latter part of the night

nanoseconde v [-n, -s] nanosecond

naoorlogs bn post-war

NAP afk (Normaal Amsterdams Peil) Amsterdam ordnance zero, sea level

nap m [-pen] *kommetje* bowl

napalm o napalm

Napels I o Naples **II** bn Napels

napluizen overg [ploos na, h. nageplozen] ferret out, investigate, examine closely

Napolitaan m [-tanen] Neapolitan

Napolitaans bn Neapolitan

Napolitaanse v [-n] Neapolitan ★ *ze is een ~* she's a Neapolitan, she's from Naples

nappa, **nappaleer** o nappa (leather)

napraten I overg [praatte na, h. nagepraat] *nazeggen* echo, repeat, parrot **II** onoverg [praatte na, h. nagepraat] ★ *nog wat blijven ~* stay and talk, have a talk after the meeting / session &

napret v enjoyment afterwards ★ *~ van de vakantie* post-holiday enjoyment

nar m [-ren] fool, jester

narcis v [-sen] daffodil

narcisme o narcissism

narcist m [-en] narcissist

narcistisch bn narcissistic

narcolepsie v narcolepsy

narcose v narcosis, anaesthesia/Am anesthesia, ⟨middel⟩ anaesthetic/Am anesthetic ★ *onder ~ brengen* anaesthetize ★ *onder ~ zijn* be under anaesthetic

narcoticabrigade v [-s, -n] drug squad

narcoticum o [-ca] narcotic ★ *narcotica* narcotics

narcotiseren overg [narcotiseerde, h. genarcotiseerd] anaesthetize, Am anesthetize

narcotiseur m [-s] anaesthetist, Am anesthetist

nareizen overg [reisde na, is nagereisd] travel after, follow

narekenen overg [rekende na, h. nagerekend] ❶ *controleren* check ❷ *berekenen* calculate

narigheid v [-heden] trouble, misery, problems ★ *in de ~ zitten* be in trouble ★ *allerlei ~* all sorts of trouble

naroepen overg [riep na, h. nageroepen] ❶ call after ❷ *uitschelden* call names

narratief bn narrative

narrenkap v [-pen] fool's cap, cap and bells

narrig bn peevish, cross ★ *zij is de hele dag al zo ~* she's been cross like this all day

narwal m [-s & -len] narwhal

nasaal I bn nasal **II** bijw nasally **III** v [-salen] <u>taalk</u> nasal

nascholing v ❶ refresher course ❷ *omscholing* retraining

nascholingscursus m [-sen] ❶ refresher course ❷ *na het behalen van een graad* postgraduate course

naschools bn after school ★ *~e activiteiten* after school activities

naschrift o [-en] postscript

naseizoen o [-en] end of the season, late season

nasi m rice ★ *~ goreng* fried rice

naslaan overg [sloeg na, h. nageslagen] look up ⟨a word⟩, consult, refer to ⟨a book⟩

naslagwerk o [-en] reference book / work

nasleep m aftermath, consequences ★ *de ~ van de oorlog* the aftermath of the war

nasmaak m [-smaken] aftertaste ★ *een bittere ~ hebben* leave a bitter taste (in the mouth), have an unpleasant aftertaste

naspel o [-spelen] ❶ *v. toneelstuk* sequel, epilogue ❷ <u>fig</u> sequel, aftermath ❸ *seksueel* afterplay

naspelen overg [speelde na, h. nagespeeld] <u>muz</u> replay, *toneel* play / act out

naspeuren overg [speurde na, h. nagespeurd] → **nasporen**

naspoelen overg [spoelde na, h. nagespoeld] rinse

nasporen, **naspeuren** overg [spoorde na, h.

nagespoord] investigate, ‹oorzaak› trace

nastaren *overg* [staarde na, h. nagestaard] gaze / stare after

nastreven *overg* [streefde na, h. nagestreefd] ❶ *iets* strive after, pursue ★ *iets onbereikbaars* ~ aim for the impossible ❷ *iemand* emulate, try to equal

nasynchronisatie *v* [-s] dubbing

nasynchroniseren *overg* [synchroniseerde na, h. nagesynchroniseerd] dub

nasynchroniseren
Een **nagesynchroniseerde** film is **dubbed** en niet **synchronized**.

nat I *bn* wet, ‹vochtig› moist, damp ★ ~*te sneeuw* sleet ★ ~ *maken* wet ★ *zo* ~ *als een verzopen kat* as wet as a drowned rat ★ ~ *van het zweet* wet with perspiration **II** *o* water, liquid ★ *het is een pot* ~ it's six of one and half a dozen of the other

natafelen *onoverg* [tafelde na, h. nagetafeld] linger at table

natekenen *overg* [tekende na, h. nagetekend] copy, draw ‹from a model›

natellen *overg* [telde na, h. nageteld] ❶ count ❷ *overtellen* count again, check

natheid *v* wetness, moistness, dampness

natie *v* [-s & natiën] nation ★ *de Verenigde Naties* the United Nations

nationaal *bn* national ★ *de nationale omroep* the public broadcasting network

nationaalsocialisme *o* National Socialism

nationaalsocialist *m* [-en] National Socialist, Nazi

nationaalsocialistisch *bn* National Socialist, Nazi

nationalisatie *v* [-s] nationalization

nationaliseren *overg* [nationaliseerde, h. genationaliseerd] nationalize

nationalisme *o* nationalism

nationalist *m* [-en] nationalist

nationalistisch *bn* ❶ nationalist ❷ *chauvinistisch* nationalistic, chauvinistic

nationaliteit *v* [-en] nationality ★ *een dubbele* ~ dual nationality

nationaliteitsbeginsel, **nationaliteitsprincipe** *o* principle of nationality

natje *o* ★ *zijn* ~ *en zijn droogje* his food and drink, his creature comforts

natmaken *overg* [maakte nat, h. natgemaakt] wet, moisten ★ *maak je borst maar nat!* be prepared for the worst! ★ *zich* ~ get wet

natrappen *overg* [trapte na, h. nagetrapt] ❶ sp commit foul play by kicking an opponent ❷ fig kick sbd who is down

natregenen *onoverg* [regende nat, is natgeregend] be drenched, be soaked with the rain

natrekken *overg* [trok na, h. nagetrokken] ❶ *nareizen* follow ❷ *overtrekken* trace, copy ❸ *verifiëren* verify, check

natrium *o* sodium

nattevingerwerk *o* ★ *dat is maar* ~ it's only a guess

nattig *bn* wet(tish), damp, moist

nattigheid *v* wetness, damp ★ ~ *voelen* sense that something is up, smell a rat

natura *v* ★ *in* ~ in kind ★ *een storting in* ~ a non-monetary contribution, a contribution in kind

naturalisatie *v* [-s] naturalization

naturaliseren *overg* [naturaliseerde, h. genaturaliseerd] naturalize ★ *zich laten* ~ be naturalized

naturalisme *o* naturalism

naturalist *m* [-en] naturalist

naturalistisch *bn* naturalistic

naturel *bn* ❶ natural, plain, pure ❷ *v. acteurs* natural

naturisme *o* naturism, nudism

naturist *m* [-en] naturist, nudist

natuur *v* [-turen] ❶ *natuurlijke omgeving* nature ★ *in de vrije* ~ in the country(side) ★ *terug naar de* ~ back to nature ★ *naar de* ~ *tekenen* draw from nature ★ *zich één voelen met de* ~ feel in harmony / at one with nature ❷ *natuurschoon* scenic beauty ★ *de* ~ *is er erg mooi* the scenery is very beautiful there ❸ *aard* nature, character ★ *dat is bij hem een tweede* ~ *geworden* it has become second nature to him ★ *de* ~ *is sterker dan de leer* nature passes nurture ★ *tegen de* ~ against nature ★ *van nature* by nature, naturally

natuurbad *o* [-baden] open-air pool

natuurbeheer *o* forestry / environmental maintenance

natuurbehoud *o* environmental conservation and protection

natuurbeschermer *m* [-s] conservationist

natuurbescherming *v* environmental conservation and protection

natuurfilm *m* [-s] nature film

natuurfilosofie *v* ❶ natural philosophy ❷ *natuurwetenschap* philosophy of science

natuurgebied *o* [-en] nature reserve

natuurgeneeskunde *v* naturopathy

natuurgeneeswijze *v* [-n] natural / alternative approaches to medicine

natuurgenezer *m* [-s] naturopath

natuurgetrouw *bn* true to nature / life

natuurhistorisch *bn* natural history

natuurkenner *m* [-s] naturalist, natural philosopher

natuurkracht *v* [-en] force of nature

natuurkunde *v* physics

natuurkundig *bn* physical ★ *een* ~ *laboratorium* a physics laboratory

natuurkundige *m-v* [-n] physicist

natuurlijk I *bn* ❶ natural ★ *een* ~*e aanleg* a natural talent ★ ~*e historie* natural history ★ *een* ~ *kind* ‹ongekunsteld› an unaffected / unspoilt child, ‹onecht› a natural / an illegitimate child ★ *op* ~*e grootte* life-size(d) ★ *via* ~ *verloop* via natural attrition **II** *bijw* naturally ★ ~! of course!

natuurlijkerwijs, **natuurlijkerwijze** *bijw* naturally

natuurmens *m* [-en] ❶ *oermens* primitive man

❷ *natuurliefhebber* nature lover

natuurmonument *o* [-en] nature reserve

natuurproduct *o* [-en] natural product

natuurramp *v* [-en] natural calamity / catastrophe / disaster

natuurreservaat *o* [-vaten] nature reserve, wildlife sanctuary

natuurschoon *o* scenery ★ *ons* ~ our scenic / natural beauty

natuursteen *o & m* natural stone

natuurtalent *o* [-en] ❶ *talent* natural talent, gift ❷ *persoon met talent* gifted person, naturally talented person

natuurverschijnsel *o* [-en & -s] natural phenomenon

natuurvriend *m* [-en] nature lover

natuurwet *v* [-ten] law of nature, natural law

natuurwetenschap *v* [-pen] (natural) science

Nauru *o* Nauru

nautisch *bn* nautical

nauw I *bn* ❶ *smal* ‹v. weg &› narrow, ‹v. jurk &› tight ❷ *hecht, eng* close ❸ *precies* precise, particular **II** *bijw* ❶ *smal* narrowly ❷ *krap* tightly ❸ *precies* closely ★ *dat luistert* ~ it needs a fine touch, ‹v. apparaat› it's very finely adjusted ★ *hij neemt het / kijkt zo* ~ *niet* he isn't very particular ❹ *hecht, eng* closely ★ ~ *betrokken zijn* be closely involved ★ ~ *bij elkaar* close together ▼ ~ *merkbaar* scarcely perceptible **III** *o* ❶ scheepv strait(s) ❷ fig spot ★ *in het* ~ *zitten* be in a (tight) corner ★ *iem. in het* ~ *brengen* drive sbd into a corner ★ *in het* ~ *gedreven* with one's back to the wall, cornered

nauwelijks *bijw* scarcely, hardly, barely ★ ~ *was hij er of...* scarcely / hardly had he arrived when..., no sooner had he arrived than... ★ *dat kan ik* ~ *geloven* I can hardly believe that

nauwgezet I *bn* conscientious, painstaking, ‹stipt› punctual **II** *bijw* conscientiously &, ‹stipt› punctually

nauwkeurig I *bn* exact, accurate, ‹oplettend› close, ‹grondig› thorough, careful **II** *bijw* exactly &

nauwkeurigheid *v* precision, accuracy

nauwlettend I *bn* close, careful, ‹plichtsgetrouw› conscientious ★ ~*e zorg* careful / close watch **II** *bijw* closely &

nauwsluitend *bn* close-fitting, tight

Nauw van Calais *o* Straits of Dover

n.a.v. *afk* (naar aanleiding van) as a result of, ‹met betrekking op› with reference to, further to, in response to

navel *m* [-s] navel, anat umbilicus

navelsinaasappel *m* [-en, -s] navel orange

navelstaren *o* navel-gazing

navelstreng *v* [-en] umbilical cord

navenant *bijw* accordingly, correspondingly ★ *we moesten vlug werken en de resultaten zijn dan ook* ~ we had to work quickly and it shows in the results

navertellen *overg* [vertelde na, h. naverteld] repeat, retell ★ *zij zouden het niet meer* ~ they wouldn't live to tell the tale

naviduct *het* [-en] lock and aquaduct combination

navigatie *v* navigation

navigatiesysteem *o* [-temen] navigation system

navigator *m* [-s] ook luchtv navigator

navigeren *overg* [navigeerde, h. genavigeerd] navigate

NAVO *v* (Noord-Atlantische Verdragsorganisatie) NATO, North Atlantic Treaty Organization

navolgen *overg* [volgde na, h. nagevolgd] follow, imitate

navolgend *bn* following

navolger *m* [-s] follower, imitator

navolging *v* [-en] imitation ★ ~ *verdienen* deserve to be imitated, be worth following ★ *in* ~ *van* following ★ *de auteurs stellen in* ~ *van X dat...* just as X had done, the authors maintain that... ★ *moet in* ~ *van abortus euthanasie ook worden toegestaan?* if abortion is permitted, does that mean that euthanasia is too?

navordering *v* [-en] *v. belasting* additional assessment

navorsen *overg* [vorste na, h. nagevorst] investigate, dig / go (into)

navorser *m* [-s] investigator, researcher

navorsing *v* [-en] investigation, research

navraag *v* ❶ *inlichtingen* inquiry ★ ~ *doen naar* inquire about ★ *bij* ~ on inquiry ❷ handel demand ★ *er is veel* ~ *naar* it's in great demand

navragen *onoverg* [vroeg na, h. nagevraagd] inquire

navrant *bn* distressing, painful

navullen *overg* [vulde na, h. nagevuld] refill

navulling *v* refill

navulverpakking *v* [-en] refillable container, refill

naw *afk* (naam adres woonplaats) name and address

naweeën *zn* [mv] ❶ afterpains ❷ fig aftereffects, aftermath ★ *de* ~ *van de oorlog* the aftermath of the war

nawerken *onoverg* [werkte na, h. nagewerkt] have an aftereffect / a lasting effect

nawerking *v* aftereffect(s)

nawijzen *overg* [wees na, h. nagewezen] point after / at

nawoord *o* [-en] epilogue

nazaat *m* [-zaten] offspring, descendant

nazeggen *overg* [zei *of* zegde na, h. nagezegd] repeat

nazenden *overg* [zond na, h. nagezonden] send (on) after, forward, redirect

nazi I *m* ['s] Nazi **II** *bn* Nazi

nazien *overg* [zag na, h. nagezien] ❶ *naogen* look after, follow with one's eyes ❷ *kritisch nagaan* examine, check ❸ *v. les* go over ★ *ik zal het eens* ~ *in het woordenboek* I'll look it up in the dictionary ❹ techn overhaul ❺ *verbeteren* correct

nazisme *o* Nazism, Naziism

nazistisch *bn* Nazi

nazoeken *overg* [zocht na, h. nagezocht] *in een boek* look up

nazomer *m* [-s] latter part of the summer, late summer ★ *een mooie* ~ an Indian summer

nazorg *v* aftercare

n.Chr. *afk* (na Christus) AD, Anno Domini

> **n.Chr.**
> 800 n.Chr. wordt in het Engels geschreven als **AD**
> 800 met **AD** voor het jaartal, in tegenstelling tot **BC**
> waar de letters achter het jaartal komen te staan.
> De 3e eeuw n.Chr. daarentegen wordt geschreven
> als **the 3rd century AD** (officieel horen **AD** en **BC** in
> kleinkapitaal te staan).

neanderthaler *m* [-s] Neanderthal man
necrofiel I *bn* necrophilic **II** *m* [-en] necrophile,
  necrophiliac
necrofilie *v* necrophilia
necrologie *v* [-gieën] necrology
necropolis *m & v* [-sen] necropolis
nectar *m* nectar
nectarine *v* [-s] nectarine
nederig I *bn* humble, modest ★ *mijn ~e woning* my
  humble dwelling / abode ★ *van ~e afkomst* from a
  humble background **II** *bijw* humbly ★ *zich ~*
  opstellen adopt a humble attitude
nederigheid *v* humility, modesty
nederlaag *v* [-lagen] defeat, ‹tegenslag› setback
  ★ *een ~ lijden* be defeated ★ *de vijand een zware ~*
  toebrengen inflict a heavy defeat on the enemy
Nederland *o* [-en] ★ *de ~en, ~* the Netherlands
Nederlander *m* [-s] Dutchman
Nederlanderschap *o* Dutch nationality
Nederlands I *bn* Dutch **II** *o taal* Dutch
Nederlandse *v* [-n] Dutchwoman ★ *ze is een ~* she's a
  Dutchwoman, she's from the Netherlands, she's
  Dutch
Nederlandse Antillen *zn* [mv] Netherlands Antilles
Nederlandstalig *bn* Dutch speaking
nederwiet, nederweed *m cannabis* Dutch marijuana
  / marihuana, inf Dutch grass / weed
nederzetting *v* [-en] settlement
nee *bijw* no ★ *~ maar!* well, I never! ★ *~ zeggen* say no,
  refuse ★ *hij zei van ~* he said no ★ *met ~*
  beantwoorden answer in the negative ★ *~ maar!* you
  don't say / well, I'll be damned / well, I never
neef *m* [-s & neven] ❶ *oomzegger* nephew ❷ *neefzegger*
  cousin ★ *ze zijn ~ en nicht* they are cousins
neen *bijw* no
neer *bijw* down
neerbuigend *bn* condescending, patronizing
neerdalen *onoverg* [daalde neer, is neergedaald]
  come / go down, descend
neergaan *onoverg* [ging neer, is neergegaan] ❶ go
  down ❷ *v. boksers* be knocked out
neergaand *bn* downward, declining ★ *in ~e lijn*
  downward
neergang *m* decline
neergooien *overg* [gooide neer, h. neergegooid]
  ❶ *neersmijten* throw / toss down ❷ *v. kaarten* throw
  down ★ *de boel / het bijltje er bij ~* throw in the towel,
  inf chuck it in
neerhalen *overg* [haalde neer, h. neergehaald] ❶ pull

/ haul down, lower ❷ *v. vliegtuig* bring down
  ❸ *bekritiseren* run down, disparage
neerkijken *onoverg* [keek neer, h. neergekeken] look
  down (on) ★ *~ op* look down one's nose at
neerknallen *overg* [knalde neer, h. neergeknald]
  neerschieten plug, shoot (down)
neerknielen *onoverg* [kniede neer, h. neergekniеld]
  kneel down
neerkomen *onoverg* [kwam neer, is neergekomen]
  ❶ come down, fall ★ *~ op een tak* alight on a branch
  ★ fig *alles komt op hem neer* it all falls on his
  shoulders ❷ *betekenen* amount (to), come / boil
  down (to) ★ *daar komt het op neer* that's what it
  amounts to / boils down to ★ *het komt allemaal op*
  hetzelfde neer it comes / boils down to the same
  thing
neerkwakken *overg* [kwakte neer, h. neergekwakt]
  dump / slam down
neerlandicus *m* [-ci] Dutch specialist, expert in
  / authority on Dutch
neerlandistiek *v* Dutch language and literature
neerlaten I *overg* [liet neer, h. neergelaten] let down,
  lower, drop **II** *wederk* [liet neer, h. neergelaten]
  ★ *zich langs een touw ~* lower oneself down
neerleggen I *overg* [legde neer, h. neergelegd] ❶ lay
  / put down ★ *ik moest 25 euro ~* I had to put down
  25 euros ★ *zijn hoofd ~* lay down one's head ★ *de*
  wapens ~ lay down one's arms ★ *het werk ~* cease
  / stop work, ‹bij staking› strike, down tools ★ *naast*
  zich ~ disregard, ignore, take no notice of ❷ *afstand*
  doen van resign ★ *zijn ambt / betrekking ~* resign
  (one's office) ★ *het commando ~* relinquish the
  command ★ *de praktijk ~* retire from practice
  ❸ *neerschieten* shoot (down) **II** *wederk* [legde neer, h.
  neergelegd] ★ *zich bij iets ~* resign oneself to sth
  ★ *men moet er zich maar bij ~* you just have to accept
  it ★ *zich ~ bij het vonnis* accept the verdict, form
  defer to the verdict
neerploffen I *overg* [plofte neer, h. neergeploft] flop
  / plop down **II** *onoverg* [plofte neer, is neergeploft]
  flop down, fall / come down with a thud
neersabelen *overg* [sabelde neer, h. neergesabeld] cut
  down with a sword
neerschieten I *overg* [schoot neer, h. neergeschoten]
  ❶ *v. man* shoot (down) ❷ *v. vogel, vliegtuig &* shoot
  / bring down **II** *onoverg* [schoot neer, is
  neergeschoten] *snel naar beneden komen* dart / dash
  / dive down ★ *~ op* pounce on, ‹v. vogels› swoop
  down on
neerslaan I *overg* [sloeg neer, h. neergeslagen] ❶ *door*
  slaan doen vallen strike / knock down, flatten ❷ *naar*
  beneden slaan/laten ‹kraag &› turn down, ‹ogen,*
  klep› lower ❸ chem precipitate ❹ *neerslachtig*
  maken dishearten ❺ *opstand* crush, suppress, put
  down **II** *onoverg* [sloeg neer, is neergeslagen]
  ❶ *vallen* fall down, be struck down ❷ chem
  precipitate
neerslachtig *bn* dejected, low(-spirited), depressed, inf

blue

neerslag I *m* ❶ *regen &* precipitation ★ *radioactieve ~* fallout ❷ *gevolg* results ❸ <u>techn</u> downstroke ❹ <u>muz</u> downbeat, downstroke **II** *m & o* [-slagen] ❶ <u>chem</u> precipitation, precipitate ❷ *bezinksel* deposit, sediment

neerslaggebied *o* catchment area / basin

neerslagmeter *m* [-s] rain gauge

neersteken *overg* [stak neer, h. neergestoken] stab (down)

neerstorten I *onoverg* [stortte neer, is neergestort] ❶ fall / crash down ❷ <u>luchtv</u> crash **II** *overg* [stortte neer, h. neergestort] hurl / fling down, ⟨puin⟩ dump, tip

neerstrijken *onoverg* [streek neer, h. en is neergestreken] *v. vogels* alight, settle on

neertellen *overg* [telde neer, h. neergeteld] ❶ *tellend neerleggen* count out ❷ *betalen* put down, pay, <u>inf</u> fork out, cough up

neertrappen *overg* [trapte neer, h. neergetrapt] trample / stamp down

neervallen *onoverg* [viel neer, is neergevallen] ❶ fall / drop down ★ *dood ~* fall down dead, drop (down) dead ★ *hij liet zich in een stoel ~* he flopped / collapsed into a chair ★ *~ voor* go down on one's knees before, prostrate oneself before ❷ *v. gordijnen &* fall, hang

neervlijen *overg* [vlijde neer, h. neergevlijd] lay down ★ *zich ~* lie / settle down, nestle

neerwaarts I *bn* downward **II** *bijw* downward(s)

neerwerpen I *overg* [wierp neer, h. neergeworpen] ❶ throw down, knock down / over, dump ❷ <u>luchtv</u> parachute **II** *wederk* [wierp neer, h. neergeworpen] ★ *zich ~* throw oneself down

neerzetten I *overg* [zette neer, h. neergezet] lay / put down **II** *wederk* [zette neer, h. neergezet] ★ *zich ~* ⟨gaan zitten⟩ sit down, ⟨zich vestigen⟩ establish

neerzien *onoverg* [zag neer, h. neergezien] look down (*op* on)

neet *v* [neten] nit

negatief I *bn* negative **II** *bijw* negatively **III** *o* [-tieven] negative

negativisme *o* negativism, negativity

negen *telw* nine ★ *alle ~ gooien* throw all nine ★ *~ van de tien keer* nine times out of ten

negende I *rangtelw* ninth **II** *o* [-n] ninth (part) ★ *een ~* a ninth (part)

negentien *telw* nineteen

negentiende I *rangtelw* nineteenth ★ *de ~ juni* the nineteenth of June **II** *o* [-n] nineteenth (part)

negentig *telw* ninety

negentiger *m* [-s] nonagenarian, person in his / her nineties

negentigste I *rangtelw* ninetieth **II** *o* [-n] ninetieth (part)

neger *m* [-s] black (person), <u>geringsch</u> Negro, <u>beledigend</u> nigger

'negeren[1] *overg* [negerde, h. genegerd] bully, hector

ne'geren[2] *overg* [negeerde, h. genegeerd] ignore, take no notice of, ⟨v. tegenwerpingen⟩ brush aside ★ *iem. ~* ignore sbd, give sbd the cold shoulder

negerin *v* [-nen] black (woman), <u>geringsch</u> Negress, <u>beledigend</u> nigger

negerzoen *m* [-en] *lekkernij* ± chocolate éclair

negligé *o* [-s] négligée / negligee, dressing gown ★ *in ~* in one's négligée &, not yet dressed

negorij *v* [-en] one-horse town

negotie *v* [-s] trade ★ *zijn ~* one's wares

negroïde *bn* Negroid ★ *het ~ ras* the Negroid peoples

neigen I *onoverg* [neigde, h. geneigd] incline, tend ★ *veel landen ~ naar protectionisme* many countries are inclining / tending towards protectionism ★ *~ tot...* tend / be inclined to, tend towards, have a tendency to **II** *overg* [neigde, h. geneigd] incline, bend

neiging *v* [-en] inclination, tendency, propensity ★ *ik heb de ~ om te veel hooi op mijn vork te nemen* I tend to take on too much ★ *de ~ voelen om...* feel inclined to..., feel like...

nek *m* [-ken] *lichaamsdeel* back / nape of the neck, <u>fig</u> neck ★ *iem. de ~ breken* break sbd's neck ★ *dat zal hem de ~ breken* that will ruin him ★ *zij kijken met de ~ aan* they give him the cold shoulder ★ *zich iets op de ~ halen* let oneself in for sth ★ *iem. op zijn ~ zitten* be on sbd's back ★ *tot aan zijn ~ ergens inzitten* be up to one's neck / ears in sth ★ *over zijn ~ gaan* ⟨overgeven⟩ puke, <u>fig</u> be sick to death (*van* of) ★ *daar ga ik van over mijn ~* I can't stand the sight of it ★ *uit zijn ~ kletsen* talk out of the back of one's neck / though one's hat

nek-aan-nekrace *m* [-s] neck-and-neck race

nekhaar *o* [-haren] hair at the nape of the neck

nekken *overg* [nekte, h. genekt] kill ★ *een voorstel ~* torpedo a proposal ★ *dat heeft hem genekt* that was his undoing, that ruined him

nekkramp *v* meningitis

nekschot *o* [-schoten] ❶ shot in the back of the neck ❷ <u>fig</u> coup de grâce, death blow, mortal blow

nekslag *m* [-slagen] ❶ blow to the back of the neck, rabbit punch ❷ <u>fig</u> death blow, coup de grâce, mortal blow ★ *iem. de ~ geven* give sbd the death blow

nekvel *o* scruff of the neck ★ *een kat bij zijn ~ pakken* take a cat by the scruff of the neck ★ *iem. in zijn ~ grijpen* take sbd by the scruff of the neck

nekwervel *m* [-s] vertebra

nemen *overg* [nam, h. genomen] ❶ *vastpakken* take ★ *iem. bij de arm ~* take sbd by the arm ★ <u>fig</u> *neem mijn vader bijvoorbeeld* take my father, for instance ❷ *in een bep. toestand brengen/laten* take, undertake ★ *iets op zich ~* undertake to do sth ★ *het bevel op zich ~* take command ★ *een taak op zich ~* undertake a job ★ *een horloge uit elkaar ~* take a watch to pieces ❸ *doen/maken* take ★ *maatregelen ~* take measures ★ *ontslag ~* resign ★ *plaats ~* take a seat ★ *een sprong ~* take a jump ★ *een strafschop ~* take a penalty ❹ *consumeren* take, have ★ *iets tot zich ~* take / eat sth ★ *neem nog wat vruchtensap* have some more fruit juice ★ *ik neem de biefstuk* I'll have / take the steak ❺ *zich verschaffen* take ★ *we ~ geen huisdier* we won't take / have pets ★ *een dag vrij ~* take a day off ❻ *accepteren* take ★ *het ~ zoals het valt* take things just as they come ★ *dat neem ik niet* I'm not having that ★ *ik zou het niet ~* I wouldn't stand for it ❼ *gebruik maken van* take, use ★ *de trein ~* go by train ★ *iem. tot voorbeeld ~* take / use sbd as an example ❽ *opvatten* take ★ *iem. iets kwalijk ~* hold sth against sbd ★ *iem. / iets serieus ~* take sbd / sth seriously ★ *alles bij elkaar genomen* taken as a whole ❾ *bij schaken &* take, capture ❿ *innemen* mil take ⓫ *bespreken* take, book ‹seats›, engage ‹an artist› ⓬ *beetnemen* fool ‹sbd›, pull ‹sbd's› leg, cheat, inf take ‹sbd› for a ride ⓭ *gemeenschap hebben met* take, have, vulg screw ★ *hij nam haar met geweld* he raped her ★ *ik voel me genomen* I feel I've been taken for a ride / been had ▼ *het er goed van ~* do oneself well

neoclassicisme *o* neoclassicism

neofascisme *o* neofascism

neofascist *m* [-en] neofascist

neogotiek *v* Gothic Revival, Neo-Gothic art

neoklassiek *bn* neoclassical

neologisme *o* [-n] neologism

neon *o* neon

neonazi *m* ['s] neo-Nazi

neonbuis *v* [-buizen] neon tube, fluorescent light

neonlicht *o* neon light

neonreclame *v* [-s] neon sign

neonverlichting *v* neon lighting

neopreen *o* neoprene

nep *m* ❶ *bedrog* swindle, sham ❷ *namaak* fake, bogus

Nepal *o* Nepal

nepotisme *o* nepotism

neppen *overg* [nepte, h. genept] cheat, swindle, bamboozle ★ ‹bij een aankoop› *genept worden* be ripped off, be swindled

Neptunus *m* astron & astrol Neptune

nerf *v* [nerven] rib, vein, ‹v. hout &› grain, texture

nergens *bijw* ❶ *v. plaats* nowhere ★ *ook fig ~ zijn* be nowhere ★ *hij kan ~ naar toe* he's got nowhere to go ★ *zonder mijn vrouw ben ik ~* I'd be lost without my wife ★ *~ aankomen* don't touch anything ❷ *niets* nothing ★ *dat lijkt ~ naar* that's a poor piece of work ★ *~ om geven* care for nothing ★ *dat slaat ~ op* that makes no sense at all ★ *~ toe dienen* be good for nothing, not serve any purpose ★ *ik weet ~ van* I know nothing about it ★ *het is ~ goed voor* it doesn't serve any purpose at all ★ *al die paniek was ~ voor nodig* that panic was totally un-called for

nering *v* [-en] ❶ *kleinhandelszaak* trade, (small) business, retail trade ★ *~ doen* keep a shop ★ *drukke ~ hebben* do a good trade ★ *de tering naar de ~ zetten* cut one's coat according to one's cloth ❷ *klandizie* custom, business

nerts I *m* [-en] *dier* mink **II** *o* *bont* mink

nerveus I *bn* nervous, tense, inf nervy **II** *bijw* nervously

nervositeit *v* nervousness

nest *o* [-en] ❶ *v. vogels* nest, ‹v. roofvogels› eyrie, ‹v. kuikens› brood ★ *~en uithalen* go nesting ★ *uit een goed ~ komen* come from a good family ❷ *v. honden, katten* litter ❸ *bed* inf bunk ★ *zijn ~ induiken* hit the sack ❹ *wicht* inf minx, chit ▼ *in de ~en zitten* be in a fix / jam ▼ *zich in de ~en werken* get into a fix / jam

nestelen I *onoverg* [nestelde, h. genesteld] nest **II** *wederk* [nestelde, h. genesteld] ★ *fig zich ~* nestle, settle ★ *de vijand had zich daar genesteld* the enemy had installed themselves there

nesthaar *o* first hair, down

nestkuiken *o* [-s] nestling

nestor *m* [-s] grand old man, elder statesman

nestplaats *v* [-en] nest, nesting place

net I *bn* ❶ *geordend* neat ❷ *keurig* smart, trim ★ *zijn ~te pak* his good suit ❸ *proper* tidy, clean ❹ *fatsoenlijk* decent, nice, respectable ★ *~te mensen* decent people **II** *bijw* ❶ neatly, decently & ❷ *precies* just, exactly ★ *~ genoeg* just enough ★ *~ goed!* serves you / him & right! ★ *hij is ~ vertrokken* he left just this minute ★ *het is ~ zes uur* it's exactly six o'clock ★ *zij is ~ een jongen* she is just like a boy ★ *dat is ~ wat / iets voor hem* ‹geschikt voor hem› that's the very thing for him, ‹typisch hem› that's just like him ★ *~ zo* in exactly the same manner ★ *hij is ~ zo goed als jij* he is just as / every bit as good as you ★ *~ zo lang tot...* until (at last) ★ *ik weet het ~ zo min als jij* your guess is as good as mine ★ *hij is er nog ~ door* he just made it, he got through by the skin of his teeth ★ *het kan er ~ in* it just fits ★ *ik heb hem ~ nog gezien* I saw him just now **III** *o* fair copy ★ *in het ~ schrijven* make a fair copy of **IV** *o* [-ten] ❶ *visnet* net ★ *zijn ~ten uitwerpen* cast one's nets ★ *achter het ~ vissen* come a day after the fair, be too late, miss the boat ★ *zij heeft hem in haar ~ten gelokt* she's netted / trapped him ★ *fig in het ~ vallen* fall into the trap ❷ *sp* net ❸ *netwerk* network, system ★ *comput op het ~* on the net ★ *RTV op het eerste ~ is vanavond een film* there's a film on Channel One tonight

netel *v* [-s & -en] nettle

netelig *bn* ❶ *v. zaken* thorny, knotty, ticklish ★ *een ~e positie* a delicate / tricky position ❷ *v. personen* touchy, thin-skinned

netelroos *v* nettle rash, hives, med urticaria

netheid *v* ❶ *het ordelijk zijn* neatness, tidiness, cleanliness ❷ *fatsoen* respectability, decency

netjes I *bn* neat ★ *keurig ~* neat as a pin ★ *dat is / staat niet ~* that's not good manners ★ *dat is niet ~ van hem* it isn't very nice of him **II** *bijw* neatly, nicely ★ *~ eten* eat properly ★ *zich ~ kleden* dress neatly ★ *zeg eens ~ gedag* say goodbye like a good girl / boy

netkous *v* [-en] fishnet stocking

netnummer *o* [-s] telec dialling code, Am area code

ne

netspanning *v* [-en] mains voltage
netstroom *m* [-stromen] mains current
netto *bn* ❶ *v. gewicht & net*, real ❷ *v. loon* after tax, net ★ *zij verdient € 2300* ~ she makes € 2300 net, she nets € 2300
nettobedrag *o* [-dragen] net amount
nettogewicht *o* transport net weight
netto-inkomen *o* [-s] real / after tax income
nettoloon *o* [-lonen] net wages
netto-omzet *m* net turnover
nettoresultaat *o* [-taten] net result / returns
nettowinst *v* [-en] net / clear profit
netvlies *o* [-vliezen] retina
netvliesontsteking *v* [-en] retinitis
netwerk *o* [-en] network, web ★ *een* ~ *van leugens* a web of lies ★ comput *een neuraal* ~ a neural network ★ *een sociaal* ~ a social network
netwerkaansluiting *v* [-en] comput net(work) connection
netwerkconfiguratie *v* [-s] comput net(work) configuration
netwerken *onoverg* [netwerkte, h. genetwerkt] network
netwerksysteem *o* [-temen] comput network (system), net (system)
neuken *onoverg en overg* [neukte, h. geneukt] fuck, screw
neuriën *overg en onoverg* [neuriede, h. geneuried] hum
neurochirurg *m* [-en] neurosurgeon
neurochirurgie *v* neurosurgery
neurologie *v* neurology
neurologisch *bn* neurological
neuroloog *m* [-logen] neurologist
neuron *o* [-ronen & -s] neuron
neuroot *m* [-roten], **neuroticus** [-ci] neurotic, inf nutcase
neuropsychologie *v* neuropsychology
neurose *v* [-n & -s] neurosis
neurotisch *bn* disturbed, neurotic
neurotransmitter *m* [-s] neurotransmitter
neus *m* [neuzen] ❶ *lichaamsdeel* nose ★ *een lange* ~ *maken tegen iem.* cock a snook / one's nose at sbd ★ *een frisse* ~ *halen* get a breath of fresh air ★ *dat is een wassen* ~ it's a mere formality ★ *hij kijkt niet verder dan zijn* ~ *lang is* he doesn't see further than his nose ★ *zijn* ~ *achternagaan* follow one's nose ★ *doen alsof zijn* ~ *bloedt* play the innocent bystander, act dumb ★ ⟨snuiven⟩ *zijn* ~ *ophalen* sniff ★ *wie zijn* ~ *schendt, schendt zijn aangezicht* don't wash your dirty linen in public ★ *zijn* ~ *snuiten* blow one's nose ★ *de* ~ *voor iets ophalen / optrekken* turn up one's nose at sth ★ *de neuzen tellen* count noses ★ *dat ga ik jou niet aan je* ~ *hangen!* that would be telling! ★ *iem. bij de* ~ *nemen* take sbd in, pull sbd's leg ★ *zijn* ~ *buiten de deur steken* stick one's nose out of the door ★ *door zijn / de* ~ *praten* speak through one's nose ★ *iem. iets door de* ~ *boren* cheat sbd of sth, do sbd out of sth ★ *in zijn* ~ *peuteren* pick one's nose ★ *zijn* ~ *overal in steken* poke / stick one's nose into everything ★ *de* ~ *in de wind steken* put on airs ★ *ik zei het zo langs mijn* ~ *weg* I said it casually / in passing ★ *hij zit altijd met zijn* ~ *in de boeken* he's always got his nose in his books ★ *hij moet overal met zijn* ~ *bij zijn* he always wants to be present ★ *iem. iets onder de* ~ *wrijven* rub sbd's nose in sth ★ *op zijn* ~ *(staan) kijken* look blank / foolish ★ *tussen* ~ *en lippen door* casually / in passing ★ *het komt me de* ~ *uit* I'm fed up with it ★ *iem. iets voor zijn* ~ *wegnemen* take sth away from under sbd's (very) nose ★ *het ligt voor je* ~ it's under your (very) nose ★ *de deur voor iems.* ~ *dichtslaan* slam / shut the door in sbd's face ★ *dat gaat zijn* ~ *voorbij* that's not for him ❷ *reukvermogen* nose ★ *een fijne* ~ *hebben* have a good / keen nose ★ *een fijne* ~ *hebben voor...* have a nose / flair for... ❸ *voorste punt van iets* ⟨v. vliegtuig⟩ nose, ⟨v. spuit⟩ nozzle, ⟨v. schoen⟩ (toe)cap, toe ❹ *geur v. wijn* nose, bouquet
neusademhaling *v* nose breathing
neusamandel *v* [-en] adenoids
neusbeen *o* [-deren] nasal bone
neusbloeding *v* [-en] blood nose, Am nosebleed
neusdruppels *zn* [mv] nose drops
neusgat *o* [-gaten] nostril
neusholte *v* [-n & -s] nasal cavity
neushoorn, **neushoren** *m* [-s] rhinoceros
neusje *o* [-s] (little) nose ★ *het* ~ *van de zalm* the pick of the bunch, the best there is
neus-keelholte *v* nasal cavity, anat nasopharynx
neusklank *m* [-en] nasal sound
neuslengte *v* [-n, -s] nose length ★ *met een* ~ *verschil winnen* win by a nose
neusring *m* [-en] nose ring
neusspray *m* [-s] nasal spray
neusverkoudheid *v* [-heden] head cold, cold in the nose
neusvleugel *m* [-s] nostril
neut *v* [-en], **neutje** *o* [-s] inf drop, nip
neutraal *bn* ❶ *onpartijdig* neutral ★ ~ *blijven* remain neutral, inf sit on the fence ❷ *nietszeggend* noncommittal
neutraliseren *overg* [neutraliseerde, h. geneutraliseerd] neutralize
neutraliteit *v* neutrality
neutron *o* [-'tronen & -s] neutron
neutronenbom *v* [-men] neutron bomb
neuzelen *onoverg en overg* [neuzelde, h. geneuzeld] ❶ *door de neus praten* speak through the nose ❷ *onzin praten* talk nonsense ❸ *mompelen* mumble
neuzen *onoverg* [neusde, h. geneusd] nose around
nevel *m* [-s & -en] ❶ *lichte mist* mist, haze, ⟨druppeltjes⟩ spray ★ fig *in* ~*en gehuld* surrounded in mystery ❷ astron nebula
nevelig *bn* misty, hazy
nevenactiviteit *v* [-en] sideline
neveneffect *o* [-en] side / spin-off effect

ne

nevenfunctie *v* [-s] additional function / job
nevengeschikt *bn* coordinate
neveninkomsten *zn* [mv] additional income
nevens *voorz* ZN next to, beside
nevenschikkend *bn* coordinate, coordinating
nevenschikking *v* [-en] coordination
nevenwerkzaamheden *zn* [mv] outside activities / employment
new age *m* new age
newbie *de* [-s] newbie
new wave *m* muz new wave
New York *o* New York
New Yorker *m* [-s] New Yorker
New Yorks *bn* New York
Nicaragua *o* Nicaragua
niche *m* [-s] niche ★ *een ~ veroveren / creëren* carve out a niche
nichemarkt *v* [-en] niche market
nicht *v* [-en] ❶ *oomzegster* niece ❷ *neefzegster* cousin ❸ *homoseksueel* fairy, queen, poofter, faggot
nichterig *bn & bijw* fairy, queen ★ *van die ~e types* these fairies / homos ★ *~ praten* talk like a fairy / queen
nicotine *v* nicotine
nicotinevergiftiging *v* nicotine poisoning
nicotinevrij *bn* nicotine-free
niemand *onbep vnw* nobody, no one, none ★ *~ anders / minder dan...* none other than... ★ *~ niet?* no one? ★ *er is ~* there's no one / nobody ★ *ik wil ~ meer horen* I don't want to hear a sound out of anybody
niemandsland *o* no man's land
niemendal *onbep. vnw* nothing at all
niemendalletje *o* [-s] nothing, trifle
nier *v* [-en] kidney
nierbekken *o* [-s] renal pelvis
nierbekkenontsteking *v* [-en] inflammation of the renal pelvis, med pyelitis
nierdialyse *v* dialysis, med haemodialysis/Am hemodialysis
nierpatiënt *m* [-en] kidney patient
niersteen *m* [-stenen] ❶ kidney stone ❷ *jade* jade
niersteenvergruizer *m* [-s] lithotripter
niertransplantatie *v* [-s] kidney transplant, kidney transplantation
nierziekte *v* [-n & -s] kidney / renal disease / complaint
niesbui *v* [-en] sneezing fit
niesen *onoverg* [nieste, h. geniest] → **niezen**
niespoeder, niespoeier *o & m* sneezing powder
nieszlekte *v* cat flu, feline enteritis
niet I *bijw* not ★ *dat is ~ onaardig* that's rather nice ★ *ik kan ~ anders dan concluderen dat...* I can't avoid the conclusion that... ★ *~ eens* not even ★ *~ langer* no longer ★ *bij lange na de slechtste ~* by no means the worst ★ *geloof dat maar ~!* don't you believe it!, don't believe a word of it! ★ *ik ook ~* nor / neither do / have / am & I ★ *heb ik dat ~ gezegd?* didn't I tell you? ★ *hoe vaak heb ik je ~ gezegd dat...* how often

have I had to tell you that... ★ *ik hoop van ~* I hope not ★ *een leuk ding, daar ~ van* I won't deny that it's a nice thing ★ *ik ben pessimistisch, daar ~ van, maar...* while I might be pessimistic... ★ *maar jij blijft thuis, ~ waar?* but aren't you staying at home? but you're staying at home, aren't you? **II** *o niets* nothingness ★ *in het ~ verdwijnen* vanish into thin air ★ *in het ~ verzinken / vallen (bij)* sink into insignificance (when compared to) ★ *om ~* for nothing, free of charge ★ *om ~ spelen* play for love ★ *uit het ~ tevoorschijn roepen* call up from nothingness **III** *m* [-en] *lot* blank ★ *een ~ trekken* draw a blank
niet-aanvalsverdrag *o* [-dragen] non-aggression pact
nieten *overg* [niette, h. geniet] staple
nietes *bijw* inf it isn't, 'tisn't ★ *~!, welles!* no it isn't!, yes it is!
niet-gebonden *bn* non-aligned ★ pol *de ~ landen* the non-aligned countries
nietig *bn* ❶ *niets betekenend* insignificant, trivial ❷ *onbeduidend* miserable, paltry ‹sums› ❸ *ongeldig* (null and) void ★ *~ verklaren* declare null and void, annul, nullify ❹ *klein* puny
nietigverklaring *v* [-en] nullification, annulment ★ *de ~ van een huwelijk* the nullification of a marriage
nietje *o* [-s] staple
niet-lid *o* [-leden] non-member
nietmachine *v* [-s] ❶ *voor papier* stapler, ‹groter› stapling machine ❷ *voor klinknagels* riveter, riveting machine
niet-ontvankelijk *bn* inadmissible
nietpistool *o* [-tolen] staple gun
niet-roker *m* [-s] non-smoker
niets I *onbep vnw* nothing ★ *~ anders dan...* nothing (else) than / but ★ *~ beter dan* no better than ★ *~ dan lof* nothing but praise ★ *~ minder dan...* nothing less than ★ *~ nieuws* nothing new ★ *~ te veel* none too much ★ *of het ~ is* as if it's nothing ★ *... is er ~ bij ...* is nothing to this ★ *~ daarvan!* nothing of the sort! ★ *het is ~ gedaan* it's no good ★ *om / voor ~* for nothing ★ *dat is ~ voor jou* that isn't like you ★ *het is ~ voor jou om...* it's not like you to... ★ *hij had niet voor ~* not for nothing had he... ★ *~ voor ~* nothing for nothing ★ *zij moet ~ van hem hebben* she doesn't want to know him / to have anything to do with him **II** *bijw* nothing, not at all ★ *~ bang* afraid of nothing ★ *het bevalt me ~* I don't like it at all ★ *ik heb er ~ aan* it's no good / use to me ★ *ik heb er ~ geen zin in* I don't feel like it at all ★ *het lijkt er ~ op* it's nothing like it ★ *ik vind er ~ aan* I don't like it ★ *daar voel ik ~ voor* that doesn't appeal to me at all **III** *o* nothingness → **niks**
nietsbetekenend *bn* insignificant, meaningless
nietsdoen *o* idleness
nietsnut *m* [-ten] good-for-nothing
nietsontziend *bn* unscrupulous, ruthless ★ *een ~ offensief* a desperate offensive
nietsvermoedend I *bn* unsuspecting **II** *bijw*

ni

unsuspectingly

nietszeggend *bn* ❶ *betekenisloos* meaningless ❷ *inhoudsloos* empty, idle ❸ *uitdrukkingsloos* expressionless, vacant, blank

niettegenstaande *voorz* in spite of, notwithstanding

niettemin *bijw* nevertheless, for all that

nietwaar *tsw vraagconstructie aan het eind van de zin* isn't it / he &?, doesn't it / he &?, hasn't it / he &? ★ *(het is koud)* ~? (it's cold,) isn't it? ★ *(dit is) een prachtig schilderij,* ~? a beautiful painting, don't you think / isn't it? ★ *(je houdt van vis)* ~? (you like fish,) don't you? ★ *we hadden geen keus,* ~? you do agree that there was no other choice, don't you? ★ *(jij hebt het gezegd,)* ~? (that's what you said,) didn't you? ★ *(jij hebt het) niet* ~? (you've got it,) haven't you? ★ *(wij zijn er) niet* ~? (we're there,) aren't we?

nieuw I *bn* ❶ *net geproduceerd, recent* new, recent ★ ~*e aardappels* new potatoes ★ ~*e boontjes* new season beans ★ *een* ~ *boek* a recent / new book ★ *de* ~*e geschiedenis* modern history ★ *de* ~*ste mode* the latest fashion ❷ *ander, hernieuwd* new, fresh, renewed ★ *een* ~ *idee* a novel / new idea ★ *met* ~*e moed aan de slag gaan* go to work with renewed courage ★ ~*e technieken* new / modern techniques ❸ *ongebruikt, niet versleten* new ★ *ze zijn zo goed als* ~ they've hardly been used **II** *bijw* ★ *de* ~ *aangekomene* the newcomer, the new arrival

nieuwbakken *bn* ❶ *vers* new ★ ~ *brood* newly baked bread ★ *het* ~ *echtpaar* the newly married couple ❷ *nieuwerwets* newfangled ★ ~ *theorieën* newfangled theories

nieuwbouw *m* ❶ *het bouwen* construction / building of new houses ❷ *gebouwen* new buildings / housing ❸ *wijk* new housing estate

nieuwbouwhuis *o* [huizen] newly built house

nieuwbouwwijk *v* [-en] new housing estate

nieuwbouwwoning *v* [-en] newly built house

nieuweling *m* [-en] ❶ novice, newcomer, beginner ❷ onderw new boy / girl, ‹op universiteit› fresher

nieuwerwets *bn* new-fashioned, novel, modernist, geringsch newfangled

Nieuwgrieks *o* Modern Greek

nieuwigheid *v* [-heden] novelty, innovation

Nieuwjaar *o* New Year ★ *(ik wens u een) gelukkig* ~ (I wish you a) happy New Year

nieuwjaarsdag *m* [-dagen] New Year's Day

nieuwjaarskaart *v* [-en] New Year's card

nieuwjaarsreceptie *v* [-s] New Year's reception

nieuwjaarswens *m* [-en] New Year's greetings

nieuwkomer *m* [-s] ❶ *persoon* newcomer ❷ *ding* novelty, innovation

nieuwkuis *m* [-en] ZN dry cleaner's

nieuwlichter *m* [-s] modernist, innovator

nieuwlichterij *v* [-en] modernism

nieuwprijs *m* [-prijzen] original / purchase price

nieuws *o* ❶ *berichten* (piece of) news ★ *geen* ~? any news? ★ *geen* ~ *goed* ~ no news is good news ★ *het laatste* ~ the latest news, ‹in krant› stop-press news ★ *oud* ~ stale news, inf ancient history ★ ~ *verspreidt zich snel* news travels fast ★ *in het* ~ *komen* hit / make the headlines ★ *naar het* ~ *luisteren* listen to the news ★ *het* ~ *van 10 uur* the 10 o'clock news ★ *wat voor* ~? what's the news? ❷ *iets dat nieuw is* something new ★ *dat is wat* ~! that's something new! ★ *iets* ~ something new ★ *niets* ~ *onder de zon* nothing new under the sun

nieuwsagentschap *o* [-pen] news agency

nieuwsbericht *o* [-en] news item ★ radio *de* ~*en* the news bulletin

nieuwsblad *o* [-bladen] newspaper

nieuwsbrief *m* [-brieven] newsletter

nieuwsdienst *m* [-en] news service

nieuwsfeit *o* [-en] news fact, ‹bericht› news item

nieuwsgaring *v* news collection ★ *het recht op vrije* ~ freedom of the media

nieuwsgierig *bn* curious (*naar* about), inquisitive ★ *een* ~ *aagje* a nos(e)y parker ★ *ik ben* ~ *te horen...* I'm curious to know...

nieuwsgierigheid *v* inquisitiveness, curiosity (*naar* about)

nieuwsgroep *v* [-en] comput newsgroup

nieuwslezer *m* [-s] RTV newscaster, newsreader

nieuwsoverzicht *o* [-en] news summary

nieuwsuitzending *v* [-en] RTV news broadcast

nieuwtje *o* [-s] ❶ *nieuwigheid* novelty ★ *het* ~ *is eraf* the novelty has gone / has worn off ★ *als het* ~ *eraf gaat* when the novelty has worn off ❷ *bericht* piece of news

nieuwwaarde *v* ★ *verzekering tegen* ~ replacement value insurance

Nieuw-Zeeland *o* New Zealand

Nieuw-Zeelander *m* [-s] New Zealander

Nieuw-Zeelands *bn* New Zealand

Nieuw-Zeelandse *v* [-n] New Zealander ★ *ze is een* ~ she's a New Zealander, she's from New Zealand

niezen *onoverg* [niesde, h. geniesd], **niesen** [nieste, h. geniest] ❶ sneeze ❷ *v. motor* backfire

Niger *o* Niger

Nigeria *o* Nigeria

Nigeriaan *m* [-rianen] Nigerian

Nigeriaans *bn* Nigerian

Nigeriaanse *v* [-n] Nigerian ★ *ze is een* ~ she's a Nigerian, she's from Nigeria

nihil *bn* nil, zero ★ *de winst is* ~ there is zero / nil profit

nihilisme *o* nihilism

nihilist *m* [-en] nihilist

nihilistisch *bn* nihilist, nihilistic

nijd *m* ❶ *jaloezie* envy, jealousy ★ *groen en geel van* ~ green with envy ❷ *wraakzucht, gemeenheid* animosity, malice, spite

nijdig I *bn* ❶ *kwaad* angry ★ *een tikje* ~ a bit cross/inf pissed off ★ ~ *worden* get cross / angry ❷ *wraakzuchtig, gemeen* mean, spiteful **II** *bijw* angrily, meanly, spitefully

nijdigheid *v* anger

nijgen *onoverg* [neeg, h. genegen] ❶ (make a) bow ❷ *v. zaken* incline, lean (over)
nijging *v* [-en] bow
Nijl *m* Nile
Nijldal *o* Nile Valley
Nijldelta *v* Nile Delta
nijlgans *v* [-ganzen] Egyptian goose
nijlpaard *o* [-en] hippopotamus, inf hippo
nijpend *bn* ❶ *kou* biting ❷ *armoede* dire ❸ *tekort, crisis* acute
nijptang *v* [-en] (pair of) pincers
nijver *bn* hard-working, industrious, diligent
nijverheid *v* industry
nikkel *o* nickel
nikker *m* [-s] beledigend nigger
niks *onbep vnw* inf nothing, nil ★ ~, *hoor!* nothing doing! ★ *dat is niet* ~ that's not to be sneezed at ★ *daar voel ik* ~ *voor* that doesn't appeal to me at all → **niets**
niksen *onoverg* [nikste, h. genikst] do nothing, take it easy ★ *zitten te* ~ sit around doing nothing
niksnut *m* [-ten] good-for-nothing, layabout
nimbus *m* [-sen] nimbus
nimf *v* [-en] nymph
nimmer *bijw* never ★ *nooit of te* ~ never ever, nevermore
NIOD *het* (Nederlands Instituut voor Oorlogsdocumentatie) Netherlands Institute for War Documentation
nippel *m* [-s] nipple
nippen *onoverg* [nipte, h. genipt] sip ★ ~ *aan een glas champagne* sip a (glass of) champagne
nippertje *o* ★ *op het* ~ at the very last moment ★ *het was net op het* ~ it was a close thing, it was touch and go ★ ‹v. examen› *op het* ~ *halen* scrape through ★ *op het* ~ *komen* come just in time ★ *op het* ~ *ontsnappen* have a narrow escape
nipt I *bn* narrow **II** *bijw* just, barely ★ ~ *winnen* win narrowly, only just win ★ ~ *slagen* scrape through an examination
nirwana *o* nirvana
nis *v* [-sen] niche, ‹in muur› recess
nitraat *o* [-traten] nitrate
nitriet *o* [-en] nitrite
nitroglycerine *v* nitroglycerine
nitwit *m* [-s] nitwit, fool
niveau *o* [-s] level ★ *op hetzelfde* ~ *als...* on a level with... ★ *op universitair* ~ at university level ★ *besprekingen op* ~ high-level discussions, ‹internationaal› summit talks ★ *een gesprek op* ~ a high-quality discussion ★ *sport op hoog* ~ top-class sport ★ *op het hoogste* ~ at the highest level ★ *op internationaal* ~ at the international level / on the international plane
niveauverschil *o* [-len] difference in level
nivelleren *overg* [nivelleerde, h. genivelleerd] level (out / off)
nivellering *v* [-en] levelling

nl. *afk* → **namelijk**
nobel I *bn* noble ★ *een* ~*e daad* a noble / generous deed ★ ~*e trekken* aristocratic features **II** *bijw* nobly
Nobelprijs *m* [-prijzen] Nobel prize ★ *de* ~ *voor de vrede* the Nobel Peace prize
noch *voegw* neither... nor ★ *ze beheerste* ~ *het Frans,* ~ *het Engels* she could speak neither French nor English
nochtans *bijw* nevertheless, nonetheless, however
no-claimkorting *v* [-en] no claim bonus
noctambulisme *het* noctambulism, sleepwalking
nocturne *v* [-s] muz nocturne
node *bijw* grudgingly, reluctantly ★ *we zullen haar* ~ *missen* she'll be sorely missed ▼ *van* ~ *hebben* be in want / need of, want, need
nodeloos *bn* needless
noden *overg* [noodde, h. genood] invite ★ *dat noodt niet tot verder onderzoek* that's no indication that further research is required
nodig I *bn* ❶ *noodzakelijk* necessary, requisite ★ *alle* ~*e zorg* all due care ★ *het* ~*e gereedschap* the tools required ★ *het* ~ *achten* see fit to, consider it necessary to ★ *iets* ~ *hebben* need / require sth ★ *ik heb twee uur* ~ *gehad om het te doen* I needed two hours to do it ★ *het* ~ *maken* necessitate ★ ~ *zijn* be necessary, be needed ★ *blijf niet langer dan* ~ *is* don't stay any longer than you need to ★ *meer dan* ~ *is* more than is necessary ★ *er is kracht voor* ~ *om...* it requires strength to... ★ *daar is moed voor* ~ it takes courage ★ *er is heel wat voor* ~ *om...* it takes a good deal to... ★ *was het nu zo* ~ *om...?* did you have to...? ❷ *gebruikelijk* usual, customary ★ *de* ~*e toespraken* the usual / customary speeches ❸ *vrij veel* inf a lot of ★ *handen schudden met de* ~*e bekenden* shaking hands with a lot of acquaintances **II** *bijw* necessarily, urgently ★ *vandaag niets* ~ not today, thank you ★ *ik moet haar* ~ *bellen* I really must ring her ★ *ik moet* ~ I have to go (to the toilet) in a hurry, inf I'm busting ★ *zo* ~ if needs be, if necessary **III** *o* ❶ ★ *het* ~*e* what is necessary, the necessities of life ★ *het* ~*e verrichten* do the necessary ❷ *vrij veel* inf a lot ★ *hij heeft het* ~*e op* he's had a drop too much
nodigen *overg* [nodigde, h. genodigd] invite
noedels *zn* [mv] noodles
noemen I *overg* [noemde, h. genoemd] ❶ *een naam geven* name, call ★ *zij is naar haar moeder genoemd* she's named after her mother ❷ *een woord voor iets gebruiken* call, term, style ★ *hoe noemt u dit?* what do you call this? ❸ *vermelden* mention, cite ★ *feiten en cijfers* ~ cite facts and figures ★ *vijftig euro, om maar eens iets te* ~ say fifty euros ★ *zijn bronnen* ~ divulge / mention / name one's sources **II** *wederk* [noemde, h. genoemd] ★ *zich* ~ call oneself
noemenswaardig, noemenswaard *bn* worth mentioning ★ *niets* ~*s* nothing to speak of, nothing important
noemer *m* [-s] wisk denominator ★ *de algemene* ~ the common denominator ★ *onder één* ~ *brengen* lump

/ heap together

noen *m* ZN noon

noenmaal *o* [-malen] ZN lunch

noest I *bn* diligent, industrious **II** *m* [-en] *v. hout* knot

nog *bijw* ❶ *tot nu toe, nog steeds* still ★ *is er ~ koffie?* is there any coffee left? ★ *~ (maar) vijf over* only five left ★ *~ niet* not yet ★ *~ steeds niet* still not (yet) ★ *weet je ~ wel?* (do you) remember? ★ *dat weet ik ~ zo net niet* I'm not sure about that (yet) ★ *ken je me ~?* do you (still) remember me? ★ *gisteren / vorige week ~* only yesterday / last week ★ *~ in de 16de eeuw* as far back as the 16th century ★ *tot ~ toe* up to now, so far, as yet ❷ *vanaf hier/nu* more, much, from now, still ★ *~ twee nachtjes slapen* two more nights still (to go), two more nights from now ★ *hoeveel ~?* how many more? ★ *hoe lang ~* how much longer? ★ *hoe ver ~* how much further? ★ *hij zal ~ wel komen* he's sure to turn up ★ *vandaag ~* today, this very day ❸ *extra, meer* more, another ★ *~ vijftig arbeiders te werk stellen* employ an additional / a further / an extra / another fifty workers ★ *~ een appel* another apple ★ *wil je ~ koffie?* would you like some more coffee? ★ *~ iemand* somebody else ★ *er is ~ iets* there's something else ★ *~ enige* a few more ★ *~ erger* still / even worse ★ *~ iets?* anything else? ★ *ik wil ~ meer* I want more, ‹tegen serveerster› I'd like some more ★ *wat ~ meer?* is there anything else? ★ *een ~ moeilijker taak* an even more difficult task ★ *~ wat* some more ★ *neem ~ wat* have some more ★ *en ~ wel...* and... too ★ *en zijn beste vriend ~ wel* and his best friend of all people ★ *en dat ~ wel op kerstdag* and of all days on Christmas day ★ *~ één woord...!* one more word...! ❹ *opnieuw* again ★ *~ eens* once more, (once) again ★ *~ eens zoveel* as much again ★ *wacht ~ wat* stay a little longer ❺ + *neg: minder* less ★ *~ geen maand geleden* less than a month ago ★ *~ geen tien* less than ten, under ten ▼ *dat is ~ eens een hoed* there's a hat for you, inf some hat!

noga *m* nougat

nogal *bijw* rather, fairly, inf pretty

nogmaals *bijw* once more / again

no-go-area, no-goarea *de (m)* ['s] no-go area

no-iron *bn* non-iron, drip-dry

nok *v* [-ken] ❶ *v. huis* ridge ★ *tot de ~ toe vol* full to the rafters ❷ scheepv yardarm ❸ techn cam

nokken *onoverg* [nokte, h. genokt] *stoppen* knock off, pack it in ★ *om vijf uur ~ met werken* knock off work at five

nokkenas *v* [-sen] camshaft

nomade *m* [-n] nomad

nomenclatuur *v* [-turen] nomenclature, terminology

nominaal *bn* nominal ★ *de nominale waarde* the nominal / par / face value

nominatie *v* [-s] nomination ★ *nummer één op de ~* top of the short list

nominatief *m* nominative

nomineren *overg* [nomineerde, h. genomineerd]

nominate ★ *genomineerd zijn voor een literatuurprijs* have been nominated for a literary prize

non *v* [-nen] nun

non-actief *bn* ★ *op ~ stellen* suspend, ‹wegens gebrek aan werk› lay off ★ *op ~ staan* be suspended, ‹wegens gebrek aan werk› be laid off

non-agressiepact *o* [-en] non-aggression pact

non-alcoholisch *bn* non-alcoholic, soft ‹drinks›

nonchalance *v* nonchalance, ‹nalatigheid› carelessness

nonchalant *bn* nonchalant, ‹nalatig› careless, lax

non-conformisme *o* nonconformity

non-conformist *m* [-en] nonconformist

non-conformistisch *bn* nonconformist

non-fictie *v* [-s] non-fiction

nonkel *m* [-s] ZN uncle

nonnenklooster *o* [-s] convent, nunnery

no-nonsense *voorv & bn* no nonsense

non-profit *voorv & bn* non-profit

non-profitorganisatie *v* [-s] *organisatie zonder winstoogmerk* non-profit organization

non-proliferatieverdrag *o* non-proliferation treaty

nonsens *m* nonsense, rubbish, inf garbage ★ *~!* nonsense!, rubbish!, vulg bullshit!

non-stop *bijw* non-stop

non-stopvlucht *v* [-en] non-stop flight

non-valeur *v* [-s] ❶ *nietswaardig persoon* layabout, inf slacker, dud ❷ *waardeloos effect* worthless stock ❸ *oninbare vordering* bad debt

non-verbaal *bn zonder woorden* non-verbal

nood *m* [noden] ❶ *behoeftigheid* need, ‹armoede› poverty ★ ZN *we hebben ~ aan een betere...* we are in need of a better... ★ *mensen die in ~ verkeren* people who are in need / who are living in poverty ★ *in grote financiële ~ verkeren* be in dire financial straits ❷ *noodzakelijkheid* necessity ★ *door de ~ gedwongen* out of necessity ★ *~ uit ~* compelled by necessity ★ *iem. uit de ~ helpen* help sbd out, come to sbd's rescue ★ *van de ~ een deugd maken* make a virtue of necessity ★ *~ breekt wet* necessity has / knows no law ★ *hoge ~ hebben* have to go (to the toilet) badly ❸ *gevaar* distress, fear ★ *geen ~!* don't worry! ★ *zijn ~ klagen* pour one's troubles out ★ *als de ~ aan de man komt* if the worst comes to the worst ★ *als de ~ het hoogst is, is de redding nabij* the darkest hour is before dawn ★ *in geval van ~* in (case of) an emergency ★ *in ~ zijn / verkeren* be in trouble / distress ★ *in ~ leert men zijn vrienden kennen* a friend in need is a friend indeed ★ *~ leert bidden, ~ maakt vindingrijk* necessity is the mother of invention

noodaggregaat *o* [-gaten] stand-by / emergency power unit

noodanker *o* [-s] sheet anchor

noodbrug *v* [-gen] temporary bridge

nooddeur *v* [-en] emergency door

noodgang *m* [-en] ❶ *hulpgang* emergency exit ❷ *grote snelheid* breakneck speed ★ *met een ~* like greased lightning, on the double

noodgebouw *o* [-en] temporary building, makeshift quarters

noodgedwongen *bn* out of necessity ★ *veel mensen werden ~ ontslagen* a lot of employees had to be retrenched

noodgeval *o* [-len] (case of) emergency ★ *in ~ bel...* in case of emergency, ring... ★ *in ~ is wasmachinegebruik mogelijk* a washing machine is available should the need arise

noodgreep *v* [-grepen] *noodmaatregel* emergency measure

noodhulp *v* [-en] ❶ *persoon* temporary help ❷ *zaak* emergency aid

noodklok *v* [-ken] alarm bell ★ *de ~ luiden (over iets)* sound the alarm (about sth)

noodkrediet *o* [-en] extended credit, emergency credit / loan

noodkreet *m* [-kreten] cry of distress

noodlanding *v* [-en] forced / emergency landing

noodlijdend *bn behoeftig* depressed, distressed ‹regions›, needy, poor, destitute ‹people›, ailing ‹sectors›, defaulted ‹securities›

noodlot *o* fate, destiny ★ *het ~ sloeg toe* disaster struck

noodlottig *bn* fatal ★ *een ~ ongeluk* a fatal accident ★ *een ~e reis* an ill-fated journey ★ *dat is hem ~ geworden* it proved to be his undoing

noodmaatregel *m* [-en & -s] temporary / provisional / stopgap measure

noodoplossing *v* [-en] temporary / provisional / stopgap solution

noodplan *o* emergency plan

noodrantsoen *o* [-en] emergency ration(s)

noodrem *v* [-men] ❶ safety brake ❷ *in trein* communication cord ★ *aan de ~ trekken* ‹in trein› pull the communication cord, *fig* take emergency measures, *sp* stop an opponent by means of a foul

noodsein *o* [-en], **noodsignaal** [-signalen] distress signal, SOS

noodsituatie *v* [-s] emergency

noodsprong *m* [-en] desperate move / measure, last resort ★ *als ~* as / in the last resort

noodstop *m* [-pen] emergency stop

noodtoestand *m* [-en] (state of) emergency

nooduitgang *m* [-en] emergency exit

noodvaart *v* breakneck speed ★ *met een ~* at breakneck speed, *inf* like mad

noodverband *o* [-en] first-aid dressing

noodverlichting *v* emergency lighting

noodverordening *v* [-en] emergency order

noodvoorraad *m* [-raden] emergency supply

noodvoorziening *v* [-en] temporary / emergency measure, expedient

noodvulling *v* [-en] temporary filling

noodweer I *o slecht weer* violent storm ★ *ik ga niet naar buiten in dit ~* I'm not going out in this terrible weather **II** *v zelfverdediging* self-defence, *Am* self-defense ★ *uit ~* in self-defence

noodwet *v* [-ten] emergency law / act

noodzaak *v* necessity ★ *uit ~* out of necessity

noodzakelijk I *bn* necessary, inevitable ★ *volstrekt ~ zijn* be absolutely necessary **II** *bijw* necessarily, of necessity, inevitably

noodzakelijkerwijs, **noodzakelijkerwijze** *bijw* of necessity, necessarily, inevitably ★ *daaruit volgt ~ dat...* it follows as a matter of course that..., this, of course, means that...

noodzaken *overg* [noodzaakte, h. genoodzaakt] oblige, compel, force ★ *zich genoodzaakt zien om...* be / feel obliged & to... ★ *genoodzaakt zijn om...* be obliged & to...

nooit *bijw* never ★ *~ of / en te nimmer* never in all my life, never ever ★ *dat ~!* not that!, not on your life! ★ *inf aan m'n ~ niet!* definitely not! *inf* not on your life!, no way! ★ *bijna ~* hardly ever ★ *~ meer* never again ★ *ik geloof ~ dat...* I can't believe that...

Noor *m* [Noren] Norwegian

noord I *bn* north, northern, northerly ★ *de wind is ~* there's a north wind **II** *bijw* north, northerly **III** *m* north ★ *van ~ naar zuid* from the north to the south

Noord-Afrika *o* North Africa

Noord-Amerika *o* North America

noordelijk I *bn* northern, northerly ★ *het ~ halfrond* the northern hemisphere ★ *de Noordelijke IJszee* the Arctic Ocean ★ *de ~en* Northerners **II** *bijw* northerly, north ★ *~ van* (to the) north of ★ *~ liggen van* be / lie further north than

noorden *o* north ★ *in het ~* in the north ★ *naar het ~* (to the) north, northward(s), ‹verkeer› northbound ★ *op het ~ gelegen* facing north, with a northerly aspect ★ *ten ~ van...* (to the) north of... ★ *uit het ~* from the north, northerly

noordenwind *m* [-en] north / northerly wind

noorderbreedte *v* north latitude ★ *50° ~* 50° north

noorderbuur *m* [-buren] northern neighbour, neighbour to the north

noorderkeerkring *m* Tropic of Cancer

noorderlicht *o* northern lights, aurora borealis

noorderling *m* [-en] ❶ *iem. uit het noorden* northerner, somebody from the north ❷ *Scandinaviër* Scandinavian ❸ *VS* Yankee

noorderzon *v* ★ *met de ~ vertrekken* do a moonlight flit

Noord-Holland *o* North Holland

Noord-Ierland *o* Northern Ireland

noordkant *m* north / northern side

Noord-Korea *o* North Korea

Noord-Koreaan *m* [-reanen] North Korean

Noord-Koreaans *bn* North Korean

Noord-Koreaanse *v* [-n] North Korean ★ *ze is een ~* she's a North Korean, she's from North Korea

noordkust *v* [-en] north / northern coast

noordoosten *o* northeast / north-east

noordoostenwind *m* [-en] northeasterly / north-easterly wind

Noordpool *v* North Pole

no

noordpoolcirkel *m* Arctic Circle
noordpoolgebied *o* [-en] Arctic region
Noordrijn-Westfalen *o* North Rhine-Westphalia
noords *bn* ❶ ⟨m.b.t. het noorden⟩ northern, ⟨komend uit het noorden⟩ northerly ❷ *m.b.t. Noord-Europa* Nordic ★ sp *de ~e combinatie* the Nordic combined
noordwaarts I *bn* northward **II** *bijw* northward(s)
noordwesten *o* northwest, north-west
noordwestenwind *m* northwesterly (wind)
Noordzee *v* North Sea
Noordzeekust *v* North Sea coast
Noorman *m* [-nen] Norseman, Viking
Noors I *bn* Norwegian ★ valuta *de ~e kroon* the Norwegian crown / krone **II** *o taal* Norwegian
Noorse *v* [-n] Norwegian ★ *ze is een ~* she's a Norwegian, she's from Norway
Noorwegen *o* Norway
noot *v* [noten] ❶ *vrucht* nut, ⟨walnoot⟩ walnut ★ *een harde ~ om te kraken* a hard nut to crack ❷ *muz* note ★ *een achtste ~* a quaver ★ *een halve ~* a minim ★ *een hele ~* a semibreve ★ *een tweeëndertigste ~* a demisemiquaver ★ *een zestiende ~* a semiquaver ★ *hij heeft veel noten op zijn zang* he's very pretentious / arrogant ★ *een vrolijke ~* a cheerful note ❸ *aantekening* note
nootmuskaat *v* nutmeg
nop *v* [-pen] ❶ *in textiel* burl ❷ *onder schoen* stud ▼ inf *voor ~* for nothing
nopen *overg* [noopte, h. genoopt] induce, oblige, compel, prompt ★ *zich genoopt zien* be obliged / compelled to
nopjes *zn* [mv] ★ *in zijn ~ zijn* be delighted, be as pleased as Punch
noppes *onbep vnw* inf nothing ★ *voor ~* ⟨gratis⟩ free, for nothing, ⟨tevergeefs⟩ in vain, for nothing
nor *v* [-ren] inf nick, clink ★ *hij zit in de ~* he's behind bars / inside / doing time, he's in the nick / clink
nordic walking *het* Nordic walking
noren *zn* [mv] racing skates
norm *v* [-en] norm, rule, standard
normaal I *bn* normal ★ *hij is niet ~* ⟨niet zoals gewoon⟩ he's not his usual self, ⟨niet bij zijn verstand⟩ he's not right in his head, there's something wrong with him ★ *het is niet ~* it's abnormal ★ *doe een beetje ~* don't make a fool of yourself **II** *bijw* normally **III** *m* [-malen] wisk normal
normaalschool *v* [-scholen] Belg Teachers Training College
normaalspoor *o* standard gauge
normalisatie *v* standardization, normalization, ⟨v. rivier &⟩ regulation
normaliseren *overg* [normaliseerde, h. genormaliseerd] standardize, normalize, ⟨v. rivier &⟩ regulate
normaliter *bijw* normally, usually, as a rule
Normandië *o* Normandy
normatief *bn* normative, prescriptive ★ *hoe is de Bijbel ~ voor ons?* what norms does the Bible set us?

★ *een ~ uurtarief van 60 euro* a regulation hourly rate of 60 euros ★ *een ~ budget* a target-setting budget
normbesef *o* moral sense, sense of values
normeren *overg* [normeerde, h. genormeerd] ❶ *tot norm maken* set as the norm ❷ *standaardiseren* regulate, normalize, standardize
normering *v* ❶ *het normeren* standardization ❷ *standaard* standard
normvervaging *v* blurring of moral standards
nors I *bn* gruff, surly **II** *bijw* gruffly, surlily
nostalgie *v* nostalgia
nostalgisch I *bn* nostalgic **II** *bijw* nostalgically
nota *v* ['s] ❶ handel bill, account ❷ *geschrift* memo, memorandum, (policy) document ★ *een bestuurs ~* a policy document / paper ★ *een ~ van toelichting* an explanatory memorandum ★ *~ nemen van* take (due) note of, note
notabele *m-v* [-n] notable, dignitary ★ *de ~n* the dignitaries, inf the worthies
nota bene *bijw* ❶ nota bene ❷ iron if you please
notariaat *o* [-aten] office of notary, notary's / solicitor's practice
notarieel *bn* notarial ★ *een ~ proces-verbaal* a notarial report ★ *een notariële akte* a notarial act / deed ★ *een notariële volmacht* power of attorney
notaris *m* [-sen] notary (public), solicitor
notariskantoor *o* [-toren] notary's / solicitor's office
notatie *v* [-s] notation
notebook *o* [-s] notebook
noten *bn* walnut
notenbalk *m* [-en] staff, stave
notenbar *v* [-s] nut shop, ⟨op markt⟩ nut stall, ⟨deel v.e. winkel⟩ nut section
notenboom *m* [-bomen] walnut tree
notendop *m* [-pen] nutshell ★ *in een ~* in a nutshell
notenhout *o* walnut
notenhouten *bn* walnut
notenkraker *m* [-s] ❶ *apparaat* (pair of) nutcrackers ❷ *vogel* nutcracker
notenschrift *o* musical notation
noteren *overg* [noteerde, h. genoteerd] ❶ *opschrijven* note, write down, jot / note down, make a note of ★ *het nummer ~* note (down) the number ★ *een bestelling ~* note down / record an order ★ *hun namen ~* make a note of their names ❷ *op een lijst zetten* put sbd down ❸ handel quote, list
notering *v* [-en] ❶ *het noteren* noting down ❷ handel quotation ❸ *v. aandelen* listing
notie *v* [-s] notion ★ *hij heeft er geen ~ van* he doesn't have the faintest notion ★ ZN ⟨kennis⟩ *~s* knowledge
notificatie *v* [-s] ❶ *bekendmaking* announcement, notification ❷ *registratie* registration
notitie *v* [-s] ❶ *aantekening* note ★ *~s maken* make notes ❷ *in dagboek* entry ❸ *aandacht* notice ★ *geen ~ van iets nemen* take no notice of sth, ignore sth ★ *~ nemen van* take notice of
notitieboekje *o* [-s] notebook

n.o.t.k. *afk* (nader overeen te komen) to be agreed upon

notoir *bn* notorious

notulen *zn* [mv] minutes ★ *de ~ lezen en goedkeuren* read and approve the minutes ★ *de ~ bijhouden / maken* take the minutes ★ *de ~ vaststellen* confirm the minutes ★ *in de ~ opnemen* enter / include in the minutes

notuleren *overg* [notuleerde, h. genotuleerd] take down the minutes

notulist *m* [-en] minutes secretary

nou I *bijw* inf now **II** *tsw* ★ *kom ~* come on now ★ *~ en of!* you bet!, too right! ★ *~ en!* so what? ★ *~, ~, rustig aan een beetje!* come on, calm down! ★ *kom je ~?* well, are you coming? ★ *meen je dat ~?* do you really mean that?

nouveau riche *m* [nouveaux riches] nouveau riche, upstart

novelle *v* [-n] ❶ *verhaal* novella, short novel ❷ *wijzigingswet* amending act, bill

novelty *de* [-'s] *nieuwigheid* novelty ★ *'Watskeburt' was een ~hit* 'Watskeburt' was a novelty hit

november *m* November ★ *de eerste ~, een ~* the first of November ★ *op tien ~* on November the tenth, on the tenth of November ★ *begin, midden en eind ~* at the beginning of / in the middle of / at the end of November

novice *m-v* [-n & -s] novice

noviciaat *o* [-ciaten] novitiate / noviciate

noviet *m* [-en] onderw freshman, fresher

noviteit *v* [-en] novelty, innovation

novum *o* [nova] ❶ novelty ❷ jur new fact, new point of law

nozem *m* [-s] yobbo

nu I *bijw* ❶ *op dit moment* now, at present, at the moment ★ *tot ~ toe* up to now, so far ★ *van ~ af* from now on, henceforth ★ *wat ~?* what next? ★ *~ niet* not now ★ *~ nog niet* not yet ★ *~ of nooit* now or never ❷ *tegenwoordig* now, nowadays, these days ★ *het wordt ~ niet meer gezien als een misdaad* nowadays, it is is no longer regarded as a criminal offence ❸ *op een bepaald moment* now ★ *~ eens..., dan weer...* now..., now.. /one time..., another time... / sometimes..., sometimes... ★ *~ en dan* now and then, occasionally, at times **II** *tsw* ★ *~, hoe gaat het?* well, how are you? ★ *~, ja!* well! **III** *voegw* now (that)

nuance *v* [-s & -n] nuance, shade ★ *wij willen daar echter een ~ in aanbrengen* however, we would like to modify slightly

nuanceren *overg* [nuanceerde, h. genuanceerd] ❶ *onderscheiden* differentiate, nuance ★ *het ~ van de informatie kost veel tijd* explaining the fine print is time-consuming ★ *verzekeraars ~ het oorlogsrisico* insurers are spelling out in detail what risk of war means ❷ *wijzigen* qualify, modify, refine ★ *zelfs het ~ van dat plan was niet genoeg om...* even modifying / refining that plan was not enough to... ❸ *schakeren* shade, tint

nuanceverschil *o* [-len] minor difference, difference in nuance

nuchter I *bn* ❶ *niets gegeten hebbend* fasting ★ *hij is nog ~* he hasn't eaten yet ★ *op de ~e maag* on an empty stomach ★ *een ~ kalf* a newly born calf, fig a greenhorn ❷ *niet dronken* sober ❸ *praktisch* fig matter-of-fact, hard-headed, down-to-earth ★ *hij is mij te ~* he is too matter-of-fact for me **II** *bijw praktisch* in a matter-of-fact way

nucleair *bn* nuclear

nucleïnezuur *o* [-zuren] nucleic acid

nucleus *m* [-clei] nucleus

nudisme *o* nudism

nudist *m* [-en] nudist

nuf *v* [-fen] prissy / affected girl, ⟨ingebeeld⟩ conceited girl

nuffig *bn* prim, prissy, conceited

nuk *v* [-ken] mood, whim, caprice

nukkig *bn* moody, quirky, capricious

nul I *v* [-len] *cijfer* nought, cipher, zero ★ *~ op het rekest krijgen* meet with a rebuff ★ *hij is een ~* he is a nothing / a dead loss **II** *telw* ❶ nil, zero ★ *zijn invloed is gelijk ~* he has no influence at all ★ *uit het jaar ~* from the year dot ★ *sp twee-~* two-nil ★ *~ komma ~* nil, nothing at all ★ *~ komma zeven* o / zero / nought point seven ★ *tien graden boven / onder ~* ten degrees above / below zero ★ *op ~* at zero ❷ telec O **III** *bn* null ★ *van ~ en generlei waarde* completely worthless

nulgroei *m* zero growth

nulhypothese *v* stat null hypothesis

nullijn *v* [-en] zero line

nulmeridiaan *m* [-anen] prime meridian

nuloptie *v* zero option

nulpunt *o* zero ★ fig *tot het ~ dalen* drop to rock bottom / to nil

numeriek I *bn* numerical **II** *bijw* numerically

numero *o* ['s] number ★ *~ 100* (number) 100

numeroteur *m* [-s] numbering machine

numerus fixus *m* numerus clausus, quota

numismatiek *v* numismatics

nummer *o* [-s] ❶ *getal, cijfer* number ★ scherts *~ honderd* the loo ❷ *plaats in rangorde* number, place ★ *~ één zijn* onderw be at the top of one's form, sp be first ★ *hij moet op zijn ~ gezet worden* he needs to be put in his place ❸ *editie* issue, edition, ⟨Christmas⟩ number ❹ *liedje* item, number, ⟨op cd &⟩ track ❺ *act* act, turn ★ inf *ook een ~!* a fine specimen! ❻ *wedstrijdonderdeel* ⟨sporting⟩ event ❼ *op een veiling* lot

nummer
De Engelse afkorting is **no.** (meervoud **nos.**) en niet *nr.

nummerbord *o* [-en] number / registration plate, Am license plate

nummeren *overg* [nummerde, h. genummerd] number

nu

nummerherhaling *v* <u>telec</u> last number redial
nummering *v* [-en] numbering
nummerplaat *v* [-platen] number / registration plate, <u>Am</u> license plate
nummertje *o* [-s] ★ <u>inf</u> *een ~ maken* have a screw / fuck ★ ‹in winkel› *een ~ trekken* draw a number
nummerweergave *v* [-n] <u>telec</u> calling number display
nuntius *m* [-tii & -tiussen] nuncio
nurks I *bn* gruff, surly **II** *bijw* gruffly, surlily **III** *m* [-en] grumbler, growler
nut *o* use, usefulness, value ★ *het economisch ~* the economic benefit ★ *het praktisch ~ daarvan is beperkt* its usefulness is limited ★ *zich iets ten ~te maken* put sth to good use ★ *ten algemenen ~te* for the general good ★ *tot ~ van het algemeen* for the benefit of the community ★ *het is tot niets ~* it's good for nothing ★ *ik zie het ~ er niet van in* I don't see the point of it ★ *het heeft totaal geen ~ om...* there's absolutely no point in... ★ *van ~ zijn* be useful, come in handy ★ *van geen (groot) ~ zijn* be of no (great) use
nutsbedrijf *o* [-drijven] public utility ★ *openbare nutsbedrijven* public utilities
nutsvoorzieningen *zn* [mv] (public) utilities
nutteloos I *bn* ❶ *onbruikbaar* useless, ‹zinloos› pointless ❷ *vergeefs* futile ★ *een nutteloze poging om...* a futile attempt to... ★ *zijn pogingen waren ~* his efforts were in vain **II** *bijw* uselessly, pointlessly, in vain
nuttig I *bn* ❶ *bruikbaar* useful ★ *het ~ gebruik van de ruimte* efficient use of space ★ *het ~e met het aangename verenigen* combine business with pleasure ❷ *voordelig* advantageous **II** *bijw* usefully, profitably ★ *~ besteden* use profitably
nuttigen *overg* [nuttigde, h. genuttigd] have, take, partake of, consume
nv *afk en v* ['s] (Naamloze Vennootschap) public limited company, plc / PLC, <u>Am</u> Inc., <u>Aus & ZA</u> Pty Ltd
n.v.t. *afk* (niet van toepassing) not applicable, n / a
nylon I *o & m* nylon **II** *v* [-s] *kous* nylon (stocking), nylons **III** *bn* nylon ★ *een ~ overhemd* a nylon shirt ★ *een ~ tent* a nylon tent
nylonkous *v* [-en] nylon stocking
nymfomaan *bn* nymphomaniac
nymfomane *v* [-n & -s] nymphomaniac

O

O. *afk* (oost, oosten) east
o I *v* ['s] o **II** *tsw* oh!, ah! ★ *~ God!* oh God! ★ *~ ja!* that's right! ★ *~ jee!* oh gee! good Heavens! ★ *~ zo!* aha! ★ *~ zo mooi* ever so beautiful
o.a. *afk* (onder andere(n)) among others, amongst other things, including, for example ★ *koning van Spanje en de daarbij behorende gebieden (~ de Nederlanden)* king of Spain and of its dominions (amongst which / including the Netherlands) ★ *wij maken uitlaten voor ~ de volgende merken...* we make exhaust pipes for brands that include the following... ★ *het nemen van beslissingen, ~ over het benoemen van...* making decisions such as those relating to the appointing of... ★ *ook reacties van anderen (~ van M uit Rotterdam)* including the responses of others (for example, that of M from Rotterdam)

---

o.a.
Onder andere(n) wordt vertaald als **among others**, maar de afkorting **a.o.* wordt hiervoor niet gebruikt

---

oase *v* [-n & -s] oasis
obductie *v* [-s] post-mortem (examination), autopsy
obelisk *m* [-en] obelisk
O-benen *zn* [mv] bandy / bow legs ★ *met ~* bandy-legged / bow-legged
ober *m* [-s] (head)waiter
obesitas *v* obesity
object *o* [-en] ❶ *voorwerp* object, thing, item ❷ *doel* object, subject, target ★ *het ~ van hun obsessies* the object of their obsessions ★ *het ~ van onderzoek* the subject of investigation ❸ *onroerend goed* property ❹ <u>mil</u> objective ❺ <u>taalk</u> object
objectief I *bn* objective, detached **II** *bijw* objectively, in a detached manner **III** *o* [-tieven] *v. verrekijker, camera* objective
objectiveren *overg* [objectiveerde, h. geobjectiveerd] rationalize ★ *verstandelijk ~ houdt in dat...* to rationalize something intellectually is to...
objectiviteit *v* objectivity
obligaat I *bn* ❶ obligatory ★ *voor wie wat anders wil dan het obligate skiën...* for those who want something other than the same old skiing... ❷ <u>muz</u> obbligato **II** *o* [-gaten] <u>muz</u> obbligato
obligatie *v* [-s] ❶ *verplichting* obligation ❷ <u>handel</u> bond, debenture
obligatiehouder *m* [-s] bondholder
obligatielening *v* [-en] debenture / bond loan
obligatoir *bn* obligatory, compulsory ★ <u>jur</u> *een ~e overeenkomst* an obligatory agreement
oblong *bn* oblong ★ *een ~ formaat* an oblong format
obsceen *bn* obscene
obsceniteit *v* [-en] obscenity ★ *~en uitslaan* spout

obscenities
obscurantisme *o* obscurantism
obscuur I *bn* obscure ★ *een ~ type* a shady character / customer **II** *bijw* obscurely
obsederen *overg* [obsedeerde, h. geobsedeerd] obsess ★ *hij is geobsedeerd door dat idee* he's obsessed with the idea
observatie *v* [-s] observation ★ *in ~* under observation ★ *ter ~ opgenomen* taken in for observation ★ *haar fotografische ~s* her photographic observations / impressions ★ *wetenschappelijke ~s* scientific findings / data
observatiepost *m* [-en] observation post
observator *m* [-s] observer, watcher
observatorium *o* [-ria & -s] observatory
observeren *overg* [observeerde, h. geobserveerd] watch, observe
obsessie *v* [-s] obsession ★ *werken is een ~ voor haar* she's obsessed by work, she's a workaholic
obstakel *o* [-s] obstacle, ook *fig* obstruction, impediment ★ *~s uit de weg ruimen* remove obstacles from one's path
obstetrie *v* obstetrics
obstinaat I *bn* obstinate, stubborn **II** *bijw* obstinately, stubbornly
obstipatie *v* constipation
obstructie *v* [-s] obstruction ★ pol *~ voeren* stonewall, block
obus *m* [-sen] ZN grenade, canon ball
occasie I *v* [-s] ❶ *koopje* ZN bargain ❷ *occasion* ZN second-hand article, used car ❸ *gelegenheid* ZN opportunity, occasion **II** *bn* tweedehands ZN second-hand
occasion *v* [-s] ❶ *koopje* bargain ❷ *tweedehands auto* second-hand / used car
Occident *m* Occident
occidentaal *bn* Occidental
occlusie *v* [-s] occlusion
occult *bn* occult, esoteric ★ *het ~e* the supernatural
occultisme *o* occultism
occupatie *v* [-s] occupation
oceaan *m* [-eanen] ocean, sea ★ *de Grote / Stille Oceaan* the Pacific (Ocean)
oceaanfront *o* [-en] ocean front
oceanografie *v* oceanography
och *tsw* oh!, ah! ★ *~ arme!* poor thing / dear! ★ ⟨bij verbazing⟩ *~ kom!* you don't say! go on (with you)! ★ *~, waarom niet?* (well,) why not? ★ *~ wat!* come on!, nonsense!
ochtend *m* [-en] ❶ *voor de middag* morning, fig dawning ★ *des ~s, 's ~s* in the morning ★ *om 8 uur 's ~s* at 8 a.m., at 8 in the morning ❷ *zonsopgang* dawn, daybreak
ochtendeditie *v* [-s] morning edition
ochtendgloren *o* dawn, daybreak, break of day ★ *bij het eerste ~* at the break of day, at first light
ochtendgymnastiek *v* morning exercises
ochtendhumeur *o* (early) morning mood ★ *een ~*

hebben have got up on the wrong side of the bed
ochtendjas *m & v* [-sen] house coat, dressing gown, Am robe
ochtendkrant *v* [-en] morning paper
ochtendkrieken *o* morn, break of dawn
ochtendlicht *o* morning light
ochtendmens *m* [-en] early bird / riser
ochtendploeg *v* [-en] morning shift
ochtendspits *v* morning rush (hour)
octaaf *o & v* [-taven] octave
octaan *o* octane
octaangehalte *o* [-n, -s] octane content
octaangetal *o* octane number ★ *benzine met een hoog ~* high-octane petrol
octant *m* [-en] octant
octavo *o & bn* ['s] octavo
octet *o* [-ten] octet
octopus *m* [-sen] octopus
octrooi *o* [-en] ❶ patent ★ *een ~ aanvragen* apply for a patent ★ *~ verlenen* grant a patent ❷ *volmacht* hist mandate, charter
octrooiaanvraag *v* [-vragen] patent application
octrooieren *overg* [octrooieerde, h. geoctrooieerd] patent
octrooigemachtigde *m-v* [-n] Br patent agent, Am patent attorney
octrooihouder *m* [-s] patent holder, patentee
octrooiraad *m* Patent Office
oculair *o* [-s] ocular
oculeren *overg* [oculeerde, h. geoculeerd] bud
ode *v* [-n & -s] ode
odeur *m* [-s] perfume, scent, fragrance
Odyssee *v* ❶ *epos* Odyssey ❷ *moeizame tocht* **odyssee** [-s & -seeën] odyssey, difficult journey
oecumene *v* (o)ecumenical movement, (o)ecumenicalism
oecumenisch *bn* (o)ecumenical
oedeem *o* [-demen] oedema, Am edema
oedipuscomplex *o* Oedipus complex
oefenen *overg* [oefende, h. geoefend] ❶ exercise ★ *invloed ~* have influence over ★ *geduld ~* exercise patience ★ *wraak ~* exact revenge ★ *zich ~* practise, train ★ *zich ~ in* practise ❷ *trainen* train, coach, ⟨zich bekwamen⟩ practise/Am practice ⟨one's scales⟩, rehearse ⟨a role⟩, ⟨exerceren⟩ drill
oefening *v* [-en] exercise, practice ★ *een ~* an exercise ★ *vrije ~en* free exercises ★ *~ baart kunst* practice makes perfect
oefenmateriaal *o* exercise / practice material, ⟨bij lessen⟩ teaching aids
oefenmeester *m* [-s] trainer, coach
oefenstof *v* exercise / practice material
oefenterrein *o* [-en] ❶ sp training ground ❷ mil drill ground
oefentherapie *v* [-pieën] remedial therapy
oefenwedstrijd *m* [-en] practice / training match
Oeganda *o* Uganda
oehoe *m* [-s] *vogel* eagle owl

oe

oei *tsw* ❶ ouch! ❷ *verrassing* oops!

oekaze *v* [-n & -s] ukase

Oekraïens I *bn* Ukrainian **II** *o taal* Ukrainian

Oekraïense *v* [-n] Ukrainian ★ *ze is een ~* she is a Ukrainian, she is from the Ukraine

Oekraïne *v* the Ukraine

Oekraïner *m* [-s] Ukrainian

oelewapper *m* [-s] nincompoop, ninny

oen *m* [-en] blockhead, duffer

oer *o* bog ore, limonite

oerbos *o* [-sen] prim(a)eval forest

oerdrift *v* [-en] primitive urge / drive

oergezellig *bn* very pleasant, great fun

oerknal *m* Big Bang

oermens *m* [-en] ❶ primitive / prehistoric man ❷ *oorspronkelijke mens* protohuman

oeroud *bn* ancient, prehistoric, prim(a)eval ★ *sinds ~e tijden* from / since time immemorial

oersaai *bn* as dull as ditchwater, deadly dull

oersterk *bn* strong as a horse / an ox

oertijd *m* [-en] prehistoric times, prim(a)eval period

oervorm *m* [-en] archetype

oerwoud *o* [-en] prim(a)eval forest, virgin forest, ‹tropisch & fig› jungle

OESO *v* (Organisatie voor Economische Ontwikkeling en Samenwerking) OECD, Organization for Economic Cooperation and Development

oester *v* [-s] oyster

oesterbank *v* [-en] oyster bank

oesterput *m* [-ten] oyster pond

oestervisserij *v* oyster fishery

oesterzwam *v* [-men] oyster mushroom

oestrogeen I *o* [-genen] oestrogen, Am estrogen **II** *bn* oestrogen

oeuvre *o* [-s] oeuvre, works, body of work

oever *m* [-s] ❶ *v. zee/meer* shore ★ *aan de ~ van een meer* on the shores of a lake ❷ *v. rivier* bank ★ *de rivier is buiten haar ~s getreden* the river has overflowed / burst its banks

oeverloos *bn* ❶ shoreless ❷ fig endless, interminable

oeververbinding *v* [-en] cross-river / cross-channel connection

Oezbekistan *o* Uzbekistan

of *voegw* ❶ *nevenschikkend* (either...) or ★ *wit ~ zwart* (either) white or black ★ *~ hij ~ zijn broer* either he or his brother ★ *ja ~ nee* (either) yes or no ★ *een dag ~ drie* two or three days ★ *een man ~ twee* a man or two, a couple of men ★ *een minuut ~ tien* ten minutes or so, about ten minutes ★ *een jaar ~ wat* a few / couple of years, several years ❷ *onderschikkend* if, whether, or ★ *het duurde niet lang ~ hij...* it didn't take long before he..., it didn't take long for him to... ★ *ik vraag me af ~ hij komt* I wonder whether / if he'll come ★ *hij is niet zo gek ~ hij weet wel wat hij doet* he is not such a fool that he doesn't know what he's about ★ *ik kom vanavond ~ ik moet verhinderd zijn* I'll come tonight unless something prevents me / something comes up ★ *ik kan hem niet zien ~ ik*

moet lachen I can't see him without laughing, I have to laugh when I see him ★ *ik zie hem nooit ~ hij heeft een stok in de hand* I never see him without a stick ❸ *vóór vergelijkingen* as if ★ *het is net ~ hij mij voor de gek houdt* it's just as if he is making a fool of me ▼ *nou en ~!* rather!, you bet!, sure! ▼ *~ ze het weten!* don't they just know it! ▼ *~ ik het me herinner?* do I remember?

offday *m* [-s] off day

offensief I *bn* offensive **II** *bijw* offensively ★ *~ optreden* act on the offensive **III** *o* [-sieven] offensive ★ *in het ~ gaan* go on the offensive ★ *tot het ~ overgaan* take the offensive

offer *o* [-s] ❶ *het offeren* offering, sacrifice ★ *een ~ brengen* make a sacrifice ★ *ten ~ brengen* sacrifice ★ *zware ~s eisen* take a heavy toll ❷ *slachtoffer* victim ★ *hij viel als het ~ van / ten ~ aan zijn driften* he fell a victim to his passions ★ *zij zijn gevallen als ~ van...* they have been the victims of...

offerande *v* [-n & -s] ❶ offering, sacrifice ❷ RK offertory, oblation

offerblok *o* [-ken], **offerbus** *v* [-sen] alms / poor box

offerdier *o* [-en] sacrificial animal

offeren *overg* [offerde, h. geofferd] offer as a sacrifice, sacrifice, offer up ★ *schaken een paard ~* sacrifice a knight

offergave *v* [-n] offering, sacrifice

offerlam *o* [-meren] sacrificial lamb

offerte *v* [-s & -n] offer, quote, quotation, bid, tender, ‹aanbod› proposal ★ *een bindende / vaste ~* a firm offer ★ *‹bij openbare aanbesteding› een gesloten ~* a sealed bid ★ *een vrijblijvende ~* a non-binding offer / quote / quotation ★ *een ~ doen voor* submit a tender / quote / quotation for, put in a bid for, make an offer for

officemanager *m* [-s] office manager

official *m* [-s] sp official

officie *o* [-s] office ★ *het Heilig Officie* the Holy Office

officieel I *bn* ❶ *ambtelijk* official ★ *een officiële feestdag* a public holiday ★ *officiële gegevens* official data / information ★ Belg *~ onderwijs* public education ★ *langs officiële weg* through official channels ★ *niet ~* unofficial ❷ *formeel* formal, ceremonial ★ *een officiële huldiging* a formal / ceremonial tribute ★ *een officiële uitnodiging* a formal invitation **II** *bijw* ❶ *ambtelijk* officially ❷ *formeel* formally, ceremonially

officier *m* [-en & -s] officer ★ scheepv *de eerste ~* the chief / first officer ★ *de ~ van administratie* the paymaster ★ *de ~ van de dag* the orderly officer ★ *de ~ van gezondheid* the army / military surgeon, the medical officer ★ *de ~ van justitie* the Public Prosecutor ★ *de plaatsvervangend ~ van justitie* the deputy public prosecutor ★ scheepv *de ~ van de wacht* the officer of the watch

officiersmess *m* [-es] ❶ officers' mess ❷ scheepv wardroom

officieus I *bn* unofficial, semi-official ★ *een officieuze* *mededeling* unofficial information ★ *een officieuze opmerking* an off-the-record remark **II** *bijw* unofficially, off the record

offline *bijw* comput off-line

offreren *overg* [offreerde, h. geoffreerd] offer ★ *een prijs ~* quote a price

offset, offsetdruk *m* offset printing

offsetdrukkerij *v* [-en] offset printers

offshore *bijw* offshore

ofschoon *voegw* although, though, even though ★ *een plausibele, ~ nogal abstracte verklaring* a plausible, albeit somewhat abstract explanation

oftewel *voegw uitleggend* or, that is

ofwel *voegw* ★ *~...,* ~ either..., or

ogen *onoverg* [oogde, h. geoogd] ❶ *eruitzien* look nice, good ★ *goed ~* look good / nice ★ *het oogt niet* it doesn't look right ❷ *lijken* look like, take after ★ *zij oogt naar haar oma* she takes after her grandmother ❸ *staren naar* eye, ogle ❹ *mikken op, streven naar* aim (at) ★ *~ op* strive for

ogenblik *o* [-ken] ❶ *kort moment* moment, second, minute, inf mo ★ *een ~!* just a moment / second &! ★ *heldere ~ken* lucid moments ★ *in een ~* in a moment ★ *in een onbewaakt ~* in an unguarded moment ★ *op dit ~, op het ~* at the moment, at present, just now ★ *op het juiste ~* at the right moment, ‹net op tijd› in the very nick of time ★ *op het laatste ~* at the (very) last minute, at the last second / instant ★ *voor een ~* for a moment / second / instant ★ *zonder een ~ na te denken* without a moment's thought ❷ *tijdstip* moment, time, minute ★ *hij kan ieder ~ komen* he could arrive any time / moment & now ★ *op dit kritieke ~* at this critical time ★ *voor het ~* for the present, for the time being

ogenblikkelijk I *bn* immediate, instantaneous ★ *geen ~ gevaar* no immediate danger **II** *bijw* immediately, directly, instantly, on the spur of the moment

ogenschijnlijk *bn* apparent, ostensible, seeming ★ *~ was alles normaal* at first sight, everything seemed normal

ogenschouw *m* ★ *iets in ~ nemen* survey sth, ‹ook v. een situatie› take stock of sth

ohm *m & o* [-s] ohm

o.i.d. *afk* (of iets dergelijks) or the like

OK *afk* (operatiekamer) operating theatre, Am operating room

oké *tsw & bn* okay, OK

oker *m* [-s] ochre

okergeel *bn* yellow ochre

okkernoot *v* [-noten] walnut

oksaal *o* [-salen] organ loft

oksel *m* [-s] armpit

okselhaar *o* [-haren] underarm hair

oktober *m* October ★ *de eerste ~, een ~* the first of October ★ *op tien ~* on the tenth of October ★ *begin / midden / eind ~* at the beginning of / in the middle of / at the end of October

oldtimer *m* [-s] *antieke auto* Old Timer, veteran / vintage car

oleander *m* [-s] oleander

olie *v* [-liën & -s] oil ★ *ruwe ~* crude oil ★ *plantaardige ~* vegetable oil ★ *in de ~ zijn* be well oiled ★ *dat is ~ op het vuur* that's adding fuel to the fire ★ *~ op de golven gieten* pour oil on troubled waters

oliebol *m* [-len] ❶ deep-fried dough ball ❷ inf nuthead, idiot

oliebron *v* [-nen] oil well

olieconcern *o* [-s] oil company

oliecrisis *v* [-crises, -crisissen] oil crisis

oliedom *bn* as dumb as an ox

oliedruk *m* ❶ oil pressure ❷ drukw oil process

olie-embargo *o* [-s] oil embargo

olie-en-azijnstel *o* [-len] cruet stand

olie-exporterend *bn* oil-exporting ★ *de ~e landen* the oil-exporting countries, the OPEC countries

oliefilter *o* [-s] oil filter

oliehoudend *bn* oil-bearing ★ *een ~e laag* an oil-bearing layer

oliejas *m & v* [-sen] oilskin coat

oliekachel *v* [-s] oil stove

olielamp *v* [-en] oil lamp

oliemaatschappij *v* [-en] oil company

oliën *overg* [oliede, h. geolied] oil, lubricate

olieprijs *m* [-prijzen] oil price, price of oil

olieproducerend *bn* oil-producing ★ *de ~e landen* the oil-producing countries, the OPEC countries

olieraffinaderij *v* [-en] oil refinery

olieramp *v* [-en] oil spill

oliesel *o* extreme unction ★ *het laatste ~ ontvangen* receive extreme unction ★ *het heilig ~ toedienen* administer the last rites

olietanker *m* [-s] oil tanker

olieveld *o* [-en] ❶ oil field ❷ *op water* oil slick

olieverf *v* [-verven] oil paint, oil colour/Am color ★ *in ~* in oils ★ *met ~ schilderen* paint in oils

olieverfschilderij *o & v* [-en] oil painting

olievervuiling *v* oil slick

olievlek *v* [-ken] ‹vlek› oil stain, ‹op (zee)water› oil slick ★ fig *zich als een ~ uitbreiden* spread unchecked

oliewinning *v* oil production

olifant *m* [-en] elephant

olifantshuid *v* [-en] elephant skin ★ *een ~ hebben* be thick-skinned

oligarchie *v* oligarchy

olijf I *v* [olijven] *vrucht* olive **II** *m* [olijven] *boom* olive tree

Olijfberg *m* Mount of Olives

olijfboom *m* [-bomen] olive tree

olijfgroen *bn* olive-green

olijfolie *v* olive oil

olijftak *m* [-ken] olive branch

olijk *bn* roguish

olijkheid *v* roguishness

olm *m* [-en] elm

olympiade *v* [-n & -s] ❶ hist Olympiad ❷ *Olympische*

Spelen Olympics, Olympic Games

olympisch *bn* Olympic ★ ~ *goud* Olympic gold ★ *de Olympische spelen* the Olympic Games ★ *een ~e kalmte bewaren* maintain an Olympian / a superhuman calm

OM *afk en o* (Openbaar Ministerie) Public Prosecutor

om I *voorz* ❶ om... *heen* (a)round ★ *ze zaten ~ de tafel* they sat (a)round the table ❷ *omstreeks* (a)round, about ★ *hij is ~ en nabij de vijftig* he is (a)round / about fifty ❸ *te* at ★ ~ *11 uur* at 11 (o'clock) ❹ *periodiek na* every ★ ~ *de andere dag* every other / second day ★ ~ *de andere vrijdag* on alternate Fridays ❺ *in ruil voor* for ★ ~ *niet* for nothing, free, gratis ❻ *wegens* for, because of, on account of ★ ~ *deze reden* for this reason ❼ *wat betreft* for ★ ~ *mij hoeft het niet* you don't have to do it for me, as far as I'm concerned it's not necessary ❽ *teneinde* (in order) to, so as to ★ *er is een visum nodig ~ het land binnen te komen* in order to enter the country you need to get a visa ▼ *het was niet ~ uit te houden* it was unbearable ▼ *zij schreeuwden ~ het hardst* they shouted at the top of their voices **II** *bn* ❶ *voorbij* over, up, finished ★ *het jaar is ~* the year is over ★ *de tijd is ~* time is up ★ *mijn tijd is ~* my time has expired ★ *mijn verlof is ~* my leave is up ★ *eer de week ~ is* before the week is out ❷ *een omweg* roundabout ★ *dat is wel ~* it's a roundabout / circuitous way ❸ *omgepraat* come (a)round ★ *mijn ouders zijn ~* my parents have agreed, my parents have come (a)round ❹ *v. richting veranderd* turned **III** *bijw* ❶ *ergens omheen* (a)round, about, on ★ ‹v. kledingstuk› ~ *hebben* have on ★ *ze deden het buiten mij ~* they did it without my knowledge ★ *een eindje ~ gaan* take a stroll ★ *de hoek ~* (a)round the corner ★ *wij doen dat ~ en ~* we do it alternatively ❷ *m.b.t. doel* about ★ *waar gaat het ~?* what's it (all) about? ▼ *'m ~ hebben* be drunk

---

om

kan vaak (vooral in samenstellingen) worden vertaald met **round** of **around**. In Brits Engels wordt **round** gebruikt voor een duidelijke, definitieve beweging en **around** in omstandigheden waar de beweging niet zo duidelijk is. Amerikaans en Australisch Engels gebruiken in beide gevallen **around**; **round** wordt daar als te informeel beschouwd, behalve in een paar vaste uitdrukkingen zoals **all year round**, waar het geen vertaling is van **om** maar van **rond**.

---

oma *v* ['s] grandmother, <u>inf</u> grandma, granny

Oman *o* Oman

omarmen *overg* [omarmde, h. omarmd] ❶ embrace, hug ❷ <u>fig</u> embrace / greet / accept with open arms

omarming *v* [-en] embrace, hug

ombinden *overg* [bond om, h. omgebonden] tie on / (a)round ★ *een das ~* put on a tie

omblazen *overg* [blies om, h. omgeblazen] blow down / over

ombouw *m* surround(s), casing, housing

ombouwen *overg* [bouwde om, h. omgebouwd] convert, make alterations, alter, ‹verbouwen› rebuild, ‹v. een zin› rephrase, recast

ombrengen *overg* [bracht om, h. omgebracht] ❶ kill, murder ❷ *bezorgen* bring (a)round

ombudsman *m* [-nen] ombudsman

ombuigen I *overg* [boog om, h. omgebogen] ❶ *verbuigen* bend ❷ *zich buigen* bend over ❸ *veranderen* <u>fig</u> alter, change ★ *het beleid ~* restructure one's policy, change one's course ❹ *bezuinigen* <u>fig</u> cut down on (government) expenditure, rationalize **II** *onoverg* [boog om, is omgebogen] bend

ombuiging *v* [-en] ❶ *het ombuigen* bending, alteration, change ❷ *bezuiniging* restructuring, reorganization, rationalization ❸ *v. beleid* change of policy

omcirkelen *overg* [omcirkelde, h. omcirkeld] circle, ring, surround ★ *het juiste antwoord ~* circle the right answer ★ *omcirkeld door zijn bewakers* surrounded / ringed by his guards

omdat *voegw* ❶ because, as ❷ *doordat* <u>inf</u> because

omdoen *overg* [deed om, h. omgedaan] put on, ‹v. veiligheidsriem› fasten ★ *een sjaal ~* put on a scarf

omdopen *overg* [doopte om, h. omgedoopt] rename, <u>rel</u> rebaptize ★ *wij hebben onze boot omgedoopt tot Charlotte* we've renamed our boat Charlotte

omdraaien I *overg* [draaide om, h. omgedraaid] turn over, turn (around / round) ★ *het hoofd ~* turn one's head ★ *zijn polsen ~* twist his wrists ★ *iem. de nek ~* wring sbd's neck ★ *de situatie ~* reverse the situation ★ *er zijn hand niet voor ~* think nothing of it **II** *onoverg* [draaide om, is omgedraaid] ❶ turn (around / round) ★ *het hart draait mij om in mijn lijf* it turns my stomach ❷ *v.d. wind* turn, change, swing (a)round ❸ *in politiek & swing* / shift / veer (a)round **III** *wederk* [draaide om, h. omgedraaid] ★ *zich ~* ‹staande› turn round, ‹liggende› turn over

omduwen *overg* [duwde om, h. omgeduwd] knock over, ‹bewust› push over

omega *v* ['s] omega

omega 3 *het* omega-3 fatty acid

omega 6 *het* omega-6 fatty acid

omelet *v* [-ten] omelet(te)

omen *o* [omina] omen

omfloerst *bn* shrouded, veiled, muffled ★ ‹door tranen› *met ~e blik* with misty eyes ★ *met ~e stem* in a muffled voice

omgaan *onoverg* [ging om, is omgegaan] ❶ *rondgaan* go about / (a)round ★ *een eindje ~* take a walk, go for a stroll ★ *een heel eind ~* go a long way around ★ *een hoek ~* turn a corner ❷ *verkeren met* go about with ★ *met iem. ~* associate with sbd, mix with sbd, keep company with sbd, <u>inf</u> rub elbows with sbd ★ *ik ga niet veel met hen om* I don't see much of them ★ *vertrouwelijk met iem. ~* be on familiar terms with sbd ❸ *omspringen met* handle ★ *met iets ~* handle sth ★ *goed met kinderen ~* be good with children ★ *ik weet (niet) met hem om te gaan* I (don't) know how to manage him ❹ *veel verrichten* come out with, deal out ★ *met leugens ~* be a liar ❺ *voorbijgaan* pass (by) ★ *de dag is gauw omgegaan* the day has passed (by) quickly ❻ *gebeuren* happen, go on ★ *dat gaat buiten mij om* I have nothing to do with it ★ *er gaat veel om in die zaak* they're doing a roaring business ★ *er gaat tegenwoordig niet veel om in de handel* there's not much doing (in business) at present ★ *wat er in hem omging* what his feelings were, what was going on in his mind ❼ *omvallen* fall over, be / get knocked over ★ *pas op: straks gaat de lamp om* you'll knock the lamp over if you're not careful ❽ *wijken voor iemand* inf go / get out of the way ★ *hij gaat voor niemand om* he wouldn't go out of the way for anybody ❾ *overstag gaan* change one's mind, swing around

omgaand, **ommegaand** *bn* ★ *per ~e / ommegaande* by return (of post)

omgang *m* ❶ *verkeer* contact, (social / sexual) intercourse, association ★ *~ hebben met* have social contact with, go about with, be a companion to, associate with ★ *(geslachtelijke) ~ hebben met* have sex with ★ *aangenaam in de ~* pleasant company ❷ *optocht* [-en] procession ❸ *v. wiel* [-en] rotation ❹ *v. toren* [-en] gallery

omgangsregeling *v* [-en] ± parental access arrangements

omgangstaal *v* colloquial language ★ *in de ~* in everyday speech, colloquially

omgangsvorm *v* [-en] manners, etiquette

omgekeerd I *bn* ❶ *omgedraaid* turned (up) ❷ *ondersteboven* turned upside down ★ *dat is de ~e wereld* that's putting things upside down ❸ *omgeslagen* turned over ❹ *binnenstebuiten* inside out ❺ *verwisseld, achterstevoren* back to front, reverse ❻ *v. leestekens* inverted ❼ *tegenovergesteld* opposite to ★ *precies ~* the other way (a)round / about, just / quite the reverse / opposite ★ *in het ~e geval* in the reverse / opposite case **II** *bijw* conversely ★ *zijn trui ~ aanhebben* wear one's pullover back to front ★ *en ~* and conversely / vice versa ★ *~ evenredig (met)* inversely proportional (to) **III** *o* ★ *het ~e* the reverse ★ *het ~e van beleefd* the opposite to / the reverse of polite ★ wisk *het ~e van een stelling* a converse theorem

omgeven I *overg* [omgaf, h. omgeven] surround, encircle, encompass ★ *zich ~ met* surround oneself with **II** *bn* ★ *~ met* surrounded with

omgeving *v* ❶ *omstreken* surroundings, environs, environment ★ *in de ~ van* in the neighbourhood of ★ *in mijn ~* among my acquaintances ★ *een schilderachtige ~* picturesque surroundings ❷ *nabijheid* neighbourhood, vicinity ★ *iem. uit zijn (naaste) ~* sbd from one's immediate vicinity

omgeving
wordt o.m. vertaald als **environment**, **surroundings** of **environs**. De laatste twee woorden bestaan alleen in het meervoud; a *surrounding of an *environ komen niet voor.

omgooien *overg* [gooide om, h. omgegooid] ❶ *omvergooien* knock over, upset, overturn ❷ *andere richting geven* change (around) ★ *het plan ~* change / alter the plan ❸ *v. kleding* throw on ❹ techn reverse

om'gorden[1] *overg* [omgordde, h. omgord] *met een gordel omgeven* fasten

'omgorden[2] *overg* [gordde om, h. omgegord] *om heupen vastmaken* fasten on

omhaal *m* ❶ *drukte* ceremony, fuss ★ *met / zonder veel ~* with / without much ceremony ❷ *omslachtigheid* circumlocution ★ *met veel ~ van woorden* with a lot of beating about the bush ❸ sp overhead kick ★ *een achterwaartse ~* a bicycle kick ❹ *krul* flourish

omhakken *overg* [hakte om, h. omgehakt] cut down, chop down, fell

omhalen *overg* [haalde om, h. omgehaald] ❶ *neerhalen* pull / bring down ❷ *wenden v. schip* bring round ❸ sp kick overhead

'omhangen[1] *overg* [hing om, h. omgehangen] hang over / on / (a)round ★ *iem. een medaille ~* hang a medal (a)round sbd's neck ★ mil *wapens ~* sling arms

om'hangen[2] *overg* [omhing, h. omhangen] hang, cover ★ *~ met lof* cover / surround with praise

omheen *bijw* about, (a)round about ★ *er niet ~ kunnen* not be able to get around it ★ *er ~ draaien* talk (a)round sth, beat about the bush

omheinen *overg* [omheinde, h. omheind] fence in / (a)round / off, enclose

omheining *v* [-en] fence, enclosure

omhelzen *overg* [omhelsde, h. omhelsd] embrace, hug, ook fig espouse, ‹omvatten› clasp ★ *een godsdienst ~* espouse a religion

omhelzing *v* [-en] embrace, hug, fig espousal

omhoog *bijw* ❶ (up) in the air ★ *handen ~!* hands up! ★ *hoofd ~!* head up! ★ *naar ~* up(wards) ★ *van ~* from above ❷ *naar boven* up(wards)

omhooggaan *onoverg* [ging omhoog, is omhooggegaan] go up(wards), rise, ascend ★ *de kosten gaan omhoog* the costs are rising

omhooghouden *overg* [hield omhoog, h. omhooggehouden] hold up

omhoogschieten I *overg* [schoot omhoog, h. omhooggeschoten] shoot up(wards) **II** *onoverg* [schoot omhoog, is omhooggeschoten] ❶ *snel omhooggaan* shoot up, skyrocket, soar ❷ *snel groeien* shoot up

omhoogtrekken *overg* [trok omhoog, h. omhooggetrokken] pull up(wards)

omhoogvallen *onoverg* [viel omhoog, is

omhooggevallen] iron earn quick but undeserved promotion ★ *hier werken alleen maar omhooggevallen huisvrouwtjes* the place is solely staffed by glorified housewives

omhoogwerken *wederk* [werkte omhoog, h. omhooggewerkt] ★ fig *zich ~* work one's way up

omhoogzitten *onoverg* [zat omhoog, h. omhooggezeten] ❶ scheepv run aground, be stranded ❷ fig be in trouble, be stuck ★ *zij zit er lelijk mee omhoog* she's in a right spot of bother with / over it

omhouden *overg* [hield om, h. omgehouden] keep on

omhullen *overg* [omhulde, h. omhuld] envelop, wrap, fig shroud

omhulsel *o* [-s] covering, casing, ‹v. graan &› hull, ‹v. zaadje› husk, ‹v. peulvrucht &› pod ★ *het stoffelijk ~* the mortal remains

omineus *bn* ominous

omissie *v* [-s] omission

omkappen *overg* [kapte om, h. omgekapt] cut / chop down, fell

omkeerbaar *bn* reversible ★ *die stelling is niet ~* the theorem cannot be reversed

omkeren I *overg* [keerde om, h. omgekeerd] ❶ *omdraaien* turn ‹a card, one's coat›, turn up ‹a card› ★ *zich ~* turn (a)round ❷ *omslaan* turn over ‹the hay, a leaf› ❸ *ondersteboven* turn ‹a box &› upside down ❹ *binnenstebuiten* turn out ‹one's pockets› ❺ *omzetten* invert ‹commas &› ❻ *terugdraaien, verwisselen* reverse ‹a motion, the order› ★ *de rollen zijn omgekeerd* the roles are reversed ★ *de zaken zijn omgekeerd* things have become twisted ❼ *veranderen* convert ‹a proposition› **II** *onoverg* [keerde om, is omgekeerd] turn back, fig shift / swing (a)round

omkering *v* [-en] ❶ *het omkeren* reversal ★ *~ van de bewijslast* reversal of the burden of proof ❷ *het veranderen* conversion

omkiepen I *overg* [kiepte om, h. omgekiept], **omkieperen** [kieperde om, h. omgekieperd] tip over **II** *onoverg* [kiepte om, is omgekiept], **omkieperen** [kieperde om, is omgekieperd] topple / tip over

omkijken *onoverg* [keek om, h. omgekeken] ❶ look back, look ‹a)round ❷ *aandacht besteden* worry / bother about ★ *~ naar iets* worry / bother about sth ★ *hij kijkt er niet meer naar om* he doesn't bother about it any more ★ *je hebt er geen ~ naar* it needs no looking after, it looks after itself

om'kleden¹ *overg* [omkleedde, h. omkleed] formuleren couch ★ *hij wist zijn idee zo te ~ dat...* he managed to couch his idea in such a way that... ★ *het voorstel met redenen ~* give reasons for / justify the proposal

'omkleden² *wederk* [kleedde om, h. omgekleed] change (one's clothes)

omklemmen *overg* [omklemde, h. omklemd] clasp, hug ★ *iem. met zijn armen ~* clasp sbd in one's arms ★ *een tas ~* clasp a bag tightly

omkomen *onoverg* [kwam om, is omgekomen] ❶ *om het leven komen* die, dicht perish ★ *van honger ~* starve to death ❷ *voorbijgaan* come to an end ★ *de dag kwam maar niet om* the day dragged on and on

omkoopbaar *bn* bribable, open to bribery

omkoopschandaal *o* [-dalen] bribery scandal

omkopen *overg* [kocht om, h. omgekocht] bribe, buy off, corrupt ‹the jury›, inf grease / oil sbd's palm ★ *zich laten ~* accept a bribe

omkoperij *v* bribery, corruption

omkoping *v* [-en] bribery, corruption

omkransen *overg* [omkranste, h. omkranst] wreathe

omlaag *bijw* ❶ below, down ★ *naar ~* down ★ *van ~* down, from below ❷ *naar beneden* down(wards)

omlaagduwen *overg* [duwde omlaag, h. omlaaggeduwd] push / press / force down

omlaaggaan *onoverg* [ging omlaag, is omlaaggegaan] go down

omlaaghalen *overg* [haalde omlaag, h. omlaaggehaald] ❶ bring down ❷ fig run down, ‹v. naam› drag down ★ *zichzelf ~* run / put oneself down

omleggen *overg* [legde om, h. omgelegd] ❶ *omheen leggen* surround with ★ *een verband ~* apply a bandage, put a bandage on, bandage ❷ *ondersteboven leggen* turn over ★ *een schip ~* overturn a boat ❸ *ander verloop geven* change course ★ *een weg ~* re-route / divert a road ★ *het roer ~* shift the helm ❹ *doden* kill, murder

omlegging *v* [-en] diversion, detour

omleiden *overg* [leidde om, h. omgeleid] divert, re-route

omleiding *v* [-en] diversion, detour

omliggend *bn* surrounding

omlijnen *overg* [omlijnde, h. omlijnd] outline ★ *duidelijk / scherp omlijnd* clear-cut

omlijsten *overg* [omlijstte, h. omlijst] frame

omlijsting *v* [-en] ❶ *het omlijsten* framing ❷ *lijst* frame, framework ❸ fig setting ★ *met muzikale ~* with musical accompaniment

omloop *m* [-lopen] ❶ *verspreiding* circulation ★ *de ~ van het bloed* blood circulation ★ *aan de ~ onttrekken* withdraw from circulation ★ *in ~ brengen* ‹v. geld› circulate, put into circulation, ‹v. gerucht› spread ★ *in ~ zijn* ‹v. geld› be in circulation, ‹v. gerucht› be abroad, be current ❷ *omwenteling* revolution, rotation ★ *de ~ van de aarde rond de zon* the orbit of the earth around the sun ❸ *v. toren* gallery ❹ *parcours* sp track ❺ *wielerronde* ZN cycle race

omloopsnelheid *v* [-heden] ❶ *v. geld &* turnover rate / ratio ★ *de ~ van geld* the velocity of money (circulation) ★ *de ~ van voorraden* the velocity of stock turnover ❷ *v. hemellichamen* orbital velocity ❸ *doorstroomsnelheid* rate of circulation ❹ techn speed

omlooptijd *m* [-en] *v. geld &* rotation / turnover time ★ *de ~ van crediteuren* the average term of credit received ★ *de ~ van debiteuren* the average term of

om

credit allowed ★ *de ~ van voorraden* the stock / inventory turnover period

omlopen I *onoverg* [liep om, h. en is omgelopen] ❶ *rondlopen* walk (a)round / about, go for a stroll ★ *een straatje ~* go for a little walk ❷ *een omweg maken* go (a)round, make a detour ★ *we lopen wel even om* we'll go (a)round the back ▼ *de wind loopt om* the wind is shifting **II** *overg* [liep om, h. omgelopen] *omverlopen* knock / run down, knock / run over

ommekeer *m* turnabout, reversal, revolution, about-face ★ *een plotselinge ~ in zijn gedrag* a sudden behavioural change ★ *een grote ~ teweegbrengen in ons dagelijkse leven* revolutionize our daily life

ommetje *o* [-s] turn, stroll ★ *een ~ maken* take a stroll, go for a walk

ommezien *o* ★ *in een ~* in a minute, in no time, *inf* in a jiffy

ommezij, **ommezijde** *v* [-zijden] reverse side, other side, back ★ *aan ~* overleaf, on the back ★ *zie ~* please turn over, P.T.O., see overleaf

ommezwaai *m* [-en] turn around, revolution, ‹v. richting› turnabout, U-turn ★ *een ~ in het politiek beleid* a policy reversal

ommuren *overg* [ommuurde, h. ommuurd] wall in, surround ★ *een ommuurde tuin* a walled garden

omnibus *m & v* [-sen] *boekwerk* omnibus

omnipresent *bn* omnipresent

omnium *o & m* [-s] ❶ *wielerwedstrijd* omnium ❷ *wedren voor paarden* horse race ❸ *allriskverzekering* Belg comprehensive insurance ★ *~ verzekeren* insure oneself comprehensively

omnivoor *m* [-voren] omnivore

omploegen *overg* [ploegde om, h. omgeploegd] plough/Am plow (up)

ompraten *overg* [praatte om, h. omgepraat] talk (a)round / over, persuade ★ *hij wilde me ~* he wanted to talk me into / out of it ★ *zich laten ~* give in

omranden *overg* [omrandde, h. omrand] rim, edge

omrekenen *overg* [rekende om, h. omgerekend] convert (to / into) ★ *ponden ~ in euro's* convert pounds into euros

omrekening *v* [-en] conversion

omrekeningskoers *m* [-en] *eff* exchange rate

omrijden I *overg* [reed om, h. omgereden] ❶ *rondrijden* ride / drive (a)round ❷ *omverrijden* knock / run down **II** *onoverg* [reed om, h. en is omgereden] ❶ *rondrijden* ride / drive (a)round ❷ *een omweg nemen* make a detour, take a roundabout route

omringen *overg* [omringde, h. omringd] surround, encircle, enclose ★ *zich ~ met* surround oneself with

omroep *m* broadcasting corporation / network ★ *de publieke ~* the national station

omroepbestel *o* broadcasting system

omroepbijdrage *v* [-n] broadcasting licence/Am license fee

omroepblad *o* [-bladen] TV and radio guide

omroepen *overg* [riep om, h. omgeroepen] ❶ broadcast, announce ❷ *oproepen* call, page ★ *iems. naam laten ~* page sbd ❸ *dicht* cry, announce

omroeper *m* [-s] ❶ RTV announcer, broadcaster, ‹vrouw› lady announcer ❷ *hist* (town) crier

omroepvereniging *v* [-en] broadcasting corporation

omroeren *overg* [roerde om, h. omgeroerd] stir

omruilen *overg* [ruilde om, h. omgeruild] exchange, change, inf swap, ‹v. een auto &› trade in

omschakelen *onoverg en overg* [schakelde om, h. omgeschakeld] ❶ change / switch over ★ *~ naar* switch to ❷ *aanpassen* readjust, convert

omschakeling *v* [-en] changeover, switch, shift

omscholen *overg* [schoolde om, h. omgeschoold] retrain, re-educate ★ *zich laten ~* be retrained ★ *zij liet zich ~ tot...* she retrained to be a...

omscholing *v* [-en] retraining, re-education

omscholingscursus *m* [-sen] retraining course

omschrijven *overg* [omschreef, h. omschreven] ❶ *definiëren* define, specify ★ *de werkprocessen zijn niet duidelijk omschreven* the work processes are not clearly spelt out / specified ★ *een moeilijk te ~ begrip* a concept which is hard to define ★ *in alle boven omschreven gevallen* in all the above-mentioned cases ❷ *beschrijven* describe, characterize ★ *critici ~ hem als...* he has been characterized / described by the critics as... ❸ *in meetkunde* circumscribe

omschrijving *v* [-en] ❶ *definitie* definition, specification ❷ *beschrijving* description, characterization ❸ *in meetkunde* circumscription

omsingelen *overg* [omsingelde, h. omsingeld] ❶ surround ★ *de school werd omsingeld door ME'ers* the school was surrounded by the riot police ★ *ze werden omsingeld door de politie en aangehouden* they were rounded up by the police and arrested ❷ *belegeren* besiege ★ *een stad ~* besiege a city

omsingeling *v* [-en] ❶ siege ★ *de ~ doorbreken* raise the siege ❷ *handeling* encircling, surrounding, ‹v. fort› besiegement, ‹v. criminelen› rounding up

omslaan I *overg* [sloeg om, h. omgeslagen] ❶ *omver* knock over ❷ *naar beneden* turn down ★ *de kraag ~* turn down the collar ❸ *omhoog* turn up ★ *de broekspijpen ~* turn up the trousers ❹ *omkeren* turn (over) ★ *een bladzijde ~* turn a page (over) ❺ *om lichaam* throw on / (a)round ❻ *gelijkelijk verdelen* apportion, divide (*over* among) **II** *onoverg* [sloeg om, is omgeslagen] ❶ *omgaan* go / turn ★ *de hoek ~* go (a)round the corner ❷ *omverslaan* overturn, (be)upset, capsize ★ *het rijtuig sloeg om* the carriage overturned ★ *de boot sloeg om* the boat capsized ❸ *v. paraplu* be blown inside out ❹ *v. weer* turn, change, break ★ *het weer is omgeslagen* ‹naar slecht weer› the weather has taken a turn for the worse, ‹naar mooi weer› the weather has taken a turn for the better ❺ *v. opinie & veer* / swing (a)round

omslachtig I *bn* laborious, time-consuming ‹process,

om

procedure›, long-winded, wordy ‹speaker›, lengthy ‹story›, roundabout ‹method› **II** *bijw* laboriously, in a time-consuming & way

omslag I *m & o* [-slagen] ❶ *v. boek* cover, wrapper, ‹stofomslag› jacket ❷ *v. brief* envelope ❸ *rand v. mouw* cuff ❹ *rand v. broek* turn-up ❺ med compress ❻ techn brace **II** *m* ❶ *drukte* ceremony, fuss, ado, to-do ★ *zonder veel ~* without much ado ❷ *verandering v.h. weer* break (in the weather) ❸ *verdeling* apportionment ★ *een hoofdelijke ~* a head tax ❹ *v. woorden* long-windedness, wordiness, beating about the bush

omslagartikel *o* [-en] cover story

omslagboor *v* [-boren] brace and bit

omslagdoek *m* [-en] shawl, wrap

omsluiten *overg* [omsloot, h. omsloten] enclose, encircle, surround, encompass

omsmelten *overg* [smolt om, h. omgesmolten] melt down

omspannen *overg* [omspande, h. omspannen] ❶ *v. tijd* span ❷ *v. kleren &* be wrapped (a)round, be stretched over ★ *het badpak omspande haar lijf* the swimsuit clung to her body

omspitten *overg* [spitte om, h. omgespit] turn over, ‹v. tuin› dig up

'omspoelen[1] *overg* [spoelde om, h. omgespoeld] ❶ rinse (out), wash out ❷ *v. film &* rewind

om'spoelen[2] *overg* [omspoelde h. omspoeld] wash / lap (a)round

omspringen *onoverg* [sprong om, h. omgesprongen] deal with, handle ★ *royaal / zuinig met iets ~* be free / sparing with sth ★ *onzorgvuldig met iets ~* handle / deal with / treat sth carelessly

omstander *m* [-s] bystander, ‹toeschouwer› onlooker, spectator

omstandig I *bn* detailed, elaborate **II** *bijw* elaborately, minutely

omstandigheid *v* [-heden] ❶ circumstance ★ *zijn omstandigheden* his circumstances (in life) ★ *zijn geldelijke omstandigheden* his financial position / situation / circumstances ★ *de maatschappelijke omstandigheden* social conditions ★ jur *verzachtende omstandigheden* extenuating / mitigating circumstances ★ jur *verzwarende omstandigheden* aggravating circumstances ★ *in de gegeven omstandigheden* in / under the (given) circumstances ★ *...naar omstandigheden wel* ...fine, considering the circumstances ★ *onder geen enkele ~* on no account ★ *tegen de omstandigheden opgewassen zijn* be equal to / rise to the occasion ★ *wegens omstandigheden gesloten* closed due to unforeseen circumstances ❷ *uitvoerigheid* elaborateness, detail

omstoten *overg* [stootte of stiet om, h. omgestoten] knock over

omstreden *bn* ❶ controversial ★ *een ~ politicus* a controversial politician ★ *een ~ kwestie* a controversial question ❷ *v. grondgebied* disputed, contested

omstreeks I *bijw ongeveer* about, approximately, roughly ★ *de gemiddelde prijs bedraagt ~ duizend euro* the average price is in the vicinity of one thousand euros **II** *ongeveer* (a)round, (round) about ★ *~ de jaarwisseling* (a)round the turn of the year, (round) about the turn of the year ❷ *in de buurt van* near, in the vicinity / neighbourhood of ★ *ze zullen nu ~ Parijs zijn* they must be close to / near Paris now

omstreken *zn* [mv] environs, neighbourhood ★ *Utrecht en ~* Utrecht and environs

omstrengelen *overg* [omstrengelde, h. omstrengeld] ❶ twine / wind / twist (a)round ❷ *omhelzen* embrace, hug, entwine ★ *iem. ~* embrace / hug sbd, entwine oneself (a)round sbd

omstrengeling *v* [-en] clasp, grasp, embrace

omtoveren *overg* [toverde om, h. omgetoverd] transform ★ *de garage was in een studeerkamer omgetoverd* the garage had been transformed into a study

omtrappen *overg* [trapte om, h. omgetrapt] kick over / down

omtrek *m* [-ken] ❶ *contouren* contour, outline, ‹tegen de horizon› silhouette, skyline ★ *iets in ~ schetsen* outline sth ❷ *omvang* ‹v. lichaam› girth, ‹v. stuk land› size, extent ❸ *omstreken* surroundings, surrounding area, environs, vicinity ★ *in de ~ van* in the vicinity of ★ *... mijlen in de ~* for... miles (a)round, within... miles ★ *tot 20 kilometer in de ~* within a radius of 20 kilometres ★ wisk perimeter, ‹v. cirkel› circumference ★ *in ~* in circumference

omtrekken I *overg* [trok om, h. omgetrokken] ❶ *omhalen* pull down ❷ *v. figuur* trace, outline, circumscribe **II** *onoverg* [trok om, is omgetrokken] *rondtrekken* circumscribe, outline

omtrekkend *bn* outflanked ★ *een ~e beweging maken* outflank

omtrent I *bijw* about, near, approximately, in the vicinity / region of ★ *~ 100 euro* about 100 euros **II** *voorz* ❶ *nabij* near, in the vicinity of, close to ❷ *betreffende* about, concerning, with regard to

omturnen *overg* [turnde om, h. omgeturnd] turn / bring (a)round ★ *iem. ~* persuade sbd to change his mind

omvallen *onoverg* [viel om, is omgevallen] fall over / down, turn over ★ *de wagen is omgevallen* the car has fallen on its side / has toppled over ★ *zij vielen haast om van het lachen* they fell about laughing ★ *je valt om van de prijzen* the prices are staggering ★ *hij viel bijna om van verbazing* you could have knocked him down with a feather, he was bowled over / thunderstruck ★ *ik val om van de slaap* I'm dead tired

omvang *m* ❶ *omtrek* girth, circumference ❷ *uitgestrektheid* ook fig area, extent, scale, size ❸ *grootte* dimensions, size, volume, scale, extent ★ *de ~ van de ramp is nog niet duidelijk* the magnitude of the catastrophe is not yet clear ★ *van* *beperkte* ~ of limited size, limited in size ★ *de ~ van het perceel* the size of the land, the land's dimensions ❹ *muz* range, register, reach

omvangrijk *bn* sizeable, extensive, of large proportions ★ *een ~e kennis van iets hebben* have extensive / wide knowledge of sth ★ *een ~e tuin* a large garden ★ *een ~ onderzoek* an extensive examination / investigation

omvatten *overg* [omvatte, h. omvat] ❶ *omsluiten* enclose, encircle, encompass, embrace ❷ *m.b.t. tijd, ruimte* span ❸ *inhouden* comprise, encompass, include, cover

omver *bijw* down, over

omverblazen *overg* [blies omver, h. omvergeblazen] blow down

omverduwen *overg* [duwde omver, h. omvergeduwd] push over

omvergooien *overg* [gooide omver, h. omvergegooid] ❶ knock / bowl over ❷ *fig* overthrow, upset

omverlopen *overg* [liep omver, h. omvergelopen] run / knock over, run / knock down ★ *hij liep me zo omver* he knocked me off my feet

omverstoten *overg* [stootte omver, h. omvergestoten] push over

omverwerpen *overg* [wierp omver, heeft omvergeworpen] knock over, upset ‹a glass›, overturn ‹a plan›, *fig* overthrow, topple, ‹v. e. theorie› refute ★ *de regering ~* overthrow / topple the government

omvliegen I *onoverg* [vloog om, h. omgevlogen] *rondvliegen* fly (a)round **II** *onoverg* [vloog om, is omgevlogen] *v. tijd* fly by / past, pass

omvormen *overg* [vormde om, h. omgevormd] transform, remodel, convert

omvouwen *overg* [vouwde om, h. omgevouwen] fold down / over, turn down

omwaaien I *onoverg* [waaide/woei om, is omgewaaid] be blown over / down **II** *overg* [waaide/woei om, h. omgewaaid] blow down

omweg *m* [-wegen] ❶ roundabout way, detour ★ *een hele ~* a long way about ★ *een ~ maken* make a detour ★ *langs een ~* by a circuitous route, by a roundabout way ★ *fig langs ~en* indirectly, in a roundabout way ❷ *v. woorden* roundabout / indirect manner ★ *zonder ~en* without beating about the bush

omwenteling *v* [-en] ❶ *draaiing* revolution, rotation, gyration, ‹v. satelliet &› orbit ❷ *revolutie* revolution, upheaval ★ *een ~ teweegbrengen in* revolutionize, bring about a change in ❸ *wisk* rotation

omwentelingsas *v* [-sen] axis of rotation

omwentelingssnelheid *v* [-heden] velocity / speed of rotation

omwentelingstijd *m* [-en] period / time of rotation / revolution

omwerken *overg* [werkte om, h. omgewerkt] ❶ *veranderen* remodel, refashion, recast, redraft, reword, rewrite ❷ *omploegen* plough/Am plow, turn over

omwerpen *overg* [wierp om, h. omgeworpen] form knock over, knock down

'omwikkelen[1] *overg* [wikkelde om, h. omgewikkeld] wrap

om'wikkelen[2] *overg* [omwikkelde, h. omwikkeld] wrap (a)round

omwille *bijw* ★ *~ van* because of, for the sake of ★ *~ van mijn moeder* for my mother's sake ★ *~ van mijn rugklachten blijf ik thuis* I have to stay at home because of my back trouble, my back trouble keeps me at home

omwisselen I *overg* [wisselde om, h. omgewisseld] change, exchange ★ *geld ~* change money ★ *iets ~ tegen / voor iets anders* exchange sth for sth else **II** *onoverg* [wisselde om, is omgewisseld] *v. plaats* change/inf swap places

omwonend *bn* neighbouring, surrounding

omwonenden *zn* [mv] neighbours, people living in the neighbourhood

omzagen *overg* [zaagde om, h. omgezaagd] saw down

'omzeilen[1] **I** *onoverg* [zeilde om, h. omgezeild] ❶ *omweg maken* sail (a)round ❷ *rondzeilen* sail about **II** *overg* [zeilde om, h. omgezeild] *omverzeilen* sail down

om'zeilen[2] *overg* [omzeilde, h. omzeild] ❶ *zeilen om* sail (a)round ★ *een klip ~* sail (a)round a rock ❷ *fig* skirt, bypass ★ *moeilijkheden ~* get round / circumvent / sidestep the difficulties, steer clear of the difficulties

omzet *m* [-ten] turnover, sales, revenue ★ *de wekelijkse ~* the weekly turnover ★ *er is weinig ~* there is little turnover ★ *kleine winst bij vlugge ~* small profits and quick returns

omzetbelasting *v* sales / turnover / sales tax

omzetcijfers *zn* [mv] sales figures

omzetdaling *v* [-en] drop / decline in sales / turnover

omzetsnelheid *v* turnover rate

omzetstijging *v* [-en] increase in sales / turnover

omzetten *overg* [zette om, h. omgezet] ❶ *anders zetten* change position, ‹v. letters & muziek› transpose ★ *woorden ~* change the position of the words, change the sentence order ❷ *veranderen in iets anders* change (into), transform (into), convert (into) ★ *woorden in daden ~* translate words into action ★ *chem in een andere stof ~* convert into another substance ★ *de zaak in een nv ~* turn / convert the business into a public limited company ❸ *techn* reverse, ‹v. hendel› shift ❹ *handel* turn over, sell ★ *hij zet voor 100.000 pond om* his turnover is 100,000 pounds

omzetting *v* [-en] ❶ *in iets anders* conversion, transformation, ‹vertaling› translation, ‹v. muziek, een term / woord› transposition ❷ *v. de volgorde van woorden* inversion ❸ *v. een motor* reversal

omzichtig *bn* cautious, circumspect

omzichtigheid *v* cautiousness, caution, circumspection

omzien I *onoverg* [zag om, h. omgezien] **❶** *v. kijken* look back, ‹rondkijken› look (a)round, ‹uitkijken› look out ★ ‹zoeken naar› ~ *naar iem / iets* look out for sbd / sth **❷** *zorgen voor* look after ★ ~ *naar iem.* look after sbd ★ *niet ~ naar de kinderen* neglect the children ★ *niet ~ naar zijn zaken* not attend to / be negligent of one's affairs **II** *o* → **ommezien**

'omzomen¹ *overg* [zoomde om, h. omgezoomd] *een zoom maken in* hem

om'zomen² *overg* [omzoomde, h. omzoomd] *een zoom vormen om* surround, border, fringe

omzwaaien *onoverg* [zwaaide om, is omgezwaaid] **❶** *veranderen v. studie &* switch over, change subject **❷** *omslaan naar de andere kant* swing around

omzwerving *v* [-en] wandering, roving, rambling

onaangedaan *bn* unmoved, untouched

onaangediend *bn* unannounced

onaangekondigd *bn* unannounced

onaangenaam I *bn* disagreeable, offensive, unpleasant ★ *een ~ karakter* an unpleasant character ★ *iem. het leven ~ maken* make life difficult / unpleasant for sbd **II** *bijw* disagreeably & ★ *~ verrast* unpleasantly surprised

onaangepast *bn* maladjusted

onaangeroerd *bn* **❶** untouched, unaffected ★ *de kas was ~* the cash box contents were intact **❷** *niet besproken* left unsaid ★ *wij lieten dat onderwerp ~* we left that subject untouched, we didn't touch upon that subject

onaangetast *bn* untouched, unaffected ★ *de macht van de kerk was nog ~* the church's power was still intact ★ *~ door de tand des tijds* unaffected / untouched by the ravages of time

onaantastbaar *bn* unassailable

onaantastbaarheid *v* unassailability ★ jur *de ~ van het menselijk lichaam* the inviolability of the human body

onaantrekkelijk *bn* unattractive, unappealing

onaanvaardbaar I *bn* unacceptable **II** *bijw* in an unacceptable manner

onaanzienlijk *bn* insignificant, modest ★ *niet ~ considerable* ★ *voor een niet ~ bedrag* for a considerable sum

onaardig I *bn* unpleasant ★ *het is ~ van je* it's not nice of you, it's nasty of you, it's unkind of you ★ *dat is niet ~* that's not bad **II** *bijw* unkindly

onacceptabel *bn* unacceptable

onachtzaam *bn* inattentive, negligent, careless

onachtzaamheid *v* [-heden] inattention, negligence, carelessness

onaf *bn* unfinished, incomplete, not ready

onafgebroken I *bn* **❶** *ononderbroken* unbroken, uninterrupted **❷** *doorlopend* continuous **II** *bijw* without interruption

onafhankelijk I *bn* independent ★ *~ van leeftijd* irrespective of age **II** *bijw* independently

onafhankelijkheid *v* independence

onafhankelijkheidsdag *m* [-dagen] *in de VS*

Independence Day

onafhankelijkheidsoorlog *m* [-en] war of independence

onafhankelijkheidsverklaring *v* [-en] declaration of independence

onafscheidelijk I *bn* inseparable from **II** *bijw* inseparably

onafwendbaar I *bn* unavoidable, inescapable **II** *bijw* unavoidably, inescapably

onafzienbaar *bn* immense, vast, ‹v. tijd› endless, interminable

onaneren *onoverg* [onaneerde, h. geonaneerd] masturbate

onanie *v* masturbation

onappetijtelijk *bn* unappetizing, unsavoury

onbaatzuchtig I *bn* disinterested, unselfish **II** *bijw* unselfishly

onbaatzuchtigheid *v* disinterestedness, unselfishness, selflessness

onbarmhartig I *bn* merciless, ruthless **II** *bijw* mercilessly, ruthlessly

onbarmhartigheid *v* [-heden] mercilessness, ruthlessness

onbeantwoord *bn* **❶** *v. brief, vragen &* unanswered **❷** *v. liefde* unrequited

onbebouwd *bn* **❶** *v. land* uncultivated, untilled **❷** *v. ruimte* unbuilt on **❸** *v. grond* waste, vacant, undeveloped

onbedaarlijk I *bn* uncontrollable, irrepressible ★ *een ~ gelach* uncontrollable laughter **II** *bijw* uncontrollably, irrepressibly

onbedachtzaam I *bn* thoughtless, inconsiderate, rash **II** *bijw* thoughtlessly, inconsiderately, rashly

onbedachtzaamheid *v* [-heden] thoughtlessness, rashness, lack of consideration

onbedekt I *bn* uncovered, exposed, open **II** *bijw* openly

onbedoeld *bn* unintentional **II** *bijw* unintentionally

onbedorven *bn* **❶** *puur* unspoilt, sound **❷** *onschuldig* unspoilt, innocent ★ *zijn ~ jeugd* his unspoilt youth

onbedreigd *bn* sp unchallenged, uncontested ★ *~ winnen* win uncontestedly

onbeduidend I *bn* **❶** insignificant, trivial, trifling ★ *niet ~ considerable* **❷** *niet opvallend* nondescript **II** *bijw* insignificantly

onbedwingbaar I *bn* uncontrollable, indomitable **II** *bijw* uncontrollably, indomitably

onbegaanbaar *bn* impassable

onbegonnen *bn* impossible, hopeless ★ *~ werk* a hopeless task

onbegrensd *bn* unlimited, unbounded ★ *~e mogelijkheden* unlimited possibilities

onbegrepen *bn* **❶** not understood **❷** *miskend* unappreciated

onbegrijpelijk I *bn* **❶** *niet te begrijpen* incomprehensible, unintelligible **❷** *onvoorstelbaar* inconceivable **❸** *onverklaarbaar* inexplicable **II** *bijw* incomprehensibly, unintelligibly, inconceivably, inexplicably

onbegrip o incomprehension, lack of understanding ★ *op ~ stuiten* fall on deaf ears

onbehaaglijk bn ❶ unpleasant, disagreeable ❷ *ongemakkelijk* uncomfortable, uneasy ★ *zich ~ voelen* feel ill at ease

onbehagen o uneasiness

onbeheerd bn ❶ unowned, ownerless ★ *iets ~ achterlaten* leave sth unattended ❷ jur unclaimed

onbeheerst I bn uncontrolled, unrestrained, undisciplined II *bijw* uncontrolledly, unrestrainedly ★ *zich ~ gedragen* behave in an undisciplined manner

onbeholpen I bn awkward, clumsy, ⟨v. zaken⟩ unwieldy II *bijw* awkwardly, clumsily ★ *zich ~ uitdrukken* express oneself awkwardly / clumsily

onbeholpenheid v clumsiness, awkwardness, ⟨v. zaken⟩ unwieldiness

onbehoorlijk I bn unseemly, improper, indecent ★ *een ~e tijd om op te staan* an indecent / ungodly hour to get up II *bijw* improperly, indecently

onbehouwen I bn coarse, crude, ⟨v. vorm⟩ ungainly II *bijw* coarsely, crudely

onbekend bn ❶ *niet bekend* unknown, unfamiliar ★ *de ~e soldaat* the unknown soldier ★ *misdaad is hier ~* crime is not known here ★ *ik ben hier ~* I'm a stranger here ★ *~ maakt onbemind* unknown, unloved ★ fig *op ~ terrein* off one's beat, in unknown / unfamiliar territory ★ *zijn gezicht komt me niet ~ voor* I seem to know his face ❷ *niet beroemd* unknown, obscure, ⟨v. plaatsen⟩ out-of-the-way ★ *hij is nog ~* he is still unknown ❸ *niet op de hoogte* unacquainted (with), not aware (of) ★ *dat was mij ~* I wasn't aware of this ★ *~ met* unacquainted / unfamiliar with, ignorant of

onbekende I m-v [-n] ❶ stranger ★ *twee ~n* two strangers ★ *de grote ~* the mysterious stranger ❷ wisk unknown factor ★ *twee ~n* two unknowns II o onbekend gebied unknown ★ *wij gaan het ~ tegemoet* we're going into the unknown

onbekendheid v ❶ unfamiliarity, ignorance ★ *zijn ~ met...* his unfamiliarity with..., his ignorance of... ❷ *duisterheid* obscurity

onbekommerd I bn unconcerned ★ *een ~ leven leiden* lead a carefree life II *bijw* unconcernedly, without concern

onbekwaam bn ❶ *niet capabel* incapable, incompetent ❷ jur incompetent, ineligible, disqualified ❸ *dronken* drunk and incapable, incapacitated ❹ *arbeidsongeschikt* ZN disabled

onbelangrijk bn unimportant, insignificant ★ *een niet ~ bedrag* a considerable amount

onbelast bn ❶ *geen last dragend* unburdened, unencumbered, techn unloaded ★ *als de motor ~ draait* when the motor is idling ❷ *belastingvrij* untaxed, duty-free, tax-free

onbeleefd I bn impolite, uncivil, rude II *bijw* impolitely, uncivilly, rudely

onbeleefdheid v [-heden] ❶ impoliteness, incivility, rudeness ❷ *belediging* insult

onbelemmerd bn unobstructed, unimpeded, unhampered

onbemand bn unmanned

onbemiddeld bn without means, penniless

onbemind bn unloved, unpopular

onbenul m-v [-len] idiot, fool

onbenullig I bn inane, stupid, silly II *bijw* inanely, stupidly

onbenulligheid v [-heden] stupidity, inanity, silliness

onbepaald bn ❶ *onbeperkt* unlimited ★ *een ~ vertrouwen in iem. hebben* have absolute faith in sbd ❷ taalk indefinite ★ *een ~ voornaamwoord* an indefinite pronoun ★ *de ~e wijs* the infinitive ❸ *vaag* uncertain, vague, indefinable ❹ *niet vastgelegd* indeterminate, indefinite ★ *voor ~e tijd vertrekken* leave for an indeterminate / indefinite period of time

onbeperkt I bn unlimited, unrestrained, unbounded ★ *~e macht* unlimited power ★ *een ~ uitzicht* an unrestricted view II *bijw* without limit / restraint

onbeproefd bn untried ★ *niets ~ laten* leave no stone unturned

onbereden bn ❶ *niet bereden* unbroken ❷ *niet bedreven in het rijden* inexperienced ❸ *geen paard berijdend* unmounted, foot ★ *de ~ troepen* the infantry

onberedeneerd I bn irrational II *bijw* irrationally, without thinking ★ *~ handelen* act without thinking

onbereikbaar bn ❶ inaccessible ❷ fig unattainable, unreachable

onberekenbaar bn ❶ incalculable ❷ fig unpredictable

onberispelijk I bn irreproachable, ⟨keurig⟩ immaculate, impeccable, ⟨zonder fouten⟩ faultless, flawless ★ *~ gedrag* irreproachable behaviour II *bijw* irreproachably, impeccably, immaculately & ★ *~ gekleed* impeccably / immaculately dressed

onberoerd bn ❶ *ongeëmotioneerd* untouched, unmoved ❷ *niet beroerd* undisturbed

onbeschaafd bn ❶ *v. volken* uncivilized ❷ *v. mensen, manieren* ill bred, uneducated, unrefined, coarse

onbeschaamd I bn impudent, impertinent ★ *een ~e kerel* an impudent fellow ★ *een ~e leugen* a barefaced / brazen lie II *bijw* impudently, impertinently

onbeschadigd bn undamaged, ⟨v. mensen⟩ unharmed, unscathed

onbescheiden I bn ❶ *vrijpostig* forward ❷ *ongepast nieuwsgierig* indiscreet, indelicate ❸ *brutaal* presumptuous, bold II *bijw* forwardly &

onbescheidenheid v [-heden] ❶ *vrijpostigheid* forwardness ❷ *ongepastheid* indiscretion, tactlessness

onbeschermd bn unprotected, unguarded ★ *~e seks* unprotected sex

onbeschoft I bn insolent, impudent, rude, ill

mannered **II** *bijw* insolently, impudently, rudely, in an ill-mannered way

onbeschreven *bn* ❶ blank ★ *een ~ blad* ⟨onervaren⟩ inexperienced, ⟨jong⟩ young and innocent ❷ *feiten &* undescribed

onbeschrijfelijk, **onbeschrijflijk I** *bn* indescribable, afkeurend unspeakable **II** *bijw* indescribably, afkeurend unspeakably, versterkend very ★ *~ mooi* indescribably beautiful

onbeschroomd I *bn* unabashed, frank, candid **II** - unabashedly, frankly, candidly

onbeschut *bn* unsheltered, unprotected

onbeslagen *bn* unshod ★ fig *~ ten ijs komen* be unprepared (for...)

onbeslist *bn* undecided ★ *iets ~ laten* leave sth undecided ★ *het spel bleef ~* the game ended in a draw

onbespoten *bn* unsprayed

onbesproken *bn* ❶ *v. onderwerp* undiscussed ❷ *v. plaatsen* unbooked, free ❸ *v. gedrag* blameless, irreproachable

onbestaanbaar *bn* ❶ impossible ★ *dat is toch ~!* that can't be so! ❷ *strijdig* inconsistent / incompatible (with)

onbestelbaar *bn* undeliverable ★ *een onbestelbare brief* a dead letter

onbestemd *bn* indeterminate, vague, indefinable

onbestendig *bn* ❶ *instabiel* unsettled, unstable ❷ *wispelturig* fickle, capricious

onbestorven *bn* too fresh ★ *~ vlees* meat that needs to be hung ★ *een ~ weduwe* a grass widow

onbestuurbaar *bn* unmanageable, out of control ★ *de auto is ~* the car is out of control ★ *een ~ land* an ungovernable country

onbesuisd I *bn* rash, impetuous ★ *een ~ rijder* a hotheaded driver **II** *bijw* rashly, impetuously, hotheadedly ★ *~ te werk gaan* rush into things

onbetaalbaar I *bn* ❶ prohibitive, impossibly expensive ❷ fig priceless, invaluable ★ *een ~ moment* a priceless moment ★ *een onbetaalbare grap* a hilarious joke **II** *bijw* prohibitively ★ *~ duur* prohibitively expensive, inf cost the earth

onbetaald *bn* unpaid, unsettled ★ *~e rekeningen* outstanding accounts

onbetamelijk I *bn* improper, indecent, unseemly **II** *bijw* inordinately ★ *de vrouw hield ~ veel van eten* the woman was inordinately fond of food ★ *~ veel geld* an indecent amount of money

onbetekenend *bn* insignificant, unimportant, trifling

onbetreden *bn* untrodden

onbetrouwbaar *bn* unreliable, ⟨ook v. persoon⟩ untrustworthy

onbetrouwbaarheid *v* unreliability, ⟨ook v. persoon⟩ untrustworthiness

onbetuigd *bn* ★ *hij liet zich niet ~* he did it justice

onbetwist I *bn* undisputed, uncontested, unchallenged **II** *bijw* ★ *hij is ~ de beste* he is the unrivalled champion

onbetwistbaar I *bn* indisputable, undeniable, irrefutable **II** *bijw* indisputably &

onbevaarbaar *bn* unnavigable

onbevangen I *bn* ❶ *onbevooroordeeld* open-minded, unprejudiced ❷ *niet verlegen* frank, candid, unrestrained, uninhibited **II** *bijw* ❶ with an open mind, without prejudice ❷ *niet verlegen* frankly &

onbevangenheid *v* ❶ *onbevooroordeeldheid* open-mindedness, lack of prejudice, impartiality ❷ *ongedwongenheid* lack of inhibition, frankness, candidness

onbevlekt *bn* ❶ *zonder vlek* unstained, dicht undefiled ❷ rel immaculate ★ RK *de ~e ontvangenis* the Immaculate Conception

onbevoegd *bn* ❶ *niet gerechtigd* unauthorized, unqualified ★ *~ om* unqualified to ❷ *onbekwaam* ook jur incompetent

onbevoegde *m-v* [-n] unauthorized person ★ *geen toegang voor ~n* no unauthorized entry

onbevooroordeeld *bn* unprejudiced, unbias(s)ed, open-minded

onbevredigd *bn* unsatisfied

onbevredigend *bn* unsatisfactory

onbevreesd I *bn* unafraid, fearless **II** *bijw* fearlessly

onbewaakt *bn* unguarded ★ *in een ~ ogenblik* in an unguarded moment

onbeweeglijk *bn* ❶ *muurvast* immovable, stuck, immobile ❷ *onverbiddelijk* adamant ❸ *bewegingloos* motionless

onbeweeglijkheid *v* immobility, immovability

onbewogen *bn* ❶ *roerloos* immobile, motionless ❷ fig unmoved, unaffected

onbewolkt *bn* cloudless

onbewoonbaar *bn* ❶ *v. land* uninhabitable ❷ *v. woning* unfit for (human) habitation ★ *~ verklaren* condemn ★ *een ~ verklaarde woning* a house unfit for human habitation

onbewoond *bn* ❶ uninhabited ★ *een ~ eiland* a desert island ❷ *v. huis* unoccupied, untenanted

onbewust I *bn* ❶ *zich niet realiserend* unconscious, unaware ★ *het ~e* the unconscious ★ *mij ~ hoe / of / waar &* not knowing how / if / where & ★ *~ van...* unaware of... ❷ *onwillekeurig* unintentional ★ *een ~e daad* an unintentional act ❸ *instinctief* subconscious ★ *~e hoop* subconscious hope **II** *bijw* unconsciously, unintentionally, subconsciously

onbezoedeld *bn* untarnished, dicht unstained ★ *een ~e naam* an untarnished reputation

onbezoldigd *bn* unsalaried, unpaid, voluntary ★ *een ~ baantje* a voluntary job, voluntary work ★ *een ~ ambt* an honorary post

onbezonnen I *bn* thoughtless, unthinking, rash **II** *bijw* thoughtlessly &

onbe'zorgd¹ I *bn* ❶ *zonder zorgen* free from care, carefree ★ *een ~ type* a happy-go-lucky sort of person ★ *een ~e oude dag* a carefree old age ❷ *onbekommerd* unconcerned ★ *~ zijn over iets* not be concerned / worried about sth **II** *bijw* ❶ *zonder*

on

zorgen without care, without a worry ❷ *onbekommerd* unconcernedly

'onbezorgd² *bn v. brieven* undelivered

onbillijk I *bn* ❶ unjust, unfair ❷ *ongegrond* unjustified, unfounded **II** *bijw* unjustly, unfairly

onbrandbaar *bn* incombustible, non-flammable

onbreekbaar *bn* ❶ unbreakable ❷ *v. licht* irrefrangible

onbruik *o* ★ *in ~ raken* fall into disuse, ⟨v. woorden⟩ become obsolete

onbruikbaar *bn* unusable, useless, ⟨v. methoden &⟩ ineffective, inefficient, impracticable, ⟨v. kleding, voedsel &⟩ unfit for use, ⟨verouderd⟩ out of date, obsolete ★ *iets ~ maken* ⟨v. machine⟩ put out of action, ⟨v. cheque⟩ cancel, ⟨v. diensten⟩ cripple ★ *de wegen zijn ~ geworden* the roads have become impassible

onbuigzaam *bn* inflexible, rigid, fig ook adamant, unbending, unyielding

onbuigzaamheid *v* ook fig inflexibility, rigidity

onchristelijk *bn* unchristian ★ *een ~ tijdstip* ⟨te vroeg of te laat⟩ an ungodly hour

oncollegiaal *bn* uncomradely, unsporting

oncologie *v* oncology

oncontroleerbaar *bn* unverifiable

onconventioneel *bn* unconventional

ondank *m* thanklessness, ingratitude, ungratefulness ★ *zijns ~s* in spite of him ★ *~ is 's werelds loon* ingratitude is the way of the world

ondankbaar *bn* ungrateful, unthankful, thankless ★ *een ondankbare rol* a thankless role

ondankbaarheid *v* [-heden] ingratitude, ungratefulness

ondanks *voorz* in spite of, notwithstanding

ondeelbaar I *bn* ❶ *niet deelbaar* indivisible ★ *een ~ getal* a prime number ❷ *zeer klein* infinitesimal ★ *één ~ ogenblik* one split second **II** *bijw zeer klein* infinitesimally, minutely

ondefinieerbaar *bn* indefinable

ondemocratisch *bn* undemocratic

ondenkbaar *bn* unthinkable, inconceivable

onder I *voorz* ❶ *lager dan, beneden* under, underneath, below, vooral fig & dicht beneath ★ *fig ~ haar masker* beneath her mask ★ *~ de zeespiegel* below sea level ★ *hij kwam ~ een trein* he was hit by a train ★ *iets ~ zich hebben* have sth under one's hat ❷ *minder dan* under, below ★ *kinderen ~ de 12 jaar* children under twelve ❸ *te midden van* among ★ *~ andere(n)* ⟨v. zaken⟩ among other things, ⟨v. personen⟩ among others ★ *~ meer* amongst other things ★ *~ ons* between you and me ★ *het moet ~ ons blijven* it mustn't go any further ★ *~ ons gezegd (en gezwegen)* between you, me and the doorpost ★ *~ elkaar* among them, ⟨samen⟩ between them ★ *~ vrienden* among / between friends ★ *~ vijanden* among / between enemies ★ *~ de toejuichingen van de menigte* amid / to the cheers of the crowd ❹ *gedurende* during ★ *~ een glas wijn* over a glass of

wine ★ *~ het eten* ⟨handeling⟩ while eating, ⟨maaltijd⟩ during meals, at dinner / lunch ★ *~ het lezen* while (I / he & was) reading ★ *~ het lopen* as (I / he &) walked ★ *~ de preek* during the sermon ❺ *ten tijde van* under, during the time of ★ *~ Alexander de Grote* under Alexander the Great ★ *~ de regering van Koningin Wilhelmina* during / in the reign of Queen Wilhelmina ❻ *m.b.t. omstandigheden* with ★ *~ begeleiding van een piano* with piano accompaniment, accompanied by piano ★ *~ de bescherming van...* protected by... ❼ *dicht bij* nearby ★ *een dorp ~ Rotterdam* a village just outside Rotterdam ★ *de wereld ligt ~ handbereik dankzij...* the world is nearby / within reach thanks to... ❽ *v. verbintenissen* under ★ *~ voorwaarde dat...* under the condition that... ▼ *ze zaten ~ de blauwe plekken* they were covered in bruises **II** *bijw* ❶ *aan de onderkant* below ★ *~ in de fles* at the bottom of the bottle ★ *van ~ naar boven* from the bottom upward(s) ★ *van ~ op* from below, fig from the bottom / scratch ★ *de derde regel van ~* the third line from the bottom ❷ *onder iets anders* underneath, ⟨in huis⟩ downstairs ★ *er is een kelder ~* underneath / downstairs is a cellar ❸ *naar beneden* under ★ *naar ~(en)* down(wards), below ▼ *de zon is ~* the sun has set ▼ *hoe is hij er ~?* how is he taking it? ▼ *ten ~ brengen* subjugate, overcome ▼ *ten ~ gaan* be ruined, go to rack and ruin

onderaan *bijw* at the bottom / foot ★ *~ de bladzijde* at the foot / bottom of the page ★ *~ de trap* at the foot of the stairs

onderaannemer *m* [-s] subcontractor

onderaanzicht *o* view from below / underneath, bottom view

onderaards *bn* subterranean ★ *~e gangen* subterranean passageways, tunnels ★ *het ~e rijk* the underworld

onderaf *bijw* bottom ★ *van ~ beginnen* start / begin from the bottom up

onderafdeling *v* [-en] subdivision, subsection

onderarm *m* [-en] forearm

onderbeen *o* [-benen] lower leg, ⟨kuit⟩ calf, ⟨scheen⟩ shin

onderbelicht *bn* fotogr underexposed ★ fig *veel activiteiten zijn ~ gebleven* many activities have not received the attention they deserved

onderbelichten *overg* [belichte onder, h. onderbelicht] ❶ underexpose ❷ fig pay too little attention to

onderbesteding *v* [-en] underspending

onderbetaald *bn* underpaid

onderbetalen *overg* [onderbetaalde, h. onderbetaald] underpay

onderbewust I *bn* subconscious **II** *bijw* subconsciously

onderbewustzijn, onderbewuste *o* subconscious

onderbezet *bn* undermanned, understaffed, short-handed ★ *middelgrote woningen zijn ~*

medium-sized dwellings are insufficiently occupied ★ *veel opleidingen zijn* ~ many courses have too few students

onderbezetting *v* undermanning, understaffing

onderbinden *overg* [bond onder, h. ondergebonden] put / tie on

onderbouw *m* ❶ *v. bouwwerk* substructure, understructure ❷ *laagste klassen v. school* lower secondary school, Am ± junior high school

onderbouwen *overg* [onderbouwde, h. onderbouwd] ground, base, fig substantiate ★ *het regeringsbeleid goed* ~ base government policy on firm / solid ground ★ *een goed onderbouwde theorie* a well-substantiated theory ★ *zijn verhaal is slecht onderbouwd* his story lacks a firm basis

onderbreken *overg* [onderbrak, h. onderbroken] interrupt, break ★ *mag ik even* ~? may I interrupt for a moment? ★ *zijn reis* ~ break one's journey, stop off ★ *ik onderbrak mijn toespraak* I cut my speech short

onderbreking *v* [-en] interruption, ‹pauze› break, pause

onderbrengen *overg* [bracht onder, h. ondergebracht] ❶ *huisvesten* shelter, house, accommodate ❷ *indelen* classify (with / under) ❸ *binnenhalen v. oogst &* get / bring in

onderbroek *v* [-en] (pair of) underpants, briefs, ‹voor dames› panties, knickers ★ *een lange* ~ long johns

onderbroekenlol *v* ± toilet humour

onderbuik *m* [-en] abdomen ★ *gevoelens in de* ~ gut feelings

onderdaan *m* [-danen] subject ★ *onderdanen* ‹burgers› nationals, subjects, ‹inf benen› pins

onderdak *o* shelter, accommodation, ‹slaapplaats› lodgings ★ ~ *hebben* have a roof over one's head ★ ~ *verschaffen* accommodate

onderdanig I *bn* ❶ *kruiperig* subservient, obsequious ❷ *onderworpen* submissive ★ *uw* ~*e dienaar* your obedient / humble servant **II** *bijw* ❶ *kruiperig* subserviently, obsequiously ❷ *onderworpen* submissively, obediently, humbly

onderdeel *o* [-delen] ❶ *gedeelte* part ★ *dat is maar een* ~ that's only part / a fraction of it ★ *in een* ~ *van een seconde* in a fraction of a second, in one split second ★ *het laatste* ~ *van het programma* the last item on the programme ★ *een* ~ *vormen / zijn van* form / be a part of ❷ *onderste gedeelte* lower part ❸ techn accessory, part ❹ mil unit

onderdeur *v* [-en] lower barn door

onderdeurtje *o* inf shorty, half-pint

onderdirecteur *m* [-en & -s] ‹v.e. zaak› assistant manager, onderw vice principal

onderdoen I *overg* [deed onder, h. ondergedaan] tie / fasten / put on **II** *onoverg* [deed onder, h. ondergedaan] be inferior to ★ *niet* ~ *voor* be a match for, hold one's own against ★ *voor niemand* ~ be second to nobody

onderdompelen *overg* [dompelde onder, h. ondergedompeld] submerge, immerse, plunge

onderdoor *bijw* under ★ fig *ergens aan* ~ *gaan* let sth get the better of one

onderdruk *m* [-ken] *bloeddruk* diastolic pressure

onderdrukken *overg* [onderdrukte, h. onderdrukt] ❶ *onder dwang doen leven* oppress, suppress ★ *een volk* ~ oppress a nation ❷ *bedwingen* control, suppress ★ *een opstand* ~ suppress / crush / quell a revolt ★ *hij kon zijn tranen / woede niet* ~ he couldn't contain his tears / anger ★ *een lach / geeuw / zucht* ~ stifle / smother / suppress a laugh / yawn / sigh

onderdrukker *m* [-s] ❶ *v.e. volk* oppressor ❷ *v.e. opstand* suppressor

onderdrukking *v* [-en] ❶ *v.e. volk* oppression ❷ *v.e. opstand* suppression

onderduiken *onoverg* [dook onder, is ondergedoken] ❶ *onder water duiken* dive (in), duck (under) ❷ *zich verbergen* go into hiding ★ *ondergedoken zijn* be in hiding, be underground

onderduiker *m* [-s] person in hiding ★ *wie verraadde de* ~*s?* who betrayed those in hiding?

onderduwen *overg* [duwde onder, h. ondergeduwd] push under

onderen *bijw* down(wards) ★ *naar* ~ down below, underneath ★ *van* ~! below!, ‹bij omhakken v. boom› timber! ★ *van* ~ *af beginnen* start from scratch ★ *van boven naar* ~ from up to down, upstairs to downstairs

'ondergaan[1] *onoverg* [ging onder, is ondergegaan] ❶ *v. zon* set, go down ★ *de* ~*de zon* the setting sun ❷ *onder water verdwijnen* sink into, be submerged in ❸ *bezwijken* perish

onder'gaan[2] *overg* [onderging, h. ondergaan] undergo, go through ★ *een gevangenisstraf* ~ serve a term of imprisonment ★ *hij onderging zijn lot* he put up with his lot ★ *hetzelfde lot* ~ suffer the same fate ★ *een operatie* ~ undergo an operation ★ *veel pijn* ~ go through / suffer a lot of pain ★ *een verandering* ~ undergo a change ★ *wat ik* ~ *heb* what I've been through, what I've had to endure

ondergang *m* ❶ *v. zon* setting ❷ *verderf* (down)fall, ruin, destruction, plechtig fate ★ *dat was zijn* ~ that was the ruin of him, that was his downfall / undoing ★ *zijn* ~ *tegemoet gaan* meet his fate ★ *de* ~ *van het Romeinse Rijk* the fall of the Roman Empire

ondergelopen *bn* ★ ~ *land* flooded land

ondergeschikt *bn* inferior, subordinate ★ taalk *een* ~*e zin* a subordinate clause ★ *van* ~ *belang* of minor / secondary importance ★ *hij speelde een* ~*e rol* he played a minor part ★ ~ *maken aan* subordinate to

ondergeschikte *m-v* [-n] subordinate, afkeurend inferior ★ *zijn* ~*n* those below him, his subordinates

ondergeschoven *bn* supposititious ★ *het* ~ *kind van...* the suppositious child of... ★ fig *te lang is de framboos een* ~ *vrucht geweest* the raspberry has been disregarded as a fruit for too long

ondergetekende *m-v* [-n] ❶ undersigned ★ *ik,* ~, *verklaar* I, the undersigned, declare ★ *wij,* ~*n,*

verklaren we, the undersigned, declare ❷ scherts yours truly
ondergewaardeerd *bn* ❶ undervalued, underestimated ❷ valuta undervalued
ondergoed *o* underwear, underclothes
ondergraven *overg* [ondergroef, h. ondergraven] undermine ★ *iems. gezag* ~ undermine someone's authority
ondergrens *v* [-grenzen] lower limit, ‹laagste waarde› minimum
ondergrond *m* [-en] ❶ subsoil ❷ *grondslag* base, foundation, basis ❸ *achtergrond* background ★ *op een zwarte* ~ on a black background
ondergronds I *bn* underground ★ *een ~e spoorweg* an underground railway ★ *het ~ verzet* the underground resistance **II** *bijw* ★ ook fig ~ *gaan* go underground
ondergrondse *v* [-n] ❶ *vervoer* underground, inf tube, Am subway ❷ *verzet* resistance, underground movement
onderhand I *bijw* meanwhile, in the meantime ★ *dat werd ~ wel eens tijd* it was about time **II** *v* [-en] *onderste deel v. hand* flat of the hand
onderhandelaar *m* [-s & -laren] negotiator
onderhandelen *onoverg* [onderhandelde, h. onderhandeld] negotiate, bargain ★ *met iem. over iets* ~ negotiate with sbd about sth ★ *over de vrede* ~ negotiate about peace
onderhandeling *v* [-en] negotiation ★ *in* ~ under negotiation ★ *in* ~ *treden met...* enter into negotiations with...
onderhandelingspositie *v* [-s] negotiating position
onderhandelingstafel *v* [-s] negotiating table ★ *aan de* ~ *zitten* sit down at the negotiating table
onderhands I *bn* ❶ *heimelijk* underhand(ed) ★ *~e afspraken* backstair arrangements ❷ handel by private contract, private ★ *voor ~e verkoop* for private sale ❸ sp underhand ★ *een ~e worp* an underhand throw **II** *bijw* sp underhand ★ *~ serveren* serve underhand
onderhavig *bn* present, in question ★ *in het ~e geval* in the case in question
onderhevig *bn* ★ *aan verandering* ~ subject to change ★ *aan fouten* ~ liable to error ★ *aan twijfel* ~ open to question / doubt
onderhorig *bn* dependent, subordinate
onderhoud *o* ❶ *v. zaken* maintenance, upkeep, ‹v. een auto› servicing ★ *achterstallig* ~ overdue maintenance ❷ *levensonderhoud* maintenance, support ★ *in zijn (eigen)* ~ *voorzien* support oneself, be self-supporting, provide for oneself ❸ *gesprek* conversation, interview, talk
onder'houden¹ I *overg* [onderhield, h. onderhouden] ❶ *verzorgen, levensonderhoud geven aan* support, provide for ★ *zich* ~ provide for / support oneself ❷ *gaande houden* keep up, maintain ★ *een correspondentie* ~ keep up a correspondence ❸ *in orde houden* keep in repair, maintain ★ *het huis is*

goed / slecht ~ the house is in good / bad repair ★ *een goed / slecht* ~ *tuin* a well-kept / badly kept garden ❹ *bezighouden* amuse, entertain ❺ *in acht nemen* keep up ❻ *aanspreken* speak to, have a word to ★ *iem. ergens over* ~ take sbd to task for sth **II** *wederk* [onderhield, h. onderhouden] *een gesprek voeren* ★ *zich* ~ converse (with), talk (to) ★ *zich* ~ *over...* converse / talk about...
'onderhouden² *overg* [hield onder, h. ondergehouden] ❶ *in bedwang houden* keep under ★ *de jongens* ~ keep the boys under one's thumb ❷ *onder water &* keep under
onderhoudend *bn* entertaining, amusing
onderhoudsarm *bn* low-maintenance
onderhoudsbeurt *v* [-en] overhaul, service
onderhoudscontract *o* [-en] service / maintenance contract
onderhoudskosten *zn* [mv] ❶ *van zaken* cost of upkeep ❷ *van personen* cost of maintenance
onderhoudsmonteur *m* [-s] maintenance / service engineer
onderhoudsvrij *bn* free of maintenance, maintenance-free
onderhoudswerkzaamheden *zn* [mv] maintenance (work)
onderhuids I *bn* ❶ subcutaneous, hypodermic ★ *een ~e inspuiting* a hypodermic injection ❷ fig inarticulate, subdued ★ *~e gevoelens* buried feelings **II** *bijw* under the skin
onderhuren *overg* [huurde onder, h. ondergehuurd] sublease, underlease
onderhuur *v* subtenancy, sublease
onderhuurder *m* [-s] subtenant
onderin *bijw* at the bottom, below
onderjurk *v* [-en] slip, petticoat
onderkaak *v* [-kaken] lower jaw, anat mandible
onderkant *m* [-en] bottom, underside
onderkast *v* [-en] lower case
onderkennen *overg* [onderkende, h. onderkend] ❶ *onderscheiden* distinguish ❷ *erkennen* recognize, realize ★ *het gevaar* ~ recognize the danger
onderkin *v* [-nen] double chin
onderkleding *v* underclothing
onderkoeld *bn* ❶ nat undercooled, supercooled ❷ fig cool, unemotional ❸ *v. lichaamstemperatuur* hypothermic ★ *drenkelingen raken vaak* ~ drowning people often become hypothermic
onderkoeling *v* ❶ hypothermia ❷ nat undercooling, supercooling
onderkomen *o* shelter, accommodation ★ *een* ~ *vinden* find somewhere to stay, find a place to stay ★ *geen* ~ *hebben* not have a roof over one's head
onderkoning *m* [-en] viceroy
onderkruiper *m* [-s] ❶ *oneerlijke concurrent* underseller ❷ *bij staking* scab ❸ *iem. die te klein is* squirt, shrimp, weed
onderkruipsel *o* [-s] scheldwoord scum of the earth
onderlaag *v* [-lagen] ❶ *onderste laag* lower layer,

on

⟨v. verf⟩ undercoat ★ *de onderlagen van de bevolking* the dregs of society ❷ fig foundation, basis ❸ geol substratum

onderlaken *o* [-s] under / bottom sheet

onderlangs *bijw* along the bottom / foot ★ *je moet ~ gaan bij die splitsing* at the crossing, take the lower road / path

onderlegd *bn* ★ *goed ~* well grounded, well informed ★ *juridisch ~* experienced in law

onderlegger *m* [-s] ❶ *onderligger* mat, tablemat, placemat ❷ *bij schrijven* blotting pad ❸ *balk* girder, crossbeam

onderliggen *onoverg* [lag onder, h. ondergelegen] ❶ lie below / at the bottom ★ *de ~de gedachte* the underlying / basic idea ❷ fig be the underdog ★ *de ~de partij* the underdog

onderlijf *o* [-lijven] ❶ lower part of the body ❷ *onderbuik* lower abdomen

onderling I *bn* mutual ★ *~e afhankelijkheid* interdependency ★ *een ~e verzekeringsmaatschappij* a mutual insurance company ★ *in ~ overleg* in (mutual) consultation **II** *bijw* ❶ *wederzijds* mutually ★ *~ afhankelijk* interdependent ❷ *samen* together, between them ★ *~ verdeeld* divided among themselves ★ *~ verbonden* attached to each other, tied together

onderlip *v* [-pen] lower lip

onderlopen *onoverg* [liep onder, is ondergelopen] be flooded, be submerged, be swamped ★ *laten ~* inundate, flood

ondermaans *bn* terrestrial ★ *het ~e* the terrestrial world ★ *in dit ~e* here below

ondermaats *bn* ❶ *te klein* undersized ★ *~e vis* undersized fish ❷ *van slechte kwaliteit* inferior ★ *een ~e prestatie* a below par achievement

ondermijnen *overg* [ondermijnde, h. ondermijnd] undermine ★ *het gezag ~* undermine / subvert authority

ondermijning *v* undermining, ⟨ook v. gezag &⟩ subversion

ondernemen *overg* [ondernam, h. ondernomen] undertake, take upon oneself ★ *een poging ~* make an attempt to ★ *stappen ~* take steps ★ *duurzaam / verantwoord ~* engage in sustainable business

ondernemend *bn* enterprising

ondernemer *m* [-s] ❶ entrepreneur ★ *een kleine ~* a small businessman ❷ *eigenaar* owner, proprietor, employer

> **ondernemer**
> is een **entrepreneur** of **businessman** en geen
> **undertaker**. Een **undertaker** is een
> **begrafenisondernemer**.

ondernemerschap *o* entrepreneurship

onderneming *v* [-en] ❶ *project* undertaking, enterprise, project ★ *het is een hele ~* it is quite an undertaking ❷ *met risico* venture ★ *een gezamenlijke ~* a joint venture ❸ *bedrijf* company,

business, enterprise, concern ★ *een beursgenoteerde ~* a listed company ★ *een gelieerde ~* an affiliated company ★ *een industriële ~* an industrial enterprise ★ *een kleine ~* a small business ★ *een ~ zonder winstoogmerk* a non-profit organization

ondernemingsgeest *m* entrepreneurial spirit / initiative, business acumen

ondernemingsklimaat *o* entrepreneurial / investment / business climate

ondernemingsraad *m* [-raden] works / employees' council

ondernemingsrecht *o* ± business / company law

ondernemingszin *m* entrepreneurial spirit / initiative, business acumen

onderofficier *m* [-en & -s] ❶ mil non-commissioned officer, NCO ❷ scheepv petty officer

onderonsje *o* [-s] ❶ *gesprek* private discussion, ⟨stiekem⟩ backstairs discussion ★ *een ~ met iem.* hebben have a private chat ❷ *bijeenkomst* informal gathering, family affair ★ *de finale werd een Nederlands ~* de finals were a Dutch affair

onderontwikkeld *bn* underdeveloped ★ *een ~ land* an underdeveloped country

onderop *bijw* at the bottom

onderpand *o* [-en] pledge, guarantee, security, collateral ★ *op ~* on security, against collateral ★ *in ~ geven* give as security ★ *in ~ hebben* hold as security

onderricht *o* instruction, tuition ★ *iem. ~ geven* give sbd instruction ★ *~ in* lessons in

onderrichten *overg* [onderrichtte, h. onderricht] ❶ *onderwijzen* instruct, teach ❷ *informeren* inform (van of)

onderschatten *overg* [onderschatte, h. onderschat] underestimate ★ *van niet te ~ waarde* not to be underestimated ★ *je moet haar niet ~* you shouldn't underestimate her

onderschatting *v* underestimation

onderscheid *o* ❶ *verschil* difference, distinction ★ *dat maakt een groot ~* that makes all the difference ★ *allen zonder ~* all and sundry ★ *~ maken tussen... en...* distinguish between... and... ❷ *inzicht* discernment ★ *de jaren des ~s* the age of discretion

onderscheiden I *overg* [onderscheidde, h. onderscheiden] ❶ *onderscheid maken* distinguish ★ *de oorzaken kunnen ~ worden in...* the causes can be divided into... / can be categorized / identified according to... ★ *goed ~ van kwaad* distinguish / tell good from bad ★ *zich ~ van* distinguish oneself from ❷ *onderkennen* distinguish, discern ★ *niet te ~ zijn van* be indistinguishable from ❸ *eren* decorate, distinguish ★ *hij is ~ met de Nobelprijs* he has been awarded the Nobel prize **II** *bn* various

onderscheiding *v* [-en] ❶ *het maken v. verschil* distinction ★ *ter ~ van* as distinct from ❷ *decoratie* decoration, honour/Am honor, distinction ❸ *prijs voor film, muziek* award

onderscheidingsteken *o* [-s & -en] ❶ *ter herkenning*

distinguishing mark ❷ *decoratie* decoration, medal, badge

onderscheidingsvermogen *o* (sense of) discernment

onderscheppen *overg* [onderschepte, h. onderschept] intercept

onderschepping *v* [-en] interception

onderschikkend *bn* taalk subordinate

onderschikking *v* taalk subordination

onderschrift *o* [-en] ❶ caption ❷ *ondertekening* signature

onderschrijven *overg* [onderschreef, h. onderschreven] ❶ sign ❷ fig subscribe to, endorse ★ *iets* ~ subscribe to sth, endorse sth

ondershands *bijw* privately, under a private agreement, ‹stiekem› secretly

ondersneeuwen *onoverg* [sneeuwde onder, is ondergesneeuwd] ook fig be snowed under

onderspit *o* ★ *het* ~ *delven* taste defeat, come off the worst

onderst *bn* bottom, lower ★ *de* ~*e verdieping* the lower / bottom floor

onderstaand *bn* (mentioned) below, hereunder

onderstand *m* ZN support, aid ★ ~ *verlenen* give aid / support

onderste *o* lowest, lowermost, undermost, bottom ★ *het* ~ *uit de kan willen hebben* want to have your cake and eat it too

ondersteboven *bijw* upside down, wrong side up ★ *iets* ~ *gooien* knock sth down, overthrow sth, upset sth ★ *iets* ~ *halen* turn sth upside down ★ *ik was ervan* ~ I was cut up about it / devastated by it ★ *ik ben er niet* ~ *van* I'm not particularly impressed

ondersteek *m* [-steken] bedpan

onderstel *o* [-len] undercarriage, underframe, ‹v. auto ook› chassis

onderstellen *overg* [onderstelde, h. ondersteld] ❶ *veronderstellen* suppose, surmise, assume ❷ *postuleren* presume, presuppose

onderstelling *v* [-en] assumption, hypothesis

ondersteunen *overg* [ondersteunde, h. ondersteund] support

ondersteuning *v* support ★ comput *tweedelijns* ~ second tier support, tier 2 support, second level support

onderstoppen *overg* [stopte onder, h. ondergestopt] tuck in ★ *iem.* ~ tuck sbd into bed, tuck sbd in

onderstrepen *overg* [onderstreepte, h. onderstreept] ❶ underline ❷ fig emphasize, underscore ★ *we willen echter* ~ *dat...* however, we want to emphasize & that... / want to highlight the fact that...

onderstroom *m* [-stromen] ❶ undercurrent, undertow ❷ fig undercurrent

onderstuk *o* [-ken] lower part, base

ondertekenaar *m* [-s & -naren] signer, subscriber ★ *een* ~ *van een verdrag* a signatory to a treaty

ondertekenen *overg* [ondertekende, h. ondertekend] sign, subscribe ★ *ondertekend door...* signed by...

ondertekening *v* [-en] ❶ *de handeling* signing ★ *ter* ~ for signature ★ *het ter* ~ *voorleggen* submit for signing ❷ *handtekening* signature

ondertitel *m* [-s] ❶ *v. boek* subtitle, subheading ❷ *v. film* subtitle

ondertitelen *overg* [ondertitelde, h. ondertiteld] subtitle

ondertiteling *v* [-en] *v. film* subtitles

ondertoezichtstelling *v* [-en] jur placing under supervision, placing in custody

ondertoon *m* [-tonen] overtone, undertone ★ *met een duidelijke* ~ *van...* with overtones / undertones of..., with a ring of...

ondertrouw *m* ★ *in* ~ *gaan* announce one's forthcoming marriage, ‹kerkelijk› have the banns read

ondertussen *bijw* ❶ *inmiddels* meanwhile, in the meantime ★ ~ *was zij op zoek gegaan naar...* in the meantime she went looking for... ❷ *toch* yet ★ *...en* ~ *niet lijkt te beseffen* ...and yet doesn't seem to realize

onderuit *bijw* (out) from under ★ *ergens* ~ *proberen te komen* try to get out of sth ★ *er niet* ~ *kunnen* not be able to wriggle out of sth ★ ~ *liggen in een stoel* lie sprawled in an armchair ★ ~*! below!

onderuitgaan *onoverg* [ging onderuit, is onderuitgegaan] ❶ *vallen* be knocked off one's feet, ‹uitglijden› slip, trip ❷ fig fall on one's face, come a cropper ★ *Ajax ging gisteren onderuit tegen Groningen* Ajax came a cropper against Groningen yesterday

onderuithalen *overg* [haalde onderuit, h. onderuitgehaald] ❶ sp bring / knock down ❷ fig trip up

onderuitzakken *onoverg* [zakte onderuit, is onderuitgezakt] sprawl, slump

ondervangen *overg* [onderving, h. ondervangen] *voorkomen* overcome ★ *een bezwaar* ~ anticipate an objection ★ *moeilijkheden* ~ remove difficulties

onderverdelen *overg* [verdeelde onder, h. onderverdeeld] subdivide, classify, break down

onderverdeling *v* [-en] subdivision, breakdown

onderverhuren *overg* [onderverhuurde/ verhuurde onder, h. onderverhuurd] sublet, sublease

ondervertegenwoordigd *bn* underrepresented

onderverzekerd *bn* underinsured

ondervinden *overg* [ondervond, h. ondervonden] experience ★ *moeilijkheden* ~ meet with difficulties ★ *de gevolgen* ~ *van* suffer the effects of

ondervinding *v* [-en] experience ★ *bij / door* ~ from experience ★ ~ *is de beste leermeester* experience is the best teacher ★ *spreken uit* ~ speak from experience

ondervloer *m* [-en] subfloor

ondervoed *bn* underfed, undernourished

ondervoeding *v* undernourishment, malnutrition

ondervoorzitter *m* [-s] vice chairman

ondervraagde *m-v* [-n] interviewee, ‹door politie› person questioned, ‹bij examen› examinee

ondervragen *overg* [ondervroeg/ondervraagde, h.

on

ondervraagd] ❶ *verhoren* interrogate, question, hear ❷ *inlichtingen vragen* question, interview ❸ *overhoren* ZN test

ondervraging *v* [-en] ❶ *verhoor* interrogation, questioning, interview ❷ *overhoring* ZN test, examination

onderwaarderen *overg* [onderwaardeerde, h. ondergewaardeerd] underestimate, ‹v. geld› undervalue

onderwatersport *v* underwater sports

onderweg *bijw* ❶ on / along the way, ‹van goederen› in transit ★ ~ *beschadigd* damaged in transit ★ *hij is ~ naar huis* he's on his way home ★ *ze zijn ~ naar Frankrijk* they're on their way / en route to France ❷ fig in the pipeline

onderwereld *v* underworld

onderwereldfiguur *de* [-guren] underworld figure, criminal

onderwerp *o* [-en] ❶ *v. boek, lezing &* subject, theme, topic ★ *tot ~ hebben* have as a topic ★ *het ~ van gesprek* the subject under discussion ★ *hét ~ van gesprek zijn* be the talk of the town ❷ taalk subject

onderwerpen *overg* [onderwierp, h. onderworpen] ❶ *blootstellen aan* subject, put through ★ *iem. aan een toets ~* put sbd through a test ★ *zich aan een examen ~* go for an examination ★ *iem. aan een nauwkeurig onderzoek ~* subject sbd to a close investigation ❷ *onder zijn gezag brengen* subject ★ *zich aan iem. ~* submit to sbd ★ *zich aan zijn lot ~* resign oneself to one's fate / lot ★ *zich ~ aan Gods wil* submit to God's will ★ *iets ~ aan de goedkeuring van de gemeenteraad* make sth subject to council approval

onderwerping *v* subjection, submission

onderwerpszin *m* [-nen] subject clause

onderwijl *bijw* meanwhile, (in the) meantime

onderwijs *o* ❶ *instelling* (the field of) education ★ *bij het ~ zijn* be a teacher ❷ *het les krijgen* education, training, instruction, tuition ★ *bijzonder ~,* ZN *vrij ~* private education ★ *hoger ~* higher education ★ *lager ~* primary / elementary education ★ *middelbaar ~* secondary education ★ *openbaar ~* public education ★ *technisch ~* technical education / training ★ *tijdens zijn ~* during his schooling / training ❸ *het les geven* teaching ★ *hoofdelijk ~* individual teaching ★ *~ geven in Frans* teach French ★ *het ~ in geschiedenis* history teaching, teaching of history

onderwijsbevoegdheid *v* [-heden] teaching qualification, Am teacher's certification ★ *een leraar met ~* a fully qualified teacher

onderwijsinspectie *v* [-s] schools inspectorate

onderwijsinstelling *v* [-en] educational institute

onderwijskracht *m-v* [-en] teacher, member of the teaching staff

onderwijskundige *m-v* [-n] educationalist

onderwijsvernieuwing *v* [-en] educational reform

onderwijzen *overg* [onderwees, h. onderwezen]

instruct, teach ★ *iem. ~* teach sbd ★ *het ~d personeel* the teaching staff

onderwijzer *m* [-s] teacher

onderwijzeres *v* [-sen] (woman) teacher

onderwijzersakte *v* [-n & -s] teacher's certificate

onderworpen I *bn* ❶ *overwonnen* subject ❷ *nederig* submissive ❸ *ondergeschikt* subordinate ❹ *blootgesteld aan* subject (to) **II** *bijw* submissively

onderzeeboot *m & v* [-boten] submarine

onderzeeër *m* [-s] submarine

onderzees *bn* submarine

onderzetter *m* [-s], **onderzettertje** *o* [-s] ❶ *voor glas, fles* mat, coaster ❷ *voor pan* (table) mat

onderzoek *o* [-en & -ingen] ❶ *naspeuring, bestudering* investigation, inquiry, examination ★ *een gerechtelijk ~* a judicial inquiry ★ *~ doen naar iets* investigate sth ★ *een ~ naar* an investigation into ★ *een ~ instellen* investigate ★ *bij (nader) ~* on (closer) investigation / inquiry ★ *de zaak is in ~* the matter is under investigation / examination ★ *een ~ ter plaatse* an on-site inspection ★ jur *een ~ ter terechtzitting* an examination in court ★ *een politioneel ~* a police investigation / inquiry ★ *een voorbereidend ~* a preliminary investigation / inquiry ★ ‹door politie &› *een ~ aan den lijve* a bodily search ❷ *toets* test, check ❸ onderw research, study ★ *het wetenschappelijk ~* scientific research ❹ med examination, check-up

onderzoeken *overg* [onderzocht, h. onderzocht] ❶ *bestuderen* examine, inquire / look into, investigate ★ *een ~de blik* a searching look ★ *de mogelijkheden ~* explore / investigate the possibilities ❷ *testen* test, check (up on), examine ★ *~ op* test / check / examine for ❸ onderw research, study, examine

onderzoeker *m* [-s] ❶ investigator ❷ *wetenschappelijk* researcher, research worker

onderzoeksbureau *o* [-s] research bureau

onderzoeksrechter *m* [-s] examining / investigating judge

onderzoeksresultaat *o* [-taten] test / research results, test / research findings

ondeugd I *v* [-en] ❶ *tegenover deugd* vice ❷ *ondeugendheid* naughtiness, mischief **II** *m-v* [-en] *persoon* naughty boy / girl, rascal, scamp

ondeugdelijk *bn* ❶ unsound, faulty, defective ❷ *m.b.t. kwaliteit* inferior

ondeugend I *bn* ❶ *stout* naughty, mischievous ❷ *guitig* naughty **II** *bijw* naughtily

ondiep *bn* shallow, ‹niet diep(gaand)› superficial ★ *het ~e* the shallow part of the pool

ondiepte *v* ❶ *het ondiep zijn* shallowness ❷ *ondiepe plaats* [-n & -s] shallow(s)

ondier *o* [-en] brute, monster

onding *o* [-en] ❶ *prul* bit of trash ❷ *onzinnigheid* absurdity

ondoelmatig *bn* unsuitable, inefficient

ondoenlijk *bn* unfeasible, impracticable

ondoordacht I *bn* ill considered, thoughtless, rash **II** *bijw* thoughtlessly, rashly, in an ill-considered way

ondoordringbaar *bn* impenetrable, ⟨voor water⟩ waterproof ★ ~ *voor...* impervious to... ★ ~ *maken* make impermeable

ondoorgrondelijk *bn* unfathomable, ⟨v. mensen ook⟩ inscrutable

ondoorzichtig *bn* opaque, fig obscure ★ ~e *kleding* non-transparent clothing

ondraaglijk I *bn* unbearable **II** *bijw* unbearably

ondrinkbaar *bn* undrinkable

ondubbelzinnig I *bn* unambiguous, unequivocal **II** *bijw* unambiguously, unequivocally

onduidelijk I *bn* indistinct, vague, ⟨onverklaard⟩ obscure ★ *een* ~e *formulering* an ambiguous formulation ★ *het is mij* ~ it's not clear to me **II** *bijw* indistinctly & ★ *zich* ~ *uitdrukken* not express oneself clearly

onduidelijkheid *v* [-heden] indistinctness, vagueness, lack of clarity, ⟨onleesbaarheid⟩ illegibility ★ *er bestond enige* ~ *over zijn plannen* there was some uncertainty about his plans

onduldbaar *bn* intolerable, inadmissible

on'echt[1] *bn* ❶ *niet echt* false, not genuine ❷ *nagemaakt* forged, unauthentic, spurious ★ ~e *sieraden* imitation jewellery ★ *een* ~e *brief* an unauthentic letter ★ ~e *breuken* improper fractions ❸ fig sham, mock ★ *een* ~e *glimlach* a forced smile ★ ~e *gevoelens* sham feelings

'onecht[2] *bn onwettig* illegitimate ★ *een* ~ *kind* an illegitimate child

oneens *bn* in disagreement, at odds ★ *zij zijn het* ~ they're at odds with each other ★ *ik ben het met mezelf* ~ I'm in two minds about it

oneerbaar *bn* indecent, immodest

oneerbiedig I *bn* disrespectful **II** *bijw* disrespectfully

oneerlijk I *bn* unfair, dishonest ★ *een* ~e *beslissing* an unfair decision ★ ~e *concurrentie* unfair competition ★ ~e *praktijken* dishonest / sharp practices **II** *bijw* unfairly, dishonestly

oneerlijkheid *v* [-heden] dishonesty, unfairness

oneervol I *bn* dishonourable ★ *een* ~ *ontslag* a dishonourable discharge **II** *bijw* dishonourably ★ *iem.* ~ *ontslaan* dismiss dishonourably / in disgrace

oneetbaar *bn* uneatable, inedible

oneffen *bn* uneven, rough, irregular ★ *geen* ~ *woord gebruiken* use no bad language

oneffenheid *v* [-heden] ❶ unevenness, roughness ❷ fig irregularity

oneigenlijk *bn* figurative, metaphorical ★ *in* ~e *zin* figuratively speaking ★ *een* ~e *breuk* an improper fraction ★ ~ *gebruik* improper use

oneindig I *bn* infinite, endless ★ *het* ~e the infinite, infinity ★ *tot in het* ~e indefinitely, endlessly, ad infinitum **II** *bijw* infinitely ★ ~ *klein* infinitesimally small

oneindigheid *v* infinity

onemanshow *m* [-s] one-man show

onenigheid *v* [-heden] discord, disagreement, dissension ★ ~ *krijgen met iem.* fall out / quarrel with sbd

onervaren *bn* inexperienced, lacking experience ★ ~ *in / met* inexperienced in

onervarenheid *v* inexperience, lack of experience

onesthetisch *bn* unaesthetic, Am unesthetic

oneven I *bn v. getal* odd ★ *een* ~ *getal* an odd number **II** *bijw* unevenly ★ ~ *genummerd* unevenly numbered

onevenredig I *bn* disproportionate, out of all proportion **II** *bijw* disproportionately, out of all proportion

onevenwichtig *bn* unbalanced, unstable

onfatsoenlijk I *bn* indecent, improper, ill mannered, ⟨aanstootgevend⟩ offensive ★ ~ *gedrag* improper behaviour **II** *bijw* indecently & ★ *iem.* ~ *behandelen* treat sbd in an ill-mannered way

onfeilbaar *bn* infallible, ⟨v. methode⟩ foolproof, ⟨v. geheugen⟩ unerring

onfeilbaarheid *v* infallibility

onfortuinlijk *bn* unlucky, unfortunate

onfris *bn* ❶ *niet vers* not fresh, ⟨v. lucht⟩ stale ❷ *bedenkelijk* unsavoury, shady ★ ~se *praktijken* unsavoury / shady practices ❸ *onwel* out of sorts, unwell

ongaarne *bijw* unwillingly, reluctantly, grudgingly

ongans *bn* unwell ★ *zich* ~ *eten* overeat, gorge oneself, stuff oneself silly

ongastvrij *bn* inhospitable

ongeacht I *bn* unesteemed **II** *voorz* ❶ irrespective of ❷ *niettegenstaande* notwithstanding, despite

ongeadresseerd *bn* unaddressed

ongebaand *bn* unbeaten, untrodden, unpaved

ongebonden *bn* ❶ *v. boeken* unbound ❷ *losbandig* dissolute ❸ *niet gebonden* unattached ★ *de* ~ *landen* the non-allied countries ❹ *v. soep* unthickened ❺ *v. schulden & unconditional

ongeboren *bn* unborn ★ *de* ~ *vrucht* the f(o)etus, the unborn child

ongebreideld *bn* unbridled, unrestrained

ongebruikelijk *bn* ❶ *afwijkend* unusual, unconventional ★ ~e *methoden* unconventional / unorthodox methods ❷ *niet gangbaar* not in use, uncommon

ongebruikt *bn* unused

ongecompliceerd *bn* uncomplicated, simple

ongecontroleerd *bn niet onder bedwang* uncontrolled

ongecoördineerd *bn* uncoordinated

ongedaan *bn* undone ★ *iets* ~ *maken* rectify sth ★ *een koop* ~ *maken* cancel a sale ★ *dat kun je niet meer* ~ *maken* what's done cannot be undone ★ *niets* ~ *laten* spare no effort, leave no stone unturned

ongedateerd *bn* undated

ongedeerd *bn* unharmed, unhurt, uninjured, unscathed

ongedekt *bn* ❶ *v. hoofd* uncovered, hatless ❷ *v. tafel* unlaid ❸ verz uninsured ❹ fin unsecured ★ *een* ~e

on

cheque an uncovered cheque ❺ *sp* uncovered ❻ *mil* unprotected, uncovered

ongedierte *o* vermin

ongedisciplineerd *bn* undisciplined

ongeduld *o* impatience

ongeduldig I *bn* impatient ★ ~ *maken* make impatient ★ ~ *worden* become impatient **II** *bijw* impatiently

ongedurig I *bn* restless, fidgety **II** *bijw* restlessly

ongedwongen I *bn* ❶ *niet geforceerd* unconstrained, unforced ❷ *natuurlijk* natural, informal ‹chat, attitude›, easy ‹manners› ❸ *vrijwillig* voluntary **II** *bijw* unconstrainedly &

ongedwongenheid *v* informality, ease

ongeëvenaard *bn* unequalled, unmatched, unparalleled ★ *een* ~ *succes* an unparalleled success

ongefrankeerd *bn* ❶ post unstamped ❷ handel carriage free

ongefundeerd *bn van mening, theorie* unfounded, groundless

ongegeneerd *bn* unashamed, unabashed ★ *hij zat* ~ *boeren te laten* he sat burping without the slightest embarrassment

ongegrond *bn* groundless, unfounded, without foundation, baseless

ongehavend *bn* undamaged, ‹v. persoon› unhurt

ongehinderd *bn* unhindered, unhampered

ongehoord *bn* ❶ unheard (of), unprecedented ★ *iets* ~*s* something unheard of ★ ~*e kwaliteit* first-class quality ❷ *vreemd* strange

ongehoorzaam I *bn* disobedient **II** *bijw* disobediently

ongehoorzaamheid *v* [-heden] disobedience ★ *burgerlijke* ~ civil disobedience

ongehuwd I *bn* unmarried, single ★ *een* ~*e moeder* an unmarried mother ★ *de* ~*e staat* celibacy, the single state **II** *bijw* without being married

ongein *m flauw, vervelend gedoe* unfunny business ★ *ik heb genoeg van die* ~ I've enough of your unfunny jokes ★ *...en meer van die* ~ and more of that nonsense

ongeïnspireerd *bn* uninspired

ongeïnteresseerd *bn* uninterested

ongekamd *bn* uncombed, unkempt

ongekend I *bn* ❶ *nog nooit voorgekomen* unprecedented ★ ~*e mogelijkheden* limitless possibilities ❷ *enorm* huge ★ ~ *enthousiasme* unbridled enthusiasm **II** *bijw enorm* ★ ~ *groot / sterk* unbelievably large / strong

ongekleed *bn* ❶ *zonder kleren* unclothed, undressed ❷ *niet correct gekleed* not properly dressed

ongekookt *bn* uncooked, raw, ‹v. water› unboiled

ongekroond *bn* uncrowned

ongekuist *bn* ❶ *ruw, grof* coarse, crude ★ ~*e taal* coarse language ❷ *niet gecensureerd* unexpurgated, uncensored

ongekunsteld I *bn* artless, unaffected, unsophisticated **II** *bijw* artlessly, unaffectedly

ongeladen *bn* ❶ mil unloaded ❷ scheepv unladen

❸ elektr uncharged

ongeldig *bn* void, invalid ★ ~ *maken* render null and void, invalidate, nullify ★ ~ *verklaren* declare to be invalid / null and void

ongelegen *bn & bijw* inconvenient, awkward, inopportune ★ *op een* ~ *uur* at an inconvenient time ★ *kom ik u* ~? am I intruding? is it convenient? ★ *het bezoek kwam mij* ~ the visit came at an awkward moment

ongeletterd *bn* illiterate ★ *een* ~*e* an illiterate person

ongelezen *bn* unread

onge'lijk¹ I *bn* ❶ *niet vlak* uneven ★ *een* ~ *oppervlak* an uneven surface ❷ *niet gelijk* unequal ★ *een* ~*e strijd* an uneven fight ★ ~ *van lengte* unequal in length ❸ *ongelijksoortig* different (from) **II** *bijw* unevenly & ★ *iem.* ~ *behandelen* treat sbd differently

'ongelijk² *o* wrong ★ ~ *bekennen* concede ★ *iem.* ~ *geven / in het* ~ *stellen* put sbd in the wrong ★ *ik kan hem geen* ~ *geven* I can't blame him ★ ~ *hebben* be (in the) wrong ★ ~ *krijgen* be put in the wrong, be proved wrong

ongelijkbenig *bn* wisk scalene ★ *een* ~*e driehoek* a scalene triangle

ongelijkheid *v* [-heden] ❶ *het niet vlak zijn* unevenness ❷ *ongelijkheid* inequality ❸ *ongelijksoortigheid* dissimilarity, difference

ongelijkmatig I *bn* uneven, unequal, irregular **II** *bijw* unevenly &

ongelijkvloers *bn* on different levels ★ *een* ~*e kruising* a flyover, an overpass

ongelijkwaardig *bn* unequal

ongelikt *bn* ★ *een* ~*e beer* an uncouth lout

ongelimiteerd *bn* unlimited

ongelofelijk, ongelooflijk I *bn* unbelievable, incredible **II** *bijw* unbelievably, incredibly

ongelogen *bijw* without any exaggeration, honestly

ongelood *bn* unleaded

ongeloof *o* disbelief, incredulity ★ *vol* ~ *keek hij mij aan* he looked at me disbelievingly

ongelooflijk *bn* → **ongelofelijk**

ongeloofwaardig *bn* incredible, unbelievable, implausible ★ ~*e getuigen* unreliable witnesses ★ *een* ~ *document* a dubious document

ongelovig I *bn* unbelieving, incredulous **II** *bijw* incredulously

ongelovige *m-v* [-n] ❶ *wantrouwige* suspicious person ❷ *niet-gelovige* unbeliever, non-believer

ongeluk *o* [-ken] ❶ *tegenspoed* misfortune, ‹pech› bad luck ★ *dat was zijn* ~ that was his undoing ★ *zijn* ~ *tegemoet gaan* court disaster ❷ *ongelukkige gebeurtenis* accident ★ *een* ~ *begaan aan iem.* do sbd an injury/scherts a mischief ★ *een* ~ *krijgen* have an accident ★ *een* ~ *komt zelden alleen* it never rains but it pours ★ *een* ~ *zit in een klein hoekje* accidents can happen ★ *bij / per* ~ by accident, accidentally ★ *zonder* ~*ken* without accident ▼ *dat* ~ *van een...* that pain in the neck of a... ▼ *zich een* ~ *eten* eat till it comes out of one's ears

ongelukje *o* [-s] ❶ mishap, little accident ❷ *ongepland kind* accident, mistake

ongelukkig I *bn* ❶ *niet gelukkig zijnd* unhappy ★ *een ~ huwelijk/~e liefde* an unhappy marriage / love affair ★ *diep ~* miserable, wretched, deeply sad ❷ *ongunstig* unfortunate ★ *een ~ toeval* an unfortunate coincidence ❸ *geen geluk hebbend* unlucky ★ *een ~e poging* an unlucky try II *bijw* unhappily & ★ *hij is ~ aan zijn einde gekomen* he came to an unfortunate end ★ *zij kwam ~ terecht* she landed awkwardly ★ *zij drukte zich ~ uit* her choice of words was not fortunate

ongelukkige *m-v* [-n] poor wretch

ongeluksgetal *o* [-len] unlucky number

ongemak *o* [-ken] ❶ *ongerief* inconvenience, ‹lichamelijk› discomfort ★ *iem. ~ bezorgen* cause sbd inconvenience / trouble ❷ *gebrek* ailment

ongemakkelijk I *bn* ❶ *niet comfortabel* uneasy, uncomfortable ★ *een ~e stoel* an uncomfortable chair ★ *zich ~ voelen* feel uncomfortable ❷ *moeilijk in de omgang* difficult, tiresome ★ *een ~ heerschap* an awkward customer II *bijw* uncomfortably &

ongemanierd I *bn* unmannerly, ill mannered II *bijw* in an ill-mannered way

ongemanierdheid *v* [-heden] ❶ rudeness, impoliteness ❷ *gebrek aan manieren* lack of good manners

ongemeen I *bn* uncommon, unusual, ‹buitengewoon› extraordinary II *bijw* versterkend exceptionally ★ *~ lastig* exceptionally difficult

ongemerkt I *bn* ❶ *ongezien* unnoticed ❷ *onopvallend* imperceptible ❸ *zonder merk* unmarked II *bijw* without being noticed, unnoticed, imperceptibly

ongemeubileerd *bn* unfurnished

ongemoeid *bn* undisturbed ★ *iem. ~ laten* leave sbd alone

ongemotiveerd I *bn* ❶ *zonder aanleiding* unprovoked, uncalled-for ❷ *ongegrond* ungrounded, unfounded ❸ *zonder drijfveer* unmotivated II *bijw* without provocation, without foundation / any basis, without motivation

ongenaakbaar *bn* unapproachable, inaccessible

ongenade *v* disgrace, disfavour ★ *in ~ vallen bij iem.* fall into disfavour with sbd ★ *in ~ zijn* be in disgrace (*bij* with)

ongenadig I *bn* merciless II *bijw* ❶ mercilessly ★ *hij heeft er ~ van langs gehad* he got the thrashing of his life ❷ versterkend dreadfully

ongeneeslijk, ongeneselijk I *bn* incurable ★ *een ~e zieke* an incurably ill person II *bijw* incurably

ongenegen *bn* ❶ *niet geneigd* unwilling, disinclined ★ *niet ~ zijn om...* not be disinclined to... ❷ *geen genegenheid voelend* ill disposed ★ *ik ben hem niet ~* I'm not ill disposed towards him

ongenietbaar *bn* ❶ *onverteerbaar* unpalatable, indigestible ❷ *humeurig* disagreeable

ongenoegen *o* [-s] ❶ *misnoegen* displeasure ★ *uit ~ over de gang van zaken* out of dissatisfaction with the course of events ❷ *ruzie* tiff ★ *zij hebben ~* they're at loggerheads / on bad terms with each other ★ *~ krijgen* fall out, have a tiff

ongenoemd *bn* unnamed, anonymous ★ *een ~e* an unnamed / anonymous person

ongenood *bn* uninvited

ongenuanceerd I *bn* over-simplified II *bijw* ★ *ze denkt ~* she thinks in black and white, she oversimplifies things

ongenummerd *bn* unnumbered

ongeoefend *bn* untrained, unpractised, ‹onervaren› inexperienced

ongeoorloofd I *bn* illegal, illicit, unlawful ★ *~e afwezigheid* absence without leave ★ *~e praktijken* illegal practices II *bijw* illegally &

ongeopend *bn* unopened

ongeordend *bn* ❶ *niet geordend* unordered, unorganized ❷ *rommelig* disorderly, disorganized ★ *een ~e bende* a mess

ongeorganiseerd *bn* ❶ *wanordelijk* disorganized ❷ *niet bij organisatie* unorganised

ongepast I *bn* ❶ *onbehoorlijk* unseemly, improper, unbecoming ❷ *misplaatst* inappropriate, impertinent II *bijw* improperly, inappropriately &

ongepastheid *v* [-heden] ❶ inappropriateness ❷ *onbetamelijkheid* impropriety

ongeplaatst *bn* ❶ eff unissued ❷ sp unplaced

ongepolijst *bn* unpolished

ongerechtigheid *v* [-heden] ❶ *onrechtvaardigheid* iniquity, injustice ❷ *klein gebrek* flaw ❸ *verontreiniging* something that shouldn't be there

ongerede *o* ★ *in het ~ raken* ‹onbruikbaar› break down, go wrong, be unusable, ‹zoek› get lost / mislaid

ongeregeld I *bn* irregular, disorderly, unorganised ★ *~e goederen* miscellaneous goods ★ *een zooitje ~* a motley bunch, a mixed bag ★ *een ~ leven leiden* lead a free and easy life II *bijw* irregularly

ongeregeldheden *zn* [mv] ❶ irregularities ❷ *geweldpleging* disturbances, riots

ongeremd I *bn* unrestrained, uninhibited II *bijw* unrestrainedly, without restraint, without inhibition

ongerept *bn* ❶ *untouched*, virgin ★ *~e bossen / sneeuw* virgin forests / snow ★ *de ~e natuur* unspoiled nature ❷ fig intact, undefiled

ongerief *o* inconvenience, trouble ★ *iem. ~ veroorzaken* put sbd to inconvenience

ongerieflijk, ongerieflik I *bn* inconvenient, ‹v. huis› uncomfortable II *bijw* inconveniently, uncomfortably

ongerijmd *bn* absurd, preposterous ★ *het ~e van...* the absurdity of... ★ *tot het ~e herleiden* reduce to an absurdity ★ *een bewijs uit het ~e* a proof by contradiction (of the premise), a reductio ad absurdum proof

ongerijmdheid *v* [-heden] absurdity, incongruity

ongerust I *bn* anxious, uneasy, worried ★ *~ over iem.* anxious about sbd ★ *zich ~ maken, ~ zijn* be worried,

on

worry (*over* about) ★ *zich ~ maken over iets* be uneasy / anxious about sth **II** *bijw* anxiously, uneasily, worriedly

ongerustheid *v* uneasiness, worry ★ *geen reden tot ~* no cause for concern

ongeschikt *bn niet geschikt* unfit, unsuitable ★ *~ voor zo'n baan* unsuitable for a job like that ★ *~ voor de militaire dienst* unfit for military service ▼ *hij is geen ~e kerel* he's not a bad sort

ongeschiktheid *v* unfitness, unsuitability, ⟨onbekwaamheid⟩ inaptitude

ongeschonden *bn* undamaged, intact ★ *een ~ kopie* a perfect copy ★ *zijn reputatie bleef ~* his reputation remained intact

ongeschoold *bn* untrained, unskilled

ongeschoren *bn* ❶ unshaved, unshaven ❷ *v. schaap* unshorn

ongeschreven *bn* unwritten ★ *een ~ wet* an unwritten rule ★ *~ recht* common law

ongeslagen *bn* sp unbeaten

ongesorteerd *bn* ❶ unsorted ❷ *van diverse soorten* assorted, mixed

ongestadig I *bn* ❶ unsteady, unsettled ❷ *wispelturig* inconstant **II** *bijw* unsteadily, inconstantly

ongesteld *bn ziek* indisposed, unwell ★ ⟨van vrouwen⟩ *~ zijn* have one's period

ongesteldheid *v* [-heden] ❶ *ziekte* indisposition, illness ❷ *menstruatie* menstruation

ongestempeld *bn* unstamped

ongestoord I *bn* ❶ undisturbed ❷ *zonder storing* clear **II** *bijw* ★ *ze kon ~ verder gaan* she could continue undisturbed

ongestraft I *bn* unpunished ★ *~ blijven* go unpunished **II** *bijw* with impunity

ongetekend *bn* not signed, unsigned

ongetemd *bn* untamed ★ *~e energie* unbridled energy

ongetrouwd *bn* unmarried, single

ongetwijfeld *bijw* undoubtedly, doubtless, without a doubt, no doubt

ongevaarlijk *bn* harmless, safe

ongeval *o* [-len] accident, mishap ★ *door ~* by accident, accidentally

ongevallenverzekering *v* [-en] accident insurance

ongeveer *bijw* about, approximately, roughly ★ *zo ~* more or less

ongeveinsd *bn* unfeigned, sincere, genuine

ongevoelig *bn* unfeeling, insensitive to ★ *~ voor* impervious / indifferent to

ongevoeligheid *v* insensitivity

ongevraagd I *bn* ⟨v. opmerkingen⟩ uncalled for, ⟨v. dingen⟩ unrequested, ⟨v. gasten &⟩ uninvited ★ *~ advies* unsolicited advice **II** *bijw* ★ *zich ~ bemoeien met* interfere in ★ *iets ~ vertellen* volunteer sth

ongewapend *bn* unarmed ★ *~ beton* unreinforced concrete

ongewassen *bn* unwashed

ongewenst *bn* undesirable, unwanted ★ *~e vreemdelingen* undesirable aliens ★ *een ~ persoon* a

persona non grata, an undesirable person ★ *~e intimiteiten* sexual harassment ★ *een ~ kind* an unwanted child ★ *een ~e zwangerschap* an unwanted pregnancy

ongewerveld *bn* invertebrate ★ *~e dieren* invertebrates

ongewijzigd *bn* unchanged, unaltered

ongewild I *bn* ❶ *zonder opzet* unintentional ❷ *niet in trek* not in demand, unwanted **II** *bijw* unintentionally

ongewillig I *bn* unwilling **II** *bijw* unwillingly

ongewis *bn* ❶ *onzeker* uncertain ❷ *grillig* unreliable

ongewisse *o* ★ *in het ~* in a state of uncertainty ★ *in het ~ laten* leave in the air ★ *we tasten in het ~* we're groping in the dark

ongewoon *bn* ❶ *ongebruikelijk* unusual ★ *niets ~s* nothing out of the ordinary ❷ *niet gewend* unused to, unfamiliar ★ *we zijn dat ~* we're not used to that

ongezellig I *bn* ❶ *v. mensen* unsociable, uncompanionable ★ *wat ben je ~ vanavond* you're no fun this evening, you're pretty unsociable this evening ❷ *v. een bijeenkomst &* not much fun, unenjoyable ❸ *v. een kamer &* cheerless, comfortless **II** *bijw* unsociably &

ongezien *bn* ❶ *niet gezien* unseen ★ *hij tekende het contract ~* he signed the contract sight unseen ❷ *onopgemerkt* unobserved, unnoticed ❸ *niet gewaardeerd* unesteemed, unrespected

ongezond I *bn* ❶ *niet gezond* unhealthy, unsound ★ *~e belangstelling* unhealthy interest ❷ *schadelijk* unhealthy ★ *~ voedsel* unhealthy / unwholesome food **II** *bijw* ★ *ze eten erg ~* they have a very unhealthy diet

ongezouten I *bn* ❶ *zonder zout* unsalted ❷ *onverbloemd* plain, straight, blunt ★ *~ taal* plain / blunt language **II** *bijw* ★ *ik heb hem ~ de waarheid gezegd* I gave it to him straight ★ *hij heeft er ~ van langs gehad* he has had a piece of my mind

ongezuiverd *bn* unpurified, unrefined

ongezuurd *bn* unleavened (bread)

ongrijpbaar *bn* elusive

ongrondwettig *bn* unconstitutional

ongunstig I *bn* unfavourable ★ *~e kritieken* adverse criticism ★ *op een ~ moment* at a bad / unfavourable moment ★ *iem. in een ~ daglicht stellen* put / show sbd in a bad / unfavourable light **II** *bijw* unfavourably, adversely ★ *hij staat ~ bekend* he has a bad reputation ★ *er ~ uitzien* not look good ★ *iem. ~ gezind zijn* be ill disposed towards sbd

onguur *bn* ❶ *afschrikwekkend* sinister ❷ *gemeen* unsavoury ★ *een ~ type* an unsavoury character

onhaalbaar *bn* unfeasible

onhandelbaar *bn* unmanageable, intractable, unruly

onhandig I *bn* ❶ *v. persoon* clumsy, awkward ❷ *v. ding* awkward **II** *bijw* clumsily, awkwardly

onhebbelijk *bn* unmannerly, rude

onhebbelijkheid *v* [-heden] rudeness

onheil *o* [-en] calamity, disaster ★ *~ stichten* cause

on

mischief

onheilspellend I *bn* ominous **II** *bijw* ominously

onheilsprofeet *m* [-feten] prophet of doom

onherbergzaam I *bn* inhospitable **II** *bijw* inhospitably

onherkenbaar I *bn* unrecognizable ★ *tot ~ wordens toe* ⟨change⟩ out of all recognition / beyond all recognition **II** *bijw* unrecognizably

onherroepelijk I *bn* irrevocable **II** *bijw* irrevocably

onherstelbaar I *bn* irreparable ★ *een ~ verlies* an irreparable loss **II** *bijw* ★ *~ beschadigd* irreparably damaged, damaged beyond repair

onheus I *bn* discourteous, impolite ★ *een ~e bejegening* a rebuff **II** *bijw* discourteously &

onhoorbaar I *bn* inaudible **II** *bijw* inaudibly

onhoudbaar *bn* ❶ *onverdedigbaar* untenable ★ *een onhoudbare mening* an indefensible view ★ *die redeneringen zijn ~* those arguments are untenable / won't hold up ❷ *ondraaglijk* unbearable ❸ *niet te stoppen* unstoppable

onhygiënisch I *bn* unhygienic **II** *bijw* unhygienically

oninbaar *bn* irrecoverable, uncollectible, bad ⟨debts⟩

oningevuld *bn* not filled in, blank

oninteressant *bn* uninteresting

onjuist *bn* ❶ *niet waar, fout* inaccurate, incorrect ❷ *ondoelmatig, incorrect* improper

onjuistheid *v* [-heden] ❶ *onwaarheid, fout* inaccuracy, incorrectness ❷ *ondoelmatigheid, incorrectheid* impropriety

onkies *bn* *niet fijngevoelig* indiscreet, tactless, indelicate

onklaar *bn* ❶ *niet helder* turbid, muddy ❷ *kapot* defective ★ *iets ~ maken* put sth out of action

onklopbaar *bn* ZN unbeatable

onknap *bn* ★ *niet ~* rather pretty / good-looking

onkosten *zn* [mv] expenses, costs ★ *algemene ~* overhead expenses, overheads ★ *~ declareren* submit an expense claim ★ *~ maken* go to expense (for) ★ *(met de) ~ inbegrepen* charges included ★ *zonder ~/ ~ niet meegerekend* not counting expenses

onkostendeclaratie *v* [-s] expense claim, bill for expenses ★ *een ~ indienen* submit an expense claim

onkostenvergoeding *v* [-en] reimbursement of expenses

onkreukbaar *bn* ❶ uncrushable, crease-resistant ❷ fig unimpeachable, honest ★ *de onkreukbare eerlijkheid* the honest truth ★ *onkreukbare rechtschapenheid* unimpeachable integrity

onkreukbaarheid *v* fig integrity

onkruid *o* weeds ★ *~ vergaat niet* only the good die young

onkruidverdelger *m* [-s] weed killer, herbicide

onkuis *bn* improper, indecent, lewd

onkuisheid *v* [-heden] impropriety, indecency, lewdness

onkunde *v* ignorance ★ *in grove ~* in grave ignorance ★ *uit ~* out of ignorance

onkundig *bn* ignorant ★ *~ van* ignorant / unaware of

★ *iem. ~ laten van* keep sbd in ignorance of

onkwetsbaar *bn* invulnerable

onlangs *bijw* lately, recently ★ *~ gebeurd* happened the other day ★ *~ op een middag* the other afternoon

onledig *bn* occupied, engaged ★ *zich ~ houden met* busy / occupy oneself with

onleefbaar *bn* ❶ *m.b.t. een situatie* intolerable ❷ *m.b.t. een plaats* uninhabitable

onleesbaar I *bn* ❶ *niet te ontcijferen* illegible ❷ *vervelend om te lezen* unreadable **II** *bijw* illegibly

online *bijw* comput on-line, online

onlogisch *bn* illogical

onloochenbaar *bn* undeniable

onlosmakelijk *bn & bijw* indissoluble, inseparable ★ *~ verbonden zijn met* be inextricably bound up with

onlust *m* [-en] unease, discomfort

onlusten *zn* [mv] troubles, disturbances, riots

onmaatschappelijk *bn* antisocial

onmacht *v* ❶ *machteloosheid* impotence, powerlessness ❷ *flauwte* fainting fit ★ *in ~ vallen* faint

onmachtig *bn* ❶ powerless (to) ❷ *machteloos* impotent

onmatig *bn* immoderate ★ *~ alcoholgebruik* drinking to excess

onmeetbaar I *bn* immeasurable ★ *onmeetbare getallen* irrational numbers, surds **II** *bijw* immeasurably

onmens *m* [-en] brute, monster

onmenselijk I *bn* inhuman, brutal **II** *bijw* inhumanly

onmetelijk I *bn* immeasurable, immense, infinite **II** *bijw* immeasurably, immensely, infinitely

onmetelijkheid *v* immeasurability, immensity

onmiddellijk I *bn* immediate, instant ★ *een ~e antwoord* a prompt / an immediate / an instant answer ★ *~ gevaar* immediate danger ★ *in de ~e nabijheid* in the immediate vicinity ★ *met ~e ingang* starting immediately **II** *bijw* directly, immediately, at once, instantly

onmin *v* discord, dissension ★ *in ~ geraken* fall out ★ *in ~ leven* be permanently at loggerheads / on bad terms

onmisbaar I *bn* ❶ *essentieel* indispensable, essential ❷ *onvermijdelijk* inevitable **II** *bijw* indispensably &

onmiskenbaar I *bn* undeniable, unmistakable **II** *bijw* undeniably, unmistakably

onmogelijk I *bn* ❶ *niet mogelijk* impossible, out of the question, impracticable ★ *het ~e* the impossible ★ *een ~ verhaal* an unlikely story ★ *het was mij ~ om...* I couldn't possibly have... ★ *het ~e vergen* ask the impossible ❷ *heel vervelend* impossible, intolerable ★ *een ~e vent* an intolerable fellow ★ *op een ~ uur* at an ungodly hour ❸ *raar, belachelijk* impossible, preposterous ★ *een ~e jurk / hoed* an impossible / a preposterous dress / hat **II** *bijw* not possibly ★ *die plannen kunnen ~ verwezenlijkt worden* these plans cannot possibly be realized ★ *een ~ lange naam* an impossibly / absurdly long name ★ *ik kon*

on

het ~ *horen* I couldn't hear it to save my life ★ *hij gedraagt zich* ~ he behaves intolerably

onmogelijkheid *v* [-heden] impossibility

onmondig *bn* under age ★ ~ *zijn* be a minor

onnadenkend I *bn* thoughtless, inconsiderate, unthinking **II** *bijw* thoughtlessly &, without thinking

onnatuurlijk I *bn* unnatural ★ *een* ~ *kind* an unnatural child ★ *een* ~*e dood* an unnatural / a violent death **II** *bijw* unnaturally ★ ~ *aan zijn eind komen* die an unnatural death

onnauwkeurig I *bn* inaccurate, inexact ★ *haar vertaling van...* is ~ her translation of... is slipshod **II** *bijw* inaccurately, inexactly

onnauwkeurigheid *v* [-heden] inaccuracy

onnavolgbaar *bn* inimitable, unparalleled

on-Nederlands *bn* un-Dutch

on-Nederlands
Een woord dat verwijst naar een land wordt in het Engels altijd met een hoofdletter geschreven. Het voorvoegsel **un-** wordt echter gewoonlijk niet gevolgd door een streepje, dus komt naast **un-Dutch** ook de vorm **unDutch** voor, met een hoofdletter midden in het woord.

onneembaar *bn* impregnable, unassailable

onnodig I *bn* needless, unnecessary ★ ~ *gepraat* unnecessary talk ★ ~ *te zeggen* needless to say **II** *bijw* needlessly, unnecessarily ★ ~ *tijd verliezen* lose time unnecessarily

onnoemelijk, onnoëmelijk I *bn* ❶ *talloos* innumerable, numberless, countless ❷ *heel erg* untold, inexpressible ★ ~ *verdriet* untold misery **II** *bijw* ★ ~ *klein* infinitesimally small ★ ~ *veel mensen* immense numbers of people

onnozel I *bn* ❶ *dom* silly, simple, stupid ★ ~*e dingen zeggen* say stupid things ❷ *argeloos* innocent, naive ★ *een* ~*e hals / jongen* a fool ❸ *lichtgelovig* gullible ❹ *onbeduidend* trifling, mere ★ *een* ~*e tien euro* a paltry ten euros ★ *die paar* ~*e centen* those few measly pennies **II** *bijw* ❶ in a silly way, stupidly ❷ innocently

onnozelaar *m* [-s] ❶ *onschuldige* ZN innocent ❷ *sufferd* ZN stupid, idiot

onofficieel *bn* off-the-record, unofficial, informal

onomatopee *v* [-peeën] onomatopoeia

onomkeerbaar I *bn* irreversible, irrevocable ★ *een onomkeerbare beslissing* an irrevocable decision **II** *bijw* irreversibly, irrevocably

onomkoopbaar *bn* not to be bribed, incorruptible

onomstotelijk *bn* irrefutable, indisputable ★ *een* ~ *bewijs* an irrefutable proof ★ ~*e waarheden* indisputable truths, axioms

onomstreden *bn* undisputed, unquestioned, unchallenged

onomwonden I *bn* plain, straight, frank **II** *bijw* ★ *iem.* ~ *de waarheid zeggen* tell sbd the truth in no uncertain terms

ononderbroken I *bn* continuous, uninterrupted

II *bijw* continuously, uninterruptedly

onontbeerlijk *bn* indispensable, essential, vital

onontgonnen *bn* uncultivated, unreclaimed ★ ~ *gebied* virgin territory

onontkoombaar, onontkomelijk I *bn* inescapable, unavoidable **II** *bijw* inescapably, unavoidably

onooglijk I *bn* ❶ *lelijk* unsightly ❷ *onopvallend* inconspicuous **II** *bijw* inconspicuously ★ ~ *gekleed gaan* dress in appalling taste

onoorbaar *bn* improper, unbecoming ★ *onoorbare praktijken* objectionable practices

onoordeelkundig *bn* injudicious

onopgehelderd *bn* unexplained, unsolved ★ *de moord bleef* ~ the murder was never cleared up

onopgelost *bn* ❶ *in vloeistoffen* undissolved ❷ *problemen &* unsolved

onopgemaakt *bn* ❶ *v. bed* unmade ❷ *v. gezicht* not made up ❸ *v. haar* uncombed ▼ typ *een* ~*e drukproef* a galley proof

onopgemerkt *bn & bijw* unobserved, unnoticed ★ *dat is niet* ~ *gebleven* it did not go unnoticed & ★ ~ *weggaan* leave unnoticed &, leave without being observed

onophoudelijk I *bn* incessant, continuous **II** *bijw* incessantly, continuously ★ *hij plaagt ons* ~ he's forever teasing us

onoplettend I *bn* inattentive **II** *bijw* inattentively

onoplettendheid *v* [-heden] inattention

onoplosbaar I *bn* ❶ *in vloeistoffen* insoluble ❷ *v. problemen &* unsolvable

onoprecht I *bn* insincere **II** *bijw* insincerely

onopvallend I *bn* inconspicuous, unobtrusive **II** *bijw* inconspicuously, unobtrusively

onopzettelijk I *bn* unintentional, inadvertent **II** *bijw* unintentionally, inadvertently

onordelijk I *bn* disordered ★ ~ *gedrag* unruly behaviour **II** *bijw* in a disorderly way ★ *het gaat daar* ~ *toe* things are disorganized there

onorthodox *bn* unorthodox

onoverbrugbaar *bn* irreconcilable, ook fig unbridgeable ★ *onoverbrugbare verschillen* irreconcilable differences

onoverdekt *bn* uncovered

onovergankelijk *bn* taalk intransitive

onoverkomelijk *bn* insurmountable, insuperable, ‹v. rivier &› impassable ★ ~*e bezwaren* insurmountable objections

onovertroffen *bn* unsurpassed, unrivalled

onoverwinnelijk *bn* invincible, unconquerable ★ *een* ~ *team* an invincible team ★ ~*e moeilijkheden* unsurmountable problems

onoverzichtelijk I *bn* complicated, complex, obscure ★ *een* ~*e bocht* a blind bend ★ *een volle en* ~*e bouwplaats* a cluttered and poorly organized construction site **II** *bijw* ★ ~ *georganiseerd* poorly organized ★ *de beelden vliegen* ~ *voorbij* the images flash past in no apparent order

onparlementair *bn* unparliamentary ★ ~ *taalgebruik*

unparliamentary language

onpartijdig I *bn* impartial, unbias(s)ed ★ *een ~ onderzoek* an unbias(s)ed investigation ★ *een ~ rechter* an impartial judge **II** *bijw* impartially ★ ~ *te werk gaan* approach something impartially / in an impartial / unbias(s)ed way

onpas *bijw* ★ *te ~* ill timed ★ *te pas en te ~* all the time

onpasselijk *bn* nauseous, sick ★ ~ *zijn / worden* ⟨misselijk⟩ be / become ill, ⟨niet lekker⟩ be / get out of sorts

onpeilbaar *bn* unfathomable, ⟨v. gezicht &⟩ inscrutable

onpersoonlijk I *bn* impersonal ★ *~e werkwoorden* impersonal verbs **II** *bijw* impersonally

onplezierig I *bn* ❶ *onaangenaam* unpleasant, disagreeable ❷ *lusteloos* unwell ★ *hij voelt zich ~ vandaag* he's feeling a bit out of sorts / a bit under the weather today **II** *bijw* unpleasantly, disagreeably

onpraktisch I *bn* impractical **II** *bijw* impractically

onprettig I *bn* unpleasant, disagreeable **II** *bijw* unpleasantly, disagreeably

onraad *o* trouble, danger ★ *daar is ~* there's something going on ★ *ik ruik ~* I smell a rat

onrealistisch I *bn* unrealistic, unreal **II** *bijw* unrealistically

onrecht *o* injustice, wrong ★ *iem. ~ aandoen* wrong sbd, do sbd wrong ★ *ten ~e* mistakenly, wrongly ★ *zij protesteren ten ~e* their protests are unfounded / mistaken

onrechtmatig I *bn* wrongful, unjust, ⟨tegen de wet⟩ unlawful, illegal **II** *bijw* wrongfully &

onrechtmatigheid *v* [-heden] wrongfulness, unjustness, ⟨tegen de wet⟩ unlawfulness, illegality

onrechtvaardig I *bn* unjust **II** *bijw* unjustly

onrechtvaardigheid *v* [-heden] injustice

onredelijk I *bn* ❶ *zonder rede* unreasonable ❷ *onrechtvaardig* unfair ★ *jur* ⟨klacht⟩ *kennelijk ~* manifestly unreasonable **II** *bijw* unreasonably &

onregeerbaar *bn* ungovernable

onregelmatig I *bn* irregular **II** *bijw* irregularly

onregelmatigheid *v* [-heden] irregularity

onregelmatigheidstoeslag *m* [-slagen] bonus for unsocial hours, in Australië penalty rate

onreglementair I *bn* illegal ★ *schaken die zet was ~* that move was against the rules, that was an illegal move **II** *bijw* illegally, against the rules

onrein I *bn* unclean, impure **II** *bijw* uncleanly, impurely

onrendabel *bn* uneconomic, unremunerative

onrijp *bn* unripe, ⟨v. personen⟩ immature

onroerend *bn* immovable ★ *~e goederen* real estate ★ *een makelaar in ~e goederen* a real estate agent

onroerendezaakbelasting *v* [-en] real estate / property tax

onroerendgoedbelasting *v* [-en] real estate / property tax

onroerendgoedmaatschappij *v* [-en] real estate company

onroerendgoedmarkt *v* [-en] real estate / property market

onrust I *v* ❶ *drukte, opwinding* unrest, agitation ★ ~ *stoken* stir up trouble / a commotion ❷ *ongedurigheid* restlessness ❸ *in horloge* [-en] balance wheel **II** *m-v* [-en] *persoon* bundle of nerves

onrustbarend *bn* alarming

onrustig I *bn* ❶ turbulent, troubled ❷ *v. personen* restless, uneasy, ⟨zenuwachtig⟩ agitated ★ *hij heeft een ~e nacht gehad* he's had a restless night **II** *bijw* restlessly

onruststoker, onrustzaaier *m* [-s] troublemaker

ons I *o* [-en & onzen] ❶ *100 gram* hectogram(me) ❷ *Engels gewicht* ounce ★ *wachten tot je een ~ weegt* wait till you're blue in the face / till the cows come home **II** *pers vnw* us ★ ~ *kent ~* we know each other, you've got my number ★ *een ~-kent-~-mentaliteit* an all-in-the-family mentality ★ *bij ~ is het altijd koud* it's always cold where we come from ★ *bij ~ thuis* at home ★ *dat moet onder ~ blijven* this must remain between us ★ *onder ~ gezegd en gezwegen* just between you and me ★ *wij zijn onder ~* there are just the two of us here ★ *van ~* ours **III** *bez vnw* our ★ ~ *land* this / our country ★ *de onze* ours ★ *we zijn met ~ drieën* there are three of us

onsamenhangend I *bn* incoherent, disconnected, disjointed ★ *een ~ verhaal* a disjointed / rambling story **II** *bijw* incoherently &

onschadelijk I *bn* harmless, innocuous, innocent, inoffensive ★ ⟨v. een bom⟩ ~ *maken* defuse ★ *hij werd ~ gemaakt* ⟨ontwapend⟩ he was disarmed, ⟨gedood⟩ he was eliminated **II** *bijw* harmlessly &

onschatbaar I *bn* inestimable, invaluable, priceless ★ *van onschatbare waarde* invaluable **II** *bijw* ★ ~ *veel* a huge amount

onscheidbaar I *bn* inseparable **II** *bijw* inseparably

onschendbaar *bn* ❶ *onverbreekbaar* inviolable ❷ *onaantastbaar* immune

onschendbaarheid *v* inviolability, ⟨v. personen⟩ immunity ★ *parlementaire ~* parliamentary inviolability

onscherp *bn & bijw* blurred, vague ★ ~ *ingesteld* not focus(s)ed properly

onschuld *v* innocence ★ *ik was mijn handen in ~* my hands are clean ★ *de beledigde / vermoorde ~ spelen* act the injured innocent

onschuldig I *bn* ❶ *zonder schuld* innocent, guiltless, not guilty ★ *ik ben er ~ aan* I'm innocent of it ★ *zo ~ als een pasgeboren kind* as innocent as a new-born baby ❷ *onschadelijk* harmless **II** *bijw* innocently

onsmakelijk *bn & bijw* distasteful, unsavoury, ⟨v. eten⟩ unpalatable ★ *een ~ verhaal* a distasteful / unsavoury story ★ ~ *verteld / gezegd &* told / said & in a distasteful way

onsportief I *bn* unsporting **II** *bijw* unsportingly

onstandvastig *bn* unstable, unsettled ★ ~ *weer* unsettled weather ★ *hij heeft een ~ karakter* he has an unstable / unsteady nature

on

onsterfelijk *bn & bijw* immortal ★ *zich ~ maken* make oneself immortal ★ *zich ~ belachelijk maken* make an absolute fool of oneself

onsterfelijkheid *v* immortality

onstilbaar *bn* unappeasable, insatiable ★ *een onstilbare honger naar kennis* an insatiable appetite for knowledge

onstoffelijk *bn* immaterial, intangible, ⟨geestelijk⟩ spiritual

onstoffelijkheid *v* immateriality, ⟨geestelijkheid⟩ spirituality

onstuimig I *bn* turbulent, boisterous, fig impetuous ★ *~e liefde* turbulent / passionate love **II** *bijw* turbulently &

onstuimigheid *v* [-heden] boisterousness, turbulence, fig impetuosity

onstuitbaar *bn* unstoppable, irrepressible

onsympathiek *bn* uncongenial ★ *ze vinden hem ~* he's not much liked

onszelf *pers vnw* ourselves

ontaard I *bn* ❶ *gedegenereerd* degenerate, corrupt ❷ *v. ouders/kind* unnatural **II** *bijw in hoge mate* wickedly

ontaarden *onoverg* [ontaardde, is ontaard] ❶ degenerate (into) ❷ *m.b.t. zaken* degenerate, deteriorate

ontaarding *v* ❶ degeneration, degeneracy ❷ *m.b.t. zaken* degeneration, deterioration

ontberen *overg* [ontbeerde, h. ontbeerd] lack, do / go without ★ *wij kunnen het niet ~* we can't do without it

ontbering *v* [-en] hardship, deprivation ★ *van ~ sterven* die of hardship

ontbieden *overg* [ontbood, h. ontboden] summon, send for ★ *iem. bij zich ~* send for sbd

ontbijt *o* [-en] breakfast

ontbijtbuffet *o* breakfast bar

ontbijten *onoverg* [ontbeet, h. ontbeten] breakfast (*met on*), have breakfast ★ *ik ontbijt altijd met brood* I always have a sandwich for breakfast

ontbijtkoek *m* [-en] ± gingerbread cake

ontbijtspek *o* bacon

ontbinden *overg* [ontbond, h. ontbonden] ❶ *losmaken* untie, undo ❷ *opheffen* dissolve ⟨a marriage, Parliament⟩, annul ⟨a contract⟩, rescind ⟨a law⟩, disband ⟨the troops⟩ ❸ *stoffen* decompose, disintegrate, decay ❹ rekenk separate

ontbinding *v* [-en] ❶ *losmaking* untying ❷ *opheffing* ⟨v. de Kamer &⟩ dissolution, ⟨v. contract⟩ annulment, rescission, ⟨v. troepen &⟩ disbandment ❸ *v. stof* decomposition, disintegration ★ *in staat van ~* in a state of decomposition ★ *tot ~ overgaan* become decomposed, decay ❹ rekenk resolution

ontbloot *bn* naked, bare ★ *~ van* destitute / devoid of, without

ontbloten *overg* [ontblootte, h. ontbloot] bare, uncover ★ *het zwaard ~* bare the sword ★ *het hoofd ~* bare one's head ★ *~ van* uncover, expose

ontboezeming *v* [-en] outpouring, unburdening

ontbolsteren *overg* [ontbolsterde, h. ontbolsterd] ❶ shell, husk, hull ❷ fig polish, refine

ontbossen *onoverg* [ontboste, h. ontbost] deforest

ontbossing *v* deforestation

ontbranden *onoverg* [ontbrandde, is ontbrand] ❶ ignite, fig be sparked off ★ *doen ~* kindle, ignite ❷ *in drift* fly (into) ★ *in toorn ~* fly into a rage

ontbreken *onoverg* [ontbrak, h. ontbroken] ❶ *gemist worden* be lacking / missing ★ *er ontbreekt nog wel iets aan* it's still a bit short of what is required ★ *dat ontbreekt er nog maar aan* that's all that is needed ★ *het ontbreekt hem aan geld* he's short of money ★ *het ontbreekt hem aan moed* he's lacking in courage ★ *laat het hem aan niets ~* let him want for nothing ★ *het zou mij daartoe aan tijd ~* I wouldn't have the time (to do that) ❷ *afwezig zijn* be absent ★ *er ~ er vijf* five are absent

ontcijferen *overg* [ontcijferde, h. ontcijferd] ❶ *handschrift* decipher ❷ *geheimschrift* decode

ontdaan *bn* disconcerted, upset ★ *geheel ~* completely taken aback ★ *~ van* stripped of

ontdekken *overg* [ontdekte, h. ontdekt] discover ⟨a country⟩, find out ⟨the truth⟩, detect ⟨an error⟩

ontdekker *m* [-s] discoverer

ontdekking *v* [-en] discovery ★ *een ~ doen* make a discovery, discover ★ *tot de ~ komen dat...* come to the conclusion that.. ★ *op ~ uitgaan* go on a voyage of discovery ★ jur *een ~ op heterdaad* being caught in the act

ontdekkingsreis *v* [-reizen] voyage of discovery

ontdekkingsreiziger *m* [-s] explorer

ontdoen *overg* [ontdeed, h. ontdaan] dispose of, discard ★ *iem. van iets ~* strip sbd of sth ★ *zich ~ van* get rid of, dispose of ★ *zich van zijn jas ~* take off / remove one's coat ★ *zich van zijn huis ~* sell one's house

ontdooien I *onoverg* [ontdooide, is ontdooid] ❶ thaw, defrost ❷ fig relax, unbend, unwind, loosen up **II** *overg* [ontdooide, h. ontdooid] thaw ★ *de waterleiding ~* thaw out the waterpipes ★ *de koelkast ~* defrost the refrigerator

ontdooiing *v* thaw, ⟨v. koelkast⟩ defrosting

ontduiken *overg* [ontdook, h. ontdoken] elude, evade, dodge ★ *de voorschriften ~* get round the regulations ★ *de belasting ~* evade paying one's taxes ★ *een wet ~* circumvent / elude the law

ontegenzeggelijk, ontegenzeglijk I *bn* undeniable, unarguable, irrefutable **II** *bijw* undeniably &

onteigenen *overg* [onteigende, h. onteigend] ❶ expropriate, annex ★ *land ~* acquire land by force, compulsorily acquire land ❷ *v. personen* dispossess, ⟨v. land, huis⟩ evict

onteigening *v* [-en] *zonder schadevergoeding* expropriation, ⟨met schadevergoeding⟩ compulsory purchase ★ jur *een ~ ten algemenen nutte* expropriation in the public interest

onteigeningsprocedure *v* [-s] expropriation

on

proceedings

ontelbaar I *bn* countless, innumerable II *bijw* innumerably ★ ~ *veel mensen* countless / innumerable people

ontembaar *bn* untam(e)able, indomitable, ‹onstuitbaar› irrepressible

onterecht I *bn* unjust, wrongful, undeserved II *bijw* unjustly &

onteren *overg* [onteerde, h. onteerd] ❶ dishonour, disgrace ❷ *verkrachten* violate

onterven *overg* [onterfde, h. onterfd] disinherit

ontevreden *bn* discontented, dissatisfied ★ *de ~en* the malcontents ★ ~ *over* discontented / dissatisfied with

ontevredenheid *v* discontent, dissatisfaction (*over* with)

ontfermen *wederk* [ontfermde, h. ontfermd] ★ *zich ~ over* ‹medelijden hebben› take pity on, have mercy on, ‹tot zich nemen› take care of

ontfutselen *overg* [ontfutselde, h. ontfutseld] diddle, ‹ontlokken› worm ★ *iem. iets ~* diddle sth out of sbd

ontgaan *onoverg* [ontging, is ontgaan] escape, elude ★ *het is mij ~* ‹vergeten› it slipped my memory, ‹niet opgemerkt› I failed to notice it ★ *hem ontgaat niets* he doesn't miss a thing ★ *de humor ontging hem* he failed to appreciate the humour ★ *het kampioenschap ontging hem* he missed out on taking the championship

ontgelden *overg* [ontgold, h. ontgolden] ★ *het moeten ~* have to pay / suffer for it

ontginnen *overg* [ontgon, h. ontgonnen] ❶ *v. land* bring into cultivation, reclaim ‹land›, develop ‹a region› ❷ *v. mijn* work, exploit ❸ *fig* explore, develop

ontginning *v* [-en] ❶ *van de grond* bringing into cultivation, reclamation ❷ *het exploiteren* exploitation, development

ontglippen *onoverg* [ontglipte, is ontglipt] ❶ *glijden* slip ★ *die fles ontglipte me* the bottle just slipped out of my hands ❷ *ontsnappen* slip, get away ★ *dat woord ontglipte me* the word just slipped out

ontgoocheld *bn* disillusioned

ontgoochelen *overg* [ontgoochelde, h. ontgoocheld] disillusion, disenchant

ontgoocheling *v* [-en] disillusionment, disenchantment

ontgrendelen *overg* [ontgrendelde, h. ontgrendeld] unbolt, unlatch

ontgroeien *onoverg* [ontgroeide, is ontgroeid] outgrow ★ *zij zijn elkaar ontgroeid* they have grown apart

ontgroenen I *overg* [ontgroende, h. ontgroend] *v. studenten* & initiate II *onoverg* [ontgroende, is ontgroend] ★ *de bevolking ontgroent* the population is ageing

ontgroening *v* [-en] ❶ *v. studenten* & initiation (rites) ❷ *v. e. land* disappearance of green landscape ❸ *v. e. bevolking* drop in the number of young people

onthaal *o* ❶ *ontvangst* welcome, reception ★ *ook fig een goed ~ vinden* receive a good reception ❷ *traktatie* banquet

onthaasten *onoverg* [onthaastte, h. onthaast] slow down

onthalen *overg* [onthaalde, h. onthaald] entertain ★ *iem. warm ~* greet / welcome sbd warmly ★ *iem. ~ op iets* treat sbd to sth

onthand *bn* inconvenienced ★ *erg ~ zijn* be greatly inconvenienced

ontharder *m* [-s] softener

ontharen *overg* [onthaarde, h. onthaard] depilate

ontharingscrème *v* depilatory cream

ontharingsmiddel *o* [-en] depilatory

ontheemd *bn* ❶ *buiten het vaderland* homeless ❷ *buiten de vertrouwde omgeving* uprooted

ontheemde *m* [-n] ❶ *persoon zonder vaderland* displaced person ❷ *fig* drifter

ontheffen *overg* [onthief, h. ontheven] ❶ *ontslaan* discharge, dismiss, remove ★ *iem. ~ van zijn ambt* remove & sbd from office ❷ *ontzetten uit* take away, deprive ★ *iem. van de ouderlijke macht ~* take away sbd's parental rights ❸ *dispensatie verlenen* release, exempt ★ *iem. ~ van de belastingplicht* exempt sbd from paying tax

ontheffing *v* [-en] ❶ *ontslag* discharge, dismissal ❷ *ontzetting uit* withdrawal ❸ *dispensatie* exemption ★ ~ *van belasting* tax exemption

ontheiligen *overg* [ontheiligde, h. ontheiligd] desecrate, violate

ontheiliging *v* [-en] desecration, violation

onthoofden *overg* [onthoofdde, h. onthoofd] behead, decapitate

onthoofding *v* [-en] beheading, decapitation

onthouden I *overg* [onthield, h. onthouden] ❶ *niet vergeten* remember, bear in mind ★ *help het me ~* remind me of it ★ *onthoud dat goed / wel!* don't forget it! ★ *zij kan slecht namen ~* she has a bad memory for names ★ ‹bij rekenen› *5, 3* = 5 carry 3 ❷ *niet geven* withhold, keep back ★ *iem. het loon ~* withhold someone's salary II *wederk* [onthield, h. onthouden] abstain / refrain (from) ★ *zich van deelneming ~* refrain from taking part ★ *zich van stemmen ~* abstain from voting

onthouding *v* [-en] ❶ abstinence ★ *periodieke ~* the rhythm method ❷ *bij stemming* & abstention

onthoudingsverschijnselen *zn* [mv] withdrawal symptoms

onthullen *overg* [onthulde, h. onthuld] ❶ *standbeeld* & unveil ❷ *complot* & reveal, disclose ★ *een geheim ~* disclose / divulge a secret

onthulling *v* [-en] ❶ *standbeeld* & unveiling ❷ *complot* & revelation, disclosure

onthutsend *bn* disconcerting, bewildering

onthutst *bn* disconcerted, bewildered

ontiegelijk *bijw* terribly, immensely

ontij *m* ★ *bij nacht en ~* at all hours of the night

ontijdig I *bn* untimely, premature II *bijw* untimely,

on

prematurely

ontkalken *onoverg* [ontkalkte, is ontkalkt] decalcify, descale

ontkennen I *overg* [ontkende, h. ontkend] deny, refute ★ *men kan niet ~ dat...* it can't be denied that... ★ *zij ontkende iets met de zaak te maken te hebben* she denied any involvement in the matter **II** *onoverg* [ontkende, h. ontkend] plead not guilty ★ *hij ontkende* he denied the charge, he pleaded not guilty

ontkennend I *bn* negative ★ *een ~e zin* a negative sentence **II** *bijw* negatively, in the negative

ontkenning *v* [-en] ❶ denial ❷ taalk negation

ontketenen *overg* [ontketende, h. ontketend] ❶ let loose, unchain ★ *de gevangene ~* unchain / release the prisoner ❷ *doen los barsten* unleash ★ *een aanval ~* launch an attack ★ *gevoelens ~* release one's feelings ★ *een oorlog ~* start a war

ontkiemen *onoverg* [ontkiemde, is ontkiemd] germinate

ontkleden *overg* [ontkleedde, h. ontkleed] ❶ undress ★ *zich ~* undress ❷ *wegdoen* divest

ontknoping *v* [-en] denouement ★ ⟨v. conflict &⟩ *zijn ~ naderen* reach a climax

ontkomen *onoverg* [ontkwam, is ontkomen] escape, get away ★ *hij wist te ~* he managed to escape ★ *ik kan niet aan de indruk ~ dat...* I can't avoid the conclusion that... ★ *er is geen ~ aan* there's no avoiding it

ontkoppelen I *overg* [ontkoppelde, h. ontkoppeld] ❶ *dieren* unleash ❷ auto & techn put out of gear, disconnect **II** *onoverg* [ontkoppelde, h. ontkoppeld] auto put out of gear, declutch

ontkoppeling *v* disconnection

ontkrachten *overg* [ontkrachtte, h. ontkracht] disprove ★ *het bewijs ~* disprove the evidence ★ *een mythe ~* disprove / dismantle a myth

ontkroezen *overg* [ontkroesde, h. ontkroesd] de-frizz

ontkurken *overg* [ontkurkte, h. ontkurkt] uncork

ontladen *overg* [ontlaadde, h. ontladen] ❶ *v. geweer* unload, ⟨afschieten⟩ discharge ❷ elektr discharge

ontlading *v* [-en] ❶ *v. gevoelens* release ❷ scheepv unloading ❸ elektr discharge

ontlasten I *overg* [ontlastte, h. ontlast] ❶ *last wegnemen* unburden, relieve ★ *een paard ~* unload a horse ★ *mag ik u van dat pak ~?* may I relieve you of that parcel? ❷ fig relieve (the burden / pressure of), lighten ★ *de drukke dagen ~* take the pressure off / lighten the busy days ❸ *verlichting geven* relieve **II** *wederk* [ontlastte, h. ontlast] ★ *zich ~* ⟨v. taken⟩ relieve, ⟨v. rivier⟩ discharge, empty into, ⟨v. uitwerpselen⟩ relieve oneself

ontlasting *v* [-en] ❶ *zijn behoefte doen* defecation ❷ *uitwerpselen* stools, excrement ★ *~ hebben* have a bowel movement ★ *voor goede ~ zorgen* keep the bowels open ❸ *ontheffing* exemption ❹ *verlichting* relief

ontleden *overg* [ontleedde, h. ontleed] ❶ *analyseren*

analyse ❷ anat dissect ❸ taalk parse ★ *een zin ~* parse / analyse a sentence

ontleding *v* [-en] ❶ *analyse* analysis ❷ anat dissection ❸ taalk parsing

ontleedkunde *v* anatomy

ontlenen *overg* [ontleende, h. ontleend] dissect ★ *~ aan* borrow / adopt / derive from ★ *zijn naam ~ aan* take one's name from ★ *hieraan kunnen geen rechten ontleend worden* no rights can be derived from this

ontlokken *overg* [ontlokte, h. ontlokt] draw, elicit, coax ★ *iem. een geheim ~* elicit a secret from sbd ★ *iem. een glimlach ~* coax a smile out of sbd ★ *klanken ~ aan* get a sound out of

ontlopen *overg* [ontliep, is ontlopen] ❶ *ontkomen aan* run away from, escape ★ *het gevaar ~* escape the danger ❷ *ontwijken* avoid ★ *ik tracht hem zoveel mogelijk te ~* I always give him a wide berth ❸ *verschillen* differ from ★ *ze ~ elkaar niet veel* they don't differ much

ontluchten *overg* [ontluchtte, h. ontlucht] ventilate, ⟨v. radiatoren⟩ bleed

ontluchting *v* ventilation, ⟨m.b.t. radiatoren⟩ bleeding

ontluiken *onoverg* [ontlook, is ontloken] ❶ open, expand ★ *de bloemen ~* the flowers are bursting open ❷ fig bud ★ *een ~de liefde* an awakening love ★ *een ~d talent* a budding talent

ontluisteren *overg* [ontluisterde, h. ontluisterd] ❶ *de glans wegnemen* tarnish, dim ❷ *van de schijn ontdoen* fig debunk, dispel, take the shine out of ★ *een mythe ~* dispel a myth

ontluistering *v* ❶ tarnishing ❷ fig disillusionment

ontmaagden *overg* [ontmaagdde, h. ontmaagd] deflower

ontmaagding *v* defloration, deflowering

ontmantelen *overg* [ontmantelde, h. ontmanteld] dismantle

ontmaskeren *overg* [ontmaskerde, h. ontmaskerd] ❶ unmask ❷ fig show up, expose ★ *hij werd ontmaskerd als een leugenaar* he was exposed as a liar

ontmoedigen *overg* [ontmoedigde, h. ontmoedigd] discourage, put off

ontmoedigingsbeleid *o* policy of deterrent

ontmoeten *overg* [ontmoette, h. ontmoet] ❶ *toevallig* meet ⟨sbd⟩, run into ⟨sbd⟩, chance upon ⟨sbd / sth⟩ ❷ *niet toevallig* meet, see ★ *iem. regelmatig ~* meet / see sbd regularly ❸ fig encounter, meet with

ontmoeting *v* [-en] meeting, encounter ★ sp *een vriendschappelijke ~* a friendly match ★ *een ~ hebben met iem.* meet sbd, ⟨toevallig⟩ bump / run into sbd

ontmoetingsplaats *v* [-en] meeting place

ontmythologiseren *overg* [ontmythologiseerde, h. ontmythologiseerd] demythologize

ontnemen *overg* [ontnam, h. ontnomen] take away from, deprive of ★ *iem. het recht ~* take away someone's right (to) ★ *iem. alle moed ~* deprive sbd of all courage ★ *iem. het woord ~* butt in on sbd

on

ontnuchteren *overg* [ontnuchterde, h. ontnuchterd]
❶ sober up ★ *ontnuchterd worden* sober up ❷ fig
sober ★ *flink ontnuchterd worden* be brought down
to earth with a bump
ontnuchtering *v* [-en] fig disenchantment,
disillusionment
ontoegankelijk *bn* inaccessible, ⟨fig⟩ impervious ★ *~
voor alle verkeer* closed to all traffic
ontoelaatbaar *bn* inadmissible
ontoereikend *bn* insufficient, inadequate
ontoerekeningsvatbaar *bn* not responsible, not
accountable, jur non compos mentis ★ *hij is ~* he
cannot be held responsible for his actions ★ *iem. ~
verklaren* declare sbd to be of unsound mind
ontpitten *overg* [ontpitte, h. ontpit] stone, pit
ontplofbaar *bn* explosive ★ *ontplofbare stoffen*
explosives
ontploffen *onoverg* [ontplofte, is ontploft] ❶ explode,
detonate ❷ fig explode
ontploffing *v* [-en] explosion, detonation ★ *tot ~
brengen* explode sth, blow sth up, set sth off ★ *tot ~
komen* explode
ontploffingsgevaar *o* risk / danger of explosion
ontplooien *overg* [ontplooide, h. ontplooid]
❶ *ontwikkelen* develop ★ *activiteiten ~* develop
/ create activities ★ *zijn talent ~* develop one's talent
★ *zich ~* expand oneself ★ *zich geestelijk ~* broaden
one's horizons ❷ *tonen* display, show
ontplooiing *v* development
ontpoppen *wederk* [ontpopte, h. ontpopt] turn out to
be ★ *zich ~ als...* turn out to be..., show / reveal
oneself to be a...
ontraadselen *overg* [ontraadselde, h. ontraadseld]
solve
ontraden *overg* [ontried *of* ontraadde, h. ontraden]
dissuade from, advise against
ontrafelen *overg* [ontrafelde, h. ontrafeld] unravel
ontreddered *bn* upset, ⟨v. situaties⟩ desperate
ontreddering *v* desperation, ⟨v. situaties⟩
disorganization, upheaval
ontregelen *overg* [ontregelde, h. ontregeld] disorder,
disorganize ★ *een ~de werking* a dislocating effect
ontrieven *overg* [ontriefde, h. ontriefd] (put to)
inconvenience ★ *als ik u niet ontrief* if it's not
inconvenient, if you don't mind
ontroerd *bn* moved, touched
ontroeren *overg* [ontroerde, h. ontroerd] move, affect
ontroerend *bn bijw* touching, moving, emotional,
⟨sentimenteel⟩ tear-jerking
ontroering *v* [-en] emotion
ontrollen *overg* [ontrolde, h. ontrold] *uitrollen* unroll,
unfurl, unfold ★ fig *zich ~* unfold
ontroostbaar *bn* disconsolate, inconsolable
on'trouw[1] *bn* ❶ *t.o. partner* unfaithful ❷ *alg.* disloyal,
false
'ontrouw[2] *v* unfaithfulness, disloyalty, infidelity
★ *huwelijkse ~* marital infidelity / unfaithfulness
ontruimen *overg* [ontruimde, h. ontruimd]

❶ *leeghalen* vacate ❷ *de aanwezigen doen vertrekken*
clear, evacuate
ontruiming *v* ❶ *het dwingen te vertrekken* evacuation
❷ *het leegmaken* clearance ❸ *uithuiszetting* eviction
ontrukken *overg* [ontrukte, h. ontrukt] tear / snatch
/ wrench (away from) ★ *iem. aan de dood ~* snatch
from (the jaws of) death ★ *iets aan de vergetelheid ~*
save / rescue sth from oblivion
ontschepen I *overg* [ontscheepte, h. ontscheept]
v. lading unship ★ *zich ~* disembark **II** *onoverg*
[ontscheepte, is ontscheept] *v. personen* disembark
ontschieten *onoverg* [ontschoot, is ontschoten] slip
★ *het is mij ontschoten* it slipped my mind ★ *de naam
is me ontschoten* the name eludes me
ontsieren *overg* [ontsierde, h. ontsierd] mar, blot
★ *het fabriek ontsierde het landschap* the factory was
a blot on the landscape ★ *een valpartij ontsierde de
laatste kilometer* the final kilometre was marred by a
spill
ontslaan *overg* [ontsloeg, h. ontslagen] ❶ *ontslag
geven* dismiss, lay off, fire, inf sack ★ *op staande
voet ~* fire on the spot ★ *iem. ~ uit zijn betrekking*
dismiss / fire sbd ★ *iem. ~ uit militaire dienst*
discharge sbd from military service, demobilize sbd
❷ *ontheffen van* discharge, ⟨v. een verplichting⟩
relieve, ⟨v. een belofte⟩ release ❸ *laten gaan* release
★ *iem. ~ uit de gevangenis* release sbd from prison
★ *iem. ~ uit het ziekenhuis* discharge sbd from
hospital
ontslag *o* [-slagen] ❶ *uit betrekking* dismissal ★ *~
aanzeggen* give notice ★ *iem. zijn ~ geven* dismiss
/ fire sbd, inf give sbd the sack, sack sbd ★ *zijn ~
indienen* hand in one's resignation / notice, resign
★ *zijn ~ krijgen* be dismissed / fired, inf be sacked
★ *~ nemen* resign ★ *een ~ op staande voet* a summary
/ an on-the-spot dismissal ★ *een collectief ~* a
collective lay-off, a mass dismissal ★ *een (on)eervol ~*
a (dis)honourable discharge ★ *er zullen
gedwongen ~en vallen* there will be forced
/ compulsory redundancies / lay-offs ❷ *ontheffing*
exemption ★ *~ van rechtsvervolging* exemption from
prosecution ❸ *vrijlating* release, discharge
ontslagaanvraag *v* [-vragen] *van werknemer* letter of
resignation ★ *een ~ indienen* hand in one's
resignation
ontslagbrief *m* [-brieven] ❶ *v. werknemer* (letter of)
resignation ❷ *uit ziekenhuis, gevangenis* discharge
(certificate)
ontslagprocedure *v* [-s] dismissal procedure
ontslaguitkering *v* [-en] severance pay
ontslagvergunning *v* [-en] dismissal licence/Am
license, permit to give notice
ontslapen *onoverg* [ontsliep, is ontslapen] plechtig
pass away ★ *in de Heer ~ zijn* be resting in Christ
ontsluieren *overg* [ontsluierde, h. ontsluierd] ❶ unveil
❷ fig unveil, disclose, reveal ★ *een geheim ~* give
away / disclose / reveal a secret
ontsluiten *overg* [ontsloot, h. ontsloten] ook fig open

up ★ *een geheim* ~ unlock a secret ★ *een markt* ~ open up a market ★ *oude teksten* ~ decipher old texts ★ ‹bloem› *zich* ~ open (out)

ontsluiting *v* [-en] ❶ opening up ❷ *bij bevalling* dilatation, dilation ★ *volledige* ~ *hebben* be fully dilated

ontsluitingswee *v* [-ën] contraction

ontsmetten *overg* [ontsmette, h. ontsmet] ❶ disinfect, decontaminate ❷ *v. radioactiviteit* decontaminate

ontsmetting *v* disinfection, decontamination

ontsmettingsmiddel *o* [-en] disinfectant

ontsnappen *overg* [ontsnapte, is ontsnapt] ❶ escape ★ *de dief is ontsnapt* the thief escaped / got away ★ ~ *aan iem.* escape from sbd, give sbd the slip ★ *het ontsnapte aan mijn aandacht* it escaped my attention / notice ★ *je kunt er niet aan* ~ there's no getting away from it ❷ *sp* pull / break away from

ontsnapping *v* [-en] escape

ontsnappingsclausule *v* [-s] escape clause

ontsnappingsmogelijkheid *v* [-heden] opportunity to escape

ontsnappingspoging *v* [-en] escape attempt

ontspannen *overg* [ontspande, h. ontspannen] ❶ *tot rust brengen* relax, ‹v. situatie› ease ★ *een* ~ *sfeer* a relaxed atmosphere ★ *zich* ~ unbend, relax ❷ *verslappen* slacken, ‹v. veer› release, ‹v. spieren› relax, ‹v. boog› unbend

ontspanner *m* [-s] fotogr exposure lever

ontspanning *v* [-en] ❶ *v. spieren, veer & relaxation, release ❷ *verminderde spanning* relief ❸ *in politiek* détente ❹ *vermaak* relaxation, recreation ★ *hij neemt nooit* ~ he never relaxes / unwinds

ontspanningslectuur *v* light / easy reading

ontspanningsoord *o* [-en] pleasure / holiday resort

ontspanningspolitiek *v* policy of détente

ontspiegeld *bn* non-reflecting ★ *een* ~*e voorruit* a non-reflecting windscreen ★ ~*e glazen* non-reflecting glasses / lenses

ontspiegelen *overg* [ontspiegelde, h. ontspiegeld] eliminate reflection from

ontspinnen *wederk* [ontspon, h. ontsponnen] arise ★ *er ontspon zich een interessante discussie* this gave rise to an interesting discussion

ontsporen *onoverg* [ontspoorde, is ontspoord] *ook fig* go off the rails, be derailed, leave the tracks ★ *fig een ontspoorde jeugd* a misspent youth

ontsporing *v* [-en] derailment, *fig* lapse

ontspringen *onoverg* [ontsprong, is ontsprongen] ❶ *v. rivier* rise, spring, originate (from) ❷ *fig* spring from ★ ~ *aan het brein* emanate from the brain ❸ *ontlopen* avoid ★ *de dans* ~ have a lucky escape

ontspruiten *onoverg* [ontsproot, is ontsproten] ❶ shoot, sprout ❷ *fig* originate (from)

ontstaan I *onoverg* [ontstond, is ontstaan] come into existence / into being, originate, start ★ *de brand is* ~ *in de kamer* the fire started in the room ★ *er ontstond een stilte* there was a silence ★ *er ontstond een crisis* a crisis developed ★ *doen* ~ bring about,

cause, create, start ★ ~ *uit* arise from II *o* origin

ontstaansgeschiedenis *v* genesis

ontsteken I *overg* [ontstak, h. ontstoken] *aansteken* kindle, light, ignite ★ *een raket* ~ blast off a rocket II *onoverg* [ontstak, is ontstoken] ❶ *geïnfecteerd raken* become inflamed ❷ *ontbranden* inflame, kindle ★ *in toorn* ~ fly into a rage

ontsteking *v* [-en] ❶ *v. wonden* inflammation ❷ *v. motor* ignition ❸ elektr ignition

ontstekingsmechanisme *o* [-n] ❶ *v. motor* ignition mechanism ❷ *v. vuurwapen* firing mechanism ❸ *v. bom* detonator

ontsteld I *bn* confounded, dismayed II *bijw* in dismay

ontstellend I *bn* ❶ *ontzettend* appalling ❷ *zeer verontrustend* disconcerting, startling, alarming II *bijw* ontzettend appallingly, staggeringly

ontsteltenis *v* consternation, alarm, dismay

ontstemd *bn* ❶ muz out of tune ❷ *fig* put out

ontstemmen I *overg* [ontstemde, h. ontstemd] ❶ muz put out of tune ❷ *fig* put out, upset II *onoverg* [ontstemde, is ontstemd] muz go out of tune

ontstemming *v* [-en] bad feeling, dissatisfaction, resentment ★ *er is enige* ~ *ontstaan* a considerable amount of bad feeling has arisen

ontstentenis *v* lack, ‹afwezigheid› absence ★ *bij* ~ *van* in the absence of

ontstijgen *overg* [ontsteeg, is ontstegen] rise up, mount ★ *een luid boegeroep ontsteeg het publiek* a loud booing arose from the audience

ontstoken *bn* med inflamed, infected

ontstoppen *overg* [ontstopte, h. ontstopt] ❶ unblock, unclog ❷ *ontkurken* ZN uncork

ontstopper *m* [-s] plunger

onttrekken I *overg* [onttrok, h. onttrokken] withdraw, take away ★ *aan het oog* ~ hide (from view) ★ *geld* ~ *aan* withdraw money from ★ *warmte* ~ *aan* draw warmth from II *wederk* [onttrok, h. onttrokken] ★ *zich* ~ *aan* withdraw from ★ *zich aan zijn verplichtingen* ~ back out of / shirk one's obligations ★ *ik kan me niet aan de indruk* ~ I can't avoid the impression ★ *dat heeft zich aan mijn waarneming onttrokken* I failed to observe that

onttronen *overg* [onttroonde, h. onttroond] dethrone

ontucht *v* sexual abuse, sexual offence ★ ~ *plegen met minderjarigen* commit sexual abuse of minors, commit sexual offences with minors

ontuchtig *bn* lewd, lecherous

ontvallen *onoverg* [ontviel, is ontvallen] ❶ *ontglippen* escape, slip ★ *alle hoop is mij* ~ all my hope has gone ★ *zich geen woord laten* ~ not let slip a word ★ *het is mij* ~ it escaped me ❷ *afvallig worden* fall away ❸ *overlijden* pass away ★ *haar moeder is haar* ~ her mother has passed away

ontvangen I *overg* [ontving, h. ontvangen] receive ★ handel *goederen* ~ take delivery of goods ★ *onderwijs* ~ be educated ★ *een signaal* ~ receive a signal ★ *in dank* ~ received with thanks II *onoverg* [ontving, h. ontvangen] receive ★ *wij* ~ *vandaag niet* we're not receiving visitors today

ontvangenis *v* ★ RK *de onbevlekte ~* the Immaculate Conception

ontvanger *m* [-s] **❶** *iem. die iets krijgt* recipient, receiver **❷** handel consignee **❸** *v. belasting* collector **❹** RTV receiver

ontvangkamer *v* [-s] **❶** reception room **❷** *salon* salon

ontvangruimte *v* [-n & -s] reception room

ontvangst *v* [-en] **❶** *het krijgen* receipt ★ *bij de ~ van...* on receipt of... ★ *in ~ nemen* receive, handel take delivery of ★ *na ~ van...* on receipt of... ★ *de ~ berichten / bevestigen / erkennen van...* acknowledge receipt of... ★ handel *de ~ weigeren van...* refuse to take delivery of... **❷** *onthaal* reception ★ *een hartelijke ~* a warm reception **❸** RTV reception ★ *een slechte ~* poor reception **❹** *inkomsten* receipt, takings ★ handel *de ~en van de dag* the day's takings

ontvangstbevestiging *v* [-en] acknowledgement / confirmation of receipt ★ *tegen ~* against receipt

ontvangstbewijs *o* [-wijzen] receipt

ontvankelijk *bn* **❶** *vatbaar* susceptible, ⟨opnemend⟩ receptive, ⟨beïnvloedbaar⟩ impressionable ★ *hij is ~ voor wat zijn ouders zeggen* he is responsive to what his parents say ★ *zij is ~ voor indrukken* she is impressionable ★ *ze zijn meer ~ voor infecties dan anderen* they are more susceptible to getting infections than others **❷** jur admissible ★ *zijn eis werd ~ verklaard* his claim was held admissible ★ *zijn eis werd niet ~ verklaard* his claim was dismissed

ontvellen *overg* [ontvelde, h. ontveld] graze ★ *een ontvelde knie* a grazed knee

ontvetten *overg* [ontvette, h. ontvet] degrease, ⟨v. jus⟩ skim the fat off, ⟨v. wol⟩ scour

ontvlambaar *bn* **❶** inflammable ★ *licht ~* highly inflammable **❷** fig passionate, fiery ★ *zij is licht ~* she's got a short fuse

ontvlammen I *onoverg* [ontvlamde, is ontvlamd] inflame, ignite, catch fire II *overg* [ontvlamde, h. ontvlamd] inflame

ontvlieden *onoverg* [ontvlood, is ontvloden] dicht flee

ontvluchten *onoverg* [ontvluchtte, is ontvlucht] escape (from), run away from, ⟨wegvluchten⟩ flee ★ *elkaar ~* escape each another

ontvoerder *m* [-s] abductor, kidnapper

ontvoeren *overg* [ontvoerde, h. ontvoerd] abduct, kidnap

ontvoering *v* [-en] abduction, kidnapping

ontvolken *overg en onoverg* [ontvolkte, h. en is ontvolkt] depopulate

ontvolking *v* depopulation

ontvoogding *v* emancipation

ontvouwen *overg* [ontvouwde, h. ontvouwd of ontvouwen] unfold ★ *het scenario ontvouwde zich* the scene unfolded / unrolled before us

ontvreemden *overg* [ontvreemdde, h. ontvreemd] steal, inf thieve

ontwaarding *v* handel devaluation

ontwaken *onoverg* [ontwaakte, is ontwaakt] awake,

wake up ★ *uit zijn droom ~* awake from a dream ★ *doen ~* awake, wake up

ontwapenen *overg en onoverg* [ontwapende, h. ontwapend] disarm ★ *een ~de glimlach* a disarming smile

ontwapening *v* **❶** *v. persoon* disarming **❷** *afschaffing* disarmament

ontwaren *overg* [ontwaarde, h. ontwaard] descry

ontwarren *overg* [ontwarde, h. ontward] disentangle, unravel

ontwateren *overg* [ontwaterde, h. ontwaterd] drain

ontwennen *overg en onoverg* [ontwende, h. en is ontwend] get out of the habit

ontwenning *v* rehabilitation

ontwenningskliniek *v* [-en] *voor alcohol, drugs* rehabilitation centre/Am center

ontwenningskuur *v* [-kuren] detoxification ★ *hij doet een ~* he's detoxifying, inf he's detoxing, he's in detox, ⟨m.b.t.alcohol⟩ he's drying out

ontwenningsverschijnselen *zn* [mv] withdrawal symptoms

ontwerp *o* [-en] **❶** plan, draft, design ★ *een eerste ~* the first draft **❷** *wetsontwerp* bill

ontwerpakkoord *o* [-en] draft agreement

ontwerpen *overg* [ontwierp, h. ontworpen] draft, draw up, design, plan, ⟨alleen document⟩ formulate

ontwerper *m* [-s] designer, ⟨v. e. gebouw &⟩ draftsman, ⟨v. e. wetsontwerp &⟩ framer

ontwerptekening *v* [-en] draft, sketch, design

ontwijden *overg* [ontwijdde, h. ontwijd] profane, ⟨met geweld⟩ desecrate

ontwijding *v* profanity, sacrilege, ⟨met geweld⟩ desecration

ontwijken *overg* [ontweek, h. en is ontweken] avoid, evade ★ *een klap ~* dodge a blow

ontwijkend *bn* evasive

ontwikkelaar *m* [-s] fotogr developer

ontwikkeld *bn* **❶** (fully) developed, ⟨geestelijk⟩ educated, informed, cultivated ★ ⟨volwassen⟩ *geheel ~* fully-fledged ★ *weinig ~* uncultured, ⟨primitief⟩ crude

ontwikkelen *overg* [ontwikkelde, h. ontwikkeld] **❶** *laten volgroeien* develop ★ *zich ~ tot* develop / grow into **❷** *doen ontstaan* develop, generate ★ *grote energie ~* generate a lot of energy **❸** *kennis bijbrengen* educate ★ *de geest ~, zich verder ~* improve one's mind, develop **❹** *laten zien* display ★ *moed ~* display courage **❺** fotogr develop

ontwikkeling *v* [-en] **❶** *groei* development, growth ★ *duurzame ~* sustainable development / growth ★ *tot ~ brengen* develop **❷** *gebeurtenis, proces* development ★ *de scholen volgen de ~en met argusogen* schools are monitoring developments / events very closely **❸** *kennis, vorming* education ★ *algemene ~* general education / knowledge ★ *geestelijke ~* mental development **❹** *ontplooiing* development, generation ★ *tot ~ komen* develop **❺** *ontwerp* development ★ *de plannen zijn nog in ~*

on

the plans are still in the making ❻ *fotogr* developing

ontwikkelingsgebied *o* [-en] ❶ development area ❷ *ontwikkelingsland* developing country

ontwikkelingshulp *v* ❶ development aid ❷ *aan ontwikkelingslanden* foreign / overseas aid

ontwikkelingskosten *zn* [mv] (foreign / overseas) aid costs

ontwikkelingsland *o* [-en] developing country

ontwikkelingspsychologie *v* developmental psychology

ontwikkelingssamenwerking *v* international development cooperation

ontwikkelingswerk *o ontwikkelingshulp* foreign aid

ontwikkelingswerker *m* [-s] foreign aid worker

ontworstelen *overg* [ontworstelde, h. ontworsteld] wrest from ★ *zich ~ aan* break away from, struggle out of

ontwortelen I *overg* [ontwortelde, h. ontworteld] uproot II *onoverg* [ontwortelde, is ontworteld] be uprooted

ontwrichten *overg* [ontwrichtte, h. ontwricht] ❶ dislocate ★ *zij heeft haar enkel ontwricht* she's dislocated her ankle ❷ *fig* disrupt ★ *het verkeer ~* disrupt the traffic

ontwrichting *v* [-en] ❶ dislocation ❷ *fig* disruption ★ *duurzame ~ van het huwelijk* permanent marriage breakdown

ontzag *o* awe, respect ★ *~ inboezemen* (fill with) awe ★ *~ hebben voor* stand in awe of

ontzaglijk I *bn* immense, enormous, ‹zeer groot› tremendous, vast, huge II *bijw* awfully ★ *~ veel problemen* a huge number of problems

ontzagwekkend *bn* awe-inspiring

ontzeggen I *overg* [ontzegde *of* ontzei, h. ontzegd] ❶ *ontkennen dat iem. iets heeft* deny ★ *enig talent kan hem niet ontzegd worden* he's undeniably talented ❷ *weigeren* deny, refuse ★ *de toegang werd hem ontzegd* he was denied / refused entry ★ *ik ontzeg u het recht om...* I deny you the right to... ★ *hij zag zich zijn eis ontzegd* his claim was dismissed II *wederk* [ontzegde *of* ontzei, h. ontzegd] ★ *zich iets ~* deny oneself sth

ontzegging *v* denial, refusal ★ *~ van de rijbevoegdheid* disqualification from driving

ontzenuwen *overg* [ontzenuwde, h. ontzenuwd] *weerleggen* debunk, refute, invalidate, disprove

ontzet I *bn* ❶ *verschrikt* aghast, appalled ★ *~ over* dismayed at / by ❷ *v. wiel &* out of alignment II *o* ❶ *v. stad* relief ❷ *v. persoon* rescue

ontzetten I *overg* [ontzette, h. ontzet] ❶ *bevrijden* ‹een stad› relieve, ‹persoon› rescue ★ *een belegerde stad ~* relieve a besieged city ★ *Leiden werd in 1574 ontzet* the siege of Leiden was raised in 1574 ❷ *ontnemen* deprive (of) ★ *uit de ouderlijke macht ~* have one's parental rights removed ★ *van al zijn bezittingen ontzet* deprived of all his belongings ❸ *ontslaan* dismiss, remove ★ *iem. uit zijn ambt ~*

dismiss / remove sbd from office ❹ *met ontzetting vervullen* appal II *onoverg* [ontzette, is ontzet] *ontwrichten, verbuigen* ‹v. balken, muren &› dislodge, ‹v. metaal› twist, buckle, ‹v. hout› warp

ontzettend I *bn* appalling, dreadful, terrible ★ *(het is) ~!* (it's) awful! II *bijw* versterkend awfully, terribly, dreadfully ★ *zij zong ~ vals* her singing was very out of tune

ontzetting *v* [-en] ❶ *bevrijding* ‹v. stad› relief, ‹v. persoon› rescue ❷ *uit ambt* dismissal ❸ *uit bezit* dispossession ❹ *jur* ‹algemeen› divestment, ‹familierecht› withdrawal, removal ★ *~ uit de ouderlijke macht* withdrawal / removal of parental rights ❺ *schrik* dismay, horror ★ *tot mijn ~* to my dismay / horror

ontzield *bn* inanimate, lifeless

ontzien *overg* [ontzag, h. ontzien] spare, consider ★ *niets of niemand ~* go to any lengths ★ *hij moet ~ worden* we have to go easy on him ★ *geen moeite ~ om...* go to all lengths to..., spare no effort in...ing ★ *zich ~* go easy on oneself ★ *zich niet ~ te* not hesitate to

ontzuiling *v* lifting of sociopolitical / religious barriers

onuitgesproken *bn* unspoken

onuitputtelijk *bn* inexhaustible

onuitroeibaar *bn* ineradicable

onuitspreekbaar *bn* unpronounceable, fig unspeakable, inexpressible

onuitsprekelijk I *bn* unspeakable, inexpressible, unutterable II *bijw* unspeakably ★ *~ gelukkig* unspeakably happy

onuitstaanbaar I *bn* insufferable, unbearable ★ *ik vind hem ~* he's insufferable, inf he's a pain in the neck II *bijw* insufferably, unbearably

onuitvoerbaar *bn* impracticable, unfeasible ★ *het klinkt mooi, maar het is ~* it sounds good but it won't work

onuitwisbaar I *bn* indelible II *bijw* indelibly

onvast I *bn* ❶ *onstabiel* unsteady, unstable ❷ *onzeker* unsteady ★ *met ~e pas* unsteadily ★ *met ~e stem* in an unsteady voice ❸ *v. slaap* light, fitful II *bijw* unsteadily &

onveilig I *bn* unsafe, insecure ★ *~!* danger! ★ *iets ~ maken* make sth unsafe ★ *een ~ sein* a danger signal ★ *het sein staat op ~* the signal is red II *bijw* dangerously ★ *~ vrijen* have unsafe sex

onveiligheid *v* ❶ *gebrek aan veiligheid* danger ★ *de ~ op de wegen* the danger on the roads, the lack of road safety ★ *de ~ op de werkplek* the lack of safety in the workplace ❷ *gebrek aan veiligheidsgevoel* insecurity ★ *een gevoel van ~* a sense of insecurity

onveranderd *bn* unchanged, unaltered ★ *iets ~ laten* leave sth unchanged, let sth stay / remain as it is

onveranderlijk I *bn* unchanging, unvarying, constant ★ *wisk een ~e grootheid* an invariable, a constant ★ *een ~e beslissing* an immutable decision ★ *een ~e feestdag* an unmovable feast ★ *zijn liefde voor haar bleef ~* his love for her remained constant

/ unchanged **II** *bijw* invariably ★ *het weer bleef ~ mooi* the fine weather persisted

onverantwoord I *bn* irresponsible, ⟨niet te verdedigen⟩ unjustified, unwarranted ★ *deze inkomsten blijven ~* these amounts remain unaccounted for **II** *bijw* irresponsibly &

onverantwoordelijk I *bn* ❶ *niet aansprakelijk* irresponsible ❷ *niet te verdedigen* unwarrantable, unjustifiable **II** *bijw* irresponsibly &

onverbeterlijk I *bn* ❶ *niet te verbeteren* incorrigible ★ *een ~e dronkaard* a confirmed drunkard / an incurable drunk ★ *een ~e optimist* an incorrigible optimist ❷ *volmaakt* incomparable **II** *bijw* incorrigibly, incomparably

onverbiddelijk I *bn* ❶ unrelenting, implacable ❷ *onweerspeekbaar* grim ★ *de ~e waarheid* the undeniable truth **II** *bijw* ❶ *onvermurwbaar* unrelentingly, implacably ★ *iem / iets ~ afwijzen* reject sbd / sth out of hand ★ *~ doorgaan met iets* press ahead with sth ❷ *onvermijdelijk* inevitably

onverbloemd I *bn* outspoken, unvarnished, plain, frank **II** *bijw* in plain terms

onverbrekelijk *bn* unbreakable

onverdeeld *bn* ❶ *niet verdeeld* undivided, whole, entire ★ *zijn ~e aandacht* one's undivided attention ❷ *volledig* absolute, unqualified ★ *een ~ succes* an unqualified success

onverdiend I *bn* undeserved, ⟨v. geld⟩ unearned **II** *bijw* undeservedly

onverdienstelijk *bn* ★ *niet ~* not without merit ★ *hij is geen ~e schrijver* he's not a bad writer

onverdraaglijk I *bn* unbearable, intolerable, insufferable **II** *bijw* unbearably &

onverdraagzaam *bn* intolerant

onverdraagzaamheid *v* intolerance

onverdroten I *bn* ❶ *onvermoeibaar* indefatigable, unwearying, unflagging ★ *met ~ ijver* with unflagging zeal ❷ *ijverig* undaunted **II** *bijw* indefatigably &

onverdund *bn* undiluted, neat

onverenigbaar *bn* incompatible, irreconcilable ★ *onverenigbare begrippen* irreconcilable ideas ★ *~ met* incompatible / inconsistent with

onvergankelijk *bn* everlasting, immortal

onvergankelijkheid *v* immortality

onvergeeflijk, onvergefelijk I *bn* unpardonable, unforgivable, inexcusable **II** *bijw* unpardonably &

onvergelijkbaar I *bn* incomparable ★ *de tijden zijn ~* the times cannot be compared **II** *bijw* incomparably

onvergelijkelijk I *bn* incomparable **II** *bijw* incomparably

onvergetelijk I *bn* unforgettable **II** *bijw* unforgettably

onverhard *bn* ★ *een ~e weg* an unmetalled road, a dirt road

onverhoeds I *bn* unexpected, sudden ★ *een ~e aanval* a surprise attack **II** *bijw* unexpectedly, suddenly ★ *ze vielen ~ aan* they took them by surprise

onverholen I *bn* unconcealed, undisguised ★ *haar ~*

minachting her undisguised contempt **II** *bijw* frankly, openly, straight

onverhoopt I *bn* unexpected, unlooked-for, unhoped for **II** *bijw* ★ *mocht hij ~ aftreden* in the unlikely event of his resignation

onverkiesbaar *bn* ❶ *niet gerechtigd* ineligible for election ❷ *kansloos* having no chance of being elected

onverklaarbaar I *bn* inexplicable **II** *bijw* inexplicably

onverkocht *bn* unsold ★ *handel mits ~* if unsold

onverkoopbaar *bn* ❶ unsal(e)able, unmarketable ★ *een ~ idee* an unmarketable idea ★ *onverkoopbare voorraad* dead stock ❷ *fig* unacceptable

onverkort *bn* ❶ *niet verkort* unabridged, ⟨v. een film⟩ full-length, uncut ❷ *ongeschonden* unimpaired

onverkrijgbaar *bn* unavailable, unobtainable

onverkwikkelijk *bn* nasty, sordid, unsavoury

onverlaat *m* [-laten] rogue, scoundrel

onverlet *bn* ❶ *onbelemmerd* unhindered, unimpeded ★ *dat laat ~ dat* that doesn't alter the fact that ❷ *ongedeerd* unharmed, uninjured

onverlicht *bn* unlit

onvermeld *bn* unmentioned, unrecorded ★ *~ laten* not mention, ignore ★ *(niet) ~ blijven* (not) go unrecorded

onvermengd *bn* unmixed, unalloyed, pure

onvermijdelijk I *bn* inevitable, unavoidable ★ *het ~e* the inevitable / unavoidable ★ *zich in het ~e schikken* resign oneself to / bow to the inevitable **II** *bijw* inevitably, unavoidably

onverminderd I *bn & bijw* undiminished, unabated ★ *de voorschriften blijven ~ van kracht* the rules will remain in full force ★ *de bedreigingen gingen ~ door* the threats continued without pause / unabated **II** *voorz* without prejudice to ★ *~ het bepaalde in art. 10* without prejudice to the provisions in Section 10

onvermoed *bn* unsuspected, unexpected

onvermoeibaar I *bn* tireless, indefatigable **II** *bijw* tirelessly, indefatigably

onvermoeid *bn* unwearied, tireless

onvermogen *o* ❶ *onmacht* impotence, powerlessness ❷ *geldelijk* insolvency ★ *haar ~ om te betalen* her inability to pay ★ *in staat van ~* insolvent

onvermurwbaar I *bn* adamant, implacable, unyielding, unrelenting **II** *bijw* adamantly &

onverricht *bn* undone, unperformed ★ *~er zake* empty-handed ★ *hij moest ~er zake terugkeren* he had to return empty handed

onversaagd I *bn* undaunted, intrepid, unflinching **II** *bijw* undauntedly &

onverschillig I *bn* ❶ *ongeïnteresseerd* indifferent ★ *een ~e houding / toon* an air / tone of indifference ★ *~ voor...* indifferent to... ❷ *niets uitmakend* immaterial ★ *het is mij ~* I couldn't care less, it's all the same to me **II** *bijw* ❶ *ongeïnteresseerd* indifferently ❷ *niets uitmakend* no matter ★ *~ door welk middel* no matter by what means ★ *~ of we... dan wel...* whether... or... ★ *~ wat / wie* no matter

on

what / who

onverschilligheid *v* indifference, lack of concern

onverschrokken I *bn* fearless, undaunted, intrepid **II** *bijw* fearlessly &

onverschrokkenheid *v* fearlessness, undauntedness, intrepidity

onverslijtbaar *bn* indestructible, durable

onversneden *bn* undiluted, unadulterated

onverstaanbaar I *bn* unintelligible **II** *bijw* unintelligibly

onverstandig *bn* unwise, foolish, ill advised ★ *het zou heel ~ zijn om nu te verkopen* it would be unwise to sell now, you would be ill advised to sell now

onverstoorbaar I *bn* imperturbable, ⟨ook v. personen⟩ unruffled, <u>inf</u> unflappable **II** *bijw* imperturbably ★ *zij ging ~ door* she carried on imperturbably / unruffled ★ *...maar zij gingen ~ door met roken* ...but they continued smoking regardless

onvertaalbaar *bn* untranslatable

onverteerbaar *bn* ❶ indigestible ❷ <u>fig</u> indigestible, unacceptable, hard to take

onvertogen *bn* indecent, indelicate, improper

onvervaard I *bn* fearless, dauntless **II** *bijw* fearlessly, dauntlessly

onvervalst *bn* unadulterated, genuine ★ *~e wijn* unadulterated wine ★ *~ plezier* genuine / unalloyed pleasure ★ *een ~e schurk* a genuine / an unmitigated scoundrel ★ *een ~ dialect* a broad dialect

onvervangbaar *bn* irreplaceable

onvervreemdbaar I *bn* ❶ *v. goederen* inalienable ❷ *v. recht* indefeasible, inalienable **II** *bijw* inalienably, indefeasibly

onvervuld *bn* ❶ *niet bezet* unoccupied, vacant ★ *een ~e vacature* an unfilled / a vacant position ❷ *niet ingelost* unaccomplished, unperformed, unfulfilled ★ *~e wensen / beloften* unfulfilled wishes / promises

onverwacht I *bn* unexpected, sudden, surprise ★ *een ~e meevaller* a windfall **II** *bijw* unexpectedly, suddenly

onverwachts *bijw* unexpectedly, suddenly, like a bolt from the blue

onverwarmd *bn* unheated, unwarmed

onverwijld I *bn* immediate, without delay **II** *bijw* immediately, without delay

onverwoestbaar *bn* indestructible

onverzadigbaar *bn* insatiable

onverzadigd *bn* ❶ *onvoldoende gegeten hebbend* unsatisfied ★ *~e liefde* unrequited love ❷ <u>chem</u> unsaturated ★ *~e vetzuren* unsaturated fatty acids

onverzekerbaar *bn* uninsurable

onverzekerd *bn* uninsured

onverzettelijk I *bn* stubborn, implacable, obstinate **II** *bijw* stubbornly, implacably, obstinately ★ *hij blijft ~ tegen het voorstel* he remains stubbornly opposed to the proposal

onverzettelijkheid *v* stubbornness, implacability, obstinacy

onverzoenlijk *bn* irreconcilable, implacable

onverzorgd *bn* ❶ *niet gesoigneerd* uncared for, untended ★ *~e nagels* uncared-for / unmanicured nails ❷ *slordig* untidy, careless ★ *een ~e stijl* a careless style ❸ *zonder middelen* unprovided for ❹ *zonder verzorger* unattended

onvindbaar *bn* not to be found, untraceable ★ *haar tas bleek ~* her bag couldn't be found (anywhere)

onvoldaan *bn* ❶ *onbevredigd* unsatisfied ❷ *niet tevreden* dissatisfied ❸ *niet betaald* unpaid, outstanding

onvoldoende I *bn* insufficient **II** *bijw* insufficiently, not enough **III** *v & o* [-s & -n] <u>onderw</u> unsatisfactory (mark), fail ★ *hij heeft vier ~s* he has four unsatisfactories

onvoldragen *bn* ❶ immature, unripe ❷ *te vroeg geboren* not carried to term, premature

onvolgroeid *bn* ❶ stunted ❷ *onvolwassen* immature

onvolkomen *bn* imperfect, incomplete

onvolkomenheid *v* [-heden] imperfection, incompleteness

onvolledig I *bn* incomplete ★ *een ~e baan* a part-time job **II** *bijw* incompletely

onvolprezen *bn* unsurpassed

onvoltooid *bn* ❶ unfinished, incomplete ❷ <u>taalk</u> imperfect ★ *de ~ tegenwoordige tijd* the present continuous tense ★ *de ~ toekomende tijd* the present continuous tense used for the future ★ *de ~ verleden tijd* the past continuous tense

onvolwaardig *bn* ❶ *fysiek* unfit, disabled ❷ *mentaal* intellectually handicapped / disabled ❸ *v. zaken* imperfect

onvolwassen *bn* ❶ *geestelijk* immature, <u>jur</u> under age(d) ★ *~ gedrag* immature behaviour ❷ *lichamelijk* immature, juvenile, unripe ⟨fruit⟩

onvoorbereid *bn & bijw* unprepared, unrehearsed ★ *~ spreken* ad lib, speak off the cuff, <u>inf</u> speak off the top of one's head

onvoordelig *bn & bijw* unprofitable, uneconomic ★ *~ geprijsd* priced steeply / too high

onvoorspelbaar I *bn* unpredictable ★ *~ gedrag* unpredictable behaviour **II** *bijw* unpredictably

onvoorstelbaar I *bn* inconceivable, incredible, unimaginable **II** *bijw* inconceivably, incredibly, beyond belief

onvoorwaardelijk I *bn* unconditional ★ *een ~e overgave* an unconditional surrender **II** *bijw* unconditionally ★ *zich ~ overgeven* surrender unconditionally

onvoorzichtig I *bn* careless, ⟨sterker⟩ reckless ★ *een ~e opmerking* an unguarded remark **II** *bijw* carelessly, recklessly

onvoorzichtigheid *v* [-heden] carelessness, lack of care / caution, ⟨sterker⟩ recklessness

onvoorzien I *bn* unforeseen, unexpected ★ *~e omstandigheden* unforeseen circumstances ★ *~e uitgaven* contingencies, incidental expenses **II** *bijw* unexpectedly, suddenly

on

onvoorziens *bijw* unexpectedly, suddenly

onvrede *m & v* ❶ *twist* discord, dissension ★ *in ~ leven met* be at loggerheads / on bad terms with ❷ *onbehagen* dissatisfaction

onvriendelijk *bn & bijw* unfriendly, unkind, hostile ★ *~ antwoorden* answer in an unfriendly / a hostile way

onvriendelijkheid *v* [-heden] unfriendliness, unkindness, hostility

onvrij *bn* unfree, inhibited, constrained ★ *het is hier erg ~* there's no privacy here

onvruchtbaar *bn* ❶ infertile ❷ *weinig opleverend* unfruitful

onvruchtbaarheid *v* ❶ *het niet vruchtbaar zijn* infertility ❷ *het niets opleveren* fruitlessness, futility

onwaar *bn* untrue, false

onwaarachtig *bn* ❶ untruthful ❷ *niet oprecht* insincere

onwaardig I *bn* unworthy ★ *een koning ~* unworthy of a king ★ *een ~e vertoning* an undignified spectacle II *bijw* unworthily ★ *zich ~ gedragen* act in an unbefitting manner

onwaarheid *v* [-heden] untruth, falsehood, lie

onwaarschijnlijk *bn* improbable, unlikely

onwankelbaar *bn* unshakeable, unwavering, unswerving

onweer *o* [-weren] thunderstorm, storm ★ *het ~ brak los* the storm broke ★ *er zit ~ in de lucht* there's a thunderstorm coming, *fig* there's a storm brewing ★ *haar gezicht stond op ~* her face spelled trouble

onweerachtig *bn* thundery

onweerlegbaar I *bn* irrefutable, incontestable, undeniable II *bijw* irrefutably &, beyond doubt

onweersbui *v* [-en] thunderstorm

onweerslucht *v* [-en] thundery sky

onweersproken *bn* uncontradicted, unchallenged, uncontested

onweerstaanbaar I *bn* irresistible II *bijw* irresistibly

onweerswolk *v* [-en] thundercloud, storm cloud

onwel *bn* unwell, off-colour/*Am* off-color ★ *~ worden* become unwell

onwelluidend *bn* inharmonious

onwelriekend *bn* unpleasant-smelling

onwelvoeglijk *bn* indecent, improper

onwelwillend *bn* unkind, uncharitable ★ *~ staan tegenover* be unsympathetic towards

onwennig I *bn* unaccustomed, ill at ease ★ *zich ~ voelen* feel ill at ease ★ *wij zijn nog wat ~* we're still settling in II *bijw* uncomfortably, ill at ease

onwenselijk *bn* undesirable

onweren *onoverg* [onweerde, h. geonweerd] thunder ★ *'t onweert* there's a thunderstorm ★ *het zal gaan ~* there's going to be a thunderstorm

onwerkbaar *bn* unworkable

onwerkelijk *bn* unreal

onwetend *bn* ignorant, uninformed ★ *iem. volkomen ~ laten* keep sbd in the dark

onwetendheid *v* ignorance

onwetenschappelijk *bn* unscientific, unacademic

onwettelijk *bn* illegal

onwettig I *bn* ❶ *tegen de wet* unlawful, illegal, illicit ❷ *v. kind* illegitimate II *bijw* unlawfully &

onwezenlijk I *bn* onwerkelijk unreal II *bijw* ★ *zij is ~ mooi* she's unbelievably beautiful

onwijs I *bn* silly, foolish II *bijw* awfully, fabulously, terrifically ★ *~ gaaf!* fab! ★ *~ hard werken* work one's butt off

onwil *m* unwillingness

onwillekeurig I *bn* involuntary II *bijw* involuntarily, inadvertently, instinctively ★ *ik moest ~ lachen* I couldn't help laughing

onwillig I *bn* unwilling, reluctant ★ *jur een ~e getuige* a hostile witness ★ *met ~e honden is het slecht hazen vangen* you can take a horse to water but you can't make him drink II *bijw* unwillingly, reluctantly, with a bad grace

onwrikbaar I *bn* ❶ firm, unshakeable ⟨conviction, belief⟩, unflinching ⟨gaze, pursuit of truth⟩, unswerving ⟨loyalty⟩, uncompromising ⟨commitment⟩ ❷ *onomstotelijk* irrefutable II *bijw* irrefutably, beyond doubt

onyx *o & m* [-en] *steen* onyx

onzacht I *bn* rough, hard, sharp II *bijw* roughly, sharply

onzalig *bn* unholy, evil, unlucky ★ *hij kwam op de ~e gedachte om...* iron he came up with the bright idea of... ★ *te ~er ure* at an unholy hour

onzedelijk I *bn* immoral, indecent, obscene II *bijw* immorally & ★ *iem. ~ betasten* indecently assault sbd

onzedelijkheid *v* [-heden] immorality, indecency, ⟨uiting⟩ obscenity

onzedig I *bn* free, loose, immoral, ⟨v. kleding⟩ indecent II *bijw* freely & ★ *~ gekleed* dressed indecently

onzegbaar *bn* unspeakable, beyond words

onzeker *bn* ❶ *niet zelfverzekerd* insecure, unsure ★ *zij is nog erg ~ op school* she's still very unsure of herself at school ❷ *niet duidelijk* doubtful, uncertain ★ *iem. in het ~e laten* keep sbd in suspense ★ *het is nog ~ of hij komt* it's still uncertain whether he will come ❸ *niet zeker van een goede afloop* precarious, uncertain, unsure ★ *hij verkeert in een ~e situatie* he's in a precarious situation ❹ *wankel* unsteady ★ *met ~e hand* with a shaky / unsteady hand

onzekerheid *v* [-heden] ❶ *gebrek aan zelfvertrouwen* insecurity, unsureness ❷ *twijfel* uncertainty ★ *in ~ verkeren* be in a state of uncertainty ❸ *onduidelijkheid m.b.t. de afloop* precariousness, uncertainty ★ *de ~ waarin de asielzoeker verkeerd* the precariousness of the asylum-seeker's situation ❹ *onvastheid* unsteadiness

onzelfstandig *bn* dependent on others, lacking in independence

onzelfzuchtig *bn* unselfish, altruistic

Onze-Lieve-Heer *m* Our Lord, the Lord

Onze-Lieve-Vrouw *v* Our Lady

onzent *bijw* ★ *te(n)* ~ at our house / place
onzerzijds *bijw* on our part
onzevader *o* [-s] Lord's Prayer
onzichtbaar I *bn* invisible **II** *bijw* invisibly ★ ~ *stoppen* mend invisibly
onzijdig *bn* ❶ *geen partij kiezend* neutral ★ *zich ~ houden* remain neutral ❷ <u>taalk</u> neuter
onzin *m* nonsense, rubbish ★ *wat een grote ~!* what a load of rubbish / hogwash! ★ ~ *uitkramen / verkopen* talk nonsense, talk out of the back of one's neck/<u>vulg</u> arse ★ *het zou ~ zijn om...* it would be stupid to...
onzindelijk *bn* not toilet-trained, ‹v. huisdier› not house-trained
onzinnig I *bn* ❶ *absurd* absurd, ridiculous ❷ *zinloos* senseless **II** *bijw* absurdly &
onzorgvuldig *bn* careless, negligent
onzorgvuldigheid *v* [-heden] carelessness, negligence
onzuiver I *bn* ❶ *niet zuiver* impure ★ *~e bedoelingen* suspect intentions ★ ~ *water* impure / tainted water ❷ *ongezuiverd* unpurified, crude ❸ *v. weegschaal* out of balance ❹ <u>muz</u> out of tune, false ❺ *bruto* gross ★ ~ *inkomen* gross income ❻ *niet perfect* inaccurate, imperfect, biased ❼ *niet zuiver in de leer* unsound, faulty **II** *bijw* <u>muz</u> out of tune ★ ~ *zingen* sing out of tune
ooft *o* fruit
oog *o* [ogen] ❶ *lichaamsdeel* eye ★ *hij kon er zijn ogen niet van afhouden* he couldn't keep his eyes off it ★ *de hele nacht geen ~ dichtdoen* not sleep a wink all night ★ *het ~ laten gaan over* run one's eye over ★ *hij kon zijn ogen niet geloven* he couldn't believe his eyes ★ *zijn ogen de kost geven* take it all in ★ *blauwe ogen hebben* be blue-eyed ★ *goede / slechte ogen hebben* have good / bad eyesight ★ *geen ~ voor iets hebben* have no eye for sth ★ *heb je geen ogen in je hoofd?* don't you have any eyes in your head? are you blind? ★ *ogen hebben van voren en van achteren* have eyes in the back of one's head ★ *hij heeft zijn ogen niet in zijn zak* he's fully aware of what's going on ★ *ik kan er geen ~ op houden* I can't keep track of it ★ *een ~je in het zeil houden* keep an eye on sbd / sth ★ *iem. de ogen openen* open sbd's eyes, be an eye-opener ★ *het ~ slaan op...* cast a look / glance at... ★ *de ogen sluiten voor...* close one's eyes to... ★ *het ~ treffen* meet the eye ★ *iem. de ogen uitsteken* make sbd jealous / green with envy ★ *zich de ogen uitwrijven* rub one's eyes ★ *zijn ~ laten vallen op iets* cast a glance at sth ★ *mijn ~ viel erop* it caught my eye ★ *het ~ wil ook wat* it has to look good too ★ *iets in het ~ houden* <u>eig</u> keep an eye on sth, <u>fig</u> bear sth in mind ★ *iem. in het ~ houden* keep an eye on sbd's movements ★ *iets / iem. in het ~ krijgen* catch sight of sth / sbd, spot sth / sbd ★ *in het ~ lopen / springen / vallen* strike the eye ★ *in het ~ lopend / vallend* conspicuous, striking, obvious ★ *in mijn ogen* in my opinion ★ *in zijn eigen ogen* in his own eyes ★ *met de ogen volgen* follow with one's eyes ★ *ik zag het met*

mijn eigen ogen I saw it with my very own eyes ★ *met open ogen* with one's eyes open ★ *een man met een open ~ voor onze noden* a man (fully) alive to our needs ★ *met het ~ op...* ‹iets toekomstigs› with a view to..., with an eye to..., ‹gelet op› in view of... ★ *iem. naar de ogen kijken / zien* comply with the wishes of sbd ★ ~ *om ~, tand om tand* an eye for an eye and a tooth for a tooth ★ *onder vier ogen* in private, privately ★ *een gesprek onder vier ogen* a private talk ★ *iem. iets onder het ~ brengen* bring sth to sbd's attention ★ *ik heb het nooit onder ogen gehad* I've never set eyes on it ★ *iem. onder ogen komen* face sbd ★ *kom me niet meer onder ogen* let me never set eyes on you again ★ *de dood onder ogen zien* look death in the face ★ *de feiten / het gevaar onder ogen zien* recognize the facts / the danger ★ *op het ~* on the face of it ★ *iets op het ~ hebben* have sth in mind ★ *iem. op het ~ hebben* ‹overwegen om uit te kiezen› set one's sights on sbd, ‹denken aan› have sbd in mind ★ *(ga) uit mijn ogen!* (get) out of my sight! ★ *kijk uit je ogen!* look where you're going! ★ *(goed) uit zijn ogen kijken / zien* use one's eyes, have all one's eyes about one ★ *uit het ~, uit het hart* out of sight, out of mind ★ *iets / iem. uit het ~ verliezen* lose sight of sth / sbd ★ *het is alles voor het ~* it's all for show ★ *iets voor ogen houden* bear sth in mind ★ *met dat doel voor ogen* with that object in view / mind ★ *met de dood voor ogen* in the face of certain death ★ *geen hand voor ogen zien* not see one's hand before one's face ★ *voor het ~ van de wereld* for the world ★ *het staat mij nog voor ogen* I remember it vividly ❷ *gat* eye ★ *door het ~ van de naald kruipen* have a narrow escape ❸ *op dobbelsteen & point*, spot ★ *hoge ogen gooien* stand an excellent chance ❹ *sluiting op kleding* eye, eyelet
oogappel *m* [-s] apple of one's eye
oogarts *m* [-en] ophthalmologist, eye specialist
oogbad *o* [-baden] eye bath
oogbal, oogbol *m* [-len] eyeball
oogcontact *o* eye contact
oogdruppels *zn* [mv] eye drops
ooggetuige *m-v* [-n] eyewitness
ooggetuigenverslag *o* [-slagen] ❶ eyewitness account ❷ *sp* running commentary
oogheelkunde *v* ophthalmology
oogheelkundig I *bn* ophthalmic **II** *m-v* [-n] ophthalmology ★ *een ~e* an ophthalmologist, an eye specialist
ooghoek *m* [-en] corner of the eye
oogholte *v* [-n & -s] eye socket
ooghoogte *v* ★ *op ~* at eye level
oogje *o* [-s] (little) eye, ‹v. kleding› eyelet ★ *~s geven* make eyes at ★ *een ~ hebben op* ‹v. zaken› have an eye on, ‹v. personen› have designs on ★ *een ~ houden op* keep an eye on ★ *een ~ dichtdoen / dichtknijpen* close one's eyes (to)
oogkas *v* [-sen] eye socket

on

oogklep *v* [-pen] blinker ★ *~pen voorhebben* be blinkered

ooglap *m* [-pen] eye patch

ooglid *o* [-leden] eyelid

oogluikend *bijw* ★ *~ toelaten* turn a blind eye to

oogmerk *o* [-en] object, aim, intention, purpose ★ *met het ~ om...* with a view to...ing

oogmeting *v* [-en] eye test

oogontsteking *v* [-en] inflammation of the eye, <u>med</u> ophthalmia

oogopslag *m* glance, look ★ *bij de eerste ~* at first glance ★ *met één ~* at a (single) glance

oogpotlood *o* [-loden] eye pencil

oogpunt *o* [-en] point of view, viewpoint ★ *vanuit politiek ~...* politically speaking... ★ *uit een ~ van...* from the point of view of... ★ *uit dat ~ beschouwd* viewed from that angle

oogschaduw *v* eye shadow

oogst *m* [-en] ❶ harvest, crop ★ *de ~ op de halm* the standing crop ❷ *v. wijn* vintage

oogsten *overg* [oogstte, h. geoogst] harvest ★ *roem ~ reap* praise ★ *men oogst wat men gezaaid heeft* as you sow, so shall you reap

oogstfeest *o* [-en] harvest festival

oogstmaand *v* harvest month

oogstrelend *bn* delightful to the eye

oogsttijd *m* [-en] harvest time

oogverblindend I *bn* dazzling **II** *bijw* dazzlingly

oogwenk *m* [-en] wink ★ *in een ~* in an instant, in a twinkling of the eye

oogwit *o* white of the eye, <u>anat</u> sclera

oogziekte *v* [-n & -s] eye disorder

ooi *v* [-en] ewe

ooievaar *m* [-s & -varen] stork

ooit *bijw* ever, ‹verleden› once, ‹toekomst› some day ★ *heb je ~ (van je leven)* well, I never! ★ *de beste acteur ~* the best actor ever ★ *een man die ~ een van hen was* a man who was once one of them ★ *hij is ~ nog mijn trainer geweest* he used to be my trainer ★ *als je ~ in Australië komt* if you should ever happen to come to Australia

ook *bijw* ❶ *eveneens* also, too ★ *ik ~!* me too! ★ *waarom zou ik ~ niet eens naar Parijs gaan?* why shouldn't I go to Paris too? ★ *ik houd veel van roeien en hij ~* I like boating and he does too ★ *ik houd niet van roken en hij ~ niet* I don't like smoking and nor does he ★ *zij is ~ zo jong niet meer* she isn't very young either ★ *ik wou dat ik dat ~ kon zeggen* I wish I could say that too ❷ *zelfs* even ★ *al is het ~ nog zo lelijk* even if / though it is ugly ❸ *als versterking* anyway ★ *hoe het ~ zij, laten wij...* anyway, lets... ★ *...of wie (dan) ~* ...or whoever ★ *hoezeer hij zich ~ probeert aan te passen* however hard he tries to fit in ★ *wat zei hij ~ weer?* what did he say again? ★ *hoe heet hij ~ weer?* what's his name again? ❹ *dus ook, derhalve* therefore ★ *dat wilden wij zelf graag en het gebeurde (dan) ~* that's what we wanted, and so it happened ★ *hij kon het dan ~ niet vinden* nor, as

you'd expect, could he find it ★ *maar waarom lees je dan ~ geen moderne romans?* but why don't you read modern novels then? ★ *ik lees dan ~ geen moderne romans* that's why I don't read modern novels ★ *was het dan ~ te verwonderen dat...?* was it any wonder that...? ❺ *misschien* maybe, perhaps ★ *zijn er ~ appels?* are there any apples? ★ *kunt u mij ~ zeggen waar...?* can / could you perhaps / by any chance tell me where...? ❻ *in wensen/uitroepen* too ★ *dat is maar goed ~!* and a good thing too! ★ *je bent me ~ een sukkel!* what an idiot you are! ★ *jij bent ~ een leukerd / mooie!* you're a fine one!

oom *m* [-s] uncle ★ *bij ome Jan* at my uncle's ★ *een hoge ome* a bigwig, a big gun

oor *o* [-oren] ❶ *lichaamsdeel* ear ★ *iem. een ~ aannaaien* fool sbd ★ *iem. de oren van het hoofd eten* eat sbd out of house and home ★ *het gaat het ene ~ in en het andere uit* it goes in one ear and out the other ★ *wel oren naar iets hebben* lend a willing ear to sth ★ *ik heb er wel oren naar* I rather like the idea ★ *hij had er geen oren naar* he wouldn't hear of it ★ *geen ~ hebben v~ muziek* have no ear for music ★ *het in zijn oren knopen* take note of it ★ *zich achter de oren krabben* scratch one's head ★ *leen mij het ~* lend me your ears ★ *het ~ lenen aan* lend an ear to ★ *zijn ~ te luisteren leggen* put one's ear to the ground ★ *iem. de oren van het hoofd praten* talk away nineteen to the dozen ★ *zijn oren sluiten v~* turn a deaf ear to ★ *de oren spitsen* prick up one's ears, cock one's ears ★ *een luisterend ~ vinden* find a ready ear ★ *iem. de oren wassen* tell sbd off ★ *één en al ~ zijn* be all ears ★ *nog niet droog achter de oren zijn* be wet behind the ears ★ *iem. over iets aan de oren zaniken / zeuren* din sth into sbd ★ *iem. aan zijn oren trekken* pull sbd's ears ★ *met een half ~ luisteren* listen with half an ear ★ *iem. om zijn / de oren geven* box sbd's ears ★ *om zijn oren krijgen* have one's ears boxed ★ *met de hoed op één ~* his hat cocked over one ear ★ *hij ligt nog op één ~* he's still in bed ★ *het is op een ~ na gevild* it's almost finished ★ *het is mij ter ore gekomen* it has come to my ears ★ *tot over de oren in de schulden zitten* be up to one's ears in debt ★ *tot over de oren blozend* blushing to the ears ★ *tot over de oren verliefd worden* fall head over heels in love ★ *ik zit tot over de oren in het werk* I'm up to my ears in work ❷ *voorwerp* handle, ear

oorarts *m* [-en] otologist, <u>inf</u> ear doctor

oorbaar *bn* decent, proper ★ *het ~ achten om...* see / think fit to...

oorbel *v* [-len] earring

oord *o* [-en] ❶ *verblijfplaats* place ❷ *streek* place, area, region, ‹holiday› resort

oordeel *o* [-delen] ❶ *mening* judgement/<u>Am</u> judgment, opinion ★ *dat laat ik aan uw ~ over* I leave that to your judgement, I leave that up to you ★ *naar / volgens mijn ~* in my opinion ★ *van ~ zijn dat...* be of opinion that... ★ *volgens het ~ van de kenners* according to those who know / who are in the know ❷ *verstand* opinion ★ *het ~ des onderscheids* the power of discrimination, the ability to distinguish right from wrong ❸ *vonnis* judgement, sentence, verdict ★ *het laatste ~, de Dag des Oordeels* the Last Judgement, Judgement Day ★ *zijn ~ opschorten* reserve / suspend one's judgement ★ *zijn ~ uitspreken* give one's judgement, pass judgement ★ *een ~ vellen over* pass judgement on ▼ *een leven als een ~* a pandemonium, all hell breaking loose

oordeelkundig *bn* judicious

oordelen I *onoverg* [oordeelde, h. geoordeeld] ❶ *een oordeel vellen* judge, pass judgement/*Am* judgment on ★ *oordeel zelf maar* judge for yourself ★ *te ~ naar...* judging from / by... ★ *oordeel niet naar het uiterlijk* don't judge by appearances ★ *~ over* judge by, pass judgement on ❷ *rechtspreken* judge **II** *overg* [oordeelde, h. geoordeeld] *achten* judge, deem, think ★ *ik oordeel het mijn plicht* I deem it my duty

oordop *m* [-pen], **oordopje** *o* [-s] earplug

oorhanger *m* [-s] earring

oorheelkunde *v* otology

oorijzer *o* [-s] head brooch

oorkonde *v* [-n, -s] charter, deed, document ★ *volgens ~ was er al een kerk in 900* according to a charter there was already a church here in the year 900 ★ *de winnaar ontving € 1000 en een ~* the prizewinner received € 1000 and a certificate

oorkussen *o* [-s] pillow

oorlel *v* [-len] earlobe

oo

oorlog *m* [-logen] war, ⟨naval, aerial, gas &⟩ warfare ★ *de koude ~* the cold war ★ *er is ~* there is a war on ★ *de ~ verklaren (aan)* declare war (on) ★ *~ voeren (tegen)* wage war (against) ★ *in de ~* during the war ★ *in ~ zijn met* be at war with ★ *ten ~ trekken* go to war ★ *in staat van ~* in a state of war

oorlogsbodem *m* [-s] warship, warcraft

oorlogscorrespondent *m* [-en] war correspondent

oorlogsfilm *m* [-s] war film

oorlogsheld *m* [-en] war hero

oorlogsindustrie *v* war industry

oorlogsinvalide *m-v* [-n] disabled veteran

oorlogsmisdadiger *m* [-s] war criminal

oorlogsmonument *o* [-en] war memorial

oorlogspad *o* warpath ★ *op ~ gaan* be on the warpath

oorlogsschip *o* [-schepen] warship, warcraft, hist man-of-war

oorlogsslachtoffer *m* [-s] war victim

oorlogstijd *m* time of war, wartime ★ *in ~* in time of war

oorlogsverklaring *v* [-en] declaration of war

oorlogsvloot *v* [-vloten] navy, (war) fleet

oorlogszuchtig *bn* belligerent, warlike ★ *een ~e geest* a belligerent person

oorlogvoering *v* waging of war, ⟨modern, economic, naval &⟩ warfare ★ *geestelijke ~* mental warfare

oormerk *o* [-en] ❶ earmark ❷ *v. koeien* eartag

oormerken *overg* [oormerkte, h. geoormerkt]

earmark

oormijt *v* [-en] earmite

oorontsteking *v* [-en] ear infection, inflammation of the ear, otitis

oorpijn *v* [-en] earache

oorring *m* [-en] earring

oorschelp *v* [-en] outer ear, anat & dierk auricle, pinna

oorsmeer *o* ear wax, med cerumen

oorsprong *m* [-en] origin, source ★ *zijn ~ vinden in...* have its origin(s) in..., originate in... ★ *de ~ van het kwaad* the source of evil ★ *van Engelse ~* of English origin

oorspronkelijk I *bn* ❶ *eerst* original ★ *de ~e schrijver* the original writer ★ *Don Quichot in de ~e taal* Don Quixote in the original ❷ *innoverend* original, innovative ★ *een heel ~ werk* an innovative work, a work of great originality / innovation ★ *een ~ schrijver* a writer of some originality **II** *bijw* ❶ *aanvankelijk, in eerste instantie* originally ★ *~ stond hier een boerderij* there was a farm here originally ★ *~ heb ik het geschreven voor...* I wrote it in the first place for..., I initially wrote it for... ❷ *innoverend* in an original way / manner ★ *heel ~ uitgebeeld / gedaan &* shown / done & in a highly original way / manner

oorsuizing *v* [-en] ringing / singing in the ears

oortje *v* [-s] *munt* hist farthing ★ *hij kijkt of hij zijn laatste ~ versnoept heeft* he looks sheepish

oorverdovend *bn* deafening

oorvijg, oorveeg *v* [-en] box / cuff on the ear ★ *iem. een ~ geven* box someone's ears, cuff sbd over the ears

oorwarmer *m* [-s] earmuff

oorworm, oorwurm *m* [-en] earwig ★ *een gezicht als een ~ zetten* pull a long face

oorzaak *v* [-zaken] cause, origin ★ *het grote aantal slaven vond zijn ~ in het feit dat...* the large number of slaves was due to... ★ *dat was de ~ dat het virus kon toeslaan* this explains why the virus attacked, this was why the virus attacked ★ *~ en gevolg* cause and effect ★ *de ~ van de brand* the cause of the fire ★ *ter oorzake van* on account of ★ *kleine oorzaken hebben grote gevolgen* from tiny acorns mighty oaks may grow

oorzakelijk *bn* causal ★ *een ~ verband* a causal connection

Oost *v* ★ *de ~* the East, hist the Orient ★ *de VOC voer op de ~* the VOC sailed to the Orient

oost I *bn* east, eastern, easterly ★ *de wind is ~* the wind is easterly **II** *bijw* east, easterly **III** *v & o* east ★ *~ west, thuis best* there's no place like home

Oostblok *o* Eastern bloc

Oost-Duits *bn* East German

Oost-Duitser *m* [-s] East German

Oost-Duitsland *o* East Germany, hist German Democratic Republic

oostelijk I *bn* eastern, easterly **II** *bijw* easterly, east

★ ~ *van* (to the) east of ★ ~ *liggen van* be / lie further east than

oosten *o* east ★ *het Oosten* the East, hist the Orient ★ *het Nabije Oosten* the Near East ★ *het Verre Oosten* the Far East ★ *in het* ~ in the east ★ *naar het* ~ (to the) east, eastward(s), ‹verkeer› eastbound ★ *op het* ~ *gelegen* facing east, with an easterly aspect ★ *ten* ~ *van...* (to the) east of... ★ *uit het* ~ from the east, easterly

Oostenrijk *o* Austria

Oostenrijker *m* [-s] Austrian

Oostenrijks *bn* Austrian

Oostenrijkse *v* [-n] Austrian ★ *ze is een* ~ she is an Austrian, she is from Austria

oostenwind *m* [-en] east / easterly wind

oosterburen *zn* [mv] eastern neighbours, neighbours to the east

oosterlengte *v* eastern longitude ★ *60°* ~ 60° east

oosterling *m* [-en] ❶ easterner, somebody from the east ❷ hist Oriental

oosters *bn* ❶ *m.b.t. het oosten* eastern ❷ *m.b.t. de oosterse beschaving* Eastern, hist Oriental ★ *~e talen* Far-Eastern / Asian languages ★ *~e tapijten* Persian / oriental carpets

Oost-Europa *o* Eastern Europe

oostfront *o* east front, eastern front

Oost-Indisch *bn* East Indian ★ *de ~e Compagnie* the East India Company ★ *de ~e kers* the nasturtium ★ *~ doof zijn* play deaf, pretend not to hear

oostkant *m* east / eastern side

oostkust *v* [-en] east / eastern coast

oostwaarts **I** *bn* eastward **II** *bijw* eastward(s)

Oostzee *v* Baltic Sea

ootje *o* ★ *iem. in het* ~ *nemen* take sbd for a ride, pull sbd's leg

ootmoed *m* meekness, humility

ootmoedig **I** *bn* meek, humble **II** *bijw* meekly, humbly

op **I** *voorz* ❶ *m.b.t. beweging* (up)on, onto ★ *~ het dak klimmen / springen* climb / jump onto / on to the roof ❷ *m.b.t. plaats* on, in, at ★ *~ het dak / de tafel &* on the roof / the table & ★ *~ een eiland* on an island ★ *de bloemen ~ haar hoed* the flowers in her hat ★ *~ mijn horloge is het zes uur* it's 6 o'clock by my watch ★ *~ zijn kamer* in his room ★ *~ Java* on Java ★ *~ school* at school, Am in school ★ *~ straat* in the street, Am on the street ★ *~ de wereld* in the world ★ *~ zee* at sea ❸ *m.b.t. situatie* in, on ★ *~ de eerste plaats* in first place ★ *~ de fiets* on the bike ★ *~ de fluit spelen* play the flute ★ *~ pantoffels* on slippers ★ *~ vakantie* on holiday(s) ❹ *m.b.t. manier* in ★ *~ haar manier* in her fashion ★ *~ zijn Engels* ‹manier› in / after the English fashion, ‹taal› in English ❺ *m.b.t. tijd* on, at, in ★ *~ een avond* one evening ★ *twee keer ~ één avond* twice in one evening ★ *~ zekere dag* one day ★ *later ~ de dag* later in the day ★ *~ donderdag* on Thursday ★ *~ tienjarige leeftijd* at ten years of age, when ‹he / she› was ten ★ *~ tijd* on

time ★ *~ dit uur* at this hour ★ *~ de kop af* exactly ❻ *m.b.t. verhoudingen* in, to ★ *één inwoner ~ de vijf heeft een fiets* one inhabitant in every five owns a bicycle ★ *één inwoner ~ de vierkante kilometer* one inhabitant to the square kilometre ★ *de auto loopt 1 op 12* the car does 1 to 12 ★ *~ zijn hoogst* at (the) most ❼ *m.b.t. doel* for ★ *op konijnen jagen* hunt for rabbits ★ *op geld uit zijn* be out for / after money ❽ *naar aanleiding van* at ★ *op haar orders* at her orders ❾ *behalve* with the exception of, but ★ *op Pieter na* with the exception of Pieter, all but Pieter **II** *bijw* ❶ *omhoog* up ★ *~!* up! ★ *de trap ~* up the stairs ★ *~ en af, ~ en neer* up and down ❷ *m.b.t. toestand* up ★ *hij heeft twee borrels* ~ he's had two drinks ★ *vraag maar ~!* ask away! fire! ★ *kom ~!* come on! **III** *bn m.b.t. toestand* at an end, used up, gone ★ *mijn geduld is* ~ my patience has run out ★ *zijn geld is* ~ his money has run out ★ *die jas is* ~ that coat is worn out ★ *onze suiker is* ~ we're out of sugar ★ *de wijn is* ~ there's no more wine ★ *~ is ~!* come early or miss out! ★ *de zon was* ~ the sun had risen, the sun was up ★ *het is* ~ there's nothing left ★ *hij is* ~ ‹opgestaan› he's out of bed, he's up, ‹uitgeput› he's exhausted, he's worn out ★ ‹na ziekte› *hij is weer* ~ he is up and about again ★ *óp van de zenuwen zijn* have the jitters, be terribly nervous

---

op
wordt vertaald als **on, onto** of iets dichterlijker **upon**, wanneer het een beweging aanduidt. Als het een stabiele toestand aanduidt, gebruiken we **on, in, at** enz..
In Brits Engels wordt **onto** vaak als twee woorden geschreven (**on to**), maar in Amerikaans Engels is **onto** gebruikelijker.

op

---

opa *m* ['s] grandfather, inf grandad, gramps

opaal *o & m* [opalen] opal ★ *van* ~ opal

opbakken *overg* [bakte op, h. opgebakken] bake again, fry up

opbaren *overg* [baarde op, h. opgebaard] lay out ★ *opgebaard liggen* lie in state

opbellen *overg* [belde op, h. opgebeld] ring / call (up), phone, give a call / ring

opbergen *overg* [borg op, h. opgeborgen] put / stow away, pack up, store, ‹v. documenten› file, handel (ware)house ★ *een misdadiger* ~ put a criminal away

opbergmap *v* [-pen] file, folder

opbergsysteem *o* [-systemen] filing system

opbeuren *overg* [beurde op, h. opgebeurd] ❶ *optillen* lift up ❷ *fig* cheer (up), encourage

opbeurend *bn* cheering, comforting

opbiechten *overg* [biechtte op, h. opgebiecht] confess ★ *biecht maar eens op* confess ★ *eerlijk* ~ make a clean breast of it

opbieden *onoverg* [bood op, h. opgeboden] bid up ★ *tegen elkaar* ~ ‹op veiling› bid each other up, ‹overtroeven› go one better than the other

opbinden *overg* [bond op, h. opgebonden] tie / do up

opblaasbaar *bn* inflatable

opblaasboot *m & v* [-boten] inflatable boat

opblaaspop *v* [-pen] inflatable doll

opblazen *overg* [blies op, h. opgeblazen] ❶ *met lucht vullen* blow up, inflate, puff up ❷ *fig* magnify, exaggerate ❸ *doen exploderen* blow up ★ *zich* ~ blow oneself up

opblijven *onoverg* [bleef op, is opgebleven] sit / stay up ★ *de hele nacht* ~ stay up all night

opbloei *m* flourishing, prosperity, revival ★ *de* ~ *van de schone kunsten* the flourishing of the fine arts ★ *betekende de* ~ *van de ene stad het verval van de anderen?* did one city's prosperity cause a downturn in others? ★ *...maar tot een* ~ *van de economie kwam het niet* ...but there was no subsequent economic revival

opbloeien *onoverg* [bloeide op, is opgebloeid] ❶ *tot bloei komen* bloom ❷ *fig* revive, flourish

opbod *o* raised bid ★ *bij* ~ *verkopen* sell by auction

opboksen *onoverg* [bokste op, h. opgebokst] ★ ~ *tegen* compete against

opbollen I *onoverg* [bolde op, is opgebold] puff up / out, bulge out **II** *overg* [bolde op, h. opgebold] ❶ puff up ❷ *m.b.t. het pottenbakken* ball up

opborrelen *onoverg* [borrelde op, is opgeborreld] bubble / well up

opbouw *m* ❶ *totstandkoming* construction ★ *in de* ~ under construction ❷ *fig* advancement, furthering ❸ scheepv superstructure ❹ *structuur* structure, make up

opbouwen *overg* [bouwde op, h. opgebouwd] set / build up ★ *weer* ~ reconstruct ★ *een organisatie* ~ set up an organisation ★ *vermogen* ~ create wealth ★ *pensioen* ~ build up a pension ★ *opgebouwd uit* made up of / composed of

opbouwend *bn* constructive

opbouwwerker *m* [-s] community worker

opbranden I *overg* [brandde op, h. opgebrand] burn up **II** *onoverg* [brandde op, is opgebrand] be burned up / down ★ *fig ik ben helemaal opgebrand* I'm completely whacked

opbreken I *overg* [brak op, h. opgebroken] ❶ *openbreken* break up ★ *de straat* ~ tear up the pavement ★ *de straat is opgebroken* the street is under repair ❷ *afbreken* break up ★ *het kamp / de tenten* ~ break / strike camp ★ *het beleg* ~ raise the siege **II** *onoverg* [brak op, is opgebroken] ❶ *vertrekken* break camp ❷ *van een vergadering &* break up ❸ *van een ijsschots* break up ❹ *slecht bekomen* not agree with ★ *dat zal je* ~! you'll regret it

opbrengen *overg* [bracht op, h. opgebracht] ❶ *opleveren* bring in, realize, yield ★ *veel geld* ~, bring in a lot of money ★ *een hoge prijs* ~ attract a high price ★ *winst* ~ yield profit, make a profit ❷ *betalen* come up with, raise ★ *dat kan ik niet* ~ I can't afford / manage it ❸ *zich brengen tot* get / work up ★ *geduld* ~ have patience ★ *moed* ~

summon (up) the courage ❹ *opdienen* serve up ❺ *inrekenen* bring / run in ❻ *aanbrengen* apply ★ *kleur* ~ put some colour on ❼ *grootbrengen* bring up, rear ❽ scheepv seize ❾ sp grab

opbrengst *v* [-en] ❶ yield, proceeds ★ *de som der* ~*en* the total revenue / profit ★ *de* ~ *van de verkoop* the sale proceeds ❷ *v. oogst* yield, produce

opbrengstwaarde *v* proceeds, profit, net realisable value, sales value ★ *de directe* ~ the net realisable value

opcenten *zn* [mv] additional percentage, surcharge

opcentiemen *zn* [mv] ZN percentage

opdagen *onoverg* [daagde op, is opgedaagd] turn / show up

opdat *voegw* so that, in order that ★ ~ *niet* lest

opdelen *overg* [deelde op, h. opgedeeld] divide / split up

opdienen *overg* [diende op, h. opgediend] serve / dish up

opdiepen *overg* [diepte op, h. opgediept] ❶ *uitdiepen* dig out ❷ *fig* unearth, fish / ferret out

opdissen *overg* [diste op, h. opgedist] serve / dish up ★ *een verhaal* ~ dish up a story

opdoeken I *overg* [doekte op, h. opgedoekt] ❶ furl ❷ *opheffen* shut down **II** *onoverg* [doekte op, is opgedoekt] shut up shop

opdoemen *onoverg* [doemde op, is opgedoemd] loom (up), appear, emerge

opdoen *overg* [deed op, h. opgedaan] ❶ *krijgen* get, gain, acquire, obtain ★ *kennis* ~ gather / acquire knowledge ★ *een nieuwtje* ~ pick up a piece of news ★ *een ziekte* ~ catch / get a disease ★ *waar heb je dat opgedaan?* where did you get that from? ❷ *opzetten* put on

opdoffen *wederk* [dofte op, h. opgedoft] ★ *zich* ~ doll oneself up

opdoffer *m* [-s] thump, punch ★ *iem. een* ~ *verkopen* belt sbd

opdonder *m* [-s] sock, clout, blow ★ *iem. een* ~ *verkopen* belt sbd ★ *hij heeft een flinke* ~ *gehad van die hartaanval* the heart attack really set him back ★ *een kleine* ~ ‹klein brutaal persoon› a cheeky brat, ‹jongetje› a little squirt

opdonderen *onoverg* [donderde op, is opgedonderd] inf go to hell, buzz off ★ *donder op!* get lost!, beat it!, get (the hell) out of here!

opdondertje *o* [-s] little squirt

opdraaien I *overg* [draaide op, h. opgedraaid] opwinden wind up **II** *onoverg* [draaide op, is opgedraaid] ★ *dan moet ik ervoor* ~ I'm saddled with it ★ *voor de kosten* ~ foot the bill

opdracht *v* [-en] ❶ *taak* assignment, order, ‹aan kunstenaar / architect› commission ★ *een* ~ *krijgen* be assigned sth, be asked to do sth, be commissioned to do sth ★ *de* ~ *uitvoeren* carry out the assignment / order / commission ★ ~ *hebben om...* be under instructions to... ★ ~ *geven tot* commission ★ *in* ~ *van de gemeente* on the council's

orders ★ *in ~ handelen* act under orders ★ *een
kunstenaar een ~ verstrekken* commission an artist
❷ *toewijding in boek &* dedication

opdrachtgever *m* [-s] client, customer,
commissioning company / authority, <u>jur & handel</u>
principal

opdragen *overg* [droeg op, h. opgedragen] ❶ *een
opdracht geven* charge, assign, commission ★ *iem.
iets ~* charge sbd with sth, commission sbd to do sth
❷ *toewijden* dedicate ★ *een boek ~* dedicate a book
★ *een mis ~* celebrate mass ★ *ik draag u mijn
belangen op* I consign my interests to your care
❸ *kleding* wear out

opdraven *onoverg* [draafde op, is opgedraafd] run up
★ *de trap ~* run up the stairs ★ *komen ~* put in an
appearance ★ *iem. laten ~* send for sbd, whistle sbd
up

opdreunen *overg* [dreunde op, h. opgedreund] reel
/ rattle off

opdrijven *overg* [dreef op, h. opgedreven] ❶ *v. vee*
round up ❷ *v. bal bij golf* drive ❸ *v. prijzen* force up
★ *de spanning ~* crack up the excitement

opdringen I *overg* [drong op, h. opgedrongen] force
★ *iem. iets ~* force ⟨a drink⟩ on sbd, press ⟨some
food⟩ on sbd, force / ram ⟨one's views⟩ down sbd's
throat, force / thrust / press / impose ⟨one's views⟩
on sbd ★ *zich ~* force oneself on ★ *nieuwe
maatregelen dringen zich op* new measures will be
required **II** *onoverg* [drong op, is opgedrongen]
press on / forward

opdringerig *bn* obtrusive, intrusive, ⟨v. persoon⟩
pushy

opdringerigheid *v* obtrusiveness, intrusiveness,
⟨v. persoon⟩ pushiness

opdrinken *overg* [dronk op, h. opgedronken] drink
(up), empty, finish

opdrogen I *onoverg* [droogde op, is opgedroogd]
droog worden <u>ook fig</u> dry (up), run dry **II** *overg*
[droogde op, h. opgedroogd] dry

opdruk *m* [-ken] (im)print ★ *een postzegel met ~* a
surcharged stamp ★ *een T-shirt met ~* a printed
T-shirt

opdrukken *overg* [drukte op, h. opgedrukt] ❶ *omhoog
drukken* push up ★ *sp zich ~* do press-ups / push-ups
❷ *drukwerk* imprint (on), print (on)

opduikelen *overg* [duikelde op, h. opgeduikeld]
unearth, dig / rake up, ferret out

opduiken I *onoverg* [dook op, is opgedoken]
❶ emerge, turn / crop / pop up ★ *~ uit* emerge from
❷ *boven water komen* surface, come / rise to the
surface **II** *overg* [dook op, h. opgedoken] ❶ *door duik
halen* bring to the surface, dive for ❷ *opduikelen*
unearth, dig / rake up, ferret out

opduvel *m* [-s] wallop

opduvelen *onoverg* [duvelde op, is opgeduveld] beat
it, get lost

opdweilen *overg* [dweilde op, h. opgedweild] mop up

opeen *bijw* together, on top of each other

opeengepakt *bn* crowded / packed together

opeenhopen *overg* [hoopte opeen, h. opeengehoopt]
heap / pile up, accumulate ★ *zich ~* crowd together

opeenhoping *v* [-en] accumulation, build-up,
⟨v. verkeer⟩ congestion

opeens *bijw* all at once, suddenly

opeenstapeling *v* [-en] accumulation ★ *een ~ van
leugens* a pack / stack of lies ★ *een ~ van rampen* one
disaster after another

opeenvolgend *bn* successive, ⟨onafgebroken⟩
consecutive

opeenvolging *v* succession, series ★ *in snelle ~* in
quick succession

opeisbaar *bn* claimable, due (and payable) ★ *~
worden* become due (and payable)

opeisen *overg* [eiste op, h. opgeëist] claim ★ *een
aanslag ~* claim responsibility for an attack ★ *de
aandacht ~* demand attention

open *bn* ❶ *niet dicht* open ★ *een ~ been* an ulcerated
leg ★ *een ~ brief* an open letter ★ *een ~ dak* a sliding
/ an open roof ★ *een ~ doekje* an encore ★ <u>handel</u> *~
krediet* open credit ★ ⟨in bos⟩ *een ~ plek* a clearing
★ *een ~ regel* a blank line ★ *een ~ vraag* a debatable
/ an open question ★ *~ en bloot liggen* be open for all
(the world) to see ★ *tot hoe laat zijn ze ~?* when do
they close? ★ *~ en dicht gaan* open and shut ★ *~ met
iem. zijn* be open with sbd ★ *met ~ mond luisteren*
listen open-mouthed ★ *~ staan voor iets* be open for
❷ *onbezet* vacant ★ *er is hier nog een plaats ~* there's
a vacant place here / this place isn't taken

op- en aanmerkingen *zn* [mv] critical remarks and
observations

openbaar I *bn* ❶ public ★ *een openbare aanbesteding* a
public tender, ⟨aankondiging⟩ a public call for
tenders ★ *een ~ lichaam* a public corporation ★ *de
openbare mening* public opinion ★ *een openbare
school* a state school ★ *het ~ vervoer* public transport
★ *de openbare weg* the (King's) highway ★ *openbare
werken* public works ★ *iets ~ maken* make sth public
/ known, publish / disclose sth ★ *in het ~* in public,
publicly ❷ *algemeen toegankelijk* public, open ★ *een
openbare vergadering* a public / open meeting **II** *bijw*
publicly, in public

openbaarheid *v* ❶ *bekendheid* publicity ★ *~ aan iets
geven* give publicity to sth, make sth public / known
❷ *algemene toegankelijkheid* public nature ★ *de ~ van
besluitvorming* the public nature of decision making
★ *~ van bestuur* open government ★ *in de ~* in public

openbaarmaking *v* publication, disclosure, ⟨van
vonnis &⟩ promulgation

openbaren I *overg* [openbaarde, h. geopenbaard]
reveal, disclose, divulge ★ *geopenbaarde godsdienst*
revealed religion **II** *wederk* [openbaarde, h.
geopenbaard] ❶ *alg.* declare / manifest oneself
❷ *aan het licht komen* manifest, reveal

openbaring *v* [-en] ❶ *wat openbaar gemaakt wordt*
revelation, ⟨aan de drie koningen⟩ epiphany ★ *de
goddelijke ~* the divine revelation ★ *de Openbaring*

op

van *Johannes* Revelations, the Revelation of St John **❷** *bekend maken* disclosure

openblijven *onoverg* [bleef open, is opengebleven] stay / remain open

openbreken *overg* [brak open, h. opengebroken] 〈voorwerp〉 break / force open, 〈huis〉 break into, 〈weg〉 break up ▾ *het ~ van de cao* open up the collective wage agreement to negotiation

opendoen I *overg* [deed open, h. opengedaan] open ★ *doe eens open!* open up! **II** *onoverg* [deed open, h. opengedaan] open the door

opendraaien *overg* [draaide open, h. opengedraaid] turn on / open 〈the gas〉

openen I *overg* [opende, h. geopend] **❶** *openmaken* open, 〈v. dop &〉 unscrew, 〈v. kraan〉 turn on **❷** *openstellen* open (up) ★ *geopend van... tot...* open from... to... **❸** *beginnen* open, start ★ *een bedrijf ~* open / start a business ★ *onderhandelingen ~* open / commence negotiations **II** *wederk* [opende, h. geopend] ★ *zich ~* open up

opener *m* [-s] opener

opengaan *onoverg* [ging open, is opengegaan] open ★ *het raam gaat naar binnen open* the window opens inwards

opengewerkt *bn* 〈v. tekening〉 exploded-view / cutaway, 〈v. textiel, sieraden &〉 filigree, 〈v. voorwerpen v. riet〉 open wicker

opengooien *overg* [gooide open, h. opengegooid] throw / fling open

openhartig I *bn* frank, candid, open-hearted ★ *een ~ gesprek* a frank / heart-to-heart talk **II** *bijw* frankly &

openhartigheid *v* frankness, candour, open-heartedness

openhartoperatie *v* [-s] open-heart operation

openheid *v* openness, frankness, sincerity

openhouden *overg* [hield open, h. opengehouden] **❶** *deur &* keep / hold open **❷** *plaats* keep, save **❸** *betrekking* keep open

opening *v* [-en] **❶** *het openen ook schaken* opening ★ *~ van zaken geven* disclose the state of 〈one's〉 affairs **❷** *aanvang* opening, commencement, beginning, 〈op plechtige wijze〉 inauguration **❸** *gat* gap, hole, aperture

openingsbod *o* opening bid

openingskoers *m* [-en] opening price

openingsplechtigheid *v* [-heden] opening ceremony

openingszet *m* [-ten] opening move

openkrabben *overg* [krabde open, h. opengekrabd] scratch open

openkrijgen *overg* [kreeg open, h. opengekregen] (get) open

openlaten *overg* [liet open, h. opengelaten] leave open ★ *de mogelijkheid ~* leave the possibility open ★ *een plaats ~* leave a place free ★ *een ruimte ~* leave a blank / space

openleggen *overg* [legde open, h. opengelegd] **❶** lay open ★ *een boek ~* open a book **❷** *openbaren* lay open, disclose, reveal ★ *de kaarten ~* lay one's cards

on the table ★ *de zaak ~* bring it all out into the open **❸** *toegankelijk maken* open up ★ *land ~* open up land

openliggen *onoverg* [lag open, h. opengelegen] lie open, be exposed

openlijk I *bn* **❶** *publiekelijk* open, public **❷** *onverhuld* open, overt **II** *bijw* openly & ★ *~ voor iets uitkomen* be frank / open about sth

openluchtbad *o* [-baden] open-air swimming pool

openluchtconcert *o* [-en] open-air concert

openluchtmuseum *o* [-sea & -s] open-air museum

openmaken *overg* [maakte open, h. opengemaakt] open

openrijten *overg* [reet open, h. opengereten] rip / tear open

openscheuren *overg* [scheurde open, h. opengescheurd] rip / tear open

openslaan I *overg* [sloeg open, h. opengeslagen] **❶** *v. boek &* open **❷** *met geweld* knock open **II** *onoverg* [sloeg open, is opengeslagen] fly open

openslaand *bn* folding ★ *~e deuren* folding doors, French windows ★ *een ~ raam* a casement window

opensnijden *overg* [sneed open, h. opengesneden] cut (open)

opensperren *overg* [sperde open, h. opengesperd] open wide, distend ★ *met opengesperde ogen* wide-eyed

openspringen *onoverg* [sprong open, is opengesprongen] **❶** burst (open) **❷** *v. huid* chap, crack

openstaan *onoverg* [stond open, h. opengestaan] be open / vacant ★ *er stond mij geen andere weg open* I had no alternative ★ *voor allen ~* be open to all, be free ★ *~ voor argumenten* be open / receptive to arguments

openstaand *bn* **❶** *nog niet vereffend* outstanding ★ *~e posten* outstanding bills ★ *~e zaken* running affairs **❷** *nog niet vervuld* free ★ *een ~e betrekking* a vacancy, an opening

openstellen *overg* [stelde open, h. opengesteld] (throw) open ★ *voor het verkeer ~* open to traffic ★ *de inschrijving ~* invite tenders ★ *de mogelijkheid ~ tot* lay open the possibility of

op-en-top *bijw* every inch ★ *~ veilig* completely / absolutely safe ★ *~ een gentleman* every inch a gentleman, a thorough gentleman

openvallen I *onoverg* [viel open, is opengevallen] **❶** fall / drop open **❷** *v. betrekking* fall / become vacant **II** *overg* [viel open, heeft opengevallen] cut, scrape

openvouwen *overg* [vouwde open, h. opengevouwen] unfold, open (out)

openzetten *overg* [zette open, h. opengezet] **❶** *v. deur* open **❷** *v. kraan* turn on

opera *m* ['s] **❶** *muziekstuk* opera **❷** *gebouw* opera (house) **❸** *operagezelschap* opera company

operabel *bn* operable

operateur *m* [-s] **❶** *v. computers &* operator

❷ *cameraman* cameraman ❸ *in bioscoop* projectionist

operatie *v* [-s] operation

operatief I *bn* surgical ★ *een operatieve ingreep* an operation **II** *bijw* surgically ★ *slechts ~ ingrijpen kan...* only surgery / an operation can...

operatiekamer *v* [-s] operating theatre / room

operatietafel *v* [-s] operating table

operatiezuster *v* [-s] theatre nurse

operationeel *bn* operational ★ *de plannen zijn ~ the* plans are ready to be implemented / are ready for operation

operazanger *m* [-s], **operazangeres** *v* [-sen] opera singer

opereren I *onoverg* [opereerde, h. geopereerd] ❶ <u>med</u> operate ❷ <u>mil</u> operate ❸ *te werk gaan* work ❹ *werken met* use **II** *overg* [opereerde, is geopereerd] <u>med</u> operate on ★ *iem. ~* operate on sbd ★ *zich laten ~* have an operation ★ *hij is geopereerd aan de knie* he has had a knee operation

operette *v* [-s] operetta, light opera

opeten *overg* [at op, h. opgegeten] eat (up)

opfleuren I *overg* [fleurde op, h. opgefleurd] brighten (up), cheer up ★ *iem. ~* cheer sbd up ★ *de stemming ~* lighten the atmosphere **II** *onoverg* [fleurde op, is opgefleurd] cheer / brighten up

opflikkeren *onoverg* [flikkerde op, is opgeflikkerd] ❶ *v. licht & flare* / blaze up ★ *de hoop flikkerde weer op* hope flared up again ❷ *weggaan* bugger / piss off

opfokken *overg* [fokte op, h. opgefokt] ❶ *fokken* breed, rear ❷ *provoceren* work / stir up ★ *laat je niet zo ~!* don't get so worked up! ★ *zich ~* be in a flap

opfriscursus *v* [-sen] refresher course

opfrissen I *overg* [friste op, h. opgefrist] ❶ refresh, freshen up ★ *fotogr de kleuren ~* sharpen the colour contrast ★ *iems. geheugen eens ~* refresh / jog sbd's memory ★ *zijn kennis wat ~* rub / brush up one's knowledge ★ *zich ~* freshen up ❷ *verbouwen* ZN renovate, refurbish **II** *onoverg* [friste op, is opgefrist] freshen ★ *van die rekening zal hij ~* the bill will make him sit up

opgaaf, opgave *v* [-gaven] ❶ *verklaring* statement, specification, estimate, ⟨belasting⟩ return ★ *met / onder ~ van redenen* stating / specifying one's reasons ❷ *taak* task, assignment, exercise ★ <u>onderw</u> *de schriftelijke opgaven* the written assignments

opgaan *onoverg* [ging op, is opgegaan] ❶ *de hoogte in* go up ★ *een berg / de trap ~* go up / climb a mountain / the stairs ★ *er ging een gelach op in de zaal* laughter arose in the hall / there was laughter in the hall ❷ *in bepaalde richting gaan* go up ★ *we gaan die kant op* we'll go that way ★ *de zon gaat later op* the sun rises later ❸ *juist zijn* hold (good), apply ★ *dat gaat niet op hier* that doesn't hold / apply in this case ★ *die vergelijking gaat niet op* that's a false analogy ❹ *voor examen* sit for ★ *hij gaat dit jaar niet op* he's not sitting for the exam this year ❺ *opraken* run / give out ★ *het eten gaat schoon op* nothing will

be left to eat ★ *de rest van de tijd is opgegaan aan haarkloverij* the rest of the time went into splitting hairs ❻ *in beslag genomen worden* be absorbed (in), be wrapped up (in) ★ *geheel in zijn vrouw ~* be totally absorbed in / wrapped up in his wife ❼ *overvloeien* merge (into) ★ *~ in het landschap* be merged into the landscape ★ *in rook ~* go up in smoke ❽ *wisk* leave no remainder ★ *7 gaat niet op 34* 7 doesn't / won't go into 34

opgaand *bn* rising, climbing ★ *de ~e zon* the rising sun ★ *op- en neergaande* fluctuating

opgang *m* [-en] ❶ *v. huis* staircase ❷ *succes* take off ★ *~ maken* take off, catch on ★ *het maakte veel ~* it really took off, it was a big hit ★ *het maakte geen ~* it flopped

opgave *v* → **opgaaf**

opgeblazen *bn* ❶ puffy, swollen, bloated ❷ *verwaand* conceited ★ *~ van trots* puffed up with pride

opgedirkt *bn* dressed / dolled up

opgefokt *bn* worked up, <u>inf</u> hyper ★ *zo'n ~ type* a highly strung type

opgeilen *overg* [geilde op, h. opgegeild] turn on

opgeklaard *bn* cleared up

opgeklopt *bn* exaggerated ★ *~e verhalen* tall stories

opgelaten I *bn* embarrassed, awkward **II** *bijw* in an embarrassed way

opgeld *o* [-en] <u>handel</u> agio, premium ★ *~ doen* be in great demand, <u>inf</u> be in, ⟨v.e. valuta⟩ be at a premium

opgelegd *bn* ❶ *scheepv* laid up ❷ *gefineerd* veneered, overlaid ★ *een ~e vloer* a parquet(ry) floor ▼ *een ~e kans* the chance of a lifetime

opgelucht *bn & bijw* relieved ★ *~ ademhalen* heave a sigh of relief

opgemaakt *bn* ❶ *v. gezicht &* made up, ⟨v. haar⟩ done up ❷ *gerangschikt* ⟨v. gerecht⟩ laid out, ⟨v. bed⟩ made, ⟨v. bloemen⟩ arranged

opgepropt *bn* crammed, packed ★ *~ vol* packed to the rafters

opgeruimd I *bn* ❶ *net* tidy, neat ★ *~ staat netjes* good riddance (to bad rubbish) ❷ *vrolijk* in high spirits, cheerful, bright, good-humoured **II** *bijw* tidily, neatly, cheerfully &

opgescheept *bn* ★ *met iem. / iets ~ zijn* be saddled with sbd / sth

opgeschoten *bn* lanky ★ *een ~ jongen* a lanky youth, a beanpole

opgeschroefd *bn* ❶ *v. taal &* inflated, bombastic, pretentious ❷ *v. enthousiasme &* forced, unnatural

opgesloten *bn* locked up ★ *er lag spot in haar woorden* ~ there was a touch of irony to her words

opgesmukt *bn* ❶ gaudy, showy, ⟨v. woorden⟩ wordy ❷ *geaffecteerd* affected, artificial, phoney

opgetogen *bn* delighted, elated, ecstatic, over the moon

opgeven *overg* [gaf op, h. opgegeven] ❶ *overhandigen* give (up), hand (over), surrender ⟨one's passport⟩ ❷ *laten varen* give up, abandon ⟨hope⟩, renounce

op

/ relinquish ‹one's nationality, one's claim to the throne› ★ *ik geef het op* I give up ★ *hij geeft het niet op* he won't give up ★ *mijn benen gaven het op* my legs gave out ❸ *als taak* set ‹an exercise, a sum›, ask ‹riddles›, propound ‹a problem› ❹ *vermelden* give, state ★ *als reden* ~ state as one's reason ❺ *aanmelden* enter, put down, nominate ★ *iem. voor iets* ~ ‹nomineren› nominate sbd for sth, ‹op de (wacht)lijst zetten› put sbd down for sth ★ *zich* ~ *voor een abonnement* apply for a subscription ★ *zich* ~ *voor een cursus* enrol for / sign up for a course ❻ *braken* vomit, be sick ▼ *hoog* ~ *van iets* speak highly of / make much of sth

opgewassen *bn* ★ ~ *zijn tegen* be a match for ‹sbd›, be up to / able to deal with / equal to ‹the task›, rise to ‹the occasion›

opgewekt I *bn* ❶ *v. personen* cheerful, in high spirits ❷ *v. gesprekken &* animated, lively **II** *bijw* cheerfully, animatedly

opgewonden *bn* excited, ‹driftig› heated, ‹zenuwachtig› agitated ★ ~ *raken* get all worked / steamed up, get into a flap

opgezet *bn* ❶ *gezwollen* bloated, swollen ❷ *v. dode dieren* stuffed

opgezwollen *bn* swollen, bloated

opgieten *overg* [goot op, h. opgegoten] pour on / over

opgooien *overg* [gooide op, h. opgegooid] throw up, toss (up) ★ *zullen wij erom* ~? shall we toss (up) for it?

opgraven *overg* [groef op, h. opgegraven] ❶ *zaken* dig up, unearth ❷ *lijken* disinter, exhume

opgraving *v* [-en] ❶ dig(ging), excavation ❷ *v. lijken* disinterment, exhumation

opgroeien *onoverg* [groeide op, is opgegroeid] grow up ★ *~de jeugd* adolescents

ophaalbrug *v* [-gen] drawbridge, lift bridge

ophaaldienst *m* [-en] collecting / collection service

ophalen I *overg* [haalde op, h. opgehaald] ❶ *in de hoogte* draw up ‹the bridge›, pull up ‹the blinds›, raise ‹the curtain, one's eyebrows›, weigh ‹anchor›, shrug ‹one's shoulders›, hitch up ‹one's pants›, hoist ‹the flag, the sails› ★ *de neus* ~ *voor* turn up one's nose at ❷ *herhalen* bring up / back, recall ★ *herinneringen* ~ bring back memories ❸ *verdiepen, opfrissen* brush up (on), polish up, freshen up, revive ★ *zijn Frans* ~ brush up (on) one's French ❹ *inzamelen* collect ★ *geld* ~ get / collect some cash / money ❺ *afhalen* collect, pick up ★ *wanneer haal je me op?* when are you going to pick me up? ❻ *openhalen* damage, tear, rip ★ *zijn kous ergens aan* ~ snag one's stockings on something ❼ *herstellen* repair ★ *ladders* ~ mend ladders ★ ‹beter worden v. zieken› *het weer* ~ regain one's health ★ *kan ik het nog* ~? can I catch up? **II** *onoverg* [haalde op, h. opgehaald] recover, recuperate, improve ★ *zij heeft aardig opgehaald* she's made a good recovery

ophanden *bijw* at hand ★ *het* ~ *zijnde feest* the approaching / coming party

ophangen *overg* [hing op, h. opgehangen] ❶ hang (up), put up ★ *zijn jas* ~ hang up one's coat ★ *de telefoon* ~ hang up / replace the receiver ★ *de was* ~ put out / hang (out) the washing ❷ *aan de galg* hang ★ *hij werd opgehangen* he was hanged / hung ★ *zich* ~ hang oneself ❸ *vastpinnen op* fig pin down ▼ *een verhaal van iets* ~ paint a picture of sth

ophanging *v* [-en] ❶ *v. mensen* hanging ❷ techn suspension

ophebben *overg* [had op, h. opgehad] ❶ *v. kleding &* have on, wear ❷ *v. eten &* have finished ★ *een slok* ~ have had too much to drink ❸ onderw have to do ★ *veel huiswerk* ~ have to do a lot of homework ▼ *veel* ~ *met iem.* think a lot of sbd ▼ *ik heb niet veel op met...* I can't say I care for....

ophef *m* fuss ★ *veel* ~ *van / over iets maken* make a fuss of / over sth, make a song and dance about sth ★ *met veel* ~ with a lot of fuss ★ *zonder veel* ~ without much ado

opheffen *overg* [hief op, h. opgeheven] ❶ *in de hoogte* lift (up), raise, elevate ★ *de armen* ~ raise one's arms ❷ *zedelijk* raise, elevate ‹the mind› ❸ *afschaffen &* abolish ‹a law›, lift ‹an embargo, a ban, sanctions›, do away with ‹abuses›, remove ‹doubts›, close ‹a school, a meeting, a bank account›, adjourn ‹a meeting›, call off ‹a strike›, discontinue ‹a branch office›, raise ‹an embargo, blockade &›, annul ‹the verdict›, undo ‹wrongs›, axe ‹jobs›, disband ‹a club›, eliminate ‹interference› ★ *het ene heft het andere op* the one cancels the other out

opheffing *v* [-en] ❶ *'t optillen* elevation, raising ❷ *afschaffing* ‹v. een wet› abolition, ‹v. twijfels› removal, ‹v. een vergadering, een rechtzaak &› adjournment, ‹v. een school &› closing (down), ‹v. een filiaal› discontinuance, ‹v. sancties &› raising, ‹v. beslissing› annulment, ‹v. banen› axing, ‹v. staking› calling off, ‹v. club› disbanding, ‹v. schorsing› termination, ‹v. storingen› elimination

opheffingsuitverkoop *m* [-kopen] closing-down sale

ophelderen I *overg* [helderde op, h. opgehelderd] clear up, explain, clarify **II** *onoverg* [helderde op, is opgehelderd] clear up

opheldering *v* [-en] ❶ *verduidelijking* clarification ❷ *toelichting* explanation ★ *ter* ~ in explanation ★ *dit kan tot* ~ *dienen* this may shed some light on the matter ❸ *v. weer* clearing up

ophemelen *overg* [hemelde op, h. opgehemeld] extol, praise to the skies ★ *iem* ~ sing sbd's praises

ophijsen *overg* [hees op, h. opgehesen] hoist / pull up, raise

ophitsen *overg* [hitste op, h. opgehitst] ❶ *v. hond* set on ❷ *v. mensen* set on, stir up, egg on, incite to ★ *de mensen tegen elkaar* ~ set people at one another's throats

ophoepelen *onoverg* [hoepelde op, is opgehoepeld] inf beat it, hop it, get lost ★ *hoepel op!* go jump in the lake!

ophoesten *overg* [hoestte op, h. opgehoest] cough up ★ *slijm* ~ cough up phlegm ★ *informatie / geld* ~ cough up information/ money

ophogen *overg* [hoogde op, h. opgehoogd] heighten, raise

ophoging *v verhoogde plaats* elevation, bank

ophokken *overg* [hokte op, h. opgehokt] confine, keep ‹poultry› indoors

ophokplicht *de* mandatory indoor housing ‹of poultry›

ophopen *overg* [hoopte op, h. opgehoopt] heap / pile up, accumulate ★ *zich* ~ heap / pile up, accumulate

ophouden I *overg* [hield op, h. opgehouden] ❶ *in de hoogte* hold up ★ *de hand* ~ hold out one's hand ❷ *hooghouden* fig keep up, uphold ★ *zijn eer* ~ uphold one's honour ★ *de schijn* ~ keep up appearances ❸ *niet afzetten* keep on ❹ *afhouden van bezigheid* detain, keep, hold up ★ *ik zal u niet langer* ~ I won't keep / detain you any longer, I won't hold you up any longer ❺ *tegenhouden* hold (up) ❻ *niet verkopen* withdraw ❼ *openhouden* hold open ▼ *houdt u zich daar niet mee op* have nothing to do with it ▼ *met haar houd ik mij niet op* I don't have anything to do with her **II** *wederk* [hield op, h. opgehouden] ❶ *verblijven* stay ★ *zich ergens* ~ stay / live somewhere ★ *zich onderweg* ~ stop on the road ❷ *rondhangen* loiter / hang about ❸ *zich bezighouden met* be concerned / busy (with) **III** *onoverg* [hield op, is opgehouden] cease, stop, come to a stop ★ *houd op!* stop it! ★ ~ *met* cease (from)...ing, stop...ing ★ ~ *mil* ~ *met vuren* cease fire ★ ~ *met werken* stop work ★ *zijn hart hield een ogenblik op met kloppen* his heart stopped for a moment ★ ~ *te bestaan* cease to exist ★ ~ *lid te zijn* discontinue one's membership ★ *zonder* ~ continuously, incessantly ★ *ze werken zonder* ~ they never stop working ★ *het heeft drie dagen zonder* ~ *geregend* it's been raining for three days in a row

opiaat *o* [-aten] opiate

opinie *v* [-s] opinion ★ *de publieke* ~ public opinion ★ *naar mijn* ~ in my opinion ★ *volgens de* ~ *van* in the opinion of

opinieblad *o* [-bladen] opinion magazine

opinieonderzoek *o* [-en], **opiniepeiling** *v* [-en] (public) opinion poll, Am Gallup poll

opiniëren *onoverg* [opinieerde, h. geopinieerd] form opinions

opium *m & o* opium ★ ~ *schuiven* smoke opium

opjagen *overg* [joeg *of* jaagde op, h. opgejaagd] ❶ *op de vlucht jagen* rout ‹the enemy›, flush out ‹the game› ❷ *doen opwaaien* raise, blow up ★ *stof* ~ raise the dust ❸ *naar boven opdrijven* force / send up ★ *prijzen* ~ force up / boost prices ★ *de snelheid* ~ increase the pace ❹ *tot spoed aanzetten* hurry, rush ★ *zich niet laten* ~ refuse to be rushed / hounded ❺ *v. gewassen* ZN force

opjutten *overg* [jutte op, h. opgejut] ❶ *haasten* hustle, hurry ❷ *opzetten* egg on, incite, urge ★ ~ *tot* goad

/ provoke into

opkalefateren I *overg* [kalefaterde op, h. opgekalefaterd] ❶ *v. kleding* patch up, mend ❷ *v. een zieke* mend ❸ *v. een gewonde* patch up **II** *onoverg* [kalefaterde op, is opgekalefaterd] *v. een zieke* be on the mend

opkamer *v* [-s] upstairs room

opkijken *onoverg* [keek op, h. opgekeken] look up ★ *tegen iem.* ~ look up to sbd ★ *hij zal er (vreemd) van* ~ he'll be surprised, it'll make him sit up

opkikkeren I *overg* [kikkerde op, h. opgekikkerd] perk / pep up, refresh **II** *onoverg* [kikkerde op, is opgekikkerd] perk up

opkikkertje *o* [-s] pick-me-up, bracer

opklapbed *o* [-den] foldaway bed

opklappen *overg* [klapte op, h. opgeklapt] fold up

opklaren I *onoverg* [klaarde op, is opgeklaard] ook fig clear / brighten (up) **II** *overg* [klaarde op, h. opgeklaard] ook fig clarify

opklaring *v* [-en] clarification ★ *met tijdelijke* ~*en* ‹cloudy weather› with some sunny / bright spells ★ *hier en daar een* ~ sunny / bright spells in places

opklimmen *onoverg* [klom op, is opgeklommen] ❶ *trap, berg &* go / climb (up) ★ *tegen een muur* ~ scale a wall ❷ fig rise, move up ★ *tot hogere betrekkingen* ~ move up (in rank)

opkloppen *overg* [klopte op, h. opgeklopt] ❶ *doen rijzen* beat up ❷ *overdrijven* exaggerate, blow up ★ *een opgeklopt verhaal* a tall story

opknapbeurt *v* [-en] overhaul, facelift

opknappen I *overg* [knapte op, h. opgeknapt] ❶ *netjes maken* tidy up ‹a room› ★ *zich* ~ freshen oneself up ❷ *beter in orde maken* do up ‹the garden›, restore ‹an old house› ❸ *voor elkaar krijgen* fix up, carry out ★ *hij zal het alleen wel* ~ he'll manage it quite well by himself ★ *hij zal het wel voor je* ~ he'll fix it up for you ❹ *opzadelen* shunt / fob off onto ★ *iem. met iets* ~ saddle sbd with sth **II** *onoverg* [knapte op, is opgeknapt] *v. zieke* pick up ▼ *het weer knapt wat op* the weather is brightening up

opknopen *overg* [knoopte op, h. opgeknoopt] tie up ★ *zich* ~ string oneself up, hang oneself

opkoken *overg* [kookte op, h. opgekookt] ❶ *doen koken* boil up, bring to the boil ❷ *opnieuw koken* reboil, reheat

opkomen *onoverg* [kwam op, is opgekomen] ❶ *omhoog komen* ‹v. zon, deeg &› rise ★ *het getij komt op* the tide is rising ❷ *ontkiemen, groeien* come / spring / shoot up ★ *de rogge is slecht opgekomen* the rye hasn't come up well / hasn't germinated well ★ ~ *als paddenstoelen uit de grond* spring up like toadstools ★ *uit het niets* ~ come out of nowhere ❸ *zich voordoen* reoccur, occur, crop up ★ *die gedachte kwam ook bij mij op* that idea occurred to me too / crossed my mind too ★ *het komt niet bij mij op* I wouldn't even dream of it ★ *afhankelijk van het weer* ~ *van de symptomen* depending on whether the symptoms reoccur ❹ *verschijnen* turn up ★ *de leden*

op

zijn goed opgekomen the members turned up in full force ★ *in grote getale* ~ turn out in large numbers ❺ *beginnen te ontstaan* come on, rise, arise ★ *een onweer komt op* there's a storm coming on / we're about to get a storm ★ *ik voel de koorts* ~ I'm starting to get a fever ❻ *furore maken* spring / come up, come into vogue ★ *het modernisme is opgekomen in een periode van optimisme* modernism came into vogue during a period of optimism ❼ *opstaan* get up ❽ *zich verzetten* fight (against), stand up (against) ★ ~ *tegen de globalisering* take a stand against globalization, protest against globalization ❾ *verdedigen* fight (for) ★ ~ *voor zijn rechten* fight for one's rights ★ ~ *voor zichzelf / voor zijn vrienden* stand up for oneself / for one's friends ★ *kom maar op, als je durft* come on if you dare ❿ *op raken* get through ★ *die soep komt wel op* we'll get through that soup ⓫ *zich kandidaat stellen* ZN run for ⓬ jur appear ⓭ *op 't toneel* enter ★ *de koning (met zijn gevolg) komt op* enter the king (and attendants) ▼ mil *voor zijn nummer* ~ be called up

opkomend *bn* rising ★ *de* ~*e zon* the rising sun ★ ~*e markten* newly industrialized / emerging countries ★ *een* ~ *talent* a rising talent

opkomst *v* ❶ *v. zon & rising* ❷ *vooruitgang* blossoming ★ *in* ~ *zijn* be developing, be on the rise ★ *de stad is nog pas in* ~ the city is only now starting to blossom ❸ *v. vergadering & attendance* ❹ *bij verkiezingen* turnout

opkomstplicht *v* compulsory attendance

opkopen *overg* [kocht op, h. opgekocht] buy up

opkoper *m* [-s] ❶ *handelaar in tweedehands spullen* second-hand / junk dealer ❷ *grootinkoper* wholesale buyer

opkrabbelen *onoverg* [krabbelde op, is opgekrabbeld] ❶ scramble to one's feet ❷ fig pick up, recover ★ *de aandelenbeurs krabbelt iets op* the stock exchange is starting to pick up

opkrassen *onoverg* [kraste op, is opgekrast] ❶ *weggaan* beat it, buzz off, make oneself scarce ❷ *doodgaan* snuff it, kick the bucket

opkrikken *overg* [krikte op, h. opgekrikt] ❶ *m.b.t. auto & jack up* ❷ fig jack / pep up ★ *de cijfers* ~ jack / push up the numbers ★ *het moreel* ~ boost morale

opkroppen *overg* [kropte op, h. opgekropt] bottle up ★ *opgekropte woede* bottled-up anger

opkweken *overg* [kweekte op, h. opgekweekt] breed, bring up, rear, nurse ⟨a child⟩, cultivate ⟨plants⟩

opkwikken *overg* [kwikte op, h. opgekwikt] refresh

oplaadbaar *bn* rechargeable

oplaaien *onoverg* [laaide op, is opgelaaid] blaze up ★ *hoog* ~ run high ★ *doen* ~ kindle, spark / set off, inflame ★ *de passie laaide hoog op* passions inflamed

opladen *overg* [laadde op, h. opgeladen] ❶ load (up) ❷ *v. accu* load, charge

oplader *m* [-s] charger

oplage *v* [-n] ⟨v. boek⟩ issue, edition, ⟨v. krant⟩ circulation ★ *de* ~ *is slechts honderd exemplaren* the edition is limited to 100

oplappen *overg* [lapte op, h. opgelapt] patch up

oplaten *overg* [liet op, h. opgelaten] fly ⟨a kite⟩, launch ⟨a balloon⟩, release ⟨a pigeon⟩

oplawaai *m* [-en], **oplazer** [-s] clout, wallop ★ *iem. een* ~ *geven* clout / wallop sbd

oplazeren *onoverg* [lazerde op, is opgelazerd] bugger off, piss off, beat it

opleggen *overg* [legde op, h. opgelegd] ❶ *opstapelen* pile / stack up ❷ *opbergen* store, ⟨inmaken⟩ preserve ❸ *leggen op* put on, lay on ⟨hands⟩ ★ *er een euro* ~ ⟨prijsverhoging⟩ raise the price by one euro, ⟨bij veiling⟩ bid another euro ★ *het er dik* ~ exaggerate ❹ *opdragen* impose, enforce ★ *iem. geheimhouding* ~ swear sbd to secrecy ★ *iem. een rijverbod* ~ disqualify sbd from driving ★ *hem werd een zware straf opgelegd* he had a heavy punishment imposed on him ★ *zijn wil* ~ impose one's will ❺ *aanbrengen* ⟨v. verf⟩ apply, ⟨v. hout⟩ veneer ❻ scheepv put out of operation, lay up ❼ kaartsp place face up ❽ drukw print

oplegger *m* [-s] (semi)trailer ★ *een truck met* ~ an articulated truck

opleiden *overg* [leidde op, h. opgeleid] ❶ *kennis bijbrengen* train, educate ★ *iem. voor een examen* ~ prepare / train sbd for an examination ★ *voor geestelijke opgeleid* trained for the Church ❷ *naar omhoog leiden* carry / lead up ❸ *verdachte* ZN arrest, run in, bring up

opleiding *v* [-en] ❶ training, education ★ ~*en training courses* ★ *een* ~ *volgen* follow a course, be in training for ★ *in* ~ in training ★ *een* ~ *voor zelfstandige* a small business course ❷ *instituut* training college

opleidingscentrum *o* [-tra, -s] training centre/Am center

opleidingsschip *o* [-schepen] training ship

oplepelen *overg* [lepelde op, h. opgelepeld] ook fig ladle / dish out

opletten *onoverg* [lette op, h. opgelet] pay attention ★ *let op waar je loopt* watch where you're going ★ *opgelet* attention please!, take care! ★ *scherp* ~ watch carefully

oplettend *bn* ❶ attentive ❷ *opmerkzaam* observant

oplettendheid *v* [(-heden)] attention, attentiveness

opleuken *overg* [leukte op, h. opgeleukt] brighten up

opleven *onoverg* [leefde op, is opgeleefd] revive ★ *doen* ~ revive

opleveren *overg* [leverde op, h. opgeleverd] ❶ *opbrengen* produce, yield, bring in ★ *winst* ~ yield a profit ★ *wat levert het ons op?* what's in it for us? ❷ *voortbrengen* produce ★ *gevaar* ~ cause danger ★ *vijanden* ~ make enemies ★ *zijn baan levert veel stress op* his job is very stressful ❸ *afleveren* deliver ★ *tijdig* ~ deliver on time

oplevering *v* [-en] ⟨van werk⟩ delivery, ⟨van een woning⟩ transfer, ⟨van nieuwbouw⟩ completion ★ ~ *in overleg* transfer by mutual agreement ★ ~ *per* *direct* available for immediate occupation ★ *bij de ~* ⟨van bestaand onroerend goed⟩ on delivery, ⟨van nieuwbouw⟩ on completion ★ *de datum van ~* ⟨van nieuwbouw⟩ the date of completion ★ *sleutelklare / turnkey ~* turnkey delivery ★ *te late ~* late completion ★ *vertraging bij ~* delay in delivery

opleveringstermijn *m* [-en] delivery time, ⟨van nieuwbouw⟩ completion date / time

opleving *v* ❶ revival ★ *een ~ van de Amerikaanse Droom* a revival of the American Dream ❷ handel revival, recovery, upturn ❸ eff rally

oplezen *overg* [las op, h. opgelezen] read out, ⟨namen⟩ call out

oplichten I *overg* [lichtte op, h. opgelicht] ❶ *optillen* lift (up) ❷ *bedriegen* swindle ★ *iem. ~ voor...* swindle sbd out of... **II** *onoverg* [lichtte op, is opgelicht] *lichter worden* lighten, brighten

oplichter *m* [-s] swindler

oplichterij *v* swindle, fraud, con trick

oplichting *v* ❶ *oplichterij* swindle, fraud ❷ *valse voorwendselen* false pretences

oploeven *onoverg* [loefde op, is opgeloefd] luff up, haul to the wind

oploop *m* crowd ★ *een ~ veroorzaken* cause a riot / stir

oplopen I *onoverg* [liep op, is opgelopen] ❶ *aanlopen tegen* run / bump into ★ *tegen iem. ~* run / bump into sbd ❷ *hoger worden* rise, mount / add up, ⟨v. rente⟩ accrue ★ ⟨v. bedragen⟩ *~ tot* amount to, total ★ *een rekening laten ~* run up a bill ★ *haar temperatuur loopt op* her temperature is rising ★ *de twist liep hoog op* the dispute ran high ❸ *bewegen in een bepaalde richting* go (up / along &) ★ *de straat ~* walk along the street ★ *de straat loopt op* the street climbs / rises ★ *de trap ~* go / walk up the stairs ★ *samen (een eindje) ~* go part of the way together ❹ *opzwellen* ZN swell (up) **II** *overg* [liep op, h. opgelopen] *krijgen* catch, get ★ *straf ~* incur punishment ★ *verwondingen ~* suffer injuries ★ *een ziekte ~* catch / contract a disease

oplopend *bn* rising

oplosbaar *bn* ❶ *v. stof* soluble ❷ *v. vraagstuk &* solvable, resolvable

oploskoffie *m* instant coffee

oplosmiddel *o* [-en] solvent, ⟨voor verf⟩ thinner

oplossen I *overg* [loste op, h. opgelost] ❶ *in water &* dissolve ★ ⟨v. nevel &⟩ *zich ~* disperse, dissolve ❷ *v. vergelijking* solve ❸ *v. raadsel &* solve ⟨a riddle⟩, (re)solve ⟨a problem⟩ ★ *dat probleem lost zich vanzelf op* that problem will deal with itself / will resolve itself / will solve itself **II** *onoverg* [loste op, is opgelost] *in vloeistof* dissolve

oplossing *v* [-en] ❶ *v. raadsel, vraagstuk* solution ★ *de juiste ~ van het vraagstuk* the right answer / solution to the problem ❷ *v. vergelijking* resolution ❸ scheik & nat solution

opluchten *overg* [luchtte op, h. opgelucht] relieve ★ *het zal u ~ om te horen dat...* you will be relieved to hear that... ★ *dat lucht op* that's a relief

opluchting *v* relief

opluisteren *overg* [luisterde op, h. opgeluisterd] add lustre to, grace ★ *een feest ~* add lustre to a party

opmaak *m* ❶ *v. tekst* layout ❷ *v. gezicht* make-up

opmaat *v* [-maten] ❶ muz upbeat ❷ fig initial steps ★ *de ~ tot een nieuwe politiek* the initial steps towards a new policy approach

opmaken I *overg* [maakte op, h. opgemaakt] ❶ *verteren* use up, finish (up), spend, ⟨verkwisten⟩ squander ❷ *gereedmaken* do ⟨sbd's hair⟩, make ⟨a bed⟩, make up ⟨one's face⟩, arrange ⟨flowers⟩, trim ⟨a hat⟩ ★ *een saladeschotel ~* arrange a salad on a platter ❸ drukw lay out ❹ *uitrekenen en op papier zetten* make out ★ *de boeken ~* do / balance the books ★ *de kas ~* count up / balance the cash ★ *de rekening ~* make out the bill ❺ *afleiden* gather ★ *daaruit kunnen wij ~ dat...* from which we gather that... ★ *waar maak je dat uit op?* how do you reach that conclusion? ❻ *samenstellen* draw up, compile ★ *de balans ~* draw up the balance sheet ★ *een inventaris ~* do an inventory / a stocktake ★ *een lijst van deelnemers ~* compile a list of participants ★ *een notariële akte ~* draw up a legal document ★ *een proces-verbaal ~* take a statement **II** *wederk* [maakte op, h. opgemaakt] ❶ *zich voorbereiden* get ready, prepare ★ *zich ~ voor de reis* get ready for the trip ❷ *gezicht* make oneself up, put some make-up on

opmarcheren *onoverg* [marcheerde op, is opgemarcheerd] march (on) ★ inf *dan kun je ~* you can get lost

opmars *m & v* [-en] mil advance, march (*naar* on) ★ *in ~ zijn* be on the advance / increase

opmerkelijk I *bn* remarkable, striking, notable **II** *bijw* remarkably &

opmerken *overg* [merkte op, h. opgemerkt] ❶ *waarnemen* notice, note, observe ★ *door niemand opgemerkt* not noticed by anybody ❷ *zeggen* remark, observe ★ *mag ik hierbij ~ dat...?* may I point out that...? ★ *wat heeft u daarover op te merken?* what do you have to say to that?

opmerking *v* [-en] ❶ *uiting v. een gedachte* remark, observation, comment ★ *een hatelijke ~* a snide comment / remark ❷ *het gadeslaan* observation

opmerkingsgave *v* power of observation

opmerkzaam *bn* attentive, observant ★ *iem. ~ maken op* draw someone's attention to

opmerkzaamheid *v* attention, attentiveness

opmeten *overg* [mat op, h. opgemeten] measure, ⟨v. een perceel⟩ survey

opmeting *v* [-en] measurement, ⟨v. een perceel⟩ survey

opmonteren *overg* [monterde op, h. opgemonterd] cheer up

opnaaien *overg* [naaide op, h. opgenaaid] sew on ★ *iem. ~* get sbd going, needle sbd ★ *je moet je niet zo laten ~* don't let it get to you

opname *v* [-n & -s] ❶ *het vastleggen v. geluid/beeld* ⟨v. film⟩ filming, shooting, ⟨v. muziek⟩ recording

❷ *het vastgelegde* ‹v. film, foto› shot, take, view, ‹v. muziek› recording ❸ *registratie* entry, insertion ❹ *in ziekenhuis* admission, hospitalization ❺ *m.b.t. geld* withdrawal

opnamestudio *m* ['s] recording studio

opnemen *overg* [nam op, h. opgenomen] ❶ *optillen* lift (up) ‹a weight›, pick up ‹a newspaper, the telephone›, tuck / gather up ‹one's skirts› ★ *de benen ~* go for a walk ★ *een gevallen steek ~* pick up a dropped stitch ★ *iem. van de straat ~* pick sbd off the streets ★ *wapens ~* take up weapons ❷ *een plaats geven* take in ‹guests, passengers, asylum seekers›, include ‹in a book, in a course, in the government›, insert ‹a clause› ★ *er zijn veel Duitse woorden in de taal opgenomen* a lot of German words have been introduced into the language ★ *in een orde worden opgenomen* be received into an order ★ *iem. ~ in een vennootschap* bring sbd into the partnership ★ *iem. ~ in het ziekenhuis* admit sbd to hospital, hospitalize sbd ★ *iets in de krant laten ~* have sth inserted in the paper ❸ *tot zich nemen* absorb ‹heat, a liquid›, consume ★ *een spin kan veel voedsel ~* spiders can consume a lot of food ❹ *laten doordringen* take in ★ *hij heeft mijn woorden goed in zich opgenomen* he took my words in ❺ *geld* withdraw ❻ *op zich nemen* take on ★ *hij heeft mijn verdediging opgenomen* he took on the task of defending me ★ *het ~ voor iem.* stand up for sbd ★ *het kunnen ~ tegen iem.* be able to hold one's own against sbd, be a match for sbd ❼ *weghalen* take up, lift ★ *het vloerkleed ~* take up / lift the carpet ❽ *opdweilen* mop up ★ *het water met een spons ~* sponge the water up ❾ *opmeten* measure (up) ★ *de temperatuur ~* take somebody's temperature ★ *de gasmeter ~* read the gas meter ★ *iemands tijd ~* time somebody ❿ *in kaart brengen* survey ★ *een bos ~* survey a forest ⓫ *noteren* take down ★ *kun je de maten ervan ~?* could you take down the measurements? ⓬ *geluid vastleggen* record ★ *op de band ~* record, tape ⓭ *v. beeld* shoot ⓮ *bekijken* observe ‹sbd›, take in ‹the details› ★ *iem. van top tot teen ~* look sbd up and down ⓯ *beoordelen, opvatten* take ★ *iets in (volle) ernst ~* take sth (very) seriously ★ *het gemakkelijk ~* be casual about sth ★ *hoe zullen zij het ~?* how are they going to take / receive it? ★ *iets goed / slecht ~* take sth in good / bad part ★ *iets hoog ~* not take kindly to sth, object strongly to ★ *iets verkeerd ~* take sth the wrong way ⓰ *weer opvatten* resume ★ *zijn werk weer ~* resume one's work ★ *contact met iem. ~* get in touch with sbd, contact sbd ⓱ *telefoon beantwoorden* answer ★ *er wordt niet opgenomen* there's nobody answering

opnieuw *bijw* ❶ *vanaf het begin* (once) again, anew ★ *helemaal ~ beginnen* start all over again ❷ *nog eens* (once) again, once more ★ *iets ~ doen* repeat sth

opnoemen *overg* [noemde op, h. opgenoemd] name, mention, enumerate ★ *te veel om op te noemen* too many to mention ★ *en noem maar op* you name it

opoe *v* [-s] granny ★ *maak dat je ~ maar wijs!* pull the other leg!

opofferen *overg* [offerde op, h. opgeofferd] sacrifice, offer ★ *zich ~* sacrifice oneself

opoffering *v* [-en] sacrifice ★ *zich grote ~en getroosten* go to great lengths / expense ★ *met ~ van* at the sacrifice of

opofferingsgezind *bn* self-sacrificing, self-denying

oponthoud *o* ❶ *vertraging* delay, stoppage ❷ *kort verblijf* stay, stopover

oppakken *overg* [pakte op, h. opgepakt] ❶ *opnemen* pick / take up ★ *iets snel ~* get the hang of sth quickly ❷ *inrekenen* run in, round / pick up

oppas *m-v* [-sen] baby-sitter

oppassen I *onoverg* [paste op, h. opgepast] ❶ *voorzichtig zijn* take care, be careful, look out ★ *opgepast!* watch it! ★ *pas op, dat u niet valt* mind you don't fall ★ *je moet voor hem ~* you have to be on your guard against him, you have to be careful of him ❷ *opletten* pay attention ❸ *zich netjes gedragen* behave properly **II** *overg* [paste op, h. opgepast] *verzorgen* take care of, look after

oppasser *m* [-s] ‹v. dierentuin› keeper, ‹v. museum› attendant, ‹v. zieke› nurse, ‹toezichthouder› caretaker, ‹v. generaal &› batman

oppeppen *overg* [pepte op, h. opgepept] pep up

oppepper *m* [-s] boost

opper *m* [-s] *hooistapel* cock ★ *in ~s zetten* put in cocks

opperbest *bn & bijw* excellent, splendid ★ *je weet ~...* you know perfectly well...

opperbevel *o* supreme / high command

opperbevelhebber *m* [-s] commander-in-chief, supreme commander

opperen *overg* [opperde, h. geopperd] *aanvoeren* propose, suggest, put forward, volunteer, advance ★ *bezwaren ~* raise objections

oppergezag *o* supreme authority

opperhoofd *o* [-en] chief, head

opperhuid *v* epidermis

oppermachtig *bn* supreme ★ *~ heersen / regeren* reign supreme

opperst *bn* uppermost, supreme ★ *in ~e staat van geluk* supremely happy

oppervlak *o* [-ken] surface, area

oppervlakkig I *bn* ook fig superficial, shallow **II** *bijw* superficially, on the surface

oppervlakkigheid *v* [-heden] superficiality, shallowness

oppervlakte *v* [-n & -s] ❶ *boven-, buitenzijde* surface ★ ook fig *aan de ~ brengen* bring to the surface, raise ❷ *grootte* surface area ★ *de ~ van een cirkel* the circumference of a circle

oppervlaktemaat *v* [-maten] square measure

oppervlaktewater *o* surface water

Opperwezen *o* Supreme Being

oppeuzelen *overg* [peuzelde op, h. opgepeuzeld] munch, nibble

oppiepen *overg* [piepte op, h. opgepiept] *oproepen*

page

oppikken *overg* [pikte op, h. opgepikt] pick up ★ *iets snel* ~ pick sth up quickly

opplakken *overg* [plakte op, h. opgeplakt] ❶ stick / paste / glue (on / in), ‹foto› mount ❷ *fig* stick

oppleuren *onoverg* [pleurde op, is opgepleurd] ★ *ach, pleur op jij!* just beat it, will you!

oppoetsen *overg* [poetste op, h. opgepoetst] ❶ clean, polish (up) ❷ *fig* brush up (on), polish up

oppompen *overg* [pompte op, h. opgepompt] ❶ *met lucht* pump up, inflate ❷ *druk opvoeren* raise the pressure ❸ *v. water* pump up

opponent *m* [-en] opponent, *inf* opposition

opponeren I *overg* [opponeerde, h. geopponeerd] oppose, be in opposition to **II** *onoverg* [opponeerde, h. geopponeerd] oppose, raise objections

opporren *overg* [porde op, h. opgepord] ❶ *vuur* poke / stir up ❷ *fig* prod, push, goad

opportunisme *o* opportunism

opportunist *m* [-en] opportunist

opportunistisch I *bn* ❶ opportunist, opportunistic ❷ *pragmatisch* expedient, pragmatic **II** *bijw* ❶ in an opportunistic way ❷ *pragmatisch* expediently, pragmatically

opportuniteit *v* opportunity ★ *om redenen van* ~ for reasons of expediency

opportuniteitsbeginsel *o* *jur* principle of discretionary powers

opportuun *bn* opportune, expedient

opposant *m* [-en] ❶ opponent ❷ *jur* appellant

oppositie *v* [-s] ❶ opposition ★ ~ *voeren* oppose ❷ *jur* opposition, objection

oppositieleider *m* [-s] leader of the opposition

oppositiepartij *v* [-en] opposition party

oppotten *overg* [potte op, h. opgepot] save, hoard

opprikken *overg* [prikte op, h. opgeprikt] pin / hang up

oprakelen *overg* [rakelde op, h. opgerakeld] ❶ *v. vuur* poke up ❷ *fig* rake / drag up ★ *rakel dat nu niet weer op* don't bring that up again, let bygones be bygones

opraken *onoverg* [raakte op, is opgeraakt] run / get low, run out

oprapen *overg* [raapte op, h. opgeraapt] pick / take up, *fig* adopt ★ *ze liggen voor het* ~ they grow on trees

oprecht I *bn* ❶ *eerlijk* honest, sincere, genuine ❷ *welgemeend* sincere, heartfelt **II** *bijw* sincerely ★ ~ *meevoelen* empathize fully

oprechtheid *v* sincerity

oprekken *overg* [rekte op, h. opgerekt] stretch ★ *de wet* ~ stretch the law

oprichten *overg* [richtte op, h. opgericht] ❶ *in de hoogte heffen* raise, set up, erect ★ *een standbeeld voor iem.* ~ erect a statue to sbd ★ *zich* ~ raise oneself up, sit up, straighten up, rise ‹to one's feet› ❷ *stichten* set up, start / establish ‹a business›, found ‹a college›, form ‹a company›

oprichter *m* [-s] founder

oprichting *v* [-en] ❶ *het stichten* establishment, foundation, formation ❷ *het bouwen* erection, raising

oprichtingskosten *zn* [mv] preliminary expenses

oprijden *overg* [reed op, is opgereden] ❶ ‹opwaarts› ride up, ‹auto ook› drive up ❷ *in een bep. richting voortrijden* ride, ‹auto ook› drive along ★ *het trottoir* ~ mount the pavement ★ ~ *tegen* drive / crash into

oprijlaan *v* [-lanen] drive

oprijzen *onoverg* [rees op, is opgerezen] ❶ *omhoog rijzen* rise, rise up ★ *hoog* ~*d* towering ❷ *opstaan* rise, get up ❸ *opkomen* arise, come up / back

oprisping *v* [-en] ❶ belch, burp ❷ *plotseling idee* *fig* brain wave

oprit *m* [-ten] ❶ *naar snelweg* approach road, Br slip road ❷ *inrit naar garage &* drive

oproeien *onoverg* [roeide op, h. en is opgeroeid] row ★ *tegen de stroom* ~ row against the stream

oproep *m* ❶ *verzoek te verschijnen* summons ❷ *opwekking* call ★ *een* ~ *om hulp* a call for help ★ *een* ~ *voor militaire dienst* a draft

oproepbaar *bn* *telefonisch* on call

oproepcontract *o* [-en] contract of employment on a standby basis

oproepen *overg* [riep op, h. opgeroepen] ❶ *bijeenroepen* summon, call up, ‹naam laten oproepen› page ★ *als getuige* ~ call to witness ❷ *mil* call up ★ ~ *tot de strijd* call to fight ❸ *aansporen* call on, incite, urge ❹ *v. geesten* conjure up, raise ❺ *v. verleden &* call up, evoke ❻ *veroorzaken* cause, ask for, raise, excite ❼ *wekken* waken, wake up

oproepkaart *v* [-en] ❶ *v. verkiezing* polling card ❷ *v. militaire dienst* draft card

oproepkracht *v* [-en] standby worker

oproer *o* [-en] ❶ *opstand* revolt, rebellion, insurrection ★ ~ *kraaien* raise revolt ★ ~ *verwekken* stir up a revolt ❷ *ongeregeldheden* riot(s), civil disturbance

oproerig *bn* rebellious, riotous, ‹v. geschriften› seditious

oproerkraaier *m* [-s] rioter, agitator, ‹aanstoker› ringleader

oproerpolitie *v* riot police

oprollen *overg* [rolde op, h. opgerold] ❶ *tot een rol maken* roll up ❷ *aanhouden* round up ★ *een bende* ~ round up a gang

oprotpremie *v* [-s] ❶ *m.b.t. werknemers* scherts severance pay ❷ *m.b.t. allochtonen* scherts repatriation bonus

oprotten *onoverg* [rotte op, is opgerot] get lost, vulg fuck off

opruien *overg* [ruide op, h. opgeruid] incite, provoke, agitate ★ ~ *tot* incite to ★ ~*de artikelen* seditious articles ★ ~*de woorden* inflammatory words

opruiing *v* [-en] incitement, instigation, ‹tegen de staat› sedition

opruimen I *overg* [ruimde op, h. opgeruimd]

op

❶ *wegruimen* clear (away), remove **❷** *netjes maken* tidy ★ *de kamer* ~ tidy up the room ★ *de tafel* ~ clear the table **❸** *uitverkopen* clear (old) stock ★ *wij gaan* ~ we're holding a clearance sale ★ ~ *tegen lage prijzen* sell off at low prices **❹** *laten afmaken* destroy **II** *onoverg* [ruimde op, h. opgeruimd] put things straight ★ *dat ruimt op!* that feels better!

opruiming *v* [-en] *uitverkoop* clearance (sale), sale ★ *fig* ~ *houden onder* make a clean sweep of

opruimingsuitverkoop *m* [-kopen] clearance sale

oprukken *onoverg* [rukte op, is opgerukt] advance ★ ~ *naar* march / advance on ★ ~ *tegen* march / advance against ★ *je kunt* ~*!* hop it!

opscharrelen *overg* [scharrelde op, h. opgescharreld] ferret / dig out, rake up

opschepen *overg* [scheepte op, h. opgescheept] saddle with ★ *iem. met iets* ~ saddle / land sbd with sth

opscheplepel *m* [-s] serving spoon

opscheppen I *overg* [schepte op, h. opgeschept] **❶** *met schep* dig up **❷** *voedsel* dish up, serve out **II** *onoverg* [schepte op, h. opgeschept] *dik doen* boast, brag, show off

opschepper *m* [-s] braggart, show-off

opschepperig *bn* boastful

opschepperij *v* boasting, bragging, showing off

opschieten *onoverg* [schoot op, is opgeschoten] **❶** *voortmaken* push on / ahead ★ *schiet op!* 〈haast je〉 hurry up!, get a move on!, 〈ga weg〉 hop it! **❷** *vorderen* make headway / progress, get on ★ *schiet het al op?* how is it getting on? ★ *wat schiet je ermee op?* where does / will it get you? ★ *je schiet er niets mee op* it doesn't / won't get you anywhere **❸** *overweg kunnen* get on (with), get along (with) ★ *goed met iem. kunnen* ~ get on / along well with sbd **❹** *snel opgroeien* shoot up

opschik *m* finery, trappings, decoration

opschikken I *onoverg* [schikte op, h. opgeschikt] *opzij gaan* move up, shift up ★ *schik een beetje op* move up a little **II** *overg* [schikte op, h. opgeschikt] *versieren* dress up ★ *zich* ~ deck oneself out

opschonen *overg* [schoonde op, h. opgeschoond] *schoonmaken* clean, clear out

opschorten *overg* [schortte op, h. opgeschort] **❶** *korter maken* tuck up **❷** *uitstellen* put off ★ *zijn oordeel* ~ suspend his judgement ★ *een besluit* ~ postpone a decision ★ *een vergadering* ~ adjourn a meeting

opschorting *v* [-en] suspension, postponement ★ *jur* ~ *van bewaring* suspension of remand in custody ★ *jur* ~ *van de tenuitvoerlegging* postponement of the execution of sentence ★ ~ *van ouderlijk gezag* suspension of parental authority

opschrift *o* [-en] **❶** *titel* heading 〈of an article &〉 **❷** inscription 〈on a coin〉 **❸** *adres* direction 〈on a letter〉

opschrijfboekje *o* [-s] notebook

opschrijven *overg* [schreef op, h. opgeschreven] write

down, take down ★ *wilt u het voor mij* ~*?* will you write that down for me?

opschrikken *onoverg* [schrok op, is opgeschrokken] start, startle ★ *hij schrok op* he started / startled ★ *iem. doen* ~ startle sbd

opschroeven *overg* [schroefde op, h. opgeschroefd] **❶** screw up **❷** *fig* force / drive up ★ *opgeschroefde taal* inflated language

opschudden *overg* [schudde op, h. opgeschud] shake (up), 〈kussens〉 plump up

opschudding *v* [-en] *herrie, tumult* bustle, commotion, tumult, upheaval, *inf* to-do ★ *in* ~ *brengen* throw into a turmoil ★ ~ *veroorzaken* create a sensation, cause / make a stir

opschuiven I *overg* [schoof op, h. opgeschoven] **❶** shift, push up **❷** *uitstellen* postpone, put off **II** *onoverg* [schoof op, is opgeschoven] move up / over ★ *in een hogere rang* ~ move up a rank

opslaan I *overg* [sloeg op, h. opgeslagen] **❶** *in de hoogte slaan* hit up, serve ★ *de bal* ~ hit the ball/ 〈serveren〉 serve the ball **❷** *omhoog doen* lift up, raise ★ *de motorkap* ~ lift up / raise the hood ★ *de ogen* ~ raise the eyes **❸** *openslaan* open 〈a book〉, turn up / over 〈a page〉 **❹** *opzetten* pitch 〈camp, a tent〉 **❺** *prijzen* put 〈a penny〉 on, raise 〈the price〉, mark up **❻** *inslaan* lay in, store, 〈in entrepot〉 store, warehouse **❼** comput file **II** *onoverg* [sloeg op, is opgeslagen] **❶** *omhooggaan* go up, increase, rise ★ *de suiker is 10 cent opgeslagen* sugar has gone up 10 cents **❷** *scharnierend omhooggaan* lift / swing up

opslag *m* [-slagen] **❶** *het opslaan* storage **❷** *plaats* depot **❸** *prijs-, loonsverhoging* rise, *Am* raise **❹** *v. kledingstuk* facing, 〈v. mouw〉 cuff **❺** *sp* serve, service **❻** *muz* upbeat

opslagcapaciteit *v* comput storage capacity

opslagkosten *zn* [mv] storage / warehouse charges

opslagplaats *v* [-en] (storage) depot, storage facility, warehouse, 〈v. munitie〉 dump

opslagruimte *v* [-n & -s] storage space

opslagtank *m* [-s] storage tank

opslokken *overg* [slokte op, h. opgeslokt] **❶** eat up, swallow up / down, gobble up / down **❷** *fig* eat / swallow up, absorb

opsluiten I *overg* [sloot op, h. opgesloten] **❶** *achter slot en grendel brengen* lock / shut up, confine ★ *zich* ~ shut oneself (in one's room), *fig* withdraw **❷** *fig* imply ★ *daarin ligt opgesloten dat...* this implies that... **II** *onoverg* [sloot op, is opgesloten] *aansluiten* *mil* close 〈the ranks〉

opsluiting *v* confinement, detention, imprisonment ★ *eenzame* ~ solitary confinement

opslurpen *overg* [slurpte op, h. opgeslurpt], **opslorpen** [slorpte op, h. opgeslorpt] **❶** *oplebberen* lap up **❷** *absorberen* absorb, soak up / in **❸** *fig* take up, absorb

opsmuk *m* finery, frill, trappings

opsnijden I *onoverg* [sneed op, h. opgesneden] *opscheppen* brag, show off ★ ~ *over* show off / brag about **II** *overg* [sneed op, h. opgesneden] ‹v. brood› cut / slice up, ‹v. vlees› carve up

opsnorren *overg* [snorde op, h. opgesnord] rake / dig up, ferret out, unearth

opsnuiven *overg* [snoof op, h. opgesnoven] sniff (up), inhale, ‹drugs› snort

opsodemieteren *onoverg* [sodemieterde op, is opgesodemieterd] inf bugger off

opsommen *overg* [somde op, h. opgesomd] enumerate, list

opsomming *v* [-en] enumeration

opsouperen *overg* [soupeerde op, h. opgesoupeerd] spend, use up

opsparen *overg* [spaarde op, h. opgespaard] save up, put by, accumulate ★ *opgespaarde vrije dagen* accumulated days off

opspatten *onoverg* [spatte op, is opgespat] splash

opspelden *overg* [speldde op, h. opgespeld] pin on

opspelen I *onoverg* [speelde op, h. opgespeeld] *razen* kick up a row / fuss, cut up rough ★ *mijn maag speelt op* my stomach is playing up **II** *overg* [speelde op, h. opgespeeld] kaartsp play first, lead

opsporen *overg* [spoorde op, h. opgespoord] trace, track (down), detect

opsporing *v* [-en] ❶ tracing, location ★ *~ verzocht* wanted by the police ★ jur *~, arrest, terugbrenging* track down, detain and return ❷ *v. goud &* prospecting, exploration

opsporingsambtenaar *m* [-naren] criminal investigator

opsporingsbericht *o* [-en] ❶ *aanplakbiljet* wanted notice, ‹v. vermist persoon› missing persons notice ❷ *op radio, tv &* request for information regarding the whereabouts of..., Am all points bulletin, APB

opsporingsbevoegdheid *v* powers of (criminal) investigation

opsporingsdienst *m* ❶ *v. misdadigers* investigation department ★ *de fiscale ~ (FIOD)* the Criminal Investigation Department, CID ❷ *v. mijnen* prospecting department

opspraak *v* scandal ★ *hij wilde haar niet in ~ brengen* he didn't want to bring her into discredit ★ *in ~ komen* be talked about, cause tongues to wag

opspringen *onoverg* [sprong op, is opgesprongen] ❶ *v. personen* jump / leap / start up, jump / leap to one's feet ★ *tegen iem. ~ jump up at sbd ★ van vreugde ~* leap / jump for joy ❷ *v. bal* bounce ❸ *v. water* spout up

opspuiten I *onoverg* [spoot op, h. opgespoten] *water* spout / spurt / squirt (up) **II** *overg* [spoot op, h. opgespoten] ❶ *verf* spray on ❷ *terrein* raise ❸ *snel opzeggen* spout, reel off

opstaan I *onoverg* [stond op, is opgestaan] ❶ *alg.* get up, rise ★ *voor iem. ~* stand up for sbd ❷ *uit bed* get up ★ *als je hem te pakken wilt nemen, moet je vroeg(er) ~* you'll have to be up early to catch him ❸ *uit het graf* rise from the dead ❹ *in verzet komen* rise, rebel, revolt *(tegen* against) **II** *onoverg* [stond op,

h. opgestaan] ❶ *op 't vuur staan* be on the gas ★ *het eten staat op* dinner is on / cooking ★ *het water staat op* the kettle is on ❷ *omhoog staan* stand up ★ *een ~de kraag* a turned up collar

opstal *m* [-len] buildings, structures, construction ★ *recht van ~* right to erect buildings

opstalverzekering *v* [-en] building / house insurance

opstand *m* [-en] ❶ *verzet* (up)rising, insurrection, rebellion, revolt ★ *in ~ komen tegen iets* revolt against / at sth ★ *in ~ zijn* be in revolt ❷ bouwk (vertical) elevation ❸ *v. winkel* fittings and fixtures

opstandeling *m* [-en] insurgent, rebel

opstandig I *bn* insurgent, rebellious, mutinous **II** *bijw* rebelliously

opstanding *v* resurrection

opstap *m* [-pen] ❶ step ❷ *begin v. vooruitgang* fig stepping stone ★ *een ~ naar een betere betrekking* a stepping stone / a leg up to a better job

opstapelen *overg* [stapelde op, h. opgestapeld] stack (up), heap / pile up, accumulate ★ *zich ~* accumulate, pile / bank up

opstapje *o* [-s] step ★ *denk aan het ~* mind the step, Am watch your step

opstappen *onoverg* [stapte op, is opgestapt] ❶ *tram &* get on, step aboard ❷ *fiets* get on, mount ❸ *weggaan* go away, leave, move on, ‹ontslag nemen› resign

opstapplaats *v* [-en] place of departure

opstarten *overg* [startte op, h. opgestart] start up, comput ook boot

opstartprocedure *v* [-s] start procedure

opsteken I *overg* [stak op, h, opgestoken] ❶ *in de hoogte* hold up, raise, lift, put up ★ *stemmen met het ~ der handen* vote by show of hands ★ *de haren ~* put / pin up one's hair ★ *de oren ~* prick up one's ears ❷ *aansteken* light (up) ❸ *openmaken* broach ❹ *leren* learn ★ *hij zal er niet veel van ~* he won't take much of it in **II** *onoverg* [stak op, is opgestoken] *v. wind* rise

opsteker *m* [-s] ❶ *hooivork* pitchfork ❷ *bij sportvissen* bite, nibble ❸ *meevaller* windfall

opstel *o* [-len] essay, paper, ‹op school ook› composition ★ *een ~ maken over* write / do an essay & on

opstellen I *overg* [stelde op, h. opgesteld] ❶ *overeind zetten* set up, erect ❷ *in elkaar zetten* arrange, place, line up, mount ‹machinery› ❸ *redigeren* draft, draw up, formulate ★ *een verdrag ~* frame a treaty ❹ mil draw / line up, deploy ❺ sp line up **II** *wederk* [stelde op, h. opgesteld] ❶ mil form / line up, take up one's position ❷ sp line up ❸ *houding aannemen* take up / adopt a position / a stance ★ *zich hard ~* take a hard line ★ *zich kwetsbaar ~* expose one's vulnerable side

opsteller *m* [-s] drafter, draughtsman, author, ‹v. verdrag› framer

opstelling *v* [-en] ❶ *plaatsing* arrangement, position ❷ sp formation, line-up ❸ *standpunt* opinion, point

op

of view

opstijgen *onoverg* [steeg op, is opgestegen] ❶ go up, rise, ascend, ‹te paard› mount ★ ~! to horse! ❷ luchtv take off, ruimtevaart lift off

opstijven I *overg* [steef op, h. opgesteven] *met stijfsel* starch **II** *onoverg* [stijfde op, is opgestijfd] *v. jam &* set

opstoken *overg* [stookte op, h. opgestookt] ❶ *vuur* poke / stir (up) ❷ *ten einde toe stoken* burn up ❸ *ophitsen* set on, incite, instigate ★ *de werkers werden tegen elkaar opgestookt* the workers were set against each other

opstomen *overg* [stoomde op, is opgestoomd] steam up

opstootje *o* [-s] disturbance, riot

opstopping *v* [-en] stoppage, blockage, ‹v. verkeer› congestion, jam

opstrijken *overg* [streek op, h. opgestreken] ❶ *gladstrijken* iron ❷ *in de hoogte* roll up ❸ *geld in de zak steken* pocket, rake in ★ *de winst* ~ reap the profits

opstropen *overg* [stroopte op, h. opgestroopt] turn / roll up ★ ook fig *de mouwen* ~ roll up one's sleeves

opsturen *overg* [stuurde op, h. opgestuurd] forward, send

opstuwen *overg* [stuwde op, h. opgestuwd] ❶ *ophoog duwen* drive / push up ❷ *opstoppen* dam up

optakelen *overg* [takelde op, h. opgetakeld] ❶ *met takel* hoist up ❷ scheepv rig up ❸ *opsieren* doll up

optater *m* [-s] wallop, thump, clout ★ *iem. een ~ verkopen* give sbd a wallop &

optekenen *overg* [tekende op, h. opgetekend] note / write / take down, note, record, register

optellen *overg* [telde op, h. opgeteld] add / count / tot (up)

optelling *v* [-en] ❶ addition ❷ *optelsom* sum

optelsom *v* [-men] sum

'opteren¹ *overg* [teerde op, h. opgeteerd] *verbruiken* consume, use up, spend

op'teren² *onoverg* [opteerde, h. geopteerd] opt ★ ~ *voor* opt for, decide in favour of, choose

opticien *m* [-s] optician

optie *v* [-s] ook handel option ★ *in* ~ *geven / hebben* give / have a option on ★ *een* ~ *nemen op een huis* take an option on a house, have right of first refusal

optiebeurs *v* [-beurzen] options exchange / market

optiecontract *o* [-en] option contract

optiek *v* ❶ *gezichtspunt* slant, angle, point of view ❷ *optische instrumenten* optics ❸ *eigenschappen* optical properties

optieregeling *v* [-en] share / stock option scheme

optillen *overg* [tilde op, h. opgetild] lift up, raise

optimaal *bn* optimal ★ *de situatie is niet* ~ it's not an optimal / optimum situation, the situation is not optimal

optimaliseren *overg* [optimaliseerde, h. geoptimaliseerd] optimize

optimisme *o* optimism

optimist *m* [-en] optimist

optimistisch I *bn* optimistic, sanguine **II** *bijw* optimistically

optioneel *bn* optional

optisch *bn* optical ★ ~ *bedrog* an optical illusion

optocht *m* [-en] procession, parade, ‹historical› pageant ★ *in* ~ *trokken wij verder* we continued in procession ★ *een* ~ *met lampions* a Chinese lantern procession

optometrie *v* optometry

optometrist *m* [-en] optometrist

optornen *onoverg* [tornde op, h. & is opgetornd] battle (with) ★ ~ *tegen* struggle / battle against / with ★ *tegen onzekerheid* ~ struggle with insecurity ★ *tegen de storm* ~ struggle against the storm ★ *tegen de publieke opinie* ~ go against public opinion

optreden I *onoverg* [trad op, is opgetreden] ❶ *als artiest* perform ★ *in de hoofdrol* ~ act the main role, appear in the main role ❷ *handelen* take action, act ★ *hij durft niet op te treden* he can't assert himself ★ *strenger* ~ take more rigorous action ★ ~ *als bemiddelaar* act as intermediary / mediator ★ ~ *tegen* take action against ★ *voor iem.* ~ act on behalf of sbd ❸ *plaatshebben* occur, appear ★ *er treedt een verandering op* a change is taking place **II** *o* [-s] ❶ *op toneel &* appearance ★ *zijn eerste* ~ one's first appearance, one's debut ❷ *handelswijze* approach, action ★ *een gezamenlijk* ~ a joint action ★ *haar* ~ *is theatraal* her manner is theatrical ★ *het* ~ *van de politie werd zwaar onder vuur genomen* the way the police acted was sharply criticized

optrekje *o* [-s] pied-à-terre, holiday home, cottage

optrekken I *overg* [trok op, h. opgetrokken] ❶ *in de hoogte trekken* pull / draw up, raise ‹wages›, turn up ‹one's nose›, shrug one's ‹shoulders›, hitch up ‹one's trousers›, hoist ‹up the flag› ★ *zich* ~ *aan iem.* follow sbd's example ❷ *bouwen* put up, erect ★ *het huis is opgetrokken uit hout* the house is built of wood **II** *onoverg* [trok op, is opgetrokken] ❶ techn accelerate ★ *de auto trekt goed op* the car accelerates well ❷ *omgaan met* tag along with, hang around with ★ *ze trekken veel samen op* they spend a lot of time together ❸ *marcheren* march, advance

optrommelen *overg* [trommelde op, h. opgetrommeld] drum up

optuigen *overg* [tuigde op, h. opgetuigd] ❶ *schip* rig ❷ *paard* harness ❸ *versieren* decorate ★ *zich* ~ dress up

optutten *overg* [tutte op, h. opgetut] doll / tart up ★ *zich* ~ tart / doll oneself up

opus *o* [-sen, opera] opus

opvallen *onoverg* [viel op, is opgevallen] attract attention ★ ~ *door zijn...* attract attention because of / on account of his... ★ *het zal u* ~ *dat...* it will strike you that... ★ *het valt niet op* it's hardly noticeable

opvallend I *bn* striking, conspicuous, eye-catching **II** *bijw* strikingly &

opvang *m* ❶ relief, emergency measures ❷ *voor kinderen* day care

opvangcentrum *o* [-tra & -s] reception / relief centre, Am reception / relief center

opvangen *overg* [ving op, h. opgevangen] ❶ *pakken* catch ★ *water* ~ collect water ❷ *in zich opnemen* catch ★ *een klap* ~ ward off / intercept a blow ★ *stemmen* ~ catch the sound of voices, overhear voices ★ *schokken* ~ take up / absorb shocks ★ RTV *een zender* ~ pick up / receive a broadcasting station ❸ *aanpakken* deal / cope with ★ *moeilijkheden* ~ meet problems, deal / cope with problems ❹ *zorgen voor* take care of ★ *gasten* ~ receive visitors

opvarende *m-v* [-n] person on board, passenger, ⟨bemanningslid⟩ crew member ★ *de ~n* those on board

opvatten *overg* [vatte op, h. opgevat] ❶ *opnemen* take / pick up ★ *de draad van het gesprek weer* ~ pick up the conversation where ⟨we⟩ left off ❷ *begrijpen* interpret, take ★ *de dingen licht* ~ make light of things ★ *iets somber* ~ take a gloomy view (of things) ★ *u moet het niet verkeerd* ~ ⟨kwalijk nemen⟩ you mustn't take it the wrong way, ⟨verkeerd begrijpen⟩ you mustn't misunderstand me ★ *het als een belediging* ~ take it as an insult ❸ *krijgen* conceive ★ *haat / liefde* ~ conceive a hatred / a passion for ★ *een plan* ~ conceive a plan ❹ *beginnen* start to ★ *zijn taak weer* ~ resume one's job

opvatting *v* [-en] view, opinion, outlook ★ *van* ~ *zijn dat* be of the view / opinion that

opvegen *overg* [veegde op, h. opgeveegd] sweep (up)

opveren *onoverg* [veerde op, is opgeveerd] *rechterop gaan zitten* jump / spring up, leap to one's feet

opvijzelen *overg* [vijzelde op, h. opgevijzeld] ❶ *verhogen* jack / level / boost up ★ *zijn imago* ~ boost his image ❷ *overdreven prijzen* praise sbd (to the skies)

opvissen *overg* [viste op, h. opgevist] fish up ★ fig *als ik het kan* ~ if I can fish it up / out, if I can dig it up ★ fig *iem.* ~ hunt sbd out

opvlammen *onoverg* [vlamde op, is opgevlamd] flame / flare up

opvliegen *onoverg* [vloog op, is opgevlogen] ❶ fly up ★ *de trap* ~ fly / dash upstairs ★ *uit zijn stoel* ~ jump / spring / leap to one's feet ❷ *boos worden* fly / flare up, explode ▼ *hij kan* ~! he can go to blazes!

opvliegend *bn* short-tempered, quick-tempered, irascible

opvlieging *v* [-en] hot flush

opvoedbaar *bn* ★ *een moeilijk* ~ *kind* a problem child

opvoeden *overg* [voedde op, h. opgevoed] ❶ *grootbrengen* bring up, raise, rear ❷ *opleiden* educate, train

opvoeding *v* ❶ *het grootbrengen* upbringing ❷ *opleiding* education, training ★ *lichamelijke* ~ physical training

opvoedingsgesticht *o* [-en] reform school, Am reformatory, Br Borstal institution

opvoedkunde *v* education

opvoedkundig *bn & bijw* educational ⟨books⟩, educative ⟨value⟩ ★ ~ *gezien kan zakgeld geen kwaad* there's no harm in giving a child pocket money ★ ~ *gezien is het goed om een huisdier te hebben* having a pet is a good training for children

opvoeren *overg* [voerde op, h. opgevoerd] ❶ *verhogen* raise, increase, accelerate, step up, lift ★ *de lonen* ~ increase / lift wages ★ *een motor* ~ tune up an engine ❷ *vermeerderen* increase, raise ★ *hun eisen* ~ increase their demands ❸ *ten tonele voeren* put on the stage, perform ❹ *m.b.t. belasting* claim ★ *een aftrekpost* ~ claim a deduction ❺ *als eten geven* feed

opvoering *v* [-en] ❶ *v. toneelstuk* performance ❷ *verhoging* rise, stepping up, acceleration ❸ *vermeerdering* increase, rise

opvolgen I *overg* [volgde op, h. en is opgevolgd] *volgen op* succeed, follow ★ *emoties kunnen elkaar snel* ~ one emotion can be replaced by another very quickly ★ sp *de trials moeten elkaar snel* ~ the trials should follow in quick succession ★ *hij is / heeft zijn vader opgevolgd* he stepped into his father's shoes II *overg* [volgde op, h. opgevolgd] *uitvoeren* obey ⟨a command⟩, act upon, follow ⟨advice⟩, observe, comply with ⟨the rules⟩

opvolger *m* [-s] successor ★ *benoemd als* ~ *van zijn vader* appointed as his father's successor

opvolging *v* [-en] ❶ succession ★ *een* ~ *van gebeurtenissen* a sequence of events ❷ *inachtneming* observation / observance (of), compliance (with)

opvorderbaar *bn* payable ★ handel *direct* ~ payable on demand

opvorderen *overg* [vorderde op, h. opgevorderd] claim, demand

opvouwbaar *bn* fold-up ⟨music stand⟩, collapsible ⟨boat⟩, folding ⟨bicycle⟩

opvouwen *overg* [vouwde op, h. opgevouwen] fold up

opvragen *overg* [vroeg op, h. opgevraagd] ❶ *opnemen* withdraw ★ *geld van een bank* ~ withdraw money from a bank ❷ *opzoeken* retrieve ★ *gegevens* ~ *uit een computer* retrieve data from a computer ❸ *terugvragen* claim (back), reclaim, ask for sth back ❹ *overhoren* ZN test

opvreten *overg* [vrat op, h. opgevreten] devour, eat up ★ *dat kind is om op te vreten* that child is adorable ★ *zich* ~ be consumed with anxiety

opvriezen *onoverg* [vroor op, h. en is opgevroren] freeze up ★ *een opgevroren wegdek* a frozen road surface

opvrijen *overg* [vrijde *of* vree op, h. opgevrijd *of* opgevreeën] ★ *iem.* ~ excite / arouse sbd, turn sbd on

opvrolijken *overg* [vrolijkte op, h. opgevrolijkt] brighten / cheer (up)

opvullen *overg* [vulde op, h. opgevuld] ❶ fill (up) ★ *de leemte* ~ fill the gap ❷ *kussen* fill, stuff, pad

opvulling *v* [-en] filling, stuffing, padding

opwaaien I *onoverg* [waaide/woei op, is opgewaaid]

op

be blown up, waft up, ⟨v. water⟩ be whipped up ★ *veel stof doen* ~ kick up dust, create a lot of dust **II** *overg* [waaide/woei op, h. opgewaaid] blow up

opwaarderen *overg* [waardeerde op, h. opgewaardeerd] revalue, upgrade

opwaardering *v* [-en] revaluation, upgrading

opwaarts I *bn* upward ★ *een ~e beweging* an upward movement ★ *~e druk* upward pressure ★ *in ~e lijn* in an upward direction **II** *bijw* upward(s)

opwachten *overg* [wachtte op, h. opgewacht] wait for, ⟨om te overvallen⟩ waylay, lie in wait for

opwachting *v* ★ *zijn ~ maken bij iem.* pay one's respects to sbd, pay a call on sbd

opwarmen I *overg* [warmde op, h. opgewarmd] ❶ warm / heat up ★ *sp zich ~* warm up ❷ *opwinden* turn on ❸ *inspireren* arouse, inspire ★ *iem. voor iets ~* arouse sbd's enthusiasm for sth **II** *onoverg* [warmde op, is opgewarmd] warm up

opwarmertje *o* [-s] warm-up

opwegen *onoverg* [woog op, h. opgewogen] ★ *~ tegen* (counter)balance, offset ★ *de voor- en nadelen wegen tegen elkaar op* the advantages and disadvantages cancel each other out

opwekken *overg* [wekte op, h. opgewekt] ❶ *uit de slaap* wake up ❷ *uit de dood* resuscitate, revive ❸ *teweegbrengen* awake, rouse, stir up ❹ *doen ontstaan* generate, create ★ *elektriciteit ~* generate electricity ❺ *op gang brengen* excite, stimulate, provoke, spark off ★ *begeerte ~* arouse desire ❻ *opvrolijken* cheer up ❼ *aansporen* incite, spur on ★ *iem. tot iets ~* incite sbd to something

opwekkend *bn* ❶ *opvrolijkend* cheerful, bright, heartening ❷ *prikkelend* exciting, stimulating ★ *een ~ middel* a tonic, a stimulant

opwekking *v* [-en] ❶ *uit dood* resuscitation, Bijbel resurrection, raising ⟨of Lazarus⟩ ❷ *het teweegbrengen* stimulation ❸ *doen ontstaan* generation ⟨of electricity⟩ ❹ *bemoediging* cheering up, encouragement ❺ *aansporing* encouragement, incitement

opwellen *onoverg* [welde op, is opgeweld] well / surge up ★ *~de tranen* welling tears

opwelling *v* [-en] burst, outburst, impulse ★ *in een ~* on impulse ★ *in de eerste ~* on first impulse ★ *in een ~ besloot ik me aan te melden* I decided to apply on the spur of the moment ★ *in een ~ van nostalgie* on a sentimental impulse ★ *een ~ van drift* a burst of anger ★ *een ~ van vreugde* an outburst of joy

opwerken I *overg* [werkte op, h. opgewerkt] ❶ *naar boven brengen* work / lift / bring up ❷ *af-, bijwerken* do / touch up, refurbish ❸ *v. splijtstof* reprocess, recycle **II** *wederk* [werkte op, h. opgewerkt] ★ *zich ~* work one's way up, climb the ladder ★ *zich ~ tot de vijfde plaats* work one's / its way into fifth place

opwerkingsfabriek *v* [-en] reprocessing / recycling plant

opwerpen I *overg* [wierp op, h. opgeworpen] ❶ *omhoog* throw / toss up ❷ *opperen* raise ★ *een*

vraag ~ raise a question ❸ *aanleggen* erect, put up ★ *barricades ~* erect / put up barricades **II** *wederk* [wierp op, h. opgeworpen] ★ *zich ~ als...* put oneself forward as..

opwinden *overg* [wond op, h. opgewonden] ❶ wind up ❷ fig wind up, excite, arouse ★ *zich ~* get wound up / excited, get worked up

opwindend *bn* ❶ exciting, thrilling ❷ *geil makend* sexy, arousing

opwinding *v* ❶ winding up ❷ fig excitement, agitation, tension

opzadelen *overg* [zadelde op, h. opgezadeld] saddle ★ *iem. met een lastig klusje ~* saddle sbd (up) with a difficult job

opzeggen *overg* [zei *of* zegde op, h. opgezegd] ❶ *voordragen* read out, recite ⟨a poem⟩ ★ *iets uit het hoofd ~* say sth by heart ❷ *intrekken* cancel ⟨a subscription⟩, discontinue ⟨one's membership⟩, resign ⟨from one's job⟩, terminate ⟨a contract⟩, revoke ⟨a treaty⟩, recall ⟨a loan⟩ ★ *de huur ~* ⟨door verhuurder⟩ give notice (to quit), ⟨door huurder⟩ give notice (of leaving) ★ *iem. de dienst ~* give sbd notice ★ *iem. de vriendschap ~* end the friendship

opzegging *v* [-en] ⟨v. contract, abonnement⟩ cancellation, termination, ⟨v. betrekking &⟩ resignation, ⟨v. verdrag⟩ revocation, ⟨v. huur⟩ notice ★ *met twee maanden ~* at two months' notice

opzeggingstermijn, opzegtermijn *m* [-en] term / period of notice ★ *een maand ~* a months' notice ★ *een redelijke ~ in acht nemen* give due notice

opzet I *o* plan design, intention ★ *met ~* on purpose, purposely, intentionally, deliberately ★ *met boze ~* with malice aforethought ★ *zonder ~* unintentionally, accidentally **II** *m* [-ten] ❶ *ontwerp* design, layout, plan, ⟨plan⟩ idea ★ *de ~ van het boek* the book's structure ❷ *doel* intention, purpose, aim

opzettelijk I *bn* intentional, wilful, deliberate ★ *een ~e leugen* a deliberate lie **II** *bijw* intentionally &

opzetten I *overg* [zette op, h. opgezet] ❶ *op iets plaatsen* put on ⟨a hat, a record, one's glasses⟩ ★ *op het vuur zetten* put on the fire ❷ *overeind* place / put upright, put / set up, ⟨v. tent⟩ erect, put up, pitch, ⟨v. kraag⟩ turn up ❸ *prepareren* stuff ❹ *oprichten* set up, establish, start ★ ⟨van plan⟩ *breed opgezet* broadly planned ❺ *breiwerk* cast on ❻ *ophitsen* set against ★ *de mensen tegen elkaar ~* set / pit people against each other ❼ *op het spel zetten* stake ❽ *spannen* brace ⟨one's muscles⟩ ❾ *openspannen* put up, open ⟨an umbrella⟩ ▼ mil *de bajonet(ten) ~* fix bayonets ▼ *een snaar ~* put on a string ▼ *hij zette een keel op* he started yelling ▼ *hij zette grote ogen op* his eyes nearly popped out of his head ▼ *zet 'm op!* good luck! **II** *onoverg* [zette op, is opgezet] ❶ *zwellen* swell ★ *een opgezet oog* a swollen eye ❷ *eraan komen* ⟨v. onweer⟩ brew, ⟨v. ziekte⟩ develop, ⟨v. tij, koorts⟩ rise, ⟨v. regen⟩ set in, ⟨v. wolken⟩ gather, ⟨v. personen⟩ show / turn up ★ *er komt een* *onweer* ~ there's a storm brewing / blowing up

opzicht *o* [-en] ❶ *oogpunt* respect ★ *in ieder* ~ in every respect ★ *in alle ~en* in every way ★ *in dit* ~ in this respect ★ *in financieel* ~ financially ★ *in zeker* ~ in a way ★ *ten ~e van* with respect / regard to ❷ *toezicht* supervision ★ *onder het* ~ *van iem. staan* be under sbd's supervision

opzichter *m* [-s] overseer, superintendent, ⟨op bouwterrein⟩ supervisor, foreman

opzichtig I *bn* ❶ *v. kleding, kleuren* showy, gaudy, garish, flashy, loud ❷ *v. daden* blatant, overt, obtrusive **II** *bijw* ❶ showily & ★ ~ *gekleed* showily & dressed ❷ *v. daden* blatantly & ★ *probeer niet te* ~ *te werken* try not to attract too much attention as you work, try to be unobtrusive as you work

opzichzelfstaand *bn* isolated

opzien I *onoverg* [zag op, h. opgezien] look up ★ *tegen iem.* ~ think highly of sbd ★ *tegen iets* ~ shrink from sth ★ *ik zie er tegen op* I'm not looking forward to it ★ *tegen geen moeite* ~ not think anything too much trouble ★ *daar zal hij vreemd van* ~ that'll make him sit up **II** *o* sensation, surprise ★ ~ *baren* make / cause / create a sensation / a stir

opzienbarend *bn* sensational, spectacular, stunning

opziener *m* [-s] supervisor, inspector

opzij *bijw* aside ★ ~ *duwen* push / brush aside ★ ~ *gaan voor* make way for ★ *niet voor...* ~ *gaan* not give way to..., fig not yield to... ★ ~ *schuiven* shove to one side, set aside ★ ~ *zetten* put aside, fig brush away ★ *bezwaren / problemen* ~ *zetten* shelve the objections / problems ★ ~*!* out of my way! ★ *met een degen* ~ a sword by one's side ★ ~ *van het huis* at / on one side of the house ★ *een foto van* ~ *nemen* take a photo side on

opzijleggen *overg* [legde opzij, h. opzijgelegd] put aside ★ *geld* ~ put some money aside

opzitten *overg* [zat op, h. opgezeten] ❶ *overeind zitten* sit up(right) ★ ⟨tegen hond⟩ ~*!* sit! ❷ *te paard* mount ❸ *opblijven* stay / sit up ▼ *het zit erop* that's it ▼ *zijn werk zit erop* his work is finished ▼ *er zit niets anders op dan...* there's no other option than to...

opzoeken *overg* [zocht op, h. opgezocht] ❶ *zoeken* look up, find ★ *een woord* ~ look up a word ❷ *op zoek gaan naar* seek out ★ *moeilijkheden* ~ go looking for trouble ❸ *zich verplaatsen naar* seek ★ *zijn kamer (weer)* ~ go (back) to his room ★ *de schaduw* ~ move into the shadow ❹ *bezoeken* look ⟨sbd⟩ up

opzouten *overg* [zoutte op, h. opgezouten] ❶ salt, pickle ❷ fig keep in store

opzuigen *overg* [zoog op, h. opgezogen] suck (up), absorb, ⟨met stofzuiger⟩ vacuum ★ fig *alles in zich* ~ take everything in, soak everything up

opzuipen *overg* [zoop op, h. opgezopen] *opdrinken* throw away / squander on drink ★ *hij heeft al ons geld opgezopen* he's spent all our money on grog

opzwellen *onoverg* [zwol op, is opgezwollen] ❶ swell, bulge, balloon ★ *een opgezwollen knie* a swollen

/ thick knee ★ ~ *van boosheid* fill with anger ★ ~ *van trots* puff up / swell with pride ❷ *v. rivier & swell, rise

opzwepen *overg* [zweepte op, h. opgezweept] ❶ whip up ❷ fig stir up

oraal I *bn* oral, verbal **II** *bijw* orally, verbally ★ ~ *innemen* to be taken orally

orakel *o* [-s & -en] oracle ★ *het* ~ *van Delphi* the oracle of Delphi, the Delphic oracle ★ *spreekwoorden als ~s* proverbs as gospel (truth)

orakelen I *onoverg* [orakelde, h. georakeld] prognosticate, prophesy **II** *overg* [orakelde, h. georakeld] ❶ *voorspellen* prophesy ❷ scherts pontificate on

orangist *m* [-en] ❶ *Oranjeaanhanger in Nederland* supporter of the House of Orange, Orang(e)ist ❷ *in Noord-Ierland* Orangeman

orang-oetan, orang-oetang *m* [-s] orang-utan

Oranje I *o* ❶ *vorstenhuis* House of Orange ❷ *sportploeg* the Dutch team **II** *m* [-s] *lid v. vorstenhuis* member of the Royal Family, member of the House of Orange

oranje *bn & o* orange, ⟨verkeerslicht⟩ amber

oranjebloesem *m* [-s] orange blossom

Oranjegezind *bn* supporter of the House of Orange, Orang(e)ist

Oranjehuis *o* House of Orange

Oranjeklant *m* [-en] Orang(e)ist

oranjerie *v* [-rieën & -s] orangery

oratie *v* [-s] oration ★ *een inaugurele* ~ an inaugural speech / address

oratorisch *bn* rhetorical

oratorium *o* [-ria & -s] oratorio

orbitaal *bn* orbital

orchidee *v* [-deeën] orchid

orde *v* [-n & -s] ❶ *maatschappelijke orde* order ★ *de openbare* ~ the public order ★ *de gevestigde* ~ the establishment ❷ *rustige toestand* order ★ *hij kan geen* ~ *houden* he can't keep any order / discipline ★ *als jullie (helemaal) op* ~ *zijn* when you've all settled down ❸ *goede staat* order ★ *in* ~*!* all right! okay! ★ *in* ~ *brengen / maken* put / set right ★ *het zal wel in* ~ *komen* it's sure to turn out all right ★ *het is nu in* ~ it's all right now ★ *het is niet in* ~ it's not all right, it's not as it should be ★ *ik ben niet goed in* ~ I don't feel very well ★ *we hebben uw brief in goede* ~ *ontvangen* we acknowledge receipt of your letter ❹ *geordende staat* order ★ ~ *scheppen in de chaos* create order out of chaos ★ ~ *op zaken stellen* put one's affairs straight, settle one's affairs, set one's house in order ❺ *volgorde* order ★ *aan de* ~ *komen* come up for discussion ★ *aan de* ~ *stellen* put up for discussion ★ *aan de* ~ *zijn* be under discussion ★ *aan de* ~ *van de dag zijn* be the order of the day ★ *tot de* ~ *van de dag overgaan* go on to / pass to the order of the day ★ *dat onderwerp is niet aan de* ~ that matter is not under discussion ★ *buiten de* ~ out of order ★ *iem. tot de* ~ *roepen* call sbd to order, call sbd into line ★ *voor de goede* ~ for the record ❻ *klasse* order

or

★ *in die ~ van grootte* in that order of magnitude
❼ *vereniging* order ★ *de Nederlandse Orde van Advocaten* the Dutch / Netherlands Bar Association
❽ rel order ★ *de ~ van Dominicanen* the Dominican Order ❾ biol order ★ *de ~ van de roofdieren* the predators ❿ *onderscheiding* order
ordedienst *m* [-en] *bij betogingen &* marshals
ordehandhaving *v* law enforcement
ordelijk I *bn* orderly ★ *een ~ huishouden* an orderly household ★ *een ~ man* a tidy man **II** *bijw* in good order ★ *alles verliep heel ~* everything went / ran smoothly
ordeloos *bn* disorderly
ordenen *overg* [ordende, h. geordend] ❶ *in orde schikken* order, sort out, arrange, organize, collect ‹one's thoughts›, marshal ‹facts›, classify ‹data› ❷ *regelen* arrange, organize, regulate ‹industry›, plan ‹economy› ❸ *kerkelijk ambt* ordain
ordening *v* [-en] ❶ *rangschikking* arrangement, organization ❷ *regeling* arrangement, regulation, structuring, planning ★ *ruimtelijke ~* town and country planning ❸ *kerkelijk ambt* ordination
ordentelijk *bn* ❶ *fatsoenlijk* respectable, decent ❷ *redelijk* reasonable, fair
order *v & o* [-s] ❶ *bevel* order, command ★ *op ~ van...* by order of... ★ *tot uw ~s* at your service ★ *tot nader ~* until further notice / orders ❷ handel order ★ *een lopende ~* an unfilled order ★ *~s binnenhalen* win orders ★ *een ~ opgeven / plaatsen bij* place an order with ★ *~s verwerven* secure orders
orderbevestiging *v* [-en] order confirmation
orderbriefje *o* [-s] promissory note
orderportefeuille *m* [-s] order book
orderverwerking *v* order processing
ordeteken *o* [-s & -en] badge, insignia
ordeverstoorder *m* [-s] ❶ jur disturber of the peace ❷ *herrieschopper* hooligan
ordeverstoring *v* [-en] breach / disturbance of the peace
ordinair *bn* ❶ *gewoon* ordinary, normal, average ❷ *vulgair* low, vulgar, common ★ *een ~e vent* a coarse fellow
ordinantie *v* [-s] regulation, ordinance
ordner *m* [-s] file, ‹ringbandmap› ring binder, ‹2- of 4-ringsband› lever-arch file
ordonnans *m* [-en] orderly
oregano *m* oregano
oreren *onoverg* [oreerde, h. georeerd] ❶ declaim, hold forth, inf orate ❷ *kletsen* preach
orgaan *o* [-ganen] ❶ *in lichaam* organ ❷ *instelling* body ❸ *spreekbuis* representative, spokesman
orgaandonatie *v* [-s] organ donation
organiek *bn* organic ★ *in ~ verband* organically
organisatie *v* [-s] organization ★ *de rechterlijke ~* the judicial system
organisatieadviseur *m* [-s] management adviser
organisatiedeskundige *m-v* [-n] management consultant

organisatiestructuur *v* [-turen] organizational structure
organisator *m* [-toren & -s] organizer
organisatorisch *bn* organizational ★ *zijn ~e kwaliteiten zijn onder de maat* his powers of organization are poor
organisch I *bn* organic **II** *bijw* organically
organiseren *overg* [organiseerde, h. georganiseerd] ❶ organize, arrange ★ *zich ~* get organized ❷ *jatten* nick, pinch
organisme *o* [-n & -s] ❶ organism ❷ *instelling* ZN institution, organization
organist *m* [-en] organist
organizer *m* [-s] organizer
organogram, organigram *o* [-men] ❶ organization chart ❷ biol organography
orgasme *o* [-n & -s] orgasm, climax
orgastisch *bn* orgasmic
orgel *o* [-s] organ ★ *een ~ draaien* grind an organ ★ *een elektronisch ~* an electric / electronic organ
orgelbouwer *m* [-s] organ builder
orgelconcert *o* [-en] ❶ *uitvoering* organ recital ❷ *muziekstuk* organ concerto
orgelman *m* [-nen] organ grinder
orgelpijp *v* [-en] organ pipe
orgie *v* [-gieën] ❶ *feest* orgy ❷ fig riot ★ *een ~ van kleuren* a riot of colours
Oriënt *m* Orient
oriëntaals *bn* oriental
oriëntalist *m* [-en] orientalist
oriëntatie *v* orientation
oriënteren *wederk* [oriënteerde, h. georiënteerd] ❶ orientate ★ *zich ~* get one's bearings ★ *hij kon zich niet meer ~* he couldn't get his bearings ★ *internationaal / links & georiënteerd* internationally / left- & minded ❷ *zich informeren* look around ★ *zich op een studie ~* familiarize oneself with the course requirements
oriëntering *v* orientation ★ *te uwer ~* for your information
oriënteringsvermogen *o* sense of direction
originaliteit *v* originality
origine *v* origin
origineel I *bn* original **II** *o & m* [-nelen] original
Orion *m* astron Orion
orka *m* ['s] orca, killer whale
orkaan *m* [-kanen] hurricane
orkaankracht *v* hurricane force
orkest *o* [-en] orchestra, ‹klein› band
orkestbak *m* [-ken] orchestra pit
orkestleider, orkestmeester *m* [-s] conductor, Am ook concert master
orkestraal *bn* orchestral
orkestratie *v* [-s] orchestration
orkestreren *overg* [orkestreerde, h. georkestreerd] orchestrate
ornaat *o* robes of office, regalia, ‹v. geestelijke› vestment(s) ★ *in vol ~* in full regalia, scherts dressed

up to the nines

ornament *o* [-en] ❶ ornament ❷ <u>muz</u> ornament(s)

ornithologie *v* ornithology

ornithologisch *bn* ornithological

ornitholoog *m* [-logen] ornithologist

orthodontie *v* orthodontics

orthodontist *m* [-en] orthodontist

orthodox *bn* orthodox

orthopedagogie *v* ± remedial / special education

orthopedagogiek *v* remedial education

orthopedie *v* orthop(a)edics

orthopedisch *bn* orthop(a)edic

orthopedist *m* [-en] orthop(a)edist

OS *afk* (Olympische Spelen) Olympic Games, the Olympics

os *m* [-sen] ox, bullock ★ *slapen als een ~* sleep like a log

oscillator *m* [-en, -s] oscillator

oscilloscoop *m* [-scopen] oscilloscope

osmose *v* osmosis

ossenhaas *m* [-hazen] fillet of sirloin, tenderloin

ossenkopstuur *o* [-sturen] triathlon handlebars

ossenstaartsoep *v* oxtail soup

ossentong *v* [-en] <u>ook plantk</u> ox tongue

ostentatief I *bn* ostentatious **II** *bijw* ostentatiously

osteoporose *v* osteoporosis

otter *m* [-s] otter

Ottomaans *bn* Ottoman

oublie *v* [-s &-blieën] rolled wafer

oubollig *bn* dated, passé

oud *bn* ❶ *in leeftijd* old ★ *hoe ~ is hij?* how old is he?, ‹beleefd› what is his age? ★ *hij is twintig jaar ~* he's twenty (years old), he's twenty years of age ★ *we zijn net even ~* we're exactly the same age ★ *toen ik zo ~ was als jij* when I was your age ★ *er zo ~ uitzien als men is* look one's age ❷ *bejaard* old, aged ★ *een ~e zondaar* a hardened sinner ★ *jong en ~* young and old ★ *g~ maakt je ~* gold puts years onto you, gold makes you look old ★ *mijn vader wordt ~* my father's getting on in years ★ *hij zal niet ~ worden* he won't live to be old ★ *zo ~ als de weg naar Rome* as old as Adam / as the hills ❸ *niet nieuw* old ★ *~ brood* stale bread ★ *een ~e firma* an old-established firm ★ *~ ijzer* scrap iron ★ *~ nieuws* stale / out-of-date / outdated news, <u>inf</u> ancient history ★ *~e kaas* ripe cheese ★ *een ~ nummer* a back number ★ *~ papier* waste paper ❹ *v.d. oude tijd* antique ‹furniture›, ancient ‹history, Rome›, classical ★ *de ~e schrijvers* the writers of the classics ★ *de ~e Grieken* the ancient Greeks ★ *~e tijden* olden times ❺ *zoals het vroeger was* old, former ★ *hij is weer helemaal de ~e* he's his old self again, he's back to normal ❻ *van oudsher* old, of long standing ★ *~e vrienden* old friends, friends of long standing ▼ *met Oud en Nieuw* on New Year's Eve

oud
De gewone manier om leeftijd aan te geven is: **he's 20**; **he's 20 years old** kan ook, of wat deftiger: **he is 20 years of age**, maar *he's 20 years* kan nooit.

oud- *voorv* former, late, ex-, retired

oudbakken *bn* stale ★ *~ ideeën* old-fashioned ideas ★ *~ kost* old hat

oude I *m-v* [-n] old ★ *de Ouden* the Ancients ★ *de ~n van dagen* elderly people ★ *hij is nog altijd de ~* he's still the same as ever ★ *zo de ~n zongen, piepen de jongen* children behave as their parents do **II** *o* ★ *alles blijft bij het ~* everything remains the same

oudedagsvoorziening *v* [-en] old-age provisions / benefits / pension

oudejaar, oudjaar *o* New Year's Eve

oudejaarsavond *m* [-en] New Year's Eve

oudejaarsnacht *m* [-en] New Year's Eve

ouder I *bn* elder ★ *hij is twee jaar ~* he is my elder by two years, he's older than me by two years ★ *een ~e broer* an elder brother ★ *hoe ~ hoe gekker* there's no fool like an old fool **II** *m* [-s] parent ★ *~s* parents ★ *van ~ op kind* from generation to generation

ouderavond *m* [-en] parents' evening

oudercommissie *v* [-s] ❶ *zonder leerkrachten* parents' committee ❷ *met leerkrachten* ± PTA, parent-teacher association

ouderdom *m* ❶ age, old age ★ *een hoge ~* a great age ★ *in de gezegende ~ van...* at the ripe old age of... ★ *van ~ sterven* die of old age ★ *de ~ komt met gebreken* age brings infirmity ❷ *oude lieden* old people / folk

ouderdomskwaal *v* [-kwalen] geriatric complaint

ouderdomsverschijnsel *o* [-en & -s] symptom of old age

ouderejaars *m-v* senior student

ouderen *zn* [mv] elderly people

ouderenbeleid *o* policy in relation to the elderly, old-age policy

ouderenzorg *m & v* care of the elderly

ouderliefde *v* parental love

ouderlijk *bn* parental ★ *het ~ huis* the parental home

ouderling *m* [-en] ❶ *v. kerkenraad* elder ❷ *bejaarde* <u>ZN</u> senior citizen

ouderloos *bn* parentless

ouderraad *m* [-raden] *v. school* parents' council

ouders *zn* [mv] parents

ouderschapsverlof *o* parental leave

ouderwets I *bn* old-fashioned, <u>afkeurend</u> outmoded ★ *~ vakmanschap* (good) old-fashioned craftsmanship **II** *bijw* in an old-fashioned way

oudewijvenpraat *m* old wives' tale ★ *~jes* gossip

oudgediende *m-v* [-n] ❶ ex-serviceman, veteran ❷ *deskundige* old hand, veteran

Oudgrieks *o* ancient Greek

oudheid *v* [-heden] antiquity ★ *de Griekse ~* ancient Greece ★ *Griekse oudheden* Greek antiquities ★ *een koopman in oudheden* an antique dealer

ou

oudheidkamer *v* [-s] antiquities room

oudheidkunde *v* archaeology, Am archeology

oudheidkundig *bn* archaeological, Am archeological

oudheidkundige *m-v* [-n] archaeologist, Am archeologist

oudje *o* [-s] ❶ old person, ‹man› old man / fellow, ‹vrouw› old woman / girl ★ *de ~s* the old folks ❷ *oud voorwerp* antique, museum piece

oud-leerling *m* [-en] ex-pupil, former pupil

oudoom *m* [-s] great-uncle

oudsher *bijw* long ago ★ *van ~* of old, from time immemorial

oudst *bn* oldest, eldest ★ *de ~e boeken* the oldest books ★ *zijn ~e broer* his eldest brother ★ *de ~e vennoot* the senior partner

oudste *m-v* [-n] ❶ eldest ❷ *eerstgeborene* eldest ❸ *v. rang* most senior, person in charge, person responsible

oudtante *v* [-s] great-aunt

oudtestamentisch *bn* (of the) Old Testament

outcast *m* [-s] outcast

outfit *m* [-s] outfit

outillage *v* equipment, ‹werktuigen› machinery

outplacement *m* outplacement

outplacen *overg* [outplacete, h. geoutplacet] redeploy

output *m* comput output

outsider *m* [-s] outsider

outsourcen *overg* [outsourcete, h. geoutsourcet] outsource

ouverture *v* [-s] muz overture

ouvreuse *v* [-s] usherette

ouwe *m* [-n] ❶ *baas* boss ❷ *vader* old man

ouweheer *m* [-heren] inf old man ★ *mijn ~* my old man

ouwehoer *m-v* [-en] inf windbag, gasbag, hot air artist, vulg bullshitter

ouwehoeren *onoverg* [ouwehoerde, h. geouwehoerd] blabber / go on, vulg bullshit, crap on

ouwel *m* [-s] ❶ cul rice paper ❷ RK communion wafer

ouwelijk *bn & bijw* oldish, elderly ★ *soms gebruiken kinderen ~e taal* children sometimes use language way beyond their years ★ *dat maakt zo ~* that's very ageing ★ *zij ziet er ~ uit* she looks quite elderly

ouwelui *zn* [mv] old folks

ov *afk* public transport

ovaal **I** *bn* oval **II** *o* [ovalen] oval

ovatie *v* [-s] ovation ★ *een ~ brengen / krijgen* give / get an ovation

ov-chipkaart *de* [-en] public transport card

oven *m* [-s] oven, ‹voor keramiek, kalk &› kiln ★ *het lijkt hier wel een ~* it's like an oven / a furnace in here

ovenschaal *v* [-schalen] baking dish

ovenschotel *m & v* [-s] oven dish

ovenvast *bn* heat-resistant, oven-proof

ovenwant *v* [-en] oven glove

over **I** *voorz* ❶ *boven* over, above ★ *hij boog zich ~ het slachtoffer* he leaned over the victim ❷ *langs* along

★ *~ de straat lopen* walk along / up / down the street ★ *het bloed stroomde ~ zijn hemd* blood ran down his shirt ❸ *over...heen* over, across ★ *dwars ~ de weg* right across the road ★ *het water stroomt ~ de weg* the water is flowing over the road ★ *hij heeft iets ~ zich* there's something about him ★ *~ de hele wereld* all over the world ★ *de gemeenteraad bestaat uit 33 mensen verdeeld ~ 10 partijen* the council consists of 33 people divided into 10 parties ❹ *overheen* over ★ *~ zijn hemd droeg hij een trui* he wore a jumper over his shirt ❺ *aan de overzijde van* across, over, beyond ★ *~ de rivier ligt de Betuwe* the Betuwe lies beyond the river ❻ *méér dan* above, upwards of, over, past ★ *~ de 50 euro* more than / upwards of / over 50 euros ★ *~ de helft* more than half ★ *hij is ~ de vijftig* he's past / over fifty ❼ *via* by way of, via ★ *wij reizen ~ Brussel* we're going via Brussels ★ *dergelijke dingen moet je niet ~ de telefoon bespreken* things like this shouldn't be discussed telephonically / via the telephone ❽ *na* after, in ★ *~ een dag of acht* in / after a week or so ★ *zondag ~ acht dagen* Sunday week ★ *~ een maand / een paar jaar* a month / a few years from now ★ *het is al ~ vieren* it's past four already ❾ *aangaande* on, about ★ *een boek ~ Afrika* a book on / about Africa ★ *spreek er niet ~* don't talk about it ★ *er is onenigheid ~ de rekening* there's a difference of opinion about the bill ❿ *tegenover* ZN opposite **II** *bn voorbij* finished, over ★ *mijn hoofdpijn is ~* my headache's finished / over **III** *bijw* ❶ *van de ene plaats naar de andere* across, over ★ *onderw hij is ~* he's moved up ★ *de scheldwoorden vliegen ~ en weer* there is swearing on both sides ★ *geheimhouding ~ en weer* mutual secrecy ★ *bezoeken ~ en weer* reciprocal visits ❷ *resterend* over, left ★ *ik heb er één ~* I've got one left ★ *als er genoeg tijd ~ is* if there's enough time left ❸ *extra* spare ★ *bewijzen te ~* plenty of evidence, evidence to spare

overactief *bn* hyperactive

overal *bijw* everywhere ★ *~ heen* all over the place ★ *~ in de wereld* all over the world, world-wide ★ *~ in geïnteresseerd* interested in everything ★ *~ waar* wherever ★ *hij weet ~ van* he knows (about) everything

overal
wordt vertaald als **everywhere**, niet als **overall**. Overall betekent **totaal, algemeen**.

overall *m* [-s] overalls, boiler suit

overbekend *bn* widely known, notorious ★ *een ~ begrip* a household word

overbelast *bn* ❶ *m.b.t. voertuigen &* overloaded, overburdened ❷ *m.b.t. systemen, personen* overburdened, overtaxed, overworked

overbelasten *overg* [overbelastte, h. overbelast] ❶ *v. personen, systemen &* overload, overburden, overtax, overwork ❷ techn overload ❸ *belastingen* overtax

overbelicht *bn* overexposed
overbelichten *overg* [*geen V.T.*, h. overbelicht]
overexpose
overbemesting *v* overfertilization
overbesteding *v* [-en] overspending
overbevolking *v* ❶ *in de demografie* overpopulation
❷ *in een buurt* overcrowding
overbevolkt *bn* ❶ *land* overpopulated ❷ *buurt &*
overcrowded
overbezet *bn* ❶ *bus &* overcrowded ❷ *met personeel*
overstaffed
overblijfsel *o* [-s & -en] ❶ *uit een vroeger tijdperk* relic
★ *~en uit de Bronstijd* relics from the Bronze Age
❷ *rest* remainder, ⟨restant⟩ remnant, ⟨v. het eten⟩
leftovers, ⟨v. dode dieren, planten⟩ remains ★ *een ~*
van de Berlijnse Muur a remnant / remainder of the
Berlin Wall ❸ *spoor* trace, vestige
overblijven *onoverg* [bleef over, is overgebleven]
❶ *resteren* be left, remain ★ *er bleef me niets anders*
over dan... there was nothing else I could do but...
❷ *op school* stay in / behind ❸ *overnachten* stay
▼ *~de planten* perennials ▼ *zij is bang dat ze*
overblijft she's afraid of being left on the shelf
overbloezen *onoverg* [bloesde over, h. overgebloesd]
sag / hang over ★ *het bovenste gedeelte van de jurk*
bloest over the top part of the dress overlaps the skirt
overbluffen *overg* [overblufte, h. overbluft]
❶ *overdonderen* overwhelm ★ *overbluft door* taken
aback by, dumbfounded / overwhelmed by ★ *de*
klant laat zich niet ~ door... the customer isn't taken
in by... ★ *hij werd overbluft door haar argumenten* her
arguments floored him ❷ *aftroeven* overtrump, go
one better than ⟨sbd⟩
overbodig I *bn* superfluous **II** *bijw* superfluously
'overboeken¹ *overg* [boekte over, h. overgeboekt]
handel transfer
over'boeken² *overg* [overboekte, h. overboekt]
overbook
overboeking *v* [-en] transfer
overboord *bijw* overboard ★ *man ~!* man overboard!
★ *~ gooien / werpen* throw overboard, jettison ★ fig
principes ~ gooien cast principles to the winds ★ *~*
slaan go overboard ★ *er is geen man ~* it's not the
end of the world
overbrengen *overg* [bracht over, h. overgebracht]
❶ *verplaatsen* take, bring, move, transfer ★ *de zetel*
van de regering ~ naar transfer the seat of
government to ★ *de man is overgebracht naar het*
politiebureau the man has been taken to a police
station ❷ *doen overgaan* pass on ★ *een ziekte ~* pass
on a disease ★ *iets op iem. ~* pass sth on to sbd
❸ *bezorgen* convey ★ *de groeten ~* convey one's
regards ★ *een bericht ~* convey a message ❹ *vertalen*
translate, muz & wisk transpose ❺ *verklikken* tell,
pass on ❻ boekh carry (over / forward), transfer
overbrieven *overg* [briefde over, h. overgebriefd] tell,
pass on, report
overbruggen *overg* [overbrugde, h. overbrugd] span,
bridge
overbrugging *v* [-en] bridging ★ *ter ~* to bridge the
gap
overbruggingskrediet *o* [-en] temporary / bridging
loan
overbruggingsregeling *v* [-en] temporary
/ transitional / bridging arrangement
overbuur *m* [-buren] neighbour opposite
overcapaciteit *v* overcapacity, surplus capacity
overcompleet *bn* surplus (to requirements)
overdaad *v* excess, profusion, overabundance ★ *in ~*
leven live in luxury ★ *~ schaadt* you can have too
much of a good thing
overdadig I *bn* overabundant, excessive, profuse,
⟨v. maaltijd⟩ lavish, sumptuous **II** *bijw*
overabundantly & ★ *~ drinken / eten* drink / eat to
excess
overdag *bijw* by day, in / during the daytime, during
the day
overdekt *bn* covered ★ *een ~ winkelcentrum* an
arcade, a mall ★ *een ~ zwembad* an indoor
swimming pool
overdenken *overg* [overdacht, h. overdacht] consider,
think over
overdenking *v* [-en] consideration, reflection, thought
overdoen *overg* [deed over, h. overgedaan] ❶ *nog*
eens do again ★ *het dunnetjes ~* have a repeat
performance, have another try ❷ *afstaan* part with,
make over, sell, dispose of, transfer
overdonderen *overg* [overdonderde, h. overdonderd]
overwhelm, dumbfound
overdosis *v* [-doses & -sen] overdose
overdraagbaar *bn* ❶ transferable ★ jur *niet ~*
non-transferable ❷ med contagious, infectious
★ *seksueel overdraagbare aandoeningen* sexually
transmitted diseases ❸ *m.b.t. schulden, verzekeringen*
assignable ❹ *vooral m.b.t. wissels en cheques*
negotiable ❺ *m.b.t. pensioenen* portable
overdraagbaarheid *v* ❶ *m.b.t. eigendom en bepaalde*
rechten transferability ❷ *m.b.t. schulden* assignability
❸ *vooral m.b.t. wissels en cheques* negotiability
overdracht *v* [-en] ❶ transfer, conveyance, handing
over ❷ boekh carryover
overdrachtelijk *bn* metaphorical, figurative
overdrachtsbelasting *v* stamp duty, Am transfer tax
overdragen *overg* [droeg over, h. overgedragen]
❶ *overbrengen* carry over ❷ *doen overgaan* transmit
★ *een virus ~* transmit a virus ❸ *overgeven* convey,
make over, hand over, transfer ★ *iem. ~ aan de*
politie hand sbd over to the police ❹ *afstaan* assign
⟨a right⟩, delegate ⟨power⟩, depute ⟨a task⟩ ★ *de*
rechten kunnen niet overgedragen worden the rights
cannot be assigned
overdreven I *bn* ❶ *aangedikt* exaggerated ❷ *excessief*
excessive, exorbitant, out of proportion **II** *bijw*
exaggeratedly, excessively & ★ *~ beleefd* excessively
polite ★ *doe niet zo ~* stop laying it on
/ exaggerating

OV

over'drijven[1] *overg* [overdreef, h. overdreven] ❶ *een grens overschrijden* overdo ‹it / sth›, go too far ❷ *aandikken* exaggerate ★ *iets sterk ~* highly exaggerate sth

'overdrijven[2] *onoverg* [dreef over, is overgedreven] ❶ *voorbij drijven* blow / pass over, ‹v. rook› drift over ❷ *naar de overkant drijven* float / drift across

overdrijving *v* [-en] exaggeration, overstatement

overdrive *m* overdrive

overdruk *m* [-ken] ❶ *afdruk* offprint ❷ *opdruk over iets anders* overprint ❸ *het kopiëren* transfer, copying ❹ *techn* overpressure

overdrukken *overg* [drukte over, h. overgedrukt] ❶ *herdrukken* reprint ❷ *meer drukken* overprint ❸ *bovenop iets drukken* overprint

overduidelijk *bn* patently obvious ★ *~ te kennen geven* make abundantly clear

overdwars *bijw* crosswise, across ★ *een ~e doorsnede* a cross section

overeen *bijw* crossed ★ *met de armen ~* with arms crossed ★ *dat komt ~ met* it amounts to the same thing as

overeenkomen I *onoverg* [kwam overeen, is overeengekomen] ❶ *corresponderen* correspond (to), fit, agree ★ *dat komt overeen met de feiten* it is consistent with / in line with the facts, it matches the facts ❷ *overeenstemming bereiken* agree (with) ★ *wij zijn met elkaar overeengekomen* we have reached agreement with each other ❸ *bij elkaar passen* suit, match ★ *zijn naam komt overeen met zijn karakter* his name is in keeping with / suits / matches his character ❹ *ongeveer gelijk zijn* be like, be similar (to) ★ *de geur van deze parfum komt overeen met...* this perfume smells like... **II** *overg* [kwam overeen, is overeengekomen] *afspreken* agree on ★ *een prijs ~* agree on a price ★ *zoals overeengekomen was* as agreed

overeenkomst *v* [-en] ❶ *gelijkenis* resemblance, similarity ★ *~ vertonen* resemble ❷ *overeenstemming* agreement, conformity ★ *de punten van ~* the points of agreement ★ *...om ze in ~ met de wet te brengen* ...to bring them in line with the law ❸ *akkoord* agreement ★ *een eenzijdige ~* a unilateral agreement ★ *een wederkerige ~* a reciprocal agreement ★ *een ~ aangaan* conclude an agreement, enter into a contract ★ *een ~ nakomen* comply with an agreement ★ *een ~ opzeggen* cancel a contract / an agreement ★ *een ~ sluiten* conclude an agreement ★ *een ~ uitvoeren* execute an agreement ★ *een ~ verlengen* renew a contract / an agreement

overeenkomstig I *bn* ❶ *gelijkenis vertonend* corresponding, similar ★ *~e hoeken* corresponding angles ★ *een ~e som* an equivalent sum ❷ *consistent* consistent ★ *~ met* consistent with, in harmony with **II** *voorz & bijw* in accordance with ★ *~ het bepaalde* in accordance with the provisions ★ *~ uw wensen* in accordance / compliance / conformity with your wishes

overeenstemmen *onoverg* [stemde overeen, h. overeengestemd] ❶ *dezelfde toon/stem hebben* be in tune with ★ *de viool en de piano stemden niet overeen* the violin and the piano were not in tune ❷ *corresponderen* correspond to, fit ★ *dat stemt niet overeen met wat hij zei* that doesn't tally with what he said ❸ *bij elkaar passen* suit, match ❹ *eensgezind zijn* agree (with), be in harmony (with) ❺ <u>taalk</u> agree

overeenstemming *v* ❶ *harmonie* harmony ★ *in ~ met de omgeving* in harmony with the surroundings ★ *in ~ brengen (met)* bring into line (with) ★ *dat is niet in ~ met de feiten* it is not consistent with the facts ❷ *eensgezindheid* agreement, concurrence ★ *met iem. tot ~ komen* reach agreement with sbd, come to an understanding with sbd ★ *tot ~ geraken / komen (omtrent)* reach agreement (on), come to an agreement (about) ❸ *overeenkomst* similarity ★ *er is geen ~ tussen de naam en de activiteiten van de stichting* the name of the organization and its activities are incongruous ❹ <u>taalk</u> concord, agreement

overeind *bijw* ❶ *rechtop* upright, on end ★ *~ houden* keep the right way up ★ *hij ging ~ staan* he stood up ★ *~ zetten* set upright ★ *hij ging ~ zitten* he sat straight up ★ *hij krabbelde ~* he scrambled to his feet ❷ *niet ondersteboven* standing ★ *nog ~ staan* still remain standing ★ *het plan is ~ gebleven* the plan has stood up to the test

overerven I *overg* [erfde over, h. overgeërfd] inherit **II** *onoverg* [erfde over, is overgeërfd] be passed / handed down

overerving *v* ❶ heredity ❷ <u>jur</u> inheritance

overgaaf *v* → overgave

overgaan *onoverg* [ging over, is overgegaan] ❶ *naar de overkant gaan* cross ★ *de weg / brug ~* cross the road / bridge ❷ *v. de ene plaats naar de andere gaan* pass, be transferred, move (over) ★ *het woord is overgegaan in het Engels* the word has passed into English ★ *op een ander schip ~* be transferred to a different ship ★ *mensen die op vervoer per trein ~* people who move over to rail transport ★ *van hand tot hand ~* pass from hand to hand ❸ *van de ene persoon naar de andere gaan* pass, transfer, be transferred ★ *in andere handen ~* pass into other hands ★ *van vader op zoon ~* be handed down from father to son ★ *de leiding gaat over van... op...* the leadership will pass from / will be transferred from... to... ❹ *overlopen* transfer, switch, ‹naar de vijand› defect, ‹m.b.t. religie› convert ★ *van katholiek tot protestant ~* convert from Catholicism to Protestantism ❺ *bevorderd worden* move up, be promoted ★ *van de eerste naar de tweede klas ~* move up from the first to the second class ❻ *veranderen in* change, turn, convert ‹v. kleuren› *in elkaar ~* become merged, merge ★ *in iets anders ~* change / turn / convert into something different ❼ *verder gaan met iets* move on to, proceed to ★ *alvorens wij* *daartoe* ~ before moving on to / proceeding to that ★ *tot daden / handelen* ~ proceed to action ★ *tot liquidatie* ~ go into liquidation ★ *tot stemming* ~ proceed to the vote ❽ *ophouden* pass / wear off, ‹v. het weer, een schandaal› blow over ★ *die pijn zal wel* ~ the pain will wear off ❾ *m.b.t. een grens* cross, fig ‹sterven› pass away ❿ *v. bel &* be activated, go ★ *de telefoon ging over* the telephone rang ⓫ *v. wissels &* shift, switch (over)

overgang *m* [-en] ❶ *verandering* transition, change ★ ~ *van rechten* transfer of rights ❷ *wisseling* changeover ★ *wij zitten in een* ~ *van mooi weer naar...* the weather is in a transitional stage from fine to... ❸ *bevordering* promotion ★ *in de* ~ *van klas 3 naar klas 4 kunnen er...* as the student moves from class 3 to 4 there may be... ❹ *v. geloof* conversion ❺ *menopauze* menopause, change of life ❻ *v. spoorweg &* crossing ❼ *in een toespraak* transition, transitional passage

overgangsbepaling *v* [-en] *tijdelijke bepaling* jur temporary / transitional / interim provision

overgangsfase *v* [-s, -n] transitional phase / stage

overgangsjaren *zn* [mv] change of life, menopause

overgangsmaatregel *m* [-en & -s] transitional / interim measure

overgangsperiode *v* [-s, -n] transitional period

overgankelijk *bn* taalk transitive

overgave, **overgaaf** *v* ❶ *capitulatie* surrender, capitulation ❷ *onderwerping* surrender, submission ★ *een* ~ *aan het lot* a surrender to fate ❸ *overdracht* transfer, handover, surrender ❹ *toewijding* devotion, dedication

overgeven I *overg* [gaf over, h. overgegeven] ❶ *aanreiken* hand (over), pass ❷ *afstaan* deliver / give up, surrender ★ *zich* ~ surrender ★ *zich* ~ *aan...* abandon oneself to..., indulge in... ★ *zich aan smart / wanhoop* ~ surrender (oneself) to grief / despair ★ *zich aan zijn taak* ~ devote oneself to one's work ❸ *toevertrouwen* leave, entrust ❹ *uitbraken* vomit **II** *onoverg* [gaf over, h. overgegeven] *braken* vomit, be sick ★ *moet je* ~*?* do you feel like being sick?

overgevoelig *bn* ❶ *al te gevoelig* oversensitive ❷ med allergic ❸ *sentimenteel* sentimental, emotional

overgewaardeerd *bn* overrated

overgewicht *o* ❶ excess weight, med obesity ❷ *v. bagage* excess weight

'overgieten[1] *overg* [goot over, h. overgegoten] pour, decant ★ ~ *in een whiskyglas* pour into a whiskey glass

over'gieten[2] *overg* [overgoot, h. overgoten] pour over ★ ~ *met* pour over, cover with

overgooien *overg* [gooide over, h. overgegooid] ❶ *gooien v. bal* throw around, ‹opnieuw› throw again ★ *de kinderen waren de bal aan het* ~ the children were throwing the ball from one to the other ❷ *uitspreiden over* throw over ❸ *v. wissel, schakelaar &* switch, change

overgooier *m* [-s] pinafore

overgordijn *o* [-en] curtain, Am drape

overgrijpen *onoverg* [greep over, h. overgegrepen] ❶ *overslaan (op)* spread to ★ *de ontsteking kan* ~ *op andere weefsels* the infection can spread to other tissues ❷ muz stretch

overgrootmoeder *v* [-s] great-grandmother

overgrootouders *zn* [mv] great-grandparents

overgrootvader *m* [-s] great-grandfather

overhaast I *bn* hurried, hasty, rash **II** *bijw* hurriedly & ★ *hij ging* ~ *te werk* he rushed the job

overhaasten *overg* [overhaastte, h. overhaast] hurry, rush ★ *zich* ~ hurry

overhaastig *bn & bijw* in too much of a hurry, hurriedly

overhalen I *overg* [haalde over, h. overgehaald] ❶ *met veerpont* ferry across ❷ *in andere stand zetten* pull (on) ★ *de trekker* ~ pull the trigger ❸ *spannen v. vuurwapen* cock ❹ *distilleren* distil ❺ *overreden* talk / bring round, persuade, win over ★ *iem.* ~ *tot iets / om iets te doen* talk sbd into doing sth **II** *onoverg* [haalde over, is overgehaald] scheepv list

overhand *v* upper hand ★ *de* ~ *krijgen* get the upper hand

overhandigen *overg* [overhandigde, h. overhandigd] hand (over), present, deliver, give

overhandiging *v* handing over, presentation, delivery

overhangen *onoverg* [hing over, h. overgehangen] ❶ hang over, overhang ★ *een* ~*de rots* a beetling cliff ❷ *schuin vooroverhangen* lean forward / over

overheadkosten *zn* [mv] overheads

overheadprojector *m* [-s] overhead projector

overhebben *overg* [had over, h. overgehad] ❶ *willen geven* be prepared to give ★ *ik heb veel voor haar over* I'd do anything for her ★ *ik heb er een pond voor over* I'd pay a pound for it ★ *daar heeft hij alles voor over* he's prepared to give anything for it ❷ *overhouden* have over / left ★ *ik heb geen geld meer over* I've got no more money left ▾ *wij hebben iemand over* we have somebody staying with us

overheen *bijw* ❶ *over* over ★ *daar is hij nog niet* ~ he hasn't quite got over it yet / got on top of it yet ★ *ergens* ~ *lezen* overlook sth ★ *zich ergens* ~ *zetten* get over something ★ *over zich heen laten lopen* allow oneself to be walked over ★ *over iem. heen vallen* fall over sbd ★ *met een trui er* ~ with a jumper on top ❷ *voorbij, verder* past ★ *er gingen nog jaren* ~ years went past / by

overheerlijk *bn* delicious, exquisite

overheersen I *overg* [overheerste, h. overheerst] rule over, dominate **II** *onoverg* [overheerste, h. overheerst] dominate, predominate ★ *de opluchting overheerst* it's a great relief

overheersend *bn* (pre)dominant ★ *de* ~*e opinie* the prevailing opinion ★ *een* ~*e rol spelen* play a dominating role

overheersing *v* ❶ rule ❷ *overvleugeling* dominance, predominance, prevalence

OV

overheid *v* [-heden] authorities, government ★ *de lagere / plaatselijke / regionale* ~ the local / regional authorities

overheidsapparaat *o* machinery of government

overheidsbemoeiing *v* [-en] government interference / intervention

overheidsbestedingen *zn* [mv] public spending

overheidsdienst *m* [-en] *instelling* government service ★ *in* ~ in the civil / public service

overheidsgeld *o* [-en] government money, public funds

overheidsinstantie *v* [-s] government agency / institution, public body

overheidssteun *m* state support / funding

overheidswege *bijw* ★ *van* ~ *bekendmaken* announce officially ★ *van* ~ *opgelegde heffingen* governmental / statutory levies, levies imposed by the government

overhellen *onoverg* [helde over, h. overgeheld] ❶ lean (over) ★ ~ *naar links / rechts* lean to / towards the left / right ❷ *fig* tend / incline ★ *tot een andere mening* ~ incline towards a different opinion ❸ scheepv list ❹ luchtv bank

overhemd *o* [-en] shirt

overhevelen *overg* [hevelde over, h. overgeheveld] ❶ *v. vloeistof* siphon over ❷ *fig* transfer ★ *geld naar een andere rekening* ~ transfer money to another account ★ *het hoofdkantoor wordt overgeheveld naar Amsterdam* the head office is being relocated to Amsterdam

overhevelingstoeslag *m* [-slagen] premium transfer allowance

overhoop *bijw* in a heap, in a mess, topsy-turvy ★ ~ *steken* stab to death ★ ~ *werpen* turn upside down

overhoophalen *overg* [haalde overhoop, h. overhoopgehaald] ❶ turn upside down ★ *ik zal mijn bureau* ~ I'll rummage through my desk ❷ *fig* mix up

overhoopliggen *onoverg* [lag overhoop, h. overhoopgelegen] be in a mess ★ ~ *met* be at loggerheads with

overhoopschieten *overg* [schoot overhoop, h. overhoopgeschoten] shoot (down / up)

overhoren *overg* [overhoorde, h. overhoord] test ★ *een leerling de woordjes* ~ test a student's vocabulary ★ *iets mondeling* ~ test sth orally ★ *iets schriftelijk* ~ give a written test of sth

overhoring *v* [-en] test ★ *een mondelinge* ~ an oral test ★ *een schriftelijke* ~ a written test

overhouden *overg* [hield over, h. overgehouden] have left ★ *ergens vrienden / herinneringen & aan overgehouden hebben* still have friends / memories left from sth

overig I *bn* remaining, other ★ *het* ~*e Europa* the rest of Europe **II** *o* ★ *het* ~*e* the remainder, the rest, handel the balance ★ *al het* ~*e* everything else ★ *voor het* ~*e* for the rest **III** *zn* [mv] ★ *de* ~*en* the others, the rest

overigens *bijw* ❶ *voor de rest* apart from that, after

all, for the rest ❷ *trouwens* anyway, by the way, incidentally

overijld *bn & bijw* hasty, overhasty, rash, hurried ★ ~ *te werk gaan* set about things too hastily

Overijssel *o* Overijssel

overijverig *bn* overzealous

overjarig *bn* ❶ *meer dan een jaar oud* more than one year old, over one year old ❷ *v. planten* perennial ❸ *achterstallig* in arrears ❹ *verouderd* ageing/Am aging ★ *een* ~*e hippie* an ageing hippy / hippie

overjas *m & v* [-sen] overcoat

overkant *m* opposite / other side ★ *aan de* ~ *van* on the other side of, beyond, across ★ *hij woont aan de* ~ he lives opposite

overkappen *overg* [overkapte, h. overkapt] roof in, cover over

overkapping *v* [-en] ❶ roof ❷ *het overkappen* roofing in, covering over

overklassen *overg* [overklaste, h. overklast] sp outclass

overkleed *o* [-klederen & -kleren] overgarment

overkoepelen *overg* [overkoepelde, h. overkoepeld] ❶ *v. organisaties &* coordinate ❷ *v. gebouw* cover over

overkoepelend *bn* ❶ *v. organisaties &* coordinating ★ *een* ~*e organisatie* an umbrella organisation ❷ *overkappend* covering

overkoepeling *v* koepelvormige overkapping dome

overkoken *onoverg* [kookte over, is overgekookt] boil over

overkomelijk *bn* surmountable

'overkomen¹ *onoverg* [kwam over, is overgekomen] ❶ *de andere kant bereiken* come / get over, come / get across ★ *ik kom die sloot niet over* I won't be able to get across / over that ditch ❷ *fig* come across / over / through ★ *ze kwam niet over als een aardig meisje* she didn't give the impression of being a nice girl ★ *duidelijk* ~ come through / over clearly ★ *goed* ~ come across / over well ★ *op iem.* ~ *als* come across to sbd as ❸ *van elders komen* come over ★ *ik kan maar eens in de week* ~ I can only come over once a week

over'komen² I *onoverg* [overkwam, is overkomen] befall, happen to, get across ★ *dat is mij nog nooit* ~ that has never happened to me ★ *ik wist niet wat me overkwam* I didn't know what was happening to me ★ *dat moest mij weer* ~! just my luck! II *overg* [overkwam, is overkomen] ★ *dat bezwaar is wel te* ~ we can get over this problem

overkomst *v* stay, visit ★ ~ *dringend gewenst* your presence is urgently required

overlaadstation *o* [-s] trans-shipment / reloading station

overlaat *m* [-laten] overflow

'overladen¹ *overg* [laadde over, h. overgeladen] ❶ *op ander voertuig* trans-ship, tranship, transfer ❷ *opnieuw* reload

over'laden² *overg* [overlaadde, h. overladen] ❶ overload, overburden ★ *zich* ~ overload

/ overburden oneself ❷ fig shower, heap ★ *iem. met geschenken* ~ shower presents on sbd ★ *iem. met verwijten* ~ heap reproaches on sbd ★ *met roem* ~ cover with glory

overlangs I *bn* lengthwise, longitudinal II *bijw* lengthwise, longitudinally

overlap *m* [-pen] overlap

overlappen *onoverg & overg* [overlapte, h. overlapt] overlap ★ *de regelingen* ~ *elkaar gedeeltelijk* the rules overlap to an extent

overlast *m* inconvenience, annoyance, nuisance ★ ~ *bezorgen / veroorzaken* cause inconvenience / trouble ★ *tot* ~ *van* to the inconvenience of

overlaten *overg* [liet over, h. overgelaten] ❶ *achterlaten* leave (over) ★ *geen kruimel* ~ not leave one crumb over ❷ *toevertrouwen aan* leave ★ *dat laat ik aan u over* I leave that up to you ★ *laat dat maar aan hem over* leave that up to him ★ *aan zichzelf overgelaten* left to himself, left to his own resources ▼ *iets te wensen* ~ leave much to be desired

overleden *bn* deceased, dead

overledene *m-v* [-n] dead man / woman ★ *de* ~*(n)* the deceased, the departed

overleg *o* ❶ *overweging* deliberation, consideration ★ *na rijp* ~ after careful consideration ★ *iets met* ~ *doen* do sth with deliberation ★ *zonder* ~ without thinking ★ ~ *is het halve werk* a stitch in time saves nine ❷ *beraadslaging* consultation ★ ~ *plegen met iem.* consult sbd ★ *in* ~ *met* in consultation with ❸ *inzicht* judgement/Am judgment, discretion

'overleggen[1] *overg* [legde over, h. overgelegd] ❶ *aanbieden* produce, submit, ⟨van rechtsuitspraak⟩ lodge ❷ *sparen* lay / put by

over'leggen[2] *onoverg* [overlegde, h. overlegd] ❶ *beraadslagen* consult, confer ★ *je moet daarover maar met hem* ~ you should talk to him about it ❷ *overwegen* consider, deliberate

overlegging *v* ❶ *het aanbieden* production ★ *na / onder* ~ *der stukken* on submission of the documents ❷ *beraadslaging* [-en] consideration, deliberation, consultation

overlegorgaan *o* [-ganen] consultative body

overleven *overg* [overleefde, h. overleefd] ❶ survive, live through ★ *een ramp* ~ survive a disaster ❷ *langer leven dan* survive, outlive ★ *hij zal ons allemaal nog* ~ he will outlive us all

overlevende *m-v* [-n] survivor

overleveren *overg* [leverde over, h. overgeleverd] ❶ *overgeven* hand over ★ *iem. aan de politie* ~ hand sbd over to the police ★ *overgeleverd aan de goedheid van hun familie* left to the tender mercies of their family ❷ *van geslacht op geslacht* transmit, hand down

overlevering *v* [-en] ❶ *verhaal, traditie* tradition ❷ *van verdachte* handing over a suspect

overleving *v* survival

overlevingskans *v* [-en] chance of survival

overlevingstocht *m* [-en] survival expedition

overlezen *overg* [las over, h. overgelezen] ❶ *doorlezen* read through ❷ *herlezen* re-read

overliggeld *o* [-en] demurrage

overlijden I *onoverg* [overleed, is overleden] die, plechtig pass away, depart this life ★ *aan de verwondingen* ~ die of injuries II *o* death, plechtig decease, jur demise ★ *bij* ~ in the event of death

overlijdensakte *v* [-s & -n] death certificate

overlijdensbericht *o* [-en] obituary (notice), death announcement ★ ⟨in krant⟩ *de* ~*en* the obituaries

overlijdensdatum *m* [-ta & -s] date of death

overlijdensverzekering *v* [-en] life insurance

overloop *m* [-lopen] ❶ *bij huis* corridor ❷ *van trap* landing ❸ *van rivier* overflow ❹ *migratie* overflow, overspill

'overlopen[1] *onoverg* [liep over, is overgelopen] ❶ *over iets heen lopen* walk across / over ❷ *overstromen* run over, overflow ★ ~ *van enthousiasme* be brimming with enthusiasm ★ *hij loopt over van vriendelijkheid* he is kindness itself ❸ *naar andere partij* go over, defect ★ *naar de vijand* ~ go over to the enemy, defect ★ *naar het Westen* ~ defect to the West

over'lopen[2] *overg* [overliep, h. overlopen] *te veel bezoeken* visit too frequently ★ *je overloopt ons ook niet* we don't see much of you

overloper *m* [-s] ❶ defector ❷ *op trap* carpet

overluid I *bn* too loud II *bijw* too loudly, deafeningly

overmaat *v* ❶ over-measure ❷ fig excess ★ *een* ~ *aan informatie* an excess / a glut of information ★ *tot* ~ *van ramp* to make matters worse, on top of it all

overmacht *v* ❶ *grotere macht* superior power / forces / strength ★ *de* ~ *hebben* have supremacy ★ *voor de* ~ *bezwijken* yield to superior numbers ❷ *force majeure* forces beyond one's control, jur & verz force majeure, Act of God

overmaken *overg* [maakte over, h. overgemaakt] ❶ *opnieuw maken* re-do, do again ❷ *geld* remit, pay in, transfer ❸ *toezenden* ZN send, forward

overmaking *v* [-en] remittance, (credit) transfer

overmannen *overg* [overmande, h. overmand] overpower, overcome ★ *overmand door slaap* overcome by sleep

overmatig *bn & bijw* excessive ★ ~ *drankgebruik* excessive drinking, alcohol abuse ★ *zich* ~ *inspannen* overexert oneself

overmeesteren *overg* [overmeesterde, h. overmeesterd] overpower, overmaster ★ *overmeesterd door begeerte* carried away by desire

overmoed *m* ❶ overconfidence ❷ *roekeloosheid* rashness, recklessness

overmoedig I *bn* overconfident, reckless, rash II *bijw* overconfidently &

overmorgen *bijw* the day after tomorrow

overnaads *bn* weatherboard ★ scheepv *een* ~*e boot* a clinker-built boat ★ ~*e planken* weatherboards

overnachten *onoverg* [overnachtte, h. overnacht] stay / spend the night, stay over

OV

overnachting v [-en] stay ★ *wij hebben een ~ in Dresden gepland* we plan to stay the night in Dresden

overname v ❶ takeover, purchase ★ *ter ~ aangeboden* for sale ❷ fin takeover, acquisition ★ ‹door werknemers› *een ~ van bedrijf* a buy-out ★ *een ~ gefinancierd met vreemd vermogen* a leveraged buy-out ★ *een vijandige ~* a hostile / unfriendly takeover ★ *een vriendelijke ~* a friendly / agreed / white knight takeover

overnamebeleid o acquisitions policy

overnamebod o takeover bid

overnamegeruchten zn [mv] takeover rumours

overnamekandidaat m [-daten] takeover candidate / target

overnamekosten zn [mv] ❶ v. inboedel reimbursement for fixtures and furnishings ❷ fin takeover price

overnemen overg [nam over, h. overgenomen] ❶ *aannemen* receive ❷ *kopen* take over, buy (out) ❸ *op zich nemen* take over ❹ *relayeren* relay ❺ *ontlenen* borrow ★ *iets uit een boek ~* copy sth from a book ❻ v. refrein take up

overnieuw bijw over again, again from the start

overpad o [-paden] footpath ★ *recht van ~* right of way

overpakken overg [pakte over, h. overgepakt] repack, pack again

overpeinzen overg [overpeinsde, h. overpeinsd] ponder (on), reflect on

overpeinzing v [-en] reflection

overpennen overg [pende over, h. overgepend] copy, ‹op school› crib

overplaatsen overg [plaatste over, h. overgeplaatst] remove, move, transfer, mil post ★ *overgeplaatst worden naar een ander ministerie* be transferred to another ministry

overplaatsing v [-en] removal, transfer, transfer, ‹detachering› posting

overplanten overg [plantte over, h. overgeplant] transplant, med ook graft

overpompen overg [pompte over, h. overgepompt] pump over / across

overproductie v overproduction

overreden overg [overreedde, h. overreed] persuade, talk around, talk into ★ *hij wou mij ~ om...* he wanted to persuade me to..., to talk me into...ing ★ *hij was niet te ~* he was not to be persuaded

overredingskracht v persuasiveness, power(s) of persuasion, persuasive powers

over'rijden[1] overg [overreed, h. overreden] omverrijden run over, knock down

'overrijden[2] overg [reed over, h. overgereden] ❶ *nog eens rijden* drive / ride again ❷ *naar andere kant* drive / ride across ❸ *overheen* drive / ride over ★ *de brug ~* drive over the bridge

overrijp bn overripe

overrompelen overg [overrompelde, h. overrompeld] (take by) surprise, catch off guard

overrompeling v [-en] surprise (attack)

overrulen overg [overrulede, h. overruled] ❶ *door bevoegdheid* overrule ❷ sp outplay

overschaduwen overg [overschaduwde, h. overschaduwd] ❶ *eig* shade ❷ fig overshadow, put in the shade, eclipse

overschakelen onoverg [schakelde over, h. en is overgeschakeld] ❶ *verbinden met een andere locatie* switch over ★ *we schakelen nu over naar de concertzaal* we now go over to the concert hall ❷ *overstappen op* ★ *van boekhandel op uitgeverij ~* switch from selling books to publishing ❸ auto change gear ★ *naar de tweede versnelling ~* change into second (gear)

overschatten I overg [overschatte, h. overschat] overrate, overestimate ★ *iem. ~* overestimate sbd ★ *het belang ~* overestimate the importance ★ *zich ~* overestimate oneself ★ *van niet te ~ betekenis / belang* of incalculable importance **II** overg [schatte over, h. overgeschat] revalue ★ *het huis moet overgeschat worden* the house has to be revalued

overschatting v ❶ *overwaardering* overestimation, overrating ❷ *nieuwe schatting* revaluation

overschenken overg [schonk over, h. overgeschonken] decant, transfer

overschieten onoverg [schoot over, is overgeschoten] ❶ *overblijven* remain, be left (over) ❷ *snel over iets heen gaan* dash over / across

overschoen m [-en] overshoe, galosh

overschot o [-ten] ❶ *rest* remainder, remains, residue, remnant, ‹v. geld› balance ★ *het stoffelijk ~* the body ❷ *te veel* surplus, excess ★ *een ~ aan geld* a monetary surplus ★ *een ~ op de betalingsbalans* a surplus in the balance of payments ★ *een ~ op de handelsbalans* a balance of trade surplus ★ *een ~ van / aan boter* a butter surplus

overschreeuwen overg [overschreeuwde, h. overschreeuwd] cry / shout down ★ *hij kon ze niet ~* he couldn't make himself heard ★ *zich ~* strain one's voice

overschrijden overg [overschreed, h. overschreden] ❶ *passeren* step across / over ★ *de grens ~* cross the border ❷ *te ver gaan* exceed, overstep ★ *zijn bevoegdheden ~* exceed one's authority ★ *het budget ~* go beyond / exceed the budget ★ *de maximumsnelheid ~* exceed the speed limit ★ *een termijn ~* exceed / pass a time limit

overschrijding v ❶ *stap over iets* crossing ❷ fig exceeding, overstepping ★ *een ~ van zijn bevoegdheden* an exceeding of one's authority ❸ bankw overdraft ★ *een ~ van de kredietlimiet* an overdraft beyond the agreed credit limit

'overschrijven[1] overg [schreef over, h. overgeschreven] ❶ *kopiëren* copy ★ *hij heeft dat van mij overgeschreven* he copied that from me ★ *iets uit een boek ~* copy sth from a book ❷ *nog eens schrijven* copy (out) ❸ *een transcriptie maken* transcribe ❹ handel transfer ★ *geld ~* transfer money ★ *iets op*

iems. naam laten ~ put sth in sbd's name
over'schrijven[2] *overg* [overschreef, h. overschreven]
computerover write
overschrijving *v* [-en] ❶ *het kopiëren* transcription
❷ handel transfer, remittance ★ bankw *een*
automatische ~ an automatic transfer
overschrijvingsformulier *o* [-en] transfer form
oversekst *bn* oversexed
oversized *bn* oversized
overslaan I *overg* [sloeg over, h. overgeslagen] ❶ *geen*
beurt geven leave out, skip, miss (out) ★ *iem.* ~ leave
sbd out, skip sbd's turn ❷ *niet lezen/schrijven* leave
out, skip, miss, omit ★ *ik heb een paar bladzijden*
overgeslagen I've skipped / jumped a few pages ★ *je*
hebt een woord overgeslagen you've left a word out
❸ *laten voorbijgaan* skip, miss, jump ★ *een beurt* ~
miss a turn ★ *een klas* ~ skip a class ★ *geen concert* ~
never miss a concert ❹ scheepv transfer, trans-ship,
tranship ⟨goods⟩ **II** *onoverg* [sloeg over, is
overgeslagen] ❶ *over de kop slaan* turn over ★ *het*
vaartuig sloeg over the vessel overturned ❷ *snel van*
het ene op het andere overgaan jump (over),
⟨v. ziekte⟩ be contagious / catching, ⟨v. stem⟩ break,
crack, ⟨v. toestand⟩ swing over / round ★ *... terwijl*
haar stem oversloeg ...with a catch in her voice ★ *ze*
ontmoetten elkaar op een feest en de vonk sloeg over
they met at a party and were attracted to each other
★ *het vuur sloeg over naar een schuur* the fire spread
to a shed ★ *zijn enthousiasme sloeg over op de*
anderen his enthusiasm had an infectious effect on
the others ★ *zij kan van het ene uiterste naar het*
andere ~ she can swing from one extreme to the
other ❸ *niet aanslaan v. motor* stall, not start, ⟨slag
missen⟩ skip a beat
overslag *m* [-slagen] ❶ *aan kledingstuk* turnover, flap
❷ *v. enveloppe* flap ❸ *m.b.t. goederen* trans-shipment,
transfer ❹ bridge overtrick
overslagbedrijf *o* [-drijven] trans-shipment company
overslaghaven *v* [-s] container port
overspannen I *overg* [overspande, h. overspannen]
❶ *overheen spannen* span ❷ *te sterk spannen*
overstrain ★ *zich* ~ overstrain / stress oneself **II** *bn*
❶ *overwerkt* stressed, overstrung, overstrained,
overwrought ★ *zij is zwaar* ~ she's under great strain
❷ *overdreven* exaggerated ★ ~ *verwachtingen*
unrealistic expectations
overspannenheid *v* stress
overspanning *v* [-en] ❶ *v. brug* span ❷ *v. zenuwen &*
stress, nervous exhaustion
overspel *o* adultery ★ ~ *plegen* commit adultery
'overspelen[1] *overg* [speelde over, h. overgespeeld]
❶ *opnieuw spelen* replay ★ *een overgespeelde wedstrijd*
a replay ❷ *bal verplaatsen naar medespeler* pass
over'spelen[2] *overg* [overspeelde, h. overspeeld]
❶ *overbieden* overplay, overbid ★ fig *zijn hand* ~
overplay one's hand ❷ *overtreffen* outplay, outclass
overspelig *bn* adulterous
overspoelen *overg* [overspoelde, h. overspoeld]

overrun, *ook* fig flood ★ *overspoeld worden met*
informatie be flooded / deluged with information
overspringen I *onoverg* [sprong over, is
overgesprongen] ❶ leap / jump over ★ *op een ander*
onderwerp ~ change the subject ❷ elektr jump over
★ *er sprong een vonk over* a spark jumped over
II *overg* [sprong over, is overgesprongen] *overslaan,*
vergeten skip ★ *hij kan gerust een klas* ~ he can easily
skip a class
overspuiten *overg* [spoot over, h. overgespoten]
respray
overstaan *o* ★ *ten* ~ *van* in the presence of, before
overstaand *bn* opposite ★ wisk ~*e hoeken* opposite
angles
overstag *bijw* ★ ~ *gaan* scheepv tack (about), fig
change one's tack
overstap *m* [-pen] ❶ *bij vervoer* change, transfer
★ transport *met een* ~ *op Schiphol* with a transfer in
Schiphol ❷ fig changeover, switchover ★ *de* ~ *van*
amateur naar prof the changeover from amateur to
professional
overstappen *onoverg* [stapte over, is overgestapt]
❶ *over iets heen stappen* cross ❷ *m.b.t. vervoer*
change, transfer ★ ~ *op de trein naar Londen* change
to the train to London ❸ fig switch / change, move
(on) ★ ~ *op een andere leverancier* switch / change to
a different supplier, switch / change suppliers ★ ~ *op*
het volgende onderwerp move on to the next subject
overste *m-v* [-n] ❶ mil lieutenant-colonel ❷ RK ⟨man⟩
father superior / prior, ⟨vrouw⟩ mother superior
/ prioress ❸ *meerdere* ZN head, manager, superior
oversteek *m* [-steken] crossing
oversteekplaats *v* [-en] (pedestrian) crossing
oversteken I *overg* [stak over, h. overgestoken] cross
★ *de weg dwars* ~ cross straight over the road, go
straight across the road **II** *onoverg* [stak over, is
overgestoken] ❶ cross (over) ❷ *overvaren* sail across
★ *hij is naar Engeland overgestoken* he has sailed to
England ❸ *uitsteken* project ❹ *ruilen* exchange
★ *gelijk* ~ make an equal exchange
overstelpen *overg* [overstelpte, h. overstelpt]
overwhelm ★ *overstelpt door verantwoordelijkheid*
overwhelmed by responsibility ★ *ik ben overstelpt*
met werk I'm snowed under by work ★ *we worden*
overstelpt met aanvragen we are swamped
/ inundated / flooded / overrun with applications
over'stemmen[1] *overg* [overstemde, h. overstemd]
❶ *in geluid overtreffen* drown (out) ★ *de spreker werd*
overstemd door de activisten the speaker was shouted
down by the demonstrators ❷ *meer stemmen halen*
outvote
'overstemmen[2] **I** *overg* [stemde over, h.
overgestemd] muz tune **II** *onoverg* [stemde over, h.
overgestemd] *opnieuw een stemming houden* vote
again, hold another vote
overstijgen *overg* [oversteeg, h. overstegen] surpass,
go beyond, exceed
over'stromen[1] *overg* [overstroomde, h. overstroomd]

❶ *onder water zetten* inundate, flood ❷ *fig* flood, swamp, shower ★ *de stad werd overstroomd door toeristen* the city was flooded with tourists

'overstromen² *onoverg* [stroomde over, is overgestroomd] ❶ *over de rand/oever stromen* flow over, overflow ★ *mijn hart stroomt over van geluk* my heart is overflowing / brimming with happiness ❷ *naar een andere plaats stromen* flow across

overstroming *v* [-en] flood

'oversturen¹ *overg* [stuurde over, h. overgestuurd] send, forward, dispatch

over'sturen² *onoverg* [overstuurde, is overstuurd] *v. auto* oversteer

overstuur *bn* upset ★ *zij was helemaal ~* she was quite upset

overtallig *bn* supernumerary ★ *wij hebben ~ personeel* we have more staff than needed

'overtekenen¹ *overg* [tekende over, h. overgetekend] ❶ *opnieuw tekenen* re-draw, draw again ❷ *natekenen* copy

over'tekenen² *overg* [overtekende, h. overtekend] handel oversubscribe

overtocht *m* [-en] crossing ★ *de ~ naar Engeland / Denemarken &* the crossing to England / Denmark & ★ *de ~ naar Australië / Amerika &* the voyage to Australia / America & ★ *hij moest zijn ~ verdienen* he had to pay for his passage

overtollig *bn* ❶ *overbodig* superfluous, redundant ❷ *overcompleet* surplus, excess

overtraind *bn* sp overtrained

overtreden *overg* [overtrad, h. overtreden] break, violate, contravene, infringe

overtreder *m* [-s] offender

overtreding *v* [-en] ❶ breaking of the rules ★ *in ~ zijn* commit an offence ★ *bij ~ van de wet krijgt de werkgever een boete* if the law is breached the employer will receive a fine ❷ jur minor criminal offence, Br summary offence, Am misdemeanor ❸ sp foul, breach of the rules ★ *een ~ begaan tegenover de keeper* foul the keeper

overtreffen *overg* [overtrof, h. overtroffen] surpass, exceed, excel, outstrip ★ *iem. ~* surpass / outmatch sbd ★ *zichzelf ~* surpass / excel oneself ★ *de vraag overtreft het aanbod* demand exceeds supply ★ *in aantal ~* outnumber

overtreffend *bn* ★ *de ~e trap* the superlative

overtrek *o & m* [-ken] cover

'overtrekken¹ I *overg* [trok over, h. overgetrokken] ❶ *trekken over* pull across ❷ *overhalen* pull ❸ *natrekken* trace II *onoverg* [trok over, is overgetrokken] ❶ *gaan over* go across, cross ❷ *voorbijgaan* pass / blow over

over'trekken² *overg* [overtrok, h. overtrokken] ❶ *bekleden* cover, ‹v. meubels› upholster ❷ handel overdraw ❸ *v. vliegtuig* stall ❹ *overdrijven* exaggerate

overtrekpapier *o* tracing paper

'overtroeven¹ *overg* [overtroefde, h. overtroefd]

kaartsp overtrump

over'troeven² *overg* [overtroefde, h. overtroefd] fig go one better than sbd, score off sbd

overtrokken *bn* exaggerated ★ *behoorlijk ~* highly exaggerated

overtuigd *bn* ❶ *niet twijfelend* confirmed, true, ‹sterker› fanatic ★ *een ~ voorstander van* a confirmed & advocate of ❷ *doordrongen* convinced ★ *vast ~ zijn van zijn gelijk* be absolutely convinced that one is right

overtuigen I *overg* [overtuigde, h. overtuigd] convince ★ *iem. van iets ~* convince sbd of sth II *wederk* [overtuigde, h. overtuigd] ★ *zich ~* convince / satisfy oneself ★ *zich ervan ~ dat* satisfy oneself that ★ *...kunnen zich er met eigen ogen van ~ dat* ...can see for themselves that ★ *zich laten ~ door* let oneself be convinced / persuaded by III *o* carry conviction

overtuigend I *bn & bijw* convincing, persuasive ★ *een ~ bewijs* conclusive evidence II *bijw* ★ *~ spreken* speak convincingly / persuasively ★ *~ bewijzen* prove conclusively

overtuiging *v* [-en] conviction, belief ★ *de ~ hebben dat...* be convinced that ★ *alle ~ missen* lack all conviction ★ *tot de ~ komen dat...* come to the / reach the conclusion that... ★ *uit ~* from conviction ★ *volgens mijn vaste ~ is dit de oorzaak dat...* I'm firmly convinced that this is why... ★ jur *stukken van ~* items of evidence, documentary evidence, exhibits

overtuigingskracht *v* persuasiveness ★ *haar argumenten hadden veel ~* her arguments were very persuasive / cogent

overtypen *overg* [typte over, h. overgetypt] type out, retype

overuur *o* [-uren] *meestal mv* overtime ★ *overuren maken* work overtime

overvaart *v* [-en] passage, crossing

overval *m* [-len] raid, hold-up ★ *een vijandelijke ~ op* a surprise attack by the enemy on

overvallen *overg* [overviel, h. overvallen] ❶ *aanvallen* raid, ‹v. personen› assault ★ *een winkel ~* hold up a shop ❷ *v. onweer &* overtake ★ *door angst ~* overtaken / seized / overwhelmed by fear ★ *door de nacht / vermoeidheid ~* overtaken by the night / by fatigue ★ *door de regen ~* caught in the rain ❸ *verrassen* take by surprise, surprise ★ *hij overviel me met een voorstel* he sprang a proposition on me ★ *zijn voorstel overviel mij* his proposition took me by surprise

overvaller *m* [-s] raider, attacker ★ *haar ~* her attacker

overvalwagen *m* [-s] police van

'overvaren¹ I *onoverg* [voer over, is overgevaren] cross (over) II *overg* [voer over, h. overgevaren] take across

over'varen² *overg* [overvoer, h. overvaren] run down

ooververhit *bn* ❶ overheated ★ *de gemoederen raakten ~* feelings ran high ❷ nat superheated

oververhitten *overg* [oververhitte, h. oververhit]
❶ overheat **❷** <u>nat</u> superheat
oververhitting *v* **❶** overheating **❷** <u>nat</u> superheating
oververmoeid *bn* overtired, exhausted
oververmoeidheid *v* overtiredness, exhaustion
oververtegenwoordigd *bn* over-represented
oververzadiging *v* **❶** <u>nat</u> supersaturation **❷** <u>fig</u> surfeit
❸ *van de markt* glut, saturation
oververzekerd *bn* over-insured
overvleugelen *overg* [overvleugelde, h. overvleugeld]
❶ *overtreffen* surpass, outstrip **❷** <u>mil</u> outflank
overvliegen I *overg* [vloog over, h. overgevlogen] fly
over / across **II** *onoverg* [vloog over, is overgevlogen]
fly over / past, <u>fig ook</u> dash / race past
overvloed *m* abundance, plenty, profusion ★ *in ~*
leven live in abundance ★ *wellicht ten ~e wil ik*
opmerken dat... it has probably been said before, but
I'd like to comment that... ★ *~ hebben van iets*
abound in sth, have sth in abundance, have more
than plenty of sth
overvloedig I *bn* abundant, plentiful, copious,
profuse, liberal **II** *bijw* abundantly & ★ *duurzame*
energie is ~ aanwezig renewable energy is available
in abundance ★ *het ~ drinken van water leidt tot...*
drinking excessive quantities of water leads to...
overvloeien *onoverg* [vloeide over, is overgevloeid]
❶ overflow, run over ★ *~ van* abound in, brim with,
‹v. tranen› swim with ★ <u>Bijbel</u> *~ van melk en honing*
flow with milk and honey **❷** *harmonisch overgaan in*
flow (over), ‹v. beelden› fade
overvoeden *overg* [overvoedde, h. overvoed]
overfeed, sate
'overvoeren¹ *overg* [voerde over, h. overgevoerd]
carry over / across, transport
over'voeren² *overg* [overvoerde, h. overvoerd]
❶ *markt* overstock, glut, oversupply **❷** *te veel voer*
geven overfeed
overvol *bn* overcrowded, packed, <u>inf</u> chock-full
overvragen *overg* [overvroeg, overvraagde, h.
overvraagd] ask too much, overcharge
overwaaien *onoverg* [waaide *of* woei over, is
overgewaaid] **❶** *door wind* blow over / down **❷** *van*
elders komen blow over (from) ★ *die mode is uit*
Amerika overgewaaid it's a fashion from America
★ *komen* – drop / pop in **❸** *voorbijgaan* blow over
★ *die hype waait wel over* the hype will blow over
overwaarde *v* surplus value
overwaarderen *overg* [waardeerde over, h.
overgewaardeerd] **❶** overvalue, <u>fig ook</u> overrate
❷ <u>boekh</u> write up
overwaardering *v* overvaluation, <u>fig ook</u> overrating
'overweg¹ *m* [-wegen] level crossing ★ *een*
onbewaakte ~ an unguarded level crossing
over'weg² *bijw* ★ *met iets* ~ *kunnen* know how to
manage sth ★ *ik kan goed met hem* ~ I get along well
with him ★ *zij kunnen niet met elkaar* ~ they don't
get on together, <u>inf</u> they don't hit it off
overwegboom *m* [-bomen] level crossing barrier

/ gate
over'wegen¹ *overg* [overwoog, h. overwogen]
consider, think over, contemplate ★ *de*
moeilijkheden ~ weigh up the problems ★ <u>jur</u> *~de*
dat... taking into consideration that... ★ *alles wel*
overwogen after careful consideration ★ *dat willen*
ze ~ they want to give the matter some thought
'overwegen² *overg* [woog over, h. overgewogen]
opnieuw wegen reweigh, weigh again
overwegend I *bn* paramount ★ *het is van* ~ *belang*
dat... it is of paramount importance that..., it is
vitally important that... **II** *bijw voornamelijk*
predominantly, mainly, principally, in the main ★ ~
droog weer dry weather for the most part ★ *de*
bevolking is ~ *Duits* the population is predominantly
German
overweging *v* [-en] **❶** *beraad* consideration ★ *in* ~
nemen take into consideration ★ *iem. iets in* ~ *geven*
suggest sth to sbd, recommend sth to sbd ★ *ter* ~ for
consideration **❷** *argument* reason, consideration,
ground ★ *uit* ~*en van veiligheid* for reasons of
security, in the interests of security
overweldigen *overg* [overweldigde, h. overweldigd]
❶ overpower, ‹positie &› usurp **❷** <u>fig</u> overwhelm,
overmaster ★ *door verdriet overweldigd* heartbroken
overweldigend I *bn* overwhelming ★ *een* ~ *'nee'* a
resounding 'no' ★ *een* ~*e meerderheid halen* win a
landslide victory **II** *bijw* overwhelmingly, stunningly
★ *dat is* ~ *mooi* that is breathtakingly / stunningly
beautiful
overwelven *overg* [overwelfde, h. overwelfd] vault
overwerk *o* overtime (work)
'overwerken¹ *onoverg* [werkte over, h. overgewerkt]
work overtime
over'werken² *wederk* [overwerkte, h. overwerkt]
★ *zich* ~ overwork oneself, drive oneself too hard
overwerkt *bn* overworked, overstrained, ‹gespannen›
stressed
overwerktarief *o* [-rieven] overtime rate
overwicht *o* **❶** surplus weight **❷** <u>fig</u> authority
★ *militair / nucleair &* ~ military / nuclear &
superiority ★ *het* ~ *hebben* have authority over ★ ~
krijgen gain the upper hand ★ *een groot* ~ *hebben op*
/ over have a big influence over
overwinnaar *m* [-s & -naren] **❶** victor, winner **❷** *v. een*
land conqueror
overwinnen I *overg* [overwon, h. overwonnen]
❶ defeat, overcome ★ *de vijand* ~ defeat the enemy
❷ <u>fig</u> conquer, overcome, surmount ★ *een*
overwonnen standpunt a discarded / superseded
point of view ★ *moeilijkheden* ~ surmount
/ overcome difficulties **II** *onoverg* [overwon, h.
overwonnen] conquer, overcome, win
overwinning *v* [-en] victory ★ *de* ~ *behalen op* gain the
victory over ★ *het heeft mij de* ~ *gekost* it cost me the
victory
overwinningsroes *m* flush of victory
overwinst *v* [-en] surplus profit

OV

overwinteren *onoverg* [overwinterde, h. overwinterd] hibernate, overwinter

overwintering *v* [-en] hibernation, overwintering

overwippen I *onoverg* [wipte over, is overgewipt] pop over ★ *kom eens* ~ pop over / drop in some time ★ *naar Alkmaar* ~ pop over to Alkmaar **II** *overg* [wipte over, is overgewipt] pop across

overwoekerd *bn* overgrown, overrun ★ ~ *door onkruid* overgrown with weeds

overwoekeren *overg* [overwoekerde, h. overwoekerd] overgrow, overrun

overzees *bn* overseas ★ ~*e gebiedsdelen* overseas territories ★ ~*e handel* overseas trade

overzetten *overg* [zette over, h. overgezet] ❶ *overvaren* take across / over, ‹met veer› ferry over / across ❷ *verplaatsen* ook telec transfer ❸ *vertalen* translate, ‹in ander schrift› transcribe

overzicht *o* [-en] ❶ *het overzien* survey, view ★ *een* ~ *vanuit de lucht* a bird's-eye view ❷ *samenvatting* survey, summery, overview, outline, rundown ★ *een beknopt* ~ a brief outline ❸ *uittreksel* extract, copy

overzichtelijk I *bn* uncomplicated, clear, ‹v. een ruimte &› neatly arranged **II** *bijw* clearly

overzichtstentoonstelling *v* [-en] ❶ *v. een kunstenaar* retrospective exhibition ❷ *v. een groep of stroming* special exhibition

'overzien¹ *overg* [zag over, h. overgezien] look over, go through

over'zien² *overg* [overzag, h. overzien] overlook, survey ★ *van die heuvel overziet men de vlakte* the hill commands a view of the land ★ *alles met één blik* ~ take in everything at a glance ★ *de gevolgen zijn niet te* ~ the consequences are unpredictable ★ *het aantal deelnemers is te groot om te* ~ there are too many participants to keep track of ★ *hun leed was niet te* ~ their suffering was immense

overzij I *bijw* overhellend sideway(s), to one side **II** *v*, **overzijde** opposite side ★ *aan de* ~*de van de oceaan* across the ocean, on the other side of the ocean ★ *aan de* ~ on the other side, on the opposite side ★ *aan de* ~ *van* on the other side, beyond

overzwemmen *overg* [zwom over, h. en is overgezwommen] swim (across)

ov-jaarkaart, ov-kaart *v* [-en] travel card

ovulatie *v* [-s] ovulation

ovuleren *onoverg* [ovuleerde, h. geovuleerd] ovulate

oxidatie *v* [-s] oxidation

oxide *o* [-n & -s] oxide

oxideren *overg & onoverg* [oxideerde, h. & is geoxideerd] oxidize

ozon *o & m* ozone

ozonlaag *v* ozone layer

P

p *v* ['s] p ★ *ergens de* ~ *in hebben* be annoyed / fed up about sth, inf be pissed off with something

pa *m* ['s] dad(dy)

paadje *o* [-s] path, ‹door gebruik ontstaan› track, trail

paaien I *overg* [paaide, h. gepaaid] *tevredenstellen* appease, soothe, placate ★ *met mooie beloften* ~ fob off with fair promises **II** *onoverg* [paaide, h. gepaaid] *v. vis* spawn

paaiplaats *v* [-en] spawning grounds

paaitijd *m* [-en] spawning season

paal *m* [palen] ❶ *heipaal* pile ❷ *bovengronds* pole, ‹puntig› stake, ‹stevig› post ★ *dat staat als een* ~ *boven water* that's as plain as the nose on your face ★ *voor* ~ *staan* look a fool ❸ *erectie* vulg hard-on ❹ sp (goal) post ▼ ~ *en perk stellen aan* check, put a stop to, stop, set bounds on

paaltje *o* picket, peg

paalwoning *v* [-en] ❶ *prehistorisch* pile / lake dwelling ❷ *huis op palen* house on stilts

paalzitten *o* pole squatting

paap *m* [papen] *katholiek* afkeurend papist

paaps, paapsgezind *bn* afkeurend popish

paar *o* [paren] ❶ *koppel* pair, couple, ‹gevogelte› brace ★ *een gelukkig* ~ a happy pair / couple ★ *verliefde paren* couples in love, loving couples ★ *zij vormen geen goed* ~ they don't match ★ ~ *aan* ~ two by two, in twos ★ *bij paren verkopen, bij het* ~ *verkopen* sell in pairs ❷ *enkele* couple, few ★ *een* ~ *dagen* a day or two, a few days, a couple of days ★ *een* ~ *dingen* one or two things, a few things ★ *een* ~ *keer* once or twice

paard *o* [-en] ❶ *dier* horse ★ ~ *rijden* ride (on horseback) ★ *(de)* ~*en die de haver verdienen krijgen ze niet* those who deserve it most get the least reward ★ *het beste* ~ *struikelt wel eens* even the best of us makes mistakes ★ *het beste* ~ *van stal* the best one of all ★ *men moet een gegeven* ~ *niet in de bek kijken* you shouldn't look a gift horse in the mouth ★ *het* ~ *achter de wagen spannen* put the cart before the horse ★ *ik heb honger als een* ~ I'm famished, I'm starving, I could eat a horse ★ fig *op het* ~ *helpen* give a leg up ★ *op twee* ~*en wedden* hedge, cover one's bets, not put all one's eggs in the one basket ★ *zij is over het* ~ *getild* she thinks she is God's gift to mankind ★ *te* ~ on horseback, mounted ★ *het hinkende* ~ *komt achteraan* there's no such thing as a free lunch ❷ *schaakspel* knight ❸ *gymnastiek* (vaulting) horse ❹ *v. timmerman, leidekker* trestle

paardenbloem *v* [-en] dandelion

paardenfokker *m* [-s] horse breeder

paardenhaar *o* ❶ *haar v.e. paard* horsehair ❷ *weefsel* haircloth

paardenkracht *v* [-en] horsepower

paardenleer *o* horsehide, horse leather

paardenmarkt v [-en] horse fair
paardenmiddel o [-en] kill or cure remedy
paardenrennen zn [mv] horseraces
paardenslager m [-s] horse butcher
paardensport v equestrian sports, ‹rijden› horse riding, ‹rennen› horse racing
paardensprong m [-en] ❶ schaak knight's move ❷ v. paard jump
paardenstaart m [-en] ❶ v. paard horse's tail ❷ plantk horsetail, equisetum ❸ haardracht ponytail
paardenstal m [-len] stable
paardenvijg v [-en] horse dung ★ ~en horse manure
paardenvlees o ❶ vlees v. paard horseflesh ❷ als gerecht horsemeat
paardje o [-s] little horse, kindertaal gee-gee
paardjerijden onoverg [reed paardje, h. paardjegereden] ❶ v. kind op knie ride on someone's knee ❷ paardrijden ride horseback
paardrijden onoverg [reed paard, h. paardgereden] ❶ ride, ride (on) horseback ★ zij gingen ~ they went for a ride (on horseback) ❷ als kunst horsemanship
paardrijkunst v horsemanship
paarlemoeren bn → parelmoeren
paars bn & o ❶ paarsrood purple ❷ paarsblauw violet ★ het ~e kabinet social democrat and liberal democrat coalition government
paarsblauw bn violet
paarsgewijs, paarsgewijze bijw in pairs, two by two ★ ~ indelen pair off
paarsrood bn purple
paartijd m mating season
paartje o [-s] couple
paasbest o Sunday best ★ op zijn ~ in one's Sunday best
paasbloem v [-en] ZN daffodil
paasbrood o [-broden] ❶ krentenbrood simnel cake ❷ van de joden Passover bread, matzo
paasdag m [-dagen] Easter day ★ eerste ~ Easter Sunday ★ tweede ~ Easter Monday
paasei o [-eieren] Easter egg
paasfeest o [-en] ❶ v.d. christenen Easter ❷ v. d. joden Passover
paashaas m [-hazen] ❶ Easter bunny / rabbit ❷ v. chocola chocolate Easter bunny
paaslam o [-meren] paschal lamb
paasmaandag m [-dagen] Easter Monday
paasvakantie v [-s] Easter holidays
paaswake v [-n] Easter vigil
paasweek v [-weken] ❶ week na Pasen Easter week ❷ week voor Pasen Holy week
paaszaterdag m [-dagen] Holy / Easter Saturday
paaszondag m [-dagen] Easter Sunday
pabo v (Pedagogische Academie voor het Basisonderwijs) Teacher Training College for Primary Education
pacemaker m [-s] (cardiac) pacemaker
pacht v [-en] lease, ‹termijn› tenancy, ‹pachtgeld› rent ★ in ~ geven let out on lease ★ in ~ hebben hold on

lease ★ in ~ nemen take on lease ★ vrij van ~ free of rent ★ de wijsheid in ~ hebben have a monopoly on wisdom, think you know it all
pachten overg [pachtte, h. gepacht] rent, lease
pachter m [-s] ❶ v. boerderij tenant, tenant farmer ❷ v. theater & lessee, leaseholder
pachtgeld o [-en] rental, rent
pachtovereenkomst v [-en] lease, tenancy agreement, ‹landbouw› agricultural / farming lease / agreement
pachtsom v [-men] rent
pacificatie v [-s & -tiën] pacification
pacificeren overg [pacificeerde, h. gepacificeerd] pacify, calm
pacifisme o pacifism
pacifist m [-en] pacifist
pacifistisch bn pacifist
pact o [-en] ❶ overeenkomst pact, agreement ❷ tussen landen pact, treaty
pad I o [-en] ❶ path, ‹breed› walkway, ‹door gebruik ontstaan› track, trail, ‹gangpad› aisle, gangway ★ platgetreden ~en trodden down paths, worn-out paths ★ op ~ gaan set out ★ (laat) op ~ zijn be out (late) ★ altijd op ~ zijn be always on the road | on the go ❷ fig path, way ★ het ~ van de deugd the path of virtue ★ het verkeerde ~ opgaan go astray, go to the dogs ❸ comput path **II** v [-den] dier toad
paddenstoel m [-en] ❶ toadstool, ‹eetbaar› mushroom, ‹zwam› fungus ★ eetbare ~en mushrooms, edible fungi ★ als ~en uit de grond rijzen shoot up like mushrooms ★ ~en zoeken go mushrooming ❷ wegwijzer signpost
paddo m ['s] magic mushroom
padvinder m [-s] (boy) scout
padvinderij v Scout Association, scouting
paella m & v ['s] paella
paf I bn ★ hij stond ~ he was stunned / staggered / flabbergasted **II** tsw bang! **III** m [-fen] knal bang
paffen onoverg [pafte, h. gepaft] ❶ roken puff ❷ schieten pop
pafferig bn puffy, bloated, ‹v. lichaam ook› flabby
pagadder m [-s] ❶ kwajongen ZN mischievous / naughty boy, brat ❷ dreumes ZN toddler, mite
page m [-s] page
pagina v ['s] page
paginagroot bn full-page ‹advertisement›
paginascheiding v [-en] bij tekstverwerking comput page division
pagineren overg [pagineerde, h. gepagineerd] page, number ‹pages›
paginering v [-en] pagination, (page) numbering
pagode v [-s] pagoda
paillette v [-ten] spangle, sequin
pais v ★ in ~ en vree amicably, peacefully
pak o [-ken] ❶ pakket package, parcel ❷ verpakking packet, carton ★ een ~ vruchtensap a packet / carton / container of fruit juice ★ een ~ suiker a pack / packet of sugar ❸ bijeengebonden bundle, bale

★ *een ~ oud papier* a bundle of old newspapers ★ *een ~ stro* a bale of straw ❹ *stapeltje* stack, packet ★ *een ~ papier* a stack of papers, ⟨nieuw⟩ a packet of paper ❺ *vracht, laag* pack ★ *een dik ~ sneeuw* a thick layer of snow ❻ fig load ★ *een ~ slaag* a thrashing, a flogging, inf a hiding ★ *een ~ voor de broek* a spanking ★ *dat was een ~ van mijn hart* that was a load off my mind ❼ *kleding* suit ★ *wij kregen een nat ~* we got wet through ★ *ik ben niet bang voor een nat ~* I'm not afraid of getting wet ★ *van hetzelfde laken een ~* the same ❽ *peloton* wielersport pack, peloton ❾ *zakje* ZN bag ▼ *bij de ~ken neerzitten* throw in the towel

pakbon *m* [-nen] packing note
pakezel *m* [-s] pack mule
pakhuis *o* [-huizen] warehouse, storehouse
pakijs *o* pack ice
Pakistaan *m* [-stanen & -stani], **Pakistani** [idem of 's] Pakistani
Pakistaans *bn* Pakistani ★ valuta *de ~e roepia* the Pakistani rupee, the rupee
Pakistaanse *v* [-n] Pakistani ★ *ze is een ~* she's a Pakistani, she's from Pakistan
Pakistan *o* Pakistan
pakje *o* [-s] ❶ *kleine verpakking* packet ★ *een ~ sigaretten* a packet of cigarettes ❷ *cadeautje* parcel, present ❸ *postpakket* parcel, package ❹ *dameskleding* ensemble, suit
pakjesavond *m* 5 *december* St Nicholas' Eve
pakkans *v* chance of being caught, risk of arrest
pakken I *overg* [pakte, h. gepakt] ❶ *voor de dag halen* get, fetch ★ *mag ik even mijn zakdoek ~?* may I get my handkerchief? ★ inf *pak een stoel en ga zitten* grab yourself a chair and sit down ★ *kun je even een bord ~?* could you fetch a plate? ❷ *grijpen* catch, seize, grasp, take ★ ⟨tegen hond⟩ *pak ze!* attaboy / attagirl!, sick 'em! ★ *iem. bij de arm ~* take sbd by the arm, grab sbd's arm ★ *als ik hem te ~ krijg* ⟨bereiken⟩ if I can get hold of him, ⟨vangen⟩ if I ever get my hands on him ★ *ze kunnen hem niet te ~ krijgen* ⟨bereiken⟩ they can't get hold of him, ⟨vangen⟩ they can't catch him ★ *iem. te ~ nemen* ⟨in de maling nemen⟩ make a fool of sbd, pull sbd's leg, ⟨duperen⟩ take sbd in ❸ *benadelen* get, have ★ *het zijn altijd de zwaksten die gepakt worden* it's the ordinary folk who always cop it ❹ *nemen* take ★ *we ~ de volgende trein* we'll take the next train ★ *een borrel ~* grab a drink ❺ *knuffelen* hug, cuddle ⟨a child &⟩ ❻ *inpakken* pack ★ *hij kan zijn biezen wel ~* he'll be sent packing ★ *ze staan op elkaar gepakt als haringen in een ton* they're packed in like sardines ❼ *krijgen, bevangen zijn* catch, get ★ *een kou te ~ hebben* have caught a cold ★ *je hebt een koorts te ~* you've got a fever ★ *hij heeft het erg / zwaar te ~* ⟨tegenslag⟩ it's hit him very hard, ⟨ziekte⟩ he's got it badly, ⟨verliefdheid⟩ he's madly in love ★ *hij zal het gauw te ~ hebben* he'll soon get the hang of it ❽ *boeien* fig fetch ⟨the audience⟩, grip

⟨the reader⟩ ★ *het stuk pakt niet* the play doesn't grab you ❾ *seks hebben met* vulg screw ★ *hij heeft zijn buurmeisje gepakt* he had it off with the girl next door **II** *onoverg* [pakte, h. gepakt] ❶ *inpakken* pack ★ *ik moet nog ~* I still have to pack ❷ *van sneeuw* ball, bind ❸ *van verf* take ❹ techn bite ★ *de zaag pakt niet* the saw won't bite
pakkend *bn* fetching ⟨manner⟩, gripping, fascinating ⟨story⟩, catchy ⟨tune⟩ ★ *een ~ boek* a gripping book ★ *een ~e reclame* an attention-catching advertisement ★ *een ~e titel* an arresting title
pakker *m* [-s] packer
pakkerd *m* [-s] ❶ *kus* kiss ❷ *omhelzing* hug, squeeze
pakket *o* [-ten] ❶ parcel, packet ❷ fig package ★ *een ~ van maatregelen* a package / set of measures
pakketpost *v* parcel post, ⟨afdeling⟩ parcel post department
pakking *v* [-en & -s] techn packing, gasket
pakmateriaal *o* packing / packaging materials
pakpapier *o* packing / wrapping / brown paper
paksoi *m & v* pak choi, bok choy
pakweg *bijw* about, roughly, some, approximately, say ★ *dat gaat je ~ 200 pond kosten* that will cost roughly 200 pounds, that will cost, say, 200 pounds
pal I *m* [-len] ❶ catch ❷ *v. horloge* pawl, pallet **II** *bn* firm ★ *~ staan* stand firm **III** *bijw* ❶ *frontaal, direct* right, directly ★ *hij rende ~ tegen mij aan* he ran straight into me / he smacked into me ★ *~ noord* due north ❷ *onbeweeglijk* firmly, immovably, still ★ *~ achter iem. staan* stand firmly / solidly behind sbd
paladijn *m* [-en] paladin
palataal *bn & v* [-talen] palatal
Palau *o* Palau
palaver *o* [-s] palaver, tedious discussion / business
paleis *o* [-leizen] palace ★ *ten paleize* at the palace, at court ★ *het Paleis van Justitie* the Hall of Justice
paleisrevolutie *v* [-s] palace revolution
paleoceen *o* Palaeocene, Am Paleocene
paleografie *v* palaeography, Am paleography
paleontologie *v* palaeontology, Am paleontology
paleozoïcum *o* Palaeozoic, Am Paleozoic
Palestijn *m* [-en] Palestinian
Palestijns *bn* Palestinian
Palestina *o* Palestine
palet *o* [-ten] palette
palfrenier *m* [-s] groom
palimpsest *m* [-en] palimpsest
palindroom *o* [-dromen] palindrome
paling *m* [-en] eel ★ *gerookte ~* smoked eel
palingfuik *v* [-en] eel net
palissade *v* [-n & -s] palisade, stockade
palissanderhout *o* rosewood
paljas *m* [-sen] *grappenmaker* clown, buffoon
pallet *m* [-s] pallet
palliatief *o* [-tieven] palliative
pallieter *m* [-s] ZN bon vivant, jolly fellow
palm *m* [-en] *v. hand, boom, tak* palm ★ fig *de ~*

wegdragen carry off the palm

palmares *m* [-sen] ZN list of prize winners, record of achievements

palmboom *m* [-bomen] palm (tree)

palmenstrand *o* [-en] palm beach

palmhout *o* box wood

palmolie *v* palm oil

Palmpasen, **Palmpaas** *m* ❶ Palm Sunday ❷ 'palmpaas' ‹decorated stick carried by children on Palm Sunday›

palmtak *m* [-ken] ❶ palm branch ❷ *symbolisch* palm

palmzondag *m* [-en] Palm Sunday

pamflet *o* [-ten] ❶ pamphlet, ‹religieus› tract ❷ *brochure* leaflet, brochure, flyer

pampa *v* ['s] pampas

Pampus *m & o* Pampus ★ *voor pampus liggen* ‹vermoeid› be dead tired / dead beat / out for the count, ‹dronken› be dead drunk, inf be paralytic, ‹slapend› be dead to the world

pan *v* [-nen] ❶ *om te koken* pan ★ *in de ~ hakken* cut up, cut to pieces, wipe out, make mincemeat of ★ *die muziek swingt de ~ uit* this music really swings ★ fig *(het feest &) swingt de ~ uit* (the party &) is going with a swing ❷ *van dak* tile ❸ *herrie* inf row, racket, ‹ordeloze boel› shambles, mess ★ *wat een ~!* what a racket / shambles!

panacee *v* [-ceeën & -s] panacea, cure-all

Panama *o* Panama

panamahoed *m* [-en] panama (hat)

pan-Amerikaans *bn* Pan-American

pancreas *m & o* [-sen] pancreas

pand I *o* [-en] ❶ *onderpand* pledge, security, pawn, sp forfeit ★ *een ~ verbeuren* a game of forfeits ★ *in ~ geven* pledge, pawn ★ *tegen ~* on security ❷ *huis en erf* premises, property, ‹gebouw› building, house II *m & o v. jas* flap, tail, skirt, panel

panda *m* ['s] panda

pandbrief *m* [-brieven] mortgage bond

pandemonium *o verwarring* pandemonium, uproar, chaos

panden *overg* [pandde, h. gepand] ❶ jur distrain ❷ *belenen* pawn, pledge

pandgoed *o* pledged / pawned goods

pandhouder *m* [-s] ❶ pawnee, pledgee ❷ jur lienee, pledgee

pandjesjas *m & v* [-sen] tailcoat, tails

pandoer *o & m* [-en & -s] kaartsp 'pandoer' ★ *opgelegd ~* ‹zekerheid› a (dead) cert, a sure thing, ‹afgesproken werk› a put-up job, a fix

Pandora *v* Pandora ★ *de doos van ~* Pandora's box

pandrecht *o* right of distrain, lien

pandverbeuren *o* (game of) forfeits

paneel *o* [-nelen] ❶ *aan muur* panel ❷ *schakelpaneel* panel

paneermeel *o* breadcrumbs

panel *o* [-s] panel

paneldiscussie *v* [-s] RTV forum, panel discussion

panellid *o* [-leden] member of a panel, panel

member, RTV panellist

panenka *de* ['s] Panenka penalty

paneren *overg* [paneerde, h. gepaneerd] coat with breadcrumbs

panfluit, **pansfluit** *v* [-en] panpipes

paniek *v* panic, scare ★ *in ~ geraakt* terror-stricken, panic-stricken ★ *in ~ raken* panic, get into a panic ★ *~ zaaien* cause panic / alarm

paniekerig I *bn* panicky, panic-stricken, frantic II *bijw* in a panic, frantically

paniekreactie *v* [-s] panic reaction

paniekvoetbal *o* ❶ *m.b.t. voetbal* panicky play ❷ *m.b.t. gedrag* panic behaviour ★ fig *~ spelen* be panicking

paniekzaaier *m* [-s] scaremonger, panic-monger, alarmist

panikeren *onoverg* [panikeerde, h. gepanikeerd] ZN panic

panisch I *bn* panic, frantic ★ *~e schrik* panic II *bijw* in a panic, frantically

panklaar *bn* ready to cook ★ *een panklare oplossing* an instant solution, a ready-made solution

panne *v* [-s] breakdown ★ *ik heb ~* I've broken down, I've got engine trouble

pannendak *o* [-daken] tiled roof

pannenkoek *m* [-en] pancake

pannenkoekmix, **pannenkoekenmix** *m* pancake mix

pannenlap *m* [-pen] ❶ *om te reinigen* (pot) scourer ❷ *om aan te vatten* oven glove / mitt, pot holder

pannenlikker *m* [-s] pan cleaner, scraper

pannenset *m* [-s] set of pans

pannenspons *v* [-en & -sponzen] (pot) scourer, scouring pad

panorama *o* ['s] panorama, view

pantalon *m* [-s] (pair of) trousers / slacks / pants

panter *m* [-s] panther

pantheïsme *o* pantheism

pantheïst *m* [-en] pantheist

pantheïstisch *bn* pantheistic

pantheon *o* [-s] pantheon

pantoffel *v* [-s] slipper ★ *onder de ~ zitten* be henpecked (*van* by), be tied to his wife's apron strings

pantoffelheld *m* [-en] ❶ henpecked husband ❷ *bangerik* coward, inf chicken

pantoffelparade *v* [-s] promenade

pantomime *v* [-s & -n] pantomime

pantry *m* ['s] galley

pantser *o* [-s] ❶ *harnas* cuirass, (suit of) armour ❷ *bekleding* armour plating, plate armour

pantserdivisie *v* [-s] armoured division, ‹in Tweede Wereldoorlog› panzer division

pantseren *overg* [pantserde, h. gepantserd] ❶ armour-plate, armour ❷ fig steel / armour (against)

pantserglas *o* bullet-proof glass

pantservoertuig *o* [-en] armoured vehicle / car

pantserwagen *m* [-s] armoured car

pa

panty *m* ['s] pantyhose, (pair of) tights

> **panty**
> is een **pantyhose** of **(a pair of) tights**, maar geen
> ***panty**. Het enkelvoud **panty** bestaat niet in het
> Engels. Het meervoud **panties** wel, het betekent
> **slipje, onderbroek.**

pap I *v* [-pen] ❶ *om te eten* porridge ★ *een vinger in de ~ hebben* have a finger in the pie, have a say in the matter ★ *geen ~ meer kunnen zeggen* be whacked, be dead beat, ‹veel gegeten hebben› be full up ★ *er wel ~ van lusten* can't get enough of it ❷ *voor baby's of invaliden* pap, mush ❸ med dressing ❹ *in de nijverheid* dressing, size ❺ *papier* pulp ❻ *stijfsel* paste ❼ *v. sneeuw, modder* slush **II** *m papa* dad(dy)

papa *m* ['s] papa, dad(dy)

papaja *m* ['s] pawpaw, papaya

paparazzo *m* [-razzi] paparazzo, paparazzi

papaver *v* [-s] poppy

papegaai *m* [-en] parrot

papegaaienziekte *v* parrot disease, med psittacosis

paper *m* [-s] paper

paperassen *zn* [mv] papers, (useless) paperwork

paperback *m* [-s] paperback

paperclip *m* [-s] paperclip

Papiamento *o* Papiementu / Papiemento

papier *o* [-en] paper ★ *~en* papers ★ *zijn ~en rijzen* his stocks are going up ★ *goede ~en hebben* have good credentials ★ *het ~ is geduldig* anything can be put on paper ★ *het zal in de ~en lopen* it will run into a wad of money ★ *op ~* on paper ★ *op ~ brengen* / *zetten* put on paper, commit to paper

papieren *bn* ❶ paper ★ *~ geld* paper money / currency ★ *een ~ zak(je)* a paper bag ★ *~ verlies* loss on paper, paper loss ★ *~ winst* profit on paper, paper profit ❷ *papierachtig* paper-like

papierfabriek *v* [-en] paper mill

papierformaat *o* [-maten] paper size

papiergeld *o* paper money

papier-maché *o* papier mâché

papiermand *v* [-en] wastepaper basket, wastebasket

papiermolen *m* [-s] paper mill

papierversnipperaar *m* [-s] shredder

papierwinkel *m* [-s] ❶ *winkel* stationer's shop ❷ *papierwerk* fig mass of paperwork

papil *v* [-len] papilla

papillot *v* [-ten] curler ★ *met ~ten in het haar* with one's hair in curlers

papisme *o* afkeurend papistry

papist *m* [-en] afkeurend papist

papkindje *o* [-s], **papkind** *o* [-eren] sissy, mummy's boy / girl

paplepel *m* [-s] ★ *het is hem met de ~ ingegeven* he was brought up on it

Papoea-Nieuw-Guinea *o* Papua New Guinea

pappen *overg* [papte, h. gepapt] *v. wond* dress ★ *~ en nathouden* keep at it, keep the pot boiling

pappenheimer *m* [-s] ★ *hij kent zijn ~s* he knows who he's dealing with

papperig, pappig *bn* ❶ *week* mushy ❷ *pafferig* flabby, puffy

pappie *m* [-s] kindertaal daddy, Am pop

paprika *v* ['s] ❶ *specerij* paprika ❷ *vrucht* capsicum, paprika, sweet pepper

paprikapoeder *m en o* paprika

papyrus *m* [-sen & -pyri] papyrus

papzak *m* [-ken] fatty, fatso

para *m* ['s] mil para, paratrooper

paraaf *m* [-rafen] initials

paraat *bn* ready, prepared ★ *parate kennis* ready knowledge ★ *~ staan* be on standby, be at the ready

paraatheid *v* readiness, preparedness

parabel *v* [-s & -en] parable

parabolisch *bn* parabolic

parabool *v* [-bolen] parabola

paracetamol *m* paracetamol

parachute *m* [-s] parachute

parachuteren *overg* [parachuteerde, h. geparachuteerd] parachute

parachutespringen *o* parachuting ★ *~ kan gevaarlijk zijn* parachuting can be dangerous

parachutesprong *m* [-en] parachute jump

parachutist *m* [-en] parachutist, mil paratrooper

parade *v* [-s] ❶ mil parade, review ★ *de ~ afnemen* take the salute ★ *een ~ houden* parade, hold a review / parade ★ *~ maken* parade ❷ *schermen* sp parade, parry ❸ fig parade, show

paradepaard *o* [-en] ❶ *paard* parade horse ❷ *voorwerp* showpiece

paraderen *onoverg* [paradeerde, h. geparadeerd] ❶ mil parade ❷ fig parade, show off, flaunt

paradigma *o* [-mata & 's] paradigm

paradijs *o* [-dijzen] paradise ★ *het was een ~ op aarde* it was paradise on earth

paradijselijk I *bn* blissful, heavenly **II** *bijw* blissfully ★ *~ mooi* like heaven on earth

paradijsvogel *m* [-s] bird of paradise

paradox *m* [-en] paradox

paradoxaal *bn* paradoxical

paraferen *overg* [parafeerde, h. geparafeerd] initial

parafernalia *zn* [mv] ❶ *gedoe* fuss and bother ❷ *attributen* paraphernalia, bits and pieces

paraffine *v* ❶ *wasachtige stof* paraffin wax ❷ *bepaalde koolwaterstof* paraffin

paraffineolie *v* [oliën, -s] paraffin oil

parafrase *v* [-s & -n] paraphrase

parafraseren *overg* [parafraseerde, h. geparafraseerd] paraphrase

paragnost *m* [-en] psychic, clairvoyant

paragraaf *m* [-grafen] ❶ *tekstonderdeel* section ❷ *teken* section / paragraph mark

Paraguay *o* Paraguay

parallel I *bn & bijw* ❶ *evenwijdig* parallel ★ *~ lopen met* be / run parallel with / to ❷ *overeenkomend* parallel, analogous **II** *v* [-len] parallel ★ *een ~ trekken*

draw a parallel
parallellepipedum *o* [-da & -s] parallelepiped
parallellie *v* [-ën] parallelism
parallellogram *o* [-men] parallelogram
parallelschakeling *v* [-en] parallel connection, shunt
parallelweg *m* [-wegen] parallel / service road
Paralympics *zn* [mv] Paralympics
paramedisch *bn* paramedical
parameter *m* [-s] parameter
paramilitair *bn* paramilitary
paranimf *m* [-en] 'paranimf', assistant to a doctoral candidate at the conferring ceremony
paranoia *v* paranoia
paranoïde *bn* paranoid
paranoot *v* [-noten] Brazil nut
paranormaal *bn* paranormal
paraplu *m* ['s] umbrella
paraplubak *m* [-ken], **paraplustandaard** [-s] umbrella stand
parapsychologie *v* parapsychology, psychic research
parasiet *m* [-en] parasite
parasiteren *onoverg* [parasiteerde, h. geparasiteerd] ❶ parasitize ❷ *klaplopen* sponge (on / off)
parasol *m* [-s] sunshade, parasol, sun umbrella
parastataal *bn* ZN semi-official, semi-governmental
parastatale *v* [-n] ZN semi-official government / authority
paratroepen *zn* [mv] paratroops
paratyfus *m* paratyphoid
parcours, **parkoers** *o* [-en] circuit, course, track ★ *een foutloos ~* a clear round
pardoes *bijw* bang, slap, smack ★ *iem. ~ tegen het lijf lopen* bump into sbd
pardon *o* pardon ★ *~, meneer!* sorry!, I beg your pardon!, excuse me, sir, ⟨could you...⟩ ★ *zonder ~* without mercy, form inexorably ★ *geen ~ geven* give no quarter ★ *een rechterlijk ~* a judicial pardon
parel *v* [-s & -en] pearl ★ Bijbel *~en voor de zwijnen werpen* cast pearls before the swine
parelduiker *m* [-s] ❶ *visser* pearl diver ❷ *vogel* black-throated diver
parelen *onoverg* [parelde, h. gepareld] pearl, bead ★ *het zweet parelde hem op het voorhoofd* his forehead was beaded with sweat
parelhoen *o* [-ders] *vogel* guinea fowl
parelmoer, **paarlemoer** *o* mother-of-pearl
parelmoeren, **paarlemoeren** *bn* mother-of-pearl ⟨buttons &⟩
pareloester *v* [-s] pearl oyster
parelsnoer *o* [-en] string of pearls
parelvisser *m* [-s] pearl fisher
parelwit I *o* pearly white **II** *bn* pearly white
paren I *overg* [paarde, h. gepaard] pair, couple, match, unite ★ *...~ aan* combine... with **II** *onoverg* [paarde, h. gepaard] pair, mate, copulate
parenthese *v* [-n & -s], **parenthesis** [-theses] parenthesis ★ *in ~* in parentheses
pareren *overg* [pareerde, h. gepareerd] *afweren* parry,

ward off
parfum *o & m* [-s] perfume, scent
parfumeren *overg* [parfumeerde, h. geparfumeerd] perfume, scent
parfumerie *v* [-rieën] perfumery
pari *bijw & o* ['s] handel par ★ *a ~* at par ★ *beneden ~* below par, at a discount ★ *boven ~* above par, at a premium ★ *~ staan* be at par
paria *m-v* ['s] pariah
parig *bn* in pairs, letterk two-line
Parijs I *o* Paris **II** *bn* Parisian, Paris
Parijzenaar *m* [-s] Parisian
paring *v* [-en] ❶ *copulatie* mating, copulation ❷ *tweetallen maken* pairing
paringsdrift *v* mating instinct, sexual drive
Parisienne *v* [-s] Parisian
paritair *bn* on an equal footing, having equal representation ★ ZN *het ~ comité* a committee of equally represented employers and trade unionists
pariteit *v* [-en] parity
park *o* [-en] park, grounds ★ *een nationaal ~* a national park
parka *m* ['s] parka, anorak
parkeerautomaat *m* [-maten] car park ticket machine
parkeerbon *m* [-s & -nen] parking ticket
parkeergarage *v* [-s] parking garage ★ *een ondergrondse ~* an underground car park
parkeergeld *o* [-en] parking fee
parkeergelegenheid *v* [-heden] parking facilities / space
parkeerhaven *v* [-s] parking bay, Br lay-by
parkeerlicht *o* [-en] parking light
parkeermeter *m* [-s] parking meter
parkeerplaats *v* [-en] ❶ *voor een auto* parking place / space ❷ *parkeerterrein* car park, parking lot
parkeerpolitie *v* traffic warden
parkeerschijf *v* [-schijven] parking disc/Am disk
parkeerstrook *v* [-stroken] parking lane
parkeerterrein *o* [-en] car park, parking lot / place
parkeervak *o* [-ken] parking bay / place
parkeerverbod *o* [-boden] ❶ parking prohibition ❷ *op bord* No Parking
parkeervergunning *v* [-en] parking licence/Am license
parkeerwacht *m* [-en], **parkeerwachter** [-s] car park attendant, traffic warden
parkeren *overg en onoverg* [parkeerde, h. geparkeerd] park ★ *dubbel ~* double-park ★ *niet ~* no parking
parket *o* [-ten] ❶ *vloerbedekking* parquet, ⟨decoratief⟩ parquetry ❷ *Openbaar Ministerie* (office of the) public prosecutor ❸ *rang in theater* ± stalls ▼ *iem. in een lastig ~ brengen* put / place sbd in an awkward position, embarrass sbd ▼ inf *hij zat in een lastig ~* he was in a real fix / a difficult situation
parketnummer *o* [-s] jur case number
parketpolitie *v* court police
parketvloer *m* [-en] parquet floor(ing), parquetry

pa

parketwacht v court police
parketwachter m [-s] court officer, officer of the court
parkiet m [-en] ❶ budgerigar, inf budgie ❷ *iets groter* parakeet
parking m [-s] ZN parking place / lot, car park
Parkinson m ★ *de ziekte van* ~ Parkinson's disease
parkinsonpatiënt m [-en] sufferer from Parkinson's disease
parkoers o → **parcours**
parkwachter m [-s] park keeper
parlando I bn & bijw parlando II o [-s] parlando passage
parlement o [-en] parliament ★ *in het* ~ in parliament
parlementair I bn ❶ parliamentary ★ *de ~e vlag* the flag of truce, the white flag ❷ *beschaafd* parliamentary, civil II bijw beschaafd in a parliamentary manner ★ *zich* ~ *uitdrukken* use parliamentary language III m [-s & -en] bearer of a flag of truce
parlementariër m [-s] parliamentarian, member of parliament, M.P.
parlementsgebouw o [-en] parliament building
parlementslid o [-leden] member of parliament, M.P.
parlevinken onoverg [parlevinkte, h. geparlevinkt] ❶ *kletsen* chat, ‹onverstaanbaar› talk gibberish ❷ *handel drijven* peddle
parmant, parmantig I bn pert, jaunty, cheeky, dapper II bijw pertly &
parmezaan m Parmesan cheese
Parmezaans bn ★ *~e kaas* Parmesan cheese
parochiaal bn parochial
parochiaan m [-anen] parishioner
parochie v [-s & -chiën] parish
parochiekerk v [-en] parish church
parodie v [-dieën] parody, ‹act› skit, <u>afkeurend</u> travesty
parodiëren overg [parodieerde, h. geparodieerd] parody, <u>inf</u> take off, <u>afkeurend</u> travesty
parodontose v periodontosis
parool o [-rolen] ❶ *erewoord* parole ❷ *wachtwoord* password, watchword ❸ *leus* slogan, watchword, motto
part I o [-en] part, portion, share ★ *ik had er* ~ *noch deel aan* I had nothing to do with it ★ *voor mijn* ~ as for my part, as far as I'm concerned II v [-en] ★ *iem. ~en spelen* play a trick on sbd, play sbd false ★ *mijn geheugen speelt mij ~en* my memory is playing tricks on me
parterre o & m [-s] ❶ *in theater* pit ❷ *v. huis* ground floor. <u>Am</u> first floor
participant m [-en] ❶ *deelnemer* participant, partner ❷ *aandeelhouder* shareholder
participatie v [-s] participation, taking part
participatiemaatschappij v [-en] financial holding company, investment / participation company, <u>Am</u> venture capital company
participeren onoverg [participeerde, h. geparticipeerd] participate, take part

participium o [-s & -pia] <u>taalk</u> participle
particulier I bn private ★ *het* ~ *initiatief* private enterprise ★ *een ~e school* a private school ★ *een ~e woning* a private house II bijw privately III m [-en] private person / individual
partieel bn partial ★ *partiële leerplicht* compulsory part-time education
partij v [-en] ❶ <u>pol</u> (political) party ❷ *kant in een conflict* party ★ *beide ~en* both sides, both parties ★ *~ kiezen* take sides, ‹bij spelletjes› pick sides ★ *~ kiezen tegen* take sides against ★ *~ kiezen voor* be pro ‹sth›, be on ‹sbd's› side ★ *de wijste ~ kiezen* choose the wisest course ★ *van ~ veranderen* change sides ★ *van de ~ zijn* be in on sth, take part ★ *~ trekken voor* side with, stand up for ★ *hij is geen ~ in deze zaak* he isn't involved in this matter ★ *boven de ~en staan* be impartial ★ <u>jur</u> *de eisende ~* the claimant / plaintiff ★ <u>jur</u> *de aangeklaagde ~* the defendant ❸ *spel* game ★ *een ~ biljarten* have a game of billiards ★ <u>sp</u> *een goede ~* a good match ❹ <u>handel</u> batch, lot ★ *een ~ goederen* a shipment / consignment of goods ★ *bij ~en verkopen* sell in lots / batches ❺ <u>muz</u> part
partijbestuur o [-sturen] party executive (committee), party leadership
partijbijeenkomst v [-en] party meeting
partijbons, partijbonze m [-bonzen] party bigwig
partijdig I bn partial, biased II bijw in a biased way
partijdigheid v partiality, bias
partijganger m [-s] party follower / supporter
partijgenoot m [-noten] fellow party member
partijkader o [-s] senior party members
partijkas v [-sen] party funds
partijleider m [-s] party leader
partijleiding v party leadership
partijlid o [-leden] party member
partijpolitiek I v party politics, ‹the› party line II bn party political
partijraad m [-raden] party council
partijtje o [-s] ❶ *feest* party ★ *een ~ geven* give a party ❷ *spelletje* game ❸ <u>handel</u> lot
partijtop m [-pen] party leadership / executive
partijtrekken onoverg [trok partij, h. partijgetrokken] take sides
partikel o [-s] particle
partituur v [-turen] score
partizaan m [-zanen] partisan
partje o [-s] section, segment
partner m [-s] partner
partnerkeuze v choice of partner
partnerpensioen o [-en] survivor annuity
partnerruil m partner-swapping, wife-swapping
partnerschap o ★ *een geregistreerd* ~ a registered partnership
parttime bn & bijw part-time ★ *~ werken* work on a part-time basis, have a part-time job
parttimebaan v [-banen] part-time job / work
parttimer m [-s] part-time worker
parvenu m ['s] parvenu, upstart

pas I *m* [-sen] ❶ *stap* pace, step ★ *de ~ aangeven* set the pace ★ *iem. de ~ afsnijden* cut sbd off ★ *daarvoor is mij de ~ afgesneden* I find my way barred ★ *zijn ~ inhouden* check one's step ★ *er de ~ in houden* keep up a smart / brisk pace ★ *er de ~ in zetten* keep (a firm) pace ★ *in de ~ blijven* in step ★ *in de ~ blijven met* keep pace / in step with ★ *in de ~ komen / lopen* catch / keep step ★ *~ op de plaats maken* mark time ★ *op tien ~ (afstand)* at ten paces ★ *uit de ~ raken* get / fall out of step ❷ *bergweg* pass, defile ❸ *paspoort* passport ❹ *vrijgeleide* mil pass **II** *o* ❶ ★ *waar het ~ geeft* where proper, when done ★ *dat geeft geen ~ / komt niet te ~* that's not the done thing, that won't do ★ *te ~ en te on~* whether appropriate or not ★ *het zal u nog van (te) ~ komen* it will come in handy ★ *er aan te ~ komen* enter into the question / into it ★ *hij moest er aan te ~ komen* he had to step in / to intervene ★ *ik kwam er niet eens aan te ~* I didn't even get a chance ★ *je komt net van ~* you've come as if you'd been called ★ *dat kwam mij net van ~* that came in very handy ❷ *waterpas* spirit level **III** *bijw* ❶ *net* just, only, recently ★ *ik heb het ~ gisteren gedaan* I did it only yesterday ★ *ze kwam er ~ gisteren achter dat hij al een vriendinnetje had* she didn't find out until yesterday that he already had a girlfriend ★ *~ getrouwd* newly wed, just married ★ *ik ben ~ ziek geweest* I've been ill of late ❷ *niet voor* only, not until, as late as ★ *zij is ~ in 2001 overleden* she only died in 2001 ❸ *echt* really ★ *dat zou ~ mooi zijn!* that would be really nice! ★ *dat is ~ muziek!* that's what I call music!

pascontrole *v* [-s] passport control

Pasen *m* ❶ *joods* Passover ❷ *christelijk* Easter ★ *Beloken ~* Low Sunday ★ *als ~ en Pinksteren op één dag vallen* never in a month of Sundays

pasfoto *v* ['s] passport photo

pasgeboren *bn* newborn, newly born ★ *een ~ kind* a newborn, a newly born (child)

pasgeld *o* (small) change

pasgetrouwd *bn* newly wed, just married

pasje *o* [-s] ❶ *legitimatiebewijs* pass, ID card ❷ *betaalpas &* card ❸ *stapje* step

pasjessysteem *o* [-temen] identity card system

paskamer *v* [-s] fitting room, trying-on room

pasklaar *bn* ❶ ready for trying on, made to measure ❷ *fig* cut and dried, ready-made ★ *fig iets ~ maken voor...* tailor / adapt sth for...

paskwil *o* [-len] ❶ *schotschrift* libel, lampoon ❷ *bespotting* mockery, farce

pasmunt *v* (small) change

paspoort *o* [-en] passport

paspoortcontrole *v* [-s] passport control

paspop *v* [-pen] tailor's dummy

pass *m* [-es] sp pass ★ *een ~ geven* pass, make a pass

passaat *m* [-saten], **passaatwind** [-en] trade wind

passage *v* [-s] ❶ *doorgang* passage ★ *we hebben hier veel ~* we have a lot of passers-by ❷ *winkelgalerij* arcade, mall ❸ *gedeelte v. boek* passage, excerpt

❹ *muz* passage, excerpt ❺ *scheepv* passage ★ *~ bespreken* book (a passage)

passagier *m* [-s] passenger ★ *een blinde ~* a stowaway

passagieren *onoverg* [passagierde, h. gepassagierd] go on shore leave

passagierslijst *v* [-en] list of passengers, passenger list

passagiersschip *o* [-schepen] passenger ship, (luxury) liner

passagiersterminal *m* [-s] passenger terminal

passagiersvliegtuig *o* [-en] airliner, aircraft

passant *m* [-en] ❶ *voorbijganger* passer-by ❷ *doorreizende* transient ▼ *en ~* by the way, in passing, incidentally

passé *bn* passé, out of date, outmoded

passen I *onoverg* [paste, h. gepast] ❶ *nauwsluitend zijn* fit ★ *deze kleren ~ mij precies* these clothes fit me like a glove / fit perfectly ★ *~ en meten* try to make ‹sth› fit, fig juggle, try various ways ★ *de steel past niet in de opening* the handle doesn't fit the opening ★ *die kurk past op deze fles* that cork / stopper fits this bottle ❷ *horen bij* match, fit, belong ★ *dat past er niet bij* it doesn't go (well) with it, it doesn't match ★ *kunt u mij zijde geven die bij deze past?* do you have silk which matches this? ★ *ze ~ (niet) bij elkaar* they are (not) well matched, (not) right for each other, they (don't) go together ★ *slecht bij elkaar ~* be badly matched ❸ *gepast zijn, goed uitkomen* suit, be fitting, be appropriate ★ *het past me niet om dat te doen* ‹schikken› it doesn't suit me / it's not convenient for me to do that, ‹toepasselijk zijn› it's not (appropriate) for me to do that ❹ *(+ op) letten op, zorgen dat* look after, take care ★ *~ op iets* mind sth, take care of sth ★ *op de kinderen ~* look after the children, take care of the children ★ *op zijn woorden ~* be careful of one's words, watch what one says ❺ *kaartsp* pass ★ *(ik) pas* (I) pass ★ *ik pas er voor* I won't do it **II** *overg* [paste, h. gepast] ❶ fit, try on ★ *een jurk ~* try a dress on ❷ *v. geld* ★ *kunt u het niet ~?* haven't you got the exact money? **III** *overg* [passte, h. gepast] *een pass geven* pass

passend I *bn* ❶ *geschikt* suitable, appropriate, ‹opportuun› expedient ★ *~e arbeid* suitable work ★ *ik kan niets ~s vinden* I can't find anything that's suitable ❷ *gepast* proper, appropriate, becoming, fitting ★ *~ gebruik maken van iets* make proper use of sth, use sth properly / appropriately ❸ *in de goede maat* fitting **II** *bijw* suitably &

passe-partout *m & o* [-s] ❶ *lijst* passe-partout ❷ *sleutel* master / skeleton key ❸ *toegangsbewijs* pass, go-as-you-please ticket

passer *m* [-s] (pair of) compasses, compass ★ *een kromme ~* cal(l)ipers

passerdoos *v* [-dozen] compasses case

passeren I *overg* [passeerde, h. en is gepasseerd] ❶ *oversteken* pass, cross ★ *de grens ~* cross the border ❷ *inhalen* pass, overtake ★ *hij is de vijftig gepasseerd* he's turned fifty, he's on the wrong side of fifty ★ *mag ik even ~?* could I get past, please? ★ *ze* hebben elkaar gepasseerd they passed each other ❸ *doorbrengen* pass ❹ *overslaan* pass over ❺ *goedkeuren* v. *aktes &* execute **II** *onoverg* [passeerde, is gepasseerd] ❶ *voorbijgaan* pass (by) ★ *u mag dat niet laten* ~ you shouldn't let that pass ❷ *gebeuren, overkomen* happen, occur

passie *v* [-s] ❶ *hartstocht* passion, enthusiasm ❷ *manie* mania, craze ▼ *de Passie* the Passion ‹of Christ›

passiebloem *v* [-en] passion flower

passief I *bn* passive ★ *een passieve handelsbalans* a passive / an unfavourable balance of trade **II** *bijw* passively ★ ~ *roken* passive smoking **III** *o* [-siva] ★ handel *het* ~ *en actief* assets and liabilities

passiespel *o* [-spelen] passion play

passievrucht *v* [-en] passion fruit

passieweek *v* [-weken] Passion Week, Holy Week

passiva *zn* [mv] handel liabilities ★ boekh *overlopende* ~ accruals and deferred income

passiviteit *v* passivity

password *o* [-s] comput password

pasta *m & o* ['s] ❶ *smeerbare stof* paste ❷ *deegwaren* pasta

pastei *v* [-en] pie, ‹vooral met groente› pasty, ‹met eieren› quiche

pasteitje *o* [-s] vol-au-vent

pastel *o* [-s & -len] *krijt, tekening* pastel

pasteltint *v* [-en] pastel shade

pasteurisatie *v* pasteurization

pasteuriseren *overg* [pasteuriseerde, h. gepasteuriseerd] pasteurize

pastiche *m* [-s] pastiche

pastille *v* [-s] pastille, troche, lozenge

pastinaak *v* [-naken] parsnip

pastoor *m* [-s] (parish) priest, ‹als aanspreekvorm› Father

pastor *m* [-s] pastor

pastoraal I *bn* pastoral **II** *v* RK pastoral work

pastoraat *o* [-raten] ❶ *pastoorschap* priesthood ❷ *uitoefening v.h. ambt* pastoral care

pastorale *v* [-s & -n] ❶ *letterkunde* pastoral ❷ muz pastorale

pastorie *v* [-rieën] ❶ RK presbytery ❷ *Anglicaans* rectory, vicarage ❸ *Protestants* parsonage, manse

pasvorm *m* [-en] fit

pat I *o bij schaken* stalemate ★ ~ *zetten* stalemate **II** *v* [-ten] *op kleding* tab, mil patch

patat *m* ❶ *patates frites* chips, Am French fries ★ *een portie* ~ a portion of chips ❷ *aardappel* [-ten] ZN potato

patatje *o* [-s] chips, Am French fries ★ *een* ~ *met* chips with mayonnaise

patatkraam *v & o* [-kramen] chippy, ± fish and chips stand, Am ± hot dog stand

patch *m* [-es] comput software patch

patchwork *o* patchwork

paté *m* [-s] pâté

patent I *o* [-en] patent ★ ~ *nemen op iets* take out a patent on sth ★ ~ *verlenen* grant a patent **II** *bn* great,

terrific, first-rate ★ *er* ~ *uitzien* look great / terrific

patentaanvraag *v* [-vragen] patent application

patenteren *overg* [patenteerde, h. gepatenteerd] ❶ *octrooi nemen* patent ❷ *octrooi verlenen* grant a patent

pater *m* [-s] father, priest ★ *een Witte Pater* a White Father

paternalisme *o* paternalism

paternalistisch *bn* paternalistic

Paternoster I *o* [-s] *gebed* paternoster, **paternoster II** *m* [-s] *rozenkrans* rosary ▼ inf ‹handboeien› *paternosters* bracelets, cuffs

pathetiek *v* pathos

pathetisch *bn* pathetic

pathologie *v* pathology

pathologisch *bn* pathological

patholoog *m* [-logen] pathologist

patholoog-anatoom *m* [pathalogen-anatomen] pathologist

pathos *o* pathos, afkeurend melodrama

patience *o* patience, solitaire

patiënt *m* [-en] patient

patina *o* patina

patio *m* ['s] patio

patisserie *v* [-rieën] ❶ *banketbakkerij* confectioner, pastry shop ❷ *gebak* cakes, pastry

patjakker *m* [-s] scamp, rogue, scoundrel

patjepeeër *m* [-s] inf vulgarian, boor

patriarch *m* [-en] patriarch

patriarchaat *o* ❶ *waardigheid v. patriarch* patriarchate ❷ *systeem* patriarchy

patriciaat *o* patriciate

patriciër *m* [-s] patrician

patriciërsgeslacht *o* [-en] aristocratic / noble family

patriciërshuis *o* [-huizen] mansion

patrijs *m & v* [-trijzen] partridge

patrijshond *m* [-en] spaniel

patrijspoort *v* [-en] porthole

patriot *m* [-ten] patriot

patriottisch *bn* patriotic

patriottisme *o* patriotism

patronaat *o* [-naten] ❶ *bescherming* patronage ❷ *jongerenvereniging* Catholic youth group ❸ *werkgeversorganisatie* Belg employers

patrones *v* [-sen] ❶ *heilige* patron saint ❷ *beschermvrouw* patron(ess)

patroon I *m* [-s] ❶ *baas* employer, chief, boss ❷ *heilige* patron saint ❸ *beschermheer* patron **II** *v* [-tronen] *in vuurwapen & inktpatroon* cartridge ★ *een losse* ~ a blank cartridge ★ *een scherpe* ~ a live cartridge **III** *o* [-tronen] *model* pattern, design

patroonheilige *m en v* [-n] patron saint

patroonhuls *v* [-hulzen] cartridge case

patroontas *v* [-sen] cartridge box

patrouille *v* [-s] patrol ★ *op* ~ on patrol

patrouilleauto *m* ['s] patrol / squad car

patrouilleren *onoverg* [patrouilleerde, h. gepatrouilleerd] patrol ★ *door / in de straten* patrol

the streets
patrouillevaartuig *o* [-en] patrol boat
pats I *m* [-en] wham, slap, whack **II** *tsw* wham!, slap!, whack!
patser *m* [-s] ❶ *slechterik* thug ❷ *macho* show-off, macho
patserig *bn* macho, show-off
patstelling *v* ❶ schaken stalemate ❷ fig stalemate, deadlock
pauk *v* [-en] kettledrum ★ *de ~en* the timpani
paukenist *m* [-en], **paukenslager** [-s] timpanist, kettledrummer
pauper *m* [-s] pauper
paus *m* [-en] pope ★ *roomser dan de ~ zijn* be more Catholic than the Pope
pausdom *o* papacy
pauselijk *bn* papal ★ *de ~e stoel* the Holy See ★ *de ~e waardigheid* the papacy
pausmobiel *o* [-en] Popemobile
pausschap *o* papacy
pauw *m* [-en] peacock
pauwenoog *o* [-ogen] *vlek op staart* peacock eye
pauwin *v* [-nen] peahen
pauwoog *m* [-ogen] *vlinder* peacock butterfly
pauwstaart *m* [-en] *duif* fantail (pigeon), peacock's tail
pauze *v* [-s & -n] break, pause, ‹in toneelvoorstelling &› interval, muz rest
pauzefilm *m* [-s] lunchtime film
pauzefilmpje *o* [-s] filler
pauzeren *onoverg* [pauzeerde, h. gepauzeerd] pause, rest
paviljoen *o* [-en & -s] pavilion
pavlovreactie *de (v)* [-s] Pavlov reaction
pay-off *de* [-s] advertising slogan
pay-tv *v* pay TV, pay television
pc *afk en m* [’s] (personal computer) PC
P.C. Hooft-tractor *de (m)* [-en, -s] SUV, Br Chelsea tractor
pdf *afk* PDF
pecannoot *v* [-noten] pecan
pech *m* ❶ bad luck ★ *ik heb altijd ~* just my luck ★ *wat een ~!* what bad luck! ★ *~ gehad!* bad / hard luck! ❷ *panne* breakdown ★ *wij hadden ~ met de auto* we had car trouble
pechlamp *v* [-en] breakdown lamp
pechvogel *m* [-s] unlucky person ★ *hij is een ~* bad luck always comes his way
pedaal *o & m* [-dalen] pedal
pedaalemmer *m* [-s] pedal bin
pedagogie, pedagogiek *v* (theory / science of) education, pedagogy
pedagogisch I *bn* educational ★ *een ~e academie* a teacher training college **II** *bijw* educationally
pedagoog *m* [-gogen] educationalist, teacher
pedant I *bn* pedantic, ‹zelfvoldaan› priggish, ‹eigenwijs› cocky, smart-alec(k)y ★ *een ~e kwast* a smart alec(k) **II** *bijw* pedantically, priggishly, cockily ★ *hij keek ~ om zich heen* he looked around cockily

III *m* [-en] pedant, prig
pedanterie *v* [-rieën] pedantry, priggishness
peddel *m* [-s] paddle
peddelen [peddelde, h. en is gepeddeld] ❶ *fietsen* pedal ❷ *roeien* paddle
pedel *m* [-len & -s] registrar
pediatrie *v* paediatrics, Am pediatrics
pedicure I *m-v* [-n & -s] *persoon* pedicurist, chiropodist **II** *v handeling* pedicure, chiropody
pedofiel I *m-v* [-en] paedophile, Am pedophile **II** *bn* paedophile, Am pedophile
pedofilie *v* paedophilia, Am pedophilia
pedometer *m* [-s] pedometer
pee *v* ★ *ergens de ~ in hebben* be annoyed / fed up about sth, inf be pissed off about sth
peen *v* [penen] carrot ★ *een witte ~* a parsnip ★ *~tjes zweten* be in a cold sweat, inf be in a blue funk, be sitting on hot coals
peer I *v* [peren] ❶ *vrucht* pear ★ *iem. met de gebakken peren laten zitten* leave sbd holding the baby ❷ *gloeilamp* bulb **II** *m* [peren] ❶ *perenboom* pear (tree) ❷ *kerel* chap ★ *ik vind hem zo'n ~!* I think he's great!
peervormig *bn* pear-shaped
pees *v* [pezen] tendon, sinew, inf string ★ *een verrekte ~* a pulled tendon
peeskamertje *o* [-s] room where a prostitute works
peesontsteking *v* [-en] inflammation of the tendon, tendinitis
peesschede *v* [-n] tendon sheath
peetdochter *v* [-s] goddaughter
peetmoeder *v* [-s] godmother
peetoom *m* [-s] godfather
peetouders *zn* [mv] godparents
peettante *v* [-s] godmother
peetvader *m* [-s] godfather
peetzoon *m* [-s & -zonen] godson
pegel *m* [-s] *ijspegel* icicle ▼ inf ‹geld› *~s* dough, bread, cash
peignoir *m* [-s] dressing gown, Am robe
peil *o* [-en] ❶ *maat* gauge ❷ *merkteken* mark ★ *beneden / boven Amsterdams ~* below / above Amsterdam ordnance zero ❸ *niveau* fig standard, level ★ *het ~ verhogen* raise the standard / level ★ *beneden ~* below standard / the mark, not up to standard / the mark ★ *op ~ brengen* bring up to (the required) standard ★ *op hetzelfde ~ brengen* put on the same level ★ ‹voorraden, export &› *op ~ houden* keep up (to the level), maintain ★ *er is geen ~ op hem te trekken* he's quite unpredictable
peildatum *m* [-data & -s] set day, reference date
peilen *overg* [peilde, h. gepeild] ❶ *inhoud van vat* gauge ❷ *diepte van water* sound, fathom ❸ *wond* probe ❹ *positie bepalen* take bearings, locate the position of ❺ fig ‹hart› search, ‹ellende &› plumb, ‹motieven &› probe, sound out
peilglas *o* [-glazen] (water) gauge
peiling *v* [-en] ❶ *plaatsbepaling* bearing ❷ scheepv

sounding ★ *iem.* / *iets in de ~ hebben* cotton onto sbd / sth ★ *iem. in de ~ nemen* have sbd sized up

peillood *o* [-loden] sounding lead, plumb line

peilloos I *bn* unfathomable, fathomless **II** *bijw* unfathomably, fathomlessly

peilstok *m* [-ken] ❶ gauging / sounding rod ❷ <u>auto</u> dipstick

peinzen *onoverg* [peinsde, h. gepeinsd] ❶ *denken (over)* consider, think about ★ *ik peins er niet over* I wouldn't think of it ❷ *ernstig nadenken* ponder, meditate, muse (*over* on)

peinzend *bn* meditative, pensive

pejoratief *bn & m* [-tieven] pejorative

pek *o & m* pitch ★ *wie met ~ omgaat, wordt er mee besmet* evil rubs off

pekel *m* ❶ *zout water* brine ❷ *voor wegen* salt, grit

pekelen *overg* [pekelde, h. gepekeld] ❶ *voedsel* pickle, ⟨vlees⟩ salt ❷ *wegen* salt, grit

pekelharing *m* [-en] salt(ed) herring

pekelvlees *o* salted meat

pekelzonde *v* [-n] peccadillo

pekinees *m* [-nezen] *hond* Pekinese

Peking *o* Beijing, <u>hist</u> Peking

pekingeend *v* [-en] Peking duck

pelgrim *m* [-s] pilgrim

pelgrimage *v* [-s] pilgrimage

pelgrimsoord *o* [-en] place of pilgrimage

pelgrimstocht *m* [-en] pilgrimage

pelikaan *m* [-kanen] pelican

pellen *overg* [pelde, h. gepeld] ❶ *eieren, garnalen* peel ❷ *noten, erwten* shell ❸ *rijst* hull, husk ❹ *aardappelen* ZN peel

peloton *o* [-s] ❶ <u>mil</u> platoon ❷ <u>sp</u> bunch, pack, ⟨wielrenners⟩ peloton

pels *m* [pelzen] ❶ *bont* fur ❷ *jas* ZN fur (coat)

pelsdier *o* [-en] furred / furbearing animal

pelsjager *m* [-s] trapper

peluw *v* [-s & -en] ⟨langwerpig⟩ bolster, ⟨hoofdkussen⟩ pillow

pen *v* [-nen] ❶ *schrijfgerei* pen ★ *de ~ voeren* wield the pen ★ *het is in de ~ gebleven* it stayed at the paper stage ★ *in de ~ geven* dictate ★ *in de ~ klimmen* take up one's pen, put pen to paper ★ *het is / zit in de ~* it's in preparation ★ *het is met geen ~ te beschrijven* it defies description ★ *het is mij uit de ~ gevloeid* it was a slip of the pen ★ *veren ~ leven* live by one's pen ❷ *los pennetje* nib ❸ *veren pen* feather, quill ❹ *stift* ⟨metaal⟩ pin, ⟨hout⟩ peg, plug ❺ *naald om te breien &* needle

penaal *bn* penal

penalty *m* ['s] penalty kick, penalty

penaltystip *v* [-pen] penalty spot

penarie *v* ★ *in de ~ zitten* be in a terrible mess, be in deep trouble

pendant *o & m* [-en] pendant, companion picture / portrait / piece, counterpart ★ *dit schilderij is de ~ van dat* this painting is the companion piece of that one

pendel *m* [-s] ❶ *slinger* pendulum ❷ *wichelroede* ZN divining rod

pendelaar *m* [-s] ❶ *forens* commuter ❷ *wichelroedeloper* ZN diviner

pendelbus *m & v* [-sen] shuttle bus

pendeldienst *m* [-en] shuttle service

pendelen *onoverg* [pendelde, h. gependeld] ❶ *heen-en weer reizen* commute, shuttle ❷ *m. e. wichelroede* ZN search with a divining rod

pendule *v* [-s] mantel clock

penetrant *bn* penetrating, piercing, ⟨v. geur⟩ pungent

penetratie *v* [-s] penetration

penetreren *overg & onoverg* [penetreerde, h. en is gepenetreerd] penetrate (*in* into)

penhouder *m* [-s] penholder

penibel *bn* painful, embarrassing, awkward

penicilline *v* penicillin

penis *m* [-sen] penis

peniskoker *m* [-s] penis gourd

penisnijd *m* penis envy

penitentiair *bn* penitentiary ★ *een ~e inrichting* a penitentiary

penitentie *v* [-s & -tiën] ❶ *boete* penance ❷ <u>fig</u> ordeal, trial

pennen *onoverg & overg* [pende, h. gepend] pen, write, scribble

pennenbak *m* [-ken] pen tray

pennenlikker *m* [-s] pen pusher

pennenmes *o* [-sen] penknife

pennenstreek *v* [-streken] stroke / dash of the pen ★ *met één ~* with one stroke of the pen

pennenstrijd *m* controversy, polemic

pennenvrucht *v* [-en] fruits / products of one's pen

pennenzak *m* [-ken] ZN pencil case

penning *m* [-en] ❶ *munt* penny, ⟨voor automaten⟩ token ★ *op de ~ zijn* be very tight with money ❷ *ereteken* medal ❸ *v. politieagenten* badge

penningkruid *o* moneywort

penningkunde *v* numismatics

penningmeester *m* [-s] treasurer

penopauze *v* male menopause

penoze *v* underworld, lowlife

pens *v* [-en] ❶ *buik* paunch, belly, gut ❷ *ingewanden* tripe ❸ *bloedworst* ZN black pudding ❹ *maag van koe &* rumen

pensee I *v* [-s] *viooltje* wild pansy, heartsease **II** *o kleur* violet

penseel *o* [-selen] (paint) brush

penseelstreek *v* [-streken] stroke of the brush, brushstroke

pensioen *o* [-en] retirement pay, pension, superannuation, <u>mil</u> retired pay ★ *~ aanvragen* apply for one's pension ★ *~ krijgen* be pensioned off, <u>mil</u> be placed on the retired list ★ *~ nemen, met ~ gaan* retire (on a pension), <u>mil</u> be pensioned off, retire

pensioenbijdrage *v* [-n] pension / superannuation contributions

pensioenbreuk *v* break in pension / superannuation contributions

pensioenfonds *o* [-en] pension / superannuation fund

pensioengerechtigd *bn* pensionable ★ *de ~e leeftijd bereiken* reach retiring age, reach the age of retirement

pensioenopbouw *m* pension / superannuation build-up

pensioenpremie *v* [-s] pension / superannuation contributions

pension *o* [-s] boarding / guest house ★ *in ~ zijn* live in a boarding house ★ *met vol ~* with full board ★ *met half ~* half board

pensionaat *o* [-naten] boarding school

pensionado *de* ['s] expatriate pensioner

pensioneren *overg* [pensioneerde, h. gepensioneerd] ❶ pension off ❷ mil place on the retired list ★ *een gepensioneerd generaal* a retired general

pensionering *v* [-en] pension, retirement, superannuation

pensionhouder *m* [-s] landlord

pentagram *o* [-men] pentangle, pentagram

pentatlon *m en o* [-s] pentathlon

pentekening *v* [-en] pen drawing

penthouse *o* [-s] penthouse

penvriend *m* [-en], **penvriendin** *v* [-nen] penfriend, pen pal

pep *m* ❶ *fut* pep, energy ❷ *stimulerend middel* pep pill

peper *m* [-s] pepper ★ *een Spaanse ~* a chilli ★ ‹kleur› *~ en zout* pepper and salt

peperbus *v* [-sen] pepper pot / shaker

peperduur *bn* high-priced, steep ‹prices› ★ *dat is ~* that's extremely expensive

peperen *overg* [peperde, h. gepeperd] pepper ★ *een gepeperde rekening* a steep bill

peper-en-zoutstel *o* [-len] salt and pepper set / shakers

peperkoek *m* [-en] *gekruide koek* gingerbread

peperkorrel *m* [-s] peppercorn

pepermolen *m* [-s] pepper mill

pepermunt *v* [-en] *kruid, snoepje* peppermint

pepermuntje *o* [-s] peppermint, mint

pepernoot *v* [-noten] gingerbread nut

pepmiddel *o* [-en] pep pill, stimulant

pepperspray *m* [-s] pepper spray, capsicum spray

peppil *v* [-len] pep pill, stimulant

pepsine *v* pepsin

peptalk *m* pep talk

peptide *v & o* [-n & -s] peptide

per *voorz* ❶ *door middel van* by ★ *~ trein* by train ❷ *voor/bij/in elk(e)* per, a, by the ★ *~ kilo* by the kilo, per kilo ★ *~ dag* a day, per day ★ *~ hoofd van de bevolking* per capita, per head of population ★ *135 inwoners ~ vierkante kilometer* 135 inhabitants per square kilometre ★ *er worden 5000 auto's ~ week gemaakt* cars are being manufactured at the rate of 5000 a week ❸ *met ingang van* as of ★ *~ 1 maart* as of the 1st of March, from the 1st of March onwards

★ *~ 1 augustus is de nieuwe spelling van kracht* the new spelling rules take effect as from the 1st of August

perceel *o* [-celen] ❶ *stuk grond* block, lot, parcel ❷ *huis + erf* premises, property

percent *o* [-en] percent ★ *~en* percentage

percentage *o* [-s] percentage

percentiel *o* [-en] percentile

percentsgewijs, **percentsgewijze**, **percentueel** *bn & bijw* → **procentueel**

perceptie *v* [-s] perception

perceptief *bn* perceptive

perceptievermogen *o* perception, perceptiveness

perceptueel *bn & bijw* perceptional ★ *~ leren* perceptual learning

percipiëren *overg* [percipieerde, h. gepercipieerd] perceive

percolator *m* [-s] percolator

percussie *v* percussion

percussionist *m* [-en] percussionist

perenboom *m* [-bomen] pear tree

perensap *o* pear juice

perestrojka *m* perestroika

perfect I *bn* perfect ★ *in ~e staat* in mint condition, in a perfect state **II** *bijw* perfectly

perfectie *v* perfection ★ *in de ~* perfectly, to perfection

perfectioneren *overg* [perfectioneerde, h. geperfectioneerd] perfect

perfectionisme *o* perfectionism

perfectionist *m* [-en] perfectionist

perfectionistisch *bn* perfectionist

perfide I *bn* treacherous, deceitful, dicht perfidious **II** *bijw* treacherously &

perforatie *v* [-s] perforation

perforator *m* [-s & -toren] perforator, punch

perforeren *overg* [perforeerde, h. geperforeerd] perforate

performance *m & v* [-s] performance

performen *onoverg optreden als artiest* perform, play

pergola *m & v* ['s] pergola

perifeer *bn* peripheral

periferie *v* ❶ *omtrek* periphery, perimeter ❷ *randgebied* fringe(s), edge ★ *de ~ van de wereld* the edge of the world ★ *de ~ van de stad* the outskirts of the town ❸ *buitenwijken* ZN outskirts, suburbs

perikelen *zn* [mv] ❶ *gevaren* perils ❷ *lotgevallen* highs and lows, ups and downs, adventures

periode *v* [-s & -n] period, ‹kort› spell ★ *in deze ~* in this period, at this stage ★ *een ~ van regenachtig weer* a spell of rainy weather

periodekampioen *m* [-en] playoff qualifier

periodiek I *bn* periodical, intermittent ★ *~e onthouding* the rhythm method ‹of birth control› ▼ scheik *het ~e systeem* the periodic table **II** *bijw* periodically, intermittently ★ *~ terugkerende ziektes* (periodically) recurring illnesses **III** *v & o* [-en] ❶ *publicatie* periodical ❷ *salarisverhoging* increment

pe

periscoop *m* [-copen] periscope
peristaltiek *v* peristalsis
peristaltisch *bn* peristaltic ★ *~e bewegingen* peristalsis
perk *o* [-en] ❶ *bloemperk* (flower)bed ❷ *grens* bound, limit ★ *binnen de ~en van de wet blijven* remain within the bounds of the law ★ *binnen de ~en houden* limit, contain ★ *alle ~en te buiten gaan* go beyond all bounds / limits
perkament *o* [-en] parchment, vellum
permafrost *m* permafrost
permanent I *bn* ❶ *aanhoudend* permanent, constant ★ *~ gezanik* constant nagging / trouble ❷ *blijvend* enduring ‹memory›, lasting ‹peace›, standing ‹committee›, permanent ‹exhibition› ❸ *onveranderlijk* permanent, stable, ‹kleuren› fast II *bijw* permanently, constantly III *m* permanent (wave), perm
permanenten *overg* [permanentte, h. gepermanent] give a permanent wave ★ *zijn haar laten ~* have one's hair permed
permeabel *bn* permeable
permissie *v* ❶ permission, leave ★ *met ~* with your leave, if you'll permit ★ *~ hebben om...* have permission to..., be allowed to.. ❷ mil leave (of absence), furlough

---

permissie
Permitteren kan vertaald worden als **permit** of **allow**, maar **permissie** wel als **permission** maar niet als **allowance**; allowance betekent **toelage**, **vergoeding**.

---

permissief *bn* permissive
permitteren I *overg* [permitteerde, h. gepermitteerd] permit, allow II *wederk* [permitteerde, h. gepermitteerd] ★ *zich ~* permit / allow oneself ★ *dat kan ik mij niet ~* I can't afford it ★ *hij denkt zich alles te kunnen ~* he thinks he can get away with murder
peroxide *o* [-n & -s] peroxide
perpetuum mobile *o* perpetual motion machine
perplex *bn* perplexed, taken aback ★ *hij stond ~* ‹verbaasd› he was flabbergasted, ‹verward› he was baffled
perron *o* [-s] platform
Pers *m* [Perzen] Persian ★ *de oude Perzen* the ancient Persians
pers I *v* [-en] ❶ *werktuig* press ★ *ter ~e gaan* go to press ★ *ter ~e zijn* be in the press, be at the printer's ❷ *gezamenlijke dagbladen &* press ★ *hij is bij de ~* he works for the press ★ *vertegenwoordigers van de ~* newspaper representatives ★ *een goede ~ hebben* be given a good press II *m* [perzen] *tapijt* Persian carpet
persafdeling *v* [-en] publicity / press department
persagentschap *o* [-pen] press / news agency
persbericht *o* [-en] ❶ *bericht in de pers* press / newspaper report ❷ *aan de pers verstrekt bericht* press release / communiqué
persbureau *o* [-s] press / news agency
perscentrum *o* [-tra, -s] press centre/Am center

perschef *m* [-s] press officer / secretary, public relations officer
persconferentie *v* [-s] press / news conference
per se *bijw* ❶ *met alle macht* by all means, at all costs ❷ *noodzakelijkerwijs* necessarily ★ *een afgestudeerde is nog niet ~ een geleerde* being a graduate doesn't necessarily mean having academic standing
persen I *overg* [perste, h. geperst] press, squeeze, compress ★ *een broek ~* press a pair of trousers II *onoverg* [perste, h. geperst] ❶ *bij bevalling* push ❷ *bij stoelgang* strain
persfotograaf *m* [-grafen] press photographer, cameraman
persiflage *v* [-s] caricature, parody
persifleren *overg* [persifleerde, h. gepersifleerd] caricature, parody
persing *v* [-en] pressing, ‹druk› pressure, compression
perskaart *v* [-en] press card, (press) pass
persklaar *bn* ready for (the) press
persleiding *v* [-en] high-pressure pipeline
perslucht *v* compressed air
persmap *v* [-pen] press file
personage *o & v* [-s] ❶ *persoon* figure, person, character ❷ *in toneelstuk &* character, role
personal computer *m* [-s] personal computer, PC
personalia *zn* [mv] ❶ *persoonlijke gegevens* personal particulars / details ★ *zijn ~ opgeven* give one's personal details ❷ *krantenrubriek* personal column
personaliseren *overg* [personaliseerde, h. gepersonaliseerd] ZN personify
persona non grata *v* [personae non gratae] persona non grata
personeel I *bn* personal ★ *personele belasting* a capital levy, a wealth tax II *o* personnel, staff, ‹huishoudelijk› household staff ★ *het ondersteunend ~* the support staff ★ *het onderwijzend ~* the teaching staff ★ *~ gevraagd* situations / positions vacant
personeelsadvertentie *v* [-s] employment ad
personeelsafdeling *v* [-en] personnel (department)
personeelsbeleid *o* personnel / staff management policy
personeelschef *m* [-s] personnel manager
personeelskosten *zn* [mv] personnel / staff expenses
personeelslid *o* [-leden] staff member, member of the staff, employee
personeelsstop *m* freeze on the recruitment of staff
personeelstekort *o* [-en] staff / personnel shortage
personeelsvereniging *v* [-en] staff association
personeelsvergadering *v* [-en] personnel / staff meeting
personeelszaken *zn* [mv] ★ *de afdeling ~* the personnel department, the human resources department
personenauto *m* ['s], **personenwagen** [-s] private / passenger car
personenlift *m* [-en] passenger lift
personentrein *m* [-en] passenger train

personenvervoer *o* passenger transport / traffic
personenwagen *m* [-s] → **personenauto**
personificatie *v* [-s] personification
personifiëren *overg* [personifieerde, h. gepersonifieerd] personify
persoon *m* [-sonen] person ★ *mijn* ~ I, myself ★ *taalk de derde* ~ *meervoud* the third person plural ★ *jur een natuurlijk* ~ a natural person ★ *publieke personen* public figures ★ *in (hoogst eigen)* ~ in person, personally ★ *de duivel in* ~ the devil incarnate ★ *hij is de goedheid in* ~ he's kindness itself ★ *per* ~ *drie euro* three euros a head, three euros each
persoonlijk I *bn* personal ★ *een* ~*e ongevallenverzekering* personal accident insurance ★ *een* ~*e pensioenopbouwregeling* a personal equity / pension plan ★ *ik wil niet* ~ *worden / zijn* I don't want to get / be personal ★ *strikt* ~ strictly personal, private and confidential **II** *bijw* personally, in person
persoonlijkheid *v* [-heden] personality ★ *persoonlijkheden* characters, personalities
persoonsbewijs *o* [-wijzen] identity card, passport
persoonsgebonden *bn* personal ★ *een* ~ *budget* a personal / individual budget
persoonsregister *o burgerlijke stand* register of births, deaths and marriages
persoonsverheerlijking *v* personality cult
persoonsverwisseling *v* [-en] (case of) mistaken identity
persoonsvorm *m* [-en] taalk finite form / verb
perspectief I *o* [-tieven] **❶** *gezichtspunt* perspective, viewpoint ★ *een groepering met een Bijbels* ~ a group that operates under biblical principles **❷** *verwachting* perspective, prospect ★ *het economisch* ~ *van de landbouw* the economic prospects of agriculture **❸** *verband* perspective, context ★ *beheerscontrole in een strategisch* ~ management control within a strategic context / perspective **II** *v* perspective ★ *volgens de* ~ *tekenen* draw in perspective
perspectivisch *bn* perspective
perspex I *o* perspex **II** *bn* perspex
perssinaasappel *m* [-s & -en] juicing orange
perstribune *v* [-s] reporters / press gallery
persverklaring *v* [-en] press release
persvoorlichter *m* [-s] press officer, public relations officer
persvrijheid *v* freedom of the press
persweeën *zn* [mv] contractions
pertinent I *bn* **❶** *absoluut* categorical, definite, absolute ★ *een* ~*e leugen* a pertinent / categorical lie ★ ~ *onzin* absolute / utter nonsense **❷** *relevant* jur pertinent, relevant **II** *bijw* categorically, emphatically, utterly, absolutely ★ ~ *volhouden* maintain categorically
Peru *o* Peru
pervers *bn* perverted, degenerate, ‹seksueel afwijkend› inf kinky
perversie *v* [-s] **❶** *handeling* perversion **❷** *aard*

perversity
perversiteit *v* [-en] perversion, degeneration
Perzië *o* Persia
perzik *v* [-en] peach
perzikboom *m* [-bomen] peach tree
perzikhuid *v* soft / peachy skin
Perzisch I *bn* Persian ★ *de* ~*e Golf* the Persian Gulf ★ *een* ~ *tapijt* a Persian carpet **II** *o taal* Persian
pessarium *o* [-ria & -s] diaphragm
pessimisme *o* pessimism
pessimist *m* [-en] pessimist
pessimistisch I *bn* pessimistic **II** *bijw* pessimistically
pest *v* **❶** *ziekte* (bubonic) plague, pestilence ★ *hij is zo... als de* ~ he's bloody..., he is (as)... as hell **❷** fig pest ★ *de* ~ *aan iets hebben* hate sth like poison ★ *ergens de* ~ *in hebben* be in a foul mood about sth, inf be pissed off about sth ★ *roken is de* ~ *voor je gordijnen* smoking is disastrous for your curtains
pestbui *v* [-en] bad temper, rotten mood ★ *hij heeft een* ~ he's in a rotten mood
pesten I *overg* [pestte, h. gepest] **❶** *plagen* tease, needle **❷** *treiteren* badger, bait, pester ★ *agentje* ~ bait a policeman **II** *onoverg* [pestte, h. gepest] kaartsp play beggar-my-neighbour
pestepidemie *v* [-mieën] plague epidemic
pesterij *v* [-en] pestering, needling, harassment ★ *kleine* ~*en* petty harassments
pesthekel *m* ★ *een* ~ *hebben aan iets* not be able to stand sth, loathe sth
pesthumeur *o* lousy temper
pesticide *o* [-n] pesticide
pestilentie *v* [-s & -tiën] pestilence, plague
pestkop *m* [-pen] pest, bully
pesto *m* pesto
pet I *v* [-ten] cap, ‹decoratief, stijf› hat ★ *ergens met de* ~ *naar gooien* do sth by halves, do sth in a slipshod fashion ★ *met de* ~ *rondgaan* pass the hat ★ *daar neem ik mijn* ~ *voor af* I take my hat / cap off to that ★ inf *dat gaat boven mijn* ~ that's beyond me, that's over my head ★ *ik kan er met de* ~ *niet bij* it beats me ★ *geen hoge* ~ *ophebben van* not think much of ★ *iets onder de* ~ *houden* keep sth to oneself ★ *Jan met de* ~ the man in the street ★ *het is huilen met de* ~ *op* ‹slecht gedaan› it's very badly done, ‹slechte afloop› it's a complete disaster **II** *bn* lousy, awful ★ inf *dat is* ~! that's rubbish!
petekind *o* [-eren] godchild
petemoei *v* [-en] godmother
peter *m* [-s] *peetoom* godfather
peterselie *v* parsley
petfles *v* [-sen] PET bottle
petieterig *bn* teeny-weeny, tiny
petitfour *m* [-s] petit four
petitie *v* [-s & -tiën] petition ★ *een* ~ *indienen* petition ★ *het recht van* ~ the right to petition
petoet *m* nick, clink, jug ★ *in de* ~ in the nick / clink / jug
petrochemie *v* petrochemistry

pe

petrochemisch *bn* petrochemical

petroleum *m* ❶ *aardolie* petroleum, oil ❷ *gezuiverd* paraffin, kerosene

> **petroleum**
> is in ruwe staat **petroleum** of **oil** en in gezuiverde vorm **paraffin** of **kerosene** maar niet **petrol**. Petrol is benzine.

petroleumhoudend *bn* petroleum bearing, petroliferous

petroleumkachel *v* [-s] paraffin / kerosine stove, oil heater

petroleumlamp *v* [-en] paraffin / kerosine lamp

petroleumstel *o* [-len] oil stove

pets *m* [-en] smack, bang

petunia *v* [-s] petunia

peuk *m* [-en], **peukje** *o* [-s] ❶ ⟨cigarette, cigar⟩ end, stub ❷ *sigaret* inf fag

peul *v* [-en] *schil v. peulvruchten* pod

peulenschil *v* [-len] fig trifle ★ *dat is een ~letje voor hem* that's peanuts for him

peultjes *zn* [mv] sugar peas / snaps, mangetouts, snow peas ★ *lust je nog ~?* over to you, anything else?

peulvrucht *v* [-en] legume, leguminous plant ★ *~en* pulses

peuren I *onoverg* [peurde, h. gepeurd], **poeren** *op paling vissen* bob for eels ▼ *zit niet in je neus te ~!* don't pick your nose! **II** *overg* [peurde, h. gepeurd] *proberen uit te vinden* inf ferret out

peut *m* ❶ *terpentine* turps, thinner ❷ *klap* [-en] wallop, whack

peuter *m* [-s] ❶ *kind* toddler, pre-schooler ❷ *klap* smack, whack

peuteraar *m* [-s] *muggenzifter* nitpicker

peuteren I *onoverg* [peuterde, h. gepeuterd] tinker, fiddle ★ *wie heeft daaraan gepeuterd?* who's been fiddling with this? ★ *in zijn neus ~* pick one's nose **II** *overg* [peuterde, h. gepeuterd] ★ *informatie uit iem. ~* wrangle / prise information out of sbd

peuterleidster *v* [-s] kindergarten school teacher

peuterspeelzaal *v* [-zalen], ZN **peutertuin** *m* [-en] playgroup

peuzelen *onoverg & overg* [peuzelde, h. gepeuzeld] munch, nibble

pezen *onoverg* [peesde, h. en is gepeesd] ❶ *hard rijden* tear along, speed ❷ *hard werken* toil ❸ *zich prostitueren* walk the streets

pezig *bn* *mager en gespierd* sinewy, wiry ★ *~ vlees* stringy meat

pfeiffer *m* glandular fever, inf kissing disease ★ *de ziekte van Pfeiffer* glandular fever

phishing *het* phishing

pH-waarde *v* pH value

pianissimo I *bijw zeer zacht* muz pianissimo, very softly **II** *o* muz pianissimo

pianist *m* [-en] pianist

piano I *v* ['s] piano ★ *~ spelen* play the piano **II** *bijw*

zacht piano, slowly

pianobegeleiding *v* piano(forte) accompaniment

pianoconcert *o* [-en] ❶ *uitvoering* piano recital / performance ❷ *muziekstuk* piano concerto

pianoforte *v* [-s] piano(forte)

pianokruk *v* [-ken] piano stool

pianola *v* ['s] pianola, player piano

pianoles *v* [-sen] piano lesson

pianospel *o* piano playing

pianostemmer *m* [-s] piano tuner

pias *m* [-sen] clown, buffoon

Picardië *o* Picardy

piccalilly *m* piccalilli

piccolo I *m* ['s] *bediende* bellboy, bellhop **II** *v* ['s], **piccolofluit** [-en] piccolo

picknick *m* [-s] picnic

picknicken *onoverg* [picknickte, h. gepicknickt] picnic

picknickmand *v* [-en] picnic basket / hamper

pick-up *m* [-s] record player

pico bello *bn* perfect, first class, splendid ★ *ze ziet er ~ uit* she looks very smart

pictogram *o* [-men] pictograph, pictogram

picture *m* ★ *in de ~ zijn* be in the limelight / public eye ★ *in de ~ komen* come to the fore

pied-à-terre *o* [-s] pied-à-terre, second house, rented accommodation

piëdestal *o & m* [-len & -s] pedestal

pief *m* [-en] inf type, sort ★ *een hoge ~* a bigwig

piefpafpoef *tsw* bang, bang!

piek *m en v* [-en] ❶ *lans* pike ❷ *top* peak ★ *een ~ in het vakantieverkeer* a holiday traffic peak ▼ *een ~ haar* a wisp of hair

pieken *onoverg* [piekte, h. gepiekt] ❶ *puntig uitsteken* stick out / up all over ❷ *punk* be spiky ❸ *de topvorm bereiken* sp peak ★ *hij wilde op de Olympische Spelen ~* he wanted to be peaking / to reach his peak by the Olympic Games

piekeraar *m* [-s] *tobber* worrier

piekeren *onoverg* [piekerde, h. gepiekerd] ❶ *zorgen maken* worry, brood ★ *hij zat er de hele tijd over te ~* he was worrying / brooding about it all the time ❷ *overdenken* ponder

piekfijn I *bn* smart, tip-top, A 1, spick-and-span **II** *bijw* ★ *~ gekleed* dressed up to the nines, dressed to kill

piekhaar *o* [-haren] spiky hair

piekuur *o* [-uren] peak / rush hour

pielen *onoverg* [pielde, h. gepield] fiddle / mess about

piemel *m* [-s] inf willy, dick, Am pecker

piemelnaakt *bn* inf stark naked, in one's birthday suit

pienter I *bn* clever, smart, bright **II** *bijw* cleverly &

piep *tsw* peep, chirp, ⟨muizen⟩ squeak

piepelen *onoverg* [piepelde, h. gepiepeld] cheat, fool

piepen *onoverg* [piepte, h. gepiept] ❶ *hoog geluid maken* ⟨v. vogels⟩ peep, chirp, ⟨v. muizen⟩ squeak ★ *een ~de stem* a peeping / squeaky voice ❷ *v. deur &* creak ❸ *loeren* ZN peep

pieper *m* [-s] ❶ *iemand* squeaker, squealer, whiner ❷ *aardappel* inf spud ❸ *semafoon* bleeper, beeper

piepjong *bn* very young ★ *ik ben niet zo ~ meer* I'm no spring chicken

piepklein *bn* tiny, weeny, minute

piepkuiken *o* [-s] spring chicken

piepschuim *o* polystyrene foam

piepstem *v* [-men] squeaky / peeping voice

pieptoon *m* [-tonen] squeaky voice

piepzak *m* ★ *in de ~ zitten* be in a blue funk

pier *m* [-en] ❶ *dier* (earth)worm ★ *voor de ~en zijn* be done for ★ *zo dood als een ~* as dead as a doornail / as a dodo ★ *de kwade ~ zijn* be the scapegoat, get the blame ❷ *dam* pier, jetty

piercing *m* [-s] piercing

pierement *o* [-en] street / barrel organ

pierenbad *o* [-baden] paddling pool

pierewaaien *onoverg* [pierewaaide, h. gepierewaaid] have a fling, go out on the town

pierewaaier *m* [-s] reveller

pierrot *m* [-s] pierrot, clown

pies *m* piss, wee, pee

piesen *onoverg* [pieste, h. gepiest] *plassen* piss, pee, wee

piespot *m* [-ten] chamber pot, *inf* piss pot

Piet *m* [-en] Peter ★ ⟨tegen kind⟩ *je lijkt ~ de Smeerpoets wel!* what a little grub / pig! ★ *voor ~ Snot staan* look like a fool ★ *zwarte ~* kaartsp knave / jack of Spades, ⟨v. Sinterklaas⟩ Black Peter

piet *m* [-en] ❶ *vogel* canary ★ ⟨scholekster⟩ *de bonte ~* the oystercatcher ❷ *hoofdluis* inf louse ❸ *manspersoon* ★ *het is een hele ~* he's really someone ★ *een hoge ~* a bigwig ★ *een saaie ~* a bore ❹ *penis* ZN dick

piëteit *v* piety, reverence

pietepeuterig *bn* finicky, minute

Pieterbaas *m* Black Peter

pieterig *bn* puny, minute

pieterman *m* [-nen] *vis* weever

piëtisme *o* pietism

pietje-precies *o* fusspot

pietlut *m & v* [-ten] fusspot

pietluttig *bn* petty, fussy

pietsje, piezeltje *o* [-s] tiny (little) bit, wee (little) bit ★ *een ~ naar rechts* a fraction to the right

pigment *o* pigment

pigmentatie *v* pigmentation

pigmentvlek *v* [-ken] birthmark, mole

pij *v* [-en] frock, habit ★ *de ~ aannemen* take the habit

pijl *m* [-en] ❶ *wapen* arrow, bolt ★ *~ en boog* bow and arrow ★ fig *hij heeft al zijn ~en verschoten* he's got no more ammunition left ★ *als een ~ uit de boog* as swift as an arrow, ⟨be off⟩ like a shot ★ *meer ~en op zijn boog hebben* have more than one string to one's bow ❷ sp dart ❸ *richtingteken* arrow

---

pijl

De vaste volgorde voor **pijl en boog** is in het Engels **bow and arrow**.

---

pijler *m* [-s] ❶ *pilaar* pillar, column ❷ *v.e. brug* pier

pijlinktvis *m* [-sen] squid

pijlkoker *m* [-s] quiver

pijlkruid *o* arrowhead

pijlsnel *bn* (as) swift as an arrow

pijlstaart *m* [-en] ❶ *achtereind v. pijl* plume ❷ *vogel* pintail ❸ *rog* stingray ❹ *vlinder* hawk moth

pijltjestoets *m* [-en] comput arrow key

pijlvormig *bn* arrow-shaped

pijn I *v* [-en] ❶ pain, ache ★ *een helse ~* a severe / a terrible / an awful pain ★ *iem. ~ doen* hurt sbd ★ *het doet ~* it's painful, it hurts ★ *~ lijden* suffer pain ★ *ik heb ~ aan mijn hand* my hand hurts / is very painful ★ *ik heb ~ in mijn borst* I've got a pain in my chest ★ *ik heb ~ in mijn keel* I've got a sore throat ★ *het heeft mij ~ en moeite gekost* it took a great deal of effort ❷ *verdriet* distress **II** *m* [-en] *boom* pine, pine tree

pijnappel *m* [-s] pine / fir cone

pijnappelklier *v* [-en] pineal gland

pijnbank *v* [-en] rack ★ *iem. op de ~ leggen* put sbd on the rack

pijnbestrijding *v* pain control / alleviation

pijnboom *m* [-bomen] pine (tree)

pijnboompit *v* [-ten] pine nut

pijngrens *v* ❶ pain level / threshold ❷ *m.b.t. sportieve activiteit* pain barrier

pijnigen *overg* [pijnigde, h. gepijnigd] torture, rack, torment

pijniging *v* [-en] torture

pijnlijk I *bn* ❶ *zeer doend* painful, sore, aching ★ *het is ~* it's painful, it hurts ★ *~e voeten* sore / aching / tender feet ❷ *psychisch ongemak veroorzakend, netelig* painful, awkward, embarrassing, ⟨krenkend⟩ hurtful ★ *een ~e ontmoeting* a painful meeting ❸ *blijk gevend van pijn* pained ★ *een ~ gezicht* a pained face ❹ *overnauwkeurig* painstaking ★ *met ~e nauwkeurigheid* with painful / painstaking accuracy **II** *bijw* ❶ painfully ❷ *overnauwkeurig* painstakingly

pijnloos I *bn* painless **II** *bijw* painlessly

pijnprikkel *m* [-s] pain stimulus

pijnpunt *o* [-en] painful area

pijnscheut *m* [-en] stab, twinge, shooting (pain)

pijnstillend *bn* soothing, med analgesic ★ *een ~ middel* a painkiller, med an analgesic

pijnstiller *m* [-s] painkiller, med analgesic

pijp *v* [-en] ❶ *rookgerei* pipe ★ *een zware ~ roken* come to grief ★ *de ~ aan Maarten geven* ⟨opgeven⟩ give up, withdraw, ⟨overlijden⟩ die, kick the bucket ★ *de ~ uitgaan* kick the bucket, snuff it ❷ *buis* pipe, tube ❸ *v. broek* leg ❹ *v. kaneel, lak &* stick

pijpen I *overg* [pijpte, h. gepijpt] *afzuigen* do a blow job ★ *iem. ~* do a blow job on sbd **II** *onoverg* [pijpte, h. gepijpt] *fluiten* vero whistle ★ *naar iemands ~ dansen* dance to sbd's tune ★ *iem. naar zijn ~ laten dansen* have sbd at one's beck and call

pijpenkrul *v* [-len] ringlet, corkscrew curl

pijpenla, pijpenlade *v* [-laden] ❶ *huisje* tiny house ❷ *smal vertrek* long and narrow room / house

pi

pijpenrager *m* [-s] pipe cleaner

pijpensteel *m* [-stelen] stem of a pipe ★ *het regent pijpenstelen* it's pouring, it's coming down in buckets, it's pelting down, it's raining cats and dogs

pijpje *o* [-s] ★ *een ~ pils* a small bottle of beer ★ *een ~ krijt* a piece / stick of chalk

pijpkaneel *m & o* stick cinnamon

pijpleiding *v* [-en] pipeline

pijpsleutel *m* [-s] box / socket spanner

pijptabak *m* pipe tobacco

pik I *m* [-ken] *prik, steek* sting, stab, peck ★ *hij heeft de ~ op mij* he has it in for me **II** *v* [-ken] ❶ *houweel* pick, pickax(e) ❷ *penis* inf prick, cock ★ *op zijn ~ getrapt* insulted, huffed **III** *o & m pek* pitch

pikant *bn* ❶ *heet* piquant, seasoned, spicy, pungent ❷ *gewaagd* risqué, piquant ★ *dat gaf het gesprek iets ~s* that added zest / spice to the conversation

pikdonker, pikkedonker I *bn* pitch dark, extremely dark **II** *o* pitch darkness ★ *in het pik(ke)donker* in the dead of night

pikeren *overg* [pikeerde, h. gepikeerd] nettle ★ *hij was erover gepikeerd* he was nettled / annoyed at it

piket I *m* [-ten] *rondhout* picket **II** *o* [-ten] ❶ mil picket ❷ *jur* duty ★ *de advocaat van ~* the duty advocate ❸ *kaartspel* piquet

piketdienst *m* jur duty advocates' centre/Am center, mil picket service

piketpaal *m* [-palen] picket

pikeur *m* [-s] ❶ *rijmeester* riding master ❷ *v. circus* ringmaster ❸ *jager* huntsman

pikhouweel *o* [-welen] pickaxe, Am pickax

pikken I *overg* [pikte, h. gepikt] ❶ *besmeren met pek* pitch ❷ *met de snavel* peck ❸ *prikken* prick ❹ *stelen* steal, take, inf nick ★ *pik in, 't is winter* grab it while the going's good ❺ *nemen* take ★ *dat pik ik niet* I'm not putting up with it ★ *een bioscoopje ~* take in a film **II** *onoverg* [pikte, h. gepikt] ❶ *door vogels* pick, peck (*naar* at) ❷ *v. verf &* be sticky

pikorde *v* pecking order

pikzwart *bn* coal / pitch black

pil I *v* [-len] ❶ *medicijn* pill ★ *de ~* the pill ★ *een bittere ~ slikken* swallow a bitter pill ★ *de ~ vergulden* sweeten the pill ❷ *dikke boterham* chunk of bread ❸ *dik boek* tome **II** *m* [-len] *v. textiel* pill

pilaar *m* [-laren] pillar, post

pilaster *m* [-s] pilaster

pilates *het* Pilates

pilav, pilau *m* pilaf

pilipili *m* ZN mixture of pungent spices

pillendoos *v* [-dozen] pillbox

pillendraaier *m* [-s] chemist

piloot *m* [-loten] pilot ★ *de tweede ~* the co-pilot ★ *de automatische ~* the automatic pilot

pilotstudie *v* [-s & diën] pilot study

pils *m & o* Pils(e)ner beer, lager ★ *een ~(je)* a beer, a pint (of lager) ★ *een kleintje ~* a small beer, a half pint

piment *o* allspice

pimpelaar *m* [-s] boozer, tippler

pimpelen *onoverg* [pimpelde, h. gepimpeld] tipple, booze

pimpelmees *v* [-mezen] *vogel* blue tit

pimpelpaars *bn* purple ★ *het is ~ met een goud randje* I'm not telling you what colour it is

pimpen *overg* [pimpte, h. gepimpt] ★ *pimp je auto* pimp your car

pimpernel *v* [-len] *plant* burnet

pin *v* [-nen] ❶ techn peg, pin ❷ *knijper* clip ★ *iem. de ~ op de neus zetten* put pressure on sbd, put the screws on sbd ❸ *gierigaard* ZN miser, niggard

pinacotheek *v* [-theken] pinacotheca

pinakel *m* [-s] pinnacle

pinautomaat *m* [-maten], **pinapparaat** *o* [-raten] cash dispenser, ATM machine, automatic teller machine ★ *geld uit de ~ halen* get money from the wall / from a cash point

pincet *o & m* [-ten] (pair of) tweezers

pincher *m* [-s] pinscher

pincode *m* [-s] PIN code

pinda *v* ['s] peanut

pindakaas *m* peanut butter ★ *helaas, ~!* bad luck!, never mind!

pindarotsje *o* [-s] peanut brittle

pindasaus *v* peanut sauce

pineut *m* ★ *de ~ zijn* get the blame, be for it, be the dupe / mug

pingelaar *m* [-s] ❶ haggler ❷ *voetbal* player who hangs on to the ball, dribbler

pingelen *onoverg* [pingelde, h. gepingeld] ❶ *afdingen* haggle ❷ *met bal* hog the ball, dribble ❸ *v. auto* pink, ping ❹ *op piano, gitaar* strum

pingping *m geld* lolly, brass

pingpong *o* ping-pong

pingpongbal *m* [-len] ping-pong ball

pingpongen *onoverg* [pingpongde, h. gepingpongd] play ping-pong

pinguïn *m* [-s] penguin

pink *m* [-en] ❶ *vinger* little finger ❷ *scheepv* pink, fishing boat ❸ *jong rund* yearling, heifer ▼ *hij is behoorlijk bij de ~en* he's all there, he's wide awake

pinken I *overg* [pinkte, h. gepinkt] wink, blink ★ *een traan uit de ogen ~* blink a tear away **II** *onoverg* [pinkte, h. gepinkt] ❶ *v. sterren* ZN twinkle ❷ *knipogen* ZN wink ❸ *richting aangeven* ZN indicate direction

pinksterbeweging *v* Pentecostal movement

pinksterbloem *v* [-en] *bloem* cuckoo flower

pinksterdag *m* [-dagen] Whitsunday ★ *tweede ~* Whitmonday

Pinksteren *m* Whitsun(tide), Pentecost

pinksterfeest *o* [-en] Whitsun, Pentecost

pinkstergemeente *v* [-n, -s] Pentecostal church

pinkstermaandag *m* Whitmonday

pinkstervakantie *v* [-s] Whitsun holiday

pinksterzondag *m* Whitsunday

pinnen I *overg* [pinde, h. gepind] *met pinnen*

bevestigen pin, peg, fasten with pins **II** *onoverg* [pinde, h. gepind] ❶ *bij geldautomaat* get money from an ATM machine ❷ *betalen* pay with a cash card

pinnig *bn* ❶ *onvriendelijk* biting, sharp ★ *een ~e tante* a woman with a biting tongue ❷ *gierig* niggardly, tight-fisted, mean, inf stingy

pinpas *m* [-sen] cash card

pint *v* [-en] pint ★ *een ~je pakken* have a beer / pint

pin-upgirl *v* [-s] pin-up girl

pioen *v* [-en], **pioenroos** [-rozen] peony

pion *m* [-nen] pawn

pionier *m* [-s] pioneer, trailblazer

pionieren *onoverg* [pionierde, h. gepionierd] pioneer

pioniersgeest *m* pioneer spirit

pionierswerk *o* pioneering work, spadework ★ *~ verrichten* break new ground

piot *m* [-ten] ZN soldier, private

pipet *v & o* [-ten] pipette

pips I *bn bleek, zwak* pale, washed out ★ *er ~ uitzien* look pale / washed out / off-colour **II** *zn* [mv] radio pips

piqué I *o* piqué ★ *een ~ vest* a piqué waistcoat **II** *m* [-s] bilj piqué

piqueren *onoverg* [piqueerde, h. gepiqueerd] bilj make a piqué shot

piraat *m* [-raten] pirate

piramide *v* [-s & -n] pyramid

piramidespel *o*, **piramideverkoop** *m* [-kopen] pyramid selling, pyramid investment scheme

piramidevormig *bn* pyramid-shaped

piranha *m* ['s] piranha

piratenschip *o* [-schepen] pirate ship, ‹piratenzender› pirate radio ship

piratenzender *m* [-s] pirate (radio station / transmitter)

piraterij *v* piracy

pirouette *v* [-s & -n] pirouette

pis *m* piss, pee

Pisa *o* Pisa ★ *de scheve toren van ~* the leaning tower of Pisa

pisang *v* [-s] inf banana ★ *de ~ zijn* be left holding the baby ★ *~ goreng* fried banana

pisbak *m* [-ken] ❶ *aan de muur* urinal ❷ *openbaar* pissoir, public urinal

pisbloem *v* [-en] ZN dandelion

pisbuis *v* [-buizen] urethra

pisnijdig *bn* furious, in a rage, inf hopping mad

pispaal *m* butt, target

pispot *m* [-ten] chamber pot, vulg pisspot

pissebed *v* [-den] woodlouse, slater

pissen *onoverg* [piste, h. gepist] piss ★ *hij is ~* he's gone to the loo / gone for a pee ★ *het is alsof er een engeltje op je tong pist!* it's fit for the gods! ★ ‹overspel plegen› *buiten / naast de pot ~* sleep around

pissig *bn* livid, furious, inf pissed off

pistache *v* [-s] ❶ *noot* pistachio (nut) ❷ *bonbon* cracker

pistachenoot *v* [-noten] pistachio nut

piste *v* [-s & -n] ❶ *v. circus* ring ❷ *voor wielrenners* track ❸ *skipiste* piste

pistolet *m* [-ten] *broodje* crusty bread roll

piston *m* [-s] ❶ *ventiel* muz valve ❷ *blaasinstrument* cornet ❸ *zuiger* techn piston ❹ *kruiwagen bij sollicitaties* ZN connections, pull

pistool I *o* [-tolen] *wapen* pistol ★ *iem. het ~ op de borst zetten* bulldoze sbd into doing sth **II** *m & v munt* pistole

pistoolschot *o* [-schoten] pistol shot

pit I *o & v* [-ten] ❶ *v. noot* kernel ❷ *v. zonnebloem, katoen, appel, sinaasappel & seed*, pip ★ *rozijnen zonder ~* seedless raisins ❸ *v. kersen & stone* ❹ fig spirit ★ *er zit geen ~ in hem* he lacks spark ❺ *v. wijn, boek* body ❻ *v. lamp* wick ❼ *gaspit* burner **II** *m* [-s] *bij autoraces* pits, pit

pitabroodje *o* [-s] pitta/Am pita bread

pitbull, **pitbullterriër** *m* [-s] pitbull (terrier)

pitcher *m* [-s] honkbal pitcher

pitje *o* [-s] low flame ★ *op een klein ~ koken* cook on a low flame, simmer ★ *op een laag ~ staan* be simmering ★ fig *iets op een laag ~ zetten* put sth on the backburner

pitloos *bn* seedless, pipless

pitriet *o* rattan

pits *m* [-en] ❶ *pietsje* little bit, small piece ❷ autosport pit(s)

pitsstop *m* [-s] autosport pit stop

pitten I *onoverg* [pitte, h. gepit] *slapen* sleep, inf doss, crash **II** *overg* [pitte, h. gepit] *van pitten ontdoen* stone

pittig I *bn* ❶ *levendig, geestkrachtig* spirited, brisk, lively ‹discussion›, stirring ‹speech, story›, ‹v. taal› spicy, racy ❷ *v. prijs* steep, stiff ❸ *bier, wijn* full-bodied ❹ *v. eten* hot, spicy, savoury ❺ *moeilijk* tough **II** *bijw* briskly, stirringly, in a lively / spirited manner

pittoresk *bn* picturesque

pixel *m* [-s] *beeldpunt* pixel

pizza *v* ['s] pizza

pizzakoerier, **pizzabezorger** *m* [-s] pizza deliverer

pizzeria *v* ['s] pizzeria, pizza parlour

pk *afk* (paardenkracht) hp, horsepower

plaag *v* [plagen] ❶ *besmettelijke ziekte* plague ❷ *kwelling* curse, scourge ★ *een ware ~ zijn voor iem.* be a thorn in sbd's flesh ❸ *ramp* disaster ❹ *v. ongedierte* plague, infestation ❺ Bijbel plague, pestilence

plaaggeest *m* [-en] fig teaser, tease

plaagstoot *m* [-stoten] ❶ boksen playful / teasing blow ❷ fig dig ★ ‹plagend uitdagen› *iem. een paar plaagstoten uitdelen* make a few digs at sbd

plaagziek *bn* fond of bullying / teasing ★ *een ~e bui* a teasing mood

plaaster *m* [-s] ZN plaster

plaasteren *overg* [plaasterde, h. geplaasterd] ZN plaster

plaat *v* [platen] ❶ *ijzer & glas* sheet, plate ★ *de ~ poetsen* clear out, <u>inf</u> beat it ★ *op de gevoelige ~ vastleggen* take a photo ★ *een druppel op een gloeiende ~* a drop in the ocean ❷ *marmer* slab ❸ *wijzerplaat* dial ❹ *gravure* picture, engraving, print ★ *een boek met platen* an illustrated book ❺ *grammofoonplaat* record, disc/<u>Am</u> disk ★ *een ~ draaien* play a record ★ *een ~ maken* make a record(ing) ★ *een gouden ~* a gold disc ❻ *ondiepte* shallows

plaatdruk *m* [-ken] copperplate printing

plaatijzer *o* sheet iron

plaatje *o* [-s] ❶ *v. ijzer & plate*, sheet ❷ *afbeelding* picture ★ *~s kijken* look at the pictures ‹in a book› ★ *dat danseresje zag eruit als een ~* the dancer looked like a princess ❸ *tandprothese* dental plate

plaats *v* [-en] ❶ *locatie, plek* place, point, location ★ *het is hier niet de ~ om...* this is not the place / time for...ing ★ *op de ~ dood blijven* drop dead on the spot ★ *op de ~ rust!* stand at ease ★ *op alle ~en* everywhere ★ *ter ~e* on the spot ★ *daar ter ~e* there, at that place ★ *de ~ van de misdaad / het ongeluk* the scene of the crime / accident ❷ *positie* place, position, spot ★ *de ~ innemen van...* take the place of... ★ *neemt uw ~* in take your places ★ *in de ~ treden van iem.* take over from sbd, substitute for sbd ★ *in uw ~* ‹achteraf› if it had been me, if I had been in your position, ‹vooraf› if I were you ★ *in ~ van* instead of ★ *in ~ daarvan* instead ★ *in de ~ komen van / voor* take the place of ★ *in de ~ stellen van* substitute for, put in the place of ❸ *ruimte* space, room ★ *het neemt te veel ~ in* it takes up too much room ★ *~ maken* make room, <u>fig</u> make way ‹for›, give way ‹to› ❹ *zitplaats, staanplaats &* seat, place ★ *een ~ bespreken* book a seat / ticket ★ *~ nemen* sit down, take a seat ★ *~ bieden aan* accommodate, seat ‹200 people› ★ *van ~ ruilen* change places ❺ *plaats in rangorde* place, position ★ *in / op de allereerste ~* first and foremost ★ *in / op de eerste ~* ‹volgorde› in the first place, first of all, firstly, ‹belangrijkheid› primarily ★ *in / op de laatste ~* last of all, lastly ★ *een eervolle ~ innemen* hold an honoured place ❻ *juiste plek* place, position ★ <u>sp</u> *op uw ~en!* on your marks! ★ *daar is hij op zijn ~* he's in his element there ★ *dat woord is hier niet op zijn ~* that word is out of place here ★ *iem. op zijn ~ zetten* put sbd in his (proper) place ★ *wij zijn ter ~e* we've reached our destination ★ *niet van zijn ~ komen* not move from the spot ❼ *dorp, stad* town, village ★ *de schoenmaker van de ~* the local shoemaker ★ *een leuk ~je* a pretty little town ❽ *binnenplaats* court, yard, courtyard ❾ *boerderij* farm ❿ *betrekking* place, situation, post, office ★ *de juiste man op de juiste ~* the right man in the right place ⓫ *in boek* place, passage ⓬ *dorpsplein* <u>ZN</u> village square, village green ⓭ *bergruimte* <u>ZN</u> storage box / room, (bicycle) shelter ⓮ *kamer* <u>ZN</u> room ⓯ <u>meetk</u> locus

plaatsbekleder *m* [-s] deputy, substitute ★ ‹Paus› *de*

Plaatsbekleder the Vicar of Christ

plaatsbepaling *v* [-en] location

plaatsbespreking *v* (advance) booking, reservation

plaatsbewijs *o* [-wijzen] ticket

plaatschade *v* bodywork damage

plaats delict *de* [plaatsen delict] scene of the crime

plaatselijk I *bn* local ★ *een ~e verdoving* a local anaesthetic ★ *~e tijd* local time II *bijw* locally

plaatsen *overg* [plaatste, h. geplaatst] ❶ *een plaats geven* put, place ★ *een order ~* place / give an order, order ★ *geplaatst voor een moeilijkheid / het probleem* faced with a difficulty / the problem ★ *iem. / iets niet goed kunnen ~* not be able to place sbd / sth ★ *een machine ~* put up / place / erect a machine ❷ *een baan geven* place, position, give employment to ★ *hij heeft zijn zoons goed weten te ~* he got his sons into good positions ★ *zich ~* find a position ❸ *stationeren* station, post ❹ *opnemen in krant & place*, insert ★ *een advertentie ~* place / insert an advertisement ★ *een artikel ~ in een tijdschrift* publish an article in a journal ❺ *aan de man brengen* dispose of ❻ <u>sp</u> place ★ *het team heeft zich geplaatst voor...* the team has qualified for... ★ *de bal ~* place the ball ❼ *geld* invest

plaatsgebrek *o* lack of space / room ★ *wegens ~* due to lack of space / room

plaatshebben *onoverg* [had plaats, h. plaatsgehad] take place

plaatsing *v* [-en] ❶ *het plaatsen* placement, placing, positioning ★ *de ~ van troepen* the deployment of troops ❷ *v. advertentie* insertion ❸ *v. kapitaal* investment ❹ *v. personeel* appointment ❺ *klassering* <u>sp</u> ranking, ‹tennis› seeding ❻ *kwalificatie* <u>sp</u> qualification

plaatsingsmogelijkheid *v* [-heden] placement opportunity

plaatskaart *v* [-en], **plaatskaartje** *o* [-s] ticket

plaatsnaam *m* [-namen] place name

plaatsnemen *onoverg* [nam plaats, h. plaatsgenomen] have a seat, sit down

plaatsruimte *v* space, room ★ *~ bieden / hebben voor* provide / have accommodation for

plaatstaal *o* sheet steel, steel plate

plaatsvervangend *bn* acting ‹manager›, deputy ‹commissioner›, temporary, substitute, replacement ★ *~e schaamte* embarrassment on somebody else's behalf

plaatsvervanger *m* [-s] substitute, replacement, ‹met volmacht› deputy, ‹doktor› locum (tenens), ‹acteur› understudy ★ *als ~ optreden voor* deputize / substitute for

plaatsvinden *onoverg* [vond plaats, h. plaatsgevonden] take place, happen

plaatwerk *o* [-en] ❶ book of plates / illustrations, picture book ❷ <u>techn</u> sheet metal work

plaatwerker *m* [-s] sheet metal worker

placebo *m* ['s] placebo

placebo-effect *o* [-en] placebo effect

placemat *m* [-s] place mat
placenta *v* ['s] placenta
pladijs *m* [-dijzen] *vis* ZN plaice
plafond *o* [-s] ceiling, ‹v. lonen, prijzen & ook›
  maximum, limit ★ *aan / tegen zijn ~ zitten* have
  reached one's / its limit
plafondlamp *v* [-en] ceiling light, ‹hangend› hanging
  lamp
plafonneren *overg* [plafonneerde, h. geplafonneerd]
  ❶ *stukadoren* ZN plaster ❷ *een maximum vaststellen*
  ZN put at a maximum
plafonnière *v* [-s] ceiling light
plag *v* [-gen] sod ★ *~gen steken* cut sods
plagen I *overg* [plaagde, h. geplaagd] ❶ *speels* tease
  ★ *zij ~ hem ermee* they tease him about it ❷ *hinderen*
  bother, disturb ★ *mag ik u even ~?* excuse my
  disturbing you ❸ *uit boosaardigheid* vex, torment
  ❹ *pesten* bully **II** *onoverg* [plaagde, h. geplaagd]
  tease, kid ★ *ik plaag je alleen maar een beetje* I'm just
  teasing / kidding you
plagerig *bn* teasing
plagerij *v* [-en] (bit of) teasing, kidding
plaggenhut *v* [-ten] sod hut
plagiaat *o* [-iaten] plagiarism ★ *~ plegen* plagiarize
plagiaris *m* [-sen], **plagiator** [-s & -toren] plagiarist
plagiëren *overg* [plagieerde, h. geplagieerd] commit
  plagiarism, plagiarize
plaid *m* [-s] ❶ *Schotse mantel* plaid ❷ *reisdeken*
  (travelling/Am traveling) rug
plak *v* [-ken] ❶ *v. ham &* slice ❷ *v. chocola* bar
  ❸ *medaille* sp medal ❹ *tandplak* (dental) plaque
  ❺ *strafwerktuig* ferule ★ *onder de ~ (van zijn vrouw)*
  zitten be henpecked ★ *iem. flink onder de ~ houden*
  keep a tight hold over sbd
plakband *o doorzichtig* adhesive / sticky tape
plakboek *o* [-en] scrapbook
plakkaat *o* [-katen] ❶ *poster* placard, poster ❷ hist
  edict
plakkaatverf *v* poster paint, poster colour/Am color
plakken I *overg* [plakte, h. geplakt] paste, stick, glue
  ★ *een band ~* mend / repair a tyre **II** *onoverg* [plakte,
  h. geplakt] stick, be sticky ★ fig *hij bleef ~* he
  outstayed his welcome, ‹bumperkleven› he kept on
  tailgating
plakker *m* [-s] ❶ *sticker* sticker ❷ *iem. die (aan)plakt*
  (bill) sticker ❸ *insect* gypsy moth ❹ *iem. die blijft*
  hangen somebody who just won't leave
plakkerig *bn* ❶ sticky ❷ *v. weer* humid, sticky
plakletter *v* [-s] adhesive letter
plakplaatje *o* [-s] sticker
plaksel *o* [-s] paste, glue
plakstift *v* [-en] glue stick
plakzegel *m* [-s] receipt / revenue stamp
plamuren *overg* [plamuurde, h. geplamuurd] fill
plamuur *m & o*, **plamuursel** *o* filler
plamuurmes *o* [-sen] filling knife
plan *o* [-nen] ❶ *idee, voornemen* plan, intention ★ *dat*
  is zijn ~ niet that's not his intention ★ *van ~ zijn om...*

intend to..., mean to..., be thinking of... ★ *we zijn*
niet van ~ te werken voor anderen we are not
prepared to / going to work for others ★ *met het ~*
om... with the intention of... ❷ *omlijnd plan,*
programma plan, design, scheme, project ★ *~nen*
beramen devise plans ★ *zijn ~nen blootleggen*
/ ontvouwen unfold one's plans ★ *een ~ ontwerpen*
/ opmaken draw up a plan ★ *een ~ vormen* devise a
scheme, make a plan, plan ★ *het ~ opvatten om...*
plan to... ★ *~nen smeden tegen* scheme against
★ *zijn ~nen vaststellen* decide on a course of action
❸ *niveau* plane, level ★ *op een hoger ~* on a higher
plane, at a higher level
planbureau *o* [-s] planning office ★ *het Centraal*
Planbureau the Central Planning Bureau
planchet *o* [-ten] narrow shelf
plan de campagne *o* plan of action, battle plan
planeconomie *v* planned economy
planeet *v* [-neten] planet
planeetbaan *v* [-banen] orbit of a planet
planetair *bn* planetary
planetarium *o* [-ria & -s] *gebouw* planetarium
planetenstelsel *o* [-s] planetary system
planimetrie *v* planimetry
plank *v* [-en] ❶ plank, board ❷ *in boekenkast &* shelf
  ★ *de ~ misslaan* be wide of the mark ★ *hij komt op*
  de ~en he's going on stage ★ *van de bovenste ~* A 1,
  topnotch, first rate ★ *hij is er een van de bovenste ~*
  he's a first-rate guy ★ *zorgen voor brood op de ~* earn
  a living, make money
planken *bn* made of boards / planks, wooden ★ *een ~*
  vloer a wooden floor
plankenkast *v* [-en] linen cupboard
plankenkoorts *v* stage fright ★ *~ hebben* have stage
  fright
plankenvloer *m* [-en] wooden floor
plankgas *o* full throttle ★ *~ geven* step on the
  accelerator, Am step on the gas
plankier *o* [-en] ❶ *planken bevloering* planking
  ❷ *vlonder* floating platform ❸ *aanlegsteiger* landing
  stage
plankton *o* plankton
plankzeilen *o* windsurfing, boardsailing
plankzeiler *m* [-s] windsurfer, boardsailor
planmatig *bn* according to plan, systematic,
  methodical ★ *~ onderhoud* systematic maintenance
  ★ *alles verloopt ~* things are going according to plan
  ★ *hij gaat heel ~ te werk* he's very systematic
  / methodical
plannen *overg* [plande, h. gepland] plan
plannenmaker *m* [-s] planner
planning *v* planning, plan ★ *dat zit in de ~*
  ‹onderdeel› that's part of the plan, ‹nog te doen›
  plans to do that are in the pipeline
planologie *v* planning
planologisch *bn* planning ★ *de ~e dienst* the planning
  authority
planoloog *m* [-logen] planner

pl

plant *v* [-en] plant ★ *een geneeskrachtige ~* a medicinal herb / plant ★ *de ~en water geven* water the plants

plantaardig *bn* vegetable ★ *~ voedsel* a vegetarian diet, vegetable / vegetarian food ★ *~e olie* vegetable oil ★ *~ vet* vegetable fat

plantage *v* [-s] plantation, estate

planten *overg* [plantte, h. geplant] plant

plantenbak *m* [-ken] flower box

planteneter *m* [-s] herbivore

plantenextract *o* [-en] vegetable extract

plantengroei *m* ❶ *het groeien* plant growth ❷ *begroeiing* vegetation, plant growth

plantenrijk *o* vegetable kingdom

plantentuin *m* [-en] botanical garden

plantenziekte *v* [-s & -n] plant disease

plantenziektekunde *v* phytopathology

plantenziektekundig *bn* phytopathological

planter *m* [-s] planter

plantkunde *v* botany

plantkundig *bn* botanical

plantkundige *m-v* [-n] botanist

plantsoen *o* [-en] public garden, park

plantsoenendienst, **plantsoendienst** *m* Parks and Public Gardens Department

plaque *v* [-s] plaque

plaquette *v* [-s] plaquette

plas *m* [-sen] ❶ *regen &* puddle, pool ❷ *urine* water, *inf* pee, piddle ★ *een ~ doen* go to the bathroom, *inf* pee, kindertaal do a wee-wee ❸ *vijver* pond ❹ *meer* lake

plasma *o* plasma

plaspauze *v* [-s & -n] toilet break

plaspil *v* [-len] diuretic

plasregen *m* [-s] torrential rain, downpour

plassen I *onoverg* [plaste, h. geplast] ❶ *met water spelen, klateren* splash, splatter, splosh ❷ *urineren* go to the bathroom, *inf* pee, spend a penny **II** *overg* [plaste, h. geplast] *uitplassen* pass ★ *bloed ~* pass blood

plasser *m* [-s] kindertaal willy, Am peter

plastic I *o* [-s] plastic **II** *bn* plastic ★ *een ~ tas* a plastic bag

plastiek I *v* [-en] ❶ *kunst* plastic art, sculpture ★ *een ~* a piece of sculpture ❷ *plastisch effect* plasticity **II** *o* *kunststof* plastic **III** *bn* ZN plastic

plastieken *bn* plastic

plastificeren *overg* [plastificeerde, h. geplastificeerd] plasticize

plastisch I *bn* ❶ plastic ★ *de ~e chirurgie* plastic surgery ❷ *aanschouwelijk* graphic **II** *bijw* plastically, graphically

plastron *o & m* [-s] plastron

plat I *bn* ❶ *vlak* flat ★ *een ~te beurs* an empty purse ★ scheepv *een ~te knoop* a reef knot ★ *~ maken / worden* flatten ❷ *accent* broad ❸ *ordinair* coarse, vulgar, crude ❹ *v. organisaties* flat, non-hierarchical, horizontal ★ management *een ~te organisatie* a non-hierarchical organisation, a flat organization

II *bijw* ❶ *egaal* flat ❷ *vulgair* vulgarly, coarsely **III** *o* [-ten] ❶ *v. zwaard &* flat ❷ *v. dak* sun / terrace / flat roof ❸ *v. boek* cover ❹ *dialect* dialect ▼ *het continentaal ~* the continental shelf

plataan *m* [-tanen] plane (tree)

platboomd, **platbodemd** *bn* flat-bottomed

platbranden *overg* [brandde plat, h. platgebrand] burn down, burn to the ground

platdrukken *overg* [drukte plat, h. platgedrukt] crush, flatten, squash

plateau *o* [-s] ❶ *hoogvlakte* plateau ❷ *dienblad* dish, platter, tray

plateauzool *v* [-zolen] platform sole ★ *schoenen met plateauzolen* platform-soled shoes

plateel *o* [-telen] delftware, faience

plateelbakkerij *v* [-en] delftware factory

platenboek *o* [-en] picture book, illustrated book

platenbon *m* [-nen & -s] record token / voucher

platencontract *o* [-en] recording contract

platenhoes *v* [-hoezen] record sleeve

platenindustrie *v* [-strieën] record industry

platenlabel *o* [-s] record label

platenmaatschappij *v* [-en] record company

platenspeler *m* [-s] record player

platenzaak *v* [-zaken] record shop / store

plateservice *m* plate service

platform *o* [-s & -en] ❶ platform ❷ luchtv apron, tarmac

platgaan *onoverg* [ging plat, is platgegaan] ❶ *naar bed* turn in, hit the sack ❷ *door staking* be strikebound, shut / close down ★ *morgen gaat het hele openbaar vervoer plat* the entire public transport system will shut down / will be strikebound tomorrow ❸ *enthousiast zijn* fall for ★ *heel Glasgow ging plat voor Britney Spears* Glasgow was bowled over by Britney Spears

platgetreden *bn* well trodden ★ fig *~ paden* well-trodden paths

platgooien *overg* [gooide plat, h. platgegooid] ❶ *door staking stilleggen* shut / close down ❷ *bombarderen* flatten

platheid *v* [-heden] ❶ *effenheid* flatness ❷ *vulgariteit* coarseness, vulgarity, crudity ❸ *trivialiteit* commonplace, banality

platina *o* platinum ★ *de ~ bruiloft* the 70th wedding anniversary ★ *een ~ plaat* a platinum disc/Am disk

platitude *v* [-s] platitude

platje *o* [-s] ❶ *plat dakje* flat roof, roof garden ❷ *terrasje* terrace ❸ *platluis* crab louse

platleggen *overg* [legde plat, h. platgelegd] ❶ *door een tackle &* knock flat, send sprawling ❷ *door staking* close / shut down, bring to a standstill ★ *platgelegd* strikebound

platliggen *onoverg* [lag plat, h. platgelegen] ❶ *vlak liggen* lie flat ❷ *door staking* be at a standstill ❸ *ziek in bed liggen* be confined to bed

platlopen *overg* [liep plat, h. platgelopen] ★ *de deur bij iem. ~* be always dropping by / around ★ *we lopen*

pl

de deur niet plat bij elkaar we don't see much of each other

platonisch I *bn* platonic **II** *bijw* platonically

platslaan *overg* [sloeg plat, h. platgeslagen]
❶ *platmaken* beat flat, flatten ❷ *neerslaan* beat down

platspuiten *overg* [spoot plat, h. platgespoten] ★ inf *iem.* ~ knock sbd out ‹with sedatives›

plattegrond *m* [-en] ❶ *v. gebouw* ground / floor plan ❷ *kaart* plan, map

plattekaas *m* ZN cottage cheese, soft cheese

platteland *o* country, countryside ★ *op het* ~ in the country

plattelander *m* [-s] countryman, ‹vrouw› countrywoman

plattelandsbevolking *v* rural population

plattelandsgemeente *v* [-n &-s] rural community, country town

plattrappen *overg* [trapte plat, h. platgetrapt] trample down

platvis *m* [-sen] flatfish

platvloers *bn* coarse, vulgar, crude

platvoet *m* [-en] ❶ *voet* flat foot ❷ *persoon* flat-footed person

platwalsen *overg* [walste plat, h. platgewalst] ❶ bulldoze, flatten ❷ fig bulldoze, steamroller

platzak *bn* ★ ~ *zijn* be stony broke / bust, not have a penny

plausibel *bn* plausible

plaveien *overg* [plaveide, h. geplaveid] pave

plaveisel *o* [-s] pavement

plavuis *m* [-vuizen] floor tile, flagstone

playback I *o* geïmiteerde zang miming **II** *bijw* ★ *zij zingt* ~ she's miming

playbacken *overg* [playbackte, h. geplaybackt] mime, lip-sync

playbackshow *m* [-s] playback show

playboy *m* [-s] playboy

playlist *de* [-s] playlist

playmate *de (v)* [-s] playmate

plebejer *m* [-s] plebeian, inf pleb

plebs *o* rabble, riff-raff, plebs

plecht *v* [-en] ❶ *voor* foredeck, forward deck ❷ *achter* afterdeck

plechtig I *bn* solemn, ceremonious, stately ★ RK ~*e communie* solemn communion **II** *bijw* solemnly, ceremoniously, in state

plechtigheid *v* [-heden] ❶ *ceremonie* ceremony ★ *een officiële* ~ an official ceremony / function ❷ *stemmigheid* solemnity ❸ *kerkelijke ceremonie* rite

plechtstatig I *bn* solemn, stately, ceremonious **II** *bijw* solemnly, in a stately fashion, ceremoniously

plectrum *o* [-tra & -s] plectrum

plee *m* [-s] Am john, can, Br loo, lav

pleegdochter *v* [-s] foster daughter

pleeggezin *o* [-nen] foster family / home

pleegkind *o* [-eren] foster child

pleegmoeder *v* [-s] foster mother

pleegouders *zn* [mv] foster parents

pleegvader *m* [-s] foster father

pleegzoon *m* [-zonen & -s] foster son

pleet *o* plated ware

plegen I *overg* [pleegde, h. gepleegd] ❶ *begaan* commit ★ *geweld* ~ commit violence ❷ *verrichten* do, perform **II** *onoverg* [placht, geen volt deelw] be in the habit of, tend ★ *men pleegt te vergeten dat...* one is apt to forget that... ★ *hij placht te drinken* he used to drink ★ *vaak placht hij 's morgens uit te gaan* he would often go out in the morning

pleidooi *o* [-en] ❶ *v. advocaat* counsel's argument / speech, address to the court ★ *de raadsman in zijn* ~ counsel stating his case ❷ *betoog* plea, defence/Am defense ★ *een* ~ *houden voor* make a plea for

plein *o* [-en] square, ‹rond› circus

pleinvrees *v* agoraphobia

pleister I *v* [-s] *verbandmiddel* (sticking) plaster, Band-Aid ★ fig *een* ~ *op de wond leggen* soften the blow **II** *o specie* plaster, stucco

pleisteren I *overg* [pleisterde, h. gepleisterd] *met specie* plaster, stucco **II** *onoverg* [pleisterde, h. gepleisterd] *rust houden* stop for refreshments ★ *de paarden laten* ~ rest the horses

pleisterplaats *v* [-en] resting / stopping place, port of call

pleisterwerk *o* [-en] plasterwork, stucco

pleistoceen *o* Pleistocene

pleit *o* plea, (law)suit, dispute, argument ★ *het* ~ *beslechten* decide the argument ★ *zij hebben het* ~ *gewonnen* they've won the day

pleitbezorger *m* [-s] ❶ jur solicitor, counsel, lawyer ❷ *voorvechter* fig advocate

pleite I *bn* inf gone ★ *mijn fiets is* ~ my bike is nowhere to be found / has disappeared **II** *bijw* ★ ‹weggaan› ~ *gaan* go missing

pleiten *onoverg* [pleitte, h. gepleit] plead ★ *tegen iem.* ~ plead against sbd ★ ~ *voor iem.* plead in sbd's defence ★ fig *voor iets* ~ advocate sth ★ *dat pleit voor je* that will be to your credit / in your favour

pleiter *m* [-s] defender, advocate, counsel

pleitrede *v* [-s] address to the court, defence/Am defense

plek *v* [-ken] ❶ *plaats* spot, place, patch ★ *een blauwe* ~ a bruise ★ *een kale* ~ a threadbare patch ★ *ter* ~*ke* on the spot ★ *er is geen* ~ there's no room / space ❷ *vlek* stain, spot

plenair *bn* plenary, full ★ *een* ~*e vergadering* / *zitting* a plenary session

plengen *overg* [plengde, h. geplengd] ❶ *tranen, bloed* shed ❷ *wijn* pour out

plengoffer *o* [-s] libation

plens *m* [plenzen] splash

plensbui *v* [-en] downpour, drencher

plensregen *m* [-s] downpour

plensregenen *het* [plensregende, h. geplensregend] pour, bucket down

plenzen *onoverg* [plensde, h. geplensd] splash, gush ★ *het plenst* it's pouring down

pl

pleonasme *o* [-n] pleonasm

pletten I *overg* [plette, h. geplet] crush, flatten, ‹metaal› roll **II** *onoverg* [plette, h. geplet] crush

pletter *m* [-s] <u>techn</u> flatter, roller, crusher ★ *te ~ slaan* smash / be smashed to bits ★ *te ~ vallen* smash to pieces ★ *zich te ~ werken* work one's head / butt off

pletterij *v* [-en] rolling mill

pleuren *overg* [pleurde, h. gepleurd] throw, fling, <u>inf</u> chuck ★ *iets op de grond ~* chuck sth on to the ground ▼ *pleur op!* piss off!, bugger off!

pleuris *v & o*, **pleuritis** *v* pleurisy ★ *krijg de ~!* go to hell! ★ *ik schrok me de ~* I was frightened out of my wits ★ *de ~ is uitgebroken* the shit has hit the fan

plevier *m* [-en] → **pluvier**

plexiglas *o* plexiglas

plezant *bn bijw* <u>ZN</u> pleasant, nice ★ *een ~ boek* a pleasant / nice book ★ *dat waren ~e uren* those were pleasant / nice hours

plezier *o* pleasure, fun, enjoyment ★ *veel ~!* enjoy yourself!, have a good time! ★ *het zal hem ~ doen* it will please him, he'll like that ★ *iem. een ~ doen* do sbd a favour ★ *~ hebben* have a good time, enjoy oneself, have fun ★ *~ hebben in iets* find / take (a) pleasure in sth ★ *~ hebben van iets* derive pleasure from sth, get pleasure out of sth ★ *hij had niet veel ~ van zijn zoons* his sons gave him little pleasure ★ *~ maken* have fun ★ *~ vinden in iets* find / take (a) pleasure in sth ★ *met ~!* with pleasure! ▼ *voor (zijn) ~* for pleasure / fun

plezierboot *m & v* [-boten] pleasure boat / yacht

plezieren *overg* [plezierde, h. geplezierd] please

plezierig I *bn* pleasant **II** *bijw* pleasantly

plezierjacht *o* [-en] pleasure yacht

plezierreis *v* [-reizen] pleasure trip / cruise ★ *een ~ maken* take a pleasure trip / cruise

pleziervaartuig *o* [-en] pleasure craft / boat

plicht *m & v* [-en] duty ★ *zijn ~ doen* do one's duty / part ★ *zijn ~ verzaken* neglect one's duty ★ *volgens zijn ~ handelen* act according to one's duty ★ *het is mijn ~ te...* I am duty-bound to..., I have an obligation to...

plichtmatig I *bn plichtshalve* dutiful, ‹zonder interesse› perfunctory **II** *bijw* dutifully, perfunctorily

plichtpleging *v* [-en] ceremony ★ *geen ~en* without ceremony, unceremoniously

plichtsbesef, **plichtbesef** *o* sense of duty ★ *uit ~ handelen* act from a sense of duty

plichtsbetrachting, **plichtbetrachting** *v* [-en] devotion to duty

plichtsgetrouw, **plichtgetrouw I** *bn* conscientious, dutiful **II** *bijw* conscientiously, dutifully

plichtsgevoel, **plichtgevoel** *o* sense of duty

plichtsverzuim, **plichtverzuim** *o* neglect of duty

plint *v* [-en] ❶ *langs muur* skirting board ❷ *v. zuil* plinth

plioceen *o* Pliocene

plissé *o* [-s] plissé

plisseren *overg* [plisseerde, h. geplisseerd] pleat ★ *een*

geplisseerde rok a pleated skirt

ploeg I *m & v* [-en] *werktuig* plough, <u>Am</u> plow ★ *de hand aan de ~ slaan* put one's hand to the plough **II** *v* [-en] ❶ *werkploeg* shift, gang ★ *in ~en* in shifts ★ *in verschillende ~en werken* work (in) different shifts ❷ *reddingsploeg* party ❸ *sportploeg* team, ‹v. voetbal ook› side ❹ *roeiers* crew

ploegbaas *m* [-bazen] foreman

ploegen *overg* [ploegde, h. geploegd] ❶ plough/<u>Am</u> plow ★ *fig op rotsen ~* labour in vain ❷ *omwoelen* plough/<u>Am</u> plow up

ploegendienst *m* [-en] shift work, ‹enkele› shift ★ *een roterende ~* rotational shift work, ‹enkele› a rotating shift

ploegenklassement *o* [-en] <u>sp</u> team placings

ploegenstelsel *o* shift system

ploegentijdrit *m* [-ten] <u>sp</u> team time trial

ploeggenoot *m* [-noten] team-mate

ploegleider *m* [-s] <u>sp</u> team manager, captain

ploegmaat *m* [-s & -maten] team-mate

ploegverband *o* ★ *in ~* as a team

ploert *m* [-en] *gemene vent* bastard ▼ *de koperen ~* the burning sun

ploertendoder *m* [-s] bludgeon, <u>Br</u> life preserver

ploertenstreek *m & v* [-streken] dirty trick

ploeteraar *m* [-s] plodder

ploeteren *onoverg* [ploeterde, h. geploeterd] ❶ *in water* splash ❷ *werken* slog, drudge, plod ★ *~ aan* slog / slave away at

plof *I* *tsw* plop!, flop! **II** *m* [-fen] thud, flop

ploffen I *onoverg* [plofte, is geploft] ❶ *geluid maken* flop, thud ❷ *ontploffen* pop, bang ❸ *zich laten vallen* flop **II** *overg* [plofte, h. geploft] dump, <u>inf</u> chuck

plomp I *bn* ❶ *v. dingen* unwieldy, cumbersome ❷ *gezet* plump, squat ❸ *grof* rude, coarse, blunt **II** *bijw* rudely, coarsely, bluntly **III** *tsw* plonk!, flop!, splash! **IV** *m* [-en] ❶ *scheut vloeistof* splash, dash ❷ *sloot* ditch ★ *in de ~ vallen* fall into the ditch **V** *v* [-en] *plant* yellow water lily

plompverloren *bijw* bluntly

plons I *tsw* splash! **II** *m* [-en & plonzen] splash

plonzen I *onoverg* [plonsde, is geplonsd] splash **II** *overg* [plonsde, h. geplonsd] splash, plunge

plooi *v* [-en] ❶ *vouw* fold, pleat, ‹in broek› crease ★ *zijn gezicht in de ~ zetten* put on a straight face ★ *hij komt nooit uit de ~* he never unbends ❷ *kreukel* crease ★ *fig de ~en gladstrijken* iron out problems / differences ❸ *in gezicht* wrinkle, line

plooibaar *bn* ❶ pliable, flexible ❷ *opvouwbaar* <u>ZN</u> collapsible, foldable

plooien I *overg* [plooide, h. geplooid] ❶ *vouwen* fold, crease, pleat ❷ *v. voorhoofd* wrinkle ❸ *fig* arrange, adapt ❹ *buigen* <u>ZN</u> bend **II** *onoverg* [plooide, is geplooid] ❶ *rimpels krijgen* wrinkle, crease ❷ *geplooid hangen* hang in folds

plooiing *v* [-en] ❶ pleats ❷ *het plooien* folding

plooirok *m* [-ken] pleated skirt

plopper *m* [-s] *ontstopper* plunger

plot *m* [-s] plot
plots I *bijw plotseling* suddenly II *bn onverwacht* ZN
sudden, unexpected
plotseling I *bn* sudden, unexpected, abrupt II *bijw*
suddenly, all of a sudden, abruptly, unexpectedly
plotsklaps *bijw* all of a sudden
plotter *m* [-s] comput plotter
pluche *o & m* plush
pluchen *bn* plush
plug *v* [-gen] plug
pluggen *overg* [plugde, h. geplugd] ❶ *van een plug*
voorzien plug ❷ *promoten* plug, promote
pluim *v* [-en] ❶ *veer* plume, feather ★ *een ~ van rook* a
plume of smoke ❷ *bloeiwijze* panicle ❸ *woord van*
lof praise, pat on the back, compliment
pluimage *v* [-s] plumage, feathers ★ *vogels van*
diverse ~ birds of different feathers
pluimen *overg* [pluimde, h. gepluimd] ❶ *plukken* ZN
pluck, harvest, gather ❷ *beroven* ZN fleece
❸ *bedriegen* ZN deceive, cheat II *bn veren* ZN pluck
pluimgewicht *o* ZN featherweight
pluimpje *o* [-s] ❶ *veer* little feather / little plume
❷ *rook & wisp* ❸ *lof* compliment ★ *dat is een ~ voor*
u that's a feather in your cap
pluimvee *o* poultry
pluimveehouder *m* [-s] poultry keeper / farmer
pluimveehouderij *v* ❶ *bedrijfstak* poultry farming
❷ *bedrijf* [-en] poultry farm
pluis I *o* [pluizen] ❶ *geplozen touw* oakum ❷ *vlokje*
fluff, fuzz, lint II *v* [pluizen] *vezeltje* bit of fluff, ‹op
trui› pill III *bn* ★ *het is er niet ~* there's something
fishy there ★ *dat zaakje is niet ~* it's shady business
★ *het is met hem niet ~* there's something fishy about
him
pluizen I *overg* [ploos, h. geplozen] fluff II *onoverg*
[pluisde, h. gepluisd] give off fluff / fuzz / lint,
‹v. wol› pill
pluizig *bn* fluffy, fuzzy, pilly
pluk *m* ❶ *het plukken* gathering, picking ❷ *oogst* crop,
harvest ❸ *bosje* [-ken] tuft, wisp ★ *een ~ haar* tuft
/ wisp of hair ❹ [-ken] fig handful
plukken I *overg* [plukte, h. geplukt] ❶ *fruit, bloemen &*
pick, gather ❷ *vogels* pluck ★ *(van) een kale kip*
/ kikker kun je niet ~ you can't get blood out of a
stone ❸ *bestelen* fleece ❹ *pakken* pluck ★ *de*
passagiers werden van het schip geplukt the
passengers were plucked from the ship II *onoverg*
[plukte, h. geplukt] ★ *~ aan* pick / pull / pluck at
plumeau *m* [-s] feather duster
plumpudding *m* [-en, -s] plum pudding
plunderaar *m* [-s] plunderer, pillager, looter
plunderen *overg* [plunderde, h. geplunderd] plunder,
pillage, raid, loot, (ran)sack ‹a town›, rifle through
‹somebody's pockets› ★ *~d rondtrekken* go on the
rampage ★ *zij heeft de koektrommel geplunderd* she's
raided the biscuit tin
plundering *v* [-en] plundering, pillaging, looting,
(ran)sacking

plunje *v* [-s] inf togs ★ *in zijn beste ~* in his Sunday best
plunjezak *m* [-ken] kit bag
pluralis *m* [-sen & -lia] plural ★ *vorsten gebruiken de ~*
majestatis rulers use the royal we
pluralisme *o* pluralism
pluraliteit *v* plurality, multiplicity, great number
pluriform *bn* multiform
pluriformiteit *v* multiformity
plus I *voorz* plus ★ *twee ~ drie is vijf* two plus three is
/ makes five II *bijw positief* plus ★ *het is ~ vier graden*
Celsius it is plus four degrees Celsius ★ *40 ~ kaas*
cheese with a fat content in excess of 40% ★ *€ 89 ~*
btw € 89 plus VAT III *o & m* [-sen] ❶ *plusteken* plus
(sign) ❷ *positieve waarde* plus, ‹v. accu &› plus (pole)
❸ *pluspunt* plus (point) ❹ *overschot* surplus ★ *we*
hebben een ~ van € 500 we have a surplus of € 500
plusfour *m* [-s] plus fours
plusminus *bijw* approximately, about, ZA plus-minus

---

plusminus

Het plusminus teken (±) wordt in het Engels alleen
gebruikt om een marge aan te geven: **15 ± 2** d.w.z.
15 met een marge van 2, dus **tussen 13 en 17** in.
Om de betekenis **ongeveer** aan te geven wordt
approximately (afgekort tot **approx.**) of **circa**
(afgekort tot **c.** of **ca.**) gebruikt.

---

pluspool *v* [-polen] positive pole
pluspunt *o* [-en] advantage, asset, selling / plus point
plusteken *o* [-s] plus sign
Pluto *m* astron & astrol Pluto
plutocraat *m* [-craten] plutocrat
plutocratie *v* plutocracy
plutonium *o* plutonium
pluvier, plevier *m* [-en] *vogel* plover
pneumatisch *bn* pneumatic
po *m* ['s] chamber pot, inf po
pochen *onoverg* [pochte, h. gepocht] boast, brag ★ *~*
op boast of, brag about
pocheren *overg* [pocheerde, h. gepocheerd] poach
pochet *v* [-ten] breast pocket handkerchief
pocket *m* [-s], **pocketboek** *o* [-en] paperback
pocketcamera *v* ['s] pocket camera
podium *o* [-dia & -s] platform, stage, ‹conductor's›
rostrum
podoloog *m* [-logen] podologist
poedel *m* [-s] ❶ *hond* poodle ❷ *bij kegelen* miss
★ *een ~ maken* muck / mess sth up
poedelen *onoverg* [poedelde, h. gepoedeld] ❶ *in*
water ‹v. eend› dabble, ‹v. kind› paddle ★ *inf zich ~*
have a wash ❷ *bij kegelen* sp miss
poedelnaakt *bn* stark naked, in one's birthday suit
poedelprijs *m* [-prijzen] booby / consolation prize
poeder *m & v & o* [-s] ❶ powder ❷ *buskruit* ZN
gunpowder
poederdoos *v* [-dozen] powder compact
poederen *overg* [poederde, h. gepoederd] powder
★ *zich ~* powder oneself / one's face
poederkoffie *m* instant coffee

po

poederkwast *m* [-en] powder brush
poedermelk *v* powdered milk
poedersneeuw *v* powder snow
poedersuiker *m* ★ icing / powdered sugar
poedervorm *m* ★ *in ~* in powdered form
poëet *m* [poëten] poet
poef I *m* [-s & -en] hassock **II** *tsw* bang!, paf!
poeha *o & m* ❶ *drukte* fuss, inf hoo-ha ★ *~ maken* make a great hoo-ha ❷ *opschepperij* showing off
poeier *o & m & v* [-s] ❶ *poeder* powder ❷ *klap, schop* kick, bang, whack
poel *m* [-en] puddle, pool ★ *in een ~ van ellende wegzakken* sink into the depths of misery
poelet *o & m* soup / stewing meat
poelier *m* [-s] poulterer
poema *m* ['s] puma
poen *m & o geld* dough, lolly, bread
poenig, poenerig *bn* vulgar, flashy
poep *m* ❶ *ontlasting* shit, crap, ‹v. dieren› droppings ❷ *achterwerk* ZN bum, backside
poepen *onoverg* [poepte, h. gepoept] *zich ontlasten* shit, (have a) crap
poeperd *m* [-s] bottom, vulg arse/Am ass
poepje *o* [-s] fart ★ *een ~ laten* let out a fart ★ *ik zal ze eens een ~ laten ruiken* I'll shove it up their noses
poeren *onoverg* [poerde, h. gepoerd] → **peuren**
Poerim *o* Purim
poes *v* [-en & poezen] ❶ cat, puss(y) ★ *hij is voor de ~* he's a goner ★ *ze is niet voor de ~* she isn't to be trifled with ★ *dat is niet voor de ~!* that's not kid's stuff! ★ *mis ~!* wrong! ❷ *knap meisje* pussycat ❸ *kut* pussy
poeslief *bn* bland, suave, sugary ★ *~ doen* be smooth ★ *~ zijn* be all smiles
poespas *m* ❶ *rommel* hotchpotch, hodgepodge ❷ *omhaal* fuss, hoo-ha
poesta *v* ['s] *in Hongarije* puszta, steppe
poet *v* loot
poëtisch I *bn* poetic(al) **II** *bijw* poetically
poets *v* [-en] trick, prank, practical joke ★ *iem. een ~ bakken* play a trick on sbd
poetsdoek *m* [-en] polishing cloth, cleaning rag
poetsen *overg* [poetste, h. gepoetst] polish, clean ★ *de plaat ~* bolt, inf beat it ★ *(zijn) tanden ~* clean / brush one's teeth
poetskatoen *o & m* cotton waste
poetslap *m* [-pen] polishing cloth, cleaning rag
poezelig *bn* plump, chubby
poezenluik *o* [-en] cat door
poëzie *v* poetry, verse
poëziealbum *o* [-s] *van kinderen* album of verses
poëziebundel *m* [-s] poetry book
pof I *tsw* bang, thud, thump **II** *m bons* thud, thump ▼ *op de ~ kopen* buy on tick **III** *v* [-fen] *bolle plooi* puff sleeves
pofbroek *v* [-en] knickerbockers, plus fours
poffen *overg* [pofte, h. gepoft] ❶ *op krediet kopen* buy on tick / credit ❷ *krediet geven* give credit, sell on tick ❸ *roosteren* pop, roast ★ *gepofte aardappelen* oven potatoes in their jackets
poffertje *o* [-s] pikelet
poffertjeskraam *v & o* [-kramen] pikelet stand
pofmouw *v* [-en] puff sleeve
pogen *overg* [poogde, h. gepoogd] endeavour, attempt
poging *v* [-en] endeavour, attempt, effort ★ *een ~ doen om...* make an attempt at...ing ★ *een ~ wagen* make a try at sth ★ *een ~ tot moord / zelfmoord* attempted murder / suicide
pogrom *m* [-s] pogrom
pointe *v* [-s] point
pointillisme *o* pointillism
pok *v* [-ken] ❶ pock ❷ *litteken* pockmark
pokdalig *bn* pockmarked
poken *onoverg* [pookte, h. gepookt] poke ★ *in het vuur ~* poke the fire
poker *o* poker ★ *~ spelen* play poker
pokeren *onoverg* [pokerde, h. gepokerd] play poker
pokerface *o* [-s] poker face
pokken *zn* [mv] smallpox, med variola ★ *de ~ krijgen* contract / get smallpox ★ *zich de ~ schrikken* be scared stiff / scared out of one's wits ★ *gepokt en gemazeld zijn* be tried and tested
pokkenweer *o* nasty weather, inf lousy weather
pol *m* [-len] clump, tussock
polair *bn* polar
polarisatie *v* polarization
polariseren *overg* [polariseerde, h. gepolariseerd] polarize
polariteit *v* polarity
polder *m* [-s] polder, reclaimed land
polderjongen *m* [-s] ❶ *dijkwerker* polder labourer ❷ *werkman* workhorse, Br navvy
polderland *o* polder / reclaimed land
polderlandschap *o* [-pen] polder landscape
poldermodel *o* (Dutch) consensus policy
polderwater *o* polder water
polemiek *v* [-en] ❶ *pennenstrijd* polemic, controversy ❷ *m.b.t. kerkleer* polemics
polemisch *bn* polemic(al), controversial
polemiseren *onoverg* [polemiseerde, h. gepolemiseerd] polemize, carry on a controversy ★ *ik wil niet met u ~* I'm not going to contest the point with you
polemist *m* [-en] polemicist, controversialist
polemologie *v* polemology, war studies
Polen *o* Poland
poliep *v* [-en] *dier & gezwel* polyp
polijsten *overg* [polijstte, h. gepolijst] polish, smooth, sand, ‹metaal› planish
polijstwerk *o* polishing
polikliniek *v* [-en] outpatients department, polyclinic
poliklinisch I *bn* ★ *een ~e behandeling* treatment in an outpatients department / in a polyclinic **II** *bijw* ★ *ik werd ~ behandeld* I was treated as an outpatient
polio, poliomyelitis *v* polio

poliopatiënt *m* [-en] polio patient
poliovaccin *o* polio vaccine
polis *v* [-sen] (insurance) policy ★ *een ~ afsluiten* take out an insurance policy ★ *een doorlopende ~* a continuous policy
polishouder *m* [-s] policy holder
polisvoorwaarden *zn* [mv] insurance policy conditions
politicologie *v* political science
politicoloog *m* [-logen] political scientist
politicus *m* [-ci] politician
politie *v* ❶ *politieapparaat* police (force) ★ *de bereden ~* the mounted police ★ *de militaire ~* the military police ★ *de ~ te water* the water police ❷ *agent* policeman
politieacademie *v* [-s] police college / academy
politieagent *m* [-en] constable, police officer, ‹man› policeman, ‹vrouw› policewoman
politieauto *m* ['s] police / patrol car
politiebericht *o* [-en] police announcement / message
politiebureau *o* [-s] ❶ police station ❷ *hoofdbureau* police headquarters
politieel *bn* police ‹action, operation &›
politiehond *m* [-en] police dog
politiek **I** *bn* ❶ *staatkundig* political ★ *om ~e redenen* for political reasons ❷ *diplomatiek* politic ★ *dat is niet ~* it wouldn't be politic **II** *bijw* politically ★ *~ correct* politically correct **III** *v* ❶ *staatkundige beginselen* politics ★ *in de ~* in politics ★ *de binnenlandse ~* national politics ★ *de buitenlandse ~* foreign politics ❷ *politici* government, politicians ★ *de ~ moet over deze kwestie een uitspraak doen* the government must make a statement about this issue ❸ *gedragslijn* (line of) policy
politieker *m* [-s] ZN politician
politiekorps *o* [-en] police force
politiemacht *v* ❶ *in getale aanwezig* body of police, police presence ❷ *gezag* police authority ❸ *korps politie* police force
politieman *m* [-nen] police officer, policeman
politieoptreden *o* [-s] police action
politierechter *m* [-s] ❶ *rechter* magistrate, Justice of the Peace ❷ *rechtbank* magistrate's court
politiestaat *m* [-staten] police state
politieverordening *v* [-en] bye-law, bylaw ★ *een algemene ~* a municipal bye-law
politioneel *bn* police
politiseren *overg* [politiseerde, h. gepolitiseerd] politicize
politoer *o & m* (French) polish
politoeren *overg* [politoerde, h. gepolitoerd] French-polish
polka *m & v* ['s] polka
pollen *o* pollen
pollepel *m* [-s] wooden spoon, ladle
pollutie *v* [-s] *milieuverontreiniging* ZN pollution
polo *o* polo
poloën *onoverg* [polode, h. gepolood] play polo

polohemd *o* [-en] polo shirt
polonaise *v* [-s] ❶ *achter elkaar aan* conga ❷ *muziekstuk, dans* polonaise
poloshirt *o* [-s] polo shirt
pols *m* [-en] ❶ *polsslag* pulse ★ *een zwakke ~* a faint pulse ★ *iem. de ~ voelen* feel sbd's pulse ★ *de vinger aan de ~ houden* keep a close eye on things ❷ *gewricht* wrist ★ *uit de losse ~* casually ★ *zich de ~en doorsnijden* slash / cut one's wrists ❸ *polsstok* jumping pole
polsband *m* [-en] wristband, sweatband
polsen *overg* [polste, h. gepolst] ★ *iem. ~* sound sbd (*over* on)
polsgewricht *o* [-en] wrist (joint)
polshorloge *o* [-s] wristwatch
polsslag *m* [-slagen] pulse, ‹snelheid ook› pulse rate
polsstok *m* [-ken] jumping pole
polsstokhoogspringen *o* pole vault, pole vaulting
polsstokhoogspringer *m* [-s] pole vaulter
polstasje *o* [-s] wrist bag
polyamide *o* polyamide
polycratie *v* polyarchy
polyester *o* polyester
polytheen, polyethyleen *o* polyethene, polyethylene
polyether *m* polyether, foam rubber
polyfoon *bn* polyphonic
polygaam *bn* polygamous
polygamie *v* polygamy
polyglot *m* [-ten] polyglot
polymorf *bn* polymorphous
polytheïsme *o* polytheism
polytheïst *m* [-en] polytheist
polyvalent *bn* polyvalent
pomerans *v* [-en] ❶ *vrucht* bitter / Seville orange ❷ *bitter* orange bitters ❸ *v. biljartkeu* cue tip
pommade *v* [-s] pomade
pomp *v* [-en] (petrol) pump ★ *loop naar de ~!* go to hell!
pompbediende *m-v* [-s & -n] petrol / filling station attendant
pompelmoes *v* [-moezen] ❶ *groot* pomelo, shaddock ❷ *grapefruit* ZN grapefruit
pompen *onoverg & overg* [pompte, h. gepompt] pump ★ *~ of verzuipen* sink or swim ▾ *de examenstof erin ~* cram for the exams
pompeus **I** *bn* ❶ *hoogdravend* pompous ❷ *met pracht en praal* ceremonious **II** *bijw* pompously, ceremoniously
pomphouder *m* [-s] Br petrol station owner, Am gas station owner
pompier *m* [-s] ❶ *kleermaker* tailor ❷ *brandweerman* ZN fireman
pompoen *m* [-en] pumpkin
pompon *m* [-s] pompom, bobble
pompstation *o* [-s] ❶ *v. leidingwater* pumping station ❷ *tankstation* petrol / filling / service station
poncho *m* ['s] poncho
pond *o* [-en] ❶ *niet-metrisch* pound ★ *het volle ~ eisen*

po

exact one's pound of flesh ❷ *munteenheid* pound ★ *in (Engelse) ~en betalen* pay in sterling, pay in (British) pounds ❸ *metrisch* 500 grams, half a kilo

ponem *o* [-s] *gezicht* mug, kisser

poneren *overg* [poneerde, h. geponeerd] state, postulate, advance ★ *een stelling ~* advance / postulate a theory

ponjaard *m* [-s & -en] <u>hist</u> poniard, dagger

ponsen *overg* [ponste, h. geponst] punch

ponskaart *v* [-en] punched / punch card

ponsmachine *v* [-s] punch card reader

pont *v* [-en] ferry (boat)

pontificaal I *bn* pontifical **II** *o* ★ *in ~* in pontificals

pontificaat *o* pontificate

ponton *m* [-s] pontoon

pontonbrug *v* [-gen] pontoon bridge

pontonnier *m* [-s] pontonier

pony *m* ['s] ❶ *paardje* pony ❷ *v. haar* fringe

pooier *m* [-s] ❶ pimp, <u>inf</u> ponce ❷ *gemene vent* bastard

pook *m & v* [poken] ❶ poker ❷ <u>auto</u> gear lever / stick, gearshift

Pool *m* [Polen] Pole

pool[1] *m* [-s] *samenwerking, spel* pool

pool[2] *v* [polen] ❶ *v. aarde, magneet &* pole ❷ *v. tapijt &* pile

poolcirkel *m* [-s] polar circle ★ *de noordelijke ~* the Arctic Circle, the northern polar circle ★ *de zuidelijke ~* the Antarctic Circle, the southern polar circle

poolen I *onoverg* [poolde, h. gepoold] *carpoolen* carpool **II** *overg* [poolde, h. gepoold] *in gezamenlijke pot doen* pool

poolexpeditie *v* [-s] polar expedition

poolgebied *o* [-en] polar region

poolkap *v* [-pen] polar cap

poollicht *o* polar lights, ‹noordpool› aurora polaris / borealis, ‹zuidpool› aurora australis

poolnacht *m* [-en] polar night

Pools I *bn* Polish **II** *o taal* Polish

Poolse *v* [-n] Pole ★ *ze is een ~* she's Polish, she's from Poland

poolshoogte *v* latitude ★ <u>fig</u> *~ nemen* see how the land lies

Poolster *v* Pole Star

poolstreken *zn* [mv] polar regions

pooltocht *m* [-en] polar expedition

poolvos *m* [-sen] arctic fox

poolzee *v* [-zeeën] ❶ *noordelijk* Arctic Ocean ❷ *zuidelijk* Southern Ocean, Antarctic Ocean

poon *m* [ponen] *vis* gurnard

poort *v* [-en] gate, doorway, gateway ★ *iets voor de ~en van de hel wegslepen* achieve sth with enormous difficulty ★ <u>comput</u> ‹insteekbus› *een parallelle ~* a parallel port ★ <u>comput</u> *een seriële ~* a serial port

poos *v* [pozen] while, time, interval ★ *een hele ~* quite a while

poosje *o* [-s] little while ★ *een ~* for a little while

---

poot *m* [poten] ❶ paw, foot, ‹been› leg, <u>inf</u> ‹v. mens: been, hand› leg ★ ‹m.b.t. handschrift› *wat een ~ heeft hij!* what a scrawl! ★ *zijn ~ stijf houden* refuse to give in, stand firm / fast, stand one's ground ★ *zijn poten thuishouden* keep one's paws off ★ *iem. een ~ uitdraaien* fleece / screw sbd ★ *geen ~ uitsteken* not lift a finger ★ *geen ~ meer kunnen verzetten* be exhausted ★ *geen ~ aan de grond krijgen* ‹v. iets› have no chance of success, ‹bij iemand› get nowhere (with sbd) ★ *met hangende ~jes* very apologetically ★ *op hoge poten* highly offended / indignant ★ *een brief op poten* a sharply / strongly worded letter ★ *op zijn achterste poten gaan staan* rear up, <u>fig</u> flare up, be furious ★ *op zijn ~ spelen* kick up a fuss ★ *geen ~ om op te staan* not a leg to stand on ★ *op zijn ~jes terechtkomen* ‹v. iets› turn out for the best, ‹v. iem.› land on one's feet ★ *iets op poten zetten* set up / start / launch sth ★ *iets weer op poten zetten* get sth back on its feet ★ <u>schaatsen</u> *~je over rijden* make crossover strides ❷ *v. meubel* leg ❸ *homoseksueel* gay, ‹beledigend› poofter, faggot ❹ *stekje* shoot

pootaan *bijw* ★ *~ spelen* work very hard

pootaardappel *m* [-s & -en] seed potato

pootgoed *o* seeds

pootjebaden *o* paddle

pootje-over *het* ★ *~ doen* do the outside edge

pop I *v* [-pen] ❶ *speelgoed* doll ★ *daar heb je de ~pen aan het dansen* there'll be the devil to pay now, now we're in for it ❷ *v. poppenspel* puppet, ‹marionet› marionette ❸ *etalagepop* dummy ❹ <u>kaartsp</u> picture / court card ❺ *v. insect* pupa, chrysalis ❻ *koosnaam* doll **II** *m muziek* pop music

popartiest *m* [-en] pop artist

popconcert *o* [-en] pop concert

popcorn *o* popcorn

popelen *onoverg* [popelde, h. gepopeld] quiver, throb ★ *zijn hart popelde* his heart went pit-a-pat ★ *~ om te zien* be bursting to see

popfestival *o* [-s] pop festival

popgroep *v* [-en] pop group

popidool *o* [-idolen] pop idol

popmuziek *v* pop music

poppenhuis *o* [-huizen] doll's house

poppenkast *v* [-en] ❶ Punch-and-Judy show, puppet show ❷ *vertoon, gedoe* pomp and circumstance, <u>inf</u> ballyhoo

poppenkleren *zn* [mv] doll's clothes

poppenspel *o* [-len] puppet show

poppenspeler *m* [-s] puppeteer

poppentheater *o* [-s] puppet show / theatre, <u>Am</u> puppet show / theater

poppenwagen *m* [-s] doll's pram

popperig *bn* doll-like, pretty-pretty

poppetje *o* [-s] little doll, dolly, ‹v. porselein› figurine, ‹speelgoed ook› china doll ★ *een teer ~* a delicate child ★ *~s tekenen* draw figures

popprogramma *o* [-s] pop music programme/<u>Am</u>

program
popsong *m* [-s] pop song
popster *v* [-ren] pop star
populair I *bn* ❶ *geliefd, in trek* popular ★ *~ bij toeristen* popular with tourists ❷ *toegankelijk* popular, lowbrow ★ *om het ~ te zeggen, ~ uitgedrukt* as they say **II** *bijw* popularly
populairwetenschappelijk *bn* popular-science
populariseren *overg* [populariseerde, h. gepopulariseerd] popularize
populariteit *v* popularity
populatie *v* [-s] population
populier *m* [-en] *boom* poplar
populisme *o* populism
populist *m* [-en] populist
populistisch *bn* populistic
popzender *m* [-s] pop (radio) station
por *m* [-ren] dig, poke, jab ★ *een ~ in de ribben* a dig & in the ribs
porem, porum *o* [-s] mug, kisser ★ *dat is geen ~!* that's hideous!
poreus *bn* porous
porfier *o* porphyry
porie *v* [-riën] pore
porno *v* porn, porno ★ *softe ~* soft porn ★ *harde ~* hard porn, hard-core porn
pornoblad *o* [-en] porn / sex magazine
pornofilm *m* [-s] porn / sex film, blue movie
pornografie *v* pornography
pornografisch *bn* pornographic
porren I *overg* [porde, h. gepord] ❶ *duwen* prod, poke, jab ★ *iem. wakker ~* prod sbd awake ❷ *aansporen* push, urge, prod ★ *daar is hij wel voor te ~* he won't take much persuading **II** *onoverg* [porde, h. gepord] *in het vuur* poke, stir
porselein *o* china, chinaware, porcelain
porseleinaarde *v* china clay, kaolin
porseleinen *bn* china, porcelain
porseleinkast *v* [-en] china cabinet ★ *voorzichtigheid is de moeder van de ~* look before you leap ★ *als een olifant door een ~* like a bull in a china shop
port I *o & m* [-en] postage ★ *~ te betalen* postage due **II** *m* [-en] *wijn* port (wine)
portaal *o* [-talen] ❶ *trapportaal* landing ❷ *v. kerk & porch, hall
portable *m* [-s] ❶ *computer* laptop ❷ *radio, tv* portable ❸ *schrijfmachine* portable typewriter
portal *m* [-s] (web) portal
portee *v* meaning, import, drift
portefeuille *m* [-s] ❶ *voor geld* wallet, purse ★ *aandelen in ~* unissued shares ❷ *v. minister, schilder & portfolio ★ *de ~ aanvaarden* accept office ★ *de ~ neerleggen / ter beschikking stellen* resign (office), surrender one's portfolio ★ *een minister zonder ~* a minister without portfolio
portemonnee *m* [-s] purse, wallet
portfolio *m & o* ['s] portfolio
portglas *o* [-glazen] port glass

portie *v* [-s] ❶ *aandeel* portion, share ★ *jur een legitieme ~* a legal / legitimate portion ★ *zijn ~ hebben* have one's share ★ *zijn ~ krijgen* get one's share ★ *fig iem. zijn ~ geven* ⟨klappen⟩ give sbd a thick ear / a belt, ⟨berisping⟩ tell sbd off ❷ *bij maaltijd* helping ★ *een ~ ijs* ⟨aan tafel⟩ a serving of ice cream, ⟨gekocht⟩ an ice cream ★ *een tweede ~* a second helping ★ *inf geef mijn ~ maar aan Fikkie!* count me out! ❸ *dosis* dose ★ *een flinke ~ geluk* a fair amount of luck
portiek *v* [-en] entrance, doorway, porch
portier **I** *m* [-s] *iem. bij de deur* doorman, doorkeeper, ⟨v. hotel, bank &⟩ porter **II** *o* [-en] *v. voertuigen* door
porto I *o & m* [-ti & 's] postage **II** *m wijn* ZN port (wine)
portofoon *m* [-s] walkie-talkie
portokosten *zn* [mv] postage, postal charges
portret *o* [-ten] portrait, likeness ★ *zij is me een fraai ~!* she's a tricky customer ★ *een sprekend ~* a very good likeness ★ *een ~ schilderen* paint a portrait
portretfotografie *v* portrait photography
portretkunst *v* portraiture
portretschilder *m* [-s] portrait painter, portraitist
portrettengalerij *v* [-en] portrait gallery
portretteren *overg* [portretteerde, h. geportretteerd] portray ★ *zich laten ~* have one's portrait painted
Portugal *o* Portugal
Portugees I *m* [-gezen] Portuguese **II** *bn* Portuguese **III** *o taal* Portuguese
Portugese *v* [-n] Portuguese ★ *ze is een ~* she's Portuguese, she's from Portugal
portvrij *bn* post-paid, post-free, postage free
portwijn *m* [-en] port (wine)
pos *m & v* [-sen] *vis* ruff(e), pope
pose *v* [-s & -n] posture, attitude, pose
poseren *onoverg* [poseerde, h. geposeerd] ❶ *model staan* pose, sit ★ *voor een schilder ~* pose for a painter ❷ *zich aanstellen* fig pose, strike an attitude
positie *v* [-s] ❶ *houding & position, ⟨lichaamshouding⟩ posture, ⟨geestelijke houding⟩ attitude ★ *~ kiezen* choose sides ❷ *toestand* position, situation ★ *een netelige ~* an awkward position / situation ★ *in ~ zijn* be pregnant, *inf* be expecting ❸ *betrekking* position, situation ★ *een vaste ~ bij een orkest* a permanent position with an orchestra ❹ *rang in de maatschappij* position, status ★ *een maatschappelijke ~* a position in society ❺ *muz* position
'positief, posi'tief¹ I *bn* ❶ *wisk & nat* positive ★ *~ geladen deeltjes* positively charged particles ❷ *bevestigend* affirmative ❸ *gunstig* positive, constructive, favourable/Am favorable ★ *positieve discriminatie* positive discrimination, Am affirmative action **II** *bijw* positively, affirmatively & ★ *een vraag ~ beantwoorden* answer a question in the affirmative
'positief² *m taalk* positive
posi'tief³ *o* [-tieven] *v. foto* positive
positiejurk *v* [-en] maternity dress

po

positiekleding *v* maternity clothes
positiespel *o* sp positional play
positieven *zn* [mv] ★ *hij kwam weer bij zijn* ~ ‹weer bij zijn verstand› he came to his senses, ‹weer bij bewustzijn› he came round ★ *bij zijn* ~ *zijn* be all there ★ *niet bij zijn* ~ not right in his head
positieverbetering *v* [-en] social advancement
positioneren *overg* [positioneerde, h. gepositioneerd] position
positionering *v* positioning
positivisme *o* positivism
positivist *m* [-en] positivist
post I *m* [-en] ❶ *v. deur* post ❷ *standplaats* post, station ★ *op zijn* ~ *blijven* remain at one's post ★ *op* ~ *staan* stand sentry ★ *een* ~ *uitzetten* post a sentry ★ ~ *vatten* take up one's station ★ *de mening heeft* ~ *gevat, dat...* it is the prevailing opinion that... ★ *op zijn* ~ *zijn* be at one's post ★ *ik moet om vier uur op mijn* ~ *zijn* I'm on duty at four o'clock ❸ *schildwacht* sentry ❹ *bij staking* picket ❺ *betrekking* post, office ★ *een* ~ *van vertrouwen* a position of trust ❻ *postbode* postman ❼ *handel* item, entry ★ *openstaande* ~*en* unsettled / unpaid / outstanding accounts **II** *v* ❶ *postbestelling* post, mail ★ *met deze / de eerste / laatste* ~ by this mail / by first / last post ★ *een brief op de* ~ *doen* post a letter, take a letter to the post ★ *over / met de* ~ through the post ★ *per* ~ by post, through the post ★ *per kerende* ~ by return post / mail ❷ *kantoor* post office, post ★ *hij is bij de* ~ he's works for the post office
postaal *bn* postal
postacademisch *bn* postgraduate
postadres *o* [-sen] (postal / mailing) address
postagentschap *o* [-pen] sub post office
Postbank *v* (Dutch) Post Office Bank, Br ± National Girobank
postbeambte *m-v* [-n] post office employee, postal worker / employee
postbestelling, postbezorging *v* [-en] postal delivery, Am mail delivery
postbode *m* [-n & -s] postman, Am mailman
postbus *v* [-sen] post office box
postbusfirma *v* ['s] postbox company
postbusnummer *o* [-s] PO box number
postcheque *m* [-s] postal order, giro cheque/Am check ★ Br *de* ~ *en girodienst* the National Girobank
postcode *m* [-s] postal code, Am ZIP code
postdateren *overg* [postdateerde, h. gepostdateerd] postdate
postdoctoraal *bn* postgraduate
postduif *v* [-duiven] carrier / homing pigeon
postelein *m* *plant* purslane
posten I *overg* [postte, h. gepost] *op de bus doen* post, mail **II** *onoverg* [postte, h. gepost] ❶ *op wacht staan* stand guard ❷ *bij staking* picket
poster *m* [-s] ❶ *affiche* poster ❷ *bij staking* picketer
posteren *overg* [posteerde, h. geposteerd] post, station ★ *zich* ~ take up one's position

poste restante *bijw* poste restante, Am general delivery
postkaart *v* [-en] ZN postcard
postkamer *v* [-s] post room
postkantoor *o* [-toren] post office
postkoets *v* [-en] hist mail coach, stagecoach
postkoloniaal *bn* post-colonial
postmerk *o* [-en] postmark ★ *datum* ~ date as postmark
postmodern *bn* post-modern
postmodernisme *o* post-modernism
postnataal *bn* postnatal ★ *een postnatale depressie* a postnatal depression
postorderbedrijf *o* [-drijven] mail-order company
postpakket *o* [-ten] parcel, parcel-post package ★ *als* ~ *verzenden* send by parcel post
postpapier *o* notepaper, letter / writing paper
postscriptum *o* [-ta & -s] postscript
poststempel *o & m* [-s] ❶ postmark ❷ *stempelapparaat* date stamp
poststuk *o* [-ken] parcel, postal item
posttarief *o* [-rieven] postal rate(s), postage
posttrein *m* [-en] mail train
postulaat *o* [-laten] postulate
postuleren *overg* [postuleerde, h. gepostuleerd] postulate
postuum *bn* posthumous ★ *een postume onderscheiding* a posthumous decoration ★ *een* ~ *werk* a posthumous work
postuur *o* [-turen] shape, figure, build, stature ★ *een slank* ~ a slim build / stature ★ *flink van* ~ of sturdy build / stature ★ *zich in* ~ *stellen / zetten* get oneself in position
postvak *o* [-ken] pigeon hole
postverkeer *o* postal traffic
postwissel *m* [-s] postal / money order ★ *een buitenlandse* ~ an international money order ★ *per* ~ by postal order
postzak *m* [-ken] postbag, mailbag
postzegel *m* [-s] (postage) stamp
postzegelalbum *o* [-s] stamp album
postzegelautomaat *m* [-maten] stamp machine
postzegelverzamelaar *m* [-s] stamp collector
pot I *m* [-ten] ❶ *om in te bewaren* pot, jar ❷ *po* chamber pot, po ★ *je kan de* ~ *op!* blow you! ★ ‹overspel plegen› *naast de* ~ *piesen* sleep around ★ *ben je nou helemaal van de* ~ *gerukt?* are you absolutely mad? ❸ *inzet* stakes, pool, kitty ★ *de* ~ *verteren* spend one's winnings ★ *de* ~ *winnen* win the jackpot ❹ *kookpan* pan, pot ★ ~*ten en pannen* pots and pans ★ *een gewone / goede* ~ plain / good cooking ★ *we moeten voor lief nemen wat de* ~ *schaft* we'll have to take pot luck ★ *het is één* ~ *nat* it's six of one and half a dozen of the other ★ *de* ~ *verwijt de ketel dat hij zwart is* it's the pot calling the kettle black ❺ *marihuana* grass, pot, weed, cannabis **II** *v* [-ten] *lesbienne* lesbian, inf dyke, dike
potaarde *v* potting compost / soil / earth

potdicht bn ❶ v. zaken (tightly) closed, sealed ❷ v. personen closed, silent as the grave
potdoof bn stone-deaf
poten overg [pootte, h. gepoot] ❶ in de grond steken plant, sew ❷ neerzetten inf plant, dump
potenrammen o queer / gay bashing
potenrammer m [-s] queer basher
potent bn potent, virile
potentaat m [-taten] potentate
potentiaal m [-tialen] potential
potentiaalverschil o [-len] potential difference
potentie v potency
potentieel I bn potential, possible, latent **II** bijw potentially & **III** o potential
poter m [-s] ❶ persoon planter ❷ aardappel seed potato
potgrond m potting compost / soil / earth
potig bn strong, robust, strapping
potje o [-s] ❶ kleine pot (small) pot, jar ★ een ~ bier a glass / mug of beer ★ hij kan een ~ breken he can't do anything wrong ★ zijn eigen ~ koken do one's own cooking ★ ‹geld inzamelen› een ~ maken get everybody to chip in ‹for sth› ★ er een ~ van maken mess things up ★ kleine ~s hebben grote oren little pitchers have big ears ❷ partijtje game ★ een ~ biljarten have a game of billiards ❸ po potty
potjeslatijn o gibberish, dog Latin
potkachel v [-s] potbellied stove
potlood o [-loden] ❶ om te schrijven pencil ❷ om kachels te poetsen blacklead, graphite ❸ mannelijk lid dick, prick
potloodventer m [-s] flasher
potplant v [-en] potted / pot plant
potpourri m & o ['s] potpourri, medley (of songs)
potscherf v [-scherven] potsherd, crock
potsierlijk I bn ludicrous, absurd, grotesque **II** bijw ludicrously &
potsierlijkheid v absurdity
potten I overg [potte, h. gepot] ❶ planten pot ❷ geld hoard **II** onoverg [potte, h. gepot] save money
pottenbakken o pottery, ceramics
pottenbakker m [-s] potter
pottenbakkerij v [-en] pottery, potter's workshop
pottenbakkersschijf v [-schijven] potter's wheel
pottenkijker m [-s] snooper, peeper
potverdomme, potverdorie tsw darn, damn
potverteren onoverg [potverteerde, h. potverteerd] squander
potvis m [-sen] sperm whale
poulain m [-s] pupil ZN sp apprentice sportsman
poule v [-s] groep group, team
poulet o & m ❶ vlees soup / stewing meat ❷ kip chicken
pousse-café de (m) [-'s] [pousse-café]
pover bn poor, shabby, meagre, puny ★ een ~ bestaan a miserable existence
povertjes bijw poorly, shabbily ★ ~ gekleed shabbily dressed ★ hij deed zijn werk maar ~ he did his task

indifferently
p.p. afk ❶ (per persoon) per person, p.p. ❷ (per procuratie) p.p., pp ❸ (port payé) postage paid
praal v pomp, splendour, magnificence ★ pracht en ~ pomp and circumstance
praalgraf o [-graven] mausoleum
praalwagen m [-s] float
praam v [pramen] pram, flat-bottomed boat
praat m ❶ het spreken talk ★ veel ~s hebben be all talk ★ iem. aan de ~ houden keep sbd talking ★ met iem. aan de ~ raken get talking to sbd ★ een motor aan de ~ krijgen get an engine to start ❷ taal talk, speech
praatgraag bn talkative, garrulous
praatgroep v [-en] ❶ voor bewustzijnsvorming consciousness-raising group ❷ v. patiënten e.d. self-help group
praatje o [-s] talk, chat ★ het is maar een ~, dat zijn maar ~s it's all idle talk / gossip / chitchat / bla bla ★ een ~ maken (met) have a chat (with) ★ och wat, ~s! rubbish! ★ het ~ gaat dat... rumour has it that... ★ zoals het ~ gaat as they say ★ je moet niet alle ~s geloven you shouldn't believe all you hear ★ ~s krijgen put on airs ★ er gaan ~s over haar people have been talking / gossiping about her ★ ~s rondstrooien spread rumours, gossip ★ ~s vullen geen gaatjes all talk and no action
praatjesmaker m [-s] ❶ opschepper braggart, boaster ❷ kletsmajoor chatterbox
praatlustig bn talkative, chatty
praatpaal m [-palen] ❶ emergency telephone ❷ inf confidant(e)
praatprogramma o ['s] talk programme/Am program, talk show
praatstoel m ★ op zijn ~ zitten be in a talkative mood, be on one's hobby horse
praatziek bn talkative, garrulous
pracht v splendour, magnificence ★ ~ en praal pomp and circumstance ★ een ~ van een boek a gem of a book ★ een ~ van een meid a beautiful girl
prachtexemplaar o [-plaren] fine / beautiful specimen
prachtig I bn magnificent, splendid, superb ★ dat zou ~ zijn that would be great / splendid ★ ~, hoor! excellent! **II** bijw magnificently &
prachtkerel m [-s] great guy
prachtstuk o [-ken] beauty, gem
practicum o [-ca & -s] practical, lab(oratory)
practicus m [-ci] practical person
pragmaticus m [-ci] pragmatist
pragmatiek I bn pragmatic, practical **II** v pragmatics
pragmatisch I bn pragmatic **II** bijw pragmatically
prairie v [-s & -riën] prairie
prairiehond m [-en] prairie dog
prairiewolf m [-wolven] coyote, Am prairie wolf
prak m [-ken] v. eten mash, mush ★ een auto in de ~ rijden prang a car
prakje o [-s] geprakt eten mash, mashed food
prakken overg [prakte, h. geprakt] mash

pr

prakkiseren I *onoverg* [prakkiseerde, h. geprakkiseerd], <u>inf</u> **prakkeseren** [prakkeseerde, h. geprakkeseerd] ❶ muse, think, reflect ❷ *zorgelijk brood,* worry **II** *overg* [prakkiseerde, h. geprakkiseerd], <u>inf</u> **prakkeseren** [prakkeseerde, h. geprakkeseerd] think up, devise, contrive

praktijk *v* [-en] ❶ *uitoefening, gebruik* practice ★ *in de ~* in practice, in real terms, in reality ★ *in ~ brengen* put into practice ★ *iets in de ~ leren* learn sth through practice / experience ❷ *beroepsuitoefening* practice ★ *zonder ~* non-practising ❸ *mv: kwalijke gewoontes* practices ★ *kwade ~en* evil practices

praktijkervaring *v* practical experience

praktijkexamen *o* [-s] practical examination

praktijkgericht *bn* practically oriented ★ *~ management* practice-based management

praktijkkennis *v* practical knowledge, know-how, working knowledge

praktijkvoorbeeld *o* [-en] example

praktisch I *bn* practical ★ *een ~e bekwaamheid* a practical skill ★ *~e kennis* working knowledge ★ *een ~ plan* a practical / workable plan **II** *bijw* practically, for all practical purposes, almost, virtually ★ *dat komt ~ op hetzelfde neer* that's virtually the same thing

praktiseren *onoverg* [praktiseerde, h. gepraktiseerd] practise/<u>Am</u> practice, be in practice ★ *een ~d geneesheer* a medical / general practitioner ★ *een ~d katholiek* a practising/<u>Am</u> practicing Catholic

pralen *onoverg* [praalde, h. gepraald] ❶ *schitteren* twinkle, shimmer ❷ *opscheppen* boast, flaunt, parade ★ *~ met zijn rijkdom* show off one's wealth

praline *v* [-s] chocolate

pram *m & v* [-men] boob, tit

pramen *overg* [praamde, h. gepraamd] <u>ZN</u> prod, edge on, insist (on)

prangen *overg* [prangde, h. geprangd] press, torment, oppress ★ *een ~de vraag* a pressing question

prat *bn* ★ *~ gaan op* be proud of, pride oneself on

praten I *onoverg* [praatte, h. gepraat] talk, speak, <u>inf</u> chat ★ *iem. aan het ~ zien te krijgen* manage to get sbd talking ★ ⟨praatjes rondstrooien⟩ *hij heeft gepraat* he's been telling tales ★ *hij kan mooi ~* he has a smooth tongue ★ *hij heeft mooi ~* it's all very well for him to say so ★ *er valt met hem te ~* he's a reasonable man ★ *er valt niet met hem te ~* he won't listen to reason ★ *er omheen ~* talk around the point, beat about the bush ★ *zij waren over kunst aan het ~* they were talking art ★ *ze zitten altijd over hun vak te ~* they're always talking shop ★ *praat me daar niet van* let's change the subject ★ *u moet hem dat uit het hoofd ~* you must talk him out of it ★ *daar weet ik van mee te ~* I know all about it **II** *overg* [praatte, h. gepraat] talk, speak ★ *hij praat Frans* he speaks French

prater *m* [-s] talker, conversationalist ★ *hij is geen grote ~* he's not much of a talker, he doesn't say much

prauw *v* [-en] prahu, proa

pre *m & o* [-s] preference, priority ★ *dat is een ~* that's an advantage

preadvies *o* [-viezen] preliminary report

preambule *v* [-s] preamble

prebende *v* [-n] prebend

precair *bn* precarious, delicate, critical ★ ⟨v. patiënt⟩ *zijn toestand is ~* his condition is critical

precario, precariorecht *o* ❶ *recht/belasting voor zaken op publiek terrein* local tax for installations on / over public ground, frontage tax ❷ *tot wederopzegging* possession at will / on sufferance

precedent *o* [-en] precedent ★ *een ~ scheppen* set / establish a precedent ★ *zonder ~* without precedent, unprecedented

precies I *bn* precise, exact ★ *hij is erg ~ op zijn spullen* he is very careful with / particular about his things **II** *bijw* precisely, exactly ★ *om vijf uur ~* at five exactly / sharp ★ *deze kleren passen mij ~* these clothes fit perfectly ★ *hij doet zijn werk heel ~* he does his work meticulously ★ *ik weet niet ~ waarom* I don't know exactly why ★ *ze is ~ de vrouw die ik zoek* she's just the woman I was looking for **III** *tsw* exactly!, precisely!

precieus *bn* affected, precious

preciseren *overg* [preciseerde, h. gepreciseerd] define, state precisely, specify

precisie *v* precision, accuracy

precisiebom *v* [-men] precision bomb

precisiewerk *o* precision work

predestinatie *v* predestination

predestineren *overg* [predestineerde, h. gepredestineerd] predestine

predicaat *o* [-katen] ❶ *benaming* predicate, designation ❷ *titel* title ❸ *beoordeling* rating, marks

predicaatzin *m* [-nen] predicate

predicatief *bn* predicative

predikant *m* [-en] ❶ *dominee* preacher, pastor, ⟨anglicaans⟩ vicar, parson, ⟨protestant⟩ minister ❷ *v. leger, ziekenhuis, gevangenis &* chaplain

prediken *overg & onoverg* [predikte, h. gepredikt] preach

prediker *m* [-s] preacher ★ <u>Bijbel</u> *Prediker* Ecclesiastes

predisponeren *overg* [predisponeerde, h. gepredisponeerd] predispose

predispositie *v* predisposition

prednison *o & m & v* prednisone

preek *v* [preken] *ook geringsch* sermon ★ *de ~ houden* give / deliver the sermon ★ *een lange ~ tegen iem. houden* read the riot act to sbd

preekbeurt, predikbeurt *v* [-en] preaching engagement

preekstoel *m* [-en] pulpit ★ <u>fig</u> *op de ~* on his high horse ★ *van de ~* from the pulpit

preektoon *m* preachy / pulpit tone

prefab *bn* prefab ★ *~ huizen* prefab(ricated) houses

prefect *m* [-en] ❶ <u>hist</u> prefect ❷ *surveillant* <u>ZN</u> prefect on duty ❸ *schoolhoofd* <u>ZN</u> headmaster, principal

pr

prefectuur v [-turen] prefecture
preferent bn preferential, preferred ★ een ~ aandelenkapitaal preferred stock, preference shares ★ een ~e schuldeiser a preferential creditor ★ ~e schulden preferred debts
preferentie v [-s] preference ★ ~ hebben boven be preferred to
preferentieel bn preferential ★ preferentiële rechten preferential rights
prefereren overg [prefereerde, h. geprefereerd] prefer (boven to)
prefiguratie v [-s] prefiguration, foreshadowing
prefix o [-en] prefix
pregnant bn pregnant, terse, succinct ★ de uitdrukking krijgt hier een ~e betekenis here, the expression is pregnant with meaning
prehistorie v prehistory
prehistorisch bn prehistoric
prei v [-en] leek
preken onoverg & overg [preekte, h. gepreekt] preach ★ voor dove oren ~ preach to deaf ears ★ voor eigen parochie ~ preach to the converted
prekerig bn preachy, moralizing
prelaat m [-laten] prelate
prelude v [-s] prelude
preluderen onoverg [preludeerde, h. gepreludeerd] prelude ★ fig ~ op serve as a prelude to
prematuur I bn premature **II** bijw prematurely, too early
premenstrueel bn premenstrual ★ het ~ syndroom the premenstrual syndrome, PMS
premie v [-s] ❶ ook eff premium ★ een ~ ineens an advance premium ❷ boven het loon bonus, gratuity ❸ door regering ⟨steun⟩ subsidy, ⟨voor doden schadelijke dieren &⟩ bounty ❹ voor verzekeringen premium, contribution ❺ bij loterij bonus prize
premiegrens v [-grenzen] threshold for social security contributions
premiejager m [-s] ❶ stag, Am premium hunter ❷ jager op uitgeloofde premies bounty hunter
premiekoopwoning v [-en] state-subsidized private dwelling
premier m [-s] prime minister, premier
première v [-s] ❶ v. toneelstuk & premiere, first night ❷ v. film opening night ★ in ~ gaan open
premieregeling v [-en] ❶ m.b.t. spaarpremies premium savings scheme ❷ m.b.t. huizenbouw house-building subsidy scheme
premierschap o prime ministership, premiership
premiestelsel o [-s] premium / bounty system
premievrij bn free of premium ★ een ~ pensioen a non-contributory pension ★ een ~e polis a paid-up policy
premisse v [-n] premise
prenataal bn antenatal, prenatal
prent v [-en] print, engraving, picture, illustration
prentbriefkaart v [-en] picture postcard
prenten overg [prentte, h. geprent] imprint, impress

★ zich iets in het geheugen ~ impress sth on one's memory
prentenboek o [-en] picture book
prentenkabinet o [-ten] print room
prentje o [-s] small picture (card)
prentkunst v printing, engraving
preoccupatie v [-s] preoccupation
preoccuperen overg [preoccupeerde, h. gepreoccupeerd] preoccupy
prepaid bn prepaid, paid in advance
preparaat o [-raten] preparation ★ een anatomisch ~ a microscopic section / slide
prepareren I overg [prepareerde, h. geprepareerd] ❶ klaarmaken prepare ❷ opzetten stuff **II** wederk [prepareerde, h. geprepareerd] ★ zich ~ get ready, prepare
preponderant bn preponderant
prepositie v [-s] preposition
prepress bn pre-press
prerogatief o [-tieven] prerogative
presbyteriaan m [-rianen] Presbyterian
presbyteriaans bn Presbyterian
prescriptief bn prescriptive
preselectie v [-s] ZN programming pre-selection
present I o [-en] present, gift ★ iem. iets ~ geven make sbd a present of sth ★ iets ~ krijgen get sth as a present **II** bn ❶ aanwezig present, in attendance ★ ~! here! ❷ geestelijk aanwezig alert, inf with it
presentabel bn presentable, respectable, fit to be seen
presentatie v [-s] presentation ★ een visuele ~ a visual presentation
presentator m [-s & -toren] ⟨v. actualiteiten⟩ presenter, anchor man, ⟨v. lichte programma's⟩ presenter, compere, host ★ de ~ van dit programma is... this programme is presented by...
presentatrice v [-s] TV presenter, compere, hostess
presenteerblad o [-bladen] tray, plate, platter ★ iets op een presenteerblaadje aangeboden krijgen have sth handed to one on a plate
presenteren overg [presenteerde, h. gepresenteerd] ❶ aanbieden offer, present ★ een koekje ~ pass the biscuits around ★ het geweer ~ present arms ❷ presentator zijn present, host, compere ❸ voorstellen (als) pass off (as) ★ iets als eigen werk ~ pass sth off as one's own work
presentexemplaar o [-plaren] presentation / complimentary copy
presentie v presence
presentiegeld o attendance fee
presentielijst v [-en] list of members present, attendance register / roll / list
preses m [-sides & -sen] chairman, president
president m [-en] ❶ voorzitter president, chairman, ⟨vrouw⟩ chairwoman ❷ jur ⟨v.e. jury⟩ foreman, ⟨van meervoudige kamer⟩ presiding judge
president-commissaris m [-sen], **president-directeur** [-s & -en] chairman of the board

presidentieel *bn* presidential
presidentschap *o* [-pen] presidency, ‹voorzitterschap› chairmanship
presidentsverkiezing *v* [-en] presidential election
presideren I *overg* [presideerde, h. gepresideerd] preside over / at ★ *een vergadering* ~ chair a meeting **II** *onoverg* [presideerde, h. gepresideerd] preside, be in the chair
presidium *o* [-dia & -s] ❶ presidentship, chairmanship ★ *onder* ~ *van* under the chairmanship of... ❷ *v.d. Sovjet-Unie & hist* Presidium
pressen *overg* [preste, h. geprest] ❶ *dwingen* force, press, put pressure on, urge ★ *iem. ~ tot iets* force sbd to do sth / into doing sth ❷ *hist* press-gang, forcibly enlist
presse-papier *m* [-s] paperweight
pressie *v* pressure ★ ~ *uitoefenen op* exert pressure on
pressiegroep *v* [-en] pressure group
pressiemiddel *o* [-en] means of exerting pressure, ‹dwangmaatregel› coercive measure ★ *een* ~ *toepassen* ‹druk› apply pressure, ‹dwangmaatregel› impose a coercive measure
prestatie *v* [-s] ❶ *het presteren ook techn* performance ❷ *het gepresteerde* achievement, feat, accomplishment ★ *de* ~*s van iem. in het verleden* sbd's track record ★ *als* ~ *voor* in consideration of, in return for
prestatiebeurs *v* performance-based grant / bursary / scholarship
prestatiedwang *m* pressure to perform / achieve
prestatiegericht *bn* achievement-oriented ★ *een* ~ *persoon* a competitive person
prestatieloon *o* [-lonen] merit / incentive / performance-related pay
prestatieloop *m* [-lopen] endurance run / race
presteren *overg* [presteerde, h. gepresteerd] achieve, perform ★ *onvoldoende* ~ underperform ★ *slecht* ~ perform badly ★ *hij presteerde het om weg te blijven* he managed to stay away
prestige *o* prestige ★ *zijn* ~ *ophouden* uphold one's prestige ★ *zijn* ~ *redden* save one's face
prestigekwestie *v* [-s] matter of prestige
prestigeobject *o* [-en] status symbol
prestigeverlies *o* loss of prestige
prestigieus *bn* prestigious
presumptief *bn* presumed, assumed ★ *een* ~ *huwelijk* an assumed marriage ★ *de presumptieve vader* the presumed father
pret *v* pleasure, fun, enjoyment ★ *het was dolle* ~ it was great fun ★ *de* ~ *bederven* spoil the fun ★ ~ *maken* enjoy oneself, have fun ★ *het is uit met de* ~ it's no time for joking, the fun is over ★ ~ *hebben over iets* be amused at sth
pretendent *m* [-en] pretender ‹to the throne›
pretenderen *overg* [pretendeerde, h. gepretendeerd] pretend / profess (to be)
pretentie *v* [-s] pretension ★ *vol* ~*s* pretentious ★ *zonder* ~*(s)* modest, unassuming, unpretentious

★ *niet de* ~ *hebben alles te weten* make no pretensions to know everything
pretentieloos *bn* modest, unassuming, unpretentious
pretentieus *bn* pretentious
pretje *o* [-s] bit of fun, frolic, *inf* lark ★ *iron het is me nogal een* ~*!* a nice job, indeed! ★ *dat is (me) ook geen* ~ that's no picnic
pretogen *zn* [mv] twinkling / sparkling eyes
pretoriaans *bn* hist praetorian/Am pretorian
pretpakket *o* [-ten] underw easy examination subjects
pretpark *o* [-en] amusement park, funfair
prettig I *bn* ❶ *plezierig* pleasant, nice ★ ~*e feestdagen* the compliments of the season ★ ~ *weekend!* have a nice / great / good weekend! ★ ~ *kennis met u te maken!* nice / pleased to meet you! ★ *het* ~ *vinden* like it ❷ *gemakkelijk* easy, nice ★ *zich niet* ~ *voelen* not feel comfortable / at ease / at home **II** *bijw* pleasantly, nicely
preuts I *bn* prudish, prim ★ *een* ~ *meisje* a prude **II** *bijw* prudishly, primly ★ ~ *doen* be a prude, be prudish
preutsheid *v* prudishness, primness
prevaleren *onoverg* [prevaleerde, h. geprevaleerd] prevail, predominate
prevelen *onoverg & overg* [prevelde, h. gepreveld] murmur, mutter, mumble
preventie *v* [-s] prevention
preventief *bn* prevent(at)ive, precautionary ★ *een preventieve aanval* a pre-emptive strike ★ *preventieve maatregelen* prevent(at)ive / precautionary measures ★ *in preventieve hechtenis houden* keep in detention awaiting trial
priapisme *o* priapism
prieel *o* [priëlen] bower, arbour, ‹groter› summer house
priegelen *onoverg* [priegelde, h. gepriegeld] do detailed / delicate / fine work
priegelig *bn* delicate, fine ★ *dat is* ~ *werk* that's delicate / detailed / very fine / fiddly work ★ *een* ~ *handschrift* very small handwriting
priegelwerk *o* fiddly / fine / delicate work
priem *m* [-en] techn awl, piercer
priemen *overg* [priemde, h. gepriemd] prick, pierce, stab
priemgetal *o* [-len] prime number
priester *m* [-s] priest
priestergewaad *o* [-waden], **priesterkleed** [-kleden, -klederen] sacramental garments, clerical garb, vestments
priesterschap I *o waardigheid* priesthood **II** *v* [-pen] *verzamelnaam* priesthood
priesterwijding *v* [-en] ordination
prietpraat *m* twaddle, table talk
prijken *onoverg* [prijkte, h. geprijkt] adorn ★ *boven het altaar prijkt een houten Madonna* the altar is adorned by a wooden Madonna ★ *radioantennes* ~ *op alle daken* aerials adorn every roof ★ *zij prijkt in volle glorie in een mannenblad* she's shown in all her glory

in a men's magazine ★ *op haar hoofd prijkte een sombrero* on her head she sported a sombrero

prijs I *m* [prijzen] ❶ *bedrag* price, cost ★ *de huidige / gangbare prijzen* current prices ★ ⟨in hotel &⟩ *speciale prijzen* special terms ★ *dat is een te lage ~* that's too low a price ★ *een ~ zetten op iemands hoofd* set a price on sbd.'s head ★ *beneden / onder de ~ verkopen* sell below the market price ★ *tegen elke ~* at any price, at all cost(s) ★ *tegen lage ~* at a low price, at low prices ★ *tot elke ~* at any cost, at all costs, at any price ★ *wat is de ~ voor een enkeltje?* how much is a single fare? ★ *voor geen ~* not at any price ★ *voor die ~* at the price ★ *voor een zacht ~je* cheaply ❷ *waarde* price, value ★ *op ~ stellen* appreciate, value ❸ *kaartje met prijsaanduiding* price tag ❹ *uitgeloofde prijs* prize, reward ★ *de eerste ~ behalen* carry off / win first prize ★ *altijd ~!* everyone's a winner!, you can't go wrong! ★ *in de prijzen vallen* be one of the winners ❺ *uitverkiezing* award **II** *v* [prijzen] *buit* scheepv prize ★ *~ maken* capture, seize ⟨a ship⟩

prijsafspraak *v* [-spraken] price agreement

prijsbeheersing *v* price control

prijsbepaling *v* [-en] determination of price, valuation, ⟨vaststellen⟩ price fixing

prijsbewust *bn* price-conscious, cost-conscious

prijscompensatie *v* wage indexation, index-linking

prijsdaling *v* [-en] fall / decline / drop in prices

prijsgeven *overg* [gaf prijs, h. prijsgegeven] give up, abandon, relinquish ★ *geheimen ~* divulge / betray secrets ★ *het geloof ~* abandon one's faith ★ *een stad / een vesting ~* give up / abandon a city / fortress ★ *terrein ~* yield ground ★ *iets aan de golven / het vuur ~* abandon / commit sth to the waves / flames ★ *iets aan de vergetelheid ~* commit sth to oblivion

prijshoudend *bn* steady, stationary

prijsindex *m* [-en & -dices] price index, cost-of-living index

prijskaartje *o* [-s] price tag / label / ticket ★ *goederen van een ~ voorzien* put price tags on goods

prijsklasse *v* [-n] price range / bracket

prijslijst *v* [-en] price list

prijsmaatregel *m* [-en & -s] price control measure, pricing measure

prijsniveau *o* [-s] price level

prijsopdrijving *v* econ forcing / pushing up of prices, price hike

prijsopgaaf, **prijsopgave** *v* [-gaven] ❶ *offerte* quotation, tender, offer ❷ *begroting* (price / fee) estimate

prijspeil *o* price level

prijspolitiek *v* price / pricing policy

prijsschieten *o* shoot for a prize

prijsschommeling *v* [-en] price fluctuation

prijsstelling *v* [-en] ❶ *vaststelling v.d. prijs* pricing, price setting, price fixing ❷ *vastgestelde prijs* fixed price ★ *de fabrikant heeft gekozen voor een gunstige ~* the manufacturer has priced ⟨it / them⟩ sharply

prijsstijging *v* [-en] rise / increase in prices

prijsstop *m* price stop / freeze ★ *een ~ afkondigen* announce a price freeze / a freeze on prices

prijsuitreiking *v* [-en] prize-giving ceremony

prijsvechter *m* [-s] price fighter

prijsvergelijking *v* [-en] price comparison

prijsverhoging *v* [-en] price increase / rise, markup

prijsverlaging *v* [-en] price reduction / cut, markdown ★ *grote ~!* huge reductions!

prijsverschil *o* [-len] price difference, difference in price

prijsvraag *v* [-vragen] competition, contest ★ *een ~ uitschrijven* hold a competition

prijswinnaar *m* [-s] prizewinner

prijzen I *overg* [prees, h. geprezen] *loven* praise, commend, extol ★ *zich gelukkig ~* call oneself lucky, thank / bless one's lucky stars ★ ⟨aan~⟩ *zijn waren ~* praise one's goods **II** *overg* [prijsde, h. geprijsd] *de prijs bepalen* price ★ ⟨v.e. prijs voorzien⟩ *zijn waren ~* price one's goods ★ *zich uit de markt ~* price oneself out of the market

prijzengeld *o* prize money

prijzenkast *v* [-en] trophy cabinet

prijzenoorlog *m* [-logen] price war

prijzenslag *m* price war

prijzenswaard, **prijzenswaardig** *bn* praiseworthy, laudable, commendable

prijzig *bn* expensive, high-priced, inf pricey, dear

prik *m* [-ken] ❶ *met naald &* prick, stab, ⟨v.e. insect⟩ sting ❷ *injectie* injection, inf shot ★ *een ~ halen* have / get an injection / a shot ❸ *in frisdrank* fizz, pop ★ *mineraalwater met ~* fizzy mineral water ★ *een glaasje ~* glass of fizz ❹ *vis* lamprey ▼ *dat is vaste ~* that happens all the time

prikactie *v* [-s] lightning strike

prikbord *o* [-en] notice / bulletin board

prikje *o*, **prikkie** [-s] ★ *voor een ~* for a song, at a bargain, for next to nothing

prikkel *m* [-s] ❶ *prikstok* goad ❷ *stekel* sting, thorn, prickle ❸ *aanmoediging* stimulus, spur, incentive, impetus

prikkelbaar *bn* irritable, excitable, touchy

prikkeldraad *o & m* barbed wire

prikkeldraadversperring *v* [-en] (barbed) wire entanglement / barrier

prikkelen I *overg* [prikkelde, h. geprikkeld] ❶ *prikken, (doen) tintelen* prickle, sting ❷ *opwekken* stimulate, excite, arouse, ⟨aansporen ook⟩ incite ★ *de nieuwsgierigheid ~* arouse sbd's curiosity ❸ *irriteren* irritate, ⟨v. personen⟩ provoke ★ *de zenuwen ~* irritate the nerves **II** *onoverg* [prikkelde, h. geprikkeld] prickle, tingle, sting

prikkelend *bn* ❶ *prikkend* prickling, prickly ❷ *activerend* stimulating ❸ *irritant* irritating, provoking ❹ *pikant* piquant, racy, juicy, spicy

prikkelhoest *m* tickling cough

prikkeling *v* [-en] ❶ *tinteling* prickle, tickle ❷ *opwekking* stimulation, thrill, ⟨seksueel ook⟩

pr

titillation ❸ *irritatie* irritation, tingling
prikken I *overg* [prikte, h. geprikt] ❶ *steken* prick,
⟨injectie⟩ inject ❷ *op de muur* tack, pin, stick ❸ *een
datum* fix, set **II** *onoverg* [prikte, h. geprikt] ❶ *stekend
gevoel hebben* sting ★ *de zweet / rook prikt in mijn
ogen* the perspiration / smoke is making my eyes
smart / sting ❷ *op prikklok* clock in / out
prikker *m* [-s] pricker
prikkertje *o* [-s] cocktail stick
prikklok *v* [-ken] time clock
priklimonade *v* [-s] fizzy lemonade, soda pop, <u>inf</u> fizz,
pop
prikpil *v* [-len] contraceptive injection
pril *bn* early, first, young ★ *~ geluk* budding happiness
★ *in zijn ~le jeugd* in his early youth ★ *in de ~le
ochtend* in the early morning, at dawn
prima I *bn* first-class, first-rate, excellent ★ *~ kwaliteit*
excellent quality ★ *in een ~ humeur* in an excellent
mood, in high / prime spirits ★ *ik vind het ~* it's okay
/ all right by me **II** *bijw* excellently, well, <u>inf</u> great,
fine ★ *de wagen loopt ~* the car is going well / great
/ fine **III** *tsw* great!, fine!
primaat I *m* [-maten] ❶ *zoogdier* primate ❷ *kerkleider*
⟨paus⟩ pontiff, ⟨aartsbisschop⟩ primate **II** *o
oppergezag* primacy
prima ballerina *v* ['s] prima ballerina
prima donna *v* ['s] prima donna
primair I *bn* ❶ *eerst* primary, basic, elementary,
fundamental ★ *de ~e behoeften* one's primary needs
★ *van ~ belang* of primary / paramount importance
★ *een ~e functie* a primary function ★ <u>elektr</u> *~e
stroom* primary current ★ *~ dividend* statutory
dividend ★ *~e kosten* flat costs ★ *het ~ telastgelegde
/ tenlastegelegde* the principal charge / claim ❷ *basis*
prime, basic ★ *~e getallen* prime numbers ★ *een ~e
kleur* a primary colour **II** *m-v* [-en] *onderontwikkeld
persoon* <u>ZN</u> narrow-minded, uneducated person
primeur *v* [-s] *v. krant* scoop ★ *de ~ van iets hebben* be
the first to use / hear & sth
primitief I *bn* primitive, crude ★ <u>schilderk</u> *de
primitieven* the primitive painters ★ *primitieve kunst*
primitive art ★ *primitieve werktuigen* makeshift
/ primitive tools ★ *primitieve zitbanken* makeshift
seating **II** *bijw* primitively
primula *v* ['s] *bloem* primrose
primus *m* [-sen] ❶ *eerste* first ❷ *kooktoestel* Primus
principaal I *m* [-palen] *superieur* principal **II** *bn*
principal, main ★ <u>jur</u> *ten principale* on the main
issue, on the merits
principe *o* [-s] principle ★ *in ~ is hij 24 uur per dag
beschikbaar* in principle he is available 24 hours per
day ★ *in ~ ben ik het met je eens* basically, I agree
with you ★ *uit ~* on principle, as a matter of
principle
principeakkoord *o* [-en] agreement in principle
principieel I *bn* fundamental, essential ★ *een ~
akkoord* an agreement in principle ★ *een principiële
kwestie* a fundamental question ★ *een ~ tegenstander*

a conscientious objector **II** *bijw* fundamentally, on
principle ★ *ik ben er ~ tegen* I'm against it on
principle
prins *m* [-en] prince ★ *van de ~ geen kwaad weten* be as
innocent as a newborn babe ★ *leven als een ~* live
like a prince ★ *~ carnaval* Prince Carnival
prinsdom *o* [-men] principality
prinselijk I *bn* princely **II** *bijw* in a princely fashion
prinses *v* [-sen] princess
prinsessenboon *v* [-bonen] French bean
prins-gemaal *m* prince consort
prinsheerlijk *bijw* as proud as a lord, in a princely
fashion ★ *in de zomer kun je hier ~ buiten zitten* in
the summer you can sit at ease outside
Prinsjesdag *m* the opening of Parliament
print *m* [-s] ❶ <u>comput</u> printout ❷ <u>fotogr</u> print
printen *overg* [printte, h. geprint] print (out)
printer *m* [-s] printer
prior *m* [-s] prior
prioritair *bn* <u>ZN</u> priority
prioriteit *v* priority ★ *~ genieten* take priority ★ *je
moet ~en stellen* you have to get your priorities right
★ *~ geven aan iets* give priority / preference to sth
prioriteitsaandeel *o* [-delen] preference share
prisma *o* ['s & -mata] prism
prismakijker *m* [-s] prism binoculars
privaat *bn* private, personal ★ *een ~ persoon* a private
person ★ *het ~ belang* private interest
privaatdocent *m* [-en] unsalaried university lecturer
privaatrecht *o* private law ★ *het internationaal ~*
private international law
privaatrechtelijk *bn* pertaining to private law ★ *een ~
lichaam* a private corporation ★ *~e rechtspersonen*
private persons (according to the law)
privacy *v* privacy ★ *zij is erg op haar ~ gesteld* she
values her privacy, she's a very private person
private equity *de (v)* private equity
privatiseren *overg* [privatiseerde, h. geprivatiseerd]
privatize, denationalize
privatisering *v* privatization
privé I *bn* private, personal ★ *dat is wel erg ~* this is
rather confidential **II** *bijw* privately ★ *kan ik u even ~
spreken?* can I talk to you privately / in private for a
minute?
privéaangelegenheid *v* [-heden] private occasion
privéadres *o* [-sen] private / home address
privébezit *o* private property
privégebruik *o* personal use
privéles *v* [-sen] private instruction / tuition
privéleven *o* private life
privilege *o* [-s] privilege, <u>jur</u> preferential right,
preference, statutory lien, right of preference
privilegiëren *overg* [privilegieerde, h. geprivilegieerd]
privilege
pr-man *m* PR man, public relations officer
pro *bn & o* pro ★ *wie is ~?* who is for? ★ *het ~ en contra*
the pros and cons ★ *de ~'s* the pros
proactief *bn* proactive

probaat *bn* effective, approved, <u>form</u> efficacious ★ *een ~ middel tegen hoest* an effective cure for coughs

probeersel *o* [-s] experiment, tryout

proberen I *overg* [probeerde, h. geprobeerd] try, attempt ★ *je moet het maar eens ~* just give it a try ★ *dat moet je niet met mij ~* don't you dare try that on with me ★ *we zullen het eens met u ~* we'll give you a trial / try-out **II** *onoverg* [probeerde, h. geprobeerd] try ★ *probeer maar!* (just) try!, have a try!

probleem *o* [-blemen] problem, trouble, difficulty ★ *problemen geven* cause problems ★ *een ~ oplossen* resolve / solve a problem ★ *problemen oplossen* troubleshoot ★ *in de problemen zitten* be in trouble ★ *met een ~ zitten* have a problem, be having difficulties

probleemgeval *o* [-len] problematic case

probleemgezin *o* [-nen] problem family

probleemkind *o* [-eren] problem child

probleemloos *bn* unproblematic, smooth, trouble-free

problematiek *v* ❶ problematic nature ❷ *kwestie* issue

problematisch *bn* problematic

procedé *o* [-s] process, procedure, technique, treatment

procederen *onoverg* [procedeerde, h. geprocedeerd] take (legal) action, litigate, ‹strafrechtelijk› prosecute ★ *gaan ~ tegen* take legal action against ★ *aan het ~ zijn tegen* be involved in a lawsuit against

procedure *v* [-s] ❶ *werkwijze* procedure, method ❷ *proces* action, lawsuit, legal proceedings ★ *een civiele ~* civil proceedings ★ *een ~ tegen iem. aanspannen* commence legal proceedings against sbd

procedureel *bn* procedural

procedurefout *v* [-en] procedural mistake / error

procent *o* [-en] per cent, Am percent ★ *vijftig ~ kans* even chances / fifty-fifty ★ *in ~en* in percentages ★ *tegen vier ~* at four per cent ★ *voor de volle honderd ~* one hundred per cent

procentpunt *o* [-en] percentage point

procentueel, percentueel, percentsgewijs, percentagewijze, procentsgewijs I *bn* proportional **II** *bijw* in terms of percentage(s), proportionally

proces *o* [-sen] ❶ (law)suit, action, trial, legal proceedings ★ *iem. een ~ aandoen* take sbd to court ★ *een ~ aanspannen* initiate / take legal proceedings ★ *een ~ over de zaak beginnen* take the matter to court ★ *in ~ liggen* be engaged / involved in a lawsuit ❷ *bewerking, verloop* process

procesbewaking *v* process control

proceskosten *zn* [mv] litigation / legal costs

procesrecht *o* law of procedure, procedural law ★ *het burgerlijk ~* the law of civil procedure

processie *v* [-s] procession ★ *een ~ houden* hold a procession / parade

processor *m* [-s] <u>comput</u> (central) processor

processtuk *o* [-ken] case file, document relating to the case

proces-verbaal *o* [processen-verbaal], **procesverbaal** [-balen] ❶ *verslag* record, report, minutes ‹of court proceedings› ★ *een ~ opmaken van een getuigenverklaring* take down the witness's statement ❷ *bekeuring* charge, summons, booking ★ *~ opmaken tegen iem.* book sbd ★ *een ~ aan zijn broek krijgen* be booked, get a ticket

procesvoering *v* [-en] legal proceedings, litigation

proclamatie *v* [-s] proclamation

proclameren *overg* [proclameerde, h. geproclameerd] proclaim ★ *iem. tot koning ~* proclaim sbd king

procuratie *v* [-s] power of attorney

procuratiehouder *m* [-s] *gevolmachtigde* authorized signatory / representative

procurator *m* [-s &-toren] procurator

procureur *m* [-s] solicitor, attorney ★ *jur bij ~* via an attorney ★ <u>Belg</u> *de ~ des Konings* the public prosecutor

procureur-generaal *m* [procureurs-generaal] Procurator-General, Attorney General

pro Deo *bijw* free of charge ★ *~ werken* work for free

pro-Deoadvocaat *m* [-advocaten] legal aid counsel, <u>Am</u> public defender

pro-Deozaak *v* [-zaken] case for the legal aid counsel

producent *m* [-en] producer, maker

producentenvertrouwen *o* producer confidence

produceren *overg* [produceerde, h. geproduceerd] produce, turn out, make, manufacture ★ *een petroleum ~d land* an oil-producing country

product *o* [-en] product ★ *agrarische ~en* agricultural produce ★ *een merkloos ~* a generic product ★ *een ~ op de markt brengen* market sth ★ *het belangrijkste ~ van het land is tin* the country's most important commodity is tin ★ *het ~ van 4 en 6 is 24* 4 multiplied by 6 is 24

productaansprakelijkheid *v* verz product liability

productgroep *v* [-en] product group

productie *v* [-s] production, output, manufacture ★ *de ~ opvoeren* speed up / increase production ★ *die film is een Nederlandse ~* the film is a Dutch production

productieapparaat *o* production machinery / facilities

productiebeperking *v* [-en] restriction of production

productiecapaciteit *v* productive / production capacity, output potential

productief *bn* productive ★ *een ~ schrijver* a prolific writer ★ *iets ~ maken* make sth pay ★ *~ zijn* be productive

productiefactor *m* [-toren] production factor

productiehuishouding *v* production economy

productiekosten *zn* [mv] cost(s) of production, production / manufacturing costs

productielijn *v* [-en] production line

productiemiddelen *zn* [mv] means of production,

production goods / resources / facilities

productieproces *o* [-sen] production / manufacturing process

productietijd *m* production time

productinformatie *v* product information

productinnovatie *v* product innovation

productiviteit *v* productivity, productive capacity

productlijn *v* [-en] product range, range of products

productmanager *m* [-s] product manager

productschap *o* [-pen] commodity / product board / marketing board

proef *v* [proeven] ❶ *test* trial, test, experiment ★ *proeven van bekwaamheid afleggen* give proof of one's ability ★ *proeven doen op* conduct experiments / tests on ★ *een zware ~ doorstaan* undergo a rigorous test ★ *er eens een ~ mee nemen* give it a trial / try ★ *proeven nemen (met)* experiment (on) ★ *de ~ op de som nemen* put to the test ★ jur *koop op ~* purchase / sale upon trial ★ *op ~* on probation, for a trial period ★ *op de ~ stellen* put to the test, try, tax ‹one's patience› ★ *iets een week op ~ hebben* have sth on approval for a week ★ *het stelde mijn geduld erg op de ~* my patience was severely taxed ❷ *bewijs* proof ★ *dat is de ~ op de som* that settles it ❸ *drukproef* proof ❹ *proefmonster, voorbeeld* specimen, sample

proefabonnement *o* [-en] trial subscription

proefballon *m* [-s] pilot balloon ★ fig *een ~ oplaten* put out feelers

proefboerderij *v* [-en] experimental farm

proefboring *v* [-en] exploratory / test drilling

proefdier *o* [-en] laboratory / experimental animal

proefdraaien I *onoverg* [V.T. ongebruikelijk, h. proefgedraaid] do a test / trial run **II** *o* dummy trial, trial run, ‹film› test shoot

proefdruk *m* [-ken] proof

proefjaar *o* [-jaren] probationary year, year on probation / trial

proefkonijn *o* [-en] laboratory rabbit ★ fig *als ~ dienen* serve / be used as a guinea pig

proefles *v* [-sen] trial / sample lesson

proeflokaal *o* [-kalen] public house, bar

proefneming *v* [-en] ❶ *handeling* experimentation, testing ❷ *afzonderlijk geval* experiment, test ★ *~en doen* conduct experiments / tests, experiment

proefnummer *o* [-s] trial / sample issue, specimen copy

proefondervindelijk *bn* experimental, empirical ★ *~e natuurkunde* experimental physics ★ *de ~e methode* trial-and-error

proefpakket *o* [-ten] trial sample

proefperiode *v* [-n & -s] probation, probationary / trial period

proefpersoon *m* [-sonen] test subject

proefproces *o* [-sen] test case

proefrit *m* [-ten] trial run, auto ook test drive ★ *een ~ maken* test drive the car, give the car a trial run

proefschrift *o* [-en] (doctoral) dissertation, doctoral / PhD thesis ★ *zijn ~ verdedigen* publicly defend one's doctoral thesis

proefschrift
In Amerika spreekt men gewoonlijk van **dissertation** of PhD thesis, in Groot-Brittannië gewoonlijk van **doctoral thesis** of PhD thesis. Het woord **dissertation** wordt in Groot-Brittannië ook gebruikt voor de afstudeerscriptie of **master's thesis**. Om verwarring te voorkomen is het raadzaam om **doctoral thesis** of PhD thesis te gebruiken.

proeftijd *m* probation, probationary period, apprenticeship, ‹in klooster› novitiate / noviciate ★ *ik zit nog in mijn ~* I'm still on probation

proefverlof *o* [-loven] probationary release ★ *~ krijgen* be released on probation

proefvertaling *v* [-en] sample translation, translation test

proefvlucht *v* [-en] trial / test flight

proefwerk *o* [-en] test paper ★ *een ~ opgeven* set a test

proefzending *v* [-en] trial consignment

proesten *onoverg* [proestte, h. geproest] sneeze, splutter, ‹niezen› snort ★ *~ van het lachen* snort with laughter

proeve *v* [-n] specimen ★ *een ~ van bekwaamheid* a test of competence, an ability test

proeven I *overg* [proefde, h. geproefd] ❶ taste, sample, try ★ *je proeft er niets van* you don't taste it ❷ *merken* sense **II** *onoverg* [proefde, h. geproefd] taste ★ *proef maar eens* just have a taste ★ *hij heeft er nauwelijks iets van geproefd* he scarcely touched it

proever *m* [-s] taster

prof *m* [-s] ❶ *hoogleraar* professor, inf prof ❷ sp pro, professional

profaan *bn* ❶ *werelds* profane, secular ❷ *met heiligschennis* profane, sacrilegious

profclub *v* [-s] sp professional club

profeet *m* [-feten] prophet ★ *hij is een ~ die brood eet* he's a false prophet ★ *een ~ is niet geëerd in eigen land* a prophet has no honour in his own country ★ *de Profeet (Mohammed)* the Prophet

professie *v* [-s] profession

professional *m* [-s] sp professional

professionaliseren *overg* [professionaliseerde, h. geprofessionaliseerd] professionalize

professionalisering *v* professionalisation

professioneel I *bn* professional **II** *bijw* professionally ★ *iets ~ aanpakken* approach sth in a professional way, be professional about sth

professor *m* [-s & -soren] professor ★ *een ~ in de sociologie* a professor of sociology

professor
Gebruik in het Engels **Professor** (of de afkorting **Prof.**) of **Dr**, maar gebruik ze nooit samen zoals in het Nederlands. **Prof. Dr. G.G. Kloeke** is in het Engels **Prof. G.G. Kloeke** of **Dr G.G. Kloeke**.

professoraal *bn* professorial ★ *het ~ kwartiertje* the academic quarter
professoraat *o* [-raten] professorship
profeteren *overg* [profeteerde, h. geprofeteerd] prophesy
profetes *v* [-sen] prophetess
profetie *v* [-tieën] prophecy
profetisch *bn* prophetic
proficiat *tsw* ★ *~ met je dochter!* best wishes / congratulations on the birth of your daughter! ★ *~ met je verjaardag!* happy birthday!, many happy returns (of the day)!
profiel *o* [-en] ❶ *zijaanzicht, doorsnede* profile, side view, ‹v. gebouw &› section ★ *in ~* in profile ❷ *v. band* tread
profielensite *de* [-s] profile site
profielschets *v* [-en] profile
profielzool *v* [-zolen] grip / profile sole
profijt *o* [-en] profit, gain, benefit ★ *~ trekken van* gain by, benefit from, turn ‹sth› to advantage ★ *ergens zoveel mogelijk ~ van trekken* make the most of sth
profijtbeginsel *o* user pays principle
profijtelijk *bn* profitable
profileren *overg* [profileerde, h. geprofileerd] profile, characterize, make known ★ *zich ~* create one's own profile ★ *hij wil zich wat meer ~* he wants to be more in the limelight
profiteren *onoverg* [profiteerde, h. geprofiteerd] profit (from), take advantage (of) ★ *van de gelegenheid ~* take advantage of the opportunity ★ *van iets ~* ‹gunstig› profit by sth, ‹ongunstig› take advantage of sth, exploit sth
profiteur *m* [-s] profiteer
pro forma *bn* pro forma, for form's sake ★ *een ~ rekening* a pro forma account
pro-formafactuur *v* [-turen] pro forma invoice
profspeler *m* [-s] professional sportsman, *inf* pro
profvoetbal *o* professional soccer/Br football
profvoetballer *m* [-s] professional football / soccer player
profylactisch *bn* prophylactic, preventive
prognose *v* [-s] prognosis, forecast ★ *de ~ voor 2006* the outlook for 2006 ★ *een ~ opstellen* make a forecast / prognosis
prognosticeren *overg* [prognosticeerde, h. geprognosticeerd] prognosticate, forecast
program *o* [-s] programme, Am program ★ *wat staat er op het ~?* what's on the programme?
programma *o* ['s] ❶ programme, Am program ★ *het staat op het ~* it's on the programme ❷ *v. schouwburg* programme, Am program ❸ *v. partij* programme/Am program, platform

❹ *onderw* curriculum, syllabus
programmablad *o* [-bladen] RTV radio guide, TV guide
programmaboekje *o* [-s] programme, Am program
programmamaker *m* [-s] RTV producer
programmatuur *v* comput software
programmeertaal *v* [-talen] computer language ★ *hoge / lage ~* high-level / low-level language
programmeren *overg* [programmeerde, h. geprogrammeerd] ❶ programme/Am program, schedule ★ *dat onderdeel staat niet geprogrammeerd voor vandaag* that part hasn't been scheduled / programmed for today ❷ comput program
programmering *v* programming, Am programing
programmeur *m* [-s] programmer, Am programer
progressie *v* [-s] ❶ *geleidelijke ontwikkeling* progression ❷ *vooruitgang* progress, advance
progressief I *bn* ❶ *stapsgewijs vermeerderend* progressive, graduated ★ *progressieve belasting* progressive tax rates ★ *het ~ tarief* the advanced rate ❷ *vooruitziend* forward-looking, pol ook progressive, liberal ★ *de progressieven* the progressives / liberals **II** *bijw* progressively
progressieveling *m* [-en] liberal, progressive, ‹sterker› left winger, leftist
prohibitief I *bn* prohibitive ★ *een ~ tarief* a prohibitive tariff **II** *bijw* prohibitively
project *o* [-en] project, scheme, plan
projecteren *overg* [projecteerde, h. geprojecteerd] ook psych project
projectgroep *v* [-en] project group
projectie *v* [-s] projection
projectiel *o* [-en] projectile, missile ★ *een geleid ~* a guided missile
projectiescherm *o* [-en] (projection) screen
projectleider *m*, **projectmanager** [-s] project manager
projectmatig *bn* project-based
projectontwikkelaar *m* [-s] property developer
projectontwikkeling *v* ❶ *exploitatie bouwprojecten* property development ❷ *opzetten nieuwe ondernemingen* project development
projector *m* [-s] ook wisk projector
proleet *m* [-leten] plebeian, proletarian
proletariaat *o* proletariat, the masses
proletariër *m* [-s] proletarian
proletarisch *bn* proletarian ★ *~ winkelen* shoplift
proliferatie *v* proliferation
prolongatie *v* [-s] ❶ *verlenging van tijdsduur* prolongation, continuation ❷ *uitstellen v. e. betaling* carrying over, continuation ★ *eff in ~ nemen* lend on stock / margin
prolongeren *overg* [prolongeerde, h. geprolongeerd] ❶ *verlengen van tijdsduur* prolong, continue ❷ *verlengen van vervaldatum* extend, renew
proloog *m* [-logen] prologue
promenade *v* [-s] ❶ *wandelpromenade* promenade, walk ❷ *winkelpromenade* (shopping) mall
promenadedek *o* [-ken] promenade deck

pr

promesse *v* [-n & -s] promissory note, IOU

promessedisconto *o* [-s] discount rate for promissory notes

promillage *o* ❶ permillage ❷ *alcoholpromillage* blood alcohol content / level

promille *o* ★ *5 ~ van de kinderen* 5 children out of / in every thousand

prominent *bn* prominent, outstanding, distinguished ★ *alle ~en waren aanwezig* all the top people were there

promiscue *bn* promiscuous

promiscuïteit *v* promiscuity

promoten *overg* [promootte, h. gepromoot] promote ★ *producten ~* promote products

promotie *v* [-s] ❶ promotion ★ *~ maken* get promotion ❷ onderw taking out of a PhD / a doctoral degree ❸ handel (sales) promotion ★ *voor iets ~ maken* promote sth ▼ ZN *sociale ~* educational leave

promotiefilm *m* [-s] promotional film

promotiekans *v* [-en] promotional opportunities, promotion prospect

promotiewedstrijd *m* [-en] promotion match

promotioneel *bn* promotional

promotor *m* [-s & -toren] ❶ handel promotor ❷ *professor* supervisor (of a PhD student)

promovendus *m* [-di] PhD student

promoveren I *onoverg* [promoveerde, is gepromoveerd] ❶ *op universiteit* take out one's doctoral degree / one's PhD ❷ sp be promoted (*naar* to) **II** *overg* [promoveerde, h. gepromoveerd] confer a doctor's degree on

prompt I *bn* prompt, quick, punctual ★ *een ~e bediening* quick service ★ *een ~ antwoord* a ready answer **II** *bijw* promptly & **III** *m* comput prompt

pronken *onoverg* [pronkte, h. gepronkt] strut (about), show off ★ *~ met* flaunt, make a show of, show off, parade ★ *de pauw staat te ~* the peacock is flaunting his tail

pronkjuweel *o* [-welen] jewel, gem

pronkstuk *o* [-ken] showpiece

pronkzucht *v* ostentation

pront I *bn* lively **II** *bijw* ★ *~ op tijd* right on time

prooi *v* [-en] prey, game, quarry ★ *ten ~ aan* a prey to ★ *ten ~ vallen aan* fall prey / victim to

proost I *m* [-en] ❶ *v.e. kapittel* dean ❷ *v.e. vereniging* ZN clerical adviser, governor **II** *tsw* cheers!, your health!, here's to you!, inf here's mud in your eye!

proosten *onoverg* [proostte, h. geproost] toast ★ *op iem. / iets ~* propose a toast to sbd / sth

prop *v* [-pen] ❶ *als afsluiting* plug, stopper ❷ *v. papier* ball, ⟨watten &⟩ wad ★ *een ~ papier* a ball of paper ★ *met ~jes gooien* throw pellets of paper ★ *een ~ in de keel hebben* have a lump in one's throat ❸ *persoon* dumpy person ▼ *op de ~pen komen* volunteer, come forward, come up (with a new idea) ▼ *hij durft er niet mee op de ~pen komen* he doesn't dare come out with it

propaan, propaangas *o* propane (gas)

propaganda *v* propaganda ★ *~ maken* make propaganda, propagandize ★ *~ maken voor* agitate for ⟨change⟩, promote ⟨a different life style⟩, propagate ⟨ideas⟩

propagandadoeleinden *zn* [mv] propaganda purposes

propagandafilm *m* [-s] propaganda film

propagandamateriaal *o* propaganda material

propagandistisch *bn* propagandist

propageren *overg* [propageerde, h. gepropageerd] propagate

propedeuse *v* propaedeutic year, first year of a degree

propedeutisch *bn* propaedeutic ★ *het ~ examen* the first year examination

propeller *m* [-s] propeller

propellervliegtuig *o* [-en] propeller aircraft

proper *bn* tidy, clean, neat

properheid *v* tidiness, neatness, cleanliness

proportie *v* [-s] proportion, amount ★ *buiten alle ~s* out of all proportion

proportioneel I *bn* proportional **II** *bijw* proportionally

propositie *v* [-s] proposal, proposition ★ *een ~ doen* make a proposal / proposition

proppen *overg* [propte, h. gepropt] cram, stuff, pack, shove ★ *zijn eten naar binnen ~* stuff / cram food into one's mouth

proppenschieter *m* [-s] popgun, peashooter

propvol *bn* volgestopt crammed, chockfull, full to the brim ★ *een ~le kamer / bus* an overcrowded room / bus

prosciutto *de* prosciutto

proseliet *m* [-en] proselyte

prosodie *v* prosody

prospectus *o & m* [-sen] prospectus

prostaat *m* [-taten] prostate (gland)

prostituee *v* [-s] prostitute

prostitueren I *overg* [prostitueerde, h. geprostitueerd] prostitute **II** *wederk* [prostitueerde, h. geprostitueerd] ★ *zich ~* prostitute oneself

prostitutie *v* prostitution

protagonist *m* [-en] protagonist

protectie *v* ❶ *bescherming* protection ❷ *begunstiging* patronage, favour

protectiegeld *o* protection money

protectionisme *o* protectionism

protectionistisch *bn* protectionist

protectoraat *o* [-raten] protectorate

protegé *m* [-s], **protegee** *v* [-s] protégé

proteïne *v & m* [-n & -s] protein

protest *o* [-en] protest, objection ★ *~ aantekenen tegen* enter a protest against ★ *onder ~* under protest ★ *uit ~ tegen* in protest against

protestactie *v* [-s] protest action, demonstration

protestant *m* [-en] Protestant

protestantisme *o* Protestantism

protestants *bn* Protestant
protestbeweging *v* [-en] protest movement
protesteren I *onoverg* [protesteerde, h. geprotesteerd] protest ★ *schriftelijk* ~ make a protest in writing ★ ~ *bij* protest to, lodge an objection with ★ ~ *tegen* protest against **II** *overg* [protesteerde, h. geprotesteerd] handel refuse payment
protestmars *v* [-en] protest march
protestsong *m* [-s] protest song
proteststaking *v* [-en] protest strike
protestzanger *m* [-s] protest singer
prothese *v* [-n & -s] prosthesis, ⟨gebit⟩ dentures, false teeth, ⟨gedeeltelijk⟩ frame
protocol *o* [-len] protocol ★ *het chef* ~ the Master of Ceremonies
protocollair *bn* formal, according to protocol
proton *o* [-tonen] proton
protoplasma *o* protoplasm
prototype *o* [-n & -s] prototype
protserig *bn* gaudy, inf flash, loud
Provençaal *m* [-çalen] Provençal
Provençaals I *bn* Provençal ★ *~e kruiden* mixed herbs **II** *o* *taal* Provençal
Provençaalse *v* [-n] Provençal ★ *ze is een* ~ she's Provençal, she's from the Provence
Provence *v* Provence
proviand *m & o* provisions, victuals ★ ~ *voor onderweg* food for the journey
provider *m* [-s] comput (Internet) provider
provinciaal I *bn* ❶ *van een provincie* provincial ★ *een lid van de Provinciale Staten* a member of the Provincial States ❷ *m.b.t. opvattingen* provincial, parochial **II** *m* [-cialen] ❶ *iem. uit de provincie* provincial, country bumpkin ❷ RK provincial
provinciaaltje *o* [-s] *naïef meisje* country cousin
provincialisme *o* provincialism
provincie *v* [-s &-ciën] province, region
provinciehuis *o* [-zen] county hall
provinciestad *v* [-steden] provincial town
provisie *v* [-s] ❶ *voorraad* stock, supply, provisions ★ ~ *voor de winter* winter stocks / stores ★ ~ *opdoen* take in stores / stock ★ *bij* ~ provisional ❷ handel commission, ⟨v. makelaar⟩ brokerage ❸ ZN retaining fee
provisiebasis *v* ★ *op* ~ on commission
provisiekamer *v* [-s] pantry, larder
provisiekast *v* [-en] pantry, larder
provisorisch *bn* provisional, temporary
provitamine *v* [-s & -n] provitamin
provo *m* ['s] Provo
provocateur *m* [-s] agent provocateur
provocatie *v* [-s] provocation
provoceren *overg* [provoceerde, h. geprovoceerd] provoke
provocerend *bnw* provocative
provoost I *m* [-en] hist provost marshal **II** *v* [-en] *strafruimte* cell, detention room
prowesters *bn* pro-Western

proza *o* prose ★ *in* ~ in prose
prozaïsch I *bn* prosaic **II** *bijw* prosaically
pruik *v* [-en] ❶ *vals haar* wig, toupee ❷ *bos haar* shock / mop of hair
pruikentijd *m* ± Regency period
pruilen *onoverg* [pruilde, h. gepruild] pout, sulk, be sulky, mope
pruillip *v* [-pen] pout ★ *een* ~ *opzetten* pout ★ *een* ~ *trekken* be in a sulk, be sullen / moody
pruilmondje *o* [-s] pout
pruim *v* [-en] ❶ *vrucht* plum ❷ *gedroogd* prune ❸ *tabak* wad, plug ❹ *vagina* twat, cunt
pruimedant *v* [-en] prune
pruimen I *overg* [pruimde, h. gepruimd] ❶ *v. tabak* chew tobacco ❷ *eten* swallow ★ *dit eten is niet te* ~ this food is disgusting ★ *ik vond die film niet te* ~ it was a terrible / dreadful film **II** *onoverg* [pruimde, h. gepruimd] ❶ *v. tabak* chew tobacco ❷ *eten* munch
pruimenboom *m* [-bomen] plum tree
pruimtabak *m* chewing tobacco
prul *o* [-len] trash, rubbish ★ *het is een* ~ it's trash ★ *allerlei ~len* all sorts of trash ★ *een* ~ *van een vent* a nonentity / nobody
prullaria *zn* [mv] trinkets, odds and ends, knick-knacks
prullenbak *m* [-ken], **prullenmand** *v* [-en] wastepaper basket, wastebasket ★ *naar de* ~ *verwijzen* throw into the wastepaper basket, throw away
prulschrijver *m* [-s] hack, a writer of trash
prut *v* ❶ *koffieprut* grounds ❷ *slijk* ooze, slush, sludge ❸ *hutspot, mengschotel* mash, hash ★ *de aardappels zijn tot* ~ *geworden* the potatoes have boiled to a mash ★ *rijst met* ~ rice with hash / stew
prutsen *onoverg* [prutste, h. geprutst] mess about /around, potter about, tinker around ★ *ga nergens aan zitten* ~ don't tamper with / touch anything
prutser *m* [-s] ❶ *knutselaar* potterer, tinkerer ❷ *klungel* bungler, botcher
prutswerk *o* shoddy work, botched-up job
pruttelen *onoverg* [pruttelde, h. geprutteld] ❶ simmer, bubble, ⟨koffie⟩ percolate ❷ *mopperen* grumble
psalm *m* [-en] psalm
psalmboek *o* [-en] psalm book, psalter
psalmdichter *m* [-s] psalmist
psalter *o* [-s], **psalterium** [-s & -teria] ❶ *instrument* psaltery ❷ *boek* psalter
pseudoniem *o* [-en] pseudonym, pen name
psoriasis *v* psoriasis
pst *tsw* ★ ~*!* psst!
psyche *v* psyche
psychedelisch *bn* psychedelic
psychiater *m* [-s] psychiatrist
psychiatrie *v* psychiatry
psychiatrisch *bn* psychiatric ★ *een* ~ *ziekenhuis* a mental / psychiatric hospital
psychisch I *bn* psychological, mental ★ *onder veel ~e druk staan* be under a lot of emotional pressure

ps

★ *een ~e aandoening* a psychological / mental disorder **II** *bijw* mentally

psychoanalyse *v* [-n & -s] psychoanalysis

psychoanalytisch *bn* psychoanalytic

psychogeen *bn* psychogenic

psychologie *v* psychology

psychologisch *bn* psychological

psycholoog *m* [-logen] psychologist

psychoot *m* [-choten] psychotic

psychopaat *m* [-paten] psychopath

psychose *v* [-n & -s] psychosis

psychosociaal *bn* psychosocial

psychosomatisch *bn* psychosomatic

psychotherapeut *m* [-en] psychotherapist

psychotherapeutisch *bn* psychotherapeutic

psychotherapie *v* psychotherapy

psychotisch *bn* psychotic

ptolemeïsch *bn* Ptolemaic

ptss *afk* (posttraumatische stress-stoornis) PTSS, post-traumatic stress disorder

puber *m-v* [-s] adolescent

puberaal *bn* adolescent

puberen *onoverg* [puberde, h. gepuberd] reach puberty

puberteit *v* adolescence, puberty

publicatie *v* [-s] publication

publicatiebord *o* [-en] notice board, billboard

publicatieverbod *o* [-boden] publication ban

publiceren *overg* [publiceerde, h. gepubliceerd] publish, make public, issue

publicist *m* [-en] publicist

publicitair *bn* advertising, publicity

publiciteit *v* publicity ★ *ergens ~ aan geven* make sth public, give sth publicity, publicize / advertise sth ★ *~ krijgen* attract attention

publiciteitscampagne *v* [-s] publicity campaign

publiciteitsgeil *bn* publicity crazy

publiciteitsstunt *m* [-s] publicity stunt

public relations *zn* [mv] public relations, PR

publiek I *bn* ❶ *algemeen* public ★ *~ engagement* general commitment ★ *de ~e opinie* public opinion ❷ *openbaar* public ★ *een ~ geheim* a generally known fact ★ *de ~e tribune* the grandstand ★ *een ~e vrouw* a prostitute ★ *iets ~ maken* give publicity to sth, make sth public **II** *bijw* publicly, in public **III** *o* public, audience ★ *het grote ~* the general public, the masses ★ *het stuk trok veel ~* the play drew a full house / a large audience ★ *op het ~ spelen* play to the gallery ★ *toegankelijk voor het ~* open to the public

publiekelijk *bijw* publicly, in public

publiekrechtelijk I *bn* statutory, public ★ *een ~ lichaam* a public corporation **II** *bijw* under / in / according to public law

publieksfilm *m* [-s] popular film/Am movie

publieksgericht *bn* aimed at an audience

publieksprijs *m* [-prijzen] popular prize, prize awarded by the public

publiekstrekker *m* [-s] crowd puller, public attraction, box office success

puck *m* [-s] *sp* puck

pudding *m* [-en & -s] ❶ *warm* pudding ❷ *koud* mousse

puddingbroodje *o* [-s] custard bun

puddingvorm *m* [-en] pudding mould

puf *m* energy ★ *ik heb er niet veel ~ in* I don't feel much up to it

puffen *onoverg* [pufte, h. gepuft] ❶ pant, puff ❷ *tuffen* chug, puff

pui *v* [-en] lower front / facade, shopfront

puik I *bn* excellent, choice, prime, first-rate ★ *dat ziet er ~ uit* that looks first-rate / excellent **II** *bijw* beautifully, to perfection **III** *o* best (of), pick (of the bunch), cream (of) ★ *het ~je van de Nederlandse artiesten* the crème de la crème of Dutch vocal artists

puilen *onoverg* [puilde, h. gepuild] bulge ★ *zijn ogen puilden bijna uit zijn hoofd* his eyes nearly popped out of his head

puimsteen *m & o* [-stenen] pumice (stone)

puin *o* debris, wreckage, ⟨v. stenen⟩ rubble ★ *verboden ~ te storten* no dumping of rubbish ★ *in ~ gooien / leggen* lay in ruins, reduce to ruins ★ *in ~ liggen* be / lie in ruins ★ *in ~ rijden* smash up, wreck ★ *in ~ vallen* collapse into a heap of rubble, crumble into ruins

puinhoop *m* [-hopen] ruins, heap of rubble / rubbish ★ *fig wat een ~!* what a mess!

puissant I *bn* powerful, influential **II** *bijw* ★ *~ rijk* very wealthy

puist *v* [-en] carbuncle, pustule, swelling

puistenkop *m* [-pen] ★ *hij / zij heeft een ~* he's / she's got a face full of pimples

puisterig, puistig *bn* pimply, spotty

puistje *o* [-s] pimple, spot ★ *~s* acne, spots

puit *m* [-en] ZN frog ★ ZN *een ~ in de keel hebben* have a sore throat

pukkel *v* [-s] pimple, spot ▼ *een ~tje* a shoulder bag

pul *v* [-len] mug ★ *een ~ bier* a mug of beer

pulken *onoverg* [pulkte, h. gepulkt] pick ★ *in zijn neus ~* pick one's nose

pulli *m* ['s] pullover

pullover *m* [-s] pullover, sweater

pulp *v* ❶ *brij* pulp ❷ *rotzooi* trash, junk

puls *m* [-en] pulse

pulsatie *v* [-s] pulsation

pulseren *onoverg* [pulseerde, h. gepulseerd] pulsate, pulse, throb

pulver *o* ❶ *poeder* powder, dust ❷ *buskruit* gunpowder

pummel *m* [-s] boor, lout, clodhopper

pump *m* [-s] court shoe, Am pump

punaise *v* [-s] drawing pin

punch *m* punch

punctie *v* [-s] puncture ★ *een lumbale ~* a lumbar puncture

punctualiteit *v* punctuality

punctueel I *bn* punctual **II** *bijw* punctually
punk I *m* ❶ *muziek* punk (rock) ❷ *levenshouding* punk
II *m-v* [-s] punk
punker *m* [-s] punk (rocker)
punkhaar, **punkkapsel** *o* punk hair style / hairdo
punniken *onoverg* [punnikte, h. gepunnikt] fiddle
(with)
punt I *m* [-en] ❶ *puntig uiteinde* tip, ‹scherp› point,
‹v. schort &› corner, ‹v. schoen› toe, ‹v. asperge› top,
‹v. berg› peak ❷ *wigvormig stuk* wedge ★ *een ~
appeltaart* a wedge of apple pie **II** *o* [-en] ❶ *plaats*
point, place, position ❷ *fig* point, issue ★ *dat is
geen ~* that's of no consideration ★ *een teer ~
aanroeren* touch a sore point ★ *op het ~ van* in the
matter of ★ *op het ~ staan te vertrekken* be on the
point of leaving, be about to leave ★ *op dit ~ geeft hij
niet toe* he won't give way on this point ★ *op het
dode ~ komen* reach a deadlock / a stalemate / an
impasse ★ *hen over het dode ~ heen helpen* break the
deadlock ★ *een ~ van aanklacht* a charge ★ *voor ~*
point by point ❸ *op de agenda* item
❹ *waarderingscijfer* point, mark ★ *hoeveel ~en heb je?*
onderw what marks have you got?, sp what's your
score? ★ *10 ~en maken* score ten ★ sp *verslaan
/ winnen op ~en* beat / win on points **III** *v & o* [-en]
❶ *leesteken op i* dot ❷ *aan eind v. zin* full stop, period
★ *een dubbele ~* a colon ★ *een ~ komma* a semicolon
★ *een ~ zetten achter* call it a day, put a stop to ‹sth›
★ *~ uit!*, enough!, that's that! ❸ muz dot
puntbaard *m* [-en], **puntbaardje** *o* [-s] pointed beard,
Vandyke beard
puntdak *o* [-daken] gabled roof
puntdicht *o* [-en] epigram
puntdichter *m* [-s] epigrammatist
punten *overg* [puntte, h. gepunt] ❶ *v. potlood* point,
sharpen ❷ *v. haar* trim
puntendeling *v* distribution of points, draw
puntenlijst *v* [-en] ❶ onderw (end of term) report, list
of marks ❷ sp scoresheet, scorecard
puntenschaal *v* [-schalen] scale of points
puntenslijper *m* [-s] pencil sharpener
puntentelling *v* [-en] score ★ *de ~ bijhouden* keep (the)
score
puntentotaal *o* [-talen] score, total number of points
punter *m* [-s] ❶ *boot* punt ❷ voetbal toe shot
punteren I *onoverg* [punterde, h. gepunterd] *varen*
punt **II** *overg* [punterde, h. gepunterd] ❶ *vervoeren
met punter* punt ❷ voetbal toe-kick
puntgaaf *bn* perfect, in mint condition
puntgevel *m* [-s] gable
punthoofd *o* [-en] ★ inf *ik krijg er een ~ van* it's driving
me up the wall / crazy / mad
puntig I *bn* pointed, sharp, ‹snedig› apt, pertinent
★ *een ~e opmerking* an apt / pertinent comment
★ *kort en ~* short and to-the-point **II** *bijw* sharply &
puntje *o* [-s] ❶ *v. potlood &* point ★ *daar kun jij een ~
aan zuigen* you can take a lesson from that
❷ *v. sigaar, neus, tong* tip ❸ *op i* dot ★ *~, ~, ~* dot,

dot, dot ★ *de ~s op de i zetten* dot one's i's and cross
one's t's ❹ *broodje* roll ▼ *als ~ bij paaltje komt* when
it comes to the crunch / when all's said and done / if
push comes to shove ▼ *alles was tot in de ~s
verzorgd* everything was spick and span / in perfect
order ▼ *hij zag er in de ~s uit* he looked very trim
/ very spick and span
puntkomma *v & o* ['s] semicolon
puntlassen *o* spot weld
puntmuts *v* [-en] pointed hat / cap
puntschoen *m* [-en] pointed shoe
puntsgewijs *bn* point by point, step by step
puntzak *m* [-ken] (paper) cornet / cone ★ *een ~ patat* a
cone of chips
pup *m* [-s] pup, puppy
pupil I *m & v* [-len] ❶ *pleegkind* foster child, ward
❷ *leerling* pupil, student ❸ sp junior team member,
apprentice **II** *v* [-len] *v. oog* pupil
puppy *m en o* ['s] pup, puppy
puree *v* ❶ *v. tomaten &* purée ❷ *v. aardappelen*
mashed potatoes ★ *in de ~ zitten* be in hot water
pureren *overg* [pureerde, h. gepureerd] mash, purée
purgeermiddel *o* [-en] laxative
purgeren *onoverg* [purgeerde, h. gepurgeerd] take a
laxative
purisme *o* [-n] purism
purist *m* [-en] purist
puritein *m* [-en] puritan
puriteins *bn* puritanical
purper *o* purple
purperen *bn* purple
purperkleurig *bn* purple
purperreiger *m* [-s] *vogel* purple heron
purperrood *bn & o* crimson
pur sang *bn* utter, complete, dyed in the wool,
afkeurend out-and-out ★ *hij is een liberaal ~* he's a
dyed in the wool / out-and-out liberal
purser *m* [-s] purser
pus *o & m* pus
pushen *overg* [pushte, h. gepusht] ❶ *aansporen* push
(on), encourage ❷ *promoten* push, back ❸ *drugs
verkopen* push, peddle
push-up *m* [-s] push-up
push-up-bh *m* ['s] push-up bra
put *m* [-ten] ❶ ‹waterput› well, ‹afvoerput› drain
★ *een bodemloze ~* a bottomless pit ★ *in de ~ zijn* in low
spirits, in the dumps, depressed ★ *iem. uit de ~ halen*
cheer sbd up ❷ *kuil* pit ❸ *mijn* ZN mine (shaft)
putdeksel *o* [-s] well cover, ‹over riool› manhole
cover, ‹over afvoerputje› drain cover
putje *o* [-s] ❶ *in de grond* little hole ❷ *in de kin* dimple
putjesschepper *m* [-s] dogsbody
putoptie *v* [-s] put option
puts *v* [-en] (canvas) bucket
putsch *m* [-en] putsch
putten *overg* [putte, h. geput] ❶ draw ★ *moed ~* take
courage from ★ *uit zijn eigen ervaringen ~* draw on
one's personal experiences ★ *waaruit heeft hij dat*

geput? where did he get that from? ❷ *golf* putt

putter *m* [-s] *vogel* goldfinch

puur I *bn* ❶ *zuiver* pure ★ *pure chocolade* plain / dark chocolate ★ *het is pure onzin* it is pure / sheer nonsense ❷ *v. sterke drank* neat, raw, short, straight **II** *bijw* purely ★ *~ uit baldadigheid* out of pure mischief

puzzel *m* [-s] puzzle

puzzelaar *m* [-s] puzzler ★ *hij is een echte ~* he really enjoys doing (crossword) puzzles

puzzelen *onoverg* [puzzelde, h. gepuzzeld] do puzzles ★ *~ op / over* puzzle over

puzzelrit *m* [-ten], **puzzeltocht** [-en] treasure hunt (rally)

puzzelwoordenboek *o* [-en] crossword dictionary

pvc *afk* (polyvinylchloride) PVC, polyvinyl chloride

pvc-buis *v* [-buizen] PVC pipe

pygmee *m-v* [-meeën] pygmy

pyjama *m* ['s] pyjamas, Am pajamas ★ *een ~* a pair of pyjamas

pyjamabroek *v* [-en] pyjama/Am pajama trousers

pyjamajasje *o* [-s] pyjama/Am pajama jacket

pylon *m* [-en] (traffic / road) cone

Pyreneeën *zn* [mv] ★ *de ~* the Pyrenees

pyriet *o* pyrites

pyromaan *m* [-manen] *inf* firebug, arsonist, *psych* pyromaniac

pyromanie *v* pyromania

pyrrusoverwinning *v* [-en] Pyrrhic victory

python *m* [-s] python

Q

q *v* ['s] q

qat *m* [-s] khat

Qatar *o* Qatar

qua *bijw* qua, as regards, as for, as to ★ *~ inhoud* as for the contents ★ *~ karakter verschillen ze niet veel* their characters don't differ much ★ *~ resultaat* as far as the result is concerned

quadrafonie *v* quadraphonics

quadrafonisch *bn* quadraphonic

quadragesima *m* Quadragesima

quadrille *m & v* [-s] quadrille

quadrupel I *bn* quadruple **II** *m* [-s] quadruple

quaestor *m* [-tores, -toren, -s] ❶ *penningmeester* treasurer ❷ *Romeinse gesch.* quaestor

quarantaine *v* [-s] quarantine ★ *in ~ gehouden worden* be put in quarantine ★ *in ~ plaatsen* isolate, place sbd in quarantine

quark *m* [-s] *nat* quark

quartair I *o* the Quaternary **II** *bn* quaternary ★ *de ~e sector* the government sector ★ *het ~e tijdperk* the Quaternary (age)

quasi *bn* ❶ *zogenaamd* quasi, seeming, pretend ❷ *bijna* ZN nearly, almost

quasiwetenschappelijk *bn* pseudo-scientific

quatre-mains *m* duet (for piano) ★ *~ spelen* play a duet

quatsch *m* rubbish, nonsense

queeste *v* [-n] quest

querulant *m* [-en] querulous person, grumbler, complainer

questionnaire *v* [-s] questionnaire

quetzal *m* [-s] ❶ *vogel* quetzal ❷ *valuta* quetzal, Guatemalan quetzal

quiche *v* [-s] quiche

quickstep *m* [-s] quickstep

quiëscentie *v* quiescence

quiëtisme *o* quietism

quiëtist *m* [-en] quietist

quitte *bn* quits, even ★ *we staan ~* we're quits ★ *handel ~ spelen* break even

qui-vive *o* ★ *op zijn ~ zijn* be on the qui vive / alert

quiz *m* [-zen & -zes] quiz

quizmaster *m* [-s] quizmaster

quorum *o* quorum

quota *v* ['s] *evenredig aandeel* quota, share

quotatie *v* [-s] ❶ *citaat* quotation ❷ *notering* ZN timekeeping

quote *v* ❶ *citaat* [-s] quotation, quote ❷ *evenredig aandeel* [-n] quota, share

quoteren *overg* [quoteerde, h. gequoteerd] ❶ *verdelen* assign quotas (to) ❷ *waarde* ZN mark, price ❸ *een voorstelling* ZN judge

quotering *v* [-en] ❶ *prijsnotering* ZN quotation ❷ *beoordeling* ZN valuation, judgement/Am

judgment
quotiënt *o* [-en] quotient
quotum *o* [-s & -ta] ❶ *evenredig aandeel* quota, share ❷ *m.b.t. belasting* assessment, taxation ❸ *winst, verlies* quota

> **quotum**
> is in het Engels **quota** en het meervoud daarvan is **quotas**.

qwertytoetsenbord *o* [-en] *Engels toetsenbord* comput qwerty keyboard

R

r *v* ['s] r
ra I *v* ['s & raas] scheepv yard ★ *de grote* ~ the main yard **II** *tsw* ★ ~, ~, *wat is dat?* guess what?
raad *m* [raadgevingen] ❶ *raadgeving* advice, counsel ★ *dat is een goede* ~ that is a good piece of advice ★ *goede* ~ *was duur* we were in a fix ★ *neem mijn* ~ *aan* take my advice ★ ~ *geven* advise, counsel ★ ~ *inwinnen* ask ‹sbd's› advice ★ *iem. om* ~ *vragen* ask sbd's advice ★ *iems.* ~ *volgen* follow sbd's advice ★ *op zijn* ~ at / on his advice ★ *iem. met* ~ *en daad bijstaan* assist sbd in word and deed ★ *zij moeten* ~ *schaffen* they will have to find ways and means ★ *hij weet altijd* ~ he's sure to find a way (out) ❷ *redmiddel* remedy, means ★ *hij wist zich geen* ~ *meer* he was at his wit's / wits' end ★ *met zijn... geen* ~ *weten* not know what to do with one's... ★ *met zijn figuur geen* ~ *weten* be embarrassed ★ *overal* ~ *op weten* be never at a loss for an answer ★ *daar is wel* ~ *op* I'm sure a way may be found ★ *ten einde* ~ at a complete loss, at one's wits' end ❸ *raadgevend lichaam* [raden] council, board ★ *in de* ~ *zitten* be on the (town) council ★ *de Hoge Raad* the Supreme Court ★ *de Sociaal Economische Raad (SER)* the Socio-Economic Council ★ *de* ~ *van afgevaardigden* the delegates' board ★ ZN ‹v.e. nv› *de* ~ *van beheer* the board of directors ★ *de* ~ *van beroep* the board of appeal, appeals committee board ★ *de centrale* ~ *van beroep* the Central Appeals Court for the Public Service and for Social Security Matters ★ *de* ~ *van bestuur* the board of directors, management board, executive board, board ★ *de* ~ *van commissarissen* the board of supervisory directors, supervisory board ★ *de* ~ *van discipline* de disciplinary council ★ *de Raad van Europa* the Council of Europe ★ *de Raad voor de Kinderbescherming* the Child Care and Protection Board, Council for Child Protection ★ *de Raad van State* the Council of State ★ *een* ~ *van toezicht* een supervisory board
raadgevend *bn* advisory, consultative ★ *een* ~ *lichaam* a consultative committee ★ *een* ~*e stem* an advisory vote
raadgever *m* [-s] adviser, counsellor/Am counselor
raadgeving *v* [-en] advice, counsel ★ *een* ~ a piece of advice
raadhuis *o* [-huizen] town hall
raadkamer *v* [-s] council chamber, judge's chambers ★ *een behandeling door* ~ a hearing in chambers
raadplegen *overg* [raadpleegde, h. geraadpleegd] consult ★ *iem.* ~ call in sbd ★ *een dokter* ~ consult a doctor
raadpleging *v* [-en] ❶ consultation ❷ ZN consulting hour
raadsbesluit *o* [-en] *v. gemeenteraad* decision of the town council

raadscommissie *v* [-s] council committee

raadsel *o* [-s & -en] riddle, enigma ★ *...is mij een ~* ...is a mystery to me ★ *in ~en spreken* speak in riddles ★ *voor een ~ staan* be puzzled

raadselachtig *bn* enigmatic, mysterious

raadsheer *m* [-heren] ❶ *lid v.e. raad* councillor ❷ *jur justice* ❸ *schaakstuk* bishop

raadslid *o* [-leden] (town) councillor

raadsman *m* [-lieden] ❶ *adviseur* adviser, counsellor ❷ *advocaat* legal counsel / adviser, lawyer ★ *een toegevoegd ~* an assigned counsel

raadsvergadering *v* [-en] council meeting

raadsvrouw *v* [-en] ❶ *adviseuse* adviser/Am advisor, counsellor/Am counselor ❷ *advocate* legal counsel / adviser, lawyer

raadszetel *m* [-s] seat on the (town) council

raadszitting *v* [-en] session of the (town) council

raadzaal *v* [-zalen] council chamber

raadzaam *bn* advisable

raaf *v* [raven] raven ★ *de witte ~* the white crow ★ *stelen als de raven* steal like a magpie

raaigras *o* [-sen] darnel ★ *Engels ~* ryegrass ★ *Frans ~* tall oat grass

raak I *bn* on target, apt, striking ★ *een ~ antwoord* a reply that hit the mark / that went home ★ *een rake beschrijving* an apt description ★ *een rake keuze* a good / an appropriate choice ★ *dat is een rake tekening van haar* that's a very true-to-life drawing of her ★ *wat hij zegt is ~* what he says is to the point ★ *die was ~, zeg!* bullseye!, that hit home! ★ *altijd ~!* you can't go wrong! **II** *bijw* home ★ *~ kletsen* talk out of the back of one's head ★ *~ slaan* hit home

raaklijn *v* [-en] tangent

raakpunt *o* [-en] point of contact

raakvlak *o* [-ken] tangent plane

raam *o* [ramen] ❶ *v. huis* window ★ *uit het ~ kijken* look out of the window ★ *er hangen gordijnen voor het ~* there are curtains hanging in front of the window ★ *het lag voor het ~* it was in the window ❷ *omlijsting* frame ❸ *kader* framework ★ *binnen / in het ~ van* within the framework of

raamkozijn *o* [-en] window frame

raamprostitutie *v* window prostitution

raamvertelling *v* [-en] frame story

raamwerk *o* framework

raamwet *v* [-ten] skeleton / outline law, legislative framework

raap *v* [rapen] *groente* turnip ★ *iem. voor zijn ~ schieten* bump sbd off ★ *recht voor zijn ~* without mincing words, straight from the shoulder, right to the point

raapolie *v* rape oil, colza oil

raapstelen *zn* [mv] turnip tops / greens

raapzaad *o* rapeseed

raar I *bn* ❶ *zonderling* strange, queer, odd ★ *een rare (Chinees / snoeshaan / snuiter)* a queer / rum / strange / weird customer ★ *zij is een rare tante* she's a strange / funny lady ★ *ik voel me zo ~* I feel really funny ★ *ben je ~?* are you mad? ❷ *zeldzaam* ZN rare

II *bijw* ❶ *merkwaardig* strangely, oddly ❷ *zelden* ZN seldom, rarely

raaskallen *overg* [raaskalde, h. geraaskald] rave, talk gibberish

raat *v* [raten] honeycomb

rabarber *v* rhubarb

rabat *o* [-ten] ❶ *handel* reduction, discount, rebate ❷ *tuinbed, strook* seedbed

rabatdeel *o* [-delen] tongue-and-groove planking

rabbijn *m* [-en] rabbi

rabbijns *bn* rabbinical

rabbinaal *bn* rabbinical

rabbinaat *o* [-naten] rabbinate

rabiaat *bn* rabid

rabiës *v* rabies ★ *een hond met ~* a rabid dog

race *m* [-s] race

raceauto *m* ['s] racing car

racebaan *v* [-banen] racecourse, racetrack

racefiets *m & v* [-en] racing bicycle, racer

racekak *m* ★ *aan de ~ zijn* have the trots

racen *onoverg* [racete, h. en is geracet] ❶ *bij een race* race, run (a race) ❷ *zeer hard gaan* race, rush, hurry

racestuur *o* [-sturen] racing handlebars

racewagen *m* [-s] racing car

rachitis *v* rachitis, rickets

raciaal *bn* racial

racisme *o* racism

racist *m* [-en] racist

racistisch *bn* racist

racket *o* [-s] racket

raclette *v kaas* raclette

racletten *onoverg* [raclette, h. geraclet] have a raclette party / dinner

rad I *o* [raderen] wheel ★ *het ~ van avontuur / fortuin* the wheel of fortune ★ *iem. een ~ voor ogen draaien* throw dust in sbd.'s eyes ★ *het vijfde ~ aan de wagen* an unwanted / useless person / thing ★ *~ slaan* turn cartwheels **II** *bn* ❶ *snel* quick, nimble ❷ *v. tong* glib, fluent ★ *~ van tong zijn* have the gift of the gab **III** *bijw* ❶ *snel* quickly, nimbly ❷ *v. tong* glibly, fluently

radar *m* radar

radarcontrole *v* radar trap

radarscherm *o* [-en] radar screen

radarsignaal *o* [-nalen] radar signal

radarvliegtuig *o* [-en] early-warning aircraft

radbraken *overg* [radbraakte, h. geradbraakt] ❶ *hist* break on the wheel ❷ *fig* abuse, murder

raddraaier *m* [-s] ringleader

rade *m* ★ *met voorbedachten ~* intentionally, deliberately ★ *bij iem. te ~ gaan* consult sbd ★ *bij zichzelf te ~ gaan* consult oneself

radeermesje *o* [-s] eraser, erasing knife

radeloos I *bn* desperate, at one's wits' end **II** *bijw* desperately

radeloosheid *v* desperation

raden I *overg* [raadde, h. geraden] ❶ *goed gissen* guess ★ *dat laat zich ~* that goes without saying ❷ *raad* *geven* counsel, advise, recommend ★ *ik zou je ~ om...* I'd advise you to... ★ *dat zou ik je ~, het is je ge~* you'd be well advised to do it, you'd better (do it) **II** *onoverg* [raadde, h. geraden] guess ★ *nou raad eens!* (just) guess! ★ *goed ge~!* you've guessed it! ★ *naar iets ~* make a guess at sth

raderboot *m & v* [-boten] paddle boat / steamer

raderen *overg* [radeerde, h. geradeerd] ❶ *met gum* erase, rub out ❷ *met mes* scratch (off)

radertje *o* [-s] *klein tandwiel* cogwheel

raderwerk *o* [-en] ❶ wheels, gear mechanism, ‹v. uurwerk› cogwheels ❷ <u>fig</u> organization, machinery

radiaal I *bn* radial **II** *m* [-alen] <u>wisk</u> radian

radiaalband *m* [-en] radial (tyre/<u>Am</u> tire)

radiateur *m* [-s], **radiator** [-s & -toren] radiator

radiator *m* [-s & -toren] radiator

radicaal I *bn* radical ★ *een radicale hervorming* a radical / sweeping reform **II** *bijw* radically **III** *m* [-calen] *politiek* radical **IV** *o* [-calen] <u>chem & wisk</u> radical ★ *vrije radicalen* free radicals

radicalisering *v* radicalization

radicalisme *o* radicalism

radijs *v* [-dijzen] radish

radio *m* ['s] ❶ *toestel* radio ★ *naar de ~ luisteren* listen to the radio ★ *iets op de ~ horen* hear sth on the radio ★ *over de ~* over the radio / air ★ *voor / op de ~* on the radio / air ❷ *uitzending* broadcast

radioactief *bn* radioactive

radioactiviteit *v* radioactivity

radioantenne *v* [-s] (radio) aerial

radiobesturing *v* radio control

radiocassetterecorder *m* [-s] radio cassette player

radiogolf *v* [-golven] radio wave

radiografie *v* radiography

radiografisch *bn* radiographic ★ *~ bestuurd* radio-controlled

radiologie *v* radiology

radioloog *m* [-logen] radiologist

radiomast *m* [-en] radio mast

radionieuwsdienst *m* radio news service

radioprogramma *o* ['s] radio programme/<u>Am</u> program, radio broadcast

radioreportage *v* [-s] radio report / commentary

radioscopie *v* fluoroscopy, radioscopy

radiostation *o* [-s] radio station

radiotherapie *v* radiotherapy

radiotoespraak *v* [-spraken] radio speech

radiotoestel *o* [-len] radio

radio-uitzending *v* [-en] radio broadcast, radio programme/<u>Am</u> program

radioverslag *o* [-en] radio report / commentary

radiowekker *m* [-s] radio alarm

radiozender *m* [-s] radio transmitter

radium *o* radium

radius *m* [-sen & -dii] radius

radja *m* ['s] raja(h)

radslag *m* [-en] cartwheel ★ *~en maken* cartwheel, turn cartwheels

rafel *v* [-s] frayed / loose end

rafelen I *overg* [rafelde, h. gerafeld] unravel, unpick **II** *onoverg* [rafelde, is gerafeld] fray

rafelig *bn* frayed

raffia *m & o* raffia

raffinaderij *v* [-en] refinery

raffinement *o* ❶ *verfijndheid* refinement ❷ *geraffineerdheid* subtlety

raffineren *overg* [raffineerde, h. geraffineerd] refine

rag *o* cobweb

rage *v* [-s] rage, craze, mania

ragebol *m* [-len] ❶ *borstel* Turk's head, ceiling mop ❷ *kapsel* mop

ragfijn *bn* gossamer, filmy, fine-spun

raggen *onoverg* [ragde, h. geragd] ❶ *woest rijden* drive like mad, (tear along) ❷ *onrustig bewegen* mess about

raglan *m* [-s] raglan

ragout *m* [-s] ragout

rail *v* [-s] ❶ rail, track ★ *uit de ~s lopen* be derailed, leave the rails / track ❷ *spoorweg* rail(way) ★ *vervoer per ~* rail(way) transport

railvervoer *o* rail(way) transport

raison *v* ★ *à ~ van* for the price of, on payment of ★ *~ d'être* raison d'être

rak *o* [-ken] *v. rivier* reach

rakelings *bijw* closely, narrowly ★ *de kogel ging mij ~ voorbij* the bullet whizzed right past me / grazed my shoulder & ★ *de auto ging ~ langs het hek* the car just cleared the gate

raken I *overg* [raakte, h. geraakt] ❶ *treffen* hit ★ *niet ~ miss* ❷ *aanraken* touch ★ *hij raakte heel even de linker stoeprand* he grazed the left-hand curb ❸ *aangaan* affect, concern ★ *dat raakt hem niet* ‹betreffen› that doesn't concern him, ‹bekommeren› he doesn't care, ‹controleren› that leaves him cold ▼ <u>inf</u> *'m flink ~* ‹drank› knock it back, ‹eten› tuck it away **II** *onoverg* [raakte, is geraakt] *geraken* get, become ★ *achter ~* fall behind ★ *gewond ~* get wounded ★ *opgewonden ~* get all steamed up ★ *gevangen ~* become a prisoner ★ *~ aan* touch ★ *aan de drank ~* take to drink(ing), become addicted to drink ★ *hoe aan mijn geld te ~* how to get at my money ★ *aan de praat ~* get talking ★ *in oorlog ~ met* become involved in a war with ★ *uit de mode ~* go out of fashion

raket *v* [-ten] ❶ *ruimtevaart* missile, rocket ❷ *vuurwerk* rocket ❸ *plant* rocket

raketaanval *m* [-len] missile attack

raketbasis *v* [-sen & -bases] rocket base

rakker *m* [-s] rascal, rogue ★ *een ondeugende ~* a little rascal

rally *m* ['s] rally

RAM *afk* direct toegankelijk geheugen (Random Access Memory) Random Access Memory, RAM

Ram *m* <u>astron & astrol</u> Aries

ram *m* [-men] ❶ *schaap* ram ❷ *konijn* buck

ra

❸ *stormram* battering ram
ramadan *m* Ramadan
rambam *o* ★ *zich het ~ schrikken* be scared to death ★ *krijg het ~!* go to hell!
ramen *overg* [raamde, h. geraamd] estimate (*op* at)
raming *v* [-en] estimate, assessment
ramkoers *m* [-en] collision course ★ *op ~ liggen* be heading / headed for a collision
rammel *m* [-s] ❶ beating ★ *een pak ~* a beating ❷ *mond* trap
rammelaar *m* [-s] ❶ *speelgoed* rattle ❷ *mannetjeskonijn/-haas* buck
rammelen I *onoverg* [rammelde, h. gerammeld] ❶ *lawaai maken* rattle, clatter, clash, clank ★ *~ met...* rattle / clatter / clank... ★ *ik rammel van de honger* I'm starving / ravenous ❷ *ondeugdelijk zijn* be ramshackle / unsound ★ *een ~d verhaal* a shaky story **II** *overg* [rammelde, h. gerammeld] shake ★ *iem. door elkaar ~* give sbd a good shaking
rammelkast *v* [-en] ❶ *voertuig* rattletrap ❷ *piano* ramshackle old piano
rammen *overg* [ramde, h. geramd] ❶ *beuken* ram, bash in ❷ *aanrijden* ram, bump into
rammenas *v* [-sen] winter radish
ramp *v* [-en] disaster, calamity, catastrophe
rampenfonds *o* (national) disaster fund
rampenplan *o* [-nen] contingency / emergency / disaster plan
rampgebied *o* [-en] disaster area
rampjaar *o* [-jaren] disastrous year, year of disaster
rampspoed *m* [-en] ❶ *tegenslag* adversity, misfortune ❷ *onheil* disaster, calamity
ramptoerisme *o* disaster tourism
ramptoerist *m* [-ten] disaster tourist, <u>Am</u> rubbernecker
rampzalig *bn* ❶ *ellendig* miserable, wretched ❷ *noodlottig* fatal, disastrous
ramsj *m* seconds ★ *het boek ligt in de ~* the book has been remaindered, the book has ended up in a discount shop / surplus book shop
ramsjpartij *v* [-en] ❶ batch of seconds ❷ *boeken* publisher's surplus
ranch *m* [-es] ranch
rancune *v* [-s] rancour, hard feelings
rancuneus I *bn* vindictive, spiteful **II** *bijw* vindictively, spitefully
rand I *m* [-en] ❶ *alg.* edge, border, fringe, ‹hoed› brim, ‹schaal› rim, ‹pagina› margin, fringe ★ *aan de ~ van het dorp* on the fringes / outskirts of the village ❷ *v. d. afgrond* brink ★ *fig aan de ~ van de afgrond* on the verge / brink of disaster **II** *m munteenheid* rand, South African rand
randaarde *v* earth connection
randapparatuur *v* ❶ *computer* peripherals, peripheral equipment ❷ <u>telec</u> terminal equipment
randdebiel *m* [-en] moron
randfiguur *v* [-guren] background figure
randgebeuren *o* peripheral events

randgemeente *v* [-n & -s] adjoining town, suburb
randgroep *v* [-en] fringe group
randgroepjongere *m-v* [-n] (young) drop-out
randje *o* [-s] edge, border ★ *dat was op het ~* that was close, that was touch and go
randschrift *o* [-en] *v. munt* legend
Randstad *v* ★ *de ~ Holland* the urban agglomeration in the western part of the Netherlands
randverschijnsel *o* [-en & -s] marginal phenomenon
randvoorwaarde *v* [-n] precondition
rang *m* [-en] ❶ *alg.* rank, position, grade ★ *wij zaten op de eerste ~* we had seats in the first row / in the stalls ★ *van de eerste ~* first-rate, first-class ★ *~ en stand* rank and class, every station in life ❷ <u>mil</u> rank, file ★ *in ~ staan boven...* rank above... ★ *met de ~ van kapitein* holding the rank of a captain ❸ *rij* <u>ZN</u> row
rangeerder *m* [-s] shunter, yardman
rangeerlocomotief *v* [-tieven] shunting engine, shunt
rangeerterrein *o* [-en] marshalling / shunting yard
rangeren *overg & onoverg* [rangeerde, h. gerangeerd] shunt
ranglijst *v* [-en] ❶ list ❷ <u>sp</u> league table
rangnummer *o* [-s] number
rangorde *v* order
rangschikken *overg* [rangschikte, h. gerangschikt] ❶ *classificeren* class, classify ★ *~ onder* class with / under, classify under ❷ *ordenen* order, arrange ★ *de feiten ~* order the facts
rangschikking *v* [-en] arrangement, classification
rangtelwoord *o* [-en] ordinal number
ranja *m* orange squash
rank I *bn slank* slender, slim **II** *v* [-en] *stengel* tendril, shoot
ranken I *onoverg* [rankte, h. gerankt] (en)twine, shoot tendrils ★ *zich ~ om* twine around **II** *overg* [rankte, h. gerankt] remove the tendrils / shoots / runners
ranonkel *v* [-s] *plant* ranunculus
ransel *m* [-s] ❶ <u>mil</u> knapsack, pack ❷ *slaag* hiding ★ *een pak ~* a flogging / hiding
ranselen *overg* [ranselde, h. geranseld] flog, thrash, <u>inf</u> wallop
ransuil *m* [-en] long-eared owl
rantsoen *o* [-en] ration, allowance ★ *op ~ stellen* put on rations, ration
rantsoeneren *overg* [rantsoeneerde, h. gerantsoeneerd] ration, put on rations
ranzig *bn* rancid
rap I *bn* nimble, agile, quick ★ *~ van tong zijn* have a ready tongue **II** *bijw* nimbly & **III** *m* <u>muz</u> rap (music)
rapaille *o* rabble, riff-raff
rapen *overg* [raapte, h. geraapt] ❶ *alg.* pick up, gather ❷ *korenaren* glean
rappel *o* reminder
rappelleren *overg* [rappelleerde, h. gerappelleerd] ❶ *terugroepen* recall ❷ *herinneren* remember
rappen *onoverg* [rapte, h. gerapt] rap
rapper *m* [-s] rapper
rapport *o* [-en] ❶ *verslag* report, record, survey ★ *~*

uitbrengen over... report on... ❷ *onderwijs* report ★ *op het ~ komen* appear on one's (school) report
rapportage *v* report
rapportcijfer *o* [-s] report mark, Am grade
rapporteren *overg & onoverg* [rapporteerde, h. gerapporteerd] ❶ *melden* report (*over on*) ★ *iem. ~ aan* report sbd to ❷ *verslag uitbrengen* report ❸ *mil* put on report
rapporteur *m* [-s] reporter
rapsodie *v* [-dieën] rhapsody
rariteit *v* [-en] curiosity, curio
rariteitenkabinet *o* [-ten], **rariteitenkamer** *v* [-s] museum of curiosities
ras I *o* [-sen] ❶ *v. mensen* race ★ *iem. van gemengd ~ sbd* of mixed race ❷ *v. vee* breed ★ *een paard van edel ~* a purebred (horse) ★ *een gekruist ~* a cross-breed **II** *bn* quick, swift, speedy **III** *bijw* quickly, swiftly, soon
rasartiest *m* [-en] a natural (born) artist
rasecht *bn* (true-)born, ‹v. dieren› purebred, pedigree ★ *een ~e Australiër* inf a fair-dinkum / dinky-di Aussie ★ *een ~e Hollander* a (true-)born Dutchman ★ *een ~e hondenhater* a real / true dog-hater ★ *een ~e Ajax supporter* a dyed-in-the wool Ajax supporter
rasegoïst *m* [-en] arch / complete ego(t)ist
rashond *m* [-en] pedigree / purebred dog
raskenmerk *o* [-en] racial characteristic
rasp *v* [-en] ❶ *vijl* rasp ❷ *in de keuken* grater
raspaard *o* [-en] thoroughbred, full-blooded horse
raspen *overg* [raspte, h. geraspt] ❶ *v. hout* rasp ❷ *v. kaas* grate ★ *geraspte kaas* grated cheese
rassendiscriminatie *v* racial discrimination
rassenhaat *m* racial hatred, racism
rassenkwestie *v* [-s] racial problem
rassenrellen, rassenonlusten *zn* [mv] race riots
rassenscheiding *v* racial segregation
rassenstrijd *m* racial conflict
rassenwet *v* [-ten] racial law
rasta, rastafari *m* ['s] Rasta(farian)
rastakapsel *o* Rastafarian hair (style)
raster I *m* [-s] *lat* lath **II** *o* [-s] ❶ *hekwerk* fence ❷ *netwerk van lijnen* screen
rasteren *onoverg* [rasterde, h. gerasterd] print in halftone
rasterwerk *o* [-en] ❶ *omheining* fencing ❷ *rooster* latticework
raszuiver *bn* pure-blooded, ‹v. dieren› pure-bred, thoroughbred
rat *v* [-ten] rat ★ *vuile ~!* you dirty rat!
rata *v* proportion ★ *naar ~ van* in proportion to ★ *pro ~* pro rata
rataplan *m* ★ *de hele ~* the whole caboodle / lot
ratatouille *v* ratatouille
ratel *m* [-s] ❶ *apparaat, ratelend geluid* rattle ❷ *kletser* rattle ▼ *hou je ~!* shut your trap!, shut up!
ratelaar *m* [-s] ❶ *persoon* rattler ❷ *plant* (yellow) rattle
ratelen *onoverg* [ratelde, h. gerateld] ❶ *v. geluid* rattle ★ *~de donderslagen* peals of thunder ❷ *v. motor*

knock ❸ *kwebbelen* rattle ★ *zij ratelt maar door* she keeps rattling on
ratelslang *v* [-en] rattlesnake
ratificatie *v* [-s] ratification
ratificeren *overg* [ratificeerde, h. geratificeerd] ratify
ratio *v* ❶ *rede, verstand* reason, intellect ❷ *verhouding* ratio, proportion
rationaliseren *overg* [rationaliseerde, h. gerationaliseerd] rationalize
rationalisme *o* rationalism
rationalist *m* [-en] rationalist
rationalistisch I *bn* rationalist(ic) **II** *bijw* rationalistically
rationeel *bn* ❶ *verstandelijk* rational ❷ *wisk* rational ★ *een ~ getal* a rational number
ratjetoe *m & o* ❶ *stamppot* hash ❷ *allegaartje* hotchpotch, medley, farrago
rato *zn* ★ *naar ~* in proportion (*van* to), pro rata ★ *pro ~* pro rata
rats *v* ❶ *stoofpot* stew ❷ *angst* dread ★ *in de ~ zitten* have the jitters, be in a stew
rattengif, rattenkruit *o* rat poison, arsenic
rattenkopje *o* [-s] *v. haar* short haircut
rattenplaag *v* [-plagen] rat problem, plague of rats
rattenval *v* [-len] rat trap
rattenvanger *m* [-s] ❶ *persoon* ratcatcher ★ *de ~ van Hamelen* the Pied Piper of Hamelin ❷ *hond* ratter
rauw *bn* ❶ *niet toebereid* raw, uncooked ❷ *ontveld* raw, sore ❸ *v. geluid* raucous, harsh ❹ *hard, onaangenaam* crude, rough ★ *dat viel me ~ op het dak* that was an unpleasant surprise
rauwheid *v* [-heden] ❶ *het ongekookt zijn* rawness ❷ *onaangenaam* crudity
rauwkost *m* raw / uncooked vegetables ★ *wij eten veel ~* we eat a lot of vegetable salads
ravage *v* [-s] ❶ *verwoesting* ravage, havoc ★ *een ~ aanrichten* cause havoc ❷ *overblijfselen v. auto & wreckage, debris
ravenzwart *bn* raven black ★ *~e haren* raven locks
ravigotesaus *v* ravigote sauce
ravijn *o* [-en] ravine
ravioli *m* ravioli
ravissant I *bn* ravishing **II** *bijw* ravishingly
ravitailleren *overg* [ravitailleerde, h. geravitailleerd] supply, provision
ravitaillering *v* supply, provisioning
ravotten *onoverg* [ravotte, h. geravot] romp
rayon I *o* [-s] ❶ *gebied* area, district, territory ❷ *afdeling* department ❸ *jur* district **II** *o & m* *stofnaam* rayon
rayonchef *m* [-s] district manager, area supervisor
razen *onoverg* [raasde, h. geraasd] rage, rave ★ *~ en tieren* rant and rave, storm and swear ★ *over de weg ~* tear along the road ★ *het water raast in de ketel* the kettle is whistling
razend I *bn* ❶ *woedend* furious ★ *het maakt me ~* it makes me mad / furious ★ *je maakt me ~ met je...* you drive me mad with your... ★ *het is om ~ van te*

ra

worden it's enough to drive you mad ★ *hij is ~ op mij* he's furious with me ★ *als een ~e* like mad ❷ *enorm* terrific ★ *ik heb een ~e honger* I'm ravenous / starving, I'm ravenously / terrifically hungry ★ *met een ~e vaart* at a terrific pace / a breakneck speed **II** *bijw* ★ *hij heeft ~ veel geld* he has a huge amount of money ★ *wij hebben ~ veel plezier gehad* we enjoyed ourselves immensely ★ *hij is ~ verliefd op haar* he's madly in love with her

razendsnel *bn* as quick as lightning, super-fast

razernij *v* ❶ *woede* rage, frenzy ❷ *gekheid* madness

razzia *v* ['s] razzia, raid, round-up ★ *een ~ houden in een café* raid a cafe ★ *een ~ houden op verdachten* round up suspects

re *v* ['s] <u>muz</u> re

reactie *v* [-s] ❶ reaction ★ *in ~ op* in response to ❷ <u>scheik</u> reaction

reactiesnelheid *v* [-heden] ❶ speed of response ❷ <u>chem</u> rate of reaction

reactievermogen *o* ability to respond

reactionair *bn & m* [-en] reactionary

reactiveren *overg* [reactiveerde, h. gereactiveerd] reactivate

reactor *m* [-s] reactor

reactorvat *o* [-vaten] reactor chamber

reageerbuis *v* [-buizen] test tube

reageerbuisbaby *m* ['s] test tube baby

reageerbuisbevruchting *v* [-en] in vitro fertilization

reagens *o* [-gentia] reagent

reageren *onoverg* [reageerde, h. gereageerd] ❶ react ★ *hij reageerde op mijn vraag* he reacted / responded to my question ❷ ⟨chem⟩ react

realisatie *v* [-s] ❶ realization, actualization ❷ *film* ZN production

realiseerbaar *bn* realizable, feasible, practicable

realiseren I *overg* [realiseerde, h. gerealiseerd] ❶ *alg.* realize ★ *dat is niet te ~* it's impracticable ❷ <u>handel</u> realize, (convert into) cash, sell **II** *wederk* [realiseerde, h. gerealiseerd] ★ *zich ~ dat...* realize that...

realisering *v verwezenlijking* realization, actualization, execution

realisme *o* realism

realist *m* [-en] realist

realistisch I *bn* realistic **II** *bijw* realistically

realiteit *v* [-en] reality ★ *de ~ onder ogen zien* face reality

realiteitszin *m* sense of reality

reanimatie *v* resuscitation

reanimeren *overg* [reanimeerde, h. gereanimeerd] resuscitate

rebel *m* [-len] rebel, revolutionary

rebellenleider *m* [-s] rebel leader

rebelleren *onoverg* [rebelleerde, h. gerebelleerd] rebel, revolt

rebellie *v* [-lieën] rebellion, uprising, ⟨schip, leger⟩ mutiny

rebels *bn* rebellious, revolutionary

rebus *m* [-sen] rebus, picture puzzle

recalcitrant *bn* recalcitrant

recapitulatie *v* [-s] recapitulation

recapituleren *onoverg & overg* [recapituleerde, h. gerecapituleerd] recapitulate

recensent *m* [-en] reviewer, critic

recenseren I *overg* [recenseerde, h. gerecenseerd] review **II** *onoverg* [recenseerde, h. gerecenseerd] write a review

recensie *v* [-s] review, write-up, ⟨kort⟩ notice ★ *ter ~* for review ★ *juichende ~s krijgen* receive rave reviews

recensie-exemplaar *o* [-plaren] review copy

recent *bn* recent

recentelijk *bijw* recently, lately

recept *o* [-en] ❶ *voor keuken &* recipe ❷ <u>med</u> prescription ★ *alleen op ~* only on prescription ★ *zonder ~* over the counter

receptenboek *o* [-en] ❶ *v. keuken* cookery book ❷ <u>med</u> pharmaceutical codex

receptie *v* [-s] reception ★ *een staande ~* a stand-up reception ★ *zich bij de ~ melden* report to the reception desk

receptief *bn* receptive

receptionist *m* [-en], **receptioniste** *v* [-n] receptionist

receptuur *v* ❶ *bereiding van medicijnen* dispensing ❷ <u>chem</u> formula ❸ *voor koken* recipe

reces *o* [-sen] recess, adjournment ★ *op ~ gaan* rise, adjourn ★ *op ~ zijn* be in recess

recessie *v* recession, economic downturn, slump

recessief *bn* recessive

recette *v* [-s] takings, (box office) receipts

rechaud *m & o* [-s] hot plate

recherche *v* ❶ *onderzoek* investigation, inquiry ❷ *politie* detective force, criminal investigation department, C.I.D.

rechercheur *m* [-s] detective

recht I *bn* ❶ *v.e. hoek* right ❷ *zonder bocht* straight ★ *zo ~ als een kaars* as straight as an arrow ★ *in de ~e lijn afstammend* lineal ❸ *goed, juist* right, true ★ *wat ~ en billijk is* what is fair and just ★ *te ~er tijd* at the right time ★ *ik weet er het ~e niet van* I don't know the ins and outs of the matter **II** *bijw* ❶ *alg.* rightly ❷ <u>versterkend</u> right, quite ★ *hij is niet ~ bij zijn verstand* he is not quite right in his head ❸ *niet krom* straight ★ <u>wisk</u> ~ *evenredig* directly proportional ★ *~ op hem af* straight at him ★ *~ door zee gaand* straightforward, straight ★ *~ op het doel afgaan* go straight for one's goal **III** *o* [-en] ❶ *rechtvaardigheid* justice, right ★ *~ doen* administer justice ★ *er moet ~ geschieden* justice must be done ★ *het ~ aan zijn zijde hebben* have justice / right on one's side ★ *iedereen ~ laten wedervaren* do justice to everyone ★ *iem. ~ laten wedervaren* do sbd right, give sbd his due ★ *tot zijn ~ komen* show to full advantage ★ *beter tot zijn ~ komen* show to better advantage ❷ *gezamenlijke rechtsregels* law ★ *aanvullend ~* directory / permissive law, non-peremptory law, ius dispositivum ★ *burgerlijk*

/ *civiel* ~ civil law ★ *~en studeren* read / study law ❸ *rechtspraak* justice, law ★ *iem. in ~en aanspreken* take legal proceedings against sbd, sue sbd ❹ *bevoegdheid* right, title, claim ★ *verkregen ~en* vested rights ★ *zakelijk* ~ real / property rights, rights in rem ★ *een ~ van bestaan* a reason for existence ★ *het ~ van eerstgeboorte* (the right of) primogeniture ★ *~ van spreken hebben* have a right to speak ★ *het ~ van de sterkste* the right of the strongest ★ *het ~ van vergadering* right of public meeting ★ *~en en plichten* rights and duties ★ *onze ~en en vrijheden* our rights and liberties ★ *het ~ hebben om...* have a / the right to..., be entitled to... ★ *het volste ~ hebben om...* have a perfect right to... ★ *~ hebben op iets* have a right to sth ★ *op zijn ~ staan* assert oneself ★ *iem. het ~ geven om...* entitle sbd to... ★ *met* ~ rightly, justly ★ *met welk ~?* by what right? ★ *zich ~ verschaffen* take the law into one's own hands ★ *in zijn ~ zijn* be within one's rights, be in the right ❺ *heffing* poundage ❻ *belasting* duty, custom ❼ *leges* fee

rechtaan *bijw* straight on, straightforward
rechtbank *v* [-en] ❶ *groep rechters* court of justice, law court, district court ❷ *voor bijzondere zaken* tribunal ❸ *gebouw* court
rechtdoor *bijw* straight on
rechtdoorzee *bn* frank, candid, honest
rechtelijk I *bn* legal II *bijw* legally, by law
rechteloos *bn* ❶ *alg.* without rights ❷ *vogelvrij* outlawed
rechten *overg* [rechtte, h. gerecht] *recht maken* straighten (out) ★ *hij rechtte zijn rug* he straightened up ★ *zich ~ straighten up
rechtens *bijw* by right(s), by law
rechtenstudie *v* (study of) law
rechter I *m* [-s] ❶ *persoon* judge, justice ★ *iem. voor de ~ slepen* take sbd to court ★ *eigen ~ spelen* take the law into one's own hands ❷ *instantie* court(s) ★ *de administratieve* ~ the administrative court ★ *de burgerlijke* ~ the civil court(s) ★ *de militaire* ~ the military court II *bn* ❶ *van lichaamsdelen* right ❷ *van zaken* right-hand
rechterarm *m* [-en] right arm
rechterbeen *o* [-benen] right leg
rechter-commissaris *m* [rechters-commissarissen] ❶ *alg.* examining magistrate ❷ *bij faillissement* judge in bankruptcy
rechterhand *v* [-en] ❶ right hand ❷ *fig* right-hand man, right hand
rechterkant *m* [-en] right(-hand) side ★ *aan de* ~ on the right-hand side ★ *naar de* ~ to the right
rechterlijk *bn* judicial ★ *een ~e dwaling* a miscarriage of justice ★ *de ~e macht* the judiciary ★ *leden van de ~e macht* gentlemen of the robe
rechterstoel *m* [-en] seat of the judge, tribunal, judgement/Am judgment seat
rechtervleugel *m* [-s] right wing
rechtervoet *m* [-en] right foot

rechterzij, **rechterzijde** *v* [-zijden] ❶ right(-hand) side ★ *aan mijn* ~ on my right-hand side ❷ *pol* right wing ★ *de* ~ the right ★ *een vertegenwoordiger van de* ~ a right-wing representative
rechtgeaard *bn* right-minded, true, honest
rechthebbende *m-v* [-n] rightful claimant, title holder, entitled party
rechtheid *v* straightness
rechthoek *m* [-en] rectangle
rechthoekig I *bn* right-angled, rectangular ★ *een ~e driehoek* a right-angled triangle II *bijw* rectangularly ★ *~ op* at right angles to
rechtlijnig I *bn* ❶ *met rechte lijnen* rectilinear, linear ★ *het ~ tekenen* geometrical drawing ❷ *fig* consistent, straightforward ★ *een ~e persoonlijkheid* a consistent personality II *bijw* in a straight line
rechtmaken *overg* [maakte recht, h. rechtgemaakt] straighten (out), make straight
rechtmatig *bn* rightful, lawful, legitimate
rechtop *bijw* upright, erect ★ *~ houden* keep upright ★ *~ lopen* walk erect
rechtopstaand *bn* upright, erect ★ *~e haren* hair standing on end
rechts I *bn* ❶ *tegenover links* right ❷ *pol* right, right-wing ★ *een ~e regering* a right-wing government ❸ *rechtshandig* right-handed II *bijw* ❶ *aan/naar de rechterkant* (to / on / at) the right ★ *~ en links* left and right ★ *~ afslaan* turn (to the) right ★ *~ houden* keep to the right ★ *~ inhalen* overtake on the right ★ *naar* ~ to the right ❷ *met de rechter hand* with the right hand ★ *~ schrijven* write with one's right hand
rechtsachter, **rechtsback** *m* [-s] *sp* right back
rechtsaf *bijw* to the right ★ *~ buigen* veer to the right ★ *~ slaan* turn right
rechtsbedeling *v* administration of justice
rechtsbeginsel *o* [-selen, -s] legal principle, principle of justice / of the law
rechtsbekwaam *bn* competent / authorized to
rechtsbenig *bn* *sp* right-footed
rechtsbevoegdheid *v* entitlement to rights
rechtsbijstand *m* *kosteloos* legal assistance / aid ★ *de raad van* ~ the legal aid board
rechtsbuiten *m* [-s] *sp* outside right, right-winger
rechtschapen *bn* upright, honest
rechtschapenheid *v* honesty, righteousness
rechtscollege *o* [-s] court (of justice)
rechtsdraaiend *bn* *chem* dextrorotatory
rechts-extremist *m* [-en] right-wing extremist
rechtsgang *m* court procedure, judicial process
rechtsgebied *o* [-en] jurisdiction
rechtsgeding *o* [-en] lawsuit
rechtsgeldig *bn* valid in law, legal, legally valid, lawful ★ *niet* ~ not binding in law, void
rechtsgeldigheid *v* validity, legality, legal force
rechtsgeleerd *bn* juridical, legal
rechtsgeleerde *m-v* [-n] jurist, lawyer
rechtsgeleerdheid *v* jurisprudence

re

rechtsgelijkheid *v* equality (of rights), equality before the law

rechtsgevoel *o* sense of justice

rechtsgrond *m* [-en] legal grounds, juridical / legal foundation / cause

rechtshalf *m* [-s] sp right half

rechtshandeling *v* [-en] legal / juridical act, act of law, legal transaction ★ *~en plegen* engage in legal transactions ★ *een eenzijdige / meerzijdige ~* a unilateral / multilateral legal act

rechtshandig *bn* right-handed

rechtshulp *v* legal assistance / aid ★ *daadwerkelijke ~* an effective remedy ★ *gefinancierde ~* legal aid ★ *internationale ~* international legal assistance

rechtskracht *v* legal force, force of law

rechtskundig *bn* legal, juridical ★ *een ~ adviseur* a legal adviser

rechtsmacht *v* jurisdiction, judicial authority

rechtsmiddel *o* [-en] legal / statutory remedy, remedy at law

rechtsom *bijw* to the right ★ mil *~!* right turn! ★ mil *~, keert!* about, turn!

rechtsomkeert *bijw* ★ *~ maken* mil turn about, do an about-turn, fig turn tail

rechtsongelijkheid *v* legal inequality, inequality before the law

rechtsorde *v* legal order / system

rechtspersoon *m* [-sonen] legal body / entity / persona, corporate body, corporation

rechtspersoonlijkheid *v* legal / corporate personality ★ *~ aanvragen / verkrijgen* apply for / acquire corporate rights / personality

rechtspleging *v* [-en] administration of justice, ‹rechtsgang› judicial procedure ★ *buitengewone ~* special criminal procedures

rechtspositie *v* legal status

rechtspraak *v* ❶ *het spreken v. recht* administration of justice / of the law ★ *~ uitoefenen* administer justice ❷ *rechtspleging* jurisdiction ★ *collegiale ~* trial by a panel of judges ★ *oneigenlijke ~* voluntary jurisdiction ★ *de ~ in strafzaken* criminal jurisdiction ❸ *jurisprudentie* jurisprudence ★ *administratieve ~* administrative jurisprudence, administrative case law

rechtspreken *onoverg* [sprak recht, h. rechtgesproken] administer justice

rechts-radicaal I *bn* extreme right-wing **II** *m* [-calen] right-wing extremist

rechtsstaat *m* [-staten] constitutional state, state under a rule of law

rechtsstelsel *o* [-s] legal system

rechtstaan *onoverg* [stond recht, is rechtgestaan] ZN stand up, rise

rechtstandig I *bn* perpendicular, vertical **II** *bijw* perpendicularly, vertically

rechtstreeks I *bn* direct ★ *een ~e verbinding* a direct connection ★ *~e verkiezing* direct election **II** *bijw* directly ★ *~ onder iem. staan* be directly subordinate

to sbd ★ *hij ging ~ naar huis* he went straight home

rechtsvervolging *v* [-en] prosecution, criminal proceedings ★ *van ~ ontslaan* discharge

rechtsvordering *v* [-en] ❶ *regels* legal procedure ❷ *vordering* legal action / claim

rechtsvorm *m* [-en] legal form

rechtsvraag *v* [-vragen] legal issue, question of law

rechtswege *zn* ★ *van ~* in justice, by right, ipso jure, by force of law

rechtswetenschap *v* [-pen] legal doctrine, jurisprudence

rechtswinkel *m* [-s] citizen's (legal) advice bureau, law clinic / centre/Am center

rechtszaak *v* [-zaken] lawsuit, legal case, trial

rechtszaal *v* [-zalen] courtroom

rechtszekerheid *v* legal protection / security

rechtszekerheidsbeginsel *o* general principle of legal certainty

rechtszitting *v* [-en] court hearing, session / meeting of the court

rechttoe *bijw* straight on ★ fig *~ rechtaan* straightforward, outright

rechttrekken *overg* [trok recht, h. rechtgetrokken] ❶ straighten ❷ fig put right, correct

rechtuit *bijw* ❶ straight on ❷ fig frankly, outright

rechtvaardig *bn* righteous, just, fair ★ *de ~en* the just

rechtvaardigen *overg* [rechtvaardigde, h. gerechtvaardigd] justify ★ *zich ~* justify oneself

rechtvaardigheid *v* justice

rechtvaardigheidsgevoel *o* sense of justice

rechtvaardiging *v* justification ★ *ter ~ van...* in justification of...

rechtzetten *overg* [zette recht, h. rechtgezet] ❶ *in de goede stand zetten* straighten, adjust ❷ fig correct, rectify, put right

rechtzinnig *bn* orthodox ★ *de ~en* the members of the Reformed Church

recidive *v* ❶ jur recidivism ❷ med relapse

recidiveren *onoverg* [recidiveerde, h. gerecidiveerd] ❶ jur repeat the offence ❷ med relapse

recidivisme *o* recidivism

recidivist *m* [-en] recidivist, repeat offender

recipiënt *m* [-en] ❶ techn receiver, receptacle ❷ *persoon* sponsor

recipiëren *onoverg* [recipieerde, h. gerecipieerd] ❶ give a reception, receive ❷ jur adopt, take on

recital *o* [-s] muz recital

recitatief *o* [-tieven] recitative

reciteren *overg & onoverg* [reciteerde, h. gereciteerd] recite

reclamant *m* [-en] ❶ *aanklager* complainant ❷ *eiser* claimant

reclame *v* [-s] ❶ *aanprijzing* advertising, publicity ★ *institutionele ~* corporate (image) advertising ★ *~ maken* advertise ★ *in de ~ zijn* be on special offer ★ *~ maken voor* advertise, publicize ❷ *advertentie* ad(vertisement) ❸ *op radio, tv* commercial(s) ❹ *protest* claim, complaint, protest ★ *een ~ indienen*

re

put in / submit a claim
reclameadviseur *m* [-s] publicity edvisor
reclameblok *o* [-ken] commercial break
reclameboodschap *v* [-pen] ❶ advertising message ❷ RTV commercial (advertisement)
reclamebord *o* [-en] advertisement board
reclamebureau *o* [-s] advertising agency
reclamecampagne *v* [-s] advertising / promotion / publicity campaign
reclamecodecommissie *v* in Groot-Brittannië Advertising Standards Authority
reclamefilm *m* [-s] advertising / promotional film
reclamefolder *m* [-s] advertising / publicity brochure
reclame-inkomsten *zn* [mv] advertising revenue
reclameplaat *v* [-platen] advertising poster
reclameren I *onoverg* [reclameerde, h. gereclameerd] ❶ navraag doen put in a claim ❷ klagen complain (about), object (to) II *overg* [reclameerde, h. gereclameerd] opvragen claim back, reclaim
reclamespot *m* [-s] RTV commercial, commercial / advertisement spot
reclamestunt *m* [-s] publicity / advertising stunt
reclametekst *m* [-en] advertising text / copy
reclamezuil *v* [-en] advertising pillar
reclasseren *overg* [reclasseerde, h. gereclasseerd] rehabilitate, resettle
reclassering *v* rehabilitation, ± probation
reclasseringsambtenaar *m* [-naren, -s] probation officer
recommandatie *v* [-s] recommendation
recommanderen *overg* [recommandeerde, h. gecommandeerd] recommend
reconstructie *v* [-s] reconstruction
reconstrueren *overg* [reconstrueerde, h. gereconstrueerd] reconstruct
reconvalescent *m* [-en] convalescent
record¹ *o* [-s] comput record
record² *o* [-s] record ★ het ~ breken / verbeteren beat / better the record ★ een ~ vestigen set a record ★ een ~ op zijn / haar naam hebben staan hold a record
recordaantal *o* [-len] record number
recordbedrag *o* [-en] record figure
recordhouder *m* [-s] record holder
recordomzet *m* [-ten] record turnover
recordpoging *v* [-en] attempt on a record
recordtijd *m* [-en] record time ★ binnen ~ in record time
recordvangst *v* record catch
recovery *v* ['s] recovery
recreant *m* [-en] ❶ ± holiday-maker, Am vacationer ❷ dagrecreant day tripper
recreatie *v* recreation
recreatief *bn* recreational
recreatiegebied *o* [-en] recreation area
recreatieoord *o* [-en] recreation resort
recreatiesport *m* [-en] leisure sport
recreatiezaal *v* [-zalen] recreation room

recreëren I *overg* [recreëerde, h. gecreëerd] ❶ herscheppen recreate ❷ ontspannen relax II *wederk* [recreëerde, h. gerecreëerd] ★ zich ~ relax, enjoy oneself

> **recreëren**
> wordt alleen maar vertaald met **recreate** wanneer het **herscheppen** betekent. Wanneer het betekent **zich ontspannen** moet het worden vertaald met **relax, enjoy oneself.**

rectaal I *bn* rectal II *bijw* rectally ★ de temperatuur moet ~ worden opgenomen the temperature should be taken rectally
rectificatie *v* [-s] verbetering rectification, correction, amendment
rectificeren *overg* [rectificeerde, h. gerectificeerd] rectify, put right
rector *m* [-toren & -s] ❶ onderw headmaster, Am principal ★ de ~ magnificus the Vice-Chancellor ❷ RK rector
rectrix *v* [-trices] headmistress, principal
rectum *o* [-ta] rectum
reçu I *o* ['s] ❶ alg. receipt ❷ v. bagage ticket ❸ post postal receipt II bn aanvaard received, accepted
recuperatie *v* ❶ terugwinning recycling ❷ herstel recuperation
recupereren I *overg* [recupereerde, h. gerecupereerd] terugwinnen recycle II *onoverg* [recupereerde, h. gerecupereerd] weer op krachten komen sp recuperate
recyclage *v* ❶ bijscholing ZN extra schooling ❷ omscholing ZN retraining ❸ v. oud papier & ZN recycling
recyclebaar *bn* opnieuw te gebruiken recyclable
recyclen *overg* [recyclede, h. gerecycled] recycle
recycling *v* recycling
redacteur *m* [-en & -s] editor
redactie *v* [-s] ❶ 't opstellen editing ❷ v. krant editorial staff, editors ★ onder ~ van edited by ❸ v. zin & wording
redactiebureau *o* [-s] editorial office
redactioneel *bn* editorial ★ een ~ artikel an editorial
redactrice *v* [-s] editor
reddeloos I *bn* not to be saved, past saving, irrecoverable, irretrievable II *bijw* irrecoverably, irretrievably ★ ~ verloren irretrievably lost
redden I *overg* [redde, h. gered] save, rescue, ‹v. dingen› salvage ★ we zijn gered! we're saved! ★ de geredde the rescued person ★ de ge~ those saved ★ iem. het leven ~ save sbd's life ★ zijn prestige ~ save one's face ★ er was geen ~ aan it couldn't possibly be saved / salvaged ★ iem. uit de nood ~ help sbd out of distress ★ iem. ~ van... save / rescue sbd from... II *wederk* [redde, h. gered] ★ zich ~ save oneself, manage ★ je moet je zelf maar ~ you'll have to manage for yourself ★ met 50 euro kan ik me ~ I can manage with 50 euros, 50 euros will do ★ hij weet zich wel te ~ he can manage

re

★ *niet weten hoe zich er uit te* ~ not know how to get out of this

redder *m* [-s] saver, rescuer, rescue-worker ★ *de Redder* the Saviour

redderen *overg* [redderde, h. geredderd] ❶ *regelen* put in order, arrange ❷ *opruimen* tidy up

redding *v* [-en] ❶ *heil* salvation ❷ *verlossing* rescue, deliverance ❸ *v. schipbreuk* rescue ❹ *fig* salvaging ★ ~ *van de situatie* salvaging the situation ❺ *sp* save ★ *dankzij een mooie* ~ *van...* thanks to a nice save by...

reddingsactie *v* [-s] rescue operation

reddingsboei *v* [-en] life buoy

reddingsboot *m & v* [-boten] lifeboat

reddingsbrigade *v* [-s & -n] rescue party / team

reddingsmaatschappij *v* [-en] rescue company

reddingsoperatie *v* [-s] rescue operation

reddingsploeg *v* [-en] rescue team

reddingsvest *o* [-en] life jacket

reddingswerk *o* rescue work

reddingswerker *m* [-s] rescue worker

rede *v* [-s] ❶ *redevoering* speech, address ★ *een* ~ *houden* deliver a speech ★ *in de* ~ *vallen* interrupt ❷ *denkvermogen* reason, sense ★ ~ *verstaan* listen to reason ★ *het ligt in de* ~ it stands to reason ★ *naar* ~ *luisteren* listen to reason ★ *tot* ~ *brengen* bring to reason ★ *voor* ~ *vatbaar zijn* be amenable to reason

redekundig I *bn* ★ *een* ~*e ontleding* a parsing **II** *bijw* ★ ~ *ontleden* parse

redelijk I *bn* ❶ *met rede begaafd* rational ★ *een* ~ *wezen* a rational being ❷ *rechtvaardig* reasonable ★ ~ *zijn* be reasonable ❸ *niet overdreven* reasonable, fair ★ *een* ~*e prijs* a reasonable / fair price ★ *een* ~ *voorstel* a reasonable proposal ❹ *tamelijk* passable, inf middling **II** *bijw* ❶ *als graadaanduiding* moderately ★ ~ *warm* moderately warm ❷ *vrij goed* reasonably, fairly ★ ~ *goed* reasonably well

redelijkerwijs, redelijkerwijze *bijw* reasonably, in reason

redelijkheid *v* reasonableness ★ *jur* ~ *en billijkheid* reasonableness and fairness

redeloos I *bn* irrational, void of reason ★ *een* ~ *dier* a brute beast, a brute ★ *de redeloze dieren* the brute beasts ★ ~ *geweld* senseless violence ★ *redeloze woede* blind rage **II** *bijw* ★ ~ *verloren* hopelessly lost

reden *v* [-en] *oorzaak* reason, cause, motive, grounds ★ jur *dringende* ~ urgent cause ★ ~ *hebben om...* have reason to... ★ *om* ~ *dat...* because... ★ *om die* ~ for that reason ★ *om de een of andere* ~ for one reason or another ★ *om* ~ *van* by reason of, on account of ★ *geen* ~ *voor ongerustheid* no cause / grounds for concern ★ *daar had hij* ~ *voor* he had his reasons / motives ★ *zonder (enige)* ~ without (any) reason / motive ★ *zijn* ~ *van bestaan* one's reason for existence

---

reden

Een van de vertalingen van **reden** is **grounds**. Dat woord wordt altijd in het meervoud gebruikt: **een reden om te scheiden – grounds for divorce.**

---

redenaar *m* [-s] orator, speaker

redenatie *v* [-s] reasoning

redeneertrant *m* way of reasoning, style of argumentation

redeneren *onoverg* [redeneerde, h. geredeneerd] reason, argue ★ *logisch* ~ reason logically ★ *met hem valt niet te* ~ there's no arguing with him ★ ~ *over* argue about

redenering *v* [-en] reasoning

redengevend *bn* taalk causal

reder *m* [-s] shipowner

rederij *v* [-en] shipowners' society, shipping company ★ *de* ~ the shipping trade

rederijker *m* [-s] hist rhetorician

redetwist *m* [-en] dispute, argument

redetwisten *onoverg* [redetwistte, h. geredetwist] dispute, argue

redevoering *v* [-en] oration, speech, address ★ *een* ~ *houden* make a speech

redigeren *overg* [redigeerde, h. geredigeerd] ❶ *opstellen* draw up, formulate ❷ *redactie voeren* edit

redmiddel *o* [-en] remedy, expedient, resource ★ *als laatste* ~ in the last resort, as a last resort

redres *o* redress

redresseren *overg* [redresseerde, h. geredresseerd] redress, right, rectify

reduceren *overg* [reduceerde, h. gereduceerd] ❶ *verminderen* reduce, decrease ★ ~ *tot* reduce to ❷ chem reduce, deoxidize

reductie *v* [-s] reduction, decrease ★ ~ *geven* give a reduction in price, knock something off the price

reductieprijs *m* [-prijzen] reduced price

redundant *bn* redundant

reduplicatie *v* [-s] taalk reduplication

redupliceren I *overg* [redupliceerde, h. geredupliceerd] reduplicate, double **II** *onoverg* [redupliceerde, h. geredupliceerd] taalk reduplicate

redzaam *bn* handy, efficient

ree *v & o* [reeën] *dier* roe (deer), ‹vrouwtje› doe

reebok *m* [-ken] roebuck

reebout *m* [-en] haunch of venison

reebruin *bn* fawn-coloured

reeds *bijw* already ★ ~ *in...* as early as... ★ ~ *de gedachte...* the mere idea...

reëel *bn* ❶ *werkelijk* real ★ *een* ~ *getal* a real number ★ ~ *inkomen* real income ❷ *op werkelijkheid gegrond* reasonable, realistic ★ *wees* ~ be reasonable ★ *reële politiek* realistic policies ★ *een reële man* a reasonable man

reef *o* [reven] scheepv reef ★ *een* ~ *inbinden* take in a reef

reeks *v* [-en] ❶ *opeenvolging* series, sequence,

succession ★ *een ~ ongelukken* a string / chain of accidents ❷ *rij* series, row ★ *een ~ huizen* a row of houses ❸ <u>wisk</u> progression, series ★ *een afdalende / opklimmende ~* a descending / ascending series ★ *een meetkundige / rekenkundige ~* a geometric / arithmetic progression ❹ *tv-serie* ZN television series

reep *m* [repen] ❶ *strook* strip ❷ *touw* rope, cable ▼ *een ~ chocolade* a bar of chocolate

reerug *m* [-gen] saddle / loin of venison

reet *v* [reten] ❶ *kier* cleft, crack, chink, crevice ❷ *achterwerk* <u>vulg</u> arse/Am ass ★ *het kan me geen ~ schelen* I don't give / care a damn ★ *lik m'n ~!* fuck off!

referaat *o* [-raten] report

referendaris *m* [-sen] senior government official

referendum *o* [-s & -da] *stemming* referendum

> **referendum**
> is ook **referendum** in het Engels en net als in het Nederlands kan het meervoud **referendums** of **referenda** zijn.

referent *m* [-en] ❶ *iem. die een onderwerp inleidt* speaker, lecturer ❷ *deskundige* expert, consultant ❸ *recensent* reviewer, critic ❹ <u>taalk</u> referent

referentie *v* [-s & -tiën] ❶ *inlichting* reference ❷ *persoon* referee

referentiegroep *v* [-en] reference group

referentiekader *o* [-s] frame of reference

referentiepunt *o* [-en] ❶ point of reference ❷ *vast criterium waartegen zaken gemeten kunnen worden* benchmark

refereren *onoverg* [refereerde, h. gerefereerd] refer ★ *~ aan* refer to ★ *~de aan uw schrijven* in reference to your letter

referte *v* [-s] reference, referral ★ *onder ~ aan mijn brief* in reference to my letter

reflectant *m* [-en] applicant, candidate

reflecteren I *overg* [reflecteerde, h. gereflecteerd] *weerkaatsen* reflect **II** *onoverg* [reflecteerde, h. gereflecteerd] ❶ consider ★ *~ op* consider, reflect on ★ *~ op een sollicitatie* consider an application ★ *~ op een voorstel* consider / entertain a proposal ★ *er zal alleen gereflecteerd worden op...* only... will be considered ❷ answer ★ *op een advertentie ~* answer an advertisement

reflectie *v* [-s] *ook fig* reflection

reflector *m* [-s & -toren] reflector

reflex *m* [-en] ❶ reflex ★ *een voorwaardelijke ~* a conditioned reflex ❷ *weerspiegeling* reflection

reflexbeweging *v* [-en] reflexive action, reflex

reflexcamera *v* ['s] reflex camera

reflexief I *bn* ❶ reflexive, thoughtful ❷ <u>taalk</u> reflexive **II** *o* <u>taalk</u> reflexive

reformatie *v* [-s] reformation ★ <u>hist</u> *de ~* the Reformation

reformatorisch *bn* reformatory, reformative

reformhuis *o* [-huizen] health food shop

reformvoeding *v* health food

reformwinkel *m* [-s] health food shop

refrein *o* [-en] refrain, chorus

refter *m* [-s] ❶ *in klooster* refectory ❷ *kantine* ZN canteen

regatta *v* ['s] regatta

regeerakkoord *o* [-en] coalition agreement

regeerperiode *v* [-s & -n] period of government

regel *m* [-s & -en] ❶ *lijn* line ★ *tussen de ~s* between the lines ❷ *geschreven mededeling* line, note ★ *ik heb haar een paar ~tjes geschreven* I dropped her a line ❸ *voorschrift* rule, regulation ★ *zich aan geen ~s storen* ignore the rules ★ *de ~s in acht nemen* observe the rules ★ *in de ~* as a rule ★ *in strijd met de ~s* contrary to all rules ★ *tegen alle ~s in* against the rules ★ *zich tot ~ stellen* make it a rule ★ *rekenk de ~ van drieën* the rule of three ★ *volgens de ~* according to rule ★ *volgens de ~en der kunst* in the approved manner ★ *geen ~ zonder uitzondering* no rule without an exception ❹ *lat* ZN ruler, measure

regelaar *m* [-s] ❶ <u>techn</u> regulator, control ❷ *persoon* regulator, organizer

regelafstand *m* [-en] line space, spacing

regelbaar *bn* adjustable

regelen I *overg* [regelde, h. geregeld] ❶ *in orde brengen* arrange, fix up, settle, organize ❷ *voorschrijven* regulate, control, determine **II** *wederk* [regelde, h. geregeld] ★ *zich ~ naar* be regulated / ruled by, conform to

regelgeving *v* ❶ *het stellen van regels* issuing / giving of rules ❷ *de gegeven regels* rules, instructions

regeling *v* [-en] ❶ *het in orde brengen* regulation, control ❷ *reglement* regulation ★ *een ministeriële ~* a ministerial regulation ❸ *schikking* arrangement, settlement ★ *een ~ treffen* come to an agreement / arrangement / settlement, settle ❹ *m.b.t. pensioen &* scheme ★ *een gemeenschappelijke ~* a joint scheme

regelkamer *v* [-s] control room

regelmaat *v* regularity, order

regelmatig I *bn* regular **II** *bijw* regularly

regelmatigheid *v* regularity

regelneef *m* [-neven] busybody

regelrecht I *bn* straight, direct **II** *bijw* ❶ right, straight, directly ❷ *versterkend* utterly, downright

regen *m* [-s] rain ★ *na ~ komt zonneschijn* sunshine follows the rain, every cloud has a silver lining ★ *een ~ van bezwaren* a shower of complaints ★ *een ~ van kogels* a hail of bullets ★ *van de ~ in de drup komen* fall out of the frying pan into the fire

regenachtig *bn* rainy, wet

regenboog *m* [-bogen] rainbow

regenboogtrui *v* [-en] *sp* rainbow jersey

regenboogvlies *o* [-vliezen] iris

regenbroek *v* [-en] waterproof trousers

regenbui *v* [-en] shower of rain

regendag *m* [-dagen] rainy day, day of rain

regendruppel *m* [-s] raindrop

re

regenen *onoverg* [regende, h. geregend] rain ★ *het regent dat het giet, het regent bakstenen / pijpenstelen* it's pouring, it's raining cats and dogs ★ *het regende klappen op zijn hoofd* blows rained on his head

regeneratie *v* [-s] ❶ *wedergeboorte* regeneration, rebirth ❷ *opnieuw aangroeien delen v. lichaam* regeneration ❸ techn recycling

regenereren *overg & onoverg* [regenereerde, h. geregenereerd] regenerate

regenfront *o* [-en] rainy front

regengebied *o* [-en] rainy area

regenjas *m & v* [-sen] raincoat, mackintosh

regenkleding *v* rainwear

regenmeter *m* [-s] rain gauge

regenpak *o* [-ken] waterproof suit, rainwear

regenpijp *v* [-en] downpipe, drainpipe

regenput *m* [-ten] rainwater / stormwater pit

regenscherm *o* [-en] umbrella

regenseizoen *o* [-en] rainy season

regent *m* [-en] ❶ *staatsbestuurder* regent ❷ *van inrichting* governor ❸ *v. weeshuis &* trustee

regentaat *o* [-taten] Belg training college, training school

regentes *v* [-sen] ❶ *staatsbestuurder* regent ❷ *v. inrichting* lady governor, trustee

regentijd *m* [-en] rainy season

regenton *v* [-nen] water butt / barrel

regentschap *o* [-pen] regency

regenval *m* rainfall, fall of rain ★ *de gemiddelde ~* mean rainfall

regenvlaag *v* [-vlagen] shower of rain

regenwater *o* rainwater

regenweer *o* rainy weather

regenwolk *v* [-en] rain cloud

regenworm *m* [-en] earthworm

regenwoud *o* [-en] rainforest

regeren *overg en onoverg* [regeerde, h. geregeerd] ❶ *een staat &* reign, rule, govern ★ *~ over* rule over, govern ❷ *beheersen* control, manage ❸ taalk govern, take

regering *v* [-en] ❶ *landsbestuur* government ★ *een ~ in ballingschap* a government in exile ❷ *bestuurssysteem* government, administration, ‹vorst› reign, rule ★ *aan de ~ komen* ‹v. vorsten› come to the throne, ‹v. partij› come into power ★ *onder de ~ van* in / during the reign of ★ *afstand doen van de ~* resign from office

regeringsbeleid *o* (government) policy

regeringsbesluit *o* [-en] government decision

regeringscoalitie *v* [-s] government coalition

regeringscrisis *v* [-crises & -sen] government crisis

regeringskringen *zn* [mv] government circles

regeringsleider *m* [-s] head of the government

regeringspartij *v* [-en] party in power, government party

regeringssteun *m* government assistance

regeringstafel *v* cabinet table

regeringsverklaring *v* [-en] government policy statement

regeringsvorm *m* [-en] form of government

regeringswege *zn* ★ *van ~* officially

reggae *m* reggae

regie *v* [-s] ❶ *theater, toneel, film &* direction, production ★ *hij deed de ~* he produced / directed it ❷ *uitvoering van bouwwerk* service ★ *iets in ~ bouwen* build sth under state control ❸ *staatsbedrijf* ZN public utility ❹ *openbare werken* [-s & -gieën] ZN public works / utilities

regiekamer *v* [-s] direction room

regime *o* [-s] ❶ *bewind* regime ❷ *dieet* ZN regimen, diet

regiment *o* [-en] regiment

regio *v* ['s & regionen] region

regiogebonden *bn* regional, local

regionaal *bn* regional

regionaliseren *overg* [regionaliseerde, h. geregionaliseerd] regionalize

regionen *zn* [mv] regions ★ fig *in de hogere ~* in higher spheres

regisseren *overg* [regisseerde, h. geregisseerd] ❶ *v. toneelstuk* stage ❷ *v. film* direct

regisseur *m* [-s] ❶ *toneel* stage manager ❷ *film* director, producer

register *o* [-s] ❶ *boek* register ★ *het ~ van de burgerlijke stand* the register of births, deaths and marriages ★ jur *het openbaar ~* the public register ❷ *bereik v. stem &* register ❸ *index* index, table of contents ❹ *v. orgel* stop ★ *alle ~s opentrekken* pull out all the stops

registeraccountant *m* [-s] ❶ *in Nederland* officially recognized accountant ❷ *in de Verenigde Staten* certified public accountant ❸ *in Groot-Brittannië* certified / chartered accountant

registerton *v* [-nen] scheepv register ton

registratie *v* registration ★ *hypothecaire ~* registration of mortgage deed

registratiebeleid *o* registration policy

registratiekantoor *o* [-toren] registry office

registratienummer *o* [-s] registration number

registratieplicht *m & v* duty to register, duty of registration

registreren *overg* [registreerde, h. geregistreerd] register, record

reglement *o* [-en] regulation(s), rules ★ *het huishoudelijk ~* the rules and regulations ★ *het ~ van orde* the disciplinary rules

reglementair I *bn* regulative, prescribed **II** *bijw* according to the regulations

reglementeren *overg* [reglementeerde, h. gereglementeerd] regulate

reglementering *v* [-en] regulation

regres *o* recourse, redress

regressie *v* [-s] regression

regressief *bn* regressive

regulariseren *overg* [regulariseerde, h. geregulariseerd] regularize

reguleren *overg* [reguleerde, h. gereguleerd] regulate, adjust

regulering *v* [-en] regulation, adjustment

regulier I *bn* regular, normal **II** *m* [-en] RK regular

rehabilitatie *v* [-s] ❶ *eerherstel* rehabilitation ❷ <u>handel</u> discharge

rehabiliteren I *overg* [rehabiliteerde, h. gerehabiliteerd] ❶ *herstellen v. eer* rehabilitate ❷ <u>handel</u> discharge **II** *wederk* [rehabiliteerde, h. gerehabiliteerd] ★ *zich ~* rehabilitate oneself

rei *m* [-en] ❶ *koor* chorus ❷ *dans* (round) dance

reiger *m* [-s] *vogel* heron ★ *de blauwe ~* the grey heron

reiken I *onoverg* [reikte, h. gereikt] reach, stretch, extend ★ *zover het oog reikt* as far as the eye can see ★ *zover reikt mijn inkomen niet* I can't afford it ★ *ik kan er niet aan ~* I can't reach it, it's beyond my reach ★ *~ naar* reach (out) for **II** *overg* [reikte, h. gereikt] reach ★ *de hand ~ aan* extend one's hand to ★ *iem. de (behulpzame) hand ~* lend sbd a helping hand ★ *elkaar de hand ~* join hands

reikhalzend I *bn* longing, yearning **II** *bijw* longingly, yearningly

reikwijdte *v* ❶ reach, range ❷ *v.e. radiostation* coverage ❸ <u>fig</u> implication

reilen *onoverg* [reilde, h. gereild] ★ *het ~ en zeilen* the ins and outs ★ *zoals het nu reilt en zeilt* as things are at the moment

rein I *bn* pure, clean, immaculate ★ *een ~ geweten* a clear conscience ★ *dat is je ~ste onzin* that's sheer nonsense ★ *~ water* distilled water ★ *in het ~e brengen* set right, straighten out **II** *bijw* ★ *~ leven* live a pure life

reïncarnatie *v* [-s] reincarnation

reïncarneren *onoverg* [reïncarneerde, is gereïncarneerd] reincarnate

reincultuur *v* [-turen] <u>biol</u> pure culture

reinheid *v* purity, cleanness, chastity

reinigen *overg* [reinigde, h. gereinigd] clean, cleanse, purify

reiniging *v* [-en] cleaning, cleansing, purification

reinigingsdienst *m* [-en] sanitary department

reinigingsmiddel *o* [-en] cleaning agent, ‹afwasmiddel› detergent

re-integratie *v* reintegration

reis *v* [reizen] trip, ‹langer, per boot & figuurlijk› journey, ‹per vliegtuig› flight ★ *Gullivers reizen* Gulliver's travels ★ *een enkele ~* ‹kaartje› a single, Am a one way, ‹reis› a one-way trip ★ *goede ~!* have a pleasant trip!, ‹bij lange reis› au revoir! ★ *een ~ maken* go on a trip ★ *een ~ ondernemen* set out on a trip ★ *de ~ naar Rome* the trip to Rome ★ *op ~ gaan* set out on a trip ★ *op ~ zijn* be leaving for ★ *hij is op ~* he's (away) on a trip, he's travelling ★ *als ik op ~ ben* when I'm travelling

reisagent *m* [-en] travel agent

reisapotheek *v* [-theken] first-aid kit

reisbenodigdheden *zn* [mv] travel items

reisbeschrijving *v* [-en] travel book / story, ‹film›

travelogue

reisbeurs *v* [-beurzen] travel grant

reisbureau *o* [-s] travel / tourist agency

reischeque *m* [-s] traveller's cheque, Am traveler's check

reisdocument *o* [-en] travel document

reisdoel *o* [-en] destination, goal

reis- en kredietbrief *m* [-brieven] circular letter of credit

reis- en verblijfkosten *zn* [mv] travelling/Am traveling expenses and accommodation

reisgenoot *m* [-noten] travelling/Am traveling companion

reisgezelschap *o* [-pen] party of travellers, touring party ★ *mijn ~* my fellow traveller(s), my travelling companion(s)

reisgids *m* [-en] ❶ travel guide, guidebook ❷ *persoon* travel / tour guide

reiskosten *zn* [mv] travelling/Am traveling expenses ★ *~ woon- en werkverkeer* commuting costs

reiskostenvergoeding *v* [-en] ❶ *de regeling* refund / reimbursement of travel expenses ❷ *het bedrag* travelling/Am traveling allowance

reiskredietbrief *m* [-brieven] circular letter of credit

reislectuur *v* travel reading

reisleider *m* [-s] travel / tour guide

reislustig *bn* fond of travelling/Am traveling, keen on travelling/Am traveling

reisorganisatie *v* [-s] travel organization / agent / agency

reisplan *o* [-nen] itinerary, route

reistas *v* [-sen] travelling/Am traveling bag

reistijd *m* [-en] travelling/Am traveling time ★ *de zomer is de beste ~* summer is the best time to travel ★ *een vlucht met een ~ van één uur* a one-hour flight ★ *met vermelding van de ~en* showing the arrival and departure times

reisvaardig *bn* ready to set out ★ *zich ~ maken* get ready to leave

reisverhaal *o* [-halen] travel story

reisverslag *o* [-slagen] travel report

reisverzekering *v* [-en] travel insurance

reiswekker *m* [-s] travelling/Am traveling alarm (clock)

reiswieg *v* [-en] carrycot

reizen *onoverg* [reisde, h. en is gereisd] travel, journey ★ *een ~d circus* a travelling circus ★ *~ en trekken* travel around ★ *~ naar...* travel to... ★ *met iem. samen ~* travel with sbd ★ *per trein ~* travel by train

reiziger *m* [-s] ❶ *alg.* traveller, Am traveler ❷ *inzittende* passenger ❸ <u>handel</u> agent, representative

reizigersverkeer *o* passenger traffic

reizigersvervoer *o* passenger transport

rek I *m* in *elastiek* elasticity ★ <u>fig</u> *de ~ is eruit* there's little room for manoeuvre **II** *o* [-ken] ❶ *alg.* rack ❷ *v. kleren* clothes horse ❸ *v. handdoek* towel rack ❹ *v. kippen* roost ❺ *gymnastiektoestel* horizontal bar, climbing rack

rekbaar *bn* elastic, stretchy

rekbaarheid *v* elasticity, flexibility

rekel *m* [-s] ❶ *mannetjesdier* male ❷ *kwajongen* rascal

rekenaar *m* [-s] calculator, arithmetician

rekencentrum *o* [-tra & -s] computing centre/<u>Am</u> center

rekeneenheid *v* [-heden] monetary unit, unit of account

rekenen I *onoverg* [rekende, h. gerekend] ❶ *tellen* count, <u>onderw</u> do sums, do arithmetic ★ *uit het hoofd* ~ mental arithmetic ★ *we* ~ *hier met euro's* our currency is the euro ❷ *rekening houden met* allow for, take into consideration / account ★ *buiten de waard* ~ not reckon with ★ ~ *op twee uur vertraging* allow for two hours' delay ❸ *vertrouwen* rely / count / depend on, trust ★ *kan ik op hem* ~? can I rely on / trust him? ★ *reken maar!* you bet! ❹ *(+ op) verwachten* expect ★ *je kunt er vast op* ~ you can count on it **II** *overg* [rekende, h. gerekend] ❶ *cijferen* count ★ *wij* ~ *het aantal op...* we count / calculate the number at... ★ *alles bij elkaar gerekend* all in all, all things considered ★ *door elkaar gerekend* on average ❷ *begrijpen onder* count, number ★ *we* ~ *hen onder onze vrienden* we number them among our friends ★ *iem.* ~ *tot de grote schrijvers* number / rank sbd among the great writers ❸ *veronderstellen* bear in mind, consider ★ *als je rekent dat het bruto jaarsalaris...* bearing in mind that the annual salary is... ❹ *in rekening brengen* charge ★ *wat rekent u hiervoor?* what do you charge for this?

rekenfout *v* [-en] mistake / error in (the) calculation, miscalculation

rekening *v* [-en] ❶ *nota* bill, invoice, account ★ *in* ~ *brengen* charge ★ *op* ~ *kopen* buy on credit ★ *op* ~ *ontvangen* receive on account ★ *iets op* ~ *stellen van* put sth down to the account of, <u>fig</u> impute / ascribe sth to, put sth down to ★ *zet het op mijn* ~ put it down to / charge it to my account ★ *voor gezamenlijke / halve* ~ on joint account ❷ *bankrekening, handelsrekening* account ★ *de* ~ *en verantwoording* the accounts ★ ~ *en verantwoording afleggen / doen* render account ★ *een* ~ *met hoge omzet* an active account ★ *op nieuwe* ~ *overbrengen / boeken* carry forward to a new account ❸ *het rekenen* calculation, computation ★ ~ *houden met* take into account, take into consideration ★ *geen* ~ *houden met* take no account of ❹ *(+ voor) op kosten/ter verantwoording van iem.* expense ★ *voor eigen* ~ on one's own account ★ *dat is voor mijn* ~ put that down to my account ★ *wanneer zal hij voor eigen* ~ *beginnen?* when is he going to set up for himself? ★ *voor* ~ *van...* for account of..., at the expense of..., payable by... ★ *voor* ~ *van koper / verkoper* on the buyer's / seller's account ★ *dat laat ik voor* ~ *van de schrijver* the author has his own view on that ★ *dat neem ik voor mijn* ~ I'll be responsible for that, I'll take care of that ▼ *per slot van* ~ after

all, all things considered, when all is said and done

rekeningafschrift *o* [-en] bank statement, statement of account

rekening-courant *v* [rekeningen-courant] ❶ current account ❷ *waarop cheques getrokken kunnen worden* <u>Am</u> checking account

rekeninghouder *m* [-s] account holder

rekeningnummer *o* [-s] ❶ <u>bankw</u> account number ❷ *factuurnummer* invoice number

rekeningrijden *o* road pricing

Rekenkamer *v* [-s] ★ *de Algemene* ~ the Chamber of Audit, the National Audit Office

rekenkunde *v* arithmetic

rekenkundig *bn* arithmetical

rekenles *v* [-sen] arithmetic lesson

rekenliniaal *v & o* [-ialen] slide rule

rekenmachine *v* [-s] calculator, adding machine

rekenmethode *v* [-s & -n] arithmetic method

rekenplichtig *bn* <u>fin</u> accountable

rekenschap *v* account ★ ~ *geven van* render an account of, account for ★ *zich* ~ *geven van* realize..., render account of... ★ *iem.* ~ *vragen* demand an explanation

rekensom *v* [-men] sum ★ *een simpel* ~*metje leert ons dat...* it isn't hard to work out that...

rekenwonder *o* [-s] mathematical genius

rekest *o* [-en] petition ★ *een* ~ *indienen* file / lodge a petition ‹with sbd› ★ *nul op het* ~ *krijgen* be turned down

rekken I *overg* [rekte, h. gerekt] ❶ *v. draad* draw out ❷ *v. goed* stretch ★ *spieren* ~ stretch one's muscles ★ *zich* ~ stretch oneself ❸ *v. bezoek &* spin out, protract ★ *een verblijf* ~ protract a stay ★ *de avond* ~ spin out the evening ❹ *langer maken* prolong, draw out ★ *zijn leven* ~ prolong one's life **II** *onoverg* [rekte, is gerekt] stretch

rekoefening *v* [-en] stretching exercise

rekruteren *overg* [rekruteerde, h. gerekruteerd] recruit ★ *nieuwe leden* ~ *uit* draw new members from

rekrutering *v* recruitment

rekruut *m* [-kruten] recruit

rekstok *m* [-ken] horizontal bar

rekverband *o* [-en] elastic bandage

rekwest *o* petition

rekwireren *overg* [rekwireerde, h. gerekwireerd] ❶ *opeisen* requisition, commandeer ❷ <u>jur</u> demand

rekwisiet *o* [-en] (stage) property, prop

rekwisiteur *m* [-s] props / property manager

rel *m* [-len] ❶ *klein* row, disturbance ❷ *groot* riot

relaas *o* [-lazen] ❶ account, story, tale, narrative ❷ <u>jur</u> statement / account of the offences, report

relais *o* [relais] <u>elektr</u> relay

relateren *overg* [relateerde, h. gerelateerd] *vermelden* relate ★ ~ *aan* relate to, connect with

relatie *v* [-s] relation, connection ★ *goede* ~*s* good relations ★ ~*s aanknopen met* enter into relations with ★ *in* ~ *brengen met* relate to

re

relatief I *bn* relative, comparative **II** *o* [-tieven] taalk relative pronoun

relatiegeschenk *o* [-en] promotional gift

relatiemarketing *v* relationship marketing

relatietherapie *v* [-pieën] couples / relational therapy

relationeel *bn* relational

relativeren *overg* [relativeerde, h. gerelativeerd] put into perspective

relativeringsvermogen *o* sense of perspective

relativisme *o* relativism

relativiteit *v* [-en] relativity

relativiteitstheorie *v* theory of relativity

relaxed *bn* relaxed, easy-going, inf laid back

relaxen *onoverg* [relaxte, h. gerelaxt] relax, take it easy

release *m* [-s] release

relevant *bn* relevant (to), pertinent (to), bearing (on)

relevantie *v* relevance, pertinence

relict *o* [-en] relic

reliëf *o* [-s] relief ★ *en* ~ in relief ★ *voorzien van* ~ emboss ★ fig ~ *geven aan* throw into relief

reliëfdruk *m* [-ken] ❶ *hoogdruk* die-stamp printing ❷ *brailledruk* Braille

reliek *v & o* [-en] relic

reliekschrijn *o & m* [-en] reliquary

religie *v* [-s & -giën] religion

religieus I *bn* religious **II** *m* [-gieuzen] monk

relikwie *v* [-kwieën] relic

reling *v* [-en & -s] ❶ rail ❷ *hekwerk* railing, rail

relletje *o* [-s] ❶ *klein* disturbance, row ❷ *met gewelddadigheden* riot

relnicht *m* [-en] gay activist

relschopper *m* [-s] rioter, troublemaker, hooligan

REM *afk* (Rapid Eye Movement) REM

rem *v* [-men] ❶ brake, drag ★ *op de* ~ *gaan staan* jam on the brakes ❷ fig brake, obstacle, restraint, ⟨psychisch⟩ inhibition

remafstand *m* [-en] stopping distance

rembekrachtiging *v* servo-assistance unit

remblok *o* [-ken] brake block / shoe

rembours *o* cash on delivery ★ *onder* ~ cash on delivery, COD

remcircuit *o* [-s] braking system

remedial teacher *m* [-s] remedial teacher

remedie *v & o* [-s] remedy

remgeld *o* Belg patients' contributions towards medical services

remigrant *m* [-en] returning emigrant

remigratie *v* remigration

remigreren *onoverg* [remigreerde, is geremigreerd] re-emigrate

reminiscentie *v* [-s] reminiscence, memory

remise *v* [-s] ❶ *loods voor trams & depot* ❷ sp draw, drawn game ❸ handel remittance, transfer

remissie *v* [-s] ❶ *korting* reduction, discount ❷ jur remission, pardon ❸ med remission, recovery

remkabel *m* [-s] brake cable

remleiding *v* [-en] brake line

remlicht *o* [-en] brake light

remmen I *overg* [remde, h. geremd] ❶ brake, curb, restrain ★ *de productie* ~ put a brake on production ★ *het remt de productie* it acts as a brake on production ★ *iem. wat* ~ slow sbd down ★ *hij is niet te* ~ there's no holding him ❷ *vooral psychisch* fig inhibit ★ *hij is erg geremd* he's very inhibited ★ *hij wordt geremd door die gedachte* the thought restrains him **II** *onoverg* [remde, h. geremd] ❶ brake ❷ fig go slow

remming *v* [-en] psych inhibition

remolie *v* brake fluid

remonstrant *m* [-en] Remonstrant

remouladesaus *v* remoulade

rempedaal *o & m* [-dalen] brake (pedal), foot brake

remproef *v* [-proeven] brake test

remschijf *v* [-schijven] brake disc/Am disk

remschoen *m* [-en] brake shoe

remslaap *m* REM sleep

remspoor *o* [-sporen] skid mark

remsysteem *o* [-temen] braking system

remvloeistof *v* brake fluid

remvoering *v* brake lining

remweg *m* [-wegen] brake path, braking distance

ren I *m snelle loop* race, run ★ *in volle* ~ (at) full gallop, (at) full speed **II** *v* [-nen] *voor kippen* chicken / fowl run

renaissance *v* Renaissance ★ *de late / vroege* ~ the late / early Renaissance

renbaan *v* [-banen] racecourse, racetrack

rendabel *bn* profitable, cost-effective, remunerative ★ ~ *zijn* be profitable

rendement *o* [-en] ❶ alg. yield, output, return ★ *effecten met hoog* ~ stocks yielding a high interest rate ❷ techn efficiency, output

renderen *onoverg* [rendeerde, h. gerendeerd] pay / yield (a profit)

renderend *bn* paying, remunerative

rendez-vous *o* [mv idem] rendezvous, ⟨in het geheim⟩ assignation

rendier *o* [-en] reindeer

renegaat *m* [-gaten] renegade

renet *v* [-ten] *appel* reinette

rennen *onoverg* [rende, h. en is gerend] race, run ★ *hij rende de deur uit* he ran out of the house

renner *m* [-s] ❶ *wielrenner* rider ❷ *coureur* racing driver ❸ *atleet* runner

rennersveld *o* field

renonce *v* kaartsp void

renovatie *v* [-s] renovation

renoveren *overg* [renoveerde, h. gerenoveerd] renovate

renpaard *o* [-en] racehorse

rensport *v* (horse) racing

renstal *m* [-len] stable, racing team

rentabiliteit *v* profitability, productivity ★ ~ *gemiddeld totaal vermogen* return on average total capital

re

rente v [-n & -s] ❶ interest, return ★ *4% ~* four per cent interest ★ *~ geven / opbrengen* yield interest ★ *~ op ~* compound interest ★ *op ~ zetten* put out at interest ★ *van zijn ~ leven* live off one's investments ❷ *renteniveau* interest rate ★ *de wettelijke ~* the statutory / legal interest rate

rentecap m [-s] interest rate cap

rentedaling v [-en] fall in interest rates

rentedragend bn interest-bearing

rentegevend bn interest-bearing

rentelasten zn [mv] interest expenses / charges

renteloos bn ❶ *geen rente gevend* idle, non-interest-bearing ★ *~ geld* idle money ❷ *zonder rente* interest-free ★ *een ~ voorschot* an interest-free loan

renten overg [rentte, h. gerent] yield interest ★ *~de 5%* bearing interest at 5%

rentenier m [-s] person of independent means, person living off ‹his / her› interest

rentenieren onoverg [rentenierde, h. gerentenierd] ❶ live off one's investments, live off one's means ❷ *niets doen* lead a life of leisure

rentepercentage o [-s] interest rate

rentestand m [-en] interest rate

rentetarief o [-rieven] interest rate

renteverhoging v [-en] increase in interest

renteverlaging v [-en] lowering of the interest rate

renteverlies o loss of interest

rentevoet m rate of interest, interest rate

rentmeester m [-s] steward, (land) agent, bailiff

rentree v [-s] comeback ★ *zijn ~ maken* make one's comeback

renvooi o [-en] ❶ *jur* referral ❷ *verwijzing* reference ❸ *kanttekening* amendment ❹ *doorzending* delivery

renvooieren overg [renvooieerde, h. gerenvooieerd] ❶ *verwijzen naar rechter* refer ❷ *doorzenden* deliver ❸ *wijzigen* amend

reorganisatie v [-s] reorganization ★ *een financiële ~* a rescue operation

reorganiseren overg [reorganiseerde, h. gereorganiseerd] reorganize

rep m ★ *alles was in ~ en roer* everything was in confusion ★ *in ~ en roer brengen* throw into confusion

reparateur m [-s] repairer

reparatie v [-s] repair(s), reparation ★ *in ~ zijn* be under repair

reparatiekosten zn [mv] cost of repair

repareren overg [repareerde, h. gerepareerd] repair, mend

repatriant m [-en] homecomer, repatriate, ‹gastarbeider› returnee

repatriëren I onoverg [repatrieerde, is gerepatrieerd] repatriate, go / return home **II** overg [repatrieerde, h. gerepatrieerd] repatriate

repatriëring v repatriation

repelen overg [repelde, h. gerepeld] ripple

repercussie v [-s] ❶ *v. geluid* repercussion ❷ muz

repercussion ❸ *tegenmaatregel* retaliation ❹ *reactie, gevolg* reaction

repertoire o [-s] repertoire, repertory

repeteergeweer o [-weren] repeating rifle, repeater

repeteerwekker m [-s] repeat alarm

repetent m [-en] ❶ wisk period, recurring ❷ *student* student revising for exams

repeteren overg & onoverg [repeteerde, h. gerepeteerd] ❶ *herhalen* repeat ★ *een ~de breuk* a recurring decimal ❷ *studeren* go over, revise ❸ *instuderen* rehearse, practise ❹ *onderwijzen* coach

repetitie v [-s] ❶ *herhaling* repetition ❷ *van een stuk & onderw* paper, examination ❸ *van een stuk &* rehearsal ★ *een algemene ~* a full rehearsal ★ *de generale ~* ‹v. concert› the final rehearsal, ‹v. toneelstuk› the dress rehearsal

repetitor m [-s & -toren] ❶ *v. studenten* private tutor, coach ❷ muz répétiteur

replica v ['s] ❶ replica, reproduction ❷ muz repetition

repliceren overg & onoverg [repliceerde, h. gerepliceerd] return, reply, retort

repliek v [-en] retort, response, reply ★ *van ~ dienen* talk back to sbd ★ *een conclusie van ~* a reply to (the) defence

replyen overg [replyde, h. gereplyd] reply ‹to an e-mail›

reportage v [-s] ❶ *alg.* report, reportage ❷ RTV commentary

reportagewagen m [-s] mobile broadcast unit

reporter m [-s] ❶ *alg.* reporter ❷ RTV commentator

reppen I onoverg [repte, h. gerept] mention, bring up ★ *~ van / over* mention, make mention of ★ *er niet van ~* not say a word about it **II** wederk [repte, h. gerept] ★ *zich ~* bustle, hurry

represaille v [-s] reprisal ★ *~s nemen tegen* take reprisals against, retaliate against

represaillemaatregel m [-en] reprisal, retaliatory measure

representant m [-en] representative

representatie v [-s] representation

representatief bn representative (*voor* of) ★ *representatieve verplichtingen* social duties ★ *hij heeft een ~ voorkomen* he looks well groomed

representatiekosten zn [mv] official / entertainment expenses

representeren overg [representeerde, h. gerepresenteerd] represent

repressie v [-s] repression

repressief I bn repressive **II** bijw ★ *~ optreden* act in a repressive way

reprimande v [-s] reprimand, rebuke

reprise v [-s] ❶ *v. toneelstuk* revival ❷ muz repeat

reproduceren overg [reproduceerde, h. gereproduceerd] ❶ *vermenigvuldigen* reproduce, copy ★ *zich ~* reproduce ❷ *uit geheugen* reproduce ★ *kennis ~* reproduce knowledge

reproductie v [-s] reproduction

re

reprografie *v* duplication, multiplication, reprography
reprorecht *o* [-en] copyright law
reptiel *o* [-en] reptile
republiek *v* [-en] republic
republikein *m* [-en] republican
republikeins *bn* republican
reputatie *v* [-s] reputation, name, standing ★ *zijn financiële ~* one's financial standing ★ *een goede ~ genieten* have a good reputation ★ *hij heeft de ~ van... te zijn* he has a reputation for ‹courage›, he is reputed to be ‹courageous›
requiem *o* [-s] requiem
requiemmis *v* [-sen] requiem mass
requisitoir *o* [-s & -en] jur prosecutor's closing address / speech
research *m* research
researchwerk *o* research work
reseda I *v* ['s] ❶ *kleur* reseda ❷ *plant* reseda, mignonette II *bn* reseda
reservaat *o* [-vaten] ❶ *v. bevolkingsgroep* reservation ❷ *v. natuur* reserve ❸ *v.vogels* sanctuary
reserve *v* [-s] ❶ *noodvoorraad* reserve(s) ★ *in ~ hebben / houden* hold in reserve, keep in store ❷ handel reserve ★ *een verplichte ~* a statutory / compulsory reserve ❸ mil reserve (troops), reserves ❹ sp reserve, substitute, sub ❺ *terughoudendheid* reserve, reservation ★ *~s hebben* have reservations ★ *onder ~ iets aannemen* accept sth with some reservations ★ *zonder enige ~* without (any) reservations
reserveband *m* [-en] spare tyre, Am spare tire
reservebank *v* [-en] sub / reserve(s') bench ★ *op de ~ zitten* sit on the bench
reservegetal *o* [-len] *bij lotto* reserve number
reservekopie *v* [-pieën] comput back-up / reserve copy
reserveonderdeel *o* [-delen] spare (part)
reserveren *overg* [reserveerde, h. gereserveerd] ❶ *in reserve houden* reserve ❷ *bespreken* book ★ *plaatsen ~* reserve / book places
reservering *v* [-en] ❶ *kaartjes, tafel, hotel* booking, reservation ❷ *geld* allocation
reservespeler *m* [-s] substitute player, sub
reservetroepen *mv* reserve troops, reserves
reservewiel *o* [-en] spare wheel
reservist *m* [-en] reservist
reservoir *o* [-s] ❶ reservoir, tank, container ❷ *verzameling personen &* pool
resident I *m* [-en] ❶ resident ❷ *gevolmachtigde v. een regering* envoy II *bn* ❶ resident ❷ *m.b.t. computergeheugen* resident
residentie *v* [-s] ❶ *hofstad* (royal) residence, capital ❷ hist residency ❸ *villa* ZN mansion ❹ *luxe flatgebouw* ZN residential apartment block
residentieel *bn* ★ ZN *residentiële buurt* residential area, estate
resideren *onoverg* [resideerde, h. gesideerd] reside
residu *o* ['s & -en] residue, remainder

resignatie *v* [-s] resignation
resigneren *onoverg* [resigneerde, h. geresigneerd] resign
resistent *bn* resistant ★ *~ zijn tegen* be resistant to
resistentie *v* resistance
resolutie *v* [-s] ❶ *besluit vergadering* resolution ❷ *beelddefinitie* comput resolution
resoluut I *bn* resolute, determined II *bijw* resolutely, with determination
resonantie *v* [-s] resonance
resoneren *onoverg* [resoneerde, h. geresoneerd] resonate, resound
resorberen *overg* [resorbeerde, h. geresorbeerd] reabsorb, resorb
resorptie *v* resorption
respect *o* respect ★ *met alle ~* with all due respect ★ *uit ~ voor* out of consideration / respect for ★ *~ voor iem. hebben* have respect for sbd
respectabel *bn* ❶ *eerbiedwaardig* respectable ❷ *aanmerkelijk* respectable, considerable ★ *een ~ aantal* a respectable / considerable number
respecteren *overg* [respecteerde, h. gerespecteerd] ❶ *achten* respect ★ *zichzelf ~* respect oneself ❷ *naleven* observe ★ *de wet ~* observe the law
respectievelijk I *bn* respective II *bijw* respectively ★ ‹achtereenvolgens› *~ A en B* A and B respectively ★ ‹onderscheidenlijk› *A ~ B* A or B

respectievelijk
Het woord **respectively** staat altijd aan het eind van de zin of bijzin.

respectvol I *bn* respectful, deferential II *bijw* respectfully, deferentially
respijt *o* respite, delay
respiratie *v* [-s] respiration
respondent *m* [-en] respondent
responderen *onoverg* [respondeerde, h. gerespondeerd] respond, reply
respons *v & o* response
ressentiment *o* [-en] resentment
ressort I *o* [-en] jurisdiction, province ★ *in het hoogste ~* at the highest level II *o* [-s] *springveer* spring, spiral
ressorteren *onoverg* [ressorteerde, h. geressorteerd] ★ *~ onder* come / fall under ★ *de onder hem ~de ambtenaren* the civil servants within his province
rest *v* [-en] remainder, remnant ★ *de stoffelijke ~en* the mortal remains ★ *de ~ van ons* the rest of us ★ *voor de ~* other than that, apart from that
restafval *o* non-recyclable waste / refuse
restant I *o* [-en] remainder, remnant II *m* [-en] ❶ *schuld* outstanding payment, ‹obligaties› unpaid drawn bond ❷ *niet verkochte voorraad* dead stock, unsaleable goods
restantorder *m* [-s] eff non-executed order
restaurant *o* [-s] restaurant
restaurateur *m* [-s] ❶ *hersteller* restorer ❷ *restauranthouder* restaurant owner, restaurateur

re

restauratie *v* [-s] ❶ *herstel* restoration, renovation ❷ *eethuis* restaurant ❸ *op station* station refreshment room

restauratiekosten *zn* [mv] restoration costs

restauratiewagen *m* [-s] restaurant / dining car

restaureren *overg* [restaureerde, h. gerestaureerd] restore, renovate

resten *onoverg* [restte, h. gerest] remain, be left ★ *mij rest alleen...* it only remains for me to...

resteren *onoverg* [resteerde, h. geresteerd] remain, be left

resterend *bn* remaining ★ *de ~e levensduur* the remaining life span

restgroep *v* [-en] remainder, remaining group

restitueren *overg* [restitueerde, h. gerestitueerd] repay, refund

restitutie *v* [-s] refund, restitution, repayment ★ *~ van invoerrechten* customs drawback

restje *o* [-s] remains ★ *het laatste ~* the last (little) bit ★ *~s eten* scraps, leftovers ★ *een ~ wijn* a drop of wine

restproduct *o* [-en] residual product

restrictie *v* [-s] restriction ★ *zonder ~* without reservation, unqualified

restrictief *bn* ❶ conditional ❷ med restrictive

restwaarde *v* residual value

restylen *overg* [restylede, h. gerestyled] restyle

restzetel *m* [-s] *na zetelverdeling* residual seat

resultaat *o* [-taten] ❶ result, outcome, effect ❷ *positief* result, outcome ★ *geen ~ hebben* fail, have no effect ★ *tot een ~ komen* arrive at a result ★ *zonder ~* with no result, to no effect

resultaatvoetbal *o* kill-the-clock football ★ *~ spelen* play to win

resultante *v* [-n] ❶ wisk result, resultant ❷ nat resultant

resulteren *onoverg* [resulteerde, h. geresulteerd] result ★ *~ uit* result from

resumé *o* [-s] ❶ *alg.* summary, abstract, precis, synopsis, Br résumé ❷ jur summing-up, summation

resumeren *overg* [resumeerde, h. geresumeerd] ❶ *samenvatten* sum up, summarize ❷ *herhalen* recapitulate

resusaap *m* [-apen] rhesus monkey

resusfactor *m* rhesus factor

retentie *v* [-s] jur & med retention ★ jur *recht van ~* right of retention

retentierecht *o* right of retention, ± possessory lien

retirade *v* [-s] ❶ *terugtocht* retreat ❷ *toilet* form lavatory

retireren *onoverg* [retireerde, is geretireerd] retire, withdraw ★ *zich ~* retire

retorica, **retoriek** *v* rhetoric

retoriek *v* rhetoric

retorisch I *bn* rhetorical **II** *bijw* rhetorically

Reto-Romaans *o* Rhaeto-Romanic

retort *v* [-en] *distilleerkolf* retort

retoucheren *overg* [retoucheerde, h. geretoucheerd]

retouch, touch up

retour I *bijw* ★ *~ afzender* return to sender ★ *twee euro ~* two euros change **II** *m* [-en] *terugkeer* return ★ *op zijn ~ zijn* be past one's prime, be on the way down **III** *o* [-s] *kaartje* return ticket

retourbiljet *o* [-ten], **retourkaartje** [-s] return ticket

retourenvelop *v* [-pen] self-addressed envelope, ⟨met postzegel⟩ stamped addressed envelope (s.a.e.)

retourlading *v* [-en] return freight / cargo

retourneren *overg* [retourneerde, h. geretourneerd] return ★ *hij retourneerde de bal* he returned the ball

retourtje *o* [-s] return ★ *een ~ tweede klas Den Haag* a second class return ticket to The Hague

retourvlucht *v* [-en] return flight

retourvracht *v* [-en] return freight / cargo

retourzending *v* [-en] ❶ *het terugzenden* return ❷ *v. goederen* goods returned, return shipment

retraite *v* [-s] RK retreat ★ *in ~ zijn* be in retreat

retributie *v* [-s] ❶ *betaling* charges, dues, fees ❷ *teruggave* repayment, retribution

retriever *m* [-s] retriever

retrograde *bn* retrograde, regressive

retrospectie *v* retrospective

retrospectief I *bn* retrospective **II** *bijw* retrospectively

retrostijl *m* [-en] retro style

retsina *de (m)* [-'s] retsina

rettich *m* daikon radish

return *m* [-s] ❶ sp return ❷ comput return ★ *de harde / zachte ~* the hard / soft return

returntoets *m* [-en] return key

returnwedstrijd *m* [-en] return match

reu *m* [-en] ⟨hond⟩ male dog, ⟨vos⟩ male fox

reuk *m* ❶ *zintuig* smell, sense of smell ★ *een fijne ~ hebben* have a good sense of smell ❷ *geur* smell, odour, scent ★ *in een goede / slechte ~ staan bij* be in / out of favour with, be in good / bad odour with ★ *de ~ van heiligheid* the odour of sanctity ★ *de ~ van iets hebben* smell a rat, get wind of sth

reukloos *bn* odourless, scentless

reukorgaan *o* [-ganen] olfactory / nasal organ

reukvermogen *o* sense of smell

reukwater *o* perfume, eau de toilette

reukwerk *o* [-en] perfumeries

reukzin *m* (sense of) smell

reukzintuig *o* sense of smell

reuma *o*, **reumatiek** *v* rheumatism

reumapatiënt *m* [-en] rheumatic

reumatisch *bn* rheumatic

reumatologie *v* rheumatology

reumatoloog *m* [-logen] rheumatologist

reünie *v* [-s] reunion

reünist *m* [-en] reunionist, reunion participant

reus *m* [reuzen] giant

reusachtig I *bn* gigantic, huge, colossal ★ *een ~e honger* a ravenous hunger **II** *bijw* ❶ *alg.* gigantically ❷ versterkend hugely, enormously, awfully

reut, **reutemeteut** *m* jumble, mass, bunch ★ inf *de hele ~(emeteut)* the whole kit and caboodle, the

re

whole lot

reutelen *onoverg* [reutelde, h. gereuteld] ❶ *ademhalen* rattle ★ *hij reutelde* there was a rattle in his throat ★ *~de ademhaling* stertorous breathing ★ *het ~ van de dood* the death rattle ❷ *zeuren* drivel, twaddle

reutemeteut *m* → **reut**

reuze I *bn* super, great, smashing, terrific ★ *het was ~!* it was great! **II** *bijw* enormously, immensely, terrifically ★ *hij is ~ handig* he's terrifically handy

reuzegrap *v* [-pen] terrific fun, great joke

reuzehonger *m* raging hunger ★ *een ~ hebben* be famishing, be starving

reuzel *m* [-s] lard

reuzen-, **reuze-** *voorv* giant..., monster..., mammoth...

reuzenkracht *v* gigantic strength

reuzenpanda *m* ['s] giant panda

reuzenrad *o* [-raden & -raderen] Ferris wheel, giant wheel

reuzenschrede *v* [-n] giant stride ★ *met ~n vooruitgaan* advance with giant strides

reuzenslalom *m* [-s] giant slalom

reuzin *v* [-nen] giantess

revalidatie *v* convalescence, rehabilitation

revalidatiecentrum *o* [-s & -tra] rehabilitation centre/Am center

revalideren *overg* [revalideerde, h. gerevalideerd] rehabilitate

revaluatie *v* [-s] revaluation

revalueren *overg* [revalueerde, h. gerevalueerd] revalue

revanche *v* revenge ★ *~ nemen op* seek / take revenge on

revancheren *wederk* [revancheerde, h. gerevancheerd] ★ *zich ~* revenge oneself (on sbd)

revanchewedstrijd *m* [-en] return match

reveil *o* revival

reveille *v* reveille ★ *de ~ blazen* sound the reveille

revelatie *v* [-s] revelation ★ *zij was de ~ van het toernooi* she was the discovery of the tournament

reven *overg* [reefde, h. gereefd] reef

revenu *o* ['s &-en] revenue, income

reverence *v* [-s] curtsy

revers *m* [revers] revers, facing, lapel

revindicatie *v* [-s] jur recovery, revendication

reviseren *overg* [reviseerde, h. gereviseerd] techn overhaul ★ *een motor ~* overhaul / recondition an engine

revisie *v* [-s] ❶ *alg.* revision ❷ jur reconsideration, review, revision ‹of a sentence›, retrial ‹on the grounds of fresh evidence› ❸ *v. drukwerk* revise ❹ techn overhaul

revisionisme *o* revisionism

revisionist *m* [-en] revisionist

revisor *m* [-s & -soren] reviser, proofreader

revitalisatie *v* revitalization

revival *m* [-s] revival

revolte *v* [-s] revolt, insurrection

revolutie *v* [-s] revolution

revolutiebouw *m* ❶ *'t bouwen* jerry-building ❷ *'t gebouwde* jerry-built houses

revolutionair *m & bn* [-en] revolutionary

revolver *m* [-s] revolver

revolverheld *m* [-en] gunslinger

revue *v* [-s] ❶ mil review ★ *de ~ passeren* pass in review ★ *de ~ laten passeren* pass in review ❷ *op toneel* revue ❸ *tijdschrift* review

Riagg *o* (Regionaal Instituut voor Ambulante Geestelijke Gezondheidszorg) ± Regional Mental Health Institute

riant I *bn* ❶ *ruim* ample, spacious ★ *een ~ uitzicht* a spacious / commanding view ★ *een ~ inkomen* an ample income ❷ *gunstig* favourable/Am favorable, delightful ★ *een ~ vooruitzicht* a rosy prospect **II** *bijw* ★ *~ verdienen* earn a lot of money ★ *een ~ gelegen huis* a favourably situated house

rib, **ribbe** *v* [-ben] ❶ rib ★ *de valse / ware ~ben* the false / true rib*sje kunt zijn ~ben tellen*, he's a bag of bones ★ *dat is een ~ uit je lijf* it'll cost an arm and a leg ❷ *vlees* rib ❸ *dunne balk* joist, rib ❹ wisk edge

ribbel *v* [-s] rib, ridge

ribbenkast *v* [-en] ribcage ★ *iem. op zijn ~ geven* give sbd a beating

ribbroek *v* [-en] corduroy trousers

ribes *m* [-sen] winter currant, red-flowering currant

ribfluweel *o* corduroy

ribkarbonade *v* [-s, -n] rib chop

riblap *m* [-pen] rib

ribstof *v* cord, corduroy

ribstuk *o* [-ken] piece of rib

richel *v* [-s] ❶ *rand* ledge, border, edge ★ *tuig van de ~* scum of the earth ❷ *lat* lath

richten I *overg* [richtte, h. gericht] ❶ *alg.* direct, aim, point ★ *zijn aandacht ~ op* zero in on something ★ *zijn schreden ~ naar* turn one's steps towards ★ *zijn gedachten ~ op iets* turn one's thoughts / mind to sth ★ *zijn oog ~ op* focus on ★ *aller ogen waren gericht op hem* all eyes were turned towards him / were focus(s)ed on him ★ *het kanon ~ op* aim / point the gun at ★ *de motie was gericht tegen...* the motion was directed against... / aimed at... ★ *een dankwoord ~ tot iem.* extend a word of thanks to sbd ★ *het woord tot iem. ~* address sbd ★ *een brief ~ tot...* address a letter to... ❷ *op één lijn brengen* align, line up **II** *wederk* [richtte, h. gericht] ★ *zich ~ naar iem.* take one's cue from sbd ★ *zich ~ tot iem.* address oneself to sbd ★ *zich op de toekomst ~* focus on the future

richtgetal *o* [-len] guide number

richting *v* [-en] ❶ *kant* direction ★ ZN *enkele ~* one-way traffic ★ *~ aangeven* indicate (direction) ★ *wij gaan ~ Londen* we're going in the direction of London, we're heading for London ★ *in de goede ~* in the right direction ★ *in tegengestelde ~* the opposite way ★ *in alle ~en* in all directions ★ *dat komt aardig in de ~* that's pretty close, that's more like it ★ *in de ~ van* in the direction of ★ *wind uit zuidelijke ~en* a southerly wind ❷ *v. kunst, v. gesprek*

ri

trend ★ *de ~ van zijn gedachten* the trend of one's thoughts ❸ *overtuiging* persuasion, school of thought, creed, orientation, views, line ★ *van onze ~* of our school of thought, of our persuasion ❹ *het richten* aiming

richtingaanwijzer *m* [-s] (direction / traffic) indicator

richtingbord *o* [-en] ❶ *v. verkeer* signpost ❷ *v. autobus &* destination board / sign, route indicator

richtinggevoel *o* sense of direction

richtlijn *v* [-en] ❶ *aanwijzing* guideline ❷ *in EU-recht &* directive ❸ wisk directrix

richtprijs *m* [-prijzen] recommended price

richtpunt *o* [-en] target, aim

richtsnoer *o* [-en] ❶ *lijn* (plumb) line ❷ *voorschrift* guideline, directive, line of action

richttijd *m* [-en] target (time)

ricinusolie *v* castor oil

ricocheren *onoverg* [ricocheerde, h. gericocheerd] ricochet

ricochetschot *o* [-schoten] ricochet (shot)

ridder *m* [-s] knight ★ *een dolende ~* a knight errant ★ *de ~ van de Kouseband* the Knight of the Garter ★ *iem. tot ~ slaan* dub sbd a knight, knight sbd

ridderen *overg* [ridderde, h. geridderd] ❶ hist knight ❷ *met onderscheiding* decorate ★ *geridderd worden* be knighted

ridderepos *o* [-epen] chivalric epic

ridderkruis *o* [-en] cross

ridderlijk I *bn* knightly, chivalrous **II** *bijw* chivalrously

ridderlijkheid *v* chivalrousness, chivalry

ridderorde *v* ❶ *gemeenschap* [-n] order of knights ❷ *onderscheiding* [-s] knighthood, decoration

ridderroman *m* [-s] courtly romance

ridderschap *v & o* knighthood

ridderslag *m* [-slagen] ★ *de ~ ontvangen* be dubbed a knight

ridderspoor *v* [-sporen] ❶ *plant* larkspur ❷ *v. ridder* knight's spur

ridderstand *m* knighthood

riddertijd *m* age of chivalry

ridderzaal *v* [-zalen] hall (of the castle) ★ *de Ridderzaal* the Knights' Hall

ridiculiseren *overg* [ridiculiseerde, h. geridiculiseerd] ridicule

ridicuul *bn* ridiculous, absurd

riedel *m* [-s] tune, jingle

riek *m* [-en] three- / four-pronged fork

rieken *onoverg* [rook, h. geroken] ❶ *geur afgeven* smell ❷ ZN smell

riem *m* [-en] ❶ *v. leer* strap ❷ *om 't middel* belt, girdle ❸ *v. geweer* sling ❹ *voor hond* leash, lead ❺ *roeiriem* oar ★ *de ~en binnenhalen* ship the oars ★ *de ~en strijken* back the oars, back water ★ *men moet roeien met de ~en die men heeft* you have to cut your coat according to your cloth ❻ *papier* ream

riempje *o* [-s] leather thong

riemschijf *v* [-schijven] belt pulley

riet *o* ❶ *plant* reed ★ *beven als een ~* shake like a leaf ❷ *bamboe* cane ❸ *bies* rush ❹ *v. daken* thatch ❺ *v. blaasinstrument* reed

rietdekker *m* [-s] thatcher

rieten *bn* reed ★ *een ~ dak* a thatched roof ★ *een ~ mandje* a wicker / cane basket ★ *een ~ stoel* a wicker / cane chair

rietgans *v* [-ganzen] bean goose

rietgors I *v* [-gorzen] *vogel* reed bunting **II** *v & o* [-gorzen] *land* reed marsh

rietje *o* [-s] ❶ *stok* cane ❷ *om te drinken* straw ❸ muz reed

rietkraag *m* [-kragen] fringe of reeds

rietstengel *m* [-s] reed stem

rietsuiker *m* cane sugar

rietvink *m & v* [-en] *nachtvlinder* drinker

rietvoorn, rietvoren *m* [-s] *vis* rudd

rietzanger *m* [-s] *vogel* sedge warbler

rif I *o* [-fen] *rots* reef, shelf **II** *o* [reven] *v. zeil* reef

rigide I *bn* ❶ *stijf* rigid, stiff, inflexible ❷ fig rigid, strict, unbending **II** *bijw* rigidly &

rigoureus I *bn* rigorous, strict **II** *bijw* rigorously, strictly

rij *v* [-en] ⟨auto's &⟩ row, ⟨getallen &⟩ series, ⟨mensen⟩ file, ⟨verkeer, mensen⟩ line, ⟨bezoekers &⟩ queue, ⟨cijfers⟩ string ★ *de ~ langs* in order, in turn ★ *aan ~en* in rows ★ *in de ~ lopen* walk in line / procession ★ *in de ~ staan* queue, be / stand in the queue ★ *in de ~ gaan staan* queue up ★ *met één ~ / twee ~en knopen* single- / double-breasted ★ *op een ~* in a row ★ *drie overwinningen op ~* three victories in a row

rijbaan *v* [-banen] ❶ *rijweg* carriageway, roadway ❷ *als strook van de rijbaan* lane ❸ *voor schaatsenrijders* skating rink

rijbevoegdheid *v* driving licence/Am license ★ *ontzegging van de ~* a driving ban, a disqualification from driving

rijbewijs *o* [-wijzen] (driving) licence/Am license

rijbroek *v* [-en] riding breeches

rijden I *onoverg* [reed, h. en is gereden] ❶ *op (motor)fiets, paard* ride ★ *op een paard ~* ride a horse, ride on horseback ❷ *in auto &* drive ★ *auto ~* drive a car ★ *een ~de auto* a moving car ★ *een ~de tentoonstelling* a mobile exhibition ★ *de treinen ~ vandaag niet* the trains aren't running today ★ *die weg rijdt goed* that road is good to drive on ★ *twee uur ~* a 2-hour drive ★ *(te) hard ~* speed ★ *honderd kilometer per uur ~* drive a hundred kilometres an / per hour ★ *ik zal zelf wel ~* I'm going to drive myself ★ *door rood (licht) ~, door het stoplicht ~* jump the lights ★ *zij zat op haar stoel te ~* she sat fidgeting on her chair ★ *hoe lang rijdt de trein er over?* how long does it take by train? ★ *uit ~ gaan* go (out) for a ride / drive ❸ *op schaatsen* skate ★ *schaatsen ~* skate **II** *overg* [reed, h. gereden] ❶ *in auto* drive ★ *iem. ondersteboven ~* knock sbd down ★ *hij reed ons naar het station* he drove us to the station ❷ *op* *(motor)fiets, paard* ride ❸ *iem. in rolstoel, kind in kinderwagen* wheel

rijden
Als het iets is waar je bovenop zit,zoals een paard, fiets of motorfiets, gebruik je het woord **ride**, bij iets met een stuurwiel gebruik je voor de handeling van de bestuurder het woord **drive**.

rijder *m* [-s] ❶ *v. auto &* driver ❷ *op paarden* rider, horseman ❸ *schaatsen* skater
rijdier *o* [-en] riding animal, mount
rijervaring *v* driving experience
rijexamen *o* [-s] driving test ★ ~ *doen* take one's driving test
rijgdraad *m* [-draden] tacking / basting thread
rijgedrag *o* ❶ *v. bestuurder* driving ❷ *v. auto* driving performance, handling of the car
rijgen *overg* [reeg, h. geregen] ❶ *alg.* thread, string ★ *kralen aan een draad* ~ thread beads ★ *iem. aan de degen* ~ run sbd through with one's sword ❷ *vastrijgen* lace (up) ❸ *naaien* baste, tack
rijgnaald *v* [-en], **rijgpen** [-nen] bodkin
rijgsnoer *o* [-en] string, ⟨veter⟩ lace
rijinstructeur *m* [-s] driving instructor
rijk I *bn* ❶ *mensen* rich, wealthy, prosperous, well-off, inf loaded, rolling ★ *hij is geen cent* ~ he's not worth a red cent ★ *stinkend* ~ *zijn* be stinking rich, be loaded / rolling ★ ~ *aan ervaring zijn* have a lot of experience ❷ *land* affluent ★ ~ *aan energy* energy-rich ★ *het zijn de mensen die een land* ~ *maken* it is a country's people who enrich it ❸ *grond &* fertile ❹ *maaltijd* copious, lavish ❺ *kostbaar* valuable **II** *bijw* richly, abundantly, lavishly, copiously ★ ~ *trouwen* marry money ★ ~ *voorzien van* lavishly provided with **III** *o* [-en] empire, kingdom, realm ★ *het Rijk* the State ★ *het* ~ *Gods* the kingdom of God ★ *het* ~ *der verbeelding* the realm of fancy / fantasy ★ *zijn* ~ *is uit* his reign is at an end ★ *we hebben nu het* ~ *alleen* we have it / the place all to ourselves now
rijkaard *m* [-s] rich person
rijkdom *m* [-men] ❶ *alg.* riches, wealth ★ *natuurlijke* ~*men* natural resources ❷ fig abundance, copiousness, richness ★ *een* ~ *aan gegevens* an abundance of data
rijkelijk I *bn* ❶ *overvloedig* rich, abundant, ample, copious ❷ *kwistig* lavish, liberal **II** *bijw* ❶ *alg.* richly, lavishly & ★ *iem.* ~ *belonen* reward sbd liberally / handsomely ★ ~ *voorzien van...* abundantly provided with... ❷ versterkend rather ★ ~ *laat* none too early
rijkelui *zn* [mv] rich people / folk
rijkeluiskind *o* [-kinderen] rich man's child, child born with a silver spoon in its mouth
rijkleding *v* riding clothes
rijksambtenaar *m* [-s & -naren] government official, civil servant
rijksarchief *o* [-chieven] Public Record Office, State Archives
rijksarchivaris *m* [-sen] Keeper of the Public Records
rijksbegroting *v* [-en] national budget
rijksbijdrage *v* [-n] government contribution, state aid
rijksdaalder *m* [-s] vero two-and-a-half-guilder coin
rijksdag *m* [-dagen] ❶ *alg.* diet ❷ *in Duitsland* Reichstag
rijksdeel *o* [-delen] overseas territory
rijksdienst *m* [-en] ❶ *dienstverband* civil government service, public service ❷ *instelling* government department, national agency
rijksgenoot *m* [-noten] inhabitant of Dutch overseas territory
rijksinstelling *v* [-en] government institution
rijksinstituut *o* [-tuten] state / national institute
Rijksluchtvaartdienst *m* [-en] Br Civil Aviation Authority, Am Civil Aeronautics Board
rijksmunt *v* [-en] coin of the realm ★ *de Rijksmunt* the Mint
rijksmuseum *o* [-s &-sea] national museum
rijksoverheid *v* central / national government
rijkspolitie *v* national police
rijkssubsidie *v & o* [-s] government grant, state aid
rijksuniversiteit *v* [-en] university
Rijksvoorlichtingsdienst *m* ❶ Government Information Service ❷ *in Groot-Brittannië* Central Office of Information
rijkswacht *v* ZN state police, gendarmerie
rijkswachter *m* [-s] ZN state policeman, gendarme
Rijkswaterstaat *m* Department of Waterways and Public Works
rijksweg *m* [-wegen] national highway
rijkswege *zn* ★ *van* ~ by the government, officially
rijkswet *v* [-ten] statute law
rijkunst *v* horsemanship
rijlaars *v* [-laarzen] riding boot
rijles *v* [-sen] ❶ *in auto* driving lesson ❷ *op paard* riding lesson
rijm I *o* [-en] *in gedichten* rhyme ★ *gekruist* ~ cross rhyme ★ *gepaard* ~ rhyming couplets ★ *slepend* / *staand* ~ feminine / masculine rhyme ★ *onzuiver* ~ slant rhyme ★ *op* ~ in rhyme ★ *op* ~ *zetten* put into rhyme **II** *m* ijzel rime frost
rijmelaar *m* [-s] rhymer, versifier, poetaster
rijmelarij *v* [-en] doggerel
rijmen I *onoverg* [rijmde, h. gerijmd] ❶ *overeenkomen* be consonant with ★ *dat rijmt niet met wat u anders altijd zegt* this contradicts what you've said in the past ❷ *rijm maken* rhyme ★ ~ *met* / *op* rhyme with ★ *deze woorden* ~ *niet met elkaar* these words don't rhyme **II** *overg* [rijmde, h. gerijmd] reconcile ★ *hoe is dat te* ~? how can you reconcile that with...?
rijmklank *m* [-en] rhyme
rijmloos *bn* rhymeless ★ *rijmloze verzen* unrhymed / blank / free verse
rijmpje *o* [-s] rhyme, short verse
rijmschema *o* ['s] rhyming pattern
rijmwoord *o* [-en] rhyme, rhyming word

ri

rijmwoordenboek *m* [-en] rhyming dictionary
Rijn *m* Rhine
rijnaak *m & v* [-aken] Rhine barge
Rijnvaart *v* navigation on the Rhine
rijnwijn *m* Rhenish wine, <u>Br</u> hock
rijopleiding *v* [-en] driving lessons
rijp I *bn* ripe, mature ★ ~ *maken* ripen ★ ~ *worden* mature ★ *vroeg* ~, *vroeg rot* soon ripe, soon rotten ★ *na* ~ *beraad / overleg* after careful deliberation / reflection ★ ~ *voor de sloop* ready for the scrap heap ★ *de tijd is er nog niet* ~ *voor* the time is not yet ripe for it II *m bevroren dauw* hoar frost, <u>dicht</u> rime
rijpaard *o* [-en] riding horse, mount
rijpen I *overg en onoverg* [rijpte, h. en is gerijpt] ripen, mature II *onoverg* [rijpte, h. gerijpt] *rijp vormen* be frosty ★ *het heeft vannacht gerijpt* there was a hoar frost last night
rijpheid *v* ripeness, maturity ★ <u>fig</u> *tot* ~ *brengen* see sth through to maturity
rijping *v* ripening
rijpingsproces *o* [-sen] maturation, ripening process
rijproef *v* [-proeven] driving test
rijrichting *v* [-en] direction of the traffic
rijs *o* [rijzen] twig, sprig, osier
rijschool *v* [-scholen] ❶ *autorijschool* driving school ❷ *met paarden* riding school
rijschoolhouder *m* [-s] ❶ *v. autorijschool* driving school owner ❷ *v. manege* owner of a riding school
rijshout *o* osiers, brushwood
rijst *m* rice
rijstbouw *m* rice cultivation / growing
rijstebrij *m* rice pudding
rijstepap *v* rice pudding
rijstevlaai *m* [-en] rice tart
rijstevloei *o* [-en] rice paper, ‹voor sigaretten› cigarette paper
rijstijl *m m.b.t. autorijden* driving style
rijstkorrel *m* [-s] grain of rice
rijstpapier *o* rice paper
rijstrook *v* [-stroken] (traffic) lane, carriageway ★ *met twee rijstroken* with two lanes ★ *een* ~ *in de andere richting* an oncoming lane
rijsttafel *v* [-s] (Indonesian) rice table, rijsttafel
rijstveld *o* [-en] rice / paddy field
rijstvogel *m* [-s] rice bird, Java sparrow
rijstwater *o* rice water
rijten *overg* [reet, h. gereten] tear, rip
rijtijd *m* [-en] ❶ *v. voertuig* driving time, mileage ❷ *v. chauffeur* drivers' hours
rijtijdenwet *v* law on driving hours
rijtje *o* [-s] little row, line ★ *op een* ~ *opzeggen* read out one by one ★ *de dingen op een* ~ *zetten* list all the points
rijtjeshuis *o* [-huizen] terrace(d) house
rijtoer *m* [-en] drive, ride ★ *een* ~ *doen* take a drive / ride, go for a drive / ride
rijtuig *o* [-en] carriage ★ *een* ~ *met vier / zes paarden* a coach and four / six ★ *een* ~ *van een trein* a carriage,

a passenger coach
rijvaardigheid *v* driving ability
rijverbod *o* driving ban, disqualification from driving ★ *er geldt hier een* ~ closed to motor vehicles ★ *er is hem een* ~ *opgelegd* his driver's licence has been taken away, ‹tijdelijk wegens alcoholgebruik› he was prohibited from driving any further
rijweg *m* [-wegen] carriageway, roadway ★ *een afgesloten* ~ a closed road
rijwiel *o* [-en] bicycle, cycle, bike
rijwielhandel *m* [-s] bicycle shop
rijwielpad *o* [-paden] cycle track
rijwielstalling *v* [-en] bicycle shed / shelter / lock-up
rijzen *onoverg* [rees, is gerezen] ❶ *alg.* rise ★ ~ *en dalen* rise and fall ★ *de* ~*de zon* the rising sun ★ *het water rijst* the water is rising ❷ *v. prijzen* rise, go up ❸ *ontstaan* arise ★ *de vraag rijst of...* the question arises as to whether... ★ *er* ~ *moeilijkheden* some problems are becoming apparent
rijzig *bn* tall
rijzweep *v* [-zwepen] horsewhip, riding whip
rikken *onoverg* [rikte, h. gerikt] <u>kaartsp</u> play 'rikken'
rikketik *m hart* ticker ★ *van* ~ pit-a-pat ★ *in zijn* ~ *zitten* twig one's heart in one's mouth
rikketikken *onoverg* [rikketikte, h. gerikketikt] go pit-a-pat, tick away
riksja *m* ['s] rickshaw
ril I *v* [-len] *geul, groef* groove, rill II *m rilling* shiver, shudder
rillen I *onoverg* [rilde, h. gerild] shiver, shudder ★ *ik ril ervan, het doet me* ~ it gives me the shudders/<u>inf</u> creeps ★ ~ *van angst* shudder with fear ★ ~ *van de kou* shiver with cold II *overg* [rilde, h. gerild] *rillen maken* score, crease
rillerig *bn* shivery
rilling *v* [-en] shiver, shudder ★ *dat bezorgt mij een* ~ it makes me shiver ★ *koude* ~*en hebben* have the shivers ★ *de* ~*en liepen over mijn rug / lijf* the shivers ran down my spine
rimboe *v* [-s] jungle, bush ★ <u>fig</u> *we zitten in de* ~ *hier* we're in the middle of nowhere here
rimpel *m* [-s] ❶ *frons* wrinkle, line ❷ *diep* furrow ❸ *plooi, kreuk* wrinkle, crinkle ❹ *v. water* ruffle, ripple
rimpelen I *onoverg* [rimpelde, is gerimpeld] ❶ *v. huid* wrinkle ❷ *v. water* ripple, ruffle II *overg* [rimpelde, h. gerimpeld] ❶ *rimpels veroorzaken* wrinkle ★ *het voorhoofd* ~ knit one's brow ❷ *doen golven* ruffle ❸ *kreukelen* pucker, crumple
rimpelig *bn* ❶ wrinkled, wrinkly ❷ *water* rippled
rimpeling *v* [-en] ❶ *het rimpelen* wrinkling, puckering ❷ *op water* ripple, rippling, ruffle
rimpelloos *bn* ❶ *zonder rimpels* smooth, unwrinkled ❷ *v. water* calm, unruffled ❸ <u>fig</u> smooth, calm ★ *een* ~ *bestaan leiden* lead a smooth existence
rimram *m* <u>inf</u> rubbish ★ *de hele* ~ the whole caboodle
ring *m* [-en] ❶ *sieraad* ring, band ❷ *cirkelvormig voorwerp* ring, circlet, band, hoop ★ <u>sp</u> *de* ~*en the*

rings ❸ *kring* ring, ⟨v. vereniging &⟩ circle, ⟨om de maan⟩ halo ★ *sp in de ~ (treden)* step into the ring / arena ★ *de ~en van Saturnus* the rings of Saturn
ringbaard *m* [-en] fringe beard
ringband *m* [-en] ring binder
ringdijk *m* [-en] ring / encircling dyke
ringeloren *overg* [ringeloorde, h. geringeloord] bully, order about
ringen *overg* [ringde, h. geringd] ❶ *een varken, trekvogels* ring ❷ *een boom* girdle
ringetje *o* [-s] little ring ★ *hij is om door een ~ te halen* he looks as neat as a new pin
ringlijn *v* [-en] circular railway (line)
ringmus *v* [-sen] *vogel* tree sparrow
ringmuur *m* [-muren] ring / circular wall
ringslang *v* [-en] grass snake
ringsleutel *m* [-s] ring spanner
ringsteken *o volksvermaak* tilt at the ring
ringvaart *v* [-en] ring canal
ringvinger *m* [-s] ring finger
ringweg *m* [-wegen] ring road
ringwerpen *o* play quoits
ringworm *m* [-en] ❶ med ringworm ❷ *worm* annelid
rinkelen *onoverg* [rinkelde, h. gerinkeld] jingle, tinkle, chink ★ *~ met* ⟨geld⟩ jingle, ⟨een sabel⟩ rattle ★ *de telefoon rinkelt* the telephone's ringing
rins *bn* sourish
riolering *v* [-en] sewerage
rioleringssysteem *o* sewer system, sewerage
riool *o & v* [riolen] sewer, drain
rioolbelasting *v* sewerage charges
rioolbuis *v* [-buizen] sewage pipe
riooljournalistiek *v* gutter press / journalism
rioolrat *v* [-ten] sewer rat
rioolwater *o* sewage (water)
riposteren *onoverg* [riposteerde, h. geriposteerd] riposte
ris *v* [-sen] → **rist**
risee *v* laughing stock
risico *o & m* ['s] risk ★ *~ lopen* run risks ★ *op eigen ~ iets ondernemen* undertake sth at one's own risk ★ *op uw ~* at your risk ★ *op ~ van* at the risk of ★ *de ~'s van het vak* the hazards of the trade, the occupational hazards
risicodragend *bn* risk-bearing ★ *~ kapitaal, ~ vermogen* risk-bearing capital, risk capital
risicogroep *v* [-en] high-risk group
risicospreiding *v* spreading of risks
risicowedstrijd *m* [-en] high-risk match
riskant *bn* risky, hazardous
risken *onoverg* [riskte, h. geriskt] play Risk
riskeren *overg* [riskeerde, h. geriskeerd] risk, hazard ★ *zijn leven / bestaan ~* risk one's life
risotto *m* risotto
rissen *overg* [riste, h. gerist] ❶ *uien, knoflook &* string ❷ *bessen* stem
rist, ris *v* [-en] ❶ *van bessen* bunch ❷ *van uien* rope, string ❸ *reeks* string, series

ristorno *m* ZN refund, return
rit I *m* [-ten] ride, drive, run ★ *fig de ~ uitzitten* ride / see it out ★ *na een lange ~ met de tram / trein &* after a long ride on the tram / train & **II** *o v. kikkers* frogspawn
rite *v* [-s & -n] rite
ritje *o* [-s] ride, drive, run ★ *een ~ maken* take a ride / drive, go for a ride / drive
ritme *o* [-n] rhythm
ritmebox *m* [-en] rhythm box
ritmeester *m* [-s] troop captain, captain of the horse
ritmiek *v* rhythmics
ritmisch I *bn* rhythmic ★ *~e gymnastiek* eurhythmics **II** *bijw* rhythmically
rits I *v* [-en] *sluiting* zipper **II** *m & v* [-en] ❶ *kras, scheur* cut, groove ❷ *serie* series, row, bunch ★ *een hele ~ kinderen* a whole flock of children ❸ *takje* twig
ritselaar *m* [-s] fixer
ritselen I *onoverg* [ritselde, h. geritseld] rustle ★ *~de zijde* rustling silk ★ *~ van de fouten* teem with mistakes **II** *overg* [ritselde, h. geritseld] *voor elkaar krijgen inf* fix
ritsen I *onoverg* [ritste, h. geritst] *v. verkeer* weave **II** *overg* [ritste, h. geritst] ❶ *inkerven* incise, groove ❷ *afrissen* pull / strip off
ritssluiting *v* [-en] zip (fastening / fastener), zipper
ritueel I *bn* ritual **II** *bijw* ritually ★ *het ~ slachten* ritual killing **III** *o* [-tuelen] ritual
ritus *m* [-sen & riten] rite
ritzege *v* [-s] stage victory
rivaal *m* [-valen] rival
rivaliseren *onoverg* [rivaliseerde, h. gerivaliseerd] rival ★ *~de machten* competing powers
rivaliteit *v* rivalry
rivier *v* [-en] river ★ *aan de ~* on the river ★ *de ~ op / af varen* go up / down the river
Rivièra *m* Riviera
rivierarm *m* [-en] arm of a river
rivierbed *o* [-den], **rivierbedding** *v* [-en] river bed
rivierklei *v* river clay
rivierkreeft *m & v* [-en] (freshwater) crayfish
rivierlandschap *o* [-pen] riverine landscape
riviermond *m* [-en] mouth of a river ★ *een grote ~* an estuary
rivierpolitie *v* river police
rivierslib *o* river silt
riviervis *m* [-sen] freshwater fish
rivierwater *o* river water
roadie *m* [-s] roadie
rob *m* [-ben] seal
robbedoes *m-v* [-doezen] wild boy, ⟨meisje⟩ wild girl, tomboy
robbenjacht *v* seal hunting, sealing
robbenkolonie *v* [-s & -niën] seal rookery
robber *m* [-s] kaartsp rubber
robbertje *o* round, game ★ *een ~ vechten* have a tussle, fight a bout
robe *v* [-s] robe, gown

ro

robijn *m & o* [-en] ruby ★ *van* ~ ruby
robot *m* [-s] robot
robuust *bn* robust
rochel *m* [-s] spit, phlegm
rochelen *onoverg* [rochelde, h. gerocheld] ❶ *spuwen* spit ❷ *keelgeluiden maken* hawk ❸ *v. stervende* rattle
rock *m muz* rock
rockband *m* [-s] rock band
rockmuziek *v* rock music
rockopera *m* ['s] rock opera
rococo *o* rococo
rococostijl *m* rococo style
roddel *m* [-s] gossip
roddelaar *m* [-s] telltale, gossip
roddelblad *o* [-bladen] gossip magazine
roddelcircuit *o* [-s] grapevine
roddelen *onoverg* [roddelde, h. geroddeld] talk, gossip ★ ~ *over* gossip about
roddelpers *v* gossip papers
roddelpraat *m* gossip, rumour
roddelrubriek *v* [-en] gossip column
rodehond *m* ❶ *infectieziekte* German measles, rubella ❷ *huidaandoening, in de tropen* prickly heat, miliaria
rodekool *v* red cabbage
Rode Kruis *o* Red Cross
rodelantaarndrager *de (m)* [-s] person / team bringing up the rear ★ *Excelsior is momenteel de* ~ Excelsior is at the bottom of the ladder at the moment
rodelbaan *v* [-banen] toboggan run
rodelen *onoverg* [rodelde, h. gerodeld] toboggan, luge ★ *van een helling* ~ luge / toboggan off a slope
rodeo *m* ['s] rodeo
Rode Plein *o* Red Square
rododendron *m* [-s] rhododendron
roebel *m* [-s] valuta rouble
roede *v* [-n], **roe** [-s] ❶ *strafwerktuig* rod ★ *met de* ~ *krijgen* be birched ❷ *takkenbos* birch, birchrod ❸ *staf* verge ❹ *staaf voor gordijn, traploper & rod ❺ *penis* penis ❻ *maat* rod, pole
roedel *o* [-s] ⟨v. herten⟩ herd, ⟨v. honden, wolven⟩ pack
roedeloper *m* [-s] dowser, water diviner
roeibank *v* [-en] thwart, rowing bench
roeiboot *m & v* [-boten] rowing boat, rowboat
roeien *onoverg & overg* [roeide, h. en is geroeid] ❶ *in roeiboot* row, scull ❷ *peilen* gauge
roeier *m* [-s] ❶ *in roeiboot* oarsman, rower ❷ *peiler* gauger
roeiriem *m* [-en], **roeispaan** *v* [-spanen] oar, scull
roeivereniging *v* [-en] rowing club
roeiwedstrijd *m* [-en] rowing race
roek *m* [-en] rook
roekeloos I *bn* rash, reckless **II** *bijw* rashly, recklessly
roekeloosheid *v* [-heden] rashness, recklessness
roekoeën *onoverg* [roekoede, h. geroekoed] coo
roem *m* ❶ glory, renown, fame ★ ~ *behalen* reap glory ★ *eigen* ~ *stinkt* self-praise is no

recommendation ❷ kaartsp meld
Roemeen *m* [-menen] Romanian
Roemeens *bn & o* Romanian
roemen I *overg* [roemde, h. geroemd] ❶ praise ❷ kaartsp meld **II** *onoverg* [roemde, h. geroemd] boast ★ ~ *op iets* boast of sth ★ *onze stad kan* ~ *op...* our town can boast...
Roemenië *o* Romania
roemer *m* [-s] *glas* rummer
roemloos *bn* inglorious
roemrijk *bn* illustrious, famous, famed, glorious, renowned ★ *een* ~*e daad* an achievement
roemrucht *bn* illustrious, renowned
roep *m* [-en] ❶ *kreet* call, cry ❷ *verlangen* demand ★ *de* ~ *om democratie* the call for democracy ❸ *naam* repute, reputation ★ *in een goede* ~ *staan* enjoy a good reputation
roepen I *onoverg* [riep, h. geroepen] call, cry, shout ★ *wakker* ~ wake up, awaken ★ ~ *om iets / iem.* cry / call for sth / sbd ★ *om hulp / zijn moeder* ~ call for help / his mother ★ *iedereen roept er over* everybody is praising it ★ *het is nu niet om er (zo) over te* ~ it's no better than it should be ★ ~ *tot* call to **II** *overg* [riep, h. geroepen] call ★ *een dokter* ~ call in / send for a doctor ★ *wie heeft mij laten* ~? who's sent for me? ★ *u komt als ge*~ you're exactly the person we need ★ *ik voel me niet ge*~ *om...* I don't feel it's up to me to... ★ Bijbel *velen zijn ge*~, *maar weinigen uitverkoren* many are called, but few are chosen
roepende *m* [-n] ★ *een* ~ *in de woestijn* a voice crying in the wilderness
roepia *m* ['s] rupiah
roeping *v* [-en] call, calling, vocation ★ *hij heeft zijn* ~ *gemist* he has missed his vocation ★ *ik voel er geen* ~ *toe om...* I don't feel called upon to... ★ ~ *voelen voor* feel a vocation for ★ *zijn* ~ *volgen* follow one's vocation ★ *een toneelspeler uit* ~ an actor by vocation
roepnaam *m* [-namen] Christian / first name ★ *zijn* ~ *is Jack* they call him Jack
roepstem *v* [-men] call of duty / conscience
roer *o* [-en & -s] ⟨blad⟩ rudder, ⟨stok⟩ helm, ⟨rad⟩ wheel ★ fig *het* ~ *in handen hebben* have things under control ★ *het* ~ *omgooien* shift the helm, fig change course ★ fig *het* ~ *recht houden* manage things well ★ fig *aan het* ~ *komen* take the reins (of government) ★ fig *aan het* ~ *staan* be at the helm
roerbakken *overg* [roerbakte, h. geroerbakt] stir-fry
roerdomp *m* [-en] *vogel* bittern
roerei *o* [-eren] scrambled eggs
roeren I *overg* [roerde, h. geroerd] ❶ *met lepel & stir ❷ *raken aan* stir, touch ❸ *ontroeren* move ★ *tot tranen toe geroerd* moved to tears ▼ *zijn mondje* ~ be talking away ▼ *de trom* ~ beat the drum **II** *onoverg* [roerde, h. geroerd] ❶ *met lepel & stir ❷ *raken aan* touch **III** *wederk* [roerde, h. geroerd] ★ *zich* ~ ⟨zich bewegen⟩ stir, move, ⟨zich verzetten⟩ rise, rebel ★ *hij kan zich goed* ~ he is well off
roerend *bn* ❶ *aandoenlijk* moving, touching ★ *het* ~

met elkaar eens zijn be of the same mind
❷ *verplaatsbaar* movable ★ *~e goederen / zaken*
fixtures and fittings, mov(e)able / personal property
roerganger *m* [-s] helmsman, wheelsman
Roergebied *o* Ruhr
roerig *bn* ❶ *levendig* active, restless, lively
❷ *wanordelijk* turbulent, chaotic ❸ *oproerig*
troublesome
roerloos *bn* ❶ *bewegingloos* motionless ❷ fig
impassive ❸ scheepv rudderless
roerpen *v* [-nen] tiller, helm
roersel *o* [-en & -s] motive ★ dicht *de ~en des harten*
the stirrings of the heart
roerstaafje *o* [-s] coffee stirrer
roes *m* [roezen] ❶ *v. dronkaard* intoxication ★ *hij is in*
een ~ he's intoxicated ★ *zijn ~ uitslapen* sleep it off
❷ *v. drugsverslaafde* high ❸ *opgewondenheid* ecstasy
★ *de ~ der vrijheid* the intoxication of freedom ★ *in*
de ~ van de overwinning in the flush of victory ★ *zij*
leefde in een ~ she was living in a whirl of
excitement ▾ *de hond in een lichte ~ brengen* give
the dog a light anaesthetic
roest I *m & o* ❶ *op metaal &* rust ❷ *in koren* rust
II *m & o* [-en] *v. kippen* perch, roost
roestbak *m* [-ken] heap of rust
roestbestendig *bn* rustproof
roestbruin *bn* rust-coloured, rust
roesten I *onoverg* [roestte, h. en is geroest] *v. metaal &*
rust ★ *gaan ~* go rusty ★ *oude liefde roest niet* old
love never dies II *onoverg* [roestte, h. geroest]
v. vogels perch, roost
roestig *bn* rusty
roestkleurig *bn* rust-coloured
roestplek *v* [-ken] rust spot
roestvlek *v* [-ken] rust spot / stain
roestvorming *v* [-en] corrosion, rust formation,
rusting
roestvrij *bn* rustproof ★ *~ staal* stainless steel
roestwerend *bn* anti-rust, anti-corrosive
roet *o* soot ★ *zo zwart als ~* as black as soot ★ *~ in het*
eten gooien spoil the game
roetdeeltje *o* [-s] soot particle, smut
roetfilter *m & o* [-s] soot filter
roetmop *m* [-pen] beledigend coon, nigger
roetsjbaan *v* [-banen] slide
roetsjen *onoverg* [roetsjte, is geroetsjt] slide
roetzwart *bn* sooty / carbon black
roffel *m* [-s] ❶ *v. trommel* roll, ruffle ❷ *schaaf* jack
plane
roffelen I *onoverg* [roffelde, h. geroffeld] *op de*
trommel roll, ruffle II *overg* [roffelde, h. geroffeld]
❶ *schaven* rough-plane ❷ *snel afmaken* bungle,
botch
rog *m* [-gen] vis ray, thornback
rogge *v* rye
roggebrood *o* [-broden] rye / black bread
roggeveld *o* [-en] rye field
rok *m* [-ken] ❶ *v. vrouwen* skirt ❷ *v. mannen* tailcoat,

morning coat ★ *in ~* in evening dress, in tails
❸ *v. bol* tunic
rokade *v* [-s] schaken castling
roken I *onoverg* [rookte, h. gerookt] smoke ★ *een*
niet~ coupé a non-smoking compartment ★ *~ is*
ongezond smoking is bad for your health II *overg*
[rookte, h. gerookt] smoke
roker *m* [-s] smoker
rokeren *onoverg* [rokeerde, h. gerokeerd] schaken
castle
rokerig *bn* smoky
rokerij *v* [-en] smokehouse
rokershoest *m* smoker's cough
rokertje *o* [-s] inf smoke
rokkenjager *m* [-s] womanizer
rokkostuum *o* [-s] dress suit, white tie and tails
rokpand *o* [-en] ❶ *v. rokkostuum* coat-tails ❷ *v. rok*
v. vrouw width
rol I *v* [-len] ❶ *in het alg.* roll ★ *een ~ papier*
/ perkament a scroll ★ *de ~len van de Dode Zee* the
Dead Sea Scrolls ❷ techn roller, cylinder ❸ *v. deeg*
rolling pin ❹ *van toneelspeler* part, role, character
★ *de ~len zijn omgekeerd* the tables are turned
★ *een ~ spelen* act / play a part ★ *een voorname*
/ grote ~ spelen play an important part ★ *de ~len*
verdelen assign the parts ★ *in zijn ~ blijven* be in
character ★ *uit zijn ~ vallen* act out of character
❺ *lijst* roll, list, calendar ★ jur *op de ~ staan* be
scheduled for trial ★ *ter ~le opgenomen* entered
/ registered on the roll ★ *in de ~ staan* have signed
up ❻ bouwk upright course of bricks II *m* ★ *aan de ~*
gaan / zijn be on the spree, be on the loose, go on a
pub crawl
rolberoerte *v* [-n, -s] inf fit ★ *een ~ krijgen* have a fit
rolbevestigend *bn* role-reinforcing
rolbezetting *v* cast
roldak *o* [-daken] sliding roof
roldoorbrekend *bn* unconventional, breaking
through set patterns
rolgordijn *o* [-en] roller blind
rolhanddoek *m* [-en] roller towel
rolhockey *o* roller hockey
rolklaver *v* plant birdsfoot trefoil
rolkraag *m* [-kragen] polo neck, turtleneck
rollade *v* [-s & -n] rolled meat
rollager *o* [-s] roller bearing
rollator *m* [-s] rollator
rollebollen *onoverg* [rollebolde, h. gerollebold]
❶ *buitelen* turn head over heels, turn somersaults
❷ *stoeiend vrijen* tumble
rollen I *onoverg* [rolde, h. en is gerold] ❶ roll ★ *~d*
materieel rolling stock ★ *de donder rolde* there was a
roll of thunder ★ *~ met de ogen* roll one's eyes ★ *het*
vliegtuig rolde en schudde the plane rolled and shook
★ *het vliegtuig rolde de hangar uit* the plane taxied
out of the hangar ❷ *vallen* tumble ★ *van de trap ~*
tumble down the stairs II *overg* [rolde, h. gerold]
❶ roll ★ *een sigaret ~* roll a cigarette ★ *deeg ~* roll out

pastry ❷ *stelen* pick, lift ★ *ik ben gerold* my pockets have been picked

rollenspel *o* [-spelen] role play

rollerskate *m* [-s] roller skate

rollerskaten *onoverg* [rollerskatete, h. gerollerskatet] roller skate

rolletje *o* [-s] ❶ *los* (small) roll ★ *een ~ drop* a roll of liquorice ❷ *onder meubels* roller, castor, caster ★ *het liep op ~s* everything went smoothly

rolluik *o* [-en] roll-down shutter

rolmops *m* [-en] rollmop

rolpatroon *o* [-tronen] role pattern

rolprent *v* [-en] film

rolroer *o* [-en] aileron

rolschaats *v* [-en] roller skate

rolschaatsen *onoverg* [rolschaatste, h. gerolschaatst] roller-skate

rolskiën *onoverg* [rolskiede, h./is gerolskied] do roller skiing

rolstoel *m* [-en] wheelchair

rolstoelsport *v* [-en] wheelchair sports

roltrap *m* [-pen] escalator

rolveger *m* [-s] carpet sweeper

rolverdeling *v* [-en] cast, casting, fig division of roles

rolwisseling *v* [-en] exchange of roles

ROM *afk* (read-only memory) ROM, Read-Only Memory

Romaans I *o taal* Romance **II** *bn* ❶ *talen* Romance, Romanic, **romaans** ❷ *architectuur, beeldhouwkunst* Romanesque

roman *m* [-s] ❶ novel ★ *geringsch een ~netje* a novelette ★ ‹fictie› *~s* fiction ❷ fig & hist romance

romance *v* [-s & -n] romance

romancier *m* [-s] novelist

romancyclus *m* [-cli & -sen] cycle of novels, saga

romanesk I *bn* romantic **II** *bijw* romantically

romanheld *m* [-en] hero of a novel

romanist *m* [-en] Romanist

romanistiek *v* study of Romance languages

romankunst *v* art of novel writing

romanschrijver *m* [-s] novelist, fiction writer

romanticus *m* [-ci] romanticist

romantiek *v* ❶ *kunstrichting* romanticism ❷ *'t romantische* romance

romantisch *bn* ❶ *m.b.t. de romantiek* romantic ❷ *dromerig* romantic

romantiseren *overg* [romantiseerde, h. geromantiseerd] romanticize

Rome *o* Rome

Romein *m* [-en] Roman

romein *v lettertype* roman type

Romeins *bn* Roman

Romeinse *v* [-n] Roman ★ *ze is een ~* she's a Roman, she's from Rome

romen I *overg* [roomde, h. geroomd] *room afnemen* cream, skim **II** *onoverg* [roomde, is geroomd] *room afzetten* cream

romer *m* [-s] ZN skimmer

römertopf *m* römertopf

romig *bn* creamy

rommel *m* ❶ *waardeloos spul* rubbish, trash, junk ★ *de hele ~* the whole lot ★ *ouwe ~* (old) junk ★ *koop geen ~* don't buy trash ❷ *rotzooi* mess, jumble, shambles ★ *maak niet zo'n ~* don't make such a mess ❸ *geluid* rumble

rommelaar *m* odd-jobber, junk dealer

rommelen *onoverg* [rommelde, h. gerommeld] ❶ *v. dof geluid* rumble, roll ❷ *in de maag* rumble ❸ *snuffelen* rummage ★ *~ in* shuffle / rummage through

rommelhok *o* [-ken] junk shed, Br lumber shed, inf glory hole

rommelig *bn* untidy, disorderly, messy

rommelkamer *v* [-s] junk room, Br lumber room

rommelmarkt *v* [-en] jumble sale, junk market, flea market

rommelzolder *m* [-s] attic used as a junk room

rommelzooi *v* [-en] junk, Br lumber ★ *wat een ~!* what a mess!

romp *m* [-en] ❶ *v. lichaam* trunk, torso ❷ bouwk shell ❸ scheepv hull ❹ luchtv fuselage

rompertje *o* [-s] rompers

rompslomp *m* bother, fuss ★ *administratieve ~* bureaucratic fuss and bother

rond I *bn* round, ‹cilindrisch ook› cylindrical, ‹cirkelvormig ook› circular, scherts rotund ★ *een ~ jaar* a full year ★ *een ~e som* a round sum ★ *~e taal* plain language ★ *een ~e vent* a straightforward / decent fellow ★ *de ~e waarheid* the plain truth ★ *een ~e wijn* a full-bodied wine ★ *de zaak is ~* the case is completed, the matter is settled ★ *iets ~ krijgen* arrange sth ★ *iets ~ maken* finish sth off ★ *~ worden* become round **II** *bijw* ❶ *rondom* (a)round, surrounding ❷ *om iets heen* (a)round ★ *hij keek de kamer ~* he looked (a)round the room ▼ *~ voor zijn gevoelens / mening & uitkomen* make one's feelings / opinion & clear **III** *voorz* ❶ (a)round ★ *~ de tafel zitten* sit (a)round the table ★ *de wegen ~ Londen* the roads (a)round London ❷ *ongeveer* (a)round, about ★ *~ negen uur* round about nine o'clock, (a)round nine o'clock ★ *~ vijftig* about fifty ❸ *omtrent* about, concerning ★ *de moeilijkheden ~ zijn benoeming* the problems surrounding his appointment **IV** *o* round ★ *in het ~* in a circle ★ *hij keek nieuwsgierig in het ~* he looked (a)round curiously

rondbanjeren *onoverg* [banjerde rond, h. rondgebanjerd] drift / wander about

rondbazuinen *overg* [bazuinde rond, h. rondgebazuind] trumpet about, blaze abroad

rondboog *m* [-bogen] round arch

rondborstig I *bn* candid, frank, open **II** *bijw* candidly &

rondborstigheid *v* candour, frankness, openness

rondbrengen *overg* [bracht rond, h. rondgebracht] bring / take round ★ *de kranten ~* deliver the papers

rondcirkelen *onoverg* [cirkelde rond, h.

rondgecirkeld] circle (a)round

ronddansen *onoverg* [danste rond, h. rondgedanst] dance about

ronddartelen *onoverg* [dartelde rond, h. rondgedarteld] frisk about / (a)round

ronddelen *overg* [deelde rond, h. rondgedeeld] distribute, hand (a)round

ronddobberen *onoverg* [dobberde rond, h. rondgedobberd] drift about

ronddolen *onoverg* [doolde rond, h. rondgedoold] wander / roam about

ronddraaien I *onoverg* [draaide rond, is rondgedraaid] turn, turn (a)round, rotate, ‹snel› spin ★ *in een cirkel / kring* ~ go (a)round in circles **II** *overg* [draaide rond, h. rondgedraaid] turn (round / around)

ronddrentelen *onoverg* [drentelde rond, h. rondgedrenteld] stroll around / about

ronddrijven *onoverg* [dreef rond, h. rondgedreven] float / drift around / about

ronddwalen *onoverg* [dwaalde rond, h. rondgedwaald] wander / roam (around / about)

ronde *v* [-n & -s] ❶ *rondgang* round(s) ★ *het verhaal doet de* ~ the story is going (a)round / is doing the round(s) ★ *het verhaal deed de* ~ *door het dorp* the story went around the village ❷ *rondgang v. een patrouille* rounds ★ *de* ~ *doen* ‹voor inspectie &› make / go / do one's rounds, fig go around ★ *de postbode doet zijn* ~ the postman is doing his rounds ★ *de politie doet de* ~ the police are walking the beat ❸ *baan* circuit ❹ mil round ❺ *boksen &* round ❻ wielrennen lap, ‹langer› tour ★ *de* ~ *van Frankrijk* the Tour de France ❼ *rondje* round, Aus inf shout

rondedans *m* [-en] round dance

rondeel *o* [-delen] ❶ *toren* roundel ❷ *vers* rondeau, rondel

ronden I *overg* [rondde, h. gerond] ❶ *rond maken* make round, round off ❷ *omheen varen* round **II** *onoverg* [rondde, is gerond] *rond worden* round

rondetafelconferentie *v* [-s] round-table conference

rondgaan *onoverg* [ging rond, is rondgegaan] go about / (a)round ★ *laten* ~ hand about, send / pass around, circulate ★ *de beker ging rond* the cup went (a)round ★ *het praatje gaat rond* the rumour is going (a)round ★ *de kamer* ~ go (a)round the room ★ *een* ~*de brief* a circular letter

rondgang *m* [-en] circuit, tour ★ *een* ~ *maken door de fabriek* make a tour of the factory

rondhangen *onoverg* [hing rond, h. rondgehangen] hang / stand / lounge about / (a)round

rondhout *o* [-en] ❶ *alg.* round timber, logs ❷ scheepv spar

ronding *v* [-en] ❶ *alg.* rounding, curve ❷ scheepv camber

rondje *o* [-s] ❶ *drankje voor iedereen* round, Aus inf shout ★ *hij gaf een* ~ he stood drinks (all round / around) ❷ sp lap, circuit ★ *een* ~ *lopen* run a lap ★ *een* ~ *om de kerk* a stroll (a)round the church

rondkijken *onoverg* [keek rond, h. rondgekeken] look (a)round

rondkomen *onoverg* [kwam rond, is rondgekomen] ❶ *komen aanbieden* come (a)round ❷ *genoeg hebben* make do, manage, get along, make (both) ends meet ★ *met 1000 euro per maand* ~ live on 1000 euros a month ★ *hij kan nauwelijks* ~ he can hardly manage

rondleiden *overg* [leidde rond, h. rondgeleid] lead around ★ *iem.* ~ show sbd (a)round the place, take sbd (a)round

rondleiding *v* [-en] guided tour

rondlopen *onoverg* [liep rond, h. en is rondgelopen] ❶ *in een kring* go / walk (a)round ★ *het pad loopt rond* the path goes (a)round ❷ *naar alle kanten* walk about, walk (a)round, inf knock / gad about ★ *de dief loopt nog vrij rond* the thief is still on the loose / is still at large ★ *hij loopt weer rond* he's about again ★ inf *loop rond!* get along with you! ★ ~ *met plannen* have plans

rondneuzen *onoverg* [neusde rond, h. rondgeneusd] nose / poke about

rondo *o* ['s] rondo

rondom I *bijw* all (a)round ★ ~ *behangen met...* hung all around with... **II** *voorz* about, (a)round ★ ~ *het vuur* around the fire

rondpunt *o* [-en] ZN roundabout, traffic circle

rondreis *v* [-reizen] ❶ (circular) tour, round trip ❷ *v. artiesten* tour

rondreizen *onoverg* [reisde rond, h. rondgereisd] ❶ travel (a)round / about ❷ *v. artiesten* (make a) tour

rondrijden I *onoverg* [reed rond, h. en is rondgereden] ride / drive (a)round, tour **II** *overg* [reed rond, h. rondgereden] drive about / (a)round, take ‹sbd› for a run

rondrit *m* [-ten] tour

rondscharrelen *onoverg* [scharrelde rond, h. rondgescharreld] potter / poke about / (a)round ★ ~ *in...* poke about in..., rummage in...

rondschrijven *o* circular (letter)

rondsel *o* [-s] techn pinion

rondslenteren *onoverg* [slenterde rond, h. rondgeslenterd] stroll (a)round / about, knock (a)round / about

rondslingeren I *overg* [slingerde rond, h. rondgeslingerd] swing (a)round **II** *onoverg* [slingerde rond, h. rondgeslingerd] lie about / (a)round ★ *zijn potloden laten* ~ leave his pencils lying around

rondsluipen *onoverg* [sloop rond, h. rondgeslopen] steal (a)round, prowl about

rondsnuffelen *onoverg* [snuffelde rond, h. rondgesnuffeld] nose (a)round / about, snoop (a)round / about

rondspelen *overg* [speelde rond, h. rondgespeeld] sp pass back and forth ★ *de bal* ~ pass the ball back and forth

rondspoken *onoverg* [spookte rond, h. rondgespookt] wander (a)round / about ★ *allerlei gedachten*

ro

spookten rond in mijn hoofd I was haunted by all kinds of thoughts

rondstrooien *overg* [strooide rond, h. rondgestrooid] ❶ scatter (a)round / about ❷ *fig* spread ★ *praatjes ~* spread gossip

rondsturen *overg* [stuurde rond, h. rondgestuurd] send out / (a)round

rondtasten *onoverg* [tastte rond, h. rondgetast] grope about, grope one's way ★ *in het duister ~* grope one's way in the dark, *fig* be in the dark (*omtrent* about) ★ *in onzekerheid ~* grope blindly

rondte *v* [-n & -s] circle, circumference ★ *vele meters in de ~* many metres in circumference ★ *in de ~ draaien* turn (a)round

rondtollen *onoverg* [tolde rond, h. rondgetold] spin (a)round

rondtrekken *onoverg* [trok rond, h. *en* is rondgetrokken] travel (a)round / about, wander (a)round / about ★ *~de kooplieden* travelling merchants

ronduit *bijw* ❶ *eerlijk* frankly, plainly, straight, bluntly ★ *spreek ~* speak your mind ★ *iem. ~ de waarheid zeggen* tell sbd the plain truth, tell sbd some home truths ★ *~ gezegd...* frankly..., to put it bluntly... ❷ *versterk* absolutely, simply ★ *dat is ~ belachelijk* that's absolutely ridiculous

rondvaart *v* [-en] ❶ *kort* round trip, (circular) tour ❷ *lang* (circular) cruise

rondvaartboot *m & v* [-boten] canal tour boat

rondventen *overg* [ventte rond, h. rondgevent] hawk (about)

rondvertellen *overg* [vertelde rond, h. rondverteld] spread (a)round / about ★ *dat wordt rondverteld* it's being spread about ★ *je moet het niet ~* you mustn't tell

rondvliegen *onoverg* [vloog rond, h. *en* is rondgevlogen] fly about / (a)round ★ *~ boven* circle over ★ *~de dakpannen* flying tiles

rondvlucht *v* [-en] round trip by plane, circuit

rondvraag *v* [-vragen] any other business ★ *bij de ~ kan iedereen nog een vraag stellen* you'll all get an opportunity to ask questions when we get to 'any other business'

rondwandelen *onoverg* [wandelde rond, h. rondgewandeld] walk (a)round

rondwaren *onoverg* [waarde rond, h. rondgewaard] flit about / (a)round ★ *er waren hier spoken rond* the place is haunted ★ *~ in* flit through / (a)round

rondweg **I** *m* [-wegen] by-pass (road), ring road **II** *bijw* frankly, bluntly

rondzenden *overg* [zond rond, h. rondgezonden] send (a)round, send out

rondzwalken *onoverg* [zwalkte rond, h. rondgezwalkt] drift about, knock (a)round

rondzwerven *onoverg* [zwierf rond, h. rondgezworven] wander / roam / knock about ★ *~de papieren* papers lying all over the place

ronken *onoverg* [ronkte, h. geronkt] ❶ *snurken* snore

❷ *van machine* throb, thrum, chug, drone

ronselaar *m* [-s] recruiter

ronselen *onoverg & overg* [ronselde, h. geronseld] recruit

röntgenapparaat *o* [-raten] X-ray machine

röntgenfoto *v* ['s] X-ray

röntgenologie *v* roentgenology, radiology

röntgenoloog *m* [-logen] radiologist

röntgenonderzoek *o* X-ray examination

röntgenscherm *o* [-en] X-ray screen

röntgenstralen *zn* [mv], **röntgenstraling** *v* X-rays

rood **I** *bn* red ★ *de Rode Zee* the Red Sea ★ *sp* *een rode kaart* a red card ★ *iets ~ maken* make sth red, redden sth ★ *~ staan* be in the red ★ *~ worden* grow red, redden, blush ★ *zo ~ als een kreeft* as red as a lobster / as a beetroot **II** *o* red ★ *sp* *~ krijgen* get a red card

roodaarde *v* reddle, ruddle

roodachtig *bn* reddish, ruddy

roodbaars *m vis* Norway haddock, rosefish

roodbont *bn* red and white

roodborstje *o* [-s] *vogel* (robin) redbreast, robin

roodbruin *bn* ❶ *alg.* reddish brown, russet ❷ *v. paard* sorrel

roodgloeiend *bn* red-hot

roodharig *bn* red-haired

roodheid *v* redness

roodhuid *m* [-en] redskin, red Indian

Roodkapje *o* Little Red Riding Hood

roodkleurig *bn* red, red-coloured

roodkoper *o* copper

roodkoperen *bn* copper

roodstaart *m* [-en] *vogel* redstart ★ *de gekraagde ~* the redstart ★ *de zwarte ~* the black redstart

roodvonk *v & o* scarlet fever, scarlatina

roof **I** *m* diefstal robbery, plundering ★ *op ~ uitgaan* ‹door mensen› go plundering, ‹door dieren› go in search of prey **II** *v* [roven] *op wond* scab

roofachtig *bn* rapacious, predatory

roofbouw *m* over-exploitation of the soil, soil exhaustion ★ *~ plegen op iem.'s gezondheid / lichaam* ruin one's health, wear oneself out

roofdier *o* [-en] beast of prey, predator

roofdruk *m* [-ken] pirate edition

roofmoord *m & v* [-en] robbery with murder

roofoverval *m* [-len] robbery, hold-up

roofridder *m* [-s] robber baron / knight

rooftocht *m* [-en] raid, foray, ‹v. dieren› prowl

roofvis *m* [-sen] predatory fish, fish of prey

roofvogel *m* [-s] predatory bird, bird of prey

roofzucht *v* rapacity

roofzuchtig *bn* predatory, rapacious

rooibosthee *m* rooibos tea

rooie *m-v* [-n] ❶ *roodharige* redhead, *scherts Aus & NZ* blue ❷ *socialist* red

rooien *overg* [rooide, h. gerooid] ❶ *aardappels* lift, dig (up) ❷ *bomen* grub up ❸ *klaarspelen* manage ★ *dat kan ik wel ~* I can manage that ★ *het goed met iem. kunnen ~* get along well with sbd

ro

rooilijn *v* [-en] alignment of houses along the street ★ *op de ~ staan* be aligned with the street

rook I *m* damp smoke ★ *in ~ opgaan* send up in smoke ★ *onder de ~ van...* in the immediate neighbourhood of... ★ *geen ~ zonder vuur* no smoke without fire **II** *v* [roken] *hooistapel* rick

rookartikelen *zn* [mv] tobacco products, smokers' requisites

rookbom *v* [-men] smoke bomb

rookcoupé *m* [-s] smoking compartment, inf smoker

rookdetector *m* [-s] smoke detector

rookgerei *o* smokers' requisites

rookglas *o* smoked glass

rookgordijn *o* [-en] smokescreen

rookhok *o* [-ken] ❶ *v. vlees &* smoking shed ❷ *v. rokers* smoking area, smokers' area

rookhol *o* [-holen] smoky room, smokehouse

rookkamer *v* [-s] smoking room, smokers' room

rookkanaal *o* [-nalen] flue

rooklucht *v* smoky smell, smell of smoke

rookmelder *m* [-s] smoke detector

rookontwikkeling *v* smoke production

rookpauze *v* [-s] cigarette break

rookpluim *v* [-en] plume of smoke

rookschade *v* smoke damage

rooksignaal *o* [-nalen] smoke signal

rookspek *o* smoked bacon

rooktabak *m* cigarette / pipe tobacco

rooktafeltje *o* [-s] smokers' table

rookverbod *o* [-boden] smoking ban

rookverslaving *v* addiction to smoking

rookvlees *o* smoked meat / beef

rookvorming *v* smoke formation

rookvrij *bn* non-smoking

rookwaren *zn* [mv] tobacco products, smokers' requisites

rookwolk *v* [-en] cloud of smoke, smoke cloud

rookworst *v* [-en] smoked sausage

rookzolder *m* [-s] smokehouse

room *m* cream

roomachtig *bn* creamy

roomboter *v* (full-cream) butter

roomijs *o* ice cream

roomkaas *m* [-kazen] cream cheese

roomkleurig *bn* cream-coloured, creamy

roomklopper *m* [-s] *garde* whisk

roomkwark *m* quark, creamy curd cheese

rooms *bn* Roman Catholic ★ *de ~en* Roman Catholics

roomsaus *v* [-en & -sauzen] cream sauce

roomservice *m* room service

roomsgezind *bn* afkeurend Romish, Romanist

rooms-katholiek *bn* Roman Catholic ★ *de ~en* Roman Catholics

roomsoes *v* [-soezen] cream puff

roomwit *bn* cream, off-white

roos *v* [rozen] ❶ *bloem* rose ★ *een wilde ~* a wild rose ★ *slapen als een ~* sleep like a baby ★ *geen rozen zonder doornen* no rose without a thorn ★ *onder de ~* in secret, under the rose ★ *op rozen zitten* be on a bed of roses ★ *zijn pad gaat niet over rozen* his path is not strewn with roses ❷ *in schietschijf* bull's-eye ★ *in de ~ treffen* score a bull's-eye ❸ scheepv (compass) card ❹ *op hoofd* dandruff ❺ *huidziekte* med erysipelas

rooskleurig *bn* rose-coloured, rosy ★ *hij ziet alles ~ in* he takes a rosy view of everything ★ *iets ~ voorstellen* give a rosy picture of sth

rooster *m & o* [-s] ❶ *om te braden* grill ❷ *in de kachel* grate ❸ *afsluiting* grating ❹ *dienstrooster* timetable ★ *het ~ van de lesuren* the school timetable ★ *het ~ van werkzaamheden* the timetable ★ *volgens ~ aftreden* go out by rotation

roosteren *overg* [roosterde, h. geroosterd] ❶ *vlees* roast, grill, Am broil ❷ *brood* toast ★ *geroosterd brood* toast

roosterwerk *o* grating, lattice

roosvenster *o* [-s] rose window

roots *zn* [mv] roots

ros I *o* [-sen] *paard* steed ★ *een stalen ~* a bicycle **II** *bn* reddish, ruddy ★ *de ~se buurt* the red-light district

rosarium *o* [-s] ❶ *tuin* rose garden, rosarium ❷ RK rosary

rosbief *m & o* roast beef

rosé *m* rosé

roskam *m* [-men] currycomb

roskammen *overg* [roskamde, h. geroskamd] ❶ *v. paard* curry ❷ *hekelen* criticize severely

rossen *overg* [roste, h. gerost] ❶ *hardhandig reinigen* groom, curry ❷ *wild rijden* tear along

rossig *bn* reddish, sandy, ruddy

rösti *m* rösti

rot I *bn* ❶ *ellendig* rotten ★ *wat ~!* how rotten / annoying! ❷ *slecht* rotten, corrupt ❸ *verrot* rotten, bad, ‹kies› decayed, ‹lucht, ei› putrid **II** *bijw* ★ *zich ~ lachen* split one's sides, laugh one's head off ★ *zich ~ vervelen* be bored to death ★ *~ doen* be a nuisance ★ *~ tegen iem. doen* be nasty to sbd **III** *o* [-ten] ❶ *bederf* rot, decay ❷ mil file, squad ★ *een ~ geweren* a stack of arms ★ *de geweren werden aan ~ten gezet* the arms were stacked ★ *met ~ten rechts / links* right / left file **IV** *v* [-ten] ★ *een oude ~* an old hand / stager

rotan *o & m* cane, rattan

rotatie *v* [-s] rotation

rotatiemotor *m* [-s & -toren] rotary motor

rotatiepers *v* [-en] rotary press

rotding *o* [-en] damn thing, nuisance

roteren *onoverg* [roteerde, h. geroteerd] rotate

rotgang *m* breakneck speed ★ *met een ~ at a* breakneck speed

rotgans *v* [-ganzen] brent goose

rothumeur *o* lousy mood

roti *m* ['s] *Surinaams gerecht* roti

rotisserie *v* [-rieën] rotisserie

rotje *o* [-s] *vuurwerk* squib, (fire)cracker ★ *zich een ~ lachen* laugh one's head off

rotjongen *m* [-s], **rotjoch** [-en] brat, little pest

ro

rotmeid v [-en] brat, little pest

rotonde v [-n & -s] ❶ *verkeersplein* roundabout ❷ <u>bouwk</u> rotunda

rotor m [-s & -toren] rotor

rots v [-en] ❶ *grote steen* rock ❷ *steile rots* cliff ★ *een ~ in de branding* a tower of strength

rotsachtig bn rocky

rotsbeen o [-deren] <u>anat</u> petrosal (bone)

rotsblok o [-ken] boulder

rotsduif v [-duiven] rock pigeon

rotseiland o [-en] rocky island

rotskloof v [-kloven] chasm

rotspartij v [-en] ❶ *rotsachtig geheel* rock mass ❷ *in tuin* rockery

rotspunt m [-en] aiguille, rocky peak

rotsschildering v [-en] rock painting, cave wall painting

rotstreek v [-streken] mean trick, <u>inf</u> dirty trick

rotstuin m [-en] rock garden, rockery

rotsvast bn solid as a rock, rock-solid ★ *een ~ geloof* a deep-rooted conviction

rotswand m [-en] rock face, precipice, bluff

rotten onoverg [rotte, h. en is gerot] rot, putrefy, decay

Rotterdam o Rotterdam

Rotterdammer m [-s] citizen of Rotterdam

Rotterdams bn Rotterdam

rottig I bn ❶ *vervelend* rotten, nasty ❷ *smerig* rotten, lousy **II** bijw ★ *~ tegen iem. doen* behave rottenly / nastily towards sbd

rottigheid v [-heden] misery

rotting I v *ontbinding* decay, putrefaction **II** m [-en] ❶ *rotan* rattan ❷ *wandelstok* cane

rottweiler m [-s] Rottweiler

rotvent m *scheldwoord* rotter, bastard, son-of-a-bitch, stinker

rotweer o awful weather

rotzak m [-ken] bastard, son-of-a-bitch

rotzooi v mess

rotzooien onoverg [rotzooide, h. gerotzooid] ❶ *rommelig spelen, werken* mess about / around, muck about / around, play about / around ★ *de kinderen zijn met oude kleren aan het ~* the children are playing around with old clothes ❷ *seksuele spelletjes spelen* fool around ★ *ze zaten met elkaar te ~ in de auto* they were petting in the car

rouge m & o rouge

roulatie v circulation ★ ‹v. film› *in ~ brengen* put into circulation ★ *uit de ~ zijn* be out of circulation

rouleren onoverg [rouleerde, h. gerouleerd] ❶ *in omloop zijn* circulate, be in circulation ❷ *om beurten worden waargenomen* rotate, take turns

roulette v [-s] roulette ★ *Russisch ~* Russian roulette

roulettetafel v [-s] roulette table

route v [-s & -n] route, way

routebeschrijving v [-en] itinerary

routekaart v [-en] itinerary / key map

routeplanner m route planner

routine v ❶ *gewone gang* routine ❷ *bedrevenheid* experience, skill

routinehandeling v [-en] ❶ routine action ❷ *automatisme* <u>psych</u> automatism

routineklus m [-sen] routine job

routineonderzoek v [-en] routine check-up

routing m routing

routinier m [-s] old hand, expert

rouw m mourning ★ *lichte / zware ~* half / deep mourning ★ *de ~ aannemen* go into mourning ★ *~ dragen (over)* mourn (for) ★ *in de ~ gaan* go into mourning ★ *in de ~ zijn* be in mourning ★ *uit de ~ gaan* go out of mourning

rouwadvertentie v [-s] obituary / funeral notice

rouwauto m [’s] ❶ *lijkauto* hearse ❷ *volgauto* car in a funeral procession

rouwband m [-en] mourning band

rouwbeklag o condolence

rouwbrief m [-brieven] notification of death, mourning card

rouwcentrum o [-tra, -s] funeral parlour

rouwdienst m [-en] memorial service

rouwen onoverg [rouwde, h. gerouwd] ❶ *in de rouw zijn* go into / be in mourning, mourn (*over* for) ❷ *berouwen* regret, repent ★ *het zal hem ~* he’ll be sorry

rouwig bn sorry, regretful ★ *ik ben er helemaal niet ~ om* I’m not at all sorry about it

rouwjaar o [-jaren] year of mourning

rouwkaart v [-en] mourning card

rouwkamer v [-s] funeral parlour

rouwkapel v [-len] funeral chapel

rouwklacht v [-en] lamentation

rouwkleding v mourning clothes

rouwmis v [-sen] requiem mass

rouwplechtigheid v [-heden] funeral service

rouwproces o [-sen] mourning process

rouwrand m [-en] mourning border, black edge ★ *je hebt ~en om je nagels* your fingernails are black

rouwsluier m [-s] widow’s veil, weeper

rouwstoet m [-en] funeral procession

rouwtijd m period of mourning

roven I overg [roofde, h. geroofd] steal **II** onoverg [roofde, h. geroofd] rob, plunder

rover m [-s] robber, raider

roverhoofdman m [-nen] robber chief

roversbende v [-n & -s] gang of robbers

rovershol o [-holen] den of robbers, robbers’ den

royaal I bn ❶ *persoon* generous, free-handed, open-handed, ‹m.b.t. opvattingen› liberal, broad-minded ★ *hij is erg ~ met zijn geld* he is very generous with his money ★ *met een ~ gebaar* generously ❷ *beloning, gift &* handsome, generous ❸ *flink* spacious, ample ★ *een royale kamer* a spacious room ★ ‹papierformaat› *~ papier* royal **II** bijw liberally ★ *~ leven* live liberally

royalisme o royalism

royalist m [-en] royalist

royalistisch *bn* royalist
royalty *m* ['s] ❶ *aandeel in de opbrengst* royalty / royalties ❷ *verzamelnaam voor leden van koningshuizen* royalty
royement *o* [-en] ❶ *v. leden* expulsion ❷ *v. order* cancellation, annulment
royeren *overg* [royeerde, h. geroyeerd] *schrappen* remove from / strike off the list, ⟨v. contract⟩ cancel ⟨als lid⟩ expel (from)
roze *bn & o* pink
rozemarijn *m* rosemary
rozenbed *o* [-den] bed of roses
rozenblad *o* [-bladen, -bladeren & -blaren] ❶ *van de struik* rose leaf ❷ *bloemblad* rose petal
rozenbottel *v* [-s] rose hip
rozengeur *m* scent of roses ★ *het was niet alles ~ en maneschijn* it was not all roses
rozenhoedje *o* [-s] RK chaplet
rozenkrans *m* [-en] ❶ garland of roses ❷ RK rosary ★ *zijn ~ bidden* say the rosary
Rozenkruiser *m* [-s] Rosicrucian
rozenkweker *m* [-s] rose grower
rozenolie *v* oil / attar of roses
rozenstruik *m* [-en] rose bush
rozentuin *m* [-en] rose garden, rosary
rozenwater *o* rose water
rozet *v* [-ten] rosette
rozig *bn* ❶ *loom* languid ❷ *rooskleurig* rosy, roseate
rozijn *v* [-en] raisin
RSI *afk* (repetitive strain injury) RSI, repetitive strain injury
rubber *m & o* rubber
rubberboom *m* [-bomen] rubber tree
rubberboot *m & v* [-boten] rubber dinghy
rubberkogel *m* [-s] rubber bullet
rubberlaars *v* [-laarzen] rubber boot, wellington
rubberplantage *v* [-s] rubber plantation
rubberzool *v* [-zolen] rubber sole
rubriceren *overg* [rubriceerde, h. gerubriceerd] classify
rubriek *v* [-en] ❶ *in krant &* column, feature, section ❷ *opschrift* heading, rubric ❸ *categorie* section, group ❹ RK section
ruche *v* [-s] ruche, frill, furbelow
ruchtbaar *bn* known, public ★ *iets ~ maken* make sth public, make sth known, spread sth abroad ★ *~ worden* become known, get abroad, be noised abroad
ruchtbaarheid *v* publicity ★ *~ geven aan* make public, give publicity to
rücksichtslos *bn* unscrupulous
rudiment *o* [-en] *ook biol* rudiment
rudimentair *bn* rudimentary
ruften *onoverg* [ruftte, h. geruft] *inf* fart, let off
rug *m* [-gen] ❶ *v. lichaam* back ★ *ik heb een brede ~* I have broad shoulders ★ *iem. de ~ toekeren* turn one's back on sbd ★ *~ aan ~* back to back ★ *hij deed het achter mijn ~* he did it behind my back ★ *de veertig*

achter de ~ hebben be over forty ★ *dat hebben wij goddank achter de ~* thank God it's finished / it's over now ★ *de vijand in de ~ (aan)vallen* attack the enemy in the rear / from behind ★ *hij stond met de ~ naar ons toe* he stood with his back to us ★ *met de ~ tegen de muur staan* have one's back to the wall ★ *met de handen op de ~* with one's hands behind one's back ★ *het geld groeit me niet op de ~* I'm not made of money ❷ *achterzijde* back ❸ *v. berg* ridge ❹ *v. boek* back ❺ *v. neus* bridge
rugby *o* rugby (football), Br inf rugger
rugbyen *onoverg* [rugbyde, h. gerugbyd] play rugby
rugcrawl *m* back crawl
rugdekking *v* backing ★ *iem. ~ geven* mil cover for sbd, back sbd, sp cover a teammate
ruggelings *bijw* ❶ *naar achteren* backward(s) ❷ *rug aan rug* back to back
ruggengraat *v* [-graten] vertebral column, backbone, spine ★ *~ tonen* show stamina ★ *de ~ van een organisatie* the backbone of an organization
ruggengraatsverkromming *v* [-en] curvature of the spine
ruggenmerg *o* spinal marrow
ruggenmergpunctie *v* [-s] lumbar puncture
ruggenprik *m* [-ken] spinal puncture
ruggensteun, rugsteun *m* backing, support ★ *voor iem. een ~ zijn* give sbd backing, be a support for sbd
ruggenwervel *m* [-s] → **rugwervel**
ruggespraak *v* consultation ★ *~ houden met iem.* consult sbd
rugklachten *zn* [mv] back troubles, backaches
rugletsel *o* [-s] back injury
rugleuning *v* [-en] back
rugnummer *o* [-s] sp (player's) number
rugpijn *v* [-en] backache, pain in the back
rugslag *m* backstroke
rugsluiting *v* [-en] back fastening ★ *met ~* fastened at the back
rugsteun *m* → **ruggensteun**
rugtitel *m* [-s] spine title
rugvin *v* [-nen] dorsal fin
rugwaarts I *bn* backward **II** *bijw* backward(s)
rugwervel, ruggenwervel *m* [-s] dorsal vertebra
rugzak *m* [-ken] rucksack, Am backpack
rugzwemmen *o* (swimming) backstroke
rui *m* ❶ *v. dieren* moult, moulting (time) ★ *de kippen zijn in de ~* the hens are moulting ❷ *stadsgracht* ZN canal
ruien *onoverg* [ruide, h. en is geruid] moult
ruif *v* [ruiven] rack
ruig I *bn* ❶ *harig* hairy, shaggy ★ *een ~e baard* a shaggy beard ★ *~e wenkbrauwen* bushy eyebrows ❷ *stug aanvoelend* rough ❸ *woest, onherbergzaam* wild, rugged ★ *een ~ klimaat* a harsh climate ★ *een ~ land* a rugged country ❹ *ruw, wild* rough, rowdy ★ *~e taal* coarse language **II** *bijw* roughly ★ *iem. ~ behandelen* treat sbd roughly
ruigharig *bn* ❶ *onverzorgd* shaggy ❷ *v. hond*

ru

wire-haired

ruigheid v ❶ *harigheid* hairiness, shagginess
❷ *woestheid* roughness, coarseness ❸ *stugheid*
roughness

ruigte v [-n & -s] ❶ *woestheid* roughness, ruggedness
❷ *struikgewas* brush(wood)

ruiken I *overg* [rook, h. geroken] smell, scent ★ *hij
ruikt wat / lont* he smells a rat ★ *dat kon ik toch
niet ~?* how could I know? II *onoverg* [rook, h.
geroken] smell ★ *het ruikt goed* it smells good ★ *ze ~
lekker* they smell nice ★ *ruik er eens aan* smell it ★ *hij
zal er niet aan ~* he won't even get a smell of it
★ *aan iets ~* smell sth ★ *het / hij ruikt naar cognac* it
/ he smells of brandy ★ *dat ruikt naar ketterij* that
smacks of heresy

ruiker m [-s] bouquet, posy / bunch of flowers

ruil m [-en] exchange, swap ★ *een goede ~ doen* make a
good exchange ★ *in ~ voor* in exchange for

ruilbeurs v [-beurzen] exchange mart, Am swap-meet

ruilen I *overg* [ruilde, h. geruild] exchange, barter,
trade, inf swap, swop ★ *~ tegen* exchange for ★ *~
voor* exchange for, barter for, inf swop for II *onoverg*
[ruilde, h. geruild] change ★ *ik zou niet met hem
willen ~* I wouldn't change places with him, I
wouldn't be in his shoes ★ *zullen we van plaats ~?*
shall we (ex)change places? ★ *twee ~ één huilen*
somebody always loses out in any exchange

ruilhandel m barter (trade) ★ *~ drijven* barter, trade
by barter

ruiling v [-en] exchange

ruilmiddel o [-en] medium of exchange

ruilobject o [-en] object of exchange, swap

ruilverkaveling v [-en] re-allotment of land, land
consolidation

ruilverkeer o exchange

ruilvoet m exchange rate, terms of exchange

ruilwaarde v exchange value

ruim I *bn* large, wide, broad, spacious, roomy, ample
★ *zijn ~e blik* his broad outlook ★ *een ~ gebruik van
iets maken* use sth freely ★ *een ~ geweten* an easy / a
lax conscience ★ *een ~ inkomen* a comfortable
income ★ *een ~e kamer* a spacious room ★ *in ~e
kring* in wide circles ★ *een ~e meerderheid* a big
/ comfortable majority ★ *het ~e sop* the open sea
★ *~e voorraad* ample stores ★ *~ baan maken* clear the
way II *bijw* largely, amply, plentifully ★ *~ 30 jaar
geleden* a good thirty years ago ★ *hij is ~ 30 jaar* he is
past thirty ★ *~ 30 pagina's* well over thirty pages ★ *~
30 pond* upwards of 30 pounds ★ *hij sprak ~ een uur*
he spoke for more than an hour ★ *~ voldoende*
amply sufficient ★ *~ ademhalen* breathe freely ★ *~
denken* take a broad view, be broad-minded ★ *het
niet ~ hebben* be in straitened circumstances, not be
well off ★ *~ meten* measure with room to spare,
measure liberally ★ *~ voorzien van...* amply provided
with... ★ *~ wonen* live spaciously ★ *je moet die
dingen ~ zien* you have to see things in a broad
perspective ★ *~ zitten* fit loosely ★ *~ in de tijd zitten*

have plenty of time ★ *~ uit elkaar* well apart III o
[-en] scheepv hold

ruimdenkend bn broad-minded, liberal, tolerant

ruimen I *overg* [ruimde, h. geruimd] ❶ *leegmaken*
empty, evacuate ❷ *verwijderen* clear (away) ★ *vee ~*
destroy cattle II *onoverg* [ruimde, is geruimd] v. wind
veer

ruimhartig bn big-hearted, warm-hearted, generous

ruimschoots bijw amply, largely, plentifully ★ *~ de
tijd hebben* have plenty of / ample time

ruimte v [-n & -s] ❶ *vertrek* room ★ *het aantal mensen
in één ~* the number of people in one room
❷ *begrensde ruimte* room, space ★ scheepv *de ~* the
offing ★ *iem. de ~ geven* give sbd elbow room,
⟨speelruimte ook⟩ give sbd leeway ★ *~ maken* make
room ★ *een ~ openlaten* leave a space / a blank
★ *wegens gebrek aan ~* for lack of space ★ *dat neemt
te veel ~ in* it takes up too much room ★ *in de ~
kletsen* talk into space ★ *dit laat geen ~ voor twijfel*
this leaves no room for doubt ❸ *heelal* space ★ *de
oneindige ~* (infinite) space

ruimtebesparend bn space-saving

ruimtebesparing v saving of space, space saving

ruimtecapsule v [-s] space capsule

ruimtedekking v [-en] sp zonal defence/Am defense

ruimtegebrek o lack of room / space

ruimtelaboratorium o [-s &-toria] space lab(oratory)

ruimtelijk bn spatial ★ *~e ordening* environmental
planning

ruimteonderzoek o [-en] exploration of space, space
research

ruimtepak o [-ken] space suit

ruimtereis v [-reizen] space flight / travel

ruimteschip o [-schepen] spaceship

ruimtesonde v [-s] space probe

ruimtestation o [-s] space station

ruimtevaarder m [-s] astronaut, cosmonaut

ruimtevaart v space travel

ruimtevaartuig o [-en] ❶ spacecraft ❷ *met bemanning*
spaceship

ruimteveer o [-veren] space shuttle

ruimtevlucht v [-en] space flight

ruimtevrees v agoraphobia

ruimtewandeling v [-en] space walk

ruin m [-en] gelding

ruïne v [-s & -n] ruins ★ *het gebouw is een ~* the
building is in ruins ★ *hij is een ~* he's a complete
wreck

ruïneren I *overg* [ruïneerde, h. geruïneerd] ruin,
devastate ★ *hij is geruïneerd* he's a ruined man
II *wederk* [ruïneerde, h. geruïneerd] ★ *zich ~*
⟨financieel⟩ ruin oneself, bring ruin on oneself,
⟨fysiek⟩ make a wreck of oneself

ruis m bijgeluid noise

ruisen onoverg [ruiste, h. geruist] rustle, ⟨v. beek⟩
gurgle, ⟨v. zachte muziek⟩ murmur

ruisonderdrukking v noise suppression

ruisvoorn, ruisvoren m [-s] vis rudd

ru

ruit *v* [-en] ❶ *in raam* (window)pane ❷ *vierhoekig figuur* diamond, lozenge, <u>meetk</u> rhombus, rhomb ❸ *op dam-, schaakbord* square ❹ *aan edelstenen* diamond ❺ *textiel* check ★ *Schotse ~en* (Scottish) tartan

ruiten I *overg* [ruitte, h. geruit] check, square **II** *v* [-s] <u>kaartsp</u> diamonds ★ *~ zes* six of diamonds

ruitenaas *m & o* [-azen] ace of diamonds

ruitenboer *m* [-en] jack of diamonds

ruitenheer *m* [-heren] king of diamonds

ruitensproeier *m* [-s] windscreen washer

ruitenvrouw *v* [-en] queen of diamonds

ruitenwisser *m* [-s] (wind)screen wiper

ruiter *m* [-s] ❶ *paardrijder* rider, horseman ❷ <u>bouwk</u> rack ❸ <u>landb</u> hay prop ▼ ⟨vogel⟩ *de zwarte ~* the spotted redshank ▼ ⟨vogel⟩ *de groenpoot~* the greenshank

ruiterij *v* cavalry, horse

ruiterlijk I *bn* frank **II** *bijw* frankly ★ *iets ~ toegeven* admit sth frankly

ruiterpad *o* [-paden] bridle path, riding track

ruitersport *v* horse riding, equestrian sport

ruiterstandbeeld *o* [-en] equestrian statue

ruitertje *o* [-s] ❶ *gewicht* rider ❷ *v. kaart* tag, tab

ruitijd *m* [-en] moulting period / season

ruitjespapier *o* squared paper

ruitjespatroon *o* [-patronen] check, check pattern

ruitvormig *bn* lozenge-shaped, diamond-shaped

ruk *m* [-ken] pull, tug, jerk, wrench ★ *in één ~* at one stretch ★ *met ~ken* jerkily

rukken I *overg* [rukte, h. gerukt] pull, tug, tear, snatch ★ *iem. iets uit de handen ~* snatch sth out of sbd.'s hands ★ *zich de haren uit het hoofd ~* tear one's hair (out) ★ *zich de kleren van het lijf ~* tear the clothes from one's body ★ *een gezegde uit het verband ~* take a phrase out of its context **II** *onoverg* [rukte, h. gerukt] ❶ *hard trekken* pull, tug, jerk ★ *aan iets ~* pull / tug at sth, give sth a tug / jerk ❷ *masturberen* vulg jerk off, wank **III** *onoverg* [rukte, is gerukt] *marcheren* advance, move up

rukker *m* [-s] wanker, jerk ★ *hé, ouwe ~!* hey, old buddy!

rukwind *m* [-en] gust of wind, squall

rul *bn* loose, sandy ★ *een ~le weg* a sandy road ★ *het ~le zand* the loose sand

rum *m* rum

rumba *m* ['s] rumba

rumboon *v* [-bonen] rum bonbon

rum-cola *m* rum and coke

rummikuppen *onoverg* [rummikupte, h. gerummikupt] play Rummikub®

rumoer *o* [-en] noise, row, uproar ★ *~ maken* make a noise

rumoerig *bn* noisy, tumultuous, turbulent

run I *m* [-s] ❶ *grote toeloop* run ❷ <u>sp</u> run ❸ <u>comput</u> run **II** *v gemalen schors* tan, tanbark

rund *o* [-eren] ❶ *dier* cow, ox ★ *bloeden als een ~* bleed like a pig ❷ *stommeling* idiot, fool, moron

rundergehakt *o* minced beef, <u>Am</u> ground beef

runderlapje *o* [-s] braising steak

runderpest *v* rinderpest

rundleer *o* cowhide ★ *van ~* cowhide

rundvee *o* cattle

rundveestapel *m* [-s] cattle stock

rundvet *o* beef fat, ⟨gesmolten⟩ beef dripping

rundvlees *o* beef

rune *v* [-n] rune

runenschrift *o* runic writing

runenteken *o* [-s] runic character

runnen *overg* [runde, h. gerund] run ★ *een zaak ~* run a business

runner-up *m* [runners-up] runner-up

running *v* ★ *niet meer in de ~ zijn* be out of the running

rups *v* [-en] caterpillar

rupsband *m* [-en] caterpillar ★ *een kraan met ~en* a caterpillar crane

rupsvoertuig *o* [-en] caterpillar-tracked vehicle

ruptuur *v* [-turen] ❶ <u>med</u> rupture ❷ *v. betrekkingen* rupture, breach

Rus *m* [-sen] Russian

rus *m* [-sen] ❶ *plant* rush ❷ *rechercheur* dick

rush *m* [-es] ❶ *grote toeloop* rush, run ❷ <u>paardensport</u> spurt

Rusland *o* Russia

russificeren *overg* [russificeerde, h. gerussificeerd] Russify, Russianize

Russin *v* [-nen] Russian lady / woman

Russisch I *bn* Russian ★ *~ leer* Russia leather **II** *o* Russian

rust *v* ❶ *alg.* rest, repose, quiet, tranquillity, calm ★ *~ en vrede* peace and quiet ★ <u>mil</u> *(op de plaats) ~!* stand at ease!, ⟨bij tweede rust⟩ stand easy! ★ *~ geven* ⟨een paard &⟩ give a rest, rest, ⟨rustgevend zijn⟩ be comforting / soothing ★ *zich geen ogenblik ~ gunnen* not give oneself a moment's rest ★ *geen ~ hebben vóórdat...* not be easy till... ★ *hij is een van die mensen die ~ noch duur hebben* he is one of those people who can't rest for a moment / who just can't stop ★ *hij moet ~ houden* he must take a rest ★ *hij is de eeuwige ~ ingegaan* he's gone to his eternal rest ★ *wat ~ nemen* take a rest ★ *de ~ is teruggekeerd* peace has been restored ★ *in alle ~* at one's leisure ★ *een predikant in ~e* a retired clergyman ★ *al in diepe ~ zijn* be fast asleep ★ *iem. met ~ laten* leave sbd in peace, leave sbd alone, <u>inf</u> get off sbd's back ★ *zich ter ~e begeven* retire for the night ★ *tot ~ brengen* quiet(en) ★ *tot ~ komen* quiet(en) / settle down, ⟨v. zaken⟩ subside ❷ <u>muz</u> rest ❸ <u>sp</u> half-time, interval ❹ *v. geweer, hefboom* fulcrum

rustbank *v* [-en], **rustbed** *o* [-den] couch

rustdag *m* [-dagen] day of rest, holiday

rusteloos I *bn* restless ★ *een ~ kind* a restless child ★ *een ~ leven* an unsettled life **II** *bijw* restlessly ★ *~ naar iets zoeken* search restlessly for sth

rusteloosheid *v* restlessness

rusten *onoverg* [rustte, h. gerust] rest, relax ★ *hier rust...* here lies... ★ *hij ruste in vrede* may he rest in peace ★ *zijn as ruste in vrede* peace (be) to his ashes ★ *wel te ~!* good night! ★ *ik moet wat ~* I must take a rest ★ *laten ~* let rest ★ *de paarden laten ~* rest one's horses ★ *we zullen dat punt / die zaak maar laten ~* we'll drop the point / let the matter rest ★ *zijn blik rustte op...* his gaze rested on... ★ *er rust geen blaam op hem* no blame attaches to him ★ *op u rust de plicht om...* on you lies / rests the duty to... ★ *de verdenking rust op hem* suspicion points to him

rustgevend *bn* restful, comforting ★ *een ~e gedachte* a comforting / consoling thought

rusthuis *o* [-huizen] rest home, old people's home

rustiek *bn* ❶ *in natuurtoestand* rustic ❷ *landelijk* rural

rustig I *bn* ❶ *v. zaken* quiet, still, tranquil, restful, ‹zonder voorvallen› uneventful ★ *een ~ dorp* a quiet village ★ *een ~ plek* a peaceful / tranquil / quiet spot ❷ *v. personen* quiet, placid, calm, ‹niet haastig› steady ★ *zich ~ houden* keep quiet **II** *bijw* quietly, calmly & ★ *het ~ aan doen* take it easy ★ *~ antwoorden* answer calmly ★ *ga maar ~ door* feel free to continue ★ *zaterdag en zondag gingen ~ voorbij* Saturday and Sunday passed uneventfully ★ *blijft u ~ zitten* please don't get up ★ *ze zat ~ televisie te kijken* she was quietly watching television

rustigjes *bijw* quietly

rustoord *o* [-en] retreat, health resort

rustpauze *v* [-n & -s] rest, break

rustplaats *v* [-en] resting place ★ *iem. naar zijn laatste ~ brengen* lay sbd to rest

rustpunt *o* [-en] ❶ *pauze* rest, period ❷ *steunpunt* support, refuge, haven

rustsignaal *o* rest signal

ruststand *m* ❶ *v. lichaam* rest ❷ sp half-time score

rustteken *o* [-s] muz rest

rusttijd *m* [-en] (time of) rest, break

rustverstoorder *m* [-s] disturber of the peace, rioter

rustverstoring *v* [-en] disturbance

ruw I *bn* ❶ *oneffen* rugged, coarse ❷ *onbewerkt* raw, rough, crude ★ *een ~e diamant* a rough diamond ★ *~ ijzer* pig iron ★ *~e olie* crude oil ❸ *grof* rough, coarse, crude, rude ★ *een ~e kerel* a rough fellow ❹ *woest* rough ★ *~ weer* rough weather ❺ *in grove trekken* rough ★ *een ~e schatting* a rough estimate **II** *bijw* roughly, coarsely, crudely ★ *~ gewekt worden door lawaai op straat* be harshly awakened by noise in the street

ruwharig *bn* shaggy, wire-haired ★ *een ~e hond* a wire-haired dog

ruwheid *v* [-heden] ❶ *oneffenheid* roughness ❷ *v. personen* coarseness, rudeness, crudity, ‹ongevoeligheid› harshness, ‹hardhandigheid› roughness

ruwweg *bijw* ❶ *ongeveer* roughly, generally ❷ *onbeschaamd* crudely, rudely

ruzie *v* [-s] quarrel, fight, ‹minder ernstig› squabble ★ *~ hebben* be quarrelling, be at odds ★ *~ hebben*

over... quarrel about... ★ *~ krijgen over* quarrel about, fall out over ★ *~ maken* quarrel ★ *~ stoken* make mischief / trouble / ★ *~ zoeken* pick a quarrel, look for trouble

ruzieachtig *bn* argumentative, quarrelsome ★ *op ~e toon* in an argumentative tone (of voice)

ruziemaker *m* [-s] wrangler, quarrelsome person

ruziën *onoverg* [ruziede, h. geruzied] quarrel

RVD *afk* (Rijksvoorlichtingsdienst) Government Information Service, in Groot-Brittannië Central Office of Information

Rwanda *o* Rwanda

Rwandees I *bn & o* Rwandan **II** *m* [-dezen] Rwandan

S

s *v* [s'en] s
saai I *bn* dull, boring ★ *een ~e piet* a boring fellow
  II *bijw* boringly **III** *o & m stof* serge
saaiheid *v* dullness, tedium
saamhorigheid *v* solidarity, unity
saamhorigheidsgevoel *o* solidarity, togetherness
saampjes *bijw* together
Saarland *o* Saarland
sabbat *m* [-ten] sabbath, Sabbath
sabbatsjaar, sabbatjaar *o* [-jaren] sabbatical year
sabbatsrust, sabbatrust *v* sabbath rest
sabbatviering *v* observance of the Sabbath
sabbelen *onoverg* [sabbelde, h. gesabbeld] suck ★ *~ op*
  suck ★ *~ aan* suck, lick
sabel I *m* [-s] ❶ *wapen* sabre, sword ★ *de ~ trekken*
  draw one's sabre ❷ *dier* sable **II** *o* ❶ *bont* sable
  ❷ herald sable
Sabijns *bn* Sabine ★ *de ~e maagdenroof* the rape of the
  Sabine women
sabotage *v* sabotage
saboteren *overg* [saboteerde, h. gesaboteerd]
  sabotage
saboteur *m* [-s] saboteur
sacharine *v* saccharin
sacharose *v (m)* [-n] saccharose
sachertaart *v* [-en] Sachertorte
sachet *o* [-s] sachet
sacraal *bn* sacral, sacred
sacrament *o* [-en] sacrament ★ *de laatste ~en toedienen*
  administer the last sacraments ★ *het ~ der zieken*
  extreme unction, the sacrament of the (anointing of
  the) sick
sacramenteel *bn* sacramental
Sacramentsdag *m* Corpus Christi
sacristie *v* [-tieën] sacristy, vestry
sadisme *o* sadism
sadist *m* [-en] sadist
sadistisch I *bn* sadistic **II** *bijw* sadistically
sadomasochisme *o* sadomasochism
sadomasochist *m* [-en] sadomasochist
sadomasochistisch *bn* sadomasochistic
safari *m* ['s] safari
safaripark *o* [-en] safari park
safe I *bn* safe, secure ★ *~ sex* safe sex ★ *op ~ spelen*
  play it safe **II** *m* [-s] ❶ *brandkast* safe ❷ *safedeposit*
  safe deposit box
saffie *o* [-s] fag
saffier *m & o* [-en] ❶ *edelsteen* sapphire ❷ *kleur*
  sapphire
saffierblauw I *bn* sapphire blue **II** *o* sapphire blue
saffieren *bn* sapphire ★ *de ~ bruiloft* the sapphire
  wedding anniversary
saffloer *m en o* [-s] safflower
saffraan *m* saffron

saga *v* ['s] saga
sage *v* [-n] legend, folk story
sago *m* sago
saillant I *bn* salient, prominent ★ *een ~ detail* a
  striking detail **II** *m & o* [-en] mil salient
Saint Kitts en Nevis *o* Saint Kitts-Nevis
Saint Lucia *o* Saint Lucia
Saint Vincent en de Grenadinen *o* Saint Vincent
  and the Grenadines
sajet *m* worsted
sakkeren *onoverg* [sakkerde, h. gesakkerd] ZN swear,
  curse, grumble
salade *v* [-s] salad
salamander *m* [-s] *dier* salamander ▼ ZN *een ~ doen*
  propose a toast and drink together
salami *m* salami
salamitactiek *v* salami tactics
salarieel *bn* salary
salariëren *overg* [salarieerde, h. gesalarieerd] salary,
  pay
salariëring *v* payment
salaris *o* [-sen] salary, pay ★ *een vast ~* a fixed salary
  ★ *met opgave van verlangd ~* stating the salary
  desired
salarisadministratie *v* [-s] salary / pay / wage records
salariseis *m* [-en] salary / pay / wage claim
salarisgroep *v* [-en] salary group
salarisschaal *v* salary / pay / wage scale
salarisstrookje *o* [-s] pay slip
salarisverhoging *v* [-en] (pay) rise, salary / pay / wage
  increase, Am raise
salarisverlaging *v* [-en] pay / wage / salary cut,
  reduction in salary, salary reduction
salderen *overg* [saldeerde, h. gesaldeerd] balance
saldibalans *v* [-en] trial balance
saldo *o* ['s & -di] balance ★ *een batig ~* a credit
  balance, a balance in one's favour ★ *een nadelig ~* a
  deficit ★ *het ~ in kas* the balance in hand, the cash
  balance ★ *~ mutaties* changes in the balance ★ *per ~*
  on balance, fig in the end, after all
saldotekort *o* [-en] deficit
salesmanager *m* [-s] sales manager
salicylzuur *o* salicylic acid
salie *v* sage
salmiak *m* salmiac
salmonella *v* ['s] salmonella
Salomonseilanden *zn* [mv] Solomon Islands
salomonsoordeel *o* [-delen] judgement/Am
  judgment of Solomon
salomonszegel *m* [-s] *plant* Solomon's seal
salon *m & o* [-s] ❶ *ontvangkamer* drawing room
  ❷ *kapsalon* salon ❸ *meubels* ZN drawing room
  furniture ❹ *beurs* ZN fair
salonboot *m & v* [-boten] saloon boat / steamer
salonfähig *bn* ❶ socially acceptable ❷ *v. persoon,*
  optreden presentable
salonheld *m* [-en] socialite
salonmuziek *v* drawing room / salon music

sa

salonsocialist *m* [-en] armchair socialist
salontafel *v* [-s] coffee table
saloondeuren *zn* [mv] saloon doors
salopette *v* [-s] dungarees
salpeter *m & o* saltpetre, nitre/Am niter
salpeterzuur *o* nitric acid
salto *m* ['s] somersault ★ *een ~ mortale* a death-defying leap
salueren *onoverg & overg* [salueerde, h. gesalueerd] salute
saluut I *o* [-luten] salute, greeting ★ *het ~ geven* mil give the salute, salute, scheepv fire a salute **II** *tsw* ★ *~!* goodbye!
saluutschot *o* [-schoten] salute ★ *er werden 21 ~en gelost* a 21-gun salute was fired
Salvadoriaan *m* [-rianen] Salvadorean
Salvadoriaans *bn* Salvadorean
Salvadoriaanse *v* [-n] Salvadorean ★ *ze is een ~* she's a Salvadorean, she's from El Salvador
salvo *o* ['s] volley, salvo
Samaritaan *m* [-tanen] Samaritan ★ *de barmhartige ~* the good Samaritan
samba *m* ['s] samba
sambal *m* [-s] sambal
samen *bijw* together ★ *zij ~* the two of them ★ *zij zijn het ~ eens* they agree with each other / with one another ★ *~ uit ~ thuis* out together, home together, fig we're in this together ★ *~ wordt dat 10 euro* that makes 10 euros altogether / in all
samenballen I *overg* [balde samen, h. samengebald] bunch / bring together, ⟨v. vuisten⟩ clench, ⟨v. wolken⟩ gather ★ *zich ~* gather ★ *de krachten ~* combine forces **II** *onoverg* [balde samen, is samengebald] gather
samenbinden *overg* [bond samen, h. samengebonden] bind / tie together
samenbrengen *overg* [bracht samen, h. samengebracht] bring together, unite
samendoen I *overg* [deed samen, h. samengedaan] put together, combine **II** *onoverg* [deed samen, h. samengedaan] be partners, act in common, ⟨samen delen⟩ go shares
samendrommen *onoverg* [dromde samen, is samengedromd] crowd together
samendrukken *overg* [drukte samen, h. samengedrukt] press together, compress
samengaan *onoverg* [ging samen, is samengegaan] go together ★ *vanaf 1 januari gaan deze banken samen* as from January 1st these banks will merge ★ *~ met* go with ★ *deze ziekte gaat vaak samen met koorts* this illness often goes hand in hand with fever / is often accompanied by fever ★ *niet ~ met* not go together with, fig be incompatible with
samengesteld *bn* compound, composite, complex ★ *een ~e zin* a compound / complex sentence ★ *een ~ woord* a compound (noun) ★ *een ~e boog* a composite bow ★ *~e interest* compound interest ★ *een ~ blad* a compound leaf ★ *een ~ oog* a compound / multifaceted eye

samengesteldbloemigen *zn* [mv] plantk composites
samenhang *m* ❶ *onderling verband* connection ★ *in ~ met* in connection with ❷ *v. zin &* coherence ★ *gebrek aan ~* incoherence ★ *de betekenis van een woord uit de ~ opmaken* deduce the meaning of a word from the context ★ *zonder ~* disconnected, incoherent
samenhangen *onoverg* [hing samen, h. samengehangen] be connected / linked ★ *dat hangt samen met* that is connected with ★ *alles hangt samen* everything is (inter)connected ★ *die dingen hangen nauw samen* these things are closely connected
samenhangend *bn* ❶ *coherent* coherent, connected, consistent ❷ *verbonden* connected, related ★ *en de daarmee ~e kwesties* and the related / allied matters
samenklank *m* harmony, concord, consonance
samenklonteren *onoverg* [klonterde samen, is samengeklonterd] coagulate
samenknijpen *overg* [kneep samen, h. samengeknepen] press / squeeze together, ⟨v. oog⟩ squint ★ *samengeknepen lippen* compressed lips
samenkomen *onoverg* [kwam samen, is samengekomen] ❶ meet, assemble, get together, gather ❷ *v. lijnen* converge, meet
samenkomst *v* [-en] meeting
samenleven *onoverg* [leefde samen, h. samengeleefd] live together, ⟨vreedzaam⟩ coexist ★ *met elkaar ~* live together
samenleving *v* [-en] society ★ *de westerse ~* Western society
samenlevingscontract *o* [-en] ± partnership / cohabitation contract
samenloop *m* concourse, concurrence, convergence ★ *door een ~ van omstandigheden* by coincidence / chance ★ *de ~ van twee rivieren* the confluence of two rivers
samenpakken I *overg* [pakte samen, h. samengepakt] pack (together) **II** *wederk* [pakte samen, h. samengepakt] ★ ⟨v. wolken⟩ *zich ~* gather
samenpersen *overg* [perste samen, h. samengeperst] press together, compress ★ *samengeperste lucht* compressed air
samenraapsel *o* [-s] hotchpotch, pack ★ *een ~ van leugens* a complete fabrication, a pack of lies
samenroepen *overg* [riep samen, h. samengeroepen] call together, summon ★ *een vergadering ~* convene a meeting
samenscholen *onoverg* [schoolde samen, h. en is samengeschoold] assemble, gather
samenscholing *v* [-en] assembly, gathering
samensmelten I *overg* [smolt samen, h. samengesmolten] fuse / melt together **II** *onoverg* [smolt samen, is samengesmolten] ❶ fuse together ❷ fig amalgamate, merge
samensmelting *v* [-en] ❶ melting together ❷ fig amalgamation

samenspannen *onoverg* [spande samen, h. en is samengespannen] conspire, plot

samenspanning *v* [-en] conspiracy, plot

samenspel *o* ❶ ❷ combined play, action ❸ <u>muz</u> ensemble ❹ <u>sp</u> teamwork

samenspraak *v* [-spraken] conversation, dialogue/<u>Am</u> dialog ★ *in* ~ in consultation

samenstel *o* ❶ *combinatie* combination ★ *kentekens bestaan uit een ~ van cijfers* registration numbers consist of a combination of numbers ❷ *inrichting, bouw* structure, system, framework, body, <u>fig</u> fabric ★ *het ~ van het menselijk lichaam* the structure of the human body ★ *een wereldwijd ~ van computers en computernetwerken* a world-wide system of computers and computer networks

samenstellen *overg* [stelde samen, h. samengesteld] ❶ put together, compose, make up ★ *de ~de delen* the component parts ★ *samengesteld uit* composed of, made up of, put together from ❷ *opstellen* draw up, compile

samensteller *m* [-s] compiler, composer

samenstelling *v* [-en] ❶ composition, make-up, ⟨bouw⟩ assembly, construction, ⟨v. woorden &⟩ compilation ★ *de ~ van moedermelk / leidingwater &* the composition of mother's milk / tap water & ★ *een ~ van verschillende gerechten* an arrangement / a combination of various dishes ❷ <u>taalk</u> compound word, compound

samenstromen *onoverg* [stroomde samen, is samengestroomd] ❶ *rivieren &* flow together ❷ *v. mensen* flock together

samentrekken I *overg* [trok samen, h. samengetrokken] ❶ contract, draw / pull together, ⟨v. wolken⟩ gather, ⟨v. lippen⟩ purse, ⟨v. wenkbrauwen⟩ knit, ⟨v. knoop &⟩ tighten ★ *de baarmoeder trekt zich samen* the uterus contracts ❷ <u>mil</u> concentrate ★ *zich ~* concentrate ❸ <u>taalk</u> contract **II** *onoverg* [trok samen, is samengetrokken] contract

samentrekking *v* [-en] ❶ contraction ❷ *v. troepen &* <u>mil</u> concentration

samenvallen I *onoverg* [viel samen, is samengevallen] coincide **II** *o* coincidence

samenvatten *overg* [vatte samen, h. samengevat] summarize, sum up ★ *verhalen in een bundel samengevat* stories published in one volume

samenvatting *v* [-en] summary, abstract, summing-up

samenvloeien *onoverg* [vloeide samen, is samengevloeid] flow together, meet

samenvloeiing *v* [-en] confluence, merging

samenvoegen *overg* [voegde samen, h. samengevoegd] join, unite ★ *zich ~* join together

samenvoeging *v* [-en] junction

samenvouwen *overg* [vouwde samen, h. samengevouwen] ❶ fold up ❷ *de handen* fold

samenwerken *onoverg* [werkte samen, h. samengewerkt] cooperate, collaborate, work / act together ★ *met iem. ~* work with sbd ★ *dit alles werkte samen om...* everything combined to...

samenwerking *v* cooperation, collaboration ★ *in ~ met* in cooperation / collaboration / association with ★ *waarom Europese ~ op het gebied van terrorismebestrijding?* why should the European Union take concerted action to combat terrorism?

samenwerkingsorgaan *o* [-ganen] cooperation body

samenwerkingsverband *o* [-en] cooperation, collaboration, joint venture, working relationship ★ *een ~ van een aantal organisaties* a cooperative / collaborative / joint effort by several organizations

samenwerkingsverdrag *o* [-dragen] treaty of cooperation

samenwonen I *onoverg* [woonde samen, h. samengewoond] ❶ *alg.* live together ❷ *ongehuwd* cohabit, live together, <u>inf</u> shack up (with) ❸ *wegens woningschaarste* share a house **II** *o* ★ *het ~* cohabitation

samenzang *m* community singing

samenzijn *o* meeting, gathering ★ *een gezellig ~* a social gathering

samenzweerder *m* [-s] conspirator, plotter

samenzweerderig *bn* conspiratorial

samenzweren *onoverg* [zwoer samen, h. samengezworen] conspire, plot

samenzwering *v* [-en] conspiracy ★ *een ~ smeden* lay a plot

Samoa *o* Samoa

samoerai *m* [mv idem] samurai

samplen *overg* [samplede, h. gesampled] *geluidstechniek* sample

sampler *m* [-s] *geluidstechniek* sampler

samsam *bijw* fifty-fifty ★ *~ doen* go fifty-fifty, go Dutch

sanatorium *o* [-s & -ria] sanatorium, health resort

sanctie *v* [-s] sanction, authorization ★ *~ verlenen aan een ingeroest gebruik* sanction an ingrained custom

sanctioneren *overg* [sanctioneerde, h. gesanctioneerd] sanction

sandaal *v* [-dalen] sandal

sandelhout *o* sandalwood

sandwich *m* [-es] sandwich

saneren *overg* [saneerde, h. gesaneerd] ❶ *reorganiseren* restructure, reorganize, restructure ❷ *bezuinigen, inkrimpen* downsize, slim down, trim ❸ *verbeteren* redevelop, clean up ★ *een stadswijk ~* redevelop a district ❹ *v. gebit* put in order

sanering *v* reorganization, redevelopment, rationalization, streamlining, ⟨inkrimping⟩ downsizing ★ *de ~ van het gebit* having one's teeth put in order

saneringskosten *zn* [mv] sanitation costs ★ *de ~ van het gebit* the costs associated with having one's teeth put in order

saneringsplan *o* [-nen] ❶ redevelopment / reconstruction plan, clean-up scheme ❷ *woningen* housing improvement scheme

sanguinisch *bn* sanguine, optimistic

sanitair I *bn* sanitary ★ *~e artikelen* sanitary articles

sa

★ *een ~e stop maken* go to the bathroom / toilet **II** *o* sanitary fittings, sanitation, plumbing

sanitatie *de (v)* ❶ *sanitair* sanitation ❷ *proces* sanitation

San Marinees I *m* [-nezen] San Marinese, Sanmarinese **II** *bn* San Marinese, Sanmarinese

San Marino *o* San Marino

sanseveria, sansevieria *v* ['s] *kamerplant* sansevieria, sanseveria

Sanskriet *o* Sanskrit

santé, santjes! *tsw* your health!

santenkraam *v & o* ★ *de hele ~* the whole lot / caboodle

Saoedi-Arabië *o* Saudi Arabia

Sao Tome en Principe *o* São Tomé and Principe

sap *o* [-pen] ❶ *v. plant* sap ❷ *v. fruit* juice

sapcentrifuge *v* [-s] juicer

sapje *o* [-s] (fruit) juice

sappel *m* ★ ‹zich druk maken› *zich (te) ~ maken over iets* get wound up/inf het up about sth

sappelen *onoverg* [sappelde, h. gesappeld] *hard werken* drudge, toil, slave

sappig *bn* ❶ *fruit & vlees* juicy ❷ *plant* sappy, succulent ❸ fig juicy, racy ★ *een ~ verhaal* a juicy / racy story ★ *~e teksten* racy texts / lyrics

sappigheid *v* ❶ *fruit & vlees* juiciness, succulence ❷ *plant* sappiness

Saraceen *m* [-cenen] Saracen

Saraceens *bn* Saracen

sarcasme *o* [-n] sarcasm

sarcast *m* [-en] sarcastic person

sarcastisch I *bn* sarcastic, pointed, ironic **II** *bijw* sarcastically &

sarcofaag *m* [-fagen] sarcophagus

sarcoom *o* [-comen] sarcoma

sardine *v* [-s], **sardien** [-en] sardine

sardineblikje, sardienenblikje *o* [-s] sardine tin

Sardinië *o* Sardinia

sardonisch I *bn* sardonic **II** *bijw* sardonically ★ *~ lachen* laugh sardonically

sarong *m* [-s] sarong

sarren *overg* [sarde, h. gesard] tease, bait

sas I *o* [-sen] *sluis* lock **II** *m* [-sen] *v. vuurwerk* powder ▼ *in zijn ~ zijn* be in a good humour, be pleased

sassen *onoverg* [saste, h. gesast] piss

Satan *m* [-s] Satan, devil ★ *een satan van een man* a devil of a man

satanisch I *bn* satanic, devilish, diabolical **II** *bijw* satanically & ★ *~ lachen* laugh diabolically

satanisme *o* Satanism

satanskind *o* [-eren] child of Satan

saté *v* satay, saté, satai ★ *een sateetje eten / halen* eat / get a (take-away) satay

satelliet *m* [-en] satellite

satellietfoto *v* ['s] satellite photo

satellietnavigatiesysteem *o* [-temen] satellite navigation system

satellietschotel *m & v* [-s] satellite dish

satellietstaat *m* [-staten] satellite state

satellietverbinding *v* [-en] satellite link(-up)

satellietzender *m* [-s] satellite transmitter

sater *m* [-s] satyr

satijn *o* satin

satijnen *bn* satin

satineren *overg* [satineerde, h. gesatineerd] satin, glaze ★ *gesatineerd papier* shiny paper

satinet *o & m* satinet(te), sateen

satire *v* [-s & -n] satire ★ *een ~ maken op* satirize

satiricus *m* [-ci] satirist

satirisch *bn* satirical

satraap *m* [-trapen] hist satrap, fig despot

saturatie *v* saturation

Saturnus *m* astron & astron Saturn

satyr *m* [-s] satyr

saucijs *v* [-cijzen] sausage

saucijzenbroodje *o* [-s] sausage roll

sauna *v* ['s] sauna

saus *v* [-en & sauzen] ❶ *alg.* sauce, ‹op sla› dressing ★ fig *iets met een romantisch ~je overgieten* give sth a romantic flavour / tinge ❷ *voor muren &* whitewash, distemper

sausen I *overg* [sauste, h. gesaust], **sauzen** [sausde, h. gesausd] ❶ *muur* whitewash, distemper ❷ *v. eten* sauce **II** *onoverg* [sauste, h. gesaust], **sauzen** [sausde, h. gesausd] *regenen* pour down

sauskom *v* [-men] sauce boat

sauteren *overg* [sauteerde, h. gesauteerd] sauté

savanne *v* [-n & -s] savanna(h)

saven *overg* [savede, h. gesaved] comput save

savooiekool *v* [-kolen] savoy (cabbage)

savoureren *overg* [savoureerde, h. gesavoureerd] savour, relish

Savoye *o* Savoy

sawa *m* ['s] paddy / rice field

saxofonist *m* [-en] saxophonist

saxofoon *v* [-s & -fonen] saxophone

scabreus *bn* salacious, obscene, smutty, risqué

scala *v & o* ['s] ook muz scale, range ★ *een ~ van producten / diensten &* a range of products / services & ★ *het hele ~ van gevoelens* the whole gamut of feelings

scalp *m* [-en] scalp

scalpeermes *o* [-sen] scalping knife

scalpel *o* [-s] scalpel

scalperen *overg* [scalpeerde, h. gescalpeerd] scalp

scampi *zn* [mv] scampi

scan *m* [-s] scan

scandaleus *bn* scandalous, outrageous

scanderen *overg* [scandeerde, h. gescandeerd] chant, ‹v. verzen› scan ★ *leuzen ~* chant slogans

Scandinavië *o* Scandinavia

Scandinaviër *m* [-s] Scandinavian

Scandinavisch *bn* Scandinavian

Scandinavische *v* [-n] Scandinavian ★ *ze is een ~* she's a Scandinavian, she's from Scandinavia

scannen *overg* [scande, h. gescand] scan

scanner *m* [-s] scanner ★ computt *een optische* ~ an optical scanner

scapulier *o & m* [-s & -en] RK scapulary, scapular

scarabee *m & v* [-beeën] ❶ *mestkever* scarab beetle ❷ *voorstelling daarvan* scarab

scenario *o* ['s] *ook fig* scenario

scenarioschrijver *m* [-s] scenario writer, ⟨v. film ook⟩ screenwriter

scene *v* scene, set, circle

scène *v* [-s] ❶ *toneel* scene ❷ *misbaar* scene ★ *een* ~ *maken* make a scene ★ *in* ~ *zetten* mount, stage ⟨a play⟩, ⟨simuleren⟩ fake ★ *het was allemaal in* ~ *gezet* the whole thing was fixed beforehand / was prearranged, inf it was all a put-up job

scepsis *v* scepticism

scepter *m* [-s] sceptre ★ *de* ~ *zwaaien* wield the sceptre, hold sway, inf rule the roost ★ *de* ~ *zwaaien over iets* sway over sth

scepticisme *o* scepticism

scepticus *m* [-ci] sceptic

sceptisch I *bn* sceptical ★ *een* ~ *gezicht zetten* pull a sceptical face II *bijw* sceptically ★ ~ *tegenover iets staan* be sceptical about sth

schaaf *v* [schaven] ❶ *voor hout* plane ❷ *voor kaas &* slicer, grater

schaafbank *v* [-en] joiner's / carpenter's bench

schaafsel *o* shavings

schaafwond *v* [-en] graze, scrape, abrasion

schaak I *o* chess ★ *een partij* ~ a game of chess II *bijw* ★ ~ *spelen* play chess ★ ~ *geven* check ★ ~ *staan* be in check ★ *iem.* ~ *zetten* put sbd in check III *tsw in* 't *schaakspel* check!

schaakbord *o* [-en] chessboard

schaakclub *v* [-s] chess club

schaakcomputer *m* [-s] chess computer

schaakklok *v* [-ken] chess clock

schaakmat *o* checkmate ★ *hij werd* ~ *gezet* sp he was mated, fig he was checkmated

schaakmeester *m* [-s] chess master

schaakpartij *v* [-en] game of chess

schaakspel *o* [-en & -len] ❶ (game of) chess ❷ *schaakbord en stukken* chess set

schaakspeler *m* [-s] chess player

schaakstuk *o* [-ken] chessman, chess piece

schaakzet *m* [-ten] chess move

schaal *v* [schalen] ❶ *v. schaaldier, ei* shell ❷ *schotel* dish, bowl, plate ★ ⟨in kerk⟩ *met de* ~ *rondgaan* take the collection, take the plate around ❸ *weegschaal* (pair of) scales ★ *dat legt gewicht in de* ~ that carries weight ❹ *verhouding* scale ★ *op* ~ *tekenen* draw to scale ★ ~ *1: 2* scale 1: 2 ★ *op grote / kleine* ~ on a large / small scale ★ *op grote* ~ large-scale ⟨map, campaign &⟩, wholesale ⟨arrests, slaughter &⟩ ★ *op grote* ~ *gebruikt* used extensively

schaaldier *o* [-en] crustacean

schaalmodel *o* [-len] scale model

schaalverdeling *v* [-en] graduation, scale division

schaalvergroting *v* [-en] scaling-up

schaalverkleining *v* scaling-down

schaambeen *o* [-deren] pubis

schaamdelen *zn* [mv] genitals, privy / private parts

schaamhaar *o* pubic hair

schaamlippen *zn* [mv] labia

schaamluis *v* [-luizen] crab louse

schaamrood *o* ashamed blush ★ *het* ~ *steeg haar naar de kaken* she blushed with shame ★ *iem. het* ~ *op de kaken jagen* make sbd blush

schaamspleet *v* [-spleten] vulva

schaamstreek *v* pubic / genital region / area

schaamte *v* shame ★ *alle* ~ *afgelegd hebben* have lost all sense of shame ★ *valse* ~ false shame ★ *zonder* ~ shameless

schaamtegevoel *o* sense of shame, feeling of shame ★ *geen enkel* ~ *meer hebben* have lost all sense of shame

schaamteloos I *bn* shameless, impudent, brazen ★ *een schaamteloze leugen* a barefaced lie II *bijw* shamelessly & ★ ~ *liegen* tell barefaced lies, inf lie in the back of one's teeth

schaamteloosheid *v* shamelessness, impudence, brazenness

schaap *o* [schapen] sheep ★ *het arme* ~ the poor thing ★ *een verdoold* ~ a stray / lost sheep ★ *het verloren* ~ the lost sheep ★ *het zwarte* ~ the black sheep ★ *de schapen van de bokken scheiden* separate the sheep from the goats ★ *als er één* ~ *over de dam is volgen er meer* one sheep follows another ★ *een* ~ *met vijf poten willen* be looking for the impossible

schaapachtig I *bn* sheepish, silly II *bijw* sheepishly

schaapherder *m* [-s] shepherd

schaapje *o* [-s] (little) sheep ★ *zijn ~s op het droge hebben* have made good, have had all one's ships come in ★ ~*s tellen* count sheep

schaapskleren *zn* [mv] ★ *een wolf in* ~ a wolf in sheep's clothing

schaapskooi *v* [-en] sheepfold, sheep pen

schaar *v* [scharen] ❶ *om te knippen* (pair of) scissors ❷ *om te snoeien* (pair of) shears ❸ *van ploeg* share ❹ *v. kreeft* pincer, nipper, claw ❺ *menigte* crowd, flock ❻ *kerf* score

schaarbeweging *v* [-en] ❶ scissor movement ❷ *voetbal* feint

schaars I *bn* ❶ *niet veel voorkomend* scarce ★ *water: een* ~ *goed* water: a commodity in short supply / a scarce commodity ★ *geld blijft* ~ money remains in short supply ★ *voedsel werd* ~ food became scarce ❷ *niet vaak voorkomend* rare, infrequent ★ *tijdens zijn ~e bezoeken* during his infrequent visits ★ *zijn ~e vrije ogenblikken* the rare moments he had to himself ❸ *karig* scanty, meagre ★ *een* ~ *loon* a meagre wage II *bijw* ❶ *niet vaak* seldom, infrequently ★ *ik zag hem* ~ I rarely / seldom saw him, I saw him seldom / rarely / infrequently ❷ *karig* scantily, sparsely ★ ~ *belicht* dimly lit ★ ~ *gekleed zijn* be scantily dressed

schaarste *v* ❶ *v. leraren &* scarcity ❷ *v. geld &* dearth,

sc

shortage ❸ *v. voedsel* famine

schaats *v* [-en] skate ★ *een scheve ~ rijden* overstep the mark ★ *kunstrijden op de ~* figure skating ★ *hardrijden op de ~* speed skating ★ *de ~en onderbinden* put on one's skates

schaatsbaan *v* [-banen] skating rink

schaatsen I *onoverg* [schaatste, h. geschaatst], **schaatsenrijden** [reed schaatsen, h. schaatsengereden] skate **II** *o* skating

schaatser, **schaatsenrijder** *m* [-s] skater

schaatswedstrijd *m* [-en] skating match

schacht I *v* [-en] ❶ *v. anker, sleutel* shank ❷ *v. laars* leg ❸ *v. plant* stem ❹ *v. veer* quill, shaft ❺ *v. mijn, pijl* shaft **II** *m* [-en] *rekruut, groen* ZN recruit, freshman

schade *v* damage, ‹persoon ook› harm ★ *materiële ~* material damage, *jur* pecuniary damage ★ *immateriële ~* emotional damage / distress ★ *~ aan derden* third-party damage ★ *~ bij vervoer* damage incurred in transit ★ *~ aanrichten / doen* cause / do damage, do harm ★ *zijn ~ inhalen* make up for / compensate for sth ★ *~ lijden* sustain damage, be damaged, suffer a loss, lose ★ *~ toebrengen* do damage to, inflict damage on ★ *de ~ vergoeden* pay for the damage ★ *hoeveel is de ~?* what's the damage? ★ *door ~ en schande wordt men wijs* you live and learn ★ *tot ~ van zijn gezondheid* to the detriment of his health

schadeafwikkeling *v* claim settlement

schadebedrag *o* [-dragen] amount of the loss / damage

schadeclaim *m* [-s] claim for damages, insurance claim

schade-expert *m* [-s] *verz* claims assessor, loss adjuster

schadeformulier *o* [-en] ❶ *alg.* claim form ❷ *bij een ongeluk* accident report

schadelijk *bn* harmful, injurious, damaging ★ *~e dampen* noxious fumes ★ *~e dieren* pests, ‹ongedierte› vermin ★ *een ~ insect* a destructive insect ★ *~ voor de gezondheid* harmful / detrimental to one's health

schadelijkheid *v* harmfulness

schadeloos *bn* ❶ *zonder schade* unharmed, undamaged ❷ *onschadelijk* harmless

schadeloosstellen *overg* [stelde schadeloos, h. schadeloosgesteld] compensate, indemnify ★ *iem. ~ voor iets* compensate / indemnify sbd for sth

schadeloosstelling *v* compensation, indemnity, damages

schaden *overg* [schaadde, h. geschaad] damage, hurt, harm ★ *iem. ~* harm sbd ★ *roken schaadt de gezondheid* smoking is harmful to / damages / is detrimental to your health

schadeplichtig *bn* liable (for damages)

schadepost *m* [-en] unexpected loss, item of loss, loss item

schaderapport *o* [-en] ❶ damage report ❷ *na een ongeluk* accident report

schadevergoeding *v* [-en] compensation, indemnification, indemnity, damages ★ *~ eisen (van iem.)* claim damages (from sbd), *jur* sue (sbd) for damages ★ *~ geven* pay damages

schadeverzekering *v* [-en] indemnity / general insurance, property and casualty insurance

schadevordering *v* [-en] claim (for damages / compensation)

schadevrij *bn bijw* accident-free, without an accident ★ *ik rij al 20 jaar ~* I haven't had an accident in 20 years

schaduw *v* [-en] ❶ *zonder bepaalde omtrek* shade ★ *in de ~ lopen* walk in the shade ★ *in de ~ stellen* put in / throw into the shade, eclipse ❷ *met bepaalde omtrek* shadow ★ *een ~ van wat hij geweest was* the shadow of his former self ★ *de ~ des doods* the shadow of death ★ *iem. als zijn ~ volgen* follow sbd like a shadow ★ *zijn ~ vooruitwerpen* announce itself ★ *een ~ werpen op* cast / throw a shadow on, *fig* cast a shadow / gloom over ★ *je kunt niet in zijn ~ staan* he's more than your equal, you're no match for him

schaduwbeeld *o* [-en] shadow, silhouette

schaduwboekhouding *v* [-en] duplicate bookkeeping ★ *nagenoeg alle bouwbedrijven houden een ~ bij* virtually all construction firms keep a second lot of books

schaduwen *overg* [schaduwde, h. geschaduwd] ❶ *schaduw aanbrengen* shade ❷ *verdachten &* shadow, follow ❸ *sp* mark

schaduwkabinet *o* [-ten] shadow cabinet

schaduwrijk *bn* shady, shadowy

schaduwspits *m* [-en] *voetballer* split striker, hole player

schaduwweduwe *de (v)* [-s, -n] a dead man's mistress

schaduwzijde *v* [-n] ❶ shady side ❷ *fig* drawback

schaffen *overg* [schafte, h. geschaft] give, procure ★ *zij geeft haar moeder heel wat te ~* she gives her mother a lot of trouble ★ *eten wat de pot schaft* eat what's going ★ *raad ~* find ways and means

schaft *v* [-en] ❶ *v. zuil* shaft ❷ *schafttijd* break ❸ *in fabriek* work period

schaften *onoverg* [schaftte, h. geschaft] eat ★ *de werklui zijn gaan ~* the workers have gone off for their meal ★ *ik wil niets met hem te ~ hebben* I'll have nothing to do with him ★ *jullie hebben hier niets te ~* you have no business here

schaftlokaal *o* [-kalen] canteen

schafttijd *m* [-en], **schaftuur** *o* [-uren] lunch hour, lunch(time)

schakel *m & v* [-s] link ★ *de ontbrekende ~* the missing link ★ *een ketting is zo sterk als zijn zwakste ~* a chain is no stronger than its weakest link ★ *een zwakke ~* a weak link

schakelaar *m* [-s] switch ★ *een dubbele ~* a double switch ★ *een ingebouwde ~* a built-in switch

schakelarmband *m* [-en] chain bracelet

schakelbord *o* [-en] switchboard

schakelen *overg* [schakelde, h. geschakeld] ❶ *alg.* link

❷ elektr connect, switch ❸ *v. versnelling* shift gear ★ *naar de derde versnelling* ~ shift into third gear
schakeling *v* [-en] ❶ *alg.* linking ❷ elektr connection ★ elektr & comput *een geïntegreerde* ~ an integrated circuit
schakelkast *v* [-en] switch box
schakelklas *v* [-sen] intermediate class, Br ± upper third, Am ± 9th grade
schakelklok *v* [-ken] time switch
schakelprogramma *o* ['s] radio / TV linkup
schakelwoning *v* [-en] semi-detached house
schaken I *overg* [schaakte, h. geschaakt] *ontvoeren* abduct **II** *onoverg* [schaakte, h. geschaakt] sp play chess
schaker *m* [-s] ❶ *ontvoerder* abductor ❷ *schaakspeler* chess player
schakeren *overg* [schakeerde, h. geschakeerd] grade, variegate, chequer
schakering *v* [-en] grade, variegation, nuance, shade
schaking *v* [-en] elopement, abduction
schalie *v* [-s & -liën] ZN shale
schalks I *bn* roguish, mischievous, cheeky **II** *bijw* roguishly &
schallen *onoverg* [schalde, h. geschald] sound, resound ★ *laten* ~ sound ‹the horn›
schalm *m* [-en] link
schalmei *v* [-en] *oud muziekinstrument* shawm
schamel I *bn* poor, shabby, humble, miserable ★ *een ~e woning* a humble dwelling **II** *bijw* poorly, shabbily & ★ ~ *gekleed* poorly / shabbily dressed
schamen *wederk* [schaamde, h. geschaamd] ★ *zich* ~ be / feel shame, feel shame ★ *zich dood* ~, *zich de ogen uit het hoofd* ~ not know where to hide for shame ★ *je moest je* ~ you ought to be ashamed of yourself ★ *ik behoef mij daarover niet te* ~ I don't need to be ashamed of that ★ *schaamt u zich niet?* don't you feel ashamed? ★ *zich* ~ *over* be ashamed of ★ *zich* ~ *voor* be ashamed for
schampen *overg* [schampte, h. en is geschampt] graze
schamper I *bn* scornful, sarcastic, contemptuous ★ *een ~e opmerking* a sneer, a sneering / sarcastic remark **II** *bijw* scornfully &
schamperen *onoverg* [schamperde, h. geschamperd] sneer, say scornfully
schampschot *o* [-schoten] grazing shot, graze
schandaal *o* [-dalen] ❶ *schande* scandal, shame, disgrace ★ *het is een ~ dat...* it's a disgrace that... ★ ~ *maken / verwekken* create / cause a scandal ★ *hij is het ~ van de familie* he's the disgrace of the family ❷ *opschudding* outrage, scandal
schandaalblad *o* [-bladen] scandal sheet, tabloid
schandaalpers *v* scandal / gutter press
schandalig I *bn* disgraceful, scandalous, shameful ★ ~, *zeg!* for shame!, shame! **II** *bijw* ❶ disgracefully & ★ *zich* ~ *gedragen* behave disgracefully ❷ *versterkend* shockingly, outrageously ★ ~ *duur* outrageously expensive ★ *een kind* ~ *verwennen* spoil a child completely

schandaliseren *overg* [schandaliseerde, h. geschandaliseerd] disgrace
schanddaad *v* [-daden] shameful act, infamy, outrage, atrocity
schande *v* ❶ *alg.* shame, disgrace ★ *iem.* ~ *aandoen* bring shame upon sbd, disgrace sbd ★ *met* ~ *overladen* utterly disgraced ★ *iem. te* ~ *maken* disgrace sbd ★ *het zal u tot* ~ *strekken* it will be to your disgrace ★ *tot mijn* ~... to my shame ❷ *schandaal* scandal, disgrace ★ *het is (bepaald) ~!* it's a (downright) shame!
schandelijk I *bn* shameful, disgraceful, scandalous **II** *bijw* ❶ shamefully & ❷ *versterkend* outrageously
schandknaap *m* [-knapen] male prostitute
schandpaal *m* [-palen] pillory ★ *iem. aan de* ~ *nagelen* pillory sbd
schandvlek *v* [-ken] stain, blot, stigma ★ *de* ~ *van de familie* the disgrace of the family
schandvlekken *overg* [schandvlekte, h. geschandvlekt] disgrace, dishonour
schans *v* [-en] ❶ mil entrenchment, redoubt ❷ *skischans* (ski) jump
schansspringen *o* ski jump
schap *o & v* [-pen] ❶ *plank* plank ❷ *vensterbank* ZN window sill ❸ *kast* ZN shelf
schapenbout *m* [-en] leg of mutton
schapenfokker *m* [-s] sheep farmer
schapenfokkerij *v* ❶ *het fokken* [-en] sheep breeding ❷ *bep. bedrijf* sheep farm
schapenhok *o* [-ken] sheep shed, (sheep) pen, Br (sheep) cote
schapenkaas *m* [-kazen] sheep's cheese
schapenkop *m* [-pen] ❶ sheep's head ❷ *stommeling* blockhead, muttonhead, mutt
schapenscheerder *m* [-s] (sheep)shearer, clipper
schapenvacht *v* [-en] ❶ *vel* sheepskin ❷ *wol* fleece
schapenvlees *o* mutton ★ *gebraden* ~ roast mutton
schapenwol *v* sheep's wool
schapenwolken, schapenwolkjes *mv* mackerel sky, altocumulus
schappelijk I *bn* fair, reasonable ★ *een* ~ *uur tarief* a fair / reasonable hourly rate **II** *bijw* fairly, reasonably ★ *er* ~ *afkomen* come off reasonably ★ *iem.* ~ *behandelen* give sbd fair treatment
schapruimte *v* [-s] shelf space
schar *v* [-ren] *vis* dab, flounder
schare *v* [-n] host, multitude
scharen I *overg* [schaarde, h. geschaard] range, rally, gather **II** *wederk* [schaarde, h. geschaard] ★ *zich* ~ align oneself ★ *zich* ~ *aan de zijde van...* align oneself on the side of..., side with..., throw in one's lot with... ★ *zich om de tafel* ~ draw round the table ★ *zich om de leider* ~ rally round the chief ★ *zich onder de banieren* ~ *van...* gather under the banners of... **III** *onoverg* [schaarde, h. geschaard] ❶ *v. aanhangwagen* jackknife ❷ turnen perform scissors
scharensliep *m* [-en], **scharenslijper** [-s] knife grinder

sc

scharlaken I *bn* scarlet **II** *o* scarlet
scharlakenrood *bn* scarlet
scharminkel *o & m* [-s] scrag, skeleton, bag of bones
scharnier *o* [-en] hinge
scharnieren *onoverg* [scharnierde, h. gescharnierd] hinge (*om* on)
scharniergewricht *o* [-en] hinge joint
scharrel I *m korte verhouding* flirtation ★ *aan de ~ zijn* fool around **II** *m-v* [-s] *los vriend(innet)je* ± sweetheart, · flirt
scharrelaar *m* [-s] ❶ *manusje-van-alles* jack-of-all-trades ❷ *handelaar* petty dealer ❸ *iem. die uit is op liefdesavontuurtjes* ‹man› womanizer, ‹vrouw› flirt
scharrelei *o* [-eren] free-range egg
scharrelen I *onoverg* [scharrelde, h. gescharreld] ❶ *v. kippen* scratch, scrape ❷ *rommelen* rummage (about) ★ *hij scharrelt een beetje rond in de tuin* he potters about in the garden ❸ *losse karweitjes verrichten* do odd jobs, potter about ❹ *ongeregelde handel drijven* ± deal (in) ❺ *losse verkering hebben* flirt **II** *overg* [scharrelde, h. gescharreld] ★ *iets bij elkaar ~* scrape sth together
scharrelkip *v* [-pen] free-range chicken
scharreltje *o* [-s] flirt
scharrelvlees *o* organic / free-range meat
schat *m* [-ten] ❶ *kostbaarheden* treasure ★ *een ~ aan informatie* a wealth of information ❷ *lieveling* sweetheart, sugar, honey, darling, dear ★ *mijn ~!* my darling!
schatbewaarder *m* [-s] treasurer, bursar
schateren *onoverg* [schaterde, h. geschaterd] ★ *~ van het lachen* roar with laughter
schaterlach *m* loud laugh, burst of laughter, peals of laughter
schaterlachen *onoverg* [schaterlachte, h. geschaterlacht] roar with laughter
schatgraver *m* [-s] treasure digger / hunter
schatje *o* [-s] sweetheart, darling ★ *het kind is een ~* the child is sweet
schatkamer *v* [-s] ❶ treasury ❷ *fig* treasure house, treasury
schatkist *v* [-en] ❶ *staatskas* (public) treasury, exchequer ❷ *geldkist* coffer, treasure chest
schatkistbiljet *o* [-ten] exchequer / treasury bill, treasury note
schatkistpromesse *v* [-n & -s] treasury bill / bond
schatplichtig *bn* taxable ★ *zijn filosofie is ~ aan het rationalisme* his philosophy owes much to rationalism
schatrijk *bn* fabulously rich / wealthy
schattebout *m* [-en] sweetheart, honey, darling, dear
schatten *overg* [schatte, h. geschat] ❶ *taxeren* estimate, value, assess ★ *op hoeveel schat u het?* what's your estimate? ★ *ik schat het geheel op een miljoen* I estimate it at a million in total ★ *naar waarde ~* appreciate ★ *hij schat het niet naar waarde* he doesn't appreciate its true value ★ *te hoog ~* overestimate, overvalue ★ *te laag ~* underestimate,

undervalue ❷ *houden voor* estimate, consider ★ *hoe oud schat je hem?* how old do you think he is?
schattig *bn* sweet, lovely ★ *wat ~!* how lovely!
schatting *v* [-en] ❶ *het schatten* valuation, estimate, estimation ★ *een ruwe ~* a rough estimate, Am a ballpark figure ★ *naar ~* at a rough estimate ★ *naar ~ drie miljoen vogels trekken…* an estimated three million birds migrate… ❷ *belasting* hist tribute, contribution
schaven *overg* [schaafde, h. geschaafd] plane ★ *zijn knie ~* graze / scrape one's knee ★ *de kaas ~* slice the cheese thinly, shave the cheese
schavot *o* [-ten] scaffold
schavuit *m* [-en] rascal, rogue
schede *v* [-n] ❶ *v. zwaard* sheath, scabbard ★ *in de ~ steken* sheathe ★ *uit de ~ trekken* unsheathe ❷ plantk sheath ❸ *vagina* vagina
schedel *m* [-s] skull, anat cranium ★ *hij heeft een harde ~* he's thick-skulled
schedelbasisfractuur *v* [-turen] fracture of the skull base
schedelbeen *o* [-deren, -benen] cranial bone
schedelbreuk *v* [-en] fractured skull, fracture of the skull
schedelholte *v* [-n & -s] cranial cavity
schedelnaad *m* [-naden] cranial suture
scheef I *bn* ❶ *alg.* crooked, slanting, sloping, lopsided ★ *de scheve toren van Pisa* the leaning tower of Pisa ★ *een ~ gezicht trekken* pull a wry face ❷ fig false, distorted ★ *een scheve positie / verhouding* a false / distorted position ★ *een scheve voorstelling* a misrepresentation ❸ *hoek* oblique ❹ *v. bijv. wiel* out of alignment **II** *bijw* ❶ *schuin* obliquely ❷ *niet recht, verkeerd* awry, askew ★ *iets ~ houden* hold sth crookedly ★ *zijn hoofd ~ houden* hold one's head sidewise ★ *zijn schoenen ~ lopen* wear out / down one's shoes on one side ★ *de zaken ~ voorstellen* misrepresent things
scheefgroei *m* crooked growth
scheefwonen *onoverg* [woonde scheef, h. scheefgewoond] pay a disproportionally low rent
scheel I *bn* squinting, squint-eyed, cross-eyed ★ *een schele hoofdpijn* a migraine, a bilious headache ★ *een ~ oog* a squint ★ *iets met schele ogen aanzien* look enviously at sth ★ *schele ogen maken* excite / arouse envy ★ *~ van de honger* ravenous **II** *bijw* ★ *zich ~ ergeren* be beside oneself with annoyance ★ *hij kijkt erg ~* he has a terrible squint ★ *~ zien* squint ★ *~ zien naar* squint at
scheelheid *v* squint
scheelzien I *onoverg* [zag scheel, h. scheelgezien] squint **II** *o* squint(ing)
scheen *v* [schenen] shin ★ *iem. tegen de schenen schoppen* step on sbd's toes
scheenbeen *o* [-deren] shinbone, anat tibia
scheenbeschermer *m* [-s] shinguard, shinpad
scheep *bijw* ★ *~ gaan* go on board, embark
scheepsagent *m* [-en] shipping agent

sc

scheepsagentuur *v* [-turen] shipping agency
scheepsarts *m* [-en] ship's doctor / surgeon
scheepsberichten *zn* [mv] shipping reports / news
scheepsbeschuit *v* [-en] ship's biscuit, hardtack
scheepsbevrachter *m* [-s] charterer, freighter, ship broker
scheepsbouw *m* shipbuilding
scheepsbouwkunde *v* naval architecture, marine engineering
scheepsbouwkundig *bn* marine, navel ★ *een ~ ingenieur* a marine engineer
scheepsgelegenheid *v* [-heden] shipping opportunity ★ *per eerste ~* at the first shipping opportunity
scheepshelling *v* [-en] slip(s), slipway, shipway
scheepshuid *v* [-en] ship's skin
scheepsjongen *m* [-s] cabin boy
scheepsjournaal *o* [-nalen] log(book), ship's journal
scheepskapitein *m* [-s] ship's captain
scheepskok *m* [-s] ship's cook
scheepslading *v* [-en] cargo
scheepsmaat *m* [-s] shipmate
scheepsmakelaar *m* [-s & -laren] shipbroker, shipping agent
scheepspapieren *zn* [mv] ship's papers
scheepsramp *v* [-en] shipping disaster
scheepsrecht *o* maritime law ★ *driemaal is ~* third time lucky!
scheepsruim *o* [-en] ship's / cargo hold
scheepstimmerwerf *v* [-werven] ❶ shipbuilding yard, shipyard ★ *v.d. marine* dockyard, Am navy yard
scheepsvolk *o* ❶ *bemanning* ship's crew ❷ *zeelui* sailors
scheepswerf *v* [-werven] shipyard
scheepvaart *v* navigation, shipping ★ *Raad voor de Scheepvaart* Shipping Council
scheepvaartbedrijf *o* [-drijven] ❶ *bedrijfstak* shipping industry ❷ *rederij* shipping company
scheepvaartbericht *o* [-en] shipping report
scheepvaartmaatschappij *v* [-en] shipping company
scheepvaartrechten *zn* [mv] navigation dues, shipping dues
scheepvaartroute *v* [-s &-n] shipping route
scheepvaartverkeer *o* shipping traffic
scheerapparaat *o* [-raten] ★ *een elektrisch ~* an electric shaver, electric razor
scheerbekken *o* [-s] shaving basin
scheercrème *v* shaving cream
scheerder *m* [-s] ❶ *v. mannen* barber ❷ *v. schapen* shearer
scheerkop *m* [-pen] shaving head
scheerkwast *m* [-en] shaving brush
scheerlijn *v* [-en] guy rope
scheerling *v* [-en] *plant* hemlock
scheermes *o* [-sen] razor ★ *een tong als een ~ hebben* have a razor-sharp tongue ★ *filos het ~ van Ockham* Ockham's razor
scheermesje *o* [-s] razor blade
scheerriem *m* [-en] (razor) strop

scheerschuim *o* shaving foam
scheerspiegel *m* [-s] shaving mirror
scheervlucht *v* [-en] ★ luchtv inf *een ~ maken* hedgehop ★ mil *een aanval in ~* a low pass attack
scheerwol *v* shorn wool ★ *zuiver ~* pure wool
scheerzeep *v* shaving soap
scheet *m* [scheten] fart, wind ★ *een ~ laten* fart ★ *wat een ~je hè!* what a little darling!
scheg *v* [-gen] scheepv cutwater
schegbeeld *o* [-en] figurehead
scheidbaar *bn* divisible, separable, ⟨v. werkwoorden⟩ separable
scheiden I *overg* [scheidde, h. gescheiden] ❶ *een scheiding maken tussen* separate ★ *het hoofd van de romp ~* sever the head from the body ★ *hoge bergen ~ de kust van het binnenland* high mountains separate the coast from the interior ★ *door schotten in tweeën ge~* divided into two by partitions ★ *zeven punten ~ Nederland van de tweede positie* Holland only has to get seven points to reach second position ★ *tot de dood ons scheidt* till death us do part ❷ *v. echtscheiding* divorce ❸ *een onderscheid maken* separate, distinguish ❹ *afzonderen* separate ❺ *v. het haar* part **II** *onoverg* [scheidde, is gescheiden] ❶ part ★ *als vrienden ~* part friends ★ *uit het leven ~* depart this life ★ *zij konden niet (van elkaar) ~* they couldn't part (from each other) ★ *zij konden niet van het huis ~* they couldn't part with the house ★ *hier ~ (zich) onze wegen* here our ways part ★ fig *bij het ~ van de markt* towards the end ★ *~ doet lijden* parting is painful ❷ *v. echtgenoten* divorce ★ *zij liet zich van hem ~* she divorced him
scheiding *v* [-en] ❶ *alg.* separation, division ★ *~ van Kerk en Staat* separation of Church and State, disestablishment ★ *~ der machten* separation of powers ★ jur *~ en deling* partition / division of ownership ❷ *tussen kamers* partition ❸ *v. haar* parting ❹ *echtscheiding* divorce ★ *een ~ van tafel en bed* a judicial separation, Am a legal separation, vero a separation from board and bed ★ *in ~ liggen* be getting a divorce
scheidingslijn *v* [-en] dividing / boundary / demarcation line, line of demarcation, fig borderline
scheidsgerecht *o* [-en] court of arbitration, arbitration tribunal ★ *aan een ~ onderwerpen* refer to arbitration
scheidslijn *v* [-en] dividing line, fig borderline
scheidsmuur *m* [-muren] ❶ partition (wall), dividing wall ❷ fig barrier
scheidsrechter *m* [-s] ❶ sp ⟨tennis, honkbal &⟩ umpire, ⟨voetbal & ook⟩ referee ❷ jur arbiter, arbitrator
scheidsrechterlijk I *bn* ❶ arbitral ★ *een ~e uitspraak* an arbitral award ❷ sp referee's, umpire's ★ *een ~e beslissing* a referee's / an umpire's decision **II** *bijw* — ❶ by arbitration ❷ sp by the referee / umpire
scheikunde *v* chemistry

sc

scheikundig *bn* chemical ★ *een ~ ingenieur / laboratorium* a chemical engineer / laboratory

scheikundige *m-v* [-n] chemist

schel I *bn* ❶ *v. geluid* shrill, strident ❷ *v. licht* glaring **II** *bijw* shrilly, glaringly & **III** *v* [-len] bell ★ *de ~len vielen hem van de ogen* the scales fell from his eyes

Schelde *v* Scheldt

schelden *onoverg* [schold, h. gescholden] call names, use abusive language ★ *~ als een viswijf* scold like a fishwife ★ *~ op* abuse, revile ★ *~ doet geen zeer (maar slaan veel meer)* sticks and stones break my bones but words can never hurt me

scheldkanonnade *v* [-s] tirade, torrent of abuse

scheldnaam *m* [-namen] nickname, term of abuse

scheldpartij *v* [-en] exchange of abuse

scheldwoord *o* [-en] term of abuse ★ *~en* abusive language, invective

schele *m-v* [-n] squinter

schelen *onoverg* [scheelde, h. gescheeld] ❶ *verschillend zijn* differ ★ *zij ~ niets* they don't differ ★ *zij scheelden veel in leeftijd* there was a great age difference between them ❷ *afwijken* want ★ *het scheelde maar een haartje* it was a near thing ★ *het scheelde niet veel of hij was verongelukt* he nearly / almost had a fatal accident ❸ *mankeren* be the matter ★ *wat scheelt eraan?* what's the matter (with you)?, what's wrong? ★ *hij scheelt wat aan zijn voet* there's something the matter with his foot ❹ *verschil uitmaken* make a difference ★ *dat scheelt veel* that makes a great difference ★ *wat kan dat ~?* what difference does it make? ★ *wat kan hun dat ~?* what do they care? ★ *wat kan u dat ~?* what's that to you?, what concern is that of yours? ★ *wat kan het je ~?* who cares? ★ *het kan me niet ~* I don't mind / care ★ *het kan me niets / geen snars ~* I don't care / give a damn

schelf *v* [schelven] stack, rick

schelkoord *o & v* [-en] bell rope / pull

schellak *o & m* shellac

schellen *onoverg* [schelde, h. gescheld] ring (the bell) ★ *er wordt gescheld* there's somebody at the door

schellinkje *o* [-s] ★ *het ~* the gallery / gods ★ *op het ~ zitten* have a seat in the gods

schelm *m* [-en] rogue, scoundrel, rascal

schelmenroman *m* [-s] picaresque novel

schelmenstreek *m & v* [-streken] prank, trick

schelms *bn* roguish, rascally

schelp *v* [-en] ❶ *schaal* shell ❷ *gerecht* scallop

schelpdier *o* [-en] shellfish

schelpenvisser *m* [-s] shell fisher

schelpkalk *m* shell lime

scheluw *bn v. hout* warped ★ *de deur is ~* the door is warped

schelvis *m* [-sen] haddock

schema *o* ['s & -mata] diagram, plan, outline(s), blueprint ★ *wij lopen op ~* we're on schedule

schematisch I *bn* schematic, in diagram, in outline ★ *een ~e voorstelling* a diagram **II** *bijw* systematically

schematiseren *overg* [schematiseerde, h. geschematiseerd] (give an) outline, represent diagrammatically / schematically

schemer *m* ❶ *avond* twilight, dusk ❷ *ochtend* dawn

schemerachtig *bn* dusky, dim

schemeravond *m* [-en] twilight, dusk

schemerdonker, **schemerduister** *o* twilight, dusk

schemeren *onoverg* [schemerde, h. geschemerd] ❶ *in de morgen* dawn ❷ *in de avond* grow dusky ❸ *vaag te zien zijn* glisten, gleam ★ *er schemert mij zo iets voor de geest* I have a dim recollection of it ★ *het schemerde mij voor de ogen* my eyes grew dim, my head was swimming ★ *zitten ~* sit without a light

schemerig *bn* dim, dusky

schemering *v* [-en] ❶ ‹'s avonds› twilight, dusk, ‹'s ochtends› dawn ★ *in de ~* ‹'s avonds› at twilight / dusk ‹'s ochtends› at dawn ❷ *niet heldere voorstelling* dim recollection

schemerlamp *v* [-en] ❶ *kleine, op tafel* table lamp ❷ *grote, staande* standard / floor lamp

schemerlicht *o* ❶ twilight, ‹ochtend› dawn ❷ *schaars licht* dim light

schemertijd *m* twilight hour

schemertoestand *m psych* twilight state

schenden *overg* [schond, h. geschonden] ❶ *gezicht & disfigure*, mutilate ❷ *beschadigen* damage, deface ❸ *regels, voorschriften &* violate, breach, infringe ★ *de mensenrechten ~* violate human rights ❹ *afspraak, belofte* break

schender *m* [-s] violator, transgressor

schending *v* [-en] ❶ *concreet* disfigurement, defacement, mutilation, ‹v. kerk &› desecration ❷ *abstract* violation, infringement, breach ★ *~ van geheim* betrayal of a secret ★ *~ van de grondwet* infringement / breach of the constitution ★ *~ van het luchtruim* violation of the airspace ★ *~ van vertrouwen* breach of confidence

schenkel *m* [-s] shank, *anat* femur

schenken *overg* [schonk, h. geschonken] ❶ *gieten* pour ★ *wijn ~* ‹serveren› serve wine, ‹slijten› retail wine ❷ *geven* give, grant, endow, present with, donate ★ *ik schenk u het lesgeld* I'll exempt you from paying the school fees ★ *iem. het leven ~* grant sbd his life ★ *een kind het leven ~* give birth to a child ★ *ze schonk hem twee zonen* she bore him two sons ★ *ik schenk u de rest* I'll spare you the rest ★ *aandacht ~ aan* pay attention to ★ *geloof ~ aan* believe sth ★ *vergiffenis ~* grant pardon ★ *geld aan een goed doel ~* donate money for / to a good cause

schenker *m* [-s] ❶ *die inschenkt* cupbearer ❷ *die geeft* donor, giver, benefactor

schenking *v* [-en] donation, gift, benefaction

schenkingsakte *v* [-n &-s] instrument / deed of gift / donation

schenkingsrecht *o* [-en] gift tax

schenkkan *v* [-nen] flagon, tankard

schenkkurk *v* [-en] pourer

schennis *v* violation, ‹v. graf &› desecration ★ *jur ~*

schep I *v* [-pen] *werktuig* scoop, shovel **II** *m* *hoeveelheid* spoonful, ⟨heel veel⟩ shovelful ★ *een ~ geld* heaps of money

schepeling *m* [-en] ❶ *bemanningslid* member of the crew ★ *de ~en* the crew ❷ *zeeman* sailor

schepen *m* [-en] ❶ *hist* sheriff ❷ *wethouder* Belg alderman

schepencollege *o* [-s] Belg city / town council

schepijs *o* ice cream ★ *Italiaans ~* Italian ice cream

schepje *o* [-s] spoon, spoonful ★ *een ~ suiker* a spoonful of sugar ★ *fig er een ~ bovenop doen / leggen* add a little something, heighten

schepnet *o* [-ten] landing net

scheppen I *overg* [schepte, h. geschept] ❶ *putten* scoop, ladle, ⟨v. kolen, sneeuw &⟩ shovel ★ *iets vol ~* fill sth ★ *iets leeg ~* empty sth (out), ladle sth out ❷ *tot zich nemen* take, draw ★ *adem ~* take a breath ★ *een luchtje ~* take a breath of fresh air ★ *moed ~* pluck up courage ★ *genoegen ~ in* draw / derive pleasure from ❸ *inf* hit, knock down ★ *de auto schepte het kind* the car hit the child **II** *overg* [schiep, h. geschapen] *creëren* create, make ★ *een ~d kunstenaar* a creative artist ★ *een precedent ~* create a precedent

schepper, Schepper *m* [-s] ❶ *voortbrenger* creator, maker ❷ *werktuig* scoop

schepping *v* [-en] creation

scheppingsdrang *m* creative urge

scheppingskracht *v* creative power

scheppingsverhaal *o* [-halen] ❶ *alg.* history of creation ❷ *Bijbels* Genesis

scheppingswerk *o* (work of) creation

scheprad *o* [-raderen] paddle wheel

schepsel *o* [-s & -en] creature ★ *dat arme ~* that poor creature

scheren I *overg* [schoor, h. geschoren] ❶ *v. man* shave ❷ *v. schaap en laken* shear ❸ *v. heg* clip ❹ *steentjes over water* skim ❺ *v. klanten* fleece ❻ scheepv reeve ❼ techn warp **II** *wederk* [schoor, h. geschoren] ★ *zich ~* shave ★ *zich laten ~* get shaved, have a shave **III** *onoverg* [scheerde, h. gescheerd] ★ *~ langs* graze / shoot past ★ *de zwaluwen ~ over het water* the swallows are skimming over the water ★ *scheer je weg!* buzz off!, get away!

scherf *v* [scherven] ⟨v. aardewerk⟩ sherd, ⟨v. glas, granaat &⟩ fragment, splinter ★ *in scherven vallen* drop and smash ★ *scherven brengen geluk* no good / use crying over spilt milk

schering *v* [-en] ❶ *v. schaap* shearing ❷ *v. weefsel* warp ★ *~ en inslag* warp and woof ★ *dat is hier ~ en inslag* this is normal practice here

scherm *o* [-en] ❶ *bescherming* screen ❷ *toneeldoek* curtain ★ *achter de ~en* behind the scenes ★ *achter de ~en opereren* pull the strings ❸ *luifel* awning ❹ *beeldscherm* screen ❺ *v. bloem* umbel

schermbeveiliging *v* comput screen saver

schermbloemigen *zn* [mv] plantk umbellate / umbelliferous plants

schermen *onoverg* [schermde, h. geschermd] fence ★ *met de armen in de lucht ~* flourish one's arms ★ *met woorden ~* fence with words

schermenbeurs *v* electronic stock exchange

schermer *m* [-s] fencer

schermkunst *v* art of fencing, swordsmanship

schermles *v* [-sen] fencing instruction

schermmasker *o* [-s] fencing mask

schermmeester *m* [-s] fencing master

schermschool *v* [-scholen] fencing school

schermutseling *v* [-en] skirmish

scherp I *bn* ❶ *niet bot* sharp ★ *iets ~ maken* sharpen sth ❷ *v. ogen, reuk, verstand, concurrentie &* keen ❸ *v. kritiek* trenchant, pungent ❹ *v. hoek, oordeel* acute ❺ *gevoel van verlies* poignant ❻ *medeklinker* taalk hard ❼ *v. kruiden* hot ❽ *v. geur, smaak* pungent ❾ *v. gelaatstrekken* chiselled ❿ *v. rook* acrid ⓫ *v. tong* caustic ⓬ *v. antwoord* tart ⓭ *draf* brisk ⓮ *v. patroon* live ⓯ *v. onderzoek* strict, close, searching **II** *bijw* sharply, keenly, closely & ★ *~er kijken* look closer **III** *o* ❶ *van een mes* edge ❷ *kogels* live ★ *mil met ~ schieten* use live ammunition ★ *op ~ staan* ⟨geconcentreerd afwachten⟩ be alert, ⟨zeer nerveus zijn⟩ be on edge

scherpen *overg* [scherpte, h. gescherpt] sharpen ★ *een potlood ~* sharpen a pencil ★ *het oordeel ~* become more critical ★ *het gehoor ~* sharpen one's ear

scherping *v* sharpening

scherpomlijnd *bn* clear-cut, sharp-edged

scherprechter *m* [-s] executioner

scherpschutter *m* [-s] sharpshooter, marksman, ⟨verdekt opgesteld⟩ sniper

scherpslijper *m* [-s] literalist, bigot, fundamentalist

scherpte *v* [-s & -n] ❶ *alg.* sharpness ❷ *v. verstand &* keenness ❸ *v. inzicht, gedachte &* precision, acuteness, edge

scherptediepte *v* depth of field

scherpzinnig I *bn* acute, sharp(-witted) **II** *bijw* acutely, sharply

scherpzinnigheid *v* [-heden] perception, discernment, acumen

scherts *v* banter, jest, joke ★ *in ~* in jest, jokingly ★ *het is maar ~* he / she & is only joking ★ *~ terzijde* joking apart ★ *hij kan geen ~ verstaan* he can't take a joke

schertsen *onoverg* [schertste, h. geschertst] jest, joke ★ *met hem valt niet te ~* he isn't to be trifled with

schertsend I *bn* joking, jesting, playful **II** *bijw* in jest, jokingly, playfully

schertsfiguur *v* [-guren] nonentity, joke

schertsvertoning *v* [-en] joke

schervengericht *o* ostracism

schets *v* [-en] sketch, (sketchy) outline ★ *een ruwe ~ geven van* draw / sketch in outline ★ *een ~ van de vaderlandse geschiedenis* an outline of national history

SC

schetsboek *o* [-en] sketchbook

schetsen *overg* [schetste, h. geschetst] sketch, outline ★ *wie schetst mijn verbazing* imagine my amazement / astonishment ★ *iets in grote lijnen* ~ give a rough sketch / outline of sth

schetsmatig I *bn* sketchy, rough, outline **II** *bijw* sketchily, roughly, in outline

schetteren *onoverg* [schetterde, h. geschetterd] ❶ *v. trompet &* blare ❷ *grote mond opzetten* brag, swagger

scheur *v* [-en] ❶ *in weefsel, papier* tear, split ❷ *barst* crack, ⟨spleet⟩ split, ⟨tussen rotsen⟩ crevice ❸ *mond* trap ★ *hou je* ~! shut your trap!

scheurbuik *m & o* scurvy

scheuren I *overg* [scheurde, h. gescheurd] ❶ *aan stukken* tear up ★ *in stukken* ~ tear to pieces ❷ *v. kleren* rip ❸ *een scheur maken in* tear ❹ *grasland* plough up, Am plow up **II** *onoverg* [scheurde, is gescheurd] ❶ *alg.* tear, rip, ⟨iets hards⟩ crack ★ *het papier scheurt snel* the paper tears easily ❷ *hard rijden* tear ★ *door de stad* ~ tear through the town ❸ *v. ijs* crack

scheuring *v* [-en] ❶ tearing, ⟨v. grond &⟩ cracking ❷ fig rupture, split, disruption, schism ★ *een* ~ *in de Kerk* a church schism ★ *een* ~ *in een partij* a party division

scheurkalender *m* [-s] tear-off calendar

scheurmaker *m* [-s] schismatic

scheurmand *v* [-en] ZN wastepaper basket

scheurpapier *o* wastepaper

scheut *m* [-en] ❶ plantk shoot, sprig ❷ *kleine hoeveelheid* dash ❸ *van pijn* twinge, shooting pain

scheutig I *bn* open-handed, liberal, generous ★ *(niet)* ~ *met...* (not) lavish with... **II** *bijw* liberally

schicht *m* [-en] dart, bolt, flash

schichtig I *bn* shy, skittish, nervous ★ ~ *worden van* shy at **II** *bijw* shyly &

schielijk I *bn* quick, rapid, swift, ⟨plotseling⟩ sudden **II** *bijw* quickly, rapidly, swiftly, ⟨onmiddellijk⟩ promptly, immediately

schier *bijw* almost, nearly, virtually ★ *dat is* ~ *onmogelijk* it's well-nigh impossible

schiereiland *o* [-en] peninsula

schietbaan *v* [-banen] rifle / shooting range

schieten I *overg* [schoot, h. geschoten] shoot ★ *netten* ~ shoot nets ★ *een plaatje* ~ take a snapshot ★ *een schip in de grond* ~ send a ship to the bottom ★ *vuur* ~ shoot / flash fire ★ *de zon* ~ take the sun's altitude ★ *zich voor de kop* ~ blow out one's brains **II** *onoverg* [schoot, h. geschoten] shoot, ⟨met vuurwapen ook⟩ fire ★ *er naast* ~ miss the mark ★ *tekort* ~ fail ★ ~ *op* fire at ★ *een kerel om op te* ~ a fellow you could willingly murder ★ *het is om op te* ~ it's hideous / frightful, it's not fit to be seen ★ *onder iems. duiven* ~ poach on sbd's preserves ★ *niet geschoten, altijd mis* nothing ventured, nothing gained **III** *onoverg* [schoot, is geschoten] dash, rush ★ *inf iem. laten* ~ drop sbd ★ *iets laten* ~ let sth go

/ slip ★ *een touw laten* ~ let go / slip a rope, pay out a rope ★ *wortel* ~ take root ★ *kuit* ~ spawn ★ *dat schoot mij door het hoofd / te binnen* it flashed across my mind ★ *hij schoot in de kleren* he slipped on his clothes, he dressed quickly ★ *in de aren* ~ come into ear, ear ★ *de bomen* ~ *in de hoogte* the trees are shooting up ★ *de tranen schoten hem in de ogen* his eyes filled with tears ★ *uit de grond* ~ spring up

schietgat *o* [-gaten] loophole

schietgebed *o* [-beden] little prayer ★ *een ~je doen* say a quick prayer

schietgraag *bn* trigger-happy, quick on the draw

schietlood *o* [-loden] plummet, plumb

schietoefening *v* [-en] target practice

schietpartij *v* [-en] shooting

schietschijf *v* [-schijven] target, mark

schietschool *v* [-scholen] artillery school

schietspoel *v* [-en] shuttle

schietstoel *m* [-en] ejector seat

schiettent *v* [-en] shooting gallery

schietterrein *o* [-en] shooting range

schietvaardigheid *v* shooting skills

schietvereniging *v* [-en] shooting club

schietwapen *o* [-s] firearm

schietwedstrijd *m* [-en] shooting match / competition

schiften I *overg* [schiftte, h. geschift] sort, separate, sift, ⟨verwijderen⟩ weed / sift out **II** *onoverg* [schiftte, is geschift] ❶ *v. melk* curdle ❷ ZN sp take part in qualification matches / series

schifting *v* ❶ *selectie* sorting, sifting ★ *hij sneuvelde al bij de eerste* ~ he didn't even get through the first round ❷ *van melk* curdling

schijf *v* [schijven] ❶ *v. ham &* slice ❷ *van damspel* man ❸ *schietschijf* target ❹ techn disc/Am disk, ⟨v. keramist⟩ (potter's) wheel ★ *dat loopt over veel schijven* there are wheels within wheels, it has to go through many channels ❺ comput disc, Am disk ★ *een optische* ~ an optical disc / disk ★ *een harde* ~ a hard disk / disc ❻ *v. telefoon &* dial ❼ *belastingen* bracket ❽ *loterijtrekking* ZN drawing, draw

schijfrem *v* [-men] disc brake, Am disk brake

schijfschieten I *o* target practice **II** *onoverg* fire at a target

schijn *m* ❶ *glans* shine, glimmer, gleam ❷ *voorkomen* appearance, semblance, pretence ★ *het was alles maar* ~ it was all show / sham ★ *schone* ~ glamour, gloss ★ ~ *en wezen* the shadow and the substance ★ *de* ~ *aannemen* pretend, affect ★ ~ *bedriegt* appearances are deceptive ★ *het heeft de* ~ *alsof...* it looks as if... ★ *de* ~ *redden* save appearances ★ *de* ~ *wekken* create the appearance ★ *in* ~ in appearance, seemingly ★ *naar alle* ~ to all appearance ★ *onder de* ~ *van* under the pretence / pretext of ★ *de* ~ *is tegen hem* appearances are against him ★ *voor de* ~ for the sake of appearances ❸ *kleine hoeveelheid* shred ★ *geen* ~ *van kans* not the ghost of a chance ★ *zonder* ~ *of schaduw van bewijs* without a shred of evidence

schijnaanval *m* [-len] feigned attack, feint
schijnbaar I *bn* seeming, apparent **II** *bijw* seemingly, apparently
schijnbeeld *o* [-en] phantom, illusion
schijnbeweging *v* [-en] feint
schijndemocratie *v* pseudo-democracy
schijndood I *bn* apparently dead, in a state of suspended animation **II** *m* apparent death, suspended animation
schijnen *onoverg* [scheen, h. geschenen] ❶ *licht geven* shine, glimmer ★ *de maan schijnt door de bomen* the moon is shining through the trees ★ *de zon schijnt in mijn kamer* the sun is shining into my room ❷ *lijken* seem, look ★ *naar het schijnt* it would seem, it appears, to all appearances ★ *hij schijnt zo bescheiden* he seems so modest
schijngestalte *v* [-n] phase ★ *de ~ van de maan* the phase of the moon
schijngevecht *o* [-en] mock / sham fight, mock / sham battle
schijnheilig I *bn* hypocritical **II** *bijw* hypocritically
schijnheilige *m-v* [-n] hypocrite
schijnheiligheid *v* hypocrisy
schijnhuwelijk *o* [-en] marriage of convenience
schijnproces *o* [-sen] show trial
schijnsel *o* [-s] shine, light ★ *het ~ van de maan* moonshine
schijntje *o* [-s] ★ *een ~* very little, a trifle
schijnvertoning *v* [-en] sham, hoax, farce, mockery
schijnwerper *m* [-s] searchlight, spotlight, floodlight
schijnzwangerschap *v* [-pen] phantom pregnancy
schijt *m & o* shit ★ *ik heb ~ aan hem* he can go to hell / blazes / the devil ★ *daar heb ik ~ aan* I couldn't give a damn
schijten *onoverg* [scheet, h. gescheten] shit, crap ★ *in zijn broek ~ (van angst)* shit oneself (with fear)
schijterd *m* [-s] coward, inf chicken
schijterig *bn* cowardly, inf chicken-hearted
schijterij *v* trots, shits ★ *aan de ~ zijn* have the trots
schijthuis *o* [-huizen] ❶ *toilet* bog, shithouse ❷ *lafaard* **schijtluis** chicken
schijtlaars *m* [-laarzen], **schijtlijster** [-s], **schijtluis** [-luizen] chicken, scaredy-cat
schijventarief *o* progressive rate tax
schik *m* fun, pleasure, contentment ★ *veel ~ hebben* enjoy oneself immensely ★ *~ hebben in iets* enjoy sth, get a lot of pleasure out of sth ★ *in zijn ~ zijn met iets* be pleased / delighted with sth
schikgodinnen *zn* [mv] ★ *de ~* the Fates, the fatal Sisters
schikkelijk *bn* accommodating
schikken I *overg* [schikte, h. geschikt] ❶ *regelmaat aanbrengen* arrange, order ★ *bloemen ~* arrange flowers ❷ *maatregelen treffen* arrange ★ *we zullen het wel zien te ~* we'll try and arrange matters ❸ *tot oplossing brengen* settle ★ *de zaak ~* settle the matter **II** *onoverg* [schikte, is geschikt] ★ *als het u schikt* when it is convenient to you ★ *het schikt me niet* it

isn't convenient ★ *zodra het u schikt* at your earliest convenience ★ *wil je wat deze kant uit ~?* would you move up a little? **III** *wederk* [schikte, h. geschikt] ★ *zich ~* come right ★ *het zal zich wel ~* it's sure to come right ★ *zich in alles ~* resign oneself to everything ★ *hoe schikt hij zich in zijn nieuwe betrekking?* how is he settling in to his new job? ★ *zich in het onvermijdelijke ~* resign oneself to the inevitable ★ *zich naar iem. ~* conform to sbd.'s wishes ★ *zich om de tafel ~* draw up round the table
schikking *v* [-en] arrangement, settlement, inf deal ★ *een ~ treffen met* come to an arrangement with ★ *~en treffen* make arrangements
schil *v* [-len] ❶ *sinaasappel* peel ❷ *banaan, aardappel* skin ❸ *meloen* rind ❹ *v.e. tak* bark ❺ *als afval* ⟨v. appels⟩ parings, ⟨v. aardappels⟩ peelings ▼ *aardappelen in de ~* potatoes in their jackets
schild *o* [-en] ❶ *wapen* shield ★ *een menselijk ~* a human shield ❷ herald coat of arms, shield ❸ *v. schildpad* shell ❹ *v. insect* wing case ▼ *iets in zijn ~ voeren* aim / drive at sth ▼ *ik weet niet wat hij in zijn ~ voert* I don't know what he's up to
schilder *m* [-s] ❶ *kunstenaar* painter, artist ❷ *ambachtsman* (house) painter
schilderachtig *bn* picturesque ★ *een ~e figuur, een ~ type* a colourful character
schilderen *overg* [schilderde, h. geschilderd] ❶ paint ★ *naar het leven ~* paint from life ❷ fig paint, picture, portray, delineate, depict
schilderes *v* [-sen] woman painter
schilderij *o & v* [-en] painting, picture
schilderijententoonstelling *v* [-en] art exhibition
schildering *v* [-en] painting, depiction, picture, portrayal
schilderkunst *v* (art of) painting
schilderles *v* [-sen] art lesson ★ *~ krijgen* attend art classes
schildersbedrijf *o* [-ven] painting (and decorating) business
schilderschool *v* [-scholen] school of painting
schildersezel *m* [-s] (painter's) easel
schilderstuk *o* [-ken] painting, picture
schilderwerk *o* painting
schildje *o* [-s] *anticonceptie* intra-uterine device
schildklier *v* [-en] thyroid gland
schildknaap *m* [-knapen] ❶ hist squire ❷ fig henchman
schildluis *v* [-luizen] scale insect
schildpad I *v* [-den] ❶ *landdier* tortoise ❷ *zeedier* turtle **II** *o stofnaam* tortoiseshell
schildpadsoep *v* turtle soup
schildwacht *m* [-en & -s] sentinel, sentry ★ *op ~ staan* stand sentry
schilfer *m* [-s] scale, flake ★ *~s op het hoofd* dandruff
schilferachtig *bn* scaly
schilferen *onoverg* [schilferde, h. en is geschilferd] scale / peel / flake (off)
schilferig *bn* scaly, scurfy

schillen I *overg* [schilde, h. geschild] peel, ‹appels & ook› pare **II** *onoverg* [schilde, h. geschild] peel

schilmesje *o* [-s] paring / peeling knife

schim *v* [-men] **❶** *vage gedaante* shadow ★ *Chinese ~men* Chinese silhouettes **❷** *geest* ghost, shade

schimmel *m* [-s] **❶** *paard* grey (horse) **❷** *uitslag* mould, mildew

schimmelen *onoverg* [schimmelde, is geschimmeld] mould ★ *gaan ~* grow mouldy

schimmelig *bn* mouldy

schimmelinfectie *v* [-s] fungal infection

schimmelkaas *m* [-kazen] **❶** *met laagje schimmel* mouldy cheese **❷** *dooraderd* blue cheese

schimmelvorming *v* fungoid growth, fungus

schimmenrijk *o* realm of spirits, underworld ★ *het ~* the underworld

schimmenspel *o* [-spelen] shadow play

schimmig *bn* shadowy

schimpdicht *o* [-en] satire

schimpen *onoverg* [schimpte, h. geschimpt] scoff ★ *~ op* scoff / sneer at

schimpscheut *m* [-en] gibe, taunt, jeer

schip *o* [schepen] **❶** *boot* ship, vessel, ‹binnenvaart› barge, boat ★ *schoon ~ maken* make a clean sweep of things, settle accounts ★ *zijn schepen achter zich verbranden* burn one's boats ★ fig *het zinkende ~ verlaten* cut one's losses ★ *als het ~ met geld komt* when my ship comes home ★ *een ~ met zure appelen* ‹zware regenbui› an impending shower (of rain), ‹huilbui› a fit of weeping, ‹slecht bericht› an unwelcome message ★ *het ~ der woestijn* the ship of the desert ★ *het ~ van staat* the ship of state **❷** *v. kerk* nave

schipbreuk *v* [-en] shipwreck ★ *~ lijden* be shipwrecked, fig fail ★ *zijn plannen hebben ~ geleden* his plans came to nothing / misfired, his plans were torpedoed

schipbreukeling *m* [-en] shipwrecked person, castaway

schipbrug *v* [-gen] bridge of boats, floating bridge

schipper *m* [-s] **❶** *op binnenvaartuig* bargeman, boatman **❷** *gezagvoerder* captain, master

schipperen *onoverg* [schipperde, h. geschipperd] compromise, give and take ★ *we moeten wat ~* we have to give and take a bit

schippersbeurs *v* shipping exchange

schipperskind *o* [-eren] bargeman's child

schipperstrui *v* [-en] seaman's pullover / jersey

schisma *o* ['s & -mata] schism

schitteren *onoverg* [schitterde, h. geschitterd] **❶** *licht* shine **❷** *ogen* glitter **❸** *edelstenen* sparkle ★ *~ door afwezigheid* be conspicuous by one's absence

schitterend I *bn* brilliant, glorious, splendid, magnificent **II** *bijw* brilliantly &

schittering *v* [-en] glittering, sparkling, radiance, splendour

schitterlicht *o* [-en] **❶** *stralend licht* brilliant light

❷ *van vuurtoren* flashing light

schizofreen *bn & m-v* [-frenen] schizophrenic

schizofrenie *v* schizophrenia

schlager *m* [-s] hit, pop song

schlemiel *m* [-en] unlucky devil, Br inf wally, Am inf schlemiel

schlemielig *bn* schlemiel

schmink *m* grease paint, make-up

schminken *overg* [schminkte, h. geschminkt] make up, put make-up on

schnabbel *m* [-s] odd / casual job, ‹v. musici› gig

schnabbelaar *m* [-s] ± moonlighter

schnabbelen *onoverg* [schnabbelde, h. geschnabbeld] earn on the side, ‹'s avonds› moonlight, ‹v. musici› gig

schnitzel *m* [-s] schnitzel, veal cutlet

schobbejak *m* [-ken] scamp, rogue, villain

schoeien *overg* [schoeide, h. geschoeid] shoe ★ *iets op een andere leest* revamp sth

schoeiing *v* [-en] timbering, cladding

schoeisel *o* [-s] **❶** shoes **❷** handel footwear

schoelje *m* [-s] rascal, scamp

schoen *m* [-en] ‹laag› shoe, ‹hoog› boot ★ *zijn ~en aantrekken* put one's shoes on ★ *de stoute ~en aantrekken* pluck up courage ★ *naast de ~en gaan lopen (van verwaandheid)* get / grow too big for one's boots ★ *iem. iets in de ~en schuiven* lay sth at sbd's door, pin sth on sbd ★ *ik zou niet graag in zijn ~en staan* I wouldn't like to be in his shoes ★ *vast in zijn ~en staan* stand firm in one's shoes ★ *het hart zonk hem in de ~en* his spirits sank, his courage failed him ★ *met loden ~en* reluctantly ★ *op z'n laatste ~en lopen* be on one's last legs ★ *op een ~ en een slof* on a shoestring ★ *wie de ~ past, trekke hem aan* if the cap fits, wear it ★ *men moet geen oude ~en weggooien vóór men nieuwe heeft* make do with the old until you can afford the new ★ *weten waar de ~ wringt* know where the shoe pinches ★ *daar wringt 'm de ~!* that's the rub! ★ *de ~ zetten* put your shoe next to the chimney, ± hang up your stocking ‹at Christmas›

schoenborstel *m* [-s] shoe brush

schoenendoos *v* [-dozen] shoe box

schoenenwinkel *m* [-s] shoe shop

schoener *m* [-s] schooner

schoenlapper *m* [-s] shoemaker, vroeger cobbler

schoenlepel *m* [-s] shoehorn

schoenmaat *v* [-maten] shoe size

schoenmaker *m* [-s] shoemaker ★ *~ blijf bij je leest* don't talk about matters you know nothing about

schoenpoets *m* shoe polish

schoenpoetser *m* [-s] shoeshine boy, shoeshiner

schoensmeer *o & m* shoe polish / cream, blacking

schoenveter *m* [-s] shoelace

schoenzool *v* [-zolen] sole

schoep *v* [-en] paddleboard, paddle, blade

schoffel *v* [-s] (Dutch) hoe

schoffelen *overg* [schoffelde, h. geschoffeld] hoe

schofferen *overg* [schoffeerde, h. geschoffeerd] ❶ *beledigen* insult ❷ *verkrachten* violate, rape
schoffie *o* [-s] ruffian
schoft I *m* [-en] scoundrel, <u>inf</u> bastard, son of a bitch **II** *v* [-en] ❶ *schouder v. een dier* shoulder, ‹v. paard› withers ❷ *pauze* break
schoftenstreek *m & v* [-streken] nasty trick
schofterig *bn* mean, rotten, nasty
schofthoogte *v* shoulder height
schok *m* [-ken] ❶ *elektrisch* shock ★ *een elektrische* ~ an electric shock ❷ *hevige klap* shock ★ *de film bracht een* ~ *teweeg in de VS* the movie caused a great upheaval in the US ★ *hij is de* ~ *nooit te boven gekomen* he never got over / recovered from the shock ❸ *plotselinge beweging* bump, jolt, jerk ★ *met een* ~ *wakker schrikken* awake with a start / jolt
schokabsorberend *bn* shock-absorbing
schokbestendig *bn* shockproof
schokbeton *o* vibrated concrete
schokbreker, schokdemper *m* [-s] shock absorber
schokeffect *o* [-en] shock effect, impact
schokken I *overg* [schokte, h. geschokt] ❶ *schudden* shake ❷ *aangrijpen* shock ★ *een* ~*de gebeurtenis* a startling event ❸ *betalen* fork out, shell out **II** *onoverg* [schokte, h. geschokt] ❶ *schokken veroorzaken* shake, jolt ★ *zijn vertrouwen is geschokt* his faith has been shaken ★ ~ *van het lachen* shake with laughter ❷ *betalen* fork out, cough up
schokschouderen *onoverg* [schokschouderde, h. geschokschouderd] shrug one's shoulders
schoksgewijs *bijw* jerkily, by fits and starts, intermittently
schoktherapie *v* shock therapy
schokvast *bn* shockproof
schokvrij *bn* shockproof
schol I *m* [-len] *vis* plaice **II** *v* [-len] ❶ *ijsschol* floe ❷ *aardkluit* sod, turf
scholastiek I *bn* scholastic **II** *v wetenschap* scholasticism **III** *m* [-en] *persoon* RK scholastic
scholekster *v* [-s] *vogel* oystercatcher
scholen I *onoverg* [schoolde, h. geschoold] *samenkomen* flock together, ‹v. vis› school **II** *overg* [schoolde, h. geschoold] *onderrichten* train, teach, instruct ★ *een geschoold persoon* a skilled person
scholencomplex *o* [-en] school complex
scholengemeenschap *v* [-pen] comprehensive school
scholier *m* [-en] pupil, student
scholing *v* training, education
schollevaar, scholver(d) *m* [-s] *vogel* cormorant
schommel *m & v* [-s] ❶ swing ❷ *dikke vrouw* fatso, fat cow
schommelen I *onoverg* [schommelde, h. geschommeld] ❶ *op schommel* swing ❷ *v. slinger* swing, oscillate ❸ *op schommelstoel* rock ❹ *v. schip* roll ❺ *met het lichaam* wobble, waddle ★ *met de benen* ~ swing one's legs ❻ *v. prijzen* fluctuate **II** *overg* [schommelde, h. geschommeld] swing, rock
schommeling *v* [-en] swinging, oscillation, fluctuation

★ ~ *in de temperatuur* fluctuation in temperature
schommelstoel *m* [-en] rocking chair
schompes *o* ★ *zich het* ~ *werken* work one's guts out
schone *v* [-n] beauty ★ *de* ~*n van het dorp* the village beauties
schonk *v* [-en] ❶ (coarse) bone ❷ *lichaamsdeel* hip, shoulder
schoof *v* [schoven] sheaf ★ *aan schoven zetten, in schoven binden* sheave
schooien *onoverg* [schooide, h. geschooid] beg
schooier *m* [-s] ❶ *armoedzaaier* bum, tramp ❷ *als scheldwoord* bastard, scoundrel ★ *vuile* ~! you rat!
schooieren *overg en onoverg* [schooierde, h. geschooierd] cadge ★ *een maaltijd* ~ cadge a meal
school *v* [scholen] ❶ *onderwijsinstelling* school, college ★ *een bijzondere* ~ a private school, a denominational school ★ *een lagere* ~ a primary school ★ *een middelbare* ~ a secondary school ★ *een militaire* ~ a military academy / college ★ *een neutrale* ~ a secular school ★ *een openbare* ~ a state school ★ *de Parijse (schilder)*~ the school of Paris ★ *de vrije* ~ a Steiner school ★ *de* ~ *met de Bijbel* a conservative Protestant school ★ ~ *gaan* go to school ★ *toen ik nog* ~ *ging* when I was at school ★ *we hebben geen* ~ *vandaag!* no school today! ★ *een* ~ *houden* run a school ★ ~ *maken* find a following, gain followers ★ *naar* ~ *gaan* go to school ★ *op* ~ at school ★ *waar ben je op* ~? where are you going to school? ★ *iem. op* ~ *doen* put sbd into school ★ *daarvoor moet je bij hem ter* ~ *gaan* you'll have to ask him about that ★ *uit de* ~ *klappen* let out a secret, blab ★ *van* ~ *gaan* leave school ❷ *gebouw* schoolhouse ❸ *v. vissen* school
schoolagenda *v* ['s] school diary
schoolarts *m* [-en] school doctor, school medical officer
schoolbank *v* [-en] school desk ★ *we hebben samen in de* ~*en gezeten* we were at school together
schoolbestuur *o* [-sturen] school board
schoolbezoek *o* ❶ *v.d. leerlingen* school attendance ❷ *v.d. overheid* school inspection
schoolblijven *onoverg* [bleef school, is schoolgebleven] stay in (after hours), be kept in ★ *het* ~ detention ★ *twee uur* ~ two hours' detention
schoolboek *o* [-en] school book, textbook
schoolbord *o* [-en] blackboard
schoolbus *m & v* [-sen] school bus
schooldag *m* [-dagen] school day
schooldecaan *m* [-canen] career adviser, student counsellor/<u>Am</u> counselor
schoolengels *o* school(book) English, schoolboy / schoolgirl English
schoolfeest *o* [-en] school party
schoolfrans *o* school(book) French
schoolgaan *onoverg* [ging school, h. schoolgegaan] go to school, be at school
schoolgaand *bn* schoolgoing ★ ~*e kinderen* children of school age

schoolgebouw *o* [-en] school building
schoolgeld *o* [-en] school / tuition fees
schoolgerei, schoolgerief *o* ZN school gear, books and stationery
schoolhoofd *o* [-en] head of a school, headmaster, (school) principal
schooljaar *o* [-jaren] school year ★ *in mijn schooljaren* in my school days / time
schooljeugd *v* school-age children
schooljongen *m* [-s] schoolboy
schooljuffrouw *v* [-en] schoolmistress, teacher
schoolkameraad *m* [-raden] school friend
schoolkeuze *v* choice of school (system)
schoolkind *o* [-eren] schoolchild
schoolklas *v* [-sen] class, form, level
schoolkrant *v* [-en] school paper
schoolkrijt *o* (piece of) chalk
schoollokaal *o* [-kalen] classroom
schoolmeester *m* [-s] ❶ *onderwijzer* schoolmaster ❷ *fig* pedant, pedagogue
schoolmeesterachtig *bn* pedantic, schoolish
schoolmeisje *o* [-s] schoolgirl
schoolonderzoek *o* [-en] preliminary test / examination
schoolopleiding *v* education, schooling
schoolpact *o* [-en] Belg agreement recognizing state and denominational education
schoolplein *o* [-en] schoolyard, playground
schoolreisje *o* [-s] school outing
schools I *bn* scholastic, bookish ★ *~e geleerdheid* book learning **II** *bijw* rigidly
schoolschip *o* [-schepen] training ship
schoolschrift *o* [-en] exercise book, notebook
schoolslag *m zwemmen* breaststroke
schooltandarts *m* [-en] school dentist
schooltas *v* [-sen] schoolbag
schooltelevisie *v* school / educational television
schooltijd *m* school time ★ *buiten ~* out of school ★ *na ~* when school is over ★ *onder ~* during lessons ★ *sinds mijn ~* since my school days
schoolvakantie *v* [-s] school holidays
schoolverlater *m* [-s] school leaver
schoolverzuim *o* non-attendance, school absenteeism
schoolvoorbeeld *o* [-en] classic / typical example, textbook case
schoolvriend *m* [-en] school friend
schoolwerk *o* homework
schoolziek *bn* ★ *~ zijn* sham illness
schoolzwemmen *o* swimming (in school)
schoon I *bn* ❶ *zindelijk* clean, ‹opgeruimd› neat ★ *zich ~ praten* talk one's way out of sth ❷ *mooi* beautiful, handsome, attractive **II** *bijw* ❶ *geheel en al* absolutely ★ *je hebt ~ gelijk* you're absolutely right ★ *het is ~ op* everything is gone ★ *de kans ~ zien* see one's way clear (to) ❷ *mooi* beautifully **III** *m-v* ★ *een schone* a beauty, an attractive woman **IV** *o* ★ *het schone* the beautiful ★ *het landelijk ~* rural beauty
schoonbroer, schoonbroeder *m* [-s] brother-in-law

schoondochter *v* [-s] daughter-in-law
schoonfamilie *v* [-s] in-laws
schoonheid *v* [-heden] ❶ *het mooi zijn* beauty ❷ *mooie vrouw* beauty
schoonheidscommissie *v* [-s] *gemeentelijke commissie die bouwplannen beoordeelt* planning authority
schoonheidsfout *v* [-en], **schoonheidsfoutje** *o* [-s] fig minor flaw, slight imperfection
schoonheidsideaal *o* aesthetic/Am esthetic ideal
schoonheidsinstituut *o* [-tuten] beauty parlour
schoonheidskoningin *v* [-nen] beauty queen
schoonheidssalon *m & o* [-s] beauty parlour
schoonheidsslaapje *o* [-s] beauty sleep
schoonheidsspecialiste *v* [-s] beautician, cosmetician
schoonheidsvlekje *o* [-s] beauty spot
schoonheidswedstrijd *m* [-en] beauty competition / contest
schoonhouden *overg* [hield schoon, h. schoongehouden] keep clean
schoonmaak *m* cleanup, (house) cleaning ★ ‹in het voorjaar› *de grote ~* the spring clean ★ *grote ~ houden* spring clean, fig make a clean sweep
schoonmaakbedrijf *o* [-drijven] cleaners
schoonmaakbeurt *v* [-en] cleanup, cleaning
schoonmaakmiddel *o* [-en] cleaner, cleaning product
schoonmaakster *v* [-s] cleaning woman
schoonmaakwoede *v* ❶ *gewoonte* obsession with cleaning ❷ *aanval* fit of cleaning ★ *last hebben van ~* have the cleaning bug
schoonmaken *overg* [maakte schoon, h. schoongemaakt] clean ★ *groenten ~* clean vegetables ★ *zijn nagels ~* clean one's nails
schoonmaker *m* [-s] cleaner
schoonmoeder *v* [-s] mother-in-law
schoonouders *zn* [mv] in-laws, parents-in-law
schoonrijden *o op schaatsen* figure skating
schoonschrift *o* [-en] ❶ *handschrift* calligraphy ❷ *cahier* copybook
schoonschrijven *o* calligraphy
schoonspringen *o v. zwemmers* (platform) diving
schoonspuiten *overg* [spoot schoon, heeft schoongespoten] hose down
schoonvader *m* [-s] father-in-law
schoonvegen *overg* [veegde schoon, h. schoongeveegd] sweep clean ★ ‹door politie› *de straat ~* clear the streets
schoonzoon *m* [-s & -zonen] son-in-law
schoonzus *v* [-sen], **schoonzuster** *v* [-s] sister-in-law
schoonzwemmen *o* synchronized swimming
schoor *m* [schoren] buttress, stay, strut, prop, support
schoorsteen *m* [-stenen] chimney, ‹fabrieks› stack, ‹v.e. stoomboot› funnel ★ *daar kan de ~ niet van roken* that won't keep the pot boiling
schoorsteenbrand *m* [-en] chimney fire
schoorsteenkap *v* [-pen] chimney hood
schoorsteenmantel *m* [-s] mantelpiece
schoorsteenpijp *v* [-en] chimney shaft
schoorsteenvegen *o* chimney sweeping

schoorsteenveger *m* [-s] chimney sweep
schoorvoetend *bijw* reluctantly, hesitatingly ★ *~ iets doen* do sth reluctantly
schoot *m* [schoten] ❶ *bovenbenen* lap ★ *de handen in de ~ leggen* give up ★ *het hoofd in de ~ leggen* give in, submit ★ *niet met de handen in de ~ zitten* not be idle ★ *hij kreeg een groot probleem in de ~ geworpen* he was saddled with a big problem ★ *bij elkaar op ~ zitten* sit / live on top of each other ★ *zij had een boek op haar ~* she sat with a book in her lap ★ *het kind op moeders ~* the child in its mother's lap ❷ *moederbuik* womb ★ *de ~ der Kerk* the bosom of the Church ★ *in de ~ der aarde* in the bowels of the earth ❸ *v. zeil* sheet ★ *de ~ vieren* ease the sail ❹ *v. slot* bolt ❺ plantk shoot, sprig
schootcomputer *m* [-s] laptop
schoothondje *o* [-s] lap / toy dog
schootkind *o* [-eren] ❶ *klein kind* baby ❷ *troetelkind* favourite/Am favorite child, pet
schootsafstand *m* [-en] range, shooting distance
schootsvel *o* [-len] leather apron
schootsveld *o* [-en] field of fire
schop I *v* [-pen] *spade* shovel, spade **II** *m* [-pen] *trap* kick ★ sp *een vrije ~* a free kick
schoppen I *v* [schoppen & -s] kaartsp spades **II** *onoverg* [schopte, h. geschopt] kick ★ *het ver ~* go far in the world ★ *~ naar* kick at **III** *overg* [schopte, h. geschopt] kick ★ *herrie / lawaai ~* kick up a row ★ *een kind de wereld in ~* produce an offspring ★ *op de wereld ~* spawn
schoppenaas *m & o* [-azen] ace of spades
schoppenboer *m* [-en] jack of spades
schoppenheer *m* [-heren] king of spades
schoppenvrouw *v* [-en] queen of spades
schopstoel *m* ★ *op de ~ zitten* be on tenterhooks about sth
schor I *bn* hoarse, husky **II** *bijw* hoarsely, huskily **III** *v* [-ren] *buitendijks land* salt marsh
schorem I *o* riff-raff, rubble, low life **II** *bn* shabby
schoren *overg* [schoorde, h. geschoord] shore / prop (up), buttress, support
Schorpioen *m* astron & astrol Scorpio
schorpioen *m* [-en] *dier* scorpion
schorriemorrie, schorremorrie *o* rabble, riff-raff, lowlife
schors *v* [-en] bark
schorsen *overg* [schorste, h. geschorst] ❶ *(tijdelijk) buiten werking stellen* suspend ★ *de leerling was een week geschorst* the student was suspended for one week ❷ *zitting* adjourn ★ *een onderzoek ~* adjourn an investigation
schorseneer *v* [-neren] black salsify, scorzonera
schorsing *v* [-en] ⟨v. personen⟩ suspension, ⟨v. vergadering &⟩ adjournment ★ jur *~ van executie* stay of execution ★ jur *~ van voorlopige hechtenis* suspension of remand in custody
schort *v & o* [-en] apron, ⟨v. kinderen⟩ pinafore, ⟨voor het schilderen⟩ smock

schorten *onoverg* [schortte, h. geschort] lack, be lacking ★ *wat schort eraan?* what's the matter? ★ *het schort hem in zijn hoofd / bol* he's a bit soft in the head
Schot *m* [-ten] Scot, Scotsman
schot I *o* [schoten] shot, gunshot, ⟨geluid als v. een schot⟩ report ★ *een ~ lossen* fire a shot ★ *binnen ~* within range ★ *buiten ~* out of range ★ *trachten buiten ~ te blijven* try to keep out of harm's way ★ *een ~ in de roos* a bull's-eye ★ *onder ~ krijgen* get within range ★ *ze zijn onder ~* they are within range ★ *iem. onder ~ houden* hold sbd at bay ★ *een ~ voor de boeg* a shot across the bows, fig a serious warning ▼ *er komt ~ in* we're making headway **II** *o* [-ten] ❶ *losse wand* partition ❷ scheepv bulkhead
schotel *m & v* [-s] ❶ *voor kopje* saucer ❷ *gerecht* dish ▼ *een vliegende ~* a flying saucer
schotelantenne *v* [-s, -n] satellite dish
schoteltje *o* [-s] *v. kopje* saucer ★ *een ~ melk* a saucer of milk ★ *ogen als ~s* eyes like saucers
schotenwisseling *v* [-en] exchange of fire
Schotland *o* Scotland
Schots I *bn* Scottish, Scotch, Scots ★ *een ~e rok* a kilt ★ *de ~e Hooglanden* the Scottish Highlands **II** *o* *taal* Scots, Scottish
schots I *v* [-en] *ijs* floe **II** *bn* ★ *~ en scheef* higgledy-piggledy, topsy-turvy
schotschrift *o* [-en] libel, lampoon, slander
Schotse *v* [-n] Scot, Scotswoman ★ *ze is een ~* she's a Scot, she's from Scotland
schotwond *v* [-en] shot / bullet wound
schouder *m* [-s] shoulder ★ *de ~s ophalen* shrug one's shoulders, give a shrug ★ *een ~ om op te huilen* a shoulder to cry on ★ *~ aan ~ staan* stand shoulder to shoulder ★ *ergens de ~s onder zetten* put one's back into sth ★ *iem. op de ~ kloppen* pat sbd on the back ★ *op iems. ~s slaan* slap sbd on the shoulders ★ *breed van ~s* broad-shouldered
schouderband *m* [-en] ❶ anat shoulder ❷ *v. tas* strap ❸ *v. kledingstuk* **schouderbandje** *o* [-s] shoulder strap
schouderblad *o* [-bladen] shoulder blade, scapula
schouderbreedte *v* [-n & -s] shoulder width
schouderduw *m* [-en] sp shoulder charge
schouderen *overg* [schouderde, h. geschouderd] shoulder ★ *het geweer ~* shoulder the gun, shoulder arms
schoudergewricht *o* [-en] shoulder joint
schouderham *v* [-men] shoulder of ham
schouderhoogte *v* shoulder height ★ *op ~* at shoulder height
schouderkarbonade *v* [-s] pork chop
schouderklopje *o* [-s] pat on the back
schouderophalen *o* shrug (of the shoulders)
schouderriem *m* [-en] shoulder strap
schouderstuk *o* [-ken] ❶ mil shoulder strap ❷ *van hemd &* yoke ❸ *v. vlees* shoulder
schoudertas *v* [-sen] shoulder bag
schoudervulling *v* [-en] shoulder pad

sc

schout *m* [-en] hist bailiff, sheriff
schout-bij-nacht *m* [-s & schouten-bij-nacht] rear admiral
schouw I *v* [-en] ❶ *stookplaats* fireplace ❷ *schoorsteenmantel* mantelpiece ❸ *schoorsteen* ZN chimney **II** *m* [-en] *inspectie* inspection, survey
schouwburg *m* [-en] theatre/Am theater, playhouse ★ *een volle* ~ a full house ★ *naar de* ~ *gaan* go to the theatre
schouwburgpubliek *o* theatre-going public, Am theater-going public
schouwen *overg* [schouwde, h. geschouwd] ❶ *inspecteren* inspect, survey ★ *een lijk* ~ hold a post-mortem on a body ❷ *waarnemen* witness, view, dicht behold
schouwspel *o* [-spelen] spectacle, scene, sight, view
schouwtoneel *o* [-nelen] stage, scene, theatre/Am theater
schoven *overg* [schoofde, h. geschoofd] sheave
schraag *v* [schragen] trestle, support
schraal I *bn* ❶ *personen* thin, lean, gaunt, ⟨huid⟩ dry ❷ *abstracte zaken* scant ★ *schrale lof* scant praise ★ *een schrale troost* cold comfort ❸ *salaris* slender ❹ *spijs &* meagre ❺ *grond* poor, infertile, arid ❻ *weer* bleak, ⟨wind⟩ cutting **II** *bijw* poorly, scantily & ★ *hij wordt* ~ *beloond* he's poorly paid
schraalheid *v* ❶ *v. personen* leanness, gauntness, ⟨v. huid⟩ dryness ❷ *v. abstracte zaken* scantness, ⟨geestelijke armoede⟩ aridity ❸ *v. hoeveelheid* sparsity, scarcity ❹ *v. spijs &* meagreness ❺ *v. grond* infertility, aridity ❻ *v. weer* bleakness
schraapijzer *o* [-s], **schraapmes** [-sen] scraper
schraapsel *o* [-s] scrapings
schraapzucht *v* stinginess, greed
schragen *overg* [schraagde, h. geschraagd] support, prop (up), stay
schram *v* [-men] scratch, graze ★ *vol ~men* all scratched up ★ *er zonder ook maar een ~metje afkomen* come off without a scratch
schrammen I *overg* [schramde, h. geschramd] scratch, graze **II** *wederk* [schramde, h. geschramd] ★ *zich* ~ scratch oneself, graze one's skin
schrander I *bn* clever, intelligent, smart, bright, astute **II** *bijw* cleverly & ★ *dat is* ~ *opgemerkt* that's an astute comment
schranderheid *v* cleverness, intelligence, astuteness
schransen *onoverg* [schranste, h. geschranst], **schranzen** [schransde, h. geschransd] gorge ★ *zij waren aan het* ~ they were putting it away / were stuffing it in
schranspartij *v* [-en] eating binge
schrap I *v* [-pen] scratch ★ *er een* ~ *door halen* strike it out, cross it off **II** *bijw* ★ *zich* ~ *zetten* take a firm stand, brace oneself
schrapen I *overg* [schraapte, h. geschraapt] scrape ★ *(zich) de keel* ~ clear one's throat **II** *onoverg* [schraapte, h. geschraapt] rasp
schraper *m* [-s] scraper

schrappen *overg* [schrapte, h. geschrapt] ❶ *wortels &* scrape ❷ *vis* scale ❸ *doorhalen* strike out / off, ⟨v. alternatieven⟩ eliminate, ⟨naam, passage &⟩ delete ★ *iem. van de lijst* ~ cross / strike sbd off the list ❹ *schuld* cancel
schrapping *v* [-en] ❶ *naam* crossing / striking out ❷ *woord, passage* deletion ❸ *schuld* cancellation
schrede *v* [-n] pace, step, stride ★ *de eerste* ~ *doen* take the first step ★ *zijn ~n wenden naar...* turn / bend one's steps to... ★ *met rasse ~n* with rapid strides, fast ★ *op zijn ~n terugkeren / terugkomen* go back on / retrace one's steps
schreef *v* [schreven] line, scratch ★ *over de* ~ *gaan* go over the line, exceed the limit
schreefloos *bn* druktechn sanserif, sans serif
schreeuw *m* [-en] cry, shout, screech ★ *een* ~ *geven* give a cry
schreeuwen I *onoverg* [schreeuwde, h. geschreeuwd] cry, shout, yell ★ ~ *als een mager varken* squeal like a (stuck) pig ★ *er om* ~ shout / clamour for it ★ *om brood* ~ cry out for bread ★ *om hulp* ~ yell / cry for help ★ *om wraak* ~ call for revenge ★ *zich hees* ~ cry oneself hoarse **II** *overg* [schreeuwde, h. geschreeuwd] shout, yell ★ *iem. doof* ~ deafen sbd with one's shouting ★ *iem. wakker* ~ shout sbd awake
schreeuwend I *bn* crying ★ *~e kleuren* loud / glaring colours ★ *een* ~ *onrecht* a rank injustice **II** *bijw* ★ ~ *duur* terribly expensive
schreeuwer *m* [-s] loudmouth, ⟨snoever⟩ braggart
schreeuwerig *bn* ❶ *v. stem* shrieking, blaring ★ *een* ~ *mens* a loud person, a bigmouth ❷ *v. kleuren* loud ❸ *v. toespraken &* heated ★ *~e reclame* in-your-face / loud / glaring advertisements
schreeuwlelijk *m* [-en] ❶ bigmouth ❷ *huilebalk* crybaby
schreien *onoverg* [schreide, h. geschreid] weep, cry ★ ~ *om...* weep for... ★ *ten hemel* ~ cry (aloud) to heaven ★ *tot ~s toe bewogen* moved to tears ★ ~ *van vreugde* weep for joy
schriel I *bn* gierig stingy, mean, niggardly **II** *bijw* stingily &
Schrift *v* ★ *de (Heilige)* ~ Holy Writ, (Holy) Scripture, the Scriptures
schrift *o* [-en] ❶ *handschrift* handwriting ❷ *geschrift* writing ★ *op* ~ *zetten* put in writing ❸ *schrijfboek* exercise book, notebook
schriftelijk I *bn* written, in writing ★ *een ~e cursus* a correspondence course ★ *een ~e vraag* a written question ★ ~ *werk* written work **II** *bijw* in writing **III** *o* ★ *het* ~ the written work
Schriftgeleerde *m* [-n] scribe
Schriftlezing *v* Bible reading
schriftuur *v* [-turen] writing, document ★ *de Schriftuur* Scripture (lesson)
Schriftuurlijk *bn* scriptural, biblical
schrijden *onoverg* [schreed, h. en is geschreden] stride
schrijfblok *o* [-ken] writing block / pad

schrijffout *v* [-en] ❶ slip of the pen ❷ *v. ambtenaar &* clerical error
schrijfgerei *o* writing materials
schrijfhouding *v* writing position
schrijfkramp *v* writer's cramp
schrijfmachine *v* [-s] typewriter
schrijfmap *v* [-pen] writing case
schrijfopdracht *v* [-en] written assignment
schrijfpapier *o* writing paper
schrijfster *v* [-s] (woman) writer, authoress
schrijfstijl *m* style of writing
schrijftaal *v* written language
schrijftafel *v* [-s] desk
schrijftrant *m* manner / style of writing
schrijfvaardigheid *v* writing skills
schrijfwerk *o* clerical work, writing
schrijfwijze *v* [-n] spelling
schrijlings *bn en bijw* astride, astraddle ★ *een ~e houding* (with) legs astride
schrijn *o & m* [-en] ❶ *alg.* chest, cabinet ❷ *van relikwieën* shrine
schrijnen *overg* [schrijnde, h. geschrijnd] graze
schrijnend *bn* harrowing, distressing ★ *~ leed* bitter grief ★ *~e pijn* harrowing pain ★ *een ~e tegenstelling* a poignant contrast ★ *een ~ tekort* a serious shortage ★ *een ~ verhaal* a distressing story
schrijnwerk *o* [-en] cabinetwork
schrijnwerker *m* [-s] ❶ *meubelmaker* joiner ❷ *timmerman* ZN carpenter
schrijnwerkerij I *v* ❶ *houtwerk* ZN woodwork ❷ *meubelmakers-, timmerwerk* ZN carpentry, cabinet maker's work II *v* [-en] ❶ *meubelmakerij* ZN cabinetmaking, furnituremaking ❷ *werkplaats v.e. timmerman* ZN carpenter's workshop
schrijven I *overg* [schreef, h. geschreven] write ★ *dat kan je op je buik ~* you've got a fat chance of getting it ★ *hoe schrijf je dat?* how do you write / spell it? ★ *niets om over naar huis te ~* nothing to write home about ★ *er staat geschreven* it says here, Bijbel it is written II *onoverg* [schreef, h. geschreven] write ★ *deze pen schrijft niet* this pen doesn't write ★ *~ aan* write to ★ *hij schrijft in de krant* he writes for the papers ★ *~ op een advertentie* answer an advertisement ★ *hij schrijft over de oorlog* he writes about the war ★ *hij heeft over Byron geschreven* he has written on Byron III *wederk* [schreef, h. geschreven] ★ *zich ~* sign oneself IV *o* ★ *ons laatste ~* our last letter ★ *uw ~ van de 20e* your letter of the 20th
schrijver *m* [-s] ❶ *auteur* writer, author ❷ *op kantoor* clerk
schrijverschap *o* authorship
schrijverskwaliteiten *zn* [mv] literary qualities
schrik *m* fright, terror ★ *met ~ en beven* with fear and terror ★ *de ~ van het dorp* the terror of the village ★ *iem. ~ aanjagen, iem. de ~ op het lijf jagen* give sbd a fright, terrify sbd ★ *er met de ~ afkomen* get off with a fright ★ *er de ~ inbrengen* put the fear of God

into them ★ *een ~ krijgen* get a fright ★ *de ~ sloeg mij om het hart* I was terror-stricken ★ *met ~ vervullen* fill with fright, scare, strike terror into ★ *met ~ wakker worden* wake up with a start / jolt ★ *met ~ tegemoet zien* dread ★ *tot mijn ~* to my dismay / horror ★ *het van ~ besterven* be frightened to death
schrikaanjagend *bn* terrifying
schrikachtig *bn* easily frightened, <u>inf</u> jumpy
schrikbarend I *bn* ❶ *bedenkelijk* alarming, shocking ❷ *verschrikkelijk* terrifying, frightful, awful II *bijw* alarmingly ★ *~ hoog* alarmingly high ★ *zich ~ vervelen* be bored out of one's mind
schrikbeeld *o* [-en] ❶ spectre, phantom, bogey / bogy ★ *het ~ van de oorlog* the spectre of war ★ *het oude ~ van communistische infiltratie* the old bogey of communist infiltration ❷ *gedrocht* incubus
schrikbewind *o* (reign of) terror
schrikdraad *m & o* [-draden] electric fence
schrikkeldag *m* [-dagen] leap day
schrikkeljaar *o* [-jaren] leap year
schrikkelmaand *v* [-en] February, leap month
schrikken I *onoverg* [schrok, is geschrokken] be scared / frightened, <opschrikken> (give a) start ★ *wakker ~* wake up with a start / jolt ★ *iem. doen ~* give sbd a fright, frighten / startle sbd ★ *~ van* be startled by ★ *hij ziet eruit om van te ~* his looks are enough to frighten you ★ *~ voor...* take fright at II *wederk* [schrok, is geschrokken] ★ *zich dood / een aap & ~* get a big fright III *overg* [schrok, h. geschrokken] ★ *eieren ~* plunge eggs into cold water
schrikreactie *v* shock reaction
schrikwekkend *bn* terrifying, terrific, appalling
schril I *bn* ❶ *geluiden* shrill, strident ❷ *licht, kleuren, contrast* glaring II *bijw* shrilly, stridently, glaringly
schrobben *overg* [schrobde, h. geschrobd] scrub, scour
schrobber *m* [-s] scrubbing brush, scrubber
schrobbering *v* [-en] dressing down, telling off ★ *iem. een ~ geven* give sbd a dressing down / a telling off, tell sbd off
schroef *v* [schroeven] ❶ *alg.* screw, bolt ★ *een ~ van Archimedes* an Archimedean screw ★ *een ~ zonder eind* an endless screw ★ *een ~ en moer* a nut and bolt, a male and female screw ★ *de ~ wat aandraaien* tighten the screw a bit ★ *alles staat op losse schroeven* everything is unsettled ★ *er is bij haar een ~je los* she has a screw loose ❷ *bankschroef* vice ❸ <u>scheepv</u> screw, (screw) propeller ❹ <u>luchtv</u> airscrew, propeller ❺ *v. viool* peg ❻ *bij turnen, schoonspringen* twist
schroefas *v* [-sen] <u>scheepv</u> propeller shaft
schroefblad *o* [-bladen] propeller blade
schroefbout *m* [-en] screw bolt
schroefdeksel *o* [-s] screw cap
schroefdop *m* [-pen] screw top
schroefdraad *m* [-draden] screw thread ★ *een linkse / rechtse ~* a left-handed / right-handed screw thread
schroefsleutel *m* [-s] monkey wrench, spanner
schroefvormig *bn* screw-shaped, spiral

schroeien I *overg* [schroeide, h. geschroeid] ❶ *v. haar, kleding &* singe ❷ *v.* ⟨vlees⟩ sear ❸ *v. gras &* scorch ❹ *een wond* cauterize II *onoverg* [schroeide, is geschroeid] singe, burn

schroeiplek *v* [-ken] scorch mark

schroeven *overg* [schroefde, h. geschroefd] screw ★ *uit elkaar* ~ unscrew ★ *vaster* ~ screw together more firmly

schroevendraaier *m* [-s] screwdriver

schrok *m* [-ken] glutton

schrokken I *onoverg* [schrokte, h. geschrokt] eat gluttonously, bolt / wolf (down) one's food, guzzle one's food II *overg* [schrokte, h. geschrokt] ★ *het naar binnen* ~ bolt it down

schrokop *m* [-pen] glutton

schromelijk I *bn* gross ★ *een* ~*e overdrijving* a gross exaggeration II *bijw* grossly ★ ~ *te laat komen* come horribly late ★ ~ *overdrijven* grossly exaggerated ★ ~ *verliefd* head-over-heels in love

schromen *overg* [schroomde, h. geschroomd] ❶ *vrezen* fear, dread ★ *hij schroomt het gevaar niet* he's not afraid of danger ❷ *aarzelen* hesitate ★ *schroom niet om te bellen* don't hesitate to ring

schrompelen *onoverg* [schrompelde, is geschrompeld] shrivel (up)

schroom *m* diffidence, hesitation, shyness ★ *zonder* ~ without fear

schroomvallig *bn* shy, diffident, hesitating, timorous

schroot I *o* ❶ *oud ijzer* scrap (iron) ❷ *munitie* shot, grapeshot II *m* [schroten] *reep hout* lath

schroothandel *m* scrap metal business

schroothoop *m* [-hopen] scrapheap ★ *op de* ~ *gooien* throw sth on the scrapheap

schrootjeswand *m* [-en] timber-lined wall

schrootwaarde *v* scrap value

schub *v* [-ben] scale

schubben *overg* [schubde, h. geschubd] scale

schubbig *bn* scaly

schubdier *o* [-en] pangolin

schuchter I *bn* timid, tentative, shy, bashful II *bijw* timidly &

schuchterheid *v* timidity, tentativity, shyness, bashfulness

schuddebuiken *onoverg* [schuddebuikte, h. geschuddebuikt] rock, shake ★ ~ *van het lachen* rock / shake with laughter

schudden I *overg* [schudde, h. geschud] shake, ⟨v. kaarten⟩ shuffle ★ *iem. door elkaar* ~ shake sbd up, give sbd a good shaking ★ *iem. de hand* ~ shake hands ★ ⟨je kansen zijn verkeken⟩ *je kunt het wel* ~ you can forget it II *onoverg* [schudde, h. geschud] ❶ *alg.* shake ★ *dat deed het hele huis* ~ it shook the house ★ *hij schudde met het hoofd (van nee)* he shook his head ★ *het gebouw schudde op zijn grondvesten* the building shook to its foundations ★ *hij schudde van het lachen* he shook with laughter ★ ~ *vóór gebruik* shake before use ❷ *v. rijtuig* bump, jolt

schuif *v* [schuiven] ❶ *alg.* slide ❷ *v. doos* sliding lid

❸ *grendel* bolt ❹ *v. oven &* damper ❺ *lade* ZN drawer

schuifblad *o* [-bladen] leaf

schuifdak *o* [-daken] sliding roof

schuifdeur *v* [-en] sliding door

schuifelen *onoverg* [schuifelde, h. en is geschuifeld] ❶ *alg.* shuffle, shamble ❷ *dansen* dance closely ❸ *sissen v. slang* hiss

schuifla, schuiflade *v* [-laden] drawer

schuifladder *v* [-s] extending / extension ladder

schuifmaat *v* [-maten] sliding rule, vernier cal(l)ipers

schuifpaneel *o* [-nelen] sliding panel

schuifpui *v* [-en] sliding door

schuifraam *o* [-ramen] sash window

schuiftrombone *v* [-s] slide trombone

schuiftrompet *v* [-ten] trombone

schuifwand *m* [-en] sliding wall

schuiladres *o* [-sen] cover / secret address

schuilen *onoverg* [school of schuilde, h. gescholen of geschuild] ❶ *beschutting zoeken* take shelter, shelter (voor from) ❷ *zich verbergen* hide ★ *daar schuilt wat achter* there's something behind it ★ *de moeilijkheid schuilt in...* the difficulty lies in...

schuilgaan *onoverg* [ging schuil, is schuilgegaan] hide

schuilhoek *m* [-en] hiding place

schuilhouden *wederk* [hield schuil, h. schuilgehouden] ★ *zich* ~ hide, be in hiding, keep in the shade, lie low

schuilhut *v* [-ten] hide

schuilkelder *m* [-s] air raid shelter

schuilkerk *v* [-en] clandestine church, conventicle

schuilnaam *m* [-namen] ❶ *van schrijver* pen name, pseudonym ❷ *van spion &* assumed name

schuilplaats *v* [-en] ❶ *om zich te verbergen* hiding place, hideout, shelter ★ *een bomvrije* ~ a dugout, a bombproof shelter ❷ *veilige plaats* refuge, asylum ★ *een* ~ *zoeken bij...* take shelter / refuge with..., flee for shelter to...

schuim *o* ❶ *v. vloeistof* foam, ⟨v. bier &⟩ froth, ⟨v. zeep⟩ lather ★ *het* ~ *staat hem op de mond* he's foaming / frothing at the mouth ❷ *naar boven komende onzuiverheden* scum, ⟨v. metalen⟩ dross ❸ fig offscourings, scum, dregs ★ *het* ~ *der aarde* the scum of the earth

schuimbad *o* [-baden] bubble bath

schuimbekken *onoverg* [schuimbekte, h. geschuimbekt] foam at the mouth ★ ~*d van woede* foaming with rage

schuimbeton *o* foamed concrete

schuimblusser *m* [-s] foam extinguisher

schuimen I *onoverg* [schuimde, h. geschuimd] ❶ *v. water, mond &* foam ❷ *v. bier* froth ❸ *v. zeep* lather II *overg* [schuimde, h. geschuimd] *klaplopen* sponge ★ *op zee* ~ scour the seas

schuimgebakje *o* [-s] meringue

schuimig *bn* foamy, frothy

schuimkop *m* [-pen] *v. golf* crest

schuimkraag *m* [-kragen] head

schuimlaag *v* [-lagen] layer of foam
schuimpje *o* [-s] meringue
schuimplastic *o* foam plastic
schuimrubber *m & o* foam rubber
schuimspaan *v* [-spanen] skimmer, skimming spoon
schuimvlok *v* [-ken] (foam) flake
schuimwijn *m* [-en] ZN sparkling wine
schuin I *bn* ❶ *muur &* slanting, sloping ❷ *verband,
lijn, koers* oblique ★ *de ~e zijde (van een driehoek)* the
hypotenuse ❸ *vlak* inclined ❹ *kant* bevel(led)
❺ *verhalen, moppen &* broad, ribald, blue,
‹onfatsoenlijk› obscene, dirty **II** *bijw* diagonally,
aslant, slantingly, awry, askew, on the bias, at an
angle ★ *~ aanzien* look askance at ★ *~ geknipt* cut on
the bias ★ *iets ~ houden* tilt / slant sth, hold sth at an
angle ★ *de straat ~ oversteken* cross the street
diagonally ★ *~ toelopen* taper off ★ *~ tegenover*
diagonally opposite
schuingedrukt *bn* italic, in italics
schuins *bn* oblique, askew
schuinschrift *o* sloping / slanting writing
schuinsmarcheerder *m* [-s] debauchee, rake
schuinte *v* [-n] obliquity, slope, bias ★ *in de ~* aslant
schuit *v* [-en] boat, barge
schuitje *o* [-s] ❶ *boot* (little) boat, afkeurend tub ★ *we
zitten in het ~ en moeten meevaren* in for a penny, in
for a pound ★ *we zitten allemaal in hetzelfde ~* we're
all in the same boat ❷ *v. ballon* car, basket ❸ techn
shuttle
schuiven I *overg* [schoof, h. geschoven] shove, push
★ *de grendel op de deur ~* shoot the bolt ★ *de schuld
op een ander ~* lay the guilt at another man's door,
lay the blame on someone else ★ *iets van zijn hals ~*
shift sth onto somebody else's shoulders, rid oneself
of sth ★ *zij schoof de ring van haar vinger* she slipped
the ring from her finger ★ *bezwaren terzijde ~*
overrule objections ▼ *opium ~* smoke opium
II *onoverg* [schoof, is geschoven] slide, slip ★ *laat
hem maar ~!* he knows what's what!, he knows his
stuff! ★ *gaan ~ met* shift
schuiver *m* [-s] ❶ *beweging* lurch ★ *een ~ maken* give a
lurch, skid ❷ *v. opium* opium smoker
schuld *v* [-en] ❶ *in geld* debt ★ *kortlopende ~* current
liabilities ★ *kwade ~en* bad debts ★ *een lopende ~* an
outstanding / a running / current debt ★ *een
uitstaande ~* an outstanding debt ★ *een ~ aflossen*
settle a debt, pay off a debt ★ *een achterstallige ~
hebben* be in arrears ★ *veel ~ hebben* be saddled with
debts ★ *een ~ kwijtschelden* cancel a debt ★ *~en
maken* run into debt, incur debt ★ *een ~ overnemen*
take over a debt ★ *~en aan leveranciers* amounts
owed to suppliers ★ *overladen met ~en* debt-ridden,
burdened with debts ★ *een ~ vereffenen* pay off a
debt ★ *zich in de ~en steken* get into debt ★ *belofte
maakt ~* a promise is a promise ❷ *fout* fault, guilt
★ *eigen ~, dikke bult!* it's your own fault ★ jur *eigen ~*
contributory negligence ★ *het is mijn ~ (niet)* it's
(not) my fault, the fault is (not) mine ★ *wiens ~ is*

het? whose fault is it?, who's to blame? ★ *het weer
was er ~ van dat...* it was owing / due to the weather
that... ★ *~ bekennen* confess, own up ★ *~ belijden*
confess one's guilt ★ *iem. de ~ van iets geven* lay
/ throw the blame on sbd, blame sbd for sth ★ ‹*~ig
zijn*› *~ hebben* be guilty ★ *wie heeft ~?* who is to
blame? ★ *~ hebben aan iets* be a party to sth
★ *gewoonlijk krijg ik de ~* I usually get the blame
★ *de ~ op zich nemen* take the blame upon oneself
★ Bijbel *vergeef ons onze ~en* forgive us our
trespasses ★ *buiten mijn ~* through no fault of mine
★ *door uw ~* through your fault
schuldbekentenis *v* [-sen] ❶ confession / admission
of guilt ❷ *promesse* IOU (I owe you), bond, note,
promissory note, memorandum of debt,
acknowledgement of a debt
schuldbelijdenis *v* [-sen] confession of guilt
schuldbesef *o* sense of guilt, consciousness of ‹his
/ her› guilt
schuldbewust *bn* guilty ★ *~ kijken* look contrite
schuldbrief *m* [-brieven] debenture, bond ★ *een ~ aan
toonder* a bearer bond / debenture
schuldcomplex *o* [-en] guilt complex
schulddelging *v* [-en] debt redemption
schuldeiser *m* [-s] creditor ★ *een bevoorrechte
/ preferente ~* a preferred creditor
schuldeloos *bn* guiltless, innocent
schuldenaar *m* [-s & -naren] debtor
schuldenlast *m* (burden of) debt
schuldenvrij *bn* debt-free
schulderkenning *v* admission of guilt
schuldgevoel *o* [-ens] guilt feeling, feeling / sense of
guilt
schuldig *bn* ❶ ‹schuld hebben› *d* guilty ★ *~ zijn* be
guilty ★ *zich ~ maken aan iets* commit sth ★ *hij is des
doods ~* he deserves to die ★ *het ~ uitspreken over
iem.* condemn sbd, find sbd guilty ★ *men heeft hem ~
bevonden* he has been found guilty ★ *zich aan een
nalatigheid ~ maken* be guilty of negligence ❷ *te
betalen hebbend* owing ★ *~ zijn* owe ★ *ik ben u nog
wat ~* I owe you something ★ *ik ben niemand iets ~* I
owe no one anything ★ *ik ben u nog enige lessen ~* I
still owe you for a few lessons ★ *het antwoord ~
blijven* not give an answer ★ *het antwoord niet ~
blijven* be ready with an answer ★ *het bewijs ~ blijven*
fail to prove that...
schuldige *m-v* [-n] culprit, guilty party / person,
wrongdoer
schuldigverklaring *v* [-en] jur guilty verdict,
conviction
schuldsanering *v* debt restructuring
schuldvereffening *v* [-en] debt settlement
schuldvergelijking *v* [-en] compensation, set off
schuldvordering *v* [-en] (debt) claim
schuldvraag *v* question of guilt ★ *de ~ opwerpen* raise
the question of guilt
schulp *v* [-en] shell ★ *in zijn ~ kruipen* draw in one's
horns

sc

schunnig *bn* ❶ *armzalig* mean, shabby
❷ *minderwaardig* shady ❸ *obsceen* ribald
schunnigheid *v* [-heden] ❶ shabbiness ❷
⟨obsceniteit⟩ filth, dirt
schuren I *overg* [schuurde, h. geschuurd] ❶ *pan,
ketel &* scour ★ *zand schuurt de maag* eating a bit of
sand never hurt anybody ❷ *met schuurpapier* sand,
sandpaper ❸ *de huid* chafe **II** *onoverg* [schuurde, h.
geschuurd] ★ ~ *langs* graze ★ *iets over het zand* ~
drag sth along the sand
schurft *v & o* ⟨v. mensen⟩ scabies, itch, ⟨v. schapen⟩
scab, ⟨v. katten, honden, paarden⟩ mange ★ *de* ~
aan iem. / iets hebben hate sbd / sth like poison
★ *ergens de* ~ *over in hebben* be peeved at sth
schurftig *bn* scabby, mangy, scabious
schuring *v* friction
schurk *m* [-en] rogue, scoundrel
schurkachtig *bn* roguish, rotten, wicked
schurken *onoverg* [schurkte, h. geschurkt] rub, scratch
★ *zich* ~ have a scratch, rub oneself
schurkenstreek *m & v* [-streken], **schurkerij** *v* [-en]
nasty trick
schut *o* [-ten] ❶ *scherm* screen ❷ *schutting* fence
❸ *schot* partition ▼ *voor* ~ *lopen* look a sight
▼ *voor* ~ *staan / zitten* look a fool ▼ *iem. voor* ~
zetten make a fool of sbd
schutblad *o* [-bladen] ❶ *v. boek* flyleaf, endpaper
❷ plantk bract
schutkleur *v* [-en] protective coloration / colouring,
camouflage
schutkolk *m & v* [-en] lock chamber
schutsluis *v* [-sluizen] lock
schutspatroon *m* [-tronen], **schutspatrones** *v* [-sen]
patron saint
schutten *overg* [schutte, h. geschut] *v. schepen* lock
(through)
schutter *m* [-s] ❶ *die schiet* marksman, rifleman ❷ mil
gunner ❸ hist soldier of the civic guard
schutteren *onoverg* [schutterde, h. geschutterd]
fumble, act awkwardly / clumsily
schutterig I *bn* awkward, clumsy **II** *bijw* awkwardly,
clumsily ★ ~ *buigen* bow awkwardly ★ ~ *spreken*
stumble over one's words
schutterij *v* [-en] ❶ *schietvereniging* shooting club
❷ hist national guard, civic guard
schuttersfeest *o* [-en] festivities of the shooting club
schuttersput *m* [-ten] foxhole
schuttersstuk *o* [-ken] *schilderij* group portrait of the
civil guards
schutting *v* [-en] ❶ *alg.* fence ❷ *voor advertenties*
hoarding
schuttingtaal *v* obscene language
schuttingwoord *o* [-en] four-letter word, dirty word
schuur *v* [schuren] ❶ *alg.* shed ❷ *van boerderij* barn
schuurdeur *v* [-en] shed door, ⟨v. boerderij⟩ barn door
schuurlinnen *o* emery cloth
schuurmachine *v* [-s] sanding machine, sander
schuurmiddel *o* [-en] abrasive, scourer

schuurpapier *o* emery paper, sandpaper
schuurpoeder *o & m* scouring powder
schuurspons *v* [-en & -sponzen] scourer
schuw *bn* shy, timid, bashful ★ *iem.* ~ *maken* frighten
sbd off ★ ~ *worden* become shy
schuwen *overg* [schuwde, h. geschuwd] ❶ *personen*
shun ❷ *handelingen, zaken* avoid, shrink from
★ *iets* ~ *als de pest* shun / avoid sth like the plague
★ *geen geweld* ~ not shrink from violence
schuwheid *v* shyness, timidity, bashfulness
schwung *m* verve, drive, vigour, spirit, elan, panache
sciencefiction *v* science fiction
sclerose *v* sclerosis ★ *multiple* ~ multiple sclerosis
scoliose *v* scoliosis
scooter *m* [-s] (motor) scooter ★ *op de* ~ on the scooter
score *m* [-s] score
scorebord *o* [-en] scoreboard
scoren *overg* [scoorde, h. gescoord] ⟨ook v. junk⟩ score
★ *de gelijkmaker* ~ equalize
scoreverloop *o* scoring progress
scout *m* [-s] ❶ *lid v. jeugdorganisatie* (boy / girl) scout
❷ *talentenjager* (talent) scout
scouting *m* Scouting
scoutisme *o* ZN Scouting
scrabbelen *onoverg* [scrabbelde, h. gescrabbeld] play
scrabble®
scratchen *onoverg* [scratchte, h. gescratcht] scratch
screenen *overg en onoverg* [screende, h. en is
gescreend] screen ★ *iem.* ~ screen sbd
screensaver *m* [-s] screensaver
screentest *m* [-s] screen test
screwdriver *de (m)* [-s] screwdriver
scribent *m* [-en] scribbler
scrimmage *v* [-s] sp scrimmage
script *o* [-s] script
scriptgirl *v* [-s] script / continuity girl
scriptie *v* [-s] final paper / project, thesis, essay

scriptie
Een **hbo-scriptie** kan het best worden vertaald met
bachelor's thesis.
Een **universitaire scriptie** kan het best worden
vertaald met **thesis** of **master's thesis**.

scriptiebegeleider *m* [-s] thesis / project supervisor
scrollbar *m* [-s] comput scroll bar
scrollen *overg* [scrolde, h. gescrold] comput scroll
scrotum *o* [-s] scrotum
scrum *de (m)* [-s] scrum
scrupule *v* [-s] scruple ★ *geen* ~s *kennen over* have no
scruples about
scrupuleus I *bn* scrupulous, conscientious **II** *bijw*
scrupulously, conscientiously
scudraket *v* [-ten] Scud missile
sculptuur *v* [-turen] sculpture
seance *v* [-s] seance
sec I *bn* dry **II** *bijw* dryly ★ *iets* ~ *vertellen* tell sth dryly
★ *iets* ~ *drinken* drink sth straight / neat
secans *v* [-en & -canten] secant

sc

secondair *bn* secondary
secondant *m* [-en] ❶ *op een kostschool* assistant master ❷ *bij wedstrijden* second ❸ *bij een bokswedstrijd* bottle holder
seconde *v* [-n] second
secondelijm *m* five-second glue
seconderen *overg* [secondeerde, h. gesecondeerd] second
secondewijzer *m* [-s] second hand
secreet I *o* [-kreten] ❶ *scheldwoord* ⟨man⟩ bastard, son of a bitch, swine, ⟨vrouw⟩ bitch, cow ❷ *wc* privy II *bn geheim* secret III *bijw* ★ *jur & ZN op ~ stellen* put in confinement
secretaire *m* [-s] writing desk, secretary
secretaresse *v* [-n] (female) secretary ★ *een medisch ~* a medical secretary / receptionist
secretariaat *o* [-aten] ❶ *ambt* secretaryship ❷ *kantoor* (secretary's) office ❸ *hoofdkwartier* secretarial building
secretarie *v* [-rieën] town clerk's office
secretaris *m* [-sen] ❶ *alg.* secretary ❷ *v.d. gemeente* town clerk
secretaris-generaal *m* [-sen-generaal] ❶ *v.e. ministerie* permanent secretary ❷ *v.d. VN &* secretary-general
secretie *v* [-s] secretion
sectie *v* [-s] ❶ *onderdeel* section ❷ *mil* platoon ❸ *afdeling v.e. organisatie* department ❹ *v. lijk* dissection, post-mortem (examination) ★ *~ verrichten* conduct a post-mortem
sector *m* [-s & -toren] sector ★ *de vrije ~* the free sector
seculair *bn* secular
secularisatie *v* [-s] secularization
seculariseren *overg en onoverg* [seculariseerde, h. en is geseculariseerd] secularize
seculier I *bn* secular II *m* [-en] secular
secundair *bn* secondary ★ *~e arbeidsvoorwaarden* fringe benefits, inf perks ★ *Belg ~ onderwijs* secondary education ★ *Belg Vernieuwd Secundair Onderwijs* modern secondary education
securiteit *v* security ★ *voor alle ~* to be on the safe side, for safety's sake
secuur I *bn* accurate, precise II *bijw* accurately, precisely ★ *het ~ weten* know it for a fact
sedan *m* [-s] sedan
sedatief I *bn* sedative, tranquillizing, calmative II *o* [-tieven] sedative, tranquillizer
sederen *overg* [sedeerde, h. gesedeerd] sedate, calm by means of sedatives, administer a sedative
sedert *voegw & voorz* since, for ★ *~ kort* recently ★ *~ lang* for a long time now ★ *~ wanneer?* since when?
sedertdien *bijw* since then, ever since
sediment *o* [-en] sediment
sedimentair *bn* sedimentary
sedimentatie *v* sedimentation
sedum *o plant* sedum
segment *o* [-en] segment
segmentatie *v* segmentation
segregatie *v* segregation

segregeren *overg* [segregeerde, h. gesegregeerd] segregate
sein *o* [-en] ❶ signal, sign ★ *~en geven* make signals ★ *het ~ geven voor de aanval* give the signal / sign to attack ★ *iem. het ~ geven om stil te houden* signal to sbd to stop ★ *dat was het ~ tot...* that was the signal for... ❷ *waarschuwing* tip, hint ★ *als je er niet uitkomt moet je maar even een ~tje geven* if it doesn't work just let me know
seinen *overg en onoverg* [seinde, h. geseind] ❶ *seinen geven* signal ★ *in het morse ~* signal in Morse code ❷ *telegraferen* telegraph, wire
seinhuis *o* [-huizen] signal box
seinpaal *m* [-palen] signal post, semaphore
seinpost *m* [-en] signal box
seismisch *bn* seismic
seismograaf *m* [-grafen] seismograph
seismografisch *bn* seismographic
seismologie *v* seismology
seismologisch *bn* seismological ★ *een ~ station* a seismological station
seismoloog *m* [-logen] seismologist
seizoen *o* [-en] season ★ *buiten het ~ is het rustig* it's quiet in the off-season ★ *buiten het ~ huren kan ook* off-season rental is also possible ★ *fruit buiten het ~ is duur* out-of-season fruit is expensive
seizoenarbeid, seizoensarbeid *m* seasonal work
seizoenarbeider *m* [-s] seasonal worker
seizoendrukte *v* seasonal activity
seizoengebonden, seizoensgebonden *bn* seasonal
seizoeninvloed, seizoensinvloed *m* [-en] seasonal influence
seizoenkaart *v* [-en] season ticket
seizoenopruiming *v* [-en] end of season sales
seizoenscorrectie *v* seasonal correction
seizoenstart *m* start of the season
seizoenwerkloosheid *v* seasonal unemployment
seks *m* sex ★ *~ hebben met iem.* have sex with sbd
seksblad *o* [-bladen] sex magazine
seksbom *v* [-men] sex bomb, sexpot
sekse *v* [-n] sex ★ *de schone ~* the fair sex
seksen *overg* [sekste, h. geseks] ❶ *v. kuikens &* sex ❷ *seks hebben* have sex
seksfilm *m* [-s] sex film
seksisme *o* sexism
seksist *m* [-en] sexist
seksistisch *bn* sexist
seksleven *o* sex life
sekslijn *v* [-en] sex line
seksmaniak *m* [-ken] sex fiend / maniac
seksshop *m* [-s] sex shop
seksualiteit *v* sexuality
seksueel I *bn* sexual ★ *seksuele voorlichting* sex education II *bijw* sexually ★ *een ~ overdraagbare ziekte* a sexually transmitted disease
seksuologie *v* sexology
seksuoloog *m* [-logen] sexologist
sektariër *m* [-s] sectarian

se

sektarisch *bn* sectarian
sektarisme *o* sectarianism
sekte *v* [-n] sect
sekteleider *m* [-s] sect leader
sektelid *o* [-leden] sect member
sekwester I *m* [-s] sequestrator II *o* [-s] sequestrum
selderie, selderij, ZN **selder** *m* celery
selderiesalade *v* celery salad
select *bn* select, choice ★ *een ~ gezelschap* a select company
selecteren *overg* [selecteerde, h. geselecteerd]
❶ *uitzoeken* select, pick (out) **❷** *scheiden* select, sort (out)
selectie *v* [-s] selection
selectiecriterium *o* [-teria] selection criterion
selectief *bn* selective
selectiemethode *v* [-s] selection method
selectieprocedure *v* [-s] selection procedure
selectiewedstrijd *m* [-en] selection match, ⟨voorronde⟩ preliminary
semafoon *m* [-s] beeper
semantiek *v* semantics
semantisch *bn* semantic
semester *o* [-s] semester
semiautomatisch *bn* semi-automatic
Semiet *m* [-en] Semite
seminarie *o* [-s], **seminarium** [-ria, -s] **❶** RK seminary ★ *een groot / klein ~* a major / minor seminary **❷** onderw seminar
seminarist *m* [-en] seminarian, seminarist
semioverheidsinstelling *v* [-en] Br quango, quasi-autonomous non-governmental organisation, semi state-controlled company
semiprof *m* [-s] semi-pro
Semitisch *bn* Semitic
semtex® *o* Semtex
senaat *m* [-naten] **❶** senate **❷** onderw committee of senior students
senator *m* [-s & -toren] senator
Senegal *o* Senegal
seniel *bn* senile ★ *~e aftakeling* senile decay
seniliteit *v* senility
senior I *bn* senior ★ *Mulder ~* Mulder senior II *m* [-oren, -ores] senior
seniorenconvent *o* group of the leaders of all the political parties represented in parliament
seniorenpas *m* [-sen] senior citizen's pass
seniorenwoning *v* [-en] senior citizen's residence
sensatie *v* [-s] **❶** *onder het publiek* sensation, stir ★ *~ maken / veroorzaken* create a sensation, cause a stir ★ *op ~ belust* sensation-hungry **❷** *persoonlijk* thrill, excitement
sensatieblad *o* [-bladen] tabloid
sensatiepers *v* tabloid / scandal press / yellow press
sensatiezucht *v* thirst for sensation ★ *hij doet het uit ~* he does it for kicks
sensationeel I *bn* sensational, spectacular ★ *sensationele berichten* front-page news II *bijw*

sensationally, spectacularly
sensibel *bn* **❶** *gevoelig* sensitive **❷** *waarneembaar* perceptible

sensibel
is **sensitive** of **perceptible** en niet **sensible**; **sensible** betekent **verstandig**.

sensibiliseren *overg* [sensibiliseerde, h. gesensibiliseerd] sensitize
sensibiliteit *v* **❶** *gevoeligheid* sensitivity **❷** *waarneming* perception
sensitief I *bn* sensitive II *bijw* sensitively
sensitiviteit *v* sensitivity
sensor *m* [-s &-soren] sensor
sensorisch *bn* sensory
sensualiteit *v* sensuality
sensueel I *bn* sensual II *bijw* sensually
sentiment *o* [-en] sentiment ★ *vals ~* cheap sentiment
sentimentaliteit *v* [-en] sentimentality
sentimenteel I *bn* sentimental ★ *~ doen over* sentimentalize over ★ *een ~ toneelstuk* a sentimental play, inf a tear-jerker II *bijw* sentimentally
separaat I *bn* separate II *bijw* separately III *o* [-raten] separate
separatie *v* [-s] separation
separatisme *o* separatism
separatist *m* [-en] **❶** *voorstander v.e. afscheidingsbeweging* separatist **❷** jur preferential / secured creditor
separatistisch *bn* separatist
sepia *v dier & kleur* sepia
seponeren *overg* [seponeerde, h. geseponeerd] jur dismiss, drop ★ *de zaak ~* dismiss / drop a case
sepot *o* dismissal, decision not to prosecute, decision to drop charges ★ *een voorwaardelijk ~* a conditional decision not to prosecute
september *m* September ★ *de eerste ~, een ~* the first of September ★ *op tien ~* on the tenth of September ★ *begin / midden / eind ~* at the beginning of / in the middle of / at the end of September
septet *o* [-ten] septet
septiem *v* [-en], **septime** [-s] muz seventh
septisch *bn* septic ★ *een ~e put* a septic tank
sequentie *v* sequence
SER *afk* (sociaaleconomische raad) National Economic Development Office
seraf *m* [-s], **serafijn** [-en] seraph
sereen *bn* serene
serenade *v* [-s] serenade ★ *iem. een ~ brengen* serenade sbd
sereniteit *v* serenity
sergeant *m* [-en & -s] sergeant
sergeant-majoor *m* [-s] sergeant-major
serie *v* [-s & -riën] **❶** *alg.* series ★ *een ~ noten* a series of notes **❷** bilj break **❸** RTV serial
seriebouw *m* series / mass production
serieel *bn* serial
seriemoordenaar *m* [-s] serial killer

se

serienummer *o* [-s] serial number
serieproductie *v* serial production
serieschakeling *v* [-en] series connection, sequence circuit
serieus I *bn* serious ★ *serieuze aanvragen* genuine inquiries **II** *bijw* seriously ★ *iem. ~ nemen* take sbd seriously
sérieux *bijw* ★ *au ~ nemen* take seriously
serieverkrachter *m* [-s] serial rapist
sering *v* [-en] *plant* lilac
sermoen *o* [-en] sermon, fig lecture
seropositief I *bn* HIV-positive **II** *m-v* [-tieven] person who is HIV-positive
serpent *o* [-en] ❶ serpent ❷ fig shrew
serpentine *v* [-s] (paper) streamer
serre *v* [-s] ❶ *uitgebouwd voor planten* conservatory ❷ *losstaand* hothouse, greenhouse ❸ *als achterkamer* closed veranda(h), sun room
serum *o* [-s & -ra] serum
serveerboy *m* [-s] serving trolley, dinner wagon
serveerder *m* [-s] sp server
serveerster *v* [-s] waitress
server *m* [-s] comput server
serveren *overg* [serveerde, h. geserveerd] ❶ *opdienen* serve ❷ sp serve
servet *o* [-ten] (table) napkin / serviette, ‹papier› serviette ★ *te groot voor ~, te klein voor tafellaken* at the awkward age
servetring *m* [-en] napkin / serviette ring
service *m* [-s] ❶ service ★ *een restaurant met een goede ~* a restaurant which provides good service ★ *~ na aankoop* after-sales service ❷ *bedieningsgeld* service charge ❸ sp service
servicebeurt *v* [-en] service ★ *een ~ laten geven* have ‹one's car› serviced
servicecontract *o* [-en] marketing service contract
servicedienst *m* [-en] service department
serviceflat *m* [-s] service flat
servicegame *m* [-s] *tennis* service game
servicekanon *o* [-nen] serve shot
servicekosten *zn* [mv] service charge(s)
servicestation *o* [-s] service station
serviceverlening *v* services
Servië *zn* o Serbia
serviel I *bn* servile **II** *bijw* servilely ★ *zich ~ opstellen* take a servile approach
Serviër *m* [-s] Serbian
servies *o* [-viezen] ❶ dinner service ❷ *theeservies* tea set
serviesgoed *o* crockery
servieskast *v* [-en] cupboard
Servisch I *bn* Serbian **II** *o taal* Serbian
Servische *v* [-n] Serb, Serbian ★ *ze is een ~* she's a Serb, she's from Serbia
Servo-Kroatisch *o* Serbo-Croat(ian)
servomotor *m* [-toren] servomotor
Sesam *zn* ★ *~, open u!* open Sesame!
sesam *m* sesame

sesamzaad *o* sesame seed
sessie *v* [-s] session
set *m* [-s] set ★ *een ~ pennen* a set of pens
setpoint *o* [-s] set point
settelen *overg* [settelde, h. gesetteld] settle ★ *zich ~* settle
setter *m* [-s] setter
sext *v* [-en] sixth ★ *een kleine ~* a minor sixth
sextant *m* [-en] sextant
sextet *o* [-ten] muz sextet(te)
sexy *bn* sexy
Seychellen *zn* [mv] ★ *de ~* the Seychelles
SF *afk* (sciencefiction) science fiction
sfeer *v* [sferen] ❶ *rond de aarde, sociaal* sphere ★ *dat ligt buiten mijn ~* that's out of my domain / province ★ *iets in die ~* something like that ★ *hij was in hoger sferen* he was in the clouds ❷ *stemming* atmosphere ★ *er heerste een gezellige ~* there was a pleasant atmosphere
sfeerloos *bn* cheerless, bleak, without any atmosphere
sfeertekening *v* [-en] atmospheric description
sfeerverlichting *v* atmospheric lighting
sfeervol *bn* ❶ pleasing, full of atmosphere ❷ *smaakvol* in good taste, attractive
sferisch *bn* spherical
sfinx *m* [-en] sphinx
sfinxachtig *bn* sphinxlike
shag *m* cigarette tobacco
shakenbabysyndroom *het* shaken baby syndrome
shaker *m* [-s] shaker
shamponeren *overg* [shamponeerde, h. geshamponeerd] shampoo
shampoo *m* [-s] shampoo
shantoeng *o & m* shantung
sheet *m* [-s] transparency, acetate

sheet
Een doorzichtig velletje voor een projector heet in het Engels een **transparency** of **acetate** en geen **sheet**. Een **sheet** is een **vel papier** of een **laken**.

sherpa *m en v* ['s] sherpa
sherry *m* sherry
Shetlandeilanden *zn* [mv] Shetland Islands
shift *m* [-en] ❶ *op toetsenbord* shift key ❷ *ploegendienst* ZN shift
shifttoets *m* [-en] comput shift key
shirt *o* [-s] shirt
shirtreclame *v* [-s] shirt advertising
shish kebab *de* shish kebab
shit *tsw* shit!
shoarma *m* kebab
shock *m* [-s] shock
shockbehandeling *v* [-en] shock treatment
shockproof *bn* shockproof
shocktherapie *v* [-pieën] shock therapy
shocktoestand *m* state of shock
shoppen *onoverg* [shopte, h. geshopt] shop

sh

short *bn* ★ *een* ~ *drink* a short drink ★ *een* ~ *story* a short story ★ eff ~ *gaan* short sell

shorts *zn* [mv] shorts

shorttrack *m* short-track speed skating

shot *m* [-s] ❶ *foto* shot ❷ *met verdovend middel* shot, inf fix ★ *een* ~ *nemen* take a shot ❸ sp shot

shovel *m* [-s] shovel

show *m* [-s] show ★ *voor de* ~ for show ★ *de* ~ *stelen* steal the show

showbink *m* [-en] show-off, boaster

showbusiness *m* show business

showen *overg* [showde, h. geshowd] show

showroom *m* [-s] showroom

shuttle *m* [-s] ❶ badminton shuttle ❷ ruimtevaart shuttle

shuttlebus *v* [-sen] shuttle bus

si *v* ['s] muz si

Siam *o* Siam

Siamees *bn & o & m* [-mezen] Siamese ★ *een Siamese tweeling* Siamese twins

siamees *m* [-mezen] *kattenras* Siamese

sibille *v* [-n] sibyl

sic *bijw* sic

siccatief *o* [-tieven] siccative

Sicilië *o* Sicily

sickbuildingsyndroom *m* sick building syndrome

sidderaal *m* [-alen] electric eel

sidderen *onoverg* [sidderde, h. gesidderd] quake, shake, tremble, shudder ★ ~ *van...* quake / shake (&) with...

siddering *v* [-en] shudder, shiver ★ *er ging een* ~ *door hem heen* he shuddered / shivered

sideletter *de (m)* [-s] side letter

sier *v* show ★ *goede* ~ *maken* make good cheer ★ *dat gordijn hangt er alleen maar voor de* ~ the curtain is only for show

sieraad *o* [-raden] ornament ★ *sieraden* Br jewellery, Am jewelry ★ *het park is een* ~ *van de stad* the park is the town's pride and joy

sierbestrating *v* ornamental paving / pavement

sieren **I** *overg* [sierde, h. gesierd] adorn, ornament, decorate ★ *dat siert je* it does you honour **II** *wederk* [sierde, h. gesierd] ★ *zich* ~ adorn oneself

siergewas *o* [-sen] ornamental plant

sierheester *m* [-s] ornamental shrub

sierkunst *v* [-en] decorative / ornamental art

sierletter *v* [-s] ornamental letter

sierlijk **I** *bn* graceful, elegant, ⟨v. woorden: overdreven⟩ florid **II** *bijw* gracefully &

sierlijkheid *v* gracefulness, elegance

sierlijst *v* [-en] ❶ decorative frame ❷ v. auto styling strip, trim

sierplant *v* [-en] ornamental plant

Sierra Leone *o* Sierra Leone

siersteen *m* [-stenen] *halfedelsteen* semi-precious stone

sierstrip *m* [-s & -pen] trim

siervis *m* [-sen] tropical fish

siervuurwerk *o* display fireworks

siësta *v* ['s] siesta, nap ★ *zijn* ~ *houden* have a siesta

sifon *m* [-s] siphon

sigaar *v* [-garen] cigar ★ *hij is de* ~ he'll cop it

sigarenbandje *o* [-s] cigar band

sigarenboer *m* [-en] tobacconist

sigarendoos *v* [-dozen] cigar box

sigarenkistje *o* [-s] ❶ cigar box ❷ *schoen* chisel toe

sigarenknipper *m* [-s] cigar cutter

sigarenkoker *m* [-s] cigar case

sigarenroker *m* [-s] cigar smoker

sigarenwinkel *m* [-s] tobacconist's / cigar shop

sigaret *v* [-ten] cigarette

sigarettenautomaat *m* [-maten] cigarette vending machine

sigarettenpeukje *o* [-s] cigarette end, inf fag end

sigarettenvloei *o* cigarette paper

sightseeing *o* sightseeing

signaal *o* [-nalen] ❶ signal ★ *het* ~ *staat op rood* the signal is red ❷ mil bugle call, call

signaalfunctie *v* warning function ★ *een* ~ *hebben (voor)* act as a warning (of)

signaalversterker *m* [-s] signal amplifier

signalement *o* [-en] description ★ *een man aan die aan het* ~ *voldeed* a man fitting that description

signaleren *overg* [signaleerde, h. gesignaleerd] ❶ *de aandacht vestigen op* point out ❷ *zien* see, spot, detect ★ *hoe eerder wij problemen* ~, *hoe beter* the earlier we detect problems the better

signalisatie *v* [-s] ZN road marking, traffic signs

signatuur *v* [-turen] signature ★ *van communistische* ~ of communist persuasion

signeren *overg* [signeerde, h. gesigneerd] sign, ⟨v. beroemdheden ook⟩ autograph

signet *o* [-ten] signet, seal

significant *bn* significant

significantie *v* significance

significatie *v* signification

sijpelen *onoverg* [sijpelde, h. en is gesijpeld] ooze, trickle, seep

sijs **I** *m* [sijzen] *raar mens* dick, duck ★ *een rare* ~ an odd fish **II** *v* [sijzen], **sijsje** *o* [-s] *vogel* siskin

sik *v* [-ken] ❶ *dier* goat ❷ *baard v.e. geit* goat's beard ❸ *baard v.e. man* goatee, chin tuft

sikkel **I** *v* [-s] *gereedschap* sickle **II** *m* [-s & -en] *gewicht, munt* shekel

sikkelvormig *bn* sickle-shaped

sikkeneurig *bn* peevish, grumpy

sikkepit *v*, **sikkepitje** *o* inf bit ★ *het maakt geen* ~ *uit* it doesn't make a bit of difference ★ *ik snap er geen* ~ *van* I don't understand a single thing

silene *v* [-n & -s] *plant* campion

silhouet *v & o* [-ten] silhouette

silicaat *o* [-caten] silicate

silicium *o* silicon

silicone, **silicon** *o* silicone

siliconenkit *v & o* silicone kit

silicose *v* silicosis

silo *m* ['s] silo

siluur *v* Silurian
simili, similileer *o* ZN artificial leather
simonie *v* simony
simpel *bn* ❶ *eenvoudig* simple, mere ❷ *onnozel* simple(-minded) ★ *ik word er ~ van* it drives me out of my mind
simpelweg *bijw* simply, just
simpliciteit *v* simplicity
simplificatie *v* [-s] ❶ *vereenvoudiging* simplification ❷ *al te eenvoudige voorstelling van zaken* oversimplification
simplificeren *overg* [simplificeerde, h. gesimplificeerd] simplify
simplisme *o* oversimplification
simplistisch *bn* simplistic, oversimplified
simsalabim I *m* *tovenarij* abracadabra II *tsw* abracadabra!
simulant *m* [-en] ❶ *alg.* simulator ❷ *m.b.t. ziekte* malingerer
simulatie *v* [-s] ❶ *alg.* simulation ❷ *m.b.t. ziekte* malingering
simulator *m* [-s & -toren] simulator
simuleren I *overg* [simuleerde, h. gesimuleerd] simulate II *onoverg* [simuleerde, h. gesimuleerd] ❶ *alg.* simulate ❷ *m.b.t. ziekte* malinger
simultaan *bn* simultaneous ★ schaken & dammen *~ spelen* play a simultaneous game, play a simul ★ *~ vertalen* interpret simultaneously
simultaanpartij *v* [-en] simultaneous game, simul
simultaanvertaling *v* [-en] simultaneous translation
sinaasappel *m* [-s & -en] orange
sinaasappelboom *m* [-bomen] orange tree
sinaasappelhuid *v* cellulite
sinaasappelkist *v* [-en] orange box
sinaasappelsap *o* orange juice
sinaasappelschil *v* [-len] orange peel
sinas *m* orangeade
sinds I *voorz* since, for ★ *~ enige dagen* for some days (past) ★ *~ mijn komst* since my arrival II *voegw* since
sindsdien *bijw* since
sinecure *v* [-s & -n] sinecure ★ *het is geen ~* it's no sinecure / picnic
Singapore *o* Singapore
singel I *m* [-s] ❶ *voor paard* girth ❷ RK girdle ❸ *gracht om stad* moat ❹ *gedempt* ± boulevard II *o* *weefsel* webbing
singelen I *overg* [singelde, h. gesingeld] *een paard* girth II *onoverg* [singelde, h. gesingeld] *tennis* play a singles match
single *m* [-s] ❶ *grammofoonplaat* single ❷ sp single(s) ❸ *alleenstaande* single
singlet *m* [-s] ❶ *mouwloze bovenkleding* vest ❷ *onderkleding* singlet
sinister I *bn* sinister, ominous II *bijw* sinisterly, ominously
sinjeur *m* [-s] fellow, type ★ *een rare ~* a weird character
Sinksen *o* ZN Whitsun(tide), Pentecost

sinologie *v* Sinology
sinoloog *m* [-logen] Sinologist
sinopel *o* herald vert
sint I *m* [-en] saint ★ *de goede* ~ St Nicholas, ± Father Christmas, Santa (Claus) II *bn* saint
sint-bernard *m* [-s], **sint-bernardshond** [-en] St Bernard (dog)
sintel *m* [-s] cinder
sintelbaan *v* [-banen] sp cinder track / path, ⟨voor motorfietsen⟩ dirt track
sint-elmsvuur *o* St Elmo's fire
Sinterklaas *m* ❶ *bisschop, de goedheiligman, feest* (feast of) St Nicholas ❷ *iem. die voor Sinterklaas speelt* sinterklaas [-klazen] ★ *voor ~ spelen* play Santa Claus
sinterklaasavond *m* [-en] *5 december* St Nicholas' Eve
sint-janskruid *o* *plant* St John's wort
sint-juttemis ★ *met ~* never in a month of Sundays, when pigs fly
Sint-Maarten *m* ❶ St Martin ❷ *feestdag* Martinmas
Sint-Nicolaas *m* (feast of) St Nicholas
Sint-Petersburg *o* St Petersburg
Sint-Pieter *m* [-s] St Peter ★ *~skerk, ~sbasiliek* St Peter's Basilica ★ *~splein* St Peter' square
sint-veitsdans, sint-vitusdans *m* St Vitus's dance
sinus *m* [-sen] sine
sinusitis *v* sinusitis
SIOD *afk* (Sociale Inlichtingen- en Opsporingsdienst) Social Intelligence and Investigation Service
sip I *bn* glum, sour II *bijw* ★ *~ kijken* look glum
Sire I *zn aanspreektitel vorst* your Majesty, **SIRE** II *afk* (Stichting Ideële Reclame) Institute for Non-Commercial Advertising
sirene *v* [-s & -n] ❶ *signaal* siren, ⟨fabriek⟩ hooter ❷ *mythologie* siren
sirocco *m* ['s] sirocco
siroop *v* [-ropen] ❶ *(hoest)drank* (cough) syrup ❷ *stroop* ZN treacle
sisal *m* sisal
sisklank *m* [-en] ❶ hissing sound, hiss ❷ taalk sibilant
sissen *onoverg* [siste, h. gesist] ❶ *v. persoon, dier* hiss ❷ *v. vet &* sizzle
sisser *m* [-s] *vuurwerk* squib ★ *met een ~ aflopen* blow over
sisyfusarbeid *m* never-ending task
site *m* [-s] ❶ comput website, site ❷ archeol site
sit-in *m* [-s] sit-in
sits *o* [-en] chintz
situatie *v* [-s] situation, position ★ *de financiële ~* the financial state of affairs
situatieschets, situatietekening *v* [-en] layout, plan
situeren *overg* [situeerde, h. gesitueerd] situate, locate, place ★ *goed gesitueerd* well situated, well off
situering *v* location, situation
sixtijns *bn* Sistine ★ *de ~e kapel* the Sistine chapel
sjaal *m* [-s] shawl, scarf
sjabloon, sjablone *v* [-blonen] ❶ stencil, template ★ fig *volgens ~* stereotype, conventional ❷ comput template

sj

sjabrak *v & o* [-ken] saddlecloth
sjacheraar *m* [-s] haggler, huckster
sjacheren *onoverg* [sjacherde, h. gesjacherd] haggle, barter
sjah *m* [-s] shah
sjako *m* ['s] shako
sjalot *v* [-ten] shallot
sjanker *m* [-s] chancre
sjans *v* ★ ~ *hebben met iem.* make a hit with sbd, be given the come-on
sjansen *onoverg* [sjanste, h. gesjanst] flirt
sjasliek *m* shashlik
sjees *v* [sjezen] ❶ *rijtuig* gig ❷ *hoeveelheid* pack, bunch
sjeik *m* [-s] sheik(h)
sjekkie *o* [-s] fag ★ *een ~ draaien* roll a fag
sjerp *m* [-en] ❶ *sierband* sash ❷ *das ZN* scarf, shawl
sjezen *onoverg* ❶ *hard lopen, rijden* tear (off), race, speed ❷ *zakken* flunk, be flunked ★ *hij is een gesjeesd student* he failed at university
sjiiet *m* [-en] Shiite
sjiitisch *bn* Shiite
sjilpen *onoverg* [sjilpte, h. gesjilpt] chirp, cheep
sjirpen *onoverg* [sjirpte, h. gesjirpt] chirr
sjoege *m* ❶ *begrip* notion, idea ★ *geen ~ van iets hebben* not have the vaguest idea about sth ❷ *antwoord* answer ★ *geen ~ geven* ⟨geen antwoord⟩ not answer / react, ⟨geen krimp⟩ not bat an eyelid
sjoelbak I *m* [-ken] *bord* ± shovelboard **II** *o spel* ± shuffleboard
sjoelbakken *onoverg* [sjoelbakte, h. gesjoelbakt], **sjoelen** [sjoelde, h. gesjoeld] ± play shove halfpenny, play shovelboard
sjoemelaar *m* [-s] cheat
sjoemelen *onoverg* [sjoemelde, h. gesjoemeld] cheat ★ ~ *met de boeken* cook the books ★ ~ *met de uitslagen* rig the results
sjofel *bn* shabby, <u>inf</u> seedy
sjokken *onoverg* [sjokte, h. en is gesjokt] trudge, slog
sjorren *overg* [sjorde, h. gesjord] *binden* lash, seize
sjouw *m* [-en] job, <u>inf</u> grind ▾ ⟨pierewaaien⟩ *aan de ~ zijn* be on the loose
sjouwen I *overg* [sjouwde, h. gesjouwd] drag **II** *onoverg* [sjouwde, h. gesjouwd] *zwaar werken* slave away
sjouwer *m* [-s] porter, docker
sjwa *m* ['s] *taalk* schwa, shwa
skai *o* imitation leather
skateboard *o* [-s] skateboard
skateboarden *onoverg* [skateboardde, h. geskateboard] skateboard
skeeler *m* [-s] rollerblade, in-line (speed) skate
skeeleren *onoverg* [skeelerde, h. en is geskeelerd] roller blade
skelet *o* [-ten] skeleton
skeletbouw *m* <u>bouwk</u> structural steelwork, skeleton framework
skeleton *het* skeleton sledding

skelter *m* [-s] (go-)kart
skelteren *onoverg* [skelterde, h. geskelterd] (go-)kart
sketch *v* [-es] sketch
ski *m* ['s] ski ★ *op ~'s* on skis
skibinding *v* [-en] ski binding
skibox *m* [-en] ski box
skibril *m* [-len] ski glasses / goggles
skiën *onoverg* [skiede, h. en is geskied] ski
skiër *m* [-s] skier
skiester *v* [-s] skier
skiff *m* [-s] single scull, skiff
skiffeur *m* [-s] sculler, skiff oarsman
skihut *v* [-ten] skiing hut
ski-jack *o* [-s] ski jacket
skileraar *m* [-s & -raren] ski instructor
skiles *v* [-sen] skiing lesson
skilift *m* [-en] ski lift
skimmer *de (m)* [-s] skimmer
skinhead *m* [-s] skinhead
skipak *o* [-ken] ski suit
skipas *m* [-sen] lift pass
skipiste *v* [-s, -n] ski run
skippybal *m* [-len] skippy / kangaroo ball
skischans *v* [-en] ski jump
skischoen *m* [-en] ski boot
skispringen *o* ski jumping
skistok *m* [-ken] ski stick
skivakantie *v* [-s] skiing holiday
skûtsjesilen *o* race in distinctively Frisian boats
skybox *m* [-en] corporate box, <u>Am</u> skybox
skyline *m* [-s] skyline
skype *onoverg* [skypete, h. geskypet] skype
sla *v* ❶ *gerecht* salad ❷ *plantensoort* lettuce ★ *een krop ~* a head of lettuce
Slaaf *m* [Slaven] Slav
slaaf *m* [slaven] slave
slaafs I *bn* ❶ *serviel* slavish, servile, obsequious ★ *een ~e volgeling van de president* one of the president's yes-men ❷ *v. arbeid* drudging ★ *~e arbeid* drudgery, slave labour ❸ *met weinig originaliteit* slavish ★ *een ~e vertaling* a slavish copy **II** *bijw* slavishly & ★ *iem. ~ navolgen* copy sbd slavishly
slaafsheid *v* slavishness, servility, obsequiousness
slaag *m* ★ *een pak ~* a thrashing ★ ~ *krijgen* get a thrashing ★ *iem. ~ geven* beat sbd up
slaags *bijw* ★ ~ *raken* come to blows, <u>mil</u> join battle ★ ~ *zijn met elkaar* be fighting with each other
slaan I *overg* [sloeg, h. geslagen] ❶ *met kracht treffen* beat, strike, hit ★ *de trom ~* beat the drum ★ *iets in elkaar* ~ smash / knock sth to pieces ★ *hij sloeg de spijker in de muur* he drove the nail into the wall ★ *hem aan het kruis* ~ nail him to the cross ★ *hij sloeg zich op de borst* he beat his breast ★ *hij sloeg zich op de dijen* he slapped his thighs ❷ *slagen toebrengen om pijn te doen* strike, hit, ⟨met vlakke hand⟩ slap ★ *hij heeft mij geslagen* he's hit me ★ *iem. in elkaar* ~ beat sbd up ❸ *leggen* put ★ *hij sloeg zijn arm om me heen* he put his arm around me ★ *hij*

sloeg de armen / benen over elkaar he crossed his arms / legs ❹ *bij schaken & dammen* take, capture ★ *u moet mij / die pion ~* you should take me / take that pawn ❺ *v. klok* strike ★ *daar slaat het tien uur!* it's just striking ten (o'clock) now! ❻ *maken* throw, build ★ *touw ~* make ropes ★ *een brug ~* build a bridge ★ *een gedenkpenning ~* strike a medal ★ *olie ~* make oil ★ *vuur ~* strike fire / a light ▼ ‹v. borrel› *iets achterover ~* knock sth off ▼ *zich erdoorheen ~* fight one's way through, fig carry it off ▼ *de hand aan zichzelf ~* take one's own life **II** *onoverg* [sloeg, h. geslagen] ❶ *v. klok* strike ❷ *v. hart* beat ❸ *v. vogel* warble, sing ❹ *v. paard* kick ❺ *v. zeil* flap ▼ *met de deuren ~* slam the doors ▼ *hij sloeg met de vuist op tafel* he struck the table with his fist ▼ *hij sloeg naar mij* he hit out / struck at me ▼ *dat slaat op u* that refers to you, that's meant for you ▼ *dat slaat nergens op* that's neither here nor there ▼ *erop ~* hit out, lay into ‹them› **III** *onoverg* [sloeg, is geslagen] ★ *aan het muiten ~* rise in mutiny ★ *de bliksem sloeg in de toren* the steeple was struck by lightning ★ *de golven sloegen over de zeewering* the waves broke over the sea wall ★ *het water sloeg tegen de dijk* the water beat against the embankment ★ *hij sloeg tegen de grond* he fell down with a thud ★ *de vlammen sloegen uit het dak* the flames burst from the roof

slaand *bn* ★ *~e ruzie hebben* have a blazing row ★ *een ~e klok* a striking clock ★ *met ~e trom* with drums beating

slaap *m* ❶ *het slapen* sleep ★ *~ hebben* be / feel sleepy ★ *~ krijgen* become sleepy ★ *ik heb de ~ niet kunnen vatten* I couldn't get to sleep ★ *in ~ vallen* fall asleep, drop off ★ *in ~ wiegen* rock asleep, fig put aside ★ *zich in ~ wiegen* lull oneself to sleep ★ *uit de ~ houden* keep awake ❷ *korstjes in ooghoeken* sleep, sand ❸ *van het hoofd* [slapen] temple

slaapbank *v* [-en] sofa bed
slaapbol *m* [-len] opium poppy
slaapcoupé *m* [-s] sleeping compartment
slaapdronken *bn* half asleep, drowsy
slaapgebrek *o* lack of sleep
slaapgelegenheid *v* [-heden] sleeping accommodation
slaapje *o* [-s] ❶ nap ★ *een ~ doen* have a nap ❷ *slaapgenoot* roommate
slaapkamer *v* [-s] bedroom
slaapkamergeheimen *zn* [mv] bedroom secrets
slaapkop *m* [-pen] sleepyhead
slaapliedje *o* [-s] lullaby
slaapmiddel *o* [-en] sleeping pill
slaapmuts *v* [-en] nightcap
slaapmutsje *o* [-s] ❶ *borrel* nightcap ❷ *plant* California poppy
slaappil *v* [-len] sleeping pill
slaapplaats *v* [-en] sleeping place / accommodation
slaapstad *v* [-steden] dormitory suburb, Am bedroom town

slaapster *v* [-s] sleeper ★ *de schone ~* Sleeping Beauty
slaapstoornis *v* [-sen] sleep disorder
slaapvertrek *o* [-ken] bedroom, sleeping quarters
slaapverwekkend *bn* sleep-inducing, soporific
slaapwandelaar *m* [-s] sleepwalker, somnambulist
slaapwandelen I *onoverg* [slaapwandelde, h. geslaapwandeld] sleepwalk, walk in one's sleep **II** *o* sleepwalking, somnambulism
slaapzaal *v* [-zalen] dormitory
slaapzak *m* [-ken] sleeping bag
slaapziekte *v* [-s & -n] ❶ *Afrikaanse* sleeping sickness ❷ *Europese* sleepy sickness
slaatje *o* [-s] salad ★ *ergens een ~ uit slaan* get something out of it
slabak *m* [-ken] salad bowl
slabakken *onoverg* [slabakte, h. geslabakt] slack, idle, dawdle
slabbetje *o* [-s] bib
slaboon *v* [-bonen] French bean
slacht *v* ❶ *het slachten* slaughter(ing) ❷ *het geslachte* slaughtered animal(s)
slachtafval *o* offal
slachtbank *v* [-en] chopping block ★ *naar de ~ leiden* lead to the slaughter
slachten *overg* [slachtte, h. geslacht] kill, slaughter, butcher ★ *ritueel ~* slaughter ritually
slachter *m* [-s] butcher
slachterij *v* [-en] butcher's shop, slaughterhouse
slachthuis *o* [-huizen] abattoir, slaughterhouse
slachting *v* [-en] ❶ *v. dieren* slaughter(ing) ❷ *massamoord* slaughter, butchery, massacre ★ *een ~ aanrichten / houden onder* slaughter, massacre
slachtmaand *v* November
slachtoffer *o* [-s] victim ★ *het ~ worden van* fall (a) victim to
slachtofferhulp *v* help to victims
slachtpartij *v* [-en] slaughter, massacre
slachtvee *o* cattle for slaughtering
slag I *m* [slagen] ❶ *klap* blow, stroke, hit, ‹licht› cuff, ‹met vlakke hand› slap, ‹om de oren› box, ‹met zweep› lash ★ ook fig *een zware ~* a heavy blow ★ ook fig iem. *een ~ toebrengen / geven* deal sbd a blow ★ *zijn ~ slaan* seize the opportunity ★ *een goede ~ slaan* do a good bit of business ★ *bij de eerste ~* at the first blow / stroke ★ *een ~ in het gezicht* a slap in the face ★ *met één ~* with one stroke / blow ★ *hij sloeg er maar een ~ naar* he had a shot / whack at it ★ *op ~ gedood* killed outright / on the spot / instantly ★ *zonder ~ of stoot* without (striking) a blow ❷ *het ritmisch slaan* stroke, ‹v. hart› beat(ing) ★ *de vrije ~* free style ★ ‹bij het roeien› *de ~ aangeven* set the stroke ★ *hij heeft geen ~ gedaan* he hasn't done a stroke of work ★ *~ houden* keep in time ★ *aan de ~ gaan* get going / busy, set / get to work, inf get to it ★ *met de Franse ~ iets doen* do sth perfunctorily, do sth with a lick and a promise, do sth in a slapdash manner ★ *ik kon niet op ~ komen* I

sl

couldn't get into the swing of things ★ *op ~ van drieën* on the stroke of three ★ *van ~ zijn* be upset ★ *de roeiers waren van ~* the oarsmen were off their stroke ★ *de klok is van ~* the clock is out of time ★ inf *iem. een ~ vóór zijn* be one up on sbd ❸ *in haar wave* ❹ *geluid* bang, thump, ‹doffe slag› thud, ‹v. donder› clap, ‹v. vogels› warble ❺ techn stroke, ‹v. wiel› turn ❻ *in een touw* twist ❼ scheepv ‹bij laveren› tack ❽ kaartsp trick ★ *alle ~en halen* get all the tricks ★ *de ~ winnen* get the trick ★ *ik kon niet meer aan ~ komen* I couldn't regain the lead ❾ *veldslag* battle ★ *~ leveren* give battle ★ *de ~ winnen* win the battle ❿ *handigheid* knack ★ *het is een ~* there's a knack to it ★ *de ~ van iets te pakken hebben* have got the hang / knack of it ★ *de ~ (van iets) kwijt zijn* have lost the knack of it ▼ *een ~ om de arm houden* not commit oneself, make reservations **II** *o* kind, sort, class, description ★ *het gewone ~ mensen* the ordinary run of people ★ *iem. van dat ~* sbd of that sort ★ *mensen van allerlei ~* people of all types

slagader *v* [-s & -en] artery ★ *een grote ~* an aorta ★ *export is de ~ van onze economie* exporting is what drives our economy

slagaderlijk *bn* arterial ★ *een ~e bloeding* arterial bleeding

slagbal *o* rounders

slagbeurt *v* [-en] ❶ *cricket* innings ❷ *honkbal* inning

slagboom *m* [-bomen] barrier

slagen *onoverg* [slaagde, is geslaagd] succeed, achieve ★ *ben je goed geslaagd?* did you get what you wanted? ★ *hij slaagde er in om...* he succeeded in...ing, he managed to... ★ *hij slaagde er niet in...* he didn't succeed in..., he failed to... ★ *hij is voor (zijn) Frans geslaagd* he's passed his French examination ★ *de expeditie is geslaagd* the expedition has been successful

slagenwisseling, slagwisseling *v* [-en] sp rally

slager *m* [-s] butcher

slagerij *v* ❶ *winkel* [-en] butcher's shop ❷ *bedrijf* butcher's trade

slagersknecht *m* [-s & -en] butcher's assistant

slagersmes *o* [-sen] butcher's knife

slaggitaar *v* [-taren] rhythm guitar

slaghoedje *o* [-s] percussion cap

slaghout *o* [-en] sp bat

slaginstrument *o* [-en] percussion instrument

slagkracht *v* power, strength

slaglinie *v* [-s] battle line

slagman *m* [-nen] sp batsman, batter

slagorde *v* [-n] order of battle, battle array ★ *in ~ geschaard* drawn up in battle array

slagpartij *v* sp batting side

slagpen *v* [-nen] flight / quill feather

slagpin *v* [-nen] mil firing pin

slagregen *m* [-s] downpour, heavy shower, driving rain

slagroom *m* ❶ *niet stijfgeklopt* whipping cream

❷ *stijfgeklopt* whipped cream ★ *appeltaart met ~* apple pie and whipped cream

slagroomtaart *v* [-en] cream cake

slagschaduw *v* [-en] cast shadow

slagschip *o* [-schepen] battleship

slagtand *m* [-en] ❶ *v. olifant, walrus, wild zwijn* tusk ❷ *scheurkies* fang

slagvaardig *bn* ❶ *strijdvaardig* ready for battle ❷ *gevat* quick at repartee, sharp-witted ❸ *doortastend* resolute, decisive ★ *een ~ optreden* prompt action

slagvaardigheid *v* ❶ *strijdvaardigheid* readiness for battle ❷ *gevatheid* quick-wittedness ❸ *doortastendheid* resoluteness, decisiveness, promptness

slagveld *o* [-en] battlefield, field of battle

slagwerk *o* [-en] ❶ *v. uurwerk* striking parts / mechanism ❷ muz percussion (instruments)

slagwerker *m* [-s] percussionist, percussion player, drummer

slagzij *v* scheepv list, luchtv bank ★ *~ maken* scheepv list, luchtv bank

slagzin *m* [-nen] slogan, catchphrase

slagzwaard *o* [-en] broadsword

slak *v* [-ken] ❶ *weekdier* ‹met huisje› snail, ‹naakt› slug ★ *op alle ~ken zout leggen* find fault with everything ❷ *v. metaal* slag ❸ *v. vulkaan* scoria

slaken *overg* [slaakte, h. geslaakt] give, let out, utter ★ *een kreet ~* utter a cry ★ *een zucht ~* heave a sigh ▼ ook fig *iems. boeien ~* loosen sbd.'s fetters

slakkengang *m* snail's pace ★ *met een ~ gaan* go at a snail's pace

slakkenhuis *o* [-huizen] ❶ *v. slak* snail's shell ❷ anat cochlea

slakom *v* [-men] salad bowl

slalom *m* [-s] slalom

slalommen *onoverg* [slalomde, h. geslalomd] slalom

slampamper *m* [-s] good-for-nothing

slang¹ *o* jargon slang

slang² *v* [-en] ❶ *dier* snake ❷ *v. brandspuit* hose, tube ❸ *v. distilleerkolf* worm ❹ *boosaardig mens* serpent, bitch

slangenbeet *m* [-beten] snakebite

slangenbezweerder *m* [-s] snake charmer

slangengif *o* snake poison

slangenkruid *o* viper's bugloss

slangenleer *o* snakeskin

slangenmens *m* [-en] ‹artiest› contortionist

slangentong *v* [-en] ❶ *v. slang* snake's tongue ❷ *plant* arrowhead ❸ *lasteraar* viper's tongue, slanderer

slangetje *o* [-s] ❶ *kleine slang* little snake ❷ *buisje* tube

slank *bn* slender, slim ★ *~ blijven* keep slim ★ *aan de ~e lijn doen* watch one's figure, slim ★ *~ als een den* as slim as a reed / willow

slankheid *v* slenderness, slimness

slankmakend *bn* slimming

slaolie *v* salad oil

slap **I** *bn* ❶ *v. band, boord* soft ❷ *v. ledematen, spieren* flaccid ❸ *v. touw, band, seizoen, handel* slack

❹ *v. boekband, lichaam, handje* limp **❺** *v. buik &* flabby, ‹v. borsten› floppy **❻** *v. vloeistoffen* thin, weak, watery **❼** *v. voedsel* unsubstantial **❽** *v. discipline* lax **❾** *v. persoon* weak-kneed, spineless **❿** *v. markt* dull, weak, unresponsive **II** *bijw* ★ ~ *neerhangen* droop

slapeloos *bn* sleepless ★ *een slapeloze nacht* a sleepless night

slapeloosheid *v* sleeplessness, insomnia ★ *aan ~ lijden* suffer from insomnia

slapen I *onoverg* [sliep, h. geslapen] sleep, be asleep ★ *mijn been slaapt* I've got pins and needles in my leg ★ *gaan ~* go to bed / sleep ★ ~ *als een os* sleep like a log ★ ~ *als een roos* sleep like a top ★ *met iem. ~* go to bed with sbd ★ *zit je weer te ~?* are you dozing again? ★ *ik zal er nog eens over ~* I'll sleep on it **II** *overg* [sliep, h. geslapen] sleep ★ *de slaap der rechtvaardigen ~* sleep the sleep of the just

slapend *bn* ❶ sleeping ★ ~ *rijk worden* make money without any effort ★ *geen ~e honden wakker maken* let sleeping dogs lie ❷ *fig* dormant

slaper *m* [-s] ❶ *slapend persoon* sleeper ❷ *logé* guest (for the night)

slaperig I *bn* sleepy, drowsy ★ *ik ben ~* I'm sleepy **II** *bijw* sleepily, drowsily ★ ~ *kijken* look sleepily / drowsily

slaperigheid *v* sleepiness, drowsiness

slapie *m* [-s] roommate, *inf* roomie

slapjanus *m* [-sen] wimp, sissy, jellyfish

slapjes I *bn* weak, feeble, slack ★ *de verdiensten zijn ~* the earnings are below par **II** *bijw* weakly & ★ *hij trad nogal ~ op* he didn't act very decisively

slappeling *m* [-en] weakling, spineless fellow, *inf* jellyfish

slapstick *m* [-s] slapstick

slapte *v* ❶ *krachteloosheid* weakness, feebleness ❷ *handel* slackness

slasaus *v* [-en & -sauzen] salad dressing

slash *m* [-es] *schuine streep naar voren*: / (forward) slash

slaven *onoverg* [slaafde, h. geslaafd] drudge, slave, toil ★ ~ *en zwoegen* work one's fingers to the bone

slavenarbeid *m* ❶ slavery, slave labour ❷ *fig* drudgery

slavenarmband *m* [-en] slave bangle / bracelet

slavendrijver *m* [-s] slave driver

slavenhandel *m* slave trade

slavenhandelaar *m* [-s & -laren] slave trader

slavenmarkt *v* [-en] slave market

slavernij *v* slavery, bondage, servitude ★ *een leven in ~* a life in slavery

slavin *v* [-nen] (female) slave ★ *de handel in blanke ~nen* the white slave trade

slavink *m & v* [-en] kromesky

Slavisch I *bn* Slav, Slavic, Slavonic **II** *o taal* Slavonic, Slavic

slavist *m* [-en] Slavicist, Slavist

slecht I *bn* ❶ *niet goed* bad, ‹inferieur› poor ★ *hij is ~ van gezicht* his eyesight is bad ❷ *ziekelijk* ill ★ *er ~* *uitzien* look ill, not look well ❸ *verdorven* bad, wicked ❹ *verkeerd* bad, wrong **II** *bijw* ill, badly & ★ ~ *gehumeurd* ill tempered, bad-tempered ★ *ik kon haar ~ de waarheid vertellen* I had difficulty telling her the truth

---

slecht
Wanneer het Engelse **ill** wordt verbonden met een voltooid deelwoord (om op die manier een bijv. naamwoord te vormen) staat er een streepje tussen als het voor het zelfst. naamwoord staat. Maar als het op een vorm van het koppelwerkw. zijn/worden enz. volgt, niet.
Een **slechtgemanierde persoon** wordt **an ill-mannered person** maar **die jongen is slechtgemanierd** wordt **that boy is ill mannered**. In het Nederlands is er in dit laatste geval ook de neiging **slecht** en het volt. deelwoord los te schrijven.

---

slechten *overg* [slechtte, h. geslecht] level (with / to the ground), raze (to the ground), ‹slopen› demolish

slechterik *m* [-en] bad guy

slechtgemanierd *bn* ill mannered

slechtheid *v* ❶ *alg.* badness, ‹v. karakter› wickedness ❷ *v. kwaliteit* poor quality

slechthorend *bn* hard of hearing

slechthorende *m-v* [-n] hearing-impaired person

slechting *v* [-en] levelling, demolition

slechtnieuwsgesprek *o* [-ken] bad news conversation, talk / conversation in which bad news must be told (to sbd)

slechts *bijw* only, merely, just ★ *hij lacht er ~ om* he just laughs about it

slechtvalk *m* [-en] *vogel* peregrine falcon

slechtziend *bn* visually impaired

slede *v* [-n], **slee** [sleeën] *voertuig* sledge, sleigh, Am sled ★ *sleetje rijden* sledge

sledehond *m* [-en] sledge dog

sledetocht *m* [-en] sleigh ride

slee *v* [sleeën] *auto* limousine ★ *'n ~ (van een auto)* a big car, *inf* a whopper of a car → **slede**

sleedoorn, sleedoren *m* [-s] blackthorn, sloe

sleeën *overg & onoverg* [sleede, h. en is gesleed] sledge, sleigh

sleep *m* [slepen] *ook fig* train ★ *een ~ kinderen* a string / army of children

sleepbeweging *v* towing movement

sleepboot *m & v* [-boten] tug(boat)

sleepdienst *m* [-en] towing service

sleep-in *m* [-s] cheap hostel

sleepkabel *m* [-s] ❶ *alg.* towing cable ❷ *v. ballon* drag rope

sleeplift *m* [-en] ski lift

sleepnet *o* [-ten] dragnet, trail net

sleeptouw *o* [-en] ❶ tow(ing) rope ❷ *v. luchtballon* guide rope ★ *iets op ~ hebben* have sth in tow ★ *fig iets op ~ houden* keep sbd on a string ★ *op ~ nemen* take in tow

sl

sleeptros *m* [-sen] tow(ing) rope, hawser
sleepvaart *v* towing service
sleepwagen *m* [-s] tow truck
sleet *v slijtplek* wear and tear
sleetje *o* [-s] *versleten plek* worn patch
sleets *bn kleren & worn* ★ *die kinderen zijn erg* ~ these children are hard on their clothes
slem *o & m* kaartsp slam ★ *groot / klein* ~ *maken* make a grand / little slam
slempen *onoverg* [slempte, h. geslempt] live it up, carouse, revel
slemppartij *v* [-en] blow-out, ⟨drank⟩ booze-up, ⟨eten⟩ nosh-up
slenk *v* [-en] ❶ *geul* channel ❷ geol rift valley
slenteraar *m* [-s] stroller, afkeurend loiterer
slenteren *onoverg* [slenterde, h. en is geslenterd] saunter, stroll ★ *langs de straat* ~ knock about the streets
slentergang *m* stroll, saunter
slepen I *overg* [sleepte, h. gesleept] drag, haul, ⟨auto, schip⟩ tow ★ *iem. voor de rechter* ~ haul sbd up before the court ★ *dat is met de haren erbij gesleept* that's completely irrelevant ★ *iem. er doorheen* ~ pull sbd through sth **II** *onoverg* [sleepte, h. gesleept] drag, trail ★ *hij sleept met zijn voeten* he drags his feet ★ *haar ceintuur sleepte achter haar aan* her belt was dragging along behind her ★ *die zaak sleept te lang* this matter has been dragging on for too long **III** *wederk* [sleepte, h. gesleept] ★ *zij moesten zich naar de hut* ~ they had to drag themselves along to the hut
slepend *bn* dragging, lingering ★ *zijn ~e gang* his shuffling gait ★ ~ *rijm* feminine rhyme, double rhyme ★ *een ~e ziekte* a lingering disease ★ *iets ~e houden* keep sth dragging on
sleper *m* [-s] ❶ *persoon* dragger ❷ scheepv tug(boat)
slet *v* [-ten] slut
sleuf *v* [sleuven] groove, slot, slit
sleur *m* routine, rut, grind ★ *de dagelijkse* ~ the everyday grind / routine ★ *met de* ~ *breken* get out of the rut / groove
sleuren I *overg* [sleurde, h. gesleurd] trail, drag ★ *iets langs de grond* ~ drag sth along the ground ★ *iems. naam door het slijk* ~ drag sbd's name through the mire / mud **II** *onoverg* [sleurde, h. gesleurd] ★ *die zaak blijft maar* ~ the matter just keeps on dragging on
sleurwerk *o* routine work
sleutel *m* [-s] ❶ *voor een slot* key ❷ muz clef ❸ *gereedschap* spanner, wrench ★ *een Engelse* ~ a monkey wrench, an adjustable spanner ❹ *ter oplossing v.e. toets* key (to the test)
sleutelaar *m* [-s] amateur mechanic
sleutelbeen *o* [-deren] collarbone, anat clavicle
sleutelbloem *v* [-en] primula, cowslip, primrose
sleutelbos *m* [-sen] bunch of keys
sleutelen *onoverg* [sleutelde, h. gesleuteld] tinker (*aan* with)

sleutelfiguur *v* [-guren] key figure
sleutelfunctie *v* [-s] key position
sleutelgat *o* [-gaten] keyhole
sleutelgeld *o* key money
sleutelhanger *m* [-s] key ring
sleutelkind *o* [-eren] latchkey child
sleutelpositie *v* [-s] key position
sleutelrek *o* [-ken] key rack
sleutelring *m* [-en] key ring
sleutelrol *v* key / central role
sleutelroman *m* [-s] roman à clef
sleutelwoord *o* [-en] key (word)
slib *o* ooze, slime, mud, silt
slibberig *bn* slippery
sliding *m* [-s] sp slide-tackle, sliding tackle
sliert *m* [-en] ❶ *v. woorden, kinderen &* string ❷ *v. haar, rook &* wisp
slijk *o* mud, mire, dirt, ooze ★ *het* ~ *der aarde* filthy lucre ★ *iem. door het* ~ *sleuren* drag sbd('s name) through the mud / mire ★ *zich in het* ~ *wentelen* wallow in the mud
slijkerig *bn* muddy, miry
slijkgrond *m* mud flat
slijm *o & m* [-en] ❶ *v. mens* mucus, phlegm ❷ *v. slak &* slime ❸ *plantaardig* mucilage, slime
slijmafscheiding *v* mucous secretion
slijmbal *m* [-len] creep, bootlicker, toady
slijmbeurs *v* [-beurzen] med bursa
slijmen *onoverg* [slijmde, h. geslijmd] ❶ *slijmerig doen* lay it on thick ❷ *slijm opgeven* hawk
slijmerd *m* [-s] toady, bootlicker
slijmerig I *bn* ❶ *met slijm* slimy ❷ *overdreven vriendelijk* slimy, ingratiating, obsequious **II** *bijw* slimily &
slijmhoest *m* catarrhal cough
slijmjurk *v* [-en] toady, bootlicker
slijmklier *v* [-en] mucous gland
slijmvlies *o* [-vliezen] mucous membrane
slijmvliesontsteking *v* [-en] infection of the mucous membrane
slijpen I *overg* [sleep, h. geslepen] ❶ *scherp maken* grind, whet, sharpen ★ *een potlood* ~ sharpen a pencil ❷ *glas* cut ❸ *diamant* polish **II** *onoverg* [sleep, h. geslepen] *dansen* dance cheek-to-cheek
slijper *m* [-s] ❶ *messen &* grinder ❷ *v. glas* cutter ❸ *v. diamant* polisher
slijperij *v* [-en] knife sharpening shop
slijpmiddel *o* [-en] abrasive
slijpsel *o* ❶ *slijpmiddel* abrasive ❷ *afval* grindings, grinding dust
slijpsteen *m* [-stenen] grindstone, whetstone
slijtage *v* wear (and tear), wastage, wasting
slijtageslag *m* [-slagen] war of attrition
slijten I *onoverg* [sleet, is gesleten] wear out, wear away ★ *dat goed slijt niet gauw* the material wears well ★ *dat leed zal wel* ~ it will wear off in time **II** *overg* [sleet, h. gesleten] ❶ *kleren* wear out ❷ *drank &* sell, retail ❸ *dagen, tijd* spend, pass ★ *zijn*

dagen ~ pass one's days
slijter *m* [-s] *v. dranken* licensed victualler
slijterij *v* [-en] Br wine shop, Am liquor store
slijtplek *v* [-ken] worn patch
slijtvast *bn* wear-resistant, durable
slik *m & o* [-ken] ❶ *modder* mud, sludge ❷ *slikgrond*
mud flat
slikken *overg* [slikte, h. geslikt] ❶ *voedsel, beledigingen,*
verhalen & swallow ★ *dat is een harde / bittere pil om*
te ~ it's a bitter pill to swallow ❷ inf lump ★ *dat*
wens ik niet te ~ I'm not going to lump this ★ *heel*
wat moeten ~ have to lump a lot
slim *bn* ❶ *pienter* clever, bright, smart ★ *de ~ste jongen*
van de klas a smart alec(k), a know-all ★ *hij was mij*
te ~ *af* he was too clever for me ★ *wie niet sterk is,*
moet ~ *zijn* wisdom is better than strength ❷ *sluw* sly
slimheid *v* [-heden] ❶ *eigenschap* cleverness, wit
❷ *truc* dodge
slimmerd *m* [-s] slyboots, sly dog, smart cookie
slimmerik *m* [-riken] ❶ *uitgekookt iem.* sly one
❷ *verstandig iem.* ZN sensible, wise person
slimmigheid *v* [-heden] piece of cunning, dodge, trick
slinger *m* [-s] ❶ *v. uurwerk* pendulum ❷ *zwengel*
handle ❸ *draagband* sling ❹ *werptuig* sling
❺ *guirlande* festoon, paper chain, ‹v. bloemen›
guirlande
slingeraap *m* [-apen] spider monkey
slingerbeweging *v* [-en] ❶ *alg.* swing, oscillation,
oscillatory motion ❷ *v. schip* roll
slingeren I *onoverg* [slingerde, h. en is geslingerd]
❶ *v. slinger* swing, oscillate ❷ *als een slinger* swing,
sway, lurch, roll ❸ *v. dronkaard* reel ❹ *v. pad* wind,
zig-zag ❺ *ordeloos liggen* lie about ★ *laten* ~ leave
(lying) about II *overg* [slingerde, h. geslingerd] fling,
hurl ★ *iets heen en weer* ~ toss sth to and fro ★ *het*
slachtoffer is uit de auto geslingerd the victim was
flung out of the car III *wederk* [slingerde, h.
geslingerd] ★ ‹v. een rivier &› *zich* ~ wind, meander
slingering *v* [-en] swing, oscillation
slingerplant *v* [-en] climber, creeper
slingeruurwerk *o* [-en] pendulum clock
slingerweg *m* [-en] windy road
slinken *onoverg* [slonk, is geslonken] shrink ★ *tijdens*
het koken ~ boil down ★ *tot op...* ~ dwindle down to...
slinks I *bn* crooked, devious, cunning ★ *door ~e*
middelen by devious means ★ *op ~e wijze* by tricks
and devices II *bijw* crookedly &
slip I *v* [-pen] *v. jas* tail, flap II *m* [-s] ❶ *onderbroek*
briefs, (pair of) underpants ❷ *het slippen v. auto &*
skid
slipcursus *m* [-sen] anti-skid course, course in skid
driving
slipgevaar *o* danger of skidding ★ *een weg met* ~ a
slippery road
slipjacht *v* [-en] draghunt, drag
slipje *o* [-s] panties, knickers

slipje
kan worden vertaald als **briefs, panties** of **knickers**
maar niet als **slip**. Het kledingstuk **slip** is een
onderjurk.

slip-over *m* [-s] slipover, pullover
slippen *onoverg* [slipte, h. en is geslipt] ❶ *van personen*
slip ❷ *v. auto* skid, sideslip ▼ *iets laten* ~ let sth slip
slipper *m* [-s] ❶ *schoeisel* slipper ❷ *teenslipper* flip-flop,
thong
slippertje *o* [-s] *echtbreuk* fling ★ *een* ~ *maken* have a
fling, have a bit on the side
slipschool *v* [-scholen] skid school
slipstream *m* [-s] slipstream
sliptong *v* [-en] *vis* small sole
slissen *onoverg* [sliste, h. geslist] lisp
slobberen I *overg* [slobberde, h. geslobberd] *slurpen*
slurp, slobber II *onoverg* [slobberde, h. geslobberd]
v. kleren bag, hang loosely
slobbertrui *v* [-en] baggy / sloppy sweater
slobeend *v* [-en] shoveler
sloddervos *m* [-sen] slob, grub
sloeber *m* [-s] ★ *arme* ~ poor beggar
sloep *v* [-en] (ship's) boat, sloop ★ *~en strijken!* lower
the boats!
sloependek *o* [-ken] boat deck
sloerie *v* [-s] slut
slof I *m* [-fen] ❶ *pantoffel* slipper ★ *ik kan het op*
mijn ~fen/~jes af ‹genoeg tijd› I've got plenty of time
for it, ‹gemakkelijk› it's a piece of cake for me
★ *zich het vuur uit de ~fen lopen* run one's legs off
‹for sth› ❷ *v. een strijkstok* nut ❸ *sigaretten* carton
❹ *aardbeien* basket ▼ *uit zijn* ~ *schieten* ‹energiek
zijn› bestir oneself, make a sudden display of
energy, ‹boos worden› fly off the handle, flare up,
‹gul zijn› be very generous II *bn* negligent
sloffen *onoverg* [slofte, h. en is gesloft] shuffle,
shamble ★ *iets laten* ~ neglect sth
slogan *m* [-s] slogan
slok *m* [-ken] sip, mouthful, drop ★ *in één* ~ in one
gulp ★ *het scheelt een* ~ *op een borrel* it makes a
world of difference ★ *een ~je op hebben* have had a
drop (too many)
slokdarm *m* [-en] gullet, anat oesophagus
slokken *onoverg* [slokte, h. geslokt] guzzle, swallow
slokop *m* [-pen] gobbler, glutton
slome *m-v* [-n] wimp, drip, Am nerd
slomo *de* ['s] slo-mo
slons *v* [slonzen] slob, ‹vrouw› slut, slattern
slonzig *bn & bijw* slovenly
sloof *v* [sloven] ❶ *voorschoot* apron ❷ *persoon* drudge
sloom *bn* slow, dull, inf dim
sloop I *v & o* [slopen] *v. kussen* pillow slip, pillowcase
II *m* ❶ *v. huis* demolition, pulling down
❷ *v. machine, schip* scrapping ★ *een schip voor de* ~
verkopen sell a ship for scrap
sloopbedrijf *o* [-drijven] demolition firm
sloopkogel *m* [-s] demolition ball

sl

slooponderdelen zn [mv] scrap parts
slooppand o [-en] building due for demolition
sloopwerk o [-en] demolition (work)
sloot v [sloten] ditch ★ een ~ water a bucketful of water ★ hij loopt in geen zeven sloten tegelijk he can look after himself
slootjespringen o leap over ditches
slootkant m [-en] side of a ditch, ditch side
slootwater o ❶ ditchwater ❷ slappe koffie & fig dishwater
slop o [-pen] ❶ straatje alley way ★ in het ~ raken come to a dead end ❷ armenwijk slum
slopen overg [sloopte, h. gesloopt] ❶ demolish, pull down, break up ❷ gezondheid & fig sap, undermine ★ ~d werk exhausting work
sloper m [-s] ❶ v. schepen ship breaker ❷ v. gebouwen wrecker, demolisher
sloperij v ❶ v. gebouwen demolition ❷ v. schepen [-en] breaker's yard
sloppenwijk v [-en] slums
slordig I bn ❶ onnauwkeurig careless, sloppy ❷ flink cool, tidy ★ een ~e duizend pond a cool thousand pounds ❸ onverzorgd untidy II bijw carelessly, sloppily, untidy
slordigheid v [-heden] ❶ het slordig zijn carelessness, sloppiness ❷ iets slordigs inaccuracy, slip
slot o [sloten] ❶ aan deur & lock ★ achter ~ en grendel under lock and key, ⟨gevangenis⟩ behind bars ★ achter ~ en grendel houden keep under lock and key ★ de deur op ~ doen lock the door ★ iem. een ~ op de mond doen stop sbd talking, silence sbd ❷ aan boek & clasp ❸ aan armband & snap ❹ kasteel castle ❺ besluit, eind conclusion, end ★ ~ volgt to be concluded ★ per ~ van rekening after all, in the end, ultimately, after all is said and done ★ ten ~te finally, ultimately, eventually, ⟨tot besluit⟩ to conclude, in conclusion ★ het batig ~ the credit balance
slotakkoord o [-en] ❶ muz final chord ❷ overeenkomst final agreement
slotakte v [-s] ❶ theat final act ❷ van een internationale conferentie concluding document / act
slotbewaarder m [-s] keeper / governor (of a castle)
slotbijeenkomst v final meeting
slotenmaker m [-s] locksmith
slotfase v [-n & -s] final stage
slotgracht v [-en] moat
slotkoers m [-en] closing price / rate
slotopmerking v [-en] final remark / observation
slotrede v [-s] concluding speech / words
slotregel m [-s] final line
slotsom v conclusion, result ★ tot de ~ komen dat... come to the conclusion that...
slotverklaring v [-en] final statement
slotvoogd m [-en] keeper / governor (of a castle)
slotwoord o [-en] ❶ last / concluding word(s) ❷ epiloog epilogue, afterword, postscript
slotzin m [-nen] closing sentence

slotzitting v [-en] final meeting / session
Sloveen m [-venen] Slovene, Slovenian
Sloveens I bn Slovenian II o Slovene
Sloveense v [-n] Slovene, Slovenian ★ ze is een ~ she's a Slovene / Slovenian, she's from Slovenia
sloven onoverg [sloofde, h. gesloofd] drudge, toil, slave
Slovenië o Slovenia
Slowaak m [-waken] Slovak
Slowaaks I bn Slovak II o Slovak
Slowaakse v [-n] Slovak ★ ze is een ~ she's a Slovak, she's from Slovakia
Slowakije o Slovakia
slowen onoverg [slowde, h. geslowd] dance intimately
slow motion m slow motion
sluier m [-s] ❶ doek veil ★ de ~ aannemen take the veil ★ een tipje van de ~ oplichten lift a corner of the veil, give a sneak preview ❷ op foto fog
sluierbewolking v cirrus clouds
sluieren overg [sluierde, h. gesluierd] veil ★ gesluierde foto's foggy photographs
sluik I bn lank, straight II bijw lankly, straight
sluikhandel m ❶ smokkel smuggling ❷ illegaal illicit trade ★ ~ drijven smuggle, traffic (in)
sluikreclame v [-s] clandestine advertising, inf free plug
sluikstorten o ZN illegal dumping
sluimeren onoverg [sluimerde, h. gesluimerd] ❶ slumber, doze ❷ fig lie dormant
sluimerend bn ❶ slumbering ❷ fig dormant
sluimering v slumber, doze
sluipen onoverg [sloop, h. en is geslopen] steal, slink, sneak, slip
sluipmoord m & v [-en] assassination
sluipmoordenaar m [-s] assassin
sluiproute v [-s] alternate route, short cut
sluipschutter m [-s] sniper
sluipverkeer o cut-through traffic
sluipweg m [-wegen] ❶ secret path / route ❷ fig secret means, inf dodge
sluipwesp v [-en] ichneumon (fly / wasp)
sluis v [sluizen] sluice, lock ★ de sluizen des hemels the floodgates of heaven ★ de sluizen der welsprekendheid torrents of eloquence
sluisdeur v [-en] lock gate
sluisgeld o [-en] lock dues, lockage
sluiskolk v [-en] lock chamber
sluiswachter m [-s] lock keeper
sluitboom m [-bomen] ❶ v. deur & bar ❷ v. spoorweg gate
sluiten I overg [sloot, h. gesloten] ❶ dichtdoen shut ★ de ogen voor iets ~ close one's eyes to sth ❷ op slot doen lock ❸ tijdelijk gesloten verklaren close ❹ voorgoed gesloten verklaren ⟨v. winkel⟩ shut up, ⟨v. fabriek, school⟩ close down ❺ beëindigen conclude, close ❻ tot stand brengen close, strike ★ een deal ~ close / conclude a deal ❼ contract & afsluiten conclude, contract ★ een huwelijk ~ marry

★ *vrede* ~ make peace ★ *een verzekering af~* take out insurance ★ jur *gesloten te...* done at... ❸ *vasthouden* clasp ★ *hij sloot het kind in zijn armen* ~ he clasped the child in his arms ★ *elkaar in de armen* ~ embrace (each other) ❾ *aaneensluiten* close ★ mil *de gelederen* ~ close the ranks **II** *onoverg* [sloot, h. en is gesloten] ❶ *dichtgaan* shut ★ *wij moeten (tijdelijk / voorgoed)* ~ we are forced to close down (temporally / permanently) ★ *de deur sluit niet* the door won't shut ❷ *op slot doen* lock up (for the night) ❸ *aansluiten* fit ★ *de jas sluit goed* the coat fits perfectly ❹ *sluitend zijn* follow logically ★ *de redenering sluit niet* the argument isn't sound / logical ❺ boekh balance ★ *de begroting sluit niet* the budget doesn't balance ❻ handel & eff close ★ *de beurs sloot met een verlies van...* the stock exchange closed with a loss of... **III** *wederk* [sloot, h. gesloten] ★ *zich ~* ‹v. wond› close, ‹v. bloemen› shut

sluitend *bn* ❶ *v. kleren* close-fitting ❷ *v. begroting & balanced* ★ *een niet ~e begroting* an unbalanced budget ★ *de begroting ~ maken* balance the budget ❸ *v. bewijs &* conclusive ★ *een ~ bewijs* solid evidence

sluiter *m* [-s] fotogr shutter

sluitertijd *m* shutter speed

sluithaak *m* [-haken] fastener, end hook

sluiting *v* [-en] ❶ *het sluiten* shutting, closing, closure, close-down ❷ *wat dient om te sluiten* lock, fastener, fastening

sluitingsdatum *m* [-s &-data] closing date, deadline

sluitingstijd *m* [-en] closing time ★ *na ~* after hours

sluitpost *m* [-en] boekh closing entry

sluitring *m* [-en] techn washer

sluitspier *v* [-en] anat sphincter

sluitsteen *m* [-stenen] coping stone, copestone, ‹middelste steen› keystone

sluitstuk *o* [-ken] ❶ *afsluiting* final piece ❷ mil breechblock

sluitzegel *m* [-s] poster stamp

sluizen *overg* [sluisde, h. gesluisd] channel, divert ★ *een wetsvoorstel door de Tweede Kamer* ~ channel a bill through the Lower House ★ *er zijn miljoenen naar zijn bankrekening in Liechtenstein gesluisd* millions have been diverted to his bank account in Liechtenstein

slungel *m* [-s] lout, beanpole ★ *een lange ~* a big lout

slungelachtig *bn* loutish, gawky

slungelig *bn* lanky

slurf *v* [slurven] ❶ *v. olifant* trunk ❷ *v. insecten* proboscis ❸ *op vliegvelden* passenger bridge, telescopic corridor

slurpen *overg* [slurpte, h. geslurpt], **slorpen** [slorpte, h. geslorpt] slurp

sluw I *bn* sly, cunning, crafty **II** *bijw* slyly &

sluwheid *v* [-heden] slyness, cunning, craftiness

SM *afk* (sadomasochisme) SM, S and M

smaad *m* slander, libel, criminal defamation

smaadschrift *o* [-en] lampoon, libel

smaak *m* [smaken] ❶ *v. voedsel &* taste, savour, flavour ★ *ijs in zes smaken* six flavours of ice cream ★ *naar ~ zout toevoegen* season to taste ★ *er is geen ~ aan* it's tasteless ★ *een fijne ~ hebben* ‹v. spijzen &› taste delicious, ‹v. personen› have a good palate, fig have good taste ★ *met ~* ‹met plezier› with gusto, ‹met schoonheidszin› tastefully ★ *met ~ eten* eat with great relish ❷ *zintuig* taste ❸ *voorkeur* taste, liking ★ *ieder zijn ~* everyone to his taste ★ *dat viel niet in zijn ~* it wasn't to his taste / liking ★ *algemeen in de ~ vallen* be popular ★ *erg in de ~ vallen bij* be much liked by, appeal strongly to, make a strong appeal to ★ *een man met ~* a man of taste ★ *met ~ uitgevoerd* done in good taste, tastefully executed ★ *dit is niet naar mijn ~* this isn't to my liking ★ *naar de laatste ~* after the latest fashion ★ *over ~ valt niet te twisten* there's no accounting for tastes ★ *de ~ van iets beethebben* have a liking for sth ★ *zonder ~* tasteless

smaakje *o* [-s] taste, smack ★ *er zit een ~ aan* it tastes funny

smaakmaker *m* [-s] ❶ *toevoegsel* seasoning, flavouring ❷ *persoon* arbiter of taste, trendsetter

smaakpapil *v* [-len] taste bud

smaakstof *v* [-fen] flavouring

smaakvol I *bn* tasteful, in good taste **II** *bijw* tastefully, in good taste

smaakzin *m* sense of taste

smachten *onoverg* [smachtte, h. gesmacht] languish ★ *~ naar* pine after / for, yearn for

smachtend I *bn* yearning, longing, languishing **II** *bijw* yearningly & ★ *~ kijken* look longingly (at)

smadelijk I *bn* ❶ *vernederend* humiliating, ‹verachtelijk› ignominious ❷ ‹beledigend› insulting ❸ ‹honend› scornful **II** *bijw* humiliatingly & ★ *~ lachen om* sneer at

smaden *overg* [smaadde, h. gesmaad] revile, abuse, insult

smak *m* [-ken] ❶ *v. lippen* smack ❷ *val* fall ❸ *klap* thud, thump ❹ *hoeveelheid* heap, pile ★ *een ~ geld* a heap of / piles of money

smakelijk I *bn* ❶ *lekker* tasty, appetizing ❷ *vrolijk* merry, cheerful, hearty **II** *bijw* ★ *~ eten* eat with relish ★ *~ eten!* have a nice meal!, enjoy your meal! ★ *~ lachen* laugh heartily

smakeloos *bn* tasteless, lacking in taste, in bad taste

smakeloosheid *v* ❶ *v. eten* tastelessness, lack of taste ❷ *v. gedrag* tasteless exhibition

smaken I *onoverg* [smaakte, h. gesmaakt] taste ★ *hoe smaakt het?* how does it taste?, what's it like? ★ *dat smaakt goed* it tastes good, it's delicious ★ *smaakt het (u)?* do you like it?, is it to your taste? ★ *het eten smaakt mij niet* I'm not enjoying my food ★ *die erwtjes ~ lekker* these peas taste nice ★ *het ontbijt zal mij ~* I'll enjoy my breakfast ★ *zich de maaltijd laten ~* enjoy one's meal ★ *het smaakt als...* it tastes like... ★ *~ naar* taste / smack of ★ *naar de kurk ~* taste corky ★ *dat smaakt naar meer* ‹v. eten› that's quite moreish, fig it's addictive **II** *overg* [smaakte, h. gesmaakt] taste, enjoy ★ *genoegens* ~ enjoy pleasures

smakken I *onoverg* [smakte, h. gesmakt] *met mond* smack ★ *met de lippen* ~ smack one's lips **II** *onoverg* [smakte, is gesmakt] *vallen* fall with a thud **III** *overg* [smakte, h. gesmakt] *gooien* fling, hurl

smakkerd *m* [-s] ❶ *zoen* smack(er) ❷ *harde val* cropper ★ *hij maakte een* ~ he came a cropper ❸ *eter* noisy eater

smal *bn* ❶ *nauw* narrow ★ *Holland op zijn* ~*st* Holland at its narrowest ❷ *mager* thin ★ *een* ~*le beurs hebben* be badly off

smaldeel *o* [-delen] scheepv squadron

smalen *onoverg* [smaalde, h. gesmaald] scorn, abuse, revile ★ ~ *op* scoff at

smalend I *bn* scornful, mocking **II** *bijw* scornfully, mockingly

smalfilm *m* [-s] cine film, (double-)8 film

smalltalk *m* small talk

smalspoor *o* [-sporen] narrow-gauge railway

smaragd *o & m* [-en] emerald

smaragdgroen *bn* emerald green

smart *v* [-en] ❶ pain, grief, sorrow ★ *hevige* ~ anguish ★ *gedeelde* ~ *is halve* ~ a sorrow shared is a sorrow halved ❷ *verlangen* yearning, longing ★ *wij verwachten u met* ~ we are waiting anxiously for you

smartcard *m* [-s] smart card

smartelijk I *bn* ❶ painful, grievous ★ *een* ~*e ervaring* a painful experience ❷ *sterk* anxious **II** *bijw* painfully & ★ ~ *huilen* cry heartrendingly ★ *hij verlangde* ~ *naar haar* he yearned for her

smartengeld *o* [-en] financial compensation, damages

smartlap *m* [-pen] sentimental ballad / song, inf tear-jerker

smash *m* [-es] smash

smashen *overg* [smashte, h. gesmasht] smash

smeden *overg* [smeedde, h. gesmeed] ❶ *metaal* forge, weld ★ *men moet het ijzer* ~ *als het heet is* strike while the iron is hot ❷ fig forge, ⟨nieuwe woorden⟩ coin ❸ *een plan* devise, contrive ❹ *een samenzwering* lay

smederij *v* [-en] smithy, forge

smeedbaar *bn* malleable

smeedijzer *o* wrought iron

smeedijzeren *bn* wrought-iron

smeedkunst *v* ornamental ironwork

smeedwerk *o* wrought ironwork

smeekbede *v* [-n] entreaty / plea (for)

smeekbrief *m* [-brieven] begging letter

smeekschrift *o* [-en] petition

smeer *o & m* grease, ⟨dierlijk vet⟩ fat, tallow ★ *omwille van de* ~ *likt de kat de kandeleer* many kiss the hand they wish to cut off

smeerbaar *bn* spreadable

smeerboel *m* mess, muck

smeergeld *o* [-en] bribe, slush money, Am payola

smeergeldaffaire *v* [-s] bribery affair

smeerkaas *m* cheese spread

smeerkees *m* [-kezen] slob

smeerlap *m* [-pen] ❶ *viezerik* slob ❷ *gemenerik* skunk, basterd, son-of-a-bitch

smeerlapperij *v* ❶ dirt, filth ❷ *vuile streken* dirty tricks

smeermiddel *o* [-en] lubricant

smeerolie *v* [-liën] lubricating oil, lubricant

smeerpijp *v* [-en] ❶ *viezerik* dirty fellow ❷ *leiding* sewage pipe, sewer, drain

smeerpoes, smeerpoets *v* [-en] slob, ⟨kind⟩ little grub, dirty pig

smeersel *o* [-s] ❶ *zalf* ointment, liniment ❷ *v. boterham* paste, spread

smeerworst *v* [-en] meat paste

smegma *o* med smegma

smekeling *m* [-en] suppliant

smeken *overg* [smeekte, h. gesmeekt] entreat, beseech, beg, implore ★ *ik smeek u erom* I beseech you ★ ~ *en bidden* beg and pray ★ *om hulp* ~*d* begging for help

smelten I *overg* [smolt, h.gesmolten] melt, ⟨bij hoger temperaturen⟩ fuse, ⟨erts⟩ smelt ★ *gesmolten boter* melted butter ★ *gesmolten lood* molten lead **II** *onoverg* [smolt, is gesmolten] ❶ melt, ⟨in water⟩ dissolve ★ *ze* ~ *in je mond* they melt in your mouth ★ *suiker smelt vrij gauw* sugar dissolves fairly easily ❷ fig melt (into tears) ★ ~*de muziek* mellow music ★ *het hart smelt* the heart melts ★ *zijn vermogen is aardig gesmolten* his fortune has melted / disappeared into thin air

smelterij *v* [-en] smelting works

smeltkroes *m* [-kroezen] crucible, fig ook melting pot

smeltoven *m* [-s] smelting furnace

smeltpunt *o* [-en] melting point

smeltsneeuw *v* melting snow

smeltwater *o* meltwater

smeren I *overg* [smeerde, h. gesmeerd] ❶ grease, oil, lubricate ★ *iem. de handen* ~ grease sbd.'s palm ★ *de keel* ~ wet one's whistle ★ *de ribben* ~ thrash ★ *het gaat als gesmeerd* it's running smoothly ★ *als de gesmeerde bliksem* like greased lightning ❷ *met verf &* smear, spread ❸ *met boter* butter ★ *(zich) een boterham* ~ ⟨alleen boter⟩ butter one's bread, ⟨met beleg⟩ make a sandwich ▼ *'m* ~ bolt, clear out, shoot through ▼ *smeer 'm!* scram!, beat it!, go away! **II** *onoverg* [smeerde, h. gesmeerd] spread ★ *die boter smeert goed* this butter spreads well

smerig I *bn* ❶ *vies* dirty, grubby, filthy ★ *een* ~*e jongen* a dirty / grubby boy ★ ~ *weer* filthy / foul weather ★ *een* ~ *zaakje* a sordid / dirty business ❷ *gemeen* dirty, nasty **II** *bijw* ★ *zij werd* ~ *behandeld* she was treated shabbily ★ *hij werd* ~ *onderuit gehaald* he was brought down by a foul tackle

smerigheid *v* [-heden] ❶ dirtiness, dirt, filth ❷ *gemene truc* foul / dirty trick

smering *v* [-en] greasing, oiling, lubrication

smeris *m* [-sen] cop

smet *v* [-ten] ❶ spot, stain, blot ❷ fig blemish, taint ★ *iem. een* ~ *aanwrijven* cast a slur on sbd ★ *een* ~ *op* *iems. naam werpen* cast a slur on sbd's reputation ★ *iem. van alle ~ten zuiveren* exonerate sbd

smetstof *v* [-fen] infective agent, infectant

smetteloos I *bn* pristine, spotless, immaculate, fig blameless ★ *een ~ verleden* a blameless / an impeccable past **II** *bijw* ★ *~ blank papier* pristine white paper

smetten I *overg* [smette, h. gesmet] stain, soil **II** *onoverg* [smette, h. gesmet] soil ★ *deze stof smet gauw* this fabric soils easily **III** *onoverg* [smette, is gesmet] *v. huid* chaff

smetvrees *v* fear of dirt, med misophobia, mysophobia

smeuïg I *bn* ❶ *m.b.t. pindakaas & * smooth ❷ *smakelijk, van verhaal enz.* colourful, juicy, appetizing **II** *bijw* smoothly & ★ *iets ~ vertellen* recount sth vividly

smeulen *onoverg* [smeulde, h. gesmeuld] smoulder ★ *er smeult iets* there's some mischief brewing

smid *m* [smeden] blacksmith, smith

smidse *v* [-n] forge, smithy

smiecht *m* [-en] skunk, bastard

smient *v* [-en] *vogel* wigeon, widgeon

smiezen *zn* ★ *iem. in de ~ hebben* have sbd taped ★ *dat loopt in de ~* it'll attract attention, it'll be obvious

smijten I *overg* [smeet, h. gesmeten] fling, hurl, slam **II** *onoverg* [smeet, h. gesmeten] ★ *met (zijn) geld ~* throw (one's) money about ★ *met de deur ~* slam the door

smikkelen *onoverg* [smikkelde, h. gesmikkeld] eat heartily, tuck in

smoel *m* [-en] mug, trap ★ *iem. op zijn ~ slaan* conk sbd ★ *hou je ~* shut your face

smoelwerk *o* [-en] mug, trap

smoes *v* [smoezen], **smoesje** *o* [-s] (poor) excuse, story, pretext, inf dodge ★ *~jes, zeg!* rubbish!, stuff and nonsense! ★ *een ~je bedenken* think up an excuse ★ *dat ~je kennen we!* we know that stunt!, that's an old excuse! ★ *nooit om een ~je verlegen zijn* be never at a loss for an excuse ★ *~jes verkopen* make it all up

smoezelig *bn* grubby, grimy

smoezen *onoverg* [smoesde, h. gesmoesd] ❶ *zacht praten* whisper, mutter ❷ *smoesjes verkopen* invent excuses

smog *m* smog

smogalarm *o* smog alert

smoking *m* [-s] dinner jacket, Am tuxedo

---

smoking

wordt vertaald als **dinner jacket** of **tuxedo**. Het Engelse woord **smoking** heeft alleen iets te maken met roken; **no smoking** betekent niet **geen** smoking maar **niet roken**.

---

smokinghemd *o* [-en] dress shirt

smokkel *m* smuggling

smokkelaar *m* [-s] smuggler

smokkelarij *v* [-en] smuggling

smokkelen I *overg* [smokkelde, h. gesmokkeld]

smuggle II *onoverg* [smokkelde, h. gesmokkeld] ❶ smuggle ❷ *vals spelen* cheat

smokkelhandel *m* smuggling, contraband trade

smokkelroute *v* [-s & -n] smuggling route

smokkelwaar *v* [-waren] contraband, smuggled goods

smoor *m* ★ *de ~ in hebben* be peeved / pissed-off ★ *de ~ hebben aan* detest sth

smoorheet *bn* sweltering, boiling hot

smoorverliefd *bn* head over heels / madly in love ★ *~ op iem. zijn* be madly in love with sbd, ‹eenzijdig› have a crush on sbd ★ *~ op iem. worden* fall head over heels in love with sbd

smoren I *overg* [smoorde, h. gesmoord] ❶ *verstikken* suffocate, smother ★ *iets in de kiem ~* nip sth in the bud ❷ techn throttle (down) ❸ *vlees* stew ❹ *onderdrukken* smother, stifle ❺ *geluid, geweten* muffle, deaden ❻ *opstand* put down, suppress, quell ❼ *roken* ZN smoke **II** *onoverg* [smoorde, is gesmoord] stifle ★ *om te ~* stifling hot ★ *met gesmoorde stem* in a strangled voice

smörgåsbord *het* [-s] smorgasbord

smous *m* [-en & smouzen] ❶ *hond* griffon ❷ *scheldnaam* Yid

smoushond *m* [-en] griffon

smout *o* dripping, lard

smoutbol, smoutebol *m* [-len] ZN oil dumpling, doughnut ball

sms *afk* (Short Message Service) SMS, text message

sms'je *het* [-s] text message

smukken *overg* [smukte, h. gesmukt] trim, adorn, deck out

smullen *onoverg* [smulde, h. gesmuld] feast (on) ★ *het is om van te ~* it's finger-licking good ★ *zij smulden van het verhaal* they lapped up the story

smulpaap *m* [-papen] gourmet

smulpartij *v* [-en] banquet

smurf *m* [-en] smurf

smurrie *v* modder sludge, inf gunge

snaaien *overg* [snaaide, h. gesnaaid] ❶ snatch, pilfer, snitch ❷ *betrappen* nab

snaak *m* [snaken] wag, joker ★ *een rare ~* a queer fellow / fish

snaaks I *bn* droll, waggish, funny **II** *bijw* drolly, waggishly

snaar *v* [snaren] string, chord ★ *een gevoelige ~ aanroeren* touch a tender string ★ *je hebt de verkeerde ~ aangeroerd* you didn't sound the right chord

snaarinstrument *o* [-en] stringed instrument

snack *m* [-s] snack

snackbar *m & v* [-s] snack bar

snacken *onoverg* [snackte, h. gesnackt] snack

snakken *onoverg* [snakte, h. gesnakt] ❶ *verlangen naar* long, yearn, crave ★ *~ naar een kop thee* be dying for a cup of tea ★ *~ naar het uur van de...* long for the hour of... ❷ *naar iets happen* gasp ★ *~ naar adem / lucht* gasp for breath / air

snappen *overg* [snapte, h. gesnapt] ❶ *betrappen* nab,

sn

catch ★ *men heeft hem gesnapt* he has been caught ❷ *begrijpen* get, see ★ *snap je het?* do you get me?, do you follow me?, see? ★ *hij snapte er niets van* he was baffled ★ *hij zal er toch niets van ~* he'll never understand it ★ *hij snapte het meteen* he grasped it at once ★ *ik snapte dadelijk dat hij geen Hollander was* I spotted instantly that he wasn't a Dutchman

snapshot *o & m* [-s] snapshot

snarenspel *o* string music

snars *m* ★ *geen ~* not a bit ★ *daar begrijp ik geen ~ van* I haven't the foggiest notion what it's about

snater *m* [-s] gob, trap ★ *hou je ~!* shut your face!, belt up!

snateren *onoverg* [snaterde, h. gesnaterd] ❶ *kletsen* chatter ❷ *kwaken* cackle, gaggle

snauw *m* [-en] snarl, growl ★ *iem. een ~ geven* snarl at sbd ★ *~en en grauwen* snarl

snauwen *onoverg* [snauwde, h. gesnauwd] snarl, growl ★ *~ tegen* snarl / snap at

snauwerig *bn* snarly, snappy

snavel *m* [-s] bill, ‹krom› beak

snede *v* [-n], **snee** [sneeën] ❶ *snijwond* cut ❷ *insnijding* incision ❸ *schijf* slice ★ *een ~ spek* a rasher of bacon ❹ *snijvlak* edge ❺ *in de prosodie* section ▼ *de gulden ~* the golden section ▼ *ter ~* to the point

snedig I *bn* witty, incisive, smart ★ *een ~ antwoord* a smart reply ★ *een ~e opmerking* a wisecrack II *bijw* wittily & ★ *~ antwoorden* answer wittily

snedigheid *v* [-heden] *gevatheid* smartness

snee *v* [sneeën] → **snede**

sneer *m* [sneren & -s] sneer, taunt

sneetje *o* [-s] ❶ *kleine insnijding* snip, small incision ❷ *brood* slice

sneeuw *v* ook op tv snow ★ *eeuwige ~* perennial snow ★ *natte ~* sleet ★ *als ~ voor de zon verdwijnen* disappear like snow before the sun

sneeuwbal *m* [-len] ❶ *v. sneeuw* snowball ★ *met ~len gooien* throw snowballs ★ *~len naar iem. gooien* pelt snowballs at sbd ❷ *plant* snowball, guelder rose

sneeuwbaleffect *o* snowball effect

sneeuwballengevecht *o* [-en] snowball fight

sneeuwband *m* [-en] snow tyre, Am snow tire

sneeuwblind *bn* snow blind

sneeuwblindheid *v* snow blindness

sneeuwbril *m* [-len] snow goggles

sneeuwbui *v* [-en] snow shower

sneeuwen *onoverg* [sneeuwde, h. gesneeuwd] snow ★ *het sneeuwde bloempjes* blossoms rained down ★ *het sneeuwde briefkaarten* there was a shower / flood of postcards

sneeuwgrens *v* snow line

sneeuwhoen *o* [-ders] *vogel* red grouse, ptarmigan

sneeuwjacht *v* snowstorm, blizzard

sneeuwkanon *o* [-nen] snow canon

sneeuwketting *m & v* [-en] snow / skid chain

sneeuwklas *v* [-sen], **sneeuwschool** [-scholen] ZN ski school

sneeuwklokje *o* [-s] *plant* snowdrop

sneeuwlandschap *o* [-pen] snowy landscape

sneeuwman *m* [-nen] snowman ★ *de verschrikkelijke ~* the Abominable Snowman, the yeti

sneeuwploeg *m & v* [-en] snowplough

sneeuwpop *v* [-pen] snowman

sneeuwruimen *o* clearing of snow

sneeuwruimer *m* [-s] snowplough

sneeuwschoen *m* [-en] snowshoe

sneeuwschuiver *m* [-s] snowplough, Am snowplow

sneeuwstorm *m* [-en] snowstorm, ‹hevige sneeuwstorm› blizzard

sneeuwuil *m* [-en] snowy owl

sneeuwval *m* ❶ snowfall, fall(s) of snow ❷ *lawine* avalanche, snowslide

sneeuwvlok *v* [-ken] snowflake

sneeuwwit *bn* snow(y) white

Sneeuwwitje *o* Snow White ★ ‹drank› *sneeuwwitje* shandy

sneeuwzeker *bn* assured of snow

snel I *bn* fast, swift, quick, rapid, speedy II *bijw* fast, swiftly &

snelbinder *m* [-s] carrier straps

snelblusser *m* [-s] fire extinguisher

snelbuffet *o* [-ten] snack bar

snelbus *m en v* [-sen] transport express bus

sneldicht *o* [-en] epigram

sneldrogend *bn* quick-drying

snelfilter *m & o* [-s] (coffee) filter

snelfiltermaling *v* extra-fine grind

snelheid *v* [-heden] swiftness, rapidity, speed, velocity ★ *met een ~ van* at the rate of ★ *de maximum ~* ‹op de weg› the speed limit, ‹v. voertuig› the maximum speed

snelheidsbegrenzer *m* [-s] speed-limiting device, speed limiter

snelheidsbeperking *v* [-en] speed limit ★ *een zone met ~* a speed-restricted area

snelheidscontrole *v* [-s] speed check

snelheidsduivel *m* [-s], **snelheidsmaniak** [-ken] speed merchant

snelheidslimiet *v* speed limit

snelheidsmeter *m* [-s] tachometer, speedometer

snelheidsovertreding *v* [-en] speeding, exceeding the speed limit

snelkoker *m* [-s] pressure cooker

snelkookpan *v* [-nen] pressure cooker

snelkookrijst *m* minute rice

snelkoppeling *v* [-en] comput shortcut, link

snellen I *onoverg* [snelde, is gesneld] hasten, rush, hurry ★ *iem. te hulp ~* run to sbd's help II *overg* [snelde, h. gesneld] ★ *koppen ~* headhunt

snelrecht *o* summary justice

snelschaken *o* play lightning chess

sneltram *m* [-s] express tram

sneltrein *m* [-en] fast train, express (train)

sneltreinvaart *v* tearing rush / hurry ★ *in ~* hurry-scurry ★ *iets er in ~ doorjagen* rush sth through

sn

snelverband *o* first (aid) dressing, emergency bandage
snelverkeer *o* fast traffic
snelvuur *o* rapid fire
snelvuurwapen *o* [-s] rapid-fire weapon
snelwandelaar *m* [-s] race walker
snelwandelen *o* race walking
snelweg *m* [-wegen] highway, motorway, Am freeway ★ <u>comput</u> *de digitale* ~ the information superhighway
snelwerkend *bn* fast-working ★ *een* ~ *gif* a fast-acting poison
sneren *onoverg* [sneerde, h. gesneerd] sneer (at)
snerpen *onoverg* [snerpte, h. gesnerpt] bite, cut
snerpend *bn* biting, cutting ★ *een* ~*e koude* a biting cold ★ *een* ~*e wind* a cutting wind ★ *een* ~ *geluid* a shrill noise
snert *v* ❶ *erwtensoep* pea soup ❷ *rotzooi* trash, nonsense ★ *dat lijkt wel* ~ it looks like trash ★ *het is* ~ it's nonsense
snertweer *o* beastly weather
sneu I *bn* disappointing, sad ★ *wat* ~! how sad! II *bijw* ★ ~ *kijken* look disappointed / glum
sneuvelen *onoverg* [sneuvelde, is gesneuveld] ❶ *om het leven komen* be killed (in action / battle), be slain, perish, fall ❷ *v. borden &* break
snibbig I *bn* snappish, snappy, tart ★ *ik kreeg een* ~ *e-mailtje terug* I got a sourly worded e-mail in return II *bijw* ★ ~ *kijken* look sourly
sniffen *onoverg* [snifte, h. gesnift] sniffle
snijbiet *v* [-en] leaf beet
snijbloem *v* [-en] cut flower
snijboon *v* [-bonen] French / haricot bean ★ *een rare* ~ a queer fish
snijbrander *m* [-s] cutting / oxyacetylene torch
snijdbaar *bn* ❶ *in plakken* sliceable ❷ *deelbaar* sectile
snijden I *overg* [sneed, h. gesneden] ❶ *met een mes* cut, ‹vlees, snijwerk› carve ★ *die lijnen* ~ *elkaar* the lines intersect ★ *de spanning was te* ~ the tension was palpable ★ *aan / in stukken* ~, *stuk*~ cut into pieces, cut up ★ *het snijdt je door de ziel* it cuts you to the heart / quick ❷ <u>auto</u> cut in ❸ <u>kaartsp</u> finesse ❹ *afzetten* fleece ★ *ze* ~ *je daar lelijk* they fleece you there, they make you pay through the nose there II *wederk* [sneed, h. gesneden] ★ *zich* ~ cut oneself ★ *ik heb mij in mijn vinger gesneden* I've cut my finger (with a knife) ★ *je zult je (lelijk) in de vingers* ~ you'll burn your fingers
snijdend *bn* ❶ cutting, sharp, biting, piercing ★ *een* ~*e wind* a sharp / biting wind ❷ *in de meetkunde* secant
snijding *v* [-en] ❶ *alg.* cutting, section ❷ *in prosodie* caesura ❸ *in de meetkunde* intersection
snijkamer *v* [-s] dissecting room
snijlijn *v* [-en] secant, intersecting line
snijmachine *v* [-s] ❶ cutting machine, cutter, ‹voor brood, vlees› & slicer ❷ *v. boekbinder* guillotine
snijplank *v* [-en] ❶ *vleesplank* chopping board

❷ *broodplank* breadboard
snijpunt *o* [-en] (point of) intersection
snijtafel *v* [-s] ❶ <u>med</u> dissecting table ❷ *voor stoffen* cutting table
snijtand *m* [-en] incisor, incisive tooth
snijvlak *o* [-ken] cutting surface / face
snijwerk *o* carved work, carving
snijwond *v* [-en] cut, incised wound
snijzaal *v* [-zalen] dissecting room
snik I *m* [-ken] gasp, sob ★ *zijn laatste* ~ his last gasp ★ *de laatste* ~ *geven* breathe one's last ★ *tot de laatste* ~ to one's dying day II *bn* ★ *hij is niet goed* ~ he's not quite right in the head
snikheet *bn* stifling hot, sweltering
snikken *onoverg* [snikte, h. gesnikt] sob, gasp
snip *v* [-pen] *vogel* snipe
snipper *m* [-s] ❶ *klein beetje* snip, shred, scrap ❷ *het afgeknipte* snipping, cutting
snipperdag *m* [-dagen] day off
snipperen *overg* [snipperde, h. gesnipperd] snip, cut up, slice
snipverkouden *bn* ★ *hij is* ~ he's all stuffed up, he's got a bad cold
snit *m & v* cut, make ★ *het is naar de laatste* ~ it's the latest fashion ★ <u>ZN</u> ~ *en naad* needlework
snob *m* [-s] snob, highbrow
snobisme *o* snobbishness, snobbery
snobistisch I *bn* snobbish, snobby II *bijw* snobbishly, snobbily
snoeien *overg* [snoeide, h. gesnoeid] ❶ ‹bomen› lop, ‹fruitbomen› prune, ‹heg› clip ❷ <u>fig</u> cut back, prune ★ ~ *in het budget* prune the budget
snoeihard *bn* ❶ *v. snelheid* fast as hell ❷ *v. geluid* blaring, booming
snoeimes *o* [-sen] pruning knife
snoeischaar *v* [-scharen] pruning shears, secateurs
snoek *m* [-en] pike ★ ‹in het water vallen› *een* ~ *vangen* fall into the water ★ ‹bij roeien› *een* ~ *maken* catch a crab
snoekbaars *m* [-baarzen] *vis* pikeperch
snoekduik, snoeksprong *m* [-en] headlong dive
snoep *m* sweets, Am candy
snoepautomaat *m* [-maten] sweet machine, Am vending machine
snoepen *onoverg* [snoepte, h. gesnoept] eat sweets ★ *wie heeft van de slagroom gesnoept?* who's been at the cream?
snoeper *m* [-s] glutton, sbd with a sweet tooth ★ *een* ~ *zijn* have a sweet tooth ★ *ouwe* ~ old lecher, dirty old man
snoeperig I *bn* cute, pretty, sweet, yummy II *bijw* ★ *een* ~ *zoete traktatie* an absolutely yummy treat
snoepgoed *o* sweets, Am candy
snoepje *o* [-s] ❶ *zoetigheid* sweet, lolly, Am candy ★ *wil je een* ~? would you like a lolly/Am candy? ❷ *lief meisje* sweetie
snoepreisje *o* [-s] pleasure trip, outing, Am junket
snoepwinkel *m* [-s] sweetshop, tuck shop, Am candy

store

snoer *o* [-en] ❶ *koord* string, rope, line, cord ❷ *hengel* line ❸ *elektrisch* flex, cord

snoeren *overg* [snoerde, h gesnoerd] string, lace ★ *iem. de mond ~* silence sbd

snoerloos *bn* cordless

snoes *m-v* [snoezen] darling, pet, sweetie

snoeshaan *m* [-hanen] weirdo, odd fish ★ *een vreemde ~* a queer customer / fish

snoet *m* [-en] ❶ *v. dier* snout, muzzle ❷ *gezicht* face, *inf* mug, kisser

snoetje *o* [-s] ★ *een aardig ~* a pretty face

snoeven *onoverg* [snoefde, h. gesnoefd] brag, boast, swagger ★ *~ op...* brag / boast about...

snoever *m* [-s] boaster, braggart, show-off

snoezig I *bn* sweet, cute, adorable **II** *bijw* ★ *een ~ klein winkeltje* a sweet little shop

snok *m* [-ken] ZN jolt

snokken *onoverg* [snokte, h. gesnokt] ❶ *rukken* ZN pull, tug ❷ *schokken* ZN convulse, jerk ❸ *krachtig stoten* ZN thrust

snol *v* [-len] tart, whore, hooker

snood I *bn* base, wicked ★ *een ~ plan ontstaat in zijn hoofd* he conceives a wicked plan **II** *bijw* treacherously

snoodaard *m* [-s] villain, rogue

snooker *o* snooker

snookeren I *onoverg* [snookerde, h. gesnookerd] play snooker **II** *overg* [snookerde, h. gesnookerd] snooker

snor I *v* [-ren] ❶ *van mens* moustache ❷ *van kat* whiskers **II** *bijw* ★ *dat zit wel ~* that's fine

snorbaard *m* [-en] moustache ★ *een oude ~* an old soldier

snorder *m* [-s] crawling taxi

snorfiets *m* [-en] moped

snorhaar *v* [-haren] *v. kat &* whisker

snorkel *m* [-s] snorkel

snorkelen *onoverg* [snorkelde, h. gesnorkeld] snorkel

snorren *onoverg* [snorde, h. gesnord] ❶ *v. motor* drone, whirr ★ *het ~ van de motor* the whirr of the motor ❷ *v. kat* purr ❸ *v. kachel* roar ❹ *om een vrachtje* crawl, ply for hire

snot *o & m* mucus, *vulg* snot

snotaap *m* [-apen] *inf* whippersnapper, brat ★ *vervelende ~!* snotty-nosed little brat!

snotjongen *m* [-s] ❶ whippersnapper, scamp ❷ *kwajongen* brat

snotneus *m* [-neuzen] ❶ *neus* runny nose ❷ *kwajongen* brat ❸ *klein kind* toddler, tot

snottebel *v* [-len] hanging mucus, *vulg* snot

snotteren *onoverg* [snotterde, h. gesnotterd] snivel, blubber

snotterig *bn* snivelling

snotverkouden *bn* all stuffed up with a bad cold

snowboard *o* [-s] snowboard

snowboarden *onoverg* [snowboardde, h. gesnowboard] go snowboarding

snuffelaar *m* [-s] ferreter, snooper, pryer

snuffelen *onoverg* [snuffelde, h. gesnuffeld] ❶ *v. dieren* nose, sniff ★ *aan alles ~* nose / sniff at everything ❷ *v. personen* nose about, rummage ★ *overal in ~* rummage through everything ★ *altijd in de boeken ~* always have ⟨his / her⟩ nose in a book

snuffelpaal *m* [-palen] air pollution detector

snufferd *m* [-s] ❶ *neus* snout, snitch ★ *zijn ~ ergens in steken* stick one's nose into sth ❷ *gezicht* kisser, mug ★ *op zijn ~ vallen* fall flat on one's kisser

snufje *o* [-s] ❶ *nieuwigheidje* novelty ★ *het nieuwste ~* the latest thing ★ *een nieuw technisch ~* a new gadget ❷ *klein beetje* dash ★ *een ~ zout* a pinch of salt

snugger *bn* bright, clever, sharp, smart ★ *dat was niet erg ~* that was not very clever

snuif *m* snuff

snuifdoos *v* [-dozen] snuffbox

snuifje *o* [-s] ❶ *snuiftabak* pinch of snuff ❷ *cocaïne* sniff, snort ❸ *v. zout* pinch

snuiftabak *m* snuff

snuisterij *v* [-en] knick-knack, trinket ★ *~en* bric-a-brac, knick-knacks

snuit *m* [-en] ❶ *v. dier* snout, muzzle ❷ *v. olifant* trunk ❸ *v. insect* proboscis ❹ *gezicht* mug, kisser

snuiten *overg* [snoot, h. gesnoten] *v. kaars* snuff ▼ *zijn neus ~* blow one's nose

snuiter *m* [-s] *voor kaarsen* pair of snuffers ▼ *inf een rare ~* a queer customer

snuiven I *onoverg* [snoof, h. gesnoven] sniff, snuffle, snort ★ *~ van woede* snort with rage **II** *overg* [snoof, h. gesnoven] ★ *cocaïne ~* sniff / snort cocaine ★ *tabak ~* take snuff

snurken *onoverg* [snurkte, h. gesnurkt] snore

snurker *m* [-s] ❶ *iem. die snurkt* snorer ❷ *inf* fellow

soa *afk* (seksueel overdraagbare aandoening) STD, sexually transmitted disease

soap *m* [-s] soap

sober I *bn* ❶ *niet overvloedig* sober, frugal, plain ★ *een ~e maaltijd* a simple / frugal meal ★ *hij kan ~ zijn met woorden* he can be sparing with his words ❷ *ascetisch* austere ★ *een ~ leven* an austere life **II** *bijw* soberly & ★ *de boeken zijn ~ uitgevoerd* the books have been austerely produced / have been produced without many frills

soberheid *v* ❶ soberness, plainness, frugality ❷ *ascetisch* austerity

sobertjes *bijw* austerely, frugally

sociaal I *bn* social ★ *het ~ bewustzijn* a social conscience ★ *de sociale dienst* social security services ★ *de sociale lasten* social security contributions ★ *de sociale partners* management and trade unions ★ *een ~ plan* a social plan / scheme ★ *de sociale verzekering* social insurance, Am social security ★ *sociale voorzieningen* social welfare ★ *~ werk* social work ★ *een sociale werkplaats* a sheltered workshop ★ *een ~ werkster* a social worker ★ *sociale wetenschappen* social sciences ★ ZN *een ~ assistent* a social worker ★ ZN *een sociale school* een social

academy **II** *bijw* socially ★ ~ *denkend* socially aware
sociaal-cultureel *bn* socio-cultural
sociaaldemocraat *m* [-craten] social democrat
sociaaldemocratie *v* social democracy
sociaaldemocratisch *bn* social democratic
sociaaleconomisch *bn* socio-economic ★ *de* ~*e raad* the National Economic Development Council
sociaal geneeskundige *m-v* [-n] medical officer
sociaal geograaf *m* [-grafen] human geographer
sociaal psycholoog *m* [-logen] social psychologist
socialezekerheidsstelsel *o* [-s] social security system
socialisatie *v* socialization
socialiseren *overg* [socialiseerde, h. gesocialiseerd] socialize
socialisme *o* socialism
socialist *m* [-en] socialist
socialistisch *bn* socialist
sociëteit *v* [-en] ❶ *vereniging* club, association ★ *de Sociëteit van Jezus* the Society of Jesus ❷ *verenigingsgebouw* clubhouse
society *v* society
sociolinguïstiek *v* sociolinguistics
sociologie *v* sociology
sociologisch *bn* sociological
socioloog *m* [-logen] sociologist
soda *m & v* soda ★ *dubbelkoolzure* ~ sodium bicarbonate, bicarbonate of soda
sodawater *o* soda water
sodemieter *m* [-s] ★ *iem. op z'n* ~ *geven* bawl sbd out, vulg beat the shit out of sbd ★ *als de* ~ like hell ★ *geen* ~ not a bloody thing
sodemieteren I *overg* [sodemieterde, h. gesodemieterd] chuck **II** *onoverg* [sodemieterde, is gesodemieterd] ❶ *vallen* fall, tumble ❷ *zeuren* nag, whine, whinge ▼ *sodemieter op!* bugger off!
sodomie *v* sodomy
sodomiet *m* [-en] sodomite
soebatten *onoverg* [soebatte, h. gesoebat] implore, plead
Soedan *o* Sudan
soefi *m* ['s] Sufi
soelaas *o* solace, comfort, relief, alleviation ★ ~ *bieden* offer comfort
soenna *m* Sunna
soenniet *m* [-en] Sunnite
soennitisch *bn* Sunnite
soep *v* [-en] soup, ⟨dun⟩ broth ★ *het is niet veel* ~*s* it's not up to much ★ *iets in de* ~ *laten lopen* make a mess of sth ★ *iets in de* ~ *rijden* smash sth up ★ *in de* ~ *zitten* be in the soup ★ *de* ~ *wordt niet zo heet gegeten als ze wordt opgediend* things are never as bad as they seem
soepballetje *o* [-s] forcemeat ball
soepbord *o* [-en] soup plate
soepel I *bn* ❶ *buigzaam* supple, flexible, elastic ❷ *meegaand* compliant, adaptable ★ *een* ~*e interpretatie* a loose interpretation ❸ *liberaal* lenient, easy ❹ *moeiteloos* smooth, easy **II** *bijw* suppl(el)y &

★ ~ *schakelen* change gears smoothly
soepelheid *v* suppleness, flexibility
soepgroente *v* [-n & -s] soup vegetables
soepjurk *v* [-en] loose hanging dress, tent dress, baggy dress
soepkip *v* [-pen] boiler (chicken), boiling hen
soepkom *v* [-men] soup bowl
soeplepel *m* [-s] ❶ *opscheplepel* soup ladle ❷ *om soep te eten* soup spoon
soepstengel *m* [-s] breadstick
soepterrine *v* [-s] soup tureen
soepvlees *o* soup meat
soera *v* ['s] sura
soes *v* [soezen] *gebak* (cream) puff
soesa *m* bother, trouble(s), worries
soeverein I *bn* sovereign ★ *een* ~*e staat* a sovereign state ★ ~*e minachting* supreme contempt **II** *m* [-en] ❶ *heerser* sovereign ❷ *munt* sovereign
soevereiniteit *v* sovereignty
soevereiniteitsoverdracht *v* transfer of sovereignty
soezen *onoverg* [soesde, h. gesoesd] doze
sof *m* wash-out, flop
sofa *m* ['s] sofa, couch, Am davenport
sofinummer *o* [-s] socio-fiscal number, Br ± national insurance number, Am ± social security number
sofisme *o* [-n] sophism
sofist *m* [-en] sophist
sofistisch I *bn* sophistic **II** *bijw* sophistically
soft *bn* soft
softbal *o* softball
softballen *onoverg* [softbalde, h. gesoftbald] play softball
softdrug *m* [-s] soft drug
softijs *o* soft ice cream
softporno *v* soft porn
software *m* software
softwarepakket *o* [-ten] software package
soigneren *overg* [soigneerde, h. gesoigneerd] ❶ look after ★ *gesoigneerd* well dressed ❷ *lichamelijke conditie verzorgen* tone up, massage
soigneur *m* [-s] ❶ *alg.* helper ❷ *wielrennen* ± masseur, physiotherapist ❸ *boksen* ± second
soiree *v* [-s] evening party, soirée
soja *m* soy, soya
sojaboon *v* [-bonen] soybean, soya bean
sojamelk *v* soya milk, soybean milk
sojaolie *v* soybean oil
sojasaus *v* soy sauce
sok *v* [-ken] ❶ *kledingstuk* sock ★ *er de* ~*ken in zetten* spurt ★ *een held op* ~*ken* a chicken ★ *iem. van de* ~*ken rijden* knock sbd down ★ *van de* ~*ken gaan* keel over, pass out ★ *een poes met witte* ~*ken* a white-socked cat ❷ techn socket ❸ fig (old) fogey / fogy
sokkel *m* [-s] socle, pedestal
sokophouder *m* [-s] sock suspender
sol I *v* [-len] muz sol **II** *m* [-s] *munteenheid* sol, Peruvian sol

SO

solair *bn* solar
solarium *o* [-s & -ria] solarium
soldaat *m* [-daten] soldier ★ *een gewoon* ~ a private (soldier) ★ *een* ~ *eerste klasse* a lance-corporal ★ ~ *worden* become a soldier, enlist ★ *de Onbekende Soldaat* the Unknown Soldier / Warrior ★ *een fles* ~ *maken* empty / crack a bottle
soldatenleven *o* military life
solde *v* [-n & -s] *restant* ZN remnant ★ ⟨uitverkoop⟩ *de* ~*s* the sales
soldeer *o* & *m* solder
soldeerbout *m* [-en] soldering iron
soldeerdraad *o* & *m* soldering wire
soldeersel *o* [-s] solder
solderen *overg* [soldeerde, h. gesoldeerd] ❶ solder ❷ *uitverkopen* ZN clear, sell off
soldij *v* [-en] pay
soleren *onoverg* [soleerde, h. gesoleerd] perform a solo
solfège *m* solfège, solfeggio
solidair *bn* solidary ★ ~ *aansprakelijk* jointly and severally liable ★ *zich* ~ *verklaren met* express one's solidarity with
solidariteit *v* ❶ *alg.* solidarity ★ *uit* ~ in sympathy ❷ handel joint liability
solidariteitsbeginsel *o* solidarity principle
solidariteitsgevoel *o* feeling of solidarity
solide I *bn* ❶ *v. ding* solid, firm, strong, substantial ❷ *v. persoon* solid, steady, reliable ❸ *firma's* solid, respectable ❹ *investeringen* solid, sound, safe, gilt-edged **II** *bijw* solidly &
soliditeit *v* ❶ *v. ding* solidity ❷ *v. persoon* steadiness, respectability ❸ handel solvability, solvency, stability ❹ *betrouwbaarheid* soundness, reliability
solist *m* [-en] soloist
solitair I *bn* solitary **II** *m* [-en] ❶ *v. dier* rogue ❷ *alleenstaande* solitary ❸ *spel & steen* solitaire
sollen I *overg* [solde, h. gesold] toss **II** *onoverg* [solde, h. gesold] mess about, trifle with ★ *hij laat niet met zich* ~ he won't be trifled with
sollicitant *m* [-en] candidate, applicant
sollicitatie *v* [-s] application
sollicitatiebrief *m* [-brieven] (letter of) application
sollicitatiecommissie *v* [-s] selection committee
sollicitatiegesprek *o* [-ken] job interview
sollicitatieplicht *m* & *v* obligation to look for work
sollicitatieprocedure *v* [-s] selection procedure
solliciteren *onoverg* [solliciteerde, h. gesolliciteerd] apply (for)

> **solliciteren**
> is apply (for) en niet **solicit**; solicit betekent tippelen, mannen aanspreken.

solo I *bijw* ❶ solo ❷ kaartsp solo **II** *m* & *o* ['s & soli] solo
solocarrière *v* [-s] solo career
Solomoneilanden *zn* [mv] Solomon Islands
solo-optreden *o* [-s] solo performance

solopartij *v* [-en] solo part
soloplaat *v* [-platen] solo album
solovlucht *v* [-en] solo flight
solozanger *m* [-s] solo singer / vocalist
solsleutel *m* [-s] G clef, treble clef
solstitium *o* [-tia] solstice
solutie *v* [-s] solution
solvabel *bn* solvent
solvabiliteit *v* ability to pay, solvency
solvent *bn* solvent
solventie *v* solvency
som *v* [-men] ❶ *totaalbedrag* sum, amount ★ *een* ~ *geld(s)* a sum of money ★ *een* ~ *ineens* a lump sum ❷ *vraagstuk* sum ★ ~*men maken* do sums
Somalië *o* Somalia
somatisch *bn* somatic ★ ~*e ziekten* somatic diseases
somber I *bn* gloomy, sombre, dismal, dark, black ★ *een* ~ *verhaal* a sad story ★ *een* ~*e toekomst* a gloomy / dark / dismal future ★ ~*e gedachten* sombre / gloomy thoughts ★ ~ *weer* gloomy weather **II** *bijw* gloomily & ★ *iets* ~ *inzien* be pessimistic, take a gloomy view of things
somberheid *v* gloom, sombreness, bleakness
somma *v* sum, total amount
sommatie *v* [-s] summons, order, notice, (final) demand
sommelier *m* [-s] wine waiter
sommeren *overg* [sommeerde, h. gesommeerd] ❶ *alg.* summon ★ ~ *tot betaling* demand payment ❷ *optellen* find the sum of
sommige *onbep vnw* some ★ ~ *lieden* some people ★ ~*n* some
soms *bijw* ❶ sometimes ★ ~ *goed &,* ~ *slecht &* sometimes good &, sometimes bad &, at times good &, at other times bad & ❷ *misschien* perhaps ★ *kijk eens of hij daar* ~ *is* go and see whether / if he is there ★ *als je hem* ~ *ziet* if you should happen to see him ★ *paardrijden is toch een echte sport, of niet* ~*?* if I'm not mistaken, horse riding is a genuine sport
sonar *m* sonar
sonarapparatuur *v* sonar equipment
sonate *v* [-s & -n] sonata
sonatine *v* [-s] sonatina
sonde *v* [-s] probe
sonderen *overg* [sondeerde, h. gesondeerd] sound, probe
sondevoeding *v* drip feed
songfestival *o* [-s] song contest
songtekst *m* [-en] lyrics
sonisch *bn* sonic
sonjabakkeren *onoverg* [sonjabakkerde, h. gesonjabakkerd] diet
sonnet *o* [-ten] sonnet
sonoor I *bn* sonorous, rich, resonant **II** *bijw* sonorously &
sonoriteit *v* sonority
soort *v* & *o* [-en] ❶ *alg.* sort, kind ★ *zo'n* ~ *ding*

something like that ★ *we logeerden in een ~ hotel* we stayed in a hotel of sorts ★ *hij is een goed ~* he's a good type ★ *~ zoekt ~* birds of a feather flock together ★ *enig in zijn ~* unique, one of a kind ★ *mensen van allerlei ~* people of all kinds ★ *van dezelfde ~* of the same kind, of a kind ❷ *biologie* species

soortelijk *bn* specific ★ *~ gewicht* specific gravity
soortement *o* ★ *een ~ (van)* a sort / kind of
soortgelijk *bn* similar ★ *iets ~s* something similar ★ *een ~ boek* a similar book, a book of the same kind
soortgenoot *m* [-noten] one of the same kind / sort ★ *zijn soortgenoten* his own sort
soortnaam *m* [-namen] ❶ taalk common noun ❷ biol generic name
soos *v* club
sop *o* [-pen] *v. zeep* suds ★ *het ruime ~* the open sea ★ *het ruime ~ kiezen* go / set out to sea ★ *laat hem in zijn eigen ~ gaar koken* let him stew in his own juice ★ *met hetzelfde ~ overgoten* tarred with the same brush ★ *het ~ is de kool niet waard* it's not worth the trouble, the gains aren't worth the risk
soppen *overg* [sopte, h. gesopt] wash ★ *de keukenkastjes ~* wipe down the kitchen cabinets ★ *koekjes in de thee ~* dunk biscuits in the tea
sopraan *v* [-pranen] soprano
sopraanstem *v* [-men] soprano voice
sorbet *m* [-s] sorbet
sorbitol *o* sorbitol
sordino *m* ['s], **sourdine** *v* [-s] sordino
sores *zn* [mv] troubles, worries
sorry *tsw* sorry!
sorry-cultuur *de (v)* 'I'm sorry' culture
sorteerder *m* [-s] sorter
sorteermachine *v* [-s] sorting machine
sorteren *overg* [sorteerde, h. gesorteerd] (as)sort ★ *onze winkel is goed gesorteerd* our shop carries a wide range ★ *effect ~* produce an effect
sortering *v* [-en] ❶ sorting ❷ *verzameling goederen* ★ *een ruime ~ stoffen* a wide range / selection / assortment of fabrics ★ *een ~ naar groepen* arranged according to group
sortie *v* [-s] ❶ *mantel* opera cloak ❷ *controlebiljet* pass-out check ❸ *uitval* sortie, sally
SOS *o* SOS
souche *v* [-s] counterfoil
soufflé *m* [-s] soufflé
souffleren *overg* [souffleerde, h. gesouffleerd] prompt
souffleur *m* [-s] prompter
soul *m* soul
souper *o* [-s] supper
souperen *onoverg* [soupeerde, h. gesoupeerd] have supper
souplesse *v* flexibility
sousafoon *m* [-s & -fonen] sousaphone
souschef *m* [-s] deputy manager
soutane *v* [-s] RK soutane
souteneur *m* [-s] procurer, pimp

souterrain *o* [-s] basement
souvenir *o* [-s] souvenir, keepsake
souvenirjager *m* [-s] souvenir hunter
souvenirwinkel *m* [-s] souvenir / gift shop
sovjet *m* [-s] hist Soviet
sovjetrepubliek *v* [-en] hist Soviet Republic
Sovjet-Unie *v* hist (the) Soviet Union
sowieso *bijw* in any case, anyhow
spa I *v* ['s] spade, shovel **II** *m* spawater mineral water
spaak *v* [spaken] spoke ★ *een ~ in het wiel steken* put a spoke in sbd's wheel ★ *~ lopen* go wrong
spaakbeen *o* [-deren] radius
spaan *v* [spanen] ❶ *van hout* chip ★ fig *geen ~* not a bit ★ *geen ~ van iets heel laten* pull something to pieces ❷ *keukengereedschap* skimmer
spaander *m* [-s] chip, splinter ★ *waar gehakt wordt, vallen ~s* ± you can't make an omelette without breaking eggs
spaanplaat *v* [-platen] chipboard
Spaans I *bn* Spanish ★ *~ riet* rattan ★ *~e vlieg* cantharides, Spanish fly ★ *een ~e peper* a hot / chilli pepper ▼ *het gaat er ~ aan toe* there are wild goings-on there ▼ *hij heeft het ~ benauwd* he's scared out of his wits **II** *o* taal Spanish
Spaanse *v* [-n] Spaniard ★ *ze is een ~* she's a Spaniard, she's from Spain
Spaanstalig *bn* Spanish-speaking
spaaractie *v* [-s] savings campaign
spaarbank *v* [-en] savings bank
spaarbankboekje *o* [-s] savings account / deposit book
spaarbekken *o* [-s] reservoir
spaarbrief *m* [-brieven] savings certificate
spaarcenten, **spaarcentjes** *zn* [mv] savings ★ *mijn ~* my savings
spaardeposito *o* ['s] savings
spaarder *m* [-s] ❶ alg. saver ❷ *inlegger* depositor
spaargeld *o* ❶ savings ❷ *voor de oude dag* nest egg
spaarhypotheek *v* [-theken] endowment mortgage
spaarkas *v* [-sen] spaarbank ZN savings bank
spaarlamp *v* [-en] low-energy lightbulb
spaarloonregeling *v* [-en] salary savings scheme
spaarplan *o* [-nen] savings plan
spaarpot *m* [-ten] money box ★ *een ~je maken* lay by a little money
spaarregeling *v* [-en] salary savings scheme
spaarrekening *v* [-en] savings account
spaarvarken *o* [-s] piggy bank
spaarzaam I *bn* economical, thrifty, frugal ★ *~ zijn met iets* use sth sparingly ★ *~ zijn met lof* be sparing with praise ★ *~ zijn met woorden* not waste words, be a person of few words **II** *bijw* economically
spaarzaamheid *v* economy, thrift
spaarzegel *m* [-s] trading stamp
spaarzin *m* thrift, frugality
spaat *o* spar
spacecake *m* [-s] space cake
spaceshuttle *m* [-s] space shuttle

sp

spade v [-n] spade, shovel ★ *de eerste ~ in de grond steken* cut the first sod

spagaat m splits

spaghetti m spaghetti

spaghettiwestern m [-s] spaghetti western

spalk v [-en] splint

spalken overg [spalkte, h. gespalkt] splint, put in splints

spam m ongewenste mail spam, junk mail

spammen onoverg [spamde, h. gespamd] spam

span I o [-nen] ❶ v. trekdieren team ❷ v. personen pair, couple ★ *een aardig ~* a nice couple II v [-nen] afstand span ★ *een korte ~ne* a short span

spanband m [-en] fastening belt, security strap

spanbeton o prestressed concrete

spandoek o & m [-en] banner

spanen bn made of split-wood ★ *een ~ doos* a chipboard box

spaniël m [-s] spaniel

Spanjaard m [-en] Spaniard

Spanje o Spain

spanjolet v [-ten] cremone bolt

spankracht v ❶ alg. tensile force, tension ❷ v. gassen expansive force ❸ fig elasticity, resilience

spannen I overg [spande, h. gespannen] ❶ touw stretch, tighten ❷ boog, trom brace ❸ spieren flex, brace ❹ net spread ❺ snaren lay ❻ fig strain ▼ *een paard voor een wagen ~* harness / hitch a horse to a carriage ▼ *de haan ~* cock a gun ▼ *de kroon ~* beat the lot II onoverg [spande, h. gespannen] v. kleren be (too) tight ★ *als het erom spant* when it comes to the pinch ★ *het zal erom ~* it will be close / tight ★ *het heeft erom ge~* it was a near thing / a close shave ★ *op ge~ voet leven* be on bad terms with sbd

spannend bn ❶ boeiend exciting ‹scene›, thrilling ‹story›, fast-moving ‹play›, tense ‹moment› ❷ nauw tight

spanning v [-en] ❶ alg. stretching, tension, strain ★ *een band op ~ brengen* put a tyre under pressure ❷ v. brug span ❸ techn stress ❹ elektr tension, voltage ❺ v. stoom pressure ❻ fig tension, strain, suspense ★ *in angstige ~* in anxious suspense ★ *iem. in ~ houden* keep sbd in suspense ★ *de ~ op de arbeidsmarkt* the strain on the labour market

spanningsboog m [-bogen] techn voltage / current curve

spanningscoëfficiënt m [-en] coefficient of pressure

spanningshaard m [-en] trouble spot

spanningsveld o fig scene of tension

spanningzoeker m [-s] electricians' screwdriver

spanraam o [-ramen] stretcher, tenter

spanrups v [-en] looper, geometrid

spant o [-en] ❶ bouwk rafter ❷ scheepv frame, timber

spanwijdte v [-n] span

spanzaag v [-zagen] frame saw

spar m [-ren] ❶ boom spruce ❷ v. dak rafter

sparen I overg [spaarde, h. gespaard] ❶ zuinig zijn met save, spare ★ *u kunt u die moeite ~* you could save

/ spare yourself the trouble ★ *kosten noch moeite ~* spare neither pain nor expense ❷ ontzien spare ★ *zij zijn gespaard gebleven voor de vernietiging* they have been spared from destruction ❸ verzamelen collect II wederk [spaarde, h. gespaard] ★ *zich ~* save one's strength III onoverg [spaarde, h. gespaard] save, economize, put by

sparren onoverg [sparde, h. gespard] work out, ‹boksen› spar

sparrenbos o [-sen] fir wood

sparringpartner m [-s] sparring partner

Spartaans bn Spartan ★ *een spartaanse opvoeding* a Spartan upbringing

spartelen onoverg [spartelde, h. gesparteld] thrash, flounder

sparteling v [-en] thrashing, floundering

spasme o [-n] spasm

spasmisch, spasmodisch I bn spasmodic II bijw spasmodically

spastisch bn spastic ★ *een ~ kind* a child with cerebral palsy ★ *inf niet zo ~ doen!* stop acting like a spastic!

spat v [-ten] ❶ vlek spot, speck, stain ❷ spetter splash ▼ *er geen ~ van weten* not know anything about it

spatader v [-s & -en] varicose vein

spatbord o [-en] mudguard

spatel v [-s] spatula

spatie v [-s] space

spatiebalk m [-en] space bar

spatiëren overg [spatieerde, h. gespatieerd] space

spatiëring v [-en] spacing

spatietoets m [-en] space bar

spatje o [-s] druppeltje drop ★ *er vallen wat ~s* there are a few drops of rain ★ *geen ~ medeleven* without an ounce of sympathy ★ *~s hebben* be full of oneself

spatlap m [-pen] mud flap

spatten I overg [spatte, h. gespat] splutter, splatter, splash ★ *vonken ~* emit sparks, spark ★ *ze spatte water in mijn gezicht* she splashed water in my face II onoverg [spatte, is gespat], **spetten** v. vloeistof splash, spatter ▼ *uit elkaar ~* burst

spawater® o mineral water

speaker m [-s] ❶ voorzitter Eng. Lagerhuis Speaker ❷ speakerbox speaker

specerij v [-en] spice

specerijenhandel m spice trade

specht m [-en] vogel woodpecker ★ *de bonte ~* the spotted woodpecker ★ *de groene ~* the green woodpecker

speciaal I bn special, particular II bijw (e)specially, particularly ★ *~ voor hem bedoeld* meant for him in particular

speciaalzaak v [-zaken] specialist shop

special m [-s] RTV special

specialisatie v [-s] ❶ het specialiseren specialization ❷ op een vakgebied specialism, speciality

specialiseren I overg [specialiseerde, h. gespecialiseerd] specialize II wederk [specialiseerde, h. gespecialiseerd] ★ *zich ~* specialize

specialisme *o* [-n] specialism, speciality
specialist *m* [-en] specialist
specialistisch *bn* specialist
specialiteit *v* [-en] speciality ★ *direct mail is onze* ~ we specialize in direct mail ★ *vis is onze* ~ fish is our speciality
specialiteitenrestaurant *o* [-s] ± high-class restaurant
specie *v* [-s & -ciën] ❶ <u>bouwk</u> mortar, cement ❷ *geld* cash, coin
specificatie *v* [-s] specification ★ *overeenkomstig onderstaande* ~ as stipulated below, according to the specification(s) below ★ ~ *van kosten* specification of the costs
specificeren *overg* [specificeerde, h. gespecificeerd] specify ★ *een gespecificeerde rekening* an itemized bill
specifiek I *bn* specific ★ ~ *gewicht* specific gravity **II** *bijw* specifically
specimen *o* [-s & -mina] specimen
spectaculair I *bn* spectacular **II** *bijw* spectacularly
spectraal *bn* spectral
spectraalanalyse *v* spectrum analysis
spectroscoop *m* [-scopen] spectroscope
spectrum *o* [-s & -tra] spectrum
speculaas *m & o* ± gingerbread biscuit
speculaasje *o* [-s] ± gingerbread biscuit
speculaaspop *v* [-pen] gingerbread man
speculant *m* [-en] speculator
speculatie *v* [-s] speculation ★ ~ *à la baisse* bear speculation ★ ~ *à la hausse* bull speculation
speculatief I *bn* speculative **II** *bijw* speculatively
speculeren *onoverg* [speculeerde, h. gespeculeerd] speculate, play the market ★ ~ *à la baisse* bear, sell short ★ ~ *in* speculate in ★ <u>eff</u> ~ *op* speculate on ★ ~ *over* speculate on
speculum *het* speculum
speech *m* [-es & -en] speech
speechen *onoverg* [speechte, h. gespeecht] give / deliver a speech
speed *m* ❶ *snelheid* speed ❷ *drug* speed
speedboot *m & v* [-boten] speedboat
speeksel *o* spittle, saliva, <u>med</u> sputum
speekselklier *v* [-en] salivary gland
speelautomaat *m* [-maten] one-armed bandit, slot / fruit machine
speelbal *m* [-len] ❶ *eig* playing ball ❷ *fig* plaything, toy, sport ★ *een* ~ *van de golven zijn* be at the mercy of the waves ★ *iem. als* ~ *gebruiken* trifle with sbd
speeldoos *v* [-dozen] musical box
speelduur *m* ❶ *v. sportwedstrijd, film &* length / duration of the play ❷ *v. cd &* playing time
speelfilm *m* [-s] motion picture, (feature) film, movie
speelgerechtigd *bn* <u>sp</u> entitled to play
speelgoed *o* toys, playthings
speelgoedafdeling *v* [-en] toy department
speelgoedauto *m* ['s] toy car
speelgoedbeest *o* [-en] toy animal
speelgoedwinkel *m* [-s] toy shop
speelhal *v* [-len] amusement arcade

speelhelft *v* [-en] half
speelhol *o* [-holen] gambling den
speelkaart *v* [-en] playing card
speelkameraad *m* [-raden & -s] playmate
speelkwartier *o* [-en] playtime, break
speelman *m* [-lui & -lieden] musician, troubadour
speelplaats *v* [-en] playground
speelruimte *v* ❶ *plaats om te spelen* playroom ❷ *fig* scope, latitude, margin, leeway ★ *niet veel* ~ *voor fouten* little margin for error ❸ <u>techn</u> play
speels I *bn* ❶ playful ❷ *grillig* fanciful, whimsical **II** *bijw* playfully & ★ ~ *gebouwd* built whimsically, built in a whimsical fashion
speelschema *o* ['s] playing schedule
speelschuld *v* [-en] gambling debt
speelseizoen *o* [-en] season
speelsheid *v* playfulness, sportiveness
speelster *v* [-s] player
speeltafel *v* [-s] ❶ *in huis* card table ❷ *in speelhol* gaming table ❸ *v. orgel* console
speelterrein *o* [-en] playground, recreation area, playing field
speeltijd *m* [-en] playtime
speeltje *o* [-s] toy
speeltuin *m* [-en] recreation area, playground
speelveld *o* [-en] playing field
speelverbod *o* [-en] ban
speelweide *v* [-n] playing field
speelwijze *v* play, way of playing
speelzaal *v* [-zalen] ❶ *voor kansspel* gaming / gambling room ❷ *voor kinderen* playroom
speen I *v* [spenen] ❶ *tepel* teat, nipple ❷ *fopspeen* comforter ❸ *v. zuigfles* rubber teat, nipple **II** *o* aambeien ZN h(a)emorroids, piles
speenkruid *o* lesser celandine, pilewort
speenvarken *o* [-s] suckling pig ★ *gillen als een* ~ squeal like a stuck pig
speer *v* [speren] ❶ *alg.* spear ❷ <u>sp</u> javelin
speerpunt *v* [-en] *ook fig* spearhead
speerwerpen *o* <u>sp</u> throw the javelin
speerwerper *m* [-s] <u>sp</u> javelin thrower
spek *o* ‹gezouten of gerookt› bacon, ‹vers› pork, ‹v. walvis› blubber ★ *eieren met* ~ bacon and eggs ★ *dat is geen* ~ *voor jouw bek* that's not for you ★ *met* ~ *schieten* draw the long bow ★ *er voor* ~ *en bonen bij zitten* sit there for the show

---

spek
De vaste volgorde voor **eieren met spek** is in het Engels **bacon and eggs**.

---

spekbokking *m* [-en] fat bloater
spekglad *bn* slippery
spekken *overg* [spekte, h. gespekt] lard ★ *een welgespekte beurs* a well-lined purse ★ *zijn zak* ~ line one's pocket
spekkie *o* [-s] marshmallow
spekkoek *m* [-en] ★ *Indische* ~ fried meat patties
spekkoper *m* [-s] ★ *een hele* ~ *zijn* strike it rich

sp

speklap *m* [-pen] slice of bacon

speknek *m* [-ken] fat neck

spekpannenkoek *m* [-en] bacon pancake

speksteen *o & m* soapstone, steatite

spektakel *o* [-s] uproar, racket, hubbub ★ ~ *maken* make a noise, kick up a row ★ *die show was een fantastisch* ~ the show was spectacular

spektakelstuk *o* [-ken] showpiece

spekvet *o* bacon fat

spekzool *v* [-zolen] (thick) crepe sole

spel *o* [-len & spelen] ❶ ⟨tegenover werk⟩ play, ⟨volgens regels⟩ game ★ *gewonnen* ~ *hebben* have the game in one's own hands ★ *dubbel* ~ *~en* play a double game ★ *eerlijk* ~ *~en* play the game ★ *een gewaagd* ~ *~en* play a risky game ★ *vrij* ~ *hebben* enjoy free play, have free scope ★ *iem. vrij* ~ *laten* allow sbd a free hand ★ *buiten* ~ *blijven* remain out of it ★ *u moet mij buiten* ~ *laten* leave me out of it ★ *er is een dame in het* ~ there is a lady involved ★ *als... in het* ~ *komt* when it comes to... ★ *op het* ~ *staan* be at stake ★ *op het* ~ *zetten* stake, risk ★ *alles op het* ~ *zetten* stake one's all, risk / stake everything ❷ *opvoering* performance ★ *het* ~ *van deze actrice* the performance of this actress ★ *zijn (piano)~ is volmaakt* his playing is perfection itself ❸ *om geld* gaming, gambling ❹ *v. kaarten* pack, ⟨v. domino &⟩ set

spelbederf *o* unsporting / unsportsmanlike conduct

spelbepalend *bn* key ★ *een ~e speler* a key player

spelbepaler *m* [-s] key player

spelbreker *m* [-s] spoilsport

spelcomputer *m* [-s] games computer

speld *v* [-en] pin ★ *er was geen* ~ *tussen te krijgen* there wasn't a weak spot in his reasoning ★ *men had een* ~ *kunnen horen vallen* you could have heard a pin drop

spelden *overg* [speldde, h. gespeld] pin ★ *iem. iets op de mouw* ~ tell sbd tales

speldenknop, speldenkop *m* [-pen] pinhead

speldenkussen *o* [-s] pincushion

speldenprik *m* [-ken] pinprick

speldje *o* [-s] ❶ *kleine speld* pin ❷ *button* badge, button

spelelement *o* [-en] creative element

spelen I *onoverg* [speelde, h. gespeeld] ❶ *zich met een spel vermaken* play ★ *~ tegen een team* play a team ❷ *plaatsvinden* be set (in), take place (in) ★ *het stuk speelt in Parijs* the scene of the play is Paris ★ *de roman / het verhaal speelt in...* the novel / story is set in... ❸ *uitvoeren* play, perform ★ *uit het hoofd* ~ play by heart ❹ *toneelspelen* act, play ★ *voor bediende* ~ act the servant ❺ *gokken* gamble ★ *in de loterij* ~ take part in / play in the lottery ★ *om geld* ~ play for money ❻ *doelloos bezig zijn* play, toy ★ *zij speelde met haar waaier* she was playing / toying with her fan ❼ *omgaan met* play / toy (with) ★ *met de gedachte* ~ play with the idea ★ *met zijn gezondheid* ~ put one's health at risk, play with / risk one's health ★ *met*

vuur ~ play with fire ❽ *sollen* play / trifle (with) ★ *met iem.* ~ play with sbd ★ *hij laat niet met zich* ~ he's not to be trifled with, he won't stand any nonsense ▼ *een glimlach speelde om haar lippen* a smile was playing about her lips **II** *overg* [speelde, h. gespeeld] ❶ *zich vermaken met iets* play ★ *biljart* ~ play billiards ★ *krijgertje* ~ play tag ★ *open kaart* ~ be frank ❷ *toneelspelen* act, play ★ *hij speelt meestal Hamlet* he usually plays the part of Hamlet ★ *de beledigde* ~ play the injured one ★ *de baas* ~ *over iem.* lord it over sbd, dominate sbd ❸ *bespelen* play ★ *viool* ~ play the violin ▼ *mooi weer* ~ act as if nothing has happened ▼ *een vraag speelt hem door het hoofd* there was a question playing / running through his mind ▼ *iem. iets in handen* ~ play sth into sbd's hands ▼ inf *kun je dat allemaal naar binnen ~?* can you put all that away?, can you polish that all off?

spelenderwijs, spelenderwijze *bijw* without effort

speleologie *v* speleology, potholing

speleologisch *bn* speleological

speleoloog *m* [-logen] speleologist, potholer

speler *m* [-s] ❶ *alg.* player ❷ *iem. die toneel speelt* performer, actor ❸ *iem. die muziek maakt* player, musician ❹ *gokker* gambler

spelersbank *v* players' bench

spelersgroep *v* [-en] group of players, selection

spelevaren *onoverg* [spelevaarde, h. gespelevaard] go boating

spelfout *v* [-en] spelling mistake

speling *v* [-en] ❶ *techn* play ★ *de cilinder heeft wat* ~ there is a bit of play in the cylinder ❷ *marge* margin, leeway ★ *we hebben een week* ~ we have a one-week leeway, we have one week's leeway ❸ *uiting* play, freak ★ *een* ~ *der natuur* a freak (of nature) ★ *een* ~ *van het lot* a whim of fate

spelleider *m* [-s] ❶ sp games master, instructor ❷ *v. quiz* quizmaster ❸ *van hoorspel* drama producer

spellen *overg* [spelde, h. gespeld] spell ★ *de krant* ~ read the newspaper word by word

spelletje *o* [-s] game ★ *het is het oude* ~ it's the same old game ★ *een* ~ *doen* play / have a game ★ *hetzelfde* ~ *proberen (uit te halen)* try the same game ★ *een* ~ *met iem. spelen* play games with sbd ★ *ergens een* ~ *van maken* treat sth lightly

spelling *v* [-en] spelling, orthography

spellingchecker *m* [-s] spelling checker

spellingcontrole *v* comput spellcheck

spellinggids *m* [-en] spelling guide

spellingkwestie *v* [-s] spelling question / matter / problem

spelmaker *m* [-s] playmaker

spelonderbreking *v* [-en] interruption of play

spelonk *v* [-en] cave, cavern, grotto

spelotheek *v* [-theken] toy library

spelpeil *o* standard of play

spelprogramma *o* ['s] game show

spelregel *m* [-s] ❶ sp rule of the game ★ *zich aan de ~s* *houden* comply with the rules ❷ *spelling* spelling rule

spelverdeler *m* [-s] playmaker, key player

spencer *m* [-s] spencer

spenderen *overg* [spendeerde, h. gespendeerd] spend (on), inf blow (on)

spenen *overg* [speende, h. gespeend] wean ★ *gespeend zijn van iets* have to do without sth, not possess sth

sperma *o* sperm

spermabank *v* [-en] sperm bank

spermadonor *m* [-s] sperm donor

spermatozoïde *v* [-n] spermatozoid

sperren *overg* [sperde, h. gesperd] bar, block

spertijd *m* [-en] curfew, closing time

spervuur *o* barrage

sperwer *m* [-s] *vogel* sparrowhawk

sperzieboon *v* [-bonen] French bean

spetten *onoverg* [spette, h. gespet] → **spatten**

spetter *m* [-s] ❶ *spat* spatter, speck, splash ❷ *knappe man/vrouw* stunner

spetteren *onoverg* [spetterde, h. gespetterd] spatter, splash

speurder *m* [-s] detective, sleuth, slang dick

speuren *overg* [speurde, h. gespeurd] *bespeuren* notice **II** *onoverg* [speurde, h. gespeurd] investigate, track ★ *~ naar de oorzaak* hunt for the cause

speurhond *m* [-en] ❶ tracker dog ❷ ‹detective› inf sleuth

speurneus *m* [-neuzen] *detective* sleuth

speurtocht *m* [-en] search

speurwerk *o* ❶ *van rechercheur* detective work ❷ *op wetenschappelijk gebied* research (work)

speurzin *m* detective's nose, sixth sense

spichtig *bn* lanky, spindly ★ *een ~ meisje* a skinny girl

spie *v* [spieën] techn pin, peg, cotter

spieden *onoverg* [spiedde, h. gespied] spy

spiegel *m* [-s] ❶ *alg.* mirror ★ *in de ~ kijken* look (at oneself) in the mirror ★ *iem. een ~ voorhouden* hold a mirror up to sbd ❷ med speculum ❸ scheepv stern, ‹met naamplaat› escutcheon ❹ *oppervlakte* mirror, surface ★ *boven de ~ van de zee* above the level of the sea, above sea level ❺ *gehalte* level

spiegelbeeld *o* [-en] mirror image, reflection

spiegelei *o* [-eren] *gerecht* fried egg, Am egg sunnyside-up

spiegelen I *onoverg* [spiegelde, h. gespiegeld] reflect, mirror **II** *wederk* [spiegelde, h. gespiegeld] *als voorbeeld nemen* ★ *zich ~* take example from ★ *zich ~ aan iem.* follow sbd's example ★ *die zich aan een ander spiegelt, spiegelt zich zacht* one man's fault is another man's lesson

spiegelglad *bn* ❶ *zonder oneffenheid* as smooth as glass ❷ *gemakkelijk op uit te glijden* very slippery, slippery as ice

spiegelglas *o* [-glazen] plate glass, ‹v. een spiegel› mirror glass

spiegeling *v* [-en] reflection

spiegelkast *v* [-en] mirror-faced wardrobe

spiegelreflexcamera *v* ['s] single lens reflex camera, SLR

spiegelruit *v* [-en] plate glass window

spiegelschrift *o* mirror writing

spiekbriefje *o* [-s] ❶ *op school* copy / crib notes, Am inf cheat sheet ❷ *bij toespraken* notes

spieken *onoverg* [spiekte, h. gespiekt] ❶ *op school* copy ❷ *bij toespraken* use notes

spier *v* [-en] ❶ *anatomie* muscle ★ *geen ~* not a thing / muscle ★ *zonder een ~ te vertrekken* without moving a muscle, without batting an eyelid ❷ *graspriet* shoot, blade ❸ scheepv boom, spar

spieratrofie *v* muscular atrophy

spierbal *m* [-len] ❶ anat muscle ★ *hij liet zijn ~len zien* he showed his muscles ★ *hij liet zijn ~len rollen* he flexed his muscles ❷ *kracht* beef

spierbundel *m* [-s] bundle of muscles

spiercontractie *v* [-s] muscular contraction

spierdystrofie *v* muscular dystrophy

spiering *m* [-en] smelt ★ *een ~ uitwerpen om een kabeljauw te vangen* set a sprat to catch a whale

spierkracht *v* muscular strength, muscle, inf beef

spiernaakt *bn* stark naked

spierpijn *v* [-en] muscular pain(s), aching muscles

spierstelsel *o* [-s] muscular system, anat musculature

spierverrekking *v* [-en] sprain, strained muscle

spierverslappend *bn* muscle relaxing ★ *een ~ middel* a muscle-relaxing drug

spierweefsel *o* [-s] muscular tissue

spierwit *bn* as white as a sheet, snow white

spies, spiets *v* [-en] spear, lance

spietsen *overg* [spietste, h. gespietst] impale, spear, ‹vlees› skewer

spijbelaar *m* [-s] truant

spijbelen *onoverg* [spijbelde, h. gespijbeld] play truant / hooky, skip school

spijker *m* [-s] nail ★ *zo hard als een ~* hard as nails ★ *de ~ op de kop slaan* hit the nail on the head ★ *~s met koppen slaan* get down to brass tacks ★ *~s op laag water zoeken* split hairs ★ *een ~ in zijn kop hebben* have a splitting headache

spijkerbroek *v* [-en] (a pair of) (blue) jeans

spijkeren *overg* [spijkerde, h. gespijkerd] nail ★ *een gespijkerde schoen* a hobnailed boot

spijkerhard *bn* hard as nails

spijkerjasje *o* [-s] denim jacket

spijkerschrift *o* cuneiform script / writing

spijkerstof *v* denim

spijl *v* [-en] ❶ *van hek* railing ❷ *v. traliewerk* bar ❸ *v. trap* banister, baluster

spijs *v* [spijzen] ❶ *voedsel* food ★ *~ en drank* meat and drink ★ *de spijzen* the dishes, the food ❷ *geperste amandelen* almond paste

spijskaart, spijslijst *v* [-en] menu, bill of fare

spijsolie *v* cooking / edible oil

spijsvertering *v* digestion ★ *slechte ~* poor digestion, dyspepsia, indigestion

spijsverteringskanaal *o* [-nalen] alimentary canal,

digestive tract

spijsverteringsorganen *zn* [mv] digestive organs

spijsverteringssysteem *o* digestive system

spijt I *v* regret ★ ~ *betuigen* show regret ★ ~ *hebben van iets* be sorry for sth, regret sth ★ ~ *hebben als haren op zijn hoofd* regret sth from the bottom of one's heart ★ *tot mijn (grote)* ~ (much) to my regret **II** *voorz ondanks* ZN in spite of, notwithstanding

spijtbetuiging *v* [-en] expression of regret

spijten *onoverg* [speet, h. gespeten] regret, be sorry ★ *het spijt me (erg)* I am (so) sorry ★ *het spijt mij, dat...* I am sorry..., I regret... ★ *het speet me voor de vent* I felt sorry for the fellow ★ *het zal hem* ~ he'll be sorry for it, he'll regret it

spijtig I *bn* ❶ *triest* sad, regrettable ★ *het is* ~ *dat...* it is a pity that... ❷ *wrokkig* spiteful **II** *bijw* sadly &

spijtoptant *m* [-en] person who bitterly regrets a decision

spikes *zn* [mv] spikes

spikkel *m* [-s] speck, fleck, spot

spiksplinternieuw *bn* brand new

spil I *v* [-len] ❶ *as* pivot, ⟨fig sleutelfiguur⟩ key figure ★ *ook fig de* ~ *waarom alles draait* the pivot on which everything hinges / turns ❷ *bij voetbal* centre/Am center half, playmaker **II** *o* [-len] scheepv capstan, windlass

spilkoers *m* [-en] central rate

spillebeen I *o* [-benen] spindle leg **II** *m & v* [-benen] *persoon* spindlelegs

spillen *overg* [spilde, h. gespild] spill, waste

spiltrap *m* [-pen] spiral staircase

spilziek *bn* wasteful, extravagant

spilzucht *v* extravagance

spin I *v* [-nen] ❶ *dier* spider ★ *zo nijdig als een* ~ as cross as two sticks ❷ *snelbinder* octopus (strap), spider **II** *m* [-s] ❶ *draaiing* spin ❷ sp spin, whirl

spinaal *bn* spinal

spinazie *v* spinach

spinet *o* [-ten] spinet

spinnaker *m* [-s] spinnaker

spinnen I *overg* [spon, h. gesponnen] ❶ *op de spinmachine* spin ★ *zijde bij iets* ~ (gain a) profit from sth ❷ *v. spin* spin, weave **II** *onoverg* [spon of spinde, h. gesponnen of gespind] *v. kat* purr

spinnenweb *o* [-ben] cobweb, spiderweb

spinnerij *v* [-en] spinning mill

spinnewiel *o* [-en] spinning wheel

spinnijdig *bn* irate, furious, (as) cross as two sticks

spin-off *m* [-s] spin-off

spinrag *o* cobweb, spiderweb

spinrokken *o* [-s] distaff

spint *o* ❶ *houtlaag* sapwood, alburnum ❷ *plantenziekte* red spider mite

spion *m* [-nen] ❶ *persoon* spy, secret agent, ⟨politiespion⟩ informer ❷ *spiegeltje* spy / window mirror

spionage *v* spying, espionage

spionagesatelliet *m* [-en] spy satellite

spioneren *onoverg* [spioneerde, h. gespioneerd] spy

spionnetje *o* [-s] *spiegeltje* spy / window mirror

spiraal *v* [-ralen] spiral

spiraalmatras *v & o* [-sen] spring mattress

spiraaltje *o* [-s] coil, IUD, intra-uterine device

spiraalvormig *bn* spiral

spirea *m* ['s] *plant* spiraea, meadowsweet

spirit *m* spirit, inf guts

spiritisme *o* spiritualism

spiritist *m* [-en] spiritualist

spiritistisch *bn* spiritualist

spiritualiën *zn* [mv] spirits

spiritualiteit *v* spirituality

spiritueel I *bn* ❶ *geestelijk* spiritual ❷ *scherpzinnig* witty **II** *bijw* spiritually &

spiritus *m* methylated spirit / spirits

spiritusbrander *m* [-s] meths burner

spiritusstel *o* [-len] spirit stove

spit I *o* [-ten & speten] *stang* spit ★ *aan het* ~ *steken* spit **II** *o* med lumbago

spitant *bn* ZN vivacious, cheerful

spits I *bn* ❶ *puntig* pointed, sharp ★ *een* ~*e baard* a pointed beard ★ *een* ~ *gezicht* a face with sharp features ★ *een* ~*e toren* a steeple ★ ~ *maken* point, sharpen ❷ *scherpzinnig, pienter* sharp, clever, acute **II** *bijw* sharply & ★ *iem.* ~ *antwoorden* answer sbd sharply ★ *hij merkte* ~ *op dat...* he commented pointedly that... ★ ~ *toelopen* taper off **III** *v* [-en] ❶ *v. zwaard* point ❷ *v. toren* spire ❸ mil vanguard, advance guard ❹ *v. berg* peak, top, summit ❺ *voorste linie* forward line ★ fig *aan de* ~ *staan* be in the forefront ❻ *in verkeer* rush / peak hour ▼ *iets op de* ~ *drijven* bring sth to a head **IV** *m* [-en] ❶ sp forward, striker ❷ *hond* spitz **V** *o* (& *m*) ★ *het / de* ~ *afbijten* go first ★ *de vijanden het / de* ~ *bieden* offer firm resistance to the enemy

spitsbaard *m* [-en] pointed beard

spitsboog *m* [-bogen] pointed arch

spitsen *overg* [spitste, h. gespitst] *een potlood &* point, sharpen ★ *de oren* ~ prick (up) / cock one's ears ▼ *gespitst zijn op* ⟨uitzien naar⟩ look forward to, ⟨graag willen⟩ be keen on

spitsheffing *v* [-en] congestion charge, tax on car use during the rush hour

spitsheid *v* ❶ sharpness, pointedness ❷ *pienterheid* sharpness, cleverness

spitskool *v* [-kolen] pointed / sugarloaf / oxheart cabbage

spitsmuis *v* [-muizen] shrew (mouse)

spitsroede *v* [-n] switch, cane ★ ~*n lopen* run the gauntlet

spitsspeler *m* [-s] sp forward

spitsstrook *v* [-stroken] rush-hour / peak-hour lane

spitsuur *o* [-uren] rush hour, peak hour

spitsverkeer *o* rush-hour / peak-hour traffic

spitsvignet *o* [-ten] rush-hour / peak-hour sticker

spitsvondig *bn* clever, smart, subtle

spitsvondigheid *v* [-heden] subtleness, subtlety,

cleverness ★ *spitsvondigheden* subtleties
spitten *overg* [spitte, h. gespit] dig, delve ★ ~ *in iems. verleden* delve into sbd's past
spitzen *zn* [mv] ballet / point shoes, points
spleen *o* gloominess
spleet *v* [spleten] ❶ *alg.* split, chink, crack ❷ ⟨geol⟩ cleft, fissure, crevice ❸ *vagina* slit
spleetoog I *o* [-ogen] slit-eye, slant-eye II *m-v* [-ogen] scheldwoord gook
splijtbaar *bn* ❶ able to be split ❷ *in de kernfysica* fissionable, fissile
splijten I *onoverg* [spleet, is gespleten] split II *overg* [spleet, h. gespleten] split, cleave ★ sp *een ~de pass* a penetration pass
splijting *v* [-en] ❶ *alg.* cleavage, splitting ❷ *in de kernfysica* fission ❸ *fig* scission
splijtingsproduct, **splijtproduct** *o* [-en] fission product
splijtstof *v* [-fen] nuclear fuel, fissionable material
splijtzwam *v* [-men] disintegrating force, divisive element
splinter *m* [-s] splinter, fragment ★ *~s* flinders ★ Bijbel *de ~ zien in het oog van een ander, maar niet de balk in zijn eigen oog* see the mote in another's eye and not the beam in one's own
splintergroepering *v* [-en] splinter group
splinternieuw *bn* brand new
splinterpartij *v* [-en] splinter party
split I *o* [-ten] ❶ *opening* slit, ⟨v. jas⟩ vent, ⟨v. vrouwenrok⟩ placket ❷ *fijn steenslag* gravel, grit II *m* [-ten] sp splits
spliterwt *v* [-en] split pea
splitpen *v* [-nen] split / cotter pin
splitrok *m* [-ken] spit skirt
splitsen I *overg* [splitste, h. gesplitst] ❶ *verdelen* split (up), divide ❷ *v. touw* splice ▼ *iem. iets in de maag ~* fob sth off on to sbd II *wederk* [splitste, h. gesplitst] ★ *zich ~* split (up), divide
splitsing *v* [-en] ❶ *alg.* splitting (up), division ★ *een ~ in appartementsrechten* a subdivision into a condominium / an apartment title ❷ *v. atomen* fission ❸ *v. een weg* fork, junction ❹ *v. touw* scheepv splicing ❺ *fig* split, disintegration
spoed *m* ❶ *haast* speed, haste ★ ⟨op brief⟩ *~!* priority ★ *~ bijzetten* hurry up ★ *~ maken* make haste ★ *~ vereisen* be urgent ★ *met (bekwame) ~* with all (due) speed ★ *met de meeste ~* with the utmost / with full speed ★ *haastige ~ is zelden goed* the more haste, the less speed ❷ *v. een schroef* pitch
spoedbehandeling *v* [-en] ❶ *alg.* priority treatment ❷ med emergency treatment
spoedberaad *o* emergency consultations
spoedbestelling *v* [-en] ❶ post express delivery ❷ handel rush order
spoedcursus *m* [-sen] intensive / crash course
spoedeisend *bn* urgent ★ *~e gevallen* emergency cases
spoeden I *onoverg* [spoedde, is gespoed] speed, hasten II *wederk* [spoedde, h. gespoed] ★ *zich ~*

hurry, speed, hasten ★ *zich naar het station ~* hurry to the station
spoedgeval *o* [-len] ❶ *alg.* emergency ❷ med emergency case
spoedig I *bn* speedy, quick, fast II *bijw* speedily, quickly, soon, before long ★ *zo ~ mogelijk* as soon as possible
spoedklus *m* [-sen] urgent task, inf rush job
spoedopdracht *v* [-en] urgent / rush order
spoedoperatie *v* [-s] emergency operation
spoedopname *v* [-n] emergency admission
spoedoverleg *o* emergency / urgent talks
spoedzending *v* [-en] express parcel
spoel *v* [-en] ❶ techn spool, bobbin, shuttle ❷ elektr coil ❸ *v. film, geluidsbanden* reel
spoelbak *m* [-ken] washbasin, sink
spoelen I *overg* [spoelde, h. gespoeld] ❶ *garen* spool ❷ *reinigen* wash, rinse ★ scheepv *iem. de voeten ~* make sbd walk the plank ★ *de keel ~* put back a couple ★ *ga je mond ~!* rinse your mouth out! II *onoverg* [spoelde, is gespoeld] wash, sluice ★ *het zand spoelde de afvoer in* the sand washed into the drain ★ *het water spoelde over de kade* the water swept over the quay
spoeling *v* [-en] ❶ *voor het haar* rinse ❷ *van wc* flush ❸ *voor varkens* slops, swill
spoelkeuken *v* [-s] dishwashing kitchen
spoelwater *o* rinse water
spoelworm *m* [-en] roundworm
spoiler *m* [-s] spoiler
spoken *onoverg* [spookte, h. gespookt] *v. spoken* haunt ★ *het spookt in het huis* the house is haunted ★ *je bent al vroeg aan het ~* you're up and about at an early hour ★ *het kan geducht ~ in de Golf van Biskaje* the Bay of Biscay is apt to be rough at times ★ *het heeft vannacht weer erg gespookt* it's been a rough night ★ *die herinnering bleef in mijn hoofd ~* I was haunted by that memory
spon *v* [-nen] bung, tap
sponde *v* [-n] dicht couch, bed, bedside
spondee, **spondeus** *m* [-deeën] spondee
sponning *v* [-en] ❶ rebate, groove, slot ❷ *van schuifraam* track
spons *v* [-en & sponzen] sponge ★ fig *de ~ erover halen* declare a subject closed
sponsachtig *bn* spongy
sponsen *overg* [sponste, h. gesponst] (clean with a) sponge
sponsor *m* [-s] sponsor
sponsorcontract *o* [-en] sponsor contract
sponsoren *overg* [sponsorde, h. gesponsord] sponsor
sponsoring *m* sponsoring
sponsorloop *m* [-lopen] charity walk
spontaan I *bn* spontaneous, spur-of-the-moment II *bijw* spontaneously, on the spur of the moment
spontaniteit *v* spontaneity
sponzig *bn* spongy
spoof *de* [-s] spoof

spook o [spoken] ghost, phantom, spectre, <u>inf</u> spook ★ *zo'n ~!* the little devil!

spookachtig I *bn* spooky, ghostly **II** *bijw* spookily ★ *~ verlicht* mysteriously illuminated

spookbeeld o [-en] *schrikbeeld* spectre, bogey / bogy

spookhuis o [-huizen] haunted house

spookrijden o driving against the direction of the traffic

spookrijder *m* [-s] motorist who drives against the direction of the traffic

spookschip o [-schepen] phantom ship

spookstad v [-steden] ghost town

spookverhaal o [-halen] ghost story

spookverschijning v [-en] apparition, phantom, ghost, spectre

spookwoord o [-en] ghost word

spoor I o [sporen] ❶ *afdruk in de grond* trace, track, trail, ⟨voetafdruk⟩ footmark ★ *niet het minste ~ van...* not the least trace of... ★ *het ~ bijster zijn* be off the track ★ *het ~ kwijtraken* get off the track ★ *sporen nalaten* leave traces ★ *het ~ volgen* follow the track / trail ★ *op het ~ brengen* put onto the scent ★ *de dief op het ~ zijn* be on the track of the thief ★ *het toeval bracht ons op het rechte ~* by accident we got on to the right track ★ *op het verkeerde ~ zijn* be on the wrong track, <u>fig</u> bark up the wrong tree ★ *iem. van het ~ brengen* put sbd off the track, throw sbd off the scent ❷ *overblijfsel* trace, vestige, mark ❸ *trein* track, rails, railway ★ *een dubbel ~* double tracks ★ *een enkel ~* a single track ★ *bij het ~ zijn* be a railway employee ★ *per ~* by rail(way) ★ *uit het ~ raken* run / get off the rails / metals ★ *de trein naar Sheffield vertrekt van ~ 3* the train to Sheffield departs from platform (number) three ❹ *spoorwijdte* gauge ❺ *v. geluidsband, diskette* track **II** *v* [sporen] spur ★ *de sporen geven* spur, clap / put / set spurs to ★ *hij heeft zijn sporen verdiend* he has won his spurs **III** *v*, **spore** [sporen] plantk spur

spoorbaan v [-banen] railway, <u>Am</u> railroad

spoorbiels *m* [-bielzen] <u>Br</u> sleeper, <u>Am</u> cross tie

spoorboekje o [-s] (railway) timetable

spoorboom *m* [-bomen] boom gate

spoorbrug v [-gen] railway bridge

spoordijk *m* [-en] railway embankment

spoorlijn v [-en] railway (line)

spoorloos I *bn* ★ *hij is ~* he's nowhere to be found **II** *bijw* without leaving a trace, without (a) trace ★ *~ verdwijnen* vanish into thin air

spoorslags *bijw* straight away, immediately, at full speed

spoorstaaf v [-staven] rail

spoorstudent *m* [-en] commuting student

spoorweg *m* [-wegen] <u>Br</u> railway, <u>Am</u> railroad

spoorwegbeambte *m-v* [-n] railway employee

spoorwegmaatschappij v [-en] railway company

spoorwegnet o [-ten] railway system, railroad network

spoorwegovergang *m* [-en] level crossing ★ *een bewaakte ~* a protected level crossing

spoorwegpersoneel o railway personnel

spoorwegpolitie v railway police

spoorzoeken o ❶ tracking, tracing ❷ *als spel* tracking

spoorzoeker *m* [-s] forensic detective, ⟨padvinder⟩ scout

sporadisch I *bn* sporadic **II** *bijw* sporadically, seldom

spore v [-n] → **spoor**

sporen I *onoverg* [spoorde, h. en is gespoord] go / travel by rail **II** *onoverg* [spoorde, h. gespoord] ❶ *van wielen* run in alignment ★ *de auto spoort niet* the car isn't properly aligned ❷ <u>fig</u> mesh (with)

sporenelement o [-en] trace element

sporenplant v [-en] cryptogam

sport v [-en] ❶ *v. stoel, ladder & rung* ★ *tot de hoogste ~ in de maatschappij opklimmen* climb up to / go to the top of the social ladder ❷ *bezigheid* sport ★ *aan ~ doen* go in for sports ★ *zij is goed in ~* she is good at sports ★ *iets voor de ~ doen* make a game out of sth

sportacademie v [-s, -miën] sports academy

sportaccommodatie v [-s] sports facilities

sportarts *m* [-en] sports doctor / physician

sportauto *m* ['s] sports car

sportbeoefenaar *m* [-s] sportsman, sporting man

sportbeoefening v sports

sportblad o [-bladen] sporting magazine

sportblessure v [-s] sports injury

sportbond *m* [-en] sports association

sportbril *m* [-len] sports glasses

sportclub v [-s] sports club

sportcomplex o [-en] sports complex, sports centre/<u>Am</u> center

sportdag *m* [-en] sports day

sportduiken o scuba diving

sportduiker *m* [-s] scuba diver

sporten *onoverg* [sportte, h. gesport] ❶ exercise ❷ *een sport hebben* do a sport

sporter *m* [-s] ⟨man⟩ sportsman, ⟨vrouw⟩ sportswoman

sportevenement o [-en] sports event

sportfanaat *m* [-naten] sports fanatic

sportfiets v [-en] sports bicycle / bike

sporthal v [-len] sports hall / centre, <u>Am</u> sports hall / center

sporthart o [-en] athlete's heart

sportief I *bn* sporting, sportsmanlike ★ *zijn sportieve plicht doen* do one's sporting duty ★ *sportieve kleding* casual clothes **II** *bijw* sportingly, in a sportsmanlike way

sportieveling *m* [-en] sports freak

sportiviteit v sportsmanship

sportjournalist *m* [-en] sports reporter / writer

sportjournalistiek v sport journalism

sportkeuring v [-en] sports physical

sportkleding v sportswear

sportleven o sporting life

sportliefhebber *m* [-s] sports enthusiast

sportman *m* [-nen, -lieden & -lui] sporting man, sportsman

sportnieuws *o* sporting news
sportpagina *v* ['s] sports page
sportpark *o* [-en] sports park
sportredacteur *m* [-s & -en] sports editor
sportrubriek *v* [-en] sports column
sportschoen *m* [-en] sports shoe
sportschool *v* [-scholen] *v. vecht- en krachtsport* martial arts academy
sporttas *v* [-sen] sports bag
sportuitslagen *zn* [mv] sporting results
sportveld *o* [-en] (sports) field
sportvereniging *v* [-en] sports club
sportvissen *o* angling
sportvisser *m* [-s] angler
sportvisserij *v* angling
sportvliegtuig *o* [-en] private plane
sportvrouw *v* [-en] sportswoman, sporting woman
sportwagen *m* [-s] sports car
sportwedstrijd *m* [-en] sports competition
sportwereld *v* sports world
sportzaak *v* [-zaken] sports shop
sportzaal *v* [-zalen] sports centre/Am center
spot I *m belachelijkmaking* mockery, derision, ridicule ★ *de ~ drijven met* mock / scoff at, poke fun at **II** *m* [-s] ❶ *reclame* (advertising) spot ❷ *lampje* spot(light)
spotdicht *o* [-en] satirical poem, satire
spotgoedkoop *bn* dirt cheap ★ *dat is ~* that's peanuts
spotlight *o* [-s] spotlight
spotnaam *m* [-namen] nickname, sobriquet
spotprent *v* [-en] (political) cartoon
spotprijs *m* [-prijzen] giveaway price ★ *voor een ~* at a giveaway price / a ridiculously low price, dirt cheap
spotschrift *o* [-en] lampoon, satire
spotten I *onoverg* [spotte, h. gespot] mock, scoff ★ *~ met* mock / scoff at, ridicule, deride, make fun of ★ *dat spot met alle beschrijving* it beggars / defies description ★ *~ met het heiligste* trifle with what is most sacred ★ *hij laat niet met zich ~* he's not to be trifled with **II** *overg* [spotte, h. gespot] *observeren* spot, observe ★ *vliegtuigen ~* spot planes
spottend I *bn* mocking **II** *bijw* mockingly
spotter *m* [-s] mocker, scoffer
spotternij *v* [-en] mockery, derision, taunt(ing), jeer(ing)
spotvogel *m* [-s] ❶ *vogel* mockingbird ❷ *fig* mocker, scoffer
spouw *v* [-en] cavity, space / hollow between two walls
spouwmuur *m* [-muren] cavity wall
spraak *v* ❶ *vermogen om te spreken* speech ❷ *wijze v. spreken* language
spraakcentrum *o in de hersenen* speech centre/Am center, speech area
spraakgebrek *o* [-breken] speech defect
spraakgebruik *o* usage ★ *in het gewone ~* in ordinary language
spraakherkenning *v* comput speech recognition
spraakkunst *v* grammar

spraakleer *v* grammar
spraakleraar *m* [-s & -raren] speech therapist
spraakles *v* [-sen] *bij logopedist* speech therapy
spraakmakend *bn* much discussed, much talked-about ★ *de ~e gemeente* the high profile community
spraakorgaan *o* [-ganen] speech organ
spraakstoornis *v* [-sen] speech defect / impediment
spraakvermogen *o* power of speech
spraakverwarring *v* [-en] linguistic confusion ★ *het was een Babylonische ~* it was a (veritable) tower of Babel
spraakwater *o* firewater, booze ★ *inf veel ~ hebben* have an oiled tongue, be garrulous
spraakwaterval *m* [-len] torrent / flood of words
spraakzaam *bn* garrulous, talkative
sprake *v* ★ *er was ~ van* there was some talk of it ★ *als er ~ is van betalen, dan...* when it comes to paying... ★ *...waarvan in het citaat ~ is* ...referred to in the quotation ★ *geen ~ van!* not a bit of it!, that's out of the question! ★ *iets ter ~ brengen* bring sth up, raise sth ★ *ter ~ komen* come up for discussion, be mentioned / raised
sprakeloos *bn* speechless, dumb ★ *daar ben ik ~ van* it leaves me speechless, I'm speechless / dumbfounded
sprankelen *overg* [sprankelde, h. gesprankeld] sparkle
sprankelend *bn* sparkling
sprankje *o* [-s] spark ★ *een ~ hoop* a gleam of hope
spray *m* [-s] spray
spreadsheet *m* [-s] comput spreadsheet
spreekbeurt *v* [-en] speaking / lecturing engagement ★ *een ~ vervullen* deliver a lecture ★ ‹op school› *een ~ over paarden houden* give a talk about horses
spreekbuis *v* [-buizen] *persoon, krant &* mouthpiece
spreekgestoelte *o* [-s & -n] (speaker's) platform, tribune, rostrum, ‹in kerk› pulpit
spreekkamer *v* [-s] ❶ *in een woning* parlour ❷ *v. een arts* consulting room, surgery
spreekkoor *o* [-koren] chorus, chant ★ *spreekkoren vormen* shout slogans
spreekstalmeester *m* [-s] ringmaster
spreektaal *v* spoken language
spreektijd *m* [-en] speaking time
spreektrant *m* manner of speaking
spreekuur *o* [-uren] ❶ *v. dokter* consulting hour, surgery hours ★ *med ~ houden* hold surgery ★ *med op het ~ komen* come to surgery ❷ *v. directeur &* office hour
spreekvaardigheid *v* speaking skills, fluency
spreekverbod *o* [-boden] ban on public speaking, writ against public utterance, gagging order ★ *iem. een ~ opleggen* ban sbd from speaking in public
spreekwoord *o* [-en] proverb, adage, saying
spreekwoordelijk *bn* proverbial ★ *zijn onwetendheid is ~* he is proverbially ignorant
spreeuw *m & v* [-en] starling
sprei *v* [-en] bedspread, coverlet
spreiden *overg* [spreidde, h. gespreid] ❶ *alg.* spread

sp

(out) ★ *de benen* ~ spread one's legs ❷ *v. vakanties* stagger ▼ *een bed* ~ make a bed

spreiding *v* ❶ *verdeling* distribution ★ *gegeven de ~ van olie...* in view of the distribution of oil... ❷ *uitbreiding* spread(ing) ★ *de ~ van industrie en handel* the spread of industry and trade ❸ *v. vakanties &* staggering, spacing ★ *~ van de verkeersdrukte* staggering the volume of traffic ❹ *naar een nieuwe plaats* ‹v. personeel› relocation, ‹v. industrie &› decentralization ❺ *uit elkaar doen* spreading ★ *~ van de armen / benen* spreading the arms / legs

spreidsprong *m* [-en] leg spread

spreidstand *m* [-en] straddle ★ *in ~ staan* stand with one's legs wide apart

spreidzit *m* splits

spreken I *onoverg* [sprak, h. gesproken] speak, talk ★ *dat spreekt vanzelf* it goes without saying, of course ★ *in het algemeen gesproken* generally speaking ★ *... niet te na gesproken* with all due deference to... ★ *met iem. ~* speak to / with sbd, talk to / with sbd ★ *wij ~ niet meer met elkaar* we're no longer on speaking terms ★ *met wie spreek ik?* ‹tegen onbekende› who am I speaking to / with?, telec is that (you) ‹Mick›? ★ *telec spreekt u mee* speaking ★ *onder het ~* while talking ★ *spreek op!* out with it!, say away! ★ *wij ~ over u* we're talking about you ★ *daar wordt niet meer over gesproken* there's been no more talk about it ★ *zij spraken over kunst* they were talking (about) art ★ *hij is slecht over u te ~* he's not pleased with you ★ *is mijnheer X te ~?* can I see Mr X? ★ *~ tot iem.* speak to sbd ★ *tot het hart ~* appeal to the heart ★ *van... gesproken* talking of / about..., what about...? ★ *om nog maar niet te ~ van...* to say nothing of..., not to speak of..., not to mention... ★ *hij heeft van zich doen ~* he has made a noise in the world ★ *~ voor...* speak for... ★ *goed voor iem. ~* go bail for sbd ★ *voor zichzelf ~* speak for oneself / themselves ★ *~ is zilver, zwijgen is goud* silence is golden **II** *overg* [sprak, h. gesproken] speak, say ★ *wij ~ elkaar iedere dag* we see each other every day ★ *wij ~ elkaar nog wel, ik zal je nog wel ~!* this won't be the last you'll hear from me! ★ *Frans ~* speak French ★ *ik moet meneer X ~, kan ik meneer X ~?* I'd like to see Mr X, can I see Mr X?, telec can I speak to Mr X? ★ *kan ik u even ~?* could I have a word with you? ★ *als je nog een woord spreekt...* if you say another word... ★ *een woordje ~* say something, make a short speech

sprekend *bn* speaking ★ *een ~ bewijs* clear proof ★ *een ~e film* a talking film ★ *een ~e gelijkenis* a striking / strong resemblance ★ *~e ogen* expressive eyes ★ *~e kleuren* striking colours ★ *sterk ~e trekken* (strongly) pronounced features ★ *een ~ voorbeeld* a striking example ★ *het lijkt ~* it's a striking likeness ★ *hij lijkt ~ op zijn vader* he's the spitting image of his father, he looks exactly / just like his father

spreker *m* [-s] speaker ★ *hij is een goed ~* he's a good

speaker ★ *ik sluit me bij de vorige ~ aan* I agree with the previous speaker

sprenkelen *overg* [sprenkelde, h. gesprenkeld] sprinkle

spreuk *v* [-en] saying, aphorism, maxim, ‹zinsspreuk› motto ★ Bijbel *Spreuken* Proverbs

spriet *m* [-en] ❶ scheepv sprit ❷ *grasspriet* blade ❸ *v. insecten* feeler ❹ *dun persoon* beanpole

springader *v* [-s] ❶ spring ❷ fig fountainhead

springbak *m* [-ken] ❶ sp (jumping) pit ❷ *v. bed* spring box

springbok *m* [-ken] ❶ ZA springbok ❷ *gymnastiek* vaulting horse, buck

springbox *m* [-en] box mattress

springconcours *o & m* [-en] jumping competition

springen *onoverg* [sprong, h. en is gesprongen] ❶ *v. bewegingen* ‹in de lucht› spring, jump, leap, ‹huppelen› skip, hop, ‹met steun› vault ★ *of je hoog springt of laag* whether you like it or not ★ *hij sprong in het water* he jumped into the water ★ *ergens op in ~* react to sth ★ *op zijn paard ~* jump / vault onto one's horse, jump / vault into the saddle ★ *over een heg ~* leap over a hedge ★ *over een hek ~* jump a fence ★ *over een sloot ~* leap over a ditch, ‹met stok› vault a ditch ★ *zitten te ~ om iets* be dying for sth ★ *staan te ~ om* be dying to ★ *~ van vreugde* jump / leap for joy ❷ *uitsteken* stick / jut out ★ *het springt in het oog* it's immediately obvious, it stands out ★ *eruit ~* stand out ❸ *v. bal* bounce ❹ *barsten* explode, burst, ‹snaren› snap, ‹ballon› pop ★ *de bruggen laten ~* blow up the bridges ★ *een mijn laten ~* explode a mine ★ *de ramen sprongen* the windows burst ★ *een rots laten ~* blast a rock ❺ *scheuren vertonen* crack, chap ★ *zijn handen zijn gesprongen* his hands are chapped ❻ *v. vloeistoffen* spring, gush, spout ★ *de tranen sprongen hem in de ogen* his eyes filled with tears ❼ *bankroet gaan* break, go bust ★ *de bank laten ~* break the bank ★ *het huis / hij staat op ~* the firm / he is on the verge of bankruptcy / is about to go bust

springerig *bn* ❶ jumpy ❷ *v. haar* wiry

springlading *v* [-en] explosive charge

springlevend *bn* fully alive, alive and kicking

springmatras *v & o* [-sen] ❶ *v. bed* spring mattress ❷ sp safety mattress

springnet *o* [-ten] jumping net

springpaard *o* [-en] ❶ sp jumper, fencer ❷ *gymnastiek* vaulting horse

springplank *v* [-en] ❶ springboard ❷ fig stepping stone

springschans *v* [-en] ski jump

springstof *v* [-fen] explosive

springtij *o* [-en] spring tide

springtouw *o* [-en] skipping rope

springtuig *o* [-en] ZN explosive

springveer *v* [-veren] spring, ‹v. matras› box spring

springvloed *m* [-en] spring tide

springvorm *m* [-en] *bakvorm* springform

sprinkhaan *m* [-hanen] grasshopper, locust
sprinkhanenplaag *v* [-plagen] plague of locusts, locust plague
sprinkler *m* [-s], **sprinklerinstallatie** *v* [-s] sprinkler
sprint *m* [-en & -s] sprint ★ *een ~je trekken* put on a sprint
sprinten *onoverg* [sprintte, h. en is gesprint] sprint, spurt
sprinter *m* [-s] sprinter
sprintwedstrijd *m* [-en] sprint race
sprits *v* [-en] shortbread biscuit
sproeien *overg* [sproeide, h. gesproeid] ❶ *alg.* sprinkle, water ❷ *in land- en tuinbouw* spray, irrigate
sproeier *m* [-s] ❶ *op gazon* sprinkler, sprayer ❷ *v. gieter* rose ❸ techn jet, spray nozzle
sproei-installatie *v* [-s] sprinkler unit / installation
sproeikop *m* [-pen] spray nozzle / head
sproeimiddel *o* [-en] spray
sproeivliegtuig *o* [-en] spray(ing) plane
sproeiwagen *m* [-s] water(ing) cart
sproet *v* [-en] freckle
sproetig *bn* freckled, freckly
sprokkelaar *m* [-s] gatherer of wood / dry sticks
sprokkelen *onoverg en overg* [sprokkelde, h. gesprokkeld] gather sticks / kindling ★ *punten bijeen ~* collect points
sprokkelhout *o* dry sticks
sprokkelmaand *v* February
sprong *m* [-en] ❶ *alg.* spring, leap, jump, bounce ★ *een ~ doen* take a leap / jump ★ *een ~ in het duister doen* take a leap in the dark ★ *fig de ~ wagen* take the plunge ★ *in / met een ~* at a leap ★ *met een ~* with a bound ★ *met ~en* by leaps and bounds ★ *op stel en ~* right away, immediately ★ *kromme ~en maken* pull off sth crooked ❷ *muz* skip
sprongsgewijs I *bn* abrupt, jerky **II** *bijw* by leaps
sprookje *o* [-s] fairy tale / story
sprookjesachtig *bn* fairylike
sprookjesboek *o* [-en] book of fairy tales
sprookjesfiguur *o* [-guren] fairy tale character
sprookjesprins *m* [-en] fairy tale prince
sprookjesprinses *v* [-sen] fairy tale princess
sprookjeswereld *v* [-en] fairyland, dreamworld, wonderland
sprot *m* [-ten] *vis* sprat
spruit I *v* [-en] *takje* sprout, sprig, (off)shoot **II** *m-v* [-en] *afstammeling(e)* offspring ★ *een adellijke ~* offshoot / scion of the nobility ★ *mijn ~en* my offspring
spruiten *onoverg* [sproot, is gesproten] sprout, spring from ★ *uit een oud geslacht gesproten* sprung from an ancient race
spruitjes *zn* [mv], **spruitkool** *v* (Brussels) sprouts
spruitstuk *o* [-ken] auto & manifold
spruw *v mond- en keelontsteking* thrush, med candidiasis ★ ‹darmaandoening› *Indische ~* (tropical) sprue
spugen *onoverg* [spuugde, h. gespuugd] ❶ *speeksel uitspuwen* spit ❷ *braken* vomit, throw up, spew

★ *zijn gal ~* vent one's gall
spuien I *overg* [spuide, h. gespuid] ❶ *lozen* drain (off) ❷ fig unload, spout ★ *kennis ~* spout one's knowledge **II** *onoverg* [spuide, h. gespuid] ❶ *luchten* ventilate ❷ *lozen* drain ★ *~ op* drain into
spuigat *o* [-gaten] scheepv scupper, scupperhole ★ *dat loopt de ~en uit* that's going too far
spuit *v* [-en] ❶ *injectienaald* syringe, needle ❷ *brandspuit* fire engine ❸ *voor lak, verf &* spray gun ▾ *~ elf geeft weer modder* listen to who's talking
spuitbeton *o* pouring concrete
spuitbus *v* [-sen] aerosol / spray (can) ★ *slagroom in een ~* whipped cream in an aerosol can
spuiten I *overg* [spoot, h. gespoten] ❶ *v. verf* spray paint ❷ *vloeistof naar buiten persen* spurt, spout, squirt **II** *onoverg* [spoot, h. gespoten] ❶ *naar buiten geperst worden* spurt, gush ★ *de fontein spuit niet meer* the fountain isn't working any more ❷ *zich inspuiten met drugs* shoot up ★ *hij spuit* he's a junkie ❸ *v. walvis* blow, spout
spuiter *m* [-s] ❶ *drugsgebruiker* junkie ❷ *oliebron* gusher
spuitfles *v* [-sen] siphon
spuitgast *m* [-en] hoseman
spuitje *o* [-s] syringe, needle ★ *iem. een ~ geven* give sbd an injection, ‹euthanasie› administer a lethal dosis, ‹m.b.t. dieren› put to sleep, put down
spuitwater *o* aerated / soda water
spuitwerk *o* spray work
spul *o* [-len] *goedje* stuff ★ *zijn ~len* one's gear / things / personal belongings ★ *dat is goed ~* good stuff that! ★ ‹kleding› *zijn zondagse ~len* one's Sunday togs / clothes ★ *iem. in de ~letjes zetten* get sbd set up ▾ *het hele ~ ging naar de speeltuin* the whole mob went to the playground
spurrie *v plant* spurry, spurrey
spurt *m* [-en & -s] spurt
spurten *onoverg* [spurtte, h. gespurt] spurt, sprint
sputteren *onoverg* [sputterde, h. gesputterd] sputter, splutter
sputum *o* sputum
spuug *o* spittle, saliva
spuugbakje *o* [-s] spittoon
spuuglelijk *bn* ghastly, ugly as sin
spuugzat *bn* ★ *iets ~ zijn* be fed up with sth, be sick and tired of sth
spuwen *overg* [spuwde, h. gespuwd] ❶ *uitspuwen* spit ★ *zijn gal ~* vent one's gall ❷ *braken* vomit
squadron *o* [-s] squadron
squash *o* squash
squashbaan *v* [-banen] squash court
squashen *onoverg* [squashte, h. gesquasht] play squash
squasher *m* [-s] squash player
Sri Lanka *o* Sri Lanka
st, sst *tsw* ★ *~!* hush!, sh!
staaf *v* [staven] ❶ *van ijzer* bar, rod ❷ *van goud* bar, ingot ❸ *niet van metaal* stick, rod

st

staafdiagram *o* [-men] histogram, bar chart / graph
staafgoud *o* gold in bars / ingots, gold bullion
staafijzer *o* bar iron, iron in bars
staaflantaarn, **staaflantaren** *v* [-s] (electric) torch
staafmixer *m* [-s] hand-held electric blender
staak *m* [staken] stake, pole, stick
staakt-het-vuren *o* ceasefire
staal I *o* [stalen] *monster* sample, pattern, specimen
II *o metaal* steel ★ *het moordend* ~ lethal steel
staalarbeider *m* [-s] steelworker
staalblauw *bn* steely blue
staalboek *o* [-en] pattern book, book of samples
staalborstel *m* [-s] wire brush
staalconstructie *v* steel construction
staaldraad *o & m* [-draden] steel wire
staalfabriek *v* [-en] steelworks
staalgravure *v* [-s & -n] steel engraving
staalgrijs *bn* steel grey
staalhard *bn* (as) hard as steel
staalindustrie *v* steel industry / trade
staalkaart *v* [-en] sample / pattern card, sample sheet
staalkabel *m* [-s] steel cable
staalpil *v* [-len] iron pill
staalplaat *v* [-platen] steel plate
staaltje *o* [-s] ❶ *monster* sample ❷ *proeve* specimen, sample ★ *sterke* ~*s* cock-and-bull stories ★ *een* ~ *van zijn kunnen* proof of his ability ★ *dat is niet meer dan een* ~ *van uw plicht* it's your duty ❸ *voorbeeld* piece, example, instance
staalwol *v* steel wool
staan *onoverg* [stond, h. gestaan] ❶ *in een staande toestand zijn* stand ★ *de hond staat* the dog is pointing ★ *weten waar men* ~ *moet* know one's place ★ *hiermee staat of valt de zaak* this will make or break the matter ❷ *eisen* insist (on) ★ *hij stond erop om voor het eten te betalen* he insisted on paying for the meal ❸ *passen* become ★ *het staat goed* it's very becoming, it looks good (on you / her &) ★ *zwart staat haar zo goed* black suits her so well ★ *dat staat niet* it doesn't look good / nice ❹ *zijn* be ★ *wat staat daar (te lezen)?* what does it say? ★ *er stond een zware zee* there was a heavy sea ★ *de zon staat hoog aan de hemel* the sun is high in the sky ★ *het gewas staat dun* the crop is thin ★ *dat staat te bewijzen / bezien* it remains to be proved / seen ★ *wat mij te doen staat* what I have to do ❺ *(staande) iets doen* be...ing ★ *zij* ~ *daar te praten* they're talking over there ★ *sta daar nu niet te redeneren* don't stand arguing there ❻ *als onpers ww* be ★ *hoe staat het ermee?* how are things? ★ *hoe staat het met je geld?* how are you off for money? ★ *hoe staat het met ons eigen land?* what about our own country? ★ *als het er zo mee staat* if the matter stands / is like that ❼ *na infinitieven* stand ★ *blijven* ~ ‹niet zitten› remain standing, ‹stilstaan› stop ★ *de stoel blijft zo niet* ~ the chair won't stand like that ★ *dat moet zo blijven* ~ it has to remain / stay as it is ★ *zeg hem dat hij moet gaan* ~ tell him to get / stand up ★ *ergens gaan* ~ (go and)

stand somewhere ★ *hier komen* ~ (come and) stand here ❽ *na: laten* ★ *alles laten* ~ leave everything ★ *zijn baard laten* ~ grow a beard ★ *zijn eten laten* ~ not touch one's food ★ *hij kan niet eens..., laat* ~*...* he can't even..., let alone... ★ *laat (dat)* ~ leave it alone!
staand I *bn* ❶ standing ★ *een* ~*e hond* a setter, a pointer ★ *een* ~*e klok* a (pendulum) clock, ‹groot› a grandfather clock ★ *een* ~*e lamp* a standard lamp ★ *een* ~*e ovatie* a standing ovation ★ *een* ~*e uitdrukking* a set phrase ★ *iem.* ~*e houden* stop sbd, ‹politie› detain sbd ★ *iets* ~*e houden* maintain / assert sth ★ *zich* ~*e houden* keep / stay on one's feet, fig hold one's own ★ *zich* ~*e houden tegen* bear up against ★ *op* ~*e voet* on the spot, then and there ❷ *v. kraag &* stand-up ★ *een* ~*e boord* a stand-up collar ❸ *handschrift* upright **II** *voorz* ★ ~*e de vergadering* during the meeting / session
staander *m* [-s] ❶ *standaard* stand, upright ❷ *stut* standard, support ❸ *doelpaal* post ▼ *een Duitse* ~ a German pointer
staangeld *o* [-en] ❶ *op markt* stallage ❷ *op camping* site fee / charge ❸ *waarborg* deposit
staanplaats *v* [-en] stand ★ ~*(en)* standing room ★ *een kaartje voor een* ~ a standing ticket
staantribune *v* [-s] terrace
staar *v* cataract ★ *grauwe* ~ a cataract / cataracts
staart *m* [-en] ❶ *v. dier, vlieger, komeet* tail ★ *met de* ~ *tussen de benen weglopen* slink off with one's tail between one's legs ★ *'m op zijn* ~ *trappen* step on the gas ★ *zij draagt het haar in een* ~ she wears her hair in a ponytail ❷ *achterstuk* tail end ❸ *restje* rest, leftover ❹ *eind* end ▼ *dat zaakje zal wel een* ~*je hebben* we haven't heard the last of it
staartbeen *o* [-deren] tail bone, anat coccyx
staartdeling *v* [-en] long division
staartklok *v* [-ken] grandfather clock
staartmees *v* [-mezen] *vogel* long-tailed tit
staartster *v* [-ren] comet
staartstuk *o* [-ken] ❶ *v. rund* rump ❷ *v. vliegtuig &* tail ❸ *v. strijkinstrument* tailpiece
staartvin *v* [-nen] tail fin
staartvlak *o* [-ken] luchtv tailplane
staartwervel *m* [-s] ❶ *v. dier* tail bone ❷ *v. mens* coccygeal vertebra
staartwiel *o* [-en] luchtv tail wheel
staat *m* [staten] ❶ *toestand* state, condition ★ *de* ~ *van beleg afkondigen, in* ~ *van beleg verklaren* proclaim martial law, proclaim a state of siege ★ *iem. tot iets in* ~ *achten* think sbd capable of sth ★ *iem. in* ~ *stellen om...* enable sbd to... ★ *iem. in* ~ *van beschuldiging stellen* indict sbd ★ *in* ~ *zijn om...* be able to..., be capable of...ing, be in a position to... ★ *niet in* ~ *om...* not able to..., not capable of...ing, not in a position to... ★ *hij is tot alles in* ~ he is capable of anything, he will stop at nothing ★ *ik was er niet toe in* ~ I wasn't able to do it ★ *in goede* ~ in (a) good condition ★ *in treurige* ~ in a sad condition ★ *in* ~ *van oorlog* in a state of war ★ *een*

stad in ~ *van verdediging brengen* put a town into a state of defence ★ *in alle staten zijn* be in a great state ★ *in kennelijk* ~ *van dronkenschap* under the obvious influence of alcohol ❷ *rang* rank, status ★ *zijn burgerlijke* ~ one's marital status ★ *de gehuwde* ~, *de huwelijkse* ~ matrimony, the married state, wedlock ★ *een grote* ~ *voeren* live in state ❸ *geordende gemeenschap* state ★ *Gedeputeerde Staten* the Provincial Executive ❹ *lijst* statement, list ★ *een* ~ *van dienst* a record (of service), a service record ❺ *overzicht van baten en lasten* statement of revenue and expenditure ▼ ~ *maken op...* rely on..., depend upon...

staathuishoudkunde *v* political economy

staatkunde *v* ❶ *politieke leer* politics ★ *in de* ~ in politics ❷ *bepaald politiek beleid* policy

staatkundig I *bn* political ★ *het* ~ *evenwicht* the balance of power **II** *bijw* politically ★ *Mexico is* ~ *verdeeld in vijf regio's* Mexico is divided politically into five regions

staatkundige *m-v* [-n] politician

staatloos *bn* stateless, displaced ★ *staatlozen* displaced persons

staatsambtenaar *m* [-s & -naren] public officer

staatsarchief *o* [-chieven] national archives

staatsbankroet *o* [-en] state / national bankruptcy

staatsbedrijf *o* [-drijven] government enterprise, state-owned company

staatsbegrafenis *v* [-sen] state funeral

staatsbegroting *v* [-en] (national) budget

staatsbelang *o* [-en] state / national interest

staatsbeleid *o* policy

staatsbemoeienis *v* state intervention

staatsbestel *o* policy, form of government

staatsbestuur *o* [-sturen], **staatsbewind** state government / administration

staatsbezit *o* state-owned property

staatsbezoek *o* [-en] state visit

Staatsbosbeheer *o* Forestry Commission

staatsburger *m* [-s] ❶ *alg.* subject, citizen ❷ *van een bepaald land als je in het buitenland bent* national

staatsburgerschap *o* citizenship

Staatscourant *v* ★ *de Nederlandse* ~ the Netherlands Government Gazette

staatsdienst *m* public / civil service

staatsdomein *o* [-en] national / public domain

staatsdrukkerij *v* [-en] government printing office, Br Her Majesty's Stationary Office

staatseigendom I *o* [-men] state / public property **II** *m* state ownership

staatsexamen *o* [-s] state examination

staatsgeheim *o* [-en] state secret

staatsgelden *zn* [mv] public funds

staatsgevaarlijk *bn* dangerous to the state, subversive ★ ~*e activiteiten* subversive activities, activities dangerous to the state

staatsgodsdienst *m* [-en] state religion

staatsgreep *m* [-grepen] coup (d'état), revolt

staatshoofd *o* [-en] head of state

staatshuishouding *v* national economy

staatsie *v* state, pomp, ceremony ★ *met* ~ with ceremony / with pomp and circumstance

staatsiefoto *v* ['s] official photograph

staatsieportret *o* [-ten] official portrait

staatsinkomsten *zn* [mv] public / national revenue

staatsinmenging *v* government interference

staatsinrichting *v* [-en] ❶ *inrichting v.d. staat* political system, form of government ❷ *schoolvak* ± political science, Am civics

staatsinstelling *v* [-en] government institution

staatskas *v* public treasury, exchequer

staatskerk *v* established / state church

staatslening *v* [-en] government / state / public loan

staatsloterij *v* [-en] state / national lottery

staatsman *m* [-nen & -lieden] statesman

staatsmanschap *o* statesmanship

staatsmonopolie *o* [-s & -liën] state / government monopoly

staatsomroep *m* state-owned broadcasting company

staatsorgaan *o* [-ganen] public body, state agency

staatspapier *o* [-en] government stock

staatspensioen *o* [-en] state pension

staatsprijs *m* [-prijzen] official prize

staatsraad *m* [-raden] ❶ *instelling* Council of State, State Council ❷ *persoon* Councillor of State, State Councillor

staatsrecht *o* constitutional law

staatsrechtelijk I *bn* constitutional **II** *bijw* constitutionally, in constitutional terms

staatsruif *v* scherts public purse ★ *uit de* ~ *eten* draw money from the public purse

staatsschuld *v* [-en] national / public debt

staatssecretaris *m* [-sen] state secretary, Br minister of state, Am assistant secretary of state

staatstoezicht *o* government supervision / control

staatsuitgaven *zn* [mv] government / state / public expenditure, government spending

staatsvijand *m* [-en] public enemy, enemy of the state

staatsvorm *m* [-en] form of government

staatswaarborg *m* Belg state guarantee, guarantee by the state

staatswege ★ *van* ~ on the part of the state, by authority, by the State

staatswetenschappen *zn* [mv] political science

staatszaak *v* [-zaken] affair of state, state affair

stabiel *bn* stable

stabilisatie *v* [-s] stabilization

stabilisator *m* [-s & -toren] stabilizer

stabiliseren *overg* [stabiliseerde, h. gestabiliseerd] stabilize

stabiliteit *v* stability, steadiness, firmness

stacaravan *m* [-s] caravan, Am trailer / mobile home

staccato I *bn & bijw* staccato **II** *o* staccato

stad *v* [steden] ⟨grote stad⟩ city, ⟨kleine stad⟩ town ★ *een dode* ~ a dead city ★ *de eeuwige* ~ the Eternal City ★ *de heilige* ~ the Holy City ★ *de* ~ *Londen* the

st

city of London, London town ★ *de ~ door* through the town ★ *de hele ~ door* all over the town ★ *in de ~* ⟨door of tot bewoner gezegd⟩ in town, ⟨door vreemdeling⟩ in the town ★ *de ~ in gaan* go into (the) town ★ *dat heb ik in de ~ gekocht* I bought this in town ★ *naar de ~* to (the) town ★ *hij is de ~ uit* he's out of town ★ *~ en land aflopen* search high and low, look everywhere

stade, sta *v* ★ *te ~ komen* be serviceable, be useful, come in handy, stand sbd in good stead

stadgenoot, stadsgenoot *m* [-noten] fellow townsman ★ *is hij een ~ van je?* is he a fellow townsman of yours?

stadhouder *m* [-s] stadtholder

stadhuis *o* [-huizen] town / city hall

stadhuistaal *v* official language

stadion *o* [-s] stadium

stadium *o* [-s & -dia] stage, phase ★ *in dit ~* at this stage ★ *in een later ~* at a later stage ★ *in het eerste ~* in the first stage ★ *in een beslissend ~ komen* reach a crucial stage

stads *bn* town, city

stadsbeeld *o* townscape

stadsbestuur *o* [-sturen] town / city council ★ *het ~* the municipality

stadsbestuurder *m* [-s] town councillor

stadsbewoner *m* [-s] city dweller

stadsbus *v* [-sen] local bus

stadscentrum *o* [-s &-tra] town centre/Am center

stadsdeel *o* [-delen] district, quarter

stadsdeelraad *m* [-raden] district council

stadsgezicht *o* [-en] cityscape

stadsguerrilla *m* [-s] urban guerrilla

stadskern *v* [-en] town / city centre, Am town / city center

stadskind *o* [-eren] city / urban child

stadskledij, stadskleding *v* ZN city dress

stadsleven *o* town / city life ★ *het ~ verkiezen boven het landleven* prefer town life to country life

stadslicht *o* [-en] auto sidelight, parking light ★ *alleen met ~ rijden* drive with parking lights only

stadsmens *m* [-en] city person

stadsmuur *m* [-muren] town / city wall

stadsnieuws *o* town / city news

stadsrecht *o* [-en] hist municipal law ★ *~ geven* grant a charter to a city / town

stadsreiniging *v* ❶ *het reinigen* city cleaning ❷ *organisatie* cleaning / sanitation department

stadsschouwburg *m* [-en] municipal / city theatre, Am municipal / city theater

stadstaat *m* [-staten] city state

stadsvernieuwing *v* urban renewal

stadsverwarming *v* district heating

stadswacht I *v organisatie* town guard II *m* [-en] *lid v. organisatie* Am ± Guardian Angel

stadswal *m* [-len] town / city ramparts

stadswapen *o* [-s] city / town arms

stadswijk *v* [-en] quarter, district, area

staf *m* [staven] ❶ *alg.* staff ★ *mil de generale ~* the general staff ★ *mil bij de ~* on the staff ❷ *groep wetenschappers* faculty ❸ *als teken v. waardigheid* rod, sceptre, mace ★ *de ~ zwaaien* wield the sceptre ★ *de ~ breken over* condemn

stafbespreking *v* [-en] staff meeting

stafchef *m* [-s] chief of staff

staffel *m* [-s] ❶ *lijst* ladder ❷ *prijsstaffel, tariefstaffel* graduated scale

staffunctie *v* [-s] staff position

stafhouder *m* [-s] ZN Solicitor General

stafkaart *v* [-en] ordnance (survey) map

staflid *o* [-leden], **stafmedewerker** *m* [-s] staff member, employee

stafofficier *m* [-en] staff officer

stafvergadering *v* [-en] staff meeting

stafylokok *m* [-ken] staphylococcus

stag *o* [stagen] scheepv stay

stage *v* [-s] training period, Br work placement, Am (student) internship ★ *~ lopen* do work experience, Br do a work placement, Am intern

stagebegeleider *m* [-s] Br work placement supervisor

stagediven *onoverg* stage-dive

stageld *o* ❶ *op markt* stallage ❷ *op camping* site fee / charge

stageplaats *v* [-en] trainee post

stagiair *m* [-s], **stagiaire** *v* [-s] trainee, work experience student, Br student on a work placement, Am student intern

stagnatie *v* [-s] stagnation, congestion ★ *~ van het verkeer* traffic congestion

stagneren *onoverg* [stagneerde, h. gestagneerd] stagnate

sta-in-de-weg *m* [-s] obstacle, impediment

staken I *overg* [staakte, h. gestaakt] ❶ *beëindigen* cease, stop, ⟨tijdelijk⟩ suspend ★ *de bezorging ~* stop the delivery ❷ *v. studie & discontinue ❸ *v. werk* strike, down tools ★ *wij zullen het werk ~* ⟨om te rusten⟩ we're knocking off, ⟨in sociaaleconomische strijd⟩ we're going to strike ❹ *het vuren* cease ★ *mil het vuren ~* cease fire / firing II *onoverg* [staakte, h. gestaakt] go on strike, strike, be out (on strike) ▼ *~ met een onderneming* cease trading ▼ *de stemmen ~* the votes are equally divided, there's a deadlock, the votes are tied

staker *m* [-s] ❶ striker ❷ *die werkwilligen belemmert* picket

staket *o* [-ten], **staketsel** [-s] picket fence, paling

staking *v* [-en] ❶ *v. werk* stoppage, cessation, ⟨in sociaaleconomische strijd⟩ strike, industrial action ★ *een georganiseerde ~* an organized strike ★ *een wilde ~* a wildcat / an unofficial strike ★ *de ~ afgelasten* call off a strike ★ *de ~ afkondigen* call a strike ★ *in ~ gaan / zijn* go / be out on strike ❷ *van een onderneming* voluntary liquidation ❸ *v. betaling, vijandigheden* suspension ❹ *met iets ophouden* discontinuance ▼ *~ van stemmen* tie ▼ *bij ~ van stemmen* in the event of a deadlock (of votes)

st

stakingbreker, **stakingsbreker** *m* [-s] strikebreaker, <u>inf</u> blackleg, scab

stakingsactie *v* [-s] strike action

stakingscomité *o* [-s] strike committee

stakingsgolf *v* [-golven] wave of strikes / of industrial action

stakingskas *v* [-sen] strike fund

stakingsleider *m* [-s] strike leader

stakingsrecht *o* right to strike

stakingsverbod *o* strike ban, prohibition / ban on strikes

stakker, **stakkerd** *m* [-s] poor wretch / thing / soul

stal *m* [-len] ❶ ‹v. paarden› stable, ‹v. vee› cowshed, cowhouse, ‹v. varkens› sty ★ *de ~ ruiken* smell home ★ *op ~ zetten* ‹v. paard› stable, ‹v. vee› house ★ <u>fig</u> *op ~ zetten* shelve ★ *van ~ halen* ‹argumenten› trot out again, ‹gepensioneerde generaals &› dig out ❷ *rond een binnenplaats* mews ★ *de koninklijke ~len* the royal mews ❸ *renstal* racing stable ★ *uit de ~ van Joop v.d. Ende* from the Joop v.d. Ende stable ❹ *kraampje* stall, stand

stalactiet *m* [-en] stalactite

stalagmiet *m* [-en] stalagmite

stalen I *bn* ❶ *v. staal gemaakt* steel ★ *~ gebouwen* steel-framed buildings ★ *het ~ ros* the metal horse ❷ <u>fig</u> iron ★ *een ~ geheugen* an iron memory ★ *met een ~ gezicht* dead pan, with a pokerface ★ *een ~ voorhoofd* a brazen face ★ *~ zenuwen* iron nerves ❸ *staalachtig* steely II *overg* [staalde, h. gestaald] steel

stalenboek *o* [-en] book of samples, pattern book

stalenkoffer *m* [-s] sample case

stalhouder *m* [-s] liveryman

stalinisme *o* Stalinism

stalinist *m* [-en] Stalinist

stalinistisch *bn* Stalinist

staljongen *m* [-s] stable boy

stalken *overg* [stalkte, h. gestalkt] stalk

stalker *m* [-s] stalker

stalknecht *m* [-s & -en] stableman, groom

stallen *overg* [stalde, h. gestald] ❶ *paarden &* stable ❷ *vee* house ❸ *voertuig* put up, garage

stalles *zn* [mv] stalls

stalletje *o* [-s] ❶ *markt* stall, stand ❷ *v. boeken* bookstall

stalling *v* [-en] ❶ *het stallen* stabling ❷ *de plaats* stable, stabling ❸ *v. voertuig* garage, ‹fiets› shelter, bike rack(s)

stalmeester *m* [-s] head groom, ‹van de koningin› equerry, master of the horse

stalmest *m* stable dung / manure

stam *m* [-men] ❶ *v. boom* stem, trunk ❷ *v. woord* stem ❸ *volk* tribe ❹ *afstamming* stock, race ❺ <u>Schots</u> clan

stamboek *o* [-en] ❶ *van personen* book of genealogy, genealogical register ❷ *v. rasdieren* pedigree, ‹v. paarden, honden &› studbook, ‹v. vee› herdbook

stamboekvee *o* pedigree cattle

stamboom *m* [-bomen] family tree, pedigree, genealogy

stamboomonderzoek *o* [-en] genealogical research

stamcafé *o* [-s], **stamkroeg** *v* [-en] favourite pub, <u>Am</u> favorite bar, <u>Br</u> *inf* local, <u>Am</u> *inf* hangout

stamelen I *onoverg* [stamelde, h. gestameld] stammer II *overg* [stamelde, h. gestameld] stammer (out)

stamgast *m* [-en] regular (customer)

stamgenoot *m* [-noten] kinsman, tribesman, clansman

stamhoofd *o* [-en] tribal chief, chieftain

stamhouder *m* [-s] son and heir

stamkaart *v* [-en] identification card, ID

stamkroeg *v* [-en] → **stamcafé**

stammen *onoverg* [stamde, is gestamd] ★ *~ van* descend / stem / spring from ★ *dit stamt nog uit de tijd toen...* it dates from the time when...

stammenoorlog *m* [-logen] tribal war

stammoeder *v* [-s] progenitrix, ancestress

stamouders *zn* [mv] ancestors, first parents

stampei *v* ★ *~ maken* kick up a row, kick up dust

stampen I *onoverg* [stampte, h. gestampt] ❶ *met voeten* stamp (one's feet) ❷ *van schip* pitch, heave ❸ *v. machine* thud, thump II *overg* [stampte, h. gestampt] pound, ‹erts› crush ★ *gestampte aardappelen* mashed potatoes ★ *gestampte muisjes* aniseed sprinkle ★ *gestampte pot* hash ★ *zich iets in het hoofd ~* drum sth into one's brains ★ *een zaak uit de grond ~* set up a business

stamper *m* [-s] ❶ <u>techn</u> stamper ❷ *v. vijzel* pounder, pestle ❸ *aardappel* masher ❹ *straatstamper* catchy song ❺ <u>plantk</u> pistil

stampij *v* ★ *~ maken* raise hell, kick up a row

stamppot *m* vegetable mash

stampvoeten *onoverg* [stampvoette, h. gestampvoet] stamp one's foot / feet

stampvol *bn* crowded, packed, chock-full, *inf* chock-a-block

stampwerk *o* ❶ *het in elkaar stampen van beton &* tamping ❷ <u>onderw</u> cramming

stamroos *v* [-rozen] standard rose

stamtafel *v* [-s] regulars' table

stamvader *m* [-s] ancestor, progenitor

stamverwant I *bn* ❶ *v. personen* akin, cognate ❷ <u>taalk</u> cognate II *m* [-en] kinsman

stamverwantschap *v* ❶ kinship ❷ <u>taalk</u> cognateness

stamwoord *o* [-en] <u>taalk</u> stem, cognate

stand¹ *m* [-s] *op tentoonstelling* booth, stand

stand² *m* [-en] ❶ *houding* attitude, posture ❷ *voor een beeldhouwer &* pose ❸ *bij golf, biljart* stance ❹ *barometer* height ❺ *munteenheid* rate ❻ *maatschappelijk* (social) status, rank, standing, position ★ *de betere ~* the elite ★ *de burgerlijke ~* the registry office ★ *de gegoede ~* the well-off, the well-to-do ★ *de hogere / lagere ~en* the higher / lower classes ★ *de drie ~en* the (three) estates ★ *zijn ~ ophouden* keep up one's status / rank, live up to one's status ★ *een meisje beneden zijn ~* a girl below his social standing ★ *beneden zijn ~ trouwen* marry

st

beneath one ★ *boven zijn ~ leven* live beyond one's means ★ *mensen van ~* people of a high social position, people of high rank ★ *van lage ~* of humble birth ★ *iem. van zijn ~* a man of his social position ★ *iets aan zijn ~ verplicht zijn* owe sth to one's position ❷ *toestand* situation, position, condition, state ★ *de ~ van zaken* the state of affairs ★ *in ~ blijven* last ★ *iets in ~ houden* keep up / maintain sth, keep sth going ★ *iets tot ~ brengen* bring about, accomplish, achieve, effect ⟨a sale⟩, negotiate ⟨a treaty⟩ ★ *tot ~ komen* be brought about ❸ sp score ★ *de ~ is 2-0* the score is 2-0

standaard *m* [-s & -en] ❶ *stander* stand ❷ *norm* standard ★ *de gouden ~* the gold standard

standaardafwijking *v* [-en] standard deviation

standaardbrief *m* [-brieven] form letter

standaardcontract *o* [-en] standard contract

standaardformaat *o* [-maten] standard size

standaardfout *v* [-en] standard error

standaardisatie *v* standardization

standaardiseren *overg* [standaardiseerde, h. gestandaardiseerd] standardize

standaardmaat *v* [-maten] standard size

standaardprijs *m* [-prijzen] standard price

standaardsituatie *v* [-s] standard situation

standaardtaal *v* [-talen] standard language

standaarduitrusting *v* [-en] standard equipment

standaarduitvoering *v* [-en] standard type / model / design

standaardwerk *o* [-en] standard work

standbeeld *o* [-en] statue ★ *een levend ~* a living statue

standbeen *o* [-benen] leg one stands on

stand-by *bn* standby ★ *het bestuur is ~ om direct maatregelen te nemen* management is on standby to act

standenmaatschappij *v* class-based society

standhouden *onoverg* [hield stand, h. standgehouden] make a stand, stand firm, hold one's own, hold out ★ *zij hielden dapper stand* they made a valiant stand ★ *het hield geen stand* it did not last

standhouder *m* [-s] *op tentoonstellingen &* exhibitor

stand-in *m* [-s] stand-in

standing *m* standing ★ *een zaak van ~* a respectable firm ★ *een man van ~* a man of standing

standje *o* [-s] ❶ *berisping* scolding, inf wigging ★ *een ~ krijgen* be told off ★ *iem. een ~ geven* tell sbd off ❷ *houding* posture, position ❸ *v. seks* sexual position ▼ *het is een opgewonden ~* he / she is quick-tempered

standplaats *v* [-en] ❶ *alg.* stand ❷ *v. ambtenaar* station, post, jur district ★ *zij keerden naar hun ~ terug* they returned to their stations

standpunt *o* [-en] standpoint, point of view, attitude ★ *een duidelijk ~ innemen* take a clear stand ★ *een nieuw ~ innemen ten opzichte van...* take a new attitude towards... ★ *zij stellen zich op het ~, dat...* they take the view that... ★ *zijn ~ tegenover*

terrorisme his attitude in relation to / to(wards) terrorism ★ *van zijn ~* from his point of view ★ *zijn ~ bepalen* determine one's position

standrecht *o* summary justice

standrechtelijk *bijw* summarily ★ *iem. ~ executeren* summarily execute sbd

standsverschil *o* [-len] class distinction

standvastig I *bn* persistent, firm, persevering ★ *een ~ evenwicht* a stable balance ★ *~ blijven* remain firm **II** *bijw* persistently & ★ *hij bleef ~ weigeren* he persistently refused

standvastigheid *v* resolve, firmness

standvogel *m* [-s] resident / sedentary bird

standwerker *m* [-s] hawker, vendor

stang *v* [-en] ❶ techn bar, rod ❷ *v. paarden* bit ★ *iem. op ~ jagen* rattle / needle sbd

stangen *overg* [stangde, h. gestangd] rile, needle

staniol, stanniool *o* tinfoil

stank *m* [-en] bad smell, stench, stink ★ *hij kreeg ~ voor dank* he got small thanks for his pains

stankafsluiter *m* [-s] air trap

stankoverlast *m* odour nuisance

stanleymes® *o* [-sen] Stanley knife

stansen *overg* [stanste, h. gestanst] punch, blank

stante pede *bijw* right away, at once, on the spot

stanza *v* ['s] stanza

stap *m* [-pen] ook fig step, move, stride ★ *dat is een ~ achteruit / vooruit* it's a step backward / forward ★ *de eerste ~ doen tot* take the first step towards ★ *dat is een gewaagde ~* it's a risky / rash step (to take) ★ *dat is een hele ~ tot...* it's a big step towards... ★ *het is maar een paar ~pen* it's not far away ★ *een stoute ~* a bold step ★ *dat brengt ons geen ~ verder* that won't bring us any further ★ *een ~ verder gaan* go a step further ★ *geen verdere ~pen ondernemen* take no further action ★ *grote ~pen nemen* take big steps ★ *grote ~pen maken* make great strides ★ *bij de eerste ~* at the first step ★ *bij elke ~* at every step ★ *~pen ondernemen bij de regering* approach the Government ★ *met één ~* in a single stride, in one step ★ *met afgemeten ~pen* with measured steps ★ *~pen doen om...* take steps to... ★ *op ~ gaan* set out ★ *~ voor ~* step by step ★ *ergens geen ~ voor verzetten* not lift a hand to..., not stir a finger to... ★ *zich hoeden voor de eerste ~* look before you leap

stapel I *m* [-s] ❶ *hoop* pile, stack, heap ★ *aan ~s zetten* pile ❷ *stapelplaats* staple ❸ scheepv stocks ★ fig *op ~ staan* be about to be launched, be in the pipeline ★ *van ~ lopen* launch ★ fig *goed van ~ lopen* go off well ★ fig *te hard van ~ lopen* rush matters, overdo it ❹ muz sound post ⟨of a violin⟩ **II** *bn* ★ *ben je ~?* are you crazy?, are you off your head?, have you gone mad? ★ *ik ben ~ op aardbeien* I'm crazy about strawberries ★ *hij is ~ op haar* he's crazy about her

stapelbak *m* [-ken] stackable container

stapelbed *o* [-den] bunkbeds

stapelen *overg* [stapelde, h. gestapeld] pile, heap, stack ★ *de ene fout op de andere ~* pile one mistake on another ★ *zich* ~ accumulate

stapelen
is pile, heap, stack en niet **staple; staple** betekent
nieten.

stapelgek *bn* crazy, (stark) raving mad, crackers, nuts,
loony, bonkers ★ *hij is* ~ *op zijn kinderen* he's crazy
about his children
stapelmarkt *v* [-en] principal / staple market
stapelplaats *v* [-en] ❶ hist staple town, emporium
❷ *opslagplaats* ZN storage, depot
stapelrecht *o* ❶ staple right ❷ *belasting op*
stapelgoederen staple / bulk duty
stapelstoel *m* [-en] stackable chair
stapelwolk *v* [-en] cumulus
stappen *onoverg* [stapte, h. en is gestapt] ❶ *stevig*
lopen step, walk ★ *deftig / trots* ~ strut ★ *in het*
vliegtuig ~ board the plane ★ *op zijn fiets* ~ get on to
/ mount one's bike ★ *over iets heen* ~ let sth pass
★ *uit bed* ~ get out of bed ★ *eruit* ~ ‹uit
organisatie &› step out, ‹zelfmoord plegen› do
oneself in ❷ *uitgaan* go out (for a drink) ★ *zullen we*
vanavond gaan ~? shall we go out for drink tonight?
❸ *marcheren* ZN march
stapper *m* [-s] ❶ *persoon* walker, pedestrian,
‹cafébezoeker› pub-crawler ❷ inf clodhopper
stapsgewijs, stapsgewijze *bijw* gradually, step by step
stapvoets *bijw* at a footpace / walking pace, ‹zeer
langzaam› step by step ★ ~ *rijden!* drive slowly
star I *bn* ❶ *alg.* stiff, frozen, ‹blik› fixed, glassy
★ *een* ~*re lichaamshouding* a stiff / rigid posture
❷ *vooroordelen, systeem* rigid **II** *bijw* stiffly & ★ *iem.* ~
aankijken stare fixedly at sbd ★ ~ *aan zijn principes*
vasthouden stick rigidly to one's principles **III** *m* [-s]
film & toneel star
staren *onoverg* [staarde, h. gestaard] stare, gaze ★ ~*d*
staring ★ *een* ~*de blik* a far-away look ★ ~ *naar* stare
at ★ *zich blind* ~ *op* be obsessed by sth
starheid *v* ❶ *alg.* stiffness ❷ *v. blik* fixedness
❸ *v. systeem* rigidity
start *m* [-s] start, luchtv take-off ★ sp *een staande / valse*
/ *vliegende* ~ a standing / false / flying start ★ *de*
renovatie kan van ~ *gaan* the renovations can start
/ can get underway / can proceed ★ *goed van* ~ *gaan*
make a good start
startbaan *v* [-banen] runway
startbewijs *o* [-wijzen] starting permit
startblok *o* [-ken] sp starting block ★ fig *in de* ~*ken*
ready (to go)
starten I *onoverg* [startte, is gestart] start, luchtv take
off ★ *goed* ~ get away / off to a good start **II** *overg*
[startte, h. gestart] ❶ *auto &* start (up) ❷ *wedstrijd &*
start
starter *m* [-s] starter
startgeld *o* [-en] entry fee
startkabel *m* [-s] jump lead
startkapitaal *o* [-talen] starting / venture capital
startklaar *bn* ready to start

startknop *m* [-pen] starter / start button
startlijn *v* [-en] sp starting line
startmotor *m* [-toren & -s] starter, starting motor
startnummer *o* [-s] number
startonderbreker *m* [-s] immobilizer
startpagina *v* ['s] comput start page
startpistool *o* [-tolen] starting gun / pistol
startschot *o* [-schoten] starting shot ★ *het* ~ *lossen* fire
the starting gun
startsein *o* [-en] ❶ starting signal ❷ fig go-ahead,
green light
startsignaal *o* [-nalen] starting signal
startverbod *o* [-boden] ban (from the race)
stateloos *bn* stateless
Statenbijbel *m* [-s] ± Authorized Version
statenbond *m* [-en] confederation (of states)
Staten-Generaal *zn* [mv] States General
statica *v* statics
statie *v* [-s & -tiën] ❶ RK Station of the Cross ❷ *station*
ZN station
statief *o* [-tieven] stand, support, tripod
statiegeld *o* deposit, return
statig I *bn* stately, grand, noble **II** *bijw* in a stately
manner
statigheid *v* stateliness, dignity
statine *de* [-n] statin
station *o* [-s] station ★ *dat is een gepasseerd* ~ that stage
has been passed, it's too late for that ★ *het*
meteorologisch ~ the meteorological station ★ *het* ~
van afzending the forwarding depot
stationair I *bn* stationary **II** *bijw* ~ *de motor* ~ *laten*
lopen let the engine idle / tick over
stationcar *m* [-s] Br estate car, Am station wagon
stationeren *overg* [stationeerde, h. gestationeerd]
❶ *plaatsen* station, post, locate ❷ *parkeren* ZN park
stationschef *m* [-s] stationmaster
stationsgebouw *o* [-en] station (building)
stationshal *v* [-len] station hall
stationsplein *o* [-en] station square
stationsrestauratie *v* [-s] station buffet
statisch I *bn* static **II** *bijw* statically
statisticus *m* [-ci] statistician
statistiek *v* [-en] statistics ★ *de* ~ *opmaken* compile the
statistics ★ *het Centraal Bureau voor de Statistiek* the
Central Statistical Office
statistisch I *bn* statistical ★ *een* ~*e kaart* a statistical
map **II** *bijw* statistically ★ ~ *gezien heeft iedereen...*
statistically / in statistic terms, everybody has...
statten *onoverg* [statte, h. gestat] Br pop into town for
some shopping, Am go shopping downtown
status *m* ❶ *staat, toestand* status ❷ *standing* status,
standing ❸ med case history
status aparte *m* pol status aparte
status-quo *m & o* status quo
statussymbool *o* [-bolen] status symbol
statutair I *bn* statutory **II** *bijw* ~ *gezien* in statutory
terms
statutenwijziging *v* [-en] amendment to the statutes

st

statuur v stature, size ★ *van hoge ~* of tall stature / build

statuut o [-tuten] ❶ statute ★ *de statuten van een maatschappij* the articles of association of a company ★ *de statuten van een vereniging* the regulations / the constitution of a society ★ *overeenkomstig de statuten* in accordance with the articles of association ❷ *mv: grondregels* bylaws, bye-laws

stavast bijw ★ *een man van ~* a resolute man

staven overg [staafde, h. gestaafd] ❶ *bewijzen* substantiate, prove ❷ *bekrachtigen* support, confirm ★ *iets met bewijzen ~* document sth

staving v substantiation, proof ★ *tot ~ van* in support of

stayer m [-s] ❶ *wielrennen* stayer ❷ *langeafstandsloper* long-distance runner

steak m [-s] steak

stearine v stearin

stechelen, **steggelen** onoverg [stechelde/ steggelde, h. gestecheld/gesteggeld] bicker, squabble

stedelijk bn ❶ *van een bepaalde stad* municipal, of the town, town... ❷ *van steden in het algemeen* urban

stedeling m [-en] townsman, town-dweller ★ *een ~e* a townswoman ★ *~en* townspeople, townsfolk

stedenbouw m town (and country) planning, urban development

stedenbouwkunde v urban development

stedenbouwkundig bn urban development

stedenmaagd v [-en] patroness of a town

steeds I bijw ❶ *altijd* always, forever, continually, constantly ★ *nog ~* still ❷ *bij voortduring* increasingly ★ *~ meer mensen kiezen voor...* more and more people / an increasing number of people are choosing... II bn *stads* townish

steeg v [stegen] lane, alley, alleyway ★ *een doodlopende ~* a dead alley

steek m [steken] ❶ *v. handwerk* stitch ★ *een ~ laten vallen* drop a stitch ★ *een ~ opnemen* pick up a stitch ❷ *met iets scherps* ⟨v. dolk⟩ stab, ⟨v. zwaard⟩ thrust, ⟨v. naald⟩ prick ❸ *v. een insect* ⟨v. wesp &⟩ sting, ⟨v. mug⟩ bite ❹ *v. pijn* stitch, twinge ★ *een ~ in de zij* a stitch in the side ❺ *hoofddeksel* three-cornered hat, cocked hat ❻ *ondersteek* bedpan ❼ *bij spitten* spit ❽ *hatelijkheid* (sly) dig ★ *dat was een ~ (onder water) naar mij toe* that was a dig at me ▾ *hij heeft er geen ~ van begrepen* he hasn't understood one iota of it ▾ *het kan me geen ~ schelen* I don't care a fig / hoot ▾ *ze hebben geen ~ uitgevoerd* they haven't done a scrap of work ▾ *je kunt hier geen ~ zien* you can't see a thing here ▾ *hij kan geen ~ meer zien* he is completely blind ▾ *~ houden* hold water ▾ *die regel houdt geen ~* the rule does not hold ▾ *hij heeft ons in de ~ gelaten* he's left us in the lurch, he's deserted us ▾ *zijn geheugen & liet hem in de ~* his memory & failed him ▾ *zij hebben het werk in de ~ gelaten* they have abandoned work

steekbeitel m [-s] paring chisel

steekhoudend bn valid, sound, convincing ★ *~ zijn* hold water

steekkar v [-ren] trolley

steekpartij v [-en] knifing, stabbing

steekpenningen zn [mv] bribe(s), backhander(s), inf kickback, Am inf payola

steekproef v [-proeven] (random) sample, random / spot check ★ *steekproeven nemen* test at random

steekproefsgewijs, **steekproefsgewijze** bijw randomly

steeksleutel m [-s] (open-end) spanner / wrench

steekspel o [-spelen] hist tournament, tilt, joust

steekvlam v [-men] ❶ *techn* blowpipe flame ❷ *bij ontploffing* flash

steekvlieg v [-en] gadfly

steekwagen m [-s] handtruck

steekwapen o [-s] stabbing weapon

steekwond v [-en] stab wound

steekwoord o [-en] catchword

steekzak m [-ken] slit pocket

steel m [stelen] ❶ *v. bloem, plant* stalk ❷ *v. wijnglas & pijp* stem ❸ *v. hamer &* handle ▾ *oogjes op ~tjes hebben* be stunned / stupefied, inf be gobsmacked

steelband m [-s] steel band

steelpan v [-nen] saucepan

steels I bn furtive, stealthy II bijw furtively, stealthily

steen m [stenen] stone, ⟨baksteen⟩ brick ★ fig *een ~ des aanstoots* a stumbling block ★ *de ~ der wijzen* the philosopher's stone ★ *er bleef geen ~ op de andere* not a stone remained in place ★ *~ en been klagen* complain bitterly ★ *de eerste ~ leggen* lay the foundation stone ★ *de eerste ~ naar iem. werpen* cast the first stone at sbd ★ *al moet de onderste ~ boven* come hell or high water ★ *de onderste ~ boven keren* leave no stone unturned, go to all lengths ★ *met stenen gooien (naar)* throw stones (at) ★ *als een ~ op de maag liggen* be indigestible ★ *een hart van ~* a heart of stone

steenaarde v brick clay

steenachtig bn stony, rocky

steenarend m [-en] *vogel* golden eagle

steenbakkerij v [-en] brickworks, brickyard

Steenbok m astron & astrol Capricorn

steenbok m [-ken] dier ibex

Steenbokskeerkring m tropic of Capricorn

steenboor v [-boren] rock drill, stone bit

steenbreek v plant saxifrage

steendruk m [-ken] lithography

steendrukker m [-s] lithographer

steendrukkerij v [-en] lithographic printing office

steeneik m [-en] holm oak

steengoed I o stoneware II bn cool, fantastic

steengrillen o stone grilling

steengroef, **steengroeve** v [-groeven] quarry, stone pit

steenhard bn rock hard, as hard as (a) stone / as rock

steenhouwer m [-s] stonecutter, stonemason

steenhouwerij v [-en] stonecutter's yard

steenkolenmijn *v* [-en] coal mine, colliery
steenkool *v* [-kolen] (pit) coal
steenkoud *bn* ❶ stone / freezing cold ❷ *ongevoelig* stony, ice cold
steenlegging *v* stone laying
steenmarter *m* [-s] *dier* stone marten
steenoven *m* [-s] brick kiln
steenpuist *v* [-en] boil, carbuncle
steenrijk *bn* immensely rich, rolling in money
steenrood *bn* brick red
steenslag *o* ❶ *kleine (opspattende) stenen* broken stones, rubble, ⟨fijn⟩ (stone) chippings, road metal ❷ *vallende stenen* ZN falling rocks
steensoort *v* [-en] type of stone / rock
steentijd *m*, **steentijdperk** *o* Stone Age
steentje *o* [-s] ❶ *alg.* (small) stone, pebble ★ *ook een ~ bijdragen* contribute one's bit ❷ *vuursteentje* flint
steenuil *m* [-en] *vogel* little owl
steenvalk *m & v* [-en] *vogel* stone falcon, merlin
steenvrucht *v* [-en] stone fruit, drupe
steenweg *m* [-wegen] paved road
steenworp *m* [-en] stone's throw ★ *op een ~ afstand* within a stone's throw
steeplechase *m* [-s] steeplechase
steevast I *bn* regular, invariable **II** *bijw* regularly, invariably
steggelen *onoverg* [steggelde, h. gesteggeld] bicker, squabble
steiger *m* [-s] ❶ *aan gebouw* scaffolding, scaffold ★ *in de ~s staan* be in scaffolding, fig be under preparation ❷ scheepv jetty, landing stage
steigeren *onoverg* [steigerde, h. gesteigerd] ❶ *v. paard* rear, prance ❷ fig get up on one's hind legs
steigerwerk *o* scaffolding
steil I *bn* ❶ *naar boven* steep ❷ *loodrecht naar beneden* sheer, precipitous ★ *het vliegtuig dook in ~e val naar beneden* the plane dived abruptly ❸ fig rigid, uncompromising ▼ *~ haar* straight hair **II** *bijw* steeply & ★ *het pad liep ~ naar beneden* the pad dropped down steeply / abruptly ★ *haar haar hing ~ naar beneden* her hair was straight as a die
steilheid *v* ❶ *steil zijn* steepness ❷ *starheid* rigidity, inflexibility
steilte *v* [-n] ❶ *steilheid* steepness ❷ *steile kant* precipice
stek *m* [-ken] ❶ plantk slip, cutting ❷ *plek* niche, den ❸ *aangestoken fruit* bruised fruit
stekeblind *bn* as blind as a bat
stekel *m* [-s] ❶ *v. distel* prickle, thorn, sting ❷ *v. egel* spine, prickle ★ *zijn ~s opzetten* bristle (at sth)
stekelbaars *m* [-baarzen] *vis* stickleback, minnow
stekelbrem *m* *plant* petty whin, needle furze
stekelhaar *o* [-haren] crew cut
stekelhuidigen *zn* [mv] echinoderms
stekelig *bn* ❶ prickly, spiny, thorny ❷ fig stinging, sarcastic, barbed ★ *een ~e opmerking* a cutting remark
stekelrog *m* [-gen] *vis* thornback

stekelvarken *o* [-s] porcupine
steken I *onoverg* [stak, h. gestoken] ❶ *v. insect, plant* sting, prick ❷ *v. wond, woorden &* sting ❸ *v. zon* burn ❹ *vastzitten* stick ★ *blijven ~* get stuck ★ *in zijn rede blijven ~* get bogged down in one's speech ❺ *in iets zijn, ergens zijn* be ★ *daar steekt iets / wat achter* there's something behind it / at the back of it / at the bottom of it ★ *daar steekt meer achter* there's more to it than meets the eye ★ *in de schuld ~* be in debt ★ *de sleutel steekt in het slot* the key is in the lock ★ *daar steekt geen kwaad in* there's no harm in it ▼ *hij stak naar mij* he stabbed at me **II** *overg* [stak, h. gestoken] ❶ *met iets scherps* prick, ⟨zwaard⟩ thrust, ⟨dolk⟩ stab ★ *gaten ~* prick holes ★ *de bij stak mij* the bee stung me ★ *dat steekt hem* it's sticking in his throat, he's nettled by it ❷ *iets ergens indoen* put, place ★ *steek die brief bij je* put that letter in your pocket ★ *steek je arm door de mijne* slip / put your arm through mine ★ *geld in een onderneming ~* put / invest / sink money in an undertaking ★ *iem. in de kleren ~* put new clothes on sbd, clothe sbd ★ *iets niet onder stoelen of banken ~* make no secret of sth ★ *hij wilde de ring aan haar vinger ~* he was going to put the ring on her finger ❸ *met vinger, neus &* stick, poke ❹ *uitspitten* dig, cut ★ *asperges ~* cut asparagus ★ *monsters ~ uit* sample ★ *plaggen / zoden ~* cut sods **III** *wederk* [stak, h. gestoken] ★ *zich in gala ~* put on full dress ★ *zich in de schulden ~* run into debt
stekken *overg* [stekte, h. gestekt] plantk slip, strike
stekker *m* [-s] plug
stekkerdoos *v* [-dozen] multiple socket
stekkie *o* [-s] hideaway
stel *o* [-len] ❶ *set* set ★ *een ~ pannen* a set of (pots and) pans ❷ *paar* pair, couple ★ *een verliefd ~* a loving couple ★ *het is me een ~!* a nice lot they are! ★ *jullie zijn me een ~* you're a nice pair ★ *een ~letje boeken* a couple of / a few books ▼ *op ~ en sprong* immediately, rightaway
stelen *overg* [stal, h. gestolen] ❶ *tersluiks wegnemen* steal ★ *iems. hart ~* steal sbd's heart ★ *hij kan me gestolen worden!* he can go to blazes! ★ *zij ~ alles wat los en vast zit* they steal whatever they can lay their hands on ★ *~ als de raven* steal like magpies ★ *een kind om te ~* a child you could just steal ❷ *plagiaat plegen* plagiarize ★ *hij steelt bijna alles* he plagiarizes virtually everything
stelkunde *v* algebra
stellage *v* [-s] scaffolding, stage, stand
stellair *bn* stellar
stellen I *overg* [stelde, h. gesteld] ❶ *plaatsen* place, put ★ *iets ~ boven rijkdom* place / put sth above riches ★ *iem. voor een voldongen feit ~* present sbd with an accomplished fact ★ *iem. voor de keus ~* put sbd to the choice ★ *voor de keus gesteld...* faced with the choice of... ❷ *regelen* techn adjust, regulate ❸ *veronderstellen* suppose ★ *stel eens dat...* suppose that... ❹ *vaststellen* fix ★ *de prijs ~ op...* fix the price at... ❺ *beweren, verklaren* state, claim ★ *hij stelde dat*

dit belangrijk is he stated / claimed that this was important ★ *iets strafbaar / verplichtend ~* make sth punishable / obligatory ❺ *in een toestand verkeren* be (doing) ★ *het goed kunnen ~* be in easy circumstances / in a good way ★ *het goed kunnen ~ met* get on with ★ *het is niet goed gesteld met haar* she's not (doing) well ❼ *klaarspelen, redden* do ★ *ik kan het zonder u ~* I can do without you ★ *ik heb heel wat te ~ met die jongen* he's rather a handful ▼ *een rustig gesteld pleidooi* a calmly worded plea **II** *wederk* [stelde, h. gesteld] ★ *zich ~* put oneself ★ *stel u in mijn plaats* put yourself in my place ★ *zich iets tot plicht ~* make it one's duty to... ★ *zich iets tot taak ~* make it one's task to..., set oneself the task of... ★ *zich kandidaat ~* put oneself up (for), stand (for) ★ *zich borg ~ voor iem.* stand bail / guarantee for sbd

stellig I *bn* ❶ *werkelijk* positive, distinct, explicit ★ *een ~e verbetering* a distinct / decided improvement ❷ *zeker* definite, certain, firm ★ *een ~ 'nee'* a flat 'no' **II** *bijw* positively & ★ *hij zal ~ ook komen* he's sure to come too ★ *(kom je?) ~!* of course! ★ *je moet ~ komen* come by all means ★ *dat weet ik ~* I'm positive about it ★ *iets ten ~ste ontkennen* deny sth categorically / flatly

stelligheid *v* [-heden] positiveness, decisiveness

stelling *v* [-en] ❶ *stellage* scaffolding ❷ *opstelling* position ★ *een sterke ~ innemen* adopt a firm position ★ *~ nemen* adopt a position ★ *~ nemen tegen* make a stand against ★ *iets in ~ brengen* place sth in position ★ *in ~ liggen* lie in position ❸ *bewering* contention, proposition ★ *een ~ poneren* put forward / advance a proposition, make a contention

stellingname *v* [-s] position, attitude, view, stand

stellingoorlog *m* [-logen] war of positions

stelpen *overg* [stelpte, h. gestelpt] staunch, stop ★ *bloed ~* staunch blood

stelplaats *v* [-en] ZN depot

stelplicht *m & v* jur obligation to produce prima facie evidence

stelpost *m* [-en] *in een begroting* approximate estimate

stelregel *m* [-s] maxim, principle

stelschroef *v* [-schroeven] set / adjusting screw

stelsel *o* [-s] system ★ *het tientallig ~* the decimal system ★ *het metriek ~* the metric system

stelselmatig I *bn* systematic, consistent **II** *bijw* systematically, consistently

stelt *v* [-en] stilt ★ *op ~en lopen* go / walk on stilts ★ *alles op ~en zetten* throw everything into (a state of) confusion, throw everything upside down

steltlopen *o* walking on stilts

steltloper *m* [-s] ❶ *vogel* wading bird, wader ❷ *iem. die op stelten loopt* stilt walker

stem *v* [-men] ❶ *menselijk geluid* voice ★ *zij is haar ~ kwijt* she's lost her voice ★ *zijn ~ verheffen tegen* raise one's voice against ★ muz *bij ~ zijn* be in (good) voice ★ *met luider ~* in a loud voice ❷ *bij stemming*

vote ★ *een blanco ~* a blank vote, an abstention ★ *de doorslaggevende ~* the casting / decisive vote ★ *er waren 30 ~men vóór* there were 30 votes in favour ★ *de meeste ~men gelden* the majority has it ★ *iem. zijn ~ geven* vote for sbd ★ *~ in het kapittel hebben* have a voice in the matter ★ *hij had de meeste ~men* he polled most votes ★ *de ~men opnemen* collect the votes ★ *zijn ~ uitbrengen* cast one's vote ★ *zijn ~ uitbrengen op...* vote for... ★ *bijna alle ~men op zich verenigen* receive nearly all the votes ★ *met algemene ~men* unanimously ★ *met één ~ tegen* with one 'no' vote ★ *met tien ~men voor en vier tegen* by ten votes to four ❸ muz part ★ *de eerste / tweede ~* the first / second part ★ *voor drie ~men* in three parts

stemadvies *o* 'how to vote' recommendation

stemband *m* [-en] vocal cord

stembereik *o* voice range

stembiljet *o* [-ten], **stembriefje** [-s] voting / ballot paper ★ *een blanco ~* a blank ballot paper

stembuiging *v* [-en] modulation, intonation

stembureau *o* [-s] ❶ *lokaal* polling booth / station ❷ *personen* polling / electoral committee

stembus *v* [-sen] ballot box ★ *ter ~ gaan* go to the polls

stembusstrijd *m* election campaign

stemdistrict *o* [-en] electoral ward, constituency

stemgebruik *o* use of one's voice

stemgedrag *o* voting behaviour

stemgeluid *o* [-en] sound of one's voice, voice

stemgerechtigd *bn* entitled to vote, enfranchised

stemgerechtigde *m-v* [-n] voter

stemhebbend *bn* taalk voiced

stemhokje *o* [-s] cubicle, voting booth

stemkaart *v* [-s] poll / voting card

stemlokaal *o* [-kalen] polling booth / station

stemloos *bn* dumb, mute, voiceless ★ taalk *een stemloze medeklinker* an unvoiced consonant

stemmachine *v* [-s] voting machine

stemmen I *overg* [stemde, h. gestemd] ❶ *kiezen* vote ★ *(op) links ~* vote left ❷ muz ‹een viool &› tune, ‹de snaren› tune, key, ‹orgel› voice ★ *de violen zijn gestemd* the violins are in tune / are tuned up ★ *ze zijn aan het ~* they're tuning up ★ *~ tot dankbaarheid &* inspire one to gratitude & ★ *~ tot vrolijkheid* please, make happy ❸ *aannemen* ZN pass **II** *onoverg* [stemde, h. gestemd] vote, poll ★ *er is druk gestemd* voting / polling was heavy ★ *~ op iem.* vote for sbd ★ *~ over* vote on ★ *we zullen er over ~* we'll put it to the vote ★ *~ tegen* vote against ★ *~ vóór iets* vote in favour of / for sth ★ *ik stem vóór* I'm for it

stemmentrekker *m* [-s] election drawcard

stemmenwinst *v* [-en] increase in votes

stemmer *m* [-s] ❶ *bij verkiezingen* voter ❷ muz tuner

stemmig I *bn* ❶ *persoon, manieren* demure, sedate, grave ❷ *kleuren, kleding* sober, quiet ★ *~e muziek* solemn music **II** *bijw* demurely & ★ *~ gekleed* soberly dressed

stemming v [-en] ❶ *keuze door stemmen* voting, vote ★ *iets aan ~ onderwerpen* put sth to the vote ★ *~ bij acclamatie* a unanimous vote ★ *iets in ~ brengen* put sth to the vote ★ *in ~ komen* be put to the vote ❷ *stemronde* ballot ★ *bij de eerste ~* at the first ballot ❸ *in het parlement* division ★ *bij ~* on a division ★ *~ verlangen* challenge a division ★ *zonder ~* without a division ❹ <u>muz</u> tuning ★ *~ houden* keep in tune ❺ *humeur v. één persoon* frame of mind, mood ★ *in een beste ~ zijn* be in the best of spirits ★ *ik ben niet in een ~ om...* I'm in no mood for...ing, I'm not disposed to... ❻ *v. publiek* feeling ★ *~ maken tegen* rouse popular feeling against ❼ *v. omgeving* atmosphere ❽ *v. beurs &* tone

stemmingmakerij v attempt to manipulate public opinion, rousing of public sentiment

stemoefening v [-en] voice training

stemonthouding v [-en] abstention

stempel I m & o [-s] ❶ *werktuig* stamp, ‹voor munten› die ★ *zijn ~ drukken op* put one's stamp on ❷ *afdruk* stamp, seal ★ *van de oude ~* old-fashioned ❸ *van goud en zilver* hallmark ★ *het ~ dragen van...* bear the stamp / hallmark of... ❹ <u>post</u> postmark **II** m <u>plantk</u> stigma

stempelaar m [-s] ❶ *alg.* stamper ❷ *werkloze* <u>hist</u> person on the dole

stempelautomaat m [-maten] *frankeermachine* stamping machine, ‹in tram &› validation machine

stempelen I overg [stempelde, h. gestempeld] ❶ *alg.* stamp, mark ★ *~ tot* stamp as ❷ *goud en zilver* hallmark ❸ <u>post</u> postmark ❹ *in tram &* stamp, validate **II** onoverg [stempelde, h. gestempeld] *van werklozen* <u>ZN</u> sign on (for the dole), be / go on the dole

stempeling v [-en] stamping, ‹op postzegel› postmarking, ‹goud, silver› hallmarking, ‹in tram &› validation, ‹decoratief› embossing

stempelinkt m stamping ink

stempelkussen o [-s] stamp pad, ink-pad

stemplicht m & v compulsory voting

stemrecht o ❶ *staatkundig* (right to) vote, suffrage, franchise ★ *algemeen ~* universal suffrage ★ *ze eisten algemeen ~* they demanded one man one vote ❷ *v. aandeelhouders* voting rights ★ *aandelen zonder ~* non-voting shares

stemronde v [-s] ballot

stemsleutel m [-s] tuning key

stemspleet v [-spleten] glottis ★ <u>taalk</u> *(van de) ~* glottal

stemvee o voting fodder

stemverheffing v raising of the voice ★ *met ~* raise one's voice

stemverhouding v ratio of votes

stemvolume o voice volume

stemvork v [-en] tuning fork

stemwisseling v [-en] breaking of the voice

stencil o & m [-s] stencil

stencilen overg [stencilde, h. gestencild] stencil, mimeograph, duplicate

stencilmachine v [-s] stencil machine, mimeograph, duplicator

stenen bn ❶ *alg.* of stone, stone ★ *een ~ hart* a heart of stone ★ *het ~ tijdperk* the Stone Age ❷ *bakstenen* brick

steng v [-en] topmast

stengel m [-s] *v. plant* stalk, stem ★ *een zoute ~* a pretzel stick

stengun m [-s] sten gun

stenig bn stony

stenigen overg [stenigde, h. gestenigd] stone (to death)

steniging v [-en] stoning

stennis m noise, fuss, commotion ★ *~ maken* kick up a row / fuss, make a scene

steno v stenography, shorthand ★ *iets in ~ opnemen* write sth down in shorthand

stenograaf m [-grafen] stenographer, shorthand writer

stenografie v stenography, shorthand

stenografisch bn stenographic, in shorthand

stenogram o [-men] shorthand writer's notes, shorthand report

stenotypist m [-en] <u>Br</u> shorthand typist, <u>Am</u> stenographer

stent de [-s] stent

stentorstem v stentorian voice

step m [-pen & -s] ❶ *voetsteun* step, footrest ❷ *autoped* scooter ❸ *dans* step dance

steppe v [-n] steppe

steppehond m [-en] hyena / prairie dog

steppeklimaat o steppe climate

steppen onoverg [stepte, h. gestept] ❶ *dans* step ❷ *met autoped* ride a scooter

steppewolf m [-wolven] coyote

STER afk (Stichting Ether Reclame) (Dutch) radio and television advertising authority

ster v [-ren] ❶ *hemellichaam, meerpuntige figuur* star ★ *met ~ren bezaaid* starry, star-spangled ★ *zijn ~ rijst* his star is in the ascendant ★ *een vallende ~* a falling star ★ *een restaurant met drie ~ren* a three-star restaurant ❷ *beroemdheid* star, celebrity

sterallures zn [mv] (star) pretensions ★ *niemand kan zich ~ veroorloven* nobody can afford to act like a prima donna/<u>inf</u> to hang out the prima donna

stère v [-s & -n] stere, cubic metre/<u>Am</u> meter

stereo I m ❶ *stereofonie* stereo(phony) ❷ *stereometrie* stereometry ❸ *geluidsinstallatie* stereo **II** bn stereo ★ *deze opname is ~* the recording is in stereo

stereofonie v stereophony

stereofonisch bn stereophonic

stereo-installatie v [-s] stereo (set)

stereometrie v stereometry

stereoscoop m [-scopen] stereoscope

stereoscopisch bn stereoscopic

stereotiep I bn stereotypic(al), stock, standard **II** bijw stereotypically ★ *een ~ passioneel misdrijf* a stereotype of a crime of passion

stereotoren *m* [-s] music centre/<u>Am</u> center

stereotype *v* [-n, -s] stereotype

sterfbed *o* [-den] deathbed

sterfdag *m* [-dagen] day of sbd.'s death, dying day

sterfdatum *m* [-s & -data] date of death

sterfelijk *bn* mortal

sterfelijkheid *v* mortality

sterfgeval *o* [-len] death ★ *wegens ~* owing to a death / bereavement

sterfhuis *o* [-huizen] house of the deceased

sterfhuisconstructie *v* [-s] *reorganisatie* ± asset stripping, leveraged buy-out

sterfjaar *o* [-jaren] year of sbd's death

sterfput *m* [-ten] <u>ZN</u> cesspool

sterfte *v* mortality ★ *de ~ onder het vee* livestock mortality

sterftecijfer *o* [-s] (rate of) mortality, death rate

sterftekans *v* expected mortality

sterfuur *o* [-uren] dying hour, hour of death

steriel *bn* ❶ *zonder besmettingsgevaar* sterile ❷ *onvruchtbaar* sterile, barren ❸ *saai* sterile, unimaginative

sterilisatie *v* [-s] sterilization

sterilisator *m* [-s & -toren] sterilizer

steriliseren *overg* [steriliseerde, h. gesteriliseerd] sterilize

steriliteit *v* ❶ *vrijheid van besmettingsgevaar* sterility ❷ *onvruchtbaarheid* sterility, infertility ❸ *saaiheid* sterility, barrenness, lack of imagination

sterk I *bn* ❶ *krachtig* strong, powerful ★ *een ~ geheugen* a retentive / good memory ★ *een ~e microscoop* a powerful microscope ★ *zo ~ als een beer* as strong as a horse ❷ *overdreven* strong ★ *een ~ verhaal* a tall story ★ *dat is ~, zeg!* that's what I call strong / steep! ❸ *omvangrijk* strong ★ *een leger 100.000 man ~* an army 100,000 strong ❹ *bekwaam* strong ★ *hij is ~ in het Frans* he's strong in / good at French ★ *daarin is hij ~* that's his strong point ★ *daar ben ik niet ~ in* that's not my strength, I'm not good at that ❺ *ranzig* rancid ❻ <u>econ</u> sharp ❼ <u>taalk</u> strong ★ *~e werkwoorden* strong / irregular verbs ▼ *zich ~ maken voor iets* make out a case for sth ▼ *ik maak me ~ dat...* I'm sure that... **II** *bijw* strongly ★ *dat is ~ gezegd* that's strongly put ★ *~ overdreven* wildly exaggerated ★ *hij / zijn zaak staat ~* he has a strong case ★ *~ vergroot* much enlarged

sterkedrank *m* strong drink, liquor, spirits

sterken *overg* [sterkte, h. gesterkt] strengthen, fortify, invigorate

sterkers, sterrenkers *v* garden cress

sterkte *v* [-n & -s] ❶ *kracht* strength, power ★ *~!* good luck! all the best! ★ *~ geven* give strength ★ *iem. ~ wensen* wish sbd good luck / all the best ❷ *fort* fortress

sterkwater *o* nitric acid, aquafortis ★ *op ~ zetten* preserve sth in alcohol

stermotor *m* [-s & -en] radial engine

stern *v* [-s] *vogel* (common) tern

sternum *o* sternum, breastbone

steroïden *zn* [mv] steroids

sterrenbeeld *o* [-en] ❶ *astrologisch teken* sign of the zodiac ★ *wat is jouw ~?* what's your astrological sign? ❷ *groep sterren* constellation

sterrendom *o* stardom

sterrenhemel *m* starry sky

sterrenkaart *v* [-en] map of the stars, celestial chart

sterrenkijker *m* [-s] ❶ *astroloog* astrologer, <u>scherts</u> stargazer ❷ *instrument* telescope

sterrenkunde *v* astronomy

sterrenkundige *m-v* [-n] astronomer

sterrenregen *m* [-s] meteoric shower

sterrenstelsel *o* star system

sterrenwacht *v* [-en] (astronomical) observatory

sterrenwichelaar *m* [-s] astrologer

sterrenwichelarij *v* astrology

sterretje *o* [-s] ❶ *kleine ster* little star ★ *~s dansen voor mijn ogen* I see stars ❷ *vuurwerk* sparkler ❸ *verwijzingsteken* star, asterisk ❹ *film* starlet

sterspeler *m* [-s] star player

sterveling *m* [-en] mortal ★ *geen ~* not a (living) soul

sterven *onoverg* [stierf, is gestorven] die ★ *ik mag ~ als...* I'll eat my hat if... ★ *~ aan een ziekte* die of a disease ★ *het sterft er van de...* the place is swarming with... ★ *van honger ~* die of hunger / starvation ★ *~ van ouderdom* die of old age ★ *~ van verdriet* die of a broken heart ★ *op ~ na dood* all but dead ★ *op ~ liggen* be dying, be at the point of death ★ *duizend doden ~* taste death a thousand times ★ *een natuurlijke dood ~* die a natural deat

stervensbegeleiding *v* terminal care

stervenskoud *bn* freezing cold

stervensnood *m* agony

stervensproces *o* process of dying

stervensuur *o* [-uren] dying hour

stervormig *bn* star-shaped

stethoscoop *m* [-scopen] stethoscope

steun *m* [-en] ❶ *stut* support, prop, stay ❷ *houvast* support, assistance ★ *de ~ van zijn oude dag* his support in his old age ★ *hij was ons een grote ~* he was a great help to us ★ *zij is mijn ~ en toeverlaat* she is my help and stay / my anchor in the storm ❸ *hulp* support, aid, assistance ★ *~ verlenen aan* support ★ *met ~ van...* aided by... ★ *tot ~ van...* in support of... ❹ *bijstand* welfare, dole ★ *~ trekken* live on social security / on welfare benefits, be on the dole

steunaankoop *m* [-kopen] <u>eff</u> support purchase, purchase to support ‹the dollar›

steunbalk *m* [-en] supporter, girder

steunbeer *m* [-beren] buttress

steunbetuiging *v* [-en] expression of support

steuncomité *o* [-s] relief committee

steunen I *overg* [steunde, h. gesteund] ❶ *stutten* support, prop (up) ❷ *ondersteunen* support, back (up), uphold ★ *een motie ~* carry / second a motion

★ *een zaak* ~ support a cause ❸ *kreunen* groan
II *onoverg* [steunde, h. gesteund] ❶ *leunen* lean ★ ~
op lean on, <u>fig</u> rely / depend on ★ *waarop steunt dat?*
what is that founded on? ★ ~ *tegen* lean against
❷ *kreunen* moan, groan

steunfonds *o* [-en] relief fund

steunfraude *v* social security fraud

steunkleur *v* [-en] <u>grafische sector</u> supporting
colour/<u>Am</u> color

steunkous *v* [-en] support stocking

steunmuur *m* [-muren] supporting / retaining wall

steunpilaar *m* [-laren] pillar, mainstay ★ *de
steunpilaren van de maatschappij* the pillars of society

steunpunt *o* [-en] ❶ *alg.* point of support ❷ <u>fig</u> (main)
point ❸ *v. een hefboom* fulcrum ❹ <u>mil</u> base

steuntje *o* [-s] support, help ★ *iem. een* ~ *in de rug
geven* ⟨handje helpen⟩ lend sbd a helping hand,
⟨morele steun⟩ give sbd a bit of encouragement

steuntrekker *m* [-s] recipient of (unemployment)
relief, person on the dole

steunzender *m* [-s] relay transmitter / station

steunzool *v* [-zolen] arch support

steur *m* [-en] *vis* sturgeon

steven *m* [-s] prow, stem ★ *de* ~ *wenden* go about
★ *de* ~ *wenden naar* head for..., make for...

stevenen *onoverg* [stevende, is gestevend] steer, sail
★ ~ *naar* steer for, make one's way to ★ *recht op zijn
doel af* ~ head straight / directly for one's aim
/ target

stevig I *bn* ❶ *v. zaken* solid, strong ❷ *maaltijd &*
substantial, heavy ★ ~*e kost* substantial food ❸ *solide*
firm, robust ★ *een* ~*e bries* a stiff breeze ★ *een* ~
glaasje a stiff glass ★ *een* ~*e handdruk* a firm
handshake ★ *een* ~ *uur* one hour solid ❹ *v. persoon*
strong, sturdy ★ *een* ~*e eter* a hearty eater ★ *een* ~*e
meid* a strapping lass **II** *bijw* solidly & ★ ~
doorstappen walk at a stiff pace ★ ~ *geboeid* firmly
fettered / bound ★ ~ *gebouwd* ⟨v. huizen &⟩ firmly
built, ⟨v. mannen⟩ well built ★ *iem.* ~ *vasthouden*
hold sbd tight

stevigheid *v* solidity, strength, firmness, sturdiness

steward *m* [-s] steward

stewardess *v* [-en] air hostess, stewardess

stichtelijk I *bn* ❶ *verheffend* edifying, elevating
❷ *vroom* devotional, pious **II** *bijw* edifyingly &
★ *dank je* ~*!* thanks for nothing!

stichten *overg* [stichtte, h. gesticht] ❶ *oprichten* found,
establish, start ★ *een school* ~ found a school ★ *een
gezin* ~ start a family ❷ *veroorzaken* bring about,
cause ★ *vrede* ~ make peace ★ *brand* ~ start a fire
★ *onheil* ~ stir up mischief ❸ *geestelijk verheffen* edify
★ *hij is er niet over gesticht* he's annoyed about it

stichter *m* [-s] founder

stichting *v* [-en] ❶ *oprichting* foundation ❷ *organisatie*
institution, foundation, organization ❸ *zedelijke
verheffing* edification

stichtingsakte *v* [-s] charter of foundation

stichtingsbestuur *o* [-sturen] executive committee

stick *m* [-s] ❶ *stuurknuppel* stick ❷ *sp* stick

sticker *m* [-s] sticker

stickie *o* [-s] joint

stief *bn* ★ *het is nog een* ~ *endje lopen* there's still a
long way to go ★ *een* ~ *kwartiertje* a good quarter of
an hour

stiefbroer, stiefbroeder *m* [-s] stepbrother

stiefdochter *v* [-s] stepdaughter

stiefelen *onoverg* [stiefelde, h. en is gestiefeld] hoof it

stiefkind *o* [-eren] stepchild

stiefmoeder *v* [-s] stepmother

stiefmoederlijk *bn* stepmotherly ★ ~ *behandeld
worden* be treated harshly ★ *wij zijn altijd* ~ *bedeeld
geweest* we've always been the poor cousins ★ *de
natuur heeft hem* ~ *bedeeld* nature has not lavished
her gifts upon him

stiefouders *zn* [mv] stepparents

stiefvader *m* [-s] stepfather

stiefzoon *m* [-s & -zonen] stepson

stiefzuster *v* [-s] stepsister

stiekem I *bn* underhand, sneaky ★ *een* ~ *karakter* a
sneaky character **II** *bijw* on the sly / quiet, secretly
★ ~ *weglopen* sneak / steal away ★ *zich* ~ *houden* lie
low ★ ~ *genieten* enjoy sth in secret / on the sly

stiekemerd *m* [-s] sneak

stiel *m* [-en] *beroep* <u>ZN</u> profession, trade

stielkennis *v* <u>ZN</u> professional / expert knowledge

stielman *m* [-nen] <u>ZN</u> professional, craftsman, skilled
worker

Stier *m* <u>astron</u> & <u>astrol</u> Taurus

stier *m* [-en] bull ★ *ik baal als een* ~ *dat...* I'm sick and
tired of... ★ *de* ~ *bij de horens vatten* take the bull by
the horns

stierengevecht *o* [-en] bullfight

stierennek *m* [-ken] bull's neck

stierenvechter *m* [-s] bullfighter

stierlijk *bijw* ★ ~ *het land hebben* be terribly annoyed
★ ~ *vervelend* frightfully boring ★ *zich* ~ *vervelen* be
bored to death

stift I *v* [-en] ❶ *puntig voorwerp* pin ❷ *graveerstift*
stylus ❸ *v. vulpotlood* cartridge ❹ *viltstift* felt-tip pen
II *o* [-en] *sticht* convent

stiftbal *m* [-len] <u>sp</u> chip

stiften *overg* [stiftte, h. gestift] <u>sp</u> chip

stifttand *m* [-en] false tooth

stigma *o* ['s & -ta] stigma

stigmatisatie *v* [-s] stigmatization

stigmatiseren *overg* [stigmatiseerde, h.
gestigmatiseerd] stigmatize

stijf I *bn* ❶ *moeilijk buigbaar* stiff, rigid ★ *een stijve nek*
a stiff neck ★ ⟨erectie⟩ *een stijve krijgen* get a
hard-on ★ *zo* ~ *als een plank* as stiff as a board ★ ~
van de kou stiff / numb with cold ❷ *goed
samenhangend* stiff, firm ★ *de pudding* ~ *laten worden*
leave the mousse to stiffen / to set ❸ *houterig* stiff,
awkward ❹ *formeel* stiff, constrained, formal,
starchy ★ *stijve manieren* stiff / constrained manners
II *bijw* stiffly & ★ ~ *dicht* firmly / tightly closed ★ *het*

st

werkstuk stond ~ van de fouten the paper was loaded with mistakes ★ *iem. ~ vloeken* swear sbd's ears off ★ *iets ~ en strak volhouden* not budge an inch

stijfheid *v* stiffness, rigidity

stijfjes *bijw* stiffly, formally ★ *er ~ bij staan* act stiffly ★ *zich ~ gedragen* behave formally

stijfkop *m* [-pen] stubborn / obstinate person, Am inf bullethead

stijfkoppig I *bn* stubborn, obstinate, stiff-necked **II** *bijw* stubbornly, obstinately

stijfsel *m & o* ❶ *voor kleding* starch ❷ *aangemaakt* paste

stijgbeugel *m* [-s] stirrup ★ *fig de / een voet in de ~ hebben* have a foot in the door

stijgen *onoverg* [steeg, is gestegen] ❶ *in de hoogte* rise, mount, luchtv climb ★ *naar het hoofd ~* go to one's head ★ *te paard ~* mount one's horse ❷ *hoger worden* rise, go up, climb ★ *eff een ~de markt* a bull market ★ *de prijzen laten een ~de lijn zien* prices are on the rise / are climbing ★ *in achting ~* rise in esteem

stijgijzer *o* [-s] crampon, climbing iron

stijging *v* [-en] rise, increase, climb

stijgkracht *v* luchtv lifting power

stijgsnelheid *v* luchtv climbing speed

stijgvermogen *o* lifting power, lift

stijl *m* [-en] ❶ *taalgebruik* style, ‹taalregister› register ❷ *handelwijze* style ★ *dat is geen ~* that's no way to behave ❸ *v. kunstwerken* style, tradition ★ *in de ~ van de Delftse School* in / after the tradition / style of the Delft School ❹ *deurpost* post

stijlbloempje *o* [-s] mixed metaphor

stijlbreuk *v* change of style

stijldansen *o* ballroom dancing

stijlfiguur *v* [-guren] figure of speech

stijlfout *v* [-en] stylistic error

stijlgevoel *o* sense of style, feeling for style

stijlkamer *v* [-s] period room

stijlleer *v* stylistics

stijlloos I *bn* ❶ *zonder stijl* tasteless, styleless, lacking in taste ★ *zijn optreden was ~* his behaviour was shameful ❷ *laag bij de gronds* ill mannered **II** *bijw* tastelessly & ★ *iem. ~ behandelen* treat sbd in an ill-mannered way

stijlmiddel *o* [-en] stylistic device

stijloefening *v* [-en] style exercise

stijlperiode *v* [-s, -n] style period

stijlvol I *bn* stylish, fashionable **II** *bijw* stylishly, fashionably ★ *een huis ~ inrichten* decorate a house fashionably / stylishly / in style

stijven I *overg* [steef, h. gesteven] *kleding* starch ★ *een gesteven overhemd* a starched shirt **II** *overg* [stijfde, h. gestijfd] *verstevigen* stiffen, strengthen ★ *iem. in het kwaad ~* egg sbd on ★ *dat stijft mij in de overtuiging dat...* that strengthens my conviction that... **III** *onoverg* [stijfde, h. gestijfd] *v. wind* stiffen

stikdonker I *bn* pitch dark ★ *~e nacht* a pitch-dark night **II** *o* pitch darkness

stikheet *bn* stifling hot

stikken I *onoverg* [stikte, is gestikt] stifle, be stifled, choke, be suffocated, suffocate ★ *ik stik!* I'm choking! ★ *ze mogen voor mijn part ~* they can go to hell ★ *als ik jou was liet ik de hele boel ~* if I were you I'd leave them to their own devices ★ *~ in het geld* be up to one's ears in money ★ *het was om te ~* ‹v. hitte› it was suffocatingly hot, ‹grappig› it was screamingly funny ★ *~ van het lachen* split one's sides with laughter ★ *~ van het werk* be up to one's ears in work ★ *~ van woede* choke with rage **II** *overg* [stikte, h. gestikt] *naaien* stitch ★ *een gestikte deken* a quilt

stiksel *o* [-s] stitching

stikstof *v* nitrogen

stikstofdioxide *o* nitrogen dioxide

stikstofhoudend *bn* nitrogenous

stikwerk *o* stitching

stil I *bn* ❶ *zonder geluid* quiet, silent ★ *~! hush!* ★ *~ daar!* silence! ★ *zo ~ als een muis(je)* as quiet as a mouse ★ *ergens ~ van zijn* fall silent about sth ❷ *niet bewegend* still, motionless ❸ *rustig* quiet, calm ★ *de Stille Oceaan, de Stille Zuidzee* the Pacific (Ocean) ★ ‹op de beurs› *~le handel* quiet trading ★ ‹in een bedrijf› *de ~le uren* the quiet / slack hours ❹ *verborgen* secret ★ *een ~le aanbidder* a secret admirer ★ *een ~le drinker* a secret / closet drinker ★ *~le hoop koesteren* cherish a secret hope ★ *boekh een ~le reserve* a hidden reserve ★ *een ~le vennoot* a sleeping partner ▼ *~ spel* stage business ▼ *de Stille Week* Holy Week **II** *bijw* quietly & ★ *~ leven* lead a quiet life, ‹met pensioen zijn› have retired from business ★ *~ toeluisteren* listen in silence

stilaan *bijw* gradually

stileren *overg* [stileerde, h. gestileerd] ❶ *stellen* compose ❷ *motieven &* stylize

stiletto *m* ['s] flick knife

stilhouden I *onoverg* [hield stil, h. stilgehouden] stop, pull / draw up ★ *de wagen hield stil voor de deur* the car pulled up / drew up / stopped at the door **II** *overg* [hield stil, h. stilgehouden] ★ *iets ~* keep sth quiet, hush sth up **III** *wederk* [hield stil, h. stilgehouden] ★ *zich ~* keep quiet / still / silent

stilist *m* [-en] stylist

stilistiek *m* stylistics

stilistisch I *bn* stylistic **II** *bijw* stylistically

stille *m* [-n] plain-clothes man

stilleggen *overg* [legde stil, h. stilgelegd] ❶ *werk* stop ❷ *fabriek &* close / shut down

stillegging *v* closure, shutdown

stillen *overg* [stilde, h. gestild] ❶ *kind* quiet, hush ❷ *angsten &* still ❸ *pijn* relieve, alleviate ❹ *honger &* appease, satisfy

Stille Oceaan, Grote Oceaan *m* Pacific Ocean

stilletjes *bijw* ❶ *stil* silently, noiselessly ❷ *stiekem* secretly ★ *er ~ vandoor gaan* run off on the quiet

stilleven *o* [-s] still life

stilliggen *onoverg* [lag stil, h. stilgelegen] ❶ *in bed &*

lie still ❷ *fabriek &* lie / be idle ★ *de handel ligt stil* trade is at a standstill ❸ *v. schip* ⟨aangemeerd⟩ be at anchor / in harbour, ⟨uit de vaart⟩ lie to
stilstaan *onoverg* [stond stil, h. stilgestaan] ❶ *niet bewegen* stand still ★ *hij bleef ~* he stopped ★ fig *de handel staat stil* trade is at a standstill ★ *hollen of ~* running to extremes, all or nothing ❷ *niet functioneren* stop, be at a standstill ★ *de klok staat stil* the clock has stopped ★ *de klok laten ~* stop the clock ★ *daar staat mijn verstand bij stil* it's beyond my comprehension ❸ *stilhouden* pause ★ *de telefoon staat niet stil* the telephone never stops ringing ★ *daar heb ik niet bij stilgestaan* I didn't give it a thought ★ *ergens wat langer bij ~* dwell on sth a little longer ❹ *stagneren* stagnate
stilstaand *bn* ❶ *v. water* standing, stagnant ❷ *v. trein &* standing, stationary
stilstand *m* ❶ *alg.* standstill ★ *tot ~ komen* come to a standstill ❷ *het ophouden* cessation ❸ *stagnatie* stagnation ❹ *in fabriek, van werk* stoppage
stilte *v* [-n & -s] stillness, quiet, silence ★ *~!* silence! ★ *(er viel een) doodse ~* (there was a) sudden hush ★ *de ~ voor de storm* the lull / calm before the storm ★ *in ~* silently, ⟨getrouwd⟩ secretly, privately ★ *in ~ lijden* suffer in silence ★ *de menigte nam twee minuten ~ in acht* the crowd stood in silence for two minutes / observed a two-minute silence ★ *van de ~ in het bos genieten* enjoy the silence in the woods
stilton *m* Stilton
stilvallen *onoverg* [viel stil, is stilgevallen] ❶ *ophouden met spreken* fall silent ❷ *ophouden te bewegen* halt, come to a standstill
stilzetten *overg* [zette stil, h. stilgezet] bring to a stop ★ *de klok ~* stop the clock
stilzitten *onoverg* [zat stil, h. stilgezeten] ❶ sit still ❷ fig do nothing ★ *we hebben niet stilgezeten* we haven't been idle
stilzwijgen I *onoverg* [zweeg stil, h. stilgezwegen] keep silent **II** *o* silence ★ *het ~ bewaren* keep / preserve / observe / maintain silence, be / keep silent ★ *zich in ~ hullen* cloak oneself in silence ★ *iem. het ~ opleggen* silence sbd ★ *het ~ verbreken* break the silence
stilzwijgend I *bn* ❶ *v. personen* silent, taciturn ❷ *v. zaken* implicit, tacit, implied ★ *een ~e afspraak* a tacit agreement **II** *bijw* silently & ★ *~ voorbijgaan* pass over in silence ★ *~ in iets toestemmen* consent tacitly
stimulans *m* [-en & -lantia] ❶ *opwekkend middel* stimulant ❷ *aansporing* incentive, stimulus, boost
stimulatie *v* [-s] stimulation
stimulator *m* [-s &-toren] stimulator
stimuleren *overg* [stimuleerde, h. gestimuleerd] stimulate, boost, encourage ★ *een ~d middel* a stimulant ★ *iem. ~ encourage* sbd
stimulering *v* [-en] stimulation
stimuleringsmaatregel *m* [-s & -en] incentive (measure)

stimulus *m* [-li] stimulus, incentive
stinkbom *v* [-men] stink bomb
stinkdier *o* [-en] skunk
stinken *onoverg* [stonk, h. gestonken] stink, smell, reek ★ *~ naar* reek / stink of ▼ inf *erin ~* walk right into the trap
stinkend I *bn* stinking, reeking, fetid ★ ⟨plant⟩ *de ~e gouwe* the greater celandine ▼ *zijn ~e best doen* do one's utmost **II** *bijw* versterkend horribly ★ *~ jaloers* insanely jealous ★ *~ rijk* stinking rich
stinker, stinkerd *m* [-s] stinker ★ *een rijke ~* a moneybags ★ *in zijn ~ zitten* have the wind up
stinkvoeten *zn* [mv] smelly feet
stinkzwam *v* [-men] stinkhorn
stip *v* [-pen] ❶ point, dot ★ *een jurk met ~pen* a dotted / spotted dress ★ *stijgen met ~* climb the charts ★ *hij is met ~ de beste* he is by far the best ❷ sp (penalty) spot
stipendium *o* [-s & -dia] scholarship
stippelen *overg* [stippelde, h. gestippeld] dot, speckle, stipple
stippellijn *v* [-en] dotted line
stipt I *bn* punctual, precise, accurate **II** *bijw* punctually & ★ *~ eerlijk* strictly honest ★ *~ op tijd* right on time, punctually
stiptheid *v* punctuality, accuracy
stiptheidsactie *v* [-s], ZN **stiptheidsstaking** [-en] work-to-rule ★ *een ~ voeren* work to rule
stipuleren *overg* [stipuleerde, h. gestipuleerd] stipulate
stock *m* [-s] ❶ *kapitaal* capital, fund, stock ❷ *goederenvoorraad* ZN stock
stockdividend *o* [-en] stock dividend, dividend in shares, scrip
Stockholm-syndroom *het* Stockholm syndrome
stoefen *onoverg* [stoefte, h. gestoeft] ZN brag, boast
stoefer *m* [-s] ZN braggart, boaster
stoeien *onoverg* [stoeide, h. gestoeid] play around ★ *wat met ideeën ~* toy with some ideas
stoeipartij *v* [-en] romp, frolic
stoeipoes *v* [-poezen] sex kitten, playgirl
stoel *m* [-en] *meubel* chair ★ *de Heilige Stoel* the Holy See ★ *de elektrische ~* the electric chair ★ *een luie ~* an easy chair ★ *neem een ~* take a seat ★ *een ~ in de hemel verdienen* deserve a place in heaven ★ *de poten onder iems. ~ wegzagen* take away the ground from under sbd's feet ★ *iets niet onder ~en of banken steken* make no secret of sth ★ *op de ~ van iem. anders gaan zitten* take sbd else's place, make a decision to which you are not entitled ★ *van zijn ~ vallen* fall off one's chair ★ *voor ~en en banken spelen / spreken* play / lecture to empty seats
stoelen *onoverg* [stoelde, h. gestoeld] be based (on), rest (on) ★ *~ op* be founded on, be rooted in
stoelendans *m* [-en] musical chairs
stoelenmatter *m* [-s] chair mender
stoelgang *m* bowel movement, stool(s) ★ *een goede ~ hebben* have good bowels

st

stoelleuning *v* [-en] chair arm, arm of a chair
stoelpoot *m* [-poten] chair leg
stoeltjeslift *m* [-en] chair lift
stoemp *de* vegetable mash
stoep *m & v* [-en] ❶ *opstap* (flight of) steps ❷ *trottoir* pavement, footpath, Am sidewalk
stoepa *m* ['s] stupa
stoepparkeren *ww* park on the footpath
stoeprand *m* [-en] kerb, kerbstone, Am curb, curbstone
stoepranden *o kinderspel* ± stoop ball
stoeptegel *m* [-s] paving stone
stoer I *bn* sturdy ★ *een ~e bink* a he-man, a macho man **II** *bijw* sturdily ★ *~ doen* act tough
stoerheid *v* sturdiness
stoet *m* [-en] ❶ parade, procession, train, retinue ❷ *brood* white bread
stoeterij *v* [-en] horse breeding, stud (farm)
stoethaspel *m* [-s] clumsy fellow ★ *een rare ~* a queer fish, a weirdo
stof I *v* [-fen] ❶ *textiel* material, stuff, fabric ❷ *materie* matter, substance ★ *~ en geest* mind and matter ❸ *onderwerp(en)* subject matter, theme ★ *dat geeft ~ tot nadenken* that will give food for reflection / thought ★ *kort van ~ zijn* be brief ★ *lang van ~ zijn* be long-winded **II** *o* dust ★ *~ afnemen* dust ★ *~ opjagen* make a dust ★ *onder het ~* dusty ★ *dat heeft heel wat ~ doen opwaaien* it has raised a lot of dust ★ *het ~ van zijn voeten schudden* shake the dust off one's feet ★ *zich in het ~ vernederen* debase oneself, eat humble pie ★ *door het ~ kruipen voor iem.* cringe / crawl before sbd ★ *in het ~ bijten* bite the dust ★ *tot ~ vergaan* crumble into dust ★ *iem. uit het ~ verheffen* raise sbd from the gutter ★ Bijbel *~ zijt gij en tot ~ zult gij wederkeren* dust thou art, and unto dust shalt thou return
stofblik *o* [-ken] dustpan
stofbril *m* [-len] goggles
stofdeeltje *o* [-s] (dust) particle
stofdoek *m* [-en] duster
stoffeerder *m* [-s] upholsterer
stoffeerderij *v* [-en] upholstery (business)
stoffelijk *bn* material, physical ★ *~e belangen* material interests ★ *~e bijvoeglijke naamwoorden* names of materials used as adjectives ★ *zijn ~ overschot* his mortal remains
stoffen I *overg* [stofte, h. gestoft] *stof afnemen* dust **II** *onoverg* [stofte, h. gestoft] *bluffen* boast (*op* of) **III** *bn* cloth, fabric
stoffer *m* [-s] brush ★ *~ en blik* (dust)pan and brush
stofferen *overg* [stoffeerde, h. gestoffeerd] ❶ *van meubelen* upholster ❷ *van ruimte* furnish
stoffering *v* [-en] upholstery, furnishings ★ *inclusief ~* with curtains and drapes
stoffig *bn* dusty ★ *~ worden* gather dust
stofgoud *o* gold dust
stofjas *m & v* [-sen] dustcoat, overall
stofje *o* [-s] speck of dust ★ *een aardig ~* a nice bit of

fabric
stofkam *m* [-men] fine-tooth(ed) comb
stofkap *v* [-pen] dust cap
stoflong *v* black lung, med silicosis, pneumoconiosis
stofmasker *o* [-s] dust mask
stofnaam *m* [-namen] taalk name of a material / substance
stofnest *o* [-en] dust trap
stofomslag *m & o* [-slagen] dust jacket
stofregen *m* [-s] drizzle
stofvrij *bn* free from dust, dust-free ★ *iets ~ maken* dust sth
stofwisseling *v* metabolism
stofwisselingsziekte *v* [-n &-s] metabolic disease
stofwolk *v* [-en] dust cloud, cloud of dust
stofzuigen *onoverg & overg* [stofzuigde, h. gestofzuigd] vacuum
stofzuiger *m* [-s] vacuum cleaner
stoïcijn *m* [-en] stoic
stoïcijns, stoïsch I *bn* stoical, stoic **II** *bijw* stoically ★ *~ reageren* react stoically
stoïcisme *o* stoicism
stok *m* [-ken] ❶ stick, ‹wandelstok› walking stick, cane ★ *de ~ achter de deur* the big stick ★ *het met iem. aan de ~ hebben* be at loggerheads with sbd ★ *het met iem. aan de ~ krijgen* get into trouble with sbd ★ *hij is met geen ~ hierheen te krijgen* wild horses won't drag him here ❷ *zitstok voor vogels* perch, roost ★ *op ~ gaan* go to roost, go to bed ★ *op ~ zijn* be at roost ❸ *v. politieagent* truncheon, baton ❹ *v. dirigent, bij estafette* baton ❺ *v. vlag* pole
stokbrood *o* [-broden] French bread, baguette
stokdoof *bn* stone deaf, deaf as a doornail
stoken I *overg* [stookte, h. gestookt] ❶ *als brandstof gebruiken* burn ❷ *kachel & stoke* ★ *het vuur ~* stoke up the fire ★ *een vuurtje ~* light a fire ❸ *ketel, motor & fire* ★ *likeur ~* distil ★ *jenever ~* distil gin ❹ *aanwakkeren* stir up **II** *onoverg* [stookte, h. gestookt] ❶ heat, stoke ❷ fig stir up trouble
stoker *m* [-s] ❶ *v. locomotief* stoker, fireman ❷ *jenever* distiller ❸ *opruier* firebrand
stokerij *v* [-en] distillery
stokje *o* [-s] (little) stick ★ *met ~s eten* eat with chopsticks ★ *daar zullen wij een ~ voor steken* we'll put a stop to it ★ *inf van zijn ~ gaan* pass out, keel over ★ *alle gekheid op een ~* all joking apart
stokken I *onoverg* [stokte, is gestokt] ❶ *v. bloed* cease to circulate ❷ *v. stem* break down ★ *zijn stem stokte* there was a catch in his voice ❸ *v. conversatie* flag ▼ *haar adem stokte* she caught her breath **II** *onoverg* [stokte, h. gestokt] ★ *~ op* stake / tie up
stokoud *bn* old as the hills, ancient
stokpaardje *o* [-s] hobbyhorse ★ *op zijn ~ zitten / zijn* be on one's hobbyhorse / on one's pet subject
stokroos *v* [-rozen] hollyhock
stokslag *m* [-slagen] stroke with a stick / cane ★ *voor straf kreeg hij 10 ~en* for punishment he was given 10 strokes of the cane

stokstijf I *bn* ❶ *erg stijfjes* as stiff as a poker ❷ *onbeweeglijk* stock still ❸ *onverzettelijk* stubborn, obstinate **II** *bijw* stubbornly, obstinately ★ ~ *volhouden* maintain obstinately

stokvis *m gedroogde vis* stockfish, dried cod, bacalao

stol *m* [-len] stollen

stola *v* ['s] stole

stollen *onoverg* [stolde, is gestold] congeal, coagulate, solidify, clot, ⟨ei⟩ set ★ *het bloed stolde in mijn aderen* my blood ran cold ★ *het doet het bloed* ~ it makes one's blood run cold

stolling *v* congelation, coagulation

stollingsgesteente *o* [-n & -s] igneous rock

stollingspunt *o* solidification / solidifying point

stollingstijd *m* [-en] solidification / coagulation time

stolp *v* [-en] ❶ cover, glass bell, bell glass ❷ *boerderij* farmhouse

stolpboerderij *v* [-en] stolp, traditional Dutch farmhouse

stolsel *o* [-s] clot, congelation

stom I *bn* ❶ *niets zeggend* mute, dumb, speechless ★ *een ~me rol / film* a silent part / film ★ *ze was doof en* ~ she was profoundly deaf, vero she was a deaf mute ★ *dat ~me dier!* that poor brute! ★ *een ~me h* a silent h ★ *hij sprak / zei geen* ~ *woord* he never said a word ★ ~ *van verbazing* speechless with amazement ❷ *dom* stupid, dull ★ ~ *geluk* the devil's luck ★ ~*me idioot!* bloody fool / idiot! ★ *hij is te* ~ *om voor de duivel te dansen* he's too stupid for words ★ *zo* ~ *als het achterend van een varken* as thick as two planks ❸ *niet verstandig* foolish **II** *bijw* mutely &

stoma *m* ['s, -mata] med fistula, colostomy

stomdronken *bn* dead drunk

stomen I *onoverg* [stoomde, h. gestoomd] ❶ *damp afgeven* steam ★ *het water staat te* ~ the water's boiling ❷ *blootstellen aan stoom* steam ★ *laat de aardappels gaar* ~ let the potatoes finish cooking in their steam ★ ~ *boven een kom heet water* inhale over a bowl of hot water ❸ *walmen* smoke **II** *onoverg* [stoomde, h. en is gestoomd] *boot en trein* steam ★ *de trein stoomde weg* the train steamed away ★ *met volle kracht* ~ steam at full power **III** *overg* [stoomde, h. gestoomd] ❶ *rijst &* steam ❷ *chemisch reinigen* dry-clean

stomerij *v* [-en] dry cleaner's ★ *mijn pak is bij de* ~ my suit is at the (dry-)cleaner's

stomheid *v* ❶ *het niet kunnen spreken* dumbness ★ *met* ~ *geslagen* be struck dumb ❷ *domheid* [-heden] stupidity

stomkop *m* [-pen] blockhead, meathead

stommelen *onoverg* [stommelde, h. gestommeld] clatter, bang ★ *naar boven* ~ stumble up the stairs

stommeling *m* [-en], **stommerik** [-riken] blockhead, idiot, duffer ★ *(jij)* ~*!* you stupid idiot!

stommetje *o* ★ *wij moesten* ~ *spelen* we had to play dumb

stommiteit *v* [-en] stupidity, blunder ★ *een* ~ *begaan* make a stupid mistake

stomp I *m* [-en] ❶ *met vuist &* thump, punch, push ★ *een* ~ *in de zij* a dig in the side ❷ *overblijfsel* stump **II** *bn* ❶ *potlood, mes* blunt ★ *een ~e neus* a flat nose ❷ fig obtuse ★ *een ~e hoek* an obtuse angle

stompen *overg* [stompte, h. gestompt] thump, punch, push

stomphoekig *bn* obtuse-angled

stompje *o* [-s] ❶ *van een boom, ledematen* stump ❷ *v. een sigaret, een potlood* stub

stompzinnig I *bn* obtuse, stupid, inf dense **II** *bijw* obtusely &

stompzinnigheid *v* [-heden] obtuseness, stupidity

stomtoevallig I *bn* accidental, chance **II** *bijw* by (the merest) coincidence, by sheer chance

stomverbaasd *bn* astonished, amazed, flabbergasted

stomvervelend *bn* deadly dull, boring

stomweg *bijw* simply, without thinking

stond *m* [-en] plechtig time, hour, moment ★ *te dezer* ~ at this moment / hour ★ *terzelfder* ~ at the same moment ★ *van ~en aan* henceforward, from this very moment

stoned *bn* stoned, high

stoof *v* [stoven] ❶ *voetwarmer* footwarmer, footstove ❷ *kachel* ZN stove

stoofappel *m* [-en & -s] cooking apple

stoofpeer *v* [-peren] cooking / stewing pear

stoofpot *m* [-ten] stew, casserole

stoofschotel *m & v* [-s] stew

stoofvlees *o* ZN stewing steak

stookgat *o* [-gaten] stokehole

stookgelegenheid *v* [-heden] fireplace

stookkosten *zn* [mv] heating costs

stookolie *v* [-liën] fuel oil, heating oil

stookplaats *v* [-en] ❶ *haard* fireplace, hearth ❷ techn stokehold, stokehole

stoom *m* steam ★ ~ *afblazen* let off steam ★ scheepv *onder* ~ under steam

stoombad *o* [-baden] steam bath

stoomboot *m & v* [-boten] steamboat, steamer, steamship

stoomcursus *m* [-sen] intensive / short / crash course

stoomfluit *v* [-en] steam whistle

stoomgemaal *o* [-malen] steam pumping station

stoomketel *m* [-s] steam boiler, steamer

stoomlocomotief *v* [-tieven] steam locomotive

stoommachine *v* [-s] steam engine

stoompan *v* [-nen] steamer

stoomschip *o* [-schepen] steamship, steamer

stoomstrijkijzer *o* [-s] steam iron

stoomtrein *m* [-en] steam train

stoomwals *v* [-en] steamroller

stoop *v* [stopen] ❶ *vochtmaat 2 1/2 l* arch stoup, stoop ❷ *kan* ZN jug, jar, pitcher

stoornis *v* [-sen] ❶ *verstoring* disturbance ❷ *gebrek* disorder

stoorzender *m* [-s] jammer, jamming station

stoot *m* [stoten] ❶ *duw* push, thrust, ⟨bij boksen⟩ punch, ⟨v. zwaard⟩ thrust, ⟨bij schermen⟩ lunge,

st

⟨v. dolk⟩ stab ★ *de (eerste)* ~ *tot iets geven* set the ball rolling ★ *zonder slag of* ~ without striking a blow ★ *de eerste* ~ *opvangen* intercept the first blow ❷ *bij biljard* shot, stroke ❸ *botsing* impact ❹ *v. geweer* kick ❺ *v. wind* gust ❻ *op blaasinstrument* blast ❼ *mooie meid* nice bit of stuff, <u>Am</u> nice chick ▼ *op* ~ *zijn* be in top form

stootband *m* [-en] bumper, fender

stootblok *o* [-ken] buffer

stootje *o* [-s] push ★ *hij kan wel tegen een* ~ he can take it

stootkracht *v* impact

stootkussen *o* [-s] buffer, fender

stoottroepen *zn* [mv] shock / storm troops

stootvast *bn* chip proof

stop I *m* ❶ *voor fles &* [-pen] stopper ❷ *in sokken &* [-pen] darn ❸ *smeltstop* [-pen] fuse ❹ *v. badkuip &* [-pen] plug ❺ *van huur, loon, prijzen* [-s] freeze ❻ *onderbreking* [-s] break ★ *een korte / kleine* ~ *maken* have a short break **II** *tsw* ★ ~! stop!, halt!

stopbord *o* [-en] stop sign

stopcontact *o* [-en] (power) point, socket ★ *in het* ~ *steken* put into the socket

stopfles *v* [-sen] stoppered bottle, (glass) jar

stopgaren *o* darning / mending cotton

stopkogel *m* [-s] disabling bullet

stoplap *m* [-pen] ❶ sampler ❷ fig stopgap

stoplicht *o* [-en] traffic light ★ *door een* ~ *rijden* drive / go through red

stopmiddel *o* [-en] <u>med</u> astringent

stopnaald *v* [-en] darning needle

stoppel *m* [-s] ❶ *v. maaiveld* stubble ❷ *v. baard* stubble, bristle ★ ~*s* stubble

stoppelbaard *m* [-en] stubbly beard

stoppelig *bn* stubbly

stoppelveld *o* [-en] field of stubble

stoppen I *overg* [stopte, h. gestopt] ❶ *dichtmaken* v. lek, gat & stop ❷ *v. sokken* darn ❸ *dichthouden* v. oren & stop ❹ *volstoppen* v. pijp & fill ❺ *inbrengen, wegbergen* put ★ *de kinderen in bed* ~ put the children to bed ★ *iem. iets in de handen* ~ foist sth off upon sbd ★ *hij laat zich alles in de hand(en)* ~ you can palm off anything on him ★ *iets in zijn mond / zak* ~ put sth in one's mouth / pocket ★ *de kleine er lekker onder* ~ tuck the baby up in bed ★ ⟨begraven⟩ *iem. onder de grond* ~ shove sbd in the ground **II** *onoverg* [stopte, is gestopt] ❶ stop, come to a stop, halt ★ ~ *met roken* stop smoking ★ ~ *met zijn studie* stop studying, drop out ❷ *met werk* quit, stop ★ *ik stop hiermee* I'm quitting / stopping **III** *onoverg* [stopte, h. en is gestopt] ★ *de trein stopt hier niet* the train doesn't stop here **IV** *onoverg* [stopte, h. gestopt] *v. voedsel* cause constipation

stoppenkast *v* [-en] fuse box

stopplaats *v* [-en] stopping place, stop

stopsein *o* [-en] stop signal

stopstreep *v* [-strepen] halt line

stopteken *o* [-s] stop signal

stoptrein *m* [-en] slow train

stopverbod *o* [-boden] stopping prohibition ★ *(hier geldt een)* ~ no stopping / standing

stopverf *v* putty

stopwatch *m* [-es] stopwatch

stopwol *v* darning wool

stopwoord *o* [-en] stopgap, filler

stopzetten *overg* [zette stop, h. stopgezet] ❶ *alg.* stop, discontinue ❷ *fabriek* close down, shut down ❸ *motor* switch / turn off ❹ *besprekingen* break off ❺ *gang v. zaken, verkeer* hold up, bring to a standstill

stopzetting *v* stopping, discontinuation, ⟨v. fabriek &⟩ closing down

store *v* [-s] ZN Venetian blind

storen I *overg* [stoorde, h. gestoord] ❶ disturb, interrupt, interfere with ★ *stoor ik (u) soms?* am I intruding?, am I in the way? ★ *mag ik u even* ~? may I interrupt you for a moment? ❷ RTV jam **II** *wederk* [stoorde, h. gestoord] ★ *hij stoort zich aan alles* he minds everything ★ *waarom zou ik mij daaraan* ~? why should I mind? ★ *zonder zich te* ~ *aan wat zij zeiden* regardless of what they said

storend *bn* interfering, annoying, irritating ★ ~ *taalgebruik* offensive language ★ ~ *zijn* be a nuisance

storing *v* [-en] ❶ *onderbreking* disturbance, interruption ❷ techn trouble, failure, breakdown, malfunction ★ *een* ~ *verhelpen* troubleshoot ❸ RTV interference ❹ med disorder ❺ *v. weer* disturbance, ⟨lage drukgebied⟩ depression

storingsdienst *m* [-en] emergency services

storingsgevoelig *bn* sensitive to interference

storingsvrij, storingvrij *bn* free of interference, smooth, trouble-free ★ *een* ~*e werking* smooth / trouble-free operation

storm *m* [-en] ❶ *hevige wind* storm, gale ★ *een* ~ *in een glas water* a storm in a teacup ★ *de* ~ *bezweren* calm the storm ❷ *heftige emotie* storm ★ *een* ~ *van verontwaardiging* a storm of indignation

stormaanval *m* [-len] assault

stormachtig I *bn* ❶ stormy, boisterous, blustery ★ ~ *weer* stormy weather ❷ fig stormy, tumultuous, tempestuous ★ *een* ~*e verhouding* a tempestuous / stormy relationship **II** *bijw* ★ *iem.* ~ *begroeten* give a tumultuous welcome to sbd

stormbaan *v* [-banen] mil assault course

stormbal *m* [-len] storm ball / cone

stormband *m* [-en] chin strap

stormen I *onoverg* [stormde, h. gestormd] storm ★ *het stormt* it's blowing a gale ★ fig *het zal er* ~ there'll be ructions **II** *onoverg* [stormde, is gestormd] ★ *hij kwam uit het huis* ~ he came tearing / dashing / rushing out of the house

stormenderhand *bijw* mil by storm ★ ~ *innemen* take by storm

stormklok *v* [-ken] alarm bell

stormladder *v* [-s] mil scaling ladder

stormlamp *v* [-en] hurricane lamp

stormloop *m* [-lopen] ➊ *alg.* rush ★ *een ~ op pas uitgebrachte aandelen* a run on issued shares ➋ *mil* assault

stormlopen *onoverg* [liep storm, h. stormgelopen] storm, attack ★ *fig het loopt storm bij de aanmelding* there's a rush / run on enrolments ★ *~ tegen* storm, rush, assault

stormmeeuw *v* [-en] *vogel* common gull

stormram *m* [-men] battering ram

stormschade *v* storm damage

stormtroepen *zn* [mv] storm troops

stormvloed *m* [-en] storm tide / surge

stormvloedkering *v* [-en] storm surge barrier, flood barrier

stormvogel *m* [-s] *vogel* storm petrel ★ *de Noorse ~* the fulmar

stormvogeltje *o* [-s] *vogel* storm petrel

stormweer *o* stormy / tempestuous weather

storneren *overg* [storneerde, h. gestorneerd] boekh cancel / reverse an entry, counter-enter, write back

storno *m* ['s] boekh counter-entry ★ *recht van ~* right of reversal

stort *o & m* [-en] *stortplaats* ZN (rubbish) tip / dump

stortbad *o* [-baden] shower

stortbak *m* [-ken] ➊ *techn* shoot ➋ *van wc* cistern

stortbeton *o* poured concrete

stortbui *v* [-en] heavy shower, downpour

storten I *overg* [stortte, h. gestort] ➊ *zand* throw, dump ➋ *tranen, bloed* shed ➌ *afval* dump ➍ *beton* pour ➎ *geld* pay in ★ *elk 10 euro ~* deposit 10 euros each ★ *bij een bank ~* pay into a bank account ★ *op een rekening ~* pay into an account ➏ *v. pensioen* contribute II *wederk* [stortte, h. gestort] ★ *zich ~ in de armen van...* throw oneself into the arms of... ★ *de rivier stort zich in zee bij...* the river runs into / discharges into the sea near... ★ *zich in een oorlog ~* plunge into a war ★ *zich ~ op* fall upon, throw oneself upon, swoop down on ‹the enemy› III *onoverg* [stortte, is gestort] fall, crash ★ *hij is in een ravijn gestort* he fell into a ravine IV *onoverg* [stortte, h. gestort] ★ *het stort* it's pouring

storting *v* [-en] ➊ *vloeistof* spilling, ‹› shedding ➋ *beton &* pouring ➌ *afval &* dumping ➍ *van geld* payment, deposit, ‹in kas› cash deposit, ‹bijdrage› contribution, ‹op aandelen› payment (on shares), contribution to shares

stortingsbewijs *o* [-wijzen] paying-in / deposit slip, deposit receipt

stortingsformulier *o* [-en] paying-in slip

stortkar *v* [-ren] tipcart, dumping cart

stortkoker *m* [-s] chute, shoot

stortplaats *v* [-en] dump, (rubbish) tip

stortregen *m* [-s] heavy shower (of rain), downpour

stortregenen *onoverg* [stortregende, h. gestortregend] pour (with rain) ★ *het stortregent* it's pouring

stortvloed *m* [-en] ook fig flood, torrent, deluge ★ *een ~ van woorden* a flood of words

stoten I *overg* [stootte, stiet, h. gestoten] ➊ *duwen*

push, thrust, ‹met iets puntigs› poke ‹met de elleboog› nudge, ‹met horens› butt ★ *iets ~* push sth, give sth a push ★ *iem. van zich ~* repudiate sbd ★ *iem. voor het hoofd ~* offend sbd ➋ *bezeren* ‹hoofd &› bump, hit, ‹tenen› stub ➌ *fijnstampen* pound ➍ *choqueren* affront, shock ➎ bilj play, shoot II *wederk* [stootte, stiet, h. gestoten] ★ *zich ~* bump against sth ★ *zich aan iems. gedrag ~* take offence at sbd's conduct III *onoverg* [stootte, stiet, h. gestoten] ➊ *v. geweer* recoil, kick ➋ *v. auto, trein* jolt, jerk IV *onoverg* [stootte, stiet, is gestoten] *botsen* bump, knock, strike ★ *het schip stootte op een ijsberg* the ship struck an iceberg ★ *op moeilijkheden ~* run into difficulties ★ *op elkaar ~* collide (with each other), run into each other ★ *tegen iets ~* bump against sth ★ *tegen elkaar ~* bump / knock against each other V *o bij gewichtheffen* sp press

stotend *bn* ➊ *haperend* jerky, halting ★ *hortend en ~ reden we voort* we jerked along ★ *hortend en ~ kwam het verhaal eruit* the story came out bit by bit ➋ *choquerend* shocking, offensive

stotteraar *m* [-s] stammerer, stutterer

stotteren *overg en onoverg* [stotterde, h. gestotterd] stammer, stutter

stottertherapie *v* [-pieën] anti-stuttering therapy

stout I *bn* ➊ *ondeugend* naughty ➋ *moedig* bold, daring, audacious ★ *een ~ staaltje* a bold enterprise ★ *de ~ste verwachtingen overtreffen* be beyond one's wildest expectations II *bijw* naughtily, boldly & III *m & o bier* stout

---

stout

Het bijvoeglijk naamwoord stout is in het Engels **naughty, bold** &, maar nooit stout; het Engelse stout betekent **dik, gezet**.

---

stouterd *m* [-s] naughty child / boy / girl ★ *~!* you naughty child!

stoutmoedig I *bn* bold, daring, audacious II *bijw* boldly &

stoutmoedigheid *v* boldness, daring, audacity

stouwen *overg* [stouwde, h. gestouwd] stow ★ *heel wat kunnen ~* cram down a thing or two

stoven I *overg* [stoofde, h. gestoofd] stew, simmer ★ *iem. een kool ~* play a trick on sbd II *onoverg* [stoofde, is gestoofd] ★ *het vlees stooft* the meat is stewing ★ *iets laten ~* stew / simmer sth III *wederk* [stoofde, h. gestoofd] ★ *zich ~* bask

stoverij *v* ZN stew

straal I *m & v* [stralen] ➊ *v. licht* ray, beam, gleam ★ *een ~ van hoop* a glimmer of hope ★ *een ~ van vreugde* a beam of joy ➋ *v. bliksem* flash ➌ *v. water* spout, jet ➍ *v. cirkel* radius II *bijw* volkomen completely, straight ★ *iem. ~ voorbijlopen* walk right / straight past sbd

straalaandrijving *v* jet propulsion ★ *met ~* jet-propelled

straalbezopen *bn* blind / dead drunk, vulg pissed to the eyeballs

straalbreking *v* [-en] refraction
straaljager *m* [-s] fighter jet
straalkachel *v* [-s] electric heater, radiator
straalmotor *m* [-s & -toren] jet engine
straalstroom *m* jet stream
straalverbinding *v* [-en] radio link
straalvliegtuig *o* [-en] jet(-propelled) plane, jet
    airplane / aircraft
straalzender *m* [-s] beam transmitter
straat *v* [straten] ❶ *v. stad* street ★ *langs de ~ slingeren*
    loiter / knock about the streets ★ *op ~* in the street(s)
    ★ *op ~ lopen* walk the streets ★ *op ~ staan* be on the
    streets ★ *iem. op ~ zetten* ‹uit woning zetten› turn
    / throw sbd out onto the streets, ‹ontslaan› give sbd
    the sack, throw sbd out ★ *op ~ staan* ‹zonder huis›
    be on the streets, be homeless, ‹zonder werk› be out
    of a job ★ *hij is niet van de ~* he wasn't picked out of
    the gutter ❷ *zeestraat* straits ❸ kaartsp straight
    ★ *een grote ~* a straight flush
straatarm *bn* penniless, as poor as a churchmouse
straatartiest *m* [-en] street artist
straatbeeld *o* [-en] street scene
straatbende *v* [-s] street gang
straatgevecht *o* [-en] street fight ★ *~en* street fighting
straatgeweld *o* street violence
straathandel *m* street trading
straathoek *m* [-en] street corner
straathond *m* [-en] mongrel, cur
straatinterview *o* [-s] street interview
straatje *o* [-s] alley, lane ★ *een ~ om gaan* go around
    the block ★ *dat komt in zijn ~ te pas, dat past in zijn ~*
    that's right up his alley
straatjongen *m* [-s] street urchin
straatkant *m* street side ★ *aan de ~* on the street side
straatlantaarn, **straatlantaren** *v* [-s] street lamp / light
straatlied *o* [-eren] street song, popular ballad
straatmadelief *v* [-lieven], **straatmeid** [-en] street girl
straatmuzikant *m* [-en] street musician, busker
straatnaam *m* [-namen] street name
straatorgel *o* [-s] street / barrel organ
straatprostitutie *v* streetwalking
straatroof *m* robbery
straatrover *m* [-s] mugger
Straatsburg *o* Strasbourg
straatschender *m* [-s] street hooligan
straatsteen *m* [-stenen] paving stone ★ *iets aan de*
    straatstenen niet kwijt kunnen be stuck with sth
straattaal *v* street / bed language
straattoneel *o* ❶ *wat op straat te zien is* street sights
    ❷ *toneel op straat* street show
Straat van Gibraltar *v* Strait of Gibraltar
straatveger *m* [-s] *man, machine* road / street sweeper
straatventer *m* [-s] street vendor, hawker
straatverbod *o* [-boden] restraining order, court
    injunction
straatverkoop *m* street trading / vending
straatverlichting *v* street lighting
straatvoetbal *o* street soccer / football

straatvrees *v* agoraphobia
straatvuil *o* street refuse
straatwaarde *v* street value
straatweg *m* [-wegen] highroad, main road
straatzanger *m* [-s] street singer, busker
Stradivarius *m* [-sen] Stradivarius
straf I *v* [-fen] punishment, ‹boete› penalty ★ *een*
    alternatieve ~ an alternative punishment ★ *een*
    bijkomende ~ an additional punishment / sentence
    ★ *~ krijgen* be / get punished ★ *zijn ~ uitzitten* serve
    his sentence ★ *de ~ volgt op de zonde* no crime
    without punishment ★ *op ~ des doods* on pain of
    death ★ *op ~ van* on penalty of ★ *voor ~* as a
    punishment, for punishment, by way of punishment
    II *bn* ❶ *blik* severe, stern ❷ *drank* stiff ❸ *thee* strong
    ▼ *een ~fe roker / drinker* a heavy smoker / drinker
    ▼ *een ~fe wind* a stiff wind **III** *bijw* severely, sternly
strafbaar *bn* punishable ★ *een ~ feit* a (punishable)
    offence ★ *als ~ beschouwen* regard as an offence
    ★ *iets ~ stellen* make sth punishable
strafbaarstelling *v* penalization
strafbal *m* [-len] sp penalty stroke
strafbankje *o* [-s] ❶ jur dock ★ *op het ~ zitten* be in the
    dock ❷ sp penalty box / bench
strafbepaling *v* [-en] ❶ *alg.* penal provision / sanction
    ❷ *in contract* penalty clause
strafblad *o* [-bladen] police / criminal record ★ *een*
    schoon ~ hebben, geen ~ hebben have a clean record
    ★ *hij heeft een ~* he has a criminal record, Br inf he's
    got form
strafcorner *m* [-s] sp penalty corner
strafexpeditie *v* [-s] punitive expedition
straffeloos *bijw* unpunished, with impunity
straffen *overg* [strafte, h. gestraft] punish ★ *met*
    boete ~ punish with / by a fine ★ *met de dood ~*
    punish with / by death
strafgevangenis *v* [-sen] prison, penitentiary
strafhof *o* [-hoven] criminal court ★ *het Internationaal*
    Strafhof the International Court of Justice
strafinrichting *v* [-en] penitentiary, prison
strafkamer *v* [-s] jur criminal division
strafkamp *o* [-en] prison camp
strafkolonie *v* [-s & -niën] penal / convict settlement,
    penal / convict colony
strafmaat *v* sentence, penalty, punishment
strafmaatregel *m* [-s & -en] punitive measure
strafoplegging *v* [-en] imposition of penalty ★ *een*
    schuldigverklaring zonder ~ a guilty verdict without
    the imposition of a penalty
strafpleiter *m* [-s] criminal lawyer
strafport *o & m* additional / extra postage, surcharge
strafproces *o* [-sen] criminal procedure / proceedings
strafpunt *o* [-en] penalty point ★ *iem. 10 ~en geven*
    award sbd 10 penalty points
strafpuntensysteem *o* jur points / demerit system
strafrecht *o* criminal law ★ *militair ~* military
    criminal law
strafrechtelijk I *bn* criminal **II** *bijw* ★ *hij wordt ~*

gevolgd he will be prosecuted

strafrechter *m* [-s] ❶ *persoon* criminal judge ❷ *instantie* criminal court

strafregel *m* [-s] line ★ *~s schrijven* do / write lines

strafregister *o* [-s] police / criminal record, list of convictions

strafschop *m* [-pen] penalty kick ★ *een ~ benutten* score from a penalty

strafschopgebied *o* [-en] penalty area

straftijd *m* term of imprisonment

strafvermindering *v* reduction of sentence

strafvervolging *v* prosecution, criminal proceedings

strafvoltrekking *v* execution of a sentence

strafvordering *v* [-en] criminal procedure / proceedings

strafwerk *o* punishment, onderw lines

strafwet *v* [-ten] penal / criminal statute

strafwetgeving *v* penal legislation

strafworp *m* [-en] ❶ *basketbal* foul shot ❷ *handbal* penalty throw ❸ *korfbal* penalty

strafzaak *v* [-zaken] criminal case / trial

strafzitting *v* [-en] criminal session

strak I *bn* ❶ *gespannen* tight, taut, stiff, rigid ★ *een ~ touw* a taut rope ★ *een ~ke rok* a tight skirt ❷ *star* fixed, set, stern ★ *een ~ gezicht zetten* pull a stony face ❸ *rechtlijnig* taut ★ *een ~ design* a taut design **II** *bijw* ★ *iets ~ aanhalen* tighten / tauten sth ★ *iem. ~ aankijken* look fixedly at sbd ★ *iem. ~ houden* keep a tight hand on sbd ★ *~ in het pak* dressed smartly ★ *~ voor zich uitkijken* sit staring fixedly

strakblauw I *o* clear blue **II** *bn* ★ *een ~e lucht* a sheer blue sky

straks *bijw* later, soon ★ *tot ~!* see you later! ★ *dit had ik je ~ nog gezegd* I told you just now / just a while ago

stralen I *onoverg* [straalde, h. gestraald] beam, shine, radiate **II** *onoverg* [straalde, is gestraald] ★ *voor een examen ~* fail an examination

stralenbundel *m* [-s] pencil / beam of rays

stralend I *bn* radiant, ⟨verblindend⟩ dazzling ★ *de ~e hitte* the blazing heat ★ *haar ~e verschijning* her dazzling appearance ★ *~ weer* glorious weather ★ *de ~e zon* the bright / dazzling sun ★ *~ van geluk* beaming with happiness **II** *bijw* radiantly & ★ *iem. ~ aanzien* beam at sbd

stralenkrans *m* [-en] aureole, nimbus, halo

straling *v* [-en] radiation

stralingsdosis *v* [-sen & -doses] dose of radiation

stralingsgevaar *o* radiation danger

stralingswarmte *v* radiant heat

stralingsziekte *v* radiation illness

stram I *bn* stiff, rigid, ⟨persoon⟩ starchy ★ *oud en ~* old and stiff ★ *~me ledematen* stiff limbs **II** *bijw* stiffly &

stramheid *v* stiffness, rigidity

stramien *o* ❶ canvas ❷ *patroon* pattern

strand *o* [-en] ❶ *kuststrook* beach ★ *spelende kinderen op het ~* children playing on the beach ★ scheepv *op het ~ lopen* run aground ★ *over het ~ wandelen* walk

along the beach ❷ *kustgebied* seaside

strandbal *m* [-len] beach ball

stranden *onoverg* [strandde, is gestrand] ❶ scheepv strand, run aground ❷ fig founder (*op* on), fail ★ *een gestrand huwelijk* a broken marriage

strandhuisje *o* [-s] beach cabin

stranding *v* [-en] scheepv stranding, running aground

strandjutten *o* beachcombing

strandjutter *m* [-s] beachcomber

strandkleding *v* beach wear

strandloper *m* [-s] vogel sandpiper

strandpaal *m* [-palen] beach pole

strandpaviljoen *o* [-en] beach pavilion

strandstoel *m* [-en] beach chair, ⟨opvouwbaar⟩ deck chair

strandtent *v* [-en] beach kiosk

strandvakantie *v* [-s] seaside holiday(s)

strandvonder *m* [-s] receiver of wrecks, wreck master

strandwandeling *v* [-en] walk along the beach

strandweer *o* nice weather for the beach

strapatsen *zn* [mv] antics, extravagances ★ *~ maken* be extravagant

strapless *bn* strapless ★ *een ~ dress* a strapless dress

strateeg *m* [-tegen] strategist

strategie *v* [-gieën] strategy

strategisch I *bn* strategic ★ *een ~ punt* a strategic point **II** *bijw* strategically

stratengids *m* [-en] town plan / map

stratenmaker, straatmaker *m* [-s] road worker

stratenplan *o* [-nen & -s] kaart street plan / map

stratosfeer *v* stratosphere

streaming *bn* streaming

streber *m* [-s] careerist, go-getter, afkeurend over-achiever

streberig I *bn* ambitious, ⟨drammerig⟩ pushy **II** *bijw* ambitiously ★ *zij is nogal ~ ingesteld* she's ambitious by nature

streefcijfer *o* [-s] target (figure)

streefdatum *m* [-s & -data] target date

streefgetal *o* [-len] target figure

streefgewicht *o* [-en] target weight

streek I *v* [streken] ❶ *beweging* stroke ★ ⟨bij het schaatsen⟩ *lange streken maken* skate with long strokes ❷ *gebied* tract, district, region, part of the country ★ *in deze ~* in this region, in these parts ★ *in de ~ van de lever* in the liver area, in the region of the liver ❸ *van een kompas* point ★ *weer op ~ komen* get into one's stride again ★ *goed op ~ zijn* be in splendid form ★ *morgen zijn we weer op ~* tomorrow it's back to the old grind again ★ *hij was helemaal van ~* he was quite upset ★ *mijn maag is van ~* my stomach is out of order ★ *dat heeft hem van ~ gebracht* that's what has upset him **II** *m & v* [streken] list, poets trick ★ *een ~ uithalen* play a trick ★ *dat is net een ~ voor hem* it is just like him ★ *gekke streken* foolish pranks, tomfoolery ★ *een gemene / smerige ~* a dirty trick ★ *een stomme ~* a stupid move ★ *we zullen hem die streken wel afleren* we'll teach him

st

streekbus *v* [-sen] regional / county bus
streekgebonden *bn* local, regional
streekgenoot *m* [-noten] fellow countryman, local
streekplan *o* [-nen] regional plan
streekroman *m* [-s] regional novel
streekschool *v* [-scholen] regional / district school
streektaal *v* [-talen] dialect
streekvervoer *o* regional transport
streekziekenhuis *o* [-huizen] district hospital
streep *v* [strepen] stripe, streak, stroke, dash, line ★ *dat was voor hem een ~ door de rekening* that wasn't what he had counted on ★ *er loopt bij hem een ~ door* he has a tile loose ★ *er maar een ~ door halen* strike it out, cancel it ★ *ergens een ~ onder zetten* let bygones be bygones, have done with sth ★ *iem. over de ~ trekken* win sbd over ★ *op zijn strepen staan* stand on one's authority, *inf* get on one's high horse
streepje *o* [-s] dash ★ *een ~ voor hebben* be the favourite, be one up ★ *met een grijs ~* grey-striped
streepjescode *m* [-s] bar code
streepjespak *o* [-ken] pin-stripe suit
streetdance *de (m)* street dance
strekdam *m* [-men] longitudinal embankment
strekken I *onoverg* [strekte, h. gestrekt] stretch, reach, extend ★ *zover strekt mijn kennis niet* my knowledge doesn't go that far ★ *zolang de voorraad strekt* while stocks lasts ★ *dat strekt tot aanbeveling* that is to be recommended II *overg* [strekte, h. gestrekt] stretch, extend ★ *de benen ~* stretch one's legs III *wederk* [strekte, h. gestrekt] ★ *zich ~* stretch
strekkend *bn* ★ *per ~e meter* per running meter ★ *~e tot het welslagen van de onderneming* conducive to the success of the enterprise
strekking *v* ❶ *houding* posture, bearing ❷ *kennelijke bedoeling* purport, tenor, intent ★ *antwoorden should moeten de volgende ~ hebben* the answers should correspond to the following ★ *van dezelfde ~ of the same tenor, in the same vein ★ *de ~ van het onderzoek* the aim of the investigation
strelen *overg* [streelde, h. gestreeld] ❶ *aaien* stroke, caress ❷ *fig* flatter, gratify ★ *dat streelt zijn ijdelheid* it tickles his vanity ★ *de zinnen ~* gratify the senses
streling *v* [-en] caress ★ *een ~ voor de zinnen* a gratification of the senses
stremmen I *onoverg* [stremde, is gestremd] ❶ *v. bloed* congeal, coagulate ❷ *v. melk* curdle II *overg* [stremde, h. gestremd] ❶ *v. bloed* congeal, coagulate ❷ *v. melk* curdle ❸ *het verkeer* jam, obstruct, block
stremming *v* [-en] ❶ *het stremmen* curdling, coagulation, congealing ❷ *opstopping* obstruction, blocking
stremsel *o* coagulant, ⟨v. kaas⟩ rennet
streng I *v* [-en] ❶ *v. touw* strand, hank ❷ *v. draad* skein ❸ *v. paard* tress II *bn* ❶ *alg.* severe ❷ *v. uiterlijk* severe, stern, austere ❸ *opvatting* stern ❹ *weinig vrijheid latend* strict ❺ *v. regels* stringent, ⟨niet afwijkend van regels⟩ rigid ❻ *v. zeden* austere

❼ *nauwgezet* strict, rigorous, close III *bijw* severely &
strengelen *overg & wederk* [strengelde, h. gestrengeld] twine, twist
strengheid *v* ❶ *v. het weer* severity, harshness ❷ *striktheid* harshness, severity, strictness ❸ *soberheid* austerity ❹ *nauwgezetheid* strictness, rigour
strepen *overg* [streepte, h. gestreept] stripe, streak, line ★ ⟨van stoffen⟩ *gestreept* striped
streptokok *m* [-ken] streptococcus
stress *m* stress
stressbestendig *bn* immune to stress ★ *zij is ~* she is immune to stress
stressen *onoverg* [streste, h. gestrest] work under pressure / stress
stresssituatie *v* [-s] stress situation
stretch *bn* stretch, elastic
stretchen *onoverg* [stretchte, h. gestretcht] *sp* do stretching exercises
stretcher *m* [-s] stretcher
streven I *onoverg* [streefde, h. gestreefd] strive ★ *~ naar* strive after / for, aim at, aspire after / to ★ *er naar ~ om...* aspire / seek to... II *o* goal, aim, aspiration ★ *het zal mijn ~ zijn om...* it will be my aim / goal to..., I will aim / aspire to...
striae *zn* [mv] stretch marks, *med* striae
striem *v* [-en] stripe, streak, weal
striemen *overg* [striemde, h. gestriemd] lash ★ *~de woorden* cutting words ★ *de wind striemde ons in het gezicht* the wind lashed our faces
strijd *m* [-en] ❶ *gevecht* fight, conflict, struggle, strife ★ *een inwendige ~* an inward struggle ★ *dat heeft een zware ~ gekost* it has been a hard battle / fight ★ *de ~ opgeven* abandon the fight ★ *de ~ aanvaarden met* engage in battle / combat with ★ *de ~ om het bestaan* the struggle for life ★ *om ~ boden zij hun diensten aan* they vied with each other as to who should be the first to... ★ *~ voeren tegen* wage war against ★ *ten ~e trekken* go to war ★ *op / ten ~e! onwards!* ★ *zonder ~* without a fight / struggle ❷ *wedstrijd* match, contest, competition ❸ *tegenspraak* conflict, controversy ★ *in ~ met de afspraak / regels* contrary to the agreement / rules ★ *in ~ met de waarheid* at variance with the truth ★ *die verklaringen zijn met elkaar in ~* the statements clash with each other / contradict each other
strijdbaar *bn* ❶ *bereid om te vechten* militant, warlike ❷ *in staat om te vechten* able-bodied
strijdbijl *v* [-en] battleaxe, hatchet ★ *de ~ begraven* bury the hatchet ★ *de ~ weer opgraven* dig up the hatchet
strijden *onoverg* [streed, h. gestreden] ❶ *vechten* fight, wage war ★ *~ met* fight against / with, *fig* clash with, be contrary to... ★ *de goede strijd ~* fight the good fight ❷ *twisten* dispute ❸ *v. wedstrijd* contend, compete
strijdend I *bn* militant ★ *RK de ~e Kerk* the Church Militant ★ *de stem van ~ Nederland* the voice of

militant Holland / of Holland at war **II** *bijw*
militantly ★ ~ *ten onder gaan* go down fighting
strijder *m* [-s] fighter, combatant, warrior
strijdgewoel *o* turmoil of battle, battle strife
strijdig *bn tegenstrijdig* conflicting, incompatible ★ *~e regels* conflicting rules
strijdkrachten *zn* [mv] armed forces
strijdkreet *m* [-kreten] war / battle cry, fig slogan
strijdleus, **strijdleuze** *v* [-leuzen] battle / war cry
strijdlied *o* [-eren] battle song
strijdlust *m* fighting spirit, belligerence, pugnacity
strijdlustig I *bn* combative, belligerent, pugnacious
II *bijw* combatively & ★ *hij reageerde ~* he reacted belligerently ★ *Oranje gaat ~ naar de finale* the Dutch team is going into the final match determined to win
strijdmacht *v* [-en] force
strijdmakker *m* [-s] comrade-in-arms, fellow fighter
strijdperk *o* [-en] battleground, arena of war ★ *met iem. in het ~ treden* take sbd on
strijdschrift *o* [-en] controversial / polemic pamphlet
strijdvaardig I *bn* belligerent, combative, pugnacious
II *bijw* belligerently &
strijdvaardigheid *v* belligerence, readiness to fight, combativeness
strijdvraag *v* [-vragen] (question at) issue
strijdwagen *m* [-s] chariot
strijk *m* ❶ *het strijken* ironing ❷ *strijkgoed* clothes for ironing ▼ *~ en zet* again and again, invariably
strijkage *v* [-s] ★ *~s maken* bow and scrape (*voor* to)
strijkbout *m* [-en] iron
strijken I *overg* [streek, h. gestreken] ❶ *met strijkijzer* iron ❷ *gladstrijken met hand* smooth (out), brush ★ *het haar naar achteren ~* smooth back one's hair ★ *de kreukels uit het papier ~* smooth out the creases in the paper ❸ *met hand gaan over* brush, stroke ★ *hij streek haar onder de kin* he chucked her under the chin ★ *de hand over het hart ~* be soft-hearted ❹ *smeren* spread ★ *kalk op een muur ~* spread plaster on a wall ❺ *laten zakken* lower, strike ★ *een boot ~* get out / lower a boat ★ *de vlag ~* strike / lower the flag / one's colours ★ *een zeil ~* lower a sail ★ *de zeilen ~* strike sail **II** *onoverg* [streek, h. gestreken] brush, sweep ★ *~ langs* brush / skim past ★ *hij is met alle koopjes gaan ~* he's snapped up all the bargains ★ *hij is met de winst gaan ~* he's scooped the profits ★ *de wind streek over de velden* the wind swept the fields ★ *hij streek met de hand over het voorhoofd* he passed his hand across his brow
strijker *m* [-s] ❶ muz string player ★ *de ~s* the strings ❷ *vuurwerk* striker
strijkgoed *o* ironing
strijkijzer *o* [-s] iron ★ *een elektrisch ~* an electric iron
strijkinstrument *o* [-en] stringed instrument ★ *een stuk voor ~en* a piece for strings
strijkje *o* [-s] string band
strijkkwartet *o* [-ten] string quartet
strijklicht *o* floodlight

strijkorkest *o* [-en] string orchestra
strijkplank *v* [-en] ironing board
strijkstok *m* [-ken] muz bow ▼ *er blijft heel wat aan de ~ hangen* a lot goes into the bureaucratic purse ▼ *er blijft altijd wat aan de ~ hangen* the rake-off is considerable
strijkvlak *o* [-ken] ironing surface
strik *m* [-ken] ❶ *op japon & van lint* knot, bow ★ *een ~ maken* make a knot ❷ *strop* noose ❸ *dasje* bow (tie) ❹ *om te vangen* snare, wire, ‹om vogels te vangen› gin ★ *~ken spannen* lay snares ★ *iem. een ~ spannen* lay a snare for sbd ★ *in zijn eigen ~ gevangen raken* be caught in one's own trap
strikje *o* [-s] *dasje* bow tie ▼ *~s en kwikjes* decorations
strikken *overg* [strikte, h. gestrikt] ❶ *knopen* tie ★ *de das ~* knot the tie ❷ *vangen* snare ★ *iem. voor iets ~* rope sbd into doing sth
strikt I *bn* strict, precise, stringent, rigorous **II** *bijw* strictly & ★ *~ genomen* strictly speaking ★ *iets ~ opvolgen* follow / observe sth strictly / to the letter
strikvraag *v* [-vragen] trick / loaded question
string *m* [-s] *onderbroek* G-string
stringent *bn* stringent, tight ★ *~e bepalingen* stringent regulations
strip *m* [-pen & -s] ❶ *strook* strip ❷ [-s] luchtv strip, airstrip ❸ *beeldverhaal* [-s] comic (strip)
stripboek *o* [-en] comic (book)
stripfiguur *v* [-guren] comic character
stripheld *m* [-en] comic hero
strippen *overg* [stripte, h. gestript] ❶ *v. tabak* strip, stem ❷ *v. vis* skin ❸ *striptease* strip, do a striptease act ❹ *strippenkaart (af)stempelen* stamp
strippenkaart *v* [-en] multi-ride ticket
stripper *m* [-s] stripper, stripteaser
striptang *v* [-en] wire stripper, stripping pliers
striptease *m* striptease
stripteasedanseres *v* [-sen], **stripteaseuse** [-s] striptease dancer, stripper
striptekenaar *m* [-s] strip cartoonist
stripverhaal *o* [-halen] comic (strip)
stro *o* straw
strobloem *v* [-en] strawflower, immortelle
strobos *m* [-sen] bundle of straw
stroboscoop *m* [-scopen] stroboscope
stroboscopisch *bn* stroboscopic
strobreed *o* ★ *iem. geen ~ in de weg leggen* not put the slightest obstacle in sbd.'s way
strodak *o* [-daken] thatched roof
strodekker *m* [-s] thatcher
stroef I *bn* ❶ *ruw* rough, uneven ❷ *niet soepel bewegend* stiff, awkward, jerky ❸ *v. gelaatstrekken* harsh, stern ❹ *v. karaktertrekken* stiff, stern, brusque, difficult (to get on with), stand-offish **II** *bijw* stiffly & ★ *hij antwoordde nogal ~* he answered rather brusquely
stroefheid *v* ❶ *v. oppervlakte* roughness, unevenness ❷ *v. bewegingen* awkwardness, stiffness ❸ *v. omgang* stiffness, reserve, stand-offishness

st

strofe *v* [-n] strophe
strofisch *bn* strophic
strogeel *bn* straw yellow, straw-coloured
strohalm *m* [-en] straw ★ *zich aan een ~ vasthouden* clutch at straws
strohoed *m* [-en] straw hat
strokarton *o* strawboard
stroken *onoverg* [strookte, h. gestrookt] agree, tally ★ *~ met* be in keeping with
stroman *m* [-nen] fig straw man, puppet, dummy, figurehead
stromen *onoverg* [stroomde, h. en is gestroomd] ❶ *vloeien* stream, pour, flow ★ *met ~d water* with running water ★ *de tranen stroomden haar over de wangen* the tears streamed down her cheeks ★ *~ van de regen* pour with rain ❷ *zich verplaatsen als een stroom* pour, flock ★ fig *~ naar* flock to ★ *het stroomt er naar toe* they are flocking to the place
stroming *v* [-en] ❶ *stroom* current, flow ❷ fig trend, movement, tendency ★ *een politieke ~* a political movement
strompelen *onoverg* [strompelde, h. en is gestrompeld] stumble, hobble, totter
stronk *m* [-en] ❶ *v. boom* stump, stub ❷ *v. koolplant* stalk, head
stront *m* ❶ *poep* dung, muck, shit ★ *in de ~ zitten* be in the shit ★ *er is ~ aan de knikker* we're in the shit ❷ *ruzie* row, squabble
stronteigenwijs *bn* pig-headed, bloody-minded, obstinate
strontium *o* strontium
strontje *o* [-s] sty(e)
strontvervelend *bn* bloody boring
strontvlieg *v* [-en] dung fly
strooibiljet *o* [-ten] pamphlet, handbill, leaflet
strooibus *v* [-sen] dredger, sprinkler, ⟨v. zout⟩ castor
strooien I *overg* [strooide, h. gestrooid] ❶ *dingen* strew, scatter ★ *pepernoten ~* strew gingerbread nuts ❷ *peper, zout &* sprinkle ❸ *mest &* spread ★ *zout ~* ⟨tegen gladheid⟩ grit the roads **II** *bn* straw ★ *een ~ hoed* a straw hat
strooigoed *o* sweets, Am candy
strooisel *o* litter
strooiwagen *m* [-s] sand / salt spreader
strooizout *o* salt for icy roads
strook *v* [stroken] ❶ *v. stof, gebied* strip ❷ *v. papier* slip ❸ *v. een jurk* band, flounce ❹ *v. kwitantie &* stub ❺ *adresetiket* label
stroom *m* [stromen] ❶ *bewegende massa* stream, flow, flood, ⟨stroming⟩ current ★ *bij stromen* in streams / torrents ★ *een ~ van mensen* a stream of people ★ *een ~ van tranen* a flood of tears ★ *de ~ van zijn welsprekendheid* his eloquence ❷ elektr current ★ *onder ~* live, charged ★ *vele gezinnen zaten zonder ~* many homes were without power ❸ *rivier* stream, river ★ ook fig *met de ~ meegaan* go with the stream / tide ★ scheepv *op ~ liggen* be in midstream ★ ook fig *tegen de ~ op roeien* go against the stream

/ current
stroomafwaarts *bn* downstream, downriver
stroombedding *v* [-en] channel, tideway
stroombesparing *v* electricity saving
stroomdiagram *o* [-men] flow diagram / chart
stroomdraad *m* [-draden] ❶ elektr electric wire ❷ *m.b.t. een rivier* main current
stroomgebied *o* [-en] (river) basin, water shed
stroomgeleider *m* [-s] elektr conductor
stroomlijn *v* streamline
stroomlijnen *overg* [stroomlijnde, h. gestroomlijnd] streamline
stroomnet *o* [-ten] electricity network
stroomopwaarts *bn bijw* upstream ★ *~ varen* sail up the river
stroomopwekking *v* generation of electricity
stroompje *o* [-s] *beekje* brook, stream
stroomsterkte *v* [-n & -s] elektr current intensity
stroomstoot *m* [-stoten] current surge
stroomstoring *v* [-en] power failure
stroomverbruik *o* electricity / power consumption
stroomversnelling *v* [-en] rapids ★ *onze plannen zijn in een ~ geraakt* our plans are gaining momentum ★ *de discussie is in een ~ gekomen* the discussion is heating up
stroomvoorziening *v* elektr power supply
stroop *v* [stropen] syrup, ⟨donker⟩ molasses, ⟨licht⟩ treacle ★ *iem. ~ om de mond smeren* butter sbd up
strooplikken *o* toadying, buttering up
strooplikker *m* [-s] bootlicker, toady
strooptocht *m* [-en] predatory incursion, raid
stroopwafel *v* [-s] treacle waffle
strootje *o* [-s] ❶ *stukje riet* straw ★ *~ trekken* draw straws ❷ *sigaret* roll-your-own
strop *m & v* [-pen] ❶ *om iem. op te hangen* halter, rope ★ *hij werd veroordeeld tot de ~* he was condemned to be hanged, he was sentenced to death by hanging ★ *iem. de ~ om de hals doen* put the halter round sbd.'s neck ❷ *voor wild* snare ❸ *aan laars* strap ❹ *geldelijk* financial setback ❺ *stropdas* tie
stropapier *o* straw paper
stropdas *v* [-sen] tie, Am necktie
stropen I *onoverg* [stroopte, h. gestroopt] poach **II** *overg* [stroopte, h. gestroopt] ❶ *bladeren, bast & afstropen* strip ❷ *omhoog doen* roll / tuck up ★ *de mouwen omhoog ~* roll up one's sleeves ❸ *villen* skin
stroper *m* [-s] ❶ *v. wild* poacher ❷ *rover* marauder
stroperig *bn* ❶ treacly, syrupy ❷ fig smooth-talking
stroperij *v* [-en] ❶ *v. wild* poaching ❷ *roof* marauding
stropop *v* [-pen] straw doll
stroppenpot *m* [-ten] ❶ nest egg ❷ handel loan-loss reserve / provisions
strot *m & v* [-ten] throat ★ *hij heeft zich de ~ afgesneden* he has cut his throat ★ *iem. bij de ~ grijpen* take sbd by the throat ★ *het hangt me de ~ uit* I'm sick of it ★ *ik kan het niet uit mijn ~ krijgen* the words are sticking in my throat ★ *ik kan het niet door de ~ krijgen* I couldn't eat it to save my life

st

strotklep *v* [-pen], **strotklepje** *o* [-s] epiglottis
strottenhoofd *o* [-en] larynx
strovuur *o* ❶ straw fire ❷ *fig* flash in the pan
strubbelen *onoverg* [strubbelde, h. gestrubbeld] bicker, squabble
strubbeling *v* [-en] difficulty, trouble ★ *dat zal ~en geven* there'll be trouble
structuralisme *o* structuralism
structuralist *m* [-en] structuralist
structuralistisch *bn* structuralist
structureel I *bn* structural ★ *structurele werkloosheid* structural unemployment **II** *bijw* structurally
structureren *overg* [structureerde, h. gestructureerd] structure
structurering *v* [-en] structuring, structure
structuur *v* [-turen] ❶ *inwendige bouw* structure ❷ *samenstelling* texture
structuuranalyse *v* [-s] structural analysis
structuurformule *v* [-s] *chem* structural formula
structuurnota *v* ['s] regional economic plan
structuurverandering *v* [-en] structural change
structuurverf *v* plaster-effect paint
struif *v* [struiven] ❶ (contents of an) egg ❷ *als gerecht* omelet(te)
struik *m* [-en] bush, shrub ★ *een ~ andijvie* a head of endive
struikelblok *o* [-ken] stumbling block, obstacle
struikelen *onoverg* [struikelde, h. en is gestruikeld] stumble, trip ★ *wij ~ allemaal wel eens* we all make the occasional mistake, nobody's perfect ★ *iem. doen ~* trip sbd up ★ *~ over een steen* be tripped up by a stone ★ *~ over zijn eigen woorden* stumble over one's own words ★ *in Australië struikel je over de kangoeroes* in Australia you just about fall over the kangaroos ★ *de regering is over die kwestie gestruikeld* the government foundered on this issue
struikgewas *o* [-sen] ❶ *bosjes* shrubs, bushes, shrubbery ❷ *kreupelhout* brushwood, scrub
struikrover *m* [-s] highwayman, Aus hist bushranger
struinen *onoverg* [struinde, h. en is gestruind] ★ *door iets heen ~* rummage / browse through sth
struis I *m* [-en] *vogel* ostrich **II** *bn* robust, sturdy
struisvogel *m* [-s] ostrich
struisvogelpolitiek *v* ★ *aan ~ doen* bury one's head in the sand
struma *o & m* struma, goitre
struweel *o* [-welen] *dicht* shrub
strychnine *v & o* strychnine
stuc *o* stucco
stucwerk *o* stucco
studeerkamer *v* [-s] study
student *m* [-en] student, ‹nog niet afgestudeerd› undergraduate ★ *de eeuwige ~* the eternal student ★ *een ~ in de letteren* an arts student ★ *een ~ in de rechten* a law student ★ *een ~ in de theologie* a theology student, student of divinity / theology
studentencorps *o* [-corpora] ± students' union, fraternity

studentendecaan *m* [-canen] student adviser
studentenflat *m* [-s] student flat
studentengrap *v* [-pen] student prank
studentenhaver *v* nut and raisin mix, Aust / NZ scroggin
studentenhuis *o* [-huizen] student housing, Br hall, college, Am dormitory
studentenkaart *v* [-en] student card
studentenleven *o* college life
studentensociëteit *v* [-en] student club
studentenstad *v* [-steden] university town
studentenstop *m* [-s] quota
studententijd *m* student / college days
studentenvereniging *v* [-en] student union
studentikoos *bn* like a student ★ *hij blijft een ~ uiterlijk houden* he still looks like a typical student
studeren *overg en onoverg* [studeerde, h. gestudeerd] ❶ *leren* study, ‹aan de universiteit› study, Br ook read ★ *talen ~* study languages ★ *erop ~ om...* study to... ★ *hij heeft in Oxford gestudeerd* he was educated at Oxford ★ *wij kunnen hem niet laten ~* we can't send him to college ❷ *muz* practise ★ *op de piano ~* practise the piano
studie *v* [-s & -diën] ❶ *alg.* study ★ *een ~ maken van sth* make a study of sth ★ *in ~ nemen* ‹v. voorstel› study, ‹v. toneelstuk› put into rehearsal ★ *een man van ~* a man of studious habits ❷ *geschrift* study (over of), essay (over on) ❸ *studeerkamer* ZN study ❹ *studiezaal* ZN study hall ❺ *notariskantoor* ZN notary's office, solicitor's office
studieachterstand *m* study backlog
studieadviseur *m* [-s] Br supervisor, Am adviser
studiebegeleiding *v* tutoring
studiebeurs *v* [-beurzen] scholarship, bursary, grant
studiebijeenkomst *v* [-en] study meeting
studieboek *o* [-en] textbook
studiefinanciering *v* student grant(s)
studiegenoot *m* [-noten] fellow student
studiegids *m* [-en] university handbook
studiejaar *o* [-jaren] year of study, school year ★ *ik zit in het eerste ~* I'm in first form / year
studiekosten *zn* [mv] college expenses
studielening *v* [-en] student loan
studiemeester *m* [-s] ZN supervisor
studieprefect *m* [-en] ZN principal
studiepunt *o* [-en] credit point
studiereis *v* [-reizen] study tour
studierichting *v* [-en] subject, branch of studies, discipline
studieschuld *v* student loan
studietijd *m* years of study, college days
studietoelage *v* [-n] scholarship, study grant
studieverlof *o* study leave, ‹een dag per week› study day release
studievriend *m* [-en] college friend
studiezaal *v* [-zalen] reading room, Am study hall
studio *m* ['s] ❶ *atelier, werkruimte* studio ❷ *opnameruimte* studio ❸ *eenkamerflat* ZN

st

apartment ❹ *studeerkamer* ZN study

studs *zn* [mv] ZN studs

stuff *m* dope

stug I *bn* ❶ *onbuigzaam* stiff, tough ❷ *onvriendelijk* surly, dour ★ *dat lijkt me ~!* that seems pretty stiff to me! **II** *bijw* stiffly & ★ *~ doorwerken* work briskly away ★ *hij bleef ~ zwijgen* he remained firmly silent

stugheid *v* ❶ *onbuigzaamheid* stiffness ❷ *onvriendelijkheid* surliness, dourness

stuifmeel *o* pollen

stuifmeelkorrel *m* [-s] grain of pollen

stuifsneeuw *v* drift snow

stuifzand *o* drifting sand

stuifzwam *v* [-men] puffball

stuiken *onoverg en overg* [stuikte, h. en is gestuikt] *vallen* ZN fall down, drop

stuip *v* [-en] convulsion, fit ★ *zich een ~ lachen* be convulsed with laughter ★ *iem. de ~en op het lijf jagen* give sbd the fright of his / her life

stuiptrekken *onoverg* [stuiptrekte, h. gestuiptrekt] be in convulsions, have convulsions, convulse

stuiptrekkend *bn* convulsive

stuiptrekking *v* [-en] convulsion, twitch

stuit *v* [-en] *v. mens* tailbone, <u>anat</u> coccyx

stuitbeen *o* [-deren] tail bone, <u>anat</u> coccyx

stuiten I *overg* [stuitte, h. gestuit] ❶ *tegenhouden* stop, check, arrest, stem ★ *hij is niet te ~* there's no stopping him ❷ <u>fig</u> shock, offend ★ *het stuit me tegen de borst* it goes against the grain with me **II** *onoverg* [stuitte, is gestuit] ❶ *v. bal &* bounce ❷ <u>fig</u> meet with, encounter, run up against ★ *op moeilijkheden* ~ meet with / encounter difficulties ★ *op een muur van onbegrip* ~ run up against a wall of incomprehension

stuitend *bn* revolting, shocking, disgusting

stuiter *m* [-s] big marble, taw

stuiteren *onoverg* [stuiterde, h. gestuiterd] ❶ *knikkeren* play marbles ❷ *v. bal* bounce

stuiting *v onderbreking verjaringstermijn* <u>jur</u> interruption of the period of limitation

stuitligging *v* breech presentation

stuiven *onoverg* [stoof, h. en is gestoven] ❶ blow, fly about / up ★ *het stuift* there's a dust blowing ❷ *snel bewegen* dash, whizz, rush ★ *hij stoof de kamer in* he dashed into the room

stuiver *m* [-s] five cent piece ★ *ik heb geen ~* I haven't got a cent ★ *hij heeft een aardige / mooie ~ verdiend* he has earned a pretty penny

stuivertje-wisselen *o kinderspel* ± musical chairs ★ *het was steeds ~ tussen de top drie* it was a constant musical chairs with the leading three

stuk I *o* [-ken & -s] ❶ *deel* piece, part, fragment ★ *een mooi ~ werk* a fine piece of work ★ *een ~ zeep* a piece / cake of soap ★ *~ken en brokken* odds and ends ★ *bij ~ken en brokken* piecemeal, bit by bit, piece by piece ★ *vechten / slaan dat de ~ken er(van) afvliegen* put up a good fight ★ *aan één ~ of / in one piece ★ *uren aan één ~ (door)* for hours at a stretch / on end ★ *aan ~ken breken / scheuren &* break / tear & to pieces ★ *in één ~ (dóór)* at a stretch, on end ★ *het schip sloeg in ~ken* the ship was dashed to pieces ★ *uit één ~* of one piece ★ *hij is een man uit één ~* he's a good fellow, he's the salt of the earth ❷ *hoeveelheid* lot ★ *een ~ beter* a lot better ★ *een (heel) ~ ouder, ~ken ouder* a lot older ★ *een ~ verder* much further ahead ★ *een ~ in zijn kraag hebben* be under the weather, be plastered ★ *het is op geen ~ken na genoeg om te...* it is nothing like enough to... ❸ *gestalte* stature, build ★ *hij is klein van ~* he is short of stature, he has a short build ❹ *één uit een groep* piece, item ★ *vijftig ~s* fifty items ★ *op ~ werken* work by the piece ★ *een ~ of vijf / tien* four or five / nine or ten ★ *vijf euro per ~* five euros apiece, five euros each ★ *per ~ verkopen* sell by the piece / in ones / singly ★ *~ voor ~* one by one ★ *ze zijn ~ voor ~ uniek* each and every one of them is unique ❺ *aantal v. vee* head ★ *vijftig ~s vee* fifty head of cattle ❻ *daad* feat ★ *een stout ~* a bold feat ❼ *vuurmond* gun ❽ *schaakstuk* piece, (chess)man ❾ *damschijf* (draughts)man ❿ *schriftstuk* paper, document ⓫ *in een tijdschrift* article ★ *een ingezonden ~* a letter to the editor ⓬ *toneelstuk* play, piece ⓭ *schilderstuk* piece, picture ★ *knappe man of vrouw* piece ★ *een lekker ~* a nice (piece of) skirt ⓯ *mv: onderdelen* ZN parts ⓰ <u>eff</u> security ▼ *op ~ van zaken* after all, when it came to the point ▼ *op ~ zijn ~ blijven staan* keep / stick to one's guns / opinions ▼ *iem. van zijn ~ brengen* upset sbd ▼ *van zijn ~ raken* be upset ▼ *een ~ neef van me* a sort of cousin of mine **II** *bn defect* broken down, out of order ★ *iets ~ maken* break / ruin sth **III** *bijw* in pieces, apart ★ *mijn glas viel ~* my glass fell and broke ★ *mijn zieltje viel ~* my soul fell apart

stukadoor *m* [-s] plasterer

stukadoorswerk *o* plastering, plaster(work)

stukadoren I *overg* [stukadoorde, h. gestukadoord] plaster **II** *o* work in plaster

stukbijten *overg* [beet stuk, h. stukgebeten] bite to pieces ★ *zijn tanden ergens op ~* bite off more than one can chew

stukbreken *overg en onoverg* [brak stuk, h. en is stukgebroken] break to pieces

stuken *overg* [stuukte, h. gestuukt] plaster

stukgaan *onoverg* [ging stuk, is stukgegaan] break down, go to pieces

stukgoed *o* [-goederen] ❶ *textiel* piece goods ❷ *lading* general cargo

stukgooien *overg* [gooide stuk, h. stukgegooid] smash

stukje *o* [-s] bit, small piece ★ *een kranig ~* a fine feat ★ *bij ~s en beetjes* bit by bit, piece by piece ★ *een ~ in de krant* a piece in the paper

stukjesschrijver *m* [-s] columnist

stuklezen *overg* [las stuk, h. stukgelezen] read to pieces / shreds

stukloon *o* [-lonen] piece wages ★ *~ krijgen* be on piecework rates

stuklopen I *overg* [liep stuk, h. stukgelopen] *door lopen stukmaken* wear out **II** *onoverg* [liep stuk, is stukgelopen] *mislukken, slecht aflopen* go wrong, fail, break down ★ *de onderhandelingen zijn stukgelopen* the negotiations have failed

stukmaken *overg* [maakte stuk, h. stukgemaakt] break, smash

stukscheuren *overg* [scheurde stuk, h. stukgescheurd] tear to pieces, tear up

stuksgewijs, **stuksgewijze** *bijw* one by one, by the piece

stukslaan *overg* [sloeg stuk, h. stukgeslagen] smash, knock to pieces ★ *veel geld ~* make the money fly, spend money lavishly, go on a spending spree

stukwerk *o* piecework

stukwerker *m* [-s] pieceworker

stulp *v* [-en] hut, hovel

stumper, **stumperd** *m* [-s] wretch ★ *arme ~* poor thing

stumperig *bn* ❶ *onhandig* bungling ❷ *zielig* wretched, poor

stunt *m* [-s] stunt

stuntel *m* [-s] *onhandige persoon* bungler, fumbler, inf butterfingers

stuntelen *onoverg* [stuntelde, h. gestunteld] fumble, bungle

stuntelig I *bn* clumsy, fumbling, bungling **II** *bijw* clumsily &

stunten *onoverg* [stuntte, h. gestunt] stunt ★ *~ met de prijzen* sell for ridiculously low prices

stuntman *m* [-nen] stunt man

stuntprijs *m* [-prijzen] record low price, price breaker

stuntteam *o* [-s] stunt team

stuntvliegen *o* stunt flying, aerobatics

stuntvlieger *m* [-s] stunt flyer

stuntvrouw *v* [-en] stunt woman

stuntwerk *o* stuntwork

stupide *bn* stupid

stupiditeit *v* [-en] stupidity

sturen I *overg* [stuurde, h. gestuurd] ❶ *zenden* send ★ *iem. om iets ~* send sbd for sth ★ *iem. om de dokter ~* send sbd for the doctor ★ *een kind de kamer uit ~* order a child out of the room ★ *een speler uit het veld ~* send / order a player off the field ❷ *doen toekomen* send ★ *iem. een pakje ~* send sbd a package ❸ *een richting laten volgen* guide, ‹fiets, vaartuig› steer, ‹auto› drive ★ *de boel in de war ~* throw things out of gear ❹ *bedienen* operate, actuate **II** *onoverg* [stuurde, h. gestuurd] ❶ *een bep. richting doen volgen* ‹v. vaartuig, fiets› steer, ‹auto› drive ★ *wij stuurden naar Engeland* we steered for England ❷ *zenden* send ★ *ik zal er om ~* I'll send for it

sturing *v* [-en] ❶ *het sturen* steering ❷ *besturing* control

stut *m* [-ten] prop, support, stay

stutten *overg* [stutte, h. gestut] prop (up), shore (up), support, buttress (up), underpin

stuur *o* [sturen] ‹v. schip› helm, rudder, ‹v. fiets› handlebars, ‹v. auto› (steering) wheel ★ *een links*
/ *rechts ~* a left-hand / right-hand drive ★ *het ~ kwijt zijn* lose control ★ *aan het ~ staan / zitten* be at the wheel

stuuras *v* [-sen] steering shaft / axle

stuurbekrachtiging *v* power steering

stuurboord *o* starboard

stuurgroep *v* [-en] steering committee

stuurhuis *o* [-huizen] scheepv wheelhouse

stuurhut *v* [-ten] ❶ luchtv cockpit ❷ scheepv pilot house, wheelhouse ❸ *v. vrachtwagen* ZN (lorry driver's) cab(in)

stuurinrichting *v* [-en] steering gear

stuurknuppel *m* [-s] control stick

stuurkolom *v* [-men] steering column

stuurloos *bn* out of control

stuurman *m* [-lui & -lieden] ❶ *iem. die een vaartuig bestuurt* helmsman, ‹van reddingsboot› coxswain, ‹van roeiboot› cox ★ *de beste stuurlui staan aan wal* advice comes cheaply, it's easy to be a back-seat driver ❷ *scheepsofficier* navigating officer

stuurmanskunst *v* (art of) navigation

stuurpen *v* [-nen] tail / flight feather

stuurs I *bn* surly, morose, grumpy, sullen **II** *bijw* surlily &

stuurslot *o* [-sloten] steering wheel lock

stuurstang *v* [-en] ❶ *v. fiets* handle bar ❷ *v. auto* drag link ❸ *v. vliegtuig* joy stick

stuurwiel *o* [-en] steering wheel

stuw *m* [-en] weir, dam, barrage

stuwadoor *m* [-s] stevedore

stuwdam *m* [-men] dam, barrage

stuwen *overg* [stuwde, h. gestuwd] ❶ scheepv stow ❷ *voortbewegen* propel, drive ★ *de ~de kracht* the driving force ❸ *tegenhouden* dam up

stuwer *m* [-s] scheepv stevedore

stuwing *v* [-en] congestion, damming up

stuwkracht *v* [-en] ❶ propulsive / impulsive force ❷ fig driving power

stuwmeer *o* [-meren] reservoir

stuwraket *v* [-ten] booster rocket

styling *m & v* styling

subaltern *bn* subaltern ★ *een ~ officier* a subaltern, a company officer

subatomair *bn* subatomic

subcategorie *v* [-rieën] subcategory

subcommissie *v* [-s] subcommittee

subcontinent *o* [-en] subcontinent

subcultuur *v* [-turen] subculture

subcutaan *bn* subcutaneous

subdirectory *m* ['s] comput subdirectory

subgroep *v* [-en] subgroup

subiet I *bn* sudden **II** *bijw* ❶ *plotseling* suddenly ❷ *onmiddellijk* at once, right / straight away

subject *o* [-en] subject

subjectief I *bn* subjective **II** *bijw* subjectively

subjectiviteit *v* subjectivity

sub judice *bn* jur sub judice, still before a judge

subliem I *bn* sublime **II** *bijw* sublimely

sublimaat *o* [-maten] ❶ *alg.* sublimate ❷ *kwikchloride* mercury chloride

sublimeren I *overg* [sublimeerde, h. gesublimeerd] sublimate **II** *onoverg* [sublimeerde, is gesublimeerd] *vaste toestand naar damptoestand of omgekeerd* sublime, sublimate

sub rosa *bijw* sub rosa, confidentially, in secret

subscript *o* [-s] *typ* subscript

subsidiair *bn* alternative, alternate, subsidiary

subsidie *v & o* [-s] subsidy, grant ★ ~ *verlenen aan* subsidize

subsidieaanvraag *v* [-vragen] application for subsidy

subsidieregeling *v* [-en] subsidy / grant scheme

subsidiëren *overg* [subsidieerde, h. gesubsidieerd] subsidize

subsidiëring *v* subsidization

substantie *v* [-s] substance

substantieel I *bn* substantial **II** *bijw* substantially

substantief *o* [-tieven] noun

substantiëren *overg* [substantieerde, h. gesubstantieerd] substantiate

substantiveren *overg* [substantiveerde, h. gesubstantiveerd] taalk nominalize

substitueren *overg* [substitueerde, h. gesubstitueerd] substitute

substitutie *v* [-s] substitution

substituut I *m* [-tuten] Deputy Prosecutor ★ *de ~griffier* the Deputy Clerk **II** *o* substitute

substituut-officier *m* [-en] ★ *een ~ van justitie* a junior deputy prosecutor, a junior public prosecutor

substituut-procureur *m* [-s] Belg Deputy Prosecutor

substraat *o* [-straten] substrate, substratum

subtiel I *bn* subtle **II** *bijw* subtly

subtiliteit *v* [-en] subtlety

subtop *m* ★ *tot de ~ behoren* be second rank

subtotaal *o* [-talen] subtotal

subtropisch *bn* subtropical

subversief *bn* subversive ★ *subversieve activiteiten plegen* take subversive action

su

succes *o* [-sen] success ★ *veel ~!* good luck! ★ *het was een enorm ~* it was an overwhelming success ★ *~ hebben* score a success, be successful ★ *geen ~ hebben* meet with no success, be unsuccessful, fail, fall flat ★ *veel ~ hebben* score / be a great success ★ *met ~* with success, successfully ★ *zonder ~* without success, to no avail

succesartikel *o* [-en] successful item

succesnummer *o* [-s] hit

successie *v* [-s] succession ★ *in ~* in succession

successiebelasting *v* [-en] inheritance tax

successief I *bn* successive **II** *bijw* successively

successieoorlog *m* [-logen] war of succession

successierechten *zn* [mv] death duties, Am inheritance tax

successievelijk *bijw* successively

succesverhaal *o* [-halen] success story

succesvol I *bn* successful **II** *bijw* successfully

succulent *m* [-en] succulent

sudden death *m* [-s] sp sudden death

sudderen *onoverg* [sudderde, h. gesudderd] simmer ★ *laten ~* simmer

sudderlap *m* [-pen] braising steak

suède *o & v* suede

suf I *bn* ❶ *slaperig* dozy, drowsy, groggy ❷ *stoned* dopey ❸ *dom* thick, thick-witted **II** *bijw* dozily & ★ *zich ~ prakkiseren* puzzle one's head about sth

suffen *overg* [sufte, h. gesuft] doze, drowse ★ *zit je daar te ~?* are you daydreaming?

sufferd, **suffer** *m* [-s] dope, fathead, mug

suffig, **sufferig** *bn* sleepy, dull

suffix *o* [-en] *achtervoegsel* taalk suffix

sufheid *v* dullness, drowsiness

sufkop *m* [-pen] fathead, muddlehead

suggereren *overg* [suggereerde, h. gesuggereerd] ❶ *aanpraten* suggest ❷ *voorstellen* suggest, put forward

suggestie *v* [-s] suggestion

suggestief I *bn* suggestive ★ *een suggestieve vraag* a leading question **II** *bijw* suggestively

suïcidaal I *bn* suicidal **II** *bijw* suicidally ★ *~ aangelegd zijn* have suicidal tendencies

suïcide *m* suicide

suiker *m* sugar ★ *gesponnen ~* candy floss, spun sugar ★ *witte / bruine ~* white / brown sugar ★ *~ doen in* sugar, sweeten ★ *je bent toch niet van ~* a little bit of rain won't hurt you ★ *~ hebben* have diabetes

suikerbiet *v* [-en] sugar beet

suikerboon *v* [-bonen] ❶ *boon* French bean ❷ *snoep* sugared almond

suikerbrood *o* [-broden] cinnamon bread

suikerbus *v* [-sen] sugar pot

suikeren I *overg* [suikerde, h. gesuikerd] sugar, sweeten **II** *bn* sugary, sweet

Suikerfeest *o* End of Ramadan, Eid al-Fitr

suikergoed *o* confectionery, sweets

suikerhoudend *bn* sugary

suikerklontje *o* [-s] sugar cube, lump of sugar

suikeroom *m* [-s] rich uncle, sugar daddy

suikerpatiënt *m* [-en] diabetic

suikerplantage *v* [-s] sugar plantation

suikerpot *m* [-ten] sugar pot / bowl

suikerraffinaderij *v* [-en] sugar refinery

suikerriet *o* sugar cane

suikerschepje *o* [-s] sugar spoon

suikerspiegel *m* med (blood) sugar level

suikerspin *v* [-nen] candy floss, spun sugar

suikertante *v* [-s] rich aunt

suikervrij *bn* sugarless, sugar-free

suikerwater *o* sugared water, light syrup

suikerwerk *o* [-en] sweets, confectionery

suikerzakje *o* [-s] sugar bag

suikerziek *bn* diabetic

suikerziekte *v* diabetes ★ *een lijder aan ~* a diabetic

suikerzoet *bn* ❶ sugary, as sweet as sugar ❷ fig lovey-dovey ★ *~e woorden* sugared words

suite *v* [-s] ❶ suite (of rooms) ❷ kaartsp sequence

❸ muz suite ❹ *stoet* ZN (wedding) procession

suizebollen *onoverg* [suizebolde, h. gesuizebold] reel, stagger ★ *de klap deed hem* ~ the blow made his head reel

suizen *onoverg* [suisde, h. gesuisd] ❶ *ruisen* rustle, whisper, ‹v. oren› ring, whistle ❷ *zoeven* whizz, hurtle, whoosh ★ *de bal suisde voorbij* the ball whizzed past

suizing *v* [-en] buzzing, rustling, whispering, swishing ★ *een* ~ *in de oren* a ringing in the ears

sujet *o* [-ten] character, customer, fellow ★ *een gemeen* ~ a shady customer

sukade *v* candied peel

sukkel *m-v* [-s] ❶ *onhandig mens* mug, dope, simpleton ❷ *zielig mens* poor soul ★ *arme* ~*!* poor soul / wretch! ▼ *aan de* ~ *zijn* be ailing, be in ill health

sukkelaar *m* [-s] ❶ *iem. met slechte gezondheid* valetudinarian ❷ *stakker* ZN poor wretch

sukkeldraf *m*, **sukkeldrafje** *o* [-s] jogtrot, dogtrot ★ *op een* ~*je* at a jogtrot

sukkelen *onoverg* [sukkelde, h. en is gesukkeld] ❶ *ziekelijk zijn* be ailing / sickly, suffer (from sth) ★ *hij was al lang aan het* ~ he had been in indifferent health for a long time ★ ~ *met zijn been* have trouble with his leg ❷ *worstelen met* struggle / wrestle with ★ *die jongen sukkelt met rekenen* the boy is struggling with arithmetic ❸ *lopen* shamble (along), trudge ★ *wij sukkelden doodmoe naar huis* we trudged home in utmost exhaustion ▼ *in slaap* ~ doze off

sukkelgangetje *o* jogtrot ★ *het gaat op een* ~ we're just crawling along

sul *m* [-len] ❶ *goeierd* softy ★ *een goeie* ~ a bit of a softy ❷ *afkeurend* dope, dolt, dill, sucker

sulfaat *o* [-faten] sulphate

sulfer *o & m* sulphur, brimstone

sulfide *o* [-n] sulphide

sulfiet *o* [-en] sulphite

sullig *bn* ❶ soft, goody-goody ❷ *dom* dopey, silly, dumb

sulligheid *v* ❶ *goeiigheid* softness ❷ *domheid* dopeyness, doltishness

sultan *m* [-s] sultan

sultanaat *o* [-naten] sultanate

sultane *v* [-s] sultana

summa cum laude *bijw* with high distinction, vooral Am summa cum laude ★ *waar hij* ~ *afstudeerde* from which he graduated with high distinction

summier I *bn* ❶ *kort* summary, brief, concise ❷ *gering* summary, scanty ★ *een* ~ *bedrag* a summary amount **II** *bijw* summarily &

summum *o* height, peak, summit, ultimate ★ *het* ~ *van gemak* the ultimate in convenience ★ *dat is het* ~*!* that beats it all!

sumoworstelaar *m* [-s] sumo wrestler

sumoworstelen *o* sumo wrestle

super I *m* ❶ *benzine* super ❷ *supermarkt* supermarket

II *bn uitstekend* super, great, excellent

superbe *bn* superb

superbenzine *v* Br four star petrol, Am high octane gasoline

superego *o* psych superego

supergeleider *m* [-s] superconductor

supergeleiding *v* superconductivity

superheffing *v* superlevy

superieur I *bn* superior ★ *met een* ~*e glimlach* with a superior smile **II** *bijw* ★ *hij lachte* ~ he gave a superior laugh **III** *m* [-en] superior ★ *zijn* ~*en* his superiors, those above him

superioriteit *v* superiority

superlatief *m* [-tieven] superlative

supermacht *v* [-en] superpower

supermarkt *v* [-en] supermarket

supermens *m* [-en] superman, ‹vrouw› superwoman

supernova *v* [-vae, 's] supernova

superplie *o* [-s] surplice

superscript *m* [-s] typ superscript

supersonisch *bn* supersonic

supertanker *m* [-s] supertanker

supervisie *v* supervision, superintendence

supervisor *m* [-s] supervisor, superintendent

supplement *o* [-en] supplement

supplementair *bn* supplementary

suppleren *overg* [suppleerde, h. gesuppleerd] supplement, make an additional payment

suppletie *v* [-s] ❶ *v. geld* supplement ❷ taalk suppletion

suppletoir *bn* supplemental, supplementary ★ *een* ~*e begroting* a supplementary budget

suppoost *m* [-en] attendant

supporter *m* [-s] sp supporter

supporterstrein *m* [-en] special supporters' train

supranationaal *bn* supranational

suprematie *v* supremacy

surfen I *onoverg* [surfte, h. gesurft] ❶ *zonder zeil* surf, be / go surfing ❷ *met zeil* windsurf, be / go windsurfing ❸ *internet* surf, browse **II** *overg* [surfte, h. gesurft] surf, browse ‹the Internet›

surfer *m* [-s] ❶ *zonder zeil* surfer ❷ *met zeil* windsurfer, sailboarder ❸ *internet* surfer, browser

surfpak *o* [-ken] wetsuit

surfplank *v* [-en] ❶ *zonder zeil* surfboard ❷ *met zeil* sailboard

Surinaams I *bn* Surinamese **II** *o taal* Surinamese, Sranan

Surinaamse *v* [-n] Surinamese ★ *ze is een* ~ she's a Surinamese, she's from Surinam

Suriname *o* Surinam

Surinamer *m* [-s] Surinamese (person)

surnumerair *m* [-s] supernumerary

surplus *o* ❶ *alg.* surplus, excess ❷ handel margin, surplus

surprise *v* [-s] ❶ *verrassing* surprise ❷ *geschenk* surprise gift / packet

surpriseparty *v* ['s] surprise party

surrealisme *o* surrealism
surrealist *m* [-en] surrealist
surrealistisch *bn* surrealist
surrogaat *o* [-gaten] surrogate, substitute
surrogaatkoffie *m* coffee substitute
surround sound *de* surround sound
surseance *v* [-s] moratorium, postponement ★ ~ *van betaling* suspension of payments, moratorium on the payment of debts
surveillance *v* ❶ *alg.* surveillance, supervision ❷ *bij examen* invigilation, supervision
surveillancewagen *m* [-s] patrol car, <u>Am</u> prowl / squad car
surveillant *m* [-en] ❶ *alg.* supervisor ❷ <u>onderw</u> master on duty, ‹bij examen› invigilator, supervisor
surveilleren I *overg* [surveilleerde, h. gesurveilleerd] keep an eye on, watch (over) **II** *onoverg* [surveilleerde, h. gesurveilleerd] ❶ *v. leraar* be on duty ❷ *bij examen* invigilate, supervise ❸ *door politie* patrol (the roads)
survival *m* [-s] survival
sushi *m* ['s] sushi
suspect *bn* suspect, suspicious
suspenderen *overg* [suspendeerde, h. gesuspendeerd] suspend
suspensie *v* [-s] suspension
suspensoir *o* [-s] support / suspensory bandage
sussen *overg* [suste, h. gesust] ❶ hush, soothe, calm ★ *in slaap* ~ lull to sleep ❷ <u>fig</u> hush up, pacify ★ *een zaak* ~ hush up an affair ★ *het geweten in slaap* ~ appease one's conscience
s.v.p. *afk* (s'il vous plaît) s.v.p., please
Swahili *o* Swahili
swastika *v* ['s] swastika
Swaziland *o* Swaziland
sweater *m* [-s] sweater, jersey
swiebertje-effect *het* being typecast ★ *de acteur vreest het* ~ the actor is afraid of being typecast
swing *m* swing
swingen *onoverg* [swingde, h. geswingd] swing
syfilis *v* syphilis
syllabe *v* [-n] syllable ★ *er is geen* ~ *van waar* not a word of it is true
syllabus *m* [-sen & -bi] syllabus
symbiose *v* symbiosis
symboliek *v* [-en] symbolism
symbolisch I *bn* symbolic, figurative ★ *een* ~*e betaling* a symbolic / token / nominal payment **II** *bijw* symbolically, figuratively ★ ~ *gezegd* figuratively speaking
symboliseren *overg* [symboliseerde, h. gesymboliseerd] symbolize
symbolisme *o* symbolism
symbool *o* [-bolen] symbol, emblem
symfonie *v* [-nieën] symphony
symfonieorkest *o* [-en] symphony orchestra
symfonisch *bn* symphonic
symmetrie *v* symmetry

symmetrisch I *bn* symmetric(al) **II** *bijw* symmetrically
sympathie *v* [-thieën] sympathy, feeling, ‹voor ideeën ook› leaning ★ ~*ën en antipathieën* likes and dislikes ★ *Washington voelt* ~ *voor de kwestie* Washington is sympathetic towards the matter ★ *hij heeft socialistische* ~*ën* he has socialist leanings / sympathies
sympathiek I *bn* ❶ *omgeving* congenial ❷ *persoon* lik(e)able, nice, congenial ★ *hij was mij meteen* ~ I took to him at once ★ *ik ben hem* ~ *gaan vinden* I came to like him ❸ *eigenschap* engaging, sympathetic **II** *bijw* congenially & ★ ~ *staan tegenover iem. / iets* be sympathetic towards sbd / sth
sympathisant *m* [-en] sympathizer
sympathiseren *onoverg* [sympathiseerde, h. gesympathiseerd] sympathize ★ ~ *met* sympathize with, be in sympathy with
symposium *o* [-s &-sia] symposium
symptomatisch *bn* symptomatic (*voor* of)
symptoom *o* [-tomen] symptom
symptoombestrijding *v* treatment of the symptoms
synagoge, synagoog *v* [-gogen] synagogue
synaps *m* [-en] synapse
synchronisatie *v* [-s] synchronization
synchroniseren *overg* [synchroniseerde, h. gesynchroniseerd] synchronize
synchroon I *bn* synchronous **II** *bijw* synchronously
synchroonzwemmen *o* synchronized swimming
syn'cope¹ *v* [-n & -s] ❶ <u>muz</u> syncopation ❷ <u>med</u> syncope
'syncope² *v* ['s] <u>taalk</u> syncope, syncopation
syncopisch *bn* syncopated
syndicaal *bn* (trade) union
syndicaat *o* [-caten] syndicate, consortium
syndroom *o* [-dromen] syndrome
synergetisch *bn* synergistic, synergetic
synergie *v* synergy
synode *v* [-n & -s] synod
synoniem I *bn* synonymous ★ ~ *zijn met* be synonymous with **II** *o* [-en] synonym
synonymie *v* synonymy
synopsis *v* [-sen] synopsis
syntactisch *bn* syntactic
syntaxis *v* syntax
synthese *v* [-n & -s] synthesis
synthesizer *m* [-s] synthesizer
synthetisch I *bn* synthetic **II** *bijw* synthetically
Syrië *o* Syria
systeem *o* [-temen] system, method
systeemanalist *m* [-en] systems analyst
systeembeheerder *m* [-s] <u>comput</u> system manager / administrator, systems operator
systeembouw *m* system building
systeemfout *v* [-en] <u>comput</u> system error
systeemkaart *v* [-en] index / filing card
systeemklok *v* [-ken] <u>comput</u> system clock
systeemontwerp *o* [-en] <u>comput</u> system design
systeemontwerper *m* [-s] <u>comput</u> system designer

su

systeemontwikkeling *v* comput system development
systematicus *m* [-ci] systematist
systematiek *v* systematics
systematisch I *bn* systematic **II** *bijw* systematically
systematiseren *overg* [systematiseerde, h.
gesystematiseerd] systematize, classify
systole *m & v* [-n] systole

T

t *v* ['s] t ★ *'t* ⟨lidw⟩ the, ⟨pers vnw⟩ it
taai *bn* ❶ *v. vlees &* tough ❷ *van vloeistoffen* viscous,
sticky, gluey ❸ *sterk* tough, tenacious, dogged ★ *zo ~*
als leer as tough as leather ★ *hij is ~* ⟨sterk⟩ he's a
wiry fellow, ⟨volhardend⟩ he's a tough customer
★ *hou je ~!* chin up!, never say die!, take care!
★ *een ~ gestel* a tough constitution ★ *een ~ leven* a
tough life ★ *~e volharding* dogged persistence ❹ *saai*
dull ★ *het is een ~ boek* it's dull reading ★ *het is een ~*
werkje it's a dull job
taaie *m* [-n] tough customer
taaiheid *v* ❶ *stevigheid* toughness ❷ *volharding*
stubbornness ❸ fig tediousness, dullness
taaislijmziekte *v* cystic fibrosis
taaitaai *m & o* ± gingerbread
taak *v* [taken] ❶ *alg.* task ★ *iem. een ~ opleggen*
/ opgeven set sbd a task, onderw set sbd an
assignment ★ *zich iets tot ~ stellen* set oneself the
task of doing sth ❷ *huiswerk* ZN homework
taakbalk *m* [-en] comput task bar
taakleraar *m* [-raren & -s] ZN teacher in charge of
extra tutorial lessons, remedial teacher
taakomschrijving *v* [-en] job description, ⟨commissie⟩
terms of reference
taakopvatting *v* [-en] understanding of one's job
★ *wat is uw ~?* how do you see your job?
taakstelling *v* [-en] definition / setting of targets
taakstraf *v* [-fen] community service
taakverdeling *v* [-en] assignment / allotment of
duties, division of tasks
taal *v* [talen] language, speech, tongue ★ *een dode*
/ levende ~ a dead / living language ★ *de oude talen*
the ancient languages ★ *verheven ~* lofty language
★ *de ~ der dieren* animal language, the language of
the animals ★ *~ noch teken* neither word nor sign
★ *~ noch teken geven* show no signs of life ★ *zonder ~*
of teken te geven without a word or sign ★ *wel ter*
tale zijn be a fluent speaker ★ *een duidelijke ~ spreken*
speak plainly ★ *de cijfers spreken duidelijke ~* the
figures speak for themselves ★ *hij zweeg in alle talen*
he was utterly silent, he was as silent as the grave
taalachterstand *m* [-en] language deficiency
taalarmoede *v* language deprivation, poor command
of the language
taalbarrière *v* [-s] language barrier
taalbeheersing *v* command / mastery of a language
taalboek *o* [-en] language book, grammar (book)
taaleigen *o* idiom
taalfamilie *v* [-s] language family, family of languages
taalfout *v* [-en] grammatical error
taalgebied *o* [-en] ❶ field of language ★ *op ~* in the
field of language ❷ *streek* speech / linguistic area
/ region
taalgebruik *o* usage

ta

taalgevoel *o* feeling / flair for language, linguistic instinct

taalgrens *v* [-grenzen] language boundary

taalkunde *v* philology, linguistics

taalkundig I *bn* grammatical, philological ★ *~e ontleding* parsing **II** *bijw* ★ *~ juist* grammatically correct ★ *~ ontleden* parse

taalkundige *m-v* [-n] linguist, philologist

taalles *v* [-sen] grammar / language lesson

taaloefening *v* [-en] grammatical / language exercise

taalonderwijs *o* language teaching

taalpolitiek *v* language policy

taalregel *m* [-s] grammatical rule

taalrol *v* [-len] ❶ linguistic register ❷ <u>ZN</u> list of native speakers of the various languages

taalstrijd *m* language conflict

taaltuin *m* [-en] <u>ZN</u> language column

taaluiting *v* [-en] linguistic utterance, speech act

taalvaardigheid *v* command of the language, language skills ★ *bij dit onderwijs gaat het vooral om het vergroten van de ~* this training is mainly geared towards increasing fluency / towards improving one's language skills

taalwet *v* [-ten] linguistic law

taalwetenschap *v* science of language, linguistics, philology ★ *algemene ~* general linguistics

taalzuivering *v* linguistic purism

taan *v verfstof uit eikenschors* tan

taart *v* [-en] ❶ cake, ‹met (vruchten)vulling› tart, pie ❷ *scheldnaam* bag, hag, frump

taartbodem *m* [-s] pie shell

taartdiagram *o* [-men] pie chart

taartje *o* [-s] pastry, tartlet

taartpunt *m* [-en] wedge of cake, ‹met (vruchten)vulling› wedge of tart / pie

taartschep *v* [-pen] cake server

taartvorkje *o* [-s] cake fork

taartvorm *m* [-en] cake mould

tab *m* [-s] ❶ *uitsteeksel* tab ❷ <u>comput</u> tab

tabak *m* [-ken] tobacco ★ *ergens ~ van hebben* be fed up with sth

tabaksaccijns *m* [-cijnzen] tobacco duty / tax

tabaksdoos *v* [-dozen] tobacco box

tabaksindustrie *v* tobacco industry

tabaksplant *v* [-en] tobacco plant

tabaksplantage *v* [-s] tobacco plantation

tabaksplanter *m* [-s] tobacco planter

tabakspot *m* [-ten] tobacco jar

tabaksteelt *v* tobacco growing

tabakswaren *zn* [mv] tobacco products

tabasco® *m* Tabasco

tabbaard, **tabberd** *m* [-en & -s] gown, robe

tabblad *o* [-bladen] ❶ *blad dat een ordner onderverdeelt* divider sheet ❷ <u>comput</u> tab

tabee *tsw* so long!, see you!

tabel *v* [-len] table, schedule, index, list

tabernakel *o & m* [-s & -en] tabernacle ★ *ik zal je op je ~ komen, je krijgt op je ~* I'll give you what's what,

I'll give you something you won't forget

tableau I *o* [-s] ❶ *tafereel* scene, tableau, tray ★ *een ~ vivant* a living picture ❷ *plaat* tray ❸ *geschoten wild* bag ❹ *advocatengroep* <u>jur</u> list of members of the Bar **II** *tsw* ★ *~!* curtain!

tablet *v & o* [-ten] ❶ *plak* tablet, ‹chocolade› bar ❷ *blokje* tablet ❸ <u>med</u> tablet

tabletvorm *m* tablet form ★ *in ~* in tablet form

taboe I *o & m* [-s] taboo **II** *bn* taboo, forbidden ★ *iets ~ verklaren* make sth taboo

taboeret *m* [-ten] *stoeltje* tabo(u)ret, stool, ‹voor de voeten› footstool

taboesfeer *v* taboo ★ *iets uit de ~ halen* take away the taboo on sth

tabulator *m* [-s] tabulator, tab

tachograaf *m* [-grafen] tachograph

tachometer *m* [-s] tachometer

tachtig *telw* eighty ★ *~ jaar* eighty years (old) ★ *hij is (diep) in de ~* he's (well) into his eighties ★ *in de jaren ~* in the eighties

tachtiger *m* [-s] octogenarian, person in his / her eighties ★ *de Tachtigers* the writers of the eighties during the 19th century

tachtigjarig *bn* ❶ *tachtig jaar oud* of eighty years, eighty-year-old ❷ *tachtig jaar durend* eighty-year ★ *de Tachtigjarige Oorlog* the Eighty Years' War

tachtigste I *telw* eightieth **II** *o* ★ *een ~* one eightieth (part)

tachymeter *m* [-s] tachymeter

tachyon *o* [-en] tachyon

tackelen *overg* [tackelde, h. getackeld] tackle ★ *een probleem ~* tackle a problem

tackle *m* [-s] <u>sp</u> tackle

taco *m* ['s] taco

tact *m* tact

tacticus *m* [-ci] tactician

tactiek *v* tactics

tactisch I *bn* tactical ★ <u>mil</u> *~e wapens* tactical weapons **II** *bijw* tactically

tactloos I *bn* tactless, thoughtless **II** *bijw* tactlessly, thoughtlessly

tactvol I *bn* tactful **II** *bijw* tactfully

Tadzjikistan *o* Tajikistan, Tadjikistan,Tadzhikistan

tae-bo® *het* tae-bo

taekwondo *o* taekwondo

taf *m & o* [-fen] taffeta ★ *van ~* taffeta

tafel *v* [-s & -en] table ★ *de groene ~* <u>sp</u> the green table, the gaming table, ‹bestuurstafel› the board / committee table ★ *de Ronde Tafel* the Round Table ★ *de Tafel des Heren* the Lord's Table ★ *de ~s (van vermenigvuldiging)* the multiplication tables ★ *de ~en der wet* the tables of the law ★ *de ~ afnemen / afruimen* clear the table ★ *de ~ dekken* lay / set the table ★ *van een goede ~ houden* like a good dinner ★ *open ~ houden* keep open table ★ *hij deed de hele ~ lachen* he had the table roaring ★ *aan ~ gaan* sit down for dinner, have dinner ★ *aan ~ zijn / zitten* be at table ★ *aan de ~ gaan zitten* sit down at the table

★ *na* ~ after dinner ★ *onder* ~ during dinner ★ *iem.*
onder de ~ *drinken* drink sbd under the table ★ *iets*
ter ~ *brengen* bring sth up for discussion ★ *ter* ~
liggen lie on the table, be tabled ★ *iets van / onder*
de ~ *vegen* brush / wave sth aside ★ RK *tot de* ~ *des*
Heren naderen go to Communion ★ *van* ~ *opstaan*
rise from table ★ *een scheiding van* ~ *en bed* a legal
separation ★ *vóór* ~ before dinner
tafelbiljart *o* [-s & -en] billiard table
tafelblad *o* [-bladen] ❶ *oppervlak* tabletop ❷ *inlegstuk*
table leaf
tafeldame *v* [-s] dinner partner
tafelen *onoverg* [tafelde, h. getafeld] sit / be at table,
dine ★ *zwaar* ~ dine heavily
tafelgenoot *m* [-noten] table companion
tafelgerei *o* tableware, table things
tafelgesprek *o* [-ken] table conversation, table talk
tafelheer *m* [-heren] partner (at dinner / at the dinner
table)
tafelkleed *o* [-kleden] tablecloth
tafelklem *v* [-men] tablecloth clip
tafellaken *o* [-s] tablecloth
tafellinnen *o* (table) linen
tafelloper *m* [-s] (table) runner
tafelmanieren *zn* [mv] table manners
tafelpoot *m* [-poten] table leg
tafelrede *v* [-s] after-dinner speech, speech at dinner
Tafelronde *v* the Round Table
tafelschikking *v* [-en] table (seating) plan
/ arrangement
tafelservies *o* [-viezen] dinner set / service,
dinnerware
tafeltennis *o* table tennis
tafeltennissen *onoverg* [tafeltenniste, h.
getafeltennist] play table tennis
tafeltje-dek-je *o* ❶ *sprookjestafel* land of milk and
honey ★ *het is daar een* ~ it's the land of milk and
honey ❷ *organisatie die maaltijden aan huis brengt*
meals on wheels
tafelvoetbal *o* table football
tafelwater *o* table water
tafelwijn *m* [-en] table wine
tafelzilver *o* silverware
tafereel *o* [-relen] picture, scene ★ *er speelden zich*
hartverscheurende taferelen af heartbreaking scenes
took place
tagliatelle *m* tagliatelle
Tahiti *o* Tahiti
Tahitiaan *m* [-tianen] Tahitian
Tahitiaans *bn* Tahitian
Tahitiaanse *v* [-n] Tahitian ★ *ze is een* ~ she's a
Tahitian, she's from Tahiti
tahoe *m* tofu, bean curd
taikonaut *de (m)* [-en] taikonaut
taille *v* [-s] waist
tailleren *overg* [tailleerde, h. getailleerd] adjust the
measurements of ★ *een getailleerde jas* a tailored
coat

Taiwan *o* Taiwan
tak *m* [-ken] ❶ *v. boom* bough, branch ❷ fig branch
★ *een* ~ *van een rivier* a branch of a river ★ *een* ~ *van*
dienst a branch of (the) service ★ *een* ~ *van sport* a
branch / area of sport ★ *een* ~ *van een wetenschap* a
scientific discipline ❸ *v. gewei* tine
takel *m & o* [-s] hoist, tackle
takelage *v* tackle, rigging
takelen *overg* [takelde, h. getakeld] ❶ *scheepv* rig
❷ *ophijsen* hoist (up)
takelwagen *m* [-s] tow truck, breakdown lorry
takelwerk *o* tackling, rigging
takenpakket *o* [-ten] job responsibilities, range of
duties
takkenbos *m* [-sen] bunch of sticks / faggots
takkeweer *o* awful weather
takkewijf *o* bitch
taks I *m & v* [-en] ❶ *portie* share, portion ★ *hij is aan*
zijn ~ he's had enough ❷ *belasting* ZN tax ❸ *strafport*
ZN additional postage, surcharge ❹ *kijk- en*
luistergeld ZN television licence/Am license fee ❺ *tel.*
gesprekskosten ZN telephone bill ❻ *tol* ZN toll **II** *m*
[-en] *hond* dachshund
tal *o* number ★ ~ *van* a great number of, numerous
★ *zonder* ~ numberless, countless, without number
talen *onoverg* [taalde, h. getaald] care about, be
interested ★ *hij taalt er niet naar* he doesn't show
the slightest interest in it
talenkennis *v* knowledge of languages
talenknobbel *m* [-s] talent for languages ★ *een* ~
hebben be a natural linguist, have a feel / flair / gift
for languages
talenpracticum *o* [-s & -ca] language laboratory
talenstudie *v* [-s] language studies
talent *o* [-en] ❶ talent, gift, ability ★ ~ *hebben voor*
have a talent / gift for ❷ *persoon* talent ★ *een*
aanstormend ~ a promising talent
talentenjacht *v* [-en] ❶ *opsporing* talent scouting
❷ *bijeenkomst* talent contest / quest
talentvol *bn* talented, gifted
talenwonder *o* [-s] linguistic genius
talg *m* sebum
talgklier *v* [-en] sebaceous gland
taliban *zn* [mv] Taliban
taling *m* [-en] *vogel* teal ★ *de zomer*~ the garganey
★ *de winter*~ the teal
talisman *m* [-s] talisman
talk *m* ❶ *smeer* tallow ❷ *delfstof* talc ❸ *talkpoeder*
talcum powder
talkpoeder, talkpoeier *o & m* talcum powder
talkshow *m* [-s] chat / talk show
talloos *bn* numberless, countless, without number
talmen *onoverg* [talmde, h. getalmd] tarry, linger,
dawdle, delay ★ *met iets* ~ delay over sth
Talmoed, talmud *m* Talmud
talon *m* [-s] ❶ *eff* talon, voucher ❷ kaartsp talon
❸ *muz* stock ❹ bouwk ogee
talrijk *bn* numerous

ta

talstelsel *o* [-s] notation, numerical system
talud *o* [-s] slope
tam I *bn* ❶ *v. dier* tamed, domesticated ★ ~ *maken* domesticate, ‹wilde dieren› tame ❷ *v. persoon* tame, gentle ❸ *gekweekt* cultivated ★ ~*me rozen* cultivated roses ❹ *niet enerverend* tame, dull ★ *een ~ protest* a weak protest ★ *een ~ feest* a dull party **II** *bijw* tamely
tamarinde *v* [-n & -s] tamarind
tamarisk *m* [-en] tamarisk
tamboer *m* [-s] drummer
tamboerijn *m* [-en] ❶ tambourine, timbrel ❷ *borduurraam* tambour frame
tambour-maître *m* [-s] drum major
tamelijk I *bn redelijk goed* fair-sized, reasonable **II** *bijw nogal* fairly, rather, pretty ★ *het is ~ koud* it's pretty / rather cold ★ *mijn grootvader is nog ~ gezond* my grandfather's still in reasonable health
tamheid *v* tameness
Tamil *m* [-s & -len] Tamil
tampon *m* [-s] tampon
tamtam *m* [-s] ❶ tom-tom ❷ *fig* fuss ★ *met veel ~* with a great fuss, with a lot of noise
tand *m* [-en] ❶ *v. gebit* tooth ★ ~*en krijgen* be cutting (his / her) teeth, be teething ★ *de* ~*en laten zien* show one's teeth ★ *iem. aan de ~ voelen* put sbd through the mill, interrogate sbd ★ *de* ~ *des tijds* the ravages of time ★ *met lange* ~*en eten* dawdle over one's food ★ *tot de* ~*en gewapend zijn* be armed to the teeth ❷ *v. kam* tooth ❸ *v. wiel* cog ❹ *v. vork* prong
tandarts *m* [-en] dentist, dental surgeon
tandartsassistente *v* [-n] dental (surgery) assistant, dentist's assistant
tandbederf *o* dental decay, caries
tandbeen *o* dentine
tandeloos *bn* toothless
tandem *m* [-s] tandem
tandenborstel *m* [-s] toothbrush
tandengeknars *o* gnashing of teeth
tandenknarsen *onoverg* [tandenknarste, h. getandenknarst] gnash one's teeth
tandenstoker *m* [-s] toothpick
tandglazuur *o* dental enamel
tandheelkunde *v* dental surgery, dentistry
tandheelkundig *bn* dental
tandheelkundige *m-v* [-n] dentist, dental surgeon
tanding *v* perforation
tandpasta *m & o* ['s] toothpaste
tandpijn *v* [-en] toothache
tandplaque *m* dental plaque
tandrad *o* [-raderen] cogwheel, gear wheel
tandsteen *o & m* tartar
tandtechnicus *m* [-ci] dental technician
tandvlees *o* gum
tandvleesontsteking *v* [-en] gingivitis
tandwiel *o* [-en] cog, cogwheel, gear wheel
tanen I *onoverg* [taande, is getaand] ❶ *verzwakken* fade, wane ★ *aan het ~ zijn* be fading / waning, be on the wane ❷ *fig* fade, pale, tarnish, wane ★ ~*de*

populariteit waning popularity ★ ~*de roem* fading glory ★ *doen* ~ tarnish **II** *overg* [taande, h. getaand] *verven* tan
tang *v* [-en] ❶ *gereedschap* (pair of) tongs, (pair of) pliers, ‹kniptang› nippers, cutter, ‹nijptang› pincers, nippers ★ *in de ~ zitten* be cornered ★ *dat slaat als een ~ op een varken* there's neither rhyme nor reason in it, that's neither here nor there ★ *ze ziet eruit om met geen ~ aan te pakken* you wouldn't touch her with a bargepole / with a ten-foot pole ❷ *med* forceps ❸ *vrouw* shrew, bitch
tangaslipje *o* [-s] tanga, g-string, gee-string
tangbeweging *v* [-en] *mil* pincer movement
tangens *v* [-en & -genten] tangent
tango *m* ['s] tango
tangverlossing *v* [-en] forceps delivery
tanig *bn* tawny
tank *m* [-s] ❶ *reservoir* tank ❷ *mil* tank
tankauto *m* ['s] tank truck, tanker
tankbataljon *o* [-s] tank battalion
tankdivisie *v* [-s] tank division
tanken *onoverg* [tankte, h. getankt] fill up
tanker *m* [-s] tanker
tankgracht *v* [-en] antitank ditch
tankschip *o* [-schepen] tankship, oil tanker
tankstation *o* [-s] filling / petrol station
tankvliegtuig *o* [-en] tanker (aircraft)
tankwagen *m* [-s] tanker, tank lorry
tannine *v & o* tannin
tantaluskwelling *v* [-en] torment ★ *de tuin is een moderne* ~, *binnen handbereik maar onbereikbaar* the garden is close by yet tormentingly out of reach
tante *v* [-s] aunt ★ *een stevige ~* a sturdy woman ★ *een lastige ~* a fussy lady, a fusspot ★ *och wat, je* ~*!* rubbish!, my eye!
tantième *o* [-s] bonus, royalty, percentage, profit share
Tanzania *o* Tanzania
taoïsme *o* Taoism
tap *m* [-pen] ❶ *kraan* tap, ‹in vat› spigot ❷ *spon* bung ❸ *techn* tenon ❹ *v. as* pivot ❺ *tapkast* bar ★ *bij de ~ iets bestellen* order something at the bar
tapbier *o* [-en] draught beer, <u>Am</u> draft beer
tapdans *m* [-en] tap dance
tapdansen *onoverg* [tapdanste, h. getapdanst] tap-dance
tapdanser *m* [-s] tap dancer
tape *m* [-s] *alg.* tape
tapen *overg* [tapete, h. getapet] tape
tapijt *o* [-en] ‹vloertapijt› carpet, ‹klein› rug, ‹wandtapijt› tapestry ★ *iets op het ~ brengen* introduce sth into the discussion
tapijtreiniger *m* [-s] carpet cleaner
tapioca *m* tapioca
tapir *m* [-s] tapir
tapisserie *v* [-rieën] tapestry
tapkast *v* [-en] buffet, bar
tapkraan *v* [-kranen] tap

tappelings *bijw* in a steady flow ★ ~ *lopen langs* trickle down

tappen[1] *onoverg* [tapte, getapt] *tapdansen* tap-dance

tappen[2] **I** *overg* [tapte, h. getapt] tap, draw ★ *bier* ~ draw / pull beer ★ *rubber* ~ tap rubber ★ *moppen* ~ crack jokes **II** *onoverg* [tapte, h. getapt] serve at the bar

tapperij *v* [-en] public house, bar

tappunt *o* [-en] draw-off point

taps **I** *bn* tapering, conical **II** *bijw* ★ ~ *toelopen* taper

taptemelk *v* skim / skimmed milk

taptoe *m* [-s] tattoo ★ *de* ~ *slaan* beat the tattoo

tapuit *m* [-en] *vogel* wheatear, chat

tapverbod *o* [-boden] ban on alcohol

tapvergunning *v* [-en] Br licence to sell spirits, Am liquor license

tarantella *v* ['s] tarantella

tarantula *v* ['s] tarantula

tarbot *m* [-ten] *vis* turbot

target *o* [-s] target

tarief *o* [-rieven] ❶ *prijs* tariff, rate, fee, ⟨v. openbaar vervoer⟩ fare ❷ *lijst* list of charges / rates

tariefgroep *v* [-en] tax code / class / bracket

tariefwerk *o* piecework

tarot *o* tarot

tarotkaart *v* [-en] tarot (card)

tarra *v* tare

Tartaar *m* [-taren] Tartar

tartaar *m* [-taren] *gemalen biefstuk* raw minced beef

Tartaars *bn* Tartar

tartaartje *o* [-s] minced beef patty

tartan **I** *o stof* tartan **II** *m* [-s] *mantel, kleed* tartan

tartanbaan *v* [-banen] tartan track

tarten *overg* [tartte, h. getart] ❶ *uitdagen* challenge, defy ★ *iem.* ~ *te bewijzen dat...* challenge sbd to prove that... ❷ *trotseren* defy ★ *het noodlot* ~ tempt fate ★ *het tart alle beschrijving* it beggars / defies description

tarwe *v* wheat

tarwebloem *v* wheat flour

tarwebrood *o* [-broden] wheat bread ★ *een* ~ a loaf of wheat bread

tarwekorrel *m* [-s] grain of wheat

tarwemeel *o* wheat flour, wheatmeal

tarwevlokken *zn* [mv] wheat flakes

tas **I** *v* [-sen] ❶ *v. boodschappen &* bag, purse, satchel ❷ *kopje* ZN cup **II** *m* [-sen] *stapel* heap, pile

tasjesdief *m* [-dieven] bag / purse snatcher

tast *m* feeling ★ *op de* ~ at random, blindly ★ *op de* ~ *zijn weg zoeken* grope one's way

tastbaar **I** *bn* ❶ *voelbaar* tangible, palpable ❷ *duidelijk* blatant, palpable, manifest ★ *tastbare resultaten* concrete results ★ *een tastbare leugen* a blatant / manifest lie **II** *bijw* tangibly, blatantly &

tasten **I** *onoverg* [tastte, h. getast] feel, grope, fumble (*naar* for) ★ *in het duister* ~ be in the dark ★ *in de zak* ~ grope around in one's pocket, ⟨om te betalen⟩ dip into one's purse / pocket **II** *overg* [tastte, h.

getast] touch ★ *iem. in zijn eer* ~ hurt sbd's pride, cast aspersions on sbd ★ *iem. in zijn gemoed* ~ work on sbd's feelings ★ *iem. in zijn zwak* ~ find sbd's weak spot

tastzin *m* (sense of) touch

tateren *onoverg* [taterde, h. getaterd] chatter, babble

tatoeage *v* [-s] tattoo

tatoeëerder *m* [-s] tattoo artist, tattooist

tatoeëren *overg* [tatoeëerde, h. getatoeëerd] tattoo

taugé *m* bean sprouts / shoots

taupe *bn* taupe

tautologie *v* [-gieën] tautology

t.a.v. *afk* ❶ (ter attentie van) attn., for the attention of ❷ (ten aanzien van) with respect to

taveerne, taverne *v* [-n] inn, pub

taxateur *m* [-s] (official) appraiser, valuer, assessor, surveyor

taxatie *v* [-s & -tiën] appraisement, appraisal, valuation, value assessment, estimate of value

taxatiekosten *zn* [mv] appraisal costs, costs of assessment

taxatierapport *o* [-en] valuation report

taxatiewaarde *v* appraised / assessed value

taxeren *overg* [taxeerde, h. getaxeerd] appraise, assess, estimate, value ★ *de schade is getaxeerd op...* the damage is assessed at...

taxfree *bn* duty-free ★ ~ *winkelen* shop duty-free

taxfreeshop *m* duty-free shop

taxi *m* ['s] cab, taxi

taxicentrale *v* [-s] taxi base, Am central dispatchers

taxichauffeur *m* [-s] taxi driver

taxidermie *v* taxidermy

taxiën *onoverg* [taxiede, h. en is getaxied] taxi

taximeter *m* [-s] taximeter

taxionderneming *v* [-en] taxi company / firm

taxistandplaats *v* [-en] cab stand / rank, taxi stand / rank

taxistop *m* ZN system of public transport using private cars

taxivervoer *o* taxi transport

taxonomie *v* taxonomy

taxus *m* [-sen], **taxusboom** [-bomen] yew tree

tbc *v* TB

T-biljet *o* [-ten] tax refund form

T-bonesteak *m* [-s] T-bone steak

tbs *v* (terbeschikkingstelling) Br ± preventive detention

tbs-kliniek *v* [-en] detention hospital

t.b.v. *afk* ❶ (ten behoeve van) on behalf of, for ❷ (ten bate van) for the benefit of ❸ (ter bevordering van) for the promotion of ❹ (ten bedrage van) to the amount of

te **I** *voorz* ❶ *vóór plaatsnaam* at, in ★ ~ *Antwerpen* at, in Antwerp ★ ~ *Londen* in London ★ ~ *middernacht* at midnight ❷ *vóór infinitief* to ★ *hij kwam langs om me* ~ *feliciteren* he came round to congratulate me ★ ~ *weten* namely ❸ *m.b.t. doel* to, for ★ ~ *koop, ~ huur* for sale, for hire / to let **II** *bijw* ❶ *vóór bn* too

★ *dat gat is ~ groot* that hole's too big ★ *dat is toch een beetje al ~* that's a bit much ★ *des ~ beter* so much the better ★ *des ~ minder* all the less ★ *zoveel ~ meer* even more so

teak, teakhout *o* teak

teakhout *o* teak

te allen tijde *bijw* at all times

team *o* [-s] team

teambuilding *v* teambuilding

teamgeest *m* team spirit

teamgenoot *m* [-noten] teammate

teamspeler *m* [-s] team player

teamsport *v* [-en] team sport

teamverband *o* ★ *in ~* as a team

teamwerk, teamwork *o* teamwork

tearoom *m* [-s] tea room

techneut *m* [-en] scherts boffin

technicolor *o & m* technicolor

technicus *m* [-ci] ❶ *alg.* technician ❷ *voor bepaald vak* engineer

techniek *v* [-en] ❶ *wetenschap* technology, technics ❷ *als tak van nijverheid* engineering ❸ *bedrevenheid* technique ★ *een voetballer met veel ~* a football player with a lot of technique ❹ *manier, werkwijze* technique, method, skill ★ *de ~ van het schilderen* the technique of painting

technisch I *bn alg.* technical, technological ★ *~e termen* technical terms ★ *een ~e afschrijving* physical depreciation ★ *eff een ~e analyse* a technical analysis ★ *econ de ~e levensduur* the technical / physical life (span), the technical working life ★ *de ~e voorraad* the physical stock / inventory ★ *een prachtige ~e prestatie* a magnificent engineering achievement ★ *een ~e hogeschool* a college / institute of technology ★ *een hogere ~e school* a technical college ★ *een lagere ~e school* a technical school ★ *een middelbaar ~e school* a senior technical school, a polytechnic **II** *bijw* technically, technologically

techno *m* muz techno

technocraat *m* [-craten] technocrat

technocratie *v* technocracy

technolease *m* technolease

technologie *v* technology

technologisch I *bn* technological **II** *bijw* technologically

technoloog *m* [-logen] technologist

teckel *m* [-s] dachshund

tectyleren *overg* [tectyleerde, h. getectyleerd] apply an underseal, rustproof

tectyl® *o* underseal, undercoat

teddybeer *m* [-beren] teddy bear

teder I *bn* ❶ *kwetsbaar* delicate ❷ *gevoelig* tender ❸ *zacht en lief* gentle, loving **II** *bijw* tenderly, gently, lovingly ★ *elkaar ~ aankijken* look at each other lovingly

tederheid *v* tenderness, gentleness

teef *v* [teven] ❶ *vrouwtjeshond* bitch ❷ *scheldwoord voor vrouw* bitch

teek *v* [teken] tick

teelaarde *v* (leaf) mould

teelbal *m* [-len] testis, testicle

teelt *v* ❶ *v. gewassen* cultivation, culture ★ *eigen ~* home grown ❷ *v. dieren* breeding

teen I *m* [tenen] *aan voet* toe ★ *de grote / kleine ~* the big / little toe ★ *op zijn tenen lopen* walk on tiptoe, tiptoe, fig push oneself to the limit ★ *ook fig iem. op de tenen trappen* tread on sbd's toes ★ *hij is gauw op zijn tenen getrapt* he's quick to take offence, he's touchy ★ *hij was erg op zijn tenen getrapt* he was very insulted ★ *met kromgetrokken tenen* highly embarrassed ★ *de ~ van een kous* the toe of a sock / stocking ★ *van top tot ~* from head to foot, all over **II** *v* [tenen] *tak* osier, twig, wicker

teenager *m-v* [-s] teenager

teennagel *m* [-s] toenail

teenslippers *zn* [mv] flip-flops

teentje *o* [-s] clove ★ *een ~ knoflook* a clove of garlic

teer I *bn* delicate ★ *~ geluk* fragile happiness ★ *een ~ hart* a tender heart ★ *een tere huid* delicate skin ★ *een ~ punt* a sore point **II** *bijw* delicately, tenderly **III** *m & o* tar

teerachtig *bn* tarry

teerbemind *bn* dearly beloved

teergevoelig *bn* tender, delicate, sensitive

teerhartig *bn* tenderhearted

teerheid *v* tenderness, delicacy

teerling *m* [-en] vooral ZN die ★ *de ~ is geworpen* the die is cast

teerzeep *v* tar soap

tegel *m* [-s] ❶ tile ❷ *stoeptegel* paving stone

tegelijk, tegelijkertijd *bijw* ❶ *op hetzelfde ogenblik* at the same time, at a time, at once ★ *niet allemaal ~* not all together / at the same time ❷ *in dezelfde periode* together ❸ *samen met iets/iem. anders* also, as well, at the same time ❹ *tevens* also, as well as

tegelvloer *m* [-en] tiled pavement, tiled floor

tegelwand *m* [-en] tiled wall

tegelwerk *o* tiles, tilework

tegelzetter *m* [-s] tiler

tegemoet *bijw* towards, to meet ★ *hij kwam ons ~* he came to meet us, he came towards us, he came in our direction, fig he met us halfway

tegemoetkomen *overg* [kwam tegemoet, is tegemoetgekomen] ❶ come to meet ❷ fig meet (half-way) ★ *~ aan bezwaren* meet objections ★ *~ aan iems. wensen* meet sbd.'s wishes ★ *~ in de kosten* contribute towards the costs

tegemoetkomend *bn* ❶ oncoming, approaching ★ *~ verkeer* oncoming traffic ❷ *inschikkelijk* obliging, accommodating

tegemoetkoming *v* [-en] ❶ *concessie* concession ❷ *vergoeding* subsidy, grant, ‹voor schade› compensation ★ *een ~ in de kosten* a contribution towards the costs

tegemoetlopen *overg* [liep tegemoet, is tegemoetgelopen] go to meet

te

tegemoettreden *overg* [trad tegemoet, is tegemoetgetreden] ❶ go to meet ❷ fig meet

tegemoetzien *overg* [zag tegemoet, h. tegemoetgezien] look forward to, await ★ *de toekomst met vertrouwen* ~ face the future with confidence ★ *uw antwoord* ~ awaiting your reply

tegen I *voorz* ❶ *in omgekeerde richting* ook fig against ★ fig ~ *de muur lopen* run up against a brick wall ★ *wie is er* ~? who is against it? ★ *zijn ouders waren er* ~ his parents were against it / were opposed to it ★ ~ *de voorschriften* contrary to / against regulations ★ *er is* ~ *dat...* one argument against it is... ★ ~ *zijn gewoonte in* contrary to his usual practice ★ ~ *het verkeer in* against the traffic ❷ *omstreeks* towards, by ★ ~ *negen uur* towards / by nine o'clock ❸ *voor* at ★ ~ *een schappelijke prijs* at a reasonable price ❹ *in ruil voor* for ★ ~ *een kleine vergoeding* for a small remuneration ❺ *tegenover, tot* to, against ★ *hij spreekt niet* ~ *mij* he doesn't speak to me ★ *hij deed / was aardig* ~ *mij* he was friendly with / to me ★ *tien* ~ *één* ten to one ★ *75.000 bezoekers* ~ *verleden jaar 50.000* 75,000 visitors as against 50,000 last year ❻ *contra* jur, sp versus ❼ *ter bestrijding van* for ★ *het is goed* ~ *brandwonden* it is good for burns ★ ~ *iets kunnen* be able to take sth ▼ *deze plant kan niet* ~ *vorst* this plant is not (frost-)hardy, this plant cannot stand the frost ▼ *die stof kan niet* ~ *wassen* do not wash this fabric **II** *bijw* against, anti ★ *ik ben* ~ I'm against it ★ *de wind is* ~ the wind's against us ★ *de wind* ~ *hebben* have the wind against one, have a headwind **III** *o* con, disadvantage ★ *de voors en* ~*s* the pros and cons

tegenaan *bijw* against ★ *(toevallig) ergens* ~ *lopen* hit on sth, run into sth ★ fig *hij is er lelijk* ~ *gelopen* he got into an awkward position

tegenaanval *m* [-len] counterattack ★ *een* ~ *doen* counterattack

tegenactie *v* [-s] countermove

tegenargument *o* [-en] counter-argument

tegenbeeld *o* [-en] ❶ *tegenhanger* counterpart, pendant ❷ *tegengestelde* contrary, antitype

tegenbericht *o* [-en] message to the contrary ★ *als wij geen* ~ *krijgen, zonder* ~ unless you tell us otherwise, handel unless you advise us to the contrary

tegenbewijs *o* [-wijzen] counterproof, counterevidence, evidence to the contrary

tegenbezoek *o* [-en] return visit / call ★ *een* ~ *brengen* return a visit / call

tegenbod *o* counterbid, counteroffer ★ *een* ~ *doen* make a counteroffer

tegendeel *o* contrary, opposite ★ *in* ~ on the contrary ★ *het* ~ *is waar* the opposite is true ★ *hij is het* ~ *van zijn broer* he's his brother's complete opposite, he's the complete opposite to his brother

tegendoelpunt *o* [-en] goal against

tegendraads *bn* contrary, recalcitrant ★ ~*e opinies* opposite views

tegendruk *m* [-ken] counterpressure, reaction

tegeneis *m* [-en] counterclaim

tegengaan *overg* [ging tegen, h. en is tegengegaan] *bestrijden* oppose, combat, counteract ★ *een misbruik* ~ prevent abuse

tegengas *o* ★ ~ *geven* resist, dig in one's heels

tegengesteld *bn* opposite, contrary ★ *in* ~*e richting* in the opposite direction ★ *het* ~*e* the opposite / contrary / reverse

tegengif *o* [-fen] antidote

tegenhanger *m* [-s] counterpart

tegenhouden *overg* [hield tegen, h. tegengehouden] ❶ *tot staan brengen* stop, arrest ❷ *beletten* prevent, stop, block

tegenin *bijw* opposed to ★ *ergens* ~ *gaan* oppose sth

tegenkandidaat *m* [-daten] rival candidate ★ *zonder* ~ unopposed

tegenkanting *v* [-en] opposition ★ ~ *vinden* meet with opposition

tegenkomen *overg* [kwam tegen, is tegengekomen] ❶ *persoon* meet, encounter ★ *iem.* ~ run into sbd ★ *zichzelf* ~ discover oneself ❷ *woord &* come across, encounter ❸ *probleem &* encounter

tegenkracht *v* [-en] counterforce

tegenlicht *o* backlight(ing)

tegenligger *m* [-s] auto oncoming car, approaching vehicle, ‹fiets› approaching cyclist, scheepv meeting ship

tegenmaatregel *m* [-en & -s] countermeasure

tegenmaken *overg* [maakte tegen, h. tegengemaakt] ★ *iem. iets* ~ put sbd off sth

tegennatuurlijk *bn* against nature, contrary to nature, unnatural

tegenoffensief *o* [-sieven] counteroffensive

tegenop *bijw* up ★ *ergens* ~ *rijden* collide with sth ★ *er niet* ~ *kunnen* not be able to cope ★ *daar kan niemand* ~ nobody can match that ★ *ergens* ~ *zien* dread / shrink from / fear sth

tegenover *voorz* ❶ *aan de overzijde* opposite (to), over against, facing ★ *hier* ~ opposite, over the way ★ *schuin* ~ diagonally across / opposite ★ *vlak / recht / dwars* ~*...* right opposite... ★ *daar staat* ~ *dat...* on the other hand... ★ ~ *elkaar staan* be opposed to each other, ‹strijdklaar› face each other ❷ *ten opzichte van* against, as opposed to, vis-à-vis ★ *onze plichten* ~ *elkander* our duties towards each other ★ ~ *mij gedraagt hij zich fatsoenlijk* he behaves himself with me

tegenovergelegen *bn* opposite, across ★ *het* ~ *huis* the house opposite

tegenovergesteld *bn* ❶ *tegenover iets* opposite ❷ fig opposite ★ *zij is het* ~*e* she's the exact opposite ★ *precies het* ~*e* exactly the opposite, quite the reverse

tegenoverliggend *bn* opposite, across

tegenoverstaan *onoverg* [stond tegenover, h. tegenovergestaan] ★ *daar staat tegenover, dat...* on the other hand..., but then...

tegenoverstaand *bn* opposite, across

tegenoverstellen *overg* [stelde tegenover, h. tegenovergesteld] offer in exchange, set against ★ *wij kunnen daar niets ~* we've got nothing to offer in exchange

tegenpartij *v* [-en] opposition, adversary, opponent, rival party, other side ★ *de ~ maakte een doelpunt* the opposing team made a goal ★ *de advocaat van de ~* the counsel for the opposite party

tegenpaus *m* [-en] antipope

tegenpool *v* [-polen] antipole, ⟨fig⟩ opposite ★ *zij zijn elkaars tegenpolen* they are each other's opposites

tegenprestatie *v* [-s] (service in) return, consideration ★ *als ~ voor* in return for

tegenpruttelen *onoverg* [pruttelde tegen, h. tegengeprutteld] grumble, mutter

tegenregering *v* countergovernment

tegenrekening *v* [-en] contra account, Am offset account

tegenslag *m* [-slagen] reverse, setback ★ *veel ~ ondervinden* suffer a lot of setbacks

tegenspartelen *onoverg* [spartelde tegen, h. tegengesparteld] ❶ struggle, kick ❷ *tegensputteren* grumble, protest

tegenspel *o* ❶ defence, Am defense ❷ *als reactie* response ★ *~ bieden* offer resistance, put up a fight

tegenspeler *m* [-s] ❶ sp opponent ❷ fig adversary ★ *zijn ~ in de film* the person who played opposite him in the film

tegenspoed *m* adversity, bad luck

tegenspraak *v* ❶ contradiction ★ *geen ~ dulden* not take no for an answer ★ *bij de minste ~* at the slightest contradiction ★ *in ~ met...* in contradiction with... ★ *in ~ komen met zichzelf* contradict oneself ★ *in ~ zijn met* collide with, be contradictory to ★ *zonder ~* ⟨zonder protest⟩ without (any) objection, ⟨ontkenning⟩ incontestably, indisputably ❷ *v. bericht* denial

tegenspreken *overg* [sprak tegen, h. tegengesproken] ❶ *beweringen bestrijden* contradict ★ *het bericht wordt tegengesproken* the report has been denied / contradicted ★ *elkaar ~* contradict each other, be contradictory ★ *zichzelf ~* contradict oneself ❷ *brutaal zijn* answer back

tegensputteren *onoverg* [sputterde tegen, h. tegengesputterd] grumble, protest

tegenstaan *onoverg* [stond tegen, h. tegengestaan] ★ *het staat mij tegen* I can't stand it, I dislike it, I can't stomach it

tegenstand *m* ❶ resistance, opposition ★ *~ bieden* offer resistance, resist ★ *geen ~ bieden* make / offer no resistance ★ *~ ondervinden* meet with opposition ❷ *kracht* techn resistance

tegenstander *m* [-s] opponent, antagonist, adversary ★ *een erkend / verklaard ~* an acknowledged / a declared adversary

tegenstelling *v* [-en] contrast, antithesis ★ *in ~ met / tot* as opposed to, as distinct from, in contrast with, contrary to

tegenstem *v* [-men] ❶ *bij stemming* dissentient vote, adverse vote ❷ muz second part / voice

tegenstemmen *onoverg* [stemde tegen, h. tegengestemd] vote against

tegenstemmer *m* [-s] voter against, opponent ★ *20 ~s* 20 opponents, 20 'no' voters

tegenstoot *m* [-stoten] ❶ sp countermove ❷ mil countermanoeuvre ❸ fig reaction

tegenstrever *m* [-s] ZN opponent, adversary

tegenstribbelen *onoverg* [stribbelde tegen, h. tegengestribbeld] struggle, resist

tegenstrijdig *bn* contradictory, conflicting ★ *~e begrippen* contradictory notions ★ *~e berichten* contradictory / conflicting messages ★ *~e emoties* conflicting emotions ★ *~e meningen* contrary views ★ *~e belangen* conflicts of interest

tegenstrijdigheid *v* [-heden] contradiction, discrepancy, inconsistency, ⟨schijnbaar⟩ paradox

tegensturen *onoverg* [stuurde tegen, h. tegengestuurd] steer into the skid

tegenvallen *onoverg* [viel tegen, is tegengevallen] not come up to expectations, disappoint ★ *het zal u ~* you'll be disappointed, you may find yourself mistaken ★ *je valt me lelijk tegen* I'm very disappointed in you

tegenvaller *m* [-s] disappointment, comedown, setback

tegenvergif *o* [-fen] antidote, antitoxin

tegenvoeter *m* [-s] opposite

tegenvoorbeeld *o* [-en] counterexample

tegenvoorstel *o* [-len] counterproposal

tegenvraag *v* [-vragen] counterquestion

tegenwaarde *v* equivalent, countervalue

tegenweer *v* defence/Am defense, resistance

tegenwerken *overg* [werkte tegen, h. tegengewerkt] work against, sabotage, thwart ★ *iems. plannen ~* frustrate sbd's plans

tegenwerking *v* [-en] opposition ★ *geen ~ dulden* brook no opposition

tegenwerpen *overg* [wierp tegen, h. tegengeworpen] object, argue

tegenwerping *v* [-en] objection ★ *~en maken* raise objections

tegenwicht *o* [-en] ❶ counterpoise, counterweight, counterbalance ❷ fig setoff, compensation ★ *een ~ vormen tegen...* compensate for...

tegenwind *m* ❶ head wind ❷ fig opposition

tegenwoordig **I** *bn* ❶ *aanwezig* present ★ *~ zijn bij...* be present at... ❷ *huidig* current, present-day, of today ★ *onder de ~e omstandigheden* under the existing / current circumstances ★ *de jeugd van ~* today's youth **II** *bijw* at present, nowadays, these days

tegenwoordigheid *v* presence ★ *~ van geest* presence of mind ★ *in ~ van...* in the presence of...

tegenzang *m* [-en] antiphon

tegenzet *m* [-ten] countermove

tegenzin *m* antipathy, aversion, dislike ★ *een ~ hebben* *in...* dislike..., have a dislike for... ★ *een ~ krijgen in...* take a dislike to... ★ *met ~* with bad grace, reluctantly

tegenzitten *onoverg* [zat tegen, h. tegengezeten] be / go against ★ *het zat me tegen* luck was against me, I was unlucky

tegoed I *o* [-en] handel balance, credit **II** *bijw* ★ *~ hebben* be owed ★ *ik heb nog geld ~* I'm owed money, there's money owing to me ★ *ik heb nog geld van hem ~* he owes me money → **goed**

tegoedbon *m* [-nen, -s] credit note

tehuis *o* [-huizen] ❶ *inrichting* home ★ *een ~ voor daklozen* a refuge / shelter (for the homeless) ★ *een ~ voor ouden van dagen* an old people's home ★ *een ~ voor moeilijk opvoedbare kinderen* a home for problem children ❷ *thuis* home

teil *v* [-en] basin, tub

teint *v & o* complexion

teisteren *overg* [teisterde, h. geteisterd] scourge, ravage ★ *het land werd geteisterd door een orkaan* the country was badly affected / hit by a cyclone

tekeergaan *onoverg* [ging tekeer, is tekeergegaan] go on (at / about), rant and rave (about) ★ *~ als een bezetene* carry on like a madman ★ *tegen iem.* go on at sbd ★ *~ tegen iets* carry / go on about sth

teken *o* [-s & -en] ❶ *symbool* sign, mark ★ *het ~ des kruises* the sign of the cross ★ *een ~ des tijds* a sign of the times ★ *een ~ aan de wand* the writing on the wall ❷ *sterrenbeeld* sign ★ astron *in het ~ van...* in the sign of... ★ *alles komt in het ~ van de bezuiniging te staan* expenditure cuts are the order of the day ★ *de organisatie staat in het ~ van de vrede* the keynote of the organization is peace ❸ *voorteken* omen ★ *een slecht ~* a bad omen ❹ *symptoom* sign, indication, ‹v.e. ziekte› symptom ★ *een ~ van leven geven* give a sign of life ❺ *blijk* token ★ *ten ~ van...* in token of..., as a token of ❻ *aanduiding* signal, sign, symbol ★ *het ~ tot vertrek geven* give the sign / signal to leave ★ *op een ~ van...* at / on a sign / signal from... ★ *iem. een ~ geven om...* make sbd a sign to..., signal / motion sbd to...

tekenaar *m* [-s] drawer, designer, ‹technisch› draughtsman, ‹van spotprenten› cartoonist

tekenboek *o* [-en] drawing book, sketchbook

tekendoos *v* [-dozen] box of drawing materials

tekenen *overg & onoverg* [tekende, h. getekend] ❶ *een tekening maken* draw, fig characterize ★ *naar het leven ~* draw from life ★ *de schrijver tekent hem als een man van de tijd* the writer characterizes him as a man of his time ❷ *ondertekenen* sign ★ *voor gezien ~* endorse ★ *voor zes jaar ~* sign up for six years ★ *voor de ontvangst ~* sign for receipt ❸ *intekenen* subscribe ★ *voor hoeveel heb je getekend?* how much have you subscribed? ❹ *merken* mark ❺ *kenmerken* stamp, characterize ★ *dat tekent hem* that's characteristic / typical of him, that's just like him ★ eig & fig *voor het leven getekend zijn* be marked for life

tekenend *bn* characteristic, typical ★ *~ voor zijn*

manier van redeneren characteristic / typical of his way of arguing

tekenfilm *m* [-s] cartoon (picture / film)

tekenhaak *m* [-haken] set square, T-square

tekening *v* [-en] ❶ *getekend beeld, landschap & drawing* ★ *er begint ~ in te komen* things are taking shape ★ *~en en modellen* designs and models ❷ *voorlopige schets* design ❸ *eigenaardige streping & marking(s), pattern* ★ *deze huid heeft een prachtige ~* the skin is attractively patterned / has attractive markings ❹ *het ondertekenen* signing, signature ★ *iem. iets ter ~ voorleggen* submit sth to sbd for signature

tekenkunst *v* art of drawing

tekenles *v* [-sen] drawing lesson

tekenpapier *o* drawing paper

tekenpen *v* [-nen] ❶ *pen* drawing pen ❷ *houder* pencil holder

tekentafel *v* [-s] drawing table

tekort *o* [-en] ❶ *financieel* shortfall, deficit ★ *een ~ op de betalingsbalans* a balance of payments deficit ★ *een ~ op de handelsbalans* a trade gap, a balance of trade deficit, a trade balance deficit ❷ *gebrek aan iets* lack, shortage ★ *een ~ aan eiwit* a protein deficiency ★ *een ~ hebben aan* have a shortage of, be short of ❸ *tekortkoming* shortcoming, defect

tekortdoen *overg* [deed tekort, h. tekortgedaan] ★ *iem. ~* wrong sbd ★ *ik heb hem nooit een stuiver tekortgedaan* I've never done him out of a cent ★ *~ aan iems. verdiensten* denigrate sbd's services

tekortkomen *onoverg* [kwam tekort, is tekortgekomen] run short of ★ *ernstig ~ aan iets* run seriously short of sth ★ *de overheid komt een miljoen tekort* the government is one million short ★ *niets ~* lack / want for nothing

tekortkoming *v* [-en] shortcoming, failing, defect

tekortschieten *onoverg* [schoot tekort, is tekortgeschoten] fall short of the mark ★ *~ in* be lacking in, fail in, not measure up to

tekst *m* [-en] ❶ *in z'n geheel* text, words, ‹v. een lied› lyrics, RTV script, ‹v. reclame› copy ★ *zijn ~ kwijt zijn* forget one's lines / words ★ *bij zijn ~ blijven* stick to one's text ★ *van de ~ raken* lose the thread of sth ❷ *korte passage uit de Bijbel/Koran* passage, text ★ *~ en uitleg geven* give chapter and verse ❸ *formulering* wording ❹ *onderschrift, bijschrift* caption

tekstanalyse *v* [-n & -s] textual analysis

tekstballon *m* [-s & -nen] balloon

tekstbericht *o* [-en] text message

tekstboekje *o* [-s] ❶ *alg.* book (of words) ❷ *v. opera & libretto*

tekstdichter *m* [-s] lyricist

tekstschrijver *m* [-s] ❶ *bij muziek* songwriter ❷ *van reclame* copywriter ❸ RTV scriptwriter

tekstueel *bn* textual, literal

tekstuitgave *v* [-n] text edition

tekstverklaring *v* [-en] ❶ textual explanation, close reading ❷ Bijbel exegesis

te

tekstverwerker *m* [-s] word processor
tekstverwerking *v* word processing
tekstverwerkingsprogramma *o* ['s] word processing program
tel *m* [-len] ❶ *het tellen* count ★ *de ~ kwijt zijn* have lost count ★ *op zijn ~len passen* mind one's p's and q's ★ *als hij niet op zijn ~len past* if he's not careful ❷ *ogenblik* moment, second ★ *in twee ~len* in two ticks, inf in a jiffy ▼ *zeer in ~ zijn* count for much, be very popular ▼ *niet in ~ zijn* be of no account ▼ *hij is niet meer in ~* he's out of the running now
telbaar *bn* numerable, countable
telebankieren *onoverg* [telebankierde, h. getelebankierd] telebanking, computerized banking
telecamera *v* ['s] telecamera
telecard *m* [-s] ZN telecard
telecom *de (v)* telecom
telecommunicatie *v* telecommunication(s)
telecommunicatieapparatuur *v* telecommunications equipment
telecommunicatiesatelliet *m* [-en] telecommunications satellite
teleconferentie *v* [-s] teleconference
telefax *m* [-en] telefax
telefoneren I *overg & onoverg* [telefoneerde, h. getelefoneerd] telephone, phone, call ★ *iem. ~* telephone sbd, give sbd a (phone) call II *onoverg* [telefoneerde, h. getelefoneerd] make a call
telefonie *v* telephony
telefonisch I *bn* telephonic ★ *~e verkoop* telephone selling ★ *de ~e hulpdienst* the helpline, the helpdesk II *bijw* telephonically, over the / by telephone
telefonist *m* [-en] telephonist, (telephone) operator, switchboard operator
telefoon *m* [-s & -fonen] telephone, inf phone ★ *een mobiele ~* a mobile (phone) ★ *er is ~ voor u* there's a call for you ★ *wij hebben ~* we're on the telephone ★ *de ~ aannemen* answer the telephone ★ *de ~ neerleggen* lay down the receiver, put down the phone ★ *de ~ van de haak nemen, de ~ opnemen* pick up the phone ★ *zij is aan de ~* she's on the telephone ★ *aan de ~ blijven* hold the line, hold on ★ *per ~* by telephone, over the telephone
telefoonaansluiting *v* [-en] telephone connection
telefoonbeantwoorder *m* [-s] answering machine
telefoonboek *o* [-en] telephone directory / book
telefoonbotje *o* [-s] funny bone, Am crazy bone
telefooncel *v* [-len] (tele)phone booth, call box, telephone kiosk
telefooncentrale *v* [-s] (telephone) exchange
telefoondienst *m* telephone service
telefoongesprek *o* [-ken] ❶ *verbinding* (telephone) call ★ *een buitenlands ~* an international call ★ *een interlokaal ~* a long-distance call ❷ *gesprek* conversation over the telephone, telephone conversation
telefoonkaart *v* [-en] phonecard
telefoonklapper *m* [-s] phone index

telefoonlijn *v* [-en] telephone line
telefoonnet *o* [-ten] telephone system / network
telefoonnummer *o* [-s] telephone number
telefoonrekening *v* [-en] telephone bill
telefoontje *o* [-s] (telephone) call
telefoontoestel *o* [-len] telephone (appliance)
telefoonverbinding *v* [-en] ❶ *verbinding* telephone connection ❷ *verkeer tussen landen &* telephonic communication
telefoonverkeer *o* telephone communications
telefoto *v* ['s] telephoto
telegraaf *m* [-grafen] telegraph ★ *per ~* by wire
telegraferen *overg & onoverg* [telegrafeerde, h. getelegrafeerd] telegraph, wire, cable
telegrafie *v* telegraphy
telegrafisch I *bn* telegraphic II *bijw* telegraphically, by wire
telegrafist *m* [-en] telegraphist, (telegraph) operator
telegram *o* [-men] telegram, wire, cablegram
telegramstijl *m* telegram style, telegraphese ★ *in ~* in telegram style
telekinese *v* telekinesis
telelens *v* [-lenzen] telephoto lens
telemarketing *v* telemarketing
telematica *v* telematics
telen *overg* [teelde, h. geteeld] ❶ *vruchten &* grow, cultivate ❷ *dieren* breed, rear, raise
telepathie *v* telepathy
telepathisch I *bn* telepathic II *bijw* telepathetically
teler *m* [-s] ❶ *v. planten* grower ❷ *v. vee* breeder
telescoop *m* [-scopen] telescope
telescoophengel *m* [-s] telescopic fishing rod
telescopisch *bn* telescopic
teleshoppen *o*, **teleshopping** *v* teleshopping
teletekst *m* teletext, ‹v.d. BBC› Ceefax
teletekstpagina *v* ['s] teletext page
teleurstellen *overg* [stelde teleur, h. teleurgesteld] disappoint ★ *teleurgesteld over* disappointed at / with ★ *teleurgesteld in* disappointed in
teleurstellend I *bn* disappointing II *bijw* disappointingly
teleurstelling *v* [-en] disappointment ★ *haar ~ over...* her disappointment at / with...
televisie *v* [-s] ❶ *beeldoverbrenging* television ★ *(naar de) ~ kijken* watch television ★ *op / voor de ~* on television ★ *op de ~ uitzenden* televise ★ *bij de ~ werken* work for television ❷ *toestel* television (set), TV, inf Br telly, inf Am tube
televisiebewerking *v* [-en] television adaptation
televisiecamera *v* ['s] television camera
televisiedominee *m* [-s] TV evangelist
televisiefilm *m* [-s] television / TV film, Am television / TV movie
televisiejournaal *o* [-s] television news
televisiekijker *m* [-s] television viewer, televiewer
televisienet *o* [-ten] television network ★ *op het eerste ~* on Channel one
televisieomroep *m* [-en] television company

televisieomroepster *v* [-s] hostess

televisieopname *v* [-n & -s] television recording

televisieprogramma *o* ['s] television programme, Am telecast

televisierechten *zn* [mv] television / TV rights

televisiereclame *v* [-s] television / TV commercial

televisiereportage *v* [-s] television report

televisiescherm *o* [-en] television screen

televisieserie *v* [-s] television series / serial

televisiestation *o* [-s] television channel, Am television station

televisietoestel *o* [-len] television set

televisie-uitzending *v* [-en] television broadcast, telecast

televisiezender *m* [-s] ❶ *station* television channel, television broadcasting station ❷ *zendmast* television transmitter

telewerken *o* comput teleworking, home working, telecommuting

telewerker *m* [-s] comput teleworker, telecommuter

telewinkelen *o* teleshopping

telex *m* [-en] ❶ *toestel* teleprinter ❷ *dienst, net* telex

telexbericht *o* [-en] telex message

telexen *overg* [telexte, h. getelext] telex

telfout *v* [-en] miscalculation

telg *m-v* [-en] ❶ descendant, scion ★ *zijn ~en* his offspring / descendants ❷ *v. boom* shoot, sprout

telgang *m* ambling gait, amble

telganger *m* [-s] ambler

telkenmale *bijw* repeatedly, over and over again

telkens *bijw* ❶ *voortdurend* again and again, at every turn ★ *~ weer* over and over again ❷ *iedere keer* each / every time ★ *~ als, ~ wanneer* whenever, every time

tellen I *overg* [telde, h. geteld] ❶ *het aantal bepalen* count ★ *zijn dagen zijn geteld* his days are numbered ★ *ze zijn niet meer te ~* there are too many to count ★ *hij kijkt of hij niet tot tien kan ~* he looks as if he couldn't say boo to a goose ❷ *meetellen* number, count, include ★ *wij ~ hem onder onze vrienden* we number / count / include him among our friends ★ *hij wordt niet geteld* he doesn't count ❸ *geven om* attach importance to ★ *dat telt hij niet* he won't attach any importance to that ★ *iets licht ~* make light of sth ❹ *bestaan uit* consist of, have ★ *het boek telt meer dan 300 bladzijden* the book has more than / consists of 300 pages **II** *onoverg* [telde, h. geteld] ❶ count ★ *tot 100 ~* count (up) to a hundred ★ *voor twee ~* count as two ❷ *van belang zijn* count, matter ★ *dat telt niet* that doesn't count ★ *dat telt bij mij niet* that doesn't count with me

teller *m* [-s] ❶ *persoon* counter, teller ❷ *toestel* counter, meter ★ *de ~ stond op...* the meter was on... ❸ *v. breuk* numerator

telling *v* [-en] count(ing) ★ *de ~ van de stemmen* counting of the votes

teloorgaan *onoverg* [ging teloor, is teloorgegaan] be / become lost

teloorgang *m* loss

telraam *o* [-ramen] counting frame, abacus

telwoord *o* [-en] numeral

temeer *bijw* all the more

temeier *v* [-s] whore, hooker, hustler

temen *onoverg* [teemde, h. geteemd] whine

te midden *bijw* amidst, in the midst (of)

temmen *overg* [temde, h. getemd] ❶ *tam maken* tame, domesticate ❷ *v. paarden* break

tempel *m* [-s] temple

tempelier *m* [-s & -en] (Knight) Templar ★ *hij drinkt als een ~* he drinks like a fish

tempen *overg* [tempte, h. getempt] inf take someone's temperature

tempera *v* tempera

temperament *o* [-en] temperament, temper ★ *met / zonder ~* high- / low-spirited

temperamentvol *bn* high-spirited

temperaturen *overg* [temperatuurde, h. getemperatuurd] take someone's temperature

temperatuur *v* [-turen] temperature ★ *iems. ~ opnemen* take sbd's temperature

temperatuurdaling *v* [-en] fall / drop in temperature

temperatuurschommeling *v* [-en] fluctuation in temperature

temperatuurstijging *v* [-en] rise / increase in temperature

temperatuurverschil *o* [-len] difference in temperature

temperen *overg* [temperde, h. getemperd] ❶ *matigen* temper, ‹v. geestdrift› damp, ‹v. pijn› ease, ‹v. geluid, kleur› soften ★ *het enthousiasme ~* dampen the enthusiasm ★ *het licht ~* dim the light ❷ *mengen* blend, ‹v. staal› temper

tempo *o* ['s, muz ook: tempi] ❶ *snelheid* pace, tempo ★ *het ~ aangeven* set the pace ★ *~ maken* hurry, speed up ★ *het ~ verhogen* speed up the tempo / pace ★ *in een snel ~* at a quick rate ❷ muz tempo, time ★ *het ~ moet traag worden genomen* it should be played fairly slowly

tempobeurs *v* [-beurzen] achievement-based scholarship

temporeel *bn* ❶ *door tijd bepaald* temporal ❷ *tijdelijk* temporary

temporiseren *overg* [temporiseerde, h. getemporiseerd] ❶ *uitstellen* delay, put off ❷ *sport* stall, play for time

tempowisseling *v* [-en] change of pace

ten *voorz* at, to & ★ *~ eerste* firstly, ‹aan de ene kant› on the one hand ★ *~ tweede* secondly, ‹aan de andere kant› on the other hand ★ *~ derde / vierde / vijfde* thirdly / fourthly / fifthly ★ *~ zesde / zevende &* in the sixth / seventh & place ★ *~ stelligste* strongly, firmly

tenaamstellen *overg* [stelde tenaam, h. tenaamgesteld] ascribe

tenaamstelling *v* [-en] ascription

ten dele *bijw* partly, in part

tendens *v* [-en] tendency, trend ★ *er heerst een ~ om*

te

there is a tendency to ★ handel *een ~ van de beurs* a stock market trend

tendentieus I *bn* tendentious, biased, coloured **II** *bijw* tendentiously, in a biased way

tender *m* [-s] ❶ *achter locomotief* tender ❷ *tenderuitgifte* tender issue

tenderen *onoverg* [tendeerde, h. getendeerd] tend / incline / show a tendency (to / toward)

teneinde *voegw* in order to

tenen *bn* osier, wicker

tenenkaas *m* toe jam

teneur *m* drift, tenor

tengel *m* [-s] ❶ *lat* lath ❷ *hand* paw

tenger I *bn* slight, slender **II** *bijw* slightly, slenderly ★ *~ gebouwd* slightly built

tenietdoen *overg* [deed teniet, h. tenietgedaan] nullify, cancel, undo ★ *...al onze hoop ~* ...dash all our hopes

tenietgaan *onoverg* [ging teniet, is tenietgegaan] come to nothing, perish

tenlastelegging, **telastlegging** *v* [-en] charge, indictment, accusation

tenminste *bijw* at least ★ *als hij ~ iets gezegd heeft* at least if he has said something

tennis *o* tennis ★ *een partijtje ~* a game of tennis ★ *~ spelen* play tennis

tennisarm *m* [-en] tennis elbow / arm

tennisbaan *v* [-banen] tennis court

tennisbal *m* [-len] tennis ball

tennisclub *v* [-s] tennis club

tennisracket *o & v* [-s] tennis racket

tennisschoen *m* [-en] tennis shoe

tennissen *onoverg* [tenniste, h. getennist] play tennis

tennisser *m* [-s] tennis player

tennisspeler *m* [-s] tennis player

tenor *m* [-s & -noren] tenor

tenorsaxofoon *m* [-s & -fonen] tenor saxophone

tenslotte *bijw* ❶ *immers* after all ★ *het is ~ maar voor een paar dagen* after all, it's only for a few days ❷ *uiteindelijk* finally, eventually ★ *~ kwam hij* he finally / eventually arrived

te

tent *v* [-en] ❶ *tijdelijk verblijf* tent ★ *ergens zijn ~en opslaan* pitch tents ★ *ergens zijn ~en opslaan* pitch one's tent somewhere ★ *de ~ afbreken* tear the place apart ★ *iem uit zijn ~ lokken* draw sbd out ❷ *stoffen overkapping tegen zon, regen* awning ❸ *kraam* booth, stand ❹ *café, dancing & place, inf joint

tentakel *m* [-s] tentacle

tentamen *o* [-s & -mina] preliminary examination, inf prelim

tentamenperiode *v* [-s & -n] examination period / time

tentamineren *overg* [tentamineerde, h. getentamineerd] examine

tentdak *o* [-daken] pavilion roof

tentdoek *o & m* [-en] canvas, tent cloth

tentenkamp *o* [-en] tent camp, campsite

tentharing *m* [-en] tent peg

tentoonspreiden *overg* [spreidde tentoon, h. tentoongespreid] display

tentoonstellen *overg* [stelde tentoon, h. tentoongesteld] exhibit, show

tentoonstelling *v* [-en] exhibition, show

tentoonstellingsterrein *o* [-en] exhibition ground(s) / area

tentstok *m* [-ken] tent pole

tentzeil *o* canvas

tenue *o & v* [-s & -n] mil dress, uniform ★ *in groot ~* in full dress / uniform ★ *in klein ~* in undress, in ordinary uniform

tenuitvoerbrenging, **tenuitvoerlegging** *v* [-en] execution, enforcement, implementation

ten zeerste *bijw* extremely, highly

tenzij *voegw* unless ★ *ik kom, ~ ik ziek word* I'll come if I'm not ill

tepel *m* [-s] ❶ *v. mens* nipple ❷ *v. dier* dug ❸ *v. uier* teat

tepelhof *m* [-hoven] areola

tepelkloof *v* [-kloven] cracked nipple

tequila *m* tequila

ter *voorz* at / in / to the

teraardebestelling *v* [-en] burial, funeral

terbeschikkingstelling *v* [-en] ❶ *v. volwassenen* preventive detention, Br entrustment order ❷ *v. minderjarigen* placement in a state educational home, child care order

terdege *bijw* properly, thoroughly, well ★ *we kregen er ~ van langs* we were soundly beaten / thrashed ★ *ik ben me er ~ van bewust* I'm very conscious of it

terecht I *bijw* ❶ *juist* rightly, justly ★ *zij protesteren ~* they are right to protest / in protesting, their protests are justified ★ *~ of ten onrechte* rightly or wrongly ★ *ze hebben hem weggestuurd, en ~* they sent him away, and rightly so ❷ *op de goede plaats* in the right place ★ *ben ik hier ~ bij de burgemeester?* is this the mayor's house? ❸ **II** *bn* ❶ *juist* appropriate, correct, justified ★ *~e kritiek* justified / appropriate criticism ❷ *gevonden* found ★ *het is weer ~* it's been found

terechtbrengen *overg* [bracht terecht, h. terechtgebracht] *in orde brengen* arrange, put / set to rights ★ *het ~* arrange matters ★ *er niets van ~* make a mess of it ★ *er (heel) wat van ~* make a success of it

terechtkomen *onoverg* [kwam terecht, is terechtgekomen] ❶ *aankomen* arrive at, land ★ *in een moeras ~* land in a bog ★ *~ in de zakken van...* go into the pockets of... ❷ *in orde komen* turn out all right ★ *het zal wel ~* it's sure to turn out all right ★ *het zal van zelf wel ~* it's bound to right itself / to fix itself up / to sort itself out ★ *wat de betaling betreft, dat zal wel ~* we'll sort the payment out later ★ *hij zal wel ~* he'll find his feet, he'll manage ★ *er komt niets van hem terecht* he'll come to no good ★ *wat is er van haar terechtgekomen?* what's happened to her? ★ *daar komt niets van terecht* it'll come to nothing ★ fig *op zijn pootjes ~* turn out all

right ❸ *teruggevonden worden* turn up, show up
★ *het boek zal wel weer ~* the book is sure to turn up
some day ★ *de brief is niet terechtgekomen* the letter
hasn't turned up

terechtkunnen *onoverg* [kon terecht, h.
terechtgekund] ★ *ergens ~ (voor iets)* have a place to
go to (for sth) ★ *je kunt altijd bij hem terecht* you can
call on him any time ★ *daar kun je overal mee terecht*
that will do anywhere

terechtstaan *onoverg* [stond terecht, h.
terechtgestaan] be committed for trial, stand trial,
be on trial

terechtstellen *overg* [stelde terecht, h. terechtgesteld]
execute

terechtstelling *v* [-en] execution

terechtwijzen *overg* [wees terecht, h. terechtgewezen]
reprimand, reprove

terechtwijzing *v* [-en] reprimand, reproof

teren I *overg* [teerde, h. geteerd] *met teer besmeren* tar
II *onoverg* [teerde, h. geteerd] *leven van* live (on / off)
★ *achteruit ~* be eating into one's capital ★ *~ op* live
on ★ *op eigen kosten ~* pay one's way

tergen *overg* [tergde, h. getergd] provoke, irritate,
tease, torment

tergend I *bn uitdagend* provocative, exasperating,
infuriating **II** *bijw* provocatively & ★ *~ langzaam*
exasperatingly slow

tering *v* ❶ *ziekte* vero (pulmonary) consumption,
phthisis ★ *de vliegende ~* galloping consumption
★ *de ~ hebben* be consumptive ★ *je kunt de ~ krijgen*
you can get stuffed / fucked ★ *de ~ in hebben* be
pissed off ❷ *uitgaven* expense ★ *de ~ naar de nering
zetten* cut one's coat according to one's cloth

teringlijder *m* [-s] ❶ *tbc-patiënt* vero consumptive
❷ *scheldwoord* bastard

terloops I *bn* casual, passing ★ *een ~e blik* a cursory
look ★ *een ~e ontmoeting* a chance encounter **II** *bijw*
casually, in passing ★ *~ gemaakte opmerkingen*
incidental / off-hand remarks

term *m* [-en] ❶ *benaming* term ★ *in bedekte ~en* in
veiled terms ★ *in de ~en vallen om...* be liable to...
★ *volgens de ~en van de wet* within the meaning of
the law ❷ wisk term ❸ *beweegreden* grounds,
reasons ★ *er zijn geen ~en voor* there are no grounds
for it

termiet *m & v* [-en] termite, white ant

termietenheuvel *m* [-s] termite hill

termijn *m* [-en] ❶ *tijdruimte* term ★ *de uiterste ~* the
final deadline, the latest date ★ *een ~ vaststellen* fix a
time ★ *binnen de vastgestelde ~* within the set time
★ *op ~* ‹fondsen› for the account, ‹goederen› for
future delivery ★ *op korte ~* at short notice ★ *krediet
op korte / lange ~* short- / long-term credit ★ *de
wettelijke ~* the statutory period, the period allowed
/ required by law ❷ *afbetalingssom* instalment
★ *in ~en betalen* pay by / in instalments

termijnbetaling *v* [-en] instalment

termijncontract *o* [-en] eff forward contract, futures
contract

termijnhandel *m* eff futures (trading), business
/ dealing in futures ★ *financiële ~* financial futures
trading ★ *~ in olie* oil futures

termijnmarkt *v* [-en] eff futures / forward market ★ *de
financiële ~* the financial futures market ★ *de ~ voor
goud* gold futures

terminaal I *bn* terminal ★ *een terminale patiënt* a
terminal patient **II** *bijw* terminally

terminal *m* [-s] ❶ *luchthaven &* terminal ❷ comput
terminal

terminologie *v* [-gieën] terminology

terminologisch *bn* terminological

terminus *m* [-ne & -sen] ZN terminus

ternauwernood *bijw* scarcely, barely, hardly,
narrowly ★ *~ ontsnappen* have a narrow escape

terneer *bijw* down, under

terneerdrukken *overg* [drukte terneer, h.
terneergedrukt] depress

terneergeslagen *bn* depressed, downcast, dejected,
dispirited

terp *m* [-en] mound

terpentijn *m* ❶ *hars* turpentine ❷ *olie* (oil of)
turpentine, inf turps

terpentine *v* white spirit

ter plekke *bijw* on site

terracotta I *v & o* terra cotta **II** *bn* terracotta

terrarium *o* [-s & -ria] terrarium

terras *o* [-sen] ❶ *v. café* outdoor cafe ★ *op een ~je zitten*
sit in an outdoor cafe ❷ *op het dak* terrace
❸ *wandel-, zitplaats* terrace

terrasbouw *m* terrace cultivation

terrasvormig *bn* terraced

terrein *o* [-en] ❶ *stuk grond* ground(s), land, territory,
terrain ★ *een open ~* an open terrain ★ *het ~ kennen*
be sure of one's ground ★ *het ~ verkennen* mil
reconnoitre, fig see how the land lies ★ *~ verliezen*
lose ground ★ *~ winnen* gain ground ★ *op bekend ~
zijn* be on familiar ground ★ fig *daar was je op
gevaarlijk ~* you were on dangerous ground there
❷ *bouwterrein* (building) site ❸ mil terrain ❹ fig
domain, province, field ★ *op internationaal ~* in the
international field ★ *het ~ van de wiskunde* the field
of mathematics

terreinfiets *de* [-en] mountain bike

terreingesteldheid *v* state / condition of the ground

terreinknecht *m* [-s & -en] groundsman

terreinrit *m* [-ten] cross-country ride

terreinverlies *o* loss of ground

terreinwagen *m* [-s] four-wheel drive

terreinwinst *v* gain of ground ★ *~ boeken* gain
ground

terreur *v* terror ★ *de Terreur* the (Reign of) Terror

terreuraanslag *m* [-slagen] terrorist attack

terreurdaad *v* [-daden] terrorist act / attack ★ *daden
van terreur* acts of terrorism, terrorist acts

terreurorganisatie *v* [-s] terrorist organization

terriër *m* [-s] terrier

te

terrine *v* [-s] tureen
territoriaal *bn* territorial ★ *territoriale wateren* territorial waters
territorium *o* [-s & -ia] territory
territoriumdrift *v* territorial attitude, territorialism
terroriseren *overg* [terroriseerde, h. geterroriseerd] terrorize
terrorisme *o* terrorism
terrorist *m* [-en] terrorist
terroristisch *bn* terrorist
tersluiks *bijw* stealthily, covertly, on the sly
terstond *bijw* directly, immediately, at once, forthwith
tertiair I *bn* tertiary ★ *de ~e sector* the service sector **II** *o* Tertiary
terts *v* [-en] muz third ★ *een grote / kleine ~* a major / minor third ★ *in C grote / kleine ~* in C major / minor
terug *bijw* back ★ *~!* stand back!, back there! ★ *30 jaar ~* thirty years back / ago ★ *ik heb het boek ~* I've got the book back ★ *ik moet het ~* I want it back ★ *fig hij kan niet meer ~* he can't go back on it ★ *ik ben om acht uur weer ~* I'll be back at eight o'clock ★ *~ naar af* back to square one ★ *ze zijn ~ uit Frankrijk* they're back from France ★ *~ van weg geweest* back again ★ *Liverpool is ~ van weg geweest* Liverpool has made a comeback ★ *heb je van een euro ~?* can you change a euro? ★ *fig heb je daarvan ~?* have you ever seen anything like it? ★ *fig daar had hij niet van ~* he didn't know what to say to that
terugbellen *overg* [belde terug, h. teruggebeld] call / ring back
terugbetalen *overg* [betaalde terug, h. terugbetaald] pay back, repay, refund, reimburse
terugbetaling *v* [-en] repayment, reimbursement, refunding
terugbezorgen *overg* [bezorgde terug, h. terugbezorgd] return
terugblik *m* review, retrospective view ★ *een ~ werpen op* look back on
terugblikken *onoverg* [blikte terug, h. teruggeblikt] look back (on / to)
terugboeken *overg* [boekte terug, h. teruggeboekt] boekh reverse, write back
terugboeking *v* [-en] boekh reverse entry, write-back
terugbrengen *overg* [bracht terug, h. teruggebracht] bring / take back ★ *~ naar de oorspronkelijke staat* restore to its original state ★ *~ tot de essentie* reduce to its essence ★ *tot op... ~* reduce to...
terugdeinzen *onoverg* [deinsde terug, is teruggedeinsd] shrink back, recoil ★ *(niet) ~ voor...* (not) shrink / flinch from... ★ *voor niets ~* stick / stop at nothing
terugdenken *onoverg* [dacht terug, h. teruggedacht] ★ *~ aan* recall (to mind) ★ *dat doet ons ~ aan...* that reminds us of... ★ *zich ~ in die toestand* remember what it was like in the same situation
terugdoen *overg* [deed terug, h. teruggedaan]

❶ *terugplaatsen* put back ★ *de brief in de envelop ~* put the letter back in the envelope ❷ *in ruil doen* do in return ★ *doe ze de groeten terug* return their greetings ★ *kunnen wij iets ~?* can we do sth in return? ★ *zij plagen hem vaak maar hij doet niets terug* they tease him a lot but he doesn't react ★ *zij wil iets ~ voor haar geboorteland* she wants to repay her debt to the country of her birth
terugdraaien *overg* [draaide terug, h. teruggedraaid] turn / take back, reverse ★ *de maatregelen ~* reverse the measures
terugdrijven I *overg* [dreef terug, h. teruggedreven] drive back, repulse, repel **II** *onoverg* [dreef terug, is teruggedreven] float / drift back
terugdringen *overg* [drong terug, h. teruggedrongen] drive / push back ★ *tranen ~* force back tears
terugeisen *overg* [eiste terug, h. teruggeëist] reclaim, claim back
terugfluiten *overg* [floot terug, h. teruggefloten] whistle back ★ *de staatssecretaris werd door de minister-president teruggefloten* the Prime Minister blew the whistle on the Minister of State
teruggaan *onoverg* [ging terug, is teruggegaan] ❶ *terugkeren* go back, return ★ *~ naar het begin van deze pagina* return to the start of this page ❷ *achteruitgaan* go back ★ *de trein ging een eindje terug* the train went back a little way ❸ *minder worden* drop (back), decline ★ *de prijzen gaan terug* prices are dropping (back) ★ *de kwaliteit is erg teruggegaan* the quality has declined greatly ❹ *zijn oorsprong vinden in* date / go back to ★ *woorden die ~ op plaatsnamen* words that can be traced back to place names ★ *~ tot het jaar...* date back to the year...
teruggang *m* ❶ *terugkeer* going back, return ❷ *achteruitgang* decay, decline, ‹van de economie› recession ❸ *v. prijzen* fall, drop, decrease
teruggave, teruggaaf *v* return, restitution
teruggetrokken I *bn* retiring, withdrawn, retired **II** *bijw* ★ *ze leven erg ~* they lead a very quiet life
teruggeven I *overg* [gaf terug, h. teruggegeven] give back, return, restore **II** *onoverg* [gaf terug, h. teruggegeven] bij 't betalen give back ★ *kunt u van een euro ~?* can you change a euro?
teruggooien *overg* [gooide terug, h. teruggegooid] throw / toss back
teruggrijpen *onoverg* [greep terug, h. teruggegrepen] go back (to) ★ *~ op* revert to, hark back to
teruggroeten *overg & onoverg* [groette terug, h. teruggegroet] ❶ return the greeting, acknowledge sbd's greeting ❷ mil acknowledge / return a salute
terughalen *overg* [haalde terug, h. teruggehaald] ❶ fetch back ❷ *terugtrekken* withdraw, pull back
terughoudend I *bn* reserved, distant, aloof **II** *bijw* hij reageerde nogal ~ op het voorstel his reaction to the proposal was somewhat reserved
terugkaatsen *overg & onoverg* [kaatste terug, h. en is teruggekaatst] *v. richting veranderen* be reflected,

⟨bal &⟩ rebound, ⟨licht, warmte⟩ reflect, ⟨geluid⟩ reverberate, (re-)echo

terugkaatsing *v* [-en] reflection, ⟨v. geluid⟩ reverberation

terugkeer *m* comeback, return

terugkennen *overg* [kende terug, h. teruggekend] recognize, know ★ *ze zullen hun wijk niet meer ~* they won't be able to recognize their suburb, they won't know their suburb any longer

terugkeren *onoverg* [keerde terug, is teruggekeerd] return, turn back ★ *naar huis ~* return home ★ *om weer tot ons onderwerp terug te keren* to get back to our subject ★ *op zijn schreden ~* retrace one's steps ★ *de rust keerde terug* peace returned

terugkijken *onoverg* [keek terug, h. teruggekeken] ❶ *een blik beantwoorden* look back ❷ *terugblikken* look back on ★ *~ op het verleden* look back at the past

terugkomen *onoverg* [kwam terug, is teruggekomen] ❶ return, come back ★ *hij kan elk moment ~* he could be back at any moment ★ *weer ~ bij de dokter* go back to the doctor ★ *~ op / van een besluit / zijn belofte* go back on a decision / one's promise ★ *~ op zijn woorden* reconsider one's words ★ *om terug te komen op wat ik daarnet zei* just going back to what I said a moment ago ★ *ik ben ervan teruggekomen* I've changed my mind ❷ *sp* come back, make a comeback ★ *Agassi kwam terug en won 4-2* Agassi made a comeback to win 4-2

terugkomst *v* return

terugkopen *overg* [kocht terug, h. teruggekocht] ❶ buy back, repurchase ❷ *inlossen* redeem

terugkoppelen *overg* [koppelde terug, h. teruggekoppeld] *voorleggen* give feedback, submit ★ *de resultaten ~ naar de praktijk* apply the results to practice

terugkoppeling *v* ❶ auto gear change ❷ *feedback* feedback

terugkrabbelen *onoverg* [krabbelde terug, is teruggekrabbeld] go back on, back out, cry off, opt out

terugkrijgen *overg* [kreeg terug, h. teruggekregen] get back ★ *geld ~ bij het wisselen* receive change

terugleggen *overg* [legde terug, h. teruggelegd] ❶ *weer op zijn plaats leggen* put back ❷ sp pass back (*op* to)

teruglezen *overg* [las terug, h. teruggelezen] read back

terugloop *m* fall, decrease

teruglopen *onoverg* [liep terug, is teruggelopen] ❶ *achteruitlopen* walk back ❷ *v. water* run / flow back ❸ *v. prijzen &* recede, fall, drop

terugluisteren *overg* [luisterde terug, h. teruggeluisterd] play back

terugnemen *overg* [nam terug, h. teruggenomen] ❶ take back ★ *gas ~* throttle back, reduce speed, fig take things easy ❷ *intrekken* withdraw, retract ★ *zijn woorden ~* take back one's words, eat one's words

terugreis *v* [-reizen] return trip / journey, trip / journey back, ⟨per boot⟩ return voyage, voyage back ★ *op de ~* on one's journey home

terugreizen *onoverg* [reisde terug, is teruggereisd] travel back, return

terugrijden *onoverg* [reed terug, is teruggereden] drive back, ⟨fiets, paard⟩ ride back

terugroepen *overg* [riep terug, h. teruggeroepen] call back, recall ★ *teruggeroepen worden* be called back, ⟨van acteur⟩ get another curtain call ★ *iets in het geheugen ~* recall sth (to mind)

terugschakelen *onoverg* [schakelde terug, h. teruggeschakeld] ❶ auto change down ❷ RTV switch back to

terugschieten I *overg* [schoot terug, h. teruggeschoten] ❶ *met (vuur)wapens* shoot back ❷ sp kick back **II** *onoverg* [schoot terug, is teruggeschoten] *snel terugbewegen* shoot back ★ *de versnellingspook schiet steeds terug* the gear keeps popping back

terugschoppen *overg* [schopte terug, h. teruggeschopt] kick back

terugschrijven *overg* [schreef terug, h. teruggeschreven] write in reply, write back

terugschrikken *onoverg* [schrikte terug, is teruggeschrikt *of* schrok terug, is teruggeschrokken] flinch, recoil ★ *(niet) ~ voor / van iets* (not) be afraid of sth

terugschroeven *overg* [schroefde terug, h. teruggeschroefd] ❶ *op een lager niveau brengen* scale down, reduce ★ *de productie ~* reduce production ❷ *ongedaan maken* reverse, change ★ *de beslissing is teruggeschroefd* the decision has been reversed

terugslaan I *overg* [sloeg terug, h. teruggeslagen] ❶ *bal* strike back, return ❷ *vijand* beat back, repulse **II** *onoverg* [sloeg terug, is teruggeslagen] ❶ strike / hit back ❷ techn backfire ▼ *~ op* refer to

terugslag *m* ❶ ⟨v. moto⟩ r backfire, ⟨v. zuiger⟩ backstroke, ⟨v. geweer⟩ kickback, recoil ❷ fig reaction, repercussion, setback, ⟨recessie⟩ recession ★ *dit is een ~ voor het land* this is a blow for the country ❸ biol throwback

terugsnellen *onoverg* [snelde terug, is teruggesneld] hasten / hurry back

terugspeelbal *m* [-len] sp backward pass

terugspelen *overg* [speelde terug, h. teruggespeeld] ❶ sp play (the ball) back ★ *~ op de keeper* pass / kick the ball back to the goalkeeper ❷ *v. band* replay

terugspoelen *overg* [spoelde terug, h. teruggespoeld] rewind

terugspringen *onoverg* [sprong terug, is teruggesprongen] ❶ *achteruitspringen* spring / leap back ❷ *terugveren* recoil, rebound ❸ *achter een lijn liggen* recede

terugstorten *overg* [stortte terug, h. teruggestort] *geld* refund

terugstromen *onoverg* [stroomde terug, is teruggestroomd] flow back

terugsturen *overg* [stuurde terug, h. teruggestuurd] send back

terugtellen *onoverg* [telde terug, h. teruggeteld] count backwards

terugtocht *m* ❶ *gedwongen* retreat ❷ *terugreis* journey home, trip back

terugtrappen I *onoverg* [trapte terug, h. teruggetrapt] *op fiets* back-pedal **II** *overg* [trapte terug, h. teruggetrapt] kick back

terugtraprem *v* [-men] back-pedal brake

terugtreden *onoverg* [trad terug, is teruggetreden] ❶ *achterwaarts stappen* step back ❷ *aftreden* withdraw (from)

terugtrekken I *overg* [trok terug, h. teruggetrokken] ❶ *achteruit doen gaan* pull / draw back, withdraw ❷ *intrekken* recall, withdraw ★ *een toezegging ~* go back on / revoke a promise **II** *wederk* [trok terug, h. teruggetrokken] ★ *zich ~* ‹op achtergrond gaan› retire, ‹verbinding & verbreken› withdraw from **III** *onoverg* [trok terug, is teruggetrokken] mil retire, retreat, withdraw ★ *~ op* fall back on

terugtrekking *v* ❶ *uit zaken* retirement ❷ mil withdrawal, disengagement ❸ *intrekken* retraction

terugval *m* relapse, reversion

terugvallen *onoverg* [viel terug, is teruggevallen] fall back ★ *~ tot* revert to ★ *~ op* fall back on ★ *kunnen ~ op* be able to fall back on

terugvaren *onoverg* [voer terug, is teruggevaren] sail back, return

terugverdienen *overg* [verdiende terug, h. terugverdiend] earn enough to repay ★ *de investeringen moeten in een jaar zijn terugverdiend* the costs of the investment have to be recovered within a year

terugverlangen I *onoverg* [verlangde terug, h. terugverlangd] think back longingly ★ *~ naar de tijd...* think back longingly to the time... **II** *overg* [verlangde terug, h. terugverlangd] ask back

terugvinden *overg* [vond terug, h. teruggevonden] ❶ *weer vinden* find again, recover ❷ *opnieuw aantreffen* encounter again ★ *deze uitdrukking vindt men telkens terug* this expression can be found time and again

terugvliegen *onoverg* [vloog terug, is teruggevlogen] fly back

terugvloeien *onoverg* [vloeide terug, is teruggevloeid] flow back

terugvoeren *overg* [voerde terug, h. teruggevoerd] carry / take back ★ *~ op* carry back to ★ *~ tot* trace back to

terugvorderen *overg* [vorderde terug, h. teruggevorderd] claim back, recover

terugvordering *v* [-en] reclamation

terugvragen *overg* [vroeg terug, h. teruggevraagd] ask back, ask for the return of

terugwedstrijd *m* [-en] ❶ *thuiswedstrijd* ZN home match ❷ *returnwedstrijd* ZN return match

terugweg *m* [-wegen] way back, return ★ *op de ~ on*

our way back

terugwerkend *bn* retroactive ★ *een bepaling ~e kracht verlenen* make a provision retroactive ★ *salarisverhogingen ~e kracht verlenen* back-date salary increases

terugwerpen *overg* [wierp terug, h. teruggeworpen] ❶ *teruggooien* throw back ★ *een blik ~* cast a look back ★ *op zichzelf teruggeworpen worden* be thrown on one's own resources ❷ mil throw back ❸ sp return

terugwijzen *overg* [wees terug, h. teruggewezen] ❶ *verwijzen* refer back ❷ *weigeren* reject, refuse

terugwinnen *overg* [won terug, h. teruggewonnen] win back, regain

terugzakken *onoverg* [zakte terug, is teruggezakt] fall back, ‹in een stoel› sink back

terugzeggen *overg* [zei terug, h. teruggezegd] answer back

terugzetten *overg* [zette terug, h. teruggezet] ❶ *achteruit zetten* put back ★ *een klok 10 minuten ~* put the clock back 10 minutes ★ fig *de klok ~* set the clock back ❷ *degraderen* move down ★ *een leerling een klas ~* move a pupil back to a lower class

terugzien I *onoverg* [zag terug, h. teruggezien] *terugblikken* look back ★ *~ op zijn jeugd* look back on one's youth **II** *overg* [zag terug, h. teruggezien] *weerzien* see again

terwijl *voegw* ❶ *gedurende de tijd dat* while, whilst ❷ *hoewel* whereas, while

ter zake *bijw* to the point

terzet *o* [-ten] muz terzetto

terzijde I *bijw* aside, at the side ★ *~ gezegd* in an aside ★ *~ laten* leave to one side ★ *~ leggen* lay to one side ★ *iem. ~ nemen* draw sbd aside ★ *iem. ~ staan* stand by sbd ★ *~ stellen* put aside, waive ★ *van ~ vernemen* wij dat it has been brought to our notice that ★ *dit ~* by the way **II** *o* [-s] aside

test I *m* [-s] *proef* test ★ *iem. een ~ afnemen* test sbd **II** *v* [-en] ❶ *komfoor* firepan ❷ *hoofd* nob, nut, noddle

testament *o* [-en] ❶ *wilsbeschikking* will, last will (and testament) ★ *zijn ~ maken* make one's will ★ *bij ~ vermaken aan* bequeath to, will away to ★ *iem. in zijn ~ zetten* remember sbd in one's will ★ *overlijden zonder ~ na te laten* die intestate ★ *een ~ op de langstlevende* a will in favour of the surviving spouse ❷ Bijbel Testament ★ *het Oude en Nieuwe Testament* the Old and the New Testament

testamentair *bn* testamentary ★ *een ~e beschikking* a testamentary disposition

testateur *m* [-s] testator

testatrice *v* [-s] testatrix

testauto *m* ['s] test car

testbeeld *o* [-en] *televisie* test card

testcase *v & o* [-s] test case

testen *overg* [testte, h. getest] test ★ *~ op hiv* test for HIV / aids

testeren *overg* [testeerde, h. getesteerd] ❶ *vermaken* bequeath, dispose of by will ❷ *getuigen* attest

te

testikel *m* [-s] testicle
testimonium *o* [-s & -ia] testimonial ★ jur *een ~ paupertatis* proof of insufficient means
testmarkt *v* [-en] test market
testosteron *o* testosterone
testpiloot *m* [-loten] test pilot
testresultaat *o* [-taten] test result
testrijder *m* [-s] test driver
testvlucht *v* [-en] test flight
tetanus *m* tetanus
tetanusprik *m* tetanus injection
tête-à-tête *o* [-s] tête-à-tête
tetteren *onoverg* [tetterde, h. getetterd] ❶ *schetterend geluid maken* trumpet, blare ❷ *luid spreken* yap ❸ *veel drinken* booze
teug *m & v* [-en] swig, gulp ★ *in één ~* in one gulp | swig ★ *met volle ~en inademen* breath in deeply ★ *met volle ~en van iets genieten* enjoy sth to the full
teugel *m* [-s] rein, bridle ★ *de ~ strak houden* hold the reins tight, keep a tight rein on sbd ★ fig *iets de vrije ~ geven / laten* give free rein to sth ★ fig *de ~s aanhalen* tighten the reins ★ fig *de ~ vieren* give full rein to ★ *de ~s van het bewind in handen hebben* hold the reins of government
teunisbloem *v* [-en] *plant* evening primrose
teut I *m-v* [-en] slowcoach, dawdler II *bn dronken* tight
teuten *onoverg* [teutte, h. geteut] dawdle
Teutonen *zn* [mv] Teutons
Teutoons *bn* Teutonic
teveel *o* surplus, overabundance ★ *een ~ aan* a surplus of
tevens *bijw* at the same time ★ *de beste en ~ de slechtste* both the best and the worst
tevergeefs *bijw* in vain, vainly, to no effect
tevoorschijn *bijw* ★ *iets ~ brengen* produce sth, fig ook bring sth to light ★ *iets ~ halen* produce sth, take sth out ★ *~ komen* appear, make one's appearance, come out ★ *iets / iem. ~ roepen* call sth / sbd up
tevoren *bijw* ❶ *eerder* before, previously ★ *de dag ~* the day before ★ *nooit ~* never before ❷ *vooraf* beforehand, in advance ★ *van ~* beforehand, in advance
tevreden I *bn* ❶ *predicatief* content ★ *~ met* content with ★ *~ zijn over* be satisfied with ❷ *attributief* contented II *bijw* contentedly ★ *hij knikte ~* he nodded contentedly
tevredenheid *v* contentment, content, satisfaction ★ *tot zijn (volle) ~* to his (complete) satisfaction ★ *een boterham met ~* bread without anything on it
tevredenheidsgarantie *v* satisfaction guarantee
tevredenstellen *overg* [stelde tevreden, h. tevredengesteld] content, satisfy ★ *zich ~ met* content oneself with
tewaterlating *v* [-en] launch, launching
teweegbrengen *overg* [bracht teweeg, h. teweeggebracht] bring about, cause
tewerkstellen *overg* [stelde tewerk, h. tewerkgesteld] engage, employ

tewerkstelling *v* [-en] employment
textiel *m & o* textile
textielindustrie *v* [-trieën] textile industry
textielnijverheid *v* textile industry
textuur *v* [-turen] texture
tezamen *bijw* together
tezelfdertijd *bijw* at the same time
TGV *m* (train à grande vitesse) TGV, high-speed train
t.g.v. *afk* ❶ (ten gevolge van) as a result of ❷ (ter gelegenheid van) on the occasion of ❸ (ten gunste van) in favour of
Thai *m* [-s] Thai
Thailand *o* Thailand
Thais *bn & o* Thai
Thaise *v* [-n] Thai ★ *ze is een ~* she's a Thai, she's from Thailand
thans *bijw* at present, now, nowadays, at the current time
theater *o* [-s] theatre, Am theater
theaterbezoek *o* [-en] visit to the theatre/Am theater, night at the theatre/Am theater
theatervoorstelling *v* [-en] theatre/Am theater performance
theatraal I *bn* theatrical, showy, stagey, histrionic ★ *een ~ gebaar* a theatrical gesture II *bijw* theatrically &
thee *m* tea ★ *~ drinken* have morning / afternoon tea ★ *ze zijn aan het ~ drinken* they're having morning / afternoon tea ★ *komt u op de ~?* would you come and have morning / afternoon tea with us?
theeblad I *o* [-bladen] *dienblad* tea tray II *o* [-bladen & -bla(de)ren] *blad v. theestruik* tea leaf
theebus *v* [-sen] tea caddy / canister
theedoek *m* [-en] tea towel / cloth
thee-ei *o* [-eieren] tea infuser / ball
theeglas *o* [-glazen] tea glass
theehuis *o* [-huizen] tea house / room
theekopje *o* [-s] teacup
theekransje *o* [-s] *groepje* tea party
theelepel *m* [-s] ❶ *hoeveelheid* teaspoonful ★ *een ~(tje) (vol)* a teaspoonful (of) ❷ *lepeltje* teaspoon
theeleut *m* [-en] tea drinker
theelichtje *o* [-s] tea warmer
Theems *v* Thames
theemuts *v* [-en] tea cosy
theepauze *v* [-s & -n] tea break
theeplantage *v* [-s] tea plantation
theepot *m* [-ten] teapot
theeservies *o* [-viezen] tea service / set
theetante *v* [-s] gossip
theetijd *m* teatime
theevisite *v* [-s] tea party, tea ★ *op ~ komen* come to morning / afternoon tea
theewater *o* tea water ★ *hij is boven zijn ~* he's had a drop too much
theezakje *o* [-s] tea bag
theezeefje *o* [-s] tea strainer
theïne *v* theine, caffeine

theïsme *o* theism
theïst *m* [-en] theist
theïstisch *bn* theistic
thema I *o* ['s & -mata] theme II *v & o* ['s] <u>onderw</u> exercise
themanummer *o* [-s] special issue
themapark *o* [-en] theme park
thematiek *v* [-en] theme(s)
thematisch I *bn* thematic II *bijw* thematically ★ ~ *geordend* arranged by subject
theocraat *m* [-craten] theocrat
theocratie *v* [-tieën] theocracy
theocratisch *bn* theocratic
theologie *v* theology
theologisch *bn* theological ★ *de ~e faculteit* the Faculty of Theology
theoloog *m* [-logen] ❶ *geleerde* theologian ❷ *student* student of theology, divinity student
theorema *o* ['s] theorem
theoreticus *m* [-ci] theorist, theoretician
theoretisch I *bn* theoretical II *bijw* theoretically, in theory
theoretiseren *onoverg* [theoretiseerde, h. getheoretiseerd] theorize
theorie *v* [-rieën] ❶ *beginselen* theory ❷ *tegenover praktijk* theory ★ *in ~* theoretically speaking ❸ *stelling* theory, hypothesis
theorie-examen *o* theory examination
theorieles *v* [-sen] theory lesson
theosofie *v* theosophy
theosofisch *bn* theosophical
theosoof *m* [-sofen] theosophist
therapeut *m* [-en] therapist
therapeutisch I *bn* therapeutic II *bijw* therapeutically
therapie *v* [-pieën] ❶ *behandeling* therapy ❷ *onderdeel der geneeskunde* therapeutics
thermaal *bn* thermal
thermen *zn* [mv] thermal baths, thermae
thermiek *v* thermal, up-current, updraught of warm air
thermisch *bn* thermal
thermodynamica *v* thermodynamics
thermogeen *bn* thermogenic
thermometer *m* [-s] thermometer
thermosfeer *de* thermosphere
thermosfles *v* [-sen] Thermos / vacuum flask, <u>Am</u> Thermos bottle
thermoskan *v* [-nen] vacuum / Thermos flask
thermostaat *m* [-staten] thermostat
thesaurie *v* [-rieën] treasury
thesaurier *m* [-s] ❶ *schatmeester* treasurer ❷ *penningmeester* controller
thesaurus *m* [-ri] ❶ *schatkamer* treasury ❷ *woordenboek* thesaurus, terminology, dictionary of synonyms
these *v* [-n & -s] thesis
thesis *v* [-sissen & -ses] ❶ *alg.* thesis ❷ *doctoraalscriptie* <u>ZN</u> dissertation, Master's thesis ❸ *proefschrift* <u>ZN</u> PhD thesis
Thomas *m* Thomas ★ *een ongelovige ~* a doubting Thomas
Thora *v* torah
thorax *m* thorax
thorium *o* thorium
thriller *m* [-s] thriller
thuis I *bijw* ❶ *naar huis* home ❷ *in huis* at home ★ *~ zijn* be at home, be in ★ *is Charley ~?* is Charley at home?, is Charley in? ★ *ergens goed ~ in zijn* be at home with / in a subject ★ *doe of je ~ bent* make yourself at home ★ *hij voelt zich overal ~* he feels at home everywhere ★ *zich niet ~ voelen* not feel at home ★ *handen ~!* hands off! ★ *wel ~!* safe journey! get home safely! ★ *niemand ~* nobody at home, nobody in ★ *fig niet ~ geven* give no reaction, ‹niet meewerken› not play ball II *o* home ★ *een ~ hebben* have a home
thuisadres *o* [-sen] home address, private address
thuisbankieren *o* home banking
thuisbasis *v* [-bases] home base
thuisbevalling *v* [-en] home birth / delivery
thuisbezorgen *overg* [bezorgde thuis, h. thuisbezorgd] deliver to the house ★ *laten ~* have delivered
thuisbioscoop *de* [-copen] home cinema
thuisblijven *onoverg* [bleef thuis, is thuisgebleven] stay at home, stay in ★ *we kunnen wel ~* there's no point in going
thuisblijver *m* [-s] person who stays at home ★ *de ~s hadden gelijk* those who stayed at home were right
thuisbrengen *overg* [bracht thuis, h. thuisgebracht] ❶ *naar huis brengen* see home ❷ *fig* place ★ *ik kan zijn naam niet ~* I can't place his name
thuisclub *v* [-s] home team / side
thuisfluiter *m* [-s] home referee
thuisfront *o* home front
thuishaven *v* [-s] home port
thuishonk *o* home
thuishoren *onoverg* [hoorde thuis, h. thuisgehoord] belong ★ *daar ~* belong there ★ *die opmerkingen horen hier niet thuis* those remarks are out of place ★ *ik geloof dat ze in Haarlem ~* I think they're from Haarlem
thuishouden *overg* [hield thuis, h. thuisgehouden] keep sbd at home, keep sbd in(doors) ★ *zijn handen / vingers niet kunnen ~* not be able to keep one's hands off sbd / sth
thuiskomen *onoverg* [kwam thuis, is thuisgekomen] come home, get back
thuiskomst *v* homecoming, return (home)
thuiskrijgen *overg* [kreeg thuis, h. thuisgekregen] have delivered (at home)
thuisland *o* [-en] *vaderland* homeland, ‹in Zuid-Afrika› <u>hist</u> homeland
thuislaten *overg* [liet thuis, h. thuisgelaten] leave at home
thuisloos *bn* homeless

thuismarkt *v* [-en] domestic market

thuisreis *v* [-reizen] homeward journey, journey home ★ *op de ~* on the way home

thuisstudie *v* [-s] home study

thuisvoordeel *o* advantage of a home match

thuiswedstrijd *m* [-en] home game / match

thuiswerk *o* ❶ *(stuk)werk dat thuis wordt gedaan* homework, outwork ❷ *huisnijverheid* cottage industry

thuiswerker *m* [-s] homeworker, outworker

thuiswonend *bn* living at home

thuiszorg *v* home care

tiara *v* ['s] tiara

Tiber *m* Tiber

tic *m* [-s] ❶ *zenuwtrek* tic ❷ *scheutje alcohol* ± shot, dash ★ *een cola ~* cola / coke with a dash of rum, brandy &

tichel *m* [-s] flagstone, tile

ticket *o* [-s] ticket

tiebreak *m* [-s] tennis tiebreak, tiebreaker

tien I *hoofdtelw* ten ★ *bij ~en* by ten (o'clock) ★ *~ tegen één* ten to one **II** *v* [-en] ❶ ten ❷ *op rapport* ten, ⟨Br⟩ a first, ⟨Am⟩ an A+

tiend *m & o* [-en] tithe ★ *de ~en heffen* levy tithes

tiendaags *bn* of ten days, ten days'

tiende I *rangtelw* tenth ★ *op de ~ mei* on the tenth of May **II** *o* [-n] tenth part, tenth

tiendelig *bn* ❶ consisting of ten parts ❷ *decimaal* decimal ★ *een ~e breuk* a decimal fraction

tienduizend *telw* ten thousand ★ *~en* tens of thousands

tienduizendste I *bn* ten thousandth **II** *o* [-n] ten thousandth

tiener *m-v* [-s] teenager

tieneridool *o* [-idolen] teenage star

tienermeisje *o* [-s] teenage girl

tienertoer *m*, **tienertoerkaart** *v* [-en] teenage rover ticket ★ *op ~ gaan* go on a teenage (rover) tour

tienjarig *bn* ❶ *tien jaar durend* decennial ❷ *tien jaar oud* of ten years, ten-year-old ★ *op ~e leeftijd* at the age of ten

tienkamp *m* [-en] decathlon

tienkamper *m* [-s] decathlete

tienrittenkaart *v* [-en] ten-ride ticket

tiental *o* [-len] ten ★ *het ~* the ten (of them) ★ *twee ~len* two tens ★ *enige ~len klanten* a few dozen customers ★ *na een ~ jaren* a decade later, after a decade

tientje *o* [-s] ❶ *bedrag* tenner ❷ *papieren* ten euro note ❸ RK decade (of the rosary)

tienvoud *o* [-en] tenfold

tienvoudig I *bn* tenfold **II** *bijw* ten times ★ *je krijgt het ~ terug* you'll get back ten times more than you put in, you'll get it back multiplied by ten

tiërceren *overg* [tiërceerde, h. getiërceerd] reduce to one-third

tierelantijn *m* [-en], **tierelantijntje** *o* [-s] frill ★ *~tjes* all sorts of frills

tieren *onoverg* [tierde, h. getierd] ❶ *welig groeien* thrive ❷ *fig* flourish ★ *de ondeugd tiert daar welig* vice is rampant / rife there ❸ *razen* rage, rave, ⟨storm⟩ bluster

tierig *bn* ❶ *welig groeiend* thriving ❷ *levendig* lively

tiet *v* [-en] tit

tig *telw* scherts umpteen

tiger-kidnapping *de (v)* [-s] tiger kidnapping

tij *o* [-en] tide ★ *dood ~* slack water ★ *hoog / laag ~* high / low tide ★ *het is afgaand / opkomend ~* the tide is going out / coming in ★ *het ~ keren* turn things (a)round

tijd *m* [-en] ❶ ⟨tijdsduur⟩ time, ⟨periode⟩ period, ⟨seizoen⟩ season ★ *de goede oude ~* the good old times, the good old days ★ *de hele ~* all the time ★ *een hele (lange) ~* for a long time, for ages ★ *dat is een hele ~* that's quite a long time ★ *wel, lieve ~!* dear me! ★ *middelbare ~* mean time ★ *onbepaalde ~* an indefinite period ★ *plaatselijke ~* local time ★ *vrije ~* leisure (time), spare time ★ *het zal mijn ~ wel duren* it'll last my time, it'll see me out ★ *het is ~* time's up ★ *het is hoog ~* it's high time ★ *er was een ~ dat...* there was a time when... ★ *het wordt ~ om...* it's getting time to... ★ *(geen) ~ hebben* have (no) time ★ *alles heeft zijn ~* there is a time for everything ★ *het heeft de ~* there's no hurry ★ *ik heb de ~ aan mijzelf* my time is my own ★ *hij heeft zijn ~ gehad* he's had his day ★ *als men maar ~ van leven heeft* if only you live long enough ★ *de ~ niet klein weten te krijgen* have time on one's hands ★ *~ maken* make time ★ *ergens de ~ voor nemen* take one's time over sth ★ *~ winnen* gain time ★ *~ trachten te winnen* play for time ★ *wij zijn aan geen ~ gebonden* we're not tied down to time ★ *bij ~ en wijle* now and then ★ *bij ~en* at times, sometimes, occasionally ★ *bij de ~ brengen* update ★ *gedurende de ~ dat...* during the time that..., while, whilst ★ *in ~ van nood* in time of need ★ *in ~ van oorlog* in times of war ★ *in de ~ van een maand* in a month's time, within a month ★ *in de ~ dat...* at the time when... ★ *in een ~ dat...* at a time when... ★ *in mijn ~* in my time / day ★ *in mijn jonge ~* in my young days, when I was young ★ *in geen ~ heb ik...* I haven't... for a long time ★ *in de laatste ~* of late ★ *in lange ~* for a long time past ★ *in minder dan geen ~* in (less than) no time ★ *in onze ~* in our days ★ *in vroeger ~* in former times ★ *met de ~* as time goes / went on, with time ★ *met zijn ~ meegaan* keep up with the times ★ *na die ~* after that time ★ *na korte of langere ~* sooner or later ★ *morgen om deze ~* this time tomorrow ★ *omtrent deze ~* about this time ★ *op ~* in time ★ *de trein is op ~* the train is on time ★ *hij kwam net op ~* he came just in time ★ *de trein kwam precies op ~* the train arrived exactly on time ★ *handel op ~ kopen* buy for forward delivery ★ *op de afgesproken ~* at the appointed time, at the time fixed ★ *op gezette ~en* at set times ★ *alles op zijn ~* all in good time ★ *op welke ~ ook* (at) any time ★ *zij is over ~* her period is overdue / late ★ *het schip / de trein / de baby is over ~* the ship / train / baby is overdue ★ *sinds die ~* from that time, ever since ★ *te allen ~e* at all times ★ *te dien ~e* at the time ★ *te eniger ~* at some time (or other) ★ *zo hij te eniger ~...* if at any time he... ★ *te gelegener / rechter ~* in due time ★ *te zijner ~* in due time ★ *ten ~e dat...* at the time when... ★ *ten ~e van* at / in the time of... ★ *terzelfder ~* at the same time ★ *tegen die ~* by that time ★ *dat is uit de ~* it is out of date, it has had its day ★ *hij is uit de ~* he's had his day ★ *dichters van deze / onze ~* contemporary poets ★ *van de laatste / nieuwere ~* recent ★ *van die ~ af* from that time forward ★ *van ~ tot ~* from time to time ★ *voor de ~ van het jaar* for the time of year ★ *voor enige ~* for some time, for a time, some time ago ★ *voor korte / lange ~* for a short / long time ★ *vóór de ~* ahead of time ★ *vóór zijn ~ werd hij oud* he grew old prematurely / before his time ★ *voor de ~ van zes maanden* for a period of six months ★ *~ is geld* time is money ★ *de ~ zal het leren* time will show / tell ★ *de ~ is de beste heelmeester* time heals all ★ *andere ~en, andere zeden* other times, other manners, other days, other ways ★ *komt ~, komt raad* we'll cross that bridge when we come to it ★ *er is een ~ van komen en een ~ van gaan* to everything there is a season and a time to every purpose ❷ <u>taalk</u> tense

tijdbesparing *v* [-en] time saving ★ *dat geeft een ~* that'll save time
tijdbom *v* [-men] time bomb
tijdcontrole *v* timekeeping
tijdelijk I *bn* ❶ *van korte duur* temporary ★ *~ werk* a temporary job ❷ *wereldlijk* temporal ★ *het ~e met het eeuwige verwisselen* depart this life **II** *bijw* temporarily ★ *~ aangesteld* temporarily appointed / employed
tijdens *voorz* during ★ *~ het Schrikbewind* during the reign of terror
tijdgebonden *bn* dated ★ *een ~ uitdrukking* a dated expression
tijdgebrek *o* lack of time ★ *wegens ~* due to / because of lack of time
tijdgeest *m* spirit of the age / times
tijdgenoot *m* [-noten] contemporary
tijdig I *bn* timely, early, seasonable ★ *~e betaling* payment on time ★ *~e hulp* timely help **II** *bijw* in good time ★ *~ ingrijpen* take timely action
tijding *v* [-en] news, tidings
tijdje *o* [-s] (little) while
tijdklok *v* [-ken] *voor in- en uitschakelen v. apparaten* time switch
tijdlang *m* ★ *een ~* for some time, for a while
tijdloos *bn* timeless
tijdmechanisme *o* *als onderdeel van apparaat* timer
tijdmelding *v* [-en] ❶ *telec* speaking clock ❷ *via de radio* time check
tijdnood *m* lack / shortage of time, ‹schaakspel› time trouble ★ *in ~ verkeren* be short of time, be rushed

for time, be hard-pressed, be under time constraints
tijdopname *v* [-n] ❶ sp timing ❷ fotogr time exposure
tijdperk *o* [-en] ❶ *alg.* period, era ★ *een nieuw ~* a new era ❷ *historische periode* age ★ *het bronzen ~* the Bronze Age ★ *het stenen ~* the Stone Age
tijdrekening *v* [-en] ❶ *alg.* chronology ❷ *christelijk &* calendar
tijdrekken *o* playing for time, ‹sterker› time wasting
tijdrijden *o* time trialling
tijdrit *m* [-ten] race against time, ‹sp› time trial
tijdrovend *bn* time-consuming
tijdruimte, tijdsruimte *v* [-n] space of time, period ★ *binnen een ~ van...* within a period of...
tijdsbeeld *o* [-en] ❶ *aard* character of the age ❷ *beeld* portrait of an era
tijdsbepaling, tijdbepaling *v* [-en] ❶ *bepaling van juiste tijd* determination ❷ taalk temporal clause, adjunct of time
tijdsbesef *o* sense of time
tijdsbestek *o* space of time, period
tijdschakelaar *m* [-s] time switch
tijdschema *o* ['s] timetable
tijdschrift *o* [-en] periodical, magazine, journal
tijdsdruk *m* pressure of time, time pressure ★ *werken onder (hoge) ~* work under (high) time pressure, work to tight deadlines
tijdsduur *m* length of time, period, duration, term
tijdsein *o* [-en] time signal
tijdsgewricht *o* time, juncture
tijdslimiet *v* [-en] time limit, deadline
tijdspanne *v* [-n] time span
tijdstip *o* [-pen] (point in) time, moment ★ *op het huidige ~* at the current point in time
tijdsverloop *o* period / interval of time ★ *na een ~ van...* after a lapse of... ★ *binnen een niet al te groot ~* within a relatively short period of time
tijdsverschil *o* [-len] time difference, difference in time
tijdvak *o* [-ken] period
tijdverdrijf *o* pastime ★ *tot / uit ~* to pass the time
tijdverlies *o* loss of time
tijdverslindend *bn* extremely time-consuming
tijdverspilling *v* waste of time
tijdwaarnemer *m* [-s] timekeeper
tijdwaarneming *v* timekeeping
tijdwinst *v* gain of / in time ★ *dat is een ~ van twee uur* that will save two hours
tijdzone *v* [-s] time zone
tijgen *onoverg* [toog, is getogen] go, <u>plechtig</u> set forth ★ *zij togen naar Egypte* they set forth to Egypt ★ *aan het werk ~* set to work ★ *ten oorlog ~* set out to war
tijger *m* [-s] tiger
tijgerbrood *o* [-broden] tiger / vienna loaf
tijgeren *onoverg* [tijgerde, h. getijgerd] <u>mil</u> stalk
tijgerhaai *m* [-en] tiger shark
tijgerin *v* [-nen] tigress
tijgervel *o* [-len] tiger skin

tijk I *o de stof* ticking II *m* [-en] *overtrek* ‹v. matras› mattress cover, ‹v. kussen› pillowslip

tijm *m* thyme ★ *wilde* ~ wild thyme

tik *m* [-ken] ❶ *klap* flick, slap ★ *een* ~ *om de oren* a clip over the ears ❷ *geluid* tap, ‹v. klok› tick ❸ *gewoonte, trekking* tic

tikfout *v* [-en] typing error

tikje *o* [-s] ❶ *klapje* pat, tap ❷ *beetje* bit, touch, shade ★ *een* ~ *arrogantie* a touch of arrogance ★ *een* ~ *beter* a shade better ★ *een* ~ *korter* a fraction / tad shorter ★ *een* ~ *hatelijk* a bit on the nasty side

tikka masala *de* tikka massala

tikkeltje *o* [-s] touch, shade, bit ★ *een* ~ *melk* a dash of milk ★ *een* ~ *ordinair zijn* be a bit crude

tikken I *onoverg* [tikte, h. getikt] ❶ *alg.* tap, tick, click ★ *ik hoorde de klok* ~ I heard the clock ticking ★ *aan de deur* ~ tap at the door ★ *aan zijn pet* ~ touch one's cap ★ *iem. op de schouder* ~ tap sbd on the shoulder ★ *iem. op de vingers* ~ rap sbd over the knuckles ❷ *typen* type(write) II *overg* [tikte, h. getikt] ❶ *persoon* touch, tap ❷ *typen* type ★ *een brief* ~ type a letter

tikker *m* [-s] *op de beurs, horloge* ticker

tikkertje *o* [-s] ❶ *hart* ticker ❷ *spel* tag ★ ~ *spelen* play tag

tiktak *m* tick-tock

til I *m het tillen* lifting ★ *op* ~ *zijn* be drawing near, be at hand ★ *er is iets op* ~ there's something in the air II *v* [-len] *voor duiven* dovecot(e)

tilde *v* [-s] tilde, swung dash

tillen *overg* [tilde, h. getild] ❶ lift, heave, raise ★ fig *zwaar* ~ *aan* feel strongly about ❷ *bedrieglijk benadelen* cheat, swindle

tilt *bijw* ★ *op* ~ *staan / slaan* tilt, fig reach boiling point, blow a fuse, hit the roof

timbre *o* [-s] timbre

timemanagement *o* time management

timen *overg* [timede, h. getimed] time ★ *de operatie was goed getimed* the operation was well timed

time-out *m* [-s] sp timeout

timer *m* [-s] timer

timesharing *m* ook comput time-sharing

timide I *bn* timid, shy, bashful II *bijw* timidly &

timing *v* timing

timmeren I *onoverg* [timmerde, h. getimmerd] hammer, knock ★ *er op* ~ pitch into sbd ★ *aan de weg* ~ draw attention to oneself, make a name for oneself ★ *hij timmert niet hoog* he's not very bright II *overg* [timmerde, h. getimmerd] construct, build ★ *iets in elkaar* ~ ‹stukslaan› smash sth, knock sth to pieces, ‹maken› knock sth together

timmergereedschap *o* [-pen] carpenter's tools

timmerhout *o* timber ★ *alle hout is geen* ~ not everybody is suitable for the job

timmerman *m* [-lieden & -lui] carpenter

timmermansoog *o* ★ *een* ~ *hebben* have a good eye for proportions

timmerwerf *v* [-werven] (carpenter's) yard

timmerwerk *o* carpentry, carpenter's work

timpaan *o* [-panen] tympanum

tin *o* ❶ *metaal* tin ❷ *legering van tin en lood* pewter ❸ *tinnen artikelen* tinware

tinctuur *v* [-turen] tincture

tinerts *o* tin ore

tingelen *onoverg* [tingelde, h. getingeld] tinkle, jingle

tingeling, tingelingeling *tsw* ting-a-ling(-a-ling)

tinkelen *onoverg* [tinkelde, h. getinkeld] tinkle, jingle

tinmijn *v* [-en] tin mine

tinne *v* [-n] merlon ★ ~*n* battlements

tinnef *o & m* trash, rubbish

tinnen *bn* pewter

tint *v* [-en] ❶ *alg.* tint, tinge, hue, shade, tone ★ *een feestelijk* ~*je* a festive touch ★ *met een communistisch* ~*je* with a communist tint, with a tinge of communism ❷ *v. gelaat* complexion

tintelen *onoverg* [tintelde, h. getinteld] ❶ *glinsteren* twinkle, sparkle ★ ~ *van humor* sparkle with humour ★ ~ *van levenslust* sparkle with zest for life ❷ *v. kou* tingle ★ ~ *van de kou* tingle with the cold

tinteling *v* [-en] ❶ *fonkeling* twinkling, sparkling ❷ *prikkeling* tingling

tinten *overg* [tintte, h. getint] tinge, tint

tip I *m* [-pen] ❶ *uiterste punt* tip ❷ *v. doek* corner II *m* [-s] ❶ *informatie* tip, hint ❷ *fooi* tip

tipgeld *o* [-en] tip-off money

tipgever *m* [-s] *van politie* informer

tippel *m* walk ★ *een hele* ~ quite a walk

tippelaarster *v* [-s] street girl, prostitute

tippelen *onoverg* [tippelde, h. getippeld] ❶ *wandelen* walk, inf toddle ★ *ergens in* ~ take the bait, walk into the trap ❷ *v. prostituees* walk the streets, solicit

tippelverbod *o* ban on streetwalking

tippelzone *v* [-s] streetwalkers' district

tippen I *overg* [tipte, h. getipt] ❶ *informatie geven* tip off, Am inf finger ❷ *als vermoedelijke winnaar aanwijzen* tip (as) ❸ *fooi geven* tip ❹ *de punten verwijderen* trim, chip II *onoverg* [tipte, h. getipt] tip, touch ★ *hij kan er niet aan* ~ he doesn't come anywhere near it

tipsy *bn* tipsy

tiptoets *m* [-en] touch control

tiptop *bn* first-rate, A1, inf tip-top

tirade *v* [-s] tirade

tirailleren *onoverg* [tirailleerde, h. getirailleerd] mil skirmish

tirailleur *m* [-s] mil skirmisher

tiramisu *o* tiramisu

tiran *m* [-nen] ❶ *dictator* tyrant ❷ *kwelgeest* bully

tirannie *v* [-nieën] tyranny

tiranniek I *bn* tyrannical, despotic, oppressive II *bijw* tyrannically &

tiranniseren *overg* [tiranniseerde, h. getiranniseerd] ❶ *als tiran heersen over* tyrannize over ❷ *kwellen* bully

Tirol *o* Tyrol

Tiroler I *m* [-s] a Tyrolean man II *bn* Tyrolean

ti

Tirools *bn* Tyrolean
Tiroolse *v* [-n] Tyrolean ★ *ze is een* ~ she's a Tyrolean, she's from Tyrol
tissue *m* [-s] tissue
titaan, **titanium** *o* titanium
titanenstrijd *m* battle of epic proportions, titanic struggle
titel *m* [-s] ❶ *v. geschriften* ‹v. boek› title, ‹v. hoofdstuk &› heading, ‹opschrift› caption ❷ *kampioenschap* title ★ *de* ~ *veroveren* win the title ❸ *kwalificatie* title ★ *op persoonlijke* ~, ZN *ten persoonlijke* ~ personally, off the record, in a private capacity ★ *hij schrijft dit artikel op persoonlijke* ~ the views he expresses in this article are his own ❹ *universitaire graad* degree ❺ *rechtsgrond* <u>jur</u> title ▼ ZN *ten kosteloze* ~ free (of charge) ▼ ZN *ten voorlopige* ~ temporary
titelblad *o* [-bladen] title page
titelgevecht *o* [-en] title fight
titelhouder *m* [-s] sp titleholder
titelkandidaat *m* [-daten] competitor for the title
titelnummer *o* [-s] title track / song
titelpagina *v* ['s] title page
titelrol *v* [-len] title role / part
titelsong *m* [-s] title song
titelstrijd *m* [-en] title match
titelverdediger *m* [-s] titleholder
tittel *m* [-s] tittle, dot ★ *geen* ~ *of jota* not one jot or tittle, not a thing
titulair *bn* titular ★ *een majoor* ~ a brevet major
titularis *m* [-sen] ❶ holder (of an office, of a title), office-bearer, ‹v. parochie› incumbent ❷ *leraar* ZN teacher (of science, language &)
titulatuur *v* [-turen] ❶ *titel* style, title, form of address ❷ *betiteling* entitling
tja *tsw* ★ ~*!* well!
tjalk *m & v* [-en] Frisian tjalk, (sailing) barge
tjaptjoi *m* chop suey
tjiftjaf *m* [-fen & -s] *vogel* chiffchaff
tjilpen *onoverg* [tjilpte, h. getjilpt] chirp, cheep, twitter
tjokvol *bn* crammed, chock-full, inf chock-a-block
T-kruising *v* [-en] T-junction
tl-buis *v* [-buizen] fluorescent lamp, striplight
t/m *afk* (tot en met) until, up to and including
t.n.v. *afk* (ten name van) in the name of
toast, **toost** *m* [-en] ❶ *heildronk* toast ★ *een* ~ *uitbrengen op* give / propose a toast to ❷ *geroosterd brood* (slice of) toast
toasten *onoverg* [toastte, h. getoast], **toosten** [toostte, h. getoost] toast, give / propose a toast
toastje *o* [-s] piece of toast, cracker
tobbe *v* [-s & -n] tub
tobben *onoverg* [tobde, h. getobd] ❶ *zich zorgen maken* worry, brood ★ *over iets* ~ worry about sth, brood over sth ★ *met iem.* ~ have a lot of trouble with sbd ★ *met zijn gezondheid* ~ struggle with one's health ❷ *zwoegen* toil, drudge
tobber *m* [-s] ❶ *die zich zorgen maakt* worrier

❷ *zwoeger* toiler, drudge ❸ *sukkel* wretch
toccata *v* ['s] <u>muz</u> toccata
toch *bijw* ❶ *niettegenstaande dat* yet, still, in spite of (all) that, nevertheless ★ *ofschoon rijk, is hij* ~ *ongelukkig* despite being rich, he's not happy ★ *ik doe het lekker* ~*!* I'll do it anyway! ❷ *inderdaad* indeed ★ *ja* ~, *nu herinner ik het me* yes, indeed, now I do remember ❸ *ongeduld uitdrukkend* ever, on earth ★ *wat wil hij* ~*?* what on earth / whatever does he want? ★ *waar zou hij* ~ *zijn?* where on earth / wherever is he? ‹sterker› where the hell is he? ❹ *verbazing uitdrukkend* really ★ *het is* ~ *te erg* it really is too bad ★ *maar Sandra* ~*!* really, Sandra! ❺ *verzoekend* do ★ *ga* ~ *zitten* do sit down ★ *neem* ~ *nog een kop koffie* do have another cup of coffee ❻ *gebiedend* do ★ *wees* ~ *stil!* do be quiet, please!, ‹sterker› be quiet, will you! ❼ *eigenlijk* actually ★ *welke Jan bedoel je* ~*?* which Jan do you mean, actually? ★ *wat mankeert hem* ~*?* what's the matter with him, actually? ★ *hij is* ~ *wel knap* he's a clever fellow, actually ★ *wat is het* ~ *jammer!* what a pity it is! ❽ *nu eenmaal* anyway, anyhow ★ *hij komt* ~ *niet* he won't come anyway / anyhow ❾ *immers* after all ★ *je bent* ~ *ziek?* after all, you are ill ★ *hij doet* ~ *zijn best* after all, he's doing what he can ★ *het is* ~ *al moeilijk genoeg* it's difficult enough as it is ★ *je moest nu* ~ *klaar zijn* you were going to be ready by now ❿ *ter versterking* aren't / don't / haven't you / we / they &, weren't / didn't / hadn't you & ★ *je hebt er* ~ *nog één?* you've got another one, haven't you? ★ *je komt* ~*?* you are coming, aren't you? ★ *hij heeft de deur* ~ *op slot gedaan?* he did lock the door, didn't he? ★ *hij was* ~ *in het leger?* he was in the army, wasn't he? ★ <u>iron</u> *(wij gaan morgen) nee* ~*?* (we're going tomorrow) really?, you don't say! ▼ *antwoord* ~ *niet* don't bother answering
tocht *m* [-en] ❶ *reis* trip, ‹langer› journey, expedition, ‹op zee› voyage ★ ~*en maken* make trips ❷ *trekwind* draught, Am draft ★ *op de* ~ *zitten* sit in a draught ★ <u>fig</u> *op de* ~ *(komen te) staan* hang in the balance ❸ *sloot* race
tochtdeur *v* [-en] swing door
tochten *onoverg* [tochtte, h. getocht] be draughty ★ *het tocht hier* there's a draught here ★ *het raam tocht* there's a draught from the window
tochtgat *o* [-gaten] ❶ *luchtgat* blowhole, vent ❷ *plaats waar het tocht* draughty place
tochtig *bn* ❶ *waar het tocht* draughty ★ *het is hier* ~ there's a draught here ❷ *v. dier* ‹mannetje› rutting, ‹vrouwtje› in heat
tochtje *o* [-s] tour, trip
tochtstrip *m* [-s & -pen] weather strip
toe I *bijw* ❶ *in de richting van* to, towards ★ *naar huis* ~ home ★ *naar de stad* ~ ‹richting› in the direction of the town, ‹heengaan› to (the) town ★ *waar wil je naar* ~*?* what are you getting at? ❷ *ook* nog too, as well ★ *wat hebben we* ~*?* what's for sweets / afters? ★ *op de koop* ~ into the bargain

❸ *gesloten* closed, shut ★ *de deur is* ~ the door is shut
❹ *tot (aan/op)* to ★ *tot de laatste cent* ~ *verspeeld*
gambled his / her last cents away ★ *ik ben er nog*
niet aan ~ I'm not ready for it yet ★ *hij is aan*
vakantie ~ he (badly) needs a holiday ★ *nu weet ik*
waar ik aan ~ *ben* now I know where I am / stand
★ *hij is er slecht aan* ~ ‹financieel› he is badly off,
‹gezondheid› he is in a bad way / condition ★ *dat is*
tot daar aan ~ there's not much harm in that ★ *tot*
nu ~ until now **II** *tsw* ★ ~, *jongens, nu stil!* come on
boys, be quiet! ★ ~ *dan!* come on! ★ ~ *dan maar* well,
all right ★ ~, *kom nou toch!* oh, do come! ★ ~ *maar!*
‹aanmoedigend tot daad› come on!, go ahead!,
‹aanmoediging tot spreken› fire away!, ‹uiting
v. verwondering› no!, good gracious! ★ ~ *nou!* come
on!, hurry up!
toebedelen *overg* [bedeelde toe, h. toebedeeld]
❶ *verdelen* allot, assign, apportion ❷ *geven* deal
/ dole / parcel out, ‹straf› mete out
toebehoren I *onoverg* [behoorde toe, h. toebehoord]
belong to **II** *o* accessories, fittings ★ *met alle* ~ with
all fixtures and fittings
toebereiden *overg* [bereidde toe, h. toebereid]
prepare
toebereiding *v* [-en] *ook v. voedsel* preparation
toebereidselen *zn* [mv] preparations ★ ~ *maken*
voor... make preparations for..., get ready for...
toebinden *overg* [bond toe, h. toegebonden] bind / tie
up
toebrengen *overg* [bracht toe, h. toegebracht] deal,
inflict ★ *iem. schade* ~ do damage to sbd ★ *iem. een*
slag ~ give / deal sbd a blow ★ *iem. een wond* ~ inflict
injury on sbd
toeclip *m* [-s] toe clip
toedekken *overg* [dekte toe, h. toegedekt] cover (up),
‹in bed› tuck in
toedeloe *tsw* toodle-oo
toedichten *overg* [dichtte toe, h. toegedicht] ascribe,
impute ★ *iem. iets* ~ attribute / impute sth to sbd
toedienen *overg* [diende toe, h. toegediend]
❶ *bezorgen* administer ★ *iem. de laatste*
sacramenten ~ administer the last sacraments to sbd
❷ *een dreun* give, deal ★ *iem. een pak slaag* ~ give
sbd a beating / thrashing
toediening *v* administration
toedoen I *overg* [deed toe, h. toegedaan] *dichtdoen*
shut, close ▼ *dat doet er niet toe* that has nothing to
do with it **II** *o* ★ *het gebeurde buiten mijn* ~ I had no
part in it ★ *het is allemaal door zijn* ~ *dat...* it's all his
doing that... ★ *zonder uw* ~ if it hadn't been for you
toedracht *v* facts, circumstances ★ *de politie*
onderzoekt de ~ *van het ongeval* the police are
investigating how the accident happened ★ *de*
(ware) ~ *van de zaak* the facts of / the ins and outs of
the matter
toedragen I *overg* [droeg toe, h. toegedragen] bear
★ *iem. haat* ~ bear hatred against sbd ★ *iem. een*
goed hart ~ be kindly disposed towards sbd, wish sbd

well ★ *ze dragen elkaar geen goed hart toe* there's no
love lost between them **II** *wederk* [droeg toe, h.
toegedragen] ★ *zich* ~ happen ★ *hoe heeft het zich*
toegedragen? how did it (come to) happen?
toedrinken *overg* [dronk toe, h. toegedronken] drink
to ★ *iem.* ~ drink sbd.'s health
toe-eigenen *overg* [eigende toe, h. toegeëigend]
★ *zich iets* ~ appropriate sth ★ *zich iets*
wederrechtelijk ~ misappropriate sth
toe-eigening *v* [-en] appropriation
★ *wederrechtelijke* ~ misappropriation
toefje *o* [-s] ❶ *bosje* tuft, sprig, ‹klein bosje bloemen›
posy, nosegay ❷ *dotje* blob, dollop, gollop ★ *een* ~
slagroom a dollop of cream
toefluisteren *overg* [fluisterde toe, h. toegefluisterd]
whisper to ★ *iem. iets* ~ whisper sth in sbd's ear / to
sbd
toegaan *onoverg* [ging toe, is toegegaan] ❶ *dichtgaan*
vooral ZN close, shut ❷ *zich voordoen* happen, come
to pass ★ *het gaat er raar (aan) toe* there are strange
goings-on there ★ *zo is het toegegaan* this is how it
went
toegang *m* [-en] ❶ *ingang* entrance, entry
❷ *recht/mogelijkheid binnen te gaan* admission,
admittance ★ *verboden* ~ private, no admittance,
trespassers (will be) prosecuted ★ *vrije* ~ *hebben tot*
iets have the run of sth, have free admission to sth
★ *iem.* ~ *verlenen* admit sbd ★ *zich* ~ *verschaffen tot*
get into, force an entrance into ★ *iem. de* ~ *weigeren*
deny sbd entry ★ ~ *voor alle leeftijden* open to all,
admission for all ages ❸ *toegangsweg* approach,
access (road), entrance ★ *geven tot* give access to
★ *alle* ~*en waren afgezet* all approaches / entrances
were blocked ❹ *entreegeld* admission, entrance (fee)
★ *vrije* ~ admission free
toegangsbewijs *o* [-wijzen], **toegangsbiljet** [-ten],
toegangskaart *v* [-en] admission ticket
toegangscode *v* [-s] access code
toegangskaart *v* [-en] → **toegangsbewijs**
toegangspoort *v* [-en] entrance gate
toegangsprijs *m* [-prijzen] (charge for) admission,
entrance (fee)
toegangsweg *m* [-wegen] approach, access road
/ route
toegankelijk *bn* accessible, approachable, get-at-able
★ *een* ~ *boek* an accessible / readable book ★
‹moeilijk bereikbaar› *moeilijk* ~ hard to access
★ *niet* ~ *voor het publiek* not open to the public ★
‹film› ~ *voor alle leeftijden* admission for all ages,
unrestricted entry ★ *hij is voor iedereen* ~ he's a very
approachable man
toegedaan *bn* dedicated, devoted ★ *ik ben hem zeer* ~
I'm very attached to him ★ *een partij* ~ *zijn* be a
party follower ★ *ik ben die mening* ~ I hold that
opinion ★ *de vrede oprecht* ~ *zijn* be wholeheartedly
committed to peace
toegeeflijk, toegefelijk I *bn* indulgent **II** *bijw*
indulgently

to

toegenegen *bn* affectionate, devoted to ★ *Uw ~ George* Yours affectionately, George

toegepast *bn* applied ★ *~e wetenschappen* applied sciences

toegeven I *overg* [gaf toe, h. toegegeven] ❶ *extra geven* give into the bargain, add ★ *de zangeres gaf nog wat toe* the singer gave an extra ★ *ze geven elkaar niets toe* they're well matched ★ *men moet kinderen wat ~* children should be humoured / indulged a little ★ *zij geeft hem te veel toe* she overindulges him ❷ *erkennen* concede, admit, grant ★ *dat geef ik toe* I admit ★ *dat geef ik u toe* I grant you that ★ *toegegeven dat u gelijk hebt* you're right of course ★ *zoals iedereen zal ~* as everybody will readily admit **II** *onoverg* [gaf toe, h. toegegeven] ❶ give in ★ *je moet maar niet in alles ~* you shouldn't give way in everything ★ *van geen ~ willen weten* not be willing to own up ❷ *geen weerstand bieden* give way, yield ★ *hij wou maar niet ~* he couldn't be budged ★ *~ aan zijn hartstochten* give in to one's passions ★ *aan eisen ~* give in to demands

toegevend *bn* ❶ indulgent ❷ taalk concessive

toegevendheid *v* indulgence

toegevoegd *bn aanvullend* supplementary, added ★ ⟨btw⟩ *belasting ~e waarde* value added tax

toegewijd *bn* devoted, dedicated ★ *een ~e vader / vriend* a dedicated father / friend

toegift *v* [-en] ❶ *extraatje* bonus, giveaway ★ *als ~* into the bargain ❷ *extra nummer na een concert* encore ★ *een ~ geven* do / give an encore

toegooien *overg* [gooide toe, h. toegegooid] ❶ *werpen naar* throw at ❷ *dichtgooien* throw shut, slam ❸ *opvullen* fill up

toehappen *onoverg* [hapte toe, h. toegehapt] ❶ *toebijten* bite / snap at ❷ fig snap / jump at ★ *gretig ~ op iets* jump at sth

toehoorder *m* [-s] ❶ *luisteraar* listener ★ *de ~s* the audience / listeners ❷ *op college* auditor

toehoren *onoverg* [hoorde toe, h. toegehoord] ❶ *luisteren* listen to ❷ *toebehoren* belong to

toejuichen *overg* [juichte toe, h. toegejuicht] ❶ applaud, cheer, clap ❷ *instemmen met* fig (greet with) acclaim, applaud ★ *het besluit werd toegejuicht* the decision was applauded / was greeted with acclaim

toejuiching *v* [-en] applause, cheers

toekan *m* [-s] *vogel* toucan

toekennen *overg* [kende toe, h. toegekend] ❶ *toewijzen* allocate ★ *een prijs ~* award a prize ★ *het ~ van verantwoordelijkheden* the allocation of responsibilities ★ *een voorrecht ~* grant a privilege ❷ *toeschrijven* attribute to ★ *een grote waarde ~ aan...* attach great value to... ★ *aan iets betekenis ~* attach meaning to sth

toekenning *v* [-en] grant, award

toekeren *overg* [keerde toe, h. toegekeerd] turn to

toekijken *onoverg* [keek toe, h. toegekeken] look on ★ *wij mochten ~* we were left out in the cold ★ *~*

zonder een hand uit te steken stand around watching

toeknijpen *overg* [kneep toe, h. toegeknepen] wring

toeknikken *overg* [knikte toe, h. toegeknikt] nod ★ *iem. ~* give sbd a nod

toeknopen *overg* [knoopte toe, h. toegeknoopt] button up

toekomen *onoverg* [kwam toe, is toegekomen] ❶ *toebehoren* belong to, come to ★ *dat komt ons toe* that's only our due, we have a right to it ★ *het hem ~e* his due ★ *iem. iets doen ~* send sbd sth ❷ *rondkomen* get by, manage ★ *zij kunnen niet ~* they can't make ends meet ★ *zult u er mee ~?* will that be sufficient? ★ *ik kan er lang mee ~* I'll be able to manage with that for quite a while ▼ *aan iets ~* get around to sth ▼ *~ op* walk up to

toekomend *bn* future, next ★ taalk *de ~e tijd* the future

toekomst *v* future ★ *een schitterende ~ tegemoet gaan* be on the threshold of a brilliant future ★ *in de ~* in (the) future ★ *in de ~ lezen* look into the future ★ *iemands ~ voorspellen* tell somebody's fortune ★ *wie de jeugd heeft, heeft de ~* the hand that rocks the cradle rules the world

toekomstbeeld *o* [-en] picture of the future

toekomstgericht *bn* future-orientated, forward-looking

toekomstig *bn* future ★ *zijn ~e* his bride-to-be

toekomstmogelijkheden *zn* [mv] (future) prospects, perspectives ★ *een land met ~ voor de komende generaties* a land that offers the coming generations perspectives

toekomstmuziek *v* future dreams

toekomstperspectief *o* [-tieven] perspective

toekomstplan *o* [-nen] plan for the future

toekomstvisie *v* [-s] vision of the future

toekunnen *overg* [kon toe, h. toegekund] manage, make do ★ *zult u er mee ~?* will that be sufficient? ★ *ik kan er lang mee toe* I'll be able to manage with that for quite a while ★ *met € 25 ~* get by on € 25

toelaatbaar *bn* permissible, admissible, acceptable

toelachen *overg* [lachte toe, h. toegelachen] ❶ smile at ❷ *gunstig gezind zijn* fig smile (up)on ★ *het geluk lachte hem toe* fortune smiled upon him ★ *die nieuwe baan lacht me niet toe* that new job doesn't appeal to me

toelage *v* [-n] ❶ *gift* allowance, gratification ❷ *studiebeurs* grant ❸ *v. salaris* bonus, extra pay

toelaten *overg* [liet toe, h. toegelaten] ❶ *dulden* permit, allow, suffer, tolerate ★ *iets oogluikend ~* turn a blind eye to sth ★ *zo de omstandigheden het ~* if conditions permit ★ *de toegelaten maximumsnelheid* the maximum speed limit ★ *het laat geen twijfel / geen andere verklaring toe* there can be no doubt about it / no other explanation ❷ *toegang verlenen* admit ★ *honden kunnen niet toegelaten worden* no dogs admitted / allowed ❸ *dóórlaten* pass ★ *de kandidaat is toegelaten* the candidate has passed ❹ *mogelijk maken* ZN make

to

possible

toelating v ❶ *toestemming* permission, leave ❷ *het binnenlaten* admission, admittance

toelatingsbeleid o admittance policy, ‹v. buitenlanders› immigration policy

toelatingseis m [-en] admission requirement

toelatingsexamen o [-s] entrance exam(ination)

toeleg m scheme, design, game ★ *de ~ verijdelen* thwart / foil the scheme

toeleggen I overg [legde toe, h. toegelegd] ❶ *bijleggen* add to ★ *er geld op ~* be out of pocket because of it ★ *er 10 euro op ~* have to fork out another ten euros, be ten euros out of pocket ❷ *aansturen op* be bent (on) ★ *het erop ~ om...* be bent on...ing ★ *het op iems. ondergang ~* be bent on ruining sbd, be out to ruin sbd **II** wederk [legde toe, h. toegelegd] ★ *zich ~ op iets* apply oneself to sth ★ *zich speciaal ~ op* specialize in

toeleverancier m [-s] supplier

toeleveren overg [leverde toe, h. toegeleverd] supply, deliver

toelevering v [-en] delivery

toeleveringsbedrijf o [-drijven] supply company

toelichten overg [lichtte toe, h. toegelicht] explain, clarify, throw light on ★ *iets met voorbeelden ~* illustrate sth with examples

toelichting v [-en] explanation, clarification, illustration, explanatory note

toeloop m concourse, rush, run ★ *veel ~ hebben* draw large crowds

toelopen onoverg [liep toe, is toegelopen] ❶ *lopen naar* walk / come up to ★ *op iem. ~* walk up to sbd ❷ *naar één punt lopen* gather ❸ *uitlopen* taper ★ *spits ~* taper, end in a point

toen I bijw ❶ *destijds* then, at that time, in those times ❷ *daarop* then, next ★ *van ~ af* from that time, from then **II** voegw when, as ★ *juist ~ ik binnenkwam* just as I came in

toenaam m [-namen] ❶ *bijnaam* nickname ★ *met naam en ~* by name ❷ *achternaam* family name, surname

toenadering v advance, ‹v. landen› rapprochement ★ *~ zoeken tot* try to approach sbd, ‹romantisch› make advances to

toenaderingspoging v [-en] approach, advance ★ *~en doen* ‹om te verleiden› make advances (to), ‹in de politiek &› make overtures (to)

toename v increase, rise

toendra v ['s] tundra

toenemen onoverg [nam toe, is en h. toegenomen] increase, grow ★ *een toegenomen verbruik* increased consumption ★ *de onrust en het wantrouwen doen ~* increase the trouble and distrust ★ *...is toegenomen in kracht* ...has increased in strength ★ *...is met 10% toegenomen* ...has increased by 10%

toenemend bn increasing ★ *in ~e mate* to an increasing extent

toenmalig bn then, of the / that time ★ *de ~e*

voorzitter the then president

toentertijd bijw in those days, at the time, then

toepasbaar bn applicable

toepasselijk bn ❶ *passend* appropriate ★ *een ~ lied* a suitable song ❷ *geldend* applicable ★ *...is niet ~ ...*does not apply,...is not applicable ★ *~ op* applicable / relevant to

toepassen overg [paste toe, h. toegepast] ❶ *gebruiken* use, employ ★ *een uitvinding ~ om...* use / employ / utilize an invention to... ❷ *in praktijk brengen* apply ★ *een nieuwe wet ~* implement a new law ★ *de wet ~* enforce the law ★ *iets in de praktijk ~* put sth into practice

toepassing v [-en] application ★ *in ~ brengen* put into practice ★ *dat is ook van ~ op...* it is also applicable to..., it also applies to...

toepassingsprogramma o ['s] comput application (program)

toepen onoverg [toepte, h. getoept] kaartsp play 'toepen'

toer m [-en] ❶ *omdraaiing* turn, revolution ★ techn *op (volle) ~en (laten) komen* rev up ★ *de fabriek draait op volle ~en* the factory is going at full speed ★ *helemaal over zijn ~en zijn* be completely overwrought / overstrung ❷ *tocht* tour, trip, ‹wandeling› stroll, ‹ritje› ride, drive ❸ *kunststuk* feat, trick ★ *het is een hele ~* it's quite a job ★ *~en doen* perform tricks, do stunts ★ *het is zo'n ~ niet* there's nothing very difficult about it ❹ *bij het breien* round, row ▼ *op de Russische ~* on the Russian tack

toerbeurt v [-en] turn ★ *bij ~* by / in rotation, by turns

toereikend bn sufficient, adequate, enough

toerekenbaar bn ❶ jur attributable, imputable ❷ *v. persoon* ‹aansprakelijk› liable, accountable, responsible, ‹schuldig› culpable ★ *zij is niet ~* she cannot be held (legally) liable ★ *verminderd ~* having diminished (legal) liability

toerekeningsvatbaar bn responsible, accountable, compos mentis ★ *iem. niet ~ verklaren* declare sbd non compos mentis ★ *verminderd ~* having diminished responsibility

toeren onoverg [toerde, h. getoerd] go for a drive / ride

toerental o revolutions per minute ★ *een motor met een hoog ~* a high-speed engine

toerenteller m [-s] revolution/inf rev counter

toerfiets m & v [-en] tourer

toerisme o tourism

toerist m [-en] tourist

toeristenbelasting v tourist tax

toeristenindustrie v tourist industry

toeristenkaart v [-en] ❶ *reisdocument* tourist card / passport ❷ *topografische kaart* touring map

toeristenklasse v tourist class

toeristensector m tourist sector / industry

toeristenseizoen o tourist season

toeristisch bn tourist ★ *een ~e trekpleister* a tourist attraction

to

toermalijn *o & m* [-en] tourmaline

toernooi *o* [-en] ❶ tournament ❷ *v. ridders* tourney, joust

toeroepen *overg* [riep toe, h. toegeroepen] call / cry (out) to

toertocht *m* [-en] pleasure ride / drive

toerusten *overg* [rustte toe, h. toegerust] equip, fit out ★ *een leger ~ voor de strijd* equip an army for battle ★ *zich ~ voor* equip oneself for, prepare for

toerusting *v* [-en] equipment, gear

toeschietelijk *bn* ❶ *vriendelijk* friendly ❷ *inschikkelijk* obliging, accommodating

toeschieten *onoverg* [schoot toe, is toegeschoten] ❶ *toesnellen* dash forward ★ *~ op iets* pounce on sth ❷ sp shoot / kick to

toeschijnen *onoverg* [scheen toe, h. toegeschenen] seem / appear to

toeschouwer *m* [-s] spectator, looker-on, onlooker, observer

toeschreeuwen *overg* [schreeuwde toe, h. toegeschreeuwd] cry / shout to

toeschrijven *overg* [schreef toe, h. toegeschreven] ascribe / attribute / impute to, put down to ★ *het ongeluk ~ aan* blame the accident on ★ *een werk aan een kunstenaar ~* attribute a work to an artist

toeschuiven *overg* [schoof toe, h. toegeschoven] ❶ *dichtschuiven* push closed ❷ *schuivend bewegen* push / slide over, push / slide across ★ *iem. stiekem iets ~* push sth over to sbd on the quiet

toeslaan I *onoverg* [sloeg toe, h. toegeslagen] ❶ *er op slaan* hit home, ⟨hard⟩ pound ❷ *een kans benutten* strike ★ *sla toe!* ⟨bij een kans⟩ act / move fast!, ⟨bij koop⟩ shake (hands on it)! **II** *onoverg* [sloeg toe, is toegeslagen] *dichtslaan* slam (to) **III** *overg* [sloeg toe, h. toegeslagen] ❶ *dichtslaan* slam, bang, ⟨v. boek⟩ shut ❷ *bal* hit to

toeslag *m* [-slagen] ❶ *prijsvermeerdering* surcharge, supplement ❷ *extra inkomen* extra allowance / pay, bonus, premium ❸ *bij veiling* sale

toeslagpartner *de (m)* [-s] fiscal partner

toesnauwen *overg* [snauwde toe, h. toegesnauwd] snarl at

toesnellen *onoverg* [snelde toe, is toegesneld] rush forward / towards ★ *op iem. ~* rush up to sbd

toesnijden *onoverg* [sneed toe, h. toegesneden] cut to size, trim ★ *~ op* gear / tailor to

toespelen *overg* [speelde toe, h. toegespeeld] pass to ★ *elkaar de bal ~* play into each other's hands ★ *iem. geheime berichten ~* pass secret messages on to sbd ★ *iem. de zwarte piet ~* pass the buck on to sbd

toespeling *v* [-en] allusion, hint, ⟨insinuatie⟩ insinuation ★ *een ~ maken op* allude to, hint at

toespijs *v* [-spijzen] ❶ *nagerecht* dessert ❷ *bijgerecht* side dish

toespitsen I *overg* [spitste toe, h. toegespitst] *verhevigen* aggravate, intensify **II** *wederk* [spitste toe, h. toegespitst] ★ ⟨erger worden⟩ *zich ~* grow worse, become acute ★ ⟨zich vooral richten op⟩ *zich ~ op*

to

concentrate / focus on ★ *deze verhandeling spitst zich toe op de economische situatie in Polen* this work focuses on the economic situation in Poland

toespraak *v* [-spraken] speech, talk, address ★ *een ~ houden* deliver an address, make a speech

toespreken *overg* [sprak toe, h. toegesproken] speak to, address ★ *een menigte ~* address a crowd

toestaan *overg* [stond toe, h. toegestaan] ❶ *veroorloven* permit, allow ★ *uitstel ~* allow a respite ★ *iets oogluikend ~* turn a blind eye to sth ❷ *inwilligen* grant, concede ★ *een verzoek ~* grant a request ❸ *verschaffen* provide, grant ★ *faciliteiten ~* provide facilities ★ *iem. een gunst ~* grant sbd a favour

toestand *m* [-en] ❶ *situatie* state of affairs, position, situation, condition, state ★ *de economische ~* the economic situation ★ *maatschappelijke ~en* social conditions ★ *in hachelijke ~* in a precarious situation ❷ *opschudding* commotion ★ *wat een ~!* what a situation! ★ *~en maken over* make a great commotion about ❸ *zaak, geval* affair

toesteken I *overg* [stak toe, h. toegestoken] *uitsteken* extend, put out ★ *iem. de hand ~* put / hold out one's hand to sbd ★ *de toegestoken hand* the proffered hand **II** *onoverg* [stak toe, h. toegestoken] *met wapen* stab, thrust

toestel *o* [-len] ❶ *apparaat* appliance, apparatus, ⟨radio, tv⟩ set, ⟨fototoestel &⟩ camera ★ telec *~ 13* extension 13 ❷ *vliegtuig* machine ❸ *voor turnen* apparatus

toestemmen *onoverg* [stemde toe, h. toegestemd] consent ★ *~ in* consent / agree to

toestemming *v* [-en] consent, approval, assent ★ *met / zonder ~ van* with / without the permission of

toestoppen *overg* [stopte toe, h. toegestopt] ❶ *een buis* stop up ❷ *de oren* stop ❸ *in bed* tuck in ▾ *iem. iets ~* slip sth into sbd.'s hand

toestromen *onoverg* [stroomde toe, is toegestroomd] flow / stream / rush towards, flock in, come flocking to ★ *er bleven maar mensen ~* people kept flocking in

toesturen *overg* [stuurde toe, h. toegestuurd] send, forward, ⟨geld⟩ remit

toet I *m* [-en] *gezicht* ⟨cute⟩ face **II** *tsw* toot

toetakelen *overg* [takelde toe, h. toegetakeld] ❶ *mishandelen* knock about, beat up ★ *hij was lelijk toegetakeld* he was badly knocked about ❷ *beschadigen* damage ❸ *uitdossen* dress up, rig out ★ *zich (gek) ~* dress up, rig oneself out ★ *wat heb jij je toegetakeld!* what a sight you look!

toetasten *onoverg* [tastte toe, h. toegetast] ❶ *aan het eten gaan* help oneself ❷ *een zaak aanpakken* take, seize

toeten *onoverg* [toette, h. getoet] toot(le), hoot ★ *hij weet van ~ noch blazen* he doesn't know the first thing about it

toeter *m* [-s] ❶ *blaasinstrument* tooter ❷ auto horn, hooter

toeteren *onoverg* [toeterde, h. getoeterd] ❶ *op toeter* *blazen* toot, hoot ❷ *v. auto* sound the / one's horn, hoot, honk

toetje *o* [-s] ❶ *nagerecht* dessert, sweet, inf afters ❷ *gezichtje* (cute little) face

toetreden *onoverg* [trad toe, is toegetreden] ❶ *begeven naar* walk / step up to ★ *op iem.* ~ walk up to sbd ❷ *deelnemer worden* join ★ ~ *tot een vereniging* join a club ★ ~ *tot een verdrag* become a party to a treaty

toetreding *v* [-en] accession, joining ★ ~ *tot de EU* entry into the EU

toets *m* [-en] ❶ *test, examen* test ★ *de* ~ *(der kritiek) kunnen doorstaan* stand the test, pass muster ❷ *v. metaal* assay ❸ *v. instrumenten* ⟨v. piano⟩ note, key, ⟨v. snaarinstrument⟩ fingerboard ❹ *penseelstreek* touch

toetsaanslag *m* [-slagen] touch

toetsen *overg* [toetste, h. getoetst] ❶ *onderzoeken alg.* check, test ★ ~ *aan de wet* put to the test of the law ★ *iem. op zijn betrouwbaarheid* ~ put sbd's reliability to the test ❷ *v. edelmetalen* assay

toetsenbord *o* [-en] keyboard

toetsenist *m* [-en] keyboard player

toetsing *v* [-en] ❶ *onderzoek* testing ❷ *jur* judicial review / examination ❸ *v. edelmetalen* assay

toetsingsrecht *o* right of judicial review

toetsinstrument *o* [-en] keyboard instrument

toetsnaald *v* [-en] touch needle

toetssteen *m* [-stenen] touchstone

toeval I *o* accident, chance ★ *het* ~ *wilde dat...* it so happened that..., it chanced to... ★ *bij* ~ by chance / accident, accidentally ★ *bij louter* ~ by sheer chance ★ *bij* ~ *ontmoette ik hem* I happened to meet him, I ran into him ★ *door een gelukkig* ~ by some lucky chance **II** *m & o* [-len] med fit of epilepsy ★ *aan ~len lijden* be epileptic

toevallen *onoverg* [viel toe, is toegevallen] ❶ *dichtvallen* fall shut ❷ *ten deel vallen* fall / go to ★ *de erfenis valt hem toe* the inheritance will go to him ❸ *v. rente* accrue

toevallig I *bn* accidental, casual, fortuitous ★ *een ~e ontmoeting* a chance meeting ★ *wat ~!* what a coincidence! **II** *bijw* by chance, by accident, accidentally ★ ~ *zag ik het* I happened to see it

toevalligerwijs, **toevalligerwijze** *bijw* coincidentally, by chance, by accident, accidentally

toevalligheid *v* [-heden] ❶ *abstract* serendipity, fortuity ❷ *concreet* coincidence, accident

toevalstreffer *m* [-s] ❶ chance hit, fluke ❷ sp lucky shot, fluke

toeven *onoverg* [toefde, h. getoefd] stay, plechtig abide

toeverlaat *m* refuge, support

toevertrouwen *overg* [vertrouwde toe, h. toevertrouwd] entrust, commit ★ *iem. iets* ~ ⟨geven⟩ entrust sbd with sth, entrust sth to sbd, ⟨meedelen⟩ confide sth to sbd, ⟨een taak⟩ commit / consign sth to sbd's charge ★ *dat is hun wel toevertrouwd* you

can rely on them for that

toevliegen *onoverg* [vloog toe, is toegevlogen] ★ ~ *op* fly at

toevloed *m* influx, flow

toevloeien *onoverg* [vloeide toe, is toegevloeid] flow / pour in ★ ⟨baten⟩ ~ *aan* accrue to

toevlucht *v* refuge, recourse ★ *zijn* ~ *nemen tot* have recourse to, resort to

toevluchtsoord *o* [-en] (haven of) refuge

toevoegen *overg* [voegde toe, h. toegevoegd] ❶ *bijvoegen* add, append ★ *wat heeft u daaraan toe te voegen?* what do you have to add to that? ❷ *als helper* appoint, assign ★ *iem. een verdediger* ~ assign a defence lawyer to sbd ❸ *zeggen* snap (at) ★ *'zwijg!', voegde hij mij toe* 'silence!', he snapped

toevoeging *v* [-en] ❶ *bijvoeging* addition, rider, extension ❷ *v. woorden* comment, remark

toevoer *m* supply

toevoeren *overg* [voerde toe, h. toegevoerd] supply

toevoerkanaal *o* [-kanalen] supply channel, ⟨techn⟩ feeder pipe, pipeline

toewensen *overg* [wenste toe, h. toegewenst] wish

toewerpen *overg* [wierp toe, h. toegeworpen] ❶ *werpen naar* cast (at), throw / fling (to) ❷ *dicht* slam, throw shut ★ *de deur* ~ slam the door

toewijding *v* devotion

toewijzen *overg* [wees toe, h. toegewezen] ❶ *toekennen* assign, allocate, ⟨prijs⟩ award ★ *een subsidie* ~ allocate a subsidy ❷ *toebedelen* allot ★ *iem. een taak* ~ allot a task to sbd ❸ *jur* allow ★ *een eis* ~ sustain a claim ★ *het kind werd toegewezen aan de moeder* the mother was granted legal custody of the child

toewijzing *v* [-en] ❶ *het toewijzen* allotment, assignment, award, allocation ★ ~ *van middelen* allocation of resources ❷ *v. aandelen* (stock) allotment, allocation (of shares)

toewuiven *overg* [wuifde toe, h. toegewuifd] wave to ★ *zich koelte* ~ *met zijn strooien hoed* fan oneself with one's straw hat

toezeggen *overg* [zei of zegde toe, h. toegezegd] promise

toezegging *v* [-en] promise

toezenden *overg* [zond toe, h. toegezonden] send, forward, ⟨v. geld⟩ remit

toezicht *o* supervision ★ *wie moet* ~ *houden op de jongens?* whose job is it to look after / to keep an eye on the boys? ★ *het* ~ *uitoefenen over...* supervise / monitor / look after... ★ *onder* ~ *van...* under the supervision of... ★ *onder* ~ *staan van* be under the supervision of

toezichthouder *m* [-s] supervisor

toezien *onoverg* [zag toe, h. toegezien] ❶ *toekijken* look on ★ *een ~d voogd* a co-guardian ❷ *oppassen* take care, be careful ★ *de politie moest erop* ~ *dat het verbod nageleefd werd* the police had to see to it that the prohibition was kept

toezingen *overg* [zong toe, h. toegezongen] sing to

to

★ *iem. een welkom* ~ welcome sbd with a song
toezwaaien *overg* [zwaaide toe, h. toegezwaaid] wave to ★ *lof* ~ praise
tof *bn* great, cool, Am swell
toffee *m* [-s] toffee
tofoe *m* tofu
toga *v* ['s] ❶ *Romeins* toga ❷ *ambtsgewaad* gown, robe(s), ‹voor priesters› soutane ★ ~ *en bef* bands and gown
Togo *o* Togo
toilet *o* [-ten] ❶ *kleding* dress, outfit ★ ~ *maken* dress ★ *een beetje* ~ *maken* smarten up a bit ★ *in groot* ~ in full dress ❷ *wc* toilet, lavatory, Br inf loo
toiletartikelen *zn* [mv] toilet articles, toiletries
toiletborstel *m* [-s] toilet brush
toiletjuffrouw *v* [-en] lavatory / cloakroom attendant
toiletpapier *o* toilet paper
toiletpot *m* [-ten] lavatory pan, toilet bowl
toiletreiniger *m* [-s] toilet cleaner
toiletrol *v* [-len] lavatory / toilet paper
toilettafel *v* [-s] dressing table
toilettas *v* [-sen] toilet / sponge bag
toiletteren *onoverg* [toiletteerde, h. getoiletteerd] wash one's hands ★ *zich* ~ dress
toiletverfrisser *m* [-s] toilet freshener
toiletzeep *v* [-zepen] toilet soap
toitoitoi *tsw* ★ ~! all the best!, good luck!
Tokio *o* Tokyo
tokkelen I *overg* [tokkelde, h. getokkeld] *bespelen* pluck, strum, thrum ★ *een melodie* ~ strum a tune **II** *onoverg* [tokkelde, h. getokkeld] strum ★ ~ *op een gitaar* strum a guitar
tokkelinstrument *o* [-en] plucked / string instrument
toko *m* ['s] ❶ *met oosterse artikelen* Indonesian shop ❷ *scherts* shop, business
tol *m* [-len] ❶ *belasting* ‹bij doortocht› toll, ‹bij in- en uitvoer› customs, duties ★ ~ *heffen van...* levy a toll on... ★ ~ *betalen* pay a toll ★ *zijn* ~ *eisen* take its toll ❷ *tolhuis* toll house ❸ *speelgoed* top
tolbrug *v* [-gen] toll bridge
tolerant I *bn* tolerant, forbearing, broad-minded ★ ~ *voor / tegenover* tolerant of **II** *bijw* tolerantly &
tolerantie *v* tolerance
tolereren *overg* [tolereerde, h. getolereerd] tolerate
tolgeld *o* [-en] toll
tolheffing *v* toll collection
tolhek *o* [-ken] toll gate
tolhuis *o* [-huizen] toll house
tolk *m* [-en] ❶ *vertaler* interpreter ❷ *woordvoerder fig* mouthpiece, spokesperson
tolken *onoverg* [tolkte, h. getolkt] interpret
tolk-vertaler *m* [-s & tolken-vertalers] interpreter and translator
tollen *onoverg* [tolde, h. getold] ❶ *met tol* spin a top ❷ *ronddraaien* whirl, spin, go round and round ★ *in het rond* ~ tumble about ★ *iem. in het rond doen* ~ send sbd spinning ★ ~ *van vermoeidheid* reel / stagger with tiredness

tollenaar *m* [-s & -naren] Bijbel publican
toltunnel *m* [-s] toll tunnel
tolueen *o* chem toluene, toluol
tolvrij *bn* toll-free, duty-free, free of duty
tolweg *m* [-wegen] toll road, Am turnpike (road)
tomaat *v* [-maten] tomato
tomahawk *m* [-s] tomahawk
tomatenketchup *m* tomato ketchup
tomatenpuree *v* tomato purée / pulp, passata
tomatensap *o* tomato juice
tomatensoep *v* tomato soup
tombe *v* [-s & -n] tomb
tombola *m* ['s] tombola
tomeloos I *bn* ❶ *niet te stuiten* boundless, unflagging, unremitting ★ *zijn tomeloze eerzucht* his boundless/afkeurend overweening ambition ★ *zijn tomeloze energie* his boundless / unbridled energy ★ *zijn tomeloze inzet* his unremitting / unflagging efforts ❷ *niet onder bedwang te krijgen* uncontrolled, ungovernable **II** *bijw* boundlessly & ★ ~ *eerzuchtig* overweeningly ambitious
tomen *overg* [toomde, h. getoomd] ❶ bridle ❷ fig curb, check
tompoes *m* [-poezen] *gebakje* Br millefeuille, Am napoleon
tomtom® *de* [-s] TomTom
ton *v* [-nen] ❶ *vat* cask, barrel ❷ *maat* ton ❸ *boei* buoy ❹ *bedrag* a hundred thousand
tonaal *bn* tonal
tonaliteit *v* tonality
tondel *o* [-s] tinder
tondeldoos *v* [-dozen] tinderbox
tondeuse *v* [-s] (pair of) clippers
toneel *o* [-nelen] ❶ *podium* stage ★ ~ *spelen* act ★ *bij het* ~ *gaan* go on the stage ★ *op het* ~ *verschijnen* appear on the stage, come on, fig appear on the scene ★ *ten tonele voeren* put on stage ★ *van het* ~ *verdwijnen* make one's exit, disappear from the stage, make one's bow ❷ *deel v. bedrijf* scene ★ *tweede bedrijf, derde* ~ second act, third scene ❸ *literair genre* drama ❹ *schouwspel* theatre/Am theater, scene ★ *het* ~ *van de oorlog* the theatre / seat of war
toneelaanwijzing *v* [-en] stage direction
toneelbewerking *v* [-en] stage version / adaptation
toneelcriticus *m* [-ci] drama critic
toneelgezelschap *o* [-pen] theatrical company
toneelgroep *v* [-en] theatre group, Am theater group
toneelkijker *m* [-s] opera glasses
toneelknecht *m* [-s] stagehand, propman
toneellaars *v* [-laarzen] buskin
toneelmeester *m* [-s] property / stage manager
toneelopvoering *v* [-en] (theatrical) performance
toneelschool *v* [-scholen] school of acting, academy of dramatic art, theatre school
toneelschrijver *m* [-s] playwright, dramatist
toneelspeelster *v* [-s] (stage) actress
toneelspel *o* ❶ *het spelen* acting ❷ *aanstellerij*

play-acting, pose ❸ *toneelstuk* [-spelen] play

toneelspelen *onoverg* [speelde toneel, h. toneelgespeeld] ❶ *acteren* act, play ❷ *fig* play-act, pose

toneelspeler *m* [-s] (stage) actor, player

toneelstuk *o* [-ken] (stage) play ★ *een ~ in één bedrijf* a one-act play

toneelvereniging *v* [-en] drama club

toneelvoorstelling *v* [-en] theatrical performance

tonen I *overg* [toonde, h. getoond] show, display ★ *belangstelling ~* show / display interest ★ *ruggengraat ~* display / demonstrate stamina **II** *wederk* [toonde, h. getoond] ★ *zich ~* show oneself ★ *zich dankbaar ~* show one's gratitude **III** *onoverg* [toonde, h. getoond] look, make a show ★ *zó ~ ze meer* they look better like that

toner *m* comput toner

tong *v* [-en] ❶ *lichaamsdeel* tongue ★ *met een dikke ~ praten* speak thickly ★ *hij heeft een gladde / kwade / scherpe ~* he has a glib / evil / sharp tongue ★ *boze ~en beweren dat...* it is rumoured that..., malicious rumours are going round that... ★ *de ~en komen los* tongues are loosened ★ *zijn ~ laten gaan, zijn ~ roeren* wag one's tongue ★ *het ligt op het puntje van mijn ~* it's on the tip of my tongue ★ *zijn ~ uitsteken (naar)* put / stick out one's tongue (at) ★ *steek uw ~ uit* show me your tongue ★ *over de ~ gaan* be the talk of the town ★ *(niet) het achterste van zijn ~ laten zien* (not) speak one's mind ❷ *vis* sole ❸ *v. slot* bolt ❹ *v. gesp* tongue ❺ *v. blaasinstrument* reed

Tonga *o* Tonga

tongen *onoverg* [tongde, h. getongd] *tongzoenen* French kiss

tongewelf *o* [-welven] barrel vault

tongfilet *m & o* [-s] fillet of sole

tongklank *m* [-en] lingual

tongriem *m* frenulum ★ *goed van de ~ gesneden zijn* have a ready tongue

tongstrelend *bn* pleasing to the palate

tongval *m* [-len] ❶ *accent* accent ❷ *dialect* dialect

tongzoen *m* [-en] French kiss

tongzoenen *onoverg* [tongzoende, h. getongzoend] French kiss

tonic *m* tonic (water)

tonica *v* muz tonic

tonicum *o* [-s & -ca] tonic

tonijn *m* [-en] tuna

tonisch *bn* tonic

tonnage *v* tonnage

tonnetje *o* [-s] small barrel

tonnetjerond *bn* fat as a barrel

tonsil *v* [-len] tonsil

tonsuur *v* [-suren] tonsure

tonus *m* ❶ med tone, tonus ❷ muz tone

toog *m* [togen] ❶ *toga* cassock ❷ *gewelfboog* arch ❸ *toonbank* counter ❹ *in cafés* bar

toogdag *m* [-dagen] rally, open day

tooi *m* decoration, ornament

tooien *overg* [tooide, h. getooid] adorn, decorate, (be)deck ★ *zich ~ (met)* adorn oneself (with), get all dressed up (in)

tooisel *o* [-s] finery, ornament

toom *m* [tomen] ❶ bridle, reins ★ *iets in ~ houden* keep sth in check, check / curb sth ❷ *broedsel* brood ★ *een ~ kippen* a brood of hens

toon *m* [tonen] ❶ muz & fig tone, note, ⟨toonhoogte⟩ pitch ★ *de ~ aangeven* give the pitch, fig set the tone / fashion ★ *een ~ aanslaan* strike a note, fig take a high tone ★ *u hoeft tegen mij niet zo'n ~ aan te slaan* you needn't take such a tone / take that tone with me ★ *een andere ~ aanslaan* change one's tune ★ *in zijn brieven slaat hij een andere ~ aan* his letters have a different tone ★ *een hoge ~ aanslaan* adopt a high tone ★ *(goed) ~ houden* ⟨zanger⟩ keep tune, ⟨instrument⟩ keep in tune ★ *de juiste ~ treffen* strike the right note ★ *iem. een ~tje lager laten zingen* take sbd down a peg or two ★ *op bevelende / gebiedende ~* in a tone of command ★ *op hoge / zachte ~* in a high / low tone ★ *op de tonen van de muziek* to the strains of the music ★ *uit de ~ vallen* be the odd man out ❷ *klemtoon* accent, stress ❸ *wijze van omgang* tone ★ *de goede ~* good breeding ★ *het is tegen de goede ~* it's not the done thing ❹ *vertoon* display, show ★ *iets ten ~ spreiden* display sth, show sth off

toonaangevend *bn* leading

toonaard *m* [-en] muz key ★ *in alle ~en ontkennen* deny most emphatically

toonafstand *m* [-en] interval

toonbaar *bn* presentable, fit to be shown / seen

toonbank *v* [-en] counter ★ *over de ~ vliegen* sell like hot cakes ★ *onder de ~ verkopen* sell under the counter

toonbeeld *o* [-en] model, pattern, paragon ★ *een ~ van gehoorzaamheid* a model of obedience ★ *een ~ van ellende* a picture of misery

toondemper *m* [-s] mute

toonder *m* [-s] handel bearer ★ *een aandeel aan ~* a bearer share ★ *betaalbaar aan ~* payable to bearer ★ *een obligatie aan ~* a bearer bond, bearer debenture

toondichter *m* [-s] (musical) composer

toonhoogte *v* [-n & -s] pitch

toonkunst *v* music

toonkunstenaar *m* [-s] musician

toonladder *v* [-s] scale ★ *~s spelen* practise scales

toonloos *bn* ❶ *zonder veel klank* toneless, flat, monotonous ❷ taalk unaccented, unstressed

toonschaal *v* [-schalen] scale

toonsoort *v* [-en] *muziek* key, ⟨modus⟩ mode

toonvast *bn* in tune

toonzaal *v* [-zalen] showroom

toonzetten *overg* [toonzette, h. getoonzet] compose, set to music

toonzetter *m* [-s] (musical) composer

toonzetting *v* [-en] (musical) composition

to

toorn *m* anger, rage, wrath ★ *in ~ ontsteken* fly into a rage

toornig I *bn* angry, wrathful, irate **II** *bijw* angrily &

toorts *v* [-en] ❶ *fakkel* torch, link ❷ *plant* mullein, verbascum

top I *m* [-pen] ❶ *bovenste gedeelte* top, ‹v. berg ook› peak, summit, ‹v. vinger› tip ★ *de ~ van de mast* the masthead ★ *met de vlag in ~* the flag flying at the masthead ★ *van ~ tot teen* from top to toe, from head to foot ❷ *hoogtepunt* peak, height ★ *ten ~ stijgen* rise to an extreme ❸ *wisk* apex, vertex ❹ *topconferentie* summit (meeting) **II** *tsw* ❶ *alg.* done!, it's a go!, I'm on! ❷ *bij weddenschap* taken! you're on!

topaas *m & o* [-pazen] topaz

topambtenaar *m* [-s] senior official

topberaad *o* summit talks

topclub *v* [-s] top-class club

topconditie *v* top condition ★ *hij was in ~* he was in tip-top condition

topconferentie *v* [-s] summit meeting / conference

topdag *m* [-dagen] big / successful day

top-down I *bn* top-down **II** *bijw* ★ *iets ~ aanpakken* take a top-down approach to sth

top-downbenadering *v* [-en] top-down approach

topdrukte *v* rush hour, peak period

topfunctie *v* [-s] leading / top function

topfunctionaris *m* [-sen] leading / senior executive

tophit *m* [-s] big hit

tophypotheek *v* [-theken] peak mortgage

topinamboer *m* [-s] Jerusalem artichoke

topinkomen *o* [-s] top income

topjaar *o* [-jaren] peak year

topje *o* [-s] ❶ *kledingstuk* top ❷ *kleine top* tip ★ *het ~ van de ijsberg* the tip of the iceberg

topklasse *v* [-n] top class

topkwaliteit *v* top quality

topless *bn* topless

toplicht *o* [-en] mast light

topman *m* [-nen of -lieden] senior executive

topniveau *o* top level ★ *op ~* at top level

topografie *v* [-fieën] topography

topografisch *bn* topographic(al)

topontmoeting *v* [-en] summit meeting

topoverleg *o* top-level / summit talks

toppen *overg* [topte, h. getopt] top

topper *m* [-s] ❶ *lied & (smash)* hit ❷ *hoogtepunt* top ❸ *sp* top match ❹ *topman* top / leading figure

toppositie *v* top / leading position

topprestatie *v* [-s] top performance, record, techn maximum / peak performance

toppunt *o* [-en] ❶ *alg.* top, height, pinnacle, ‹v. berg ook› summit, peak, highest point ★ *dat is het ~!* that beats all! ★ *het ~ van onbeschaamdheid* the height of insolence ★ *het ~ van volmaaktheid* the height of perfection, perfection itself ★ *het ~ bereiken* reach a climax ★ *op het ~ van zijn roem* at the height of his fame ★ *op het ~ van zijn carrière* at the height / peak

/ pinnacle of his career ★ *zijn carrière bereikte het ~ in 1980* his career reached its zenith in 1980 ❷ *in meetkunde* vertex, apex ❸ *in sterrenkunde* zenith, culminating point

topscore *m* [-s] top score

topscorer *m-v* [-s] sp top scorer

topsnelheid *v* [-heden] top speed

topspeler *m* [-s] top player, first-rate player

topspin *m* [-s] tennis topspin

topsport *v* top-class sport ★ *~ bedrijven* practise top-class sport

topsporter *m* [-s] top-class sportsman

top tien *v* top ten

toptijd *m* [-en] record time

topvorm *m* top-class form ★ *in ~ zijn* be in top form

topzwaar *bn* top-heavy ★ *fig hij is ~* he's had a drop too many

toque *v* [-s] ❶ *hoedje* toque ❷ *genitaal beschermstuk* protective cup, jockstrap, box

tor *v* [-ren] beetle

toreador *m* [-s] toreador

toren *m* [-s] ❶ *bouwwerk* tower, ‹met spits› steeple, ‹v. geschut› turret ★ *een ivoren ~* an ivory tower ★ *hoog van de ~ blazen* beat the drum ❷ *schaakstuk* rook

torenen *onoverg* [torende, h. getorend] tower (above)

torenflat *m* [-s] tower block (of flats), multi-storey flat, high-rise flat

torenhaan *m* [-hanen] weathercock

torenhoog *bn* sky-high, towering

torenkamer *v* [-s] turret room

torenklok *v* [-ken] ❶ *uurwerk* tower / church clock ❷ *luiklok* church bell

torenspits *v* [-en] spire

torenspringen *o* sp platform diving

torenvalk *m & v* [-en] vogel kestrel

torenwachter *m* [-s] watchman on a tower

tormenteren *overg* [tormenteerde, h. getormenteerd] torment, torture

torn *v* [-en] split, rip, tear

tornado *v* ['s] tornado

tornen I *overg* [tornde, h. getornd] rip (up) ★ *daar valt niet aan te ~* there is no refuting this ★ *niet ~ aan* not meddle / tamper with **II** *onoverg* [tornde, is getornd] come unstitched

tornmesje *o* [-s] unpicker

torpederen *overg* [torpedeerde, h. getorpedeerd] torpedo ★ *een plan ~* torpedo a plan

torpedo I *v* ['s] *projectiel* torpedo **II** *m* ['s] *sportauto* torpedo

torpedoboot *m & v* [-boten] torpedo boat

torpedojager *m* [-s] (torpedo boat) destroyer

tors, torso *m* [-en] torso

torsen *overg* [torste, h. getorst] ❶ *dragen* haul, carry ❷ *fig* bear, suffer ❸ *ineendraaien* twist

torsie *v* torsion

tortel *m & v* [-s], **tortelduif** *v* [-duiven] turtledove ★ *fig de ~duifjes* the lovebirds

tortelen *onoverg* [tortelde, h. getorteld] bill and coo
tortilla *v* ['s] tortilla
toss *m* [-es] toss ★ *de* ~ *winnen* / *verliezen* win / lose the toss
tossen *onoverg* [toste, h. getost] toss (up) for
tosti *m* ['s] toasted ham and cheese sandwich
tosti-ijzer *o* [-s] toasted sandwich maker
tot I *voorz* ❶ *v. afstand* to, as far as ★ ~ *hier (toe)* thus far ★ ~ *aan de top* as high as the top, up to the top ★ ~ *aan de armen* up to their arms ★ ~ *aan de borst* / *knieën* chest-high / knee-deep ★ ~ *op de bodem* down to the bottom, as far as the bottom ★ ~ *boven 32° to above 32° ❷ *van tijd* till, until, to ★ ~ *1848* till / up to 1848 ★ *dat gaat terug* ~ *1848* that goes back as far as 1848 ★ *van 8* ~ *12* from 8 to / till 12 (o'clock) ★ *van week* ~ *week* from week to week ★ ~ *morgen* see you tomorrow ★ ~ *dan toe* until then, up to then ★ ~ *en met maart* up to and including March ★ ~ *nu* / *nog toe* till now, up to now, so far ★ ~ *voor enkele jaren* until a few years ago ★ ~ *in zijn laatste regeringsjaar* down to the last year of his reign ❸ *bij bepaling van gesteldheid* as, for ★ *benoemd* ~ *gouverneur* appointed governor ★ *iem.* ~ *vriend kiezen* choose sbd for / as a friend ★ *die woorden* ~ *de zijne maken* make those words one's own ❹ *v. hoeveelheid/graad &* to ★ ~ *de laatste cent* to the last penny ★ ~ *tweemaal toe* up to two times ★ ~ *op de cent* to the penny ★ *a* ~ *de n-de (macht)* a to the nth power ▼ ~ *in de dood (getrouw)* (faithful) (un)to death ▼ *zich* ~ *iem. richten* address oneself to sbd ▼ *het teken* ~ *de aanval* the signal for attack II *voegw* till, until
totaal I *bn* total, complete, entire ★ *de totale opbrengst* the entire proceeds II *bijw* totally & ★ ~ *anders* / *gek* completely different / mad ★ *iets* ~ *vergeten* forget sth entirely / completely III *o* [-talen] total (amount), sum total ★ *in* ~ in all, altogether, in total
totaalbedrag *o* [-dragen] sum total, total amount
totaalbeeld *o* [-en] overall picture
totaalvoetbal *o* total soccer
totaalweigeraar *m* [-s] total / hard-line conscientious objector
totalisator *m* [-s] *telmachine, systeem v. wedden* totalizator, tote
totaliseren *onoverg* [totaliseerde, h. getotaliseerd] totalize
totalitair *bn* totalitarian
totaliteit *v* entirety, totality
total loss I *bn* total loss ★ *de auto was* ~ the car was a complete write-off ★ *hij is helemaal* ~ he's a write-off, he's had it II *m* ❶ *verzekering* total loss ❷ *auto &* write-off
totdat *voegw* till, until
totem *m* [-s] totem
totempaal *m* [-palen] totem pole
totnogtoe *bijw* so far, up to now
toto *m* ❶ *sporttoto, voetbaltoto* pool ❷ *bij wedren* totalizator

totstandkoming *v* establishment, development, coming about (of)
toucheren *overg* [toucheerde, h. getoucheerd] ❶ med examine, touch ❷ *aanraken* touch, insult ❸ *geld* receive, draw
touperen *overg* [toupeerde, h. getoupeerd] tease, backcomb
toupet *m* [-s & -ten] toupee, toupet
touringcar *m & v* [-s] (motor) coach
tournedos *m* tournedos
tournee *v* [-s] tour (of inspection) ★ *een* ~ *maken (in)* tour ★ *op* ~ *gaan* go on tour
tourniquet *o & m* [-s] turnstile
touroperator *m* [-s] tour operator
touw *o* [-en] ❶ *koord* ⟨dik⟩ rope, ⟨dun⟩ cord, ⟨zeer dun⟩ string ★ *er is geen* ~ *aan vast te knopen* you can make neither head nor tail of it ★ *ik ben de hele dag in* ~ *geweest* I've been busy all day, I haven't had a moment's rest all day ★ *iets op* ~ *zetten* launch / engineer / mount sth ❷ *getouw* loom
touwklimmen *o* rope-climbing
touwladder *v* [-s] rope ladder
touwslager *m* [-s] rope maker
touwslagerij *v* ❶ *activiteit* rope-making ❷ *bedrijf* [-en] rope-walk
touwtje *o* [-s] (bit of) string ★ *de* ~*s in handen hebben, aan de* ~*s trekken* pull the strings
touwtjespringen *o* skipping
touwtrekken *o* ook fig tug of war
touwtrekkerij *v* [-en] fig struggle
touwwerk *o* ❶ *alg.* ropes ❷ *scheepv* rigging
t.o.v. *afk* ❶ (ten opzichte van) with respect to ❷ (ten overstaan van) in the presence of
tovenaar *m* [-s & -naren] ook fig magician, wizard
tovenares *v* [-sen] sorceress, witch
tovenarij *v* [-en] magic, sorcery
toverachtig I *bn* magic(al), charming, enchanting II *bijw* magically &
toverbal *m* [-en] Br gobstopper, Am jawbreaker
toverdrank *m* [-en] magic potion
toveren I *onoverg* [toverde, h. getoverd] *goochelen* work magic ★ *ik kan niet* ~ I can't work magic, I'm no magician II *overg* [toverde, h. getoverd] conjure (up) ★ *een ei uit een hoed* ~ conjure an egg out of a hat ★ *iem. iets voor ogen* ~ conjure up a picture of sth
toverfee *v* [-feeën] fairy
toverfluit *v* [-en] magic flute
toverformule *v* [-s] magic formula, spell, charm
toverheks *v* [-en] witch, sorceress
toverij *v* [-en] sorcery, witchcraft, magic
toverkol *v* [-len] witch, hag
toverkracht *v* magic power
toverkunst *v* [-en] sorcery, magic (art) ★ ~*en* magic tricks, witchcraft
toverlantaarn, toverlantaren *v* [-s] magic lantern
tovermiddel *o* [-en] charm, spell, magic means
toverslag *m* ★ *als bij* ~ as if (as) by magic, like magic

to

toverspreuk v [-en] incantation, spell, charm
toverstaf m [-staven], **toverstokje** o [-s] magic wand
toverwoord o [-en] magic word, spell, charm
toxicologie v toxicology
toxicoloog m [-logen] toxicologist
toxine o & v [-n & -s] toxin
toxisch bn toxic
traag I bn ❶ v. beweging, begrip slow ★ hij is nogal ~ van begrip he's a bit slow-witted ❷ te laat tardy ★ een ~ betaler a tardy payer ❸ nat inert **II** bijw slowly &
traagheid v ❶ v. begrip, handelingen slowness, sluggishness ❷ sloomheid indolence ❸ het lang uitblijven delay, lateness, tardiness ❹ nat inertia
traan I m & v [tranen] oogvocht tear, teardrop ★ in tranen in tears ★ de tranen stonden hem in de ogen his eyes brimmed with tears ★ zij zal er geen ~ om laten she won't shed a tear over it ★ tranen met tuiten huilen, hete tranen huilen cry one's heart out, cry bitterly, shed hot tears ★ tot tranen geroerd zijn be moved to tears **II** m olie whale oil, cod liver oil
traanbuis v [-buizen] tear duct
traangas o tear gas
traangasgranaat v [-naten] tear gas shell
traanklier v [-en] lachrymal gland
traanvocht o tears, med lachrymal fluid
traanzak m [-ken] lachrymal sac
tracé o [-s] (ground) plan, traced road
traceren overg [traceerde, h. getraceerd] trace, trace out
trachten overg [trachtte, h. getracht] try, attempt, endeavour
tractie v traction, haulage
tractor m [-s & -toren] tractor
trading-down m marketing trading down, downward stretch
trading-up m marketing trading up, upward stretch
traditie v [-s] tradition ★ zoals ~ is by tradition
traditiegetrouw I bn traditional ★ de inwoners van Staphorst zijn zeer ~ people in Staphorst are very traditional **II** bijw traditionally, by tradition ★ het theaterseizoen gaat ~ van start met... traditionally, the theatre season starts with...
traditionalisme o traditionalism
traditionalistisch bn traditionalist
traditioneel bn traditional, time-honoured, customary
tragedie v [-s & -diën] tragedy
tragiek v tragedy
tragikomedie v [-s] tragicomedy
tragikomisch bn tragicomic
tragisch I bn tragic **II** bijw tragically ★ het ~ opnemen cry over sth
trailer m [-s] ❶ oplegger trailer ❷ kampeerwagen caravan, Am trailer ❸ gedeelte v. film trailer
trainee m [-s] trainee
trainen overg [trainde, h. getraind] train, coach ★ zich ~ train, exercise

trainer m [-s] trainer, coach
traineren I onoverg [traineerde, h. getraineerd] stall, play for time ★ hij probeert de zaak te ~ he's playing for time / stalling / dragging his feet ★ ~ met delay **II** overg [traineerde, h. getraineerd] delay, stall
training v training ★ in ~ zijn be in training
trainingsbroek v [-en] tracksuit trousers
trainingskamp o [-en] training camp
trainingspak o [-ken] tracksuit
trait-d'union o & m [-s] ❶ leesteken hyphen ❷ fig link
traiteur m [-s] domestic caterer
traject o [-en] ❶ af te leggen afstand distance ❷ wegverbinding route, ⟨v. spoorlijn⟩ section ❸ fig course, series of planned activities ❹ sp course, route
traktaat o [-taten] treaty
traktatie v [-s] treat
traktement o [-en] salary, pay
trakteren I overg [trakteerde, h. getrakteerd] onthalen treat, inf shout ★ ~ op treat to / shout ★ iem. op een glas wijn ~ shout sbd a glass of wine **II** onoverg [trakteerde, h. getrakteerd] ★ ik trakteer! my shout!, this one's on me!
tralie v [-s & -liën] bar ★ ~s lattice, trellis, grille ★ achter de ~s behind (prison) bars, inf inside
traliehek o [-ken] railings
traliën overg [traliede, h. getralied] grate, lattice, trellis
tralievenster o [-s] ❶ met tralies, v. gevangenis & barred window ❷ van latwerk lattice window
traliewerk o latticework, trelliswork
tram m [-s & -men] Br tram, Am streetcar, tramcar
trambaan v [-banen] Br tram track, Am streetcar track ★ een vrije ~ a tramway
trambestuurder m [-s] Br tramdriver, Am streetcar driver
tramconducteur m [-s] Br tram conductor, Am streetcar conductor
tramhalte v [-s] Br tram stop, Am carstop
tramhuisje o [-s] Br tram shelter, Am streetcar shelter
tramkaartje o [-s] Br tramway ticket, Am streetcar ticket
tramlijn v [-en] Br tram line, Am streetcar line
trammelant o & m trouble, rumpus
trammen onoverg [tramde, h. en is getramd] Br take a tram, Am take a streetcar
trampoline v [-s] trampoline
trampolinespringen o trampolining
tramrail v [-s] Br tram rail, Am streetcar rail
trance v [-s] trance ★ in ~ raken go / fall into a trance
tranche v [-s] ❶ snee portion ❷ fin parcel
trancheren overg [trancheerde, h. getrancheerd] carve
tranen onoverg [traande, h. getraand] water, run ★ ~de ogen watering eyes
tranendal o vale of tears
tranquillizer m [-s] tranquillizer, sedative, inf downer
trans m [-en] ❶ omgang v. toren gallery ❷ rand

battlements
transactie *v* [-s] ❶ transaction, deal ❷ <u>jur</u> out-of-court settlement
transactiekosten *zn* [mv] transaction charges
trans-Atlantisch *bn* transatlantic
transcendent *bn* transcendent ★ *~e meditatie* transcendental meditation
transcendentaal *bn* transcendental
transcontinentaal *bn* transcontinental
transcriberen *overg* [transcribeerde, h. getranscribeerd] transcribe (into)
transcriptie *v* [-s] ❶ *muziek* transcription ❷ *letters, tekens* transliteration
transept *o* [-en] transept
transfer *m & o* [-s] transfer
transferbedrag *o* [-en] <u>sp</u> transfer money
transfereren *overg* [tranfereerde, h.getransfereerd] transfer
transferium *o* [-s & -ria] park-and-ride
transferlijst *v* [-en] transfer list
transfermarkt *v* transfer market
transfersom *v* [-men] transfer fee
transfervrij *bn* on free transfer
transformatie *v* [-s] transformation
transformator *m* [-s & -toren] transformer
transformatorhuisje *o* [-s] transformer building / kiosk
transformeren *overg* [transformeerde, h. getransformeerd] transform
transfusie *v* [-s] transfusion
transgeen *bn* transgene
transistor *m* [-s] transistor
transistorradio *m* ['s] transistor radio
transit *m*, **transito** *m & o* transit
transitief *bn & o* <u>taalk</u> transitive
transito *m & o* transit
transitohandel *m* transit trade
transitohaven *v* [-s] transit port
transitoir *bn* transitory
transitorecht *o* [-en] <u>handel</u> transit duty
transitorium *o* [-s & -ria] temporary accommodation
transitvisum *o* [-visa & -s] transit visa
transmissie *v* [-s] transmission
transmitter *m* [-s] transmitter
transparant I *bn* transparent **II** *o* [-en] ❶ *scherm* transparency, transparent screen ❷ *gelinieerd blad* black lines, ruled sheet
transparantie *v* transparency
transpiratie *v* ❶ *het zweten* perspiration ❷ *zweet* perspiration, sweat
transpireren *onoverg* [transpireerde, h. getranspireerd] perspire, sweat

transpireren
wordt vertaald met **perspire** of **sweat**, nooit met **transpire**; **transpire** betekent **gebeuren**.

transplantaat *o* [-taten] transplant, graft
transplantatie *v* [-s] ❶ *het transplanteren*

transplantation, grafting ❷ *het getransplanteerde* transplant, graft
transplanteren *overg* [transplanteerde, h. getransplanteerd] transplant, graft
transponder *m* [-s] transponder
transponeren *overg* [transponeerde, h. getransponeerd] transpose
transport *o* [-en] ❶ *vervoer* transport, conveyance, carriage ★ *op ~ stellen* dispatch ★ *op ~ zetten naar...* be transported to... ❷ *in rekeningen* balance carried forward, carry-over ★ *per ~* carried forward / over
transportband *m* [-en] conveyor belt
transportbedrijf *o* [-drijven] transport / freight company, ‹wegvervoer ook› haulage business
transporteren *overg* [transporteerde, h. getransporteerd] ❶ *vervoeren* transport, convey ❷ <u>handel</u> carry forward
transporteur *m* [-s] ❶ *bedrijf* transporter, conveyer, conveyor ❷ *instrument* protractor
transportkosten *zn* [mv] cost(s) of transport / carriage
transportmiddel *o* [-en] mode / means of transport
transportonderneming *v* [-en] transport / freight company, carrier, ‹wegvervoer ook› haulage business
transportschip *o* [-schepen] ❶ *alg.* transport (ship) ❷ <u>mil</u> troopship
transportvliegtuig *o* [-en] transport / cargo plane, transport / cargo aircraft
transportvoorwaarden *zn* [mv] conditions of carriage
transseksualiteit *v* transsexualism
transseksueel *bn & m-v* [-suelen] transsexual
transversaal I *bn* transverse **II** *v* [-nalen] collateral, transversal
trant *m* manner, way, fashion, style ★ *in de ~ van* after the manner of ★ *naar de oude ~* in the old style
trap *m* [-pen] ❶ *schop* kick ★ *iem. een ~ geven* give sbd a kick ★ *een ~ na geven* give a parting shot ❷ *gezamenlijke traptreden* stairs, staircase, stairway, flight of stairs ★ *de ~ af* down the stairs, downstairs ★ *de ~ op* up the stairs, upstairs ★ *~ op, ~ af* up and down the stairs, upstairs and downstairs ★ *iem. van de ~ gooien* kick sbd downstairs ★ *hij is van de ~ gevallen* he's fallen down the stairs, fig ‹haar kort hebben laten knippen› he's just been cropped ❸ *trede* step ❹ *graad* degree, step ★ *de ~pen van vergelijking* degrees of comparison ★ *stellende / vergrotende / overtreffende ~* positive / comparative / superlative (degree) ★ *op een hoge ~ van beschaving* at a high degree of civilization ★ *op de laagste ~ van beschaving* on the lowest plane of civilization ❺ *v. raket* stage ❻ <u>muz</u> tone ❼ *vogel* bustard
trapas *v* [-sen] crank axle, crankshaft
trapauto *m* ['s] pedal car
trapeze *v* [-s] trapeze
trapezewerker *m* [-s] trapeze artist
trapezium *o* [-s & -zia] ❶ *meetkunde* trapezium

❷ *gymnastiek* trapeze

trapezoïde *v* [-n] trapezoid

trapgans *v* [-ganzen] *vogel* bustard

trapgat *o* [-gaten] (stair)well

trapgevel *m* [-s] stepped gable

trapkast *v* [-en] stair cupboard

trapladder *v* [-s], **trapleer** [-leren] stepladder, (pair of) steps

trapleuning *v* [-en] banister, handrail

traploper *m* [-s] stair runner

trappelen *onoverg* [trappelde, h. getrappeld] stamp ★ ~ *van ongeduld* strain at the leash, be dying to do sth

trappelzak *m* [-ken] baby's sleeping bag

trappen I *overg* [trapte, h. getrapt] *schoppen* kick ★ *herrie* ~ kick up a racket ★ *het orgel* ~ pump the organ ★ *ik laat me niet* ~ I won't let myself be kicked around ★ *hij werd eruit getrapt* he was fired, *inf* he got the boot **II** *onoverg* [trapte, h. getrapt] ❶ *schoppen* kick ★ ~ *tegen* kick against, *fig* hit out at ❷ *voet neerzetten* step, stamp ★ ~ *op* step (tread) on ★ *fig erin* ~ fall for it ❸ *op de fiets* pedal

trappenhuis *o* [-huizen] staircase, stairwell

trapper *m* [-s] ❶ *pedaal* pedal, treadle ❷ *schoen* shoe ❸ *jager* trapper

trappist *m* [-en] Trappist

trappistenbier *o* Trappist beer

trappistenklooster *o* [-s] Trappist monastery

trapportaal *o* [-talen] landing

traproe *v* [-s], **traproede** [-n] stair rod

trapsgewijs, trapsgewijze I *bn* gradual **II** *bijw* gradually, step-by-step ★ *zich* ~ *ontwikkelen* develop gradually

traptrede *v* [-n], **traptree** [-treeën] stairstep

trauma *v & o* ['s & -ta] trauma

traumahelikopter *m* [-s] emergency helicopter

traumateam *o* [-s] emergency unit, trauma team

traumatisch *bn* traumatic

traumatiseren *overg* [traumatiseerde, h. getraumatiseerd] traumatize, shock

traumatologie *v* traumatology

traumatoloog *m* [-logen] traumatologist

travellercheque *m* [-s] *Br* traveller's cheque, <u>Am</u> traveler's check

traverse *v* [-n] ❶ *dwarsbalk* crossbeam ❷ *dwarsverbinding* traverse

traverseren *onoverg* [traverseerde, h. getraverseerd] traverse

travestie *v* [-tieën] ❶ *lachwekkende voorstelling* travesty ❷ *verkleding als het andere geslacht* transvestism

travestiet *m & v* [-en] transvestite

travo *de* ['s] transvestite

trawant *m* [-en] ❶ *handlanger* henchman ❷ *bijplaneet* satellite

trawler *m* [-s] trawler

tray *m* [-s] tray

trechter *m* [-s] ❶ *om te gieten* funnel ❷ *v. molen*

hopper ❸ *door explosie veroorzaakt* crater

trechtervormig *bn* funnel-shaped

tred *m* [treden] tread, step, pace ★ *gelijke* ~ *houden met* keep step / pace with ★ *met vaste* ~ with a firm step

trede *v* [-n], **tree** [-treeën] ❶ *bij 't lopen* step, pace ❷ *v. trap, rijtuig* step ❸ *van ladder* rung ❹ *trapper* treadle

treden I *onoverg* [trad, h. en is getreden] step ★ *in bijzonderheden* ~ enter into detail(s) ★ *in dienst* ~ take up one's duties ★ *nader* ~ approach ★ *naar voren* ~ come to the front ★ ~ *uit* withdraw from, leave **II** *overg* [trad, h. getreden] ❶ *stappen* tread ❷ *v. vogels* tread, mate with

tredmolen *m* [-s] treadmill ★ *fig in de* ~ *lopen* be caught in the daily grind

treeft *v* [-en] trivet, tripod

treeplank *v* [-en] footboard

trefbal *o* dodge ball

trefcentrum *o* [-s & -tra] meeting place

treffen I *overg* [trof, h. getroffen] ❶ *raken* hit, strike ★ *het doel* ~ hit the mark ★ *u heeft de gelijkenis goed getroffen* you've really got a good likeness ★ *hij is door een ongeluk getroffen* he met with an accident ❷ *fig* touch, move, ‹sterker› shock ★ *diep / onaangenaam getroffen* deeply moved / touched ❸ *betreffen* concern, affect ★ *hem treft geen schuld* he's not to blame ★ *personen die door dit verbod getroffen worden* persons affected by this prohibition ❹ *aantreffen, vinden* meet (with) ★ *iem. thuis* ~ find sbd at home ★ *waar kan ik je* ~? where can I find you? ★ *we troffen hem toevallig te Hastings* we came across him / chanced upon him at Hastings ❺ *opvallen* catch, strike ★ *het trof mij dat...* it caught / struck me that... ❻ *maken* make, take ★ *regelingen* ~ make arrangements ★ *voorzorgsmaatregelen* ~ take precautions ▼ *je treft het, dat...* lucky for you that... ▼ *je treft het niet* bad luck for you ▼ *we hebben het goed getroffen* we've been lucky ▼ *dat treft u ongelukkig* bad luck for you ▼ *ik heb het die dag slecht getroffen* I was very unlucky that day **II** *onoverg* [trof, h. getroffen] ★ *dat treft goed* nothing could have been better, that's lucky **III** *o* encounter, engagement, meeting

treffend I *bn* ❶ *raak* striking, apt, telling ★ *een* ~ *voorbeeld / typering* a striking example / characterization ★ *een* ~*e opmerking* an apt comment ❷ *ontroerend* touching, moving **II** *bijw* strikingly, touchingly &

treffer *m* [-s] ❶ *raak schot* hit ❷ *bij balsporten* score, goal ❸ *gelukkig toeval* stroke of (good) luck, lucky hit

trefpunt *o* [-en] ❶ *ontmoetingsplaats* meeting place / point, *fig* crossroads ❷ *mil* point of impact

trefwoord *o* [-en] entry, headword

trefzeker *bn* ❶ *v. speler* accurate, precise ❷ *v. schot* accurate, well aimed, sure ★ *een* ~ *schot* a well-aimed shot ❸ *v. spreek-, schrijfstijl* well chosen ★ ~*e woorden* well-chosen words

trein *m* [-en] ❶ *spoortrein* (railway) train ★ *de ~ van negen uur* the nine o'clock train ★ *dat loopt als een ~* it's going like a bomb / like a house on fire ❷ *gevolg* retinue, following

treinconducteur *m* [-s] <u>Br</u> (railway) guard, <u>Am</u> conductor

treincoupé *m* [-s] compartment

treinenloop *m* train service

treinkaartje *o* [-s] train / railway ticket

treinongeluk *o* [-ken] railway accident

treinreis *v* [-reizen] train journey

treinreiziger *m* [-s] train passenger

treinstaking *v* [-en] rail strike

treinstation *o* [-s] railway station

treinstel *o* [-len] train

treintaxi *m* ['s] train taxi

treinverbinding *v* [-en] train connection

treinverkeer *o* railway traffic

treiteraar *m* [-s] tease, teaser, tormentor

treiteren *overg* [treiterde, h. getreiterd] nag, tease, torment

treiterig *bn* teasing, nagging, tormenting

trek *m* [-ken] ❶ *ruk* pull, tug ❷ *aan sigaret* pull, puff ★ *een paar ~ken/~jes aan een sigaret doen* have a few pulls / puffs / whiffs on a cigarette ❸ *luchtstroom* draught, <u>Am</u> draft ★ *er is geen ~ in de kachel* the stove isn't drawing ★ *op de ~ zitten* sit in a draught ❹ *vogeltrek* migration ❺ *met ossenkar* <u>ZA</u> trek ❻ *haal met pen* stroke, dash ★ *met één ~ van de pen* with one stroke of the pen ❼ *in geweerloop* groove ❽ *lijn* line ★ *in brede ~ken* in broad outline ★ *in korte ~ken* in brief outline, briefly ★ *in vluchtige ~ken* in broad outline ❾ *iets in grote ~ken aangeven* outline sth ❿ *gelaatstrek* feature, lineament ⓫ *karaktertrek* trait ★ *dat is een eigenaardig(e) ~(je) van hem* that's a trait peculiar to him ⓬ *lust* mind, inclination ★ *~ hebben in iets* have a mind for something ★ *ik zou wel ~ hebben in een kop thee* I wouldn't mind a cup of tea ★ *(geen) ~ hebben om te...* have a (no) mind to..., not feel like...ing ⓭ *eetlust* appetite ★ *(geen) ~ hebben* have an (no) appetite ⓮ <u>kaartsp</u> trick ▼ *zijn ~ken thuis krijgen* have the tables turned on one, have one's chickens come home to roost ▼ *aan zijn ~ken komen* come into one's own ▼ *in ~ zijn* be in great demand, be popular

trekautomaat *m* [-maten] slot / vending machine

trekbal *m* [-len] <u>bilj</u> back spinner ★ *een ~ spelen* put a backspin on a ball

trekdier *o* [-en] draught animal, <u>Am</u> draft animal

trekhaak *m* [-haken] tow bar

trekharmonica *v* ['s] accordion ★ *een kleine ~* a concertina

trekhond *m* [-en] draught dog, <u>Am</u> draft dog

trekkebenen *onoverg* [trekkebeende, h. getrekkebeend] limp

trekken I *onoverg* [trok, h. getrokken] ❶ *naar zich toe halen* pull, draw, tug ★ *~ aan* pull / tug / tear at, pull, tug ★ *aan de bel ~* pull the bell ★ *aan iems.*

haar ~ pull sbd's hair ★ *hij trekt met zijn linkerbeen* he has a limp in his left leg ★ *hij trekt met zijn mond* his mouth twitches ★ *het trekt hier* there's a draught here ❷ *aan sigaret &* draw, pull (at), puff (at) ★ *hij trok aan zijn pijp, maar zijn pijp trok niet* he pulled at his pipe, but it wouldn't draw ★ *aan zijn sigaret ~* draw on one's cigarette, pull / puff at one's cigarette ❸ *van schoorsteen &* draw ❹ *van thee &* draw ★ *de thee laten ~* let the tea draw ★ *de thee staat te ~* the tea's drawing ❺ *masturberen* <u>Br</u> *inf* wank off, <u>Am</u> *inf* jerk off **II** *onoverg* [trok, is getrokken] ❶ *kromtrekken* warp, become warped ❷ *gaan, reizen* go, move, travel, ⟨v. vogels, stammen⟩ migrate ★ *er op uit ~* set out ★ *zij trokken naar het westen* they moved / marched west ❸ <u>sp</u> hike **III** *overg* [trok, h. getrokken] ❶ *op de plaats brengen* draw ★ *draad ~* draw wire ★ *een prijs ~* draw a prize ★ *een goed salaris &~* draw a handsome salary & ★ *een tand ~* draw / extract / pull a tooth ★ *een tand laten ~* have a tooth drawn / extracted / pulled ★ *een wissel ~ (op)* draw a bill (on) ★ *iem. opzij ~* draw / take sbd aside ★ *iem. uit het water ~* draw / pull / haul sbd out of the water ★ *een les / conclusie ~ uit* draw a lesson / conclusion from ★ *bijstand ~* live on social security ★ *de wortel ~* extract the root ★ *bilj een bal ~* play a backspin on a ball ❷ *tekenen* rule ❸ *een pistool* pull (out), take out ❹ *aan iets* pull ★ *gezichten ~* pull faces ★ *hij trok mij aan mijn haar* he pulled my hair ★ *hij trok mij aan mijn mouw* he pulled (at) my sleeve ★ *iem. aan de / zijn oren ~* pull sbd's ears ★ *zij trokken hem de kleren van het lijf* they tore the clothes from his back ★ *zich de haren uit het hoofd ~* tear one's hair ❺ *schip, auto* tow ❻ *lokken* draw, appeal to

trekker *m* [-s] ❶ *v. vuurwapen* trigger ❷ *tractor* tractor ❸ *die een tocht maakt* hiker ❹ *vogel* migratory bird ❺ *v.e. wissel* drawer ❻ *aan laars* tab, tag ❼ *v. wc* (pull) chain ❽ *schoonmaakwerktuig* wiper

trekking *v* [-en] ❶ *het trekken* drawing, pulling, ⟨tand ook⟩ extraction ❷ *v. loterij* drawing, draw ❸ *in schoorsteen* draught, <u>Am</u> draft ❹ *v. zenuwen* twitch, convulsion

trekkingsdatum *m* [-s & -data] date of the draw

trekkingslijst *v* [-en] list of prizes

trekkracht *v* [-en] tractive power

trekpaard *o* [-en] draught horse, <u>Am</u> draft horse

trekpen *v* [-nen] drawing pen

trekpleister *v* [-s] ❶ *attractie* attraction, drawcard ❷ *pleister* <u>hist</u> blister, blistering plaster

trekpop *v* [-pen] jumping jack

trekschuit *v* [-en] <u>hist</u> towed boat

trekstang *v* [-en] tie rod

trektocht *m* [-en] hike ★ *een ~ maken* hike

trekvaart *v* [-en] (shipping) canal

trekvast *bn* non-flexible

trekvastheid *v* tensile strength

trekvogel *m* [-s] ❶ migratory bird, migrant, bird of passage ❷ *fig* bird of passage, wanderer

trekzaag v [-zagen] crosscut saw, whipsaw
trekzalf v salve
trema o ['s] diaeresis
tremel m [-s] hopper
trend m [-s] trend
trendbreuk v deviation from the trend
trendgevoelig bn subject to trends / to changing fashions
trendsetter m [-s] trendsetter
trendvolger m [-s] ❶ m.b.t. lonen person whose salary is linked to civil service scales ❷ m.b.t. mode follower of fashion
trendwatcher m [-s] trendwatcher
trendy bn trendy, fashionable
trens v [-trenzen] ❶ aan bit snaffle ❷ lus loop
trepaneren overg [trepaneerde, h. getrepaneerd] trepan
tres v [-sen] ❶ bandje braid, lace ❷ vlecht braid
treurboom m [-bomen] weeping tree
treurdicht o [-en] elegy
treuren onoverg [treurde, h. getreurd] ❶ bedroefd zijn be sad, grieve ★ ~ om / over grieve for, mourn / grieve over ❷ fig languish
treurig I bn sad, sorrowful, mournful **II** bijw sadly & **treurigheid** v [-heden] sadness, sorrow
treurmars m & v [-en] funeral / dead march
treurmuziek v funeral music
treurnis v sorrow, sadness
treurspel o [-spelen] tragedy
treurspeldichter m [-s] tragic poet
treurwilg m [-en] weeping willow
treurzang m [-en] elegy, dirge
treuzelaar m [-s] dawdler
treuzelen onoverg [treuzelde, h. getreuzeld] dawdle, loiter, linger
triade v [-s & -n] triad
triangel m [-s] triangle
triangulatie v [-s] triangulation
triatleet m [-leten] triathlete
triatlon m [-s] triathlon
tribunaal o [-nalen] tribunal, court of justice
tribune v [-s] ❶ in sportstadion stand ❷ overdekt grandstand ❸ in rechtszaal, parlement & gallery ★ de publieke ~ the public gallery, ⟨in het Britse Lagerhuis⟩ the strangers' gallery, ⟨in het Amerikaanse Congres⟩ the visitors' gallery, ⟨voor sprekers⟩ platform, tribune, rostrum
tribuun m [-bunen] tribune
tribuut o & m [-buten] tribute
triceps m [-en] triceps
trichine v [-n] trichina
tricot I o stof tricot, knit **II** m & o [-s] ❶ v. acrobaten, dansers leotard ❷ maillot tights
tricotage v [-s] knitwear
tricotsteek m stocking stitch
trien v [-en] boerse meid country bumpkin
triest, **triestig I** bn sad, dreary, dismal ★ een ~ gezicht a sad face ★ ~ weer dismal / dreary weather **II** bijw

sadly &
triestheid v sadness, melancholy, gloominess
trigonometrie v trigonometry
trijp o mock velvet
trijpen bn mock-velvet
triktrak o backgammon
trilgras o quaking grass
trilhaar o [-haren] cilium
triljard telw 1 met 21 nullen erachter thousand trillions, Am sextillion
triljoen o [-en] 1 met 18 nullen erachter trillion, Am quintillion
trillen onoverg [trilde, h. getrild] ❶ v. personen, stem & tremble ★ ~ van tremble with ❷ v. snaren vibrate, trill ❸ v. gras quake ❹ in de natuurkunde vibrate
triller m [-s] muz trill
trilling v [-en] ❶ het trillen, een enkele trilling vibration ❷ siddering trembling, shaking ★ een ~ ging door mij heen a tremor went through me, I trembled ❸ aardbeving tremor
trilogie v [-gieën] trilogy
trilplaat v [-platen] ❶ in een microfoon & vibrating plate ❷ fitnessapparaat power plate
trimaran m [-s] trimaran
trimbaan v [-banen] training circuit
trimester o [-s] term, three months
trimloop m [-lopen] fitness run
trimmen I overg [trimde, h. getrimd] v. hond trim **II** onoverg [trimde, h. getrimd] aan conditietraining doen jog, work out (at the gym)
trimmer m [-s] sporter jogger
trimsalon m & o [-s] trimming salon
trimschoen m [-en] training shoe
Trinidad en Tobago o Trinidad and Tobago
trio o ['s] trio
triomf m [-en] triumph ★ ~en vieren achieve great triumphs ★ in ~ in triumph
triomfantelijk I bn triumphant, triumphal ★ een ~e intocht a triumphal entry ★ een ~e blik a triumphant look ★ een ~ succes a resounding success **II** bijw triumphantly ★ ~ kijken look about triumphantly
triomfator m [-s & -toren] victor
triomfboog m [-bogen] triumphal arch
triomferen onoverg [triomfeerde, h. getriomfeerd] triumph (over over)
triomfkreet m [-kreten] cry of triumph
triomfpoort v [-en] triumphal arch
triomftocht m [-en] triumphal procession
triool v [triolen] muz triplet
trioseks m trio sex
trip m [-s] uitstapje trip ★ een ~ maken go on a trip / tour, ⟨door drugsgebruiker⟩ trip
tripartiet bn tripartite
triple-sec m triple sec
triplex m & o, **triplexhout** o plywood, three-ply
triplo zn ★ in ~ in triplicate
trippelen onoverg [trippelde, h. en is getrippeld] trip (along)

tr

trippen *onoverg* [tripte, h. en is getript] trip
triptiek *v* [-en] ❶ *schilderij* triptych ❷ *internationaal paspoort* triptyque
trits *v* [-en] ❶ *drietal* set of three, triad, trio, triplet ❷ *groot aantal* number
triumviraat *o* [-raten] triumvirate
triviaal I *bn* trivial, trite, banal **II** *bijw* trivially & ★ *om het ~ te zeggen...* to put it tritely...
trivialiteit *v* [-en] triviality, triteness, banality
trochee, trocheus *m* [trocheeën] trochee
troebel I *bn* turbid, cloudy, murky ★ *~ water* muddy water, fig troubled waters ★ *~ worden* become muddy / murky **II** *bijw* ★ *~ kijken* look glum
troef *v* [troeven] trump(s) ★ *harten is ~* hearts are trumps ★ *~ bekennen* follow suit ★ *~ maken* declare trumps ★ *~ uitspelen* play a trump, play trumps ★ *zijn ~ uitspelen* play one's trump card ★ *zijn laatste ~ uitspelen* play one's last trump ★ *~ verzaken* fail to follow suit ★ *alle troeven in handen hebben* hold all the trumps
troefkaart *v* [-en] trump card
troefkleur *v* [-en] trumps
troel *v* [-en] ❶ *scheldwoord* bitch ❷ *liefkozend* sweetie (pie)
troep *m* [-en] ❶ *groep* troop, band ★ *een ~ dieven* a gang of robbers / thieves ★ *een ~ kinderen* a pack of kids ★ *een ~ mensen* a hoard of people ★ *een ~ vee* a herd of cattle ★ *een ~ schapen* a flock of sheep ★ *een ~ wolven* a pack of wolves ★ *de hele ~* the whole lot / caboodle ❷ *mil* troop, body ★ mil *~en* troops, forces ★ *bij ~en* in troops ❸ *rommel* mess ★ *een ~ maken* make a mess
troepenconcentratie *v* [-s] concentration of troops, troop concentration
troepenmacht *v* [-en] force
troepenverplaatsing *v* [-en] troop displacement
troeteldier *o* [-en] ❶ *verwend huisdier* pet ❷ *speelgoedbeest* cuddly toy
troetelkind *o* [-eren] darling, pet
troetelnaam *m* [-namen] pet name
troeven I *overg* [troefde, h. getroefd] trump, overtrump **II** *onoverg* [troefde, h. getroefd] play trumps
trofee *v* [-feeën] trophy
troffel *m* [-s] trowel
trog *m* [-gen] trough
Trojaan *m* [-janen] Trojan
Trojaans *bn* Trojan ★ *het ~e paard binnenhalen* fig bring in a Trojan horse, open the way for undermining activities, comput infect the computer with a Trojan horse virus
Trojaanse *v* [-n] Trojan
Troje *o* Troy
trojka *v* ['s] troika
trol *m* [-len] troll
trolley *m* [-s] trolley
trolleybus *m* & *v* [-sen] trolley bus
trom *v* [-men] drum ★ ook fig *de grote ~ roeren* beat

the big drum ★ *met stille ~ vertrekken* slip / steal away
trombocyt *m* [-en] thrombocyte
trombone *v* [-s] trombone
trombonist *m* [-en] trombonist
trombose *v* thrombosis
trombosedienst *m* intensive care for thrombotic disease patients
tromgeroffel *o* roll of drums
trommel *v* [-s] ❶ muz drum ❷ *metalen doos* box, case, tin ❸ techn drum, barrel
trommelaar *m* [-s] drummer
trommelen I *onoverg* [trommelde, h. getrommeld] ❶ *op trom* drum, beat, play ❷ *tikken* drum **II** *overg* [trommelde, h. getrommeld] *oproepen* drum (up / together)
trommelrem *v* [-men] drum brake
trommelslager *m* [-s] drummer
trommelvel *o* [-len] drumhead
trommelvlies *o* [-vliezen] eardrum, anat tympanic membrane, tympanum
trompet *v* [-ten] trumpet ★ *(op) de ~ blazen* blow / sound the trumpet
trompetgeschal *o* sound / flourish / blare of trumpets
trompetten *overg & onoverg* [trompette, h. getrompet] trumpet
trompetter *m* [-s] trumpeter
trompetteren *onoverg* [trompetterde, h. getrompetterd] *geluid van olifant maken* trumpet
trompettist *m* [-en] trumpet player
tronen I *onoverg* [troonde, h. getroond] *cp een troon zitten* sit enthroned **II** *overg* [troonde, h. getroond] *lokken* allure, entice
tronie *v* [-s] face, inf mug
tronk *m* [-en] trunk
troon *m* [tronen] throne ★ *de ~ beklimmen* mount / ascend the throne ★ *op de ~ plaatsen* enthrone, place on the throne ★ *van de ~ stoten* dethrone
troonopvolger *m* [-s] heir to the throne
troonopvolging *v* succession to the throne
troonpretendent *m* [-en] pretender to the throne
troonrede *v* [-s] speech from the throne, King's / Queen's speech, royal speech
troonsafstand *m* abdication
troonsbestijging *v* [-en] accession to the throne
troonzaal *v* [-zalen] throne room
troop *m* [tropen] trope
troost *m* comfort, consolation, solace ★ *dat is tenminste één ~* that's a / some comfort ★ *een schrale ~* cold comfort ★ *dat zal een ~ voor u zijn* it'll give you some consolation ★ *~ vinden in...* find comfort in... ★ *zijn ~ zoeken bij...* seek comfort with... ▼ scherts *een bakje ~* a cup of coffee
troosteloos I *bn* disconsolate, cheerless, desolate **II** *bijw* disconsolately &
troosteloosheid *v* disconsolateness, desolation
troosten *overg* [troostte, h. getroost] comfort, console ★ *zich ~* console oneself ★ *zich ~ met de gedachte*

dat... take comfort in the thought that...
troostprijs *m* [-prijzen] consolation prize
troostrijk, troostvol *bn* comforting, consoling, consolatory
troostwoord *o* [-en] word of comfort
tropen *zn* [mv] tropics
tropenhelm *m* [-en] sun helmet, topi / topee
tropenjaren *zn* [mv] years spent in the tropics
tropenkleding *v* tropical clothes / wear
tropenkolder *m* tropical frenzy / madness ★ *er kan altijd een hevige ~ toeslaan* Aus / NZ inf there's always the risk of going troppo
tropenrooster *o* [-s] (work) schedule adjusted to a tropical climate
tropenuitrusting *v* [-en] tropical outfit
tropisch I *bn* tropical II *bijw* tropically
tros *m* [-sen] ❶ *vruchten* cluster ★ *een ~ bessen* a string of currants ★ *een ~ druiven* a bunch of grapes ★ *aan ~sen* in bunches, in clusters ❷ *bloeiwijze* raceme ❸ scheepv hawser ★ *de ~sen losgooien* cast off ❹ mil train
trosvormig *bn* clustered, racemose
trots I *m* ❶ *fierheid* pride ★ *de ~ van de familie* the pride of the family ❷ *hoogmoed* pride, haughtiness II *bn* ❶ *fier* proud ★ *~ zijn op* be proud of ★ *zo ~ als een pauw* as proud as a peacock / as Lucifer ❷ *hoogmoedig* proud, haughty III *bijw* proudly, haughtily IV *voorz* in spite / defiance of, despite
trotseren *overg* [trotseerde, h. getrotseerd] defy, dare, face, brave ★ *de dood ~* defy death ★ *de gevaren ~* defy the dangers
trotsheid *v* pride, haughtiness
trotskisme *o* Trotskyism
trotskist *m* [-en] Trotskyist, geringsch Trotskyite
trotskistisch *bn* Trotskyist
trottoir *o* [-s] pavement, footpath, Am sidewalk
trottoirband *m* [-en] kerb(stone), Am curb(stone)
trottoirtegel *m* [-s] paving stone
troubadour *m* [-s] troubadour
troubleshooter *m* [-s] troubleshooter
trouw I *bn* ❶ *getrouw* faithful, ‹v. onderdanen› loyal, ‹v. vrienden› true, trusty ★ *~ aan* loyal / true to ❷ *standvastig* dedicated ★ *een ~ bezoeker* a regular attendant ❸ *overeenkomstig de werkelijkheid* conscientious, precise ★ *een ~ afschrift* a true copy II *bijw* faithfully, loyally, conscientiously, precisely III *v getrouwheid* loyalty, fidelity, faithfulness, faith ★ *beproefde ~* staunch loyalty ★ *goede / kwade ~* good / bad faith, bona / mala fides ★ *te goeder ~* bona fide, in good faith ★ *~ zweren aan* swear allegiance to ★ *te goeder / kwader ~* in good / bad faith ★ *te goeder / kwader ~ zijn* be sincere / insincere IV *m huwelijk* marriage
trouwakte *v* [-n & -s] marriage certificate
trouwbelofte *v* [-n] promise of marriage
trouwboeket *o & m* [-ten] bride's bouquet
trouwboekje *o* [-s] ± marriage certificate
trouwdag *m* [-dagen] ❶ *dag v. huwelijk* wedding day

❷ *huwelijksjubileum* wedding anniversary

trouwdag
De dag van de trouwerij zelf is de **wedding day**, alle volgende trouwdagen heten **wedding anniversary**.

trouweloos *bn* ❶ *ontrouw* faithless, disloyal ❷ *vals* treacherous
trouweloosheid *v* [-heden] faithlessness, disloyalty
trouwen I *onoverg* [trouwde, is getrouwd] marry, wed ★ *~ met* marry ★ *zij is getrouwd met een Duitser* she's married to a German ★ *wanneer zijn ze getrouwd?* when did they get married? ★ *op het stadhuis ~* get married in the town hall ★ *voor de wet ~* marry in a registry office ★ *je bent er niet mee getrouwd* you're not wedded to it ★ scherts *zo zijn we niet getrouwd* that wasn't in the bargain II *overg* [trouwde, h. getrouwd] marry ★ *welke dominee trouwt het paar?* which minister is going to marry the couple? ★ *hij heeft veel geld getrouwd* he's married a fortune III *o* marriage
trouwens *bijw* for that matter, apart from that, by the way
trouwerij *v* [-en] wedding

trouwerij
Wedding is het feest of de ceremonie, **marriage** is het getrouwd zijn. Je gaat dus altijd naar een **wedding**, nooit naar een **marriage**.

trouwfeest *o* [-en] wedding (party)
trouwfoto *v* ['s] wedding photo / picture
trouwhartig I *bn* faithful, candid, frank II *bijw* faithfully &
trouwjurk *v* [-en] wedding dress
trouwkaart *v* [-en] wedding card
trouwpak *o* [-ken] wedding suit
trouwpartij *v* [-en] wedding party
trouwplannen *zn* [mv] marriage plans
trouwplechtigheid *v* [-heden] wedding ceremony
trouwring *m* [-en] wedding ring
trouwzaal *v* [-zalen] wedding room
truc *m* [-s] trick, stunt, inf dodge ★ *de ~ doorhebben* see the trick
trucage *v* [-s] ❶ *truc(s) in film &* special effect(s) ❷ *het gebruik maken van trucs* trickery, stunts
truck *m* [-s] truck
trucker *m* [-s] Br lorry driver, Am trucker
truffel *v* [-s] *paddenstoel, chocoladetruffel* truffle
trui *v* [-en] jersey, sweater, jumper ★ sp *de gele ~* the yellow jersey
trukendoos *v* [-dozen] box of tricks ★ *de ~ opentrekken* open up one's box of tricks
trust *m* [-s] trust
trustee *m* [-s] trustee
trustfonds *o* [-en] fin trust fund
trustgebied *o* [-en] trust territory
trustmaatschappij *v* [-en] trust company
trut *v* [-ten] ❶ *stijve vrouw* frump ❷ *als scheldwoord*

cow ★ *stomme ~!* silly cow/<u>vulg</u> bitch, <u>Am</u> <u>inf</u> dumb broad ❸ *vagina* cunt

truttig *bn* frumpy

try-out *m* [-s] *v. toneelvoorstelling* try-out

tsaar *m* [tsaren] czar, tsar

tsarina *v* ['s] czarina, tsarina

tsarisme *o* czarism, tsarism

tseetseevlieg *v* [-en] tsetse fly

T-shirt *o* [-s] T-shirt, tee shirt

Tsjaad *o* Chad

Tsjech *m* [-en] Czech

Tsjechië *o* Czech Republic

Tsjechisch I *bn* Czech **II** *o taal* Czech

Tsjechische *v* [-n] Czech ★ *ze is een ~* she's a Czech, she's from the Czech Republic

Tsjecho-Slowakije *o* Czechoslovakia

Tsjetsjeen *m* [-tsjenen] Chechen

Tsjetsjeens *bn & o* Chechen

Tsjetsjeense *v* [-n] Chechen ★ *ze is een ~* she's a Chechen, she's from Chechnya

Tsjetsjenië *o* Chechnya, Chechenia

tsjilpen *onoverg* [tsjilpte, h. getsjilpt], **tsjirpen** [tsjirpte, h. getsjirpt] cheep, twitter, chirp, chirrup

tuba *m* ['s] tuba

tube *v* [-n & -s] tube

tuberculose *v* tuberculosis, TB

tuberkel *m* [-s] tubercle

tuberkelbacil *m* [-len] tubercle bacillus

tucht *v* discipline ★ *onder ~ brengen* bring to discipline

tuchtcollege *o* [-s] disciplinary tribunal

tuchtcommissie *v* [-s] disciplinary committee / council

tuchteloos *bn* ❶ *zonder tucht* undisciplined, insubordinate ❷ *zedeloos* dissolute

tuchthuis *o* [-huizen] <u>hist</u> house of correction

tuchtigen *overg* [tuchtigde, h. getuchtigd] discipline, punish

tuchtiging *v* [-en] chastisement, punishment, discipline

tuchtmaatregel *m* [-en] disciplinary measure

tuchtraad *m* [-raden] disciplinary committee

tuchtrecht *o*, **tuchtrechtspraak** *v* jurisdiction over professional misconduct, disciplinary law / rules

tuchtrechtelijk I *bn* disciplinary, corrective ★ *~e straf* disciplinary punishment **II** *bijw* ★ *~ strafbaar zijn* be liable to disciplinary punishment

tuchtschool *v* [-scholen] <u>Br</u> community home, <u>Br</u> <u>hist</u> Borstal, <u>Am</u> reform school, reformatory, state reformatory school

tuffen *onoverg* [tufte, h. en is getuft] motor, chug

tufsteen *o & m* tuff

tui *v* [-en] *touw, kabel ter verankering* guy

tuig *o* [-en] ❶ *gereedschap* tools ❷ *vistuig* fishing tackle ❸ <u>scheepv</u> rigging ❹ *v. paard* harness ❺ *onguur volk* riff-raff, rabble, <u>Br</u> <u>inf</u> lowlife ❻ *slecht spul* trash, rubbish

tuigage *v* <u>scheepv</u> rigging

tuigje *o* [-s] safety harness

tuil *m* [-en] ❶ *ruiker* bouquet, bunch, ‹klein› nosegay ❷ *bundel v. gedichten* anthology

tuimelaar *m* [-s] ❶ *dolfijn* bottlenose dolphin ❷ *duif* tumbler ❸ *v.e. slot* tumbler ❹ *glas* tumbler

tuimelen *onoverg* [tuimelde, is getuimeld] tumble, topple

tuimeling *v* [-en] tumble ★ *een ~ maken* have a spill

tuimelraam *o* [-ramen] tilting window, balance window

tuin *m* [-en] garden ★ *hangende ~en* hanging gardens ★ *iem. om de ~ leiden* lead sbd up the garden path

tuinaarde *v* garden earth / soil

tuinafval *o* garden waste

tuinameublement *o* [-en] set of garden furniture

tuinarchitect *m* [-en] landscape architect / gardener

tuinarchitectuur *v* landscape architecture / gardening

tuinbank *v* [-en] garden seat / bench

tuinbed *o* [-den] flower bed

tuinboon *v* [-bonen] broad bean

tuinbouw *m* horticulture

tuinbouwbedrijf *o* [-drijven] market gardening

tuinbouwgebied *o* [-en] market-gardening district

tuinbouwkundige *m-v* [-n] horticulturalist

tuinbouwproduct *o* [-en] horticultural product

tuinbouwschool *v* [-scholen] horticultural school

tuinbroek *v* [-en] dungarees, overalls

tuincentrum *o* [-tra & -s] garden centre/<u>Am</u> center

tuinder *m* [-s] market gardener

tuinderij *v* [-en] market garden

tuindeur *v* [-en] ❶ *alg.* garden door ❷ *dubbele tuindeuren* French windows

tuindorp *o* [-en] garden suburb / village

tuinen *onoverg* [tuinde, is getuind] ★ *erin ~* be hoaxed

tuinfeest *o* [-en] garden party

tuinfluiter *m* [-s] *vogel* garden warbler

tuingereedschap *o* [-pen] garden(ing) tools

tuinhek *o* [-ken] ❶ *omheining* garden fence ❷ *toegang* garden gate

tuinhuis *o* [-huizen] garden house

tuinhuisje *o* [-s] *prieel* summer house

tuinier *m* [-s] gardener

tuinieren *onoverg* [tuinierde, h. getuinierd] ❶ *uit liefhebberij* garden ❷ *als beroep* be a gardener

tuinkabouter *m* [-s] garden gnome

tuinkamer *v* [-s] room that looks onto a garden

tuinkers *v* garden cress

tuinkruiden *zn* [mv] garden herbs

tuinman *m* [-lieden, -lui] gardener

tuinmeubelen *zn* [mv] garden furniture

tuinpad *o* [-paden] garden path

tuinslang *v* [-en] garden hose

tuinsproeier *m* [-s] garden sprinkler

tuinstad *v* [-steden] garden city

tuinstoel *m* [-en] garden chair

tuintafel *v* [-s] garden table

tuit *v* [-en] ❶ spout, ‹spits toelopend› nozzle

❷ *puntzak* cornet

tuiten I *overg* [tuitte, h. getuit] *v. lippen* purse
II *onoverg* [tuitte, h. getuit] tingle, ring, burn ★ *mijn oren ~* my ears are burning

tuk I *bn* ★ *~ op* keen on, eager for **II** *m* [-ken] ★ *iem. ~ hebben* make a fool of sbd

tukje *o* [-s] nap ★ *een ~ doen* take a nap

tulband *m* [-en] ❶ *hoofddeksel* turban ❷ *gebak* gugelhupf cake

tule *v* tulle

tulen *bn* tulle

tulp *v* [-en] tulip

tulpenbed *o* [-den] bed of tulips

tulpenbol *m* [-len] tulip bulb

tumbler *m* [-s] tumbler

tumor *m* [-s & -moren] tumour

tumult *o* [-en] tumult

tumultueus I *bn* tumultuous, uproarious, unruly
II *bijw* **III** - tumultuously & ★ *het ging er ~ aan toe* things were in an uproar

tune *m* [-s] *herkenningsmelodie* signature tune

tuner *m* [-s] *m.b.t. een radio* tuner

tuner-versterker *m* [-s] tuner-amplifier

Tunesië *o* Tunisia

tuniek *v* [-en] ❶ mil tunic ❷ *v. dames* tunic

Tunis *o* Tunis

tunnel *m* [-s] tunnel, ‹van station, onder straat› subway

turbine *v* [-s] turbine

turbo *m* [’s] ❶ *krachtversterker* turbo, turbocharger
❷ *auto* turbocar, turbocharged car

turbocompressor *m* [-s, -soren] turbocharger, turbosupercharger

turbogenerator *m* [-s, -toren] turbogenerator

turbomotor *m* [-s & -toren] turbo engine

turbulent I *bn* turbulent ★ *een ~ leven* a tempestuous life **II** *bijw* turbulently ★ *de dag verliep ~* it was a turbulent day

turbulentie *v* turbulence

tureluur *m* [-s & -luren] *vogel* redshank

tureluurs *bn* wild, mad ★ *het is om ~ van te worden* it’s enough to drive you mad

turen *onoverg* [tuurde, h. getuurd] peer, gaze, stare
★ *~ naar* peer at ★ *in de verte ~* stare into the distance

turf *m* [turven] ❶ peat, turf ★ *een ~* a block / square / lump of peat, ‹dik boek› a tome ★ *drie turven hoog* knee-high ❷ *vijftal* tally

turfmolm *m & o* peat dust

turfsteken *o* cut peat

turfsteker *m* [-s] peat-cutter

Turk *m* [-en] Turk

Turkije *o* Turkey

Turkmenistan *o* Turkmenistan

turkoois *m & o* [-kooizen] turquoise

turkooizen *bn* ❶ *kleur* turquoise ❷ *van turkoois* turquoise

Turks I *bn* Turkish ★ *een ~ bad* a Turkish bath **II** *o*
Turkish

Turkse *v* [-n] Turk ★ *ze is een ~* she’s a Turk, she’s from Turkey

turnen *onoverg* [turnde, h. geturnd] do / practise gymnastics

turner *m* [-s] gymnast

turnpak *o* [-ken] leotard

turntoestel *o* [-len] gymnastic apparatus

turnvereniging *v* [-en] gym(nastic) club

turnzaal *v* [-zalen] ZN gymnasium

turquoise *bn* *kleur van turkoois* turquoise

turven *onoverg* [turfde, h. geturfd] ❶ *tellen* score, mark in fives ❷ *turf maken* stack / make peat

tussen I *voorz* ❶ *tussen twee mensen, zaken, plaatsen, tijdstippen* between ★ *dat blijft ~ ons* that’s between you and me / between ourselves ❷ *te midden van* among, amongst ★ *er zaten veel kinderen ~ het publiek* there were a lot of children among the audience **II** *bijw* ★ *er van ~ gaan* clear out ★ *iem. er ~ nemen* pull sbd.’s leg ★ *ze hebben je er ~ genomen* you’ve been had ★ *er geen woord ~ kunnen krijgen* not be able to get a word in edgeways / edgewise

tussenbalans *v* [-en] mid-term review

tussenbeide *bijw* ❶ between, in ★ *~ komen* intervene, interpose, step in, inf put one’s oar in ❷ *tamelijk* so-so

tussendek *o* [-ken] between decks, ‹voor passagiers› steerage

tussendeks *bijw* between-decks, ’tween-decks ★ *de reis ~ maken* go / travel steerage

tussendeur *v* [-en] communicating door

tussendoor *bijw* in between ★ *deze opening is te smal, daar kan ik niet ~* this opening is too narrow; I can’t get through it ★ *er waren verschillende wedstrijden en ~ traden er artiesten op* entertainers performed in between the various games ★ *dat klusje doe ik er wel even ~* I’ll do that job in between other things, I’ll squeeze that job in

tussendoortje *o* [-s] *hapje tussendoor* (in-between-meals) snack

tussenfase *v* [-n] intermediate phase

tussengelegen *bn* intermediate

tussengerecht *o* [-en] intermediate course, side dish, entremets

tussenhandel *m* distributive trade

tussenhandelaar *m* [-s] distributor, intermediary, middleman

tussenin *bijw* in between ★ *man, vrouw, of iets er ~* man, woman, or something in between

tussenkomen *onoverg* [kwam tussen, is tussengekomen] ❶ intervene ★ *er is iets tussengekomen* something has come up in the meantime ★ *~de moeilijkheden / omstandigheden* intervening problems / circumstances ❷ *tussenbeide komen* ZN step in, intervene ❸ *bijdragen in kosten* ZN contribute

tussenkomst *v* intervention, interposition, intercession ★ *door ~ van* through ★ *rechterlijke ~*

recourse to the court

tussenlaag *v* [-lagen] intermediate layer, interlayer

tussenlanding *v* [-en] stop(over) ★ *een ~ maken* make a stopover ★ *een vlucht zonder ~* a non-stop flight

tussenliggend *bn* intermediate, in-between

tussenmaat *v* [-maten] in-between size, intermediate size

tussenmuur *m* [-muren] ❶ *tussen kamers* partition ❷ *tussen huizen* dividing wall

tussenoplossing *v* [-en] compromise

tussenpaus *m* [-en] ❶ *paus* interim pope ❷ *leider tijdens een overgangsperiode* fig interim leader / figure

tussenpersoon *m* [-sonen] agent, intermediary, middleman, go-between ★ handel *tussenpersonen komen niet in aanmerking* only principals will be dealt with

tussenpoos *v* [-pozen] interval, intermission ★ *bij / met tussenpozen* at intervals, now and then ★ *met vaste tussenpozen* at regular intervals ★ *zonder ~* at once

tussenruimte *v* [-n & -s] interspace, spacing, interval, intervening space ★ *met een ~ van twee of drie dagen* at an interval of two to three days

tussenschot *o* [-ten] ❶ *losse wand* partition ❷ biol & anat septum

tussensprint *m* [-s] dash, burst, ⟨lange afstand⟩ surge

tussenstand *m* [-en] sp intermediate score

tussenstation *o* [-s] intermediate station

tussenstop *m* [-s] stopover

tussenstuk *o* [-ken] techn adapter, connector

tussentijd *m* [-en] interim, interval ★ *in die ~* in the meantime, meanwhile

tussentijds I *bn* interim ★ *een ~e verkiezing* a by-election ★ *een ~e balans* a midterm review **II** *bijw* between times

tussenuit *bijw* ★ *de man die voor ons liep werd er ~ genomen* the man in front of us was picked out ★ *er ~ knijpen* cut and run

tussenuur *o* [-uren] intermediate hour, free / odd hour

tussenverdieping *v* [-en] intermediate floor, mezzanine

tussenvoegen *overg* [voegde tussen, h. tussengevoegd] insert, interpolate

tussenvoegsel *o* [-s] insertion, interpolation

tussenvonnis *o* [-sen] interlocutory decree, interim judgement/Am judgment, provisional judgement/Am judgment

tussenvorm *m* [-en] intermediate form

tussenwand *m* [-en] partition

tussenweg *m* [-wegen] fig middle course

tussenwerpsel *o* [-s] interjection

tussenwervelschijf *v* [-schijven] intervertebral disc/Am disk

tussenwoning *v* [-en] terrace(d) house, town house

tussenzin *m* [-nen] parenthetic clause, parenthesis

tut I *v* [-ten], **tuthola** ['s] twit, nitwit, drip **II** *tsw* ★ *~!, ~!*

tut!, tut!

tutoyeren *overg* [tutoyeerde, h. getutoyeerd] be on familiar terms / on first-name terms with

tuttebel *v* [-len] ditherer, fusspot

tutten *onoverg* [tutte, h. getut] *treuzelen* fiddle around, Am diddle around

tuttifrutti *m* tutti-frutti

tuttig *bn* finicky, fussy

Tuvalu *o* Tuvalu

tv *v* ['s] TV, television, Br inf telly, Am inf tube

tv-programma *o* ['s] TV programme/Am program

twaalf *hoofdtelw & v* twelve ★ *met zijn twaalven* twelve of them ★ *het slaat / is ~ uur* it's twelve o'clock ★ fig *het is vijf / twee voor ~* we're on the verge of disaster

twaalfde I *rangtelw* twelfth ★ *de ~ januari* the twelfth of January ★ sp *de ~ man* the twelfth man **II** *o* [-n] twelfth (part)

twaalfjarig *bn* ❶ *twaalf jaar oud* twelve-year-old ❷ *twaalf jaar durend* twelve-year ★ *het Twaalfjarig Bestand* the Twelve-Year Truce

twaalfmijlszone *v* twelve-mile zone

twaalftal *o* [-len] twelve, dozen

twaalftoonmuziek *v* twelve-note / twelve-tone / dodecaphonic music

twaalfuurtje *o* [-s] lunch

twaalfvingerig *bn* ★ *de ~e darm* the duodenum ★ *een ontsteking van de ~e darm* a duodenal inflammation

twee *hoofdtelw & v* [tweeën] ❶ two ★ *~ a's* two a's ★ *met ~ a's* with double a ★ *~ aan ~* two and / by two, by / in twos ★ *met z'n ~ën* the two of us ★ *~ naast elkaar* two abreast ★ *bij ~ën* by two o'clock ★ *in ~ën snijden* cut into halves / half / two ★ *~ weten meer dan één* two heads are better than one ❷ sp deuce

tweebaansweg *m* [-wegen] two-lane road

tweebenig *bn* two-legged

tweecomponentenlijm *m* epoxy glue

tweed *o & bn* tweed

tweedaags *bn* of two days, two-day

tweede *rangtelw* second ★ *de ~ januari* the second of January, January the second ★ *een ~ hypotheek* a second mortgage ★ *een ~ taal* a second language ★ *een ~ woning* a second house ★ *een ~ Rimbaud* another Rimbaud ★ *ten ~* secondly ★ *(maar) dat is een ~* that's another matter (altogether)

tweedegraads *bn* second-degree ★ *een ~ brandwond* a second-degree burn ★ *een ~ lesbevoegdheid* a teaching qualification for lower secondary school levels

tweedehands I *bn* second-hand, used **II** *bijw* second-hand ★ *iets ~ kopen* buy sth second-hand

tweedejaars *m* second-year student, Am sophomore

Tweede Kamerlid *o* [-leden] member of the Lower House

Tweede Kamerverkiezingen *v* [-en] elections for the Lower House

tweedekansonderwijs *o* adult education

tw

tweedekker *m* [-s] luchtv biplane
tweedelig *bn* ❶ double ★ *een ~ pak* a two-piece suit ★ *een ~ woordenboek* a two-volume dictionary ❷ biol bipartite
tweedelijns *bn* second-line
tweedeling *v* [-en] split, dichotomy
tweederangs *bn* second-rate ★ *een ~ burger* a second-class citizen ★ *~ krachten* second-rate workers
tweedeurs *bn* two-doored ★ *een ~ auto* a two-door car
tweedracht *v* discord, dissension ★ *~ zaaien* sow dissension
tweedrank *m* [-en] mixed fruit juice drink
tweeduizend *telw* two thousand
twee-eiig *bn* binovular, dizygotic ★ *een ~e tweeling* fraternal twins
tweeërlei *bn* dual, double
tweegesprek *o* [-ken] dialogue, Am dialog
tweegevecht *o* [-en] duel, single combat
tweehonderd *telw* two hundred
tweehoofdig *bn* two-headed
tweehoog *bijw* two flights up, on the second floor
tweejaarlijks I *bn* biennial II *bijw* biennially
tweejarig *bn* ❶ *twee jaar durend* two-year, ‹v. planten› biennial ❷ *twee jaar oud* two-year-old
tweekamerflat *m* [-s] two-room flat
tweekamp *m* [-en] duel
tweeklank *m* [-en] diphthong
tweekwartsmaat *v* [-maten] two-four time
tweeledig *bn* ❶ *alg.* double, binary, binomial ★ *een ~e term / grootheid* a twofold term / variable ❷ *in twee betekenissen* ambiguous, equivocal ★ *een ~e opvatting* a contrary opinion ★ *een ~ doel* an ambiguous purpose
tweeling *m* [-en] twin, pair of twins ★ *een van een ~* a twin ★ *Siamese ~en* Siamese twins
tweelingbroer *m* [-s] twin brother
Tweelingen *zn* [mv] astron & astrol Gemini
tweelingzus *v* [-sen] twin sister
tweeluik *o* [-en] diptych
tweemaal *bijw* twice
tweemaandelijks *bn* bimonthly ★ *een ~ tijdschrift* a bimonthly
tweemaster *m* [-s] two-master
tweemotorig *bn* twin-engined ★ *een ~ toestel* a twin-engined machine ★ *een ~ straalvliegtuig* a twinjet
twee-onder-een-kapwoning *v* [-en] semi-detached house / duplex
tweepartijenstelsel *o* two-party system
tweepersoonsbed *o* [-den] double bed
tweepersoonskamer *v* [-s] double room, twin-bedded room
tweepitsstel *o* [-len] two-burner stove
tweeregelig *bn* of two lines, two-line ★ *een ~ vers* a distich / couplet
tweeslachtig *bn* ❶ *mannelijk en vrouwelijk* bisexual, hermaphrodite ❷ *dieren* amphibious ❸ *m.b.t.*

gevoelens ambivalent, ambiguous ★ *een ~e houding* an ambivalent attitude
tweeslachtigheid *v* fig equivocacy, ambiguity
tweesnijdend *bn* two-edged, double-edged ★ fig *een ~ zwaard* a double-edged sword
tweespalt *v* discord, dissension, split
tweespan *o* [-nen] ❶ *twee paarden* two-horse team, pair of horses ❷ *twee mensen* pair, couple
tweesporenbeleid *o* two-track policy
tweespraak *v* [-spraken] dialogue, Am dialog
tweesprong *m* [-en] *splitsing* crossroad(s) ★ ook fig *op de ~* at the crossroads
tweestemmig *bn* for two voices
tweestrijd *m* ❶ *tweegevecht* duel ❷ *innerlijk* inward conflict ★ *in ~ staan* be in two minds
tweetaktmotor *m* [-s & -toren] two-stroke engine
tweetal *o* [-len] ❶ *bij elkaar horende dingen* pair ❷ *twee dingen* couple ★ *na een ~ weken* after a couple of weeks
tweetalig *bn* bilingual
tweetallig *bn* binary ★ *een ~ cijfer* a binary digit / character
tweeverdieners *zn* [mv] double-income family, household with two wage earners
tweevleugelig *bn* ❶ *alg.* two-winged ❷ *v. insecten* dipterous
tweevoud *o* [-en] ❶ *tweeledig* double, binary ❷ *dubbel* double, twofold ★ *in ~* in duplicate / twofold
tweevoudig I *bn* twofold, double, dual II *bijw* twice ★ *je krijgt het ~ terug* you'll get it back multiplied by two, you'll get back twice as much as you put in
tweewekelijks *bn* biweekly
tweewieler *m* [-s] two-wheeler
tweewoonst *v* [-en] ZN semi-detached house
tweezijdig *bn* two-sided, bilateral
tweezitsbank *v* [-en] two-person sofa
twijfel *m* [-s] doubt ★ *zijn bange ~* his misgivings ★ *~ koesteren over iets* have one's doubts about sth, entertain doubts about sth ★ *het lijdt geen ~ of...* there is no doubt that... ★ *iems. ~ wegnemen* remove sbd.'s doubts ★ *~ wekken* create doubts / a doubt ★ *daar is geen ~ aan* there is no doubt about it ★ *er is geen ~ aan of hij...* there's no doubt that he... ★ *het is aan geen ~ onderhevig* it's beyond doubt ★ *het is boven alle ~ verheven* it's beyond all doubt ★ *hij is buiten / zonder ~ de...* he's without doubt / doubtless / undoubtedly the... ★ *in ~ staan / zijn over...* be in two minds about... ★ *iets in ~ trekken* call sth in / into question, question sth ★ *zonder ~* without (any) doubt
twijfelaar *m* [-s] ❶ *persoon* doubter, sceptic ❷ *type bed* three-quarter bed
twijfelachtig I *bn* doubtful, dubious, questionable ★ *de uitkomsten zijn nog ~* the results are still doubtful ★ *een ~ verleden* a dubious past II *bijw* doubtfully &
twijfelen *onoverg* [twijfelde, h. getwijfeld] doubt ★ *~ aan* doubt about ★ *ik twijfel er niet aan* I have no

tw

doubt about it ★ *wij ~ of...* we doubt whether / if...
★ *wij ~ niet of...* we don't doubt that...
twijfelgeval *o* [-len] dubious case, moot question
twijg *v* [-en] twig
twinkelen *onoverg* [twinkelde, h. getwinkeld] twinkle,
sparkle
twinkeling *v* [-en] twinkling, sparkling
twintig *hoofdtelw* twenty ★ *met zijn ~en* twenty of us
★ *de jaren ~* the Twenties
twintiger *m* [-s] person in his / her twenties
twintigste I *rangtelw* twentieth **II** *o* [-n] twentieth
(part)
twintigtal *o* [-len] twenty, score
twist *m* [-en] ❶ *onenigheid* quarrel, dispute
★ *binnenlandse ~en* internal strife ★ *een ~ beslechten
/ bijleggen* settle a dispute ★ *~ krijgen* fall out ★ *~
zaaien* sow discord, stir up dissension ★ *~ zoeken*
pick a quarrel ❷ *dans* twist
twistappel *m* [-s] apple of discord, bone of contention
twisten *onoverg* [twistte, h. getwist] ❶ *ruziën* quarrel,
dispute ★ *met iem. ~* quarrel / wrangle with sbd ★ *~
om iets* quarrel about sth ★ *daar kunnen we nog lang
over ~* that's a debatable point ★ *ik wil niet met jou
daarover ~* I'm not going to contest the point with
you ❷ *dansen* twist
twistgesprek *o* [-ken] dispute, argument
twistpunt *o* [-en] (point at) issue, moot / disputed
point, controversial question
twistziek *bn* quarrelsome, cantankerous, contentious
t.w.v. *afk* (ter waarde van) worth / to the value of
tyfoon *m* [-s] typhoon
tyfus *m* ❶ *buik* typhoid (fever), enteric fever ❷ *vlek*
typhus, spotted fever
tyfuslijder *m* [-s] typhoid patient
type *o* [-n & -s] ❶ *model* type, figure ★ *zij is 'n ~* she's
quite a character ★ *wat een ~!* what a specimen!
★ *een ander ~ computer* another type of computer
★ *een donker ~* a dark-skinned / dark-haired person
★ *hij is mijn ~ niet* he's not my type ★ *het ~ van een
Hollander* a typical Dutchman ❷ *personage* character
typediploma *o* ['s] typing diploma
typefout *v* [-en] typing error
typemachine *v* [-s] typewriter
typen *overg* [typte, h. getypt] type(write) ★ *het
document beslaat wel 300 getypte pagina's* the
document runs to 300 pages of typescript
typeren *overg* [typeerde, h. getypeerd] characterize,
typify ★ *dat typeert dit bedrijf* that's typical of this
company
typerend *bn* typical / characteristic (of)
typering *v* [-en] characterization, typification
typesnelheid *v* typing speed
typevaardigheid *v* typing skill, proficiency at typing
typewerk *o* typing
typisch I *bn* ❶ *kenmerkend* typical, characteristic
★ *een ~ Nederlands stadje* a typical Dutch town
❷ *eigenaardig* peculiar, curious **II** *bijw* typically &
typist *m* [-en] typist

typograaf *m* [-grafen] typographer
typografie *v* typography
typografisch *bn* typographical
typologie *v* typology
typoscript *o* [-en] typescript
tyrannosaurus *m* [-sen] tyrannosaur, tyrannosaurus
t.z.t. *afk* (te zijner tijd) in due time (course)

tz

U

u I *v* ['s] *letter* u **II** *pers vnw*, **U** you ★ *een prestatie om ~ tegen te zeggen* an outstanding achievement
U-bocht *v* [-en] U-bend
ufo *m* ['s] (unidentified flying object) UFO, ufo
ufologie *v* ufology
ui *m* [-en] ❶ *knol* onion ❷ *grap* joke ★ *een Kamper ~* tall tales (of stupidity) from Kampen
uienbrood *o* [-broden] onion bread
uienring *m* [-en] onion ring
uienschil *v* [-len] onion skin
uiensoep *v* [-en] onion soup
uier *m* [-s] udder
uierzalf *v* udder ointment
uil *m* [-en] ❶ *vogel* owl ★ *~en naar Athene dragen* carry coals to Newcastle ★ *elk meent zijn ~ een valk te zijn* every child is beautiful in its mother's eyes ❷ *vlinder* moth ❸ *domoor* fool, blockhead
uilenbal *m* [-len] owl pellet
uilenbril *m* [-len] horn-rimmed glasses
uilskuiken *o* [-s] goose, dolt, ninny
uiltje *o* [-s] ❶ *vogel* owlet ★ *een ~ knappen* take forty winks ❷ *vlinder* moth
uit I *bijw* out ★ *het is ~ met zijn vriendin / haar vriend* his / her engagement is off, they've broken up ★ *het boek is ~* ‹verschenen› the book is out, ‹uitgelezen› I've finished the book ★ *als de kerk ~ is* when church is over ★ *meneer Brown is ~* Mr Brown is out, has gone out ★ *hier is het verhaal ~* here the story ends ★ *het vuur is ~* the fire is out ★ *daarmee is het ~* that's the end of it ★ *en daar was het mee ~!* and that was all ★ *en daarmee ~!* so there! ★ *het moet nu ~ zijn met die ruzies* these quarrels must stop ★ *er ~!* out with him / you!, get out! ★ *ik ben er een beetje ~* I'm a bit out of it, I've forgotten how to ★ *er eens helemaal ~ willen zijn* want to get away from it all ★ *hij is er op ~ om...* he is bent / intent on...ing ★ *zij is op mijn geld ~* she's after my money ★ *~ en thuis* home and abroad ★ *~-en-te-na* endlessly, repeatedly **II** *voorz* ❶ *plaatselijk* out of, from ★ *mensen ~ Amsterdam* people from Amsterdam ❷ *vanwege* from, out of, for ★ *~ achteloosheid* through carelessness ★ *~ armoede* because of poverty ★ *~ ervaring* by / from experience
uitademen I *overg* [ademde uit, h. uitgeademd] expire, breathe out, exhale ★ *rook ~* exhale smoke **II** *onoverg* [ademde uit, h. uitgeademd] expire, breath out ★ *stevig ~* breathe out vigorously
uitbaggeren *overg* [baggerde uit, h. uitgebaggerd] dredge
uitbakken *overg* [bakte uit, h. uitgebakken] fry up, fry the fat out of
uitbal *m* [-len] sp ball out of play
uitbalanceren *overg* [balanceerde uit, h. uitgebalanceerd] balance

uitbannen *overg* [bande uit, h. uitgebannen] ❶ *angst &* banish ★ *alle verzet ~* drive away all the resistance ❷ *v. mensen* expel, exile ❸ *v. geesten* expel, exorcise ★ *een duivel ~* exorcise a devil
uitbarsten *onoverg* [barstte uit, is uitgebarsten] ❶ *alg.* burst out, break out, explode ★ *in lachen ~* burst out laughing ★ *in tranen ~* burst into tears ❷ *v. vulkaan* erupt
uitbarsting *v* [-en] ❶ *v. gassen &* explosion, ‹v. vulkaan &› eruption ❷ *v. gevoelens* outburst, explosion ★ *het zal wel tot een ~ komen* there'll be an outburst
uitbaten *overg* [baatte uit, h. uitgebaat] ZN conduct, run
uitbater *m* [-s] ❶ *eigenaar* owner ❷ ZN manager, director
uitbeelden *overg* [beeldde uit, h. uitgebeeld] portray, represent
uitbeelding *v* [-en] portrayal, representation
uitbenen *overg* [beende uit, h. uitgebeend] ❶ bone ❷ *uitbuiten* exploit
uitbesteden I *o* outsourcing **II** *overg* [besteedde uit, h. uitbesteed] ❶ *v. werk* outsource, farm out, put out to contract, contract out (to) ❷ *in de kost doen* board out, put out to board
uitbesteding *v* [-en] ❶ *v. werk* outsourcing ❷ *v. kind* boarding out
uitbetalen *overg* [betaalde uit, h. uitbetaald] pay over, pay out
uitbetaling *v* [-en] payment
uitbijten I *overg* [beet uit, h. uitgebeten] bite out, corrode **II** *onoverg* [beet uit, is uitgebeten] corrode
uitblazen I *overg* [blies uit, h. uitgeblazen] ❶ *een kaars* blow out ❷ *uitademen, rook uitblazen* puff out ★ *de laatste adem ~* breathe one's last, expire **II** *onoverg* [blies uit, h. uitgeblazen] ★ *even ~* take a breather, have a breathing spell
uitblijven *onoverg* [bleef uit, is uitgebleven] ❶ *wegblijven* stay away ★ *een verklaring bleef uit* a statement was not forthcoming ★ *het kan niet ~* it is bound to come / happen / occur & ❷ *van huis* stay out, stop out ❸ *v. regen &* hold off
uitblinken *onoverg* [blonk uit, h. uitgeblonken] shine, excel ★ *~ boven zijn mededingers* outshine / eclipse one's rivals
uitblinker *m* [-s] one who excels, brilliant person
uitbloeien *onoverg* [bloeide uit, is uitgebloeid] cease blossoming, finish flowering ★ plantk *uitgebloeid zijn* be out of flower
uitboren *overg* [boorde uit, h. uitgeboord] bore out, drill
uitbotten *onoverg* [botte uit, is uitgebot] bud, sprout leaves, shoot
uitbouw *m* [-en] annex(e), addition, extension
uitbouwen *overg* [bouwde uit, h. uitgebouwd] enlarge, extend
uitbraak *v* ❶ *uit gevangenis* escape, breakout ❷ *van ziekte* outbreak

uitbraakpoging *v* [-en] attempted escape
uitbraken *overg* [braakte uit, h. uitgebraakt]
❶ *overgeven* vomit, disgorge ❷ fig belch out
★ *verwensingen* ~ pour out a stream of abuse
uitbranden I *overg* [brandde uit, h. uitgebrand] ❶ *alg.*
burn out ❷ *een wond* cauterize **II** *onoverg* [brandde
uit, is uitgebrand] be burnt out ★ *het huis was geheel
uitgebrand* the house was completely gutted
uitbrander *m* [-s] scolding, inf telling off ★ *iem. een ~
geven* give sbd a good dressing-down
uitbreiden *overg en onoverg* [breidde uit, h.
uitgebreid] ❶ *in de breedte uitstrekken* spread
❷ *groter maken* ⟨aantallen⟩ increase, ⟨oppervlakte⟩
extend, ⟨activiteiten⟩ expand ★ *zich ~*
⟨v. oppervlakte⟩ extend, expand, ⟨v. ziekten of
brand⟩ spread ★ *uitgebreide informatie* extensive
information
uitbreiding *v* [-en] enlargement, extension,
expansion, growth
uitbreidingsplan *o* [-nen] development plan
uitbreken I *o* ★ *het ~* the outbreak **II** *overg* [brak uit,
h. uitgebroken] *een tand &* break out **III** *onoverg*
[brak uit, is uitgebroken] ❶ *v. ziekte, vuur, oorlog &*
break out ★ *het koude zweet brak hem uit* he broke
out in a cold sweat ❷ *ontsnappen* break out ★ *er een
dagje tussen ~* manage to have a day off
uitbrengen *overg* [bracht uit, h. uitgebracht]
❶ *woorden* utter ★ *hij kon geen woord ~* he couldn't
utter a word ★ *advies ~ over...* report on... ★ *een toast
op iem. ~* propose a toast to sbd ❷ *geluid* emit ❸ *op
de markt* bring out, release, ⟨v. boek⟩ publish
❹ *v. stem* record
uitbroeden *overg* [broedde uit, h. uitgebroed] ook fig
hatch
uitbrullen *overg* [brulde uit, h. uitgebruld] roar (out)
★ *het ~ (van het lachen / de pijn)* roar (with laughter
/ with pain)
uitbuiken *onoverg* [buikte uit, h. uitgebuikt] digest
uitbuiten *overg* [buitte uit, h. uitgebuit] exploit, take
advantage of ★ *een gelegenheid ~* make the most of
an opportunity
uitbuiter *m* [-s] exploiter
uitbuiting *v* [-en] exploitation
uitbundig I *bn* exuberant **II** *bijw* exuberantly
uitchecken *onoverg* [checkte uit, h. uitgecheckt]
check out
uitclub *v* [-s] sp visiting team
uitdagen *overg* [daagde uit, h. uitgedaagd] challenge,
dare, defy ★ *~ tot een duel* challenge to a duel
uitdagend I *bn* defiant **II** *bijw* defiantly
uitdager *m* [-s] challenger
uitdaging *v* [-en] challenge ★ *de ~ aannemen* accept
the challenge
uitdelen *overg* [deelde uit, h. uitgedeeld] ❶ *geld &*
distribute, dispense, dole / deal out ❷ *straf* measure
out, mete out ❸ *klappen* deal ❹ *verdelen* give out,
hand out, share out
uitdenken *overg* [dacht uit, h. uitgedacht] devise,

contrive, invent
uitdeuken *overg* [deukte uit, h. uitgedeukt] flatten,
bump out, beat out
uitdeuker *m* [-s] panel beater
uitdienen *onoverg* [diende uit, h. uitgediend] serve
out ★ *zijn tijd ~* serve out one's time ★ *dat heeft
uitgediend* it's had its day
uitdiensttreding *v* ❶ *ontslagneming* resignation
❷ *pensioen* retirement
uitdiepen *overg* [diepte uit, h. uitgediept] deepen
uitdijen *onoverg* [dijde uit, is uitgedijd] expand, swell
(*tot* to)
uitdoen *overg* [deed uit, h. uitgedaan] ❶ *uitdoven* put
out, extinguish ❷ *kleding* take off ❸ *afzetten* turn
off, switch off
uitdokteren *overg* [dokterde uit, h. uitgedokterd]
❶ *uitvinden* devise, invent ❷ *uitzoeken* work out,
figure out
uitdossen I *overg* [doste uit, h. uitgedost] dress up, rig
out, inf doll up **II** *wederk* [doste uit, h. uitgedost]
★ *zich ~ in* dress up in, rig out in, put on
uitdossing *v* [-en] dress, get-up
uitdraai *m* [-en] comput printout
uitdraaien *overg* [draaide uit, h. uitgedraaid] ❶ turn
out, switch off ★ *zich ergens netjes ~* wriggle out of
sth nicely ★ *iem. een poot ~* fleece sbd ❷ comput
print out **II** *onoverg* [draaide uit, is uitgedraaid] ★ *op
niets ~* come to nothing ★ *waar zal dat op ~?* how
will that end?
uitdragen *overg* [droeg uit, h. uitgedragen] ❶ *naar
buiten dragen* carry out ❷ *verkondigen* propagate
uitdrager *m* [-s] secondhand dealer, old clothes man
uitdragerij *v* [-en], **uitdragerswinkel** *m* [-s] secondhand
shop, junk shop ★ *het lijkt hier wel een ~* it's like a
junk shop in here
uitdrijven *overg* [dreef uit, h. uitgedreven] ❶ *personen*
drive out, expel ❷ *demonen* exorcize, drive / cast out
uitdrogen I *overg* [droogde uit, h. uitgedroogd] dry
up, desiccate **II** *onoverg* [droogde uit, is
uitgedroogd] ❶ dry up / out, become dry ★ *een
uitgedroogd stuk worst* a dried-out sausage ❷ med
dehydrate
uitdroging *v* dehydration
uitdruipen *onoverg* [droop uit, is uitgedropen] drain,
drip (dry)
uitdrukkelijk I *bn* express, explicit, formal **II** *bijw*
expressly, explicitly
uitdrukken I *overg* [drukte uit, h. uitgedrukt] ❶ *door
drukken uitdoven* stub out, extinguish ★ *een sigaret ~*
stub out a cigarette ❷ *onder woorden brengen*
express ★ *dat is zacht uitgedrukt* that's putting it
mildly **II** *wederk* [drukte uit, h. uitgedrukt] ★ *zich ~*
express oneself
uitdrukking *v* [-en] ❶ *zegswijze* expression, term,
phrase ★ *tot ~ komen* find expression ❷ *v. gemoed*
expression, feeling ★ *vol ~* expressive ★ *zonder ~*
expressionless
uitdrukkingsloos *bn* expressionless ★ *urenlang zat*

zij ~ voor zich uit te staren she sat staring vacantly for hours

uitduiden *overg* [duidde uit, h. uitgeduid] point out, show, indicate

uitdunnen *overg* [dunde uit, h. uitgedund] thin (out)

uiteen *bijw* apart

uiteenbarsten *onoverg* [barstte uiteen, is uiteengebarsten] burst, split

uiteendrijven *overg* [dreef uiteen, h. uiteengedreven] disperse, scatter

uiteengaan *onoverg* [ging uiteen, is uiteengegaan] part, separate, disperse ★ *de vergadering ging om vijf uur uiteen* the meeting rose at five, broke up at five

uiteenhouden *overg* [hield uiteen, h. uiteengehouden] ❶ *onderscheiden* tell apart, distinguish ‹between› ❷ *gescheiden houden* keep apart / separate

uiteenjagen *overg* [joeg *of* jaagde uiteen, h. uiteengejaagd] disperse ★ *de menigte ~* disperse the crowd

uiteenlopen *onoverg* [liep uiteen, h. uiteengelopen] diverge, *fig* differ

uiteenlopend *bn* divergent ★ *de meningen zijn sterk ~* opinions differ greatly ★ *~e belangen* a diversity of interests

uiteenslaan *overg* [sloeg uiteen, h. uiteengeslagen] scatter, disperse

uiteenspatten *onoverg* [spatte uiteen, is uiteengespat] ❶ shatter, burst ❷ *fig* break up

uiteenstuiven *onoverg* [stoof uiteen, is uiteengestoven] scatter, fly apart

uiteenvallen I *o* break-up **II** *onoverg* [viel uiteen, is uiteengevallen] ❶ fall apart, fall to pieces ❷ *fig* break up

uiteenzetten *overg* [zette uiteen, h. uiteengezet] explain, expound, set out ★ *zijn standpunt ~* state one's point of view

uiteenzetting *v* [-en] explanation, statement, account

uiteinde *o* [-n] end, extremity ★ *een gelukkig ~!* a happy New Year!

uiteindelijk I *bn* ❶ *doel &* ultimate, final ❷ *resultaat* eventual, definitive **II** *bijw* ultimately, in the end, finally, eventually ★ *~ is het zijn schuld* ultimately, it is his fault

uiten I *overg* [uitte, h. geuit] utter, give utterance to, express **II** *wederk* [uitte, h. geuit] ★ *zich ~* express oneself

uit-en-te-na, **uit-en-ter-na** *bijw* ❶ *grondig* thoroughly ❷ *dikwijls* over and over again, endlessly

uitentreuren *bijw* continually, for ever, endlessly

uiteraard *bijw* naturally, of course

uiterlijk I *bn* outward, external ★ *de ~e schijn* appearances ★ *~e verzorging* cosmetology **II** *bijw* ❶ *van buiten* outwardly, externally, from the outside ❷ *op zijn laatst* at the utmost, at the latest **III** *o* (outward) appearance, aspect, exterior, looks ★ *(hij doet alles) voor het ~* (he does everything) for the sake of appearance ★ *een onverzorgd ~* an uncared-for look

uitermate *bijw* extremely, excessively

uiterst I *bn* utmost, utter, extreme ★ *uw ~e prijzen* your lowest prices, your outside prices ★ *de ~e wil* the last will **II** *bijw* in the extreme, extremely, highly ★ *een ~ rechtse partij* an extreme right-wing party ★ *~ nauwkeurig* highly accurate

uiterste *o* [-n] extremity, extreme ★ *de vier ~n* the four last things ★ *de ~n raken elkaar* extremes meet ★ *in ~n vervallen* rush to extremes ★ *op het ~ liggen* be in the last extremity ★ *tot het ~* to the utmost / limit ★ *tot het ~ brengen* drive to distraction ★ *tot het ~ gaan* go to the limit, carry matters to an extreme, go (to) all lengths ★ *zich tot het ~ verdedigen* defend oneself to the last ★ *van het ene ~ in het andere vervallen* rush from one extreme to the other, rush (in)to extremes ★ *iem. tot het ~ drijven* drive sbd to extremes

uiterwaard *v* [-en] riparian land, river wetlands

uiteten I *overg* [at uit, h. uitgegeten] ❶ *leegeten* finish, eat up ❷ *uitvreten* eat away, corrode **II** *onoverg* [at uit, is uitgegeten] finish eating **III** *onoverg* [at uit, h. uitgegeten] *buitenshuis eten* dine out

uitflappen *overg* [flapte uit, h. uitgeflapt] ★ *er ~* blurt out, slip out, ‹een geheim› *inf* blab

uitfluiten *overg* [floot uit, h. uitgefloten] *toneelspeler &* hiss, catcall

uitfoeteren *overg* [foeterde uit, h. uitgefoeterd] ★ *iem. ~* scold sbd, fly out at sbd, storm at sbd

uitgaaf *v* [-gaven] ❶ *geld* expense, cost ❷ *publicatie* edition, publication

uitgaan *onoverg* [ging uit, is uitgegaan] go out ★ *het gebouw ~* go out of the building, leave the building ★ *de kerk gaat uit* church is over ★ *die schoenen gaan makkelijk uit* the shoes come off easily ★ *de vlekken gaan er niet uit* the spots won't come out ★ *wij gaan niet veel uit* we don't go out much ★ *er op ~ om* set out to... ★ *~ op een klinker* end in a vowel ★ *het gaat uit van...* it originates with..., it emanates from... ★ *hij gaat uit van het idee dat...* his starting point is that... ★ *~de van...* starting from...

uitgaansavond *m* [-en] night out

uitgaanscentrum *o* [-tra, -s] entertainment centre/*Am* center, entertainment district

uitgaansgelegenheid *v* [-heden] place of entertainment

uitgaansleven *o* nightlife

uitgaansverbod *o* [-boden] curfew

uitgang *m* [-en] ❶ *v. gebouw &* exit, way out ❷ *v. woord* ending, termination

uitgangspositie *v* [-s] point of departure

uitgangspunt *o* [-en] starting point, basis, point of departure

uitgave *v* [-n] ❶ *geld* expenditure, expense, cost, outlay ❷ *v. boek &* publication ❸ *druk &* edition, issue

uitgavenpatroon *o* [-tronen] pattern of spending

uitgebalanceerd *bn* balanced

uitgeblust *bn afgemat* washed out
uitgebreid I *bn* extensive, comprehensive, wide ★ *~e voorzorgsmaatregelen* elaborate precautions **II** *bijw* extensively, comprehensively
uitgebreidheid *v* [-heden] extensiveness, extent
uitgehongerd *bn* famished, starving, ravenous
uitgekiend *bn* cunning, clever
uitgekookt *bn* fig shrewd, crafty
uitgelaten *bn* elated, exuberant ★ *~ van vreugde* elated with joy
uitgeleefd *bn* decrepit, worn out
uitgeleide *v* send-off, escort ★ *iem. ~ doen* see / show sbd out ★ *toen hij naar Amerika vertrok, deden al zijn vrienden hem ~* when he departed for the States, his friends gave him a big send-off
uitgelezen *bn* ❶ *gezelschap* select ❷ *wijn, sigaren & choice*, exquisite ❸ *troepen* elite ▼ *een ~ kans* a superior chance
uitgemaakt *bn* established, settled ★ *dat is een ~e zaak* that's a foregone conclusion
uitgemergeld *bn* emaciated
uitgeput *bn* ❶ *erg moe* exhausted, worn out ❷ *v. voorraden &* gone, finished
uitgerangeerd *bn* sidetracked, shunted off
uitgerekend I *bn uitgekookt* calculating, shrewd **II** *bijw* precisely ★ *~ vandaag* today of all days ★ *~ jij* you of all people
uitgeslapen *bn* ❶ *klaar wakker* wide awake ★ *ik voel me heerlijk ~* I feel superbly rested ❷ *slim* smart, clever
uitgesloten *bn* ★ *dat is ~* that's out of the question, that's quite impossible ★ *~ van...* expelled from..., barred from
uitgesproken I *bn* marked, clear, obvious **II** *bijw* markedly & ★ *hij is ~ onbeschoft* he's downright rude
uitgestorven *bn* ❶ *v. dier* extinct ❷ *v. dorp &* deserted
uitgestreken *bn* straight, smug, demure ★ *met een ~ gezicht* straightfaced
uitgestrekt *bn* ❶ *groot* extensive, vast ★ *een ~ gebied* a vast area ❷ *languit* stretched out ★ *op de grond ~ liggen* be stretched out on the ground
uitgestrektheid *v* [-heden] ❶ *uitgebreidheid* extensiveness, vastness ❷ *oppervlak* expanse, stretch, extent
uitgeteerd *bn* emaciated, wasted
uitgeteld *bn uitgeput* wiped out, done in, exhausted
uitgeven I *overg* [gaf uit, h. uitgegeven] ❶ *verstrekken* give out, distribute ❷ *verteren* spend ❸ *uitvaardigen* issue ❹ *publiceren* publish ★ *een boek ~ bij Harpers* publish a book with Harpers ❺ *voor de druk bezorgen* edit **II** *wederk* [gaf uit, h. uitgegeven] ★ *zich ~ voor...* pass oneself off as a..., set oneself up as a...
uitgever *m* [-s] publisher
uitgeverij *v* [-en] publishing house
uitgewekene *m-v* [-n] refugee
uitgewerkt *bn* ❶ *uitvoerig en nauwkeurig* elaborate, ⟨v. plan⟩ detailed, ⟨v. voorbeeld⟩ worked out ⟨⟩ ❷ *v.vulkaan* extinct

uitgewoond *bn* ❶ *v. huis* dilapidated, run-down, in need of repair ❷ *v. mensen* pooped-out, fagged out
uitgezocht *bn* excellent, select
uitgezonderd *voorz, voegw* except for, excepted, barring, save ★ *dat ~* barring this ★ *niemand ~* not excepting anybody, nobody excepted
uitgifte *v* [-n] ❶ *aandelen* issue, issuance, placement ★ *~ van bonusaandelen* bonus issue, scrip issue, capitalization issue, free issue ❷ *goederen* distribution ❸ *grond* allocation ❹ *publicatie* publication
uitgiftekoers *m* [-en] *eff* issue price
uitgillen *overg* [gilde uit, h. uitgegild] scream out ★ *het ~ van pijn* scream with pain
uitglijden *onoverg* [gleed uit, is uitgegleden] ❶ slip, lose one's footing ★ *~ over* slip on ❷ fig blunder, slip up
uitglijder, uitglijer *m* [-s] blunder
uitgooien *overg* [gooide uit, h. uitgegooid] ❶ *buitengooien* throw out ❷ *uitdoen* throw off ★ *zijn kleren ~* throw off one's clothes
uitgraven *overg* [groef uit, h. uitgegraven] ❶ *alg.* dig out, dig up, disinter ❷ *v. lijk* exhume ❸ *opgraven* excavate ❹ *v. sloot &* deepen
uitgroeien *onoverg* [groeide uit, is uitgegroeid] grow, develop (tot into) ★ *~ tot* expand to
uitgummen *overg* [gumde uit, h. uitgegumd] erase, rub out
uithaal *m* [-halen] ❶ *hard schot* sp hard shot, inf sizzler ❷ *lange toon* sustained note ❸ *felle opmerking* swipe, stab
uithakken *overg* [hakte uit, h. uitgehakt] cut out, chop out
uithalen I *overg* [haalde uit, h. uitgehaald] ❶ *uitnemen* pull out, draw out ★ *een breiwerk ~* pull out the stitches ★ *nestjes ~* go bird('s)-nesting ❷ *galmen* draw out ❸ *uitvoeren* do, play ⟨a trick⟩, be up to ⟨sth⟩ ★ *kattenkwaad ~* get into mischief ★ *het zal niet veel ~* it won't be of much use ★ *dat haalt niets uit* that will be no use / no good ★ *er ~ zoveel als men kan* use it for all it's worth, get as much as possible out of it, make the most of it **II** *onoverg* [haalde uit, h. uitgehaald] ❶ *royaal feestvieren* put on lavish entertainment ❷ *slaan* lash out (naar at) ❸ *galmen* sing at the top of one's voice
uitham *m* [-men] point of land, head land
uithangbord *o* [-en] signboard, (shop) sign
uithangen I *overg* [hing uit, h. uitgehangen] *de was, vlag &* hang out ★ *de grote heer ~* show off ★ *de brave Hendrik ~, de vrome ~* play / act the saint ★ *de beest ~* behave like an animal **II** *onoverg* [hing uit, h. uitgehangen] ★ *waar zou hij ~?* where could he be hanging out? ★ *het hangt me de keel uit* I'm fed up with it
uitheems *bn* foreign, exotic
uithoek *m* [-en] remote corner, far-off corner
uithollen *overg* [holde uit, h. uitgehold] ❶ *een holte maken* hollow (out), scoop out, excavate, erode

ui

uitholling v [-en] ❶ *het uithollen* hollowing (out), excavation, erosion ❷ *holte* hollow, excavation ★ ~ *overdwars* ramp ahead ❸ fig erosion, undermining

uithongeren overg [hongerde uit, h. uitgehongerd] famish, starve

uithoren overg [hoorde uit, h. uitgehoord] draw, pump, interrogate ★ *iem. ~* question sbd

uithouden overg [hield uit, h. uitgehouden] ❶ *uitgespreid houden* hold out ❷ *verduren* bear, suffer, stand ★ *het ~* hold out, stand it, stick it (out) ★ *je hebt het uitgehouden!* you've taken a long time about it!

uithoudingsvermogen o staying power(s), (power of) endurance, stamina

uithouwen overg [hieuw uit, h. uitgehouwen] carve, hew

uithuilen overg en onoverg [huilde uit, h. uitgehuild] ★ *eens ~* have a good cry

uithuisplaatsing v [-en] *van minderjarige* care order, placing in care

uithuizig bn ★ *hij is erg ~* he is always on the move

uithuwelijken overg [huwelijkte uit, h. uitgehuwelijkt] , **uithuwen** [huwde uit, h. uitgehuwd] give in marriage, marry off

uiting v [-en] utterance, expression ★ ~ *geven aan* give expression to, give utterance to, give voice to ★ *tot ~ komen* find expression

uitje o [-s] ❶ *kleine ui* (small) onion ❷ *uitstapje* outing

uitjouwen overg [jouwde uit, h. uitgejouwd] hoot (at), boo

uitkafferen overg [kafferde uit, h. uitgekafferd] fly out at, rage at

uitkammen overg [kamde uit, h. uitgekamd] ❶ *haar* comb out ❷ *doorzoeken* search

uitkeren overg [keerde uit, h. uitgekeerd] pay, remit, distribute

uitkering v [-en] ❶ *alg.* payment ★ ~ *bij ontslag* severance pay, redundancy money ❷ *v. faillissement* dividend ❸ *door instantie* social security, benefit, ‹bij staking› strike pay, ‹WW› unemployment benefit(s), Br dole ★ *van een ~ leven* live on social security

uitkeringsgerechtigd bn entitled to benefits

uitkeringsgerechtigde m-v [-n] ❶ *alg.* person entitled to benefits ❷ *v. bijstand* welfare recipient

uitkeringstrekker m [-s] person drawing benefits, inf person on the dole

uitkienen overg [kiende uit, h. uitgekiend] devise, work out, figure out, invent

uitkiezen overg [koos uit, h. uitgekozen] choose, select, single out, pick out

uitkijk m [-en] ❶ *uitkijkpunt* lookout ❷ *persoon* lookout (man) ★ *op de ~* on the lookout

uitkijken I onoverg [keek uit, h. uitgekeken] look out, be on the lookout ★ *goed ~* keep a good lookout ★ ~ *naar* look out for ★ *ik kijk wel uit!* I know better (than that) ★ ~ *bij het oversteken* take care crossing the street ★ *wij waren snel uitgekeken* we were

quickly tired of it II overg [keek uit, h. uitgekeken] ★ *zich de ogen ~* stare one's eyes out

uitkijkpost m [-en] observation post

uitkijktoren m [-s] watchtower

uitklappen overg [klapte uit, h. uitgeklapt] fold out

uitklaren overg [klaarde uit, h. uitgeklaard] handel clear

uitkleden I overg [kleedde uit, h. uitgekleed] ❶ *kleren uitdoen* undress, strip ★ *naakt ~* strip to the skin ❷ *beroven* plunder, strip sbd of his possessions II wederk [kleedde uit, h. uitgekleed] ★ *zich ~* undress, strip

uitklokken onoverg [klokte uit, h. uitgeklokt] clock out / off

uitkloppen overg [klopte uit, h. uitgeklopt] ❶ *pijp* knock out ❷ *tapijt* beat

uitknijpen overg [kneep uit, h. uitgeknepen] press (squeeze) out, squeeze

uitknippen overg [knipte uit, h. uitgeknipt] ❶ *met schaar* cut out ❷ *uitzetten* switch off

uitkomen onoverg [kwam uit, is uitgekomen] ❶ *naar buiten komen* come out ★ *ik kom er wel uit* I can find my way out ★ *je komt er niet uit* you're not allowed to leave the house ❷ *uit de knop komen* come out, bud ❸ *uit het ei komen* hatch ❹ *eerst uitspelen* kaartsp lead ★ *wie moet ~?* whose turn is it to play? ★ *u moet ~* your lead! ❺ *opkomen* sp turn out ★ ~ *met goede spelers* turn out good players ★ ~ *tegen* play (against) ❻ *in toernooi &* compete ❼ *gelegen komen* suit ★ *zo komt het beter uit* that's a better arrangement ★ *dat komt goed uit* this is very opportune, how lucky! ★ *het komt mij niet goed uit* it doesn't suit me ❽ *afsteken* stand out, show ★ *die kleur laat je teint mooi ~* that colour really sets off your complexion ★ *dat kwam duidelijk uit* that was very evident ★ *dat beeldje komt goed uit tegen die achtergrond* the statuette stands out well against that background ★ ~ *tegen* stand out against ‹the sky› ★ *zo komt het beter uit* this shows it to advantage ❾ *aan het licht komen* come out, be brought to light, become known ❿ *uitvallen* turn out ★ *het kwam anders uit* things turned out differently ★ *het kwam net zo uit* things turned out exactly that way ⓫ *bewaarheid worden* come true ⓬ *verschijnen* come out, appear, ‹v. boeken &› be published ★ *de krant komt niet meer uit* the paper has stopped appearing ⓭ *goed komen v. sommen* work out ★ *dat komt uit* that's correct ★ *wat komt er uit (die som)?* what is the result? ⓮ *toekomen, rondkomen* make (both) ends meet ★ *ik kan met die (geld)som niet ~* this sum is not enough for me ★ *dat komt goedkoper uit* it is cheaper in the end ★ *dat zal wel ~* that goes without saying ★ ~ *op* open on / onto / into ‹a garden &› ★ *ik kwam op de weg uit* I finished up on the road ★ *hij kwam er voor uit* ‹gaf toe› he admitted it, ‹bekende schuld› he owned up ★ *hij kwam er rond voor uit* he made no secret of it ★ ~ *voor zijn homoseksualiteit* come out of the closet

★ *(rond)* ~ *voor zijn mening* speak one's mind

uitkomst *v* [-en] ❶ *uitslag* result, issue ❷ *redding* relief, deliverance, help ★ *een* ~ *voor iedere kampeerder* a boon and a blessing to every camper, just what every camper has been looking for

uitkopen *overg* [kocht uit, h. uitgekocht] buy out, buy off

uitkotsen *overg* [kotste uit, h. uitgekotst] inf throw up ★ *iem.* ~ loath sbd

uitkramen *overg* [kraamde uit, h. uitgekraamd] ★ *zijn geleerdheid* ~ show off one's learning ★ *onzin* ~ talk nonsense, say silly things

uitkristalliseren *onoverg* [kristalliseerde uit, is uitgekristalliseerd] crystallize (out)

uitlaat *m* [-laten] ❶ exhaust ❷ fig outlet

uitlaatgas *o* [-sen] exhaust gas / fumes

uitlaatklep *v* [-pen] exhaust valve ★ *zij is mijn* ~ I can let off steam with her

uitlachen I *overg* [lachte uit, h. uitgelachen] laugh at ★ *iem. in zijn gezicht* ~ laugh at sbd, laugh in sbd's face ★ *uitgelachen worden* be laughed at **II** *onoverg* [lachte uit, is uitgelachen] laugh one's fill

uitladen *overg* [laadde uit, h. uitgeladen] unload, discharge

uitlaten I *overg* [liet uit, h. uitgelaten] ❶ *naar buiten laten* let out ❷ *v. visite* see out, see to the door ❸ *de hond* walk ❹ *v. rook* let off ❺ *weglaten* leave out, omit ❻ *wijder maken* let out ❼ *niet meer dragen* leave off **II** *wederk* [liet uit, h. uitgelaten] ★ *zich* ~ *over iets* speak about sth, comment on sth

uitlating *v* [-en] ❶ *uiting* remark, utterance, statement ❷ *weglating* deletion

uitleenbalie *v* [-s] lending counter

uitleentermijn *m* [-en] lending period

uitleg *m* ❶ *aanbouw* extension ❷ *verklaring* explanation, interpretation, ‹v. gedrag› account

uitleggen *overg* [legde uit, h. uitgelegd] ❶ *verklaren* explain, interpret, account ❷ *gereedleggen v. kleding, boeken &* lay out ❸ *groter maken v. kledingstuk* let out ❹ *vergroten v. stad &* extend

uitlekken *onoverg* [lekte uit, is uitgelekt] ❶ *druipen* leak out, strain ❷ *wegsijpelen* trickle out, filter through, ooze out, transpire ❸ *v. nieuws* get out, leak out

uitlenen *overg* [leende uit, h. uitgeleend] lend (out)

uitleven *wederk* [leefde uit, h. uitgeleefd] ★ *zich* ~ live it up, enjoy oneself

uitleveren *overg* [leverde uit, h. uitgeleverd] extradite, hand over

uitlevering *v* [-en] *v. persoon* extradition

uitleveringsverdrag *o* [-dragen] extradition treaty

uitleveringsverzoek *o* [-en] request for extradition

uitlezen *overg* [las uit, h. uitgelezen] ❶ *ten einde lezen* read through (to the end), finish, finish reading ❷ *uitkiezen* pick out, select ❸ comput read out

uitlichten *overg* [lichtte uit, h. uitgelicht] lift out (from)

uitlijnen *overg* [lijnde uit, h. uitgelijnd] *bijv. van tekst,*

---

van autowiel align ★ *links / rechts* ~ align left / right

uitloggen *onoverg* [logde uit, h. uitgelogd] comput log off

uitlokken *overg* [lokte uit, h. uitgelokt] provoke, ‹misdaad› incite, ‹antwoord› elicit, ‹kritiek› invite, ‹glimlach› evoke, ‹problemen› ask for, ‹ramp› court

uitlokking *v* ❶ provocation, incitement, elicitation ❷ jur entrapment ★ ~ *tot meineed* subornation ★ ~ *tot overtreding* procuring the commission of an offence

uitloop *m* [-lopen] ❶ *mogelijkheid tot verder gaan* extension ❷ *v. water* outlet

uitlopen *onoverg* [liep uit, is uitgelopen] ❶ *eindigen* run out ★ ~ *in een baai* run into a bay ★ *het is op niets uitgelopen* it's come to nothing ★ *waar moet dat op* ~? how is this going to end? ❷ *naar buiten lopen* go out ❸ *v. bevolking* turn out ★ *heel Parijs liep uit om haar toe te juichen* the whole of Paris turned out to cheer her ❹ *van schepen* put out to sea, sail ❺ *uitbotten v. bomen* bud, shoot, sprout leaves ❻ *v. aardappels* sprout ❼ *v. kleuren* run, bleed ❽ *voorsprong krijgen* sp take the lead, get ahead, gain ❾ *na een race* run easy ❿ *uit het doel komen* sp leave one's goal ★ *lang duren* be drawn out ★ *de vergadering is uitgelopen* the meeting was drawn out

uitloper *m* [-s] ❶ *v. planten* runner, offshoot, sucker ❷ *v. berg* spur, foothill

uitloten *overg* [lootte uit, h. uitgeloot] draw out, draw, ballot out ★ *zij is uitgeloot voor de studie medicijnen* she failed to get into medical school (because of the quota)

uitloting *v* [-en] ❶ *v. prijzen &* drawing ❷ *obligaties* drawing for redemption, drawing by lot

uitloven *overg* [loofde uit, h. uitgeloofd] offer, promise

uitluiden *overg* [luidde uit, h. uitgeluid] ring out

uitmaken *overg* [maakte uit, h. uitgemaakt] ❶ *beëindigen* finish, ‹v. relatie› break off ❷ *uitdoven* put out ❸ *beslissen* decide, settle ★ *dat moeten zij samen maar* ~ they should settle that between themselves ★ *dat is een uitgemaakte zaak* that's a foregone conclusion ★ *dat is nu uitgemaakt* that's settled now ★ *de dienst* ~ be in charge ❹ *vormen* form, constitute, make up ❺ *uitschelden* call names ★ *iem. voor leugenaar* ~ call sbd a liar ★ *iem.* ~ *voor alles wat lelijk is* call sbd all sorts of names ▼ *dat maakt niet(s) uit* it doesn't matter, form it is immaterial ▼ *wat maakt dat uit?* what does it matter?

uitmelken *overg* [molk of melkte uit, h. uitgemolken] ❶ *een koe* strip ❷ *thema, onderwerp* fig exhaust ❸ *arm maken* milk, bleed

uitmesten *overg* [mestte uit, h. uitgemest] clean out, tidy up

uitmeten *overg* [mat uit, h. uitgemeten] measure (out) ★ *breed* ~ dwell at length on, exaggerate

uitmikken *overg* [mikte uit, h. uitgemikt] ❶ *m.b.t. tijd* time ❷ *precies goed maken* hit (upon), get right

uitmonden *onoverg* [mondde uit, is uitgemond]
❶ *v. rivier* flow / empty into ❷ *v. straat* lead / open
into ❸ fig end in, result in

uitmonsteren *overg* [monsterde uit, h.
uitgemonsterd] ❶ *uitrusten* fit out, rig out
❷ *uitdossen* dress up ★ *zij verscheen raar
uitgemonsterd op het feest* she turned up at the party
in a weird dress ❸ *paarden & fit up

uitmoorden *overg* [moordde uit, h. uitgemoord]
massacre

uitmunten *onoverg* [muntte uit, h. uitgemunt] ★ ~ *in*
excel in / at ★ ~ *boven allen* be superior to all others

uitmuntend I *bn* excellent **II** *bijw* excellently

uitneembaar *bn* removable, detachable

uitnemen *overg* [nam uit, h. uitgenomen] take out,
remove

uitnemend *bn bijw* excellent

uitnodigen *overg* [nodigde uit, h. uitgenodigd] ❶ *voor
bezoek e.d.* invite ❷ *tot doen* ask, request ★ *het weer
nodigt niet uit naar het strand te gaan* the weather
doesn't tempt one to go to the beach

uitnodiging *v* [-en] ❶ *het uitnodigen* invitation ★ *op ~
van* at / on the invitation of ❷ *kaart* invitation card

uitoefenen *overg* [oefende uit, h. uitgeoefend] ❶ *laten
gelden* exercise, bring to bear, exert ★ *dwang ~ op*
bring pressure to bear on ❷ *bedrijven* practise, carry
on ★ *een ambacht ~* follow a trade ★ *de
geneeskunde ~* practise medicine

uitoefening *v* exercise, ⟨plicht⟩ discharge, ⟨kunst⟩
practice ★ *in de ~ van zijn beroep* during the exercise
of his profession

uitoefenprijs *m* eff exercise price, striking price,
strike price

uitpakken I *overg* [pakte uit, h. uitgepakt] ❶ *koffers &
unpack ❷ *pakjes & unwrap, undo **II** *onoverg* [pakte
uit, h. en is uitgepakt] *aflopen, uitkomen* work out
★ *flink ~* entertain lavishly ★ *het pakte anders uit* it
turned out differently

uitpersen *overg* [perste uit, h. uitgeperst] express,
press out, squeeze

uitpikken *overg* [pikte uit, h. uitgepikt] ❶ *met snavel*
peck out ❷ *uitkiezen* pick out, select, single out ★ *er
iem. ~* choose sbd at random

uitpluizen *overg* [ploos uit, h. uitgeplozen]
onderzoeken sift through, unravel

uitpraten I *overg* [praatte uit, h. uitgepraat] ★ *een
ruzie ~* settle an argument **II** *onoverg* [praatte uit, is
uitgepraat] finish talking ★ *laat mij ~* let me have
my say ★ *daarover raakt hij nooit uitgepraat* he never
tires of that theme ★ *dan zijn we uitgepraat* then
there is nothing more to say

uitproberen *overg* [probeerde uit, h. uitgeprobeerd]
try, try out, test

uitpuffen *onoverg* [pufte uit, h. uitgepuft] catch one's
breath

uitpuilen *onoverg* [puilde uit, h. en is uitgepuild]
protrude, bulge ★ *~de ogen* protruding / bulging
eyes ★ *~de zakken* bulging pockets

uitputten I *overg* [putte uit, h. uitgeput] exhaust
II *wederk* [putte uit, h. uitgeput] ★ *zich ~* exhaust
oneself

uitputting *v* exhaustion ★ ZN *tot ~ van (de) voorraad*
while supplies last

uitputtingsslag *m* [-slagen] ❶ fight to the finish / to
death ❷ fig marathon session

uitrangeren *overg* [rangeerde uit, h. uitgerangeerd]
fig shunt, sidetrack, shelve ⟨sbd⟩

uitrazen *onoverg* [raasde uit, h. en is uitgeraasd]
❶ *v. storm* blow out, spend itself ❷ *v. personen* vent
one's fury, rage out ★ *de jeugd moet ~* youth will
have its fling ★ *hij is nu uitgeraasd* he's sown his
wild oats

uitreiken *overg* [reikte uit, h. uitgereikt] ❶ *uitgeven*
distribute, give out, ⟨kaarten⟩ issue ❷ *v. prijzen*
present

uitreiking *v* [-en] ❶ distribution, delivery, issue
❷ *v. prijs* presentation ★ *de ~ van een diploma* the
presentation of a diploma

uitreisvisum *o* [-s & -visa] exit visa

uitrekenen *overg* [rekende uit, h. uitgerekend]
calculate, compute, figure out ★ *een som ~* work out
a sum ★ *zij is begin september uitgerekend* the baby is
due at the beginning of September

uitrekken I *overg* [rekte uit, h. uitgerekt] stretch (out)
II *wederk* [rekte uit, h. uitgerekt] ★ *zich ~* stretch
oneself

uitrichten *overg* [richtte uit, h. uitgericht] do ★ *wat
heb jij uitgericht?* what have you done?, what have
you been at? ★ *er is niet veel mee uit te richten* it isn't
much good

uitrijden *onoverg* [reed uit, is uitgereden] ride out,
drive out ★ *de stad ~* ride / drive out of the town
★ *de trein reed het station uit* the train was moving
/ pulling out of the station

uitrijstrook *v* [-stroken] exit lane, deceleration lane

uitrit *m* [-ten] way out, exit

uitroeien *overg* [roeide uit, h. uitgeroeid] ❶ *bomen*
root out ❷ *onkruid, fout* weed out, eradicate ★ *met
wortel en tak ~* eradicate (sth) root and branch
❸ *volk & exterminate, wipe out

uitroeiing *v* extermination, eradication

uitroep *m* [-en] exclamation, shout, cry

uitroepen *overg* [riep uit, h. uitgeroepen] ❶ *alg.* cry
(out), exclaim ★ *iem. ~ tot koning & proclaim sbd
king & ❷ *order geven tot, aankondigen v. staking &
declare a strike &

uitroepteken *o* [-s] exclamation mark

uitroken *overg* [rookte uit, h. uitgerookt] ❶ *ten einde
roken* smoke out, finish ❷ *om te ontsmetten & smoke,
fumigate ❸ *door rook verdrijven* smoke out

uitrollen *overg* [rolde uit, h. uitgerold] ❶ *v. tapijt &
unroll ❷ *v. deeg* roll out

uitruimen *overg* [ruimde uit, h. uitgeruimd] clear out

uitrukken I *overg* [rukte uit, h. uitgerukt] ❶ *uittrekken*
pull out, pluck out ❷ *uitscheuren* tear, tear out
II *onoverg* [rukte uit, is uitgerukt] ❶ mil march (out)

ui

★ <u>mil</u> *de stad* ~ march out of the town
❷ *v. brandweer* turn out ★ *de politie moest* ~ the
police were called out
uitrusten I *overg* [rustte uit, h. uitgerust] *leger, schip,*
persoon equip, fit out, rig out **II** *onoverg* [rustte uit, h.
en is uitgerust] rest, take rest ★ *bent u nu helemaal*
uitgerust? are you quite rested? ★ *ik heb de mannen*
laten ~ I've given the men a rest ★ *~ van* rest from
III *wederk* [rustte uit, h. uitgerust] ★ *zich* ~ equip
/ outfit oneself
uitrusting *v* [-en] equipment, outfit
uitschakelen *overg* [schakelde uit, h. uitgeschakeld]
❶ <u>elektr</u> cut out, switch off, disconnect ❷ *een*
tegenstander eliminate, cut out, rule out
uitschakeling *v* ❶ <u>elektr</u> switching off, disconnecting
❷ *een tegenstander* elimination
uitscheiden I *overg* [scheidde uit, h. uitgescheiden]
naar buiten afscheiden excrete **II** *onoverg*
[scheidde/scheed uit, is uitgescheiden/uitgescheden]
stoppen stop, leave off ★ *ik schei ermee uit* I've had
enough ★ *schei uit!* stop (it)! ★ *schei uit met dat*
geklets! stop that talking!
uitscheiding *v* [-en] ❶ *afscheiding* excretion
❷ *opheffing* <u>ZN</u> close down, discontinue
uitschelden *overg* [schold uit, h. uitgescholden]
abuse, call names ★ *~ voor* call
uitscheuren I *overg* [scheurde uit, h. uitgescheurd]
tear out **II** *onoverg* [scheurde uit, is uitgescheurd]
tear
uitschieten I *overg* [schoot uit, h. uitgeschoten]
❶ *door een schot verwijderen* shoot out, throw out
★ *er werd hem een oog uitgeschoten* he had one of his
eyes shot out ❷ *snel bewegen* shoot out ❸ *jv. kleren*
whip off **II** *onoverg* [schoot uit, is uitgeschoten] slip,
shoot out ★ *de boot kwam de kreek* ~ the boat shot
out from the creek
uitschieter *m* [-s] ❶ *toppunt* peak, highlight
❷ *uitzondering* exception
uitschoppen *overg* [schopte uit, h. uitgeschopt] ❶ *alg.*
kick out ❷ *schoenen* kick off
uitschot *o* [-ten] ❶ *goederen* refuse, offal, trash ❷ *volk*
offscourings, riff-raff, dregs
uitschreeuwen I *overg* [schreeuwde uit, h.
uitgeschreeuwd] cry out ★ *het* ~ cry out **II** *onoverg*
[schreeuwde uit, h. uitgeschreeuwd] cry, shout
uitschrijven *overg* [schreef uit, h. uitgeschreven]
❶ *alg.* write out, make out ❷ *vergadering* call
❸ *prijsvraag* organize ❹ *lening* issue
uitschudden *overg* [schudde uit, h. uitgeschud]
❶ *leegschudden* shake (out) ❷ *beroven* strip to the
skin
uitschuifbaar *bn* ❶ *alg.* sliding, extensible
❷ *v. antenne &* telescopic
uitschuifladder *v* [-s] extension ladder
uitschuiven *overg* [schoof uit, h. uitgeschoven] ❶ *alg.*
pull out ❷ *een tafel* draw out
uitserveren *overg* [serveerde uit, h. uitgeserveerd]
serve up, dish out

uitslaan I *overg* [sloeg uit, h. uitgeslagen] ❶ *slaand*
verwijderen beat out, strike out, ⟨v. spijker⟩ drive out,
⟨v. tand &⟩ knock out, ⟨v. tapijt &⟩ shake out ❷ *met*
hamer bewerken hammer, beat (out) ❸ *uitspreiden*
⟨v. kaart⟩ unfold, ⟨v. benen⟩ throw out, ⟨v. klauwen⟩
put out, ⟨v. vleugels⟩ stretch, spread ▼ *onzin* ~ talk
nonsense ▼ *de taal die zij ~!* the language they use!
II *onoverg* [sloeg uit, is uitgeslagen] ❶ *vlammen,*
mazelen & break out ❷ *uitslag krijgen* ⟨v. muur⟩
sweat, ⟨v. brood &⟩ grow mouldy ❸ *v. wijzer* deflect
uitslag *m* ❶ *schimmel* mouldiness ❷ *puistjes* eruption,
rash ❸ *v. wijzer* deflection ❹ *resultaat* [-slagen]
outcome, result, issue, event, success ★ *de* ~ *van de*
verkiezing the poll / election result(s) ★ *de*
bekendmaking van de ~ *van de verkiezing* the
declaration of the poll ★ *wat is de* ~ *van uw examen?*
what are your examination results? ★ *met goede* ~
successfully
uitslapen I *onoverg* [sliep uit, h. en is uitgeslapen] lie
in, sleep late **II** *overg* [sliep uit, h. en is uitgeslapen]
★ *zijn roes* ~ sleep it off
uitslepen *overg* [sleepte uit, h. uitgesleept] get out
★ *ergens iets* ~ get sth out of it
uitsloven *wederk* [sloofde uit, h. uitgesloofd] ★ *zich* ~
⟨moeite doen⟩ put oneself out, ⟨sloven⟩ slave away,
work one's fingers to the bone, ⟨proberen in de
smaak te vallen⟩ show off
uitslover *m* [-s] ❶ *vleier* bootlicker ❷ *aandachttrekker*
eager beaver, show-off
uitsluiten *overg* [sloot uit, h. uitgesloten] ❶ *niet*
toelaten shut (lock) out ★ *sp* ~ *van deelname*
disqualify ★ *uitgesloten!* out of the question
❷ *uitzonderen* exclude ★ *die mogelijkheid kan worden*
uitgesloten the possibility can be dismissed / ruled
out / excluded ★ *het een sluit het ander niet uit* the
one doesn't exclude the other
uitsluitend *bn* exclusive ★ *~ voor leden* members only
uitsluiting *v* [-en] exclusion ★ *met* ~ *van* exclusive of,
to the exclusion of ★ *~ van het kiesrecht*
disenfranchisement
uitsluitsel *o* decisive answer ★ *~ geven* give a decisive
answer
uitsmeren *overg* [smeerde uit, h. uitgesmeerd] spread
(out)
uitsmijter *m* [-s] ❶ *portier* bouncer ❷ *gerecht* open
ham and egg sandwich ❸ *laatste onderdeel*
v. programma final number, finale
uitsnijden *overg* [sneed uit, h. uitgesneden] cut out,
carve out, excise
uitspannen *overg* [spande uit, h. uitgespannen]
❶ *uitstrekken* stretch out, extend ❷ *uitspreiden*
spread ❸ *uit het tuig halen* take out, unharness,
unyoke
uitspanning *v* [-en] cafe, pub, bar
uitspansel *o* firmament, heavens
uitsparen *overg* [spaarde uit, h. uitgespaard] ❶ *sparen*
save, economize ❷ *openlaten* leave blank, leave free
uitsparing *v* [-en] ❶ *besparing* saving, economy

ui

❷ *ruimte* blank space, free space

uitspatting *v* [-en] dissipation, debauchery, excess ★ *zich aan ~en overgeven* indulge in excesses ★ *een ~ van creativiteit* an excess of creativity

uitspelen *overg* [speelde uit, h. uitgespeeld] play ★ *ze tegen elkaar ~* play them off against each other ★ *zijn laatste troef ~* play one's last trump

uitspinnen *overg* [spon uit, h. uitgesponnen] spin out

uitsplitsen *overg* [splitste uit, h. uitgesplitst] split up, break down

uitspoelen *overg* [spoelde uit, h. uitgespoeld] rinse (out), wash away

uitspoken *overg* [spookte uit, h. uitgespookt] be up to ★ *wat spookt hij daar uit?* what is he up to?, what is he doing there?

uitspraak *v* [-spraken] ❶ *v.e. woord* pronunciation ★ *een goede ~ hebben* have a good pronunciation ❷ *oordeel* pronouncement, utterance, statement ★ *over deze kwestie durf ik geen ~ te doen* I wouldn't venture an opinion on this ❸ *jur* finding, verdict, decision ★ *~ doen* pass judgement, pass / pronounce sentence ★ *een rechterlijke ~* a judicial decision ★ *een scheidsrechterlijke ~* an arbitral award

uitspreiden *overg* [spreidde uit, h. uitgespreid] spread (out) ★ *zich ~* spread (out)

uitspreken I *overg* [sprak uit, h. uitgesproken] ❶ *woord, vonnis* pronounce ❷ *bekend maken v.boodschap* deliver ❸ *uiten* express ★ *zich ~ over* make a pronouncement on, give one's opinion on II *onoverg* [sprak uit, is uitgesproken] *ten einde spreken* finish ★ *iem. laten ~* hear sbd out, let sbd finish ★ *laat mij ~* let me finish

uitspringen *onoverg* [sprong uit, is uitgesprongen] project, jut out ★ *ergens ~* jump out, leap out ★ wisk *een ~de hoek* a salient angle ★ fig *dat springt eruit* it stands out

uitspruiten *onoverg* [sproot uit, is uitgesproten] sprout, shoot

uitspruitsel *o* [-s] sprout, shoot

uitspugen *overg* [spuugde uit, h. uitgespuugd], **uitspuwen** [spuwde uit, h. uitgespuwd] spit out

uitstaan I *overg* [stond uit, h. uitgestaan] *verdragen* endure, suffer, bear ★ *ik kan hem niet ~* I can't stand him ★ *wat ik allemaal heb moeten ~* what I had to suffer / bear / endure II *onoverg* [stond uit, h. uitgestaan] ❶ *uitsteken* stand out ❷ *uitgeleend/ uitgegeven zijn* be put out ★ *mijn geld staat uit tegen 7%* my money is put out at 7% ★ *~de schulden* outstanding debts ❸ *van doen hebben* have to do ★ *ik heb niets met hen uit te staan* I have nothing to do with them ★ *dat heeft er niets mee uit te staan* that has nothing to do with it

uitstalkast *v* [-en] showcase

uitstallen *overg* [stalde uit, h. uitgestald] expose for sale, display

uitstalling *v* [-en] display, window display

uitstalraam *o* [-ramen] ❶ *etalage* ZN shop window ❷ *vitrine* showcase

uitstapje *o* [-s] excursion, tour, trip, outing, jaunt ★ *een ~ maken* make an excursion, make / take a trip

uitstappen *onoverg* [stapte uit, is uitgestapt] ‹auto &› get / step out, ‹vliegtuig, boot› disembark, ‹bus, trein› alight ★ *bij het ~* at alighting / disembarkation ★ *iedereen ~!* all change here

uitstedigheid *v* absence from town

uitsteeksel *o* [-s] projection, protuberance

uitstek *o* ★ *bij ~* pre-eminent(ly)

uitsteken I *overg* [stak uit, h. uitgestoken] *naar buiten steken* stretch out, hold out, put out ★ *geen vinger ~* not lift a finger ★ *iem. de ogen ~* put out sbd's eyes, fig make sbd jealous II *onoverg* [stak uit, h. uitgestoken] ❶ *in elke richting* stick out ★ *hoog ~ boven...* rise far above..., tower above... ★ *hoog boven de anderen ~* rise (head and shoulders) above the others, tower above one's contemporaries ❷ *naar voren steken* jut out, project, protrude

'uitstekend¹ *bn er bovenuit komend* protruding, prominent

uit'stekend² I *bn zeer goed* excellent, first-rate, eminent, outstanding, admirable II *bijw* excellently, extremely well, splendidly, admirably III *tsw* ★ *~!* excellent! inf fantastic!

uitstel *o* postponement, delay, respite ★ *~ van betaling* extension of time for payment ★ *het kan geen ~ lijden* it must not be delayed ★ *~ van executie* stay of execution ★ *~ geven / verlenen* grant a delay ★ *~ vragen* ask for a delay ★ *van ~ komt dikwijls afstel* delays are often dangerous, ± procrastination is the thief of time ★ *~ is geen afstel* all is not lost that is delayed ★ *zonder ~* without delay

uitstellen *overg* [stelde uit, h. uitgesteld] delay, defer, postpone, put off ★ *stel niet uit tot morgen, wat je vandaag doen kunt* don't put off till tomorrow what you can do today

uitsterven *onoverg* [stierf uit, is uitgestorven] die out, become extinct ★ *aan het ~* becoming extinct

uitstijgen *onoverg* [steeg uit, is uitgestegen] *uitstappen* get out, alight ▾ *~ boven* rise above

uitstippelen *overg* [stippelde uit, h. uitgestippeld] ❶ *beleid* outline, map out ❷ *programma* lay down

uitstoot *m* discharge, emission ★ *de ~ van giftige gassen* the emission of poisonous gases

uitstorten I *overg* [stortte uit, h. uitgestort] pour out, pour forth ★ *zijn gemoed / zijn hart ~* pour out one's heart, unbosom oneself II *wederk* [stortte uit, h. uitgestort] ★ *zich ~* discharge ★ *de rivier stort zich uit in de zee* the river discharges into the sea

uitstorting *v* [-en] effusion, emission ★ *de ~ van de Heilige Geest* the outpouring of the Holy Ghost

uitstoten *overg* [stootte *of* stiet uit, h. uitgestoten] ❶ thrust out ❷ fig expel ‹sbd› ▾ *kreten ~* utter cries

uitstoting *v* [-en] expulsion

uitstralen *overg en onoverg* [straalde uit, h. uitgestraald] radiate, beam forth

uitstraling *v* [-en] radiation, emanation ★ *hij heeft een* *leuke* ~ he comes over as pleasant

uitstrekken I *overg* [strekte uit, h. uitgestrekt] stretch, stretch forth, extend, stretch out, reach out **II** *wederk* [strekte uit, h. uitgestrekt] ★ *zich* ~ ⟨v. levende wezens⟩ stretch oneself, ⟨v. dingen⟩ stretch, extend, reach, ⟨v. tijd⟩ cover ★ *zich* ~ *naar het oosten* stretch out toward the east

uitstrijken *overg* [streek uit, h. uitgestreken] ❶ spread, smooth, cross out ❷ med take a swab

uitstrijkje *o* [-s] med smear, swab

uitstromen *onoverg* [stroomde uit, is uitgestroomd] ❶ *v. vloeistoffen* flow out, stream forth, gush out ★ ~ *in* flow into ❷ *v. gas* escape, pass out

uitstrooien *overg* [strooide uit, h. uitgestrooid] ❶ strew, spread, disseminate ❷ fig spread, put about

uitstrooisel *o* [-s] rumour, false report

uitstroom *m* arbeid outflow

uitstulping *v* [-en] bulge, protrusion

uitsturen *overg* [stuurde uit, h. uitgestuurd] send out ★ *iem.* ~ *op* send sbd (out) for

uittekenen *overg* [tekende uit, h. uitgetekend] draw, delineate, portray, picture ★ *ik kan hem wel* ~ I know every detail of him

uittellen *overg* [telde uit, h. uitgeteld] count out ★ *tel uit je winst!* it's easy money!

uitteren *onoverg* [teerde uit, is uitgeteerd] pine / waste away, waste

uittikken *overg* [tikte uit, h. uitgetikt] type out

uittocht *m* [-en] exodus

uittrap *m* [-pen] *doelschop* sp goal kick

uittrappen I *overg* [trapte uit, h. uitgetrapt] ❶ *vuur* stamp out ❷ *schoen* kick off ❸ *ontslaan* kick ⟨sbd⟩ out ❹ *het veld uit* sp put out of play **II** *onoverg* [trapte uit, h. uitgetrapt] *door doelman* sp kick (the ball) out, take a goal kick

uittreden *onoverg* [trad uit, is uitgetreden] ❶ *v. priesters, monniken &* leave, give up ❷ *dienstbetrekking verlaten* retire, resign ★ *vervroegd* ~ retire early ▼ ⟨parapsychologisch⟩ *hij is uitgetreden* he had an out-of-body experience

uittreding *v* [-en] ❶ *v. priesters, monniken &* leaving, giving up ❷ *uit dienstbetrekking* retirement, withdrawal, resignation ★ *vervroegde* ~ early retirement ★ *vrijwillige vervroegde* ~ voluntary early retirement ❸ *parapsychologisch* out-of-body experience

uittrekblad *o* [-bladen] pull-out leaf, extension

uittrekken I *overg* [trok uit, h. uitgetrokken] ❶ *trekkend verwijderen* draw / pull out / up, ⟨tand⟩ pull out ❷ *uitdoen* ⟨kleding⟩ take off, ⟨laarzen⟩ pull off ❸ *thee maken v. kruiden &* extract ▼ *(geld)* ~ *voor* earmark / set aside... for..., commit money to... **II** *onoverg* [trok uit, is uitgetrokken] ❶ mil march out ❷ *weggaan* set out, set forth, move out

uittreksel *o* [-s] ❶ *korte inhoud* abstract, summary ❷ *v.d. burgerlijke stand* certificate, extract, copy ❸ *van rekening* handel statement ❹ *afkooksel*

extract, decoction

uittypen *overg* [typte uit, h. uitgetypt] type out

uitvaagsel *o* scum, dregs, offscourings

uitvaardigen *overg* [vaardigde uit, h. uitgevaardigd] ❶ *wet* promulgate, enact ❷ *bevel* issue ★ *een beschikking, een bevel* ~ issue / promulgate an order ★ *de politie heeft een arrestatiebevel tegen hem uitgevaardigd* the police have issued an order for his arrest

uitvaart *v* [-en] funeral

uitvaartcentrum *o* [-tra & -s] funeral parlour

uitvaartdienst *m* [-en] funeral ceremonies

uitvaartstoet *m* [-en] funeral procession

uitval *m* [-len] ❶ mil sally, sortie ★ *een* ~ *doen* make a sally / sortie ❷ *bij het schermen* thrust, lunge, pass ★ *een* ~ *doen* make a pass, lunge, lash out ❸ *v. woede &* outburst, sudden fit of ❹ *bij studie* dropout

uitvallen *onoverg* [viel uit, is uitgevallen] ❶ *haar* fall out ❷ *resultaat hebben* come off, turn out ★ *goed / slecht* ~ turn out well / badly ★ *lui uitgevallen* turn out lazy ★ *die trein is uitgevallen* the train has been cancelled ❸ mil make a sally ❹ *bij schermen* make a pass, lunge, lash out ❺ *bij spel* drop out ★ *heel wat deelnemers vielen uit* a lot of competitors dropped out ❻ *v. elektriciteit* fail ★ *het* ~ *van de stroom / een transformator* a power / transformer failure ❼ *v. woede* fly out ★ *tegen iem.* ~ fly out at sbd

uitvaller *m* [-s] mil straggler ★ sp *er waren twee* ~*s* two competitors dropped out

uitvalsbasis *v* [-sen, bases] operational base

uitvalsweg *m* [-wegen] arterial road, main traffic artery

uitvaren *onoverg* [voer uit, h. en is uitgevaren] ❶ *wegvaren* sail (out), put (out) to sea ❷ *tekeergaan* storm, fly out ★ ~ *tegen* fly out at, blow up at, have a go at

uitvechten *overg* [vocht uit, h. uitgevochten] fight / battle out ★ *het onder elkaar maar* ~ fight / have it out among themselves

uitvegen *overg* [veegde uit, h. uitgeveegd] ❶ *alg.* sweep out ★ fig *iem. de mantel* ~ haul sbd over the coals, give sbd a bit of one's mind, scold sbd ❷ *met gum &* wipe out, rub out, efface

uitverdedigen *onoverg* [verdedigde uit, h. uitverdedigd] voetbal play out

uitvergroten *overg* [vergrootte uit, h. uitvergroot] enlarge, inf blow up

uitverkiezing *v* choice, selection

uitverkocht *bn* sold out, out of stock, ⟨v. boeken ook⟩ out of print ★ *de druk was gauw* ~ the edition was sold out in a very short time ★ *een* ~*e zaal* a full house

uitverkoop *m* [-kopen] clearance sale, sale(s) ★ *een* ~ *wegens opheffing* a closing-down sale ★ *in de* ~ in the sales

uitverkoren *bn* chosen, elect ★ *het* ~ *volk* the Chosen

People / Race ★ *de ~e* the favourite ★ *zijn ~e* his sweetheart ★ *de ~en* the chosen (ones)

uitveteren *overg* [veterde uit, h. uitgeveterd] fly out at, blow up at, tell off, scold

uitvinden *overg* [vond uit, h. uitgevonden] ❶ *nieuw bedenken* invent ❷ *ontdekken* find out

uitvinder *m* [-s] inventor

uitvinding *v* [-en] invention ★ *een ~ doen* invent sth

uitvissen *overg* [viste uit, h. uitgevist] fish out, <u>fig</u> ferret out

uitvlakken *overg* [vlakte uit, h. uitgevlakt] ❶ *alg.* blot out, wipe out ❷ *met gum* rub out ★ *dat moet je niet ~!* just bear that in mind!, it's not to be sneezed at!

uitvliegen *onoverg* [vloog uit, is uitgevlogen] fly out

uitvloeisel *o* [-s & -en] consequence, outcome, result

uitvloeken *overg* [vloekte uit, h. uitgevloekt] swear at, curse

uitvlucht *v* [-en] evasion, pretext, subterfuge, excuse, shift ★ *~en zoeken* try to find excuses

uitvoegen *onoverg* [voegde uit, h. uitgevoegd] change lanes, exit

uitvoegstrook *v* [-stroken] slow lane

uitvoer *m* ❶ *het exporteren* export, exportation ❷ *de goederen* exports ★ *de ~ verhogen en de invoer verlagen* increase exports and reduce imports ❸ *uitvoering* execution ★ *ten ~ brengen / leggen* put into effect, execute, carry out ⟨a threat⟩ ❹ <u>comput</u> output

uitvoerbaar *bn* workable, practicable, feasible, ⟨v. vonnis⟩ enforceable

uitvoerbelasting *v* export tax / duty

uitvoerder *m* [-s] ❶ *v. concert* performer ❷ *v. plan* executor ❸ *v. bouwwerk* building supervisor

uitvoeren *overg* [voerde uit, h. uitgevoerd] ❶ *werk & carry out* ❷ *bevel, plan & execute* ★ *de ~de macht* the Executive ★ *de ~de Raad* the Executive Council ❸ *operatie, taak, muziek &* perform ❹ *besluit* put into effect, carry out ❺ <u>handel</u> fill ⟨an order⟩, export ⟨goods⟩ ❻ *doen* do ★ *hij heeft weer niets uitgevoerd* he hasn't done a stroke of work again ★ *wat voer jij daar uit?* what are you doing?, what are you up to?, what are you at? ★ *wat heb jij toch uitgevoerd vandaag?* what on earth have you been doing today? ★ *wat moet ik daarmee ~?* what am I to do with it?

uitvoerhaven *v* [-s] shipping port, port of export

uitvoerig I *bn* ❶ *langdurig* ample, lengthy ❷ *gedetailleerd* copious, full, detailed, circumstantial, minute II *bijw* amply &, in detail ★ *enigszins ~ citeren* quote at some length ★ *ik zal ~er schrijven* I'll write more fully / in more detail

uitvoering *v* [-en] ❶ *het uitvoeren* execution, realization ★ *~ geven aan* put into effect, carry out ★ *werk in ~* road works ahead ❷ *afwerking, versie* design, finish, version ❸ *voorstelling* performance

uitvoeroverschot *o* [-ten] export surplus

uitvoerrechten *zn* [mv] export duties

uitvoervergunning *v* [-en] export licence/<u>Am</u> license

uitvogelen *overg* [vogelde uit, h. uitgevogeld] dig / ferret out

uitvorsen *overg* [vorste uit, h. uitgevorst] find out, ferret out

uitvouwen *overg* [vouwde uit, h. uitgevouwen] unfold

uitvragen I *overg* [vroeg/vraagde uit, h. uitgevraagd] question, catechize, <u>inf</u> pump ★ *ik ben uitgevraagd* I've been asked out II *onoverg* [vroeg/vraagde uit, h. en is uitgevraagd] ★ ⟨klaar met vragen⟩ *ik ben uitgevraagd* I have no more questions to ask

uitvreten *overg* [vrat uit, h. uitgevreten] ❶ *uitbijten* eat out, corrode ❷ *parasiteren op* sponge on ⟨sbd⟩ ❸ *uitspoken* be up to ★ *wat vreet hij uit?* what the heck is he doing, what on earth is he up to? ★ *wat heeft die knul nou weer uitgevreten?* what has that boy been up to this time? ★ *hij heeft niets uitgevreten vandaag* he hasn't done a darned / bloody thing today, he hasn't lifted a finger today

uitvreter *m* [-s] sponger, parasite

uitvullen *overg* [vulde uit, h. uitgevuld] space evenly, ⟨v. tekst⟩ justify

uitwaaien I *onoverg* [woei/waaide uit, is uitgewaaid] ❶ *v. kaars* be blown out ❷ *op strand &* get a good breath of fresh air ★ *het is nu uitgewaaid* the wind / gale has spent itself II *overg* [woei/waaide uit, h. uitgewaaid] blow out

uitwaaieren *onoverg* [waaierde uit, h. en is uitgewaaierd] fan (out), spread, unfold

uitwas *m & o* [-sen] outgrowth, protuberance, morbid growth

uitwasemen I *onoverg* [wasemde uit, h. uitgewasemd] evaporate, emanate II *overg* [wasemde uit, h. uitgewasemd] exhale

uitwassen *overg* [waste uit, h. uitgewassen] wash (out)

uitwateren *overg* [waterde uit, h. uitgewaterd] drain, discharge ★ *~ in* discharge into..., flow into...

uitwatering *v* [-en] discharge, drainage

uitwedstrijd *m* [-en] away game / match

uitweg *m* [-wegen] ❶ way out, outlet ❷ <u>fig</u> escape, way out, answer, solution, loophole ★ *een ~ voor zijn emoties* an outlet for his emotions ★ *er is geen ~* there is no choice / no way out

uitweiden *onoverg* [weidde uit, h. uitgeweid] ★ *~ over* enlarge on, dwell at length on, <u>form</u> expatiate on

uitweiding *v* [-en] digression, elaboration, <u>form</u> expatiation

uitwendig I *bn* external, exterior ★ *voor ~ gebruik* for external use ★ *zijn ~ voorkomen* his outward appearance II *bijw* externally, outwardly

uitwerken I *overg* [werkte uit, h. uitgewerkt] ❶ *plan, idee &* work out, develop, elaborate ❷ *tot stand brengen* effect, bring about ★ *niets ~* be ineffective ★ *zich er ~* get oneself out of II *onoverg* [werkte uit, is uitgewerkt] wear off ★ *het geneesmiddel is uitgewerkt* the medicine has worn off

uitwerking *v* [-en] ❶ *bewerking* working out ❷ *gevolg* effect ★ *~ hebben* be effective, work ★ *geen ~ hebben*

ui

produce no effect, be ineffective ★ *die maatregel heeft zijn ~ niet gemist* the measure has not been ineffective

uitwerpen *overg* [wierp uit, h. uitgeworpen] ❶ *alg.* throw out, cast (out), eject ❷ *verstoten, verbannen* throw out, cast out ❸ luchtv drop, parachute ❹ *v. vulkaan* eject, erupt

uitwerpsel *o* [-en & -s] excrement

uitwijken *onoverg* [week uit, is uitgeweken] ❶ *opzijgaan* turn aside, step aside, make way, make room ★ ~ *voor* make way for, get out of the way of, avoid ‹sth› ❷ *vluchten* go into exile, leave one's country ★ ~ *naar* emigrate to, take refuge in

uitwijking *v* [-en] ❶ *opzij* turning aside ❷ *vlucht* emigration

uitwijkmanoeuvre *v & o* [-s] evasive manoeuvre/Am maneuver

uitwijkmogelijkheid *v* [-heden] ❶ opportunity to escape ❷ fig alternative

uitwijzen *overg* [wees uit, h. uitgewezen] ❶ *tonen* show, reveal ★ *de tijd zal het ~* time will tell ❷ *beslissen* decide ❸ *deporteren* expel, deport

uitwisselen *overg* [wisselde uit, h. uitgewisseld] exchange

uitwisseling *v* [-en] exchange ★ jur ~ *van akten* exchange of instruments

uitwisselingsprogramma *o* ['s] exchange programme/Am program

uitwisselingsverdrag *o* [-dragen] exchange treaty

uitwissen *overg* [wiste uit, h. uitgewist] ❶ wipe out, blot out, efface, erase ❷ fig erase, cover up ★ *hij probeerde zijn sporen uit te wissen* he tried to cover up / to erase his tracks

uitwonen *overg* [woonde uit, h. uitgewoond] ★ *een huis ~* let a house get rundown

uitwonend *bn* non-resident, ‹studenten› non-collegiate

uitworp *m* [-en] ❶ *alg.* emission, release ❷ sp throw-out

uitwrijven *overg* [wreef uit, h. uitgewreven] rub out ★ *zich de ogen ~* rub one's eyes

uitwringen *overg* [wrong uit, h. uitgewrongen] wring out

uitwuiven *overg* [wuifde uit, h. uitgewuifd] wave goodbye, see off ★ *iem. ~* wave sbd goodbye

uitzaaien *overg* [zaaide uit, h. uitgezaaid] ❶ sow, disseminate ❷ med metastasize, spread

uitzaaiing *v* [-en] med metastasis

uitzakken *onoverg* [zakte uit, is uitgezakt] sag ★ *uitgezakt in een luie stoel* slumped in an armchair

uitzeilen *onoverg* [zeilde uit, is uitgezeild] sail out, sail

uitzendbureau *o* [-s] temporary employment agency

uitzenden *overg* [zond uit, h. uitgezonden] ❶ *wegzenden* send out ❷ RTV broadcast, transmit, ‹televisie ook› televise

uitzending *v* [-en] ❶ *alg.* sending out ❷ RTV broadcast, broadcasting, transmission ★ *rechtstreekse ~* live broadcast

uitzendkracht *v* [-en] temporary employee, inf temp

uitzendwerk *o* temporary work

uitzet *m & o* [-ten] *v. bruid* trousseau

uitzetten I *overg* [zette uit, h. uitgezet] ❶ *buiten iets zetten* put / throw out ❷ *op rente zetten* invest, put out ❸ *verspreid zetten* set / spread out ★ *vissen ~ in een vijver* stock a pond with fish ★ *een wacht ~* post a guard ❹ *uitmeten* mark / measure out ❺ *uitspreiden* spread (out) ❻ *afzetten* switch off ❼ *vergroten* expand, extend ❽ jur evict, deport, ‹huurder› eject ★ *ongewenste vreemdelingen (het land) ~* expel / deport undesirable aliens **II** *onoverg* [zette uit, is uitgezet] *groter worden* expand, swell **III** *wederk* [zette uit, h. uitgezet] expand, extend

uitzetting *v* [-en] ❶ *vergroting* expansion, dilat(at)ion, inflation ❷ *uit het land* expulsion, deportation ❸ *uit een huis* eviction, ejection

uitzicht *o* [-en] view, prospect, outlook ★ *iems. ~ belemmeren* obstruct sbd's view ★ ~ *hebben op...* command a (fine) view of..., overlook ‹the Thames›, give on to... ★ ~ *bieden op succes* hold out a prospect / prospects of success

uitzichtloos *bn* fig hopeless

uitzieken I *overg* [zieke uit, h. uitgeziekt] ★ *een griepje ~* let the flu run its course **II** *onoverg* [ziekte uit, is uitgeziekt] nurse one's illness

uitzien I *overg* [zag uit, h. uitgezien] ★ *zijn ogen ~* stare one's eyes out **II** *onoverg* [zag uit, h. uitgezien] look out ★ *er ~ look* ★ *je ziet er goed uit* you look well ★ *zij ziet er goed / knap uit* she's good-looking ★ *zij ziet er niet goed uit* she doesn't look well ★ *dat ziet er mooi uit!* a fine state of affairs! ★ *dat ziet er slecht uit* things look black ★ *hoe ziet hij / het eruit?* what does he / it look like?, what is he / it like? ★ *wat zie jij eruit!* what a state you're in!, you look a sight! ★ *ziet het er zó uit?* does it look like this?, is that the situation? ★ *het ziet eruit alsof het gaat regenen* it looks like rain ★ *naar een betrekking ~* look out for a situation / job ★ *naar iem. ~* look out for sbd ★ ~ *naar zijn komst* look forward to his coming ★ ~ *op een plein* look out on a square ★ ~ *op de Theems* overlook the Thames ★ ~ *op het zuiden* look / face south

uitzingen *overg* [zong uit, h. uitgezongen] ❶ *volhouden* manage, hold out ★ *met dit bedrag zul je het een maand moeten ~* this sum will have to last you a month ★ *hoe lang zullen wij het ~ met die voedselvoorraad?* how long will the food supplies hold out? ★ *met deze jas kun je het deze winter nog wel ~* this coat will see the winter out ❷ *ten einde zingen* sing out, sing to the end

uitzinnig *bn* beside oneself, distracted, demented, mad, frantic

uitzitten *overg* [zat uit, h. uitgezeten] sit out ★ ‹in gevangenis› *zijn tijd ~* serve one's time, do time

uitzoeken *overg* [zocht uit, h. uitgezocht] ❶ *kiezen* select, choose ❷ *sorteren* sort out ❸ *antwoord vinden* figure out, work out

ui

uitzonderen *overg* [zonderde uit, h. uitgezonderd] except ★ *enkelen uitgezonderd* barring a few people

uitzondering *v* [-en] exception ★ *een ~ op de regel* an exception to the rule ★ *~en bevestigen de regel* the exception proves the rule ★ *bij ~* by way of exception ★ *bij hoge ~* very rarely ★ *bij ~ voorkomend* exceptional ★ *met ~ van...* with the exception of... ★ *zonder ~* without exception ★ *allen zonder ~ hadden handschoenen aan* all of them wore gloves

uitzonderingspositie *v* [-s] special position, exceptional position, privileged position

uitzonderlijk I *bn* exceptional, outstanding **II** *bijw* exceptionally, outstandingly

uitzoomen *onoverg* [zoomde uit, h. uitgezoomd] *fotogr* zoom out

uitzuigen *overg* [zoog uit, h. uitgezogen] ❶ *leegzuigen* suck (out) ❷ *uitbuiten* extort money from, sweat, exploit

uitzuiger *m* [-s] extortioner, bloodsucker

uitzwaaien *overg* [zwaaide uit, h. uitgezwaaid] wave goodbye, see off

uitzwermen *onoverg* [zwermde uit, is uitgezwermd] ❶ *v. bijen* swarm off ❷ *mil* disperse

uitzweten *overg* [zweette uit, h. uitgezweet] exude, ooze out, sweat out

uk, ukkepuk *m* [-ken], **ukkie** *o* [-s] toddler, tiny tot

ukelele *m* [-s] ukulele

ulevel *v* [-len] caramel in a paper wrapper

ultiem *bn* ultimate ★ *~e pogingen* last-ditch / all-out efforts

ultimatum *o* [-s] ultimatum ★ *een ~ stellen* deliver / issue an ultimatum (*aan* to)

ultracentrifuge *v* [-s] ultracentrifuge

ultrageluid *o* [-en] ultrasound, ultrasonic waves, ultrasonics

ultramodern *bn* ultramodern

ultrarechts *bn* ultraright, extreme right

ultraviolet *bn* ultraviolet ★ *~te straling* ultraviolet radiation

umlaut *m* [-en] ❶ *teken* umlaut, diaeresis ★ *a* ~ a with an umlaut ❷ *klankverandering* vowel mutation

umpire *m* [-s] umpire

UMTS *afk* (Universal Mobile Telecommunications System) Universal Mobile Telecommunications System

unaniem I *bn* unanimous **II** *bijw* unanimously, with one assent / accord

underdog *m* [-s] underdog

understatement *o* [-s] understatement ★ *dat is het ~ van het jaar!* that is an all-time understatement!

unicum *o* [-s & -ca] ❶ *enig exemplaar* single copy ❷ *uniek ding* unique phenomenon / thing

unie *v* [-s] union ★ *jur een personele ~* a common director, an interlinking director ★ *de Europese Unie* the European Union

uniek *bn* unique

unificatie *v* [-s] unification

uni'form¹ *bn* uniform ★ *een ~ tarief* a flat rate

'uniform, uni'form² *o & v* [-en] ❶ *alg.* uniform ❷ mil regimentals

uniformeren *overg* [uniformeerde, h. geüniformeerd] ❶ *uniform maken* make uniform, standardize ❷ *in uniform kleden* uniformize

uniformiteit *v* uniformity

unilateraal *bn* unilateral

uniseks *bn* unisex

unisono *bijw & o* muz in unison

unit *m* [-s] unit

universeel *bn* universal, sole ★ *~ erfgenaam* the sole heir, the residuary legatee

universitair I *bn* university **II** *bijw* ★ *~ opgeleid* university / college educated / graduate **III** *m-v* [-en] ZN university graduate, academic

universiteit *v* [-en] university ★ *de open ~* the Open University

universiteitsbibliotheek *v* [-theken] university library

universiteitsgebouw *o* [-en] university building

universiteitsraad *m* [-raden] university council

universum *o* universe

unster *v* [-s] steelyard, weighbeam

update *m* [-s] update

updaten *overg* [updatete, h. geüpdatet] update

upgrade *m* [-s] upgrade

upgraden *overg* [upgradede, h. geüpgraded] upgrade

uppercut *m* [-s] uppercut

uppie *o* ★ *in zijn ~* all by oneself

ups en downs *zn* [mv] ups and downs

up-to-date *bn* up-to-date ★ *ik zal je telefonisch ~ houden* I'll keep you up-to-date by telephone

uranium *o* uranium

Uranus *m* astron & astrol Uranus

urbaan *bn* urbane

urbanisatie *v* urbanization

urbaniseren *overg en onoverg* [urbaniseerde, h. en is geürbaniseerd] urbanize

ure *v* [-n] hour ★ *in de ~ des gevaars* in the hour of danger ★ *te(r) elfder ~* at the eleventh hour

urenlang *bn* for hours, for hours on end, endless

ureum *o* urea

urgent *bn* urgent

urgentie *v* urgency

urgentieverklaring *v* [-en] declaration of urgency

urinaal *o* [-nalen] urinal

urine *v* urine

urinebuis *v* [-buizen] urethra

urineleider *m* [-s] ureter, urinary duct

urineren *onoverg* [urineerde, h. geürineerd] urinate, make / pass water

urinewegen *zn* [mv] urinary passages

urinoir *o* [-s] public lavatory, public convenience, public urinal

URL *afk adresnaam op internet* (Uniform/Universal Resource Locator) URL, Uniform / Universal Resource Locator

urn, urne *v* [urnen] urn

urnenveld *o* [-en] urnfield

urologie *v* urology
uroloog *m* [-logen] urologist
uroscopie *v* uroscopy
Uruguay *o* Uruguay
usance, **usantie** *v* [-s] custom, usage
usb-stick *de (m)* [-s] USB stick
user *m* [-s] comput user
uterus *m* [-ri, -sen] uterus
utiliteitsbouw *m* commercial and industrial building
utopie *v* [-pieën] utopian scheme, Utopia
utopisch *bn* utopian
Utrecht *o stad en provincie* Utrecht
uur *o* [uren] hour ★ *een half ~* half an hour
★ *driekwart ~* three quarters of an hour ★ *een / twee ~ gaans* an hour's / two hours' walk ★ *alle uren* every hour ★ *aan geen ~ gebonden* not tied down to time ★ *binnen het ~* within an / the hour ★ *zijn laatste ~ had geslagen* his last hour had come ★ *het ~ van de waarheid* the hour of truth ★ *in het ~ van het gevaar* in the hour of danger ★ *in een verloren ~* in a spare hour ★ *om drie ~* at three (o'clock) ★ *om het ~* every hour ★ *om de twee ~* every two hours ★ *op elk ~* every hour, at any hour ★ *op elk ~ van de dag* at all hours of the day, at any hour ★ *op een vast ~* at a fixed hour ★ *over een ~* in an hour('s time) ★ *zoveel per ~* so much per / an hour ★ *iem. per ~ betalen* pay sbd by the hour ★ *te goeder / kwader ure* in a happy / an evil hour ★ *ter elfder ure* at the eleventh hour ★ *tegen drie ~* by three o'clock ★ *van ~ tot ~* from hour to hour, hourly
uurloon *o* hourly wage
uurtarief *o* [-rieven] hourly rate
uurtje *o* [-s] hour ★ *in een verloren ~* in a spare hour ★ *de kleine ~s* the small / early hours
uurwerk *o* [-en] ❶ *klok* clock, timepiece ❷ *raderwerk* works, clockwork
uurwijzer *m* [-s] hour hand, short hand
uv *afk* (ultraviolet) ultraviolet
uv-licht *o* ultraviolet light
U-vormig *bn* U-shaped
uw *bez vnw* your, plechtig thy ★ *de, het ~e* yours, plechtig thine ★ *geheel de ~e...* yours truly...
uwentwil, **uwentwille** *zn* ★ *om ~* for your sake
uwerzijds *bijw* on your part, on your behalf
uzelf *wederk vnw* ❶ *enkelvoud* yourself ❷ *meervoud* yourselves
uzi *m* ['s] uzi

V

v *v* ['s] v
vaag I *bn* vague, hazy, indefinite ★ *een vage herinnering* a vague memory II *bijw* vaguely &
vaagheid *v* [-heden] vagueness
vaak I *bijw* often, frequently II *m slaperigheid* sleep, sleepiness ★ *~ hebben* be sleepy ▼ *praatjes voor de ~* idle talk
vaal *bn* ❶ *v. kleur alg.* faded ❷ *v. gelaatskleur* sallow ❸ *v. licht* pale
vaalbleek *bn* sallow
vaalheid *v* sallowness, fadedness
vaalt *v* [-en] dunghill, dungheap
vaandel *o* [-s] flag, standard, ensign, colours ★ *met vliegende ~s* with colours flying ★ *onder het ~ van...* under the banner of... ★ *iets hoog in het ~ voeren* feel very strongly about sth
vaandeldrager *m* [-s] standard-bearer
vaandrig *m* [-s] ❶ hist standard-bearer ❷ mil reserve officer cadet
vaantje *o* [-s] ❶ *vlaggetje* pennant ❷ *windwijzer* weather vane
vaarbewijs *o* [-wijzen] navigation licence/Am license
vaarboom *m* [-bomen] punting pole
vaardiepte *v* [-n] navigable depth
vaardig I *bn handig* skilled, skilful/Am skillful, adroit, clever, proficient ★ *~ in... zijn* be clever at... ★ *~ in het Engels* fluent / proficient in English ★ *hij is ~ met de pen* he has a ready pen II *bijw* skil(l)fully &
vaardigheid *v* [-heden] *handigheid* skill, cleverness, proficiency ★ *een ~ in vreemde talen* a proficiency in foreign languages, language skills
vaardigheidstest *m* [-s] proficiency / achievement test
vaargeul *v* [-en] channel, fairway, lane
vaarroute *v* [-s & -n] navigation course
vaars *v* [vaarzen] heifer
vaart *v* ❶ *snelheid* speed ★ *gelukkig had de auto niet veel ~* fortunately, the car wasn't travelling fast ★ *~ krijgen* gain speed / headway ★ *het zal zo'n ~ niet lopen* things won't take that turn, it won't come to that ★ *~ (ver)minderen* slow down ★ *~ achter iets zetten* speed up ★ *in volle ~* (at) full speed ★ *in dolle ~* at breakneck speed, in mad career ★ *met een ~ van...* at the rate of... ★ *een ~ hebben van... knopen* run at... knots ❷ *voortgang* career, tempo, momentum ★ *het boek heeft ~* the book is briskly written ❸ *de scheepvaart* navigation ★ *de grote ~* ocean-going trade ★ *de kleine ~* home trade ★ *wilde ~* tramp shipping ★ ⟨schepen⟩ *in de ~ brengen* put into service ★ *uit de ~ nemen* withdraw from service ❹ *kanaal* [-en] canal ❺ *reis te water* [-en] voyage ★ *iem. een behouden ~ wensen* wish sbd a safe journey
vaartijd *m* [-en] sailing time
vaartje *o* [-s] ★ *een aardje naar zijn ~* a chip off the old

va

block

vaartuig *o* [-en] vessel, craft

vaarverbod *o* ban on navigation ★ *er geldt een ~ gedurende...* navigation is prohibited during...

vaarwater *o* [-s & -en] fairway, channel, waters ★ *iem. in het ~ zitten* thwart sbd ★ *ze zitten elkaar altijd in het ~* they're always at cross-purposes ★ *je moet maar uit zijn ~ blijven* you'd better give him a wide berth

vaarwel I *tsw* farewell!, adieu!, goodbye! **II** *o* farewell ★ *hun een laatst ~ toewuiven* wave them a last farewell / goodbye

vaarwelzeggen *overg* [zegde, zei vaarwel, h. vaarwelgezegd] say goodbye, bid farewell (to), take leave (of), leave ★ *de studie ~ zeggen* give up studying ★ *de wereld ~ zeggen* retire from the world

vaas *v* [vazen] vase

vaat *v* washing-up, dishes ★ *de ~ wassen* wash up, do the dishes

vaatbundel *m* [-s] vascular bundle

vaatdoek *m* [-en] dishcloth

vaatje *o* [-s] small barrel, cask, keg ★ *uit een ander ~ tappen* change one's tune

vaatkramp *v* [-en] angiospasm, vasospasm

vaatkwast *m* [-en] washing-up brush

vaatstelsel *o* [-s] vascular system

vaatvernauwing *v* narrowing of the arteries, <u>med</u> vasoconstriction

vaatverwijdend *bn* vasodilating

vaatwasmachine *v* [-s], **vaatwasser** *m* [-s] (automatic) dishwasher

vaatwerk *o* ❶ *serviesgoed* crockery, kitchenware ❷ *tonnen* casks

vaatziekte *v* [-n & -s] vascular disease

va-banque *o* ★ *~ spelen* go for broke, play all or nothing

vacant *bn* vacant

vacatiegeld *o* [-en] fee, attendance money

vacature *v* [-s] vacancy

vacaturebank *v* [-en] job vacancy department, employment agency

vacaturestop *m* [-s] halt on vacancies

vaccin *o* [-s] vaccine

vaccinatie *v* [-s] vaccination

vaccinatiebewijs *o* [-wijzen] vaccination certificate

vaccineren *overg* [vaccineerde, h. gevaccineerd] vaccinate

vacht *v* [-en] fleece, pelt, fur

vacuüm *o* [-cua] vacuum

vacuümbuis *v* [-buizen] vacuum tube

vacuümpomp *v* [-en] vacuum pump

vacuümverpakking *v* [-en] vacuum packaging

vacuümverpakt *bn* vacuum-packed

vadem *m* [-en & -s], **vaam** [vamen] fathom ★ *10 ~ diep* 10 fathoms deep ★ *een ~ hout* a cord of wood

vademecum *o* [-s] handbook, manual

vader *m* [-s & -en] father ★ *de Heilige Vader* the Holy Father ★ *Onze Hemelse Vader* Our Heavenly Father ★ *onze ~en* our fathers ★ *de ~ van het communisme*

the father of communism ★ *van ~ op zoon* from father to son ★ *zo ~, zo zoon* like father like son

Vaderdag *m* Father's Day

vaderfiguur *v & o* [-guren] father figure

vaderhart *o* father's heart

vaderhuis *o* paternal home

vaderland *o* [-en] (native) country, home country, plechtig fatherland, home(land) ★ *het ~ verlaten* leave one's native country ★ *naar het ~ terugkeren* return to one's native country ★ *voor het ~ weg* randomly

vaderlander *m* [-s] patriot

vaderlands *bn* ❶ *het land eigen* national, native ‹soil› ★ Belg *het ~ lied* the national anthem ❷ *vaderlandslievend* patriotic ★ *een ~e daad* an act of patriotism

vaderlandsliefde *v* love of (one's) country, patriotism

vaderlandslievend *bn* patriotic

vaderliefde *v* fatherly / paternal love

vaderlijk I *bn* fatherly, paternal **II** *bijw* in a fatherly way, paternally

vaderloos *bn* fatherless

vadermoord *m & v* [-en] patricide

vadermoordenaar *m* [-s] patricide

vaderschap *o* paternity, fatherhood

vaderschapstest *m* [-s] paternity test

vaderschapsverlof *o* paternity leave

vaderskant *m*, **vaderszijde** *v* paternal / father's side ★ *van ~* on one's father's side ★ *zijn grootmoeder van ~* one's paternal grandmother

vadsig I *bn* lazy, indolent, slothful **II** *bijw* lazily & ❷ *tonnen* casks

VAE *zn* [mv] (Verenigde Arabische Emiraten) UAE, United Arab Emirates

vagant *m* [-en] <u>hist</u> wandering scholar

vagebond *m* [-en] vagabond, tramp

vagelijk *bijw* vaguely

vagevuur *o* purgatory ★ *in het ~* in purgatory

vagina *v* ['s] vagina

vaginaal *bn* vaginal

vak *o* [-ken] ❶ *v. kast &* compartment, partition, pigeonhole ❷ *begrensd vlak* section, square, space, ‹glas› pane, ‹parkeervak› bay, ‹formulier› box, ‹v. deur› panel ❸ *v. spoorweg &* section, stretch ❹ *beroep* trade, profession ★ *zijn ~ verstaan* understand / know one's job ★ *dat is mijn ~ niet* that's not my line of business / not in my line ★ *ik ben in een ander ~* I'm in another line of business ★ *een man van het ~* a professional ★ *hij praat altijd over zijn ~* he's always talking shop ❺ *v. wetenschap* subject, field ❻ *v. studie* subject, course

vakantie *v* [-s] holiday(s), vacation ★ *de grote ~* the summer holidays / vacation ★ *een dag ~* a day off ★ *een maand ~* a month's holiday ★ *~ nemen* take a holiday ★ *in de ~* during the holidays ★ *met / op ~ gaan* go (away) on holiday(s) ★ *met / op ~ zijn* be (away) on holiday ★ *met ~ naar huis gaan* go home for the holidays ★ *waar ga je met de ~ naar toe?* where are you going for your holiday(s)? ★ *ik ga*

op ~ naar Frankrijk I'm going to France for my holiday(s)
vakantieadres *o* [-sen] holiday address
vakantiebestemming *v* [-en] holiday destination
vakantieboerderij *v* [-en] holiday farm
vakantiecursus *m* [-sen] holiday course, summer school
vakantiedag *m* [-dagen] day off
vakantiedrukte *v* holiday rush
vakantieganger *m* [-s] holidaymaker
vakantiegeld *o* [-en] holiday pay
vakantiehuisje *o* [-s] holiday cottage
vakantieland *o* [-en] holiday spot
vakantieoord *o* [-en] holiday resort
vakantieperiode *v* [-s & -n] holiday period
vakantieplan *o* [-nen] holiday plan
vakantiespreiding *v* staggering of holidays, staggered holidays
vakantietijd *m* holidays, holiday season
vakantietoeslag *m* [-slagen] holiday bonus
vakantiewerk *o* holiday job
vakbekwaam *bn* skilled
vakbekwaamheid *v* professional skills
vakbeurs *v* [-beurzen] trade fair
vakbeweging *v* [-en] ❶ Br trade unionism, trade union movement, Am labor union movement ❷ *vakorganisaties* trade / labor unions
vakblad *o* [-bladen], **vaktijdschrift** [-en] ‹wetenschappelijk› professional journal, ‹beroeps› trade journal, ‹technisch› technical journal
vakbond *m* [-en] Br trade union, Am (labor) union
vakbondsleider *m* [-s] Br (trade) union leader, Am labor (union) leader / union leader
vakbondslid *o* [-leden] (trade) union member
vakbroeder *m* [-s] colleague
vakcentrale *v* [-s] Br federation of trade unions, trade union federation, Am labor union federation
vakdiploma *o* ['s] professional diploma
vakdocent *m* [-en] specialist teacher
vakgebied *o* [-bieden] field (of study)
vakgenoot *m* [-noten] colleague
vakgroep *v* [-en] ❶ *v. faculteit* department, section ❷ *v. vakvereniging* union branch
vakidioot *m* [-idioten] narrow-minded specialist, ‹history, mathematics &› freak
vakjargon *o* lingo, technical jargon
vakjury *v* ['s] specialist jury
vakkennis *v* professional / specialized / expert knowledge
vakkenpakket *o* [-ten] examination / chosen subjects
vakkenvullen *o* stocking supermarket shelves
vakkenvuller *m* [-s] supermarket shelf filler, supermarket stockboy / stockgirl
vakkring *m* [-en] professional / expert circle ★ *in ~en* among experts
vakkundig **I** *bn* expert, skilled, competent **II** *bijw* expertly, skillfully, competently
vakkundigheid *v* (professional) skill

vakliteratuur *v* specialist / professional literature, ‹v. beroep› trade literature
vakman *m* [-nen, -lui, -lieden] ❶ professional, expert, specialist ❷ *handarbeider* craftsman
vakmanschap *o* craftsmanship, skill ★ *deze stoel is gemaakt met ~* this chair was made with real craftsmanship
vakminister *m* [-s] Project Secretary
vakonderwijs *o* vocational education
vakopleiding *v* [-en] professional training
vakorganisatie *v* [-s] trade union, professional organization
vakpers *v* ❶ *journalisten* trade press ❷ *publicaties* specialist publications
vakschool *v* [-scholen] technical / vocational school
vaktaal *v* technical / professional language, afkeurend jargon ★ *in ~* in technical terms
vakterm *m* [-en] technical term
vaktijdschrift *o* [-en] → **vakblad**
vakverbond *o* [-en] federation of trade unions/Am labor unions
vakvereniging *v* [-en] trade union, Am labor union
vakvrouw *v* [-en] ❶ professional, expert, specialist ❷ *handarbeider* craftswoman
vakwerk *o* ❶ *werk v. vakman* expert / skilled work, professional job ❷ *bouwwijze* half-timber ❸ *bij skeletbouw* skeleton structure
val I *m* ❶ fall ★ *een vrije ~* a free fall ★ *een ~ maken* have a fall ❷ *fig* downfall, overthrow ★ *de regering ten ~ brengen* bring down / overthrow the government ★ *iem. ten ~ brengen* bring sbd down, ruin sbd **II** *v* [-len] ❶ *om te vangen* trap ★ *een ~ zetten* set a trap ★ *in de ~ lopen* walk / fall into the trap ❷ *strook* valance **III** *o* [-len] scheepv halyard
valabel *bn* ❶ valid ❷ *verdienstelijk* ZN skilled, experienced, useful
valbijl *v* [-en] guillotine
valdeur *v* [-en] ❶ trapdoor, trap ❷ *v. sluis* lock gate
valentie *v* [-s] valence
Valentijnsdag *m* Valentine's Day
valentijnskaart *v* [-en] valentine card
valeriaan I *v plant* valerian **II** *v & o stof* valerian
valhek *o* [-ken] portcullis
valhelm *m* [-en] crash helmet
valide *bn* ❶ *gezond* able-bodied ❷ *geldig* valid
valideren *overg* [valideerde, h. gevalideerd] validate, make valid
validiteit *v* validity
valies *o* [-liezen] suitcase ★ ZN *zijn ~ pakken* pack one's cases, make / run off ★ ZN *iem. in de ~ zetten / doen* deceive a person
valium *o* valium
valk *m & v* [-en] *vogel* falcon
valkenier *m* [-s] falconer
valkenjacht *v* [-en] falconry
valkruid *o* arnica montana
valkuil *m* [-en] ❶ trap ❷ fig pitfall
vallei *v* [-en] valley, dicht vale, ‹kleiner› dale, ‹klein,

met bomen begroeid⟩ dell

vallen I *o* ★ *bij het ~ van de avond* at nightfall
II *onoverg* [viel, is gevallen] ❶ *naar beneden vallen*
fall, drop, go down ★ *het gordijn valt* the curtain
drops ★ *er valt regen* it's raining ★ *iets laten ~* drop
sth ★ *aan stukken ~* fall to pieces ★ *zich in een stoel
laten ~* drop into a chair ★ *van zijn paard ~* fall from
one's horse ❷ *omvallen, struikelen* fall over ★ *iem.
doen ~* trip up sbd, fig bring about sbd's fall ★ *hij
valt over elke kleinigheid* he makes a fuss about every
trifle ★ *ik ken hem niet, al viel ik over hem* I don't
know him from Adam ❸ *te liggen komen op/bij* fall
★ *de klemtoon valt op de eerste lettergreep* the stress
falls on the first syllable ★ *de keuze is op u ge~* the
choice has fallen on you ★ *het huis viel aan mijn
broer* the house fell to my brother ❹ *plaatsvinden op*
fall ★ *het valt op een maandag* it falls on a Monday
❺ *neerhangen* fall, hang ★ *de jurk valt goed* the dress
sits / hangs well ❻ *zijn, komen* fall, be ★ *de avond
valt* night is falling ★ *het valt zoals het valt* come
what may ★ *er zullen klappen / slagen ~* there'll be
blows ★ *er vielen woorden* there were words ★ *daar
valt niet mee te spotten* it isn't to be trifled with
★ *wat valt daarvan te zeggen?* what can be said
about it? ★ *al naar het valt* as the case may be,
depending on what happens ❼ *ressorteren* fall, come
★ *dat valt hier niet onder* it doesn't fall / come under
this heading ❽ *sneuvelen* fall in battle ★ *velen zijn in
die slag ge~* many fell in this battle ❾ *invloed/macht
verliezen* fall, fail ★ *de minister is ge~* the minister has
been brought down ❿ *ervaren worden als* fall, seem
★ *het zal hem hard ~* he'll find it hard ★ *de tijd valt
mij lang* time hangs heav(il)y on my hands ★ *dat valt
me moeilijk / zwaar* it's difficult for me, I find it
difficult ⓫ *laten varen, afdoen* drop ★ *wij kunnen
niets van onze eisen laten ~* we can't drop any of our
claims ★ *wij kunnen niets van de prijs laten ~* we can't
knock anything off the price ⓬ *zich aangetrokken
voelen tot* fall for, fancy ★ *hij valt op brunettes* he
goes / falls for brunettes, he fancies brunettes
vallend *bn* ★ *een ~e ster* a falling star ★ *de ~e ziekte*
epilepsy ★ *een lijder aan ~e ziekte* an epileptic
valling *v* [-en] ❶ *helling* slope ❷ *verkoudheid* ZN cold
valluik *o* [-en] trapdoor
valorisatie *v* [-s] valorization
valoriseren *overg* [valoriseerde, h. gevaloriseerd]
valorize
valpartij *v* [-en] spill
valreep *m* [-repen] scheepv gangway ★ *op de ~* at the
last moment ★ *een glaasje op de ~* one for the road
vals I *bn* ❶ *niet echt* false, forged, fake, inf dud ★ *~
geld* counterfeit money ★ *een ~e handtekening* a
forged signature ★ *een ~e Rembrandt* a forged / fake
Rembrandt ★ *~e juwelen* imitation jewels ★ fig *een ~
spoor* a red herring ★ fig *een ~e start* a breakaway
❷ *niet oprecht* false, treacherous ★ *~ spel* foul play
❸ *boosaardig* vicious ★ *een ~e hond* a vicious dog
II *bijw* falsely & ★ *iem. ~ beschuldigen* accuse sbd

unjustly / falsely ★ *iem. ~ aankijken* look meanly at
sbd ★ *~ klinken* have a false ring ★ *~ spelen* muz play
out of tune, kaartsp cheat ★ *~ zingen* sing out of
tune ★ *~ zweren* perjure oneself
valscherm *o* [-en] parachute
valselijk *bijw* falsely, wrongly
valsemunter *m* [-s] coiner, counterfeiter
valsemunterij *v* counterfeiting, forgery
valsheid *v* [-heden] ❶ *oneerlijkheid* falseness, falsity,
treachery ★ *~ in geschrifte* forgery, falsification
❷ *gemeenheid* meanness, maliciousness
valsspeler *m* [-s] cardsharp
valstrik *m* [-ken] ❶ snare, trap ❷ fig trick, trap
valuta *v* ['s] ❶ *koers* rate of exchange ❷ *munt*
currency ★ *buitenlandse ~* foreign currency
★ *harde ~* hard currency ❸ *waarde* value
valutahandel *m* foreign exchange dealings / trading,
currency trading
valutakoers *m* [-en] exchange rate
valutamarkt *v* [-en] foreign exchange market
valutarisico *o* ['s] foreign exchange risk, currency
exposure
valwind *m* [-en] fall / down wind, föhn
vamp *v* [-s] femme fatale
vampier *m* [-s] ❶ vampire ❷ *vleermuis* vampire bat
van *voorz & bijw* ❶ *bezit aanduidend* of, ⟨als suffix⟩ 's
★ *het boek ~ mijn vader* my father's book ★ *dat boek
is ~ mij* that book is mine, that's my book ❷ *relatie
aanduidend* of ★ *een vriend ~ mij* a friend of mine
★ *zij was een nicht ~ de koningin* she was a cousin to
the queen ★ *dat heeft hij niet ~ mij* he didn't get it
from me ❸ *gemaakt door* by ★ *een schilderij ~
Rembrandt* a painting by Rembrandt ❹ *gedaan door*
of ★ *het was dom ~ hem* it was stupid of him ❺ *wat
betreft* of, in ★ *een geval ~ fraude* a case of fraud ★ *de
stijging ~ prijzen en lonen* the rise in prices and
wages ❻ *oorzakelijk* from, with, for ★ *~ kou
omkomen* perish with cold ★ *tranen ~ vreugde* tears
of joy ★ *~ vreugde schreien* weep with / for joy
❼ *aanduidend* of ★ *die schurk ~ een kruidenier* that
scoundrel of a grocer ★ telec *de E ~ Eduard* E for
Edward, E as in Edward ★ *de sneltrein ~ 3 uur 16* the
3.16 express ❽ *scheiding aanduidend* from ★ *~ A tot B*
from A to B. ★ *~ de morgen tot de avond* from
morning till night ★ *het is een uur lopen ~
Schoonoord* it is an hour's walk from Schoonoord
❾ *afkomst* of ★ *~ adel* of noble birth, from the
nobility ❿ *voor stofnamen* of ★ *een kam ~ zilver* a
comb of silver, a silver comb ⓫ *van... af* off, from
★ *eten ~ een bord* eat off a plate ★ *hij viel ~ de ladder
/ trap* he fell off the ladder / down the stairs
★ *negen ~ de tien* nine out of (every) ten, rekenk nine
from ten ⟨leaves one⟩ ▾ *~ de week* this week ▾ *hij
zegt ~ ja* he says yes ▾ *ik vind ~ wel* I think so
vanaf *voorz* from ★ *~ heden* as from today ★ *~ 10 euro*
from 10 euros ★ *~ Amsterdam* from Amsterdam
vanavond *bijw* this evening, tonight
vanbinnen *bijw* ❶ *aan de binnenkant* inside, on the

inside ❷ *vanuit de binnenkant* from the inside

vanbuiten *bijw* on / from the outside

vandaag *bijw* today ★ ⟨tegenwoordig⟩ ~ *de dag* these days ★ fig ~ *of morgen* sooner or later ★ *liever* ~ *dan morgen* as soon as possible

vandaal *m* [-dalen] vandal, ⟨voetbal⟩ hooligan

vandaan *bijw* ★ *ergens* ~ *gaan* go away, leave ★ *ik kom daar* ~ I'm from that place ★ *waar kom jij* ~? where do you come from? ★ fig *waar haal je het* ~? where on earth do you get that idea from?

vandaar *bijw* ❶ *daarvandaan* from there ❷ *daarom* therefore, that's why

vandalisme *o* vandalism, ⟨bij voetbal⟩ hooliganism

vandoen *bijw* ★ *ergens mee* ~ *hebben* have to do with sth

vaneen *bijw* apart, separated, plechtig asunder

vang *v* [-en] flank

vangarm *m* [-en] tentacle

vangbal *m* [-len] sp catch

vangen *overg* [ving, h. gevangen] ❶ *te pakken krijgen* catch, capture, trap ★ *zich niet laten* ~ not walk into the trap ★ inf *hoeveel heb je ervoor ge*~? how much did you get for it? ❷ *opvangen* catch

vanghek *o* [-ken] crush barrier

vanglijn *v* [-en] ❶ scheepv mooring line ❷ *aan een persoon* lifeline

vangnet *o* [-ten] safety net

vangrail *v* [-s] guard rail, crash barrier

vangst *v* [-en] ❶ *opbrengst* catch, haul, takings ★ *een goede* ~ a good haul / catch, good takings ❷ *het vangen* capture

vangstbeperking *v* [-en] quota

vangstverbod *o* [-boden] ban on fishing

vangverbod *o* [-boden] hunting / fishing ban

vangzeil *o* [-en] jumping sheet

vanhier *bijw* from here

vanille *v* vanilla

vanille-extract *o*, **vanille-essence** *v* vanilla extract / essence

vanille-ijs *o* vanilla ice cream

vanillestokje *o* [-s] stick of vanilla

vanillesuiker *m* vanilla sugar

vanillevla *v* ± vanilla custard

vanmiddag *bijw* this afternoon

vanmorgen *bijw* this morning

vannacht *bijw* ❶ *komende* tonight ❷ *afgelopen* last night

vanochtend *bijw* this morning

vanouds *bijw* of old ★ *als* ~ as of old

Vanuatu *o* Vanuatu

vanuit *bijw* from

vanwaar *bijw* ❶ *plaats* from what place, from where, plechtig whence ❷ *om welke reden* why

vanwege *voorz* ❶ *reden* on account of, because of, due to ❷ *namens* on behalf of, in the name of

vanzelf *bijw* by / of itself, of its own accord, automatically ★ ~! naturally!, of course! ★ *dat doe ik* ~ I'll do that as a matter of course ★ *het gebeurde* ~

it just happened ★ *alles loopt als* ~ everything's going smoothly ★ *dat spreekt* ~ that goes without saying

vanzelfsprekend I *bn* self-evident, obvious ★ *het is* ~ it goes without saying ★ *als* ~ *aannemen* take for granted **II** *bijw* naturally, as a matter of course, obviously

vanzelfsprekendheid *v* [-heden] ★ *dat is een* ~ that goes without saying

varaan *m* [-ranen] monitor lizard

varen I *v* [-s] *plant* fern, bracken **II** *overg* [voer, h. gevaren] carry / transport by ship / boat **III** *onoverg* [voer, h. en is gevaren] ❶ *met boot* sail, navigate ★ *om hoe laat vaart de boot?* what time does the boat leave / sail? ★ *gaan* ~ go to sea ★ *zullen we wat gaan* ~? shall we go for a sail? ★ *wij voeren om de Kaap* we went via the Cape, we sailed round the Cape ★ *zij* ~ *op New York* they trade to New York ❷ *gaan* be ★ *hoe vaart u?* how are you?, how do you do? ★ *wel bij iets* ~ do well by sth ★ *u zult er niet slecht bij* ~ you'll be none the worse for it ▼ *zij hebben dat plan laten* ~ they've abandoned / given up / dropped the plan ▼ *de duivel is in hem gevaren* the devil has taken possession of him ★ *ten hemel* ~ ascend to Heaven ▼ *ter helle* ~ go to hell

varensgezel *m* [-len] sailor, seaman

varia *zn* [mv] miscellanea

variabel I *bn* variable ★ ~*e werktijden* flexible hours, flexitime **II** *bijw* variably ★ ~ *werken* work flexible hours

variabele *v* [-n] variable

variant *v* [-en] variant

variatie *v* [-s] ❶ *afwisseling* variation ★ ~*s op* variations on ★ *voor de* ~ for a change ❷ *verschillen* variety, assortment ★ *een* ~ *aan vormen* a variety of forms

variëren *overg & onoverg* [varieerde, h. gevarieerd] vary ★ ~*d tussen de 10 en 20 euro* ranging from 10 to 20 euros, between 10 and 20 euros ★ ~*d van... tot...* varying / ranging from... to...

variété *v* [-s] variety theatre/Am theater, music hall

variëteit *v* [-en] variety

varken *o* [-s] *ook scheldwoord* pig, hog, swine ★ *lui* ~! lazy pig! ★ *een wild* ~ a wild boar ★ *vele* ~*s maken de spoeling dun* ± the more to share the less there is, the fewer the better ★ *het* ~ *is op één oor na gevild* everything is almost done

varkensblaas *v* [-blazen] hog's bladder

varkensfokker *m* [-s] pig breeder / farmer

varkensfokkerij *v* ❶ *bedrijfstak* pig breeding ❷ *bep. bedrijf* [-en] pig farm

varkenshaas *m* [-hazen] pork tenderloin

varkenshok *o* [-ken] pigsty, piggery

varkenskarbonade *v* [-s & -n] pork chop

varkenskop *m* [-pen] pig's head

varkenskot *o* [-ten] pigsty, piggery

varkensleer *o* pigskin

varkensmesterij *v* ❶ *bedrijfstak* pig raising ❷ *bep. bedrijf* [-en] pig farm

varkenspest v swine fever
varkensslager m [-s] pork butcher
varkenssnuit m [-en] pig's snout
varkensstal m [-len] pigsty, piggery
varkensvet o pork lard
varkensvlees o pork
varkensvoer o ❶ pig feed, pigswill ❷ fig slops
varkentje o [-s] piglet, pigling, inf piggy ★ we zullen dat ~ wel wassen! we'll deal with it!
vasectomie v vasectomy
vaseline® v vaseline
vasomotorisch bn vasomotor
vast I bn ❶ niet verplaatsbaar fast, firm, fixed ★ ~e activa fixed assets ★ een ~e brug a fixed bridge ★ ~e goederen fixed property, immovables ★ ~ kapitaal fixed capital ★ een ~e ster a fixed star ★ ~e vloerbedekking a fitted floor covering / carpet ★ de ~e wal the shore ★ een ~e wastafel a fixed washbasin ❷ standvastig firm, steady ★ een ~e hand a firm / steady hand ★ een ~e overtuiging a firm conviction ★ een ~e slaap a sound sleep ★ een ~ voornemen a firm / fixed / set intention ❸ duurzaam, permanent permanent, standing, fast ★ een ~e aanbieding a standing offer ★ een ~e aanstelling a permanent appointment ★ een ~e arbeider a permanent employee ★ zijn ~e benoeming his permanent appointment ★ een ~e betrekking a permanent situation / job ★ een ~e commissie a standing (parliamentary) committee ★ ~e kleuren fast colours ★ ~e lasten ⟨v. bedrijf⟩ overhead expenses, overheads, ⟨v. huishouden⟩ fixed charges, recurring expenses ★ ~e planten perennials ★ een ~e positie a stable position ★ een ~e uitdrukking a stock phrase ★ ~ weer settled weather ★ ~ werk regular work / employment ❹ vastgelegd, geregeld fixed, regular, certain, definite ★ handel oliewaarden ~ oil shares were firm ★ ~e aardigheden stock jokes ★ ~e avondjes set evenings ★ een ~e bezoeker a regular visitor, patron ★ een ~e halte a compulsory stop ★ een ~e hypotheek a fixed-interest mortgage ★ een ~ inkomen a fixed income ★ ~e inwoners resident inhabitants ★ ~e klanten regular customers ★ een ~ nummer a fixture ★ een ~e offerte a firm offer ★ ~e prijzen fixed prices, no discount given! ★ ~e rente a flat-rate interest ★ een ~ salaris a fixed salary ★ onze ~e schotel op zondag our regular Sunday dish ★ een ~e som die vooruitbetaald wordt voor te verwachten diensten a retainer, a retaining fee ★ met ~e tussenpozen at regular intervals ★ een ~e wisselkoers a fixed exchange rate ★ zonder ~e woon- of verblijfplaats (of) no fixed abode ❺ stevig, massief, solide solid ★ ~e brandstoffen solid fuel ★ ~e kost solid food ★ ~e lichamen solid bodies, solids ★ een ~e massa a solid mass ★ ~e spijzen solid food ★ ~ worden ⟨v. vloeistoffen⟩ congeal, ⟨v. kaas &⟩ solidify, ⟨v. pudding &⟩ set ★ handel ~er worden firm up, ⟨v. prijzen⟩ stiffen **II** bijw ❶ ferm fast, firmly ★ ~ slapen be sound asleep, sleep soundly ★ ~ geloven

believe firmly ❷ alvast as well, in the meantime ★ wij zullen maar ~ beginnen we'll begin meanwhile ★ ga maar ~ you go ahead ❸ zeker certainly, surely, for certain ★ ~ en zeker quite certain ★ ~ niet ⟨zeker niet⟩ certainly not, ⟨waarschijnlijk niet⟩ probably not, I don't think so
vastberaden I bn resolute, firm, determined **II** bijw resolutely, firmly, with determination
vastberadenheid v resoluteness, firmness, determination
vastbesloten I bn determined, resolute, firm **II** bijw with determination, resolutely, firmly
vastbeslotenheid v determination, resolution
vastbijten wederk [beet vast, h. vastgebeten] ★ zich ~ in iets sink one's teeth into sth
vastbinden overg [bond vast, h. vastgebonden] bind / tie up, fasten, ⟨v. dieren⟩ tether
vastdraaien overg [draaide vast, h. vastgedraaid] tighten, screw down
vaseland o [-en] continent, mainland
vasten I m fast ⟨christelijk⟩ in de ~ in Lent ★ de ~ breken break the fast **II** o fasting, fast **III** onoverg [vastte, h. gevast] fast
Vastenavond m [-en] Shrove Tuesday, Pancake Day
vastendag m [-dagen] fasting day
vastenmaand v [-en] month of fasting, ⟨in de islam⟩ Ramadan, ⟨christelijk⟩ Lent
vastentijd m ❶ time of fasting ❷ rel Lent
vastgeroest bn ❶ stuck tight ❷ fig stuck in a groove ★ ~ in zijn ideeën set in his ideas
vastgoed o real estate, jur immovables
vastgrijpen overg [greep vast, h. vastgegrepen] seize, catch hold of, grip
vastgroeien onoverg [groeide vast, is vastgegroeid] grow together
vasthaken overg [haakte vast, h. vastgehaakt] hitch / hook (together)
vasthechten overg [hechtte vast, h. vastgehecht] attach, fasten, fix, affix ★ zich ~ aan iets attach itself / themselves to sth, fig become / get attached to sth
vastheid v ❶ firmness, solidity ❷ onveranderlijkheid permanence
vasthouden overg [hield vast, h. vastgehouden] ❶ beethouden hold fast, hold ★ zich ~ hold fast, hold on ★ ~ aan een besluit stick to a decision ★ zich ~ aan de leuning hold on to the banisters ★ houd je vast voor een snel ritje! brace (yourself) for a fast ride! ❷ in bewaring houden detain ❸ achterhouden retain, hold on to
vasthoudend I bn volhardend tenacious, persevering, persistent **II** bijw tenaciously &
vasthoudendheid v volhardendheid tenacity, perseverance, persistence
vastigheid v zekerheid certainty, security
vastketenen overg [ketende vast, h. vastgeketend] chain up
vastklampen wederk [klampte vast, h. vastgeklampt] ★ zich ~ aan cling to ★ zich ~ aan een strohalm clutch

at straws

vastklemmen I *overg* [klemde vast, h. vastgeklemd] clench, lock **II** *wederk* [klemde vast, h. vastgeklemd] ★ *zich ~ aan* hang on to, cling to

vastkleven I *overg* [kleefde vast, h. vastgekleefd] stick, glue **II** *onoverg* [kleefde vast, is vastgekleefd] ★ *~ aan* stick to

vastklinken *overg* [klonk vast, h. vastgeklonken] rivet

vastknopen *overg* [knoopte vast, h. vastgeknoopt] ❶ *met knopen* button (up) ❷ *met touw* tie (up), fasten

vastleggen *overg* [legde vast, h. vastgelegd] ❶ *vastmaken* fasten, tie / chain up ❷ scheepv moor ❸ fig tie / lock up ★ *kapitaal ~* tie / lock up capital ❹ *registreren* record, set down ★ *het geleerde ~* memorize what one has learned ★ *het resultaat van het onderzoek ~ in...* record the results of the investigation in... ❺ *bepalen* lay down ★ *in de wet ~* lay down by law

vastliggen *onoverg* [lag vast, h. vastgelegen] ❶ *v. hond* be chained up ❷ *gemeerd* be moored ❸ *van kapitaal* be tied / locked up ❹ *niet veranderbaar zijn* be laid down

vastlijmen *overg* [lijmde vast, h. vastgelijmd] glue

vastlopen *onoverg* [liep vast, is vastgelopen] ❶ techn jam, lock ★ *de computer liep vast* the computer jammed ❷ scheepv run aground ❸ fig come to a deadlock, get stuck ★ *de onderhandelingen zijn vastgelopen* negotiations have broken down

vastmaken *overg* [maakte vast, h. vastgemaakt] ❶ fasten, make fast, tie, bind, secure ★ *die blouse kun je van achteren ~* the blouse fastens at the back ❷ scheepv furl

vastnagelen *overg* [nagelde vast, h. vastgenageld] nail / pin down ★ *als vastgenageld blijven staan* stand riveted

vastomlijnd *bn* clearly defined ★ *een ~ idee* a concrete idea

vastpakken *overg* [pakte vast, h. vastgepakt] seize, take / grab hold of, grip ★ *iets goed ~* take a firm grip on sth, get a good hold of sth

vastpinnen *overg* [pinde vast, h. vastgepind] pin down, fasten with pins ★ *iem. op iets ~* pin sbd down to sth

vastplakken I *overg* [plakte vast, h. vastgeplakt] *kleven* stick, paste together ★ *iets ~ aan...* paste / glue / stick sth on to... ★ *vastgeplakt zitten op iets* be stuck to sth **II** *onoverg* [plakte vast, is vastgeplakt] stick

vastpraten I *overg* [praatte vast, h. vastgepraat] corner **II** *wederk* [praatte vast, h. vastgepraat] ★ *zich ~* be caught in one's own words, talk oneself into a corner

vastprikken *overg* [prikte vast, h. vastgeprikt] pin (up)

vastraken *onoverg* [raakte vast, is vastgeraakt] ❶ get stuck ❷ scheepv run aground

vastrecht *o* fixed charge, flat rate

vastrentend *bn* met een vaste rente fixed-interest ★ *~e waardepapieren* fixed-interest / fixed-income securities

vastroesten *onoverg* [roestte vast, is vastgeroest] rust ★ *vastgeroest in hun eigen gewoontes* set in their habits

vastschroeven *overg* [schroefde vast, h. vastgeschroefd] screw tight / on / down, tighten, ⟨twee voorwerpen⟩ screw together

vastsjorren *overg* [sjorde vast, h. vastgesjord] ❶ secure, lash down ❷ *v. touwen* lash (up)

vastspelden *overg* [speldde vast, h. vastgespeld] pin

vastspijkeren *overg* [spijkerde vast, h. vastgespijkerd] nail (down)

vaststaan *onoverg* [stond vast, h. vastgestaan] *zeker, stellig zijn* be certain / fixed ★ *het staat vast dat...* it is certain that..., there is no doubt that... ★ *zijn besluit stond vast* his mind was made up

vaststaand *bn v. feiten &* indisputable, certain

vaststellen *overg* [stelde vast, h. vastgesteld] ❶ *verordenen* lay down, enact ★ *een wet ~* enact a law ❷ *opstellen* draw up ★ *de agenda ~* draw up the agenda ❸ *bij besluit vastleggen* confirm, adopt ★ *de notulen ~* confirm the minutes ★ *de jaarrekening ~* adopt the annual accounts ❹ *taxeren* assess ★ *de schade ~* assess the damage ❺ *afspreken* arrange, settle, fix ★ *de vergadering is vastgesteld op 1 mei* the meeting is set for May 1st ★ *een vastgestelde datum voor een wedstrijd* a match fixture ❻ *bepalen* determine, calculate, fix ★ *een prijs ~* determine / calculate / fix a price ❼ *te weten komen* establish, ascertain, find ★ *de identiteit ~ van* establish the identity of ❽ med diagnose

vaststelling *v* [-en] ❶ *verordening* enactment ❷ *opstelling* drawing up ❸ *besluit* confirmation, adaptation ❹ *taxatie* assessment ❺ *afspraak* appointment, arrangement, settlement, fixing ❻ *bepaling* determination, fixing, calculation ❼ *beoordeling* establishment, ascertainment ❽ med diagnosis

vasttapijt *o* ZN fitted carpet

vastvriezen *onoverg* [vroor vast, is vastgevroren] be frozen (in / fast) ★ *~ aan* freeze on to

vastzetten I *overg* [zette vast, h. vastgezet] ❶ *vastmaken* fasten, fix, secure ❷ *geld* tie up ❸ *schaken, dammen* block, pin ❹ *gevangenzetten* put sbd in prison ❺ fig fix **II** *wederk* [zette vast, h. vastgezet] ★ *zich ~* become fixed / attached ★ *zich ~ in het geheugen* become fixed in one's memory

vastzitten *onoverg* [zat vast, h. vastgezeten] ❶ *v. dingen* stick, be stuck ★ *daar zit meer aan vast* there's more to it than that ❷ *v. personen* be stuck in, be tied down ★ *wij zitten hier vast* we're stuck / marooned here ★ *nu zit hij eraan vast* he can't back out of it now ❸ scheepv be aground ★ *~ in het ijs* be ice-bound ❹ *in de gevangenis* be in prison

vat I *o* [vaten] ❶ *ton* cask, barrel, tun, butt, vat ★ *bier van het ~* beer on draught, draught ale ★ *wijn van het ~* wine from the cask ★ *wat in het ~ zit verzuurt niet* it will keep ★ *holle ~en klinken het hardst* an empty vessel makes the loudest noise

❷ *inhoudsmaat* barrel ❸ biol vessel ▼ nat
communicerende ~en communicating vessels **II** *m*
greep hold, grip ★ *ik heb geen ~ op hem* I have no
hold on / over him ★ *... heeft geen ~ op hem* he is
proof against... ★ *niets had ~ op hem* it was all lost
on him ★ *~ op iem. / iets krijgen* get a hold over sbd
/ sth
vatbaar *bn* ★ *~ voor* ‹geschikt› capable of,
‹ontvankelijk› open to, accessible to, amenable to,
‹ziekte› susceptible / prone to ★ *~ voor indrukken*
impressionable ★ *voor geen rede ~* not listen to
reason ★ *voor verbetering ~* there is room for
improvement
Vaticaan *o* Vatican
Vaticaans *bn* Vatican
Vaticaanstad *v* Vatican City
vatten *overg* [vatte, h. gevat] ❶ *beetpakken* catch,
seize, grasp ★ *kou ~* catch a cold ❷ *inzetten in* set,
mount ★ *in goud ~* mount in gold ★ *in lood ~* set in
lead, frame with lead, lead ❸ *begrijpen* understand,
get, see ★ *vat je 'm?* (you) see?, get it?
vazal *m* [-len] vassal
vazalstaat *m* [-staten] vassal state
vbo *o* (voorbereidend beroepsonderwijs) preparatory
vocational education
v.Chr. *afk* (voor Christus) BC, before Christ

v.Chr.
500 v.Chr. wordt in het Engels geschreven als **500
BC** met **BC** achter het jaartal, in tegenstelling tot **AD**
waar de letters voor het jaartal komen te staan
(officieel horen **AD** en **BC** in kleinkapitaal te staan).

vechten *onoverg* [vocht, h. gevochten] fight, inf have
a scrap ★ *~ met de stadsjongens* get into a fight with
the local lads ★ *~ om iets* fight for sth ★ *~ tegen* fight
(against) ★ *ik heb er altijd voor gevochten* I've always
fought for it
vechter *m* [-s] fighter, combatant
vechtersbaas *m* [-bazen] fighter
vechtersmentaliteit *v* fighter mentality
vechtfilm *m* [-s] action film
vechthaan *m* [-hanen] game cock
vechtjas *m* [-sen] fighter
vechtlust *m* fighting spirit, pugnacity, combativeness
vechtlustig *bn* combative, truculent, pugnacious
vechtmachine *v* [-s] fighting machine
vechtpartij *v* [-en] fight, scuffle, inf scrap
vechtsport *v* [-en] combat sport
vector *m* [-toren] wisk & med vector
veder *v* [-s & -en] → **veer**
vederbos *m* [-sen] tuft, crest, plume
vedergewicht *o* sp featherweight
vederlicht *bn* light as a feather, feathery
vedette *v* [-s & -n] star, vedette
vee *o* ❶ *alleen rundvee* cattle ❷ *alle levende have*
livestock
veearts *m* [-en] veterinary surgeon, vet
veeartsenijkunde *v* veterinary science / medicine

veeartsenijschool *v* [-scholen] veterinary college
veeboer *m* [-en] cattle breeder, stockfarmer
veedief *m* [-dieven] cattle thief
veedrijver *m* [-s] (cattle) drover
veefokker *m* [-s] cattle / stock breeder
veefokkerij *v* ❶ *bedrijfstak* cattle breeding / raising
❷ *bep. bedrijf* [-en] stock / cattle farm
veeg **I** *bn* ★ *een ~ teken* an ominous sign ★ *het vege lijf*
redden get off with one's life **II** *m & v* [vegen] ❶ *het*
vegen wipe, lick ❷ *klap* swipe, ‹oorvijg› box, cuff
★ *iem. een ~ uit de pan geven* have a swipe at sbd
❸ *vlek* streak, smudge, smear ★ *een vette ~* a greasy
smear
veegwagen *m* [-s] road sweeper
veehandel *m* cattle trade
veehandelaar *m* [-s] cattle dealer
veehouder *m* [-s] stock farmer
veehouderij *v* ❶ *bedrijfstak* cattle farming ❷ *het*
bedrijf zelf [-en] cattle farm
veejay *m* [-s] veejay
veekoek *m* [-en] oil cake
veel **I** *telw* ‹voor ev.› much, a great deal of, ‹voor mv.›
many, a lot of ★ *heel ~ geld* lots of money ★ *~*
mensen many / a lot of people ★ *te ~* too much
/ many ★ *ben ik hier te ~?* am I not wanted here?
★ *niets is hem te ~* nothing is too much trouble for
him ★ *te ~ om op te noemen* too numerous to
mention ★ *~ te ~* far too much / many ★ *zo ~ je wilt*
as much / many as you like ★ *~ hebben van...* be a lot
like... **II** *bijw* ❶ *in grote mate* much ★ *~ te mooi* much
too fine ★ *hij heeft ~ in Europa en Afrika gereisd* he
has travelled widely in Europe and Africa ★ *een ~*
gelezen roman a widely read novel ❷ *vaak* often
★ *hij komt er ~* he often goes there
veelal *bijw* often, mostly
veelbelovend *bn* promising
veelbesproken *bn* much discussed
veelbetekenend **I** *bn* significant, meaning(ful) **II** *bijw*
significantly, meaningly ★ *iem. ~ aankijken* give sbd
a meaning(ful) look
veelbewogen *bn* turbulent, eventful, chequered
★ *een ~ leven* a chequered / eventful life
veeleer *bijw* rather, sooner
veeleisend *bn* exacting, demanding, particular
veelgelezen *bn* widely read
veelgeprezen *bn* much praised
veelgevraagd *bn* (much) sought after
veelgodendom *o* polytheism
veelheid *v* multiplicity, multitude
veelhoek *m* [-en] polygon
veelhoekig *bn* polygonal
veelkleurig *bn* multicoloured, variegated,
varicoloured
veelkoppig *bn* many-headed ★ *een ~ monster* a
many-headed monster ★ *een ~e bemanning* a crew of
many, a large crew
veelomvattend *bn* comprehensive, wide ranging
veelschrijver *m* [-s] voluminous / prolific writer,

va

geringsch hack writer

veelsoortig *bn* manifold, multifarious

veelstemmig *bn* <u>muz</u> polyphonic

veeltalig *bn* multilingual

veelterm *m* [-en] polynomial, multinomial

veelvermogend *bn* powerful, influential

veelvlak *o* [-ken] polyhedron

veelvormig *bn* multiform

veelvoud *o* [-en] multiple ★ *het kleinste gemene ~* the lowest common multiple

veelvoudig I *bn* ❶ *meervoudig* multiple ❷ *veelvuldig* multiple, repeated ❸ *gevarieerd* varied **II** *bijw* in abundance

veelvraat *m* [-vraten] ❶ *dier* wolverine ❷ *persoon* glutton, <u>inf</u> greedy-guts

veelvuldig I *bn* ❶ *talrijk* frequent ❷ *veelvoudig* multiple ❸ *gevarieerd* varied **II** *bijw* frequently, often

veelvuldigheid *v* frequency

veelwijverij *v* polygamy

veelzeggend *bn* significant

veelzijdig *bn* ❶ multilateral ❷ <u>fig</u> many-sided, versatile, all-round, wide ★ *een ~e geest* a versatile mind ★ *~e kennis* all-round / wide knowledge

veelzijdigheid *v* many-sidedness, versatility

veem *o* [vemen] ❶ *bedrijf* dock / warehouse company ❷ *gebouw* warehouse

veemarkt *v* [-en] cattle market

veen *o* [venen] ❶ *land* peat moor, peat bog ❷ *grondsoort* peat

veenbes *v* [-sen] cranberry

veenbrand *m* [-en] (peat) bog fire

veendorp *o* [-en] fenland village

veengrond *m* [-en] peat (moor)

veenkolonie *v* [-niën & -s] fen community, peat district

veenlaag *v* [-lagen] layer of peat

veenland *o* [-en] peat moor / bog

veenmol *m* [-len] mole cricket

veenmos *o* [-sen] peat moss

veepest *v* cattle plague, rinderpest

veer I *v* [veren], **veder** [-s & -en] ❶ *v. vogel* feather ★ *hij is nog niet uit de veren* he's still under the blankets ★ *elkaar in de veren zitten* be at loggerheads with each other ★ *met andermans veren pronken* strut in borrowed feathers ★ *iem. een ~ op de hoed zetten* put a feather in sbd.'s cap ★ *een ~ laten* have to settle for less than bargained for ❷ *spiraal* spring ❸ *aan plank* tongue ★ *een ~ en groef verbinding* a tongue and groove joint **II** *o* [veren] ❶ *overzetplaats* ferry ❷ *boot* ferry (boat)

veerboot *m & v* [-boten] ferry (boat)

veerdienst *m* [-en] ferry service

veerhuis *o* [-huizen] ferryman's house, ferry station

veerkracht *v* ❶ <u>nat</u> elasticity, spring ❷ <u>fig</u> resilience

veerkrachtig *bn* ❶ *met veerkracht* elastic, springy ❷ <u>fig</u> resilient

veerman *m* [-lieden & -lui] ferryman

veerpont *v* [-en] ferry boat

veertien *hoofdtelw* fourteen ★ *~ dagen* a fortnight

veertiende I *rangtelw* fourteenth **II** *o* [-n] fourteenth (part) ★ *een ~* one-fourteenth

veertig *hoofdtelw* forty ★ *de jaren ~* the forties ★ *hij is (ver) in de ~* he is (well) into his forties

veertiger *m* [-s] person in his / her forties ★ *hij is een goede ~* he's somewhere in the forties

veertigjarig *bn* ❶ *veertig jaar oud* of forty years, forty-year-old ❷ *veertig jaar durend* forty-year

veertigste I *rangtelw* fortieth **II** *o* [-n] fortieth (part)

veertigurig *bn* forty-hour ★ *een ~e werkweek* a forty-hour working week

veestal *m* [-len] cowshed

veestapel *m* [-s] livestock, stock

veeteelt *v* cattle / stock breeding

veevervoer *o* cattle / livestock transport

veevoeder, veevoer *o* cattle fodder, forage

veewagen *m* [-s] cattle truck

veeziekte *v* [-n & -s] cattle plague

veganisme *o* veganism

veganist *m* [-en] vegan

vegen I *overg* [veegde, h. geveegd] ❶ *met een bezem* sweep ★ *de stoep / schoorsteen ~* sweep the pavement / chimney ❷ *afvegen* wipe ★ *de voeten ~* wipe one's feet ★ ‹schaken &› *iem. van het bord ~* wipe sbd off the board ❸ *mijnen* sweep **II** *onoverg* strijken brush, sweep ★ *hij veegde met zijn mouw zijn ogen droog* he wiped his eyes with his sleeve

veger *m* [-s] ❶ *persoon* sweeper ❷ *borstel* brush

vegetariër *m* [-s] vegetarian

vegetarisch *bn* vegetarian

vegetarisme *o* vegetarianism

vegetatie *v* [-s] vegetation

vegetatief *bn* vegetative

vegeteren *onoverg* [vegeteerde, h. gevegeteerd] vegetate

vehikel *o* [-s] vehicle

veil *bn* venal, corruptible ★ *een ~e vrouw* a prostitute ★ *zijn leven ~ hebben* be ready to sacrifice one's life

veilen *overg* [veilde, h. geveild] (sell by) auction

veiler *m* [-s] auctioneer

veilig I *bn* safe, secure ★ *~!* all clear! ★ *een ~e plaats* a place of safety, a safe place ★ *de (spoor)lijn is ~* the line is clear ★ *iets ~ stellen* secure / safeguard sth ★ *~ voor* safe / secure from **II** *bijw* safely, securely

veiligheid *v* [-heden] safety, security ★ *de collectieve ~* collective security ★ *de openbare ~* public security / safety ★ *iets / iem. in ~ brengen* bring sth / sbd to a place of safety ★ *voor de ~* for safety('s sake)

veiligheidsbril *m* [-len] safety goggles

veiligheidsdienst *m* [-en] security service ★ *de binnenlandse ~* the (counter)intelligence service

veiligheidseis *m* [-en] security requirement / demand

veiligheidsglas *o* safety glass

veiligheidsgordel *m* [-s] seat / safety belt

veiligheidshalve *bijw* for safety's sake, for reasons of safety

veiligheidshelm *m* [-en] safety helmet

ve

veiligheidsklep *v* [-pen] safety valve
veiligheidsmaatregel *m* [-en & -s] precautionary
/ safety measure
veiligheidsmarge *v* [-s] margin of safety, safety
margin
veiligheidsoverwegingen *zn* [mv] ★ *uit* ~ for safety
/ security reasons
veiligheidspal *m* [-len] safety catch
Veiligheidsraad *m* Security Council
veiligheidsslot *o* [-sloten] safety lock
veiligheidsspeld *v* [-en] safety pin
veiligheidsvoorschriften *zn* [mv] safety regulations
veiligheidszone *v* [-s] security zone
veiligstellen *overg* [stelde veilig, h. veiliggesteld]
secure, safeguard
veiling *v* [-en] public sale, auction ★ *een openbare* ~ a
public auction ★ *iets in* ~ *brengen* put sth up for
auction / sale, sell sth by auction
veilingcondities *zn* [mv] conditions of sale
veilinggebouw *o* [-en] auction rooms
veilinghal *v* [-len] auction hall
veilinghuis *o* [-huizen] auctioneering firm
veilingklok *v* [-ken] auction clock
veilingmeester *m* [-s] auctioneer
veinzen I *overg* [veinsde, h. geveinsd] feign, simulate
★ *belangstelling* ~ feign interest ★ ~ *doof te zijn* feign
/ fake deafness **II** *onoverg* [veinsde, h. geveinsd]
feign, pretend
veinzerij *v* [-en] pretence, hypocrisy, sham
vel *o* [-len] ❶ *huid* skin, ‹v. dier ook› hide ★ *niet meer
dan* ~ *over been zijn* be only skin and bone ★ *iem.
het* ~ *over de oren halen* fleece sbd ★ *hij steekt in een
slecht* ~ he's delicate ★ *ik zou niet graag in zijn* ~
steken I wouldn't like to be in his shoes ★ *uit zijn* ~
springen be beside oneself ★ *het is om uit je* ~ *te
springen* it's enough to drive you wild ❷ *op melk
skin* ❸ *omhulsel, vlies* skin, membrane, film ❹ *papier*
sheet
veld *o* [-en] field ★ *het* ~ *van eer* the field of honour
★ *een ruim* ~ *van werkzaamheid* a wide field / sphere
of activity ★ *het* ~ *behouden* hold the field ★ *het* ~
ruimen retire from the field, abandon / leave the
field ★ ~ *winnen* gain ground / territory ★ *in het
open / vrije* ~ in the open field ★ *in geen* ~*en of wegen*
nowhere at all ★ *op het* ~ *werken* work in the fields
★ *de te* ~*e staande gewassen* the standing crops ★ *de
te* ~*e staande legers* the armies in the field ★ *te* ~*e
trekken* take the field ★ *fig te* ~*e trekken tegen* fight
(against) ★ *uit het* ~ *geslagen zijn* be put out ★ *een* ~
van studie a field of study
veldartillerie *v* field artillery
veldbed *o* [-den] field / camp bed
veldbloem *v* [-en] field / wild flower
veldboeket *o & m* [-ten] bunch / bouquet of wild
flowers
veldfles *v* [-sen] water bottle, canteen, flask
veldgewas *o* [-sen] field crop
veldheer *m* [-heren] general

veldhospitaal *o* [-talen] field hospital, ambulance
veldkeuken *v* [-s] field kitchen
veldkijker *m* [-s] field glasses, binoculars
veldloop *m* cross-country
veldmaarschalk *m* [-en] field marshal
veldmuis *v* [-muizen] field mouse, vole
veldnaam *m* [-namen] field name
veldonderzoek *o* field research
veldoverwicht *o* territorial advantage
veldpartij *v* [-en] fielding side
veldpost *v* army postal / mail service
veldrijden *o* sp cyclo-cross
veldrijder *m* [-s] sp cyclo-cross rider
veldrit *m* [-ten] sp cyclo-cross race
veldsla *v* lamb's lettuce, corn salad
veldslag *m* [-slagen] battle
veldspaat *o* feldspar, felspar
veldspel *o* [-spelen] outdoor game
veldspeler *m* [-s] fielder
veldsport *o* [-en] outdoor sports
veldtocht *m* [-en] campaign
veldvruchten *zn* [mv] produce of the fields
veldwachter *m* [-s] (rural) policeman / constable
veldwerk *o* ❶ *v. boer* farmwork ❷ *praktijkwerk*
fieldwork
veldwerker *m* [-s] field worker
velen *overg* [veelde, h. geveeld] stand, bear ★ *hij kan
het niet* ~ he can't stand it ★ *ik kan hem niet* ~ I can't
stand him / can't bear the sight of him ★ *hij kan
niets* ~ he's very touchy
velerhande, velerlei *bn* all sorts of, a variety of, all
kinds of
velg *v* [-en] rim
velgrem *v* [-men] rim brake
vellen *overg* [velde, h. geveld] ❶ *omhakken* fell, cut
down ❷ *uitschakelen* slay, strike down ★ *zij is door
een griepje geveld* she's been knocked down / put out
of action / laid low by the flu ❸ *uitspreken* pass
velletje *o* [-s] ❶ *huid* skin ❷ *in melk* skin ❸ *omhulsel,
vliesje* skin, membrane, film ❹ *papier* sheet ★ *een* ~
postpapier a sheet of airmail paper
velodroom *o & m* [-dromen] ZN cycle race track,
velodrome
velours I *o & m* velours **II** *bn* velours
ven *o* [-nen] pool, pond
vendel *o* [-s] ❶ hist company ❷ *vaandel* flag, banner
vendetta *v* vendetta
vendu *m & o* ['s] auction
venduhouder *m* [-s] auctioneer
venduhuis *o* [-huizen] auction / sale room
vendumeester *m* [-s] auctioneer
venerisch *bn* venereal ★ ~*e ziekten* venereal disease
Venetië *o* Venice
Venezuela *o* Venezuela
venijn *o* venom, poison ★ *het* ~ *zit in de staart* the
sting is in the tail
venijnig I *bn* vicious, venomous, spiteful ★ *een* ~*e blik*
a vicious look ★ *een* ~*e opmerking* a stinging remark

★ ~e kritiek venomous criticism **II** bijw viciously &
★ ~ koud viciously / bitterly cold
venkel v fennel
vennoot m [-noten] partner ★ een beherend
/ werkend ~ an active / acting partner, a managing
partner ★ een stille / commanditaire ~ a limited
/ sleeping / dormant / silent partner ★ de jongste ~
the junior partner ★ de oudste ~ the senior partner
★ een uitgetreden ~ a retired partner ★ een ~ in naam
a nominal partner
vennootschap v [-pen] partnership, company, Am
corporation ★ een besloten ~ a private company with
limited liability, Am a privately held corporation, a
close corporation ★ een middelgrote ~ a
medium-sized company / corporation ★ een
naamloze ~ Br a public company, Am a publicly held
corporation ★ een open ~ an open company ★ een ~
aangaan enter into partnership ★ een ~ onder firma
a general / commercial / trading partnership
★ een ~ op aandelen a joint stock company
vennootschapsakte v [-n &-s] deed of partnership
/ association
vennootschapsbelasting v company tax, Am
corporate / corporation tax
vennootschapsrecht o company / corporate law
venster o [-s] ook comput window
vensterbank v [-en] window sill / ledge
vensterblind o [-en] shutter
vensterenvelop, vensterenveloppe v [-loppen]
window envelope
vensterglas o [-glazen] ❶ ruit windowpane ❷ glas
voor vensters window glass
vensterluik o [-en] shutter
vent m [-en] fellow, inf chap, guy, bloke ★ een beste ~
a good fellow ★ een echte ~ a real guy / bloke ★ een
goeie ~ a good sort ★ geen kwaaie ~ not a bad sort
★ een rare ~ a queer customer
venten overg [ventte, h. gevent] hawk, peddle ★ met
waren ~ hawk goods around
venter m [-s] hawker, pedlar, Am peddler
ventiel o [-en] ❶ luchtklep valve ❷ v. blaasinstrument
valve, ventil
ventieldop m [-pen] valve cap
ventielklep v [-pen] valve
ventielslang v [-en] valve rubber
ventilatie v ventilation
ventilator m [-s & -toren] ventilator, fan
ventileren overg [ventileerde, h. geventileerd]
ventilate, air ★ zijn mening ~ air one's opinion
ventje o [-s] little fellow / chap ★ en jij, ~? and you,
little chap? ★ het arme ~ the poor little fellow
ventweg m [-wegen] service road
Venus v astron & astrol Venus
venushaar o plant maidenhair
venusheuvel m [-s] mount of Venus
ver I bn ❶ ver weg in de tijd distant, remote ★ een ~
~leden a remote past ❷ op grote afstand distant, far
★ ~re landen faraway countries ★ een ~re reis a long

journey ❸ verwantschap distant ★ een ~re voorvader
a distant ancestor **II** bijw far ★ het is ~ it's far, it's a
long way (off) ★ het is mijlen ~ it's miles and miles
away / off ★ nu ben ik nog even ~ I'm no further than
I was before ★ dat is nog heel ~ it's still a long way
off ★ ~ gaan go far ★ te ~ gaan go too far ★ zo ~
gaan wij niet we won't go so / that far ★ het te ~
laten komen let things go too far ★ ~ beneden mij far
beneath me ★ ~ van hier far away (from here)
veraangenamen overg [veraangenaamde, h.
veraangenaamd] make agreeable / pleasant,
sweeten
verabsoluteren overg [verabsoluteerde, h.
verabsoluteerd] make absolute
veracht bn despised
verachtelijk I bn ❶ gemeen despicable ★ een ~e kerel a
despicable fellow ❷ minachtend contemptuous,
scornful, disdainful ★ een ~e blik a contemptuous
look **II** bijw despicably, contemptuously &
verachten overg [verachtte, h. veracht] despise, hold
in contempt, scorn ★ de dood ~ scorn death
verachting v contempt, scorn ★ iem. aan de ~
prijsgeven hold sbd up to scorn / ridicule
verademing v opluchting relief
veraf bijw distant, far away
verafgelegen bn remote, distant
verafgoden overg [verafgoodde, h. verafgood] idolize
verafgoding v idolization
verafschuwen overg [verafschuwde, h. verafschuwd]
abhor, loathe
veralgemenen overg [veralgemeende, h.
veralgemeend], **veralgemeniseren**
[veralgemeniseerde, h. veralgemeniseerd]
generalize
veramerikaansen overg & onoverg [veramerikaanste,
h. en is veramerikaanst], **veramerikaniseren**
[veramerikaniseerde, h. en is veramerikaniseerd]
Americanize
veramerikanisering v Americanization
veranda v ['s] veranda(h)
veranderen I overg [veranderde, h. veranderd]
❶ wijzigen change, alter ★ dat verandert de zaak that
alters things ★ dat verandert niets aan de waarheid it
doesn't alter the truth ★ de doodstraf ~ in levenslang
commute a death sentence to life imprisonment
❷ tot iets geheel anders maken convert, transform
II onoverg [veranderde, is veranderd] change, alter
★ het weer verandert the weather is changing ★ hij is
erg veranderd he has altered a good deal, he's very
different now ★ ~ in change into ★ in zijn voordeel ~
change for the better ★ van godsdienst / mening
/ toon ~ change one's religion / opinion / tone ★ ik
kon haar niet van mening doen ~ I couldn't get her to
change her mind
verandering v [-en] ❶ het veranderen change ★ alle ~
is geen verbetering some things are better left alone
❷ afwisseling change, variation ★ een ~ ten goede
/ ten kwade a change for the better / for the worse

ve

★ *een ~ van weer* a change in the weather / of weather ★ *een ~ van woonplaats* a change of residence ★ *~ van spijs doet eten* a change is as good as a holiday ★ *voor de ~* for a change ❸ *wijziging* alteration ★ *~e aanbrengen* make alterations ★ *een ~ ondergaan* undergo a change ★ *~ in iets brengen* alter / change sth

veranderlijk *bn* changeable, variable, ‹wispelturig ook› unreliable, fickle ★ *~ weer* variable / unsettled weather

veranderlijkheid *v* changeability, variability, ‹wispelturigheid ook› fickleness

verankeren *overg* [verankerde, h. verankerd] ❶ <u>scheepv</u> anchor, moor ❷ <u>bouwk</u> brace, tie, stay ❸ <u>fig</u> root, embed

verantwoord *bn* sound, safe, reliable ★ *een ~e beslissing* a sound decision ★ *~e voeding* a well-balanced diet ★ *iets ~ vinden* consider sth sensible ★ *niet ~* unwise, irresponsible

verantwoordelijk *bn* responsible, answerable, accountable ★ *een ~e positie* a responsible job ★ *iem. / iets ~ stellen voor* hold sbd / sth responsible for ★ *zich ~ stellen voor* accept responsibility for ★ *zij kan niet ~ worden geacht* she can't be held accountable / responsible ★ *~ zijn voor...* be (held) responsible for..., have to answer for...

verantwoordelijkheid *v* responsibility ★ *de ~ van zich afschuiven* shift the responsibility onto another ★ *de ~ op zich nemen voor...* take the responsibility of..., accept responsibility for... ★ *buiten ~ van de redactie* we assume no editorial responsibility ★ *op eigen ~* on his / her own responsibility

verantwoordelijkheidsgevoel *o* sense of responsibility

verantwoorden I *overg* [verantwoordde, h. verantwoord] answer / account for, justify ★ *hij zegt niet meer dan hij ~ kan* he doesn't like to say more than he can vouch for ★ *heel wat te ~ hebben* have a lot to answer for ★ *hij kon het niet tegenover zichzelf ~* he couldn't square it with his own conscience **II** *wederk* [verantwoordde, h. verantwoord] ★ *zich (over iets) ~* answer to oneself (for sth) ★ *zich tegenover iem. ~* answer to sbd

verantwoording *v* [-en] ❶ *rekenschap* justification ★ *hij moet ~ afleggen* he has to explain / justify himself ★ *bij wie moet ik financiële ~ afleggen?* who am I financially accountable to? ★ *iem. ter ~ roepen* call sbd to account ❷ *verantwoordelijkheid* responsibility ★ *op eigen ~* on one's own responsibility ★ *~ afleggen voor je daden is net zo belangrijk* bearing the responsibility for what you have done is just as important

verantwoordingsplicht *m & v* accountability

verarmen I *overg* [verarmde, h. verarmd] impoverish, reduce to poverty, pauperize **II** *onoverg* [verarmde, is verarmd] become impoverished ★ *verarmd* in reduced circumstances

verarming *v* ❶ impoverishment ❷ *achteruitgang* deterioration

verassen *overg* [veraste, h. verast] ❶ *cremeren* cremate ❷ *verbranden* incinerate

verassing *v* [-en] ❶ *crematie* cremation ❷ *verbranding* incineration

verbaal I *bn* verbal **II** *o* [-balen] ticket, record, minutes, (official) report

verbaasd I *bn* surprised, astonished, amazed ★ *~ staan (over)* be surprised / astonished / amazed (at) ★ *~e ogen* a look of amazement **II** *bijw* wonderingly, in wonder, in surprise ★ *~ kijken* look puzzled

verbalisant *m* [-en] reporting officer

verbaliseren *overg* [verbaliseerde, h. geverbaliseerd] draw up an official report ★ *iem. ~* take sbd's name, summons sbd

verband *o* [-en] ❶ *samenhang* connection, relation ★ *~ hebben met* pertain to ★ *~ houden met...* be connected with... ★ *in ~ brengen met* connect with ★ *iets met iets anders in ~ brengen* put two and two together ★ *dat staat in ~ met...* it is connected with... ★ *dat staat in geen ~ met...* it is in no way connected with... ★ *in ~ hiermee...* in this connection... ★ *in ~ met uw vraag* in connection with your question ❷ *zinsverband* context ★ *woorden uit hun ~ rukken* take words from their context ❸ *verplichting* charge, obligation ★ *onder hypothecair ~* on the security of a mortgage ❹ <u>med</u> bandage, dressing ★ *een ~ leggen* apply a dressing ★ *een ~ leggen op een wond* dress a wound ★ *zijn arm in een ~ dragen* carry one's arm in a sling ❺ *v. metselwerk, houtwerk* bond

verbanddoos *v* [-dozen] first-aid box / kit

verbandgaas *o* sterile gauze

verbandkamer *v* [-s] first-aid room

verbandtrommel *m* [-s] first-aid kit

verbandwatten *zn* [mv] surgical cottonwool

verbannen *overg* [verbande, h. verbannen] ❶ exile, banish, expel ★ *iem. ~ uit het land* banish sbd from the country ❷ <u>fig</u> relegate ★ *hij werd ~ naar een stoffig kantoortje* he was relegated to a small and dusty office

verbanning *v* [-en] ❶ exile, banishment, expulsion ❷ <u>fig</u> relegation

verbanningsoord *o* [-en] place of exile

verbasteren *overg* [verbasterde, h. verbasterd] *vervormen* corrupt, adulterate **II** *onoverg* [verbasterde, is verbasterd] ❶ *ontaarden* degenerate ❷ *vervormd worden* be corrupted / adulterated

verbastering *v* [-en] ❶ *ontaarding* degeneration ❷ *vervorming* corruption ❸ *onzuiverheid* adulteration

verbazen I *overg* [verbaasde, h. verbaasd] surprise, astonish, amaze ★ *dat verbaast mij van je* I'm surprised at you, you surprise me **II** *wederk* [verbaasde, h. verbaasd] ★ *zich ~ over* be surprised / astonished / amazed at

verbazend I *bn* surprising, astonishing, amazing ★ *wel ~!* by Jove!, good gracious! **II** *bijw* ★ *~ veel...* a surprising number / amount of..., no end of... ★ *~*

weinig surprisingly little / few

verbazing *v* surprise, astonishment, amazement ★ *één en al ~ zijn* be totally amazed / astonished ★ *vol ~* amazed, astonished, baffled ★ *in ~ brengen* astonish, amaze ★ *tot mijn ~* to my astonishment ★ *~ wekken* come as a surprise

verbazingwekkend I *bn* astounding, amazing, astonishing **II** *bijw* astoundingly &

verbeelden I *overg* [verbeeldde, h. verbeeld] *uitbeelden* represent ★ *dat moet... ~* that's meant to represent... **II** *wederk* [verbeeldde, h. verbeeld] ★ *zich ~* imagine, fancy ★ *verbeeld je!* fancy! ★ *wat verbeeld je je wel?* who do you think you are? ★ *je verbeeldt het je maar* you are just imagining it ★ *verbeeld je maar niet dat...* don't fancy that... ★ *verbeeld je maar niets!* don't you presume! ★ *hij verbeeldt zich heel wat* he fancies himself ★ *hij verbeeldt zich een dichter te zijn* he fancies himself to be a poet

verbeelding *v* [-en] ❶ *fantasie* imagination, fancy ★ *dat is maar ~ van je* that's purely your imagination ★ *tot de ~ spreken* appeal to one's imagination ❷ *eigenwaan* conceit, conceitedness ★ *hij heeft veel ~ van zichzelf* he's very conceited

verbeeldingskracht *v* imagination

verbena *v* plant vervain, verbena

verbergen I *overg* [verborg, h. verborgen] hide, conceal ★ *iets ~ voor* hide / conceal sth from ★ *je verbergt toch niets voor mij?* you're not keeping anything from me, are you? ★ *gevoelens ~* hide one's feelings **II** *wederk* [verborg, h. verborgen] ★ *zich ~* hide, conceal oneself ★ *ook fig zich ~ achter...* hide behind...

verbeten I *bn* grim, dogged, determined ★ *een ~ strijd* a grim struggle ★ *~ woede* pent-up / bottled-up rage **II** *bijw* grimly &

verbetenheid *v* ❶ grimness, doggedness, determination ❷ *ingehouden woede* pent-up / bottled-up anger

verbeteren I *overg* [verbeterde, h. verbeterd] ❶ *beter maken* improve ★ *dat kunt u niet ~* you can't improve on that ❷ *corrigeren* correct, rectify ❸ *zedelijk beter maken* reform **II** *wederk* [verbeterde, h. verbeterd] ★ *zich ~* ⟨van gedrag⟩ reform, mend one's ways, ⟨van conditie⟩ improve one's condition **III** *onoverg* [verbeterde, is verbeterd] *beter worden* improve, get better

verbetering *v* [-en] ❶ *v. kwaliteit* improvement ❷ *correctie* correction, rectification ★ *~en aanbrengen* make corrections, carry out improvements ★ *voor ~ vatbaar zijn* ⟨mensen⟩ be open to correction, leave room for improvement

verbeteringsgesticht *o* [-en] approved school, reformatory, reform school

verbetermanagement *o* improvement management

verbeurdverklaren *overg* [verklaarde verbeurd, h. verbeurdverklaard] confiscate, seize, impound

verbeurdverklaring *v* [-en] confiscation, seizure, impoundment

verbeuren *overg* [verbeurde, h. verbeurd] ❶ *verliezen* forfeit ★ *het vertrouwen ~* lose / forfeit confidence ★ *er is niets aan verbeurd* it's no great loss ❷ *verbeurdverklaren* confiscate

verbeurte *v* ★ *onder / op ~ van...* under penalty of...

verbieden *overg* [verbood, h. verboden] forbid, prohibit, veto, ⟨boek, film⟩ ban

verbijsterd *bn* bewildered, dazed, perplexed

verbijsteren *overg* [verbijsterde, h. verbijsterd] bewilder, perplex, daze

verbijsterend I *bn* bewildering, perplexing ★ *een ~ schouwspel* a dazzling display **II** *bijw* incredibly ★ *~ veel mensen* an incredible number of people ★ *~ weinig mensen* incredibly few people

verbijstering *v* bewilderment, perplexity, amazement

verbijten I *overg* [verbeet, h. verbeten] suppress, hold back ★ *de pijn ~* fight off the pain **II** *wederk* [verbeet, h. verbeten] ★ *zich ~* bite one's lip(s), clench one's teeth ★ *zich ~ van woede* be fuming with anger

verbijzonderen *overg* [verbijzonderde, h. verbijzonderd] differentiate, particularize ★ *het ~ van kosten* cost allocation

verbinden I *overg* [verbond, h. verbonden] ❶ *verenigen, samenvoegen* join, connect, combine ★ *aan de universiteit verbonden* attached to the university ★ *er is wel enig gevaar aan verbonden* it involves some danger ★ *de moeilijkheden verbonden aan...* the difficulties associated with... ★ *er is een salaris van € 5000 aan verbonden* it carries a salary of € 5000 ★ *het daaraan verbonden salaris* the salary that goes with it ★ *welke voordelen zijn daaraan verbonden?* what advantages does it offer? ★ *er is een voorwaarde aan verbonden* there is a condition attached to it ★ *hen in de echt ~* join / unite them in marriage ❷ *med* bind up, bandage, tie up, dress ❸ *telec* connect, put through ★ *wilt u mij ~ met nummer...?* put me through to number... ❹ *verplichten* commit ★ *iem. tot iets ~* commit sbd to sth **II** *wederk* [verbond, h. verbonden] ★ *zich ~* ⟨v. personen⟩ enter into an alliance, ⟨v. stoffen, elementen⟩ combine ★ *zich ~ om...* pledge oneself to... ★ *hij had zich verbonden om...* he was under an engagement to... ★ *zich ~ tot iets* bind / commit oneself to do sth, undertake to do sth ★ *zich tot niets ~* not commit oneself to anything

verbindend *bn* ❶ *verband leggend* connecting ❷ *m.b.t. een overeenkomst* binding ★ *jur algemeen ~ verklaren* declare compulsorily applicable

verbindendverklaring *v* [-en] *jur* order declaring an agreement to be binding

verbinding *v* [-en] ❶ *contact* communication ★ *telec de ~ tot stand brengen / verbreken* make / break the connection ★ *in ~ staan met...* ⟨communicatie⟩ be in communication with..., ⟨samenhang⟩ have a connection with... ★ *zich in ~ stellen met..., in ~ treden met...* contact..., get in touch with... ★ *kunt u mij in ~ stellen met...?* can you put me on to / through to...?

ve

❷ *samenvoeging* connection, link ❸ *v. hout & join*, joint ❹ *v. mensen* union ❺ *aansluiting in vervoer* connection ★ *een rechtstreekse* ~ a direct connection, a through connection ❻ <u>med</u> dressing, bandaging ❼ <u>taalk</u> collocation ❽ <u>chem</u> compound ★ *een scheikundige* ~ a chemical compound ❾ *verplichting* obligation

verbindingsdienst *m* [-en] <u>mil</u> signals unit
verbindingslijn *v* [-en] line of communication
verbindingsofficier *m* [-en] ❶ liaison officer ❷ *technisch* signals officer
verbindingsstreepje *o* [-s] hyphen
verbindingsstuk *o* [-ken] connecting piece, joint, adapter, adaptor
verbindingsteken *o* [-s] hyphen
verbindingstroepen *zn* [mv] <u>mil</u> signals corps / unit
verbindingsweg *m* [-wegen] connecting road
verbintenis *v* [-sen] ❶ *verplichting* obligation, commitment ★ *bestaande ~sen* existing commitments ❷ *verhouding* association, alliance, bond, union ❸ *dienstcontract* contract, agreement ★ *een ~ aangaan* enter into a contract, make an agreement
verbitterd I *bn* ❶ *vol wrok* bitter, sour, acrimonious ★ *een ~ mens* an embittered person ❷ *verbeten* fierce, furious ★ *een ~e strijd* a fierce struggle **II** *bijw* bitterly & ★ *hij reageerde ~ op het vonnis* he reacted sourly / acrimoniously to the verdict
verbitteren I *overg* [verbitterde, h. verbitterd] embitter **II** *onoverg* [verbitterde, is verbitterd] become embittered
verbittering *v* embitterment, bitterness, acrimony
verbleken *onoverg* [verbleekte, is verbleekt] ❶ *van personen* grow / turn pale ❷ *van kleuren* fade ❸ *fig* fade, pale ★ *al het andere verbleekt in vergelijking* everything else pales by comparison
verblijden I *overg* [verblijdde, h. verblijd] make happy, gladden, gratify **II** *wederk* [verblijdde, h. verblijd] ★ *zich ~ over* rejoice at
verblijdend *bn* gratifying, pleasing, gladdening ★ *een ~ resultaat* a gratifying result
verblijf *o* [-blijven] ❶ *het verblijven* stay, sojourn ★ *~ houden* reside ❷ *plaats* abode, residence, current address ❸ *ruimte om in te verblijven* quarters
verblijfkosten *zn* [mv] accommodation expenses
verblijfplaats *v* [-en] current address, <u>form</u> (place of) abode ★ *zijn tegenwoordige ~ is onbekend* his present whereabouts are unknown ★ <u>jur</u> *zijn geregistreerde ~* his registered current address ★ *zonder vaste woon-of ~* without a permanent address
verblijfsduur *m* period of the stay
verblijfsvergunning *v* [-en] residence permit
verblijven *onoverg* [verbleef, h. en is verbleven] ❶ *vertoeven* stay ❷ *in brieven & remain* ★ *inmiddels verblijf ik, hoogachtend* I remain yours faithfully ❸ *wonen* live
verblikken *onoverg* [verblikte, h. verblikt] ★ *zonder te ~* without batting an eyelid

verblind *bn* <u>ook fig</u> blinded, dazzled, stunned
verblinden *overg* [verblindde, h. verblind] <u>ook fig</u> blind, dazzle, stun
verblinding *v* ❶ *het verblinden* blinding, dazzle ❷ *fig* infatuation
verbloemen *overg* [verbloemde, h. verbloemd] ❶ *verhullen* disguise, camouflage, cover up ❷ *vergoelijken* gloss over
verbluffen *overg* [verblufte, h. verbluft] stagger, dumbfound, bewilder
verbluffend I *bn* staggering, astounding, bewildering **II** *bijw* staggeringly &
verbluft I *bn* dumbfounded, staggered, flabbergasted **II** *bijw* ★ *hij stond ~ te kijken* he was dumbfounded &
verbod *o* [-boden] ❶ ban, prohibition ★ *een ~ uitvaardigen* impose a ban ★ *een ~ op* a ban / prohibition on ❷ <u>jur</u> injunction, restraining order ★ *een gerechtelijk ~* a judicial injunction / restraining order
verboden *bn* banned, forbidden, prohibited ★ *ten strengste ~* strictly forbidden / prohibited ★ *~ in te rijden* no thoroughfare / entry ★ *~ te roken* no smoking (allowed) ★ *~ toegang* no entry / admittance ★ *~ vuilnis te storten* no rubbish to be dumped here ★ <u>mil</u> *~ (toegang)* out of bounds, <u>Am</u> off limits
verbodsbepaling *v* [-en] prohibition
verbodsbord *o* [-en] prohibition sign
verbolgen I *bn* enraged (at / by), incensed (at / by), furious (at / about) **II** *bijw* ★ *hij reageerde ~* he reacted furiously
verbolgenheid *v* anger, rage, fury
verbond *o* [-en] ❶ *unie* alliance, league, union ★ *een drievoudig ~* a triple alliance ❷ *verdrag* pact, covenant ★ *een ~ sluiten* enter into a pact ▼ *het Nieuwe / Oude Verbond* the New / Old Testament
verbonden *bn* allied, joined ★ *de ~ mogendheden* the allied powers ★ *zich ~ voelen met* feel a bond with ★ *~ tot iets zijn* be joined to sth
verbondenheid *v* solidarity
verbondsark *v* Ark of the Covenant
verborgen *bn* ❶ *verscholen* concealed, hidden, secret ★ *~ werkloosheid* hidden unemployment, disguised unemployment ★ *in het ~(e)* in secret, secretly ❷ *onbekend* hidden, obscure ❸ *v. talenten* dormant, latent
verbouw *m* ❶ *teelt* cultivation, growth ❷ *v.e. bouwwerk* renovation, rebuilding
verbouwen *overg* [verbouwde, h. verbouwd] ❶ *telen* cultivate, raise, grow ❷ <u>bouwk</u> rebuild ‹a house›, convert ‹a building into...› ★ ‹door vandalen› <u>scherts</u> *het stadion ~* wreck the stadium ★ *zal ik je gezicht eens ~?* want me to smash your face in? like me to rearrange your face?
verbouwereerd *bn* perplexed, dumbfounded, bewildered
verbouwing *v* [-en] <u>bouwk</u> rebuilding, alteration, structural alterations ★ *wegens ~ gesloten* closed for

alterations

verbranden I *overg* [verbrandde, h. verbrand] ❶ *met vuur vernietigen* burn (down), ‹v. martelaar› burn to death, ‹v. lijk› cremate, ‹v. afval› incinerate ❷ *verwonden* burn, ‹door hete vloeistof› scald **II** *onoverg* [verbrandde, is verbrand] ❶ *totaal* burn down / up, be burnt (to death) ❷ *oppervlakkig* scorch ❸ *door de zon* get sunburnt, tan ★ *zijn door de zon verbrand gezicht* his sunburnt / tanned face

verbranding *v* ❶ burning, combustion ❷ *van lijken* cremation

verbrandingsmotor *m* [-s & -toren] internal combustion engine

verbrandingsoven *m* [-s] incinerator

verbrandingsproces *o* [-sen] process of combustion

verbrandingswaarde *v* calorific value

verbrassen *overg* [verbraste, h. verbrast] squander

verbreden I *overg* [verbreedde, h. verbreed] widen, broaden **II** *wederk* [verbreedde, h. verbreed] ★ *zich ~* widen, broaden (out)

verbreding *v* [-en] widening, broadening

verbreid *bn* widespread ★ *een algemeen ~e mening* a popular view / idea, a general opinion

verbreiden I *overg* [verbreidde, h. verbreid] ❶ *bekendmaken* spread, circulate ❷ *v. een leer* propagate **II** *wederk* [verbreidde, h. verbreid] *bekend worden* ★ *zich ~* spread

verbreiding *v* spread(ing), propagation

verbreken *overg* [verbrak, h. verbroken] ❶ *afbreken* break off, sever ❷ *v. telefoon* cut off ★ *telec de verbinding is verbroken* the connection has been broken, I've been cut off ❸ *stukbreken* break up ❹ *schenden* break, violate ★ *een overeenkomst ~* break a contract ★ *de stilte ~* break the silence

verbreking *v* ❶ *het verbreken* breaking ❷ *fig* severance, interruption, rupture, ‹schending› violation ❸ *cassatie* ZN cassation, appeal

verbrekingshof *o* Belg Court of Appeal

verbrijzelen *overg* [verbrijzelde, h. verbrijzeld] break / smash (to pieces), shatter, crush ★ *zijn been is verbrijzeld* his leg has been crushed

verbrijzeling *v* smashing, shattering

verbroederen I *overg* [verbroederde, h. verbroederd] fraternize, reconcile ★ *sport verbroedert* sports bring people together **II** *wederk* [verbroederde, h. verbroederd] ★ *zich ~* fraternize

verbroedering *v* fraternization

verbrokkelen I *overg* [verbrokkelde, h. verbrokkeld] crumble **II** *onoverg* [verbrokkelde, is verbrokkeld] crumble

verbrokkeling *v* crumbling

verbruien *overg* [verbruide, h. verbruid] spoil, waste, bungle ★ *zij hebben het verbruid* they have spoilt it for themselves ★ *het bij iem. ~* lose sbd.'s confidence

verbruik *o* ❶ *het verbruiken* consumption ★ *~ per persoon* consumption per head / per capita consumption ❷ *v. hoeveelheid* expenditure ❸ *verspilling* wastage, waste

verbruiken *overg* [verbruikte, h. verbruikt] ❶ *door gebruik opmaken* consume, use up ❷ *verspillen* waste ★ *zijn geld / tijd ~* waste one's money / time

verbruiker *m* [-s] consumer

verbruiksartikel *o* [-en & -s] consumer item ★ *~en* consumables, non-durables

verbruiksbelasting *v* [-en] consumer / consumption tax

verbruiksgoederen *zn* [mv] consumer / consumption / non-durable goods, consumables

verbruikszaal *v* [-zalen] ZN tea / refreshment room

verbuigbaar *bn* ❶ *om te buigen* flexional ❷ *taalk* declinable

verbuigen I *overg* [verboog, h. verbogen] ❶ *ombuigen* bend, ‹vervormen› twist ❷ *techn* buckle ❸ *taalk* decline **II** *onoverg* [verboog, is verbogen] buckle, twist

verbuiging *v* [-en] ❶ *ombuiging* bending, twist ❷ *taalk* declension

verbum *o* [-verba] ❶ *woord* word ❷ *werkwoord* verb

verburgerlijken I *overg* [verburgerlijkte, h. verburgerlijkt] make bourgeois / middle-class **II** *onoverg* [verburgerlijkte, is verburgerlijkt] become / turn bourgeois, become / turn middle-class

verchromen *overg* [verchroomde, h. verchroomd] chrome

verchroomd *bn* chromium-plated, chrome-plated

vercommercialiseren I *overg* [vercommercialiseerde, h. vercommercialiseerd] commercialize **II** *onoverg* [vercommercialiseerde, is vercommercialiseerd] become commercialized

verdacht I *bn* ❶ *onder verdenking* suspected ★ *iem. ~ maken* discredit sbd, cast a slur on sbd ★ *hij wordt ~ van...* he is suspected of... ❷ *verdenking wekkend* suspicious, ‹alléén predicatief› suspect ★ *~e personen* suspicious characters, suspects ★ *er ~ uitzien* look suspicious ★ *dat komt me ~ voor* it looks suspicious to me ❸ *voorbereid* prepared for ★ *op iets ~ zijn* be prepared for sth ★ *eer ik erop ~ was* before I was prepared for it, before I knew where I was **II** *bijw* suspiciously

verdachte *m-v* [-n] suspect, suspected person, jur accused, defendant ★ *de ~* the suspected party, the person suspected, jur the accused / defendant ★ *de ~n* the suspects

verdachtenbankje *o* [-s] dock

verdachtmaking *v* [-en] insinuation, imputation, slur

verdagen *overg* [verdaagde, h. verdaagd] adjourn

verdaging *v* [-en] adjournment

verdampen *overg & onoverg* [verdampte, h. en is verdampt] evaporate, vaporize

verdamping *v* evaporation, vaporization

verdedigbaar *bn* ❶ *te verdedigen* defensible, tenable ❷ *te rechtvaardigen* defensible, justifiable, valid

verdedigen I *overg* [verdedigde, h. verdedigd] ❶ *beschermen* defend ★ *een ~de houding aannemen* take a defensive stand ★ *een ~d verbond* a defensive alliance ❷ *pleiten voor* stand up for, defend ★ *iems.*

ve

belangen ~ look after sbd's interests ❸ *een standpunt* justify ★ *een mening* ~ uphold an opinion **II** *wederk* [verdedigde, h. verdedigd] ★ *zich* ~ defend oneself **III** *onoverg* [verdedigde, h. verdedigd] sp keep, defend

verdediger *m* [-s] ❶ *beschermer* defender ❷ jur defending counsel, counsel for the defendant, counsel for the defence/Am defense ❸ sp defender, back ★ *een vrije* ~ a libero / sweeper ❹ *v. opvatting &* advocate

verdediging *v* [-en] ❶ defence/Am defense ★ *ter* ~ *van* in defence of, Am in defense of ❷ *advocaat* jur defence/Am defense

verdedigingslinie *v* [-s] mil line of defence/Am defense, defence/Am defense line

verdedigingsoorlog *m* [-logen] war of defence/Am defense

verdedigingswapen *o* [-s] defensive weapon

verdedigingswerken *zn* [mv] mil defences/Am defenses, defensive works

verdeelcentrum *o* [-s & -tra] distribution centre/Am center

verdeeld *bn* ❶ divided ★ *de meningen zijn* ~ opinions are divided ❷ eff mixed

verdeeldheid *v* dissension, discord, division, disunity ★ ~ *zaaien* spread discord

verdeel-en-heerspolitiek *v* policy of divide and rule

verdeelsleutel *m* [-s] distribution / distributive code

verdeelstekker *m* [-s] elektr adaptor

verdekt I *bn* concealed **II** *bijw* under cover ★ mil ~ *opgesteld zijn* be under cover ★ *zich* ~ *opstellen* take up a concealed position

verdelen I *overg* [verdeelde, h. verdeeld] divide, share out, distribute, allocate ★ *verdeel en heers* divide and rule ★ ~ *in* divide into ★ ~ *onder* divide / distribute among ★ *onderling* ~ divide among themselves ★ ~ *over* spread over ‹..› **II** *wederk* [verdeelde, h. verdeeld] ★ *zich* ~ divide

verdeler *m* [-s] distributor

verdelgen *overg* [verdelgde, h. verdelgd] destroy, exterminate

verdelging *v* [-en] destruction, extermination

verdelgingsmiddel *o* [-s] pesticide

verdeling *v* [-en] ❶ *uitdeling* distribution ★ ~ *toegevoegde waarde* break down of added value ❷ *indeling* division ❸ *splitsing* partition, segmentation

verdenken *overg* [verdacht, h. verdacht] suspect ★ *iem. van iets* ~ suspect sbd of sth

verdenking *v* [-en] suspicion ★ *een aantal personen op wie de* ~ *rustte* a number of people who were under suspicion ★ *in* ~ *brengen* cast suspicion on ★ *in* ~ *komen* incur suspicion ★ *onder* ~ *staan* be under suspicion, be suspected ★ *onder* ~ *van...* on suspicion of...

verder I *bn* ❶ *meer verwijderd* farther, further ❷ *bijkomend, later* further ★ ~*e bijzonderheden* further details **II** *bijw* ❶ farther, further ★ ~ *op*

further on ★ ~ *gaan* go further, ‹doorgaan› proceed, go on ★ *we zouden al veel* ~ *zijn als...* we'd be much further if... ★ *daar kom ik niet* ~ *mee* that doesn't help me any ❷ *overigens* apart from that, otherwise ★ ~ *geen nieuws* no news otherwise ★ ~ *niets* nothing else ★ ~ *hebben we er nog een concert bezocht* we went to a concert there as well ❸ *voorts* further, furthermore ★ *hij schrijft* ~... he goes on to write... **III** *o* ★ *het* ~*e* the rest

verderf *o* ruin, destruction ★ *in het* ~ *storten* bring ruin (up)on

verderfelijk *bn* depraved, unwholesome, pernicious

verderop *bijw* further on / along

verdichten *overg* [verdichtte, h. verdicht] ❶ *v. gassen &* condense ★ *zich* ~ condense ❷ *verzinnen* invent

verdichting *v* [-en] ❶ *van gassen &* condensation ❷ *verzinsel* invention, fiction

verdichtsel *o* [-s & -en] fabrication, invention, figment (of the imagination) ★ *een samenweefsel van* ~*s* a tissue of lies

verdienen I *overg* [verdiende, h. verdiend] ❶ *als loon* earn ★ *een vermogen* ~ make a fortune ★ *er wat bij* ~ make some money on the side ★ *er is niets aan / mee te* ~ there's no money in it ★ *daar zul je niet veel aan / op* ~ you won't make much out of it ★ *daar verdient hij goed aan* he makes a good profit on that ❷ *waard zijn* deserve, merit ★ *zij* ~ *niet beter* they don't deserve any better ★ *het verdient de voorkeur* it's preferable ★ *dat heb ik niet aan u verdiend* I don't deserve to be treated by you in this way ★ *dat is zijn verdiende loon* that serves him right, he deserves that ★ *een verdiende overwinning* a deserved / well-earned victory **II** *onoverg* [verdiende, h. verdiend] earn, make money

verdienste *v* [-n] ❶ *loon* earnings, wages ❷ *winst* profit, gain ❸ *verdienstelijkheid* merit ★ *naar* ~ according to merit ★ *zich iets tot een* ~ *(aan)rekenen* take the credit for sth ★ *een man van* ~ a man of great merit

verdienstelijk *bn* ❶ *eer verdienend* deserving, creditable ★ *hij heeft zich jegens zijn land* ~ *gemaakt* he has served his country well ★ *een* ~ *ontwerper* a fair designer ❷ *nuttig* useful ★ *zich* ~ *maken* make oneself useful

verdiepen I *overg* [verdiepte, h. verdiept] ❶ *dieper maken* deepen ❷ fig deepen, broaden **II** *wederk* [verdiepte, h. verdiept] ★ *zich* ~ *in* lose oneself in, go deeply into ★ *verdiept in gedachten* deep / absorbed in thought ★ *zich in allerlei gissingen* ~ lose oneself in conjecture ‹as to...› ★ *in zijn krant verdiept* engrossed in his newspaper

verdieping *v* [-en] ❶ *het verdiepen* deepening ❷ *etage* storey, story, floor ★ *de eerste* ~ the first floor, Am the second floor ★ *op de tweede* ~ on the second floor, Am on the third floor ★ *de benedenste* ~ the ground floor, Am the first floor ★ *op de bovenste* ~ on the top floor

ve

verdieping
Er is verschil in het benoemen van de verdiepingen tussen Brits en Amerikaans Engels.
De benedenverdieping is **the ground floor** (Brits) of **the first floor** (Amerikaans.)
De eerste verdieping is **the first floor** (Brits.) of **the second floor** (Amerikaans).
Australisch Engels volgt het Britse gebruik.

verdierlijken I *overg* [verdierlijkte, h. verdierlijkt] brutalize **II** *onoverg* [verdierlijkte, is verdierlijkt] become brutalized / a brute
verdikkeme *tsw* inf darn, blast, drat
verdikken *overg & onoverg* [verdikte, h. en is verdikt] thicken ★ *zich* ~ thicken, become thicker
verdikking *v* [-en] thickening
verdikkingsmiddel *o* [-en] thickener
verdisconteren *overg* [verdisconteerde, h. verdisconteerd] ❶ handel discount, negotiate ❷ fig discount, allow for
verdicontering *v* ❶ negotiation ❷ fig allowance
verdobbelen *overg* [verdobbelde, h. verdobbeld] ❶ *verliezen met dobbelen* dice / gamble away ❷ *dobbelen om* dice for
verdoeken *overg* [verdoekte, h. verdoekt] remount
verdoemen *overg* [verdoemde, h. verdoemd] damn
verdoemenis, verdommenis *v* damnation ★ inf *naar de* ~ *gaan* go to the dogs
verdoen I *overg* [verdeed, h. verdaan] dissipate, squander, waste ★ *zijn tijd* ~ waste time **II** *wederk* [verdeed, h. verdaan] ★ *zich* ~ commit suicide
verdoezelen *overg* [verdoezelde, h. verdoezeld] ❶ *feiten* blur, obscure ❷ *waarheid* disguise ❸ *fouten* gloss over
verdomd I *bn* damned, inf damn, bloody ★ *die ~e...!* that cursed / damn / bloody...! **II** *bijw* versterkend damn(ed), bloody ★ ~ *vervelend* damn(ed) / bloody annoying
verdomhoekje *o* ★ *hij zit in het* ~ he can't do anything right
verdomme *tsw* damn!, goddamn!, goddamned!, vulg shit!, fuck!
verdommen *overg* [verdomde, h. verdomd] ❶ *vertikken* inf flatly refuse ★ *ik verdom het* I simply won't do it ★ *het kan me niets* ~ I don't give a damn ❷ *dom maken* dull the mind(s) of, render stupid
verdommenis *v* → verdoemenis
verdonkeremanen *overg* [verdonkeremaande, h. verdonkeremaand] ❶ *geld* embezzle ❷ *bewijs* suppress
verdoofd *bn* stunned, stupefied, numb
verdord *bn* ❶ *planten &* withered, shrivelled ❷ *gebied* scorched, parched
verdorie *tsw* drat!, damn!
verdorren *onoverg* [verdorde, is verdord] wither, shrivel up
verdorven *bn* depraved, perverted
verdorvenheid *v* [-heden] depravity, depravation,

perversity
verdoven *overg* [verdoofde, h. verdoofd] ❶ *gevoelloos maken* benumb, numb ❷ *bedwelmen* stupefy, stun ❸ med anaesthetize/Am anesthetize ★ *plaatselijk verdoofd worden* receive a local anaesthetic
verdovend *bn* ❶ stupefying ❷ med anaesthetic/Am anaesthetic ★ *een* ~ *middel* med an anaesthetic, a narcotic, ⟨vooral als genotmiddel⟩ drug
verdoving *v* [-en] ❶ stupor, numbness ❷ med anaesthesia/Am anesthesia, anaesthetic/Am anesthetic ★ *plaatselijke* ~ local anaesthesia ★ *een plaatselijke* ~ a local anaesthetic
verdovingsmiddel *o* [-en] ❶ med anaesthetic/Am anesthetic ❷ *genotmiddel* narcotic drug
verdraagzaam I *bn* tolerant **II** *bijw* tolerantly
verdraagzaamheid *v* tolerance
verdraaid I *bn* ❶ *verkeerd* distorted, disfigured, deformed ★ *een* ~ *handschrift* a disguised handwriting ★ *met een* ~*e stem* in a disguised voice ❷ *vervloekt* damned ★ *die* ~*e...* this blasted... **II** *bijw* ❶ *vervloekt* damned ★ *wel* ~*!* dash it!, damn! ❷ versterkend damn, darn ★ ~ *knap* damn clever
verdraaien *overg* [verdraaide, h. verdraaid] ❶ turn, wrench, twist ★ *de ogen* ~ roll one's eyes ❷ fig distort, twist ★ *zijn stem* ~ disguise / mask one's voice ★ *de waarheid / feiten* ~ distort the truth / facts ★ *iems. woorden* ~ twist sbd.'s words ▼ *ik verdraai het om...* I refuse to..., I just won't...
verdraaiing *v* [-en] ❶ *het verdraaien* turn, rotation ❷ fig distortion, twisting, perversion
verdrag *o* [-dragen] treaty, pact ★ *een* ~ *sluiten* sign a treaty
verdragen I *overg* [verdroeg, h. verdragen] ❶ *dulden* bear, endure, stand ★ *men moet elkaar leren* ~ people should be more tolerant of each other ★ *zoiets kan ik niet* ~ I can't stand that sort of thing ★ *ik heb heel wat van hem te* ~ I have to put up with / suffer a good deal from him ❷ *v.d. maag* agree, tolerate ★ *ik kan geen bier* ~ beer doesn't agree with me **II** *wederk* [verdroeg, h. verdragen] ★ *zich* ~ *met* be compatible with
verdragend *bn* ❶ mil long-range ❷ *ver hoorbaar* carrying, penetrating
verdragsbepaling *v* [-en] treaty provision
verdriedubbelen *overg & onoverg* [verdriedubbelde, h. en is verdriedubbeld] treble, triple
verdriet *o* grief, sorrow, distress ★ *iem.* ~ *aandoen* cause sbd distress ★ ~ *hebben* be sad / distressed
verdrieten *overg* [verdroot, h. verdroten] distress, grieve, sadden ★ *het verdriet mij dat te horen* I'm sorry to hear that
verdrietig *bn* sad, sorrowful, distressed ★ ~*e omstandigheden* distressing / distressful / saddening circumstances
verdrievoudigen *overg & onoverg* [verdrievoudigde, h. en is verdrievoudigd] triple, treble
verdrievoudiging *v* tripling, trebling
verdrijven *overg* [verdreef, h. verdreven] ❶ *verjagen*

ve

drive away / out, chase away ★ *de vijand* ~ oust
/ expel the enemy ❷ *doorbrengen* pass / while away
★ *de tijd* ~ while away the time ❸ *doen verdwijnen*
dispel ★ *twijfels* ~ dispel doubt
verdrijving *v* expulsion, ousting
verdringen I *overg* [verdrong, h. verdrongen]
❶ *wegdringen* push away / aside ★ *elkaar* ~ jostle
(each other) ❷ *de plaats innemen van* oust, supersede
★ *websites* ~ *boeken* books are being superseded by
websites ❸ psych shut out, repress, suppress ★ *zijn
gevoelens* ~ repress one's feelings **II** *wederk*
[verdrong, h. verdrongen] ★ *zich* ~ crowd (around
/ round)
verdringing *v* ❶ *wegduwen* displacement, ousting,
supplanting ❷ *onderdrukking v. gevoelens &*
repression, suppression
verdrinken I *overg* [verdronk, h. verdronken]
❶ *levende wezens* drown ★ *zich* ~ drown oneself
❷ *land* inundate ❸ *geld* drink away ❹ *verdriet*
drown **II** *onoverg* [verdronk, is verdronken] be
drowned, drown
verdrinking *v* [-en] drowning ★ *dood door* ~ death by
drowning
verdrinkingsdood *m* death by drowning
verdrogen *onoverg* [verdroogde, is verdroogd]
❶ *uitdrogen* dry up ❷ *v. planten &* wither
verdroging *v* drying up, dehydration
verdronken *bn* ❶ *levende wezens* drowned ❷ *land*
submerged, inundated, flooded ❸ *geld aan drank*
drowned
verdrukken *overg* [verdrukte, h. verdrukt] oppress
verdrukking *v* [-en] oppression ★ *in de* ~ *komen* get
into a tight corner ★ *tegen de* ~ *in groeien* prosper in
spite of opposition
verdubbelen I *overg* [verdubbelde, h. verdubbeld]
❶ *dubbel maken* double ★ *zich* ~ double ❷ fig
redouble ★ *zijn inspanningen* ~ redouble one's
efforts ★ *zijn schreden* ~ quicken one's pace
II *onoverg* [verdubbelde, is verdubbeld] double,
redouble
verdubbeling *v* [-en] ❶ doubling, duplication ❷ fig
redoubling ❸ taalk reduplication
verduidelijken *overg* [verduidelijkte, h. verduidelijkt]
elucidate, explain
verduidelijking *v* [-en] elucidation, explanation
verduisteren I *overg* [verduisterde, h. verduisterd]
❶ *donker maken* darken, obscure ❷ astron eclipse
❸ *tegen luchtaanval* black out ❹ *ontvreemden*
embezzle, misappropriate **II** *onoverg* [verduisterde,
is verduisterd] darken, grow / get dark
verduistering *v* [-en] ❶ *het verduisteren* darkening
❷ astron eclipse ❸ *tegen luchtaanval* blackout
❹ *achterhouding* embezzlement, misappropriation
of funds
verduitsen I *overg* [verduitste, h. verduitst] Germanize
II *onoverg* [verduitste, is verduitst] Germanize
verduiveld I *bn* damned, devilish **II** *bijw* versterkend
devilishly, damn(ed), awfully ★ ~ *veel* a hell of a lot

of
verduizendvoudigen I *overg* [verduizendvoudigde, h.
verduizendvoudigd] multiply by a thousand
II *onoverg* [verduizendvoudigde, is
verduizendvoudigd] increase a thousandfold
verdunnen *overg* [verdunde, h. verdund] thin,
⟨vloeistof⟩ dilute, ⟨lucht⟩ rarefy
verdunner *m* [-s] thinner, diluent
verdunning *v* [-en] ❶ *het verdunnen* thinning,
⟨v. vloeistof⟩ dilution, ⟨v. lucht⟩ rarefaction
❷ *verdunde vloeistof* dilution, solution
verduren *overg* [verduurde, h. verduurd] bear, endure
★ *het hard te* ~ *hebben* be taking some hard knocks,
be having a hard time of it ★ *heel wat te* ~ *hebben*
have to put up with a lot
verduurzamen *overg* [verduurzaamde, h.
verduurzaamd] preserve ★ *verduurzaamde
levensmiddelen* preserved food, ⟨in blik⟩ tinned
/ canned food
verdwaald *bn* lost, ⟨v. dieren ook⟩ stray ★ ~ *raken* lose
one's way ★ ~ *zijn* have lost one's way ★ *een ~e kogel*
a stray bullet
verdwaasd *bn* ❶ *uitzinnig* foolish ❷ *verdoofd* dazed,
groggy
verdwaasde *m-v* [-n] fool
verdwalen *onoverg* [verdwaalde, is verdwaald] lose
one's way, fig ook go astray
verdwazing *v* stupidity, foolishness
verdwijnen *onoverg* [verdween, is verdwenen]
disappear, vanish, fade away ★ *verdwijn (uit mijn
ogen)!* get out of my sight! ★ *deze regering / minister
moet* ~ this government / minister must go ★ *dat
verdwijnt daarbij in het niet* it pales into nothingness
compared to this
verdwijning *v* disappearance, vanishing
verdwijnpunt *o* [-en] vanishing point
veredelen *overg* [veredelde, h. veredeld]
❶ *v. gewassen* improve ❷ *v. vee* grade (up)
❸ *v. gevoelens* ennoble, elevate ❹ *v. manieren, smaak*
refine
vereelt *bn* callous
vereend *bn* ★ *met ~e krachten* with combined efforts
vereenvoudigen *overg* [vereenvoudigde, h.
vereenvoudigd] ❶ simplify ❷ rekenk reduce ★ *een
breuk* ~ reduce a fraction
vereenvoudiging *v* [-en] simplification, rekenk
reduction
vereenzaamd *bn* lonely, isolated
vereenzamen *onoverg* [vereenzaamde, is
vereenzaamd] grow lonely
vereenzaming *v* isolation, loneliness
vereenzelvigen I *overg* [vereenzelvigde, h.
vereenzelvigd] identify **II** *wederk* [vereenzelvigde, h.
vereenzelvigd] ★ *zich* ~ *met* identify oneself with
vereenzelviging *v* identification
vereerder *m* [-s] worshipper, admirer
vereeuwigen *overg* [vereeuwigde, h. vereeuwigd]
❶ *eeuwig laten duren* perpetuate ❷ *v. persoon*

immortalize ★ *iem. met het penseel* ~ immortalize sbd in oils

vereffenen *overg* [vereffende, h. vereffend] ❶ *rekening* balance, settle ❷ *schuld* square ❸ *geschil* adjust, settle

vereffening *v* [-en] ❶ jur winding up, liquidation ❷ *rekening* settlement, payment ★ *ter ~ van mijn rekening* in settlement of my account

vereisen *overg* [vereiste, h. vereist] require, demand ★ *veel zorg ~* require a lot of care ★ *de vereiste kundigheden* the required skills

vereiste *o & v* [-n] requirement, requisite ★ *... is een eerste ~ ...* is a prerequisite

veren I *bn* feather ★ *een ~ bed* a feather bed **II** *onoverg* [veerde, h. geveerd] be elastic, be springy, spring (back) ★ *ze ~ niet* they don't bounce, they've lost their spring / bounce

verend *bn* elastic, springy, resilient ★ *een ~ zadel* a spring-mounted saddle ★ *met ~e tred* with a springy step

verengelsen I *overg* [verengelste, h. verengelst] Anglicize **II** *onoverg* [verengelste, is verengelst] become Anglicized

verengen *overg* [verengde, h. verengd] narrow

verenigbaar *bn* compatible ★ *niet ~ met* not compatible / consistent / consonant with ★ *die twee zaken zijn niet ~* ‹niet combineerbaar› those two things are irreconcilable, ‹sluiten elkaar uit› those two things rule each other out

verenigd *bn* united ★ *een ~ optreden* united action ★ *een ~e vergadering* a joint meeting

Verenigde Arabische Emiraten *zn* [mv] the United Arab Emirates

Verenigde Naties *zn* [mv] the United Nations

Verenigde Staten *zn* [mv] the United States

Verenigd Koninkrijk *o* United Kingdom

verenigen I *overg* [verenigde, h. verenigd] ❶ *samenvoegen* unite, join, combine ★ *Jan en Anna in de echt ~* join / unite Jan en Anna in marriage ★ *die belangen zijn niet met elkaar te ~* these interests are not consistent with each other ★ *voor zover het te ~ is met...* to the extent that it is consistent / compatible / reconcilable with... ★ *in zich ~* combine in oneself ❷ *gegevens* combine ❸ *verzamelen* collect **II** *wederk* [verenigde, h. verenigd] ★ *zich ~* ‹alg.› unite, ‹zich verzamelen› assemble ★ *zich ~ met* join hands / forces with ‹sbd in doing sth› ★ *ik kan mij met die mening niet ~* I cannot agree with / concur in that opinion ★ *ik kan mij met het voorstel niet ~* I cannot agree to the proposal

vereniging *v* [-en] ❶ *handeling of resultaat* joining, combination, union ❷ *club* union, society, association, club ★ *recht van ~ en vergadering* right of association and of assembly

verenigingsleven *o* club / social life

verenigingswerk *o* club activities

verenkleed *o* plumage

vereren *overg* [vereerde, h. vereerd] honour/Am honor, revere, worship, adore ★ *iem. met een bezoek ~* do sbd the honour of visiting him / her ★ *iem. ~ met zijn tegenwoordigheid* honour / grace sbd with one's presence ★ *vereerd zijn met* be honoured by

verergeren I *overg* [verergerde, h. verergerd] make worse, worsen, aggravate **II** *onoverg* [verergerde, is verergerd] grow worse, change for the worse, worsen, deteriorate

verergering *v* worsening, aggravation, deterioration

verering *v* [-en] veneration, worship, reverence

vererven I *overg* [vererfde, h. vererfd] descend, pass (to) **II** *onoverg* [vererfde, is vererfd] be transmitted to

vererving *v* inheritance

verf *v* [verven] paint, ‹voor stoffen, haar› & dye ★ *niet goed uit de ~ komen* ‹niet duidelijk› not come into its own, ‹v. personen› not live up to his / her & promise

verfbad *o* [-baden] dye bath

verfblik *o* [-ken] paint tin

verfbom *v* [-men] paint bomb

verfdoos *v* [-dozen] box of colours, paintbox

verfijnd *bn* refined, sophisticated

verfijnen *overg* [verfijnde, h. verfijnd] refine

verfijning *v* [-en] refinement

verfilmen *overg* [verfilmde, h. verfilmd] film

verfilming *v* [-en] ❶ *handeling* filming ❷ *resultaat* film / screen version

verfje *o* [-s] a lick of paint ★ *een ~ geven* give a lick of paint ★ *dat kan wel een ~ gebruiken* it could do with a lick of paint

verfkwast *m* [-en] paintbrush

verflaag *v* [-lagen] coat of paint

verflauwen *onoverg* [verflauwde, is verflauwd] ❶ *v. kleuren &* fade, dim ❷ *v. wind* abate ❸ *v. ijver &* flag, slacken ❹ handel flag

verflensen *onoverg* [verflenste, is verflenst] fade, wither

verflucht *v* smell of paint, painty smell

verfoeien *overg* [verfoeide, h. verfoeid] detest, loathe, abhor

verfoeilijk *bn* ❶ *afkeurenswaardig* detestable, abominable, abhorrent ❷ *lelijk* ugly

verfomfaaien *overg* [verfomfaaide, h. verfomfaaid] crumple, rumple

verfpot *m* [-ten] paint pot, pot / tin of paint

verfraaien *overg* [verfraaide, h. verfraaid] embellish, make more attractive, enhance

verfraaiing *v* [-en] embellishment

verfransen I *overg* [verfranste, h. verfranst] Frenchify, Gallicize **II** *onoverg* [verfranste, is verfranst] become Frenchified / Gallicized

verfransing *v* becoming Frenchified / Gallicized

verfrissen I *overg* [verfriste, h. verfrist] refresh **II** *wederk* [verfriste, h. verfrist] ★ *zich ~* ‹zich wassen› refresh oneself, ‹iets gebruiken› have a bite to eat, take some refreshment

verfrissend I *bn* refreshing ★ *een ~ bad* a refreshing

ve

bath **II** *bijw* refreshingly
verfrissing *v* [-en] refreshment
verfroller *m* [-s] paint roller
verfrommelen *overg* [verfrommelde, h. verfrommeld] crumple / rumple (up), crush
verfspuit *v* [-en] spray gun
verfstof *v* [-fen] paint, dye, pigment
verfwinkel *m* [-s] paint shop
vergaan I *o* loss, <u>scheepv ook</u> foundering ★ *het ~ van de wereld* the end of the world **II** *onoverg* [verging, is vergaan] ❶ *ophouden te bestaan* perish, pass away ★ *vergane glorie* departed glory ★ *de lust vergaat hem* he's lost all inclination ★ *horen en zien vergaat je* it's an infernal noise ★ *~ van afgunst* be eaten up / consumed with envy ★ *~ van de kou* be perishing with cold ❷ <u>scheepv</u> founder, be wrecked, be lost ❸ *verrotten* decay, rot ❹ *voorbijgaan* pass ★ *er vergaat geen dag of...* not a day goes by that... ❺ *aflopen met* fare ★ *het verging hun slecht* they fared badly ★ *het zal je er naar ~* you'll get your just deserts
vergaand, **verregaand I** *bn* extreme, far-reaching, drastic **II** *bijw* <u>versterkend</u> extremely
vergaarbak *m* [-ken] ❶ receptacle, repository ❷ <u>fig</u> dumping place
vergaderen *onoverg* [vergaderde, h. vergaderd] meet, hold a meeting, assemble ★ *telefonisch ~* teleconference
vergadering *v* [-en] assembly, meeting, conference ★ *een telefonische ~* a conference call, a teleconference ★ *een verenigde ~* a joint sitting ★ *een wetgevende ~* een legislative assembly ★ *geachte ~!* ladies and gentlemen! ★ *een ~ bijeenroepen / houden* call / hold a meeting ★ *de ~ leiden* chair / conduct the meeting ★ *de ~ openen* open the meeting ★ *de ~ opheffen / sluiten* close the meeting ★ *een ~ uitschrijven* convene a meeting ★ *een ~ met debat* a discussion meeting ★ *een ~ van aandeelhouders* a shareholders' meeting
vergaderplaats *v* [-en] meeting place, place of meeting
vergaderruimte *v* [-s] meeting room / hall, conference hall
vergadertafel *v* [-s] conference table
vergaderzaal *v* [-zalen] meeting room / hall, conference hall
vergallen *overg* [vergalde, h. vergald] spoil, mar ★ *iem. het leven ~* embitter sbd.'s life ★ *iems. vreugde ~* spoil / mar sbd.'s pleasure
vergalopperen *wederk* [vergalopperde, h. vergalopperd] ★ *zich ~* act too hastily, ⟨blunder begaan⟩ put one's foot in it
vergankelijk *bn* transitory, transient, fleeting
vergankelijkheid *v* transitoriness, ⟨sterfelijkheid⟩ mortality
vergapen *wederk* [vergaapte, h. vergaapt] ★ *zich ~ aan* gape / gaze at ★ *zich aan de schijn ~* be taken in by appearances

vergaren *overg* [vergaarde, h. vergaard] gather, collect, hoard
vergassen *overg* [vergaste, h. vergast] ❶ *tot gas maken* gasify ❷ *met gas doden* gas
vergasser *m* [-s] paraffin stove, primus
vergassing *v* [-en] ❶ *tot gas* gasification ❷ *doden* gassing
vergasten I *overg* [vergastte, h. vergast] treat, regale ★ *iem. op iets ~* regale sbd with sth, treat sbd to sth **II** *wederk* [vergastte, h. vergast] ★ *zich ~ aan* feast on, take delight in
vergeefs I *bn* vain, useless, fruitless ★ *~e moeite* wasted effort **II** *bijw* in vain, vainly, to no purpose, fruitlessly
vergeeld *bn* yellowed
vergeetachtig *bn* forgetful
vergeetachtigheid *v* forgetfulness
vergeetal *m* [-len] forgetful person
vergeetboek *o* ★ *het raakte in het ~* it was forgotten, it fell into oblivion
vergeet-mij-niet *v* [-en], **vergeet-mij-nietje** *o* [-s] *plant* forget-me-not
vergelden *overg* [vergold, h. vergolden] repay, reward, ⟨wraak nemen⟩ take revenge on ★ *goed met kwaad ~* return evil for good ★ *God vergelde het u!* may God reward you for it!
vergelding *v* [-en] repayment, reward, ⟨uit wraak⟩ retaliation, revenge, retribution ★ *de dag der ~* the day of reckoning ★ *ter ~ van...* in return for...
vergeldingsactie *v* [-s] retaliatory action, reprisal
vergeldingsmaatregel *m* [-en & -s] retaliatory measure, reprisal
vergelen *onoverg* [vergeelde, is vergeeld] yellow
vergelijk *o* [-en] agreement, settlement, accommodation, compromise ★ *een ~ treffen, tot een ~ komen* come to / reach an agreement
vergelijkbaar *bn* comparable
vergelijken *overg* [vergeleek, h. vergeleken] compare ★ *~ met* compare with ★ *u kunt u niet met hem ~* you can't compare yourself with him ★ *vergeleken met...* in comparison with..., as compared with...
vergelijkend *bn* comparative ★ *een ~e taalstudie* a comparative study of languages ★ *een ~ examen* a competitive examination
vergelijkenderwijs, **vergelijkenderwijze** *bijw* by comparison
vergelijking *v* [-en] ❶ *alg.* comparison ★ *de ~ kunnen doorstaan met...* bear / stand comparison with ★ *een ~ maken / trekken* make a comparison, draw a parallel / an analogy ★ *in ~ met...* in comparison with..., as compared with... ★ *dat is niets in ~ met wat ik heb gezien* it's nothing to what I've seen ★ *ter ~ van* for (purposes of) comparison ❷ <u>wisk</u> equation ★ *een ~ van de eerste graad met één onbekende* a simple equation with one unknown quantity ★ *een ~ van de tweede / derde graad* a quadratic / cubic equation ❸ *in stijlleer* simile
vergelijkingsmateriaal *o* comparative / reference

material

vergemakkelijken *overg* [vergemakkelijkte, h. vergemakkelijkt] make easy / easier, facilitate

vergen *overg* [vergde, h. gevergd] require, demand, ask ★ *te veel van zijn krachten* ~ overtax oneself

vergenoegd *bn* contented, satisfied

vergenoegen I *overg* [vergenoegde, h. vergenoegd] content, satisfy II *wederk* [vergenoegde, h. vergenoegd] ★ *zich* ~ *met* content oneself with

vergetelheid *v* oblivion ★ *aan de* ~ *ontrukken* save / rescue from oblivion ★ *aan de* ~ *prijsgeven* consign / relegate to oblivion ★ *in* ~ *raken* fall / sink into oblivion

vergeten I *bn* forgotten II *overg* [vergat, h. en is vergeten] forget ★ *ik ben* ~ *hoe het moet* I've forgotten how to do it ★ *... niet te* ~ not forgetting... ★ *ik ben zijn adres* ~ I've forgotten his address ★ *ik heb de krant* ~ I've forgotten the newspaper ★ *hebt u niets* ~? haven't you forgotten something? ★ *vergeet het maar!* forget it! ★ *(het)* ~ *en vergeven* forgive and forget III *wederk* [vergat, h. vergeten] ★ *zich* ~ forget oneself

vergeven I *bn* infested, crawling with ★ *het is er* ~ *van de muizen* the place is infested with mice II *overg* [vergaf, h. vergeven] ❶ *vergiffenis geven* forgive, pardon ★ *vergeef (het) mij!* forgive me! ★ *vergeef me dat ik u niet gezien heb* forgive me for not having seen you ★ *dat zal ik u nooit* ~ I'll never forgive you for it ❷ *weggeven* give away ★ *er zijn vier banen te* ~ there are four jobs going ❸ *vergiftigen* poison ❹ *verkeerd geven* <u>kaartsp</u> misdeal

vergevensgezind *bn* forgiving

vergeving *v* pardon, forgiveness, ‹v. zonde› remission, absolution

vergevorderd *bn* (far) advanced

vergewissen *wederk* [vergewiste, h. vergewist] ★ *zich* ~ ascertain, make sure ★ *zich* ~ *van iets* make sure of sth, ascertain sth

vergezellen *overg* [vergezelde, h. vergezeld] accompany ★ *vergezeld gaan van* be accompanied / attended by ★ *vergezeld doen gaan van* accompany with

vergezicht *o* [-en] view, vista, panorama

vergezocht *bn* far-fetched

vergiet *o & v* [-en] strainer, colander

vergieten *overg* [vergoot, h. vergoten] shed, spill ★ *bloed* ~ shed blood

vergif *o* poison, ‹v. dieren› venom ★ *daar kun je* ~ *op innemen* you can bet your life on that

vergiffenis *v* pardon, forgiveness, <u>rel</u> remission, absolution ★ *iem.* ~ *schenken* forgive sbd ★ ~ *vragen* beg sbd's pardon / forgiveness ★ ~ *van de zonden* remission of sins

vergiftig *bn* poisonous, ‹v. dieren› venomous ★ *niet* ~ non-poisonous

vergiftigen *overg* [vergiftigde, h. vergiftigd] poison ★ *ze wilden hem* ~ they wanted to poison him ★ *de sfeer* ~ poison the atmosphere

vergiftiging *v* [-en] poisoning

vergiftigingsverschijnsel *o* [-en] symptom of poisoning

vergissen *wederk* [vergiste, h. vergist] ★ *zich* ~ be mistaken / wrong, make a mistake ★ *vergis u niet!* make no mistake ★ *als ik me niet vergis* if I'm not mistaken ★ *of ik zou me zeer moeten* ~ unless I'm greatly mistaken ★ *u vergist u als u denkt...* you're mistaken / you're under a delusion if you think... ★ *zich in iem.* ~ be mistaken / wrong about sbd ★ *ik had mij in het huis vergist* I'd mistaken the house ★ ~ *is menselijk* we all make mistakes, to err is human

vergissing *v* [-en] mistake, error ★ *bij* ~ by / in mistake, unintentionally

verglazen *overg* [verglaasde, h. verglaasd] ❶ *met glazuur* glaze, enamel ❷ *in glas veranderen* vitrify

vergoddelijken *overg* [vergoddelijkte, h. vergoddelijkt] deify

vergoddelijking *v* ❶ deification ❷ *als god vereren* apotheosis

vergoeden *overg* [vergoedde, h. vergoed] ❶ *terugbetalen* make good, compensate, reimburse ★ *de onkosten* ~ pay expenses ❷ *compenseren* compensate, make up for ★ *iem.* ~ compensate sbd for sth, refund sbd sth ★ *dat vergoedt veel* that makes up for a lot

vergoeding *v* [-en] ❶ *schadeloosstelling* compensation, reimbursement ❷ *tegemoetkoming* allowance ★ ~ *van gevolgschade* indirect damages ★ *tegen een (kleine)* ~ for a (small) consideration ❸ *loon* remuneration ❹ *beloning* recompense, reward

vergoelijken *overg* [vergoelijkte, h. vergoelijkt] gloss / smooth over, explain away ★ *~d* trying to make things seem better

vergokken *overg* [vergokte, h. vergokt] gamble away

vergooien I *overg* [vergooide, h. vergooid] throw away ★ *een kans* ~ throw away a chance ★ *zijn geluk* ~ throw away one's happiness / good fortune II *wederk* [vergooide, h. vergooid] ★ *zich* ~ ‹verkeerd gooien› throw a bad ball, ‹zich verlagen› throw oneself away

vergrendelen *overg* [vergrendelde, h. vergrendeld] bolt

vergrijp *o* [-en] offence, ‹niet ernstig› misdemeanour ★ *een zwaar* ~ a major offence ★ *een* ~ *tegen de zeden* a breach of manners

vergrijpen *wederk* [vergreep, h. vergrepen] ★ *zich* ~ *aan* ‹verkeerd grijpen› miss out on, ‹misdoen› assault ★ *zich* ~ *aan een kind* interfere with a child

vergrijzen *onoverg* [vergrijsde, is vergrijsd] ❶ *v. personen* grow / go / turn grey ❷ *v. bevolking* age

vergrijzing *v* ag(e)ing of the population

vergroeien *onoverg* [vergroeide, is vergroeid] ❶ *samengroeien* grow together ★ *hij is met zijn werk vergroeid* he and his work have become one ❷ *misvormd raken* grow out of shape, ‹v. persoon› become / grow deformed ❸ *v. littekens* fade

vergroeiing *v* ❶ *samengroeiing* growing together ❷ *vervorming* crooked growth, deformity ❸ *v. littekens* fading

vergrootglas *o* [-glazen] magnifying glass

vergroten *overg* [vergrootte, h. vergroot] ❶ *groter maken* enlarge, extend ❷ *vermeerderen* increase, add to ❸ *groter weergeven* magnify, enlarge

vergroting *v* [-en] ❶ *het groter worden* enlargement ❷ *toename* increase ❸ *door een lens* magnification, ‹v. foto› enlargement, blow-up

vergruizen I *overg* [vergruisde, h. vergruisd] pulverize, pound, crush **II** *onoverg* [vergruisde, is vergruisd] crumble

vergruizer *m* [-s] pulverizer

vergruizing *v* [-en] pulverization, crushing

verguizen *overg* [verguisde, h. verguisd] revile, abuse, malign

verguld *bn* ❶ *met goud bekleed* gilt ★ *~ op snee* gilt-edged ★ *~e armoede* glorified poverty ❷ *blij* pleased, flattered ★ *ergens ~ mee zijn* be delighted with sth

vergulden *overg* [verguldde, h. verguld] gild

verguldsel *o* [-s] gilding, gilt

vergunnen *overg* [vergunde, h. vergund] ❶ *toestaan* permit, allow ❷ *toekennen* grant

vergunning *v* [-en] ❶ *toestemming* permission, allowance, leave ★ *met ~ van...* by permission of... ★ *zonder ~* ‹toestemming› without permission, ‹machtiging› without a licence, unlicensed ❷ *machtiging* permit, licence/Am license ★ *een ~ tot verblijf* a residence permit ★ *een ~ tot vestiging* a permanent residence permit ★ *een café met ~* a licensed pub(lic house)

vergunninghouder *m* [-s] licensee, permit holder, ‹v. café› licensed victualler

verhaal *o* [-halen] ❶ *vertelling* story ★ *het korte ~* the short story ★ *een ~ vertellen* tell a story / tale ★ *een ongelofelijk / sterk ~* a tall story ★ *allerlei verhalen vertellen / opdissen over...* spin yarns about ★ *zijn ~ doen* tell one's story ❷ *schadeloosstelling* (legal) remedy, redress, recovery ★ *er is geen ~ op* there is no redress ★ *hij kwam weer op zijn ~* he collected himself ❸ ZN, jur appeal

verhaalbaar *bn* recoverable ★ *de schade is op hem ~* the loss can be recovered from him

verhaallijn *v* [-en] story line, narrative

verhaaltje *o* [-s] story, tale

verhaaltrant *m* narrative style

verhaasten *overg* [verhaastte, h. verhaast] hasten, accelerate, speed up

verhakkeld *bn* ❶ *gescheurd* ZN torn to pieces ❷ *gewond* ZN wounded, hurt ❸ *verkreukeld* ZN crumpled ❹ *verzwakt* ZN sp weakened

verhalen *overg* [verhaalde, h. verhaald] ❶ *vertellen* tell, relate, narrate ❷ *vergoeding verkrijgen* recover, recoup ★ inf *hij wil het op mij ~* he wants to take it out on me ❸ *wegtrekken* shift

verhalenbundel *m* [-s] collection / anthology of stories

verhalend *bn* narrative

verhalenderwijs *bijw* as a narrative

verhandelbaar *bn* negotiable, marketable, sal(e)able

verhandelen *overg* [verhandelde, h. verhandeld] ❶ *verkopen* trade / deal in, sell ❷ *bespreken* discuss

verhandeling *v* [-en] ❶ *koop en verkoop* trading in, sale of ❷ *voordracht* lecture, ‹schriftelijk› essay, dissertation, paper ❸ *scriptie* ZN thesis

verhangen I *overg* [verhing, h. verhangen] rehang, hang otherwise **II** *wederk* [verhing, h. verhangen] ★ *zich ~* hang oneself

verhapstukken *overg* [verhapstukte, h. verhapstukt] settle, do ★ *iets te ~ hebben met iem.* have a bone to pick with sbd

verhard *bn* ❶ *hard gemaakt* hardened ★ *een ~e weg* a paved / metalled road ❷ fig hardened, hard-hearted, callous

verharden I *overg* [verhardde, h. verhard] *hard maken* harden ★ *een weg ~* metal / asphalt / pave a road **II** *onoverg* [verhardde, is verhard] ❶ *hard worden* become hard, harden ❷ fig harden

verharding *v* [-en] ❶ *het hard maken* hardening ❷ *v. weg* metalling, asphalting, paving ❸ *vereelting* callus, callosity

verharen *onoverg* [verhaarde, is verhaard] lose / shed one's hair, ‹v. dieren› moult

verhaspelen *overg* [verhaspelde, h. verhaspeld] mangle, garble, fluff ★ *uitdrukkingen ~* garbled expressions

verheerlijken *overg* [verheerlijkte, h. verheerlijkt] glorify

verheerlijking *v* glorification

verheffen I *overg* [verhief, h. verheven] ❶ *opheffen* raise, lift, elevate ★ *zijn hoofd ~* lift one's head ❷ fig raise, elevate, uplift ★ *de geest ~* uplift one's mind ★ *iem. tot graaf ~* make sbd a count ❸ wisk raise ★ *een getal tot de tweede macht (in het kwadraat) ~* raise a number to the second power, square a number **II** *wederk* [verhief, h. verheven] ★ *zich ~* rise ★ fig *zich ~ op iets* pride oneself on sth

verheffend *bn* elevating, uplifting ★ *een weinig ~ schouwspel* an undignifying spectacle

verheffing *v* [-en] ❶ *raising*, elevation ★ *met ~ van stem* raising his voice ❷ fig elevation ★ *~ in / tot de adelstand* elevation to the nobility/ ‹in Groot Brittannië› to the peerage

verheimelijken *overg* [verheimelijkte, h. verheimelijkt] conceal, hide, disguise ★ *zijn gevoelens ~* hide / disguise one's feelings

verhelderen I *overg* [verhelderde, h. verhelderd] *verduidelijken* clarify, elucidate ★ *een kop koffie zal je geest ~* a cup of coffee will clear your head **II** *onoverg* [verhelderde, is verhelderd] *opklaren* brighten, clear up ★ *zijn gezicht verhelderde* his face cleared up

verhelen *overg* [verheelde, h. verheeld] conceal, hide, keep secret ★ *iets voor iem. ~* conceal / hide / keep back sth from sbd ★ *hij verheelt het niet* he makes no secret of it

verhelpen *overg* [verhielp, h. verholpen] remedy, redress, correct ★ *een euvel ~* remedy a defect

verhemelte *o* [-n & -s] ❶ *v. mond* palate, roof (of the mouth) ★ *het zacht ~* the soft palate, the velum ❷ *baldakijn* canopy

verheugd I *bn* glad, pleased ★ *~ over* glad of, pleased at **II** *bijw* gladly

verheugen I *overg* [verheugde, h. verheugd] gladden, rejoice, delight ★ *dat verheugt mij* I'm glad of that ★ *het verheugt ons te horen, dat...* we're glad to hear that... **II** *wederk* [verheugde, h. verheugd] ★ *zich ~* be glad / delighted ★ *zich ~ in* be happy / delighted about ★ *zich in een goede gezondheid (mogen) ~* enjoy good health ★ *daar verheug ik mij nu reeds op* I'm already looking forward to it ★ *zich ~ over iets* be delighted about sth

verheugend I *bn* welcome, joyful, gratifying ★ *~ nieuws* joyful news ★ *het is ~ te weten, dat...* it is gratifying to know that... **II** *bijw* gratifyingly

verheven I *bn* ❶ *hoog* above, superior ★ *~ zijn boven* be above ❷ *hoogstaand, niet alledaags* elevated, lofty, sublime ★ *een ~ stijl* an elevated style ❸ *v. beeldwerk* raised, embossed, in relief **II** *bijw* loftily

verhevenheid *v* [-heden] ❶ elevation ★ *een kleine ~* a slight elevation ❷ fig loftiness

verhevigen *overg* [verhevigde, h. verhevigd] intensify

verheviging *v* intensification

verhinderen *overg* [verhinderde, h. verhinderd] prevent ★ *dat zal mij niet ~ om te...* that will not prevent me from...ing ★ *hij zal verhinderd zijn* he probably couldn't make it ★ *iem. ~ in de uitoefening van zijn beroep* obstruct / impede / hinder sbd in the execution of his duties

verhindering *v* [-en] ❶ *'t verhinderen* prevention ★ *bij ~ gaarne bericht* please let us know if you cannot come ❷ *beletsel* hindrance, obstacle, impediment

verhip *tsw* ★ *~!* drat (it)!, darn (it)!

verhit *bn* ❶ *heet* hot, flushed ❷ fig (over)heated ★ *een ~te sfeer* a heated atmosphere

verhitten I *overg* [verhitte, h. verhit] ❶ heat ❷ fig inflame, fire **II** *wederk* [verhitte, h. verhit] ★ *zich ~* get worked up

verhitting *v* heating (up)

verhoeden *overg* [verhoedde, h. verhoed] prevent, avert ★ *dat verhoede God!* God forbid!

verhogen *overg* [verhoogde, h. verhoogd] ❶ *hoger maken* raise ★ *een halve toon ~* sharpen a note ❷ *vermeerderen* increase ★ *de belastingen ~* increase / raise taxes ★ *~ met* raise / increase by ❸ *sterker doen uitkomen* heighten, enhance ★ *dat verhoogt de schoonheid* that will enhance it

verhoging *v* [-en] ❶ *het hoger maken* raising ❷ *vermeerdering* increase, rise ★ *een jaarlijkse ~* an annual increase / increment ❸ *bevordering* promotion ❹ *verhoogde plaats* elevation, ⟨podium⟩ dais, (raised) platform ❺ *koorts* temperature, fever

★ *hij heeft wat ~* he has a slight temperature / fever

verholen *bn* concealed, hidden, secret

verhonderdvoudigen I *overg* [verhonderdvoudigde, h. verhonderdvoudigd] multiply by a hundred **II** *onoverg* [verhonderdvoudigde, is verhonderdvoudigd] increase a hundredfold

verhongeren *onoverg* [verhongerde, is verhongerd] be starving to death, starve (to death), die of hunger ★ *doen / laten ~* starve (to death)

verhongering *v* starvation

verhoog *o* [-hogen] ❶ *podium* ZN speakers' platform ❷ *tribune* ZN (public) gallery

verhoogd *bn* raised, increased ★ *een ~e belangstelling voor milieuvraagstukken* an increased interest in environmental issues ★ *een ~e kans op besmetting* a greater / higher risk of infection ★ *in ~e mate* to a larger / greater extent

verhoor *o* [-horen] ❶ *v. verdachte* interrogation, questioning ★ *in ~ nemen* hear, interrogate ❷ *v. getuige* examination, ⟨door tegenpartij⟩ cross-examination ★ *wie zal het ~ afnemen?* who is going to examine? ★ *een ~ ondergaan* be under examination ★ *in ~ zijn* be under examination

verhoren *overg* [verhoorde, h. verhoord] ❶ *ondervragen* hear, interrogate, examine ❷ *gehoor geven aan* hear, answer

verhouden *wederk* [verhield, h. verhouden] ★ *zich ~* be as, be in the proportion of ★ *2 verhoudt zich tot 4 als 3 tot 6* 2 is to 4 as 3 is to 6

verhouding *v* [-en] ❶ *tussen getallen* proportion, ratio ★ *buiten ~ tot...* out of proportion to... ★ *in ~ tot* in proportion to ★ *in de juiste ~* in (the right) proportion ★ *in geen ~ staan tot...* be out of (all) proportion to..., be totally disproportionate to... ★ *naar ~* ⟨naar evenredigheid⟩ proportionally, proportionately, ⟨in vergelijking⟩ comparatively, relatively ★ *naar ~ van hun...* in proportion to their ❷ *tussen personen* relation(s), relationship ★ *een gespannen ~* strained relations ★ *een verstoorde ~* a disrupted relationship ❸ *liefdesbetrekking* (love) affair ★ *hij heeft een ~ met zijn lerares* he's having an affair with his teacher

verhoudingsgewijs *bijw* comparatively, relatively ★ *~ toenemen* increase proportionally

verhuis *m* [-huizen] ZN removal

verhuisdag *m* [-en] moving day

verhuiskaart *v* [-en] change of address card

verhuiskosten *zn* [mv] moving expenses, removal costs

verhuisonderneming *v* [-en] removal firm

verhuiswagen *m* [-s] furniture / removal van

verhuizen I *overg* [verhuisde, h. verhuisd] move **II** *onoverg* [verhuisde, is verhuisd] ❶ move (house) ★ *wij zijn verhuisd* we've moved (house) ★ *wij ~ naar Nijmegen* we're moving to Nijmegen ❷ *naar ander land* emigrate, migrate

verhuizer *m* [-s] (furniture) remover, removal contractor

verhuizing *v* [-en] move, moving, ‹naar ander land› emigration

verhullen *overg* [verhulde, h. verhuld] conceal, veil ★ ~*de sluiers* concealing veils ★ *niets* ~*d* revealing

verhuren *I overg* [verhuurde, h. verhuurd] ❶ *huis* Br let, Am rent ❷ *voorwerpen* let out (on hire), hire (out) **II** *wederk* [verhuurde, h. verhuurd] ★ *zich ~ (als)* hire oneself out (as)

verhuur *m* letting / hiring (out), hire, Am rental, renting ★ ~ *van fietsen* Br bicycles for hire, Am bicycles for rent

verhuurbedrijf *o* [-drijven] leasing company

verhuurder *m* [-s] ❶ *huizen, erfpacht* letter, renter, landlord / landlady, lessor ❷ *voorwerpen* hirer out

verhypothekeren *overg* [verhypothekeerde, h. verhypothekeerd] mortgage

verificateur *m* [-s] verifier

verificatie *v* [-s] verification

verifieerbaar *bn* verifiable

verifiëren *overg* [verifieerde, h. geverifieerd] ❶ *juistheid vaststellen* verify, check ❷ boekh audit, examine

verijdelen *overg* [verijdelde, h. verijdeld] ❶ *tenietdoen* frustrate, disappoint, shatter ★ *verijdelde hoop* shattered / dashed hope ❷ *tegenhouden* thwart, frustrate, defeat ★ *dat verijdelde hun plannen* that foiled their plans

vering *v* [-en] ❶ *het veren* spring action ❷ *de veren* springs ❸ *van auto* suspension

verinnerlijken I *overg* [verinnerlijkte, h. verinnerlijkt] interiorize, internalize **II** *onoverg* [verinnerlijkte, is verinnerlijkt] become internalized

verinteresten I *overg* [verinterestte, h. verinterest], **verintresten** [verintrestte, h. verintrest] put out at interest **II** *onoverg* [verinterestte, h. verinterest], **verintresten** [verintrestte, h. verintrest] bear no interest

verjaard *bn* ❶ *vordering/schuld* lapsed, statute-barred, time-barred ❷ *rechten* prescriptive

verjaardag *m* [-dagen] ❶ *v. personen* birthday ❷ *v. gebeurtenissen* anniversary

verjaardagsfeest *o* [-en] birthday party

verjaardagskalender *m* [-s] birthday calender

verjaardagspartij *v* [-en] birthday party

verjaarscadeau *o* [-s], **verjaarsgeschenk** [-en] birthday present

verjagen *overg* [verjaagde *of* verjoeg, h. verjaagd] ❶ drive / chase away ★ *vliegen* ~ shoo away flies ★ *de vijand* ~ drive out / expel the enemy ❷ fig dispel ★ *angst* ~ dispel anxiety

verjaren *onoverg* [verjaarde, h. en is verjaard] ❶ *jarig zijn* celebrate one's birthday ★ *ik verjaar vandaag* it's my birthday today ❷ jur become prescribed / statute-barred / time-barred ★ *dat misdrijf is verjaard* the crime is no longer prosecutable, the crime falls outside the statute of limitations

verjaring *v* [-en] ❶ jur prescription, limitation ❷ *verjaardag* birthday

verjaringstermijn *m* [-en] term of limitation

verjongen I *overg* [verjongde, h. verjongd] make young again, rejuvenate **II** *onoverg* [verjongde, is verjongd] grow young again, rejuvenate

verjonging *v* [-en] rejuvenation, regeneration

verjongingskuur *v* [-kuren] rejuvenation cure

verkalken *onoverg* [verkalkte, h. en is verkalkt] ❶ *kalk worden* calcine, calcify ❷ fig ossify ★ *verkalkte ideeën* ossified opinions

verkalking *v* calcination, calcification ★ ~ *van de bloedvaten* arteriosclerosis

verkankeren I *overg* [verkankerde, h. verkankerd] fig mess up **II** *onoverg* [verkankerde, is verkankerd] ❶ be riddled with / eaten away with cancer ❷ fig go to the dogs

verkapt *bn* disguised, veiled, masked ★ *een* ~ *dreigement* a veiled threat

verkassen *onoverg* [verkaste, is verkast] relocate, move (house)

verkavelen *overg* [verkavelde, h. verkaveld] ❶ *grond* parcel / lot out, (sub)divide ❷ *partij tabak &* divide into lots, allocate

verkaveling *v* [-en] lotting / parcelling out, allotment, (sub)division

verkeer *o* ❶ *te land, te water en in de lucht* traffic ★ *veilig* ~ road safety ★ *vrij* ~ free movement ★ *het* ~ *regelen* regulate the traffic ★ *de minister van* ~ the minister of transport ❷ *omgang* intercourse ★ *geslachts~* sexual intercourse ★ *maatschappelijk / huiselijk* ~ social / family intercourse

verkeerd I *bn* wrong, bad ★ *de* ~*e kant* the wrong side ★ *koffie* ~ coffee with hot milk, (caffè) latte **II** *m* ★ *de* ~*e voorhebben* mistake one's man ★ *dan heb je de* ~*e voor, mannetje!* then you've come to the wrong shop! **III** *bijw* wrongly, wrong ★ ~ *bezig zijn* be on the wrong track ★ *zijn overhemd* ~ *aantrekken* put one's shirt on the wrong way ★ ~ *aflopen* come to a bad end ★ *(iets)* ~ *doen* do (sth) wrong ★ *iets* ~ *opnemen* take sth amiss ★ *iets* ~ *uitleggen* misinterpret sth ★ *iets* ~ *verstaan* misunderstand sth ★ ~ *verbonden zijn* have dialled a wrong number ★ *ergens* ~ *aan doen* do wrong in sth

verkeersaanbod *o* amount of traffic

verkeersader *v* [-s] (traffic) artery, arterial road, thoroughfare

verkeersagent *m* [-en] policeman on point duty, traffic policeman, inf traffic cop

verkeersbord *o* [-en] road / traffic sign

verkeersbrigadier *m & v* [-s] lollipop lady / man

verkeerscentrale *v* [-s] traffic control centre/Am center

verkeerschaos *m* traffic chaos

verkeersdichtheid *v* traffic density

verkeersdrempel *m* [-s] Br speed hump, inf sleeping policeman, Am speed bump

verkeersdrukte *v* (heavy) traffic

verkeersinformatie *v* traffic information

verkeersknooppunt *o* [-en] junction, intersection,

ve

‹v. snelwegen› interchange
verkeersleider *m* [-s] luchtv air-traffic controller
verkeersleiding *v* luchtv air-traffic control
verkeerslicht *o* [-en] traffic light
verkeersongeval *o* [-len] road accident
verkeersopstopping *v* [-en] traffic jam, Am (traffic) tie-up
verkeersovertreding *v* [-en] road / traffic offence
verkeersplein *o* [-en] roundabout, Am traffic circle
verkeerspolitie *v* traffic police
verkeersregel *m* [-s] traffic rule
verkeersslachtoffer *o* [-s] road casualty
verkeersstroom *m* [-stromen] traffic flow
verkeersteken *o* [-s] traffic sign
verkeerstoren *m* [-s] luchtv control tower
verkeersveiligheid *v* road safety
verkeersvlieger *m* [-s] commercial pilot
verkeersvliegtuig *o* [-en] airliner, passenger aircraft
verkeersweg *m* [-wegen] thoroughfare, traffic route
verkeerswisselaar *m* [-s] ZN roundabout, Am traffic circle
verkeerszuil *v* [-en] bollard
verkennen *overg* [verkende, h. verkend] explore, investigate, mil reconnoitre ★ *het terrein* ~ explore the place, fig spy out the land
verkenner *m* [-s] ❶ *alg.* scout ❷ *bij scouting* Boy / Girl Scout ❸ comput explorer
verkenning *v* [-en] reconnoitring, scouting, exploration ★ *een* ~ a reconnaissance ★ *op* ~ *uitgaan* go out exploring, make a reconnaissance
verkenningspatrouille *v* [-s] reconnaissance patrol
verkenningstocht *m* [-en] reconnoitring / scouting expedition, exploration
verkenningsvliegtuig *o* [-en] reconnaissance plane
verkenningsvlucht *v* [-en] reconnaissance flight
verkeren I *overg* [verkeerde, h. verkeerd] ❶ *zich bevinden* be, find oneself ★ *in twijfel* ~ be in doubt ❷ *omgang hebben* associate ★ *aan het hof* ~ move in court circles ★ ~ *met iem.* associate with sbd II *onoverg* [verkeerde, is verkeerd] *veranderen* change ★ *het kan* ~ things may change ★ *vreugde kan in droefheid* ~ joy may turn to sadness
verkering *v* courtship ★ *hij heeft* ~ *met ons buurmeisje* he's going steady with the girl next door ★ *zij heeft* ~ she's going out with a fellow ★ *zij hebben* ~ they're going out together ★ *vaste* ~ *hebben* be going steady
verketteren *overg* [verketterde, h. verketterd] ❶ *v. ketterij beschuldigen* charge with heresy ❷ *veroordelen* decry, denounce ★ *ideeën* ~ reject ideas
verkiesbaar *bn* eligible ★ *zich* ~ *stellen* stand for office, stand as a candidate
verkieselijk, **verkieslijk** *bn* preferable (*boven* to)
verkiezen *overg* [verkoos, h. verkozen] ❶ *kiezen* elect, choose ★ *iem.* ~ *tot president* choose sbd for president, elect sbd president ❷ *de voorkeur geven* prefer ★ *wij* ~ *naar de schouwburg te gaan* we prefer

to go to the theatre ★ *A* ~ *boven B* prefer A to B ❸ *willen* like, choose ★ *hij verkoos niet te spreken* he chose not to speak ★ *zoals u verkiest* just as you like, please yourself
verkiezing *v* [-en] ❶ *politiek* election ★ *een* ~ *uitschrijven* call an election, go / appeal to the country ❷ *keus* choice, selection, preference ★ *bij* ~ for choice, for / by / in preference ★ *naar* ~ at will ★ *u kunt naar* ~ *of..., of...* the choice lies with you whether... or... ★ *meen je dat naar eigen* ~ *te kunnen doen?* do you think you can do that at your own sweet will? ★ *handel naar eigen* ~ use your own discretion, please yourself ★ *uit eigen* ~ of one's own free will
verkiezingsbelofte *v* [-n] election promise
verkiezingsbijeenkomst *v* [-en] election meeting
verkiezingscampagne *v* [-s] election campaign
verkiezingskoorts *v* electoral fever
verkiezingsleus *v* [-leuzen] electoral cry, slogan
verkiezingsnederlaag *v* [-lagen] electoral defeat
verkiezingsoverwinning *v* [-en] electoral victory
verkiezingsprogram *o* [-s] election programme/Am program
verkiezingsstrijd *m* (election) contest
verkiezingstijd *m* [-en] election time
verkiezingstournee *v* [-s] election tour, vote-getting tour
verkiezingsuitslag *m* [-slagen] election result / returns
verkijken I *overg* [verkeek, h. verkeken] give away, lose ★ *hij heeft zijn kans verkeken* he's lost his chance, inf he's missed the bus ★ *zijn tijd* ~ waste one's time II *wederk* [verkeek, h. verkeken] ★ *zich* ~ be mistaken, misjudge ★ *zich* ~ *op de tijd die nodig was om...* misjudge / underestimate the time needed to...
verkikkerd *bn* ★ ~ *op iets* keen on sth, nuts about sth ★ ~ *op een meisje* keen / gone on a girl
verkillen I *overg* [verkilde, h. verkild] chill II *onoverg* [verkilde, is verkild] cool off, become chilly
verklaarbaar *bn* explicable, explainable, understandable ★ *om verklaarbare redenen* for obvious reasons
verklappen *overg* [verklapte, h. verklapt] blab, give away ★ *de boel* ~ give the game / show away ★ *iem.* ~ peach / squeal on sbd ★ *zich* ~ let one's tongue run away with one, give oneself away
verklaren I *overg* [verklaarde, h. verklaard] ❶ *verduidelijken, uitleggen* explain, account for, elucidate ★ *kunt u het gebruik van dit woord hier* ~? can you explain why you used this word? ★ *te* ~ *zijn* be understandable ❷ *(aan)zeggen* declare, certify ★ *iem. gek* ~ certify sbd insane ★ *iem. schuldig* ~ pronounce sbd guilty ★ *de oorlog* ~ *aan* declare war on ★ *iets onder ede* ~ declare sth on / under oath II *wederk* [verklaarde, h. verklaard] ★ *zich* ~ declare oneself ★ *verklaar je nader* explain yourself ★ *zich* ~ *tegen / vóór...* declare against / in favour of... ★ *zich*

ve

solidair ~ *met* declare one's solidarity with

verklarend *bn* explanatory ★ *een ~ woordenboek* an explanatory dictionary

verklaring *v* [-en] ❶ *verduidelijking* explanation, account ❷ *mededeling* declaration, statement, ⟨onder ede⟩ testimony ★ *een beëdigde ~* a sworn statement, ⟨schriftelijk⟩ an affidavit ★ *een ~ van overlijden* a judicial declaration of death ❸ *officieel document* certificate ★ *een geneeskundige ~* a doctor's certificate ★ *een ~ omtrent het gedrag* a certificate of good behaviour

verkleden I *overg* [verkleedde, h. verkleed] ❶ *omkleden* change ★ *een kind ~* change a child's clothes ❷ *vermommen* disguise **II** *wederk* [verkleedde, h. verkleed] ★ *zich ~* change (one's clothes), ⟨zich vermommen⟩ dress up, disguise oneself

verkleefd *bn* stuck ★ *aan iem. ~ zijn* be stuck to sbd ★ *de foto's waren allemaal ~ aan elkaar* the photos were all stuck together

verkleinen *overg* [verkleinde, h. verkleind] ❶ *kleiner maken* reduce, make smaller, minimize ★ *een breuk ~* reduce a fraction ❷ *verminderen* reduce, diminish, lessen, minimize ★ *risico's ~* reduce the risks

verkleining *v* [-en] ❶ *het verkleinen* reduction, diminution ❷ *kleinering* disparagement, belittlement ❸ *verkleiningsfactor* reduction factor

verkleiningsuitgang *m* [-en] taalk diminutive suffix

verkleinvorm *m* [-en] diminutive form

verkleinwoord *o* [-en] diminutive

verkleumd *bn* benumbed, numb (with cold)

verkleumen *onoverg* [verkleumde, is verkleumd] grow numb (with cold)

verkleuren I *onoverg* [verkleurde, is verkleurd] ❶ *kleur verliezen* lose colour/Am color, discolour/Am discolor, fade ❷ *v. kleur veranderen* turn / change colour/Am color **II** *overg* [verkleurde, h. verkleurd] discolour, Am discolor

verkleuring *v* [-en] discoloration, fading

verklikken *overg* [verklikte, h. verklikt] ❶ *iets* tell, disclose ❷ *iemand* tell / peach on, give away, squeal on

verklikker *m* [-s] ❶ *persoon* telltale ★ *een stille ~* a police spy ❷ *instrument* techn indicator

verkloten *overg* [verklootte, h. verkloot] fuck up

verknallen *overg* [verknalde, h. verknald] ❶ *blow*, bungle, botch, muck up ❷ *v. vuurwerk* let off

verkneukelen *wederk* [verkneukelde, h. verkneukeld], **verkneuteren** [verkneuterde, h. verkneuterd] ★ *zich ~* chuckle, rub one's hands with pleasure ★ *zich ~ in* revel in

verknipt *bn* mad, loony, nuts

verknocht *bn* ❶ attached, devoted, taken, inf sold ★ *~ aan iets* attached / devoted to sth, taken by sth, sold on sth ❷ *v. rechtszaken* connected

verknochtheid *v* ❶ attachment, devotion ❷ *v. rechtszaken* connection

verknoeien *overg* [verknoeide, h. verknoeid] ❶ *bederven* spoil, bungle, mess up ★ *de boel ~* make a mess of it ❷ *slecht besteden* waste ★ *zijn tijd ~* waste one's time

verkoelen I *overg* [verkoelde, h. verkoeld] cool, refrigerate, chill **II** *onoverg* [verkoelde, is verkoeld] ❶ cool (down / off) ❷ fig cool, chill

verkoeling *v* [-en] ❶ *het verkoelen* cooling ❷ *m.b.t. relatie* cooling, coolness, chill ★ *er is een ~ tussen hen (ontstaan)* their relationship has cooled

verkoeverkamer *v* [-s] recovery room

verkommeren *onoverg* [verkommerde, is verkommerd] ❶ pine away, languish ❷ *van planten* wither

verkondigen *overg* [verkondigde, h. verkondigd] proclaim, put forward, ⟨theorie⟩ propound

verkondiger *m* [-s] ❶ proclaimer ❷ *prediker* preacher

verkondiging *v* [-en] ❶ proclamation ❷ *prediking* preaching

verkoold *bn* ❶ *koolstof geworden* carbonized ❷ *verbrand* charred

verkoop *m* ❶ *het verkopen* sale(s) ★ *~ bij opbod* sale by auction ★ *ten ~ aanbieden* offer for sale ★ *in de ~ doen* put up for sale ❷ *veiling* [-kopen] auction ★ *een ~ bij afslag* a Dutch auction ★ *een openbare ~* a sale by public auction

verkoopafdeling *v* [-en] sales department

verkoopapparaat *o* [-raten] sales organization

verkoopbaar *bn* ❶ sal(e)able, marketable ❷ *aanvaardbaar* acceptable

verkoopcampagne *v* [-s] sales campaign / drive

verkoopcijfers *zn* [mv] sales figures

verkoopdatum *m* [-s & -data] date of sale ★ *de uiterste ~* the sell-by date

verkoopdirecteur *m* [-en & -s] sales director

verkoopleider *m* [-s] sales manager / executive / director

verkooporder *v* [-s] sales order

verkooporganisatie *v* [-s] sales organization

verkooppraatje *o* [-s] sales talk / pitch

verkoopprijs, verkoopsprijs *m* [-prijzen] selling price

verkooppunt *o* [-en] (sales) outlet

verkoopster *v* [-s] saleswoman, salesgirl, shop assistant

verkooptruc *m* [-s] sales trick

verkopen [verkocht, h. verkocht] *overg* ❶ sell ★ *zich ~* sell oneself ★ *nee moeten ~* have to give no for an answer ★ *grappen ~* crack jokes ★ *leugens ~* tell lies ★ *iem. een oplawaai ~* bash sbd ★ *in het groot / klein ~* sell wholesale / retail ★ *in het openbaar of ondershands ~* sell by public auction or by private contract ❷ *van de hand doen* dispose of

verkoper *m* [-s] ❶ salesman / saleswoman, ⟨in winkel⟩ (shop) assistant ★ *de eerste / tweede ~* the senior / junior salesman ❷ jur vendor

verkoping *v* [-en] sale, auction, public sale ★ *in de ~ doen* put up for auction ★ *bij openbare ~* by (public) auction

verkort *bn* ❶ *eenvoudiger* abbreviated, abridged, contracted ❷ *ingekort* shortened
verkorten *overg* [verkortte, h. verkort] *korter maken* shorten, reduce, ⟨boek⟩ abridge
verkorting *v* [-en] shortening, reduction
verkouden *bn* ★ ~ *zijn* have a cold ★ ~ *worden* catch (a) cold
verkoudheid *v* [-heden] cold ★ *een* ~ *opdoen / oplopen* catch a cold ★ *ik kan niet van mijn* ~ *afkomen* I can't get rid of my cold
verkrachten *overg* [verkrachtte, h. verkracht] ❶ *v. personen* rape ❷ *v. wet* violate
verkrachter *m* [-s] rapist
verkrachting *v* [-en] ❶ *personen* rape ❷ *wet* violation
verkrampen *onoverg* [verkrampte, is verkrampt] tense up
verkrampt I *bn* ❶ *v. houding, gezicht* contorted ❷ *v. schrijfstijl* cramped ❸ *fig* constrained II *bijw* ★ ~ *vasthouden aan traditie* cling to tradition
verkreukelen I *overg* [verkreukelde, h. verkreukeld], **verkreuken** [verkreukte, h. verkreukt] rumple / crumple (up), wrinkle II *onoverg* [verkreukelde, is verkreukeld] crease, wrinkle, crush
verkrijgbaar *bn* obtainable, available, to be had ★ *niet meer* ~ sold out, out of stock, no longer to be had ★ *alleen op recept* ~ only to be had on prescription, only available on prescription
verkrijgen *overg* [verkreeg, h. verkregen] ❶ *ontvangen* receive, get ❷ *bemachtigen* gain, come by ★ *verkregen rechten* vested rights ❸ *kopen* obtain, acquire ▼ *hij kon het niet over zijn hart* ~ he could not bring himself to
verkrijging *v* acquisition ★ *ter* ~ *van* to acquire / obtain
verkromming *v* [-en] *med* curvature
verkroppen *overg* [verkropte, h. verkropt] swallow ★ *hij kan het niet* ~ he can't take / stomach it ★ *verkropte gramschap* pent-up anger
verkruimelen *overg & onoverg* [verkruimelde, h. en is verkruimeld] crumble
verkwanselen *overg* [verkwanselde, h. verkwanseld] *verkwisten* barter / bargain / fritter away ★ *zijn goede naam* ~ ruin one's reputation
verkwikken *overg* [verkwikte, h. verkwikt] ❶ *verfrissen* refresh ❷ *bemoedigen* comfort
verkwikkend I *bn* refreshing II *bijw* refreshingly
verkwikking *v* [-en] ❶ *verfrissing* refreshment ❷ *bemoediging* comfort
verkwisten *overg* [verkwistte, h. verkwist] waste, squander, throw / fritter away ★ *iets* ~ *aan* waste & sth on
verkwistend *bn* ❶ *verspillend* wasteful, uneconomical ❷ *te veel uitgevend* extravagant
verkwister *m* [-s] spendthrift, waster, squanderer
verkwisting *v* [-en] waste, wastefulness, squandering
verlaat I *bn* belated II *o* [-laten] *sluis* lock, weir
verladen *overg* [verlaadde, h. verladen] scheepv ship
verlader *m* [-s] shipper

verlagen I *overg* [verlaagde, h. verlaagd] ❶ *lager maken* lower, ⟨v. prijzen &⟩ reduce, mark down ★ ~ *met* reduce / cut / lower by ★ *in prijs verlaagd* reduced (in price) ★ *een halve toon* ~ reduce by a semitone ❷ *onteren* lower, cheapen, degrade II *wederk* [verlaagde, h. verlaagd] ★ *zich* ~ lower / degrade / debase oneself ★ *ik wil me tot zo iets niet* ~ I refuse to stoop to such a thing
verlaging *v* [-en] ❶ *alg.* lowering, ⟨v. prijzen &⟩ reduction, cutback ❷ *waardevermindering* depreciation ❸ *ontering* debasement, degradation
verlakken *overg* [verlakte, h. verlakt] ❶ *lakken* lacquer, varnish ❷ *bedriegen* hoodwink, bamboozle ★ *iem.* ~ bamboozle sbd
verlakkerij *v* [-en] *bedrog* con, swindle ★ *inf het was maar* ~ it was all a con
verlamd *bn* paralysed ★ *een* ~*e* a paralytic
verlammen I *overg* [verlamde, h. verlamd] ❶ paralyse ❷ *fig* cripple II *onoverg* [verlamde, is verlamd] become paralysed
verlamming *v* [-en] paralysis
verlangen I *o* [-s] desire, longing, ⟨sterker⟩ craving ★ *zijn* ~ *naar* his longing for ★ *op* ~ on demand ★ *op* ~ *van...* as requested by... ★ *op speciaal* ~ *van...* at the special request of... ★ *branden van* ~ burn with desire II *overg* [verlangde, h. verlangd] desire, want, ⟨eisen⟩ demand ★ *het verlangd salaris* the salary required ★ *ik verlang dat niet te horen* I don't want to hear it ★ *ik verlang niets liever* I'd ask nothing better, I'd be delighted ★ *dat is alles wat men* ~ *kan* it's all that can be desired ★ *wat zou men meer kunnen* ~? what more could one ask for? ★ *ik verlang (niet), dat je...* I (don't) want you to... ★ *verlangt u, dat ik...?* do you want / wish me to...? ★ *de directie verlangt van ons dat...* the management expects us... III *onoverg* [verlangde, h. verlangd] long, be longing ★ ~ *naar* long for, crave ★ *er naar* ~ *om* long to..., be anxious to... ★ *wij* ~ *er niet naar om...* we have no desire to...
verlangend *bn* longing ★ ~ *naar* longing / eager for, form desirous of ★ ~ *om...* eager / anxious to..., form desirous of...ing
verlanglijst *v* [-en] gift list ★ *je moet maar eens een* ~ *opmaken* you should draw up a list of the things you'd like to have
verlaten I *bn* ❶ *in de steek gelaten* abandoned ❷ *niet bewoond* abandoned, deserted ❸ *afgelegen* lonely, desolate II *overg* [verliet, h. verlaten] ❶ *weggaan van* leave ★ *de dienst* ~ quit the service ★ *zijn post* ~ desert one's post ★ *de stad* ~ leave the town ★ *de wereld* ~ ⟨naar het klooster gaan⟩ give up the world, ⟨sterven⟩ depart this life ❷ *in de steek laten* abandon / desert III *wederk* [verliet, h. verlaten] ★ *zich* ~ *op de voorzienigheid* trust to Providence ★ *daar kunt u zich op* ~ you can rely / depend on it IV *wederk* [verlaatte, h. verlaat] ★ *zich* ~ be late / overdue ★ *ik heb mij verlaat* I'm late
verlatenheid *v* abandonment, desolation, loneliness

ve

verlating v ❶ achterlating abandonment, desertion ❷ het laat worden retardation, delay

verlatingsangst m separation anxiety

verleden I bn past, last ★ ~ vrijdag last Friday ★ taalk de ~ tijd the simple past (tense) ★ fig dat is ~ tijd that's a thing of the past II o past ★ dat behoort tot het ~ that's a thing of the past

verlegen I bn ❶ beschroomd shy, timid, bashful ★ u maakt me ~ you make me blush ❷ beschaamd confused, embarrassed ★ zij was met haar figuur ~ she was self-conscious about her figure ❸ + om in need of, at a loss for ★ om een antwoord ~ zijn be at a loss for a reply ★ om geld ~ zijn be in need of money, be hard up ★ om tijd ~ zijn be short of time II bijw shyly &

verlegenheid v ❶ beschroomdheid shyness, timidity, bashfulness ❷ beschaamdheid embarrassment ★ iem. in ~ brengen embarrass sbd ★ in ~ raken get into trouble / difficulties ★ iem. uit de ~ redden help sbd out of a difficulty

verleggen overg [verlegde, h. verlegd] ❶ anders leggen move, divert, reposition ★ een weg ~ divert a road ❷ op een andere plek leggen remove, shift, displace

verlegging v [-en] ❶ anders leggen moving, diversion ❷ op een andere plek leggen shifting, transfer

verleidelijk I bn alluring, tempting, seductive II bijw alluringly &

verleiden overg [verleidde, h. verleid] ❶ tot iets lokken tempt, entice, invite ★ iem. ertoe ~ om iets te doen tempt / entice sbd into doing sth ★ iem. tot zonde ~ lead sbd astray ❷ tot het slechte seduce ★ een meisje ~ seduce a girl

verleider m [-s] seducer/ ⟨vrouw⟩ seductress, tempter/ ⟨vrouw⟩ temptress

verleiding v [-en] ❶ het verleiden seduction ❷ verlokking temptation ★ de ~ weerstaan om... resist the temptation to... ★ in de ~ komen om... be tempted to...

verleidster v [-s] temptress, seductress

verlekkerd I bn keen (on) ★ ~ op keen on II bijw ★ ~ kijken naar leer at

verlekkeren wederk [verlekkerde, h. verlekkerd] ★ zich ~ aan lick one's lips over

verlenen overg [verleende, h. verleend] ❶ toestaan grant ★ uitstel / gratie ~ grant respite / a pardon ★ toegang ~ permit access to ❷ geven give ★ hulp ~ render / lend / give assistance ★ voorrang ~ give way ❸ een titel/orde confer upon ★ iem. de doctorstitel ~ confer a doctorate on sbd

verlengde o extension ★ in het ~ liggen van be a continuation of, be in line with, fig follow naturally from

verlengen overg [verlengde, h. verlengd] ❶ langer maken lengthen ★ sp een pass ~ pass the ball on ❷ paspoort & renew ❸ langer laten duren extend, prolong ★ sp de wedstrijd wordt verlengd the match is going into extra time/Am into overtime ❹ wisk produce

verlenging v [-en] ❶ het verlengen lengthening, prolongation, extension ❷ paspoort & renewal ❸ sp extra time, Am overtime

verlengsnoer o [-en] extension cord

verlengstuk o [-ken] extension piece

verlening v ❶ v. krediet & grant ❷ v. volmacht & conferment

verlept bn withered, faded, wilted

verleren overg [verleerde, h. en is verleerd] forget how to, ⟨met opzet⟩ unlearn ★ hij is zijn eigen taal verleerd he's forgotten (how to speak) his own language

verlet o ❶ uitstel delay ★ zonder ~ without delay ❷ tijdverlies loss of time

verlevendigen I overg [verlevendigde, h. verlevendigd] enliven, revive II onoverg [verlevendigde, is verlevendigd] revive, liven up

verlicht bn ❶ niet donker illuminated ❷ fig enlightened ★ onze ~e eeuw our enlightened age ★ een ~e geest an enlightened spirit ❸ minder zwaar lightened ❹ opgelucht relieved ★ zich ~ voelen feel relieved

verlichten overg [verlichtte, h. verlicht] ❶ minder donker maken illuminate ❷ v.d. geest enlighten ❸ minder zwaar maken lighten ★ een last ~ lighten a burden ❹ verzachten relieve, ease, alleviate

verlichting v ❶ v. lampen & lighting, illumination ❷ van de geest enlightenment ★ hist de ~ the (Age of) Enlightenment / Reason ❸ het minder zwaar worden lightening ❹ v. pijn & alleviation, relief ★ dat geeft ~ it's bringing some relief ★ een zucht van ~ a sigh of relief

verliefd I bn ❶ in love, enamoured ★ een ~ paar a couple / pair of lovers ★ ~ op in love with, sweet on ★ tot over de oren ~ madly in love ★ ~ worden op fall in love with ❷ liefde voelend amorous ★ een ~e blik an amorous look II bijw lovingly, amorously, fondly

verliefdheid v [-heden] (state of being in) love ★ een dwaze ~ an infatuation

verlies o [-liezen] ❶ het verliezen loss, ⟨v.e. dierbare⟩ bereavement ★ hun groot ~ door zijn dood the great bereavement occasioned by his death ❷ nadeel loss ★ iem. een ~ berokkenen inflict a loss upon sbd ★ een ~ goedmaken make good / make up for / recoup a loss ★ ~ lijden suffer a loss ★ met ~ verkopen / werken sell / work at a loss ★ met ~ at a loss ★ niet tegen zijn ~ kunnen be a bad loser ❸ het verlorene loss, casualty

verliescijfer o [-s] ❶ losses ❷ slachtoffers number of casualties

verlies-en-winstrekening v profit and loss account

verliesgevend, verlieslijdend bn loss-making ★ een ~e handel a business that operates at a loss

verlieslatend bn ZN operating at a loss, loss-making

verliespost m [-en] loss, write-off, loss-making activity

verliezen I overg [verloor, h. en is verloren] lose ★ zijn kalmte ~ lose one's head / self-control ★ niets te ~ hebben have nothing to lose ★ u zult er niet bij ~ you won't lose out on it ★ ~ *op iets* lose on sth ★ ~ *van / tegen* lose to **II** *wederk* [verloor, h. verloren] ★ *zich ~ (in)* lose oneself / itself (in)

verliezer *m* [-s] loser

verliggen *onoverg* [verlag, is verlegen] ❶ *bederven* spoil, get spoiled ❷ *anders liggen* shift, move ★ *gaan ~* move over, change / shift position

verlijden *overg* [verleed, h. verleden] draw up, execute

verlinken *overg* [verlinkte, h. verlinkt] give away, betray, *inf* squeal on

verloederen *onoverg* [verloederde, is verloederd] degenerate, run to seed, *inf* go to the dogs / to pot

verloedering *v* degeneration, corruption ★ *de ~ van de binnenstad* the slumming of the inner city ★ *de ~ van de taal* bastardization / corruption of the language

verlof *o* [-loven] ❶ *vergunning* leave, permission ★ ~ *geven om...* give / grant permission to... ❷ *verloftijd* leave (of absence), *mil* leave, furlough, ⟨v. docent⟩ sabbatical ★ ~ *aanvragen* apply for leave ★ ~ *geven* grant leave ★ ~ *nemen, met ~ gaan* go on leave ★ *met ~* on leave ❸ *tapvergunning* alcohol licence/*Am* license ❹ *vakantie* ZN holiday(s)

verlofdag *m* [-dagen] day off ★ *~en* leave (of absence)

verlofganger *m* [-s] *mil* soldier on leave

verlofpas *m* [-sen] ❶ *bij voorwaardelijke invrijheidstelling* leave pass ❷ *mil* furlough pass

verloftijd *m* [-en] (time of) leave

verlokkelijk I *bn* tempting, seductive, alluring **II** *bijw* temptingly &

verlokken *overg* [verlokte, h. verlokt] tempt, entice, allure, seduce

verlokking *v* [-en] temptation, enticement, allurement

verloochenen I *overg* [verloochende, h. verloochend] renounce **II** *wederk* [verloochende, h. verloochend] ★ *zich ~* ⟨zijn eigen aard⟩ belie one's nature, ⟨onzelfzuchtig⟩ deny oneself, practise self-denial ★ *zijn afkomst verloochende zich niet* his background couldn't be denied ★ *de natuur verloochent zich niet* nature never lies, blood will out

verloochening *v* denial, repudiation, renunciation

verloofd *bn* engaged ★ *met elkaar ~* engaged to each other

verloofde *m-v* [-n] fiancé(e) ★ *de ~n* the engaged couple

verloop *o* ❶ *verstrijken* course, passage ★ *na ~ van drie dagen* after three days ★ *na ~ van tijd* in time, as time goes on ❷ *ontwikkeling* course, progress, development ★ *de ziekte moet zijn ~ hebben* the disease has to take / run its course ★ *het gewone ~ hebben* proceed normally ★ *een noodlottig ~ hebben* end fatally ★ *de vergadering had een rustig ~* the meeting proceeded quietly ❸ *achteruitgang* decline, decay ❹ *wisseling van personen* turnover ❺ *versmalling* tapering, reduction

verloopstekker *m* [-s] adapter (plug)

verloopstuk *o* [-len] techn reducer

verlopen I *bn* ❶ *verstreken* expired ★ ~ *rente* expired interest ❷ *zedelijk achteruitgegaan* run down, shabby, seedy ★ *een ~ kerel / student* a seedy fellow / student **II** *onoverg* [verliep, is verlopen] ❶ *van tijd* pass (away), elapse, go by ★ *enige jaren zijn ~* a couple of years have gone by ❷ *v. handeling* go / pass off ★ *vlot / goed ~* go off smoothly / well ★ *de demonstratie verliep zonder incidenten* the demonstration passed without an incident / a hitch ❸ *van paspoort, abonnement &* expire ❹ *achteruitgaan, minder worden* go down, run to seed ★ *zijn zaak is geheel ~* his shop has gone downhill ★ *het getij verliep* the tide was ebbing ★ *de staking verliep* the strike collapsed ❺ *nauwer, smaller worden* techn taper, reduce, narrow ❻ *bilj* run into the pocket ❼ *druktechn* be overrun

verloren I *bn* lost ★ *een ~ man* a lost / dead man ★ ~ *moeite* wasted effort ★ ~ *ogenblikken* spare moments ★ *de ~ zoon* the prodigal son ★ ~ *gaan / raken* be / get lost ★ *er zal niet veel aan ~ zijn* it won't be much (of a) loss **II** *bijw* ★ *zij dwaalt ~ rond* she wanders around like a lost soul

verloskamer *v* [-s] med delivery room

verloskunde *v* obstetrics, midwifery

verloskundig *bn* obstetric(al)

verloskundige *m-v* [-n] ❶ *specialist* obstetrician ❷ *vroedvrouw* midwife

verlossen *overg* [verloste, h. verlost] ❶ deliver, rescue, release, free, ⟨godsdienstig⟩ redeem ❷ *bij bevalling* deliver

verlosser *m* [-s] liberator, deliverer ★ *de Verlosser* the Redeemer / Saviour

verlossing *v* [-en] ❶ *bevrijding* deliverance, rescue, ⟨godsdienstig⟩ redemption ❷ *bevalling* delivery

verlostang *v* [-en] forceps

verloten *overg* [verlootte, h. verloot] raffle ★ *iets ~* raffle sth off

verloting *v* [-en] raffle, lottery

verloven *wederk* [verloofde, h. verloofd] ★ *zich ~* become engaged ★ *ze zijn verloofd* they're engaged

verloving *v* [-en] engagement (*met* to)

verlovingsfeest *o* [-en] engagement party

verlovingsring *m* [-en] engagement ring

verlovingstijd *m* [-en] engagement (period)

verluchten *overg* [verluchtte, h. verlucht] ❶ *een boek* illuminate ❷ *ventileren* ZN air, ventilate

verluchter *m* [-s] illuminator

verluchting *v* ❶ *van boek* illumination ❷ *ventilatie* ZN ventilation

verluiden *onoverg* [verluidde, is verluid] be reported ★ *niets laten ~* don't breathe a word about it ★ *naar verluidt* it is rumoured that, rumour has it that

verlullen I *overg* [verlulde, h. verluld] *de tijd pratend verdoen* jaw on / away, *inf* crap on **II** *wederk* [verlulde, h. verluld] ★ *zich ~* spill the beans, give the game away

verlustigen I *overg* [verlustigde, h. verlustigd] amuse, entertain, divert **II** *wederk* [verlustigde, h. verlustigd]

ve

★ *zich ~ in* (take a) delight in, take (a) pleasure in

verlustiging *v* [-en] amusement, diversion

vermaak *o* [-maken] entertainment, pleasure, diversion, amusement ★ *~ scheppen in* take (a) pleasure in, find pleasure in, take delight in ★ *tot ~ van...* to the amusement of...

vermaaksindustrie *v* entertainment industry

vermaard *bn* famous, renowned, celebrated

vermaardheid *v* ❶ fame, renown ❷ *persoon* [-heden] celebrity

vermaatschappelijking *v* *het opgaan in de maatschappij* socialization

vermageren I *overg* [vermagerde, h. vermagerd] make lean / thin, emaciate II *onoverg* [vermagerde, is vermagerd] ❶ *door ziekte &* lose weight ❷ *door dieet* diet, slim

vermageringskuur *v* [-kuren] slimming diet

vermakelijk I *bn* amusing, entertaining II *bijw* amusingly &

vermaken I *overg* [vermaakte, h. vermaakt] ❶ *veranderen* alter ★ *een jurk laten ~* have a dress altered ❷ *nalaten* bequeath, will ★ *zijn huis ~ aan* bequeath / will one's house to ❸ *amuseren* amuse, divert II *wederk* [vermaakte, h. vermaakt] ★ *zich ~* enjoy / amuse oneself ★ *zich ~ met...* amuse oneself with ⟨sth⟩, amuse oneself (by) ⟨doing sth⟩

vermaledijd *bn* damned, accused ★ *die ~e...* that damned...

vermalen *overg* [vermaalde, h. vermalen] grind

vermanen *overg* [vermaande, h. vermaand] admonish, exhort, warn ★ *hij sprak haar ~d toe* he spoke severely to her

vermaning *v* [-en] admonition, exhortation, warning, inf talking-to

vermannen *wederk* [vermande, h. vermand] ★ *zich ~* pull oneself together

vermarkten *overg* [vermarktte, h. vermarkt] ★ *een nieuw product ~* market a new product

vermeend *bn* supposed, alleged, reputed

vermeerderen I *overg* [vermeerderde, h. vermeerderd] increase, augment, enlarge ★ *een vermeerderde uitgave* an enlarged edition ★ *zich ~* ⟨v. dingen, getallen &⟩ increase, ⟨v. mens & dier⟩ multiply ★ *het getal ~ met 10* add 10 to the number II *onoverg* [vermeerderde, is vermeerderd] grow, increase ★ *het aantal inwoners is vermeerderd met...* the population has increased / grown by...

vermeerdering *v* [-en] increase, augmentation

vermeien *wederk* [vermeide, h. vermeid] ★ *zich ~* amuse / enjoy oneself ★ *zich ~ in...* revel in...

vermelden *overg* [vermeldde, h. vermeld] ❶ *melding maken van* mention, state ❷ *boekstaven* record

vermeldenswaard, **vermeldenswaardig** *bn* worth mentioning, worthy of mention ★ *niets ~igs* nothing worth mentioning

vermelding *v* [-en] mention ★ *een eervolle ~* ⟨op tentoonstelling⟩ an honourable mention, mil mentioned in dispatches ★ *met ~ van...*

mentioning..., stating...

vermengen I *overg* [vermengde, h. vermengd] ❶ *samenmengen* mix, mingle, blend ★ *met water ~* mix with water ❷ *v. metalen* alloy II *wederk* [vermengde, h. vermengd] ★ *zich ~* mix, mingle, blend

vermenging *v* [-en] mixing, mixture, blending, amalgamation

vermenigvuldigen I *overg* [vermenigvuldigde, h. vermenigvuldigd] multiply ★ *~ met...* multiply by... II *wederk* [vermenigvuldigde, h. vermenigvuldigd] ★ *zich ~* multiply ★ *ga heen en vermenigvuldigt u* go forth and multiply

vermenigvuldiger *m* [-s] multiplier

vermenigvuldiging *v* [-en] multiplication ★ *~en maken* do multiplications ★ *de tafels van ~* the multiplication tables

vermetel I *bn* audacious, bold, daring II *bijw* audaciously, boldly, daringly

vermetelheid *v* audacity, boldness, daring

vermicelli *m* vermicelli

vermicellisoep *v* vermicelli soup

vermijdbaar *bn* avoidable

vermijden *overg* [vermeed, h. vermeden] ❶ *ontwijken* avoid ❷ *schuwen* shun

vermijding *v* avoidance, avoiding ★ *ter ~ van...* in order to avoid...

vermiljoen *o* vermilion, cinnabar

verminderen I *overg* [verminderde, h. verminderd] ❶ lessen, diminish, decrease, reduce ★ *verminder a met b* from a take b ★ *de kosten ~* cut the costs ★ *snelheid ~* reduce speed ★ *ik zal zijn verdienste niet ~* I'm not going to detract from his merits ❷ *verkorten* ZN reduce II *onoverg* [verminderde, is verminderd] ❶ *alg.* lessen, diminish, decrease ❷ *v. pijn &* abate, ease ❸ *v. aantallen* drop

vermindering *v* [-en] ❶ *alg.* diminution, decrease, falling-off, fall-off ★ *~ van straftijd* reduction of sentence ❷ *v. pijn &* abatement, regression ❸ *v. prijzen* reduction ★ *~ van boete* reduction in fines ❹ *v. lonen* cut ❺ *korting* ZN reduction, discount

verminken *overg* [verminkte, h. verminkt] maim, mutilate, disfeature ★ *hij is verminkt* he is mutilated

verminking *v* [-en] mutilation

vermissen *overg* [vermiste, h. vermist] miss ★ *wij ~ onze poes* out cat is missing

vermissing *v* [-en] loss, absence, state of being missed

vermist *bn* missing ★ *hij wordt ~* he is missing

vermiste *m-v* [-n] missing person ★ *de ~n* the (number of people) missing

vermits *voegw* ZN since, as, because

vermoedelijk I *bn* supposed, presumed ★ *de ~e erfgenaam* the heir presumptive ★ *de ~e moordenaar* the suspected killer II *bijw* supposedly, presumably

vermoeden I *o* [-s] ❶ *gedachte* suspicion ★ *~s hebben* have one's suspicions ★ *een ~ hebben tegen iem.* suspect sbd ★ *het ~ wekken dat...* suggest that... ★ *kwade ~s wekken* arouse suspicion ★ *geen flauw ~*

van iets hebben not have the slightest suspicion ❷ *gissing* conjecture, surmise ❸ jur presumption ★ *een redelijk ~ van schuld* a reasonable presumption of guilt ★ *~ van bewijs* prima facie evidence **II** *overg* [vermoedde, h. vermoed] suspect ★ *geen kwaad ~d* unsuspectingly ★ *zijn vrouw vermoedt niets* his wife has no idea ★ *ik vermoed tenminste dat je dat bedoelt* at least I suppose that's what you mean

vermoeid I *bn* tired, weary **II** *bijw* tiredly, wearily

vermoeidheid *v* tiredness, weariness, fatigue

vermoeidheidsverschijnsel *o* [-en] symptom of fatigue

vermoeien I *overg* [vermoeide, h. vermoeid] tire, weary **II** *wederk* [vermoeide, h. vermoeid] ★ *zich ~* tire oneself (out), get tired

vermoeiend *bn* ❶ tiring ❷ *vervelend* tiresome

vermoeienis *v* [-sen] weariness, fatigue ★ *de ~sen van een reis* travel fatigue

vermogen I *o* [-s] ❶ *macht* power ★ *ik zal alles doen wat in mijn ~ is* I'll do everything in my power ❷ *geschiktheid* ability, capacity ★ *zijn verstandelijke ~s* one's intellectual faculties ★ *naar mijn beste ~* to the best of my ability ★ *goede ~s hebben* be naturally gifted ❸ *werkvermogen* ook elektr capacity, power ★ *geleidend ~* conductivity ❹ *v. motor* performance ❺ *fortuin* fortune, means, capital ★ *dat kost een ~* it costs a fortune ❻ *bezit* property ★ *het nationale ~* the national wealth ★ *geen ~ hebben* have no means ★ ⟨v. ondernemer⟩ *vreemd ~* loan capital **II** *overg* [vermocht, h. vermocht] be capable of, have power to ★ *dat zal niets ~* it will be to no purpose ★ *veel bij iem. ~* have a lot of influence with sbd ★ *niets ~ tegen* be of no avail against

vermogend *bn* ❶ *machtig* influential ❷ *rijk* wealthy, rich, well-to-do, well-off

vermogensaanwas *m* capital gain / growth / accretion

vermogensaanwasdeling *v* capital growth sharing

vermogensbeheer *o* asset / capital management

vermogensbelasting *v* [-en] capital / wealth tax, ⟨op onroerend goed⟩ property tax

vermogensdelict *o* [-en] crime against property

vermogensgroei *m* capital growth

vermogensheffing *v* [-en] capital levy, levy on property

vermogensmarkt *v* capital market

vermogensopbouw *m* capital accumulation

vermogenswinst *v* [-en] capital gain / profit

vermolmd *bn* decayed, rotten

vermommen I *overg* [vermomde, h. vermomd] disguise **II** *wederk* [vermomde, h. vermomd] ★ *zich ~* disguise oneself

vermomming *v* [-en] disguise

vermoorden *overg* [vermoordde, h. vermoord] murder, kill, inf do in

vermorzelen *overg* [vermorzelde, h. vermorzeld] crush, pulverize ★ *zijn tegenstander ~* wipe the floor

with one's opponent

vermorzeling *v* crushing, pulverization

vermout *m* vermouth

vermurwen *overg* [vermurwde, h. vermurwd] soften, mollify ★ *hij was niet te ~* he couldn't be mollified

vernachelen *overg* [vernachelde, h. vernacheld] ❶ *voor de gek houden* take for a ride ❷ *bedriegen* swindle

vernauwen I *overg* [vernauwde, h. vernauwd] narrow (down) **II** *wederk* [vernauwde, h. vernauwd] ★ *zich ~* narrow **III** *onoverg* [vernauwde, is vernauwd] narrow

vernauwing *v* [-en] ❶ narrowing ❷ med stricture

vernederen I *overg* [vernederde, h. vernederd] humble, humiliate, take down ★ *vernederd worden* be humbled **II** *wederk* [vernederde, h. vernederd] ★ *zich ~* humble oneself, inf eat humble pie

vernederend *bn* humiliating, degrading

vernedering *v* [-en] humiliation ★ *een ~ ondergaan* be humiliated

vernederlandsen I *overg* [vernederlandste, h. vernederlandst] make Dutch **II** *onoverg* [vernederlandste, is vernederlandst] become Dutch

vernemen *overg* [vernam, h. vernomen] hear, understand, learn ★ *naar wij ~* according to reports

verneuken *overg* [verneukte, h. verneukt] screw, con

verneukeratief *bn* dirty, rotten

vernielal *m* [-len] destroyer, smasher

vernielen *overg* [vernielde, h. vernield] destroy, wreck

vernieler *m* [-s] destroyer, smasher

vernieling *v* [-en] destruction ★ *in de ~ raken* become a wreck

vernielzucht *v* destructiveness

vernielzuchtig *bn* destructive

vernietigen *overg* [vernietigde, h. vernietigd] ❶ *stuk maken* destroy, annihilate, wreck ❷ *nietig verklaren* nullify, annul, quash

vernietigend *bn* destructive, devastating, fig crushing, withering ★ *een ~ vuur* a devastating fire ★ *een ~e blik* a withering look ★ *een ~ oordeel* a scathing judgement ★ *een ~ antwoord* a crushing reply ★ *een ~e overwinning* a smashing victory

vernietiging *v* ❶ destruction, annihilation, devastation ❷ jur annulment, nullification, quashing

vernietigingskamp *o* [-en] extermination camp

vernietigingswapen *o* [-s] weapon of destruction

vernieuwen *overg* [vernieuwde, h. vernieuwd] ❶ *moderniseren* renovate ❷ *vervangen* renew ★ *met vernieuwde krachten* with renewed vigour

vernieuwend *bn* innovative

vernieuwer *m* [-s] ❶ *iem. die moderniseert* renovator ❷ *iem. met nieuwe ideeën* innovator

vernieuwing *v* [-en] ❶ *innovatie* innovation ❷ *modernisering* renewal, modernization ★ *~ van het onderwijs* educational reform ❸ *verbouwing* renovation

vernikkelen I *overg* [vernikkelde, h. vernikkeld] (plate with) nickel, nickel-plate **II** *onoverg* [vernikkelde, is vernikkeld] *v.d. kou* freeze

vernis *o & m* [-sen] ❶ varnish ❷ *fig* veneer

vernissage *v* preview

vernissen *overg* [verniste, h. gevernist] ❶ *met vernis bedekken* varnish ❷ *schone schijn geven* veneer

vernoemen *overg* [vernoemde, h. vernoemd] name after ★ *naar iem. vernoemd zijn* be called after sbd

vernuft *o* [-en] *scherpzinnigheid* ingenuity

vernuftig I *bn* ingenious **II** *bijw* ingeniously

veronachtzamen *overg* [veronachtzaamde, h. veronachtzaamd] disregard, neglect, slight ★ *zijn gezondheid* ~ neglect one's health ★ *iem.* ~ slight sbd

veronachtzaming *v* neglect, disregard ★ *met* ~ *van* in neglect / disregard of

veronderstellen *overg* [veronderstelde, h. verondersteld] suppose, assume ★ *veronderstel dat...* suppose / supposing (that)... ★ *iets als bekend* ~ take sth as read / understood

veronderstelling *v* [-en] assumption, supposition ★ *in de* ~ *dat...* in / on the assumption that...

verongelijkt I *bn* wronged, aggrieved ★ *met een* ~ *gezicht* with an aggrieved expression **II** *bijw* ★ ~ *kijken* look aggrieved / discontented

verongelukken *onoverg* [verongelukte, is verongelukt] ❶ *v. personen* have an accident, be killed ❷ *v. schepen &* be wrecked, be lost

verontreinigen *overg* [verontreinigde, h. verontreinigd] pollute, contaminate, foul

verontreiniging *v* [-en] pollution, contamination

verontreinigingsheffing *v* [-en] anti-pollution tax / levy

verontrusten I *overg* [verontrustte, h. verontrust] alarm, disturb, perturb **II** *wederk* [verontrustte, h. verontrust] ★ *zich* ~ *over* be alarmed at, be agitated / disturbed about

verontrustend *bn* alarming, perturbing, disturbing

verontrusting *v* alarm, anxiety

verontschuldigen I *overg* [verontschuldigde, h. verontschuldigd] excuse ★ *dat is niet te* ~ it is inexcusable **II** *wederk* [verontschuldigde, h. verontschuldigd] ★ *zich* ~ apologize (*bij* to, *wegens* for), excuse oneself ★ *zich laten* ~ ask to be excused

verontschuldiging *v* [-en] excuse, apology ★ *zijn ~en aanbieden* apologize ★ *vermoeidheid als* ~ *aanvoeren* plead fatigue ★ *ter* ~ by way of excuse

verontwaardigd I *bn* indignant ★ ~ *over* indignant about / over **II** *bijw* indignantly

verontwaardiging *v* indignation

veroordeelde *m-v* [-n] convicted person ★ *de ter dood ~n* those under sentence of death

veroordelen *overg* [veroordeelde, h. veroordeeld] ❶ *afkeuren* condemn, denounce ★ *iems. houding* ~ condemn sbd's attitude ❷ *oordeel uitspreken over* condemn, sentence ★ *iem. ter dood* ~ condemn / sentence sbd to death ★ *tot drie maanden gevangenisstraf* ~ sentence to three months (imprisonment) ★ *iem.* ~ *wegens* convict sbd of

★ *iem. in de kosten* ~ order sbd to pay costs

veroordeling *v* [-en] ❶ *afkeuring* condemnation ❷ jur conviction, ⟨vonnis⟩ sentence ★ *een* ~ *wegens diefstal* a conviction for theft

veroorloven I *overg* [veroorloofde, h. veroorloofd] permit, allow, grant leave **II** *wederk* [veroorloofde, h. veroorloofd] ★ *zich* ~ *om...* take the liberty of... ★ *zij* ~ *zich zelfs geen auto* they don't even permit themselves the luxury of a car ★ *zij kunnen zich dat* ~ they can afford it

veroorzaken *overg* [veroorzaakte, h. veroorzaakt] cause, bring about, occasion ★ *een ongeval* ~ cause an accident ★ *moeilijkheden* ~ create / provoke problems

veroorzaker *m* [-s] cause, author

verootmoedigen I *overg* [verootmoedigde, h. verootmoedigd] form humble, humiliate **II** *wederk* [verootmoedigde, h. verootmoedigd] ★ form *zich* ~ humble oneself

verorberen *overg* [verorberde, h. verorberd] consume, dispose of, polish off ★ *hij verorberde een hele kip* he put away a whole chicken

verordenen *overg* [verordende, h. verordend] order, ordain, decree

verordening *v* [-en] regulation, Am ordinance, ⟨in EU⟩ regulation, ⟨gemeentelijk⟩ bylaw, bye-law ★ *volgens* ~ by order

verordonneren *overg* [verordonneerde, h. verordonneerd] order

verouderd *bn* obsolete, out of date, antiquated, archaic ★ *een* ~ *idee* an antiquated idea ★ *het boek is* ~ the book is outdated ★ ~*e voorraad* dead stock

verouderen I *overg* [verouderde, h. verouderd] make older, age **II** *onoverg* [verouderde, is verouderd] ❶ *van personen* grow old, age ★ *hij is erg verouderd* he has aged a lot ❷ *v. woorden &* become obsolete

veroudering *v* ❶ *ouder worden* growing old, ageing/Am aging ❷ *in onbruik raken* obsolescence

verouderingsproces *o* [-sen] ageing/Am aging process

veroveraar *m* [-s] ❶ conqueror ❷ *rokkenjager* Don Juan

veroveren *overg* [veroverde, h. veroverd] conquer, capture, take (*op* from) ★ *een zetel* ~ win a seat ★ *de harten* ~ win the hearts and minds

verovering *v* [-en] conquest, capture

veroveringsoorlog *m* [-logen] war of conquest

verpachten *overg* [verpachtte, h. verpacht] ❶ *grond* lease ❷ *rechten* farm out

verpakken *overg* [verpakte, h. verpakt] ❶ pack, do up, ⟨in papier⟩ wrap up, package ❷ *fig* cloak ★ *kritiek* ~ *in* cloak one's criticism in

verpakking *v* [-en] packing, packaging ★ *op de* ~ *staat...* it says on the package that...

verpakkingsmateriaal *o* packing / packaging material

verpanden *overg* [verpandde, h. verpand] ❶ *belenen* pawn ❷ *v. onroerend goed* mortgage ❸ *fig* pledge,

give ★ *zijn hart aan iem.* ~ give one's heart to sbd
verpanding *v* [-en] ❶ *belening* pawning ❷ *v. onroerend goed* mortgaging ❸ *fig* pledging
verpatsen *overg* [verpatste, h. verpatst] sell, inf flog
verpauperen *onoverg* [verpauperde, is verpauperd] become impoverished ★ *de buurt is aan het* ~ the neighbourhood is getting run down
verpaupering *v* decline, deterioration
verpersoonlijken *overg* [verpersoonlijkte, h. verpersoonlijkt] personify, embody
verpersoonlijking *v* personification, embodiment
verpesten *overg* [verpestte, h. verpest] poison, contaminate, spoil ★ *de lucht is verpest* the air is polluted ★ *de sfeer* ~ spoil / ruin the atmosphere ★ *iems. leven* ~ louse up sbd.'s life ★ ‹door verwennen› *een kind* ~ spoil a child
verpieteren *onoverg* [verpieterde, is verpieterd] wither, dwindle, ‹v. planten› wilt
verpinken *onoverg* [verpinkte, h. verpinkt] *knipperen* ZN blink ★ *zonder* ~ without turning a hair, with a straight face
verplaatsbaar *bn* portable, movable, removable
verplaatsen I *overg* [verplaatste, h. verplaatst] ❶ *elders plaatsen* move, shift ❷ *v. letters & cijfers* transpose ❸ *v. water, lucht &* displace ❹ *overplaatsen* transfer, shift, move ❺ *verwijderen* remove **II** *wederk* [verplaatste, h. verplaatst] ★ *zich* ~ ‹voortbewegen› move, ‹reizen› travel ★ *zich per auto* ~ travel by car ★ *zich in iems. toestand* ~ put oneself in sbd's place / position
verplaatsing *v* [-en] ❶ *het verplaatsen* movement ★ ZN & sp *op* ~ *spelen* play an away game ❷ *plaatsverandering* removal ❸ *v. water* displacement ❹ *v. woorden &* transposition ❺ *overplaatsing* transfer
verplanten *overg* [verplantte, h. verplant] transplant, plant out
verpleegdag *m* [-dagen] day of hospitalization
verpleeghuis *o* [-huizen] nursing home
verpleeghulp *v* [-en] ❶ *hulp* nursing care ❷ *persoon* nurse's aid
verpleeginrichting *v* [-en] nursing home
verpleegkundige *m-v* [-n] nurse
verpleegster *v* [-s] nurse
verpleegtehuis *o* [-huizen] nursing home
verplegen *overg* [verpleegde, h. verpleegd] nurse, tend ★ ~*d personeel* nursing staff
verpleger *m* [-s] male nurse, (hospital) attendant
verpleging *v v. zieken, gewonden* nursing
verpletteren *overg* [verpletterde, h. verpletterd] crush, smash, shatter ★ *een* ~*de nederlaag* a crushing defeat ★ *een* ~*de meerderheid* an overwhelming majority ★ *een* ~*d bericht* shattering news
verplettering *v* crushing, smashing, shattering
verplicht *bn* ❶ due (*aan* to) ❷ *genoodzaakt* compulsory, obliged ★ ~ *zijn om...* be obliged to..., have to... ❸ *voorgeschreven* obligatory, required ★ *wettelijk* ~ *tot* legally obliged to ❹ *erkentelijk*

obliged ★ *ik ben u zeer* ~ I'm much obliged to you ★ *iets* ~ *zijn aan iem.* be indebted to sbd for sth
verplichten I *overg* [verplichtte, h. verplicht] oblige, compel, force ★ *iem.* ~ *te / tot* force sbd to ★ *daardoor hebt u mij (aan u) verplicht* I'm very obliged to you **II** *wederk* [verplichtte, h. verplicht] ★ *zich* ~ *tot* commit oneself to
verplichting *v* [-en] obligation, commitment ★ ~*en aangaan* enter into obligations ★ *grote* ~*en aan iem. hebben* be under great obligation to sbd ★ *zijn* ~*en nakomen* ‹alg.› meet one's obligations, meet one's engagements, ‹geldelijk› meet one's liabilities ★ *de* ~ *op zich nemen om...* undertake to...
verpoppen *wederk* [verpopte, h. verpopt] ★ *zich* ~ pupate
verpotten *overg* [verpotte, h. verpot] repot
verpozen *wederk* [verpoosde, h. verpoosd] ★ *zich* ~ ‹uitrusten› rest, ‹zich ontspannen› relax
verpozing *v* [-en] ❶ *rust* rest ❷ *ontspanning* relaxation
verpraten I *overg* [verpraatte, h. verpraat] ★ *de tijd* ~ waste one's time talking **II** *wederk* [verpraatte, h. verpraat] ★ *zich* ~ let one's tongue run away with one
verprutsen *overg* [verprutste, h. verprutst] bungle, spoil
verpulveren *overg & onoverg* [verpulverde, h. en is verpulverd] pulverize
verraad *o* treason, treachery, betrayal ★ ~ *plegen* commit treason, turn traitor ★ ~ *plegen jegens iem.* betray sbd
verraden I *overg* [verried of verraadde, h. verraden] ❶ *verraad plegen* betray, commit treason ❷ *verklappen* betray, give away ❸ *laten blijken* show ★ *dat verraadt zijn gebrek aan manieren* it shows up / betrays his lack of good manners **II** *wederk* [verried of verraadde, h. verraden] ★ *zich* ~ betray oneself, give oneself away
verrader *m* [-s] betrayer, traitor, inf squealer
verraderlijk I *bn* treacherous ★ *een* ~ *blosje* a telltale blush ★ *een* ~*e bocht* a treacherous bend ★ *een* ~*e ziekte* an insidious disease **II** *bijw* treacherously
verraderlijkheid *v* treacherousness
verrassen *overg* [verraste, h. verrast] (take by) surprise ★ *uw bezoek verraste ons* your visit took us by surprise / caught us unawares ★ *hij werd onaangenaam verrast door...* he was taken aback by... ★ *door de regen verrast worden* be caught in the rain ★ *iem.* ~ *met* surprise sbd with
verrassend *bn* surprising, startling
verrassing *v* [-en] surprise ★ *iem. een* ~ *bereiden* have a surprise in store for sbd ★ *mil bij* ~ by surprise ★ *tot mijn grote* ~ to my amazement
verrassingsaanval *m* [-len] mil surprise attack
verrassingsovername *v* [-s] surprise takeover
verrassingspakket *o* surprise package
verre *bijw* far, distant, remote ★ *van* ~ from afar ★ *het zij* ~ *van mij dat...* far be it from me to... ★ ~ *van...* (so) far from..., nowhere near... ★ ~ *van gemakkelijk*

ve

far from easy ★ ~ *van rijk* far from being rich

verrechtsen *onoverg* [verrechtste, is verrechtst] shift to the right

verregaand *bn* → **vergaand**

verregenen *onoverg* [verregende, is verregend] be spoiled by the rain, be washed out

verreikend *bn* far-reaching, sweeping ★ *~e gevolgen* far-reaching consequences ★ *~e veranderingen* sweeping changes

verrek *tsw* heck!, good heavens!, *inf* hell!, damn (it)!

verrekenen I *overg* [verrekende, h. verrekend] *vereffenen* settle, clear, ⟨debiteren⟩ debit, ⟨aftrekken⟩ deduct, ⟨crediteren⟩ credit ★ *een cheque ~* clear a cheque **II** *wederk* [verrekende, h. verrekend] ★ *zich ~* ⟨verkeerd rekenen⟩ miscalculate,, ⟨zich in de afloop vergissen⟩ be mistaken

verrekening *v* [-en] ❶ *het verrekenen* settlement, ⟨cheques⟩ clearance, ⟨wanneer te veel is betaald⟩ deduction, ⟨debitering⟩ debiting, ⟨creditering⟩ crediting ❷ *fig* take into account, allow for ❸ *rekenfout* miscalculation, misjudgement

verrekijker *m* [-s] ❶ *met één lens* telescope ❷ *met twee lenzen* binoculars, field glasses

verrekken I *overg* [verrekte, h. verrekt] ❶ *v. spier* pull, strain ❷ *v. enkel, pols* twist, sprain ❸ *v. nek* crick **II** *wederk* [verrekte, h. verrekt] ★ *zich ~* strain oneself **III** *onoverg* [verrekte, is verrekt] *doodgaan* die ★ *hij kan ~* he can go hang himself

verrekking *v* [-en] ❶ *v. spier* pull, strain ❷ *v. enkel, pols* twist, sprain ❸ *v. nek* crick

verrekt *bijw* damned, bloody ★ *het is ~ koud* it's damned / bloody cold

verreweg *bijw* by far ★ *~ de grootste* the biggest by far ★ *~ te verkiezen boven* infinitely preferable to

verrichten *overg* [verrichtte, h. verricht] do, perform, carry out ★ *een onderzoek ~* conduct an investigation ★ *wonderen ~* perform miracles

verrichting *v* [-en] action, performance, transaction

verrijden *overg* [verreed, h. verreden] ❶ *rijdend verplaatsen* drive, ride, move ❷ *sp* run off ★ *morgen wordt de grand prix verreden* the Grand Prix will get underway tomorrow

verrijken I *overg* [verrijkte, h. verrijkt] enrich, increase, improve, enlarge **II** *wederk* [verrijkte, h. verrijkt] ★ *zich ~* line one's own pockets

verrijking *v* enrichment, increase, enlargement

verrijzen *onoverg* [verrees, is verrezen] ❶ *oprijzen* arise ★ *iets doen ~* raise / resurrect sth ❷ *uit de dood* rise, arise, be resurrected ★ *Jezus is uit de dood verrezen* Jesus has (a)risen from the dead

verrijzenis *v* resurrection

verroeren *overg & wederk* [verroerde, h. verroerd] stir, move, budge ★ *zich niet ~* stay put

verroest I *bn roestig* rusty **II** *tsw inf* what the hell / devil!

verroesten *onoverg* [verroestte, is verroest] rust

verrot *bn* rotten, putrid, putrefied ★ *iem. ~ slaan* beat the hell out of sbd

verrotheid *v* rottenness

verrotten *onoverg* [verrotte, is verrot] rot, putrefy, decompose

verrotting *v* rotting, putrefaction ★ *tot ~ overgaan* rot, putrefy, decompose

verruilen *overg* [verruilde, h. verruild] exchange, swap

verruimen *overg* [verruimde, h. verruimd] enlarge, widen, broaden ★ *het aanbod ~* extend the offer ★ *zijn blik ~* broaden / widen one's outlook

verruiming *v* expansion, enlargement, widening, broadening

verrukkelijk I *bn* delightful, enchanting, charming **II** *bijw* ❶ delightfully & ❷ *versterkend* wonderfully

verrukking *v* [-en] delight, rapture, ecstasy ★ *in ~ raken / zijn over* become / be elated about ★ *in ~ brengen* delight, enchant

verrukt I *bn* delighted, thrilled ★ *zij waren er ~ over* they were thrilled with it ★ *zij zullen er ~ over zijn* they will be delighted with it **II** *bijw* rapturously, in raptures

verruwen *overg & onoverg* [verruwde, h. en is verruwd] coarsen

verruwing *v* coarsening, vulgarization, brutalization

vers I *bn* fresh, new ★ *~ brood* fresh bread ★ *~e eieren* fresh / new-laid eggs ★ *~e koffie* new / fresh coffee ★ *~ van de pers* hot from the press **II** *bijw* fresh(ly) ★ *het ligt nog ~ in het geheugen* it's fresh in people's minds **III** *o* [verzen] ❶ *regel* verse ❷ *couplet* stanza ❸ *tweeregelig* couplet ❹ *gedicht* poem ❺ *v. Bijbel, Koran* verse

versagen *onoverg* [versaagde, h. en is versaagd] grow faint-hearted, despair

versbouw *m* metrical construction

verschaffen I *overg* [verschafte, h. verschaft] provide, furnish, supply ★ *werk ~* provide work **II** *wederk* [verschafte, h. verschaft] ★ *zich ~* procure

verschaffing *v* furnishing, supply, provision

verschalen *onoverg* [verschaalde, is verschaald] *v. bier, wijn* go flat / stale

verschalken *overg* [verschalkte, h. verschalkt] ❶ *bedotten* outwit ❷ *vangen* catch ❸ *nuttigen* polish off, put away ★ *een glaasje ~* have one, put away a drink

verschansen I *overg* [verschanste, h. verschanst] entrench **II** *wederk* [verschanste, h. verschanst] ★ *mil zich ~* entrench oneself ★ *fig zich ~ achter* take cover behind

verschansing *v* [-en] ❶ *mil* entrenchment ❷ *scheepv* bulwarks, ⟨reling⟩ rails

verscheiden I *bn* ❶ *verschillend* diverse, varied ★ *hun achtergrond is ~* their backgrounds are diverse / varied ❷ *meerdere* several, various ★ *~e malen* several times **II** *o* passing (away), death, decease **III** *onoverg* [verscheidde, is verscheiden] depart this life, pass away

verscheidenheid *v* [-heden] diversity, variety, range

verschepen *overg* [verscheepte, h. verscheept] ❶ *verzenden* ship, transport ❷ *overladen* reship

ve

verscheping *v* [-en] ❶ *verzending* shipping, transportation ❷ *overlading* reshipment

verschepingskosten *zn* [mv] shipping charges

verscherpen *overg* [verscherpte, h. verscherpt] sharpen / tighten (up) ★ *de wet* ~ tighten up the law ★ *het conflict verscherpte (zich)* the conflict intensified / escalated

verscherping *v* [-en] ❶ *alg.* sharpening ❷ *ernstiger worden* escalation, tightening up, intensification

verscheurdheid *v* ❶ *verdeeldheid* disunity, division ❷ *innerlijk* conflict

verscheuren *overg* [verscheurde, h. verscheurd] ❶ *in/aan stukken* tear (up), tear to pieces, dicht rend ★ *verscheurd door verdriet* torn by grief ❷ *in verdeeldheid brengen* divide, tear apart ★ *politieke twisten* ~ *het land* political disputes divide the country ❸ *met de tanden* maul ★ *~de dieren* ferocious animals

verschiet *o* [-en] ❶ *toekomst* prospect, future ★ *in het* ~ ahead ❷ *verte* distance, horizon

verschieten I *overg* [verschoot, h. verschoten] ❶ *munitie* use up ❷ *voorschieten* advance ❸ *met een schop omzetten* stir **II** *onoverg* [verschoot, is verschoten] ❶ *v. sterren* shoot ★ *een ~de ster* a shooting star ❷ *v. kleuren, stoffen* fade, lose colour/Am color ★ *niet ~d* colour-fast ❸ *v. personen* turn pale ❹ *schrikken* ZN be frightened, startle ❺ *zich verbazen* ZN be surprised

verschijnen *onoverg* [verscheen, is verschenen] ❶ *te voorschijn komen* appear, emerge, turn up, ⟨v. personen ook⟩ put in an appearance ★ ~ *in rechte* appear in court ★ *op een afspraak* ~ turn up for an appointment ★ *voor de commissie* ~ appear before the Board ❷ *uitkomen* appear, come out, be published ★ *het boek zal morgen* ~ the book is due to come out tomorrow ❸ *vervallen van termijn* fall / become due

verschijning *v* [-en] ❶ *het verschijnen* appearance ❷ *v. boek* publication ❸ *persoon* figure ❹ *geest* apparition, phantom, ghost ❺ *'t vervallen* expiration

verschijningsdatum *m* [-s &-data] date of issue / publication

verschijnsel *o* [-s & -en] phenomenon, ⟨v. ziekte &⟩ symptom, sign ★ *het* ~ *doet zich vaak voor tijdens zware buien* this sometimes happens during heavy downpours

verschikken I *overg* [verschikte, h. verschikt] rearrange, shift **II** *onoverg* [verschikte, is verschikt] move (higher) up

verschil *o* [-len] ❶ *onderscheid* difference, distinction, ⟨groot⟩ disparity, ⟨discrepantie⟩ discrepancy ★ *het* ~ *delen* split the difference ★ *een* ~ *in leeftijd* an age difference, ⟨groot⟩ a disparity in ages ★ *een* ~ *maken tussen...* draw a distinction between... ★ *een* ~ *van mening* a difference of opinion ★ *het is een* ~ *van dag en nacht* they are as different as night and day ❷ *uitkomst v. som* difference, remainder

verschillen *onoverg* [verschilde, h. verschild] differ, be different, vary ★ ~ *van* differ from ★ ~ *van mening* differ (in opinion), disagree ★ ~ *in leeftijd* ~ differ in age

verschillend I *bn* ❶ *afwijkend* different, distinct, various ★ ~ *van...* different / distinct from... ★ *van ~e lengte* of various lengths ❷ *menige* several, various ★ *~e personen* ⟨allerlei⟩ various people, ⟨meerdere⟩ several people ★ *ik heb het van ~e personen gehoord* I've heard the story from several different people **II** *bijw* differently

verschilpunt *o* [-en] point of difference / controversy

verschimmelen *onoverg* [verschimmelde, is verschimmeld] grow mouldy

verscholen *bn* hidden

verschonen I *overg* [verschoonde, h. verschoond] ❶ *schoon goed geven* change ★ *de baby* ~ change the baby's nappy ★ *het bed* ~ change the bed ❷ *sparen* spare, save ★ *van iets verschoond blijven* be spared sth ★ *ik wens van uw bezoeken verschoond te blijven* spare me your visits ❸ *verontschuldigen* excuse **II** *wederk* [verschoonde, h. verschoond] ★ *zich* ~ ⟨schone kleding aantrekken⟩ change one's clothes / underwear, ⟨zich verontschuldigen⟩ excuse oneself

verschoning *v* [-en] ❶ *het verschonen* change ❷ *schoon goed* change of underclothes / linen ❸ *verontschuldiging* excuse ★ ~ *vragen* apologize ❹ *jur* ⟨v. getuige⟩ immunity, ⟨v. rechter⟩ excusal

verschoningsrecht *o* v. getuigen right of refusal to testify, right to remain silent

verschoppeling *m* [-en] outcast, pariah

verschoten *bn* faded

verschralen *onoverg* [verschraalde, is verschraald] ❶ *v. kwaliteit* become scanty / meagre / poor ❷ *v. weer* become bleak / cold ❸ *v. huid* become dry / chapped

verschrijving *v* [-en] slip of the pen

verschrikkelijk I *bn* frightful, dreadful, terrible, devastating ★ *~e pijn lijden* suffer excruciating pain **II** *bijw ook versterkend* frightfully & ★ ~ *ingewikkeld* terribly complicated

verschrikking *v* [-en] ❶ *het verschrikkende* horror, terror ❷ *het schrikken* fright, terror

verschroeien I *overg* [verschroeide, h. verschroeid] scorch, singe ★ *de tactiek der verschroeide aarde* scorched earth tactics **II** *onoverg* [verschroeide, is verschroeid] be scorched / singed

verschrompelen *onoverg* [verschrompelde, is verschrompeld] shrivel (up), shrink, wither

verschuifbaar *bn* slidable, movable

verschuilen *wederk* [verschool, h. verscholen of verschuilde, h. verschuild] ★ *zich* ~ *achter* hide behind ★ *zich* ~ *voor* hide from, conceal oneself from

verschuiven I *overg* [verschoof, h. verschoven] ❶ move, shift ❷ *uitstellen* put off, postpone **II** *onoverg* [verschoof, is verschoven] shift

verschuiving *v* [-en] ❶ shifting, move ❷ *uitstel* putting off, postponement

verschuldigd *bn* indebted, due ★ *het ~e* the money due / owing ★ *iem. geld ~ zijn* owe sbd money ★ *wij zijn hem alles ~* we owe everything to him ★ *met ~e eerbied* with due respect

versgebakken *bn* freshly baked

versheid *v* freshness

versie *v* [-s] version

versierder *m* [-s] ❶ *verleider* seducer, Don Juan ❷ *mooimaker* decorator

versieren *overg* [versierde, h. versierd] ❶ *voorzien v. versieringen* adorn, decorate, ornament ★ *de kerstboom ~* decorate the Christmas tree ❷ *voor elkaar krijgen* fix, manage ★ *dat versier ik wel voor je* I'll fix that for you ❸ *verleiden* chat / pick up

versiering *v* [-en] adornment, decoration, ornament ★ muz *~en* embellishments, grace notes

versiersel *o* [-s & -en] ornament, decoration, embellishment

versiertoer *m* ★ *op de ~ zijn* try to pick sbd up

versimpelen I *overg* [versimpelde, h. versimpeld] *(te) simpel maken* simplify **II** *onoverg* [versimpelde, is versimpeld] *simpel, onnozel worden* go simple, become simple-minded

versjouwen *overg* [versjouwde, h. versjouwd] lug / drag away

versjteren *overg* [versjteerde, h. versjteerd] spoil, mess up

verslaafd *bn* addicted to, dependent on ★ *~ aan* addicted to, hooked on ★ *hij is ~ aan verdovende middelen* he's a drug addict

verslaafde *m-v* [-n] ❶ *drugs & addict* ❷ *drank* alcoholic

verslaafdheid *v* addiction

verslaan *overg* [versloeg, h. verslagen] ❶ *overwinnen* beat, defeat ❷ *verslag uitbrengen over* report, cover, review

verslag *o* [-slagen] account, report ★ *een financieel ~* a financial report ★ *een schriftelijk ~* a written account ★ *een woordelijk ~* a verbatim report ★ *~ doen van...* give an account of... ★ *een ~ opmaken van* draw up a report on ★ *~ uitbrengen over* (deliver a) report on

verslagen *bn* ❶ *overwonnen* beaten, defeated ❷ *terneergeslagen* dejected, dismayed

verslagenheid *v* consternation, dismay, dejection

verslaggever *m* [-s] reporter

verslaggeving *v* [-en] reporting, press coverage

verslagjaar *o* [-jaren] year under review

verslapen I *overg* [versliep, h. verslapen] sleep away ★ *hij heeft de hele dag ~* he slept through the whole day **II** *wederk* [versliep, h. verslapen] ★ *zich ~* sleep in, oversleep

verslappen I *overg* [verslapte, h. verslapt] slacken, relax **II** *onoverg* [verslapte, is verslapt] slacken, relax, wane ★ *de aandacht verslapt* the attention is waning / flagging

verslapping *v* [-en] ❶ *slap worden* slackening, relaxation ❷ *v. aandacht* waning, flagging

verslavend *bn* addictive, habit-forming ★ *deze geneesmiddelen werken ~* these drugs are addictive

verslaving *v* addiction

verslavingsverschijnsel *o* [-en] symptom of addiction

verslechteren I *overg* [verslechterde, h. verslechterd] make worse, worsen **II** *onoverg* [verslechterde, is verslechterd] grow worse, worsen, deteriorate

verslechtering *v* [-en] worsening, deterioration

versleer *v* metrics, prosody

verslepen *overg* [versleepte, h. versleept] drag / tow / haul away

versleten *bn* ❶ worn (out), the worse for wear ★ *een ~ term* a cliché ❷ *v. kleding & threadbare*

versleutelen *overg* [versleutelde, h. versleuteld] *coderen* encrypt

verslijten I *overg* [versleet, h. versleten] wear out, waste ★ *zijn dagen ~* spend one's days ★ *zijn kleren ~* wear out one's clothes ▼ *iem. ~ voor...* take sbd for... **II** *onoverg* [versleet, is versleten] wear out / off / away

verslikken *wederk* [verslikte, h. verslikt] ★ *zich in iets ~* choke on sth, swallow sth the wrong way ★ fig *zich ~ in* underestimate / underestimate

verslinden *overg* [verslond, h. verslonden] ook fig devour, swallow up ★ *een boek ~* devour a book ★ *geld ~* eat / swallow up money ★ *zijn eten ~* wolf down / bolt one's food ★ *iets met de ogen ~* devour sth with one's eyes

verslingerd *bn* ★ *~ aan* mad / crazy about

versloffen *overg* [verslofte, h. versloft] neglect

verslonzen *overg* [verslonsde, h. verslonsd] spoil, neglect ★ *er verslonsd uitzien* look slovenly

versluieren *overg* [versluierde, h. versluierd] veil, blur, fog

versmaat *v* [-maten] metre, Am meter

versmachten I *overg* [versmachtte, h. versmacht] *verstikken* ZN suffocate, choke **II** *onoverg* [versmachtte, is versmacht] ❶ *wegkwijnen* languish, pine away ★ *~ van dorst* be parched with thirst, die of thirst ❷ *stikken* ZN suffocate, choke, be suffocated

versmaden *overg* [versmaadde, h. versmaad] disdain, despise, scorn ★ *dat is niet te ~* that's not to be sneezed at

versmallen *overg & onoverg* [versmalde, h. en is versmald] narrow

versmalling *v* [-en] narrowing

versmelten I *overg* [versmolt, h. versmolten] ❶ *samensmelten* melt (together / down), ⟨v. erts⟩ smelt, ⟨v. metalen⟩ fuse, ⟨v. kleuren⟩ blend, amalgamate ❷ *in elkaar doen overgaan* blend, ⟨v. kleuren⟩ fade into **II** *onoverg* [versmolt, is versmolten] melt (away) ★ *~de kleuren* colours that blend into each other

versmelting *v* [-en] ❶ *samensmelten* melting, smelting, fusion ❷ *omsmelten* melting down

versnapering *v* [-en] snack ★ *kan ik u een ~ aanbieden?* can I offer you a snack / a bite to eat / some refreshments?

versneld *bn* ❶ faster, quicker ★ *eenparig ~* uniformly accelerated ★ mil *met ~e pas* on the double ★ *de wijzigingen worden ~ ingevoerd* the changes are being introduced faster / more quickly than planned ❷ *productie* stepped up

versnellen *overg & onoverg* [versnelde, h. en is versneld] accelerate, quicken ★ *de pas ~* quicken one's pace

versneller *m* [-s] accelerator

versnelling *v* [-en] ❶ acceleration, speeding up ❷ techn gear, speed ★ *de eerste ~* first / bottom gear ★ *de hoogste ~* top gear

versnellingsbak *m* [-ken] gearbox, gear housing

versnellingsnaaf *v* [-naven] gear hub

versnijden *overg* [versneed, h. versneden] ❶ *aan stukken* cut up, cut to pieces ❷ *door snijden bederven* spoil (in cutting) ❸ *mengen* dilute

versnipperen *overg* [versnipperde, h. versnipperd] ❶ cut into bits, cut up ❷ fig fritter away, squander ★ *zijn tijd ~* spread oneself too thinly ★ *zijn krachten ~* waste one's energy

versnippering *v* [-en] ❶ cutting up, shredding ❷ fig fragmentation

versnoepen *overg* [versnoepte, h. versnoept] spend on sweets

versoberen I *overg* [versoberde, h. versoberd] economize, cut down expenses, tighten one's belt **II** *onoverg* [versoberde, is versoberd] sober down

versobering *v* [-en] economization, austerity

versoepelen *overg en onoverg* [versoepelde, h. en is versoepeld] relax ★ *de regelingen worden versoepeld* the regulations are being eased

versoepeling *v* [-en] relaxation

versomberen I *overg* [versomberde, h. versomberd] darken, make gloomy **II** *onoverg* [versomberde, is versomberd] grow gloomy / dismal

verspelen *overg* [verspeelde, h. verspeeld] ❶ *met spelen verliezen* play / gamble away, inf blow ❷ *door eigen schuld kwijtraken* lose, forfeit ★ *zijn reputatie ~* lose one's reputation

verspenen *overg* [verspeende, h. verspeend] plant / prick out

versperren *overg* [versperde, h. versperd] obstruct, barricade, block (up), bar ★ *iem. de weg ~* bar sbd's way ★ *de uitgang ~* block / obstruct the exit

versperring *v* [-en] ❶ *toestand* blocking up, obstruction ❷ mil barricade, ⟨v. prikkeldraad⟩ entanglement ❸ scheepv barrage

verspieder *m* [-s] spy, scout

verspillen *overg* [verspilde, h. verspild] waste, ⟨geld⟩ dissipate, squander, ⟨tijd⟩ fritter away ★ *er geen woord meer aan ~* not waste another word on it

verspilling *v* [-en] waste, wastage, dissipation

versplinteren I *overg* [versplinterde, h. versplinterd] splinter, shatter, fig fragment **II** *onoverg* [versplinterde, is versplinterd] splinter, break up into splinters

versplintering *v* [-en] ❶ *het versplinteren* smashing, shattering ❷ fig fragmentation

verspreid *bn* ❶ *v. opvattingen* widespread, common ❷ *hier en daar voorkomend* scattered, sporadic, sparse ★ *hier en daar ~* scattered ★ *een ~e bevolking* a sparse population ❸ mil extended

verspreiden I *overg* [verspreidde, h. verspreid] ❶ *verdelen* disperse ❷ *uitdelen* spread ❸ *verbreiden* disperse, distribute, circulate ❹ *ruchtbaar maken* circulate, put about ❺ *uiteenjagen* disperse, scatter **II** *wederk* [verspreidde, h. verspreid] ★ *zich ~* disperse, spread out

verspreider *m* [-s] distributor

verspreiding *v* spreading, circulation, distribution, ⟨v. kennis, informatie⟩ dissemination, ⟨v. een menigte &⟩ dispersion ★ *geografische ~* geographical distribution

verspreken *wederk* [versprak, h. versproken] ★ *zich ~* ⟨iets verkeerd uitspreken⟩ make a slip of the tongue, ⟨iets verkeerds zeggen⟩ put one's foot in it

verspreking *v* [-en] ❶ *verhaspeling* slip of the tongue ❷ *verkeerde opmerking* slip, mistake

ver'springen¹ *onoverg* [versprong, is versprongen] shift ★ *een dag ~* move up one day ★ *een regel ~* skip a line

'verspringen² *o* sp long jump, Am broad jump

verspringer *m* [-s] long jumper, Am broad jumper

versregel *m* [-s] verse, line of poetry

verstaan I *overg* [verstond, h. verstaan] ❶ *begrijpen* understand, know ★ *de kunst ~* know how to ★ *zijn vak ~* know one's job ★ *versta je?* understand? ★ *wel te ~* that is to say ★ *iem. te ~ geven dat...* give sbd to understand that... ★ *iem. verkeerd ~* misunderstand sbd ★ *onder pasteurisatie ~ wij...* by pasteurization is meant..., pasteurization can be described as... ★ *wat verstaat u daaronder?* what do you mean by that? ❷ *horen* understand, hear ★ *ik heb het niet ~* I didn't understand, I didn't catch what was said **II** *wederk* [verstond, h. verstaan] ★ *zich met elkaar ~* ⟨overeenstemming bereiken⟩ come to an understanding, ⟨overleg plegen⟩ consult

verstaanbaar I *bn* ❶ *begrijpelijk* intelligible, understandable ★ *zich ~ maken* make oneself understood / intelligible ❷ *duidelijk* audible **II** *bijw* intelligibly &

verstaanbaarheid *v* ❶ *begrijpelijkheid* intelligibility, clarity ❷ *duidelijkheid* audibility

verstaander *m* [-s] listener ★ *een goed ~ heeft maar een half woord nodig* a word to the wise is enough, a nod is as good as a wink

verstand *o* understanding, mind, intellect, reason ★ *zijn gezond ~* one's common sense ★ *zijn ~ gebruiken* use one's brains / head ★ *~ genoeg hebben om...* have sense enough to..., have the wits to... ★ *hij spreekt naar hij ~ heeft* he doesn't know any better ★ *~ van iets hebben* be good at sth, be at home in sth, be a good judge of sth ★ *daar heb ik geen ~ van* I don't know the first thing about it, I'm no judge of that ★ *heeft u ~ van schilderijen?* do you know anything about pictures? ★ *het / zijn ~*

verliezen lose one's reason / wits/inf marbles ★ *heb je je ~ verloren?* have you taken leave of your senses?, inf have you gone out of your mind? ★ *daar staat mijn ~ bij stil* that's beyond my comprehension ★ *dat zal ik hem wel aan zijn ~ brengen* I'll bring it home to him, I'll make him understand it ★ *je kunt hun dat maar niet aan het ~ brengen* you just can't make them understand ★ *hij is niet bij zijn ~* he's not in his right mind ★ *hij is nog altijd bij zijn volle ~* he is still in full possession of his faculties, he is still quite sane ★ *dat gaat mijn ~ te boven* it's beyond me / beyond my comprehension ★ *met ~ lezen* read intelligently / with understanding ★ *met dien ~e dat* on the understanding that, provided that, with the proviso that

verstandelijk *bn* intellectual ★ *een ~e leeftijd van tien jaar* a mental age of ten

verstandhouding *v* [-en] understanding ★ *een geheime ~* a secret understanding, jur collusion ★ *in ~ staan met* have an understanding with, have dealings with, afkeurend be in league with, jur be in collusion with ★ *een goede ~ hebben met, in goede ~ staan met* be on good terms with ★ *een blik van ~* a knowing look

verstandig I *bn* intelligent, sensible, wise ★ *wees nu ~!* (do) be sensible / reasonable! ★ *hij was zo ~ om...* he had the good sense to... ★ *het ~ste zal zijn, dat je...* the wisest thing you could do would be to... ★ *het ~ vinden om...* judge it wise to... **II** *bijw* sensibly, wisely ★ *hij zou er ~ aan doen om...* he would be well advised to... ★ *~ praten* talk reason, make sense

verstandshuwelijk *o* [-en] marriage of convenience

verstandskies *v* [-kiezen] wisdom tooth

verstandsmens *m* [-en] rational person

verstandsverbijstering *v* madness, mental derangement, insanity

verstappen *wederk* [verstapte, h. verstapt] ★ *zich ~* stumble

verstard *bn* rigid, stiffened, paralysed

verstarren I *overg* [verstarde, h. verstard] ❶ *stijf maken* stiffen ❷ *fig* paralyse **II** *onoverg* [verstarde, is verstard] ❶ become rigid ❷ *fig* become fossilized / ossified

verstarring *v* ❶ *stijf worden* rigidity, stiffening ❷ *fig* fossilization, ossification

verstedelijken *onoverg* [verstedelijkte, is verstedelijkt] urbanize

verstedelijking *v* urbanization

verstedelijkt *bn* urbanized

versteend *bn* ❶ *tot steen geworden* petrified, fossilized ★ *een ~ hart* a heart of stone ❷ *v. angst* petrified ★ *als ~* petrified ❸ *v. begrippen & fossilized* ❹ *v. kou* stiff, numb

verstek I *o* jur default ★ *~ laten gaan* fail to turn up, be absent ★ *hij werd bij ~ veroordeeld* he was sentenced by default / in his absence / in absentia ★ *een bij ~ behandelde zaak* an undefended action **II** *o* [-ken] *schuine naad van planken* mitre (joint)

★ *hout onder ~ zagen* mitre wood

verstekeling *m* [-en] stowaway

verstelbaar *bn* adjustable

versteld *bn* stunned, staggered ★ *~ staan* be taken aback, be dumbfounded ★ *ik stond er ~ van* I was completely taken aback, it staggered me ★ *de wereld ~ doen staan* stagger / astonish the world

verstelgoed *o* mending

verstellen *overg* [verstelde, h. versteld] ❶ *kleding herstellen* mend, repair, patch ❷ *anders afstellen* adjust

verstelwerk *o* mending

verstenen *overg & onoverg* [versteende, h. en is versteend] petrify, fossilize

versterf *o* ❶ *gangreen* gangrene ❷ *erven door overlijden* intestacy, ‹erfdeel› inheritance ★ *de erfgenaam bij ~* the legal heir, the heir apparent

versterken I *overg* [versterkte, h. versterkt] ❶ *krachtiger maken* strengthen, intensify, ‹v. geluid› amplify, ‹v. macht› consolidate ★ *dat versterkt mij in mijn overtuiging* that strengthens / reinforces my belief ❷ *talrijker maken* reinforce, increase, bulk out ★ *zijn team ~* reinforce one's team ❸ *m.b.t. een stad, een legerplaats* fortify ❹ *verkwikken* fortify ★ *de inwendige mens ~* have something to eat **II** *wederk* [versterkte, h. versterkt] ★ *zich ~* strengthen oneself

versterkend *bn* strengthening, sustaining, nourishing ★ *~ voedsel* nourishing food ★ *~e middelen* restoratives

versterker *m* [-s] ❶ elektr amplifier ❷ fotogr intensifier

versterking *v* [-en] ❶ *het versterken* strengthening, reinforcement, consolidation, intensification, ‹v. geluid› amplification ❷ *v. troepen* mil reinforcement(s) ❸ *fortificatie* fortification

versterven *onoverg* [verstierf, is verstorven] ❶ *sterven* die ❷ *bij erfenis overgaan* devolve upon

versterving *v* [-en] ❶ *dood* death ❷ *erfenis* succession

verstevigen *overg* [verstevigde, h. verstevigd] strengthen, consolidate

versteviging *v* [-en] consolidation, strengthening

verstijfd *bn* stiff, frozen, rigid ★ *~ van de kou* numb with cold

verstijven I *overg* [verstijfde, h. verstijfd] *stijf maken* stiffen **II** *onoverg* [verstijfde, is verstijfd] ❶ *stijf worden* stiffen ❷ *gevoelloos worden* grow numb

verstijving *v* [-en] ❶ *stijf worden* stiffening ❷ *v. kou* numbness

verstikken I *overg* [verstikte, h. verstikt] suffocate, choke, med asphyxiate **II** *onoverg* [verstikte, is verstikt] choke, suffocate, med asphyxiate

verstikkend *bn* suffocating, choking, med asphyxiating

verstikking *v* [-en] suffocation, med asphyxiation

verstikkingsdood *m* death by suffocation / asphyxiation

verstikt *bn* suffocated ★ *met ~e stem* in a strangled voice

ve

verstild *bn* tranquil, quiet, still
verstillen *onoverg* [verstilde, is verstild] still, hush
verstoken I *bn* ★ ~ *van* deprived / devoid of **II** *overg* [verstookte, h. verstookt] ❶ *opbranden* burn, consume ❷ *aan brandstof betalen* spend on heating
verstokt *bn* hardened ★ *een* ~ *hart* a hardened heart ★ *een* ~*e vrijgezel* a confirmed bachelor ★ *een* ~ *roker* an inveterate smoker
verstolen I *bn* stealthy, furtive **II** *bijw* stealthily, furtively
verstommen I *overg* [verstomde, h. verstomd] silence **II** *onoverg* [verstomde, is verstomd] become silent ★ *alle geluid verstomde* everything fell silent ★ *hij stond verstomd* he stood speechless
verstoord *bn boos* annoyed, cross, angry
verstoorder *m* [-s] disturber
verstoppen I *overg* [verstopte, h. verstopt] ❶ *dichtstoppen* clog, choke, block up ❷ *verbergen* hide **II** *wederk* [verstopte, h. verstopt] ★ *zich* ~ hide
verstoppertje *o* hide-and-seek ★ ~ *spelen* play hide-and-seek
verstopping *v* [-en] ❶ *alg.* stoppage, blockage ❷ *med* constipation
verstopt *bn* ❶ *dicht zittend* blocked / clogged up ★ *zijn neus is* ~ he has the snuffles / a blocked-up nose ❷ *geconstipeerd* constipated ❸ *verborgen* hidden
verstoren *overg* [verstoorde, h. verstoord] ❶ *storen* disturb, disrupt ★ *de rust* ~ disturb the peace ★ *de stilte* ~ break the silence ❷ *boos maken* annoy, make angry
verstoring *v* [-en] disturbance, interference ★ *de* ~ *van een illusie* the shattering of an illusion ★ ~ *van de openbare orde* breach of the peace, disorderly conduct
verstoten *overg* [verstootte *of* verstiet, h. verstoten] cast off / away ★ *een kind* ~ disown a child ★ ‹in niet-westerse culturen› *zijn vrouw* ~ repudiate one's wife
verstoting *v* repudiation
verstouten *wederk* [verstoutte, h. verstout] ★ *zich* ~ pluck up courage ★ *zij zullen zich niet* ~ *om...* they wouldn't dare to...
verstouwen *overg* [verstouwde, h. verstouwd] ❶ *scheepv* stow away ❷ *verdragen* digest, stomach
verstrakken *onoverg* [verstrakte, is verstrakt] set, tighten
verstrekken *overg* [verstrekte, h. verstrekt] furnish, provide / supply with, hand out ★ *iem. al het nodige* ~ furnish / provide sbd with all the necessaries of life ★ *inlichtingen* ~ supply information ★ *levensmiddelen* ~ hand out / distribute provisions
verstrekkend *bn* far-reaching
verstrekker *m* [-s] supplier ★ *een* ~ *van risicokapitaal* a venture capitalist
verstrekking *v* supply, distribution ★ *vrije* ~ *van heroïne* free supply of heroine

verstrengelen *overg* [verstrengelde, h. verstrengeld] intertwine, entangle
verstrengeling *v* intertwining, entanglement ★ *een* ~ *van belangen* a conflict of interest(s)
verstrijken *onoverg* [verstreek, is verstreken] ❶ *aflopen* expire, elapse, ‹v. garantie› lapse ★ *de termijn is verstreken* the term has expired ❷ *voorbij gaan* go by
verstrikken I *overg* [verstrikte, h. verstrikt] (en)snare, trap, entangle ★ *iem. in zijn eigen woorden* ~ *trap* sbd in his own words **II** *wederk* [verstrikte, h. verstrikt] ★ *zich* ~ become entangled / caught ★ *zich in iets* ~ get caught up in sth
verstrooid *bn* ❶ *verspreid* scattered, dispersed ❷ *v. geest* absent-minded
verstrooidheid *v* [-heden] absent-mindedness
verstrooien I *overg* [verstrooide, h. verstrooid] ❶ *verspreiden* scatter, disperse ❷ *ontspannen* entertain, amuse **II** *wederk* [verstrooide, h. verstrooid] ★ *zich* ~ ‹zich verspreiden› disperse, scatter, ‹zich ontspannen› amuse / entertain oneself
verstrooiing *v* [-en] ❶ *verspreiding* dispersion, scattering ❷ *ontspanning* amusement, entertainment
verstuiken *overg* [verstuikte, h. verstuikt] sprain, twist ★ *zijn enkel* ~ sprain one's ankle
verstuiking *v* [-en] sprain(ing)
verstuiven I *onoverg* [verstoof, is verstoven] *uiteengaan* be blown away / off ★ *iets doen* ~ scatter sth **II** *overg* [verstoof, h. verstoven] ❶ *v. poeder* pulverize ❷ *v. vloeistof* spray
verstuiver *m* [-s] ❶ *v. vloeistof* atomizer, spray, vaporizer ❷ *v. poeder* pulverizer
verstuiving *v* [-en] ❶ *het verstuiven* dispersion, atomization, vaporization, ‹v. poeder› pulverization ❷ *zandverstuiving* sand drift
versturen *overg* [verstuurde, h. verstuurd] send (off), dispatch, forward
versuffen I *overg* [versufte, h. versuft] *suf maken* have a dulling effect on ★ *zijn tijd* ~ dream away the time **II** *onoverg* [versufte, is versuft] ❶ *duf worden* grow dull / stupid, ‹v. ouderdom› be in one's dotage ❷ *verdwaasd worden* become dazed
versuft *bn* stunned, dazed, dull ★ ~ *van schrik* dazed with fright
versukkeling *v* decline ★ *in de* ~ *raken* run to seed, fall into decline
versus *voorz* versus
versvoet *m* [-en] (metrical) foot
versvorm *m* [-en] verse form
vertaalbaar *bn* translatable
vertaalbureau *o* [-s] translation bureau
vertaalcomputer *m* [-s] translation computer
vertaalfout *v* [-en] mistranslation
vertaaloefening *v* [-en] translation exercise
vertaalwerk *o* translations, translation work
vertaalwoordenboek *o* [-en] *tweetalig* bilingual / translation dictionary
vertakken *wederk* [vertakte, h. vertakt] ★ *zich* ~

branch (off)

vertakking *v* [-en] ❶ *afdeling* branch ❷ *aftakking* branching

vertalen *overg* [vertaalde, h. vertaald] translate ★ *iets ~ in* translate sth into ★ *iets ~ uit het Frans in het Engels* translate sth from French into English

vertaler *m* [-s] translator ★ *een beëdigd ~* a sworn translator

vertaling *v* [-en] translation ★ *een ~ uit / in het Duits* a translation from / into German

verte *v* [-n & -s] distance ★ *in de ~* in the distance ★ *heel in de ~* far away (in the distance) ★ *het leek er in de ~ op* it remotely resembled it ★ *nog in de ~ familie van...* a distant relation of..., distantly related to... ★ *in de verste ~ niet* not in the least, not by a long shot ★ *ik heb er in de verste ~ niet aan gedacht om...* it didn't even cross my mind to... ★ *uit de ~* from afar, from a distance

vertederen *overg* [vertederde, h. vertederd] soften, move

vertedering *v* [-en] endearment, tenderness

verteerbaar *bn* digestible ★ *licht ~* easily digested, easy to digest

vertegenwoordigen *overg* [vertegenwoordigde, h. vertegenwoordigd] represent ★ *goed vertegenwoordigd zijn* be well represented

vertegenwoordiger *m* [-s] ❶ *afgevaardigde* representative ❷ <u>handel</u> (sales) agent

vertegenwoordiging *v* ❶ *het vertegenwoordigen* representation ★ *een stelsel van evenredige ~* a system of proportional representation ❷ <u>handel</u> agency ❸ *delegatie* delegation

vertekend *bn* ❶ *verkeerd getekend* out of proportion ❷ *vervormd* distorted

vertekenen *overg* [vertekende, h. vertekend] ❶ *verkeerd tekenen* draw out of proportion ❷ *een verkeerd beeld geven* distort

vertekening *v* verkeerd beeld distortion

vertelkunst *v* narrative art

vertellen I *overg* [vertelde, h. verteld] tell ★ *men vertelt van hem dat...* he is said to..., it is said that he... ★ *vertel me (er) eens...* just tell me... ★ *ik heb horen ~ dat...* I was told that... ★ *vertel het niet verder* don't tell anyone about it ★ *je hebt hier niets te ~* you have no authority here II *onoverg* [vertelde, h. verteld] tell a story ★ *hij kan aardig ~* he can tell a story well ★ *vertel op!* let's have it! inf spit it out! III *wederk* [vertelde, h. verteld] ★ *zich ~* miscount, make a mistake in adding up

verteller *m* [-s] narrator, storyteller

vertelling *v* [-en], **vertelsel** *o* [-s] tale, story, narrative

verteltrant *m* narrative style

verteren I *overg* [verteerde, h. verteerd] ❶ *v. voedsel* digest ❷ *geld* spend ❸ *v. vuur &* consume, eat up, devour ★ *de afgunst verteert hem* he's eaten up with / consumed with envy ❹ *doen vergaan* eat away, consume ★ *de roest verteert het ijzer* rust corrodes iron II *onoverg* [verteerde, is verteerd] ❶ *v. voedsel*

digest ★ *het verteert gemakkelijk* it is easy to digest ★ *dat verteert niet goed* it's hard to digest ❷ *vergaan* decay, decompose ★ *het hout verteert* the wood is rotting away

vertering *v* [-en] ❶ *v. voedsel* digestion ❷ *verbruik* consumption ❸ *gelag* expenses

verticaal I *bn* ❶ vertical ★ *een verticale bedrijfsorganisatie* a vertical (company) structure ★ *een verticale organisatie* a hierarchical organisation ❷ *bij kruiswoordraadsel* down II *bijw* vertically

vertienvoudigen *overg & onoverg* [vertienvoudigde, h. en is vertienvoudigd] multiply by ten

vertier *o* amusement, entertainment, ‹afleiding› diversion

vertikken *overg* [vertikte, h. vertikt] refuse ★ *hij vertikte het* he just wouldn't do it ★ *die tv vertikt het* the TV is on the blink

vertillen I *overg* [vertilde, h. vertild] lift, move II *wederk* [vertilde, h. vertild] ★ *zich ~* strain oneself in lifting

vertimmeren *overg* [vertimmerde, h. vertimmerd] ❶ *huis* make alterations to, renovate ❷ *geld* spend on renovations

vertoeven *onoverg* [vertoefde, h. vertoefd] stay, be

vertolken *overg* [vertolkte, h. vertolkt] ❶ *tot uitdrukking brengen* voice, express ★ *de gevoelens ~ van* voice the feelings of ❷ *muz* interpret

vertolker *m* [-s] interpreter, performer

vertolking *v* [-en] interpretation, performance

vertonen I *overg* [vertoonde, h. vertoond] ❶ *te zien geven* exhibit, show, display ★ *gebreken ~* show / display defects ★ *agressief gedrag ~* exhibit aggressive behaviour ★ *dat is nog nooit vertoond* there has never been anything like it before ❷ *opvoeren* perform, show, present ★ *een toneelstuk ~* perform a play ★ *een film ~* screen a film ❸ *uitbrengen* produce, present II *wederk* [vertoonde, h. vertoond] ★ *zich ~* ‹in het openbaar› show oneself, ‹v. bloemen, knoppen &› show, appear ★ *hij vertoonde zich niet* he didn't put in an appearance, he didn't show / turn up

vertoning *v* [-en] ❶ *het vertonen* showing, presentation, ‹kunstwerken› exhibition, ‹film› screening ❷ *opvoering* show, production

vertoog *o* [-togen] exposition ★ *vertogen richten tot* make representations to

vertoon *o* ❶ *het vertonen* showing, producing ★ *op ~ van* on presentation of ❷ *praal* show ★ *~ maken met* show off, parade ★ *een ~ van geleerdheid* a show of/afkeurend a parade of learning

vertoornd *bn* irate, angry ★ *~ op* angry with

vertoornen I *overg* [vertoornde, h. vertoornd] anger, incense II *wederk* [vertoornde, h. vertoornd] ★ *zich ~* become angry

vertraagd *bn* delayed ★ *een ~e brief* a delayed / belated letter ★ *een ~ effect* a delayed / retarded effect ★ *een ~e film* a slow-motion picture / film

ve

★ *een ~e trein* a delayed / held-up train
vertragen I *overg* [vertraagde, h. vertraagd]
❶ *uitstellen* delay, put off ❷ *trager maken* slow down,
slacken ❸ *sp* use delaying tactics **II** *onoverg*
[vertraagde, is vertraagd] slow / gear down, slacken
(off)
vertraging *v* [-en] ❶ *het vertragen* slackening, slowing
down ❷ *oponthoud* delay ★ *de trein heeft 20
minuten ~* the train is 20 minutes late
vertragingstechniek *v* delaying tactics
vertrappen *overg* [vertrapte, h. vertrapt] trample,
tread on ★ *het recht ~* tread on rights
vertrek *o* ❶ *het weggaan* departure, scheepv sailing
★ *bij zijn ~* on his departure, when he left ❷ *kamer*
[-ken] room, apartment
vertrekhal *v* [-len] departure hall
vertrekken I *overg* [vertrok, h. vertrokken] distort
★ *zijn gezicht ~* contort one's face ★ *hij vertrok geen
spier* he didn't move a muscle / turn a hair
II *onoverg* [vertrok, is vertrokken] ❶ leave ★ *je
kunt ~!* you can go now! ★ *ze ~ vandaag naar Londen*
they're off to London today ❷ scheepv sail
vertrekpunt *o* [-en] ❶ *plaats v. vertrek* starting point,
point of departure ❷ *uitgangspunt* starting point,
point of departure, basis
vertreksein *o* [-en] starting signal
vertrektijd *m* [-en] departure time
vertroebelen *overg* [vertroebelde, h. vertroebeld]
❶ *onduidelijk maken* cloud, obscure ❷ *verstoren*
trouble
vertroetelen *overg* [vertroetelde, h. vertroeteld]
coddle, pamper, pet
vertroosting *v* [-en] consolation, comfort, solace
vertrouwd *bn* ❶ *v. persoon* reliable, trustworthy ❷ *op
de hoogte van* familiar (with) ★ *~ met* conversant
/ familiar with ★ *zich ~ maken met* make oneself
familiar / conversant with ★ *~ raken met* become
conversant / familiar with ❸ *veilig* safe ★ *in ~e
handen* in safe hands ❹ *bekend* familiar ★ *~e beelden*
familiar images
vertrouwdheid *v* familiarity
vertrouwelijk I *bn* ❶ *intiem* intimate, familiar
★ *een ~e vriend* an intimate friend ❷ *geheim*
confidential ★ *streng ~!* strictly private / confidential!
II *bijw* ❶ *intiem* intimately ★ *~ omgaan met* be
intimate with ❷ *geheim* confidentially, in
confidence
vertrouwelijkheid *v* [-heden] confidentiality,
familiarity
vertrouweling *m* [-en] confidant
vertrouwen I *o* confidence, trust, faith ★ *het ~
beschamen* betray sbd's confidence ★ *het volste ~
genieten* enjoy sbd's complete confidence ★ *geen ~
meer hebben in...* have lost confidence in... ★ *iem.
zijn ~ schenken* take sbd into one's confidence ★ *~
stellen / hebben in* have confidence in, put one's faith
in ★ *zijn ~ is geschokt* his confidence has been
shaken ★ *zijn ~ verliezen in* lose faith in ★ *~ wekken*

inspire confidence ★ *in ~* in (strict) confidence
★ *iem. in ~ nemen* take sbd into one's confidence
★ *in ~ op* in the expectation of ★ *met ~* with
confidence, confidently ★ *met het volste ~* with the
utmost confidence, with every confidence ★ *zijn ~
op...* his confidence / trust / faith in... ★ *op goed ~* on
trust ★ *goed van ~ zijn* be trusting, have a trusting
nature **II** *overg* [vertrouwde, h. vertrouwd] trust
★ *hij is niet te ~* he isn't to be trusted **III** *onoverg*
[vertrouwde, h. vertrouwd] trust (in), rely (on), bank
(on) ★ *op God* trust in God ★ *ik vertrouw erop* I'm
banking / relying on it ★ *op de toekomst / het toeval ~*
trust in the future / to luck
vertrouwensarts *m* [-en] confidential medical
counsellor/Am counselor
vertrouwenscrisis *v* [-sen & -crises] crisis of
confidence
vertrouwenskwestie *v* [-s] matter of confidence
vertrouwensman *m* [-nen & -lieden] confidant,
confidential agent, trusted representative
vertrouwenspersoon *m* [-sonen] trustee
vertrouwenspositie *v* [-s] position of trust
/ confidence
vertrouwensrelatie *v* [-s] relationship based on trust
vertrouwenwekkend *bn* inspiring confidence / trust
vertwijfeld I *bn* desperate **II** *bijw* desperately
vertwijfeling *v* despair, desperation
veruit *bijw* by far
vervaard *bn* alarmed, frightened ★ *voor geen kleintje ~*
not easily frightened / daunted
vervaardigen *overg* [vervaardigde, h. vervaardigd]
make, manufacture
vervaardiging *v* manufacture, fabrication
vervaarlijk I *bn* frightful, awful, huge, tremendous
★ *er ~ uitzien* look huge / enormous **II** *bijw*
frightfully &
vervagen *onoverg* [vervaagde, is vervaagd] fade, blur,
grow blurred, become indistinct
verval *o* ❶ *achteruitgang* decay, decline, deterioration
★ *~ van krachten* senile decay ★ *in ~ geraken* fall into
decay ❷ *hoogteverschil* fall
vervaldag *m* [-dagen] time of payment, day of
maturity, due / expiry date ★ *op de ~* at maturity,
when due
vervallen I *bn* ❶ *v. gebouwen &* dilapidated,
ramshackle, out of repair ❷ *v. persoon* worn (out),
ravaged ❸ *v. wissels* due ❹ *v. recht* lapsed ❺ *van
termijn, polis* expired ▼ *van de troon ~ verklaard*
deposed **II** *onoverg* [verviel, is vervallen]
❶ *achteruitgaan* decline ❷ *bouwvallig worden* fall
into disrepair ❸ *niet langer lopen* expire
❹ *v. rekeningen* fall / become due, mature ❺ *niet
langer gelden* lapse ❻ *wegvallen* be taken off, be
cancelled ❼ *komen tot* fall (in)to ★ *~ aan de Kroon*
fall to the Crown ★ *in zijn oude fout ~* fall into one's
old mistakes ★ *in herhalingen ~* repeat oneself ★ *in
onkosten ~* incur expenses ★ *tot zonde ~* lapse into
sin

ve

vervalsen *overg* [vervalste, h. vervalst] ❶ *falsificeren* falsify, fake ★ *een handtekening* ~ falsify a signature ★ *de boeken* ~ fiddle the books ❷ *namaken* forge, counterfeit ★ *een cheque* ~ forge a cheque ❸ *versnijden* adulterate, tamper with

vervalser *m* [-s] forger, faker, counterfeiter

vervalsing *v* [-en] ❶ *het vervalsen* forgery, falsification ❷ *wijn/voedsel* adulteration ❸ *kunst* fake ❹ *geld* counterfeiting

vervangbaar *bn* replaceable

vervangen *overg* [verving, h. vervangen] ❶ *de plaats innemen van* take / fill the place of, replace, stand in for ❷ *aflossen* relieve ❸ *de plaats laten innemen van* replace,substitute ★ *het* ~ *door iets anders* replace it by something else, substitute something else for it

vervanger *m* [-s] replacement, substitute, stand-in

vervanging *v* replacement, substitution ★ *ter* ~ *van* in place of, as a substitute for

vervangingswaarde *v* replacement value / cost

vervatten *onoverg* [vervatte, h. vervat] contain, embody ★ *vervat in* ⟨geïmpliceerd⟩ implied in, ⟨verwoord⟩ couched in

verve *v* verve, enthusiasm, vigour

verveeld *bn* bored, weary ▼ ZN ~ *zitten / zijn met...* not know what to do with...

vervelen I *overg* [verveelde, h. verveeld] ❶ bore, tire, weary, become a bore ★ *hij zal je dood* ~ he'll bore you stiff ★ *het zal je dood* ~ you'll be bored stiff by it ★ *het begint me te* ~ I'm beginning to get tired of it / bored with it ★ *tot* ~*s toe* over and over again, ad nauseam ❷ *ergeren* annoy II *wederk* [verveelde, h. verveeld] ★ *zich* ~ be / feel bored

vervelend I *bn* ❶ *saai* tiresome, boring, dull, tedious ★ *wat is die vent* ~*!* what a bore that fellow is! ❷ *onaangenaam* annoying, unpleasant ★ *hè, wat* ~ *is dat nou!* how annoying! ★ *een* ~ *bericht* bad news II *bijw* boringly &

verveling *v* boredom, weariness, tedium

vervellen *onoverg* [vervelde, is verveld] ❶ peel ★ *mijn neus begint te* ~ my nose is starting to peel ❷ *v. slangen* shed (its skin)

vervelling *v* [-en] peeling, ⟨v. dier⟩ sloughing, shedding

verveloos *bn* colourless

verven *overg* [verfde, h. geverfd] ❶ *schilderen* paint ❷ *met kleurstof* dye, colour/Am color

ververij *v* [-en] dyeworks

verversen *overg* [ververste, h. ververst] refresh, freshen ★ *de olie* ~ change the oil

verversing *v* [-en] refreshment

verviervoudigen *overg & onoverg* [verviervoudigde, h. en is verviervoudigd] quadruple, multiply by four

vervijfvoudigen *overg & onoverg* [vervijfvoudigde, h. en is vervijfvoudigd] multiply by five

vervilten I *overg* [verviltte, h. vervilt] felt II *onoverg* [verviltte, is vervilt] felt, become matted

vervlaamsen I *overg* [vervlaamste, h. vervlaamst] make Flemish II *onoverg* [vervlaamste, is vervlaamst]

become Flemish

vervlakken I *overg* [vervlakte, h. vervlakt] *vlak maken* make smooth, smooth out II *onoverg* [vervlakte, is vervlakt] ❶ *van kleuren* fade ❷ *fig* become trivial / shallow, wane

vervlakking *v* [-en] fading, decay

vervliegen *onoverg* [vervloog, is vervlogen] ❶ *vervluchtigen* evaporate, volatilize ❷ *fig* evaporate ❸ *v. tijd* fly

vervloeien *onoverg* [vervloeide, is vervloeid] ❶ *wegvloeien* run ❷ *vloeibaar worden* melt

vervloeken *overg* [vervloekte, h. vervloekt] curse, damn

vervloeking *v* [-en] ❶ *het vervloeken* cursing ❷ *vloek* curse ❸ *kerkelijk* anathema

vervlogen *bn* bygone, departed ★ *in* ~ *dagen* in days gone by / long past ★ ~ *hoop* lost hope ★ ~ *roem* departed glory

vervluchtigen *onoverg* [vervluchtigde, is vervluchtigd] volatilize, evaporate

vervoegen I *overg* [vervoegde, h. vervoegd] taalk conjugate II *wederk* [vervoegde, h. vervoegd] ★ *zich* ~ *bij* apply at, report to

vervoeging *v* [-en] taalk conjugation

vervoer *o* transport ★ *openbaar* ~ public transport ★ ~ *te water* sea transport ★ *tijdens het* ~ in transit

vervoerbewijs *o* [-wijzen] ticket

vervoerder *m* [-s] transporter, conveyer / conveyor, carrier

vervoeren *overg* [vervoerde, h. vervoerd] transport, convey, carry

vervoering *v* [-en] transport, rapture, ecstasy ★ *in* ~ *raken* go into raptures, be carried away

vervoermiddel *o* [-en] (means of) transport

vervoersbedrijf *o* [-drijven] transport company

vervoerskosten *zn* [mv] transport costs

vervoersverbod *o* ban on transport

vervolg *o* [-en] ❶ *voortzetting* continuation, sequel ★ ~ *op blz. 12* continued on page 12 ★ *ten* ~*e van...* in continuation of... ★ *ten* ~*e op / van mijn brief van...* in reference to / further to my letter of... ❷ *toekomst* future ★ *in het* ~ in future, henceforth

vervolgbundel *m* [-s], **vervolgdeel** *o* [-delen] sequel, continuation, second part

vervolgcursus *m* [-sen] follow-up course

vervolgen *overg* [vervolgde, h. vervolgd] ❶ *voortgaan met* continue, proceed on ★ *...vervolgde hij* ...he went on,...he continued,...he went on to say ★ *wordt vervolgd* to be continued ★ *zijn weg* ~ continue on one's way ❷ *achtervolgen* pursue ❸ *wegens geloof/politiek* persecute ❹ *aanklagen* proceed against, ⟨strafrechtelijk⟩ prosecute, ⟨civielrechtelijk⟩ sue ★ *iem. wegens diefstal* ~ charge sbd with theft

vervolgens *bijw* then, further, next, afterwards, thereupon, subsequently ★ *hij vroeg* ~ he went on to ask, he proceeded to ask

vervolging *v* [-en] ❶ *achtervolgen* pursuit, chase ❷ *vervolgd worden* persecution ❸ jur prosecution

★ *strafrechtelijke* ~ criminal prosecution / proceedings ★ *een ~ instellen tegen iem.* bring an action against sbd ★ *van ~ afzien* drop charges ★ *het afzien van* ~ decide not to prosecute

vervolgingswaanzin *m* persecution mania, paranoia

vervolgonderwijs *o* secondary education

vervolgopleiding *v* [-en] Br continuation course, Am continuing education, refresher course

vervolgverhaal *o* [-halen] serial (story)

vervolmaken *overg* [vervolmaakte, h. vervolmaakt] perfect, complete

vervolmaking *v* perfection, completion

vervormd *bn* ❶ *misvormd* distorted ★ *een ~e kijk op de wereld* a distorted view of the world ★ ZN *een ~e weg* a bad road (surface) ❷ *anders gevormd* transformed

vervormen I *overg* [vervormde, h. vervormd] ❶ *anders vormen* transform, refashion ❷ *misvormen* deform, disfigure **II** *onoverg* [vervormde, is vervormd] transform, change

vervorming *v* [-en] ❶ *het anders vormen* transformation, refashioning ❷ *misvorming* deformation

vervreemden I *overg* [vervreemdde, h. vervreemd] alienate ★ *zich ~ van* alienate oneself from **II** *onoverg* [vervreemdde, is vervreemd] become estranged / alienated ★ ~ *van iets* become estranged from, lose touch with

vervreemding *v* [-en] alienation, estrangement

vervroegen *overg* [vervroegde, h. vervroegd] ❶ *vroeger doen plaatshebben* advance, bring forward ★ *een vervroegde betaling* accelerated payment ❷ *vroeger stellen* move / put forward ★ *de dagtekening* ~ antedate

vervroeging *v* [-en] bringing forward, advancing ★ *jur bij* ~ brought forward

vervrouwelijken *overg & onoverg* [vervrouwelijkte, h. en is vervrouwelijkt] feminize

vervuilen I *overg* [vervuilde, h. vervuild] *vuil maken* pollute, contaminate **II** *onoverg* [vervuilde, is vervuild] ❶ *vuil worden* grow / become polluted / contaminated ❷ *v. wond* become infected

vervuiler *m* [-s] polluter

vervuiling *v* ❶ *vuilheid* filthiness ❷ *v. milieu* pollution

vervullen *overg* [vervulde, h. vervuld] ❶ *vol maken* fill ★ ~ *met* fill with ★ *van angst vervuld* full of anxiety ❷ *voldoen aan* fulfil/Am fulfill, ‹taak› perform, carry out, ‹wens› comply with ❸ *bezetten* occupy, fill ★ *iems. plaats* ~ take sbd.'s place ❹ *verwezenlijken* accomplish, realize ★ *hij zag zijn hoop / wensen vervuld* his hopes / wishes were realized

vervulling *v* ❶ *volbrenging* discharge, performance ❷ *verwerkelijking* realization ★ *in* ~ *gaan* be realized / fulfilled, ‹v. droom› come true

verwaand *bn* arrogant, conceited, full of oneself

verwaandheid *v* arrogance, conceitedness, conceit

verwaardigen I *overg* [verwaardigde, h. verwaardigd] condescend, deign ★ *iem. met geen blik* ~ not deign to look at sbd **II** *wederk* [verwaardigde, h.

verwaardigd] ★ *zich* ~ *om...* condescend / deign to...

verwaarlozen *overg* [verwaarloosde, h. verwaarloosd] ❶ *niet verzorgen* neglect, take no care of ★ *zijn plichten* ~ neglect one's duties ❷ *buiten beschouwing laten* disregard, ignore ★ *te* ~ negligible

verwaarlozing *v* neglect ★ *met* ~ *van* to the neglect of

verwachten *overg* [verwachtte, h. verwacht] ❶ *rekenen op* expect ★ *de verwachte levensduur* life expectancy ★ *het verwachte resultaat / succes* the expected result / success ★ *wij* ~ *dat ze zullen komen* we expect them to come ★ *dat had ik niet van hem verwacht* I hadn't expected it of him ★ *zoals te* ~ *was* as was to be expected ★ *u wordt in het hotel verwacht* you are expected at the hotel ❷ *zwanger zijn* be expecting

verwachting *v* [-en] expectation ★ *de* ~ *koesteren dat...* cherish the hope / expectation that... ★ *zonder de minste ~en te koesteren* without entertaining any hope / expectation ★ *zijn* ~ *hoog spannen* pitch one's expectations high ★ *de ~en waren hoog gespannen* expectations ran high ★ *het beantwoordde niet aan de ~en* it did not come up to my / their & expectations, it fell short of my / their & expectations ★ *boven* ~ beyond expectation ★ *buiten* ~ contrary to expectation ★ *in blijde* ~ in joyful anticipation ★ *zij is in (blijde)* ~ she's pregnant, she's expecting (a baby), inf she's in the family way ★ *tegen alle* ~ against all expectations, contrary to expectation ★ *vol* ~ in expectation, expectantly

verwachtingspatroon *o* [-tronen] expectations

verwant I *bn* ❶ allied, related ★ *~e geesten* kindred spirits ★ *~e diensten* allied / related services ★ ~ *aan* allied / related / akin to ★ *het naast* ~ *aan* most closely allied / related / akin to ★ *die hem het naast* ~ *zijn* his next of kin ❷ taalk cognate **II** *m* [-en] relative, relation ★ *zijn ~en* his relations, his relatives

verwantschap *v* ❶ *het verwant zijn* relationship, kinship, affinity ❷ *overeenkomst* relation, relationship

verward I *bn* ❶ *onordelijk* confused, entangled ★ ~ *raken in* get entangled in ★ *~e haren* tangled hair ★ *~e toestanden* confused situations ❷ *onsamenhangend* confused, disordered ★ *een ~ verhaal* a confused / fuzzy story ❸ *geestelijk* disturbed, deranged ★ *een ~e geest* a disturbed mind **II** *bijw* confusedly

verwardheid *v* confusion

verwarmen *overg* [verwarmde, h. verwarmd] warm, heat ★ *de kamer is niet verwarmd* the room is unheated

verwarming *v* warming, heating ★ *centrale* ~ central heating

verwarmingsbuis *v* [-buizen] (central) heating pipe

verwarmingselement *o* [-en] heating element

verwarmingsketel *m* [-s] heater, boiler

verwarmingsmonteur *m* [-s] heating engineer

verwarmingstoestel *o* [-len] heater, heating apparatus

ve

verwarren *overg* [verwarde, h. verward] ❶ *in de war brengen* tangle up, confuse ★ *iem.* ~ confuse / fluster sbd ❷ *verwisselen* confuse, mistake, mix up ★ *feiten* ~ confuse facts ★ *de dingen met elkaar* ~ mix up things
verwarring *v* [-en] ❶ entanglement ❷ *fig* confusion, muddle ★ ~ *stichten* create confusion ★ *iem. in* ~ *brengen* confuse sbd ★ *in* ~ *raken* become confused / flustered
verwateren *onoverg* [verwaterde, is verwaterd] ❶ *waterig worden* become diluted ❷ *v. politieke bewegingen &* lose vigour ❸ *v. vriendschap* disintegrate
verwedden *overg* [verwedde, h. verwed] ❶ *inzetten bij weddenschap* bet, wager ★ *ik verwed er 10 euro onder* I bet you ten euros ★ *ik verwed er mijn hoofd onder* I'd stake my life on it ❷ *door wedden verliezen* lose in betting
verweer *o* [-weren] ❶ *verdediging* defence, *Am* defense ★ *iets als* ~ *aanvoeren* put forward sth as a defence, plead sth ❷ *weerstand* resistance
verweerd *bn* weathered, weather-beaten
verweerder *m* [-s] *jur* respondent, ‹administratieve zaken› defendant
verweerschrift *o* [-en] (written) defence/Am defense, apology, respondent's notice
verweesd *bn* orphan(ed)
verweken *overg* [verweekte, is verweekt] soften
verweking *v* softening
verwekken *overg* [verwekte, h. verwekt] ❶ *v. kinderen* father ★ *een kind* ~ *bij iem.* father a child with sbd ❷ *fig* create, cause, provoke, inspire ★ *opschudding* ~ create a sensation ★ *een ziekte* ~ cause a sickness ★ *angst* ~ inspire fear
verwekker *m* [-s] ❶ *voortplanting* biological father ❷ *veroorzaker* author, cause ❸ *v. ziekte* pathogen
verwekking *v* procreation, generation
verwelken *onoverg* [verwelkte, is verwelkt] wither, wilt, *fig* fade
verwelkomen *overg* [verwelkomde, h. verwelkomd] (bid sbd) welcome ★ *iem. hartelijk* ~ extend a hearty welcome to sbd
verwelkoming *v* [-en] welcome
verwend *bn* spoilt ★ *op het punt van... zijn wij niet* ~ they don't spoil us with...
verwennen I *overg* [verwende, h. verwend] ❶ *te toegeeflijk zijn* spoil, overindulge ❷ *vertroetelen* indulge, pamper II *wederk* [verwende, h. verwend] ★ *zich* ~ spoil oneself
verwennerij *v* [-en] spoiling, pampering, overindulgence ★ *een culinaire* ~ a culinary delight
verwensen *overg* [verwenste, h. verwenst] curse ★ *die verwenste kerel!* that cursed / damned fellow!
verwensing *v* [-en] curse
verwereldlijken I *overg* [verwereldlijkte, h. verwereldlijkt] secularize II *onoverg* [verwereldlijkte, is verwereldlijkt] grow (more) worldly
verwereldlijking *v* secularization
verweren I *onoverg* [verweerde, is verweerd] weather,

become weather-beaten II *wederk* [verweerde, h. verweerd] defend, respond ★ *zich* ~ defend oneself
verwering *v* ❶ *verdediging* defence, Am defense ❷ *aantasting* weathering, geol erosion
verwerkelijken *overg* [verwerkelijkte, h. verwerkelijkt] realize
verwerken *overg* [verwerkte, h. verwerkt] ❶ *gebruiken* process, handle ❷ *omwerken* process, convert ★ ~ *tot* convert into ❸ *opnemen* incorporate ★ *gegevens / informatie* ~ incorporate data / information ★ *de stroom van bezoekers niet kunnen* ~ not be able to deal with the stream of visitors ❹ *te boven komen* deal / cope with ★ *een verlies* ~ cope / deal with a loss
verwerking *v* ❶ *het verbruiken* processing, incorporation, assimilation ★ computr *directe* ~ real time processing ❷ *het behandelen* handling ❸ *het opnemen* assimilation, digestion ❹ psych assimilation
verwerpelijk *bn* reprehensible, distasteful, objectionable
verwerpen *overg* [verwierp, h. verworpen] ❶ *afwijzen* reject, repudiate ★ *het beroep werd verworpen* the appeal was dismissed / rejected ❷ *afkeuren* reject, turn down, defeat ★ *het amendement werd verworpen* the amendment was rejected / defeated ★ *een opvatting* ~ dismiss an opinion
verwerping *v* ❶ rejection ❷ *jur* dismissal, defeat
verwerven *overg* [verwierf, h. verworven] obtain, acquire, win, gain
verwerving *v* acquisition
verwesteren *overg & onoverg* [verwesterde, h. en is verwesterd] Westernize
verweven *overg* [verweefde, h. verweven] interweave ★ *nauw* ~ *met* closely interwoven with
verwezenlijken *overg* [verwezenlijkte, h. verwezenlijkt] realize
verwezenlijking *v* [-en] realization
verwijden I *overg* [verwijdde, h. verwijd] widen II *wederk* [verwijdde, h. verwijd] ★ *zich* ~ widen, ‹v. ogen› dilate
verwijderd *bn* remote, distant ★ *van elkaar* ~ *raken* drift apart
verwijderen I *overg* [verwijderde, h. verwijderd] ❶ *verder plaatsen* remove, move / take away ★ *de mensen van elkaar* ~ alienate / estrange people ❷ *wegnemen* remove, take away, ‹oorzaak› eliminate ★ *iem. met geweld* ~ forcibly remove / expel sbd II *wederk* [verwijderde, h. verwijderd] ★ *zich* ~ ‹v. persoon› go away, withdraw, retire, ‹v. schip &› move away / off, ‹v. geluid› grow fainter
verwijdering *v* [-en] ❶ *handeling* removal, ‹v. leerling ook› expulsion ❷ *tussen personen* estrangement
verwijding *v* [-en] widening, med dilation
verwijfd *bn* effeminate
verwijl *o* delay ★ *zonder* ~ without delay
verwijlen *onoverg* [verwijlde, h. verwijld] stay, linger, tarry ★ *lang* ~ *bij iets* dwell on sth at length

verwijsbriefje *o* [-s], **verwijskaart** *v* [-en] ❶ *voor een specialist* (doctor's) referral ❷ *in een kaartsysteem* cross-reference card

verwijt *o* [-en] reproach, blame, reproof ★ *iem. een ~ van iets maken* reproach sbd with sth ★ *ons treft geen ~* we are not to blame ★ *vol ~* full of reproach

verwijtbaar *bn* jur blameworthy, culpable ★ *verwijtbare schuld* culpable negligence

verwijten *overg* [verweet, h. verweten] reproach, upbraid ★ *iem. iets ~* reproach sbd with sth ★ *ik heb mij niets te ~* I have nothing to reproach myself with ★ *zij hebben elkaar niets te ~* they're tarred with the same brush ★ *de pot verwijt de ketel, dat hij zwart is* it's the pot calling the kettle black

verwijtend I *bn* reproachful **II** *bijw* reproachfully

verwijzen *overg* [verwees, h. verwezen] refer ★ *iem. naar een specialist verwezen* refer sbd to a specialist ★ *hij verwees naar recente publicaties* he referred to recent publications

verwijzing *v* [-en] ❶ *het verwijzen* reference, referral ★ *een ~ naar een specialist* a referral to a specialist ★ *onder ~ naar...* with reference to... ❷ *in boek* (cross-)reference ❸ *naar terechtzitting* jur committal for trial

verwikkeling *v* [-en] ❶ *het verwikkelen* involvement ❷ *moeilijkheid* complication, entanglement ❸ *v. roman, toneelstuk* plot ❹ *bij een ziekte* ZN complication

verwilderd I *bn* ❶ *wild geworden* ‹dieren› (gone) wild, ‹tuin ook› overgrown, neglected ❷ *niet verzorgd* neglected, unkempt, dishevelled ★ *wat zien die kinderen er ~ uit!* how unkempt these children look! ❸ *tuchteloos* wild, mad **II** *bijw* ★ *hij keek ~* he looked bewildered / perplexed

verwilderen *onoverg* [verwilderde, is verwilderd] ❶ *wild worden* run / go wild, ‹tuin› become overgrown, ‹plant› escape ❷ fig sink back into savagery, become depraved

verwisselbaar *bn* exchangeable ★ *onderling ~* interchangeable

verwisselen I *overg* [verwisselde, h. verwisseld] *verruilen* (inter)change, exchange ★ *een band ~* change a tyre ★ *u moet ze niet met elkaar ~* don't mistake the one for the other ★ *iets ~ voor* exchange sth for **II** *onoverg* [verwisselde, is verwisseld] change ★ *van kleren ~* change clothes ★ *~ van kleur* change colour ★ *van plaats ~* change places

verwisseling *v* [-en] (inter)change, exchange ★ *~ van plaats* change of place

verwittigen *overg* [verwittigde, h. verwittigd] ❶ *berichten* inform, tell, notify ★ *iem. van iets ~* inform sbd of sth ❷ *waarschuwen* ZN warn, caution

verwittiging *v* [-en] ❶ *mededeling* notice, information ❷ *waarschuwing* ZN warning, caution

verwoed I *bn* furious, fierce, grim ★ *een ~ sportman* a keen sportsman **II** *bijw* furiously &

verwoesten *overg* [verwoestte, h. verwoest] destroy, lay waste, devastate, ruin

verwoestend *bn* destructive, devastating

verwoesting *v* [-en] destruction, devastation, ravage, havoc ★ *de ~en van de tijd* the ravages of time ★ *~en aanrichten onder* wreak havoc among, make havoc of

verwonden *overg* [verwondde, h. verwond] wound, injure, hurt

verwonderd I *bn* surprised, amazed, astonished **II** *bijw* in wonder / surprise / astonishment

verwonderen I *overg* [verwonderde, h. verwonderd] surprise, astonish ★ *het zou me niets ~ als...* I wouldn't be at all surprised if... ★ *het is niet te ~ dat...* it's no wonder that... **II** *wederk* [verwonderde, h. verwonderd] ★ *zich ~ over* be surprised / astonished at, marvel / wonder at

verwondering *v* astonishment, wonder, surprise ★ *~ baren* cause a surprise ★ *tot mijn grote ~* to my great surprise

verwonderlijk *bn* astonishing, surprising ★ *het ~ste is dat...* the most amazing thing about it is that...

verwonding *v* [-en] wound, injury

verwonen *overg* [verwoonde, h. verwoond] pay for rent

verwoorden *overg* [verwoordde, h. verwoord] put into words, express, verbalize

verwoording *v* [-en] putting into words

verworden *onoverg* [verwerd, is verworden] degenerate / deteriorate (into)

verwording *v* degeneration, deterioration

verworvenheid *v* [-heden] achievement

verwrongen *bn* twisted, distorted

verwurging *v* [-en] ❶ strangling, throttling, strangulation ❷ sp stranglehold

verzachten I *overg* [verzachtte, h. verzacht] ❶ *minder moeilijk te verdragen maken* soften, sooth, ease, ‹pijn› alleviate, relieve ❷ *minder krachtig maken* tone down ❸ *matigen* moderate, mitigate, extenuate **II** *onoverg* [verzachtte, is verzacht] ★ *het weer is verzacht* the weather has cleared up

verzachtend *bn* softening, soothing, alleviating ★ *een ~ middel* a palliative ★ jur *~e omstandigheden* mitigating / extenuating circumstances

verzachting *v* ❶ *het verzachten* softening, soothing, alleviating ❷ jur mitigation, extenuation, moderation

verzadigd *bn* ❶ *vol met eten* satisfied, replete, inf full up ❷ *alles opgenomen hebbend* saturated ★ *een ~e markt* a saturated market

verzadigen I *overg* [verzadigde, h. verzadigd] ❶ *met eten* satisfy, satiate ★ *niet te ~* insatiable ❷ chem saturate **II** *wederk* [verzadigde, h. verzadigd] ★ *zich ~* eat one's fill, satisfy oneself

verzadiging *v* ❶ *met eten* satiation ❷ chem saturation

verzadigingspunt *o* chem saturation point

verzaken I *overg* [verzaakte, h. verzaakt] ❶ *afzweren* renounce, forsake, go back on ★ *zijn geloof ~* renounce one's faith ❷ *niet nakomen* neglect ★ *zijn plicht ~* neglect one's duty ★ kaartsp *kleur ~* revoke,

ve

renegue **II** *onoverg* [verzaakte, h. verzaakt] ★ ZN ~ *aan* neglect

verzaking *v* ❶ *v. geloof* renunciation ❷ *v. plicht* neglect, dereliction ❸ kaartsp revoking, reneging

verzakken *onoverg* [verzakte, is verzakt] subside, sag, sink, settle

verzakking *v* [-en] ❶ subsidence ❷ med prolapse

verzamelaar *m* [-s] collector

verzamelband *m* [-en] ❶ *voor tijdschriften &* binder ❷ *verzameld werk* omnibus book / volume

verzamelbundel *m* [-s] collection

verzamel-cd *m* ['s] compilation CD

verzamelen I *overg* [verzamelde, h. verzameld] ❶ *bijeengaren* collect, gather, accumulate ★ *zijn gedachten* ~ collect one's thoughts ★ *zijn krachten* ~ gather one's strength ★ *zijn moed* ~ muster one's courage ❷ *een verzameling aanleggen* collect, compile **II** *onoverg* [verzamelde, h. verzameld] assemble, meet ★ *we* ~ *om 10 uur* we assemble at 10 o'clock ★ *ook fig* ~ *blazen* sound the rally **III** *wederk* [verzamelde, h. verzameld] ★ *zich* ‹v. personen, dieren› come together, gather, meet, assemble, rally, congregate, ‹v. stof &› collect ★ *zich* ~ *om...* gather / rally round...

verzameling *v* [-en] ❶ *v. postzegels &* collection ❷ *v. personen* gathering ❸ *v. verhalen &* collection, compilation ❹ wisk set

verzamelnaam *m* [-namen] collective noun

verzamelobject *o* [-en] collector's item

verzamelplaats *v* [-en] ❶ meeting place / point ❷ mil rallying place

verzamelpunt *o* [-en] assembly / meeting point

verzamelstaat *m* [-staten] summary list

verzamelwoede *v* collector's mania, craze for collecting

verzanden *onoverg* [verzandde, is verzand] ❶ choke up with sand, silt up ❷ fig come to a dead end

verzegelen *overg* [verzegelde, h. verzegeld] ❶ seal (up) ❷ jur put under seal

verzegeling *v* [-en] ❶ sealing (up) ❷ jur putting under seal

verzeilen *onoverg* [verzeilde, is verzeild] end up ★ *hoe kom jij hier verzeild?* what brings you here? ★ *ik weet niet waar dat boek verzeild is geraakt* I don't know what has become of the book

verzekeraar *m* [-s] *assuradeur* assurer, insurer, scheepv underwriter

verzekerd *bn* ❶ *zeker* assured, sure ★ *u kunt* ~ *zijn van...* you may rest assured that... ❷ *geassureerd* insured ★ *verplicht* ~ compulsory / obligatorily insured ★ *de* ~*e som* the sum insured ★ *de* ~*e waarde* the insured value

verzekerde *m-v* [-n] insured person, policy holder

verzekeren I *overg* [verzekerde, h. verzekerd] ❶ *zekerheid geven* assure ★ *dat* ~ *wij u* we assure you ❷ *garanderen* guarantee ❸ *waarborgen* assure, ensure ★ *succes* ~ ensure success ❹ *assureren* insure ★ *niets was verzekerd* there was no insurance ★ *iets*

voor €100.000 ~ insure sth for €100,000 ❺ *vastmaken* secure **II** *wederk* [verzekerde, h. verzekerd] ★ *zich tegen iets* ~ insure against sth, take out (an) insurance against sth ★ *zich van iems. hulp* ~ secure sbd.'s help ★ *ik zal mij ervan* ~ I'm going to make sure of it

verzekering *v* [-en] ❶ *garantie* assurance ★ *ik geef je de* ~ *dat...* I assure you that... ❷ *assurantie* assurance, insurance ★ ‹~sbranche› ~*en* insurance ★ *een dubbele* ~ double insurance, reinsurance ★ *een* ~ *afsluiten* take out an insurance policy ★ *een* ~ *tegen inbraak* burglary insurance ★ *een* ~ *tegen ongelukken* accident insurance ★ *een* ~ *tegen ziekte en invaliditeit* health insurance ❸ *bewaring* jur police custody, detention ★ *iem. in* ~ *nemen / stellen* take sbd into custody

verzekeringsadviseur *m* [-s] insurance adviser / consultant

verzekeringsagent *m* [-en] insurance agent / broker ★ *een gevolmachtigd* ~ an underwriting agent

verzekeringsarts *m* [-en] medical examiner

verzekeringsbranche *v* insurance business / sector / industry

verzekeringsfraude *v* insurance fraud ★ *sociale* ~ social security fraud

verzekeringsgeld *o* [-en] insurance money

verzekeringsgeneeskundige *m-v* [-n] medical adviser of an insurance company

verzekeringsinspecteur *m* [-s] insurance inspector

verzekeringskosten *zn* [mv] insurance costs

verzekeringsmaatschappij *v* [-en] insurance company, insurer

verzekeringsplichtig *bn* obliged to take out insurance, liable for insurance

verzekeringspolis *v* [-sen] insurance policy

verzekeringspremie *v* [-s] insurance premium

verzelfstandiging *v* ❶ *v. groepen* liberation, emancipation, ‹het zelfstandig worden› gaining independence / self-sufficiency ❷ *v. bedrijven* privatization

verzenbundel *m* [-s] anthology / volume of verse

verzendadres *o* [-sen] dispatch address

verzenden *overg* [verzond, h. verzonden] send (off), dispatch, forward, ship

verzender *m* [-s] ❶ *iem. die iets verzendt* sender ❷ *expediteur* shipper

verzendhuis *o* [-huizen] mail order house / business

verzending *v* [-en] ❶ *het verzenden* sending, dispatch, forwarding ❷ *wat verzonden wordt* shipment, consignment, ‹geld› remittance

verzendklaar *bn* ready for dispatch / shipping / consignment

verzendkosten *zn* [mv] mailing / postage / shipping costs

verzengen *overg* [verzengde, h. verzengd] singe, scorch, parch

verzet *o* ❶ *tegenstand* opposition, resistance ★ *gewapend / lijdelijk* ~ armed / passive resistance

★ ~ *aantekenen tegen* (lodge a) protest against ★ *in ~ komen tegen* offer resistance to, resist, oppose ★ *in ~ komen tegen een vonnis* appeal against a sentence ❷ *ontspanning* diversion, recreation ❸ wielrennen gear ratio

verzetje *o* [-s] diversion, recreation
verzetsbeweging *v* [-en] resistance movement
verzetsgroep *v* [-en] resistance group
verzetshaard *m* [-en] hotbed of resistance, centre/Am center of resistance
verzetsheld *m* [-en], **verzetsman** [-nen & -lieden], **verzetsstrijder** [-s] resistance hero
verzetten I *overg* [verzette, h. verzet] ❶ *verplaatsen* move, shift ★ *bergen ~* move mountains ❷ *op ander tijdstip* postpone, put off ★ *de klok ~* put the clock forward / back ❸ *afleiding geven* divert ❹ *verdrijven* remove ★ *zij kan het niet ~* it sticks in her throat ▼ *heel wat werk ~* get through a mountain of work **II** *wederk* [verzette, h. verzet] ★ *zich ~* ‹zich schrap zetten› kick, be stubborn / recalcitrant, ‹weerstand bieden› resist, offer resistance, ‹zich ontspannen› unwind, unbend ★ *zich krachtig ~* offer vigorous resistance ★ *zich niet ~* make / offer no resistance ★ *zich ~ tegen iets* resist / oppose sth, ‹weerstand bieden› stand up against sth
verzieken I *overg* [verziekte, h. verziekt] *bederven* spoil, frustrate ★ *de sfeer ~* ruin the atmosphere **II** *onoverg* [verziekte, is verziekt] *ontaarden* degenerate, waste (away)
verziend *bn* long-sighted, Am far-sighted
verziendheid *v* long-sightedness, Am far-sightedness
verzilten *overg & onoverg* [verziltte, h. en is verzilt] salt up, make / become saline
verzilveren *overg* [verzilverde, h. verzilverd] ❶ *met zilver bedekken* silver ★ *verzilverd* silver-plated ❷ *voor geld wisselen* (convert into) cash ★ *zijn vermogen ~* realize one's assets
verzinken *overg & onoverg* [verzonk, h. en is verzonken] ❶ sink (down / away) ★ *verzonken land* sunken land ★ *in gedachten verzonken* absorbed / lost in thought ★ *in dromen verzonken* lost in dreams ★ *in slaap verzonken* deep in sleep ❷ *v. schroeven* countersink **II** *overg* [verzinkte, h. verzinkt] *galvaniseren* galvanize
verzinnen *overg* [verzon, h. verzonnen] make up, invent, devise, contrive ★ *dat verzin je maar* you're making it up ★ *ik wist niemand te ~ die...* I couldn't think of anybody who...
verzinsel *o* [-s & -en] story, invention, fabrication
verzitten *onoverg* [verzat, h. verzeten] ★ *gaan ~* ‹ergens anders gaan zitten› move to another seat, change seats, ‹in stoel› shift one's position, change position
verzoek *o* [-en] request, petition ★ *een ~ doen* make a request ★ *op ~ versturen wij een btw-factuur* an invoice for VAT will be sent on request ★ *op dringend ~ van...* at the urgent request of... ★ *op speciaal ~* by special request

verzoeken *overg* [verzocht, h. verzocht] ❶ *vragen* beg, request ★ *verzoeke antwoord, antwoord verzocht* please reply ★ *verzoeke niet te roken* please refrain from smoking ★ *mag ik u ~ de deur te sluiten?* would you kindly close the door? ★ *iem. ~ om* ask sbd for ❷ *uitnodigen* ask, invite ★ *iem. op de bruiloft ~* invite sbd to the wedding ❸ *in verzoeking brengen* tempt
verzoeking *v* [-en] temptation ★ *iem. in ~ brengen* tempt sbd, lead sbd into temptation ★ *in de ~ komen om...* be tempted to...
verzoeknummer *o* [-s], **verzoekplaat** *v* [-platen] request
verzoekprogramma *o* ['s] (musical) request programme/Am program
verzoekschrift *o* [-en] petition ★ *een ~ indienen bij* file a petition with
verzoendag *m* [-dagen] day of reconciliation ★ *de Grote Verzoendag* the Day of Atonement, Yom Kippur
verzoenen I *overg* [verzoende, h. verzoend] reconcile, conciliate, placate, propitiate ★ *ik kan daar niet mee verzoend raken* I can't reconcile myself to it ★ *twee stijlen met elkaar ~* reconcile two styles **II** *wederk* [verzoende, h. verzoend] become reconciled ★ *ik kan me daar niet mee ~* I can't reconcile myself to it ★ *zich met zijn lot ~* resign oneself to one's fate
verzoenend *bn* conciliatory, propitiatory
verzoener *m* [-s] conciliator
verzoening *v* [-en] ❶ *het weer tot elkaar komen* reconciliation, rapprochement ❷ *het goedmaken* reconciliation, atonement
verzoeningspoging *v* [-en] attempt at reconciliation
verzoeten *overg* [verzoette, h. verzoet] sweeten
verzolen *overg* [verzoolde, h. verzoold] resole
verzorgd *bn* well cared for, well kept ★ *een geheel ~e reis* a package tour, an all-in tour ★ *er ~ uitzien* be well dressed / groomed ★ *~ taalgebruik* polished speech, careful use of language ★ *een ~e uitgave* a carefully prepared edition
verzorgen I *overg* [verzorgde, h. verzorgd] take care of, look after ★ *het huishouden ~* look after the house, run the house ★ *zijn lichaam ~* take care of one's body ★ *een zieke ~* look after a sick person **II** *wederk* [verzorgde, h. verzorgd] ★ *zich ~* take care of oneself
verzorger *m* [-s] attendant, caretaker, ‹v. hulpbehoevende› (attendant) carer, ‹voogd› guardian, ‹in dierentuin› (zoo) keeper
verzorging *v* care
verzorgingsflat *m* [-s] service flat
verzorgingshuis, **verzorgingstehuis** *o* [-huizen] home for the aged, old people's home
verzorgingsstaat *m* [-staten] welfare state
verzot *bn* ★ *~ op* very fond of, infatuated with, mad / crazy about
verzuchten *overg* [verzuchtte, h. verzucht] sigh
verzuchting *v* [-en] ❶ *zucht* sigh ★ *een ~ slaken* heave a sigh ❷ *klacht* lamentation

ve

verzuild I *bn* socially narrowly based ★ *de publieke omroepen in Nederland zijn nog steeds* ~ the Dutch public broadcasting organizations are still divided along narrow socio-religious lines **II** *bijw* ★ *de overheid ging vaak hevig* ~ *te werk* the public authorities often took a very narrow socio-religious approach

verzuiling *v* socio-religious compartmentalization ★ *de* ~ *in de publieke omroepen blijft nog bestaan* the public broadcasting organizations are still divided along narrow socio-religious lines

verzuim *o* [-en] ❶ *nalatigheid* neglect, oversight, omission ★ *door een* ~ through an oversight ★ *een ernstig* ~ a serious oversight ❷ jur default ★ *in* ~ *zijn* be in default ★ ‹als cassatiegrond› ~ *van vormen* non-compliance with procedural requirements ❸ *van school* non-attendance ❹ *van het werk* absenteeism

verzuimen *overg* [verzuimde, h. verzuimd] ❶ *nalaten* neglect ★ *zijn plicht* ~ neglect one's duty ❷ *niet doen* omit / fail (to) ★ *niet* ~ *er heen te gaan* not omit to go ❸ *niet waarnemen* lose, miss ★ *een gelegenheid* ~ miss an opportunity ★ *de school* ~ fail to attend school

verzuipen I *overg* [verzoop, h. verzopen] drown ★ *zich* ~ drown oneself ★ *zijn geld* ~ spend one's money on drink ★ *de motor* ~ flood the motor **II** *onoverg* [verzoop, is verzopen] be drowned, drown ★ fig ~ *in* be up to one's ears in

verzuren I *overg* [verzuurde, h. verzuurd] make sour, sour **II** *onoverg* [verzuurde, is verzuurd] (grow) sour, ‹v. melk› turn, go off ★ *een verzuurde oude vrijgezel* a bitter old bachelor

verzuring *v* acidification

verzwakken I *overg* [verzwakte, h. verzwakt] weaken, ‹aantasten› impair ★ *de economie* ~ weaken the economy **II** *onoverg* [verzwakte, is verzwakt] weaken, grow weak ★ *verzwakt door koorts* weakened by fever

verzwakking *v* [-en] weakening, debilitation

verzwaren *overg* [verzwaarde, h. verzwaard] ❶ *zwaarder maken* make heavier ★ *dat verzwaart het werk* that will make the task more arduous ❷ *sterker maken* strengthen, reinforce, increase ★ *eisen / de aanklacht* ~ augment the demands / the charge ❸ *verergeren* aggravate

verzwarend *bn* jur aggravating ★ ~*e omstandigheden* aggravating circumstances

verzwaring *v* ❶ *sterker maken* strengthening, reinforcement ❷ *moeilijker maken* complication ❸ *erger maken* aggravation

verzwelgen *overg* [verzwolg, h. verzwolgen] ❶ *opslokken* swallow (up), engulf ❷ *gulzig tot zich nemen* ‹eten› gobble / wolf down, ‹drank› guzzle / swill down

verzwijgen *overg* [verzweeg, h. verzwegen] keep silent about ★ *iets* ~ keep sth a secret, conceal / suppress sth ★ *je moet het voor hem* ~ you must keep it from him

verzwijging *v* suppression, concealment

verzwikken I *overg* [verzwikte, h. verzwikt] sprain, wrench ★ *zijn voet* ~ twist one's foot **II** *wederk* [verzwikte, h. verzwikt] ★ *zich* ~ sprain one's ankle

verzwinden *onoverg* [verzwond, is verzwonden] ZN disappear

vesper *v* [-s] vespers, evensong

vest *o* [-en] ❶ *jasje zonder mouwen* vest, waistcoat ❷ *jasje met mouwen* cardigan ❸ *colbert & v. mantelpak* ZN jacket ❹ *overjas* ZN overcoat, top coat

veste *v* [-n] ❶ *vesting* fortress, stronghold ❷ *vestingmuur* rampart, wall ❸ *vestinggracht* moat

vestiaire *m* [-s] cloakroom

vestibule *m* [-s] hall, vestibule

vestigen I *overg* [vestigde, h. gevestigd] ❶ *oprichten* establish, set up ★ *een record* ~ set a record ❷ *richten* direct, focus ★ *de blik / ogen* ~ *op* fix one's eyes on ★ *zijn geloof* ~ *op* place one's faith in ★ *zijn hoop* ~ *op* set one's hopes on ▼ *waar is die maatschappij gevestigd?* where is the company's base? **II** *wederk* [vestigde, h. gevestigd] ★ *zich* ~ settle (down), establish oneself, form take up one's residence ★ *zich* ~ *als dokter* set up as a doctor ★ *waar is hij gevestigd?* where is he based?

vestiging *v* [-en] ❶ *het zich vestigen* establishment ❷ *nederzetting* settlement ❸ *filiaal* branch, office

vestigingseis *m* [-en] business licensing condition

vestigingsmanager *m* [-s] branch manager

vestigingsplaats *v* [-en] ❶ *v. persoon* place of residence, domicile ❷ *v. bedrijf* base of operations, permanent establishment, place of business

vestigingsvergunning *v* [-en] ❶ *v. bedrijf* permit to establish a business ❷ *woonvergunning* permanent residence permit

vesting *v* [-en] fortress

vestinggracht *v* [-en] moat

vestingstad *v* [-steden] fortified city

vestingwerken *zn* [mv] fortifications

vestzak *m* [-ken] waistcoat pocket

vet I *bn* ❶ *niet mager* fat ★ *een* ~*te winst* a fat profit ★ *daar ben je* ~ *mee* a lot of good that will do you ❷ *vettig* greasy ★ ~*te vingers* greasy fingers **II** *bijw* ★ ~ *gedrukt* printed in heavy / bold type **III** *o* [-ten] fat, ‹om mee te smeren› grease ★ *dierlijke en plantaardige* ~*ten* animal and vegetable fats ★ inf *iem. zijn* ~ *geven* give sbd a piece of one's mind ★ *zijn* ~ *krijgen* get a beating, get what for ★ *we hebben nog wat in het* ~ there's something in store for us ★ *laat hem in zijn eigen* ~ *gaar koken* let him stew in his own juice ★ *op zijn* ~ *teren / leven* live on one's own fat ★ *iets in het* ~ *zetten* grease sth

vetachtig *bn* fatty, greasy

vetarm *bn* low-fat

vetbol *m* [-len] fat ball

vetbult *m* [-en] hump

vete *v* [-n & -s] feud, vendetta

veter *m* [-s] bootlace, shoelace

veteraan *m* [-ranen] ❶ *oud-soldaat* veteran ❷ *iem. met lange ervaring* warhorse, old hand

veteranenziekte *v* legionnaire's disease, legionella

veterinair I *bn* veterinary II *m* [-s] veterinary surgeon, vet

veterschoen *m* [-en] lace-up shoe

vetgedrukt *bn* bold, in bold type

vetgehalte *o* fat content, percentage of fat

vetkaars *v* [-en] tallow candle, dip

vetklier *v* [-en] sebaceous gland, ⟨v. vogels⟩ oil gland

vetkrijt *o* oil / wax crayon

vetkuif *m* [-kuiven] ❶ *kapsel* greased quiff ❷ *persoon* ± greaser, ± rocker

vetlaag *v* [-lagen] layer of fat

vetmesten *overg* [mestte vet, h. vetgemest] fatten ★ *zich ~ ten koste van de arbeidersklasse* exploit the working class

veto *o* ['s] veto ★ *zijn ~ uitspreken over...* put one's / a veto on..., veto...

vetorecht *o* right / power of veto

vetplant *v* [-en] succulent

vetpot *m* [-ten] ★ *het is er geen ~* they're not well off

vetpuistje *o* [-s] pimple, blackhead ★ *~s* acne

vetrand *m* [-en] ⟨aan vlees⟩ fat, ⟨in pan⟩ line of grease

vetrol *v* [-len] roll of fat

ve-tsin *o* monosodium glutamate, MSG

vettig *bn* fatty, greasy

vettigheid *v* [-heden] fattiness, greasiness

vetvlek *v* [-ken] grease / greasy spot

vetvorming *v* formation of fat

vetvrij *bn* ❶ fat-free, non-fat ❷ *papier* greaseproof

vetweefsel *o* [-s] fatty tissue, med adipose tissue

vetzak *m* [-ken] fatso

vetzucht *v* obesity

vetzuur *o* [-zuren] fatty acid

veulen *o* [-s] foal, ⟨hengstveulen⟩ colt, ⟨merrieveulen⟩ filly

vezel *v* [-s] fibre, filament, thread

vezelachtig, **vezelig** *bn* fibrous, fibriform

vezelplaat *v* [-platen] fibreboard

vezelrijk *bn* high-fibre

V-hals *m* [-halzen] V-neck

via *voorz* ❶ *langs* via, by way of ❷ *door middel van* through, by way of ★ *~ ~* indirectly

viaduct *m & o* [-en] ❶ *spoorwegviaduct* viaduct ❷ *v. snelwegen* flyover, overpass

viagra® *o* Viagra

vibrafoon *m* [-s & -fonen] vibraphone

vibratie *v* [-s] vibration

vibrator *m* [-s] vibrator

vibreren *onoverg* [vibreerde, h. gevibreerd] vibrate

vicaris *m* [-sen] vicar

vicepremier *m* [-s] vice-premier

vicepresident *m* [-en] vice-president

vice versa *bijw* vice versa

vicevoorzitter *m* [-s] vice-president, deputy chairman

vicieus *bn* vicious ★ *een vicieuze cirkel* a vicious circle

victoriaans *bn* Victorian

victorie *v* [-s] victory ★ *~ kraaien* triumph, shout victory

victualiën *zn* [mv] provisions, supplies, victuals

video *m* ['s] video

videoband *m* [-en] videotape

videocamera *v* ['s] video camera

videocassette *v* [-s] video cassette

videoclip *m* [-s] music video

videoconferentie *v* [-s] videoconference

videofoon *m* [-s] videophone

videografie *v* videography, videographics

videografisch *bn* videographic

videokaart *v* [-en] comput video card / board

video-opname *v* [-s] video recording

videorecorder *m* [-s] video recorder

videospel *o* [-spelen] video game

videotestament *het* [-en] ★ *het ~ van een zelfmoordterrorist* the video testament of a suicide terrorist

videotheek *v* [-theken] *voor verhuur* video shop

vief I *bn* lively, smart, energetic, spry II *bijw* in a lively way, smartly &

vier I *hoofdtelw* four ★ *bij ~en* close on four, close to four o'clock ★ *wij zijn met ons ~en* there are four of us II *v* [-en] ❶ *cijfer* four ❷ *roeiploeg* four

vierbaansweg *m* [-wegen] dual carriageway, Am divided highway

vierdaags *bn* of four days, four days' ★ *de ~e* annual four-day walking event

vierde I *rangtelw* fourth ★ *de ~ juni* the fourth of June ★ pol *de ~ macht* the fourth estate ★ sp *~ man zijn* make a fourth ★ *ten ~* fourthly, in the fourth place II *o* [-n] fourth (part) ★ *voor één ~...* a quarter... ★ *voor drie ~...* three quarters...

vierdelig *bn* ❶ four-part, divided into / consisting of four parts, quadripartite ❷ *beeldscherm* four-section

vierdeurs *bn* auto sedan

vieren I *overg* [vierde, h. gevierd] ❶ *feestelijk gedenken* celebrate, keep ★ *een verjaardag ~* celebrate a birthday ★ *de sabbat ~* observe / celebrate the sabbath ❷ *laten schieten* veer out, pay out, ⟨v. touw⟩ ease off ❸ *huldigen* ZN pay homage to ❹ *herdenken* ZN commemorate ▼ *hij wordt daar erg gevierd* he is made much of there ▼ *een gevierd dichter* a celebrated poet II *onoverg* [vierde, h. gevierd] *feestvieren* ZN celebrate, feast

vierendelen *overg* [vierendeelde, h. gevierendeeld] quarter

vierhandig *bn* four-handed

vierhoek *m* [-en] quadrangle

vierhoekig *bn* quadrangular

viering *v* [-en] ❶ *het vieren* celebration ❷ *zon- en feestdagen* observance

vierjarig *bn* ❶ *vier jaar oud* of four years, four-year-old ❷ *vier jaar durend* four-year

vierkant I *bn* square ★ fig *een ~e kerel* a blunt fellow ★ *drie ~e meter* three square metres ★ *iets ~ maken* square sth II *bijw* squarely ★ *iem. ~ de deur uitgooien* bundle sbd out without ceremony ★ *iets ~ tegenspreken* contradict sth flatly ★ *het ~ weigeren* refuse flatly ★ ~ *tegen iets zijn* be dead (set) against sth **III** *o* [-en] square ★ *drie meter in het* ~ three metres square

vierkantsvergelijking *v* [-en] quadratic equation

vierkantswortel *m* [-s] square root

vierklauwens *bijw* ❶ *van dieren* ZN at a gallop ❷ *haastig* ZN hurried, hasty

vierkleurendruk *m* [-ken] four-colour/Am four-color printing

vierkwartsmaat *v* quadruple time

vierledig *bn* consisting of four parts, quadripartite, four-part

vierling *m* [-en] quadruplets

viermotorig *bn* four-engined

vierpersoonsauto *m* ['s] four-seater (car)

vierregelig *bn* of four lines, four-line ★ *een ~ gedicht* a quatrain

vierspan *o* [-nen] four-in-hand

viersprong *m* [-en] crossroad(s) ★ fig *op de* ~ at the crossroads, at the parting of the ways

vierstemmig *bn* for four voices, four-part

viertaktmotor *m* [-s & -toren] four-stroke engine

viertal *o* [-len] (number of) four ★ *het* ~ the four (of them) ★ *ons* ~ the four of us

viervlak *o* [-ken] tetrahedron

viervoeter *m* [-s] quadruped ★ *de trouwe* ~ man's best friend

viervoetig *bn* four-footed, quadruped

viervoud *o* [-en] quadruple ★ *in* ~ in quadruplicate

viervoudig I *bn* fourfold, quadruple **II** *bijw* four times ★ *je krijgt het ~ terug* you'll get it back multiplied by four, you'll get back four times more than you put in

vierwekelijks *bn* four-weekly, monthly

vierwielaandrijving *v* four-wheel drive

vies I *bn* ❶ *smerig* dirty, grubby ❷ *niet lekker* nasty, foul ★ *een vieze lucht* a nasty smell ❸ *obsceen* dirty, nasty, filthy ★ *een vieze mop* a dirty joke ❹ *kieskeurig* particular, fastidious ★ *ik ben er ~ van* it disgusts me ★ *hij is er niet ~ van* he isn't averse to it **II** *bijw* ❶ ★ ~ *kijken* make a wry face ★ ~ *ruiken* have a nasty smell ❷ *in hoge mate* very, really ★ *dat valt ~ tegen* that's a real letdown ★ *hij is ~ bij* he's a smarty pants ★ *je bent er ~ bij* you've had it

viespeuk *m* [-en] dirty pig, dirty old man

Vietnam *o* Vietnam

Vietnamees I *m* [-mezen] Vietnamese ★ *de Vietnamezen* the Vietnamese **II** *bn* Vietnamese **III** *o taal* Vietnamese

Vietnamese *v* [-n] Vietnamese ★ *ze is een* ~ she's a Vietnamese, she's from Vietnam

vieux *m* brandy

viezerd *m* [-s], **viezerik** [-riken] ❶ *obsceen persoon* inf dirty old man, pervert ❷ *smerig persoon* pig, slob

viezerik *m* [-ken] → **viezerd**

viezig *bn* grimy

viezigheid *v* [-heden] ❶ *abstract* dirtiness, nastiness, smut ❷ *concreet* dirt, filth

vigerend *bn* current, prevailing

vigilant I *bn* vigilant, watchful, alert **II** *bijw* vigilantly &

vigilante *v* [-s] *koets* cab

vignet *o* [-ten] vignette

vijand *m* [-en] enemy, dicht foe

vijandelijk *bn* enemy, hostile ★ fin *een ~e overname* a hostile takeover

vijandelijkheden *zn* [mv] hostilities

vijandig I *bn* hostile ★ fin *een ~e overname* a hostile takeover **II** *bijw* ★ *iem. ~ gezind zijn* be hostile towards sbd

vijandigheid *v* [-heden] enmity, hostility

vijandschap *v* [-pen] enmity, hostility

vijf *hoofdtelw & v* five ★ *het is bij vijven* it's close on five, it's close to five o'clock ★ *geef mij de* ~ give me five ★ *hij heeft ze niet alle ~ op een rijtje* he has a screw loose ★ *na veel vijven en zessen* after a lot of humming and hawing

vijfdaags *bn* of five days, five days' ★ *een ~e werkweek* a five-day working week

vijfdagenweek *v* [-weken] ZN five-day working week

vijfde I *rangtelw* fifth ★ *de* ~ *mei* the fifth of May ★ *ten* ~ fifthly, in the fifth place **II** *o* [-n] fifth (part)

vijfenzestigpluskaart *v* over-65 ticket, senior citizen's ticket

vijfenzestigplusser *m* [-s] senior citizen

vijfhoek *m* [-en] pentagon

vijfhoekig *bn* pentagonal

vijfjaarlijks *bn* five-yearly, quinquennial

vijfjarenplan *o* [-nen] five-year plan

vijfjarig *bn* ❶ *vijf jaar oud* of five years, five-year-old ❷ *vijf jaar durend* quinquennial, five-year ★ *een ~ tijdvak* a five-year period

vijfje *o* [-s] *bankbiljet* five(r), five pound note, five dollar bill

vijfkamp *m* pentathlon

vijfling *m* [-en] quintuplets

vijftal *o* [-len] ❶ *aantal* (number of) five ★ *het* ~ the five (of them) ★ *een ~ jaren* about five years, some five years ❷ *groep* quintet

vijftien *hoofdtelw* fifteen

vijftiende I *rangtelw* fifteenth **II** *o* [-n] fifteenth (part)

vijftig *hoofdtelw* fifty ★ *de jaren* ~ the fifties ★ *hij is achter / voor in de* ~ he is in his late / early fifties

vijftiger *m* [-s] person in his / her fifties

vijftigjarig *bn* ❶ *vijftig jaar oud* of fifty years, fifty-year-old ★ *ons ~ huwelijksfeest* our fiftieth wedding anniversary ❷ *vijftig jaar durend* fifty-year

vijftigste I *rangtelw* fiftieth **II** *o* [-n] fiftieth (part)

vijftigtal *o* [-len] (set of) fifty

vijfvlak *o* [-ken] pentahedron

vijfvoud *o* [-en] quintuple

vijfvoudig I *bn* fivefold, quintuple **II** *bijw* five times ★ *je krijgt het ~ terug* you'll get it back multiplied by five, you'll get back five times more than you put in

vijg *v* [-en] fig ★ ZN *~en na Pasen* too late to be of any use

vijgenblad *o* [-bladeren, -bladen & -blaren] fig leaf

vijgenboom *m* [-bomen] fig tree

vijl *v* [-en] file ★ fig *er de ~ over laten gaan* polish it

vijlen *overg* [vijlde, h. gevijld] ❶ file ❷ *verbeteren* fig polish

vijlsel *o* [-s] filings

vijs *v* [vijzen] ZN screw

vijver *m* [-s] pond, ⟨groot⟩ (ornamental) lake

vijzel I *m* [-s] *stampvat* mortar **II** *v* [-s] *hefschroef* jack

vijzelen *overg* [vijzelde, h. gevijzeld] screw up, jack (up)

Viking *m* [-s & -en] Viking

vilein *bn* villainous, bad

villa *v* ['s] large house

villapark *o* [-en], **villawijk** *v* [-en] exclusive residential area

villen *overg* [vilde, h. gevild] flay, strip, skin ★ *ik laat me ~ als...* I'll be hanged if... ★ ⟨afpersen⟩ *klanten ~* fleece / skin customers

vilt *o* felt

vilten I *bn* felt **II** *overg* [viltte, h. gevilt] felt

vilthoed *m* [-en] felt hat

viltje *o* [-s] beer mat

viltstift *v* [-en] felt-tip pen, felt tip

vin *v* [-nen] *v. vis* fin ★ *hij verroerde geen ~* he didn't stir, he didn't move a muscle

vinaigrette *v* vinaigrette

vindbaar *bn* ❶ *wat gevonden kan worden* findable ❷ *wat terug te vinden is* retraceable

vinden *overg* [vond, h. gevonden] ❶ *aantreffen, tegenkomen* find, meet with, come across ★ *ik zal hem wel ~!* he'll pay for this! ★ *hij vond zich door iedereen verlaten* he found himself alone ★ *dat zal zich wel ~* it's sure to turn out all right ★ *er iets op ~ om...* find (a) means to ❷ *menen* think, find ★ *hoe ~ ze het?* how do they like it? ★ *hoe vind je onze stad?* what do you think of our town? ★ *ik vind het niet erg* I don't mind ★ *ik vind dat het niet zo koud is als gisteren* I don't find it as cold as yesterday ★ *vind je het goed?* do you approve? ★ *vind je het goed als...* do you mind if... ★ *ik vind het niet goed* I don't approve of that ★ *het niets ~ om...* think nothing of...ing ★ *wat ~ ze daar nu aan?* what can they see in it / him? ❸ *ondervinden* find, think ▼ *wij kunnen het goed met elkaar ~* we get on very well together ▼ *zij kunnen het niet goed met elkaar ~* they just don't hit it off ▼ *daar is hij altijd voor te ~* he'll always be in on that ▼ *daar is hij niet voor te ~* that's not something he goes in for

vinder *m* [-s] finder ★ *een beloning voor de eerlijke ~* a reward if returned intact

vindersloon *o* finder's reward

vinding *v* [-en] invention, discovery

vindingrijk *bn* ingenious, inventive

vindingrijkheid *v* ingeniousness, ingenuity, inventiveness, resourcefulness

vindplaats *v* [-en] site, location, ⟨v. delfstoffen⟩ deposit, ⟨v. planten, dieren⟩ habitat

Vinex-locatie *v* [-s] urban development site, housing estate

vinger *m* [-s] *lichaamsdeel* finger ★ *de middelste ~* the middle finger ★ ⟨~afdrukken⟩ *vieze ~s* fingermarks ★ *de ~ Gods* the finger of God ★ *als men hem een ~ geeft, neemt hij de hele hand* give him an inch, and he'll take a mile / yard ★ *het in de ~s hebben* have a talent for sth ★ *een ~ in de pap hebben* have a finger in the pie ★ fig *lange ~s hebben* be light-fingered ★ *de ~ aan de pols houden* keep a finger on the pulse ★ *mijn ~s jeuken om...* my fingers are itching to... ★ *iem. in de ~s krijgen* get hold of sbd, lay one's hands on sbd ★ *de ~ op de wond leggen* put one's finger on the spot ★ *zijn ~ opsteken* show / put up one's finger ★ *hij zal geen ~ uitsteken om...* he wouldn't lift / raise / stir a finger to... ★ *als je een ~ naar hem uitsteekt* if you make a move in his direction ★ *iets door de ~s zien* shut one's eyes to sth, turn a blind eye to sth, overlook sth ★ *met zijn ~s ergens aan komen / zitten* meddle with sth ★ *als je hem maar met een ~ aanraakt* if you lay a finger on him ★ *iem. met de ~ nawijzen* point (one's finger) at sbd ★ *iem. om de ~ winden* twist / turn sbd round one's (little) finger ★ *iem. op de ~s kijken* keep a close eye on sbd ★ *dat kun je op je ~s natellen / narekenen / uitrekenen* that's as clear as daylight

vingerafdruk *m* [-ken] fingerprint

vingeralfabet *o* finger alphabet

vingerdoekje *o* [-s] small napkin

vingeren *overg* [vingerde, h. gevingerd] *inf* finger ★ *zich ~* finger oneself

vingerhoed *m* [-en] ❶ *vingerdopje* thimble ❷ *hoeveelheid* thimble(ful)

vingerhoedskruid *o* foxglove

vingerkootje *o* [-s] finger bone, anat phalanx

vingeroefening *v* [-en] muz (five-)finger exercise

vingerplant *v* [-en] Japanese aralia, fatsia japonica

vingertop *m* [-pen] fingertip ★ fig *...tot in de ~pen* to one's fingertips

vingerverf *v* finger paint

vingervlug *bn* light-fingered, dext(e)rous

vingervlugheid *v* dexterity, deftness

vingerwijzing *v* [-en] hint, indication

vingerzetting *v* [-en] muz fingering ★ *met ~ van...* with fingering by...

vink *m* & *v* [-en] ❶ *vogel* finch ❷ *markeerteken* check (mark) ▼ *blinde ~en* (meat) olives

vinkenslag I *m gezang* warbling, singing **II** *o* [-slagen] ★ ZN *op ~ zitten* be on the lookout

vinkentouw *o* ★ *op het ~ zitten* wait impatiently

vinnig I *bn* sharp, fierce, biting ★ *een ~ debat* a heated debate ★ *een ~ antwoord* a sharp answer **II** *bijw* sharply & ★ *~ koud* bitterly cold ★ *~ kijken* look angry

vinotheek *de (v)* [-theken] wine shop

vinvis *m* [-sen] rorqual, fin whale ★ *de blauwe ~* the

blue whale
vinyl *o* vinyl
violet *bn & o* violet
violier *v* [-en] *plant* stock
violist *m* [-en] violinist, violin player ★ *de eerste* ~ the first violin
viool *v* [violen] ❶ *muziekinstrument* violin, inf fiddle ★ fig *hij speelt de eerste* ~ he plays first fiddle ★ *op de* ~ *spelen* play the violin ❷ *plant* violet, pansy
vioolbouwer *m* [-s] violin maker
vioolconcert *o* [-en] ❶ *uitvoering* violin recital ❷ *muziekstuk* violin concerto
vioolkist *v* [-en] violin case
vioolles *v* [-sen] violin lesson
vioolsleutel *m* [-s] violin clef
vioolsnaar *v* [-snaren] violin string
vioolspel *o* violin playing
vioolspeler *m* [-s] violinist, violin player
viooltje *o* [-s] *plant* violet ★ *het driekleurig* ~ the pansy ★ *het Kaaps* ~ the African violet
vip *m* [-s] VIP
viriel *bn* virile
viriliteit *v* virility
virologie *v* virology
viroloog *m* [-logen] virologist
virtueel *bn* virtual ★ comput *een* ~ *geheugen* a virtual memory, virtual storage ★ comput *virtuele werkelijkheid* virtual reality
virtuoos I *bn* masterly **II** *bijw* in a masterly way **III** *m* [-tuozen] virtuoso ★ *een* ~ *op de piano, een piano*~ a virtuoso pianist
virtuositeit *v* virtuosity
virulent *bn* virulent
virulentie *v* virulence
virus *o* [-sen] virus
virusdrager *m* [-s] virus carrier
virusinfectie *v* [-s] virus infection
virusziekte *v* [-n & -s] viral disease
vis *m* [-sen] fish ★ *als een* ~ *op het droge* like a fish out of water
visaas *o* fish bait
visafslag *m* [-slagen] fish auction
visagie *v* cosmetology
visagist *m* [-en] cosmetician, beautician
visakte *v* [-n & -s] fishing licence/Am license
visarend *m* [-en] *vogel* osprey
vis-à-vis *bijw & v & m* vis-a-vis
visboer *m* [-en] fishmonger
visburger *m* [-s] fishburger
viscose *v* viscose
viscositeit *v* viscosity
viscouvert *o* [-s] fish cutlery, fish knife and fork
visfilet *m & o* [-s] fillet of fish, fish fillet
visgerecht *o* [-en] fish dish
visgraat *v* [-graten] fish bone
visgraatdessin *o* [-s] herringbone pattern
visgronden *zn* [mv] fishing grounds, fisheries
vishaak *m* [-haken] fish hook

vishandelaar *m* [-s] fishmonger
vishengel *m* [-s] fishing rod
visie *v* [-s] ❶ *kijk* outlook, view ★ *mijn* ~ *op de dingen* my view on things ❷ *zienswijze* vision ❸ *inzage* inspection ★ *ter* ~ *liggen* available for inspection
visioen *o* [-en] vision
visionair *bn & m* [-s & -en] visionary
visitatie *v* [-s] ❶ *onderzoek* visit, search ❷ *inspectie* customs examination, inspection ★ *Maria Visitatie* the Visitation
visite *v* [-s] ❶ *bezoek* visit, call ★ *een* ~ *maken / afleggen bij* pay a visit to, call on, visit ★ *op* ~ *komen* (come to) visit ❷ *bezoekende persoon of personen* visitor(s) ★ *er is* ~, *wij hebben* ~ we have visitors
visitekaartje *o* [-s] (visiting) card, business card
visiteren *overg* [visiteerde, h. gevisiteerd] ❶ *onderzoek doen* examine, inspect ❷ *aan den lijve* search
visiteur *m* [-s], **visiteuse** *v* [-s] search officer
viskaar *v* [-karen] fishbasket, creel
viskeus *bn* viscous
viskom *v* [-men] fishbowl
viskwekerij *v* ❶ *bedrijf* [-en] fish farm ❷ *het kweken* fish farming, pisciculture
vislucht *v* fishy smell
vismarkt *v* [-en] fish market
vismeel *o* fishmeal
visnet *o* [-ten] fishing net
visotter *m* [-s] common otter
visrestaurant *o* [-s] fish / seafood restaurant
visrijk *bn* abounding / rich in fish
visschotel *m & v* [-s] ❶ *schotel voor vis* fish platter ❷ *gerecht* fish dish
visseizoen *o* [-en] fishing season
Vissen *zn* [mv] astron & astrol Pisces
vissen *onoverg* [viste, h. gevist] fish ★ *de keeper moest driemaal* ~ the goalkeeper had to fish the ball out of the net three times ★ *gaan* ~, *uit* ~ *gaan* go out fishing ★ *naar een complimentje* ~ fish / angle for a compliment ★ fig *naar iets* ~ angle / fish for sth
visser *m* [-s] ❶ *hengelaar* angler ❷ *van beroep* fisherman
visserij *v* fishery, fishing industry
vissersboot *m & v* [-boten] fishing boat / vessel
vissersdorp *o* [-en] fishing village
vissershaven *v* [-s] fishing port
visserslatijn *o* fisherman's yarn, fishing stories
vissersring *m* [-en] RK Fisherman's ring
vissersvloot *v* [-vloten] fishing fleet
vissersvrouw *v* [-en] fisherman's wife
vissmaak *m* fishy taste
vissoep *v* fish soup
visstand *m* fish stock numbers
visstick *m* [-s] fish finger
visstoeltje *o* [-s] fisherman's / angler's chair
vistuig *o* [-en] fishing tackle
visualiseren *overg* [visualiseerde, h. gevisualiseerd] visualize
visueel *bn* visual

visum *o* [visa & -s] visa, endorsement

> **visum**
> is in het Engels **visa** en het meervoud is **visas**.

visumplicht *m & v* visa requirement
visvangst *v* fishing ★ <u>Bijbel</u> *de wonderbare* ~ the miraculous draught of fishes
visvijver *m* [-s] fish pond
viswater *o* [-s & -en] fishing water / grounds ★ *goed* ~ good fishing
viswijf *o* [-wijven] *ordinaire vrouw* fishwife ★ *schelden als een* ~ swear like a fishwife
viswinkel *m* [-s] fish shop
vitaal *bn* vital ★ *van* ~ *belang* of vital importance ★ *een vitale grijsaard* a vital old man
vitaliteit *v* vitality
vitamine *v* [-n & -s] vitamin ★ ~ *C* ascorbic acid, vitamin C
vitaminegebrek *o* vitamin deficiency
vitaminepil *v* [-len] vitamin pill
vitaminepreparaat *o* [-raten] vitamin preparation
vitaminerijk *bn* rich in vitamins
vitrage *v & o* [-s] ❶ *gordijn* lace / net curtain ❷ *stof* lace, net
vitrine *v* [-s] (glass) showcase, show window
vitriool *o & m* vitriol
vitten *onoverg* [vitte, h. gevit] find fault, carp, nag ★ ~ *op* find fault with, carp at, nag
vitter *m* [-s] faultfinder, nag
vitzucht *v* faultfinding
vivisectie *v* vivisection ★ ~ *toepassen op* vivisect
vizier I *o* [-en] ❶ *v. helm* visor ★ *met open* ~ with visor raised, fig openly ❷ <u>mil</u> (back-)sight ★ *in het* ~ *krijgen* catch sight of II *m* [-s & -en] *oosters staatsman* <u>hist</u> vizier
vizierkorrel *m* [-s] <u>mil</u> bead, foresight
vizierlijn *v* [-en] <u>mil</u> line of sight
vla *v* ['s & vlaas] ❶ *crème* custard ❷ *vlaai* flan, tart
vlaag *v* [vlagen] ❶ *windstoot* gust, flurry ❷ <u>fig</u> fit, burst, flurry ★ *een* ~ *van woede* a burst of anger ★ *een* ~ *van wanhoop* a frenzy of despair ★ *bij vlagen* in fits and starts
vlaai *v* [-en] flan, tart
Vlaams I *bn* Flemish ★ *de* ~*e gaai* the jay II *o taal* Flemish
Vlaamse *v* [-en] Fleming ★ *ze is een* ~ she's a Fleming, she's Flemish, she's from Flanders
Vlaanderen *o* Flanders
vlaflip *m* [-s] ± custard delight
vlag *v* [-gen] flag, ⟨v. regiment⟩ colours, standard ★ *de witte* ~ the white flag, the flag of truce ★ *de* ~ *hijsen* hoist the flag ★ *de* ~ *neerhalen* lower the flag ★ <u>fig</u> *de* ~ *strijken voor...* lower one's flag for... ★ *de* ~ *uitsteken* put out the flag ★ *de Engelse* ~ *voeren* fly the English flag ★ *met* ~ *en wimpel* with flying colours ★ *onder Franse* ~ *varen* fly the French flag ★ *onder valse* ~ *varen* sail under false colours, <u>fig</u> wear false colours ★ *de* ~ *dekt de lading niet* the label

/ term / word is inappropriate ★ *dat staat als een* ~ *op een modderschuit* that looks really inappropriate
vlaggen *onoverg* [vlagde, h. gevlagd] ❶ put out / fly / hoist / display the flag ★ *de stad vlagde* the town was decked out with flags ❷ *v. grensrechters* flag
vlaggendoek *o & m* bunting
vlaggenlijn *v* [-en] halyard
vlaggenmast *m* [-en] flagpole
vlaggenparade *v* [-s] flag parade
vlaggenschip *o* [-schepen] flagship
vlaggenstok *m* [-ken] flagstaff, flagpole
vlaggetjesdag *m* day to celebrate the herring fleet going out to sea
vlagofficier *m* [-en] flag officer
vlagsignaal *o* [-nalen] ❶ flag signal ❷ <u>mil</u> semaphore signal
vlagvertoon *o* showing the flag
vlak I *bn* ❶ *plat* flat, level ★ ~ *land* flat / level country ★ *een* ~*ke tint* a flat tint ★ *een* ~*ke zee* a smooth sea ❷ <u>wisk</u> plane ★ ~*ke meetkunde* plane geometry II *bijw* ❶ *plat* flatly ❷ *recht* right, straight ★ ~ *oost* due east ★ ~ *voor de wind zeilen* sail dead before the wind ★ ~ *achter elkaar* close after one another, in close succession ★ ~ *achter hem* close behind him, close on his heels ★ *het huis is* ~ *bij de kerk* the house is close to the church ★ *ik sloeg hem* ~ *in zijn gezicht* I hit him full in the face ★ *ik zei het hem* ~ *in zijn gezicht* I told him so to his face ★ ~ *vóór je* right in front of you ★ ~ *voor de start* just before the start III *o* [-ken] ❶ *vlakte* plane, level ★ *een hellend* ~ an inclined plane ★ <u>fig</u> *wij begeven ons op een hellend* ~ we are on slippery ground ❷ *v. kubus* face ❸ *oppervlak* surface ❹ *v. hand, zwaard &* flat ❺ *gebied* area, space ★ *op (het) menselijk* ~ in the human sphere
vlakbij *bijw* nearby, close by, right by
vlakdruk *m* planographic printing, planography
vlakgom *m & o* rubber, eraser
vlakheid *v* flatness
vlakschuurmachine *v* [-s] (electric) sander
vlakte *v* [-n & -s] plain, level ★ *zich op de* ~ *houden* not commit oneself, give a noncommittal answer ★ *iem. tegen de* ~ *slaan* knock sbd down ★ *tegen de* ~ *gaan* be knocked down
vlaktemaat *v* [-maten] surface / square measure
vlam *v* [-men] flame, blaze ★ ~*men schieten* flash fire ★ ~ *vatten* catch fire, <u>fig</u> fire up ★ <u>fig</u> *de* ~ *sloeg in de pan* the fat was in the fire ★ *in* ~*men opgaan* go up in flames ★ *in (volle)* ~ *staan* be ablaze / in a blaze ★ *een oude* ~ *van hem* an old flame of his
Vlaming *m* [-en] Fleming
vlammen *onoverg* [vlamde, h. gevlamd] flame, blaze, be ablaze
vlammenwerper *m* [-s] flame-thrower
vlammenzee *v* [-zeeën] sea of flames
vlammetje *o* [-s] ❶ *kleine vlam* little flame ❷ *voor sigaret &* light ❸ *loempia* spring roll
vlamverdeler *m* [-s] heat diffuser

vl

vlas *o* flax
vlasbaard *m* [-en] ❶ *scherts* peach fuzz, <u>vulg</u> bum fluff ❷ *jongen* (beardless) youth
vlasblond *bn* ❶ *haar* flaxen ❷ *persoon* flaxen-haired
vlashaar *o* [-haren] flaxen hair ★ *met* ~ flaxen-haired
vlassen I *bn* flaxen **II** *onoverg* [vlaste, h. gevlast] ★ ~ *op* look forward to, be keen on
vlassig *bn* flaxen, flaxy
vlecht *v* [-en] braid, plait, tress ★ *een valse* ~ a switch ★ *in een neerhangende* ~ in a pigtail
vlechten *overg* [vlocht, h. gevlochten] ❶ twist, braid, plait, twine ★ *manden* ~ weave baskets ★ *de haren* ~ braid / plait hair ❷ <u>fig</u> interweave, weave ★ *een compliment in zijn rede* ~ weave a compliment into one's speech
vlechtwerk *o* wickerwork, basketwork
vleermuis *v* [-muizen] bat
vlees *o* [vlezen] ❶ *spiermassa* flesh ★ ~ *noch vis* neither fish nor flesh ★ *het levende* ~ the quick ★ *wild* ~ proud flesh ★ *zijn eigen* ~ *en bloed* his own flesh and blood ★ *ik weet wat voor* ~ *ik in de kuip heb* I know who I'm dealing with ★ *in het* ~ *snijden* cut to the quick ★ *goed in zijn* ~ *zitten* be in flesh ★ *het gaat hem naar den vleze* he's doing well ★ *hij bijt zijn nagels af tot op het* ~ he bites his nails to the quick ❷ *als gerecht* meat ★ ~ *in blik* tinned beef ❸ *v. vruchten* pulp, flesh
vleesboom *m* [-bomen] fibroid(s), <u>med</u> uterine myoma
vleesconserven *zn* [mv] canned meat
vleesetend *bn* carnivorous ★ ~*e dieren* carnivores ★ ~*e planten* carnivorous / insectivorous plants
vleeseter *m* [-s] ❶ *m.b.t. dieren* carnivore ❷ *iem. die graag vlees eet* meat eater
vleesfondue *v* meat fondue
vleesgerecht *o* [-en] meat course
vleeshaak *m* [-haken] meat hook
vleeshal *v* [-len] meat market
vleeshouwerij *v* [-en] butcher's shop
vleeskeuring *v* [-en] meat inspection
vleeskleurig *bn* flesh-coloured
vleesmes *o* [-sen] carving knife, butcher's knife
vleesmolen *m* [-s] mincing machine, meat mincer
vleesnat *o* broth
vleespastei *v* [-en] meat pie
vleespot *m* [-ten] fleshpot ★ *Bijbel verlangen naar de* ~*ten van Egypte* be sick for the fleshpots of Egypt
vleesschotel *m & v* [-s] ❶ *schotel* meat dish ❷ *gerecht* meat course
vleestomaat *v* [-maten] beef(steak) tomato
vleesvlieg *v* [-en] ❶ *op vlees* blowfly ❷ *op wonden & flesh fly* ★ *de blauwe* ~ the bluebottle
vleesvork *v* [-en] carving fork
vleeswaren *zn* [mv] meats and sausages
vleeswond *v* [-en] flesh wound
vleeswording *v* incarnation
vleet *v* [vleten] herring net ★ *boeken bij de* ~ lots / plenty of books, books galore

vlegel *m* [-s] ❶ *dorsvlegel* flail ❷ *kwajongen* brat ❸ *v. oudere leeftijd* lout, boor
vleien I *overg* [vleide, h. gevleid] flatter, coax, cajole, wheedle ★ *zich gevleid voelen door...* feel flattered by... **II** *wederk* [vleide, h. gevleid] ★ *zich* ~ *met de hoop dat...* indulge in the belief that... ★ *zich* ~ *met ijdele hoop* delude oneself with vain hopes
vleiend *bn* flattering
vleier *m* [-s] flatterer
vleierij *v* [-en] flattery, blandishments, <u>inf</u> soft-soaping
vlek I *v* [-ken] *alg.* spot, stain, blot, blemish, ⟨v.e. koe⟩ patches, ⟨op fruit⟩ speck ★ *een* ~ *op zijn naam* a blot on his reputation **II** *o* [-ken] *gehucht* hamlet
vlekkeloos I *bn* spotless, unstained ★ *in* ~ *Engels* in perfect English **II** *bijw* perfectly, smoothly ★ *de operatie is* ~ *verlopen* the operation went off smoothly / without a hitch
vlekken *overg en onoverg* [vlekte, h. en is gevlekt] soil, spot, stain ★ *het vlekt gemakkelijk* it soils easily
vlekkenmiddel *o* [-en], **vlekkenwater** stain / spot remover
vlekkerig, vlekkig *bn* spotty, full of spots, stained
vlektyfus *m* typhus, spotted fever
vlekvrij *bn* ❶ *zonder vlekken* spotless, unstained ❷ *niet vlekkend* stain resistant
vlerk I *v* [-ken] ❶ *vleugel* wing ❷ *hand* paw **II** *m* [-ken] *lomperd* lout, boor
vleselijk *bn* carnal ★ ~*e gemeenschap* sexual intercourse, <u>jur</u> carnal knowledge ★ ~*e lusten* carnal desires ★ *mijn* ~*e broer* my own brother
vlet *v* [-ten], **vletschuit** [-en] flatboat, flat-bottomed boat
vleug *v* [-en] *v. vilt & nap*, hair, grain ★ *tegen de* ~ against the grain, <u>fig</u> unruly
vleugel *m* [-s] ❶ *alg.* wing ★ *de* ~*s laten hangen* droop one's wings ★ *de* ~*s uitslaan* spread one's wings ★ *met de* ~*s slaan* beat its wings ★ *iem. onder zijn* ~*s nemen* take sbd under one's wing ★ *sp over de* ~*s spelen* play up and down the wings ★ *pol de behoudende* ~ the conservative / right-wing section ❷ *v.e. gebouw* wing ❸ *v. deur* leaf ❹ *v. molen* wing, vane ❺ <u>muz</u> grand piano ★ *een kleine* ~ a baby grand
vleugelboot *m & v* [-boten] hydrofoil
vleugellam *bn* broken-winged ★ *iem.* ~ *maken* clip sbd.'s wings
vleugelmoer *v* [-en] butterfly / wing nut
vleugelslag *m* [-slagen] wingbeat
vleugelspeler *m* [-s] winger
vleugelverdediger *m* [-s] wing defender
vleugje *o* [-s] ❶ *lichte vlaag* breath ★ *een* ~ *parfum* a waft / whiff of perfume ❷ *klein beetje* flicker, spark ★ *een* ~ *hoop* a spark of hope
vlezig *bn* ❶ *v. vlees* fleshy ❷ *met veel vlees* meaty, fleshy, pulpy
vlieden I *overg* [vlood, is gevloden] flee, avoid **II** *onoverg* [vlood, is gevloden] flee / fly (from)
vlieg *v* [-en] fly ★ <u>inf</u> *iem. een* ~ *afvangen* score off sbd

★ *geen ~ kwaad doen* not hurt a fly ★ *twee ~en in één klap slaan* kill two birds with one stone ★ *je bent niet hier gekomen om ~en te vangen* you're not here to twiddle your thumbs

vliegangst *m* fear of flying

vliegas *v* fly ash

vliegbasis *v* [-sen & -bases] air base

vliegbereik *o* range, action radius (of an aircraft)

vliegbrevet *o* [-ten] pilot's licence/*Am* license

vliegdekschip *o* [-schepen] (aircraft) carrier

vliegen I *overg* [vloog, h. gevlogen] luchtv fly **II** *onoverg* [vloog, h. en is gevlogen] fly ★ *de tijd vliegt* time flies ★ *erin ~* be taken in, fall into a trap ★ inf *hij ziet ze ~* he's cracked / off his head ★ *in brand ~* catch fire ★ *zij vloog naar de deur* she flew to the door ★ *iem. naar de keel ~* fly at / go for sbd.'s throat ★ *de kogels vlogen ons om de oren* the bullets were flying about our ears ★ *wij vlogen over het ijs* we just flew over the ice ★ *hij vloog de kamer uit* he tore out of the room ★ *hij vliegt voor haar* he's at her beck and call

vliegend *bn* flying ★ *een ~e vis* a flying fish ★ *in ~e haast* in a great hurry ★ *een ~e schotel* a flying saucer ★ *een ~e start* a running start ★ *de ~e tering* galloping consumption ★ *in ~e vaart* at a breathtaking speed

vliegengaas *o* fly screen

vliegenier *m* [-s] flyer, flier, airman

vliegenmepper *m* [-s] fly swatter

vliegenraam *o* [-ramen] ZN mosquito blind, insect screen

vliegensvlug *bn & bijw* as quick as lightning

vliegenvanger *m* [-s] ❶ *kleefpapier* flycatcher, flypaper ❷ *vogel* flycatcher

vliegenzwam *v* [-men] fly agaric

vlieger *m* [-s] ❶ *speelgoed* kite ★ *een ~ oplaten* fly a kite ★ *die ~ gaat niet op* that's not on ❷ *piloot* airman, flyer, flier, aviator

vliegeren *onoverg* [vliegerde, h. gevliegerd] fly kites

vliegertouw *o* [-en] kite line

vlieggat *o* [-gaten] *v. bijenkorf* entrance

vlieggewicht *o* ❶ *v. bokser* flyweight ❷ *v. vliegtuig* all-up (weight)

vlieginstructeur *m* [-s] flying instructor

vliegmachine *v* [-s] aeroplane, aircraft

vliegramp *v* [-en] aircrash, aircraft disaster

vliegreis *v* [-reizen] air journey, flight

vliegterrein *o* [-en] aerodrome, airfield

vliegticket *o* [-s] plane ticket

vliegtuig *o* [-en] (aero)plane, aircraft, Am airplane ★ *per ~* by air / plane

vliegtuigbouw *m* aircraft construction

vliegtuigkaper *m* [-s] hijacker

vliegtuigkaping *v* [-en] hijacking

vliegtuigloods *v* [-en] hangar

vliegtuigmoederschip *o* [-schepen] aircraft carrier

vliegtuigongeluk *o* [-ken] aircrash, plane crash

vlieguur *o* [-uren] flying hour

vliegvakantie *v* [-s] holiday by air

vliegveld *o* [-en] airport, mil airfield

vliegverbinding *v* [-en] air connection

vliegverbod *o* [-boden] ❶ *v. piloten, vliegtuigen* grounding ❷ *bep. gebieden* flight restriction ★ *een ~ instellen boven Bosnië* create a no-fly zone in Bosnia

vliegverkeer *o* air traffic

vliegwiel *o* [-en] techn fly wheel

vlier *m* [-en] *plant* elder

vlierbes *v* [-sen] elderberry

vliering *v* [-en] attic, loft, garret

vlies *o* [vliezen] ❶ *op vloeistof* film ❷ *op melk* skin ❸ biol membrane ★ ⟨voor bevalling⟩ *als de vliezen breken* when the waters break ❹ *vacht* fleece ★ *het Gulden Vlies* the Golden Fleece

vliesdun *bn* paper-thin

vliesvleugeligen *zn* [mv] hymenoptera

vliet *m* [-en] brook, stream, creek

vlieten *onoverg* [vloot, is gevloten] flow, run

vliezig *bn* membranous, filmy

vlijen I *overg* [vlijde, h. gevlijd] lay down **II** *wederk* [vlijde, h. gevlijd] ★ *zich ~ in het gras* nestle down in the grass ★ *zich tegen iem. aan ~* nestle up to sbd

vlijmend I *bn* sharp, biting, piercing **II** *bijw* sharply & **vlijmscherp** *bn* (as) sharp as a razor, razor-sharp

vlijt *v* industry, application, diligence

vlijtig *bn* industrious, diligent, assiduous

vlijtig liesje *o* [vlijtige liesjes] *plant* impatiens, busy Lizzie, Am patient Lucy

vlinder *m* [-s] butterfly

vlinderachtig *bn* ❶ *like a butterfly*, butterfly-like ❷ *luchthartig* frivolous, flighty ❸ *lichtzinnig* fickle

vlinderbloemigen *zn* [mv] papilionaceous plants

vlinderdas *v* [-sen] bow (tie)

vlindernet *o* [-ten] butterfly net

vlinderslag *m* butterfly stroke ★ *met de ~ zwemmen* swim the butterfly stroke

vlizotrap *m* [-pen] loft ladder

vlo *v* [vlooien] flea

vloed *m* [-en] ❶ *getij* high tide, flood, tide ★ *het is ~* the tide is in ❷ *rivier* stream, river ❸ *overstroming* flood ❹ *grote hoeveelheid* flood, flow ★ *een ~ van scheldwoorden* a torrent of abuse ★ *een ~ van tranen* a flood of tears ★ *een ~ van woorden* a flood of words ▼ med *witte ~* white discharge

vloedgolf *v* [-golven] tidal wave ★ *een ~ van protesten* a tide of protests

vloedlijn *v* high-water mark / line

vloei *o* ❶ *vloeipapier* blotting paper ❷ *vloeitje* cigarette paper

vloeibaar *bn* liquid, fluid ★ *~ maken / worden* liquefy

vloeiblad *o* [-bladen] blotter

vloeien *onoverg* [vloeide, h. en is gevloeid] ❶ *stromen* flow ★ *die verzen ~ (goed)* those lines flow well ★ *er vloeide bloed* there was bloodshed, ⟨bij duel⟩ blood was drawn ❷ *in 't papier trekken* run ❸ *met vloeipapier* blot ❹ med bleed

vloeiend I *bn* flowing, fluent ★ *een ~e stijl* a flowing

/ smooth style ★ *een ~ spreker* a fluent speaker **II** *bijw* fluently, smoothly ★ *~ Frans spreken* speak French fluently ★ *~ lopen* run smoothly

vloeipapier *o* [-en] ❶ *voor inkt* blotting paper ❷ *zijdepapier* tissue paper

vloeistof *v* [-fen] liquid

vloeitje *o* [-s] cigarette paper

vloek *m* [-en] ❶ *vervloeking* curse ★ *er rust een ~ op* there is a curse on it ❷ *godslastering* oath, curse, swear word ★ *in een ~ en een zucht* in two shakes, in the twinkling of an eye ❸ *oorzaak v. ellende* curse, plague

vloeken I *overg* [vloekte, h. gevloekt] *vervloeken* curse **II** *onoverg* [vloekte, h. gevloekt] swear, curse (and swear) ★ *~ als een ketter* swear like a trooper ★ *~ op* swear at ▼ *die kleuren ~ (met elkaar)* these colours clash (with each other)

vloekwoord *o* [-en] oath, swearword

vloer *m* [-en] floor ★ *een houten ~* a wooden floor ★ *een stenen ~* a tile floor ★ *altijd over de ~ zijn* be a regular visitor

vloerbedekking *v* [-en] floor covering, fitted carpet

vloeren *overg* [vloerde, h. gevloerd] *doen vallen* floor, knock down

vloerkleed *o* [-kleden] carpet

vloermat *v* [-ten] floor mat

vloeroefening *v* [-en] turnen floor exercise

vloeroppervlak *o* [-ken] *ruimte* floor space

vloertegel *m* [-s] floor / paving tile

vloerverwarming *v* floor heating

vlok *v* [-ken] ❶ *pluisje* flock ❷ *sneeuwvlok* flake ❸ *plukje haar* tuft

vlokkentest *m* [-s] med chorionic villus sampling

vlokkig *bn* flocky, flaky

vlonder *m* [-s] ❶ *plank* plank bridge ❷ *losse vloer* duckboards

vlooien *overg* [vlooide, h. gevlooid] de-flea, clean of fleas

vlooienband *m* [-en] flea collar

vlooienmarkt *v* [-en] flea market

vlooienspel *o* [-len] tiddlywinks

vlooientheater *o* [-s] flea circus, performing fleas

vloot *v* [vloten] ❶ *schepen* fleet, navy ❷ *vliegtuigen v. bep. maatschappij* fleet

vlootbasis *v* [-sen & -bases] naval base

vlootschouw *m* naval review

vlootvoogd *m* [-en] commander of the fleet, admiral

vlos *o* floss

vlot I *bn* ❶ *vlug, gemakkelijk* fluent, prompt, ready, smooth ★ *~te betaling* prompt payment ★ *een ~ antwoord* a ready answer ★ *een ~te prater* a fluent speaker ★ *een ~te landing* a smooth landing ★ *een ~ verloop* a smooth course ❷ *handig, niet pietluttig* easy, flowing ★ *een ~te kerel* a sociable man ★ *een ~ hoedje* a smart little hat ★ *zijn ~te pen* his ready / facile pen ❸ *drijvend* afloat ★ *een schip ~ krijgen / trekken* get a ship afloat, float a ship ★ *~ worden* get afloat **II** *bijw* fluently ★ *het gaat ~* it's going

smoothly ★ *een taal ~ spreken* speak a language fluently ★ handel *de... gaan ~ weg* there is a brisk sale of..., inf... are selling like hot cakes ★ *iets ~ opzeggen* say sth off pat **III** *o* [-ten] raft

vlotbrug *v* [-gen] floating bridge

vlotheid *v* smoothness, fluency

vlotjes *bijw* smoothly, easily

vlotten *onoverg* [vlotte, h. en is gevlot] *goed verlopen* go smoothly ★ *het gesprek vlotte niet* the conversation dragged ★ *het werk wil maar niet ~* I can't make any headway, I'm not getting anywhere

vlottend *bn* floating ★ *een ~e bevolking* a floating population ★ *~ kapitaal* circulating/Br current/Am floating capital ★ *~e schuld* floating debt

vlotter *m* [-s] ❶ *persoon* raftsman, rafter ❷ techn float

vlotweg *bijw* smoothly

vlucht *v* [-en] ❶ *het vluchten* flight, escape ★ *de ~ nemen, op de ~ gaan / slaan* flee, escape, take to one's heels, run for it ★ *op de ~ drijven / jagen* put to flight ★ *op de ~ zijn* be on the run ❷ *het vliegen/wijze van vliegen* flight ★ ⟨v. vogels⟩ *zijn ~ nemen* take wing ★ *een hoge ~ nemen* fly high, soar, fig soar high, inf go through the roof ★ *een vogel in de ~ schieten* shoot a bird on the wing ❸ *troep vogels* flight, flock ❹ *afstand van vleugeluiteinden* wingspan, wingspread

vluchtauto *m* ['s] getaway car

vluchteling *m* [-en] ❶ *iem. die vlucht* fugitive ❷ *politieke vluchteling* refugee

vluchtelingenkamp *o* [-en] refugee camp

vluchtelingenstatus *m* refugee status

vluchtelingenstroom *m* [-stromen] stream of refugees

vluchten *onoverg* [vluchtte, is gevlucht] flee, escape, run away ★ *~ in het verleden* take refuge in the past ★ *~ naar* flee to ★ *uit het land ~* flee the country ★ *~ voor* flee / escape from

vluchtgevaarlijk *bn* v. gevangenen requiring maximum security ★ *een ~e gevangene* a maximum security prisoner

vluchtig I *bn* ❶ *oppervlakkig* superficial, casual, cursory ★ *een ~e kennismaking* a casual acquaintance ❷ *van zouten &* volatile ❸ *niet blijvend* fleeting, passing ★ *een ~ bestaan* a fleeting existence **II** *bijw* superficially &

vluchtleider *m* [-s] flight controller

vluchtleiding *v* flight control

vluchtleidingscentrum *o* [-s & -tra] flight control centre/Am center

vluchtnummer *o* [-s] flight number

vluchtrecorder *m* [-s] flight recorder

vluchtschema *o* ['s] transport flight schedule

vluchtstrook *v* [-stroken] hard shoulder, emergency lane

vluchtweg *m* [-wegen] escape route

vlug I *bn* ❶ *snel* quick, fast ❷ *bijdehand* quick, smart ★ *~ in het rekenen* quick at figures ★ *~ met de pen*

vl

zijn have a ready pen ★ *~ van begrip* quick(-witted) ★ *hij behoort niet tot de ~gen* he's not the quickest ❸ *kunnende vliegen* fledged **II** *bijw* quickly, inf quick ★ *~ (wat)!* (be) quick!, make it snappy!, look sharp! ★ *hij kan ~ leren* he's a quick learner

vluggertje *o* [-s] ❶ *snelle schaak-, dampartij* quick game ❷ *haastige vrijpartij* quickie

vlugheid *v* quickness, nimbleness, rapidity, promptness

vlugschrift *o* [-en] pamphlet

vlugzout *o* sal volatile, smelling salts

vmbo *o* (voorbereidend middelbaar beroepsonderwijs) preparatory secondary vocational education

VN *afk* (Verenigde Naties) UN, United Nations

vnl. *afk* (voornamelijk) mainly, chiefly

vocaal I *bn* vocal **II** *bijw* vocally **III** *v* [-calen] *klinker* vowel

vocabulaire *o* [-s] vocabulary

vocalist *m* [-en] vocalist, singer

vocatief *m* [-tieven] vocative

vocht I *o* [-en] *vloeistof* fluid, liquid **II** *o & v condensatie* moisture, damp, condensation

vochten *overg* [vochtte, h. gevocht] moisten, wet, dampen

vochtgehalte *o* moisture content

vochtig *bn* moist, damp, dank, humid ★ *iets ~ maken* moisten / dampen sth ★ *~ worden* become moist &, moisten

vochtigheid *v* ❶ *het vochtig zijn* moistness, dampness, humidity ❷ *het vocht* moisture, damp

vochtigheidsgraad *m* humidity

vochtigheidsmeter *m* [-s] hygrometer

vochtvlek *v* [-ken] moisture / damp stain

vochtvrij *bn* moisture-free, ⟨vochtwerend⟩ moisture-proof

vod *o & v* [-den] ❶ *lor* rag, tatter ★ *iem. achter de ~den zitten* keep sbd hard at it ★ *iem. bij de ~den krijgen* catch hold of sbd ❷ *prul* trash, rubbish ★ *een ~ van een boek* a trashy book / novel ★ *een ~je papier* a scrap of paper ❸ *doek* ZN duster, (floor)cloth ★ ZN fig *~den* rags

vodcast *de (m)* [-s] vodcast

voddenbaal *v* [-balen] ❶ *zak met vodden* ragbag ❷ *haveloos persoon* scruffy looking person

voddenboer *m* [-en], **voddenkoopman** [-lui & -lieden], **voddenkoper** [-s], **voddenman** [-nen] rag-and-bone man

voeden I *overg* [voedde, h. gevoed] ❶ *voedsel geven aan* feed, ⟨zogen⟩ nurse ❷ *techn* fuel ❸ *fig* nourish, foster, nurture ★ *de hoop ~* cherish the hope **II** *onoverg* [voedde, h. gevoed] *voedzaam zijn* be nourishing / nutritious **III** *wederk* [voedde, h. gevoed] ★ *zich ~* feed ★ *zich ~ met...* feed on...

voeder *o* fodder, feed

voederbak *m* [-ken] feed bin / trough

voederbiet *v* [-en] fodder beet

voederen *overg* [voederde, h. gevoederd] feed

voedergewas *o* [-sen] fodder plants / crop

voedertijd *m* [-en] feeding time

voeding *v* ❶ *handeling* feeding ❷ *voedsel* food, nourishment, nutrition ❸ *techn* feeding, input ❹ *elektr* power supply ❺ *voedingswijze* diet ★ *een gebalanceerde ~* a balanced diet

voedingsbodem *m* [-s] ❶ (culture) medium ❷ *fig* breeding ground

voedingsdeskundige *m-v* [-n] dietitian / dietician, nutritionist

voedingsgewas *o* [-sen] food crop

voedingskabel *m* [-s] supply cable

voedingsleer *v* dietetics, science of nutrition

voedingsmiddel *o* [-en] food ★ *~en* foodstuffs

voedingsmiddelenindustrie *v* food industry

voedingspatroon *o* [-tronen] eating pattern

voedingsstof *v* [-fen] nutrient, nutritious substance

voedingswaarde *v* food / nutritional value

voedsel *o* food, nourishment ★ *fig ~ geven aan* encourage

voedselbank *de* [-en] food bank

voedselgebrek *o* food shortage

voedselhulp *v* food aid

voedselketen *v* [-s] food chain

voedselpakket *o* [-ten] food parcel

voedselschaarste *v* food shortage

voedselvergiftiging *v* food poisoning

voedselvoorraad *m* [-raden] food supply / stock

voedselvoorziening *v* food supply

voedster *v* [-s] ❶ *min* wet nurse ❷ *fig* foster mother ❸ *konijn, haas* doe

voedzaam *bn* nourishing, nutritious, nutritive

voeg *v* [-en] joint, seam, ⟨tussen stenen, tegels &⟩ grout, grouting ★ *uit zijn ~en rukken* put out of joint, disrupt ★ *in zijn ~en kraken* creak everywhere

voege *v* ★ *in dier ~* in this manner ★ *in dier ~ dat...* so as to..., so that... ★ ZN *in ~* in force

voegen I *overg* [voegde, h. gevoegd] ❶ *toevoegen* add ★ *~ bij* add to ❷ *bouwk* point, joint, flush, grout ❸ *v. rechtszaken* consolidate causes of action **II** *wederk* [voegde, h. gevoegd] ★ *zich ~ bij iem.* join sbd, ⟨instemmen⟩ comply, conform ★ *zich ~ naar...* conform to..., comply with... **III** *onoverg* [voegde, h. gevoegd] ❶ *betamen* become ❷ *gelegen komen* suit

voegijzer, **voegspijker** *o* [-s] jointer

voegwoord *o* [-en] conjunction

voelbaar I *bn* ❶ *tastbaar* tangible, perceptible ❷ *merkbaar* noticeable, perceptible **II** *bijw* tangibly &

voelen I *overg* [voelde, h. gevoeld] ❶ *zintuiglijk* feel ★ *ik voel mijn benen* my legs are aching ❷ *ervaren* feel, experience ★ *zijn macht doen ~* make one's power felt ❸ *tasten naar* feel (for / after) ❹ *innerlijk gewaarworden* sense, feel ★ *ik voel daar niet veel voor* it doesn't appeal to me ★ *ik voel de plicht om...* I feel obliged to... **II** *onoverg* [voelde, h. gevoeld] feel ★ *het voelt zacht* it's soft to the touch ★ *in zijn zak ~* feel in one's pocket ★ *naar zijn portemonnee ~* feel for one's

VO

purse ★ *iets / veel voor iem.* ~ be fond of sbd
III *wederk* [voelde, h. gevoeld] ★ *zich* ~ feel, feel
oneself ★ *zich goed* ~ feel well / good / fine ★ *zich*
thuis ~ feel at home ★ *zich ziek* ~ feel ill ★ *hij voelt*
zich heel wat he rather fancies himself
voelhoorn, voelhoren *m* [-s] feeler, antenna ★ fig
zijn ~s uitsteken put out feelers
voeling *v* feeling, touch ★ *~ hebben / krijgen met* be
/ come in touch with ★ *~ houden met* keep (in) touch
with
voelspriet *m* [-en] antenna, palp, feeler
voer *o* ❶ *voedsel* feed, fodder, forage ★ *~ voor*
psychologen food for psychologists ❷ *vis* bait
voeren *overg* [voerde, h. gevoerd] ❶ *leiden, brengen*
carry, convey, take, bring, lead ★ *dat zou ons te ver* ~
that would take us too far ★ *wat voert u hierheen?*
what brings you here? ❷ *hanteren* wield ★ *de pen* ~
wield one's pen ❸ *dragen* bear ★ *een titel* ~ hold a
title ★ *een adelaar in zijn wapen* ~ have an eagle in
one's coat of arms ❹ *houden* conduct, carry on ★ *het*
bevel ~ *(over)* be in command (of) ★ *oorlog* ~ wage
war ★ *propaganda* ~ carry on propaganda ❺ *met*
voering line ❻ *eten geven* feed
voering *v* [-en] lining
voerman *m* [-lieden & -lui] ❶ *koetsier* driver,
coachman ❷ *vrachtrijder* wag(g)oner, carrier
★ astron *de Voerman* the Wag(g)oner
voertaal *v* language of communication, ‹op
congres &› official language
voertuig *o* [-en] carriage, vehicle
voet *m* [-en] ❶ *lichaamsdeel* foot ★ *zes* ~ *lang* six feet
long ★ fig *de* ~ *in de stijgbeugel hebben* be in the
saddle ★ *het heeft heel wat ~en in de aarde* it's taking
some doing ★ ~ *bij stuk houden* stick to one's guns,
stand one's ground ★ *vaste* ~ *krijgen* obtain a
foothold, obtain a firm footing ★ *geen* ~ *verzetten*
not move hand or foot ★ *geen* ~ *kunnen verzetten* not
be able to stir ★ *ik zet daar geen* ~ *meer* I'll never set
foot there again ★ *iem. de* ~ *dwars zetten* thwart
sbd.'s plans ★ ~ *aan wal zetten* set foot on shore
★ *geen* ~ *buiten de deur zetten* not go out of the
house ★ *aan de* ~ *van de bladzijde / brief* at the foot of
the page / letter ★ mil *met het geweer aan de* ~ with
arms at the order ★ *met de ~en bij elkaar* with feet
together ★ *met ~en treden* trample / tread under
foot, fig go against, override ‹laws› ★ *onder de* ~
gelopen worden be trampled on ★ *een land onder de* ~
lopen overrun a country ★ *onder de* ~ *vertrappen*
tread / trample under foot ★ *iem. op de* ~ *volgen*
follow in s.o's footsteps ★ *iets op de* ~ *volgen* closely
follow sth ★ *op blote ~en* barefoot(ed) ★ *op vrije ~en*
at liberty / large ★ *op staande* ~ at once, on the spot,
then and there ★ *te* ~ on foot ★ *te* ~ *bereikbaar*
within walking distance ★ *te* ~ *gaan* go on foot, walk
★ *iem. te* ~ *vallen* throw oneself at sbd.'s feet
★ *...ten ~en uit...* all over ★ *ten ~en uit geschilderd*
full-length (portrait) ★ *uit de ~en kunnen* get on, get
by ★ *zich uit de ~en maken* take to one's heels, make

off ★ *iem. iets voor de ~en gooien* cast / fling / throw
sth in sbd.'s teeth ★ *iem. voor de ~en lopen* be in
sbd.'s way ❷ *wijze* footing ★ *op de* ~ *van 5%* at the
rate of five per cent. ★ *op die* ~ at that rate ★ *op*
bescheiden ~ on a modest footing ★ *op dezelfde* ~ on
the old footing, in the old way, along the same lines
★ *op grote* ~ *leven* live in (grand) style ★ *op de oude* ~
on the old footing ★ *op gelijke* ~ on an equal footing,
on a footing of equality, on equal terms ★ *op* ~ *van*
oorlog at war ❸ *verhouding* relations, terms ★ *zij*
staan op gespannen ~ relations are strained between
them ★ *op goede* ~ *staan met* be on good terms with
★ *op vertrouwelijke* ~ on familiar terms
voetafdruk *m* [-ken] footprint
voetangel *m* [-s] mantrap ★ fig *hier liggen ~s en*
klemmen it's full of pitfalls
voetbad *o* [-baden] footbath
voetbal I *m* [-len] *bal* football **II** *o* *spel* (Association)
football, soccer, inf footy ★ *Amerikaans* ~ American
football ★ *~ spelen* play football / soccer ★ *betaald* ~
paid / professional football
voetbalbond *m* [-en] football association / league
voetbalclub *v* [-s] football club
voetbalelftal *o* [-len] football team
voetbalknie *v* [-knieën] football knee
voetballen *onoverg* [voetbalde, h. gevoetbald] play
football / soccer
voetballer, voetbalspeler *m* [-s] football / soccer
player
voetballerij *v* soccer, football
voetbalpool *m* [-s] football pools
voetbalschoen *m* [-en] football boot
voetbalvandaal *m* [-dalen] hooligan
voetbalveld *o* [-en] football ground / field
voetbalwedstrijd *m* [-en] soccer / football match
★ *een internationale* ~ an international football
match
voetboog *m* [-bogen] crossbow
voetbreed *o* ★ *geen* ~ *wijken* not budge an inch
voetbrug *v* [-gen] foot bridge
voetenbank *v* [-en] footstool
voeteneind, voeteneinde *o* [-einden] foot end, foot
(of the bed)
voetenschrapper *m* [-s] scraper
voetenwerk *o* sp footwork
voetfout *v* [-en] sp foot fault
voetganger *m* [-s] pedestrian
voetgangersbrug *v* [-en] footbridge
voetgangersgebied *o* [-en] pedestrian area / precinct
voetgangerslicht *o* [-en] pedestrian crossing lights
voetgangersoversteekplaats *v* [-en] pedestrian
crossing, zebra (crossing)
voetgangerstunnel *m* [-s] pedestrian subway / tunnel
voetje *o* [-s] small foot ★ *een wit* ~ *bij iem. hebben* be in
sbd.'s good graces / books ★ *een wit* ~ *bij iem. zien te*
krijgen insinuate oneself into sbd.'s good graces ★ ~
voor ~ step by step
voetjevrijen *onoverg & o* play footsie

voetkussen *o* [-s] hassock
voetlicht *o* footlights ★ *fig iets voor het* ~ *brengen* bring sth out into the open ★ *voor het* ~ *komen* appear before the footlights, fig make a public appearance
voetmat *v* [-ten] doormat
voetnoot *v* [-noten] footnote
voetpad *o* [-paden] footpath
voetpomp *v* [-en] foot pump, inflater / inflator
voetreis *v* [-reizen] journey / excursion on foot, walking tour, hike
voetrem *v* [-men] foot brake
voetschakelaar *m* [-s] foot switch
voetspoor *o* [-sporen] footmark, footprint, track ★ fig *iems.* ~ *volgen, in iems. voetsporen treden* follow in sbd's footsteps
voetstap *m* [-pen] (foot)step, ‹spoor› footprint, track, trail ★ *iems.* ~*pen drukken, in iems.* ~*pen treden* follow / tread / walk in sbd.'s (foot)steps
voetsteun *m* [-en] footrest
voetstoots *bijw* ❶ *zomaar ineens* out of hand, without further ado ❷ handel outright, as it is / as they are ★ *iets* ~ *verkopen* sell sth at the buyer's risk
voetstuk *o* [-ken] pedestal ★ *iem. op een* ~ *plaatsen* put sbd on a pedestal
voettocht *m* [-en] walking tour, hike
voetveeg *m & v* [-vegen] doormat ★ *iems.* ~ *zijn* be sbd's doormat
voetverzorging *v* foot care
voetvolk *o* mil foot soldiers ★ *het* ~ the infantry
voetwassing *v* [-en] washing of the feet
voetzoeker *m* [-s] squib, firecracker
voetzool *m* [-zolen] sole of the foot
vogel *m* [-s] ❶ bird, dicht fowl ★ *de* ~*en des hemels* the fowl of the air ★ *beter één* ~ *in de hand dan tien in de lucht* a bird in the hand is worth two in the bush ★ *men kent de* ~ *aan zijn veren* fine feathers make fine birds ★ *de* ~ *is gevlogen* the bird has flown ❷ *raar figuur* character, type ★ *een slimme* ~ a sly dog, a wily old bird ★ *een vreemde* ~ an odd character
vogelaar *m* [-s] ❶ *vogelvanger* bird catcher ❷ *vogelwaarnemer* birdwatcher, Am birder
vogelbekdier *o* [-en] platypus, duckbill
vogelbescherming *v* bird protection
vogelhuisje *o* [-s] nest(ing) box
vogelkers *v* boom bird cherry
vogelkooi *v* [-en] birdcage
vogelkunde *v* ornithology
vogelliefhebber *m* [-s] bird lover
vogellijm *m* plant mistletoe
vogelnest *o* [-en] bird's nest ★ turnen ~*je* nest hang
vogelperspectief *o* ★ *in* ~ a bird's-eye view
vogelpest *v* fowl plague
vogelpik *m* ❶ spel ZN darts ❷ *schijf* dartboard
vogelsoort *v* [-en] species of bird
vogelspin *v* [-nen] bird spider, tarantula
vogeltje *o* [-s] little bird, inf kindertaal dicky bird ★ ~*s*

die zo vroeg zingen zijn voor de poes sing before breakfast (and you'll) cry before night ★ *ieder* ~ *zingt zoals het gebekt is* everyone talks after his own fashion
vogeltrek *m* bird migration
vogelvanger *m* [-s] bird catcher
vogelverschrikker *m* [-s] scarecrow ★ *er uitzien als een* ~ look a perfect fright
vogelvlucht *v* bird's-eye view ★ *...in* ~ a bird's-eye view of...
vogelvrij *bn* outlawed ★ ~ *verklaren* outlaw
vogelvrijverklaarde *m-v* [-n] outlaw
vogelzaad *o* birdseed
vogelzang *m* singing / warbling of bird, birds' song, birdsong
Vogezen *zn* [mv] the Vosges
voice-over *m* voice-over
voile I *m* [-s] *voorwerpsnaam* veil **II** *o & m* stofnaam voile
voipen *onoverg* [voipte, h. gevoipt] use VoIP
vol I *bn* full ★ *een* ~*le broer* a full brother ★ *een* ~*le dag* a full day ★ *een* ~ *gezicht* a full face ★ *een* ~*le neef / nicht* a first cousin ★ ~*le melk* full-cream milk, whole milk ★ *een* ~*le stem* a rich / full voice ★ *een* ~ *uur* a full hour, a solid hour ★ *de* ~*le waarheid* the whole truth ★ ‹met mensen› *een* ~*le winkel* a crowded shop ★ *de bus / tram & is* ~ the bus / tram & is full up ★ *het was er (zeer)* ~ it was (very) crowded there ★ *hij was* ~ *verontwaardiging* he was filled with indignation ★ *een boek* ~ *wetenswaardigheden* a book packed with interesting facts ★ *iets* ~ *doen* fill sth (up) ★ *ik zit* ~ I'm stuffed / full ★ *in* ~*le ernst* in all seriousness, in dead earnest ★ *in de* ~*le grond* in the outside soil ★ *in* ~*le zee* on the open seas ★ *met het* ~*ste recht, vertrouwen* quite rightly / in complete confidence ★ *met iets de handen* ~ *hebben* have one's hands full with sth ★ *hij was er* ~ *van* he was full of it ★ ~ *(van) tranen* full of tears ★ *zij willen hem niet voor* ~ *aanzien* they don't take him seriously **II** *bijw* fully, completely ★ *iem* ~ *aankijken* look sbd in the face ★ *de tafel lag* ~ *papieren* the table was completely covered with papers ★ *ten* ~*le* entirely, fully, wholly, completely
volant *m* [-s] *strook* flounce
volatiliteit *v* eff volatility
volautomatisch *bn & bijw* fully automatic
volbloed I *bn* thoroughbred, full-blood(ed), fig out-and-out ★ *een* ~ *socialist* an out-and-out / a dyed-in-the-wool socialist **II** *m* [-s & -en] thoroughbred
volboeken *overg* [boekte vol, h. volgeboekt] book (up)
volbouwen *overg* [bouwde vol, h. volgebouwd] cover over with buildings ★ *volgebouwd zijn* be completely built up
volbrengen *overg* [volbracht, h. volbracht] complete, fulfil/Am fulfill, execute, accomplish, perform, achieve ★ *zijn taak* ~ complete one's task ★ Bijbel *het is volbracht* it is finished

volbrenging *v* fulfilment, performance, accomplishment

voldaan *bn* ❶ *tevreden* satisfied, content ❷ *betaald* paid, received ★ *voor ~ tekenen* sign for receipt

voldoen I *overg* [voldeed, h. voldaan] ❶ *tevredenstellen* satisfy, give satisfaction to, please ❷ *betalen* pay, settle **II** *onoverg* [voldeed, h. voldaan] ❶ *voldoening geven* satisfy, give satisfaction ★ *wij kunnen niet aan de vraag ~* we cannot cope with the demand ★ *aan een belofte ~* fulfil a promise ★ *aan een bevel ~* obey a command ★ *aan het examen ~* satisfy the examiners ★ *aan zijn verplichtingen ~* meet one's obligations/ handel one's liabilities ★ *(niet) aan de verwachtingen ~* (not) answer expectations ★ *aan een verzoek ~* comply with a request ★ *aan een voorwaarde ~* satisfy / fulfil a condition ★ *aan iems. wens ~* satisfy sbd.'s wish ★ *uitstekend ~* be highly satisfactory ❷ *voldoende zijn* suffice

voldoende I *bn* sufficient, enough, adequate ★ *~ zijn* suffice **II** *bijw* enough, sufficiently, adequately **III** *v & o* [-s & -n] onderw pass, satisfactory ★ *ik heb een ~* I've got a pass

voldoening *v* ❶ *tevredenheid* satisfaction ★ *zijn ~ over...* his satisfaction at / with... ★ *~ geven / schenken* give satisfaction ★ *ter ~ aan...* in compliance with... ❷ *betaling* settlement, payment ★ *ter ~ van...* in settlement of ▼ *de ~ door Christus* the Atonement

voldongen *bn* accomplished, decided ★ *het is een ~ feit* it's a fait accompli / an accomplished fact

voldragen *bn* ❶ *v. plan* well considered ❷ *v. kind* full-term

voleinden *overg* [voleindde, h. voleind], **voleindigen** [voleindigde, h. voleindigd] finish, complete, accomplish

voleindiging, **voleinding** *v* completion

volgaarne *bijw* most willingly

volgauto *m* ['s] car in funeral / marriage procession

volgboot *m & v* [-boten] dinghy

volgeboekt *bn* booked up (to capacity), fully booked

volgeling *m* [-en] follower, adherent

volgen I *overg* [volgde, h. en is gevolgd] ❶ *achterna lopen* follow ★ *een verdachte ~* shadow a suspect ★ jur *iem. hinderlijk ~* stalk sbd ★ *iem. hinderlijk op de voet ~* dog sbd ★ *hij is niet te ~* I can't follow him ★ *ik heb het verhaal niet gevolgd* I haven't paid attention to the story, I haven't been listening ❷ *(geregeld) bijwonen* follow, attend ★ *een cursus ~* follow a course ★ *colleges ~* attend lectures ❸ *handelen naar* follow, pursue ★ *een politiek ~* pursue a policy ★ *zijn eigen hoofd ~* go one's own way **II** *onoverg* [volgde, h. en is gevolgd] follow, ensue ★ *hij kan niet ~ (in de klas)* he can't keep up with his class ★ *ik volg* I'm next ★ *Nederland en België ~ met 11%* the Netherlands and Belgium come next with 11 per cent ★ *slot volgt* to be concluded ★ *wie volgt?* next, please ★ *hij schrijft als volgt* he writes as follows ★ *op de p volgt de q* p is followed by q ★ *de ene ramp volgde op de andere* disaster

followed disaster, it was disaster upon disaster ★ *hij liet er op ~* he added ★ *hieruit volgt dat...* it follows that... ★ *wat volgt daaruit?* what follows?

volgend *bn* following, ensuing, next ★ *het ~e* the following ★ *de ~e week* next week ★ *de op haar ~e zuster* the sister who came after her

volgens *voorz* according to ★ *~ paragraaf 3.2* under paragraph 3.2 ★ *~ de directe methode* by the direct method ★ *~ factuur* as per invoice ★ *~ hemzelf* by his own account ★ *~ afspraak* by appointment

---

volgens
is *according to* en niet *following*; *following* als voorzetsel betekent *na, volgend op*.

---

volgieten *overg* [goot vol, h. volgegoten] fill (up)

volgnummer *o* [-s] serial number ★ *van ~s voorzien* provide with serial numbers

volgooien *overg* [gooide vol, h. volgegooid] fill (up) ★ *de benzinetank ~* fill up the tank

volgorde *v* [-n & -s] order (of succession), sequence ★ *in ~* in order ★ *in willekeurige ~* at random

volgroeid *bn* full-grown, fully grown

volgwagen *m* [-s] ❶ *bijwagen* trailer ❷ *volgauto* car in funeral / marriage procession

volgzaam I *bn* docile, obedient, ‹onderdanig› submissive **II** *bijw* docilely &

volharden *onoverg* [volhardde, h. volhard] persevere, persist ★ *~ bij zijn weigering* persist in one's refusal ★ *~ in / bij zijn besluit* stick to one's decision / resolution ★ *~ in de boosheid* persevere in one's evil ways

volhardend I *bn* persevering, persistent, dogged, tenacious **II** *bijw* perseveringly &

volharding *v* perseverance, persistency, doggedness, tenacity (of purpose)

volheid *v* fullness ★ *uit de ~ van zijn gemoed* out of the fullness of his heart

volhouden I *overg* [hield vol, h. volgehouden] ❶ *v. poging* maintain, sustain ★ *een gevecht ~* keep up a fight ★ *het ~* hold on / out, stick it (out) ★ *zelfs een... kan dat niet lang ~* even a... couldn't keep that up ★ *iets tot het eind toe ~* see sth through to the end ❷ *v. bewering* maintain, insist ★ *hij bleef maar ~ dat...* he maintained / insisted that... ❸ *doorgaan met* sustain **II** *onoverg* [hield vol, h. volgehouden] persevere, persist, hold on / out, stick it out (to the end) ★ *~ maar!* never say die!

volhouder *m* [-s] stayer

volière *v* [-s] aviary

volk *o* [-en & -eren] people, nation ★ *(er is) ~!* shop!, anyone here? ★ *het gemene ~* the common people, the hoi polloi ★ *ons ~* our / this nation, the people of this country ★ *er was veel ~* there were a lot of people ★ *wij krijgen ~* we are expecting visitors ★ *een ~ op zich* a race apart ★ *een man uit het ~* a man of the people ★ *de ~eren van Europa* the nations / peoples of Europe

Volkenbond, **Volkerenbond** *m* League of Nations

volkenkunde *v* ethnology
volkenkundig *bn* ethnological
volkenkundige *m-v* [-n] ethnologist
volkenmoord, volkerenmoord *m & v* genocide
volkenrecht *o* international law
volkenrechtelijk *bn* according to / under
   international law
volkomen I *bn* ❶ *volmaakt* perfect ❷ *volledig*
   complete **II** *bijw* ❶ *volmaakt* perfectly ★ ~ *tevreden*
   perfectly / completely satisfied ❷ *volledig* completely
   ★ ~ *gek* completely mad
volkorenbrood *o* [-broden] wholemeal bread
volks *bn* ❶ *eigen aan het volk* popular ❷ *van het*
   gewone volk common ❸ *nationaal* national
volksaard *m* national character
volksbeweging *v* [-en] popular movement
volksboek *o* [-en] popular book
volksbuurt *v* [-en] working-class district
volksdans *m* [-en] folk dance
volksdansen *o* folk dancing
volksdeel *o* [-delen] part of the nation
volksdichter *m* [-s] popular poet ★ *onze* ~ our
   national poet, ‹in GB› our poet laureate
volkseigen *o* national character
volksetymologie *v* [-gieën] folk / popular etymology
volksfeest *o* [-en] national / popular celebration,
   popular festival
volksfront *o* popular front
volksgebruik *o* [-en] popular / national custom,
   popular / national tradition
volksgeloof *o* popular belief
volksgemeenschap *v* [-pen] national community,
   nation
volksgericht *o* [-en] ❶ *wettig* people's tribunal / court
   ❷ *onwettig* kangaroo court
volksgezondheid *v* public health
volksgunst *v* public favour, popularity ★ *de* ~ *trachten*
   te winnen make a bid for popularity
volkshuisvesting *v* (public) housing
volksjongen *m* [-s] working-class boy / lad
volkskarakter *o* [-s] national character
volkskunst *v* folk / popular art
volksleven *o* tradition, folklore
volkslied *o* [-eren] ❶ *v.e. land* national song / anthem
   ❷ *overgeleverd lied* popular / folk song
volksmenner *m* [-s] demagogue
volksmond *m* ★ *in de* ~ in popular speech, commonly
   called ★ *zoals het in de* ~ *heet* as it is popularly called
   / known
volksmuziek *v* folk music
volksoploop *m* [-lopen] commotion, tumult
volksoproer *o* [-en] popular uprising / rebellion
   / revolt
volksopstand *m* [-en] uprising, rebellion, revolt,
   insurrection
volkspartij *v* [-en] people's party
volksraadpleging *v* [-en] referendum, plebiscite
volksrepubliek *v* [-en] people's republic ★ *de*

Volksrepubliek China the People's Republic of China
volkssport *v* [-en] national sport
volksstam *m* [-men] tribe, race ★ *hele* ~*men* whole
   hordes of people
volksstemming *v* [-en] referendum, plebiscite
volkstaal *v* ❶ *nationale taal* national idiom
   ❷ *tegenover hoftaal &* vernacular, everyday
   language
volkstelling *v* [-en] census (of population) ★ *een* ~
   houden take a census
volkstoneel *o* popular theatre/Am theater
volkstuintje *o* [-s] allotment (garden)
volksuniversiteit *v* [-en] ± adult education centre/Am
   center
volksvergadering *v* [-en] national assembly
volksverhaal *o* [-halen] folk tale
volksverhuizing *v* [-en] mass migration
volksverlakkerij *v* public deception
volksvermaak *o* [-maken] public / popular
   amusement
volksvertegenwoordiger *m* [-s] representative of the
   people, member of Parliament
volksvertegenwoordiging *v* [-en] representation of
   the people ★ *de* ~ Parliament
volksverzekering *v* [-en] national insurance
   ★ *premies* ~ national insurance contributions
volksvijand *m* [-en] enemy of the people, public
   enemy ★ ~ *nummer één* public enemy number one
volksvrouw *v* [-en] working-class woman
volkswijk *v* [-en] working-class district
volkswijsheid *v* [-heden] popular saying, piece of folk
   wisdom
volkswil *m* will of the people / of the nation, popular
   will
volkswoede *v* popular anger / fury
volkszanger *m* [-s] popular singer
volksziekte *v* [-n & -s] common / epidemic disease
volledig I *bn* ❶ *compleet* complete, full, entire
   ★ *een* ~*e uitgave* a complete edition ★ *een* ~*e*
   betrekking a full-time job ❷ *volkomen* full, perfect
   ★ ~*e mededinging* perfect competition **II** *bijw*
   completely, fully, entirely ★ *iets* ~ *behandelen* deal
   with sth fully ★ ~ *bij zijn verstand* in full possession
   of one's faculties
volledigheid *v* completeness, ful(l)ness, entirety,
   perfection
volledigheidshalve *bijw* for the sake of completeness
volleerd *bn* finished, proficient, full-fledged, fully
   fledged ★ ~ *zijn* have left school, be fully qualified
   ★ *een* ~*e schurk* an out-and-out scoundrel
vollemaan *v* full moon
vollemaansgezicht *o* [-en] moonface
volley *m* [-s] *bij tennis &* volley
volleybal I *m* [-len] *bal* volleyball **II** *o spel* volleyball
volleyballen *onoverg* [volleybalde, h. gevolleybald]
   play volleyball
vollopen *onoverg* [liep vol, is volgelopen] fill up ★ *een*
   bad laten ~ fill up a bath

vo

volmaakt I *bn* perfect **II** *bijw* perfectly, to perfection

volmaaktheid *v* [-heden] perfection

volmacht *v* [-en] ❶ *machtiging* power of attorney, authority, mandate ★ *iem. ~ verlenen* confer full powers on sbd ★ *iem. ~ verlenen om...* authorize / empower sbd to... ★ *bij ~* by proxy ❷ *schriftelijk bewijs* authorization, warrant

vol'maken[1] *overg* [volmaakte, h. volmaakt] perfect

'volmaken[2] *overg* [maakte vol, h. volgemaakt] fill

volmondig I *bn* frank, unqualified, wholehearted **II** *bijw* frankly, without qualification, wholeheartedly

volontair *m* [-s], **volontaire** *v* [-s] volunteer

volop *bijw* plenty of...,...in plenty ★ *we hebben ~ genoten van ons uitstapje* we thoroughly enjoyed our trip

volpension *o* full board

volpompen *overg* [pompte vol, h. volgepompt] ❶ fill, pump up ❷ fig stuff with

volproppen I *overg* [propte vol, h. volgepropt] stuff, cram ★ *volgepropt* overcrowded, inf chock-a-block **II** *wederk* [propte vol, h. volgepropt] ★ *zich ~* stuff oneself

volschenken *overg* [schonk vol, h. volgeschonken] fill (to the brim)

volschieten *onoverg* [schoot vol, is volgeschoten] fill up ★ *zijn gemoed schoot vol* his heart was fit to burst

volslagen I *bn* complete, total, utter ★ *een ~ gek* a complete / downright fool ★ *~ onzin* utter nonsense **II** *bijw* completely, totally, utterly

volslank *bn* full-figured

volstaan *onoverg* [volstond, h. volstaan] suffice ★ *daar kunt u mee ~* that will do ★ *daar kan ik niet mee ~* it's not enough for me ★ *wij kunnen ~ met te zeggen dat...* suffice it to say that...

volstoppen *overg* [stopte vol, h. volgestopt] stuff full

volstorten *overg* [stortte vol, h. volgestort] ❶ *dichtgooien* fill up ❷ handel pay up (in full)

volstrekt I *bn* absolute ★ *~e macht* absolute power **II** *bijw* absolutely, wholly ★ *~ niet* not at all, by no means

volstromen *onoverg* [stroomde vol, is volgestroomd] fill up

volt *m* [-s] volt

voltage *v & o* voltage

voltallig *bn* complete, full, entire ★ *een ~e vergadering* a plenary assembly ★ *zijn we ~?* all present? ★ *~ maken* make up the number, complete

voltampère *m* [-s] volt-ampere

voltapijt *o* ZN fitted carpet

volte I *v* ❶ *volheid* ful(l)ness ❷ *gedrang* crowd **II** *v* [-s] zwenking volt

voltigeren *onoverg* [voltigeerde, h. gevoltigeerd] vault, do acrobatics

voltijdbaan *v* [-banen] full-time job

voltijds *bn & bijw* full-time

voltmeter *m* [-s] voltmeter

voltooid *bn* ❶ complete, finished ❷ taalk perfect ★ *de ~ tegenwoordige tijd* the present perfect ★ *de ~ toekomende tijd* the future perfect ★ *de ~ verleden tijd* the past perfect

voltooien *overg* [voltooide, h. voltooid] complete, finish

voltooiing *v* [-en] completion ★ *zijn ~ naderen* be nearing completion

voltreffer *m* [-s] direct hit

voltrekken I *overg* [voltrok, h. voltrokken] ❶ *v. vonnis* execute ❷ *v. huwelijk* perform, celebrate ★ *de ambtenaar kan weigeren om een huwelijk te ~* the civil celebrant can refuse to perform the marriage ceremony ★ *hun huwelijk zal worden voltrokken op...* they will marry / will celebrate their marriage on... ❸ *v. overeenkomst* complete **II** *wederk* [voltrok, h. voltrokken] ★ *zich ~* take place, occur ★ *er voltrok zich een ramp* a disaster occurred

voltrekking *v* [-en] ❶ *v. vonnis* execution ❷ *v. huwelijk* celebration ★ *enkele dagen voor de ~ van hun huwelijk* a few days before the marriage ceremony took place ❸ *v. overeenkomst* completion

voluit *bijw* in full ★ *~ geschreven* written in full ★ *~ sprinten* sprint at full speed

volume *o* [-n & -s] volume, size, bulk

volumeknop *m* [-pen] volume control

volumewagen *de (m)* [-s] MPV, Multi Purpose Vehicle

volumineus *bn* voluminous, bulky

voluptueus I *bn* voluptuous **II** *bijw* voluptuously

volvet *bn* ★ *~te kaas* full-cream cheese

volvoeren *overg* [volvoerde, h. volvoerd] perform, fulfil/Am fulfill, accomplish

volvreten *wederk* [vrat vol, h. volgevreten] ★ *zich ~* stuff oneself

volwaardig *bn* full, valuable ★ *een ~ bestaan* a fulfilling life ★ *een ~e arbeider* a skilled worker ★ *een ~ lid* a full member

volwassen *bn* full-grown, grown-up, adult ★ *half ~* half-grown ★ *luister, ik ben een ~ man!* look, I'm a grown man!

volwassene *m-v* [-n] adult ★ *~n* adults, grown people, inf grown-ups ★ *een school voor ~n* an institute of adult learning / education

volwasseneneducatie *v* adult education

volzet *bn* ZN no vacancy

volzin *m* [-nen] sentence, period

vomeren *onoverg* [vomeerde, h. gevomeerd] vomit

vondeling *m* [-en] abandoned child ★ *een kind te ~ leggen* abandon a child

vondst *v* [-en] ❶ *voorwerp* find, treasure, catch ❷ *ontdekking* discovery, invention ★ *een ~ doen* make a (real) find

vonk *v* [-en] spark ★ *~en schieten* sparkle, ‹v. ogen› flash

vonken *onoverg* [vonkte, h. gevonkt] spark, sparkle

vonnis *o* [-sen] sentence, judgement/Am judgment ★ *een ~ uitspreken* pronounce / give a verdict ★ *een ~ vellen* pass / pronounce sentence ★ *toen was zijn ~ geveld* then his doom was sealed ★ *~ aanhouden* defer a judgement ★ *bij rechterlijke* ~ by a judge / an order of the court ★ *een ~ in kort geding* a temporary injunction ★ *een ~ ten uitvoer leggen* enforce / execute a judgement ★ *een ~ van faillietverklaring* an adjudication order ★ *een ~ van nietigverklaring* a decree of nullity

vonnissen *overg* [vonniste, h. gevonnist] sentence, condemn

voodoo *v* voodoo

voogd *m* [-en] guardian ★ *een toeziend* ~ a co-guardian

voogdij *v* [-en] *over persoon* guardianship, fig custody ★ *onder* ~ under guardianship

voogdijkind *o* [-eren] ward of court

voogdijraad *m* [-raden] ❶ ± Guardians' Supervisory Board ❷ *van de Verenigde Naties* Trusteeship Council

voogdijschap *o* [-pen] guardianship

voor I *voorz* ❶ *ten behoeve van* for, to ★ *hij is een goede vader* ~ *hem geweest* he has been a good father to him ★ *ik zal* ~ *je zorgen* I'll care for you ★ *hij werkte* ~ *de ~uitgang* he worked in the cause of progress ★ *hij had een kamer* ~ *zich alleen* he had a room all to himself ★ ~ *zaken* on business ❷ *in plaats van* for ★ ~ *hoeveel?* for how much? ★ *het doet mij genoegen* ~ *hem* I'm glad for him ❸ *voor de duur van* for ★ *om er* ~ *eens en altijd af te komen* to get rid of it once and for all ★ ~ *eeuwig* forever ❹ *niet achter* before, in front of ★ ~ *en achter mij* in front of and behind me ★ *hand* ~ *de mond!* put your hand in front of your mouth! ★ ~ *het hek* at the gate ★ ~ *de kust* off the coast ❺ *voorafgaand aan* before, prior to ★ ~ *haar vertrek* prior to her departure ❻ *gedurende* for, during ★ *hij heeft* ~ *weken werk* he has work for weeks to come ❼ *eerder dan* before ★ *vijf minuten* ~ *vijf* five minutes to five ★ *kom* ~ *vijven* come before five o'clock ❽ *geleden* ago ★ *gisteren* ~ *een week* yesterday week ❾ *ter ontkoming, onthouding* from ★ *zich verstoppen &* ~ hide from ❿ *wat betreft* for ★ *ik* ~ *mij* I for one, I for my part ★ *dat is niets* ~ *hem* it's not like him to... ★ ~ *de eerste keer* for the first time ★ ~ *de rest* as far as the rest is is concerned ⓫ *voorstander van* for, in favour of ★ *ik ben* ~ *aannemen* I'm in favour of acceptance ★ *argumenten* ~... arguments for... ▼ *mijn cijfers* ~ *algebra* my marks in algebra ▼ *wat* ~ *boeken?* what kind of books? ▼ *bladzij* ~ *bladzij* page after page ▼ ~ *gastheer spelen* play host **II** *bijw* ❶ *aan de voorzijde* in front ★ ~ *in de tuin* in the front of the garden ★ *de auto staat* ~ the car is at the door, is waiting ★ *wij wonen* ~ we live in the front of the house ★ ~ *en achter* in front and at the back ▼ *van* ~ *tot achter* from front to rear, scheepv from stem to stern ❷ *met voorsprong* in front of, ahead of ★ *uw horloge loopt* ~ your watch is fast ★ *wij waren hun* ~ we were ahead of them ★ *vijf punten* ~ *staan* be five points in the lead ❸ *voorstander* in favour of ★ *er is veel* ~ there is much to be said in favour of it ★ *ik ben er* ~ I'm for it, I'm in favour of it ▼ *de een* ~ *de ander na* one after another ▼ ~ *en na* again and

again ▼ *het was 'beste vriend'* ~ *en na* it was 'dear friend' here, there, and everywhere **III** *voegw* before, plechtig ere ★ ~ *ik het wist* before I knew it **IV** *o* ★ *het* ~ *en tegen* the pros and cons **V** *v* [voren] *ploegsnede* furrow

vooraan *bijw* in front ★ ~ *zitten* sit in front ★ ~ *gaan / lopen* walk up front ★ ~ *in het boek* at the beginning of the book ★ ~ *in de strijd* in the forefront of the battle ★ *hij is* ~ *in de dertig* he's in his early thirties ★ ~ *onder de... stond Harold* pre-eminent among the... was Harold

vooraanstaand *bn belangrijk* prominent, leading, pre-eminent

vooraanzicht *o* front(al) view

vooraf *bijw* beforehand, previously ★ ~ *betalen* pay in advance ★ *een waarschuwing* ~ an advance warning ★ ~ *een glaasje drinken* have a before-dinner drink

voorafgaan *overg & onoverg* [ging vooraf, is voorafgegaan] go before, precede ★ *...laten* ~ *door...* precede... by... ★ ~ *aan* precede, come prior to

voorafgaand *bn* preceding, foregoing ★ *het* ~*e* the preceding / foregoing ★ ~*e opmerkingen* preceding / foregoing remarks ★ ~*e kennis* prior knowledge ★ *in de* ~*e maand* in the previous / last month

voorafje *o* [-s] hors d'oeuvre, appetizer

voorafschaduwing *v* [-en] foreshadowing, prefiguration

vooral *bijw* especially, particularly ★ *ga er* ~ *heen* go by all means

vooraleer *voegw* before

vooralsnog *bijw* for the present, for the time being, as yet

voorarrest *o* remand in custody ★ *in* ~ under remand

vooras *v* [-sen] front axle

vooravond *m* [-en] ❶ first part of the evening ❷ *tijd kort voor gebeurtenis* eve ★ *aan de* ~ *van de slag* on the eve of the battle ★ *wij staan aan de* ~ *van grote gebeurtenissen* we are on the eve / threshold of important events

voorbaat *v* ★ *bij* ~ in advance / anticipation ★ *bij* ~ *dank* thanking you in anticipation / in advance

voorband *m* [-en] front tyre, Am front tire

voorbarig I *bn* premature, rash, (over-)hasty ★ *je moet niet zo* ~ *zijn* don't rush to conclusions ★ *dat is nog wel wat* ~ it's early days yet **II** *bijw* prematurely &

voorbedacht *bn* premeditated ★ *met* ~*en rade* with malice aforethought

voorbede *v* [-n] intercession

voorbeding *o* [-en] condition, stipulation, proviso ★ *onder* ~ *dat...* on condition that...

voorbeeld *o* [-en] ❶ *model* example, model ★ *mijn grote* ~ my role model, my hero ★ *een lichtend* ~ a shining example ★ *een* ~ *geven* give / set an example ★ *een goed* ~ *geven* set a good example ★ *een* ~ *nemen aan...* follow the example of... ★ *iem. ten* ~ *stellen* make an example of sbd ★ *iems.* ~ *volgen* follow sbd's example, take a leaf out of sbd's book, follow suit ★ *tot* ~ *dienen* serve as a model ★ *zonder* ~

without example, unexampled ❷ *geval* example, instance ★ *~en aanhalen van...* cite instances of... ★ *kunt u een ~ geven?* can you give an example? ★ *bij ~* for instance, for example, e.g. ❸ *in schrijfboek* copybook heading

voorbeeldig I *bn* exemplary ★ *~ gedrag* exemplary conduct **II** *bijw* exemplarily ★ *zich ~ gedragen* behave exemplarily

voorbehoedmiddel *o* [-en] contraceptive

voorbehoud *o* restriction, reservation, proviso ★ *geestelijk ~* mental reservation ★ *onder ~ dat...* with the proviso that... ★ *iets onder ~ aannemen* accept sth with reservations ★ *onder het nodige ~* with due reserve ★ *onder zeker ~* with reservations, with some reserve ★ *zonder ~* without reservations

voorbehouden I *overg* [behield voor, h. voorbehouden] reserve ★ *abuis / overmacht / rechten ~* mistakes / force majeure / rights reserved **II** *wederk* [behield voor, h. voorbehouden] ★ *zich het recht tot iets ~* reserve oneself the right of sth

voorbereiden I *overg* [bereidde voor, h. voorbereid] prepare, get ready ★ *~de werkzaamheden* preliminary work ★ *iem. ~ op* prepare sbd for ★ *op alles voorbereid zijn* be prepared for anything **II** *wederk* [bereidde voor, h. voorbereid] ★ *zich ~* prepare (oneself) ★ *zich ~ voor een examen* prepare / study for an examination

voorbereiding *v* [-en] preparation ★ *in ~* in preparation

voorbereidingstijd *m* [-en] preparation time, preparatory phase

voorbericht *o* [-en] preface, foreword

voorbeschikken *overg* [beschikte voor, h. voorbeschikt] *alg.* predestine, preordain, predetermine ★ *voorbeschikt tot...* predestined & to...

voorbeschikking *v* [-en] predestination

voorbeschouwen *overg* [beschouwde voor, h. voorbeschouwd] give a preview of, preview

voorbeschouwing *v* [-en] preview

voorbespreken *overg* [besprak voor, h. voorbesproken] ❶ *spreken* have a preliminary discussion ❷ *reserveren* book in advance

voorbespreking *v* [-en] ❶ *voorbereidende bespreking* preliminary talk ❷ *v. plaatsen* advance booking

voorbestemmen *overg* [bestemde voor, h. voorbestemd] predestine, predetermine, preordain

voorbeurs *v* stock exchange dealings before official hours

voorbewerking *v* [-en] pretreatment

voorbidden *onoverg* [bad voor, h. voorgebeden] ❶ *voorgaan in gebed* lead in prayer ❷ *een voorbede doen* pray for sbd

voorbij I *voorz* beyond, past ★ *~ iets gaan* go past something ★ *hij woont ~ het stadhuis* he lives past the town hall **II** *bn* past ★ *~e tijden* bygone times **III** *bijw* past ★ *het huis ~* past the house ★ *het is ~* it's over now, it's at an end

voorbijdrijven I *overg* [dreef voorbij, h.

voorbijgedreven] drive past **II** *onoverg* [dreef voorbij, is voorbijgedreven] float past / by

voorbijgaan I *o* ★ *in het ~* incidentally, by the way, in passing **II** *overg* [ging voorbij, is voorbijgegaan] ❶ *passeren* pass / go by ❷ *overslaan* pass over ★ *iem. ~* pass sbd by, ‹overslaan› pass sbd over ★ *stilzwijgend aan iets ~* pass over sth in silence **III** *onoverg* [ging voorbij, is voorbijgegaan] go / pass by, pass ★ *er gaat geen dag voorbij of wij...* hardly a day goes by that we don't... ★ *het zal wel ~* it is sure to pass off ★ *hemel en aarde zullen ~* heaven and earth shall pass away ★ *geen gelegenheid laten ~ om...* not miss an opportunity to... ★ *een kans laten ~* miss a chance, inf miss the bus

voorbijgaand *bn* passing, transitory, transient ★ *...is slechts van ~e aard* ...is but temporary

voorbijganger *m* [-s] passer-by

voorbijkomen *overg & onoverg* [kwam voorbij, is voorbijgekomen] pass (by)

voorbijlaten *overg* [liet voorbij, h. voorbijgelaten] let pass ★ *iem. ~* let sbd pass

voorbijlopen *overg & onoverg* [liep voorbij, is voorbijgelopen] pass by, walk past

voorbijpraten *overg* [praatte voorbij, h. voorbijgepraat] ★ *zijn mond ~* spill the beans, shoot one's mouth off

voorbijrijden *overg & onoverg* [reed voorbij, is voorbijgereden] ride / drive past, pass

voorbijsnellen *overg & onoverg* [snelde voorbij, is voorbijgesneld] pass by in a hurry, rush by

voorbijstreven *overg* [streefde voorbij, is voorbijgestreefd] outstrip

voorbijvliegen I *overg* [vloog voorbij, is voorbijgevlogen] fly / rush past **II** *onoverg* [vloog voorbij, is voorbijgevlogen] fly (past) ★ *de tijd vliegt voorbij* time flies

voorbijzien *overg* [zag voorbij, h. voorbijgezien] overlook

voorbinden *overg* [bond voor, h. voorgebonden] tie / put on

voorblijven *onoverg* [bleef voor, is voorgebleven] keep ahead of, lead, remain in front

voorbode *m* [-n & -s] foretoken, forerunner, precursor, *dicht* harbinger

voorchristelijk *bn* pre-Christian

voordat *voegw* before, plechtig ere

voordeel *o* [-delen] advantage, benefit, profit, gain ★ *zijn ~ doen met* take advantage of, profit by, turn to (good) account ★ *dat heeft zijn ~* there's an advantage in that ★ *~ bij iets hebben* derive advantage from sth, profit by / from sth ★ *~ opleveren* yield profit ★ *~ trekken van* turn to (good) account, profit by, take advantage of ★ *zijn ~ zoeken* seek one's own advantage ★ *in het ~ zijn van* be an advantage to ★ *in zijn ~ veranderd* changed for the better ★ *met ~* with advantage, handel at a profit ★ *ten / tot ~ strekken* be to advantage, benefit, be beneficial to, be all to the good ★ *ten voordele van* for the benefit of ★ *zonder* ~ without profit

voordeelregel *m* sp advantage rule

voordeeltje *o* [-s] windfall

voordeelverpakking *v* [-en] economy / family size, economy pack

voordek *o* [-ken] foredeck

voordelig I *bn* ❶ *winst opleverend* profitable, lucrative ❷ *goedkoop* inexpensive, low-budget, cheap ★ *~e prijzen* low(-budget) prices ❸ *zuinig* economical, cheap ★ *dat is ~er in het gebruik* ‹gaat langer mee› it goes farther, ‹is goedkoper in gebruik› it's cheaper to run **II** *bijw* profitably & ★ *zij kwamen niet op hun ~st uit* they didn't show to their advantage, they weren't showing at their best

voordeur *v* [-en] front door

voordeurdelers *zn* [mv] people living under one roof, housemates

voordien *bijw* before this, previously, before

voordoen I *overg* [deed voor, h. voorgedaan] ❶ *laten zien* show (how to), demonstrate ★ *een som ~* demonstrate how to do a sum ❷ *voorbinden* put on **II** *wederk* [deed voor, h. voorgedaan] ★ *zich ~* ‹gelegenheid› offer / present itself, ‹probleem› arise, crop up, occur ★ *zich ~ als...* pass oneself off as a... ★ *hij weet zich goed voor te doen* he presents himself well ★ *ik wil me niet beter ~ dan ik ben* I don't want to make myself out to be better than I am

voordracht *v* [-en] ❶ *wijze van voordragen* delivery, muz playing ❷ *het voorgedragene* recitation, muz recital ❸ *lezing* lecture, address, discourse ★ *een ~ houden* give a lecture, read a paper ❹ *kandidatenlijst* short list, nomination ★ *een bindende ~* a binding nomination / recommendation ★ *een ~ indienen* submit / present a list of names ★ *een ~ opmaken* make out a short list ★ *nummer één op de ~* first on the short list ★ *op ~ van* on the recommendation of

voordrachtskunstenaar *m* [-s] reciter

voordragen *overg* [droeg voor, h. voorgedragen] ❶ *een gedicht &* recite ❷ muz render ❸ *voor benoeming* propose, nominate ★ *ik zal voor die betrekking voorgedragen worden* I'll be recommended for that post

voordrager *m* [-s] reciter

voordringen *onoverg* [drong voor, is voorgedrongen] push ahead / forward, Br jump the queue

vooreerst *bijw* ❶ *voorlopig* for the present, for the time being ★ *~ niet* not just yet ❷ *eerst* ZN at first, in the first instance

voor- en nadelen *zn* [mv] advantages and disadvantages

voorfilm *m* [-s] short

voorfinancieren *overg* [financierde voor, h. voorgefinancierd] prefinance

voorgaan *onoverg* [ging voor, is voorgegaan] ❶ *als eerste gaan* go before, precede ★ *gaat u voor!* after you! ★ *dames gaan voor!* ladies first! ★ *iem. laten ~* let sbd go first ★ *zal ik maar ~?* shall I lead the way? ❷ *voorbeeld geven* set an example ★ *in het goede ~*

set a good example ❸ *de voorrang hebben* take precedence ★ *dat gaat voor* that comes first, that takes precedence ★ *de generaal gaat voor* the general takes precedence ❹ *voorbidden* lead in prayer ★ *~ in een kerkdienst* lead / conduct a church service

voorgaand *bn* preceding, previous ★ *het ~e* the foregoing ★ *in het ~e* in the preceding pages

voorganger *m* [-s] ❶ *in ambt* predecessor ❷ *predikant* pastor, minister, vicar

voorgebergte *o* [-n & -s] promontory, headland

voorgeborchte *o* limbo ★ *in het ~ der hel* in limbo

voorgedrukt *bn* pre-printed

voorgeleiden *overg* [geleidde voor, h. voorgeleid] *v. verdachte* bring before the public prosecutor, arraign

voorgeleiding *v* appearance in court, committal hearing, arraignment

voorgenomen *bn* intended, proposed, contemplated

voorgerecht *o* [-en] entrée, first course

voorgeschiedenis *v* ❶ *v. zaak, ziekte &* (previous) history, case history ❷ *van persoon* antecedents ❸ *prehistorie* prehistory

voorgeschreven *bn* prescribed, obligatory, required

voorgeslacht *o* [-en] ancestry ★ *ons ~* our ancestors

voorgespannen *bn* prestressed ★ *~ beton* prestressed concrete

voorgevallene *o* what has happened

voorgevel *m* [-s] front, forefront, façade

voorgeven I *o* ★ *volgens zijn ~* according to what he says **II** *overg* [gaf voor, h. voorgegeven] ❶ *voorwenden* pretend ★ *hij geeft voor ziek te zijn* he claims to be ill ❷ sp give odds ★ *iem. tien punten ~* give sbd a ten-point handicap

voorgevoel *o* [-ens] premonition, presentiment ★ *mijn angstig ~* my misgiving(s) ★ *een ~ hebben van* have forebodings about

voorgewend *bn* affected, sham, bogus

voorgoed *bijw* for good (and all), forever, permanently

voorgrond *m* [-en] ❶ foreground ★ *op de ~ staan van* be in the foreground of, fig be to the fore of, be the main theme of ★ *dat staat op de ~* it's prominent ★ *dat moeten wij op de ~ stellen* that's what we should emphasize ★ *zich op de ~ plaatsen* put oneself forward ★ *op de ~ treden* come to the front / fore ❷ *v. toneel* downstage

voorhamer *m* [-s] sledgehammer

voorhand *v* [-en] ❶ *v. paard* forehand ❷ kaartsp lead ★ *aan de ~ zitten* have the lead, play first ▼ *op ~* beforehand

voorhanden *bn* on hand, in stock / store, to be had, available ★ *de ~ zijnde gegevens* the data at hand / at our disposal ★ *niet ~* sold out, exhausted

voorhebben *overg* [had voor, h. voorgehad] ❶ *tegenover zich hebben* have in front of / before one ★ *de verkeerde ~* have got the wrong one in mind ★ *weet je wie je voorhebt?* do you know who you're talking to? ❷ *dragen* wear, have on ★ *een schort* ~ wear an apron ❸ *van plan zijn* intend, mean ★ *wat zouden ze met hem* ~? what do they intend to do with him? ★ *het goed met iem.* ~ mean well by sbd ▼ *wat* ~ *op iem.* have an / the advantage over sbd

voorhechtenis *v* ZN detention under remand

voorheen *bijw* formerly, before, in the past, previously ★ ~ *en thans* past and present ★ <u>handel</u> *Smith & Co.* ~ *Jones* Smith & Co., formerly Jones

voorheffing *v* [-en] advance levy, withholding tax

voorhistorisch *bn* prehistoric

voorhoede *v* [-n & -s] ❶ <u>mil</u> advance(d) guard, van, vanguard ❷ <u>fig</u> forefront ▼ <u>sp</u> *de* ~ the forwards

voorhoedespeler *m* [-s] forward

voorhof *o & m* [-hoven] forecourt

voorhoofd *o* [-en] forehead, brow

voorhoofdsbeen *o* [-deren] frontal bone

voorhoofdsholte *v* [-n & -s] sinus

voorhoofdsholteontsteking *v* [-en] sinusitis

voorhouden *overg* [hield voor, h. voorgehouden] ❶ *iets* keep on ★ *zijn schort* ~ keep one's apron on ❷ *iem. iets* hold before / up, <u>fig ook</u> point out, confront ★ *iem. een spiegel* ~ hold a mirror up to sbd ★ *iem. zijn slecht gedrag* ~ confront sbd with his bad behaviour

voorhuid *v* [-en] foreskin, <u>anat</u> prepuce

voorhuis *o* [-huizen] front part of the house

voorin *bijw* ❶ in (the) front ★ ~ *zitten bij de bestuurder* sit in the front with the driver ❷ *v. boek &* at the beginning

vooringenomen *bn* prejudiced, biased ★ ~ *zijn tegen* be prejudiced against

voorintekening *v* [-en] subscription

voorjaar *o* [-jaren] spring

voorjaarsbeurs *v* [-beurzen] spring fair

voorjaarsbloem *v* [-en] spring flower

voorjaarsmoeheid *v* spring fatigue

voorjaarsschoonmaak *m* spring cleaning

voorkamer *v* [-s] front room

voorkant *m* [-en] front ★ *aan de* ~ in the front ★ *op de* ~ *van het boek* on the front / cover of the book

voorkauwen *overg* [kauwde voor, h. voorgekauwd] spoon-feed, <u>fig ook</u> repeat over and over ★ *40 jaar heb ik het hun voorgekauwd* I've been repeating it over and over again to them for 40 years now

voorkennis *v* ❶ *medeweten* foreknowledge ★ *met* ~ *van...* with prior knowledge of... ★ *zonder* ~ *van* without prior knowledge of, unknown to ★ *misbruik van* ~ insider trading / dealing ❷ *v.d. toekomst* prescience

voorkeur *v* preference ★ *de* ~ *genieten* be preferred, have the preference ★ *de* ~ *geven aan* give preference to, prefer ★ *de* ~ *geven aan... boven...* prefer... to... ★ *de* ~ *hebben* enjoy / have the preference, be preferred, <u>handel</u> have the (first) refusal ★ *het verdient de* ~*...* it is preferable... ★ *bij* ~ for preference, preferably

voorkeursbehandeling *v* [-en] preferential treatment

voorkeurspelling *v* [-en] preferred spelling

voorkeursrecht *o* ❶ <u>eff, fin</u> preferential right, right of first refusal ❷ <u>jur</u> priority rights

voorkeurstem *v* [-men] preferential / preference vote

voorkeuzetoets *m* [-en] automatic tuning control

voorkoken *overg* [kookte voor, h. voorgekookt] pre-cook

'voorkomen[1] *o* ❶ *uiterlijk* appearance, looks ❷ *verschijning* occurrence ★ *het* ~ *van dit dier* the occurrence of this animal ❸ *schijn* appearances ★ *het heeft het* ~ *alsof...* it looks as if... **II** *onoverg* [kwam voor, is voorgekomen] ❶ *voor het huis komen* come round ★ *laat de auto* ~ order the car around ❷ *bij hardlopen &* get ahead ❸ <u>jur</u> ‹v. zaak› come on trial, come up for trial, ‹v. persoon› appear in court ❹ *gevonden worden, bestaan* occur, be found ★ *reptielen komen hier niet voor* reptiles are not found here ❺ *staan op* appear, figure ★ *dat komt voor op blz. 20* it appears on page 20 ❻ *gebeuren* happen, occur ★ *het komt vaak voor* it often happens, it occurs frequently ❼ *lijken* appear, seem ★ *het komt mij voor dat...* it appears / seems to me that... ★ *het laten* ~ *alsof...* make it appear as if...

voor'komen[2] *overg* [voorkwam, h. voorkomen] *verhinderen* prevent, preclude ★ ~ *is beter dan genezen* prevention is better than cure

voor'komend[1] *bn beleefd* considerate, obliging, polite, courteous

'voorkomend[2] *bn zich voordoend* occurring ★ *een veel* ~ *probleem* a frequent problem

voorkoming *v verhindering* prevention ★ *ter* ~ *van...* in order to prevent..., for the prevention of...

voorkrijgen *overg* [kreeg voor, h. voorgekregen] ❶ put on ★ *het kind krijgt altijd een slabbetje voor* the child always wears a bib ❷ <u>sp</u> receive ★ *hij krijgt 50 punten voor* he has a 50-point start

voorlaatst *bn* last but one ▼ *de* ~*e week* the last week but one ★ *de* ~*e lettergreep* the penultimate syllable

voorlader *m* [-s] ❶ *apparatuur* front loader ❷ *vuurwapen* <u>hist</u> muzzleloader

voorland *o* [-en] ❶ *landtong* foreland ❷ <u>fig</u> future ★ *dat is jouw* ~ that's what's awaiting you, that's what's in store for you

voorlangs *bijw* across / along the front ★ *hij schoot de bal* ~ he shot across the goal

voorlaten *overg* [liet voor, h. voorgelaten] allow to go first ★ *iem.* ~ let sbd go first

voorleggen *overg* [legde voor, h. voorgelegd] ❶ *voor iem. neerleggen* put / place / lay before ❷ *uiteenzetten* present ★ *iem. de feiten* ~ lay the facts before sbd ★ *iem. een vraag* ~ put a question to sbd

voorleiden *overg* [leidde voor, h. voorgeleid] <u>jur</u> bring up (before the court)

voorletter *m* [-s] initial

voorlezen *overg* [las voor, h. voorgelezen] read (out aloud) ★ *iem. een brief / verhaal* ~ read a letter / story to sbd

voorlezing *v* [-en] reading, lecture

voorlichten *overg* [lichtte voor, h. voorgelicht] *informeren* inform, advise, enlighten ★ *iem. seksueel* ~ explain the facts of life to sbd

voorlichter *m* [-s] ❶ *die voorlichting geeft* information officer, public relations officer ❷ *woordvoerder* spokesman, spokeswoman, spokesperson

voorlichting *v* information, advice ★ *seksuele* ~ sex education ★ *goede* ~ *geven* give good advice

voorlichtingsbrochure *v* [-s] information brochure / leaflet

voorlichtingscampagne *v* [-s] information campaign

voorlichtingsdienst *m* [-en] (public) information service

voorliefde *v* liking, predilection, partiality ★ *(een zekere)* ~ *hebben voor* be partial to...

voorliegen *overg* [loog voor, h. voorgelogen] lie to ★ *iem. (wat)* ~ lie to sbd

voorliggen *onoverg* [lag voor, h. voorgelegen] <u>sp</u> be ahead of, have a lead over

voorligger *m* [-s] *in verkeer* car in front

voorlijk *bn* advanced, precocious, forward

voorlopen *onoverg* [liep voor, h. voorgelopen] ❶ *v. persoon* lead the way ❷ *v. uurwerk* be fast, gain ★ *die klok loopt een kwartier voor* that clock is a quarter of an hour fast

voorloper *m* [-s] forerunner, precursor, <u>dichter</u> harbinger ★ <u>marketing</u> ~*s* early adopters

voorlopig I *bn* provisional ★ *een* ~*e aanslag* a provisional tax assessment ★ *de* ~*e cijfers* the provisional figures ★ *een* ~*e conclusie* a tentative conclusion ★ *een* ~ *dividend* an interim dividend ★ ~*e hechtenis* detention on remand **II** *bijw* ❶ *vooralsnog* provisionally ❷ *voorshands* for the present, for the time being ★ ~ *blijven we hier* we'll stay here for the time being

voormalig *bn* former, late, sometime, one-time, ex- ★ *de* ~*e vijand* the ex-enemy

voorman *m* [-nen] ❶ *onderbaas* foreman ❷ *leider* leader ★ *de* ~*nen der beweging* the leaders / the leading men of the movement

voormeld *bn* above-mentioned, aforesaid

voormiddag *m* [-dagen] ❶ *morgen* morning ★ *om 10 uur des* ~*s* at 10 o'clock in the morning, at 10 a.m ❷ *eerste deel v.d. middag* early afternoon

voorn, voren *m* [-s] *vis* roach, rudd

'voornaam¹ *m* [-namen] first / Christian name

voor'naam² *bn* ❶ *belangrijk* important, principal, main ★ *een voorname plaats innemen* occupy a prominent place ★ *het* ~*ste is dat we op tijd komen* the most important / main thing is to get there on time ❷ *aanzienlijk* distinguished, prominent ★ *een* ~ *voorkomen* a distinguished appearance

voornaamwoord *o* [-en] pronoun

voornaamwoordelijk *bn* pronominal

voornacht *m* [-en] first part of the night

voornamelijk *bijw* mainly, primarily, chiefly, principally

voornemen I *o* [-s] ❶ *bedoeling* intention ★ *het* ~

hebben om intend to ★ *het ligt in het* ~ *van de directie om...* it is management's intention to... ❷ *besluit* resolution, intention ★ *het* ~ *opvatten om...* make up one's mind to..., resolve to... ★ *goede* ~*s voor het nieuwe jaar* New Year's resolutions **II** *wederk* [nam voor, h. voorgenomen] ★ *zich* ~ resolve, make up one's mind ★ *zich heilig* ~ *om...* firmly resolve to...

voornemens *bijw* ★ ~ *zijn om* intend / propose to

voornoemd *bn* above-mentioned

vooronder *o* [-s] <u>scheepv</u> forecastle

vooronderstellen *overg* [vooronderstelde, h. voorondersteld] presume, presuppose

vooronderstelling *v* [-en] assumption, presumption, hypothesis, presupposition

vooronderzoek *o* preliminary examination ★ *een gerechtelijk* ~ a preliminary judicial investigation / inquiry, committal proceedings

voorontsteking *v* <u>techn</u> pre-ignition

voorontwerp *o* [-en] preliminary draft

vooroordeel *o* [-delen] prejudice, bias ★ *een* ~ *hebben tegen* be prejudiced against

vooroorlogs *bn* pre-war

voorop *bijw* ❶ *aan de voorzijde* in front ❷ *als voorste* in front, in the lead ❸ <u>fig</u> first

vooropgezet *bn* preconceived

vooropleiding *v* [-en] ❶ *algemeen* preliminary training ❷ *speciaal* preparatory training

vooroplopen *onoverg* [liep voorop, h. vooropgelopen] ❶ go first, walk in front, lead the way ❷ *voorbeeld geven* lead ★ *hij loopt voorop in zijn vakgebied* he leads the way in his field

vooropstellen *overg* [stelde voorop, h. vooropgesteld] ❶ *als belangrijkste beschouwen* put first ★ *het eigenbelang* ~ make self-interest the first priority ❷ *veronderstellen* assume ★ *vooropgesteld dat het verhaal waar is* assuming the truth of the story ▼ *ik stel voorop dat..., het zij vooropgesteld dat...* firstly, I wish to point out that...

vooropzeg *m* <u>ZN</u> term of notice

voorouders *zn* [mv] ancestors, forefathers

voorover *bijw* head first, face down, forward, headlong ★ *zij liet zich* ~ *vallen in het zand* she dropped face down / headlong in the sand

vooroverbuigen *onoverg* [boog voorover, h. voorovergebogen] bend / lean forward, stoop

vooroverhangen *onoverg* [hing voorover, h. voorovergehangen] hang forward

vooroverleg *o* preliminary consultation

vooroverleunen *onoverg* [leunde voorover, h. voorovergeleund] lean forward

vooroverliggen *onoverg* [lag voorover, h. voorovergelegen] lie prostrate

voorovervallen *onoverg* [viel voorover, is voorovergevallen] fall forward / face down / headlong / headfirst

voorpagina *v* ['s] front page

voorpaginanieuws *o* front page news

voorpand *o* [-en] front

voorplecht *v* [-en] forecastle
voorplein *o* [-en] forecourt, castle yard
voorpoot *m* [-poten] foreleg, forepaw
voorportaal *o* [-talen] porch, hall
voorpost *m* [-en] <u>mil</u> outpost
voorpremière *v* [-s] preview
voorpret *v* anticipation
voorproefje *o* [-s] foretaste, taste ★ *een ~ van wat hun te wachten staat* a taste of what's in store for them
voorproeven *overg* [proefde voor, h. voorgeproefd] sample (beforehand)
voorprogramma *o* ['s] supporting programme/Am program
voorprogrammeren *overg* [programmeerde voor, h. voorgeprogrammeerd] preprogram
voorpublicatie *v* [-s] prepublication
voorraad *m* [-raden] store, stock, supply, <u>Am</u> inventory ★ *zolang de ~ strekt* subject to stock being available ★ *nieuwe ~ opdoen, in ~ opslaan* lay in a fresh supply ★ *in ~* on hand, in stock / store ★ *uit ~ leveren* supply from stock
voorraadbeheer *o* stock control / management
voorraadkamer *v* [-s] storeroom, stockroom
voorraadkast *v* [-en] store cupboard
voorraadschuur *v* [-schuren] storehouse, shed
voorraadvorming *v* stocking of supplies ★ *strategische ~* stockpiling
voorradig *bn* in stock, on hand, available ★ *niet meer ~* out of stock, sold out
voorrang *m* ❶ *prioriteit* precedence, priority ★ *~ hebben boven* take precedence over, have priority over ★ *iem. met ~ behandelen* give sbd preferential treatment ★ *iem. met ~ huisvesten* give sbd preferential treatment in rental housing ★ *om de ~ strijden* contend for first place ❷ *in het verkeer* right of way ★ *~ verlenen aan* give (right of) way to
voorrangsbord *o* [-en] right-of-way sign
voorrangskruising *v* [-en] priority crossroad
voorrangsweg *m* [-wegen] major road
voorrecht *o* [-en] privilege, prerogative ★ *het ~ genieten / hebben om...* be privileged to... ★ *het is mijn ~ als schrijver om...* as a writer, it's my prerogative to...
voorrede *v* [-s] preface, foreword, introduction
voorrekenen *overg* [rekende voor, h. voorgerekend] figure / work out ★ *iem. iets ~* show sbd how sth works out
voorrijden I *onoverg* [reed voor, h. voorgereden] *voorop rijden* drive in the front **II** *onoverg* [reed voor, is voorgereden] ❶ *voor de deur stoppen* drive up to the door ❷ *aan huis komen voor reparatie &* make a house call
voorrijkosten *zn* [mv] call-out charge, call fee
voorronde *v* [-n & -s] qualifying round
voorruit *v* [-en] windscreen, <u>Am</u> windshield
voorschieten *overg* [schoot voor, h. voorgeschoten] advance
voorschip *o* fore part of the ship

voorschoot *m & o* [-schoten] apron
voorschot *o* [-ten] advanced money, advance, loan ★ *een contant ~* a cash advance ★ *~ geven op...* advance money on... ★ *~ nemen* obtain an advance
voorschotelen *overg* [schotelde voor, h. voorgeschoteld] dish / serve up
voorschrift *o* [-en] ❶ *het voorschrijven* prescription, instruction, direction ❷ *v. dokter* prescription ★ *op ~ van de dokter* on medical orders ❸ *regel* regulation, rule, order, ⟨voor gedrag⟩ precept ★ *~en en bepalingen* rules and regulations ★ *een wettelijk ~* a statutory regulation, a statute ★ *~en opvolgen* comply with regulations
voorschrijven *overg* [schreef voor, h. voorgeschreven] ❶ *het voorbeeld schrijven* show how to write ❷ *v. dokter* prescribe ★ *de dokter zal het u ~* the doctor will prescribe it for you ★ *hij zal u wat / een recept ~* he'll write you out a prescription ★ *de dokter schreef me volkomen rust voor* the doctor ordered a complete rest ❸ *opdragen* dictate, require ★ *iem. de wet ~* lay down the law to sbd
voorseizoen *o* [-en] preseason
voorselectie *v* [-s] preselection
voorshands *bijw* for the time being, for the present
voorslag *m* [-slagen] ❶ <u>muz</u> appoggiatura, grace note ❷ <u>sp</u> first hit / strike ❸ *v. klok* warning
voorsorteren *onoverg* [sorteerde voor, h. voorgesorteerd] *in het verkeer* move into the correct (traffic) lane ★ *~!* get in lane
voorspannen *overg* [spande voor, h. voorgespannen] hang in front of, hitch up, prestress
voorspel *o* [-spelen] ❶ <u>muz</u> prelude, overture, ⟨v. toneelstuk⟩ prologue, introductory part ★ <u>fig</u> *dat was het ~ van...* it was the prelude to... ❷ *seksueel* foreplay
voorspelbaar I *bn* predictable **II** *bijw* predictably
voorspelbaarheid *v* predictability
voorspelen *overg* [speelde voor, h. voorgespeeld] ❶ *tot voorbeeld* (show how to) play ❷ *het eerst spelen* play first, have the lead ❸ *auditie doen* audition
'voorspellen¹ *overg* [spelde voor, h. voorgespeld] spell to
voor'spellen² *overg* [voorspelde, h. voorspeld] predict, forecast, prophesy ★ *dat heb ik je wel voorspeld* I told you so! ★ *het voorspelt niet veel goeds* it bodes ill ★ *iemands toekomst ~* tell somebody's fortune ★ *slecht weer ~* predict / forecast bad weather
voorspeller *m* [-s] predictor, prophet
voorspelling *v* [-en] ❶ prediction, prophecy ★ *zijn ~ is uitgekomen* his prediction has come true ❷ *v. weer &* forecast
voorspiegelen I *overg* [spiegelde voor, h. voorgespiegeld] delude ★ *iem. iets ~* give sbd false hopes / promises ★ *iem. een gouden toekomst ~* conjure up a golden future for sbd **II** *wederk* [spiegelde voor, h. voorgespiegeld] ★ *zich iets ~* delude oneself with the belief that... ★ *hij had zich*

van alles daarvan voorgespiegeld he had completely deluded himself about it

voorspoed *m* prosperity ★ *~ hebben* prosper, be prosperous ★ *voor- en tegenspoed* ups and downs ★ *in voor- en tegenspoed* in storm or shine, for better for worse

voorspoedig I *bn* prosperous, successful ★ *een ~e reis* een successful trip **II** *bijw* prosperously, successfully

voorspraak *v* ❶ *hulp, bemiddeling* intercession, mediation ❷ *persoon* [-spraken] intercessor, advocate

voorsprong *m* [-en] start, lead ★ *iem. een ~ geven* give sbd a head start ★ *een ~ hebben van 5 km* have a lead of 5 km ★ *een ~ hebben op* have a lead over ★ *een ~ krijgen op* gain a lead over ★ *met een 2-0 ~* leading 2-0

voorstaan I *overg* [stond voor, h. voorgestaan] *verdedigen* support, advocate ▼ *hij laat zich daarop ~* he prides himself on it **II** *onoverg* [stond voor, h. voorgestaan] ❶ *staan voor* stand in front ★ *de auto staat voor* the car is out at the front ❷ *voor de geest* be present to one's mind ★ *het staat mij voor* I think I remember ★ *het staat mij nog duidelijk voor* I can still see it clearly ★ *er staat mij nog zo iets van voor* I have a hazy recollection of it ❸ *sp* lead with ★ *met 2-0 ~* lead with 2-0 ▼ *er financieel goed ~* be in good shape financially

voorstad *v* [-steden] suburb

voorstadium *o* [-dia] preliminary stage

voorstander *m* [-s] advocate, champion, supporter

voorste *bn* foremost, first ★ *de ~ rij* the front row

voorstel *o* [-len] proposal, suggestion, ⟨motie⟩ motion, ⟨wetsvoorstel⟩ bill ★ *een ~ aannemen* agree to / accept a proposal ★ *iem. een ~ doen* make a proposal to sbd ★ *een ~ indienen* move / put a motion ★ *op ~ van...* on the proposal / motion of..., at the suggestion of...

voorstellen I *overg* [stelde voor, h. voorgesteld] ❶ *een voorstel doen* propose, move, suggest ★ *een amendement ~* move an amendment ★ *ik stel voor dat wij heengaan* I move / vote we go ❷ *ter kennismaking* present, introduce ★ *mag ik u meneer Richard ~?* allow me to introduce you to Mr Richard ★ *ik heb ze aan elkaar voorgesteld* I introduced them ★ *hij werd aan de koning voorgesteld* he was presented to the King ❸ *uitbeelden* represent, depict ★ *de feiten verkeerd ~* misrepresent the facts ★ *dat stelt niet veel voor* it doesn't amount to much ★ *wat stelt dit schilderij voor?* what's this painting all about? ❹ *op toneel* represent, ⟨een persoon⟩ impersonate **II** *wederk* [stelde voor, h. voorgesteld] ★ *zich ~* introduce oneself ★ *zich iets ~* ⟨zich verbeelden⟩ picture, imagine, fancy, ⟨zich voornemen⟩ intend, propose ★ *stel je voor!* (just) imagine!

voorstelling *v* [-en] ❶ *in de geest* idea, notion, image, impression ★ *zich een verkeerde ~ maken van...* form the mistaken notion of... ★ *u kunt u er geen ~ van maken hoe...* you can't imagine how... ❷ *afbeelding*

representation ★ *een verkeerde ~ van de feiten* a misrepresentation of the facts ❸ *vertoning* performance ❹ *bij kennismaking* introduction, presentation

voorstellingsvermogen *o* imaginative powers, imagination

voorstemmen *onoverg* [stemde voor, h. voorgestemd] vote for, vote in favour

voorsteven *m* [-s] scheepv stem

voorstopper *m* [-s] voetbal centre/Am center half

voorstudie *v* [-s & -diën] preliminary study, ⟨schetstekening⟩ preliminary sketch

voorstuk *o* [-ken] ❶ *voorste deel* front, front part ❷ *toneel* curtain raiser

voort *bijw* ❶ *verder* forward, onwards, on, along ★ *hiermee kunnen we een paar dagen ~* this will keep us going for a couple of days ❷ *weg* away

voortaan *bijw* henceforward, henceforth, in future, from this time on

voortand *m* [-en] front tooth, incisor

voortbestaan I *o* survival, continued existence **II** *onoverg* [bestond voort, h. voortbestaan] continue to exist, survive

voortbewegen I *overg* [bewoog voort, h. voortbewogen] move (forward), propel **II** *wederk* [bewoog voort, h. voortbewogen] ★ *zich ~* move (on)

voortborduren *onoverg* [borduurde voort, h. voortgeborduurd] elaborate ★ *~ op* ⟨een plan⟩ elaborate on, develop, ⟨een opmerking⟩ return to, inf harp on

voortbouwen *onoverg* [bouwde voort, h. voortgebouwd] go on building ★ *~ op* build on

voortbrengen *overg* [bracht voort, h. voortgebracht] produce, generate, bring about, create

voortbrenging *v* production, generation, creation

voortbrengsel *o* [-s & -en] product, production ★ ⟨v.d. natuur⟩ *~(en)* produce

voortdrijven I *overg* [dreef voort, h. voortgedreven] drive on / forward, spur / urge on **II** *onoverg* [dreef voort, is voortgedreven] float along

voortduren *onoverg* [duurde voort, h. voortgeduurd] continue, last, go on ★ *eindeloos ~* drag on interminably

voortdurend I *bn* ❶ *aanhoudend* continual, constant, unremitting ★ *een ~e dreiging* a constant threat ❷ *onafgebroken* continuous, permanent, constant ★ *een ~e trend* a constant / ongoing trend **II** *bijw* ❶ *aanhoudend* continually & ★ *hij moest ~ overgeven* he had to vomit all the time / to constantly vomit ❷ *onafgebroken* continuously & ★ *hun schuld neemt ~ toe* their debt is increasing all the time

voortduring *v* continuation ★ *bij ~* continuously, persistently, uninterruptedly

voortduwen *overg* [duwde voort, h. voortgeduwd] push on / along

voorteken *o* [-s & -en] sign, indication, omen, portent ★ *de ~en van een ziekte* the early signs / symptoms of an illness ★ *als de ~en mij niet bedriegen* if all the

VO

indications are correct

voortent *v* [-en] caravan tent

voortgaan *onoverg* [ging voort, is voortgegaan] ❶ *verder gaan* continue, go on ★ ~ *op de ingeslagen weg* continue along the same lines ❷ *vervolgen* continue, proceed

voortgang *m* [-en] progress ★ ~ *hebben* proceed, go on / forward ★ ~ *maken* make headway

voortgezet *bn* continued, further ★ *een ~te studie* an advanced study ★ *het ~ onderwijs* secondary education

voorthelpen *overg* [hielp voort, h. voortgeholpen] help along, give a hand

voortijd *m* [-en] prehistoric times

voortijdig I *bn* premature **II** *bijw* prematurely

voortjagen *overg & onoverg* [jaagde *of* joeg voort, h. voortgejaagd] hurry / drive along

voortkomen *onoverg* [kwam voort, is voortgekomen] stem / arise / emanate from ★ *hij komt voort uit een adellijke familie* he comes from a noble family ★ *uit dit huwelijk zijn vier kinderen voortgekomen* this marriage produced four children ★ *dit gedrag komt voort uit onbegrip* it's ignorance that causes this behaviour

voortkruipen *onoverg* [kroop voort, is voortgekropen] creep on / along

voortleven *onoverg* [leefde voort, h. voortgeleefd] live on

voortmaken *onoverg* [maakte voort, h. voortgemaakt] hurry up, make haste ★ *maak wat voort!* hurry up!, get a move on! get on with it! ★ ~ *met het werk* get on with the work, speed up the work

voortouw *o* [-en] ★ *het ~ nemen* take the lead

voortoveren *overg* [toverde voor, h. voorgetoverd] call / conjure up

voortplanten *wederk* [plantte voort, h. voortgeplant] ★ *zich ~* biol reproduce, propagate itself, breed, ‹v. geluid, licht &› travel ★ *het geluid plant zich voort in golven* sound is transmitted in waves

voortplanting *v* ❶ *verbreiding* propagation ❷ *vermenigvuldiging* reproduction, procreation ❸ *v. geluid* transmission

voortplantingsorganen *zn* [mv] reproductive organs

voortraject *o* [-en] initial phase

voortreffelijk I *bn* excellent, admirable **II** *bijw* excellently, admirably

voortrekken *overg* [trok voor, h. voorgetrokken] favour ★ *iem. ~* favour sbd, give sbd preferential treatment, treat sbd with marked preference

voortrekker *m* [-s] ❶ *pionier* pioneer ★ *de rol van ~ vervullen* act as a pioneer ❷ *bij scouting* Venture Scout

voorts *bijw* further, moreover, besides, then ★ *en zo ~* and so on, et cetera

voortschrijden *onoverg* [schreed voort, is voortgeschreden] ❶ *verder lopen* stride along ❷ fig proceed, progress ★ *een gestadig ~de techniek* a technology constantly on the move ★ *een ~de*

vermindering a progressive diminution ❸ *v. tijd* move on, pass

voortslepen I *overg* [sleepte voort, h. voortgesleept] drag along **II** *wederk* [sleepte voort, h. voortgesleept] ★ *zich ~* drag on

voortsnellen *onoverg* [snelde voort, is voortgesneld] hurry on / along

voortspruiten *onoverg* [sproot voort, is voortgesproten] ★ ~ *uit* proceed / spring / arise / result from

voortstrompelen *onoverg* [strompelde voort, is voortgestrompeld] hobble / stumble along

voortstuwen *overg* [stuwde voort, h. voortgestuwd] propel, drive

voortstuwing *v* propulsion

voorttrekken I *overg* [trok voort, h.voortgetrokken] pull / drag / draw (along) **II** *onoverg* [trok voort, is voortgetrokken] march on

voortuin *m* [-en] front garden

voortvarend I *bn* energetic, dynamic, go-ahead **II** *bijw* energetically, dynamically

voortvloeien *onoverg* [vloeide voort, is voortgevloeid] flow on ★ ~ *uit* result / follow from

voortvluchtig *bn* fugitive

voortvluchtige *m-v* [-n] ★ *de ~* the fugitive

voortwoekeren *onoverg* [woekerde voort, h. en is voortgewoekerd] spread

voortzeggen *overg* [zegde *of* zei voort, h. voortgezegd] make known ★ *zegt het voort!* tell your friends!, pass it on!

voortzetten *overg* [zette voort, h. voortgezet] continue, carry on, pursue ★ *de reis ~* continue the trip ★ *een traditie / het werk ~* carry on a tradition / one's work

voortzetting *v* [-en] continuation

vooruit *bijw* ❶ *v. plaats* forward ★ *borst ~!* chest out! ★ *~!* come on / along! ★ *~ maar, ~ met de geit!* fire away! ★ *~ dan maar* well, all right ❷ *v. tijd* before, beforehand, in advance ★ *zijn tijd ~ zijn* be ahead of his time(s)

vooruitbetalen *overg* [betaalde vooruit, h. vooruitbetaald] prepay, pay in advance

vooruitbetaling *v* [-en] prepayment, payment in advance, advance payment ★ *bij ~ te voldoen* payable in advance

vooruitblik *m* preview

vooruitblikken *onoverg* [blikte vooruit, h. vooruitgeblikt] preview ★ *we blikken vooruit op morgen* we're looking ahead to tomorrow

vooruitdenken *onoverg* [dacht vooruit, h. vooruitgedacht] think ahead

vooruitgaan *onoverg* [ging vooruit, is vooruitgegaan] ❶ *vooroplopen* go first, walk on before ❷ *naar voren gaan* progress, go forward ❸ *beter worden* make progress, improve ★ *de zieke gaat goed vooruit* the patient is getting on / progressing well ★ *erop ~* improve ❹ *v. barometer* rise

voor'uitgang[1] *m* het beter worden progress,

improvement

'vooruitgang² *m* [-en] *uitgang aan voorkant* front exit

vooruithelpen *overg* [hielp vooruit, h. vooruitgeholpen] help on

vooruitkijken *onoverg* [keek vooruit, h. vooruitgekeken] look ahead

vooruitkomen *onoverg* [kwam vooruit, is vooruitgekomen] get on, go ahead, make headway ★ ~ *in de wereld* get on in the world

vooruitlopen *onoverg* [liep vooruit, is vooruitgelopen] go first, walk on ahead ★ ~ *op de gebeurtenissen* anticipate events

vooruitrijden I *onoverg* [reed vooruit, is vooruitgereden] ❶ *naar voren* drive forward ❷ *voor anderen* ride / drive on before **II** *onoverg* [reed vooruit, h. vooruitgereden] *in trein &* sit facing forward

vooruitschuiven I *overg* [schoof vooruit, h. vooruitgeschoven] bring / push forward **II** *onoverg* [schoof vooruit, is vooruitgeschoven] shove along

vooruitspringend *bn* jutting out, projecting

vooruitstekend *bn* projecting, jutting out

vooruitstrevend *bn* progressive, go-ahead

vooruitstrevendheid *v* progressiveness

vooruitwerpen *overg* [wierp vooruit, h. vooruitgeworpen] cast ahead ★ *zijn schaduw ~* foreshadow

vooruitzenden *overg* [zond vooruit, h. vooruitgezonden] send in advance, send ahead

vooruitzetten *overg* [zette vooruit, h. vooruitgezet] advance, ‹klok› put forward

vooruitzicht *o* [-en] prospect, outlook ★ *de ~en van de oogst* crop prospects ★ *geen prettig ~* not a happy prospect ★ *geen ~en hebben* have no prospects in life ★ *goede ~en hebben* have good prospects ★ *iets in het ~ hebben* have something in the wings ★ *iem. iets in het ~ stellen* promise sbd sth ★ *met dit ~* with this prospect in view

vooruitzien I *overg* [zag vooruit, h. vooruitgezien] foresee **II** *onoverg* [zag vooruit, h. vooruitgezien] look ahead

vooruitziend *bn* far-sighted, visionary ★ *zijn ~e blik* his foresight ★ *mensen met ~e blik* far-sighted people, visionaries ★ *hij had een ~e blik* he was far-sighted

voorvader *m* [-s & -en] forefather, ancestor ★ *onze ~en* our ancestors / forbears

voorval *o* [-len] incident, event, occurrence

voorvallen *onoverg* [viel voor, is voorgevallen] occur, happen, pass ★ *het voorgevallene* the incident

voorvechter *m* [-s] champion, advocate

voorverkiezing *v* [-en] *in de VS* primary

voorverkoop *m* ❶ *in theater &* advance booking ❷ *in winkel* advance sale

voorverpakt *bn* pre-packed, pre-packaged

voorvertoning *v* [-en] preview

voorverwarmen *overg* [verwarmde voor, h. voorverwarmd] preheat

voorvoegsel *o* [-s] *taalk* prefix

voorvoelen *overg* [voorvoelde, h. voorvoeld] sense, anticipate ★ *iets ~* have a presentiment of sth

voorvork *v* [-en] fork

voorwaar *bijw* indeed, truly, in truth

voorwaarde *v* [-n] condition, stipulation ★ *~n terms*, terms and conditions ★ *~n stellen* apply / impose conditions ★ *op ~ dat...* on (the) condition that... ★ *onder de bestaande ~n* under the existing conditions ★ *onder geen enkele ~* on no account, under no circumstances

voorwaardelijk I *bn* conditional, provisional ★ *een ~e veroordeling* a suspended sentence ★ *een ~e invrijheidstelling* a release on parole ★ *taalk de ~e wijs* the conditional mood **II** *bijw* conditionally, provisionally ★ *iem. ~ in vrijheid stellen* conditionally release sbd, release sbd on parole

voorwaarts I *bn* forward ★ *een ~e beweging* a forward movement **II** *bijw* forward(s), onward(s) ★ *~ mars!* quick march!

voorwas *m* prewash

voorwedstrijd *m* [-en] *ronde* preliminary, preliminary round / heat &

voorwenden *overg* [wendde voor, h. voorgewend] pretend, feign, affect, simulate ★ *een ziekte ~* play sick ★ *soms wendt ze hoofdpijn voor* her headaches are sometimes put on

voorwendsel *o* [-s & -en] pretext, pretence ★ *onder ~ van...* on / under the pretext of..., on / under pretence of...

voorwereldlijk *bn* ❶ *prehistorisch* prehistoric ❷ *ouderwets* ancient

voorwerk *o* [-en] ❶ *voorbereidend werk* preliminary work ❷ *v. boek* preliminary pages, front matter, *inf* prelims ❸ *v. vesting* outwork

voorwerp *o* [-en] ❶ *ding* object, thing, article ★ *gevonden ~en* lost property ★ *een ~ van spot* an object of ridicule, a laughing stock ❷ *taalk* object ★ *het lijdend ~* the direct object ★ *het meewerkend ~* the indirect object

voorwerpszin *m* [-nen] *taalk* object clause

voorwetenschap *v* foreknowledge, prescience, *eff* ‹m.b.t. misbruik› inside knowledge

voorwiel *o* [-en] front wheel

voorwielaandrijving *v* front-wheel drive ★ *met ~* front-wheel drive

voorwoord *o* [-en] ❶ *door schrijver* preface ❷ *door iem. anders* foreword

voorzaat *m* [-zaten] *ZN* ancestor, forefather ★ *onze voorzaten* our ancestors / forbears

voorzanger *m* [-s] precentor, ‹joods› cantor

'voorzeggen¹ *overg* [zei of zegde voor, h. voorgezegd] *op school &* prompt

voor'zeggen² *overg* [voorzei of voorzegde, h. voorgezegd] *voorspellen* predict, prophesy

voorzet *m* [-ten] ❶ *sp* centre/*Am* center (pass) ❷ *schaken, dammen* first move ▼ *fig iem. een ~(je) geven* help sbd on the way with a suggestion

voorzetlens *v* [-lenzen] close-up lens

voorzetsel *o* [-s] preposition

voorzetten *overg* [zette voor, h. voorgezet] ❶ *voor iem/iets zetten* put / place in front (of) ❷ *de klok* put forward / ahead ❸ *een bal* sp cross

voorzichtig I *bn* prudent, careful, cautious ★ ~! be careful!, look out!, mind the paint / steps &!, ⟨op kist &⟩ handle with care! ★ *naar ~e schatting* at a conservative estimate **II** *bijw* ❶ *behoedzaam* prudently & ❷ *m.b.t. schatten &* conservatively

voorzichtigheid *v* care, caution, prudence ★ ~ *is de moeder van de porseleinkast* look before you leap

voorzichtigheidshalve *bijw* by way of precaution

voorzien I *overg* [voorzag, h. voorzien] *verwachten* foresee ★ *het was te* ~ it was to be expected ▼ *wij zijn al* ~ we have been taken care of, we already have all we need ▼ ~ *van / met* provide / supply / furnish with ▼ *van alle gemakken* ~ fitted with all modern conveniences ▼ *van etiketten* ~ labelled **II** *onoverg* [voorzag, h. voorzien] ★ ~ *in* supply, meet, fill ★ *in een (lang gevoelde) behoefte* ~ supply a (long-felt) want ★ ~ *in de behoeften van iem.* provide for sbd's wants ★ *in zijn eigen (levens)onderhoud* ~ provide for oneself ★ *de wet heeft daarin niet* ~ the law makes no provision for a case of the kind ★ *daarin moet worden* ~ that should be seen to ★ *in de vacature is* ~ the vacancy has been filled ▼ *het niet op iem.* ~ *hebben* ⟨niet vertrouwen⟩ not trust sbd, ⟨niet mogen⟩ not feel kindly toward sbd **III** *wederk* [voorzag, h. voorzien] ★ *zich* ~ *van* provide oneself with

voorzienigheid *v* providence ★ *de Voorzienigheid* Providence

voorziening *v* [-en] ❶ *verschaffing* provision, supply ★ *wettelijke ~en* statutory provisions ❷ *zorg, regeling* supply, facility, service, provision ★ ~*en* ⟨gemakken, faciliteiten⟩ conveniences, amenities, jur arrangements, provisions ★ jur ~*en treffen* make arrangements ★ *culturele ~en* cultural facilities ★ *sociale ~en* social services ★ *ter* ~ *in de behoefte* to meet the need ❸ *boekhouden* provision, allowance, reserve ★ *een* ~ *voor dubieuze debiteuren* a bad debt provision ★ jur *een voorlopige* ~ preliminary / provisional relief, a provisional ruling / decision

voorzij, voorzijde *v* [-zijden] front, face

voorzingen I *overg* [zong voor, h. voorgezongen] sing to **II** *onoverg* [zong voor, h. voorgezongen] lead the singing

voorzitten *overg* [zat voor, h. voorgezeten] chair, preside ★ *een vergadering* ~ chair a meeting

voorzitter *m* [-s] ❶ *hoofd v. bestuur &* chairman, president ★ *de* ~ *van de raad van bestuur* the chairman (of the board), the president ★ *de* ~ *van de rechtbank* the presiding judge ❷ *v. vergadering* chairman, chairwoman, chair ★ *Meneer de* ~ Mr Chairman ★ *Mevrouw de* ~ Madam Chairman, Madam Chairwoman ❸ *v. Lagerhuis* Speaker

voorzitterschap *o* chairmanship, presidency

★ *onder* ~ *van...* presided over by..., under the chairmanship of...

voorzittershamer *m* [-s] chairman's hammer, gavel

voorzomer *m* [-s] beginning of the summer, early summer

voorzorg *v* [-en] precaution, provision ★ *uit* ~ by way of precaution, to be on the safe side

voorzorgsmaatregel *m* [-s & -en] precautionary measure, precaution ★ ~*en nemen* take precautions

voor zover *voegw* insofar ★ ~ *men weet* as far as is known ★ ~ *het mogelijk is* to the extent that it is possible

voos *bn* ❶ *niet levenskrachtig* hollow, unsound ❷ *flauw, vunzig* dried-out

vorderen I *overg* [vorderde, h. gevorderd] *opeisen* demand, claim, ⟨van overheidswege⟩ requisition, commandeer **II** *onoverg* [vorderde, is gevorderd] advance, make headway / progress, progress ★ *het werk vordert niet vlug* the work isn't coming along quickly

vordering *v* [-en] ❶ *eis, wat opgeëist wordt* claim ★ *een achtergestelde* ~ a subordinated claim ★ *een* ~ *hebben op iem.* have a claim against sbd ★ *een* ~ *aan toonder / op naam* a claim to bearer / name, a bearer / nominative claim ★ *een* ~ *op de fiscus* an amount recoverable from the tax authorities ★ *een* ~ *tot gevangenneming* an application for a warrant of arrest ★ *een* ~ *tot schadevergoeding* a damages claim ❷ *opeisen* requisitioning ❸ *boekhouden* receivable ★ *te innen* ~*en* receivables, amounts receivable ❹ *voortgang* advance, progress, improvement ★ ~*en maken* make progress

vore *v* [-n] furrow

voren I *bijw* forward ★ *naar* ~ to the front ★ ⟨v. claim &⟩ *naar* ~ *brengen* put forward, advance ★ *naar* ~ *komen* ⟨plannen &⟩ be put forward, be advanced, ⟨uit discussie⟩ emerge ★ *van* ~ in front ★ *van* ~ *af (aan)* from the beginning **II** *m* [-s] → **voorn**

vorig *bn* former, previous ★ *in ~e dagen* in former days ★ *de ~e maand* last month ★ *de ~e regering* the previous government ★ *zijn ~e leven* his past life

vork *v* [-en] ❶ *bestek* fork ★ *hij weet hoe de* ~ *in de steel zit* he knows the ins and outs of it ❷ *hooivork* pitchfork ❸ *v. fiets* bicycle fork ❹ *v. weg* fork ❺ *bij schaak* fork

vorkheftruck *m* [-s] forklift (truck)

vorm *m* [-en] ❶ *gestalte* form, shape, outline ★ *vaste* ~ *aannemen* take definite form, take shape ★ *in de* ~ *van* in the shape / form of ★ *in welke* ~ *ook* in any shape or form ★ sp *in / uit* ~ *zijn* be in / out of shape ★ *zonder* ~ *van proces* without trial ❷ *gietmal* mould, matrix ❸ *taalk* ⟨sterk, zwak⟩ form, ⟨voice⟩ actief, passief ❹ *plichtpleging* form, formality, ceremony ★ *de ~en in acht nemen* observe the forms ★ *hij heeft / kent geen ~en* he has no manners ★ *naar de* ~ in form ★ *voor de* ~ for form's sake, as a matter of form

vormbehoud *o* sp keeping in shape

vormelijk I *bn* formal, ceremonious ★ *ze is nogal ~* she's quite a proper person **II** *bijw* formally, ceremoniously

vormeloos, vormloos *bn* formless, shapeless

vormen I *overg* [vormde, h. gevormd] ❶ *een vorm geven* form, shape, mould ★ *academisch gevormd* university educated / trained ★ *zijn mening ~* form one's opinion ❷ *uitmaken* form, constitute, make up ★ *zij ~ het bestuur* they constitute the board ★ *dit vormt de grens tussen...* this is the border between... ❸ *doen ontstaan* form, build up, make up ❹ RK confirm **II** *wederk* [vormde, h. gevormd] ★ *zich ~* form

vormend *bn opvoedend* educative, formative

vormfout *v* [-en] technicality, procedural error / defect

vormgever *m* [-s] designer

vormgeving *v* design

vorming *v* [-en] ❶ *het ontstaan* formation, forming, shaping, moulding ❷ *opvoeding* education, training ★ *academische ~* academic training

vormingscentrum *o* [-s & -tra] training centre, day release centre/Am center, Am ± Jobs Corps Center

vormingswerk *o* work in socio-cultural education / training, ‹m.b.t. partiële leerplicht› work in a day release course/Am in a Job Corps program

vormingswerker *m* [-s] worker in a training centre/Am center

vormleer *v* taalk, plantk, dierk morphology

vormpje *o* [-s] *kinderspeelgoed* mould

vormsel *o* RK confirmation ★ *het ~ toedienen* confirm

vormvast *bn* inflexible ★ *nylon is ~* nylon retains its shape

vormverlies *o* loss of shape

vorsen *onoverg* [vorste, h. gevorst] investigate, research ★ *~ naar* inquire into ★ *met ~de blik* with a searching look

vorst I *m* [-en] sovereign, monarch, king, emperor, prince ★ *de ~ der duisternis* the prince of darkness **II** *m het vriezen* frost ★ *bij ~* in case of frost **III** *v* [-en] *nok* bouwk ridge

vorstelijk I *bn* princely, royal, lordly ★ *een ~e beloning* a generous reward **II** *bijw* in a princely way, royally

vorstendom *o* [-men] principality

vorstenhuis *o* [-huizen] dynasty

vorstgrens *v* [-grenzen] frost limit / range

vorstin *v* [-nen] sovereign, monarch, queen, empress, princess

vorstperiode *v* [-s & -n] spell / period of frost, freeze

vorstschade *v* frost damage

vorstverlet *o* loss of working hours due to frost

vorstvrij *bn* ❶ *bestand tegen vorst* frostproof ❷ *zonder vorst* frost-free

vort *tsw* off with you!, inf hop it!

vos *m* [-sen] ❶ *dier* fox ★ *zo'n slimme ~!* the crafty old fox! ★ *een ~ verliest wel zijn haren maar niet zijn streken* a leopard doesn't change its spots ★ *als de ~ de passie preekt, boer pas op je kippen* a hypocrite is not to be trusted ❷ *halsbont* fox fur ❸ *paard* sorrel (horse) ❹ *vlinder* tortoiseshell

vossenbont *o* fox (fur)

vossenhol *o* [-holen] foxhole

vossenjacht *v* [-en] foxhunt(ing)

vossenstaart *m* [-en] ❶ *staart v. vos* foxtail ❷ *plant* foxtail grass

voteren *overg* [voteerde, h. gevoteerd] vote

votief *bn* votive

votum *o* [vota & -s] vote ★ *een ~ van wantrouwen* a vote of no-confidence

voucher *m* [-s] voucher

vouw *v* [-en] ❶ *in papier* fold ❷ *in broek* crease, pleat

vouwbeen *o* [-benen] paper knife

vouwblad *o* [-bladen] folder

vouwdeur *v* [-en] folding door(s)

vouwen *overg* [vouwde, h. gevouwen] fold ★ *de handen ~* fold one's hands ★ *in vieren ~* fold in four

vouwfiets *m & v* [-en] folding bicycle

vouwmeter *m* [-s] ZN (folding) rule

vouwwagen *m* [-s] Br folding / collapsible caravan, Am tent trailer, trailer tent

vouwwand *m* [-en] folding partition

voyeur *m* [-s] voyeur, peeping Tom

voyeurisme *o* voyeurism

vozen *onoverg* [voosde, h. gevoosd] *vrijen* inf make out, vulg frig

vraag *v* [vragen] ❶ *alg.* question, query ★ *~ en antwoord* question and answer ★ *(iem.) een ~ stellen* ask (sbd) a question, put a question (to sbd) ★ *vragen stellen* ask questions ★ *de ~ stellen is haar beantwoorden* to be able to put the question is to be able to find an answer ★ *een ~ uitlokken* invite a question ★ *het is de ~ of...* the question is whether... ★ *de ~ doet zich voor of...* the question arises as to whether... ★ *voor jou een ~, voor mij een weet* for me to know and for you to find out ❷ *handel* demand ★ *~ en aanbod* supply and demand ★ *er is veel ~ naar... ...* is much in demand, there is a great demand for... ★ *de totale ~* the aggregate / total demand

vraagbaak *v* [-baken] ❶ *persoon* oracle ❷ *boek* vade mecum

vraagcurve *v* [-s] marketing demand curve

vraaggesprek *o* [-ken] interview

vraagprijs *m* [-prijzen] asking price

vraagsteller *m* [-s] questioner

vraagstelling *v* phrasing / presentation of a question

vraagstuk *o* [-ken] problem, issue, question ★ *sociale ~ken* social issues ★ *een wiskundig ~* a mathematical problem

vraagteken *o* [-s] ❶ *leesteken* question mark ❷ fig question mark, query, mystery ★ *daar zullen we een ~ achter moeten zetten* that will have to be queried ★ *ik zet daar ~s bij* I have my doubts about that

vraagwoord *o* [-en] interrogative word

vraatzucht *v* gluttony, greed

vraatzuchtig I *bn* gluttonous, greedy, voracious ★ *deze haai is een ~e roofdier* this shark is a voracious predator **II** *bijw* gluttonously &

vracht *v* [-en] ❶ *lading* load ❷ scheepv cargo ❸ *last* load, burden ❹ *vervoerloon* carriage, freight ❺ *hoop* load, tons ★ *een ~ mensen* a load of people

vrachtauto *m* ['s] Br lorry, van, Am truck

vrachtboot *m & v* [-boten] cargo boat, freighter

vrachtbrief *m* [-brieven] ❶ handel delivery note ❷ *auto* waybill ❸ *schip, trein, vliegtuig* consignment note ❹ scheepv bill of lading

vrachtgoed *o* [-eren] freight, goods, cargo ★ *als ~ zenden* send as freight

vrachtje *o* [-s] ❶ *kleine lading* (small) load, burden ❷ *v. taxi* fare

vrachtlijst *v* [-en] handel manifest, freight list

vrachtprijs *m* [-prijzen] freightage

vrachtrijder *m* [-s] carrier

vrachtruim *o* [-en] hold

vrachtschip *o* [-schepen] cargo boat, freighter

vrachtvaarder *m* [-s] ❶ *schip* freighter, cargo ship ❷ *schipper* carrier

vrachtvaart *v* cargo trade

vrachtverkeer *o* goods traffic / transport, Am freight transport

vrachtvervoer *o* cargo transport, Am freighting trade

vrachtvliegtuig *o* [-en] cargo plane / aircraft, freighter

vrachtwagen *m* [-s] lorry, truck

vrachtwagenchauffeur *m* [-s] Br lorry driver, Am truck driver

vrachtwagencombinatie *v* [-s] Br articulated lorry, Am trailer truck, semi-trailer

vragen I *overg* [vroeg, h. gevraagd] ❶ *vraag stellen* ask ★ *mij werd gevraagd of...* I was asked if... ★ *gaat u haar ~?* ⟨ten huwelijk⟩ are you going to propose to her?, ⟨uitnodigen⟩ are you going to invite her?, ⟨overhoren⟩ are you going to question her? ★ *zij is al tweemaal gevraagd* she has had two proposals ★ *iem. iets ~* ask sth of sbd ★ *je moet het hem maar ~* (you had better) ask him ★ *vraag het maar aan hem* ⟨naar iets⟩ ask him (about it), ⟨om iets⟩ ask him for it ★ *dat moet je mij niet ~!* don't ask me! ★ *waarom vraagt u dat?* what makes you ask that? ★ *hoe kunt u dat ~?* how can you ask (that)? ❷ *willen hebben* ask, request ★ *medewerkers gevraagd* staff wanted ★ *wij ~ een tekenaar* we require a draughtsman ★ *hoeveel vraagt hij ervoor?* how much is he asking for it? ❸ *uitnodigen* ask, invite ★ *iem. op een feestje ~* invite sbd to a party ★ *iem. ten eten ~* ask sbd to dinner ❹ *vergen* demand ★ *dat vraagt veel geduld* it takes a lot of patience **II** *onoverg* [vroeg, h. gevraagd] ask ★ *nu vraag ik je!* I ask you! ★ *als ik ~ mag* if I may ask (that question) ★ *~ naar iem.* ask after / inquire for sbd ★ *~ naar iets* inquire after sth ★ *vraag er uw broer maar eens naar* ask your brother (about it) ★ *er ~ naar die goederen* inquire after those goods ★ *er wordt veel naar gevraagd* there is a great demand for it / them ★ *naar jouw mening wordt niet gevraagd*

your opinion is not required, inf you keep out of it ★ *(iem.) naar de weg ~* ask (sbd) the way ★ *daar wordt niet naar gevraagd* that's beside the point / matter ★ *~ om iets* ask for sth ★ *je hoeft er alleen maar om te ~* they may be had for the asking ★ *~ kost niets* there's no harm in asking

vragend I *bn* ❶ *verwonderend* enquiring / inquiring, questioning ❷ *toon* interrogatory ❸ taalk interrogative **II** *bijw* ❶ enquiringly / inquiringly, questioningly ❷ taalk interrogatively

vragenderwijs, vragenderwijze *bijw* interrogatively

vragenlijst *v* [-en] questionnaire

vragenuurtje *o* [-s] question time

vrager *m* [-s] questioner, inquirer, interrogator

vrede *m & v* peace ★ *de Vrede van Munster* the Peace of Westphalia ★ *de Vrede van Utrecht* the Treaty of Utrecht, the Utrecht Treaty ★ *~ sluiten* ⟨tussen landen⟩ sign a peace agreement, conclude a peace process, ⟨tussen mensen⟩ make (it) up, set aside (one's) differences ★ *ik heb er ~ mee* I've got no objections to it ★ *wij kunnen daar geen ~ mee hebben* we can't accept / agree with / put up with that ★ *ga in ~* go in peace ★ *in ~ leven met iedereen* live at peace with everybody ★ *om de lieve ~* for the sake of peace

vredebreuk *v* [-en] breach of the peace

vredegerecht *o* [-en] ZN magistrate's court

vredelievend I *bn* peace-loving, peaceable, peaceful **II** *bijw* peaceably, peacefully

vrederechter *m* [-s] Belg justice of the peace

vredesaanbod *o* peace offer

vredesakkoord *o* [-en] peace agreement

vredesbesprekingen *zn* [mv] (preliminary) peace talks

vredesbeweging *v* peace movement

vredesconferentie *v* [-s] peace conference

vredesduif *v* [-duiven] dove of peace, peace dove

vredeskus *m* [-sen] kiss of peace

vredesmacht *v* peacekeeping force

vredesnaam *zn* ★ *in ~* for goodness' sake

vredesonderhandelingen *zn* [mv] peace negotiations

Vredespaleis *o* Palace of Peace, Peace Palace

vredespijp *v* [-en] pipe of peace

vredesprijs *m* [-prijzen] (Nobel) peace prize

vredestichter *m* [-s] peacemaker, pacifier

vredestijd *m* time of peace, peacetime

vredesverdrag *o* [-dragen] peace treaty

vredesvoorstel *o* [-len] peace proposal

Vredevorst *m* Bijbel Prince of Peace

vredig I *bn* peaceful, quiet **II** *bijw* peacefully, quietly

vreedzaam I *bn* ❶ *vredelievend* peaceful, peaceable, peace-loving ❷ *geweldloos* peaceful, non-violent **II** *bijw* ❶ *vredelievend* peacefully, peaceably ❷ *geweldloos* peacefully

vreemd I *bn* ❶ *niet bekend* strange, unfamiliar ★ *~e goden* strange gods ★ *~e hulp* hired assistance ★ *~ kapitaal, ~ vermogen* debt / outside / borrowed / loan capital ★ med *een ~ lichaam* a foreign body ★ *ik ben* *hier* ~ I'm a stranger here, I don't know these parts ★ *ik voel me hier zo* ~ I feel so out of place here ★ *het is / valt mij* ~ it's unfamiliar to me ★ *hij is me* ~ he is a stranger to me, I don't know him ★ *afgunst is mij* ~ envy is foreign to my nature ★ *niets menselijks is mij* ~ after all, I'm only human ★ *alle vrees is hem* ~ he is an utter stranger to fear, he knows no fear ★ *het werk is mij* ~ I'm not familiar with the work ★ ~ *zijn aan iets* have nothing to do with it ❷ *buitenlands* foreign ★ ~ *geld / valuta* foreign money / currency ★ *een ~e taal* a foreign language ★ *een ~ woord* a foreign word ★ ~ *e planten* exotic plants ❸ *raar* strange, queer, odd ★ *het ~e van de zaak is...* the strange thing about the matter is... ★ ~ *uitziend* strange looking ★ *dat is toch* ~ that's strange, it's a strange thing ★ *hoe* ~! how strange! ★ *die ideeën vinden wij* ~ those ideas are alien to us **II** *bijw* strangely

vreemde I *m, v* [-n] *onbekende* stranger, foreigner ★ *dat heeft hij van geen* ~ it runs in the family **II** *o* abroad ★ *in den* ~ in foreign parts, abroad

vreemdeling *m* [-en] ❶ *onbekende* stranger ★ *een ~ in Jeruzalem* a stranger to Jeruzalem ❷ *buitenlander* foreigner ❸ *niet genaturaliseerde* alien ★ *een ongewenste* ~ an undesirable alien ★ *een uitgezette* ~ a deported alien

vreemdelingendienst *m* Aliens Branch (of the Home Office)

vreemdelingenhaat *m* xenophobia

vreemdelingenlegioen *o* foreign legion

vreemdelingenpolitie *v* aliens police

vreemdelingenverkeer *o* tourist traffic, tourism ★ *de Vereniging voor* ~ the Tourist Information Office

vreemdgaan *onoverg* [ging vreemd, is vreemdgegaan] have an affair, be unfaithful, commit adultery

vreemdsoortig *bn* strange, odd, exotic

vrees *v* [vrezen] ❶ fear, fears, dread, apprehension ★ ~ *voor de dood* fear of death ★ *zijn* ~ *voor...* his fear of... ★ *iem.* ~ *aanjagen* intimidate sbd ★ ~ *koesteren voor* be afraid of, stand in fear of, fear ★ *uit* ~ *dat...* for fear (that)... ★ *uit* ~ *voor...* for fear of... ❷ psych phobia

vreesachtig I *bn* timid, fearful, afkeurend cowardly **II** *bijw* timidly, fearfully, in a cowardly manner

vreetzak *m* [-ken] glutton, inf pig, hog, greedy-guts

vrek *m* [-ken] miser, skinflint, Scrooge

vrekkig I *bn* stingy, miserly, tight-fisted **II** *bijw* stingily &

vrekkigheid *v* stinginess, miserliness, tight-fistedness

vreselijk I *bn* ❶ awful, terrible, dreadful, frightful ❷ *afschrikwekkend* terrifying, horrible **II** *bijw* ook versterkend awfully & ★ ~ *gezellig / druk* awfully nice / busy

vreten I *overg* [vrat, h. gevreten] ❶ *v. dier* eat, feed on ❷ fig eat up, swallow, devour ★ *die wasdroger vreet stroom* that tumble dryer uses a lot of power ▼ *zich vol* ~ gorge / stuff / cram oneself **II** *onoverg* [vrat, h. gevreten] ❶ *eten* feed, gorge, stuff ❷ *knagen* gnaw

at, eat ★ fig *het vreet aan hem* it's gnawing at him

vreugde *v* [-n] joy, gladness ★ joods *Vreugde der Wet* Rejoicing of the Law ★ ~ *scheppen in het leven* enjoy life

vreugdekreet *m* [-kreten] shout / cry of / for joy ★ *vreugdekreten* cheers, cheerings

vreugdeloos I *bn* joyless, cheerless ★ *een vreugdeloze lach* a mirthless laugh **II** *bijw* joylessly &

vreugdetraan *m & v* [-tranen] tear of joy

vreugdevol I *bn* joyful, merry, gleeful **II** *bijw* joyfully &

vreugdevuur *o* [-vuren] bonfire

vrezen I *overg* [vreesde, h. gevreesd] fear, dread, be afraid ★ *God* ~ fear God ★ *iem.* ~ be afraid of / fear sbd ★ *iets* ~ dread sth ★ *ik vrees, dat ik vergeten zal...* I'm afraid I'll forget... ★ *niets te* ~ *hebben* have nothing to fear ★ *het is te* ~ it is to be feared **II** *onoverg* [vreesde, h. gevreesd] be afraid ★ ~ *voor zijn leven* fear for one's life

vriend *m* [-en] ❶ *makker* friend, inf pal, mate, Am buddy ★ *een ware* ~ a true friend ★ *even goede ~en, hoor!* no hard feelings! ★ *iem. te* ~ *hebben* be friends with sbd ★ *iem. te* ~ *houden* keep on good terms with sbd ★ *kwade ~en worden* fall out ★ *kwade ~en zijn* be on bad terms ★ ~*en en verwanten* friends and relations, kith and kin ★ ~ *en vijand* friend and foe ★ ~*en in de nood, honderd in een lood* a friend in need is a friend indeed ★ *goede ~en zijn met* be friends with ★ *een* ~ *zijn van...* be a friend of..., be fond of... ★ *een* ~ *van de armen* a friend of the poor ❷ *bondgenoot* friend, ally ★ *een trouwe* ~ a loyal / staunch ally ❸ *liefhebber* lover ★ *een* ~ *van de natuur* a lover of nature, a nature lover ❹ *geliefde* boyfriend

vriendelijk I *bn* ❶ *hartelijk* kind, friendly, affable ★ *wees zo* ~ *te...* would you be so kind as to... ❷ *aangenaam* pleasant **II** *bijw* kindly, affably, in a friendly way ★ ~ *bedankt!* thank you very much!

vriendelijkheid *v* [-heden] kindness, friendliness, affability ★ *vriendelijkheden* kindnesses

vriendendienst *m* [-en] good / kind turn

vriendenkring *m* [-en] circle of friends

vriendenprijsje *o* give-away price, next-to-nothing price

vriendin *v* [-nen] (lady / woman) friend, ‹geliefde› (lady)friend, girlfriend

vriendinnetje *o* [-s] ❶ *makker* friend, girlfriend ❷ *geliefde* girlfriend

vriendje *o* [-s] ❶ *makker* (little) friend, Am buddy ❷ *geliefde* boyfriend

vriendjespolitiek *v* favouritism, nepotism

vriendschap *v* [-pen] friendship ★ ~ *sluiten met* strike up a friendship with, make friends with, befriend ★ *uit* ~ out of friendship, for the sake of friendship

vriendschappelijk I *bn* friendly, amicable ★ *een ~e wedstrijd* a friendly match **II** *bijw* in a friendly way, amicably

vriendschapsband *m* [-en] tie / bond of friendship

★ *de ~(en) nauwer aanhalen* tighten the bonds of friendship

vriendschapsbetuiging *v* [-en] profession of friendship

vriescel *v* [-len] cold-storage room

vriesdrogen *overg* [vriesdroogde, h. gevriesdroogd] freeze-dry

vrieskamer *v* [-s] cold store, cold storage room

vrieskist *v* [-en] freezer, deep freeze

vrieskou *v* frost, nip

vriespunt *o* freezing point ★ *boven / onder / op het ~* above / below / at freezing point

vriesvak *o* [-ken] freezing / ice compartment

vriesweer *o* frosty weather

vriezen *onoverg* [vroor, h. en is gevroren] freeze ★ *het vriest hard / dat het kraakt* there's a heavy frost ★ *het kan ~ of dooien* it could go either way

vriezer *m* [-s] freezer

vrij I *bn* **❶** *onbelemmerd* free, unrestricted ★ *~e arbeid* free labour ★ *een ~e economie* a free market economy ★ *~e geneesmiddelen* over-the-counter medicines, non-prescription drugs ★ *~e handel* free trade ★ *een ~ uitzicht* a free view ★ *het ~e woord* free speech ★ handel ~ *aan boord* free on board ★ *~ van accijns* free / exempt from excise ★ *~ van dienst* off duty, free, exempt from duty ★ post *~ van port* post-free ★ *zo ~ als een vogeltje in de lucht* as free as a bird **❷** *gratis* free, complementary ★ *400 euro per maand en alles ~* 400 euros a month all-inclusive **❸** *zonder verplichting of werk* free ★ *een ~e avond* an evening / a night out, a night off ★ *een ~e dag* a free day, a day off ★ onderw *een ~ kwartier* a break ★ *een ~e middag* a free afternoon, a half-holiday ★ *~e ogenblikken* leisure / spare moments ★ *~e tijd* spare time ★ *een ~ uur* a spare / leisure hour ★ *mijn ~e zondag* my Sunday out / off ★ *goed loon en veel ~* a good wage and a lot of free time ★ *~ hebben* be off duty, have a holiday ★ *~ krijgen* get a holiday, be free ★ *~ vragen* ask for a (half-)holiday **❹** *niet bezet of besproken* not engaged, vacant ★ *de lijn is ~* the line is clear ★ *deze taxi is ~* this taxi is for hire ▼ *het staat u volkomen ~ om...* you are complete free to / at liberty to... ▼ *mag ik zo ~ zijn om...?* may I take the liberty of...?, may I be so bold as to...? **II** *bijw* **❶** *vrijelijk* freely **❷** *tamelijk* rather, fairly, pretty ★ *~ goed* pretty good ★ *~ veel* quite / rather a lot ★ *~ wat...* a good deal of... ★ *~ wat meer* quite a lot more

vrijaf *bn* a holiday, a day / evening off ★ *~ geven* give some time off ★ *~ hebben* have a holiday ★ *~ nemen* take a holiday

vrijage *v* [-s] **❶** courtship **❷** fig flirtation

vrijblijvend I *bn* non-binding ★ *een ~ antwoord* a noncommittal answer ★ *een ~ gesprek* an informal talk ★ *een ~e offerte* a non-binding offer ★ *een ~e relatie bestaat niet* there's no such thing as a relationship without any strings attached **II** *bijw* without obligation, not bindingly ★ *u kunt ~ rondkijken* feel free to look around

vrijbrief *m* [-brieven] charter, licence/Am license, permit ★ fig *iets beschouwen als een ~ om...* consider sth as a licence to...

vrijbuiter *m* [-s] freebooter

vrijdag *m* [-dagen] Friday ★ *Goede Vrijdag* Good Friday

vrijdags I *bn* Friday **II** *bijw* on Fridays

vrijdenker *m* [-s] freethinker

vrijdom *m* [-men] freedom, exemption

vrijelijk *bijw* freely

vrijen I *overg* [vrijde *of* vree, h. gevrijd *of* gevreeën] *het hof maken* court, woo **II** *onoverg* [vrijde *of* vree, h. gevrijd *of* gevreeën] **❶** *verkering hebben* go steady with sbd ★ *zij vrijt met de buurjongen* she's going out with the boy next door ★ *zij ~ al jaren met elkaar* they've been going steady for years **❷** *kussen & pet,* neck ★ *een ~d paartje* a kissing / cuddling couple **❸** *neuken* make love, sleep ★ *~ met een meisje* make love to a girl, sleep with a girl ★ *veilig ~* practise/Am practice safe sex

vrijer *m* [-s] **❶** *geliefde* lover, boyfriend **❷** *kerel* man ★ *een oude ~* a bachelor

vrijerij *v* [-en] love-making, courtship

vrijersvoeten *zn* [mv] ★ *op ~ gaan* go (out) courting

vrijetijdsbesteding *v* [-en] leisure activity

vrijetijdskleding *v* leisure / casual wear

vrijgeleide *o* [-n & -s] safe conduct ★ *onder ~* under safe conduct

vrijgemaakt *bn* orthodox Reformed ★ *de ~e(n)* the orthodox Reformed

vrijgesteld *bn* exempt ★ *een ~e* a (paid) trade union official ★ scherts *de nieuwe ~en* yuppies, young urban professionals

vrijgeven *overg* [gaf vrij, h. vrijgegeven] **❶** *vrijlaten* release, free **❷** *beperkingen opheffen* decontrol ★ *~ voor publicatie* release for publication **❸** *vrijaf geven* give a holiday

vrijgevig I *bn* generous, liberal, open-handed **II** *bijw* generously &

vrijgevigheid *v* generosity, open-handedness, liberality

vrijgevochten *bn* easy-going, unconventional, afkeurend lawless, undisciplined

vrijgezel *m* [-len] bachelor

vrijgezellenavond *m* [-en] **❶** *voorafgaande aan huwelijksdag, voor mannen* stag party **❷** *voor vrouwen* hen party **❸** *avond voor alleenstaanden* singles night

vrijgezellenbestaan, **vrijgezellenleven** *o* bachelorhood

vrijhandel *m* free trade

vrijhandelsassociatie *v* ★ *Europese Vrijhandelsassociatie* European Free Trade Association, EFTA

vrijhandelszone *v* [-s] free-trade area, free zone

vrijhaven *v* [-s] free port

vrijheid *v* [-heden] liberty, freedom ★ *dichterlijke ~* poetic licence ★ *~, gelijkheid en broederschap* liberty, equality and fraternity ★ *persoonlijke ~* personal freedom ★ ~ *van drukpers* / *van gedachte* / *van geweten* freedom of the press / of thought / of conscience ★ ~ *van vergadering* freedom of association ★ ~ *van het woord* freedom of speech ★ *geen* ~ *hebben om...* not be at liberty to... ★ *de* ~ *nemen om...* take the liberty of / to..., make free to... ★ *zich vrijheden veroorloven* take liberties ★ *in* ~ *stellen* release, set free

Vrijheidsbeeld *o* Statue of Liberty

vrijheidsbeperking *v* [-en] restraint, restriction of freedom

vrijheidsberoving *v* deprivation of liberty, false imprisonment ★ *wederrechtelijke* ~ unlawful detention, false imprisonment

vrijheidsbeweging *v* [-en] liberation movement

vrijheidsboom *m* [-bomen] tree of liberty

vrijheidsoorlog *m* [-logen] war of independence

vrijheidsstraf *v* [-fen] imprisonment

vrijheidsstrijder *m* [-s] freedom fighter

vrijheidszin *m* spirit of liberty

vrijhouden *overg* [hield vrij, h. vrijgehouden] ❶ *reserveren* keep free, reserve ★ ‹in trein &› *een plaats voor iem.* ~ keep a place / seat for sbd ★ *wat geld* ~ *voor...* set aside some money for... ❷ *schoonhouden* keep free of ★ ~ *van ongedierte* keep vermin-free ❸ *betalen voor iem. anders* defray sbd's expenses, pay for ★ *ik zal je* ~ I'll stand treat, I'll shout you

vrijkaart *v* [-en], **vrijkaartje** *o* [-s] free ticket, inf freebie

vrijkomen *onoverg* [kwam vrij, is vrijgekomen] ❶ *van iets afkomen* get off ★ ~ *met de schrik* have a lucky escape ❷ *ontslagen worden* come out, be released ❸ *beschikbaar komen* become free / available ❹ *loskomen* be released

vrijkopen *overg* [kocht vrij, h. vrijgekocht] buy off, ransom, redeem

vrijlaten *overg* [liet vrij, h. vrijgelaten] ❶ *uit gevangenis &* release let out, liberate, set free ★ *op borgtocht* ~ release on bail ❷ *niet verplichten* leave free, put no pressure on ★ *iem. de handen* ~ leave / allow sbd a free hand ❸ *onbezet laten* leave free / vacant

vrijlating *v* [-en] ❶ release ★ jur *voorwaardelijke* ~ parole ❷ *v. slaaf* emancipation

vrijloop *m* neutral ★ *in de* ~ in neutral ★ *de motor loskoppelen en in de* ~ *laten draaien* get into neutral and leave the motor idling

vrijlopen *onoverg* [liep vrij, is vrijgelopen] ❶ sp run clear ❷ *v. motor* idle

vrijloten *onoverg* [lootte vrij, is vrijgeloot] hist mil be balloted out

vrijmaken I *overg* [maakte vrij, h. vrijgemaakt] ❶ free, liberate ★ *tijd* ~ make time for ★ *de weg* ~ *voor* clear the way for ❷ chem release, set free **II** *wederk* [maakte vrij, h. vrijgemaakt] ★ *zich* ~ disengage, extricate / free oneself

vrijmarkt *v* [-en] unregulated street market

vrijmetselaar *m* [-s & -laren] Freemason

vrijmetselaarsloge *v* [-s] ❶ Masonic lodge ❷ *gebouw* Masonic hall

vrijmetselarij *v* freemasonry

vrijmoedig I *bn* outspoken, frank, free, bold **II** *bijw* outspokenly &

vrijmoedigheid *v* frankness, outspokenness, boldness

vrijpartij *v* [-en] ❶ inf petting, necking ❷ *neuken* vulg screw, fuck

vrijpion *m* [-nen] passed pawn

vrijplaats *v* [-en] sanctuary, refuge, asylum

vrijpleiten I *overg* [pleitte vrij, h. vrijgepleit] clear, exonerate **II** *wederk* [pleitte vrij, h. vrijgepleit] ★ *zich* ~ clear oneself

vrijpostig I *bn* bold, free, forward, pert **II** *bijw* boldly &

vrijspraak *v* acquittal ★ ~ *wegens gebrek aan bewijs* acquittal on the grounds of lack of evidence

vrijspreken *overg* [sprak vrij, h. vrijgesproken] acquit, clear

vrijstaan *onoverg* [stond vrij, h. vrijgestaan] ❶ *toegestaan zijn* be permitted ★ *het staat u vrij om...* you are free to... ❷ *alleen staan* stand apart from ★ sp *de spits stond vrij* the striker was not covered

vrijstaand *bn* apart, free, detached ★ *een* ~ *huis* a detached house ★ *een* ~ *beeld* a free-standing statue ★ *een* ~*e muur* a self-supporting wall ★ sp *een* ~*e speler* an unguarded player

vrijstaat *m* [-staten] free state

vrijstellen *overg* [stelde vrij, h. vrijgesteld] exempt ★ *van de betaling vrijgesteld worden* be exempted from payment

vrijstelling *v* [-en] exemption, freedom ★ ~ *van belasting* exemption from taxation

vrijster *v* [-s] ❶ *geliefde* sweetheart ❷ *meisje* spinster ★ *een oude* ~ an old maid, a spinster

vrijuit *bijw* freely, frankly ★ *hij spreekt altijd* ~ he's very outspoken ★ ~ *gaan* ‹geen schuld hebben› be free from blame, ‹ongestraft blijven› go (scot-)free

vrijwaren *overg* [vrijwaarde, h. gevrijwaard] ★ ~ *voor* / *tegen* guarantee / protect / secure from, safeguard against, indemnify (against), guard from / against

vrijwaring *v* [-en] ❶ *bescherming* safeguarding, protection ❷ *m.b.t. schadevergoeding* indemnification, indemnity ❸ *procedure* third-party proceedings / action

vrijwaringsbewijs *o* [-wijzen] letter of indemnity

vrijwel *bijw* nearly, almost ★ *hij is* ~ *genezen* he's nearly better / cured ★ ~ *alles wat men kan wensen* pretty well everything that one could wish for ★ ~ *hetzelfde* much the same (thing) ★ ~ *iedereen* almost everybody ★ ~ *niets* next to nothing ★ ~ *nooit* hardly ever ★ ~ *onmogelijk* well-nigh impossible ★ *ik ben er* ~ *zeker van* I'm all but certain of it

vrijwillig I *bn* voluntary, free ★ *de* ~*e brandweer* a volunteer fire brigade **II** *bijw* voluntarily, freely, of one's own free will

vrijwilliger *m* [-s] volunteer

vrijwilligersleger *o* [-s] volunteer army

vrijwilligerswerk *o* voluntary / volunteer work

vrijwilligheid *v* voluntariness

vrijzinnig I *bn* liberal ★ *een ~e* a liberal **II** *bijw* liberally

vrille *v* [-s] luchtv spin

vrind *m* [-en] mate, old chap, buddy, friend

vroedvrouw *v* [-en] midwife

vroeg I *bn* ❶ early ★ *de ~e middeleeuwen* the early Middle Ages ★ *neem de ~e trein* take the early train ❷ *te vroeg* untimely, premature ★ *zijn ~e dood* his untimely / premature death **II** *bijw* early, at an early hour, ‹eerder dan verwacht ook› ahead of time ★ *het is nog ~* it's still early ★ *niets te ~* none too soon ★ *'s morgens ~* early in the morning ★ *te ~ komen* be early / ahead of time ★ *hij kwam ~* he was / came ahead of time ★ *~ opstaan* rise early ★ *~ of laat* sooner or later ★ *van ~ tot laat* from early in the morning till late at night

vroeger I *bn* former, past, previous ★ *zijn ~e vrienden* his former friends ★ *de ~e uitgaven* the earlier editions ★ *in ~e jaren* in former years ★ *de ~e president* the ex-president **II** *bijw* ❶ *eerder* before, earlier ❷ *eertijds* formerly ★ *daar stond ~ een molen* there used to be a mill there ★ *van ~ of old* ★ *over ~ vertellen* talk about the old days

vroegertje *o* [-s] early start / finish ★ *het was een ~* we had an early start

vroegmis *v* [-sen] RK early mass

vroegrijp *bn* precocious ★ *een ~ kind* a precocious child

vroegst I *bn* earliest ★ *de ~e tijden* the earliest times **II** *bijw* earliest ★ *op zijn ~* at the earliest

vroegte *v* ★ *in de ~* early in the morning, at an early hour

vroegtijdig I *bn* early, premature, untimely ★ *zijn ~ dood* his untimely death **II** *bijw* ❶ *vroeg* early, at an early hour ❷ *te vroeg* prematurely, before one's time

vroegwijs *bn* precocious

vrolijk I *bn* merry, cheerful ★ *een ~e Frans* a cheerful chap, a jolly fellow ★ *zich ~ maken over* make merry over **II** *bijw* merrily, cheerfully

vrolijkheid *v* mirth, merriment, cheerfulness ★ *grote ~ onder het publiek* great hilarity in the audience

vroom I *bn* devout, pious ★ *een vrome wens* a pious wish **II** *bijw* devoutly, piously

vroomheid *v* devoutness, devotion, piety

vrouw *v* [-en] ❶ *vrouwelijk persoon* woman ★ *de ~ des huizes* the lady / mistress of the house ★ *een ~ van de wereld* a woman of the world ❷ *echtgenote* wife, plechtig spouse ★ *hoe is het met je ~?* how's your wife? ★ *tot ~ nemen* take as one's wife ❸ kaartsp queen

vrouwelijk I *bn* ❶ *m.b.t. sekse* female ★ *~e bloemen* female flowers ★ *een ~e kandidaat* a woman candidate ❷ *typisch voor een vrouw* feminine ★ *~ gedrag* feminine behaviour ❸ taalk feminine **II** *o* ★ *het ~e in haar* the woman in her

vrouwelijkheid *v* womanliness, feminity

vrouwenarts *m* [-en] gynaecologist, Am gynecologist

vrouwenbesnijdenis *v* female circumcision

vrouwenbeweging *v* [-en] women's rights movement

vrouwenblad *o* [-bladen] women's magazine

vrouwenemancipatie *v* emancipation of women, women's liberation, inf women's lib

vrouwengek *m* [-ken] ladies' man, philanderer

vrouwenhandel *m* traffic in women, white slave trade

vrouwenhater *m* [-s] woman hater, misogynist

vrouwenhuis *o* [-huizen] women's centre/Am center

vrouwenkiesrecht *o* women's suffrage, votes for women

vrouwenkleding *v* woman's / women's dress

vrouwenkwaal *v* [-kwalen] female / women's complaint

vrouwenoverschot *o* surplus of women

vrouwenstem *v* [-men] woman's voice

vrouwenwerk *o* women's work

vrouwenziekte *v* [-n & -s] women's disease

vrouwlief *v* my dear, my dear wife

vrouwmens *o* [-en &-lui], **vrouwspersoon** [-sonen] woman, female

vrouwonvriendelijk *bn* anti-female, anti-women ★ *~e motorkleding* motorbike clothing unsuitable for women ★ *deze afbeelding wordt zeer ~ geacht* the picture is viewed as being highly hostile towards women / as being highly anti-female ★ *hij is zeer ~* he's a real male chauvinist

vrouwspersoon *o* [-personen] female

vrouwtje *o* [-s] ❶ *kleine vrouw* little woman ❷ *echtgenote* wif(e)y ❸ *vrouwelijk dier* female

vrouwvolk *o* women, womenfolk

vrouwvriendelijk *bn* pro-women, non-sexist

vrucht *v* [-en] fruit ★ *deze ~en* this fruit ★ *de ~en der aarde / van zijn vlijt* the fruits of the earth / of his industry ★ *~en op sap / in blik* tinned fruit ★ *verboden ~ is zoet* forbidden fruit is sweet ★ *~en afwerpen, ~ dragen / opleveren* bear fruit ★ *de ~(en) plukken van...* reap the fruits of... ★ *aan de ~en kent men de boom* a tree is known by its fruit ★ *met ~* with success, successfully ★ *zonder ~* without avail

vruchtafdrijving *v* [-en] abortion

vruchtbaar *bn* ❶ *veel vruchten gevend* fruitful ❷ *veel opleverend* fertile, productive ★ *een ~ schrijver* a productive / prolific writer ❸ *kinderen kunnen krijgen* fertile

vruchtbaarheid *v* fruitfulness, fertility

vruchtbeginsel *o* [-s] plantk ovary

vruchtboom *m* [-bomen] fruit tree

vruchtdragend *bn* ❶ *bomen &* fruit-bearing ❷ fig fruitful

vruchteloos I *bn* fruitless, vain, futile, unavailing **II** *bijw* fruitlessly, vainly, in vain, without avail

vruchtenbowl *m* [-s] punch

vruchtenijs *o* fruit ice, sorbet

vruchtensap *o* [-pen] fruit juice

vruchtenslaatje *o* [-s] fruit salad

vruchtensmaak *m* fruit taste
vruchtensuiker *m* fruit sugar, fructose
vruchtentaart *v* [-en] fruit tart / pie
vruchtenwijn *m* fruit wine
vruchtgebruik *o* usufruct ★ *vermogen in* ~ property in usufruct
vruchtgebruiker *m* [-s] *ongeveer* beneficiary
vruchtvlees *o* plantk pulp
vruchtwater *o* amniotic fluid, inf the waters
vruchtwaterpunctie *v* [-s] amniocentesis
vruchtzetting *v* plantk setting
VS *afk* (Verenigde Staten) US, United States
V-snaar *v* [-snaren] V-belt
V-teken *o* [-s] V-sign
vuig I *bn* vile, sordid, base ★ *~e laster* foul slander **II** *bijw* vilely &
vuil I *bn* ❶ *smerig* dirty, filthy, grimy, grubby ★ *er ~ uitziend* dingy ★ *~e borden* used plates ★ *het ~e wasgoed* the soiled linen ★ *~ weer* foul weather ❷ *gemeen* mean, low ★ *een ~e streek* a nasty trick ❸ *obsceen* dirty, obscene ★ *~e taal* obscene language **II** *bijw* ❶ *kwaad* ★ *iem. ~ aankijken* give sbd a dirty look ❷ *obsceen* obscenely ❸ *gemeen* meanly, inf mean ★ *~ spelen* play meanly / mean **III** *o* ❶ *viezigheid* dirt ❷ *vuilnis* refuse, rubbish, waste ★ *grof ~* bulky rubbish
vuilafvoer *m* waste removal
vuilak *m* [-ken] ❶ *vies mens* dirty fellow ❷ *onbehoorlijk mens* pig, skunk, slob
vuilbek *m* [-ken] foul-mouthed fellow
vuilbekken *onoverg* [vuilbekte, h. gevuilbekt] talk dirty, use dirty / filthy language
vuilheid *v* ❶ dirtiness, filthiness ❷ *obsceniteit* obscenity
vuiligheid *v* [-heden] ❶ filth, filthiness, dirt, dirtiness ❷ *obsceniteit* obscenity
vuilmaken I *overg* [maakte vuil, h. vuilgemaakt] (make) dirty, soil ★ *ik zal mijn handen niet ~ aan die vent* I'm not going to dirty my hands on somebody like that ★ *ik wil er geen woorden over ~* I don't want to waste any words over it **II** *wederk* [maakte vuil, h. vuilgemaakt] ★ *zich ~* dirty oneself
vuilnis *v & o* refuse, rubbish, Am garbage, trash ★ *het ~ buiten zetten* put out the refuse / garbage
vuilnisauto *m* ['s] Br dustcart, Am garbage / trash truck
vuilnisbak *m* [-ken] Br dustbin, Am garbage / trash can
vuilnisbakkenras *o* [-sen] *hond* mongrel
vuilnisbelt *m & v* [-en] Br refuse / rubbish dump / tip, Am garbage dump / heap
vuilnisemmer *m* [-s] Br dustbin / rubbish bin, Am garbage / trash can
vuilniskar *v* [-ren] dustcart, refuse / rubbish cart
vuilnisman *m* [-sen] Br dustman, Am garbage man / collector
vuilnisvat *o* [-vaten] Br dustbin, Am garbage / trash can

vuilniswagen *m* [-s] Br dustcart, rubbish truck, Am garbage truck
vuilniszak *m* [-ken] Br rubbish bag, Am garbage / trash bag
vuilspuiterij *v* muckraking
vuilstort *m & o*, **vuilstortplaats** *v* [-en] rubbish / garbage dump / tip
vuiltje *o* [-s] speck of dirt ★ fig *er is geen ~ aan de lucht* everything is going well
vuilverbranding *v* refuse incineration
vuilverbrandingsoven *m* [-s] refuse / rubbish / garbage incinerator
vuilverwerking *v* refuse processing, waste treatment
vuist *v* [-en] ❶ fist ★ *met de ~ op tafel slaan* bang one's fist on the table ★ *op de ~ gaan* take off the gloves, resort to fisticuffs ★ *voor de ~ weg* offhand, extempore, without notes, RTV unscripted ★ *een ~ maken* make a fist, fig get tough ★ *met ijzeren ~ regeren* rule with an iron hand ❷ *hamer* two-handed hammer
vuistgevecht *o* [-en] fist fight, fisticuffs
vuistje *o* [-s] (little) fist ★ *in zijn ~ lachen* laugh up one's sleeve ★ *uit het ~ eten* have a quick snack ★ *kaas uit het ~* cheese cubes
vuistregel *m* [-s] rule of thumb
vuistslag *m* [-slagen] blow with the fist, punch, hit
vuistvechter *m* [-s] boxer, prize fighter
vulgair I *bn* vulgar **II** *bijw* vulgarly
vulgarisatie *v* [-s] vulgarization, popularization
vulgariseren *overg* [vulgariseerde, h. gevulgariseerd] vulgarize, popularize
vulgariteit *v* [-en] vulgarity
vulgus *o* the hoi-polloi, the rabble
vulkaan *m* [-kanen] volcano
vulkanisch *bn* ❶ volcanic ❷ *gesteente* igneous
vulkaniseren *overg* [vulkaniseerde, h. gevulkaniseerd] vulcanize
vulkanisme *o* volcanism
vullen I *overg* [vulde, h. gevuld] ❶ *vol maken* fill (up) ★ *de zakken ~* fill one's pockets ❷ *opvullen* fill (up), stuff ★ *gevulde chocolade* chocolates with soft centres ★ *gevulde olijven* stuffed olives ❸ *v. kies* fill ❹ *doen opzwellen* inflate ❺ techn charge **II** *wederk* [vulde, h. gevuld] ★ *zich ~* fill (up)
vulling *v* [-en] ❶ *vulsel* filling ⟨v. kussen &⟩ padding, stuffing, ⟨in de keuken⟩ stuffing, ⟨v. bonbon⟩ centre/Am center ❷ *v. kies* filling ❸ *patroon* refill, cartridge
vulmiddel *o* [-len] filler, filling material
vulpen *v* [-nen] fountain pen
vulpotlood *o* [-loden] propelling pencil
vulsel *o* [-s] filling
vulva *v* vulva
vuns *bn* → vunzig
vunzig *bn* dirty, smutty
vuren I *bn* pine, deal **II** *o* firing ★ *het ~ staken* cease fire **III** *onoverg* [vuurde, h. gevuurd] mil fire ★ *~ op* fire at / on

vurenhout *o* pinewood, deal

vurenhouten *bn* pine, deal

vurig I *bn* ❶ *gloeiend* fiery, burning ❷ *hartstochtelijk* fiery, ardent ★ *een ~ paard* a fiery horse ★ *een ~e wens* an ardent wish ❸ *ontstoken* red, inflamed II *bijw* fierily, ardently, fervently, fervidly

vurigheid *v* ❶ *hartstocht* fieriness, ardour, temperament ❷ *ontsteking* redness, inflammation

VUT *v* (vervroegde uittreding) early retirement ★ *met / in de ~ gaan* take early retirement

vutter *m* [-s] person on early retirement, Am young retiree

vuur *o* [vuren] ❶ *verschijnsel* fire ★ *koud ~* gangrene ★ *heb je een ~tje?* got a light? ★ *iem. het ~ na aan de schenen leggen* make it hot for sbd, put pressure on sbd ★ *~ maken* light a fire ★ *~ spuwen* spit fire ★ *~ en vlam spuwen* boil over with rage ★ *ik heb wel voor hetere vuren gestaan* I've been up against worse things before ★ *~ vatten* catch fire, fig flare up ★ *te ~ en te zwaard verwoesten* destroy by fire and sword ★ *bij het ~ zitten* sit close to / near the fire ★ *voor iem. door het ~ gaan* go through fire (and water) for sbd ★ *in ~ en vlam zetten* set ablaze ★ *met ~ spelen* play with fire ★ *op het ~ zetten* put on the fire ★ *iets uit het ~ weten te slepen* pull sth out of the fire ❷ *enthousiasme* ardour, fervour ★ *in ~ (ge)raken over iets* warm (up) to sth ★ *in het ~ van het gesprek* in the heat of the conversation ★ *iem. met ~ verdedigen* defend sbd with fire / passion ❸ mil fire ★ *onder ~* under fire ★ *tussen twee vuren* mil between two fires, fig between the devil and the deep sea ❹ *in hout* dry rot ❺ *in koren* blight

vuurbaak *v* [-baken], **vuurbaken** *o* [-s] beacon fire

vuurbestendig *bn* ❶ *bestand tegen vuur* fireproof, flameproof ❷ *hitteafstotend* heat-resistant

vuurbol *m* [-len] fireball

vuurdood *m & v* death by fire

vuurdoop *m* baptism of fire

vuurdoorn *m* [-s] firethorn, pyracantha

vuurgevaarlijk *bn* armed and dangerous

vuurgevecht *o* [-en] gunfight, exchange of shots / fire

vuurgloed *m* glare, blaze, glow of fire

vuurhaard *m* [-en] hearth, fireplace

vuurlijn *v* [-en], **vuurlinie** *v* [-s] mil firing line, line of fire

vuurmond *m* [-en] (muzzle of a) gun ★ *tien ~en* ten guns

vuurpeloton *o* [-s] firing party / squad

vuurpijl *m* [-en] rocket

vuurproef *v* [-proeven] ❶ ordeal by fire ❷ fig crucial / acid test ★ *het heeft de ~ doorstaan* it has stood the test

vuurrood *bn* ❶ *alg.* as red as fire, fiery red ❷ *blos* scarlet

vuurspuwend *bn* fire-spitting, spitting fire ★ *een ~e berg* a volcano

vuursteen I *o & m stofnaam* flint II *m* [-stenen] *voorwerpsnaam* flint

vuurtje *o* [-s] ❶ *alg.* small fire ★ *een ~ stoken* make a

fire ★ *als een lopend ~* like wildfire ❷ *voor sigaret & light*

vuurtoren *m* [-s] lighthouse

vuurtorenwachter *m* [-s] lighthouse keeper

vuurvast *bn* fireproof, flame- / heat-resistant ★ *~e klei* fire clay ★ *~e steen* fire stone, refractory brick ★ *een ~e schaal* a fireproof / ovenproof dish

vuurvlieg *v* [-en] firefly

vuurvreter *m* [-s] ❶ *artiest* fire-eater ❷ *gehard soldaat* warhorse

vuurwapen *o* [-s & -en] firearm

vuurwapenwet *v* firearms act

vuurwater *o* firewater

vuurwerk *o* fireworks, pyrotechnic display, display of fireworks ★ *~ afsteken* let off fireworks

vuurzee *v* [-zeeën] sea of fire ★ *het was één ~* it was one sea of fire

v.v. *afk* (vice versa) vice versa

VVV *v* (Vereniging voor Vreemdelingenverkeer) ± Tourist Information Office

vwo *o* (voorbereidend wetenschappelijk onderwijs) pre-university education, Br ± grammar school, Am ± senior high school

vu

W

W. *afk* (west, westen) west

w *v* ['s] w

WA *v* (wettelijke aansprakelijkheid) third-party liability

waadvogel *m* [-s] wading bird, wader, shorebird

waag I *v* [wagen] ❶ *weegschaal* balance, scales ❷ *huis waar gewogen wordt* weighhouse, weighing house **II** *m waagstuk* gamble ★ *dat is een hele* ~ that's a risky business / a big gamble

waaghals *m* [-halzen] reckless person, daredevil

waaghalzerij *v* [-en] recklessness

waagschaal *v* [-schalen] balance ★ *zijn leven in de* ~ *stellen* risk one's life, put one's life in the balance

waagstuk *o* [-ken] risky undertaking / venture

waaien I *onoverg* [waaide/woei, h. en is gewaaid] ❶ *v.* wind blow ★ *de appels* ~ *van de bomen* the apples are being blown from the trees ★ *het waait* it's windy, there's a wind blowing ★ *het waait hard* it's very windy, there's a high wind, it's blowing a gale ★ *de wind waait uit het oosten* the wind is blowing from the east, the wind is coming from the east ★ *hij laat de boel maar* ~ he's letting things slide ★ *laat hem maar* ~! just ignore him! ★ *laat maar* ~! don't bother about it! ★ *met alle winden (mee)* ~ trim one's sails to the wind ❷ *v.* vlag & flutter in the wind ★ *een vlag laten* ~ hang out a flag **II** *overg* [waaide/woei, h. gewaaid] ★ *iem. met een waaier* ~ fan sbd ★ *zich* ~ fan oneself

waaier *m* [-s] ❶ *voor koelte* fan ❷ *uiteenlopende reeks* range, spectrum ★ *een* ~ *van mogelijkheden* a whole range of possibilities

waaierpalm *m* [-en] fan palm, Aus cabbage palm

waaiervormig I *bn* fan-shaped **II** *bijw* in a fan-like manner, fan-wise

waakhond *m* [-en] watchdog, guard dog ★ *als een* ~ like a watchdog

waaks *bn* watchful, alert

waakvlam *v* [-men] pilot light / flame

waakzaam *bn* watchful, vigilant

waakzaamheid *v* vigilance, watchfulness

Waal I *m* [Walen] *Franstalige Belg* Walloon **II** *v rivier* Waal

Waals I *bn* Walloon ★ *de* ~*e Kerk* the French Reformed Church **II** *o taal* Walloon

Waalse *v* [-n] Walloon

waan *m* erroneous idea, delusion ★ *iem. in de* ~ *brengen* lead sbd to believe ★ *iem. in de* ~ *laten dat...* leave sbd under the impression that... ★ *in de* ~ *verkeren dat...* be under the misapprehension that... ★ *iem. uit de* ~ *helpen* open sbd's eyes

waandenkbeeld *o* [-en], **waanidee** [-ideeën] delusion, fallacy, illusion

waanvoorstelling *v* [-en] delusion, hallucination

waanwereld *v* fantasy world ★ *in een* ~ *leven* live in a fantasy world

waanwijs *bn* opinionated, conceited

waanzin *m* ❶ *krankzinnigheid* madness, insanity ❷ *onzin* nonsense

waanzinnig I *bn* ❶ *krankzinnig* mad, insane, deranged ★ *als* ~ like mad ❷ *onzinnig* stupid, crazy, mad ★ *een* ~ *plan / idee* a crazy plan / idea **II** *bijw* very, extremely ★ ~ *mooi* very beautiful ★ ~ *verliefd* madly in love ★ ~ *moeilijk* fiendishly difficult

waanzinnige *m-v* [-n] madman, madwoman, maniac, lunatic

waar I *v* [waren] ware(s), goods, commodity, inf stuff ★ *verboden* ~ banned articles, contraband ★ *alle* ~ *is naar zijn geld* you only get what you pay for ★ ~ *voor zijn geld krijgen* get (good) value for one's money, get one's money's worth **II** *bn* ❶ *waarheidsgetrouw* true ★ *dat is niet* ~, *wat je nu zegt* what you're saying isn't true ★ ~ *maken* prove, make good, live up to ★ *dat zal je mij* ~ *maken* you'll have to prove that to me ★ *het is* ~, *het zou meer kosten* (it's) true, it would cost more ★ *dat is* ~ *ook, heb je...?* that reminds me, do you have...?, well, now I come to think of it, do you have...? ★ *daar is niets van* ~ there's not a word of truth in it ★ *zo* ~ *als ik leef / ik hier voor je sta!* swear to God! so strike me dead!, as sure as I'm standing here! ❷ *echt* real, actual, true ★ *de ware reden* the real / actual reason ★ *haar ware liefde* her true love ★ *het ware geloof* the true religion ★ *een* ~ *genoegen* a real / true pleasure ★ *daar is iets* ~*s in* there is some truth in that ★ *hij is daarvoor de ware niet* he is not the right man for it ★ *dat is je ware* it's the real thing / the real McCoy, this is it! ★ ⟨uitdrukking v. verbazing⟩ *het is toch niet* ~? you don't say! really? **III** *bijw* ❶ *vragend* where, ⟨met voorzetsel⟩ what ★ ~ *ga je naar toe?* where are you going? ★ ~ *gaat het om?* what is it about? ❷ *betrekkelijk* where, ⟨met voorzetsel⟩ that, which ★ *de stad* ~ *hij geboren is* the town where / in which he was born, the town he was born in ★ *dit is het boek* ~ *ik het over had* this is the book that I talked about ★ ~ *het ook zij* wherever it may be ★ ~ *ook maar* wherever **IV** *voegw aangezien* plechtig since, as

waaraan *bijw* of / to / on / about what, of & which, of & whom ★ *de persoon* ~ *ik gedacht heb* the person I've been thinking of, the person of whom I've been thinking ★ ~ *denk je?* what are you thinking of / about? ★ ~ *heeft hij dat te danken?* to what does he owe that?

waarachter *bijw* ❶ *v. zaken* behind which ❷ *v. personen* behind whom

waarachtig I *bn* true, veritable **II** *bijw* truly, really ★ ~! surely!, certainly! ★ ~? is it true? ★ ~ *niet!* certainly not!, not on your life! ★ *ik weet het* ~ *niet!* I just I don't know! ★ *en daar ging hij me* ~ *weg!* and he actually went away ★ *daar is hij* ~! sure enough, there he is!

waarbij *bijw* at / by / in & which, on which occasion ★ *een besluit,* ~ *de rechten van de leden zijn beperkt*

wa

decision which limits the members' rights ★ *een ongeluk ~ twee mensen zijn omgekomen* an accident in which two people were killed

waarbinnen *bijw* within / in which

waarborg *m* [-en] ❶ *zaak* guarantee, security ❷ *goud/zilver* assay ❸ *tegen ziekte &* safeguard ❹ *persoon* guarantor

waarborgen *overg* [waarborgde, h. gewaarborgd] guarantee, warrant ★ *~ tegen* safeguard / secure against

waarborgfonds *o* [-en] guarantee fund

waarborgsom *v* [-men] ❶ security, deposit ❷ *borgtocht* bail

waarboven *bijw* above / over which, above / over what, above / over whom

waard I *m* [-en] ❶ *herbergier* innkeeper, landlord, host ★ *zoals de ~ is, vertrouwt hij zijn gasten* judge other people by your own standards ★ *buiten de ~ rekenen* overlook sth, not take everything into account ❷ *mannelijke eend* drake **II** *v* [-en] *tussen rivieren* river floodplains **III** *bn* ❶ *zekere waarde hebbend* worth ★ *het is geen antwoord ~* it isn't worth a reply ★ *het aanzien niet ~* not worth looking at ★ *het is de moeite niet ~* it isn't worth the trouble ★ *(dank u!) het is de moeite niet ~!* no trouble (at all)!, don't mention it! ★ *het is niet veel ~* it isn't worth much ★ *het is niets ~* it's worth nothing ★ *dat is al heel wat ~* that's worth a good deal ★ *het zou hem heel wat ~ geweest zijn* it would have meant a lot to him ★ *(ik geef die verklaring) voor wat ze ~ is* for what it may be worth ★ *hij was haar niet ~* he wasn't worthy of her ★ *je bent het niet ~ dat...* you don't deserve that... ❷ *dierbaar* plechtig dear ★ *~e vriend* dear friend ★ *Waarde heer* Dear Sir ★ *mijn ~e!* (my) dear friend

waarde *v* [-n] ❶ *alg.* value ★ handel *~n* stocks and shares, securities, assets ★ *de aangegeven ~* the declared value ★ *de belastbare ~* the taxable value, the rateable value ★ *de toegevoegde ~* the added value, the value added ★ *~ hebben* be of value ★ *veel / weinig ~ hebben* have a lot of / little value ★ *~ hechten aan* set value on, attach (great) value to ★ *zijn ~ ontlenen aan...* owe its value to... ★ *zijn ~ behouden* keep its value ★ *in ~ stijgen* increase in value, go up ★ *in ~ verminderen* fall in value, drop in value, ⟨v. geld⟩ depreciate ★ *iets naar ~ schatten* judge sth by its true merits ★ *onder de ~ verkopen* sell for less than its value ★ *ter ~ van, tot een ~ van* to the value of ★ *van ~* of value, valuable ★ *dingen van ~* things of value, valuables ★ *van geen ~* of no value, valueless, worthless ★ *van gelijke ~* of the same value ★ *van grote ~* of great value, valuable ★ *van nul en gener ~* null and void ★ *van weinig ~* of little value ★ *normen en ~n* norms and values ❷ *getal op een meter* reading ★ *welke ~ geeft de meter aan?* what's the reading on the meter? what's on the meter? ❸ *munten, postzegels* denomination

waardebepaling *v* [-en] valuation, assessment

waardebon *m* [-nen & -s] ❶ *als geschenk* gift voucher ❷ *voor gratis monster* voucher, coupon

waardedaling *v* [-en] depreciation, decrease in value

waardeloos *bn* worthless ★ *een ~ idee* a useless idea ★ *een ~ boek* a rubbishy / trashy book

waardeoordeel *o* [-delen] value judgement/Am judgment

waardepapieren *zn* [mv] securities, stocks, negotiable paper ★ *verhandelbare ~* marketable securities

waardepunt *m* [-en] *bij een spaaractie* coupon

waarderen *overg* [waardeerde, h. gewaardeerd] ❶ *op prijs stellen* value, appreciate, esteem ★ *ik heb zijn hulp zeer gewaardeerd* I appreciated his help greatly ❷ *schatten* value, estimate, appraise ★ *iets te hoog ~* overvalue something

waardering *v* [-en] ❶ *tevredenheid* appreciation ❷ *het gewaardeerd worden* appreciation, esteem ★ *(geen / weinig) ~ vinden* meet with (no / little) appreciation ★ *met ~ spreken van* speak with appreciation of ★ *met alle ~ voor* while fully appreciating ❸ *waardebepaling* valuation, estimation, appraisal, assessment

waarderingscijfer *o* [-s] rating

waardestijging *v* [-en] increase in value, appreciation, increment

waardevast *bn* ❶ *geld* stable ★ *een ~e munt* stable currency ❷ *rente* index-linked, inflation-proof

waardeverlies *o* reduction in value

waardevermeerdering *v* [-en] rise / increase in value, appreciation

waardevermindering *v* [-en] depreciation, reduction in value

waardeverschil *o* [-len] difference in value

waardevol *bn* valuable, of (great) value ★ *~le inlichting* valuable information

waardevrij *bn* value-free, non-normative

waardig I *bn* worthy, dignified ★ *een ~ zwijgen* a dignified silence ★ *~ zijn* be worthy of ★ *zich iets ~ tonen* show o.s. to be worthy of something **II** *bijw* with dignity

waardigheid *v* [-heden] ❶ *van houding &* dignity ★ *de menselijke ~* human dignity ★ *het is beneden zijn ~* it's beneath his dignity, it is beneath him ★ *in al zijn ~* in all his dignity ★ *met ~* with dignity ❷ *ambt* dignity, quality ★ *in zijn ~ van voorzitter* in his capacity as chairman

waardin *v* [-nen] landlady, hostess

waardoor *bijw* ❶ *waardoorheen* through which ❷ *waarom, hoe* by which, by which means, whereby, how ★ *~ is hij gevallen?* what caused him to fall?, why did he fall?

waarheen *bijw* ❶ *vragend* where, where... to, to what place ❷ *betrekkelijk* to which, where ★ *~ u ook gaat* wherever you may go

waarheid *v* [-heden] truth ★ *de zuivere ~* the truth and nothing but the truth ★ *dat is een ~ als een koe* that's a truism, inf that's bleeding obvious ★ *de ~ spreken* speak the truth ★ *de ~ zeggen* tell the truth, be truthful ★ *iem. (ongezouten / vierkant) de ~ zeggen* tell sbd some home truths, give sbd a piece of one's mind ★ *om de ~ te zeggen* to be quite honest ★ *dat is dichter bij de ~* that is nearer the truth ★ *naar ~* truthfully, truly ★ *de ~ geweld aandoen* do violence to the truth ★ *de ~ ligt in het midden* the truth is somewhere in between

waarheidlievend *bn* truth-loving, truthful
waarheidsgehalte *o* degree of truth
waarheidsgetrouw *bn* truthful, faithful, true
waarheidszin *m* truthfulness, love of truth
waarin *bijw* where, in what / which
waarlangs *bijw* past which, along which
waarlijk *bijw* truly, indeed, sure enough ★ *zo ~ helpe mij God Almachtig* so help me God
waarmaken *overg* [maakte waar, h. waargemaakt] prove, fulfil/Am fulfill ★ *een belofte ~* fulfil a promise ★ *plannen ~* put plans into effect ★ *zich ~* prove oneself, live up to expectations
waarmee, waarmede *bijw* ❶ *betrekkelijk* with which ❷ *vragend* what...with
waarmerk *o* [-en] ❶ *alg.* stamp, authentication ❷ *v. edele metalen* hallmark
waarmerken *overg* [waarmerkte, h. gewaarmerkt] ❶ *een waarmerk aanbrengen* stamp ❷ *v. edele metalen* hallmark ❸ *echtheid verklaren* authenticate, attest, certify, validate
waarna *bijw* after which, whereupon
waarnaar *bijw* at what, to which ★ *~ kijkt hij?* what is he looking at? ★ *~ smaakt dat?* what does it taste like? ★ *het doel ~ ik streef* the goal I'm aiming at
waarnaast *bijw* beside which, by the side of which, next to which
waarneembaar *bn* perceptible
waarnemen I *overg* [nam waar, h. waargenomen] ❶ *met het oog &* observe, perceive, notice ❷ *in acht nemen* observe, fulfil/Am fulfill ★ *zijn plichten ~* perform / fulfil his duties ❸ *uitvoeren* perform, look after ★ *zijn zaken ~* look after one's affairs ★ *iems. belangen ~* look after sbd's interests ❹ *gebruik maken van* take, make the most of ★ *de gelegenheid / kans ~* take the opportunity / chance ❺ *tijdelijk vervullen* take over temporarily ★ *hij neemt de betrekking waar* he's taken over the position temporarily II *onoverg* [nam waar, h. waargenomen] fill in, stand in ★ *tijdelijk ~ voor iem.* stand in for sbd, fill in for sbd
waarnemend *bn* acting, deputy, temporary
waarnemer *m* [-s] ❶ *die opmerkt* observer ❷ *plaatsvervanger* deputy, substitute, ‹arts, predikant› locum
waarneming *v* [-en] ❶ *met het oog &* observation, perception ★ *uit eigen ~* from one's own observations ❷ *v. betrekking voor een ander* substitution, deputizing ★ *een tijdelijke ~* a temporary substitution, ‹v. arts› locum tenency ★ *met de ~ belast* entrusted with deputizing
waarnemingsfout *v* [-en] observational error
waarnemingspost *m* [-en] observation post
waarnemingsvermogen *o* power(s) of observation,
perceptive faculty

waarom I *bijw* ❶ *reden* why ❷ *om... heen* around what / which II *o* the why (and wherefore)
waaromheen *bijw* around which
waaromtrent *bijw* about which
waaronder *bijw* ❶ *gelegen onder* under which ❷ *waartussen* among whom ❸ *inbegrepen* including... ★ *sommige landen, ~ Denemarken* some countries, including Denmark
waarop *bijw* ❶ *bovenop* on which ❷ *waarna* upon which, after which, whereupon ★ *~ ik antwoordde...* to which I replied...
waarover *bijw* ❶ *boven over wat* across which ❷ *betreffende wat* about which
waarschijnlijk I *bn* probable, likely II *bijw* probably ★ *hij zal ~ niet komen* he probably won't come / he isn't likely to come
waarschijnlijkheid *v* [-heden] probability, likelihood ★ *naar alle ~ zal hij...* in all probability / likelihood he will...
waarschuwen I *overg* [waarschuwde, h. gewaarschuwd] ❶ *voor gevaar &* warn, caution ★ *~ voor / tegen* warn of / about, caution against, warn against ★ *wees gewaarschuwd!* I'm warning you!, be warned! ★ *ik waarschuw je niet meer* this is my final warning ❷ *een sein geven* let know, tell ★ *waarschuw me als het vijf uur is* let me know when it's 5 o'clock ❸ *roepen* send for, alert, call ★ *een dokter ~* send for a doctor, call a doctor ★ *de brandweer ~* alert the fire brigade II *onoverg* [waarschuwde, h. gewaarschuwd] warn
waarschuwing *v* [-en] ❶ *alg.* warning, admonition, caution ❷ *politiedwang* warning notice
waarschuwingsbord *o* [-en] warning sign, danger sign
waarschuwingsschot *o* [-schoten] warning shot
waarschuwingsteken *o* [-s] warning sign
waartegen *bijw* against which
waartegenover *bijw* opposite which ★ *~ staat dat...* but on the other hand
waartoe *vnw* for which, what for ★ *~ dient dat?* what's the good?
waartussen *bijw* between which, what... between
waaruit *bijw* from which, from what
waarvan *bijw* of which ★ *~ leeft hij?* what does he live on?
waarvandaan *bijw* from where / which
waarvoor *bijw* for what ★ *~?* what for?, for what purpose?
waarzeggen *onoverg* [waarzegde, h. gewaarzegd, waargezegd] tell fortunes, predict the future ★ *iem. ~* tell sbd.'s fortune ★ *zich laten ~* have one's fortune told
waarzegger *m* [-s] fortune teller
waarzeggerij *v* fortune telling
waarzegster *v* [-s] fortune teller
waas *o* damp haze, mist, fig aura, air ★ *in een ~ van geheimzinnigheid gehuld* shrouded in mystery

wa

★ *een ~ voor de ogen krijgen* get a haze / mist before one's eyes

wacht *m & v* [-en & -s] ❶ *het wacht houden* watch, guard ★ *de ~ betrekken* mil mount guard, scheepv go on watch ★ *de ~ hebben* mil be on guard, scheepv be on watch ★ *de ~ houden* keep watch ★ *de ~ overnemen* mil take over guard, scheepv take over the watch ★ mil *op ~ staan* be on duty, stand guard ★ fig *iem. de ~ aanzeggen* give sbd a warning ❷ *personen* guard, watchman, scheepv, mil watch ★ *de ~ aflossen* mil relieve the guard, scheepv relieve the watch ★ mil *de ~ in het geweer roepen* turn out the guard ❸ *nachtdienst* night duty ★ *in de ~ zijn* be on night duty, be on call ❹ theat cue ❺ *wachten* waiting ★ *ik zet u in de ~* I'll put you on hold ▼ *in de ~ slepen* walk away with, spirit away

wachtcommandant *m* [-en] duty officer

wachtdag *m* [-dagen] *bij verzekering* qualifying day for sickness benefits

wachtdienst *m* mil guard duty, scheepv watch

wachten I *onoverg* [wachtte, h. gewacht] wait ★ *wacht even!* just a moment! wait a minute! ★ *wacht (even) je vergeet dat...* hang on / wait on! you forget that... ★ *wacht (jij) maar!* just wait!, you wait! ★ *dat kan ~* it can wait ★ *iem. laten ~* keep sbd waiting ★ *~ met iets tot het laatste moment* leave sth till the last moment ★ *~ met schieten!* hold your fire! ★ *~ op* wait for ★ *hij laat altijd op zich ~* you always have to wait for him ★ *u hebt lang op u laten ~* you've kept us waiting for a long time ★ *staan ~* be waiting ★ *wat u wacht / wat u te ~ staat* what awaits you / what is in store for you ★ *ons wacht nog een zware strijd* difficult times lie ahead of us **II** *wederk* [wachtte, h. gewacht] ★ *zich ~* be on one's guard ★ *zich wel ~ om...* know better than to... ★ *zich ~ voor iets* be on one's guard against sth ★ *wacht u voor de hond!* beware of the dog! ★ *wacht u voor zakkenrollers!* beware of pickpockets! watch out for pickpockets!

wachter *m* [-s] ❶ *bewaker* watchman, keeper ❷ astron satellite

wachtgeld *o* [-en] reduced pay, redundancy pay, unemployment pay ★ *op ~ stellen* put on reduced pay

wachtgelder *m* [-s] sbd on reduced / redundancy pay

wachthokje *o* [-s] (bus) shelter

wachthuisje *o* [-s] ❶ mil sentry box ❷ *v. tram &* shelter

wachtkamer *v* [-s] ❶ *alg.* waiting room ❷ *in paleis &* anteroom ❸ mil guardroom

wachtlijst *v* [-en] waiting list

wachtmeester *m* [-s] sergeant

wachtpost *m* [-en] guard post

wachtstand *m* ❶ *v. tv-toestel &* standby, sleep ❷ *v. telefoon* hold ★ *in de ~ zetten* put on hold

wachttijd *m* [-en] ❶ *alg.* waiting time / period ❷ *verzekering* qualifying period

wachttoren *m* [-s] watchtower

wachtwoord *o* [-en] ❶ password ★ mil *het ~ uitgeven*

give the word ❷ comput password ❸ *devies* watchword ❹ theat cue

wad *o* [-den] shoal, mudflat, shallows ★ *de Wadden* the Dutch Wadden

Waddeneilanden *zn* [mv] Frisian Islands

Waddenzee *v* Wadden Sea

waden *onoverg* [waadde, h. en is gewaad] wade ★ *ergens doorheen ~* wade through something

wadjan, wadjang *m* [-s] wok

wadlopen *o* walking the mud flats

wadloper *m* [-s] sbd who walks the mud flats

waf *tsw hond* woof ★ *~ (~)!* woof-woof!, bow-wow!

wafel *v* [-s & -en] ❶ *koek* waffle, ‹dun› wafer ❷ *mond inf* trap

wafelbakker *m* [-s] waffle baker

wafelijzer *o* [-s] waffle iron

waffel *m* [-s] *mond inf* trap ★ *hou je ~!* inf keep quiet!, vulg shut your trap!, shut up!

wagen I *m* [-s] ❶ *voertuig* vehicle, ‹auto› car, ‹rijtuig› carriage, coach, ‹kar› waggon, wagon, cart ★ *krakende ~s duren / lopen het langst* cranky people live longer ❷ *v. schrijfmachine* carriage ▼ astron *de Wagen* Charles's Wain **II** *overg* [waagde, h. gewaagd] dare, risk, venture, hazard ★ *het ~* risk it ★ *er alles aan ~* risk one's all ★ *er een euro aan ~* put a euro on it ★ *een kans(je) ~* give it a try ★ *hij waagt alles* he'll take anything on ★ *daar waag ik het op* I'll risk it, I'll take the gamble, I'll take my chance on it ★ *waag het niet!* don't you dare! ★ *hij zal het niet ~* he wouldn't dare, he wouldn't be game ★ *hoe durft u het te ~?* how dare you (do it)? ★ *wie niet waagt, die niet wint* nothing ventured, nothing gained ★ *zijn leven ~* risk one's life **III** *wederk* [waagde, h. gewaagd] ★ *zich ~ aan iets* take the risk on sth ★ *zich aan een voorspelling ~* hazard a prophecy ★ *zich op het ijs ~* venture onto the ice

wagenmenner *m* [-s] ❶ *alg.* driver ❷ hist charioteer

wagenpark *o* [-en] ❶ fleet of cars ❷ *rollend materiaal* rolling stock, ‹plaats daarvoor› rolling stock depot ❸ mil artillery park, wagon park

wagentje *o* [-s] ❶ *winkel &* trolley ❷ *golf* caddy

wagenwijd *bijw* (very) wide ★ *~ open* wide open

wagenziek *bn* carsick, travel sick

waggelen *onoverg* [waggelde, h. en is gewaggeld] ❶ *alg.* stagger, totter, reel ❷ *v. eend* waddle

wagneriaans *bn* Wagnerian

wagon *m* [-s] ‹voor reizigers› carriage, ‹voor vracht, gesloten› van, ‹voor vracht, open› wagon, truck

wagonlading *v* [-en] wagonload, truckload

wajangpop *v* [-pen] shadow puppet, wayang puppet

wak *o* [-ken] hole in the ice, patch of thin ice

wake *v* [-n] watch, vigil

waken *onoverg* [waakte, h. gewaakt] ❶ *toezicht houden* watch ★ *~ bij* watch over, sit up with ★ *~ over* watch over, look after ★ *~ tegen / voor* (be on one's) guard against ★ *ervoor ~ dat...* take care that..., make sure that... ★ *een ~d oog hebben / houden op iem.* keep a watchful eye on sbd

❷ *wakker blijven* stay awake ★ *in ~de toestand* awake
❸ *bij dode* hold a wake
waker *m* [-s] watchman, watcher
wakker I *bn* ❶ *wakend* awake, waking ★ *~ liggen* lie
awake ★ *~ maken* wake, awake, waken, wake up ★ *~
roepen* wake (up), call up ‹›, fig evoke ★ *~ schrikken*
start from one's sleep, wake up with a start ★ *~
schudden* shake up, rouse ★ *iem. ~ schudden uit zijn
droom* rouse sbd from his dreams ★ *~ worden* wake
up, awake ★ *ik lig er niet van ~* I'm not going to lose
any sleep over it ❷ *waakzaam* awake, vigilant
❸ *flink* smart, spry, brisk ★ *een ~e jongen* a smart
boy **II** *bijw* smartly, briskly
wal *m* [-len] ❶ *langs water* bank, coast, shore, ‹kade›
quay, embankment ★ *aan (de) ~* ashore, on shore
★ *aan ~ brengen* land ★ *aan ~ gaan* go ashore ★ fig
aan lager ~ geraken go downhill, come down in the
world, go to the dogs ★ fig *aan lager ~ zijn* be down
and out ★ handel *van de ~* ex quay ★ *van de ~ in de
sloot* out of the frying pan into the fire ★ *van ~
steken* scheepv push off, shove off, fig start, go
ahead ★ *steek maar eens van ~!* fire away! ★ *van
twee ~letjes eten* play a double game, have your cake
and eat it too ❷ *verdedigingswal* mil rampart, city
wall ▼ *de ~len, de ~letjes* the red light district ▼ *~len
onder de ogen* bags under the eyes
waldhoorn, waldhoren *m* [-s] muz French horn
walgelijk I *bn* disgusting, revolting, nauseating **II** *bijw*
disgustingly, revoltingly, nauseatingly ★ *~ braaf*
disgustingly / nauseatingly good ★ *~ zoet* revoltingly
/ nauseatingly sweet
walgen *onoverg* [walgde, h. gewalgd] be nauseated,
be disgusted ★ *ik walg ervan* It turns my stomach
★ *tot je ervan walgt* until you become disgusted with
it ★ *ik walg van mezelf* I loathe myself ★ *iem. doen ~*
fill sbd with disgust, turn sbd's stomach ★ *tot ~s toe*
to the point of vomiting
walging *v* loathing, disgust, nausea
walhalla *o* Valhalla
Walin *v* [-nen] Walloon
walkietalkie *m* [-s] walkie-talkie
walkman® *m* [-s] Walkman
wallingant *m* [-en] ZN Walloon nationalist
Wallonië *o* the Walloon provinces
walm *m* [-en] smoke
walmen *onoverg* [walmde, h. gewalmd] smoke
walnoot *v* [-noten] walnut
walrus *m* [-sen] walrus
wals I *m & v* [-en] *dans* waltz **II** *v* [-en] *pletrol* roller,
cylinder, ‹wegwals› steamroller
walsen I *onoverg* [walste, h. gewalst] *dansen* waltz
II *overg* [walste, h. gewalst] *pletten* roll, ‹een wegdek›
steamroll
walserij *v* [-en] techn rolling mill
walstro *o* bedstraw
walvis *m* [-sen] whale
walvisachtig *bn* whale-like, cetacean
walvisachtigen *zn* [mv] whales, cetaceans

walvisjager *m* [-s] whaler
walvistraan *m* whale oil
walvisvaarder *m* [-s] whaler
walvisvaart *v* whaling, whale fishing
walvisvangst *v* whale fishery, whaling
wan I *v* [-nen] *werktuig* winnow **II** *afk*, **WAN**
(wide-area network) comput WAN
wanbegrip *o* [-pen] false notion, misconception,
fallacy
wanbeheer, wanbeleid *o* mismanagement
wanbetaler *m* [-s] defaulter
wand *m* [-en] ❶ *muur* wall, ‹tussenwand› partition
❷ *v. berg, schip* side ❸ *v. rots, steil* face ❹ *v. buis,
ader &* wall
wandaad *v* [-daden] crime, outrage, misdeed
wandbekleding *v* [-en] wallcovering
wandel *m* ❶ *wandeling* walk, stroll ★ *aan de ~ zijn* be
out for a walk ★ *het is een hele ~ van Eindhoven naar
Helmond* it's quite a walk from Eindhoven to
Helmond ❷ *gedrag* conduct, behaviour
wandelaar *m* [-s] walker, ‹lange afstanden› hiker
wandelen *onoverg* [wandelde, h. en is gewandeld]
walk, take a walk, ‹lange afstanden› hike ★ *gaan ~*
go for a walk ★ *met de hond gaan ~* take the dog for
a walk ★ *~ naar (over)* walk to (over / on)
wandelend *bn* walking ★ *een ~ blad* a leaf insect ★ *de
Wandelende Jood* the Wandering Jew ★ *een ~e nier* a
floating kidney ★ *een ~e tak* a stick insect ★ *een ~
geraamte* a walking skeleton ★ *hij is een ~
woordenboek* he is a walking dictionary / a
dictionary on legs
wandeletappe *v* [-s] ❶ *bij wielrennen* slow stage
❷ *wandelen* stretch (of a long-distance walking trail)
wandelgang *m* [-en] lobby ★ *dat wordt in de ~en
gezegd* (parliamentary) rumour has it that,
unofficially it's been said that
wandeling *v* [-en] walk, stroll ★ *een ~ maken* go for
/ take a walk ★ *in de ~... genoemd* popularly called...
/ popularly known as...
wandelkaart *v* [-en] ❶ *landkaart* hiking / walking
map ❷ *toegangskaart* walking permit
wandelpad *o* [-paden] footpath
wandelpas *m* [-sen] walking pace
wandelschoen *m* [-en] walking shoe, ‹stevig› walking
/ hiking boot
wandelsport *v* hiking
wandelstok *m* [-ken] walking stick
wandeltempo *o* walking pace
wandeltocht *m* [-en] walking tour, hike
wandelwagen *m* [-s] pushchair, buggy, stroller
wandelweg *m* [-wegen] walk(way), footpath
wandkaart *v* [-en] wall map
wandkast *v* [-en] wall cabinet
wandkleed *o* [-kleden] (wall) tapestry
wandluis *v* [-luizen] (bed)bug
wandmeubel *o* [-s] wall unit
wandrek *o* [-ken] wall bars
wandschildering *v* [-en] mural painting, mural, wall

wa

painting
wandtapijt *o* [-en] tapestry, wall hangings
wandversiering *v* [-en] mural / wall decoration
wanen *overg* [waande, h. gewaand] imagine, think ★ *iem. verloren / dood ~* presume sbd (is) lost / dead ★ *zich gelukkig ~* imagine oneself happy
wang *v* [-en] cheek
wangedrag *o* bad conduct, misconduct, misbehaviour
wangedrocht *o* [-en] monster, monstrosity
wangzak *m* [-ken] cheek pouch
wanhoop *v* despair ★ *uit ~* in despair ★ *de ~ nabij zijn* be on the verge of despair
wanhoopsdaad *v* [-daden] act of despair, desperate act
wanhoopskreet *m* [-kreten] cry of despair
wanhopen *onoverg* [wanhoopte, h. gewanhoopt] despair (*aan* of)
wanhopig *bn* desperate, despairing ★ *een ~e blik / poging* a desperate look / effort ★ *iem. ~ maken* drive sbd to despair, drive sbd mad ★★ *~ worden* give way to despair ★ *het is om ~ te worden* it drives you to despair ★★ *~ zijn* be in despair
wankel *bn* ❶ *alg.* unstable, unsteady, shaky ★ *een ~ evenwicht* a shaky balance ★ *een ~e stoel* a rickety chair ❷ *fig* rickety, delicate ★ *een ~e gezondheid* delicate health
wankelen *onoverg* [wankelde, h. en is gewankeld] ❶ *alg.* totter, stagger, reel ★ *een slag die hem deed ~* a staggering blow, a blow that sent him reeling ❷ *fig* waver ★ *fig aan het ~ brengen* undermine, shake, put to the test ★ *fig aan het ~ raken* begin to waver
wankelmoedig *bn* wavering, vacillating, irresolute
wankelmotor *m* [-s & -toren] Wankel engine
wanklank *m* [-en] ❶ *geluid* discordant sound, dissonance ❷ *fig* jarring / false note
wanneer I *bijw* when **II** *voegw* ❶ *v. tijd* when ★ *~...* *ook* whenever ❷ *indien* if
wannen *overg* [wande, h. gewand] winnow, fan
wanorde *v* disorder, confusion ★ *in ~ brengen* throw into disorder, confuse, disarrange
wanordelijk *bn* disorderly, in disorder
wanordelijkheid *v* [-heden] disorderliness ★ *wanordelijkheden* disturbances, disorders
wanprestatie *v* [-s] ❶ hopeless showing / performance, complete failure ❷ *jur* default
wansmaak *m* [-smaken] bad taste
wanstaltig *bn* misshapen, deformed

want I *v* [-en] *vuisthandschoen* mitten **II** *o* ❶ scheepv rigging ★ *lopend ~* running rigging ★ *staand ~* standing rigging ❷ *visnetten* nets **III** *voegw* for, as, because
wanten *onoverg* [wantte, h. gewant] ★ *hij weet van ~* he knows the ropes
wantoestand *m* [-en] abuse, wrong
wantrouwen I *overg* [wantrouwde, h. gewantrouwd] distrust, suspect **II** *o* distrust (*in* of), suspicion
wantrouwend, wantrouwig I *bn* distrustful, suspicious **II** *bijw* distrustfully, suspiciously

wanverhouding *v* [-en] disproportion, imbalance
WAO *v* (Wet op de Arbeidsongeschiktheidsverzekering) Dutch disability scheme, Disability Insurance Act
WAO'er *m* [-s] ❶ recipient of disability benefits ❷ inf person on disability benefits
WAO-gat *o* [-gaten] drop in disability payments
wapen *o* [-s &-en] ❶ *strijdmiddel* weapon, ⟨alleen mv⟩ arms ★ *de ~s dragen* bear arms ★ *de ~s/~en opnemen / opvatten* take up arms ★ *de ~s neerleggen* lay down arms ★ *onder de ~en komen* join the army ★ *onder de ~en roepen* call up, conscript ★ *chemische ~s* chemical weapons ★ *iem. met zijn eigen ~en bestrijden* beat sbd at their own game ★ *te ~!* to arms! ❷ *legerafdeling* [-s] arm of service, arm ★ *het ~ der infanterie / artillerie* the infantry / artillery arm, the infantry / artillery ★ *bij welk ~ dient hij?* which of the services is he in? ❸ [-s] herald arms, coat of arms
wapenarsenaal *v* [-nalen] arsenal, arms depot
wapenbeheersing *v* arms control
wapenbezit *o* possession of (fire)arms ★ *iem. arresteren wegens verboden ~* arrest sbd for illegal possession of firearms
wapenbroeder *m* [-s] comrade in arms, brother in arms, companion in arms
wapendepot *o & m* [-s] arms depot
wapendracht *v* ZN possession of weapons
wapenembargo *o* ['s] arms embargo
wapenen I *overg* [wapende, h. gewapend] arm **II** *wederk* [wapende, h. gewapend] ★ *zich ~* arm oneself, arm ★ *ook fig zich ~ tegen* arm oneself against
wapenfabriek *v* [-en] arms factory
wapenfeit *o* [-en] ❶ feat of arms, heroic deed ❷ fig achievement
wapengekletter *o* clash / clang / din of arms
wapengeweld *o* force of arms
wapenhandel *m* ❶ *koop & verkoop* trade in arms, geringsch arms traffic ❷ *gebruik* mil use of arms
wapenindustrie *v* arms / armaments industry
wapening *v* ❶ mil arming, armament, equipment ❷ *v. beton &* reinforcement, armature
wapenkunde *v* herald heraldry
wapenleverantie *v* [-s] arms supply
wapenrusting *v* [-en] hist (suit of) armour
wapenschild *o* [-en] coat of arms
wapensmid *m* [-smeden] armourer
wapensmokkel *m* gunrunning, arms smuggling
wapenspreuk *v* [-en] motto
wapenstilstand *m* [-en] armistice, ceasefire
wapenstok *m* [-ken] truncheon, baton
wapentuig *o* weapons, arms
wapenvergunning *v* [-en] gun licence/Am license
wapenwedloop *m* arms race
wappen *onoverg* [wapte, h. gewapt] comput wap
wapperen *onoverg* [wapperde, h. gewapperd] ❶ *vlag* fly, blow, flutter, flap ❷ *haar* wave, stream ❸ *handen* use ★ *laat je handjes eens ~!* get to work! do

something! ★ *met iets* ~ wave sth about

war *v* ★ *in de* ~ tangled, in a tangle, in confusion, confused ★ *iem. in de* ~ *brengen* put sbd out, confuse sbd ★ *in de* ~ *maken* ‹personen› confuse, disconcert, ‹dingen› disarrange, muddle up, ‹v. garen, haar &› tangle, tumble, ‹v. kleren› rumple ★ *in de* ~ *raken* ‹v. personen› be put out, ‹v. dingen› get entangled, get mixed up, be thrown into confusion ★ *in de* ~ *gooien / sturen* make a mess of ★ *een openbare bijeenkomst in de* ~ *sturen* break up a public meeting ★ *in de* ~ *zijn* ‹v. persoon› be confused, be at sea, ‹niet goed bij verstand› be (mentally) disturbed, ‹v. dingen› be in confusion, be in a tangle, be at sixes and sevens ★ *mijn maag is in de* ~ my stomach is out of order, is upset ★ *het weer is in de* ~ the weather is unsettled ★ *uit de* ~ *halen* disentangle

warande *v* [-n & -s] park, pleasure ground

warboel *m* [-en] confusion, muddle, mess, tangle, mix-up

ware *ww* ★ *als het* ~ so to speak, as it were ★ ~ *het niet dat...* were it not for...

warempel *tsw* really, truly

waren **I** *onoverg* [waarde, h. gewaard] **❶** *alg.* wander, roam **❷** *v. spoken* haunt **II** *zn* [mv] wares, goods, commodities

warenhuis *o* [-huizen] *winkelbedrijf* department store(s), stores

---

warenhuis
is een **department store**, maar nooit **a warehouse.**
Een **warehouse** is een **pakhuis, magazijn of distributiecentrum.**

---

warenwet *v* Food and Drugs Act

warhoofd *o & m-v* [-en] scatterbrain

warkruid *o* dodder

warm **I** *bn* warm, ‹heet› hot ★ *een* ~*e ontvangst* a warm / warm-hearted welcome ★ ~*e maaltijd* dinner ★ ~*e kleuren / licht* warm colours / light ★ *een* ~ *voorstander van* a fervent supporter of ★ ‹bij spelletjes› *je bent* ~! you're getting ~er! ★ *het wordt* ~ ‹v. weer› it's getting warm, the weather's getting warm, ‹binnenskamers› the room is warming up ★ *het* ~ *hebben* be warm ★ *het eten* ~ *houden* keep the dinner warm ★ *hij wordt er niet* ~ *of koud van* it doesn't affect him one way or the other ★ *iem.* ~ *maken voor iets* rouse sbd's interest in sth, make sbd enthusiastic for sth ★ ~*e baden* hot baths, thermal baths ★ ~*e bronnen* thermal springs ★ *als* ~*e broodjes verkocht worden / over de toonbank gaan* sell like hot cakes **II** *bijw* warmly, hotly ★ ~ *aanbevelen* recommend warmly ★ *het zal er* ~ *toegaan* there'll be quite a fight

warmbloedig *bn* **❶** *dieren* warm-blooded **❷** *vurig* hot-blooded, passionate

warmdraaien *onoverg* [draaide warm, h. warmgedraaid] **❶** warm up **❷** *fig* warm up, tune up

warmen *overg* [warmde, h. gewarmd] warm (up), heat ★ *zich* ~ *(aan)* warm oneself (on) ★ *warm je eerst eens*

warm (yourself) up first

warming-up *m sp* warm-up

warmlopen *onoverg* [liep warm, h. warmgelopen] **❶** <u>techn</u> get hot **❷** *sp* warm up, limber up ★ *zich* ~ warm up **❸** *fig* warm to, kindle to ★ *hij liep niet echt warm voor ons plan* he hadn't really warmed to our plan

warmpjes *bijw* ★ *er* ~ *bij zitten* be well off

warmte *v* **❶** warmth, heat ★ *bij zo'n* ~ in such hot weather, in such a heat ★ *met* ~ *verdedigen* defend warmly **❷** *enthousiasme* ardour, fervour, passion

warmtebron *v* [-nen] source of heat

warmtegeleider *m* [-s] conductor of heat, heat conductor

warmte-isolatie *v* heat insulation

warmteleer *v* theory of heat, thermodynamics

warmteverlies *o* [-liezen] loss of heat

warmwaterkraan *v* [-kranen] hot-water tap/<u>Am</u> faucet

warmwaterkruik *v* [-en] hot-water bottle

warrant *m* [-s] *aandelenwarrant, aandelenkooprecht* warrant, share purchase warrant, stock purchase warrant

warrig *bn* **❶** tangled, knotted **❷** *fig* confused, muddled

wars *bn* ★ ~ *van* averse to

Warschau *o* Warsaw

wartaal *v* nonsense, gibberish ★ *allerlei* ~ *uitslaan* talk gibberish, talk double Dutch ★ ~ *spreken* ramble, rave on, ‹bij koorts› be delirious

wartel *m* [-s] swivel

warwinkel *m* [-s] mess, muddle, tangle, mix-up

was I *m wasgoed, wasbeurt, het wassen* wash, laundry ★ *de bonte / witte* ~ the coloured / white wash ★ *de fijne* ~ the delicate fabrics ★ *de schone* ~ the clean linen ★ *de vuile* ~ the dirty washing, the soiled linen ★ *fig de vuile* ~ *niet buiten hangen* not air one's dirty linen in public ★ *zij doet zelf de* ~ she does the washing herself ★ *een* ~*je draaien* do the laundry ★ *in de* ~ *doen* put in the wash ★ *het blijft goed in de* ~ it will wash well, it won't shrink in the wash ★ *in de* ~ *doen* put in the wash ★ *de* ~ *uit huis doen* send the washing out (to the laundry) **II** *m & o vettige substantie* wax ★ *slappe* ~ dubbin ★ *goed in de slappe* ~ *zitten* be well off ★ *als* ~ *in iems. handen* be like putty in someone's hands **III** *m stijging* rise

wasautomaat *m* [-maten] (automatic) washing machine

wasbaar *bn* washable

wasbak *m* [-ken] basin, washbasin

wasbeer *m* [-beren] raccoon

wasbenzine *v* benzine

wasbeurt *v* [-en] wash, washing

wasbord *o* [-en] washboard, scrubbing board

wasdag *m* [-dagen] washing day

wasdom *m* growth

wasdroger *m* [-s] dryer / drier, tumble dryer / drier

wasem *m* [-s] vapour, steam

wasemen *onoverg* [wasemde, h. gewasemd] steam

wasemkap *v* [-pen] range hood, cooker hood

wasgelegenheid *v* [-heden] washing facilities ★ *een kamer met* ~ a room with bathroom facilities

wasgoed *o* washing, laundry

washandje *o* [-s] facecloth, Aus face washer, Am washcloth, Br flannel

washok *o* [-ken] wash house

wasknijper *m* [-s] clothes peg

waskom *v* [-men] basin, washbasin

waslijn *v* [-en] clothes line

waslijst *v* [-en] ❶ laundry list ❷ fig shopping list ★ *een* ~ *van klachten* a long list of complaints, a shopping list of complaints

wasmachine *v* [-s] washing machine

wasmand *v* [-en] laundry basket

wasmiddel *o* [-en] detergent, washing powder

waspoeder, waspoeier *o & m* [-s] washing powder, soap powder

wasprogramma *o* ['s] washing programme/Am program

wasrek *o* [-ken] clothes horse

wassen I *overg* [waste, h. gewassen] ❶ *schoonmaken* wash ★ *zich* ~ wash oneself, wash ★ *zich schoon* ~ wash oneself completely ★ *een tekening* ~ put a wash over a drawing ❷ *reinigen* wash up **II** *onoverg* [waste, h. gewassen] ❶ wash, do the washing ❷ *voor anderen* take in washing ★ *voor iem.* ~ do the wash / laundry for sbd **III** *onoverg* [wies, is gewassen] ❶ *groeien* grow ★ *de maan is aan het* ~ the moon is on the increase / is waxing ❷ *v. water* rise ★ *~d water* rising water **IV** *overg* [waste, h. gewast] *met was bestrijken* wax **V** *bn* wax(en)

wassenbeeld *o* [-en] wax figure, wax dummy

wassenbeeldenmuseum *o* [-seums, -sea] waxwork show, waxworks museum

wasserette *v* [-s] launderette / laundrette, laundromat

wasserij *v* [-en] laundry

wasstraat *v* [-straten] carwash

wastafel *v* [-s] washbasin, washstand ★ *een vaste* ~ a fitted washbasin

wastobbe *v* [-n & -s] washtub

wasverzachter *m* [-s] fabric softener

wasvoorschrift *o* [-en] washing instructions

wasvrouw *v* [-en] washerwoman, laundress

waswater *o* ❶ *water om mee te wassen* water for washing ❷ *vuil water* dirty water, techn washings

waszak *m* [-ken] laundry bag

wat I *vragend vnw* what ★ ~ *is er?* what is the matter? ★ ~ *zegt hij?* ‹wat vindt hij ervan› what does he say?, ‹ik hoor hem niet› what is he saying? ★ *mooi, ~?* beautiful, isn't it? ★ ~ *nieuws?* what news? ★ ~ *voor een man is hij?* what kind of a man is he? ★ *ik weet* ~ *voor moeilijkheden er zijn* I know what difficulties there are ★ ~, *meent u het?* do you really mean that? ★ *wel, ~ zou dat?* well, what of it? ★ *en al zijn we arm, ~ zou dat?* even though we're poor, what does it matter? ★ *en* ~ *al niet* and what not **II** *uitroepend*

vnw what, how ★ ~ *een mooie bomen!* what lovely trees! ★ ~ *een idee!* what an idea! ★ ~ *was ik blij!* how glad I was! ★ ~ *liepen ze!* how they ran! ★ ~ *mooi!* how lovely! ★ ~ *dan nog!* so what! ★ *weet je ~?, we gaan...* you know what / I'll tell you what, let's... **III** *onbep vnw* something ★ *het is me ~!* it's something awful! ★ *ja, jij weet ~!* fat lot you know! ★ ~ *je zegt!* as you say!, indeed! ★ *hij zei* ~ he said something ★ ~ *hij ook zei, ik...* whatever he said I... ★ *voor* ~ *hoort* ~ nothing for nothing ★ *heel* ~ *last* a good deal / a lot of trouble ★ *heel* ~ *mensen* a good many / quite a few people ★ *dat is heel* ~ that's saying a good deal ★ *het scheelt heel* ~ it makes quite a difference ★ *hij kent vrij* ~ he knows quite a lot of things ★ ~ *nieuws* something new ★ ~ *papier* some paper **IV** *betr vnw* ❶ *zonder antecedent* what ❷ *met antecedent* which, that ❸ *met ook* whatever ★ *alles* ~ *ik heb* all (that) I have ★ *doe* ~ *ik zeg* do as I say ★ ~ *je ook doet, doe het goed* whatever you do, do it right ★ *hij zei dat hij het gezien had, ~ een leugen was* he said he had seen it, which was a lie **V** *bijw* ❶ *een beetje* a little, somewhat, slightly, rather ★ *hij was* ~ *beter* a little better ★ *wel* ~ *laat* rather late ❷ *heel erg* very, quite ★ *hij was* ~ *blij* he was very glad, inf that pleased ★ *(het is)* ~ *leuk* awfully funny

water *o* [-s & -en] ❶ *vloeistof* water ★ *hard / zacht* ~ hard / soft water ★ *hoog / laag* ~ high / low water, high / low tide ★ *op sterk* ~ *zetten* preserve something in alcohol ★ *vlug als* ~ as fast as lightning ★ *de ~en van Nederland* the waters of Holland ★ *stille ~s hebben diepe gronden* still waters run deep ★ *het* ~ *loopt je ervan in je mond* it makes your mouth water ★ *Gods* ~ *over Gods akker laten lopen* let things drift, let things take their course ★ *er zal nog heel wat* ~ *door de Rijn lopen (eer het zover is)* much water will have to flow under the bridge ★ *er valt* ~ it's raining ★ *ze zijn als* ~ *en vuur* they're like cats and dogs, they can't stand each other ★ ~ *in de wijn doen* eig put water in one's wine, fig be willing to compromise ★ ~ *naar de zee dragen* carry coals to Newcastle ★ *het* ~ *hebben* suffer from dropsy ★ *het* ~ *in de knieën hebben* have water on the knees ★ ~ *binnen krijgen* ‹drenkeling› swallow water, ‹schip› make water ★ *scheepv* ~ *maken* make water ★ *bij laag* ~ at low water, at low tide ★ *(zich) het hoofd boven* ~ *houden* keep one's head above water ★ *weer boven* ~ *komen* turn up again, reappear ★ *in het* ~ *vallen* eig fall into the water, ‹mislukken› fall through ★ *het* ~ *stijgt hem tot de lippen* he's up to his neck (in problems) ★ *in troebel* ~ *vissen* fish in troubled waters ★ *onder* ~ *lopen* flood ★ *onder* ~ *staan* be under water, be flooded ★ *onder* ~ *zetten* inundate, flood ★ *op* ~ *en brood zetten / zitten* put (be) on bread and water ★ *te* ~ *gaan, zich te* ~ *begeven* take to the water ★ *een schip te* ~ *laten* launch a vessel ★ ‹verkeer› *te* ~ by ship ★ *te* ~ *en te land* by sea and land ★ *een diamant / schurk van het zuiverste* ~ a first-class diamond / scoundrel ❷ inf.

urine urine ★ *hij moet met het ~ voor de dokter* he has to face the music ★ *ik voel het aan m'n ~* I feel it in my bones

waterachtig *bn* watery

waterafstotend *bn* water-repellent

waterafvoer *m* [-en] drainage

waterbak *m* [-ken] ❶ *reservoir* cistern, tank ❷ *v. paarden* water trough ❸ *urinoir* urinal

waterballet *o* water ballet, fig inundation, flood

waterbassin *o* [-s] water basin

waterbed *o* [-den] waterbed

waterbestendig *bn* water-resistant

waterbloem *v* [-en] aquatic flower, water plant

waterbouwkunde *v* hydraulics, hydraulic engineering

waterbouwkundig *bn* hydraulic

waterbron *v* [-nen] spring

waterbuffel *m* [-s] water buffalo

watercloset *o* [-s] water closet

waterdamp *m* [-en] (water) vapour

waterdicht *bn* ❶ *v. kleren* waterproof ❷ *van beschotten &* watertight ★ *een ~ (be)schot* a watertight bulkhead ❸ *fig* watertight ★ *een ~ bewijs* solid evidence

waterdier *o* [-en] aquatic animal

waterdoorlatend *bn* porous

waterdrager *m* [-s] water carrier

waterdruk *m* water pressure

waterdruppel *m* [-s] drop of water, waterdrop

wateren I *overg* [waterde, h. gewaterd] *besproeien* water **II** *onoverg* [waterde, h. gewaterd] *urineren* make water, urinate

waterfiets *m & v* [-en] pedal boat

waterfietsen *onoverg* [waterfietste, h. gewaterfietst] cycle a pedal boat

watergebrek *o* shortage of water, water shortage

watergeest *m* [-en] water sprite / spirit

watergekoeld *bn* water-cooled

watergeus *m* [-geuzen] hist Sea Beggar

waterglas *o* [-glazen] ❶ *om uit te drinken* drinking glass, tumbler ❷ *voor urine* urinal ❸ *kalium/ natriumsilicaat* water glass, soluble glass

watergolven *overg* [watergolfde, h. gewatergolfd] set ★ *wassen en ~* shampoo / wash and set

waterhoen *o* [-ders] moorhen

waterhoofd *o* [-en] water on the brain, med hydrocephalus ★ *hij heeft een ~* he has water on the brain ★ inf ‹iets dat uit verhouding is› *het is een kind met een ~* it's top-heavy

waterhoos *v* [-hozen] waterspout

waterhuishouding *v* water balance

waterig *bn* ❶ *als water* watery, ‹sneeuw› slushy ★ *~e ogen* watery eyes ★ *~e soep* thin soup ❷ *slap* watery, wishy-washy ★ *een ~ betoog* a weak argument

waterijsje *o* [-s] ice lolly, Aus icy pole

waterjuffer *v* [-s] dragonfly

waterkaart *v* [-en] map of waterways

waterkan *v* [-nen] carafe, jug

waterkanon *o* [-nen] water cannon

waterkans *v* [-en] ZN very little chance

waterkant *m* [-en] water's edge, waterside

waterkering *v* [-en] weir, dam

waterkers *v* watercress

waterkoeling *v* water cooling ★ *een motor met ~* a water-cooled engine

waterkoud *bn* clammy

waterkraan *v* [-kranen] tap, Am faucet

waterkracht *v* waterpower, hydropower

waterkrachtcentrale *v* [-s] hydro-electric power station

waterlanders *zn* [mv] tears ★ *de ~ kwamen voor de dag* he / she turned on the waterworks

waterleiding *v* [-en] ❶ *waterbuis* water pipe ❷ *buizenstelsel* waterworks ❸ *bedrijf* water company ★ *er is geen ~ (in huis)* there is no running water / no water supply

waterleidingbedrijf *o* [-drijven] waterworks

waterlelie *v* [-s & -liën] water lily

waterlijn *v* [-en] waterline

waterlinie *v* [-s] hist mil flooded strip of land

waterloop *m* [-lopen] watercourse

waterlozing *v* ❶ *alg.* drain(age) ❷ *v. urine* urination

Waterman *m* astron & astrol Aquarius

watermassa *v* ['s] mass of water

watermeloen *m & v* [-en] watermelon

watermerk *o* [-en] watermark

watermeter *m* [-s] water meter

watermolen *m* [-s] ❶ *door water aangedreven* water mill ❷ *voor afvoeren van water* drainage mill

waternimf *v* [-en] water nymph, naiad

wateroppervlak *o* [-ken] water surface

wateroverlast *m* flooding

waterpartij *v* [-en] *fontein, vijver &* pond, water gardens

waterpas I *bn* level ★ *~ maken* level **II** *o & m* [-sen] spirit level

waterpeil *o* [-en] ❶ *waterniveau* water level, watermark ❷ *meet instrument* water gauge / glass

waterpest *v* waterweed

waterpijp *v* [-en] ❶ *buis* water pipe ❷ *Turkse pijp* water pipe, hookah

waterpistool *o* [-tolen] water pistol, squirt gun

waterplaats *v* [-en] ❶ *urinoir* urinal ❷ *v. paarden* horse pond ❸ scheepv watering place

waterplant *v* [-en] aquatic plant, water plant

waterplas *m* [-sen] lake, pond

waterpokken *zn* [mv] chickenpox

waterpolitie *v* river police, ‹in haven› harbour police

waterpolo *o* water polo

waterpomptang *v* [-en] pipe wrench

waterproof *bn* waterproof

waterput *m* [-ten] well

waterrad *o* [-raderen] water wheel

waterrat *v* [-ten] ❶ *dier* water vole, water rat ❷ *zwemliefhebber* water rat

waterrijk *bn* watery, abounding in water

wa

waterschade *v* water damage ★ *met* ~ with water damage

waterschap *o* [-pen] ❶ *gebied* ± water board district ❷ *bestuur* ± district water board, Br conservancy, Am Board of Public Works

waterscheiding *v* [-en] watershed

waterschildpad *v* [-den] turtle

waterscooter *m* [-s] water scooter

waterski *m* ['s] waterski

waterskiën *onoverg* [waterskiede, h. gewaterskied] waterski

waterskiër *m* [-s] waterskier

waterslang *v* [-en] ❶ *tuinslang* hose ❷ *reptiel* water snake

watersnip *v* [-pen] *vogel* snipe

watersnood *m* inundation, flood(s)

waterspiegel *m* ❶ *waterhoogte* water level ❷ *wateroppervlak* water surface

watersport *v* ❶ *op het water* water sports ❷ *in en op het water* aquatics, aquatic sports

watersporter *m* [-s] water sports enthusiast

waterspuwer *m* [-s] gargoyle

waterstaat *m* ❶ *toestand* water situation ❷ *dienst* Water Authority

waterstaatkundig *bn* hydraulic

waterstand *m* [-en] height of the water, water level ★ *bij hoge / lage* ~ at high / low water

waterstof *v* hydrogen

waterstofbom *v* [-men] hydrogen bomb

waterstofperoxide *o* hydrogen peroxide

waterstraal *m & v* [-stralen] jet of water

watertanden *onoverg* [watertandde, h. gewatertand] ★ *het doet mij* ~, *ik watertand ervan* it makes my mouth water ★ *dat is om te* ~ it brings water to your mouth

watertank *m* [-s] water tank, cistern

watertje *o* [-s] ❶ *beekje* streamlet ❷ *lotion* lotion

watertoren *m* [-s] water tower

watertrappen, watertrappelen *o* tread water

waterval *m* [-len] ❶ *groot* (water)fall, cataract ★ *de Niagara* ~*len* the Niagara Falls ❷ *klein* cascade

watervast *bn* indelible

waterverbruik *o* water consumption

waterverf *v* [-verven] watercolour(s) ★ *met* ~ *tekenen* paint in watercolours

waterverontreiniging *v* water pollution

waterverplaatsing *v* [-en] displacement

watervlak *o* ❶ *oppervlak* water surface ❷ *plas* stretch of water

watervliegtuig *o* [-en] seaplane, hydroplane

watervlo *v* [-vlooien] water flea

watervloed *m* [-en] great flood, inundation

watervlug *bn* darting

watervogel *m* [-s] water bird, aquatic bird

watervoorziening *v* water supply

watervrees *v* hydrophobia ★ *aan* ~ *lijdend* be hydrophobic

waterweg *m* [-wegen] waterway, water route

waterwerk *o* [-en] ❶ *bouwwerk* construction in the water ❷ *fonteinen &* fountain, cascade

waterwingebied *o* [-en] water collection area

waterwinning *v* water collection

waterzak *m* [-ken] water bag

waterzooi *v* [-en] ZN chicken / fish stew

waterzucht *v* dropsy

waterzuivering *v* water purification / treatment

watje *o* [-s] ❶ *propje watten* wad of cotton wool ❷ *slap persoon* softie, wally

watt *m* [-s] watt

watten I *zn* [mv] ❶ *als vulling* wadding ★ *met* ~ *voeren* wad, quilt ❷ *voor medische doeleinden* cotton wool ★ fig *in de* ~ *leggen* feather-bed, coddle **II** *bn* cotton wool

wattenstaafje *o* [-s] cotton bud

wauwelen *onoverg* [wauwelde, h. gewauweld] chatter, jabber, drone on

wave *m* [-s] *in sportstadions* Mexican wave

WA-verzekering *v* third-party (liability) insurance

wax *de (m)* wax

waxen *overg* [waxte, h. gewaxt] ❶ *met wax behandelen:* ★ *ski's* ~ wax skis ❷ *ontharen d.m.v. wax:* ★ *zij wil vanavond haar benen* ~ she wants to wax her legs this evening

waxinelichtje *o* [-s] tea light

wazig I *bn* ❶ *niet scherp* hazy ★ *een* ~*e foto* a blurred / blurry photograph ❷ *suf* drowsy **II** *bijw* in a blur, through a haze ★ ~ *kijken* look dazed / dopey

wc *v* ['s] toilet, lavatory, w.c., inf loo ★ *naar de* ~ *gaan* go to the toilet ★ *ik moet naar de* ~ euf I need to go to the bathroom

wc-bril *m* [-len] toilet seat

wc-papier *o* toilet paper

wc-pot *m* [-ten] toilet bowl, lavatory bowl

wc-rol *v* [-len] toilet roll

we *pers vnw* we

web *o* [-ben] ❶ web ❷ comput web, WWW, World Wide Web

webcam *v* [-s] webcam

webmaster *m* [-s] comput webmaster

website *m* [-s] comput website, Internet site

webstek *de (m)* [-ken] website

wecken *overg* [weckte, h. geweckt] preserve

weckfles *v* [-sen] preserving jar

wedde *v* [-n] ❶ *v. ambtenaren* salary, pay ❷ *loon* ZN wage, salary

wedden *overg & onoverg* [wedde, h. gewed] bet, make a bet, wager, lay a wager ★ *durf je met me te* ~? (do you) want to bet? ★ *ik wed met je om tien tegen één* I'll bet you ten to one ★ *ik wed met je om 100 euro* I bet / go you a hundred euros ★ *ik wed om wat je wil, dat...* I'll bet you anything that... ★ ~ *op* bet on ★ *ik zou er niet op durven* ~ I wouldn't like to bet on it ★ *op het verkeerde paard* ~ put your money on the wrong horse, back the wrong horse ★ *op paarden* ~ back horses, bet on horses, gamble on horses ★ *ik wed van ja* I bet you it is ★ *ik wed dat de hele straat* *het weet* I bet the whole street knows it

weddenschap *v* [-pen] bet, wager ★ *een ~ aangaan* make a bet, lay a wager ★ *de ~ aannemen* take the bet, take the odds

weder *o & bijw* → **weer**

wederdienst *m* [-en] service in return ★ *iem. een ~ bewijzen* do sbd a service in return ★ *tot ~ bereid* ready to return a favour

wederdoper *m* [-s] Anabaptist

wedergeboorte *v* [-n] rebirth, regeneration

wedergeboren *bn* born-again, reborn

wederhelft *v* [-en] *levensgezel* better half

wederhoor *m* ★ *het hoor en ~ toepassen* hear both sides, *jur* the principle of hearing both sides of the argument, the right to hear and be heard

wederik *m* [-riken] *plant* loosestrife

wederkerend *bn* taalk reflexive

wederkerig I *bn* mutual, reciprocal ★ *~e sympathie* reciprocal / mutual sympathy ★ *een ~ voornaamwoord* a reciprocal pronoun II *bijw* mutually, reciprocally

wederkomst *v alg.* return ★ *de ~ des Heren* the Second Coming of Christ

wederliefde *v* love in return ★ *~ vinden* be loved in return

wederom *bijw* again, once again, anew, once more, a second time

wederopbouw *m* rebuilding, reconstruction

wederopstanding *v* resurrection

wederpartij *v* [-en] opponent

wederrechtelijk I *bn* illegal, unlawful II *bijw* illegally, wrongfully

wedersamenstelling *v* [-en] ZN reconstruction

wedervaren I *onoverg* [wedervoer, h. en is wedervaren] befall ★ *iem. recht laten ~* do justice to sbd II *o* adventure(s), experience(s) ★ *zijn ~* his experiences, what has / had happened to him

wederverkoper *m* [-s] retailer, retail dealer

wedervraag *v* [-vragen] question in return, counter-question

wederwaardigheden *zn* [mv] adventures, experiences, form vicissitudes

wederzijds *bn* mutual ★ *~e verplichting / belang* mutual obligation / interest

wedijver *m* competition, rivalry

wedijveren *onoverg* [wedijverde, h. gewedijverd] vie, compete ★ *met* vie with, compete with, emulate, rival ★ *~ om* vie for, compete for

wedje *o* [-s] *weddenschap* bet

wedkamp *m* [-en] vero match, contest

wedloop *m* [-lopen] race

wedren *m* [-nen] race ★ *een ~ met hindernissen* a steeple chase, a hurdle race

wedstrijd *m* [-en] ❶ *alg.* match, contest, competition ★ *een ~ houden* hold a match ★ *een goede ~ spelen* play a good game ❷ *zeilen, skiën &* race

wedstrijdbal *m* [-len] matchball

wedstrijdleiding *v* referee, umpire

wedstrijdsport *v* [-en] competitive sport(s)

weduwe *v* [-n] widow ★ *een onbestorven ~* a grass widow

weduwepensioen *o* widows' pension

weduwnaar *m* [-s] widower ★ *een onbestorven ~* a grass widower

weduwnaarschap *o* widowerhood

weduwnaarspensioen *o* widower's pension

weduwschap *o* widowhood

wee I *o & v* [weeën] ❶ *smart* woe ❷ *bij bevalling* labour pain, contraction II *bn* ❶ *v. geur* sickly ❷ *v. personen* sick, faint, upset ★ *~ zijn* ⟨alg.⟩ feel bad, feel sick, ⟨van de honger⟩ faint III *tsw* ★ *~ mij!* woe is me! ★ *~ u!* woe betide you! ★ *~ je gebeente als...!* woe betide you if...! ★ *o ~!* o dear!

weed *m marihuana* inf weed, grass

weeffout *v* [-en] flaw

weefgetouw *o* [-en] weaving loom, loom

weefkunst *v* art of weaving, textile art

weefsel *o* [-s] ❶ *v. dieren, planten &* tissue ❷ *textiel* fabric, weave ★ *een ~ van leugen en bedrog* a web of lies and deceit

weefselleer *v* histology

weefspoel *v* [-en] shuttle

weegbree *v* plantain

weegbrug *v* [-gen] weighbridge

weeghaak *m* [-haken] weighbeam, steelyard

weegs *zn* ★ *hij ging zijns ~* he went his way ★ *elk ging zijns ~* they went their separate ways ★ *iem. een eind ~ vergezellen* accompany sbd part of the way

Weegschaal *v* astron & astrol Libra

weegschaal *v* [-schalen] (pair / set of) scales, ⟨balans⟩ balance

weeïg *bn* sickly

week I *v* [weken] *zeven dagen* week ★ *goede / stille ~* Holy Week ★ *(de) volgende ~* next week ★ *volgende ~ vrijdag* next Friday ★ *(de) vorige ~* last week ★ *de ~ hebben* be on duty for the week ★ *door de ~, in de ~* during the week, on week-days ★ *om de ~, om de andere ~* every second week, every other week ★ *over een ~* in a week's time ★ *vandaag / vrijdag & over een ~* today / Friday & week ★ *⟨gedurende een ~⟩ voor een ~* for a week ★ *van de ~* this week II *v* ★ *in de ~ staan* be soaking ★ *in de ~ zetten* soak III *bn* ❶ *gevoelig* fig soft, tender ★ *een ~ ventje* a soft guy ❷ *zacht* soft ★ *~ ijzer* soft iron ★ *~ maken / worden* soften ★ *~ van binnen worden* soften inside

weekblad *o* [-bladen] weekly (magazine)

weekdag *m* [-dagen] weekday

weekdier *o* [-en] mollusc

weekeinde *o* → **weekend**

weekend *o* [-s & -en], **weekeind(e)** [-einden] weekend

weekenddienst *m* [-en] weekend duty

weekendretour *o* [-s] weekend return

weekendtas *v* [-sen] overnight bag

weekgeld *o* [-en] ❶ *weekloon* weekly pay, weekly wages ❷ *te besteden* weekly allowance

weekkaart *v* [-en] weekly ticket

weeklacht *v* [-en] lamentation, lament, wailing

weeklagen *onoverg* [weeklaagde, h. geweeklaagd] lament, wail ★ ~ *over* lament, bewail

weekloon *o* [-lonen] weekly wage

weekoverzicht *o* [-en] weekly review

weekstaat *m* [-staten] weekly report, weekly return

weelde *v* ❶ *luxe* luxury ★ *ik kan mij die ~ niet veroorloven* I can't afford it ★ *zich in ~ baden* be rolling in wealth ❷ *overvloed* abundance, opulence, wealth ❸ *v. plantengroei* wealth, luxuriance ★ *een ~ van bloemen* a wealth of flowers

weelderig *bn* ❶ *luxueus* luxurious ❷ *welig tierend* luxuriant ❸ *vegetatie* lush ❹ *vol van vorm* opulent ★ *een ~e boezem* an ample bosom

weelderigheid *v* ❶ *overvloedigheid* luxuriousness, luxury ❷ *v. plantengroei* luxuriance, lushness ❸ *maaltijd* lavishness

weemoed *m* sadness, melancholy

weemoedig I *bn* sad, melancholy **II** *bijw* sadly

Weens *bn* Viennese, of Vienna

Weense *v* [-n] Viennese ★ *ze is een ~* she's a Viennese, she's from Vienna

weer I *o*, **weder** *luchtgesteldheid* weather ★ *mooi ~* fine weather ★ *mooi ~ spelen van iems. geld* live in style at sbd.'s expense ★ *aan ~ en wind blootgesteld* exposed to wind and weather ★ *bij gunstig ~* weather permitting ★ *in ~ en wind, ~ of geen ~* in all weather, rain or shine ★ *ijs en weder dienende* wind and weather permitting **II** *v verdediging* defence/Am defense, resistance ★ *in de ~ zijn* be busy, be on the go ★ *vroeg in de ~ zijn* be up and about early ★ *zich te ~ stellen* defend oneself **III** *bijw*, **weder** ❶ *terug* back ★ *heen en ~* ‹één keer› there and back, ‹meerdere keren› to and fro, back and forth ★ *over en ~* mutually ❷ *opnieuw* again ★ *niet ~* not again ★ *telkens ~* again and again

weerbaar *bn* ❶ *vesting* defensible ❷ *man, soldaat* able-bodied, capable of bearing arms

weerballon *m* [-s & -nen] weather balloon

weerbarstig *bn* unmanageable, unruly, form refractory ★ *de praktijk is ~* the practice is wilful ★ *een ~ deksel* a stubborn lid

weerbericht *o* [-en] weather report / forecast

weerbestendig *bn* weatherproof

weerborstel *m* [-s] cow's lick, mop

weerbots *m* [-en] ❶ *klap* ZN blow, stroke ❷ *weerslag* ZN repercussion, reaction, revulsion

we

weerga *v* equal, match, peer ★ *zonder ~* unequalled, unrivalled, unparalleled, matchless ★ *hun ~ is niet te vinden* they are unrivalled ▼ *als de ~!* like blazes!, (as) quick as lightning! ▼ *om de ~ niet!* not on your life! hell, no! ▼ *loop naar de ~!* go to hell!

weergalmen *onoverg* [weergalmde, h. weergalmd] resound, echo, reverberate ★ *~ van* resound / ring / echo with

weergaloos *bn* unequalled, unrivalled, unparalleled, matchless, peerless ★ *een ~ schouwspel* a spectacular sight

weergave *v* [-n] ❶ *het weergeven* reproduction ❷ *van muziek/taal* performance, rendering, rendition

weergeven *overg* [gaf weer, h. weergegeven] ❶ *weerspiegelen* reflect ❷ *gestalte geven* reproduce ❸ *gevoel* voice, convey ❹ *reproduceren* reproduce, repeat ★ *een discussie letterlijk ~* repeat the discussion verbatim ❺ *uitdrukking geven aan* describe, reflect ★ *dat geeft de stemming goed weer* this gives a good impression of the mood

weergoden *zn* [mv] weather gods ★ *de ~ zijn ons gunstig gezind* the weather gods are with us, are smiling on us

weerhaak *m* [-haken] barb, barbed hook

weerhaan *m* [-hanen] ❶ *op kerk &* weather vane, weathercock ❷ *opportunist* fig chameleon, timeserver

weerhouden *overg* [weerhield, h. weerhouden] hold back, restrain, check, stop ★ *dat zal mij niet ~ om* that won't keep me from...ing ★ *zich ~* restrain oneself ★ *ik kon mij niet ~ het te zeggen* I couldn't resist saying it

weerhuisje *o* [-s] weather house

weerkaart *v* [-en] weather chart, weather map

weerkaatsen I *overg* [weerkaatste, h. weerkaatst] ❶ *licht, beeld* reflect, mirror ❷ *geluid* reverberate, (re-)echo **II** *onoverg* [weerkaatste, is weerkaatst] ❶ *licht, beeld* reflect ❷ *geluid* reverberate, (re-)echo

weerkaatsing *v* [-en] reflection, ‹geluid› reverberation

weerkeren *onoverg* [keerde weer, is weergekeerd] return, come back

weerklank *m* echo, response ★ *~ vinden* meet with a wide response

weerklinken *onoverg* [weerklonk, h. weerklonken] resound, (re-)echo, reverberate ★ *schoten weerklonken* shots rang out

weerkomen *onoverg* [kwam weer, is weergekomen] come back, return

weerkunde *v* meteorology

weerkundig *bn* meteorological

weerkundige *m-v* [-n] weather expert, meteorologist

weerlegbaar *bn* refutable

weerleggen *overg* [weerlegde, h. weerlegd] refute, disprove

weerlegging *v* [-en] refutation

weerlicht *o & m* ❶ *bliksem* lightning ❷ *oplichten v.d. hemel* sheet lightning ★ *als de ~* like greased lightning

weerlichten *onoverg* [weerlichtte, h. geweerlicht] flash with lightning

weerloos *bn* defenceless

weerman *m* [-nen] weatherman

weerom *bijw* ❶ *terug* back ❷ *opnieuw* again

weeromstuit *m* ★ *van de ~ gaf hij haar een klap* his instinctive reaction was to hit her ★ *van de ~ moest ik lachen* I couldn't help laughing in return

weeroverzicht *o* [-en] weather survey

weerpraatje *o* [-s] weather report, look at the weather

weerprofeet *m* [-feten] weather prophet

weersatelliet *m* [-en] weather satellite
weerschijn *m* reflection, lustre, ‹v. stoffen› sheen
weerschijnen *onoverg* [weerscheen, h. weerschenen] reflect
weersgesteldheid *v* [-heden] state of the weather, weather situation ★ *de* ~ the weather conditions ★ *bij elke* ~ in all weathers
weerskanten *zn* [mv] ★ *aan* ~ on both sides, on either side ★ *aan* ~ *van* on either side of... ★ *van* ~ from both sides, on both sides
weerslag *m* [-slagen] reaction, reverberation, repercussion
weersomstandigheden *zn* [mv] weather conditions
weerspannig *bn* recalcitrant, rebellious
weerspannigheid *v* recalcitrance, rebelliousness
weerspiegelen *overg* [weerspiegelde, h. weerspiegeld] reflect, mirror ★ *zich* ~ be reflected, be mirrored
weerspiegeling *v* [-en] reflection
weerspreken *overg* [weersprak, h. weersproken] contradict
weerspreuk *v* [-en] weather proverb
weerstaan *overg* [weerstond, h. weerstaan] resist, withstand
weerstand *m* [-en] resistance ★ ~ *bieden* offer resistance, put up resistance ★ ~ *bieden aan* resist ★ *krachtig* ~ *bieden* mount stiff resistance ★ *elektrische* ~ ‹eigenschap› electrical resistance ★ *een elektrische* ~ ‹schakelelement› a resistor ★ *med weinig* ~ *hebben* have little resistance ★ ~ *voelen tegen* feel an aversion to
weerstander *m* [-s] ZN member of the resistance movement (during the second World War)
weerstandsvermogen *o* (power of) resistance, endurance, stamina
weerstation *o* [-s] weather station
weersverandering *v* [-en] change in the weather, weather change
weersverbetering *v* [-en] improvement in the weather
weersverschijnsel *o* [-en] weather phenomenon
weersverwachting *v* [-en] weather forecast
weersvoorspeller, **weervoorspeller** *m* [-s] weather forecaster
weersvoorspelling, **weervoorspelling** *v* [-en] weather forecast
weerszijden *zn* [mv] ★ *aan* ~ on both sides, on either side ★ *aan* ~ *van* on either side of ★ *van* ~ from both sides, on both sides
weertype *o* [-n & -s] type of weather, weather conditions
weerwil *m* ★ *in* ~ *van* in spite of, notwithstanding, despite
weerwolf *m* [-wolven] werewolf
weerwoord *o* [-en] answer, reply ★ *recht van* ~ right to reply
weerwraak *v* retaliation, revenge
weerzien I *overg* [zag weer, h. weergezien] see again, meet again **II** *o* meeting again ★ *tot* ~*s* goodbye, till

we meet again
weerzin *m* aversion, reluctance, dislike ★ ~ *tegen* an aversion to
weerzinwekkend *bn* revolting, repulsive, repugnant
wees *m-v* [wezen] orphan ★ *een halve* ~ a child who has lost one parent ★ *een hele / volle* ~ a complete orphan
weesgegroetje *o* [-s] RK Hail Mary
weeshuis *o* [-huizen] orphanage
weesjongen *m* [-s] orphan boy
weeskind *o* [-eren] orphan (child)
weesmeisje *o* [-s] orphan girl
weet *v* ★ ~ *van iets hebben* be in the know ★ *geen* ~ *van iets hebben* ‹niet bewust van› not be aware of sth, ‹geen verstand van› have no knowledge of sth ★ *het aan de* ~ *komen* find out ★ *het is maar een* ~ it's easy once you get the knack
weetal *m* [-len] know-all, wiseacre
weetgierig *bn* eager to learn, inquisitive
weetje *o* feit fact, detail ★ *zijn* ~ *weten* know what's what, know one's stuff
weg I *m* [wegen] ❶ *straat* road, path ★ *de slechte* ~ *opgaan* go (morally) wrong ★ *zijn* ~ *gaat niet over rozen* his path isn't strewn with roses ★ *de* ~ *naar de hel is geplaveid met goede voornemens* the road to hell is paved with good intentions ★ *zo oud als de* ~ *naar Rome* inf as old as the hills ★ *er zijn vele* ~*en die naar Rome leiden* all roads lead to Rome ★ *aan de* ~ *gelegen* on the road, by the roadside ★ *aan de* ~ *timmeren* draw attention to oneself, make a name for oneself ★ *altijd op de* ~ *zijn* be always gadding about, ‹v. handelsreizigers› be always on the road ★ *langs de* ~ along the road, by the roadside ★ *de juiste* ~ *bewandelen* take the right course ★ *van de goede* ~ *afgaan / afdwalen* stray from the right path ❷ *richting* way, direction, route ★ *een andere* ~ *inslaan* eig take another road, fig take another course, move in a different direction ★ *dezelfde* ~ *opgaan* eig go the same way, fig follow the rest ★ *hij zal zijn* ~ *wel vinden* he is sure to make his way (in the world) ★ *u kunt de* ~ *wel vinden, niet?* you know your way about / around, don't you?, ‹naar buiten› you know your way out, don't you? ★ *de* ~ *wijzen* eig show the way, fig point the way ★ *naar de bekende* ~ *vragen* ask what one knows already ★ *op* ~ on his / her way ★ *op* ~ *naar* on the way to, destined for ★ *zich op* ~ *begeven, op* ~ *gaan (naar)* set out (for) ★ *iem. op* ~ *helpen* give sbd a start, help sbd on / along ★ *het ligt niet op mijn* ~ eig it's out of my way, fig it's not my business ★ *het ligt niet op mijn* ~ *om...* it's not for me to... ★ *op de goede / verkeerde* ~ *zijn* be on the right / wrong road ★ *mooi op* ~ *zijn om...* be well on the road to... ❸ *traject* distance ★ *de* ~ *afleggen* cover the distance ★ *een kortere* ~ *nemen* take a short cut ★ *nog een lange* ~ *te gaan hebben* still have a long way to go ❹ *manier* way, road, course ★ *zijn eigen* ~ *gaan* go one's own way ★ inf *hij weet* ~ *met zijn eten hoor!* he can sure shift

his food! ★ *geen ~ weten met zijn geld* not know what to do with one's money ★ *de ~ van de geringste weerstand* the line / path of least resistance ★ fig *langs deze ~ wil ik / willen wij &* I / we & would like to take this opportunity to... ★ *langs diplomatieke ~* through / via diplomatic channels ★ *langs gerechtelijke ~* legally, by means of / via legal steps, form by recourse to litigation ❺ *doorgangsmogelijkheid* way, path ★ *zich een ~ banen* fight one's way through ★ *iem. iets in de ~ leggen* thwart sbd ★ *ik heb hem niets / geen strobreed in de ~ gelegd* I've never given him cause for resentment / antagonism ★ *moeilijkheden in de ~ leggen* put obstacles in the way ★ *in de ~ lopen* be in the way ★ *in de ~ staan* eig be in sbd's way, fig stand in sbd's light, stand in the way of a scheme & ★ *in de ~ zitten* eig be in the way, fig bother ★ *uit de ~!* out of the way there! ★ *je moet hem uit de ~ blijven* keep out of his way, avoid him, give him a wide berth ★ *uit de ~ gaan* ‹ruimte maken› make way, ‹vermijden› sidestep ★ *voor iem. uit de ~ gaan* ‹opzij gaan› get out of sbd's way, make way for sbd, ‹ontlopen› avoid sbd ★ *iem. uit de ~ ruimen* get rid of sbd, put sbd out of the way, eliminate sbd ★ *moeilijkheden uit de ~ ruimen* remove obstacles, smooth over / away difficulties **II** *bijw* ❶ *vertrokken, niet meer aanwezig* away, gone ★ *even ~ zijn* eig be away for a while, ‹wegdromen› not be with it, doze off for a moment ★ *hij was helemaal ~* ‹verward› he was all at sea, ‹bewusteloos› he was unconscious ★ inf *~ wezen!* beat it! scram! ★ *~ jullie!* inf off with you!, get out! ★ *~ daar!* make way!, get out of the way! ★ *~ ermee!* away with it! ★ *~ met de multinationals!* down with the multinationals! ★ *~ van hier!* get away! get out! ★ *ik ben ~* I'm off ❷ *verloren* gone, lost ★ *mijn horloge is ~* my watch is gone ★ *~ van iets zijn* be crazy about sth ★ *hij was ~ van haar* he was crazy about her ★ *dan ben je ~* then you're done for ▼ *veel van iem. ~ hebben* look much like sbd ▼ *het heeft er veel van ~, alsof...* it looks like...

wegaanduiding *v* [-en] roadsign

wegbenen *onoverg* [beende weg, is weggebeend] stalk off

wegbereider *m* [-s] pioneer

wegbergen *overg* [borg weg, h. weggeborgen] put away, lock up

wegblazen *overg* [blies weg, h. weggeblazen] blow away

wegblijven *onoverg* [bleef weg, is weggebleven] stay away

wegbonjouren *overg* [bonjourde weg, h. weggebonjourd] send sbd packing, send sbd away / off

wegbranden *overg* [brandde weg, h. weggebrand] ❶ *alg.* burn away ★ fig *hij is er niet weg te branden* there's no getting rid of him ❷ med cauterize

wegbreken *overg* [brak weg, h. weggebroken] pull

down

wegbrengen *overg* [bracht weg, h. weggebracht] ❶ *alg.* take / carry (away) ★ *huishoudelijk afval ophalen en ~* pick up and dispose of domestic rubbish ❷ *vergezellen* see off ❸ *gevangene* remove, march off

wegcijferen *overg* [cijferde weg, h. weggecijferd] eliminate, set aside, leave out of account ★ *zich(zelf) ~* put oneself aside, efface oneself

wegdek *o* [-ken] road surface

wegdenken *overg* [dacht weg, h. weggedacht] mentally eliminate, imagine without ★ *de auto is niet meer uit ons leven weg te denken* life without the car is unimaginable

wegdoen *overg* [deed weg, h. weggedaan] ❶ *wegleggen* put away ❷ *van de hand doen* dispose of, part with

wegdoezelen *onoverg* [doezelde weg, is weggedoezeld] doze off

wegdraaien **I** *overg* [draaide weg, h. weggedraaid] ❶ *draaiend ergens vandaan bewegen* turn away ❷ *langzaam laten verdwijnen* fade out ★ *het geluid ~* turn off the sound **II** *onoverg* [draaide weg, is weggedraaid] *draaiend ergens vandaan bewegen* turn away ★ *de bal draaide weg van het doel* the ball spun away from the goal ★ *een ~de bal* an outswinger

wegdragen *overg* [droeg weg, h. weggedragen] carry away / off ▼ *de goedkeuring ~ van* meet with the approval of..., be approved by...

wegdrijven **I** *overg* [dreef weg, h. weggedreven] drive away **II** *onoverg* [dreef weg, is weggedreven] float / drift away

wegdrukken *overg* [drukte weg, h. weggedrukt] push aside / away

wegduiken *onoverg* [dook weg, is weggedoken] ❶ *zich klein maken* duck (away) ❷ *onder water* dive away ❸ *verstoppen* hide away ★ *weggedoken in zijn fauteuil* ensconced in his armchair

wegduwen *overg* [duwde weg, h. weggeduwd] push aside, push away

wegebben *onoverg* [ebde weg, is weggeëbd] ebb away, fade away

wegen **I** *overg* [woog, h. gewogen] *gewicht bepalen* weigh ★ *gewogen en te licht bevonden* weighed and found wanting **II** *onoverg* [woog, h. gewogen] weigh ★ *hij weegt niet zwaar* eig he doesn't weigh much, ‹is onbelangrijk› he is a lightweight ★ *dat punt weegt niet zwaar bij hem* he doesn't consider that point of much importance ★ *wat het zwaarst is moet het zwaarst ~* first things first

wegenaanleg *m* road construction

wegenatlas *m* [-sen] road atlas

wegenbelasting *v* road tax

wegenbouw *m* road making, road building, road construction

wegenhulp *v* ZN road patrol

wegenkaart *v* [-en] road map

wegennet *o* [-ten] road system, network of roads

wegenplan *o* road construction plan, road scheme

wegens *voorz* on account of, because of, due to ★ *ontslagen ~ diefstal* dismissed for theft ★ *~ gebrek aan bewijs vrijgelaten* released because of insufficient evidence ★ *aangeklaagd ~ moord* charged with murder

wegenwacht I *v* Automobile Association, Br AA, RAC patrol (Royal Automobile Club), Am AAA road service (American Automobile Association) **II** *m* [-en] *persoon* (Automobile Association) scout

weg- en waterbouw *m* civil engineering

wegfladderen *onoverg* [fladderde weg, is weggefladderd] flutter away, flit away

wegflikkeren *overg* [flikkerde weg, h. weggeflikkerd] throw away, inf chuck away

weggaan *onoverg* [ging weg, is weggegaan] go away, leave ★ *~ bij* leave ★ *ga weg!* go away!, inf buzz off! ★ inf ‹*ik geloof het niet*› *ach, ga weg!* you're kidding! pull my other leg!

weggebruiker *m* [-s] road user

weggedeelte *o* [-n &-s] section of the road

weggedrag *o* ❶ *v. chauffeur* driving manners, behaviour in traffic ❷ *v. auto* performance

weggeefprijs *m* [-prijzen] giveaway price

weggeven *overg* [gaf weg, h. weggegeven] ❶ *schenken* give away ❷ *opvoeren* perform, play, sing

weggevertje *o* [-s] giveaway, freebie

wegglippen *onoverg* [glipte weg, is weggeglipt] slip away, slip out

weggooien I *overg* [gooide weg, h. weggegooid] ❶ *wegwerpen* throw away / out, discard, inf chuck away ❷ *afwijzen* discard, dismiss ❸ kaartsp discard **II** *wederk* [gooide weg, h. weggegooid] ★ *zich ~* throw oneself away

weggooiverpakking *v* [-en] disposable packaging

weggraaien *overg* [graaide weg, h. weggegraaid], **weggrissen** [griste weg, h. weggegrist] snatch, grab (away)

weghakken *overg* [hakte weg, h. weggehakt] cut away, chop away

weghalen *overg* [haalde weg, h. weggehaald] take away, remove

weghebben *overg* [had weg, h. weggehad] ★ *veel van iem. ~* look a lot like sbd ★ *het heeft er veel van weg, alsof...* it looks like / as though...

weghelft *v* [-en] side of the road

weghollen *onoverg* [holde weg, is weggehold] run away, scamper away

weghonen *overg* [hoonde weg, h. weggehoond] laugh / jeer off the stage

weging *v* ❶ *v. factoren &* weighing, assessment, appraisal ❷ sp weigh-in

wegjagen *overg* [joeg *of* jaagde weg, h. weggejaagd] ❶ *verdrijven* drive away, chase off ❷ *ontslaan* sack, give ‹sbd› the sack ❸ *vogels &* shoo away

wegkampioen *m* [-en] road champion

wegkapen *overg* [kaapte weg, h. weggekaapt] pinch, pilfer, filch

wegkappen *overg* [kapte weg, h. weggekapt] chop away, cut off

wegkijken I *overg* [keek weg, h. weggekeken] frown away ★ *iem. ~* freeze sbd out **II** *onoverg* [keek weg, h. weggekeken] look the other way, look away

wegknippen *overg* [knipte weg, h. weggeknipt] ❶ *met schaar* cut off ❷ *door vingerbeweging* flick away

wegkomen *onoverg* [kwam weg, is weggekomen] get away ★ *ik maak dat ik wegkom* I'm off ★ *ik maakte dat ik wegkwam* I made myself scarce ★ *maak dat je wegkomt!* clear out!, get out of here!, inf beat it!, vulg piss off! ★ *hij is goed weggekomen* he came off well ★ *slecht ~* come off badly

wegkopen *overg* [kocht weg, h. weggekocht] buy, buy up, hire away

wegkrijgen *overg* [kreeg weg, h. weggekregen] get away ★ *ik kon hem niet ~* I couldn't get him away ★ *de vlekken ~* get out the spots / stains ★ ‹v. voedsel› *ik kon het niet ~* I couldn't swallow it

wegkruipen *onoverg* [kroop weg, is weggekropen] ❶ *kruipend weggaan* crawl / creep away ❷ *zich verbergen* hide, creep away

wegkwijnen *onoverg* [kwijnde weg, is weggekwijnd] languish, pine away ★ *van verdriet ~* pine away with grief

weglaten *overg* [liet weg, h. weggelaten] leave out, omit ★ *een woord ~* leave out a word

weglating *v* [-en] omission, deletion ★ *met ~ van...* leaving out..., omitting...

weglatingsteken *o* [-s] apostrophe

wegleggen *overg* [legde weg, h. weggelegd] ❶ *terzijde leggen* put aside ❷ *als spaargeld* lay aside ▾ *succes was niet voor hem weggelegd* success was not to be his lot

wegleiden *overg* [leidde weg, h. weggeleid] lead away, march off

wegligging *v* roadholding, road-holding qualities / ability

weglokken *overg* [lokte weg, h. weggelokt] entice away, decoy

weglopen *onoverg* [liep weg, is weggelopen] ❶ *naar elders* walk away / off ❷ *niet terugkomen* run away ★ *niet ~ voor zijn verantwoordelijkheid* not shirk his responsibility ★ *zij is met een boekhouder weggelopen* she walked off / ran away with a bookkeeper ★ *het loopt niet weg, hoor!* there's no hurry!, it can wait! ★ *het werk loopt niet weg* the work can wait ★ *hij loopt niet weg met dat idee* he is not in favour of the idea ★ *ze lopen erg met die man weg* they are greatly taken with him, he is a great favourite ★ *met iem. ~* make much of sbd, think much of sbd ❸ mil desert ❹ *v. water &* drain away ❺ sp break away

wegmaaien *overg* [maaide weg, h. weggemaaid] mow ★ *weggemaaid door de pest* mowed down by the plague

wegmaken *overg* [maakte weg, h. weggemaakt] ❶ *kwijtmaken* lose, mislay ★ *zich ~* make off ❷ *onder narcose* anaesthetize/Am anesthetize, inf put to sleep

wegmarkering *v* [-en] road markings

wegmoffelen *overg* [moffelde weg, h. weggemoffeld] quickly hide, whisk away

wegnemen *overg* [nam weg, h. weggenomen] ❶ *doen verdwijnen* take away, remove ★ *alle twijfel is nu weggenomen* all doubt has been taken away ★ *hindernissen* ~ remove obstacles ★ *dat neemt niet weg, dat...* that does not alter the fact that... ❷ *stelen* steal, pilfer

wegomlegging *v* [-en] diversion, detour

wegpakken I *overg* [pakte weg, h. weggepakt] snatch (away) **II** *wederk* [pakte weg, h. weggepakt] ★ *zich* ~ take oneself off ★ *pak je weg!* off with you!

wegpesten *overg* [pestte weg, h. weggepest] harass / pester sbd till he / she leaves

wegpinken *overg* [pinkte weg, h. weggepinkt] brush away ★ *een traan* ~ brush away a tear

wegpiraat *m* [-raten] road hog

wegpraten *overg* [praatte weg, h. weggepraat] *v. bezwaren, fouten &* argue / reason away

wegpromoveren *overg* [promoveerde weg, h. weggepromoveerd] ★ *iem.* ~ kick sbd upstairs

wegraken *onoverg* [raakte weg, is weggeraakt] be / get lost

wegrennen *onoverg* [rende weg, is weggerend] run off, run away

wegrenner *m* [-s] sp road racer

wegrestaurant *o* [-s] road house

wegrijden *onoverg* [reed weg, is weggereden] ride away, drive away, drive off

wegroepen *overg* [riep weg, h. weggeroepen] call away

wegroesten *onoverg* [roestte weg, is weggeroest] rust away

wegrollen I *overg* [rolde weg, h. weggerold] roll away **II** *onoverg* [rolde weg, is weggerold] roll away

wegrotten *onoverg* [rotte weg, is weggerot] rot (off / away)

wegrukken *overg* [rukte weg, h. weggerukt] snatch away ★ *de dood heeft hem weggerukt* death snatched him away

wegschenken *overg* [schonk weg, h. weggeschonken] give away ★ *iets* ~ *aan iem.* make sbd a present of sth

wegscheren I *overg* [schoor weg, h. weggeschoren] shave / shear off **II** *wederk* [scheerde weg, h. weggescheerd] ★ *zich* ~ make oneself scarce ★ *scheer je weg!* clear out!

wegscheuren I *overg* [scheurde weg, h. weggescheurd] tear off **II** *onoverg* [scheurde weg, is weggescheurd] *snel wegrijden* tear away

wegschieten I *overg* [schoot weg, h. weggeschoten] shoot away **II** *onoverg* [schoot weg, is weggeschoten] dart off

wegschoppen *overg* [schopte weg, h. weggeschopt] kick away

wegschrijven *overg* [schreef weg, h. weggeschreven]

❶ *opslaan* comput write (*naar to*) ❷ *slecht schrijven over* give ‹sbd› a bad press

wegschuiven *overg* [schoof weg, h. weggeschoven] push away / aside, shove away

wegslaan I *overg* [sloeg weg, h. weggeslagen] knock off / away ★ *hij is daar niet weg te slaan* he can't be dragged away from it **II** *onoverg* [sloeg weg, is weggeslagen] be swept away ★ *de brug werd weggeslagen* the bridge was swept away

wegslepen *overg* [sleepte weg, h. weggesleept] ❶ *alg.* drag away ★ *ergens de overwinning* ~ pull off the victory ❷ *scheepv* tow away

wegsleuren *overg* [sleurde weg, h. weggesleurd] drag away

wegslikken *overg* [slikte weg, h. weggeslikt] swallow (down) ★ *een emotie* ~ swallow an emotion

wegsluipen *onoverg* [sloop weg, is weggeslopen] steal / sneak away

wegsmelten *onoverg* [smolt weg, is weggesmolten] melt away, melt ★ *in tranen* ~ melt into tears

wegsmijten *overg* [smeet weg, h. weggesmeten] fling / throw away, inf chuck away

wegsnijden *overg* [sneed weg, h. weggesneden] cut away / off / out, excise

wegsnoeien *overg* [snoeide weg, h. weggesnoeid] prune away, lop off

wegspoelen I *overg* [spoelde weg, h. weggespoeld] wash away ★ *zijn zorgen* ~ drown one's sorrows **II** *onoverg* [spoelde weg, is weggespoeld] be washed away

wegspringen *onoverg* [sprong weg, is weggesprongen] jump away, bolt away

wegsteken *overg* [stak weg, h. weggestoken] ❶ *met mes enz.* cut away ❷ *opbergen* put away

wegstemmen *overg* [stemde weg, h. weggestemd] vote down / out ★ *een motie* ~ vote a motion down / out ★ *een politicus* ~ vote a politician out of office

wegsterven *onoverg* [stierf weg, is weggestorven] *v. geluid* die away, die down, fade away

wegstoppen *overg* [stopte weg, h. weggestopt] ❶ *verstoppen* hide away, tuck away ❷ *verdringen* suppress

wegstoten *overg* [stootte weg, h. weggestoten] push away

wegstrepen *overg* [streepte weg, h. weggestreept] cross off, delete ★ *(de voor- en nadelen) tegen elkaar* ~ cancel (the pros and cons) out

wegsturen *overg* [stuurde weg, h. weggestuurd] ❶ *wegzenden* send away, turn away ❷ *ontslaan* send away, dismiss ❸ *verzenden* dispatch, mail ❹ *van school sturen* onderw expel

wegteren *onoverg* [teerde weg, is weggeteerd] waste away

wegtoveren *overg* [toverde weg, h. weggetoverd] spirit away, magic away

wegtransport *o* road transport

wegtrappen *overg* [trapte weg, h. weggetrapt] kick away

wegtrekken I *overg* [trok weg, h. weggetrokken] pull / draw away **II** *onoverg* [trok weg, is weggetrokken] ❶ *weggaan* move away, march off, pull out ❷ *wegvloeien* drain away / off ❸ *van wolken* blow over ❹ *van mist* lift ❺ *van hoofdpijn* fade, disappear ❻ *bleek worden* grow pale, lose colour/Am color ★ *met een wit weggetrokken gezicht* white-faced

wegvagen *overg* [vaagde weg, h. weggevaagd] ❶ *alg.* sweep away ❷ *uitwissen* wipe out, erase

wegvallen *onoverg* [viel weg, is weggevallen] ❶ *weggelaten zijn* be left out, be omitted / dropped ★ *tegen elkaar ~* cancel one another ❷ *verdwijnen* be lost, cease ★ *de nierfunctie is weggevallen* the kidneys have stopped functioning

wegvaren *onoverg* [voer weg, is weggevaren] sail away

wegverkeer *o* road traffic

wegversmalling *v* [-en] ❶ narrowing of the road ❷ *als opschrift* road narrows

wegversperring *v* [-en] roadblock

wegvervoer *o* (road) transport

wegvliegen *onoverg* [vloog weg, is weggevlogen] ❶ *vliegend vertrekken* fly away ❷ *snel weggaan* rush off, inf tear off ❸ handel sell like hot cakes ★ *deze schoenen vliegen weg* these shoes are selling like hot cakes

wegvloeien I *onoverg* [vloeide weg, is weggevloeid] flow away ★ *er vloeit goud naar het buitenland weg* gold is pouring out to foreign countries **II** *o* ★ *het ~* the outflow

wegvoeren *overg* [voerde weg, h. weggevoerd] carry away / off, lead away

wegvreten *overg* [vrat weg, h. weggevreten] eat away, corrode

wegwaaien *onoverg* [waaide weg *of* woei weg, is weggewaaid] be blown away, blow away

wegwedstrijd *m* [-en] road race

wegwerken *overg* [werkte weg, h. weggewerkt] ❶ *in de algebra* eliminate ★ *een breuk ~* eliminate a fraction ❷ *doen verdwijnen* get rid of, eliminate ★ *een tekort ~* eliminate a deficit ★ *eten ~* polish off food ❸ *v. personen* dispose of, get rid of, send packing ❹ *v. werk* clear off ★ *een achterstand ~* catch up

wegwerker *m* [-s] ❶ *alg.* road worker ❷ *bij het spoor* lineman

wegwerpaansteker *m* [-s] throwaway / disposable lighter

wegwerpcamera *v* ['s] throwaway / disposable camera

wegwerpcultuur *v consumptiemaatschappij* consumer society

wegwerpen *overg* [wierp weg, h. weggeworpen] throw away / out

wegwerpverpakking *v* [-en] disposable packaging

wegwezen *onoverg* [was weg, is weggeweest] clear off, buzz off ★ inf *~!* beat it!, scram!

wegwijs *bn* familiar, informed ★ *iem. ~ maken* show sbd the ropes ★ *~ zijn* eig know one's way around, ‹op de hoogte zijn› know the ropes

wegwijzer *m* [-s] ❶ *richtingbord* signpost ❷ *boek* handbook, guide ❸ *persoon* guide

wegwuiven *overg* [wuifde weg, h. weggewuifd] fig wave aside

wegzakken *onoverg* [zakte weg, is weggezakt] ❶ *verdwijnen* sink, go down, disappear ★ *mijn schoolkennis is weggezakt* I've forgotten all I learned at school ❷ *v. geluiden* fade (away) ❸ *indutten* nod off ★ *ik zakte steeds weg bij dat saaie betoog* I kept on nodding off during that boring speech

wegzenden *overg* [zond weg, h. weggezonden] send off / away

wegzetten *overg* [zette weg, h. weggezet] ❶ *opbergen* put away ❷ *terzijde zetten* set / put aside ★ *we konden 1000 exemplaren ~* we could set aside 1,000 copies ★ *iem. / iets ~ als...* put sbd / sth away as...

wegzuigen *overg* [zoog weg, h. weggezogen] ❶ *opzuigen* suck up / away ❷ *weglokken* drain

wei I *v* [-den], **weide** [-n] meadow ★ *de koeien in de ~ doen* put the cows out to grass ★ *in de ~ lopen* be at grass **II** *v* ❶ *v. melk* whey ❷ *v. bloed* serum

weidegrond *m* [-en] grassland, grazing land, pasture

weiden I *overg* [weidde, h. geweid] graze, put out to pasture ★ *koeien ~* put the cows out to pasture ★ *zijn ogen ~ aan* feast one's eyes on **II** *onoverg* [weidde, h. geweid] graze, feed ★ *zijn ogen / de blik laten ~ over* pass one's eyes over

weiderecht *o* grazing rights

weidevogel *m* [-s] wader

weids *bn* stately, grandiose, magnificent ★ *een ~ uitzicht* a magnificent view ★ *een ~ gebaar* a broad gesture ★ *een ~e titel* a sonorous title

weidsheid *v* stateliness, grandeur

weifelaar *m* [-s] waverer

weifelachtig *bn* hesitant, wavering

weifelen *onoverg* [weifelde, h. geweifeld] ❶ *aarzelen* hesitate, waver ❷ *tussen twee dingen* vacillate ‹between›

weifeling *v* [-en] hesitation, wavering, vacillation

weigeraar *m* [-s] refuser

weigerachtig *bn* unwilling (to grant a request), recalcitrant ★ *een ~ antwoord ontvangen* meet with a refusal ★ *~ blijven* persist in one's refusal ★ *~ zijn te...* refuse to...

weigeren I *overg* [weigerde, h. geweigerd] ❶ *niet willen* refuse ❷ *niet aannemen* refuse, reject, decline ★ *~ te getuigen* refuse to give evidence ★ *een verzoek ~* refuse / reject a request ★ *een cheque ~* refuse to accept a cheque, ‹door bank› refuse to honour a cheque ❸ *niet toestaan* refuse, turn down **II** *onoverg* [weigerde, h. geweigerd] ❶ *v. rem* fail ❷ *v. wapens* misfire

weigering *v* [-en] ❶ *het weigeren* refusal ❷ *niet toekennen* denial ★ *ik wil van geen ~ horen* I won't take no for an answer ❸ *v. remmen* failure ❹ *v. wapens* misfire

we

weiland *o* [-en] pasture, meadow

weinig I *telw* ‹ev.› little, not much, ‹mv.› few, not many ★ ~ *goeds* little good, little that is good ★ ~ *of niets* little or nothing ★ *een* ~ a little ★ *het ~e dat ik heb* what little (money) I have ★ *hoe* ~ *(ook)* little as it is ★ *maar* ~ but little ★ *niet* ~ not a little ★ *zes dollar te* ~ six dollars short ★ *al te* ~ too little ★ *veel te* ~ ‹ev.› much too little, ‹mv.› far too few ★ *~en* few ★ *maar ~en* only a few **II** *bijw* ❶ *niet veel* little ★ *het betekent zo* ~ it means so little ★ *het doet me* ~ I don't care much ❷ *niet dikwijls* rarely, hardly ever ★ *ik zie haar* ~ I hardly ever see her

weit *v* wheat

weitas *v* [-sen] game bag

wekamine *v* amphetamine

wekdienst *m* [-en] wake-up call service

wekelijks I *bn* weekly **II** *bijw* ❶ *eens per week* weekly, every week ❷ *per week* a / per week

weken I *overg* [weekte, h. geweekt] soak, steep **II** *onoverg* [weekte, is geweekt] soak, leave to soak, steep

wekenlang I *bn* lasting for weeks **II** *bijw* for weeks (on end), week after week

wekken *overg* [wekte, h. gewekt] ❶ *alg.* (a)wake, awaken, (a)rouse ★ *wek me om zeven uur* call me at seven o'clock ❷ fig ook evoke, call up, create ★ *verbazing* ~ come as a surprise ★ *de indruk* ~ create the impression ★ *verwachtingen* ~ raise expectations ★ *verontwaardiging* ~ provoke indignation

wekker *m* [-s] ❶ *wekkerklok* alarm (clock) ❷ *wekdienst* wake-up service

wekkerradio *m* ['s] clock radio

wel I *bn* well ★ *alles* ~ *aan boord* all's well on board ★ *hij is niet* ~ he doesn't feel well, he's unwell ★ *laten we* ~ *wezen* to be quite honest ★ *als ik het* ~ *heb* if I'm not mistaken **II** *bijw* ❶ *goed* well, rightly ★ *zij danst (heel)* ~ she dances (very) well ★ *als ik het mij* ~ *herinner* if I remember rightly ❷ *zeer* very (much) ★ *dank u* ~ thank you very much ★ *u bent* ~ *vriendelijk* that's very kind of you ❸ *versterkend* indeed, truly ★ ~ *een bewijs dat...* a proof, indeed, that... ★ *ik heb mijn les* ~ *geleerd* I certainly did learn my lesson ★ *hij moet* ~ *rijk zijn om...* he must certainly be rich to... ★ *hij zal* ~ *moeten* he will jolly well have to ❹ *niet minder dan* no less than, no fewer than, as many as ★ *er zijn er* ~ *50* there are as many as 50 ❺ *vermoeden uitdrukkend of geruststellend* surely ★ *hij zal* ~ *komen* he's sure to come, I daresay he'll come ★ *ik behoef* ~ *niet te zeggen...* I need hardly say... ❻ *toegevend* (indeed) ★ *zij is* ~ *mooi, maar niet...* she may be pretty, but she isn't... ❼ *tegenover ontkenning* ...is,...has, & ★ *(Jan kan het niet)* Piet ~ (John can't do it) but Peter can ★ *vandaag niet, morgen* ~ not today but tomorrow ❽ *als beleefdheidswoord* kindly ★ *zoudt u me dat boek* ~ *willen aangeven?* would you mind handing me that book? ❾ *vragend* are you, have you? & ★ *je gaat niet uit,* ~*?* you aren't going out, are you? ❿ *uitroepend* why, well ★ ~, *heb ik je dat niet gezegd?* why, didn't I tell you? ★ ~ *nu nog mooier!* well, I never! ★ ~, *wat is er?* why, what's the matter? ★ ~, *waarom niet?* well, why not? ★ ~*! ~!* well, well!, well, to be sure! ★ *zijn beste vriend nog* ~ his best friend of all people ★ *wat denk je* ~*!* what do you take me for!, certainly not! ★ *ik heb het* ~ *gedacht!* I thought so / as much ★ *ik moest* ~ I had to, I couldn't do anything else, it couldn't be helped ★ *je moet... of* ~*...* you must either... or... ★ ~ *eens* now and again, on occasion ★ *hebt u* ~ *eens...?* have you ever...? ★ *de film was* ~ *aardig* the film was quite nice **III** *o welzijn* well-being ★ *het* ~ *en wee* the fortunes and misfortunes **IV** *v* [-len] *bron* spring, well

---

wel

Wanneer het Engelse **well** wordt verbonden met een voltooid deelwoord (om op die manier een bijv. naamwoord te vormen) staat er een streepje tussen als het voor het zelfst. naamwoord staat. Maar als het op een vorm van het koppelwerkw. *zijn/worden* enz. volgt, niet.

Onze **welbeminde** vader wordt our **well-loved** father maar onze vader is **welbemind** wordt our father is **well loved**.

---

welaan *tsw* well then

welbegrepen *bn* well understood

welbehagen *o* pleasure, well-being

welbekend *bn* well known

welbemind *bn* well beloved, dearly beloved

welbeschouwd *bijw* all in all, all things considered

welbespraakt *bn* fluent, well spoken

welbespraaktheid *v* eloquence, fluency

welbesteed *bn* well used, well spent

welbevinden *o* well-being

welbewust *bn* deliberate

weldaad *v* [-daden] ❶ *zegen* boon, benefit ★ *een* ~ *voor iedereen* a good thing for everybody ❷ *menslievende daad* charity ★ *iem. een* ~ *bewijzen* do a service to sbd, confer a benefit on sbd ❸ *iets aangenaams* pleasure ★ *de* ~ *van chocolade* the pleasure of chocolate

weldadig *bn* ❶ *liefdadig* beneficent, benevolent, charitable ❷ *heilzaam* beneficial, delightful ★ *een* ~ *gevoel* a feeling of well-being ★ *een* ~*e regenbui* a refreshing shower

weldenkend *bn* right-thinking, right-minded ★ *elk* ~ *mens* everybody in their right mind

weldoen *onoverg* [deed wel, h. welgedaan] ❶ *goed doen* do good ★ *in stilte* ~ do good in silence ★ *doe wel en zie niet om* do well and fear not ❷ *liefdadig zijn* give alms, be charitable

weldoener *m* [-s] benefactor, benefactress

weldoordacht *bn* well thought-out, well considered

weldoorvoed *bn* well fed

weldra *bijw* presently, before long, shortly

weledel *bn* ★ *Weledele Heer* ‹aanhef› Dear Sir ★ *de*

Weledele heer T. Thijssen Mr. T. Thijssen

weledelgeboren *bn* ★ ⟨aanhef⟩ ~ *heer* Dear Sir

weledelgeleerd *bn* ★ ⟨aanhef⟩ ~ *heer* Dear Sir

weledelzeergeleerd *bn* ★ ⟨op envelop⟩ *de Weledelzeergeleerde heer Dr. P. Mulder* Dr P. Mulder ★ ⟨als briefbegin⟩ *Weledelzeergeleerde heer* Dear Sir, Dear Dr Mulder

weleens *bijw* ⟨verleden⟩ once, ⟨heden⟩ sometimes, ⟨in vragen⟩ ever

weleer *bijw* olden times / days ★ *een vriend van* ~ a friend from the past

weleerwaard *bn* reverend ★ *zeker, ~e!* certainly, your reverence ★ *de Weleerwaarde heer A.B.* (the) Reverend A.B., the Rev. A.B.

welgedaan *bn* well fed, portly

welgelegen *bn* well situated

welgeliefd *bn* well beloved

welgemanierd *bn* well bred, well mannered

welgemeend *bn* heartfelt, ⟨goedbedoeld⟩ well meant ★ ~ *advies* well-meaning advice ★ ~*e dank* heartfelt thanks

welgemoed *bn* cheerful

welgeschapen *bn* well formed, shapely

welgesteld *bn* well off, well-to-do, rich

welgeteld *bijw* all-in-all, all told ★ *er waren* ~ *vijf mensen* all-in-all there were five people

welgevallen I *o* pleasure ★ *met* ~ with pleasure, with satisfaction ★ *naar* ~ at will, at (your) pleasure **II** *onoverg* ★ *zich iets laten* ~ put up with sth

welgevallig *bn* agreeable

welgevormd *bn* well formed, shapely

welgezind *bn* well disposed

welhaast *bijw* ❶ *weldra* soon, shortly ❷ *bijna* almost, nearly ★ ~ *niets / niemand* hardly anything / anybody

welig I *bn rijkelijk* luxuriant ★ ~*e grond* fertile land **II** *bijw* abundantly ★ ~ *groeien* thrive ★ ~ *tieren* grow abundantly

welingelicht *bn* well informed

weliswaar *bijw* it's true, indeed ★ *de zon schijnt ~, maar het is toch koud* although the sun is shining it is still cold ★ *ik heb het* ~ *niet gezien, maar...* I must admit that I didn't actually see it, but...

welk I *vragend vnw* which, what ★ ~*e jongen van de zes?* which of the six boys? ★ ~*e jongen zou zoiets doen?* what boy would do a thing like that? **II** *uitroepend vnw* what ★ ~ *een schande!* what a shame! **III** *betr vnw* ❶ *v. personen* who, that ❷ *niet van personen* which, that **IV** *onbep vnw* whatever, any ★ ~*(e) ook* which(so)ever, what(so)ever, any ★ *onverschillig* ~... any... whatsoever

welkom I *bn* welcome ★ *wees* ~*!* welcome! ★ ~ *in Amsterdam* welcome to Amsterdam! ★ ~ *thuis* welcome home ★ *iem.* ~ *heten* bid sbd welcome, welcome sbd ★ *iem. hartelijk* ~ *heten* extend a hearty welcome to sbd, give sbd a hearty welcome ★ *iets* ~ *heten* welcome sth ★ *een* ~*e afwisseling* a welcome change **II** *o* welcome

welkomstgroet *m* [-en] words of welcome

welkomstwoord *o* [-en] welcoming speech, opening speech

wellen I *overg* [welde, h. geweld] ❶ *vruchten* steep ❷ *ijzer* weld ❸ *boter* draw **II** *onoverg* [welde, is geweld] *opborrelen* well (up / out of)

welles *tsw* yes, it is / does &

welletjes *bijw* quite enough ★ *het is zo* ~ that will do ★ *het* ~ *vinden* ⟨het genoeg vinden⟩ call it a day, ⟨het zat zijn⟩ have had enough

wellevend *bn* polite, well bred

wellevendheid *v* politeness, good breeding

wellicht *bijw* perhaps

welluidend *bn* melodious, harmonious

welluidendheid *v* melodiousness, harmony

wellust *m* [-en] voluptuousness, sensuality, <u>afkeurend</u> lust, lechery

wellusteling *m* [-en] lecher

wellustig I *bn* sensual, voluptuous, <u>afkeurend</u> lecherous, lustful, lascivious **II** *bijw* sensually &

welnee *tsw* no, of course not

welnemen *o* ★ *met uw* ~ by your leave

welnu *tsw* well then

welopgevoed *bn* well bred

weloverwogen *bn* well considered, deliberate

welp I *m & o* [-en] cub **II** *m* [-en] *bij de padvinderij* Cub Scout

welriekend *bn* sweet-smelling, sweet-scented, fragrant

Welsh *bn & o* Welsh

Welshman *m* [-men] Welshman

welslagen *o* success

welsprekend *bn* eloquent

welsprekendheid *v* eloquence

welstand *m* ❶ *welgesteldheid* prosperity, well-being ★ *in* ~ *leven* be well off, live in easy circumstances ❷ *gezondheid* good health ★ *naar iems.* ~ *informeren* inquire after sbd.'s health ★ *in blakende* ~ in the best of health

welste *bn* ★ *van je* ~ whacking, howling ★ *een kou van je* ~ a bitter cold ★ *een kabaal van je* ~ an appalling racket/<u>inf</u> a hell of a racket

weltergewicht *o* welterweight

welterusten *tsw* good night, sleep well

welverstaan *bijw* that is

weltevreden *bn* pleased, contented

welvaart *v* prosperity

welvaartsgroei *m* increase in prosperity

welvaartsmaatschappij *v* [-en], **welvaartsstaat** *m* [-staten] affluent society

welvaartspeil *o* level of prosperity

welvaartsverschijnsel *o* [-en] sign of affluence

welvaren I *o* ❶ *voorspoed* prosperity ❷ *gezondheid* health ★ *er uitzien als Hollands* ~ be the picture of health, glow with health **II** *onoverg* [voer wel, h. en is welgevaren] ❶ *voorspoedig zijn* prosper, thrive, be prosperous ★ *daar zijn we wel bij gevaren* we've done well out of that ❷ *gezond zijn* be in good health

we

welvarend *bn* ❶ *voorspoedig* prosperous, thriving
❷ *gezond* healthy
welven I *overg* [welfde, h. gewelfd] vault, arch
II *wederk* [welfde, h. gewelfd] ★ *zich ~* vault, arch
welverdiend *bn* well deserved
welving *v* [-en] vaulting, vault
welvoeglijk *bn* becoming, seemly, decent, proper
welvoeglijkheid *v* decency, propriety
welvoorzien *bn* ❶ *tafel* well provided, well loaded
❷ *winkel* well stocked ❸ *maaltijd* copious
welwillend *bn* kind, sympathetic ★ *met ~e*
medewerking van with the kind cooperation of ★ *~*
jegens iem. zijn be sympathetic towards sbd
welzijn *o* welfare, well-being ★ *het algemeen ~* the
common good ★ *naar iems. ~ informeren* inquire
after sbd.'s health ★ *op iems. ~ drinken* drink sbd.'s
health ★ *voor uw ~* for your good
welzijnssector *m* welfare services
welzijnsvoorziening *v* [-en] welfare provision
welzijnswerk *o*, **welzijnszorg** *v* welfare work
welzijnswerker *m* [-s] welfare worker
wemelen *onoverg* [wemelde, h. gewemeld] teem,
swarm ★ *~ van* ‹vliegen, mensen &› swarm / teem
with, ‹ongedierte› crawl with, be infested with,
‹fouten› be full of
wendbaar *bn* manoeuvrable, ‹dier› nimble ★ *een*
wendbare organisatie a flexible organisation
wendbaarheid *v* manoeuvrability
wenden I *overg* [wendde, h. gewend] ❶ *alg.* turn
❷ scheepv put about **II** *onoverg* [wendde, h.
gewend] ❶ *alg.* turn ❷ scheepv go / put about
III *wederk* [wendde, h. gewend] ★ *zich ~* turn ★ *je*
kunt je daar niet ~ of keren there's hardly enough
room to swing a cat ★ fig *(ik weet niet) hoe ik mij ~ of*
keren moet (I don't know) which way to turn ★ *zich ~*
tot apply to, turn to, approach
wending *v* [-en] turn ★ *het gesprek een andere ~ geven*
give another turn to the conversation, turn the
conversation ★ *een gunstige ~ nemen* take a
favourable turn, take a turn for the better ★ *een*
zins~ a turn of phrase
Wenen *o* Vienna
wenen *onoverg* [weende, h. geweend] weep, cry
Wener I *m* [-s] Viennese **II** *bn* Viennese, of Vienna ★ *~*
meubelen Austrian bentwood furniture
wenk *m* [-en] ❶ *teken* sign, wink, nod ❷ *aanwijzing*
hint, tip ★ *de ~ begrijpen / opvolgen* take the hint
★ *iem. een ~ geven* beckon to sbd, fig give sbd a hint
★ *iem. op zijn ~en bedienen* be at sbd's beck and call
★ *een stille ~* a quiet hint
wenkbrauw *v* [-en] eyebrow ★ *op zijn ~en lopen* be
dead on one's feet
wenkbrauwpotlood *o* [-loden], **wenkbrauwstift** *v*
[-en] eyebrow pencil
wenken *overg* [wenkte, h. gewenkt] beckon, call
wennen I *overg* [wende, h. gewend] accustom,
habituate **II** *onoverg* [wende, is gewend] ★ *~ aan iets*
accustom oneself to sth, get used to sth ★ *men went*

aan alles you get used to everything ★ *het zal wel ~,*
u zult er wel aan ~ you'll get used to it ★ *hij begint al*
goed te ~ bij hen he is starting to feel quite at home
with them **III** *wederk* [wende, h. gewend] ★ *zich ~*
(aan) get used to
wens *m* [-en] wish, desire ★ *mijn beste ~en* best wishes
★ *mijn ~ is vervuld* I have my wish ★ *een ~ doen*
make a wish ★ *naar ~* to my / your / our &
satisfaction ★ *tegen de ~ van zijn vader* against his
father's wishes ★ *heb je nog ~en voor kerst?* is there
anything you'd like for Christmas? ★ *de ~ is de vader*
van de gedachte the wish is father to the thought
wensdroom *m* [-dromen] fantasy, ideal
wenselijk *bn* desirable ★ *al wat ~ is!* all the best!
★ *het ~ achten* think it desirable
wenselijkheid *v* desirability, advisability
wensen *overg* [wenste, h. gewenst] ❶ *verlangen* wish,
desire ★ *wij ~ te gaan* we wish to go ★ *ik wenste u te*
spreken I should like to have a word with you
❷ *willen hebben* desire, want ★ *ik wens dat hij*
dadelijk komt I want him to come at once
❸ *toewensen* wish ★ *ik wens u alle geluk* I wish you
every happiness, I wish you all the luck in the world
★ *wat wenst u?* ‹alg.› what do you wish?, ‹in winkel›
what can I do for you? ★ *het is te ~ dat...* it is to be
desired that... ★ *niets / veel te ~ overlaten* leave
nothing / much to be desired ★ *iem. naar de maan ~*
say that sbd can go to hell ★ *ja, als men het maar*
voor het ~ had if wishes were horses, beggars might
ride
wenskaart *v* [-en] greeting(s) card
wentelen I *overg* [wentelde, h. gewenteld] turn over,
roll **II** *onoverg* [wentelde, is gewenteld] revolve
III *wederk* [wentelde, h. gewenteld] ★ *zich ~* roll,
revolve, wallow ★ *de planeten ~ zich om de zon* the
planets revolve round the sun
wentelteefje *o* [-s] French toast
wenteltrap *m* [-pen] winding / spiral staircase
wereld *v* [-en] world, earth, universe ★ *de ~ is een*
schouwtoneel all the world is a stage ★ *wat zal de ~*
ervan zeggen? what will the world/inf what will Mrs.
Grundy say? ★ *de andere ~* the other world, the next
world ★ *de boze ~* the wicked world ★ *de Derde*
Wereld the Third World ★ *de geleerde ~* the scientific
world, the academic world, the world of learning
★ *de grote ~* society, the upper ten ★ *de hele ~* the
whole world, all the world ★ *de Nieuwe / Oude*
Wereld the New / Old World ★ *de vrije ~* the free
world ★ *de wijde ~* the wide world ★ *iets de ~ in*
sturen launch / give sth to the world ★ *zijn ~ kennen*
/ verstaan have good manners ★ *weten wat er in de ~*
te koop is know what's what, know the ways of the
world ★ *niet van deze ~ zijn* not of this world ★ *de ~*
verzaken renounce the world ★ *zich door de ~ slaan*
fight one's way through the world ★ *in de ~* in the
world ★ *zo gaat het in de ~* such is the way of the
world ★ *iem. naar de andere ~ helpen* send sth to
kingdom come ★ *naar de andere ~ verhuizen* go to

kingdom come ★ *een reis om de* ~ a voyage round the world ★ *op de* ~, *ter* ~ in the world ★ *de* ~ *op zijn kop* a topsy-turvy world ★ *ter* ~ *brengen* bring into the world, give birth to ★ *ter* ~ *komen* come into the world, see the light of day, be born ★ *voor alles ter* ~ for the world ★ *hij zou alles ter* ~ *willen geven om...* he would give the world to... ★ *niets ter* ~ nothing on earth, no earthly thing ★ *voor niets ter* ~ not for the world ★ *wat ter* ~ *moest hij...* what on earth should he... ★ *hoe is het Gods ter* ~ *mogelijk!* how in the world is it possible ★ *de zaak uit de* ~ *helpen* settle a matter / business ★ *dat probleem is uit de* ~ that problem is done with ★ *een man van de* ~ a man of the world ★ *wat van de* ~ *zien* see the world ★ *er gaat een* ~ *voor je open* a new world opens for you ★ *alleen voor de* ~ *leven* live for the world only, be worldly minded

wereldatlas *m* [-sen] world atlas

Wereldbank *v* World Bank, International Bank for Reconstruction and Development (IBRD)

wereldbeeld *o* world view, philosophy of life

wereldbeker *m* [-s] World Cup

wereldberoemd *bn* world-famous, world-renowned

wereldbeschouwing *v* [-en] view / conception of the world, philosophy, Weltanschauung

wereldbevolking *v* world population

wereldbol *m* [-len] globe

wereldburger *m* [-s] citizen of the world, cosmopolitan ★ scherts *de nieuwe* ~ the new arrival

wereldcup *m* [-s] World Cup

werelddeel *o* [-delen] continent

werelddekking *v* verz worldwide cover

wereldeconomie *v* world economy

wereldgeschiedenis *v* world history

Wereldgezondheidsorganisatie *v* World Health Organization

wereldgodsdienst *m* [-en] world religion

wereldhandel *m* world / international trade

Wereldhandelscentrum *o* [-s & -tra] World Trade Centre/Am Center

Wereldhandelsorganisatie *v* World Trade Organisation, WTO

wereldhaven *v* [-s] international port

wereldje *o* [-s] world ★ *tot het* ~ *van tv-sterren behoren* be part of the TV scene / of the world of TV / of the TV incrowd

wereldkaart *v* [-en] map of the world, world map

wereldkampioen *m* [-en] world champion

wereldkampioenschap *o* [-pen] world championship, voetbal World Cup

wereldklasse *v* world class ★ *een auto van* ~ a world-class car

wereldklok *v* world clock

wereldkundig *bn* universally known ★ *iets* ~ *maken* spread sth abroad, make sth public

wereldleider *m* [-s] world leader

wereldlijk *bn* ❶ *niet geestelijk* worldly, secular, profane ★ ~ *maken* secularize ❷ *niet kerkelijk*

temporal ★ *het* ~ *gezag* the secular authorities

wereldliteratuur *v* world literature

wereldmacht *v* [-en] world power

wereldmarkt *v* world market

Wereldnatuurfonds *o* World Wildlife Fund

wereldnieuws *o* world news

wereldomroep *m* BBC world service

wereldontvanger *m* [-s] short wave receiver

wereldoorlog *m* [-logen] world war ★ *de Eerste Wereldoorlog* the Great War, the First World War ★ *de Tweede Wereldoorlog* the Second World War, World War II ★ *de jaren tussen de twee* ~*en* the interwar years, the interbellum

wereldopinie *v* world opinion

wereldorde *v* world order

wereldoriëntatie *v* schoolvak knowledge of the world, world studies

wereldpremière *v* [-s] world premiere

Wereldraad van Kerken *m* World Council of Churches

wereldranglijst *v* [-en] world league table, world rankings

wereldrecord *o* [-s] world record

wereldrecordhouder *m* [-s] world record holder

wereldreis *v* [-reizen] world tour

wereldreiziger *m* [-s] world traveller/Am traveler, globetrotter

werelds *bn* ❶ *aards* secular, temporal ★ ~*e goederen* worldly goods / possessions ❷ *mondain* worldly, worldly-minded ★ *een* ~*e vrouw* a fashionable woman ★ ~*e genoegens* worldly pleasures

wereldschokkend *bn* earth-shattering, world-shattering

wereldstad *v* [-steden] metropolis

wereldtaal *v* [-talen] world language

wereldtentoonstelling *v* [-en] world fair, international exhibition

wereldtitel *m* [-s] sp world title

wereldduurrecord *o* [-s] world hour record

wereldverbeteraar *m* [-s] do-gooder

wereldvermaard *bn* world-famous

Wereldvoedselorganisatie *v* World Food Organization

wereldvrede *m & v* world peace

wereldvreemd *bn* unworldly ★ *hij is volstrekt* ~ he is totally unworldly

wereldwijd *bn* world-wide

wereldwijs *bn* worldly-wise, sophisticated

wereldwinkel *m* [-s] Third World shop

wereldwonder *o* [-en] one of the wonders of the world

wereldzee *v* [-zeeën] ocean

weren I *overg* [weerde, h. geweerd] ❶ *tegenhouden* keep out, bar ❷ *niet toelaten* exclude, keep out ★ *we kunnen hem niet* ~ we can't keep him out ❸ *onderdrukken* suppress **II** wederk [weerde, h. geweerd] ★ *zich* ~ ‹zich verdedigen› defend oneself, ‹zijn best doen› exert oneself

werf v [werven] ❶ *scheepswerf* shipyard, ship-building yard ❷ *marinewerf* dockyard ❸ *houtwerf* timber yard ❹ *bouwterrein* ZN building site

wering v prevention ★ *tot ~ van* for the prevention of

werk o [-en] ❶ *het werken* work ★ *lang ~ hebben om* be long about...ing ★ *er dadelijk ~ van maken* see to it at once ★ *er veel ~ van maken* take great pains over it ★ *hij maakt (veel) ~ van haar* he's making up to her ★ *ik maak er geen ~ van* I won't take the matter up ★ *hoe gaat dat in zijn ~?* how is it done? ★ *hoe is dat in zijn ~ gegaan?* how did it come about? ★ *alles in het ~ stellen om...* leave no stone unturned / do one's utmost in order to... ★ *pogingen in het ~ stellen* make efforts / attempts ★ *goed / verkeerd te ~ gaan* set about it the right / wrong way ★ *voorzichtig te ~ gaan* proceed cautiously ❷ *taak* work, job, task ★ *openbare ~en* public works ★ *het ~ van een ogenblik* work that only takes a minute ★ *er is ~ aan de winkel* there's a lot of work to be done, he / you will find his / your work cut out for him / you ★ *geen half ~ doen* not do things by halves ★ *zijn ~ maken* do one's work ★ *aan het ~!* let's get going! ★ *aan het ~ gaan, zich aan het ~ begeven* get to work ★ *weer aan het ~ gaan* resume work ★ *iem. aan het ~ zetten* set sbd to work ★ *aan het ~ zijn* be at work, be working, be engaged ★ *aan het ~ zijn aan iets* be engaged / at work on sth ★ *onder het ~* while at work, while working ❸ *arbeid, beroep* work, employment, job ★ *honderd mensen ~ geven* employ a hundred people ★ *dat geeft veel ~* it takes a lot of work ★ *~ hebben* have a job, be in work ★ *geen ~ hebben* be out of work / employment, onderw have no work ★ *~ verschaffen* give employment ★ *~ vinden* find work / employment ★ *~ zoeken* be looking for work ★ *te ~ stellen* employ, set to work ★ *zonder ~* out of work ❹ *plaats v/h werk* work ★ *naar zijn ~ gaan* go off to work ❺ *product, werkstuk* piece of work ★ *een ~ van Gods handen* God's workmanship ★ *dat is uw ~* this is your work / doing ★ *het is mooi ~* it's a fine piece of work / a fine achievement ❻ *schepping v. auteur/ kunstenaar* work, muz piece ★ *de ~en van Vondel* the works of Vondel, Vondel's works ★ muz *et ~ heeft drie delen* the piece is in three parts ❼ *goede daad* work ★ *een goed ~ doen* do a work of mercy ❽ *mechanisme* works ★ *het ~ van een horloge* the works of a watch ❾ *bouwterrein* ZN site ★ ZN ⟨waarschuwing op weg⟩ *~!* road works ahead ❿ *gepluisd touwwerk* scheepv oakum

werkafspraak v [-spraken] work engagement

werkbank v [-en] (work)bench

werkbespreking v [-en] work assessment

werkbezoek o [-en] working visit

werkbij v [-en] worker (bee)

werkblad o [-bladen] ❶ *tafelblad* worktop ❷ *aanrecht* benchtop ❸ comput spreadsheet, worksheet ❹ *vel papier* techn sketch

werkboek o [-en] ❶ *oefenboek* workbook, exercise book ❷ comput workbook

werkbriefje o [-s] work sheet

werkbroek v [-en] work trousers

werkcollege o [-s] tutorial seminar

werkdag m [-dagen] ❶ *tegenover zon- en feestdag* workday, weekday ❷ *een dag werk* working day

werkdruk m pressure of work

werkelijk I bn real, actual ★ *in ~e dienst* on active service ★ *de ~e kosten* the actual cost(s) **II** bijw really ★ *(ik heb het niet gedaan) ~!* (I didn't do it!) really!, fact!

werkelijkheid v reality ★ *in ~* in reality, in point of fact, in fact, really ★ *in strijd met de ~* in conflict with the facts

werkelijkheidszin m realism

werkeloos bn → **werkloos**

werkeloosheid v → **werkloosheid**

werkeloze m-v [-n] → **werkloze**

werken I onoverg [werkte, h. gewerkt] ❶ *werk doen* work ★ *hij heeft nooit van ~ gehouden* he's never liked work ★ *hij laat hen te hard ~* he works them too hard, he overworks them ★ *hij moet hard ~* he has to work hard ★ *~ als een paard* work like a horse ★ *aan een boek & ~* be working on a book & ★ *er wordt aan gewerkt* they're / we're working on it ❷ techn work, function ★ *de rem werkt niet* the brake isn't functioning, the brake doesn't work ❸ *uitwerking hebben* work, act, operate, take effect, be effective ★ *die bepalingen & ~ goed* these regulations & are effective ★ *de natuur laten ~* let nature do the job ★ *nadelig ~ op* have a bad effect upon ★ *op iems. gemoed ~* work on sbd.'s feelings ★ *het werkt op de zenuwen* it's getting on my / your & nerves ❹ *verschuiven* work, shift, settle ★ *de muur werkt* the wall is settling ❺ *gisten* ferment ❻ *krom trekken* work, become warped **II** overg [werkte, h. gewerkt] ★ *iets naar binnen ~* ⟨voedsel⟩ get sth down ★ *hij kan heel wat naar binnen ~* he can manage a lot of food ★ *ze ~ elkaar eronder* they're cutting each other's throats

werkend bn working, active ★ *de ~e stand* the working classes ★ *~e vrouwen* working women ★ *een ~ lid* an active member ★ *een ~e vulkaan* an active volcano

werker m [-s] worker

werkervaring v work experience

werkgeheugen o [-s] comput main storage / memory, internal storage / memory, RAM *Random Access Memory*

werkgelegenheid v employment ★ *volledige ~* full employment ★ *onvolledige ~* underemployment

werkgelegenheidsgroei m employment growth, growth of employment opportunities, increase in the number of jobs

werkgemeenschap v [-pen] cooperative

werkgemeente v [-n & -s] ZN working community

werkgever m [-s] employer ★ *~s en werknemers* employers and employees

werkgeversaandeel o [-delen], **werkgeversbijdrage** v

[-n] employer's contribution

werkgeversorganisatie v [-s] employers' organization

werkgeversverklaring v [-en] employer's certificate

werkgroep v [-en] study group, working party

werkhanden zn [mv] calloused hands

werkhandschoen m [-en] work(ing) glove

werkhouding v ❶ stand v. lichaam posture during work ❷ motivatie attitude towards work

werkhuis o [-huizen] v. werkster place

werkhypothese v [-n & -s] working hypothesis

werking v [-en] ❶ het functioneren working, action, operation ★ die bepaling is buiten ~ that regulation is no longer operative ★ buiten ~ stellen suspend ★ in ~ in action ★ in ~ stellen put into operation, set going ★ in ~ treden come into operation / into force ★ in ~ zijn be working, be operative ★ in volle ~ in full operation, in full swing ❷ uitwerking effect

werkje o [-s] ❶ klein werk piece of work, job ❷ figuurtje pattern

werkkamer v [-s] study

werkkamp o [-en] ❶ v. vrijwilligers work camp ❷ strafkamp labour camp

werkkapitaal o [-talen] working capital

werkkleding v work(ing) clothes

werkklimaat o work climate, work atmosphere

werkkracht v ❶ energie energy ❷ werknemer worker, employee ★ de ~en the employees

werkkring m [-en] ❶ baan post, position, job ❷ omgeving sphere of activity / action, working environment

werklieden, werklui zn [mv] working people, workers, labourers

werkloos, werkeloos bn ❶ niets uitvoerend inactive, idle ★ ~ toekijken stand around watching ❷ zonder baan out of work, out of employment, unemployed, jobless ★ ~ maken throw out of work

werkloosheid, werkeloosheid v ❶ nietsdoend inactivity, idleness, inaction ❷ zonder werk zijn unemployment ★ verborgen ~ hidden unemployment

werkloosheidcijfer o [-s] veelal mv unemployment figures

werkloosheidsuitkering v [-en] unemployment benefits, dole

werkloosheidsverzekering v unemployment insurance

werkloosheidswet v [-ten] unemployment act

werkloze, werkeloze m-v [-n] unemployed person ★ de ~n the unemployed

werklunch m [-en &-es] working lunch

werklust m zest for work

werkmaatschappij v [-en] subsidiary company, operating company, contractor

werkman m [-lieden & -lui] workman, labourer ★ een los ~ a casual labourer

werkmier v [-en] worker (ant)

werknemer m [-s] employee, employed man ★ de totale aantal ~s the payroll ★ een modale ~ an

average worker, an employee earning a standard income

werknemersaandeel o [-delen], **werknemersbijdrage** v [-n] employee's contribution

werknemersorganisatie v [-s] vakbond union, Br trade union, Am labor union

werkomgeving v [-en] ❶ working environment ❷ comput environment

werkomstandigheden zn [mv] working conditions

werkonbekwaam bn ZN unfit for work, disabled

werkonderbreking v [-en] work stoppage

werkoverleg o (on-the-)job consultation, consultation between management and staff

werkpaard o [-en] persoon en paard workhorse

werkplaats v [-en] workshop, shop, workplace

werkplan o [-nen] working plan, plan of work

werkplek v [-ken] workplace ★ op de ~ in the workplace

werkrooster m & o [-s] timetable

werkschuw bn workshy ★ ~ tuig workshy layabouts

werksfeer v work climate / atmosphere

werkstaking v [-en] strike

werkster v [-s] ❶ arbeidster (female) worker ❷ in huishouden cleaning woman / lady

werkstudent m [-en] working student

werkstuk o [-ken] ❶ alg. (piece of) work, workpiece ❷ in de meetkunde proposition, problem ❸ schoolopdracht paper, assignment

werktafel v [-s] ❶ desk ❷ techn workbench

werktekening v [-en] working drawing, plan

werktempo o working speed, speed of work

werkterrein o [-en] area / sphere / field of work

werktijd m [-en] ❶ alg. working hours ★ lange ~en hebben work long hours ★ variabele ~en flexible hours, inf flexitime ❷ v.e. ploeg shift

werktijdverkorting v [-en] short-time working, reduction in working hours

werktuig o [-en] alg. tool, instrument, implement, piece of equipment ★ ⟨voor gymnastiek⟩ ~en apparatus

werktuigbouwkunde v mechanical engineering

werktuigbouwkundig bn mechanical

werktuigbouwkundige m-v [-n] mechanical engineer

werktuigkunde v mechanics

werktuigkundige m-v [-n] mechanic, mechanical engineer

werktuiglijk I bn mechanical, automatic **II** bijw mechanically, automatically

werkuur o [-uren] working hour

werkverdeling v division of labour

werkvergunning v [-en] work permit

werkverschaffing v (unemployment) relief work(s)

werkvloer m [-en] shop floor ★ de directeur zie je zelden op de ~ the managing director is rarely seen on the shop floor

werkvolk o working people, workmen, labourers

werkvrouw v [-en] schoonmaakster ZN cleaning woman / lady

we

werkweek v [-weken] ❶ v. werk working week
❷ v. leerlingen project week ★ op ~ gaan go on a
project / study week

werkweigeraar m [-s] person who refuses to work

werkweigering v refusal to work

werkwijze v [-n] (working) method

werkwillige m [-n] willing worker, non-striker

werkwoord o [-en] verb

werkwoordelijk bn verbal

werkwoordsvorm m [-en] verbal form

werkzaam I bn active, industrious ★ een ~ man a
hard-working man ★ een ~ aandeel hebben in have
an active part in ★ hij is ~ op een fabriek he is
employed at a factory, he works in a factory ★ het
werkzame bestanddeel the active ingredient II bijw
actively, laboriously, industriously

werkzaamheden zn [mv] activities, duties ★ mijn
talrijke ~ my numerous activities / duties ★ de
verschillende ~ van een commissie the various tasks
performed by a committee

werkzaamheid v activity, industry

werkzoekende m-v [-n] job / employment seeker

werpanker o [-s] ❶ soort anker kedge anchor
❷ enterhaak grappling iron / hook

werpen I overg [wierp, h. geworpen] ❶ gooien throw,
fling, hurl, toss, inf chuck, ‹honkbal› pitch, ‹cricket›
bowl ★ ‹met dobbelsteen› vijf ~ throw five ★ een
blaam / smet ~ op iem. cast a slur on sbd ★ in de
strijd ~ throw into the fray ❷ v. dieren have puppies,
kittens & ★ onze zeug heeft tien biggen geworpen our
sow has had a litter of ten piglets II wederk [wierp,
h. geworpen] ★ zich ~ throw oneself ★ zich in de
armen ~ van... fling oneself into the arms of... ★ zich
op iem. ~ fall on sbd ★ zich op de knieën ~ voor iem.
go down on one's knees / prostrate oneself before
sbd ★ zich op iets ~ throw oneself on sth, fig throw
oneself into sth ★ zich te paard ~ fling oneself into
the saddle

werper m [-s] ❶ alg. thrower ❷ honkbal pitcher

werphengel m [-s] casting rod

werpheuvel m [-s] honkbal mound

werpnet o [-ten] casting net

wervel m [-s] vertebra

wervelen onoverg [wervelde, h. gewerveld] whirl,
swirl

wervelkolom v [-men] spinal column, spine

wervelstorm m [-en] tornado

wervelwind m [-en] whirlwind

werven overg [wierf, h. geworven] ❶ soldaten,
werkvolk & recruit, enlist, enrol ❷ klanten canvass

werving v [-en] ❶ soldaten, werkvolk & recruitment,
enlistment, enrolment/Am enrollment ❷ klanten
canvassing

wervingsactie v [-s] recruitment campaign

wervingsreserve v [-s] v. kandidaten voor een baan ZN
shortlist

wesp v [-en] wasp

wespendief m [-dieven] honey buzzard

wespennest o [-en] ❶ eig wasps' nest ❷ fig hornets'
nest ★ zich in een ~ steken stir up a hornet's nest

wespensteek m [-steken] wasp sting

wespentaille v [-s] wasp waist

west I bn west, western, westerly II bijw west, westerly
III v & o west ★ de West the west

West-Afrika o West Africa

West-Duits bn West German

West-Duitser m [-s] West German

West-Duitsland o ❶ West Germany ❷ hist Federal
Republic of Germany

westelijk I bn western, westerly ★ het ~ front the
western front ★ de Westelijke Sahara Western Sahara
II bijw westerly, west ★ ~ van (to the) west of ★ ~
liggen van be / lie further west than

westen o west ★ het Westen the West ★ buiten ~
unconscious ★ in het ~ in the west ★ naar het ~ (to
the) west, westward(s), ‹verkeer› westbound ★ op
het ~ gelegen facing west, with a western aspect
★ ten ~ van... (to the) west of... ★ uit het ~ from the
west, westerly

westenwind m [-en] west / westerly wind

westerbuur m [-buren] western neighbour,
neighbour to the west

westerlengte v western longitude ★ 60° ~ 60° west

westerling m [-en] ❶ iem. uit het westen van het land
westerner, somebody from the west ❷ iem. uit de
westerse cultuurkring Westerner

western m [-s] film western

westers bn ❶ m.b.t. het westen western ❷ m.b.t. de
westerse beschaving Western ★ de ~e beschaving
Western civilization ★ het ~e feminisme Western
feminism ★ ~e kleding Western clothes

Westerschelde v the West Scheldt

westerstorm m [-en] westerly gale

West-Europa o Western Europe

westkant m west / western side

westkust v [-en] west / western coast

West-Romeins bn Western Roman ★ het ~e Rijk the
Western Roman Empire

westwaarts I bn westward II bijw westward(s)

wet v [-ten] ❶ alg. law ★ de mozaïsche ~ the Mosaic
Law ★ de ~ van Archimedes Archimedes' principle,
the Archimedean principle ★ de ~ van Boyle / Grimm
/ Parkinson / Pareto & Boyle's / Grimm's / Parkinson's
/ Pareto's & law ★ de ~ van vraag en aanbod / van de
zwaartekracht & the law of supply and demand / of
gravitation & ★ de ~ van de afnemende
meeropbrengsten the law of diminishing returns
★ een ~ aannemen enact a law ★ iem. de ~ stellen
/ voorschrijven lay down the law for sbd ★ ~ worden
become law ★ een formele ~ procedural law ★ bij
(de) ~ bepaald regulated by law ★ boven de ~ staan be
above the law ★ buiten de ~ stellen outlaw ★ door
de ~ bepaald fixed by law, statutory ★ tegen de ~
against the law ★ tot ~ verheffen put a bill on the
Statute Book ★ volgens de ~ by law ★ volgens de
Franse ~ according to French law, under / by French

law ★ *voor de* ~ in the eyes of the law, before the law ★ *voor de* ~ *niet bestaan* not exist in law ★ *voor de* ~ *getrouwd* married at the registrar's / registry office ❷ *in 't bijzonder* act ★ *de Wet op het Basisonderwijs* the Primary Education Act

wetboek *o* [-en] code ★ *het Burgerlijk Wetboek* the civil code ★ *het Wetboek Burgerlijke Rechtsvordering* the Code of Civil Procedure ★ *het Wetboek van Koophandel* the Commercial Code ★ *het Wetboek van Strafrecht* the penal code, the criminal code ★ *het Wetboek van Strafvordering* the code of criminal procedure

weten I *o* knowledge ★ *niet bij mijn* ~ not to my knowledge ★ *buiten mijn* ~ without my knowledge, unknown to me ★ *met mijn* ~ with my knowledge ★ *naar mijn beste* ~ to the best of my knowledge ★ *tegen beter* ~ *in* against one's better judgement ★ *zonder mijn* ~ without my knowledge **II** *overg* [wist, h. geweten] ❶ *alg.* know, ⟨erin slagen⟩ manage ★ *iem. doen / laten* ~ let sbd know, send sbd word, inform sbd of ★ *wie weet of hij niet zal...* who knows whether he'll... ★ *God weet het!* God knows! ★ *dat weet ik niet* I don't know ★ *hij is mijn vriend moet je* ~ / *weet je* he's my friend, you know ★ *het te* ~ *komen* get to know, find out, learn ★ *hij wist te ontkomen* he managed to escape ★ *hij weet zich te verdedigen* he knows how to defend himself ★ *er iets op* ~ know a way out ★ *het uit de krant* ~ know it from the paper(s) ★ *van wie weet je het?* who did you hear it from?, who told you? ★ *eer je het weet* before you know where you are ★ *zij* ~ *het samen* they're as thick as thieves, they're hand and glove ★ *hij weet er alles van* he knows all about it ★ *hij weet er niets van* he doesn't know anything about it ★ *dat moeten zij zelf maar* ~ that's their lookout ★ *zij willen er niet(s) van* ~ they'll have none of it ★ *zij wil niets van hem* ~ she doesn't want anything to do with him ★ *dat moet je zelf* ~ that's your lookout ★ *wat niet weet, wat niet deert* what you don't know won't hurt you ★ *weet je wat?, we gaan naar...* I'll tell you what, let's go to... ★ *zij weet wat zij wil* she knows what she wants, she knows her own mind ★ *hij weet zelf niet wat hij wil* he doesn't know his own mind ★ *daar weet jij wat van!* fat lot you know about it! ★ *ik weet wat van je* I know something about you ★ *dat weet wat!* what a nuisance! ★ *hij wil het wel* ~ *dat hij knap is &* he doesn't need to be told that he's handsome & ★ *hij wil het niet* ~ he never lets it appear ★ *zonder het zelf te* ~ unwittingly ★ ~ *waar Abraham de mosterd haalt* know what's what ★ *fig* ~ *hoe laat het is* know how things stand ★ *te* ~ viz., that is to say, namely, to wit... ❷ *beseffen* be aware of ★ *ik weet wat hij voor haar voelt* I'm aware of how he feels about her **III** *onoverg* [wist, h. geweten] know ★ *wie weet?* who knows? ★ *men kan nooit* ~ you never can tell ★ *hij weet niet beter* he doesn't know any better ★ *hij weet wel beter* he knows better (than that) ★ *niet dat ik weet* not that I know of

wetens *bijw* ★ *willens en* ~ (willingly and) knowingly

wetenschap *v* [-pen] ❶ *studieveld* science, learning ❷ *kennis* knowledge ★ *er geen* ~ *van hebben* know nothing about it, not be aware of it ★ *in de* ~ *dat...* in the knowledge that...

wetenschappelijk I *bn* ❶ *alg* academic ❷ *vnl. m.b.t. exacte wetenschappen* scientific ❸ *vnl. m.b.t. alfawetenschappen* scholarly **II** *bijw* academically &

wetenschapper *m* [-s], **wetenschapsman** [-nen, -mensen] ❶ *alg* academic ❷ *exact* scientist ❸ *niet exact* scholar

wetenschapsfilosofie *v* philosophy of science

wetenswaardig *bn* worth knowing, interesting, informative ★ *daarin stond veel* ~s *over...* in it was a wealth of information about...

wetenswaardigheid *v* [-heden] thing worth knowing, piece of information

wetering *v* [-en] watercourse

wetgeleerde *m* [-n] legal expert, jurist

wetgevend *bn* law-making, legislative ★ *een* ~ *lichaam* a legislative body ★ *de* ~e *macht* the legislature ★ ZN ~e *verkiezingen* parliamentary elections

wetgever *m* [-s] lawgiver, legislator

wetgeving *v* [-en] legislation

wethouder *m* [-s] town / city councillor ★ *de* ~ *van kunst en cultuur* the arts councillor

wetlook *m kapsel* wet-look

wetmatig *bn* systematic, regular, in accordance with the laws

wetmatigheid *v* [-heden] ❶ *het wetmatig zijn* order, regularity ❷ *steeds terugkerend verschijnsel* pattern

wetsartikel *o* [-en & -s] article / section of a / the law

wetsbepaling *v* [-en] legal / statutory provision

wetsdokter *m* [-s] Belg police doctor

wetsherziening *v* [-en] revision of the / a law

wetskennis *v* legal knowledge

wetsontwerp *o* [-en] bill ★ *een* ~ *aannemen* pass a bill ★ *een* ~ *goedkeuren* pass a bill, put a bill through Parliament ★ *een* ~ *indienen* introduce, put forward, bring a bill in Parliament ★ *een* ~ *intrekken* withdraw a bill ★ *een* ~ *opstellen* draft a bill ★ *een* ~ *verwerpen* reject / throw out a bill

wetsovertreder *m* [-s] lawbreaker, offender

wetsovertreding *v* [-en] breach of the law ★ *een* ~ *begaan* commit an offence, break the law

wetsrol *v* [-len] Torah scroll, scroll of the (Mosaic) law

wetstaal I *o* [-stalen] *aanzetstaal* (sharpening) steel **II** *v juridische taal* legal language

wetsteen *m* [-stenen] whetstone, hone

wetsuit *m* [-s] wet suit

wetsvoorstel *o* [-len] bill

wetswijziging *v* [-en] amendment / modification / alteration of the law, statutory amendment ★ *een* ~ *invoeren* amend the law ★ *een voorstel tot* ~ a proposed amendment

wetswinkel *m* [-s] legal advice centre/Am center

wettelijk I *bn* legal, statutory ★ ~e *aansprakelijkheid*

we

liability ★ *een ~e aansprakelijkheidsverzekering* third party liability insurance ★ *een ~ erfdeel* a legitimate inheritance ★ *een ~e maatregel* legal proceedings ★ *een ~ monopolie* a legal monopoly ★ *de ~e termijn* the statutory period **II** *bijw* legally ★ *~ bevoegd* legally entitled (to) ★ *~ handelen* act within the law ★ *~ voorgeschreven* laid down by law

wetteloos *bn* lawless

wetten *overg* [wette, h. gewet] whet, sharpen, hone

wettig I *bn* legitimate, legal, lawful ★ *een ~ kind* a legitimate child ★ *een ~ huwelijk* a legal / lawful marriage ★ *~ maken / verklaren* legalize **II** *bijw* legitimately, legally, lawfully ★ *~ afwezig* legitimately absent ★ *~ gedeponeerd* registered ★ *~ getrouwd* legally married

wettigen *overg* [wettigde, h. gewettigd] ❶ *wettig maken* legitimate, legalize ★ *een kind ~* legitimate a child ❷ *rechtvaardigen* fig justify ★ *dat wettigt de hoop...* it justifies the hope... ❸ *bekrachtigen* sanction ★ *door het gebruik gewettigd* sanctioned by usage

wettigheid *v* legitimacy

wettiging *v* [-en] legitimation, legalization

wettisch *bn* legalistic, strictly law-abiding

WEU *v* (West-Europese Unie) WEU, Western European Union

weven *overg & onoverg* [weefde, h. geweven] weave

wever *m* [-s] ❶ *iem. die weeft* weaver ❷ *vogel* weaver bird

weverij *v* ❶ *het weven* weaving ❷ *bep. bedrijf* [-en] weaving mill

wezel *v* [-s] weasel

wezen I *o* [-s] ❶ *persoon* being, creature ★ *geen levend* ~ not a living being / soul ❷ *bestaan* being, existence ❸ *wezenlijkheid* essence, substance ★ *het ~ van de zaak* the substance of the matter ❹ *aard* nature, essence ★ *in ~ is hij een lafaard* essentially / basically he's a coward **II** *onoverg* [was/waren, is geweest] be ★ *ik ben hem ~ opzoeken* I've been to see him ★ *daar moet je ~!* there's the place to be! ★ *hij mag er ~* ⟨bewonderend⟩ there's nothing wrong with him, ⟨groot v. postuur⟩ he's a large chap ★ *dat mag er ~* that's not half bad, that's pretty good

wezenlijk I *bn* real, essential, substantial ★ *het ~e* the essence ★ *een ~e verschil / waarde / betekenis* a substantial difference / value / meaning ★ *van ~ belang* of vital importance **II** *bijw* ❶ essentially, substantially ❷ versterkend really

wezenloos *bn* vacant, vacuous, blank ★ *een wezenloze blik* a blank stare ★ *zich ~ schrikken* be scared out of one's wits

wezenpensioen *o* orphans' pension

wezensvreemd *bn* foreign to one's nature, alien

whiplash *m* [-es] whiplash injury

whirlpool *m* [-s] whirlpool, jacuzzi

whisky *m* whisky, Am & Iers whiskey

whisky-soda *v* whisk(e)y and soda

whist *o* whist

whisten *onoverg* [whistte, h. gewhist] play whist

whiteboard *het* [-s] whiteboard

whitewash *bn* ★ *een ~ boekenkast* a whitewash bookcase

wicca *de* ['s] ❶ *beweging* Wicca ❷ *aanhanger* **wiccan** Wiccan

wichelaar *m* [-s] diviner, augur

wichelroede *v* [-n] divining rod

wichelroedeloper *m* [-s] diviner

wicht *o* [-en] ❶ *klein kind* baby, child, toddler, mite ★ *arm ~!* poor thing! ❷ *meisje* girl ★ *een of ander mal ~* some silly thing ★ *mal ~!* silly thing!

wicket *o* [-s] wicket

wie I *vragend vnw* who?, ⟨wiens⟩ whose?, ⟨bij keuze⟩ which? ★ *~ heeft het gedaan?* who did it? ★ *van ~ is dit jasje?* whose jacket is this? ★ *~ van de twee?* which of the two? ★ mil *~ daar?* who goes there? **II** *betr vnw* who, whose ★ *de vrouw van ~ de man in een bank werkt* the woman whose husband works in a bank **III** *onbep vnw* ★ *~ ook* whoever

wiebelen *onoverg* [wiebelde, h. gewiebeld] wobble, wiggle, ⟨schommelen, wippen⟩ rock

wieden *overg & onoverg* [wiedde, h. gewied] weed

wiedes *bn* ★ inf *dat is nogal ~* that's pretty obvious, that goes without saying

wiedeweerga *m-v* ★ inf *als de ~* in a flash, like greased lightning

wieg *v* [-en] cradle ★ *voor dichter in de ~ gelegd* a born poet ★ *hij was voor soldaat in de ~ gelegd* he was cut out to be a soldier ★ *hij is niet voor soldaat in de ~ gelegd* he'll never make a soldier ★ *voor dat werk was hij niet in de ~ gelegd* he wasn't suited by nature for that type of work ★ *van de ~ tot het graf* from the cradle to the grave ★ *aan de ~ gestaan hebben van iets* be one of the founders of sth, been in on sth from the start

wiegelied *o* [-eren] cradle song, lullaby

wiegen *overg* [wiegde, h. gewiegd] rock

wiegendood *m* cot death, Am crib death, med SIDS (sudden infant death syndrome)

wiegendruk *m* [-ken] incunabulum, incunable

wiek *v* [-en] ❶ *v. molen* sail, wing, vane ❷ *vleugel* wing ★ *hij was in zijn ~ geschoten* he was affronted / offended, he was stung to the quick ★ *op eigen ~en drijven* stand on one's own legs / feet, shift for oneself

wiel *o* [-en] ❶ *rad* wheel ★ *iem. in de ~en rijden* put a spoke in sbd.'s wheel ★ *het ~ nogmaals willen uitvinden* try to reinvent the wheel ❷ *plas* pool

wielas *v* [-sen] axle, wheel axle

wielbasis *v* wheelbase

wieldop *m* [-pen] hubcap

wieldruk *m* wheel load

wielerbaan *v* [-banen] cycling track

wielerbroek, **wielrennersbroek** *v* [-en] cycling shorts

wielerclub *v* [-s] cycling club

wielerklassieker *m* [-s] cycling classic

wielerkoers *m* bicycle race

wielerploeg *m & v* [-en] cycling team

wielerronde *v* [-n & -s] cycle race
wielersport *v* cycling
wielewaal *m* [-walen] *vogel* golden oriole
wielklem *v* [-men] wheel clamp
wiellager *m* [-s] bearing
wielophanging *v* [-en] suspension
wielrennen *o* cycle racing
wielrenner *m* [-s] racing cyclist
wielrijder *m* [-s] cyclist
wielrijdersbond *m* [-en] cyclists' union
wiens I *vragend vnw* whose **II** *betr vnw* whose
wier I *o* [-en] seaweed, alga **II** *vragend vnw* whose
   III *betr vnw* whose
wierook *m* incense, frankincense, ‹wierookstokje› joss
   stick
wierookgeur *m* [-en] smell of incense
wierookvat *o* [-vaten] censer, thurible, incensory
wiet *m cannabis* marijuana / marihuana, *inf* weed,
   grass
wig *v* [-gen] wedge ★ *een ~ drijven tussen* drive a
   wedge between
wigwam *m* [-s] wigwam
wij *pers vnw* we ★ *~ Engelsen* we Englishmen
wijd I *bn* ❶ *breed* wide, large, broad ★ *de ~e wereld* the
   (whole) wide world ❷ *ruim* wide, loose, roomy,
   ample, spacious ★ *een ~e jurk* a loose-fitting dress
   II *bijw* wide(ly) ★ *de ramen ~ openzetten* open the
   windows wide ★ *de ogen ~ opendoen* open one's eyes
   wide ★ *~ uit elkaar schrijven* write far apart ★ *~ en*
   zijd far and wide ★ *~ en zijd bekend, vermaard* widely
   known, famous **III** *m* honkbal wide ball ★ *2 ~, 1 slag*
   2 wides, 1 strike
wijdbeens *bijw* with (one's) legs wide apart ★ *~ liggen*
   lie spread-eagled
wijden I *overg* [wijdde, h. gewijd] ❶ *priester* ordain
   ★ *iem. tot priester ~* ordain sbd a priest ❷ *kerk &*
   consecrate ★ *~ aan* ‹aan God, een persoon› dedicate
   to, ‹aan een zaak› devote, consecrate to ★ *zijn*
   tijd & ~ aan... devote one's time & to... ★ *een leven*
   gewijd aan poëzie a life dedicated to poetry **II** *wederk*
   [wijdde, h. gewijd] ★ *zich ~ aan iets* devote oneself to
   sth
wijding *v* [-en] ❶ *godsdienstig* consecration
   ❷ *v. priesters* ordination ❸ *geestelijke graad* orders
   ★ RK *hogere / lagere ~en* major / minor orders
wijdlopig *bn* verbose, long-winded
wijdte *v* [-n & -s] ❶ *hoedanigheid* width ❷ *diameter*
   width, breadth, span
wijdverbreid *bn* widespread, extensive ★ *een ~e*
   vergissing / misvatting a popular misconception
wijdverspreid *bn* widespread, afkeurend rife
wijdvertakt *bn* biol ramified, fig many-branched
wijf *o* [wijven] ❶ *vrouw* woman, female ❷ *kenau*
   bitch, virago, vixen, shrew ★ *een oud ~* an old hag
wijfje *o* [-s] ❶ *v. dieren* female ❷ *als aanspreekvorm*
   wifey, little woman
wijfjesdier *o* [-en] female
wij-gevoel *o* feeling of solidarity, team spirit

wijk *v* [-en] ❶ *woonwijk* quarter, district, ward
   ❷ *politie* beat, ‹melkronde, krantenwijk› round,
   ‹postbode› walk ▼ *de ~ nemen naar Amerika* flee to
   America, take refuge in America
wijkagent *m* [-en] local policeman, policeman on the
   beat
wijkcentrum *o* [-s, -tra] community centre/Am center
wijkcomité *o* [-s] local committee
wijken *onoverg* [week, is geweken] give way, give
   ground, yield ★ *de muren ~* the walls are out of true
   ★ *een ~d voorhoofd* a receding forehead ★ *geen*
   voet ~ not budge an inch, mil not yield an inch of
   ground ★ *niet van iem. ~* not budge from sbd.'s side
   ★ *~ voor niemand* not yield to anybody ★ *moet ik*
   voor hem ~? should I make way for him? ★ *~ voor de*
   overmacht yield to superior numbers ★ *het gevaar is*
   geweken the danger is over ★ *de pijn is geweken* the
   pain has gone
wijkgebouw *o* [-en] community centre/Am center
wijkorgaan *o* [-ganen] neighbourhood paper
wijkplaats *v* [-en] asylum, refuge
wijkverpleegster, **wijkzuster** *v* [-s] district nurse
wijkverpleging *v* district nursing
wijlen *bn* late, deceased ★ *~ Willem I* the late William
   I ★ *mijn vader* my late father
wijn *m* [-en] wine ★ *rode / witte ~* red / white wine
   ★ *klare ~ schenken* speak frankly, be frank ★ *goede ~*
   behoeft geen krans good wine needs no bush
   ★ *oude ~ in nieuw zakken* old wine in new bottles
   ★ *een lekker ~tje* a nice wine ★ *van ~tje en trijntje*
   houden love wine, women and song
wijnazijn *m* wine vinegar
wijnboer *m* [-en] winegrower
wijnbouw *m* viniculture, winegrowing
wijnbouwer *m* [-s] winegrower
wijndruif *v* [-druiven] grape
wijnfeest *o* [-en] wine festival
wijnfles *v* [-sen] wine bottle
wijngaard *m* [-en] vineyard
wijngaardslak *v* [-ken] edible snail, escargot
wijngebied *o* [-en] wine (growing) area / region
wijnglas *o* [-glazen] wine glass
wijnhandel *m* [-s] ❶ *koop en verkoop* wine trade, wine
   business ❷ *winkel* wine shop
wijnhuis *o* [-huizen] wine house
wijnjaar *o* [-jaren] wine year ★ *2001 was een goed ~*
   2001 was a good year for wine
wijnkaart *v* [-en] wine list
wijnkelder *m* [-s] wine cellar, wine vault
wijnkenner *m* [-s] judge of wine, wine connoisseur
wijnkleurig *bn* wine-coloured
wijnkoeler *m* [-s] wine cooler
wijnmaand *v* October
wijnoogst *m* [-en] vintage
wijnpers *v* [-en] wine press
wijnpluk *m* grape harvest, vintage
wijnpokken *zn* [mv] ZN chickenpox
wijnproeverij *v* [-en] wine tasting

wijnrank *v* [-en] branch of the vine
wijnrek *o* [-ken] wine rack
wijnrood *bn* wine-red, burgundy
wijnsaus *v* [-en & -sauzen] wine sauce
wijnsteen *m* tartar
wijnsteenzuur *o* tartaric acid
wijnstok *m* [-ken] vine
wijnstreek *v* [-streken] wine region
wijnvat *o* [-vaten] wine cask / barrel
wijnvlek *v* [-ken] ❶ *op kleding e.d.* wine stain ❷ med birthmark
wijs I *bn* wise ★ *ben je niet (goed) ~?* are you out of your senses?, are you in your right senses?, where are your senses? ★ *hij is niet goed ~* he isn't in his right mind ★ *ze zijn niet wijzer* they don't know any better ★ *hij zal wel wijzer wezen dan dat* he'll know better (than to do that) ★ *dat heeft mij niet veel wijzer gemaakt* I came away none the wiser ★ *de ~te zijn* give in, make concessions ★ *~ worden* learn wisdom ★ *ik kan er niet ~ uit worden* I can't make head or tail of it, I can't make it out ★ *door de ervaring wijzer worden* learn from experience **II** *bijw* wisely **III** *v* [wijzen] ❶ *manier* **wijze** manner, way ★ *op die ~ in* this manner, in this way ★ *'s lands ~, 's lands eer* when in Rome, do as the Romans do ★ *bij ~ van proef* by way of trial ★ *bij ~ van geschenk / grap* by way of a present / joke ★ *bij ~ van protest* in protest ★ *bij ~ van spreken* in a manner of speaking, so to speak, so to say ★ *op de een of andere ~* somehow or other ★ *op generlei ~* in no way ★ *op onrustbarende ~* in an alarming way ❷ *melodie* muz tune, melody ★ *geen ~ kunnen houden* not be able to keep tune ★ *op de ~ van...* to the tune of... ★ fig *iem. van de ~ brengen* put sbd out ★ *zich niet van de ~ laten brengen* not lose one's head ★ *van de ~ raken* muz get out of tune, fig get flurried ★ fig *ik ben helemaal van de ~* I'm completely lost / at sea ❸ taalk mood ★ *de aanvoegende ~* the subjunctive (mood)
wijsbegeerte *v* philosophy
wijselijk *bijw* wisely ★ *hij hield ~ zijn mond* wisely, he kept silent ★ *hij is ~ niet gekomen* he had the sense not to come
wijsgeer *m* [-geren] philosopher
wijsgerig *bn* philosophical
wijsheid *v* [-heden] wisdom ★ *alsof zij de ~ in pacht hebben* as if they had a monopoly on wisdom ★ *waar haal je die ~ vandaan?* aren't you clever?
wijsheidstand *m* [-en] ZN wisdom tooth
wijsmaken *overg* [maakte wijs, h. wijsgemaakt] ★ *iem. iets ~* make sbd believe sth, kid sbd ★ *zich(zelf) ~ dat...* delude oneself into the belief that... ★ *maak dat anderen wijs* tell that story somewhere else ★ *dat maak je mij niet wijs* I know better, tell me another ★ *maak dat de kat wijs* tell that to the marines ★ *hij laat zich alles ~* he'll swallow anything
wijsneus *m* [-neuzen] know-all, smart alec(k)
wijsvinger *m* [-s] forefinger, index finger
wijten *overg* [weet, h. geweten] blame ★ *iets ~ aan* blame sth on, attribute sth to ★ *het was te ~ aan...* it was owing to... ★ *dat heeft hij aan zichzelf te ~* he has only himself to blame for it, he brought it on himself
wijting *m* [-en] whiting
wijwater *o* holy water
wijze I *v* [-n] → **wijs II** *m* [-n] *persoon* sage, wise man / woman ★ *de Wijzen uit het Oosten* the Wise Men from the East, the Magi
wijzen I *overg* [wees, h. gewezen] ❶ *tonen* show, point out ★ *dat zal ik u eens ~* I'll show you ★ *dat wijst ons op...* this points to... ❷ jur pronounce (judgement) ★ *aldus gewezen* judgement given **II** *onverg* [wees, h. gewezen] point ★ *je moet niet ~* you shouldn't point / pointing is rude ★ *de magneetnaald wijst naar het noorden* the magnetic needle points to the North ★ *alles wijst erop dat...* everything points to the fact that... ★ *iem. op zijn ongelijk ~* point out to sbd where he is wrong
wijzer *m* [-s] ❶ techn indicator ❷ *v. klok &* hand ★ *de grote ~* the minute hand ★ *de kleine ~* the hour hand ★ *met de ~s van de klok mee* clockwise ★ *tegen de ~s van de klok in* anticlockwise ❸ *wegwijzer* signpost
wijzerplaat *v* [-platen] dial, clock face
wijzigen *overg* [wijzigde, h. gewijzigd] modify, alter, change ★ *geheel ~* alter completely
wijziging *v* [-en] modification, alteration, change, amendment ★ *een ~ aanbrengen (in)* make a change (in) ★ *een ~ ondergaan* undergo a change, be altered ★ *een ~ van statuten* an amendment to the articles of association
wijzigingsvoorstel *o* [-len] proposed change / alteration / amendment
wikke *v* [-n] *plant* vetch
wikkel *m & o* [-s] wrapper
wikkelen *overg* [wikkelde, h. gewikkeld] ❶ *inpakken* wrap (up) ★ *zich ~ in...* wrap oneself up ❷ *v. spoel &* wind, coil ❸ fig involve in ★ *gewikkeld in een strijd op leven en dood* engaged in a life and death struggle ★ *in een gesprek gewikkeld* wrapped up in a conversation ★ *zich in een moeilijke zaak ~* involve oneself in a difficult matter
wikkelrok *m* [-ken] wrapover skirt
wikken *overg* [wikte, h. gewikt] weigh, weigh up ★ *~ en wegen* weigh up the pros and cons, weigh one's words ★ *de mens wikt, (maar) God beschikt* man proposes, (but) God disposes
wil *m* will, desire, wish, intention ★ *zijn uiterste ~* his last will (and testament) ★ *de vrije ~* free will ★ *kwade ~* ill will ★ *goede ~* goodwill, willingness ★ *een eigen ~(letje) hebben* be strong-willed, have a will of one's own ★ *een sterke ~ hebben* have a strong will ★ *het is zijn eigen ~* it's his own wish ★ *voor elk wat ~s* something for everyone, all tastes are catered for ★ *zijn goede ~ tonen* show one's willingness ★ *waar een ~ is, is een weg* where there's a will there's a way ★ *buiten mijn ~* without my will and consent ★ *met een beetje goede ~* with a little good

will ★ *met de beste ~ van de wereld* with the best will / intention in the world ★ *met mijn ~ gebeurt het niet* not with my consent, not if I can help it ★ *om 's hemels ~!* for heaven's sake!, goodness gracious! ★ *tegen mijn ~* against my will ★ *tegen ~ en dank* against his will, in spite of himself ★ *iem. ter ~le zijn* oblige sbd ★ *ter ~le van mijn gezin* for the sake of my family ★ *ter ~le van de vrede* for peace's sake ★ *(niet) uit vrije ~* (not) of my own free will

wild I *bn* ❶ *in 't wild groeiend/levend* wild, savage ★ *~e dieren* wild animals ❷ *niet kalm* wild, unruly ★ *een ~e staking* a wildcat strike ★ *in het ~(e weg)* at random, wildly ★ *in het ~(e weg) redeneren* talk through one's hat ★ *in het ~(e weg) schieten* shoot at random, fire random shots ❸ *enthousiast* crazy, wild ★ *~ op / van iets zijn* be wild / mad / crazy about sth ❹ *woest kijkend* wild, fierce, ferocious ★ *een ~e blik* a ferocious look ▼ *een ~e boot* a tramp (steamer) **II** *bijw* wildly ★ *zich ~ schrikken* have the fright of one's life ★ *het ging er ~ aan toe* there were wild goings-on there **III** *o* ❶ *vrije natuur* wild, wildness ★ *de in het ~ levende dieren* wildlife ★ *in het ~ opgroeien* run wild ❷ *waar op gejaagd wordt* game, quarry ★ *grof / klein ~* big / small game ★ *rood ~* red deer ★ *zwart ~* wild boars ❸ *gebraden* game

wildbaan *v* [-banen] hunting ground / preserve, game reserve

wildbraad *o* game

wildcard *m* [-s] comput & sp wild card

wilde *m-v* [-n] ❶ *v. volk met lage beschaving* savage, primitive ★ *de ~n* the savages ★ *als een ~ tekeergaan* carry on like a madman ❷ *wildebras* wild lad, ⟨meisje⟩ tomboy

wildebras *m-v* [-sen] ❶ *jongen* wild lad ❷ *meisje* tomboy

wildeman *m* [-nen] wild man

wildernis *v* [-sen] wilderness, wilds

wildgroei *m* ❶ *onbelemmerde groei* unchecked growth ❷ *overmatige, onwenselijke toeneming* fig proliferation ★ *de ~ van regels en voorschriften* the proliferation of rules and regulations

wildkamperen *o* camp wild

wildpark *o* [-en], **wildreservaat** [-vaten] wildlife game preserve / park

wildplassen *o* urinate in public

wildplasser *m* [-s] sbd who urinates in public

wildrooster *o* [-s] cattle grid

wildsmaak *m* gamey taste

wildstand *m* game population, stock of game

wildviaduct *m & o* [-en] wildlife viaduct

wildvreemd *bn* utterly strange ★ *ik ben hier ~* I'm a complete stranger here ★ *een ~e* a complete stranger

wildwaterbaan *v* [-banen] rapids

wildwatervaren *o* white-water rafting

wildwestfilm *m* [-s] western

wildwesttafereel *o* [-relen] fig bedlam

wildwestverhaal *o* [-halen] western

wildzang *m* [-en] *v. vogels* wild birds

wilg *m* [-en] willow

wilgenhout *o* willow wood

wilgenkatje *o* [-s] (willow) catkin

wilgenroosje *o* [-s] willowherb

wilgentak *m* [-ken] ❶ *tak van een wilg* willow twig, switch ❷ *voor vlechtwerk* wicker, osier

willekeur *v* ❶ *onrechtvaardig* arbitrariness, unfairness ★ *daden van ~* arbitrary acts ❷ *vrije wil* will, discretion ★ *naar ~* at will, at one's own discretion

willekeurig I *bn* ❶ *eigenmachtig* arbitrary, voluntary ★ *~e handelingen* arbitrary acts ❷ *onverschillig welk* random ★ *een ~ getal* a random number ★ *~e steekproef* random test **II** *bijw* arbitrarily ★ *~ handelen* act at random / act arbitrarily

Willem *m* William, inf Bill ★ *~ van Oranje* ⟨1533-1584⟩ William the Silent ★ *~ III* ⟨1650-1702⟩ William of Orange ★ *~ de Veroveraar* William the Conqueror

willen I *overg* [wou *of* wilde, h. gewild] ❶ *bereid zijn* be willing, be prepared ★ *hij was zieker dan hij wilde bekennen* he was sicker than he was prepared to admit ★ *wilt u het zout aangeven?* would you mind passing the salt? ★ *ik wil je wel vertellen...* I don't mind telling you.. ❷ *wensen* wish, want, ⟨nadrukkelijk⟩ insist ★ *zij ~ hebben dat wij...* they want us to... ★ *als ik iets wilde* if I wanted anything ★ *zij ~ dat u...* they want you to... ★ *ik wou dat ik het kon* I wish I could ★ *hij kan niet ~ dat wij...* he can't want us to... ★ *als God wil dat ik...* if God wants me to... ★ *wat wil je?* what do you want? ★ *wat ze maar ~* anything they like ★ *wat wil hij ervoor?* how much does he want? ★ *men kan niet alles doen wat men maar wil* you can't always do what you want / whatever pleases you ★ *zij ~ het zo* that's how they want it ★ *dat zou je wel ~, hè?* you'd like that, wouldn't you? ★ *ik zou wel een glaasje bier ~* I wouldn't mind having a glass of beer ★ *ik zou hem wel om de oren ~ slaan* I'd like to box his ears ★ *ik wilde liever sterven dan...* I'd rather die than... ★ *zij ~ het niet (hebben)* they don't want it, they'll have none of it ❸ *beweren* say, claim ★ *het gerucht wil dat...* rumour has it that... ▼ *dat wil wat zeggen* that says something ▼ *hij moge zijn wie hij wil* whoever he may be ▼ *hij mag (ervan) zeggen wat hij wil, maar...* he can say what he wants, but... **II** *onoverg* [wou *of* wilde, h. gewild] will ★ *hij kan wel maar hij wil niet* he can but he won't ★ *het slot wil niet* the lock doesn't work ★ *hij wil wel* he's willing ★ *of hij wil of niet* whether he wants to or not ★ *zij ~ er niet aan* they won't hear of it ★ *dat wil er bij mij niet in* that won't go down with me **III** *hulpww* [wou *of* wilde, h. gewild] ❶ *zullen* will, shall, would, should ★ *hij zal hard moeten werken wil hij slagen* he'll have to work hard to succeed ★ *wil ik de deur opendoen?* shall I open the door? ❷ *v. gebod* will, would ★ *wil je wel eens zwijgen!* keep quiet, would / will you? ★ *wil je gauw maken dat je wegkomt?* would / will you get out of here at once! **IV** *o* volition ★ *~ is kunnen*

wi

where there's a will there's a way ★ *het is maar een kwestie van* ~ it's only a matter of wanting to

willens *bijw* on purpose ★ ~ *of on*~ like it or not, willingly or unwillingly ★ ~ *en wetens* (willingly and) knowingly ★ ~ *zijn* intend (to)

willig *bn* ❶ *alg.* willing ★ *een* ~ *kind* a willing / an obedient child ❷ handel firm ★ beurs *een* ~*e markt* a bull market

willoos *bn* weak-willed, spineless, irresolute ★ *zich* ~ *laten meeslepen* go along unquestioningly / for the sake of it

wilsbeschikking *v* [-en] last will (and testament), will ★ *zijn uiterste* ~ his last will and testament

wilskracht *v* will power, energy

wilskrachtig *bn* strong-willed, energetic

wilsonbekwaam *bn* legally incapable

wilsovereenstemming *v* jur mutual consent, consensus (ad idem)

wilsuiting *v* [-en] expression of will

wimpel *m* [-s] pennant, streamer

wimper *v* [-s] (eye)lash

wind *m* [-en] ❶ *bewegende lucht* wind ★ *de* ~ *van voren* a head wind ★ *dat is maar* ~ it's a lot of hot air ★ *zien uit welke hoek de* ~ *waait* see how the wind lies / blows ★ *waait de* ~ *uit die hoek?* is that the way the wind is blowing? ★ *de* ~ *waait uit een andere hoek* the wind is blowing from another direction ★ *iem. de* ~ *van voren geven* tell sbd off ★ *de* ~ *van achteren hebben* have a tail wind ★ *toen wij de* ~ *mee hadden* when the wind was with us ★ *er de* ~ *onder hebben* have them well in hand ★ *de* ~ *tegen hebben* go against / into the wind ★ *de* ~ *van voren krijgen* catch some flack ★ ~ *maken* cut a dash ★ *aan de* ~ *zeilen, bij de* ~ *zeilen* sail close to / near the wind ★ *de Eilanden boven de* ~ the Windward Islands ★ scheepv *door de* ~ *gaan* change tack ★ *het stinkt een uur in de* ~ it stinks to high heaven ★ *in de* ~ *praten* be talking to the wind ★ *zijn raad in de* ~ *slaan* fling caution to the winds ★ *een waarschuwing in de* ~ *slaan* disregard a warning ★ *met alle* ~*en meedraaien* / *meewaaien* swim with the tide ★ *met de* ~ *mee* down wind ★ *de* ~ *mee hebben* have the wind behind one, fig have everything going for one ★ *de Eilanden onder de* ~ the Leeward Islands ★ *tegen de* ~ *in* against the wind ★ *de* ~ *tegen hebben* have a head wind, fig sail against the wind / current ★ *iem. de* ~ *uit de zeilen nemen* take the wind out of sbd's sails ★ *van de* ~ *kan men niet leven* you can't live on air alone ★ *voor de* ~ downwind ★ *het gaat hem voor de* ~ he's doing well ★ *vóór de* ~ *zeilen* sail before the wind ★ *wie* ~ *zaait, zal storm oogsten* sow the wind and reap the whirlwind ❷ *zoals de* ~ *waait, waait zijn jasje* he'll go along with anything ❸ *scheet* wind, inf fart ★ *een* ~*je laten* break wind, inf fart

windas *o* [-sen] windlass, winch

windbuks *v* [-en] air gun, air rifle

winddicht *bn* windproof

windei *o* [-eren] egg without a shell ★ *het zal hem*

geen ~*eren leggen* he'll do well out of it

winden *overg* [wond, h. gewonden] ❶ *garen &* wind, twist ★ *iets op een klos* ~ wind sth onto a reel, reel it ★ *zich* ~ wind, wind itself ❷ *ophijsen* hoist (up) ❸ scheepv heave

windenergie *v* wind energy

winderig *bn* windy

winderigheid *v* ❶ *m.b.t. weer* windiness ❷ *flatulentie* flatulence

windgevoelig *bn* sensitive to wind

windhandel *m* speculation

windhond *m* [-en] greyhound

windhondenrennen *zn* [mv] greyhound races

windhoos *v* [-hozen] whirlwind, hurricane

windjack *o* [-s] windcheater

windjammer *m* [-s] windjammer

windje *o* [-s] ❶ *zuchtje wind* breeze, gentle wind ❷ *scheet* wind, inf fart ★ *een* ~ *laten* let wind, inf fart

windkracht *v* ❶ *sterkte* wind force ★ *een storm met* ~ *10* a force 10 gale ❷ *energie* wind power

windmolen *m* [-s] windmill ★ *tegen* ~*s vechten* tilt at / fight windmills

windorgel *o* [-s] wind harp

windrichting *v* [-en] direction of the wind, wind direction

windroos *v* [-rozen] *op kompas* compass card

windscherm *o* [-en] ❶ *alg* windbreak ❷ *op een voertuig* windscreen, windshield

windsel *o* [-s & -en] bandage, swathe ★ ~*s* swaddling clothes

windsnelheid *v* [-heden] wind speed, wind velocity

windstil *bn* calm, windless

windstilte *v* [-s & -n] calm, ⟨tijdelijk⟩ lull

windstoot *m* [-stoten] gust of wind

windstreek *v* [-streken] ❶ *op kompas* point of the compass ❷ *luchtstreek* quarter ★ *uit alle windstreken* from all corners / quarters of the world

windsurfen I *onoverg* [windsurfte, h. gewindsurft] windsurf, be / go windsurfing / sailboarding **II** *o* windsurfing, sailboarding

windsurfer *m* [-s] windsurfer, sailboarder

windtunnel *m* [-s] wind tunnel

windvaan *v* [-vanen] wind vane

windvang *m* [-en] windsail

windvlaag *v* [-vlagen] gust of wind, ⟨met regen⟩ squall

windwijzer *m* [-s] weathercock, weather vane

windzak *m* [-ken] luchtv windsock, windsleeve

wingebied *o* [-en] mining area

wingerd *m* [-s & -en] *wijnstok* vine ★ *een wilde* ~ a Virginia(n) creeper

wingewest *o* [-en] conquered country / province

winkel *m* [-s] ❶ *alg.* shop ❷ *v. ambachtsman ook:* workshop ★ *een* ~ *houden* have a shop ★ *de* ~ *sluiten* ⟨aan eind v. dag⟩ close the shop, ⟨voorgoed⟩ shut up shop ★ *een rijdende* ~ a mobile shop ★ *op de* ~ *passen* mind the shop

winkelbediende *m-v* [-n & -s] shop assistant

winkelcentrum *o* [-s & -tra] shopping centre/Am

center
winkeldief *m* [-dieven] shoplifter
winkeldiefstal *m* [-len] shoplifting
winkeldochter *v* [-s] *onverkoopbaar artikel* scherts
slow-mover, shelf-warmer, shelfware
winkelen *onoverg* [winkelde, h. gewinkeld] go / be
shopping, shop ★ *gaan* ~ do one's shopping
winkelgalerij *v* [-en] arcade
winkelhaak *m* [-haken] ❶ *v. timmerman* square
❷ *scheur* right-angled tear
winkelier *m* [-s] shopkeeper, retailer
winkeljuffrouw *v* [-en], **winkelmeisje** *o* [-s] salesgirl,
saleswoman
winkelketen *v* [-s] retail chain, store chain, chain (of
shops / stores)
winkelpersoneel *o* shop employees
winkelprijs *m* [-prijzen] retail price
winkelpui *v* [-en] shop front
winkelruit *v* [-en] shop window
winkelsluiting *v* shop closing time, closing hours
winkelsluitingswet *v* Shop Trading Hours Act
winkelstraat *v* [-straten] shopping street
winkelwaarde *v* selling / retail price
winkelwagentje *o* [-s] Br shopping trolley, Am
pushcart
winnaar, winner *m* [-s] ❶ *alg.* winner ❷ *overwinnaar*
winning team
winnen I *onoverg* [won, h. gewonnen] ❶ *de
overwinning behalen* win ★ *gemakkelijk* ~ win easily
/ with ease ★ *op het nippertje* ~ win narrowly
★ *Oxford wint van Cambridge* O. wins from C., O.
beats C. ❷ *vorderingen maken* gain, win ★ *aan / in
duidelijkheid* ~ gain in clarity ★ *op iem.* ~ gain on sbd
II *overg* [won, h. gewonnen] ❶ *verkrijgen uit
natuurlijke bronnen* harvest, extract, mine ★ *erts* ~
extract metal from ore ★ *kolen* ~ mine / extract coal
★ *hooi* ~ harvest / make hay ❷ *door inspanning
verkrijgen* win ‹a fight, a court case &›, gain ‹money,
time &›, find ‹favour›, obtain ‹an advantage›, secure
‹sbd's cooperation›, enlist ‹sbd's assistance›
★ *nieuwe klanten* ~ find / obtain new customers
★ *steun* ~ find / enlist / gain support ★ *u hebt 10
pond van me gewonnen* you've won 10 pounds from
me ★ *iem. voor de goede zaak* ~ win sbd over to the
(good) cause ★ *iem. voor zich* ~ win sbd over (to
one's side) ❸ *de overwinning halen* win, be victorious
★ *het* ~ win, be victorious, carry the day ★ *het van
iem.* ~ get the better of sbd ★ *het in zeker opzicht* ~
van... have the advantage over... ★ *het glansrijk van
iem.* ~ beat sbd hands down ❹ *winst maken* make a
profit
winning *v* ❶ *het winnen* ‹v. gas &› extraction,
‹v. zand &› quarrying ❷ *plaats waar gewonnen wordt*
pit, mine, quarry

winning
is **quarry(ing)**, **mine** enz. en niet **winning**.
Winning wordt alleen gebruikt voor het winnen
van een spel of een geldbedrag.

winningmood *m* ★ *in de* ~ *zijn* be on a winning streak
winst *v* [-en] *opbrengst* gain, profit, winnings, return(s)
★ *op* ~ *staan* be winning ★ *met de* ~ *gaan strijken*
carry off the profit ★ ~ *behalen / maken op* make a
profit on ★ *grote ~en behalen* make big profits
★ boekhouden *de ingehouden* ~ the retained
earnings ★ ~ *geven / opleveren* yield a profit ★ *met* ~
verkopen sell at a profit, sell at a premium ★ ~ *en
verlies* profit and loss ★ ~ *per aandeel* earnings per
share, profit per share ★ *gederfde* ~ loss of profit
★ *onverdeelde* ~ Br inappropriated profits, Am
retained earnings ★ ~ *uit aanmerkelijk belang* profits
from a substantial interest / holding ★ ~ *uit
onderneming* business profits
winstaandeel *o* [-delen] share in the profit(s), bonus
winstbejag *o* profit seeking, profiteering ★ *uit* ~ for
money / profit
winstbelasting *v* tax on profits, Br business tax,
corporation tax
winstberekening *v* handel profit calculation
winstcijfer *o* [-s] handel profit figure, profit
winstdaling *v* [-en] decrease in profits, fall in profits
winstdeling *v* [-en] profit sharing
winstderving *v* [-en] handel loss of profit(s) / earnings
winst-en-verliesrekening *v* [-en] handel profit and
loss statement / account, Am income statement,
statement of earnings ★ *de geconsolideerde* ~ the
consolidated profit and loss account ★ *de
tussentijdse* ~ the interim accounts
winstgevend *bn* profitable, lucrative ★ *een* ~ *bedrijf* a
profitable business, a paying concern ★ *een* ~
bijproduct a profitable sideline ★ ZN *zonder* ~ *doel*
without pursuit of gain
winstgevendheid *v* profitability
winstkans *v* [-en] profit potential
winstmarge *v* [-s] profit margin, margin of profit
winstneming *v* [-en] handel profit taking, realization
of profit
winstoogmerk *o* [-en] private advantage, profit
seeking ★ *een organisatie zonder* ~ a non-profit
organisation, Am a nonprofit, a not-for-profit
organization
winstpercentage *o* [-s] handel percentage of the
profit
winstpunt *o* [-en] plus, advantage, point scored
winstsaldo *o* ['s & -saldi] handel balance of profit(s),
surplus
winststijging *v* [-en] handel increase in profits, profit
increase
winstuitkering, winstverdeling *v* [-en] ❶ *het uitkeren*
distribution of profits, profit distribution
❷ *dividendbetaling* dividend payment, payment of
(a) dividend

wi

winstwaarschuwing v [-en] fin profit warning
winter m [-s] ❶ *seizoen* winter ★ *'s ~s, in de ~* in winter ★ *van de ~* ⟨deze⟩ this winter, ⟨volgende⟩ next winter, ⟨vorige⟩ last winter ❷ *zwelling* chilblain(s)
winterachtig bn wintery / wintry
winteravond m [-en] winter evening
wintercollectie v [-s] winter collection
winterdag m [-dagen] winter's day, wintery day
winterdijk m [-en] winter dyke
winteren onoverg [winterde, h. gewinterd] ★ *het wintert al* winter is already on the way
wintergast m [-en] vogelk winter visitor
wintergezicht o [-en] wintery scene
wintergroente v [-n & -s] winter vegetable(s)
winterhanden zn [mv] chilblained hands
winterhard bn v. plant hardy
winterjas m & v [-sen] winter coat
winterkleren zn [mv] winter clothes
winterkoninkje o [-s] vogel wren
winterkost m winter fare
winterkwartier o [-en] winter quarters
winterlandschap o [-pen] winter landscape
wintermaand v [-en] December ★ *de ~en* the winter months
winternacht m [-en] winter's night
winterpeen v [-penen] carrot
winterpret v wintery fun
winters bn wintery / wintry
winterslaap m winter sleep, hibernation, fig dormancy ★ *een ~ houden* hibernate
winterspelen zn [mv] ★ *de Olympische ~* the Winter Olympics / Games
wintersport v [-en] winter sports ★ *op / met / naar de ~ gaan* go on winter sports
wintersporter m [-s] winter sport enthusiast, skier
wintersportplaats v [-sen] winter sports resort, winter sports centre/Am center
wintersportvakantie v [-s] winter sports holiday
winterstop m [-s] sp winter break
wintertenen zn [mv] chilblained toes
wintertijd m wintertime
wintertuin m [-en] winter garden
wintervoeten zn [mv] chilblained feet
wintervoorraad m [-raden] winter stocks / stores
winterweer o wintery weather
winterwortel m [-s] carrot
winzucht v love of gain, covetousness
wip I v [-pen] ❶ *in speeltuin* seesaw ★ *pol op de ~ zitten* hold the balance (of power) ★ *fig hij zit op de ~* his position is shaky ❷ *v. brug* bascule ▼ ⟨seksueel⟩ *een ~ maken* vulg screw II m *sprongetje* skip ★ *in een ~* in no time, inf in a jiffy
wipkip v [-pen] playground spring animal
wipneus m [-neuzen] turned-up nose, retroussé nose
wippen I overg [wipte, h. gewipt] *wegsturen* overthrow, topple ★ *de regering is gewipt* the government has been overthrown / toppled
II onoverg [wipte, h. en is gewipt] ❶ *in speeltuin*

seesaw ❷ *op en neer gaan* hop, bounce ★ *zit niet zo te ~!* stop fidgeting about! ❸ *springen* skip, whip, nip ★ *even binnen ~* pop in ★ *naar binnen ~* pop inside ★ *de hoek om ~* whip / nick round the corner ★ *de straat over ~* nip across the street ❹ *neuken* vulg screw
wippertje o [-s] ❶ *borreltje* nip, dram ❷ voetbal little chip ▼ *een ~ maken* vulg screw
wipwap m seesaw
wirwar m ⟨v. kleren &⟩ jumble, ⟨v. mensen &⟩ conglomeration, ⟨v. touw &⟩ tangle, snarl, ⟨v. steegjes &⟩ maze
wis bn & bijw certain, sure ★ *van een ~se dood redden* save from certain death ★ *~ en zeker* absolutely, for sure
wisent m [-en] wisent, European bison
wishful thinking o wishful thinking
wiskunde v mathematics, inf maths, Am math
wiskundeknobbel m [-s] gift for mathematics
wiskundeleraar m [-s & -raren] mathematics teacher
wiskundig I bn mathematical II bijw mathematically
wiskundige m-v [-n] mathematician
wispelturig bn inconstant, fickle, flighty, changeable
wispelturigheid v [-heden] inconstancy, fickleness, flightiness, changeability
wissel I m & o [-s] *v. spoor* switch, points ★ *de ~ omzetten* shift the points II m [-s] ❶ fin bill (of exchange), draft ★ *een getrokken ~* a draft ★ *een ~ trekken op iem. / de toekomst* bank on sbd / the future ❷ *speler* sp substitute ❸ *aflossing* sp changeover ❹ *wildpaadje* animal crossing
wisselaar m [-s & -laren] money changer
wisselautomaat m [-maten] change machine
wisselbad o [-baden] alternating hot and cold baths
wisselbeker m [-s] challenge cup
wisselbouw m rotation of crops, crop rotation
wisselen I overg [wisselde, h. gewisseld] ❶ *uitwisselen* exchange, bandy ★ *zij hebben een paar schoten gewisseld* they exchanged a few shots ★ *woorden ~* bandy words ★ *complimenten ~* exchange compliments ❷ *omruilen* change, exchange ❸ *v. geld* change, give change for ★ *een briefje van honderd euro ~* change a hundred euro note ❹ *tanden* get one's second teeth II onoverg [wisselde, h. gewisseld] change, give change ★ *ik kan niet ~* I don't have any change ★ *de menukaart wisselt met de seizoenen* there's a seasonal menu ★ *van gedachten ~ over...* exchange views about... ★ *van paarden ~* change horses ★ *ons dochtertje is aan het ~* our daughter is getting her second teeth ★ *zijn stem is aan het ~* his voice is breaking ★ *die trein moet nog ~* the train still has to shunt ★ *met ~d succes* with varying success ▼ *~d bewolkt* cloudy with bright intervals
wisselgeld o (small) change
wisselgesprek o [-ken] telec call waiting
wisselhandel m fin exchange business
wisseling v [-en] ❶ *ruil* exchange ❷ *verandering,*

afwisseling change

wisselkantoor *o* [-toren] <u>fin</u> exchange office, bureau de change

wisselkoers *m* [-en] <u>fin</u> rate of exchange, exchange rate

wissellijst *v* [-en] interchangeable picture frame

wisselmarkt *v* <u>fin</u> exchange market

wisselslag *m* <u>sp</u> medley

wisselspeler *m* [-s] <u>sp</u> reserve, substitute

wisselspoor *o* [-sporen] siding

wisselstroom *m* [-stromen] alternating current

wisselstuk *o* [-ken] <u>ZN</u> spare part

wisseltand *m* [-en] permanent tooth

wisseltrofee *v* [-feeën] challenge trophy

wisseltruc *m* [-s] fast-change trick ★ *een ~ uithalen met iem.* pull a fast-change trick on sbd

wisselvallig *bn* changeable, unstable ★ *~ weer* unstable weather

wisselvalligheid *v* [-heden] precariousness, uncertainty ★ *de wisselvalligheden van het lot / leven* the vicissitudes of fortune / life

wisselwachter *m* [-s] pointsman

wisselwerking *v* [-en] interaction

wisselwoning *v* [-en] temporary housing

wissen *overg* [wiste, h. gewist] ❶ *reinigen* wipe ❷ *v. geluidsopname, computerbestand &* erase ★ *iets uit zijn geheugen ~* erase sth from one's memory

wisser *m* [-s] wiper, mop

wissewasje *o* [-s] trifle ★ *~s* fiddle-faddle

wit I *bn* white ★ *Witte Donderdag* Maundy Thursday ★ *het Witte Huis* the White House ★ *de Witte Zee* the White Sea ★ *~ werk* legal work ★ *~ maken* whiten, blanch ★ *~ worden* ‹v. dingen› whiten, go / turn white, ‹v. personen› turn pale ★ *zo ~ als een doek* as white as a sheet **II** *o* ❶ *de kleur* white ★ *in het ~ (gekleed)* in white ★ *het ~ van een ei* the white of an egg ★ *het ~ van de ogen* the white(s) of the eye(s) ❷ *brood* white (bread)

witachtig *bn* whitish

witbier *o* [-en] white beer

witboek *o* [-en] white paper

witbont *bn* white with black spots

witbrood, wittebrood *o* [-broden] white bread ★ *een ~* a white loaf

witgepleisterd *bn* plastered with white

witgoed *o* ❶ *weefsel* white fabrics ❷ *huishoudelijke apparaten* household appliances ❸ *vakterm* white goods

witgoud *o* white gold

witharig *bn* white-haired

witheet *bn* ❶ *zeer heet* white-hot ❷ *zeer kwaad* boiling, livid

witheid *v* whiteness

witje *o* [-s] *vlinder* white

witjes *bijw* ❶ *bleekjes* palely ★ *er ~ uitzien* look pale ❷ *flauwtjes* wanly, faintly ★ *~ lachen* smile wanly

witkalk *m* whitewash

witkwast *m* [-en] whitewash brush

witlof *o* chicory

witregel *m* [-s] line of white, blank line

Wit-Rus *m* [-sen] Belarusian, <u>hist</u> White Russian

Wit-Rusland *o* Belarus, <u>hist</u> White Russia

Wit-Russin *v* [-nen] Belarusian ★ *ze is een ~* she's a Belarussian, she's from Belarus

Wit-Russisch I *bn* Belarusian, <u>hist</u> White Russian **II** *o* <u>taal</u> Belarusian

Wit-Russische *v* [-n] Belarusian ★ *ze is een ~* she's a Belarussian, she's from Belarus

witsel *o* whitewash

witteboordencriminaliteit *v* white-collar crime

wittebrood *o* [-broden] → **witbrood**

wittebroodsweken *zn* [mv] honeymoon

witten *overg* [witte, h. gewit] ❶ *v. muren* whitewash ❷ *v. zwart geld* launder

witvis *m* [-sen] *platvis &* white fish

witwassen I *overg* [waste wit, h. witgewassen] *v. zwart geld* launder **II** *o* *het ~ (van geld)* money-laundering

WK *afk* (Wereldkampioenschap(pen)) World Championship

wodka *m* vodka

woede *v razernij* rage, fury, anger ★ *machteloze ~* impotent rage ★ *zijn ~ koelen op* wreak one's fury on, vent one's rage on ★ *buiten zichzelf van ~ zijn* be beside oneself with rage / anger

woedeaanval *m* [-len] fit of rage, tantrum, temper ★ *een ~ krijgen* fly off the handle, fly into a tantrum

woeden *onoverg* [woedde, h. gewoed] rage ★ *het ~ der elementen* the fury / raging of the elements

woedend I *bn* furious ★ *iem. ~ maken* infuriate sbd ★ *zich ~ maken* fly into a rage ★ *~ zijn* be in a rage, be furious ★ *~ zijn op* be furious with ★ *~ zijn over* be furious at / about, be in a rage at / about **II** *bijw* furiously

woede-uitbarsting *v* [-en] outburst of fury / anger

woef *tsw* ★ *~!* woof!, bow wow!

woeker *m* usury ★ *~ drijven* practise usury

woekeraar *m* [-s] profiteer, loan shark, usurer

woekeren *onoverg* [woekerde, h. gewoekerd] ❶ *met geld* profiteer, take advantage ★ *met zijn tijd / talenten ~* make the most of one's time / talents ★ *~ op* be parasitic on ❷ *illegale handel drijven* profiteer ❸ *v. onkruid &* be rampant

woekerhandel *m* profiteering

woekering *v* [-en] ❶ *v. planten* rampant growth, rankness ❷ *gezwel* uncontrolled growth, tumour

woekerplant *v* [-en] parasitic plant, parasite

woekerprijs *m* [-prijzen] exorbitant price

woekerrente *v* [-n, -s] exorbitant interest

woekerwinst *v* [-en] exorbitant profit ★ *~ maken* make an exorbitant profit

woelen I *overg* [woelde, h. gewoeld] ★ *gaten in de grond ~* burrow holes in the ground ★ *iets uit de grond ~* grub sth up ★ *zich bloot ~* kick the bedclothes / covers off **II** *onoverg* [woelde, h. gewoeld] ❶ *in de slaap* toss (about), toss and turn

❷ *wroeten* burrow, grub ★ *zit niet in mijn papieren te ~* stop rummaging in my papers

woelig *bn* turbulent, restless ★ *de kleine is erg ~ geweest* the baby has been very restless ★ *in ~e tijden* in turbulent times

woelmuis *v* [-muizen] vole

woelrat *v* [-ten] water vole

woelwater *m-v* [-s] fidget

woensdag *m* [-dagen] Wednesday

woensdags I *bn* Wednesday **II** *bijw* on Wednesdays

woerd *m* [-en] *mannetjeseend* drake

woest I *bn* ❶ *wild* savage, wild, fierce, reckless ★ *een ~ voorkomen* a fierce appearance ★ *~e golven* wild waves ★ *een ~e chauffeur* a reckless driver ❷ *onbebouwd* waste ★ *~e gronden* wastelands ❸ *onbewoond* desolate ❹ *kwaad* savage, wild, mad ★ *hij werd ~* he became wild / mad ★ *hij was ~ op ons* he was mad at us **II** *bijw* wildly &

woesteling *m* [-en] brute

woestenij *v* [-en] waste(land), wilderness

woestijn *v* [-en] desert

woestijnachtig *bn* desertlike

woestijnklimaat *o* desert climate

woestijnrat *v* [-ten] gerbil, gerbille, jerbil

woestijnvorming *v* desertification

woestijnwind *m* [-en] desert wind

woestijnzand *o* desert sands

wok *m* [-ken, -s] wok

wol *v* wool ★ *door de ~ geverfd* shrewd, experienced ★ *ik ging vroeg onder de ~* I turned in early ★ *onder de ~ zijn* be in bed

wolachtig *bn* woolly

wolbaal *v* [-balen] bale of wool, woolsack

wolf *m* [wolven] ❶ *dier* wolf ★ *een ~ in schaapskleren* a wolf in sheep's clothing ★ *wee de ~ die in een kwaad gerucht staat* give a dog a bad name and hang him ★ *eten als een ~* eat ravenously ★ *een honger hebben als een ~* be as hungry as a wolf ★ *met de wolven in het bos huilen* run with the pack ❷ *in tand* caries

wolfijzer *o* [-s] ZN wolf trap

wolfraam, **wolfram** *o* tungsten

wolfsangel *m* [-s] trap (for wolves)

wolfshond *m* [-en] wolf dog, wolfhound

wolfskers *v* [-en] deadly nightshade, belladonna

wolfsklauw *m & v* [-en] plantk club moss

Wolga *v* Volga

wolk *v* [-en] cloud ★ *een ~ van insecten* a cloud of insects ★ *een ~ van een jongen / meid* a bouncing boy / girl ★ *hij is in de ~en* he's walking on air, he's on cloud seven ★ *iem. tot in de ~en verheffen* extol sbd to the skies

wolkbreuk *v* [-en] cloudburst, torrential rain

wolkeloos *bn* cloudless, clear

wolkendek *o* cloud cover, blanket of clouds

wolkenhemel *m* cloudy sky

wolkenkrabber *m* [-s] skyscraper

wolkenlucht *v* [-en] cloudy sky

wolkenveld *o* [-en] cloud cover, mass of clouds

wolkje *o* [-s] little cloud ★ *een ~ melk* a drop of milk ★ ook fig *er is geen ~ aan de lucht* there's not a cloud in the sky

wollen *bn* woollen ★ *~ goederen* woollens

wollig *bn* woolly ★ *~ taalgebruik* woolly language

wolmerk *o* [-en] wool mark

wolspinnerij *v* [-en] wool mill

wolvenjacht *v* wolf hunting

wolvet *o* lanolin

wolvin *v* [-nen] she-wolf

wond I *v*, **wonde** [-en] wound ★ *oude ~en openrijten* reopen old sores ★ *diepe ~en slaan* inflict deep wounds ★ *zijn ~en likken* lick one's wounds **II** *bn* sore ★ *de ~e plek* the sore spot

wonden *overg* [wondde, h. gewond] wound, injure, hurt

wonder I *bn* wondrous, marvellous ★ *de ~e wereld (van…)* the wondrous world (of…) **II** *o* [-en] wonder, miracle, marvel, prodigy ★ *~en van dapperheid* marvels of bravery ★ *een ~ van geleerdheid* a prodigy of learning ★ *de zeven ~en van de wereld* the seven wonders of the world ★ *de ~en zijn de wereld nog niet uit* wonders will never cease ★ *(het is) geen ~ dat…* (it is) no wonder that…, small wonder that… ★ *~en doen* work wonders, perform miracles ★ *zijn naam doet ~en* his name opens doors ★ *tenzij er een ~ gebeurt* failing a miracle ★ *en ~ boven ~, hij…* miracle of miracles, he…

wonderbaarlijk I *bn* miraculous, marvellous **II** *bijw* miraculously, marvellously

wonderdoener *m* [-s] wonderworker, miracle worker

wonderdokter *m* [-s] quack (doctor)

wonderkind *o* [-eren] child / infant prodigy

wonderlamp *v* [-en] Aladdin's lamp

wonderland *o* wonderland

wonderlijk *bn* ❶ *zonderling* strange, peculiar ❷ *wonderbaar* miraculous, marvellous

wondermiddel *o* [-en] wonder drug, universal remedy

wonderolie *v* castor oil

wonderschoon *bn* most beautiful, absolutely beautiful, wonderful

wonderwel *bijw* wonderfully well

wonderwerk *o* [-en] miracle

wondkoorts *v* [-en] wound fever, traumatic fever

wondroos *v* med erysipelas, vero St Anthony's Fire

wonen *onoverg* [woonde, h. gewoond] live, reside, dwell ★ *hij woont bij ons* he lives in our house / with us ★ *in de stad ~* live in town ★ *op het land ~* live in the country ★ *op zichzelf gaan ~* set up a house of one's own, go and live on one's own ★ *vrij ~ hebben* live rent-free, have free housing ★ *hij is in mijn buurt komen ~* he has come to live nearby / in my neighbourhood

woning *v* [-en] house, dwelling, form residence ★ *een eigen ~* an owner-occupied dwelling ★ *een sociale ~* public housing

woningaanbod *o* housing market

woningbouw *m* house construction
woningbouwvereniging *v* [-en] housing association
woningcorporatie *v* [-s] housing corporation
woninginrichting *v* home furnishings
woninginspectie *v* housing inspection
woningnood *m* housing shortage
woningruil *m* house exchange, ⟨tijdelijk⟩ house swap
woningtoezicht *o* housing inspection
woningwet *v* housing act
woningwetwoning *v* [-en] ± council house
woningzoekende *m-v* [-n] house hunter, home seeker
woonachtig *bn* resident, living ★ *ze is ~ in Meppel* she lives in Meppel, she is a resident of Meppel
woonblok *o* [-ken] block, housing block, apartment block
woonboot *m & v* [-boten] houseboat
woonerf *o* [-erven] ± residential area / neighbourhood
woongemeenschap *v* [-pen] commune
woongemeente *v* [-n -s] official place of residence
woonhuis *o* [-huizen] home, house, private house
woonkamer *v* [-s] living room, sitting room
woonkazerne *v* [-s] barracks
woonkeuken *v* [-s] kitchen-diner
woonlaag *v* [-lagen] storey ★ *een flatgebouw met tien woonlagen* a ten-storey block of flats
woonlasten *zn* [mv] living expenses
woonoppervlak *o* living area / surface
woonplaats *v* [-en] ❶ *v. personen* place of residence, hometown, domicile ★ *zonder vaste woon- of verblijfplaats* without a permanent address, Am without fixed domicile or residence, of no fixed abode ❷ *formeel* jur Br (legal) residence, jur Am city or town of domicile, (legal) abode ❸ *feitelijk* jur Br current address, jur Am residence ❹ biol habitat
woonruimte *v* [-n, -s] housing accommodation, living accommodation, living space
woonvergunning *v* [-en] residence permit
woonvertrek *o* [-ken] living room
woonvorm *m* [-en] type of dwelling
woonwagen *m* [-s] caravan
woonwagenbewoner *m* [-s] caravan dweller
woonwagenkamp *o* [-en] ❶ *alg.* caravan camp, caravan site ❷ *van zigeuners* gypsy camp
woon-werkverkeer *o* commuter traffic
woonwijk *v* [-en] ❶ *alg.* residential area ❷ *gepland* housing estate ❸ *wijk van stad* suburb, quarter, district

woord *o* [-en] word, term ★ *grote ~en* big words ★ *het hoge ~ is er uit* at last the truth is out ★ *het hoge ~ kwam er uit* he owned up ★ *een vies ~* a dirty word, a four-letter word ★ *het Woord (Gods)* God's Word, the Word (of God) ★ Bijbel *het Woord is vlees geworden* the Word was made flesh ★ *hier past een ~ van dank aan...* thanks are due to... ★ *~en en daden* words and deeds ★ *geen ~ meer!* not another word! ★ *er is geen ~ van waar* there isn't a word of truth in it ★ *zijn ~ breken* break one's word ★ *een ~ van lof brengen aan...* pay a tribute to... ★ *het ~ doen* act as spokesman ★ *hij kan heel goed zijn ~(je) doen* he's never at a loss for what to say, he has the gift of the gab ★ *een goed ~ voor iem. doen bij...* put in a good word for sbd with... ★ *iem. het ~ geven* call (up)on sbd to speak / to say a few words ★ *(iem.) zijn ~ geven* give (sbd) one's word ★ *het ene ~ haalt het andere uit / van het ene ~ komt het andere* one word leads to another ★ *het ~ hebben* be speaking, be on one's feet, have the floor ★ *het ~ alléén hebben* have all the talk to oneself ★ *iem. de ~en uit de mond nemen* take the words out of sbd's mouth ★ *ik zou graag het ~ hebben* I'd like to say a few words ★ *~en met iem. hebben* have words with sbd ★ *het hoogste ~ hebben* do most of the talking ★ *hij wil altijd het laatste ~ hebben* he always wants to have the last word ★ *(zijn) ~ houden* keep one's word, be as good as one's word ★ *het ~ vrees & kent hij niet* fear & is not part of his vocabulary ★ *men kon er geen ~ tussen krijgen* you couldn't get a word in (edgeways) ★ *ik kan geen ~ uit hem krijgen* I can't get a word out of him ★ *~en krijgen met iem.* get into an argument with sbd ★ *het ~ nemen* begin to speak, rise, take the floor ★ *de spreker het ~ ontnemen* ask the speaker to sit down ★ *het ~ richten tot iem.* address sbd ★ *hij kon geen ~ uitbrengen* he couldn't utter a single word ★ *men kon zijn eigen ~en niet verstaan* you couldn't hear yourself speak ★ *ik kan geen ~en vinden om...* I have no words to..., words fail me when I... ★ *de daad bij het ~ voegen* suit the action to the word, inf put your money where your mouth is ★ *het ~ voeren* act as spokesman ★ *de heer Arnesen zal het ~ voeren* Mr Arnesen will speak ★ *een hoog ~ voeren* talk big ★ *het ~ vragen* ask permission to speak, ⟨in parlement⟩ try to catch the Speaker's eye ★ *wenst iem. het ~?* does anyone wish to address the meeting? ★ *geen ~ zeggen* not say a word ★ *ik heb er geen ~ in te zeggen* I have no say in the matter ★ *het ~ is nu aan onze tegenstander* it's up to our opponent to speak now ★ *wie is aan het ~?* who's speaking? who'll be doing the speaking? ★ *iem. aan zijn ~ houden* take sbd at his word ★ *ik kon niet aan het ~ komen* I couldn't get a word in (edgeways), ⟨in parlement⟩ I could not get the Speaker's eye ★ *in één ~* in a word, in one word ★ *de oorlog in ~ en beeld* the war in words and pictures ★ *met andere ~en* in other words ★ *hetzelfde met andere ~en* the same thing though differently worded ★ *met deze ~en* with these words ★ *met een paar ~en* in a few words ★ *met zoveel ~en* in as many words ★ *iets onder ~en brengen* put sth into words, verbalise sth ★ *iem. op zijn ~ geloven* take sbd's word for it ★ *op mijn ~ (van eer) (up)on my word (of honour)* ★ *iem. te ~ staan* give sbd a hearing, listen to sbd ★ *~ voor ~* word by / for word, verbatim ★ *~en wekken, voorbeelden trekken* example is better than precept ★ *zijn ~en intrekken* take back one's words
woordaccent *o* [-en] word stress, word accent, emphasis

woordafleiding *v* [-en] etymology
woordbeeld *o* [-en] word picture
woordblind *bn* word-blind, dyslexic, dyslectic
woordbreuk *v* ❶ *m.b.t. belofte* breach of promise / faith ❷ *m.b.t. eed* perjury
woordelijk I *bn* verbal, literal, ‹woord voor woord› verbatim II *bijw* verbally, literally, ‹woord voor woord› word for word, verbatim
woordenboek *o* [-en] dictionary, lexicon
woordenlijst *v* [-en] wordlist, vocabulary
woordenschat *m* stock of words, vocabulary
woordenspel *o* play upon words, pun
woordenstrijd, **woordentwist** *m* ❶ *discussie* verbal dispute, debate ❷ *over woorden* war of words
woordenstroom *m* [-stromen], **woordenvloed** [-en] stream / torrent / avalanche of words
woordenwisseling *v* [-en] altercation, dispute, argument
woordgebruik *o* use of words
woordje *o* [-s] (little) word ★ *een ~, alstublieft!* could I just have a word? ★ *doe een goed ~ voor me* put in a good word for me ★ *een ~ meespreken* put in a word ★ *~s leren* learn words / vocabulary
woordkeus, **woordkeuze** *v* choice of words
woordkunstenaar *m* [-s] artist with words
woordsoort *v* [-en] part of speech
woordspeling *v* [-en] play on words, pun ★ *~en maken* play on words, pun
woordvoerder *m* [-s] spokesman, spokeswoman, spokesperson
woordvolgorde *v* [-n & -s] word order
woordvorming *v* formation of words, word formation
worcestershiresaus *v* Worcester sauce
worden *onoverg* [werd, is geworden] ❶ *in een bep. toestand geraken* become, get, go, grow, turn, fall ★ *arm ~* become poor ★ *bleek ~* turn pale ★ *blind ~* go blind ★ *dronken ~* get drunk ★ *gek ~* go mad ★ *hij is gisteren / vandaag 80 ge~* he turned eighty yesterday / is eighty today ★ *hij is bijna honderd jaar ge~* he lived to be nearly a hundred ★ *nijdig ~* get angry ★ *oud ~* grow old ★ *soldaat ~* become a soldier ★ *hij zal een goed soldaat ~* he'll make a good soldier ★ *wat wil je later ~?* what do you want to be when you grow up? ★ *ijs wordt water* ice turns into water ★ *ziek ~* become ill, be taken ill, fall ill ★ *wanneer het lente wordt* when spring comes ★ *het wordt morgen een week* tomorrow it will be a week ★ *wat is er van hem ge~?* what has become of him? ★ *het wordt laat / koud* it's getting late / cold ★ *wat niet is, kan ~* Rome was not built in a day ❷ *als hulpww v. lijdende vorm* be ★ *er zal gedanst ~* there'll be dancing ★ *er wordt gebeld* that's the bell ★ *dat wordt niet vermeld* that isn't stated
wording *v* origin, genesis ★ *in ~ zijn* be in process of formation ★ *een nog in ~ zijnd economisch stelsel* an economic system in the process of formation
wordingsgeschiedenis *v* genesis, development

workaholic *m-v* [-s] workaholic
workmate® *v* Workmate
work-out *de* [-s] workout
workshop *m* [-s] workshop
worm *m* [-en] ❶ *pier & worm* ❷ *made* grub, maggot ❸ *schroef* worm
wormenkuur *v* [-kuren] de-worming treatment
wormmiddel *o* [-en] ❶ *alg.* vermicide ❷ med vermifuge, de-worming agent
wormstekig *bn* worm-eaten, wormy
wormvormig *bn* vermiform, worm-like
worp *m* [-en] ❶ *het werpen* throw(ing) ❷ *nest v. dier* litter
worst *v* [-en] sausage ★ *het zal mij ~ wezen!* I couldn't care less
worstelaar *m* [-s] wrestler
worstelen I *onoverg* [worstelde, h. geworsteld] wrestle ★ *~ met* wrestle with, fig struggle with, grapple with ★ *tegen de wind ~* struggle with the wind II *o* ★ *vrij ~* all-in wrestling
worsteling *v* [-en] ❶ wrestling, wrestle ❷ fig struggle
worstenbroodje *o* [-s] sausage roll
wortel *m* [-s & -en] ❶ *deel v. plant* root ★ *~ schieten* take / strike root ★ fig *met ~ en tak uitroeien* utterly eradicate ❷ *v. haar, tand & root* ❸ *peen* carrot ❹ wisk (square) root ★ *~ trekken* extract the square root of a number ❺ taalk root ❻ *oorsprong* root
wortelen *onoverg* [wortelde, h. en is geworteld] take root ★ fig *~ in* be rooted in
wortelhout *o* root wood
wortelkanaal *o* root canal ★ *een ~behandeling* root canal therapy / treatment
wortelknol *m* [-len] tuber
wortelnoten *bn* walnut
wortelnotenhout *o* figured walnut
wortelstok *m* [-ken] rootstock, rhizome
wortelteken *o* [-s] radical sign
worteltrekken *o* root extraction
woud *o* [-en] forest
woudloper *m* [-s] trapper, woodsman
woudreus *m* [-reuzen] forest giant
wouw I *m* [-en] *vogel* kite II *v* [-en] *plant* weld
wow I *tsw* wow ★ *~, wat een meid!* wow, that's some girl! II *m v. geluidsapparatuur* wow
wraak *v* revenge, vengeance ★ *de ~ is zoet* revenge is sweet ★ *zijn ~ koelen* wreak one's vengeance ★ *~ nemen op* take revenge on, revenge oneself on, be revenged on ★ *~ nemen op iem. over iets* take revenge on sbd for sth ★ *~ oefenen* take revenge ★ *~ zweren* swear vengeance ★ *om ~ roepen* cry for vengeance ★ *uit ~* in revenge
wraakactie *v* [-s] act of revenge, retaliation
wraakgevoelens *zn* [mv] vindictive feelings, feelings of revenge
wraakgierig *bn* vindictive, revengeful
wraakgodin *v* [-nen] goddess of vengeance ★ *de ~nen* the Furies
wraaklust *m* lust for revenge

wraakneming, wraakoefening *v* [-en] retaliation, (act of) revenge

wraakzucht *v* vindictiveness, revengefulness

wraakzuchtig *bn* vindictive, revengeful

wrak I *o* [-ken] wreck **II** *bn beschadigd* ramshackle, unsound, rickety ★ *een ~ke auto* a ramshackle car ★ *een ~ke gezondheid* fragile health

wraken *overg* [wraakte, h. gewraakt] ❶ *afkeuren* object to, take exception to ❷ *niet toelaten* challenge

wrakhout *o* wreckage, driftwood

wraking *v* [-en] jur challenge

wrakkig *bn* broken-down, rickety

wrakstuk *o* [-ken] (piece of) wreckage

wrang *bn* ❶ *zuur* sour, acid, tart ❷ *onaangenaam* unpleasant, nasty, harsh ★ *~e vruchten* bitter fruit ★ fig *het is ~ om te zien dat...* there is a bitter irony to the fact that...

wrap *de (m)* [-s] wrap

wrat *v* [-ten] wart

wrattenzwijn *o* [-en] wart hog

wreed I *bn* cruel, brutal, grim ★ *een wrede tiran* a cruel tyrant ★ *een wrede dood* a grim / cruel death **II** *bijw* cruelly

wreedaard *m* [-s] cruel person

wreedaardig I *bn* cruel **II** *bijw* cruelly

wreedheid *v* [-heden] cruelty, brutality

wreef *v* [wreven] instep

wreken I *overg* [wreekte, h. gewroken] revenge, avenge ★ *iets / iem. ~* avenge sth / sbd **II** *wederk* [wreekte, h. gewroken] ★ *zich ~* revenge oneself, avenge oneself, be avenged ★ *het zal zich wel ~* it is sure to avenge itself ★ *zich ~ op* revenge oneself on ★ *zich ~ over... op...* revenge oneself for... on...

wreker *m* [-s] avenger, revenger

wrevel *m* ❶ *ontstemdheid* resentment, spite, rancour ❷ *knorrigheid* peevishness

wrevelig I *bn* ❶ *ontstemd* resentful, spiteful, rancorous ❷ *knorrig* peevish, crusty, testy **II** *bijw* ❶ *ontstemd* resentfully, spitefully ❷ *knorrig* peevishly, crustily, testily

wriemelen *onoverg* [wriemelde, h. gewriemeld] ❶ *kronkelen* wriggle ❷ *peuteren* fiddle

wrijfdoek *m* [-en] polishing cloth, floorcloth

wrijfhout *o* [-en] scheepv fender

wrijfpaal *m* [-palen] ❶ rubbing post ❷ fig butt

wrijven *overg* [wreef, h. gewreven] *alg.* rub ★ *meubels ~* polish the furniture ★ *ook* fig *zich in zijn handen ~* rub one's hands ★ *neuzen tegen elkaar ~* rub noses ★ *iets tot poeder ~* rub sth to a powder ★ *zich de handen / de ogen ~* rub one's hands / eyes ★ *~ tegen iets* rub (up) against something

wrijving *v* [-en] rubbing, friction ★ *de ~ tussen hen* the friction between them

wrijvingshoek *m* [-en] angle of friction

wrikken I *overg* [wrikte, h. gewrikt] ❶ *bewegen* lever, wrench, prise, Am prize ❷ *roeien* scull **II** *onoverg* [wrikte, h. gewrikt] jerk

wringen I *overg* [wrong, h. gewrongen] wring, wring

out ★ *de handen ~* wring one's hands ★ *de was ~* wring the laundry (out) ★ *iem. iets uit de handen ~* wrest sth from sbd **II** *onoverg* [wrong, h. gewrongen] *knellen* pinch ★ *daar wringt de schoen* that's where the shoe pinches, that's the real problem **III** *wederk* [wrong, h. gewrongen] ★ *zich ~* twist oneself ★ *zich ~ als een worm* writhe like a worm ★ *zich door een opening ~* worm oneself through a gap ★ *zich in allerlei bochten ~* turn oneself inside out ★ *zich in allerlei bochten ~ van pijn* writhe with pain

wringer *m* [-s] wringer

wroeging *v* [-en] remorse, compunction, contrition

wroeten *onoverg* [wroette, h. gewroet] ❶ *graven* root, rout ★ *in de grond ~* root up the earth ❷ *zoeken* delve, root for ★ *in iems. verleden ~* delve into sbd's past ❸ *zwoegen* ZN toil, drudge

wroeter *m* [-s] *zwoeger* ZN toiler, drudger

wrok *m* grudge, rancour, resentment ★ *een ~ tegen iem. hebben / jegens iem. koesteren* hold a grudge against sbd, bear sbd a grudge, bear sbd ill will ★ *geen ~ koesteren* bear no malice

wrokkig *bn* rancorous, resentful

wrong *m* [-en] *v. haar* coil, knot

wrongel *v* curdled milk, curds

wuft I *bn* frivolous, flighty **II** *bijw* frivolously

wuiven *onoverg* [wuifde of woof, h. gewuifd of gewoven] wave ★ *~ met de hand* wave one's hand ★ *naar iem. ~* wave to sbd ★ *~d riet* waving reeds

wulp *m* [-en] *vogel* curlew

wulps *bn* voluptuous, afkeurend lewd

wurgcontract *o* [-en] killer contract

wurgen *overg* [wurgde, h. gewurgd] strangle, throttle

wurger *m* [-s] strangler

wurggreep *m* [-grepen] stranglehold ★ *iem. in de ~ houden* have sbd in a stranglehold

wurging *v* strangulation

wurgseks *m* killer sex, strangulation sex

wurgslang *v* [-en] constrictor

wurgstokje *o* [-s] nunchaku

wurm I *m* [-en] *pier* worm **II** *o kind* mite ★ *het ~* the poor mite

wurmen I *overg* [wurmde, h. gewurmd] squeeze, wriggle ★ *een draad door de naald ~* poke a thread into the needle ★ *zich er uit ~* wriggle out of it **II** *onoverg* [wurmde, h. gewurmd] worm, wriggle

WW *v* ❶ (Werkloosheidswet) Unemployment Insurance Act ★ *in de ~ lopen* be on unemployment benefits, inf be on the dole ❷ (Wegenwacht) Br AA (Automobile Association), Am AAA (American Automobile Association)

WW-uitkering *v* [-en] unemployment benefits, dole

ww

X

x *v* ['en] x
xanthoom *o* [-thomen] xanthoma
xantippe *v* [-s] Xanthippe
x-as *v* [-sen] x-axis
X-benen *zn* [mv] knock-knees ★ *iem. met* ~ a knock-kneed person
X-chromosoom *o* [-somen] X chromosome
xenofobie *v* xenophobia
xenofoob I *m* [-foben] xenophobe, xenophobic person **II** *bn* xenophobic
xenotransplantatie *v* [-s] ❶ *het transplanteren* xenotransplantation ❷ *organen* animal organ transplant, xenotransplant ❸ *weefsel* xenograft
x-factor *de (m)* ★ *deze zanger heeft een prachtige stem, maar hij mist de* ~ this singer has a beautiful voice, but he's lacking in charisma
xtc *afk* (ecstasy) XTC
xtc-pil *v* [-len] XTC pill
xyleen *o* xylene
xylitol *o* xylitol
xylo- *voorv* xylo-
xylofoon *m* [-s & -fonen] xylophone

Y

y *v* ['s] y
yahtzee® *o* Yahtzee
yam *m* [-men], **yamswortel** [-s] yam
yankee, yank *m* [-s] *vaak geringsch* Yankee
y-as *v* [-sen] y-axis
Y-chromosoom *o* [-somen] Y chromosome
yell *m* [-s] yell
yen *m* [-s] yen
yoga *v* yoga
yoghurt *m* yogurt, yoghurt
yogi *m* ['s] yogi
ypsilon *v* [-s] upsilon
yucca *m* ['s] yucca
yup *m* [-pen], **yuppie** [-s] (young urban professional) yuppie

Z

Z. *afk* (zuid, zuiden) south
z *v* ['s] z
zaad *o* [zaden] ❶ *v. plant* seed ★ *in het ~ schieten* run / go to seed ★ fig *op zwart ~ zitten* be hard up ❷ *v. zoogdieren* sperm, semen ★ fig Bijbel *het ~ van Abraham* the seed of Abraham ❸ fig seed ★ *het ~ der tweedracht* the seed(s) of dissension / discord
zaadbakje *o* [-s] seed box
zaadbal *m* [-len] testicle
zaadbank *v* [-en] ❶ *donorzaad* sperm bank ❷ *plantenzaad* seed bank
zaadcel *v* [-len] ❶ *v. mens, dier* sperm cell ❷ *v. plant* germ cell
zaaddodend *bn* spermicidal ★ *een ~e pasta* a spermicidal jelly
zaaddonor *m* [-s] sperm donor
zaadhandel *m* trading in seeds, seed trade
zaadje *o* [-s] seed
zaadkorrel *m* [-s] grain of seed
zaadleider *m* [-s] spermaduct, seminal tube
zaadlob *v* [-ben] seed lobe, cotyledon
zaadlozing *v* [-en] ejaculation (of semen)
zaag *v* [zagen] ❶ *gereedschap* saw ❷ *mens* bore
zaagbank *v* [-en] sawbench
zaagbek *m* [-ken] *vogel* merganser ★ *de grote ~* the goosander
zaagblad *o* [-bladen] saw blade
zaagbok *m* [-ken] trestle, sawhorse
zaagmachine *v* [-s] ❶ *industrieel* sawing machine, sawmill ❷ *huishoudelijk* power saw, electric saw
zaagmolen *m* [-s] sawmill
zaagsel *o* sawdust ★ *~ in zijn kop hebben* have a head full of sawdust
zaagsnede *v* [-n] saw cut, kerf ★ *een mes met ~* a serrated knife
zaagtand *m* [-en] saw tooth
zaagvis *m* [-sen] sawfish
zaaibed *o* [-den] seedbed
zaaien *overg* [zaaide, h. gezaaid] sow ★ Bijbel *wat men zaait zal men ook oogsten* you will reap what you have sown ★ *het geld is dun gezaaid* money is scarce / in short supply
zaaier *m* [-s] sower
zaaigoed *o* seeds for sowing, sowing seed
zaailand *o* [-en] sowing land
zaailing *m* [-en] seedling
zaaimachine *v* [-s] sowing machine
zaaitijd *m* [-en] sowing time, sowing season
zaaizaad *o* [-zaden] seed for sowing
zaak *v* [zaken] ❶ *ding* thing ★ *niet veel ~s* not much of a thing, not up to much, not worth much ★ *eens zien hoe de zaken ervoor staan* see how things stand ★ *zoals de ~ nu staat* as matters / things stand at present ★ *hoe staat het met de zaken?* how's things?

❷ *aangelegenheid* business, affair, matter, concern, cause ★ *voor een goede ~* in a good cause ★ *dat is de hele ~* that's the whole matter ★ *dat is uw ~* that's your lookout, that's your affair ★ *het is mijn ~ niet* it's not my business, it's no concern of mine ★ *gemene ~ maken met...* make common cause with ★ *gedane zaken nemen geen keer* what is done can't be undone, it's no use crying over spilt milk ★ *de ~ is dat ik de ~ niet vertrouw* the fact is that I don't trust the matter / thing ★ *het is ~ dat te bedenken* it is essential for us to consider that ★ *ter zake!* to the point! ★ *dat doet niet(s) ter zake* that's irrelevant / beside the point, that's neither here nor there ★ *laat ons ter zake komen* let's get down to business, let's come to the point ★ *ter zake van...* on account of... ❸ jur case, (law)suit ★ *zijn advocaat de ~ in handen geven* place the matter in the hands of one's solicitor ★ *er een ~ van maken* take proceedings ★ *een ~ aanhouden* stay the proceedings ❹ *bedrijf* business, concern, trade, ‹winkel› shop ★ *zijn twee zaken te Joplin* his two businesses in Joplin ★ *een ~ beginnen* start a business, set up in business, open a shop ★ *hij is uit de ~* he has retired from business ★ *een rondje van de ~* a round on the house ★ *een auto van de ~* a company car ❺ *transactie* deal ▼ *Binnenlandse Zaken* Domestic / Internal Affairs ▼ *het ministerie / de minister van Binnenlandse Zaken* the Department / Minister of the Interior / of Internal Affairs ▼ *Buitenlandse Zaken* External / Foreign Affairs
zaakgelastigde *m-v* [-n] ❶ *vertegenwoordiger* agent, delegate, proxy ❷ *diplomatiek* chargé d'affaires
zaakje *o* [-s] little business / thing, small deal ★ *dat is een goed ~* that's a smart deal / smart bit of business ★ *het hele ~* inf the whole lot
zaakregister *o* [-s] subject index
zaakvoerder *m* [-s] ❶ *vertegenwoordiger* business manager, agent ❷ *bedrijfsleider* ZN (branch) manager
zaakwaarnemer *m* [-s] acting manager
zaal *v* [zalen] ❶ *groot vertrek* room, ‹groter› hall ❷ *in ziekenhuis* ward ❸ *v. theater* auditorium ★ *een volle ~* a full house
zaalhuur *v* hire of the hall
zaalsport *v* [-en] indoor sport, indoor game
zaalvoetbal *o* indoor football
zaalwachter *m* [-s] attendant, custodian
zacht I *bn* ❶ *niet hard* soft ❷ *niet ruw* smooth ❸ *niet luid* soft ‹whispers, music›, low ‹voice›, gentle ‹knock›, mellow ‹tones› ❹ *niet hevig* soft ‹rain›, gentle ‹breeze›, slow ‹fire› ❺ *niet streng* soft ‹approach›, mild ‹winter›, temperate ‹climate›, gentle ‹reproach, medicinal effect› ❻ *niet schel* soft ‹hues› ❼ *met laag kalkgehalte* soft ‹water› ❽ *niet geprononceerd* gentle ‹slope› ❾ *niet snel* gentle ‹halt›, smooth ‹landing› ❿ *niet pijnlijk* easy ‹death› ⓫ *v. prijzen* low, bargain ★ *een ~ prijsje* a bargain price ⓬ *zachtaardig* gentle, kind ★ *~ van aard* of a

za

gentle disposition, gentle ★ *zo ~ als een lammetje* as gentle / meek as a lamb **II** *bijw* softly & ★ *~ wat!* gently! ★ *~ spreken* speak below / under one's breath, whisper ★ *~er spreken* lower / drop one's voice ★ *ze hadden de radio ~ aanstaan* they had the radio turned on low ★ *de radio ~er zetten* turn down the radio ★ *op zijn ~st gezegd* to put it mildly, to say the least ★ ⟨op grafsteen⟩ *rust ~* rest in peace ★ ⟨bij naar bed gaan⟩ *slaap ~* sleep well, sweet dreams

zachtaardig *bn* gentle, mild, kind

zachtboard *o* softboard

zachtgekookt *bn* soft-boiled

zachtgroen I *bn* soft green **II** *o* soft green

zachtheid *v* softness, smoothness, gentleness

zachtjes *bijw* ❶ *teder* softly, gently ❷ *stilletjes* in a low voice ★ *~!* quiet! hush!

zachtjesaan *bijw* slowly, gradually ★ *ik moet zo ~ vertrekken* I'd better be going shortly

zachtmoedig I *bn* gentle, kind, mild, mild-mannered **II** *bijw* gently, kindly, mildly

zachtmoedigheid *v* gentleness, kindness

zachtzinnig I *bn* good-natured, gentle, mild, kind **II** *bijw* gently, kindly

zadel *o & m* [-s] saddle ★ *iem. in het ~ helpen* help sbd into the saddle, give sbd a leg up ★ *in het ~ springen* vault into the saddle ★ *in het ~ zitten* be in the saddle ★ *vast in het ~ zitten* have a firm seat ★ *uit het ~ lichten / werpen* eig unseat, unhorse, fig oust, dislodge

zadelboog *m* [-bogen] ❶ *voorkant* pommel ❷ *achterkant* cantle

zadeldak *o* [-daken] saddle(back) roof

zadeldek *o* [-ken] ❶ *paardenzadel* saddlecloth ❷ *fietszadel* saddle cover

zadelen *overg* [zadelde, h. gezadeld] saddle

zadelknop *m* [-pen] pommel

zadelmaker *m* [-s] saddler

zadelpijn *v* saddle-soreness ★ *~ hebben* be saddle-sore

zadelriem *m* [-en] (saddle) girth

zadeltas *v* [-sen] saddle bag

zagen I *overg* [zaagde, h. gezaagd] saw **II** *onoverg* [zaagde, h. gezaagd] ❶ *op viool* scrape, saw ❷ *zeuren* harp on, nag

zager *m* [-s] ❶ *die hout zaagt* sawyer ❷ *op viool* scraper ❸ *vervelend mens* bore

zagerij *v* ❶ *het zagen* sawing ❷ *bep. bedrijf* [-en] sawmill

Zaïre *o* Zaire, Zaïre

Zaïrees *bn & m* [-rezen] Zairean

zak *m* [-ken] ❶ *baal* bag, sack ★ *in ~ken doen* bag, sack ★ *in ~ en as zitten* be in sackcloth and ashes ★ inf *de ~ geven / krijgen* give / get the sack ❷ *aan kledingstuk* pocket ★ *de winst in eigen ~ steken* pocket the profit ★ *steek het in je ~* put it in your pocket ★ *die kun je in je ~ steken* put that in your pipe and smoke it ★ *iem. in zijn ~ kunnen steken* be more than a match for sbd, run rings around sbd ★ *ik heb geen cent op ~* I don't have any money with / on me ★ *uit*

eigen ~ betalen pay out of one's own pocket ❸ *buidel* pouch ❹ *v. papier* bag ❺ bilj pocket ❻ *scheldwoord* arsehole ❼ *balzak* med scrotum ★ inf *geen ~* nothing ★ inf *hij weet er geen ~ van* he knows nothing about it, he hasn't a clue ★ inf *het kan hem geen ~ schelen* he doesn't care a fig

zakagenda *v* ['s] pocket diary

zakbijbeltje *o* [-s] pocket Bible

zakboekje *o* [-s] ❶ *opschrijfboekje* notebook ❷ mil paybook

zakcentje *o* [-s] pocket money ★ *hij heeft een aardig ~ verdiend* he earned quite a bit of pocket money

zakdoek *m* [-en] (pocket) handkerchief, inf hanky ★ *~je leggen* drop the handkerchief / hanky

zake *v* ★ *in ~* with regard to, in respect of ★ *ter ~* to the point

zakeditie *v* [-s] pocket edition

zakelijk I *bn* ❶ *nuchter, praktisch* essential, matter-of-fact, objective ★ *~e inhoud* sum and substance, gist ★ *~ blijven / zijn* keep to the point, not indulge in personalities ❷ *commercieel* business-like ★ *een ~e aangelegenheid* a matter of business ★ *de ~e barometer* the business barometer ★ *~e belangen* business interests ★ *een ~ onderpand* collateral security **II** *bijw* ❶ *nuchter* in a matter-of-fact way, without indulging in personalities, objectively ❷ *commercieel* in a business-like way

zakelijkheid *v* ❶ *commercialiteit* business-like character, professionalism ❷ *nuchterheid* objectivity ▼ *de nieuwe ~* the New Objectivity

zaken *zn* [mv] business ★ *~ zijn ~* business is business ★ *~ doen* carry on / do business ★ *~ doen met iem.* do business / have dealings with sbd ★ *goede ~ doen* do good business, do a good trade ★ *voor ~ op reis* away on business

zakenbrief *m* [-brieven] business letter

zakendoen *onoverg* [deed zaken, h. zakengedaan] do business

zakenkabinet *o* [-ten] caretaker / minority government

zakenleven *o* business, business life ★ *het ~ ingaan* go into business, become a businessman

zakenlunch *m* [-en & -es] business lunch

zakenman *m* [-lieden & -lui] businessman ★ *zakenmensen* business people

zakenreis *v* [-reizen] business tour, business trip

zakenrelatie *v* [-s] business relation, business contact

zakenvriend *m* [-en] business friend, business associate

zakenvrouw *v* [-en] businesswoman

zakenwereld *v* business world

zakformaat *o* pocket size ★ *een... in ~* a pocket...

zakgeld *o* pocket money

zakhorloge *o* [-s] pocket watch

zakjapanner *m* [-s] *zakrekenmachine* scherts pocket calculator

zakje *o* [-s] small pocket / bag & ★ *met het ~ rondgaan* take up the collection ★ *een ~ patat* a bag of chips ★ *een duit in het ~ doen* put in one's pennyworth

zakkam *m* [-men] pocket comb

zakken *onoverg* [zakte, is gezakt] ❶ *naar beneden gaan* fall, drop ★ *door het ijs ~* go / fall through the ice ★ *in de modder ~* sink into the mud ★ *het gordijn laten ~* let down the curtain ★ *het hoofd laten ~* hang one's head ★ *in elkaar ~* collapse ★ *de moed laten ~* lose courage, lose heart ★ *zich laten ~* let oneself down ❷ *v. barometer* fall ❸ *v. muur & sag* ❹ *v. water* fall ❺ *v. aandelen* fall ❻ *v. woede* subside ❼ *bij examens* fail ★ *~ voor het rijbewijs &* fail one's driving test ★ *een leerling laten ~* fail a pupil ❽ *bij zingen* go flat ★ *de stem laten ~* lower one's voice

zakkenrollen *o* pick pockets

zakkenroller *m* [-s] pickpocket ★ *pas op voor ~s* beware of pickpockets

zakkenvuller *m* [-s] profiteer

zaklamp *v* [-en], **zaklantaarn, zaklantaren** [-s] pocket torch

zaklopen *o* sack race

zakmes *o* [-sen] pocketknife, penknife

zakwoordenboek *o* [-en] pocket dictionary

zalf *v* [zalven] ointment

zalfolie *v* [-liën] anointing oil

zalfpot *m* [-ten] ointment jar

zalig *bn* ❶ *in de hemel* blessed, blissful ★ RK *iem. ~ verklaren* beatify sbd, declare sbd blessed ★ Bijbel *het is ~er te geven dan te ontvangen* it is more blessed to give than to receive ★ Bijbel *~ zijn de eenvoudigen van geest* blessed are the poor in spirit ★ *een zondaar ~ maken* save a sinner ❷ *heerlijk* lovely, heavenly, divine, delicious ★ *~e koekjes* delicious biscuits, inf scrummy / yummy biscuits ★ *~e onwetendheid* blissful ignorance

zaliger *bn* late, deceased ★ *~ gedachtenis* of blessed memory ★ *mijn vader ~* my late father, inf my poor old dad

zaligheid *v* [-heden] ❶ *iets overheerlijks* delight ★ *wat een ~!* how delightful / blissful! ★ *allerlei zaligheden zijn er te vinden* there are all sorts of goodies / delectable things here ❷ *staat van geluk* happiness, contentment, bliss ★ *met zijn hele ziel en ~* with one's soul ★ *de eeuwige ~* eternal salvation ★ RK *de acht zaligheden* the eight beatitudes

zaligmakend *bn* beatific, (soul-)saving

Zaligmaker *m* Saviour

zaligspreking *v* [-en] Bijbel beatitude

zaligverklaring *v* [-en] RK beatification

zalm *m* [-en] salmon ★ *gerookte ~* smoked salmon ★ *het neusje van de ~* the best of the best

zalmforel *v* [-len] salmon trout

zalmkleurig *bn* salmon(-coloured), salmon-pink

zalmkwekerij *v* [-en] salmon farm

zalmsalade *v* [-s] salmon salad

zalmvisserij *v* salmon fishing / fishery

zalven *overg* [zalfde, h. gezalfd] ❶ med rub with ointment ★ fig *iem. de handen ~* oil sbd's palm

❷ *ceremonieel* anoint ★ *iem. tot koning ~* anoint sbd king

zalvend I *bn* fig unctuous, oily, soapy ★ *~e woorden* soapy words **II** *bijw* unctuously ★ *hij praat zo ~* he speaks in such an unctuous tone

zalving *v* [-en] ❶ *ceremonieel* anointing ❷ *geteem* unction, unctuousness

Zambia *o* Zambia

zand *o* sand ★ *iem. ~ in de ogen strooien* throw dust in sbd.'s eyes ★ *op ~ bouwen* build on sand ★ *~ erover!* let's forget it!, let bygones be bygones! ★ *de kop in het ~ steken* stick one's head in the sand ★ *~ schuurt de maag* eating a bit of sand never hurt anybody ★ *in het ~ bijten* ⟨sneuvelen⟩ kiss / hit the dust, ⟨v. ruiter⟩ bite the dust

zandachtig *bn* sandy

zandafgraving *v* [-en] ❶ *het afgraven* sand excavation ❷ *plaats* sand quarry, sandpit

zandbak *m* [-ken] sandpit, Am sandbox

zandbank *v* [-en] ❶ *zandplaat* sandbank ❷ *droogvallend bij eb* shallow, shoal

zandblauwtje *o* [-s] plant sheepsbit scabious

zanddeeg *o* shortcrust pastry

zander *m* [-s] vis pikeperch

zanderig *bn* sandy, gritty

zandgebak *o* shortbread, shortcake

zandgrond *m* [-en] sandy soil, sandy ground

zandhaas *m* [-hazen] inf infantryman

zandheuvel *m* [-s] sand hill

zandig *bn* sandy, gritty

zandkasteel *o* [-stelen] sandcastle

zandkleurig *bn* sandy-coloured

zandkorrel *m* [-s] grain of sand

zandlaag *v* [-lagen] layer of sand

zandloper *m* [-s] hourglass, sandglass

zandman *m* [-nen] ★ *het ~netje* the sandman

zandpad *o* [-en] sandy path

zandplaat *v* [-platen] sandbar, flat(s), shoal

zandsteen *o & m* sandstone

zandstorm *m* [-en] sandstorm

zandstralen *overg* [zandstraalde, h. gezandstraald] sandblast

zandstrand *o* [-en] sandy beach

zandverstuiving *v* [-en] sand drift, drifting sand

zandvlakte *v* [-n & -s] sandy plain

zandweg *m* [-wegen] sandy road

zandwoestijn *v* [-en] sandy desert

zandzak *m* [-ken] sandbag

zandzuiger *m* [-s] suction dredger

zang *m* [-en] ❶ *het zingen* singing, song ❷ *gezang, lied* song ❸ *deel van een gedicht* canto

zangboek *o* [-en] book of songs, songbook, ⟨in kerk⟩ hymnal

zangbundel *m* [-s] songbook, collection of songs, ⟨in kerk⟩ hymnal

zanger *m* [-s] ❶ *die zingt* singer, vocalist ❷ *dichter* singer, songster, bard, poet

zangeres *v* [-sen] (female) singer, vocalist

zangerig *bn* melodious
zangkoor *o* [-koren] choir
zangkunst *v* art of singing
zangleraar *m* [-s & -raren] singing teacher
zangles *v* [-sen] singing lesson
zanglijster *v* [-s] song thrush
zangpedagoog *m* [-gogen] singing teacher
zangsolo *m & o* ['s] vocal solo (piece)
zangstem *v* [-men] ❶ *stem* singing voice ❷ *zangpartij* voice part, vocal part
zangstuk *o* [-ken] song, vocal piece
zangtechniek *v* [-en] singing technique
zangvereniging *v* [-en] choral society
zangvogel *m* [-s] singing bird, songbird
zangzaad *o* mixed birdseed
zaniken *onoverg* [zanikte, h. gezanikt] nag, whinge ⟨klagen⟩ moan, ⟨dreinen⟩ whine ★ *lig toch niet te ~!* for heaven's sake stop nagging / whingeing!
zappen *onoverg* [zapte, h. gezapt] zap
zat *bn* ❶ *verzadigd* satisfied, <u>form</u> satiated, replete <u>inf</u> full ★ *inf ik ben het ~* I'm fed up with it, I'm sick of it, I've had enough ★ *zich ~ eten* eat one's fill ❷ *voldoende* plenty, enough ★ *hij heeft geld ~* he has plenty of money ★ <u>Bijbel</u> *(oud en) der dagen ~* old and full of days ❸ *dronken* drunk, <u>vulg</u> pissed
zaterdag *m* [-dagen] Saturday
zaterdags I *bn* Saturday **II** *bijw* on Saturdays
zatlap *m* [-pen] <u>inf</u> boozer, booze artist, <u>vulg</u> piss artist
ze *pers vnw* ❶ *vrouwelijk* she, her ❷ *meervoud* they, them ★ *~ zeggen, dat hij...* they say he..., he is said to..., people say he...
zeboe *m* [-s] zebu
zebra *m* ['s] ❶ *dier* zebra ❷ *oversteekplaats* zebra crossing
zebrapad *o* [-paden] zebra / pedestrian crossing
zede *v* [-n] custom, tradition, usage ★ *de (goede) ~n* good manners ★ *de ~n en gewoonten* customs and traditions ★ *van lichte ~n* of easy virtue
zedelijk I *bn* moral **II** *bijw* morally
zedelijkheid *v* morality
zedeloos I *bn* immoral, corrupt, (morally) degenerate **II** *bijw* immorally, in a corrupt / degenerate way
zedeloosheid *v* immorality
zedenbederf *o* moral corruption
zedendelict *o* [-en] indecency, sexual offence, offence against public decency
zedendelinquent *m* [-en] sex offender
zedenleer *v* morality, ethics
zedenmeester *m* [-s] moralist, moralizer
zedenmisdrijf *o* [-drijven] sexual offence
zedenpolitie *v* ± vice squad
zedenprediker, **zedenpreker** *m* [-s] moralizer, moralist, moral censor, <u>Aus & NZ afkeurend</u> wowser
zedenpreek *v* [-preken] moralizing sermon ★ *een ~ tegen iem. houden* preach at sbd
zedenschandaal *o* [-dalen] sex scandal
zedenspreuk *v* [-en] maxim, motto
zedenwet *v* [-ten] moral law

zedig I *bn* modest, demure **II** *bijw* modestly, demurely
zee *v* [zeeën] sea, ocean, <u>plechtig</u> main ★ *een ~ van bloed / licht* a sea of blood / light ★ *een ~ van tijd* plenty of time ★ *~ kiezen* put to sea ★ *aan ~* at the seaside ★ *aan ~ gelegen* on the sea, situated by the sea ★ *recht door ~ gaan* be straightforward ★ *in ~ steken* <u>scheepv</u> put to sea, <u>fig</u> launch forth, go ahead ★ *in open ~, in volle ~* on the high seas, in the open sea ★ *naar ~ gaan* go to the seaside, ⟨als matroos⟩ go to sea ★ *op ~* at sea ★ *hij is / vaart op ~* he is a seafaring man / a sailor ★ *over ~ gaan* go by sea ★ *in de landen van over ~* in overseas countries ★ *het komt van over ~* it comes from overseas ★ *de oorlog ter ~* the war at sea ★ *met iem. in ~ gaan* take one's chance with sbd ★ *geen ~ gaat hem te hoog* he's game for anything
zeeaal *m* [-alen] conger (eel)
zeeanemoon *v* [-monen] sea anemone
zeeaquarium *o* [-ria, -s] sea aquarium
zeearend *m* [-en] white-tailed sea eagle
zeearm *m* [-en] arm of the sea, estuary, <u>Schotland</u> firth
zeebaars *m* [-baarzen] *vis* sea perch, bass
zeebad *o* [-baden] sea bath, swim
zeebanket *o* fruit of the sea, seafood
zeebenen *zn* [mv] sea legs ★ *~ hebben* have got one's sea legs
zeebodem *m* [-s] bottom of the sea, seabed
zeebonk *m* [-en] (Jack-)tar ★ *een oude ~* an old salt
zeebrasem *m* [-s] *vis* sparid, sea bream
zeedier *o* [-en] marine animal
zeeduivel *m* [-s] *vis* monkfish
zee-egel *m* [-s] sea urchin
zee-engte *v* [-n & -s] strait, narrow(s)
zeef *v* [zeven] ❶ *alg.* sieve, strainer ★ *een geheugen als een ~* a memory like a sieve ❷ *voor huishoudelijk gebruik* colander, strainer ❸ *grove zeef* riddle, screen
zeefdruk *m* [-ken] silk screen (printing)
zeefje *o* [-s] sieve, strainer
zeeg *v* [zegen] <u>scheepv</u> sheer
zeegang *m* swell, sea(s)
zeegat *o* [-gaten] mouth of a harbour or river, outlet to the sea ★ *het ~ uitgaan* put out / go to sea
zeegevecht *o* [-en] sea fight, naval combat
zeegezicht *o* [-en] ❶ *schilderij* seascape, seapiece ❷ *uitzicht* sea view
zeegod *m* [-goden] sea god, god of the sea
zeegodin *v* [-nen] sea goddess. goddess of the sea
zeegras *o* sea grass
zeegroen *bn* sea green
zeehaven *v* [-s] seaport
zeeheld *m* [-en] naval / sea hero
zeehond *m* [-en] seal
zeehondencrèche *v* [-s] seal sanctuary
zeekaart *v* [-en] sea chart
zeeklimaat *o* marine / maritime climate
zeekoe *v* [-koeien] sea cow, ⟨lamantijn⟩ manatee, ⟨doejong⟩ dugong

zeekoet *m* [-en] *vogel* guillemot
zeekomkommer *m* [-s] sea cucumber
zeekreeft *m & v* [-en] lobster
Zeeland *o* Zeeland
zeeleeuw *m* [-en] sea lion
zeelieden, **zeelui** *zn* [mv] seamen, sailors, mariners
zeelt *v* [-en] *vis* tench
zeelucht *v* sea air
zeem I *o zeemleer* chamois leather, shammy **II** *m & o* [zemen] *zeemlap* shammy
zeemacht *v* [-en] ❶ *marine* naval forces, navy ❷ *mogendheid* maritime / naval power
zeeman *m* [-lieden & -lui] seaman, sailor, mariner ★ *Sinbad de Zeeman* Sinbad the Sailor
zeemanschap *o* seamanship ★ ~ *gebruiken* steer cautiously, give and take
zeemansgraf *o* ★ *een ~ krijgen* be buried at sea, <u>inf</u> go to Davy Jones's locker ★ *een eerlijk* ~ drowning at sea
zeemanshuis *o* [-huizen] sailors' home
zeemansleven *o* seafaring life, sailor's life
zeemeermin *v* [-nen] mermaid
zeemeeuw *v* [-en] gull, seagull ★ *de drietenige* ~ the kittiwake ★ *de kleine* ~ the common gull
zeemijl *v* [-en] sea mile, nautical mile
zeemijn *v* [-en] sea mine
zeemlap *m* [-pen] shammy leather
zeemleer *o* chamois leather, shammy
zeemleren *bn* shammy ★ *een* ~ *lap* a shammy
zeemogendheid *v* [-heden] maritime / naval / sea power
zeemonster *o* [-s] *afschrikwekkend zeedier* sea monster
zeen *v* [zenen] tendon, sinew
zeenatie *v* [-s] seafaring nation
zeeniveau *o* [-s] sea level
zeeolifant *m* [-en] elephant seal
zeeoorlog *m* [-logen] naval war
zeep *v* [zepen] soap ★ *groene* ~ green / soft soap ★ *iem. om ~ brengen* kill sbd ★ *hij ging om* ~ he went west
zeepaardje *o* [-s] sea horse
zeepaling *m* [-en] sea eel, conger (eel)
zeepbakje *o* [-s] soap dish
zeepbel *v* [-len] soap bubble, bubble
zeepkist *v* [-en] soapbox
zeepok *v* [-ken] barnacle, acorn barnacle
zeepost *v* oversea(s) mail
zeeppoeder, **zeeppoeier** *o & m* [-s] soap / washing powder
zeepsop *o* soap suds
zeer I *o* sore, ache ★ *het doet* ~ it aches / hurts ★ *iem.* ~ *doen* hurt sbd ★ *heb je je erg* ~ *gedaan?* did you hurt yourself badly? ★ *het doet geen* ~ it doesn't hurt ★ *zich* ~ *doen* hurt oneself **II** *bn* sore ★ *ik heb een zere voet* my foot is sore ★ *tegen het zere been schoppen* touch a sore spot **III** *bijw* ❶ *erg* very ❷ *vóór deelwoord* much, greatly ★ *al te* ~ overmuch ★ *ten ~ste* very much, highly, greatly
zeerecht *o* maritime law

zeereis *v* [-reizen] (sea) voyage, sea journey
zeergeleerd *bn* very learned ★ *een* ~*e* a doctor
zeerob *m* [-ben] ❶ *dier* seal ❷ *zeeman* sea dog ★ *een oude* ~ an old salt
zeerover *m* [-s] pirate
zeerst *bijw* very, extremely ★ *om het* ~ as much as possible ★ *ten* ~*e* very much, highly, greatly ★ *ik dank u ten* ~*e* thank you very much ★ *ik vrees ten* ~*e...* I'm very much afraid...
zeeschilder *m* [-s] marine painter
zeeschildpad *v* [-den] turtle
zeeschip *o* [-schepen] sea-going vessel
zeeschuim *o* ❶ *op golven* foam, white crests ❷ *skelet van pijlinktvis* cuttlebone
zeeschuimer *m* [-s] pirate
zeeslag *m* [-slagen] sea battle, naval battle
zeeslang *v* [-en] sea snake
zeesleper *m* [-s] seagoing tug(boat)
zeespiegel *m* sea level, level of the sea ★ *beneden / boven de* ~ below / above sea level
zeester *v* [-ren] starfish
zeestorm *m* [-en] storm at sea
zeestraat *v* [-straten] strait
zeestrand *o* [-en] beach
zeestroming *v* [-en] ocean current
zeetong *v* [-en] *vis* sole
Zeeuw *m* [-en] inhabitant of Zeeland
Zeeuws I *bn* Zeeland **II** *o* Zeeland dialect
Zeeuws-Vlaanderen *o* Dutch / Zeeland Flanders
zeevaarder *m* [-s] seaman, sailor
zeevaart *v* shipping, navigation
zeevaartkunde *v* art of navigation
zeevaartschool *v* [-scholen] school of navigation, nautical college
zeevarend *bn* seagoing
zeeverkenner *m* [-s] sea scout
zeeverzekering *v* [-en] marine insurance
zeevis *m* [-sen] sea fish
zeevisserij *v* offshore fishing
zeevogel *m* [-s] sea bird
zeewaardig *bn* seaworthy
zeewaarts *bijw* seaward(s)
zeewater *o* seawater, salt water
zeeweg *m* [-wegen] sea route, seaway
zeewering *v* [-en] sea wall
zeewezen *o* maritime / nautical affairs
zeewier *o* [-en] seaweed
zeewind *m* [-en] sea wind, sea breeze
zeewolf *m* [-wolven] *vis* sea wolf, wolf fish
zeezeilen *o* ocean sailing
zeeziek *bn* seasick ★ *gauw* ~ *zijn* be a bad sailor
zeeziekte *v* seasickness
zeezout *o* sea salt
zefier I *m* [-en & -s] *wind* zephyr **II** *o & m* *stof* zephyr
zeg I *tsw* ★ ~ *luister eens* hey, listen ★ ~ *Sandra* hey, Sandra ★ *leuk,* ~*!* very funny! **II** *m* <u>ZN</u> say ★ *weinig van* ~ *zijn* be not very talkative
zege *v* victory, triumph ★ *de* ~ *behalen (op)* win a

ze

victory over, achieve a triumph over

zegekar v [-ren] ★ *iem. aan zijn ~ binden* gain a victory over sbd

zegel I m [-s] ❶ *postzegel & * stamp ❷ *waardezegel* trading stamp ★ *spaart u ~s?* do you collect trading stamps? **II** o [-s] ❶ v. *document* seal ★ *zijn ~ drukken op een document* affix one's seal to a document ★ *zijn ~ aan iets hechten* set one's seal to sth ★ *onder het ~ van geheimhouding* under the seal of secrecy ★ *het ~ verbreken* break the seal ★ ZN *de ~s leggen* seal, put under seal ★ ZN *de ~s lichten* unseal ❷ *papier* stamped paper ★ *alle stukken moeten op ~* all documents must be written on stamped paper ★ *vrij van ~* exempt from stamp-duty ★ *aan ~ onderhevig* liable to stamp-duty ❸ *instrument* seal, stamp

zegelen overg [zegelde, h. gezegeld] ❶ v. *postzegel voorzien* stamp ❷ *verzegelen* seal ★ *gezegelde stukken* sealed documents

zegellak o & m sealing wax

zegelring m [-en] seal ring, signet ring

zegen I m blessing, ⟨zegenbede⟩ benediction ★ *welk een ~!* what a mercy!, what a blessing!, what a godsend! ★ *iem. zijn ~ geven* give sbd one's blessing ★ *mijn ~ heb je* good luck to you ★ *op dat werk rust geen ~* this work has nothing in its favour ★ *een ~ voor de mensheid* a blessing for humanity ★ *op hoop van ~* in good hope ★ *veel heil en ~* much happiness and prosperity **II** v [-s] *net* seine, dragnet

zegenen overg [zegende, h. gezegend] bless ★ *God zegene u* God bless you ★ *gezegend zijn met* be blessed with ★ ⟨zwanger⟩ *in gezegende omstandigheden* in the family way

zegening v [-en] blessing, ⟨zegenbede⟩ benediction ★ *je ~en tellen* count your blessings

zegenrijk bn ❶ *voorspoed veroorzakend* salutary, beneficial ❷ *gelukkig* most blessed

zegepalm m [-en] palm (of victory)

zegepraal v [-pralen] triumph

zegepralen onoverg [zegepraalde, h. gezegepraald] triumph (*over* over) ★ *~d* triumphal, triumphant

zegerijk bn victorious, triumphant

zegeteken o [-en & -s] trophy

zegetocht m [-en] triumphal march

zegevieren onoverg [zegevierde, h. gezegevierd] triumph (*over* over) ★ *de waarheid doen ~* let the truth prevail

zegevierend bn victorious, triumphant

zegge v [-n] *plant* sedge ▼ *~ vijftig euro* to the sum of fifty euros ▼ *~ en schrijve* no more than

zeggen I overg [zei *of* zegde, h. gezegd] ❶ *vertellen, spreken, uiten* say ★ *wat u zei...?* you were saying...? ★ *al zeg ik het zelf* though I do say so myself ★ *goede nacht ~* say good night ★ *hij zegt maar wat* he's just talking, ⟨sterker⟩ he's talking through his hat ★ *ik heb gezegd!* this concludes my address ★ *hij zegt niets maar denkt des te meer* still waters run deep ★ *ik heb het wel gezegd* I told you so ★ *heb ik het niet gezegd?*

didn't I tell you? ★ *dat is niet gezegd* that wasn't what was said ★ *dat is gauw / gemakkelijk gezegd* it is easy (for you) to say so ★ *dat is gauwer gezegd dan gedaan* sooner said than done ★ *dat hoef je hem geen tweemaal te ~* you only need to tell him once ★ *wat heeft u te ~?* what do you have to say? ★ *laten we ~ tien* let's say ten ★ *wat zegt u?* ⟨vraag⟩ what did you say?, ⟨bij verbazing⟩ you don't say so! ★ *zonder iets te ~* without a word ★ *geen pap meer kunnen ~* be full up ★ *daar kun je donder op ~* you can bet your life on that ★ *wie A zegt moet ook B ~* in for a penny, in for a pound ❷ *uitdrukken (ook schriftelijk)* put, say ★ *de Bijbel zegt...* the Bible says... ★ *anders gezegd* to put it differently, in other words ★ *ze hebben het laten ~* they've sent word ★ *mag ik ook eens iets ~?* may I say something? ★ *niets ~, hoor!* keep quiet/<u>inf</u> mum about it! ★ *hij zegt niet veel* he's a man of few words ★ *wat ik ~ wil / wou...* à propos, by the way, that reminds me... ★ *wat wou ik ook weer ~?* what was I going to say? ★ *om ook iets te ~* by way of saying something ★ *om zo te ~* so to say, so to speak ❸ *betogen, beweren* say, prove ★ *de mensen ~ zoveel* people will say anything ★ *ik zeg maar zo, ik zeg maar niks* I'd better not say anything at all ★ *hij zegt het* he says so, so he says ★ *wat u zegt!* you don't say so! ★ *hij weet niet wat hij zegt* he doesn't know what he's talking about ★ *daar zeg je zo iets* that's not a bad idea ★ *daar is alles / veel voor te ~* there is everything / much to be said for it ❹ *verklaren, opmerken* say, tell, remark ★ *nu u het zegt* now you mention it ★ *zegt u dat wel!* you can say that again! ★ *daarmee is alles gezegd* that's all you can say of him / them &, ⟨basta!⟩ I don't want to hear anything more about it ★ *wie zal het ~?* who can tell? ★ *dat behoef ik u niet te ~* I don't need to tell you ★ *dat kan ik u niet ~* I can't tell you, <u>form</u> I'm not at liberty to tell you ★ *dat zou ik u niet kunnen ~* I couldn't say ★ *dat mag ik niet ~* I can't tell (you), that would be telling ★ *wat ik je zeg* I'm telling you ★ *wat heb je daarop te ~?* what have you got to say to that? ❺ *bevelen* tell ★ *doe dat zeg ik je* I'm telling you to do that ★ *doe wat ik je zeg* do as I tell you ★ *alle leden hebben evenveel te ~* all the members have an equal say ★ *ik heb er ook iets in te ~* I have some say in the matter ★ *als ik wat te ~ had* if I had a say in it ★ *je hebt niets over mij te ~* you can't tell me what to do ★ *het voor het ~ hebben* be in charge ❻ *oordeel geven, vinden* say ★ *wat zou je ervan ~ als...* what about..., suppose... ★ *wat zeg je van...?* how about...? ★ *zeg nou zelf* admit it ★ *ik moet ~ dat...* I can't help but say that... ★ *wij hadden het eerder moeten ~* we should have spoken up sooner ★ *het is wat te ~* it's awful ★ *zonder er iets van te ~* without saying anything about it ❼ *kritiek/verwijt & uiten* tell, talk to ★ *ga het hem ~* go and tell him ★ *dat laat ik mij niet ~!* I don't have to take that! ★ *iem. ~ waar het op staat* give sbd a piece of one's mind ❽ *betekenen, beduiden* say, mean ★ *en dat zegt wat!, dat wil wat ~!*

which is saying a good deal, and that is saying a lot ★ *dat wil ~* that is (to say) ★ *rechts..., ik wil ~, links* right, I mean, left ★ *dat wil nog niet ~ dat...* that isn't to say that..., that doesn't mean / imply that... ★ *wat zegt dat dan nog?* well, what of it? ★ *deze titel zegt al genoeg* this title speaks for itself ★ *dat zegt niet veel* that doesn't mean much ★ *die naam zegt mij niets* that name means nothing to me ❾ *beloven* say, promise ★ *zo gezegd, zo gedaan* no sooner said than done ★ *eens gezegd, blijft gezegd* what is said is said ❿ *als aanspreekvorm gebruiken* call ★ *hij zegt oom tegen mij* he's my nephew ▼ *wat een prachtstuk, zeg!* hey, what a beauty! ▼ *zeg eens!* hey! **II** *o* saying ★ *~ en doen zijn twee* to promise is one thing, carrying it out is another ★ *naar zijn ~, volgens zijn ~* according to him ★ *als ik het voor het ~ had* if I had my say in the matter ★ *je hebt het maar voor het ~* you only need say the word

zeggenschap *v & o* right of say, participation say / voice, ‹beslissend› control ★ *een beslissende ~* a controlling interest ★ *~ hebben* have a say (in the matter)

zeggingskracht *v* expressiveness, eloquence

zegje *o* ★ *zijn ~ doen / zeggen* say one's piece

zegsman *m* [-lieden & -lui] informant, authority ★ *wie is uw ~?* on what authority?, who told you?

zegswijze, zegswijs *v* [-wijzen] saying, expression, phrase

zeik *m* vulg piss ★ *iem. in de ~ nemen* put sbd on, vulg take the piss out of sbd

zeiken *onoverg* [zeek, h. gezeken, *ook* zeikte, h. gezeikt] ❶ *urineren* vulg piss, take a leak ❷ *zeuren* carry on, whinge ★ *lig niet zo te ~!* stop carrying on!

zeikerd *m* [-s] bore, pain in the neck

zeikerig *bn bijw* whiny, nagging(ly)

zeiknat *bn* sopping wet, soaked, inf bloody wet

zeikstraal *m* [-stralen] bugger

zeil *o* [-en] ❶ scheepv sail ★ *~ bijzetten* set more sail ★ *fig alle ~en bijzetten* leave no stone unturned, do one's utmost ★ *~(en) minderen* take in sail, shorten sail ★ *de ~en hijsen* raise the sails ★ *de ~en strijken* hoist the sails ★ *met een opgestreken / opgestoken ~* angry, aggressively ★ *met volle ~en (in)* full sail, all sails set ★ *onder ~ gaan* scheepv get under sail, set sail, ‹inslapen› drop off (to sleep), doze off ★ *onder ~ zijn* scheepv be under sail, ‹slapend› be sound asleep ★ *een vloot van 20 ~en* a 20-sail fleet ★ *een oogje in het ~ houden* keep an eye on things ❷ *zeildoek* canvas, sailcloth, ‹dekzeil› tarpaulin ❸ *v. vloer* linoleum

zeilboot *v & m* [-boten] sailing boat

zeildoek *o & m* ❶ *doek v. zeilen* sailcloth, canvas ❷ *wasdoek* oilcloth

zeilen *onoverg* [zeilde, h. en is gezeild] sail ★ *gaan ~* go for a sail, go sailing ★ *ze zeilde van links naar rechts over het trottoir* she lurched from one side of the footpath to the other

zeiler *m* [-s] ❶ *persoon* yachtsman ❷ *schip* sailing ship

zeiljacht *o* [-en] sailing yacht

zeilkamp *o* [-en] sailing camp

zeilmaker *m* [-s] sailmaker

zeilplank *v* sailboard

zeilschip *o* [-schepen] sailing vessel, sailing ship

zeilschool *v* [-scholen] sailing school

zeilsport *v* yachting, sailing

zeiltocht *m* [-en] sailing trip

zeilwagen *m* [-s] land yacht

zeilwedstrijd *m* [-en] sailing match, sailing race, regatta

zeis *v* [-en] scythe ★ *de man met de ~* the Grim Reaper

zeker I *bn* ❶ *attributief: vaststaand* certain ❷ *betrouwbaar* sure ❸ *niet nader aan te duiden* certain ★ *een vrouw van een ~e leeftijd* a lady of a certain age, a mature lady ★ inf *(een) ~e Dinges* a Mr Thingummy ❹ *enige* a certain, some ★ *een ~e wrijving tussen hen* a certain (amount of) friction between them ❺ *predicatief: met persoonsonderwerp* certain, sure, assured, positive, confident ★ *ik ben ~ van hen* I can depend on them ❻ *met ding als onderwerp* sure, certain ★ *~ van zijn zaak zijn* be sure of one's ground ★ *ben je er ~ van?* are you (quite) sure?, are you quite positive? ★ *ik ben er ~ van dat...* I'm sure (that)..., I'm sure of (his / her / their &)... ★ *je kunt er ~ van zijn dat...* rest assured that... ★ *men is daar niet ~ van zijn leven* your life is at risk there ★ *iets ~s* something positive ★ *niets ~s* nothing certain ★ *zo ~ als twee keer twee vier is* as sure as two and two make four, as sure as eggs is eggs **II** *o* ★ *het ~e* what is certain ★ *het ~e voor het on~e nemen* err on the side of caution ★ *op ~ spelen* play safe **III** *bijw* ❶ *woordbepaling* for certain, for a certainty, positively ★ *ik weet het ~* I know it for certain / for a certainty / for a fact) ❷ *zinsbepaling* certainly, surely & ★ *(wel) ~!* certainly! ★ *vast en ~!* definitely! ★ *kunnen wij op hem rekenen? ~!* can we count on him? Certainly / No doubt about it! ★ *hij wou je ~ verrassen* I suppose / expect he wanted to surprise you ★ *~ weet jij dat ook wel?* surely you know that? ★ *jij weet dat ~ ook wel, he?* I daresay / I suppose you know too? ★ *ik weet het ~* I know it for sure / for a fact ★ *hij komt ~ als hij het weet* if knows about it he'll come for sure ★ *we kunnen ~ op hem rekenen* we can safely count on him

zekeren *overg* [zekerde, h. gezekerd] ❶ *vastmaken* secure, fasten ❷ *bergsport* belay ❸ elektr fuse

zekerheid *v* [-heden] ❶ *stelligheid* certainty ★ *~ bieden dat...* hold out every certainty that... ★ *voldoende ~ geven dat...* guarantee that... ★ *~ hebben* be certain ★ *niet met ~ bekend* not known for certain ★ *we kunnen niet met ~ zeggen of...* we can't say with certainty / for certain that... ❷ *veiligheid* safety ★ *voor de ~, voor alle ~* to be on the safe side, to make sure ★ *iets in ~ brengen* put sth into safekeeping ❸ *borg* security ★ *sociale ~* social security ★ *~ stellen* give security ★ jur *~ vorderen* require collateral / security

ze

zekerheidshalve *bijw* for safety('s sake)
zekerheidsrecht *o* security right(s), security interest(s)
zekerheidstelling *v* [-en] security
zekering *v* [-en] elektr fuse
zekeringskast *v* [-en] fuse box
zelden *bijw* seldom, rarely ★ *niet* ~ not infrequently
★ ~ *of nooit* rarely if ever
zeldzaam I *bn* ❶ *schaars* rare ❷ *vreemd* strange
❸ *uitzonderlijk* exceptional **II** *bijw versterkend*
uncommonly, exceptionally
zeldzaamheid *v* [-heden] rarity ★ *zeldzaamheden*
rarities, curiosities ★ *een van de grootste*
zeldzaamheden one of the rarest things ★ *het is een*
grote ~ *als...* it is a rare thing for him to... ★ *het is*
geen ~ *dat...* it is no rare thing to...
zelf I *aanw vnw* myself / yourself / himself &,
ourselves / yourselves & ★ *ik* ~ myself ★ *u / jij* ~ you
yourself ★ *de man* ~ the man himself ★ *de vrouw* ~
the woman herself ★ *het kind* ~ the child itself ★ *zij*
hebben ~... they have... themselves ★ *ik heb* ~ *geen*
auto I don't have a car of my own ★ *zij kunnen niet* ~
denken they can't think for themselves ★ *wees u* ~ be
yourself ★ *hij is de beleefdheid* ~ he's politeness itself,
he's the very model of politeness ★ *hij is de duivel* ~
he's the devil incarnate **II** *o* self
zelfanalyse *v* self-analysis
zelfbediening *v* self-service
zelfbedieningsrestaurant *o* [-s] self-service restaurant
zelfbedieningswinkel *m* [-s], **zelfbedieningszaak** *v*
[-zaken] self-service shop, self-service store
zelfbedrog *o* self-deceit, self-deception
zelfbeeld *o* [-en] self-image ★ *een negatief* ~ a negative
self-image
zelfbehagen *o* complacency, self-satisfaction
zelfbeheersing *v* self-control, self-command,
self-possession, restraint ★ *zijn* ~ *herkrijgen* regain
one's self-control, collect oneself ★ *zijn* ~ *verliezen*
lose one's self-control
zelfbehoud *o* self-preservation ★ *de zucht / drang tot* ~
the survival instinct
zelfbeklag *o* self-pity
zelfbescherming *v* self-protection
zelfbeschikking *v* self-determination
zelfbeschikkingsrecht *o* right of self-determination
zelfbeschuldiging *v* [-en] self-accusation
zelfbestuiving *v* plantk self-pollination
zelfbestuur *o* self-government
zelfbevrediging *v* seksueel masturbation
zelfbewust *bn* self-assured, self-confident
zelfbewustzijn *o* self-awareness
zelfbinder *m* [-s] ❶ *landbouwmachine* self-binder
❷ *das* knotted tie ❸ *snelbinder* luggage strap
zelfde *bn* ❶ *identiek* same ❷ *vergelijkbaar* similar
zelfdiscipline *v* self-discipline
zelfdoding *v* [-en] suicide
zelffinanciering *v* self-financing
zelfgekozen *bn* self-selected
zelfgemaakt *bn* home-made

zelfgenoegzaam *bn* complacent, smug, self-satisfied
zelfgevoel *o* self-esteem
zelfhulp *v* self-help
zelfhulpgroep *v* [-en] self-help group
zelfingenomen *bn* self-important, self-satisfied
zelfingenomenheid *v* self-importance
zelfkant *m* [-en] *v. weefsel* selvage, selvedge ▼ *aan*
de ~ *der maatschappij* on the fringe of society
zelfkastijding *v* [-en] self-chastisement,
self-punishment
zelfkennis *v* self-knowledge
zelfklevend *bn* self-adhesive
zelfkritiek *v* self-criticism
zelfmedelijden *o* self-pity
zelfmedicatie *v* self-medication
zelfmoord *m & v* [-en] suicide ★ ~ *plegen* commit
suicide
zelfmoordactie *v* [-s] suicide mission
zelfmoordcommando *o* ['s] suicide squad
zelfmoordenaar *m* [-s] suicide
zelfmoordneiging *v* [-en] suicidal tendency ★ *~en*
hebben have suicidal tendencies
zelfmoordpoging *v* [-en] suicide attempt
zelfonderzoek *o* self-examination, heart-searching
zelfontbranding *v* spontaneous combustion
zelfontplooiing *v* self-realization, self-development
zelfontspanner *m* [-s] automatic release, self-timer
zelfontsteking *v* elektr self-ignition
zelfopoffering *v* [-en] self-sacrifice
zelfoverschatting *v* overestimation of oneself ★ *hij*
lijdt aan ~ he overestimates himself
zelfoverwinning *v* [-en] self-conquest
zelfportret *o* [-ten] self-portrait
zelfredzaamheid *v* ability to manage on one's own
zelfregelend, **zelfregulerend** *bn* self-regulating
zelfreinigend *bn* self-cleaning ★ *een* ~ *vermogen* a
self-cleaning capacity
zelfrespect *o* self-respect
zelfrijzend *bn* self-raising ★ ~ *bakmeel* self-raising
flour
zelfs *bijw* even ★ ~ *zijn kinderen gaf hij niets* he didn't
even give his children anything
zelfspot *m* self-derision, self-mockery
zelfstandig I *bn* ❶ *alg.* independent ❷ taalk nominal
★ *een* ~ *naamwoord* a noun **II** *bijw* ❶ *alg.*
independently ★ ~ *denken / handelen* think / act for
oneself ❷ taalk nominally ★ taalk ~ *gebruikt*
nominally used
zelfstandige *m-v* [-n] a self-employed person ★ *de*
kleine ~n the self-employed
zelfstandigheid *v* [-heden] ❶ *onafhankelijkheid*
independence ❷ *stof* substance
zelfstudie *v* self-tuition, self-teaching
zelfverbranding *v* ❶ *v. mens* burning oneself to
death, self-immolation ❷ *het verteren* spontaneous
combustion
zelfverdediging *v* self-defence, Am self-defense ★ *uit*
/ *ter* ~ in self-defence ★ *een cursus* ~ a course in

self-defence

zelfverheerlijking *v* self-glorification

zelfverheffing *v* self-exaltation

zelfverloochening *v* self-denial

zelfvernietiging *v* self-destruction

zelfvertrouwen *o* self-confidence, self-reliance

zelfverwijt *o* self-reproach

zelfverzekerd *bn* self-assured, self-confident

zelfverzekerdheid *v* self-assurance, self-confidence

zelfvoldaan *bn* self-satisfied

zelfwerkend *bn* self-acting, automatic

zelfwerkzaam *bn* self-active

zelfwerkzaamheid *v* self-motivation, self-activation

zelfzucht *v* egotism, egoism, selfishness

zelfzuchtig **I** *bn* selfish, egoistic, egotistic, self-seeking ★ *een ~e* an egoist / egotist **II** *bijw* selfishly, egoistically, egotistically

zeloot *m* [-loten] zealot, fanatic

zelve *aanw vnw* itself ★ *hij is de eerlijkheid ~* he is as honest as they come / as the day is long

zemelaar *m* [-s] twaddler

zemelen **I** *zn* [mv] bran **II** *onoverg* [zemelde, h. gezemeld] *zeuren* twaddle, drivel

zemen **I** *bn* shammy ★ *een ~ lap* a shammy **II** *overg* [zeemde, h. gezeemd] clean with a shammy ★ *de ruiten ~* clean the windows

zenboeddhisme *o* Zen Buddhism

zendamateur *m* [-s] amateur radio operator, inf (radio) ham

zendapparatuur *v* transmitting equipment, transmitting set, transmitter

zendbereik *o* RTV service area, transmission range

zendeling *m* [-en] missionary

zenden **I** *overg* [zond, h. gezonden] send, forward, dispatch, ship, consign ★ *~ om* send for **II** *overg* [zond, h. gezonden] RTV broadcast, transmit

zender *m* [-s] ❶ *zendstation* transmitting station, broadcasting station, channel ★ *op alle ~s* on all (radio) stations ★ *een geheime ~* a pirate station ❷ *persoon* sender ❸ *toestel* transmitter

zendgemachtigde *m-v* [-n] broadcasting licence/Am license holder, broadcasting licensee

zending *v* [-en] ❶ *het zenden* sending, forwarding, dispatch ★ *gratis ~* free shipment ★ *aangetekende ~* registered shipment ❷ *het gezondene* shipment, consignment, ‹pakket› parcel ★ *een ~ tijdschriften* a batch of magazines ❸ *roeping, opdracht* mission ❹ *zendingswerk* mission ★ *de inwendige / uitwendige ~* the home / outward mission

zendingsgenootschap *o* [-pen] missionary society

zendingswerk *o* missionary work

zendinstallatie *v* [-s] RTV transmitting equipment, transmitting station, radio transmitter

zendmast *m* [-en] RTV (transmitter) mast

zendstation *o* [-s] RTV transmitting station, broadcasting station

zendtijd *m* [-en] RTV air time, transmission time, broadcast(ing) time

zendtoestel *o* [-len] RTV transmitting set, transmitter

zendvergunning *v* [-en] RTV broadcasting licence/Am license

zengen **I** *overg* [zengde, h. gezengd] singe, scorch ★ *een ~de hitte* a scorching heat **II** *onoverg* burn, scorch

zenit *o* zenith

zenuw *v* [-en] nerve ★ *stalen ~en* nerves of steel ★ *hij was één en al ~en* he was a bundle of nerves ★ *hij was op van de ~en* he was a nervous wreck ★ *het op de ~en hebben* be nervous, inf have the jitters ★ *(het op) de ~en krijgen* go into hysterics, have a nervous fit, inf get the jitters ★ *dat werkt op mijn ~en* it's getting / grating on my nerves ★ *in de ~en zitten* be very nervous, be highly tensed up, inf be very nervy ★ inf *krijg de ~en!* drop dead!, vulg get stuffed!

zenuwaandoening *v* [-en] nervous disease, nervous disorder

zenuwachtig **I** *bn* nervous, agitated, nervy, jumpy ★ *iem. ~ maken* get on sbd's nerves, make sbd nervous & **II** *bijw* nervously

zenuwarts *m* [-en] neurologist

zenuwbehandeling *v* [-en] root canal treatment

zenuwbundel *m* [-s] bundle of nerve fibres

zenuwcel *v* [-len] nerve cell, neuron

zenuwcentrum *o* [-tra, -s] nerve centre/Am center

zenuwenoorlog, zenuwoorlog *m* [-logen] war of nerves

zenuwgas *o* [-sen] nerve gas

zenuwgestel *o* nervous system

zenuwinzinking *v* [-en] nervous breakdown

zenuwknoop *m* [-knopen] ganglion

zenuwlijder *m* [-s] neurotic, mental patient ★ *wat een ~!* what a neurotic!

zenuwontsteking *v* [-en] neuritis

zenuwpees *v* [-pezen] inf fusspot

zenuwpijn *v* [-en] neuralgia, nerve pains

zenuwslopend *bn* nerve-racking

zenuwstelsel *o* nervous system ★ *het centrale ~* the central nervous system

zenuwtoeval *m* [-len] nervous attack, state of hysteria

zenuwtrekje *o* [-s] nervous tic

zenuwziek *bn* neurotic

zenuwziekte *v* [-n & -s] nervous disease

zeoliet *o* zeolite

zepen *overg* [zeepte, h. gezeept] ❶ *alg.* soap ❷ *voor het scheren* lather

zeper, zeperd *m* [-s] inf flop ★ *een ~ halen* flop, fall flat on one's face

zeppelin *m* [-s] Zeppelin

zerk *v* [-en] slab, tombstone

zes *hoofdtelw* six ★ *dubbele ~* double six ★ *met ons ~sen* the six of us ★ *tegen ~sen* by six o'clock ★ *hij is van ~sen klaar* he's an all-round man ★ *ze hadden pret voor ~* they were having no end of fun

zesdaagse *v* [-n] sp six-day bicycle race

zesde **I** *rangtelw* sixth ★ *Karel de Zesde* Charles the Sixth ★ *de ~ juni* the sixth of July ★ *ten ~* sixthly **II** *o*

ze

[-n] sixth (part) ★ *een* ~ one-sixth
zeshoek *m* [-en] hexagon
zeshoekig *bn* hexagonal
zesjarig *bn* ❶ *zes jaar oud* of six years, six-year-old ❷ *om de zes jaar, zes jaar durend* sexennial, six-year
zesling *m* [-en] sextuplet
zestal *o* [-len] six, half a dozen ★ *het* ~ the six of them
zestien *hoofdtelw* sixteen
zestiende I *rangtelw* sixteenth ★ *Lodewijk de Zestiende* Louis XVI ★ *de* ~ *juni* the sixteenth of July **II** *o* [-n] sixteenth (part)
zestig *hoofdtelw* sixty ★ *de jaren* ~ the sixties ★ *hij is in de* ~ he's in his sixties
zestiger *m* [-s] person in his / her sixties
zestigjarig *bn* ❶ *zestig jaar oud* of sixty years, sixty-year-old ❷ *zestig jaar durend* sixty-year
zestigste I *rangtelw* sixtieth **II** *o* [-n] sixtieth (part)
zesvoud *o* [-en] multiple of six, sextuple
zesvoudig I *bn* sixfold, sextuple **II** *bijw* six times ★ *je krijgt het* ~ *terug* you'll get it back multiplied by six, you'll get back six times more than you put in
zet *m* [-ten] ❶ *duw* push, shove ★ *iem. een* ~ *geven* give sbd a shove ❷ *sprong* leap, bound ❸ *dammen, schaken &* sp move ★ *een domme* ~ a stupid move ★ *een geestige* ~ a witty remark / comment ★ *een gelukkige* ~ a happy move ★ *een handige* ~ a clever move / stroke ★ *een verkeerde* ~ a wrong move ★ sp *een* ~ *doen* make a move ★ sp *aan* ~ *zijn* be playing, be at play ★ sp *wit is aan* ~ it's white's move ★ *strijk en* ~ again and again
zetbaas *m* [-bazen] ❶ *beheerder* manager ❷ *stroman* agent, hired man
zetel *m* [-s] ❶ *stoel* seat, chair ❷ *verblijf v. bisschop* see ❸ *in parlement* seat ★ *een statutaire* ~ a corporate seat, an official seat ★ *jur zijn feitelijke* ~ one's principal place of business
zetelen *onoverg* [zetelde, h. gezeteld] ❶ *resideren* sit, reside ★ ~ *te Amsterdam* have its seat in Amsterdam ❷ *v. e. commissie* ZN seat, have its seat
zetelverdeling *v in parlement* distribution of seats
zetelwinst *v in parlement* ★ ~ *behalen* gain seats
zetfout *v* [-en] typographical error, misprint
zetmachine *v* [-s] typesetting machine
zetmeel *o* starch
zetpil *v* [-len] suppository
zetsel *o* [-s] ❶ *van warme drank* drawing ❷ *bij drukkers* type ★ *staand* ~ roman type ★ *het* ~ *opmaken* set up type
zetspiegel *m* [-s] type area
zetten I *overg* [zette, h. gezet] ❶ *plaatsen* set, put ★ *zijn handtekening / naam* ~ *(onder)* sign (one's name), put one's name to ★ *het glas aan de mond* ~ put the glass to one's mouth ★ *de auto aan de kant* ~ put the car on the side ★ *iem. achter de tralies* ~ put sbd behind bars ★ *iets in elkaar* ~ put sth together ★ *een diamant in goud* ~ set a diamond in gold ★ *een stukje in de krant* ~ put a notice / a paragraph in the paper ★ *de wekker op vijf uur* ~ set the alarm for five

o'clock ★ *het eten op tafel* ~ serve dinner ★ *een schip op het land* ~ run a ship ashore ★ *een ladder tegen de muur* ~ put a ladder against the wall ★ *iem. uit het land* ~ expel sbd from the country ★ *een ambtenaar eruit* ~ dismiss/inf fire an official ★ *zet u dat maar uit het hoofd* put / get it out of your head ★ *ik kan de gedachte niet van mij af* ~ I can't put / get the idea out of my head ❷ *gebroken botten* set ★ *een arm &* ~ set an arm & ❸ *beginnen te* start, set to ★ *het op een lopen* ~ make a run / dash for it ★ *het op een zuipen* ~ booze on, hit the bottle ★ *iem. aan het denken* ~ make sbd think ❹ *aannemen* put on ★ *een ernstig gezicht* ~ put on a serious face ❺ typ set up, compose ❻ muz set, arrange ★ *op muziek* ~ set to music ★ *gezet voor piano en viool* arranged for piano and violin ❼ *laten trekken* make ‹tea, coffee› ❽ *schaken, dammen* move ▼ *hij schijnt het erop gezet te hebben om mij te plagen* he seems bent upon teasing me ▼ *zet 'm op!* go at it! **II** *wederk* [zette, h. gezet] ★ ZN *zich* ~ ‹van personen› sit down, take a seat, ‹v. vruchten› set ★ *zich iets in het hoofd* ~ take / get sth into one's head ★ *zich over iets heen* ~ get over sth ★ *als hij er zich toe zet* when he sets himself to do it
zetter *m* [-s] ❶ typ compositor, type setter ❷ *juwelenzetter* setter
zetterij *v* [-en] composing room
zetting *v* [-en] ❶ *alg.* setting ❷ *van juweel* setting ❸ muz arrangement
zetwerk *o* typesetting
zeug *v* [-en] sow
zeulen *overg* [zeulde, h. gezeuld] drag
zeur *m-v* [-en] bore
zeurderig *bn* ❶ *v. persoon* whiny, nagging, whingeing ★ *op een ~e toon spreken* talk in a whiny voice ❷ *v. pijn* nagging ★ *een ~e pijn* a nagging pain
zeuren *onoverg* [zeurde, h. gezeurd] ❶ *dreinend vragen* whine ★ *zij bleef maar* ~ *om een ijsje* she kept on whining for an icecream ★ *hij zeurde om het boek* he was pestering me for the book / to get the book ❷ *zaniken* nag ★ *hij zit daar altijd over te* ~ he goes on and on about it, he's always harping on the subject ★ *een ~de pijn* a nagging pain
zeurkous *v* [-en], **zeurpiet** *m* [-en] bore
zeven I *hoofdtelw* seven ★ *het is bij ~en* it is almost 7 o'clock ★ *wij zijn met ons ~en* there are seven of us ★ *zijn gezicht staat op half* ~ he has a long face ★ *zijn gezicht staat op half* ~ he has a long face **II** *overg* [zeefde, h. gezeefd] *door een zeef* ‹v meel &› sieve, sift, ‹v. kool, grind &› screen, riddle
zevenarmig *bn* seven-branched ★ *de ~e kandelaar* the menorah
zevende I *rangtelw* seventh ★ *in de* ~ *hemel zijn* be in (the) seventh heaven ★ *Lodewijk de Zevende* Louis VII **II** *o* [-n] seventh (part) ★ *een* ~ one-seventh
zevenjarig *bn* ❶ *7 jaar oud* of seven years, seven-year-old ❷ *om de 7 jaar* septennial ❸ *7 jaar durend* seven-year ★ *de Zevenjarige Oorlog* the seven-year war

ze

zevenkamp *m* [-en] heptathlon
zevenklapper *m* [-s] firecracker
zevenmaandskind *o* [-eren] seven-month baby
/ f(o)etus
zevenmijlslaarzen *zn* [mv] seven-league boots
zevenslaper *m* [-s] *dier* dormouse ★ *de Zevenslapers*
the Seven Sleepers (of Ephesus)
zeventa *o* [-len] seven
zeventien *hoofdtelw* seventeen
zeventiende I *rangtelw* seventeenth ★ *Lodewijk de*
Zeventiende Louis XVII **II** *o* [-n] seventeenth (part)
★ *een* ~ one-seventeenth
zeventig *hoofdtelw* seventy ★ *in de jaren* ~ in the
seventies ★ *hij is in de* ~ he's in his seventies
zeventiger *m* [-s] septuagenarian, person in his / her
seventies
zeventigjarig *bn* ❶ *zeventig jaar oud* of seventy years,
seventy-year-old ★ *een ~e* a seventy-year-old
❷ *zeventig jaar durend* seventy-year ❸ *om de zeventig*
jaar every seventy years
zeventigste I *rangtelw* seventieth **II** *o* [-n] seventieth
(part) ★ *een* ~ one-seventieth
zevenvoud *o* [-en] multiple of seven, septuple
zever *m* ❶ *kletspraat* twaddle, humbug ❷ *kwijl* ZN
slaver, slobber, drivel
zeveraar *m* [-s] driveller, Am driveler
zeveren *onoverg* [zeverde, h. gezeverd] ❶ *kwijlen*
drivel, slaver ❷ *onzin uitkramen* drivel
zich *wederk vnw* oneself, himself, herself, itself,
themselves ★ *hij / zij heeft het niet bij* ~ he / she
doesn't have it with him / her ★ *op* ~ in itself, in
theory
zicht I *o* ❶ *het zien* sight, view ★ *in* ~ in sight, within
sight, in view ★ *land in* ~! land in sight! ★ *fig in het* ~
van de haven stranden be pipped at the post
★ *betaalbaar op* ~ payable at sight ★ *boeken op* ~
zenden send books on approval / for inspection
❷ *zichtafstand* visibility ★ *goed / slecht* ~ good / poor
visibility ★ *bij* ~ *van minder dan 50 meter mogen*
auto's mistlampen voeren at less than 50 metres'
visibility cars may use fog lamps **II** *v* [-en] *sikkel*
sickle
zichtbaar I *bn* visible, perceptible ★ ⟨boekhouden⟩
zichtbare intrinsieke waarde visible net asset value
★ ZN *wanneer is de flat ~?* ⟨te bezichtigen⟩ when is
the apartment on view? **II** *bijw* visibly ★ *hij is* ~
aangeslagen he is visibly shaken / affected
zichtzending *v* [-en] consignment on approval, goods
on approval
zichzelf *wederk vnw* oneself, himself ★ *hij was* ~ *niet*
he wasn't himself ★ *bij* ~ to himself ★ *buiten* ~
beside himself ★ *in* ~ *praten* talk to oneself ★ *op* ~ *is*
dit niet vreemd in itself this is not unusual ★ *op* ~
gaan wonen go and live on one's own ★ *op* ~
beschouwd viewed on its own merits ★ *op* ~ *staand*
⟨afgezonderd⟩ isolated, ⟨van het nodige voorzien⟩
self-contained ★ *uit* ~ of his own accord ★ *van* ~
Jansen her maiden name is Jansen ★ *zij is van* ~ *chic*

she is smart in her own right ★ *voor* ~ for himself
/ herself / themselves
ziedaar *tsw* there, *form* behold ★ ~ *wat ik u te zeggen*
had that's what I had to tell you
zieden I *overg* [ziedde, h. gezoden] boil ★ *zeep* ~ boil
soap **II** *onoverg* [ziedde, h. gezoden] seethe, boil ★ ~
van toorn seethe with rage
ziedend *bn woedend* boiling, seething ★ *hij was* ~ he
was seething ★ ~ *heet* boiling hot ★ ~ *van toorn*
boiling with rage
ziehier *tsw* ❶ *kijk hier* look here, here is... ★ ~ *wat hij*
schrijft this is what he writes ❷ *alstublieft* here you
are!
ziek *bn* ❶ *predicatief* ill, diseased ★ ~ *worden* fall ill, be
taken ill ★ *zich* ~ *melden* report sick ❷ *attributief*
sick, diseased ★ *hij is zo* ~ *als een hond* he's as sick as
a dog ★ *ik ben er* ~ *van* I'm sick of it / fed up with it
ziekbed *o* [-den] sickbed ★ *na een lang* ~ *overleden*
passed away after a long illness ★ *na een* ~ *van een*
halfjaar after a six-month sickbed ★ *aan het* ~
gekluisterd confined to one's sickbed
zieke *m-v* [-n] sick person, patient, invalid ★ *~n* sick
people ★ *de ~n* the sick
ziekelijk *bn* ❶ *sukkelend* sickly, ailing ❷ *pathologisch*
morbid ★ *een ~e neiging tot stelen* a morbid
inclination for stealing, a morbid inclination to steal
zieken *onoverg* [ziekte, h. geziekt] ★ ⟨vervelend doen⟩
zitten ~ be a nuisance, be a pain in the neck, Br mess
about
ziekenauto *m* ['s] ambulance
ziekenbezoek *o* [-en] pay a sick call, visit a sick
person
ziekenboeg *m* [-en] scheepv sickbay
ziekenboekje *o* [-s] ZN National Insurance
membership card
ziekenbroeder *m* [-s] male nurse
ziekenfonds *o* [-en] health insurance fund, Br
National Health Service
ziekenfondsbril *m* [-len] Br National Health glasses
ziekenfondskaart *v* [-en] medical insurance card
ziekenfondspakket *o* comprehensive health care
services
ziekenfondspatiënt *m* [-en] ± National Health
patient, Am ± Medicaid patient, ⟨bejaarde⟩ Medicare
patient
ziekenfondspremie *v* [-s] National Health
contribution
ziekengeld *o* sick pay, sickness benefits
ziekenhuis *o* [-huizen] hospital ★ *een particulier* ~ a
private hospital ★ *in het* ~ *opnemen* admit to
hospital
ziekenhuisbacterie *v* [-riën] hospital bacterium ⟨mv
bacteria⟩
ziekenhuisopname *v* [-n, -s] hospitalization,
admission to hospital
ziekenkas *v* [-sen] ZN National Insurance
ziekenomroep *m* patients' radio
ziekenverpleger *m* [-s] nurse

zi

ziekenverpleging *v* nursing
ziekenvervoer *o* ambulance transport, transport of the sick
ziekenverzorger *m* [-s] orderly
ziekenverzorging *v* care of the sick, care of the ill
ziekenverzorgster *v* [-s] nurse's aide, nursing aide
ziekenwagen *m* [-s] ambulance
ziekenzaal *v* [-zalen] (hospital) ward, infirmary
ziekenzorg *v* care / nursing of the sick
ziekmakend *bn* ❶ *ziekteverwekkend* unhealthy
  ❷ *walgelijk* sickening
ziekmelding *v* [-en] reporting sick, reporting ill ★ *er zijn drie ~en* three have reported ill
ziekte *v* [-n & -s] ❶ *het ziek zijn* illness, sickness
  ★ *wegens ~* on account of ill health ❷ *manier van ziek zijn* disease, illness ★ *een besmettelijke / tropische ~* contagious / tropical disease ★ *een lichte ~* an indisposition ★ *krijg de ~!* drop dead!
  ❸ *v. ingewanden &* complaint, ailment, disorder
  ★ *een ~ van de maag / lever / nieren &* a disorder of the stomach / liver / kidneys & ▼ *als de ~* like hell
ziektebeeld *o* clinical picture
ziektegeld *o* sickpay
ziektekiem *v* [-en] disease-causing germ
ziektekosten *zn* [mv] medical expenses
ziektekostenverzekering *v* [-en] health insurance, medical insurance
ziekteleer *v* pathology
ziekteverlof *o* [-loven] sick leave, inf sickie ★ *met ~* absent on sick leave, inf having a sickie
ziekteverloop *o* course of the disease
ziekteverschijnsel *o* [-en & -s] symptom
ziekteverwekker *m* [-s] pathogen, agent
ziekteverzekeraar *m* [-s] health insurer
ziekteverzuim *o* absence through illness, absenteeism
ziektewet *v* health insurance act ★ *in de ~ lopen* be on sickness benefits
ziel *v* [-en] ❶ *v. mens* soul, spirit ★ *arme ~!* poor soul!
  ★ *die eenvoudige ~en* these simple souls ★ *een goeie ~* a good sort ★ *geen levende ~* not a (living) soul ★ *de ouwe ~!* poor old soul! ★ *hij is de ~ van de onderneming* he is the soul of the enterprise ★ *een stad van 300 000 ~en* a town of 300 000 inhabitants
  ★ *God hebbe zijn ~!* God rest his soul! ★ *hoe meer ~en hoe meer vreugd* the more the merrier ★ *het ging / sneed me door de ~* it cut me to the quick ★ *in het binnenste van zijn ~* in his heart of hearts ★ *met zijn ~ onder zijn arm lopen* be at a loose end ★ inf *iem. op zijn ~ geven* sock sbd, sock it to sbd ★ *iem. op zijn ~ trappen* stab sbd to the heart ★ *op zijn ~ krijgen* get a sound thrashing ★ *ter ~e zijn* be dead and gone ★ *tot in de ~ geroerd* moved to the heart ★ *met zijn hele ~ en zaligheid* with one's soul ★ *met hart en ~* with all one's heart ★ *twee ~en, één gedachte* two minds with a single thought ❷ *v. fles* kick
  ❸ *v. kanon* bore
zielenheil *o* salvation

zielenleed *o* mental suffering, agony of the soul
zielenleven *o* inner / spiritual life
zielenpijn *v* mental anguish
zielenpoot *m* [-poten], **zielenpiet** [-en] poor thing, wretch
zielenroerselen *zn* [mv] inner / spiritual life, deepest thoughts, innermost feelings
zielenrust, zielsrust *v* peace of mind, inner peace
zielenstrijd *m* inward struggle
zielig *bn* pitiful, pitiable, piteous, pathetic ★ *wat ~!* how sad!, what a pity! ★ *een ~ geval* a sad case
  ★ *een ~e kerel* a poor guy, a wretched fellow
zielknijper, zielenknijper *m* [-s] scherts shrink, Br trick cyclist
zielkunde *v* psychology
zielloos *bn* ❶ *zonder ziel* soulless ❷ *dood* inanimate, lifeless
zielmis *v* [-sen] RK mass for the dead, office for the dead
zielsbedroefd *bn* deeply afflicted
zielsgelukkig *bn* radiant, blissful, perfectly happy
zielskracht *v* strength of mind, fortitude
zielsveel *bijw* ★ *~ houden van* be very fond of, love dearly
zielsverlangen *o* heartfelt longing
zielsverwant I *bn* congenial **II** *m* [-en] kindred spirit
  ★ *zij zijn ~en* they are soulmates
zieltogend *bn* dying, moribund
zielzorg, zielszorg *v* pastoral care ★ *met de ~ belast zijn* be responsible for spiritual care
zien I *overg* [zag, h. gezien] ❶ *waarnemen, opmerken* see, perceive ★ *ik heb het ~ doen* I've seen it done
  ★ *ik heb het hem ~ doen* I've seen him do(ing) it ★ *ik zie hem komen* I see him come / coming ★ *men zag hem vallen* he was seen falling / seen to fall ★ *het voor ge~ houden* be through with it ★ *iem. niet kunnen ~* not be able to bear the sight of sbd ★ *ik zie het aan je dat...* I can see it by / on your looks that...
  ★ *(geen) mensen ~* have (no) visitors, (not) entertain
  ★ *geen... te ~* not a... to be seen ★ *het is goed te ~* 〈makkelijk〉 it can easily be seen, it shows, 〈duidelijk〉 it's distinctly visible ★ *er is niets te ~* there's nothing to be seen ★ *er is niets van te ~* it can't be seen, there's nothing showing ★ *iedere dag te ~* on view every day ★ *dat wil ik nog wel eens ~* I'd like to see that happening ★ *voor ge~ tekenen* endorse ★ *waar zie je dat aan?* how can you tell?
  ❷ *bekijken* see, look ★ *ze mag ge~ worden* she looks great ★ *laten ~* show ★ *laat eens ~...* let me see...
  ★ *laat me ook eens ~* let me have a look too ★ *hij heeft het mij laten ~* he's shown it to me ★ *zich laten ~* show oneself ★ *laat je hier niet weer ~* let me never set eyes on you again ★ *dat zou ik wel eens willen ~* I'll see if... ★ *wat ze hier te ~ geven* what they let you see ❸ *vinden, aantreffen* see ★ *de directie ziet dat niet graag* management does not like it / want it ★ inf *mij niet ge~!* nothing doing! ❹ *proberen* try ★ *zie maar* I'll leave it to you ★ *ik zal het ~ te krijgen* I'll try

to get it for you ★ *je moet hem ~ over te halen* you must try to persuade him ❺ *als mogelijkheid/ uitkomst verwachten* see ★ *iem. ~ zitten* be attracted to sbd ★ *het niet meer ~ zitten* have had enough of it ❻ *begrijpen, inzien* see, understand ★ *iem. doen ~* make sbd see / understand ★ *uit uw brief zie ik dat...* your letter suggests that... ❼ *met de geest waarnemen* see ★ *ik zie hem nog voor mij* I can see him now **II** *onoverg* [zag, h. gezien] ❶ *gezichtsvermogen hebben* see ★ *dubbel ~* see double ★ *ik zie niet goed* my eyesight is poor ★ *hij ziet bijna niet meer* his sight is almost gone ★ *hij ziet slecht* his eyesight is bad ★ *~de blind zijn* see and not perceive ❷ *kijken* see, look ★ *donker ~* look black ★ *zie beneden* see below ★ *zie boven* see above ★ *zie eens hier!* now look here! ★ *en zie, daar kwam...* and behold! ★ *naar iets ~* look at sth, have a look at sth ★ *naar het spel ~* be a spectator ★ *zie eens op je horloge* look at your watch ★ *de kamer ziet op de tuin* the room looks out onto the garden / overlooks the garden ★ *op eigen voordeel ~* seek one's own advantage ★ *uit eigen ogen ~* look through one's own eyes ★ *hij kon van de slaap niet uit zijn ogen ~* he was half-blind for lack of sleep ❸ *er uitzien* look ★ *bleek ~* look pale ★ *het ziet zwart van de mensen* the place is teeming with people ★ *we zullen ~* well, we'll see ❹ *begrijpen* ★ *zie je?* (you) see? ★ *zie je wel?* I told you so! **III** *o* seeing, sight, vision ★ *bij (op) het ~ van* on seeing ★ *tot ~s!* see you again!, see you soon!, be seeing you!, so long!, see you (later)! ★ *het horen en ~ vergaat je bij zoveel herrie* you can't hear yourself think with so much noise

zienderogen *bijw* visibly ★ *de zieke knapt ~ op* the patient is recovering noticeably

ziener *m* [-s] seer, prophet

zienersblik *m* [-ken] prophetic eye

zienswijze *v* [-n] opinion, view ★ *iems. ~ delen* share sbd.'s views ★ *van ~ veranderen* change one's view

zier *v* whit, atom ★ *het is geen ~ waard* it isn't worth a pin / straw / bit ★ *het kan me geen ~ schelen* I couldn't give a damn / care less

ziezo *tsw* well, so ★ *~!* that's it!, there we are!

ziften *overg* [ziftte, h. gezift] ❶ *zeven* sift, sieve ❷ *haarkloven* split hairs

zigeuner *m* [-s] Gypsy, Gipsy

zigeunerbestaan *o* gypsy / gipsy life, life of the Gypsies / Gipsies

zigeunerin *v* [-nen] Gypsy / Gipsy (woman)

zigeunerkamp *o* [-en] Gypsy / Gipsy camp

zigeunerkoning *m* [-en] Gypsy / Gipsy king / chief

zigeunermuziek *v* Gypsy / Gipsy music

zigzag I *m* [-s] zigzag **II** *bijw* zigzag ★ *~ lopen* zigzag

zigzagbeweging *v* [-en] zigzag

zigzaggen *onoverg* [zigzagde, h. gezigzagd] zigzag

zigzagsteek *m* [-steken] zigzag stitch

zij I *pers vnw* ❶ *vrouwelijk* she ❷ *meervoud* they **II** *v* [-den] *(zij)kant* side ★ *~ aan ~* side by side **III** *v* *stofnaam* silk **IV** *v vrouwelijk wezen* she, female ★ *is*

het een hij of een ~? is it a he or a she?

zijaanzicht *o* [-en] side view

zijbeuk *v & m* [-en] (side) aisle

zijd *bijw* ★ *wijd en ~* far and wide

zijd
De vaste volgorde voor **wijd en zijd** is in het Engels **far and wide**.

zijde I *v* [-n] ❶ *v. kubus, huis, tafel, het lichaam & side* ★ *wiskunde is niet zijn sterkste ~* mathematics is his weak point ★ *zijn goede ~ hebben* have its good side ★ *iems. ~ kiezen* take sbd's side, side with sbd ★ *aan beide ~n* on both sides, on either side ★ *aan deze ~* on this side of, (on) this side ★ *aan gene ~* in the beyond ★ *aan de ene ~ heeft u gelijk* on one hand you're right ★ *aan zijn ~* at his side ★ *hij staat aan onze ~* he's on our side ★ *de handen in de ~ zetten* put one's hands on one's hips ★ *iem. in zijn zwakke ~ aantasten* attack sbd where he is weakest ★ *naar alle ~n* in every direction ★ *van alle ~n binnenstromen* come in from all quarters ★ *iets van alle ~n bekijken* look at sth from all sides ★ *van bevriende ~* from a friendly quarter ★ *van de ~ van de regering* on the part of the Government ★ *van die ~ geen hulp te verwachten* no help to be looked for in that quarter ★ *van mijn ~* on my part ★ *van verschillende ~n* from various quarters ★ *een ~ spek* a side of bacon ❷ *v. leger* flank **II** *v stof* silk ★ *ruwe ~* unbleached silk ★ *daar spint hij geen ~ bij* he doesn't profit by it

zijdeachtig *bn* silky

zijdeglans *m* ❶ *v. haar &* silky gloss ❷ *verf* matt

zijde-industrie *v* silk industry

zijdelings I *bn* ★ *een ~e blik* a sidelong look ★ *een ~ verwijt* an indirect reproach **II** *bijw* sideways, sidelong, indirectly ★ *iem. ~ aanzien* look sideways at sbd

zijden *bn* ❶ *van zijde* silk ★ *~ stoffen* silk fabrics ★ *een ~ (hoofd)doek* a silk headscarf / shawl ★ *zijn leven hangt aan een ~ draadje* his life hangs in balance ★ ‹hoge hoed› *de hoge ~* a top hat ❷ *fig* silken

zijdepapier *o* tissue paper

zijderups *v* [-en] silkworm

zijdeur *v* [-en] side door ★ *een ~(tje) openhouden* leave a side door open ★ ‹beschaamd weggaan› *door de ~ afgaan* leave / slip out by the back door

zijdevlinder *m* [-s] silk moth

zijgang *m* [-en] ❶ *in huis* side passage ❷ *in mijn* lateral gallery ❸ *in trein* corridor

zijgebouw *o* [-en] annexe

zijgen I *overg* [zeeg, h. gezegen] *filteren* strain **II** *onoverg* [zeeg, is gezegen] sink (down) ★ *zij zeeg neer* she sank down

zijgevel *m* [-s] side wall

zijingang *m* [-en] side entrance

zijkamer *v* [-s] side room

zijkant *m* [-en] side

zijkapel *v* [-len] side chapel
zijleuning *v* [-en] ❶ *v. trap & handrail, railing ❷ *v. stoel* armrest
zijlicht *o* [-en] sidelight
zijligging *v* [-en] lying on one's side ★ *de stabiele ~* the recovery position
zijlijn *v* [-en] ❶ *v. spoorweg* side line, branch line, loop line ❷ *sp* touchline, sideline ★ *aan de ~ staan / blijven* be on the sidelines ❸ *zijlinie* collateral line
zijmuur *m* [-muren] side wall
zijn I *bez vnw* his, ‹v. dieren en dingen› its, ‹onpers. onderwerp› one's/inf your ★ *de hond tilde ~ poot op* the dog lifted its leg ★ *men moet ~ oren en ogen open houden* one's / your ears and eyes should be kept open ★ *elk het ~e* every one his due ★ *Hitler en de ~en* Hitler and company ★ *die theorieën tot de ~e maken* embrace / become familiar with these theories II *o* ❶ *het bestaan* being, existence ❷ *de persoonlijkheid* being, soul III *onoverg* [ik ben, jij bent, hij is, was, waren, is geweest] ❶ *zelfstandig* be ★ *hij is er* ‹aanwezig› he's there, ‹geslaagd› he's a made man, he's got it made ★ *daarvoor is de politie er* that's what the police are there for ★ *hij mag er ~* ‹bewonderend› there's nothing wrong with him, ‹groot v. postuur› he's a large chap ★ *wij ~ er nog niet* we haven't got there yet ★ *hoe is het?* how are you?, how do you do? inf how are things? ★ *hoe is het met de zieke?* how's the patient? ★ *wat is er?* what's the matter? ★ *van wanneer is die krant?* what's the date on that newspaper? ❷ *koppelwerkwoord* be ★ *God is goed* God is good ★ *de pastoor is beter* our pastor has recovered ★ *dat ben ik!* that's me! ★ *hij is soldaat* he is a soldier ★ *ze ~ officier* they are officers ★ *jongens ~ (nu eenmaal) jongens* boys will be boys ★ *het is te hopen, dat...* it is to be hoped that... ★ *het is makkelijk te doen* it's easy to do ★ *twee keer twee is vier* twice two is four, twice two makes four ❸ *hulpwerkwoord* have, ‹passief› be ★ *hij is erin geslaagd de partij te verenigen* he has succeeded in uniting the party ★ *hij is gisteren ontslagen* he was fired yesterday ★ *ik ben naar Albanië geweest* ‹ooit› I've been to Albany, ‹met tijdsbepaling› I went to Albany ‹yesterday›
zijnerzijds *bijw* for / on his part
zijnet *o* [-ten] *sp* side of the net
zijpad *o* [-paden] side path, side road
zijraam *o* [-ramen] side window
zijrivier *v* [-en] tributary (river), affluent, confluent
zijspan *o & m* [-nen], **zijspanwagen** *m* [-s] sidecar
zijspiegel *m* [-s] Br wing mirror, Am outside mirror
zijspoor *o* [-sporen] sidetrack, siding, shunt ★ *de trein werd op een ~ gebracht* the train was shunted on to a siding ★ *iem. op een ~ zetten* put sbd on the sidelines / on non-active
zijsprong *m* [-en] leap to the side
zijstraat *v* [-straten] side street ★ *ik noem maar een ~* just to give an example
zijstuk *o* [-ken] sidepiece

zijtak *m* [-ken] ❶ *v. boom* side branch ❷ *v. rivier* branch ❸ *v. een familie* collateral branch
zijvleugel *m* [-s] wing
zijwaarts I *bn* sideward, lateral II *bijw* sideways, sideward(s)
zijwand *m* [-en] side wall
zijweg *m* [-wegen] side road, byway
zijwieltjes *zn* [mv] training wheels
zijwind *m* [-en] side wind
zilt, ziltig *bn* saltish, briny ★ *het ~e nat* the salty sea, the briny waves, the brine
zilver *o* ❶ *het metaal* silver ★ *~ in staven* bar-silver, bullion ★ *hij heeft ~ gewonnen op de Olympische Spelen* he won silver at the Olympic Games ❷ *zilverwerk, tafelzilver* plate, silver, silverware ★ *het ~ poetsen* clean the silver
zilverachtig *bn* silvery
zilverberk *m* [-en] silver birch
zilverblank *bn* as bright as silver
zilverdraad *o & m* [-draden] ❶ *met zilver omwonden* silver thread ❷ *van zilver* silver wire
zilveren *bn* silver ★ *de ~ bruiloft* the silver wedding anniversary ★ *een ~ lepel* a silver spoon
zilvergeld *o* silver money, silver
zilverglans I *m* silvery lustre II *o* *zilvererts* argentite
zilvergrijs *bn* silver grey, silvery grey
zilverhoudend *bn* containing silver
zilverkleurig *bn* silver-coloured
zilverling *m* [-en] piece of silver ★ *dertig ~en* thirty pieces of silver
zilvermeeuw *v* [-en] herring gull
zilvermijn *v* [-en] silver mine
zilverpapier *o* silver paper, tinfoil
zilverpopulier *m* [-en] white poplar, abele
zilverreiger *m* [-s] ★ *de grote ~* the great white heron ★ *de kleine ~* the little egret
zilverschoon *v plant* silverweed
zilversmid *m* [-smeden] silversmith
zilverspar *m* [-ren] silver fir
zilverstuk *o* [-ken] silver coin
zilverui *m* [-en] ❶ *inmaakuitje* pearl / cocktail onion, pickling onion ❷ *sjalot* shallot
zilveruitje *o* [-s] pearl / cocktail onion, pickled onion
zilvervliesrijst *m* unpolished rice
zilvervloot *v* [-vloten] hist Silver Fleet
zilvervos *m* [-sen] silver fox
zilverwerk *o* [-en] silverware, plate
zilverwit *bn* silvery white
Zimbabwe *o* Zimbabwe
zin *m* [-nen] ❶ *betekenis* sense, meaning ★ *in eigenlijke ~* in its literal sense, in the proper sense ★ *in engere ~* in the strict / limited sense of the word ★ *in figuurlijke ~* in a figurative sense ★ *in ruimere ~* in a wider sense ★ *opvoeding in de ruimste ~* education in its widest sense ★ *in de ruimste / volste ~ des woords* in the full sense of the world ★ *in zekere ~* in a certain sense, in a sense, in a way ❷ *nut* sense, point ★ *wat voor ~ heeft het*

om...? what's the sense / point of...ing? ★ *dat heeft geen* ~ it makes no sense, it's pointless ★ *het heeft geen* ~ *om te...* there is no sense / point in...ing ❸ *gevoel, zintuig* sense ★ ~ *voor humor* a sense of humour ★ *geen* ~ *voor het schone* no sense of beauty ★ *waar zijn uw* ~*nen?* have you taken leave of your senses? ★ *zijn* ~*nen bij elkaar houden* keep one's head ★ *zijn* ~*nen op iets gezet hebben* have set one's heart upon sth ★ *niet goed bij zijn* ~*nen zijn* not be in one's right senses, be out of one's senses ★ *iets in de* ~ *hebben* be up to sth ★ *hij heeft niets goeds in de* ~ he's up to no good ★ *dat zou mij nooit in de* ~ *komen* I wouldn't even dream of it, it would never occur to me ★ *tegen mijn* ~ against my will ★ *van zijn* ~*nen beroofd zijn* be out of one's senses ★ *wat is hij van* ~*s?* what are his intentions? ★ *hij is niets goeds van* ~*s* he's up to no good ★ *ik ben niet van* ~*s om* I have no intention of...ing ★ *één van* ~*s zijn* be of one mind ❹ *lust* mind, inclination, desire ★ *zij heeft* ~ *in hem* she fancies him ★ *ik heb* ~ *om...* I feel like... ★ *als je* ~ *hebt om...* if you feel like...ing, if you care to... ★ *ik heb er geen* ~ *in* I don't feel like it ★ *ik heb er wel* ~ *in om* I have half a mind to ★ *zijn eigen* ~ *doen* do as one pleases ★ *iems.* ~ *doen* do what sbd likes ★ *hij wil altijd zijn eigen* ~ *doen* he always wants to have his own way ★ *als ik mijn* ~ *kon doen* if I had my way ★ *iem. zijn* ~ *geven* let sbd have his way, indulge sbd ★ *nu heb je je* ~ now you've got what you wanted ★ *zijn* ~ *krijgen* get / have one's own way ★ *zijn* ~ *niet krijgen* not get one's way ★ *is het naar uw* ~*?* is it to your liking? ★ *men kan het niet iedereen naar de* ~ *maken* it is impossible to please everybody ❺ *volzin* sentence

zindelijk *bn* ❶ *schoon* clean, cleanly, tidy ❷ *v.e. kind* potty-trained, toilet-trained ❸ *v.e. hond* house-trained

zindelijkheid *v* ❶ *reinheid* cleanness, cleanliness, tidiness ❷ *v. dier, kind* cleanness

zinderend *bn* ~ *e hitte* a sweltering heat ★ *een* ~*e spanning* a palpable tension

zingen I *overg* [zong, h. gezongen] sing ★ *iem. in slaap* ~ sing sbd to sleep ★ *kom, zing eens wat* give us a song **II** *onoverg* [zong, h. gezongen] ❶ *v. mensen, vogels, wind, ketel* sing ★ *dat lied zingt gemakkelijk* that song is easy to sing ★ *zuiver* ~ sing true, sing in tune ★ *vals* ~ sing out of tune ★ *er naast* ~ sing off-key ❷ plechtig chant ❸ *v. vogels* sing, carol, warble

zingenot *o* sensual pleasure(s)

zingeving *v* [-en] giving meaning to

zink *o* zinc

zinken I *bn* zinc ★ *een* ~ *badkuip* a zinc bath **II** *onoverg* [zonk, is gezonken] sink ★ *tot* ~ *brengen* ‹alg.› sink, ‹zelf opzettelijk› scuttle ★ *diep gezonken zijn* have sunk low

zinker *m* [-s] ❶ *buisleiding* underwater pipe / main ❷ *dobber* sliding float

zinklood *o* [-loden] ❶ *aan hengel & sinker* ❷ *dieplood*

sounding lead

zinkplaat *v* [-platen] zinc plate

zinkput *m* [-ten] cesspool, sink

zinkstuk *o* [-ken] *bij waterwerken* mattress

zinkwit *o* zinc white

zinkzalf *v* zinc ointment

zinledig *bn* meaningless, nonsensical ★ *een* ~ *betoog* a pointless / meaningless argument

zinloos *bn* senseless, meaningless, inane, pointless ★ ~ *geweld* senseless violence

zinloosheid *v* [-heden] senselessness, meaninglessness, pointlessness

zinnebeeld *o* [-en] emblem, symbol

zinnebeeldig I *bn* emblematic(al), symbolic(al) **II** *bijw* emblematically, symbolically

zinnelijk I *bn* ❶ *van de, door middel van de zintuigen* of the senses ★ ~ *waarneembaar* sensorially perceptible ❷ *v. het zingenot* sensual ★ *zij heeft een* ~*e natuur* she has a sensual nature **II** *bijw* by the senses, sensually

zinnelijkheid *v* sensuality, sensualism

zinnen I *onoverg* [zon, h. gezonnen] *peinzen* meditate, ponder, muse, reflect ★ ~ *op* meditate on ★ *op wraak* ~ brood on revenge **II** *onoverg* [zinde, h. gezind] ★ *het zint mij niet* I don't like that, it isn't to my liking ★ *dat zint me wel* I like that

zinnenprikkelend *bn* sensually stimulating

zinnia *v* ['s] zinnia

zinnig *bn* sensible ★ *geen* ~ *mens zal...* no one in his right mind / senses would...

zinrijk *bn* full of sense, significant, meaningful

zins *m* [genitief] ★ *van* ~ *zijn* intend / plan to

zinsbegoocheling *v* [-en] illusion

zinsbouw *m*, **zinsconstructie** *v* [-s] construction (of a sentence), sentence structure

zinsdeel *o* [-delen] part of a sentence

zinsnede *v* [-n] phrase, clause

zinsontleding *v* [-en] analysis, parsing

zinspelen *onoverg* [zinspeelde, h. gezinspeeld] ★ ~ *op* allude to, hint at

zinspeling *v* [-en] allusion (*op* to), hint (*op* at) ★ *een* ~ *maken op* allude to, hint at

zinspreuk *v* [-en] motto, device

zinsverband *o* context

zinswending *v* [-en] turn (of phrase)

zintuig *o* [-en] sense, sense organ ★ *een zesde* ~ a sixth sense ★ *geen* ~ *voor iets hebben* have no sense of something

zintuiglijk *bn* sensory, sensual ★ ~ *waarneembaar* sensory perceptible

zinvol *bn* meaningful

zionisme *o* Zionism

zionist *m* [-en] Zionist

zionistisch *bn* Zionist

zipbestand *o* [-en] comput zip file

zippen *overg* [zipte, h. gezipt] *comprimeren* comput zip

zipschijf *v* [-schijven] comput zip disc / disk

zirkonium *o* zirconium

zi

zirkoon I *o* zircon II *m* [-konen] zircon

zit *m* ★ *het is een hele* ~ ‹v. reis› it's quite a long journey, ‹v. tijd› it's quite a long sit ★ *inf hij heeft geen* ~ *in het lijf* he's fidgety

zitbad *o* [-baden] hip bath

zitbank *v* [-en] ❶ *in huis* couch, settee, lounge ❷ *in park* bench ❸ *in kerk* pew

zitcomfort *o* sitting comfort

zitdag *m* [-dagen] jur court day

zithoek *m* [-en] sitting area

zitje *o* [-s] ❶ *tafeltje en stoelen* table and chairs ❷ *achterop een fiets* child's seat

zitkamer *v* [-s] sitting room, parlour

zitkuil *m* [-en] sunken sitting area

zitplaats *v* [-en] seat ★ *er zijn ~en voor 5000 mensen* there is enough seating for 5,000 ★ *een auto met vier ~en* a car with four seats

zit-slaapkamer *v* [-s] bed-sitting room, inf bedsitter, bedsit

zitstaking *v* sit-down strike

zitten onoverg [zat, h. gezeten] ❶ *op het zitvlak rusten* sit ★ ‹tegen hond› *zit!* sit! ★ *ze* ~ *al* they're seated ★ *die stoelen* ~ *gemakkelijk* these chairs are very comfortable ★ *zit je daar goed?* are you comfortable there? ★ *stemmen bij* ~ *en opstaan* vote by rising or remaining seated ★ *blijven* ~ remain seated ★ *blijft u* ~ keep your seat, don't get up ★ ~ *blijven!* keep your seats! ★ *gaan* ~ ‹v. mensen› sit down, ‹v. vogels› perch ★ *gaat u* ~ sit down, be seated, take a seat ★ *kom bij mij* ~ come and sit by / next to me ★ *iem. laten* ~ make sbd sit down ★ *hij zit achter mij* ‹gewoonlijk› he sits behind me, ‹op het ogenblik› he's sitting behind me ★ *ze* ~ *altijd bij elkaar* they're always (sitting) together ★ *om het vuur* ~ sit round the fire ★ *dicht op het vuur* ~ sit close to the fire, fig be close to the source ❷ *(zittend) iets doen* be...ing, sit...ing ★ *het zit er aan te komen* it's in the pipeline ★ *de kip zit te broeden* the hen is sitting on her eggs ★ *ze zaten te eten* they were eating, ‹maaltijd› they were having dinner ★ *hij zit weer te liegen* he's telling lies again ★ *hij zit de hele dag te spelen* he does nothing but (sit and) play all day long ❸ *met een bep. doel ergens zijn* be, sit ★ *aan tafel* ~ be at table ★ *aan de koffie* ~ be having coffee ★ *op voetbal / judo* ~ do football / judo ★ *op muziekles* ~ follow music lessons ★ *hij zit nu al een uur over die taak* he's been working on that task for an hour ★ *zij zit voor een schilder* she's modelling for a painter ★ *voor hoer* ~ be a prostitute ❹ *een positie bekleden* be, sit ★ *aan het roer* ~ be the leader, be in charge ★ *hij zit in de commissie* he is on the committee ★ *op school* ~ be a student ★ *hij zit voor het kiesdistrict A.* he represents the constituency of A., he sits for A. ❺ *in de gevangenis* do time ★ *hij heeft gezeten* he's done time, he's been in prison ★ *achter de tralies* ~ be behind bars ❻ *verblijven, vertoeven* be ★ *daar zit je nou!* there you are! ★ *waar* ~ *ze toch?* where could they be? ★ *zit daar geld?* are they well off? ❼ *in een*

bep. *toestand verkeren (v. personen)* be ★ *aan de grond* ~ be down and out ★ *ze* ~ *er goed bij* they're well off ★ *er zit niet veel bij die man* he isn't a very capable man ★ *in angst* ~ be in fear ★ *in de kleine kinderen* ~ have small children on one's hands ★ *hij zit in onroerend goed* he's in real estate ★ *wij* ~ *er mee* we don't know what to do (with it) / what to make of it ★ *daar zit ik niet mee* that doesn't worry me ★ *op een droogje* ~ have nothing to drink ★ *zonder benzine komen te* ~ run out of petrol ★ *zonder werk* ~ be out of work, be unemployed ❽ *in een bep. toestand blijven/laten* remain, be left ★ ‹school› *het kind is blijven* ~ the child has stayed down a year / has repeated a year / is repeating this year ★ *hij is met die goederen blijven* ~ he was left with his wares (on his hands) ★ *ze is met vier kinderen blijven* ~ she was left with four children ★ *je hoed blijft zo niet* ~ your hat won't stay on like that ★ *hij heeft haar laten* ~ he's deserted / left her, he's run out on her ★ *er veel geld bij laten* ~ lose a lot of money over it ★ *dat kan ik niet op mij laten* ~ I won't take it lying down ★ *laat maar* ~ ‹geen dank› don't mention it, ‹tegen kelner &› keep the change ★ *zich niet op zijn kop laten* ~ not let oneself be bullied ❾ *zich bevinden, zijn (v. zaken)* be ★ *dat zit wel goed* it's / it'll be all right ★ *hoe zit dat toch?* how is that? ★ *daar zit het hem* there's the rub ★ *dat zit zo* it's like this ★ *het zit er niet aan* I can't afford it ★ *er zit iets achter* there is something behind this, there's more to this than meets the eye ★ *hoe zit dat in elkaar?* how is that? ★ *het zit in de familie* it runs in the family ★ *dat zit er wel in* that's quite on the cards ★ *het zit niet in hem* he hasn't got it in him ★ *in wijn zit meer alcohol dan in bier* there's more alcohol in wine than in beer ★ *er zit sneeuw in de lucht* there's snow in the air, it's going to snow ★ *daar zit een jaar op, als je...* it will be a year (in prison) if you... ★ *er zit een vlek in je broek / Am pants* there's a stain on your trousers/Am pants ★ *dat zit er weer op* the job's done ★ *inf het zit me tot hier* I'm fed up (to the back teeth) with it ★ *de motor zit voorin* the engine is in the front ❿ *passen, staan (v. kleding)* ★ *de jas zit goed / slecht* the coat is a good / bad fit ★ *het zit hem als aangegoten / als (aan het lijf) gegoten* it fits him like a glove ★ *dat zit me niet lekker* I don't feel happy about it ⓫ *vol zijn met* be ★ *de boom zit vol vruchten* the tree is full of fruit ★ *het paard zit onder de vliegen* the horse is covered in flies ⓬ *treffen* ★ *die zit!* that's one in the eye for you, sp goal! ▼ *het kind zit overal aan* the child can't keep away from anything ▼ *hij zit altijd aan de meisjes* he's always pawing the girls ▼ *hij zit er achter* he's at the bottom of it ▼ *achter iem. aan* ~ ‹achtervolgen› pursue / chase sbd, ‹een relatie willen› try to get sbd, be after sbd ▼ *iets wel zien* ~ see one's way clear to do sth ▼ *het niet zo zien* ~ think sth unworkable / unrealizable ▼ *het niet meer zien* ~ be despondent, see no way out

zittenblijver *m* [-s] school child who has stayed down

a year

zittend *bn* ❶ *gezeten* seated, sitting ❷ *waarbij men zit* sedentary ★ *~ werk* a sedentary job ★ *een ~ leven* a sedentary life ❸ *in functie zijnde* incumbent ★ *het ~ bestuur* the sitting committee

zitting *v* [-en] ❶ *v. stoel* seat, bottom ★ *een stoel met een rieten ~* a cane-bottomed chair ❷ *v. commissie & session, hearing, sitting ★ *een geheime ~* a secret session ★ ‹v. hof› *~ hebben* sit, be in session ★ *~ hebben in* ‹v. commissie› sit on, ‹v. bestuur› be on, ‹v. jury› serve on ★ *~ hebben voor...* sit (in Parliament) for... ★ *~ houden* sit ★ *~ nemen in een commissie* serve on a committee ★ *~ nemen in het ministerie* accept office

zittingsdag *m* [-dagen] ❶ *alg.* day of session, meeting day ❷ *v. rechtbank* court day

zitvlak *o* [-ken] seat, bottom

zitvlees *o* ★ inf *hij heeft geen ~* he is fidgety

zitzak *m* [-ken] beanbag

Z.K.H. *afk* ❶ *koning* (Zijne Koninklijke Hoogheid) HM (His Majesty) ❷ *prins* (Zijne Koninklijke Hoogheid) HRH (His Royal Highness)

zo I *bijw* ❶ *op deze wijze* so, like this / that ★ *gaat dat ~?* is this the way it goes? ★ *goed ~?* is this OK? ★ *het zij ~* so be it ★ *hoe ~?* how's that?, why? ★ *het zit ~* it's like this ❷ *in die mate* so ★ *hij is ~ rijk* he's so rich ❸ *in hoge mate* so ★ *ik ben er ~ mee in mijn schik* I'm so delighted with it ❹ *dadelijk* right away, in a minute / moment ★ *hij komt ~* he'll be there in a minute ★ *~ maar* just like that ❺ *even geleden* a minute ago ★ *ik heb haar ~ nog gezien* I saw her just a minute ago ❻ *ongeveer* about, around ★ *~ rond de kerst* around Christmas **II** *tsw* well ★ *~, dat is klaar* well then, that's done ★ *~, ben je daar eindelijk?* well, so you're finally here? **III** *voegw* indien, als if, like ★ *~ mogelijk zal deze regeling voor 1 januari al ingaan* this regulation should come into effect before the 1st of January ★ *~ niet* if not ★ *~ vader, ~ zoon* like father like son ★ *~ goed als ze is in wiskunde, ~ slecht is ze in talen* she is as good in mathematics as she is bad in languages

zoab *o* porous asphalt

zoal *bijw* kind / sort of things ★ *wat heb je ~?* what kind of things do you have?

zoals *voegw* as, like ★ *ik zoek iemand ~ jij* I'm looking for someone like you ★ *zij stemmen ~ men hun zegt* they vote the way they're told ★ *in landen ~ België, Frankrijk...* in countries such as Belgium, France... ★ *~ daar zijn* as there are

zodanig I *vnw* such (as this / these) ★ *~e mensen* such people, people such as these ★ *op ~e wijze* in such a manner ★ *als ~* as such **II** *bijw* so (much), in such a manner / way ★ *de vragenlijst is ~ aangepast dat...* the questionnaire has been adapted in such a way as to... / so as to...

zodat *voegw* so that

zode *v* [-n] turf, sod ★ *~n steken* cut turf ★ inf *onder de groene ~n liggen* push up the daisies ★ *dat zet*

geen ~n aan de dijk that'll get us nowhere, that cuts no ice

zodiak *m* zodiac

zodoende *bijw* ❶ *daardoor* thus, consequently, so ★ *...en ~ kwam ik te laat* ...and consequently I arrived too late ❷ *op deze wijze* in this manner, thereby ★ *het is essentieel om...en ~ tot...* it is essential to...and in this manner / thereby...

zodra *voegw* as soon as ★ *ik kom ~ ik mijn eten op heb* I'll come as soon as I've finished eating

zoek *bijw* ★ *het is ~* it's been mislaid, it's not to be found ★ *iets ~ maken* mislay sth ★ *~ raken* be / get lost ★ *op ~ naar...* in search of...

zoekactie *v* [-s] search operation

zoekbrengen *overg* [bracht zoek, h. zoekgebracht] *v. tijd* kill

zoeken I *overg* [zocht, h. gezocht] ❶ *proberen te vinden* look for ★ *zoek je iets?* have you lost something? ★ *hij zocht zijn weg in het donker* he felt his way around in the dark ★ *zoek eens een krant voor me* go and find a newspaper for me ★ *hij wordt gezocht* ‹alg.› they're looking for him, ‹door politie› he is wanted ★ *dat had ik niet achter hem gezocht* ‹ongunstig› I'd never thought him capable of such a thing, ‹gunstig› I never thought he had it in him ★ *er wat achter ~* be suspicious ★ *hij zoekt overal wat achter* he always tries to find hidden meanings ★ *vrede is nog ver te ~* peace is still a long way off ❷ *proberen te krijgen* search for, seek ★ *wij ~ het in kwaliteit* we go in for quality ★ *de waarheid ~* seek truth, search after truth ★ *arbeiders die werk ~* labourers in search of work ★ *hij wist niet waar hij het ~ moest* he didn't know where to turn ★ *hij heeft hier niets te ~* he has no business here ★ *ik heb daar niets (meer) te ~* there's no point going there ❸ *uitlokken* look for ★ *ja, maar hij zoekt het ook altijd* he's always asking for trouble ★ *hij zoekt mij ook altijd* he's always down on me ★ *ruzie ~* be looking for trouble ❹ *proberen (te)* try ★ *hij zocht mij te overreden* he sought / tried to persuade me **II** *onoverg* [zocht, h. gezocht] seek, search, make a search ★ *zoek, Castor!* seek, Castor! ★ *ik zal wel eens ~* I'll have a look ★ Bijbel *zoekt en gij zult vinden* seek, and ye shall find ★ *naar iets ~* look for / search for / seek something ★ *naar zijn woorden ~* grope for words **III** *o* search, quest ★ *aan het ~ zijn* be looking ‹for sth›

zoeker *m* [-s] ❶ *iem. die zoekt* searcher, seeker ❷ fotogr viewfinder

zoeklicht *o* [-en] searchlight

zoekmachine *v* [-s] comput search engine

zoekmaken *overg* [maakte zoek, h. zoekgemaakt] mislay, lose

zoekopdracht *v* [-en] comput search command, search instruction, query

zoekplaatje *o* [-s] puzzle picture

zoekraken *onoverg* [raakte zoek, is zoekgeraakt] be mislaid / lost

zoel *bn v. weer* mild, balmy

Zoeloe I *zn* [mv] *het volk* Zulu **II** *m* [-s] *lid v. volk* Zulu **III** *o taal* Zulu

zoemen *onoverg* [zoemde, h. gezoemd] buzz, hum

zoemer *m* [-s] buzzer

zoemtoon *m* [-tonen] buzzing tone / sound, telec dialling tone

zoen *m* [-en] *kus* kiss ★ *iem. een ~ geven* give sbd a kiss, kiss sbd

zoenen *overg & onoverg* [zoende, h. gezoend] kiss ★ *om te ~* absolutely delightful

zoenlippen *zn* [mv] sensual lips

zoenoffer *o* [-s] peace offering, expiatory sacrifice, atonement

zoet I *bn* ❶ *alg.* sweet ★ *~ water* fresh water, sweet water ★ *~ maken* sweeten ★ *~e broodjes bakken* ⟨inbinden⟩ eat humble pie, ⟨vleien⟩ butter sbd up ❷ *gehoorzaam* good ★ *een ~ kind* a good child ★ *het kind ~ houden* keep the baby quiet **II** *o* ❶ *zoetigheid* sweet ❷ *genot* sweetness ★ fig *het ~ en het zuur* the bitter and the sweet, the ups and downs

zoetekauw *m-v* [-en] ★ *een ~ zijn* have a sweet tooth

zoetekoek *m* sweet cake

zoetelijk *bn* sugary

zoeten *overg* [zoette, h. gezoet] sweeten

zoetgevooisd *bn* mellifluous, melodious, sweet-voiced

zoetheid *v* [-heden] sweetness

zoethoudertje *o* [-s] sop

zoethout *o* liquorice

zoetig *bn* sweetish

zoetigheid *v* [-heden] sweetness ★ *(allerlei) ~* sweet stuff, sweets

zoetje *o* [-s] *v. zoetstof* sweetener, saccharin

zoetjes *bijw* ❶ *zachtjes* softly, gently ★ *~ aan!* easy does it! ❷ *lief* sweetly

zoetjesaan *bijw langzamerhand* gradually ★ *het wordt ~ tijd om...* it's just about time to...

zoetmiddel *o* [-en] sweetening

zoetsappig *bn* sugary ★ *een ~ verhaal* a sugary story ★ *een ~ mens* a goody-goody (person)

zoetstof *v* [-fen] sweetening

zoetwaren *zn* [mv] sweets

zoetwateraquarium *o* [-s, -ria] freshwater aquarium

zoetwaterfauna *v* freshwater fauna

zoetwaterflora *v* freshwater flora

zoetwatervis *m* [-sen] freshwater fish

zoetzuur I *bn* ❶ *ingemaakt* sweet-and-sour ❷ *v. smaak* sourish **II** *o* sweet pickles

zoeven *onoverg* [zoefde, h. gezoefd] zoom, whizz, Am whiz ★ *voorbij ~* zoom by

zo-even *bijw* just now, a minute ago

zog *o* ❶ *moedermelk* (mother's) milk ❷ scheepv wake ★ *in iems. ~ varen* follow in sbd.'s wake

zogeheten *bn* so-called, alleged

zogen *overg* [zoogde, h. gezoogd] breastfeed, nurse

zogenaamd I *bn* ❶ *zo genoemd* so-called ★ *haar ~e vriend* her so-called friend ❷ *in schijn* alleged,

supposed ★ *de ~e dief* the alleged thief **II** *bijw* ★ *~ om te* ostensibly to

zogenoemd *bn* so-called

zogezegd *bijw* so to say / speak

zogoed *bijw* ★ *~ als* as good as, almost

zoiets *onbep vnw* such a thing, such things, something ★ *~ moois* such a beautiful thing ★ *~ heb ik nog nooit meegemaakt* I've never seen anything like it before ★ *... of ~ ...* ... or something like that, or some such thing, or something to that effect ★ ⟨er schiet me iets te binnen⟩ *daar zeg je ~* that reminds me ★ *~ als £5000* about £5,000

zojuist *bijw* just ★ *we hebben uw fax ~ ontvangen* we have just received your fax, we received your fax a minute ago

zolang I *voegw* so (as) long as ★ *~ jij weg was kon ik niets beginnen* while / because you were gone, I couldn't do anything **II** *bijw* meanwhile, for the time being ★ *ga jij ~ maar weg* in the meanwhile, why don't you go away / leave?

zolder *m* [-s] ❶ *ruimte onder dak* attic, loft ★ *op ~* in the attic ❷ *zoldering* ceiling

zolderetage *v* [-s] attic

zoldering *v* [-en] ceiling

zolderkamer *v* [-s] attic room

zolderkamertje *o* [-s] attic, attic room

zolderluik *o* [-en] trapdoor

zolderraam *o* [-ramen] dormer / attic window

zoldertrap *m* [-pen] attic stairs

zolderverdieping *v* [-en] attic floor

zomaar *bijw* just (like that) ★ *'waarom doe je dat?' 'och, ~!'* 'why are you doing that?' 'I just feel like it' ★ *ga je ~ weg?* are you leaving us just like that? ★ ⟨retorisch⟩ *kan dat ~?!* you can't just do that! ★ *hij begon me ~ ineens te slaan* he started hitting me without a reason

zombie *m* [-s] zombie

zombie-pc *de (m)* ['s] zombie pc

zomen *overg* [zoomde, h. gezoomd] hem

zomer *m* [-s] summer ★ *'s ~s, in de ~* in summer ★ *van de ~* ⟨deze⟩ this summer, ⟨volgende⟩ next summer, ⟨vorige⟩ last summer

zomerachtig *bn* summery

zomeravond *m* [-en] summer evening

zomerbedding *v* [-en] *rivier* summer bed

zomerdag *m* [-dagen] summer's day, summer day

zomerdienst *m* [-en] *v. openbaar vervoer* summer timetable / service

zomerdijk *m* [-en] summer dyke

zomeren *onoverg* [zomerde, h. gezomerd] ★ *het wil maar niet ~* we just haven't had any summer yet

zomerfeest *o* [-en] summer party

zomergast *m* [-en] ❶ *toerist* summer visitor / guest ❷ vogelk summer visitor

zomergoed *o* summer clothes

zomerhuis *o* [-huizen] summer cottage

zomerjas *m en v* [-sen] summer coat

zomerjurk *v* [-en] summer dress

zomerkleren *zn* [mv] summer clothes
zomermaand *v* [-en] June ★ *de ~en* the summer months
zomernacht *m* [-en] summer night
zomerreces *o* summer recess
zomers *bn* summery ★ *een ~e dag* a summery day
zomerseizoen *o* [-en] summer season
zomerspelen *zn* [mv] ★ *de Olympische ~* the Summer Olympics
zomersproeten *zn* [mv] freckles
zomertijd *m* ❶ *seizoen* summertime ❷ *uur tijdverschil* daylight saving time, summer time
zomervakantie *v* [-s] summer holidays
zomerverblijf *o* [-blijven] summer residence
zomerweer *o* summer(y) weather
zomerzon *v* summer sun
zomin *bijw* ★ *~ als* no more than
zompig *bn* squelchy, squishy
zon *v* [-nen] sun, fig sunshine ★ *de ~ schieten* measure the position of the sun ★ *in de ~ staan* stand in the sun ★ *zich in de ~ koesteren* bask in the sun ★ *tegen de ~ in fietsen* cycle into the sun ★ *hij kan de ~ niet in het water zien schijnen* he's a dog in the manger, he's a wet blanket ★ *de opgaande ~ aanbidden* curry favour with the high and mighty ★ *voor niets gaat de ~ op* you don't get something for nothing ★ *het land van de rijzende ~* the land of the rising sun
zo'n I *aanw vnw* such a ★ *~ leugenaar!* the liar! **II** *bijw* about, around ★ *~ twintig* about twenty
zonaanbidder *m* [-s] sun worshipper
zondaar *m* [-s & -daren] sinner
zondag *m* [-dagen] Sunday ★ *des ~s* on Sunday ★ *op zon- en feestdagen* on Sundays and holidays
zondags I *bn* Sunday ★ *mijn ~e pak* my Sunday suit, my Sunday best **II** *bijw* on Sundays
zondagsdienst *m* [-en] ❶ *v. kerk* Sunday service ❷ *v. trein &* Sunday timetable / service ❸ *v. werknemers* Sunday duty
zondagskind *o* [-eren] ❶ *op zondag geboren* Sunday child ★ *een ~ zijn* be a Sunday's child ❷ *gelukskind* one born with a silver spoon in his mouth
zondagsrijder *m* [-s] Sunday driver
zondagsrust *v* Sunday rest
zondagsschool *v* [-scholen] Sunday school
zonde *v* [-n] ❶ *overtreding* sin ★ RK *een dagelijkse ~* a venial sin ★ RK *een ~ tegen de H. Geest* a sin against the Holy Ghost ★ *een kleine ~* a peccadillo ★ *een ~ begaan* commit a sin, sin ★ *iem. zijn ~n vergeven* forgive sbd for his sins ❷ *jammer* shame, pity ★ *het is ~ (en jammer)* it's a pity / shame ★ *het is eeuwig ~* it's a crying shame ★ *het is ~ en schande* it's a sin and a shame ★ *het is ~ van het meisje* it's a shame / pity about the girl ★ *het is ~ van het geld* it's a waste of money
zondebelijdenis *v* confession of one's sins
zondebesef *o* sense of sin
zondebok *m* [-ken] scapegoat ★ *hij is altijd de ~* he is always the scapegoat

zondeloos *bn* sinless
zonder *voorz* without ★ *~ zijn hulp kun je het niet doen* without his help you won't be able to do it ★ *~ hem zou ik verdronken zijn* but for him I would have drowned ★ *~ het te weten* without knowing it ★ *~ meer* ⟨gewoonweg⟩ just, simply, frankly, ⟨vanzelfsprekend⟩ naturally, of course, ⟨onmiddellijk⟩ immediately
zonderling I *bn* singular, peculiar, odd, eccentric **II** *bijw* singularly & **III** *m* [-en] eccentric (person)
zondeval *m* ★ *de ~ (van Adam)* the Fall (of man)
zondig *bn* sinful
zondigen *onoverg* [zondigde, h. gezondigd] sin ★ *~ tegen* sin against / violate
zondvloed *m* deluge, flood ★ *van vóór de ~* antediluvian ★ *na ons de ~* after us the deluge
zone *v* [-s & -n] zone ★ *de blauwe ~* the parking disc zone ★ *de tippel~* the streetwalkers' district
zoneclips *v* [-en] solar eclipse
zonegrens *v* [-grenzen] zone limit
zonet *bijw* just (now) ★ *ik heb hem ~ gezien* I've just seen him, I saw him just now
zonkant *m* [-en] sunny side
zonlicht *o* sunlight
zonnebad *o* [-baden] sunbath
zonnebaden *onoverg* [zonnebaadde, h. gezonnebaad] sunbathe
zonnebank *v* [-en] ❶ *bank* sunbed ❷ *instelling* solarium
zonnebloem *v* [-en] sunflower
zonnebloemolie *v* sunflower oil
zonnebloempit, **zonnepit** *v* [-ten] sunflower seed
zonnebrand *m* ❶ *verbranding* sunburn ❷ *beschermend middel* sun lotion / oil / screen
zonnebrandcrème *v* sun lotion / oil / screen
zonnebrandolie *v* sun oil
zonnebril *m* [-len] sunglasses, pair of sunglasses
zonnecel *v* [-len] solar cell
zonnecollector *m* [-s] solar collector
zonne-energie *v* solar energy
zonnefilter *m en o* [-s] sun filter
zonnegloed *m* heat / glow of the sun
zonnehoed *m* [-en] sun hat
zonnejaar *o* [- jaren] solar year
zonneklaar *bn* as clear as daylight, obvious ★ *het ~ bewijzen* prove beyond a shadow of a doubt ★ *~ blijken uit* be evident from
zonneklep *v* [-pen] ❶ auto (sun) visor ❷ *aan pet* (sun) shade
Zonnekoning *m* hist Sun King
zonnen I *overg* [zonde, h. gezond] sun ★ *zich ~* sun oneself **II** *onoverg* [zonde, h. gezond] sunbathe ★ *zij heeft lekker zitten ~ in de tuin* she's been sunning herself / sunbathing in the garden
zonnepaneel *o* [-nelen] solar panel
zonnescherm *o* [-en] ❶ *voor personen* sunshade, parasol ❷ *aan huis* sunblind, awning
zonneschijn *m* sunshine ★ *na regen komt ~* there's

always sunshine after a storm

zonnestand *m* sun's altitude

zonnesteek *m* [-steken] sunstroke ★ *een ~ krijgen* have a bout of sunstroke

zonnestelsel *o* [-s] solar system

zonnestraal *m & v* [-stralen] sunbeam, ray of the sun

zonneterras *o* [-sen] sun terrace

zonnetje *o* [-s] ❶ *zon* sun ★ *zij is ons ~ in huis* she's the sunshine of our lives, she's our little sunshine ★ *iem. in het ~ zetten* focus all attention on sbd, make sbd the centre of attention ❷ *vuurwerk* sunburst

zonnevlek *v* [-ken] sunspot, solar spot

zonnewende *v* solstice

zonnewijzer *m* [-s] sundial

zonnig *bn* sunny ★ *~ weer* sunny weather ★ *een ~ humeur* a good humour

zonovergoten *bn* sun-drenched

zonshoogte *v* sun's altitude

zonsondergang *m* [-en] sunset, sundown ★ *voor ~* before sunset

zonsopgang *m* [-en] sunrise ★ *voor ~* before dawn

zonsverduistering *v* [-en] eclipse of the sun, solar eclipse

zonvakantie *v* [-s] holiday in the sun

zonwering *v* [-en] sunblind

zonzijde *v* sun(ny) side, *fig* bright side

zoo *m* ['s] zoo, zoological garden

zoöfobie *v* zoophobia

zoogdier *o* [-en] mammal

zooi *v* [-en] *inf* lot, heap, mess ★ *het is (me) een ~!* what a mess! ★ *de hele ~* the whole lot, the whole caboodle

zool *v* [zolen] sole, ‹inleg› insole ★ *inf een halve ~* an idiot, a nitwit ★ *de zolen van zijn schoenen lopen* eig walk one's feet / legs off, *fig* do one's utmost

zoolganger *m* [-s] *dier* plantigrade

zoollikker *m* [-s] ZN bootlicker, toady

zoölogie *v* zoology

zoölogisch *bn* zoological

zoöloog *m* [-logen] zoologist

zoom *m* [zomen] ❶ *v. stof, kledingstuk &* hem, edge, border ❷ *v. bos, stad* fringe ❸ *v. rivier* bank

zoomlens *v* [-lenzen] zoom lens

zoomnaad *m* [-naden] hem

zoon *m* [zonen & -s] son ★ *de verloren ~* the prodigal son ★ *de Zoon Gods* the Son of God ★ *de Zoon des Mensen* the Son of Man ★ *hij is de ~ van zijn vader* he's his father's son, he's a chip off the old block

zoonlief *m* sonny, dear son

zootje *o* [-s] lot, mess ★ *het hele ~* the whole lot, the whole caboodle ★ *het is er een ~* it's a real mess

zopas *bijw* just (now)

zopie *o* [-s] ★ *koek en ~* refreshment stall / stand (on the ice)

zorg *v* [-en] ❶ *zorgzaamheid* care ★ *~ dragen voor* take care of, see to ★ *ik neem de ~ daarvoor op mij* I'll take over the care / responsibility for that ★ *met ~ gedaan* carefully done ★ *zonder ~ gedaan* carelessly done

❷ *bezorgdheid* anxiety, concern, solicitude ★ *het zal mij een ~ zijn* that's the last thing I'm concerned about, *inf* I couldn't care less, fat lot I care! ★ *in de ~en zitten* have a lot of worries ★ *heb daar geen ~ over* don't worry about that ★ *in ~ zijn over...* be anxious about... ★ *dat is van later ~* we'll worry about that when we get to it ★ *ik ben nog niet uit de ~en* my worries aren't over yet ★ *zij heeft de ~ voor twee kinderen* she has two children to look after ★ *zich ~en maken* worry ★ *geen ~en voor morgen* care killed the cat ❸ *moeilijkheid, last* care, trouble, worry ★ *geen ~ vóór de tijd* tomorrow will look after itself

zorgbarend *bn* alarming, critical

zorgelijk, zorglijk *bn* worrisome, worried ★ *ze keek zo ~* she looked so worried ★ *in ~e toestand* in a critical condition

zorgeloos I *bn* ❶ *achteloos* careless ❷ *zonder zorgen* carefree, unconcerned ★ *~ door het leven gaan* live in a carefree manner **II** *bijw* carelessly

zorgeloosheid *v* ❶ *geen zorgen hebbend* freedom from care / worry ❷ *onbekommerdheid* carefreeness ❸ *onoplettendheid* carelessness, negligence

zorgen *onoverg* [zorgde, h. gezorgd] care ★ *~ voor...* ‹passen op› take care of..., ‹verschaffen› provide ★ *voor de oude dag ~* make provision for one's old age, lay by something for the future ★ *er was voor eten gezorgd* food had been provided ★ *voor de keuken / de kinderen ~* look after the kitchen / the children ★ *u moet zelf voor uw kleren ~* ‹zorgen voor› you have to take care of your clothes yourself, ‹pakken, verschaffen› you have to find your own clothing ★ *voor de lunch ~* see to lunch ★ *hij kan wel voor zich zelf ~* ‹financieel› he can support himself, he can fend / shift for himself, ‹oppassen› he is able to look after himself ★ *zorg er voor dat het gedaan wordt* make sure it's done ★ *daar zal ik wel voor ~* I'll see to that, I'll take care of that ★ *zorg (er voor) dat je om negen uur thuis bent* mind (that) you're home at nine

zorgenkind *o* [-eren] problem child, *fig* source of concern

zorgplicht *v & m* general duty of care

zorgsector *m* social service sector

zorgtoeslag *de* healthcare allowance

zorgverlof *o* care leave

zorgverzekeraar *m* [-s] health insurance company

zorgvuldig I *bn* ❶ *met zorg* careful ❷ *nauwkeurig* meticulous, precise **II** *bijw* carefully, meticulously

zorgvuldigheid *v* carefulness, due care, due diligence

zorgvuldigheidsbeginsel *o* *jur* duty of (administrative) care

zorgwekkend *bn* alarming, critical

zorgzaam *bn* careful, considerate, thoughtful

zorgzaamheid *v* carefulness, considerateness

zot I *bn* ❶ *dwaas* foolish, crazy ❷ *krankzinnig* ZN insane, lunatic ❸ *bespottelijk* ZN ridiculous, ludicrous **II** *m* [-ten] ❶ *nar* fool, jester ❷ *krankzinnige* ZN lunatic, madman ❸ *gek* ZN *inf* nutcase ❹ ZN &

kaartsp knave, jack

zotheid v [-heden] madness, foolishness

zothuis o [-huizen] <u>ZN</u> psychiatric hospital

zotskap v [-pen] ❶ *narrenkap* fool's cap ❷ *persoon* fool

zotteklap m foolish talk, stuff and nonsense

zotternij v [-en] folly, craziness

zout I o [-en] salt ★ *Bijbel het ~ der aarde* the salt of the earth ★ *hij verdient het ~ in de pap niet* he earns a mere pittance ★ *~ in de wond strooien* pour salt on / in a wound ★ *iets met een korreltje ~ nemen* take something with a grain of salt **II** bn ❶ *met zoute smaak* salt, salty, saltish, briny ★ *~ water* salt water ★ *ik heb het nog nooit zo ~ gegeten* I've never seen anything quite like that ❷ *gezouten* salted

zoutachtig bn saltish, salty

zoutarm bn low-salt, with little salt

zouteloos bn <u>fig</u> insipid, dull

zouten overg [zoutte, h. gezouten] ❶ *met zout bestrooien* salt down, salt ❷ *pekelen* v. *vlees* corn

zoutgehalte o salt content, percentage of salt, salinity

zouthoudend bn saline, salty

zoutig bn saltish, salty

zoutje o [-s] salted biscuit, savoury snack

zoutkorrel m [-s] grain of salt

zoutlaag v [-lagen] salt deposit / layer

zoutloos bn salt-free

zoutmeer o [-meren] salt lake

zoutmijn v [-en] salt mine

zoutoplossing v salt / saline solution

zoutpilaar m [-laren] pillar of salt

zoutstrooier m [-s] ❶ *op tafel* saltcellar ❷ *strooiwagen* grit spreader

zoutvaatje o [-s] salt cellar

zoutvlakte v [-s, -n] salt plain

zoutwateraquarium o [-s, -ria] saltwater aquarium

zoutwatervis m [-sen] saltwater fish

zoutwinning v salt production, salt extraction

zoutzak m [-ken] ❶ *zak met zout* bag of salt ❷ *slap figuur* lump (of a fellow)

zoutziederij v [-en] saltworks

zoutzuur o hydrochloric acid

zoveel I onbep telw so much, this / that much ★ *~ is zeker* that much is certain ★ *in 1800 ~* in 1800 odd, in 1800 and something ★ *in het jaar ~* in such and such a year ★ *om drie uur ~* at three something ★ *de trein van vijf uur ~* the five something train ★ *om de ~ dagen* every so many days ★ *ik geef er niet ~ om* I don't care much about it ★ *voor nog ~ niet* not for anything, not for the world **II** bijw so much ★ *~ als* as much as ★ *hij is daar ~ als opziener* he is the equivalent of an overseer there ★ *~ mogelijk* as much as possible

zoveelste bn n'th, <u>inf</u> umpteenth ★ *(dat is) de ~ keer* the n'th time, the umpteenth time ★ *een nieuwe fout, de ~!* the umpteenth mistake!

zover I voegw so far ★ *~ ik weet* as far as I know ★ *in ~re, dat...* to the extent that..., to such an extent that... **II** bijw so far, thus far ★ *ga je ~?* will you go

that far? ★ *~ zal hij niet gaan* he'll never go as far as that, he'll never go to such lengths ★ *hij heeft het ~ gebracht dat...* he has succeeded so well that... ★ *hij zal het ~ niet laten komen* he won't let things go so far ★ *het is ~ gekomen dat...* it has got to a stage that... ★ *tot ~* as far as this, so far, thus far

zowaar bijw actually ★ *ik heb ~ nog gelijk ook* to my surprise I'm right

zowat bijw about ★ *dat is ~ alles* that's (just) about all ★ *~ hetzelfde* pretty much the same (thing) ★ *~ even groot* about the same size, much the same size ★ *~ niets* next to nothing

zowel voegw ★ *~ als* as well as ★ *hij is ~... als...* he is both... and..., as well as being...he is... ★ *hij ~ als zijn broer* both he and his brother

z.o.z. afk (zie ommezijde) P.T.O., please turn over

zozeer bijw so much, to such an extent ★ *~ dat...* so much so that... ★ *niet ~..., als wel...* not so much... as...

zozo bn, bijw so so, so-so

z.s.m. afk (zo spoedig mogelijk) asap, as soon as possible

zucht I m [-en] *verzuchting* sigh ★ *een ~ slaken* heave a sigh ★ *een ~ van verlichting* a sigh of relief ★ *een diepe ~* a deep sigh **II** v *begeerte* desire, ‹verlangen› longing, ‹hunkering› craving ★ *de ~ naar* the desire for, the love of ★ *de ~ om te zien en te weten* the desire to see and know ★ *de ~ tot navolging / tot tegenspraak* the spirit of imitation / contradiction

zuchten onoverg [zuchtte, h. gezucht] sigh ★ *~ naar / om iets* yearn for sth ★ *~ onder het juk* groan under the yoke ★ *~ over zijn werk* sigh over one's task / work ★ *het ~ van de wind* the sighing of the wind

zuchtje o [-s] ❶ *verzuchting* sigh ❷ *briesje* sigh, breath ★ *geen ~* not a breath of wind

zuid I bn south, southern, southerly **II** bijw south, southerly **III** v & o south

Zuid-Afrika o South Africa

Zuid-Afrikaan m [-kanen] South African

Zuid-Afrikaans bn South African

Zuid-Afrikaanse v [-n] South African ★ *ze is een ~* she's a South African, she's from South Africa

Zuid-Amerika o South America

Zuid-Duits bn South German

Zuid-Duitsland o Southern Germany

zuidelijk I bn southern, southerly ★ *het ~e halfrond* the southern hemisphere ★ *de Zuidelijke IJszee* the Antarctic / Southern Ocean ★ *de ~en* southerners **II** bijw southerly, south ★ *~ van* (to the) south of ★ *~ liggen van* be / lie further south than

zuiden o south ★ *in het ~* in the south ★ *naar het ~* (to the) south, southward(s), ‹verkeer› southbound ★ *op het ~ gelegen* facing south, with a southery aspect ★ *ten ~ van...* (to the) south of... ★ *uit het ~* from the south, southerly

zuidenwind m south / southerly wind

zuiderbreedte v southern latitude ★ *50˚ ~* 50˚ south

zuiderbuur m [-buren] southern neighbour,

zu

neighbour to the south
zuiderkeerkring *m* Tropic of Capricorn
zuiderlicht *o* southern lights, aurora australis
zuiderling *m* [-en] southerner, somebody from the south
Zuiderzee *v* Zuider Zee
Zuid-Holland *o* South Holland
zuidkant *m* south / southern side
Zuid-Korea *o* South Korea
Zuid-Koreaan *m* [-reanen] South Korean
Zuid-Koreaans *bn* South Korean
Zuid-Koreaanse *v* [-n] South Korean ★ *ze is een ~* she's a South Korean, she's from South Korea
zuidkust *v* [-en] south / southern coast
Zuid-Molukken *zn* [mv] South Moluccas
Zuid-Molukker *m* [-s] South Moluccan
Zuid-Moluks *bn* South Moluccan
Zuid-Molukse *v* [-n] South Moluccan
Zuid-Nederlands I *bn* ❶ *m.b.t. het zuiden v. Nederland* southern Dutch ❷ *m.b.t. België* Flemish **II** *o taal* southern Dutch
Zuidoost-Azië *o* Southeast Asia
zuidoostelijk *bn* southeasterly, southeastern
zuidoosten *o* southeast / south-east
zuidoostenwind *m* southeasterly / south-easterly wind
Zuidpool *v* South Pole, Antarctic
zuidpoolcirkel *m* Antarctic Circle
Zuidpoolexpeditie *v* [-s] Antarctic expedition
zuidpoolgebied *o* ★ *het ~* the Antarctic
zuidpunt I *m* [-en] south point **II** *o* southern point
Zuid-Tirol *o* South Tyrol
zuidvruchten *zn* [mv] subtropical fruit
zuidwaarts I *bn* southward **II** *bijw* southward(s)
zuidwestelijk *bn* southwesterly, southwestern
zuidwesten *o* southwest, south-west
zuidwestenwind *m* southwesterly (wind)
zuidwester *m* [-s] southwester
zuidzijde *v* south side
zuigbuis *v* [-buizen] suction pipe
zuigeling *m* [-en] baby, infant, babe-in-arms
zuigelingensterfte *v* infant mortality
zuigelingenzorg *v* infant care / welfare ★ *het bureau voor ~* the infant welfare office
zuigen I *overg* [zoog, h. gezogen] ❶ *met de mond opnemen* suck ★ *iets uit zijn duim ~* invent sth, make sth up ❷ *in zich opnemen* absorb **II** *onoverg* [zoog, h. gezogen] ❶ *met de mond opnemen* suck ★ *aan zijn pijp / sigaret ~* puff away on one's pipe / cigarette ★ *ergens even aan ~* take / have a suck at it ★ *op zijn duim ~* suck one's thumb ❷ *treiteren* nag ❸ *stofzuigen* vacuum, hoover
zuiger *m* [-s] ❶ *techn* piston, plunger ❷ *persoon* nag
zuigerklep *v* [-pen] piston valve
zuigerstang *v* [-en] piston rod
zuigerveer *v* [-veren] piston ring
zuigfles *v* [-sen] feeding bottle, baby's bottle
zuiging *v* sucking, suction

zuigkracht *v* ❶ *zuigingskracht* suction ❷ *aantrekkingskracht* attraction
zuignap *m* [-pen] sucker, suction pad
zuigtablet *v & o* [-ten] lozenge
zuigzoen *m* [-en] love bite, inf hickey
zuil *v* [-en] ❶ *pilaar* pillar, column ★ *een Dorische / Korinthische / Ionische ~* a Doric / Corinthian / Ionic column ★ *de ~en van Hercules* the Pillars of Hercules ★ *de ~ van Volta* the Voltaic pile ❷ *groepering* sociopolitical / ideological block ★ *de Nederlandse maatschappij kende verschillende ~en* various religious and political groups had become entrenched in Dutch society ❸ *persoon of zaak* pillar, rock ★ *vasten is een van de ~en van de islam* fasting is one of the pillars of Islam
zuilengalerij *v* [-en] colonnade, arcade, portico
zuilengang *m* [-en] arcade, gallery
zuinig I *bn* ❶ *spaarzaam* economical, thrifty, frugal, sparing ★ *~ zijn* be economical & ★ *~ zijn met...* use, sparingly, economize on, husband ★ *een ~e auto* an economical car ❷ *niet erg voldaan* glum **II** *bijw* economically & ★ *~ kijken* look glum, put out ★ inf *en niet ~ ook!* not half!, and how!
zuinigheid *v* economy, thrift, thriftiness ★ *verkeerde ~ betrachten* be penny-wise and pound-foolish ★ *voor de / uit ~* for reasons of economy, for economy's sake ★ *~ met vlijt bouwt huizen als kastelen* take care of the pennies, and the pounds will take care of themselves
zuinigheidsmaatregel *m* [-en & -s] economy measure, expenditure cut
zuinigheidsredenen *zn* [mv] ★ *om ~* for reasons of economy, for economy's sake
zuipen I *overg* [zoop, h. gezopen] swig, drink **II** *onoverg* [zoop, h. gezopen] inf booze (on) ★ *het op een ~ zetten* hit the bottle
zuiperij *v* drinking binge / bout, inf booze-up
zuiplap *m* [-pen] boozer, drunk vulg piss artist
zuippartij *v* [-en] drinking binge / bout, inf booze-up
zuipschuit *m* [-en] boozer, drunk, inf booze artist, vulg piss artist
zuivel *m & o* dairy produce, dairy products
zuivelbedrijf *o* [-drijven] ❶ *bedrijf* dairy farm ❷ *bedrijfstak* dairy industry
zuivelfabriek *v* [-en] milk factory, dairy factory
zuivelindustrie *v* dairy industry
zuivelproduct *o* [-en] dairy product
zuiver I *bn* ❶ *schoon, zindelijk* clean ❷ *zonder onreinheden* pure ❸ *onvermengd* pure, unadulterated ❹ *echt* genuine ❺ *zonder schuld* pure, clear ★ *een ~ geweten* a clear conscience ❻ *kuis, rein* pure, chaste ❼ *louter* pure, sheer, mere ❽ *handel* clear, net ❾ muz pure ▼ inf *die zaak is niet ~* there's something fishy about that business ▼ *dat is ~e taal* that's plain speaking ▼ *het is daar niet ~* things are not as they ought to be there ▼ *hij is niet ~ in de leer* he is doctrinally unsound ▼ *dat is geen ~e koffie* there's something fishy about it

II *bijw* purely ★ ~ *Engels / Nederlands & schrijven* write good English / Dutch &, write grammatically correct English / Dutch & ★ ~ *zingen* sing in tune ★ *niet ~ zingen* sing out of tune ★ *het is ~ (en alléén) daarom* simply and solely / purely and simply for that reason

zuiveraar *m* [-s] ❶ *alg.* purifier ❷ *op taalgebied* purist

zuiveren I *overg* [zuiverde, h. gezuiverd] ❶ *schoonmaken* clean, wash, purify ❷ *fig* cleanse, purge, clear ★ *zijn naam ~ van blaam* redeem one's good name ❸ *onzuivere elementen verwijderen* purify, refine ★ *ook fig* ~ *de lucht* ~ clear the air **II** *wederk* [zuiverde, h. gezuiverd] ★ *fig zich* ~ clear oneself ★ *zich ~ van het ten laste gelegde* clear oneself of the charge

zuiverend *bn* ❶ *alg.* purifying ❷ *med* purgative

zuiverheid *v* cleanness, purity

zuivering *v* [-en] ❶ *het zuiveren* purification, purging, cleansing ❷ *verwijdering van ongewenste elementen* purge ★ *een politieke ~* a political purge ★ *etnische ~en* ethnic cleansings ❸ *raffinage* refining

zuiveringsactie *v* [-s] ❶ *mil* mopping-up operation ❷ *politiek* purge

zuiveringsheffing *v* pollution tax

zuiveringsinstallatie *v* [-s] *ter zuivering v. afvalwater* sewage treatment plant

zuiveringszout *o* bicarbonate of soda

zulk *aanw vnw* such ★ *~e mensen* such people

zulks *aanw vnw* such a thing, such, this, it, the same

zullen *hulpww* [ik zal, jij zult, hij zal, zou, zouden] ❶ *van plan zijn* ‹I, we› shall / will, ‹you, he, they› will ★ *we ~ gaan* we'll go, we're going ★ *ze ~ morgen gaan* they'll go tomorrow, they're going tomorrow ★ *ik hoop dat hij komen zal* I hope he'll come, I hope he's going to come ❷ *afspraak* be going to ★ *hij zal om vijf uur komen* he's going to call here at five o'clock ★ *wij zouden er allemaal heengaan* we were all going to go ❸ *vermoedelijk of waarschijnlijk* will (probably) ★ *dat zal Jan zijn* that'll be John ★ *dat zal Waterloo zijn* this must be Waterloo ★ *ze ~ ziek zijn* they're probably ill ❹ *gerucht gaat* be reported to, be said to ★ *hij zou een moord hebben gepleegd* he's said / reported to have committed a murder ❺ *wil v. spreker tegenover een ander* shall ★ *(hij wil niet?) hij zal!* (doesn't he want to?) he shall! ★ *inf too right he will!* ★ *gehoorzamen ~ ze!* they shall obey! *inf you bet* they'll obey! ❻ *belofte* shall ★ *u zult ze morgen krijgen* you'll have them tomorrow ★ *hij beloofde te ~ komen* he promised to come ★ *hij zei te ~ komen* he said he would come ❼ *voorspelling* shall / will ★ *de aarde zal vergaan* the earth shall / will pass away ★ *dat zal je berouwen* you'll regret this ❽ *gebod* shall ★ *Bijbel gij zult niet stelen* thou shalt not steal ❾ *toekomst onder voorwaarde* ‹I, we› would / will, ‹he, they, you› would / will ★ *wij ~ gaan zodra het geld er is* we'll go as soon as the money arrives ★ *wij zouden gaan, als we genoeg geld hadden* we would go if we had enough money ★ *wij zouden zijn gegaan*

als moeder niet was overleden we would have gone if Mother hadn't died ▼ *ja, dat zal wel* I daresay you have (he is &) ▼ *(voetbal?) ik zal je voetballen!* (football?) I'll give you football! ▼ *ik zou je danken!* thank you very much! ▼ *wat zou dat?* so what?

zult *m* pork pickled in vinegar ★ *zure ~* brawn, Am headcheese

zuren I *overg* [zuurde, h. gezuurd] sour, make sour **II** *onoverg* [zuurde, is gezuurd] sour, turn sour

zurig *bn* sourish

zurigheid *v* sourness

zuring *v* plant dock, sorrel ★ *eetbare ~* sorrel

zus I *bijw* so, thus ★ *~ of zo handelen* act one way or the other ★ *juffrouw ~ en juffrouw zo* Miss Blank and Miss Dash **II** *v* [-sen] ❶ *zusje* (little / baby) sister ❷ *aanspreekvorm inf* sis, sister ❸ *meisje* girl

zuster *v* [-s] ❶ *familielid* sister ★ *inf ja, je ~!* not a chance! ❷ *verpleegster* nurse, sister

zustercongregatie *v* [-s] sister congregation

zusterhuis *o* [-huizen] ❶ *klooster* nunnery ❷ *v. geestelijke orde* affiliated house ❸ *v. verpleegsters* nurses' home

zusterliefde *v* sisterly love

zusterlijk *bn* sisterly

zustermaatschappij *v* [-en] affiliated / associated firm, sister company

zusterorganisatie *v* [-s] sister organization

zusterschip *o* [-schepen] sister ship

zustervereniging *v* [-en] sister association

zuur I *bn* ❶ *v. smaak* sour, tart ★ *ook fig ~ worden* turn sour, sour ❷ *niet vriendelijk* sour, cranky, crabbed ❸ *niet prettig* hard, disagreeable ★ *~ werk* disagreeable work ★ *iem. het leven ~ maken* make life a burden to sbd ❹ *chem* acid ★ *zure regen* acid rain ❺ *azijnachtig* acetous ▼ *nu ben je ~!* your number is up! ▼ *dan zijn we allemaal ~* we're all in for it now **II** *bijw* sourly & ★ *~ kijken* look sour ★ *~ verdiend* hard-earned **III** *o* [zuren] ❶ *ingemaakt* pickles ★ *gemengd ~* mixed pickles ★ *uitjes in het ~* pickled onions ❷ *chem* acid ▼ *het ~ in de maag* heartburn

zuurbranden *o* heartburn

zuurdeeg *o*, **zuurdesem** *m* sourdough

zuurgraad, **zuurheidsgraad** *m* (degree of) acidity

zuurheid *v* sourness, acidity, tartness

zuurkool *v* sauerkraut

zuurpruim *v* [-en] sourpuss, crab apple

zuurstof *v* oxygen

zuurstofapparaat *o* [-raten] resuscitator

zuurstofcilinder *m* [-s] ❶ *v. lasser &* oxygen cylinder ❷ *v. duiker* aqualung

zuurstoffles *v* [-sen] oxygen cylinder

zuurstofgebrek *o* lack of oxygen

zuurstofmasker *o* [-s] oxygen mask

zuurstofopname *v* oxygen intake

zuurstoftekort *o* deficiency of oxygen

zuurstoftent *v* [-en] oxygen tent

zuurstok *m* [-ken] Br stick of rock, Am candy cane

zu

zuurtje o [-s] acid drop

zuurverdiend bn hard-earned

zuurzoet bn sour-sweet, sweet-and-sour ★ *een ~ gezicht zetten* make a wry face

zwaai m [-en] swing, sweep, flourish ★ *met een ~ van haar arm* with a sweep of her arm

zwaaideur v [-en] ZN swing door, revolving door

zwaaien I *overg* [zwaaide, h. gezwaaid] ❶ *vlag* flourish ★ *met de hoed / een vlag & ~* wave one's hat / a flag & ❷ *hamer &* swing, wield ❸ *zwaard &* brandish **II** *onoverg* [h. en is gezwaaid] ❶ *v. takken &* sway, swing ❷ *v. dronkenman* reel ❸ *v. schip* swing ▼ *er zal wat ~!* there'll be the devil to pay!

zwaailicht o [-en] flashing light ★ *een blauw ~* a flashing blue light

zwaan m & v [zwanen] swan ★ *een jonge ~* a cygnet

zwaantje o [-s] ❶ *jonge zwaan* cygnet ❷ turnen swan ❸ *motoragent* ZN motorcycle policeman

zwaar I bn ❶ *v. personen en dingen &* heavy, ponderous, weighty ★ *dat is 5 kg ~* it weighs 5 kg ★ *het is tweemaal zo ~ als...* it's twice as heavy as... / it's twice the weight of... ★ *ik ben ~ in mijn hoofd* my head feels heavy ★ *hij is ~ op de hand* he's a pessimist ❷ *zwaargebouwd* heavily built, stout, hefty ❸ *dik* heavy ❹ *grof* mil heavy ❺ *sterk* strong ❻ *groot* fig heavy ❼ *ernstig* severe, ‹v. misdaad› grievous ❽ *moeilijk* heavy, hard, difficult, stiff ❾ *hard, streng* severe ★ *een zware slag* ‹v. geweer &› a heavy report, ‹v. vallend voorwerp› a heavy thud, ‹met hand› a heavy blow, fig a heavy blow ‹› **II** *bijw* heavily ★ *~ getroffen* hard hit, badly hit (*door* by) ★ *~ gewond* badly wounded ★ *~ verkouden* having a bad cold ★ *~ ziek* seriously ill

zwaarbeladen bn heavily laden

zwaarbevochten bn hard-won

zwaarbewapend bn heavily armed

zwaarbewolkt bn overcast

zwaard o [-en] ❶ *wapen* sword ★ *met het ~ in de vuist* sword in hand ★ Bijbel *het ~ aangorden* gird on one's sword ★ *het ~ van Damocles* the sword of Damocles ★ *het ~ der gerechtigheid* the sword of justice ★ *in het eigen ~ vallen* fall onto one's own sword ❷ scheepv leeboard, ‹middenzwaard› centre/Am center board

zwaardvechter m [-s] gladiator

zwaardvis m [-sen] swordfish

zwaargebouwd bn heavy, massive, big-boned

zwaargeschapen bn well endowed, ‹v. man› inf well hung

zwaargewicht I o heavyweight **II** m ❶ *bokser* heavyweight ❷ fig heavyweight

zwaargewond bn critically wounded

zwaargewonde m en v [-n] serious casualty

zwaarlijvig bn corpulent, stout, obese

zwaarlijvigheid v corpulence, stoutness, obesity

zwaarmoedig bn melancholy, melancholic

zwaarmoedigheid v melancholy

zwaarte v weight, heaviness

zwaartekracht v gravitation, gravity ★ *het middelpunt van ~* the centre of gravity ★ *de wet van de ~* the law of gravitation

zwaartepunt o ❶ *middelpunt* centre/Am center of gravity ❷ *hoofdzaak* main point, emphasis

zwaarwegend bn fig weighty, important ★ *een ~ argument* a weighty argument, an argument that carries some weight

zwaarwichtig bn weighty, ponderous

zwabber m [-s] ❶ *borstel* swab, mop ❷ *boemelaar* rake ★ *aan de ~ zijn* be on the loose / spree

zwabberen I *overg* [zwabberde, h. gezwabberd] *schoonmaken* mop **II** *onoverg* [zwabberde, h. gezwabberd] inf stagger ★ *de fietser zwabberde van links naar rechts* the cyclist staggered from left to right

Zwaben o Swabia

zwachtel m [-s] bandage

zwachtelen *overg* [zwachtelde, h. gezwachteld] bandage, swathe

zwager m [-s] brother-in-law

zwak I bn ❶ *niet krachtig* weak, feeble ★ *het ~ke geslacht* the weaker sex ★ *een ~ excuus* a feeble / poor excuse ❷ *m.b.t. gezondheid* frail, delicate, weak, low ★ *een ~ke gezondheid hebben* be in poor health ❸ *m.b.t. geestelijke prestaties* poor ★ *een ~ke concentratie* poor ability to concentrate, poor concentration ★ *~ in Frans* weak / shaky in French ❹ *m.b.t. zeden* weak, frail ★ *~ van karakter* of a weak character ★ *in een ~ ogenblik* in a moment of weakness ❺ *met weinig weerstand* vulnerable ★ *zij staat erg ~* she's quite vulnerable ❻ *niet geconcentreerd* weak, diluted, watered-down ★ *een ~ke concentratie van koemest* diluted cow manure ❼ *gering* slight, slender ❽ *niet hard of helder* faint ★ *een ~ke stem* a faint / weak voice ❾ taalk weak ★ *een ~ werkwoord* a weak / regular verb ❿ econ weak ★ *een ~ke munt* a weak currency **II** bijw weakly & **III** o [-ken] weakness ★ *de Engelsen hebben een ~ voor traditie* the British have a weakness for tradition ★ *een ~ hebben voor iem.* have a weak spot for sbd ★ *iem. in zijn ~ tasten* touch sbd's weakest / most vulnerable spot

zwakbegaafd bn (mentally) retarded

zwakheid v [-heden] ❶ *v. lichaamskracht* weakness, feebleness ❷ *moreel gebrek* weakness, failing, foible ❸ *m.b.t. argument* tenuousness

zwakjes bijw ★ *hij is nog ~* he's still feeling weak / weakish

zwakkeling m [-en] weakling

zwakstroom m low-voltage current, low-tension current

zwakte v weakness, feebleness

zwaktebod o fig admission of weakness

zwakzinnig bn mentally / intellectually handicapped

zwakzinnigenzorg v care of the mentally / intellectually handicapped

zwakzinnigheid v mental / intellectual deficiency

zwalken *onoverg* [zwalkte, h. gezwalkt] drift about, wander about ★ *op zee* ~ rove the seas

zwaluw *v* [-en] swallow ★ *één* ~ *maakt nog geen zomer* one swallow does not make a summer

zwaluwstaart *m* [-en] ❶ *staart van een zwaluw* swallow's tail ❷ *houtverbinding* dovetail ❸ *vlinder* swallowtail ❹ *jas* swallow-tail(ed coat) ❺ *pleister* swallow-tailed plaster

zwam *v* [-men] fungus

zwammen *onoverg* [zwamde, h. gezwamd] *inf* talk nonsense, *vulg* bullshit, crap on ★ *gezwam in de ruimte* loose talk

zwamneus *m* [-neuzen] gasbag

zwanenhals *m* [-halzen] ❶ *hals v.e. zwaan* swan's neck ❷ *v. wasbak &* gooseneck

zwanenzang *m* swan song

zwang *m* ★ *in* ~ *brengen* bring into vogue ★ *in* ~ *komen* become the fashion, come into vogue ★ *in* ~ *zijn* be fashionable, be the vogue

zwanger *bn* pregnant, with child ★ *van iets* ~ *gaan* conceive something

zwangerschap *v* [-pen] pregnancy

zwangerschapsgymnastiek *v* antenatal exercises

zwangerschapsonderbreking *v* [-en] termination of pregnancy, (induced) abortion

zwangerschapstest *m* [-s] pregnancy test

zwangerschapsverlof *o* maternity leave

zwart I *bn* black ★ *een* ~*e bladzijde in de geschiedenis* a black page in history ★ *een* ~*e dag voor...* a black day for... ★ luchtv *de* ~*e doos* the black box ★ astron *een* ~ *gat* a black hole ★ ~ *geld* undeclared income, black money ★ ~*e goederen* black market goods ★ ~*e handel* black market, black-market traffic / dealings / transactions ★ ~*e humor* black humour ★ ~*e kunst* black magic ★ ~*e lijst* blacklist ★ *iem. op de* ~*e lijst plaatsen* blacklist sbd ★ fig *een* ~ *schaap* a black sheep ★ ⟨spin⟩ *de* ~*e weduwe* the black widow ★ *de* ~*e dood* the black death ★ ~ *werk* work for which no income is declared ★ ~*e winst &* black-market profit & | *iets in de* ~*ste kleuren afschilderen* paint sth in the darkest colours ★ ~ *maken* blacken ★ *het zag er* ~ *van de mensen* there were masses of people **II** *bijw* ★ *alles* ~ *inzien* look at the gloomy (black) side of things ★ ⟨somber, ontstemd⟩ ~ *kijken* look gloomy ★ ~ *kopen* buy on the black market ★ ~ *werken* work without declaring the income **III** *o* black ★ *het* ~ *op wit hebben* have it in black and white ★ *in het* ~ *gekleed* dressed in black

zwartboek *o* [-en] black book

zwartbont *bn* mottled, piebald

zwarte *m-v* [-n] black ★ beledigend *de* ~*n* the blacks

zwartekousenkerk *v* [-en] rigidly orthodox Protestants

zwartepiet *m* [-en] kaartsp knave of spades ★ *iem. de* ~ *toespelen* pass the buck to sbd

zwartepieten *onoverg* [zwartepiette, h. gezwartepiet] kaartsp play Old Maid

Zwarte Woud *o* Black Forest

Zwarte Zee *v* Black Sea

zwartgallig *bn* melancholy, pessimistic

zwartgalligheid *v* melancholy

zwartgeldcircuit *o* [-s] the black market

zwartgestreept *bn* ❶ *aan de oppervlakte* black-striped ❷ *dooraderd* black-streaked

zwarthandelaar *m* [-s & -laren] ❶ *alg.* black marketeer ❷ *in toegangskaarten* Am ticket scalper

zwartharig *bn* black-haired

zwarthemd *m* [-en] blackshirt, fascist

zwartje *o* [-s] beledigend darky

zwartkijken *o geen kijkgeld betalen* dodge / evade payment of one's TV licence

zwartkijker *m* [-s] ❶ *pessimist* pessimist, melancholic ❷ RTV TV licence dodger

zwartkopmees *v* [-mezen] *vogel* marsh / willow tit

zwartmaken *overg* [maakte zwart, h. zwartgemaakt] blacken ★ fig *iem.* ~ blacken sbd.'s character / reputation

zwartrijden *onoverg* [reed zwart, h. zwartgereden] ❶ *m.b.t. openbaar vervoer* dodge fare ❷ *m.b.t. wegenbelasting* evade paying road tax

zwartrijder *m* [-s] ❶ *m.b.t. openbaar vervoer* fare dodger ❷ *m.b.t. wegenbelasting* road tax dodger

zwartwerken *onoverg* [werkte zwart, h. zwartgewerkt] work on the side

zwartwerker *m* [-s] moonlighter

zwart-wit I *bn & bijw* black and white **II** *o* liquorice sorbet

zwart-witfilm *m* [-s] black-and-white film

zwart-witfoto *v* ['s] black-and-white photo

zwavel *m* sulphur

zwavelbron *v* [-nen] sulphur spring

zwaveldamp *m* [-en] sulphur fumes, sulphurous vapour

zwaveldioxide *o* sulphur dioxide

zwavelen *overg* [zwavelde, h. gezwaveld] treat with sulphur, sulphurize, sulphurate

zwavelhoudend *bn* sulphurous

zwavellucht *v* sulphurous smell

zwavelstokje *o* [-s] matchstick

zwavelwaterstof *v* sulphuretted hydrogen

zwavelzuur I *o* sulphuric acid **II** *bn* sulphuric

Zweden *o* Sweden

Zweed *m* [Zweden] Swede

Zweeds I *bn* Swedish **II** *o taal* Swedish

Zweedse *v* [-n] Swede ★ *ze is een* ~ she's a Swede, she's from Sweden

zweefbrug *v* [-gen] suspension bridge

zweefduik *m* [-en] ❶ *in zwembad &* Br swallow dive, Am span dive ❷ *v. keeper* diving save

zweefmolen *m* [-s] whirligig, roundabout

zweeftrein *m* [-en] hovertrain

zweefvliegen *o* gliding

zweefvlieger *m* [-s] glider pilot

zweefvliegtuig *o* [-en] glider

zweefvlucht *v* [-en] ❶ *v. vliegtuig* volplane, glide

❷ *v. zweefvlieger* glide

zweem *m* semblance, trace, touch, shade, tinge ★ *geen ~ van hoop* not the least flicker of hope

zweep *v* [zwepen] whip ★ *er de ~ over leggen* eig whip up the horses, fig lay one's whip across sbd's shoulders ★ *het klappen van de ~ kennen* know the ropes

zweepslag *m* [-slagen] ❶ *klap met de zweep* lash ❷ *blessure* whiplash

zweer *v* [zweren] ulcer, sore, boil

zweet *o* perspiration, sweat ★ *klamme ~* cold perspiration ★ *het koude ~ brak hem uit* he broke out in a cold sweat ★ Bijbel *in het ~ uws aanschijns* in the sweat of thy brow ★ *zich in het ~ werken* work oneself into a sweat

zweetbad *o* [-baden] hot air bath, sudatorium

zweetband *m* [-en] sweatband

zweetdruppel *m* [-s] drop of perspiration, drop of sweat

zweethanden *zn* [mv] perspiring / sweaty hands

zweetkaas *m* [-kazen] sweating cheese

zweetkakkies *zn* [mv] inf smelly feet

zweetkamertje *o* [-s] sweatbox

zweetklier *v* [-en] sweat gland

zweetlucht *v* sweaty smell, body odour

zweetplek *v* [-ken] sweat rash

zweetvoeten *zn* [mv] perspiring feet

zwelgen I *overg* [zwelgde *of* zwolg, h. gezwolgen] guzzle, gobble **II** *onoverg* [zwelgde *of* zwolg, h. gezwolgen] wallow, revel, luxuriate ★ *~ in zelfmedelijden* wallow in self-pity

zwelgpartij *v* [-en] binge

zwellen *onoverg* [zwol, is gezwollen] swell ★ *de ~de zeilen* the swelling / bellying sails ★ *doen ~* swell ★ *zijn borst zwol van trots* his breast was swollen with pride

zwellichaam *o* [-lichamen] corpus cavernosum

zwelling *v* [-en] swelling

zwembad *o* [-baden] swimming pool / bath ★ *een overdekt ~* an indoor swimming pool

zwemband *m* [-en] swimming ring

zwembassin *o* [-s] swimming pool

zwemblaas *v* [-blazen] swim bladder

zwembroek *v* [-en] swimming trunks, bathing trunks, swimmers

zwemdiploma *o* ['s] swimming certificate / diploma

zwemen *onoverg* [zweemde, h. gezweemd] incline / tend (towards), border (on) ★ *~ naar (het) blauw* have a hint of blue

zwemles *v* [-sen] swimming lesson

zwemmen *onoverg* [zwom, h. en is gezwommen] swim ★ *op de buik / rug ~* swim on one's chest / back ★ *onder water ~* swim under water ★ *zullen we gaan ~?* shall we have / go for / take a swim? ★ *de aardappels ~ in de boter* the potatoes are swimming in butter ★ *in het geld ~* roll in money ★ *haar ogen zwommen in tranen* her eyes were brimming with tears

zwemmer *m* [-s] swimmer

zwemmerseczeem *o* athlete's foot

zwempak *o* [-ken] swimsuit, bathing suit, bathers, Aus swimming togs

zwemsport *v* swimming

zwemvest *o* [-en] life jacket, air jacket

zwemvlies *o* [-vliezen] ❶ *v. dieren* web ★ *met zwemvliezen* web-footed, webbed ❷ sp flipper

zwemvogel *m* [-s] web-footed bird, swimming bird

zwemwedstrijd *m* [-en] swimming match

zwendel *m* swindle, fraud

zwendelaar *m* [-s] swindler, inf sharper

zwengel *m* [-s] ❶ *v. pomp* pumphandle ❷ *v. motor* crank

zwengelen *onoverg* [zwengelde, h. gezwengeld] swing, turn, pump

zwenken *onoverg* [zwenkte, h. en is gezwenkt] veer to the right / left, swerve, swing, fig change front / sides

zwenkgras *o* swivel grass

zwenking *v* [-en] turn, swerve, veer ★ fig *de politieke ~ naar rechts* the political veer to the right

zwenkwiel *o* [-en] swivelling wheel

zweren I *overg* [zwoer, h. gezworen] *een eed* swear ★ *dat zweer ik (u)!* I swear it! ★ *iem. geheimhouding laten ~* swear sbd to secrecy **II** *onoverg* [zwoer, h. gezworen] *een eed doen* swear ★ *bij hoog en laag / bij alles wat heilig is ~* swear by all that is holy ★ *ze ~ bij die pillen* they swear by these pills ★ *op de Bijbel ~* swear upon the bible ★ *men zou erop ~* you could take an oath on it **III** *onoverg* [zweerde *of* zwoor, h. gezworen] *etteren* ulcerate, fester

zwerfafval *o* street litter

zwerfhond *m* [-en] stray dog

zwerfkat *v* [-ten] stray cat

zwerfkei *m* [-en] erratic boulder

zwerfkind *o* [-eren] street child, homeless child

zwerfsteen *m* [-stenen] erratic boulder

zwerftocht *m* [-en] wander, ramble, hike

zwerfvuil *o* street litter

zwerk *o* ❶ *hemel* firmament, sky ❷ *wolken* drifting clouds

zwerm *m* [-en] *bijen, vogels, ruiters &* swarm ★ *bij ~en* in swarms

zwermen *onoverg* [zwermde, h. gezwermd] swarm, flock

zwerven *onoverg* [zwierf, h. gezworven] wander, roam, ramble, rove ★ *overal ~ tijdschriften* magazines lie about everywhere ★ *een ~de kat* a stray cat ★ *~de stammen* wandering tribes, nomadic tribes

zwerver *m* [-s] ❶ *iem. die ronddoolt* wanderer, rambler, drifter ❷ *landloper* vagabond, tramp ❸ *huisdier* stray

zweten I *overg* [zweette, h. gezweet] sweat ★ *bloed ~* sweat blood ★ *peentjes ~* be in a cold sweat **II** *onoverg* [zweette, h. gezweet] perspire, ‹ook van hooi, bakstenen› sweat ★ *op iets zitten ~* sweat over something

zweterig *bn* sweaty

zwetsen *onoverg* [zwetste, h. gezwetst] boast, brag, inf talk big

zweven *onoverg* [zweefde, h. en is gezweefd] ❶ *in evenwicht zijn* be in suspension, be suspended ❷ *zich drijvend voortbewegen* float, luchtv glide ★ *~ tussen leven en dood* be hovering between life and death ★ *het zweeft mij op de tong* it's on the tip of my tongue ★ *voor de geest ~* ‹beeld› see in one's mind's eye, ‹gedachte› have in mind ❸ *m.b.t. koersen* float

zwevend *bn* floating ★ *~e valuta* floating currency ★ *een ~e kiezer* a floating voter ★ *~e koopkracht* floating spending power ★ *~e wisselkoers* floating exchange rates, free exchange rate

zweverig *bn* ❶ *vaag* dreamy, vague, in the clouds ★ *een ~ betoog* a vague argument ❷ *duizelig* dizzy ★ *zich ~ voelen* feel dizzy

zwezerik *m* [-riken] ❶ anat thymus ❷ *voedsel* sweetbread

zwichten *onoverg* [zwichtte, is gezwicht] yield, give way ★ *~ voor* ‹argumenten› yield to, ‹overmacht› yield / succumb to, ‹bedreigingen› give in to

zwiepen *onoverg* [zwiepte, h. gezwiept] swish, switch

zwieper *m* [-s] ❶ *uithaal* wallop ❷ *sport* swerve

zwier *m* ❶ *draai* flourish ❷ *pompeuze gratie* dash, jauntiness, smartness ★ *aan de ~ zijn* be on a spree ★ *met edele ~* with a noble grace

zwieren *onoverg* [zwierde, h. gezwierd] ❶ *dronken* reel ❷ *over het ijs & glide* ❸ *op de dansvloer* whirl ❹ *pret maken* go the pace

zwierig I *bn* dashing, jaunty, stylish, smart II *bijw* smartly

zwijgen I *onoverg* [zweeg, h. gezwegen] ❶ *niet spreken* be silent ❷ *geen geluid meer geven* fall silent ★ *zwijg!, zwijg stil!* hold your tongue!, silence!, be silent! ★ *hij kan niet ~* he cannot keep a secret ★ *~ als het graf* be as silent as the grave ★ *iem. doen ~* put sbd to silence, silence sbd ★ *wie zwijgt stemt toe* silence gives consent ★ *daarop moest ik ~* to this I could make no reply ★ *maar je moet erover ~* hold your tongue about it ★ *de geschiedenis zwijgt daarover* history is silent about this ★ *iem. tot ~ brengen* reduce sbd to silence, silence sbd ★ *daarover zullen wij maar ~* let it pass ★ *om nog maar te ~ van...* to say nothing of..., not to mention..., let alone... ★ *onder ons gezegd en gezwegen* between you, me and the doorpost / lamppost II *o* silence ★ *het ~ bewaren* keep silence ★ *hij moest er het ~ toe doen* he could make no reply ★ *iem. het ~ opleggen* silence sbd ★ *het ~ verbreken* break one's silence

zwijgend I *bn* silent ★ *de ~e meerderheid* the silent majority ★ *een ~e rol* a silent role II *bijw* silently, in silence

zwijger *m* [-s] silent person ★ *Willem de Zwijger* William the Silent

zwijggeld *o* [-en] hush money ★ *iem. ~ betalen* buy sbd off

zwijgplicht *m & v* oath of secrecy

zwijgzaam *bn* silent, taciturn

zwijgzaamheid *v* silence, taciturnity

zwijm *m* ★ *in ~ liggen* lie in a swoon ★ *in ~ vallen* faint, swoon

zwijmelen *onoverg* [zwijmelde, h. gezwijmeld] ❶ *in een roes verkeren* swoon ❷ *een flauwte krijgen* faint ❸ *wankelen* ZN stagger, totter

zwijn *o* [-en] ❶ *dier & scheldwoord* pig, hog, swine ★ *een wild ~* a wild boar ★ *parels voor de ~en gooien* cast pearls before swine ❷ *geluk* fluke

zwijnen *onoverg* [zwijnde, h. gezwijnd] *boffen* be lucky, be in luck

zwijnenjacht *v* [-en] boar hunt

zwijnenstal *m* [-len] ❶ *varkensstal* piggery, pigsty ❷ *smeerboel* pigsty

zwijnerij *v* [-en] filth, dirt, muck

zwijntje *o* [-s] ❶ *klein zwijn* piggy ❷ *bof* fluke, bit of luck

zwik *m* [-ken] *v. vat* vent plug ▼ *de hele ~* the whole lot, the whole caboodle

zwikken *onoverg* [zwikte, h. en is gezwikt] ❶ *v. enkel* sprain ❷ *kaartspel* snap

zwin *o* [-nen] *geul* tideway

Zwitser *m* [-s] Swiss ★ *de ~s* the Swiss

Zwitserland *o* Switzerland

Zwitsers *bn* Swiss ★ *~e kaas* Swiss cheese

Zwitserse *v* [-n] Swiss ★ *ze is een ~* she's a Swiss, she's from Switzerland

zwoegen *onoverg* [zwoegde, h. gezwoegd] *zwaar werk verrichten* slave (away), toil (away) ★ *~ op een openingszin* wrack one's brains over an opening line

zwoeger *m* [-s] plodder, drudge

zwoel *bn* sultry

zwoerd *o* [-en] (pork) rind

ZW

Onregelmatige werkwoorden Engels

hele ww.	verl. tijd	volt. deelw.	Nederlands
arise	arose	arisen	ontstaan, opstaan
awake	awoke	awoke	wakker worden
be	was/were	been	zijn
bear	bore	borne	(ver)dragen
beat	beat	beaten	(ver)slaan
become	became	become	worden
begin	began	begun	beginnen
bend	bent	bent	buigen
bet	bet	bet	wedden
	betted	betted	
bid	bid	bid	bieden
bind	bound	bound	binden
bite	bit	bitten	bijten
bleed	bled	bled	bloeden
blow	blew	blown	blazen, waaien
break	broke	broken	breken
breed	bred	bred	fokken, kweken
bring	brought	brought	brengen
broadcast	broadcast	broadcast	uitzenden (radio, tv)
burn	burnt	burnt	branden
	burned	burned	
burst	burst	burst	barsten
buy	bought	bought	kopen
cast	cast	cast	werpen
catch	caught	caught	vangen
choose	chose	chosen	kiezen
cling	clung	clung	zich vastgrijpen
come	came	come	komen
cost	cost	cost	kosten
creep	crept	crept	kruipen
cut	cut	cut	snijden
deal	dealt	dealt	(be)handelen
dig	dug	dug	graven
do	did	done	doen
draw	drew	drawn	tekenen, trekken
dream	dreamt	dreamt	dromen
	dreamed	dreamed	
drink	drank	drunk	drinken
drive	drove	driven	drijven, rijden, besturen
dwell	dwelt	dwelt	wonen
eat	ate	eaten	eten
fall	fell	fallen	vallen
feed	fed	fed	(zich) voeden
feel	felt	felt	(zich) voelen
fight	fought	fought	vechten
find	found	found	vinden
flee	fled	fled	vluchten
fling	flung	flung	smijten
fly	flew	flown	vliegen
forbid	forbade	forbidden	verbieden
forget	forgot	forgotten	vergeten
forgive	forgave	forgiven	vergeven

hele ww.	verl. tijd	volt. deelw.	Nederlands
forsake	forsook	forsaken	in de steek laten
freeze	froze	frozen	(be)vriezen
get	got	got	krijgen, worden
		Am gotten	
give	gave	given	geven
go	went	gone	gaan
grind	ground	ground	malen, slijpen
grow	grew	grown	groeien, kweken, worden
hang	hung	hung	hangen
have	had	had	hebben
hear	heard	heard	horen
hide	hid	hidden	(zich) verbergen
hit	hit	hit	slaan, raken, treffen
hold	held	held	(vast)houden
hurt	hurt	hurt	pijn doen, bezeren
keep	kept	kept	houden
kneel	knelt	knelt	knielen
knit	knit	knit	breien
	knitted	knitted	
know	knew	known	weten, kennen
lay	laid	laid	leggen
lead	led	led	leiden
lean	leant	leant	leunen
	leaned	leaned	
leap	leapt	leapt	springen
	leaped	leaped	
learn	learnt	learnt	leren, studeren
	learned	learned	
leave	left	left	(ver)laten
lend	lent	lent	uitlenen
let	let	let	laten, verhuren
lie	lay	lain	liggen
light	lit	lit	aansteken, verlichten
	lighted	lighted	
lose	lost	lost	verliezen
make	made	made	maken
mean	meant	meant	bedoelen, betekenen
meet	met	met	ontmoeten
mow	mowed	mown	maaien
		mowed	
pay	paid	paid	betalen
put	put	put	leggen, plaatsen, zetten
quit	quit	quit	ophouden, verlaten
	quitted	quitted	
read	read	read	lezen
ride	rode	ridden	rijden (openbaar vervoer, fiets, rijdier)
ring	rang	rung	bellen, klinken
rise	rose	risen	opstaan, stijgen, rijzen
run	ran	run	rennen
saw	sawed	sawn	zagen
		sawed	
say	said	said	zeggen
see	saw	seen	zien
seek	sought	sought	zoeken
sell	sold	sold	verkopen

hele ww.	verl. tijd	volt. deelw.	Nederlands
send	sent	sent	sturen, zenden
set	set	set	zetten, ondergaan (zon e.d.)
sew	sewed	sewn	naaien
		sewed	
shake	shook	shaken	schudden, beven
shave	shaved	shaven	scheren (van mensen)
		shaved	
shed	shed	shed	vergieten (bloed), storten (tranen)
shine	shone	shone	schijnen, glanzen
shoot	shot	shot	schieten
show	showed	shown	tonen
		showed	
shrink	shrank	shrunk	krimpen
shut	shut	shut	sluiten
sing	sang	sung	zingen
sink	sank	sunk	zinken, tot zinken brengen
sit	sat	sat	zitten
sleep	slept	slept	slapen
slide	slid	slid	glijden
smell	smelt	smelt	ruiken
	smelled	smelled	
sow	sowed	sown	zaaien
speak	spoke	spoken	spreken
spell	spelt	spelt	spellen
	spelled	spelled	
spend	spent	spent	uitgeven (geld), doorbrengen (tijd)
spill	spilt	spilt	morsen
	spilled	spilled	
spin	spun	spun	ronddraaien, spinnen
spit	spat	spat	spuwen
split	split	split	splijten
spoil	spoilt	spoilt	bederven
	spoiled	spoiled	
spread	spread	spread	(zich ver)spreiden
stand	stood	stood	staan
steal	stole	stolen	stelen
stick	stuck	stuck	steken, kleven
sting	stung	stung	steken, prikken
stink	stank	stunk	stinken
strike	struck	struck	slaan, treffen, staken
strive	strove	striven	streven
swear	swore	sworn	zweren, vloeken
sweat	Am sweat	Am sweat	zweten
	sweated	sweated	
sweep	swept	swept	vegen
swim	swam	swum	zwemmen
swing	swung	swung	zwaaien, slingeren
take	took	taken	nemen, brengen
teach	taught	taught	onderwijzen, leren
tear	tore	torn	scheuren, rukken
tell	told	told	vertellen, zeggen
think	thought	thought	denken
throw	threw	thrown	gooien
understand	understood	understood	begrijpen, verstaan
wake	woke	woken	wekken, wakker worden
wear	wore	worn	dragen (kleding)

hele ww.	verl. tijd	volt. deelw.	Nederlands
weave	wove	woven	weven
weep	wept	wept	huilen
wet	wet	wet	natmaken
	wetted	wetted	
win	won	won	winnen
wind	wound	wound	winden, draaien
wring	wrung	wrung	wringen
write	wrote	written	schrijven